Preis (Hrsg.)
Der Arbeitsvertrag

Der Arbeitsvertrag

Handbuch der Vertragsgestaltung

herausgegeben von

Prof. Dr. Dr. h.c. Ulrich Preis

bearbeitet von

Prof. Dr. Stefan Greiner
Universitätsprofessor, Bonn

Prof. Dr. Dr. h.c. Ulrich Preis
Universitätsprofessor, Köln

Prof. Dr. Christian Rolfs
Universitätsprofessor, Köln

Prof. Dr. Markus Stoffels
Universitätsprofessor, Heidelberg

Dr. Klaus Wagner
Vorsitzender Richter
am Finanzgericht, Düsseldorf

5. Auflage

2015

otto**schmidt**

Zitierempfehlung:
Preis/*Bearbeiter,* Der Arbeitsvertrag, I A Rz. 2
und:
Preis/*Bearbeiter,* Der Arbeitsvertrag, II A 10 Rz. 10 ff.

*Bibliografische Information
der Deutschen Nationalbibliothek*

Die Deutsche Nationalbibliothek verzeichnet diese Publikation in der Deutschen Nationalbibliografie; detaillierte bibliografische Daten sind im Internet über http://dnb.d-nb.de abrufbar.

Verlag Dr. Otto Schmidt KG
Gustav-Heinemann-Ufer 58, 50968 Köln
Tel. 02 21/9 37 38-01, Fax 02 21/9 37 38-943
info@otto-schmidt.de
www.otto-schmidt.de

ISBN 978-3-504-42033-8

© 2015 by Verlag Dr. Otto Schmidt KG, Köln

Das Werk einschließlich aller seiner Teile ist urheberrechtlich geschützt. Jede Verwertung, die nicht ausdrücklich vom Urheberrechtsgesetz zugelassen ist, bedarf der vorherigen Zustimmung des Verlages. Das gilt insbesondere für Vervielfältigungen, Bearbeitungen, Übersetzungen, Mikroverfilmungen und die Einspeicherung und Verarbeitung in elektronischen Systemen.

Das verwendete Papier ist aus chlorfrei gebleichten Rohstoffen hergestellt, holz- und säurefrei, alterungsbeständig und umweltfreundlich.

Einbandgestaltung: Jan P. Lichtenford, Mettmann
Satz: Schäper, Bonn
Druck und Verarbeitung: Kösel, Krugzell
Printed in Germany

Vorwort

Vier Jahre nach Erscheinen der 4. Auflage 2011 bringt „Der Arbeitsvertrag" die Entwicklungen in der Arbeitsvertragsgestaltung auf den neuesten Stand. Die Grundsätze zur Kontrolle der Arbeitsvertragsbedingungen nach den Maßstäben des Rechts der Allgemeinen Geschäftsbedingungen sind mehr als 13 Jahre nach Inkrafttreten der Änderungen zur Routine in Rechtsprechung und anwaltlicher Beratung geworden. Dennoch ist das Gebiet der Vertragsgestaltung und Vertragskontrolle von einer hohen Dynamik gekennzeichnet, berührt es doch nahezu alle Fragen des Arbeitsvertragsrechts.

Alle Abschnitte des Werkes sind grundlegend überarbeitet worden. Rechtsprechung und Literatur sowie einige Neuerungen in der Gesetzgebung sind eingearbeitet worden. Besonders hervorzuheben ist dabei das Gesetz zur Regelung eines allgemeinen Mindestlohns vom 11.8.2014 (BGBl. I S. 1348), das auch Auswirkungen auf allgemeine Fragestellungen hat. Das Stichwort Altersteilzeit wurde gestrichen und durch ein neues Stichwort Vorruhestand (II V 80) ersetzt.

Schwerpunkte der Neuauflage sind die Aufnahme besonderer Vertragsmuster für den Niedriglohn- und Mindestlohnbereich sowie für die geringfügige Beschäftigung (Teil III B Besondere Vertragsmuster). Fragen des Mindestlohns wirken freilich auch in die allgemeine Vertragsgestaltung hinein. Hier ist insbesondere auf die Stichworte Arbeitsentgelt (II A 70), Ausschlussfristen (II A 150), Geringfügige Beschäftigung (II B 20), Mehrarbeits- und Überstundenvergütung (II M 20) sowie Sonderzahlungen (II S 40 und III B III) hinzuweisen. Durch die Einführung des Mindestlohns veranlasst ist auch die Aufnahme eines neuen Stichworts insbesondere zur Frage der Trinkgelder (II G 25).

Besondere Aufmerksamkeit verdienen die Bereiche, die durch neuere Rechtsprechung wesentliche Modifikationen erfahren haben und zu Anpassungen bei den Musterempfehlungen geführt haben. Hinzuweisen ist u.a. auf die Fragestellungen zur flexiblen Arbeitszeit (II A 90), zum Direktionsrecht (II D 30), zur Mehrarbeits- und Überstundenvergütung (II M 20), zu Öffnungsklauseln (II O 10) sowie zu Sonderzahlungen (II S 40) und Vertragsstrafen (II V 30).

Auf ein besonderes Stichwort „Compliance" wurde verzichtet. Alle insoweit sinnvoll regelbaren Fragen sind in speziellen Stichworten des Handbuchs enthalten, vgl. insbesondere die Bereiche Anzeige- und Nachweispflichten (II A 40), Außerdienstliches Verhalten (II A 160), Ehrenämter (II E 10), Internet und Telekommunikation (II I 10), Nebentätigkeit (II N 10), Veröffentlichungen und Vorträge (II V 10), Verschwiegenheitspflichten (II V 20) sowie Vertragsstrafen (II V 30).

Das Werk gliedert sich in drei große Teile. In Teil I werden die Grundlagen der Vertragsgestaltung behandelt, im Einzelnen methodische Grundfragen (I A), die gegenwärtige Praxis der Vertragsgestaltung (I B), die zu beachtenden Grenzen der Vertragsgestaltung (I C) sowie die sozialrechtlichen (I D) und die steuerrechtlichen Aspekte (I E) der Vertragsgestaltung.

Teil II des Werkes bildet den Kern mit einem Kommentar zu Vertragstypen und Vertragsklauseln. In den alphabetisch gegliederten Stichworten werden einzelne Vertragsklauseln auf ihre Wirksamkeit und Zweckmäßigkeit hin untersucht. Alle Klauseln, die mit der Bezeichnung „Typ" versehen sind, werden von den Verfassern für verwendbar gehalten. Andere Klauselbeispiele, die in der Praxis vorkommen, die aber nicht verwendet werden sollten, werden jeweils deutlich mit dem Hinweis „nicht geeignet" versehen.

Bei den jeweiligen Klauseln werden, soweit nicht im allgemeinen Teil abgehandelt, steuer- und sozialrechtliche Fragen einbezogen. Der Schwerpunkt liegt allerdings auf der Behandlung der materiellen Wirksamkeit der Klauseln vor dem Hintergrund zwingenden Gesetzesrechts und des Rechtsinstituts der Inhaltskontrolle nach Maßgabe der §§ 307–309 BGB.

In Teil III des Werkes sind Vertragsmuster zusammengestellt, die sich aus der Einzelbehandlung der vorherigen Stichworte ergeben. Dabei wird zwischen allgemeinen und besonderen Vertragsmustern mit und ohne Tarifbezug unterschieden. Fortentwickelt wurden die Vertragsmuster für große Branchen, abgestimmt auf die jeweiligen Tarifverträge. Dieser Musterteil soll einen Hinweis darauf geben, dass die Vertragsgestaltung im Arbeitsrecht in Deutschland differenzierter werden muss, nämlich insbesondere die jeweils gegebene kollektivrechtliche Situation in Betrieben und Unternehmen einbezogen werden muss. Die Verfasser verfolgen dabei ein doppeltes Ziel: Sie wollen einerseits zur präziseren arbeitsrechtlichen Würdigung spezifischer Vertragsgestaltungen beitragen. Andererseits soll das Handbuch Hilfen für eine rechtswirksame, klare und faire Vertragsgestaltung geben.

Aus dem Autorenteam ausgeschieden ist wegen anderer Verpflichtungen Frau Rechtsanwältin Dr. *Viola Lindemann*. Ihr danke ich für die jahrelange Mitarbeit. Neu eingetreten ist Prof. Dr. *Stefan Greiner* (Universität Bonn), der die arbeitsrechtlichen Teile der Stichworte Arbeitnehmerstatus (II A 50), Arbeitsentgelt (II A 70), Dienstreise (II D 15), Dienstwagen (II D 20), Gehaltsanpassung (II G 10), Verweisungsklauseln (II V 40) und Zielvereinbarungen (II Z 5) übernommen hat.

Das Werk ist damit ausschließlich durch Professoren und Richter gestaltet. Das ist eine gewollte Konzeption, weil inzwischen zahlreiche Werke auf dem Fachbuchmarkt vorhanden sind, die ganz in den Händen der Anwaltschaft liegen. Das vorliegende Werk strebt an, die Diskussion um die „richtige", d.h. rechtsbeständige und interessenausgleichende Vertragsgestaltung zu fördern.

In redaktioneller Hinsicht sind alle Rechtsprechungsnachweise geprüft und mit Aktenzeichen versehen worden, um den Zugang zu den Entscheidungen zu erleichtern. Für diese und andere redaktionelle Arbeiten haben wir unseren Mitarbeiterinnen und Mitarbeitern in Köln, Bonn und Heidelberg zu danken.

Für die aufmerksame und kompetente Betreuung möchten wir uns auch beim Verlag, besonders bei Frau Dr. *Julia Beck* und Frau *Katharina Winter* bedanken.

Die Verfasser hoffen, der Praxis und Wissenschaft sowie der Richterschaft weiterhin eine nützliche Arbeitshilfe zur Verfügung gestellt zu haben.

Köln, April 2015   Ulrich Preis

Bearbeiterverzeichnis

Greiner

II A 50 Arbeitnehmerstatus; II A 70 Arbeitsentgelt (Rz. 1–82); II D 15 Dienstreise (Rz. 1–11); II D 20 Dienstwagen (Rz. 1–27); II G 10 Gehaltsanpassung; II V 40 Verweisungsklauseln; II Z 5 Zielvereinbarungen.

Preis

I A Methodische Fragen der Vertragsgestaltung; I B Vertragsgestaltung in der Praxis; I C Grenzen der Vertragsgestaltung; II A 10 Abtretungsverbote und Lohnpfändung (Rz. 1–49a, 52); II A 40 Anzeige- und Nachweispflichten („Whistleblowing"); II A 55 Arbeitnehmerüberlassung; II A 60 Arbeitsaufnahme/Beginn des Arbeitsverhältnisses; II A 80 Arbeitsentgelt, überzahltes; II A 90 Arbeitszeit; II A 140 Auslandstätigkeit (Rz. 1–66); II A 150 Ausschlussfristen; II A 160 Außerdienstliches Verhalten; II B 30 Beweislastvereinbarungen; II D 30 Direktionsrecht und Tätigkeitsbeschreibung; II E 10 Ehrenämter (Rz. 1–13, 23–25); II E 20 Entgeltfortzahlung; II F 10 Freistellung des Arbeitnehmers; II G 25 Geschenke und Trinkgelder; II G 30 Gesundheitsuntersuchung (Rz. 1–39, 44–48); II H 40 Herausgabeansprüche; II I 10 Internet und Telekommunikation; II J 10 Jeweiligkeitsklauseln; II K 10 Kündigungsvereinbarungen; II M 20 Mehrarbeits- und Überstundenvergütung (Rz. 1–53, 64–65); II O 10 Öffnungsklauseln (für kollektivrechtliche Vereinbarungen); II P 10 Personalfragebogen; II S 10 Salvatorische Klauseln; II S 30 Schriftformklauseln; II S 40 Sonderzahlungen (Boni) (Rz. 1–112, 118–122); II T 10 Teilzeitarbeit; II T 20 Telearbeit; II V 10 Veröffentlichungen und Vorträge; II V 60 Vollständigkeitsklauseln; II V 70 Vorbehalte und Teilbefristung; II Z 10 Zugangsfiktionen; II Z 20 Zurückbehaltungsrechte; III Vertragsmuster.

Rolfs

I D Sozialrechtliche Aspekte der Arbeitsvertragsgestaltung; II A 15 Abwicklungsvertrag; II A 20 Altersgrenze; II A 70 Arbeitsentgelt (Rz. 83–128); II A 100 Aufhebungsvertrag (Rz. 1–129); II B 10 Befristung des Arbeitsverhältnisses; II B 20 Beschäftigung, geringfügige (Rz. 1–44, 50–51); II E 30 Entgeltumwandlung; II G 20 Gerichtsstand; II N 10 Nebentätigkeit; II V 20 Verschwiegenheitspflicht; II V 50 Verzicht und Ausgleichsquittung; II V 80 Vorruhestand (Rz. 1–61).

Stoffels

II A 110 Aufrechnung (Rz. 1–28, 36–38); II A 115 Aufwendungsersatz (Rz. 1–25, 30); II A 120 Ausbildungskosten (Rz. 1–66, 78–79); II D 10 Darlehen (Rz. 1–24b, 29–33); II H 10 Haftung des Arbeitgebers (Rz. 1–12c, 36); II H 20 Haftung des Arbeitnehmers; II H 30 Haftung für KfZ-Schäden; II M 10 Mankohaftung; II S 20 Schadenspauschalisierungsabreden; II U 10 Umzugskosten (Rz. 1–24, 39); II U 20 Urlaub; II V 25 Vertragsänderungsabreden; II V 30 Vertragsstrafen (Rz. 1–111); II W 10 Wettbewerbsverbote (Rz. 1–107).

Wagner

I E Steuerrechtliche Aspekte der Arbeitsvertragsgestaltung; II A 10 Abtretungsverbote und Lohnpfändung (Rz. 50–51); II A 70 Arbeitsentgelt (Rz. 129–173); II A 100

Aufhebungsvertrag (Rz. 130–134); II A 110 Aufrechnung (Rz. 29–35); II A 115 Aufwendungsersatz (Rz. 26–29); II A 120 Ausbildungskosten (Rz. 67–77); II A 140 Auslandstätigkeit (Rz. 67–72); II B 20 Beschäftigung, geringfügige (Rz. 45–49); II D 10 Darlehen (Rz. 25–28); II D 15 Dienstreise (Rz. 12–22); II D 20 Dienstwagen (Rz. 28–38); II E 10 Ehrenämter (Rz. 14–22); II G 30 Gesundheitsuntersuchung (Rz. 40–43); II H 10 Haftung des Arbeitgebers (Rz. 13–35); II M 20 Mehrarbeits- und Überstundenvergütung (Rz. 54–63); II S 40 Sonderzahlungen (Boni) (Rz. 113–117); II U 10 Umzugskosten (Rz. 25–38); II V 30 Vertragsstrafen (Rz. 112); II V 80 Vorruhestand (Rz. 62–72); II W 10 Wettbewerbsverbote (Rz. 108).

Inhaltsübersicht

	Seite
Vorwort	V
Bearbeiterverzeichnis	VII
Inhaltsverzeichnis	XI
Literaturverzeichnis	XV
Abkürzungsverzeichnis	XXIII

Teil I	**Grundlagen der Vertragsgestaltung**	1
A.	Methodische Fragen der Vertragsgestaltung	1
B.	Vertragsgestaltung in der Praxis	45
C.	Grenzen der Vertragsgestaltung	69
D.	Sozialrechtliche Aspekte der Arbeitsvertragsgestaltung	115
E.	Steuerrechtliche Aspekte der Arbeitsvertragsgestaltung	119

Teil II	**Kommentar zu Vertragstypen und -klauseln**	129

Teil III	**Vertragsmuster**	1711
A.	Arbeitsvertragsmuster ohne Tarifbezug	1711
B.	Besondere Vertragsmuster	1729
C.	Vertragsmuster mit Tarifbezug (ausgewählte Branchen)	1792

Stichwortverzeichnis	1887

Inhaltsverzeichnis*

	Seite
Vorwort	V
Bearbeiterverzeichnis	VII
Inhaltsübersicht	IX
Literaturverzeichnis	XV
Abkürzungsverzeichnis	XXIII

Teil I Grundlagen der Vertragsgestaltung

	Rz.	Seite
A. Methodische Fragen der Vertragsgestaltung		
I. Einführung	1	2
II. Grundfunktionen der Vertragsgestaltung	15	7
III. Vertragsgestaltung und Gesetz	67	23
IV. Vertragsgestaltung und kollektives Arbeitsrecht	73	24
V. Standardisierte und individuelle Vertragsgestaltung	96	32
VI. Zwecke einheitlich vorformulierter Vertragsgestaltung	106	36
VII. Individuelle Wege bei der Vertragsgestaltung	111	37
VIII. Sichere Wege bei der Vertragsgestaltung	114	38
IX. Zweckmäßigkeit der Vertragsgestaltung	119	40
X. Resümee	133	43
B. Vertragsgestaltung in der Praxis		
I. Anzahl und Auswahl der untersuchten Arbeitsverträge	1	46
II. Die gegenwärtige Praxis der Vertragsgestaltung	3	46
III. Heteronome Einflüsse auf die Formularpraxis	33	58
IV. Zusammenfassung und Bewertung der Ergebnisse	49	64
C. Grenzen der Vertragsgestaltung		
I. Einführung	1	70
II. Vertragsgestaltung und richterliche Vertragsauslegung	25	76
III. Einzelne gesetzliche Schranken	32	78
IV. Angemessenheitskontrolle bei vorformulierten Verträgen	47	83
V. Billigkeitskontrolle bei einseitiger Leistungsbestimmung	119	110

---

* Ausführliche Inhaltsverzeichnisse finden sich zu Beginn der einzelnen Abschnitte bzw. Stichwörter.

	Rz.	Seite

D. Sozialrechtliche Aspekte der Arbeitsvertragsgestaltung

I. Das Verbot nachteiliger Vereinbarungen (§ 32 SGB I)	1	115
II. Das Beschäftigungsverhältnis als Voraussetzung des sozialen Schutzes (§ 7 SGB IV)	6	116
III. Die geringfügige Beschäftigung (§ 8 SGB IV)	9	117
IV. Das Arbeitsentgelt (§ 14 SGB IV)	10	117
V. Altersgrenzen (§§ 35 ff., 235 ff. SGB VI)	12	118

E. Steuerrechtliche Aspekte der Arbeitsvertragsgestaltung

I. Grundzüge der Lohnsteuererhebung	1	119
II. Verfahrensrechtliche Folgen aus dem Abschluss des Arbeitsvertrags	5	121

Teil II Kommentar zu Vertragstypen und -klauseln

Abtretungsverbote und Lohnpfändung (II A 10)	129
Abwicklungsvertrag (II A 15)	152
Altersgrenze (II A 20)	163
Anzeige- und Nachweispflichten („Whistleblowing") (II A 40)	185
Arbeitnehmerstatus (II A 50)	196
Arbeitnehmerüberlassung (II A 55)	222
Arbeitsaufnahme/Beginn des Arbeitsverhältnisses (II A 60)	247
Arbeitsentgelt (II A 70)	252
Arbeitsentgelt, überzahltes (II A 80)	310
Arbeitszeit (II A 90)	322
Aufhebungsvertrag (II A 100)	402
Aufrechnung (II A 110)	453
Aufwendungsersatz (II A 115)	467
Ausbildungskosten (II A 120)	484
Auslandstätigkeit (II A 140)	534
Ausschlussfristen (II A 150)	574
Außerdienstliches Verhalten (II A 160)	600
Befristung des Arbeitsverhältnisses (II B 10)	614
Beschäftigung, geringfügige (II B 20)	674
Beweislastvereinbarungen (II B 30)	698
Darlehen (II D 10)	711
Dienstreise (II D 15)	731
Dienstwagen (II D 20)	741
Direktionsrecht und Tätigkeitsbeschreibung (II D 30)	759

	Seite
Ehrenämter (II E 10)	844
Entgeltfortzahlung (II E 20)	854
Entgeltumwandlung (II E 30)	870
Freistellung des Arbeitnehmers (II F 10)	884
Gehaltsanpassung (II G 10)	900
Gerichtsstand (II G 20)	905
Geschenke und Trinkgelder (II G 25)	917
Gesundheitsuntersuchung (II G 30)	926
Haftung des Arbeitgebers (II H 10)	944
Haftung des Arbeitnehmers (II H 20)	961
Haftung für Kfz-Schäden (II H 30)	987
Herausgabeansprüche (II H 40)	1005
Internet und Telekommunikation (II I 10)	1018
Jeweiligkeitsklauseln (II J 10)	1049
Kündigungsvereinbarungen (II K 10)	1053
Mankohaftung (II M 10)	1080
Mehrarbeits- und Überstundenvergütung (II M 20)	1093
Nebentätigkeit (II N 10)	1115
Öffnungsklauseln (für kollektivrechtliche Vereinbarungen) (II O 10)	1135
Personalfragebogen (II P 10)	1144
Salvatorische Klauseln (II S 10)	1166
Schadenspauschalierungsabreden (II S 20)	1182
Schriftformklauseln (II S 30)	1191
Sonderzahlungen (Boni) (II S 40)	1200
Teilzeitarbeit (II T 10)	1259
Telearbeit (II T 20)	1281
Umzugskosten (II U 10)	1305
Urlaub (II U 20)	1320
Veröffentlichungen und Vorträge (II V 10)	1365
Verschwiegenheitspflicht (II V 20)	1374
Vertragsänderungsabreden (II V 25)	1404
Vertragsstrafen (II V 30)	1414
Verweisungsklauseln (II V 40)	1464
Verzicht und Ausgleichsquittung (II V 50)	1518
Vollständigkeitsklauseln (II V 60)	1536
Vorbehalte und Teilbefristung (II V 70)	1539
Vorruhestand (II V 80)	1582
Wettbewerbsverbote (II W 10)	1607

	Seite
Zielvereinbarungen (II Z 5)	1662
Zugangsfiktionen (II Z 10)	1687
Zurückbehaltungsrechte (II Z 20)	1698

Teil III Vertragsmuster

	Rz.	Seite
A. Arbeitsvertragsmuster ohne Tarifbezug		
I. Vorbemerkung	1	1711
II. Vorschlag eines Vertragsmusters ohne Tarifbezug	8	1712
1. Deutsche Fassung	8	1712
2. Englische Fassung	9	1720
B. Besondere Vertragsmuster		
I. Führungsmitarbeiter	4	1729
II. Teilzeitbeschäftigte (einschließlich geringfügig Beschäftigte)	7	1741
III. Vertragsmuster im Niedrig- und Mindestlohnbereich	19	1753
IV. Praktikantenverträge	32	1761
V. Arbeitnehmerüberlassung	50	1779
C. Vertragsmuster mit Tarifbezug (ausgewählte Branchen)		
I. Arbeitsvertragsmuster für das Private Bankgewerbe und die öffentlichen Banken	6	1793
II. Arbeitsvertragsmuster für das Private Versicherungsgewerbe	22	1812
III. Arbeitsvertragsmuster für die Chemische Industrie	36	1830
IV. Arbeitsvertragsmuster für den Einzelhandel	50	1850
V. Arbeitsvertragsmuster für die Metall-Industrie	62	1868
Stichwortverzeichnis		1887

Literaturverzeichnis

Schrifttum zu Einzelfragen der Vertragsgestaltung findet sich jeweils zu Beginn eines Abschnitts bzw. Stichworts.

AG siehe *Arnold/Gräfl*
Annuß/Thüsing, Teilzeit- und Befristungsgesetz, 3. Aufl. 2012 (zit.: AT/*Bearbeiter*)
AnwK-ArbR siehe *Hümmerich/Boecken/Düwell*
APS siehe *Ascheid/Preis/Schmidt*
AR-Blattei siehe *Dieterich/Neef/Schwab*
Arnold/Gräfl, Teilzeit- und Befristungsgesetz, 3. Aufl. 2012 (zit.: AG/*Bearbeiter*)
Ascheid/Preis/Schmidt, Großkommentar zum Kündigungsrecht, 4. Aufl. 2012 (zit.: APS/*Bearbeiter*)
AT siehe *Annuß/Thüsing*

Bader/Bram/Ahrendt/Kreutzberg-Kowalczyk/Nungeßer/Suckow, Kündigung und Bestandsschutz im Arbeitsverhältnis, Loseblatt, Stand: Oktober 2014 (zit.: BB/*Bearbeiter*)
Bader/Dörner/Mikosch/Schleusener/Schütz/Vossen, Gemeinschaftskommentar zum Arbeitsgerichtsgesetz, Loseblatt, Stand: September 2014 (zit.: GK-ArbGG/*Bearbeiter*)
Baeck/Deutsch, Kommentar zum Arbeitszeitgesetz, 3. Aufl. 2014
Bamberger/Roth, Kommentar zum BGB, 3. Aufl. 2012
Bauer/Krieger/Arnold, Arbeitsrechtliche Aufhebungsverträge, 9. Aufl. 2014
Bauer/Lingemann/Diller/Haußmann, Anwalts-Formularbuch Arbeitsrecht, 5. Aufl. 2014 (zit.: BLDH/*Bearbeiter*)
Baumbach/Hopt, Handelsgesetzbuch, 36. Aufl. 2014
Baumbach/Lauterbach/Albers/Hartmann, Zivilprozessordnung, 73. Aufl. 2015
BB siehe *Bader/Bram/Dörner/Ahrendt/Kreutzberg-Kowalczyk/Nungeßer/Suckow*
Becker/Danne/Lang u.a., Gemeinschaftskommentar zum Teilzeitarbeitsrecht, 1987 (zit.: GK-TzA/*Bearbeiter*)
BeckOK siehe Beck'scher Online-Kommentar Arbeitsrecht
Beck'scher Online-Kommentar Arbeitsrecht, hrsg. von *Rolfs/Giesen/Kreikebohm/Udsching* (zit.: BeckOK/Bearbeiter)
Beck'sches Formularbuch Arbeitsrecht siehe *Klemm/Kornbichler/Neighbour/Ohmann-Sauer/Schröder/Schwarz*
BerlKommTKG siehe *Säcker*
Berscheid/Kunz/Brand/Nebeling (Hrsg.), Praxis des Arbeitsrechts, 4. Aufl. 2013
Besgen/Prinz (Hrsg.), Handbuch Internet.Arbeitsrecht, 3. Aufl. 2012 (zit.: Besgen/Prinz/*Bearbeiter*)
BLDH siehe *Bauer/Lingemann/Diller/Haußmann*
Bleistein, Typische Fehler im Arbeitsverhältnis, 2. Aufl. 1995
Blomeyer/Rolfs/Otto, Betriebsrentengesetz, 6. Aufl. 2015 (zit.: Blomeyer/Rolfs/Otto/*Bearbeiter*, BetrAVG)
Böckel, Moderne Arbeitsverträge: Vertragsmuster für Arbeiter und Angestellte mit einer Checkliste für den vorteilhaften Abschluss von Arbeitsverträgen, 1987
Boemke/Lembke, Arbeitnehmerüberlassungsgesetz, 3. Aufl. 2013 (zit.: Boemke/Lembke, AÜG)

Brand, Sozialgesetzbuch Arbeitsförderung (SGB III), 6. Aufl. 2012 (zit.: Brand/*Bearbeiter*)
Brick, Praxishandbuch zum Lohnsteuerrecht, Loseblatt, Stand: Januar 2013
Bürger/Oehmann/Matthes/Göhle-Sander/Kreizberg (Hrsg.), Handwörterbuch des Arbeitsrechts für die tägliche Praxis, Loseblatt, Stand: August 2007 (zit.: HwB AR/*Bearbeiter*)
Buschmann/Dieball/Stevens-Bartol, TZA. Das Recht der Teilzeitarbeit, 2. Aufl. 2001 (zit.: TZA/*Bearbeiter*)
Butz, Der Arbeitsvertrag in seiner zweckmäßigsten Form, 3. Aufl. 1974
Bydlinski, Juristische Methodenlehre und Rechtsbegriff, 2. Aufl. 1991

Calliess/Ruffert, EUV/AEUV, 4. Aufl. 2011
CKK siehe *Clemenz/Kreft/Krause*
Clemenz/Kreft/Krause (Hrsg.), AGB-Arbeitsrecht, Kommentar, 2013 (zit.: CKK/*Bearbeiter*)

Dau/Düwell/Joussen, Lehr- und Praxis-Kommentar SGB IX, 4. Aufl. 2014 (zit.: LPK-SGB IX/*Bearbeiter*)
Däubler, Das Arbeitsrecht, Bd. 1, 16. Aufl. 2006; Bd. 2, 11. Aufl. 1998
Däubler, Gläserne Belegschaften?, 6. Aufl. 2015
Däubler, Tarifvertragsrecht, 3. Aufl. 1993
Däubler/Bertzbach, Allgemeines Gleichbehandlungsgesetz, 3. Aufl. 2013
Däubler/Bonin/Deinert, AGB-Kontrolle im Arbeitsrecht, 4. Aufl. 2014 (zit.: DBD/*Bearbeiter*)
Däubler/Hjort/Schubert/Wollmerath, Arbeitsrecht, 3. Aufl. 2013 (zit.: DHSW/*Bearbeiter*)
Däubler/Kittner/Klebe/Wedde, BetrVG, 14. Aufl. 2014 (zit.: DKKW/*Bearbeiter*)
Däubler/Klebe/Wedde/Weichert, Bundesdatenschutzgesetz, 4. Aufl. 2013 (zit.: DKWW/*Bearbeiter*)
Dauner-Lieb/Konzen/Schmidt, Das neue Schuldrecht in der Praxis, 2003
DBD siehe *Däubler/Bonin/Deinert*
DFL siehe *Dornbusch/Fischermeier/Löwisch*
DHSW siehe *Däubler/Hjort/Schubert/Wollmerath*
Dieterich/Neef/Schwab (Hrsg.), Arbeitsrecht-Blattei, Loseblatt, Stand: 2010 (eingestellt) (zit.: AR-Blattei/*Bearbeiter*)
DKKW siehe *Däubler/Kittner/Klebe/Wedde*
DKWW siehe *Däubler/Klebe/Wedde/Weichert*
DLWBH siehe *Dörner/Luczak/Wildschütz/Baeck/Hoß*
Dornbusch/Fischermeier/Löwisch, AR Kommentar zum gesamten Arbeitsrecht, 7. Aufl. 2015 (zit.: DFL/*Bearbeiter*)
Dorndorf/Weller/Hauck u.a., Heidelberger Kommentar zum Kündigungsschutzgesetz, 4. Aufl. 2001 (zit.: HK-KSchG/*Bearbeiter*)
Dörner/Luczak/Wildschütz/Baeck/Hoß, Handbuch des Fachanwalts Arbeitsrecht, 12. Aufl. 2015 (zit.: DLWBH/*Bearbeiter*)

EAS siehe *Oetker/Preis*
Eicher/Schlegel, Sozialgesetzbuch III, Loseblatt, Stand: Januar 2015
ErfK siehe *Müller-Glöge/Preis/Schmidt*
Erman, Bürgerliches Gesetzbuch, 14. Aufl. 2014 (zit: Erman/*Bearbeiter*)

Etzel/Bader/Fischermeier u.a., Gemeinschaftskommentar zum Kündigungsschutzgesetz, 10. Aufl. 2013 (zit.: KR/*Bearbeiter*)

Fastrich, Richterliche Inhaltskontrolle im Privatrecht, 1992
Feichtinger/Malkmus, Entgeltfortzahlungsgesetz, Kommentar, 2. Aufl. 2010
Feldgen, Nachweisgesetz, 1995
Figge, Sozialversicherungs-Handbuch Beitragsrecht, Loseblatt, Stand: Dezember 2014
Fingerhut, Vertrags- und Formularbuch, 12. Aufl. 2009
Fitting/Engels/Schmidt/Trebinger/Linsenmaier, Betriebsverfassungsgesetz, 27. Aufl. 2014 (zit.: *Fitting*)
Föhr/Bobke, Arbeitsrecht für Arbeitnehmer, 4. Aufl. 1989
Frey, Flexible Arbeitszeit, 1985
Frey, Neues Arbeitsrecht, Loseblatt
Frikell/Orlop, Arbeitsrecht in Formularen, 6. Aufl. 2002

Gagel, SGB II/SGB III, Kommentar, Loseblatt, Stand: Dezember 2014
Gagel/Vogt, Beendigung von Arbeitsverhältnissen, 5. Aufl. 1996
Gamillscheg, Kollektives Arbeitsrecht, Bd. 1, 1997
Gast, Arbeitsvertrag und Direktion, 1978
Germelmann/Matthes/Prütting, Arbeitsgerichtsgesetz, 8. Aufl. 2013 (zit.: GMP/*Bearbeiter*)
Geyer/Knorr/Krasney, Entgeltfortzahlung – Krankengeld – Mutterschutzgeld, Loseblatt, Stand: Juli 2014
GK-ArbGG siehe *Bader/Dörner/Mikosch/Schleusener/Schütz/Vossen*
GK-BetrVG siehe *Wiese/Kreutz/Oetker/Raab/Weber/Franzen/Gutzeit/Jacobs*
GK-BUrlG siehe *Stahlhacke/Bachmann/Bleistein/Berscheid*
GK-SGB I siehe *Kretschmer/Maydell/Schellhorn*
GK-TzA siehe *Becker/Danne/Lang* u.a.
GMP siehe *Germelmann/Matthes/Prütting*
Godehardt, Telearbeit, 1994
Gola/Schomerus, Bundesdatenschutzgesetz, Kommentar, 12. Aufl. 2015
Gola/Wronka, Handbuch zum Arbeitnehmerdatenschutz, 6. Aufl. 2013
Gotthardt, Arbeitsrecht nach der Schuldrechtsreform, 2. Aufl. 2003
Grüll/Janert, Arbeitsrechtliches Taschenbuch für Vorgesetzte, 17. Aufl. 2009
Grunsky/Waas/Benecke/Greiner, Kommentar zum Arbeitsgerichtsgesetz, 8. Aufl. 2014
Gumpert, Dauerarbeitsverträge mit Arbeitern, 9. Aufl. 1996

Halbach (Hrsg.), Handbuch Betrieb und Personal, Loseblatt, Stand: Februar 2015 (zit.: *Bearbeiter* in: Handbuch b + p)
Hanau/Adomeit, Arbeitsrecht, 14. Aufl. 2007
Handbuch „b + p" siehe *Halbach*
Harte-Bavendamm/Henning-Bodewig, Gesetz gegen den unlauteren Wettbewerb, 3. Aufl. 2013
Hartz/Meeßen/Wolf, ABC-Führer Lohnsteuer, Loseblatt, Stand: Februar 2015
HAS siehe *Weiss/Gagel*
Hauck/Noftz, Sozialgesetzbuch IX, Kommentar, Loseblatt, Stand: August 2014
Henssler/von Westphalen, Praxis der Schuldrechtsreform, 2. Aufl. 2003 (zit.: PdSR)

Henssler/Willemsen/Kalb (Hrsg.), Arbeitsrecht Kommentar, 6. Aufl. 2014 (zit.: HWK/*Bearbeiter*)
Herrmann/Heuer/Raupach, Einkommensteuer- und Körperschaftsteuergesetz, Kommentar, Loseblatt, Stand: Februar 2015 (zit.: Herrmann/Heuer/Raupach/*Bearbeiter*)
Hess/Worzalla/Glock/Nicolai/Rose/Huke, Betriebsverfassungsgesetz, 9. Aufl. 2014 (zit.: HWGNRH/*Bearbeiter*)
Heuermann/Wagner, Lohnsteuer, Handbuch des gesamten Lohnsteuerrechts, Loseblatt, Stand: April 2014
Heymann (Begr.), Handelsgesetzbuch, Kommentar, 2. Aufl. 1995–1999
HHL siehe *von Hoyningen-Huene/Linck*
Hildebrandt, Disparität und Inhaltskontrolle im Arbeitsrecht, 1987
HK-KSchG siehe *Dorndorf/Weller/Hauck* u.a.
Höfer/Reinhard/Reich, Betriebsrentenrecht, Band I: Arbeitsrecht, Kommentar, Loseblatt, Stand: August 2014
Hohn, Arbeits- und Dienstverträge für Leitende, 6. Aufl. 1995
Hohn, Verträge mit Angestellten im Außendienst, 9. Aufl. 1997
Hohn/Romanovszky, Vorteilhafte Arbeitsverträge, 5. Aufl. 1994
von Hoyningen-Huene, Die Billigkeit im Arbeitsrecht, 1978
von Hoyningen-Huene/Boemke, Die Versetzung, 1991
von Hoyningen-Huene/Linck, Kommentar zum Kündigungsschutzgesetz, 15. Aufl. 2013 (zit.: HHL/*Bearbeiter*)
HR siehe *Hümmerich/Reufels*
Hromadka, Änderung von Arbeitsbedingungen, 1989
Hromadka (Hrsg.), Personalmanagement: Möglichkeiten und Grenzen flexibler Vertragsgestaltung, 1991
Hromadka/Schmitt-Rolfes, Der unbefristete Arbeitsvertrag, 2006
Hueck/Nipperdey, Lehrbuch des Arbeitsrechts, 7. Aufl. 1963
Hümmerich/Boecken/Düwell, AnwaltKommentar Arbeitsrecht, 2 Bände, 2. Aufl. 2010 (AnwK-ArbR/*Bearbeiter*)
Hümmerich/Lücke/Mauer, Arbeitsrecht, 8. Aufl. 2014
Hümmerich/Reufels, Gestaltung von Arbeitsverträgen, 2. Aufl. 2011 (zit.: HR/*Bearbeiter*)
Hunold, Musterarbeitsverträge und Zeugnisse für die betriebliche Praxis, Stand: 1991
HwB AR siehe *Bürger/Oehmann/Matthes/Göhle-Sander/Kreizberg*
HWGNRH siehe *Hess/Worzalla/Glock/Nicolai/Rose/Huke*
HWK siehe *Henssler/Willemsen/Kalb*
HzA siehe *Leinemann*, Handbuch zum Arbeitsrecht, Loseblatt

Igl/Welti, Sozialrecht, 8. Aufl. 2007

Jarass/Pieroth, Grundgesetz für die Bundesrepublik Deutschland, Kommentar, 13. Aufl. 2014

Kador, Instrumente der Personalarbeit: Praktische Arbeitshilfe für Klein- und Mittelbetriebe, 7. Aufl. 1997
Kaiser/Dunkl/Hold/Kleinsorge, Entgeltfortzahlungsgesetz, Kommentar, 5. Aufl. 2000

KassArbR siehe *Leinemann*, Kasseler Handbuch zum Arbeitsrecht
KassKomm siehe *Niesel*, Kasseler Kommentar Sozialversicherungsrecht
KDZ siehe *Kittner/Däubler/Zwanziger*
Kempen/Zachert, TVG, 5. Aufl. 2014
Kittner/Däubler/Zwanziger, Kündigungsschutzrecht, Kommentar, 9. Aufl. 2014 (zit.: KDZ/*Bearbeiter*)
Klemm/Kornbichler/Neighbour/Ohmann-Sauer/Schröder/Schwarz, Beck'sches Formularbuch Arbeitsrecht, 3. Aufl. 2014 (zit.: Beck'sches Formularbuch Arbeitsrecht)
Kliemt, Formerfordernisse im Arbeitsverhältnis, 1995
Köhler/Bornkamm, Gesetz gegen den unlauteren Wettbewerb, 33. Aufl. 2015
Kopp, Arbeitsvertrag für Führungskräfte, 4. Aufl. 2001
KR siehe *Etzel/Bader/Fischermeier* u.a.
Kramer, Kündigungsvereinbarungen im Arbeitsvertrag, 1994
Krauskopf (Hrsg.), Soziale Krankenversicherung Pflegeversicherung, Loseblatt, Stand: Oktober 2014
Kreikebohm/Spellbrink/Waltermann, Kommentar zum Sozialrecht, 3. Aufl. 2013 (zit.: KSW/*Bearbeiter*)
Kretschmer/Maydell/Schellhorn, Gemeinschaftskommentar zum Sozialgesetzbuch Allgemeiner Teil, 3. Aufl. 1996 (zit.: GK-SGB I/*Bearbeiter*)
KSW siehe *Kreikebohm/Spellbrink/Waltermann*
Küttner (Hrsg.), Personalbuch, 21. Aufl. 2014 (zitiert: Küttner/*Bearbeiter*, Personalbuch 2014)
Küttner/Kania, Praxis der arbeitsrechtlichen Vertragsgestaltung, 1992

Lakies, Inhaltskontrolle von Arbeitsverträgen, 2014
Lakies, Vertragsgestaltung und AGB im Arbeitsrecht, 2. Aufl. 2011
Langenfeld, Vertragsgestaltung, 3. Aufl. 2004
Larenz, Lehrbuch des Schuldrechts, Band I, 14. Aufl. 1987; Band II/1, 13. Aufl. 1986
Larenz/Canaris, Lehrbuch des Schuldrechts, Band II/2, 13. Aufl. 1994
Larenz/Wolf, Allgemeiner Teil des Bürgerlichen Rechts, 9. Aufl. 2004
Laux/Schlachter, Teilzeit- und Befristungsgesetz, 2. Aufl. 2011
Leinemann, Handbuch zum Arbeitsrecht, Loseblatt, Stand: Januar 2015 (zit.: HzA/*Bearbeiter*)
Leinemann (Hrsg.), Kasseler Handbuch zum Arbeitsrecht, 2. Aufl. 2000 (zit.: KassArbR/*Bearbeiter*)
Leinemann/Linck, Urlaubsrecht, Kommentar, 2. Aufl. 2001
Leitherer (Hrsg.), Kasseler Kommentar Sozialversicherungsrecht, Loseblatt, Stand: Dezember 2014 (zit.: KassKomm/*Bearbeiter*)
Leupold/Glossner, Münchener Anwalts-Handbuch IT-Recht, 3. Aufl. 2013 (zit.: Leupold/Glossner/*Bearbeiter*, MAH IT-Recht)
Lembke, Arbeitsvertrag für Führungskräfte, 5. Aufl. 2012
Lieb/Jacobs, Arbeitsrecht, 9. Aufl. 2006
Liebers (Hrsg.), Formularbuch des Fachanwalts Arbeitsrecht, 3. Aufl. 2015
Lindemann, Flexible Gestaltung von Arbeitsbedingungen nach der Schuldrechtsreform, 2003
Linnenkohl/Rauschenberg u.a., Arbeitszeitflexibilisierung, 4. Aufl. 2001
Löwe/von Westphalen/Trinkner, Großkommentar zum AGB-Gesetz, 2. Aufl. 1983
Löwisch/Rieble, Tarifvertragsgesetz, 3. Aufl. 2012

Löwisch/Spinner/Wertheimer, Kommentar zum Kündigungsschutzgesetz, 10. Aufl. 2013 (zit.: LSW/*Bearbeiter*, KSchG)
LPK-SGB IX siehe *Dau/Düwell/Joussen*

Maschmann/Sieg/Göpfert, Vertragsgestaltung im Arbeitsrecht, 2011 (zit.: MSG/*Bearbeiter*)
Maunz/Dürig u.a., Grundgesetz, Kommentar, Loseblatt, Stand: Juli 2014
Meinel/Heyn/Herms, Teilzeit- und Befristungsgesetz, 4. Aufl. 2012
Meisel/Sowka, Arbeitsrecht für die betriebliche Praxis, 11. Aufl. 2010
Meisel/Sowka, Mutterschutz und Erziehungsurlaub, 5. Aufl. 1999
Michalski, Arbeitsrecht, 7. Aufl. 2008
MSG siehe *Maschmann/Sieg/Göpfert*
Müller/Berenz, Kommentar zum Entgeltfortzahlungsgesetz, 3. Aufl. 2001
Müller-Glöge/Preis/Schmidt (Hrsg.), Erfurter Kommentar zum Arbeitsrecht, 15. Aufl. 2015 (zit.: ErfK/*Bearbeiter*)
MünchArbR siehe *Richardi/Wlotzke/Wißmann/Oetker*
Münchener Vertragshandbuch, Band 5 Bürgerliches Recht I, 7. Aufl. 2013
MünchKommBGB siehe *Säcker/Rixecker*
MünchKommZPO siehe *Rauscher/Krüger*
Musielak/Voit (Hrsg.), Kommentar zur ZPO, 12. Aufl. 2015

Neumann/Biebl, Kommentar zum Arbeitszeitgesetz, 16. Aufl. 2012
Neumann/Fenski, Kommentar zum Bundesurlaubsgesetz, 10. Aufl. 2011
Neumann/Pahlen/Majerski-Pahlen, Sozialgesetzbuch IX, 12. Aufl. 2010
Nikisch, Arbeitsrecht, Bd. 1, 3. Aufl. 1961

Oetker, Das Dauerschuldverhältnis und seine Beendigung, 1994
Oetker/Preis (Hrsg.), Europäisches Arbeits- und Sozialrecht (EAS), Rechtsvorschriften, Systematische Darstellungen und Entscheidungssammlung, Loseblatt, Stand: Februar 2015 (zit.: EAS/*Bearbeiter*)
Olzen/Wank, Die Schuldrechtsreform, 2002

Palandt, Bürgerliches Gesetzbuch, 74. Aufl. 2015 (zit.: Palandt/*Bearbeiter*)
PdSR siehe *Henssler/von Westphalen*
Plog/Wiedow, Kommentar zum Bundesbeamtengesetz, Loseblatt, Stand: Januar 2015
Preis, Grundfragen der Vertragsgestaltung im Arbeitsrecht, 1993 (zit.: *Preis*, Vertragsgestaltung)
Preis, Prinzipien des Kündigungsrechts bei Arbeitsverhältnissen, 1986 (zit.: *Preis*, Kündigungsrecht)
Preis (Hrsg.), Innovative Arbeitsformen, 2005 (zit.: *Preis*, Innovative Arbeitsformen)

Rauscher/Krüger (Hrsg.), Münchener Kommentar zur ZPO, 4. Aufl. 2012 (zit.: MünchKommZPO/*Bearbeiter*)
Rehbinder, Vertragsgestaltung, 2. Aufl. 1993
RGRK, Das Bürgerliche Gesetzbuch mit besonderer Berücksichtigung der Rechtsprechung des Reichsgerichts und des Bundesgerichtshofs, 12. Aufl. 1974 ff.
Richardi, Betriebsverfassungsgesetz mit Wahlordnung, 14. Aufl. 2014

Richardi/Wlotzke/Wißmann/Oetker, Münchener Handbuch zum Arbeitsrecht, 3. Aufl. 2009 (zit.: MünchArbR/*Bearbeiter*)
Rittweger/Petri/Schweikert, Altersteilzeit, Kommentar, 2. Aufl. 2002
Rolfs, Teilzeit- und Befristungsgesetz, 2002
Rosenberg/Schwab/Gottwald, Zivilprozessrecht, 17. Aufl. 2010

Säcker (Hrsg.), Berliner Kommentar zum Telekommunikationsgesetz, 3. Aufl. 2013 (zit.: BerlKommTKG/*Bearbeiter*)
Säcker/Rixecker (Hrsg.), Münchener Kommentar zum Bürgerlichen Gesetzbuch, 5./6. Aufl. 2007 ff. (zit.: MünchKommBGB/*Bearbeiter*)
Schachner (Hrsg.), Rechtsformularbuch für das Unternehmen, 3. Aufl. 1996
Schaefer, Nachweisgesetz, 2000
Schaub/Koch/Linck/Treber/Vogelsang, Arbeitsrechts-Handbuch, 15. Aufl. 2013 (zit.: Schaub/*Bearbeiter*)
Schaub/Schrader/Straube/Vogelsang, Arbeitsrechtliches Formular- und Verfahrenshandbuch, 10. Aufl. 2013 (zit.: SSSV/*Bearbeiter*)
Scheurle/Mayen (Hrsg.), Telekommunikationsgesetz, Kommentar, 2. Aufl. 2008 (zit.: Scheurle/Mayen/*Bearbeiter*)
Schmidt, K., Handelsrecht, 6. Aufl. 2014
Schmidt, L. (Hrsg.), Kommentar zum Einkommensteuergesetz, 34. Aufl. 2015
Schmitt, Entgeltfortzahlungsgesetz und Aufwendungsausgleichsgesetz, 7. Aufl. 2012
Schoden, Nachweisgesetz, 1996
Scholz, Kommentar zum GmbH-Gesetz, Bd. 1 und 2, 11. Aufl. 2012/2013 (zit.: Scholz/*Bearbeiter*)
Schrader, Rechtsfallen in Arbeitsverträgen, 2001
Schröder, Der sichere Weg bei der Vertragsgestaltung, 1990
Schüren/Hamann, Arbeitnehmerüberlassungsgesetz, 4. Aufl. 2010 (zit.: Schüren/*Bearbeiter*, AÜG)
Schwab/Weth, Arbeitsgerichtsgesetz, 4. Aufl. 2015
Schwarze (Hrsg.), EU-Kommentar, 3. Aufl. 2012
Schwerdtner (Hrsg.), Rechtshandbuch der Personalpraxis, 15. Aufl. 2006
Sievers, Teilzeit- und Befristungsgesetz, 4. Aufl. 2012
Simitis, Bundesdatenschutzgesetz, 8. Aufl. 2014
Soergel, Kommentar zum Bürgerlichen Gesetzbuch mit Einführungsgesetz und Nebengesetzen, 13. Aufl. 1999 ff. (zit.: Soergel/*Bearbeiter*)
Söllner, Einseitige Leistungsbestimmung im Arbeitsverhältnis, 1966
Spiegelhalter (Hrsg.), Beck'sches Personalhandbuch, Bd. 1 Arbeitsrechtslexikon, Loseblatt, Stand: Dezember 2014
SPV siehe *Stahlhacke/Preis/Vossen*
SSN siehe *Suckow/Striegel/Niemann*
SSSV siehe *Schaub/Schrader/Straube/Vogelsang*
Stahlhacke/Bachmann/Bleistein/Berscheid, Gemeinschaftskommentar zum Bundesurlaubsgesetz, 5. Aufl. 1992 (zit.: GK-BUrlG/*Bearbeiter*)
Stahlhacke/Preis/Vossen, Kündigung und Kündigungsschutz im Arbeitsverhältnis, 11. Aufl. 2015 (zit.: SPV/*Bearbeiter*)
Staudinger, Kommentar zum Bürgerlichen Gesetzbuch mit Einführungsgesetz und Nebengesetzen, 12./13./14./15. Bearb. 2004 ff.
Stege/Weinspach/Schiefer, Betriebsverfassungsgesetz, Kommentar, 9. Aufl. 2002

Stein/Jonas, Kommentar zur Zivilprozessordnung, 23. Aufl. 2014
von *Steinau-Steinrück/Vernunft*, Arbeitsvertragsgestaltung, 2. Auflage 2014
Stern, Das Staatsrecht der Bundesrepublik Deutschland, 1977 ff.
Stöckli, Allgemeine Arbeitsbedingungen, 1979
Stoffels, AGB-Recht, 3. Aufl. 2015
Suckow/Striegel/Niemann, Der vorformulierte Arbeitsvertrag, 2011 (zit.: SSN/*Bearbeiter*)

Thomas/Putzo, Zivilprozessordnung, 36. Aufl. 2015
Thüsing, AGB-Kontrolle im Arbeitsrecht, 2007 (zit.: *Thüsing*, AGB-Kontrolle)
Thüsing, Arbeitnehmerüberlassungsgesetz, 3. Aufl. 2012 (zit.: Thüsing/*Bearbeiter*, AÜG)
Thüsing, Arbeitsrechtlicher Diskriminierungsschutz, 2. Auflage 2013
Thüsing, Beschäftigtendatenschutz und Compliance, 2. Aufl. 2014 (zit.: *Thüsing*, Compliance)
Treber, EFZG, Kommentar, 2. Aufl. 2007
Tschöpe (Hrsg.), Arbeitsrecht Handbuch, 9. Aufl. 2015 (zit.: *Bearbeiter* in Tschöpe)
TZA siehe *Buschmann/Dieball/Stevens-Bartol*

UBH siehe *Ulmer/Brandner/Hensen*
Ulber, Arbeitnehmerüberlassungsgesetz, 4. Aufl. 2011 (zit.: *Ulber*, AÜG)
Ulmer/Brandner/Hensen, AGB-Recht, 11. Aufl. 2011 (zit.: UBH/*Bearbeiter*)

Vogelsang, Entgeltfortzahlung, 2003

Waltermann, Arbeitsrecht, 17. Aufl. 2014
Weber/Ehrich/Burmester/Fröhlich, Handbuch der arbeitsrechtlichen Aufhebungsverträge, 5. Aufl. 2009
Weiss/Gagel (Hrsg.), Handbuch des Arbeits- und Sozialrechts, Loseblatt, Stand: September 2003 (zit.: HAS/*Bearbeiter*)
Wiedemann, Tarifvertragsgesetz, Kommentar, 7. Aufl. 2007
Wiese/Kreutz/Oetker/Raab/Weber/Franzen/Gutzeit/Jacobs, Gemeinschaftskommentar BetrVG, 10. Aufl. 2014 (zit.: GK-BetrVG/*Bearbeiter*)
Windbichler, Arbeitsrecht im Konzern, 1989
Windbichler, Arbeitsrechtliche Vertragsgestaltung im Konzern, 1990
WLP siehe Wolf/Lindacher/Pfeiffer
Wolf/Lindacher/Pfeiffer, AGB-Recht, 6. Aufl. 2013 (zit.: WLP/*Bearbeiter*)
Wolf/Neuner, Allgemeiner Teil des Bürgerlichen Rechts, 10. Aufl. 2012

Zöller, Zivilprozessordnung, Kommentar, 30. Aufl. 2014 (zit.: Zöller/*Bearbeiter*)
Zöllner/Loritz/Hergenröder, Arbeitsrecht, 6. Aufl. 2008

Abkürzungsverzeichnis

a.A.	anderer Ansicht
a.a.O.	am angegebenen Ort
ABl.	Amtsblatt
abl.	ablehnend
Abs.	Absatz
AcP	Archiv für die civilistische Praxis
a.E.	am Ende
AE	Arbeitsrechtliche Entscheidungen (Zeitschrift)
AEntG	Arbeitnehmer-Entsendegesetz
AEUV	Vertrag über die Arbeitsweise der europäischen Union
a.F.	alte Fassung
AFG	Arbeitsförderungsgesetz
AG	Aktiengesellschaft (auch Zeitschrift); Amtsgericht
a.G.	auf Gegenseitigkeit
AGB	Allgemeine Geschäftsbedingungen
AGBG	Gesetz zur Regelung des Rechts der Allgemeinen Geschäftsbedingungen
AGG	Allgemeines Gleichbehandlungsgesetz
AiB	Arbeitsrecht im Betrieb (Zeitschrift)
AktG	Aktiengesetz
a.M.	anderer Meinung
AngKSchG	Gesetz über die Fristen für die Kündigung von Angestellten
Anh.	Anhang
Anm.	Anmerkung
AnwBl.	Anwaltsblatt (Zeitschrift)
AO	Abgabenordnung; Anordnung
AP	Arbeitsrechtliche Praxis
ArbG	Arbeitsgericht
ArbGG	Arbeitsgerichtsgesetz
AR-Blattei	Arbeitsrechtsblattei
ArbNErfG	Gesetz über Arbeitnehmererfindungen
ArbPlSchG	Arbeitsplatzschutzgesetz
ArbRAktuell	Arbeitsrecht Aktuell (Zeitschrift)
ArbRB	Der Arbeits-Rechts-Berater (Zeitschrift)
ArbSchG	Arbeitsschutzgesetz
ArbuR	Arbeit und Recht (Zeitschrift)
ArbVG '92	Arbeitsvertragsgesetz (Entwurf 1992)
ArbZG	Arbeitszeitgesetz
ArEV	Arbeitsentgeltverordnung
ARS	Arbeitsrechtssammlung
ARST	Arbeitsrecht in Stichworten
Art.	Artikel
ASiG	Arbeitssicherheitsgesetz
ATE	Auslandstätigkeitserlass
ATG	Altersteilzeitgesetz
AuA	Arbeit und Arbeitsrecht (Zeitschrift)

Aufl.	Auflage
AÜG	Arbeitnehmerüberlassungsgesetz
AZO	Arbeitszeitordnung
b + p	Betrieb und Personal (Zeitschrift)
BA	Bundesanstalt für Arbeit
BAG	Bundesarbeitsgericht
BAGE	Amtliche Sammlung der Entscheidungen des Bundesarbeitsgerichts
BAnz.	Bundesanzeiger
BArbBl.	Bundesarbeitsblatt
BAT	Bundesangestelltentarifvertrag
BayObLG	Bayerisches Oberstes Landesgericht
BB	Der Betriebs-Berater (Zeitschrift)
BBesG	Bundesbesoldungsgesetz
BBG	Bundesbeamtengesetz
BBiG	Berufsbildungsgesetz
Bdb.	Brandenburg
BDSG	Bundesdatenschutzgesetz
Beil.	Beilage
BErzGG	Bundeserziehungsgeldgesetz
BeschFG	Gesetz zur Förderung der Beschäftigung
BeSchuG	Gesetz zum Schutz der Beschäftigten vor sexueller Belästigung am Arbeitsplatz
betr.	betreffend
BetrAV	Betriebliche Altersversorgung (Zeitschrift)
BetrAVG	Gesetz zur Verbesserung der betrieblichen Altersversorgung – Betriebsrentengesetz
BetrVG	Betriebsverfassungsgesetz
BfA	Bundesversicherungsanstalt für Angestellte
BFH	Bundesfinanzhof
BFHE	Sammlung der Entscheidungen des Bundesfinanzhofs
BFH/NV	Sammlung amtlich nicht veröffentlichter Entscheidungen des Bundesfinanzhofs
BGB	Bürgerliches Gesetzbuch
BGBl.	Bundesgesetzblatt
BGH	Bundesgerichtshof
BGHSt	Entscheidungen des Bundesgerichtshofs in Strafsachen
BGHZ	Entscheidungen des Bundesgerichtshofs in Zivilsachen
BGleiG	Bundesgleichstellungsgesetz
BlStSozArbR	Blätter für Steuerrecht, Sozialversicherung und Arbeitsrecht
BMF	Bundesministerium der Finanzen
BPersVG	Bundespersonalvertretungsgesetz
BRAO	Bundesrechtsanwaltsordnung
BR-Drucks.	Bundesrats-Drucksache
BRRG	Beamtenrechtsrahmengesetz
BRTV	Bundesrahmentarifvertrag für das Baugewerbe
BRZ	Zeitschrift für Bilanzierung und Rechnungswesen

BSG	Bundessozialgericht
BSGE	Sammlung der Entscheidungen des Bundessozialgerichts
bspw.	beispielsweise
BStBl.	Bundessteuerblatt
BT	Bundestag
BT-Drucks.	Bundestags-Drucksache
BUKG	Bundesumzugskostengesetz
BUrlG	Bundesurlaubsgesetz
BuW	Betrieb und Wirtschaft (Zeitschrift)
BVerfG	Bundesverfassungsgericht
BVerfGE	Entscheidungen des Bundesverfassungsgerichts
BVerfGG	Bundesverfassungsgerichtsgesetz
BVerwG	Bundesverwaltungsgericht
BW	Baden-Württemberg
CR	Computer und Recht (Zeitschrift)
DAngVers	Die Angestellten-Versicherung (Zeitschrift)
DAR	Deutsches Autorecht (Zeitschrift)
DB	Der Betrieb (Zeitschrift)
DBA	Doppelbesteuerungsabkommen
DGB	Deutscher Gewerkschaftsbund
d.h.	das heißt
Diss.	Dissertation
DNotZ	Deutsche Notar-Zeitschrift
DÖD	Der öffentliche Dienst (Zeitschrift)
DRdA	Das Recht der Arbeit (Zeitschrift)
DRiZ	Deutsche Richterzeitung
DRV	Deutsche Rentenversicherung; Deutsche Rentenversicherung (Zeitschrift)
DStR	Deutsches Steuerrecht (Zeitschrift)
DStRE	DStR-Entscheidungsdienst
DStZ	Deutsche Steuer-Zeitung (Zeitschrift)
DuD	Datenschutz und Datensicherung (Zeitschrift)
DVBl.	Deutsches Verwaltungsblatt
DZWiR	Deutsche Zeitschrift für Wirtschaftsrecht
EAS	Europäisches Arbeits- und Sozialrecht
EBRG	Europäisches Betriebsräte-Gesetz
EFG	Entscheidungen der Finanzgerichte (Zeitschrift)
EFZG	Entgeltfortzahlungsgesetz
EG	Vertrag zur Gründung der Europäischen Gemeinschaft
EGBGB	Einführungsgesetz zum Bürgerlichen Gesetzbuch
EGMR	Europäischer Gerichtshof für Menschenrechte
ErfK	Erfurter Kommentar zum Arbeitsrecht
EStG	Einkommensteuergesetz
EU	Europäische Union
EuGH	Gerichtshof der Europäischen Union

EuZA	Europäische Zeitschrift für Arbeitsrecht
EV	Einigungsvertrag
EWiR	Entscheidungen zum Wirtschaftsrecht
EWS	Europäisches Wirtschafts- und Steuerrecht (Zeitschrift)
EzA	Entscheidungssammlung zum Arbeitsrecht
EzBAT	Entscheidungssammlung zum Bundesangestelltentarifvertrag
f., ff.	folgende(r)
FA	Fachanwalt Arbeitsrecht (Zeitschrift)
FernUSG	Fernunterrichtsschutzgesetz
FEV	Fahrerlaubnis-Verordnung
FGO	Finanzgerichtsordnung
Fn.	Fußnote
FPersV	Fahrpersonalverordnung
FS	Festschrift
gem.	gemäß
GenDG	Gendiagnostikgesetz
GenG	Genossenschaftsgesetz
GewO	Gewerbeordnung
GG	Grundgesetz
ggf.	gegebenenfalls
GK	Gemeinschaftskommentar
GKG	Gerichtskostengesetz
GmbH	Gesellschaft mit beschränkter Haftung
GmbHG	Gesetz betr. die Gesellschaften mit beschränkter Haftung
GmbHR	GmbH-Rundschau (Zeitschrift)
GmSOGB	Gemeinsamer Senat der obersten Gerichtshöfe des Bundes
GO NRW	Gemeindeordnung Nordrhein-Westfalen
GPR	Zeitschrift für das Privatrecht der europäischen Union
GRUR	Gewerblicher Rechtsschutz und Urheberrecht (Zeitschrift)
GS	Großer Senat
GüKG	Güterkraftverkehrsgesetz
GVG	Gerichtsverfassungsgesetz
GWR	Gesellschafts- und Wirtschaftsrecht (Zeitschrift)
HAG	Heimarbeitsgesetz
Halbs.	Halbsatz
Hess.	Hessen
HGB	Handelsgesetzbuch
h.M.	herrschende Meinung
IfSG	Infektionsschutzgesetz
INF	Information für Steuerberater und Wirtschaftsprüfer (Zeitschrift)
InsO	Insolvenzordnung
IPRrax	Praxis des internationalen Privat- und Verfahrensrechts (Zeitschrift)
i.S.	im Sinne

i.S.d.	im Sinne des/der
i.S.v.	im Sinne von
i.V.m.	in Verbindung mit
JArbSchG	Jugendarbeitsschutzgesetz
JR	Juristische Rundschau (Zeitschrift)
JurBüro	Das juristische Büro (Zeitschrift)
JuS	Juristische Schulung (Zeitschrift)
JZ	Juristenzeitung
K&R	Kommunikation und Recht (Zeitschrift)
KAPOVAZ	Kapazitätsorientierte variable Arbeitszeit
KG	Kammergericht; Kommanditgesellschaft
KirchE	Entscheidungen in Kirchensachen
KonTraG	Gesetz zur Kontrolle und Transparenz im Unternehmensbereich
krit.	kritisch
KSchG	Kündigungsschutzgesetz
LAG	Landesarbeitsgericht
LAGE	Entscheidungen der Landesarbeitsgerichte
LFZG	Lohnfortzahlungsgesetz
LM/LMK	Nachschlagewerk des Bundesgerichtshofs, hrsg. v. *Lindenmaier, Möhring* u.a.
Ls.	Leitsatz
LStDV	Lohnsteuer-Durchführungsverordnung
LStH	Lohnsteuerhinweise
LStR	Lohnsteuerrichtlinien
MDR	Monatsschrift für Deutsches Recht (Zeitschrift)
MiArbG	Mindestarbeitsbedingungengesetz
MiLoG	Mindestlohngesetz
MTV	Manteltarifvertrag
MünchArbR	Münchener Handbuch zum Arbeitsrecht
MünchKomm	Münchener Kommentar
MuSchG	Mutterschutzgesetz
MV	Mecklenburg-Vorpommern
m.w.N.	mit weiteren Nachweisen
NachwG	Nachweisgesetz
Nds.	Niedersachsen
n.F.	neue Fassung
NJW	Neue Juristische Wochenschrift (Zeitschrift)
NJW-RR	NJW-Rechtsprechungsreport
Nr.	Nummer
n. rkr.	nicht rechtskräftig
n.v.	nicht veröffentlicht
NZA	Neue Zeitschrift für Arbeitsrecht

NZA-RR	Neue Zeitschrift für Arbeitsrecht/Rechtsprechungsreport (Zeitschrift)
NZG	Neue Zeitschrift für Gesellschaftsrecht
NZS	Neue Zeitschrift für Sozialrecht
öAT	Zeitschrift für das öffentliche Arbeits- und Tarifrecht
OHG	Offene Handelsgesellschaft
OLG	Oberlandesgericht
OWiG	Gesetz über Ordnungswidrigkeiten
PersR	Der Personalrat (Zeitschrift)
PersV	Die Personalvertretung (Zeitschrift)
PflR	Pflegerecht (Zeitschrift)
PflVG	Pflichtversicherungsgesetz
RAGE	Entscheidungen des Reichsarbeitsgerichts
RdA	Recht der Arbeit (Zeitschrift)
RDV	Recht der Datenverarbeitung (Zeitschrift)
RG	Reichsgericht
RGZ	Entscheidungen des Reichsgerichts in Zivilsachen
Rh.-Pf.	Rheinland-Pfalz
RIW	Recht der internationalen Wirtschaft (Zeitschrift)
RL	Richtlinie
Rpfleger	Der deutsche Rechtspfleger (Zeitschrift)
RVO	Reichsversicherungsordnung
RV-TZA	Rahmenvereinbarungen über Teilzeitarbeit
Rz.	Randzahl
S.	Seite
s.	siehe
s.a.	siehe auch
SAE	Sammlung arbeitsrechtlicher Entscheidungen (Zeitschrift)
Schl.-Holst.	Schleswig-Holstein
SchwarzArbG	Gesetz zur Bekämpfung der Schwarzarbeit und illegalen Beschäftigung
SGB	Sozialgesetzbuch
SGb	Die Sozialgerichtsbarkeit (Zeitschrift)
sog.	sogenannt/e/r
SozR	Sozialrecht Rechtsprechung und Schrifttum
SozSich	Soziale Sicherheit (Zeitschrift)
SozVers	Die Sozialversicherung (Zeitschrift)
SprAuG	Sprecherausschussgesetz
SpuRt	Zeitschrift für Sport und Recht
StE	Steuer-Eildienst
StGB	Strafgesetzbuch
str.	streitig
StVG	Straßenverkehrsgesetz
SvEV	Sozialversicherungsentgeltverordnung

TKG	Telekommunikationsgesetz
TMG	Telemediengesetz
TVG	Tarifvertragsgesetz
TVöD	Tarifvertrag öffentlicher Dienst
TzBfG	Teilzeit- und Befristungsgesetz
TzWrG	Teilzeit-Wohnrechtegesetz
u.a.m.	und anderes mehr
UFITA	Archiv für Urheber-, Film-, Funk- und Theaterrecht
UKlaG	Unterlassungsklagengesetz
USK	Urteilssammlung für die gesetzliche Krankenversicherung
UWG	Gesetz gegen den unlauteren Wettbewerb
VermBG	Gesetz zur Förderung der Vermögensbildung der Arbeitnehmer
VersR	Versicherungsrecht (Zeitschrift)
vgl.	vergleiche
v.H.	vom Hundert
VRG	Vorruhestandsgesetz
VSSR	Vierteljahresschrift für Sozialrecht
VVG	Gesetz über den Versicherungsvertrag
WA	Westdeutsche Arbeitsrechtsprechung
WiB	Wirtschaftliche Beratung (Zeitschrift)
WoPG	Wohnungsbau-Prämiengesetz
WRP	Wettbewerb in Recht und Praxis (Zeitschrift)
WRV	Weimarer Reichsverfassung
ZAP	Zeitschrift für die Anwaltspraxis
z.B.	zum Beispiel
ZBR	Zeitschrift für Beamtenrecht
ZESAR	Zeitschrift für europäisches und Sozial- und Arbeitsrecht
ZfA	Zeitschrift für Arbeitsrecht
ZfSch	Zeitschrift für Schadensrecht
ZGR	Zeitschrift für Unternehmens- und Gesellschaftsrecht
ZHR	Zeitschrift für das gesamte Handelsrecht und Wirtschaftsrecht
ZinsO	Zeitschrift für das gesamte Insolvenzrecht
ZIP	Zeitschrift für Wirtschaftsrecht
ZPO	Zivilprozessordnung
ZRP	Zeitschrift für Rechtspolitik
ZSR	Zeitschrift für Sozialreform
ZTR	Zeitschrift für Tarifrecht
ZUM-RR	Zeitschrift für Urheber- und Medienrecht/Rechtsprechungsreport

Teil I
Grundlagen der Vertragsgestaltung

A. Methodische Fragen der Vertragsgestaltung

	Rz.
I. Einführung	1
1. Die Aufgabe der Kautelarjurisprudenz	2
2. Unzureichende Kenntnis über Möglichkeiten und Grenzen der Vertragsgestaltung	6
II. Grundfunktionen der Vertragsgestaltung	15
1. Rechtsbegründungs- und Regelungsfunktion	15
2. Klarstellungsfunktion des Arbeitsvertrages	21
3. Beweisfunktion des Arbeitsvertrages	25
4. Das Nachweisgesetz	28
a) Grundlagen	28
b) Die nachzuweisenden wesentlichen Vertragsbedingungen	32
aa) Vertragsparteien (§ 2 Abs. 1 Satz 2 Nr. 1 NachwG)	35
bb) Beginn des Arbeitsverhältnisses (§ 2 Abs. 1 Satz 2 Nr. 2 NachwG)	36
cc) Dauer des Arbeitsverhältnisses (§ 2 Abs. 1 Satz 2 Nr. 3 NachwG)	37
dd) Arbeitsort (§ 2 Abs. 1 Satz 2 Nr. 4 NachwG)	38
ee) Tätigkeitsbeschreibung (§ 2 Abs. 1 Satz 2 Nr. 5 NachwG)	39
ff) Arbeitsentgelt (§ 2 Abs. 1 Satz 2 Nr. 6 NachwG)	40
gg) Arbeitszeit (§ 2 Abs. 1 Satz 2 Nr. 7 NachwG)	41
hh) Dauer des jährlichen Erholungsurlaubs (§ 2 Abs. 1 Satz 2 Nr. 8 NachwG)	42
ii) Kündigungsfristen (§ 2 Abs. 1 Satz 2 Nr. 9 NachwG)	43
jj) Hinweis auf Kollektivvereinbarungen (§ 2 Abs. 1 Satz 2 Nr. 10 NachwG)	44
c) Teilersetzung der Nachweispflicht durch Verweisung	45
d) Wegfall der Verpflichtung durch Arbeitsvertrag	48

	Rz.
e) Änderung der wesentlichen Vertragsbedingungen	49
f) Rechtsfolgen	50
aa) Erfüllungs- und vertragliche Schadensersatzansprüche	51
bb) Deliktsrechtliche Ansprüche	53
cc) Zurückbehaltungsrechte	54
dd) Beweislast	55
ee) Betriebsverfassungsrechtliche Sanktionen	62
5. Hinweise zur zweckmäßigen Vertragsgestaltung	63
III. Vertragsgestaltung und Gesetz	67
IV. Vertragsgestaltung und kollektives Arbeitsrecht	73
1. Rolle der Betriebsräte	75
2. Ausgangspunkt der Vertragsgestaltung	77
3. Differenzierung zwischen tarifgebundenen und nicht tarifgebundenen Arbeitnehmern?	82
4. Arbeitsvertrag oder Betriebsvereinbarung?	83
a) Problematik des Verzichts auf individuelle Vertragsgestaltung	85
b) Problematik des Günstigkeitsprinzips	88
c) Problematik benachteiligender Regelungen in Betriebsvereinbarungen	90
5. Auswirkungen der Änderung und Beendigung des Kollektivvertrages	91
V. Standardisierte und individuelle Vertragsgestaltung	96
1. Einzelarbeitsvertrag	99
2. Formularvertrag und ausgehandelte Individualabrede	100
3. Allgemeine Arbeitsbedingungen und vertragliche Einheitsregelungen	103
4. Typischer und atypischer Vertrag	104
VI. Zwecke einheitlich vorformulierter Vertragsgestaltung	106

	Rz.		Rz.
1. Gleichbehandlung der Mitarbeitergruppen	107	IX. Zweckmäßigkeit der Vertragsgestaltung	119
2. Rationalisierungsinteresse	109	1. Grundfragen	119
VII. Individuelle Wege bei der Vertragsgestaltung	111	2. Spaltung oder Vereinheitlichung der Vertragsverhältnisse?	123
VIII. Sichere Wege bei der Vertragsgestaltung	114	3. Konstitutive und deklaratorische Klauselgestaltung	127
		X. Resümee	133

Schrifttum:

Bauer, Einführung in die Vertragsgestaltung im Arbeitsrecht, JuS 1999, 356, 452, 557, 660, 765; *Bauer/Lingemann/Diller/Haußmann*, Anwalts-Formularbuch Arbeitsrecht, 5. Aufl. 2014; *Däubler*, Verhandeln und Gestalten, 2003; *Gaul*, Der Musterarbeitsvertrag – zwischen unternehmerischer Vorsorge und den Vorgaben des Nachweisgesetzes, NZA Sonderbeilage 3/2000, 51; *Heussen*, Handbuch Vertragsverhandlungen und Vertragsmanagement: Planung, Verhandlung, Design und Durchführung von Verträgen, 2. Aufl. 2002; *Hromadka/Schmitt-Rolfes*, Der unbefristete Arbeitsvertrag, 2006; *Junker/Kamanabrou*, Vertragsgestaltung, 4. Aufl. 2014; *Küttner*, Arbeitsrecht und Vertragsgestaltung, RdA 1999, 59; *Langenfeld*, Einführung in die Vertragsgestaltung, 2001; *Langenfeld*, Vertragsgestaltung, 3. Aufl. 2004; *Lunk* (Hrsg.), Anwaltformulare Arbeitsrecht, 2. Aufl. 2014; *Preis*, Aktuelle Fragen der inhaltlichen Gestaltung von Arbeitsverträgen, in Hanau/Schaub, Arbeitsrecht 1997, S. 21; *Schmittat*, Einführung in die Vertragsgestaltung, 3. Aufl. 2008; *Schröder*, Der sichere Weg bei der Vertragsgestaltung, 1990; *Tschöpe*, Gestaltungselemente bei Arbeitsverträgen, MDR 1996, 1081; *von Steinau-Steinrück/Vernunft*, Arbeitsvertragsgestaltung, 2. Aufl. 2014.

I. Einführung

1 Die Grundlagen des Vertragsrechts im Arbeitsrecht sind unsicher. Das nur bruchstückhaft gesetzlich geregelte Arbeitsvertragsrecht und das lückenfüllende Richterrecht erschweren eine rechtsbeständige Vertragsgestaltung.

1. Die Aufgabe der Kautelarjurisprudenz

2 Eine Lehre der **Vertragsgestaltung im Arbeitsrecht** ist erst in der Entstehung.[1] Die Methode der Vertragsgestaltung findet größere Aufmerksamkeit;[2] um sie machen sich insbesondere Notare verdient.[3] *Langenfeld* hebt zu Recht hervor, dass sie auch dem Richter erleichtern könnte, den im Einzelfall vorliegenden Vertrag als Sinngefüge zu achten und sich nicht vorschnell unter Berufung auf Billigkeitserwägungen über seine Regelungen hinwegzusetzen. Schließlich könnte eine Methode

---

1 Hierzu *Preis*, Grundfragen der Vertragsgestaltung im Arbeitsrecht, 1993.
2 Vor allem *Rehbinder*, Vertragsgestaltung, 1982; *Rehbinder*, AcP 174 (1974), 265 ff.; aus methodischer Sicht *Bydlinski*, Methodenlehre, S. 609 ff.; zur Kautelarjurisprudenz im Gesellschaftsrecht: *Wiedemann*, Gesellschaftsrecht I, S. 79 ff.; *H. P. Westermann*, AcP 175 (1975), 357 ff.
3 Vgl. *Langenfeld*, Vertragsgestaltung; ferner 23. Deutscher Notartag Frankfurt 1989 mit Referat von *Jerschke*, DNotZ-Sonderheft 1989, 21 ff. und Beiträgen von *Odersky*, *Meister* und *Westermann*; vgl. ferner bereits der 18. Deutsche Notartag 1969 mit Vortrag *Flume*.

der Vertragsgestaltung auch die **Vertragsfreiheit** stärken, wenn sie in der Lage sei, zu mehr **Vertragsgerechtigkeit** beizutragen.[1]

Wie der **richtige Weg zum gerechten Vertrag** aussieht, ist auch die Kernfrage der Kautelarjurisprudenz im Arbeitsrecht. Je mehr der Vertrag in der Lage ist, einen gerechten Interessenausgleich herzustellen, umso weniger besteht ein Bedürfnis für richterliche Eingriffe. 3

Die Beantwortung der Frage, was der Arbeitsvertrag in einem Geflecht zwingender Einzelgesetze und vorrangiger Kollektivnormen (Tarifverträge und Betriebsvereinbarungen) regeln kann, ist unverzichtbar, wenn eine Lehre der Vertragsgestaltung im Arbeitsrecht entstehen soll. Der Kautelarjurist muss bei seiner Tätigkeit stets berücksichtigen, dass sein Vertrag im Streitfall Gegenstand richterlicher Auslegung und Kontrolle sein wird.[2] Da die Vertragsgestaltung an die Grenzen des zwingenden Rechts gebunden ist, gehört zu ihr auch die Feststellung dieser Grenzen.[3] Die Methode der Rechtsanwendung muss der Kautelarjurist beherrschen, um konzipierte Lösungen auf ihre Vereinbarkeit mit Recht und Gesetz prüfen zu können. Insoweit arbeitet er methodisch nicht anders als rechtsanwendende Juristen.[4] Der Kautelarjurist ist jedoch zusätzlich gefordert. Er muss zukunftsorientiert arbeiten, mögliche Fallkonstellationen durchdenken und im Rahmen des geltenden Rechts durch hinreichende „Kautelen" Konflikte vermeiden. Die hohe Schule des Kautelarjuristen fordert darüber hinaus Gespür dafür, wohin sich die Rechtsordnung voraussichtlich entwickeln wird. Dass diese Anforderung schnell zur Überforderung werden kann, muss besonders mit Blick auf das Arbeitsrecht betont werden. Jedenfalls wird der Ruf der Kautelarjuristen nach **Orientierungshilfen**[5] für ihre in die Zukunft gerichtete rechtsgestaltende Tätigkeit vor diesem Hintergrund verständlich. Wo Gesetze fehlen oder die hinreichende Orientierung nicht zu geben vermögen, sind Rechtsprechung und Lehre gefordert, den Handlungsrahmen für die Vertragsgestaltung deutlich sichtbar werden zu lassen. 4

Eine **zweckmäßige** und **rechtlich unbedenkliche** Arbeitsvertragsgestaltung ist ein schwieriges Geschäft, weil selten sicher abzuschätzen ist, welche vertragliche Regelung den sich ständig verändernden Rechtsprechungsgrundsätzen genügt. Wenig geklärt ist bisher, wie dem Ruf nach **Flexibilität**, d.h. Änderbarkeit der Arbeitsbedingungen, rechtlich unbedenklich nachgekommen werden kann.[6] Ein neuralgischer Punkt der Arbeitsvertragsgestaltung ist das noch immer nicht befriedigend gelöste Verhältnis von Kollektiv- und Individualarbeitsrecht, das Empfehlungen für die Ausübung der individuellen Vertragsfreiheit oftmals als zweischneidig erscheinen lässt. In der Vergangenheit hat sich nicht immer sicher abschätzen lassen, welche Bindungskraft der individualrechtlichen Vereinbarung letztlich beigemessen wurde, wo sie Flexibilität im Arbeitsleben verhinderte oder wo sie gar notwendige Voraussetzung für eine flexible Handhabung der Arbeitsbedingungen war. Hinzuweisen ist hier nur auf die Problematik des Günstigkeitsprinzips, mit der sich 5

---

1 *Langenfeld*, Vertragsgestaltung, Rz. 11.
2 *Langenfeld*, Vertragsgestaltung, Rz. 2.
3 *Rehbinder*, AcP 174 (1974), 265 (287).
4 Zutreffend *Bydlinski*, Methodenlehre, S. 609 f.
5 *Langenfeld*, Vertragsgestaltung, Rz. 57.
6 Hierzu *Hromadka* (Hrsg.), Änderung von Arbeitsbedingungen, 1989 mit Beiträgen von *Söllner, Wank, Schaub, Ascheid, Leinemann, Willemsen, Blomeyer* und *Schlochauer*.

der Große Senat innerhalb kurzer Zeit zweimal befassen musste,[1] ohne den Streitstand wirklich befrieden zu können.

2. Unzureichende Kenntnis über Möglichkeiten und Grenzen der Vertragsgestaltung

6 Unsicherheiten über Umfang und Grenzen zwingender Vorgaben im Arbeitsrecht schlagen sich unmittelbar in der Vertragsgestaltung nieder. Ausschlaggebend scheinen hierfür folgende Gründe zu sein:
– unzureichende dispositive Leitlinien im Gesetzesrecht bei gleichzeitiger Unsicherheit über bestehendes Richterrecht;
– fehlende Klarheit über Umfang und Grenzen der Inhalts- bzw. Angemessenheitskontrolle;
– fehlende wissenschaftliche Aufarbeitung der Kautelarjurisprudenz.

7 Neben diesen allgemeinen Unsicherheitsquellen scheinen zwei Fehlertypen symptomatisch zu sein: **Unterschätzung und Überschätzung des zwingenden Rechts**.

Beispiele:
– Häufig sind Abreden anzutreffen, die bestimmte Gründe für eine fristlose Kündigung festlegen wollen, obwohl diese in § 626 BGB zwingend in einer Generalklausel geregelt sind.
– Verkannt werden häufig die Vorschriften zum Schutz von Teilzeitarbeitnehmern und befristet Beschäftigten, allein schon durch die Verbreitung besonderer Formularmuster, die die Gefahr der ungerechtfertigten Ungleichbehandlung geradezu heraufbeschwören.

8 Für die Praxis bedeutsam ist, dass sachlich **ungerechtfertigte Differenzierungen** zwischen verschiedenen Arbeitnehmergruppen einen Anspruch auf Gleichbehandlung auslösen können. In weitem Umfang hält die **Formularpraxis** jedoch an gesonderten Vertragsformularen mit z.T. erheblich unterschiedlichen Vertragsbedingungen, auch innerhalb eines Unternehmens, fest. Vor dem Hintergrund der **verfassungsrechtlichen Entwicklung** erscheint es zunehmend fraglich, ob Unternehmen gut beraten sind, hieran festzuhalten, insbesondere soweit es um ungleiche Vertragsbedingungen für Arbeiter und Angestellte, für Teilzeit- und Vollzeitbeschäftigte sowie befristet und unbefristet Beschäftigte geht. § 4 des Gesetzes über Teilzeitarbeit und befristete Arbeitsverträge (TzBfG), das am 1.1.2001 in Kraft getreten ist, legt seither ausdrücklich ein umfassendes Diskriminierungsverbot und Gleichbehandlungsgebot fest.

9 Die **innovative Funktion der Vertragsgestaltung** kommt dort zu kurz, wo eine Bindung an zwingendes Recht angenommen wird, obwohl eine solche nicht besteht.

Beispiele:
– Es scheint weithin unbekannt zu sein, dass übergesetzlicher, d.h. über 24 Werktage jährlich hinausgehender Urlaub nicht an die zwingenden Vorgaben des Bundesurlaubsgesetzes gebunden ist, sondern frei ausgestaltet werden kann.[2]

---

1 BAG GS v. 16.9.1986 – GS 1/82, NZA 1987, 168; GS v. 7.11.1989 – GS 3/85, NZA 1990, 816.
2 Vgl. BAG v. 31.5.1990 – 8 AZR 132/89, NZA 1990, 935.

– Dies gilt ähnlich für die über die gesetzliche Mindestregelung hinausgehende Entgeltfortzahlung im Krankheitsfall. Hier könnte man zumindest erwägen, ob diese Sozialleistung auch bei verschuldeter Krankheit oder bei krankheitsbedingter Beendigung des Arbeitsverhältnisses gewährt wird.

Erhebliche **Unklarheiten** gehen allerdings nicht auf Fehler der Vertragsparteien, sondern auf **Fehler der Gesetzgebung** zurück. Zerstreute und nicht von einem einheitlichen kodifikatorischen Prinzip getragene Normen erschweren nicht nur den Überblick, sondern verhindern auch einheitliche Wertungen. Eine Reihe für die Vertragsgestaltung wichtiger Vorfragen und Vorgaben sind so ungeklärt, dass der Vertrag eines seiner wichtigsten Ziele, **Rechtssicherheit**, nicht erreichen kann. 10

Beispiele:

– Wie weit unterliegt die Rechtsstellung des Dienstnehmers vertraglicher Disposition? → *Arbeitnehmerstatus*, II A 50
– Gibt es taugliche Instrumente, einen Vertrag „sicher" vor Unwirksamkeitsfolgen zu schützen? → *Salvatorische Klauseln*, II S 10
– Wo bestehen Grenzen für einzelvertragliche Bezugnahme auf branchenfremde oder ausgewählte Teilstücke von Tarifverträgen? → *Verweisungsklauseln*, II V 40
– An welche Grenzen ist die Befristung von Einzelabreden gebunden? → *Vorbehalte und Teilbefristung*, II V 70
– Gibt es Grenzen für den Ausschluss oder die Pauschalierung von → *Mehrarbeits- und Überstundenvergütung*, II M 20?
– Wo sind die Grenzen für die Flexibilität von Entgelten durch Änderung von Tätigkeiten, Arbeitsentgelten und Arbeitszeiten? Kann die Entstehung eines Anspruchs wegen mehrfacher Gewährung von Leistungen durch einen im Arbeitsvertrag vorweggenommenen Vorbehalt ausgeschaltet werden? → *Vorbehalte und Teilbefristung*, II V 70; → *Arbeitszeit*, II A 90
– Wie weit greift die vertragliche Versetzungsbefugnis des Arbeitgebers? Berechtigt die Versetzung zur Entgeltreduktion? → *Direktionsrecht und Tätigkeitsbeschreibung*, II D 30
– Wo verlaufen die Grenzen für formularmäßige → *Ausschlussfristen*, II A 150 und → *Verzichtserklärungen*, II V 50?
– Wie weit kann der Vertrag selbst billige und angemessene Regelungen zur → *Haftung des Arbeitnehmers*, II H 20 aufstellen?

In der Praxis der Vertragskontrolle unterscheidet die Rechtsprechung noch unzureichend zwischen **vorformulierten** und **ausgehandelten Verträgen**, obwohl praktisch alle typischen Arbeitsverträge der ersten Kategorie zuzuordnen sind (zur gegenwärtigen Praxis der Vertragsgestaltung s. unter I B Rz. 3ff.). Mehr als zwölf Jahre nach Inkrafttreten des AGB-Rechts für das Arbeitsrecht gibt es bislang keinen Fall in der höchstrichterlichen Rechtsprechung des BAG, in dem eine ausgehandelte Vertragsbedingung bejaht wurde. Die Einflüsse der Zivilrechtsprechung zum AGB-Recht werden jedoch auch im Arbeitsrecht stärker werden. Angesichts der Einbeziehung des Arbeitsrechts in die Inhaltskontrolle für Allgemeine Geschäftsbedingungen durch das Schuldrechtsmodernisierungsgesetz (§ 310 Abs. 4 BGB) wird dieser Einfluss noch deutlicher. Viele Vertragsgestalter suchen dabei Vorbilder für einschlägige Regelungen aus Tarifverträgen zu nutzen. Freilich ist dabei zu bedenken, dass Einzelklauseln aus Tarifverträgen nicht immer vorteilhaft sein müssen, weil 11 sie aus einem Verhandlungsprozess – möglicherweise als Gegenleistung für eine vorteilhafte Regelung – hervorgegangen sind.

12 Als Beispiele für vertragliche Regelungen, die von dem Bemühen beherrscht sind, ausgleichende, billige Regelungen der vom zwingenden Recht offen gelassenen Fragen zu finden, seien genannt:

Beispiele:
- § 616 Abs. 1 BGB wird nach dem Vorbild vieler Tarifverträge konkretisiert.
- Es gibt vereinzelte Versuche, Arbeitgeberinteressen bei Nebenpflichten zu konkretisieren.
- Die Konkretisierung von Tätigkeitsbeschreibungen und Direktionsrecht sucht einen Kompromiss zwischen vertraglich gesichertem Einsatz, notwendiger Flexibilität und Arbeitsplatzsicherheit im Krisenfall.

13 Die Notwendigkeit einer die Interessen beider Seiten berücksichtigenden Regelung wird dagegen häufig verkannt in folgenden Bereichen:

Beispiele:
- Abbedingung der Beschäftigungspflicht nach Kündigung oder sogar generell (→ *Freistellung des Arbeitnehmers*, II F 10);
- → *Haftung des Arbeitnehmers*, II H 20 für jedes Verschulden;
- → *Verschwiegenheitspflicht*, II V 20 ohne Rücksicht auf Geheimhaltungsinteresse;
- generelle Pflicht zur Rückgewähr irrtümlicher Überzahlungen (→ *Arbeitsentgelt, überzahltes*, II A 80);
- generelles Verbot der Lohnabtretung (→ *Abtretungsverbote*, II A 10).

Der Grund hierfür liegt in einer teilweise bewusst überschießenden Vertragsgestaltung, die auch aus anwaltlicher Sicht zugunsten des Arbeitgebers empfohlen wird, freilich mit dem Hinweis, dass der Mandant über die Risiken und die rechtliche Zweifelhaftigkeit der Klauseln aufzuklären ist.[1] Eine derartige „Philosophie" der Vertragspraxis zeigt aber ganz deutlich, wie notwendig eine richterliche Vertragskontrolle im Arbeitsrecht ist. Das vorliegende Werk empfiehlt nur nach redlicher Prüfung wirksame Klauseln, unterscheidet sich damit bewusst von einer aus anwaltlicher Zweckmäßigkeit überschießenden Vertragsgestaltung.

14 Manche Vertragsklauseln leiden an **Unbestimmtheit** und **Unklarheit**. Oftmals ist ihr Inhalt widersprüchlich. Unklarheiten und Auslegungsschwierigkeiten ergeben sich ferner vielfach durch **Überregulierung**, durch Anknüpfen an unklare Umstände oder durch Verweise.

Beispiele:
- Kombination von Freiwilligkeits- (oder Anrechnungs-) und Widerrufsvorbehalten (→ *Vorbehalte und Teilbefristung*, II V 70);
- fehlende Aussagen über Tarifvertrags- und Betriebsvereinbarungsoffenheit einer Regelung (→ *Öffnungsklauseln*, II O 10);
- Eingruppierung in eine bestimmte Tarifgruppe ohne Klarstellung, ob diese unter dem Vorbehalt der zutreffenden Bewertung und Beibehaltung der Tätigkeit erfolgt (→ *Arbeitsentgelt*, II A 70);

---

1 Vgl. *Küttner*, RdA 1999, 59 (60).

II. Grundfunktionen der Vertragsgestaltung

1. Rechtsbegründungs- und Regelungsfunktion

Der Arbeitsvertrag (§§ 611 ff. BGB) begründet das Arbeitsverhältnis. Wenn sich die Parteien über die Hauptpflichten des Arbeitsverhältnisses, die Arbeitspflicht des Arbeitnehmers und die Vergütungspflicht des Arbeitgebers, geeinigt haben, ist ein Arbeitsvertrag zwischen den Parteien zustande gekommen. Der Vertragsschluss kann auch mündlich erfolgen. Hierin liegt die originäre Rechtsbegründungs- und Regelungsfunktion des Arbeitsvertrages.   15

Diese Minimalfaktoren stehen in einem gewissen Widerspruch zu den komplexen und vielgestaltigen Beziehungen zwischen Arbeitgeber und Arbeitnehmer im Rahmen eines Arbeitsverhältnisses. Allerdings vermag das → *Direktionsrecht*, II D 30 des Arbeitgebers dem Arbeitsverhältnis die notwendige konkrete Ausgestaltung zu verleihen. Dies darf aber nicht darüber hinwegtäuschen, dass aus diesen Quellen nicht die in einem Arbeitsverhältnis wünschenswerte Klarheit, welche für eine konfliktfreie Abwicklung des Arbeitsvertrages notwendig ist, geschöpft werden kann.   16

Die Regelungsfunktion tritt vielfach vor dem Hintergrund zunehmend dichter werdender **Kollektivvereinbarungen** zurück. Der Arbeitsvertrag degeneriert in der Praxis vielfach zur Hülse, wenn und soweit Tarifverträge und Betriebsvereinbarungen eine hohe **Regelungsdichte** aufweisen.   17

Nun hat aber die Untersuchung der gegenwärtigen Vertragspraxis (vgl. hier unter I B) gezeigt, dass dennoch eine möglichst umfassende Regelung der Rechte und Pflichten im Arbeitsvertrag angestrebt wird. Ausschlaggebend hierfür kann sein – wenn man eine bewusste Vertragsgestaltung annimmt –, dass die wesentlichen Vertragsinhalte unabhängig vom Schicksal der kollektivvertraglichen Bestimmungen gestaltet sein sollen. Dies erweist sich als umso notwendiger, als die Betriebsvereinbarung jederzeit grundlos kündbar ist (§ 77 Abs. 6 BetrVG) und auch Tarifverträge steter Anpassung und Veränderung unterliegen. Insoweit können die Vertragsparteien daran interessiert sein, einen **Minimalbestand vertraglicher Regelungen** in jedem Falle zu sichern.[1]   18

Vereinzelt wird davor gewarnt, Arbeitsverhältnisse im schriftlichen Vertrag zu detailliert zu regeln, damit nicht bei jeder Veränderung eines Vertragsbestandteils eine Änderungskündigung notwendig werde.[2] Dieser Ratschlag ist im Lichte des Nachweisgesetzes (hierzu nachfolgend unter Rz. 28 ff.) zweifelhaft. Freilich legt auch das Nachweisgesetz nicht fest, wie dicht die Regelungen zu den einzelnen Sachkomplexen ausgestaltet sein müssen.   19

---

1 Vgl. *Mache*, AiB 1987, 200 (201 f.).
2 Vgl. *Kador*, Instrumente, S. 156; *Frey*, Arbeitsrechtliche Fehler, S. 45.

20 So muss die Intensität einer Regelung in ihren Folgewirkungen genau abgewogen werden. Das zeigt sich schon in der Frage der Eingrenzung des Tätigkeitsbereichs und des Direktionsrechts. Je genauer und konkreter etwa die Kennzeichnung der zu leistenden Arbeit erfolgt, umso stärker wird das → *Direktionsrecht*, II D 30 des Arbeitgebers eingeschränkt.[1] Auch der durch die frühere Rechtsprechung des BAG[2] für möglich gehaltenen Konkretisierung der Arbeitsinhalte durch längere Beschäftigung an einem bestimmten Arbeitsplatz soll durch eine entsprechende Vertragsklausel entgegengewirkt werden. Gegenstand einer solchen vertraglichen Regelung ist gewissermaßen die bewusste Nichtregelung. Diese aus Sicht der Arbeitgeber gegebene Empfehlung stimmt mit der rechtspolitischen Tendenz zur Flexibilisierung und Deregulierung der Arbeitsbedingungen überein, deren vertragsrechtlicher Kern ist, Rechte und Pflichten auch im Kernbereich des Arbeitsverhältnisses (z.B. Sondervergütungen, Dauer und Lage der Arbeitszeit, Tätigkeitsbereich, Ort der Leistung) möglichst nicht zu verfestigen. Soweit Empfehlungen aus Arbeitnehmersicht zur Vertragsgestaltung gegeben werden, wird demgegenüber eine möglichst genaue Festlegung der angesprochenen Bereiche angestrebt. Doch lassen sich generelle Aussagen, welche Regelung für welche Partei wirklich günstig ist, oftmals nur schwer treffen. So können umfassende und nicht näher festgelegte Tätigkeitsbereiche, die auf den ersten Blick für den Arbeitnehmer ungünstig erscheinen können, im Fall der betriebsbedingten Kündigung ausgesprochen günstig sein. Festzuhalten ist an dieser Stelle nur, dass die Parteien sich stets Rechenschaft darüber ablegen sollten, wieweit das → *Direktionsrecht*, II D 30 durch den Vertrag eingeschränkt oder erweitert werden soll. Vor- und Nachteile entsprechender Regelungen müssen im Einzelfall abgewogen werden.

2. Klarstellungsfunktion des Arbeitsvertrages

21 Sind die Vertragsparteien eines Arbeitsvertrages tarifgebunden und regelt der Tarifvertrag das Arbeitsverhältnis umfassend, ist es dennoch angesichts des Nachweisgesetzes ratsam, einen schriftlichen Arbeitsvertrag zu schließen. Soweit der Einzelarbeitsvertrag dem Arbeitnehmer günstigere Regelungen enthält, dient dies der Beweissicherung.

22 Klarstellungsfunktion kann der Arbeitsvertrag auch dann haben, wenn er Interpretationshilfen für seine Klauseln aufweist. So kann es von Vorteil sein, wenn der Arbeitsvertrag zu unbestimmten (Rechts-)Begriffen selbst die Definition liefert und somit den für die Vertragsparteien verbindlichen Sinn konkretisiert. Der angesichts zwingender Kündigungsnormen (§ 1 KSchG, § 626 BGB) an sich unzulässigen Vereinbarung absoluter Kündigungsgründe in Arbeitsverträgen kann insoweit klarstellende Funktion zukommen, als hierdurch deutlich wird, auf welche Pflichten im Arbeitsverhältnis besonderer Wert gelegt wird.[3] Auch bei Widerrufsvorbehalten (→ *Vorbehalte und Teilbefristung*, II V 70) ist notwendig, die Widerrufsgründe bereits im Arbeitsvertrag zu konkretisieren.

---

1 Vgl. *Brötzmann/Koll*, in Bundesverband Druck e.V., Personalhandbuch, S. 87; *Frey*, Arbeitsrechtliche Fehler, S. 45.
2 BAG v. 27.4.1960 – 4 AZR 584/58, AP Nr. 10 zu § 615 BGB.
3 SPV/*Preis*, Rz. 791.

Schwierig und nur im Einzelfall zu beantworten ist die Frage, ob bei der Vertragsgestaltung **abstrakt-generelle** oder **konkret** auf den Einzelfall zugeschnittene Klauseln zu bevorzugen sind. Der Vorteil abstrakt-genereller Klauseln liegt darin, Regelungslücken zu vermeiden. Zu bedenken ist aber, dass die Kautelarjurisprudenz nicht vor den gleichen Problemen wie die Gesetzgebung steht. Generalklauseln in Verträgen verfehlen das eigentliche Ziel der Kautelarjurisprudenz, nämlich die Rechtsbeziehung zwischen den Parteien auf eine **konkrete Rechtsgrundlage** zu stellen. Ferner verfehlen sie das Ziel, Rechtssicherheit in einer Sonderbeziehung zu schaffen. 23

Rechtsunsicherheit bewirkt auch eine solche Vertragsgestaltung, in der Rechtslagen unzutreffend wiedergegeben werden. In Formularverträgen kann dies zur Unwirksamkeit einer entsprechenden Vertragsklausel führen, wenn die **fehlende Bestimmtheit und Klarheit** der Regelung dazu führen kann, dass der Vertragspartner die Rechtslage unrichtig einschätzt und so möglicherweise von der gerichtlichen Durchsetzung seiner Rechte abgehalten wird.[1] 24

3. Beweisfunktion des Arbeitsvertrages

Der Abschluss eines Arbeitsvertrages ist regelmäßig nicht an ein konstitutives, d.h. für die Wirksamkeit des Abschlusses zwingendes Formerfordernis gebunden. Wirksam begründet und auch geändert werden kann der Arbeitsvertrag daher prinzipiell formlos. Einen mittelbaren Formzwang übt jedoch das Nachweisgesetz aus (hierzu unter Rz. 28 ff.). Zu beachten ist bei befristeten Arbeitsverhältnissen auch das zwingende Formerfordernis für die Befristungsabrede (§ 14 Abs. 4 TzBfG), das bei Nichtbeachtung ein unbefristetes Arbeitsverhältnis zur Folge hat (§ 16 TzBfG). 25

Häufig sind aber **Schriftformerfordernisse in Tarifverträgen** enthalten. Diese können **konstitutive** und/oder lediglich **beweissichernde** (deklaratorische) Bedeutung haben. **Schriftformerfordernisse in Betriebsvereinbarungen** können keine normative Wirkung für Arbeitnehmer entfalten, die noch nicht dem Betrieb angehören. 26

Liegen keine konstitutiven Formerfordernisse vor, kommt der schriftlichen Ausfertigung des Vertrages demnach bloße **Beweisfunktion** zu. Die Beweisfunktion wird aber sowohl aus Sicht der Arbeitnehmer wie der Arbeitgeber als außerordentlich wichtig erachtet. So ist die rechtspolitische Forderung erhoben worden, Arbeitgeber zu verpflichten, die im Einzelnen vereinbarten Bedingungen dem Arbeitnehmer schriftlich zu bestätigen, damit dieser nicht später in Beweisnot komme.[2] Diese Forderung ist durch das Nachweisgesetz teilweise erfüllt worden. Aber auch den Arbeitgebern wird dringend angeraten, Verträge schriftlich abzuschließen. Mündliche Absprachen seien oft Quelle vielfachen Streits, weil später schwer zu beweisen sei, was im Einzelnen besprochen wurde.[3] Ein schriftlich abgefasster Vertrag birgt die 27

---

1 BGH v. 10.12.1980 – VIII ZR 205/79, NJW 1981, 867; UBH/*Fuchs*, § 307 BGB Rz. 338; WLP/*Wolf*, § 307 BGB Rz. 268.
2 Vgl. *Föhr/Bobke*, S. 60; *Notter/Obenaus/Ruf*, S. 76f.; § 4 DGB-Entwurf zum Arbeitsverhältnisrecht, RdA 1977, 166; vgl. auch Entwurf eines Arbeitsvertragsgesetzes 1977, § 9 (Diskussionsgrundlage, allerdings gestrichen nach Beratungen der Ausschüsse und der Kommission).
3 *Meisel*, Arbeitsrecht, Rz. 137.

Vermutung der **Richtigkeit und Vollständigkeit** in sich.[1] Daraus ergibt sich in der Praxis die Konsequenz, dass im Streitfall derjenige, der sich auf eine mündliche Abrede beruft, diese zu beweisen hat.

4. Das Nachweisgesetz

a) Grundlagen

28 Das Gesetz über den Nachweis der für ein Arbeitsverhältnis geltenden wesentlichen Bedingungen vom 20.7.1995[2] löst zahlreiche Dokumentationspflichten des Arbeitgebers über die vereinbarten Vertragsbedingungen aus. Das zwingende Gesetz mit **weitreichenden Formvorschriften** ist nicht ohne Auswirkungen auf die recht unterentwickelte Kultur der Arbeitsvertragsgestaltung geblieben.

29 Das Nachweisgesetz, das die Vorgaben der Richtlinie 91/533/EWG[3] über die Pflicht des Arbeitgebers zur Unterrichtung des Arbeitnehmers über die für seinen Arbeitsvertrag oder sein Arbeitsverhältnis geltenden Bedingungen (Nachweis-RL) im Wesentlichen inhaltsgleich umsetzt, soll durch die Verpflichtung zur schriftlichen Fixierung der wesentlichen Arbeitsbedingungen mehr **Rechtssicherheit** und **Rechtsklarheit im Arbeitsverhältnis** schaffen.[4]

30 Das NachwG ist im Kern eine Formvorschrift für arbeitsvertragliche Abreden. Sie gehört systematisch zu § 611 BGB oder in einem noch nicht verabschiedeten Arbeitsvertragsgesetz zu den Vorschriften über den Vertragsschluss. Sowohl die materielle Begründung des Arbeitsverhältnisses ebenso wie die Änderung der Arbeitsbedingungen wird jedoch **keinem konstitutiven Formerfordernis** unterworfen. Der **Nachweis** dient der **Beweissicherung** über die vereinbarten Arbeitsbedingungen. Deshalb bleibt im Grundsatz der materielle Nachweis anderer Arbeitsbedingungen im Prozess möglich. In der Praxis führt das NachwG jedoch zu dem begrüßenswerten Effekt, unmittelbar einen schriftlichen Arbeitsvertrag zu schließen, der den Anforderungen des NachwG genügt. Das in der Praxis oftmals noch übliche „Einstellungsschreiben" gehört daher der Vergangenheit an, weil keinem Arbeitgeber empfohlen werden kann, mehrere Schriftstücke über die vereinbarten Vertragsbedingungen zu verfassen. Dass der Nachweis lediglich deklaratorisch wirkt, aber nicht konstitutiv, darf jedoch nicht darüber hinwegtäuschen, dass die Erteilung ebenso wie die Nichterteilung des Nachweises erhebliche prozessuale Konsequenzen hinsichtlich der Beweislage hat (Rz. 55 ff.). Deshalb ist auf die Erstellung entsprechender Nachweise die gleiche Sorgfalt zu verwenden wie auf die Arbeitsvertragsgestaltung selbst. Vor vorschnellen Musterformularen zur Erstellung eines Nachweises ist zu warnen.

31 Nach § 5 NachwG kann von den Vorschriften des NachwG **nicht zuungunsten des Arbeitnehmers** abgewichen werden. Das Gesetz ist weder tarif- noch betriebsvereinbarungsdispositiv. Das Gesetz verpflichtet Arbeitgeber zwingend, den Inhalt der vereinbarten wesentlichen Vertragsbedingungen schriftlich niederzulegen,

---

1 BGH v. 29.4.1970 – VIII ZR 120/68, LM § 242 Nr. 24.
2 BGBl. I, S. 946.
3 ABl. EG 1991 Nr. L 288 v. 18.10.1991, S. 32.
4 BT-Drucks. 13/668, S. 8.

und zwar im Falle der **erstmaligen Aufnahme des Arbeitsverhältnisses** (§ 2 NachwG) und auch für alle nachfolgenden **Änderungen** (§ 3 NachwG).

b) Die nachzuweisenden wesentlichen Vertragsbedingungen

Der Mindestkatalog des § 2 Abs. 1 Satz 2 NachwG enthält nur den **Kernbestand** der vom Gesetzgeber für **wesentlich** erachteten Vertragsbedingungen. Eine Beschränkung der Nachweispflicht auf die essentialia negotii (Vergütung und Arbeitszeit) erscheint ausgeschlossen, weil schon der Mindestkatalog darüber hinausgeht. Entscheidend ist, was nach dem Inhalt des jeweiligen Arbeitsverhältnisses als wesentlich anzusehen ist. Das können auch bestimmte Nebenpflichten (Verschwiegenheitspflichten, Nebentätigkeitsbeschränkungen) oder Nebenleistungen (Betriebliche Altersversorgung, Versicherungen u.a.m.) sein.

32

Wesentlich ist alles, was üblicherweise in Arbeitsverträgen bestimmter Arbeitnehmer vereinbart wird. Der Normtext lässt es nicht zu, die in § 2 Abs. 1 Satz 2 NachwG aufgelisteten Mindestbedingungen als abschließend definierte wesentliche Vertragsbedingungen anzusehen.[1] Wenn über den Mindestkatalog hinausgehende wesentliche Vertragsbedingungen denkbar sind, unterliegen sie ebenfalls der Nachweispflicht.[2] Entscheidend ist, ob eine wesentliche Regelung, die Haupt- oder Nebenpflichten der Vertragsparteien berührt, vereinbart worden ist. Vertragliche Ausschlussfristen bedürfen schon wegen ihres rechtsbeschneidenden Inhalts einer klaren und bestimmten schriftlichen Regelung. Sie gehören zu den nachweispflichtigen wesentlichen Vertragsbedingungen.[3]

33

Überdies sind zahlreiche vertragliche Vereinbarungen denkbar, die im Zusammenhang mit den Hauptpflichten aus dem Arbeitsverhältnis (Entgelt, Arbeitszeit) stehen. Auch hier ist es ratsam, nicht lediglich die Minimalerfordernisse des Mindestkataloges nachzuweisen, wenn darüber hinausgehende Vereinbarungen getroffen worden sind (z.B. flexible Arbeitszeitregelungen).

34

aa) Vertragsparteien (§ 2 Abs. 1 Satz 2 Nr. 1 NachwG)

Die Angabe von Name und Anschrift der Vertragsparteien soll sicherstellen, dass der Arbeitnehmer über die Identität seines Vertragspartners in Kenntnis gesetzt wird. Unklarheiten über den richtigen Klagegegner bzw. den Schuldner in der Zwangsvollstreckung sollen vermieden werden. Die Angabe der Rechtsform des Arbeitgebers wird nicht verlangt; die Verpflichtung kann sich jedoch aus gesellschafts- und handelsrechtlichen Vorschriften ergeben (§§ 4 Abs. 2 GmbHG, 4 AktG, 17 ff. HGB). Die Anerkennung der Teilrechtsfähigkeit der GbR hat die Angabe der Vertragsparteien bei BGB-Gesellschaften erheblich vereinfacht. So müssen nicht mehr sämtliche gegenwärtigen Mitglieder der Gesellschaft als notwendige Streitgenossen klagen bzw. verklagt werden. Vielmehr ist die Gesellschaft nun selbst par-

35

---

1 Widersprüchlich *Birk*, NZA 1996, 281 (285).
2 Ebenso *Feldgen*, Nachweisgesetz, Rz. 124; ErfK/*Preis*, § 2 NachwG Rz. 8; *Schoden*, Nachweisgesetz, § 2 Rz. 20; anders *Wank*, RdA 1996, 23.
3 Ebenso ErfK/*Preis*, § 2 NachwG Rz. 8; *Lörcher*, ArbuR 1994, 450 (452); anders *Feldgen*, Nachweisgesetz, Rz. 129.

teifähig und prozessführungsbefugt und als solche „richtige" Partei eines Rechtsstreites.[1]

bb) Beginn des Arbeitsverhältnisses (§ 2 Abs. 1 Satz 2 Nr. 2 NachwG)

36 Nach § 2 Abs. 1 Satz 2 Nr. 2 NachwG ist der „Beginn des Arbeitsverhältnisses" anzugeben. Damit ist nicht der Zeitpunkt des Vertragsabschlusses, sondern der Beginn der Vertragslaufzeit gemeint (→ *Arbeitsaufnahme/Beginn des Arbeitsverhältnisses*, II A 60). Entscheidend ist auch nicht der Zeitpunkt der tatsächlichen Arbeitsaufnahme, die nicht identisch sein muss mit dem Beginn der Vertragslaufzeit (Beispiel: Feiertag, Erkrankung des Arbeitnehmers).

cc) Dauer des Arbeitsverhältnisses (§ 2 Abs. 1 Satz 2 Nr. 3 NachwG)

37 Unproblematisch ist die Angabe der Dauer des befristeten Arbeitsverhältnisses bei einer zeitlichen Befristung des Arbeitsverhältnisses nach Tagen, Wochen, Monaten oder Jahren bzw. kalendarischen Befristungen. Grundsätzlich zulässig sind aber auch zweckbefristete und auflösend bedingte Arbeitsverhältnisse, bei denen sich eine genaue Dauer bisweilen nicht vorhersehen lässt, da das NachwG nichts an dieser prinzipiell zulässigen Vertragsgestaltung ändert. § 2 Abs. 1 Satz 2 Nr. 3 NachwG ist in der Praxis angesichts des weiter gehenden zwingenden Formerfordernisses für Befristungen (→ *Befristung des Arbeitsverhältnisses*, II B 10) bedeutungslos.

dd) Arbeitsort (§ 2 Abs. 1 Satz 2 Nr. 4 NachwG)

38 Die Bestimmung verlangt die Angabe des Arbeitsortes oder einen Hinweis darauf, dass der Arbeitnehmer an verschiedenen Orten beschäftigt werden kann. Transparenz wird durch diese Angabe kaum erreicht, da die Verpflichtung zur Tätigkeit in anderen Betrieben des Unternehmens regelmäßiger Vertragsbestandteil ist. Andererseits ist problematisch, wenn im Nachweis lediglich ein bestimmter Arbeitsort ohne Versetzungsmöglichkeit angegeben wird. Bei fester Vereinbarung eines bestimmten Arbeitsortes ist ein abweichender örtlicher Einsatz nur im Wege der Änderungskündigung möglich, weil das arbeitgeberseitige Direktionsrecht nur im Rahmen der vertraglichen Vereinbarung gilt. Diese Konsequenzen sind bei der Gestaltung des Arbeitsvertrages sowie des Nachweises zu beachten (→ *Direktionsrecht*, II D 30).

ee) Tätigkeitsbeschreibung (§ 2 Abs. 1 Satz 2 Nr. 5 NachwG)

39 Die zu leistende Tätigkeit unterliegt freier vertraglicher Disposition. Die Beschreibung der geschuldeten Tätigkeit als auch der übertragenen Aufgabe oder Funktion kann jedoch Konsequenzen für die tarifliche Eingruppierung haben. Je enger und je spezifischer die Tätigkeitsbeschreibung erfolgt, umso eingeschränkter ist u.U. das Direktionsrecht. Auch insoweit bedarf es sorgfältiger Überlegung bei der Vertragsgestaltung (→ *Direktionsrecht und Tätigkeitsbeschreibung*, II D 30). § 2 Abs. 1 Satz 2 Nr. 5 NachwG verlangt in Übereinstimmung mit Art. 2 Abs. 2c RL

---

[1] BGH v. 29.1.2001 – II ZR 331/00, NJW 2001, 1056 ff.

91/533/EWG die Angabe der dem Arbeitnehmer bei der Einstellung zugewiesenen Amtsbezeichnung, seines Dienstgrades sowie ggf. Art oder Kategorie seiner Stelle. Erkennbar zielt die RL damit auf eine konkrete Einstufung des Arbeitnehmers ab, weil Tätigkeitsbeschreibung und Arbeitsentgelt in Tarifgefügen voneinander abhängen. Insbesondere in den komplexen Tarifwerken des öffentlichen Dienstes bedarf es einer präzisen Eingruppierung nach Vergütungs- wie nach Tätigkeitsmerkmalen. Unklarheiten können hier zu Lasten des Arbeitgebers gehen.

ff) Arbeitsentgelt (§ 2 Abs. 1 Satz 2 Nr. 6 NachwG)

§ 2 Abs. 1 Satz 2 Nr. 6 NachwG verlangt detaillierte Angaben zur Zusammensetzung des Arbeitsentgelts. Neben der Grundvergütung sind alle Zusatzentgelte wie Überstunden-, Sonn- und Feiertagszuschläge, Zulagen, Prämien, Sonderzahlungen, Auslösungen, Provisionen und Tantiemen, aber auch entgeltwirksame Leistungen aus betrieblicher Altersversorgung und vermögenswirksamer Leistung niederzulegen. Allerdings können die Angaben nach § 2 Abs. 3 NachwG durch einen Hinweis auf die einschlägigen Tarifverträge, Betriebs- oder Dienstvereinbarungen ersetzt werden. Von der Ersetzung umfasst sind aber nicht solche Entgeltbestandteile, die in derartigen kollektiven Regelungswerken nicht geregelt sind. Fraglich ist, ob auch sog. **"freiwillige" Leistungen** anzugeben sind (→ *Sonderzahlungen*, II S 40). Dies ist zu bejahen, weil Zulagen und Sonderzahlungen – unabhängig von ihrer rechtlichen Ausgestaltung – unter die Nachweispflicht fallen.[1] Wird eine Gratifikation oder ein Weihnachtsgeld stets nur freiwillig und unter einem ausdrücklichen Vorbehalt gewährt, ist der Nachweis keineswegs entbehrlich. Schon die Gewährung des Zusatzentgeltes mit dem entsprechenden Vorbehalt kann unter § 2 NachwG subsumiert werden, weil jedenfalls einmalig ein wesentlicher Vertragsbestandteil geregelt wird. Zu bedenken ist, dass auch bei einer einmaligen Zahlung spätestens mit der Zahlung und deren Annahme eine punktuelle Vertragsänderung eintritt, die nachweispflichtig ist.[2] Gewährt der Arbeitgeber Sonderzahlungen, ohne dem Arbeitnehmer einen nach §§ 2 oder 3 NachwG geforderten schriftlichen Nachweis zu erteilen, sind Konsequenzen aus dem Gesichtspunkt der Unklarheitenregelung bzw. der Beweislastverteilung nicht ausgeschlossen. Schon über die Zweckrichtung der Zahlung besteht dann Unklarheit. Das BAG geht inzwischen davon aus, dass jegliche Sonderzahlung prinzipiell arbeitsleistungsbezogen erfolgt, wenn der Arbeitgeber den abweichenden Zweck, etwa einer Treueprämie nicht deutlich macht. So heißt es in einer Entscheidung des BAG: „*Will der Arbeitgeber andere Zwecke verfolgen, so muss sich dies deutlich aus der zugrunde liegenden Vereinbarung ergeben.*"[3] Wird in dem Arbeitsvertragsnachweis etwa nicht klargestellt, ob und inwieweit es sich um freiwillige oder widerrufliche Entgeltbestandteile handelt, wird es dem Arbeitgeber wegen der Beweiskraft des Nachweises kaum gelingen, die mündliche Vereinbarung eines Widerrufs- oder Freiwilligkeitsvorbehalts nachzuweisen. Bei Nichtangabe von Sonderzahlungen, die effektiv geleistet werden, ist der Nachweis unvollständig erstellt; der Arbeitgeber wäre dann für die Widerruflichkeit bzw. Freiwilligkeit zusätzlicher Entgelte beweispflichtig. An der Rechtslage ändert sich auch nichts dadurch, dass der Arbeitgeber sich erst

---
1 Vg. ErfK/*Preis*, § 2 NachwG Rz. 18; HWK/*Kliemt*, § 2 NachwG Rz. 32.
2 S. *Preis/Sagan*, NZA 2012, 697 (704).
3 BAG v. 18.1.2012 – 10 AZR 667/10, NZA 2012, 620 Rz. 15.

nach einer bestimmten Dauer des Arbeitsverhältnisses zu Sonderleistungen entschließt,[1] weil er nach § 3 NachwG zu einer schriftlichen Mitteilung der geänderten wesentlichen Vertragsbedingungen verpflichtet ist. Diesem Erfordernis kann u.U. die bloße Gehaltsmitteilung genügen.

gg) Arbeitszeit (§ 2 Abs. 1 Satz 2 Nr. 7 NachwG)

41 Notwendig ist die Angabe der vereinbarten Arbeitszeit, wobei der Normtext offen lässt, ob nicht nur die Dauer, sondern auch die Lage der Arbeitszeit mitgeteilt werden muss. Die Arbeitszeitregelungen sind derart vielgestaltig und komplex, dass in der Regel von der Verweisungsmöglichkeit nach § 2 Abs. 3 Satz 1 NachwG Gebrauch gemacht werden sollte. Allerdings gilt auch in diesem Falle, dass die Nachweispflicht dem vereinbarten materiellen Regelungsinhalt folgt. § 2 Abs. 1 Satz 2 Nr. 7 NachwG enthält keine weiter gehenden Vorgaben.

hh) Dauer des jährlichen Erholungsurlaubs (§ 2 Abs. 1 Satz 2 Nr. 8 NachwG)

42 Die Regelung verlangt nur die Angabe der Dauer des jährlichen Erholungsurlaubs, nicht jedoch die Angabe weiterer Modalitäten der Urlaubsgewährung oder die Angabe von Sonderurlauben (→ *Urlaub*, II U 20). Die Beschränkung auf die bloße Angabe der Dauer des Jahresurlaubs ist mit Art. 2 Abs. 2g RL 91/533/EWG vereinbar. § 2 Abs. 3 NachwG eröffnet die Möglichkeit, die konkrete Angabe der Urlaubsdauer durch Verweis auf die einschlägigen gesetzlichen oder kollektivvertraglichen Regelungen zu ersetzen. Erfolgt lediglich der Verweis auf den gesetzlichen Mindesturlaub nach § 3 Abs. 1 BUrlG, sind darüber hinaus ggf. noch Sonderregelungen für bestimmte Personengruppen zu beachten (§ 19 JArbSchG, § 125 SGB IX).

ii) Kündigungsfristen (§ 2 Abs. 1 Satz 2 Nr. 9 NachwG)

43 Die Angabe der Kündigungsfristen gehört zu den zwingend aufzunehmenden Mindestangaben. Regelungen über Kündigungsfristen sind jedoch detailliert in § 622 BGB und anderen gesetzlichen Vorschriften (§ 22 BBiG, § 86 SGB IX, § 29 HAG, § 66 SeeArbG) sowie Tarifverträgen geregelt. Empfehlenswert ist daher, in weitgehendem Umfang von der Verweisungsmöglichkeit nach § 2 Abs. 3 NachwG Gebrauch zu machen (→ *Kündigungsvereinbarungen*, II K 10).

jj) Hinweis auf Kollektivvereinbarungen (§ 2 Abs. 1 Satz 2 Nr. 10 NachwG)

44 Nach Nr. 10 ist in den Nachweis auch ein Hinweis zu den auf das Arbeitsverhältnis anzuwendenden Tarif-, Betriebs- und Dienstvereinbarungen aufzunehmen (→ *Verweisungsklauseln*, II V 40). Verlangt ist lediglich ein in allgemeiner Form gehaltener Hinweis (typische Formel: „Im Übrigen finden auf das Arbeitsverhältnis die einschlägigen Tarifverträge sowie Betriebsvereinbarungen Anwendung"). Derartige Verweisungsklauseln sind verbreitet. Bezogen auf Tarifverträge stellen sie insbesondere die Gleichstellung tarifgebundener und tarifungebundener Arbeitnehmer sicher. Derartige Verweisungsklauseln, die das NachwG weitgehend zulässt, fördern allerdings nicht die Transparenz über den Inhalt des Arbeitsverhältnisses,

---

[1] Unklar *Birk*, NZA 1996, 286.

weil der Einzelne häufig die einbezogenen kollektiven Regelungswerke weder ausgehändigt bekommt noch sie ohne Weiteres einsehen kann. Der Wortlaut der Nachweis-Richtlinie (Art. 2 Abs. 2j RL 91/533/EWG) legt überdies nahe, dass ein Hinweis auf die konkret auf das Arbeitsverhältnis anzuwendenden Kollektivverträge bzw. eine Auflistung erforderlich ist.[1] Dazu gehört auch der Hinweis auf die Vertragsparteien, das Tarifgebiet sowie die jeweilige Branche. Eine detaillierte Angabe aller auf das Arbeitsverhältnis anwendbaren Tarifverträge soll nach dem Willen des Gesetzgebers jedoch nicht erforderlich sein.[2]

c) Teilersetzung der Nachweispflicht durch Verweisung

§ 2 Abs. 3 Satz 1 NachwG regelt die Möglichkeit, den ausdrücklichen Nachweis in bestimmten Fällen durch **Verweis auf die einschlägigen Kollektivvereinbarungen** zu ersetzen. Ausdrücklich erfasst sind das Arbeitsentgelt, die Arbeitszeit, der Erholungsurlaub, sowie die Kündigungsfristen. Nach § 2 Abs. 3 Satz 2 NachwG kann der Nachweis der Urlaubsdauer sowie der Kündigungsfrist auch durch einen Verweis auf die jeweilige **gesetzliche Vorschrift** ersetzt werden. An diesen Regelungen sowie an § 3 Satz 2 NachwG ist die Wertung des Gesetzgebers erkennbar, für gesetzlich oder kollektivvertraglich geregelte wesentliche Vertragsbedingungen eine erleichterte Nachweismöglichkeit zu schaffen und die Praktikabilität für den Arbeitgeber in diesem Bereich zu erhöhen. Aus diesem Grund erscheint es sachgerecht, als Ausgleich zwischen dem Informationsinteresse des Arbeitnehmers und dem Praktikabilitätsinteresse des Arbeitgebers § 3 Satz 2 NachwG **analog** auch auf **alle anderen wesentlichen Vertragsbedingungen** anzuwenden.[3]

Inhaltlich sind an diesen **qualifizierten Hinweis** folgende Anforderungen zu stellen: Er muss nicht den gesamten Inhalt der wesentlichen Vertragsbedingungen enthalten. Ausreichend – aber auch erforderlich – ist, dass die Vertragsbedingung selbst im Nachweis genannt wird. Hinsichtlich des genauen Inhalts kann auf den einschlägigen Kollektivvertrag verwiesen werden. Dabei muss der Arbeitgeber den einschlägigen Kollektivvertrag so genau angeben, dass der Arbeitnehmer ihn auch unter mehreren Verträgen identifizieren kann, d.h. Branche und Tarifgebiet (fachlicher und räumlicher Geltungsbereich) kennzeichnen sowie die Vertragsparteien nennen. Erforderlich ist zusätzlich, dass der Arbeitnehmer den betreffenden Tarifvertrag auch tatsächlich einsehen kann, er also Zugang zum Tarifvertragstext hat. Dazu genügt es nicht, dass der Tarifvertrag lediglich in einem Ordner mit der allgemeinen Aufschrift „Info" abgeheftet ist.[4] Aus Gründen des Arbeitnehmerschutzes ist dies unabhängig davon zu fordern, ob die Vertragsparteien tarifgebunden sind oder nicht.[5]

Im Gesetzgebungsverfahren ist in § 2 Abs. 3 NachwG über die typischen kollektivrechtlichen Regelungen hinaus eine Ersetzungsbefugnis durch Verweisung auf

---
[1] So *Lörcher*, ArbuR 1994, 454; *Friese*, EAS B 3050 Rz. 40.
[2] Vgl. BT-Drucks. 13/668, S. 10 f.; krit. *Höland*, ArbuR 1996, 87 (91); *Wank*, RdA 1996, 23.
[3] ErfK/*Preis*, § 2 NachwG Rz. 26.
[4] Vgl. BAG v. 11.11.1998 – 5 AZR 63/98, NZA 1999, 605.
[5] Vgl. aber LAG Rh.-Pf. v. 16.7.2002 – 1 Sa 407/02, NZA-RR 2003, 30, wonach der Arbeitnehmer gehalten ist, sich selbst über den Inhalt eines benannten TV zu informieren und der Verstoß des Arbeitgebers gegen § 8 TVG keine Schadensersatzansprüche begründet; ähnlich LAG Schl.-Holst. v. 3.6.2002 – 4 Sa 438/01, LAGReport 2002, 325.

„ähnliche Regelungen" aufgenommen worden. Mit dieser äußerst unbestimmten Regelung sollte insbesondere die Verweisungsmöglichkeit auf Arbeitsvertragsrichtlinien im kirchlichen Bereich sichergestellt werden, die nicht in jeder Hinsicht den Tarifverträgen und Betriebs- oder Dienstvereinbarungen gleichgestellt werden.[1] Problematisch ist allerdings, ob der Gesetzesbegriff der „ähnlichen Regelungen" auf kirchliche Arbeitsvertragsrichtlinien beschränkt werden kann, so dass fraglich ist, ob der Arbeitgeber insoweit die Nachweispflicht nicht auch durch den Verweis auf allgemeine Arbeitsbedingungen ersetzen kann. Damit würde indes die Intention des NachwG vollständig ausgehöhlt. In richtlinienkonformer Auslegung des Art. 2 Abs. 3 RL 91/533/EWG können nur allgemeine Regelungen mit normativem Charakter (Rechts- und Verwaltungsvorschriften bzw. Satzungs- oder Tarifvertragsbestimmungen) als Surrogat für die unmittelbare Nachweispflicht dienen. Allgemeine Arbeitsbedingungen können daher nicht „ähnliche Regelungen" in diesem Sinne sein.

d) Wegfall der Verpflichtung durch Arbeitsvertrag

48 Entsprechend der Intention des NachwG entfällt die Nachweispflicht, sofern die notwendigen Mindestangaben in einem schriftlichen Arbeitsvertrag enthalten sind. Aus Gründen der verbesserten Beweiswirkung sowohl für den Arbeitgeber als auch den Arbeitnehmer ist der Abschluss eines schriftlichen Arbeitsvertrages mit den Mindestangaben nach § 2 NachwG ohnehin zu empfehlen. Die Nachweispflicht entfällt aber nur, „soweit" der Vertrag die in § 2 Abs. 1–3 NachwG geforderten Angaben enthält. Soweit dies nicht der Fall ist, bleibt der Anspruch auf Nachweis bestehen (vgl. auch § 4 Satz 2 NachwG). In der Praxis kann dies insbesondere für Altfälle Bedeutung haben, in denen Mitarbeiter noch mit sog. „Einstellungsschreiben" eingestellt wurden. Allerdings ist zu beachten, dass die Nachweispflicht nicht unbedingt in *einem* Dokument erfolgen muss. So ist denkbar, dass der Arbeitgeber seine Nachweispflicht durch Übersendung anderer Dokumente erfüllt hat. Überdies ergibt sich zumeist auch ein Anspruch aus § 3 NachwG, weil nach dieser Vorschrift die Änderung der wesentlichen Vertragsbedingungen dem Arbeitnehmer einen Monat nach der Änderung schriftlich mitzuteilen ist.

e) Änderung der wesentlichen Vertragsbedingungen

49 Besonders weitreichend ist die Verpflichtung nach § 3 Satz 1 NachwG, jede Änderung der wesentlichen Vertragsbedingungen dem Arbeitnehmer spätestens einen Monat nach der Änderung schriftlich mitzuteilen. Ein übermäßiger bürokratischer Aufwand wird nur durch Satz 2 vermieden, wonach diese Mitteilungspflicht nicht gilt bei der Änderung der gesetzlichen Vorschriften, Tarifverträge, Betriebs- oder Dienstvereinbarungen und ähnlichen Regelungen, die für das Arbeitsverhältnis gelten. Voraussetzung für die Entbehrlichkeit der Änderungen der Angaben ist aber, dass in dem zuerst erstellten Nachweis auch weitgehend von dieser Verweisungsmöglichkeit Gebrauch gemacht worden ist. § 3 Satz 2 NachwG ergänzt insoweit die weitgehende Ersetzungsbefugnis nach § 2 Abs. 3 NachwG. Die Intransparenz der Vertragsbedingungen wird damit weiter erhöht, weil der Gesetzgeber auf dem Standpunkt steht, dass sich jeder einzelne Arbeitnehmer über die jeweils gültige

---

[1] Näher *Richardi*, Arbeitsrecht in der Kirche, 4. Aufl. 2003, § 15.

Fassung der für sein Arbeitsverhältnis anwendbaren Gesetze, Kollektivverträge und ähnlichen Regelungen selbst informieren muss.[1] Mit dieser Sichtweise des Arbeitsvertragsrechts bleibt das Arbeitsrecht weit hinter dem geltenden Standard des allgemeinen Vertragsrechts zurück.[2]

f) Rechtsfolgen

Das Gesetz enthält keine besonderen Sanktionsvorschriften, so dass die allgemeinen Regelungen des Zivil- und Zivilprozessrechts Anwendung finden. Allerdings sind die im Zusammenhang mit dem NachwG geregelten, vergleichbaren Sondervorschriften zum Teil bußgeldbewehrt (vgl. § 16 Abs. 1 Nr. 8 AÜG, § 102 Abs. 1 Nr. 1 und 2 BBiG). Sanktionen, die der Arbeitgeber gegen den Arbeitnehmer ergreift, weil er die Erfüllung der Nachweispflicht geltend macht, unterfallen § 612a BGB.[3]

aa) Erfüllungs- und vertragliche Schadensersatzansprüche

Der Arbeitnehmer kann vor den Arbeitsgerichten zunächst im Urteilsverfahren **Erfüllungsansprüche** aus §§ 2 und 3 NachwG auf Niederlegung, Unterzeichnung und Aushändigung der Niederschrift geltend machen.[4] Auch kann auf Berichtigung der unrichtig erteilten Niederschrift geklagt werden. Der Arbeitnehmer kann aber auch nach § 61 Abs. 2 Satz 1 ArbGG vorgehen und den Arbeitgeber zur Zahlung einer Entschädigung verurteilen lassen. Schon dieser Anspruch dürfte Art. 8 Abs. 1 RL 91/533/EWG genügen, obwohl eine Klage im bestehenden Arbeitsverhältnis aus § 2 NachwG wenig praxisgerecht erscheint. In aller Regel wird die isolierte Klage auf Erteilung des Nachweises kaum erhoben werden.

Die Nachweispflicht aus §§ 2 und 3 NachwG ist eine selbständig einklagbare **Nebenpflicht** des Arbeitgebers, die innerhalb eines Monats nach Beginn des Arbeitsverhältnisses zu erfüllen ist. Deren Verletzung kann prinzipiell **Schadensersatzansprüche** aus § 280 Abs. 1 BGB begründen.[5] Das gilt insbesondere bei schuldhaft fehlerhaft erteilten Nachweisen.[6] Allerdings wird es i.d.R. an einem konkret bezifferbaren Schaden fehlen, weil dem Arbeitnehmer der Nachweis günstiger Vertragsbedingungen nicht abgeschnitten ist. Ein denkbarer Schaden kann die Nichtgeltendmachung günstiger Vertragsabreden (z.B. Zusatzentgelte) sein. Gelingt dem Arbeitnehmer der Beweis der getroffenen Vertragsabrede im Prozess, fehlt es jedoch an einem Schaden. Wenn aber dieser Beweis nicht geführt werden kann, dann ist es dem Arbeitnehmer im Schadensersatzprozess zugleich kaum möglich, dort einen Schaden nachzuweisen. Ein Schadensersatzanspruch kann in der Praxis daher nur entstehen, wenn ein Anspruch wegen der Anwendbarkeit einer Ausschlussfrist in

---

1 BT-Drucks. 13/668, S. 12.
2 Zur Problematik der Verweisungsklauseln im Lichte des AGBG: *Preis*, Vertragsgestaltung, S. 392 ff.
3 Vgl. auch ArbG Düsseldorf v. 9.9.1992 – 6 Ca 3728/92, BB 1992, 2365.
4 Einzelheiten *Feldgen*, Nachweisgesetz, Rz. 73 ff.
5 LAG Bdb. v. 10.8.2001 – 4 Sa 265/01, NZA-RR 2003, 314; *Bepler*, ZTR 2001, 241 (244); *Gaul*, NZA 2000, Sonderbeilage Heft 3, 51 (53); *Müller-Glöge*, RdA 2001, Sonderbeilage Heft 5, 46 (53); *Schaefer*, Rz. D 184; *Benecke*, SAE 2003, 141; anders nur *Feldgen*, Rz. 66 f.
6 *Höland*, ArbuR 1996, 87 (92).

einem Tarifvertrag oder einer Betriebsvereinbarung verfällt, die der Arbeitnehmer aber nicht kennen konnte, weil ein Nachweis, der auf die anwendbaren Bestimmungen hinwies, nicht erteilt wurde. Insoweit prüft das BAG einen Schadensersatzanspruch aus Verzug, §§ 280 Abs. 2, 286 BGB.[1] Der Arbeitgeber kommt, wenn er den Nachweis nicht innerhalb eines Monats nach dem vereinbarten Arbeitsbeginn erteilt, nach § 286 Abs. 2 Nr. 1 BGB ohne Mahnung in Verzug. Nach § 280 Abs. 2 BGB ist dann der durch den eingetretenen Verzug adäquat verursachte Schaden zu ersetzen. Beim fehlenden Hinweis auf tarifvertragliche Ausschlussfristen besteht der Schaden gemäß § 249 BGB im Erlöschen der Vergütungsansprüche des Arbeitnehmers.[2] Da der Schadensersatzanspruch auf Naturalrestitution gerichtet ist, kann der Arbeitnehmer verlangen, so gestellt zu werden, als sei der Vergütungsanspruch nicht untergegangen. Bei der Prüfung der adäquaten Verursachung des Schadens durch den verspäteten Nachweis kommt dem Arbeitnehmer die Vermutung eines aufklärungsgemäßen Verhaltens zugute.[3] Danach ist grundsätzlich davon auszugehen, dass jedermann bei ausreichender Information seine Eigeninteressen in vernünftiger Weise wahrt. Bei einem Verstoß des Arbeitgebers gegen § 2 Abs. 1 Satz 2 Nr. 10 NachwG ist zu vermuten, dass der Arbeitnehmer die tarifliche Ausschlussfrist beachtet hätte, wenn er auf die Geltung des Tarifvertrags hingewiesen worden wäre. Diese Auslegung des Nachweisgesetzes ist nach Auffassung des BAG geboten, um den Zweck der Nachweisrichtlinie 91/533/EWG, den Arbeitnehmer vor Unkenntnis seiner Rechte zu schützen, wirksam zur Geltung zu bringen. Dem Arbeitgeber bleibt die Möglichkeit, diese tatsächliche Vermutung zu widerlegen. Weiß der Arbeitnehmer auch nur vom Bestehen des geltenden Tarifvertrages, kommt es nach Ansicht des BAG auf die Kenntnis der Ausschlussfrist nicht mehr an, der fehlende Nachweis ist dann nicht mehr kausal für den eingetretenen Schaden.[4]

bb) Deliktsrechtliche Ansprüche

53   Ansprüche aus § 823 Abs. 1 BGB scheiden tatbestandlich aus. Die Voraussetzungen des § 826 BGB dürften in aller Regel nicht gegeben sein. Denkbar ist ein Schadensersatzanspruch aus § 823 Abs. 2 BGB i.V.m. § 2 Abs. 1 oder § 3 NachwG. Das setzt voraus, dass diese Vorschriften Schutzgesetze i.S.d. § 823 Abs. 2 BGB sind. Teilweise wird dies bejaht,[5] weil die zwingenden Vorschriften des NachwG dem Individualschutz dienen. Das BAG hat dies zu Recht für die §§ 2 und 3 NachwG abgelehnt.[6] Nicht jede zwingende Norm kann als ein Schutzgesetz angesehen werden, das deliktsrechtliche Schadensersatzansprüche nach sich zieht. Das BAG folgert

---

1 BAG v. 17.4.2002 – 5 AZR 89/01, NZA 2002, 1096; v. 5.11.2003 – 5 AZR 469/02, NZA 2004, 102; v. 5.11.2003 – 5 AZR 676/02, AP Nr. 7 zu § 2 NachwG.
2 BAG v. 17.4.2002 – 5 AZR 89/01, NZA 2002, 1096.
3 BAG v. 17.4.2002 – 5 AZR 89/01, NZA 2002, 1096; krit. *Friese*, EAS B 3050 Rz. 71.
4 BAG v. 5.11.2003 – 5 AZR 469/02, NZA 2004, 102; zum str. Umfang der Nachweispflicht vgl. ErfK/*Preis*, NachwG Einführung Rz. 13.
5 ArbG Frankfurt v. 25.8.1999 – 2 Ca 477/99, NZA-RR 1999, 648; *Birk*, NZA 1996, 289; *Franke*, DB 2000, 274; *Schaefer*, Rz. D 189.
6 BAG v. 5.11.2003 – 5 AZR 469/02, NZA 2004, 102; v. 17.4.2002 – 5 AZR 89/01, AP Nr. 6 zu § 2 NachwG; so auch *Krause*, AR-Blattei SD 220.2.2 Rz. 262; *Müller-Glöge*, RdA 2001, Sonderbeilage Heft 5, 46 (54); ErfK/*Preis*, Einf. NachwG Rz. 14; *Schwarze*, ZfA 1997, 43 (55).

aus dem Fehlen jeglicher Sanktionen im NachwG, dass die Begründung eines Schutzgesetzes den gesetzgeberischen Intentionen nicht entspricht.

cc) Zurückbehaltungsrechte

Die nicht rechtzeitige bzw. die Nichterfüllung der Nachweispflicht begründet ein Zurückbehaltungsrecht (§ 273 BGB) des Arbeitnehmers mit der Arbeitsleistung. Es handelt sich bei der Nachweispflicht nicht um eine geringfügige oder unbedeutende Nebenpflicht, die das Zurückbehaltungsrecht nach § 242 BGB ausschlösse.[1] Schon mit der Existenz des NachwG macht der Gesetzgeber deutlich, dass diese Pflicht nicht unbedeutend ist. Das Zurückbehaltungsrecht kann überdies eine recht effektive Sanktion für die Nichterfüllung der zwingenden Rechtspflicht sein. Eine Kündigung wegen Ausübung des Zurückbehaltungsrechts verstieße gegen § 612a BGB. 54

dd) Beweislast

Große Bedeutung kommt den zivilprozessualen Folgen des NachwG im Arbeitsgerichtsverfahren zu, wenn der Arbeitgeber den Nachweis nicht, nicht vollständig oder nicht richtig erteilt hat. Regelungen hierzu enthält das NachwG nicht. Nach Art. 6 RL 91/533/EWG bleiben einzelstaatliche Rechtsvorschriften für einschlägige Verfahrensregeln unberührt, so dass europarechtlich Fragen der Beweislastverteilung nicht präjudiziert sind. Es finden daher die allgemeinen Grundsätze des Zivilprozessrechts Anwendung.[2] 55

Bei dem arbeitgeberseitig erstellten Nachweis handelt es sich um eine **Privaturkunde i.S.d. § 416 ZPO**. Vollen Beweis erbringt die echte (§ 440 ZPO) Privaturkunde nur in formeller Hinsicht, nicht jedoch bzgl. des materiellen Inhalts. Prinzipiell unterliegt die Beweiskraft von Privaturkunden der freien Beweiswürdigung.[3] 56

Nur eine **von beiden Seiten unterzeichnete Vertragsurkunde**, so auch der Arbeitsvertrag, hat nach der Rechtsprechung **die Vermutung der Vollständigkeit und Richtigkeit**.[4] Dieses Privileg gilt nicht für den einseitig vom Arbeitgeber erstellten Nachweis.[5] Der jeweilige Vertragspartner müsste in diesem Fall den Gegenbeweis abweichender mündlicher Abrede führen, wozu die Behauptung einer unrichtigen oder unvollständigen Niederlegung des Vertragstextes gehört. Eine beiderseits unterzeichnete Vertragsurkunde liegt noch nicht vor, wenn sich der Arbeitgeber vom Arbeitnehmer lediglich den Empfang des Nachweises quittieren lässt. 57

Hinsichtlich der **Beweislage für den Arbeitgeber** führt der einseitig ausgestellte Nachweis zu keinen wesentlich anderen Konsequenzen als die beiderseits unterzeichnete Vertragsurkunde.[6] Bei einer vom Aussteller unterzeichneten Urkunde, wie dies die Niederschrift nach § 2 NachwG ist, muss der Aussteller vom Inhalt der Urkunde abweichende mündliche Vereinbarungen beweisen, und zwar entweder, dass die Urkunde unrichtig oder unvollständig ist oder eine mündliche Verein- 58

---

1 Anders *Feldgen*, Nachweisgesetz, Rz. 69.
2 EuGH v. 4.12.1997 – C-253/96 bis C-258/96, NZA 1998, 137.
3 Zöller/*Geimer*, § 416 ZPO Rz. 9.
4 BAG v. 9.2.1995 – 2 AZR 389/94, NZA 1996, 249 (250).
5 Unklar *Schoden*, § 2 Rz. 32.
6 Im Ergebnis daher richtig *Schoden*, § 2 Rz. 32.

barung Gültigkeit haben soll. Der Aussteller kann nicht mit der bloßen Behauptung gehört werden, er habe die Urkunde unterschrieben, ohne sie genauer zu lesen. Mit der Erteilung der Niederschrift unterwirft sich der Arbeitgeber den in dem Nachweis ausgedrückten Verpflichtungen, welche immer darin auch niederlegt sein mögen.[1] Daraus folgt: Ist im Nachweis eine dem Arbeitnehmer günstige Vereinbarung niedergelegt, an die sich der Arbeitgeber nicht festhalten lassen will, weil er eine andere Individualvereinbarung behauptet, so obliegt ihm hierfür die Beweislast. Der Konstruktion des sog. Prima-facie-Beweises[2] bedarf es nicht. In der Sache führt die Anwendung des Anscheinsbeweises jedoch zu keinem abweichenden Resultat, weil es auch in diesem Fall Sache des Arbeitgebers ist, durch substantiierte Behauptung den Anschein zu erschüttern, dass der Vertrag mit dem von ihm bescheinigten Inhalt geschlossen worden ist.

59 Zu seinen Gunsten kann sich der Arbeitgeber dagegen nicht auf den von ihm ausgestellten Nachweis mit beweisrechtlicher Privilegierung berufen. Insbesondere greift **kein Anscheinsbeweis zu seinen Gunsten**, dass er den vereinbarten Vertragsinhalt richtig und vollständig wiedergegeben hat.[3] Einen Erfahrungssatz, dass ein Arbeitgeber den Vertragsinhalt in der nach § 2 NachwG geregelten Niederschrift richtig und vollständig festhält, gibt es nicht. Die Nachweispflicht begründet das Gesetz zum Schutz des Arbeitnehmers, nicht zum Schutz des Arbeitgebers. Ferner ist der vom Arbeitgeber erstellte Nachweis als Privaturkunde (§ 416 ZPO) lediglich in formeller Hinsicht Beweis zu erbringen geeignet. Eine weiter gehende materielle Beweiswirkung ist dem Nachweis zu Gunsten des Arbeitgebers nicht beizumessen, weil dieser Nachweis eben nicht vom Arbeitnehmer unterzeichnet zu werden braucht. Vor diesem Hintergrund ist es in der Tat auch für den Arbeitgeber günstiger, einen formalen Arbeitsvertrag mit beidseitiger Unterschrift zu leisten, als lediglich den einseitigen Nachweis zu erteilen.[4] Denn nur die Vertragsurkunde begründet die Vermutung der Vollständigkeit und Richtigkeit.

60 Praktizieren beide Vertragsparteien entgegen dem Nachweis oder in Übereinstimmung mit dem Nachweis bestimmte Vertragsbedingungen, ändert sich an der allgemeinen Beweislage nichts. Um eine ggf. von einer getroffenen Vereinbarung abweichende Regelung durch konkludentes Verhalten annehmen zu können, müssen sich nach der Rechtsprechung des BAG die Änderungen auch effektiv auf das Arbeitsverhältnis ausgewirkt haben.[5] Nur dann kann ggf. ein bestimmter Vertragsinhalt bestätigt oder durch konkludentes Verhalten geändert werden. Für den von dem schriftlichen Nachweis **abweichenden Vertragsinhalt** hat die Partei, die sich darauf beruft, die Darlegungs- und Beweislast.[6] Das gilt für Arbeitgeber und Arbeitnehmer grundsätzlich gleichermaßen.

61 Bei **Nichterteilung des Nachweises** stellt sich angesichts der fehlenden speziellen Sanktionen die Frage, ob und inwieweit eine Beweislastumkehr zugunsten des Arbeitnehmers greift. Der Bundesrat hat eine entsprechende gesetzliche Regelung für

---

1 Vgl. BGH v. 11.7.1968 – II ZR 157/65, NJW 1968, 2102.
2 So aber *Feldgen*, Nachweisgesetz, Rz. 91; *Hold*, AuA 1995, 290.
3 Verfehlt deshalb *Feldgen*, Nachweisgesetz Rz. 92 ff.; *Hold*, AuA 1995, 290.
4 Nur insoweit kann *Feldgen*, Nachweisgesetz, Rz. 95 gefolgt werden.
5 BAG v. 20.5.1976 – 2 AZR 202/75, AP Nr. 4 zu § 305 BGB.
6 Vgl. auch BAG v. 9.2.1995 – 2 AZR 389/94, NZA 1996, 249 (250).

diesen Fall vorgeschlagen,[1] die nicht umgesetzt wurde. Gleichwohl wird eine Umkehr der Beweislast zugunsten des Arbeitnehmers befürwortet, weil andernfalls der Rechtsverstoß in der Praxis zumeist ohne Folgen bliebe.[2] Soweit dagegen argumentiert wird, das NachwG wolle nichts am materiellen Recht ändern,[3] führt dies in die Irre, weil die Pflicht zur formalen Dokumentation zwar keine materielle Rechtsänderung bewirkt, aber zweifellos beweisrechtliche Bedeutung hat.[4] Allerdings greift die Kritik insoweit durch, als nach allgemeinen Grundsätzen die Voraussetzungen für eine Beweislastumkehr nicht gegeben sind. Vielmehr handelt es sich im Falle der Nichterteilung des Nachweises um eine **Beweisvereitelung** durch den Arbeitgeber, zumal das NachwG die erleichterte Beweisführung für den Arbeitnehmer intendiert.[5] Nach den allgemeinen zivilprozessualen Grundsätzen für den Fall der Beweisvereitelung in entsprechender Anwendung der §§ 427, 444 ZPO kann auch die fahrlässige[6] Beseitigung von Beweismitteln, so auch die Zurückhaltung von Beweisurkunden,[7] eine Beweisvereitelung darstellen. Die Beweisvereitelung führt noch nicht zur Umkehr der Beweislast; sie ist aber im Rahmen der Beweiswürdigung durch den Richter im Rahmen des § 286 ZPO zu berücksichtigen und kann zu einer erheblichen **Erleichterung der Beweisführungslast** für den Arbeitnehmer führen. Im Ergebnis kann dies einer Beweislastumkehr nahe kommen.[8] Dies gilt insbesondere, wenn der Arbeitnehmer die Erteilung des Nachweises verlangt, diesen aber nicht erhalten hat.[9] Auch die fahrlässige Verletzung der Nachweispflicht kann eine Beweisvereitelung darstellen. Vorsatz ist nicht erforderlich.[10]

ee) Betriebsverfassungsrechtliche Sanktionen

Im Rahmen seiner allgemeinen Überwachungspflicht nach § 80 Abs. 1 Nr. 1 BetrVG (vgl. auch § 68 Abs. 1 Nr. 2 BPersVG) kann der Betriebs- bzw. Personalrat darüber wachen, dass das NachwG im Betrieb durchgeführt wird. Er kann deshalb die im Betrieb verwendeten Formularverträge daraufhin prüfen, ob sie den Vorgaben

---

1 BR-Drucks. 353/1/94, dagegen die Bundesregierung BT-Drucks. 13/668, S. 24.
2 *Birk*, NZA 1996, 289; *Stückemann*, BB 1995, 1848; *Berscheid*, WPrax 1994, 6 (11).
3 So *Feldgen*, Rz. 84 f., 96 f.
4 S.a. *Richter/Mitsch*, AuA 1996, 11 f.
5 LAG Köln v. 25.7.1997 – 11 Sa 138/97, BB 1998, 590; LAG Köln v. 9.1.1998 – 11 Sa 155/97, BB 1998, 1643; LAG Köln v. 31.7.1998 – 11 Sa 1484/97, NZA 1999, 545; LAG Düsseldorf v. 17.5.2001 – 5 (3) Sa 45/01, DB 2001, 1995; LAG Nürnberg v. 9.4.2002 – 7 Sa 518/01, LAGE § 2 NachwG Nr. 12; LAG Nds. v. 21.2.2003 – 10 Sa 1683/02, NZA-RR 2003, 520; *Bergwitz*, BB 2001, 2316; *Friese*, EAS B 3050 Rz. 67; *Krause*, AR-Blattei SD 220.2.2 Rz. 248; *Müller-Glöge*, RdA 2001, Sonderbeilage Heft 5, 46 (53); *Richardi*, NZA 2001, 57 (60); *Stückemann*, BB 1995, 1846 (1848); *Preis*, NZA 1997, 10 (13); *Weber*, NZA 2002, 641 (644); einschränkend LAG Hamm v. 14.8.1998 – 10 Sa 777/97, NZA-RR 1999, 210, wonach eine Beweisvereitelung nur dann in Betracht kommt, wenn weitere Indizien für die Richtigkeit der vom Arbeitnehmer behaupteten Arbeitsbedingungen sprechen.
6 BGH v. 6.11.1962 – VI ZR 29/62, NJW 1963, 389; v. 15.11.1984 – IX ZR 157/83, ZIP 1985, 312 (314).
7 Zöller/*Greger*, § 286 ZPO Rz. 14a.
8 Vgl. hierzu auch BGH v. 15.11.1984 – IX ZR 157/83, ZIP 1985, 312 (314).
9 Hierzu auch LAG Hamm v. 14.8.1998 – 10 Sa 777/97, NZA-RR 1999, 210.
10 Wie hier LAG Köln v. 31.7.1998 – 11 Sa 1484/97, NZA 1999, 545; a.A. LAG Hamm v. 14.8.1998 – 10 Sa 777/97, NZA-RR 1999, 210.

des NachwG gerecht werden.[1] Es besteht aber kein genereller Anspruch des Betriebsrats auf Herausgabe der Arbeitsverträge. Der Anspruch auf Herausgabe von Unterlagen ist vielmehr von der konkreten Kontrollaufgabe abhängig. Es besteht jedenfalls dann kein Anspruch auf Herausgabe konkreter Arbeitsverträge, wenn die verwendeten Formulare mit dem Betriebsrat nach § 94 Abs. 2 BetrVG abgestimmt sind.[2] Ebenso begründet § 80 Abs. 1 Nr. 1 BetrVG keinen Anspruch des Betriebsrats auf Feststellung der Unwirksamkeit von Vertragsklauseln.[3] Er kann auch nicht aus eigenem Recht vom Arbeitgeber die Durchführung des NachwG verlangen. Dies bleibt den einzelnen Arbeitnehmern selbst überlassen.

5. Hinweise zur zweckmäßigen Vertragsgestaltung

63 Die größte, in der Praxis schwer zu vernachlässigende Wirkung hat das NachwG hinsichtlich der **beweisrechtlichen Folgen**, die die zwingende Nachweispflicht nach sich zieht. Auch früher erteilte Bestätigungen oder Nachweise über Arbeitsbedingungen haben durch das Nachweisgesetz eine andere Qualität erlangt. **Nur einer von beiden Seiten unterzeichneten Vertragsurkunde**, also insbesondere dem Arbeitsvertrag, kommt die **Vermutung der Vollständigkeit und Richtigkeit** zugute. Daraus folgt, dass der Vertragspartner, der von dem Vertragstext abweichende Abreden behauptet, den Gegenbeweis abweichender mündlicher Abrede führen muss. Diese privilegierte beweisrechtliche Stellung hat der einseitig vom Arbeitgeber ausgefertigte Nachweis nicht. Eine solide Arbeitsvertragsgestaltung ist dem arbeitgeberseitig nachträglich erteilten Nachweis daher eindeutig vorzuziehen.

64 Die Aussage, der Nachweis wirke lediglich deklaratorisch, aber nicht konstitutiv, darf nicht darüber hinwegtäuschen, dass die Erteilung ebenso wie die Nichterteilung des Nachweises erhebliche prozessuale Konsequenzen hinsichtlich der Beweislage nach sich ziehen kann. Die unmittelbare Bedeutung des Gesetzes könnte durch die allgemein anerkannte Unklarheitenregel (§ 305c Abs. 2 BGB)[4] noch erweitert werden.

65 Deshalb ist auf die Erstellung entsprechender Nachweise die gleiche Sorgfalt zu verwenden wie auf die Arbeitsvertragsgestaltung selbst.[5] Vor vorschnellen **Musterformularen** zur Erstellung eines Nachweises ist zu **warnen**.[6] Gerade der nicht sorgfältig abgefasste Nachweis ohne Bezug zum konkreten Arbeitsverhältnis kann **ungewollte Bindungen**, insbesondere im Vergütungsbereich (Eingruppierung, Sonderzahlungen), hervorrufen. Ferner entbindet das Gesetz nicht von der Notwendigkeit zu sorgfältiger Vertragsgestaltung, die bei gestellten Formularverträgen einer **Inhaltskontrolle** unterliegen.

---

1 BAG v. 19.10.1999 – 1 ABR 75/98, NZA 2000, 837; hierzu *Buschmann*, ArbuR 2000, 269 ff.; *Schaefer*, Nachweisgesetz, Rz. F 21 ff.
2 BAG v. 19.10.1999 – 1 ABR 75/98, NZA 2000, 837.
3 BAG v. 10.6.1986 – 1 ABR 59/84, NZA 1987, 28.
4 Vgl. hierzu BAG v. 27.4.1995 – 8 AZR 382/94, NZA 1995, 935 (936); bei Wettbewerbsverboten BAG v. 5.9.1995 – 9 AZR 718/93, NZA 1996, 700.
5 Hierzu ausführlich *Preis*, Grundfragen der Vertragsgestaltung im Arbeitsrecht, 1993.
6 Problematisch insoweit die amtliche Begründung in BT-Drucks. 13/668, S. 8, die auf die Möglichkeit von Muster- und Formulararbeitsverträgen hinweist, die schnell und ohne großen Aufwand an die Erfordernisse des Gesetzes angepasst werden könnten.

Es ist daher unverzichtbar, die gesamte arbeitsrechtliche Vertragsgestaltung auf eine solide Basis zu stellen. Wer die Nachweispflicht bagatellisiert – verliert (im Prozess). Alle erfolgten (und unterbliebenen) Niederschriften, die dem Arbeitnehmer über seine Arbeitsbedingungen (nicht) ausgehändigt wurden, haben im Lichte des Nachweisgesetzes prozessuale Konsequenzen. Deshalb ist es unverzichtbar, die gesamte Vertragsgestaltung in deutschen Unternehmen und insbesondere öffentlichen Verwaltungen auf eine solide Basis zu stellen. 66

III. Vertragsgestaltung und Gesetz

Die Vertragsgestaltung ist an die Grenzen zwingenden Rechts gebunden. Ihr spezifisches Betätigungsfeld liegt im Bereich des **dispositiven Rechts**.[1] Nur hier steht dem Vertragsjuristen die Möglichkeit offen, die individuellen Interessen der Parteien im Vertrag zu regeln, ohne an zwingende Vorschriften gebunden zu sein. 67

Für den Vertragsjuristen kann das Gesetz nicht nur „ein Gesichtspunkt unter anderen" sein. Vorbehalte gegen die Kautelarjurisprudenz aus der Sicht der Rechtsprechung werden gefördert, wenn als primäre Aufgabe der Vertragsgestaltung begriffen würde, „gesetzliche Folgen abzuwehren und den Parteien ungünstiges Recht zu vermeiden".[2] Besonders im Arbeitsrecht würde dies auf wenig Gegenliebe stoßen, in der die **Umgehung** zwingenden Gesetzesrechts durch funktionswidrige Vertragsgestaltung zu *dem* Kontrollansatz geworden ist. 68

Der notwendigerweise am Anfang seiner Überlegungen stehende **topische Denkansatz** des Vertragsjuristen, zwingendes und dispositives Recht, Rechtsprechung und Wünsche der Beteiligten zunächst einmal als Ausgangspunkte einer **zweckmäßigen Gestaltung** zugrunde zu legen, bleibt davon unberührt. 69

Methodische Vertragsgestaltung erfordert hypothetische Rechtsanwendung. Der Unterschied zur richterlichen Rechtsanwendung liegt in der **zweckmäßigen Auswahl** unterschiedlicher Rechtsinstitute, Vertragstypen und Rechtsformen. Erst bei der Wahl **zulässiger Alternativen** stehen die Ziele der Parteien und nicht (mehr) die rechtliche Vertretbarkeit der Lösung im Vordergrund.[3] 70

Problematisch wird das Verhältnis von Kautelarjurisprudenz zum zwingenden Recht dann, wenn eine freie **Rechtsformwahl** nicht besteht und der Kautelarjurist mit dem Versuch der Vermeidung zwingenden Rechts schnell in die Nähe der Umgehung zwingenden Rechts gerät.[4] Die innovative Suche nach gesetzesvermeidenden Lösungen stößt dann – zumal im Arbeitsrecht – schnell an ihre Grenzen. Wer sichere Wege gehen will, muss im Grenzbereich liegende Vertragsgestaltungen vermeiden.[5] 71

---

1 *Pikalo*, DNotZ 1970, 711 (725, 727 f.); *Rehbinder*, AcP 174 (1974), 265 (300); *Küttner*, RdA 1999, 59 (61).
2 Vgl. *Pikalo*, DNotZ 1970, 711 (714); *Flume*, DNotZ-Sonderheft 1969, 30 (40); für das Arbeitsrecht als Ziel der Vertragsgestaltung jedoch billigend: *Küttner*, RdA 1999, 60.
3 *Rehbinder*, AcP 174 (1974), 265 (292); *Schröder*, S. 71.
4 Hierzu *Schröder*, S. 70 ff.
5 *Schröder*, S. 72.

72 Zum Teil bleiben jedoch Gestaltungsmöglichkeiten, die das zwingende Recht belässt, im Arbeitsrecht auch ungenutzt.

Beispiel: Übergesetzlicher Urlaub

So unterliegt der gesetzliche Mindesturlaub von 24 Werktagen (§§ 1, 3 BUrlG) zwingenden Schranken (§ 13 BUrlG). Der sog. übergesetzliche Urlaub ist jedoch vertraglicher Disposition zugänglich.[1] Dennoch wird in der Vertragspraxis zwischen gesetzlichem und übergesetzlichem Urlaub kaum unterschieden. Offenbar erscheint der Praxis der Nutzen differenzierender Regelungen gering.[2] Bemerkenswert ist, dass das BAG jedoch bei unwirksamen Vertragsgestaltungen im Wege der geltungserhaltenden Reduktion zwischen gesetzlichem und übergesetzlichem Urlaub differenziert.[3]

Beispiel: Verhinderung des Arbeitnehmers

Zum Teil gehen Publikationen zur Vertragsgestaltung davon aus, § 616 Abs. 1 BGB sei unabdingbar.[4] Dies trifft nicht zu. Der Entgeltfortzahlungsanspruch bei persönlicher Verhinderung aus § 616 Abs. 1 BGB ist vertraglich abdingbar. Anerkannt als Ausschluss von Abs. 1 ist insbesondere die Klausel „Bezahlt wird nur die wirklich geleistete Arbeit".[5] Ob der völlige Ausschluss des § 616 Abs. 1 BGB durch formularmäßigen Arbeitsvertrag möglich ist, ist bisher nicht geklärt. Nach hier vertretener Auffassung ist die vollständige Abbedingung des § 616 BGB in AGB, ohne dass dafür ein sachlicher Grund oder eine sachliche Begrenzung vorliegt, nach § 307 Abs. 1, Abs. 2 Nr. 1 BGB unwirksam.[6] Auch § 629 BGB (Gehaltsfortzahlung bei Arbeitsbefreiung zur Stellensuche) enthält nachgiebiges Recht.[7]

IV. Vertragsgestaltung und kollektives Arbeitsrecht

73 Das kollektive Arbeitsrecht gewinnt in vielfältiger Weise Einfluss auf den Inhalt des Arbeitsverhältnisses. Tarifverträge können kraft Tarifbindung beider Parteien (§§ 3 Abs. 1, 4 Abs. 1 TVG) oder kraft Allgemeinverbindlichkeit (§ 5 TVG) die Vertragsbeziehung **zwingend** gestalten. Die zum Teil dominierende Rolle des Kollektivarbeitsrechts stellt die individuelle Vertragsgestaltung unter Sachzwänge. Nicht minder bedeutsam erscheint die Geltung des Tarifvertrages kraft einzelvertraglicher Bezugnahme (→ *Verweisungsklauseln*, II V 40). Hinzu kommt der „Vorbildcharakter" tarifvertraglicher Regelungen für typische Vertragsklauseln.

74 „Betriebsvereinbarungen gelten unmittelbar und zwingend" (§ 77 Abs. 4 Satz 1 BetrVG). Alle kollektiven Regelungsinstrumente schließen indes günstigere Ver-

---

1 BAG v. 12.1.1989 – 8 AZR 404/87, EzA § 11 BUrlG Nr. 27: „Gründe, die der Wirksamkeit der arbeitsvertraglichen Regelung insoweit entgegenstehen könnten, sind nicht ersichtlich." Vgl. ferner BAG v. 26.5.1983 – 6 AZR 273/82, AP Nr. 12 zu § 7 BUrlG Abgeltung; v. 25.2.1988 – 8 AZR 596/85, DB 1988, 1554.
2 Vgl. etwa *Kopp*, S. 23.
3 Vgl. BAG v. 25.1.1990 – 8 AZR 12/89, NZA 1990, 450 f.; v. 18.6.1980 – 6 AZR 328/78, AP Nr. 6 zu § 13 BUrlG Unabdingbarkeit; v. 14.5.1986 – 8 AZR 604/84 und 22.10.1987 – 1 AZR 16/58, AP Nr. 26 und 38 zu § 7 BUrlG Abgeltung.
4 So – ohne Begründung – *Böckel*, S. 41.
5 BAG v. 6.12.1956 – 2 AZR 192/56 und 25.4.1960 – 1 AZR 16/58, AP Nr. 8 und 23 zu § 616 BGB; v. 20.6.1979 – 5 AZR 479/77, AP Nr. 49 zu § 616 BGB; ErfK/*Preis*, § 616 BGB Rz. 13.
6 Vgl. ErfK/*Preis*, § 305–310 BGB Rz. 82 m.w.N.; die pauschale Abbedingung empfiehlt dagegen SSSV/*Schrader/Klagges*, A 2. Teil Rz. 144.
7 BAG v. 11.6.1957 – 2 AZR 15/57, AP Nr. 1 zu § 629 BGB; der dispositive Charakter wird aber nur hinsichtlich der Vergütungspflicht, nicht der Freistellungspflicht als solcher angenommen, vgl. ErfK/*Müller-Glöge*, § 629 BGB Rz. 16.

einbarungen nicht aus. Zwingendes Kollektivarbeitsrecht wirkt stets nur einseitig zwingend.[1]

1. Rolle der Betriebsräte

Der Einfluss der Betriebsräte auf die Vertragsgestaltung ist gering. Dies wird u.a. auch an stereotypen, in Betriebsordnungen verlagerten Klauseln deutlich (vgl. hier I B Rz. 22 ff.). Arbeitgeber sind zumeist darauf bedacht, dass die Betriebsräte auf den Kern des Individualarbeitsrechts, die einzelvertraglichen Vereinbarungen, keinen mitbestimmungsrechtlichen Einfluss gewinnen. Die **rechtlichen Möglichkeiten der Betriebsräte** sind insoweit **begrenzt**. Wenn keine entsprechende kollektivvertragliche Verpflichtung begründet wird, unterliegt der Einzelvertrag nicht der Kontrolle durch den Betriebsrat. 75

Beispiel: Keine Auskunft über Vertragsinhalt

Nach ständiger Rechtsprechung des BAG ist der Arbeitgeber nach § 99 Abs. 1 BetrVG nicht verpflichtet, dem Betriebsrat Auskunft über den Inhalt des Arbeitsvertrages eines einzustellenden Arbeitnehmers zu geben, soweit es sich nicht um Vereinbarungen über Art und Dauer der vorgesehenen Beschäftigung und die beabsichtigte Eingruppierung handelt. Der Arbeitsvertrag gehört nicht zu den vorzulegenden Bewerbungsunterlagen.[2] Auch der in § 80 Abs. 1 Nr. 1 BetrVG geregelte Überwachungsauftrag des Betriebsrates begründet keinen Anspruch des Betriebsrates auf Feststellung der Unvereinbarkeit von Vertragsklauseln in Formulararbeitsverträgen mit gesetzlichen Normen. Dies bleibt vielmehr dem individuellen Verfahren der einzelnen Arbeitnehmer überlassen.[3]

Der Betriebsrat hat keine effektive Möglichkeit, Paritätsdefizite bei der Vertragsverhandlung zwischen Arbeitgeber und Arbeitnehmer durch Einfluss auf die Vertragsgestaltung auszugleichen. Auch in tatsächlicher Hinsicht sind die Durchsetzungsmöglichkeiten der Betriebsräte gering. Zur Rechtfertigung der Billigkeitskontrolle von Betriebsvereinbarungen durch die Arbeitsgerichte[4] wird darauf hingewiesen,[5] dass zwischen Arbeitgebern und Betriebsräten kein wirtschaftliches, rechtliches oder intellektuelles Gleichgewicht bestehe. Betriebsratsmitglieder behielten trotz Kündigungsschutz und rechtlicher Unabhängigkeit in der Wahrnehmung ihrer Aufgaben letztlich ihre Abhängigkeit als Arbeitnehmer. 76

2. Ausgangspunkt der Vertragsgestaltung

Der mit der Vertragsgestaltung beauftragte Jurist muss sich stets darüber klar werden, ob und inwieweit kollektivvertragliche Vorschriften für das konkret in Rede stehende Arbeitsverhältnis Anwendung finden. Liegen den Inhalt des Arbeitsverhältnisses betreffende kollektivvertragliche Regelungen vor, ist deren **Regelungsdichte** zu überprüfen. Nach dieser Bestandsaufnahme ist zu fragen, auf welche **ein-** 77

---

1 Zur Verdrängung einer Betriebsvereinbarung durch eine günstigere Gesamtzusage: LAG Hamm v. 2.7.1991– 6 Sa 1518/90, LAGE § 77 BetrVG 1972 Nr. 13.
2 BAG v. 18.10.1988 – 1 ABR 33/87, BB 1989, 626 ff.
3 BAG v. 10.6.1986 – 1 ABR 59/84, EzA § 80 BetrVG Nr. 26; abweichend LAG Stuttgart v. 9.8.1985 – 5 TaBV 3/85, BB 1985, 2321.
4 Vgl. etwa BAG v. 16.11.1967 – 5 AZR 157/67 und v. 17.10.1968 – 5 AZR 281/67, AP Nr. 63 und 66 zu § 611 BGB Gratifikation.
5 Vgl. *Föhr/Bobke*, S. 56.

zelvertraglichen Regelungen verzichtet werden kann und welche kollektivvertraglichen Regelungen bewusst Gegenstand individualrechtlicher Bindung sein sollen. Soweit **keine Tarifbindung** besteht, ist zu klären, ob der einschlägige Tarifvertrag oder einzelne Klauseln hieraus durch **Verweisung** zum Bestandteil des Arbeitsvertrages werden sollen.

78 Werden die gleichen Sachfragen sowohl arbeitsvertraglich als auch kollektivvertraglich geregelt, können schwierige **Konkurrenzprobleme** zwischen Einzelvertrag und Kollektivvertrag auftreten. Dabei lässt sich eine Auseinanderentwicklung der Regelungsinhalte durch Arbeitsvertragsgestaltung nicht immer vermeiden. Während Arbeitsverträge, da regelmäßig nur durch einverständliche Änderung oder Kündigung veränderbar, eine hohe Bestandskraft aufweisen, unterliegen Kollektivverträge häufiger Anpassung.

79 Zunehmende Bedeutung erlangen daher arbeitsvertragliche → *Öffnungsklauseln*, II O 10 zugunsten kollektivvertraglicher Regelungen. Anzustreben ist in jedem Fall eine **bewusste Vertragsgestaltung**, die die Folgen bedenkt, wenn sich Kollektivverträge ändern.

80 Zu Beginn jeder Arbeitsvertragsgestaltung sind daher folgende Fragen zu stellen:
- In welchem Umfang ist zwingendes Kollektivvertragsrecht vorgegeben? Bestehen Tarifbindung, ein allgemeinverbindlicher Tarifvertrag oder individualarbeitsrechtlich relevante Betriebsvereinbarungen?
- Besteht entsprechend § 4 Abs. 3 TVG dispositives Tarifrecht, das den Parteien des Arbeitsverhältnisses ausdrücklich abweichende Regelungen gestattet?
- In welchen Bereichen bestehen Freiräume für die Vertragsparteien, weil die Tarifpartner bestimmte Fragen nicht oder nicht abschließend geregelt haben?[1]
- Besteht ein Fall der Tarifkonkurrenz? Ist die Zuordnung des Tarifvertrages eindeutig und muss ggf. die einzelvertragliche Verweisung bei fehlender Tarifbindung angepasst werden?
- Empfiehlt sich für die nicht tarifgebundenen Arbeitsverhältnisse die vollständige oder teilweise Angleichung an die tarifgebundenen oder erscheint eine abweichende Vertragsregelung zweckmäßig? Ist eventuell die Einbeziehung des nicht unmittelbar einschlägigen Tarifvertrages in Betracht zu ziehen?
- Ist die Vereinbarung bestimmter Bereiche durch Arbeitsvertrag in jedem Fall unabhängig vom Schicksal änderungsfreudiger Kollektivverträge sinnvoll?
- Ist eine Veränderung der kollektivvertraglichen Situation um der flexibleren Regelungsmöglichkeiten willen im Einzelvertrag anzustreben?
- In welchen Punkten ist eine gegenüber den bestehenden Kollektivverträgen günstigere Regelung anzustreben? Ist die vertragliche Regelung tatsächlich und nicht nur – aus der subjektiven Sicht des einzelnen Arbeitnehmers – günstiger?

81 Zu allen angesprochenen Punkten stellen sich schwierige Rechtsfragen, die Bedeutung für die Zweckmäßigkeit einer bestimmten Vertragsgestaltung haben.

---

1 Zu Einzelfragen *Etzel*, NZA Beilage 1/1987, 19 (23).

3. Differenzierung zwischen tarifgebundenen und nicht tarifgebundenen Arbeitnehmern?

Die Unterscheidung zwischen tarifgebundenen und tarifungebundenen Arbeitnehmern ist wenig sinnvoll. Vielfach weiß der Arbeitgeber gar nicht, welcher Arbeitnehmer gewerkschaftsangehörig ist und welcher nicht. Vor der Einstellung darf er danach nicht fragen, um mögliche Diskriminierungen wegen der Gewerkschaftszugehörigkeit zu vermeiden (Art. 9 Abs. 3 Satz 2 GG).[1] Vorschläge, in der Vertragsgestaltung danach zu unterscheiden, ob Tarifbindung besteht oder nicht, wie dies zum Teil vorgeschlagen wird,[2] sind daher realitätsfern. In der Praxis erfolgt eine entsprechende Differenzierung selten. Sie lässt sich freilich oftmals nicht vermeiden, etwa wenn nach Betriebsübergängen i.S.d. § 613a BGB für die übergehenden Arbeitnehmer ein Bestandsschutz greift, insbesondere wenn bisher angewendete Tarifverträge kraft Bezugnahmeklausel weiter gelten (→ *Verweisungsklauseln*, II V 40).

4. Arbeitsvertrag oder Betriebsvereinbarung?

In einem mitbestimmten Unternehmen stellt sich zunächst die Frage, ob nicht ein detaillierter Arbeitsvertrag weithin durch Regelungen in **Betriebsvereinbarungen ersetzt** werden kann. Die Untersuchung der Vertragspraxis hat ergeben, dass sich in erheblichem Umfang in sog. Arbeits- oder Betriebsordnungen Regelungen finden, die auch Inhalt des Arbeitsvertrages sein könnten (vgl. I B Rz. 70ff.).

Nach herrschender Auffassung sollen die **Betriebspartner** befugt sein, in einer Betriebsvereinbarung **alle Fragen** zu regeln, die auch Inhalt des Arbeitsvertrages sein können, soweit nicht der Vorbehalt einer tariflichen Regelung nach § 77 Abs. 3 BetrVG greift.[3] Im Rahmen der **freiwilligen Betriebsvereinbarung** nach § 88 BetrVG können prinzipiell alle Fragen des Abschlusses, des Inhalts und der Beendigung des Arbeitsverhältnisses geregelt werden, die nicht zu den Gegenständen zählen, für die das BetrVG eine zwingende Mitbestimmung des Betriebsrats vorsieht. § 88 BetrVG wird damit gleichsam zur Auffangnorm für entsprechende Betriebsvereinbarungen.[4] Lässt man einmal die Problematik beiseite, dass in vielen Fällen konkurrierende Doppelregelungen anzutreffen sind, stellt sich die Frage, ob es sinnvoll ist, den Arbeitsvertrag auf die essentialia negotii zu beschränken und die zum Teil umfangreichen Nebenbestimmungen auf die Betriebsvereinbarung zu verlagern.

a) Problematik des Verzichts auf individuelle Vertragsgestaltung

Die zuletzt genannte Möglichkeit erscheint aus der Sicht der Vertragsgestaltung schon deshalb zweifelhaft, weil sie dem **vollständigen Verzicht auf individuelle Regelung** gleichkommt. Die vorformulierte Vertragsgestaltung wird auf diese Weise lediglich auf eine Betriebsvereinbarung verlagert. Aus der Sicht des Arbeitgebers ist diese Variante nur dann sinnvoll, wenn der **Betriebsrat kooperiert**. Das empiri-

---

1 ErfK/*Preis*, § 611 BGB Rz. 349.
2 Vgl. z.B. die differenzierenden Vertragsmuster bei *Hohn/Romanovszky*, S. 55ff.
3 BAG v. 18.8.1987 – 1 ABR 30/86, NZA 1987, 779; v. 9.4.1991 – 1 AZR 406/90, AP Nr. 1 zu § 77 BetrVG 1972 Tarifvorbehalt; ebenso die überwiegende Meinung im Schrifttum, GK-BetrVG/*Kreutz*, § 77 Rz. 74–85 m.w.N.
4 So zur Frage der Altersgrenze der Große Senat BAG GS v. 7.11.1989 – GS 3/85, NZA 1990, 224.

sche Resultat, dass den Arbeitsvertrag gestaltende Nebenbestimmungen in sog. Arbeits- und Betriebsordnungen mitnichten zu ausgewogeneren Regelungen führen, kann bei dieser Vorgabe kaum überraschen (vgl. hierzu die unter I B Rz. 22 ff. wiedergegebenen Ergebnisse). Die Betriebsvereinbarung in Gestalt der Arbeitsordnung schrumpft in ihrer Bedeutung zum Ersatzinstrument für Allgemeine Arbeitsbedingungen. Chancen individueller Vertragsgestaltung, die sich nicht im Bereich des Günstigkeitsprinzips bewegen, werden durch die zwingende Wirkung der Betriebsvereinbarung (§ 77 Abs. 4 Satz 1 BetrVG) versperrt. Da die Rechtsprechung bei derart betriebseinheitlicher Regelung wenig geneigt sein wird, auf ihre ständig praktizierte **Billigkeitskontrolle von Betriebsvereinbarungen**[1] zu verzichten, erzielt der Arbeitgeber gegenüber vertraglichen Einheitsregelungen auch keinen Rechtsvorteil einer höheren Bestandsfestigkeit der Nebenbestimmungen. In der Tat hat sich gerade in jüngerer Zeit gezeigt, dass sich die Inhaltskontrolle von Betriebsvereinbarungen nach § 75 BetrVG in der Kontrolldichte kaum von der Anwendung der §§ 305 ff. BGB unterscheidet.[2] Diese Bedenken könnten nur durch die **größere Flexibilität der Betriebsvereinbarung** (leichtere Kündbarkeit, kollektive Abänderbarkeit) aufgewogen werden.

86 Zu bedenken ist, dass nach § 77 Abs. 5 und 6 BetrVG **Betriebsvereinbarungen** über nicht mitbestimmungspflichtige Angelegenheiten **frei und ohne Nachwirkung** für beide Seiten **kündbar** sind.[3] Dies kann sich nicht nur für den Arbeitnehmer, sondern auch für den Arbeitgeber **nachteilig** auswirken.

Beispiel: Kündigung von Betriebsvereinbarungen

Die Kündigung der Betriebsvereinbarung richtet umso größeren Schaden an, je wichtiger die darin geregelten Nebenbestimmungen sind. Dies verdeutlicht, dass es vorschnell wäre, die Notwendigkeit einer durchdachten Vertragsgestaltung wegen möglicher kollektiver (freiwilliger) Betriebsvereinbarungen über Arbeitsvertragsbedingungen zu verneinen. In Konfliktfällen könnte die Kündigung bei fehlender einzelvertraglicher Regelung auch als Druckmittel eingesetzt werden. Durch die Kündigung einer nicht nachwirkenden freiwilligen Betriebsvereinbarung wird das Arbeitsverhältnis „inhaltsleer" bzw. kommen dispositive Rechtsgrundsätze zur Anwendung, wenn keine adäquaten individualvertraglichen Regelungen bestehen. Der Arbeitgeber geriete dann in ein Dilemma: Er kann eine freiwillige Betriebsvereinbarung über den größten Teil der Arbeitsbedingungen nicht zwangsweise durchsetzen, da der Weg zur Einigungsstelle nicht eröffnet ist.

87 Dies alles zeigt, dass die **Betriebsvereinbarung ungeeignet** ist, eine **bewusste Arbeitsvertragsgestaltung zu ersetzen**. Die größere Flexibilität freiwilliger Betriebsvereinbarungen macht es notwendig, den Bereich, der für die Gestaltung eines Arbeitsverhältnisses in einem bestimmten Betrieb wesentlich ist, auch einer vertraglichen Gestaltung zuzuführen.

Beispiel: Doppelregelung sinnvoll?

Eine Doppelregelung in Betriebsvereinbarung und Arbeitsvertrag *kann* sinnvoll sein. Endet nämlich eine günstigere Betriebsvereinbarung ohne Nachwirkung, wie es in der Regel bei

---

1 Bestätigt durch BAG GS v. 16.9.1986 – GS 1/82, NZA 1987, 168.
2 BAG v. 11.7.2000 – 1 AZR 551/99, NZA 2001, 462; v. 1.2.2006 – 5 AZR 187/05, NZA 2006, 563; v. 18.7.2006 – 1 AZR 578/05, NZA 2007, 462; ausf. hierzu *Preis/Ulber*, RdA 2013, 211 (223); *Hromadka*, NZA Beilage 4/2014, 136 (139 ff.).
3 BAG v. 26.4.1990 – 6 AZR 278/88 und 21.8.1990 – 1 ABR 73/89, EzA § 77 BetrVG 1972 Nr. 35 und 36.

Betriebsvereinbarungen über freiwillige Leistungen der Fall ist, lebt der – durch die Kollektivregelung nur überlagerte – frühere Arbeitsvertrag grundsätzlich wieder auf (s. näher Rz. 91 ff.).[1]

b) Problematik des Günstigkeitsprinzips

Enthält der Arbeitsvertrag gegenüber der Betriebsvereinbarung **günstigere Regelungen**, gehen diese nach dem Günstigkeitsprinzip vor.[2] Dies lässt die brisante Frage akut werden, ob nicht schon die **bewusste Nichtregelung** in einem Arbeitsvertrag günstiger als eine vom dispositiven Recht abweichende Regelung in einem Kollektivvertrag ist. Ist nämlich das durch Begründung eines Arbeitsvertrages konkludent mitvereinbarte dispositive Arbeitsvertragsrecht günstiger als die Regelung in einer Betriebsvereinbarung, dann müsste sich der „beredt schweigende" Arbeitsvertrag gegenüber der schlechteren Betriebsvereinbarung durchsetzen.[3]

88

Beispiel: Altersgrenze

Bereits die Nichtregelung einer Altersgrenze in einem Arbeitsvertrag ist günstiger als eine fixe Altersgrenze in einem Kollektivvertrag, weil sie dem Arbeitnehmer eine größere Wahlfreiheit ermöglicht und nicht zur zwangsläufigen Beendigung des Arbeitslebens führt.[4] Diese Sichtweise teilt das BAG nicht, weil es im Ergebnis um jeden Preis die allgemeinen Altersgrenzen in Kollektivverträgen halten will. So meint das BAG, dass ein Arbeitnehmer die bei seiner Einstellung getroffene Vereinbarung eines unbefristeten Arbeitsverhältnisses nicht dahingehend verstehen durfte, „das Arbeitsverhältnis könne bis zu seinem Ableben nur durch eine Kündigung oder einen Aufhebungsvertrag beendet werden."[5] Durch die Formulierung in einem Arbeitsvertrag, wonach der Arbeitnehmer „auf unbestimmte Zeit" beschäftigt werde, sollte ersichtlich nicht die kollektivrechtliche tarifliche Altersgrenze abbedungen werden, sondern klargestellt werden, dass kein Fall des befristeten Arbeitsverhältnisses vorliege. *„Würde die Vereinbarung einer Beschäftigung auf unbestimmte Zeit in einem standardisierten Arbeitsvertrag demgegenüber als Ausschluss einer tarifvertraglichen Altersgrenzenregelung verstanden, käme diese in keinem der so vereinbarten Arbeitsverhältnisse mehr zur Anwendung."*[6]

Um die Vorteile kollektivvertraglicher Regelungen weitestmöglich zu sichern, bedarf es bei **vorsichtiger Vertragsgestaltung** gegenwärtig ebenfalls einer einzelvertraglichen Vorkehrung. Der Arbeitsvertrag selbst sollte deutlich zu erkennen geben, ob und inwieweit seine Bestandteile unter dem **Vorbehalt anderweitiger Regelungen** durch die Betriebsparteien stehen. → *Öffnungsklauseln*, II O 10; sog. „**betriebsvereinbarungsoffene**" **Vertragsgestaltung**) können den Einwand, der – womöglich

89

---

1 BAG v. 21.9.1989 – 1 AZR 454/88, EzA § 77 BetrVG 1972 Nr. 33.
2 S. zuletzt BAG v. 5.3.2013 – 1 AZR 417/12, NZA 2013, 916 Rz. 55, freilich mit der bedenklichen Pauschalaussage, dass arbeitsvertragliche Regelungen in AGB mit kollektivem Bezug regelmäßig „betriebsvereinbarungsoffen" seien (ebenda Rz. 55); krit. hierzu *Preis/Ulber*, NZA 2014, 6; *Säcker*, BB 2013, 2677; die Rspr. verteidigend *Linsenmaier*, RdA 2014, 336 ff. → *Öffnungsklauseln*, II O 10.
3 Vgl. hierzu auch *Löwisch*, Anm. AP Nr. 43 zu § 77 BetrVG 1972, der mit Blick auf die Entscheidung vom 21.9.1989 meint, der Günstigkeitsvergleich müsse zu Lasten der Betriebsvereinbarung ausfallen, wenn diese zum dauerhaften Wegfall der arbeitsvertraglichen Ansprüche führte.
4 Vgl. hierzu BAG GS v. 7.11.1989 – GS 3/85, EzA § 77 BetrVG 1972 Nr. 34; *Worzalla*, NZA Beilage 4/1991, 15 (17).
5 BAG v. 5.3.2013 – 1 AZR 417/12, NZA 2013, 916 Rz. 57.
6 BAG v. 8.12.2010 – 7 AZR 438/09, NZA 2011, 586 Rz. 23.

nur beredt schweigende – Arbeitsvertrag sei gegenüber der Betriebsvereinbarung günstiger, verhindern.[1]

c) Problematik benachteiligender Regelungen in Betriebsvereinbarungen

90 Die Bedenken gegen ausschließlich benachteiligende Regelungen in Betriebsvereinbarungen sind nie verstummt.[2] Stets ist die Frage diskutiert worden, ob in Betriebsvereinbarungen Einschränkungen der → *Nebentätigkeit*[3], II N 10, → *Abtretungsverbote*[4], II A 10 oder Kostenpauschalen für die Bearbeitung von Lohnpfändungen[5] vereinbart werden können oder ob die → *Haftung des Arbeitgebers*, II H 10 beschränkt werden kann. Insbesondere im Anschluss an die Entscheidung des BAG vom 5.3.1959[6] wird die Auffassung vertreten, dass Betriebsvereinbarungen **nicht ausschließlich** Bestimmungen **zu Lasten der Arbeitnehmer** enthalten dürfen.[7] Der zum Teil beschrittene Weg der Verlagerung ausschließlich benachteiligender Bestimmungen auf die Ebene der Betriebsvereinbarung ist daher mit einem erheblichen **Unsicherheits- und Verwerfungsrisiko** verbunden. Gerade in der jüngeren Rechtsprechung hat das BAG benachteiligende Bestimmungen in Betriebsvereinbarungen kontrollieren müssen und dabei über § 75 BetrVG den Rechtsstandard gewahrt, der auch im Rahmen der Inhaltskontrolle nach §§ 305 ff. BGB erreicht wird (zu Ausschlussfristen[8] und Lohnpfändungspauschalen[9]). Die Verlagerung benachteiligender Klauseln auf die Betriebsvereinbarung bietet damit keine substanziellen Rechtsvorteile.

Beispiel: Vertragsstrafe

Der 1. Senat entschied mit Urteil vom 6.8.1991,[10] dass die Betriebspartner jedenfalls dann ihre Regelungskompetenz missbrauchen, wenn sie die Betriebsvereinbarung „zweckwidrig" einsetzen. Im konkreten Fall beanstandete der Senat eine Vertragsstrafenregelung, die bestimmte, dass „einzelvertragliche Vertragsstrafenversprechen gegenüber der Betriebsvereinbarung Vorrang" haben. Gegenstand der beanstandeten Betriebsvereinbarung war ebenfalls eine Vertragsstrafenregelung. Mit dieser Bestimmung, so der Senat, würde der Zweck einer Betriebsvereinbarung zur Regelung von Arbeitsbedingungen in sein Gegenteil verkehrt. Der Senat verweist auf die in seiner Entscheidung vom 24.2.1987[11] gemachte Aussage, dass Zweck der in § 87 Abs. 1 BetrVG normierten Mitbestimmungsrechte des Be-

---

1 Nach *Löwisch*, Anm. AP Nr. 43 zu § 77 BetrVG 1972 liegt hier der Schlüssel für die Problematik ablösender Betriebsvereinbarungen.
2 Jüngst erneut MünchArbR/*Richardi*, § 7 Rz. 29: „Arbeitgeber und Betriebsrat haben keine Regelungskompetenz, den *Pflichtenkreis des Arbeitnehmers* umfassend festzulegen."
3 Verneinend GK-BetrVG/*Kreutz*, § 77 Rz. 360; *Richardi*, BetrVG, § 77 Rz. 104; a.A. HWGNRH/*Worzalla*, BetrVG, § 77 Rz. 69.
4 Für Unwirksamkeit GK-BetrVG/*Kreutz*, § 77 Rz. 358; *Kreutz*, Grenzen, S. 249 („ausschließlich rechtlich nachteilig"); *Canaris*, ArbuR 1966, 249; a.A. *Richardi*, BetrVG, § 77 Rz. 105; *Fitting*, BetrVG, § 77 Rz. 57.
5 Für Unwirksamkeit GK-BetrVG/*Kreutz*, § 77 Rz. 357 m.w.N.; *Fitting*, BetrVG, § 77 Rz. 57.
6 AP Nr. 26 zu § 611 BGB Fürsorgepflicht.
7 *Richardi*, BetrVG, § 77 Rz. 111.
8 BAG v. 12.12.2006 – 1 AZR 96/06, AP Nr. 94 zu § 77 BetrVG 1972.
9 BAG v. 18.7.2006 – AZR 578/05, EzA § 75 BetrVG 2001 Nr. 4.
10 BAG v. 6.8.1991 – 1 AZR 3/90, DB 1992, 146.
11 BAG v. 24.2.1987 – 1 ABR 18/85, AP Nr. 21 zu § 77 BetrVG 1972.

triebsrates unter anderem sei, „einzelvertragliche Vereinbarungen wegen der dabei gestörten Vertragsparität zurückzudrängen". Durch Ausübung des Mitbestimmungsrechts zustande gekommene Betriebsvereinbarungen sollten aufgrund ihrer unmittelbaren und zwingenden Wirkung nach § 77 Abs. 4 BetrVG dem Arbeitnehmer Mindestarbeitsbedingungen gewährleisten, „die durch einzelvertragliche Abreden nicht zu Lasten der Arbeitnehmer verändert werden können".

5. Auswirkungen der Änderung und Beendigung des Kollektivvertrages

Für Tarifnormen wie für Betriebsnormen gilt das Ablösungsprinzip (lex posterior derogat legi priori).[1] Wird eine arbeitsvertragliche Regelung durch eine günstigere Regelung in Tarifvertrag oder Betriebsvereinbarung abgelöst, stellt sich die Frage nach dem Schicksal des Arbeitsvertrages, wenn die günstigere Regelung fortfällt oder zu einer ungünstigeren umgestaltet wird.

In diesem Zusammenhang tritt die grundsätzliche Frage auf, ob Kollektivverträge einzelvertragliche Bestimmungen lediglich verdrängen oder vernichten. Diese Frage ist auch für die Vertragsgestaltung von Interesse, weil sich an dieser Wirkung entscheidet, ob und inwieweit ein einzelvertraglicher „Unterbau" sinnvoll ist. **Verdrängen Kollektivnormen ungünstigere Individualabreden** lediglich derart, dass diese „latent" bestehen bleiben, so sind die Arbeitsvertragsparteien nach deren Wegfall oder Eintritt der Günstigkeitsbedingungen an den ursprünglichen Vertragsinhalt gebunden.[2] Im **Tarifrecht** hat die Frage der Unwirksamkeit und Verdrängung wegen der prinzipiellen Nachwirkung (§ 4 Abs. 5 TVG) nur geringe Bedeutung.[3]

Größer ist die Bedeutung dagegen im Betriebsverfassungsrecht bei freiwilligen **Betriebsvereinbarungen**. Hier hat die Auffassung, dass Kollektivnormen entgegenstehende vertragliche Vereinbarungen nur verdrängen, nicht aber unwirksam werden lassen, durch die Entscheidung des BAG vom 21.9.1989[4] eine Bestätigung erfahren. Der 1. Senat entschied, dass durch eine Betriebsvereinbarung „der Inhalt des Arbeitsvertrages nicht geändert werden" kann. Soweit Normen einer Betriebsvereinbarung für den Arbeitnehmer günstiger sind als die arbeitsvertragliche Vereinbarung, **verdrängen** sie diese lediglich **für die Dauer ihrer Wirkung**, führen aber nicht zu deren Nichtigkeit. Der Senat übernimmt in der Entscheidung ausdrücklich die zu Tarifnormen herrschende Auffassung. Die Arbeitsvertragsparteien gingen regelmäßig nicht davon aus, dass der vertragliche Mindeststandard durch eine spätere günstigere Vereinbarung auf Dauer vernichtet werden soll.

Der 1. Senat übt **Kritik an der Konzeption des Großen Senats**,[5] weil eine hinreichend Begründung für die ablösende Wirkung einer umstrukturierenden Betriebsvereinbarung nicht gegeben worden sei. So fehle es an einer Erklärung dafür, warum ein Arbeitnehmer, der einen vertraglichen Anspruch auf Weihnachtsgeld in Höhe

---
1 Für den Tarifvertrag: BAG v. 30.1.1985 – 4 AZR 117/83, AP Nr. 9 zu § 1 TVG Tarifverträge: Einzelhandel; für die Betriebsvereinbarung: BAG v. 22.5.1990 – 3 AZR 128/89 und v. 23.10.1990 – 3 AZR 260/89, EzA § 1 BetrAVG Ablösung Nr. 2 und 4.
2 Wiedemann/*Wank*, TVG, § 4 Rz. 370.
3 *Etzel*, NZA Beilage 1/1987, 17 (23).
4 BAG v. 21.9.1989 – 1 AZR 454/88, EzA § 77 BetrVG 1972 Nr. 33 = AP Nr. 43 zu § 77 BetrVG 1972 mit zust. Anm. *Löwisch* = NZA 1990, 351 mit zust. Anm. *Richardi*, NZA 1990, 331 = SAE 1990, 329 ff. mit zust. Anm. *Schmitt*.
5 BAG GS v. 16.9.1986 – GS 1/82, AP Nr. 17 zu § 77 BetrVG 1972.

von 500 Euro habe, das später durch Betriebsvereinbarung auf 1000 Euro aufgestockt wird, bei Wegfall dieser Betriebsvereinbarung keinen Anspruch auf ein Weihnachtsgeld mehr haben soll. Auf **typische einzelvertragliche Ansprüche** des Arbeitnehmers, insbesondere das eigentliche **Arbeitsentgelt** als Gegenleistung für die geschuldete Arbeitsleistung, Ansprüche auf **Bezahlung von Mehrarbeit, Nachtarbeit** und **Feiertagsarbeit**, Ansprüche auf **Urlaub und Urlaubsvergütung**, Ansprüche auf Fortzahlung des Lohnes bei Arbeitsverhinderung und andere Fragen, die den Inhalt des Arbeitsverhältnisses bestimmen, wie die Dauer der wöchentlichen Arbeitszeit oder die Kündigungsfristen, könnten die Folgerungen des Großen Senats nicht erstreckt werden. Es sei kein Grund ersichtlich, warum die Lohnabrede eines Arbeitnehmers zu seinen Ungunsten der Abänderung unterliegen solle, nur weil ein anderer Arbeitnehmer einen höheren Lohn erhält.[1]

95 **Fazit:** Die lediglich verdrängende Wirkung der Kollektivnormen ist für die Vertragsgestaltung insoweit von Bedeutung, als es zweckmäßig sein kann, einen gewissen Kernbestand von Vertragsinhalten zu sichern, und zwar unabhängig von der Möglichkeit der Verbesserung durch Kollektivnormen.

V. Standardisierte und individuelle Vertragsgestaltung

96 Einzelvertragliche Verpflichtungen werden in unterschiedlichen Formen geschlossen. Mit der **Art und Weise ihres Zustandekommens** und ihrer **formalen Ausgestaltung** können spezifische Anforderungen an die Vertragsgestaltung verbunden sein. Die Rechtsordnung reagiert unterschiedlich auf bestimmte Vertragsgestaltungen. So entfaltet der Vertragsinhalt eines notariellen Vertrages eine deutlich höhere Bestandskraft als der Vertragsschluss mit pauschal einbezogenen Formularbedingungen.

97 Im Arbeitsrecht ist die Differenzierung zwischen **Formularverträgen** und **ausgehandelten Individualabreden** früher kaum getroffen worden. Auch die Kontrollinstrumentarien wurden anders benannt und unterschieden sich zum Teil auch in der Sache. Die Unklarheiten in der Begriffsbildung und der Rechtsanwendung waren erheblich und bedürfen – unter grundsätzlicher Aufarbeitung der bisherigen Rechtsprechungspraxis – der Aufarbeitung.[2] Mit der seit dem 1.1.2002 im Arbeitsrecht voll wirksam gewordenen Anwendung des AGB-Rechts wird die Unterscheidung deutlicher getroffen.

98 Die im Privatrecht anzutreffenden Differenzierungen zwischen Vertragsbedingungen, die für eine Vielzahl von Verträgen vorformuliert sind (§ 305 BGB), Formularverträgen, einfach vorformulierten Verträgen, „formelhaft" verwendeten Klauseln und ausgehandelten Individualabreden[3] spielten vor 2002 im Arbeitsrecht überhaupt keine Rolle.[4] Die Unterscheidung hat in der höchstrichterlichen Rechtsprechung bisher fast ausschließlich in der Frage der Revisibilität der Auslegung sog.

---

1 BAG v. 21.9.1989 – 1 AZR 454/88, EzA § 77 BetrVG 1972 Nr. 33 = AP Nr. 43 zu § 77 BetrVG 1972 mit zust. Anm. *Löwisch* = NZA 1990, 351 mit zust. Anm. *Richardi*, NZA 1990, 331 = SAE 1990, 329 ff. mit zust. Anm. *Schmitt*.
2 Ausführlich *Preis*, Vertragsgestaltung, § 7.
3 Einzelheiten *Preis*, Vertragsgestaltung, § 10 II und IV.
4 Ebenso *Coester-Waltjen*, AcP 190 (1990), 1 (6).

typischer und nichttypischer Vertragsklauseln eine Rolle gespielt. Vorwiegend ist die Rede vom „Einzelarbeitsvertrag", obwohl vielfach evident ist, dass es sich um eine massenhaft verwendete Vertragsklausel handelt.

1. Einzelarbeitsvertrag

Der Begriff des Einzelarbeitsvertrages (gelegentlich auch Individualarbeitsvertrages) sagt über Zustandekommen oder formelle Ausgestaltung des Vertrages nichts aus. Der Begriff „Einzelarbeitsvertrag" findet im Arbeitsrecht primär als Gegenbegriff zu den arbeitsrechtlichen Kollektivverträgen (Tarifvertrag, Betriebsvereinbarungen) Verwendung.

99

2. Formularvertrag und ausgehandelte Individualabrede

Der Begriff des Formularvertrages war sowohl als Begriff der Vertragsgestaltung als auch möglicherweise besonderer Kontrollmaßstäbe im Arbeitsrecht vor dem Jahre 2002 kaum verbreitet. Im AGB-Recht spielt er dagegen eine geradezu dominierende Rolle.[1] Zumeist war in Tatbeständen arbeitsgerichtlicher Urteile lediglich vom „Einzelvertrag", „Einzelarbeitsvertrag" oder auch schlicht „Arbeitsvertrag" die Rede. Dies gilt auch in den Fällen, in denen selbst bei der auszugsweisen Wiedergabe im Tatbestand des Urteils erkennbar ist, dass es sich um eine typisierte, vorformulierte oder an Vertragsmuster angelehnte Bestimmung handelte.[2] Sofern die Tatsache einer vorformulierten Vereinbarung überhaupt einmal zur Kenntnis genommen wurde, herrschte große Unsicherheit.

100

Dem entspricht, dass nur sporadisch zwischen formularmäßiger und individuell ausgehandelter Vertragsabrede differenziert wurde. So wurde bei der Kontrolle eines befristeten Arbeitsvertrages, der bei „freiem Wunsch des Arbeitnehmers" sachlich gerechtfertigt ist, darauf abgestellt, dass die Voraussetzungen hierfür nicht erfüllt gewesen seien, weil die Befristung auf der Grundlage eines arbeitgeberseitig vorformulierten Vertragsmusters erfolgte.[3] Die vorherrschende Einschätzung, individuell ausgehandelte Vereinbarungen spielten im „durchschnittstypischen Normalfall" des Arbeitsvertragsschlusses anders als beim Rechtsverhältnis leitender Angestellter erfahrungsgemäß keine nennenswerte Rolle,[4] scheint den Blick für differenziertere Betrachtungen und die allgemeine Entwicklung im Privatrecht zu versperren. Wenn in früheren Entscheidungen des BAG plötzlich doch von „ausgehandelten" Abreden gesprochen wird,[5] ohne deren Charakter näher zu erläutern und ohne einen Blick auf die höchst umstrittene Frage des Aushandelns (§ 305 Abs. 1 Satz 3

101

---

1 Vgl. UBH/*Ulmer/Habersack*, § 305 BGB Rz. 66 mit Hinweis auf Formularmietverträge, Kfz-Mietverträge, Maklerverträge, Reiseveranstaltungsverträge, Fernlehrverträge, Versicherungsverträge aller Art, Leasing-, Handelsvertreter- und Vertragshändlerverträge.
2 S. nur BAG v. 24.3.1988 – 2 AZR 630/87, NZA 1989, 101 zu einer vertraglichen Ausschlussfrist, deren Klauseltext sich wortgleich in Tarifverträgen und Vertragshandbüchern findet, hierzu *Preis*, ZIP 1989, 885 (889).
3 Vgl. aber BAG v. 22.3.1973 – 2 AZR 274/72, AP Nr. 38 zu § 620 BGB Befristeter Arbeitsvertrag.
4 So *Säcker*, Gruppenautonomie, S. 31 Fn. 1 zu Beginn seiner Untersuchung; MünchArbR/*Richardi*, § 7 Rz. 2; *Zöllner*, AcP 176 (1976), 221 (233f.).
5 Vgl. BAG v. 20.6.1989 – 3 AZR 504/87, BB 1989, 2333 (2334), wo eine richterliche Billigkeitskontrolle mit diesem Hinweis verweigert wird.

BGB) zu werfen, dann ist dies ein Beleg dafür, dass die Rechtsentwicklungen im allgemeinen Vertragsrecht und im Arbeitsvertragsrecht vor 2002 noch nicht hinreichend aufeinander abgestimmt waren. Auch dies hat sich nach der Einbeziehung des Arbeitsrechts in das AGB-Recht (§ 310 Abs. 4 BGB) geändert.

Beispiel:

Als Beispiel diene das Problem der sog. Ausgleichsquittungen → *Verzicht und Ausgleichsquittung*, II V 50. Obwohl bereits in den Vorarbeiten zur Schaffung des AGBG auf die Problematik vorformulierter Ausgleichsquittungen hingewiesen wurde und Parallelen zu den allgemeinen Rechtsgrundsätzen des AGBG in der arbeitsrechtlichen Literatur gezogen wurden,[1] hat das BAG stets eigene Wege, speziell über eine restriktive Auslegung der vorformulierten Verzichtserklärungen, gesucht.[2]

102 Erwähnung verdient in diesen Zusammenhang jedoch ein Urteil des BAG vom 30.6. 1976,[3] in dem es um die Abbedingung eines Lohnanspruchs während der Betriebsferien für einen noch nicht urlaubsberechtigten Arbeitnehmer ging. Das BAG nahm hier zur Kenntnis, dass die entsprechende Vertragsklausel sich „in vom Arbeitgeber entworfenen Mustervereinbarungen" befunden habe. Das BAG bemerkte, dass bei Mustervereinbarungen die Gefahr unangemessener Benachteiligung des Arbeitnehmers bestehe. Es sei daher zu prüfen, ob die Klausel „zuvor besprochen und von der Klägerin in Erkenntnis der Folgen gebilligt" worden sei.[4] *Moritz* merkte an, dass dies nicht mit der Rechtsprechung des BGH zur Kontrolle Allgemeiner Geschäftsbedingungen übereinstimme. Jedoch zeigt sich an dieser Entscheidung, dass auch das BAG vorformulierten Vereinbarungen eine **geringere rechtliche Bestandskraft** einräumt, während es die von den dispositiven Grundsätzen der §§ 615, 293 BGB abweichende Parteivereinbarung offenbar dann billigen will, wenn der Punkt „zwischen den Parteien des Arbeitsverhältnisses klar und deutlich besprochen und ausgehandelt"[5] worden ist.

3. Allgemeine Arbeitsbedingungen und vertragliche Einheitsregelungen

103 Die Parallele zwischen **Allgemeinen Arbeitsbedingungen** bzw. **vertraglichen Einheitsregelungen** zum Recht der Allgemeinen Geschäftsbedingungen springt schon terminologisch ins Auge. *Säcker* hat sie bereits aufgezeigt.[6] Er definierte im Ausgangspunkt die arbeitsvertraglichen Einheitsregeln als die durch „einverständliche Bezugnahme auf Allgemeine Arbeitsbedingungen (Schema-Arbeitsbedingungen) festgelegten Rechte und Pflichten der Arbeitsvertragsparteien".[7] Von *Richardi* werden sie definiert als von Arbeitgeber und Arbeitnehmer nicht individuell ausgehandelte, sondern durch Verweisung auf vom Arbeitgeber für eine Vielzahl von Verträgen vorfor-

---

1 Insbesondere für die Anwendung der §§ 3 und 5 AGBG: *Bernd Preis*, ArbuR 1979, 97; *Heckelmann*, SAE 1980, 122.
2 BAG v. 20.8.1980 – 5 AZR 955/78, EzA § 9 LohnFG Nr. 7.
3 BAG v. 30.6.1976 – 5 AZR 246/75, AP Nr. 3 zu § 7 BUrlG Betriebsferien mit Anm. *Moritz*.
4 BAG v. 30.6.1976 – 5 AZR 246/75, AP Nr. 3 zu § 7 BUrlG Betriebsferien mit Anm. *Moritz* unter 3c) der Gründe.
5 BAG v. 30.6.1976 – 5 AZR 246/75, AP Nr. 3 zu § 7 BUrlG Betriebsferien mit Anm. *Moritz*.
6 *Säcker*, Gruppenautonomie, S. 80 ff.
7 Vgl. *Säcker*, Gruppenautonomie, S. 80.

mulierte Arbeitsbedingungen.¹ Die sachliche und sprachliche Nähe zu der Begriffsbestimmung des § 305 Abs. 1 BGB ist augenscheinlich. Doch liegt in diesen Definitionen ein Mangel. Sie erfassen das **durch Verweisung** einbezogene Vertragswerk, scheinen aber den Formularvertrag auszuschließen.² Dass dem so ist, zeigen die Ausführungen *Säckers*:³ Erfolge der Abschluss des „Einzelarbeitsvertrages" nicht auf der Grundlage eines „vorgefertigten allgemeinen, betrieblichen Systems, sondern nach individueller Vereinbarung der Arbeitsbedingungen", so liege selbst dann keine allgemeine Arbeitsbedingung vor, „wenn eine Vielzahl von Arbeitsverträgen inhaltlich ebenso gestaltet ist."⁴ Bei dieser Definition trifft die Parallele, die *Säcker* zum Recht der Allgemeinen Geschäftsbedingungen gezogen hat, nicht zu. Denn dort wurde schon vor Inkrafttreten des AGBG der Formularvertrag als kontrollbedürftige Massenvertragsbedingung gesehen. Zu Recht haben daher andere Autoren⁵ den Formulararbeitsvertrag in die Betrachtung einbezogen. *Becker*⁶ definiert die Allgemeinen Arbeitsbedingungen als „abstrakt generell vorformulierte, inhaltlich typisierte und standardisierte Vertragsmuster für eine unbestimmte Zahl von Arbeitsverhältnissen". Die anders akzentuierte vorherrschende Definition könnte eine Erklärung für die fehlende Problematisierung der Formulararbeitsverträge sein. Dies ist bedenklich, weil der Formulararbeitsvertrag in der Praxis der Hauptanwendungsfall vorformulierter Vertragsgestaltung geworden ist (vgl. hier unter I B Rz. 3 ff.). Sonstige Allgemeine Arbeitsbedingungen (Arbeitsordnungen, Betriebsordnungen etc.) sind dagegen überwiegend durch Betriebsvereinbarungen abgelöst worden (vgl. hier I B Rz. 22 ff.).

4. Typischer und atypischer Vertrag

Allerdings findet sich in der Arbeitsrechtsprechung bei der Auslegung eine Differenzierung zwischen Formular- und Individualvertrag. „Nichttypische Vertragsklauseln" (= individuell vereinbarte Klauseln) habe das Revisionsgericht nur daraufhin nachzuprüfen, ob das Berufungsgericht gegen die gesetzlichen Auslegungsregeln der §§ 133, 157 BGB, gegen die Denkgesetze oder gegen allgemeine Erfahrungssätze verstoßen hat.⁷ Der sog. typische Arbeitsvertrag unterliegt nach ständiger Rechtsprechung der vollen Nachprüfung durch das Revisionsgericht,⁸ „weil er Vertragsbedingungen enthält, die in gleicher Weise für eine Vielzahl von

---

1 MünchArbR/*Richardi*, § 7 Rz. 47.
2 Vgl. zur Kontrollbedürftigkeit von Formularverträgen nach dem AGBG *Preis*, Vertragsgestaltung, § 10 I 1.
3 *Säcker*, Gruppenautonomie, S. 98.
4 *Säcker*, Gruppenautonomie, S. 84 f.
5 *Gumpert*, BB 1974, 139.
6 NJW 1973, 1913 (1914).
7 Ständige Rechtsprechung, vgl. etwa BAG v. 17.2.1966 – 2 AZR 162/65, AP Nr. 30 zu § 133 BGB; v. 27.6.1963 – 5 AZR 383/62, AP Nr. 5 zu § 276 BGB Verschulden bei Vertragsabschluss; v. 18.6.1980 – 4 AZR 463/78, AP Nr. 68 zu § 4 TVG Ausschlussfristen; v. 13.11.1974 – 4 AZR 106/74, AP Nr. 4 zu § 1 TVG Tarifverträge: Metallindustrie; v. 13.3.1986 – 7 AZR 56/84, n.v.; v. 28.1.1987 – 4 AZR 147/86, AP Nr. 130 zu §§ 22, 23 BAT 1975. Zur Auslegung „nichttypischer" Verträge: BAG v. 21.11.1958 – 1 AZR 107/58 und 4.3.1961 – 5 AZR 169/60, AP Nr. 11 und 21 zu § 611 BGB Gratifikation; v. 12.7.1957 – 1 AZR 418/55, AP Nr. 6 zu § 550 ZPO.
8 BAG v. 11.10.1976 – 4 AZR 486/75, AP Nr. 1 zu § 1 TVG Brauereien; v. 13.8.1986 – 4 AZR 130/86, AP Nr. 77 zu § 242 BGB Gleichbehandlung; v. 3.12.1985 – 4 ABR 60/85, AP Nr. 2 zu § 74 BAT; v. 13.2.1985 – 4 AZR 304/83, AP Nr. 13 zu §§ 22, 23 BAT Lehrer.

Arbeitsverhältnissen bestimmt sind". So ergibt sich der überraschende Befund, dass die Rechtsprechung seit jeher bei der Auslegung zwischen Individual- und Formularvertrag unterscheidet, während die Frage bei der Inhaltskontrolle keine große Rolle spielte.

105 Hierbei wird die Rechtsentwicklung nicht stehen bleiben. Die Einheit des Privatrechts erfordert, auch im Arbeitsrecht zwischen standardisierter und individueller Vertragsgestaltung in den rechtlichen Konsequenzen zu differenzieren. Diese Einheit hat der Gesetzgeber im Jahre 2002 durch § 310 Abs. 4 BGB vollzogen. Dabei hat sich gezeigt, dass die individuelle Vertragsgestaltung im Arbeitsrecht eine zu vernachlässigende Größe ist.

VI. Zwecke einheitlich vorformulierter Vertragsgestaltung

106 Der vorformulierte Arbeitsvertrag bildet in der gegenwärtigen Arbeitsvertragspraxis die Regel (vgl. hier I B Rz. 3 ff.). Zunehmend werden Arbeitsverträge auch mittels Textbausteinen unter Verwendung von Textverarbeitungssystemen gestaltet. Dies erhöht etwas die Flexibilität, erweckt den Anschein individueller Gestaltung, ändert aber am Tatbestand der Vorformulierung wenig. Darüber hinaus ist der Verweis auf weitere vorformulierte Vertragsbestimmungen (Allgemeine Arbeitsbedingungen, Einstellungsbedingungen, Arbeitsordnungen u.a.m.) die Regel.

1. Gleichbehandlung der Mitarbeitergruppen

107 Der hohe Verbreitungsgrad formularmäßiger Vertragsbestimmungen beruht auf mehreren Faktoren. Überwiegend gehen die Unternehmen davon aus, dass es schon aus Gründen der **Personalpolitik** geboten ist, in den Vertragsbedingungen zwischen den Mitarbeitern und innerhalb bestimmter Mitarbeitergruppen **nicht** allzu stark zu **differenzieren**. Der Gleichbehandlungsdruck scheint, auch ohne dass dies in jedem Falle nach dem **arbeitsrechtlichen Gleichbehandlungsgrundsatz** als rechtlich zwingend betrachtet werden kann, übermächtig zu sein,[1] insbesondere auch die Gleichbehandlung von tarifgebundenen und tarifungebundenen Arbeitnehmern.[2]

108 Dabei spielt sicher auch eine Rolle, dass schon die inhaltliche Gleichheit der Vertragsbedingungen eine Erleichterung der Personalarbeit bei der Vertragsabwicklung mit sich bringt, weil unvermeidbare Streitfragen bei Anwendung und Auslegung in der Regel nur einmal („Präzedenzfall") entschieden werden und nicht für jeden Anlass neu durchdacht werden müssen.

2. Rationalisierungsinteresse

109 Neben den primär arbeitsrechtlichen Aspekt der Gleichbehandlung tritt das zentrale Erfordernis der **Rationalisierung der Personalarbeit** insbesondere im Zeitpunkt des Vertragsabschlusses, dem über vereinheitlichte Vertragsbedingungen Rechnung getragen wird.[3] Die Fluktuation der Arbeitskräfte ist vor allem bei größeren Betrie-

---

1 Vgl. *Gumpert*, BB 1974, 139.
2 Hierzu noch im Einzelnen unter *Preis*, Vertragsgestaltung, § 5 VII.
3 Vgl. *Zöllner*, AcP 176 (1976), 221 und RdA 1989, 153 (156); *Däubler*, Das Arbeitsrecht 2, S. 108; *Gumpert*, BB 1974, 139.

ben nicht unerheblich. Eine Gleichförmigkeit bei der Begründung von Arbeitsverhältnissen ist zur **Kostensenkung** unerlässlich. Dies gilt freilich nicht nur bei Großunternehmen. Auch kleinere Unternehmen können es sich kaum leisten, jeden Vertragsabschluss mit hohem individuellen Aufwand zu verbinden. Dies ist der Grund, weshalb der bequeme Weg der Verwendung eines – in der Regel durch Verbände zur Verfügung gestellten – Formulars beschritten wird. Die Rationalisierungsfunktion wird freilich nur dann erreicht, wenn die standardisierten Vertragsbedingungen geeignet sind, typische Konflikte zu lösen, hinreichend klar formuliert sind und nicht in Konflikt zu gesetzlichen oder richterrechtlichen Regeln treten.

All diese Interessen, die für eine vorformulierte Vertragsgestaltung sprechen, sind durchaus legitim. Sie decken sich weithin mit den Interessen, die auch zur Verbreitung Allgemeiner Geschäftsbedingungen geführt haben. Als hervorragende Funktion Allgemeiner Geschäftsbedingungen ist die Rationalisierungsfunktion anerkannt.[1] Bereits im Vorfeld der Schaffung des AGBG ist auf die Notwendigkeit der Rationalisierung der Personalarbeit durch Formularverträge hingewiesen worden.[2]   110

VII. Individuelle Wege bei der Vertragsgestaltung

Im Arbeitsrecht werden individuelle, d.h. auf die einzelne Arbeitsaufgabe und auf die einzelnen Vertragsparteien abstellende Lösungen vermieden. Allein dieser Umstand begründet die Gefahr, individuellen Problemstellungen des zu entwerfenden Vertrages nicht hinreichend Rechnung tragen zu können.[3] In Ansehung des im Arbeitsrecht anwendbaren § 305 Abs. 1 Satz 3 BGB werden hier jetzt neu zu beachtende Spielräume eröffnet.   111

Zu bedenken ist, dass die Rechtsordnung den **individuell ausgehandelten Vereinbarungen** eine **höhere Bestandskraft** verleiht. An dieser Stelle sei auf wenige, markante Bedingungen ausgehandelter Vereinbarungen hingewiesen: 112
– Aushandeln erfordert eine Kommunikation zwischen den Vertragspartnern mit der selbstverantwortlichen Prüfung, Abwägung und möglichen Einflussnahme beider Vertragsparteien.[4]
– Prüfen und Abwägen erfordert die Kenntnis jeder Vertragspartei vom Inhalt und von der Bedeutung der einzelnen Klauseln.
– *Aus*handeln bedeutet mehr als *Ver*handeln. Es setzt auch die reale Möglichkeit der Einflussnahme beider Seiten auf den Vertragsinhalt voraus.[5]

Werden in der Phase des Vertragsschlusses diese Voraussetzungen nicht erfüllt, sondern ein arbeitgeberseitig entworfener oder in Auftrag gegebener Vertragstext „gestellt", findet das strenge Kontrollregime der §§ 305 ff. BGB durch die Rechtsprechung Anwendung.

---

1 UBH/*Ulmer/Habersack*, Einl. Rz. 4; vgl. bereits Regierungsbegründung zum AGBG, BT-Drucks. 7/3919 Teil A 1 S. 9.
2 Vgl. *Gumpert*, BB 1974, 139.
3 *Rehbinder*, Vertragsgestaltung, 1982, S. 66; *Rehbinder*, AcP 174 (1974), 265 (304); *Raukes*, DNotZ 1963, 141 (147 f.); *Schollen*, DNotZ-Sonderheft 1969, 52 (61).
4 Vgl. aus der Begründung des RegE zum AGBG BT-Drucks. 7/3919, S. 17.
5 Vgl. BGH v. 27.3.1991 – IV ZR 90/90, NJW 1991, 1678 (1679); jetzt auch anerkannt durch das BAG: BAG v. 25.5.2005 – 5 AZR 572/04, NZA 2005, 1111 (1116); v. 27.7.2005 – 7 AZR 486/04, NZA 2006, 40 (44).

113 Doch selbst wenn man die hohen Anforderungen an individuell „ausgehandelte" Vereinbarungen arbeitgeberseitig nicht zu erfüllen bereit ist, bestehen Möglichkeiten, die Vertragsgestaltung stärker auf die individuellen Erfordernisse des einzelnen Vertragsschlusses zuzuschneiden. Durch die **Textverarbeitung** sind die **Chancen für eine individuellere Vertragsgestaltung** gestiegen. Textbausteine sind flexibler und schneller änderbar als gedruckte Formularverträge. Notare bezeichnen sie als unabdingbares Werkzeug des Kautelarjuristen, denn sie enthielten „gebündelte Erfahrungen".[1] Diese Form der Vertragsgestaltung ermöglicht, auf Besonderheiten des jeweiligen Arbeitsverhältnisses besser einzugehen. Ferner ist es innerbetrieblich leichter durchsetzbar, Textbausteine zu variieren oder gar individuell zu verändern, wenn hierunter der geschlossene Eindruck eines Vertrages nicht leidet, wie dies bei einer auch optisch erkennbaren Abweichung von einem Formular der Fall ist. Freilich ändert auch das Textbausteinsystem in der Regel wenig am allgemeinen Erscheinungsbild vorformulierter Verträge.[2]

VIII. Sichere Wege bei der Vertragsgestaltung

114 Der Vertrag kann all seine Primärziele nur erreichen, wenn er vor dem Recht bestehen und damit die verfolgten Ziele sicher erreichen kann. Das Hauptaugenmerk methodischer Vertragsgestaltung muss daher auf der **Rechtsbeständigkeit** des Vertrages liegen. Ein Vertrag, der nicht die Bestandskraft seiner Regelungen garantieren kann, ist für die Parteien zumindest partiell wertlos. Die Kautelarjurisprudenz muss daher in erster Linie „sichere Wege" bei der Vertragsgestaltung suchen.[3]

115 Das Erfordernis des „sicheren Weges" ist eine Konsequenz aus der Berufshaftung für Rechtsanwälte und Notare. Nach der bekannten, wenn auch wegen ihrer fast unerfüllbaren Maßstäbe umstrittenen Rechtsprechung des BGH[4] muss der Anwalt im Grundsatz den „sichersten Weg" gehen. Die stereotype Formel des BGH lautet: *„Er hat, wenn mehrere Maßnahmen in Betracht kommen, diejenige zu treffen, die die sicherste und gefahrloseste ist, und wenn mehrere Wege möglich sind, um den erstrebten Erfolg zu erreichen, den zu wählen, auf dem dieser am sichersten zu erreichen ist."*[5]

116 Das **Gebot des sichersten Weges** spielt denkgesetzlich nur dort eine Rolle, wo Ziele durch verschiedene Möglichkeiten auf unterschiedlichen Wegen erreichbar sind.[6] Dies ist bei der Vertragsgestaltung typischerweise der Fall. Deshalb wird zu Recht in der Lehre der Vertragsgestaltung hervorgehoben, dass der Kautelarjurist im Interesse der Parteien rechtlich zweifelhafte Regelungen zu vermeiden und alle zweck-

---

1 *Jerschke*, DNotZ-Sonderheft 1989, 37.
2 Zu den Voraussetzungen des Merkmals der „für eine Vielzahl von Verträgen vorformulierten Vertragsbedingungen" vgl. *Preis*, Vertragsgestaltung, § 10 I.
3 Hierzu umfassend *Schröder*, S. 147 ff., der die vertragliche Sicherheit als juristisches Primärziel bezeichnet; ebenso *Brambring*, DNotZ-Sonderheft 1985, S. 23/24; anders *Rehbinder*, Vertragsgestaltung, S. 28 ff.
4 Hierzu ausführlich *Vollkommer*, Anwaltshaftungsrecht, 1989, Rz. 179 m.w.N.; *Schröder*, S. 3 ff. und zur Kritik S. 81 ff.
5 BGH v. 5.11.1987 – IX ZR 86/86, NJW 1988, 486 (487); wortgleich wiederholt im Urteil v. 17.12.1987 – IX ZR 41/86, NJW 1988, 1079 (1080).
6 *Vollkommer*, Anwaltshaftungsrecht, 1989, Rz. 179.

mäßigen gegenseitigen Sicherungsmittel vorzuschlagen[1] habe. In der Praxis führt dies dazu, dass der vorsichtige Kautelarjurist sich an die **Präjudizien der Obergerichte** anlehnt.[2] Es ist ein Beratungsfehler, wenn ein Anwalt eine einschlägige obergerichtliche Entscheidung übersieht, die „ohne sonderliche Mühe" auffindbar war, weil sie in Fachzeitschriften und gängigen Kommentaren veröffentlicht bzw. nachgewiesen war.[3] Freilich bleibt es unter Darlegung des Verwerfungsrisikos Sache des Mandanten, eine bewusst abweichende Lösung zu verfolgen und ggf. gegen eine bestimmte Judikatur anzukämpfen.[4] „Ziel der anwaltlichen Rechtsberatung ist es, dem Mandanten eigenverantwortliche, sachgerechte (Grund-)Entscheidungen („Weichenstellungen") in seiner Rechtsangelegenheit zu ermöglichen."[5] Je streitiger jedoch ein Präjudiz ist und je mehr die Gestaltungsaufgabe von bereits entschiedenen Fällen abweicht, umso eher ist der Vertragsjurist in der Lage, neue, stärker auf die Interessen der Parteien abstellende Gestaltungen zu entwickeln.

Das Streben nach Sicherheit führt nicht immer zum gewünschten Erfolg. Zum Standardrepertoire der Kautelarjurisprudenz gehören zahlreiche Spielarten von → *Schriftformklauseln*, II S 30 und → *salvatorischen Klauseln*, II S 10. Schriftformklauseln, deren erstrebte Wirkung in Formularverträgen weitgehend nicht erreicht wird, gleichwohl aber zu den meist verwendeten Klauseln im Privatrecht wie im Arbeitsrecht zählen, haben den Zweck, den – zumeist vorformulierten – Vertrag vor Änderungen zu schützen und die Einheitlichkeit der Vertragsbedingungen zu sichern. Das gleiche Ziel verfolgen die wirkungsgleichen, vorformulierten Bestätigungsklauseln mit dem Inhalt, dass (mündliche) Nebenabreden nicht bestehen. Vertragshandbücher mit entsprechenden Musterempfehlungen geben dem Verwender oft das Gefühl, sich gegen offenbar unliebsame Individualabreden absichern zu können.[6] Die verschiedenen Spielarten → *salvatorischer Klauseln*, II S 10 versuchen die Rechtsbeständigkeit des Vertrages so weit wie möglich zu sichern, beginnend von der Abkehr der ohnehin zur Ausnahme gewordenen Regel der Gesamtnichtigkeit nach § 139 BGB bis hin zur geltungserhaltenden Reduktion einzelner unwirksamer Vertragsbestimmungen nach dem Willen des Vertragsverwenders.

117

Sicherheit kann letztlich nicht durch salvatorische Klauseln und auch nicht durch Klauseln, die individuelle Vertragsabreden verhindern wollen, erreicht werden, sondern nur durch solche Vertragsbestimmungen, die sich in **möglichst sicherem rechtlichen Rahmen** bewegen und insoweit rechtliche Risiken vermeiden. Dies ist in einem Gebiet, das keinen sicheren rechtlichen Rahmen bietet, weitaus schwieriger als bei typischen, mit einem gesetzlichen Leitbild versehenen Verträgen. Im Arbeitsrecht erweist sich daher das Fehlen eines kodifizierten Leitbildes als Mangel, der sowohl die Rechtsfindung als auch die Vertragsgestaltung erschwert.

118

---

1 *Langenfeld*, Vertragsgestaltung, Rz. 217.
2 *Schröder*, S. 99 ff.
3 BGH v. 18.12.2008 – IX ZR 179/07, NJW 2009, 987.
4 *Schröder*, S. 108; als praktisches Beispiel sei die Rechtsprechungsänderung zur Anwesenheitsprämie genannt.
5 BGH v. 13.3.2008 – IX ZR 136/07, NJW-RR 2008, 1235 Rz. 15.
6 Vgl. etwa *Kallmann*, in Münchener Vertragshandbuch, Band 5, IV. 6., S. 743 (Klausel Nr. 13) und S. 751, wonach die entsprechende Klausel „sichert, dass ein Berufen auf mündliche Vereinbarungen außerhalb des Vertrages nicht o.w. möglich ist". Ähnlich *Böckel*, Moderne Arbeitsverträge, S. 14.

IX. Zweckmäßigkeit der Vertragsgestaltung

1. Grundfragen

119 In der gegenwärtigen Vertragspraxis des Arbeitsrechts findet eine **Abwägung der Regelungsalternativen** unter Berücksichtigung von Zweckmäßigkeit und Angemessenheit nur unzureichend statt. Zumeist begnügen sich Handbücher und Verbandsempfehlungen mit dem Vorschlag eines Formulars, in dem die Zweckmäßigkeit einzelner Klauselvorschläge nicht mehr diskutiert und Alternativen nur selten abgewogen werden.

120 Als Ausnahmeerscheinung müssen Publikationen des **Bundesarbeitgeberverbandes Chemie e.V.**[1] angesehen werden, in der Problemanalysen, Abwägungskriterien und alternative Formulierungsbeispiele für nahezu jede denkbare Vertragsklausel enthalten sind. Sie kann für die allgemeine Suche nach zweckmäßiger und ausgewogener Vertragsgestaltung als vorbildhaft gelten.

121 Die Vertragsgestaltung hat die Aufgabe, innerhalb des Rechtssystems den Zwecken der oder des Mandanten zur Realisierung zu verhelfen und **unerwünschte Nebenfolgen** möglichst zu **vermeiden**.[2] Unerwünschte Nebenfolgen entstehen durch unklare, nicht konfliktlösende oder unpraktikable Vertragsbedingungen. Gibt es mehrere vertragsrechtliche Möglichkeiten zur Erreichung eines gewünschten Ziels, ist es Aufgabe des Vertragsjuristen, **Vor- und Nachteile** verschiedener Lösungen abzuwägen und nach den **Zielen der Parteien** eine zweckmäßige Vertragsgestaltung vorzuschlagen.[3] Deren Realisierung hängt freilich von zahlreichen Faktoren ab. Kosten-Nutzen-Relation, Praktikabilität, Flexibilität und steuerliche Günstigkeit seien als einige Merkpunkte zweckmäßiger Vertragsgestaltung benannt.[4]

122 Allerdings ist das Grundproblem zu bedenken, dass ein Vertrag **für beide Seiten** nicht gleichermaßen zweckmäßig sein muss. Ergibt sich der Vertragsinhalt aus dem Verhandlungsprozess gleichstarker Parteien, sind die Wünsche der jeweils anderen Partei einzukalkulieren. Liegt hingegen eine Verhandlungssituation vor, die es einer Seite ermöglicht, die eigene Position nahezu unbeschränkt durchzusetzen, stellt sich für den Kautelarjuristen die nicht nur ethisch und standesrechtlich bedeutsame Frage, ob er bei der Entwicklung von Vertragswerken ausschließlich die für seinen Mandanten zweckmäßige Lösung entwickelt.[5] Schon die Ausgangssituation, ob echte Vertragsverhandlungen vorausgehen oder ob ein Vertragswerk zu erstellen ist, das nur von den Vorgaben und Wünschen des Auftraggebers, nicht aber von Vorstellungen des präsumtiven Vertragspartners abhängt, verlangt im Bereich zweckmäßiger Vertragsgestaltung methodisch völlig unterschiedliche Vorgehensweisen. Die Kautelarjurisprudenz an feste methodische Regeln zu binden, dürfte allein deshalb nur beschränkt möglich sein.[6]

---

1 Anstellungsverträge mit leitenden Angestellten, 2. Aufl. 1983 und jüngst Arbeitsvertragsgestaltung in der chemischen Industrie, 3. Aufl. 2011.
2 *Rehbinder*, AcP 174 (1974), 265 (286); *Bydlinski*, S. 614.
3 *Bydlinski*, S. 610f.
4 Ausführlich *Schröder*, S. 152ff.
5 *Bydlinski*, S. 611.
6 Zutreffend *Bydlinski*, S. 612.

2. Spaltung oder Vereinheitlichung der Vertragsverhältnisse?

Bisweilen wird die Frage aufgeworfen, ob Rechtsvorteile und eine größere Flexibilität damit verbunden sein können, wenn klärungsbedürftige Fragen eines Arbeitsverhältnisses nicht einheitlich in einem Vertrag, sondern aufgespalten in verschiedenen Teilvereinbarungen geregelt werden. 123

Rechtsvorteile durch die Aufspaltung arbeitsvertraglicher Regelungspunkte zu erzielen, dürfte **in der Regel nicht** möglich sein. Die Rechtsprechung wird eine Nebenabrede nicht deshalb anders beurteilen, weil sie nicht im Hauptarbeitsvertrag enthalten ist. Rechtsvorteile könnten theoretisch in Betracht kommen, wenn ein Arbeitgeber mit einem Arbeitnehmer mehrere Teilzeitverträge schließt. Praktisch wird eine derartige Vertragsgestaltung jedoch keinen Erfolg haben, soweit mit ihr die Umgehung zwingenden Schutzrechts verbunden ist. 124

Beispiel: Umgehung von Tarifnormen durch Teilzeitarbeitsverhältnisse

Schon mit Urteil vom 25.11.1970[1] stellte der 4. Senat klar, dass ein Arbeitgeber durch die einzelvertragliche Vereinbarung mehrerer Teilzeitarbeitsverhältnisse mit einem Arbeitnehmer tarifliche Vorschriften nicht umgehen könne. Auf eine Umgehungsabsicht komme es dabei nicht an. In der Tat könnten durch eine entsprechende Vertragsgestaltung eine Vielzahl von Tarifnormen umgangen werden, weil zahlreiche Tarifnormen noch[2] zwischen Voll- und Teilzeitbeschäftigung differenzieren und häufig sogar der Geltungsbereich eines Tarifvertrages von der einzelvertraglich vereinbarten Stundenzahl abhängt. Ansprüche, die an die Betriebszugehörigkeit des Arbeitnehmers anknüpfen, könnten geschmälert werden, wenn mit einem ursprünglich Teilzeitbeschäftigten keine Vollzeitbeschäftigung, sondern ein weiteres Teilzeitarbeitsverhältnis begründet wird. Schließlich können auch die Eingruppierungsvorschriften des Tarifvertrages umgangen werden, wenn ein Arbeitsverhältnis in verschiedene Teilzeitarbeitsverhältnisse mit unterschiedlichen Aufgaben und unterschiedlicher Vergütung aufgespalten wird. Das Merkmal der überwiegend auszuübenden Tätigkeit würde durch entsprechende Vertragsgestaltung leer laufen.[3]

Soweit ein Arbeitsverhältnis in regelungsbedürftigen Punkten aus mehreren Teilverträgen zusammengesetzt ist, tritt regelmäßig nicht die Frage der Umgehung, sondern die strittige Grundfrage der Möglichkeit von Teilkündigungen verbundener Rechtsgeschäfte auf.[4] 125

Beispiel: Teilkündigung

Als statthaft hat das BAG[5] die Teilkündigung von Arbeitsbedingungen insbesondere dann erachtet, wenn ein Gesamtvertragsverhältnis aus mehreren Teilverträgen zusammengesetzt und nach dem Gesamtbild des Vertrages jeweils für sich als selbständig lösbar gestaltet war. Als entscheidend für die Zulässigkeit der Teilkündigung sieht das BAG jedoch an,

---

1 AP Nr. 10 zu § 4 TVG.
2 Zwischen Teilzeit- und Vollzeitbeschäftigten differenzierende Regelungen in Tarifverträgen sind unter dem Gesichtspunkt mittelbarer Geschlechtsdiskriminierung problematisch. Zur Unwirksamkeit des § 62 BAT: EuGH v. 7.2.1991 – C-184/89, EzA Art. 119 EWG-Vertrag Nr. 1; ebenso auch der 4. Senat des BAG v. 25.9.1991 – 4 AZR 33/91, NZA 1992, 280.
3 BAG v. 25.11.1970 – 4 AZR 534/69, AP Nr. 10 zu § 4 TVG mit im Ergebnis zust. Anm. *Wiedemann*.
4 Hierzu *Preis*, Vertragsgestaltung, § 15 II 4.
5 BAG v. 14.11.1990 – 5 AZR 509/89, NZA 1991, 377.

ob kein unzulässiger Eingriff in das Ordnungs- und Äquivalenzgefüge des Gesamtvertrages zu befürchten ist.

126 Praktische Beispiele für verbundene Gesamtgeschäfte im Arbeitsverhältnis sind die Verbindung von Arbeits- und Mietvertrag in einer Vertragsurkunde.[1] Sind die verschiedenen Verträge nur zufällig und ohne einen inneren Zusammenhang miteinander in einer Urkunde verbunden, so kann jeder Vertrag grundsätzlich isoliert gekündigt werden.[2] In der Praxis ist dies aber selten, weil zwischen Arbeits- und Miet- oder Darlehensverträgen ein enger Zusammenhang besteht. Hier ist nun sehr zweifelhaft, ob eine Kündigung des einen Vertrages allein zulässig ist oder ob sich nicht doch aus der von den Parteien gewollten Verbindung der Verträge Einschränkungen ergeben. Haben die Parteien die selbständige Kündbarkeit im Vertrag geregelt, so ist von einer nicht so engen Verbindung beider Verträge auszugehen. Fehlt es an einer entsprechenden Kündigungsregelung, wäre es jedoch verfehlt, die Möglichkeit zur Teilkündigung prinzipiell abzulehnen. Treu und Glauben können gebieten, in eine Kündigung nur eines Vertrages einzuwilligen.

Beispiel: Kündbarkeit einer Dienstwohnung

Zu Unrecht hat das BAG[3] die Kündigung eines Mietverhältnisses über eine Werkdienstwohnung abgelehnt, die der Kläger damit begründet hat, er wolle aus der zu kleinen und mangelhaften Werkdienstwohnung ausziehen, weil es ihm möglich sei, für seine fünfköpfige Familie ein Haus in der Nähe des Beschäftigungsortes zu mieten.

3. Konstitutive und deklaratorische Klauselgestaltung

127 Unter **konstitutiven Klauseln** versteht man Vertragsbestimmungen, die Rechte oder Pflichten erzeugen und begründen. Ferner kennzeichnen solche konstitutiven Klauseln Regelungen, die von Rechtsvorschriften abweichende oder diese ergänzende Klauseln enthalten.

Beispiel:

Im Arbeitsrecht ist der konstitutive Charakter solcher Klauseln in Arbeitsverträgen, die über kollektivrechtliche Normen hinausgehende Ansprüche begründen, von Bedeutung. Werden in Tarifverträgen und Arbeitsverträgen gleiche Sachbereiche geregelt, kann den Vertragsklauseln eine konstitutive Wirkung zukommen, wenn deren durch objektive Auslegung ermittelbarer Inhalt zugunsten des Arbeitnehmers von tariflichen Vorschriften abweicht.

128 Bedeutung hat die Feststellung, ob eine konstitutive Vertragsklausel vorliegt, auch für die Frage der **Inhaltskontrolle**. Nur konstitutive Klauseln können ihr unterliegen.

129 Demgegenüber sind **deklaratorische Klauseln** dadurch gekennzeichnet, dass sie lediglich den Inhalt der einschlägigen gesetzlichen oder tariflichen Regelung wiedergeben und deshalb keinerlei „konstitutive" Wirkung entfalten. Es handelt sich um Klauseln, die ohnehin bestehende Rechts- oder Nebenpflichten beinhalten. Sie unterliegen **keiner Angemessenheitskontrolle** (§ 307 Abs. 3 BGB). Dies gilt allein des-

---

1 Einzelheiten zu Arbeitgeberdarlehen und Werkmietwohnungen, vgl. *Preis*, Vertragsgestaltung, § 19 I und III.
2 Vgl. *Herschel*, BB 1958, 161; *G. Hueck*, RdA 1968, 202.
3 BAG v. 23.8.1989 – 5 AZR 569/88, NZA 1990, 191; hierzu *Preis*, Vertragsgestaltung, § 15 II 4.

halb, weil man sonst über die Vertragskontrolle zu einer in diesem Umfang unzulässigen Normenkontrolle käme. Deklaratorische Klauseln in Arbeitsverträgen liegen also vor, wenn diese auch gestrichen werden könnten, ohne dass irgendeine Änderung der Rechtslage einträte.[1]

In vorformulierten Arbeitsverträgen ist häufig eine Vielzahl derartiger deklaratorischer Klauseln anzutreffen. Unter dem Gesichtspunkt der Vertragsgestaltung muss man sich nach dem Sinn dieser Erscheinung fragen. Die **Wiederholung tariflicher Vorschriften** ist weitgehend **überflüssig**, wenn die Vertragsparteien tarifgebunden sind oder einzelvertraglich der einschlägige Tarifvertrag zum Vertragsbestandteil gemacht wurde. Übrig bleibt in diesen Fällen allein eine **Informationsfunktion**, allerdings um den Preis der Überfrachtung des Arbeitsvertrages. Unter Umständen nachteilig kann sich die vertragliche Wiederholung tariflicher Bestimmungen für den Arbeitgeber dann auswirken, wenn zu einem späteren Zeitpunkt die tarifliche Norm zu seinen Gunsten geändert wird. Dann kann die ursprünglich deklaratorische Klausel konstitutive Wirkung gewinnen. Denn auch die deklaratorische Klausel ist Vertragsbestandteil, die im Falle der Günstigkeit einer verschlechterten tariflichen Bestimmung vorgeht (§ 4 Abs. 3 TVG). 130

Klarstellende **wiederholende Klauseln** können sich damit durchaus als **zweischneidig** erweisen. Allein die Änderung des Tarifvertrages ist regelmäßig kein Grund für den Arbeitgeber, sich im Wege der Änderungskündigung (§ 2 KSchG) von der ursprünglich deklaratorisch erscheinenden Klausel wieder zu lösen. Aus diesen Gründen kann es angezeigt erscheinen, von deklaratorischen Klauseln in Arbeitsverträgen abzusehen, wenn diese lediglich der Information dienen. Sinnvoller und rechtlich unverfänglicher dürfte es sein, statt deklaratorischer Wiederholungen dem Vertrag **gesonderte Informationsbroschüren**, die über die Rechtslage aufklären, beizufügen. Die Empfehlung, tarifliche oder gesetzliche Klauseln in den Vertrag zu übernehmen, kann daher nur gegeben werden, wenn die Parteien die **Sicherung eines bestimmten Mindeststandards** durch Vertrag wollen oder ihre zwingenden Mindestpflichten aus dem Nachweisgesetz erfüllen müssen. 131

Auch in der allgemeinen Vertragslehre wird von der **Wiederholung gesetzlicher Vorschriften** im Vertrag abgeraten.[2] Schon die Herauslösung einer Gesetzesnorm aus einem Normkomplex kann **Zweifelsfragen** aufwerfen, die sich verstärken, wenn die Übernahme des Gesetzestextes bewusst oder unbewusst nicht wörtlich erfolgt. Im Streitfall tritt dann die Frage auf, welche Rechtsgrundlage maßgeblich ist. Noch stärker werden die Auslegungsprobleme, wenn Rechtsnormen im Vertrag nur sinngemäß wiederholt werden.[3] All diese Fehler sind in der Praxis anzutreffen. 132

X. Resümee

Im Arbeitsvertragsrecht ist es wegen der fehlenden Kodifikation eines dispositiven Leitbildes schwierig, Leitlinien für eine angemessene Vertragsgestaltung zu finden. Rechtsprechungsgrundsätze fußen nicht auf einem einheitlichen Prinzip und sind 133

---

1 BAG v. 27.8.1982 – 7 AZR 190/80, AP Nr. 133 zu § 1 TVG Auslegung mit Anm. *Wiedemann*; UBH/*Fuchs*, § 307 BGB Rz. 17.
2 *Langenfeld*, Vertragsgestaltung, Rz. 206; *Odersky*, DNotZ-Sonderheft 1989, 48.
3 Vgl. zur Auslegung von Rechtsbegriffen in AGB: *Dreher*, AcP 189 (1989), 342 ff.

erfahrungsgemäß ständiger Korrektur unterworfen. Leitlinie ist im Arbeitsrecht zumeist der **Schutzgehalt des zwingenden Rechts**, der auch auf die von ihm nicht unmittelbar erfassten Bereiche ausstrahlt. Hierin dürfte eine Erklärung dafür zu finden sein, dass die Rechtsprechung zunehmend bei ihrer Vertragskontrolle mit dem Gesichtspunkt „funktionswidriger Vertragsgestaltung" wegen Umgehung zwingenden Rechts operiert.[1]

134 Der gesetzlich nicht vorprogrammierte Freiraum ist prinzipiell vertraglicher Gestaltung zugänglich. Ihn hat der Kautelarjurist verantwortlich zu nutzen. Zweckmäßigkeit und Rechtssicherheit sind wichtige Leitprinzipien für die Arbeit des Vertragsjuristen. Von ihm aber zugleich die Sicherung einer **gerechten Vertragsgestaltung** zu erwarten, ist oftmals eine **Überforderung**.[2] Appelle an standesrechtliche Pflichten der Kautelarjuristen und Maximen einer sozialen Verantwortungsethik im Privatrecht[3] nutzen hier wenig.

135 Auch eine methodische Vertragsgestaltung ist nicht in der Lage, den „gerechten Vertrag" zu gewährleisten. Damit ist der Wert einer methodischen Vertragsgestaltung keineswegs erledigt. Methodenlehren können als Theorien der Rechtsanwendung stets nur einen Beitrag zur sicheren und zweckmäßigen Rechtsfindung leisten. Von ihnen aber die Garantie einer materiell gerechten Rechtsordnung zu erwarten, überschreitet ihre Möglichkeiten. Methodische Vertragsgestaltung trägt zur Rechtssicherheit und Rechtsbeständigkeit von Verträgen bei, indem im Rahmen klarer rechtlicher Grenzen „richtige" Verträge geschlossen werden.[4]

---

1 Hierzu *Preis*, Vertragsgestaltung, § 7 III 2.
2 Vgl. *Bydlinski*, S. 614 ff.
3 *H.P. Westermann*, AcP 175 (1975), 375 (405 ff.); *Bydlinski*, S. 611, 614 f.; *Rebbinder*, AcP 174 (1974), 265 (283).
4 Hierzu *Wank*, Grenzen richterlicher Rechtsfortbildung, 1978, S. 76 ff.; *Rüthers*, Die unbegrenzte Auslegung, 1968, S. 443 f.; *Preis*, Prinzipien des Kündigungsrechts bei Arbeitsverhältnissen, 1986, S. 29; ferner *Kriele*, DRiZ 1984, 229 (233).

B. Vertragsgestaltung in der Praxis

	Rz.
I. Anzahl und Auswahl der untersuchten Arbeitsverträge	1
II. Die gegenwärtige Praxis der Vertragsgestaltung	3
1. Art und Weise der Vertragsgestaltung	3
a) Vorformulierte Arbeitsbedingungen	3
b) Individuelle Vertragsabreden	8
c) Formale Ausgestaltung der Verträge	12
d) Regelungsdichte	13
e) Unterschiede in der Vertragsgestaltung nach Arbeitnehmerstatus	14
2. Klauseltypen und Klauselhäufigkeit (Einzelergebnisse)	16
3. Branchen- und berufsgruppenbezogene Besonderheiten	17
4. Die Regelungen in sog. Betriebsordnungen	22
a) Zur Regelungsdichte und Häufigkeit einzelner Klauseln	24
b) Konkurrenzprobleme	26
c) Bewertung der untersuchten Betriebsordnungen	28
III. Heteronome Einflüsse auf die Formularpraxis	33
1. Einfluss kollektivvertraglicher Regelungen	33
2. Einfluss der Musterempfehlungen der Verbände auf die Vertragsgestaltung	34
3. Rückwirkungen der Arbeitsrechtsprechung auf die Vertragsgestaltung	38
4. Die Vertragspraxis im Jahre 2015	39
a) Differenzierung zwischen Arbeitnehmergruppen	43
b) Festhalten an problematischen Klauseln zugunsten des Arbeitgebers bei unsicherer Rechtsprechung	44
c) Anpassung bei klarer Rechtsprechung	47
d) Weitere Beispiele	48
IV. Zusammenfassung und Bewertung der Ergebnisse	49
1. Differenzierte Vertragsgestaltung nach Arbeitnehmerstatus	50
2. Störung des Vertragsmodells durch vorformulierte Vertragsbedingungen	53

Schrifttum:

Bauer/Lingemann/Diller/Haußmann, Anwalts-Formularbuch Arbeitsrecht, 5. Aufl. 2014; *Grüll/Janert,* Der Anstellungsvertrag mit leitenden Angestellten und anderen Führungskräften, 14. Aufl. 1996; *Hohn/Romanovszky,* Vorteilhafte Arbeitsverträge, 5. Aufl. 1994; *Hromadka/Schmitt-Rolfes,* Der unbefristete Arbeitsvertrag, 2006; *Hümmerich/Reufels,* Gestaltung von Arbeitsverträgen, 2. Aufl. 2010; *Klemm/Kornbichler/Neighbour/Ohmann-Sauer/Schröder/Schwarz,* Beck'sches Formularbuch Arbeitsrecht, 3. Aufl. 2014; *Lembke,* Arbeitsvertrag für Führungskräfte, 5. Aufl. 2012; *Liebers,* Formularbuch des Fachanwalts Arbeitsrecht, 3. Aufl. 2015; 2011; *Lunk,* Anwaltformulare Arbeitsrecht, 2. Aufl. 2014; *Marienhagen/Andritzky,* Dauerarbeitsverträge mit Arbeitern und Angestellten, 15. Aufl. 2000; *Maschmann/Sieg/Göpfert,* Vertragsgestaltung im Arbeitsrecht, 2012; *Nath/Schilling/Fingerhut,* Formularbuch für Verträge, 9. Aufl. 2001; *Schachner,* Rechtsformularbuch für das Unternehmen, 3. Aufl. 2000; *Schaub/Schrader/Straube/Vogelsang,* Arbeitsrechtliche Formularsammlung, 10. Aufl. 2013; *Schrader,* Rechtsfallen in Arbeitsverträgen, 2001; *von Steinau-Steinrück/Vernunft,* Arbeitsvertragsgestaltung, 2. Aufl. 2014.

I. Anzahl und Auswahl der untersuchten Arbeitsverträge

1 Rechtstatsächliches Material über die Arbeitsvertragsgestaltung in der Privatwirtschaft zu erlangen ist nicht einfach. Die Gestaltung der einzelnen Arbeitsverträge gehört vielfach zu den Bereichen der Personalpolitik in der privaten Wirtschaft, die man ungern nach außen dringen lässt. Besonders deutlich wird dies an verbreiteten Klauseln in Arbeitsverträgen, wonach die Parteien, zumeist jedoch nur die Arbeitnehmer, zur Verschwiegenheit über den gesamten Inhalt des Arbeitsvertrages verpflichtet sind.[1]

2 Mit Unterstützung der Fritz-Thyssen-Stiftung wurde von Oktober 1988 bis September 1989 eine Erhebung bei insgesamt 308 Unternehmen, 118 Berufs- und Arbeitgeberverbänden, 20 Handels- und Handwerkskammern, dem DGB und den in ihm organisierten Einzelgewerkschaften mit der Bitte durchgeführt, ihre Erfahrungen über den Stand der gegenwärtigen Vertragspraxis zur Verfügung zu stellen. Diese Untersuchung liegt mehr als 25 Jahre zurück. Es müsste, im Lichte der nunmehr seit über zehn Jahren angewendeten Inhaltskontrolle eine neue Untersuchung erfolgen, um die veränderte Klauselgestaltung auszuwerten. Es wird daher künftig darauf verzichtet, die Einzelergebnisse an dieser Stelle weiter zu publizieren. Der interessierte Leser möge daher künftig bei Interesse auf die 4. Auflage dieses Handbuchs zurückgreifen.

II. Die gegenwärtige Praxis der Vertragsgestaltung

1. Art und Weise der Vertragsgestaltung

a) Vorformulierte Arbeitsbedingungen

3 Die individuell ausgehandelte Vertragsklausel tritt in der Praxis insbesondere aus Gründen der **Gleichbehandlung** im Unternehmen und der **Rationalisierung** der Personalarbeit in den Hintergrund. Der **vorformulierte**, zum größten Teil in gedruckten Formularen niedergelegte **Arbeitsvertrag** ist die **Regel**.[2] Wirklich ausgehandelte Arbeitsbedingungen sind in der gegenwärtigen Vertragspraxis eine zu vernachlässigende Restgröße. Dies war nicht nicht nur ein wesentliches und eindeutiges Ergebnis der Untersuchung. Es spiegelt sich auch in der nachfolgenden Rechtsprechung der Arbeitsgerichte wider, in denen die ausgehandelte Abrede ein Schattendasein fristet. In allen Fällen, in denen das BAG das Vorliegen einer ausgehandelten Abrede prüfen musste, wurde deren Vorliegen verneint.[3]

Die Formularpraxis ist inzwischen so weit fortgeschritten, dass verbreitet, insbesondere für das Handwerk und sonstige klein- und mittelständige Unternehmen, durch

---

[1] Beispielhaft etwa *Kallmann* in Münchener Vertragshandbuch, Bd. 5: „Der Arbeitnehmer ist während der Dauer des Arbeitsverhältnisses auch verpflichtet, über den Inhalt dieses Vertrages Stillschweigen zu bewahren." Zur Unwirksamkeit dieser Klausel bereits *Preis/Reinfeld*, ArbuR 1989, 361 (364f.); ebenso LAG MV v. 21.10.2009 – 2 Sa 183/09, ArbuR 2010, 343.
[2] Vgl. bereits *Gumpert*, BB 1974, 139; *Fuchs*, BlStSozArbR 1978, 321 ff.
[3] Vgl. BAG v. 12.12.2013 – 8 AZR 829/12, NZA 2014, 905; v. 19.5.2010 – 5 AZR 253/09, NZA 2010, 939 für einen Geschäftsführer-Anstellungsvertrag; v. 15.9.2009 – 3 AZR 173/08, NZA 2010, 342; v. 18.1.2006 – 7 AZR 191/05, AP Nr. 8 zu § 305 BGB dahingestellt geblieben bei Wunsch des Arbeitnehmers: v. 2.9.2009 – 7 AZR 233/08, NZA 2009, 1253.

Verlage vertriebene Vertragsmuster zur unmittelbaren Verwendung im Betrieb geschaffen worden sind. Die mögliche Annahme, nur in Großunternehmen sei eine individuelle Vertragsgestaltung mit einer rationellen Organisation des Personalwesens unvereinbar,[1] erweist sich als falsch. Auch Klein- und mittlere Unternehmen sind auf rationelle Vertragsgestaltung angewiesen. Individuelle Gestaltungen sind schon wegen des oftmals fehlenden rechtlichen Know-how nicht möglich. Personalsachbearbeiter in kleinen und mittleren Unternehmen sind auf „Checklisten" und formularmäßige Lösungen, die ihnen von dritter Seite angeboten werden, angewiesen. Die komplexen arbeitsrechtlichen Probleme sind für sie nicht mehr überschaubar.

Aus diesem Grunde finden die von Handel und Verbänden herausgegebenen Mustertexte großen Absatz.[2] Weitere Personalhandbücher der Verbände, in denen Arbeitsvertragsmuster empfohlen werden, lassen sich nennen.[3]

Die typischen **Probleme vorformulierter Vertragsgestaltung** werden in Arbeitsverträgen noch dadurch verstärkt, dass der vorformulierte Vertrag typischerweise zahlreiche **Verweisungen** auf andere Vertragsbedingungen enthält. Noch immer verweisen viele Arbeitsverträge auf Tarifverträge, obwohl die Tarifbindung nach den letzten Annahmen auf ca. 58% zurückgegangen ist. Üblich ist ferner die Verweisung auf bestehende Arbeits- und Betriebsordnungen sowie Allgemeine Arbeitsbedingungen. In manchen Fällen kommt es zu Widersprüchen zwischen den einzelnen vorformulierten Vertragsbedingungen. So konnte festgestellt werden, dass in Großunternehmen, die sowohl ausführlich formulierte Vertragsmuster als auch Allgemeine Arbeitsbedingungen, ggf. in Gestalt einer Betriebsvereinbarung, aufstellen, überschneidende und vielfach widersprechende Regelungen zu ein und demselben Sachpunkt enthalten sind. Hier stellen sich schwierige rechtliche **Konkurrenzprobleme** (Vorrang der Individualabrede, Günstigkeitsvergleich, Vorrang kollektivrechtlicher Regelungen u.a.m.).[4]

4

Der Trend zur vorformulierten einheitlichen Vertragsgestaltung ist auch im Bereich der **Führungskräfte** (leitende Angestellte, sog. außertarifliche Angestellte),[5] je-

5

---
1 S. hierzu *Rüthers*, BB 1972, 1108.
2 *Meisel*, Arbeitsrecht für die betriebliche Praxis, 8. Aufl. 1995, Rz. 9 empfiehlt die (von ihm mitgestalteten) „Formulare für die Personalabteilung", Hrsg. RBDV Zeitschriftenverlag, Düsseldorf, nachdrücklich; s.a. *Frikell/Orlop*, Arbeitsrecht in Formularen mit unmittelbar verwendbaren Formularsätzen zu jeweils 20 Stück; *Tschumi*, Formulare und Mustervorlagen für die erfolgreiche Personalpraxis, 2008.
3 Etwa *Brotzmann/Koll*, Personalhandbuch, Bundesverband Druck e.V., 1983; *Kador* in Instrumente der Personalarbeit, Praktische Arbeitshilfe für Klein- und Mittelbetriebe (Hrsg. Bundesvereinigung der Deutschen Arbeitgeberverbände), 7. Aufl. 1997; Bundesarbeitgeberverband Chemie e.V., Anstellungsverträge mit leitenden Angestellten, 2. Aufl. 2012.
4 Hierzu unter Rz. 22 ff.; *Preis*, Vertragsgestaltung, § 5 IV 2 und VII.
5 Für sog. außertarifliche Angestellte und leitende Angestellte wird hier – wie jetzt zunehmend verbreitet – der Oberbegriff der Führungskräfte (s.a. *Lembke*, Arbeitsvertrag für Führungskräfte, 5. Aufl. 2012; *Grüll/Janert*, Der Anstellungsvertrag mit leitenden Angestellten und anderen Führungskräften, 14. Aufl. 1996) verwendet, da die Vertragspraxis vielfach in der Vertragsgestaltung nicht zwischen außertariflichen und leitenden Angestellten differenziert, ferner in Verträgen oft als leitende Angestellte deklarierte gar nicht solche i.S.d. § 5 Abs. 3 und 4 BetrVG sind. Auch der Begriff der AT-Angestellten ist unpräzise; hierzu im Einzelnen *Franke*, Der außertarifliche Angestellte, 1991, S. 1 ff. Wo signifikante Unterschiede in der Vertragsgestaltung zwischen bloß außertariflichen und schon leitenden Angestellten bestehen, wird dies kenntlich gemacht.

denfalls in größeren Unternehmen, ausgeprägt.[1] Die Empfehlung, den Anstellungsvertrag durch seine äußerliche Gestaltung aus der Vielzahl der Arbeitsverträge herauszuheben (etwa durch Verwendung von Briefbögen der Geschäftsleitung),[2] sagt noch nichts über die Individualität der Vereinbarung. Dieser Trend wird nur durchbrochen in kleineren Unternehmen mit einer entsprechend kleinen Führungsebene. Hier wird vielfach mit Hilfe anwaltlicher Beratung ein Vertrag entworfen, was nicht heißt, dass sein Inhalt von den vorformulierten Vertragsmustern wesentlich abweicht. Zahlreiche Großunternehmen haben ausdrücklich mitgeteilt, dass auch mit Führungskräften keine individuellen Arbeitsverträge geschlossen werden. Insgesamt wurden in dem Forschungsprojekt 172 Vertragsmuster ausgewertet, von denen 121 für „außertarifliche" und 51 ausdrücklich für „leitende" Angestellte konzipiert waren.

6 Auf die Frage, ob und inwieweit Möglichkeiten individueller Abweichung vom vorformulierten Vertragstext bestehen, wurde zurückhaltend geantwortet. Der Ausnahmecharakter einer **individuellen Vereinbarung** wurde umso stärker betont, je größer das Unternehmen war, um auch die Gleichbehandlung auf der Führungsebene zu wahren. Verhandlungsspielräume bestehen zumeist nur im Bereich einmaliger Sonderleistungen, die zur Gewinnung des Mitarbeiters erforderlich sind und die Gleichordnung auf der betrieblichen Ebene nicht nachhaltig stören.

7 Insgesamt lässt sich die Schätzung aufstellen, dass die Anzahl der formularmäßig gestalteten Arbeitsverhältnisse in der Bundesrepublik bei weit über 90 % taxiert werden muss. Der Schätzung liegt zugrunde, dass auch in Kleinunternehmen die formularmäßige Gestaltung – bedingt durch die zunehmende Verbreitung von käuflichen bzw. durch Verbände vertriebenen Vertragsmustern – zunehmende Bedeutung gewinnt. Damit stellt sich das Arbeitsvertragsrecht als einer der privatrechtlichen Bereiche dar, der vorwiegend formularvertraglicher Gestaltung unterliegt.[3]

b) Individuelle Vertragsabreden

8 Entgegen vielfacher rechtspolitischer Forderungen, mehr **Vertragsfreiheit** zu ermöglichen, erweist sich die tatsächliche Bereitschaft in der Praxis, die Vertragsfreiheit in Gestalt des Aushandelns von Vertragsbedingungen wirklich zu nutzen, als gering. Die generelle Gleichbehandlung aller Arbeitnehmer hat in der Betriebspraxis erkennbar größeres Gewicht als die Ausübung möglicher individueller Vertragsfreiheit. Auch eine Differenzierung zwischen tarifgebundenen und nicht tarifgebundenen Arbeitnehmern wird als nicht praktikabel erachtet. Verbreitet ist ferner die Furcht vor „Präzedenzfällen".

9 Insgesamt lässt sich konstatieren, dass der ausgehandelte individuelle Arbeitsvertrag ein Phantom ist und allenfalls in Sonderfällen einzelne Vereinbarungen im Rechtssinne „ausgehandelt" werden. Wenn überhaupt Individualvereinbarungen getroffen werden, dann handelt es sich zumeist um einmalige Vergünstigungen

---

1 Vgl. auch *Franke*, Der außertarifliche Angestellte, S. 18; vgl. ferner bereits *Rüthers*, BB 1972, 1108 mit Bezug auf leitende Angestellte.
2 Vgl. *Grüll/Janert*, S. 20.
3 Vgl. zu den prozentualen Schätzungen der Verbreitung von Allgemeinen Geschäftsbedingungen in anderen Vertragsarten: *Rehbinder*, Das Kaufrecht in den Allgemeinen Geschäftsbedingungen der deutschen Wirtschaft, 2. Aufl. 1979, S. 11 f.

zu Beginn des Arbeitsverhältnisses, die umso häufiger anzutreffen sind, je dringender der Arbeitgeber den umworbenen Mitarbeiter benötigt. Zu nennen sind typischerweise → *Umzugskosten*, II U 10, Trennungsentschädigungen, Stellung von Wohnraum, Übernahme von Maklergebühren, Kosten für Heimfahrten, Ausgleichszahlungen an frühere Arbeitgeber, Übernahme der durch Kündigung des vorgehenden Arbeitsverhältnisses ausfallenden Sonderzahlungen (Gratifikationen, Tantiemen), Übernahme möglicher Rückzahlungsverpflichtungen für Ausbildungskosten, Dienstzeitanrechnungen, unmittelbare Geltung des Kündigungsschutzes.

Demgegenüber ist wie in Allgemeinen Geschäftsbedingungen[1] das Institut der → *Schriftformklauseln*, II S 30 oder wirkungsähnlicher Klauseln (allgemeine oder personalbezogene Bestätigungsvorbehalte, Vollständigkeitsklauseln) verbreitet. Die Tendenz ist – trotz inzwischen bestätigter Unwirksamkeit der Klauseln (s. hierzu → *Schriftformklauseln*, II S 30) – hoch. An dieser Stelle ist der Sinn dieser Klauseln hervorzuheben. In Allgemeinen Geschäftsbedingungen dienen sie dazu, die Klauselwerke gegen individuelle Vertragsabreden zu sichern.[2] Genau die gleiche Funktion kommt ihnen in vorformulierten Arbeitsverträgen zu. Ein unvermitteltes „Ausscheren" aus der betriebsüblichen Praxis soll verhindert werden. Die hohe Verbreitung der Schriftformklauseln ist neben der allgemeinen Formularpraxis der signifikante Beleg, dass die Ausübung einer auf Verhandlung beruhenden Vertragsfreiheit im Arbeitsvertragsrecht selten erwünscht ist.

c) Formale Ausgestaltung der Verträge

In der Praxis überwiegt noch der gedruckte **Formulararbeitsvertrag**. Mit dem Ausbau der Textverarbeitungssysteme gehen Unternehmen freilich vermehrt auf Vertragsmuster über, die sich aus **Textbausteinen** zusammensetzen.

d) Regelungsdichte

Die gegenwärtige Vertragsformularpraxis neigt überwiegend dazu, möglichst vollständige Regelungen im Arbeitsvertrag zu treffen. Ein schriftlicher Arbeitsvertrag, der sich auf die essentialia negotii beschränkt, existiert praktisch nicht, obwohl Praktiker in bestimmten Branchen vertreten, dass eine einzelvertragliche Regelung wegen der Dichte der Kollektivvereinbarungen eigentlich überflüssig sei. Ob diese Einschätzung zutrifft, ist zweifelhaft.[3] Typische Regelungsbereiche in der Personalpraxis sind: → *Arbeitsaufnahme*, II A 60, Tätigkeitsbeschreibung → *Direktionsrecht und Tätigkeitsbeschreibung*, II D 30, → *Arbeitszeit*, II A 90, → *Arbeitsentgelt*, II A 70, → *Mehrarbeit*, II M 20, → *Abtretungsverbote und Lohnpfändungsklauseln*, II A 10, → *Entgeltfortzahlung im Krankheitsfall*, II E 20, → *Urlaubsabreden*, II U 20, → *Nebentätigkeit*, II N 10, → *Wettbewerbsverbote*, II W 10, → *Vertragsstrafen*, II V 30, → *Kündigungsfristen*, II K 10, → *Rückzahlungsklausel, Sonderzahlungen*, II S 40, → *überzahlter Lohn* (→ *Arbeitsentgelt, überzahltes*,

---

1 Hierzu umfassend *Teske*, Schriftformklauseln in allgemeinen Geschäftsbedingungen, 1990.
2 Vgl. *Teske*, Schriftformklauseln, S. 49.
3 Zu Bedeutung kollektivvertraglicher Regelungen für die Arbeitsvertragsgestaltung s. *Preis*, Vertragsgestaltung, § 5 VII.

II A 80), → *Verweisungsklauseln*, II V 40, → *Schriftformklauseln*, II S 30, → *Ausschlussfristen*, II A 150. Hierbei handelt es sich allerdings nur um die immer wiederkehrenden Vertragsbedingungen, die unterschiedslos für die einzelnen Arbeitnehmergruppen (Arbeiter, Angestellte, Führungskräfte) Verwendung finden. Feststellbar war ferner, dass die Verträge von Führungskräften – bedingt durch die i.d.R. fehlende Anknüpfung an Tarifverträge – umfassender und detaillierter ausfallen.[1]

e) Unterschiede in der Vertragsgestaltung nach Arbeitnehmerstatus

13 In der Praxis werden unterschiedliche Formulare je nach **Arbeitnehmerstatus** verwandt. Typischerweise werden folgende Vertragskategorien gebildet: Arbeiter (gewerbliche Arbeitnehmer), tarifliche Angestellte, außertarifliche und leitende Angestellte, Aushilfs- und Teilzeitkräfte. Die in einigen Vertragshandbüchern angebotene Vielzahl von Vertragsmustern, die nach Berufsbildern differenzieren,[2] findet in der Praxis keinen Widerhall. In einem Unternehmen sind nach Berufsbildern unterscheidende Vertragsbedingungen nicht durchzuhalten. Der Hauptunterschied einer berufsbildbezogenen Vertragsgestaltung liegt in der Tätigkeitsbeschreibung (→ *Direktionsrecht und Tätigkeitsbeschreibung*, II D 30). Eine zu enge Tätigkeitsbeschreibung wird aber allenthalben als nicht sinnvoll erachtet, um die Einsatzmöglichkeit eines Mitarbeiters nicht unnötig einzuschränken.[3]

14 Je nach Größe des Unternehmens differiert die Anzahl der verwendeten Vertragsmuster. Spezielle Formulare werden entwickelt für → *Teilzeitarbeit*, II T 10 mit fester und mit variabler Arbeitszeit, Probearbeitsverträge, Übernahmeverträge, Aushilfsverträge für die Dauer bis zu drei Monaten und darüber hinaus, mit Sachgrund versehene und nach dem TzBfG ermöglichte befristete Arbeitsverträge (→ *Befristung des Arbeitsverhältnisses*, II B 10) und zweckbefristete Arbeitsverträge. Besondere Vertragsmuster werden auch für Gruppenleiter, Abteilungsleiter, Prokuristen, Direktoren, Substituten, Trainees, Praktikanten, Werkstudenten und aushilfsweise beschäftigte Schüler verwendet. Ferner sind gesonderte Arbeitsverträge, die eine Fortbildung außerhalb des BBiG zum Gegenstand haben (regelmäßig mit Rückzahlungsklauseln für Ausbildungskosten), anzutreffen. Die Typenfülle wird jetzt durch Angebote im Internet weiter ausdifferenziert.[4]

15 Durch die **Differenzierung** der Vertragsmuster wird erreicht, dass sachnähere Arbeitsbedingungen für den jeweiligen Vertragstyp aufgestellt werden können. Je stärker jedoch die arbeitgeberseitig vorstrukturierte Differenzierung ist, umso geringer wird die Bereitschaft, Individualabreden zu treffen. Die Individualabrede erscheint bei einer differenzierten Formularpraxis eher als Gefährdung denn als Chance für das Vertragssystem eines Unternehmens.

Es gibt freilich auch andere Tendenzen in der Vertragsgestaltung. Recht häufig werden unterhalb der Führungsebene Einheitsformulare verwandt, die für Arbeiter und Angestellte, Teilzeit- und Aushilfskräfte, befristete und unbefristete Arbeitsverhältnisse gleich sind. Die Wahl der Alternativen erfolgt durch schlichtes Ankreu-

---

1 Vgl. auch *Grüll/Janert*, S. 19.
2 Vgl. insbesondere *Hunold*, Musterarbeitsverträge und Zeugnisse für die betriebliche Praxis, Loseblattausgabe.
3 Vgl. zu Direktionsrechtsklauseln *Preis*, Vertragsgestaltung, § 15 IV.
4 Vgl. das Portal „Formblitz", http://www.formblitz.de/.

zen oder handschriftliche Eintragung in das Formular. Die insofern rationalisierte Vertragsgestaltung führt jedoch noch nicht zur Gleichbehandlung aller Arbeitnehmergruppen.

2. Klauseltypen und Klauselhäufigkeit (Einzelergebnisse)

Hinsichtlich der Einzelergebnisse der 1988/1989 durchgeführten Untersuchung wird auf die Vorauflage verwiesen. **16**

3. Branchen- und berufsgruppenbezogene Besonderheiten

Berufsgruppenbezogene Besonderheiten der Vertragsgestaltung bestehen nur begrenzt. Da schon kleinere Unternehmen Mitarbeiter verschiedener Berufsgruppen beschäftigten, erscheint es oftmals unpraktikabel, für jede Berufsgruppe einen gesonderten Vertrag zu formulieren. Ferner erschwert eine vertragliche Fixierung eines Mitarbeiters auf ein bestimmtes Berufsbild einen flexiblen Personaleinsatz. Die früher von *Hunold*[1] publizierten Formulare für einzelne Berufe sind **unzweckmäßig** und scheinen auch in der Praxis keine Umsetzung gefunden zu haben. Eine nach Berufsgruppen differenzierende Vertragsgestaltung ist in jedem Falle unzweckmäßig, wenn außer der Tätigkeitsbeschreibung kein wesentlicher Unterschied im Vertragsinhalt besteht. Der arbeitsrechtliche Nutzen einer Tätigkeitsbeschreibung (→ *Direktionsrecht und Tätigkeitsbeschreibung*, II D 30) ist zudem zweifelhaft. **17**

Berufsgruppenbezogene Verträge mit einer größeren praktischen Bedeutung sind die Verträge für **Außendienstmitarbeiter** und **angestellte Handelsvertreter**.[2] Typischer Vertragsgegenstand für diese Arbeitnehmergruppe sind zum Teil ausführliche **Provisionsregelungen** sowie Regelungen über **Inkassorechte** und **Spesenersatz**. Auch enthalten Verträge dieser Arbeitnehmergruppe typischerweise **Verhaltensregeln** für den **Kundenkontakt**. Verbreitet sind ferner nachvertragliche → *Wettbewerbsverbote*, II W 10, die zum Teil im Arbeitsvertrag selbst oder in Sondervereinbarungen geregelt sind. **18**

Berufsgruppenbezogen sind ferner die Arbeitsverträge für **Redakteure** in Rundfunk und Presse ausgestaltet.[3] Neben den üblichen Vertragsklauseln sind besondere Regelungen der Tendenzpflichten des Redakteurs verbreitet. **19**

Beispiel:

„Der Redakteur verpflichtet sich, die vom Verleger/Herausgeber festgelegten Grundsätze, Aufgaben und Zielsetzungen der Zeitschriften, für die er eingesetzt ist oder sein wird, einzuhalten."

oder:

„Der Redakteur ist bei seiner journalistischen Arbeit nur an Weisungen des Chefredakteurs oder seiner Beauftragten gebunden. Der Chefredakteur oder seine Beauftragten sind zur Änderung und Bearbeitung der Beiträge des Redakteurs berechtigt, soweit diese Bearbeitung nicht den Sinn des Beitrags unzumutbar verändert."

---

1 Musterarbeitsverträge und Zeugnisse für die betriebliche Praxis, Stand 1991.
2 S.a. die Muster bei *Hohn/Romanovszky*, S. 221 ff.
3 Vgl. die bei *Schaffeld/Hörle*, Das Arbeitsrecht der Presse, 2. Aufl. 2007, S. 85 ff. wiedergegebenen Vertragsmuster.

Regelungen über **Nebentätigkeiten** publizistischer Art und Vorkaufsrechte für Manuskripte sind ebenfalls typischer Vertragsbestandteil.

Beispiel:

„(1) Jede, insbesondere aber jede journalistische, redaktionelle, schriftstellerische oder sonstige publizistische Nebentätigkeit bedarf der vorherigen schriftlichen Einwilligung des Verlages.

(2) Der Redakteur ist verpflichtet, zu anderweitiger Verarbeitung, Verwertung oder Weitergabe der ihm bei seiner Tätigkeit für den Verlag bekannt gewordenen Nachrichten und Unterlagen die schriftliche Einwilligung des Verlages einzuholen.

(3) Journalistische Arbeiten oder Buchmanuskripte, die der Redakteur außerhalb dieses Vertrages erstellt hat, hat er zunächst dem Verlag anzubieten. Die Frist für die Ausübung der Option beträgt zwei Monate. Es gelten die Grundsätze des Vorkaufsrechts."

Urheberrechtliche Fragen sind ebenfalls regelmäßiger Vertragsgegenstand, jedoch i.d.R. unter Verweisung auf besondere tarifvertragliche Urheberrechtsregelungen.[1] In Arbeitsverträgen für Lokalredakteure waren ferner **Wohnsitzklauseln** anzutreffen.

Beispiel:

„Um die Aufgabe übernehmen zu können, müssen Sie Ihren ständigen Wohnsitz im Verbreitungsgebiet der Ausgabe haben, in dem Sie arbeiten."

20 Insbesondere im **Speditionsgewerbe** sind besondere Arbeitsverträge mit **Kraftfahrern** verbreitet. Zum Teil wird auch auf besondere Kraftfahrzeug-Benutzungsvereinbarungen verwiesen. Gegenstand dieser Vereinbarungen ist die Regelung von Sorgfaltspflichten, besonderer Nebenpflichten bei der Führung des Fahrzeugs, Nutzungsrechten für Privatfahrten und Bestimmungen über den Haftungsumfang im Schadensfalle.[2]

21 Branchenbezogene Besonderheiten sind darüber hinaus nur in geringem Maße anzutreffen. Sie bedürften gesonderter Untersuchung. Allgemein ließ sich jedoch feststellen, dass in Branchen oder Unternehmen, die auf die **Gewinnung qualifizierten Personals** angewiesen sind und deren Ertragssituation konstant gut ist, sich die Einheitsarbeitsbedingungen deutlich verbessern (Beispiel: Chemische Industrie, Banken und Versicherungen). Im Einzelhandel finden sich – den Bedürfnissen der Branche entsprechend – zahlreiche differenzierende Vertragsmuster für kurzfristige Aushilfsverhältnisse sowie befristete und unbefristete Teilzeitverträge. Job-Sharing-Verträge spielen – wie in anderen Branchen auch – in der Praxis keine Rolle.

4. Die Regelungen in sog. Betriebsordnungen

22 Im Zuge der Untersuchung der Vertragsgestaltung wurde auch dem Umstand Rechnung getragen, dass zahlreiche vertragliche Regelungen durch kollektivvertragliche Vereinbarungen überlagert und z.T. verdrängt werden. Im Hinblick auf die in Einzelfragen noch immer ungelösten Fragen des **Günstigkeitsprinzips** stellt sich jedoch die **Konkurrenzproblematik** zwischen Tarifvertrag, Betriebsvereinbarung und Ar-

---

1 Hierzu *Schaffeld/Hörle*, Das Arbeitsrecht der Presse, 2. Aufl. 2007, S. 78 ff.
2 Vgl. hierzu die Regelungsvorschläge bei *Hohn/Romanovszky*, S. 277 ff.; *Wetter* in Schachner, Rechtsformularbuch, S. 169.

beitsvertrag besonders brennend. Da die Untersuchung aller Arbeitsverträge auf ihr Verhältnis zu konkurrierenden Kollektivvereinbarungen nicht möglich war, wurden exemplarisch 37 Betriebsordnungen von Großunternehmen auf ihre Regelungsdichte und ihr Verhältnis zu den in den jeweiligen Unternehmen geltenden Arbeitsverträgen ausgewertet. Festzustellen in der Praxis ist eine noch immer erhebliche **Regelungsdichte**, gegenüber Arbeitsverträgen keineswegs den Arbeitnehmer besser stellende Klauseln und eine **fehlende Abstimmung** mit den im gleichen Unternehmen zur Anwendung kommenden Arbeitsverträgen.

Nach wie vor gibt es viele Betriebe, die eine „Arbeitsordnung" als „Grundgesetz des Betriebes" haben.[1] Sie bestehen heute nahezu ausnahmslos in der Rechtsform der **Betriebsvereinbarung**. In seiner geschichtlichen Untersuchung über Arbeits- und Betriebsordnungen stellte *Hromadka*[2] resümierend heraus, dass den Arbeitsordnungen heute „im Wesentlichen Vorschriften über Ordnung und Sicherheit und über das Verhalten der Arbeitnehmer, wie sie der Vollzug der Arbeit gerade in diesem Betrieb erfordert", geblieben seien. Es sind zum Teil Regelwerke anzutreffen, die bis zu 50 Druckseiten umfassen. *Hromadka* erklärt diesen Befund mit der zunehmenden Komplexität des Arbeitslebens und den unter „Erfolgszwang" stehenden Arbeitnehmervertretungen.

Dabei ist ein eigentümlicher Mischcharakter von **regelnder** und **informierender Funktion** der Betriebsordnungen anzutreffen. Zahlreiche Bestimmungen wiederholen gesetzliche Regelungen und leisten auf diese Weise eine Information für den Mitarbeiter über das geltende Recht.

Ferner enthalten auch die Betriebsordnungen eine Vielzahl von → *Verweisungsklauseln*, II V 40 auf anderweitige betriebliche Bestimmungen, für die die Betriebsordnungen nur eine sog. Blankettvorschrift vorhalten. Solche Blankettvorschriften haben in erster Linie Informationsfunktion für den Mitarbeiter. Sie werden aber auch rechtlich relevant, wenn es sich bei den einbezogenen Richtlinien um **vertragliche Einheitsregelungen** handelt. Dann bewirkt die Blankettvorschrift in der Betriebsordnung die **Betriebsvereinbarungsoffenheit** der vertraglichen Einheitsregelung (→ *Öffnungsklauseln*, II O 10).[3] Betriebsverfassungsrechtlich enthalten Betriebsordnungen eine Mischung von Regelungen, die mitbestimmungspflichtig nach § 87 BetrVG sind, und Gegenständen freiwilliger Betriebsvereinbarungen nach § 88 BetrVG. Die meisten individualvertraglichen Inhaltsnormen sind nicht mitbestimmungspflichtig. Hiervon enthalten die Betriebsordnungen eine Vielzahl. Zur äußeren Form der Betriebsordnungen ist hervorzuheben, dass ihre Gestaltung stark von personalpolitischen Akzenten gekennzeichnet ist.

a) Zur Regelungsdichte und Häufigkeit einzelner Klauseln

Manche Betriebsordnungen enthalten ein Regelwerk, das Anforderungen an ein „Gesetz des Betriebes" zu entsprechen sucht. Typisch für den Hauptinhalt der Arbeitsordnungen ist, dass sie sich nicht lediglich auf die Ordnung im Betrieb und die Arbeitssicherheit beschränken, sondern versuchen, die arbeitsvertraglichen Haupt- und Nebenpflichten zu konkretisieren. **Typische Regelungspunkte** sind dabei die

---

1 *Hromadka*, ZfA 1979, 203 (217).
2 ZfA 1979, 203 (218).
3 Hierzu *Preis*, Vertragsgestaltung, § 14 IV.

Arbeitspflicht, die Weisungsgebundenheit, die Art und Weise der Entgeltleistung, die Regelung der Inanspruchnahme des Urlaubs, die Kündigung einschließlich Frist- und Formerfordernissen, Geheimhaltungspflichten, Einsichtnahmerecht in die Personalakte und Beschwerderechte des Arbeitnehmers sowie Regelungen über Arbeitszeit und Schichtwechsel. Viele Arbeitsordnungen enthalten Regelungen über Verstöße gegen die Arbeitsordnungen. Bestimmungen über das umstrittene Kapitel der **Betriebsbußen** gehören damit zum regelmäßigen Kern der Arbeitsordnungen. Auch werden **Kontrollbefugnisse** des Arbeitgebers geregelt, die es gestatten, Personen, Spind und Taschen des Arbeitnehmers stichprobenweise auf das unerlaubte Mitbringen von Gegenständen in den Betrieb oder auf unerlaubte Mitnahme aus dem Betrieb zu überwachen. **Ordnungspflichten** und **Verhaltenspflichten** während der Arbeitszeit und der Pausen enthielten fast alle Arbeitsordnungen (Entfernen vom Arbeitsplatz, Sauberkeitspflichten, Verbot von Alkohol- und Drogenkonsum, Fotografie- und Abbildungsverbote, Genehmigungserfordernis für Privatarbeiten im Betrieb). Praktisch alle Arbeitsordnungen enthielten Regelungen über die Verhütung von **Arbeitsunfällen**, das Verhalten bei Arbeitsunfällen und Anzeigepflichten. Interessant ist, dass in den Arbeitsordnungen **Sonderleistungen** des Arbeitsgebers, etwa Gratifikationen, vermögenswirksame Leistungen oder andere Sozialleistungen, kaum Erwähnung finden. Entsprechende Fragen bleiben zumeist dem Arbeitsvertrag oder besonderen Richtlinien vorbehalten. Allerdings finden sich in vielen Arbeitsordnungen Verweisungsklauseln auf Regelungen über die **betriebliche Altersversorgung**.

25 Typische Regelungspunkte sind die Fragen der **Beendigung von Arbeitsverhältnissen**, insbesondere die Beendigung des Arbeitsverhältnisses durch Erreichen einer bestimmten **Altersgrenze**. Viele Arbeitsordnungen enthalten Auflistungen von **Kündigungsgründen**, die die fristlose Beendigung des Arbeitsverhältnisses rechtfertigen sollen.

b) Konkurrenzprobleme

26 Für die Frage der richtigen Vertragsgestaltung ist die Problematik der Konkurrenz von Arbeitsvertrag und Betriebsordnungen besonders wesentlich. Hier war feststellbar, dass die Arbeitsverträge und die Betriebsordnungen in einem Unternehmen vielfach überschneidende, konkurrierende und zum Teil nicht miteinander zu vereinbarende Regelungen enthielten. Die Tendenz zur **Doppelregelung** war insbesondere bei bestimmten Vertragspflichten feststellbar, so etwa bei Verschwiegenheitspflichten und Einschränkungen der Nebentätigkeit. Beide Regelungsgegenstände sind typischerweise sowohl in Arbeitsverträgen als auch in Arbeits- bzw. Betriebsordnungen enthalten. Gerade bei Nebentätigkeitsklauseln waren nicht hinreichend aufeinander abgestimmte Regelungen feststellbar. So bestimmte eine Arbeitsordnung, dass die Ausübung einer Nebentätigkeit untersagt werden könne, wenn sie betriebliche Interessen oder vertragliche Leistungen beeinträchtigte. Im Arbeitsvertrag hingegen wurde die vorherige schriftliche Genehmigung für Nebentätigkeiten jeder Art verlangt. Nur selten fand sich eine flexible und auf den jeweiligen Mitarbeitertyp abstellende Vertragsgestaltung für die Frage der Nebentätigkeit.

Ähnliche Diskrepanzen wie bei der Frage der Nebentätigkeit waren bei einem Großunternehmen der Automobilindustrie in der Frage der Übernahme von → *Ehrenämtern*, II E 10 festzustellen. Während die Arbeitsordnung eine bloße Informationspflicht begründete, gestattete der Arbeitsvertrag die Übernahme nur, soweit hierdurch keine Unternehmensinteressen berührt werden.

Konkurrierende Regelungen waren auch im Bereich der → *Verschwiegenheitspflicht*, II V 20 anzutreffen. Wenn eine Betriebsvereinbarung den Umfang der Verschwiegenheitspflicht regelt und sie nicht ausdrücklich auch auf die Zeit nach Beendigung des Arbeitsverhältnisses erstreckt, so kann durchaus zweifelhaft sein, ob der Arbeitsvertrag eine Verschwiegenheitspflicht auch über das Ende des Beschäftigungsverhältnisses hinaus begründen kann. Wäre die Betriebsvereinbarung so auszulegen, dass eine abschließende Regelung gewollt war, so schließt die unmittelbare und zwingende Wirkung der Betriebsvereinbarung es aus, weiter gehende und nachteiligere Regelungen im Arbeitsvertrag zu treffen. Aber auch – womöglich unbeabsichtigte – Konsequenzen des Günstigkeitsprinzips sind zu beachten, wenn eine Arbeitsordnung eine vor- und nachvertragliche Verschwiegenheitspflicht regelt, der Arbeitsvertrag eine ausdrückliche Bestimmung jedoch nur für das bestehende Arbeitsverhältnis enthält.

Oftmals nicht hinreichend abgestimmt sind Regelungen über die **Zuweisung einer anderen Tätigkeit** bzw. **Versetzung**. Hier enthalten die Arbeitsordnungen z.T. umfangreiche und auch weitgehende Regelungen. Die Problematik des Günstigkeitsprinzips lässt es zunehmend zweifelhaft erscheinen, ob Änderungs- und Versetzungsklauseln in Kollektivverträgen richtig angesiedelt sind. Denkbar ist, dass ein Mitarbeiter sich unter Verweis auf die Tätigkeitsbeschreibung und eine möglicherweise fehlende oder engere Änderungs- bzw. Versetzungsklausel im Arbeitsvertrag beruft. Der Vertragsinhalt könnte insoweit günstiger sein und die Kollektivregelung ausschalten. Allenfalls durch eine klare Öffnungsklausel für Betriebsvereinbarungen[1] ließen sich hier Konkurrenzprobleme vermeiden.

Hier konnten nur einige signifikante, miteinander unvereinbare Doppel- und Konkurrenzregelungen hervorgehoben werden. Insgesamt ist aber festzustellen, dass die Formulierungen in Arbeitsverträgen und Betriebsvereinbarungen zumeist inhaltsgleich, wenn auch nicht deckungsgleich formuliert waren. Durch abweichende Terminologien können jedoch leicht Unklarheiten und Auslegungsprobleme entstehen. Dies ist nur vermeidbar, wenn man **Wiederholungen vermeidet**. Denkbar ist auch, lediglich auf die Regelungen in der Arbeitsordnung zu verweisen. In jedem Falle notwendig erscheint jedoch eine bewusste Entscheidung darüber, welche individualarbeitsrechtlichen Bestimmungen ausschließlich dem Arbeitsvertrag überlassen bleiben sollen. Zu bedenken ist dabei auch die nicht fern liegende Auslegungsmöglichkeit, dass jede Nichtregelung im Arbeitsvertrag „beredtes Schweigen" sein könnte. Nachteilige Bestimmungen der Arbeitsordnung, die von dispositivem Recht abweichen, könnten dann allein deshalb nicht zur Anwendung kommen, weil die „beredte Nichtregelung" nach dem Günstigkeitsvergleich vorgeht.[2] Hieran zeigt sich, dass eine **bewusste Vertragsgestaltung** im Arbeitsrecht erhebliche praktische Bedeutung erlangen kann.[3]

27

Die aufgezeigten Konkurrenzprobleme können jedoch nicht allein durch die Gestaltung des Arbeitsvertrages gelöst werden. Das Konkurrenzverhältnis zwischen Betriebsvereinbarung und Arbeitsvertrag unterliegt zwingenden Grundsätzen. Enthält

---
1 Hierzu *Preis*, Vertragsgestaltung, § 14 IV.
2 Hierzu *Preis*, Vertragsgestaltung, § 5 VII 2 b.
3 S. *Preis*, Vertragsgestaltung, § 5 II und VII.

ein Arbeitsvertrag für außertarifliche Mitarbeiter die Bestimmung „Die Arbeitsordnung ist Bestandteil des Anstellungsvertrages, soweit sie diesem Vertrag nicht widerspricht", wird das angestrebte Ziel nicht unbedingt erreicht. Wenn der außertarifliche Mitarbeiter kein leitender Angestellter ist und der Betriebsverfassung unterfällt (§ 5 Abs. 3 und 4 BetrVG), gehen die zwingenden Bestimmungen der Betriebsvereinbarung vor. Anders ist dies nur, wenn die Bedingungen des Arbeitsvertrages günstiger sind. Dann ergibt sich die Vorrangregel jedoch bereits aus dem Günstigkeitsprinzip und bedarf keiner ausdrücklichen Bestimmung.

c) Bewertung der untersuchten Betriebsordnungen

28   Betrachtet man das Spektrum der untersuchten Verträge und Betriebsordnungen insgesamt, so lässt sich festhalten, dass die Verankerung bestimmter, auf das individuelle Arbeitsverhältnis zielender Klauseln nicht nach einem einheitlichen Prinzip erfolgt. Es erscheint oftmals zufällig, ob ein bestimmter Gegenstand im vorformulierten Arbeitsvertrag oder in der (freiwilligen) Betriebsvereinbarung geregelt wird. Tradition oder betriebspolitische Zweckmäßigkeit dürften die Erklärung dafür sein, dass bestimmte, eindeutig dem Vertragsrecht zuzuordnende Bestimmungen in einer Allgemeinen Rahmenbetriebsvereinbarung geregelt werden.

29   Nicht untypisch ist, dass Großunternehmen auf ausführliche Verträge verzichten und lediglich Arbeitsbeginn und Gehalt dem Arbeitnehmer in einem Anstellungsschreiben mitteilen. Der weitere Inhalt des Arbeitsverhältnisses wird dann praktisch ausschließlich durch die Betriebsordnung, die „Bestandteil des Arbeitsvertrages" ist, bestimmt. Dieses Verfahren ist zweckmäßig, soweit hiermit **konkurrierende Regelungen** vermieden werden. Auch kann die größere **Flexibilität der Betriebsvereinbarung** für diese Gestaltung sprechen. Abzuwägen ist freilich, dass die freie Kündbarkeit der Betriebsvereinbarungen (§ 77 Abs. 5 BetrVG) für jede Seite spezifische Vor- und Nachteile haben kann. Auch den Arbeitgebern kann schon aus Gründen der Rechtssicherheit nicht daran gelegen sein, wenn durch die Kündigung einer Arbeits- oder Betriebsordnung die Arbeitsverhältnisse in einen deregulierten Zustand geraten bzw. der Rückgriff auf allgemeine arbeitsrechtliche Grundsätze notwendig wird. Auch hier zeigt sich der Mangel, dass ein kodifiziertes Arbeitsvertragsrecht, das gesicherte dispositive Grundregeln des Arbeitsverhältnisses zur Verfügung stellt, fehlt.

30   Auch Arbeits- und Betriebsordnungen, denen nicht die Tendenz zur Überregulierung vorgeworfen werden kann, enthalten zum Teil aus vertragsrechtlicher Sicht problematische Bestimmungen. Einige besonders auffällige Beispiele seien hier genannt.

Hervorzuheben ist, dass nahezu die Hälfte aller untersuchten Betriebsordnungen versucht, **Kündigungsgründe** festzuschreiben.

Vielfach werden → Zugangsfiktionen, II Z 10 für Mitteilungen und Willenserklärungen geregelt. Hier handelt es sich um eine allgemeine vertragsrechtliche Problematik, da Zugangsfiktionen nach § 308 Nr. 6 BGB bei vorformulierten Vertragswerken regelmäßig unwirksam sind. Hierzu zählen auch Regelungen über Bekanntmachungen im Betrieb, die dem Arbeitnehmer als zugegangen fingiert werden.

Beispiel:

„Aushänge der Geschäfts- oder Werkleitung an den betrieblichen Aushangstellen („Schwarze Bretter") gelten als rechtsverbindliche Erklärungen gegenüber allen Mitarbeitern. Jeder Mitarbeiter hat diese Aushänge genau zu beachten, er kann sich nicht darauf berufen, sie nicht zur Kenntnis genommen zu haben."

Zum Teil wird dem Arbeitnehmer jedoch auch der Nachweis gestattet, dass er unverschuldet in Unkenntnis geblieben ist.

Arbeits- und Betriebsordnungen beinhalten im Hinblick auf individuelle Regelungen im Arbeitsvertrag und auf den Vorrang des Tarifvertrages (§§ 77 Abs. 3, 87 Abs. 1 BetrVG) nur selten Bestimmungen über Entgelt und zusätzliche Sonderleistungen. Auffällig ist jedoch, dass sehr wohl Nebenbestimmungen über Voraussetzungen, Rückforderungen und Verfügbarkeit zum regelmäßigen Bestand der Arbeits- und Betriebsordnungen gehören. Die unbedingte **Rückzahlungspflicht** für überzahlte Löhne oder sonstige Zuwendungen in Abweichung von § 818 Abs. 3 BGB gehört zum ständigen Regelwerk. 31

Beispiel:

„Zuviel erhaltenes Arbeitsentgelt ist zurückzuzahlen."

Hiermit korrespondieren Vorschriften über die sofortige **Aufrechenbarkeit** bei der nächsten Lohnzahlung. Zum Regelbestand gehören ferner **Einschränkungen der Abtretbarkeit** von Lohn- und Gehaltsforderungen.

Beispiel:

„Eine Abtretung oder Verpfändung von Ansprüchen auf Lohn und Gehalt oder sonstige geldliche Zuwendungen ist ausgeschlossen."

Schließlich war ein signifikantes Ergebnis, dass, obwohl die Betriebsordnungen selbst praktisch kaum positive Regelungen über die Gewährung von Sonderleistungen enthalten, aber vielen Arbeits- und Betriebsordnungen die Befugnis des Arbeitgebers zur **Kürzung von Sonderleistungen** für Fälle der Verspätung, unberechtigter Arbeitsversäumnis oder auch wegen krankheitsbedingter Fehlzeiten vorgesehen war. 32

Typische Bestimmungen sind weiterhin **Haftungsbegrenzungen** oder **Haftungsausschlüsse** für Schäden an Sachen des Mitarbeiters (→ *Haftung des Arbeitgebers*, II H 10), insbesondere auf firmeneigenen Parkplätzen.

Beispiele:

„Der Arbeitgeber stellt die vorhandenen Parkplätze den Arbeitnehmern für ihre Fahrzeuge zur Verfügung. Das Parken dort erfolgt auf eigene Gefahr."

oder:

„Das Unternehmen übernimmt keine Haftung für abhanden gekommene oder beschädigte Fahrzeuge bzw. deren Inhalt."

Als **Arbeitnehmerrechte** in Betriebsordnungen werden regelmäßig Informationsrechte, Einsichtsrechte in Personalakten, Beschwerderechte und ein damit zusammenhängendes Benachteiligungsverbot verankert. Hierbei handelt es sich jedoch zumeist nur um die wort- oder inhaltsgleiche Wiedergabe der §§ 81–85 BetrVG.

III. Heteronome Einflüsse auf die Formularpraxis

1. Einfluss kollektivvertraglicher Regelungen

33 Der Umfang und Regelungsinhalt der Formularverträge ist abhängig von der **Regelungsintensität in Kollektivverträgen**. Bei manchen Unternehmen war deutlich feststellbar, dass sie sich unter Berücksichtigung der Regelungsdichte in Tarifverträgen und Betriebsvereinbarungen mit arbeitsvertraglichen Regelungen zurückhielten. Besonders schlägt sich diese Tendenz im Baugewerbe nieder, aber auch im öffentlichen Dienst. Hier ersetzen die Tarifverträge des öffentlichen Dienstes gewissermaßen das fehlende Arbeitsgesetzbuch. Besonders deutlich wird dies an Musterverträgen, die das Bundesministerium des Innern auf seiner Homepage veröffentlicht.[1] Die Regelungsdichte dieser Tarifverträge ist für Tarifverträge der Privatwirtschaft jedoch untypisch.

Ein gewisser allgemeiner Einfluss typischer tariflicher Regelungen auf die Arbeitsvertragsgestaltung konnte jedoch vermerkt werden. So gibt es Klauseln, wie insbesondere die Verfallklauseln (→ *Ausschlussfristen*, II A 150), die im Zuge tariflicher Vereinbarungen entwickelt und wortgleich in Arbeitsverträge übernommen worden sind.

2. Einfluss der Musterempfehlungen der Verbände auf die Vertragsgestaltung

34 Besondere Bedeutung für die Praxis haben Musterempfehlungen zur Arbeitsvertragsgestaltung, die in Vertragshandbüchern, von Arbeitgeberverbänden sowie Fach- und Berufsverbänden ihren Mitgliedern zur Verfügung gestellt werden. Insbesondere **kleinere** Unternehmen greifen auf entsprechende Formularmuster zurück. Es wird empfohlen, die entwickelten Muster „mehr oder weniger unverändert" zu übernehmen.[2] Im **Handwerk** bemühen sich die Verbände und Handwerkerschaften, durch Verbreitung von einfach verwendbaren Formularmustern möglichen Regelungsdefiziten zu begegnen.

Zahlreiche Arbeitgeber- und Industrieverbände haben selbst Musterverträge entwickelt, die sie ihren Mitgliedern empfehlen. Einige Unternehmensverbände beschränken sich jedoch darauf, ihre Mitgliederverbände auf bestimmte publizierte Formularverträge hinzuweisen mit der Maßgabe, sie entsprechend den Erfordernissen der einzelnen Firmen zu nutzen.

Großunternehmen verfügen regelmäßig über eigene, hochspezialisierte arbeitsrechtliche Kenntnisse, während der Mittelstand wesentlich stärker auf außerbetriebliche Unterstützung angewiesen ist. Auch hier konnte festgestellt werden, dass in Vertragshandbüchern publizierte Vertragsklauseln zum Teil wörtlich oder doch inhaltsgleich in Arbeitsverträgen Verwendung finden.

35 Die gegenwärtige Vertragskultur im Arbeitsrecht ist dadurch gekennzeichnet, dass die meisten Publikationen zur Vertragsgestaltung den Vertragsparteien **keine Alternativen** für eine **individuelle Vertragsgestaltung** aufzeigen, sondern sich darauf be-

---

[1] Arbeitsvertragsmuster und weitere Formulare zum Tarifvertrag für den öffentlichen Dienst, http://www.bmi.bund.de/DE/Themen/Moderne-Verwaltung/Dienstrecht/TVoeD-Tarifbeschaeftigte/Arbeitsvertragsmuster/arbeitsvertragsmuster_node.html.
[2] Vgl. *Kador*, Instrumente, S. 10; *Meisel*, Arbeitsrecht, Rz. 9; vgl. hier bereits unter Rz. 3.

schränken, den Arbeitgebern verwenderfreundliche Klauselwerke zu offerieren. Aus Arbeitnehmersicht wird kritisiert, dass die auch in Vertragshandbüchern publizierten Muster in der Regel einen ausgewogenen Interessenausgleich vermissen ließen.[1] Es gab bisher praktisch kein Vertragshandbuch, das sich mit Musterformulierungen oder Empfehlungen an den Arbeitnehmer wendet, um ihm mögliche, bisher nicht erkannte Verhandlungsspielräume aufzuzeigen.

Die deutschen **Gewerkschaften** haben es fast vollständig unterlassen, ihren Mitgliedern insoweit Hilfestellungen zu geben, die wenigstens die Möglichkeit eröffnen, selbstbestimmte Positionen in die Arbeitsvertragsverhandlungen einzubringen. Keine Gewerkschaft hat bislang Empfehlungen und Hinweise zur Arbeitsvertragsgestaltung für typische oder atypische Arbeitsverhältnisse gegeben. Die Erklärung hierfür dürfte darin liegen, dass die Politik der Gewerkschaften darauf ausgerichtet ist, möglichst alle Arbeitnehmer, auch Führungskräfte, durch tarifvertragliche Regelungen zu schützen.

Empfehlungen der **Arbeitgeberverbände** und der Fachkammern zur Vertragsgestaltung gibt es hingegen in Hülle und Fülle. Alle diese Empfehlungen haben nachweislich **prägende Wirkung** in der jeweiligen Branche. Die Gestaltung der Vertragsinhalte erweist sich damit im Regelfall als eine Sache desjenigen, der Arbeit anbietet und nicht dessen, der Arbeit nachfragt. Eine Vertragsberatung für die Arbeitnehmer findet praktisch nicht statt.

Anders ist die Situation bei der Vertragsgestaltung von **Führungskräften**. Die Union leitender Angestellter,[2] andere Verbände der Führungskräfte[3] und sogar der DGB-Bundesvorstand[4] haben Handreichungen bzw. Musterempfehlungen für die Vertragsgestaltung dieser Arbeitnehmergruppe herausgegeben. Hinzu kommen einschlägige Publikationen, die sich gerade auch an die Führungskräfte richten.[5] Dies ist nach den Ergebnissen des Forschungsprojekts nicht überraschend, weil hier offenbar die **realistische Möglichkeit zu Vertragsverhandlungen** über einzelne Vertragsbestimmungen besteht.

Hinzuweisen ist ferner darauf, dass im Zuge des Forschungsprojektes auch versucht wurde, den Einfluss der **rechtsberatenden Berufe** auf die Arbeitsvertragsgestaltung zu ermitteln. Freilich gehören Einzelheiten der Vertragsgestaltung bei Rechtsanwälten zu ihrem „unternehmerischen Know-how", weshalb die Möglichkeit ge-

---

1 *Däubler*, Das Arbeitsrecht 2, S. 115 ff.; *Bobke*, S. 58 ff.; detailliert *Mache*, AiB 1987, 200 ff., 256 ff.
2 Vgl. „Muster eines Anstellungsvertrages für Führungskräfte", hrsg. von der Union der Leitenden Angestellten (ULA).
3 Vgl. Verband der Führungskräfte der Eisen- und Stahlerzeugung und -verarbeitung, „Anstellungsverträge", VFE-Schriftenreihe Nr. 1, 1988.
4 Vgl. „Muster eines Anstellungsvertrages für Angestellte in Leitungsfunktionen, deren Arbeitsbedingungen nicht in Tarifverträgen geregelt und die im Ausland tätig sind", Hrsg. DGB-Bundesvorstand, Dezember 1978; ferner „Musteranstellungsvertrag für leitende Angestellte und Führungskräfte (Inland)", ohne Datum sowie „Muster Wettbewerbsvereinbarungen für Angestellte in Leitungsfunktionen", 2. Aufl. 1976.
5 *Grüll/Janert*, Der Anstellungsvertrag mit leitenden Angestellten und anderen Führungskräften, 14. Aufl. 1996; *Hohn*, Arbeits- und Dienstverträge für Leitende Angestellte, 6. Aufl. 1995; *Kopp*, Arbeitsvertrag für Führungskräfte, 4. Aufl. 2001; *Tausend*, Der Vertrag des Geschäftsführers und der leitenden Angestellten einer GmbH und einer GmbH & Co KG, 4. Aufl. 1991.

ring war, Auskünfte über Art und Inhalt der von ihnen gegebenen Ratschläge zur Arbeitsvertragsgestaltung zu erhalten. Dort, wo dies aber aus kollegialer und fachlicher Verbundenheit mit Fachanwälten für Arbeitsrecht möglich war, ergaben sich folgende allgemeine Erkenntnisse: Rechtsanwälte werden zumeist eingeschaltet, soweit es um die Vertragsgestaltung für Geschäftsführer und leitende Angestellte geht, insbesondere im mittelständischen Bereich. Großunternehmen besorgen die Vertragsgestaltung auch für leitende Angestellte selbst. Soweit Rechtsanwälte in ihrer Beratungspraxis mit der Erstellung von Arbeitsvertragsmustern für eine Vielzahl von Arbeitsverhältnissen betraut sind, ergaben sich keine wesentlichen Abweichungen zu den sonst üblichen Arbeitsverträgen. Rechtsanwälte greifen in starkem Maße auf die publizierten Mustertexte zurück. Naturgemäß fließen in die anwaltlichen Empfehlungen Erfahrungen aus der forensischen Praxis ein. Als Vorteil der anwaltlichen Beratung bei der Vertragsgestaltung ist zu nennen, dass sie **flexibler** auf rechtliche Veränderungen reagieren kann, während sich neue Erkenntnisse in publizierten Vertragsformularen erst verhältnismäßig spät niederschlagen. Die anwaltliche Beratung wird bei der Arbeitsvertragsgestaltung auch deshalb geschätzt, weil sie die Möglichkeit hat, aus den publizierten Klauselvorschlägen die richtige Komposition für den jeweiligen Betrieb und ggf. auch das jeweilige Arbeitsverhältnis zusammenzustellen.

3. Rückwirkungen der Arbeitsrechtsprechung auf die Vertragsgestaltung

38 Die Untersuchung hat gezeigt, dass sich der „richtige" Vertragsinhalt zumeist nicht aus dem Verhandlungsprozess der Vertragsparteien ergibt, sondern aus dem Abgleich der vorformulierten Vertragsmuster mit der Rechtsprechung der Arbeitsgerichte. Das wichtigste „Gegenüber" ist damit nicht der Arbeitnehmer, sondern das zwingende Arbeitsrecht und die Rechtsprechung des Bundesarbeitsgerichts. Die Spielräume, die diese beiden Gegenspieler dem Vertragsaufsteller lassen, werden regelmäßig bis zur Grenze des Möglichen – vielfach auch darüber hinaus – genutzt. Vertragsmuster werden von der Praxis dann einer Revision unterzogen, wenn gesetzliche Vorschriften sich ändern oder eine gefestigte Rechtsprechung bestimmte Vertragsgestaltungen nicht akzeptiert.[1] Nach einer Durchsicht der Vertragshandbücher, die mit Erscheinungsdatum 2014 publiziert worden sind, ist jedoch nicht einmal dies durchgängig der Fall. Je klarer die Rechtsprechung ist, umso eher wirkt sie auf die Vertragsgestaltung im Arbeitsleben zurück.[2] So ist auch der Hinweis in der Kautelarjurisprudenz zu erklären, dass die Verwendung eines Formulars stets nur unter dem Vorbehalt einer möglicherweise geänderten Rechtsprechung gegeben wird.[3]

4. Die Vertragspraxis im Jahre 2015

39 Eingedenk der mehr als 25 Jahre zurückliegenden Untersuchung der Vertragspraxis und inzwischen vorliegender umfänglicher Rechtsprechung des BAG seit dem Jahre

---

1 Deutlich wird dies bei *Meisel*, Arbeitsrecht, Rz. 33 ff., der für die hier auf S. 47 in Fn. 2 zitierten Formulare gerade mit dem Hinweis wirbt, dass diese die „neueste Gesetzgebung und Rechtsprechung berücksichtigen".
2 Einzelheiten bei *Preis*, Vertragsgestaltung, § 3 III 3a und b.
3 Vgl. *Wetter* in Schachner, Rechtsformularbuch, S. 150.

2005 zum AGB-Recht ist eine Zwischenbilanz zu ziehen. Aus anwaltlicher Feder sind mehrere **Vertragshandbücher** erschienen, die als repräsentativ gelten können.[1] An ihnen können die Wirkungen der neuen Rechtslage und Rechtsprechung deutlich nachvollzogen werden.

Ferner wurden die immer reichhaltiger werdenden Angebote im **Internet** gesichtet, die ebenfalls einen Eindruck der Vertragspraxis widerspiegeln. Das wohl größte Unternehmen, die FORMBLITZ AG Berlin,[2] stellt zahlreiche Formulare zum Download bereit. Der Inhalt der Formulare ist knapp. Die Produktinformation enthält den Hinweis, dass alle Verträge von erfahrenen Rechtsanwälten erstellt sind und regelmäßig auf die aktuelle Rechtsprechung überprüft werden. Die Verträge sind erkennbar mit Hilfe der üblichen Vertragshandbücher, die im Fachbuchmarkt erhältlich sind, gestaltet. Gegen einen Aufpreis verspricht das Unternehmen eine fünfjährige „Update-Garantie".[3] Das erklärt, dass wenigstens die Ausschlussfristenregelung der Rechtsprechung entspricht. Das vierseitige Formular mit 14 Paragraphen enthält typische und problematische Klauseln. Der Standardarbeitsvertrag enthält zahlreiche deklaratorische Klauseln (Urlaub, Entgeltfortzahlung im Krankheitsfall), die nichts Weiterführendes regeln. Zum Teil sind die Klauseln eindeutig unwirksam bzw. nicht zielführend (z.B. pauschaler Freiwilligkeitsvorbehalt, Verschwiegenheitspflicht über den Arbeitsvertrag, Vertragsstrafenabrede für jeden Fall des „schuldhaften vertragswidrigen Verhaltens", Zahlung von Pauschalbeträgen bei Lohnpfändungen, salvatorische Klauseln). Darüber hinaus erscheint in dem Vertrag die Regelung des Direktionsrechts unzweckmäßig. Es wird die Festlegung eines bestimmten Arbeitsortes ohne örtliche Versetzungsmöglichkeit empfohlen.

Kurzum: Was etwas kostet, muss noch nicht gut sein. Durchforstet man das Netz, so entdeckt man weitere erstaunliche Angebote. Das erklärt, dass auf dem Buchmarkt außerhalb der hier zitierten Vertragshandbücher kaum noch Schriften mit Musterverträgen angeboten werden (müssen). Unter dem Suchwort „Arbeitsvertrag Muster" erscheint im Netz eine kaum überschaubare Fülle kostenpflichtiger und kostenfreier Downloads von Arbeitsvertragsmustern. Der Rahmen der Anbieter solcher Downloads ist groß. Sie reichen von Bundesministerien,[4] die ihre Muster

---

1 *Bauer/Lingemann/Diller/Haussmann*, Anwalts-Formularbuch Arbeitsrecht, 5. Aufl. 2014; Beck'sches Formularbuch Arbeitsrecht, 3. Aufl. 2014; *Hümmerich/Reufels*, Gestaltung von Arbeitsverträgen, 2. Aufl. 2011; *Liebers*, Formularbuch des Fachanwalts Arbeitsrecht, 3. Aufl. 2015; *Schaub/Schrader/Straube/Vogelsang*, Arbeitsrechtliche Formularsammlung, 10. Aufl. 2012.
2 Die Formulare von FORMBLITZ werden auch über die FAZ, den Kölner Stadtanzeiger und den Express vertrieben, vgl. http://vertraege.faz.net/p/755/arbeitsvertrag/; http://vorlagen.ksta.de/p/322/arbeitsvertrag/; http://formulare.express.de/p/320/arbeitsvertrag/. Weitere ähnliche Anbieter sind www.janolaw.de/, www.vorlagen.de/.
3 Das Formular wurde durch den Verfasser am 5.1.2011 zum Preise von 5,90 Euro (ohne Update-Garantie) erworben. Das Arbeitsvertragsmuster, das im Portal http://www.vertrag.de/arbeitsrecht.htm für 29,90 Euro angeboten wurde, war dem Verfasser zu teuer, obwohl es mit „Haftungsgarantie" und der Aussage angepriesen wurde: „Das Produkt wurde von hochkarätigen Wirtschaftsjuristen produziert und von renommierten Rechtsprofessoren geprüft."
4 http://www.bmi.bund.de/DE/Themen/Moderne-Verwaltung/Dienstrecht/TVoeD-Tarifbeschaeftigte/Arbeitsvertragsmuster/arbeitsvertragsmuster_node.html. http://www.hessen.de/irj/HMdI_Internet?cid=97c29bb16efd984a9658a2622f1b1c23.

zum Teil in Ministerialblättern veröffentlichen und die quasiamtlichen Charakter haben, über Industrie- und Handelskammern,[1] Handwerkskammern,[2] öffentliche und privat betriebene Berufs- und Gründerzentren,[3] Jobbörsen und Karriereportale[4] bis hin zu Rechtsanwälten.[5] Auch Verlage bieten kostenpflichtig Vertragsmuster in ihren Portalen an.[6] Arbeitgeberverbände stellen – nur für ihre Mitglieder zugänglich – ebenfalls Vertragsmuster zur Verfügung.[7] Dabei dient das Vertragsmuster oft als Lockmittel oder Zusatzservice, um auf die eigentlichen kostenpflichtigen Angebote des Netzanbieters hinzuweisen. Das Angebot kostenloser Verträge ist so groß, dass diese schon über fokussierte Suchmaschinen erschlossen werden.[8]

42 In der Gesamtbewertung ist festzustellen, dass es viele nicht valide Angebote im Netz gibt. Erkennbar ist aber bei den Verträgen, die von Rechtsanwälten, Industrie- und Handelskammern sowie Handwerkskammern ins Netz gestellt werden, dass sie Vertragshandbücher ausgewertet haben und die Rechtsprechung versuchen zu beachten, auch wenn dies nicht durchgängig gelingt. Das aus meiner Sicht valideste und ausgewogenste Formular ist durch den Baden-Württembergischen Handwerkstag frei verfügbar ins Netz gestellt worden.[9] Besondere Vorsicht ist bei Portalen geboten, die von Nichtjuristen betrieben werden, die aber dennoch irgendwelche Vertragsmuster in das Netz stellen.[10] Generell kann festgehalten werden, dass alle erkennbaren Verträge stereotype Klauseln beinhalten, die für den Arbeitnehmer nachteilig sind, wenn sie auch noch nicht eindeutig unangemessen benachteiligend sind. In dieser Hinsicht kein Ruhmesblatt ist der durch den Deutschen Anwaltverein publizierte Mustervertrag für Mitarbeiter/innen in Rechtsanwaltskanzleien, bei dessen Gestaltung anscheinend anwaltliche Finesse und arbeitgeberorientierte Ausgestaltung symbiotisch zusammengewirkt haben.[11]

---

1 http://www.ihk-lahndill.de/produktmarken/recht/Mustervertraege/Mustervertraege_Arbeitsrecht/; https://www.ihk-kassel.de/recht-steuern/mustervertraege; http://www.frankfurt-main.ihk.de/recht/mustervertrag/arbeitsvertrag_standard/index.html; http://www.ihk-lueneburg.de/recht_und_fair_play/mustervertraege/320540/Mustervertraege28410.html; http://www.aachen.ihk.de/bildung/Dokumente_Ausbildung/Mustervertraege.
2 http://www.handwerk-bw.de/service/publikationen/arbeitsvertragsmuster/.
3 http://www.gruender-mv.de/service/downloads/Muster_Arbeitsvertraege/index.html.
4 Z.B. http://www.lto.de/juristen/muster-dokumente/arbeitsrecht/arbeitsvertrag-fuer-angestellte/; https://www.staufenbiel.de/ratgeber-service/arbeitsrecht/arbeitsvertrag/musterarbeitsvertrag.html.
5 Besonders aufwändig ist das von RA *Michael Felser* betriebene Portal http://www.felser.de/category/arbeitsvertragde/gestaltet.
6 http://www.weka.at/verlag/Recht/Arbeitsrecht/Mustersammlung_Arbeitsrecht-1153200.
7 http://www.kavsh.de/Materialien/Arbeitsvertragsmuster.
8 Z.B. http://smartcoupon.de/www/xsma-ppp-de/ukswb-labo-sma-de.htm.
9 http://www.handwerk-bw.de/uploads/tx_rdepublications/01VertrOT.pdf (Stand 27.4.2015).
10 Z.B. www.ulmato.de/arbeitsvertrag.asp.
11 Vgl. http://anwaltverein.de/downloads/anwaltausbildung/Musterarbeitsvertrag-RA-Fachangestellte.pdf.

a) Differenzierung zwischen Arbeitnehmergruppen

Obwohl eine Differenzierung zwischen Arbeitnehmergruppen schon aus Gründen der Gleichbehandlung problematisch ist, halten viele Vertragshandbücher und Internetangebote daran fest.[1] *Lingemann*[2] begründet dies bei Angestellten mit der unterschiedlichen Art der Tätigkeit, der größeren Nähe zur Unternehmensführung, der größeren Freiheit in der Lage der Arbeitszeit und den differenzierten Entlohnungsformen. Das ist zwar eine Erklärung, aber keine Begründung. Denn alle genannten Punkte treffen auf den Typus des „normalen" kleinen Angestellten nicht zu.

b) Festhalten an problematischen Klauseln zugunsten des Arbeitgebers bei unsicherer Rechtsprechung

Ein generelles Phänomen aller Vertragshandbücher, die überwiegend von arbeitgeberberatenden Anwälten publiziert werden, ist ein Festhalten an Klauseln, die erkennbar problematisch sind. Musterbeispiel hierfür ist der „Kampf um den Freiwilligkeitsvorbehalt". Obwohl diese Vorbehalte faktisch – selbst zur Verhinderung einer betrieblichen Übung ungeeignet sind (s. → *Vorbehalte und Teilbefristung*, II V 70), werden diese in der anwaltlichen Literatur bis zuletzt verteidigt und empfohlen.[3] Man exkulpiert sich in den Erläuterungen, dass nicht garantiert werden könne, ob die Klausel der Kontrolle durch das BAG standhält.[4] Ein anderer Weg ist, eine Pauschalklausel zu empfehlen, aber in den Erläuterungen vor einer zu pauschalen Regelung zu warnen.[5] Noch problematischer sind Empfehlungen, die – der gesamten erkennbaren Linie der BAG-Rechtsprechung widersprechend – bei zugesagten, jährlichen Gratifikationen in eine Klausel alle – zum Teil sich widersprechenden – Klauseln „hereinpacken", um den Anspruch zu relativieren oder für die Zukunft auszuschließen.[6]

Nicht auszumerzen sind auch die salvatorischen Klauseln (→ *salvatorische Klauseln*, II S 10), die dem Grundprinzip des Verbots geltungserhaltender Reduktion widersprechen. Sie sind – wider besseres Wissens und klarer Rechtsprechung[7] – „Anwalts Liebling".[8] Ähnliches gilt für weithin unwirksame Gerichtsstandsvereinbarungen.[9]

Schließlich ist ein allgemeines Phänomen, dass arbeitgeberberatende Anwälte – auch bei gegenläufiger Rechtsprechung der Arbeits- und Landesarbeitsgerichte – an problematischen Klauseln solange festhalten, bis das Bundesarbeitsgericht ein-

---
1 Etwa die zwischen Arbeitern und Angestellten differierende Vertragsgestaltung bei BLDH/*Lingemann*, Kapitel 2 und 3.
2 BLDH/*Lingemann*, S. 130.
3 Vgl. BLDH/*Lingemann*, Kap. 21.15, S. 559; von *Steinau-Steinrück/Vernunft*, S. 7; *Schröder* in Beck'sches Formularbuch Arbeitsrecht, 3. Aufl. 2014, A II 1, S. 39.
4 BLDH/*Lingemann*, Kap. 21.15, S. 559 Fn. 4.
5 von *Steinau-Steinrück/Vernunft*, Rz. 62 einerseits und Rz. 71 andererseits.
6 So bei HR/*Reufels*, S. 1095 Klausel 5c); s. zur Kritik näher → *Sonderzahlungen*, II S 40.
7 BAG v. 25.5.2005 – 5 AZR 572/04, NZA 2005, 1111 (1115).
8 S. BLDH/*Lingemann*, M 3.1. S. 148 Fn. 85; Liebers/*Reiserer*, B Rz. 59: „Ungeachtet dessen sollte eine solche Klausel auch weiterhin aufgenommen werden."
9 S. BLDH/*Lingemann*, M 3.1. S. 148 Fn. 86.

deutig entschieden hat. Fallbeispiele hierfür sind die Freistellungsklauseln bei gekündigtem Arbeitsverhältnis oder auch unerhebliche Klauseln, die den Mitarbeiter zur Verschwiegenheit über die vereinbarte Vergütung verpflichten.[1] Statt die erkennbar problematische Klausel aus dem Empfehlungsprogramm zu streichen, heißt es: „Ungeachtet dessen (Anm. des *Verf.*: d.h. der gegenläufigen Rechtsprechung des LAG) kann nach der hier vertretenen Auffassung an dieser Klausel weiterhin festgehalten werden."[2]

c) Anpassung bei klarer Rechtsprechung

47 Feststellbar ist in den Musterempfehlungen, dass die Vertragspraxis auf klare Rechtsprechungslinien, deren Nichtbefolgung zu wirtschaftlichen Nachteilen für den Arbeitgeber führen kann, reagiert. Musterbeispiel hierfür ist die klare Rechtsprechung zu Ausschlussfristen. Hier sind – bis auf wenige Ausreißer im Internet – keine Empfehlungen mehr anzutreffen, die der Rechtsprechung des BAG nicht entsprechen. Die Unwirksamkeit unangemessen benachteiligender Ausschlussfristen hätte nämlich zur Konsequenz, dass Arbeitnehmer ihre Ansprüche noch innerhalb der gesetzlichen Verjährungsfristen geltend machen können. Ein weiteres Beispiel liegt in der Formulierung der Widerrufsvorbehalte. Hier reagiert die Gestaltungspraxis auf die Transparenzerfordernisse der Rechtsprechung, einen Widerrufsgrund anzugeben.[3] Das Gleiche gilt für die Rechtsprechung des BAG zu Vertragsstrafen.[4] Das zeigt, dass eine klare Rechtsprechung des BAG durchaus Auswirkungen auf die Vertragspraxis hat.

d) Weitere Beispiele

48 Obwohl Schriftformklauseln nach der Rechtsprechung des BAG praktisch wirkungslos sind → *Schriftformklauseln*, II S 30, werden sie weiterhin empfohlen. Selbst das Bundesministerium des Innern empfiehlt stolz die doppelte Schriftformklausel in seinen Musterverträgen.[5] Informiertere Anwälte versuchen, die – vielleicht – verbliebene Restbedeutung des Schriftformerfordernisses zur Verhinderung des Eintritts der betrieblichen Übung zu retten.[6]

IV. Zusammenfassung und Bewertung der Ergebnisse

49 Aus Inhalt und Kombination vorformulierter Vertragsklauseln, also der gesamten Vertragsgestaltung eines Unternehmens, lassen sich – über den Regelungsinhalt hinaus – Rückschlüsse auf **Personalmanagement** und **Unternehmensphilosophie** ziehen. Die Gestaltung des Arbeitsvertrages und der ihn ergänzenden Regelungen er-

---

1 S. hierzu bereits die Nachweise in Fn. 1.
2 Liebers/*Reiserer*, B Rz. 194.
3 BLDH/*Lingemann*, Kapitel 12, S. 507; Kapitel M 3.1, S. 136f.; Liebers/*Reiserer*, B Rz. 183.
4 Vgl. Liebers/*Reiserer*, B Rz. 10.
5 http://www.bmi.bund.de/DE/Themen/Moderne-Verwaltung/Dienstrecht/TVoeD-Tarifbeschaeftigte/Arbeitsvertragsmuster/arbeitsvertragsmuster_node.html.
6 BLDH/*Lingemann*, M 2.1a, S. 114; S. 96; Liebers/*Reiserer*, B Rz. 55ff.

laubt grundsätzliche Aussagen über das Verhältnis zwischen Arbeitnehmer und Arbeitgeber.

Einige Unternehmen suchen die **gemeinsame Zweckrichtung** in einer dem Vertrag vorangestellten Präambel zu bekräftigen. Der Charakter eines Arbeitsvertrages wird freilich weniger durch wohlklingende Präambeln als durch die einzelnen Vertragsbedingungen geprägt. Nur wenn diese selbst Anhaltspunkte dafür geben, dass ein gemeinsamer Zweck verfolgt wird, Chancen und Risiken gemeinsam geteilt werden, ja insgesamt Teilhabe an dem wirtschaftlichen Schicksal des Unternehmens gewährt wird, vermag das Arbeitsverhältnis in die Nähe eines zwischen Arbeitnehmer und Arbeitgeber gesellschaftsrechtlich strukturierten Vertragsverhältnisses zu rücken. Diese, namentlich von *Adomeit*[1] skizzierte Tendenz konnte auf der Ebene der Vertragsgestaltung nur bei Führungskräften festgestellt werden, nicht aber bei Arbeitsverhältnissen auf einer niedrigeren Hierarchieebene.

1. Differenzierte Vertragsgestaltung nach Arbeitnehmerstatus

Verbreitet wird in den Vertragswerken dem unterschiedlichen **Arbeitnehmerstatus** durch differenzierende Klauseln Rechnung getragen. Als Beispiel mögen die bei Angestelltenverträgen deutlich häufiger auftretenden **Verschwiegenheitsklauseln**, ferner die herkömmliche Differenzierung bei **Kündigungsfristen** und **Probezeitdauer** dienen. 50

Eine durchweg deutliche und signifikante Trennlinie verläuft zwischen der Ausgestaltung der Verträge der Arbeiter und Angestellten einerseits und der Führungskräfte andererseits. Diese Arbeitnehmergruppe der mittleren und gehobenen Führungskräfte soll sich mit den Zielen des Unternehmens in besonderem Maße identifizieren. Die **gesteigerten Treuepflichten** korrelieren typischerweise mit besonderen Vergünstigungen. **Nebentätigkeitsverbote** werden in Formularverträgen für Arbeiter und Angestellte oft auf die Fälle betrieblicher Interessengefährdung beschränkt. Demgegenüber werden mit Führungskräften **häufiger** weiter gehende Nebentätigkeitsverbote vereinbart. Die gleiche Tendenz besteht bei **nachvertraglichen Wettbewerbsverboten**, die bei dieser Arbeitnehmergruppe oftmals unmittelbar in den Arbeitsvertrag eingearbeitet werden.[2] Trotz derart einschneidender Loyalitätsklauseln herrscht in Verträgen mit Führungskräften insgesamt ein **ausgeglicheneres Vertragsklima** als in Verträgen mit Arbeitnehmern auf niedrigeren Hierarchieebenen. So finden sich bestimmte benachteiligende Nebenabreden, die nicht als arbeitnehmergruppenspezifisch bezeichnet werden können, deutlich weniger als in Arbeiter- und Angestelltenverträgen – etwa → *Abtretungs- und Lohnpfändungsklauseln*, II A 10, Ausschluss der Kündigung vor Dienstantritt, → *Gesundheitsuntersuchung*, II G 30, Bestätigungsklauseln, → *Personalfragebogen*, II P 10, Umdeutungsklauseln, → *Vertragsstrafen*, II V 30, Rückzahlungsklauseln, Widerrufsvorbehalte, → *Vorbehalte und Teilbefristung*, II V 70. Ferner enthalten – abgesehen von den höheren Grundgehältern – Verträge mit Führungskräften häufiger **Sonderleistungen**, die anderen Arbeitnehmergruppen nicht oder nur selten zuteilwerden. 51

---

1 *Adomeit*, Gesellschaftsrechtliche Elemente im Arbeitsverhältnis, 1986; hierzu *Preis*, Vertragsgestaltung, § 1 II 3.
2 Vielfach werden nachvertragliche Wettbewerbsverbote wegen ihres Umfangs und der Formvorschriften (vgl. § 74 HGB) außerhalb des Arbeitsvertrages geschlossen.

Neben großzügigen Urlaubsregelungen sind weitherzige Regelungen über die → *Entgeltfortzahlung*, II E 20 im Krankheitsfall anzutreffen, → *Dienstwagen*, II D 20 und → *Reisekostenregelungen*, II D 15, → *Sonderzahlungen*, II S 40, Gewinnbeteiligungen, Tantiemen, Umsatzprovisionen, → *Zielvereinbarungen*, II Z 5, leistungs- und erfolgsbezogenes Arbeitsentgelt, Leistungen zu diversen Versicherungen (private Unfall- und Krankenversicherung, Lebensversicherung), Trennungsentschädigungen, Übergangsgelder im Todesfalle und → *Umzugskostenregelungen*, II U 10.[1] Nicht untypisch ist, dass bis zu zehn dieser Sonderleistungen in einem Vertrag neben dem Grundgehalt gewährt werden. Intention dieser Vergünstigungen dürfte die stärkere **Bindung an das Unternehmen** und der Ausgleich für weiter gehende Loyalitätspflichten sein.

52 Zahlreiche Unternehmen typisieren ihre Vertragsgestaltung sogar nach verschiedenen **Führungsebenen**. Jeder Führungsebene (bis zu vier Stufen wurden festgestellt) ist eine fest gefügte Abstufung von Vertragsbedingungen zugeordnet. So wird in den jeweiligen Ebenen insbesondere im Günstigkeitsbereich differenziert (längerer Urlaub, längere Lohnfortzahlung, höheres Übergangsgeld, höherer Spesenersatz, besondere Zusatzleistungen).

Zwar dürfte in vielen Unternehmen – mit Ausnahme von Großunternehmen mit z.T. über 1000 Führungskräften – die Durchsetzung individueller Einzelverträge nicht von vornherein aussichtslos sein. Dennoch ist auch den Verbänden der Führungskräfte bewusst, dass Verhandlungsspielraum und Verhandlungsbereitschaft der Unternehmen oftmals geringer ist, als gemeinhin angenommen wird.

2. Störung des Vertragsmodells durch vorformulierte Vertragsbedingungen

53 Die erzielten Ergebnisse zur Praxis der Vertragsgestaltung erfordern eine kritische Reflektion über die anerkennenswerten **Funktionen standardisierter Vertragsgestaltung**[2] und die Nutzung der Gestaltungsmacht des Arbeitgebers als Vertragsverwender. Die gesamte Problematik einer verschärften **Rechtskontrolle** standardisierter Vertragsbedingungen lässt sich mit der Gefahr der Risikoverlagerung zuspitzen, die durch die Gestaltung der Bedingungen durch nur eine Vertragspartei hervorgerufen werden. Schon *Ludwig Raiser* hat standardisierte Vertragsbedingungen als mögliche „Werkzeuge wirtschaftlicher Machterhaltung und -verstärkung" erkannt.[3] Entscheidend für Möglichkeiten und Grenzen der Vertragsgestaltung ist daher nicht die Frage nach der prinzipiell **anerkennenswerten Konkretisierungs- und Rationalisierungsfunktion**, sondern die nach der Tendenz zur **Risikoverlagerung**, die häufig, allerdings nicht notwendig mit standardisierten Bedingungen einhergeht.[4] Schon *Gumpert*[5] wies im Vorfeld der Schaffung des AGBG darauf hin, dass nur der Arbeitgeber die Zeit und die Möglichkeit habe, Verträge sorgfältig auszuarbeiten oder von Spezialisten so formulieren zu lassen, „wie sie seinen Interessen

---

1 Vgl. auch die Vertragsbeispiele bei *Lembke*, Arbeitsvertrag für Führungskräfte, 5. Aufl. 2012.
2 Hierzu *Preis*, Vertragsgestaltung, § 4 III.
3 *Raiser*, Das Recht der allgemeinen Geschäftsbedingungen, 1961, S. 22.
4 Zur Diskussion im AGB-Recht *Teske*, S. 17 ff. m.w.N.
5 BB 1974, 139.

entsprechen, während der Arbeitnehmer den Arbeitsvertrag nicht vorformulieren kann und in den meisten Fällen nicht erkennen kann, welches die rechtlichen Auswirkungen dieser Formulierungen sind."

Obwohl es allgemeiner Einschätzung entspricht, dass Arbeitgeber aus Gründen der **Praktikabilität** und **Gleichbehandlung** nur ungern von einheitlich vorformulierten Arbeitsbedingungen abweichen,[1] hat *Zöllner* die Auffassung vertreten, dass dies noch nichts über das Paritätsverhältnis aussage. Ferner hat er geltend gemacht, dass das **Funktionieren der Vertragsinhaltsfreiheit** als Institution noch nicht dadurch widerlegt sei, dass einer Seite generell weitgehend die Chance der unmittelbaren konkreten Beeinflussung genommen sei,[2] außerdem sei eine **Inhaltskontrolle** im Arbeitsrecht deshalb weniger dringlich, weil sich allgemeine Arbeitsbedingungen überwiegend im normfreien oder Günstigkeitsraum bewegten.[3] An dieser Stelle ist nur auf den empirischen Gehalt dieser Aussagen einzugehen (s. noch unten I C). 54

Es trifft sicher zu, dass **vorformulierte Arbeitsverträge nicht a priori unangemessen benachteiligende Vertragsbedingungen** enthalten müssen. Im Rahmen der ausgewerteten Vertragsformulare hat es auch vereinzelt „highlights" gegeben, in denen weder ein generell noch ein speziell unangemessener Vertragsinhalt zu erkennen gewesen wäre. Doch waren diese Erscheinungen im Wesentlichen auf Verträge von Führungskräften beschränkt. Zum Teil verbessern sich die Vertragsbedingungen auch branchenspezifisch, wenn Unternehmen auf qualifizierte und gesuchte Fachkräfte angewiesen sind. 55

Die gegenwärtige formularmäßige Arbeitsvertragsgestaltung leidet unter der Erscheinung der Risikoverlagerung und teilweise zu weit gehenden Abweichung von dispositiven Rechtsgrundsätzen, die Grund für die Schaffung des AGBG war.[4] Der Arbeitgeber als Vertragspartei und Vertragsverwender verfolgt zunächst einmal seine Interessen, wenn auch die Rechtsprechung von ihm verlangt, die Interessen des Arbeitnehmers bei der Ausgestaltung der Vertragsbedingungen zu berücksichtigen.[5] Diese idealtypische Forderung erweist sich aber vielfach als Überforderung. Es ist ganz selbstverständlich, dass eine Vertragspartei primär das Interesse hat, sich gegen Störungen der Vertragsbeziehung durch die andere Seite abzusichern und sich selbst von weiter gehenden Verpflichtungen frei zu halten. Ein Vertragspartner kann „wohl nur selten der Versuchung widerstehen",[6] die eigene Rechtsposition zu Lasten des anderen Vertragsteils zu verbessern. Im Arbeitsrecht wird diese Tendenz strukturell durch den Einfluss der Arbeitgeberverbände auf die Vertragsgestaltung durch ihre Empfehlung verstärkt. Das Mandat der Arbeitgeberverbände ist Interessenvertretung. Sie würden ihrem Auftrag geradezu zuwider handeln, würden sie nicht solche Vertragsbedingungen empfehlen, die für ihre Mitglieder besonders 56

---

1 Vgl. *Zöllner*, AcP 176 (1976), 221 und *Zöllner*, RdA 1989, 153 (156); *Däubler*, Das Arbeitsrecht 2, S. 131 ff.; *Gumpert*, BB 1974, 139.
2 *Zöllner*, AcP 176 (1976), 221 (235).
3 *Zöllner*, AcP 176 (1976), 221 (245); ablehnend hierzu *Schwerdtner*, Anm. zu BAG, AP Nr. 40 zu § 242 BGB Gleichbehandlung.
4 Hierzu *Preis*, Vertragsgestaltung, § 10 I 1.
5 Vgl. etwa BAG v. 28.9.1989 – 8 AZR 120/88, NZA 1990, 345 = EzA § 611 BGB Parkplatz Nr. 1.
6 So *Rehbinder* in Rehbinder (Hrsg.), Recht im sozialen Rechtsstaat, 1973, S. 107 (110); ähnlich UBH/*Ulmer/Habersack*, Einl. Rz. 4 ff.; WLP/*Wolf*, Einl. Rz. 3.

57 Nun ist die massenhafte Gestaltung von Arbeitsvertragsbedingungen nicht von vornherein zu verdammen. Richtig ist, dass den Personalabteilungen sowie den kleinen und mittleren Unternehmen aus Praktikabilitätsgründen gar nichts anderes übrig bleibt, als formularmäßig Vertragsbeziehungen zu gestalten. Der Verwaltungs- und Kostenaufwand einer individuellen Vertragsgestaltung wäre viel zu hoch. Diese **Rationalisierungsfunktion vorformulierter Vertragsgestaltung** ist wegen ihrer wirtschaftlichen Berechtigung ebenso wie im Bereich der Allgemeinen Geschäftsbedingungen **anzuerkennen**.[1] Auch die große Fluktuation im Arbeitsleben macht eine Rationalisierung des Vertragsabschlusses ebenso wie eine Vereinheitlichung und Schematisierung der Vertragsabwicklung erforderlich. Schon ein mittleres Unternehmen wäre arbeitsorganisatorisch überfordert, bei jeder Einstellung über individuelle Bedingungen zu verhandeln und in der Vertragsdurchführung umfangreiche, von Arbeitnehmer zu Arbeitnehmer verschiedene Rechte und Pflichten zu beachten.

58 Die formularmäßige, verwenderfreundliche Vertragsgestaltung geht aber mit der **typischen Gefahr** einher, Vertragsrisiken auf die Vertragspartner zu verlagern. Genau diese typische negative Begleiterscheinung einseitig in Anspruch genommener Vertragsgestaltungsfreiheit ist Anlass und Grund dafür, dass die Rechtsordnung mit der Inhaltskontrolle ein Schutzinstrument gegen die Gefahren einer solchen, nicht mehr auf Verhandeln und Aushandeln beruhenden Vertragsgestaltung zur Verfügung stellt (vgl. hier I C).

---

[1] Vgl. auch die Regierungsbegründung zum AGBG, BT-Drucks. 7/3919 Teil A I, S. 9; UBH/*Ulmer/Habersack*, Einl. Rz. 4.

C. Grenzen der Vertragsgestaltung

	Rz.
I. Einführung	1
1. Verfassungsrechtlicher Rahmen	4
2. Die gesetzlichen Grenzen	8
3. Vorrang des Kollektivvertrages	15
a) Tarifverträge	16
b) Betriebsvereinbarungen	23
II. Vertragsgestaltung und richterliche Vertragsauslegung	25
1. Besonderheiten bei vorformulierten Vertragsbedingungen	26
2. Auslegung als kaschierte Vertragskontrolle	29
III. Einzelne gesetzliche Schranken	32
1. § 134 BGB	32
a) Grundsatz	32
b) Funktionswidrige Vertragsgestaltung durch Gesetzesumgehung	33
2. § 138 BGB	39
3. § 612a BGB	43
IV. Angemessenheitskontrolle bei vorformulierten Verträgen	47
1. Ausgangspunkte	47
2. Kontrollfähigkeit	52
a) Arbeitsvertragliche Regelungen	54
b) Einbezogene kollektive Regelungen	58
aa) Grundsatz: Kontrollfreiheit normativ geltender Tarifverträge und Betriebsvereinbarungen	59
bb) Ausnahmen: Konstitutive Verweisungen auf Kollektivverträge	61
3. Verbrauchereigenschaft des Arbeitnehmers	68
4. Einbeziehungskontrolle	75
a) Überraschungsklauseln, § 305c Abs. 1 BGB	76
b) Unklarheitenregel, § 305c Abs. 2 BGB	82
c) Vorrang der Individualabrede	84
5. Inhaltskontrolle	86
a) Rechtsgrundlage	86
b) Besonderheiten des Arbeitsrechts	89
c) Angemessenheitskontrolle nach §§ 307 bis 309 BGB	93
aa) Besondere Klauselverbote	97
bb) Leitlinien der Angemessenheitskontrolle nach § 307 BGB	98
(1) Genereller, typisierender Prüfungsmaßstab	99
(2) Regelfälle unangemessener Benachteiligungen	102
(3) Einzelne Leitlinien	104
(a) Art des Arbeitsvertrages, Stellung des Arbeitnehmers	105
(b) Erscheinungsbild des Gesamtvertrages	106
(c) Kompensation nachteiliger durch vorteilhafte Bestimmungen	107
(d) Vorbildfunktion tarifvertraglicher Regelungen	108
(e) Transparenz der Vertragsgestaltung	109
(f) Grundrechtliche Wertungen	110
(g) Entgelt-, Auftrags- und Beschäftigungsrisiken	111
(h) Kündigungserschwerungen	115
6. Rechtsfolgen bei Unwirksamkeit	116
V. Billigkeitskontrolle bei einseitiger Leistungsbestimmung	119
1. Vorrangige Inhaltskontrolle	122
2. Billigkeitskontrolle einseitiger Leistungsbestimmung im Einzelfall	127

Schrifttum:

Coester, Das AGB-Recht in den Händen des BAG, in Festschrift für Löwisch, 2007, S. 57; *Coester-Waltjen*, Die Inhaltskontrolle von Verträgen außerhalb des AGBG, AcP 190 (1990), 1; *Fastrich*, Richterliche Inhaltskontrolle im Privatrecht, 1992; *Fenn*, Formulararbeitsverträge, gesamteinheitliche Arbeitsbedingungen und das AGBG, in Festschrift für Söllner, 2000, S. 333; *Gotthardt*, Der Arbeitsvertrag auf dem AGB-rechtlichen Prüfstand, ZIP 2002, 277;

Henssler, Arbeitsrecht und Schuldrechtsreform, RdA 2002, 129; *Hromadka*, Inhaltskontrolle von Arbeitsverträgen, in Festschrift für Dieterich, 1999, S. 251; *Hromadka*, Schuldrechtsmodernisierung und Vertragskontrolle im Arbeitsrecht, NJW 2002, 2523; *Junker*, AGB-Kontrolle von Arbeitsvertragsklauseln in der neueren Rechtsprechung des Bundesarbeitsgerichts, BB 2007, 1274; *Junker*, Grundlegende Weichenstellungen der AGB-Kontrolle von Arbeitsverträgen, in Festschrift für Buchner, 2009, S. 369; *Lakies*, AGB-Kontrolle im Arbeitsrecht, AR-Blattei SD 35; *Lieb*, AGB-Recht und Arbeitsrecht nach der Schuldrechtsmodernisierung, in Festschrift für Ulmer, 2003, S. 1231; *Lieb*, Grundfragen der arbeitsrechtlichen Angemessenheitskontrolle gemäß §§ 305 ff. BGB nach Aufhebung der Bereichsausnahme, in Festschrift für Konzen, 2006, S. 501; *Lindemann*, Flexible Gestaltung von Arbeitsbedingungen nach der Schuldrechtsreform, Diss. Köln 2003; *Lingemann*, Allgemeine Geschäftsbedingungen und Arbeitsvertrag, NZA 2002, 181; *Löwisch*, Auswirkungen der Schuldrechtsreform auf das Recht des Arbeitsverhältnisses, in Festschrift für Wiedemann, 2002, S. 311; *Löwisch*, Bundesarbeitsgericht und Recht der Allgemeinen Geschäftsbedingungen, in Festschrift für Canaris, 2007, S. 1403; *Mache*, Rechtswidrige Bestimmungen in Arbeitsverträgen, AiB 1987, 200, 256; *Preis*, Kompensation von Ungleichgewichtslagen in der Rechtsprechung der Arbeitsgerichte und Zivilgerichte – Ein Vergleich, ArbuR 1994, 139; *Preis*, Arbeitsrecht, Verbraucherschutz und Inhaltskontrolle, NZA Sonderbeilage zu Heft 16/2003; *Preis*, AGB-Recht und Arbeitsrecht, NZA-Beilage 3/2006, 115; *Preis/Roloff*, Die neueste Entwicklung der Vertragsinhaltskontrolle im Arbeitsrecht – Zwischenbilanz und Ausblick, ZfA 2007, 43; *Reichold*, Arbeitnehmerschutz und/oder Verbraucherschutz bei der Inhaltskontrolle des Arbeitsvertrags?, in Festschrift 50 Jahre Bundesarbeitsgericht, 2004, S. 153; *Reinecke*, Kontrolle Allgemeiner Arbeitsbedingungen nach dem Schuldrechtmodernisierungsgesetz, DB 2002, 583; *Reuter*, Inhaltskontrolle im Arbeitsrecht (§ 310 Abs. 4 BGB), in Festschrift 50 Jahre Bundesarbeitsgericht, 2004, S. 177; *Richardi*, Gestaltung der Arbeitsverträge durch Allgemeine Geschäftsbedingungen nach dem Schuldrechtsmodernisierungsgesetz, NZA 2002, 1057; *Rolfs*, Arbeitsrechtliche Vertragsgestaltung nach der Schuldrechtsreform, ZGS 2002, 409; *Schlewing*, Die AGB-Kontrolle arbeitsvertraglicher Abreden und das Rechtsfolgenkonzept des § 306 BGB in der Rechtsprechung des Bundesarbeitsgerichts, JbArbR 47 (2010), 47; *Schnitker/Grau*, Klauselkontrolle im Arbeitsvertrag, BB 2002, 2120; *Schrader/Schubert*, AGB-Kontrolle von Arbeitsverträgen – Grundsätze der Inhaltskontrolle arbeitsvertraglicher Vereinbarungen, NZA-RR 2005, 169; *Stoffels*, Grundfragen der Inhaltskontrolle von Arbeitsverträgen, ZfA 2009, 861; *Thüsing*, Was sind die Besonderheiten des Arbeitsrechts?, NZA 2002, 591; *Tschöpe*, Gestaltungselemente bei Arbeitsverträgen, MDR 1996, 1081; *Westhoff*, Die Inhaltskontrolle von Arbeitsverträgen. Rechtsanwendung, Rechtsfortbildung oder Rechtspolitik?, 1975; *Wolf*, Entwicklungen im AGB-Recht und ihr Einfluss auf das Arbeitsrecht, in Dauner-Lieb/Henssler/Preis, Inhaltskontrolle im Arbeitsrecht, 2006, S. 11; *Zöllner*, Vertragskontrolle und Gerechtigkeit, NZA-Beilage 3/2006, 99; *Zoller*, Dogmatik, Anwendungsprobleme und die ungewisse Zukunft des Vorrangs individueller Vertragsvereinbarungen vor AGB (§ 4 AGBG), JZ 1991, 850; *Zundel*, Wirksamkeit arbeitsvertraglicher Klauseln insbesondere unter dem Aspekt der AGB-Kontrolle, NJW 2006, 1237.

I. Einführung

1   Die Kautelarjurisprudenz steht vor der Aufgabe, die Spielräume der Vertragsfreiheit zugunsten der Vertragsbeteiligten zu nutzen, aber auch deren Grenzen sorgsam zu beachten. Für sie ist die Kenntnis über **Umfang und Grenzen der Vertragsfreiheit** und der Vertragskontrolle unverzichtbar. Freiheitsrechte können nur dann richtig genutzt werden, wenn die Beteiligten wissen, wo deren Grenzen zum Schutz der anderen Vertragspartei verlaufen. Auch die interessengebundene kautelarjuristische Beratung muss auf die Grenzen zulässiger Vertragsgestaltung hinweisen. Auf die Rechtsbeständigkeit eines grob ungleichgewichtigen Vertrages kann der Ar-

beitgeber als Mandant nicht vertrauen; der Anwalt und der Mandant setzen sich unter Umständen Schadensersatzforderungen aus.[1]

Eine zweckmäßige und rechtlich unbedenkliche Arbeitsvertragsgestaltung ist ein schwieriges Geschäft, weil selten sicher abzuschätzen ist, welche vertragliche Regelung den sich ständig verändernden Rechtsprechungsgrundsätzen genügt.

Die begrenzten Möglichkeiten der Kautelarjurisprudenz, Vertragsgerechtigkeit herzustellen, sind ein wesentlicher Grund für die Zuweisung der Aufgabe verstärkter **Vertragskontrolle** an die Rechtsprechung. Wie groß die Verantwortung der Rechtsprechung für eine interessenausgleichende Vertragsgestaltung ist, zeigt sich unter anderem daran, dass die Anwendung eines vorformulierten Vertragsmusters nur unter dem Vorbehalt einer gleichbleibenden Rechtsprechung empfohlen wird.[2]

1. Verfassungsrechtlicher Rahmen

In seiner Entscheidung vom 7.2.1990[3] hat das BVerfG erstmals ausgesprochen, dass der Gesetzgeber und hilfsweise die Gerichte verpflichtet sein können, im Privatrecht Vorkehrungen zum **Schutz der Berufsfreiheit** gegen vertragliche Beschränkungen zu schaffen, wenn es an einem annähernden Kräftegleichgewicht der Beteiligten fehlt. Diese Entscheidung spricht aus, dass – sofern der Gesetzgeber von speziellen Regelungen absieht – der Schutzauftrag der Verfassung sich an den Richter wendet, „der den objektiven Grundentscheidungen der Grundrechte in Fällen gestörter Vertragsparität Geltung zu verschaffen hat"[4]. Das BVerfG erwähnt insoweit die zivilrechtlichen Generalklauseln (§§ 138, 242, 315 BGB, nach der Schuldrechtsreform gehört hierzu auch § 307 BGB), ohne freilich privatrechtsdogmatische Fragen näher erörtern zu können.

In den meisten Fällen steht die **Rechtsprechung** als Mittler in dem Kampf zwischen zulässiger Ausübung der Vertragsgestaltungsfreiheit und sozialer Begrenzung einseitigen Missbrauchs.[5] „Denn auch eine im Grundsatz statthafte, auf den Interessenausgleich zwischen Arbeitgeber und Arbeitnehmer zielende und auf den Regeln

---

1 Hierzu *Preis*, Vertragsgestaltung, § 13 VI.
2 Vgl. *Wetter*, in Schachner, Rechtsformularbuch, S. 150.
3 NJW 1990, 1469 mit Anm. *Hermes*, NJW 1990, 1764 = DVBl. 1990, 477 m. Anm. *Schwabe* = JZ 1990, 691 mit Anm. *Wiedemann* = AP Nr. 65 zu Art. 12 GG m. Anm. *Canaris*; ErfK/ *Schmidt*, Art. 2 GG Rz. 31 ff.; fortführend BVerfG v. 19.10.1993 – 1 BvR 567/89, 1 BvR 1044-89, NJW 1994, 36.
4 Vgl. BVerfG v. 7.2.1990 – 1 BvR 26/84, NJW 1990, 1469 unter I 3 der Gründe.
5 BAG v. 14.2.1974 – 5 AZR 298/73, AP Nr. 12 zu § 611 BGB Abhängigkeit (Arbeitnehmereigenschaft in Zweifelsfällen); v. 12.12.1984 – 7 AZR 509/83, NZA 1985, 321 und ArbG Hamburg v. 2.5.1985 – 6 Ca 691/83, AiB 1984, 138 (zur kapazitätsorientierten variablen Arbeitszeit); BAG v. 15.12.1983 – 2 AZR 529/82, n.v. (Kombination von Zeit- und Zweckbefristung); v. 24.3.1988 – 2 AZR 630/87, NZA 1989, 101; ferner ArbG Wetzlar v. 19.12. 1989 – 1 Ca 266/89, DB 1991, 1339 (auflösende Bedingung); BAG v. 30.1.1970 – 3 AZR 44/68 und 26.10.1973 – 3 AZR 377/72, AP Nr. 142 und 161 zu § 242 BGB Ruhegehalt (Ausgestaltung von Versorgungszusagen); v. 29.6.1962 – 1 AZR 350/61, AP Nr. 25 zu Art. 12 GG (Rückzahlungsklausel für Ausbildungskosten); v. 10.5.1962 – 5 AZR 452/61, AP Nr. 22, 23 zu § 611 BGB Gratifikation (Rückzahlungsklausel für Gratifikation).

der Vertragsfreiheit fußende Vereinbarung kann so überzogen gestaltet und/oder ausgeübt werden, dass sie der richterlichen Korrektur bedarf."[1]

6 Solange der Gesetzgeber nicht in der Lage ist, die Grundlinien in einem Arbeitsvertragsrecht zu kodifizieren, steht der Richter nach ausdrücklicher Aussage des Verfassungsgerichts in der Verantwortung. Die Gerichte handelten verfassungswidrig, wenn sie bei der Entscheidung über **freiheitsbeschränkende Vertragsklauseln** die **Schutzgebotsfunktion der Grundrechte** nicht berücksichtigten. Ein gesichertes System der Vertrags- und Inhaltskontrolle gab es im Arbeitsrecht lange Zeit nicht.[2] Mit der 2003 einsetzenden Rechtsprechung der Arbeitsgerichte zur AGB-Kontrolle (hierzu Rz. 47 ff.) stehen für die Praxis zunehmend sicherer werdende Grundsätze zur Verfügung.

7 Die verfassungsrechtliche Entwicklung hat auch **Konsequenzen für die Vertragsgestaltung** im Arbeitsrecht. Das BVerfG scheint implizit davon auszugehen, dass im Arbeitsrecht in jedem Falle eine Paritätsstörung zu verzeichnen sei, die Gesetzgeber und Richter zu Vorkehrungen ermächtige. Für die Kautelarjurisprudenz bedeutet dies, dass sie mit dieser verfassungsgerichtlichen Einschätzung zu rechnen hat. Einseitige Vertragsgestaltung wird zunehmend auch zu einer Anfrage und Herausforderung an die Kautelarjuristen. Ihre Aufgabe wird es sein, mit dazu beizutragen, dass die Bedingungen für eine gerechte Vertragsordnung auch im Arbeitsrecht entstehen können.

2. Die gesetzlichen Grenzen

8 Vor dem Hintergrund des verfassungsrechtlich gesicherten Sozialstaatsgebots (Art. 20, 28 GG) hat der Gesetzgeber Vorschriften geschaffen, die für beide Seiten der Vertragschließenden zwingend sind. **Zweiseitig zwingendes Gesetzesrecht** verhindert jegliches Abweichen durch Vertragsvereinbarung. Entgegenstehende Vereinbarungen sind nach § 134 BGB nichtig. Ob ein Gesetz zweiseitig zwingend ist oder lediglich den Arbeitgeber bindet, ergibt sich aus Wortlaut, Zweck und Systemzusammenhang der jeweiligen Norm.

9 Das zwingende Gesetzesrecht lässt in seinem unmittelbaren Anwendungsbereich keine Spielräume für Vertragsautonomie. In einem freiheitlichen Privatrecht sollte das zwingende Recht letztes Mittel zur Lösung anders nicht auffangbarer Gefährdungen eines Vertragspartners sein. Ein vollkommen zwingendes **Vertragsrecht** wäre ein Widerspruch in sich und verfassungsrechtlichen Bedenken ausgesetzt.[3]

10 Eine Besonderheit des Arbeitsrechts ist das sog. **tarifdispositive Gesetzesrecht**. Die gesetzlichen Normen sind hier lediglich für die Parteien des Einzelarbeitsvertrages und der Betriebsvereinbarung zwingend, nicht aber für Tarifvertragsparteien. Der Tarifvertrag kann dann zugunsten, aber auch zulasten der Arbeitnehmer von den gesetzlichen Vorschriften abweichen. Der Gesetzgeber erkennt mit dem tarifdispositiven Gesetzesrecht an, dass sich die Tarifvertragsparteien aufgrund ihrer Sachnähe und der leichteren Anpassungsmöglichkeit des tariflichen Normsetzungsver-

---

1 Vgl. BAG v. 15.2.1990 – 6 AZR 381/88, AP Nr. 15 zu § 611 BGB Anwesenheitsprämie unter II 5 der Gründe.
2 Hierzu *Preis*, Vertragsgestaltung, §§ 7, 9–11.
3 Vgl. *Wiedemann*, JZ 1990, 695.

fahrens eher einer veränderten Wirtschaftslage anpassen können als der Gesetzgeber mit einer womöglich langwierigen Prozedur des parlamentarischen Gesetzgebungsverfahrens. Weitreichende Bedeutung haben solche tarifdispositiven Normen, soweit sie auch insoweit dispositiv sind, als nicht tarifgebundenen Arbeitsvertragsparteien die Möglichkeit eingeräumt wird, vom eigentlich zwingenden Gesetzesrecht unter Bezugnahme auf abweichende tarifliche Regelungen abzuweichen. Von dieser Möglichkeit macht der Gesetzgeber regelmäßig Gebrauch.

Beispiele für tarifdispositives Gesetzesrecht:

Entgeltfortzahlung (§ 4 Abs. 4 EFZG); **Teilzeitarbeit** (§ 8 Abs. 4 TzBfG, § 12 Abs. 3 TzBfG, § 13 Abs. 4 TzBfG); **befristete Arbeitsverträge** (§ 14 Abs. 2 TzBfG); **Kündigungsfristen** (§ 622 Abs. 4 BGB); **Urlaubsrecht** (§ 13 BUrlG); **betriebliche Altersversorgung** (§ 17 Abs. 3 BetrAVG); **Arbeitszeitrecht** (§ 7 ArbZG).

Die meisten arbeitsrechtlichen Schutznormen enthalten jedoch sog. **einseitig zwingendes Gesetzesrecht**, das lediglich den Arbeitgeber bindet. Zum Schutz der Arbeitnehmer kann von diesem einseitig zwingenden Gesetzesrecht nicht zu deren Lasten abgewichen werden. Frei steht den Vertragsparteien jedoch, für den Arbeitnehmer günstigere Vereinbarungen zu schaffen.

Das **dispositive Gesetzesrecht** steht grundsätzlich zur Disposition der Arbeitsvertragsparteien. Dispositives Recht kann – gerade im Arbeitsvertragsrecht – auch durch die Rechtsprechung entwickelt werden, wo Gesetzesrecht fehlt. Da es an einer Kodifikation des Arbeitsvertragsrechts fehlt, sind viele Rechte und Pflichten im Arbeitsverhältnis durch die Rechtsprechung konkretisiert worden. Von derart dispositivem Richterrecht kann durch Vereinbarung prinzipiell abgewichen werden.

Zu bedenken ist, dass auch dem dispositiven Recht eine Ordnungsfunktion zukommt; dem gesamten Normengefüge wie auch jeder Einzelnorm ist die stillschweigende Behauptung immanent, die in ihr enthaltene Interessenbewertung sei gerecht und enthalte eine situative, also politisch-historisch bedingte Konkretisierung der Gerechtigkeitsidee.[1] Die Leitbild- und Richtlinienfunktion des dispositiven Rechts hatte sich bei der Inhaltskontrolle in Rechtsprechung[2] und Literatur[3] schon früh durchgesetzt. Der Gesetzgeber hat diese Entwicklung durch § 307 Abs. 2 Nr. 1 BGB in seinen Willen aufgenommen.

Für die Vertragsgestaltung folgt daraus, dass die Abkehr von dispositiven Rechtsgrundsätzen grundsätzlich bei **individuell ausgehandelten Verträgen** unproblematisch ist; bei vorformulierten und gestellten Vertragsbedingungen kann dagegen auch im Arbeitsvertragsrecht das dispositive Recht eine Messlatte für die Angemessenheit der gefundenen Regelung sein (vgl. hier noch Rz. 102 ff.).

---

1 Vgl. *Westermann*, Wesen und Grenzen der richterlichen Streitentscheidung im Zivilrecht, 1955, S. 17; *Canaris*, Systemdenken und Systembegriff in der Jurisprudenz, 2. Aufl. 1983, S. 107 m.w.N.; *Preis*, Kündigungsrecht, S. 32 f.; *Preis*, Vertragsgestaltung, § 11 II 1.
2 BGH v. 17.2.1964 – II ZR 98/62, BGHZ 41, 154; v. 4.6.1970 – VII ZR 187/68, BGHZ 54, 110; v. 8.5.1973 – IV ZR 158/71, BGHZ 60, 380; v. 4.11.1964 – VIII ZR 46/63, NJW 1965, 246; v. 28.3.1973 – I ZR 41/72, NJW 1973, 1192.
3 *Weick*, NJW 1978, 12 ff.; *Schapp*, DB 1978, 621 ff.

3. Vorrang des Kollektivvertrages

15 Weitgehende Einschränkungen der freien Gestaltung des Einzelarbeitsverhältnisses können sich aus den Rechtsquellen des kollektiven Arbeitsrechts ergeben, insbesondere aus Tarifverträgen und Betriebsvereinbarungen.

a) Tarifverträge

16 Im Bereich der tarifgebundenen Arbeitsverhältnisse wirken die Tarifverträge normativ auf die Einzelarbeitsverträge ein. Nach § 4 Abs. 1 TVG gelten die Tarifvertragsnormen unmittelbar und zwingend für alle Arbeitsverhältnisse, die dem Tarifvertrag unterfallen. Unmittelbar gelten die Regelungen des Tarifvertrages, weil sie wie ein Gesetz ohne Rücksicht auf die Kenntnis der Arbeitsvertragsparteien vom Inhalt des Tarifvertrages auf das Arbeitsverhältnis einwirken. Tarifnormen ergänzen den Arbeitsvertrag, ohne selbst Inhalt des Vertrages zu werden. Die unmittelbare Wirkung der tariflichen Regelungen beginnt mit dem In-Kraft-Treten des Tarifvertrages und endet mit dessen Ablauf bzw. mit Wegfall der Tarifbindung. Enden die Normen des Tarifvertrages, lebt die Regelung des Arbeitsvertrages wieder auf.[1] Nach Beendigung des Tarifvertrages wirkt dieser nach, und zwar solange, bis ein neuer Vertrag ausgehandelt wird oder die Arbeitsvertragsparteien eine andere abweichende Regelung getroffen haben. Im Nachwirkungszeitraum ist daher wieder Raum für einzelvertragliche Regelungen.

17 Auch der tarifliche Schutz wirkt grundsätzlich **einseitig zwingend**, kann also nicht zulasten der Arbeitnehmerseite abbedungen werden. Etwas anderes gilt nur, wenn die Tarifvertragsparteien auf die zwingende Wirkung selbst verzichten (Öffnungsklauseln) oder der Tarifvertrag nur nachwirkt. In der Regel führt der Verstoß gegen tarifliche Bestimmungen – entgegen § 139 BGB – nur zur Teilnichtigkeit des Arbeitsvertrages.

18 Der Tarifvertrag kann **Gebote und Verbote für den Inhalt des Arbeitsverhältnisses** aussprechen. Die Tarifparteien können den Inhalt positiv bestimmen (etwa im Bereich Arbeitszeit und Entgelt), aber auch bestimmte Vertragsinhalte verbieten (sog. negative Inhaltsnormen). Wesentlich sind auch Regelungen über die Beendigung des Arbeitsverhältnisses. Beide Normbereiche können mit typischen einzelvertraglichen Regelungen konkurrieren. Deshalb ist eine Abstimmung des Arbeitsvertrages mit dem jeweils gültigen Tarifvertrag geboten.

Beispiele für tarifliche Regelungen:

Zahlreiche Tarifverträge enthalten Regelungen über die → *Altersgrenze*, II A 20.[2] Bisweilen enthalten Tarifverträge auch Regelungen über die → *Haftung des Arbeitnehmers*, II H 20 (vgl. etwa § 16 MTV für die Metall- und Elektroindustrie Südbaden vom 14.6.2005). → *Ausschlussfristen*, II A 150 sind dagegen regelmäßig in Tarifverträgen und in Arbeitsverträgen enthalten. Formvorschriften für den Arbeitsvertrag sind vielfach in Tarifverträgen enthalten (vgl. hier unter → *Schriftformklauseln*, II S 30). Regelmäßiger Bestandteil von Manteltarifverträgen sind auch Bestimmungen über die Beendigung des Arbeitsverhältnisses, über den Urlaub und die Lohnfortzahlung sowohl im Krankheitsfall als auch bei persönlicher Verhinderung (§ 616 Abs. 1 BGB).[3] → *Nebentätigkeitsverbote*, II N 10 und *Rückzah-*

---

1 BAG v. 21.9.1989 – 1 AZR 454/88, NZA 1990, 351; *Löwisch/Rieble*, TVG, § 4 Rz. 36.
2 *Löwisch/Rieble*, TVG, § 1 Rz. 1578 ff.
3 *Löwisch/Rieble*, TVG, § 1 Rz. 1954 ff., 1902 ff. und 2098 ff.

lungsklauseln, die zum Standard typischer Arbeitsverträge gehören, werden bisweilen auch in Tarifverträgen geregelt; ihnen sind dort aus verfassungsrechtlichen Gründen (Art. 12 GG) Grenzen gesetzt.[1]

§ 4 Abs. 3 TVG lässt zwei Ausnahmen von der normativen Wirkung des Tarifvertrages zu. Abweichende Regelungen sind nur zulässig, soweit sie durch Tarifvertrag gestattet sind (sog. tarifliche Zulassungsnormen bzw. **Tariföffnungsklauseln**). Die allgemeine Tariföffnungsklausel lässt Teile des Tarifvertrages praktisch zu dispositivem Recht werden, indem Vertragsparteien gestattet wird, den Tarifvertrag zu konkretisieren. Die spezielle Tariföffnungsklausel erlaubt den einzelnen gebundenen Arbeitgebern trotz wirksamer Verbandstarifverträge den zusätzlichen Abschluss von Firmentarifverträgen.

Im Übrigen sind abweichende Vertragsregelungen nur zulässig, wenn sie für den Arbeitnehmer günstigere Regelungen enthalten (§ 4 Abs. 3 TVG). Das **Günstigkeitsprinzip** ist ein grundlegendes Rechtsprinzip des Kollektivarbeitsrechts, das von den Tarifvertragsparteien nicht ausgeschlossen werden kann. Tarifverträge enthalten nur Mindestarbeitsbedingungen für die tarifgebundenen Arbeitnehmer. Den Parteien bleibt es überlassen, zusätzliche übertarifliche Leistungen zu vereinbaren. Ob es sich bei den zusätzlichen Vereinbarungen tatsächlich auch um günstigere handelt, ist aus dem Gesamtzusammenhang durch Auslegung und Vergleich zu ermitteln.

Prinzipiell wirkt der Tarifvertrag nur für die tarifgebundenen Arbeitgeber und Arbeitnehmer. Allerdings eröffnet das Gesetz mehrere Möglichkeiten, wie sich die Rechtswirkung eines Tarifvertrages auch auf Nichtorganisierte erstrecken lässt. Gemäß § 3 Abs. 2 TVG gelten Regelungen eines Tarifvertrages für betriebliche und betriebsverfassungsrechtliche Fragen für alle Betriebe, deren Arbeitgeber tarifgebunden sind. Das bedeutet, dass nicht nur die organisierten Arbeitnehmer von diesen Regelungen betroffen sind, sondern auch die nicht organisierten der jeweiligen Betriebe.

Eine weitere Ausdehnungsmöglichkeit ergibt sich durch die Allgemeinverbindlicherklärung eines Tarifvertrages durch das Bundesarbeitsministerium (§ 5 TVG).

b) Betriebsvereinbarungen

Auch Betriebsvereinbarungen sind vorrangige Rechtsquelle für die Arbeitsvertragsparteien. Nach § 77 Abs. 4 Satz 1 BetrVG gelten Betriebsvereinbarungen unmittelbar und zwingend. Sie entfalten ebenso wie die Tarifverträge eine normative Wirkung und gelten im Rahmen des BetrVG wie gesetzliche Vorschriften. Betriebsvereinbarungen wirken unmittelbar auf das Arbeitsverhältnis ein; ihre Regelungen können grundsätzlich nicht abbedungen werden. Eine Abweichung im Einzelarbeitsvertrag ist nur zugunsten des Arbeitnehmers möglich (Günstigkeitsprinzip). Der Geltungsbereich einer Betriebsvereinbarung erstreckt sich nur auf den Betrieb, für den sie vereinbart wurde. Ihre Geltungsdauer endet mit Zeitablauf, durch Aufhebungsvertrag oder durch Stilllegung des Betriebes. Nach § 77 Abs. 6 BetrVG wirken solche Betriebsvereinbarungen nach, deren Gegenstand im Bereich des zwingenden Mitbestimmungsrechts des Betriebsrats liegt.

---

1 *Löwisch/Rieble*, TVG, § 1 Rz. 2037f.; 2054ff.

24 Zur Frage, ob individualarbeitsrechtliche Fragen zweckmäßigerweise im Arbeitsvertrag oder in (freiwilligen) Betriebsvereinbarungen geregelt werden sollten, vgl. hier unter I B Rz. 68 ff.

II. Vertragsgestaltung und richterliche Vertragsauslegung

25 Es ist ein Gebot richtiger Vertragsgestaltung, möglichst klare und bestimmte Regelungen zu schaffen. Je unklarer die Vertragsregelungen formuliert sind, desto größer ist die Gefahr, dass das angestrebte Ziel nicht erreicht wird.[1] Die Rechtsprechung nutzt das Mittel der Vertragsauslegung vielfach, um unklare oder unangemessene Regelungen zu korrigieren.

1. Besonderheiten bei vorformulierten Vertragsbedingungen

26 Besonders zu beherzigen ist dies bei vorformulierter Vertragsgestaltung. Nach allgemeiner Auffassung sind sog. **typische Vertragsklauseln** unabhängig von den individuellen Vorstellungen der Parteien und den Umständen des Einzelfalles nach objektiven Maßstäben einheitlich auszulegen. Dies ist ganz allgemein im Zivilrechtsverkehr anerkannt.[2]

27 Einigkeit besteht darüber, dass bei der Aufstellung vorformulierter Vertragsbedingungen die sog. **Unklarheitenregel** (ambiguitas contra stipulatorem) zur Anwendung kommt (vgl. § 305c Abs. 2 BGB).[3] **Auslegung** und Inhaltskontrolle sind zu trennen, wobei der Auslegung der logische **Vorrang** zukommt. Kontrolliert werden kann nur ein Vertrag, dessen Inhalt, ggf. unter Anwendung der Unklarheitenregel bei Mehrdeutigkeit, im Wege der Auslegung ermittelt worden ist.

28 Im Prinzip die gleichen Grundsätze wendet das BAG bei der Auslegung von Formulararbeitsverträgen und Musterarbeitsverträgen an. Der sog. typische Arbeitsvertrag unterliegt nach ständiger Rechtsprechung der vollen Nachprüfung durch das Revisionsgericht,[4] „weil er Vertragsbedingungen enthält, die in gleicher Weise für eine Vielzahl von Arbeitsverhältnissen bestimmt sind".

---

1 Zudem bestehen im Bereich vorformulierter Verträge gegen eine zu weite und unbestimmte Vertragsregelung Bedenken unter dem Gesichtspunkt des Transparenzgebots, § 307 Abs. 1 Satz 2 BGB; vgl. hierzu Rz. 109.
2 Palandt/*Ellenberger*, § 133 BGB Rz. 26a; BGH v. 25.10.1952 – I ZR 48/52, BGHZ 7, 365 (368); v. 29.10.1956 – II ZR 64/56, BGHZ 22, 109 (113).
3 Vgl. BGH v. 12.2.1952 – I ZR 96/51, BGHZ 5, 111 (115); vgl. bereits *Raiser*, Geschäftsbedingungen, S. 262; zu den historischen Bezügen *Krampe*, Die Unklarheitenregel, 1983; *Wacke*, JA 1981, 666; Einzelheiten zu dieser Regel im Arbeitsrecht *Preis*, Vertragsgestaltung, § 9 II 5b.
4 BAG v. 11.10.1976 – 4 AZR 486/75, AP Nr. 1 zu § 1 TVG Brauereien; v. 13.8.1986 – 4 AZR 130/86, AP Nr. 77 zu § 242 BGB Gleichbehandlung; v. 3.12.1985 – 4 ABR 60/85, AP Nr. 2 zu 74 BAT; v. 13.2.1985 – 4 AZR 304/83, AP Nr. 13 zu §§ 22, 23 BAT Lehrer; v. 12.12.1984 – 7 AZR 509/83, NZA 1985, 321; v. 5.5.1955 – 2 AZR 356/54 und 15.12.1956 – 2 AZR 364/56, AP Nr. 1 und 4 zu § 549 ZPO; v. 1.3.1972 – 4 AZR 200/71, NJW 1972, 1248; v. 5.2.1986 – 5 AZR 564/84, NZA 1986, 782.

2. Auslegung als kaschierte Vertragskontrolle

Über die „unbeschränkte Auslegung" typischer Vertragsklauseln hat das BAG in breitem Umfang abstrakt-generelle Grundsätze für die Kontrolle arbeitsvertraglicher Abreden aufgestellt. Bekanntester Fall ist die „Auslegung" der Widerrufsvorbehalte bei Versorgungszusagen, die, obwohl diese ausdrücklich freies Ermessen bzw. keinen Rechtsanspruch vorsahen, in Widerrufsvorbehalte aus sachlichem Grund umgedeutet wurden. Das BAG hat die restriktive Auslegung extensiv genutzt.[1]

29

In Entscheidungen zu Nebentätigkeitsverboten in Arbeitsverträgen hat das BAG die Klausel „verfassungskonform" nach Art. 12 GG dahingehend ausgelegt, dass nur dann ein Verbot der Nebentätigkeit möglich sei, wenn der Arbeitgeber hieran ein „berechtigtes Interesse"[2] hat. Noch in den Entscheidungen vom 18.11.1988[3] und 6.9.1990[4] hat es diese Art der verfassungskonformen Auslegung bestätigt und konstatiert, eine andere Vertragsauslegung sei wegen § 134 BGB i.V.m. Art. 12 GG unwirksam.

30

Auch nach Inkrafttreten der Vorschriften zur AGB-Kontrolle ist diese Problematik noch nicht erledigt. Gerade im Lichte der AGB-Kontrolle sollte für die Auslegung nicht der jeweilige – unterstellte – Wille der am Rechtsgeschäft beteiligten Vertragspartner, sondern in erster Linie der Vertragswortlaut maßgebend sein.[5] Soweit der verfolgte Zweck einzubeziehen ist, können nur typische und von redlichen Geschäftspartnern verfolgte Ziele maßgebend sein. Daraus folgert das BAG, dass Vertragsklauseln, die nur in außergewöhnlichen, von den Vertragspartnern bei Abschluss des Arbeitsvertrags nicht für regelungsbedürftig gehaltenen Fällen gegen das Gesetz verstoßen, wirksam sind. Denn sie werden vom BAG dahingehend ausgelegt, dass diese Ausnahmefälle von solchen Klauseln nicht erfasst sein sollen.[6] Das führt zwar in den Ausnahmefällen zu vernünftigen Ergebnissen. Die Rechtsprechung ist aber mit Blick auf das Transparenzgebot nach § 307 Abs. 1 Satz 2 BGB problematisch.

30a

Diese Form der kaschierten Inhaltskontrolle kann nicht überzeugen.[7] Die verfassungskonforme Auslegung ist als Auslegungsprinzip für Verträge verfehlt. In Wahrheit nimmt das BAG eine geltungserhaltende Reduktion[8] verfassungsrechtlich problematischer Vertragsklauseln vor. Diese Reduktion setzt – sofern man sie überhaupt trotz der Regelung des § 306 Abs. 2 BGB anerkennen kann (s. hierzu Rz. 116 ff.) – die Inhaltskontrolle und nicht die Auslegung voraus. Die Rechtsprechung führt in der Praxis der Vertragsgestaltung dazu, dass Arbeitgeber überschießende Nebentätigkeitsklauseln in Formularverträgen weiterverwenden, ohne besondere rechtliche Risiken einzugehen.

31

---
1 Zur restriktiven Auslegung einer auflösenden Bedingung: BAG v. 14.5.1987 – 2 AZR 374/86, NZA 1988, 67; v. 5.7.1990 – 2 AZR 542/89, n.v.
2 BAG v. 3.12.1970 – 2 AZR 110/70 und 26.8.1976 – 2 AZR 377/75, AP Nr. 60 und 68 zu § 626 BGB; v. 13.11.1979 – 6 AZR 934/77, NJW 1980, 1917.
3 BAG v. 18.11.1988 – 8 AZR 12/86, NZA 1989, 389.
4 BAG v. 6.9.1990 – 6 AZR 33/89, NZA 1991, 266.
5 BAG v. 14.9.2011 – 10 AZR 526/10, NZA 2012, 81.
6 BAG v. 20.6.2013 – 8 AZR 280/1, NZA 2013, 1265 (1266).
7 *Preis*, Vertragsgestaltung, § 7 II; ebenso *Fastrich*, § 3 III.
8 Hierzu im Einzelnen *Preis*, Vertragsgestaltung, § 13 III.

III. Einzelne gesetzliche Schranken

1. § 134 BGB

a) Grundsatz

32 Der Arbeitsvertrag kann insgesamt oder in Teilen gegen ein gesetzliches Verbot i.S.d. § 134 BGB verstoßen. Schon der unmittelbare Anwendungsbereich des § 134 BGB im Arbeitsrecht ist groß. Zahlreiche arbeitsrechtliche Schutzvorschriften (z.B. JArbSchG, MuSchG, BUrlG, ArbZG) enthalten Verbotsnormen (insbesondere Beschäftigungsverbote) i.S.d. § 134 BGB.[1]

b) Funktionswidrige Vertragsgestaltung durch Gesetzesumgehung

33 Hervorstechende Bedeutung hatte in der Rechtsprechung des BAG der Gesichtspunkt der funktionswidrigen Vertragsgestaltung durch objektive Gesetzesumgehung erlangt.

34 Das Verbot von Umgehungsgeschäften ist ein allgemein anerkannter Rechtsgrundsatz,[2] der zudem in einer Reihe von Vorschriften ausdrücklich niedergelegt ist (§ 306a BGB, § 8 FernUSG, § 661 TKG). Es kann daher nicht in Frage stehen, dass das Verbot des Umgehungsgeschäfts auch im Arbeitsvertragsrecht gilt.

35 Allerdings hat die Ausweitung des Gesichtspunktes der Gesetzesumgehung bei zahlreichen Fallgestaltungen, die an sich „nur" einer Angemessenheitskontrolle bedürfen, zu Systembrüchen und immanenten Widersprüchen geführt,[3] insbesondere wenn die gleiche Vertragsgestaltung in Tarifverträgen zugelassen wird.[4] Die gesamte Rechtsprechung des BAG zur Befristungskontrolle beruhte früher auf dem Grundgedanken des Verbots der Gesetzesumgehung.[5] Durch die Kodifikation des Rechts der befristeten Arbeitsverträge (TzBfG) hat dieser dogmatische Ansatz jetzt seine Bedeutung verloren, kehrt aber merkwürdigerweise in Gestalt einer Rechtsmissbrauchskontrolle bei Sachgrundbefristungen wieder zurück. (→ *Befristung des Arbeitsverhältnisses*, II B 10).

36 Über den Fall der Befristung hinaus rückte die Vertragskontrolle über den Gesichtspunkt der Gesetzesumgehung mehr und mehr in den Mittelpunkt. Bei der Frage der Zulässigkeit von Rückzahlungsklauseln wurde § 622 Abs. 6 BGB mit der Begründung herangezogen, durch Rückzahlungsklauseln dürfe das Verbot ungleicher Kündigungsfristen nicht umgangen werden.[6] Weitere Anwendungsfälle folgten.

---

1 Zur dogmatischen Einordnung Staudinger/*Krause*, Anh zu § 310 BGB Rz. 22 f.
2 RG v. 1.6.1937 – VII 15/37, RGZ 155, 146; BGH v. 30.11.1955 – VI ZR 95/54, LM Nr. 19 zu § 134 BGB.
3 Ebenso *Wolf*, RdA 1988, 270; vgl. dazu die Kritik bei *Preis*, Vertragsgestaltung, § 7 III 2; ebenso Staudinger/*Krause*, Anh zu § 310 BGB Rz. 25: „im Übermaß genutzter Umgehungstopos".
4 Hierzu ausführlich *Preis*, Vertragsgestaltung, § 7 III 2.
5 Vgl. die Urteile in BAG, AP § 620 BGB Befristeter Arbeitsvertrag sowie EzA § 620 BGB.
6 BAG v. 31.5.1960 – 5 AZR 505/58, NJW 1960, 1926 und v. 10.5.1962 – 5 AZR 452/61, NJW 1962, 1537; v. 3.10.1963 – 5 AZR 131/63, NJW 1964, 14; v. 9.2.1956 – 1 AZR 329/55, AP Nr. 1 zu § 394 BGB; v. 18.8.1976 – 5 AZR 399/75, NJW 1977, 35; zust. *Trieschmann*, ArbUR 1962, 137 ff. (145 f.).

Beispiele:

- Der unter einer **aufschiebenden Bedingung abgeschlossene Aufhebungsvertrag**, z.B. die Vereinbarung, das Arbeitsverhältnis ende, wenn der Arbeitnehmer nicht nach dem Ende seines Urlaubs an dem vereinbarten Tage seine Arbeit wieder aufnimmt, wurde wegen **Umgehung des Kündigungsschutzes** für unzulässig erachtet.[1]
- Erstmals mit Urteil vom 7.10.1982[2] hat das BAG ausgesprochen, dass **Widerrufsvorbehalte** nach § 134 BGB unwirksam sind, wenn sie zur Umgehung des Kündigungsschutzes führen. Dies sei in aller Regel dann der Fall, wenn **wesentliche Elemente** des Arbeitsvertrages einer einseitigen Änderung unterliegen sollen und dadurch das Gleichgewicht zwischen Leistung und Gegenleistung grundlegend gestört wird.[3]
- Mit Entscheidung des 7. Senats vom 12.12.1984[4] erklärte das BAG die vertraglich vorbehaltene **einseitige Reduktion der Arbeitszeit** wegen Umgehung kündigungsrechtlicher Normen (§ 2 KSchG) für unwirksam.
- **Kündigungserschwerungen** sind durch das BAG ebenfalls unter Hinweis auf § 622 Abs. 6 BGB als nichtig verworfen worden (§ 134 BGB). Auch bei formal gleichen Kündigungsfristen ist die Erschwerung der Kündigung durch eine Vertragsstrafe für den Fall einer fristgemäßen Kündigung[5] oder durch den Verfall einer gestellten Kaution im Falle fristgerechter Kündigung[6] als unmittelbarer Verstoß gegen § 622 Abs. 6 BGB gewertet worden. Als unmittelbarer Verstoß gegen § 622 Abs. 6 BGB wurde auch der einseitige Ausschluss der Kündigung vor Dienstantritt angesehen.[7]

Das Institut der Gesetzesumgehung wurde in der Arbeitsrechtsprechung – als Ersatz für die bislang fehlende gesetzliche Ermächtigung zur Inhaltskontrolle – extensiv angewendet. In Wahrheit werden zumeist Fälle bloßer Angemessenheitskontrolle (vgl. Rz. 47 ff.) behandelt. Hierdurch kommt es zu einem stärkeren Eingriff in die Vertragsfreiheit, als zum Schutz vor diktierten Vertragsbedingungen nötig ist.[8] Dadurch entstehen zwingende Leitbilder für bestimmte Vertragsgestaltungen, von denen – ohne immanenten Systembruch – im Grundsatz weder in ausgehandelten Individualabreden noch in Tarifverträgen abgewichen werden kann. Daran hält das BAG zu Recht nicht mehr fest und wendet nunmehr die §§ 305 ff. BGB an.[9]

Es bedarf der Differenzierung zwischen den – vorkommenden – Fällen echter Gesetzesumgehung, die sowohl in Individualverträgen als auch in Tarifverträgen unzu-

---

1 BAG v. 19.12.1974 – 2 AZR 565/73, NJW 1975, 1531; v. 13.12.1984 – 2 AZR 294/83, NZA 1985, 324; LAG Düsseldorf v. 24.6.1974 – 15 Sa 44/74, EzA § 305 BGB Nr. 4 und LAG Schl.-Holst. v. 11.4.1974 – (1) 3 Sa 72/74, EzA § 305 BGB Nr. 5 mit Anm. von *Reuter*. Ähnliches gilt für eine Vereinbarung, wonach das Arbeitsverhältnis mit einem alkoholgefährdeten Arbeitnehmer endet, wenn dieser Alkohol zu sich nimmt, LAG München v. 29.10.1987 – 4 Sa 783/87, BB 1988, 348.
2 BAG v. 7.10.1982 – 2 AZR 455/80, BAGE 40, 199.
3 Vgl. auch BAG v. 13.5.1987 – 5 AZR 125/86, NZA 1988, 61.
4 BAG v. 12.12.1984 – 7 AZR 509/83, NZA 1985, 321.
5 Vgl. BAG v. 9.3.1972 – 5 AZR 246/71, AP Nr. 12 zu § 622 BGB; v. 6.9.1989 – 5 AZR 586/88, NZA 1990, 147.
6 BAG v. 11.3.1971 – 5 AZR 349/70, AP Nr. 9 zu § 622 BGB.
7 BAG v. 6.9.1989 – 5 AZR 586/88, NZA 1990; LAG Hamm v. 15.3.1989 – 15 (17) Sa 1127/88, LAGE § 622 BGB Nr. 14.
8 Vgl. zur Kritik hieran *Preis*, Vertragsgestaltung, § 7 III 2c) cc); *Lindemann*, S. 62 ff.
9 Zu Widerrufsvorbehalten und Änderungsvorbehalten bei der Arbeitszeit BAG v. 12.1.2005 – 5 AZR 364/04, NZA 2005, 465; v. 7.12.2005 – 5 AZR 535/04, NZA 2006, 423; *Preis/Lindemann*, NZA 2006, 632; zur Befristung von Einzelarbeitsbedingungen BAG v. 27.7.2005 – 7 AZR 486/04, NZA 2006, 40; *Preis/Bender*, NZA-RR 2005, 337.

lässig ist, und den Fällen der Inhalts- bzw. Angemessenheitskontrolle einseitig gestellter Vertragsbedingungen.[1] Die Schuldrechtsreform macht durch die Einbeziehung von Arbeitsverträgen in die AGB-Kontrolle (§ 310 Abs. 4 Satz 1 BGB) deutlich, dass das Institut der Gesetzesumgehung nicht mehr als „Einfallstor" für eine umfassende Angemessenheitskontrolle aller Arten von Arbeitsverträgen dienen darf. Der Inhaltskontrolle unterliegen vielmehr nur die Verträge, die allgemeine Geschäftsbedingungen i.S.v. § 305 Abs. 1 BGB darstellen. Zudem richtet sich die Angemessenheit in diesem Bereich allein nach §§ 307ff. BGB (vgl. Rz. 86ff.). § 134 BGB hat daher jedenfalls im Bereich der Inhaltskontrolle durch die Schuldrechtsreform an Bedeutung verloren. Im Falle eines echten Verstoßes gegen ein Verbotsgesetz sind Voraussetzungen und Rechtsfolgen strenger als bei der Inhaltskontrolle. Auch „sachliche Gründe" können eine Gesetzesumgehung nicht rechtfertigen. Das Verbotsgesetz ist auf das Umgehungsgeschäft anzuwenden.

2. § 138 BGB

39 § 138 BGB markiert das unumgängliche rechtsethische Minimum,[2] das eine Privatrechtsordnung, die auf dem Prinzip der Vertragsfreiheit beruht, zu gewährleisten hat. Die Norm versagt solchen Rechtsgeschäften die Wirksamkeit, die den Grundprinzipien unserer Rechts- und Sittenordnung widersprechen. Da das Verbot der Sittenwidrigkeit nach § 138 Abs. 1 BGB für alle Rechtsgeschäfte gilt, sind um der Vertragsfreiheit willen die Grenzen der Kontrolle nach § 138 BGB weit gezogen. Im Arbeitsrecht ist § 138 BGB allerdings – wie § 134 BGB – oftmals für eine kaschierte Angemessenheitskontrolle genutzt worden. Ein Beispiel hierfür bildet die langjährige Rechtsprechung des BAG zur → *Mankohaftung*, II M 10, wenn das BAG sogar ausdrücklich sagt,[3] bei der Kontrolle nach § 138 BGB gehe es um die Sicherung einer „angemessenen Risikoverteilung". § 138 BGB wird überdies für all die Fälle zu Unrecht als Rechtsgrundlage herangezogen, in denen eine Vertragsklausel für unwirksam erklärt wird, weil es an einem „sachlichen Grund" oder einem „berechtigten Interesse" für die Vereinbarung fehle. Ein mangelnder Sachgrund begründet keinesfalls die Sittenwidrigkeit einer Vereinbarung. Kennzeichnend für eine versteckte Angemessenheitskontrolle unter § 138 BGB ist die Entscheidung des 2. Senats vom 24.3.1988 zu einzelvertraglichen → *Ausschlussfristen*, II A 150. Das BAG beruft sich auf § 138 BGB, subsumiert aber nicht, sondern prüft, „ob die Verfallklausel gleichermaßen auf beide Parteien des Arbeitsverhältnisses Anwendung findet, ob sie inhaltlich ausgewogen ist und nicht Rechte des Arbeitnehmers einseitig beschneidet".[4] Eine solche extensive Anwendung des § 138 BGB ist jedoch nach der Schuldrechtsreform nicht mehr möglich.

40 Ein klassischer Anwendungsbereich des § 138 BGB liegt bei der Prüfung von **Leistung und Gegenleistung** vor, da diese nicht der Angemessenheitskontrolle unterliegen. § 138 BGB ist also das einzige Instrument, um die Relation von Leistung und

---

1 Hierzu ausführlich *Preis*, Vertragsgestaltung, § 7 III 2 c.
2 BAG v. 24.1.1963 – 5 AZR 100/62, AP Nr. 29 zu Art. 12 GG; MünchKommBGB/*Armbrüster*, § 138 Rz. 11.
3 BAG v. 22.11.1973 – 2 AZR 580/72, AP Nr. 67 zu § 626 BGB.
4 BAG v. 24.3.1988 – 2 AZR 630/87, NZA 1989, 101; so auch schon in BAG v. 25.7.1984 – 5 AZR 219/82, n.v.

Entgelt zu prüfen. Ein Beispiel aus der Rechtsprechung ist der sog. **Lohnwucher**.[1] Bei einem nach der Anschauung billig und gerecht denkender Menschen auffälligen Missverhältnis zwischen Leistung und Gegenleistung hielt das BAG in seiner Entscheidung vom 10.9.1959[2] zur Begründung der Sittenwidrigkeit i.S.v. § 138 Abs. 1 BGB noch ein Verhalten der begünstigten Partei des Vertrages für notwendig, das auf verwerflicher Gesinnung beruht. Der Wandel zur Objektivierung des Sittenwidrigkeitsmaßstabs wird jedoch in einer jüngeren Entscheidung des BAG vom 10.10.1990[3] deutlich. Hiernach verstoße eine arbeitsvertragliche Vergütungsregelung gegen die guten Sitten, wenn der Arbeitnehmer mit dem Betriebs- und Wirtschaftsrisiko des Arbeitgebers belastet wird. Dies sei insbesondere dann anzunehmen, wenn die Vergütungsabrede eine Verlustbeteiligung des Arbeitnehmers vorsieht, durch die er u.U. seine Weiterbeschäftigung selbst finanzieren muss. Das BAG hat diese Vereinbarung nach Inhalt, Beweggrund und Zweck für sittenwidrig erachtet und für entscheidend gehalten, dass der Arbeitgeber aus der schwächeren Lage des Arbeitnehmers übermäßige Vorteile ziehen wollte.[4] In subjektiver Hinsicht wird eine verwerfliche Gesinnung nicht mehr gefordert,[5] sondern nur noch die Kenntnis der Umstände, aus denen sich die Sittenwidrigkeit ergibt.[6] Das BAG hat auch bei Wuchergeschäften eine Ausnutzung der wirtschaftlichen oder intellektuellen Überlegenheit in Anlehnung an die Rechtsprechung des BGH angenommen, wenn der objektiv sittenwidrig Handelnde sich böswillig oder leichtfertig der Erkenntnis verschließt, dass sich der andere nur unter dem Zwang der Verhältnisse auf den ungünstigen Vertrag einlässt. Ein grobes Missverhältnis der beiderseitigen Leistung könne den Schluss auf eine verwerfliche Gesinnung und dementsprechend die Anwendung des § 138 Abs. 1 BGB rechtfertigen.[7]

Die Möglichkeit der Sittenwidrigkeit einer vertraglichen **Pauschalierung der** → *Mehrarbeitsvergütung*, II M 20 hat das Arbeitsgericht Berlin[8] erwogen, wenn der Vergleich mit der üblichen Vergütung (Tariflohn ggf. zuzüglich des Mehrarbeitszuschlags) ein erhebliches Missverhältnis ergibt. 41

Die Sittenwidrigkeit einer **Provisionsvereinbarung** wurde bejaht, wenn durch die Vorschusszahlungen eine unzulässige Bindung des Arbeitnehmers herbeigeführt wird und die Provisionsabrede so getroffen ist, dass der Arbeitnehmer die geforderten Umsätze überhaupt nicht erbringen kann.[9] 42

---

1 Hierzu BAG v. 22.4.2009 – 5 AZR 436/08, NZA 2009, 837; ErfK/*Preis*, § 612 BGB Rz. 3 ff.
2 BAG v. 10.9.1959 – 2 AZR 228/57, AP Nr. 1 zu § 138 BGB.
3 BAG v. 10.10.1990 – 5 AZR 404/89, NJW 1991, 860.
4 Unter Hinweis auf die entsprechende Rechtsprechung des BGH v. 10.7.1987 – V ZR 284/85, NJW 1988, 130 f. m.w.N.
5 BGH v. 8.5.1985 – IVa ZR 138/83, BGHZ 94, 268 (272); Palandt/*Ellenberger*, § 138 BGB Rz. 7.
6 BAG v. 22.7.2010 – 8 AZR 144/09, NJW 2011, 630.
7 BAG v. 11.9.1984 – 3 AZR 184/82, NJW 1985, 2661; v. 22.4.2009 – 5 AZR 436/08, NZA 2009, 837.
8 ArbG Berlin v. 31.10.1988 – 30 Ca 214/88, DB 1989, 1423 f.
9 BAG v. 20.6.1989 – 3 AZR 504/87, NZA 1989, 1217; LAG Berlin v. 3.11.1986 – 9 Sa 65/86, AP Nr. 14 zu § 65 HGB.

3. § 612a BGB

43 Nach § 612a BGB darf der Arbeitgeber einen Arbeitnehmer bei einer Vereinbarung oder einer Maßnahme nicht benachteiligen, weil der Arbeitnehmer in zulässiger Weise seine Rechte ausübt. Das **Maßregelungsverbot** des § 612a BGB regelt einen Sonderfall der Sittenwidrigkeit.[1] Praktische Bedeutung hat die Norm zunächst bei Kündigungen erlangt.[2] Dort wurden die Voraussetzungen des § 612a BGB zum Teil bejaht.[3]

44 Obwohl der Wortlaut der Norm weitgehend ist und Einigkeit besteht, dass § 612a BGB über den Hauptfall der Maßregelungskündigung hinausgeht, ist der Spezialfall maßregelnder Vereinbarungen bislang kaum behandelt worden. § 612a BGB enthält ein **allgemeines Diskriminierungsverbot**. Es soll verhindern, dass Arbeitnehmerrechte deshalb nicht wahrgenommen werden, weil die Arbeitnehmer bei ihrer Inanspruchnahme mit Benachteiligungen rechnen müssen. Geschützt ist damit die Willensfreiheit des Arbeitnehmers bei der Entscheidung darüber, ob er ein Recht ausüben will oder nicht.[4] In Arbeitsverträgen wird bisweilen versucht, zulässige Rechtsausübungen des Arbeitnehmers zu sanktionieren. Prinzipiell dürften alle Vereinbarungen oder Maßnahmen, die allein wegen zulässiger Grundrechtsausübung zu Nachteilen führen, in den Anwendungsbereich des § 612a BGB fallen.[5] Hiermit gehen in § 612a BGB zahlreiche Fälle auf, die früher über die Theorie der unmittelbaren Drittwirkung der Grundrechte gelöst wurden. Klassisches Beispiel sind die Zölibatsklauseln, die bei Verheiratung einer Arbeitnehmerin die Beendigung des Arbeitsverhältnisses bestimmten.[6] Eine solche Vereinbarung wäre heute nach § 612a BGB zu beurteilen,[7] weil aufgrund der Inanspruchnahme des Rechts aus Art. 6 GG benachteiligt wurde.

45 Über § 612a BGB ist nicht nur die unmittelbare, sondern auch die **mittelbare Benachteiligung** eines Arbeitnehmers untersagt. Daher liegt ein Verstoß gegen § 612a BGB nicht nur dann vor, wenn Arbeitnehmer eine Einbuße für den Fall der Ausübung ihrer Rechte erleiden, sondern auch, wenn ihnen Vorteile vorenthalten werden, welche der Arbeitgeber anderen Arbeitnehmern gewährt, die entsprechende Rechte nicht ausgeübt haben.[8] Die so betroffenen Arbeitnehmer können verlangen, dass die rechtswidrige Benachteiligung durch den Arbeitgeber unterbleibt.

46 Zu prüfen wäre auch, ob einige Vertragsgestaltungen, die das BAG als unzulässige Gesetzesumgehung einzustufen versuchte, nicht eher § 612a BGB zuzuordnen sind. Wird die ordentliche Kündigung des Arbeitnehmers vertraglich mit einseiti-

---

1 BAG v. 2.4.1987 – 2 AZR 227/86, NZA 1988, 18; v. 21.7.1988 – 2 AZR 527/87, NZA 1989, 559.
2 Vgl. hierzu BAG v. 2.4.1987 – 2 AZR 227/86, NZA 1988, 18; v. 22.5.2003 – 2 AZR 426/02, AP Nr. 18 zu § 1 KSchG 1969 Wartezeit.
3 BAG v. 2.4.1987 – 2 AZR 227/86, NZA 1988, 18; LAG Kiel v. 25.7.1989 – 1 (3) Sa 557/88, LAGE § 612a BGB Nr. 4; LAG Düsseldorf v. 13.12.1988 – 8 Sa 663/88, LAGE § 612a BGB Nr. 3; LAG Nürnberg v. 7.10.1988 – 6 Sa 44/87, LAGE § 612a BGB Nr. 2.
4 BAG v. 16.2.1989 – 2 AZR 347/88, NZA 1989, 962.
5 So ErfK/*Preis*, § 612a BGB Rz. 2.
6 Vgl. BAG v. 10.5.1957 – 1 AZR 249/56, AP Nr. 1 zu Art. 6 Abs. 1 GG Ehe und Familie.
7 *Preis*, Vertragsgestaltung, § 7 III 3b).
8 BAG v. 12.6.2002 – 10 AZR 340/01, NZA 2002, 1389; v. 7.11.2002 – 2 AZR 742/00, NZA 2003, 1139.

gen Nachteilen sanktioniert (Abfindungen,[1] Vertragsstrafen[2] oder Kautionsverfall[3]), dann erleidet der Arbeitnehmer dadurch Nachteile, dass er von einem von der Rechtsordnung vorgesehenen Recht der ordentlichen freien Kündigung Gebrauch macht.[4] Durch die benachteiligende Vereinbarung wird die „Entscheidungsfreiheit erheblich eingeschränkt".[5] Die Benachteiligung erfolgt überdies auch nur „wegen" der Inanspruchnahme des Kündigungsrechts. Dies ist genau die normative Ausgangslage des § 612a BGB.

IV. Angemessenheitskontrolle bei vorformulierten Verträgen

1. Ausgangspunkte

Rechtstatsächlich sind der **formularmäßige Vertrag** und die für eine Vielzahl von Verträgen **arbeitgeberseitig gestellten Vertragsbedingungen** der Regelfall (vgl. I B Rz. 3). Das BAG unterschied früher nicht zwischen formularmäßigen und **individuell ausgehandelten Vereinbarungen** bei der Inhaltskontrolle (vgl. I A Rz. 100). Dies ist allerdings unverzichtbar, wenn eine einheitliche Bewertung vergleichbarer Problemlagen im Privatrechtssystem möglich werden soll.[6] Die Kautelarjurisprudenz wird die Bestandskraft ihrer Vertragsgestaltungen nur stärken können, wenn sie sich mehr individuellen Lösungen als standardisierten Massenbedingungen zuwendet.

Durch das **Schuldrechtsmodernisierungsgesetz**[7] ist im Bereich der Inhaltskontrolle und der Vertragsgestaltung im Arbeitsrecht eine Zäsur eingetreten. Das in das BGB integrierte AGB-Gesetz findet kraft geänderter Bereichsausnahme in § 310 Abs. 4 BGB seit dem 1.1.2002 auf neu geschlossene Verträge (seit dem 1.1.2003 auch auf Altverträge, Art. 229 § 5 EGBGB) auch im Arbeitsrecht Anwendung. Dadurch wird die zuvor auf der Basis unsicherer Generalklauseln vollzogene Angemessenheitskontrolle auf eine sichere Rechtsbasis gestellt.

Der Gesetzgeber wollte mit der Streichung der Bereichsausnahme für das Arbeitsrecht die im Bereich der Inhaltskontrolle festzustellende Unsicherheit beseitigen. **Das Schutzniveau der Inhaltskontrolle im Arbeitsrecht soll nicht mehr hinter demjenigen des Zivilrechts zurückbleiben.**[8] Insgesamt wurde das Arbeitsrecht durch die Einbeziehung näher an das Zivilrecht herangeführt. Dies wird die Angleichung des Schutzniveaus bei vorformulierten Verträgen zur Konsequenz haben; andererseits wird in den Fällen, in denen echte Individualabreden vorliegen, mehr Vertragsfreiheit möglich sein, da insoweit eine Inhaltskontrolle nach §§ 307 ff. BGB nicht in Betracht kommt.[9]

---

1 Vgl. BAG v. 6.9.1989 – 5 AZR 586/88, NZA 1990, 147.
2 BAG v. 9.3.1972 – 5 AZR 246/71, AP Nr. 12 zu § 622 BGB.
3 BAG v. 11.3.1971 – 5 AZR 349/70, AP Nr. 9 zu § 622 BGB.
4 Vgl. BAG v. 6.9.1989 – 5 AZR 586/88, NZA 1990, 147.
5 BAG v. 6.9.1989 – 5 AZR 586/88, NZA 1990, 147.
6 Hierzu *Preis*, Vertragsgestaltung, §§ 7, 9–11.
7 Gesetz v. 26.11.2001, BGBl. I S. 3138; ausf. Staudinger/*Krause*, Anh. zu § 310 BGB Rz. 14 ff.
8 BT-Drucks. 14/6857, S. 53 ff.; BT-Drucks. 14/7052, S. 189; Staudinger/*Krause*, Anh. zu § 310 BGB Rz. 15.
9 Ausführlich *Gotthardt*, Rz. 121 ff.

49 Festzustellen ist, dass Grundsätze des AGBG in das Arbeitsrecht bereits – unabhängig von der Klarstellung in § 310 Abs. 4 BGB – eingeflossen sind, nicht zuletzt deshalb, weil das AGBG allgemein gültige Prinzipien bereichsspezifisch kodifiziert hat, die auch dem Arbeitsrecht nicht neu sind. Dies erleichtert die notwendige **Harmonisierung**.

50 Die Anwendung des AGB-Rechts auf das Arbeitsrecht hat grundlegende dogmatische, aber auch praktische Konsequenzen. So ist bei der Behandlung zahlreicher Fragestellungen zu beachten, dass für die durch die BAG-Rechtsprechung angewandten Ersatzinstrumente der Inhaltskontrolle (Umgehungstheorie, Ausweitung des § 138 BGB, Auslegung als kaschierte Inhaltskontrolle; Billigkeitskontrolle; vgl. Rz. 32 ff.) keine dogmatische Rechtfertigung und auch kein praktisches Bedürfnis mehr besteht. Vielmehr ist die Regelung des § 310 Abs. 4 BGB eine Grundentscheidung des Gesetzgebers, dass die Maßstäbe der Inhaltskontrolle im allgemeinen Zivilrecht und im Arbeitsrecht vergleichbar sein sollen. Für den Rückgriff auf Ersatzinstrumente, einschließlich der Billigkeitskontrolle, besteht deshalb kein Bedarf mehr.[1]

51 In systematischer Hinsicht sind einige wesentliche Weichenstellungen zu beachten: bislang unzureichend akzentuiert wird im Bereich des Arbeitsrechts der Vorrang der Individualabrede und die Kontrollfreiheit ausgehandelter Vereinbarungen (§ 305 Abs. 1 Satz 3, § 305b BGB), vgl. Rz. 55 und 84. Fragestellungen des Verbots der geltungserhaltenden Reduktion sind noch nicht abschließend geklärt (vgl. Rz. 116 ff.).

2. Kontrollfähigkeit

52 Der Klärung bedarf zunächst, welche Vereinbarungen im Arbeitsrecht einer Kontrolle nach Maßgabe der §§ 305 ff. BGB unterliegen. Bedingt durch die im Arbeitsrecht bislang **fehlende Differenzierung** zwischen formularmäßiger und ausgehandelter Vereinbarung wurde vor der Schuldrechtsreform die Bestandskraft des Arbeitsvertrages auch dort relativiert, wo das Vertragsmodell einer individuell ausgehandelten Vereinbarung funktioniert. Andererseits wurde vor einseitigen, für eine Vielzahl von Verträgen vorformulierten Vertragsbedingungen nicht mit der notwendigen Konsequenz geschützt.

53 Jetzt hat der Gesetzgeber auch im Arbeitsrecht durch § 310 Abs. 4 BGB anerkannt, dass – im Einklang mit der allgemeinen Privatrechtsentwicklung – die formularmäßige bzw. die nicht ausgehandelte, einseitig gestellte „formelhafte" Vertragsgestaltung der **typische Ansatzpunkt** für eine **richterliche Inhalts- bzw. Angemessenheitskontrolle** ist.

a) Arbeitsvertragliche Regelungen

54 Nach § 305 Abs. 1 BGB sind alle Vertragsbedingungen der Inhaltskontrolle unterworfen, die für eine Vielzahl von Verträgen vorformuliert sind und die die verwendende Vertragspartei, im Arbeitsrecht also regelmäßig der Arbeitgeber, der anderen Vertragspartei bei Abschluss – oder Änderung – eines Arbeitsvertrages stellt. Die Verwendung derart vorformulierter Arbeitsverträge durch den Arbeitgeber ist der

---

[1] Ausführlich in diesem Sinne auch Staudinger/*Krause*, Anh. zu § 310 BGB Rz. 17 ff.

Regelfall. Dabei kann auf die im AGB-Recht entwickelten Leitlinien[1] verwiesen werden. Zu bedenken ist dabei, dass **jede für eine Vielzahl von Verträgen vorformulierte Arbeitsvertragsbedingung** der Kontrolle unterliegt. Dabei ist nicht einmal eine mehrfache Verwendung notwendig, wenn die Klauseln nur für eine mehrfache Verwendung konzipiert sind. So genügt es, wenn der Arbeitgeber einmalig ein Vertragsmuster, z.B. seines Arbeitgeberverbandes, verwendet.[2] Ferner ist nicht entscheidend, in welcher Form die gestellte Vertragsbedingung nach außen hin erscheint. So reicht ein im PC gespeichertes Formular aus, das einen individuellen Anschein erweckt, um die Inhaltskontrolle zu begründen.

Echte **Individualabreden**, d.h. individuell ausgehandelte Vereinbarungen, unterliegen dagegen nicht der Angemessenheitskontrolle.[3] Grund hierfür ist, dass in diesen Fällen der Arbeitnehmer die Möglichkeit hatte, seine Interessen selbst hinreichend zu wahren. Jedoch sind solche kontrollfreien Individualabreden selten, denn die Anforderungen daran sind hoch: Ein „Aushandeln" erfordert ein **wirkliches Aushandeln:** Der Arbeitgeber muss den gesetzesfremden Kern der Klausel ernsthaft zur Disposition des Arbeitnehmers gestellt und diesem die Möglichkeit eingeräumt haben, den Inhalt der fraglichen Klauseln zu beeinflussen.[4] Diese Grundwertung darf auch nicht durch die Anwendung anderer Rechtsinstitute, etwa §§ 134, 138 BGB (Rz. 32ff.), umgangen werden.[5] Ein Aushandeln kann auch vorliegen, wenn Angebotsalternativen mit unterschiedlichen Konditionen zur Wahl gestellt werden.[6] Die Beweislast dafür, dass es sich um ausgehandelte Vertragsbedingungen handelt, liegt beim Arbeitgeber als Verwender.[7]

55

Weitere Schranken der Inhaltskontrolle ergeben sich aus § 307 Abs. 3 BGB. Danach gelten die §§ 307 Abs. 1 und 2, 308, 309 BGB nur für Bestimmungen in AGB, die von Rechtsvorschriften abweichen oder diese ergänzende Regelungen enthalten. Wie bislang unterliegen deshalb Klauseln, die lediglich den Gesetzeswortlaut wiederholen, sog. **deklaratorische Klauseln, nicht der Inhaltskontrolle**.[8] Dies ist sachgerecht, denn an die Stelle der für unwirksam befundenen Klausel würde ohnehin die – gleich lautende – gesetzliche Regelung treten. Für das Arbeitsrecht bedeutsam ist, dass die Rechtsprechung den Begriff der Rechtsvorschriften weit auslegt, so dass

---

[1] Hierzu UBH/*Ulmer/Habersack*, § 305 BGB Rz. 9ff.; Staudinger/*Krause*, Anh. zu § 310 BGB Rz. 142; *Stoffels*, AGB-Recht, Rz. 106ff.
[2] *Gotthardt*, Rz. 241.
[3] A.A. bisher *Fastrich*, RdA 1997, 65 (75); *Dieterich*, RdA 1995, 129 (135) sowie die gängige Praxis der Rspr., vgl. nur BAG v. 16.3.1994 – 5 AZR 339/92, NZA 1994, 937 und v. 26.10.1994 – 5 AZR 390/92, NZA 1995, 305; v. 4.7.1972 – 3 AZR 477/71, AP Nr. 6 zu § 65 HGB; LAG München v. 30.5.2001 – 9 Sa 8/01; bestätigt von BAG v. 21.11.2001 – 5 AZR 158/00, NZA 2002, 551.
[4] BAG v. 1.3.2006 – 5 AZR 363/05, NZA 2006, 746; v. 18.1.2006 – 7 AZR 191/05, AP Nr. 8 zu § 305 BGB; v. 27.7.2005 – 7 AZR 486/04, NZA 2006, 40; BGH v. 3.11.1999 – VIII ZR 269/98, NJW 2000, 1110 (1111f.); *Stoffels*, AGB-Recht, Rz. 148ff.
[5] Vgl. auch *Thüsing*, BB 2002, 2666 (2667).
[6] BGH v. 6.12.2002 – V ZR 220/02, NJW 2003, 1313.
[7] BGH v. 3.4.1998 – V ZR 6/97, NJW 1998, 2600f.; ebenso bereits LAG Düsseldorf v. 18.5.1995 – 12 Sa 183/95, NZA-RR 1996, 363.
[8] BGH v. 12.3.1987 – VII ZR 37/86, BGHZ 100, 158 (173); v. 24.9.1998 – III ZR 219/97, NJW 1999, 864; s.a. BT-Drucks. 14/7052, S. 188.

darunter nicht nur alle materiellen Gesetze fallen, sondern auch ungeschriebene Rechtsgrundsätze und Richterrecht.[1]

56 Nicht kontrollfähig sind auch **Leistungsbeschreibungen** und **Preisabreden**.[2] Es ist nicht Aufgabe des Richters, über §§ 305 ff. BGB einen „gerechten Preis" zu finden, sondern nur zu prüfen, ob die betreffende Klausel den Vertragspartner einseitig unangemessen benachteiligt.[3] Pauschallohn- und Abgeltungsabreden, z.B. für Nachtarbeitszuschläge, regeln die Gegenleistung des Arbeitgebers für die vom Arbeitnehmer erbrachte Arbeitsleistung. In diesem Falle ist nur die Transparenz der Regelung (§ 307 Abs. 3 Satz 2 BGB) kontrollfähig. Allerdings unterliegen Entgeltabreden dann der Inhaltskontrolle, wenn eine gesetzliche Vergütungsregelung besteht, wie z.B. die GOÄ.[4] Viel verständlicher als § 307 Abs. 3 BGB wird in Art. 4 Abs. 2 RL 93/13/EWG formuliert: „Die Beurteilung der Missbräuchlichkeit der Klauseln betrifft weder den Hauptgegenstand des Vertrages noch die Angemessenheit zwischen dem Preis bzw. dem Entgelt für die Dienstleistungen bzw. den Gütern, die die Gegenleistung darstellen, sofern diese Klauseln klar und verständlich abgefasst sind." Danach soll eine Inhaltskontrolle dort unterbleiben, wo der Wettbewerb seine Domäne hat, also bei Preisen und anderen Hauptleistungen. Im Arbeitsverhältnis sind dies vor allem die Arbeitsleistung und das Arbeitsentgelt,[5] also Abreden über den unmittelbaren Gegenstand der Hauptleistung und des dafür zu zahlenden Entgelts, sowie Klauseln, die das Entgelt für eine zusätzlich angebotene Sonderleistung festlegen, wenn hierfür keine rechtlichen Regelungen bestehen. Kontrollfrei sollen solche Vereinbarungen bleiben, die an der **marktorientierten, privatautonomen Entscheidung** des Vertragspartners teilnehmen.[6] Das **Transparenzgebot** soll Markttransparenz gewährleisten und damit gerade die Bedingungen für die ungestörte Ausübung der Vertragsfreiheit im Kernbereich schaffen. Es will Hauptabreden, über die sich die Vertragsparteien stets Gedanken machen müssen, der Kontrolle entziehen, aber auch nur dann, wenn diese transparent gestaltet sind. Die Abgrenzung der kontrollfreien von den kontrollbedürftigen Klauseln kann zweckgerecht nur mit Hilfe der Grundintention des AGB-Rechts erfolgen, eben das „Kleingedruckte" der vorformulierten Vertragsbedingungen zu kontrollieren, das der Kunde in seiner Tragweite nicht zur Kenntnis nimmt und damit nicht in seine tragende Abschlussentscheidung einbezieht.[7] Für den Arbeitnehmer steht im Zentrum der Abschlussentscheidung, ob er die konkret geschuldete Arbeit in einem bestimmten zeitlichen Umfang und zu dem angebotenen Entgelt leisten will. Eine bewusste Abschlussentscheidung liegt i.d.R. auch vor, wenn die **Hauptabrede** des Vertrages geändert, etwa die Arbeitszeit oder das Entgelt herabgesetzt, oder gar das Arbeitsverhältnis aufgehoben wird. Deshalb unterliegt die Beendigungsvereinbarung im Aufhebungsvertrag keiner Inhaltskontrolle; sie bildet ein selbständiges Rechts-

---

1 BGH v. 10.12.1992 – I ZR 186/90, BGHZ 121, 13 (18).
2 Vgl. hierzu näher *Preis*, FS Richardi, 2007, S. 339 (345); *Tschöpe*, DB 2002, 1830; Staudinger/*Krause*, Anh. zu § 310 BGB Rz. 183.
3 BAG v. 31.8.2005 – 5 AZR 545/04, NZA 2006, 324.
4 BGH v. 9.7.1981 – VII ZR 139/80, BGHZ 81, 229 (233); v. 17.9.1998 – IX ZR 237/97, NJW 1998, 3567 (3569).
5 BAG v. 17.10.2012 – 5 AZR 792/11, NZA 2013, 266.
6 *Stoffels*, AGB-Recht, Rz. 449; *Stoffels*, JZ 2001, 843 (848); Staudinger/*Coester*, § 307 BGB Rz. 284; UBH/*Fuchs*, § 307 BGB Rz. 18.
7 *Preis*, NZA Beil. 3/2006, 115 (118).

geschäft, bei dem die Hauptleistung die Beendigung des Arbeitsverhältnisses ist.[1] **Abschluss, Änderung und Aufhebung** eines Arbeitsvertrags sind als solche **kontrollfrei**.

Das bedeutet aber nicht, dass der Inhalt des abgeschlossenen, geänderten oder aufgehobenen Vertrags kontrollfrei bleibt. Nur die Hauptabrede selbst, z.B. die Aufhebung des Vertrags oder die Reduzierung der Arbeitsstunden, ist kontrollfrei. Der Umfang der geschuldeten **Arbeitszeitdauer** ist als „Leistungsbeschreibung" eindeutig kontrollfrei.[2] Aber Vertragsbedingungen, die die Leistungsbeschreibung durch vorformulierte Bedingungen modifizieren, sind kontrollfähig (z.B. Klauseln, die die Verpflichtung zur Leistung von Mehrarbeit sowie Kurzarbeit vorsehen). Die **Tätigkeitsbeschreibung** des Arbeitnehmers ist eine kontrollfreie Leistungsbeschreibung. In welcher Funktion der Arbeitnehmer eingestellt wird, ist klare Hauptabrede, die an der bewussten Abschlussentscheidung des Arbeitnehmers teilnimmt. Auch der vereinbarte **Ort einer Tätigkeit** gehört zur kontrollfreien Hauptabrede.[3] Die Festlegung von Art und Ort der Tätigkeit ist nicht zu verwechseln mit Klauseln zum Weisungsrecht. Solche Direktionsrechtsklauseln sind dann als deklaratorische Klauseln inhaltskontrollfrei, wenn sie lediglich den Inhalt des allgemeinen Weisungsrechts (§ 106 GewO) wiedergeben (→ *Direktionsrecht*, II D 30). Stets vorzunehmen ist allerdings eine Transparenzkontrolle nach § 307 Abs. 1 Satz 2 i.V.m. § 307 Abs. 3 Satz 2 BGB).

Wenn auch Preisvereinbarungen nicht der Inhaltskontrolle unterliegen, so geht die Rechtsprechung doch davon aus, dass sog. **Preisnebenabreden** kontrollfähig sind, die sich zwar mittelbar auf den Preis auswirken, an deren Stelle aber bei Unwirksamkeit eine dispositive gesetzliche Regelung treten kann.[4] Diese schwierige Abgrenzung wird jetzt auch im Arbeitsrecht zu beachten sein. Kontrollfähig sind die Leistung begleitende Klauseln, wie die **Ausgleichsquittung**, Nebenabreden zur Preisabrede und die Hauptleistungsabreden einschränkende, verändernde oder ausgestaltende Klauseln, z.B. die **Befristung einzelner Arbeitsbedingungen**.[5] Kontrollfähig sind z.B. Klauseln über Verzugszinsen.[6] Wichtig für das Arbeitsrecht ist insbesondere, dass auch die einseitigen Leistungsbestimmungsrechte im Bereich der Hauptleistungspflichten kontrollfähig sind.[7] Der Vertragspartner des Verwenders soll gerade vor der unangemessenen Verkürzung oder Modifikation der vollwertigen Leistung, die er nach Gegenstand und Zweck des Vertrags erwarten darf, geschützt werden, was sich auch aus § 307 Abs. 2 Nr. 2 BGB ergibt.[8]

57

b) Einbezogene kollektive Regelungen

Bei der Vertragsgestaltung werden die Klauseln nicht immer im Vertrag ausformuliert. Häufig werden anstelle dessen Verweisungen auf Tarifverträge und Betriebs-

58

---
1 BAG v. 27.11.2003 – 2 AZR 135/03, NZA 2004, 597 (604).
2 BAG v. 18.4.2012 – 5 AZR 195/11, NZA 2012, 796.
3 BAG v. 19.1.2011 – 10 AZR 738/09, NZA 2011, 631.
4 BGH v. 30.11.1993 – XI ZR 80/93, BGHZ 124, 254 (256); Palandt/*Grüneberg*, § 307 BGB Rz. 47.
5 BAG v. 27.7.2005 – 7 AZR 486/04, NZA 2006, 40 (45).
6 BGH v. 31.1.1985 – III ZR 105/83, NJW 1986, 376 f.
7 BAG v. 12.1.2005 – 5 AZR 364/04, NZA 2005, 465; hierzu *Bergwitz*, AuR 2005, 217; *Preis/ Lindemann*, AuR 2005, 229; ErfK/*Preis*, §§ 305–310 BGB Rz. 40, 51 ff.
8 Vgl. BGH v. 24.3.1999 – IV ZR 90/98, NJW 1999, 2280.

vereinbarungen verwendet. In diesem Zusammenhang stellt sich die Frage, ob und inwieweit solche in Bezug genommenen Kollektivregelungen einer Inhaltskontrolle nach §§ 307 ff. BGB unterliegen.

aa) Grundsatz: Kontrollfreiheit normativ geltender Tarifverträge und Betriebsvereinbarungen

59 Auszugehen ist von dem Grundsatz, dass **normativ geltende Tarifverträge und Betriebsvereinbarungen keiner Inhaltskontrolle** unterliegen, § 310 Abs. 4 Satz 1 BGB. Dies ist sachgerecht, da Tarifverträge von gleichberechtigten Partnern ausgehandelt werden und die Institutsgarantie des Art. 9 Abs. 3 GG genießen. Im Hinblick auf die angenommene Parität der Tarifpartner wird deshalb davon ausgegangen, dass bei einer Gesamtbetrachtung der tariflichen Regelungen eine ausgewogene, auch die Arbeitnehmerinteressen berücksichtigende Regelung getroffen worden ist. Findet also bspw. ein Tarifvertrag kraft beiderseitiger Tarifgebundenheit oder kraft Allgemeinverbindlicherklärung Anwendung, ist für eine Angemessenheitskontrolle kein Raum. Tarifverträge sind deshalb nur daraufhin zu untersuchen, ob sie gegen die Verfassung, höherrangiges Recht oder gegen die guten Sitten verstoßen.[1] § 310 Abs. 4 Satz 1 BGB nimmt für Betriebs- und Dienstvereinbarungen, was die Anwendung der §§ 305 ff. BGB betrifft, eine **Gleichstellung mit Tarifverträgen** vor. Der Gesetzgeber geht davon aus, dass in diesen gewissermaßen „normsetzenden" Bereich nicht durch eine AGB-Kontrolle eingegriffen werden darf.[2]

60 Aus dieser Gleichstellung von Tarifverträgen und Dienstvereinbarungen mit Rechtsvorschriften i.S.v. § 307 Abs. 3 BGB kann jedoch nicht gefolgert werden, dass nunmehr Unterschreitungen des tariflichen Lohnniveaus automatisch zu einer unangemessenen Benachteiligung des Arbeitnehmers führen.[3] Denn durch die Verweisung in § 310 Abs. 4 Satz 3 BGB sind **Tarifverträge nicht zum Kontrollmaßstab** für die Inhaltskontrolle des § 307 Abs. 1 und 2 BGB geworden.[4] Dies folgt schon aus der verfassungsrechtlich garantierten **Koalitionsfreiheit** des Art. 9 Abs. 3 GG,[5] aber auch aus einer **teleologischen Auslegung** der Verweisung in § 310 Abs. 4 Satz 3 BGB. Der Gesetzgeber wollte lediglich sicherstellen, dass Tarifverträge bei einzelvertraglicher Bezugnahme keiner Inhaltskontrolle unterliegen,[6] nicht aber umgekehrt Tarifverträge und ggf. sogar Betriebs- und Dienstvereinbarungen zum Maßstab der Inhaltskontrolle machen.[7]

---

1 BAG v. 6.9.1995 – 5 AZR 174/94, NZA 1996, 437.
2 BT-Drucks. 14/6857, S. 54.
3 So aber bei einer Unterschreitung von mehr als 20 % *Däubler*, NZA 2001, 1329 (1335 f.); offen gelassen *Reinecke*, DB 2002, 583 (585).
4 *Annuß*, BB 2002, 458 (460); *Bartz*, AuA 2002, 62 (65); MünchKommBGB/*Basedow*, § 310 Rz. 96; *Berger-Delhey*, ZTR 2002, 66 (68); *Gotthardt*, ZIP 2002, 277 (281); *Henssler*, RdA 2002, 131 (136); *Henssler* in Dauner-Lieb/Konzen/Schmidt, S. 615 (637); *Hromadka*, NJW 2002, 2523 (2527); *Lieb*, FS Ulmer, 2003, S. 1231 (1242 f.); *Lindemann*, § 13 IV 1. a) cc); *Lingemann*, NZA 2002, 181 (188 f.); *Richardi*, NZA 2002, 1057 (1061); *Thüsing*, BB 2002, 2666 (2667).
5 Vgl. *Lingemann*, NZA 2002, 181 (189).
6 BT-Drucks. 14/6857, S. 54.
7 Vgl. dazu auch ErfK/*Preis*, §§ 305–310 BGB Rz. 39.

bb) Ausnahmen: Konstitutive Verweisungen auf Kollektivverträge

Abweichungen vom Grundsatz der Kontrollfreiheit von Kollektivverträgen gelten jedoch, soweit diese nicht unmittelbar und zwingend Anwendung finden. Einzelarbeitsverträge **nehmen oft ganze oder auch teilweise kollektive Regelungen, insbesondere Tarifverträge, in Bezug** und machen sie damit zum Gegenstand des individuellen Arbeitsvertrags. Dem hat der Gesetzgeber über die Verweisung in § 310 Abs. 4 Satz 3 BGB Rechnung getragen. In diesen Fällen gilt ein **differenzierter Kontrollmaßstab**, der davon abhängt, ob eine Global-, Einzel- oder Teilverweisung vorliegt.[1]

61

Die **Globalverweisung** nimmt einen **gesamten Tarifvertrag** in Bezug. Aufgrund der Gleichstellung von Tarifverträgen mit Rechtsvorschriften i.S.v. § 307 Abs. 3 BGB ergibt sich, dass auch hier eine Inhaltskontrolle grundsätzlich nicht stattfindet,[2] denn nach § 307 Abs. 3 BGB ist eine Inhaltskontrolle nur möglich bei AGB, die von Rechtsvorschriften abweichen. Wird aber ein Tarifvertrag insgesamt in Bezug genommen, weichen die Regelungen im Arbeitsvertrag nicht von denen im Tarifvertrag und damit nicht von Rechtsvorschriften ab. Der einbezogene Tarifvertrag unterliegt der gleichen Richtigkeitsgewähr wie der normativ geltende Tarifvertrag selbst. Die Vermutung der Angemessenheit endet auch nicht mit der Kündigung, Beendigung oder Nachwirkung des Tarifvertrages.[3]

62

Allerdings kann die Kontrollfreiheit selbst bei Globalverweisungen nicht uneingeschränkt gelten. Der Tarifvertrag muss selbst und unmittelbar Regelungen treffen; es genügt nicht, wenn er dem Vertragspartner verschiedene Möglichkeiten der Vertragsgestaltung an die Hand gibt.[4] Eine Inhaltskontrolle ist nur dann entbehrlich, wenn auf den jeweils **einschlägigen Tarifvertrag** verwiesen wird. Aus dem Zweck der §§ 310 Abs. 4 Satz 3, 307 Abs. 3 BGB, dass Kontrollfreiheit nur dann bestehen soll, wenn die tarifliche Regelung ihre Angemessenheit in sich trägt, folgt aber, dass dies bei der Einbeziehung branchenfremder Tarifverträge nicht mehr gilt. Ein **fremder Tarifvertrag** legt ganz andere ökonomische und betriebliche Bedingungen zugrunde, als in der Branche gelten, in der die Verweisung vorgenommen wird. Deshalb kann bei Bezugnahmen auf fremde Tarifverträge die Angemessenheit der Regelungen nicht mehr vermutet werden.[5] So kann auch die Bezugnahme auf beamtenrechtliche Bestimmungen, die zum Ausschluss von Mehrarbeitsvergütung führt, unangemessen benachteiligen.[6]

63

Bei der Vertragsgestaltung von Verweisungsklauseln ist daher darauf zu achten, dass nur die einschlägigen Tarifverträge in Bezug genommen werden. Ausreichend ist die Bezugnahme auf jeden Tarifvertrag, der abgesehen von der Frage der Tarifbin-

64

---

1 Vgl. hierzu ausf. *Preis*, FS Wiedemann, 2002, S. 425 (429 ff.); für eine Differenzierung auch *Henssler* in Dauner-Lieb/Konzen/Schmidt, S. 615 (639).
2 Vgl. auch BT-Drucks. 14/6857, S. 54; so auch schon die allgemeine Ansicht vor der Schuldrechtsreform, vgl. BAG v. 6.11.1996 – 5 AZR 334/95, NZA 1997, 778; *Schliemann*, ZTR 2000, 198 (200).
3 BAG v. 18.9.2012 – 9 AZR 623/10, NZA 2013, 216.
4 BAG v. 27.7.2005 – 7 AZR 486/04, NZA 2006, 40 (46).
5 *Gotthardt*, Rz. 266; *Henssler* in Dauner-Lieb/Konzen/Schmidt, S. 615 (639); *Richardi*, NZA 2002, 1057 (1062); *Thüsing/Lambrich*, NZA 2002, 1361 (1362), wonach Gleiches für die Bezugnahme auf einen abgelaufenen Tarifvertrag gelten soll.
6 BAG v. 24.11.1993 – 5 AZR 153/93, NZA 1994, 759.

dung potenziell anwendbar wäre. Wie sich aus § 307 Abs. 3 Satz 2 BGB und der Begründung zu § 310 Abs. 4 BGB[1] ergibt, unterliegt aber auch der einzelvertraglich vollständig einbezogene Tarifvertrag der **Transparenzkontrolle** (Rz. 109).[2]

Im Gegensatz zur Globalverweisung wird bei der **Einzelverweisung** nicht ein von gleich starken Parteien ausgehandeltes Vertragswerk in Bezug genommen, sondern nur einzelne Passagen desselben. In solchen Fällen besteht die Gefahr der einseitigen Benachteiligung des Arbeitnehmers, denn in aller Regel wird der Arbeitgeber lediglich auf für ihn vorteilhafte Regelungen verweisen. Aus diesem Grund kann der in Bezug genommenen Tarifregelung nicht die Angemessenheits- und Richtigkeitsgewähr zukommen wie Globalverweisungen.[3] Daher findet in diesen Fällen eine **volle Inhaltskontrolle** der tariflichen Regelungen statt.

65 Die Verwendung von Verweisungsklauseln hat hier also nur den Vorteil, dass die Regelungen nicht im Einzelnen im Arbeitsvertrag wiedergegeben werden müssen. Einschränkungen der Inhaltskontrolle hat sie nicht zur Folge.

66 Die **Teilverweisung** steht zwischen Global- und Einzelverweisung. Hierbei werden bestimmte **Regelungskomplexe** des Tarifvertrags in Bezug genommen. Solche Teilverweisungen sieht auch das Gesetz an verschiedenen Stellen vor, z.B. hinsichtlich der Kündigungsfristen, § 622 Abs. 4 Satz 2 BGB, hinsichtlich der Arbeitszeitregelungen, § 7 Abs. 3 ArbZG sowie hinsichtlich der Höhe des fortzuzahlenden Entgelts, § 4 Abs. 4 Satz 2 EFZG. Damit ermöglicht der Gesetzgeber dem Arbeitgeber, durch Verweisung auf Tarifverträge Arbeitsbedingungen zu vereinbaren, die von der gesetzlichen Regelung zulasten des Arbeitnehmers abweichen. Die Zulässigkeit einer Verweisung sagt indes noch nichts über die Angemessenheit der Tarifregelung und die Erforderlichkeit einer Inhaltskontrolle aus. Die besseren Gründe sprechen dafür, nur den insgesamt einbezogenen Tarifvertrag zu privilegieren, nicht aber Teilkomplexe. Dies entspricht nicht nur der Rechtsprechung des BGH zu vergleichbaren Fragestellungen.[4] Rein praktisch ist auch die Abgrenzung zusammengehöriger Teilkomplexe in einem Tarifvertrag schwierig. Ferner geschieht den Vertragsgestaltern durch die volle Kontrolle kein Unrecht. Ist nämlich der einbezogene Teilkomplex eines Tarifvertrages in sich ausgewogen, hält er der Inhaltskontrolle stand.[5] Aus dem Regelungszusammenhang sowie aus der in diesen Vorschriften vorgesehenen Beschränkung der Verweisungsmöglichkeit kann zumeist ersehen werden, in welchen Konstellationen der Gesetzgeber von der Angemessenheit der tariflichen Regelung ausgeht.

67 Diese Grundsätze können auch auf **gesetzlich nicht geregelte Teilverweisungen** angewandt werden. Eine generelle Richtigkeitsvermutung ist bei Teilverweisungen nicht anzunehmen.[6]

---

1 BT-Drucks. 14/6857, S. 54.
2 Wie hier *Lakies*, Rz. 166; a.A. BAG v. 28.6.2007 – 6 AZR 750/06, NZA 2007, 1049.
3 BAG v. 6.5.2009 – 10 AZR 390/08, AP Nr. 44 zu § 307 BGB; *Däubler*, NZA 2001, 1329 (1335); *Preis*, Vertragsgestaltung, S. 398 f.; *Preis*, FS Wiedemann, 2002, S. 425 (443); *Reinecke*, NZA-Beilage 3/2000, 23 (29).
4 BGH v. 22.1.2004 – VII ZR 419/02, NJW 2004, 1597.
5 S. BAG v. 6.5.2009 – 10 AZR 390/08, AP Nr. 44 zu § 307 BGB.
6 Vgl. auch PdSR/*Henssler*, § 310 Rz. 33; *Lakies*, Rz. 248; *Thüsing/Lambrich*, NZA 2002, 1361 (1363); weitergehend *Diehn*, NZA 2004, 129 (131).

3. Verbrauchereigenschaft des Arbeitnehmers

Das AGB-Recht enthält einige Besonderheiten für die Kontrolle von Verbraucherverträgen. So wird z.B. in Verträgen zwischen Verbrauchern und Unternehmern (sog. **Verbraucherverträge**) nach § 310 Abs. 3 Nr. 1 BGB, wie früher bereits in § 24a Nr. 1 AGBG, auf das Merkmal des Stellens verzichtet. § 310 Abs. 3 Nr. 3 BGB bestimmt, dass bei der Inhaltskontrolle nach § 307 BGB auch die Umstände des Vertragsschlusses zu berücksichtigen sind.

68

Der Arbeitgeber wird regelmäßig, wenn auch nicht immer, Unternehmer sein. Umstritten ist jedoch, ob der Arbeitnehmer auch beim Abschluss und der Änderung von Arbeitsverträgen als **Verbraucher i.S.v. § 13 BGB** anzusehen ist.[1] In der Literatur wird zwischen dem sog. „**absoluten**" und dem „**relativen**" Verbraucherbegriff differenziert. Die Vertreter des sog. „absoluten" Verbraucherbegriffs wenden jede Verbraucherschutznorm – unabhängig von ihrer Zweckrichtung – im Arbeitsverhältnis an.[2] Vertreter des „relativen" Verbraucherbegriffs wollen Verbraucherschutzregeln nur bei Vertragsschlüssen zwischen Arbeitgeber und Arbeitnehmer außerhalb des Arbeitsvertrags anwenden, also z.B. bei Arbeitgeberdarlehen (vgl. hierzu § 491 Abs. 2 Nr. 4 BGB).[3] Die Differenzierung zwischen relativem und absolutem Verbraucherbegriff bringt jedoch **keinen Erkenntnisfortschritt**. Die Grundentscheidung muss bei § 13 BGB ansetzen.

69

Nach dem **Wortlaut** des § 13 BGB ist der Arbeitnehmer auch bei Abschluss arbeitsvertraglicher Vereinbarungen Verbraucher. Denn Verbraucher ist eine natürliche Person, die ein Rechtsgeschäft zu einem Zweck abschließt, der weder ihrer gewerblichen noch ihrer selbständigen beruflichen Tätigkeit zugerechnet werden kann. Der Wortlaut des § 13 BGB ist auch nicht etwa missglückt,[4] weil er die geronnene Erkenntnis aus zahlreichen Vorläuferregelungen war.[5] Der Arbeitnehmer ist der Prototyp des „Unselbständigen". Arbeitsvertragliche Vereinbarungen dienen keinesfalls einer gewerblichen oder selbständigen beruflichen Tätigkeit des Arbeitnehmers. Ein Verbraucher i.S.v. § 13 BGB muss auch nichts verbrauchen; das Rechtsgeschäft muss keinen „konsumtiven Zweck" haben.[6] Der Begriff „Verbraucher" ist kein Tatbestandsmerkmal, sondern bloßer rechtstechnischer Oberbegriff, der durch die dargestellten Tatbestandsmerkmale des § 13 BGB gefüllt wird. Es führt auch nicht weiter, das dichotome Konzept des BGB und EU-Rechts durch weitere, („dritte") Personen- und Gesellschaftstypen weiter aufzuspalten.[7] Dagegen spricht die Rechtsprechung des BGH, der – sogar in Ansehung der beschränkten Rechtsfähigkeit der Gesellschaft bürgerlichen Rechts (GbR) – die GbR dem Verbraucherkreditrecht unterworfen hat.[8]

70

Die **Entstehungsgeschichte** spricht ebenfalls für die Einordnung des Arbeitnehmers als Verbraucher.[9] Unterstützt wird diese Sicht durch § 15 UKlaG, der die Möglich-

71

---

1 Dazu ausf. ErfK/*Preis*, § 611 BGB Rz. 182.
2 *Däubler*, NZA 2001, 1329 (1333); *Hümmerich/Holthausen*, NZA 2002, 173.
3 *Henssler*, RdA 2002, 129 (133 ff.).
4 So aber *Henssler*, RdA 2002, 129 (234).
5 Hierzu *Preis*, ZHR 158 (1994), 567 (608).
6 *Gotthardt*, Rz. 11.
7 So *Henssler*, RdA 2002, 129 (134).
8 BGH v. 23.10.2001 – XI ZR 63/01, NJW 2002, 368.
9 Vgl. BT-Drucks. 14/6040, S. 243.

keit der Unterlassungsklagen bei Verstößen gegen §§ 307–309 BGB und verbraucherschutzwidrigen Praktiken im Arbeitsrecht ausschließt. Dieser Ausschluss ist nur damit zu erklären, dass der Gesetzgeber implizit davon ausgegangen ist, dass der Arbeitnehmer Verbraucher ist.[1] Bei den Vorschriften zur Inhaltskontrolle formulieren die Materialien, dass das Schutzniveau im Arbeitsrecht nicht hinter dem des Zivilrechts zurückbleiben solle.[2]

72 In **systematischer Hinsicht** folgt aus der Reintegration des Arbeitsrechts in das BGB eindeutig, dass auch die Definitionsnormen des Allgemeinen Teils des BGB für das Arbeitsvertragsrecht Gültigkeit beanspruchen.[3] Es ist verfehlt, diese Umklammerung durch die generelle Annahme, das Arbeitsvertragsrecht sei eine Sondermaterie, wieder trennen zu wollen.[4] Die „Besonderheiten des Arbeitsrechts" berücksichtigt der Gesetzgeber im jeweiligen Sachzusammenhang (vgl. § 310 Abs. 4 Satz 2 BGB), vgl. Rz. 89.

73 Entscheidend ist die **teleologische** Interpretation der maßgebenden Normen. Bedingt durch die Verbraucherschutzrichtlinien der Europäischen Union ist in das deutsche Privatrecht ein Schutzsystem integriert worden. In der Dichotomie „Unternehmer – Verbraucher" ist der Verbraucher, definiert als nicht zu selbständigen Erwerbszwecken handelnde natürliche Person, das Schutzobjekt schlechthin. Man mag dies rechtspolitisch beklagen. Eindeutig ist aber, dass der Arbeitnehmer als der klassisch unselbständig Handelnde eher noch schutzwürdiger ist als der „Nur-Verbraucher", weil Letzterer auch auf den Vertragsabschluss (z.B. Zeitungsabonnement) verzichten könnte, während der Arbeitnehmer als unselbständig Handelnder auf den Vertragsschluss angewiesen ist. Der Verbraucherbegriff ist bewusst weit gefasst und nicht für bestimmte Vertragstypen reserviert; der Arbeitnehmer ist damit Verbraucher i.S.v. § 13 BGB.[5] Die Rechtsprechung des BAG geht nach alledem zu Recht davon aus, dass der Arbeitnehmer auch Verbraucher ist.[6] Damit findet jedenfalls § 310 Abs. 3 BGB im Arbeitsrecht Anwendung.

74 Die sachgerechte Abgrenzung ist nicht auf der Statusebene vorzunehmen, sondern bei den konkret in Rede stehenden Normen. Nur dort, wo kraft gesetzlicher Anordnung (z.B. § 15 UKlaG, § 491 Abs. 2 Nr. 4 BGB) oder aus systematisch-teleologischen Gründen anderes folgt, ist von der Anwendung der Verbraucherschutzregeln im Arbeitsrecht abzusehen. Vertragstypenübergreifendes Verbraucherschutzrecht findet auch im Arbeitsrecht Anwendung. Das bedeutet, dass der geringere gesetzliche Zinssatz nach § 288 Abs. 1 BGB auch im Arbeitsrecht gilt, da der Arbeitnehmer i.S.d. § 288 Abs. 2 BGB Verbraucher ist. § 310 Abs. 3 BGB ist ebenso eine vertragstypenunabhängige Grundregel. Dagegen ist das sog. Haustürwiderrufsrecht ein ver-

---

1 Vgl. auch BT-Drucks. 14/7052, S. 190.
2 BT-Drucks. 14/6857, S. 17.
3 Vgl. auch BT-Drucks. 14/6040, S. 166: Ausstrahlungswirkung auf das ganze Vertragsrecht.
4 So aber *Natzel*, NZA 2002, 595 (596).
5 BAG v. 25.5.2005 – 5 AZR 572/04, AP Nr. 1 zu § 310 BGB = NZA 2005, 1111; v. 31.8.2005 – 5 AZR 545/04, AP Nr. 8 zu § 6 ArbZG; ebenso *Hümmerich/Holthausen*, NZA 2002, 173 (176ff.); *Preis*, NZA Sonderbeilage zu Heft 16/2003 m.w.N.; a.A. *Henssler*, RdA 2002, 129 (133); *Hromadka*, NJW 2002, 2523 (2524); *Lingemann*, NZA 2002, 181 (184).
6 BAG v. 25.5.2005 – 5 AZR 572/04, NZA 2005, 1111; v. 31.8.2005 – 5 AZR 545/04, NZA 2006, 324.

tragstypenbezogenes und situationsbezogenes Verbraucherrecht. Deshalb finden §§ 315, 312 BGB auf Arbeitsverträge und Aufhebungsverträge keine Anwendung.[1] Schon ausweislich des Untertitels gilt das Widerrufsrecht nur für „besondere Vertriebsformen".[2] Die Begriffspaare **Arbeitgeber – Arbeitnehmer** und **Unternehmer – Verbraucher** sind nicht miteinander zu vermischen,[3] sondern funktional zu trennen. Nicht jeder Arbeitgeber ist zugleich Unternehmer, z.B. wenn der Arbeitgeber für private Zwecke einen Arbeitnehmer (Gärtner) einstellt, ist er Arbeitgeber, aber nicht Unternehmer.

4. Einbeziehungskontrolle

Liegt eine kontrollfähige Abrede vor, muss diese wirksamer Vertragsbestandteil geworden sein, um auf ihre Angemessenheit hin kontrolliert zu werden. Der Inhaltskontrolle vorgelagert ist daher die Einbeziehungskontrolle. 75

a) Überraschungsklauseln, § 305c Abs. 1 BGB

Das **Verbot überraschender Klauseln** (§ 305c Abs. 1 BGB) war bereits vor der Schuldrechtsreform im Arbeitsrecht anerkannt.[4] Klauseln, die objektiv ungewöhnlich sind und mit denen der andere Teil nicht rechnet, sind überraschend. Das Verbot hat jedoch für den Formulararbeitsvertrag selbst keine große Bedeutung, weil Arbeitsverträge für den Arbeitnehmer kein Massengeschäft darstellen und regelmäßig vor Unterschrift zur Kenntnis genommen werden. Schon diese rechtstatsächliche Situation, die anders als bei Rechtsgeschäften des täglichen Lebens ist, dürfte das subjektive Überraschungsmoment in der Regel ausschließen. Anders kann dies aber bei einigen arbeitsvertraglichen Formularvereinbarungen sein. Überraschend ist es im deutschen Rechtskreis ebenfalls nicht, dass ein Arbeitsvertrag in deutscher Sprache verfasst ist. Dessen Verwendung führt gegenüber einem sprachunkundigen Arbeitnehmer weder zu einer Nichteinbeziehung einzelner Vertragsklauseln noch zu einem Überrumpelungseffekt i.S.d. § 305 Abs. 1 BGB.[5] 76

Beispiele:

Bei vorformulierten → *Ausgleichsquittungen*, II V 50, die dem Arbeitnehmer bei Beendigung des Arbeitsverhältnisses zum Erhalt der Arbeitspapiere vorgelegt werden, kommt dem Überraschungsschutz eine wichtige Bedeutung zu.[6]

Eine zunehmende Bedeutung könnte § 305c Abs. 1 BGB überdies bei → *Verweisungsklauseln*, II V 40 erhalten. Hierauf hat *Seibert*[7] für arbeitsrechtliche Verweisungen jeder Art und *Mook*[8] für Rechtswahlklauseln hingewiesen. 77

---

1 So auch BAG v. 27.11.2003 – 2 AZR 135/03, NZA 2004, 597 (604).
2 A.A. nur *Hümmerich/Holthausen*, NZA 2002, 173 (178); *Schleusener*, NZA 2002, 949 ff.; stark einschränkend *Gotthardt*, Rz. 211 ff.; LAG Bdb. v. 30.10.2002 – 7 Sa 386/02, NZA 2003, 503.
3 So aber *Löwisch*, NZA 2001, 765 (766); dagegen zutreffend *Boemke*, BB 2002, 96 (97).
4 BAG v. 13.12.2000 – 10 AZR 168/00, NZA 2001, 723 f.; Staudinger/*Krause*, Anh. zu § 310 BGB Rz. 154.
5 BAG v. 19.3.2014 – 5 AZR 252/12, DB 2014, 1623.
6 BAG v. 23.2.2005 – 4 AZR 139/04, NZA 2005, 1193; *Bernd Preis*, ArbuR 1979, 97 (101 ff.); ihm folgend *Heckelmann*, SAE 1980, 122; *Fenn*, FS Söllner, 2000, S. 333 (357 f.).
7 NZA 1985, 730 ff.
8 DB 1987, 2252 ff.

78 Abreden über → *Vertragsstrafen*, II V 30 können ebenfalls als überraschende Klauseln unwirksam sein, insbesondere wenn sie nicht durch eine eigene Überschrift oder drucktechnische Hervorhebung ohne Weiteres erkennbar sind.[1]

79 Widerrufs- und Anrechnungsvorbehalte (→ *Vorbehalte und Teilbefristung*, II V 70) hingegen sind wegen ihrer weiten Verbreitung in der Regel nicht objektiv überraschend.[2] Zu beachten ist jedoch auch hier, dass diese Klauseln aufgrund der optischen Gestaltung des Vertrags für den Arbeitnehmer eindeutig erkennbar sein müssen. So wurde der Fortfall einer bislang geschuldeten **Sondervergütung** in einem Änderungsvertrag als Überraschungsklausel gewertet, wenn die Überschrift des Vertrages auf diese Änderung nicht hinweist und sie drucktechnisch nicht hervorgehoben ist; dabei kam auch den Umständen des Vertragsschlusses (Zeitdruck) Bedeutung zu.[3]

80 Das BAG hat darüber hinaus bereits eine versteckte, drucktechnisch nicht besonders hervorgehobene, vertragliche **Ausschlussfrist** in einem formularmäßig einbezogenen Regelwerk als Überraschungsklausel gewertet.[4] § 305c Abs. 1 BGB bietet auch Schutz vor Klauseln an ungewöhnlicher Stelle (sog. formale Überraschung).[5] Generell sind Ausschlussfristen im Arbeitsrecht jedoch üblich und damit nicht überraschend.[6] Dann stellt sich die Frage der Inhaltskontrolle.[7] Einen Überraschungsschutz vor der Verweisung auf tarifliche Ausschlussfristen hat das BAG jedoch abgelehnt.[8]

81 Wird einzelvertraglich auf einen **branchen- oder ortsfremden Tarifvertrag** verwiesen, wird man diese Verweisungsklausel regelmäßig als überraschend ansehen müssen.[9] Anders ist dies nur, wenn dessen Einbeziehung im Einzelfall üblich ist, so dass der Arbeitnehmer mit einer derartigen Verweisung rechnen musste,[10] wobei dann aber die Inhaltskontrolle nach §§ 307 ff. BGB eröffnet ist (Rz. 86 ff.).

b) Unklarheitenregel, § 305c Abs. 2 BGB

82 Eine deutlichere Verankerung in der arbeitsrechtlichen Praxis hat die **Unklarheitenregel** (§ 305c Abs. 2 BGB) gefunden.[11] In der Sache wurde in der Arbeitsrechtsprechung bisweilen die Unklarheitenregel entsprechend § 5 AGBG a.F. bei vorfor-

---

1 ArbG Bremen v. 30.1.2003 – 6 Ca 6124/02, LAGE § 309 BGB 2002 Nr. 3.
2 Vgl. *Schnitker/Grau*, BB 2002, 2120 (2122); Staudinger/*Krause*, Anh. zu § 310 BGB Rz. 160.
3 BAG v. 9.5.2007 – 4 AZR 319/06, AP Nr. 8 zu § 305c BGB.
4 BAG v. 31.8.2005 – 5 AZR 545/04, NZA 2006, 324; vgl. schon BAG v. 29.11.1995 – 5 AZR 447/94, NZA 1996, 702; abl. *Schwarz*, BB 1996, 1434.
5 *Gotthardt*, Rz. 256 m.w.N.
6 Ebenso BAG v. 27.4.2000 – 8 AZR 301/99; v. 13.12.2000 – 10 AZR 168/00, NZA 2001, 723 (724); Staudinger/*Krause*, Anh. zu § 310 BGB Rz. 160.
7 Ausf. *Preis*, ZIP 1989, 885; dem BAG folgend *Fenn*, FS Söllner, 2000, S. 333 (358 f.).
8 BAG v. 11.1.1995 – 10 AZR 5/94, ZTR 1995, 277.
9 Staudinger/*Krause*, Anh. zu § 310 BGB Rz. 163; *Gotthardt*, Rz. 258; *Seibert*, NZA 1985, 730 (732); *Thüsing/Lambrich*, NZA 2002, 1361 (1365), wonach bei dynamischen Bezugnahmeklauseln auch bei jeder Änderung des Tarifvertrags zu fragen ist, ob darin eine unzulässige Überraschungsklausel liegt.
10 Vgl. BGH v. 21.6.2001 – IX ZR 69/00, DB 2001, 2240.
11 *Säcker*, Gruppenautonomie, 1972, S. 175 ff., 179 ff.; ausführlich *Preis*, Vertragsgestaltung, § 7 II 1 und § 9 II 5 b.

mulierter Vertragsgestaltung angewendet.¹ Am deutlichsten findet sich die Regel bei der Auslegung von **Versorgungszusagen**.² Die Regel ist aber auch auf **Arbeitgeberdarlehen**,³ **Wettbewerbsverbote**,⁴ **Vertragsstrafenabreden**,⁵ vorformulierte **Aufhebungsverträge**,⁶ **Bezugnahmeklauseln**⁷ und andere Fallgestaltungen⁸ angewandt worden.

Die Unklarheitenregel hat die **Funktion**, bei objektiv mehrdeutigen Klauseln eine Auslegungshilfe zu geben und in diesem Fall die Interessen des Verwenders hinter denjenigen der anderen Partei zurücktreten zu lassen. Sinn der Norm ist, dass es Sache derjenigen Partei ist, welche die Vertragsgestaltungsfreiheit für sich in Anspruch nimmt, sich klar und unmissverständlich auszudrücken. Unklarheiten gehen zu ihren Lasten.⁹ Die Unklarheitenregel des § 305c Abs. 2 BGB kann freilich als allgemeiner Rechtsgrundsatz nur für vorformulierte Bestimmungen gelten. Unklarheiten individueller Vereinbarungen sind nach den herkömmlichen Grundsätzen der Vertragsauslegung in Anwendung der §§ 133, 154, 155, 157 BGB zu lösen.¹⁰ 83

c) Vorrang der Individualabrede

Vertragsbedingungen unterliegen dann **keiner Angemessenheitskontrolle**, wenn von einem privatautonomen, nicht diktierten Vertragsschluss ausgegangen werden kann (zu den Anforderungen an das Aushandeln vgl. Rz. 55). Insofern stellt § 305 Abs. 1 Satz 3 i.V.m. § 305b BGB ein allgemeines Prinzip des Privatrechts dar.¹¹ Im Einzelnen **ausgehandelte Vertragsbedingungen** unterliegen keiner verschärften Kontrolle, sondern sind im Rahmen der §§ 134, 138 BGB zulässig. Konkurrieren vorformulierte Bedingungen und Individualabreden, gehen Letztere als die dem Parteiwillen nähere Vertragsabreden vor. 84

Auch für die Rechtsgeschäftslehre hat die allgemeine Kollisionsregel Gültigkeit, dass die spezielle der allgemeinen Absprache vorgeht. Im Arbeitsrecht korrespondiert diese Regel zumeist mit dem **Günstigkeitsprinzip**¹². Relevant kann die Regel 85

---

1 Vgl. BAG v. 24.6.1986 – 3 AZR 630/84, NZA 1987, 200; etwa LAG Köln v. 7.12.1988 – 5 (4) Sa 1087/88, n.v.; s. hier noch im Einzelnen *Preis*, Vertragsgestaltung, § 9 II 5 b.
2 BAG v. 25.5.1973 – 3 AZR 405/72, AP Nr. 160 zu § 242 BGB Ruhegehalt; v. 12.2.1985 – 3 AZR 183/83, AP Nr. 12 zu § 1 BetrAVG; vgl. ferner BAG v. 24.6.1986 – 3 AZR 630/84, NZA 1987, 200; v. 11.8.1987 – 3 AZR 6/86, NZA 1988, 158; v. 27.6.1969 – 3 AZR 297/68, NJW 1969, 2165; v. 6.2.1974 – 3 AZR 232/73, AP Nr. 38 zu § 133 BGB.
3 BAG v. 16.10.1991 – 5 AZR 35/91, NZA 1992, 793.
4 BAG v. 5.9.1995 – 9 AZR 718/93, NZA 1996, 700.
5 BAG v. 18.9.1991 – 5 AZR 650/90, NZA 1992, 215.
6 ArbG Hanau v. 26.9.1996 – 3 Ca 90/96, NZA-RR 1997, 333.
7 BAG v. 9.11.2005 – 5 AZR 128/05, NZA 2006, 202; v. 14.12.2005 – 4 AZR 536/04, NZA 2006, 607; v. 18.4.2007 – 4 AZR 652/05, NZA 2007, 965; v. 18.9.2012 – 3 AZR 415/10, NZA 2013, 210 (214).
8 BAG v. 27.4.1995 – 8 AZR 382/94, NZA 1995, 935 (936); v. 18.8.1998 – 1 AZR 589/97, NZA 1999, 659.
9 UBH/*Ulmer*/*Schäfer*, § 305c BGB Rz. 64.
10 S. etwa BAG v. 21.3.1974 – 3 AZR 259/73, AP Nr. 3 zu § 74c HGB.
11 Vgl. bereits *Raiser*, Das Recht der allgemeinen Geschäftsbedingungen, 1961, S. 230 f.; aus neuerer Zeit grundlegend *Zoller*, JZ 1991, 850 (852 ff.).
12 Wobei der Vorrang der Individualabrede unabhängig davon besteht, ob sie für den Arbeitnehmer günstiger oder weniger günstig ist, vgl. Staudinger/*Krause*, Anh. zu § 310 BGB Rz. 165.

letztlich nur für Kollisionen zwischen Arbeitsvertrag und allgemeinen Arbeitsbedingungen werden.[1] Weil in der Praxis aber zunehmend allgemeine Arbeitsbedingungen durch Betriebsvereinbarungen ersetzt worden sind, sinkt die Bedeutung der Regel zunehmend. Ob der Formulararbeitsvertrag als vorrangige Individualabrede anders lautenden allgemeinen Arbeitsbedingungen vorgeht, ist zweifelhaft, dürfte aber zu bejahen sein, weil die Parteien regelmäßig der Hauptabrede mehr Gewicht beimessen wollen als ergänzenden allgemeinen Vertragsbedingungen. Besondere Bedeutung erlangt der Grundsatz des Vorrangs der Individualabrede bei Sondervereinbarungen, die durch → *Schriftformklauseln*, II S 30 in Formularverträgen verhindert werden sollen.

5. Inhaltskontrolle

a) Rechtsgrundlage

86 Rechtsgrundlage für die Inhaltskontrolle vorformulierter Arbeitsvertragsbedingungen sind die §§ 307 ff. BGB. Nach zutreffender Auffassung schloss schon die Bereichsausnahme des § 23 Abs. 1 AGBG diese Lückenschließung nicht aus. Im Gesetzgebungsverfahren zum AGBG wurde bereits betont, und zwar sowohl in der Regierungsbegründung[2] als auch durch den Rechtsausschuss,[3] dass die bisher praktizierte Inhaltskontrolle im Arbeits- und Gesellschaftsrecht von dem Gesetz unberührt bleibe.

87 Die Regelungslücke, die durch die Verabschiedung des AGBG im Jahre 1976 und das kurz darauf erfolgte Scheitern der Arbeitsgesetzbuchkommission 1977 gerissen worden war, hatte die Frage akut werden lassen, wie ein die **Einheit der Rechtsordnung wahrendes Richterrecht** bei der arbeitsrechtlichen Inhaltskontrolle auszugestalten ist. Die Kernargumente zur normativen Verankerung des Richterrechts[4] sprachen schon für eine Heranziehung der im AGBG kodifizierten Wertungen bei der Kontrolle vorformulierter Vertragsgestaltung.[5] Zwar meinte das BAG, § 23 Abs. 1 AGBG verhindere eine unmittelbare ebenso wie eine entsprechende Anwendung des AGBG.[6] Dies hinderte das BAG jedoch nicht daran, im Rahmen der „arbeitsrechtlichen Inhaltskontrolle", deren Rechtsgrundlage es zu Recht in § 242 BGB sah, Grundgedanken der AGB-Kontrolle heranzuziehen.[7] Bei Zugrundelegung

---

1 So auch *Wolf*, RdA 1988, 269 (276); Staudinger/*Krause*, Anh. zu § 310 BGB Rz. 164.
2 BT-Drucks. 7/3919, S. 41.
3 Bericht des Rechtsausschusses, BT-Drucks. 7/5422, S. 13.
4 *Preis*, Vertragsgestaltung, § 9 I 4.
5 Im Grundsatz ebenso alle neueren Abhandlungen zur Inhaltskontrolle außerhalb des AGBG, vgl. *Coester-Waltjen*, AcP 190 (1990), 1 (16); *Zöllner*, RdA 1989, 152 (158); *Wolf*, RdA 1988, 269 ff.; *Fastrich*, 2. Kapitel, § 5 I und II jeweils m.w.N.; *Krause*, AR-Blattei SD 220.2.1 Rz. 41 ff.; *Koller*, SAE 1994, 48 ff.; *Reinecke*, NZA Beilage 3/2000, 23 ff.; *Fenn*, FS Söllner, 2000, S. 333, (338 ff.); in der Sache auch MünchArbR/*Richardi* (2. Aufl.), § 14 Rz. 61 ff.; vgl. auch *Wiedemann*, Das Arbeitsverhältnis als Austausch- und Gemeinschaftsverhältnis, 1966, S. 66, nach dessen Auffassung das von ihm verfochtene arbeitsrechtliche Schutzprinzip „als ungeschriebener Leitgedanke des modernen Arbeitsrechts gleich § 242 BGB den Charakter einer Sach- und Ermächtigungsnorm" trägt.
6 BAG v. 27.5.1992 – 5 AZR 324/91, EzA § 339 BGB Nr. 8; v. 14.11.1993 – 5 AZR 153/93, NZA 1994, 759.
7 BAG v. 16.3.1994 – 5 AZR 339/92, NZA 1994, 937.

dieser Auffassung dürften die Unterschiede zur jetzt klargestellten Rechtslage nicht allzu groß sein.

Die früher übliche Praxis einer Billigkeitskontrolle unter Heranziehung des § 315 BGB stand keineswegs dem Gesetz näher als eine Inhaltskontrolle nach den Maßstäben des AGB-Rechts.

Die „methodische Reintegration des Arbeitsrechts in die Gesamtrechtsordnung, insbesondere das Zivilrechtssystem",[1] die jetzt durch § 310 Abs. 4 BGB gefördert wird, bringt einen Zugewinn an Rechtssicherheit, ohne dass der Schutz des Schwächeren gefährdet würde.

Nachdem die Inhaltskontrolle nach den Maßstäben des AGB-Rechts fester Bestandteil der Zivilrechtsordnung geworden ist, sind Rückwirkungen auf das und Harmonisierungen zum Arbeitsvertragsrecht kaum zu vermeiden. Wenn die Einheit des Zivilrechts, insbesondere des Schuldrechts, nicht gefährdet werden soll, haben Rechtsprechung und Lehre sicherzustellen, dass es nicht zu Systembrüchen und Wertungswidersprüchen innerhalb der Familie der Dauerschuldverhältnisse, insbesondere aber der Gruppe der Dienstverträge, kommt.[2] **88**

b) Besonderheiten des Arbeitsrechts

§ 310 Abs. 4 Satz 2 BGB bestimmt vor dem Hintergrund, dass im Arbeitsrecht besondere Problemlagen bestehen können – die durchaus von der Lage im allgemeinen Zivilrecht abweichen können –, dass bei der Anwendung der §§ 305 ff. BGB die **Besonderheiten des Arbeitsrechts angemessen zu berücksichtigen** sind. Dabei ist zu beachten, dass die gesetzgeberische Grundentscheidung es nicht erlaubt, im Arbeitsrecht nach alten Gedankenmustern fortzufahren. Vielmehr muss bei jeder Frage der Inhaltskontrolle sorgsam überlegt werden, ob tatsächlich eine Abweichung von den allgemeinen zivilrechtlichen Maßstäben, die in der Rechtsprechung des Bundesgerichtshofs ihre Konkretisierung finden, gerechtfertigt ist. Die Prüfung erfolgt **dreistufig**[3]: Zunächst ist die Klausel an den allgemeinen Grundsätzen des AGB-Rechts zu messen. Auf der zweiten Stufe ist zu untersuchen, ob überhaupt Besonderheiten des Arbeitsrechts bestehen. Ist dies der Fall, ist auf der nächsten Stufe zu fragen, wie diese angemessen berücksichtigt werden können. **89**

Was genau unter den **Besonderheiten des Arbeitsrechts** zu verstehen ist, ist noch nicht vollständig geklärt. Teilweise wurden mit Hilfe dieser Passage die Auswirkungen der Schuldrechtsmodernisierung auf das Arbeitsrecht zu marginalisieren versucht.[4] So wurde bestritten, dass die Anwendungserstreckung des AGB-Rechts auf das Arbeitsrecht zum Schutze der Arbeitnehmer erforderlich sei.[5] Ferner wurde der Gesetzgeber so interpretiert, dass er keine weitere Rechtsänderung beabsichtigt habe. Überrascht nimmt man die Auffassung zur Kenntnis, der Gesetzgeber habe **90**

---
1 So *Reuter*, FS Hilger/Stumpf, 1983, S. 573.
2 Hierzu *Preis*, Vertragsgestaltung, § 8 II.
3 Staudinger/*Krause*, Anh. zu § 310 BGB Rz. 152.
4 Besonders *Lingemann*, NZA 2002, 181 ff.
5 Dieses rechtspolitische Argument wird auch gegen die Verbrauchereigenschaft ins Feld geführt, *Bauer/Kock*, DB 2002, 43 f.

die Grundlagen der Inhaltskontrolle nicht ändern wollen.[1] Teilweise wurde § 310 Abs. 4 BGB so interpretiert, dass die Besonderheit des Arbeitsrechts die Unterlegenheit des Arbeitnehmers sei. Deshalb sei die Inhaltskontrolle besonders streng vorzunehmen.[2] Darüber hinaus wurde die überraschende Position vertreten, dass das AGB-Recht im Arbeitsrecht zur Entgeltkontrolle führe und Tarifverträge zum Maßstab der Inhaltskontrolle würden.[3]

91 Die dargestellten Extrempositionen sollten auf eine möglichst gesetzkonforme Position zurückgeführt werden. Bei der richtigen Anwendung des § 310 Abs. 4 Satz 2 BGB ist zu bedenken, dass die Bereichsausnahme weniger weitgehend ist als die des § 310 Abs. 1 Satz 2 BGB. Dort kann nämlich sogar auf die „im Handelsverkehr geltenden Gewohnheiten und Gebräuche" Rücksicht genommen werden. Im Lichte des § 310 Abs. 4 BGB sind daher nur die **rechtlichen Besonderheiten** im Arbeitsrecht angemessen zu berücksichtigen.[4] Ausgeschlossen ist die Berücksichtigung rein tatsächlicher Besonderheiten.[5] Das BAG hat hingegen pauschal und im Widerspruch zu anderen Urteilspassagen auch die Berücksichtigung tatsächlicher Besonderheiten betont.[6] Das ist abzulehnen.[7] Dass tatsächliche Auswirkungen im AGB-Recht zu berücksichtigen sind, ist evident. Es kann aber nicht eine an sich anwendbare Norm mit dem Hinweis auf schlichte Usancen im Arbeitsleben beiseite geschoben werden. Eine rechtliche Besonderheit sind noch keine bisher „üblichen" Formularbestimmungen oder verbreitete Usancen. Nur sofern sich tatsächliche Besonderheiten auch normativ widerspiegeln, können sie als rechtliche Besonderheit anerkannt werden. Unter Arbeits*recht* sind **nicht nur Gesetze, sondern auch gesetzesvertretendes Richterrecht** – aber nicht jede Entscheidung des BAG! – zu verstehen. Man kann hier an die klassischen Fallgestaltungen der Arbeitnehmerhaftung,[8] der Betriebsrisikolehre[9] sowie der Rückzahlung von Ausbildungskosten[10] denken.

92 Sind nun arbeitsrechtliche Besonderheiten festgestellt worden, schließen diese indes die Inhaltskontrolle nicht von vornherein aus. Vielmehr sind sie lediglich „an-

---

1 So *Lingemann*, NZA 2002, 181 (183). Kaum Änderungen prognostiziert auch *Berkowsky*, AuA 2002, 11 (15); dagegen *Schnitker/Grau*, BB 2002, 2120; *Gotthardt*, ZIP 2002, 277 mit der treffenden Bemerkung, der Gesetzgeber habe sein eigenes Werk mittels § 310 Abs. 4 Satz 2 BGB schwerlich in toto gegen Null reduzieren wollen.
2 So *Klevemann*, AiB 2002, 579 (582).
3 *Däubler*, NZA 2001, 1329 (1333f.); *Lakies*, NZA-RR 2002, 337.
4 So *Thüsing*, NZA 2002, 591 (592), der § 310 Abs. 4 Satz 2 BGB auf rechtliche Besonderheiten beschränkt; dem folgend ArbG Bochum v. 8.7.2002 – 3 Ca 1287/02, NZA 2002, 978 (979f.); a.A. Staudinger/*Krause*, Anh. zu § 310 BGB Rz. 147, wonach auch tatsächliche Besonderheiten des Arbeitslebens zu berücksichtigen sind, sofern sie zu allgemein gültigen normativen Aussagen verdichtet werden können.
5 *Thüsing*, Rz. 108; a.A. *Joost*, S. 1199 (1203); diese Streitfrage noch offen lassend BAG v. 4.3.2004 – 8 AZR 196/03, NZA 2004, 727.
6 BAG v. 25.5.2005 – 5 AZR 572/04, NZA 2005, 1111; v. 1.3.2006 – 5 AZR 363/05, NZA 2006, 746 (749).
7 Ebenso *Thüsing*, Rz. 108f.; a.A. WLP/*Stoffels*, Anh. zu § 310 BGB Rz. 18; CKK/*Kreft*, § 310 BGB Rz. 56.
8 Grundlegend BAG v. 24.11.1987 – 8 AZR 524/82, NZA 1988, 579.
9 Vgl. nur BAG v. 23.6.1994 – 6 AZR 853/93, NZA 1995, 468; v. 8.12.1982 – 4 AZR 134/80, AP Nr. 58 zu § 616 BGB; BG v. 6.11.1968 – 4 AZR 186/68, AP Nr. 16 zu § 615 BGB Betriebsrisiko.
10 BAG v. 16.3.1994 – 5 AZR 339/92, NZA 1994, 937.

gemessen zu berücksichtigen".[1] Das kann nur so geschehen, dass die im Rahmen der Inhaltskontrolle vorgefundene **Interessenlage der Vertragspartner im allgemeinen Zivilrecht mit derjenigen im Arbeitsrecht zu vergleichen** ist. Anhand dieses Interessenvergleichs ist hinsichtlich jeder einzelnen Norm der §§ 307 ff. BGB bzw. jedes richterrechtlichen Grundsatzes zu prüfen, ob eine Abweichung im Arbeitsrecht weiterhin gerechtfertigt ist. Besteht kein wesentlicher Unterschied zwischen der im Zivilrecht geregelten und der im Arbeitsrecht bestehenden Interessenlage, müssen die Gerichte die §§ 305 ff. BGB (uneingeschränkt) anwenden.[2]

c) Angemessenheitskontrolle nach §§ 307 bis 309 BGB

Schon vor In-Kraft-Treten des Schuldrechtsmodernisierungsgesetzes mehrten sich die Stimmen, die die in § 9 AGBG, aber auch in vereinzelten Klauselverboten der §§ 10, 11 AGBG enthaltenen allgemeinen Rechtsgedanken für arbeitsvertragliche Probleme fruchtbar machen wollten.[3] Freilich wurde gemahnt, die in §§ 9–11 AGBG enthaltenen Grundsätze nicht unbesehen auf das Arbeitsrecht zu übertragen. Es müsse möglich bleiben, den Besonderheiten des Arbeitsrechts in seiner besonderen Schutzrichtung Rechnung zu tragen.[4] Exakt diese Bedenken hat der Gesetzgeber durch § 310 Abs. 4 Satz 2 BGB aufgenommen. 93

Die Frage, ob die Vorschriften des AGB-Rechts zur Inhaltskontrolle unmittelbare Anwendung finden konnten, war im Ergebnis von **keiner großen Relevanz**.[5] Da die Angemessenheitskontrolle vorformulierter Verträge nach § 9 AGBG a.F. nichts anderes als eine gesetzliche Konkretisierung der im Zivilrecht begründeten richterrechtlichen Anwendung des § 242 BGB war,[6] konnte letztlich dahinstehen, ob man die notwendige Konkretisierung dieser Generalklausel auf der Basis des § 242 BGB oder des § 9 AGBG a.F. vollzog. Ohnehin müssen diese allgemeinen zivilrechtlichen Generalklauseln zugespitzt auf die besonderen Problemlagen des Arbeitsvertragsrechts angewendet werden. Deshalb wurde es zu Recht als wichtiger erachtet, die aus den Vorschriften zur Inhaltskontrolle folgenden Obersätze sachgebietsbezogen zu konkretisieren.[7] 94

Größere praktische Bedeutung hat die Frage, welche besonderen **Klauselverbote** für das Arbeitsrecht fruchtbar gemacht werden können. Die Problematik ist deshalb relativ leicht einzugrenzen, weil die meisten Tatbestände der §§ 308, 309 BGB auf Kauf- und Werkverträge ausgerichtet sind. Dennoch gibt es einige Klauselverbote, die **allgemeine Bedeutung im Vertragsrecht** haben und deren Wertgehalt auch für das Arbeitsvertragsrecht zu überprüfen ist. 95

Erklärungs- und **Zugangsfiktionen** (§ 308 Nr. 5 und 6 BGB) sowie **Beweislaständerungen** und **Formerfordernisse** (§ 309 Nr. 12 und 13 BGB) sind Problemfelder, 96

---

1 Staudinger/*Krause*, Anh. zu § 310 BGB Rz. 151.
2 Vgl. hierzu *Preis*, NZA Sonderbeilage zu Heft 16/2003; *Lindemann*, § 12 III.
3 *Walchshöfer* in 10 Jahre AGB-Gesetz, S. 159; *Wolf*, RdA 1988, 270 (273 ff.); *Preis*, Vertragsgestaltung, § 9 II 6.
4 *Bunte*, ZIP 1984, 1313 (1316).
5 Ähnlich *Wolf*, RdA 1988, 270 (274).
6 Ebenso MünchArbR/*Richardi* (2. Aufl.), § 14 Rz. 74: „Positivierung des zivilrechtlichen Grundprinzips".
7 Ähnlich *Wolf*, RdA 1988, 270 (271 ff.).

die das gesamte Vertragsrecht betreffen und nicht nur Bedeutung für bestimmte Vertragstypen haben. Schließlich sind in Formulararbeitsverträgen ebenfalls häufig → *Schadenspauschalierungen*, II S 20 und → *Vertragsstrafen*, II V 30 enthalten, für die der Gesetzgeber bei vorformulierter Vertragsgestaltung in § 309 Nr. 5 und 6 BGB eine Regelung getroffen hat. Inzwischen hat das BAG aber § 309 Nr. 6 BGB im Arbeitsrecht wegen spezifischer rechtlicher Besonderheiten (§ 888 Abs. 3 ZPO) für nicht anwendbar erklärt.[1] Bislang hat das BAG noch keine Vertragsklausel an einem Klauselverbot ohne Wertungsmöglichkeit (§ 309 BGB) scheitern lassen. Bei den Klauselverboten mit Wertungsmöglichkeit haben hingegen § 308 Nr. 3 BGB (Unangemessenheit eines Rücktrittsvorbehalt in einem Vorvertrag)[2] und § 308 Nr. 4 BGB (Unzulässigkeit eines Widerrufsvorbehalts)[3] Bedeutung erlangt. Für § 308 Nr. 4 BGB ist zu beachten, dass hier nur Leistungen des Verwenders erfasst werden, nicht hingegen versprochene Leistungen seines Vertragspartners.[4]

aa) Besondere Klauselverbote

97 § 309 BGB enthält Klauselverbote **ohne Wertungsmöglichkeit**, § 308 BGB Klauselverbote **mit Wertungsmöglichkeit**. Diese Klauselverbote gehen der allgemeinen Inhaltskontrolle nach § 307 BGB vor. Gerade in Bezug auf die besonderen Klauselverbote stellt sich jedoch die Frage, ob sie angesichts der Besonderheiten des Arbeitsrechts (Rz. 89 ff.) uneingeschränkt Anwendung finden können. Dies ist hinsichtlich jeder einzelnen Regelung gesondert zu betrachten und wird im Rahmen der einzelnen Vertragsklauseln (unten Teil II) behandelt.

bb) Leitlinien der Angemessenheitskontrolle nach § 307 BGB

98 Notwendig sind allgemeine Leitlinien für die Inhalts- bzw. Angemessenheitskontrolle, um **Rechtssicherheit** auch für die Grenzen der Vertragsgestaltung zu schaffen.[5] In der Rechtsprechung sind sie bislang nur punktuell vorhanden. Wichtiger Grundpfeiler ist das Verbot einer nach Treu und Glauben unangemessenen Benachteiligung, § 307 Abs. 1 Satz 1 BGB. Dieser Maßstab hat vereinzelt auch Eingang in die Rechtsprechung des Bundesarbeitsgerichts gefunden.[6]

(1) Genereller, typisierender Prüfungsmaßstab

99 Typische Vertragsklauseln müssen nicht nur bei der **Auslegung**, sondern auch bei der **Inhaltskontrolle** typisierenden und generalisierenden Wertungen unterzogen werden, wenn Rechtssicherheit und eine normativ strukturierte Rechtsfindung überhaupt möglich werden sollen. Der generelle Prüfungsmaßstab verhindert jedoch nicht die Berücksichtigung besonderer Interessen und Zwecke, wenn diese aufgrund **rechtlicher Wertungen** eine unterschiedliche Behandlung verlangen.

---

1 BAG v. 4.3.2004 – 8 AZR 196/03, NZA 2004, 727; Staudinger/*Krause*, Anh. zu § 310 BGB Rz. 151.
2 BAG v. 27.7.2005 – 7 AZR 488/04, NZA 2006, 539.
3 BAG v. 12.1.2005 – 5 AZR 364/04, NZA 2005, 465.
4 BAG v. 13.6.2007 – 5 AZR 564/06, NZA 2007, 974.
5 Hierzu ausführlich *Preis*, Vertragsgestaltung, § 11.
6 Vgl. etwa BAG v. 24.3.1988 – 2 AZR 630/87, NZA 1989, 101, dort freilich unter dem falschen normativen Ansatz des § 138 BGB.

Wenn aber eine Vertragsklausel einen unangemessen benachteiligenden Inhalt hat, dann ist es für die Wirksamkeit der Klausel nicht ausschlaggebend, ob sich der benachteiligende Inhalt auch im konkreten Einzelfall tatsächlich auswirkt.[1] Entscheidend ist allein, was nach dem **konkreten Inhalt der Klausel** geltend gemacht werden kann und welche Folgen sich daraus bei genereller Betrachtung ergeben.[2]

Im Rahmen des § 307 BGB gilt, dass die generalisierende Betrachtung zwar bezogen auf bestimmte verkehrstypische Verhältnisse zu konkretisieren ist, aber die Berücksichtigung besonderer Vertragsarten und Vertragstypen mit ihren besonderen Gegenständen und Eigenarten dem nicht entgegensteht.[3] Eine Vertragsklausel, die mit gleichem Inhalt in Verträgen unterschiedlicher Arbeitnehmertypen verwandt wird, kann in dem einen Fall wirksam, in dem anderen unwirksam sein. Wenn die Verhältnisse und Schutzbedürfnisse generell unterschiedlich gelagert sind, kann die notwendige Interessenabwägung zu gruppentypisch unterschiedlichen Ergebnissen führen.[4] Das bedeutet, dass je nach den in Rede stehenden Sachproblemen durchaus generalisierende Bewertungsunterschiede zwischen Arbeitsverträgen leitender Angestellter, „normaler" Arbeitnehmer, Teilzeitarbeitnehmer oder nebenberuflich Beschäftigte bestehen können.

100

Aufgrund der Einordnung der Arbeitnehmer als Verbraucher (Rz. 68 ff.) ist dieser generalisierende Prüfungsmaßstab nach **§ 310 Abs. 3 Satz 3 BGB** aber durch die Berücksichtigung **konkret individueller Umstände des Vertragsschlusses** zu ergänzen.[5] Diese Regelung geht zurück auf die europäische Richtlinie 93/13/EWG.[6] Aus dieser lassen sich Anhaltspunkte entnehmen, was unter diesen Umständen des Vertragsschlusses zu verstehen ist. Nach deren Erwägungsgrund 16 ist bei der Beurteilung von Treu und Glauben und damit bei der Angemessenheitsprüfung – neben den abstrakten Kriterien – „besonders zu berücksichtigen, welches **Kräfteverhältnis** zwischen den Verhandlungspositionen der Parteien bestand, ob auf den Verbraucher in irgendeiner Weise eingewirkt wurde, seine Zustimmung zu der Klausel zu geben, und ob die Güter oder Dienstleistungen auf eine Sonderbestellung des Verbrauchers hin verkauft bzw. erbracht wurden". Es kommt also auf die **persönlichen Eigenschaften, die Geschäftserfahrung und Verhandlungsstärke, die Beurteilungsfähigkeit, das Angewiesensein auf die Leistung**,[7] auf **intellektuelle Stärken und Schwächen**[8] sowie auf die **konkrete Situation des Vertragsschlusses** an, d.h. ob der Verwender seinen Vertragspartner überrascht, überrumpelt oder den wahren Vertragsinhalt verschleiert.[9]

101

---

1 Vgl. UBH/*Fuchs*, § 307 BGB Rz. 110; BGH v. 23.6.1988 – VII ZR 117/87, NJW 1988, 2536.
2 BGH v. 28.10.1981 – VIII ZR 302/80, NJW 1982, 870 (872); v. 6.10.1982 – VIII ZR 201/81, NJW 1983, 159 (161); v. 6.2.1985 – VIII ZR 61/84, NJW 1985, 3013 (3015).
3 *von Hoyningen-Huene*, Die Inhaltskontrolle nach § 9 AGB-Gesetz, 1991, Rz. 29, 33; BGH v. 8.1.1986 – VIII ARZ 4/85, NJW 1986, 2102 f.; v. 29.10.1980 – VIII ZR 262/79, BGHZ 78, 305.
4 S. UBH/*Fuchs*, § 307 BGB Rz. 111.
5 Ebenso BAG v. 31.8.2005 – 5 AZR 545/04, NZA 2006, 324.
6 ABl. EG Nr. L 95 v. 21.4.1993, S. 29 ff.
7 UBH/*Fuchs*, § 307 BGB Rz. 406 ff.
8 *Bunte*, DB 1996, 1389 (1390).
9 *Bunte*, DB 1996, 1389 (1390).

(2) Regelfälle unangemessener Benachteiligungen

102 Typische Regelbeispiele unangemessener Benachteiligungen des Vertragspartners hat der Gesetzgeber in § 307 Abs. 2 BGB kodifiziert. Danach ist eine unangemessene Benachteiligung „im Zweifel" anzunehmen, „wenn eine Bestimmung

(1) mit wesentlichen Grundgedanken der gesetzlichen Regelung, von der abgewichen wird, nicht zu vereinbaren ist oder

(2) wesentliche Rechte oder Pflichten, die sich aus der Natur des Vertrages ergeben, so einschränkt, dass die Erreichung des Vertragszwecks gefährdet ist."

103 Hinter diesen Typisierungen steht die Idee des Leitbildes des dispositiven Rechts. Eine unangemessene Benachteiligung liegt im Zweifel auch dann vor, wenn wesentliche Rechte oder Pflichten, die sich aus der Natur des Vertrags ergeben (sog. Kardinalpflichten), so eingeschränkt werden, dass die **Erreichung des Vertragszwecks gefährdet** ist. Das kann etwa bejaht werden bei Abbedingung der Beschäftigungspflicht[1] oder bei Freiwilligkeitsvorbehalten bezogen auf Hauptpflichten.[2] Bei Verzichtserklärungen und Ausschlussfristen hat das BAG darauf hingewiesen, dass ein Verstoß gegen § 307 Abs. 2 Nr. 2 BGB darin liegen könne, dass die Klauseln zum Erlöschen der vertraglichen Hauptleistungspflicht führen können.[3]

(3) Einzelne Leitlinien

104 Die Kontrollpraxis in der Rechtsprechung des BAG läuft trotz unterschiedlicher normativer Ansatzpunkte häufig darauf hinaus, bestimmte Vertragsgestaltungen nur „aus sachlichem Grund" zuzulassen. Dies besagt noch relativ wenig über den inneren Maßstab, der an die Kontrolle einer vertraglichen Regelung angelegt wird. Notwendig ist die Entwicklung allgemeiner Leitlinien,[4] für die Stichworte u.a. sind:

(a) Art des Arbeitsvertrages, Stellung des Arbeitnehmers

105 Es gibt eine Vielzahl von Arbeitsvertragstypen, die charakterisiert sein können durch den **Status des Arbeitnehmers** (leitender Angestellter, außertariflicher Angestellter, Tarifangestellter und -arbeiter), durch ihren **Inhalt** (Art der Arbeitsaufgabe, Weiterbildungsverträge) und deren **Vergütungsform** (z.B. Stundenlohn, Leistungslohn, Provision), durch den **zeitlichen Umfang der geschuldeten Tätigkeit** (sog. Vollzeitarbeitnehmer oder Teilzeitarbeitnehmer) und durch die **Dauer der Vertragsbeziehung** (unbefristetes oder befristetes Arbeitsverhältnis). Die Differenzierung kann aber noch weiter greifen, etwa in der Gruppe der Teilzeitarbeitnehmer zwischen den „normalen" und den Teilzeitbeschäftigten, die nur **nebenberuflich** – zusätzlich zu einer Vollzeitbeschäftigung – noch ein Arbeitsverhältnis mit einem weiteren Arbeitgeber eingehen. All diese Vertragstypen können unter Umständen eine differenzierte Klauselbewertung erforderlich machen. Bei der Inhaltskontrolle vorformulierter Vertragsbedingungen im Bereich der Führungskräfte ist auf die im Rechtsverkehr mit diesen Arbeitnehmertypen üblichen Gewohnheiten und Ge-

---

1 Vgl. ErfK/*Preis*, § 611 BGB Rz. 563 ff.
2 BAG v. 25.4.2007 – 5 AZR 627/06, NZA 2007, 853.
3 BAG v. 28.9.2005 – 5 AZR 52/05, NZA 2006, 149.
4 Ausführlich *Preis*, Vertragsgestaltung, § 11 IV; für den Bereich flexibler Arbeitsbedingungen *Lindemann*, § 13.

bräuche Rücksicht zu nehmen. So hat das BAG typisierte Kontrollmaßstäbe bei Rückzahlungs- und Stichtagsklauseln von Sonderzahlungen nicht auf die besonderen Ausübungsbedingungen von Aktienoptionsplänen, die einem leitenden Angestellten gestellt wurden, übertragen.[1]

(b) Erscheinungsbild des Gesamtvertrages

Nicht nur die isolierte Vertragsklausel, sondern der gesamte Vertragsinhalt ist zu betrachten. Summierende und kompensierende Effekte in Vertragsbedingungen sind zu berücksichtigen.[2] So können Klauseln, die isoliert einer Inhaltskontrolle standhalten würden, eine gegenseitige Summierungswirkung entfalten und deshalb eine unangemessene Benachteiligung hervorrufen.[3] Die Kombination der Befugnis zur Anordnung von Mehrarbeit → *Mehrarbeits- und Überstundenvergütung*, II M 20 mit einer bloßen Pauschalabgeltung kann unangemessene, das Gegenleistungsverhältnis erheblich beeinträchtigende Auswirkungen haben.[4] Weiter sei das Zusammenwirken einer Fälligkeitsabrede und einer kurzen, isoliert betrachtet aber nicht unangemessenen → *Ausschlussfrist*, II A 150 erwähnt.

106

(c) Kompensation nachteiliger durch vorteilhafte Bestimmungen

Möglichkeiten und Notwendigkeiten einer kompensatorisch strukturierten Vertragsgestaltung sind im Arbeitsvertragsrecht bislang nicht hinreichend erkannt. Nur selten finden sich pflichterweiternde oder benachteiligende Vertragsklauseln, die mit einem konkreten Vorteil kompensiert werden. Beispiele: Neben den → *Mankoabreden*, II M 10, die nur unter der Voraussetzung eines kompensatorischen finanziellen Ausgleichs zulässig sind,[5] können die **Rückzahlungsklauseln für Ausbildungskosten** als Anwendungsfall kompensatorischer Vertragsgestaltung im Arbeitsrecht genannt werden. Die Klauseln erkennt die Rechtsprechung nur an, wenn mit der Ausbildung auch ein spürbarer (geldwerter) Vorteil verbunden ist. Eine Kostenbeteiligung bzw. eine Bindung durch eine Rückzahlungsklausel ist dem Arbeitnehmer umso eher zuzumuten, je größer der mit der Ausbildung verbundene berufliche Vorteil für ihn ist.[6]

107

(d) Vorbildfunktion tarifvertraglicher Regelungen

Ob die Üblichkeit tariflicher Regelungen auch die Beurteilung von Arbeitsverträgen nicht tarifgebundener Arbeitnehmer beeinflussen kann, ist fraglich.[7] Nur der Tarifvertrag als Ganzes unterliegt einer privilegierten Beurteilung. Bei einer isolierten

108

---

1 BAG v. 28.5.2008 – 10 AZR 351/07, NZA 2008, 1066.
2 BAG v. 4.3.2004 – 8 AZR 196/03, NZA 2004, 727.
3 Beispiele aus der Rspr. des BGH: BGH v. 18.9.1967 – VII ZR 52/65, BGHZ 48, 264 (267); v. 6.10.1982 – VIII ZR 201/81, NJW 1983, 159; v. 14.1.1986 – X ZR 54/84, ZIP 1986, 653.
4 Hierzu näher *Preis*, Vertragsgestaltung, § 15 III 2.
5 Vgl. *Preis*, Vertragsgestaltung, § 11 IV 5 sowie unter § 16 II.
6 BAG v. 18.8.1976 – 5 AZR 399/75, NJW 1977, 973 und v. 15.5.1985 – 5 AZR 161/84, AP Nr. 9 zu § 611 BGB Ausbildungsbeihilfe; LAG Hess. v. 7.9.1988 – 2 Sa 359/88, LAGE § 611 BGB Ausbildungshilfe Nr. 3; LAG Mainz v. 23.10.1981 – 6 Sa 353/81, EzA Art. 12 GG Nr. 18.
7 Ablehnend *Birk*, Anm. zu BAG, AP Nr. 37 zu § 620 BGB Befristeter Arbeitsvertrag.

Klausel aus dem Gesamtwerk eines Tarifvertrages kann dies nicht gelten. Ohnehin könnte sich eine tarifliche Vorbildfunktion wegen der Differenziertheit der Arbeitsrechtsbeziehungen nur im Hinblick auf eine bestimmte Branche und bestimmte Arten von Arbeitsverhältnissen entwickeln.[1]

(e) Transparenz der Vertragsgestaltung

109 Vorformulierte Vertragsbedingungen, auf deren Gestaltung der Vertragspartner keinen Einfluss hat, müssen **durchschaubar, richtig, bestimmt** und möglichst **klar** sein.[2] Dieses sog. Transparenzgebot als Bestandteil der Inhaltskontrolle erkennt jetzt § 307 Abs. 1 Satz 2 BGB ausdrücklich an. Die Transparenzkontrolle greift auch bei normwiederholenden Klauseln und Preisabreden (§ 307 Abs. 3 Satz 2 BGB) sowie bei Bezugnahmen auf Tarifverträge und Betriebsvereinbarungen (§ 310 Abs. 4 Satz 3 BGB).[3] Eine unangemessene Benachteiligung kann sich auch daraus ergeben, dass eine Vertragsbestimmung nicht klar und verständlich ist. Das Transparenzgebot ist Bestandteil der Angemessenheitskontrolle. Übersteigerte Anforderungen dürfen jedoch nicht gestellt werden. Auslegungsbedürftigkeit bedeutet nicht zugleich Intransparenz. Doch muss die Klausel die Angemessenheit und Zumutbarkeit erkennen lassen und die tatbestandlichen Voraussetzungen und Rechtsfolgen so genau beschreiben, dass für den Arbeitgeber keine ungerechtfertigten Beurteilungsspielräume entstehen.[4]

Beispiel:

Ausprägung des Transparenzgebots ist auch die Rechtsprechung des BAG zu auflösenden Bedingungen. Auflösende Bedingungen (etwa fehlende gesundheitliche Eignung, Erwerbsunfähigkeit) müssen hinreichend bestimmt ausgestaltet sein.[5]

Problematisch unter dem Gesichtspunkt des Transparenzgebots sind **dynamische Verweisungen** auf Tarifverträge, weil dort die Gefahr besteht, dass der Arbeitnehmer bei Vertragsschluss zukünftige Änderungen des Vertragsinhalts nicht absehen kann.[6] Das Transparenzgebot erfordert nicht, den Gesetzestext in den Vertragstext aufzunehmen oder eine gesetzliche Regelung mit eigenen Worten darzustellen oder zu erläutern.[7] Allerdings gilt die Transparenzkontrolle auch für preisbestimmende, leistungsbeschreibende Vertragsklauseln (§ 307 Abs. 3 Satz 2 BGB) und damit auch für vorformulierte einzelvertragliche Vergütungsregeln. Das BAG akzentuiert entsprechende Rechtsgedanken bei Änderungsvorbehalten und sog. Freiwilligkeitsvorbehalten.[8]

---

1 So auch zur tariflichen Üblichkeit der Befristung von Arbeitsverträgen BAG v. 25.1.1973 – 2 AZR 158/72, AP Nr. 37 zu § 620 BGB Befristeter Arbeitsvertrag.
2 UBH/*Ulmer/Habersack*, Einl. Rz. 58.
3 A.A. gegen den Gesetzeswortlaut BAG v. 28.6.2007 – 6 AZR 750/06, NZA 2007, 1049.
4 BAG v. 31.8.2005 – 5 AZR 545/04, NZA 2006, 324.
5 BAG v. 27.10.1988 – 2 AZR 109/88, NZA 1989, 643.
6 Vgl. hierzu ausf. *Oetker*, JZ 2002, 337 (339 ff.), wonach die Zulässigkeit solcher Verweisungen aber daraus folge, dass der Gesetzgeber selbst diese Art der Regelungstechnik für zulässig hält und verwendet; a.A. offenbar *Thüsing* in von Westphalen, AGB-Klauselwerke, „Arbeitsverträge" Rz. 102.
7 BAG v. 28.5.2009 – 8 AZR 896/07, AP Nr. 6 zu § 306 BGB.
8 Näher ErfK/*Preis*, §§ 305–310 BGB Rz. 52 und 68.

(f) Grundrechtliche Wertungen

Generalklauseln des Privatrechts wie § 307 BGB sind auch nach der Lehre der **Schutzgebotsfunktion der Grundrechte** zwar nicht ausschließliches, aber doch bevorzugtes Einfallstor für die grundrechtliche Wert- und Güterverwirklichung.[1] Die Schutzgebotsfunktion der Grundrechte entfaltet sich auch und gerade in den Privatrechtsbeziehungen, die durch Ungleichgewichtigkeiten beider Seiten gekennzeichnet sind.[2] Auch im Rahmen der Angemessenheitskontrolle sind daher grundrechtliche Positionen zu berücksichtigen. Dies war schon im Geltungsbereich des AGBG anerkannt.[3]

110

(g) Entgelt-, Auftrags- und Beschäftigungsrisiken

Der Aspekt gerechter Risikoverteilung spielt bei der Inhaltskontrolle eine hervorragende Rolle.[4] Des Öfteren hat der Aspekt unzulässiger Risikoverlagerung auch in der Arbeitsrechtsprechung bereits Verwendung gefunden. Als typische Fallgruppen sind das Entgeltrisiko, das Betriebs- und Beschäftigungsrisiko, die Haftungsrisiken und die Frage der Versicherbarkeit von Risiken zu nennen. Wirtschaftliche Schwierigkeiten entbinden den Arbeitgeber nicht von der Erfüllung vertraglicher Pflichten.[5] Der Arbeitgeber hat grundsätzlich das Betriebs- und Wirtschaftsrisiko zu tragen.[6] Das bedeutet, dass er den Lohn auch dann zahlen muss, wenn die Belegschaft ohne sein Verschulden aus betriebstechnischen Gründen nicht beschäftigt werden kann (Betriebsrisiko) oder wenn die Fortsetzung des Betriebes etwa wegen Auftrags- oder Absatzmangels sinnlos wird (Wirtschaftsrisiko). So weicht die Vereinbarung von Abrufarbeit von wesentlichen Grundgedanken der in § 615 BGB geregelten Verteilung des Wirtschaftsrisikos ab.[7]

111

In einer Entscheidung vom 10.10.1990[8] erklärte der 5. Senat eine Verlustbeteiligung eines Arbeitnehmers für sittenwidrig, wenn der Arbeitnehmer hierdurch mit dem Betriebs- oder Wirtschaftsrisiko des Arbeitgebers belastet und ein angemessener Ausgleich für das übernommene Risiko nicht gewährt wird. Nach LAG Hamm vom 16.10.1989[9] darf das **Marktrisiko** nicht auf den Arbeitnehmer überwälzt werden. Der Vertragstyp des Arbeitsvertrages befreie den abhängig Beschäftigten von den nicht von ihm beeinflussbaren Marktschwankungen und gewährleiste so – als Ausgleich für den Ausschluss eigener unternehmerischer Chancen – einen weitgehenden Existenz- und Kontinuitätsschutz. Es stelle daher eine mit dem Leitbild des Arbeitsvertrages unvereinbare Überwälzung des unternehmerischen Marktrisi-

112

---

1 So *Stern*, Staatsrecht, Band III/1, 1988, § 76 IV 7c), S. 1584; *Canaris*, JuS 1989, 161 (163).
2 Namentlich *Stern*, Staatsrecht, Band III/1, 1988, § 76 IV 8e), S. 1595; *Canaris*, Anm. BVerfG AP Nr. 65 zu Art. 12 GG.
3 Vgl. *von Hoyningen-Huene*, Inhaltskontrolle, Rz. 86ff., 144; *Stoffels*, AGB-Recht, Rz. 495a.
4 Zum AGB-Recht vgl. im Überblick *von Hoyningen-Huene*, Inhaltskontrolle, Rz. 190ff.; *Stoffels*, AGB-Recht, Rz. 490.
5 Vgl. BAG v. 11.7.1990 – 5 AZR 557/89, NZA 1991, 67.
6 Staudinger/*Krause*, Anh. zu § 310 BGB Rz. 191.
7 BAG v. 7.12.2005 – 5 AZR 535/04, NZA 2006, 423 (427).
8 BAG v. 10.10.1990 – 5 AZR 404/89, NJW 1991, 860.
9 LAG Hamm v. 16.10.1989 – 19 (13) Sa 1510/88, ZIP 1990, 889 mit Anm. *Gaul*.

kos dar, wenn ausschließlich ein bestimmter Arbeitserfolg entlohnt wird, ohne dass dem Arbeitnehmer im Fall des Nichterfolges für seine ordnungsgemäß geleisteten Dienste eine Vergütung garantiert wird.

113 Vertragsgestaltungen, die das **Beschäftigungsrisiko** auf den Arbeitnehmer verlagern, sind regelmäßig unzulässig, etwa wenn die Arbeitspflicht oder ihr Ruhen insgesamt nach Grund und Höhe einseitig in der Hand des Arbeitgebers liegt.[1] Kündigungen wegen Beschäftigungsmangels sind grundsätzlich nur ordentlich nach § 1 KSchG bei einem „dringenden betrieblichen Erfordernis" möglich. Das BAG hat eine unzulässige Verlagerung des Betriebs- und Beschäftigungsrisikos in der Vereinbarung solcher **auflösender Bedingungen** gesehen, die allenfalls eine betriebsbedingte Kündigung rechtfertigen könnten.[2] Einseitige Leistungsbestimmungsrechte hinsichtlich des Umfangs der Arbeitszeit (→ *Direktionsrecht*, II D 30; → *Arbeitszeit*, II A 90), im Extremfall bis auf null, können zu einer unzulässigen Verlagerung von Bestandsschutz- und Beschäftigungsrisiken auf den Arbeitnehmer führen.[3] Das BAG hat jedoch eine klare, nicht überraschende und transparente Regelung, die das Ruhen des Arbeitsverhältnisses einer Reinigungskraft in einer Schule während der Schulferien vorsieht (mit der Konsequenz wegfallender Entgeltansprüche), gebilligt.[4]

114 Haftungsfreizeichnungen werden im AGB-Recht nur dann hingenommen, wenn das Schadensrisiko typischerweise besser vom Vertragspartner versichert werden kann.[5] Der Aspekt hat aber im Arbeitsrecht nicht die gleiche Bedeutung, weil der in der Regel den Vertrag vorformulierende Arbeitgeber nicht selbst leistet, sondern der Arbeitnehmer Dienste schuldet. Der Aspekt ist jedoch unter Umständen für Schäden an Sachen des Arbeitnehmers von Bedeutung. Bedeutsam ist die Verteilung von Haftungsrisiken bei Mankovereinbarungen (→ *Mankohaftung*, II M 10). Das BAG erklärte sie gar für sittenwidrig, wenn die – jeder Mankoabrede immanente – Risikoverlagerung unzumutbar (wegen fehlender Kontrollbefugnisse) auf den Arbeitnehmer verlagert wird.[6]

(h) Kündigungserschwerungen

115 Ein wesentlicher Aspekt der Angemessenheitskontrolle vertraglicher Bindungsklauseln ist der Aspekt der Kündigungserschwerung.[7] Mit ihm soll unzumutbaren Beschränkungen der Vertrags- und Kündigungsfreiheit des Arbeitnehmers begegnet werden. Auf das Kriterium der Kündigungserschwerung hat die Rechtsprechung insbesondere bei **Rückzahlungsklauseln** aller Art (Gratifikationen, Umzugskosten, Übergangsgelder und Ausbildungskosten), Vertragsstrafen und Verfallklauseln, bis hin zu Rückzahlungs- und Zinsanpassungsklauseln bei Arbeitgeberdarlehen und Personalrabatten abgestellt. Auch die Bindung einer am erzielten Umsatz orientierten Erfolgsbeteiligung, die Provisionscharakter hat, darf nicht davon abhängig ge-

---

1 BAG v. 9.7.2008 – 5 AZR 810/07, NZA 2008, 1407.
2 Für den Fall des Lizenzentzuges wegen wirtschaftlicher Leistungsunfähigkeit: BAG v. 9.7.1981 – 2 AZR 788/78, NJW 1982, 788.
3 BAG v. 12.12.1984 – 7 AZR 509/83, NZA 1985, 321.
4 BAG v. 10.1.2007 – 5 AZR 84/06, NZA 2007, 384.
5 Zum Ganzen *Koller*, ZIP 1986, 1089 ff.; UBH/*Fuchs*, § 307 BGB Rz. 156, 280.
6 BAG v. 22.11.1973 – 2 AZR 580/72, AP Nr. 67 zu § 626 BGB.
7 Grundlegend BAG v. 11.3.1971 – 5 AZR 349/70, AP Nr. 9 zu § 622 BGB.

macht werden, dass das Arbeitsverhältnis eine bestimmte Zeit bestanden haben muss.[1]

6. Rechtsfolgen bei Unwirksamkeit

Die in § 306 Abs. 1 BGB kodifizierte Abweichung von der Auslegungsregel des § 139 BGB, wonach **bei Teilnichtigkeit grundsätzlich der Vertrag im Übrigen aufrecht erhalten** bleiben soll, ist ein schon weit vor In-Kraft-Treten des AGBG im Arbeitsrecht anerkannter Rechtsgrundsatz gewesen. Schon die Arbeitsgesetzbuchkommission 1977 hatte ebenfalls einen der Regelung in § 6 Abs. 1 und 3 AGBG vergleichbaren Normtext vorgeschlagen (vgl. § 18 des Entwurfs).

116

Nicht geklärt war bislang, ob für den Bereich der Inhaltskontrolle von Arbeitsverträgen auch der in § 306 Abs. 2 BGB kodifizierte Grundsatz, wonach sich bei unwirksamen Vertragsbestimmungen der Inhalt des Vertrages nach den gesetzlichen Vorschriften richtet, zu übernehmen ist. Bei Verstößen gegen zwingendes Gesetzesrecht ergibt sich diese Konsequenz von selbst. Soweit aber die Unangemessenheit von Vertragsklauseln in Rede steht, ist dies nicht zwingend.[2] Denkbar sind hier auch → *salvatorische Klauseln*, II S 10 sowie das Instrument der geltungserhaltenden Reduktion von Vertragsklauseln. Von diesem Instrument machte das BAG in seiner Vertragskontrollpraxis stärker Gebrauch als von der Unwirksamkeitserklärung.[3] So wurden an sich unzulässige Rückzahlungsklauseln durch das BAG innerhalb der zulässigen Grenzen aufrechterhalten. Die Vertragskorrektur ging so weit, dass bei Ausbildungskosten die Staffelung des Rückzahlungsbetrages der abgekürzten Frist angepasst, also neu verteilt wurde.[4] Diese methodisch fragwürdige, teilweise als Auslegung kaschierte Inhaltskontrolle hat zur Konsequenz, dass überschießende Vertragsklauseln ohne Risiko in Formularverträgen fortbestehen können.

§ 306 Abs. 2 BGB geht hier einen anderen Weg. Bei vorformulierter Vertragsgestaltung ist auch im Arbeitsvertragsrecht grundsätzlich von einem **Verbot geltungserhaltender Reduktion** auszugehen.[5] Eine geltungserhaltende Reduktion hat das BAG auch mehrfach abgelehnt.[6] Für eine Anwendung des Verbots der geltungserhaltenden Reduktion für Arbeitsverträge spricht zudem, dass der BGH sich in ständiger Rechtsprechung weigert, Vertragsklauseln im Rahmen des gerade noch Zulässigen aufrecht zu erhalten, weil hierdurch dem Verwender jegliches Risiko

117

---

1 BAG v. 12.1.1973 – 3 AZR 211/72, AP Nr. 4 zu § 87a HGB.
2 Dafür allerdings *Wolf*, RdA 1988, 270 (276).
3 S. *Preis*, Vertragsgestaltung, § 13 III.
4 BAG v. 24.1.1963 – 5 AZR 100/62, AP Nr. 29 zu Art. 12 GG; v. 11.4.1984 – 5 AZR 430/82, NZA 1984, 288; zur Anwesenheitsprämie BAG v. 15.2.1990 – 6 AZR 381/88, NZA 1990, 601; dem folgend *Hager*, SAE 1996, 365.
5 Hierzu im Einzelnen *Preis*, Vertragsgestaltung, § 13 III; *Stoffels*, AGB-Recht, Rz. 593 ff.; *Gotthardt*, Rz. 331; *Lindemann*, § 14 III 1; Staudinger/*Krause*, Anh. zu § 310 BGB Rz. 273; *Rolfs*, FS für Schwerdtner (2003), S. 151; *Schlewing*, JbArbR 47 (2010), 47 (52 ff.); mit zahlreichen Nachweisen; hingegen für eine geltungserhaltende Reduktion auch nach neuem Schuldrecht *Lingemann*, NZA 2002, 181 (187); *Hromadka*, NJW 2002, 2523 (2529); *Thüsing*, NZA 2002, 501 (594); *Thüsing*, BB 2002, 2666 (2674); wohl auch *Schnitker/Grau*, BB 2002, 2120 (2126); offen lassend LAG Köln v. 1.2.2002 – 10 Sa 625/00, NZA-RR 2001, 461.
6 BAG v. 4.3.2004 – 8 AZR 196/03, NZA 2004, 727; v. 12.1.2005 – 5 AZR 364/04, NZA 2005, 465 (468); v. 25.5.2005 – 5 AZR 572/04, NZA 2005, 1111 (1114).

bei der Vorformulierung vorgefasster Vertragswerke abgenommen würde[1] und die geltungserhaltende Reduktion auch bei arbeitsrechtlichen Sachverhalten (Inhaltskontrolle einer Versorgungssatzung) abgelehnt hat.[2]

Im **Ausnahmefall ist eine ergänzende Vertragsauslegung** nach §§ 133, 157 BGB als Anwendung dispositiven Rechts nach § 306 Abs. 2 BGB möglich.[3] Eine ergänzende Vertragsauslegung erfordert, dass der Regelungsplan der Vertragspartner infolge der Lücke einer Vervollständigung bedarf.[4] Voraussetzung ist, dass der Rückfall auf die Gesetzeslage ohne eine Ergänzung des Vertrages keine angemessene, den typischen Interessen der Vertragsparteien Rechnung tragende Lösung bietet.[5] Diese engen Voraussetzungen hat das BAG vertretbar bei der Unwirksamkeit einer Vereinbarung zur Abrufarbeit bejaht. Eine gesetzliche Regelung der Arbeitszeit, die nach § 306 Abs. 2 BGB an die Stelle der vertraglichen Regelung hätte treten können, bestand nämlich nicht.[6] Eine ergänzende Vertragsauslegung muss auch dann ausscheiden, wenn Anhaltspunkte dafür fehlen, was redliche Vertragspartner statt der unwirksamen Klausel vereinbart hätten. Insbesondere bei benachteiligenden Klauseln, für die jeder Anhaltspunkt fehlt, auch der Arbeitnehmer könnte ein Interesse an der Regelung des Komplexes haben, scheidet eine ergänzende Vertragsauslegung aus, weil diese dann im Interesse des vorformulierenden Arbeitgebers faktisch zu einer geltungserhaltenden Reduktion führte.[7]

118 Von der geltungserhaltenden Reduktion ist die Frage der Teilbarkeit einer Klausel zu unterscheiden. Der Idee nach ist die Teilbarkeit der Klausel mittels einer Streichung des unwirksamen Teils mit einem „blauen Stift" zu ermitteln (sog. **Blue-Pencil-Test**).[8] Ist die verbleibende Regelung weiterhin verständlich und im Regelungsgefüge des Vertrages sinnvoll, bleibt sie ohne den unwirksamen Regelungsteil bestehen.[9] Freilich darf die Streichung nicht zu einer gänzlich abweichenden Vertragsgestaltung führen, die etwa den Sinn der Klausel völlig verändert.[10] In einem solchen Fall führt der unwirksame Klauselteil zu einer Unwirksamkeit der Gesamtklausel. Die unzulässige Vertragsstrafenregelung wegen schuldhaft vertragswidrigen Verhaltens des Arbeitnehmers kann unter Aufrechterhaltung der Klausel im Übrigen gestrichen werden, wenn daneben an den Nichtantritt des Arbeitsverhältnisses oder die Lösung des Arbeitsverhältnisses unter Vertragsbruch angeknüpft wird. Eine unzulässige Ausschlussfrist ist hingegen insgesamt unwirksam. Denn

---

1 BGH v. 6.10.1982 – VIII ZR 201/81, NJW 1983, 159; v. 1.2.1984 – VIII ZR 54/83, BGHZ 69, 73; v. 8.10.1986 – VIII ZR 342/85, NJW 1987, 487.
2 BGH v. 30.9.1998 – IV ZR 262/97, BGHZ 139, 333; s.a. BGH v. 23.6.1999 – IV ZR 136/98, NZA 1999, 1164; LG Karlsruhe v. 9.3.2001 – 6 S 23/00, NJW 2001, 1655 (1657).
3 Staudinger/*Krause*, Anh. zu § 310 BGB Rz. 251; *Stoffels*, AGB-Recht, Rz. 612 ff.
4 BGH v. 3.11.1999 – VIII ZR 269/98, NJW 2000, 1110 (1114).
5 BAG v. 28.11.2007 – 5 AZR 992/06, NZA 2008, 293; *Schlewing*, JbArbR 47 (2010), 47 (60) m.w.N.
6 BAG v. 7.12.2005 – 5 AZR 535/04, NZA 2006, 423 (428); zur Abgrenzung von ergänzender Vertragsauslegung und geltungserhaltender Reduktion *Ohlendorf/Salamon*, RdA 2006, 281.
7 S.a. den Fall v. BAG 11.2.2009 – 10 AZR 222/08, NZA 2009, 428.
8 BAG v. 19.12.2006 – 9 AZR 294/06, NZA 2007, 809; v. 21.4.2005 – 8 AZR 425/04, NZA 2005, 1053; Staudinger/*Krause*, Anh. zu § 310 BGB Rz. 254; krit. *Thüsing*, AGB-Kontrolle, Rz. 118 ff.
9 BAG v. 18.5.2011 – 10 AZR 206/10, NZA 2011, 1289.
10 BGH v. 18.4.1989 – X ZR 31/88, NJW 1989, 3215.

es gibt keine Ausschlussklausel ohne Frist.[1] Zweistufige Ausschlussfristen können hingegen geteilt werden.[2] Das gilt aber in aller Regel nur, wenn nur die zweite Stufe der Ausschlussfrist unwirksam ist.[3] Wenn die erste Stufe unwirksam ist, ist denknotwendig auch die zweite Stufe mit unwirksam, weil es keinen Anknüpfungszeitpunkt für die zweite Stufe gibt.[4] Grenzwertig ist jedoch auch die Entscheidung, die Klausel „freiwillig, jederzeit widerrufliche und anrechenbare Zulage" für teilbar zu halten.[5] Hier setzt auch die berechtigte Kritik von *Thüsing*[6] an. Der sog. Blue-Pencil-Test darf nicht dazu verleiten, gedrechselte Hilfsformulierungen in den Vertrag einzubauen. Eine solche Vertragsgestaltung würde schon gegen das Verbot sog. salvatorischer Klauseln verstoßen (→ *Salvatorische Klauseln*, II S 10). Schließlich kann es umgekehrt nicht darauf ankommen, ob eine Klausel nach der Streichung des unwirksamen Teils noch in jeder Richtung grammatikalisch richtig ist. Zutreffend ist, die Fragestellung, ob eine einheitliche, nicht teilbare Klausel vorliegt, am Zweck des Verbots der geltungserhaltenden Reduktion auszurichten. Mittels AGB soll nicht die für den Verwender günstigste Maximallösung erreicht werden.[7]

Sprachliche Teilbarkeit einer Klausel ist lediglich ein Indiz für inhaltliche Teilbarkeit. Der Schritt zur Umgehung des Verbots der geltungserhaltenden Reduktion ist hier nicht weit. In der Tat muss geprüft werden, ob der Klauselteil üblicherweise nicht selbständig vorkommt oder ob eine gekünstelte Aufspaltung der Klausel vorliegt. Die Grenzen der Teilbarkeit hat das BAG bei einer Ausschlussfrist, die für „alle Ansprüche aus dem Arbeitsverhältnis" gilt, überschritten, wenn es Ansprüche aus vorsätzlichen Vertragsverletzungen und unerlaubter Handlung sowie für die Fälle des § 309 Nr. 7 BGB „herausinterpretiert". In der Sache erfolgte eine abzulehnende geltungserhaltende Reduktion.[8] Grenzwertig ist auch die Entscheidung, aus einer Regelung einer Bonuszahlung das Wort „ungekündigt" zu streichen, so dass nach der Streichung lediglich der Bestand eines Arbeitsverhältnisses Voraussetzung für einen Anspruch ist.[9] Die Bedenken gegen diese Entscheidung rühren daher, dass sich letztlich der vorformulierende Arbeitgeber auf den unwirksamen Teil seiner eigenen Klausel berief, um einen Sonderzahlungsanspruch abzuwehren. Das ist aus dem Schutzzweck des AGB-Rechts heraus abzulehnen.[10] Eine solche sinnverändernde Streichung, die zur Veränderung der Anspruchsgrundlage führt, ist nicht zulässig. Der 10. Senat hat die anderslautende Rechtsprechung deshalb zu Recht aufgegeben.[11]

118a

---

1 BAG v. 25.5.2005 – 5 AZR 572/04, NZA 2005, 1111 (1114); vgl. zu einer unteilbaren Rückzahlungsklausel BAG v. 31.1.2007 – 9 AZR 482/06, NZA 2007, 748.
2 *Preis/Roloff*, RdA 2005, 144 (158).
3 BAG v. 23.10.2013 – 5 AZR 556/12, NZA 2014, 313 Rz. 20.
4 BAG v. 16.5.2012 – 5 AZR 251/11, NZA 2012, 971; a.A. Staudinger/*Krause*, Anh. zu § 310 BGB Rz. 256, wonach die erste und die zweite Stufe im Allgemeinen als separate Regelungen zu begreifen sind, so dass bei einer Unwirksamkeit der ersten Stufe die zweite Stufe aufrecht erhalten bleiben kann. Anderes gelte nur, wenn beide Stufen im Hinblick auf ihren Regelungsgehalt ausnahmsweise ineinander verschränkt sind.
5 BAG v. 1.3.2006 – 5 AZR 363/05, NZA 2006, 746.
6 *Thüsing*, AGB-Kontrolle, Rz. 119 ff.
7 Zutreffend *Thüsing*, AGB-Kontrolle, Rz. 119.
8 S.a. *Matthiesen*, NZA 2007, 361 (366).
9 BAG v. 6.5.2009 – 10 AZR 443/08, NZA 2009, 783.
10 S. zu einer unwirksamen Verfallklausel, auf die sich der Arbeitgeber berief, BAG v. 27.10.2005 – 8 AZR 3/05, NZA 2006, 257.
11 BAG v. 13.11.2013 – 10 AZR 848/12, NZA 2014, 368 Rz. 27.

Eine wesentliche Grenze ist, dass der Sinn einer Klausel durch die Streichung einzelner Satzteile nicht verändert wird, sondern nur der klar identifizierbare unangemessene Teil gestrichen wird.[1]

V. Billigkeitskontrolle bei einseitiger Leistungsbestimmung

119 Die Billigkeitskontrolle ist ungeeignet zur rechtlichen Kontrolle genereller und verbreiteter Vertragsklauseln.[2] Entsprechende Vertragsbedingungen zielen nicht auf einen Vertragspartner, sondern generalisierend auf die Regelung einer Vielzahl entsprechender Rechtsverhältnisse. Dementsprechend müssen sie – wie es bei der Auslegung „typischer" Vertragsbestimmungen durch das BAG schon längst geschieht – auch anhand eines generalisierend-typischen Maßstabes beurteilt werden. Die Billigkeit als individueller Maßstab eignet sich dafür nicht.[3]

120 Das wirkliche Kontrollinstrumentarium des BAG wird zumeist nur an den Rechtsfolgen deutlich. Wird eine Vertragsklausel auf ihre generelle Wirksamkeit geprüft, handelt es sich um Inhaltskontrolle. Wird eine Vertragsbestimmung dahingehend untersucht, in welchen Grenzen sie im konkreten Fall billiger Leistungsbestimmung entspricht, und wird sie durch das Gericht selbst reduziert, ist ein Fall der Ausübungskontrolle oder der richterlichen Vertragskorrektur gegeben. In der Praxis wurden die Instrumente durchweg nicht klar voneinander getrennt. Angesichts der aus § 310 Abs. 4 BGB folgenden neuen Rechtslage ist jetzt eine klare dogmatische Trennung der Instrumente notwendig.

121 Ein legitimes Anwendungsfeld der Billigkeits- bzw. Ausübungskontrolle nach § 315 BGB ist der Bereich der einseitigen Leistungsbestimmungsrechte. Bevor jedoch eine Billigkeitskontrolle im Einzelfall erfolgt, ist zu prüfen, ob ein vertragliches Leistungsbestimmungsrecht wirksam vereinbart worden ist. Aufgrund der vorrangigen Klauselkontrolle anhand präziser Maßstäbe hat die Ausübungskontrolle jedoch stark an Bedeutung verloren, denn Angemessenheits- und Ausübungskontrolle verhalten sich zueinander wie kommunizierende Röhren: Je genauer eine Klausel Gründe und Umfang des Leistungsbestimmungsrechts aufzeigt, desto eher kann der Arbeitnehmer erkennen, wann und wie weit der Arbeitgeber Änderungen vornehmen kann und desto weniger ist eine Kontrolle der konkreten Ausübung zu seinem Schutz erforderlich.

1. Vorrangige Inhaltskontrolle

122 Ein Grundproblem – insbesondere bei formularmäßiger – Vertragsgestaltung ist die Frage, ob und inwieweit Hauptleistungspflichten Gegenstand einseitiger Leistungsbestimmung sein können. Dem Versuch, über einseitige Bestimmungsrechte die eigenen **Hauptpflichten** oder die des Vertragspartners **flexibel** und **anpassungsfähig** zu gestalten, sind **rechtliche Grenzen** gesetzt. Einseitige Bestimmungsklauseln wider-

---

1 Wohl noch gewahrt in BAG v. 9.2.2011 – 7 AZR 91/10, AP BGB § 307 Nr. 52 Rz. 64.
2 Ausführlich *Preis*, Vertragsgestaltung, § 7 V und VI; vgl. schon *Becker*, NJW 1973, 1913 (1915).
3 *von Hoyningen-Huene*, Die Inhaltskontrolle nach § 9 AGB-Gesetz, 1991, Rz. 37; Staudinger/*Krause*, Anh. zu § 310 BGB Rz. 39.

streben insoweit dem Prinzip der **Vertragstreue**, können das **Äquivalenzverhältnis** verändern und ggf. bestehende **Kündigungsschutznormen** unterlaufen.

Die herkömmliche Behandlung einseitiger Leistungsbestimmungsrechte durch das BAG lässt sich in groben Zügen folgendermaßen kategorisieren: Im sog. **Kernbereich des Arbeitsverhältnisses**, der Vergütungs- und Arbeitspflicht, sind, jedenfalls nach Auffassung des 7. Senats des BAG,[1] einseitige Bestimmungsrechte **unwirksam**, weil durch sie der Änderungskündigungsschutz umgangen wird. Vertragsklauseln, die nicht in den Kernbereich eingreifen, werden nicht absolut verworfen, sondern einer **Ausübungskontrolle nach billigem Ermessen** unterstellt. Ferner gibt es „normale" Direktionsrechtsklauseln, die die Arbeitspflicht konkretisieren. Sie sind weitgehend, da dem Arbeitsvertrag immanent,[2] zulässig, doch gibt es auch hier problematische Grenzüberschreitungen (→ *Direktionsrecht*, II D 30).

123

Zu beherzigen ist, dass vorformulierte Leistungsbestimmungsrechte (nicht nur) der Ausübungskontrolle im Einzelfall, sondern auch der **vorrangigen generellen Inhaltskontrolle** bedürfen.[3] Zum anderen sind Leistungsbestimmungsrechte, die als Umgehung zwingenden Gesetzesrechts gewertet wurden, dahingehend zu überprüfen, ob sie nicht lediglich ein Anwendungsfall der Inhaltskontrolle sind.[4] Dies hat die praktisch wichtige Konsequenz, dass entsprechende Vertragsgestaltungen in ausgehandelten und nicht paritätsgestörten Vertragsbeziehungen, insbesondere aber auch in Tarifverträgen, rechtlichen Bestand hätten.

124

In der **Rechtsprechung des BGH** sind die Rechtsgrundsätze zur Behandlung einseitiger Leistungsbestimmungsrechte in vorformulierten Verträgen wesentlich weiter entwickelt als im Arbeitsrecht. Die Möglichkeit der Einzelfallkontrolle der billigen Ermessensausübung bei einseitiger Leistungsbestimmung (§ 315 BGB) lässt nach gefestigter Auffassung *nicht* das Erfordernis für eine Inhaltskontrolle der das Leistungsbestimmungsrecht einräumenden Klausel entfallen. Die Begründung eines Leistungsbestimmungsrechts des Verwenders oder eines Dritten kann nämlich unangemessen benachteiligen, weil die **Transparenz** des Vertragsinhalts beeinträchtigt und bei einem Änderungsvorbehalt die **Vertragsbindung relativiert** wird.[5] Leistungsbestimmungsvorbehalte und andere Bestimmungsrechte werden nur dann hingenommen, wenn auf diese Weise einer unsicheren Entwicklung der Verhältnisse Rechnung getragen werden soll und die Änderung der Verhältnisse nicht zu den Risiken gehört, die der Verwender nach dem Zweck des Vertrages tragen muss. Vorformulierte Leistungsbestimmungsrechte werden wegen ihrer die Transparenz des Vertragsinhalts regelmäßig erheblich beeinträchtigenden Wirkung nur bei Vorliegen **besonderer Gründe** als wirksam angesehen.[6] Zur Rechtfertigung genügt nicht schon der Hinweis darauf, dass nur eine der Billigkeit entsprechende Bestimmung verbindlich sei.[7] Um eine unangemessene Belastung des Vertragspartners aus-

125

---

1 BAG v. 12.12.1984 – 7 AZR 509/83, NZA 1985, 321.
2 BAG v. 27.3.1980 – 2 AZR 506/78, DB 1980, 1603.
3 Staudinger/*Krause*, Anh. zu § 310 BGB Rz. 40.
4 Hierzu ausführlich *Preis*, Vertragsgestaltung, § 7 III 2 und § 15.
5 UBH/*Fuchs*, § 307 BGB Rz. 174; ebenso *Kronke*, AcP 183 (1983), 113 (136); *Paulusch* in Zehn Jahre AGB-Gesetz, 1987, S. 55 (66f.).
6 UBH/*Fuchs*, § 307 BGB Rz. 175.
7 BGH v. 7.10.1981 – VIII ZR 229/80, BGHZ 82, 21 (26); v. 21.12.1983 – VIII ZR 195/82, BGHZ 89, 206 (213); *Brandner*, FS Locher, 1990, S. 317 (321).

zuschalten, erfordert eine wirksame Ausgestaltung eines Leistungsbestimmungsrechts eine **möglichst konkrete** Festlegung der Voraussetzungen, unter denen das Bestimmungsrecht entsteht und unter denen es auszuüben ist.[1] Grundsätzlich werden Bestimmungsvorbehalte aber nur dann gebilligt, wenn sie als Instrument der Anpassung wegen nicht kalkulierbarer Entwicklungen unumgänglich notwendig sind, und die Änderung der Verhältnisse nicht in den dem Verwender nach Treu und Glauben zugeteilten **Risikobereich** fällt.[2] Bei der Ausgestaltung der entsprechenden Vertragsklausel sind der Anlass, aus dem das Bestimmungsrecht entsteht, sowie die Richtlinien und Grenzen seiner Ausübung möglichst konkret anzugeben, so dass die Bestimmung für den Vertragspartner weitgehend vorhersehbar und unmittelbar nachprüfbar ist.[3] Für eine Konkretisierung genügt nicht, und dies wird durch den BGH ausdrücklich hervorgehoben, eine Bezugnahme auf den – ohnehin einschlägigen – § 315 BGB.[4]

126 Im Lichte dieser allgemeinen privatrechtlichen Entwicklung ist die Vertragsgestaltung im Arbeitsrecht überprüfungsbedürftig. Sachgerecht erscheint es, zum einen nach der **Art der flexibilisierten Leistung** – synallagmatische oder nicht synallagmatische Leistung – zu differenzieren und zum anderen nach der **Einflussmöglichkeit des Arbeitnehmers** auf Eintritt und Umfang der Änderungen.[5] Bei Leistungen, die im Gegenseitigkeitsverhältnis stehen, ist ein konkreter Widerrufsgrund zu verlangen, der vor dem Hintergrund der §§ 1, 2 KSchG bestehen können muss, sofern der Arbeitnehmer keinen Einfluss auf den Eintritt der Änderungen nehmen kann.[6] Kann der Arbeitnehmer hingegen zumindest mit beeinflussen, ob und in welchem Umfang Änderungen eintreten, gelten diese strengen Voraussetzungen nicht, da hier die Gefahr der einseitigen Verlagerung wirtschaftlicher Risiken nicht im Vordergrund steht.[7] Dies kann der Fall sein bei leistungs- oder erfolgsbezogener Vergütung, z.B. bei → *Zielvereinbarungen*, II Z 5. Auch bei nicht synallagmatischen Leistungen sind geringere Anforderungen an die Klausel zu stellen. Ausreichend sind willkürfreie und nachvollziehbare Gründe für mögliche Änderungen (vgl. → *Vorbehalte und Teilbefristung*, II V 70 Rz. 70 ff.).[8]

2. Billigkeitskontrolle einseitiger Leistungsbestimmung im Einzelfall

127 Sofern ein wirksam eingeräumtes einseitiges Bestimmungsrecht vorliegt, muss die Bestimmung im Einzelfall nach § 315 BGB grundsätzlich billigem Ermessen entsprechen. Die Begründung hierfür liegt auf der Hand: Das Arbeitsverhältnis ist geprägt von einseitigen Leistungsbestimmungsrechten. Das legitime Anwendungs-

---

1 BGH v. 21.12.1983 – VIII ZR 195/82, BGHZ 89, 206 (211); v. 26.11.1984 – VIII ZR 214/83, BGHZ 93, 29 (47); *Paulusch* in Zehn Jahre AGB-Gesetz, 1987, S. 55 (73 ff.).
2 *Brandner*, FS Locher, 1990, S. 317 (321).
3 UBH/*Fuchs*, § 307 BGB Rz. 175.
4 BGH v. 21.12.1983 – VIII ZR 195/82, BGHZ 89, 206; v. 26.11.1984 – VIII ZR 214/83, BGHZ 93, 29; *Paulusch* in Zehn Jahre AGB-Gesetz, 1987, S. 55 (72) m.w.N.
5 Vgl. hierzu *Lindemann*, § 13 VI 3.
6 *Lindemann*, § 13 IV 3.
7 *Lindemann*, § 13 IV 3.
8 So auch *Reichold*, RdA 2002, 321 (331); vgl. zur ähnlichen Problematik bei Änderungskündigungen BAG v. 27.3.2003 – 2 AZR 74/02, NZA 2003, 1029, wonach Änderungskündigungen zur Anpassung vertraglicher Nebenabreden nicht den gleichen strengen Maßstäben wie Änderungskündigungen zur Entgeltabsenkung unterliegen.

spektrum des § 315 BGB ist – auch ohne Überschreitung seiner tatbestandlichen Grenzen – im Arbeitsrecht sehr groß.[1]

Bei → *Direktionsrechten*, II D 30 ergibt sich aus § 106 GewO, dass die Leistungsbestimmung billigem Ermessen entsprechen muss. 128

In großem Umfang befinden sich in Arbeits- und Tarifverträgen Regelungen, die dem Arbeitgeber über die sonst bestehenden Grenzen des Direktionsrechts hinaus Leistungsbestimmungsrechte einräumen. So kann etwa durch Tarifvertrag dem Arbeitgeber die Befugnis eingeräumt werden, für Arbeitnehmer mit erschwerten Arbeitsbedingungen die tariflich festgelegte Arbeitszeit zu verkürzen (**tarifliche Bestimmungsklausel**). Bei der Ausübung des Bestimmungsrechts muss der Arbeitgeber die Grundsätze billigen Ermessens wahren.[2] Dabei ist zu beachten, dass die für die Abwägung maßgeblichen Interessen der einzelnen Vertragsparteien für die jeweils andere Vertragspartei erkennbar sind, eine bloße innere Erwartungshaltung, die sich in der Außenwelt nicht nachvollziehbar manifestiert hat, kann nicht Grundlage dieses Abwägungsprozesses sein.[3] 129

Eine besondere Bedeutung hat die einseitige Leistungsbestimmung im Bereich der Festsetzung und Herabsetzung von Entgeltbestandteilen. Unbeschadet zwingender gesetzlicher (insbesondere § 138 BGB) oder tariflicher Normen unterliegt die einseitige Entgeltfestsetzung der Kontrolle nach billigem Ermessen. Dies soll auch bei Vereinbarungen gelten, nach denen sich die Vergütung nach Erlassen in der jeweils gültigen Fassung richtet.[4] 130

Beispiel: Entgeltbestandteile 131

Zu erwähnen ist die Ausschüttung von Prämien,[5] Sondervergütungen,[6] Kinderzuschlägen[7] und Gewinnbeteiligungen.[8] Fehlende Abreden über notwendige Vergütungspauschalen können über §§ 315, 316 BGB gerichtlich ersetzt werden.[9] Die einzelvertraglich eingeräumte Wahlmöglichkeit des Arbeitgebers zwischen Überstundenvergütung und Freizeitausgleich unterliegt ebenfalls billigem Ermessen.[10] Im Bereich von Versorgungszusagen,

---

1 Ebenso *Lieb*, AcP 178 (1978), 196 (211); *Mayer-Maly*, BAG-Festschrift, 1979, S. 393 (401); Einzelheiten bei MünchKommBGB/*Gottwald*, § 315 Rz. 62 ff.
2 BAG v. 28.11.1984 – 5 AZR 195/83, AP Nr. 2 zu § 4 TVG Bestimmungsrecht mit Anm. *Wiedemann*; ferner *Wiedemann*, § 1 TVG Rz. 212 m.w.N.; ferner zu anderen tariflichen Bestimmungsrechten BAG v. 15.1.1987 – 6 AZR 589/84, EzA § 4 TVG Rundfunk Nr. 14.
3 LAG Düsseldorf v. 5.6.2003 – 11 Sa 292/03, LAGE § 315 BGB Nr. 13.
4 BAG v. 11.2.1987 – 4 AZR 145/86, AP Nr. 131 zu §§ 22, 23 BAT 1975; v. 13.2.1985 – 4 AZR 304/83, AP Nr. 12 und 13 zu §§ 22, 23 BAT Lehrer; ferner bereits BAG v. 23.7.1965 – 5 AZR 307/64 und 16.12.1965 – 5 AZR 304/65, AP Nr. 8 und 9 zu § 611 BGB Fleischbeschauer-Dienstverhältnis.
5 BAG v. 9.6.1965 – 1 AZR 388/64, EzA § 315 BGB Nr. 1.
6 BAG v. 21.12.1970 – 3 AZR 510/69 und 22.12.1970 – 3 AZR 52/70, EzA § 315 BGB Nr. 3 und 4; v. 21.4.2010 – 10 AZR 163/09, NZA 2010, 808.
7 BAG v. 28.9.1977 – 4 AZR 743/76, EzA § 4 TVG Rundfunk Nr. 3.
8 BAG v. 28.11.1989 – 3 AZR 118/88, NZA 1990, 559.
9 BAG v. 20.9.1989 – 4 AZR 282/89, NZA 1990, 488.
10 BAG v. 16.2.1989 – 6 AZR 325/87, ZTR 1989, 320.

insbesondere bei Blankettzusagen,[1] spielt § 315 BGB bei zahllosen Einzelfragen eine entscheidende Rolle (Anrechnungsklauseln,[2] Härteklauseln, Jeweiligkeitsklauseln).[3]

132 Beispiel: Allgemeine Vertragsbestimmungen

Das Spektrum einzelvertraglicher Bestimmungsrechte ist außerordentlich weit. Zahlreiche Nebenpflichten (Nebentätigkeitsverbote, Annahme von Geschenken)[4] hängen von Zustimmungsvorbehalten des Arbeitgebers ab, die allesamt nach billigem Ermessen ausgeübt werden müssen. Auch im Zuge der Beendigung von Arbeitsverhältnissen (Altersgrenzen mit Verlängerungsklauseln,[5] Billigung des Arbeitgeberwechsels als Voraussetzung für den Erhalt einer Gratifikation,[6] Abschluss von Vorruhestandsverträgen)[7] sind Bestimmungsklauseln relevant geworden. Über die Gewährung von Sonderurlaub unter Verzicht auf die Dienstbezüge hat der Arbeitgeber ebenfalls nach billigem Ermessen zu entscheiden.[8]

---

1 BAG v. 17.5.1966 – 3 AZR 477/65 und 13.3.1975 – 3 AZR 446/74, AP Nr. 110 und 167 zu § 242 BGB Ruhegehalt; v. 23.11.1978 – 3 AZR 708/77, EzA § 242 BGB Ruhegeld Nr. 77.
2 Z.B. BAG v. 12.3.1996 – 3 AZR 963/94, EzA § 242 BGB Ruhegeld Nr. 111.
3 BAG v. 2.2.1988 – 3 AZR 115/86, EzA § 5 BetrAVG Nr. 17.
4 BAG v. 17.4.1984 – 3 AZR 97/82, AP Nr. 1 zu § 10 BAT.
5 BAG v. 20.12.1984 – 2 AZR 3/84, NZA 1986, 325 und v. 6.3.1986 – 2 AZR 262/85, EzA § 620 BGB Bedingung Nr. 6.
6 BAG v. 10.10.1984 – 5 AZR 549/83, n.v. und v. 23.11.1983 – 5 AZR 513/81, n.v.
7 BAG v. 28.2.1989 – 3 AZR 468/87, NZA 1989, 684.
8 BAG v. 12.1.1989 – 8 AZR 251/88, AP Nr. 14 zu § 50 BAT.

D. Sozialrechtliche Aspekte der Arbeitsvertragsgestaltung

	Rz.		Rz.
I. Das Verbot nachteiliger Vereinbarungen (§ 32 SGB I)	1	III. Die geringfügige Beschäftigung (§ 8 SGB IV)	9
II. Das Beschäftigungsverhältnis als Voraussetzung des sozialen Schutzes (§ 7 SGB IV)	6	IV. Das Arbeitsentgelt (§ 14 SGB IV) . V. Altersgrenzen (§§ 35 ff., 235 ff. SGB VI)	10 12

I. Das Verbot nachteiliger Vereinbarungen (§ 32 SGB I)

Der Arbeitnehmer erfährt seine wirtschaftliche und soziale Absicherung nicht nur durch das Arbeitsentgelt und die das Arbeitsverhältnis begleitenden arbeitsrechtlichen Schutzvorschriften. Daneben wird er während und nach Beendigung des Arbeitsverhältnisses durch das **sozialleistungsrechtliche Normengefüge** geschützt, wobei sich die arbeitsrechtlichen und arbeitsvertraglichen Bestimmungen auf der einen und die sozialrechtlichen Vorschriften auf der anderen Seite in vielerlei Hinsicht **ergänzen** und **miteinander verzahnt sind**. 1

Die aus den sozialrechtlichen Vorschriften folgenden – Arbeitgeber und Arbeitnehmer zum Teil in unterschiedlichem Maß treffenden – finanziellen Belastungen bieten aber nicht selten Anlass für vertragliche Gestaltungen, mit denen Zahlungsverpflichtungen vermieden oder umgangen werden sollen. Um solchen Versuchen entgegenzuwirken, die häufig mit einem Verlust sozialleistungsrechtlicher Positionen des Arbeitnehmers verbunden wären, bestimmt § 32 SGB I, dass privatrechtliche Vereinbarungen, die **zum Nachteil des Arbeitnehmers** von sozialleistungsrechtlichen Vorschriften abweichen, **nichtig** sind. 2

§ 32 SGB I gewährleistet die **zwingende Natur** sozialrechtlicher Bestimmungen und ergänzt damit § 134 BGB, der erst bei Verstoß gegen ein gesetzliches Verbot die Nichtigkeitsfolge auslöst. Wenngleich der Anwendungsbereich des § 32 SGB I im Einzelnen umstritten ist, besteht im Ergebnis Einigkeit über die Unwirksamkeit solcher Absprachen, die eine **Umgehung der Beitragspflichten** gegenüber den Sozialleistungsträgern bezwecken, insbesondere 3
- durch eine zum Nachteil des Arbeitnehmers abweichende Quotenverteilung bei der Beitragsentrichtung,
- durch Abwälzung der Pauschalbeiträge zur Kranken- und Rentenversicherung auf geringfügig Beschäftigte (→ *Beschäftigung, geringfügige*, II B 20 Rz. 41 ff.),
- durch Lohnherabsetzungen zum Schein,
- durch Unterlassung der Anmeldung des Arbeitnehmers zur Sozialversicherung (Schwarzarbeit),
- durch Deklarierung des Restarbeitslohns als Abfindung.[1]

Unwirksam ist nach § 32 SGB I auch eine Verpflichtungserklärung des Arbeitnehmers gegenüber dem Arbeitgeber, mit der er sich zur Abgabe eines nach § 46 SGB I 4

---
[1] BSG v. 25.10.1990 – 12 RK 40/89, EzA § 9 KSchG n.F. Nr. 38; vgl. auch BAG v. 15.6.2010 – 3 AZR 861/08, AP Nr. 32 zu § 1 TVG Tarifverträge: Luftfahrt; v. 15.11.2012 – 8 AZR 146/10, NZA 2013, 568 (570).

zulässigen **schriftlichen Verzichts** auf einen Sozialleistungsanspruch gegenüber einem Leistungsträger verpflichtet. Bei einer **Abtretung** eines Anspruchs auf eine Sozialleistung behält der Sozialleistungsberechtigte sein Recht, den Antrag bis zur Wirksamkeit der Entscheidung des zuständigen Sozialleistungsträgers über den Anspruch zurückzunehmen.[1]

5 Problematisch sind solche Vereinbarungen, die dem Arbeitnehmer und Sozialleistungsberechtigten i.S.d. § 32 SGB I **sowohl Vorteile als auch Nachteile** bringen. Die herrschende Meinung lehnt eine Saldierung der Vor- und Nachteile, auch im Sinne einer limitierten – auf den Bereich des Sozialrechts und verwandte Gebiete beschränkten – Gesamtwürdigung ab.[2] Dies bedeutet, dass die Wirkung des § 32 SGB I bereits dann einsetzt, wenn der **soziale Schutz**, so wie das SGB ihn normiert, **angetastet wird**.

II. Das Beschäftigungsverhältnis als Voraussetzung des sozialen Schutzes (§ 7 SGB IV)

6 Die „Beschäftigung" ist in allen Bereichen der Sozialversicherung die **praktisch wichtigste Voraussetzung** für die Zugehörigkeit zum Kreis der versicherungspflichtigen Personen (Arbeitslosenversicherung: § 25 Abs. 1 SGB III, Krankenversicherung: § 5 Abs. 1 Nr. 1 SGB V, Rentenversicherung: § 1 Nr. 1 SGB VI, Unfallversicherung: § 2 Abs. 1 Nr. 1 SGB VII, Pflegeversicherung: § 20 Abs. 1 Satz 2 Nr. 1 SGB XI). Hierdurch wird die historische Zielsetzung, den Schutz der abhängig arbeitenden Bevölkerung durch eine Zwangsversicherung sicherzustellen, umgesetzt. § 7 Abs. 1 SGB IV beschreibt die Beschäftigung als nichtselbständige Arbeit, insbesondere in einem Arbeitsverhältnis. „Anhaltspunkte" für eine Beschäftigung sind gemäß § 7 Abs. 1 Satz 2 SGB IV eine Tätigkeit nach Weisungen und eine Eingliederung in die Arbeitsorganisation des Weisungsgebers. Die Vorschrift gilt einheitlich für alle Bereiche der Sozialversicherung, also z.B. auch für die gesetzliche Unfallversicherung oder das Insolvenzgeld.[3]

7 § 7 hat **keine Auswirkungen auf das Arbeitsrecht**. Beschäftigten- und Arbeitnehmerbegriff sind nicht identisch, sondern zwei selbständige Rechtsinstitute,[4] die lediglich wegen der überwiegend gleichartigen Voraussetzungen der von der sozial- und arbeitsrechtlichen Rechtsprechung zugrunde gelegten Kriterien zumeist zusammenfallen. Zu den Gemeinsamkeiten und Unterschieden von Arbeits- und Beschäftigungsverhältnis s. → *Arbeitnehmerstatus*, II A 50 Rz. 5ff.

8 Der **vertraglichen Gestaltung** ist das Beschäftigungsverhältnis nur eingeschränkt zugänglich. Ob jemand Beschäftigter oder Selbständiger ist, richtet sich nicht allein nach dem Wortlaut des Vertrages zwischen dem Dienstverpflichteten und dem Dienstberechtigten, sondern auch nach dessen tatsächlicher Durchführung.[5] Ob

---

1 BSG v. 6.2.1991 – 13/5 RJ 18/89, BSGE 68, 144 ff.; vgl. auch BSG v. 17.4.1986 – 7 RAr 81/84, BSGE 60, 79 ff.
2 BT-Drucks. 7/868, S. 27; KassKomm/*Seewald*, § 32 SGB I Rz. 6; jedenfalls im Grundsatz auch Hauck/Noftz/*Just* (geb. *Fastabend*), § 32 SGB I Rz. 19.
3 BSG v. 30.6.1999 – B 2 RU 35/98 R, SozR 3–2200 § 723 Nr. 4; v. 19.8.2003 – B 2 RU 38/02 R, SozR 4–2700 § 2 Nr. 1; v. 4.7.2007 – B 11a AL 5/06 R, SozR 4–2400 § 7 Nr. 8.
4 BSG v. 17.10.1990 – 11 BAr 39/90, Die Beiträge 1991, 115.
5 BSG v. 30.1.1990 – 11 RAr 47/88, BSGE 66, 168 (170 ff.); v. 10.8.2000 – B 12 KR 21/98 R, BSGE 87, 53 (56); v. 17.10.2007 – B 11a AL 25/06 R, SozR 4–4300 § 119 Nr. 6.

eine Beschäftigung vorliegt, ergibt sich zur Überzeugung des BSG aus dem Vertragsverhältnis der Beteiligten, so wie es im Rahmen des rechtlich Zulässigen tatsächlich vollzogen wird. Ausgangspunkt ist daher zunächst das Vertragsverhältnis, die von ihnen getroffenen Vereinbarungen und ihre „gelebte Rechtsbeziehung". Eine im Widerspruch zu der ursprünglich getroffenen Vereinbarung stehende tatsächliche Beziehung und die hieraus gezogene Schlussfolgerung auf die tatsächlich gewollte Natur der Rechtsbeziehung geht der formellen Vereinbarung nur vor, soweit eine – formlose – Abbedingung rechtlich möglich ist.[1] Umgekehrt gilt, dass die Nichtausübung eines Rechts unbeachtlich ist, solange diese Rechtsposition nicht wirksam abbedungen ist. Zu den tatsächlichen Verhältnissen in diesem Sinne gehört daher unabhängig von ihrer Ausübung auch die einem Beteiligten zustehende Rechtsmacht.[2] Maßgeblich ist die Rechtsbeziehung, so wie sie praktiziert wird, und die praktizierte Beziehung, so wie sie rechtlich zulässig ist.[3] Dennoch können die vertraglichen Vereinbarungen – wie andere Merkmale auch – ausnahmsweise den Ausschlag geben, wenn das Gesamtbild der übrigen Merkmale gleichermaßen für eine abhängige Beschäftigung wie für eine selbständige Tätigkeit streitet.[4]

III. Die geringfügige Beschäftigung (§ 8 SGB IV)

Geringfügig Beschäftigte genießen in der Kranken-, Pflege- und Arbeitslosenversicherung generell keinen Versicherungsschutz. Rentenversichert sind sie nur, wenn sie eine geringfügige Beschäftigung nach § 8 Abs. 1 Nr. 1 SGB IV („450-Euro-Job") ausüben, und auch dann nur, wenn sie nicht von der Möglichkeit des „opt-out" (§ 6 Abs. 1b SGB VI) Gebrauch gemacht haben. Dagegen sind Saisonbeschäftigte (§ 8 Abs. 1 Nr. 2 SGB IV) stets rentenversicherungsfrei. Durch die Vereinbarung eines entsprechend geringen Arbeitsentgelts (nicht mehr als 450 Euro monatlich) oder einer kurzen Beschäftigungsdauer (nicht mehr als drei Monate oder siebzig Arbeitstage im Jahr, § 8 Abs. 2, § 115 SGB IV) kann von dieser Gestaltungsmöglichkeit Gebrauch gemacht werden. Zu Einzelheiten → *Beschäftigung, geringfügige*, II B 20.

9

IV. Das Arbeitsentgelt (§ 14 SGB IV)

Arbeitsentgelt sind alle laufenden oder einmaligen Einnahmen aus einer Beschäftigung, gleichgültig, ob ein Rechtsanspruch auf die Einnahmen besteht, unter welcher Bezeichnung oder in welcher Form sie geleistet werden und ob sie unmittelbar aus der Beschäftigung oder im Zusammenhang mit ihr erzielt werden (§ 14 Abs. 1 Satz 1 SGB IV). Das Arbeitsentgelt bildet die Basis für die Berechnung des Gesamtsozialversicherungsbeitrags. Einzelheiten dazu, welche Einkünfte als beitragspflichtiges Arbeitsentgelt gelten und wann die Beiträge zu entrichten sind → *Arbeitsentgelt*, II A 70 Rz. 83 ff.

10

---

1 BSG v. 24.1.2007 – B 12 KR 31/06 R, NZS 2007, 648 (649 f.).
2 LSG Rh.-Pf. v. 10.12.2013 – L 6 R 65/12, NZS 2014, 269 (269).
3 BSG v. 29.8.2012 – B 12 KR 25/10 R, NZA-RR 2013, 252 (253).
4 BSG v. 14.5.1981 – 12 RK 11/80, BB 1981, 1581 (1581 f.); Brand/*Brand* § 25 SGB III Rz. 9.

11 In den verschiedenen Versicherungszweigen existieren unterschiedliche Versicherungspflicht- und Beitragsbemessungsgrenzen, die jeweils an das Arbeitsentgelt anknüpfen. Die aktuellen **Werte für 2015** lauten:

alle Beträge in Euro	Bundesgebiet West				Bundesgebiet Ost			
	Versicherungspflichtgrenze*		Beitragsbemessungsgrenze		Versicherungspflichtgrenze*		Beitragsbemessungsgrenze	
	jährlich	monatlich	jährlich	monatlich	jährlich	monatlich	jährlich	monatlich
gesetzliche Kranken- und soziale Pflegeversicherung	54.900	4.575	49.500	4.125	54.900	4.575	49.500	4.125
gesetzliche Rentenversicherung (allgemeine RV) und Arbeitslosenversicherung	–	–	72.600	6.050	–	–	62.400	5.200

* In der gesetzlichen Krankenversicherung endet die Versicherungspflicht mit Ablauf des Kalenderjahres, in dem die Jahresarbeitsentgeltgrenze (Versicherungspflichtgrenze) überschritten wird. Dies gilt nicht, wenn das Entgelt die vom Beginn des nächsten Kalenderjahres an geltende Jahresarbeitsentgeltgrenze nicht übersteigt. Rückwirkende Erhöhungen des Entgelts werden dem Kalenderjahr zugerechnet, in dem der Anspruch auf das erhöhte Entgelt entstanden ist (§ 6 Abs. 4 SGB V). Entsprechendes gilt wegen § 20 Abs. 1 Nr. 1 SGB XI für die soziale Pflegeversicherung. In der gesetzlichen Renten- sowie der Arbeitslosenversicherung existiert nur eine Beitragsbemessungs-, aber keine Versicherungspflichtgrenze.

V. Altersgrenzen (§§ 35 ff., 235 ff. SGB VI)

12 Die Altersgrenzen der gesetzlichen Rentenversicherung spielen eine zentrale Rolle für die Befristung des Arbeitsverhältnisses. In der Regel wollen die Arbeitsvertragsparteien vereinbaren, dass das Arbeitsverhältnis ohne Kündigung („automatisch") endet, sobald der Arbeitnehmer Leistungen der gesetzlichen Rentenversicherung erhält. Die Altersgrenzen in der gesetzlichen Rentenversicherung werden seit 2012 stufenweise angehoben, s. dazu und zu den Übergangsregelungen für die Geburtsjahrgänge 1947 bis 1963 → *Altersgrenze*, II A 20 Rz. 19 ff., insbesondere Rz. 25.

E. Steuerrechtliche Aspekte der Arbeitsvertragsgestaltung

	Rz.		Rz.
I. Grundzüge der Lohnsteuererhebung	1	3. Berechnung der Lohnsteuer	10
1. Steuerpflicht als Folge des Arbeitsvertrags	1	4. Anmeldung und Abführung der Lohnsteuer	16
2. Rechtsgrundlagen	2	5. Aufzeichnungspflichten	19
3. Überblick über das Lohnsteuerabzugsverfahren	4	6. Sonderfall: Pauschalierung der Lohnsteuer	23
II. Verfahrensrechtliche Folgen aus dem Abschluss des Arbeitsvertrags	5	a) Pauschalierung mit einem variablen Steuersatz (§ 40 Abs. 1 EStG)	25
1. Zum Lohnsteuerabzug verpflichtete Arbeitgeber	6	b) Pauschalierung mit festen Steuersätzen	26
2. Gegenstand der Einbehaltungspflicht des Arbeitgebers	7		

I. Grundzüge der Lohnsteuererhebung

1. Steuerpflicht als Folge des Arbeitsvertrags

Der Abschluss eines Arbeitsvertrags zieht regelmäßig steuerrechtliche Folgen nach sich. Für den Arbeitgeber sind vor allem die sich aus dem Lohnsteuerabzugsverfahren ergebenden Verpflichtungen von Bedeutung, an deren Verletzung in der Regel Haftungstatbestände anknüpfen. Darüber hinaus sind Kenntnisse des materiellen Lohnsteuerrechts unentbehrlich, z.B. für die Beurteilung, ob und in welchem Umfang Steuerbefreiungen in Anspruch genommen werden können, ebenso bei grenzüberschreitenden Arbeitnehmerbeschäftigungen. Materiell-rechtliche Fragen können schon bei der Einschätzung zu beachten sein, ob und in welcher Höhe Lohnsteuer einzubehalten und abzuführen ist. Grundsätzlich setzt die Besteuerung beim **Bruttolohn** an; soll eine sog. **Nettolohnvereinbarung** geschlossen werden, bedarf dies einer gesonderten Vereinbarung. Für Zwecke der Besteuerung ist der Nettolohn auf den der Nettolohnvereinbarung entsprechenden Bruttobetrag hochzurechnen. 1

2. Rechtsgrundlagen

Der Begriff „Lohnsteuer" ist im Einkommensteuergesetz – EStG – legal definiert (§ 38 Abs. 1 EStG). Lohnsteuer ist danach „die Einkommensteuer, die durch den Abzug vom Arbeitslohn erhoben wird". Damit ist klargestellt, dass die Lohnsteuer **keine eigenständige Steuerart** ist, sondern lediglich eine besondere Erhebungsform der Einkommensteuer des Arbeitnehmers. Die Besonderheit dieses Besteuerungsverfahrens besteht darin, dass der Arbeitgeber in die Steuererhebung eingeschaltet ist, da er die Lohnsteuer bei jeder Lohnzahlung für Rechnung des Arbeitnehmers einzubehalten und an das Finanzamt abzuführen hat (§ 38 Abs. 3 Satz 1 EStG: Steuererhebung an der Quelle). An der Lohnsteuererhebung sind in der Regel beteiligt: Der Arbeitnehmer, der Arbeitgeber und das Finanzamt. Nur in besonders gelagerten Fällen kann auch ein sog. Dritter die Pflichten des Arbeitgebers haben, sofern sich tarifliche Geldansprüche auf Arbeitslohn unmittelbar gegen den Dritten richten 2

(§ 38 Abs. 3a Satz 1 EStG) oder das Finanzamt auf Antrag zulässt, dass ein Dritter die Arbeitgeberpflichten im eigenen Namen übernimmt (§ 38 Abs. 3a Satz 2 und 3 EStG).

3   Neben der Begriffsbestimmung finden sich die wichtigsten Rechtsgrundlagen der Lohnsteuererhebung im **EStG** (§§ 38ff. EStG) sowie in der **Lohnsteuerdurchführungsverordnung** – LStDV –. In der Praxis von großer Bedeutung sind die **Lohnsteuerrichtlinien** (LStR). Dies sind Verwaltungsvorschriften der Finanzverwaltung, in denen wichtige Zweifelsfragen über die Auslegung des Gesetzes angesprochen und für die Finanzverwaltung verbindlich geregelt sind. Damit dienen die Lohnsteuerrichtlinien einer einheitlichen Rechtsanwendung. Die Richtlinien werden ergänzt durch sog. **Lohnsteuerhinweise** (LStH), die zwar nicht Teil der Verwaltungsvorschrift sind, in denen aber vor allem auf die Rechtsprechung des BFH zu bestimmten Problembereichen hingewiesen wird. In ihrer Bedeutung den Lohnsteuerrichtlinien entsprechen einzelne **Verwaltungsanweisungen**, in denen die Finanzverwaltung zu bestimmten Fragen Stellung nimmt. Für bundeseinheitliche Regelungen sorgen in diesem Bereich die Schreiben des Bundesministeriums für Finanzen (sog. **BMF-Schreiben**) sowie gemeinsame **Erlasse** der obersten Finanzbehörden der Länder. Neben diese bundeseinheitlichen Regelungen treten Erlasse und Verfügungen der Landesfinanzbehörden und der Oberfinanzdirektionen, die von den Finanzämtern ebenfalls zu beachten sind.

3. Überblick über das Lohnsteuerabzugsverfahren

4   Das sog. **Regelbesteuerungsverfahren** ist dadurch gekennzeichnet, dass der Arbeitgeber die auf den Arbeitslohn entfallende Lohnsteuer des Arbeitnehmers, die sich nach dem Arbeitslohn bemisst, einbehält und an das Finanzamt abführt. Demnach ist das Lohnsteuerabzugsverfahren durch ein **Dreiecksverhältnis** Arbeitgeber – Arbeitnehmer – Finanzamt gekennzeichnet, das wiederum in drei Rechtsverhältnisse aufteilbar ist.

Das Arbeitsverhältnis zwischen dem Arbeitgeber und dem Arbeitnehmer ist in der Regel zivilrechtlicher Natur, das durch den Arbeitsvertrag begründet wird. Insoweit sind die steuerrechtlichen Arbeitnehmer- und Arbeitgeberbegriffe von zentraler Bedeutung, die jedoch weitgehend mit den arbeits- und sozialrechtlichen Begriffen einhergehen. Eine Besonderheit sind Dienstverhältnisse, die auf öffentlich-rechtlicher Basis begründet werden, wie z.B. das Beamtenverhältnis. Aber auch Beamte sind Arbeitnehmer im steuerrechtlichen Sinne, die Dienstherren Arbeitgeber im steuerrechtlichen Sinn. Auch Geschäftsführer einer Kapitalgesellschaft sind – anders als arbeitsrechtlich – Arbeitnehmer, und zwar auch bei sog. „Ein-Mann-Gesellschaften", bei denen der einzige Gesellschafter auch Geschäftsführer ist.

Die dem Arbeitgeber gegenüber der Finanzverwaltung obliegenden Verpflichtungen hingegen sind öffentlich-rechtlicher Art, die sich aus den gesetzlichen Regelungen ergeben. Daraus resultiert auch die Haftung des Arbeitgebers für die von ihm einzubehaltende und an das Finanzamt abzuführende Lohnsteuer.

Zwischen dem Arbeitnehmer und der Finanzverwaltung besteht schließlich das sog. Steuerschuldverhältnis, da der Arbeitnehmer trotz der Abführungspflicht des Arbeitgebers Schuldner der Steuer bleibt (zur Ausnahme bei der Lohnsteuerpauschalierung s. Rz. 25 und II B 20 Rz. 50ff.). Letzteres hat zur Folge, dass die vom Arbeitnehmer erzielten Einkünfte im Rahmen einer Einkommensteuerveranlagung, ggf. auch im Rahmen einer Antragsveranlagung (§ 46 Abs. 2 Nr. 8 EStG), zu berücksichtigen sind.

Sofern ein Dritter nach § 38a Abs. 3a EStG die Arbeitgeberpflichten übernommen hat, ist der Dritte neben dem Arbeitgeber zur Einbehaltung und Abführung der Lohnsteuer verpflichtet. Gegenüber dem Fiskus haften Arbeitgeber und Dritter als Gesamtschuldner.

II. Verfahrensrechtliche Folgen aus dem Abschluss des Arbeitsvertrags

Mit dem durch den Abschluss des Arbeitsvertrags zum vereinbarten Zeitpunkt beginnenden Arbeitsverhältnis setzen die lohnsteuerrechtlichen Verpflichtungen des Arbeitgebers bei der Durchführung des Besteuerungsverfahrens ein. Der Arbeitgeber ist in das Besteuerungsverfahren eingeschaltet; er hat die auf den Arbeitslohn entfallende Steuer an der Quelle zu erheben und an das Finanzamt abzuführen (Lohnsteuerabzugsverfahren). Die Inanspruchnahme des Arbeitgebers für Steuererhebungszwecke ist verfassungsrechtlich zulässig. 5

1. Zum Lohnsteuerabzug verpflichtete Arbeitgeber

Grundlage des vom Arbeitgeber zu beachtenden Lohnsteuerverfahrens sind die Vorschriften der §§ 38 ff. EStG. Danach sind zur Einbehaltung und Abführung der Lohnsteuer verpflichtet die inländischen Arbeitgeber, die im Inland ihren Sitz, einen gewöhnlichen Aufenthalt, die Geschäftsleitung, eine Betriebsstätte oder einen ständigen Vertreter i.S.d. §§ 8–13 AO haben. Ferner sind sog. ausländische Verleiher in das Lohnsteuerabzugsverfahren einbezogen, also Arbeitgeber, die einem Dritten, dem Entleiher, Arbeitnehmer gewerbsmäßig zur Arbeitsleistung im Inland überlassen, ohne inländischer Arbeitgeber zu sein (§ 38 Abs. 1 Satz 1 EStG). Darüber hinaus können auch Dritte zum Lohnsteuerabzug verpflichtet sein (§ 38a Abs. 3a Satz 1 EStG). Ferner ist es möglich, dass das Finanzamt auf formlosen Antrag zulässt, dass ein Dritter die Arbeitgeberpflichten zur Einbehaltung und Abführung der Lohnsteuer erfüllt (§ 38a Abs. 3a Sätze 2 ff. EStG). 6

2. Gegenstand der Einbehaltungspflicht des Arbeitgebers

Der Arbeitgeber ist bei jeder Form der Arbeitslohngewährung zur Einbehaltung der Lohnsteuer verpflichtet, also gleichermaßen bei **Geldzahlungen**, **Sachbezügen** und anderen **geldwerten Vorteilen**. Die Abführungspflicht umfasst auch die Vorteile, die von Dritten gewährt werden, sofern der Arbeitgeber in die Gewährung der Vorteile eingeschaltet ist oder er zumindest Kenntnis davon hat, dass der Dritte dem Arbeitnehmer die Vorteile gewährt. Dieser Grundsatz kommt auch zum Tragen, wenn den Arbeitnehmern einer Konzerntochter geldwerte Vorteile, wie z.B. Aktienoptionen durch die Konzernmutter, eingeräumt werden. Hier stellt sich in der Praxis die Frage, welche Anforderungen an die Kenntnis oder die Einschaltung des Arbeitgebers zu stellen sind.[1] Hat der Arbeitgeber (= Konzerntochter) keine Mög- 7

---
1 BFH v. 24.1.2001 – I R 119/88, BStBl. II 2001, 513; v. 4.4.2006 – VI R 11/03, BStBl. II 2006, 668; v. 20.5.2010 – VI R 41/09, DB 2010, 1799; zur Kritik Schmidt/*Krüger*, § 38 EStG Rz. 7.

lichkeit, die individuelle Vorteilsgewährung zu ermitteln, besteht keine Verpflichtung zur Einbehaltung der Lohnsteuer; dementsprechend ist auch eine Haftung ausgeschlossen. Die Einbindung in die Vorteilsgewährung lässt sich nicht allein aus den arbeitsvertraglichen Regelungen ableiten; sie bestimmt sich nach den tatsächlichen Verhältnissen.

8 Die Lohnsteuereinbehaltung ist im **Zeitpunkt des Zuflusses** vorzunehmen. Zufluss setzt voraus, dass der Arbeitnehmer wirtschaftlich über den Arbeitslohn verfügen kann. In der Regel erfolgt der Zufluss durch Barauszahlung, Scheckzahlung oder Überweisung, bei geldwerten Vorteilen durch die Überlassung des Vorteils. Eine Lohnverwendungsabrede, bei der der Arbeitnehmer den Arbeitgeber anweist, einen Teil des Arbeitslohns für bestimmte Zwecke zu verwenden, schließt den Zufluss nicht aus. Das Gleiche gilt für Lohnpfändungen und Abtretungen.

9 Neben der Lohnsteuer hat der Arbeitgeber auch die **Zuschlagsteuern** einzubehalten und abzuführen. Derzeit werden zwei Arten von Zuschlagsteuern erhoben, der **Solidaritätszuschlag** in Höhe von 5,5 v.H. und – bei entsprechender Mitgliedschaft des Arbeitnehmers in einer steuererhebungsberechtigten Religionsgemeinschaft – Kirchensteuer. Der Kirchensteuerhebesatz wird durch die Religionsgemeinschaften festgelegt.

3. Berechnung der Lohnsteuer

10 Die Verpflichtung des Arbeitgebers zur Einbehaltung und Abführung der Lohnsteuer bedingt auch, dass der Arbeitgeber die Steuer berechnen muss.

11 Für den Regelfall der **unbeschränkt steuerpflichtigen Arbeitnehmer**, also Arbeitnehmern, die ihren Wohnsitz (§ 8 AO) oder gewöhnlichen Aufenthalt (§ 9 AO) im Inland haben, erfolgt der Steuerabzug auf der Grundlage der Lohnsteuerabzugsmerkmale (ELStAM), die für jeden Arbeitnehmer gebildet werden (§ 39a Abs. 1 Satz 1, § 39 EStG). Lohnsteuerabzugsmerkmale sind die bei der Besteuerung zu berücksichtigenden steuerlichen Merkmale des Arbeitnehmers, also die Steuerklasse, die Zahl der Kinder- und sonstigen Freibeträge (§ 39 Abs. 4 EStG) sowie die Religionszugehörigkeit, die für die Erhebung der Kirchenlohnsteuer von Bedeutung ist. Der Arbeitgeber hat die Lohnsteuerabzugsmerkmale zu Beginn des Arbeitsverhältnisses beim Bundeszentralamt für Steuern abzurufen. Auch Änderungen der Besteuerungsmerkmale werden dem Arbeitgeber auf elektronischem Wege bereit gestellt. Der Arbeitgeber hat dann die Merkmale für den Lohnsteuerabzug zu verwenden (§ 39e EStG). Die übermittelten Merkmale sind auch dann anzuwenden, wenn dem Arbeitgeber die Unrichtigkeit bekannt ist.

Die Teilnahme am Abrufverfahren ist für alle Arbeitgeber obligatorisch. Nur auf Antrag und zur Vermeidung unbilliger Härten kann das Betriebsstättenfinanzamt zulassen, dass der Arbeitgeber nicht am ELStAM-Verfahren teilnimmt. In der Regel wird es an der unbilligen Härte fehlen, da auch das Vorhandensein der für den Abruf erforderlichen technischen Einrichtungen vorausgesetzt wird. Nur bei geringfügig Beschäftigten in Privathaushalten ist dem Antrag stattzugeben (§ 39e Abs. 7 Satz 2 EStG).

12 Der erste Schritt der **Steuerberechnung** ist die Ermittlung der Höhe des Arbeitslohns. Zu unterscheiden ist zwischen laufendem Arbeitslohn, also Lohn, Gehalt,

Zulagen und laufenden Sachbezügen, und sonstigen Bezügen, wie z.B. Weihnachtsgeld, Urlaubsgeld. Das Gesetz (§ 39b Abs. 3 EStG) sieht für die Berechnung der Lohnsteuer auf sonstige Bezüge eine gesonderte Berechnungsmethode vor.[1] Sobald der Arbeitgeber den danach maßgeblichen Arbeitslohn ermittelt hat, ist er um etwaige Freibeträge zu kürzen. Der verbleibende Betrag ist der der Besteuerung zu unterwerfende Arbeitslohn.

In einem **zweiten Schritt** ist die auf den Arbeitslohn entfallende Lohnsteuer zu ermitteln. Sie ist anhand der **Tarifformel** zu berechnen, es gibt keine amtlichen Lohnsteuertabellen mehr. Hat der Arbeitgeber keine Möglichkeit zur maschinellen Steuerberechnung – dies kann vor allem bei Arbeitgebern mit wenigen Arbeitnehmern der Fall sein –, kann er die Lohnsteuer in den noch anhand der von privaten Anbietern erstellten **Lohnsteuertabellen** nach den auf der Lohnsteuerkarte vermerkten Besteuerungsmerkmalen ablesen. Diese Vorgehensweise bedarf einer Genehmigung des Finanzamtes.

Wirkt der Arbeitnehmer nicht daran mit, dass der Arbeitgeber die Lohnsteuerabzugsmerkmale abrufen kann, indem er z.B. dem Arbeitgeber seine steuerliche Identifikationsnummer und das Geburtsdatum schuldhaft nicht mitteilt, ist die Lohnsteuer nach den Besteuerungsmerkmalen der Steuerklasse VI zu berechnen.

Bei **beschränkt steuerpflichtigen Arbeitnehmern**, also Arbeitnehmern, die im Inland weder einen Wohnsitz noch einen gewöhnlichen Aufenthalt haben, ist Grundlage des Lohnsteuerabzugs eine vom Betriebsstättenfinanzamt auszustellende Bescheinigung, aus der sich die Lohnsteuerabzugsmerkmale ergeben. Fehlt die Bescheinigung, ist die Lohnsteuer nach der Lohnsteuerklasse VI zu erheben (§ 39c EStG).

4. Anmeldung und Abführung der Lohnsteuer

Die von ihm ermittelte Lohnsteuer hat der Arbeitgeber vom Arbeitslohn einzubehalten. Ferner hat er den Lohnsteuerbetrag, der sich aus dem Lohnzahlungszeitraum ergibt, mit einer sog. Lohnsteueranmeldung beim Finanzamt anzumelden. Die **Lohnsteueranmeldung** (§ 41a EStG) ist eine Steuererklärung, die grundsätzlich in elektronischer Form dem Finanzamt zu übermitteln ist. Mit der Anmeldung der Steuer ist sie zugleich an das Finanzamt abzuführen, also zu zahlen.

Die Lohnsteueranmeldung ist grundsätzlich monatlich abzugeben und zwar bis zum 10. Tag nach Ablauf des Kalendermonats (= Lohnsteueranmeldungszeitraum). Nur wenn die Lohnsteuer im vorangegangenen Kalenderjahr weniger als 4 000 Euro, aber mehr als 1 000 Euro betragen hat, ist das Vierteljahr Voranmeldungszeitraum; betrug die Lohnsteuer weniger als 1 000 Euro, ist Voranmeldungszeitraum das Kalenderjahr.

---

1 Im Grundsatz erfolgt die Besteuerung mit dem Unterschiedsbetrag, der sich bei Berechnung der Jahressteuer auf den voraussichtlichen Arbeitslohn zuzüglich des sonstigen Bezugs und des Steuerbetrags des voraussichtlichen Jahresarbeitslohns ohne den sonstigen Bezug ergibt. Zur Berechnung vgl. R 39b.6 LStR.

18 Kommt der Arbeitgeber seiner Verpflichtung zur Einbehaltung und Abführung der Steuer nicht nach, haftet er unter den Voraussetzungen des § 42d EStG für die Lohnsteuerbeträge, s. → *Haftung des Arbeitgebers*, II H 10 Rz. 18.

5. Aufzeichnungspflichten

19 Neben der Verpflichtung zur Berechnung, Einbehaltung und Abführung der Lohnsteuer ist die Begründung eines Arbeitsverhältnisses mit Aufzeichnungspflichten verbunden (§ 41 EStG). Der Arbeitgeber hat am Ort der Betriebsstätte für jeden Arbeitnehmer und für jedes Kalenderjahr ein **Lohnkonto** (§ 4 LStDV) zu führen. In das Lohnkonto sind die abgerufenen elektronischen Lohnsteuerabzugsmerkmale sowie die für den Lohnsteuerabzug erforderlichen Merkmale aus der vom Finanzamt ausgestellten Bescheinigung für den Lohnsteuerabzug zu übernehmen (§ 41 Abs. 1 Satz 2 EStG). Eine bestimmte Form des Lohnkontos ist nicht vorgeschrieben.

20 Bei jeder Lohnabrechnung über den laufenden Arbeitslohn oder über sonstige Bezüge hat der Arbeitgeber **aufzuzeichnen**:
– den Tag der Lohnzahlung und den Lohnzahlungszeitraum;
– in den Fällen des § 41 Abs. 1 Satz 5 EStG (zeitweiser Wegfall des Arbeitslohnanspruchs) jeweils den Großbuchstaben U;
– den Arbeitslohn, getrennt nach Barlohn und Sachbezügen sowie die davon einbehaltene Lohnsteuer; die Sachbezüge müssen einzeln bezeichnet werden und sind unter Angabe des Abgabetags- oder -zeitraums, des Abgabeortes und des Entgelts mit dem nach § 8 Abs. 2 oder 3 EStG um das gezahlte Entgelt geminderten ermittelten Wert zu erfassen;
– steuerfreie Bezüge; Ausnahmen kann das Betriebsstättenfinanzamt zulassen;
– Bezüge, die nach einem Doppelbesteuerungsabkommen oder nach internationalem Steuerrecht von der Lohnsteuer freigestellt sind;
– außerordentliche Einkünfte i.S.d. § 34 Abs. 1 und 2 Nr. 2 und 4 EStG und die darauf einbehaltene Lohnsteuer;
– pauschal besteuerte Bezüge und die darauf entfallende Lohnsteuer; sofern sich in den Fällen des § 40 Abs. 1 Nr. 2 und Abs. 2 EStG auf den einzelnen Arbeitnehmer entfallende Beträge nicht ermitteln lassen, ist die Führung eines Sammelkontos zulässig.

Für die heute übliche maschinelle Lohnabrechnung kann das Betriebsstättenfinanzamt Ausnahmen von den Aufzeichnungspflichten zulassen, sofern die Prüfbarkeit des Lohnsteuerabzugs in anderer Weise gesichert ist (§ 4 Abs. 3 LStDV).

21 Das Lohnkonto ist bis zum Ablauf des sechsten Kalenderjahres, das auf die letzte Lohnzahlung folgt, aufzubewahren (§ 41 Abs. 1 Satz 9 EStG). Dies soll dem Finanzamt eine nachträgliche Prüfung ermöglichen. Zu dieser kann das Finanzamt nicht nur eine „normale" Außenprüfung vornehmen, sondern auch eine spezielle Lohnsteuer-Außenprüfung (§ 42f EStG), bei der sich die Prüfung darauf richtet, ob der Arbeitgeber alle Arbeitnehmer erfasst hat, die zum Arbeitslohn gehörenden Zuwendungen der Lohnsteuer unterworfen wurden und ob die zutreffende Höhe des Arbeitslohns zu Grunde gelegt wurde. Diese Prüffelder können zudem Gegenstand einer Lohnsteuer-Nachschau sein, die der besonders zeitnahen Ermittlung lohnsteuererheblicher Sachverhalte dienen soll (§ 42g EStG). Ein konkreter Anlass für

die Lohnsteuer-Nachschau ist nicht erforderlich. Sie ist – anders als die Lohnsteuer-Außenprüfung – grundsätzlich beim Arbeitgeber durchzuführen.

Bei Beendigung des Dienstverhältnisses oder bei Ablauf des Kalenderjahres ist das Lohnkonto abzuschließen (§ 41b EStG) und eine elektronische **Lohnsteuerbescheinigung** an amtlich bestimmte Übermittlungsstellen zu übermitteln. Ein Ausdruck der Lohnsteuerbescheinigung ist dem Arbeitnehmer auszuhändigen; alternativ kann die Bescheinigung dem Arbeitnehmer auch zum Abruf bereit gestellt werden. In die Lohnsteuerbescheinigung sind die für die Besteuerung maßgeblichen Aufzeichnungen aus dem Lohnkonto zu übernehmen.

6. Sonderfall: Pauschalierung der Lohnsteuer

Eine besondere Form der Lohnsteuererhebung ist die in den §§ 40, 40a und 40b EStG geregelte Pauschalierung der Lohnsteuer. Die Besonderheit besteht in dem Umstand, dass der Arbeitgeber gesetzlich verpflichtet ist, die Steuer zu übernehmen. Er wird Schuldner der pauschalen Lohnsteuer (§ 40 Abs. 3 EStG). Allerdings ist der Arbeitgeber nicht zur Pauschalierung der Lohnsteuer verpflichtet. Ihm steht ein sog. **Pauschalierungswahlrecht** zu. Der Arbeitnehmer hat auf die Ausübung dieses Wahlrechts nach den steuerrechtlichen Vorschriften keinen Einfluss. Bei Abschluss des Arbeitsvertrags steht es den Beteiligten aber frei, zivilrechtlich eine Verpflichtung des Arbeitgebers zur Pauschalierung zu begründen. Ebenso steht es den Beteiligten des Arbeitsvertrags frei zu vereinbaren, dass der Arbeitnehmer im Innenverhältnis verpflichtet ist, die vom Arbeitgeber zu zahlende Steuer zu tragen (sog. Überwälzung). Steuerrechtliche Folgen hat diese Vereinbarung jedoch nicht.

Die Pauschalierungsfälle sind im Gesetz **abschließend geregelt**. Zu unterscheiden ist die Pauschalierung mit einem variablen Steuersatz für sonstige Bezüge und die Nacherhebung von Lohnsteuer (§ 40 Abs. 1 EStG) und die Pauschalierung mit festen Steuersätzen (§ 40 Abs. 2 EStG: Steuersatz von 25 v.H. bei bestimmten Bezügen; § 40a EStG: Steuersatz von 25 v.H. bei kurzfristig Beschäftigten, von 2 v.H. oder 20 v.H. bei Beschäftigung in geringem Umfang und gegen geringen Arbeitslohn und von 5 v.H. bei Aushilfskräften in der Land- und Forstwirtschaft; § 40b EStG: Steuersatz von 20 v.H. für bestimmte Zukunftssicherungsleistungen). Im Einzelnen handelt es sich um folgende Tatbestände:

a) Pauschalierung mit einem variablen Steuersatz (§ 40 Abs. 1 EStG)

Auf Antrag des Arbeitgebers und mit einer entsprechenden Genehmigung des Finanzamts ist eine Pauschalierung möglich, wenn der Arbeitgeber sonstige Bezüge in einer größeren Zahl von Fällen, d.h. bei mehr als 20 Arbeitnehmern (R 40.1 Abs. 1 LStR), gewährt. Die Pauschalierung ist jedoch für Arbeitnehmer ausgeschlossen, soweit die sonstigen Bezüge mehr als 1 000 Euro im Kalenderjahr betragen. Für die übrigen Arbeitnehmer bleibt die Pauschalierung zulässig, sofern die 20-Personen-Grenze nicht unterschritten wird. Die Pauschalierung ist ferner dann zulässig, wenn Lohnsteuer in einer größeren Zahl von Fällen nachzuerheben ist, weil der Arbeitgeber die Steuer nicht ordnungsgemäß einbehalten hat. Die Berechnung des Steuersatzes hat der Arbeitgeber selbst durchzuführen. Ein Berechnungsverfahren hat die Finanzverwaltung in H 40.1 LStH („Berechnung des durchschnittlichen Steuersatzes") dargestellt, dessen Anwendung sich empfiehlt.

b) Pauschalierung mit festen Steuersätzen

26 Die Pauschalierung mit einem festen Steuersatz erfordert keinen Antrag und keine Genehmigung des Finanzamts, so dass es dem Arbeitgeber frei steht, sich für die Pauschalierung zu entscheiden, wenn die gesetzlichen Tatbestandsmerkmale erfüllt sind, sog. Pauschalierungswahlrecht.

27 Die **Pauschalierung** nach § 40 Abs. 2 Satz 1 EStG mit einem **Steuersatz von 25 v.H.** ist möglich, wenn der Arbeitgeber
- Mahlzeiten im Betrieb an die Arbeitnehmer unentgeltlich oder verbilligt abgibt oder Barzuschüsse an ein anderes Unternehmen leistet, das arbeitstäglich Mahlzeiten an die Arbeitnehmer unentgeltlich oder verbilligt abgibt. Voraussetzung der Pauschalierung ist, dass die Mahlzeiten nicht als Lohnbestandteile vereinbart sind;
- oder auf seine Veranlassung ein Dritter den Arbeitnehmern anlässlich einer beruflichen Tätigkeit außerhalb seiner Wohnung und ersten Tätigkeitsstätte Mahlzeiten zur Verfügung stellt, die mit dem Sachbezugswert anzusetzen sind;
- Arbeitslohn aus Anlass von Betriebsveranstaltungen zahlt, die entweder die Voraussetzungen der ab dem VZ 2015 gesetzlich geregelten Freigrenze von 110 Euro (§ 19 Abs. 1 Satz 1 Nr. 1a EStG) nicht erfüllen oder diese übersteigen. Für die Berechnung, ob die Freigrenze überschritten ist, kommt es auf den rechnerischen Anteil der Aufwendungen bezogen auf den einzelnen Arbeitnehmer einschließlich seiner Begleitpersonen an. Dabei gehören die Aufwendungen für den äußeren Rahmen zu den in die Berechnung einzubeziehenden Aufwendungen. Nutzt der Arbeitgeber die Betriebsveranstaltung, um einzelnen Arbeitnehmern Zuwendungen zu machen, wie z.B. Auszahlung von Prämien, Tantiemen, ist eine Pauschalierung ausgeschlossen. Barzuwendungen können nur dann pauschal versteuert werden, wenn es sich um Zehrgeld handelt;[1]
- Erholungsbeihilfen gewährt, die 156 Euro für den Arbeitnehmer, 104 Euro für dessen Ehegatten und 52 Euro für jedes auf der Lohnsteuerkarte eingetragene Kind nicht übersteigen; es muss zudem sichergestellt sein, dass die Beihilfen zu Erholungszwecken verwendet werden;
- Vergütungen für Verpflegungsmehraufwendungen zahlt, die anlässlich einer auswärtigen beruflichen Tätigkeit mit einer Abwesenheitsdauer von mindestens 8 Stunden gezahlt werden, soweit die Vergütungen die Pauschbeträge, die steuerfrei ersetzt werden können, um nicht mehr als 100 v.H. übersteigen;[2]
- den Arbeitnehmern zusätzlich zum geschuldeten Arbeitslohn unentgeltlich oder verbilligt Datenverarbeitungsgeräte übereignet; diese Pauschalierungsmöglichkeit gilt auch für Zubehör und Internetzugang. Ferner sind pauschalierungsfähig Zuschüsse des Arbeitgebers, die zusätzlich zum ohnehin geschuldeten Arbeitslohn zu den Aufwendungen des Arbeitnehmers für die Internetnutzung gezahlt werden.

28 Mit einem **Pauschsteuersatz von 15 v.H.** (§ 40 Abs. 2 Satz 2 EStG) kann der Arbeitgeber pauschal versteuern Sachbezüge in Form der unentgeltlichen oder verbilligten Beförderung eines Arbeitnehmers zwischen Wohnung und erster Tätigkeitsstätte und zusätzlich zum ohnehin geschuldeten Arbeitslohn geleistete Zuschüsse zu

---

1 BFH v. 7.2.1997 – VI R 3/96, BStBl. II 1997, 365.
2 Zu Einzelheiten Herrmann/Heuer/Raupach/*Wagner*, § 40 EStG Anm. 41.

den Aufwendungen des Arbeitnehmers für Fahrten zwischen Wohnung und erster Tätigkeitsstätte, soweit diese Bezüge den Betrag nicht übersteigen, den der Arbeitnehmer als Werbungskosten geltend machen könnte, wenn die Bezüge nicht pauschal besteuert würden. Dabei mindern die pauschal besteuerten Bezüge die abziehbaren Werbungskosten.

In der Praxis von großer Bedeutung ist die Pauschalierung der Lohnsteuer für **Teilzeitbeschäftigte** und → *geringfügig Beschäftigte*, II B 20 (§ 40a EStG), bei der eine enge Verknüpfung mit sozialversicherungsrechtlichen Vorschriften besteht. 29

Nach **§ 40a Abs. 1 EStG** kann der Arbeitgeber die Lohnsteuer unter Verzicht auf die Vorlage der Lohnsteuerkarte bei Arbeitnehmern, die nur **kurzfristig beschäftigt** werden, mit einem Pauschsteuersatz von 25 v.H. erheben. Nach der Legaldefinition des § 40a Abs. 1 Satz 2 EStG liegt eine kurzfristige Beschäftigung vor, wenn der Arbeitnehmer bei dem Arbeitgeber gelegentlich, nicht regelmäßig wiederkehrend beschäftigt ist,[1] die Dauer der Beschäftigung 18 zusammenhängende Arbeitstage nicht übersteigt und der Arbeitslohn während der Beschäftigungsdauer 62 Euro durchschnittlich je Arbeitstag nicht übersteigt, es sei denn, die Beschäftigung wird zu einem unvorhersehbaren Zeitpunkt sofort erforderlich. 30

Nach **§ 40a Abs. 2 EStG** kann der Arbeitgeber unter Verzicht auf die Vorlage der Lohnsteuerkarte die Lohnsteuer aus einer **geringfügigen Beschäftigung** im Wege einer **einheitlichen Pauschsteuer** erheben. Ob eine geringfügige Beschäftigung vorliegt, richtet sich nach sozialversicherungsrechtlichen Vorschriften, da § 40a Abs. 2 EStG auf § 8 Abs. 1 Nr. 1 und 8a SGB IV verweist. Eine Pauschalierung ist danach bei geringfügig entlohnten Beschäftigungen und geringfügigen Beschäftigungen in Privathaushalten möglich. Wegen des Verweises auf die sozialversicherungsrechtlichen Bestimmungen ist die Pauschalierung davon abhängig, dass der Arbeitgeber Beiträge nach § 168 Abs. 1 Nr. 1b oder 1c SGB VI (geringfügig versicherungspflichtige Beschäftigte) oder nach § 172 Abs. 3 oder 3a SGB VI (versicherungsfrei geringfügig Beschäftigte) zu entrichten hat. Die Pauschalierung ist ausgeschlossen, wenn das Arbeitsentgelt monatlich **450 Euro** übersteigt. Der Pauschsteuersatz beträgt 2 v.H.; darin sind der Solidaritätszuschlag und die Kirchensteuer enthalten. Für die Erhebung der Steuer sieht § 40a Abs. 6 EStG die Zuständigkeit der Knappschaft-Bahn-See vor. Die einziehende Stelle ist berechtigt, die Pauschsteuer zusammen mit den Sozialversicherungsbeiträgen einzuziehen. Für in Privathaushalten beschäftigte Arbeitnehmer kann die Abführung von Steuer und Beiträgen im sog. **Haushaltsscheckverfahren** erfolgen.[2] 31

Liegen die Voraussetzungen für ein Pauschalierung nach § 40a Abs. 2 EStG nicht vor, weil keine Sozialversicherungsbeiträge zu entrichten sind, kann der Arbeitgeber nach § 40a Abs. 2a EStG unter Verzicht auf die Lohnsteuerkarte die Lohnsteuer mit einem Pauschsteuersatz von 20 v.H. bei Arbeitnehmern erheben, die in einem geringfügigen Beschäftigungsverhältnis i.S.v. § 40a Abs. 2 EStG stehen. Auch für diese Pauschalierungsmöglichkeit gilt die Arbeitslohngrenze von 450 Euro. 32

---

1 Bei einer Beschäftigung von mehr als viermal im Kalenderjahr nimmt die Finanzverwaltung eine regelmäßig wiederkehrende Beschäftigung an.
2 Zu Einzelheiten vgl. die Angaben der Knappschaft unter www.minijob-zentrale.de; dort kann auch der Vordruck zum Haushaltsscheckverfahren heruntergeladen werden.

33 § 40a Abs. 3 EStG lässt – ebenfalls unter Verzicht auf die Vorlage einer Lohnsteuerkarte – die Pauschalierung mit einem Pauschsteuersatz von 5 v.H. zu für Aushilfskräfte, die in land- und forstwirtschaftlichen Betrieben mit typisch land- und forstwirtschaftlichen Tätigkeiten beschäftigt werden. Ausgeschlossen ist die Pauschalierung bei Dauerarbeitsverhältnissen, die mehr als 180 Tage im Jahr andauern und bei land- und forstwirtschaftlichen Fachkräften. Eine Beschäftigung mit anderen als land- und forstwirtschaftlichen Arbeiten ist nur dann unschädlich, wenn deren Dauer 25 v.H. der Gesamtbeschäftigungsdauer nicht überschreitet.

34 Bei den Pauschalierungsfällen des § 40a Abs. 1 und 3 EStG ist die Pauschalierung ausgeschlossen, wenn der Arbeitslohn während der Beschäftigungsdauer 12 Euro übersteigt oder der Arbeitnehmer vom selben Arbeitgeber Arbeitslohn bezieht, der im Lohnsteuerabzugsverfahren besteuert wird (§ 40a Abs. 4 EStG).

35 § 40b EStG eröffnet schließlich eine Pauschalierungsmöglichkeit für bestimmte **Zukunftssicherungsleistungen**. Die Pauschalierung mit einem Pauschsteuersatz von 20 v.H. ist zulässig bei Zuwendungen an eine Pensionskasse, sofern die Versicherung nicht auf den Erlebensfall eines früheren als des 60. Lebensjahres des Arbeitnehmers abgeschlossen ist und die Abtretung oder Beleihung eines dem Arbeitnehmer eingeräumten Bezugsrechts sowie die vorzeitige Kündigung des Vertrages durch den Arbeitnehmer ausgeschlossen ist. Die Zukunftssicherungsleistungen müssen aus einem ersten Dienstverhältnis bezogen werden. Deshalb ist bei Arbeitnehmern, deren Entgelt nach Lohnsteuerklasse VI versteuert wird, die Pauschalierung nicht möglich. Die Pauschalierung ist ferner ausgeschlossen, soweit die Beiträge und Zuwendungen für den Arbeitnehmer 1 752 Euro im Kalenderjahr übersteigen. Darüber hinausgehende Beträge sind im Regelbesteuerungsverfahren zu versteuern. Sind mehrere Arbeitnehmer versichert, ist eine Durchschnittsberechnung zulässig, in die jedoch Arbeitnehmer nicht einbezogen werden dürfen, für die Beiträge oder Zuwendungen in Höhe von mehr als 2 148 Euro im Kalenderjahr geleistet werden.[1] Werden die Beiträge oder Zuwendungen aus Anlass der Beendigung des Dienstverhältnisses erbracht, vervielfältigt sich der Betrag mit der Anzahl der Kalenderjahre, in denen das Dienstverhältnis bestanden hat, jedoch vermindert um die pauschal besteuerten Beträge, die der Arbeitgeber im Jahr der Beendigung des Dienstverhältnisses und in den vorhergehenden sechs Jahren erbracht hat. Hier bieten sich Gestaltungsmöglichkeiten im Zusammenhang mit Abfindungsvereinbarungen bei Beendigung eines Dienstverhältnisses an, da die pauschal besteuerten Beträge bei der individuellen Versteuerung des Arbeitnehmers außer Ansatz bleiben.

36 Pauschal versteuert werden können ferner Beiträge für eine **Gruppenunfallversicherung**, wenn mehrere Arbeitnehmer gemeinsam in einem Versicherungsvertrag versichert sind und der Teilbetrag, der sich bei einer Aufteilung der gesamten Beiträge nach Abzug der Versicherungssteuer durch die Zahl der begünstigten Arbeitnehmer ergibt, 62 Euro im Kalenderjahr nicht übersteigt.

---

[1] Zur Berechnung H 40b.1 LStH.

Teil II
Kommentar zu Vertragstypen und -klauseln

A 10 Abtretungsverbote und Lohnpfändung

	Rz.		Rz.
1. Einführung	1	b) Abtretungsverbot in Betriebsvereinbarung oder Tarifvertrag	28
a) Gesetzliche Beschränkungen	2	c) Arbeitsvertragliches Abtretungsverbot mit schuldrechtlicher Wirkung	30
b) Einzelvertragliche Abtretungsverbote	4		
c) Unzulässige Rechtsausübung	12		
d) Kündigung bei verbotswidriger Abtretung oder Lohnpfändung	13	d) Abgeschwächtes Abtretungsverbot	33
2. Klauselbeispiele	19	e) Kostenbeitrag ausschließlich bei Pfändung (i.V.m. vertraglichem Ausschluss von Verpfändung und Abtretung)	37
a) Arbeitsvertragliches Abtretungsverbot mit dinglicher Wirkung	19		
aa) Vorteile arbeitsvertraglicher Abtretungsverbote	19		
bb) Abtretung entgegen vereinbartem Abtretungsverbot	20	f) Kostenbeitrag für Abtretung und Verpfändung	47
		3. Steuerrechtliche Aspekte	50
cc) Grenzen der Wirkung von Abtretungsverboten	24	4. Hinweise zur Vertragsgestaltung; Zusammenfassung	52

Schrifttum:

Ahrens, Lohnabtretungen in der Insolvenz nach der Aufhebung von § 114 InsO, NZI 2014, 529; *Andresen*, Die Kosten des Arbeitgebers durch die Bearbeitung von Lohnpfändungen, -verpfändungen und -abtretungen, DB 1959, 460; *Bengelsdorf*, Pfändung und Abtretung von Lohn, 2. Aufl. 2002; *Bengelsdorf*, Praxisrelevante Gesetzesänderungen im Lohnpfändungsrecht, FA 2002, 366; *Berkowsky*, Aktuelle Fragen aus dem Insolvenzarbeitsrecht – Dezember 2006/Januar 2007, NZI 2007, 155; *Biswas/Burghard*, Neue BAG-Rechtsprechung zu der Kostentragung bei Lohnpfändungen, FA 2007, 261; *Boewer*, Handbuch Lohnpfändung und Lohnabtretung, 2015; *Brecht*, Zu wessen Lasten gehen die Kosten der Bearbeitung von Lohnpfändungen?, BB 1954, 413; *Brill*, Zum Anspruch des Arbeitgebers auf Ersatz von Lohnpfändungskosten, DB 1976, 2400; *Canaris*, Die Rechtsfolgen rechtsgeschäftlicher Abtretungsverbote, in Festschrift für Serick, 1992, S. 9; *Denck*, Die Realisierung der Lohnpfändungskosten des Arbeitgebers, BlStSozArbR 1977, 211; *Dutschke*, Neuregelung beim Pfänden von Arbeitseinkünften, AuA 1990, 230; *Eckert*, Die Kostenerstattung bei der Drittschuldnererklärung nach § 840 I ZPO, MDR 1986, 799; *Gutzmann*, Die Erstattung der Kosten des Arbeitgebers als Drittschuldner bei Lohnpfändungen, BB 1976, 700; *Hanel*, Rechtsfragen zur Lohnabtretung, Personal 1983, 289; *Hanel*, Abtretung von Arbeitslohn, Personal 1988, 297; *Hörmann*, Verbraucher und Schulden, 1987; *König*, Konsumentenkredit, 1971; *Kohte*, Die vorformulierte Abtretung von Arbeitsentgelt und Sozialleistungen, BB 1989, 2257; *Kohte*, Die vorformulierte Abtretung von Arbeitsentgelt und Sozialleistungen, ZIP 1988, 1225; *Kreutz*, Abwälzung der Bearbeitungskosten für Lohnpfändungen auf den Arbeitnehmer, BuW 2002, 38; *Lakies*, AR-Blattei SD, Der Forderungsübergang im Arbeitsrecht (Lohn- und Gehaltsabtretung), 2003; *Lepke*, Schulden des Arbeitnehmers, Lohn- oder Gehaltspfändungen bzw. -abtretungen als Beendigungsgrund arbeitsvertraglicher Beziehungen, RdA 1980, 185; *Matthes*, AR-Blattei SD, Zwangsvollstreckung, 2002; *Müller-Glöge*, Pfändung und Abtretung von Arbeitnehmerbezügen im Prozess, DB Beilage 22/1987; *Neumann*, AR-Blattei SD, Lohnpfändung und Verpfändung, 2007; *Olschewski*, Drittschuldnererklärung durch Rechtsanwalt, MDR 1974, 715; *Reifelsberger/Kopp*, Lohnpfändung bei Sachbezügen in der betrieblichen Praxis – insbesondere bei Dienstwagen, NZA 2013, 641; *Reinfelder*, Aktuelles zur Insolvenz des Arbeitnehmers, NZA 2014, 633; *Schielke*, Kostentragung bei der Lohnpfändung, BB 2007, 378; *Schweer*, Die Kosten des Arbeitgebers durch die Bearbeitung von Lohnpfändungen, -verpfändungen und Abtretungen, Abwälzung der Kosten, DB 1959, 1056; *Würdinger*, Das Ende eines Paradoxons im Lohnpfändungsrecht, NJW 2014, 3121.

1. Einführung

1   Der Arbeitnehmer kann grundsätzlich über den ihm zustehenden Anspruch auf Zahlung des Arbeitsentgelts **frei verfügen**. So ist er in der Lage, seinen Anspruch auf Arbeitsentgelt an Dritte abzutreten, vgl. §§ 398 ff. BGB, oder zu verpfänden.

a) Gesetzliche Beschränkungen

2   Gesetzliche Beschränkungen der Abtretbarkeit und sonstigen Verfügbarkeit ergeben sich aus den §§ 400, 1274 Abs. 2 BGB: Hiernach kann der Anspruch auf das Arbeitsentgelt, soweit er unpfändbar ist, weder abgetreten noch verpfändet werden.[1] Eine Unpfändbarkeit besteht nach Maßgabe der §§ 850a–850l ZPO in zweifacher Hinsicht: Einmal sind bestimmte Arten von Bezügen gemäß § 850a ZPO absolut unpfändbar. Hierzu gehören bspw. die Ansprüche auf Urlaubsvergütung, vermögenswirksame Leistungen des Arbeitgebers, Überstundenvergütungen bis zur Hälfte, Aufwandsentschädigungen, Reisespesen, Gefahren-, Schmutz- und Erschwerniszulagen.[2] Zum anderen sind selbst die ihrer Art nach grundsätzlich pfändbaren übrigen Teile des Arbeitseinkommens, insbesondere Lohn und Gehalt, in der Höhe abhängig von Unterhaltspflichten, die der Arbeitnehmer zu erfüllen hat, nur begrenzt pfändbar.[3] Zum Arbeitseinkommen nach § 850 Abs. 1 ZPO zählt in diesem Zusammenhang auch die Kündigungsschutzabfindung nach §§ 9, 10 KSchG.[4] Diese unterliegt jedoch lediglich dem Pfändungsschutz nach § 850i ZPO, nicht aber dem des § 850c ZPO, denn es handelt sich insofern nicht um ein Arbeitseinkom-

---

1   Vgl. nur BAG v. 21.11.2000 – 9 AZR 692/99, NZA 2001, 654, wonach eine Vorausabtretung der unpfändbaren Einkommensbestandteile nicht einmal an den Vermieter zur Sicherung der Zahlung des Mietzinses möglich ist; weitere Beispiele bei *Bengelsdorf*, Rz. 559 ff.
2   Vgl. BAG v. 14.3.2012 – 10 AZR 778/10, NZA 2012, 1246, wonach allerdings nur eine typischerweise zur Deckung des erhöhten Aufwands zu Weihnachten geleistete Zuwendung nach Maßgabe von § 850a Nr. 4 ZPO der Pfändung entzogen sein kann; Vgl. im Einzelnen Schaub/*Koch*, § 92 Rz. 31 ff.
3   MünchKommZPO/*Smid*, § 850 Rz. 10; für eine ausführliche Übersicht der pfändungsfreien Zuschläge für Unterhaltsberechtigte vgl. *Boewer*, Handbuch Lohnpfändung und Lohnabtretung, Rz. 663 ff.; Schaub/*Koch*, § 92 Rz. 24.
4   BAG v. 12.9.1979 – 4 AZR 420/77, AP Nr. 10 zu § 850 ZPO; LAG Nds. v. 14.11.2003 – 16 Sa 1213/03; LAG Schl.-Holst. v. 13.12.2005 – 2 Sa 384/05, NZA-RR 2006, 371; ErfK/*Kiel*, § 10 KSchG Rz. 11; ebenso zu Sozialplanabfindungen BAG v. 13.11.1991 – 4 AZR 20/91, AP Nr. 13 zu § 850 ZPO. Nach LAG Düsseldorf v. 29.6.2006 – 11 Sa 291/06, DB 2006, 2.691 und LAG Köln v. 27.3.2006 – 14 (9) Sa 1335/05, NZA-RR 2006, 365 (366) ist dieses Verständnis bzgl. der Pfändung allerdings nicht auf die Abtretung von Lohn- und Gehaltsansprüchen übertragbar. Danach erfasse eine vereinbarte „Gehalts"-Abtretung gerade nicht auch Abfindungsansprüche, vgl. auch MünchArbR/*Krause*, § 66 Rz. 2.

men, das für einen fest umrissenen Zeitraum gezahlt wird.[1] Eine Erhöhung des unpfändbaren Teils der Bezüge nach § 850f Abs. 1 ZPO ist in einem Rechtsstreit zwischen Arbeitnehmer und Arbeitgeber nicht möglich, sondern kann nur vom Vollstreckungsgericht oder in einem Rechtsstreit zwischen Arbeitnehmer und Abtretungsgläubiger vorgenommen werden. Durch diese Vorschriften wird der Arbeitnehmer vor Verfügungen bewahrt, durch die sein Lebensunterhalt in der Zukunft gefährdet sein könnte. Diesem Schutzzweck entsprechend sind auch Abreden, die diesen grundsätzlichen Schutz umgehen, unzulässig und damit unwirksam.[2]

Zweck des Abtretungsverbotes nach § 400 BGB ist es, sicherzustellen, dass der Arbeitnehmer durch die Abtretung seiner Vergütungsansprüche nicht diejenigen finanziellen Mittel verliert, die er für seine eigene Existenz sowie die seiner Angehörigen benötigt.[3] Eine entgegenstehende Vereinbarung ist dementsprechend nichtig.[4] Jedoch ist in den Fällen, in denen der Zessionar dem Zedenten einen Geldbetrag in Höhe der abgetretenen Forderung auszahlt, § 400 BGB teleologisch zu reduzieren.[5] Denn in dieser Konstellation wird das Bedürfnis des Schuldnerschutzes bereits auf anderem Wege – nämlich durch die Ausgleichszahlung – gewährleistet.

Nach der bislang herrschenden Auffassung[6] erfolgte die Berechnung des pfändbaren Einkommens nach der sog. Bruttomethode. Von dem Bruttoeinkommen seien dabei zunächst die nach § 850a ZPO unpfändbaren Bezüge mit dem Bruttobetrag und im Anschluss die auf das Gesamtbruttoeinkommen – die unpfändbaren Bezüge inbegriffen –, zu zahlenden Steuern und Sozialversicherungsbeiträge abzuziehen. Konsequenz dieser Methode ist, dass im Ergebnis die sich auf die unpfändbaren Bezüge beziehenden Steuern und Sozialversicherungsbeiträge zweimal veranschlagt werden.[7] Das BAG legt im Gegensatz dazu die sog. Nettomethode der Berechnung zugrunde. Danach sind im Anschluss an den Abzug der nach § 850a ZPO unpfändbaren Beträge mit dem Bruttobetrag lediglich die Steuern und Sozialversicherungsbeiträge in Abzug zu bringen, die auf das ohne die unpfändbaren Bezüge verbleibende Bruttoeinkommen zu zahlen sind.[8] Gewährt der Arbeitgeber dem Arbeitnehmer Sachbezüge als Teil der Vergütung, so ist der Sachbezug in Form eines geldwerten Vorteils zu dem ausgezahlten Entgelt zu addieren. Sie stellen insoweit keine unpfändbaren Bezüge nach § 850a Nr. 3 ZPO dar.[9] Diese Verrechnung ist jedoch unzulässig in den Fällen, in denen die Summe aus Auszahlbetrag und

---

1 BAG v. 12.9.1979 – 4 AZR 420/77, AP Nr. 10 zu § 850 ZPO; LAG Nds. v. 14.11.2003 – 16 Sa 1213/03; LAG Schl.-Holst. v. 13.12.2005 – 2 Sa 384/05, NZA-RR 2006, 371; ErfK/*Kiel*, § 10 KSchG Rz. 11; Schaub/*Koch*, § 92 Rz. 32.
2 Vgl. BAG v. 21.11.2000 – 9 AZR 692/99, AP Nr. 2 zu § 400 BGB, wonach eine über die Grenzen der Pfändbarkeit vorgenommene Abtretung nach § 400 BGB unwirksam ist.
3 BAG v. 21.2.2013 – 6 AZR 553/11, NZA-RR 2013, 590; Schaub/*Linck*, § 73 Rz. 2.
4 Erman/*H.P. Westermann*, § 400 BGB Rz. 1; BAG v. 21.2.2013 – 6 AZR 553/11, NZA-RR 2013, 590.
5 Erman/*H.P. Westermann*, § 400 BGB Rz. 3; Schaub/*Linck*, § 73 Rz. 2a; *Boewer*, Handbuch Lohnpfändung und Lohnabtretung, Rz. 1287; BAG v. 21.2.2013 – 6 AZR 553/11, NZA-RR 2013, 590.
6 Vgl. LAG Berlin v. 26.1.2000 – 8 Sa 1821/98, NZA-RR 2000, 657; Musielak/*Becker*, § 850e Rz. 2.
7 *Boewer*, Handbuch Lohnpfändung und Lohnabtretung, Rz. 847; *Würdinger*, NJW 2014, 3121.
8 BAG v. 17.4.2013 – 10 AZR 59/12, NZA 2013, 859.
9 LAG Hess. v. 15.10.2008 – 6 Sa 1025/07, NZI 2009, 526.

Sachbezug unter der für den Arbeitnehmer geltenden Pfändungsfreigrenze liegt. Entsprechendes gilt, wenn die Unterschreitung der Pfändungsfreigrenze erst durch die Pfändung eines Gläubigers herbeigeführt wird. Anderes kann ggf. gelten, wenn es sich bei dem Sachbezug um eine Wohnung handelt.[1]

3 Da die Abtretung nicht gegen ein gesetzliches Verbot verstoßen darf (vgl. § 134 BGB), ist eine Vorausabtretung unwirksam, wenn sie an eine Gesellschaft erfolgt, die geschäftsmäßig Rechtsberatung und Einziehung fremder Forderungen betreibt, ohne im Besitz der nach dem Rechtsberatungsgesetz erforderlichen Erlaubnis zu sein.[2]

b) Einzelvertragliche Abtretungsverbote

4 Des Weiteren kann – wie sich aus § 399 Alt. 2 BGB ergibt – **einzelvertraglich** ein Verbot der Abtretung von Lohn- oder Gehaltsteilen vereinbart werden. Der Ausschluss der Abtretbarkeit bedeutet gem. § 1274 Abs. 2 BGB zugleich den Ausschluss der Verpfändbarkeit. Derartige Abtretungsverbote sind in mit Arbeitern und Angestellten geschlossenen Verträgen signifikant häufiger vertreten als in Verträgen mit leitenden Angestellten.[3] Zulässig wäre ein solches Verbot aber auch in Verträgen mit Führungskräften. Zwar ist ein Ausschluss von Lohn- und Gehaltsforderungen auch stillschweigend möglich.[4] Ein solcher kann jedoch nicht generell aus dem Arbeitsverhältnis– selbst bei Großbetrieben –entnommen werden.[5]

5 Eine entgegen einem vertraglichen oder gesetzlichen Abtretungsverbot vorgenommene Abtretung ist **absolut unwirksam**, d.h. die Unwirksamkeit kann gegenüber jedermann geltend gemacht werden.[6] Zudem kann für die der Abtretung entzogenen Lohnforderung grundsätzlich keine Einziehungsermächtigung erteilt werden, da ansonsten eine Umgehung des Abtretungsverbotes möglich wäre.[7] Leistet der

---

1 Vgl. BAG v. 24.3.2009 – 9 AZR 733/07, NZA 2009, 861, wonach die Unzulässigkeit der Verrechnung auf einem Verstoß gegen § 107 Abs. 2 GewO beruht; so auch Schaub/*Linck*, § 68 Rz. 1a; vgl. *Reifelsberger/Kopp*, NZA 2013, 641 bezüglich einer Übertragbarkeit des BAG-Urteils auf Pfändungsfälle, wobei anderes im Falle des Sachbezugs Wohnung gelten soll. Hier soll der Arbeitnehmer zumindest noch über den Hartz IV-Regelsatz verfügen können.
2 BAG v. 24.3.1993 – 4 AZR 258/92, AP Nr. 7 zu § 134 BGB; Schaub/*Linck*, § 73 Rz. 1a; zur Wirksamkeit einer Vorausabtretung vgl. ErfK/*Preis*, § 611 BGB Rz. 464 ff.
3 Vgl. *Kopp*, Arbeitsvertrag für Führungskräfte, S. 32.
4 MünchKommBGB/*Roth*, § 399 Rz. 30.
5 BGH v. 20.12.1956 – VII ZR 279/56, BGHZ 23, 53 (55) = AP Nr. 1 zu § 398 BGB; MünchKommBGB/*Roth*, § 399 Rz. 30; Schaub/*Linck*, § 73 Rz. 1.
6 BGH v. 12.5.1971 – VIII ZR 196/69, BGHZ 56, 173 (176); v. 3.12.1987 – VII ZR 374/86, BGHZ 102, 293 (301); v. 31.10.1990 – IV ZR 24/90, BGHZ 112, 387 (389); Palandt/*Grüneberg*, § 399 BGB Rz. 12; MünchKommBGB/*Roth*, § 399 Rz. 45; a.A., d.h. für ein relatives Veräußerungsverbot i.S.v. § 135 BGB, *Scholz*, NJW 1960, 1837. Ausführlich zum Meinungsstand in Lit. und Rspr. *Canaris*, FS Serick, 1992, S. 9 ff.
7 MünchKommBGB/*Roth*, § 398 Rz. 48; vgl. jüngst auch BAG v. 23.9.2009 – 5 AZR 518/08, NZA 2010, 781 (782); a.A. Erman/*H.P. Westermann*, § 399 BGB Rz. 4 m.w.N.; es ist nach dem Gesichtspunkt des Schuldnerschutzes zu differenzieren, ob die Wirkungen einer Einziehungsermächtigung in gleicher Weise unannehmbar sind. Im Rahmen eines vertraglich vereinbarten Abtretungsverbots ist dies eine Frage der Auslegung, MünchKommBGB/*Roth*, § 398 Rz. 48 m.w.N.

Arbeitgeber dennoch an den Dritten, so ist diese Leistung unwirksam. Zu den Wirkungen im Einzelnen ausführlich Rz. 20 ff.

Das Abtretungsverbot hindert den Arbeitnehmer daran, seine Lohn-/Gehaltsforderung beim Abschluss eines Kreditvertrages als Sicherheit zu verwenden. Daraus ergibt sich das grundsätzliche **Problem, ob** das Zessionsverbot dem Arbeitnehmer eine wesentliche Grundlage seiner Kreditfähigkeit entzieht und ihn damit in seiner Dispositionsfreiheit über sein Arbeitsentgelt derart einschränkt, dass eine **derartige Abrede wegen Verstoßes gegen § 138 BGB unwirksam** ist. In diesem Zusammenhang stellt sich insbesondere die Frage, ob bspw. eine Parallele zu der Rechtsprechung bzgl. der Kollision einer zeitlich vorhergehenden Globalzession zugunsten eines Kreditgebers mit einem verlängerten Eigentumsvorbehalt eines Warenlieferanten gezogen werden kann. Hier wird überwiegend[1] der sog. Vertragsbruchtheorie folgend eine Sittenwidrigkeit angenommen, die damit begründet wird, dass der Zedent durch die vorgängige Globalzession zu vertragsuntreuem Verhalten gegenüber späteren Lieferanten gezwungen wird.

Näherer Betrachtung bedarf, ob dieser Gedanke in der Weise entsprechend anzuwenden ist, dass der Arbeitnehmer bei der Aufnahme eines Kredites zum Bruch des mit dem Arbeitgeber vereinbarten Abtretungsverbotes gezwungen ist. In diese Richtung geht das ArbG Hamburg,[2] wenn es ausführt, der Ausschluss der Abtretbarkeit behindere den Arbeitnehmer in seiner durch Art. 2 Abs. 1 GG garantierten Entfaltungsfreiheit. Zu dieser gehöre auch, dass man seine Handlungsmöglichkeiten durch Kreditaufnahme erweitere. Für den Arbeitnehmer, der nicht über Vermögen verfügt, bleibe als Möglichkeit der Kreditaufnahme regelmäßig nur die Abtretung seines pfändbaren Arbeitseinkommens.

Dieser Argumentation liegt allerdings die rechtstatsächlich falsche Prämisse zugrunde, dass eine **Kreditwürdigkeit** des Arbeitnehmers nur bei der Möglichkeit einer Lohnabtretung gegeben ist: Denn zum einen bieten sich für den Kreditgeber auch noch andere Sicherungsmittel, wie etwa Sicherungsübereignung oder Bürgschaft, an.[3] Zum anderen wird ohnehin in der Praxis der Kreditvergabe der Lohnabtretung keine so entscheidende Bedeutung beigemessen, dass von ihr die Kreditfähigkeit des Kunden abhinge.[4] Vielmehr ist davon auszugehen, dass Abtretungsverbote für die Kreditinstitute weniger ein Problem der Kreditvergabe als der Beitreibung ausstehender Forderungen darstellen. Während die Bank, die sich Lohnansprüche abtreten lässt, ohne Einschaltung des Gerichts auf schnelle und einfache Weise Befriedigung wegen fälliger Darlehensforderungen erlangen kann, muss sie sich bei Fehlen einer solchen Sicherheit rechtzeitig, d.h. vor eventuellen anderen Gläubigern, um die Durchsetzung ihrer Ansprüche im Wege der Zwangsvollstreckung bemühen. Eine entscheidende Verbesserung der Sicherheit des Kredits bringt eine Lohnabtretung dagegen – anders als etwa die Bestellung einer

---

1 Vgl. BGH v. 30.4.1959 – VII ZR 19/58, BGHZ 30, 149 (152 f.); v. 9.6.1960 – VII ZR 228/58, BGHZ 32, 361 (365 f.); v. 9.11.1978 – VII ZR 54/77, BGHZ 72, 308 (310).
2 ArbG Hamburg v. 6.1.1977 – 12 Ca 203/76, S. 5 f. (zitiert nach *Hörmann*, Verbraucher und Schulden, 1987, S. 142).
3 *Hörmann*, Verbraucher und Schulden, 1987, S. 142.
4 Vgl. *König*, Konsumentenkredit, 1971, S. 46, der darlegt, dass in den USA trotz Einführung eines gesetzlich fixierten Lohnabtretungsverbotes das Konsumentenkreditvolumen gestiegen ist.

Grundschuld – nicht mit sich, zumal der Kreditgeber stets damit rechnen muss, dass die Forderung bereits an andere Gläubiger abgetreten worden ist und die spätere Abtretung nach dem Prioritätsprinzip unwirksam ist. Es kann somit nicht angenommen werden, dass von Lohnabtretungsverboten eine ernsthafte Gefahr für die Kreditfähigkeit des Arbeitnehmers ausgeht.

9 Im Gegenteil hat die **Möglichkeit eines Lohnabtretungsausschlusses** für den Arbeitnehmer als Kreditnehmer sogar **Vorteile**: Zum einen erhält der Arbeitnehmer seinen Verdienst zunächst ungeschmälert ausgezahlt, zum anderen ist dem Kreditgeber damit das wichtigste außergerichtliche Beitreibungsmittel abgeschnitten, so dass er sich von vornherein der gerichtlichen Überprüfung des Bestehens seiner Forderung aussetzen muss.[1] Darüber hinaus ist zu bedenken, dass, sofern man gleichwohl ein wirtschaftliches Interesse des Arbeitnehmers an der Verkehrsfähigkeit seiner Lohnforderung annimmt, diesem durchaus ein berechtigtes Interesse des Arbeitgebers an der Vereinfachung der Vertragsabwicklung gegenübersteht: Dem Arbeitgeber entstehen Kosten bei der Bearbeitung der Lohnabtretungen und er sieht sich weiteren Lohngläubigern gegenüber. Hierzu können bei einer Mehrfachabtretung oder -verpfändung Konkurrenzen mit anderen Pfändungs- oder Abtretungsgläubigern kommen. Aufgrund der sich daraus oftmals ergebendes Unsicherheiten über die Rangfolge von Lohnabtretungen und -pfändungen wird nicht selten eine gerichtliche Auseinandersetzung unentbehrlich.[2] Zudem wird unter Umständen dann, um eine Doppelinanspruchnahme zu vermeiden, die Hinterlegung des pfändbaren Lohnteiles erforderlich.

10 Angesichts dessen **verbietet sich eine entsprechende Anwendung der Vertragsbruchtheorie**. Dies liegt auch ganz auf der Linie der h.M.,[3] die selbst im Baugewerbe – hier bilden üblicherweise Globalzession oder verlängerter Eigentumsvorbehalt die Grundlage für die Kreditsicherung – die Sittenwidrigkeit eines vertraglichen Abtretungsverbotes wegen Herbeiführung einer Zwangslage ablehnt. Folgerichtig handelt es sich bei der Vereinbarung eines Abtretungsverbotes keineswegs um eine unsachgemäße Knebelung des Arbeitnehmers. Bedenken im Hinblick auf § 138 BGB gegen die Wirksamkeit der Einschränkung der Verkehrsfähigkeit des zukünftigen Lohnanspruches des Arbeitnehmers sind daher nicht gerechtfertigt.[4]

11 Wird ein Abtretungsverbot in einem Formulararbeitsvertrag vereinbart, werden mit ähnlicher Argumentation Bedenken hinsichtlich § 307 BGB vorgetragen. Die Zulässigkeit von Abtretungsverboten in Allgemeinen Geschäftsbedingungen ist dabei schon im allgemeinen Zivilrecht problematisch.[5] Nach der Rechtsprechung des BGH[6] sind solche Klauseln jedenfalls grundsätzlich zulässig. Es könne dem Ver-

---

1 *Hörmann*, Verbraucher und Schulden, 1987, S. 142; LAG Nds. v. 16.6.2014 – 13 Sa 1327/13, NZA-RR 2014, 524.
2 LAG Nds. v. 16.6.2014 – 13 Sa 1327/13, NZA-RR 2014, 524.
3 BGH v. 28.11.1968 – VII ZR 157/66, BGHZ 51, 113 (117); v. 12.5.1971 – VIII ZR 196/69, BGHZ 56, 173 (175); MünchKommBGB/*Roth*, § 399 Rz. 34.
4 Im Ergebnis ebenso: *Hörmann*, Verbraucher und Schulden, 1987, S. 141; *Larenz*, Schuldrecht AT, § 34 II 1.
5 Für generelle Unzulässigkeit noch *Wolf/Horn/Lindacher*, 4. Aufl., § 9 AGBG Rz. A 14; anders nunmehr WLP/*Dammann*, Klauseln A Rz. 28; vgl. ausführlich *Stoffels*, AGB-Recht, Rz. 753.
6 BGH v. 9.2.1990 – V ZR 200/88, NJW 1990, 1601 (1602); v. 11.3.1997 – X ZR 146/94, NJW 1997, 3434 (3435); v. 25.11.1999 – VII ZR 22/99, ZIP 2000, 78; v. 13.7.2006 – VII ZR 51/05, NJW 2006, 3486; v. 17.4.2012 – X ZR 76/11, NJW 2012, 2107 (2108).

wender nicht verwehrt werden, durch die Vereinbarung eines Abtretungsverbots für eine übersichtliche Gestaltung der Vertragsabwicklung zu sorgen und damit zu verhindern, dass ihm eine im Voraus unübersehbare Vielzahl von Gläubigern entgegentritt. Eine Klausel sei allerdings dann nach § 307 BGB unwirksam, wenn berechtigte Belange des Vertragspartners an der Abtretbarkeit der Ansprüche die entgegenstehenden Interessen des Verwenders überwiegen.[1] Hierauf verweisend sieht eine Ansicht[2] ein Abtretungsverbot im Formulararbeitsvertrag in der Regel als unangemessene Benachteiligung des Arbeitnehmers nach § 307 BGB an. Das Interesse des Arbeitnehmers, seine Lohn- oder Gehaltsforderungen beim Abschluss eines Kreditvertrages als Sicherheit zu verwenden, überwiege das Interesse des Arbeitgebers, keiner Vielzahl von Gläubigern gegenüberzustehen. Doch auch dieser Argumentation liegt die rechtstatsächlich unrichtige Prämisse zugrunde, dass eine Kreditwürdigkeit des Arbeitnehmers nur bei der Möglichkeit einer Lohnabtretung bestünde. Abtretungsverbote sind somit nicht generell unangemessen benachteiligend i.S.d. § 307 BGB und können daher auch in Formulararbeitsverträgen vereinbart werden.[3]

c) Unzulässige Rechtsausübung

Ist die Abtretung nicht vertraglich ausgeschlossen, so können sich Schranken der Abtretbarkeit grundsätzlich zwar auch aus dem Einwand der **unzulässigen Rechtsausübung**, § 242 BGB, ergeben, wenn sie den Schuldner unzumutbar beschwert. Hierfür genügt aber nicht schon die für den Arbeitgeber bei der Abtretung von Lohnforderungen anfallende Mehrarbeit.[4]

12

d) Kündigung bei verbotswidriger Abtretung oder Lohnpfändung

Bei mehreren Lohnabtretungen entgegen einem Abtretungsverbot oder bei Lohnpfändungen stellt sich die Frage, ob sie eine **Kündigung** durch den Arbeitgeber rechtfertigen können. Einigkeit in Rechtsprechung[5] und Literatur[6] besteht insoweit, dass eine starke Verschuldung des Arbeitnehmers oder das Vorliegen mehrerer Lohnpfändungen oder -abtretungen allein nur ausnahmsweise einen Kündigungsgrund nach § 1 Abs. 2 KSchG darstellen. Im Einzelfall kann dann etwas anderes gelten, wenn aufgrund besonderer Umstände dem Arbeitgeber eine Fortsetzung des Ar-

13

---

1 BGH v. 15.6.1989 – VII ZR 205/88, NJW 1989, 2750 (2751); v. 9.2.1990 – V ZR 200/88, NJW 1990, 1601 (1602); v. 11.3.1997 – X ZR 146/94, NJW 1997, 3434 (3436); v. 13.7.2006 – VII ZR 51/05, NJW 2006, 3486; Schaub/*Linck*, § 35 Rz. 54a.
2 DBD/*Däubler*, Anhang Rz. 5f.; *Lakies*, Rz. 501, die davon ausgehen, dass ein formularmäßiger Ausschluss regelmäßig gegen § 307 Abs. 1, 2 BGB verstößt.
3 Vgl. auch Küttner/*Griese*, Personalbuch, Entgeltabtretung, Rz. 5; MünchKommBGB/*Müller-Glöge*, § 611 Rz. 850; ErfK/*Preis*, § 611 BGB Rz. 462; zustimmend WLP/*Stoffels*, ArbR Rz. 84; Schaub/*Linck*, § 35 Rz. 54a.
4 BGH v. 20.12.1956 – VII ZR 279/56, BGHZ 23, 53 (56) = AP Nr. 1 zu § 398 BGB; Schaub/*Koch*, § 89 Rz. 5.
5 BAG v. 4.11.1981 – 7 AZR 264/79, AP Nr. 4 zu § 1 KSchG 1969 Verhaltensbedingte Kündigung; LAG Rh.-Pf. v. 18.12.1978 – 7 Sa 638/78, EzA § 1 KSchG Verhaltensbedingte Kündigung Nr. 5.
6 Schaub/*Linck*, § 127 Rz. 105; SPV/*Preis*, Rz. 658.

beitsverhältnisses **nicht zugemutet** werden kann.[1] So kann bspw. die Überschuldung eines Arbeitnehmers, der in einer Vertrauensstellung tätig ist, einen Kündigungsgrund darstellen, wenn es ihretwegen in verhältnismäßig kurzer Zeit zu einer Vielzahl von Lohnpfändungen kam und anzunehmen ist, dass wegen Art und Höhe der Schulden der Arbeitnehmer weiterhin in ungeordneten finanziellen Verhältnissen leben wird.[2] **Umstritten** ist allerdings, **welche weiteren Umstände hinzutreten müssen**, damit der Arbeitgeber zu einer ordentlichen oder gar außerordentlichen Kündigung berechtigt ist.

14 Nach Ansicht des BAG[3] kann eine Unzumutbarkeit gegeben sein, wenn zahlreiche Lohnpfändungen oder -abtretungen einen derartigen Arbeitsaufwand des Arbeitgebers verursachen, dass sie bei objektiver Beurteilung wesentliche Störungen im Arbeitsablauf – etwa in der Lohnbuchhaltung oder Rechtsabteilung – oder in der betrieblichen Organisation zur Folge haben. Auch eine Erschütterung des Vertrauensverhältnisses kann ausnahmsweise zu einer Unzumutbarkeit der Weiterbeschäftigung führen.[4] Dies kommt insbesondere in den Fällen in Betracht, in denen ein Arbeitnehmer übermäßig verschuldet ist, der eine besondere Vertrauensstellung innehat oder mit der Verwaltung von Geld befasst ist (z.B. Bankkassierer).[5] Aber auch in diesen Fällen bedarf es einer Interessenabwägung im Einzelfall. Mitunter[6] wird danach unterschieden, ob der Arbeitnehmer schuldhaft oder schuldlos in eine Notlage geraten ist. Daneben wird überwiegend[7] eine vorhergehende Abmahnung des Arbeitnehmers verlangt.

15 Ungeachtet dieser Unterschiede im Einzelnen wird man die Möglichkeit einer Kündigung – wenn überhaupt – jedenfalls nur in extrem gelagerten **Ausnahmefällen** annehmen können: Abtretungen entgegen einem vereinbarten Abtretungsverbot entfalten aufgrund von § 399 BGB ohnehin keine Wirkung. Der Sinn des Abtretungsverbotes, nämlich eine Entlastung für den Arbeitgeber, ist daher schon mit seiner Vereinbarung erreicht, so dass seine verfügende, nicht seine verpflichtende Wirkung im Vordergrund steht.[8] Es fehlt demnach an einem vertragswidrigen Verhalten des Arbeitnehmers.

16 **Gleiches gilt für Lohnpfändungen:** Sie werden nicht unmittelbar vom Arbeitnehmer, sondern von dessen Gläubigern veranlasst. Ob und wie der Arbeitnehmer seine

---

1 So bspw., wenn die Lohnpfändungen zu wesentlichen Störungen im Arbeitsablauf oder der Betriebsorganisation führen, vgl. *Würdinger*, NJW 2014, 3121.
2 Schaub/*Linck*, § 127 Rz. 105; vgl. auch die Übersicht über die Rechtsprechung und die Literatur bei *Brill*, DB 1976, 1816.
3 BAG v. 4.11.1981 – 7 AZR 264/79, AP Nr. 4 zu § 1 KSchG 1969 Verhaltensbedingte Kündigung; v. 15.12.2005 – 6 AZR 197/05, AP Nr. 66 zu § 123 BGB = NZA 2006, 841 (844); vgl. auch LAG Hamm v. 21.9.1977 – 2 Sa 1122/77, DB 1977, 2237.
4 Schaub/*Linck*, § 127 Rz. 105; *Schrader/Schubert*, NZA-RR 2005, 225 (227).
5 Vgl. BAG v. 29.8.1980 – 7 AZR 726/77, n.v.; vgl. LAG Hamm v. 21.9.1977 – 2 Sa 1122/77, DB 1977, 2237; LAG Rh.-Pf. v. 18.12.1978 – 7 Sa 638/78, EzA § 1 KSchG Verhaltensbedingte Kündigung Nr. 5; ArbG Köln v. 12.2.1981 – 5 Ca 9149/80, BB 1981, 977.
6 LAG Berlin v. 10.9.1975 – 4 Sa 103/74, DB 1975, 2327.
7 Schaub/*Linck*, § 127 Rz. 105; vgl. auch LAG Hamm v. 21.9.1977 – 2 Sa 1122/77, DB 1977, 2237; a.A. BAG v. 4.11.1981 – 7 AZR 264/79, AP Nr. 4 zu § 1 KSchG 1969 Verhaltensbedingte Kündigung = NJW 1982, 1062.
8 LAG Rh.-Pf. v. 18.12.1978 – 7 Sa 638/78, EzA § 1 KSchG Verhaltensbedingte Kündigung Nr. 5.

Verbindlichkeit Dritten gegenüber erfüllt, stellt grundsätzlich ein seiner Privatsphäre zuzuordnendes außerdienstliches Verhalten dar, das nur reflexartige Auswirkungen auf das Arbeitsverhältnis hat.[1] Auch hier fehlt es also bereits an einem vertragswidrigen Verhalten, das nach richtiger Ansicht[2] aber für eine verhaltensbedingte Kündigung in Abgrenzung zu einer personenbedingten Kündigung zu fordern ist. Hinzu kommt, dass der Gesetzgeber in den §§ 828 ff. ZPO Lohnpfändungen im Interesse der Gläubiger ausdrücklich zulässt. Der Arbeitgeber wird letztlich im Interesse der Allgemeinheit – ähnlich der Pflicht zur Berechnung und Abführung von Lohnsteuern – per Gesetz mit einer Aufgabe belastet. Die damit verbundene Arbeitsbelastung hat der Arbeitgeber auch unter dem Gesichtspunkt seiner Fürsorgepflicht gegenüber dem Arbeitnehmer hinzunehmen.[3]

In einigen Formulararbeitsverträgen findet sich sinngemäß etwa folgende Formulierung: 17

○ **Nicht geeignet:**

Eine auf schuldhaftes Verhalten zurückzuführende Überschuldung des Angestellten gilt als wichtiger Grund zur Auflösung des Arbeitsverhältnisses und berechtigt den Arbeitgeber zur außerordentlichen Kündigung.

Mit einer solchen Klausel soll ein verhaltensbedingter Kündigungsgrund vereinbart werden. Nach der Rechtsprechung des BAG[4] gibt es aber überhaupt keine sog. absoluten Kündigungsgründe, die ohne Berücksichtigung der Besonderheiten des konkreten Falles zu einer Kündigung berechtigen. Dementsprechend ist auch die **Vereinbarung absoluter Kündigungsgründe unzulässig.**[5] Dies folgt aus dem zwingenden Charakter des § 1 KSchG und des § 626 BGB. Wenngleich damit zwar durch den Hinweis im Arbeitsvertrag, ein bestimmtes Verhalten ziehe eine fristlose Kündigung nach sich, die gesetzlichen Kündigungsmöglichkeiten nicht erweitert werden, kann eine solche Vereinbarung aber u.U. eine Abmahnung als Kündigungsvoraussetzung entbehrlich machen. 18

---

1 BAG v. 15.12.2005 – 6 AZR 197/05, AP Nr. 66 zu § 123 BGB = NZA 2006, 841 (844); LAG Rh.-Pf. v. 18.12.1978 – 7 Sa 638/78, EzA § 1 KSchG Verhaltensbedingte Kündigung Nr. 5; SPV/*Preis*, Rz. 658.
2 *Preis*, DB 1990, 630 (632) m.w.N.; ebenso *Boewer*, Handbuch Lohnpfändung und Lohnabtretung, Rz. 176.
3 Das vom ArbG Köln v. 12.2.1981 – 5 Ca 9149/80, BB 1981, 977 vorgetragene Argument, dass für den Arbeitgeber ohnehin die Möglichkeit bestehe, die Kosten der Bearbeitung durch Vereinbarung im Arbeitsvertrag auf den Arbeitnehmer abzuwälzen, ist aufgrund der Rechtsprechung des BAG und des BGH zur Kostentragung bei Lohnpfändungen für Formulararbeitsverträge nicht mehr tragfähig, vgl. Rz. 37 ff.; vgl. auch *Schielke*, BB 2007, 378 (380).
4 BAG v. 15.11.1984 – 2 AZR 613/83, EzA § 626 BGB Nr. 95 n.F.; v. 6.3.2003 – 2 AZR 232/02, ZTR 2004, 48 (50) (jeweils zu § 626 BGB); vgl. jüngst auch LAG Köln v. 14.2.2011 – 5 Sa 21/10, NZA-RR 2011, 350.
5 S. nur *Preis*, DB 1990, 630 (631) m.w.N. in Fn. 14.

2. Klauselbeispiele

a) Arbeitsvertragliches Abtretungsverbot mit dinglicher Wirkung

Typ 1: Abtretungsverbot mit dinglicher Wirkung

a) Die Abtretung und Verpfändung von Lohn- und sonstigen Ansprüchen auf Vergütung ist ausgeschlossen.
b) Die Abtretung von Gehaltsforderungen ist unwirksam.
c) Lohnabtretungen sind unzulässig.

aa) Vorteile arbeitsvertraglicher Abtretungsverbote

19 Hintergrund eines solchen arbeitsvertraglichen Ausschlusses der Abtretung oder Verpfändung von Lohn- oder Gehaltsteilen ist in der Hauptsache, dem Arbeitgeber **Kosten** bei der Lohn- und Gehaltszahlung **zu ersparen** bzw. das **Lohnbüro vor Mehrarbeit zu bewahren**. Insbesondere kann sich die Errechnung des unpfändbaren und daher auch von einer zulässigen Abtretung nicht erfassten Lohn-/Gehaltsteiles schwierig gestalten. Außerdem wird der Arbeitgeber bei einer ihm offen gelegten und zur Kenntnis gelangten Abtretung nur durch die Abführung des abgetretenen Teils der Vergütungsforderung an den Zessionar frei (vgl. § 407 BGB). Hieraus resultiert ein gewisses Risiko, da ihn eine (u.U. irrtümliche) Leistung an den Arbeitnehmer nicht mehr befreit. Die darüber hinaus mitunter[1] anzutreffende Begründung, der Arbeitnehmer solle vor unüberlegten Verfügungen über seinen Lebensunterhalt geschützt werden, überzeugt nicht: Angesichts der starken Verbreitung von Kreditgeschäften ist die Gefahr einer übermäßigen Verschuldung des Arbeitnehmers zwar nicht zu leugnen; jedoch kann es nicht Aufgabe des Arbeitgebers sein, den Arbeitnehmer durch Bevormundung vor solchen Risiken zu bewahren.

bb) Abtretung entgegen vereinbartem Abtretungsverbot

20 Wie schon oben (Rz. 5) ausgeführt, ist eine entgegen einem bestehenden Abtretungsverbot vorgenommene **Abtretung grundsätzlich unwirksam**, muss – und darf – also vom Arbeitgeber nicht beachtet werden. Allerdings sollte er dem Gläubiger seines Arbeitnehmers den vereinbarten Ausschluss der Lohnabtretung unverzüglich mitteilen, da er sich ansonsten u.U. schadensersatzpflichtig macht. Leistet der Arbeitgeber gleichwohl an den Dritten, wird er hierdurch von seiner Zahlungsverpflichtung gegenüber dem Arbeitnehmer nicht befreit und muss an diesen nochmals zahlen.[2] Von dem Dritten kann er das Geleistete gemäß § 812 Abs. 1 Satz 1 Alt. 1 BGB zwar kondizieren. Das Risiko der Durchsetzbarkeit dieses Anspruchs trägt allerdings der Arbeitgeber. Nur im Fall des § 409 Abs. 1 Satz 2 BGB, wenn nämlich der neue Gläubiger dem Schuldner eine vom bisherigen Gläubiger ausgestellte Urkunde über die Abtretung vorlegt, wird der Schuldner durch Leistung an den neuen Gläubiger frei.

---
1 *Hörmann*, Verbraucher und Schulden, S. 143.
2 Küttner/*Griese*, Personalbuch, Entgeltabtretung, Rz. 10; Schaub/*Linck*, § 73 Rz. 6.

Ausnahmsweise kann der Arbeitgeber als Schuldner nach übereinstimmender Ansicht[1] die abredewidrig vorgenommene Abtretung, sofern das Abtretungsverbot ausschließlich den Schutz des Arbeitgebers gegen eine übermäßige Belastung des Lohnbüros bezweckte, gemäß § 185 BGB **genehmigen**[2], so dass sie wirksam wird. Zweifelhaft ist jedoch, ob, wie von der sog. Vertragstheorie[3] gefordert, für eine solche Beseitigung der vereinbarten Unabtretbarkeit der Abschluss eines Änderungsvertrages zwischen Arbeitgeber und Arbeitnehmer erforderlich ist. Selbst wenn man dies bejahen würde, ist jedoch das Zustandekommen eines solchen Vertrages zumindest durch stillschweigende korrespondierende Willenserklärung unschwer zu konstruieren.[4]

Gleiches gilt sinngemäß für den umgekehrten Fall der Genehmigung einer aufgrund einer (unwirksamen) Abtretung an den Dritten erbrachten Leistung des Arbeitgebers durch den Arbeitnehmer. Die Rechtslage ist auch dann nicht anders zu beurteilen, wenn die Abtretung einer Forderung zwar nicht vertraglich ausgeschlossen, aber an die Zustimmung des Arbeitgebers gebunden ist.[5]

Ist zwischen der verbotswidrigen Abtretung und deren Genehmigung eine Pfändung der Lohnforderung erfolgt, so bleibt diese wirksam, und zwar nach der Vertragstheorie von vornherein mangels Rückwirkung des (Änderungs-)Vertrages[6] bzw. nach der anderen Ansicht in analoger Anwendung des § 184 Abs. 2 BGB.[7]

cc) Grenzen der Wirkung von Abtretungsverboten

Trotz einer entgegenstehenden Vereinbarung im Arbeitsvertrag geht der Lohnanspruch auf den **Sozialversicherungsträger** über, wenn dieser den Unterhalt des Arbeitnehmers für den Lohnzeitraum getragen hat.[8] An sich hätte § 399 BGB kraft der Verweisungsnorm des § 412 BGB auch für einen gesetzlichen Forderungsübergang uneingeschränkt zu gelten. Aus den §§ 33 Abs. 1 Satz 3 SGB II, 115 Abs. 2 SGB X,

---

1 OLG Celle v. 14.12.1967 – 3 U 38/67, NJW 1968, 652; MünchKommBGB/*Roth*, § 399 Rz. 37; Schaub/*Linck*, § 73 Rz. 5.
2 A.A. *Boewer*, Handbuch Lohnpfändung und Lohnabtretung, Rz. 1321, wonach es sich bei der Erklärung des Schuldners, die Abtretung zu akzeptieren, nicht um eine Zustimmung oder Genehmigung handelt, da eine Übertragung der Forderung durch den bisherigen Gläubiger bei einem Abtretungsausschluss nicht möglich ist. Vielmehr liege ein Einverständnis mit der Aufhebung des vertraglichen Abtretungsverbotes oder ein Verzicht auf die Einrede des § 399 BGB vor.
3 Staudinger/*Busche*, § 399 BGB Rz. 63; Palandt/*Grüneberg*, § 399 BGB Rz. 12; *Larenz*, Schuldrecht AT, § 34 II 1; Soergel/*Zeiss*, § 399 BGB Rz. 9; diese Auffassung ablehnend etwa BGH v. 30.10.1990 – IX ZR 239/89, NJW-RR 1991, 763 (764) m.w.N.
4 So auch MünchKommBGB/*Roth*, § 399 Rz. 37.
5 *Boewer*, Handbuch Lohnpfändung und Lohnabtretung, Rz. 1322.
6 BGH v. 1.2.1978 – VIII ZR 232/75, NJW 1978, 813; Palandt/*Grüneberg*, § 399 BGB Rz. 12; Soergel/*Zeiss*, § 399 BGB Rz. 9.
7 Vgl. BGH v. 14.10.1963 – VII ZR 33/62, BGHZ 40, 156 (163).
8 Vgl. BAG v. 2.6.1966 – 2 AZR 322/65, EzA § 399 BGB Nr. 3; Palandt/*Grüneberg*, § 399 BGB Rz. 3; MünchKommBGB/*Roth*, § 399 Rz. 35. Dies kann etwa geschehen, weil der Sozialversicherungsträger dem Arbeitnehmer während einer Kur oder Krankheit Zahlungen geleistet hat und eigentlich der Arbeitgeber zur Lohnfortzahlung verpflichtet gewesen wäre.

93 Abs. 1 Satz 4 SGB XII sowie dem diesen Vorschriften zugrunde liegenden Rechtsgedanken ergibt sich indes, dass **arbeitsvertragliche Lohnabtretungsverbote insoweit** gleichwohl **unwirksam** sind. Mit dem Übergang der Forderung gehen zugleich die damit verbundenen Vorzugsrechte über. So ermöglicht bspw. § 850d ZPO Unterhaltsberechtigten einen privilegierten Zugriff auf das Arbeitseinkommen des Schuldners. Dieses Recht bleibt auch im Fall eines Forderungsübergangs nach § 412 BGB für den Neugläubiger bestehen. Würde dies nicht gelten, so könnte sich der Unterhaltsschuldner insofern einen Pfändungsvorteil verschaffen, als dass er die Unterhaltszahlung unterlässt und in der Folge die öffentliche Hand für die Unterhaltszahlung aufkommt, der ein Zugriff auf die Forderung grundsätzlich nicht gewährt ist.[1]

25 Selbstverständlich kann durch die Abrede eines dinglich wirkenden Abtretungsverbotes nicht die **Pfändung** von Teilen des Arbeitseinkommens im Wege der Zwangsvollstreckung aus rechtskräftigen oder vorläufig vollstreckbaren Titeln verhindert werden, wie sich aus § 851 Abs. 2 ZPO ergibt.[2] Aus diesem Grunde ist arbeitsvertraglich häufig ein Kostenbeitrag des Arbeitnehmers für etwaige Lohn- oder Gehaltspfändungen vereinbart, dessen Wirksamkeit jedoch fraglich ist (vgl. hierzu Rz. 37 ff.).

26 Im Übrigen ist es den Arbeitsvertragsparteien unbenommen, dem Arbeitnehmer ausdrücklich ausnahmsweise Abtretungen an bestimmte Personen zu gestatten. Es wäre etwa folgende Klausel denkbar:

Lohnabtretungen, außer an unterhaltsberechtigte Personen, sind dem Arbeitnehmer nicht gestattet.[3]

---

27 Problematisch ist, ob ein Abtretungsverbot zwischen dem Arbeitgeber und dem Arbeitnehmer auch dann noch wirksam getroffen werden kann, wenn der Arbeitnehmer die (zukünftige) **Lohnforderung bereits im Voraus**, z.B. an eine Bank, **abgetreten** hat. In der Betriebspraxis spielt diese Frage deshalb eine Rolle, weil von Arbeitnehmern häufig zur Sicherung von Krediten Lohnansprüche auch gegen zukünftige Arbeitgeber abgetreten werden.[4] Grundsätzlich ist die Vorausabtretung einer zukünftigen Forderung, sofern sie hinreichend bestimmt ist, wirksam.[5] Nach einer Ansicht[6] ist die auf eine solche Vorausabtretung folgende Vereinbarung eines Abtretungsverbotes entsprechend dem Prioritätsprinzip wirkungslos. Begründet wird dies damit, dass der Schuldner keine Verfügungsmacht mehr über die Forderung be-

---

1 BAG v. 21.2.2013 – 6 AZR 553/11, NZA-RR 2013, 590.
2 *Boewer*, Handbuch Lohnpfändung und Lohnabtretung, Rz. 1319; *Meisel*, Arbeitsrecht für die betriebliche Praxis, Rz. 467.
3 Vgl. *Hohn/Romanovszky*, Vorteilhafte Arbeitsverträge, S. 78.
4 *Boewer*, Handbuch Lohnpfändung und Lohnabtretung, Rz. 1308.
5 Palandt/*Grüneberg*, § 398 BGB Rz. 11; problematisch ist eine solche Vorausabtretung jedoch unter dem Gesichtspunkt der hinreichenden Bestimmtheit, wenn der zukünftige Arbeitgeber noch nicht einmal bekannt ist.
6 *Prütting*, Sachenrecht, § 33 III 3; *Serick*, Eigentumsvorbehalt und Sicherungsübertragung, Bd. IV, 1976, § 51 III 2.

sitze. Richtigerweise wird man allerdings mit der h.M.[1] davon ausgehen müssen, dass ein erst später vereinbartes Abtretungsverbot hinsichtlich der Lohnforderung auch bei einer zuvor erfolgten Vorausabtretung wirksam ist, ihr also vorgeht. Erstere Ansicht übersieht nämlich, dass der Zessionar die (zukünftige) Forderung nur mit dem Inhalt erwerben kann, mit dem sie tatsächlich entsteht. Mit anderen Worten muss er sich damit abfinden, dass die Forderung überhaupt nicht oder in unerwartet niedriger Höhe oder eben unabtretbar entsteht.

Zum 1.7.2014 ist mit Inkrafttreten des Gesetzes zur Verkürzung des Restschuldbefreiungsverfahrens und zur Stärkung der Gläubigerrechte vom 15.7.2013[2] § 114 InsO ersatzlos aufgehoben worden. Die Norm verankerte eine Privilegierung zu dem in § 91 Abs. 1 InsO statuierten Grundsatz, dass Vorausabtretungen aus einem Dienstverhältnis für die Zeit nach Eröffnung des Insolvenzverfahrens generell unwirksam sind.[3] Nach § 114 InsO jedoch wurden rechtsgeschäftliche Vorausverfügungen von Dienstbezügen gegenüber der Insolvenzmasse für einen Zeitraum von zwei Jahren ab Eröffnung des Insolvenzverfahrens zugelassen. Nunmehr fallen Arbeitseinkünfte, sofern sie pfändbar sind, gemäß §§ 35, 36 InsO generell in die Insolvenzmasse.[4] Anderes gilt jedoch, wenn das Arbeitseinkommen nur für bestimmte Gläubiger pfändbar ist, wie bspw. im Fall des § 850d ZPO. Insoweit besteht eine Ausnahme vom Grundsatz der Gläubigergleichbehandlung. In diesem Umfang gehört das Einkommen von vornherein nicht zur Insolvenzmasse. Daher steht es dem Schuldner auch frei, mit diesen Mitteln Zahlungen an einzelne Gläubiger vorzunehmen.[5]

27a

b) Abtretungsverbot in Betriebsvereinbarung oder Tarifvertrag

Typ 2: Abtretungsverbot in Kollektivverträgen

Für die Abtretung und Verpfändung von Lohn/Gehalt des Arbeitnehmers gilt der Tarifvertrag für … (Branche) vom … (Datum).

Nach überwiegender Auffassung[6] kann die Abtretbarkeit der Gehaltsforderung auch durch Tarifvertrag[7] oder – so die Rechtsprechung des BAG – durch Betriebsver-

28

---

1 BGH v. 18.6.1980 – II ZR 132/89, NJW 1980, 2245 (2246); LAG Köln v. 27.3.2006 – 14 (9) Sa 1335/05, NZA-RR 2006, 365 (366); *Boewer*, Handbuch Lohnpfändung und Lohnabtretung, Rz. 1312; Palandt/*Grüneberg*, § 399 BGB Rz. 8; MünchKommBGB/*Roth*, § 399 Rz. 32; *Schrader/Schubert*, NZA-RR 2005, 225 (227).
2 BGBl. I, S. 2379.
3 *Ahrens*, NZI 2014, 529.
4 *Boewer*, Handbuch Lohnpfändung und Lohnabtretung, Rz. 1296; *Reinfelder*, NZA 2014, 633.
5 BAG v. 21.2.2013 – 6 AZR 553/11, NZA-RR 2013, 590.
6 Palandt/*Grüneberg*, § 399 BGB Rz. 2; Schaub/*Linck*, § 73 Rz. 4; ErfK/*Preis*, § 611 BGB Rz. 462; einschränkend *Boewer*, Handbuch Lohnpfändung und Lohnabtretung, Rz. 1327; eingehend zum Meinungsstand *Lakies*, AR-Blattei-SD, Lohnabtretung, Rz. 111 ff.
7 Vgl. hierzu LAG Köln v. 27.3.2006 – 14 (9) Sa 1335/05, NZA-RR 2006, 365.

einbarung¹ mit der Wirkung des § 399 BGB ausgeschlossen werden. Nach § 310 Abs. 4 BGB können Tarifverträge nicht Gegenstand einer AGB-Kontrolle sein. Sie sind lediglich im Hinblick auf einen Verstoß gegen höherrangiges Recht überprüfbar, der jedoch bei Abtretungsverboten nicht ersichtlich ist.² Ob die Rechtsprechung, dass ein in einer Betriebsvereinbarung enthaltenes Abtretungsverbot zulässig ist, gehalten werden kann, erscheint zwar zweifelhaft.³ Denn es ist fraglich, ob die Betriebsparteien für diese Frage überhaupt eine Regelungsbefugnis haben.⁴ So wird vertreten, dass es sich bei Abtretungsverboten in Betriebsvereinbarungen um unzulässige Lohnverwendungsabreden handelt.⁵ Von einem unverhältnismäßigen Eingriff in die Freiheit des Arbeitnehmers, über seinen Lohn zu verfügen, kann entgegen dieser Auffassung nicht ausgegangen werden. Zum einen ist das Interesse des Arbeitgebers zu beachten, keiner Vielzahl von Gläubigern gegenüberzustehen sowie die Kosten der Bearbeitung von Lohnabtretungen zu verringern.⁶ Zudem weist ein Abtretungsverbot mitunter auch Vorteile für den Arbeitnehmer auf (vgl. bereits Rz. 8ff.). Ein auf Betriebsvereinbarung beruhender Abtretungsausschluss gilt ab Abschluss der Betriebsvereinbarung für die Zukunft, also auch für Arbeitnehmer, die erst nach Abschluss der Regelung in den Betrieb eintreten.⁷ Erfasst sind auch zeitlich vor der Betriebsvereinbarung liegende Vorausabtretungen, da der endgültige Rechtserwerb bei der Vorausabtretung erst mit der Entstehung der Forderung eintritt und diese bereits als unabtretbar entsteht.⁸ Andererseits werden bereits vorher entstandene Ansprüche auf Zahlung des Arbeitsentgelts nicht erfasst.⁹ Im Bereich des öffentlichen Dienstes soll hingegen nach Auffassung des BAG ein Lohnabtretungsverbot durch Dienstvereinbarung mit dem Personalrat nicht möglich sein, da der Abschluss ergänzender Dienstvereinbarungen über Gehaltsabtretungen hier – anders als im BetrVG – nicht möglich ist.¹⁰

28a Unbedenklich hingegen ist die arbeitsvertragliche Bezugnahme auf ein in einer Betriebsvereinbarung geregeltes umfassendes Lohn- und Gehaltsabtretungsverbot. In diesem Fall ist insbesondere nicht von Bedeutung, ob dieses zu normativer Wirksamkeit gelangt ist. Vielmehr können auch unwirksame Bestimmungen einer Betriebsvereinbarung Bestandteil des Arbeitsvertrages werden, soweit diese nicht als arbeitsvertragliche Regelungen gleichsam nichtig sind.¹¹ Dabei unterliegt die Verweisungsklausel mangels kontrollfähigen Inhalts, der sich eben in der (dyna-

---

1 Vgl. hierzu BAG v. 20.12.1957 – 1 AZR 237/56, EzA § 399 BGB Nr. 1 und v. 5.9.1960 – 1 AZR 509/57, EzA § 399 BGB Nr. 2; *Richardi*, BetrVG, § 77 Rz. 105 m.w.N.; a.A. *Fitting*, BetrVG, § 77 Rz. 57; GK-BetrVG/*Kreutz*, § 77 Rz. 358 m.w.N.
2 *Boewer*, Lohnpfändung und Lohnabtretung, Rz. 1328.
3 ErfK/*Preis*, § 611 BGB Rz. 462; *Boewer*, Handbuch Lohnpfändung und Lohnabtretung, Rz. 1327.
4 BAG v. 18.7.2006 – 1 AZR 578/05, EzA § 75 BetrVG 2001 Nr. 4; Grundsätzlich offen lassend, aber für den entschiedenen Einzelfall verneinend, ArbG Hamburg v. 31.8.2010 – 21 Ca 176/10, DB 2010, 2111.
5 *Fitting*, BetrVG, § 77 Rz. 57; GK-BetrVG/*Kreutz*, § 77 Rz. 358 m.w.N.
6 „Mühsamkeit" als Rechtfertigungsgrund eines Abtretungsverbots ablehnend, ArbG Hamburg v. 31.8.2010 – 21 Ca 176/10, DB 2010, 2111.
7 Vgl. BAG v. 5.9.1960 – 1 AZR 509/57, EzA § 399 BGB Nr. 2.
8 LAG Düsseldorf v. 16.10.1975 – 14 Sa 960/75, DB 1976, 440.
9 Vgl. Schaub/*Linck*, § 73 Rz. 4.
10 BAG v. 26.1.1983 – 4 AZR 206/80, AP Nr. 1 zu § 75 LPVG RP.
11 LAG Nds. v. 16.6.2014 – 13 Sa 1327/13, NZA-RR 2014, 524.

mischen) Verweisung als solche erschöpft, regelmäßig nur einer Transparenzkontrolle nach § 305c BGB. Das in Bezug genommene Regelwerk selbst und damit insbesondere das Abtretungsverbot unterliegen jedoch wegen § 310 Abs. 4 Satz 1 BGB nicht der Vertragskontrolle.[1] Die ggf. notwendige Inhaltskontrolle der Betriebsvereinbarung wird durch § 75 BetrVG sichergestellt.

Für Abtretungs- oder Verpfändungsregelungen kann auch – wie in Klauseltyp 2 – eigens auf eine einschlägige tarifliche Regelung Bezug genommen werden, soweit der Tarifvertrag nicht bereits an anderer Stelle Teil des Arbeitsvertrages ist, → *Verweisungsklauseln*, II V 40.

29

c) Arbeitsvertragliches Abtretungsverbot mit schuldrechtlicher Wirkung

⊃ **Nicht geeignet:**

a) Der Mitarbeiter verpflichtet sich insbesondere: ...

... den Gehaltsanspruch ohne vorherige Zustimmung der Gesellschaft nicht abzutreten;

b) Sie werden Ihre Ansprüche weder abtreten noch verpfänden.

Von der Verwendung dieser Klauseln ist **dringend abzuraten**, da sie missverständlich sind. Gleiches gilt für die häufig in Musterarbeitsverträgen und Formularbüchern sinngemäß zu findende Formulierung „Herr/Frau ... **darf** seine/ihre Gehaltsansprüche weder Dritten verpfänden noch abtreten".[2] Denn ein Abtretungsverbot kann auch als lediglich schuldrechtlich wirkende Verpflichtung vereinbart werden.[3] In diesem Fall begründet eine entgegen dem Verbot vorgenommene Zession lediglich eine Vertragsverletzung, die u.U. zwar eine Kündigung (vgl. hierzu Rz. 13 ff.) oder Schadensersatzansprüche begründen kann, die **Wirksamkeit der Abtretung** jedoch **unberührt** lässt. Im Unterschied zu einem dinglich wirkenden Abtretungsausschluss nach § 399 Alt. 2 BGB (vgl. hierzu Rz. 19 ff.) wird der Arbeitgeber von seiner Lohn-/Gehaltszahlungspflicht ausschließlich durch Zahlung an den Zessionar frei. Die durch die Aufnahme einer ein Abtretungsverbot beinhaltenden Klausel in den Arbeitsvertrag beabsichtigte Entlastung des Lohnbüros würde letztlich nicht erreicht werden.

30

Den o.g. Beispielsklauseln ist nach der Rechtsprechung des BGH[4] zu diesbezüglichen Regelungen in den AGB der Banken nur die vorstehend skizzierte schuldrechtliche Wirkung beizumessen.

31

Angesichts der unterschiedlichen Rechtsfolgen eines dinglichen und schuldrechtlichen Abtretungsverbotes ist, um Missverständnissen und damit Rechtsstreitigkeiten vorzubeugen, unbedingt auf die präzise Formulierung dieser Vertragsregelung zu achten.

32

---

1 LAG Nds. v. 16.6.2014 – 13 Sa 1327/13, NZA-RR 2014, 524.
2 Vgl. etwa die Vorschläge von *Nörenberg*, Ehegattenarbeitsverträge, S. 9.
3 Vgl. BGH v. 13.5.1982 – III ZR 164/80, NJW 1982, 2768; vgl. Palandt/*Grüneberg*, § 399 BGB Rz. 8; MünchKommBGB/*Roth*, § 399 Rz. 30.
4 Vgl. BGH v. 13.5.1982 – III ZR 164/80, NJW 1982, 2768.

d) Abgeschwächtes Abtretungsverbot

Typ 3: Bedingtes Abtretungsverbot

a) Abtretungen oder Verpfändungen der Arbeitsvergütung sind ohne vorherige Zustimmung des Arbeitgebers unzulässig.

b) Eine Abtretung oder Verpfändung der Gehalts- oder Lohnansprüche ist ausgeschlossen, es sei denn, die Geschäftsleitung/die zuständige Personalabteilung hat im Einzelfall ausdrücklich zugestimmt.

c) Der/die Arbeitnehmer(in) hat die Verpfändung oder Abtretung seiner/ihrer Vergütungsansprüche dem Arbeitgeber unverzüglich schriftlich anzuzeigen.

33 Möglich ist auch die Vereinbarung eines solchen abgeschwächten, weil bedingten Abtretungsausschlusses gem. § 399 BGB. So kann die Wirksamkeit der Abtretung davon abhängig gemacht werden, dass der Arbeitgeber zugestimmt hat oder ihm die Abtretung angezeigt worden ist.[1] Ist diese Bedingung nicht eingehalten worden, ist die Abtretung unwirksam.

34 Ein solches **eingeschränktes Abtretungsverbot** in Form einer Zustimmungs- oder Anzeigepflicht dient dazu, dass der Arbeitgeber in etwa abschätzen kann, welcher Arbeitsaufwand in seinem Personal- oder Lohnbüro anfallen wird und er **rechtzeitig entsprechende Dispositionen treffen** kann. Zu beachten ist jedoch, dass ein solcher Zustimmungsvorbehalt eine gewisse Bindungswirkung für den Arbeitgeber entfaltet. So ist er gehalten, die Zustimmung nicht unbillig zu verweigern, d.h. sie insbesondere dann zu erteilen, wenn er kein schützenswertes Interesse mehr an dem Verbot hat oder dasjenige des Arbeitsnehmers hinsichtlich der Abtretbarkeit der Forderung überwiegt.[2]

35 Um die Kreditfähigkeit des Arbeitnehmers zu erhöhen und damit dessen berechtigten Belangen Rechnung zu tragen, sollten die Klauseln des Typs 3a und b im Einzelfall um folgenden Zusatz ergänzt werden:

Geeignete Ergänzung:

Der Arbeitgeber ist verpflichtet, die Zustimmung zu erteilen, wenn die Verpfändung oder Abtretung erfolgt, um die Forderungen gegen den/die Arbeitnehmer(in) aus ... zu sichern.

36 Klauseltyp 3c macht die Wirksamkeit der Abtretung von der Wahrung eines Formerfordernisses, der **schriftlichen Anzeige**, abhängig. Dies ist nicht zu beanstanden. Die Wirksamkeit der Abtretung kann auch von der Anzeige mittels eines vor-

---

1 Vgl. BGH v. 18.6.1980 – VIII ZR 119/79, BGHZ 77, 274 (275); v. 3.12.1987 – VII ZR 374/86, BGHZ 102, 293 (300); v. 11.5.1989 – VII ZR 150/88, NJW-RR 1989, 1104; v. 25.11.1999 – VII ZR 22/99, NJW-RR 2000, 1220; v. 26.1.2005 – VIII ZR 275/03, NJW-RR 2005, 624; LAG BW v. 18.4.1967 – 7 Sa 8/67, BB 1967, 1289 (1290); MünchKommBGB/*Roth*, § 399 Rz. 33.

2 *Boewer*, Handbuch Lohnpfändung und Lohnabtretung, Rz. 1310.

geschriebenen Formblattes oder von der kumulativen Anzeige durch den Arbeitnehmer und den neuen Gläubiger abhängig gemacht werden.

e) Kostenbeitrag ausschließlich bei Pfändung (i.V.m. vertraglichem Ausschluss von Verpfändung und Abtretung)

Sofern vertraglich eine Abtretung und Verpfändung des Arbeitsentgeltes ausgeschlossen sein sollte, bleibt die Möglichkeit einer Lohnpfändung im Rahmen der Zwangsvollstreckung zu bedenken. Denn die Gläubiger des Arbeitnehmers können ungeachtet eines etwaigen arbeitsvertraglichen Abtretungsverbotes im Wege der Lohnpfändung auf das Arbeitseinkommen Zugriff nehmen, sofern dieses pfändbar ist. Der Arbeitgeber hat gemäß § 840 ZPO außerdem auf Verlangen des Gläubigers binnen zwei Wochen nach Zustellung des Pfändungs- und Überweisungsbeschlusses eine Erklärung darüber abzugeben, ob und in welchem Umfang er die Forderung anerkennt und erfüllen will, ob und welche anderen Personen Anspruch auf die Forderung erheben und ob anderweitige Pfändungen vorliegen. Bei der Lohnpfändung erwachsen dem Arbeitgeber in seiner Personal- und Lohnabteilung **mehr Arbeit und damit höhere Kosten.**[1] 37

Für die Kosten der solchermaßen erteilten Drittschuldnerauskunft kann der Arbeitgeber entgegen einer im Schrifttum[2] vertretenen Ansicht nicht den Gläubiger in Anspruch nehmen.[3] Entgegen einer Mindermeinung[4] ist zudem mit der h.M. in der Literatur[5] und der Rechtsprechung des BAG[6] und des BGH[7] davon auszugehen, dass in **Ermangelung einer Rechtsgrundlage** auch kein Anspruch des Arbeitgebers gegen den Arbeitnehmer auf Übernahme der Kosten besteht.[8] § 840 ZPO statuiert zwar eine Erklärungspflicht des Drittschuldners, über die Kostenfrage entscheidet er jedoch nicht. § 788 ZPO kommt als Anspruchsgrundlage nicht in Betracht, da dort nur das Verhältnis zwischen Gläubiger und Schuldner bestimmt wird. Auch ein Anspruch aus Geschäftsführung ohne Auftrag nach §§ 677, 683, 670 BGB scheidet aus, da es sich einerseits bei der Auskunftserteilung gegenüber dem Gläubiger nicht um Geschäfte des Vollstreckungsschuldners handelt und § 670 BGB andererseits lediglich einen Aufwendungsersatzanspruch und damit den Ersatz von freiwilligen Vermögensopfern gewährt.[9] Zur Deckung der durch die Pfändung entstehen- 38

---

1 Vgl. die Ergebnisse der Umfrage des DIHK zur Kostenbelastung für Arbeitgeber bei *Biswas/Burghard*, FA 2007, 261 (261).
2 *Brecht*, BB 1954, 413 (414f.); *Eckert*, MDR 1986, 799 (801f.); *Gutzmann*, BB 1976, 700; *Olschewski*, MDR 1974, 714 (715f.).
3 BAG v. 31.10.1984 – 4 AZR 535/82, AP Nr. 4 zu § 840 ZPO.
4 *Brecht*, BB 1954, 413 (414f.); *Brill*, DB 1976, 2400ff.; *Denck*, BlStSozArbR 1977, 211; *von Hoyningen-Huene*, Anm. zu BAG v. 6.9.1978 – 4 AZR 84/77, AP Nr. 4 zu § 1 KSchG 1969 Verhaltensbedingte Kündigung.
5 *Andresen*, DB 1959, 460f.; *Boewer*, Handbuch Lohnpfändung und Lohnabtretung, Rz. 1410; *Küttner/Griese*, Personalbuch, Pfändung, Rz. 17; *Lepke*, RdA 1980, 185 (192); *Schweer*, DB 1959, 1056; *Stöber*, Forderungspfändung, 15. Aufl. 2010, Rz. 647.
6 BAG v. 18.7.2006 – 1 AZR 578/05, NZA 2007, 462 (462f.).
7 BGH v. 18.5.1999 – XI ZR 219/98, NJW 1999, 2276 (2277); v. 19.10.1999 – XI ZR 8/99, NJW 2000, 651 (651).
8 Ausführliche Übersicht zum Meinungsstand bei *Brill*, DB 1976, 2400ff.; vgl. auch *Biswas/Burghard*, FA 2007, 261 (261f.); *Schielke*, BB 2007, 378 (378f.).
9 *Boewer*, Handbuch Lohnpfändung und Lohnabtretung, Rz. 320.

den Bearbeitungskosten finden sich daher häufig Vertragsklauseln, nach denen der Arbeitgeber vor der Abführung des gepfändeten Lohnteiles an den Gläubiger einen Pauschalbetrag einbehalten darf.

39 Dabei werden mitunter ein **pauschaler Festbetrag** (Beispiel a, b), ein **pauschaler Prozentsatz** von der Pfändungssumme (Beispiel c, d) oder auch **Kombinationen** von Festbetrag und Prozentsatz (Beispiel e) vereinbart:

⊃ **Nicht geeignet:**
   a) Zur Deckung der Kosten für die Bearbeitung von Entgeltpfändungen wird für jede eingehende Pfändung eine Verwaltungsgebühr von 5 Euro erhoben. Sollte sich die Abwicklung der Pfändung über den Eingangsmonat hinaus erstrecken, wird diese Verwaltungsgebühr für jeden weiteren Monat, in dem eine Bearbeitung notwendig ist, abermals fällig. Die Gebühr wird im jeweiligen Monat vom Arbeitsentgelt einbehalten.
   b) Für die Bearbeitung einer Lohnpfändung werden ... Euro, für jede Überweisung ... Euro einbehalten.
   c) Für die Bearbeitung einer Lohnpfändung werden dem Arbeitnehmer 1 % der Pfändungssumme als Bearbeitungskosten in Rechnung gestellt.[1]
   d) Zur Deckung der Unkosten für die Bearbeitung von Lohn- oder Gehaltspfändungen werden 1 % der gepfändeten Summe berechnet; geht die gepfändete Summe über 250 Euro hinaus, werden von dem 250 Euro übersteigenden Teil der Summe nur 0,5 % berechnet.
   e) Für die Verwaltungsmehrarbeit, die infolge einer Lohn- oder Gehaltspfändung erforderlich wird, hat der betroffene Mitarbeiter 1 % des gepfändeten Betrags, mindestens jedoch 5 Euro, höchstens 25 Euro zu zahlen.

⊃ **Nicht geeignete Ergänzung:**
   f) Der Arbeitgeber ist berechtigt, bei Nachweis der höheren tatsächlichen Kosten diese in Ansatz zu bringen. Dem Arbeitnehmer ist der Nachweis gestattet, dass die tatsächlichen Kosten nicht oder niedriger entstanden sind.

40 Gegen solche Vereinbarungen über die Kostentragung bei einer Lohnpfändung bestehen allerdings grundsätzliche Bedenken.[2] In seinem Urteil vom 18.7.2006 hat das BAG[3] entschieden, dass ein Anspruch auf Kostenerstattung für Lohnpfändungen mangels Regelungskompetenz der Betriebsparteien **nicht durch Betriebsvereinbarung** begründet werden kann.[4] Es liege zum einen kein Mitbestimmungstatbestand nach § 87 Abs. 1 Nr. 1 oder Nr. 4 BetrVG vor. Zum anderen stehe einer freiwilligen Betriebsvereinbarung nach § 88 BetrVG ein Verstoß gegen § 75 Abs. 2

---

[1] Ähnlich die der Entscheidung des BAG v. 18.7.2006 – 1 AZR 578/05, NZA 2007, 462 zugrundeliegende Klausel.
[2] *Boewer*, Handbuch Lohnpfändung und Lohnabtretung, Rz. 321; a.A. *von Hoyningen-Huene*, Anm. zu BAG v. 6.9.1978 – 4 AZR 84/77, AP Nr. 4 zu § 1 KSchG 1969 Verhaltensbedingte Kündigung.
[3] BAG v. 18.7.2006 – 1 AZR 578/05, NZA 2007, 462; vgl. hierzu *Biswas/Burghard*, FA 2007, 261; *Haag*, AuA 2007, 567; *Linsenmaier*, RdA 2008, 1 (9 f.); *Mues*, ArbRB 2007, 36; *Schielke*, BB 2007, 378; s.a. die Vorinstanz LAG München v. 10.8.2005 – 9 Sa 239/05.
[4] So schon *Boewer*, Handbuch Lohnpfändung und Lohnabtretung, Rz. 322; vgl. darüber hinaus *Fitting*, BetrVG, § 77 Rz. 57; GK-BetrVG/*Kreutz*, § 77 Rz. 332.

BetrVG entgegen. Denn solche Bearbeitungsgebühren griffen als unzulässige Lohnverwendungsbestimmung unverhältnismäßig in die Freiheit des Arbeitnehmers, über seinen Lohn zu verfügen, und somit in dessen außerbetriebliche Lebensgestaltung,[1] ein. Eine Rechtfertigung des Eingriffs in die Handlungsfreiheit des Arbeitnehmers sei auch nicht unter dem Gesichtspunkt des Aufwendungsersatzes denkbar, da die Rechtsordnung mangels Rechtsgrundlage (s. Rz. 38) die Kosten der Zwangsvollstreckung bei einer Lohnpfändung dem Arbeitgeber als Drittschuldner zuweise. Diese Erwägungen gelten allerdings nicht nur für die in der Entscheidung streitgegenständlichen Kostenpauschalen, sondern auch für Klauseln in Betriebsvereinbarungen, die nur die konkreten Kosten, welche durch die Lohnpfändung entstanden sind, in Ansatz bringen wollen.[2]

Zwar hat das BAG die Frage, ob eine Überwälzung der Kosten der Lohnpfändung durch eine formulararbeitsvertragliche Regelung möglich ist, nicht entschieden. Die Zulässigkeit solcher Klauseln wird im Schrifttum auch unterschiedlich beurteilt.[3] Eine solche **Vereinbarung im Formulararbeitsvertrag** ist jedoch **nicht zu empfehlen**. 41

Dies gilt schon für Klauseln, welche die Kosten pauschaliert festsetzen. Schwierigkeiten bereitet es in der Betriebspraxis insofern zwar häufig, die dem Arbeitgeber im Zuge der Abtretung oder Lohnpfändung entstehenden Bearbeitungskosten genau zu ermitteln.[4] Anders als Auslagen für Porti, Telefonate etc. sind die durch den Einsatz von Arbeitskräften in der Lohnbuchhaltung entstehenden Kosten schwer feststellbar, da der erforderliche Zeitaufwand von Fall zu Fall verschieden ist. Aus diesem Grunde und weil es für den Arbeitgeber auch schwierig und aufwändig ist, die tatsächlich entstandenen Kosten im Einzelfall nachzuweisen, könnte die Festsetzung von **Kostenpauschalen** zweckmäßig erscheinen. Für eine solche Pauschalierung sind in Arbeitsverträgen häufig zwei ganz unterschiedliche Methoden alternativ oder kumulativ anzutreffen: Zum einen die **Festbetragspauschale**, bei der eine bestimmte Geldsumme festgelegt wird. Häufig finden sich in Arbeitsverträgen aber auch – u.U. gestaffelte – Pauschalen, die prozentual von der Abtretungs-/Pfändungssumme abhängig sind (sog. **Prozentpauschalen**). 42

Berücksichtigt man § 309 Nr. 5a BGB, so steht die Unwirksamkeit von Prozentpauschalen jedoch bereits unter diesem Gesichtspunkt zu befürchten:[5] Die Vereinbarung eines pauschalierten Anspruchs auf Schadensersatz ist gemäß § 309 Nr. 5a BGB dann unwirksam, wenn die Pauschale den in den geregelten Fällen nach dem gewöhnlichen Lauf der Dinge zu erwartenden Schaden übersteigt. Gleiches folgt 43

---

1 Vgl. zu unzulässigen Eingriffen in die außerbetriebliche Lebensgestaltung durch Lohnverwendungsbestimmungen bereits BAG v. 11.7.2000 – 1 AZR 551/99, NZA 2001, 462 (464).
2 Dies ist bspw. möglich, indem eine pauschalierte Kostenerstattungsklausel durch die Klausel im Beispiel f) ergänzt würde.
3 Für die Zulässigkeit *Mues*, ArbRB 2007, 36 (36); einschränkend *Haag*, AuA 2007, 567 (567); *Hümmerich*, NZA 2003, 753 (754); *Schrader/Schubert*, NZA-RR 2005, 225 (226f.); ablehnend *Berkowsky*, NZI 2007, 155 (157); *Boewer*, Handbuch Lohnpfändung und Lohnabtretung, Rz. 321; DBD/*Däubler*, Anhang Rz. 361; Schaub/*Koch*, § 91 Rz. 8; vgl. überblicksartig auch HR/*Schiefer*, 1/370f.
4 *Haag*, AuA 2007, 567 (567).
5 So MünchKommBGB/*Müller-Glöge*, § 611 Rz. 850.

aus dem Normzweck des § 308 Nr. 7 BGB: Hierdurch soll im Falle einer Kündigung bzw. eines Rücktritts vermieden werden, dass der AGB-Verwender aus der die Vertragsauflösung betreffenden Abwicklungsregelung einen Vorteil zieht.[1] Sieht man nun hierin einen allgemeinen, auch im Arbeitsrecht anwendbaren Rechtsgedanken,[2] da Besonderheiten des Arbeitsrechts nicht erkennbar sind,[3] so folgt hieraus, dass sich der Arbeitgeber bei der Festsetzung der Pauschale sowohl von ihrem **Anknüpfungspunkt** her als auch der **Höhe** nach an den **typischerweise entstehenden Kosten** orientieren muss.[4] Unter diesem Blickwinkel ist es nicht einsichtig, dass der Arbeitgeber mit einem auf die gepfändete Summe bezogenen **Prozentsatz** wirksam einen Anknüpfungspunkt wählen kann, obwohl von vornherein feststeht, dass die entstehenden Bearbeitungskosten völlig unabhängig von der Höhe des Pfändungsbetrages sind.

44 Darüber hinaus wird vertreten, dass Kostenpauschalen generell, d.h. auch Festbetragspauschalen, gemäß § 309 Nr. 5b BGB unwirksam seien, wenn diese dem Arbeitnehmer nicht – wie in Beispiel f) – den Gegenbeweis gestatten, dass die entstandenen Kosten nicht oder niedriger entstanden sind, als die Pauschale vorsieht.[5] Ähnliches ergibt sich mit weniger strengen Maßstab bereits unter dem Gesichtspunkt von Treu und Glauben (§ 242 BGB), wonach eine Rechtsposition dann nicht schutzwürdig ist, wenn sie dem Inhaber in unangemessenem Umfang unverdiente Vorteile einbrächte. Werden z.B. aufgrund einer Pauschalierungsvereinbarung pauschalierte Kosten oder Schäden geltend gemacht und stehen diese im Einzelfall in einem groben Missverhältnis zu den entstandenen Kosten, steht dem nach der Rechtsprechung des BGH[6] der Einwand der unzulässigen Rechtsausübung entgegen, d.h. aus der Vereinbarung kann kein Anspruch hergeleitet werden.

45 Es ergeben sich allerdings zudem grundsätzliche Wirksamkeitsbedenken gegen jede Form der formulararbeitsvertraglichen Vereinbarung von Kostenerstattungen bei Lohnpfändungen.[7] So hat der BGH[8] Klauseln in AGB von Kreditinstituten, in denen für die Bearbeitung einer Pfändung gegen Kunden von diesen ein Entgelt gefordert wurde, wegen Verstoßes gegen § 307 BGB als unwirksam angesehen. Diese seien mit den wesentlichen Grundgedanken der gesetzlichen Regelung i.S.d. § 307 Abs. 2 Nr. 1 BGB unvereinbar, da zu diesen Grundgedanken gehöre, dass jeder Rechtsunter-

---

1 UBH/*Schmidt*, § 308 BGB Nr. 7 Rz. 3.
2 Umstritten war jedoch, ob die Vorgängerregelung des § 309 Nr. 5 BGB (§ 11 Nr. 5 AGBG a.F.) einen im Arbeitsrecht verwendbaren Gesichtspunkt enthält: Verneinend Wolf/*Horn*/Lindacher, AGBG, 4. Aufl., § 23 Rz. 43; befürwortend wohl *Koch/Stübing*, Allgemeine Geschäftsbedingungen, § 23 Rz. 2; vgl. zur Diskussion WLP/*Stoffels*, ArbR Rz. 186.
3 WLP/*Stoffels*, ArbR Rz. 186.
4 Hierzu Staudinger/*Coester-Waltjen*, § 309 Nr. 5 BGB Rz. 14.
5 AnwK-ArbR/*Hümmerich/Ebeling*, § 309 BGB Rz. 15; *Hümmerich*, NZA 2003, 753 (754); *Schrader/Schubert*, NZA-RR 2005, 225 (226f.); wohl auch HR/*Reufels*, 1/3615 Nr. 6, 1/3616 Nr. 5 und HR/*Schiefer*, 1/382 entgegen den Bedenken in HR/*Schiefer*, 1/370f.
6 Vgl. BGH v. 27.1.1954 – VI ZR 16/53, BGHZ 12, 154 (157).
7 So auch DBD/*Däubler*, Anhang Rz. 361; MünchKommBGB/*Müller-Glöge*, § 611 Rz. 850; a.A. *Mues*, ArbRB 2007, 36 (36); für eingeschränkte Zulässigkeit *Haag*, AuA 2007, 567 (567); *Hümmerich*, NZA 2003, 753 (754); MünchArbR/*Krause*, § 67 Rz. 54; *Schrader/Schubert*, NZA-RR 2005, 225 (226f.).
8 BGH v. 18.5.1999 – XI ZR 219/98, NJW 1999, 2276 (2277); v. 19.10.1999 – XI ZR 8/99, NJW 2000, 651 (651); zustimmend *Boewer* in Gaul, Aktuelles Arbeitsrecht 1/2007, S. 258f.; kritisch *Biswas/Burghard*, FA 2007, 261 (263); *Schielke*, BB 2007, 378 (379).

worfene seine gesetzliche Pflicht zu erfüllen habe, ohne dafür ein gesondertes Entgelt verlangen zu können. Einem gesetzlichen Anspruch des Kreditinstituts als Drittschuldner gegen den Kunden auf Ersatz der Pfändungskosten fehle jedoch die Anspruchsgrundlage (s. bereits Rz. 38). Vor dem Hintergrund der Rechtsprechung des BGH liegt es nahe, dass entsprechende Klauseln in Formulararbeitsverträgen auch vom BAG für unwirksam gehalten werden würden.[1] Besonderheiten des Arbeitsrechts i.S.d. § 310 Abs. 4 Satz 2 BGB sind in diesem Zusammenhang jedenfalls nicht zu erkennen.[2] Diese Rechtsprechungstendenz bestätigt auch die Entscheidung des BAG zu Kostenerstattungsklauseln für Lohnpfändungen in Betriebsvereinbarungen.[3] Zwar gelten die Vorschriften der §§ 305 ff. BGB nach § 310 Abs. 4 Satz 1 BGB gerade nicht für Betriebsvereinbarungen. Doch nach der Rechtsprechung des BAG sind auch Betriebsvereinbarungen an den Grundsatz der Verhältnismäßigkeit gebunden, welcher in § 75 Abs. 2 BetrVG konkretisiert ist, so dass Arbeitnehmer durch Betriebsvereinbarungen nicht unangemessen benachteiligt werden dürfen.[4] Stellt das BAG in seiner Entscheidung fest, dass Bearbeitungsgebühren als unzulässige Lohnverwendungsbestimmung unverhältnismäßig in die Freiheit des Arbeitnehmers eingreifen, da die Kosteninteressen des Arbeitgebers nicht höher zu bewerten sind als die gegenläufigen Interessen des Arbeitnehmers, so enthält dies eine grundsätzliche, auf § 307 Abs. 1 Satz 1 BGB übertragbare Wertung. Auch das BAG sieht darüber hinaus, wie bereits erläutert, die Kosten einer Lohnpfändung durch die Rechtsordnung dem Arbeitgeber als Drittschuldner zugewiesen, was den entsprechenden Schluss des BGH bzgl. § 307 Abs. 2 Nr. 1 BGB nahe legt.[5]

Empfohlen wird daher, auf Kostenerstattungsklauseln für Lohnpfändungen in Formulararbeitsverträgen **zu verzichten**. Die einzig verbleibende Möglichkeit für den Arbeitgeber, um die Kosten der Lohnpfändung auf den Arbeitnehmer abzuwälzen, besteht im Abschluss einer Individualvereinbarung, auf welche die §§ 305 ff. BGB keine Anwendung finden.[6]

f) Kostenbeitrag für Abtretung und Verpfändung

Schließt der Arbeitgeber die Lohnabtretung oder -verpfändung vertraglich nicht aus, so muss er Abtretungen und Verpfändungen, die ihm von den Gläubigern seines Arbeitnehmers angezeigt und damit offen gelegt worden sind, beachten, d.h. er muss den pfändbaren Teil des Arbeitseinkommens an den Gläubiger seines Arbeitnehmers abführen. Auch hierbei erwachsen dem Arbeitgeber **mehr Arbeit und damit höhere Kosten**, deren Abdeckung dieser durch arbeitsvertragliche **Kostenregelungen** zu erreichen versucht.

---

1 *Biswas/Burghard*, FA 2007, 261 (263); *Boewer* in Gaul, Aktuelles Arbeitsrecht 1/2007, S. 259; *Schielke*, BB 2007, 378 (379).
2 Vgl. hierzu ausführlich *Boewer* in Gaul, Aktuelles Arbeitsrecht 1/2007, S. 260.
3 BAG v. 18.7.2006 – 1 AZR 578/05, NZA 2007, 462; s. Rz. 40.
4 Vgl. BAG v. 11.7.2000 – 1 AZR 551/99, NZA 2001, 462; es liegt insofern die Bezeichnung als „betriebsverfassungsimmanente" Inhaltskontrolle nahe; vgl. ausführlich zur strittigen gerichtlichen Kontrolle von Betriebsvereinbarungen *Preis*, Praxis-Lehrbuch zum Kollektivarbeitsrecht, § 152 I 9 m. zahlreichen w.N.
5 In diese Richtung weisend *Berkowsky*, NZI 2007, 155 (157).
6 Zum Unterschied zwischen Formularverträgen und Individualabreden sowie der höheren Bestandskraft der Individualvereinbarung → *Grundlagen der Vertragsgestaltung*, I A Rz. 96 ff., 111 ff.

48 Dabei wird mitunter ein pauschaler Festbetrag (Beispiel a) oder ein pauschaler Prozentsatz (Beispiel b) veranschlagt:

⊃ **Nicht geeignet:**
   a) Die Kosten, die dem Arbeitgeber durch die Bearbeitung von Verpfändungen und Abtretungen der Vergütungsansprüche des Arbeitnehmers entstehen, trägt dieser. Sie werden mit 5 Euro je Verpfändung oder Abtretung pauschaliert und von der jeweils fälligen Vergütung in Abzug gebracht.
   b) Der/die Arbeitnehmer(in) hat die durch Verpfändung oder Abtretung erwachsenden Kosten zu tragen. Die zu ersetzenden Kosten sind pauschaliert und betragen je zu berechnender Verpfändung oder Abtretung mindestens 1 % der gepfändeten Summe.

⊃ **Nicht geeignete Ergänzung:**
   c) Der Arbeitgeber ist berechtigt, bei Nachweis der höheren tatsächlichen Kosten diese in Ansatz zu bringen. Dem Arbeitnehmer ist der Nachweis gestattet, dass die tatsächlichen Kosten nicht oder niedriger entstanden sind.[1]

49 Vor dem Hintergrund der Rechtsprechung des BGH und des BAG zur Kostenlast bei Lohnpfändungen ist auch die Wirksamkeit einer formulararbeitsvertraglichen Kostenregelung für die Fälle der Abtretung oder Verpfändung zweifelhaft.[2] Denn ebenso wie bei der Lohnpfändung kennt das Abtretungsrecht keine Vergütungspflicht des Abtretenden gegenüber dem Schuldner.[3] Entsprechend der Rechtsprechung des BGH zu Kostenerstattungsklauseln bei Pfändungen ergeben sich somit **generelle Bedenken** gegen Kostenerstattungsklauseln für Lohnabtretungen in Hinblick auf § 307 Abs. 2 Nr. 1 BGB auch dann wenn der Gegenbeweis gestattet ist, dass die entstandenen Kosten nicht oder niedriger entstanden sind –,[4] da nach dieser Rechtsprechung zu den gesetzlichen Grundgedanken gehöre, dass jeder Rechtsunterworfene seine gesetzliche Pflicht zu erfüllen habe, ohne dafür ein gesondertes Entgelt verlangen zu können.[5] Dies gilt umso mehr, weil der Arbeitgeber die Entstehung der Kostenlast durch die Vereinbarung eines Abtretungsverbots verhindern kann.[6] **Empfohlen** wird daher, auf die Regelung eines Kostenbeitrags auch für den Fall einer Lohnabtretung oder -verpfändung zu verzichten, und diese stattdessen individualvertraglich auszuschließen.

---
1 HR/*Reufels*, 1/3615 Nr. 6, 1/3616 Nr. 5; HR/*Schiefer*, 1/378.
2 Diese Rechtsprechungsgrundsätze ebenfalls auf die Lohnabtretung übertragend *Boewer* in Gaul, Aktuelles Arbeitsrecht 1/2007, S. 259 f.; für die Unwirksamkeit einer formulararbeitsvertraglichen Kostenerstattungsklausel für Lohnabtretungen *Boewer*, Handbuch Lohnpfändung und Lohnabtretung, Rz. 1411; *Boewer*, in Gaul, Aktuelles Arbeitsrecht 1/2007, S. 259 f.; für eine eingeschränkte Zulässigkeit *Lakies*, AR-Blattei SD, AGB-Kontrolle im Arbeitsrecht, Rz. 301 ff.; *Lakies*, Rz. 503 ff.; für die Zulässigkeit einer Kostenpauschale bei Abtretungen DBD/*Däubler*, Anhang Rz. 9, wobei die Vereinbarung fester Beträge aus dem Grund empfohlen wird, dass der Aufwand nicht von der Höhe der abgetretenen Forderung abhängt.
3 Eine Ausnahme enthält § 403 Satz 2 BGB, welcher in diesem Zusammenhang nicht einschlägig ist; vgl. auch *Boewer*, Handbuch Lohnpfändung und Lohnabtretung, Rz. 1411.
4 A.A. aber etwa HR/*Schiefer*, 1/378 m.w.N.; vgl. zu den rechtlichen Bedenken, die pauschalierte Kostenerstattungsklauseln darüber hinaus aufwerfen, Rz. 42 ff.
5 BGH v. 18.5.1999 – XI ZR 219/98, NJW 1999, 2276 (2277).
6 *Boewer*, Handbuch Lohnpfändung und Lohnabtretung, Rz. 1411.

Während daneben die Entrichtung einer Bearbeitungspauschale im Wege einer Betriebsvereinbarung aus den bereits oben genannten Gründen ausscheidet[1], kann jedoch eine tarifvertragliche Verpflichtung des Arbeitnehmers gerechtfertigt sein, sofern es sich nicht um Kosten handelt, die den Arbeitgeber stets treffen. Aus dem Grundsatz der Verhältnismäßigkeit ergibt sich insoweit eine Schranke, weshalb eine Überleitung von Kosten, die bei der Ermittlung des an den Arbeitnehmer zu entrichtenden Brutto- bzw. Nettobetrag entstehen, nicht in Betracht kommt.[2] 49a

3. Steuerrechtliche Aspekte

Die **Abtretung** des Lohn- oder Gehaltsanspruchs seitens des Arbeitnehmers hat auf die lohnsteuerrechtliche Behandlung des Arbeitslohns keinen Einfluss. Auch der abgetretene Teil des Arbeitslohns gehört zur Bemessungsgrundlage der Lohnsteuer. Es kommt nicht darauf an, ob der Arbeitslohn unmittelbar an den Dritten ausgezahlt wird. Dies gilt auch, wenn die Abtretung gegen ein vertragliches Abtretungsverbot verstößt und der Arbeitgeber gleichwohl aufgrund der – unwirksamen (s. Rz. 20) – Abtretung an den Dritten zahlt. Für die steuerrechtliche Beurteilung ist die Unwirksamkeit eines Rechtsgeschäfts unbeachtlich, sofern die Beteiligten die wirtschaftlichen Folgen gleichwohl bestehen lassen (§ 41 AO). 50

Auch die **Pfändung** von Arbeitslohn ändert nichts daran, dass der Arbeitslohn dem Arbeitnehmer in voller Höhe zufließt. Demzufolge unterliegt auch der gepfändete Teil der Pflicht zur Einbehaltung und Abführung der darauf entfallenden Lohnsteuer. Das bedeutet für den Arbeitgeber, dass er nur den um die Lohnsteuer gekürzten Arbeitslohn an den Gläubiger überweisen darf. 51

4. Hinweise zur Vertragsgestaltung; Zusammenfassung

Wird kein Abtretungsverbot vereinbart, so sollte sich der Arbeitgeber wenigstens die **Zustimmung** zur Abtretung vorbehalten oder zumindest vertraglich eine **Anzeigepflicht** vereinbaren. Auf diese Weise kann er in etwa übersehen, was auf ihn bzw. sein Lohnbüro zukommt. Nicht zu empfehlen ist die Aufnahme einer gesonderten vertraglichen Abmachung im Arbeitsvertrag, wonach der Arbeitnehmer die durch eine etwaige Abtretung, Verpfändung oder Pfändung entstehenden **Kosten** zu tragen hat. Folgende Formulierung wird empfohlen: 52

Typ 4: Abtretungs- und Verpfändungsverbot

Die Abtretung und Verpfändung von Lohn-/Gehalts- und sonstigen Ansprüchen auf Vergütung ist ausgeschlossen (*oder*: ist nur wirksam nach vorheriger schriftlicher Zustimmung des Arbeitgebers. Die Zustimmung darf nur aus sachlichen Gründen verweigert werden). Der Arbeitgeber behält sich vor, nachträglich vertragswidrig vorgenommene Abtretungen/Verpfändungen zu genehmigen.

---

[1] *Boewer*, Handbuch Lohnpfändung und Lohnabtretung, Rz. 1410.
[2] *Boewer*, Handbuch Lohnpfändung und Lohnabtretung, Rz. 1409.

A 15 Abwicklungsvertrag

	Rz.		Rz.
1. Einführung	1	f) Weitere Klauseln	27
2. Hinweise zur Vertragsgestaltung	8	3. Sozialrechtliche Folgen von Abwicklungsverträgen	28
a) Präambel	8		
b) Klageverzicht	10	a) Sperrzeit (§ 159 SGB III)	28
c) Abfindung	16		
d) Freistellung	23	b) Keine Abfindungsanrechnung nach § 158 SGB III	30
e) Ausgleichsklausel	25		

Schrifttum:

Bader, Das Gesetz zu Reformen am Arbeitsmarkt: Neues im Kündigungsschutzgesetz und im Befristungsrecht, NZA 2004, 65; *Boewer*, Der Wiedereinstellungsanspruch, NZA 1999, 1121; *Fischer*, Die formularmäßige Abbedingung des Beschäftigungsanspruchs des Arbeitnehmers während der Kündigungsfrist, NZA 2004, 233; *Freckmann*, Abwicklungs- und Aufhebungsverträge – in der Praxis noch immer ein Dauerbrenner, BB 2004, 1564; *Gaul/Niklas*, Neue Grundsätze zur Sperrzeit bei Aufhebungsvertrag, Abwicklungsvertrag und gerichtlichem Vergleich, NZA 2008, 137; *Grobys*, Der gesetzliche Abfindungsanspruch in der betrieblichen Praxis, DB 2003, 2174; *Hümmerich*, Abschied vom arbeitsrechtlichen Aufhebungsvertrag, NZA 1994, 200; *Hümmerich*, Letztmals: Abschied vom arbeitsrechtlichen Aufhebungsvertrag, NZA 1994, 833; *Hümmerich*, Plädoyer für den arbeitsrechtlichen Abwicklungsvertrag, ArbuR 1994, 256; *Hümmerich*, Neues zum Abwicklungsvertrag, NZA 2001, 1280; *Kroeschell*, Die neuen Regeln bei Aufhebungs- und Abwicklungsvereinbarungen, NZA 2008, 560; *Löwisch*, Neuregelung des Kündigungs- und Befristungsrechts durch das Gesetz zu Reformen am Arbeitsmarkt, BB 2004, 154; *Nägele*, Freistellung und anderweitiger Erwerb, NZA 2008, 1039; *Nebeling/Schmid*, Zulassung der verspäteten Kündigungsschutzklage nach Anfechtung eines Abwicklungsvertrages wegen arglistiger Täuschung, NZA 2002, 1310; *Preis*, Die „Reform" des Kündigungsschutzrechts, DB 2004, 70; *Rolfs*, Die betriebsbedingte Kündigung mit Abfindungsangebot (§ 1a KSchG), ZIP 2004, 333; *Rolfs*, Die Lösung des Beschäftigungsverhältnisses als Voraussetzung der Sperrzeit wegen Arbeitsaufgabe, in Festschrift 50 Jahre Bundesarbeitsgericht, 2004, S. 445; *Schrader*, Aufhebungsverträge und Ausgleichszahlungen, NZA 2003, 593; *Thüsing/Stelljes*, Fragen zum Entwurf eines Gesetzes zu Reformen am Arbeitsmarkt, BB 2003, 1673.

1. Einführung

1   Der **klassische Aufhebungsvertrag** zur einvernehmlichen Beendigung des Arbeitsverhältnisses hat sich zwar als probates Mittel zur – weitgehenden – Vermeidung von Rechtsstreitigkeiten anlässlich der Beendigung des Arbeitsverhältnisses erwiesen. Nachdem das BAG zu Recht entschieden hat, dass dem Arbeitnehmer aus §§ 312g, 355 BGB kein Widerrufsrecht zusteht,[1] bestehen die größten arbeitgeberseitigen Risiken nunmehr noch in der möglichen Anfechtung des Aufhebungsvertrages wegen widerrechtlicher Drohung (§ 123 BGB; näher → *Aufhebungsvertrag*, II A 100 Rz. 64 ff.) und in der Inhaltskontrolle der die Aufhebung des Arbeitsverhältnisses begleitenden Vereinbarungen, insbesondere bzgl. des Verzichts des Arbeitnehmers auf etwaige Ansprüche.

---

1 BAG v. 27.11.2003 – 2 AZR 135/03, AP Nr. 1 zu § 312 BGB.

Für den **Arbeitnehmer** resultiert aus einem Aufhebungsvertrag freilich häufig der 2 sozialrechtliche Nachteil einer Sperrzeit wegen Arbeitsaufgabe (§ 159 Abs. 1 Nr. 1 SGB III) für die Dauer von zwölf Wochen sowie für den Fall, dass der Aufhebungsvertrag mit einer kürzeren als der für die ordentliche arbeitgeberseitige Kündigung geltenden Frist abgeschlossen worden ist, zusätzlich eines Ruhens des Arbeitslosengeldanspruchs nach § 158 SGB III (näher → *Aufhebungsvertrag*, II A 100 Rz. 113 ff.).

Früher vermochte ein **echter Abwicklungsvertrag**[1] im Vergleich dazu eine Reihe 3 von Vorteilen zu begründen. Seitdem die Erstattungspflicht des Arbeitgebers aus § 147a SGB III Anfang 2006 entfallen ist und das BSG seine frühere Sperrzeit-Rechtsprechung korrigiert hat, sind diese Vorteile weitgehend eingeebnet worden.

Sie bestanden seit jeher freilich nur beim „echten", nicht aber beim – in der Praxis 4 wohl ganz im Vordergrund stehenden – **unechten Abwicklungsvertrag**. Vom echten Abwicklungsvertrag unterscheidet sich der unechte dadurch, dass die Vertragsparteien bereits *vor* Ausspruch der arbeitgeberseitigen Kündigung einen rechtsgeschäftlichen Konsens über die einvernehmliche Beendigung des Arbeitsverhältnisses erzielen, die dann lediglich formal durch arbeitgeberseitige Kündigung mit anschließendem Abwicklungsvertrag vollzogen wird. Ein solcher unechter Abwicklungsvertrag wird vom BSG als **Scheingeschäft** i.S.v. § 117 BGB angesehen, auf das die Regeln über das dissimulierte Geschäft – den Aufhebungsvertrag – angewendet werden mit der Folge, dass die gewöhnlichen (sozialrechtlichen) Konsequenzen eines Aufhebungsvertrages (→ *Aufhebungsvertrag*, II A 100 Rz. 113 ff.) eintreten.[2]

Die folgenden Ausführungen beschränken sich daher auf den **echten Abwicklungs-** 5 **vertrag**, bei dem der rechtsgeschäftliche Konsens zwischen den Vertragsparteien erst *nach* Zugang der arbeitgeberseitigen Kündigung beim Arbeitnehmer erzielt wird. Für den unechten Abwicklungsvertrag ist demgegenüber auf die Ausführungen zum Aufhebungsvertrag (→ *Aufhebungsvertrag*, II A 100) zu verweisen.

Ob der Abwicklungsvertrag der **Form des § 623 BGB** (Schriftform, also eigenhändige 6 Unterzeichnung durch *beide* Vertragspartner – auch den Arbeitgeber bzw. dessen Vertreter) bedarf, wird – auch in der Rechtsprechung des BAG – uneinheitlich beurteilt. Der 6. Senat des BAG hat die Frage zu Recht verneint, da das Arbeitsverhältnis durch die Kündigung, nicht aber durch den Abwicklungsvertrag aufgelöst werde.[3] Demgegenüber hat der 2. Senat, ohne diese Entscheidung auch nur zu erwähnen, für den Verzicht auf die Kündigungsschutzklage (der regelmäßig Inhalt eines Abwicklungsvertrages ist, aber auch isoliert erklärt werden kann) im gegenteiligen Sinne entschieden: Da erst mit dem Verzicht auf die gerichtliche Kontrolle der Kündigung die Beendigung des Arbeitsverhältnisses rechtssicher feststehe, stelle der Verzicht einen Auflösungsvertrag i.S.v. § 623 BGB dar. Er bedürfe daher nicht nur

---

1 Zu ihm grundlegend *Hümmerich*, NZA 1994, 200 ff.; *Hümmerich*, NZA 1994, 833 f.; *Hümmerich*, ArbuR 1994, 256 ff.; zum sog. „Monte-Carlo-Modell", bei dem die vereinbarten Wirkungen nur eintreten, wenn der Arbeitgeber die Abfindung bis zu einem festgelegten Termin tatsächlich gezahlt hat, vgl. *Hümmerich*, NZA 2001, 1280 (1282 f.).
2 BSG v. 9.11.1995 – 11 RAr 27/95, AP Nr. 4 zu § 119 AFG.
3 BAG v. 23.11.2006 – 6 AZR 394/06, AP Nr. 8 zu § 623 BGB.

der Unterzeichnung seitens des Arbeitnehmers, sondern auch des Arbeitgebers.[1] Das ist zwar unrichtig, weil nicht der Abwicklungsvertrag, sondern die vorausgegangene Kündigung das Arbeitsverhältnis beendet, von der Praxis aber vorsorglich bis auf weiteres zu beachten.

7 Der Abwicklungsvertrag unterliegt unter den Voraussetzungen der §§ 119ff. BGB der Anfechtung, insbesondere also im Falle der arglistigen Täuschung (§ 123 BGB).[2] Insoweit gelten die allgemeinen Regeln des Bürgerlichen Rechts. Nach Auffassung des LAG Bremen ist unter den Voraussetzungen des § 626 BGB eine außerordentliche Kündigung des Abwicklungsvertrages möglich.[3]

2. Hinweise zur Vertragsgestaltung

a) Präambel

Präambel

Der Arbeitgeber hat das Arbeitsverhältnis fristgerecht aus personen-/betriebsbedingten Gründen unter Wahrung der ordentlichen Kündigungsfrist zum ... gekündigt. Gegenstand dieses Vertrages ist die einvernehmliche Regelung der sich aus dieser Kündigung ergebenden Konsequenzen.

---

8 Eine **Präambel** ist zwar nicht zwingend erforderlich, kann aber nützlich sein, um in Streitfällen zu belegen, dass durch den Vertrag das Arbeitsverhältnis nicht beendet worden ist, sondern dieser lediglich die sich aus der arbeitgeberseitigen Kündigung ergebenden Konsequenzen regelt.[4]

9 Auf Wunsch des Arbeitnehmers können in die Präambel weitere Erläuterungen, etwa die Gründe für die vorhergehende Kündigung, aufgenommen werden.

b) Klageverzicht

---

§ 1 Verzicht auf die Kündigungsschutzklage

a) Frau/Herr ... erhebt gegen die ihr/ihm am ... zugegangene ordentliche Kündigung keine Einwendungen und wird ihr/sein Recht, das Fortbestehen des Arbeitsverhältnisses geltend zu machen, nicht wahrnehmen oder eine mit diesem Ziel bereits erhobene Klage zurücknehmen.

b) Gegen die Kündigung werden von Frau/Herrn ... keine Einwendungen erhoben.[5]

---

[1] BAG v. 19.4.2007 – 2 AZR 208/06, AP Nr. 9 zu § 623 BGB.
[2] Zur nachträglichen Klagezulassung (§ 5 KSchG) in diesen Fällen *Nebeling/Schmid*, NZA 2002, 1310ff.
[3] LAG Bremen v. 17.9.2001 – 4 Sa 43/01, NZA-RR 2002, 187 (188ff.).
[4] Liebers/*Oberwinter*/*Hangarter*, Rz. K 147.
[5] Beides Vorschläge von BAG v. 3.5.1979 – 2 AZR 679/77, AP Nr. 6 zu § 4 KSchG 1969.

Die „Hauptleistung" des Arbeitnehmers besteht in einem Abwicklungsvertrag typischerweise im Verzicht auf die Erhebung der Kündigungsschutzklage (**§ 1 Typ a** und **§ 1 Typ b**). Ein solcher Verzicht ist grundsätzlich zulässig, er verstößt nicht gegen den zwingenden Charakter des KSchG. Allerdings soll er nach Auffassung des BAG mit § 307 Abs. 1 BGB in Konflikt geraten, wenn er arbeitgeberseitig vorformuliert worden ist (§ 305 BGB) und der Arbeitgeber keine kompensatorische Gegenleistung (z.B. Abfindung) zugesagt hat.[1]

10

Es ist zwar mit dem einseitig **zwingenden Charakter des KSchG** unvereinbar, dass der Arbeitnehmer *vor* Zugang der Kündigung – insbesondere also schon im Arbeitsvertrag – auf sein Recht, nach Maßgabe der §§ 4 ff. KSchG die Rechtswirksamkeit der Kündigung einer gerichtlichen Überprüfung zu unterziehen, verzichtet.[2] Verzichtserklärungen *nach* Zugang der Kündigungserklärung sind dadurch aber nicht ausgeschlossen (→ *Verzicht und Ausgleichsquittung*, II V 50 Rz. 30 ff.).[3]

11

Ein Verstoß gegen **AGB-Recht** ist dagegen gleich in mehrfacher Hinsicht möglich: Der Klageverzicht kann danach eine überraschende Klausel i.S.v. § 305c Abs. 1 BGB darstellen, er kann intransparent (§ 307 Abs. 3 Satz 2 i.V.m. Abs. 1 Satz 1 und 2 BGB) sein und er kann den Arbeitnehmer i.S.v. § 307 Abs. 1 BGB unangemessen benachteiligen. **Überraschend** ist eine Vertragsklausel, die nach den Umständen, insbesondere nach dem äußeren Erscheinungsbild des Vertrags, so ungewöhnlich ist, dass der Vertragspartner des Verwenders mit ihr nicht zu rechnen braucht. Das Überraschungsmoment kann sich auch aus dem ungewöhnlichen äußeren Zuschnitt einer Klausel oder ihrer Unterbringung an unerwarteter Stelle ergeben. Bei einem als „Abwicklungsvertrag" überschriebenen Vertrag kann der Klageverzicht – wenn er nicht an ganz ungewöhnlicher, versteckter Stelle vorformuliert wird – nicht überraschend sein, da er zum typischen Inhalt eines solchen Vertrages gehört. Einem Verstoß gegen das **Transparenzgebot** kann durch die Wahl einer eindeutigen Formulierung, die unter einer nicht irreführenden Überschrift zu Beginn des Vertragstextes verwandt wird, begegnet werden.

12

Problematischer ist, dass nach Überzeugung des BAG auch eine **unangemessene Benachteiligung** des Arbeitnehmers (§ 307 Abs. 1 BGB) zu besorgen sein kann: Die unangemessene Benachteiligung des Arbeitnehmers, der formularmäßig auf die Erhebung einer Kündigungsschutzklage verzichtet, liege in dem Versuch des Arbeitgebers, seine Rechtsposition ohne Rücksicht auf die Interessen des Arbeitnehmers zu verbessern, indem er dem Arbeitnehmer die Möglichkeit einer gerichtlichen Überprüfung der Kündigung entziehe. Die Belange des Arbeitnehmers würden nicht ausreichend berücksichtigt, da diesem durch den Verzicht ohne jede Gegenleistung das Recht einer gerichtlichen Überprüfung der Kündigung genommen werde. In diesem Zusammenhang könne nicht unberücksichtigt bleiben, dass im Rahmen der

13

---

1 BAG v. 6.9.2007 – 2 AZR 722/06, AP Nr. 62 zu § 4 KSchG 1969; *Kroeschell*, NZA 2008, 560 (562).
2 BAG v. 6.4.1977 – 4 AZR 721/75, AP Nr. 4 zu § 4 KSchG 1969; v. 3.5.1979 – 2 AZR 679/77, AP Nr. 6 zu § 4 KSchG 1969; v. 18.5.2006 – 2 AZR 230/05, AP Nr. 83 zu § 2 KSchG 1969; APS/*Dörner/Vossen*, § 1 KSchG Rz. 5; KR/*Griebeling*, § 1 KSchG Rz. 31.
3 BAG v. 25.9.1969 – 2 AZR 524/68, AP Nr. 36 zu § 3 KSchG; v. 19.4.2007 – 2 AZR 208/06, AP Nr. 9 zu § 623 BGB; v. 6.9.2007 – 2 AZR 722/06, AP Nr. 62 zu § 4 KSchG 1969; LAG Köln v. 22.2.2000 – 13 (10) Sa 1388/99, NZA-RR 2001, 85 (86); APS/*Dörner/Vossen*, § 1 KSchG Rz. 8; KR/*Griebeling*, § 1 KSchG Rz. 36; ErfK/*Oetker*, § 1 KSchG Rz. 14.

arbeitgeberseitig veranlassten Beendigung von Arbeitsverhältnissen auch der Grundrechtsschutz des Arbeitnehmers aus Art. 12 Abs. 1 GG nicht leer laufen dürfe. Ohne eine Kompensation für den Verzicht auf den eigentlich bestehenden gesetzlichen Kündigungsschutz benachteilige der Klageverzicht den Arbeitnehmer regelmäßig unangemessen i.S.v. § 307 Abs. 1 BGB. Der reine Klageverzicht ohne jede arbeitgeberseitige Kompensation (etwa in Bezug auf den Beendigungszeitpunkt, die Beendigungsart, Zahlung einer Entlassungsentschädigung, Verzicht auf eigene Ersatzansprüche etc.) sei unangemessen.[1] Dem kann zwar im Ergebnis schon deshalb nicht beigetreten werden, weil der Verzicht auf die Erhebung der Kündigungsschutzklage die vom Arbeitnehmer im Abwicklungsvertrag erbrachte „Hauptleistung" und also nach § 307 Abs. 3 Satz 1 BGB jenseits des Transparenzgebots kontrollfrei ist (s.a. → *Verzicht und Ausgleichsquittung*, II V 50 Rz. 12).[2] Gleichwohl muss die rechtsgestaltende Praxis auch hier die Judikatur des BAG beachten (vgl. noch Rz. 18).

§ 1 Verzicht auf die Kündigungsschutzklage

c) Frau/Herr ... verzichtet auf einen etwaigen Wiedereinstellungsanspruch.

14 Nach inzwischen gefestigter Rechtsprechung des BAG kann dem Arbeitnehmer, dem aus personen- oder betriebsbedingten Gründen gekündigt worden ist, ein Wiedereinstellungsanspruch zustehen, wenn die Gründe, die den Arbeitgeber zur Kündigung veranlasst haben, während des Laufs der Kündigungsfrist entfallen.[3] So können die Dinge bspw. liegen, wenn der wegen einer lang andauernden Erkrankung entlassene Arbeitnehmer unerwartet seine Arbeitsfähigkeit zurückerlangt[4] oder wenn sich bei einer betriebsbedingten Kündigung die Prognose des Arbeitgebers, dass der Arbeitsplatz wegfallen wird, infolge eines unerwarteten Großauftrages, eines Betriebsübergangs oder anderer Umstände nicht bestätigt.[5] Ein zwischenzeitlich geschlossener Abfindungsvergleich soll nach Ansicht des BAG wegen Störung der Geschäftsgrundlage u.U. dahingehend anzupassen sein, dass der Arbeitnehmer wieder einzustellen ist.[6]

---

1   BAG v. 6.9.2007 – 2 AZR 722/06, AP Nr. 62 zu § 4 KSchG 1969.
2   Vgl. BGH v. 6.2.1985 – VIII ZR 61/84, BGHZ 93, 358 (360); v. 12.3.1987 – VII ZR 37/86, BGHZ 100, 157 (173); v. 24.11.1988 – III ZR 188/87, BGHZ 106, 42 (46); v. 9.5.2001 – IV ZR 121/00, NJW 2001, 2014 (2016); v. 8.10.2009 – III ZR 93/09, NJW 2010, 150 (151); v. 24.3.2010 – VIII ZR 178/08, BGHZ 185, 96 (104).
3   BAG v. 27.2.1997 – 2 AZR 160/96, AP Nr. 1 zu § 1 KSchG 1969 Wiedereinstellung; v. 4.12.1997 – 2 AZR 140/97, AP Nr. 4 zu § 1 KSchG 1969 Wiedereinstellung; v. 28.6.2000 – 7 AZR 904/98, AP Nr. 6 zu § 1 KSchG 1969 Wiedereinstellung; v. 17.6.1999 – 2 AZR 639/98, AP Nr. 37 zu § 1 KSchG 1969 Krankheit; v. 27.6.2001 – 7 AZR 662/99, AP Nr. 10 zu § 1 KSchG 1969 Wiedereinstellung.
4   Vgl. BAG v. 17.6.1999 – 2 AZR 639/98, AP Nr. 37 zu § 1 KSchG 1969 Krankheit; v. 27.6.2001 – 7 AZR 662/99, AP Nr. 10 zu § 1 KSchG 1969 Wiedereinstellung.
5   BAG v. 27.2.1997 – 2 AZR 160/96, AP Nr. 1 zu § 1 KSchG 1969 Wiedereinstellung; v. 4.12.1997 – 2 AZR 140/97, AP Nr. 4 zu § 1 KSchG 1969 Wiedereinstellung; v. 28.6.2000 – 7 AZR 904/98, AP Nr. 6 zu § 1 KSchG 1969 Wiedereinstellung; v. 25.10.2007 – 8 AZR 989/06, AP Nr. 2 zu § 613a BGB Wiedereinstellung; v. 21.8.2008 – 8 AZR 201/07, AP Nr. 353 zu § 613a BGB.
6   BAG v. 27.2.1997 – 2 AZR 160/96, AP Nr. 1 zu § 1 KSchG 1969 Wiedereinstellung.

Soll die Beendigung des Arbeitsverhältnisses von derartigen Unwägbarkeiten unbeeinflusst endgültig sein, muss der Arbeitnehmer auf den Wiedereinstellungsanspruch in einer Vereinbarung von **§ 1 Typ c** verzichten. Das BAG hat zwar bislang die Zulässigkeit einer solchen Klausel noch nicht ausdrücklich anerkannt, die verschiedenen dogmatischen Begründungen des Wiedereinstellungsanspruchs[1] stehen jedoch einer vertraglichen Vereinbarung über den Verzicht auf dieses Recht nicht im Wege.

c) Abfindung

§ 2 Abfindung

a) Die Firma verpflichtet sich, an Frau/Herrn ... für den Verlust des Arbeitsplatzes eine Abfindung in Höhe von ... Euro zu zahlen.

Die Abfindung stellt die Gegenleistung des Arbeitgebers dafür dar, dass der Arbeitnehmer die Rechtswirksamkeit der Kündigung nicht der gerichtlichen Überprüfung anheim stellt und damit mit Ablauf der Kündigungsfrist unwiderruflich seinen Arbeitsplatz aufgibt.

In der Abfindungsklausel vom **§ 2 Typ a** kann wahlweise statt „für den Verlust des Arbeitsplatzes" auch eine vergleichbare Formulierung wie „für den Verlust des sozialen Besitzstandes" oder „als Entschädigung für künftig ausfallende Einnahmen" gewählt werden. In jedem Fall sollte **die Fälligkeit** der Abfindung vertraglich ausdrücklich vereinbart werden. In der Rechtsprechung besteht nämlich Unklarheit über die Frage, ob die Abfindung entsprechend § 271 Abs. 1 BGB sofort mit Vertragsabschluss[2] oder erst zum Zeitpunkt der rechtlichen Beendigung des Arbeitsverhältnisses[3] entsteht. Zur Vermeidung der daraus resultierenden Unsicherheiten sollte eine eindeutige vertragliche Regelung getroffen werden.

Die **Höhe der Abfindung** unterliegt grundsätzlich der freien Vereinbarung der Parteien. Der Arbeitgeber verletzt weder den arbeitsrechtlichen Gleichbehandlungsgrundsatz noch verstößt er gegen § 612a BGB, wenn er die Zahlung einer freiwilligen Abfindung davon abhängig macht, dass der Arbeitnehmer gegen die Kündigung nicht gerichtlich vorgeht.[4] § 1a Abs. 2 KSchG normiert keine zwingende Untergrenze für ein Abfindungsangebot.[5] Auf Vertragsgestaltungen, bei denen die Abfindung nicht schon in der Kündigungserklärung selbst, sondern erst zu einem späteren Zeitpunkt angeboten wird, finden die Vorschriften über die Kündigungsabfindung keine Anwendung. Der Arbeitgeber kann bei einem echten Abwicklungsvertrag auch einen geringeren Betrag als die in § 1a Abs. 2 KSchG genannte

---

1 Ausführlich *Boewer*, NZA 1999, 1121 (1125 ff.).
2 Vgl. BAG v. 9.12.1987 – 4 AZR 561/87, AP Nr. 4 zu 62 ArbGG 1979; v. 22.5.2003 – 2 AZR 250/02, AP Nr. 8 zu § 767 ZPO.
3 BAG v. 26.8.1997 – 9 AZR 227/96, AP Nr. 8 zu § 620 BGB Aufhebungsvertrag; v. 16.5.2000 – 9 AZR 277/99, AP Nr. 20 zu § 620 BGB Aufhebungsvertrag; v. 15.7.2004 – 2 AZR 630/03, AP Nr. 1 zu § 271 BGB.
4 BAG v. 15.2.2005 – 9 AZR 116/04, AP Nr. 15 zu § 612a BGB.
5 Vgl. BAG v. 19.6.2007 – 1 AZR 340/06, AP Nr. 4 zu § 1a KSchG 1969; v. 10.7.2008 – 2 AZR 209/07, AP Nr. 8 zu § 1a KSchG 1969.

Summe als Abfindung offerieren.[1] Allerdings liegt es nahe, dass das BAG diese Vorschrift als Maßstab für die **Vermeidung einer unangemessenen Benachteiligung** des Arbeitnehmers i.S.v. § 307 Abs. 1 BGB heranzieht. Eine Abfindung, die der „gesetzlichen" Höhe entspricht, kann nicht unangemessen niedrig sein.

19 Schließlich sollte klargestellt werden, dass es sich bei dem zugesagten Abfindungsbetrag um einen **Bruttobetrag** handelt. Die häufig anzutreffende Formulierung, die Abfindung werde „brutto = netto" gewährt,[2] ist ebenso zu vermeiden wie der Hinweis auf die fehlende Beitragspflichtigkeit zur Sozialversicherung. Die häufigen Änderungen des Steuer- und Sozialversicherungsrechts erschweren eine zuverlässige Beurteilung durch die Vertragsparteien, und diesbezügliche Auskünfte des Arbeitgebers können Schadensersatzansprüche wegen Pflichtverletzung nach sich ziehen, wenn sie falsch sind.[3]

20 Die Parteien können auch vereinbaren, dass der Arbeitgeber anstelle oder neben einer Barabfindung **Ausgleichszahlungen wegen vorzeitiger Inanspruchnahme einer Rente** an den Träger der gesetzlichen Rentenversicherung zahlt (§ 187a SGB VI).[4]

---

§ 2 Abfindung

b) Der Anspruch auf Zahlung der Abfindung ist vererblich.

c) Für den Fall, dass dem Arbeitgeber ein wichtiger Grund zur Kündigung des Arbeitsverhältnisses ohne Einhaltung der Kündigungsfrist gegeben ist, vereinbaren die Parteien, dass der Anspruch des Arbeitnehmers auf die Abfindung entfällt.

---

21 Die Frage, ob der Abfindungsanspruch **vererblich** ist (**§ 2 Typ b**), ist in der Rechtsprechung des BAG uneinheitlich beantwortet worden. Der 9. Senat hat angenommen, dass der Anspruch auf Zahlung der Abfindung nicht bereits mit Abschluss des Vertrages, sondern erst zum vereinbarten Ausscheidenstermin entsteht, wenn es sich um eine Frühpensionierung handelt und im Aufhebungsvertrag kein früherer Entstehungszeitpunkt bestimmt ist. Daraus folge, dass bei einer vorzeitigen Beendigung des Arbeitsverhältnisses durch Tod des Arbeitnehmers der Anspruch nicht entstehen und von den Erben durch Erbfolge nicht erworben werden könne.[5] Gegenteilig hat der 2. Senat jedenfalls für den Fall entschieden, dass der Abfindungsanspruch in einem Prozessvergleich tituliert war und der Arbeitnehmer vor dem

---

1 BT-Drucks. 15/1204, S. 12; *Bader*, NZA 2004, 65 (72); *Grobys*, DB 2003, 2174 (2175); *Löwisch*, BB 2004, 154 (158); *Preis*, DB 2004, 70 (70f.); *Rolfs*, ZIP 2004, 333 (340); *Thüsing/Stelljes*, BB 2003, 1673 (1677).
2 Z.B. BAG v. 29.7.2003 – 9 AZR 100/02, AP Nr. 15 zu § 611 BGB.
3 Vgl. BAG v. 17.10.2000 – 3 AZR 605/99, AP Nr. 116 zu § 611 BGB Fürsorgepflicht; v. 23.9.2003 – 3 AZR 658/02, AP Nr. 3 zu § 1 BetrAVG Auskunft; v. 22.4.2004 – 2 AZR 281/03, AP Nr. 27 zu § 620 BGB Aufhebungsvertrag.
4 Dazu *Schrader*, NZA 2003, 593ff.
5 BAG v. 26.8.1997 – 9 AZR 227/96, AP Nr. 8 zu § 620 BGB Aufhebungsvertrag; v. 16.5.2000 – 9 AZR 277/99, AP Nr. 20 zu § 620 BGB Aufhebungsvertrag.

im Abfindungsvergleich festgelegten Auflösungszeitpunkt verstirbt.[1] Zur Vermeidung daraus resultierender Rechtsunsicherheiten sollten die Vertragsparteien eine ausdrückliche Regelung treffen.[2]

Nicht abschließend geklärt ist schließlich, welche Rechtsfolgen sich für den Abfindungsanspruch ergeben, wenn das Arbeitsverhältnis vor dem vorgesehenen Beendigungstermin durch **fristlose Kündigung** des Arbeitgebers sein Ende findet. Im Urteil vom 29.1.1997 hat der 2. Senat angenommen, dass ein Aufhebungsvertrag in der Regel unter der aufschiebenden Bedingung stehe, dass das Arbeitsverhältnis bis zum vereinbarten Auflösungszeitpunkt fortgesetzt wird. Löse dann eine außerordentliche Kündigung das Arbeitsverhältnis vor dem vorgesehenen Auflösungszeitpunkt auf, werde der Aufhebungsvertrag – einschließlich einer darin vereinbarten Abfindung – gegenstandslos.[3] Da diese Entscheidung einen Aufhebungs- und keinen Abwicklungsvertrag betraf, empfiehlt sich zur Klarstellung eine Regelung vom **§ 2 Typ c**. 22

d) Freistellung

§ 3 Freistellung

Frau/Herr ... nimmt vom ... bis zum ... ihren/seinen Jahresurlaub. Im Übrigen wird sie/er unter Anrechnung etwaiger Überstundenvergütungen oder Freizeitausgleichsansprüche von der Arbeitsleistung freigestellt. Die Firma verzichtet auf die Anrechnung eines etwaigen Zwischenverdienstes. Bis zur Beendigung des Arbeitsverhältnisses erhält Frau/Herr ... ihre/seine bisherigen Bezüge einschließlich der Zulagen wie Weihnachts- und Urlaubsgeld weitergezahlt.

Während generelle Freistellungsklauseln in Arbeitsverträgen, die den Arbeitgeber einseitig zur Freistellung des Arbeitnehmers berechtigen sollen, rechtlich problematisch sind (→ *Freistellung des Arbeitnehmers*, II F 10),[4] bestehen gegen Freistellungsvereinbarungen aus Anlass der einvernehmlichen Abwicklung des gekündigten Arbeitsverhältnisses grundsätzlich keine Bedenken.[5] 23

Um zu vermeiden, dass dem Arbeitnehmer neben seiner Abfindung noch Anspruch auf **Urlaubsabgeltung** (§ 7 Abs. 4 BUrlG) zukommt, ist klarzustellen, dass der verbleibende Resturlaub auf die Freistellung angerechnet wird.[6] Die Freistellung muss jedenfalls für die Dauer des dem Arbeitnehmer noch zustehenden Urlaubsanspruchs **unwiderruflich** erfolgen, weil eine bloß widerrufliche Freistellung den 24

---

1 BAG v. 22.5.2003 – 2 AZR 250/02, AP Nr. 8 zu § 767 ZPO.
2 *Freckmann*, BB 2004, 1564 (1565); Liebers/*Oberwinter*/*Hangarter*, Rz. K 164.
3 BAG v. 29.1.1997 – 2 AZR 292/96, AP Nr. 131 zu § 626 BGB.
4 *Fischer*, NZA 2004, 233 ff.
5 BAG v. 6.9.2006 – 5 AZR 703/05, AP Nr. 118 zu § 615 BGB; v. 14.8.2007 – 9 AZR 934/06, AP Nr. 38 zu § 7 BUrlG.
6 BAG v. 6.9.2006 – 5 AZR 703/05, AP Nr. 118 zu § 615 BGB; vgl. auch BAG v. 6.5.2014 – 9 AZR 678/12, NZA 2014, 959 (961).

Urlaubsanspruch nicht zu erfüllen vermag.[1] Die Dauer des Urlaubs sollte gesondert ausgewiesen werden. Üblich ist es, auf die Anrechnung von Zwischenverdienst (§ 615 Satz 2 BGB) zu verzichten, nachdem die Rechtsprechung des BAG auch diesbezüglich in der Vergangenheit nicht immer einheitlich gewesen ist.[2] Damit ist der Arbeitnehmer zugleich konkludent vom Wettbewerbsverbot des § 60 HGB entbunden.[3] Das Arbeitsentgelt muss dem Arbeitnehmer während der Freistellungsphase in voller Höhe weitergewährt werden, weil sonst in der Abfindung **verstecktes Arbeitsentgelt** enthalten wäre, das die Beitragsfreiheit in der Sozialversicherung entfallen ließe.[4]

e) Ausgleichsklausel

§ 4 Ausgleichsklausel

Die Parteien sind sich darüber einig, dass mit der Erfüllung dieser Vereinbarung alle gegenseitigen Ansprüche aus dem Arbeitsverhältnis – gleichgültig aus welchem Rechtsgrund und ob bekannt oder unbekannt – mit Ausnahme der Ansprüche

– des Arbeitnehmers auf ein qualifiziertes Zeugnis, auf Leistungen der betrieblichen Altersversorgung, ...
– der Firma auf Einhaltung des nachvertraglichen Wettbewerbsverbots, ...

erledigt sind.

25 Eine allgemeine Ausgleichsklausel nach dem Muster von § 4 ist in Abwicklungs- wie in Aufhebungsverträgen (→ *Aufhebungsvertrag*, II A 100 Rz. 99 ff.) allgemein üblich und daher nicht überraschend i.S.v. § 305c BGB.[5] Sie dokumentiert den **abschließenden Charakter** des Abwicklungsvertrages.

26 Nach ständiger Rechtsprechung des BAG werden Ausgleichsklauseln in Aufhebungs- und Abwicklungsverträgen im Interesse klarer Verhältnisse **grundsätzlich weit ausgelegt**, weil die Parteien in der Regel das Arbeitsverhältnis abschließend bereinigen und alle Ansprüche erledigen wollen, gleichgültig, ob sie daran dachten oder nicht.[6] Daher ist es erforderlich, dass sich beide Vertragsparteien Ansprüche, die sie nicht von der Ausgleichsklausel erfasst sehen wollen, ausdrücklich vor-

---

1 BAG v. 19.5.2009 – 9 AZR 433/08, AP Nr. 41 zu § 7 BUrlG; *Nägele*, NZA 2008, 1039 (1041).
2 Vgl. einerseits BAG v. 6.2.1964 – 5 AZR 93/63, AP Nr. 24 zu § 615 BGB; v. 2.8.1971 – 3 AZR 121/71, AP Nr. 25 zu § 615 BGB; andererseits BAG v. 19.3.2002 – 9 AZR 16/01, NZA 2002, 1055 (1055).
3 BAG v. 6.9.2006 – 5 AZR 703/05, AP Nr. 118 zu § 615 BGB.
4 BSG v. 21.2.1990 – 12 RK 20/88, BSGE 66, 219 (220 f.); v. 21.2.1990 – 12 RK 65/87, USK 9016; v. 25.10.1990 – 12 RK 40/89, USK 9055; v. 3.12.2002 – B 2 U 23/02 R, SozR 3-2200 § 577 Nr. 2.
5 BAG v. 19.11.2008 – 10 AZR 671/07, AP Nr. 7 zu § 448 ZPO.
6 BAG v. 31.7.2002 – 10 AZR 513/01, AP Nr. 74 zu § 74 HGB; v. 23.9.2003 – 1 AZR 576/02, AP Nr. 43 zu § 112 BetrVG 1972; v. 19.11.2003 – 10 AZR 174/03, AP Nr. 50 zu § 611 BGB Konkurrenzklausel; v. 28.7.2004 – 10 AZR 661/03, AP Nr. 177 zu § 4 TVG Ausschlussfristen; v. 8.3.2006 – 10 AZR 349/05, AP Nr. 79 zu § 74 HGB; v. 19.11.2008 – 10 AZR 671/07, AP Nr. 7 zu § 448 ZPO.

behalten. Das betrifft auch ein nachvertragliches Wettbewerbsverbot.[1] Etwas anderes gilt nur für unverzichtbare oder nur mit Zustimmung Dritter verzichtbare Ansprüche, etwa auf das Arbeitsentgelt in Höhe des **Mindestlohns** (§ 3 Satz 2 MiLoG) oder solche aus einem Sozialplan (§ 112 Abs. 1 Satz 3 i.V.m. § 77 Abs. 4 Satz 2 BetrVG; s. → *Verzicht und Ausgleichsquittung*, II V 50 Rz. 9).

f) Weitere Klauseln

Je nach den Umständen kann es sich empfehlen, weitere Vereinbarungen in den Abwicklungsvertrag aufzunehmen. Dies betrifft z.B.

- die Klarstellung von Gratifikations- und Rückzahlungsansprüchen (→ *Aufhebungsvertrag*, II A 100 Rz. 94 ff.);
- das → *Wettbewerbsverbot*, II W 10;
- → *Verschwiegenheitspflichten*, II V 20;
- den Zeugnisanspruch (→ *Aufhebungsvertrag*, II A 100 Rz. 97 f.).

Insoweit kann auf die dortigen Ausführungen Bezug genommen werden.

3. Sozialrechtliche Folgen von Abwicklungsverträgen

a) Sperrzeit (§ 159 SGB III)

Hinsichtlich der Sperrzeit wegen Arbeitsaufgabe (§ 159 Abs. 1 Nr. 1 SGB III) hatte das BSG ursprünglich den Eindruck erweckt, zwischen „echten" und „unechten" Abwicklungsverträgen differenzieren zu wollen.[2] Hiervon ist es jedoch abgerückt: Abwicklungsverträge lösten das Beschäftigungsverhältnis stets, denn es entspreche dem Zweck des § 159 SGB III, den Arbeitnehmer davon abzuhalten, sich an der Beendigung des Beschäftigungsverhältnisses aktiv zu beteiligen. Es mache keinen wesentlichen Unterschied, ob der Arbeitnehmer an der Beendigung des Beschäftigungsverhältnisses durch Abschluss eines Aufhebungsvertrags mitwirke oder ob seine aktive Beteiligung darin liege, dass er hinsichtlich des Bestandes der Kündigung und deren Folgen verbindliche Vereinbarungen treffe. In beiden Fällen treffe ihn eine wesentliche Verantwortung für die Beendigung des Beschäftigungsverhältnisses.[3]

Allerdings sind die Verwaltungspraxis der Bundesagentur für Arbeit und die Rechtsprechung des BSG hinsichtlich der Anerkennung eines **wichtigen Grundes** relativ großzügig. Insoweit gelten die gleichen Regeln wie beim → *Aufhebungsvertrag*, II A 100 Rz. 120 ff.[4]

---

1 BAG v. 24.6.2009 – 10 AZR 707/08, AP Nr. 81 zu § 74 HGB; Liebers/*Oberwinter*/*Hangarter*, Rz. K 182.
2 Zum echten Abwicklungsvertrag BSG v. 25.4.2002 – B 11 AL 89/01 R, AP Nr. 8 zu § 119 AFG; zum unechten BSG v. 9.11.1995 – 11 RAr 27/95, AP Nr. 4 zu § 119 AFG.
3 BSG v. 18.12.2003 – B 11 AL 35/03 R, BSGE 92, 74 ff.; a.A. *Rolfs*, FS 50 Jahre BAG, 2004, S. 445 (453 f.).
4 *Gaul/Niklas*, NZA 2008, 137 (141).

b) Keine Abfindungsanrechnung nach § 158 SGB III

30 Ein Ruhen des Arbeitslosengeldanspruchs nach § 158 SGB III kommt nur in Betracht, wenn das Arbeitsverhältnis vorzeitig, d.h. ohne Einhaltung der für den Arbeitgeber geltenden Kündigungsfrist beendet worden ist. Hat die dem Abwicklungsvertrag vorausgehende Kündigung jedoch die ordentliche Kündigungsfrist gewahrt, führt die Vereinbarung einer Entlassungsentschädigung im Abwicklungsvertrag nicht zur Abfindungsanrechnung.[1]

---

1 *Hümmerich*, NZA 2001, 1280 (1281); ErfK/*Rolfs*, § 158 SGB III Rz. 11.

A 20 Altersgrenze

	Rz.		Rz.
1. Einführung	1	a) Regelaltersgrenze	19
a) Altersgrenzen als Bestandteil des Arbeitsvertrages	1	b) Flexible Altersgrenze	22
		c) Selbständige Altersgrenzen	26
b) Altersgrenzen und Befristungsrecht	4	d) Erwerbsminderung	30
c) Altersgrenzen und Berufsfreiheit	7	3. Befristete Weiterbeschäftigung über die Altersgrenze hinaus	35
d) Altersgrenzen und Unionsrecht	9	a) Gesetzliche Regelung	35
e) Altersgrenzen und Rentenversicherung	12	b) (Kein) Klauselvorschlag	43
2. Klauseltypen	19	4. Hinweise zur Vertragsgestaltung	44

Schrifttum:

Bader, Arbeitsrechtliche Altersgrenzen weiter flexibilisiert, NZA 2014, 749; *Bahnsen*, Altersgrenzen im Arbeitsrecht, NJW 2008, 407; *Bauer/Krieger*, Das Orakel von Luxemburg: Altersgrenzen für Arbeitsverhältnisse zulässig – oder doch nicht?, NJW 2007, 3267; *Bauer/von Medem*, Altersgrenzen zur Beendigung von Arbeitsverhältnissen – Was geht, was geht nicht?, NZA 2012, 945; *Bayreuther*, Altersgrenzen nach der Palacios-Entscheidung des EuGH, DB 2007, 2425; *Bayreuther*, Altersgrenzen, Altersgruppenbildung und der Ausschluss rentennaher Arbeitnehmer aus Sozialplänen, NJW 2011, 19; *Bayreuther*, Altersgrenzen, Kündigungsschutz nach Erreichen der Altersgrenze und die Befristung von „Altersrentnern", NJW 2012, 2758; *Bissels/Lützeler*, Aktuelle Entwicklung in der Rechtsprechung zum AGG (Teil 1), BB 2009, 774; *Cirkel*, Gleichheitsrechte im Gemeinschaftsrecht, NJW 1998, 3332; *Giesen*, Befristete Arbeitsverhältnisse im Rentenalter – zum neuen § 41 S. 3 SGB VI, ZfA 2014, 217; *Gitter/Boerner*, Altersgrenzen in Tarifverträgen, RdA 1990, 129; *Hanau*, Bekannte und unbekannte Folgen der „Rente mit 67", NZA 2011, 537; *Hanau/Rolfs*, Neue Gestaltung des Übergangs in den Ruhestand, 2008; *Hromadka*, Pensionierungsalter und Pensionierungsmöglichkeiten, DB Beilage 11/1985, 1; *Jochum*, Der neue Art. 13 EGV oder „political correctness" auf europäisch?, ZRP 1999, 279; *Kamanabrou*, Vertragsgestaltung und Antidiskriminierung, NZA Beilage 3/2006, 138; *Kleinebrink*, Altersbefristung nach neuem Recht, DB 2014, 1490; *König*, Handlungsbedarf bei der Umsetzung des Altersdiskriminierungsverbots?, ZESAR 2005, 218; *Klösel/Reitz*, „Flexi-Rente" und Europarecht, NZA 2014, 1366; *Kummer*, Die Auswirkungen der EG-Antidiskriminierungsrichtlinien und ihrer Umsetzung auf das deutsche Arbeitsrecht, 2003; *Lüderitz*, Altersdiskriminierung durch Altersgrenzen, 2005; *Linsenmaier*, Befristung und Bedingung, RdA 2012, 193; *Persch*, Die Befristung des unbefristeten Arbeitsverhältnisses durch Altersgrenzen, NZA 2010, 77; *Poguntke*, Neue Gestaltungsmöglichkeiten bei der Beschäftigung älterer Arbeitnehmer, NZA 2014, 1372; *Preis*, Schlangenlinien in der Rechtsprechung des EuGH zur Altersdiskriminierung, NZA 2010, 1323; *Preis/Gotthardt*, Neuregelung der Teilzeitarbeit und befristeten Arbeitsverhältnisse, DB 2000, 2065; *Rolfs*, Anmerkung zu den Urteilen des BAG vom 31. Juli 2002 und vom 14. August 2002, AP Nr. 20 zu § 620 BGB Altersgrenze; *Schlüter/Belling*, Die Zulässigkeit von Altersgrenzen im Arbeitsverhältnis, NZA 1988, 297; *Schmidt*, Altersgrenzen, Befristungskontrolle und die Schutzpflicht der Gerichte, in Festschrift für Dieterich, 1999, S. 585; *Schrader/Straube*, Die Anhebung der Regelaltersrente, NJW 2008, 1025; *Steinmeyer*, Kollektive Altersbegrenzungsregelungen ab 1. Januar 1992, RdA 1992, 6; *Temming*, Der Fall Palacios: Kehrtwende im Recht der Altersdiskriminierung?, NZA 2007, 1193; *Vollstädt*, Die Beendigung von Arbeitsverhältnissen durch Vereinbarung einer Altersgrenze, 1997; *Waltermann*, Verbot der Altersdiskriminierung – Richtlinie und Umsetzung, NZA 2005, 1265.

1. Einführung

a) Altersgrenzen als Bestandteil des Arbeitsvertrages

1 In vielen auf Dauer geschlossenen Arbeitsverträgen findet sich die Vereinbarung einer **Altersgrenze als Beendigungstatbestand**. Ferner sind Altersgrenzen typische Regelungsbereiche von Betriebsvereinbarungen und Tarifverträgen. Während es früher einhelliger Ansicht entsprach, dass derartige Regelungen zweckmäßig und rechtlich zulässig sind,[1] sind Altersgrenzen in jüngerer Zeit unter rechtlichen und unter sozialpolitischen Gesichtspunkten in die Diskussion geraten. Zwar hat der EuGH in den Rechtssachen *Palacios de la Villa*, *Age Concern England* und *Rosenbladt* Vereinbarungen, die die automatische Beendigung des Arbeitsverhältnisses bei Erreichen der Regelaltersgrenze in der gesetzlichen Rentenversicherung vorsehen, grundsätzlich nicht als einen Verstoß gegen die **Richtlinie 2000/78/EG** angesehen.[2] Daran hat das Gericht selbst für den Fall festgehalten, dass der Arbeitnehmer keine auskömmliche Altersrente aus eigener Versicherung zu erwarten hat.[3] Das muss allerdings nicht das letzte Wort in dieser Sache sein.[4] Angesichts der wechselvollen Judikatur des EuGH[5] ist nämlich nicht ausgemacht, dass der Gerichtshof nicht doch noch einmal zu anderen Überzeugungen gelangt. Wird eine Altersgrenze in einen Arbeitsvertrag aufgenommen oder gilt sie kraft Tarifvertrages oder Betriebsvereinbarung, sollte daher der weiteren Entwicklung in der Rechtsprechung sowie etwaigen Aktivitäten des Gesetzgebers besondere Aufmerksamkeit gewidmet werden.

2 Weitgehend geklärt sind durch das TzBfG dagegen die formellen Voraussetzungen für die wirksame Vereinbarung einer Altersgrenze. Da das Schriftformerfordernis für Befristungen in § 14 Abs. 4 TzBfG kraft der Verweisung des § 21 TzBfG ausdrücklich auch für auflösende Bedingungen gilt, unterliegen **Altersgrenzen** unabhängig von ihrer Charakterisierung als Befristung[6] oder Bedingung[7] unzweifelhaft dem **Schriftformzwang**. Damit können sie wirksam nur in schriftlichen Arbeitsver-

---

1 Vgl. *Hromadka*, DB Beilage 11/1985, 1 (3), der die Rechtmäßigkeit der Altersgrenze von 65 Jahren mit Gewohnheitsrecht begründen will; ähnlich HR/*Schiefer*, Teil 1 Rz. 459.
2 EuGH v. 16.10.2007 – C-411/05, Slg. 2007, I-8531 = AP Nr. 8 zu Richtlinie 2000/78/EG – *Palacios de la Villa*; v. 5.3.2009 – C-388/07, Slg. 2009, I-1569 = AP Nr. 12 zu Richtlinie 2000/78/EG – *Age Concern England*; v. 12.10.2010 – C-45/09, Slg. 2010, I-9391 = NZA 2010, 1167 – *Rosenbladt*.
3 EuGH v. 5.7.2012 – C-141/11, ECLI:EU:C:2012:421 = NZA 2012, 785 (787) – *Hörnfeldt*; *Bauer/von Medem*, NZA 2012, 945 (947).
4 Vgl. *Bahnsen*, NJW 2008, 407 ff.; *Bauer/Krieger*, NJW 2007, 3672 ff.; *Bayreuther*, DB 2007, 2425 ff.; *Temming*, NZA 2007, 1193 ff.
5 Vgl. namentlich EuGH v. 22.11.2005 – C-144/04, Slg. 2005, I-9981 = AP Nr. 1 zu Richtlinie 2000/78/EG – *Mangold*; v. 19.1.2010 – C-555/07, Slg. 2010, I-365 = AP Nr. 14 zu Richtlinie 2000/78/EG – *Kücükdeveci*.
6 So BAG v. 26.4.1995 – 7 AZR 984/93, AP Nr. 6 zu § 41 SGB VI; v. 11.6.1997 – 7 AZR 186/96, AP Nr. 7 zu § 41 SGB VI; v. 14.10.1997 – 7 AZR 660/96, AP Nr. 10 zu § 41 SGB VI; v. 27.7.2005 – 7 AZR 443/04, AP Nr. 27 zu § 620 BGB Altersgrenze; *Bauer/von Medem*, NZA 2012, 945 (945).
7 So früher BAG v. 20.10.1984 – 2 AZR 3/84, AP Nr. 9 zu § 620 BGB Bedingung; v. 20.11.1987 – 2 AZR 284/86, AP Nr. 2 zu § 620 BGB Altersgrenze.

trägen, Betriebsvereinbarungen[1] und Tarifverträgen[2] vereinbart werden. Die einzelvertragliche Inbezugnahme einer tariflichen Beendigungsnorm genügt dagegen nur, wenn arbeitsvertraglich der gesamte Tarifvertrag einbezogen wurde[3], wobei das BAG bislang nicht zu entscheiden hatte, ob dies auch bei Inbezugnahme eines „fremden" (räumlich oder betrieblich-fachlich nicht einschlägigen) Tarifvertrages gilt. Altersgrenzenregelungen sollten daher **Bestandteil jedes schriftlichen Arbeitsvertrages** sein (Formulierungsvorschlag unten Rz. 44 f.). AGB-rechtliche Bedenken bestehen gegen sie grundsätzlich[4] nicht. Jedenfalls eine an die Regelaltersgrenze der gesetzlichen Rentenversicherung anknüpfende vertragliche Altersgrenze ist nicht überraschend i.S. von § 305c Abs. 1 BGB, sondern allgemein üblich.[5]

In der Sache ist die Vereinbarung einer Altersgrenze erforderlich, weil das Erreichen eines bestimmten **Lebensalters** für sich gesehen noch **keinen personenbedingten Kündigungsgrund** nach § 1 Abs. 2 KSchG darstellt.[6] Darüber hinaus ist der Anspruch eines Versicherten auf eine Rente wegen Alters als kündigungsbegründender Umstand nach § 41 Satz 1 SGB VI zwingend ausgeschlossen. Kündigungsrelevant sind daher lediglich der erhebliche altersbedingte Leistungsabfall, häufige Kurzerkrankungen, dauernde Arbeitsunfähigkeit und dergleichen, die aber vom Arbeitgeber dargelegt und im Streitfall bewiesen werden müssen. 3

b) Altersgrenzen und Befristungsrecht

Dass Altersgrenzen überhaupt wirksam einzel- oder kollektivvertraglich vereinbart werden können, ist wiederholt bestritten worden. Schon seit zwei Jahrzehnten wird diskutiert, ob sie der **Befristungskontrolle** standhalten und mit der Berufsfreiheit des **Art. 12 GG** vereinbar sind. Spätestens seit dem Inkrafttreten der **RL 2000/78/EG**, deren Art. 1 u.a. die Benachteiligung wegen des Alters verbietet, ist die unionsrechtliche Dimension des Ausscheidens älterer Arbeitnehmer aus dem Arbeitsprozess in den Mittelpunkt der Diskussion gerückt. 4

Die Rechtsprechung unterwirft Altersgrenzenregelungen einer Inhaltskontrolle. Gemäß § 14 Abs. 1 TzBfG sind Befristungen regelmäßig nur zulässig, wenn ein **sachlicher Grund** sie rechtfertigt. Unter den gesetzlich ausdrücklich normierten Sachgründen liegt § 14 Abs. 1 Nr. 6 TzBfG am nächsten, der eine Befristung aus in der Person des Arbeitnehmers liegenden Gründen legitimiert.[7] Damit korrespondiert die Rechtsprechung, die im Interesse des Arbeitgebers an einer voraussehbaren Personalplanung und einer ausgewogenen Personalstruktur, im Interesse jüngerer Arbeitnehmer an der Schaffung von Aufstiegsmöglichkeiten, wegen des Anspruchs des älteren Arbeitnehmers auf Altersrente aus der gesetzlichen Rentenversicherung 5

---

1 BAG v. 5.3.2013 – 1 AZR 417/12, NZA 2013, 916 (917).
2 BAG v. 23.7.2014 – 7 AZR 771/12, NZA 2014, 1341 (1344 ff.).
3 BAG v. 23.7.2014 – 7 AZR 771/12, NZA 2014, 1341 (1344 ff.).
4 Ausnahmen u.U. beim „Verstecken" der Klausel an ungewöhnlicher Stelle im Vertrag, vgl. BLDH/*Lingemann*, Kap. 2 Rz. 86.
5 BAG v. 27.7.2005 – 7 AZR 443/04, AP Nr. 27 zu § 620 BGB Altersgrenze; HR/*Schiefer*, Teil 1 Rz. 471.
6 BAG v. 28.9.1961 – 2 AZR 428/60, AP Nr. 1 zu § 1 KSchG Personenbedingte Kündigung; v. 20.12.1984 – 2 AZR 3/84, AP Nr. 9 zu § 620 BGB Bedingung; v. 20.11.1987 – 2 AZR 284/86, AP Nr. 2 zu § 620 BGB Altersgrenze; KR/*Griebeling*, § 1 KSchG Rz. 289.
7 APS/*Backhaus*, § 14 TzBfG Rz. 97; *Preis/Gotthardt*, DB 2000, 2065 (2071).

und aufgrund der Üblichkeit im Arbeitsleben die Vereinbarung einer **Befristung auf die Regelaltersgrenze** zulässt.[1] Kann der Arbeitnehmer schon vor dem Erreichen der Regelaltersgrenze eine Rente – z.B. als langjährig Versicherter gem. § 36 SGB VI – beanspruchen, ist auch eine Befristung auf diesen früheren Zeitpunkt zulässig.[2] Es muss allerdings darauf geachtet werden, dass eine Anknüpfung an den Rentenzugang für schwerbehinderte Menschen (§§ 37, 236a SGB VI) eine Diskriminierung wegen der Behinderung (§§ 7, 1 AGG) darstellen kann.[3]

6 Zugleich hatte das BAG jedoch stets deutlich gemacht, dass eine Altersgrenze **ohne finanzielle Absicherung des Arbeitnehmers** nicht zu rechtfertigen ist.[4] Auf deren konkrete Höhe kommt es dabei allerdings nicht an; die Altersgrenze ist auch dann sachlich gerechtfertigt, wenn der Arbeitnehmer bspw. als Zuwanderer, wegen langjähriger Familienzeit oder bloß geringfügiger Beschäftigung nur eine geringe Rente beanspruchen kann.[5] Altersgrenzen, die einen gegenüber der Regelaltersgrenze der Rentenversicherung vorgezogenen Zeitpunkt für die Beendigung des Arbeitsverhältnisses bestimmen, können dementsprechend nicht wirksam vereinbart werden. Andererseits ist der Arbeitgeber nicht verpflichtet, über die gesetzliche Rentenversicherung hinaus für die finanzielle Absicherung des Arbeitnehmers Sorge zu tragen. Das Erfordernis einer tariflichen Zusatz- bzw. betrieblichen Altersversorgung hat die Rechtsprechung nicht aufrechterhalten.[6]

c) Altersgrenzen und Berufsfreiheit

7 Zeitweise wurde die Zulässigkeit arbeitsrechtlicher Altersgrenzen verstärkt unter dem Gesichtspunkt des **Verstoßes gegen Art. 12 Abs. 1 GG** erörtert. Dies galt in besonderer Weise für kollektivrechtliche Regelungen.[7] Dem lag im Wesentlichen die Erwägung zugrunde, dass das Grundrecht auf freie Wahl des Arbeitsplatzes und freie Wahl des Berufs keine Altersbegrenzung kennt, die Altersbefristung aber die Auflösung des Arbeitsverhältnisses bewirkt und damit einen Eingriff in die freie Wahl des Arbeitsplatzes darstellt. Da die Beendigung des Arbeitsverhältnisses im fortgeschrittenen Lebensalter angesichts der Lage auf dem Arbeitsmarkt für den Arbeitnehmer zumeist das Ende einer jeden Erwerbstätigkeit bedeutet, wurde zudem

---

1 BAG v. 25.3.1971 – 2 AZR 185/70, AP Nr. 5 zu § 57 BetrVG; v. 18.6.2008 – 7 AZR 116/07, AP Nr. 48 zu § 14 TzBfG; v. 8.12.2010 – 7 AZR 438/09, NZA 2011, 586 (588f.); v. 21.9.2011 – 7 AZR 134/10, NZA 2012, 271 (271 ff.); v. 5.3.2013 – 1 AZR 417/12, NZA 2013, 916 (918); v. 12.6.2013 – 7 AZR 917/11, NZA 2013, 1428 (1430f.).
2 BAG v. 19.11.2003 – 7 AZR 296/03, AP Nr. 3 zu § 17 TzBfG; s.a. BAG v. 18.11.2003 – 9 AZR 122/03, AP Nr. 4 zu § 81 SGB IX zu einer an das Erreichen einer vorgezogenen Altersgrenze anknüpfenden Beendigungsnorm in einem Tarifvertrag über Altersteilzeit.
3 EuGH v. 6.12.2012 – C-152/11, ECLI:EU:C:2012:772 = NZA 2012, 1435 (1439f.) – *Odar*; BAG v. 12.11.2013 – 9 AZR 484/12, NZA 2014, 632 (632).
4 BAG v. 20.11.1987 – 2 AZR 284/86, AP Nr. 2 zu § 620 BGB Altersgrenze; vgl. auch BAG v. 14.8.2002 – 7 AZR 469/01, AP Nr. 20 zu § 620 BGB Altersgrenze; v. 27.7.2005 – 7 AZR 443/04, AP Nr. 27 zu § 620 BGB Altersgrenze.
5 EuGH v. 5.7.2012 – C-141/11, ECLI:EU:C:2012:421 = NZA 2012, 785 (787) – *Hörnfeldt*; *Bauer/von Medem*, NZA 2012, 945 (947).
6 BAG v. 20.11.1987 – 2 AZR 284/86, AP Nr. 2 zu § 620 BGB Altersgrenze.
7 *Gitter/Boerner*, RdA 1990, 129 ff.; *Schlüter/Belling*, NZA 1988, 297 (301); *Vollstädt*, Die Beendigung von Arbeitsverhältnissen durch Vereinbarung einer Altersgrenze, S. 312 ff., 327 ff.

ein mittelbarer Eingriff in das Grundrecht des Arbeitnehmers auf freie Wahl des Berufs angenommen.[1]

Die **Rechtsprechung** misst der Berufsausübungsfreiheit des Art. 12 Abs. 1 GG neben der Befristungskontrolle allerdings keine eigenständige Bedeutung bei. Sie formuliert, dass Altersgrenzen, die den Anforderungen der arbeitsgerichtlichen Befristungskontrolle genügen, auch mit der Berufsfreiheit des Arbeitnehmers vereinbar sind. Denn für den Bereich der Beendigung von Arbeitsverhältnissen habe der Gesetzgeber seiner aus Art. 12 Abs. 1 GG folgenden Schutzpflicht durch den Erlass von Kündigungsschutzvorschriften genügt[2] und damit ein bestimmtes Maß an Arbeitsplatzschutz vorgegeben. Nichts anderes gelte für die Befristung von Arbeitsverhältnissen, bei der die arbeitsgerichtliche Befristungskontrolle die Funktion des Kündigungsschutzes übernehme.[3] Ihre Aufgabe sei es, den Arbeitnehmer vor einem grundlosen Verlust des Arbeitsplatzes zu schützen und damit einen angemessenen Ausgleich der kollidierenden Grundrechtspositionen der Arbeitsvertragsparteien zu finden. Komme ein Gericht im Rahmen der Befristungskontrolle zu dem Ergebnis, der einzel- oder tarifvertraglich vorgesehenen Beendigung des Arbeitsverhältnisses fehle der Sachgrund, so erkläre es zugleich, dass die privatautonome Regelung den Arbeitnehmer in seiner Berufsfreiheit unangemessen einschränke. Genüge aber ein vertraglich oder tariflich geregelter Sachgrund den Kontrollmaßstäben der arbeitsgerichtlichen Befristungskontrolle, sei die darauf beruhende privatautonome Gestaltung der Arbeitsbedingungen nicht unangemessen.[4]

d) Altersgrenzen und Unionsrecht

Hinsichtlich des unionsrechtlichen **Verbots der Benachteiligung wegen des Alters** ist zunächst streitig, ob dieses Verbot bereits im Primärrecht verankert oder ob es lediglich sekundärrechtlich (Art. 1 RL 2000/78/EG) normiert ist. Zwar soll Art. 19 AEUV lediglich eine Ermächtigungsgrundlage darstellen und damit die Begründung subjektiver Rechte durch diese Norm ausscheiden.[5] Der EuGH ist darüber in Sachen *Mangold* und *Kücükdeveci* jedoch hinweggegangen und hat – mit Billigung des BVerfG[6] – die Existenz eines „allgemeinen Grundsatzes des Gemeinschaftsrechts" behauptet, der die Diskriminierung wegen des Alters verbiete.[7] Dabei hat

---

1 *Gitter/Boerner*, RdA 1990, 129 ff.; *Schlüter/Belling*, NZA 1988, 297 (301); *Steinmeyer*, RdA 1992, 6 ff.
2 BVerfG v. 24.4.1991 – 1 BvR 1341/90, BVerfGE 84, 133 (147); v. 27.1.1998 – 1 BvL 15/87, BVerfGE 97, 169 (176 ff.).
3 BAG v. 11.6.1997 – 7 AZR 186/96, AP Nr. 7 zu § 41 SGB VI; v. 6.8.2003 – 7 AZR 33/03, AP Nr. 253 zu § 620 BGB Befristeter Arbeitsvertrag.
4 BAG v. 25.2.1998 – 7 AZR 641/96, AP Nr. 11 zu § 1 TVG Tarifverträge: Luftfahrt; v. 20.2.2002 – 7 AZR 748/00, AP Nr. 18 zu § 620 BGB Altersgrenze; v. 27.11.2002 – 7 AZR 414/01, AP Nr. 21 zu § 620 BGB Altersgrenze; v. 27.11.2002 – 7 AZR 655/01, AP Nr. 22 zu § 620 BGB Altersgrenze; v. 6.8.2003 – 7 AZR 9/03, AP Nr. 51 zu § 133 BGB; v. 8.12.2010 – 7 AZR 438/09, NZA 2011, 586 (588 f.); v. 21.9.2011 – 7 AZR 134/10, NZA 2012, 271 (272).
5 *Jochum*, ZRP 1999, 279 (280).
6 BVerfG v. 6.7.2010 – 2 BvR 2661/06, BVerfGE 126, 286 (302 ff.) = NZA 2010, 995 (996 ff.).
7 EuGH v. 22.11.2005 – C-144/04, Slg. 2005, I-9981 = AP Nr. 1 zu Richtlinie 2000/78/EG – *Mangold*; v. 19.1.2010 – C-555/07, Slg. 2010, I-365 = AP Nr. 14 zu Richtlinie 2000/78/EG – *Kücükdeveci*.

er sich zwar nicht ausdrücklich auf Art. 19 AEUV gestützt, es erscheint jedoch nicht ausgeschlossen, dass der EuGH dieser Norm unmittelbar ein Diskriminierungsverbot wegen des Alters usw. entnimmt.[1]

10 Nicht aufgegriffen hat der EuGH Bedenken, der deutsche Gesetzgeber habe mit § 10 Nr. 5 AGG seinen ihm durch das Unionsrecht eingeräumten legislativen Gestaltungsspielraum überschritten.[2] Die Vorschrift gestattet Klauseln über die automatische Beendigung des Arbeitsverhältnisses bei Erreichen des Rentenalters des Beschäftigten. In der Rechtssache *Rosenbladt* hat der Gerichtshof ausdrücklich anerkannt, dass Art. 6 Abs. 1 RL 2000/78/EG dahin auszulegen ist, dass er einer nationalen Bestimmung wie § 10 Nr. 5 AGG nicht entgegensteht, soweit zum einen diese Bestimmung objektiv und angemessen und durch ein legitimes Ziel der Beschäftigungs- und Arbeitsmarktpolitik gerechtfertigt ist und zum anderen die Mittel zur Erreichung dieses Ziels angemessen und erforderlich sind.[3] Dies ist vom BAG bestätigt worden.[4] Zugleich hat der EuGH aber der Vorstellung, den Tarifvertragsparteien stehe ein größerer Gestaltungsspielraum zu als den Parteien des Arbeitsvertrages, eine Absage erteilt und erkannt, dass auch die Nutzung dieser Ermächtigung in einem Tarifvertrag als solche nicht der gerichtlichen Kontrolle entzogen ist, sondern den Anforderungen des Art. 6 Abs. 1 RL 2000/78/EG gemäß ebenfalls in angemessener und erforderlicher Weise ein legitimes Ziel verfolgen muss.[5] Damit ist aber nicht gemeint, dass Altersgrenzen *nur* in Tarifverträgen, nicht aber auch in Arbeitsverträgen wirksam vereinbart werden können.[6]

11 Allerdings hat der EuGH auch darauf hingewiesen, dass mit einer einzel- oder tarifvertraglichen Altersgrenze keine zwingende Versetzung in den Ruhestand eingeführt wird (und werden darf).[7] Arbeitnehmer, die dies, bspw. aus finanziellen Gründen, wünschten, würden nicht daran gehindert (und dürften nicht daran gehindert werden), ihre **Berufstätigkeit über das Erreichen des Rentenalters hinaus** fortzuführen. Die Altersgrenze nehme nämlich Beschäftigten, die das Rentenalter erreicht haben, nicht den Schutz gegen Ungleichbehandlungen wegen des Alters, wenn sie erwerbstätig bleiben wollten und eine neue Beschäftigung suchten.[8] Mit anderen Worten: Die Altersgrenze führt zwar zur Beendigung des Arbeitsverhältnisses; der Arbeitgeber muss aber bei einer Wiederbesetzung der Stelle auch die Bewerbung

---

1 *Cirkel*, NJW 1998, 3332 (3333); s. jetzt insbesondere EuGH v. 1.3.2011 – C-236/09, Slg. 2011, I-773 = NJW 2011, 907 (908 f.) – *test achats*.
2 Vgl. – mit unterschiedlicher Argumentation – *Kamanabrou*, NZA Beilage 3/2006, 138 (140); *König*, ZESAR 2005, 218 (221); *Kummer*, Die Auswirkungen der EG-Antidiskriminierungsrichtlinien und ihrer Umsetzung auf das deutsche Arbeitsrecht 2003, S. 59; *Lüderitz*, Altersdiskriminierung durch Altersgrenzen, 2005, S. 185; *Waltermann*, NZA 2005, 1265 (1270).
3 EuGH v. 12.10.2010 – C-45/09, Slg. 2010, I-9391 = NZA 2010, 1167 – *Rosenbladt*; dazu *Bayreuther*, NJW 2011, 19 (20 ff.).
4 BAG v. 18.6.2008 – 7 AZR 116/07, AP Nr. 48 zu § 14 TzBfG; v. 21.9.2011 – 7 AZR 134/10, NZA 2012, 271 (273 ff.); v. 5.3.2013 – 1 AZR 417/12, NZA 2013, 916 (919 f.); v. 12.6.2013 – 7 AZR 917/11, NZA 2013, 1428 (1431 f.).
5 EuGH v. 12.10.2010 – C-45/09, Slg. 2010, I-9391 = NZA 2010, 1167 – *Rosenbladt*.
6 *Bauer/von Medem*, NZA 2012, 945 (947 f.); *Hanau*, NZA 2011, 537 (538); zweifelnd *Bayreuther*, NJW 2011, 19 (20 f.); *Bissels/Lützeler*, BB 2009, 774 (775).
7 Dazu bereits EuGH v. 5.3.2009 – C-388/07, Slg. 2009, I-1569 = AP Nr. 12 zu Richtlinie 2000/78/EG – Age Concern England.
8 EuGH v. 12.10.2010 – C-45/09, Slg. 2010, I-9391 = NZA 2010, 1167 – *Rosenbladt*.

des gerade ausgeschiedenen Arbeitnehmers berücksichtigen und darf ihn nicht wegen seines Alters ablehnen.[1]

e) Altersgrenzen und Rentenversicherung

Die sozialpolitische Diskussion über die arbeitsrechtliche Altersgrenze ist im Wesentlichen ein Ergebnis der **steigenden Belastung der gesetzlichen Rentenversicherung**. Demografische Veränderungen der Altersstruktur der Bevölkerung sowie umfangreiche Frühverrentungsmaßnahmen haben dazu geführt, dass den Kassen der gesetzlichen Rentenversicherung erhebliche Lasten aufgebürdet wurden. Der Gesetzgeber versucht (nicht immer konsistent), diesem Trend entgegenzuwirken. Frühzeitige Verrentungen sollen vermieden, der Übergang vom Erwerbsleben in den Ruhestand allenfalls „gleitend" erfolgen. Zudem wird die Regelaltersgrenze seit dem Jahre 2012 stufenweise von 65 auf 67 Jahre angehoben.[2]

Die arbeitsrechtliche Flankierung dieser sozialrechtlichen Entscheidung ist jedoch unzureichend. § 41 Satz 2 SGB VI bestimmt in der Fassung des RV-Altersgrenzenanpassungsgesetzes lediglich, dass eine Vereinbarung, die die Beendigung des Arbeitsverhältnisses eines Arbeitnehmers ohne Kündigung zu einem Zeitpunkt vorsieht, in dem der Arbeitnehmer **vor Vollendung der Regelaltersgrenze** eine Rente wegen Alters beanspruchen kann, dem Arbeitnehmer gegenüber als auf die Vollendung der Regelaltersgrenze abgeschlossen gilt, wenn die Vereinbarung nicht innerhalb der letzten drei Jahre vor diesem Zeitpunkt abgeschlossen oder vom Arbeitnehmer bestätigt worden ist.

Das in der Praxis angesichts der Anhebung der Altersgrenzen seit 2012 drängendste Problem löst § 41 Satz 2 SGB VI demgegenüber nicht: Dass nämlich fast alle **Altverträge**, gleichgültig, ob Tarifverträge, Betriebsvereinbarungen oder Arbeitsverträge, derzeit noch auf die Vollendung des 65. Lebensjahres abstellen, der Arbeitnehmer zu diesem Zeitpunkt aber noch gar keine (Regel-)Altersrente beanspruchen kann. Zweifelhaft ist, ob derartige Vereinbarungen dahingehend **ausgelegt** werden können, dass an die Stelle des „65. Lebensjahres" jeweils das „Erreichen der Regelaltersgrenze" tritt. Angesichts des Umstands, dass diese Altersgrenze seit dem Jahre 1916 bei 65 Jahren lag,[3] wird man für vor dem Inkrafttreten des RV-Altersgrenzenanpassungsgesetzes abgeschlossene Verträge einen derartigen gemeinsamen Willen der Vertragsparteien annehmen können, der im Vertragstext eben nur unvollständig seinen Ausdruck gefunden hat.[4] Führt eine Auslegung nicht zum Ziel, kann auch an eine **Störung der Geschäftsgrundlage** (§ 313 BGB) gedacht werden.[5]

Für die seit dem 1.1.2008 abgeschlossenen **Neuverträge** dürfte eine Auslegung oder Vertragsanpassung von Verträgen, die auf die Vollendung des 65. Lebensjahres abstellen, nicht mehr in Betracht kommen. Zu diesem Zeitpunkt ist die Änderung des Rentenversicherungsrechts in Kraft getreten. Angesichts der umfangreichen öffent-

---

1 *Preis*, NZA 2010, 1323 (1325); kritisch *Bauer/von Medem*, NZA 2012, 945 (948); *Bayreuther*, NJW 2012, 2758 (2758 f.).
2 Dazu im Überblick *Schrader/Straube*, NJW 2008, 1025 ff.
3 Gesetz betreffend die Renten in der Invalidenversicherung v. 17.6.1916, RGBl. S. 525.
4 BAG v. 15.5.2012 – 3 AZR 11/10, NZA-RR 2012, 433 (438 f.); *Bayreuther*, NJW 2011, 19 (21); *Hanau*, NZA 2011, 537 (538); ErfK/*Rolfs*, § 41 SGB VI Rz. 10.
5 *Hanau/Rolfs*, Neue Gestaltung des Übergangs in den Ruhestand, 2008, S. 46.

lichen Diskussion über die Rente wird man kaum davon ausgehen können, dass den Parteien die Anhebung der Altersgrenzen unbekannt war. Vereinbaren sie trotzdem die „Altersgrenze 65", weichen sie bewusst von der Regelaltersgrenze in der gesetzlichen Rentenversicherung ab und wollen die Pensionierung von dieser Grenze unabhängig (konstitutiv) vertraglich vereinbaren. Eine solche Klausel ist, wenn der Arbeitnehmer nicht langjährig oder gar besonders langjährig versichert oder schwerbehindert ist (§§ 36 ff. SGB VI), **unwirksam**. Denn sie drängt den Arbeitnehmer zu einem Zeitpunkt aus dem Arbeitsverhältnis, zu dem er wirtschaftlich noch nicht durch Leistungen der gesetzlichen Rentenversicherung abgesichert ist.

16 Für Altersgrenzen, die dynamisch an eine Altersgrenze der gesetzlichen Rentenversicherung anknüpfen, bestimmt § 41 Satz 2 SGB VI einen **Bestätigungsvorbehalt**. Die Vereinbarung bewirkt die Beendigung des Arbeitsverhältnisses nur, wenn sie vom Arbeitnehmer innerhalb von drei Jahren vor Erreichen des maßgeblichen Alters (dazu noch Rz. 23) bestätigt wird.[1] Erklärt der Arbeitnehmer die Bestätigung nicht oder verweigert er sie, folgt aus § 41 Satz 2 SGB VI der Aufschub der Beendigung des Arbeitsverhältnisses auf das Erreichen der Regelaltersgrenze. Das Arbeitsverhältnis endet damit kraft gesetzlicher Fiktion durch die Altersgrenzenvereinbarung mit der Vollendung der Regelaltersgrenze. Insgesamt also wird durch § 41 Satz 2 SGB VI **eine „Zwangspensionierung" vor Erreichen der Regelaltersgrenze verhindert**.

17 Dieser Bestätigungsvorbehalt gilt allerdings nur für Arbeitsverträge mit gesetzlich rentenversicherten Arbeitnehmern. Die Norm erfasst nach ihrem Zweck keine Beendigungsregelungen, die nichts mit dem Anspruch auf Rente wegen Alters zu tun haben. Die Norm enthält eine flankierende arbeitsrechtliche Regelung der sozialversicherungsrechtlichen Bestimmungen zur stufenweisen Anhebung der für den Rentenanspruch maßgeblichen Lebensarbeitszeit und der damit angestrebten Konsolidierung der Rentenfinanzen. Sie ist daher auf Arbeitnehmer, die versicherungsfrei oder (z.B. als Mitglieder berufsständischer Versorgungseinrichtungen) von der Versicherungspflicht befreit sind, nicht anwendbar.[2] Gleichfalls nicht durch § 41 SGB VI berührt werden Vereinbarungen, die bloß mit dem Ausscheiden verbundene Leistungen betreffen, also bspw. das Versprechen, dem Arbeitnehmer ab einem bestimmten Lebensalter eine Abfindung oder ein betriebliches Ruhegehalt zu gewähren.[3]

18 Auf Befristungen von **Verträgen über Altersteilzeitarbeit** findet die Beschränkung des § 41 Satz 2 SGB VI ebenfalls keine Anwendung. Für derartige Verträge enthält § 8 Abs. 3 ATG eine Spezialregelung, die gegenüber § 41 SGB VI den Vorrang genießt.[4] Sie gestattet ausdrücklich die Vereinbarung der Beendigung des Arbeitsverhältnisses auf einen Zeitpunkt, in dem der Arbeitnehmer Anspruch auf eine vorgezogene Rente hat (→ *Altersteilzeit*, II A 30 Rz. 34 f.).

---

1 BAG v. 17.4.2002 – 7 AZR 40/01, AP Nr. 14 zu § 41 SGB VI.
2 BAG v. 14.10.1997 – 7 AZR 660/96, AP Nr. 10 zu § 41 SGB VI; vgl. auch BAG v. 26.4.1995 – 7 AZR 984/93, AP Nr. 6 zu § 41 SGB VI.
3 BAG v. 18.2.2003 – 9 AZR 136/02, AP Nr. 15 zu § 41 SGB VI.
4 BT-Drucks. 13/4877, S. 34; ErfK/*Rolfs*, § 8 ATG Rz. 16.

2. Klauseltypen

a) Regelaltersgrenze

Typ 1: Regelaltersgrenze

Das Arbeitsverhältnis endet, ohne dass es einer Kündigung bedarf, mit Ablauf des Monats, in dem die/der Arbeitnehmer/in die Regelaltersgrenze der gesetzlichen Rentenversicherung erreicht. Zuvor kann es von beiden Seiten jederzeit ordentlich gekündigt werden.

Mit der Vereinbarung einer Altersgrenze entsprechend dem **Klauseltyp 1** erreichen die Vertragsparteien eine **automatische Beendigung des Arbeitsverhältnisses** mit Ablauf des Monats, in dem der Arbeitnehmer die Regelaltersgrenze vollendet. Mit § 41 Satz 2 SGB VI sind solche Klauseln ohne Weiteres vereinbar, weil die genannte Vorschrift lediglich Altersgrenzen *vor* Erreichen der Regelaltersgrenze betrifft. 19

Die Regelaltersgrenze ist darüber hinaus sowohl mit dem Unions- als auch dem innerstaatlichen Recht (also namentlich den Grundsätzen der Befristungskontrolle sowie Art. 12 Abs. 1 GG) vereinbar. Zwar verfolgt der Arbeitnehmer mit dem Wunsch auf dauerhafte Fortsetzung des Arbeitsverhältnisses über das Erreichen der Regelaltersgrenze hinaus legitime wirtschaftliche und ideelle Anliegen. Das Arbeitsverhältnis sichert seine wirtschaftliche Existenzgrundlage und bietet ihm die Möglichkeit beruflicher Selbstverwirklichung. Diesen Interessen dient auch der durch das KSchG gewährleistete Bestandsschutz des Arbeitsverhältnisses. In der Regel handelt es sich allerdings um ein Fortsetzungsverlangen eines mit Erreichen der Regelaltersgrenze wirtschaftlich abgesicherten Arbeitnehmers, der bereits ein langes Berufsleben hinter sich hat und dessen Interesse an der Fortführung seiner beruflichen Tätigkeit aller Voraussicht nach nur noch für eine begrenzte Zeit besteht. Hinzu kommt, dass der Arbeitnehmer auch typischerweise von der Anwendung der Altersgrenzenregelungen durch seinen Arbeitgeber Vorteile hatte, weil dadurch auch seine Einstellungs- und Aufstiegschancen verbessert worden sind. Demgegenüber steht das Bedürfnis des Arbeitgebers nach einer sachgerechten und berechenbaren Personal- und Nachwuchsplanung. Dabei handelt es sich um ein eigenes Interesse des Arbeitgebers und nicht um ein sog. Drittinteresse, das bei der Prüfung des Sachgrundes unberücksichtigt bleiben muss.[1] Bei der im Rahmen der Befristungskontrolle vorzunehmenden Abwägung der wechselseitigen berechtigten Bedürfnisse räumt das BAG dem Interesse des Arbeitgebers an einer kalkulierbaren Personalplanung den Vorrang vor dem Bestandsschutzinteresse des Arbeitnehmers jedenfalls dann ein, wenn der Arbeitnehmer durch den Bezug einer gesetzlichen Altersrente wegen Erreichens der Regelaltersgrenze wirtschaftlich abgesichert ist.[2] 20

---

1 BAG v. 3.7.1970 – 2 AZR 80/69, AP Nr. 33 zu § 620 BGB Befristeter Arbeitsvertrag; v. 14.1.1982 – 2 AZR 254/81, AP Nr. 65 zu § 620 BGB Befristeter Arbeitsvertrag; v. 27.7.2005 – 7 AZR 443/04, AP Nr. 27 zu § 620 BGB Altersgrenze.
2 BAG v. 20.11.1987 – 2 AZR 284/86, AP Nr. 2 zu § 620 BGB Altersgrenze; v. 11.6.1997 – 7 AZR 186/96, AP Nr. 7 zu § 41 SGB VI; v. 27.7.2005 – 7 AZR 443/04, AP Nr. 27 zu § 620 BGB Altersgrenze.

21 Da die Vereinbarung einer Altersgrenze eine Befristung des Arbeitsverhältnisses darstellt, sollten die Parteien ausdrücklich klarstellen, dass das Arbeitsverhältnis **ordentlich kündbar bleibt**. § 15 Abs. 3 TzBfG bestimmt nämlich, dass ein befristetes Arbeitsverhältnis nur dann der ordentlichen Kündigung unterliegt, wenn dies einzelvertraglich oder im anwendbaren Tarifvertrag vereinbart ist. Zwar ist fraglich, ob diese Bestimmung auch auf Altersgrenzenvereinbarungen anwendbar ist[1] oder insoweit der teleologischen Reduktion bedarf.[2] Vorsorglich sollte aber das Recht zur Kündigung ausdrücklich vereinbart werden, um die Gefahr zu vermeiden, dass das Vertragsverhältnis für den Arbeitgeber ordentlich gar nicht, für den Arbeitnehmer erstmals nach fünf Jahren (§ 15 Abs. 4 TzBfG) kündbar ist. Auch bei vorbehaltener Kündigung darf dieses Recht aber selbstverständlich nur unter den allgemeinen Voraussetzungen (insbesondere § 1 KSchG) ausgeübt werden.

b) Flexible Altersgrenze

Typ 2: Anspruch auf Altersrente als Beendigungsgrund

a) Dieser Vertrag endet mit Ablauf des Monats, in dem der/die Mitarbeiter/in das 63. Lebensjahr vollendet, wenn er/sie in diesem Zeitpunkt einen Anspruch auf Altersrente für langjährig Versicherte hat. Zuvor kann es von beiden Seiten jederzeit ordentlich gekündigt werden.

b) Das Arbeitsverhältnis endet, ohne dass es einer Kündigung bedarf, zu dem Zeitpunkt, in dem der/die Arbeitnehmer/in erstmals eine abschlagsfreie Rente wegen Alters beziehen kann. Zuvor kann es von beiden Seiten jederzeit ordentlich gekündigt werden.

c) Das Arbeitsverhältnis endet, ohne dass es einer Kündigung bedarf, zu dem Zeitpunkt, in dem der/die Arbeitnehmer/in erstmals eine Rente wegen Alters – und sei es mit Abschlägen – beziehen kann. Zuvor kann es von beiden Seiten jederzeit ordentlich gekündigt werden.

22 Beim **Klauseltyp 2a** handelt es sich um eine **nur beschränkt zulässige Vorverlagerung** der Vertragsbeendigung auf den Zeitpunkt des 63. Lebensjahres, in dem der Arbeitnehmer eine vorgezogene Altersrente wegen langjähriger Versicherung nach § 36 SGB VI beziehen kann. § 41 Satz 2 SGB VI bewirkt, dass ein Arbeitsverhältnis, das einer solchen Regelung unterliegt, erst mit der Erreichen der Regelaltersgrenze beendet wird, wenn die Vereinbarung nicht innerhalb der letzten drei Jahre vor dem vorgesehenen Beendigungstermin vom Arbeitnehmer bestätigt wird. Das gilt auch dann, wenn diese Vereinbarung nicht schon im Arbeits-, sondern erst in einem **Aufhebungsvertrag** vereinbart worden ist, der das Arbeitsverhältnis nicht sofort, sondern erst mit einer deutlich längeren als der ordentlichen Kündigungsfrist beendet. Auch ein solcher Vertrag soll nämlich der Befristungskontrolle unterliegen[3] mit der

---

1 APS/*Backhaus*, § 15 TzBfG Rz. 25.
2 *Persch*, NZA 2010, 77 (79 f.); *Rolfs*, Anm. AP Nr. 20 zu § 620 BGB Altersgrenze.
3 BAG v. 12.1.2000 – 7 AZR 48/99, AP Nr. 16 zu § 620 BGB Aufhebungsvertrag; vgl. auch BAG v. 13.11.1996 – 10 AZR 340/96, AP Nr. 4 zu § 620 BGB Aufhebungsvertrag; v. 15.2.2007 – 6 AZR 286/06, AP Nr. 35 zu § 620 BGB Aufhebungsvertrag; v. 28.11.2007 – 6 AZR 1108/06, AP Nr. 36 zu § 620 BGB Aufhebungsvertrag.

Folge, dass er nur wirksam wird, wenn der Arbeitnehmer ihn innerhalb des in § 41 Satz 2 SGB VI genannten Zeitraums abschließt oder bestätigt (s.a. → *Aufhebungsvertrag*, II A 100 Rz. 78ff.; → *Befristung des Arbeitsverhältnisses*, II B 10 Rz. 40).[1] Bestätigt der Arbeitnehmer die vertragliche Regelung (wegen § 14 Abs. 4 TzBfG ist die Wahrung der Schriftform erforderlich), ist zu beachten, dass er neben der gesetzlichen Altersrente auch eine zugesagte **Betriebsrente** bereits vorzeitig beanspruchen kann, selbst wenn nach der Versorgungsordnung die Rente erst mit Erreichen der Regelaltersgrenze gezahlt wird (§ 6 Satz 1 BetrAVG).[2]

Die Klauseln des **Typs 2b und 2c** erfassen die verschiedenen Möglichkeiten des vorzeitigen Rentenbezuges. In jedem gesetzlich vorgesehenen Fall soll das Arbeitsverhältnis zu dem Termin enden, in dem ein Rentenanspruch mit bzw. ohne Abschläge besteht. Solche Klauseln unterliegen § 41 Satz 2 SGB VI; das Arbeitsverhältnis endet erst mit der Erreichung der Regelaltersgrenze, es sei denn, dass der Arbeitnehmer die Vereinbarung bestätigt. Dabei ist – entgegen dem Wortlaut des § 41 SGB VI – nicht erforderlich, dass die Bestätigung innerhalb von drei Jahren vor Erreichung der Regelaltersgrenze erfolgt, sie muss vielmehr innerhalb eines dreijährigen Zeitraums vor dem vereinbarten **Zeitpunkt des Ausscheidens** erklärt werden.[3]

23

Abschlagsfrei (Typ 2b) kann Rente – unbeschadet der Übergangsvorschriften in den §§ 235ff. SGB VI (zu ihnen sogleich Rz. 25) – beansprucht werden:

24

- von langjährig unter Tage beschäftigten Bergleuten (§ 40 SGB VI) mit **62 Jahren**,
- von schwerbehinderten Menschen (§ 37 SGB VI) sowie von besonders langjährig Versicherten (§ 38 SGB VI) mit **65 Jahren**.

Mit Abschlägen (Typ 2c) kann Rente – unbeschadet der Übergangsvorschriften in den §§ 235ff. SGB VI (zu ihnen sogleich Rz. 25) – beansprucht werden:

- von schwerbehinderten Menschen (§ 37 SGB VI) mit **62 Jahren**,
- von langjährig Versicherten (§ 36 SGB VI) mit **63 Jahren**.

Übersicht

25

über die Übergangsregelungen zu den Altersgrenzen i.d.F. des RV-Leistungsverbesserungsgesetzes (§§ 235ff. SGB VI):

---

1 BAG v. 19.11.2003 – 7 AZR 296/03, AP Nr. 3 zu § 17 TzBfG.
2 Dazu Blomeyer/Rolfs/Otto/*Rolfs*, BetrAVG, § 6 Rz. 8ff.; Höfer/*Höfer*, § 6 BetrAVG Rz. 11ff.
3 BAG v. 17.4.2002 – 7 AZR 40/01, AP Nr. 14 zu § 41 SGB VI.

II A 20 Rz. 25 — Altersgrenze

Geburts-monat und -jahr	Regelaltersrente			Altersrente für langjährig Versicherte (35 Versicherungsjahre)								Altersrente für schwerbehinderte Menschen						
	Anhebung um Monate	auf Alter Jahr/Monat	Altersgrenze Vertrauensschutz ATZ*	Abschlagsfrei ab Alter (ohne ATZ)		Abschlagsfrei mit Vertrauensschutz ATZ* ab Alter	Vorzeitige Inanspruchnahme ab Alter (ohne ATZ)		Vorzeitige Inanspruchnahme mit Vertrauensschutz ATZ* ab Alter			Abschlagsfrei ab Alter (ohne ATZ)		Abschlagsfrei mit Vertrauensschutz ATZ* ab Alter	Vorzeitige Inanspruchnahme möglich ab Alter (ohne ATZ)		Vorzeitige Inanspruchnahme mit Vertrauensschutz ATZ* ab Alter	
				Anhebung um Monate	Jahr/Monat	Jahr/Monat	Jahr/Monat	max. Abschlag	Jahr/Monat	max. Abschlag		Anhebung um Monate	Jahr/Monat	Jahr/Monat	Jahr/Monat	max. Abschlag	Jahr/Monat	max. Abschlag
1947	1	65+1	65	–	65	65	63	7,2 %				–	63	63	60	10,8 %	60	10,8 %
1948																		
01/02	2	65+2	65	–	65	65	63	7,2 %	62+11	7,5 %		–	63	63	60	10,8 %	60	10,8 %
03/04	2	65+2	65	–	65	65	63	7,2 %	62+10	7,8 %		–	63	63	60	10,8 %	60	10,8 %
05/06	2	65+2	65	–	65	65	63	7,2 %	62+9	8,1 %		–	63	63	60	10,8 %	60	10,8 %
07/08	2	65+2	65	–	65	65	63	7,2 %	62+8	8,4 %		–	63	63	60	10,8 %	60	10,8 %
09/10	2	65+2	65	–	65	65	63	7,2 %	62+7	8,7 %		–	63	63	60	10,8 %	60	10,8 %
11/12	2	65+2	65	–	65	65	63	7,2 %	62+6	9,0 %		–	63	63	60	10,8 %	60	10,8 %
1949																		
01	3	65+3	65	1	65+1	65	63	7,5 %	62+5	9,3 %		–	63	63	60	10,8 %	60	10,8 %
02	3	65+3	65	2	65+2	65	63	7,8 %	62+5	9,3 %		–	63	63	60	10,8 %	60	10,8 %
03/04	3	65+3	65	3	65+3	65	63	8,1 %	62+4	9,6 %		–	63	63	60	10,8 %	60	10,8 %
05/06	3	65+3	65	3	65+3	65	63	8,1 %	62+3	9,9 %		–	63	63	60	10,8 %	60	10,8 %
07/08	3	65+3	65	3	65+3	65	63	8,1 %	62+2	10,2 %		–	63	63	60	10,8 %	60	10,8 %

Altersgrenze   Rz. 25 **II A 20**

Geburtsmonat und -jahr	Regelaltersrente			Altersrente für langjährig Versicherte (35 Versicherungsjahre)							Altersrente für schwerbehinderte Menschen						
	Anhebung um Monate	Altersgrenze Vertrauensschutz ATZ*	auf Alter Jahr/Monat	Abschlagsfrei ab Alter (ohne ATZ) Anhebung um Monate	Jahr/Monat	Abschlagsfrei mit Vertrauensschutz ATZ* ab Alter Jahr/Monat	Vorzeitige Inanspruchnahme ab Alter (ohne ATZ)	max. Abschlag	Vorzeitige Inanspruchnahme mit Vertrauensschutz ATZ* ab Alter Jahr/Monat	max. Abschlag	Abschlagsfrei ab Alter (ohne ATZ) Anhebung um Monate	Jahr/Monat	Abschlagsfrei mit Vertrauensschutz ATZ* ab Alter Jahr/Monat	Vorzeitige Inanspruchnahme möglich ab Alter (ohne ATZ) Jahr/Monat	max. Abschlag	Vorzeitige Inanspruchnahme mit Vertrauensschutz ATZ* ab Alter Jahr/Monat	max. Abschlag
09/10	3	65	65+3	3	65+3	65	63	8,1 %	62+1	10,5 %	–	63	63	60	10,8 %	60	10,8 %
11/12	3	65	65+3	3	65+3	65	63	8,1 %	62	10,8 %	–	63	63	60	10,8 %	60	10,8 %
1950	4	65	65+4	4	65+4	65	63	8,4 %	62	10,8 %	–	63	63	60	10,8 %	60	10,8 %
1951	5	65	65+5	5	65+5	65	63	8,7 %	62	10,8 %	–	63	63	60	10,8 %	60	10,8 %
1952																	
01	6	65	65+6	6	65+6	65	63	9,0 %	62	10,8 %	1	63+1	63	60+1	10,8 %	60	10,8 %
02	6	65	65+6	6	65+6	65	63	9,0 %	62	10,8 %	2	63+2	63	60+2	10,8 %	60	10,8 %
03	6	65	65+6	6	65+6	65	63	9,0 %	62	10,8 %	3	63+3	63	60+3	10,8 %	60	10,8 %
04	6	65	65+6	6	65+6	65	63	9,0 %	62	10,8 %	4	63+4	63	60+4	10,8 %	60	10,8 %
05	6	65	65+6	6	65+6	65	63	9,0 %	62	10,8 %	5	63+5	63	60+5	10,8 %	60	10,8 %
06-12	6	65	65+6	6	65+6	65	63	9,0 %	62	10,8 %	6	63+6	63	60+6	10,8 %	60	10,8 %
1953	7	65	65+7	7	65+7	65	63	9,3 %	62	10,8 %	7	63+7	63	60+7	10,8 %	60	10,8 %
1954	8	65	65+8	8	65+8	65	63	9,6 %	62	10,8 %	8	63+8	63	60+8	10,8 %	60	10,8 %
1955	9	–	65+9	9	65+9	–	63	9,9 %	–	–	9	63+9	–	60+9	10,8 %	–	–

Geburtsmonat und -jahr	Regelaltersrente			Altersrente für langjährig Versicherte (35 Versicherungsjahre)							Altersrente für schwerbehinderte Menschen					
	Anhebung um Monate	auf Alter Jahr/Monat	Altersgrenze Vertrauensschutz ATZ*	Abschlagsfrei ab Alter (ohne ATZ) Anhebung um Monate	Jahr/Monat	Abschlagsfrei mit Vertrauensschutz ATZ* ab Alter Jahr/Monat	Vorzeitige Inanspruchnahme ab Alter (ohne ATZ)	max. Abschlag	Vorzeitige Inanspruchnahme mit Vertrauensschutz ATZ* ab Alter Jahr/Monat	max. Abschlag	Abschlagsfrei ab Alter (ohne ATZ) Anhebung um Monate	Jahr/Monat	Abschlagsfrei mit Vertrauensschutz ATZ* ab Alter Jahr/Monat	Vorzeitige Inanspruchnahme möglich ab Alter (ohne ATZ) Jahr/Monat	max. Abschlag	Vorzeitige Inanspruchnahme mit Vertrauensschutz ATZ* ab Alter Jahr/Monat	max. Abschlag
1956	10	65+10	–	10	65+10	–	63	10,2 %	–	–	10	63+10	–	60+10	10,8 %	–	–
1957	11	65+11	–	11	65+11	–	63	10,5 %	–	–	11	63+11	–	60+11	10,8 %	–	–
1958	12	66	–	12	66	–	63	10,8 %	–	–	12	64	–	61	10,8 %	–	–
1959	14	66+2	–	14	66+2	–	63	11,4 %	–	–	14	64+2	–	61+2	10,8 %	–	–
1960	16	66+4	–	16	66+4	–	63	12,0 %	–	–	16	64+4	–	61+4	10,8 %	–	–
1961	18	66+6	–	18	66+6	–	63	12,6 %	–	–	18	64+6	–	61+6	10,8 %	–	–
1962	20	66+8	–	20	66+8	–	63	13,2 %	–	–	20	64+8	–	61+8	10,8 %	–	–
1963	22	66+10	–	22	66+10	–	63	13,8 %	–	–	22	64+10	–	61+10	10,8 %	–	–
1964 und jünger	24	67	–	24	67	–	63	14,4 %	–	–	24	65	–	62	10,8 %	–	–

* Vertrauensschutz Altersteilzeit (ATZ) für Versicherte, die vor dem 1. Januar 2007 Altersteilzeitarbeit i.S. der §§ 2, 3 Abs. 1 Nr. 1 ATG vereinbart haben.

Geburtsmonat und -jahr	Altersrente für besonders langjährig Versicherte (45 Versicherungsjahre)	Geburtsmonat und -jahr	Altersrente für Frauen			Altersrente wegen Arbeitslosigkeit oder nach Altersteilzeitarbeit		
	Abschlagsfrei ab Alter		Abschlagsfrei ab Alter	Vorzeitige Inanspruchnahme möglich ab Alter	max. Abschlag	Abschlagsfrei ab Alter	Vorzeitige Inanspruchnahme möglich ab Alter	max. Abschlag
				Jahr/Monat			Jahr/Monat	
		1947						
1947	63	01	65	60	18 %	65	61+1	14,1 %
1948	63	02	65	60	18 %	65	61+2	13,8 %
1949	63	03	65	60	18 %	65	61+3	13,5 %
1950	63	04	65	60	18 %	65	61+4	13,2 %
1951	63	05	65	60	18 %	65	61+5	12,9 %
1952	63	06	65	60	18 %	65	61+6	12,6 %
1953	63+2	07	65	60	18 %	65	61+7	12,3 %
1954	63+4	08	65	60	18 %	65	61+8	12,0 %
1955	63+6	09	65	60	18 %	65	61+9	11,7 %
1956	63+8	10	65	60	18 %	65	61+10	11,4 %
1957	63+10	11	65	60	18 %	65	61+11	11,1 %
1958	64	12	65	60	18 %	65	62	10,8 %
		1948						
1959	64+2	01	65	60	18 %	65	62+1	10,5 %
1960	64+4	02	65	60	18 %	65	62+2	10,2 %
1961	64+6	03	65	60	18 %	65	62+3	9,9 %
1962	64+8	04	65	60	18 %	65	62+4	9,6 %
1963	64+10							
1964 und jünger	65							

Geburtsmonat und -jahr	Altersrente für Frauen				Altersrente wegen Arbeitslosigkeit oder nach Altersteilzeitarbeit		
	Abschlagsfrei ab Alter	Vorzeitige Inanspruchnahme möglich ab Alter			Abschlagsfrei ab Alter	Vorzeitige Inanspruchnahme möglich ab Alter	
		Jahr/Monat	max. Abschlag			Jahr/Monat	max. Abschlag
05	65	60	18 %		65	62+5	9,3 %
06	65	60	18 %		65	62+6	9,0 %
07	65	60	18 %		65	62+7	8,7 %
08	65	60	18 %		65	62+8	8,4 %
09	65	60	18 %		65	62+9	8,1 %
10	65	60	18 %		65	62+10	7,8 %
11	65	60	18 %		65	62+11	7,5 %
12	65	60	18 %		65	63	7,2 %
1949	65	60	18 %		65	63	7,2 %
1950	65	60	18 %		65	63	7,2 %
1951	65	60	18 %		65	63	7,2 %
1952 und jünger	–	–	–		–	–	–

c) Selbständige Altersgrenzen

Die Vereinbarung einer Altersgrenze, die die Beendigung des Arbeitsverhältnisses ohne Rücksicht auf Rentenansprüche des Arbeitnehmers vorsieht, ist **regelmäßig nicht zulässig**. Derartige Regelungen sind sowohl im Hinblick auf die arbeitsrechtliche Befristungskontrolle als auch in Bezug auf Art. 12 Abs. 1 GG nur in Ausnahmefällen gerechtfertigt.[1] Die sachlichen Gründe, die die Rechtsprechung zur Rechtfertigung der Altersbegrenzung üblicherweise heranzieht (zweckmäßiger Altersaufbau sowie Personal- und Nachwuchsplanung), sind für sich gesehen nicht in der Lage, die Beendigung des Arbeitsverhältnisses zu rechtfertigen. 26

➲ Nicht geeignet:
   a) Das Arbeitsverhältnis endet mit Ablauf des Monats, in dem der/die Arbeitnehmer/in das 58. Lebensjahr vollendet.
   b) Das Arbeitsverhältnis endet, ohne dass es einer Kündigung bedarf, mit Ablauf des Monats, in dem das 55. Lebensjahr vollendet wird. Das Arbeitsverhältnis kann bei körperlicher und beruflicher Eignung verlängert werden, nicht jedoch über das 60. Lebensjahr hinaus.

Die vertragliche Vereinbarung der Beendigung des Arbeitsverhältnisses mit Vollendung des 58. Lebensjahres (Beispiel a) ist damit nicht möglich. Dies gilt auch, wenn dem Arbeitnehmer eine Abfindung gezahlt oder das Arbeitslosengeld auf den Betrag des letzten Nettogehalts aufgestockt werden soll.[2] Vereinbarungen solchen Inhalts unterfallen auch nicht § 41 Satz 2 SGB VI, weil ihnen der Bezug zur flexiblen Altersgrenze in der gesetzlichen Rentenversicherung fehlt. Die Klausel ist vielmehr gänzlich unwirksam. Der Arbeitnehmer steht damit in einem unbefristeten Arbeitsverhältnis, das nicht einmal mit Erreichen der Regelaltersgrenze ohne Kündigung endet. 27

Die Regelung einer Altersgrenze ohne Rücksicht auf die gesetzliche Altersversorgung kann nur in wenigen **Ausnahmefällen** wirksam sein. Voraussetzung ist, dass die besonderen Anforderungen des Berufs die Beendigung zu einem früheren Zeitpunkt erfordern.[3] Selbst beim Cockpit-Personal hat der EuGH in der tarifvertraglichen Beendigung des Arbeitsverhältnisses mit Vollendung des 60. Lebensjahres eine Diskriminierung wegen des Alters erblickt.[4] Da die internationalen luftfahrtrechtlichen Bestimmungen es gestatten, dass Pilot oder Copilot eines Verkehrsflugzeuges bis zum 65. Lebensjahr im Dienst bleiben, wenn nur der jeweils andere (Pilot oder Copilot) noch keine 60 Jahre alt ist,[5] darf eine Beendigung des Arbeitsverhältnisses ohne Kündigung erst mit Vollendung des 65., nicht aber schon des 60. Lebensjahres vorgesehen werden. 28

---

1 Vgl. zur Absicherung durch eine berufsständische Versorgungseinrichtung LAG Hamburg v. 29.7.2004 – 1 Sa 12/04, NZA-RR 2005, 206 (207).
2 *Vollstädt*, Die Beendigung von Arbeitsverhältnissen durch Vereinbarung einer Altersgrenze, S. 302 f.
3 *Meinel/Heyn/Herms*, § 14 TzBfG Rz. 132 ff.; *Vollstädt*, Die Beendigung von Arbeitsverhältnissen durch Vereinbarung einer Altersgrenze, S. 298 ff.
4 EuGH v. 13.9.2011 – C-447/09, Slg. 2011, I-8003 = NZA 2011, 1039 (1043 f.) – *Prigge*; BAG v. 18.1.2012 – 7 AZR 112/08, NZA 2012, 575 (577 ff.); v. 18.1.2012 – 7 AZR 211/09, NZA 2012, 691 (693 ff.); dazu *Linsenmaier*, RdA 2012, 193 (202 f.).
5 JAR-FCL 1060.

29 Zwar werden in der Literatur vereinzelt vorgezogene Altersgrenzen für einige **Berufsgruppen** infolge der besonderen Schadensgeneigtheit der Arbeit und der Gefahr der Verletzung Dritter diskutiert.[1] Im Ergebnis sind jedoch Altersgrenzenregelungen, die nicht der Fiktion des § 41 Satz 2 SGB VI unterliegen, wegen ihres Eingriffs in die von Art. 12 Abs. 1 GG geschützte Freiheit der Berufswahl sowohl in Arbeits- wie in Kollektivverträgen äußerst problematisch[2] und sollten daher nicht verwendet werden.

d) Erwerbsminderung

30 Von großer praktischer Bedeutung sind Vereinbarungen, die die Beendigung des Arbeitsverhältnisses an den Eintritt der Erwerbsminderung knüpfen. Die früheren Begriffe **Berufs- und Erwerbsunfähigkeit** gibt es seit dem 1.1.2001 im Recht der gesetzlichen Rentenversicherung nicht mehr. Durch das Gesetz zur Reform der Renten wegen verminderter Erwerbsfähigkeit[3] existiert nur noch eine einheitliche Erwerbsminderungsrente, die keinerlei Berufsschutz mehr vermittelt, sondern nur noch darauf abstellt, ob der Versicherte (irgend-)einer Tätigkeit für mindestens drei oder sechs Stunden täglich nachzugehen in der Lage ist.

31 § 43 SGB VI sieht eine zweistufige Erwerbsminderungsrente vor mit
- voller Erwerbsminderungsrente bei einem Restleistungsvermögen auf dem allgemeinen Arbeitsmarkt von unter 3 Stunden,
- halber Erwerbsminderungsrente bei einem Restleistungsvermögen auf dem allgemeinen Arbeitsmarkt von 3 bis unter 6 Stunden,
- keiner Erwerbsminderungsrente bei einem Restleistungsvermögen auf dem allgemeinen Arbeitsmarkt von 6 Stunden und mehr.

32 Die Rente wegen Berufsunfähigkeit, die sich nach Auffassung des Gesetzgebers zu einer **Prestigerente** für Versicherte mit besonderer Qualifikation in herausgehobenen Positionen entwickelt hatte,[4] gibt es für jüngere Versicherte in der alten Form nicht mehr. Diese Rentenart ist im Wesentlichen in der zweistufigen Erwerbsminderungsrente aufgegangen und ist so als Rente wegen Erwerbsminderung jetzt auch Versicherten zugänglich, denen nach früherem Recht eine Rente nicht zustand, weil sie die Voraussetzungen für einen besonderen Berufs- und Statusschutz nicht erfüllten. Aus Vertrauensschutzgründen erhalten jedoch vor dem 2.1.1961 geborene Versicherte eine halbe Erwerbsminderungsrente auch dann, wenn sie in ihrem bisherigen Beruf nicht mehr sechs Stunden täglich arbeiten können. Damit wurde der Berufsschutz in das neue System der zweistufigen Erwerbsminderungsrente eingebunden.[5]

33 Die frühere Rechtsprechung zu Beendigungsklauseln bei Berufs- oder Erwerbsunfähigkeit kann daher nur noch mit Einschränkungen herangezogen werden. Fest ste-

---

1 Zu berufsspezifischen Altersgrenzen *Vollstädt*, Die Beendigung von Arbeitsverhältnissen durch Vereinbarung einer Altersgrenze, S. 298 ff.; zu Fluglotsen (Altersgrenze 55 verworfen) LAG Düsseldorf v. 3.9.2011 – 12 TaBV 81/10, NZA-RR 2011, 474 (475 ff.).
2 *Schlüter/Belling*, NZA 1988, 297 ff.; *Steinmeyer*, RdA 1992, 6 (11 f.).
3 Vom 20.12.2000, BGBl. I, S. 1827.
4 BT-Drucks. 14/4230, S. 24.
5 Vgl. Küttner/*Ruppelt*, Personalbuch 2014, Erwerbsminderung Rz. 15 ff.; KSW/*Roßbach*, § 240 SGB VI Rz. 2 ff.

hen dürfte jedoch, dass Klauseln wie die nachfolgende Klausel a), die auf die bloße Erwerbsunfähigkeit oder Erwerbsminderung, nicht jedoch auf ihre Feststellung durch den zuständigen Träger der gesetzlichen Rentenversicherung abheben, die Beendigung des Arbeitsverhältnisses schon deshalb nicht herbeizuführen vermögen, weil der Auflösungszeitpunkt durch sie nicht hinreichend fixiert ist.[1] Der Eintritt der Erwerbsminderung ist oftmals nur nach langwierigen medizinischen und berufskundlichen Ermittlungen in behördlichen oder gerichtlichen Verfahren objektiv bestimmbar.[2] Die Klausel ist daher unwirksam.

⊃ **Nicht geeignet:**

a) Das Arbeitsverhältnis endet mit Eintritt der Erwerbsunfähigkeit des Mitarbeiters.

b) Wird durch den Bescheid eines Rentenversicherungsträgers festgestellt, dass der Mitarbeiter vollständig erwerbsgemindert ist, so endet das Arbeitsverhältnis mit Ablauf des Monats, in dem der Bescheid zugestellt wird.

Vereinbarungen in Form der Klausel b) aus Rz. 33, die nicht auf die Erwerbsminderung als solche, sondern den **Bezug einer entsprechenden Rente abheben**, sind früher vielfach für zulässig gehalten worden.[3] Schon vor der Reform der Erwerbsminderungsrenten hatte sich allerdings eine sehr viel restriktivere Betrachtung durchgesetzt.[4] So trat die Beendigung des Arbeitsverhältnisses bei Berufsunfähigkeit des Arbeitnehmers trotz einer entsprechenden Tarifklausel nicht ein, wenn dieser noch vor Zustellung des Rentenbescheides vom Arbeitgeber die Weiterbeschäftigung verlangt hatte (s.a. → *Befristung des Arbeitsverhältnisses*, II B 10 Rz. 152).[5] Ebenso durfte die Gewährung einer Erwerbsunfähigkeitsrente auf Zeit regelmäßig nur das Ruhen des Arbeitsverhältnisses zur Folge haben[6] und nur dann als auflösende Bedingung vereinbart werden, wenn dem Arbeitnehmer nach Ablauf der Zeitrente ein Wiedereinstellungsanspruch auf einen freien Arbeitsplatz eingeräumt wurde.[7] Und selbst im Falle der Gewährung einer dauernden Erwerbsunfähigkeitsrente durfte das Arbeitsverhältnis nicht enden, wenn der Arbeitnehmer fristgerecht Widerspruch gegen den Bescheid des Rentenversicherungsträgers erhob.[8] Angesichts des Umstandes, dass die jetzige Erwerbsminderungsrente in keinem Falle mehr auf die Erwerbsfähigkeit in einem konkreten Beruf oder gar Arbeitsverhältnis, sondern nur noch auf den **allgemeinen Arbeitsmarkt** abhebt, erscheint heute mehr als unsicher, ob einzelvertragliche Vereinbarungen nach Beispiel b) Bestand haben können. Auf derartige auflösende Bedingungen sollte daher verzichtet werden (→ *Befristung des Arbeitsverhältnisses*, II B 10 Rz. 152).

---

1 Vgl. BAG v. 27.10.1988 – 2 AZR 109/88, AP Nr. 16 zu § 620 BGB Bedingung.
2 BAG v. 27.10.1988 – 2 AZR 109/88, AP Nr. 16 zu § 620 BGB Bedingung.
3 BAG v. 24.6.1987 – 8 AZR 635/84, AP Nr. 5 zu § 59 BAT.
4 BAG v. 28.6.1995 – 7 AZR 555/94, AP Nr. 6 zu § 59 BAT; ähnlich BAG v. 11.10.1995 – 7 AZR 119/95, AP Nr. 20 zu § 620 BGB Bedingung; vgl. zur „Flugtauglichkeit" eines Angehörigen des Bordpersonals auch BAG v. 14.5.1987 – 2 AZR 374/86, AP Nr. 12 zu § 1 TVG Tarifverträge: Lufthansa.
5 BAG v. 31.7.2002 – 7 AZR 118/01, AP Nr. 19 zu § 620 BGB Altersgrenze.
6 Vgl. BAG v. 5.4.2000 – 10 AZR 178/99, AP Nr. 2 zu § 39 BAT.
7 BAG v. 23.2.2000 – 7 AZR 126/99, AP Nr. 13 zu § 1 TVG Tarifverträge: Musiker.
8 BAG v. 23.2.2000 – 7 AZR 906/98, AP Nr. 25 zu § 1 BeschFG 1985.

3. Befristete Weiterbeschäftigung über die Altersgrenze hinaus

a) Gesetzliche Regelung

35 In einigen Unternehmen, Branchen und Berufen besteht gelegentlich der gemeinsame Wunsch von Arbeitgeber und Arbeitnehmer, das Arbeitsverhältnis über die – ggf. kollektivrechtlich vereinbarte – Altersgrenze hinaus individuell vorübergehend fortzusetzen. Dies kann z.B. dem Abschluss eines konkreten Projekts dienen, für das anderenfalls eine Ersatzkraft neu eingestellt und angelernt werden müsste, aber auch allgemein der oftmals noch beachtlichen Leistungsfähigkeit älterer Arbeitnehmer entsprechen und dem Mangel an Fachkräften entgegenwirken.

36 Seit jeher ohne Weiteres zulässig ist hierfür der Abschluss eines **befristeten Arbeitsvertrages mit sachlichem Grund** (§ 14 Abs. 1 TzBfG).[1] Dieser wird von den Arbeitgebern jedoch wegen der teilweise hohen Anforderungen der Rechtsprechung an die konkrete Bedarfsprognose (→ *Befristung des Arbeitsverhältnisses*, II B 10 Rz. 33, 49) oftmals gescheut. Eine sachgrundlose Befristung (§ 14 Abs. 2 TzBfG) scheiterte dagegen früher regelmäßig am Vorbeschäftigungsverbot des § 14 Abs. 2 Satz 2 TzBfG. Als Ausweg wurde daher vielfach die Neueinstellung des Rentners durch eine (konzerninterne) Zeitarbeitsfirma und seine Überlassung an den bisherigen Vertragsarbeitgeber mit Einsatz auf dem angestammten Arbeitsplatz praktiziert.

37 Derartige Konstruktionen überflüssig machen will der zum 1.7.2014 neu in das Gesetz eingefügte § 41 Satz 3 SGB VI.[2] Sein erklärter Zweck ist es, die arbeitsrechtliche Altersgrenze flexibler zu gestalten. Arbeitgebern und Arbeitnehmern soll die Möglichkeit eröffnet werden, trotz der in Individual- und Tarifverträgen üblichen Befristung des Arbeitsverhältnisses auf die Regelaltersgrenze dieses über sie hinaus befristet fortsetzen zu können. Der vereinbarte Beendigungszeitpunkt kann – ggf. auch mehrfach – zeitlich hinausgeschoben werden. Damit stellt die Vorschrift eine Sonderregelung gegenüber § 14 TzBfG dar.

38 Die **Vereinbarkeit der Norm mit Unionsrecht** ist allerdings zweifelhaft. Die amtliche Begründung[3] setzt sich nur mit der Rechtsprechung des EuGH zur Zulässigkeit der Befristung von Arbeitsverhältnissen auf die Regelaltersgrenze auseinander.[4] Ob es allerdings angesichts des Verbots der Benachteiligung wegen des Alters (Art. 1, 2 RL 2000/78/EG)[5] zulässig ist, den Beendigungszeitpunkt beliebig häufig und beliebig lange immer wieder (im Extremfall: jeweils von Tag zu Tag) zu verschieben, ist ungeklärt. Jedenfalls dürfte § 41 Satz 3 SGB VI mit der Befristungs-Richtlinie 1999/70/EG unvereinbar sein, weil er weder einen sachlichen Grund für die Verlängerung verlangt, noch die Zahl der zulässigen Verlängerungen oder deren maximale Dauer begrenzt.[6] Zugelassen hat der EuGH die befristete Verlängerung über die Altersgrenze hinaus lediglich *mit* sachlichem Grund.[7] Dann aber kann die Befristung schon auf § 14 Abs. 1 TzBfG gestützt werden. Arbeitgeber, die von § 41 Satz 3 SGB

---

1 *Bauer/von Medem*, NZA 2012, 945 (951); *Bayreuther*, NJW 2012, 2758 (2760).
2 Vgl. BT-Drucks. 18/1489.
3 Vgl. BT-Drucks. 18/1489, S. 25.
4 Vgl. EuGH v. 12.10.2010 – C-45/09, Slg. 2010, I-9391 = NZA 2010, 1167 – *Rosenbladt*.
5 EuGH v. 22.11.2005 – C-144/04, Slg. 2005, I-9981 = NZA 2005, 1345 – *Mangold*; s. insbesondere BAG v. 6.4.2011 – 7 AZR 524/09, NZA 2011, 970 (971 ff.).
6 **A.A.** *Giesen*, ZfA 2014, 217 (235 f.); *Klösel/Reitz*, NZA 2014, 1366 (1368 f.).
7 EuGH v. 18.11.2010 – C-250/09 u.a., Slg. 2010, I-11869 = NZA 2011, 29 (31) – *Georgiev*.

VI Gebrauch machen, müssen damit rechnen, dass die Befristung aus unionsrechtlichen Gründen unwirksam ist und das Arbeitsverhältnis unbefristet fortbesteht (§ 16 Satz 1 TzBfG).

Verfassungsrechtlich ist die Norm dagegen unbedenklich. Sie geht im Hinblick auf die Berufsfreiheit des Arbeitnehmers (Art. 12 Abs. 1 GG) davon aus, dass die befristete Verlängerung des Arbeitsverhältnisses i.S. von § 4 Abs. 3 TVG günstiger als die „Zwangsverrentung" und daher auch gegenüber tariflichen Altersgrenzen wirksam ist.[1] 39

Voraussetzung der Verlängerung ist, dass Arbeitgeber und Arbeitnehmer während des laufenden Arbeitsverhältnisses eine individuelle Vereinbarung (auch in AGB) treffen, mit der sie die ursprüngliche Befristung auf die Regelaltersgrenze aufheben und einen späteren Beendigungszeitpunkt vereinbaren. Dabei wird entweder der bisherige Arbeitsvertrag abgeändert oder eine gegenüber der kollektivrechtlichen Beendigungsnorm abweichende Individualabrede getroffen. Sie muss spätestens am letzten Tag des Arbeitsverhältnisses schriftlich (§ 14 Abs. 4 TzBfG)[2] abgeschlossen werden. Ein zeitlicher Zusammenhang mit dem Ruhestand des Arbeitnehmers ist nicht erforderlich. Die Vereinbarung kann auch schon deutlich früher getroffen werden (nicht jedoch bereits im Arbeitsvertrag, sondern nur „im laufenden Arbeitsverhältnis"); ebenso wenig bedarf es eines sachlichen Grundes i.S. von § 14 Abs. 1 TzBfG (sonst wäre die Vorschrift überflüssig).[3] Offen ist, ob der neue Beendigungstermin kalendermäßig bestimmt sein muss oder ob er sich auch aus dem Zweck der Verlängerung (§ 3 Abs. 1 Halbs. 2 TzBfG, z.B. Abschluss eines konkreten Projekts) ergeben kann;[4] ebenso, ob anders als bei der „Verlängerung" eines sachgrundlos befristeten Arbeitsverhältnisses nach § 14 Abs. 2 TzBfG eine Änderung der Arbeitsbedingungen, z.B. eine Reduzierung der Arbeitszeit, zulässig ist.[5] Die Verlängerung ist als „Einstellung" nach § 99 Abs. 1 Satz 1 BetrVG **mitbestimmungspflichtig**.[6] 40

§ 41 Satz 3 SGB VI findet keine Anwendung, wenn das Arbeitsverhältnis infolge der Befristung auf die Regelaltersgrenze bereits beendet ist. Die Parteien schließen dann einen neuen Arbeitsvertrag, dessen Befristung (nur) nach Maßgabe des § 14 TzBfG bzw. Sonderbefristungstatbeständen wie § 21 BEEG zulässig ist. 41

Rechtsfolge ist die Verlängerung des Arbeitsverhältnisses über die Regelaltersgrenze hinaus bis zu dem vereinbarten neuen Zeitpunkt. Der übrige Vertragsinhalt bleibt, wenn nicht anders vereinbart, unverändert. Die Unwirksamkeit der Befristung kann nach Maßgabe des § 17 TzBfG gerichtlich geltend gemacht werden. **Rente** kann neben dem Arbeitsentgelt in unbegrenzter Höhe bezogen werden, es gibt keine Hinzuverdienstgrenze.[7] Wird die Rente erst bei Beendigung der Beschäftigung beantragt, erhöht sie sich um jeden Monat der gegenüber der Regelalters- 42

---

1 BAG v. 7.11.1989 – GS 3/85, NZA 1990, 816 (819f.).
2 *Giesen*, ZfA 2014, 217 (222).
3 *Poguntke*, NZA 2014, 1372 (1373f.); **a.A.** *Bader*, NZA 2014, 749 (752).
4 Bejahend *Giesen*, ZfA 2014, 217 (221f.).
5 *Poguntke*, NZA 2014, 1372 (1375f.); **a.A.** *Bader*, NZA 2014, 749 (751); KassKomm/*Gürtner* § 41 SGB VI Rz. 21; *Kleinebrink*, DB 2014, 1490 (1492).
6 *Bader*, NZA 2014, 749 (751).
7 ErfK/*Rolfs*, Vorbem. SGB VI Rz. 5.

grenze „verspäteten" Inanspruchnahme um 0,5% (§ 77 Abs. 2 Satz 1 Nr. 2 lit. b SGB VI).

b) (Kein) Klauselvorschlag

43 Angesichts der erheblichen unionsrechtlichen Bedenken gegen § 41 Satz 3 SGB VI wird an dieser Stelle empfohlen, von der durch diese Norm eröffneten Befristungsmöglichkeit **keinen Gebrauch zu machen.** Eine rechtssichere zeitlich begrenzte Weiterbeschäftigung über die Altersgrenze hinaus kann nur im Rahmen eines *mit sachlichem Grund* befristeten Arbeitsverhältnisses oder im Wege der (ggf. konzerninternen) Arbeitnehmerüberlassung erfolgen.

4. Hinweise zur Vertragsgestaltung

44 Eine **Altersgrenze sollte in keinem Arbeitsvertrag fehlen.** Dabei sollte eine eigenständige Regelung im schriftlichen Arbeitsvertrag getroffen werden. Das Arbeitsverhältnis wird durch diese Vereinbarung ohne Weiteres beendet. Verzichtet man hingegen bei der Vertragsgestaltung auf eine Altersgrenzenklausel, wäre eine Kündigung erforderlich. Für ihre soziale Rechtfertigung müsste der Arbeitgeber jedoch einen konkreten altersbedingten Leistungsabfall o.Ä. darlegen und beweisen, was praktisch sehr schwer, wenn nicht unmöglich ist.

45 Hiernach ergibt sich folgender **Regelungsvorschlag:**

> Das Arbeitsverhältnis endet, ohne dass es einer Kündigung bedarf, mit Ablauf des Monats, in dem die/der Mitarbeiter/in die Regelaltersgrenze der gesetzlichen Rentenversicherung vollendet. Zuvor kann es von beiden Seiten jederzeit ordentlich gekündigt werden.

A 40 Anzeige- und Nachweispflichten („Whistleblowing")

	Rz.		Rz.
1. Einführung	1	b) Anzeige über Veränderungen in den persönlichen Verhältnissen	13
2. Klauseltypen	2	c) Anzeige strafbarer oder ordnungswidriger Handlungen	14
a) Anzeige- und Nachweispflichten bei Arbeitsunfähigkeit	2	3. Hinweise zur Vertragsgestaltung	15

Schrifttum:

Borchert, Die Arbeitsunfähigkeitsbescheinigung im Arbeits- und Sozialrecht, ArbuR 1990, 375; *Clausen*, Beweiswert einer Arbeitsunfähigkeitsbescheinigung im Entgeltfortzahlungsprozess, ArbuR 1989, 330; *Deinert*, Ethik, Whistleblower und Mitbestimmung, ArbuR 2008, 90; *Diller*, Krankfeiern seit 1.6.1994 schwieriger? – Das neue Entgeltfortzahlungsgesetz, NJW 1994, 1690; *Feldgen*, Das neue Entgeltfortzahlungsgesetz, DB 1994, 1289; *Giesen*, Tarifvertrag – Arbeitsunfähigkeitsbescheinigung, AP Nr. 8 zu § 5 EntgeltFG; *Hanau/Kramer*, Zweifel an der Arbeitsunfähigkeit, DB 1995, 94; *Hunold*, Beweiswert einer Arbeitsunfähigkeitsbescheinigung – Anmerkung, BB 1989, 845; *Kleinebrink*, Verhaltensbedingte Kündigung – die prozessuale Bedeutung der Arbeitsunfähigkeitsbescheinigung, ArbRB 2003, 317; *Kort*, Individualarbeitsrechtliche Fragen des Whistleblowing, in Festschrift Kreutz, 2010, S. 247; *Kramer*, Die Vorlage der Arbeitsunfähigkeitsbescheinigung, BB 1996, 1662; *Linke*, Die Anzeigepflicht des Arbeitnehmers bei Krankheit, BuW 2003, 1046; *Mahnhold*, „Global Whistle" oder „deutsche Pfeife" – Whistleblowing-Systeme im Jurisdiktionskonflikt, NZA 2008, 737; *Marburger*, Vertrauensärztliche Untersuchung auf Verlangen des Arbeitgebers, BB 1987, 1310; *Marburger*, Neu geregelt: Entgeltfortzahlung im Krankheitsfalle, BB 1994, 1417; *Mengel*, Compliance und Arbeitsrecht, 2009; *Mengel/Hagemeister*, Compliance und arbeitsrechtliche Implementierung im Unternehmen, BB 2007, 1386; *Müller-Bonanni/Sagan*, Arbeitsrechtliche Aspekte der Compliance, BB-Special 5/2008, 28; *Neumann*, Whistleblowing und die Frage nach dem rechtspolitischen Erfordernis einer gesetzlichen Schutzregelung, 2010; *Range-Ditz*, Arbeitsunfähigkeit – was kann vertraglich vereinbart werden?, ArbRB 2003, 218; *Rebhahn*, Arbeitsunfähigkeitsbescheinigung – Mitbestimmung des Betriebsrats, SAE 2002, 139; *Renz/Rohde/Liebenau*, Die Hinweisgeber-Regelung des § 25a KWG, BB 2014, 692; *Schaub*, Rechtsfragen der Arbeitsunfähigkeitsbescheinigung nach dem Entgeltfortzahlungsgesetz, BB 1994, 1629; *Schneider*, Die arbeitsrechtliche Implementierung von Compliance- und Ethikrichtlinien, 2009; *Schulz*, Ethikrichtlinien und Whistleblowing, 2010; *Stommel*, Krankmeldungen – Wo sind die Grenzen?, Arbeitgeber 2002, Nr. 12, S. 48; *A. Willemsen*, Einführung und Inhaltskontrolle von Ethikrichtlinien, 2009; *Zander*, Ethik- und Verhaltensrichtlinien im Betrieb, 2010.

1. Einführung

In Arbeitsverträgen und Betriebsvereinbarungen finden sich zahlreiche Regelungen über Anzeige- und Nachweispflichten des Arbeitnehmers. Praktisch bedeutsam sind die Anzeige- und Nachweispflichten insbesondere für den Fall der **krankheitsbedingten Arbeitsverhinderung**. Darüber hinaus sind jedoch verschiedene Anzeigepflichten über persönliche Verhältnisse des Arbeitnehmers und über Vorgänge im Unternehmen anzutreffen. Dies umfasst bspw. die Pflicht zur Anzeige der Wiederaufnahme der Arbeit nach Krankheit, die Unfallmeldepflicht sowie die Pflicht zur Anzeige von Veränderungen bzgl. persönlicher Verhältnisse wie den Wohnungswechsel oder der Erwerb oder Verlust von Sonderrechten, bspw. nach dem Mutterschutzrecht oder dem Schwerbehindertenrecht. Ein weiterer wichtiger Klauseltyp, der häufig anzutreffen ist, betrifft die Pflicht zur Anzeige strafbarer Handlungen.

2. Klauseltypen

a) Anzeige- und Nachweispflichten bei Arbeitsunfähigkeit

2 § 5 EFZG regelt die Anzeige- und Nachweispflichten des Arbeitnehmers im Falle der Arbeitsunfähigkeit. Abs. 1 betrifft die Pflichten des Arbeitnehmers, der – wie es der Regelfall sein wird – im Inland erkrankt, Abs. 2 betrifft den Fall der Erkrankung im Ausland. Nach § 12 EFZG sind die gesetzlichen Regelungen über die Entgeltfortzahlung zwingend. Das betrifft mithin auch die Regelung der Anzeige- und Nachweispflichten. Nach wohl h.M. kann deshalb in Tarifverträgen und Arbeitsverträgen keine Regelung getroffen werden, die die gesetzlichen Anzeige- und Nachweispflichten verschärft.[1] Unberührt bleiben klarstellende beschreibende Regelungen bzgl. § 5 EFZG. Denkbar sind auch ausgestaltende Regelungen der Anzeige- und Nachweispflicht, die dem § 5 EFZG nicht entgegenstehen. So kann bspw. durch Tarifvertrag bestimmt werden, dass der Arbeitnehmer eine ärztliche Arbeitsunfähigkeitsbescheinigung generell bereits für den ersten Tag einer krankheitsbedingten Arbeitsunfähigkeit beizubringen hat.[2] Zudem sind günstigere Regelungen für den Arbeitnehmer statthaft.[3] Diese zwingende Ausgestaltung des Entgeltfortzahlungsgesetzes hat zur Konsequenz, dass Sanktionen, die über den Regelungsgehalt des Entgeltfortzahlungsgesetzes hinausgehen, nicht im Arbeitsvertrag vereinbart werden können. Die Mitteilungspflicht besteht unabhängig davon, ob ein Anspruch des Arbeitnehmers auf Entgeltfortzahlung besteht[4] und – entgegen der wohl überwiegenden Auffassung[5] – auch unabhängig davon, ob der Arbeitgeber anderweitig Kenntnis von der Erkrankung erlangt.[6]

⊃ **Nicht geeignet:**
  a) Verletzt der Arbeitnehmer seine Anzeige- und Nachweispflicht aus § 5 EFZG, entfällt der Anspruch auf Entgeltfortzahlung bis zum Tage der Anzeige bzw. des Nachweises der Arbeitsunfähigkeit.
  b) Legt der Arbeitnehmer die Arbeitsunfähigkeitsbescheinigung nicht rechtzeitig vor, entfällt der Anspruch auf Entgeltfortzahlung bis zum Tage des Zugangs der Arbeitsunfähigkeitsbescheinigung.

3 Derartige Rechtsfolgenvereinbarungen sind unwirksam. Verletzt der Arbeitnehmer seine Anzeigepflicht, so hat dies keine Auswirkungen auf den Anspruch auf Entgeltfortzahlung, da dieser Anspruch allein von der Arbeitsunfähigkeit infolge von Krankheit abhängt. Versäumt der Arbeitnehmer es, dem Arbeitgeber rechtzeitig eine Arbeitsunfähigkeitsbescheinigung vorzulegen, so wird dieser Pflichtverstoß zunächst durch das Entgeltfortzahlungsgesetz selbst sanktioniert. Gemäß § 7

---

1 So ErfK/*Reinhard*, § 5 EFZG Rz. 29.
2 BAG v. 26.2.2003 – 5 AZR 241/94, AP Nr. 8 zu § 5 EntgeltFG; v. 25.1.2000 – 1 ABR 3/99, AP Nr. 34 zu § 87 BetrVG 1972 Ordnung des Betriebes.
3 ErfK/*Reinhard*, § 5 EFZG Rz. 29; *Hanau/Kramer*, DB 1995, 94 (96).
4 *Vogelsang*, Entgeltfortzahlung, Rz. 267.
5 Vgl. nur *Schmitt*, EFZG, § 5 Rz. 16; *Vogelsang*, Entgeltfortzahlung, Rz. 269 m.w.N.
6 ErfK/*Reinhard*, § 5 EFZG Rz. 4.

Abs. 1 Nr. 1 EFZG steht dem Arbeitgeber das Recht zu, seine Leistung – also die Entgeltfortzahlung – zu verweigern. Dieses Leistungsverweigerungsrecht des Arbeitgebers besteht – wie bereits der Gesetzeswortlaut klarstellt – nicht dauerhaft, sondern nur zeitweilig, nämlich „solange" der Arbeitnehmer seine Verpflichtung nicht erfüllt. Reicht der Arbeitnehmer die Arbeitsunfähigkeitsbescheinigung nach, entfällt das Leistungsverweigerungsrecht und der Arbeitgeber ist zur Entgeltfortzahlung verpflichtet, und zwar rückwirkend ab Beginn der Arbeitsunfähigkeit. Denn der **Erfüllung der Nachweispflicht** seitens des Arbeitnehmers ist – weil die Voraussetzungen der Entstehung des Entgeltfortzahlungsanspruchs in § 3 EFZG abschließend bestimmt sind – **keine anspruchsbegründende Wirkung** beizumessen. Von diesen Grundsätzen abweichende vertragliche Vereinbarungen scheitern an § 12 EFZG. Die bloße Nichtbeachtung der Anzeigepflicht erfüllt nicht einmal die Voraussetzungen des § 7 Abs. 1 Nr. 1 EFZG, so dass dem Arbeitgeber insoweit auch kein vorläufiges Leistungsverweigerungsrecht zusteht.[1] Indes kann eine wiederholte Nichtbeachtung der Anzeige- wie der Nachweispflicht einen verhaltensbedingten Kündigungsgrund darstellen.[2] Dies gilt nach der Rechtsprechung des BAG – noch zu § 3 Lohnfortzahlungsgesetz – und der h.M. auch dann, wenn der Arbeitnehmer zwar seine Ersterkrankung angezeigt hat und lediglich gegen seine Verpflichtung zur Anzeige der Fortdauer der Erkrankung verstößt.[3] Ferner kann das schuldhafte Unterlassen der Anzeige Schadensersatzansprüche des Arbeitgebers wegen Verletzung einer vertraglichen Nebenpflicht nach § 280 Abs. 1 BGB auslösen.[4]

Typ 1: Deklaratorischer Hinweis auf Anzeige- und Nachweispflicht

a) Der Arbeitnehmer ist verpflichtet, dem Arbeitgeber die Arbeitsunfähigkeit und deren voraussichtliche Dauer unverzüglich mitzuteilen. Dauert die Arbeitsunfähigkeit länger als drei Kalendertage, hat der Arbeitnehmer eine ärztliche Bescheinigung über das Bestehen der Arbeitsunfähigkeit sowie deren voraussichtliche Dauer spätestens am darauffolgenden Arbeitstag vorzulegen. Der Arbeitgeber ist berechtigt, die Vorlage der ärztlichen Bescheinigung früher zu verlangen.

Die Art der Erkrankung ist nur dann anzugeben, wenn sie Schutzmaßnahmen des Arbeitgebers für andere Arbeitnehmer erfordert (z.B. bei Infektionsgefahr), wenn wegen derselben Erkrankung innerhalb der letzten sechs Monate Arbeitsunfähigkeit vorlag oder wenn seit Beginn der ersten Arbeitsunfähigkeit infolge derselben Krankheit weniger als zwölf Monate vergangen sind.

---

1 ErfK/*Reinhard*, § 7 EFZG Rz. 4; *Schmitt*, EFZG, § 7 Rz. 20; a.A. *Müller/Berenz*, EFZG, § 7 Rz. 2.
2 BAG v. 31.8.1989 – 2 AZR 13/89, AP Nr. 23 zu § 1 KSchG 1969 Verhaltensbedingte Kündigung; die wiederholte Nichtbeachtung der Anzeigepflicht nach § 5 Abs. 1 Satz 1 EFZG rechtfertigt aber regelmäßig nicht den Ausspruch einer außerordentlichen Kündigung, vgl. SPV/*Preis*, Rz. 611; s. zuletzt LAG Köln v. 7.1.2008 – 14 Sa 1311/07, ArbuR 2008, 276; v. 12.3.2013 – 11 Sa 919/12.
3 BAG v. 16.8.1991 – 2 AZR 604/90, AP Nr. 27 zu § 1 KSchG 1969 Verhaltensbedingte Kündigung; LAG Hess. v. 1.12.2006 – 12 Sa 737/06; anders bzgl. außerordentlichen Kündigungen LAG Hess. v. 6.5.2002 – 16/9 Sa 1876/01.
4 ErfK/*Reinhard*, § 5 EFZG Rz. 18; *Hanau/Kramer*, DB 1995, 94; *Vogelsang*, Entgeltfortzahlung, Rz. 403.

Die Ursache der Arbeitsunfähigkeit ist dem Arbeitgeber nur dann mitzuteilen, wenn der Arbeitnehmer von einem Dritten geschädigt worden ist.

b) Hält sich der Arbeitnehmer bei Beginn der Arbeitsunfähigkeit im Ausland auf, so ist er verpflichtet, dem Arbeitgeber die Arbeitsunfähigkeit, deren voraussichtliche Dauer und seine Adresse am Aufenthaltsort in der schnellstmöglichen Übermittlungsart mitzuteilen. Kehrt der arbeitsunfähig erkrankte Arbeitnehmer ins Inland zurück, so ist er verpflichtet, dem Arbeitgeber und der Krankenkasse seine Rückkehr unverzüglich mitzuteilen.

c) Der/die Mitarbeiter/in ist verpflichtet, dem Arbeitgeber jede Arbeitsverhinderung und ihre voraussichtliche Dauer unverzüglich anzuzeigen und dabei gleichzeitig auf etwaige dringliche Arbeiten hinzuweisen.

4 Klauseltyp 1a ist überwiegend deklaratorischer Natur. Er wiederholt im Wesentlichen den Gesetzestext des § 5 Abs. 1 Satz 1–3 EFZG. Deren Aufnahme in den Vertrag kann jedoch sinnvoll sein, um den Arbeitnehmer über die Rechtslage zu informieren. Angesichts allgemeiner Bedenken gegen bloß deklaratorische Vertragsklauseln könnte sich jedoch auch empfehlen, den Arbeitnehmer in einer Anlage zum Arbeitsvertrag über die Anzeige- und Nachweispflichten nach dem Entgeltfortzahlungsgesetz zu informieren.

5 Satz 1 des Klauseltyps 1a statuiert die Anzeigepflicht (vgl. § 5 Abs. 1 Satz 1 EFZG). Ist der Arbeitnehmer infolge von Krankheit an der Erbringung der Arbeitsleistung gehindert, so hat er dies dem Arbeitgeber unverzüglich – d.h. ohne schuldhaftes Zögern (§ 121 Abs. 1 Satz 1 BGB) – anzuzeigen. Die Mitteilung muss die Arbeitsunfähigkeit und ihre voraussichtliche Dauer umfassen. Die Pflicht, dem Arbeitgeber die Arbeitsunfähigkeit und deren voraussichtliche Dauer unverzüglich mitzuteilen, gilt nicht nur für Ersterkrankungen, sondern auch für Folgeerkrankungen.[1] **Grundsätzlich nicht anzuzeigen sind die Art und die Ursache** der Erkrankung. Etwas anderes gilt nur, wenn die Art der Erkrankung **Schutzmaßnahmen** des Arbeitgebers für andere Arbeitnehmer erfordert – z.B. aufgrund einer Infektionsgefahr –, wenn eine **Fortsetzungserkrankung** i.S.v. § 3 Abs. 1 Satz 2 EFZG vorliegt oder wenn die Arbeitsunfähigkeit auf einer **Schädigung durch einen Dritten** beruht, da dann § 6 EFZG mit der Folge des Forderungsübergangs auf den Arbeitgeber eingreift.[2] Aus Gründen der Klarstellung können diese Ausnahmen auch in die Klausel aufgenommen werden. Von der Pflicht, die Arbeitsverhinderung dem Arbeitgeber unverzüglich anzuzeigen, ist die Frage zu unterscheiden, ob der Arbeitgeber auch einen Nachweis der behaupteten Arbeitsverhinderung verlangen kann.

6 Durch Satz 2 von Klauseltyp 1a wird der Arbeitnehmer entsprechend § 5 Abs. 1 Satz 2 EFZG verpflichtet, diesen Nachweis nach Ablauf einer bestimmten Anzahl von Tagen in Form einer ärztlichen Arbeitsunfähigkeitsbescheinigung zu erbringen. Der Wortlaut des Gesetzes ist insoweit unklar, weil die Krankheit erst am vierten Tag „länger als drei Tage" dauert. Der „darauffolgende" Arbeitstag wäre in der Regel der fünfte Kalendertag. Nach h.M. hat sich aber an der früher geltenden Rechtslage, dass die Arbeitsunfähigkeitsbescheinigung am vierten Tag vorzulegen

---

1 LAG Rh.-Pf. v. 19.1.2012 – 10 Sa 593/11, ArbuR 2012, 177; *Treber*, § 5 EFZG Rz. 7.
2 ErfK/*Reinhard*, § 5 EFZG Rz. 5; *Vogelsang*, Entgeltfortzahlung, Rz. 273 ff. m.w.N.

ist, nichts geändert.¹ Schon in der amtlichen Gesetzesbegründung hieß es ausdrücklich, dass der Arbeitnehmer verpflichtet ist, am vierten Krankheitstag eine ärztliche Bescheinigung über die Arbeitsunfähigkeit sowie deren voraussichtliche Dauer vorzulegen.² Die Vorschrift ist daher so zu verstehen, dass sich der „darauffolgende" Arbeitstag auf den dritten Krankheitstag bezieht, mit der Folge, dass die **Vorlagepflicht** bereits **am vierten Tag** eintritt, sofern dieser auch ein **Arbeitstag** im Betrieb³ ist. Insofern ist bei der Berechnung der Vorlagefrist darauf zu achten, dass das Gesetz zwei verschiedene Anknüpfungspunkte unterscheidet: den Kalendertag einerseits und den Arbeitstag anderseits.

Gemäß Satz 3 des Klauseltyps 1a kann der Arbeitgeber – abweichend von der Grundregel des § 5 Abs. 1 Satz 2 EFZG – die Arbeitsunfähigkeitsbescheinigung entsprechend § 5 Abs. 1 Satz 3 EFZG früher verlangen. Die Norm ermöglicht es dem Arbeitgeber, bei jeder Erkrankung neu zu entscheiden, ob er von dem Recht Gebrauch machen will. Nach h.M. kann der Arbeitgeber sofort nach Erhalt der Mitteilung über die Arbeitsunfähigkeit die Aufforderung an den Arbeitnehmer richten, sich die Arbeitsunfähigkeit **vom ersten Tag der Erkrankung** an bescheinigen zu lassen. Nach h.M. muss, soweit technisch möglich, das Attest auch noch am ersten Tag übergeben werden.⁴ Eine Übergabe am zweiten Tag reicht aber aus, sofern auch der erste Fehltag von der Arbeitsunfähigkeitsbescheinigung umfasst ist und eine Übergabe am ersten Tag weder möglich noch zumutbar war.⁵ 7

Auf die Geltendmachung des Vorlageverlangens findet § 106 GewO – jedenfalls analog – Anwendung.⁶ Nach dieser Vorschrift muss das Verlangen „billigem Ermessen" entsprechen. Zu berücksichtigen ist aber, dass § 5 Abs. 1 Satz 3 EFZG die Voraussetzungen hierfür konkretisiert und modifiziert. **Für die Geltendmachung des Vorlageverlangens bedarf es weder einer Begründung noch muss der Arbeitgeber sachliche Gründe – etwa begründete Zweifel an der Arbeitsunfähigkeit – für die Vorlage haben.**⁷ Das folgt zum einen daraus, dass § 5 Abs. 1 Satz 3 EFZG keinerlei einschränkende Voraussetzungen nennt, und zum anderen aus einem Umkehrschluss zu § 275 Abs. 1 SGB V, wonach der Arbeitgeber nur dann eine Untersuchung des Arbeitnehmers durch den Medizinischen Dienst verlangen kann, wenn er „Zweifel" an der behaupteten Arbeitsunfähigkeit des Arbeitnehmers darlegen kann. Infolgedessen muss das vorzeitige Verlangen des Arbeitgebers auch dann zulässig sein, wenn er schlichtweg Stichproben durchführen möchte. Unzulässig sind lediglich schikanöse, einzelne Arbeitnehmer diskriminierende Verlangen.⁸ 8

---

1 ErfK/*Reinhard*, § 5 EFZG Rz. 10; *Schmitt*, EFZG, § 5 Rz. 57 m.w.N.
2 BT-Drucks. 12/798, S. 24.
3 So das herrschende Verständnis zum Begriff des „Arbeitstags" i.S.d. § 5 Abs. 1 Satz 2 EFZG, vgl. *Schmitt*, EFZG, § 5 Rz. 56 f. m.w.N.; für den „Arbeitstag" auf die individuelle Arbeitsverpflichtung des erkrankten Arbeitnehmers abstellend ErfK/*Reinhard*, § 5 EFZG Rz. 11.
4 ErfK/*Reinhard*, § 5 EFZG Rz. 12; Staudinger/*Oetker*, § 616 BGB Rz. 314; *Schmitt*, § 5 EFZG Rz. 78.
5 ErfK/*Reinhard*, § 5 EFZG Rz. 12; ähnlich Staudinger/*Oetker*, § 616 BGB Rz. 315 unter Berufung auf § 106 GewO; a.A. *Hanau/Kramer*, DB 1995, 94 (95): immer nur am Folgetag.
6 Vgl. für eine direkte Anwendung *Treber*, EFZG, § 5 Rz. 36 m.w.N.; *Vogelsang*, Entgeltfortzahlung, Rz. 300 m.w.N.; a.A. MünchKommBGB/*Müller-Glöge*, § 5 EFZG Rz. 12; ErfK/*Reinhard*, § 5 EFZG Rz. 12.
7 BAG v. 14.11.2012 – 5 AZR 886/11, NZA 2013, 322.
8 *Hanau/Kramer*, DB 1995, 94 (96); *Subatzus*, DB 2013, 578 (580).

Klauseltyp 1b wiederholt **deklaratorisch** die gesetzliche Regelung in § 5 Abs. 2 Satz 1 und 7 EFZG (Erkrankung im Ausland).[1] Die Kosten für die Mitteilung aus dem Ausland hat der Arbeitgeber zu tragen, § 5 Abs. 2 Satz 2 EFZG.

9 Klauseltyp 1c erstreckt die Anzeigepflicht sinnvollerweise auf jede Art der Arbeitsverhinderung und konkretisiert die allgemeine Nebenpflicht des Arbeitnehmers zur Abwendung von Schäden.[2]

Typ 2: Modifiziertes Vorlageverlangen

Im Falle der Arbeitsunfähigkeit infolge von Krankheit ist der/die Mitarbeiter/in verpflichtet, spätestens am zweiten/dritten/vierten Arbeitstag eine ärztliche Bescheinigung über die Arbeitsunfähigkeit und deren voraussichtliche Dauer vorzulegen. Dauert die Arbeitsunfähigkeit länger als in der Bescheinigung angegeben, ist er/sie verpflichtet, unverzüglich eine neue ärztliche Bescheinigung einzureichen. Der Arbeitgeber ist berechtigt, die Vorlage der ärztlichen Bescheinigung zu einem früheren Zeitpunkt zu verlangen.

10 Klauseltyp 2 betrifft die Frage, ob die vorzeitige Vorlage der Arbeitsunfähigkeitsbescheinigung auch schon **antizipiert durch vertragliche Vereinbarung** verlangt werden kann. Dies wird überwiegend bejaht, und zwar sowohl durch Arbeitsvertrag[3] als auch durch Betriebsvereinbarung[4] sowie durch Tarifvertrag.[5] Der Gegenposition von *Schaub*[6] kann in der rechtlichen Wertung nicht zugestimmt werden. Allerdings weist er zu Recht darauf hin, dass eine generelle, durch Vertrag geregelte frühere Vorlagepflicht kontraproduktiv wirken kann. Verlangt nämlich der Arbeitgeber generell und nicht nur im Einzelfall eine frühere Vorlage der Arbeitsunfähigkeitsbescheinigung, so kann es zu längeren Krankschreibungen kommen als ohne diese frühe Vorlagepflicht. Vor diesem Hintergrund muss eine Vertragsgestaltung im Sinne des Klauseltyps 2 wohl abgewogen werden.

11 Hinzuweisen ist darauf, dass die **generelle Anweisung** des Arbeitgebers, Zeiten der Arbeitsunfähigkeit vor Ablauf des dritten Kalendertages nachzuweisen, das **Mitbestimmungsrecht** des Betriebsrats nach § 87 Abs. 1 Nr. 1 BetrVG auslöst.[7] Das

---

1 Vgl. zum Beweiswert einer inländischen AU-Bescheinigung *Vogelsang*, Entgeltfortzahlung, Rz. 350 ff.; zum Beweiswert einer ausländischen AU-Bescheinigung LAG Hamm v. 8.6.2005 – 18 Sa 1962/04, NZA-RR 2005, 625; ErfK/*Reinhard*, § 5 EFZG Rz. 28 sowie *Vogelsang*, Entgeltfortzahlung, Rz. 368 ff.
2 Näher ErfK/*Preis*, § 611 BGB Rz. 741 ff.
3 BAG v. 1.10.1997 – 5 AZR 726/96, NZA 1998, 369.
4 ErfK/*Reinhard*, § 5 EFZG Rz. 12; *Schmitt*, § 5 EFZG Rz. 73; *Hanau/Kramer*, DB 1995, 94 (96).
5 BAG v. 26.2.2003 – 5 AZR 112/02, AP Nr. 8 zu § 5 EntgeltFG; v. 25.1.2000 – 1 ABR 3/99, AP Nr. 34 zu § 87 BetrVG 1972 Ordnung des Betriebes.
6 *Schaub*, BB 1994, 1629 (1630).
7 BAG v. 25.1.2000 – 1 ABR 3/99, AP Nr. 34 zu § 87 BetrVG 1972 Ordnung des Betriebes. Die durch Besonderheiten des Einzelfalls begründete Anweisung des Arbeitgebers an einen einzelnen Arbeitnehmer, eine Arbeitsunfähigkeitsbescheinigung bei jeder Krankmeldung sofort vorzulegen, stellt nicht schon eine solche generelle Anweisung dar, so dass ein Mitbestimmungsrecht des Betriebsrats nicht ausgelöst wird, LAG Hess. v. 17.9.2008 – 8 Sa 1454/07, n.v.; LAG Nürnberg v. 7.3.2012 – 2 TaBV 60/10.

gilt auch, wenn der Arbeitgeber eine entsprechende Regelung zum Bestandteil seiner (Formular-)Arbeitsverträge macht.

Typ 3: Anzeige der Wiederaufnahme der Arbeit nach Krankheit

Bei Beendigung der Arbeitsverhinderung muss der Mitarbeiter den Zeitpunkt der Wiederaufnahme der Arbeit rechtzeitig, spätestens am Vortag, dem Vorgesetzten oder der Personalabteilung mitteilen.

Klauseltyp 3 ist unproblematisch, da er der Wahrung des berechtigten Interesses des Arbeitgebers daran dient, so bald wie möglich Kenntnis von Umständen zu erlangen, die für den Betriebsablauf, seine Personalplanung und seine Verpflichtungen gegenüber dem betreffenden Arbeitnehmer von Bedeutung sein können.

b) Anzeige über Veränderungen in den persönlichen Verhältnissen

Typ 4: Anzeige über Veränderungen in den persönlichen Verhältnissen

a) Für das Arbeitsverhältnis bedeutsame Veränderungen der persönlichen Verhältnisse des Mitarbeiters hat dieser ohne besondere Aufforderung der Personalabteilung mitzuteilen und auf Wunsch nachzuweisen.

oder

b) Der Arbeitnehmer hat ohne besondere Aufforderung für das Arbeitsverhältnis bedeutsame Änderungen der persönlichen Verhältnisse unverzüglich der Personalabteilung mitzuteilen und durch geeignete Unterlagen nachzuweisen. Dazu gehören etwa:
- Veränderungen, die zum Erwerb oder Verlust von Sonderrechten nach dem MuSchG oder SGB IX führen können (z.B. Feststellung einer Schwangerschaft, Antragstellung auf Erteilung eines Schwerbehindertenausweises, Änderungen in der Schwerbehinderteneigenschaft);
- Wechsel der Krankenkassenmitgliedschaft, Veränderung der Beitragshöhe;
- Wohnungswechsel;
- Eheschließung bzw. Begründung einer Lebenspartnerschaft;
- Namenswechsel;
- Geburt oder Annahme eines Kindes;
- rechtskräftiges Scheidungsurteil bzw. Aufhebung der Lebenspartnerschaft;
- Rentenantragstellung;
- Erhalt eines Rentenbescheides;
- Tod von Ehegatten bzw. Lebenspartnern und Kindern;
- Arbeits- und Freizeitunfälle.

In einem bestimmten Ausmaß ist der Arbeitgeber berechtigt, Auskunft über bestimmte persönliche Verhältnisse des Arbeitnehmers im laufenden Arbeitsverhältnis zu verlangen. So ist die Kenntnis einer Vielzahl von Informationen über die persönlichen Verhältnisse des Arbeitnehmers für den Arbeitgeber bspw. erforderlich, um arbeits-, sozialversicherungs- und steuerrechtlichen Pflichten nachzukommen.

Bei der Anzeigepflicht des Arbeitnehmers über persönliche Verhältnisse sind allerdings die Grenzen des arbeitgeberseitigen Fragerechts vor Abschluss eines Arbeitsvertrags – bei der Erhebung, Verarbeitung und Nutzung von personenbezogenen Daten insbesondere § 32 BDSG – zu beachten (vgl. hierzu ausführlich → *Personalfragebogen*, II P 10).[1] Ferner wird die geplante Europäische Datenschutz-Grundverordnung, die umfangreiche Neuerungen in diesem Bereich vorsieht, zu beachten sein. Der Informationsanspruch des Arbeitgebers ist nach derzeitiger Rechtslage durch das Persönlichkeitsrecht der Arbeitnehmer zu begrenzen.[2] Ein Auskunftsanspruch besteht nach diesem Maßstab im Ergebnis nur, soweit die betreffenden Umstände mit dem Arbeitsplatz und der zu erbringenden Arbeitsleistung im Zusammenhang stehen. Es bestehen deshalb keine Bedenken gegen Klauseln, die den Arbeitnehmer zur Mitteilung über Veränderungen verpflichten, welche für das Arbeitsverhältnis von Bedeutung sind. Solche Bereiche enthält der Klauseltyp 4a. Allerdings mag es aus Gründen der Klarheit über den Inhalt und Umfang der Mitteilungspflicht des Arbeitnehmers sinnvoll sein, bestimmte Veränderungen zumindest beispielhaft aufzuführen, Klauseltyp 4b.

c) Anzeige strafbarer oder ordnungswidriger Handlungen

Typ 5: Anzeige strafbarer Handlungen

a) Hat der Mitarbeiter von strafbaren oder ordnungswidrigen Handlungen im Betrieb oder gegen das Unternehmen Kenntnis erlangt, durch die erhebliche Vermögensinteressen des Unternehmens berührt oder Personen gefährdet werden, hat er dies dem Vorgesetzten oder der Personalabteilung [*alternativ, sofern vorhanden*: dem Compliance-Officer] mitzuteilen. Eine Anzeigepflicht besteht nicht, sofern der Mitarbeiter sich selbst einer strafbaren oder ordnungswidrigen Handlung bezichtigen müsste.

oder

b) Hat der Mitarbeiter von strafbaren oder ordnungswidrigen Handlungen im Betrieb oder gegen das Unternehmen Kenntnis erlangt, hat er dies dem Vorgesetzten oder der Personalabteilung [*alternativ, sofern vorhanden*: dem Compliance-Officer] mitzuteilen. Eine Anzeigepflicht besteht nicht, sofern der Mitarbeiter sich selbst einer strafbaren oder ordnungswidrigen Handlung bezichtigen müsste.

14 Inwieweit Arbeitnehmern arbeitsvertraglich eine Pflicht auferlegt werden kann,[3] dem Arbeitgeber rechtswidriges Verhalten anderer Arbeitnehmer mitzuteilen (sog.

---

1 *Däubler*, Gläserne Belegschaften?, Rz. 253; ErfK/*Preis*, § 611 BGB Rz. 743.
2 Ausf. ErfK/*Preis*, § 611 BGB Rz. 271 ff.
3 Vgl. auch den noch engeren Formulierungsvorschlag von *Mike Schulz*, BB 2011, 629 (634): „Der Arbeitnehmer ist verpflichtet, ihm bekannt gewordenes Fehlverhalten von anderen Arbeitnehmern und Dritten gegenüber dem Arbeitgeber anzuzeigen, wenn ein konkreter Verdacht besteht, das Fehlverhalten im sachlichen, räumlichen und personalbezogenen Zurechnungszusammenhang zum Unternehmen steht, das Fehlverhalten dazu geeignet ist, das Unternehmen zu schädigen und das Fehlverhalten mit Strafe oder Geldbuße bedroht ist."

internes Whistleblowing),[1] ist höchstrichterlich nicht abschließend geklärt.[2] Dieser Frage kommt angesichts der wachsenden Compliance-Bemühungen von Unternehmen indes besondere Bedeutung zu.[3] Freilich unterliegt die Verpflichtung, Fehlverhalten von Kollegen dem Arbeitgeber anzuzeigen, Grenzen. Deutlich wurde dies an den sog. Ethik-Richtlinien in den Fällen Wal-Mart und Honeywell. Deutlich zu weitgehend entpuppt sich die Klausel im Falle Honeywell.[4]

⊃ **Nicht geeignet:**

„Alle Honeywell-Mitarbeiter müssen den Verhaltenskodex sowie die Grundsätze und Verfahren des Unternehmens genau befolgen und mutmaßliche Verstöße umgehend melden ... Mitarbeiter werden dazu angeregt, Verstöße durch ihre normalen Berichterstattungskanäle an den Kontrollbeauftragten ihrer Geschäftseinheit, ein Mitglied des Integrity and Compliance Council oder an die Rechtsabteilung zu melden ... Außerdem haben alle Mitarbeiter Zugang zu einer oder mehreren Telefon-Helplines, die rund um die Uhr von einem professionellen, unabhängigen Auftragnehmer besetzt sind."

Eine Verpflichtung des Arbeitnehmers, in bestimmten Fällen den Arbeitgeber über Handlungen anderer Arbeitnehmer zu informieren, kann sich bereits aus der Rücksichtnahmepflicht des Arbeitnehmers aus §§ 242, 241 Abs. 2 BGB ergeben. Eine solche Verpflichtung besteht jedoch nur dann, wenn ein Personen- oder schwerer Sachschaden entstanden oder zu befürchten ist.[5] Das BAG hat diese Anzeigepflicht darüber hinausgehend nur bei Arbeitnehmern ausgedehnt, zu deren arbeitsvertraglichen Pflichten auch die Beaufsichtigung anderer Arbeitnehmer gehört.[6] In einem konkreten Fall hat das BAG bspw. entschieden, dass beleidigende Äußerungen nicht dem Arbeitgeber angezeigt werden müssen, selbst wenn sie kreditschädigend sind.[7] Eine Anzeigepflicht besteht nach der Rechtsprechung des BGH auch nicht, wenn der Arbeitnehmer sich selbst bezichtigen müsste.[8] Die Aufnahme einer dieser differenzierenden Rechtsprechung entsprechenden Klausel in den Arbeitsvertrag (Klauseltyp 5a) bzw. bei Arbeitnehmern mit einer Überwachungs- und Kontrollpflicht gegenüber anderen Arbeitnehmern (Klauseltyp 5b) ist rein deklaratorisch und daher grundsätzlich entbehrlich, da sie nur ohnehin bestehende arbeitsvertragliche Pflichten wiedergibt. Dennoch kann eine solche Klausel sinnvoll sein, um Klarheit über die Pflichten des Arbeitnehmers zu schaffen. Dies ist in diesem sen-

---

1 S. zur Unterscheidung von internen und externen Whistleblowing *Kort*, FS Kreutz, S. 247 (247 f.).
2 *Deinert*, ArbuR 2008, 90 (91).
3 Vgl. zu den arbeitsrechtlichen Aspekten der Compliance *Mengel*, Compliance und Arbeitsrecht; *Müller-Bonanni/Sagan*, BB-Special 5/2008, 28 (28 ff.).
4 Vgl. den Tatbestand des Urteils des BAG v. 22.7. 2008 – 1 ABR 40/07, NZA 2008, 1248.
5 ErfK/*Preis*, § 611 BGB Rz. 742 m.w.N.; *Mengel/Ullrich*, NZA 2006, 240 (243); gegen eine Pflicht des Arbeitnehmers, auf schädigende Handlungen eines anderen Arbeitnehmers hinzuweisen, *Diller*, DB 2004, 313 (314); *Grau*, KSzW 2012, 66 (69); MünchKommBGB/ *Müller-Glöge*, § 611 Rz. 1082 verneint Anzeigepflicht, wenn kein Personenschaden oder erheblicher Sachschaden droht.
6 BAG v. 18.6.1970 – 1 AZR 520/69, AP Nr. 57 zu § 611 BGB Haftung des Arbeitnehmers; LAG Hamm v. 29.7.1994 – 18 (2) Sa 2016/93, BB 1994, 2352.
7 BAG v. 30.11.1972 – 2 AZR 79/72, AP Nr. 66 zu § 626 BGB.
8 BGH v. 23.2.1989 – IX ZR 236/86, NJW-RR 1989, 614 (615); *Schuster/Darsow*, NZA 2005, 273 (276).

siblen Bereich besonders wichtig, zumal der Arbeitnehmer ohne klare Vorgaben unter Umständen das Risiko der Entlassung wegen Denunziantentums trägt.[1] Die formularvertragliche Vereinbarung einer über diese Rechtsprechung hinausgehenden Anzeigepflicht für jedes strafbare oder ordnungswidrige Verhalten anderer Arbeitnehmer nach Klauseltyp 5b mit einem Arbeitnehmer ohne Überwachungs- und Kontrollpflichten ist hingegen als unangemessene Benachteiligung des Arbeitnehmers i.S.d. § 307 Abs. 1, Abs. 2 BGB unzulässig.[2] Insofern tritt die Vereinbarung einer allgemeinen „Denunziationspflicht", welche die Anzeigepflichten über das aufgrund der §§ 242, 241 Abs. 2 BGB geschuldete Maß erweitert, in Konflikt mit dem in Art. 2 Abs. 1 i.V.m. Art. 1 Abs. 1 GG verbürgten Allgemeinen Persönlichkeitsrecht des anzeigenden Arbeitnehmers.[3] Das dem Eingriff in das Persönlichkeitsrecht des Arbeitnehmers gegenüberzustellende berechtigte Interesse des Arbeitgebers an der frühzeitigen Erkennung von betriebsbezogenen Gesetzesverletzungen unterliegt im Rahmen der für die Angemessenheitskontrolle vorzunehmenden Interessenabwägung.[4] Darüber hinaus ist eine Klausel mit einer Verpflichtung des Arbeitnehmers zur Mitteilung über das Verhalten anderer Arbeitnehmer freilich auch dann unzulässig, wenn die Verpflichtung über die Mitteilung von Umständen, an deren Kenntnis der Arbeitgeber ein legitimes Interesse hat, hinausgeht und sich etwa auf persönliche Angelegenheiten, Meinungsäußerungen und dergleichen erstreckt.

14a Diese Sichtweise wird nicht durch die Sonderregelung des § 25a KWG[5] im Kreditgewerbe berührt. Nach Maßgabe des § 25a Abs. 1 Satz 6 Nr. 3 KWG gehört zu einer ordnungsgemäßen Geschäftsorganisation die Implementation eines Prozesses, der es den Mitarbeitern unter Wahrung der Vertraulichkeit ihrer Identität ermöglicht, Verstöße gegen die Verordnung (EU) Nr. 575/2013 oder gegen dieses Gesetz oder ge-

---

1 BAG v. 21.10.1965 – 2 AZR 2/65, AP Nr. 5 zu § 1 KSchG Verhaltensbedingte Kündigung; SPV/*Preis*, Rz. 637 f.
2 *Mengel*, Compliance und Arbeitsrecht, Kap. 1 Rz. 40; *Mengel/Hagemeister*, BB 2007, 1386 (1390); *Zander*, Ethik- und Verhaltensrichtlinien im Betrieb, S. 103 f.; einen Verstoß gegen § 307 Abs. 2 Nr. 1 BGB annehmend auch *A. Willemsen*, Einführung und Inhaltskontrolle von Ethikrichtlinien, S. 196 f.; kritisch auch *Schulz*, Ethikrichtlinien und Whistleblowing, S. 177 f.; a.A. *Schneider*, Die arbeitsrechtliche Implementierung von Compliance- und Ethikrichtlinien, S. 144.
3 *Däubler*, Arbeitsrecht, Rz. 504; *Deinert*, ArbuR 2008, 90 (91); *Mahnhold*, NZA 2008, 737 (738 f.); *Mengel*, Compliance und Arbeitsrecht, Kap. 1 Rz. 40; *Mengel/Hagemeister*, BB 2007, 1386 (1390); vgl. auch *Zander*, Ethik- und Verhaltensrichtlinien im Betrieb, S. 103 f., die zudem die unangemessene Benachteiligung des anzeigenden Arbeitnehmers aus einem Eingriff in die negative Meinungsfreiheit herleitet, *Zander*, a.a.O., S. 102 f.; einen Eingriff in die negative Meinungsfreiheit bejahend auch *Schulz*, Ethikrichtlinien und Whistleblowing, S. 174; vgl. zum grundrechtlichen Schutz von „Whistleblowern" ausf. *Neumann*, Whistleblowing und die Frage nach dem rechtspolitischen Erfordernis einer gesetzlichen Schutzregelung, S. 28 ff.
4 Die AGB-rechtliche Unzulässigkeit einschränkungsloser Whistleblower-Klauseln bedeutet allerdings zugleich, dass Arbeitgeber kein Defizit in Hinblick auf gesetzliche Compliance-Verpflichtungen – dies gilt insbesondere für § 130 OWiG – befürchten müssen, wenn sich die formularvertragliche Vereinbarung einer Anzeigepflicht zwischen gleichgestellten Arbeitnehmern (rein deklaratorisch) auf die Fälle eines Personen- oder erheblichen Sachschadens beschränkt, vgl. *A. Willemsen*, Einführung und Inhaltskontrolle von Ethikrichtlinien, S. 197.
5 Hierzu *Renz/Rohde/Liebenau*, BB 2014, 692.

gen die aufgrund dieses Gesetzes erlassenen Rechtsverordnungen sowie etwaige strafbare Handlungen innerhalb des Unternehmens an geeignete Stellen zu berichten. Mittelbar zeigt diese gesetzliche Sondernorm, dass die Arbeitnehmer nicht generell verpflichtet sind, Gesetzesverstöße von Mitarbeitern innerhalb des Unternehmens anzuzeigen.

3. Hinweise zur Vertragsgestaltung

Ob und inwieweit in den Vertrag Bestimmungen entsprechend der Klauseltypen 3, 4 und 5 aufgenommen werden sollen, ist eine Frage der Zweckmäßigkeit. **15**

Wesentlich kann die Frage der Anzeige- und Nachweispflicht für den Fall der Arbeitsunfähigkeit sein. Hier enthält zwar das Entgeltfortzahlungsgesetz in § 5 eine für alle Arbeitnehmer greifende Regelung. Es kann jedoch im Einzelfall zweckmäßig sein, diese Pflicht weiter zu konkretisieren und die Möglichkeit der früheren Attestvorlage offen zu halten. Folgende Klauselgestaltung wird empfohlen: **16**

---

§ X Anzeigepflichten

a) Der/die Mitarbeiter/in ist verpflichtet, dem Arbeitgeber jede Arbeitsverhinderung und ihre voraussichtliche Dauer unverzüglich anzuzeigen und dabei gleichzeitig auf etwaige dringliche Arbeiten hinzuweisen.

b) Im Falle der Arbeitsunfähigkeit infolge von Krankheit ist der/die Mitarbeiter/in verpflichtet, spätestens am zweiten/dritten/vierten Arbeitstag eine ärztliche Bescheinigung über die Arbeitsunfähigkeit und deren voraussichtliche Dauer vorzulegen. Dauert die Arbeitsunfähigkeit länger als in der Bescheinigung angegeben, ist er/sie verpflichtet, unverzüglich eine neue ärztliche Bescheinigung einzureichen. Der Arbeitgeber ist berechtigt, die Vorlage der ärztlichen Bescheinigung zu einem früheren Zeitpunkt zu verlangen.

c) Die Art der Erkrankung ist nur dann anzugeben, wenn sie Schutzmaßnahmen des Arbeitgebers für andere Arbeitnehmer erfordert (z.B. bei Infektionsgefahr), wenn wegen derselben Erkrankung innerhalb der letzten sechs Monate Arbeitsunfähigkeit vorlag oder wenn seit Beginn der ersten Arbeitsunfähigkeit infolge derselben Krankheit weniger als zwölf Monate vergangen sind.

d) Die Ursache der Arbeitsunfähigkeit ist dem Arbeitgeber nur dann mitzuteilen, wenn der Arbeitnehmer von einem Dritten geschädigt worden ist.

A 50 Arbeitnehmerstatus

	Rz.		Rz.
1. Einführung	1	4. Sonstige Statusklauseln	38
a) Problemstellung	1	a) Leitende Angestellte	38
b) Verhältnis der arbeitsrechtlichen zur sozialversicherungs- und steuerrechtlichen Begriffsbildung	5	b) Geschäftsführer	44
		aa) Arbeitnehmer- und Beschäftigtenstatus von GmbH-Geschäftsführern	45
2. Bedeutung der Vertragsabrede/Rechtsformwahl	13		
a) Inhaltskontrolle	13	bb) Wechsel zwischen Arbeitnehmer- und Geschäftsführerstellung	48
b) Verbleibender Gestaltungsspielraum	21	5. Hinweise zur Vertragsgestaltung	51
3. Sozial- und vergütungsrechtliche Folgen fehlerhafter Zuordnung	27		

Schrifttum:

Bauschke, Arbeitnehmer, AR-Blattei SD 110; *Bauschke*, Auf dem Weg zu einem neuen Arbeitnehmerbegriff, RdA 1994, 209; *Berger-Delhey/Alfmeier*, Freier Mitarbeiter oder Arbeitnehmer?, NZA 1991, 257; *Bezani*, Der arbeitsrechtliche Status von Rundfunk- und Fernsehmitarbeitern, NZA 1997, 856; *Fenn*, Arbeitsverhältnisse und sonstige Beschäftigungsverhältnisse, in Festschrift für Bosch, 1976, S. 171; *Greiner*, Statusbegriff und Vertragsfreiheit im Arbeits- und Sozialversicherungsrecht, insbesondere im Falle der Freistellung von der Arbeitsleistung, NZS 2009, 657; *Greiner*, Das Beschäftigungsverhältnis im Sozial- und Arbeitsrecht, in Selbständigkeit und Abhängigkeit der Dogmatik des Sozialrechts, SDSRV Bd. 62, 2012, S. 9 ff.; *Greiner*, Werkvertrag und Arbeitnehmerüberlassung – Abgrenzungsfragen und aktuelle Rechtspolitik, NZA 2013, 697; *Greiner*, „Personalhoheit" als Schlüsselbegriff der Abgrenzung von echtem Fremdpersonaleinsatz und verdeckter Arbeitnehmerüberlassung, RdA 2014, 262; *Hanau/Greiner*, Fortsetzung des Beschäftigungsverhältnisses bei Unterbrechung der Beschäftigung, in Festschrift für Alexander Gagel, 2011, S. 103 ff.; *Hanau*, Die Anforderungen an die Selbständigkeit des Versicherungsvertreters nach den §§ 84, 92 HGB, Mannheimer Vorträge zur Versicherungswissenschaft, Band 69, 1997, S. 7; *Heinze*, Der richtige Vertrag für jede Arbeit – vom Arbeitsvertrag über den Werkvertrag zum Franchising, in Hromadka (Hrsg.), Möglichkeiten und Grenzen flexibler Vertragsgestaltung, 1991, S. 93; *Hilger*, Zum „Arbeitnehmer-Begriff", RdA 1989, 1; *Hromadka*, Arbeitnehmerbegriff und Arbeitsrecht, NZA 1997, 569; *Jahnke*, Rechtsformzwang und Rechtsformverfehlung bei der Gestaltung privater Rechtsverhältnisse, ZHR 146 (1982), 595; *Kessler*, Selbständigkeit oder Unselbständigkeit, Arbeitnehmer oder Selbständiger? Rechtsprechung im Vergleich zwischen Bundesarbeitsgericht, Bundesfinanzhof und Bundessozialgericht, in 75 Jahre Reichsfinanzhof – Bundesfinanzhof, 1993, S. 563; *Kort*, Sind GmbH-Geschäftsführer und Vorstandsmitglieder diskriminierungsschutzrechtlich Arbeitnehmer?, NZG 2013, 601; *Kreuder*, Arbeitnehmereigenschaft und „neue Selbständigkeit" im Lichte der Privatautonomie, ArbuR 1996, 386; *Lieb*, Rechtsformzwang und Rechtsformverfehlung im Arbeitsrecht, RdA 1975, 49; *Mohr*, Der Arbeitnehmerbegriff im Arbeits- und Steuerrecht, 1992; *Niebler/Meier*, Arbeitnehmer oder freier Mitarbeiter?, 2. Aufl. 1995; *Preis*, Koordinationskonflikte zwischen Arbeits- und Sozialrecht, NZA 2000, 914; *Preis/Sagan*, Der GmbH-Geschäftsführer in der arbeits- und diskriminierungsrechtlichen Rechtsprechung des EuGH, BGH und BAG, ZGR 2013, 26; *Reinecke*, Neudefinition des Arbeitnehmerbegriffs durch Gesetz und Rechtsprechung?, ZIP 1998, 581; *Reiserer*, „Scheinselbständigkeit" – Arbeitnehmer oder Selbständiger?, BB 1998, 1258; *Rommée*, Unternehmerrisiko, ZfA 1997, 251; *Rumpenhorst*, Personalunion zwischen Arbeitnehmer und Selbständigem im gleichen Unternehmen?, NZA 1993, 1067; *Schliemann*, Flucht aus dem Arbeitsverhältnis –

falsche oder echte Selbständigkeit?, RdA 1997, 322; *Stagat*, Der Arbeitnehmer-Geschäftsführer: Arbeitsverhältnis trotz Organstellung?, DB 2010, 2801; *Steinmeyer*, Die Problematik der Scheinselbständigkeit, Zeitschrift für Sozialreform 1996, 348; *Wank*, Arbeitnehmer und Selbständige, 1988; *Wank*, Die „neue Selbständigkeit", DB 1992, 90; *Zeuner*, Überlegungen zum Begriff des Arbeitnehmers und zum Anwendungsbereich arbeitsrechtlicher Regeln, RdA 1975, 84.

1. Einführung

a) Problemstellung

Die Entscheidung für oder gegen die Wahl des Arbeitsverhältnisses bei Begründung eines Beschäftigungsverhältnisses ist nicht nur für die Anwendung des zwingenden Arbeitsrechts, sondern auch für den Schutz des Beschäftigten durch die verschiedenen Zweige der Sozialversicherung von entscheidender Bedeutung. Gerade die mit der Sozialversicherung für den Arbeitgeber verbundenen erheblichen Kosten stellen vielfach den maßgeblichen Gesichtspunkt für die Entscheidung eines Unternehmens dar, von der Begründung eines Arbeitsverhältnisses abzusehen und stattdessen eine Beschäftigung als „freier Mitarbeiter", „Dienstnehmer", „Subunternehmer" o.Ä. vorzusehen. Die insoweit bestehende Gefahr einer Umgehung zwingenden Arbeits- oder Sozialversicherungsrechts schränkt die Möglichkeiten der **Rechtsformwahl** nach der maßgeblichen Rechtsprechung des BAG erheblich ein. Welche Bedeutung gleichwohl sog. Statusklauseln, mit denen das Beschäftigungsverhältnis als Arbeitsverhältnis oder „Nichtarbeitsverhältnis" eingeordnet werden soll, danach überhaupt zukommt, soll im Folgenden untersucht werden. 1

Im Hinblick darauf, dass die Rechtsprechung des BAG grundsätzlich die von den Parteien gewählte Bezeichnung für unerheblich hält[1] und auf das Gesamtgepräge des jeweiligen Beschäftigungsverhältnisses abstellt, ist es weiter erforderlich, einen Überblick über die maßgeblichen Kriterien für die Einstufung als Arbeitsverhältnis zu geben. In diesem Zusammenhang ist auf drei praktisch bedeutsame Sonderfälle genauer einzugehen: Einmal die Auswirkungen einer Anstellung als Geschäftsführer auf die Arbeitnehmereigenschaft, zum Zweiten die Möglichkeit der Tätigkeit als Arbeitnehmer und als Selbständiger in einem Unternehmen und zum Dritten auf die vielfach praktizierte Vergabe von Aufträgen an andere Unternehmen, die ihrerseits eigene Arbeitnehmer zur Erledigung des Auftrags einsetzen. 2

Da eine „wasserdichte" Vertragsgestaltung, die Zweifelsfragen bei der Abgrenzung von Arbeitsvertrag und freiem Dienstvertrag vermeidet, kaum möglich ist, soll darüber hinaus auf die Konsequenzen einer Fehleinschätzung bei der Rechtsformwahl hingewiesen werden und Möglichkeiten einer vorsorglichen Vertragsgestaltung zur Abmilderung der Folgen einer Fehleinschätzung erörtert werden. 3

Neben diesen Rechtsfragen und Gestaltungsfragen im Hinblick auf die Möglichkeiten einer „Flucht aus dem Arbeitsrecht" ist unter dem Stichwort „Arbeitnehmerstatus" aber auch auf Probleme einzugehen, die sich ergeben, wenn zwar die Arbeitnehmereigenschaft eines Beschäftigten feststeht, aber eine vertragliche Festlegung eines bestimmten Arbeitnehmerstatus innerhalb der Hierarchie des Unternehmens beabsichtigt ist. Hier geht es um die Bedeutung von Klauseln, die den Arbeitnehmer etwa als leitenden Angestellten oder als außertariflichen Arbeitnehmer bezeichnen. 4

---
1 Zuletzt etwa BAG v. 25.9.2013 – 10 AZR 282/12, NZA 2013, 1348.

b) Verhältnis der arbeitsrechtlichen zur sozialversicherungs- und steuerrechtlichen Begriffsbildung

5 Die Grundfrage des Sozialrechts ist, welchem Personenkreis ein nicht disponibler Schutz durch Integration in ein Zwangsversicherungssystem gewährt werden soll. Arbeitsrecht und Sozialrecht ringen um die Definitionskompetenz für den **Begriff der abhängigen Beschäftigung**.[1] § 7 Abs. 1 SGB IV ist die sozialrechtliche Grundnorm, in deren Kontext sich die Kernfrage stellt, ob es richtig ist, einen sozialversicherungsrechtlichen Beschäftigtenbegriff zu schaffen, der nicht mit dem arbeitsrechtlichen Arbeitnehmerbegriff kompatibel ist. Der Wortlaut des § 7 Abs. 1 Satz 1 SGB IV („Beschäftigung ist die nichtselbständige Arbeit, insbesondere in einem Arbeitsverhältnis.") legt nahe, dass der Beschäftigtenbegriff weiter ist als der des Arbeitsverhältnisses, jedoch jedes Arbeitsverhältnis zugleich ein sozialversicherungsrechtliches Beschäftigungsverhältnis darstellt.[2]

6 Einstweilen frei.

7 Für die Praxis ermöglicht das **Anfrageverfahren** (§ 7a SGB IV) dem Arbeitgeber trotz der bestehenden materiell-rechtlichen Unschärfen in Grenzfragen eine vergleichsweise schnelle Klärung der Statusfrage unabhängig von einem konkreten Rechtsstreit. In Kontrast zu dem Gesetzesbefund des § 7 Abs. 1 SGB IV, der die sozialrechtliche Rechtslage an den arbeitsrechtlichen Begriff des „Arbeitsverhältnisses" koppelt,[3] strahlt daher praktisch – genau umgekehrt – die Auslegung des § 7 SGB IV durch die Sozialgerichte häufig auf die arbeitsrechtliche Abgrenzung der selbständigen und unselbständigen Beschäftigung aus. In jüngerer Zeit wurde diese Parallelität freilich zunehmend durchbrochen, indem – etwa bei Organmitgliedern juristischer Personen – Sozialversicherungspflicht bejaht,[4] die Arbeitnehmereigenschaft aber weiterhin regelmäßig verneint wird.[5]

8 Der Begriff der sozialversicherungspflichtigen Beschäftigung ist in seinem Grundtatbestand nicht gesetzlich definiert. Vergleicht man die im Arbeitsrecht und Sozialversicherungsrecht für die Abgrenzung angewendeten Grundsätze, so bleibt ein zwiespältiger Eindruck. Einerseits kann man mit Fug und Recht betonen, dass

---

1 S. hierzu *Bieback*, ArbuR 1999, 209 (210); *I. Schmidt*, RdA 1999, 124 ff.; aus der Sicht des Sozialrechts: *Brand*, NZS 1997, 552 ff.
2 Vgl. – auch zur teilweise divergierenden Rechtsprechung – dazu *Greiner*, NZS 2009, 657; *Greiner*, Das Beschäftigungsverhältnis im Sozial- und Arbeitsrecht, in Selbständigkeit und Abhängigkeit der Dogmatik des Sozialrechts, SDSRV Bd. 62, 2012, S. 9 ff.; *Hanau/Greiner*, Fortsetzung des Beschäftigungsverhältnisses bei Unterbrechung der Beschäftigung, FS Gagel, 2011, S. 103 ff., jeweils m.w.N.
3 Vgl. *Greiner*, SDSRV Bd. 62, 2012, S. 9; zur Verknüpfung der Begriffe bereits *I. Schmidt*, RdA 1999, 124 (126); *Seiter*, VSSR 1976, 179; GK/*Merten* § 7 SGB IV Rz. 40 ff.; *Gitter*, FS Wannagat, 1981, S. 141; *Krejci*, VSSR 1977, 301; *Wank*, Arbeitnehmer und Selbständige, 1988, S. 346; *Wank*, AuR 2001, 291 (297 ff.).
4 GmbH-Geschäftsführer: BSG v. 18.12.2001 – B 12 KR 10/01 R, NZA-RR 2003, 325; v. 13.12.1960 – 3 RK 2/56, BSGE 13, 196; zutr. Eingrenzungen bei LSG Hess. v. 23.11.2006 – L 1 KR 763/03, ZIP 2007, 545; Vorstände ausländischer Aktiengesellschaften: BSG v. 12.1.2011 – B 12 KR 17/09 R, NZA 2011, 1026; v. 6.10.2010 – B 12 KR 20/09 R, SozR 4-2600 § 1 Nr. 5. Kritisch dazu schon *Preis*, NZA 2000, 914 (918 ff. m.w.N.).
5 Zum Meinungsstand im Überblick: MünchKommBGB/*Müller-Glöge*, § 611 Rz. 146 ff.; Münchener Anwaltshandbuch Arbeitsrecht/*Reiserer*, § 6 Rz. 58 ff.

sich BAG und BSG in der Fassung der Obersätze zum Arbeitnehmerbegriff und zum Beschäftigtenbegriff kaum unterscheiden (vgl. die nachfolgende tabellarische Übersicht). Andererseits werden erhebliche Akzentverschiebungen in der Subsumtion deutlich. So entsteht im Arbeits- und Sozialrecht ein verwirrendes Geflecht im sozialversicherungsrechtlichen Sinne Beschäftigter und Nicht-Beschäftigter, deren teleologische Zuordnung Schwierigkeiten bereitet. Zu bedenken ist, dass das Arbeitsrecht die geschmeidige Zwischenform der arbeitnehmerähnlichen Personen kennt, auf die mit großer Zurückhaltung arbeitsrechtliche Schutznormen analog angewendet werden. Das Sozialrecht kennt dagegen nur das Begriffspaar „selbständig – unselbständig", muss also, wenn es die Arbeitnehmerähnlichen erfassen will, diese zu „Beschäftigten" machen (so ausdrücklich für Heimarbeiter in § 12 Abs. 2 SGB IV).

Freilich ist die Situation im Steuerrecht anders. Denn der Arbeitnehmerbegriff ist wesentlich für die Steuerart, insbesondere dafür, ob Einkünfte aus selbständiger oder nichtselbständiger Tätigkeit vorliegen. Der BFH orientiert sich in seiner Rechtsprechung weitgehend an den Grundentscheidungen des BSG.[1] Der GmbH-Geschäftsführer wird steuerrechtlich – im Unterschied zum Arbeitsrecht – als Arbeitnehmer angesehen.[2] Nur wenn er ein Gesellschafter-Geschäftsführer ist, der mit über 50 % des Stammkapitals beteiligt ist, wird er grundsätzlich auch steuerrechtlich als Selbständiger eingestuft.[3]

Übersicht: Arbeitnehmerbegriff des Arbeitsrechts und Beschäftigtenbegriff des Sozialrechts

Arbeitsrecht	Sozialrecht
1. Gesetzlicher Ausgangspunkt	
Allgemeine Definition fehlt! Für Handelsvertreter: § 84 Abs. 1 Satz 2 HGB	Grundnorm: § 7 Abs. 1 SGB IV
2. Verfahrensmaximen	
Parteimaxime	Offizialmaxime
3. Rechtssystematischer Ausgangspunkt	
Privatautonomie Vertragstypenwahl mit richterrechtlicher Vertragskontrolle (Vermeidung der Umgehung von Arbeitsrecht)	Öffentlich-rechtliches zwingendes Statusrecht Selbständig – Unselbständig Zweck der Sozialversicherung, abhängig Beschäftigten wegen ihrer Schutzbedürftigkeit ein Sicherungssystem des öffentlichen Rechts zur Verfügung zu stellen.[4]

---

[1] Vgl. etwa BFH v. 2.12.2005 – VI R 16/03, DStR 2006, 365; allerdings mit der Tendenz zu einer eigenständigen, vom Schutzzweck der sozialen Schutzbedürftigkeit gelösten Begriffsbildung BFH v. 23.4.2009 – VI R 81/06, NZA 2009, 836.
[2] Exemplarisch BFH v. 23.4.2009 – VI R 81/06, NZA 2009, 836 unter Rekurs auf Eingliederung und Weisungsgebundenheit.
[3] BFH v. 20.10.2010 – VIII R 34/08, NZA 2011, 502 („zumindest als Indiz").
[4] BSG v. 29.1.1981 – 12 RK 63/79, BSGE 51, 164.

Arbeitsrecht	Sozialrecht
a) Arbeitsrecht kennt Kategorie **arbeitnehmerähnlicher Personen** mit teilweise analoger Anwendung des Arbeitsrechts.	a) Nach dem sozialrechtlichen Beschäftigtenbegriff werden **Arbeitnehmerähnliche** entweder den Selbständigen oder den Unselbständigen zugeordnet.
b) Definition in § 12a TVG: Personen, die	b) § 2 Satz 1 Nr. 9 SGB VI erfasst eine besondere Form arbeitnehmerähnlicher Selbständiger. Das sind Personen,
1. wirtschaftlich abhängig,	1. die im Zusammenhang mit ihrer selbständigen Tätigkeit
2. einem Arbeitnehmer vergleichbar sozial schutzbedürftig,	2. regelmäßig keinen versicherungspflichtigen Arbeitnehmer beschäftigen und
3. aufgrund Dienst- oder Werkvertrag überwiegend für eine Person tätig sind,	3. auf Dauer und im Wesentlichen nur für einen Auftraggeber tätig sind.
4. die geschuldeten Leistungen persönlich,	
5. im Wesentlichen ohne Mitarbeit von Arbeitnehmern erbringen.	
4. Rechtsmethodische Grundlage der Rechtsprechung	
Bundesarbeitsgericht	Bundessozialgericht
Typologische Betrachtung; Gesamtbild der Tätigkeit entscheidend (mit starkem Vertragsbezug)	Typologische Betrachtung; Gesamtbild der Tätigkeit entscheidend (wechselnde Ansatzpunkte)
5. Bedeutung der vertraglichen Vereinbarung	
a) Der jeweilige Vertragstyp ergibt sich aus dem wirklichen Geschäftsinhalt.	a) Grds. keine Dispositionsbefugnis über den sozialversicherungsrechtlichen Beschäftigungsstatus.
b) Prüfung, ob vertragliche Abrede mit der tatsächlichen Vertragsdurchführung übereinstimmt.	b) Der Vertragswille ist heute zwar formal Ausgangspunkt der Statusprüfung,[2] ist aber wegen des zweiseitig-zwingenden Charakters des § 7 Abs. 1 SGB IV im Ergebnis nur bedeutsam, wenn der ermittelte Sachverhalt nicht dagegen spricht.[3]
c) Der Abschluss eines Arbeitsvertrags führt immer zur Anwendung des Arbeitsrechts.[1]	c) Trotz Abschluss eines Arbeitsvertrags wird der Arbeitnehmerbegriff abstrakt überprüft.[4]
6. Gemeinsamer Kernbegriff	
Persönliche Abhängigkeit – nicht wirtschaftliche Abhängigkeit: keine freie Gestaltung der Tätigkeit und der Arbeitszeit (§ 84 Abs. 1 Satz 2 HGB) a) Weisungsbindung hinsichtlich Inhalt, Durchführung, Art, Ort und Zeit der Arbeitsleistung b) Eingliederung in den Betrieb (unterschiedliche Ausprägung je nach Art und Organisation der Tätigkeit möglich)	

---

1 BAG v. 13.3.1987 – 7 AZR 724/85, NZA 1987, 629.
2 Exemplarisch BSG v. 28.5.2008 – B 12 KR 13/07 R, SGb 2008, 401; v. 28.9.2011 – B 12 R 17/09 R, SGb 2011, 633 jeweils m.w.N.
3 Anders akzentuierend die frühere Rspr., vgl. BSG v. 14.5.1981 – 12 RK 11/80, BB 1981, 1581 (Vertragswille entscheidet, wenn gleich viel für Abhängigkeit und Selbständigkeit spricht).
4 BSG v. 24.11.1983 – 3 RK 35/82, Die Leistungen 1984, 285.

Arbeitsrecht	Sozialrecht
7. Detailbetrachtung der Weisungsbindung	
a) Grad des Weisungsrechts entscheidend b) Örtliche Weisungsgebundenheit c) Zeitliche Weisungsbindung Ist weder Beginn noch Ende der täglichen Arbeitszeit vorgeschrieben, spricht dies gegen ein Arbeitsverhältnis.[1] d) Fachliche Weisungsbindung e) Arbeitsbegleitende Weisungen bezogen auf einzelne Tätigkeit sind entscheidend. In der Abgrenzung zum freien Werkvertrag sprechen rein werkbezogene Weisungen nicht für einen Arbeitsvertrag.[2] f) Bei Dienst höherer Art lässt größere Gestaltungsfreiheit und fachliche Selbständigkeit persönliche Abhängigkeit nicht entfallen.	a) dto. b) dto. c) Im Ausgangspunkt ähnlich, im Detail wohl großzügiger als BAG: zeitlich-örtliche Einbindung bei einzelnem Auftrag soll u.U. kein hinreichendes Weisungsrecht begründen.[3] d) BSG erweitert Weisungsbegriff auf unternehmerische Weisungen, z.B. Preiskalkulation, Werbemaßnahmen, Kundenakquisition. e) Insbesondere – aber nicht ausschließlich – bei höheren Diensten (bspw. gesetzliche Vertreter jur. Pers.) genügt BSG die „funktionsgerechte dienende Teilhabe am Arbeitsprozess", die sich aus Gesetz oder Satzung ergeben kann.[4]
8. Detailbetrachtung der Eingliederung in die Betriebsorganisation	
a) Indiz: Ähnliche Tätigkeiten werden im gleichen Organisationszusammenhang von Arbeitnehmern erbracht. b) Ständige Dienstbereitschaft c) Einordnung in Organisations- und Dienstpläne[5] d) Angewiesenheit auf Arbeitsmittel und Organisation des Arbeitgebers e) Eigene Betriebsstätte und eigene Arbeitsmittel sprechen gegen Arbeitsverhältnis.	a) Spielt keine entscheidende Rolle.[6] b) dto. c) dto. d) Spielt keine entscheidende Rolle.[7] e) dto.

---

1 BAG v. 30.9.1998 – 5 AZR 563/97, NZA 1999, 374 und v. 26.5.1999 – AZR 469/98, NZA 1999, 983.
2 Vgl. zuletzt BAG v. 25.9.2013 – 10 AZR 282/12, NZA 2013, 1348; für das Vorliegen eines freien Werkvertrags verlangt das BAG aaO. ein „vertraglich festgelegte[s] abgrenzbare[s], dem Auftragnehmer als eigene Leistung zurechenbare[s] und abnahmefähige[s] Werk". Die Notwendigkeit, das Werk in der Durchführungsphase durch einseitige Arbeitgeberweisung festzulegen bzw. zu konkretisieren, insbesondere in Abhängigkeit vom „jeweiligen Bedarf des Auftraggebers" (sog. „Weisungsrechte bezüglich des Arbeitsvorgangs und der Zeiteinteilung") spreche dagegen für den Arbeitnehmerstatus. Die rechtliche Bewertung der jeweiligen Weisungsstruktur ist also in Grenzfällen höchst diffizil; vgl. dazu vertiefend *Greiner*, NZA 2013, 697; *Greiner*, RdA 2014, 262.
3 BSG v. 28.5.2008 – B 12 KR 13/07 R, SGb 2008, 401.
4 St. Rspr., s. nur BSG v. 9.3.1962 – 3 RK 74/57, SozR Nr. 30 zu § 165 RVO; v. 22.2.1996 – 12 RK 6/95, SozR 3-2940 § 2 Nr. 5; v. 25.1.2006 – B 12 KR 12/05 R, SozR 4-2400 § 7 Nr. 6.
5 Vgl. auch BAG v. 25.9.2013 – 10 AZR 282/12, NZA 2013, 1348 zur Eingliederung in einen die eigenverantwortliche Werkerstellung faktisch ausschließenden arbeitsteiligen Prozess.
6 BSG v. 28.5.2008 – B 12 KR 13/07 R, SGb 2008, 401.
7 BSG v. 28.5.2008 – B 12 KR 13/07 R, SGb 2008, 401.

Arbeitsrecht	Sozialrecht
8. Detailbetrachtung der Eingliederung in die Betriebsorganisation	
f) Äußeres Auftreten (mit eigenem Logo, eigenem Namen, auf eigene Rechnung) ist unerheblich.[1] g) Kontrollrechte des Auftraggebers sprechen nur für Arbeitsverhältnis, wenn sie über das notwendige Maß des jeweiligen Vertragstyps hinausgehen.[2]	f) Nach Statusbetrachtung erheblich[3] g) Pflicht zur Berichterstattung und zur Führung (tätigkeitsbezogener) Checklisten spricht nach BSG nicht für Eingliederung.[4]
9. Unternehmerische Chancen und Risiken	

a) Entscheidend ist, ob nach der vertraglichen Ausgestaltung noch Chancen für die unternehmerische Verwertung der Arbeitskraft bestehen.[5] Ob sie wahrgenommen werden, ist unerheblich.
b) Ungünstige Vertragsbedingungen und starke Vertragsbindung zeigen wirtschaftliche, aber noch nicht persönliche Abhängigkeit.[6]
c) Für Selbständigkeit spricht,
  1. wenn Auftragsvolumen nur mit Hilfe von Mitarbeitern (auch Angehörigen) erbracht werden kann[7] oder wenn vertraglich eigene Mitarbeiter eingesetzt werden dürfen;
  2. die Möglichkeit, Aufträge abzulehnen.[8]
	a) Anders Sozialversicherungsträger: Es genügt faktische Bindung.[9]
	b) BSG betont „unternehmerisches Risiko" bei freien Mitarbeitern, kein Mindesteinkommen und „Zahlung nur nach erbrachter Leistung", was für Selbständigkeit spreche.[10]
	c) Unternehmerrisiko ist gegeben, wenn eigenes Kapital oder die eigene Arbeitskraft auch mit der Gefahr eines Verlustes eingesetzt wird;[11] richtigerweise aber nicht bloßes Überwälzen von Risiken.[12]
	  1. Fehlen persönlicher Leistungspflicht und Beschäftigung von Dritten spricht grds. für unternehmerisches Risiko bzw. unternehmerische Chancen;[13]
	  2. dto.[14]

---

1 BAG v. 30.9.1998 – 5 AZR 563/97, NZA 1999, 374.
2 BAG v. 19.11.1997 – 5 AZR 653/96, NZA 1998, 364.
3 Vgl. *Brand*, NZS 1997, 554.
4 BSG v. 28.9.2011 – B 12 R 17/09 R, SGb 2011, 633 f.
5 BAG v. 30.9.1998 – 5 AZR 563/97, NZA 1999, 374.
6 BAG v. 30.9.1998 – 5 AZR 563/97, NZA 1999, 374.
7 BAG v. 16.7.1997 – 5 AZR 312/96, NZA 1998, 368.
8 BAG v. 30.9.1998 – 5 AZR 563/97, NZA 1999, 374.
9 Rundschreiben der Spitzenverbände der Sozialversicherung, NZA 1999, 365 (367).
10 BSG v. 27.3.1980 – 12 RK 26/79, SozR 2200 § 165 RVO Nr. 45.
11 BSG v. 4.6.1998 – B 12 KR 5/97 R, SozR 3-2400 § 7 Nr. 13.
12 Bedauerlicherweise anders die Tendenz des BSG, das die Überwälzung von Risiken mitunter genügen lässt, vgl. BSG v. 28.5.2008 – B 12 KR 13/07 R, SGb 2008, 401; v. 28.9. 2011 – B 12 R 17/09 R, SGb 2011, 633.
13 Vgl. BSG v. 19.8.2003 – B 2 U 38/02 R, NZA 2004, 200; näher *Segebrecht* in jurisPK-SGB IV, 2. Aufl. 2011 (Stand: Februar 2013), § 7 Rz. 117.
14 Vgl. BSG v. 28.5.2008 – B 12 KR 13/07 R, SGb 2008, 401; v. 28.9.2011 – B 12 R 17/09 R, SGb 2011, 633.

Arbeitsrecht	Sozialrecht
10. Formale Kriterien	
a) Art der Vergütung b) Abführung von Steuern und Sozialbeiträgen c) (Nicht)Gewährung von Urlaub d) (Nicht)Gewährung von Lohnfortzahlung	a) BSG: Vor allem die Zahlung fester Bezüge spreche für Unselbständigkeit.[1] Bei festen Bezügen kein „Unternehmerrisiko". b) Urlaub und Lohnfortzahlung sprechen typisch für Unselbständigkeit.
11. Offenkundige Ergebnisunterschiede zwischen BAG und BSG	

a) Arbeitnehmereigenschaft **verneint** bei
 	
   1. Gesetzlichen Vertretern juristischer Personen.[2]
 	
   2. GmbH-Geschäftsführer[3] (nicht Fremdgeschäftsführern).
b) Freiwilliger Umstieg auf freie Mitarbeit lässt Möglichkeit, sich auf Arbeitnehmerstatus zu berufen, entfallen.[4]
c) „Arbeitsverhältnis" verneint, da Rechtsverhältnis „sui generis" bei Wiedereingliederungsverhältnis (§ 74 SGB V).
	a) Unselbständige Beschäftigung (regelmäßig) **bejaht** bei
	   1. Gesetzlichen Vertretern juristischer Personen (mit Ausnahme AG und „große" VVaG).[5]
	   2. GmbH-Geschäftsführern mit Kapitalbeteiligung unter 50 %[6]
	b) Vorherige gleiche Tätigkeit als Arbeitnehmer bei gleichem Arbeitgeber spricht nach Statusdenken für Unselbständigkeit.[7]
	c) Beschäftigungsverhältnis bejaht bei Wiedereingliederungsverhältnis (§ 74 SGB V).

Zusammenfassend kann man die relevanten Unterschiede wie folgt charakterisieren: Die Arbeitsrechtsprechung stellt – inzwischen konsolidiert – auf eine **vertragstypenbezogene Abgrenzung** ab;[8] demgegenüber wird aus der maßgeblichen sozialrechtlichen Literatur[9] und aus der BSG-Rechtsprechung deutlich, dass es im Sozialrecht um eine vertragsunabhängige öffentlich-rechtliche Statusabgrenzung geht, und dabei nach dem Alles-oder-Nichts-Prinzip die Versicherungspflicht bejaht oder verneint werden muss. Das BSG sieht sich an die ausdrückliche privatautonome Vereinbarung eines Arbeitsverhältnisses nicht gebunden und verneint trotz bestehender Vertragsabrede ein Beschäftigungsverhältnis.[10] Begründen lässt sich dies mit der Betroffenheit von Dritt- und Gemeinschaftsinteressen, da die Zulassung konstitutiver Begründungen des Beschäftigtenstatus die Tür für eine miss-

---

1 BSG v. 30.11.1978 – 12 RK 33/76, SozR 2200 § 165 Nr. 32.
2 BAG v. 10.12.1996 – 5 AZB 20/96, NZA 1997, 674.
3 BAG v. 15.3.2011 – 10 AZB 32/10, NZA 2011, 874; v. 26.5.1999 – 5 AZR 664/98, NZA 1999, 987.
4 BAG v. 11.12.1996 – 5 AZR 855/95, NZA 1997, 817.
5 BSG v. 12.1.2011 – B 12 KR 17/09 R, NZA 2011, 1026; v. 6.10.2010 – B 12 KR 20/09 R, SozR 4-2600 § 1 Nr. 5; v. 21.2.1990 – 12 RK 47/87, NZA 1990, 950.
6 BSG v. 18.12.2001 – B 12 KR 10/01 R, NZA-RR 2003, 325; v. 8.8.1990 – 11 RAr 77/89, NZA 1991, 324; vgl. Hauck/Haines/*Knospe*, K § 7 Rz. 16.
7 *Brand*, NZS 1997, 554.
8 Hierzu insb. ErfK/*Preis*, § 611 BGB Rz. 36 ff.
9 KassKomm/*Seewald*, § 7 SGB IV Rz. 6 f., 11.
10 BSG v. 24.11.1983 – 3 RK 35/82, Die Leistungen 1984, 285; LSG Düsseldorf v. 27.2.1997 – 16 Kr 54/96, juris; bestätigt durch BSG v. 21.8.1997 – 12 BK 63/97 – juris. Allerdings ist zu beachten, dass das BSG (Urt. v. 24.9.2008 – B 12 KR 22/07 R, NZA-RR 2009, 272) bzgl. einer vertraglich vereinbarten Freistellung von der Arbeitsleistung den Beschäftigtenbegriff weit für konstitutive privatautonome Vereinbarungen geöffnet hat (vgl. *Greiner*, NZS 2009, 657 [659]).

bräuchliche Inanspruchnahme von Sozialversicherungsleistungen weit öffnen würde.[1] In diese grundsätzliche Diskrepanz fügt sich ein, dass BGH und BAG[2] auf der Basis des Privatrechts die unterschiedlichen Vertragstypen akzeptieren und nur in Fällen missbräuchlicher Vertragsgestaltung Arbeitsrecht zur Anwendung bringen. Demgegenüber macht das BSG vor den privatrechtlichen Vertragsstrukturen nicht Halt und bejaht den Status des unselbständig Beschäftigten ggf. auch für Vorstandsmitglieder (außerhalb der AG und der VVaG), GmbH-Geschäftsführer und mitarbeitende Gesellschafter, sofern keine Beteiligung am Stammkapital von mindestens 50 v.H. vorliegt und kein beherrschender Einfluss auf die Willensbildung gegeben ist.[3] Persönlich haftende Gesellschafter einer GbR, OHG oder KG sind demgegenüber, wenn nicht ein zusätzliches Beschäftigungsverhältnis besteht, in der Regel keine Beschäftigten.[4]

11 Sucht man nach dem entscheidenden Unterschied zwischen arbeits- und sozialrechtlicher Sicht, so liegt er in der teleologischen Interpretation des § 7 SGB IV und den divergierenden Verfahrensmaximen. Arbeitsrecht und Sozialrecht stimmen im Ausgangspunkt zwar darin überein, dass **nicht die gewählte Vertragsbezeichnung, sondern die tatsächliche Vertragsdurchführung entscheidend** für die Einordnung der Vertragsbeziehung sei.[5] In der Rechtsprechung des BSG erhält die gemeinsame Ausgangsbasis – öffentlich-rechtliche Natur des § 7 Abs. 1 SGB IV – jedoch einen anderen Zungenschlag. Es sei den Vertragschließenden grundsätzlich versagt, „über ihre öffentlich-rechtlichen Pflichten zu paktieren".[6] Dieser Grundansatz führt dazu, dass das BSG sich sowohl von den privatrechtlichen Vertragstypen löst als auch dem frei gebildeten Vertragswillen – anders als das BAG – praktisch keine Bedeutung beimisst.[7] Besonders deutlich wird dies bei der Behandlung der Vorstandsmitglieder und GmbH-Geschäftsführer. Die Arbeitsgerichte sind schon für Rechtsentscheidungen bezüglich Personen, die kraft Gesetzes, Satzung oder Gesellschaftsvertrags zur Vertretung juristischer Personen oder Personengesamtheiten berufen sind, nicht zuständig (vgl. § 5 Abs. 1 Satz 3 ArbGG). Aber auch dort, wo es ausnahmsweise auf die Beurteilung der Qualität der Beschäftigung ankam, hat das BAG eine abhängige Beschäftigung regelmäßig verneint. Nach der Trennungstheorie unterscheiden BGH und BAG die gesellschaftsrechtliche und die dienstrechtliche Stellung.[8] Dabei wird zwar nicht ausgeschlossen, dass der Anstellungsvertrag auch ausnahmsweise ein Arbeitsverhältnis darstellen kann. Aber: Mit der Übernahme der Funktion eines gesetzlichen Vertreters wird selbst ein zuvor be-

---

1 Näher *Greiner*, NZS 2009, 657 (659).
2 So bspw. für den Fall des GmbH-Geschäftsführers: BAG v. 26.5.1999 – 5 AZR 664/98, NZA 1999, 987.
3 Hierzu im Überblick KassKomm/*Seewald*, § 7 SGB IV Rz. 85 ff.; s.a. Hauck/Haines/*Knospe*, K § 7 Rz. 16.
4 KassKomm/*Seewald*, § 7 SGB IV Rz. 87.
5 BSG v. 28.10.1960 – 3 RK 13/56, SGb 1961, 249; v. 24.9.1981 – 12 RK 43/79, SozR 2200 § 165 Nr. 63; v. 30.1.1990 – 11 RAr 47/88, NZA 1990, 950; Niesel/*Brand*, SGB III, § 25 Rz. 8 f.; vgl. zum Arbeitsrecht ErfK/*Preis*, § 611 BGB Rz. 47 ff.
6 BSG v. 28.10.1960 – 3 RK 13/56, BSGE 13, 130 unter Hinweis auf BSG v. 28.1.1960 – 3 RK 49/56, BSGE 11, 257.
7 Besonders deutlich bei der Bejahung der Versicherungspflicht von Vorstandsmitgliedern: BSG v. 30.11.1978 – 12 RK 33/76, SozR 2200 § 165 Nr. 32.
8 BGH v. 9.2.1978 – II ZR 189/76, DB 1978, 878; hierzu ausf. *Bauer/Gragert*, ZIP 1997, 2177 (2182).

gründetes Arbeitsverhältnis regelmäßig aufgehoben.[1] Gesetzliche Vertreter – auch eines Vereins – sind danach regelmäßig nicht abhängig beschäftigt.[2] Der Verlust der Vertreterstellung führt auch nicht zu einem Wiederaufleben des Arbeitsverhältnisses.[3] In den neuralgischen Fällen der GmbH-Geschäftsführer unterscheidet das BAG strikt die gesellschaftsrechtliche Weisungsbefugnis der Gesellschaft und lässt ein bloß unternehmerisches Weisungsrecht der Gesellschafter nicht zur Begründung einer abhängigen Beschäftigung ausreichen. Vielmehr hängt die Frage, ob ein Geschäftsführer einer GmbH im Einzelfall in einem Arbeitsverhältnis steht, davon ab, ob diese eine über ihr gesellschaftsrechtliches Weisungsrecht hinausgehende Weisungsbefugnis auch bezüglich der Umstände der Leistungserbringung hat. Es komme darauf an, so das BAG, ob die Gesellschaft dem Geschäftsführer auch arbeitsbegleitende und verfahrensorientierte Weisungen erteilen und auf diese Weise die konkreten Modalitäten der Leistungserbringung bestimmen kann.[4] Dem BSG ist dagegen in diesen Fällen die vertragstypenbezogene Abgrenzung und die genaue Unterscheidung der Weisungsverhältnisse gleichgültig.

In der Gesetzesbegründung zu der zum 1.1.2000 in Kraft getretenen Neuregelung des § 7 SGB IV[5] wird kryptisch formuliert, es handele sich um die „Klarstellung, dass die gesetzlichen Neuregelungen zur genaueren Abgrenzung zwischen abhängiger Beschäftigung und Selbständigkeit an der vor ihrem Inkrafttreten bestehenden Abgrenzung" festhalten, diese Abgrenzung also nicht zulasten der Selbständigkeit verschoben werden sollte. Der Normtext koppelt sich, wenn auch unbeholfen, an den arbeitsrechtlichen, durch Rechtsprechung und Lehre entwickelten Arbeitnehmerbegriff. In § 7 Abs. 1 SGB IV versucht der Gesetzgeber im Sozialversicherungsrecht eine halbherzige „Quasi-Definition". Immerhin dürfte damit verdeutlicht sein, dass der Gesetzgeber sich eine im Arbeits- und Sozialrecht übereinstimmende Definition der unselbständigen (abhängigen) Beschäftigung wünscht, die er sich selbst aber nicht zutraut. Durch den Rückzug auf den begrifflichen Kern der abhängigen Beschäftigung (Weisungsbindung und Eingliederung) setzt er dem Erfindungsreichtum der Gerichte gewisse Grenzen. Durch die Normfassung erhält auch die herrschende Auffassung in der Literatur Auftrieb, die im Kern von einer **Identität des Arbeitnehmer- und Beschäftigtenbegriffs** ausgeht,[6] mag der Beschäftigtenbegriff auch weitere Fallgestaltungen erfassen und mithin weiter sein. Insbesondere seit das Arbeitsrecht die Figur des faktischen Arbeitsverhältnisses[7] dogmatisch anerkannt hat, ist der Grund für die Differenzierung von Arbeits- und Beschäftigungsverhältnis grundsätzlich weggefallen.

12

---

1 Vgl. bzgl. der Bestellung zum Geschäftsführer einer GmbH BAG v. 5.6.2008 – 2 AZR 754/06, NZA 2008, 1002.
2 BAG v. 28.9.1995 – 5 AZB 4/95, NZA 1996, 143; v. 7.10.1993 – 2 AZR 260/93, NZA 1994, 212.
3 BAG v. 18.12.1996 – 5 AZB 25/96, NZA 1997, 509; s.a. BAG v. 25.6.1997 – 5 AZB 41/96, NZA 1997, 1363; v. 5.6.2008 – 2 AZR 754/06, NZA 2008, 1002.
4 BAG v. 26.5.1999 – 5 AZR 664/98, NZA 1999, 987.
5 Gesetz zur Förderung der Selbständigkeit v. 20.12.1999, BGBl. 2000 I, S. 2.
6 *Gitter*, FS Wannagat, 1981, S. 141 ff.; *Krejci*, VSSR 1977, 301 ff.; *Seiter*, VSSR 1976, 179 ff.; *Wank*, Arbeitnehmer und Selbständige, 1988, S. 346; Gagel/*Fuchs*, § 25 SGB III Rz. 5 ff.
7 Dazu ErfK/*Preis*, § 611 BGB Rz. 145 ff.

2. Bedeutung der Vertragsabrede/Rechtsformwahl

a) Inhaltskontrolle

13 Vor diesem Hintergrund seien auf der Basis der hier präferierten arbeitsrechtlichen Betrachtung folgende Hinweise gegeben: Wenn die Vertragsparteien **ausdrücklich ein Arbeitsverhältnis** vereinbart haben, ist der zur Dienstleistung Verpflichtete kraft privatautonomer Entscheidung als Arbeitnehmer mit allen Rechten und Pflichten anzusehen.

Typ 1: Rechtsformwahl, Arbeitsvertrag

a) Zwischen ... und ... wird folgender Arbeitsvertrag abgeschlossen: ...

b) Die Parteien sind sich einig darüber, dass es sich bei den getroffenen Vereinbarungen um einen Arbeitsvertrag handelt.

---

14 Es erfolgt in diesem Fall keine objektive, korrigierende Prüfung, ob das Vertragsverhältnis nicht auch als freier Dienstvertrag hätte ausgestaltet werden können.[1] Durch bloße **Nichtausübung von Weisungsrechten** oder sonstigen Wegfall der persönlichen Abhängigkeit des Arbeitnehmers wandelt sich das Arbeitsverhältnis noch nicht in ein freies Mitarbeiter- oder Dienstverhältnis um.[2] Die **Umwandlung des vereinbarten Arbeitsverhältnisses in ein freies Dienstverhältnis** bedarf einer klaren und unmissverständlichen Vereinbarung. Denkbar ist, dass zwischen den gleichen Parteien mehrere Vertragsverhältnisse bestehen, so dass neben dem Arbeitsverhältnis durchaus auch – von der Arbeitsleistung getrennt – ein Werkvertrag oder unter Umständen auch ein freier Dienstvertrag geschlossen werden kann.[3] Die Aufspaltung in verschiedene Rechtsverhältnisse darf allerdings nicht zur Umgehung arbeitsrechtlicher Schutzvorschriften führen.

15 Missverständlich ist die verbreitete Aussage, die Klassifizierung des Arbeitsverhältnisses sei als Anwendungsfall eines **Rechtsformzwangs** anzusehen.[4] Richtig ist daran nur, dass für eine Wahl der Vertragstypen, insbesondere zwischen freiem und abhängigem Dienstvertrag, nur ein schmaler Raum besteht.[5] Dabei geht es richtigerweise um zwei Fragen: (1) die richtige **Einordnung des Vertragstyps nach dem wahren Inhalt des Vertrags** unabhängig von dessen Bezeichnung und (2) um die Frage nach **Umfang und Grenzen der Privatautonomie bei der Rechtswahl** zwischen freiem Dienstvertrag und (abhängigem) Arbeitsvertrag. Erreicht werden soll durch eine objektivierte Überprüfung einerseits die Anwendung der für den jeweiligen Vertragstyp charakteristischen (auch dispositiven) Rechtsregeln, andererseits soll

---

1 BAG v. 21.4.2005 – 2 AZR 125/04, ZM 2005, Nr. 11, 98; v. 13.3.1987 – 7 AZR 724/85, NZA 1987, 629; LAG Thür. v. 6.2.1998 – 8 Ta 205/97, NZA-RR 1998, 296.
2 BAG v. 12.9.1996 – 5 AZR 1066/94, NZA 1997, 194.
3 Bsp.: Wissenschaftlicher Angestellter fertigt außerhalb seiner geschuldeten Arbeitsleistung ein Gutachten für den AG; s.a. LAG Köln v. 7.10.1998 – 2 Sa 623/98, ARST 1999, 111: angestellter Rundfunksprecher übernimmt in freier Mitarbeit Autorenleistungen.
4 LAG Berlin v. 16.8.1983 – 9 Sa 23/82, LAGE § 611 BGB Arbeitnehmerbegriff Nr. 5; hierzu auch *Fenn*, FS Bosch, 1976, S. 171 ff.; klarstellend und richtig differenzierend *Jahnke*, ZHR 1982, 146, 595 ff.; *Stoffels*, NZA 2000, 690 ff.
5 MünchArbR/*Richardi*, § 17 Rz. 5.

die Umgehung zwingender arbeitsrechtlicher Normen vermieden werden, wobei unerheblich ist, ob die Abbedingung bewusst oder unbewusst erfolgt.

Dieser Ansatzpunkt geht weitgehend von einer zwingenden, nicht vertragsdispositiven Einordnung aus. Jedoch ist zu unterscheiden: Der **Rechtsbegriff des Arbeitnehmers** ist **weder vertrags- noch tarifdispositiv**. Für den gesetzlichen Begriff der arbeitnehmerähnlichen Person hat das BAG dies ausdrücklich erklärt.[1] Davon unabhängig ist jedoch die grundsätzliche **Möglichkeit der Vertragstypenwahl**. Die richtige Zuordnung des Vertragstyps ebenso wie die (damit einhergehende) Abbedingung eines bestimmten Rechtsregimes ist dogmatisch als Anwendungsfall einer Inhaltskontrolle zu begreifen. Das zeigt sich auch daran, dass – jedenfalls innerhalb der Typengruppe „Dienstverträge" – bei frei ausgehandelten, nicht paritätsgestörten Vertragsschlüssen der freie Parteiwille Vorrang hat.[2]

16

Allerdings ist auch hier zu differenzieren. Eine **fehlerhafte Vertragstypenzuordnung** ist stets durch die Rechtsprechung zu korrigieren. Schon das BGB selbst sieht eine bestimmte Vertragstypenzuordnung mit bestimmten Rechtsregeln vor. So kann ein Vertrag, der die konstitutiven Elemente eines Werkvertrags (Erfolgsbezug, gewährleistungsrechtliche Verantwortung für das „Werk" und Fehlen persönlicher Abhängigkeit)[3] besitzt, nicht durch schlichte Bezeichnung zum freien Dienstvertrag werden. Die anwendbaren Rechtsregeln werden nach dem vereinbarten Vertragstyp objektiv zugeordnet. Die Vertragsparteien haben es in der Hand, die beiderseitigen Rechte und Pflichten so festzulegen, dass ihr Rechtsverhältnis der einen oder anderen Rechtsform entspricht.[4] Wie die von den Vertragsparteien getroffenen Abreden rechtlich zu qualifizieren sind, entzieht sich deren Belieben. Die Zuordnung erfolgt nach objektiven Kriterien.[5]

17

Die **Rechtsformwahl** ist **umso eingeschränkter, je mehr der jeweilige Vertragstyp von zwingenden Rechtsregeln geprägt** ist.[6] Deshalb ist es auch unzulässig, in einem Arbeitsvertrag die Kündigungsregelungen freier Dienstverträge oder des Auftragsrechts zugrunde zu legen. Nach dieser ständigen Rechtsprechung des BAG bleiben die allgemeinen Statusklauseln üblicherweise ohne Wirkung.[7]

18

⊃ **Nicht geeignet:**

a) Mit Herrn/Frau ... wird folgender Dienstvertrag/Werkvertrag abgeschlossen: ...

b) Es besteht Einigkeit zwischen den Parteien, dass Herr/Frau ... als freier Mitarbeiter/freie Mitarbeiterin für die Firma tätig wird.

c) Herr/Frau ... ist mit der Einstufung als freier Mitarbeiter/in einverstanden und verpflichtet sich hiermit, gerichtlich weder Statusklage auf Feststellung der Arbeitnehmereigenschaft zu erheben noch einzelne Arbeitnehmeransprüche geltend zu machen.

---

1 BAG v. 2.10.1990 – 4 AZR 106/90, NZA 1991, 239.
2 Hierzu *Preis*, Vertragsgestaltung, S. 381 ff.
3 Vgl. *Greiner*, NZA 2013, 697; *Greiner*, RdA 2014, 262.
4 Zutr. *Jahnke*, ZHR 1982 (146), 595 ff.; s.a. *Stoffels*, NZA 2000, 690 (693).
5 BAG v. 15.12.1999 – 5 AZR 3/99, NZA 2000, 534.
6 ErfK/*Preis*, § 611 BGB Rz. 43.
7 Vgl. BAG v. 24.6.1992 – 5 AZR 384/91, NZA 1993, 174.

19 Dies gilt zunächst für die unter a) und b) dargestellten Klauseln, in denen entweder die Rechtsnatur des gewünschten Vertrags oder der rechtliche Status der beschäftigten Person ausdrücklich festgelegt ist. Unwirksam ist insbesondere aber auch der in der Klausel c) vorgesehene Verzicht auf die gerichtliche Geltendmachung von Arbeitnehmeransprüchen bzw. auf die gerichtliche Überprüfung des Status des Beschäftigten. Ein solcher genereller Vorausverzicht auf mögliche Rechte, die durch zwingendes Arbeitsrecht eingeräumt werden, ist unzulässig. Dies ist zum Teil ausdrücklich oder zumindest konkludent im Gesetz geregelt (z.B. § 12 EFZG, § 13 Abs. 1 BUrlG, § 17 Abs. 3 Satz 3 BetrAVG). Aber auch soweit eine derartige ausdrückliche Vorschrift fehlt, sind die arbeitsrechtlichen Gesetze weitgehend zugunsten des Arbeitnehmers einseitig zwingend und stehen damit einem Vorausverzicht entgegen.[1]

20 Die in ständiger Rechtsprechung vom BAG praktizierte objektive Prüfung der Vertragsdurchführung ist Bestandteil einer **Vertragsinhaltskontrolle**. Dies wird insbesondere daran deutlich, dass eine derartige Vertragskontrolle erfolgt, wenn die **Verträge nicht ausgehandelt**, sondern von der einen Partei vorformuliert worden sind.[2] Ebenso wird im Schrifttum darauf abgestellt, ob der Mitarbeiter in den „freien" Dienstvertrag **gedrängt** worden ist.[3] Die tatsächliche Vertragsdurchführung wird in der gerichtlichen Auseinandersetzung weiterhin entscheidend sein. Dabei können – gegen den dokumentierten Vertragstext – folgende Aspekte den Ausschlag geben, ein Arbeitsverhältnis statt des gewollten freien Dienstvertrags anzunehmen:
– Der Mitarbeiter erhält arbeitsbegleitende (methodische) Weisungen, die nicht ausschließlich auf die Ausgestaltung eines vereinbarten „Werks" bezogen sind.[4]
– Er ist an feste Arbeitszeiten gebunden bzw. die Arbeitszeiten werden einseitig abgerufen.
– Die Tätigkeit erfolgt stets an demselben Arbeitsort oder muss auf Weisung an verschiedenen Orten wahrgenommen werden.
– Der Mitarbeiter organisiert seine Tätigkeit nicht selbst.
– Der Mitarbeiter ist in den Betrieb bzw. die Betriebsabläufe eingegliedert.
– Der Mitarbeiter übt dieselbe Tätigkeit wie angestellte Arbeitnehmer des Unternehmens aus.
– Der Mitarbeiter darf nicht für andere Auftraggeber tätig werden.
– Der Mitarbeiter muss die Leistung in jedem Fall persönlich erbringen.
– Der Mitarbeiter erhält ein festes Gehalt, muss Urlaub nehmen oder erhält arbeitnehmertypische Leistungen (z.B. Entgeltfortzahlung im Krankheitsfall).

b) Verbleibender Gestaltungsspielraum

21 Angesichts dieser grundsätzlich allein auf die tatsächliche Durchführung einer Tätigkeit abstellenden Rechtsprechung des BAG[5] stellt sich die Frage, inwiefern über-

---
1 *Preis*, Vertragsgestaltung, S. 494; Küttner/*Eisemann*, Personalbuch 2014, Verzicht Rz. 2; konkret für den Fall des Verzichts auf den Kündigungsschutz nach dem KSchG LAG Düsseldorf v. 27.2.1979 – 8 Sa 727/78, LAGE § 4 KSchG Nr. 3.
2 Ausdrücklich BAG v. 12.9.1996 – 5 AZR 104/95, NZA 1997, 600.
3 *Wank*, S. 104 ff.
4 Vgl. *Greiner*, NZA 2013, 697 (698).
5 Vgl. BAG v. 20.1.2010 – 5 AZR 106/09, NZA 2010, 840.

haupt Raum für eine vertragliche Bestimmung des Status als Arbeitnehmer oder freier Mitarbeiter bleibt. *Wank*[1] plädiert dafür, in Grenzfällen dem Prinzip der Vertragsfreiheit Rechnung zu tragen. Bei einer wirklich freien Wahl des Selbständigenstatus sei der Parteiwille zu akzeptieren. Die für die Vertragsgestaltung maßgebliche Rechtsprechung des BAG ist insofern strenger. Nach der Rechtsprechung des BAG kann der Bezeichnung im Anstellungsvertrag grundsätzlich nur dann Bedeutung zukommen, wenn eine Zuordnung zum Arbeitsverhältnis oder zum freien Mitarbeiterverhältnis nach den objektiven Gegebenheiten nicht möglich ist. Ist auf dieser Basis die Qualifizierung eines Rechtsverhältnisses nicht eindeutig als Arbeitsverhältnis möglich und sprechen nach den objektiven Gegebenheiten sowohl für die eine wie die andere Vertragsform Gründe bzw. liegt eine Vertragstypenvermischung vor, kann zunächst der **Wille der Vertragsparteien** den Ausschlag geben, ob die eine oder andere Vertragsform gewollt war.[2] Eine derartige Wahlfreiheit ist jedoch nur gerechtfertigt, wenn der **Vertragswille frei gebildet** worden ist.[3]

Insofern hat das BAG anerkannt, dass die von den Parteien gewählte Bezeichnung Bedeutung haben kann. In einem Fall der Einstufung des Vertragsverhältnisses eines Versicherungsvermittlers hat das BAG ausgeführt, dass auch die von den Parteien gewählten Bezeichnungen ein erhebliches Gewicht für die Einordnung hätten.[4] In einem anderen Fall der Einstufung eines solchen Vertragsverhältnisses ging das BAG noch einen Schritt weiter und nahm zusätzlich an, dass sich die Parteien grundsätzlich an dem von ihnen gewählten Vertragstypus festhalten lassen müssen, wenn die tatsächliche Handhabung der Vertragsbeziehung nicht zwingend für ein Arbeitsverhältnis spricht und die Parteien nicht gänzlich unerfahren sind.[5] Hat aber der Dienstberechtigte dem zur Dienstleistung Verpflichteten nur einen Vertrag als freier Mitarbeiter angeboten und ihm keine Gelegenheit gegeben, sich um eine Anstellung als Arbeitnehmer zu bewerben, so soll die Wahl dieser Vertragsform allein deshalb ein Missbrauch der Vertragsfreiheit sein, falls sie nicht durch einen sachlichen Grund gerechtfertigt ist.[6] Eine objektive Prüfung des Vertragsverhältnisses soll aber dann nicht erfolgen, wenn der Arbeitnehmer als die schwächere Partei ausdrücklich auf freien Wunsch auf der Basis eines freien Dienstvertrags tätig wird. Insbesondere wenn der frühere Arbeitnehmer auf eigene Initiative eine Fortsetzung des Vertragsverhältnisses auf freier Mitarbeiterbasis verlangt, findet eine objektive Prüfung der Vertragsdurchführung nicht statt.[7]

Für die Vertragsgestaltung ergeben sich aus der Rechtsprechung zwei Konsequenzen: Einmal ist den Parteien trotz der Rechtsprechung des BAG zu raten, die Statusbezeichnung als „freier Mitarbeiter" o.Ä. ausdrücklich in den Vertrag aufzunehmen, soweit dieser Status den Interessen der Parteien entspricht. Zwar ist eine solche Bezeichnung – wie dargelegt – grundsätzlich nicht entscheidend für die Status-

---

1 *Wank*, S. 102 ff., 129 f.
2 Hierzu LAG Hamm v. 17.10.1989 – 1 ABR 100/88, NZA 1990, 193; s. BAG v. 8.6.1967 – 5 AZR 461/66, DB 1967, 1374; v. 22.11.1973 – 12/3 RK 83/71, USK 73195; MünchArbR/*Richardi*, § 17 Rz. 4 f.
3 *Wank*, S. 104 ff., 107; LAG Köln v. 7.4.1994 – 10 Sa 1305/93, NZA 1994, 1090.
4 BAG v. 21.1.1966 – 3 AZR 183/65, DB 1966, 546.
5 BAG v. 9.6.2010 – 5 AZR 332/09, NZA 2010, 877; in Abgrenzung zu BAG v. 30.9.1998 – 5 AZR 563/97, NZA 1999, 374 und v. 25.5.2005 – 5 AZR 347/04, DB 2005, 2529.
6 So BAG v. 14.2.1974 – 5 AZR 298/73, DB 1974, 1487.
7 In der Sache ebenso BAG v. 11.12.1996 – 5 AZR 855/95, NZA 1997, 817.

bestimmung; in Fällen aber, in denen die Statusbestimmung nach den objektiven Gegebenheiten und nach der übrigen Vertragsgestaltung nicht eindeutig ist, kann die gewählte Bezeichnung letztlich doch ausschlaggebend sein.

24 Sollte die Beschäftigung eines Mitarbeiters als „freier Mitarbeiter" im Einzelfall tatsächlich dessen ausdrücklichem Wunsch entsprechen, empfiehlt sich die Aufnahme folgender Klausel:

> Herr/Frau ... wurde die Möglichkeit eingeräumt, entweder als freier Mitarbeiter oder als Arbeitnehmer für das Unternehmen tätig zu werden. Es entspricht dem ausdrücklichen Wunsch von Herrn/Frau ..., als freie/r Mitarbeiter/in beschäftigt zu werden.

25 Eine solche Klausel dient der Ausschöpfung des Spielraums, den die genannte Entscheidung des BAG vom 14.2.1974[1] belassen hat. Danach soll der Wille der Parteien, ein freies Mitarbeiterverhältnis zu begründen, nur dann beachtlich sein, wenn dem freien Mitarbeiter zuvor auch die Gelegenheit gegeben wurde, in einem Arbeitsverhältnis beschäftigt zu werden. Es bleibt freilich darauf hinzuweisen, dass auch eine solche Klausel verbleibende Rechtsunsicherheit nicht gänzlich ausschließen dürfte. Vielmehr dürfte im Streitfall die Beweislast dafür, dass dem „freien Mitarbeiter" tatsächlich die Wahlmöglichkeit eingeräumt wurde und die Wahl des Status als freier Mitarbeiter tatsächlich seinem Wunsch entspricht, beim „Auftraggeber" verbleiben.

26 Gelingt dem „Auftraggeber" der Nachweis, dass die Vereinbarung eines freien Mitarbeiterverhältnisses auf Wunsch des Beschäftigten erfolgte, bleibt nach dem Gesagten gleichwohl das Risiko, dass das Arbeitsgericht die Vertragsbeziehung als Arbeitsverhältnis einstuft, weil die Gesamtumstände der Vertragsdurchführung für eine Tätigkeit in „persönlicher Abhängigkeit" sprechen. Trotzdem ist der Wunsch des Beschäftigten nicht völlig bedeutungslos. Denn je nach den Umständen des Einzelfalls kann die Geltendmachung einzelner Rechte aus dem Arbeitsverhältnis gegen den Grundsatz von Treu und Glauben gemäß § 242 BGB verstoßen, weil sich der Arbeitnehmer, der in eigenem Interesse auf freier Mitarbeit bestanden hatte, widersprüchlich verhält, wenn er dann nur für Arbeitnehmer bestehende Rechte geltend macht. Liegt nach den Umständen des Einzelfalls ein derartiger Verstoß gegen Treu und Glauben vor, können von dem Verbot der Geltendmachung auch Rechte aus Tarifvertrag oder Betriebsvereinbarung betroffen sein.

3. Sozial- und vergütungsrechtliche Folgen fehlerhafter Zuordnung

27 Haben die Vertragsparteien ein Beschäftigungsverhältnis als freies Mitarbeiterverhältnis bezeichnet und abgewickelt, obwohl es sich in Wirklichkeit um ein Arbeitsverhältnis handelt, so ist zwischen den sozialversicherungsrechtlichen und arbeitsrechtlichen Konsequenzen zu unterscheiden. **Sozialversicherungsrechtlich** liegt in diesem Fall trotz der fehlerhaften Bezeichnung ein **Beschäftigungsverhältnis** i.S.d. § 7 Abs. 1 SGB IV vor, da der „freie Mitarbeiter" in Wirklichkeit „nichtselbständige Arbeit" im Sinne der Vorschrift verrichtet. Folge ist die rückwirkende Entstehung

---

1 BAG v. 14.2.1974 – 5 AZR 298/73, DB 1974, 1487.

der Sozialversicherungspflichtigkeit des Beschäftigungsverhältnisses, wobei die Beitragspflicht regelmäßig allein den Arbeitgeber trifft. Denn der Arbeitgeber ist Schuldner des Gesamtsozialversicherungsbeitrags (§ 28e SGB IV) und hat die Beiträge rückwirkend nachzuentrichten. Dieser Beitragsanspruch verjährt gemäß § 25 Abs. 1 Satz 1 SGB IV grundsätzlich in vier Jahren nach Ablauf des Kalenderjahrs, in dem er fällig geworden ist. Gemäß § 25 Abs. 1 Satz 2 SGB IV beträgt die Verjährungsfrist bei vorsätzlicher Vorenthaltung sogar 30 Jahre nach Ablauf des Kalenderjahrs, in dem der Anspruch auf Beiträge fällig geworden ist; dabei genügt bedingter Vorsatz des Arbeitgebers oder der mit der Beitragsentrichtung betrauten Person.[1] Das Recht des Arbeitgebers, den Arbeitnehmeranteil der Sozialversicherungsbeiträge von seinem Arbeitnehmer zurückzufordern, ist durch § 28g SGB IV entscheidend eingeschränkt. Nach dieser Vorschrift kann der Arbeitgeber seinen Anspruch gegen den Beschäftigten nur durch Abzug vom Arbeitsentgelt geltend machen. Ein unterbliebener Abzug darf dabei nur bei den drei nächsten Lohn- oder Gehaltszahlungen nachgeholt werden, soweit nicht ausnahmsweise der Abzug ohne Verschulden des Arbeitgebers unterblieben ist.

Arbeitsrechtlich hat die Verkennung des Arbeitnehmerstatus zur Folge, dass das „Freie-Mitarbeiter-Verhältnis" in vollem Umfang als Arbeitsverhältnis behandelt wird und bei der Vertragsabwicklung – auch rückwirkend – das gesamte Arbeitsrecht zu beachten ist. Darüber besteht im Ergebnis Einigkeit. Lediglich hinsichtlich der dogmatischen Begründung dieses Ergebnisses gibt es verschiedene Ansätze: Teilweise wird auf den Gesichtspunkt der unzulässigen Umgehung des Arbeitsrechts,[2] teilweise auf den Missbrauch der Vertragsfreiheit[3] oder auf den Gesichtspunkt der protestatio facto contraria abgestellt.[4] Der aus Sicht des Arbeitgebers „unfreiwillige" Arbeitnehmer ist dementsprechend z.B. mitzuzählen, soweit arbeitsrechtliche Vorschriften für ihre Anwendbarkeit auf eine bestimmte Anzahl von Belegschaftsmitgliedern abstellen (z.B. § 23 Abs. 1 KSchG, § 1 BetrVG). Der allgemeine Kündigungsschutz nach dem KSchG findet auf ihn ebenso Anwendung wie – bei Vorliegen der jeweiligen Voraussetzungen – der besondere Kündigungsschutz etwa nach MuSchG, SGB IX oder ArbPlSchG. Ist der Vertrag mit dem „freien Mitarbeiter" befristet abgeschlossen, hängt die Wirksamkeit dieser Befristung davon ab, ob die Befristung nach § 14 TzBfG wirksam ist. Darüber hinaus wird der „freie Mitarbeiter", der in Wirklichkeit Arbeitnehmer ist, von den einschlägigen Betriebsvereinbarungen ebenso erfasst wie von den maßgeblichen Tarifverträgen, soweit die allgemeinen Voraussetzungen der Tarifgebundenheit gemäß §§ 3, 5 Abs. 4 TVG erfüllt sind.

Insofern ist es durchaus möglich, dass ein als „frei" bezeichneter Arbeitnehmer für die Vergangenheit **Nachzahlungsansprüche** geltend machen kann. Denkbar ist dies etwa in Bezug auf Entgeltfortzahlungsansprüche im Krankheitsfall oder im Fall einer untertariflichen Bezahlung. Eine Begrenzung des Nachzahlungsrisikos kann durch Verfallklauseln (s. → *Ausschlussfristen*, II A 150) erreicht werden.

---

1 BSG v. 21.6.1990 – 12 RK 13/89, DB 1992, 2090; v. 30.3.2000 – B 12 KR 14/99 R, NZA 2000, 876; v. 17.4.2008 – B 13 R 123/07 R, NZA 2000, 876.
2 *Beuthien*, FS BAG, 1979, S. 1 (10); *Lieb*, RdA 1975, 49 (52).
3 BAG v. 14.2.1974 – 5 AZR 298/73, DB 1974, 1487; v. 21.9.1977 – 5 AZR 373/76, DB 1978, 596.
4 *Fenn*, FS Bosch, 1976, S. 171 (174); *Rosenfelder*, Der arbeitsrechtliche Status des freien Mitarbeiters, S. 146 f., 208.

30 Trotz dieser vielfältigen Einflüsse zwingenden Arbeitsrechts bleibt aus Sicht des unfreiwilligen Arbeitgebers als drängendstes Problem im Hinblick auf die finanziellen Konsequenzen der zusätzliche Anfall der sozialversicherungsrechtlichen Beitragspflicht, dem durch Vertragsgestaltung (Vereinbarung einer Verfallklausel) nicht wirksam begegnet werden kann. Dies gilt nicht nur für die Vergangenheit, in der – wie dargelegt – der Arbeitgeber regelmäßig den Gesamtsozialversicherungsbeitrag allein zu tragen hat, sondern auch für die zukünftige Fortsetzung des Arbeitsverhältnisses; denn bei der üblichen Vereinbarung einer festen Vergütung des „freien Mitarbeiters" ist nach gerichtlicher Feststellung der Arbeitnehmereigenschaft der Arbeitgeberanteil zur Sozialversicherung zusätzlich zu dem vereinbarten Bruttoentgelt zu zahlen.

31 Allerdings hat das BAG in einer Entscheidung vom 9.7.1986[1] die Möglichkeit bejaht, dass für die Zukunft eine (sofortige) Herabsetzung der Vergütung nach den Grundsätzen über den Wegfall der Geschäftsgrundlage in Betracht kommt. Diese Wertung erscheint bedenklich, da im Arbeitsrecht für die Anpassung der Arbeitsbedingungen die Möglichkeit der ordentlichen oder – bei Vorliegen eines wichtigen Grundes – ausnahmsweise auch fristlosen Änderungskündigung vorgesehen ist. Inwiefern neben diesem Rechtsinstitut Raum für eine Anpassung der Vertragsbedingungen nach der Lehre vom Wegfall der Geschäftsgrundlage besteht, ist zumindest zweifelhaft.[2] Jedenfalls kann auch nach der jüngeren Rechtsprechung des BAG allein die Tatsache, dass auf der Grundlage der vereinbarten Vergütung der Arbeitgeber Beiträge zur Sozialversicherung entrichten muss, nicht als ein solch unzumutbares Opfer angesehen werden, dass sie auf der Grundlage des Wegfalls der Geschäftsgrundlage zu einer Abänderung des Vertrags führt.[3]

32 Angesichts der dargelegten Konsequenzen für die Vergangenheit und der verbleibenden Rechtsunsicherheit in Bezug auf die zukünftige Vertragsanpassung stellt sich die Frage, inwiefern hier Raum für vertragliche Vorsorgeregelungen besteht. Die nachfolgende Vertragsklausel kann rechtlich keinen Bestand haben:

⊃ **Nicht geeignet:**
   Sollte rechtskräftig festgestellt werden, dass das Beschäftigungsverhältnis mit Herrn/Frau … entgegen der von den Parteien gewählten Bezeichnung als Arbeitsverhältnis einzustufen ist, ist Herr/Frau … verpflichtet, den vom Unternehmer gezahlten Arbeitnehmeranteil des Gesamtsozialversicherungsbeitrags zu erstatten.

33 Die Klausel ist mit § 32 SGB I nicht zu vereinbaren. Nach dieser Vorschrift sind alle privatrechtlichen Vereinbarungen, die zum Nachteil des Sozialleistungsberechtigten von Vorschriften des Sozialgesetzbuchs abweichen, nichtig. § 32 SGB I gewährleistet die zwingende Natur sozialrechtlicher Bestimmungen und ergänzt damit § 134 BGB, der erst bei Verstoß gegen ein gesetzliches Verbot die Nichtigkeitsfolge auslöst (vgl. im Einzelnen zu § 32 SGB I oben I D Rz. 1 ff.). Eine solche nachteilige Vereinbarung stellt auch die Beispielklausel dar, da die vorgesehene Rückzahlungs-

---

1 BAG v. 9.7.1986 – 5 AZR 44/85, NZA 1987, 16.
2 Gegen eine Anwendung der Lehre vom Wegfall der Geschäftsgrundlage auch LAG Berlin v. 8.6.1993 – 15 Sa 31/92, NZA 1994, 512.
3 BAG v. 12.12.2001 – 5 AZR 257/00, NZA 2002, 1338.

verpflichtung die Beitragspflicht für rückständige Sozialversicherungsbeiträge abweichend von § 28g SGB IV regelt, wonach ein unterbliebener Abzug grundsätzlich nur bei den drei nächsten Lohn- oder Gehaltszahlungen nachgeholt werden darf.[1]

Anders ist der nachfolgende Klauseltyp 2 zu bewerten: 34

Typ 2: Anpassung der Vergütung bei fehlerhafter Einordnung

a) Sollte rechtskräftig festgestellt werden, dass das Beschäftigungsverhältnis von Herrn/Frau ... entgegen der von den Parteien gewählten Bezeichnung als Arbeitsverhältnis einzustufen ist, verringert sich die unter Ziffer ... genannte Bruttovergütung mit Rechtskraft der arbeitsgerichtlichen Entscheidung um den vom Unternehmer zu tragenden Arbeitgeberanteil zum Gesamtsozialversicherungsbeitrag.

b) Sollte rechtskräftig festgestellt werden, dass das Beschäftigungsverhältnis von Herrn/Frau ... entgegen der von den Parteien gewählten Bezeichnung als Arbeitsverhältnis einzustufen ist, richtet sich die Vergütung abweichend von der Vereinbarung zu Ziffer ... nach dem einschlägigen Gehaltstarifvertrag.

Im Hinblick auf Klauseltyp 2 ist danach zu differenzieren, ob die vorgesehene Herabsetzung der Vergütung rückwirkend oder nur für die Zeit ab Rechtskraft der die Eigenschaft als Arbeitnehmer feststellenden Entscheidung erfolgen soll. Die **rückwirkende Kürzung der Vergütung** um den Arbeitgeberanteil zur Sozialversicherung ist sowohl als Umgehung des § 32 SGB I als auch aus dem Gesichtspunkt der Umgehung zwingenden Kündigungsschutzrechts **unwirksam**. § 32 SGB I ist zwar nicht unmittelbar einschlägig, da die Beitragspflicht für die zurückliegende Zeit nicht abweichend von § 28e SGB IV festgelegt wird. Im Ergebnis führt aber die rückwirkende Verringerung der Vergütung um den Arbeitgeberanteil zur Sozialversicherung doch dazu, dass der Arbeitnehmer entgegen der Wertung des § 28g SGB IV auf einen Lohnbestandteil in Höhe eines Teils der Sozialversicherungsbeiträge rückwirkend verzichten muss. In diesem rückwirkenden Verzicht liegt zugleich der Verstoß gegen zwingendes Kündigungsschutzrecht. Da nämlich das Beschäftigungsverhältnis, welches eigentlich als freie Mitarbeit gedacht war, rückwirkend als Arbeitsverhältnis einzustufen ist, kann eine Vergütungsanpassung bzw. Herabsetzung auch nur nach den arbeitsrechtlichen Mechanismen erfolgen. Das bedeutet, dass eine Vergütungsherabsetzung in keinem Fall rückwirkend, sondern nur für die Zukunft erfolgen kann. 35

Klauseltyp 2a bezieht sich daher nur auf eine **zukünftige Herabsetzung der Vergütung**. Gegen sie bestehen keine durchgreifenden rechtlichen Bedenken, da die Herabsetzung der Vergütung von einer entsprechenden rechtskräftigen Entscheidung des Gerichts und damit von einem zukünftigen ungewissen Ereignis abhängig gemacht wird (aufschiebende Bedingung). Diese ist auch sachlich gerechtfertigt, denn zum einen erhält der Arbeitnehmer nach der Feststellung seiner Arbeitnehmereigenschaft den Schutz durch die – auch vom Arbeitgeber finanzierte – Sozialversicherung. Damit geht einher, dass der zum Arbeitnehmer gewordene freie Mit- 36

---

[1] Vgl. zum Ausschluss eines Erstattungsanspruchs auch BAG v. 12.10.1977 – 5 AZR 443/76, NJW 1978, 1766.

arbeiter von der seine bislang höhere Vergütung rechtfertigenden Notwendigkeit eigener Vorsorge weitgehend entbunden wird. Auf der anderen Seite hat der Arbeitnehmer gewordene freie Mitarbeiter kein schutzwürdiges Interesse daran, dass die Arbeitgeberbeiträge zur Sozialversicherung seine Gesamtvergütung zukünftig aufstocken.

37 Die Klausel 2b empfiehlt sich insbesondere bei solchen freien Mitarbeiterverträgen (insbesondere im Medienbereich), bei denen die Bruttovergütung höher ist als eine vergleichbare Vergütung als angestellter Arbeitnehmer. Ist die Vergütung niedriger, führt die fehlerhafte Vertragszuordnung ohnehin – ggf. rückwirkend (im Rahmen der Verjährungsfristen) – zu der höheren tariflichen oder üblichen Vergütung (§ 612 BGB). Ist jedoch die Vergütung als freier Mitarbeiter höher (was insbesondere im Hinblick auf die Eigenvorsorge nicht unüblich ist), ist es gerechtfertigt, die Vergütung mit der Feststellung, dass in Wahrheit ein Arbeitsverhältnis vorliegt, auch den **arbeitsrechtlichen Vergütungsstrukturen anzupassen**. Dies hat das BAG unter der Voraussetzung der Vergütung nach tarifvertraglichen Grundsätzen[1] sogar für solche Fälle entschieden, dass keine besondere Abrede zu diesem Punkt getroffen worden ist. Demnach besteht in einem solchen Fall auch zugunsten des Mitarbeiters kein Anspruch darauf, dass er die Vergütung für freie Mitarbeit erhält, selbst wenn sich herausstellt, dass der Mitarbeiter in Wahrheit Arbeitnehmer ist.[2]

4. Sonstige Statusklauseln

a) Leitende Angestellte

38 Bislang gibt es keine allgemeingültige Definition des **leitenden** Angestellten.[3] Die Rechtsprechung geht von einem leitenden Angestellten aus, wenn der Arbeitnehmer (1) spezifische unternehmerische Teilaufgaben von Erheblichkeit für das Gesamtunternehmen wahrnimmt und (2) einen nicht unerheblichen eigenen Entscheidungsspielraum auch im Innenverhältnis gegenüber dem Arbeitgeber hat.[4] Diese Definition genügt zwar dem rechtsstaatlichen Bestimmtheitsgebot,[5] nicht aber den Anforderungen an die Bestimmtheit des Klagegegenstands (§ 253 Abs. 2 Nr. 2 ZPO),[6] so dass ein „Anspruch auf Einräumung einer Stellung als leitender Angestellter" nicht durchsetzbar wäre. Würde das Gericht sich im Tenor darauf beschränken, den Arbeitgeber zur Einräumung einer Stellung als leitender Angestellter zu verurteilen, liefe dieser angesichts der Unklarheit der Definition wiederum Gefahr eine ungeeignete Stellung zuzuweisen.

39 Die Einordnung als leitender Angestellter kann im Betrieb unter mehreren Gesichtspunkten Bedeutung erlangen. Betroffen sind der Tätigkeitsbereich, die Ver-

---

1 Das BAG hat in seiner Entscheidung v. 12.12.2001 – 5 AZR 257/00, NZA 2002, 1338, deutlich zwischen einer vertraglichen Vergütungsabrede und einer solchen Vergütung unterschieden, die sich nach tarifvertraglichen Grundsätzen richtet.
2 BAG v. 21.1.1998 – 5 AZR 50/97, NZA 1998, 594.
3 Vgl. nur die unterschiedlichen Definitionen in § 5 Abs. 3, 4 BetrVG und § 14 Abs. 2 KSchG.
4 Zusammenfassend BAG v. 5.3.1974 – 1 ABR 19/73, DB 1974, 826; v. 29.1.1980 – 1 ABR 45/79, DB 1980, 1545.
5 BVerfG v. 24.11.1981 – 2 BvL 4/80, DB 1982, 703.
6 Vgl. Thomas/Putzo/*Reichold*, § 253 ZPO Rz. 8, 11.

gütung, die Befugnisse bzw. der Grad der Weisungsgebundenheit, die kündigungsschutzrechtliche und die betriebsverfassungsrechtliche Behandlung, eventuelle betriebliche Sonderrechte (Benutzung der Kantine für leitende Angestellte, Dienstwagen, Sekretärin etc.).

Die Zusammenstellung der Bereiche, in denen die leitenden Angestellten besonderen Regeln unterliegen, zeigt bereits, dass die bloße **Bezeichnung** als leitender Angestellter nicht dazu führen kann, abweichend von der Gesamtheit der sonstigen im Vertrag getroffenen Regelungen den Beschäftigten mit den anderen leitenden Angestellten im Betrieb in jeder Hinsicht gleichzustellen. Vielmehr geben gerade die **sonstigen vertraglichen Regelungen** und die tatsächliche Durchführung des Vertrags Aufschluss darüber, ob der Arbeitnehmer leitender Angestellter ist oder nicht. Dies ist jedenfalls anerkannt für den **betriebsverfassungs- und kündigungsrechtlichen** Bereich. Hier haben solche Statusklauseln keine Bedeutung.[1]

⊃ Nicht geeignet:
  a) Die Parteien sind sich darüber einig, dass Herr/Frau ... leitende(r) Angestellte(r) im Sinne von § 5 Abs. 3 BetrVG ist.
  b) Der Arbeitnehmer wird als leitender Angestellter im Sinne des § 5 Abs. 3 BetrVG für nachfolgenden Aufgabenbereich eingestellt: ...
  c) Es besteht Übereinstimmung darüber, dass er/sie nach dem Inhalt der übertragenen Aufgaben zu den leitenden Angestellten gemäß § 5 BetrVG zählt.

Maßgeblich für Belange der betrieblichen Mitbestimmung sind allein die in § 5 Abs. 3, 4 BetrVG, hinsichtlich des Kündigungsschutzes die in § 14 Abs. 2 KSchG genannten Voraussetzungen. Hierbei ist nicht die rechtliche Ausgestaltung des Arbeitsvertrags oder die Anschauung der Vertragsparteien **entscheidend**, sondern, dass der Arbeitnehmer die **Funktionen**, die die Eigenschaft als leitender Angestellter ausmachen, auch **tatsächlich ausübt**.[2]

Insbesondere führt bspw. die Vereinbarung über die Anerkennung der Stellung als leitender Angestellter nach § 5 Abs. 3, 4 BetrVG nicht automatisch zum Ausschluss des aktiven und passiven Wahlrechts bei Betriebsratswahlen. Auch bewirken Statusklauseln auf kündigungsrechtlicher Ebene nicht nach § 14 Abs. 2 KSchG, dass der Arbeitnehmer zwar grundsätzlich Kündigungsschutz genießt, der Arbeitgeber sich aber bei Sozialwidrigkeit der Kündigung in jedem Falle durch eine Abfindungszahlung des Arbeitnehmers entledigen kann.

Was den Anspruch auf einen bestimmten Tätigkeitsbereich und damit verbundene Befugnisse angeht, so ist aus der Wertigkeitsrechtsprechung weiter zu folgern, dass die **Beschreibung des sachlichen Tätigkeitsbereichs** selbst die Wertigkeit der Arbeit klar erkennen lassen muss und daher sich hier entscheidet, ob ein Arbeitnehmer leitender Angestellter ist oder nicht. Entspricht die Darstellung des sachlichen Tätigkeitsbereichs dem Typus einer Stellung als leitender Angestellter, gewährt bereits diese Tätigkeitsbeschreibung den Anspruch auf eine entsprechende Beschäftigung, ohne dass es auf eine diesbezügliche Statusklausel ankäme. Im Ergebnis kön-

---
1 S. BAG v. 10.10.2007 – 7 ABR 61/06, NZA 2008, 664.
2 BAG v. 9.12.1975 – 1 ABR 80/73, DB 1976, 631; v. 18.10.2000 – 2 AZR 465/99, NZA 2001, 437.

nen unspezifische Statusklauseln, in denen die Vertragspartner ihre Übereinstimmung in der Beurteilung des sachlichen Tätigkeitsbereichs zum Ausdruck bringen, grundsätzlich also nicht mehr Rechte gewähren, als sich aus der Beschreibung des sachlichen Tätigkeitsbereichs ohnehin ergeben.

b) Geschäftsführer

44 Zu unterscheiden ist zunächst zwischen Geschäftsführern im technischen und im untechnischen Sinne. Im **untechnischen Sinne** werden häufig Personen unterhalb der Ebene der Organmitglieder juristischer Personen, die leitende unternehmerische Aufgaben, bspw. im kaufmännischen, organisatorischen oder personellen Bereich wahrnehmen, als Geschäftsführer bezeichnet.[1] In diesem Sinne wird der Begriff „Geschäftsführer" in § 14 Abs. 2 KSchG gebraucht. Derartige Geschäftsführer sind grundsätzlich Arbeitnehmer, im Regelfall leitende Angestellte. Geschäftsführer im **technischen Sinne** ist der Geschäftsführer einer GmbH, der nach § 35 Abs. 1 GmbHG gesetzlicher Vertreter der Gesellschaft ist.

aa) Arbeitnehmer- und Beschäftigtenstatus von GmbH-Geschäftsführern

45 Die Arbeitnehmereigenschaft und der Beschäftigtenstatus des GmbH-Geschäftsführers ist umstritten. Während der BGH in ständiger Rechtsprechung[2] die Arbeitnehmereigenschaft eines GmbH-Geschäftsführers verneint, für den Fremdgeschäftsführer jedoch § 622 BGB entsprechend anwendet,[3] steht das BAG auf dem Standpunkt, dass beim Fremdgeschäftsführer die Möglichkeit besteht, diesen als Arbeitnehmer einzustufen.[4] Entscheidend ist, ob trotz der Bestellung zum Geschäftsführer **persönliche Abhängigkeit** gegeben ist, für die als wichtigstes Element eine Weisungsabhängigkeit hinsichtlich der Konkretisierung der Arbeitspflicht zu fordern ist. Nach der Entscheidung des BAG vom 13.5.1992[5] ist bei einem Fremdgeschäftsführer das Kriterium der persönlichen Abhängigkeit dann als erfüllt anzusehen, wenn dieser in den Betrieb eingegliedert wird, d.h. regelmäßig einem Zeit, Dauer, Ort und Art der Ausführung umfassenden Direktionsrecht der Gesellschafter unterliegt. Dies sind seltene Ausnahmefälle.[6] Denkbar ist die Einordnung eines Fremdgeschäftsführers als Arbeitnehmer etwa, wenn der Geschäftsführer vertraglich dem Hauptgesellschafter als „disziplinarischem Vorgesetzten mit Einspruchsrecht in Sachfragen" untersteht, wenn er dessen Zustimmung bei Einstellungen und Entlassungen benötigt und der Geschäftsführer Anschaffungen für die Gesellschaft nur in geringem Umfang tätigen darf.[7] Festzuhalten ist danach, dass allein die Anstellung als „Geschäftsführer" jedenfalls nach der Rechtsprechung des BAG nicht zwingend zu einem Fortfall der Arbeitnehmereigenschaft führt.

---

1 v. *Hoyningen-Huene/Linck*, § 14 KSchG Rz. 14.
2 BGH v. 9.2.1978 – II ZR 189/76, DB 1978, 878; v. 29.1.1981 – II ZR 92/80, DB 1981, 982.
3 Zuletzt BGH v. 10.5.2010 – II ZR 70/09, NZA 2010, 889.
4 Zuletzt BAG v. 3.2.2009 – 5 AZB 100/08, NZA 2009, 669 m.w.N.; zust. *Preis/Sagan*, ZGR 2013, 26 (27) m.w.N.
5 BAG v. 13.5.1992 – 5 AZR 344/91, ZIP 1992, 1496 (1498).
6 Ebenso etwa BAG v. 24.11.2005 – 2 AZR 614/04, NZA 2006, 366.
7 BAG v. 15.4.1982 – 2 AZR 1101/79, DB 1983, 1442; Küttner/*Kania*, Personalbuch 2014, Geschäftsführer Rz. 18.

Als deutlich umfassender erweist sich der – von nationalen Begriffsbildungen unabhängige[1] – **europäische Arbeitnehmerbegriff**, sofern dieser Anwendung findet:[2] Der EuGH[3] hat – hinsichtlich der Anwendung der RL 92/85/EWG über den Mutterschutz – die Arbeitnehmereigenschaft der **Geschäftsführerin einer lettischen Kapitalgesellschaft bejaht**; maßgeblich seien (gesellschaftsrechtliche)[4] Weisungsbindung, Unterwerfung unter die Aufsicht eines anderen Organs und jederzeitige Abberufbarkeit. Diese Merkmale dürften nur bei einer Kapitalbeteiligung von mindestens 50 % zu verneinen sein. Künftige Entscheidungen mitgliedstaatlicher Gerichte zur Arbeitnehmereigenschaft insbesondere von Geschäftsführern dürften durch die weite Sichtweise des EuGH beeinflusst werden. Diese zu prognostizierende Ausdehnungstendenz sollte bei der Vertragsgestaltung bedacht werden.

45a

Gegenüber dem Sozialrecht besteht jedoch eine nicht unerhebliche Diskrepanz in der Handhabung des Weisungs- und Eingliederungsbegriffs. Das BAG betont immerhin die Weisungsbindung nach Zeit, Art, Ort und Umständen der Arbeitsleistung (arbeitsbegleitend und verfahrensorientiert). Dem BSG genügt dagegen als Eingliederung, dass dem Vorstandsmitglied oder Geschäftsführer ein fest umrissener Geschäftsbereich im Rahmen der wirtschaftlichen Tätigkeit einer Gesellschaft zugewiesen ist.[5] Genau der durch einen Geschäftsführer zur eigenverantwortlichen Betreuung zugewiesene Geschäftsbereich spricht aber nach Auffassung des BAG gegen eine abhängige Beschäftigung.[6] Das BSG verkennt zwar nicht, dass Vorstandsmitglieder und GmbH-Geschäftsführer weitgehend weisungsfrei in der Leitung der juristischen Person sind. Bei Diensten höherer Art genüge jedoch eine „funktionsgerechte, dienende Teilhabe am Arbeitsprozess".[7] In der Sache führt dies dazu, dass ein Vorstandsmitglied, das nicht nur herumsitzt, sondern auch selbst arbeitet, schon eingegliedert ist. Wenn der Vorstandsvorsitzende nicht bloßes „Willensorgan", sondern auch „Verwaltungsorgan" ist, nämlich die ihm kraft Gesetzes oder Satzung übertragenen Aufgaben wahrnimmt, steht er nach Auffassung des BSG schon im arbeitsteiligen Prozess. Unter dieser Voraussetzung seien auch Vorstandsmitglieder einer juristischen Person, die selbst Einfluss auf deren Willensbildung nehmen könnten und von Weisungen weitgehend frei seien, abhängig Beschäftigte.[8] Für die Eingliederung genügt dem BSG, dass auch das Vorstandsmitglied seine Aufgaben im Verwaltungs- und Organisationsbereich in den Geschäftsräumen des Unternehmens verrichtet.[9] Das BSG hat die Begriffe der Weisungsbefugnis und der Eingliederung hier bis zur Unkenntlichkeit verwässert. Das war in der ersten Entscheidung des BSG im Jahre 1960 zur Versicherungspflicht der GmbH-Geschäftsführer noch nicht so. Hier wurde noch eindeutig der Bezug zur ar-

46

---

1 EuGH v. 11.11.2010 – C-232/09 (Danosa), NZA 2011, 143 (145).
2 Zahlreiche Richtlinien verweisen auf die mitgliedstaatliche Begriffsbildung, vgl. dazu *Greiner*, NZA 2014, 284 (288) m.w.N.
3 EuGH v. 11.11.2010 – C-232/09 (Danosa), NZA 2011, 143 (146).
4 Zur divergenten Sichtweise des deutschen Rechts zutr. *Preis/Sagan*, ZGR 2013, 26 (28); *Kort*, NZG 2013, 601 (602 f.).
5 BSG v. 21.2.1990 – 12 RK 47/87, NZA 1990, 950.
6 BAG v. 26.5.1999 – 5 AZR 664/98, NZA 1999, 987.
7 Zuletzt BSG v. 30.10.2013 – B 12 KR 17/11 R, SGb 2014, 319 m.w.N.; v. 30.4.2013 – B 12 KR 19/11 R, SozR 4-2400 § 7 Nr. 21.
8 Ebenso bereits BSG v. 2.3.1973 – 12/3 RK 80/71, BB 1973, 802; v. 22.8.1973 – 12 RK 27/72, USK 73123.
9 BSG v. 21.2.1990 – 12 RK 47/87, NZA 1990, 950.

beitsleistungsbezogenen Weisung in Anlehnung an § 84 Abs. 1 Satz 2 HGB gesucht.[1]

47 Liegt der tiefere Grund dieser dogmatisch kaum zu rechtfertigenden Entscheidungen darin, dass man Geschäftsführer und Vorstandsmitglieder außerhalb von Aktiengesellschaften für sozial schutzbedürftig hält?[2] Darauf lassen entsprechende Hinweise in den Entscheidungen schließen. Wie erklären sich sonst die Ausführungen in den Entscheidungen, dass Vorstandsmitglieder einer Genossenschaft wie auch GmbH-Geschäftsführer grundsätzlich jederzeit ohne Grund abberufen werden können (§ 24 Abs. 3 Satz 2 GenG; § 38 GmbHG), während solche einer AG nur aus wichtigem Grund abberufen werden könnten (§ 84 Abs. 3 AktG)? Dies deutet auf das Vorverständnis hin, dass gesetzlichen Vertretern, die schon keinen Vertragsbeendigungsschutz genießen, wenigstens die soziale Grundsicherung der Renten- und Arbeitslosenversicherung zuteilwerden soll. Ferner wird darauf verwiesen, dass die Aktiengesellschaft ein Mindestgrundkapital von 100 000 DM (50 000 Euro, § 7 AktG) aufweisen müsse, was bei der Genossenschaft und Vereinen nicht der Fall sei.[3] Der Aspekt des Mindestkapitals spielt bei GmbH-Geschäftsführern dann wiederum keine Rolle. Hier tritt in den Vordergrund, ob der GmbH-Geschäftsführer aufgrund gesellschaftsrechtlicher Beteiligung oder tatsächlichem Einfluss die Rechtsmacht hat, ihm nicht genehme Weisungen zu verhindern.[4] Hierzu muss auf die entsprechende Spezialliteratur verwiesen werden.

bb) Wechsel zwischen Arbeitnehmer- und Geschäftsführerstellung

48 Eine besondere Problematik besteht dann, wenn der Geschäftsführer **vor seiner Bestellung** bereits als **Arbeitnehmer** im Unternehmen oder Konzern tätig war. Nach der früheren Rechtsprechung des BAG sollte in diesen Fällen im Zweifel das bisherige Arbeitsverhältnis als ruhendes neben dem Dienstverhältnis und der darauf beruhenden Organstellung fortbestehen, wenn sich an den Vertragsbedingungen im Übrigen nichts ändere.[5] Hiervon ist das BAG erstmals mit Urteil vom 7.10.1993[6] abgerückt. Das BAG ließ damals noch dahinstehen, ob es sinnvoll sei, generell von der früheren Rechtsprechung Abstand zu nehmen und eher davon auszugehen, dass eine Vermutung dafür spreche, dass Parteien, die einen neuen (Dienst-)Vertrag schließen, damit im Zweifel den alten (Arbeits-) Vertrag aufheben wollten, und entschied dies lediglich für das Probearbeitsverhältnis positiv. In der neueren Rechtsprechung wird nicht mehr nur für den Fall Stellung bezogen, dass ein Arbeitsverhältnis allein der Erprobung für die von Anfang an in Aussicht genommene Tätig-

---

1 BSG v. 13.12.1960 – 3 RK 2/56, NJW 1961, 1134.
2 Vgl. die Hinweise auf die Gesetzgebungsgeschichte zu § 3 Abs. 1a AVG i.d.F. vom 28.7. 1969 (übernommen in § 1 Abs. 1 Satz 4 SGB VI) in BSG v. 18.9.1973 – 12 RK 5/73, BSGE 36, 164. Das zeigt sich auch in der analogen Heranziehung dieser Normen für Vorstandsmitglieder großer VVaG (vgl. § 53 VAG i.d.F. vom 19.11.1937) durch BSG v. 27.3.1980 – 12 RAr 1/79, BB 1980, 1473.
3 BSG v. 21.2.1990 – 12 RK 47/87, NZA 1990, 950.
4 BSG v. 8.8.1990 – 11 RAr 77/89, NZA 1991, 324.
5 BAG v. 9.5.1985 – 2 AZR 330/84, NZA 1986, 792; v. 12.3.1987 – 2 AZR 336/86, NZA 1987, 845; anders dagegen, wenn ausdrücklich ein neuer Vertrag abgeschlossen wird: vgl. BAG v. 28.9.1995 – 5 AZB 4/95, NZA 1996, 143 zur Bestellung eines bei einem Verein angestellten Arbeitnehmers zum Vorstandsmitglied.
6 BAG v. 7.10.1993 – 2 AZR 260/93, NZA 1994, 212.

keit als Geschäftsführer diente. Nach Ansicht des BAG wird, wenn ein Arbeitnehmer mit seinem Arbeitgeber einen schriftlichen Geschäftsführungsvertrag abschließt, somit jetzt vermutet, dass das bis dahin bestehende Arbeitsverhältnis mit Beginn des Geschäftsführerdienstverhältnisses einvernehmlich beendet wird, soweit nicht vertraglich eindeutig etwas anderes vereinbart wurde.[1]

Regelmäßig soll somit der neue Vertrag die ausschließliche Grundlage der rechtlichen Beziehungen der Parteien sein, sofern nicht etwas anderes vereinbart ist.[2] Damit würden durch den schriftlichen Geschäftsführerdienstvertrag die zuvor vereinbarten Rechte und Pflichten der Parteien konkludent aufgehoben.[3] Zugleich wird regelmäßig mit dem schriftlichen Vertrag auch die Formvorschrift des § 623 BGB gewahrt.[4] Gleichwohl steht es den Parteien offen, durch eine abweichende Vertragsgestaltung die Vermutung der Beendigung des Arbeitsverhältnisses zu widerlegen. In Ansehung der Rechtsprechung des BAG empfiehlt es sich in jedem Fall der Bestellung eines ehemaligen Arbeitnehmers zum Geschäftsführer, eine ausdrückliche vertragliche Regelung darüber zu treffen, ob das bisherige Arbeitsverhältnis bei Ernennung zum Geschäftsführer (ruhend) fortbesteht. Je nach Interessenlage kommen folgende Klauseln in Betracht: 49

Typ 3: Arbeitsvertrag und Geschäftsführerbestellung

a) Rechtsgrundlage für die Tätigkeit von Herrn/Frau ... als Geschäftsführer der Firma ... ist allein der Dienstvertrag vom .../dieser Dienstvertrag. Mit Abschluss des Dienstvertrags ist das bisherige Arbeitsverhältnis mit der Firma ... beendet.

b) Rechtsgrundlage der Tätigkeit von Herrn/Frau ... während seiner/ihrer Tätigkeit als Geschäftsführer der Firma ... ist der Dienstvertrag vom .../dieser Dienstvertrag. Das bisherige Arbeitsverhältnis mit der Firma ... bleibt hiervon unberührt.

Diese Problematik des Fortbestehens oder Nichtfortbestehens eines Arbeitsverhältnisses bei Bestellung zum Geschäftsführer stellt sich nicht nur innerhalb eines Unternehmens, sondern kann auch bei der Bestellung zum Geschäftsführer in einem anderen Konzernunternehmen relevant werden. Das BAG hat sich mit dieser Problematik mehrfach für den Fall der **GmbH & Co. KG** befasst und es für möglich erachtet, dass bei der Bestellung eines Arbeitnehmers der KG zum Geschäftsführer der Komplementär-GmbH dessen ursprüngliches Arbeitsverhältnis mit der KG weiterhin bestehen bleibt.[5] Dabei hat es das Gericht sogar für möglich gehalten, dass mit der Komplementär-GmbH kein eigenständiger Dienstvertrag abgeschlossen wird, sondern das fortbestehende Arbeitsverhältnis zur KG auch Grundlage der 50

---

1 BAG v. 19.7.2007 – 6 AZR 774/06, NZA 2007, 1095; v. 3.2.2009 – 5 AZB 100/08, NZA 2009, 669; vgl. auch Küttner/*Kania*, Personalbuch 2014, Geschäftsführer Rz. 20.
2 BAG v. 19.7.2007 – 6 AZR 774/06, NZA 2007, 1095.
3 So BAG v. 15.3.2011 – 10 AZB 32/10, NZA 2011, 874; v. 19.7.2007 – 6 AZR 774/06, NZA 2007, 1095; so auch *Baeck/Hopfner*, DB 2000, 1914 (1915); *Kamanabrou*, DB 2002, 146 (150); enger *Krause*, ZIP 2000, 2284 (2289); KR/*Spilger*, § 623 BGB Rz. 239.
4 BAG v. 15.3.2011 – 10 AZB 32/10, NZA 2011, 874.
5 Vgl. BAG v. 17.8.1972 – 2 AZR 359/71, BB 1973, 385; v. 10.7.1980 – 8 Sa 38/80, DB 1981, 276; v. 15.4.1982 – 2 AZR 1101/79, DB 1983, 1442; v. 13.7.1995 – 5 AZB 37/94, NZA 1995, 1070.

Tätigkeit als Geschäftsführer in der Komplementär-GmbH bleibt.[1] In seiner jüngeren Rechtsprechung gesteht das BAG zwar noch in extremen Ausnahmefällen zu, dass in Situationen besonders starker Weisungsabhängigkeit der Arbeitnehmer, der zum Geschäftsführer bestellt wird, weiterhin in einem Arbeitsverhältnis zu der Gesellschaft stehen kann.[2] Es nimmt jedoch grundsätzlich an, dass in einer solchen Situation bei einem Arbeitnehmer, der zum GmbH-Geschäftsführer bestellt wurde, nach Abberufung aus seiner Geschäftsführerposition das alte Arbeitsverhältnis nicht wieder auflebt.[3] In dem Abschluss des Geschäftsführer-Dienstvertrags sei die konkludente Aufhebung des bisherigen Arbeitsverhältnisses zu sehen. Dies gelte vor allem dann, wenn ein völlig neuer Geschäftsführer-Dienstvertrag mit einem anderen Vertragspartner als dem bisherigen Arbeitgeber geschlossen werde und sich die vertraglichen Konditionen verbessern.[4] Insofern empfiehlt sich also auch bei einer derartigen „Beförderung" innerhalb eines Konzerns eine ausdrückliche Regelung über den Fortbestand des bisherigen Arbeitsverhältnisses entsprechend den oben dargestellten Klauselvorschlägen. Auf eine Besonderheit ist hinzuweisen: Soll entsprechend dem Vorschlag der Klausel 3a das bisherige Arbeitsverhältnis mit der Bestellung zum Geschäftsführer sicher beendet werden, reicht hierfür eine Verwendung der Klausel in einem zweiseitigen Vertrag allein zwischen Geschäftsführer und GmbH, in der der Geschäftsführer tätig sein soll, nicht aus. Denn die gleichzeitig beabsichtigte Auflösung des ehemaligen Arbeitsverhältnisses mit dem bisherigen Arbeitgeber des Geschäftsführers betrifft unter Umständen eine andere Gesellschaft oder natürliche Person. Diese muss deshalb zwingend ihr Einverständnis mit der Vertragsauflösung erklären und beim Abschluss eines (Dienst-)Vertrags unter Verwendung der Klausel 3a unmittelbar beteiligt werden. Überdies unterliegt die Aufhebung eines Arbeitsverhältnisses dem zwingenden Schriftformerfordernis nach § 623 BGB.

50a Wird mit dem Geschäftsführer einer GmbH & Co. KG **nach seiner Abberufung** als Geschäftsführer ein unmittelbar anschließendes **Arbeitsverhältnis** begründet, kann die an sich nicht anrechnungsfähige frühere Beschäftigungszeit als Geschäftsführer bei demselben Arbeitgeber oder bei einem anderen Unternehmen auf die Beschäftigungszeit aus dem Arbeitsverhältnis angerechnet werden, wenn sich dies aus einer vertraglichen Vereinbarung ergibt.[5] Eine solche Vereinbarung liegt nahe und entspricht regelmäßig dem Parteiwillen, wenn ein Geschäftsführer nach Beendigung der Geschäftsführerstellung in einem Arbeitsverhältnis mit vergleichbarer Aufgabenstellung weiterbeschäftigt wird.[6] Wünschen die Parteien eine solche Anrechnung nicht, empfiehlt es sich, im Arbeitsvertrag festzuhalten, ob ein völliger Neuanfang mit entsprechender Wartezeit oder eine Fortsetzung des Beschäftigungsverhältnisses ohne entsprechende Wartezeit gewollt ist.

---

1 So BAG v. 15.4.1982 – 2 AZR 1101/79, DB 1983, 1442 ff.
2 BAG v. 24.11.2005 – 2 AZR 614/04, NZA 2006, 366 (367).
3 BAG v. 24.11.2005 – 2 AZR 614/04, NZA 2006, 366 (368).
4 BAG v. 24.11.2005 – 2 AZR 614/04, NZA 2006, 366 (368).
5 BAG v. 24.11.2005 – 2 AZR 614/04, NZA 2006, 366 (368).
6 BAG v. 24.11.2005 – 2 AZR 614/04, NZA 2006, 366 (369).

5. Hinweise zur Vertragsgestaltung

Statusklauseln sind für die Einordnung des Vertrags als Arbeits- oder freier Mitarbeitervertrag ohne Bedeutung, soweit sie trotz Vorliegens der objektiven Voraussetzungen eines Arbeitsverhältnisses eine „Flucht aus dem Arbeitsrecht" ermöglichen sollen. Umgekehrt können sie zugunsten des Arbeitnehmers die Anwendbarkeit des Arbeitsrechts als Arbeitnehmerschutzrecht zur Folge haben. Auch im Übrigen sollte auf die Aufnahme von Statusklauseln deswegen nicht verzichtet werden, weil im Falle der nicht eindeutigen Zuordnung der Vertragsgestaltung als Arbeitsverhältnis eine Einordnung gemäß dem Parteiwillen stattfinden kann. Dies gilt insbesondere dann, wenn die Vereinbarung des Status als freier Mitarbeiter dem Wunsch des Beschäftigten entspricht. In diesem Fall empfiehlt es sich zusätzlich, in einer entsprechenden Vertragsklausel niederzulegen, dass der Beschäftigte die Möglichkeit der Wahl zwischen dem Status als freier Mitarbeiter oder als Arbeitnehmer hatte und die Wahl des Status als freier Mitarbeiter seinem ausdrücklichen Wunsch entspricht. Diese Klauseln nützen aber nichts, wenn der freie Mitarbeitervertrag nicht „gelebt" wird, d.h. die tatsächliche Vertragsdurchführung nicht dem freien Status entspricht. 51

Auch die Anstellung als „Geschäftsführer" lässt – je nach Vertragsgestaltung und Handhabung – in Ausnahmefällen die Arbeitnehmereigenschaft bestehen. War ein nicht als Arbeitnehmer anzusehender Geschäftsführer zuvor bereits als Arbeitnehmer im Unternehmen tätig, ist im Hinblick auf die schwankende Rechtsprechung des BAG zu raten, die Beendigung des Arbeitsverhältnisses bei der Bestellung zum Geschäftsführer ausdrücklich zu vereinbaren, um zu vermeiden, dass nach Beendigung der Geschäftsführertätigkeit das frühere Arbeitsverhältnis wieder auflebt. Für den umgekehrten Fall empfehlen sich Regelungen zur Anrechnung oder Nichtanrechnung vorangegangener Beschäftigungszeiten auf die Wartezeit. 52

Eine Vereinbarung, wonach ein Mitarbeiter teilweise als Arbeitnehmer und teilweise als freier Mitarbeiter von demselben Unternehmen beschäftigt werden soll, erscheint möglich, wenn die Tätigkeiten nach den allgemeinen Abgrenzungskriterien tatsächlich zum Teil in persönlicher Abhängigkeit und zum Teil „frei" ausgeübt werden. 53

Da eine „wasserdichte" Festlegung des Status als Arbeitnehmer bzw. als freier Mitarbeiter kaum möglich ist, empfiehlt es sich, durch eine Klausel, wie sie unter Typ 2 vorgeschlagen ist, zu versuchen, die finanziellen Folgen einer Fehlabschätzung zumindest für die Zukunft abzumildern. Die Vereinbarung einer rückwirkenden Herabsetzung der Vergütung oder Heranziehung des „unfreiwilligen Arbeitnehmers" zur Zahlung der Sozialversicherungsbeiträge ist nicht möglich. 54

Geht es um die Sonderstellung der leitenden Angestellten, so ist aus Sicht des Arbeitnehmers die konkrete Regelung der Rechte und Pflichten im Arbeitsvertrag die sicherste Möglichkeit, die erstrebte Sonderstellung später durchzusetzen. Schon im Interesse der Vermeidung von Rechtsstreiten sollte er sich daher nicht auf die bloße Klauselbezeichnung verlassen. 55

A 55 Arbeitnehmerüberlassung

	Rz.		Rz.
1. Einführung	1	e) Arbeitsunfähigkeit und Entgeltfortzahlung	29
2. Klauseln	14	f) Haftung des Leiharbeitnehmers	30
a) Vertragslaufzeit	14	g) Weitere arbeitnehmerüberlassungsrechtliche Besonderheiten	
b) Tätigkeit des Leiharbeitnehmers	15		
c) Gleichbehandlungsgrundsatz	16		31
d) Reisekosten und andere Aufwendungen	25	3. Hinweise zur Vertragsgestaltung	32

Schrifttum:

Benkert, Änderungen im Arbeitnehmerüberlassungsgesetz durch „Hartz III", BB 2004, 998; *Boemke*, Die EG-Richtlinie und ihre Einflüsse auf das deutsche Recht, RIW 2009, 177; *Brose*, Sachgrundlose Befristung und betriebsbedingte Kündigung von Leiharbeitnehmern – Ein unausgewogenes Rechtsprechungskonzept, DB 2008, 1378; *Brose*, Die Wirkung einer vorsorglichen Verleiherlaubnis im AÜG, DB 2014, 1739; *Fuchs*, Das Gleichbehandlungsgebot in der Leiharbeit nach der neuen Leiharbeitsrichtlinie, NZA 2009, 57; *Furier/Kaus*, Leiharbeitnehmer im Betrieb, AiB 2004, 360; *Grimm/Brock*, Das Gleichbehandlungsgebot nach dem Arbeitnehmerüberlassungsgesetz und die Mitbestimmungsrechte des Betriebsrats des Entleiherbetriebs, DB 2003, 1113; *Greiner*, Werkvertrag und Arbeitnehmerüberlassung – Abgrenzungsfragen und aktuelle Rechtspolitik, NZA 2013, 697; *Grimm/Brock*, Praxis der Arbeitnehmerüberlassung, 2004; *Grobys/Schmidt/Brocker*, Verfassungsmäßigkeit von „Equal Pay"?, NZA 2003, 777; *Hamann*, Die Richtlinie Leiharbeit und ihre Auswirkungen auf das nationale Recht der Arbeitnehmerüberlassung, EuZA 2009, 287; *Hamann*, Kurswechsel bei der Arbeitnehmerüberlassung, NZA 2011, 70; *Kokemoor*, Neuregelung der Arbeitnehmerüberlassung durch die Hartz-Umsetzungsgesetze – Überblick über das seit dem 1.1.2003 geltende Recht, NZA 2003, 238; *Lembke*, Die „Hartz-Reform" des Arbeitnehmerüberlassungsgesetzes, BB 2003, 98; *Lembke*, Das neue Recht der Leiharbeit, NZA 2011, 608; *Moll/Ittmann*, Betriebsbedingte Kündigung und Leiharbeit, RdA 2008, 321; *Raab*, Europäische und nationale Entwicklungen im Recht der Arbeitnehmerüberlassung, ZfA 2003, 389; *Reim*, Neue Flexibilität bei der Leiharbeit, ZTR 2003, 106; *Rieble/Klebeck*, Lohngleichheit für Leiharbeit, NZA 2003, 23; *Riechert*, Grenzen tariflicher Abweichung vom Equal Pay-Grundsatz des AÜG, NZA 2013, 303; *Sansone*, Gleichstellung von Leiharbeitnehmern nach deutschem und Unionsrecht, 2011; *Schüren/Behrend*, Arbeitnehmerüberlassung nach der Reform – Risiken der neuen Freiheit, NZA 2003, 521; *Thüsing*, Equal Pay bei Leiharbeit, DB 2003, 446; *Thüsing/Pötters*, Flexibilisierung der Arbeitszeit durch Zeitkonten im Rahmen der Arbeitnehmerüberlassung, BB 2012, 317; *Ulber, D.*, Tariffähigkeit und Tarifzuständigkeit der CGZP als Spitzenorganisation?, NZA 2008, 438; *Ulber, J.*, Arbeitnehmer in Zeitarbeitsfirmen, 2. Aufl. 2004; *Ulber, J.*, Die Richtlinie zur Leiharbeit, AuR 2010, 10; *Waas*, Das Spannungsverhältnis von Tarifvertrag und Gesetz beim Grundsatz der Entgeltgleichheit im neuen AÜG, BB 2003, 2175; *Waas*, Die Richtlinie des Europäischen Parlaments und des Rates über Leiharbeit, ZESAR 2009, 207; *Waltermann*, Fehlentwicklung in der Leiharbeit, NZA 2010, 482; *Wank*, Neuere Entwicklungen im Arbeitnehmerüberlassungsrecht, RdA 2003, 1.

1. Einführung

1   Nachdem im Zuge der Umsetzung der Ergebnisse der Kommission für Moderne Dienstleistungen am Arbeitsmarkt („Hartz-Kommission") das Arbeitnehmerüberlassungsgesetz (AÜG) mit der Zielsetzung, die Verbreitung der Arbeitnehmerüber-

lassung als Mittel zur Integration von Arbeitslosen in den ersten Arbeitsmarkt zu fördern,[1] umfassend reformiert worden ist, ist die Bedeutung der Arbeitnehmerüberlassung in der betrieblichen Praxis in der Folge rasant gestiegen.[2] Nach erheblicher Kritik an der bisherigen rechtlichen Ausgestaltung[3] wurde das Recht der Arbeitnehmerüberlassung jüngst erneut geändert, was aus unionsrechtlichen Gründen ohnehin unumgänglich war. Denn das Europäische Parlament und der Rat der Europäischen Union haben am 19.11.2008 die Richtlinie 2008/104/EG über Leiharbeit (im Folgenden: Leiharbeitsrichtlinie) erlassen, die am 5.12.2008 mit ihrer Veröffentlichung im Amtsblatt der Europäischen Union in Kraft getreten ist,[4] und nach ihrem Art. 11 Abs. 1 bis spätestens zum 5.12.2011 umzusetzen war.

Kennzeichen der auch als Zeit- oder Leiharbeit bekannten Arbeitsform der Arbeitnehmerüberlassung ist es sowohl nach nationalem Recht als auch nach der Leiharbeitsrichtlinie, dass ein **Arbeitgeber (Verleiher)** einem **Dritten (Entleiher)** bei ihm **angestellte Arbeitskräfte (Leiharbeitnehmer) zur Arbeitsleistung zur Verfügung stellt (Dreiecksverhältnis)**.[5] Anders als nach bisheriger Rechtslage, bei der die Rechtsprechung auch die dauerhafte Überlassung von Leiharbeitnehmern als zulässig anerkannte,[6] setzt § 1 Abs. 1 Satz 2 AÜG nunmehr entsprechend den Vorgaben der Leiharbeitsrichtlinie voraus, dass eine Überlassung von Arbeitnehmern lediglich vorübergehend erfolgt. Wann von einer solchen vorübergehenden Überlassung auszugehen ist und wie eine nicht vorübergehende Überlassung – wie es die Leiharbeitsrichtlinie nach Art. 10 Abs. 2 verlangt – „wirksam, angemessen und abschreckend" zu sanktionieren ist, hat der Gesetzgeber indes zu regeln versäumt.[7] Die Große Koalition hat im Koalitionsvertrag vereinbart, eine Höchstüberlassungsdauer von 18 Monaten festzulegen. Die Regelung soll allerdings in gewissem Umfang tarifdispositiv ausgestaltet werden. Ob dabei auch die umstrittene Frage geklärt wird, ob der Begriff vorübergehend arbeitsplatzbezogen[8] oder arbeitnehmerbezogen[9] zu verstehen ist, ist unklar.

2

Der Leiharbeitnehmer wird im Rahmen einer Arbeitnehmerüberlassung entsprechend den Erfordernissen des Entleihers in dessen Betrieb eingegliedert und unter-

3

---

1 Vgl. Abschlussbericht der Kommission für Moderne Dienstleistungen am Arbeitsmarkt, S. 147 ff.
2 So stieg nach der amtlichen Statistik der Bundesagentur für Arbeit die Zahl der Leiharbeitnehmer seit Inkrafttreten des reformierten AÜG im Januar 2003 von 282 374 auf 567 920 im ersten Halbjahr 2010 an.
3 Vgl. etwa *Kämmerer/Thüsing*, Leiharbeit und Verfassungsrecht, S. 13; *Lembke*, BB 2003, 98 (99); *Wank*, RdA 2003, 1 (10 f.).
4 ABl. EG Nr. L 327 v. 5.12.2008, S. 9.
5 S. ausf. zu der insoweit übereinstimmenden Begriffsbestimmung *Sansone*, Gleichstellung von Leiharbeitnehmern nach deutschem und Unionsrecht, S. 451 ff.
6 BAG v. 25.1.2005 – 1 ABR 61/03, AP Nr. 48 zu § 99 BetrVG Einstellung = NZA 2005, 1199, so auch *Boemke*, RIW 2009, 177 (179); *Hamann*, NZA 2003, 526 (528); *Hamann*, EuZA 2009, 287 (310); ablehnend *Schindele*, AuR 2008, 31 (33); *Schüren*, JbArbR Bd. 41, 49 (69); *Ulber*, AuR 2010, 10 (11).
7 BAG v. 10.11.2013 – 9 AZR 51/13, NZA 2014, 196; vgl. hierzu und zur problematischen Begriffsbestimmung der vorübergehenden Arbeitnehmerüberlassung *Sansone*, Gleichstellung von Leiharbeitnehmern nach deutschem und Unionsrecht, S. 458 ff., 569 ff.
8 LAG Bdb. v. 19.12.2012 – 4 TaBV 1163/12, n.rkr. Revision [7 ABR 8/13]; LAG Bdb. v. 9.1. 2013 – 24 TaBV 1868/12, n. rkr., Revision [7 ABR 16/13].
9 LAG Bdb. v. 22.5.2014 – 14 TaBV 184/14, n. rkr., Revision [1 ABR 45/14].

steht dessen Weisungsrecht. Ein arbeitsvertragliches Verhältnis wird zwischen diesen beiden jedoch nicht begründet. **Vertragliche Beziehungen** bestehen damit **nur** zwischen **dem Entleiher und dem Verleiher**, die einen (Arbeitnehmer-)Überlassungsvertrag begründen, sowie zwischen **dem Verleiher und dem Arbeitnehmer.** Dies ist für den entleihenden Unternehmer besonders vorteilhaft, da er, ohne eine arbeitsvertragliche Bindung einzugehen, einen Arbeitnehmer zeitlich beschränkt in seinem Betrieb beschäftigen kann, um so flexibel auf wechselnden Arbeitsbedarf zu reagieren oder den Arbeitnehmer zu erproben.

4 Den **Verleiher** treffen grundsätzlich alle Haupt- und Nebenpflichten eines Arbeitgebers. So ist er insbesondere zur Vergütung des Leiharbeitnehmers verpflichtet, was alle Lohn- und Lohnersatzleistungen wie Entgeltfortzahlung im Krankheitsfall oder bei Beurlaubung einschließt. Zudem trägt der Verleiher als Arbeitgeber das **Beschäftigungsrisiko** und muss so die Vergütung auch dann erbringen, wenn er wegen fehlender Überlassungsmöglichkeiten den Arbeitnehmer nicht beschäftigen kann. Als Hauptleistungspflicht schuldet der **Leiharbeitnehmer** die Leistung von abhängiger Arbeit, die in der Regel aber im Betrieb eines Entleihers erbracht wird. Daneben trifft den Leiharbeitnehmer eine besondere Treuepflicht gegenüber dem Verleiher, die sich z.B. in der Pflicht zur Verschwiegenheit und zur Unterlassung von Konkurrenztätigkeit äußert. Dies hindert den Arbeitnehmer jedoch nicht, nach Beendigung des Arbeitsverhältnisses mit dem Verleiher ein Arbeitsverhältnis mit dem Entleiher zu begründen. Etwaige Vereinbarungen, die dies verhindern oder erschweren sollen, wie etwa die Zahlung einer Vermittlungsgebühr durch den Leiharbeitnehmer,[1] sind gemäß § 9 Nr. 4, Nr. 5 AÜG unwirksam.

5 Das Rechtsverhältnis, aufgrund dessen sich der Verleiher verpflichtet, dem Entleiher Arbeitnehmer zur Verfügung zu stellen, beruht in der Regel auf einem **Arbeitnehmerüberlassungsvertrag**. Dabei handelt es sich um einen Vertragstyp eigener Art („sui generis") als Unterfall eines Dienstverschaffungsvertrags. Grundsätzlich trägt der Verleiher dabei für die gesamte Überlassungszeit das **Personalbeschaffungsrisiko**.[2] Daher muss er auch nach Arbeitsantritt des Leiharbeiters im Entleiherbetrieb dafür Sorge tragen, dass ein leistungsbereiter und leistungsfähiger Arbeitnehmer zur Verfügung steht. Überdies kann der Entleiher so jederzeit die Auswechslung eines ungeeigneten Arbeitnehmers verlangen. Im Gegenzug beschränkt sich die Haftung des Verleihers auf die sachgerechte Auswahl des Leiharbeitnehmers.[3] Damit haftet der Verleiher insbesondere nicht für ein Verschulden des Leiharbeiters durch Pflichtverletzungen bei der Tätigkeit im Betrieb des Entleihers.

6 Für das **Verhältnis** zwischen dem **Entleiher** und dem **Leiharbeitnehmer** ergibt sich aus einem Umkehrschluss aus § 10 Abs. 1 Satz 1 AÜG, dass jedenfalls im Regelfall **kein Arbeitsverhältnis** zwischen diesen Parteien des Leihgeschäftes besteht. Der Entleiher hat jedoch nach zutreffender überwiegender Auffassung im Schrifttum[4]

---

1 Vgl. auch Art. 6 Abs. 3 Leiharbeitsrichtlinie.
2 Schüren/*Schüren*, AÜG, Einl. Rz. 314; ErfK/*Wank*, Einl. AÜG Rz. 15; Ulber/*Ulber J.*, AÜG, § 1 Rz. 164, § 12 Rz. 29; anders BAG v. 5.5.1992 – 1 ABR 78/91, AP Nr. 97 zu § 99 BetrVG 1972 = NZA 1992, 1044, wonach die Leistungspflicht des Verleihers endet, wenn er den oder die Leiharbeitnehmer ausgewählt und dem Entleiher zur Verfügung gestellt hat.
3 ErfK/*Wank*, Einl. AÜG Rz. 20.
4 Vgl. dazu m.w.N. *Otto*/Schwarze/Krause, Die Haftung des Arbeitnehmers, § 7 Rz. 5.

ein aus dem Leiharbeitsvertrag zwischen Verleiher und Leiharbeitnehmer abgeleitetes **eigenständiges Forderungsrecht** auf die Arbeitsleistung.[1] Dies wirkt sich insbesondere auf die Haftung des Leiharbeiters gegenüber dem Entleiher aus. Im Vergleich zu einer rein deliktischen Haftung nach § 823 BGB kommt der Arbeitnehmer auf der einen Seite auch für reine Vermögensschäden des Entleihers auf. Auf der anderen Seite genießt er die Vorzüge der Haftungsprivilegierung des Arbeitnehmers nach den Grundsätzen des innerbetrieblichen Schadensausgleiches.[2]

Während nach bisheriger Rechtslage das Erfordernis einer Überlassungserlaubnis für Verleiher nur bei der gewerbsmäßigen Überlassung von Arbeitnehmern bestand, benötigt nach § 1 Abs. 1 Satz 1 AÜG nunmehr jeder Verleiher, der **Arbeitnehmer im Rahmen seiner wirtschaftlichen Tätigkeit** überlässt, eine **Erlaubnis** der zuständigen Regionaldirektion der Bundesagentur für Arbeit. Damit hat der Gesetzgeber die bisherige Erlaubnisfreiheit der **nicht gewerblichen Arbeitnehmerüberlassung**, die nur gelegentlich oder ohne Gewinnerzielungsabsicht erfolgt,[3] aufgehoben. Mit dieser Änderung trägt er Art. 1 Abs. 2 Leiharbeitsrichtlinie Rechnung, wonach die Regelungen der Leiharbeitsrichtlinie für alle öffentlichen und privaten Unternehmen, die eine wirtschaftliche Tätigkeit ausüben, gelten, und zwar unabhängig davon, ob sie Erwerbszwecke verfolgen oder nicht. Unter wirtschaftlicher Tätigkeit ist dabei jede Tätigkeit zu verstehen, die darin besteht, Güter oder Dienstleistungen auf einem bestimmten Markt anzubieten.[4] Erfasst sind daher nunmehr auch Verleiher, die keine Gewinnerzielungsabsicht verfolgen, so etwa karitative Unternehmen.[5] Ebenso erfasst sind Personalführungsgesellschaften im Konzern.[6] 7

Überlässt der Verleiher **ohne** eine wirksame **Arbeitnehmerüberlassungserlaubnis** Arbeitnehmer in einen Entleiherbetrieb, so ist gemäß **§ 9 Nr. 1 AÜG** der **Arbeitsvertrag** zwischen Verleiher und Leiharbeiter und der **Überlassungsvertrag** zwischen Verleiher und Entleiher *ex nunc* **unwirksam**. Überdies wird im **Verhältnis zwischen Entleiher und Leiharbeitnehmer** bei fehlender Arbeitnehmerüberlassungserlaubnis des Verleihers gemäß § 10 Abs. 1 AÜG ein Arbeitsverhältnis **fingiert**. Daher ist der Verleiher auch gemäß §§ 11 Abs. 1 Satz 2 Nr. 1, 12 Abs. 1 Satz 2 AÜG verpflichtet, Leiharbeitnehmer und Entleiher über eine bestehende Überlassungserlaubnis im Leiharbeits- bzw. Überlassungsvertrag zu informieren. **Nicht erlaubnisfähig und damit verboten** ist – vorbehaltlich der in § 1b AÜG aufgeführten Ausnahmetatbestände – nach derzeitigem Recht die Arbeitnehmerüberlassung im **Bereich des Baugewerbes**.[7] Auch insoweit wird allerdings ein Änderungsbedarf des AÜG dis- 8

---

1 Schüren/*Schüren*, AÜG, Einl. Rz. 169; ErfK/*Wank*, Einl. AÜG Rz. 33. Insoweit handelt es sich beim Leiharbeitsvertrag nach umstrittener Ansicht um einen echten Vertrag zu Gunsten Dritter nach § 328 BGB.
2 BGH v. 10.7.1973 – VI ZR 66/72, NJW 1973, 2020; *Waltermann*, RdA 2005, 98 (100).
3 BAG v. 21.3.1990 – 7 AZR 198/89, AP Nr. 15 zu 1 AÜG = NZA 1991, 269; v. 15.4.1999 – 7 AZR 437/97, AP Nr. 1 zu § 13 AÜG = NZA 2000, 102.
4 *Sansone*, Gleichstellung von Leiharbeitnehmern nach deutschem und Unionsrecht, S. 472.
5 ErfK/*Wank*, § 1 AÜG Rz. 31, 34; *Lembke*, NZA 2011, 608 (610); a.A. *Hamann*, NZA 2011, 70 (71).
6 ErfK/*Wank*, § 1 AÜG Rz. 31, 34a.
7 Ausführlich zur Arbeitnehmerüberlassung im Baugewerbe Schüren/*Hamann*, AÜG, § 1b Rz. 19 ff. Es ist allerdings zu beachten, dass eine nach § 1b Satz 1 AÜG unzulässige Arbeitnehmerüberlassung nicht zur Fiktion eines Arbeitsverhältnisses zwischen Entleiher

kutiert. Denn nach Art. 4 Abs. 1 Leiharbeitsrichtlinie sind Verbote oder Einschränkungen des Einsatzes von Leiharbeit nur aus Gründen des Allgemeininteresses gerechtfertigt. Insofern sind die Mitgliedstaaten nach Art. 4 Abs. 2 Leiharbeitsrichtlinie verpflichtet, die bestehenden Einschränkungen oder Verbote des Einsatzes von Leiharbeit bis zum 5.12.2011 zu überprüfen, um festzustellen, ob sie dieser Maßgabe entsprechen.[1] Der Koalitionsvertrag zwischen CDU/CSU und SPD enthält zu dem Problem keine Vereinbarung, so dass die gegenwärtige unklare Rechtslage vermutlich auch nach der anstehenden Reform des AÜG fortbestehen wird.

9 Abzugrenzen ist die Arbeitnehmerüberlassung von anderen Formen drittbezogener Personalüberlassung, insbesondere auf der Grundlage von Werk- oder Dienstverträgen. Wegen des in der Praxis verbreiteten Gebrauchs von Scheinwerkverträgen zur Umgehung des Arbeitnehmerüberlassungsgesetzes haben CDU/CSU und SPD im Koalitionsvertrag vereinbart, zumindest den Gebrauch von sog. Vorratserlaubnissen zu beschränken. Dies könnte etwa dadurch erfolgen, dass bereits bei Vertragsabschluss klargestellt werden muss, dass es sich nach dem Willen der Parteien um Arbeitnehmerüberlassung handeln soll und im Übrigen ein illegaler Verleih angenommen wird. Ob der Gesetzgeber auch die – in der Praxis überaus schwierige – Abgrenzungsfrage[2] regeln wird, steht hingegen nicht fest. Bei Werk- oder Dienstverträgen organisiert der Unternehmer die zur Erreichung des wirtschaftlichen Erfolges erforderlichen Handlungen selbst und bedient sich als Arbeitgeber seiner **Arbeitnehmer als Erfüllungsgehilfen**, die diesem wiederum weisungsgebunden sind.[3] Dem steht nicht entgegen, dass der einzelne Arbeitnehmer im Betrieb des Drittunternehmers tätig wird und dabei Anweisungen des Drittunternehmers erhält, da dies regelmäßig aufgrund der Art der Dienstleistung bzw. des Werkes, z.B. bei Installation einer EDV-Anlage oder der Sichtung von Betriebsunterlagen durch einen Unternehmens- oder Steuerberater, unerlässlich ist.

10 Maßgebliche Abgrenzungskriterien, auf die auch unter Geltung der Leiharbeitsrichtlinie zurückzugreifen ist,[4] sind dabei z.B. die Folgenden:
  – **Weisungsrecht:** Im Rahmen der Arbeitnehmerüberlassung untersteht der Leiharbeiter dem umfassenden arbeitsrechtlichen Weisungsrecht des Entleihers, beim Werk- oder Dienstvertrag sind hingegen die Weisungen des Bestellers auf den konkreten Vertragsgegenstand begrenzt und der Unternehmer übt ein umfassendes Weisungsrecht gegenüber den von ihm mit der Herstellung des Werkes bzw. zur Erbringung der Dienstleistung betrauten Arbeitnehmer aus.[5]

---

und Leiharbeitnehmer führt, da eine analoge Anwendung von §§ 10 Abs. 1 Satz 1, 9 Nr. 1 AÜG nicht in Betracht kommt, BAG v. 13.12.2006 – 10 AZR 674/05, AP Nr. 31 zu § 1 AÜG = NZA 2007, 751.

1 Für die Richtlinienkonformität von § 1b AÜG *Ulber*, AuR 2010, 10 (13); a.A. *Hamann*, EuZA 2009, 287 (312 ff.); *Schüren/Hamann*, AÜG, § 1b Rz. 17 f.; *Lembke*, BB 2010, 1533 (1539 f.); wohl auch *Bertram*, AIP 11/2008, 3 (5 f.); *Boemke*, RIW 2009, 177 (181 f.).
2 Vgl. dazu etwa *Brose*, DB 2014, 1739; *Greiner*, NZA 2013, 697; *Schüren/Brors*, NZA 2014, 569; *zu Dohna-Jaeger*, ArbuR 2013, 238.
3 BAG v. 30.1.1991 – 7 AZR 497/89, AP Nr. 8 zu § 10 AÜG = NZA 1992, 19; v. 22.6.1994 – 7 AZR 286/93, AP Nr. 16 zu § 1 AÜG = NZA 1995, 462; v. 18.2.2003 – 3 AZR 160/02, AP Nr. 5 zu § 13 AÜG = DB 2003, 2181.
4 *Sansone*, Gleichstellung von Leiharbeitnehmern nach deutschem und Unionsrecht, S. 456 f.
5 BAG v. 18.1.2012 – 7 AZR 723/10, NZA-RR 2012, 455 (458 ff.).

- **Leistungsgegenstand:** Im Gegensatz zur – im Arbeitsverhältnis enthaltenen – abstrakten Arbeitspflicht, bei der kein bestimmter Erfolg, sondern die Tätigkeit vom Arbeitnehmer geschuldet wird, ist zumindest beim Werkvertrag ein abgrenzbarer werkvertragsfähiger Leistungsgegenstand erforderlich.
- **Unternehmerrisiko:** Bei der Leiharbeit haftet der Verleiher grundsätzlich nur für Verschulden bei der Auswahl des Leiharbeitnehmers, im Rahmen eines Werk- oder Dienstvertrages ist der Dienst- oder Werkunternehmer zur Erfüllung und ggf. zur Gewährleistung verpflichtet.

Dabei entscheidet der **Geschäftsinhalt** über die rechtliche Einordnung eines Vertrages.[1] Dieser Geschäftsinhalt kann sich aus einer ausdrücklichen Vereinbarung der Parteien oder der praktischen Durchführung des Vertrages ergeben. Im Zweifel ist jedoch stets die tatsächliche Durchführung maßgebend.[2]

Daneben ist die Leiharbeit von der Gebrauchsüberlassung von Sachgegenständen mit Bedienpersonal abzugrenzen, bei der ein Unternehmer im Rahmen eines Vertrages, der – wie etwa ein Miet-, Leasing- oder Kaufvertrag – die **Überlassung von Sachmitteln** zum Gegenstand hat, einem Dritten Maschinen oder Geräte **mit Bedienungspersonal** derart zur Verfügung stellt, dass der Dritte den Einsatz der Maschinen oder Geräte mit dem dazugehörigen Personal nach seinen eigenen betrieblichen Erfordernissen selbst bestimmt und organisiert. Nach der Rechtsprechung des BAG und der Geschäftsanweisung der BA zum AÜG bestimmt sich die Rechtsform anhand des überwiegenden Vertragsbestandteils, wobei maßgeblich der **Sinn und Zweck des Vertrages** zu berücksichtigen ist. Eine Arbeitnehmerüberlassung ist danach **nicht gegeben**, wenn die Gebrauchsüberlassung des Gerätes im Vordergrund steht und der Einsatz des Personals **nur dienende Funktion** hat, indem er die Nutzung des Gerätes erst ermöglicht. Arbeitnehmerüberlassung ist hingegen **gegeben**, wenn der Vertrag schwerpunktmäßig auf die Verschaffung der Arbeitsleistung des Personals gerichtet ist und die Überlassung des Gerätes demgegenüber nur untergeordnete Bedeutung hat. Eine rein wertmäßige Betrachtungsweise ist unzureichend, da gerade die Bedienung wertvoller Spezialmaschinen oder -geräte mit komplizierter Technologie häufig auch ein dafür besonders ausgebildetes, hoch qualifiziertes und damit entsprechend teures Bedienungspersonal erfordert. Damit ist z.B. bei der Miete eines Baukrans mit Gestellung eines Kranführers oder der Überlassung eines Frachtflugzeuges einschließlich fliegenden Personals keine Arbeitnehmerüberlassung gegeben.[3]

Gemäß § 1 Abs. 3 AÜG werden vier Fallgruppen der Arbeitnehmerüberlassung grundsätzlich vom Geltungsbereich des Gesetzes ausgenommen. Dies betrifft die Arbeitnehmerüberlassung aufgrund eines Tarifvertrages zur Vermeidung von Kurzarbeit oder Entlassungen, § 1 Abs. 3 Nr. 1 AÜG, zwischen Konzernunternehmen, wenn der Arbeitnehmer nicht zum Zweck der Überlassung eingestellt und beschäftigt wird (§ 1 Abs. 3 Nr. 2 AÜG), zwischen Arbeitgebern, wenn die Überlassung nur gelegentlich erfolgt und der Arbeitnehmer nicht zum Zweck der Überlassung einge-

---

1 BAG v. 18.1.2012 – 7 AZR 723/10, NZA-RR 2012, 455 (458).
2 BAG v. 22.6.1994 – 7 AZR 286/93, AP Nr. 16 zu § 1 AÜG = NZA 1995, 462; BGH v. 25.6. 2002 – X ZR 83/00, AP Nr. 11 zu § 139 ZPO = NZA 2002, 1086.
3 BAG v. 17.2.1993 – 7 AZR 167/92, AP Nr. 9 zu § 10 AÜG = NZA 1993, 1125; *Kania*, NZA 1994, 871 (872); a.A. Schüren/*Hamann*, AÜG, § 1 Rz. 222; Ulber/*Ulber J.*, Einleitung C Rz. 116.

stellt und beschäftigt wird (§ 1 Nr. 2a AÜG), oder aufgrund zwischenstaatlicher Vereinbarung in das Ausland (§ 1 Nr. 3 AÜG). Die Überlassung von Arbeitnehmern zwischen zwei Konzernunternehmen (**Konzernleihe**) ist damit nach der vom Gesetzgeber intendierten Gesetzeslage **erlaubnisfrei** möglich, soweit auf individualrechtlicher Ebene ein entsprechendes Versetzungsrecht des Arbeitgebers besteht[1] und der Arbeitnehmer nicht zum Zweck der Überlassung eingestellt und beschäftigt wird. Das AÜG normiert zudem in § 1 Abs. 1 Satz 2, 3 AÜG, dass die Abordnung von Arbeitnehmern zu einer Arbeitsgemeinschaft schon keine Arbeitnehmerüberlassung im Sinne des AÜG darstellt. Spezialgesetzliche Sonderregelungen, die einer Anwendung des AÜG vorgehen, bestehen daneben u.a. im Bereich eines Gesamthafenbetriebs, der Personen- und Güterbeförderung sowie des Bewachungsgewerbes.

13 Die Ausnahmetatbestände des § 1 Abs. 3 AÜG sowie § 1 Abs. 1 Satz 2, 3 AÜG verstoßen jedoch gegen die Vorgaben der Leiharbeitsrichtlinie, da sie nicht unter die in der Richtlinie vorgesehene Ausnahmemöglichkeit des Art. 1 Abs. 3 Leiharbeitsrichtlinie gefasst werden können.[2] Daraus folgt, dass § 1 Abs. 3 AÜG unanwendbar ist, soweit darin die Anwendung der von den materiellen Vorgaben der Leiharbeitsrichtlinie – etwa betreffend den Grundsatz der Gleichbehandlung nach Art. 5 Leiharbeitsrichtlinie – entsprechenden Regelungen des AÜG ausgeschlossen wird. Dies gilt auch für die Neufassung der § 1 Abs. 3 Nr. 2 und Nr. 2a AÜG trotz deren eingeschränkten Geltung nur für Arbeitnehmer, die nicht zum Zweck der Überlassung eingestellt und beschäftigt werden. Entgegen einer z.T. vertretenen Auffassung erfasst die Leiharbeitsrichtlinie insofern nicht lediglich die unechte Leiharbeit, also nur solche Arbeitsverhältnisse, bei denen der Arbeitsvertrag zwischen Arbeitnehmer und Leiharbeitsunternehmen geschlossen wurde, um den Arbeitnehmer zu überlassen.[3] Denn es würde dem nach Art. 2 Leiharbeitsrichtlinie verfolgten Zweck der Richtlinie, Leiharbeitnehmer zu schützen, widersprechen, wenn die Einhaltung der in das nationale Recht umzusetzenden Vorgaben der Leiharbeitsrichtlinie dadurch umgangen werden könnte, dass der Arbeitsvertrag mit dem Arbeitnehmer nicht ausschließlich, sondern nur hauptsächlich, nachrangig oder gelegentlich eine Überlassung zur Arbeitsleistung an Dritte vorsieht. Daher verlangt die Leiharbeitsrichtlinie gerade weitergehend als § 1 Abs. 3 Nr. 2, Nr. 2a AÜG n.F., dass ihre materiellen Vorgaben auch gegenüber Arbeitnehmern, die nur im Einzelfall als Leiharbeitnehmer eingesetzt werden, Anwendung finden.[4]

---

1 Dazu vgl. → *Direktionsrecht und Tätigkeitsbeschreibung*, II D 30 Rz. 208 ff.
2 Boemke/Lembke/*Lembke*, § 1 Rz. 195 ff.; *Sansone*, Gleichstellung von Leiharbeitnehmern nach deutschem und Unionsrecht, S. 475 ff.; *Ulber*, AuR 2010, 10 (12); für § 1 Abs. 3 Nr. 2 AÜG wohl auch *Thüsing*, RdA 2009, 118 (119); a.A. hinsichtlich § 1 Abs. 3 Nr. 1, Nr. 3 AÜG *Hamann*, EuZA 2009, 287 (302 f.); a.A. hinsichtlich § 1 Abs. 1 Satz 2, 3 AÜG, § 1 Abs. 3 Nr. 1, Nr. 3 AÜG und teilweise hinsichtlich § 1 Abs. 3 Nr. 2 AÜG a.F. *Schüren*/*Riederer von Paar*, AÜG, Einl. Rz. 613 ff.
3 So aber *Boemke*, RIW 2009, 177 (178, 179) unter Hinweis auf die Begriffsbestimmungen des Leiharbeitsunternehmens und Leiharbeitnehmers in Art. 3 Abs. 1 Buchst. b und c Leiharbeitsrichtlinie, da diese einen Kausalzusammenhang zwischen dem Arbeitsvertragsschluss und der Überlassung vorsähen.
4 Boemke/Lembke/*Lembke*, AÜG § 1 Rz. 197 f., 236; *Hamann*, EuZA 2009, 287 (299); *Sansone*, Gleichstellung von Leiharbeitnehmern nach deutschem und Unionsrecht, S. 457 f.; *Ulber*, AuR 2010, 10 (11).

2. Klauseln

a) Vertragslaufzeit

Typ 1: Unbefristetes Arbeitsverhältnis

Der Arbeitnehmer wird mit Wirkung vom ... an zur Beschäftigung im Rahmen von Arbeitnehmerüberlassung angestellt.

Wie jedes andere (unbefristete) Arbeitsverhältnis auch kann das Leiharbeitsverhältnis vom Arbeitgeber oder Arbeitnehmer durch ordentliche oder außerordentliche Kündigung beendigt werden. Eine Besonderheit bei der Beendigung eines Leiharbeitsverhältnisses ergibt sich bei der **betriebsbedingten Kündigung** durch den Arbeitgeber aufgrund des **Fehlens von Beschäftigungsmöglichkeiten mangels geeigneter Überlassungsaufträge**. Da sich das Wesen der Arbeitnehmerüberlassung dadurch auszeichnet, dass die Arbeitnehmer oft kurzfristig bei wechselnden Auftraggebern eingesetzt werden, ist es nach Ansicht des BAG notwendig, an die für eine betriebsbedingte Kündigung notwendige Prognose des Arbeitsplatzwegfalls „dezidierte Anforderungen" zu stellen.[1] So muss der Arbeitgeber anhand der Auftrags- und Personalplanung darlegen, dass es sich nicht lediglich um eine kurzfristige Auftragsschwankung handelt, sondern um einen dauerhaften Auftragsrückgang. Jedenfalls dann, wenn in der Vergangenheit regelmäßig Einsatzmöglichkeiten für den Leiharbeitnehmer vorgelegen haben, ohne dass es zu längeren Unterbrechungen gekommen ist, muss angenommen werden, dass eine solche Beschäftigungsmöglichkeit auch in der Zukunft besteht.[2] **Kurzfristige Auftragslücken** gehören mithin zum **unternehmerischen Risiko** des **Verleihers** und können eine betriebsbedingte Kündigung nicht sozial rechtfertigen.[3] Inwieweit es dem Arbeitgeber dann **zumutbar** ist, den Vertrag mit einem Leiharbeitnehmer auch in einer auftragslosen Zeit aufrecht zu erhalten, muss im Einzelfall unter Berücksichtigung der jeweiligen **Beschäftigungssituation** im Verleihunternehmen beurteilt werden. Insofern kann die Drei-Monats-Frist des § 9 Nr. 3 AÜG a.F. nicht als grundsätzlich dem Verleiher zumutbarer Überbrückungszeitraum herangezogen werden.[4] Eine etwaige Sozialauswahl hat nicht nur unter den gegenwärtig nicht im Einsatz befindlichen Leiharbeitneh-

14

---

[1] BAG v. 18.5.2006 – 2 AZR 412/05, AP Nr. 7 zu § 9 AÜG = NZA 2006, 1007. Ob durch diese Entscheidung die Prognoselast des Verleihers (insbesondere im Vergleich zu anderen Arbeitgebern) erhöht wurde, wird uneinheitlich beantwortet. In diesem Sinne *Bayreuther*, RdA 2007, 176 (179); wohl zu Recht a.A. *Brose*, DB 2008, 1378 (1379); *Dahl*, DB 2006, 2519 (2520). Vgl. auch *Hamann*, EzA § 1 KSchG Nr. 146.
[2] LAG Köln v. 10.12.1998 – 6 Sa 493/98, AiB 2000, 55 = NZA 1999, 991; ErfK/*Wank*, Einl. Rz. 27; gegen den Schluss aus vergangenen Einsatzzeiten auf zukünftige Beschäftigungsmöglichkeiten *Hamann*, EzA § 1 KSchG Nr. 146, B I 3.
[3] BAG v. 18.5.2006 – 2 AZR 412/05, AP Nr. 7 zu § 9 AÜG = NZA 2006, 1007; LAG Köln v. 3.6.2005 – 11 Sa 1014/04, EzAÜG KSchG Nr. 14; v. 10.12.1998 – 6 Sa 493/98, AiB 2000, 55 = NZA 1999, 991; *Schüren/Behrend*, NZA 2003, 521 (524).
[4] BAG v. 18.5.2006 – 2 AZR 412/05, AP Nr. 7 zu § 9 AÜG = NZA 2006, 1007; *Hiekel*, FS 25 Jahre AG Arbeitsrecht, S. 333 (340 ff.); vgl. auch *Brose*, DB 2008, 1378 (1379); a.A. und weiterhin auf drei Monate abstellend Schüren/*Schüren*, AÜG, Einl. Rz. 280; noch weitergehender Ulber/*Ulber J.*, AÜG, § 1 Rz. 116.

mern, sondern unter Einbeziehung aller im Einsatz befindlichen Leiharbeitnehmer zu erfolgen.[1]

Typ 2: Befristetes Arbeitsverhältnis

a) Der Arbeitnehmer wird für die Dauer der Wintersaison 2011/12 vom ... bis zum ... als Servicekraft eingestellt. Der Arbeitnehmer erbringt seine Arbeitsleistung im Rahmen von Arbeitnehmerüberlassung an die Gastronomiebetriebe ...

b) Der Arbeitnehmer wird befristet vom ... bis zum ... eingestellt. Die Befristung erfolgt aufgrundlage von § 14 Abs. 2 TzBfG.

Hinsichtlich der **Befristung** von **Leiharbeitsverhältnissen** sind mit dem besonderen arbeitnehmerüberlassungsrechtlichen Befristungstatbestand sowie dem Synchronisationsverbot, d.h. dem Verbot der Kopplung von Befristungs- und Überlassungsdauer, mit der „Hartz-Reform" **wesentliche Beschränkungen aufgehoben** worden. Nunmehr ist die Wirksamkeit der Befristung eines Leiharbeitsverhältnisses an den **allgemeinen Grundsätzen des TzBfG** zu messen. Daher kommen insbesondere die Befristung ohne sachlichen Grund unter den Voraussetzungen von § 14 Abs. 2 bzw. Abs. 3 TzBfG sowie die Sachgrundbefristung nach § 14 Abs. 1 TzBfG in Betracht.[2] Dabei kann jedoch grundsätzlich die Tatsache, dass der Arbeitnehmer seine Arbeitsleistung im Rahmen von Arbeitnehmerüberlassung erbringt, eine Befristung sachlich nicht rechtfertigen.[3] Die sachliche Begründung ist unmittelbar dem Verhältnis zwischen Leiharbeitnehmer und Verleiher zu entnehmen, da das Leiharbeitsverhältnis naturgemäß auf aufeinander folgende, zeitlich begrenzte Einsätze bei verschiedenen Entleiherunternehmen ausgerichtet ist und der Verleiher das Beschäftigungsrisiko[4] trägt. Auch der Sachgrund des vorübergehenden Bedarfs an Arbeitsleistung nach § 14 Abs. 1 Satz 2 Nr. 1 TzBfG kann eine Befristung nur tragen, wenn die Nachfrage nach Leiharbeitern aufgrund ihrer Verwendbarkeit nur vorübergehend ist, wie z.B. bei Erntehelfern oder Saisonarbeitern. Bezüglich der sachgrundlosen Befristung gemäß § 14 Abs. 2 TzBfG ist zudem zu beachten, dass nach umstrittener Rechtsprechung des BAG selbst dann keine rechtsmissbräuchliche Umgehung des § 14 Abs. 2 Satz 2 TzBfG vorliegt, wenn der Leiharbeitnehmer an einen Arbeitgeber entliehen wird, bei welchem er zuvor noch sachgrundlos befristet beschäftigt war.[5] Selbst wenn ein solcher Missbrauch vorliegt, der in aller Regel im Interesse des Entleihers und nicht des Verleihers liegt, so soll nach Auffassung des BAG gleichwohl ein entfristetes Arbeitsverhältnis nur mit dem Verleiher

---

1 BAG v. 20.6.2013 – 2 AZR 271/12, NZA 2013, 837.
2 Ausführlich zu den einzelnen Befristungstatbeständen bei Leiharbeitsverhältnissen *Böhm*, RdA 2005, 360; zur sachgrundlosen Befristung *Brose*, DB 2008, 1378 (1380 ff.).
3 *Düwell/Dahl*, NZA 2007, 889 (891); *Schüren/Behrend*, NZA 2003, 521 (522); ErfK/*Wank*, Einl. AÜG Rz. 7 ff.; a.A.: Boemke/Lembke/*Lembke*, AÜG, § 9 Rz. 561; *Thüsing*, DB 2003, 446.
4 BAG v. 18.5.2006 – 2 AZR 412/05, AP Nr. 7 zu § 9 AÜG = NZA 2006, 1007 bzgl. betriebsbedingten Kündigungen; diese Entscheidung auf die Befristung übertragend *Bayreuther*, RdA 2007, 176 (180); *Dahl*, DB 2006, 2519 (2520 f.); *Düwell/Dahl*, NZA 2007, 889 (891).
5 BAG v. 18.10.2006 – 7 AZR 145/06, EzA § 14 TzBfG Nr. 35 = NZA 2007, 443; v. 17.1.2007 – 7 AZR 20/06, NZA 2007, 566 (570); *Düwell/Dahl*, NZA 2007, 889 (891 f.); a.A. LAG Berlin v. 7.1.2005 – 6 Sa 2008/04, NZA-RR 2005, 353; Schüren/*Schüren*, AÜG, Einl. Rz. 261; *Hiekel*, FS 25 Jahre AG Arbeitsrecht, S. 333 (336).

zustande kommen können.[1] Somit wird im Rahmen des § 14 Abs. 2 Satz 2 TzBfG maßgeblich auf die formale Arbeitgeberposition abgestellt.

⊃ **Nicht geeignet:**

Der Arbeitnehmer wird vom ... an im Rahmen von Arbeitnehmerüberlassung an den Entleiher ... eingestellt. Das Arbeitsverhältnis endet mit Beendigung der Überlassung an den Entleiher ..., spätestens jedoch zum ...

b) Tätigkeit des Leiharbeitnehmers

Typ 3: Tätigkeitsbeschreibung

a) Der Mitarbeiter wird als Elektriker eingestellt. Diese Tätigkeit erbringt der Mitarbeiter im Rahmen von Arbeitnehmerüberlassung. Der Mitarbeiter wird an Kunden (Entleiher) des Unternehmens zur Leistung der vertraglich geschuldeten Aufgaben überlassen. Der Mitarbeiter erklärt sich damit einverstanden, an wechselnden Einsatzorten auch außerhalb seines Wohnsitzes eingesetzt zu werden.

b) Der Mitarbeiter wird im Betrieb des Unternehmens als Elektriker eingestellt. Der Mitarbeiter kann je nach Auftragslage entweder im eigenen Betrieb oder bei Kunden des Unternehmens eingesetzt werden.

c) Während der Überlassung an einen Entleiher unterliegt der Mitarbeiter im Rahmen dieses Vertrages dem Direktionsrechts des Entleihers. Das Unternehmen ist berechtigt, den Mitarbeiter jederzeit von seinem Einsatzort abzuberufen und ihn anderweitig einzusetzen.

Da der Leiharbeitnehmer in der Regel die geschuldete Arbeitsleistung nicht im Betrieb des Verleihers erbringt, muss dies bei der Tätigkeitsbeschreibung entsprechend berücksichtigt werden, wie sich für die Übertragung der zu erbringenden Dienstleistung aus § 613 Satz 2 BGB und in Bezug auf den Arbeitsort auch aus §§ 11 Abs. 1 AÜG, 2 Abs. 1 Nr. 4 NachwG ergibt. Daher muss sich der Arbeitgeber die Überlassung an unterschiedliche Entleiher und den Einsatz an wechselnden Arbeitsorten vertraglich vorbehalten und ggf. das räumliche Einsatzgebiet abgrenzen. Vergleichbares gilt für **Mischbetriebe**, in denen nicht ausschließlich Arbeitnehmerüberlassung betrieben wird, sondern Leiharbeitnehmer auch im Betrieb des Verleihers eingesetzt werden, vgl. Klauseltyp 3b. Schließlich ist Kennzeichen der Leiharbeit, dass für die Dauer der Überlassung das Weisungsrecht vom Entleiher arbeitsplatzbezogen, d.h. bezüglich der individuellen Arbeitsausführung, ausgeübt wird, vgl. Klauseltyp 3c.

15

c) Gleichbehandlungsgrundsatz

Eine entscheidende Neuregelung im Zuge der „Hartz-Reformen" betraf die Normierung eines **Diskriminierungsverbots** von Leiharbeitnehmern in §§ 3 Abs. 1 Nr. 3, 9 Nr. 2, 10 Abs. 4 AÜG. Danach ist der Verleiher verpflichtet, dem Leiharbeitnehmer

16

---

1 BAG v. 23.9.2014 – 9 AZR 1025/12; v. 15.5.2013 – 7 AZR 525/11, NZA 2013, 1214; mit guten Gründen ablehnend *Greiner*, NZA 2014, 284 (286 f.).

für die Zeit der Überlassung an einen Entleiher die im Betrieb des Entleihers für einen vergleichbaren Arbeitnehmer geltenden wesentlichen Arbeitsbedingungen **einschließlich des Arbeitsentgelts ("Equal Pay")** zu gewähren. In der Praxis wird dieser Grundsatz weitgehend durch die Tariföffnungsklausel in §§ 3 Abs. 3 Nr. 3, 9 Nr. 2 AÜG und die auf dieser Grundlage abgeschlossenen Tarifverträge zur Leiharbeit verdrängt. In Kombination mit der Möglichkeit, solche Tarifverträge im Arbeitsvertrag in Bezug zu nehmen, haben solche Tarifverträge den Gleichbehandlungsgrundsatz größtenteils verdrängt.[1] Auch die Leiharbeitsrichtlinie normiert in Art. 5 Abs. 1 einen – jedenfalls auf den ersten Blick – vergleichbaren „Grundsatz der Gleichbehandlung".[2] Unterschiede bestehen jedoch hinsichtlich des Bezugspunkts der Gleichbehandlung. Für den nach dem nationalen Recht maßgeblichen vergleichbaren Arbeitnehmer i.S.d. §§ 3 Abs. 1 Nr. 3, 9 Nr. 2, 10 Abs. 4 AÜG waren bislang diejenigen **Stammarbeitnehmer im Betrieb des Entleihers**, die **dieselben** oder zumindest **ähnliche Tätigkeiten** wie der Leiharbeitnehmer ausüben, heranzuziehen. Fehlte ein vergleichbarer Arbeitnehmer im Beschäftigungsbetrieb, so war nach wohl h.M. auf die **üblichen Arbeitsbedingungen** vergleichbarer Arbeitnehmer **in anderen Betrieben** abzustellen.[3]

17 Der Vergleichsmaßstab des Art. 5 Abs. 1 Unterabs. 1 Leiharbeitsrichtlinie unterscheidet sich hiervon dahingehend, dass dieser zum einen unternehmensbezogen ist und zum anderen eine hypothetische Ermittlung des Vergleichsmaßstabs verlangt. Art. 5 Abs. 1 Unterabs. 1 Leiharbeitsrichtlinie fordert, dass die wesentlichen Arbeits- und Beschäftigungsbedingungen der Leiharbeitnehmer während der Dauer ihrer Überlassung an ein entleihendes Unternehmen mindestens denjenigen entsprechen, die für sie gelten würden, wenn sie von jenem genannten Unternehmen unmittelbar für den gleichen Arbeitsplatz eingestellt worden wären. Aufgrund dieser Unterschiede der Gleichbehandlungsmodelle ist nunmehr die richtlinienkonforme Auslegung des Vergleichsmaßstabs der §§ 3 Abs. 1 Nr. 3, 9 Nr. 2, 10 Abs. 4 AÜG entsprechend Art. 5 Abs. 1 Unterabs. 1 Leiharbeitsrichtlinie vorzunehmen.[4] Wie nach bisherigem Recht dürfte bei der Ermittlung des Vergleichsmaßstabs den jeweils einschlägigen Tarifverträgen die größte Bedeutung zukommen.

18 Wie schon die Gesetzesbegründung[5] zeigt, ist der Begriff der **wesentlichen Arbeitsbedingungen** als Gleichbehandlungsgegenstand i.S. der §§ 3 Abs. 1 Nr. 3, 9 Nr. 2, 10 Abs. 4 AÜG **weit zu verstehen**. Die nach Art. 5 Abs. 1 Unterabs. 1 Leiharbeits-

---

1 ErfK/*Wank*, § 3 AÜG Rz. 13.
2 Vgl. ausf. zu den Unterschieden zwischen der nationalen und unionsrechtlichen Regelung *Sansone*, Gleichstellung von Leiharbeitnehmern nach deutschem und Unionsrecht, S. 480 ff.
3 *Lembke*, BB 2003, 98 (100); *Reim*, ZTR 2003, 106 (107); *Reim*, AiB 2003, 73 (74); wohl auch *Preis/Tenbrock*, Innovative Arbeitsformen, S. 953. Für das Leerlaufen des Gleichstellungsgrundsatzes in diesem Fall *Bauer/Krets*, NJW 2003, 537 (539); *Hamann*, Jura 2003, 361 (366); *Hanau*, ZIP 2003, 1573 (1576); *Sansone*, Gleichstellung von Leiharbeitnehmern nach deutschem und Unionsrecht, S. 268 ff.; *Thüsing*, DB 2003, 446 (447).
4 BAG v. 24.9.2014 – 5 AZR 254/13 n.v.; v. 19.2.2014 – 5 AZR 1048/12, n.v.; Boemke/Lembke/*Lembke*, AÜG, § 9 Rz. 78, 100; *Hamann*, EuZA 2009, 287 (306); *Sansone*, Gleichstellung von Leiharbeitnehmern nach deutschem und Unionsrecht, S. 515 f.; *Thüsing*, RdA 2009, 118 (118).
5 BT-Drucks. 15/25, S. 38; vgl. auch 10. Erfahrungsbericht zum AÜG, BT-Drucks. 15/6008, S. 9.

richtlinie zu gewährenden wesentlichen Arbeits- und Beschäftigungsbedingungen werden in Art. 3 Abs. 1 Buchst. f) i) und ii) Leiharbeitsrichtlinie durch eine abschließende Aufzählung der Gleichstellungsgegenstände (Dauer der Arbeitszeit, Überstunden, Pausen, Ruhezeiten, Nachtarbeit, Urlaub, arbeitsfreie Tage, Arbeitsentgelt) festgelegt.[1] Anders als das BAG meint[2], sind die zu gewährenden wesentlichen Arbeitsbedingungen i.S.d. §§ 3 Abs. 1 Nr. 3, 9 Nr. 2, 10 Abs. 4 AÜG nicht im Wege einer richtlinienkonformen Auslegung auf die in Art. 3 Abs. 1 Buchst. f) Leiharbeitsrichtlinie genannten zu beschränken.[3] Gegen diesen Rückgriff spricht bereits, dass die Richtlinie im Zeitpunkt der Einführung des Gleichstellungsgrundsatzes nicht verabschiedet war.[4] Da den Leiharbeitnehmern durch das weitere Verständnis des deutschen Rechts ein weitergehender Schutz zukommt, ist eine weite Begriffsbildung des deutschen Rechts durch Art. 9 Abs. 1 Leiharbeitsrichtlinie legitimiert.[5] Dieser sieht vor, dass die Leiharbeitsrichtlinie das Recht der Mitgliedstaaten unberührt lässt, für Arbeitnehmer günstigere Rechts- und Verwaltungsvorschriften zu erlassen.[6] Unter **Arbeitsentgelt** sind nicht nur laufender Arbeitslohn, sondern jede Vergütung, die aus Anlass des Arbeitsverhältnisses gewährt wird bzw. aufgrund gesetzlicher Entgeltfortzahlungstatbestände gewährt werden muss.[7] Erfasst sind daher auch Zuschläge, Ansprüche auf Entgeltfortzahlung und Sozialleistungen sowie andere Lohnbestandteile. Nicht erfasst ist hingegen echter Aufwendungsersatz.[8] **Übrige Arbeitsbedingungen** schließen insbesondere umfassende Regelungen zur Arbeitszeit einschließlich Überstunden, Pausen, Ruhe- und Nachtarbeitszeiten sowie Urlaubsregelungen ein.

Eine Gleichbehandlungspflicht besteht gemäß §§ 3 Abs. 1 Nr. 3 Satz 2–4, 9 Nr. 2 Satz 2–4 AÜG nicht bei der Bindung an einen Leiharbeitstarifvertrag. Unter Geltung der Leiharbeitsrichtlinie kann eine Ungleichbehandlung von Leiharbeitnehmern nicht durch sachliche Gründe gerechtfertigt werden.[9]

---

1 Zur (unionsrechtskonformen) Begriffsbestimmung vgl. Preis/Sagan/*Sansone*, § 8 Leiharbeit Rz. 44 ff.
2 BAG v. 23.3.2011 – 5 AZR 7/10, NZA 2011, 850. Die entsprechende Entscheidung ist wohl (auch) dem besonderen Bedürfnis entsprungen, die im zugrunde liegenden Verfahren streitigen Ansprüche durch Ausschlussfristen untergehen zu lassen. Die Übertragbarkeit der Entscheidung auf andere Sachverhalte erscheint zumindest zweifelhaft.
3 *Hamann*, EuZA 2009, 287 (305); wohl auch Schüren/*Riederer von Paar*, AÜG, Einl. Rz. 609.
4 So auch *Lembke*, BB 2003, 98 (100); *Sansone*, Gleichstellung von Leiharbeitnehmern nach deutschem und Unionsrecht, S. 166 ff.
5 *Boemke*, RIW 2009, 177 (180); *Sansone*, Gleichstellung von Leiharbeitnehmern nach deutschem und Unionsrecht, S. 482; *Thüsing*, RdA 2009, 118 (118).
6 Dass unter Geltung der Leiharbeitsrichtlinie weiterhin auf das weite Verständnis des Arbeitsentgelts i.S.d. §§ 3 Abs. 1 Nr. 3, 9 Nr. 2, 10 Abs. 4 AÜG abzustellen ist, ergibt sich aus Art. 3 Abs. 2 Unterabs. 1 Leiharbeitsrichtlinie, der darauf verweist, dass die Richtlinie das nationale Recht in Bezug auf die Begriffsbestimmung von Arbeitsentgelt unberührt lässt, vgl. *Sansone*, Gleichstellung von Leiharbeitnehmern nach deutschem und Unionsrecht, S. 490 f.; wohl a.A. aber *Boemke*, RIW 2009, 177 (181).
7 BAG v. 19.2.2014 – 5 AZR 1047/12, NZA 2014, 915 (918); v. 13.3.2013 – 5 AZR 294/12, NZA 2013, 1226 (1228).
8 BAG v. 19.2.2014 – 5 AZR 1046/12, n.v.
9 Vgl. *Sansone*, Gleichstellung von Leiharbeitnehmern nach deutschem und Unionsrecht, S. 552 ff. m.w.N.; a.A. ErfK/*Wank*, § 3 AÜG Rz. 13.

20 Insofern kann zukünftig lediglich aufgrundlage eines **Tarifvertrages** vom Grundsatz der Gleichbehandlung abgewichen werden. Dabei findet dieser – in der Praxis in nahezu allen Leiharbeitsverhältnissen angewandte –[1] Ausnahmetatbestand nicht nur bei beiderseitiger Tarifbindung der Tarifvertragsparteien, sondern auch bei einzelvertraglicher Inbezugnahme des Tarifvertrages Anwendung, wie §§ 3 Abs. 1 Nr. 3 Satz 3, 9 Nr. 2 Satz 3 AÜG ausdrücklich klarstellen.[2] Für Leiharbeitsverhältnisse, die nach dem 15.12.2010 begründet worden sind, ist nach §§ 3 Abs. 1 Nr. 2 Satz 2, 9 Nr. 2 Satz 2 AÜG erforderlich (vgl. insofern die Übergangsvorschrift des § 19 AÜG), dass der abweichende Tarifvertrag nicht die nach § 3a Abs. 2 AÜG festgesetzten **Mindeststundenentgelte** unterschreitet.[3] Darüber hinaus ist für solche Leiharbeitsverhältnisse nach §§ 3 Abs. 1 Nr. 3 Satz 4, 9 Nr. 2 Satz 4 AÜG zu beachten, dass eine abweichende tarifliche Regelung keine Geltung gegenüber Leiharbeitnehmern entfalten kann, die in den letzten sechs Monaten vor der Überlassung an den Entleiher aus einem Arbeitsverhältnis bei diesem oder einem Arbeitgeber, der mit dem Entleiher einen Konzern i.S.d. § 18 AktG bildet, ausgeschieden sind (sog. **Drehtürklausel**). Vor dem Hintergrund, dass der Leiharbeitnehmer regelmäßig bei einer Vielzahl von Entleihern eingesetzt wird und so eine Vielzahl unterschiedlicher Arbeitsbedingungen vom Verleiher zu berücksichtigen sind, erleichtert sich die Vertragsgestaltung und -durchführung bei bestehender Tarifbindung bzw. Bezugnahme freilich erheblich.

21 Anders als nach nationalem Recht verlangt Art. 5 Abs. 3 Leiharbeitsrichtlinie allerdings ausdrücklich die **Beachtung des Gesamtschutzes von Leiharbeitnehmern** bei der tarifvertraglichen Abweichung vom Grundsatz der Gleichbehandlung. Wann Tarifverträge dieses Erfordernis erfüllen, ist derzeit noch unklar und umstritten. Es dürfte davon auszugehen sein, dass die Leiharbeitsrichtlinie vom deutschen Gesetzgeber insofern nicht die Einführung einer Angemessenheitskontrolle von Tarifverträgen verlangt, sondern nur eine weniger weitreichende, äußerste Kontrolle des vom Grundsatz der Gleichbehandlung abweichenden tarifvertraglichen „Gesamtpakets",[4] welche bereits durch die Einführung einer Lohnuntergrenze in § 3a

---

1 Vgl. etwa Schüren/*Schüren*, AÜG, § 9 Rz. 104; *Waltermann*, NZA 2010, 482 (483).
2 Die gegen diese Regelung bestehenden verfassungsrechtlichen Bedenken (vgl. *Rieble/Klebeck*, NZA 2003, 23 [27 ff.]; *Grobys/Schmidt/Brocker*, NZA 2003, 777; *Kämmerer/Thüsing*, Leiharbeit und Verfassungsrecht, 2005; *Thüsing*, DB 2003, 446 [449 f.]; *Thüsing*, Arbeitsrechtlicher Diskriminierungsschutz, Rz. 857 ff.) hat das BVerfG in seinem Nichtannahmebeschluss vom 29.12.2004 zurückgewiesen, BVerfG v. 29.12.2004, AP Nr. 2 zu § 3 AEntG = NZA 2005, 153; hierzu *Bayreuther*, NZA 2005, 341; *Lembke*, BB 2005, 499; *Schüren*, RdA 2006, 303.
3 *Ulber D.*, AuR 2012, 426.
4 *Riechert*, NZA 2013, 303 (307); *Riesenhuber*, Europäisches Arbeitsrecht, 2009, § 15 Rz. 17; *Sansone*, Gleichstellung von Leiharbeitnehmern nach deutschem und Unionsrecht, S. 544; in diese Richtung gehend eine „gewisse Überprüfung" für erforderlich haltend *Waas*, ZESAR 2009, 207 (211); strenger *Düwell/Dahl*, DB 2009, 1070 (1073); *Klumpp*, GPR 2009, 89 (91), wonach die „Achtung des Gesamtschutzes von Leiharbeitnehmern" erfordert, dass der Abstand zu den Arbeitsbedingungen im Entleiherunternehmen „nicht zu groß" werden dürfe; hinsichtlich des Arbeitsentgelts lediglich eine 10 % Abweichung vom einschlägigen Tarifentgelt für zulässig haltend *Blanke*, DB 2010, 1528 (1533); gegen jegliche qualitative Begrenzung durch Schüren/*Riederer von Paar*, AÜG, Einl. Rz. 608. Nach Schüren/*Riederer von Paar*, AÜG, Einl. Rz. 612; Schüren/*Schüren*, AÜG, § 9 Rz. 171 ist aber eine „ernsthafte Interessenvertretung" zu fordern.

AÜG ausreichend gewährleistet sein könnte.[1] Ungelöst bliebe dann aber das Problem, dass sich die Lohnuntergrenze lediglich auf das Entgelt bezieht, womit ein „Gesamtschutz" schon begrifflich nicht zu gewährleisten ist.[2]

Typ 4: Arbeitszeitregelung

a) Die regelmäßige wöchentliche Arbeitszeit beträgt ... Stunden. Während der Überlassung an einen Entleiher richtet sich die regelmäßige Arbeitszeit nach der für einen vergleichbaren Arbeitnehmer im Betrieb des Entleihers maßgeblichen Arbeitszeit.

b) Beginn und Ende der täglichen Arbeitszeit und der Pausen werden vom Unternehmen festgelegt. Während der Überlassung an einen Entleiher finden die im Entleiherbetrieb geltenden Arbeits- und Pausenzeiten Anwendung.

Problematisch ist, inwieweit die **Dauer der Arbeitszeit** ein zur Gleichbehandlung verpflichtendes Kriterium ist. Wenn ein nur **teilzeitbeschäftigter Leiharbeitnehmer** im Entleiherbetrieb aufgrund der Arbeitszeitregelung der Stammbelegschaft **in Vollzeit beschäftigt** wird, verstößt dies jedenfalls gegen das Verbot der **Diskriminierung von Teilzeitbeschäftigten**. Eine Gleichstellung kann in diesem Fall so nur entsprechend der täglichen Dauer der Arbeitszeit erfolgen.[3] §§ 3 Abs. 1 Nr. 3, 9 Nr. 2, 10 Abs. 4 AÜG lösen auch eine Gleichstellungspflicht des Verleihers aus, die regelmäßige tägliche bzw. wöchentliche Dauer der Arbeitszeit des Leiharbeitnehmers an diejenige des vergleichbaren Arbeitnehmers im Entleiherbetrieb anzupassen.[4] Das BAG sieht eine Aufspaltung der Arbeitszeit für die Zeiten des Verleihs und für die verleihfreie Zeit als zulässig an, solange die Unabdingbarkeit des Anspruchs auf Vergütung bei Annahmeverzug nach § 11 Abs. 4 Satz 2 AÜG nicht dadurch unterlaufen wird, dass für verleihfreie Zeiten eine ungewöhnlich kurze Arbeitszeit vereinbart wird.[5]

22

Ähnliche Schwierigkeiten bestehen bezüglich der **Lage der Arbeitszeiten**. Insofern ist fraglich, ob Leiharbeitnehmer entsprechend ihrer leiharbeitsvertraglich vorgesehenen Lage der Arbeitszeit im Entleiherbetrieb, in welchem eine andere Arbeitszeitlage üblich ist, eingesetzt werden müssen.[6] Zum Teil wird bezüglich der Lage der Arbeitszeit auf eine – jedenfalls unter Geltung der Leiharbeitsrichtlinie abzulehnende – Ausnahme von der Gleichstellungsverpflichtung aus sachlichem Grund abgestellt, die der Arbeitgeber insbesondere auf betriebliche Erfordernisse stützen

23

---

1 *Hamann*, EuZA 2009, 287 (309 f.); *Sansone*, Gleichstellung von Leiharbeitnehmern nach deutschem und Unionsrecht, S. 545 f.; *Thüsing*, RdA 2009, 118 (119).
2 ErfK/*Wank*, § 3 Rz. 23a; a.A. Preis/Sagan/*Sansone*, § 6 Leiharbeit Rz. 77.
3 Ulber/*Ulber J.*, AÜG, § 9 Rz. 40.
4 BAG v. 16.4.2014 – 5 AZR 483/12, NZA 2014, 1262.
5 BAG v. 16.4.2014 – 5 AZR 483/12; das Gleiche gilt für Arbeitszeitkonten, vgl. dazu *Thüsing/Pötters*, BB 2012, 317.
6 Ebenfalls als problematisch diskutiert wird, dass Leiharbeiter – trotz anders lautender Vereinbarung mit dem Verleiher – aufgrund des Gleichstellungsgrundsatzes möglicherweise nicht außerhalb der festen Arbeitszeiten der Stammbelegschaft beschäftigt werden können. So könnte z.B. in einem produzierenden Betrieb keine Nachtschicht mehr ausschließlich mit Leiharbeitnehmern besetzt werden, vgl. *Lembke*, BB 2003, 98 (101).

könne.[1] Um gewährleisten zu können, dass der Einsatz von Leiharbeitnehmern während einer Überlassung an die Regelarbeitszeit im Entleiherbetrieb gekoppelt werden kann, ist angesichts dieser Gleichstellungsproblematik daher zu empfehlen, bereits im Leiharbeitsvertrag zu vereinbaren, dass sich für den Zeitraum der Überlassung die Dauer sowie die Lage der geschuldeten Arbeitszeit nach den im Entleiherbetrieb geltenden Regelungen bestimmen.[2]

Typ 5: Vergütungsregelung

a) Für Zeiten, in denen der Leiharbeitnehmer nicht an einen Entleiher überlassen wird, erhält er für die vertragliche regelmäßige Arbeitszeit eine Vergütung in Höhe von ... Euro brutto/Tag. Mit dieser Vergütung ist Mehrarbeit für überlassungsfreie Zeiten abgegolten. Der Anspruch aus einer auf das Arbeitsverhältnis zur Anwendung kommenden Mindestlohnregelung bleibt hiervon unberührt.

b) Während der Überlassung an einen Entleiher erhält der Leiharbeitnehmer eine Vergütung, die mindestens der Vergütung eines vergleichbaren Stammarbeitnehmers im Betrieb des Entleihers entspricht. Dem Leiharbeitnehmer werden vor der Überlassung die im Entleiherbetrieb maßgeblichen Entgeltregelungen mitgeteilt. Der Anspruch aus einer auf das Arbeitsverhältnis zur Anwendung kommenden Mindestlohnregelung bleibt hiervon unberührt.

Alternativ bei bereits konkret bestehender Überlassungsmöglichkeit:

c) Während der Überlassung an den Entleiher ... erhält der Leiharbeitnehmer eine der Vergütung eines vergleichbaren Arbeitnehmers im Betrieb des Entleihers entsprechende Vergütung in Höhe von ... Euro brutto/Stunde.

Für Schicht-, Nacht-, Sonntags- und Feiertagsarbeit sowie vom Verleiher bewilligte Mehrarbeit erhält der Leiharbeitnehmer Zuschläge in folgender Höhe:

aa) für Schichtarbeit ... %
bb) für Nachtarbeit in der Zeit von ... Uhr bis ... Uhr ... %
cc) für Sonntagsarbeit ... %
dd) für Feiertagsarbeit ... %
ee) für Mehrarbeit ... %

Beim Zusammentreffen mehrerer Zuschläge wird nur der jeweils höchste Zuschlag bezahlt. Der Anspruch aus einer auf das Arbeitsverhältnis zur Anwendung kommenden Mindestlohnregelung bleibt hiervon unberührt.

24 Gemäß § 11 Abs. 1 Satz 1 AÜG ist der Verleiher verpflichtet, den Leiharbeitnehmer über die wesentlichen Vertragsbedingungen entsprechend den Vorschriften des Nachweisgesetzes in Kenntnis zu setzen. Dies ist naturgemäß schwierig, wenn der Leiharbeiter bei einer Vielzahl von wechselnden Entleiherbetrieben eingesetzt wird. Bei Vertragsschluss sind daher insbesondere die Entgeltbedingungen des Leiharbeitnehmers für spätere Einsatzzeiten in der Regel nicht absehbar, so dass ein pauschaler Verweis auf den Gleichbehandlungsgrundsatz wie in Klauseltyp

---

1 Preis/*Tenbrock*, Innovative Arbeitsformen, S. 954 f.
2 Vgl. zu dieser Empfehlung und der Frage nach der Zulässigkeit einer solchen Vereinbarung *Boemke*, RIW 2009, 177 (183 f.). Vgl. insbesondere zu den Anforderungen des § 12 Abs. 1 Satz 2 TzBfG nach der Rechtsprechung des BAG v. 7.12.2005 – 5 AZR 535/04, NZA 2006, 423; *Boemke*, RIW 2009, 177 (184).

5b der Nachweispflicht des Arbeitgebers zunächst genügt. Der Verleiher ist aber verpflichtet, den Leiharbeitnehmer zeitnah bei Kenntnis des konkreten Einsatzbetriebes über die entsprechenden Entgeltbedingungen zu informieren. Damit der Verleiher dieser Pflicht nachkommen kann, ist wiederum der Entleiher gemäß § 12 Abs. 1 Satz 2 AÜG zur Mitteilung der in seinem Betrieb geltenden Arbeitsbedingungen verpflichtet. Daneben ist gemäß § 11 Abs. 1 Satz 2 Nr. 2 AÜG ein Nachweis über Art und Höhe des Arbeitsentgeltes für verleihfreie Zeiten vom Verleiher zu führen, vgl. Klauseltyp 5a. Da mit Blick auf das Leiharbeitsverhältnis sowohl während der verleihfreien Zeiten Mindestentgeltregelungen aus einer nach § 3a Abs. 2 AÜG erlassenen Mindestlohnverordnung, sowie unter den Voraussetzungen der §§ 1 Abs. 3, 24 Abs. 1 MiLoG der allgemeine gesetzliche Mindestlohn zur Anwendung kommen können, sind diese nach § 11 Abs. 1 Satz 2 Nr. 2 AÜG ebenfalls nachzuweisen (→ *Arbeitsentgelt*, II A 70 Rz. 13a ff.). Die Klausel vermeidet die Rechtsfolge des § 3 Satz 1 MiLoG und sorgt dafür, dass stets die einschlägigen Mindestlohnregelungen eingehalten werden. (zur Mehrarbeits- und Überstundenvergütung → *Mehrarbeits- und Überstundenvergütung*, II M 20; zur Vertragsgestaltung im Mindestlohnbereich → *III B III*.

Typ 6: Gratifikation

Der Leiharbeiter, dessen Arbeitsverhältnis bis zum Jahresende besteht, erhält eine Gratifikation in Höhe eines Monatsgehalts, die mit der Gehaltsabrechnung für November abzurechnen und auszuzahlen ist. Auf diesen Anspruch auf Gratifikation wird ein ggf. bereits für Zeiten der Überlassung an einen Entleiher aufgrund der Entgeltbedingungen eines vergleichbaren Arbeitnehmers im Entleiherbetrieb bestehender Anspruch auf eine Gratifikation angerechnet.

Da der Begriff des Arbeitsentgelts im Rahmen des Gleichbehandlungsgrundsatzes umfassend zu verstehen ist, werden von ihm auch Entgeltleistungen im weiteren Sinne, wie z.B. betriebliche Versorgungsleistungen oder Sonderzahlungen, bestimmte Sachleistungen[1], die den Beschäftigten im Entleiherbetrieb zu Gute kommen, wie z.B. Dienstwagen, Arbeitnehmerrabatte, umfasst.[2] § 13b AÜG sieht nunmehr eine Sonderregelung zum Zugang des Leiharbeitnehmers zu Gemeinschaftseinrichtungen des Entleihers vor, wie etwa Betriebskindergarten oder Betriebskantine.[3] Wenn die **Dispositionsbefugnis über einzelne betriebliche Leistungen allein beim Entleiher** liegt, sind die Sachbezüge nach herrschender Auffassung in einen **Geldwert** umzurechnen und entsprechend an den Leiharbeitnehmer auszuzahlen.[4] Soweit die Gewährung zusätzlicher Entgeltbestandteile als weitere Anspruchsvoraussetzung im Entleiherbetrieb eine **bestimmte Betriebstreue** des Arbeitnehmers erfordert, wie z.B. regelmäßig bei einer Gratifikation, kommen diese dem

---

1 LAG München v. 19.12.2012 – 10 Sa 609/12, n.v.
2 BAG v. 19.2.2014 – 5 AZR 1047/12, NZA 2014, 915 (918); v. 13.3.2013 – 5 AZR 294/12, NZA 2013, 1226 (1228); ErfK/*Wank*, § 3 AÜG Rz. 14; Schüren/*Schüren*, AÜG, § 9 Rz. 125.
3 ErfK/*Wank*, § 13b AÜG Rz. 1.
4 *Rieble/Klebeck*, NZA 2003, 23 (25); kritisch *Bauer/Krets*, NJW 2003, 537 (539); Thüsing/*Mengel*, AÜG, § 9 Rz. 32; a.A. *Sansone*, Gleichstellung von Leiharbeitnehmern nach deutschem und Unionsrecht, S. 192 ff.

Leiharbeitnehmer nur zu Gute, wenn er dem Entleiherbetrieb für die **erforderliche Beschäftigungsdauer überlassen wird**.[1] Der Arbeitgeber erfüllt im Übrigen den Anspruch auf Gleichbehandlung, wenn er dem Leiharbeitnehmer diese zusätzlichen Entgeltbestandteile originär gewährt. Leistungen, die sich aus dem Gleichbehandlungsgrundsatz ergeben, können, da sie im Entleiherbetrieb gezahlt werden, insoweit auf einen originären Anspruch aus dem Leiharbeitsverhältnis angerechnet werden, wie Klauseltyp 6 vorsieht.

d) Reisekosten und andere Aufwendungen

Typ 7: Reisekosten

a) Bei Überlassung an einen Entleiher gleicht der Verleiher Reisekosten und Reisezeiten des Leiharbeitnehmers wie folgt aus:
   aa) Bei Benutzung des zeitlich günstigsten öffentlichen Verkehrsmittels werden die Fahrtkosten des Leiharbeitnehmers erstattet, wenn die aufgewendete Wegezeit (Hin- und Rückweg zwischen Wohnsitz des Leiharbeitnehmers und Einsatzort) 1,5 Stunden übersteigt und der Leiharbeitnehmer die Benutzung eines öffentlichen Verkehrsmittels nachweist. Maßgeblich ist dabei die planmäßige Fahrzeit.
   bb) Bei Benutzung eines eigenen Kraftfahrzeuges wird die über 100 km hinausgehende Wegstrecke (Hin- und Rückweg zwischen Wohnsitz des Leiharbeitnehmers und Einsatzort) mit pauschal 0,30 Euro pro tatsächlich gefahrenem km erstattet.
Die Erstattung von Reisekosten des Leiharbeitnehmers nach dieser Regelung erfolgt unter Berücksichtigung der steuerrechtlichen Freibeträge. Aufgewendete Reisezeit ist mit der Zahlung des Arbeitsentgelts abgegolten.

b) Bei Überlassung an einen Entleiher hat der Leiharbeitnehmer Anspruch auf Verpflegungskostenmehraufwand nach Maßgabe der steuerrechtlichen Vorschriften.

c) Beträgt der zeitliche Aufwand für die Wegezeit (Hin- und Rückweg) mehr als drei Stunden, hat der Leiharbeitnehmer bei Nachweis einer Übernachtung am Einsatzort Anspruch auf Übernahme der entstandenen Übernachtungskosten. Der Anspruch ist ausgeschlossen, wenn dem Arbeitnehmer durch den Verleiher oder den Entleiher eine Übernachtungsmöglichkeit zur Verfügung gestellt wird.

d) Beträgt der zeitliche Aufwand für die Wegezeit (Hin- und Rückweg) mehr als drei Stunden, hat der Leiharbeitnehmer bei Nachweis einer Übernachtung am Einsatzort Anspruch auf Übernahme der entstandenen Übernachtungskosten bis zur Höhe des steuerlichen Pauschbetrages.

⊃ **Nicht geeignet:**
Soweit die planmäßige Fahrzeit für den einfachen Weg zwischen Wohnsitz des Arbeitnehmers und Einsatzort beim Entleiher bei Benutzung des zeitlich güns-

---

1 *Sansone*, Gleichstellung von Leiharbeitnehmern nach deutschem und Unionsrecht, S. 181 ff. m.w.N.; a.A. *Lembke*, BB 2003, 98 (101): anteilige Gewährung.

tigsten öffentlichen Verkehrsmittels eine Stunde übersteigt, wird die Wegezeit des Arbeitnehmers, die bei einfacher Fahrt eine Stunde übersteigt, mit dem vereinbarten Stundenlohn vergütet, soweit der Leiharbeitnehmer die Benutzung eines öffentlichen Verkehrsmittels oder eine entsprechende Fahrtzeit mit einem Kraftfahrzeug nachweist. Wegezeiten finden bei der Berechnung von Nacht-, Sonntags-, Feiertags- und Mehrarbeitszuschlägen keine Berücksichtigung. Darüber hinaus ist ein Anspruch des Leiharbeitnehmers auf Vergütung der Reisezeit sowie Ersatz von Reisekosten und anderen Aufwendungen ausgeschlossen. § 670 BGB findet keine Anwendung.

Da der Leiharbeitnehmer beim Einsatz in einem Entleiherunternehmen zur Erfüllung seiner Arbeitspflicht an einen anderen Einsatzort als die Geschäftsstelle des Verleihers reisen muss, handelt es sich bei der Anreise zum Entleiherbetrieb regelmäßig um eine Dienstreise des Leiharbeitnehmers. Der Verleiher ist deshalb grundsätzlich verpflichtet, die Reisekosten als Aufwendungen nach § 670 BGB zu ersetzen sowie die aufgewendete Reisezeit als Arbeitszeit mit dem vereinbarten Arbeitslohn nach § 612 Abs. 1 BGB zu vergüten.[1] Ein Anspruch auf Aufwendungsersatz bzw. Vergütung von Reisezeit besteht dabei jedoch nur in der Höhe, in der sie die Kosten und den Zeitaufwand für die Reise von der Wohnung des Arbeitnehmers zur Geschäftsstelle des Verleihers übersteigen.[2] Da Wege zwischen Wohnung und Arbeitsstätte zum privaten Lebensbereich des Arbeitnehmers zählen und so Reisekosten und aufgewendete Zeit nicht vom Arbeitgeber auszugleichen sind, können sie entsprechend beim Einsatz des Leiharbeiters für ein Entleiherunternehmen berücksichtigt werden.[3]

26

---

1 LAG Köln v. 24.10.2006 – 13 Sa 881/06, NZA-RR 2007, 345; LAG Düsseldorf v. 30.7.2009 – 15 Sa 268/09, LAGE § 9 AÜG Nr. 7; Ulber/*Ulber J.*, AÜG, § 1 Rz. 73; a.A. LAG Hamm v. 16.7.2008 – 2 Sa 1797/07, EzAÜG § 670 BGB Aufwendungsersatz Nr. 2; LAG Rh.-Pf. v. 8.9.2009 – 1 Sa 331/09, n.v., nach denen die Aufwendungen für Fahrten vom Wohnort zur Arbeitsstätte auch bei stets wechselnden Einsatzorten grundsätzlich der Arbeitnehmer selbst und nicht sein Arbeitgeber zu tragen habe. Insofern handele der Leiharbeitnehmer im eigenen – nicht über § 670 BGB ersatzfähigen – Interesse. Vgl. ausführlich → *Aufwendungsersatz*, II A 115 Rz. 15f.
2 LAG Hamm v. 30.6.2011 – 8 Sa 387/11, LAGE § 4 TVG Ausschlussfrist Nr. 58; LAG Köln v. 15.11.2002 – 4 Sa 692/02, MDR 2003, 755; v. 24.10.2006 – 13 Sa 881/06, NZA-RR 2007, 345 (346); weitergehender jedoch LAG Düsseldorf v. 30.7.2009 – 15 Sa 268/09, LAGE § 9 AÜG Nr. 7, das eine uneingeschränkte Ersatzpflicht für die Fahrten des Leiharbeitnehmers zum Entleiher annimmt. Die Pflicht, sich zu wechselnden Arbeitsstätten zu begeben, sei insofern keine vom Leiharbeitnehmer übernommene Arbeitspflicht, sondern eine sonstige arbeitsvertraglich übernommene (Neben-)Pflicht, die es dem Verleiher ermögliche, sein Arbeitnehmerüberlassungsgeschäft zu betreiben, wobei der Einsatz eines Leiharbeitnehmers beim Kunden in dem eigenen, in der Regel eigenwirtschaftlichen Interesse des Verleihers liege. Den Leiharbeitnehmer mit den Kosten für die mit der Arbeitnehmerüberlassung einhergehenden wechselnden Einsätze bei den jeweiligen Kunden zu belasten, würde dazu führen, dass sich das Mindestentgelt dieser Arbeitnehmer für die erbrachten Arbeitsstunden effektiv um denjenigen Anteil mindere, den sie – im Interesse des Arbeitgebers an einer möglichst hohen Gewinnspanne bei dem von ihm betriebenen Überlassungsgeschäft – aufbringen müssten, um den Kundenauftrag ihres Verleiharbeitgebers „bedienen" zu können, vgl. LAG Düsseldorf v. 30.7.2009 – 15 Sa 268/09, LAGE § 9 AÜG Nr. 7, Rz. 65.
3 LAG Köln v. 15.11.2002 – 4 Sa 692/02, MDR 2003, 755; v. 24.10.2006, NZA-RR 2007, 345 (346).

27 Um die Erstattungspflicht des Verleihers gegenüber seinen Arbeitnehmern übersichtlich und handhabbar zu gestalten, empfiehlt sich angesichts der regelmäßig anfallenden Tätigkeit des Leiharbeitnehmers an verschiedenen Einsatzorten, eine schematisierende Regelung entweder in einer **separaten Reisekostenrichtlinie**, auf die im Arbeitsvertrag Bezug genommen wird, oder aber direkt in einer **Klausel im Arbeitsvertrag**, wie sie Klauseltyp 7a enthält (vgl. → *Aufwendungsersatz*, II A 115 Rz. 16). Bei der einzel- oder kollektivvertraglichen Regelung ist jedoch die Grenze der Sittenwidrigkeit[1] und des arbeitsrechtlichen Gleichbehandlungsgrundsatzes[2] zu beachten.[3] Darüber hinaus ist eine formularvertragliche Regelung in Bezug auf § 670 BGB an § 307 BGB zu messen. Eine Klausel, die einen Ersatz der Aufwendungen des Leiharbeitnehmers ausschließt oder dessen Aufwendungen für mit der Vergütung abgegolten erklärt, benachteiligt den Arbeitnehmer jedoch entgegen den Geboten von Treu und Glauben und ist gemäß § 307 Abs. 2 Nr. 1 BGB unwirksam.[4] Zwar ist ein Interesse des Arbeitgebers anzuerkennen, den Aufwendungsersatz je nach Art und den speziellen Bedingungen eines Einsatzes flexibel zu regeln. Dies rechtfertigt jedoch nicht den Ausschluss jeden Rechtsanspruchs auf Aufwendungsersatz für den Arbeitnehmer, da dies den Arbeitnehmer in eine für ihn kostenmäßig unkalkulierbare Situation bringt, in welcher ihm nicht einmal ein gewisser Rahmen erstattungsfähigen Kostenausgleichs belassen bzw. ein vom Einzelfall unabhängiges Minimum an Kostenbeteiligung durch den Arbeitgeber zugesagt wird.[5]

28 Reisekostenvergütungen, die von einem privaten Arbeitgeber gezahlt werden, sind nach § 3 Nr. 16 EStG steuerfrei. Fahrtkosten können dabei bei entsprechendem Nachweis der tatsächlich entstandenen Kosten (z.B. Taxi-Quittung, Bahnfahrkarte oder Flugticket) in voller Höhe steuerfrei ersetzt werden. Für Fahrten im eigenen Kraftfahrzeug kann wahlweise ein Pauschbetrag in Höhe von derzeit 0,30 Euro/km angesetzt werden.[6] Vergleichbares gilt für Übernachtungskosten. Hier kann der Arbeitgeber die Kosten des Leiharbeiters bei entsprechendem Nachweis vollständig oder ohne Nachweis pauschal mit bis zu 20 Euro steuerfrei ersetzen.[7] Verpflegungskostenmehraufwendungen können hingegen nur bis zur Höhe der gesetzlich vorgeschriebenen Pauschbeträge steuerfrei ausgeglichen werden.[8] Zahlungen des Ver-

---

1 LAG Düsseldorf v. 30.7.2009 – 15 Sa 268/09, LAGE § 9 AÜG Nr. 7; Ulber/*Ulber J.*, AÜG, § 1 Rz. 73.
2 LAG BW v. 2.11.2005 – 2 Sa 50/05, EzAÜG GG Nr. 8.
3 Insofern begegnete die früher in den Tarifverträgen zwischen BZA und der DGB-Tarifgemeinschaft enthaltene Regelung des § 8.6 MTV BZA/DGB, welche dem Verleiher eine Verrechnung der Aufwendungsersatzansprüche (z.B. des Fahrgelds) mit bis zu 25 % des Bruttoarbeitsentgelts ermöglichte, Bedenken in Hinblick auf Art. 3 Abs. 1 GG, da sie eine Kürzung des Tariflohns von der vom jeweiligen Leiharbeitnehmer nicht zu beeinflussenden Entfernung zum Entleiherbetrieb abhängig machte. Eine diesbezügliche Entscheidung offen lassend LAG BW v. 2.11.2005 – 2 Sa 50/05, EzAÜG GG Nr. 8. Keine Bedenken an der Wirksamkeit des § 8.6 MTV BZA/DGB äußernd ArbG Berlin v. 22.4.2009, 37 Ca 17960, n.v.
4 LAG Düsseldorf v. 30.7.2009 – 15 Sa 268/09, LAGE § 9 AÜG Nr. 7.
5 LAG Düsseldorf v. 30.7.2009 – 15 Sa 268/09, LAGE § 9 AÜG Nr. 7.
6 Küttner/*Thomas*, Personalbuch 2014, Dienstreise Rz. 23.
7 Küttner/*Thomas*, Personalbuch 2014, Dienstreise Rz. 54.
8 Derzeit betragen diese Pauschbeträge bei einer Abwesenheit des Arbeitnehmers von seiner Wohnung von mindestens 8 Stunden 12 Euro, am An- und Abreisetag bei auswärtiger Übernachtung 12 Euro und ab 24 Stunden Abwesenheit 24 Euro, vgl. §§ 3 Nr. 13, 9 Abs. 4a EStG.

leihers, die wie etwa in Klauseltyp 7a bis d entstandene Reiseaufwendungen des Arbeitnehmers ersetzen, können daher innerhalb der gesetzlichen Grenzen steuerfrei erfolgen.

e) Arbeitsunfähigkeit und Entgeltfortzahlung

Typ 8: Anzeige der Arbeitsverhinderung

Der Leiharbeitnehmer ist verpflichtet, jede Arbeitsverhinderung und ihre voraussichtliche Dauer unverzüglich gegenüber dem Verleiher sowie ggf. gegenüber dem Entleiher, dem er zum Zeitpunkt der Arbeitsverhinderung im Rahmen seiner Tätigkeit überlassen wird, anzuzeigen und dabei gleichzeitig auf etwaige dringliche Arbeiten hinzuweisen.

Im Falle der krankheitsbedingten Arbeitsunfähigkeit ist der Arbeitnehmer im Rahmen der Arbeitnehmerüberlassung nicht nur zur Anzeige der Krankheit gegenüber dem Verleiher als Arbeitgeber, sondern auch gegenüber dem Entleiher, bei dem er jeweils zum Zeitpunkt der Krankheit beschäftigt ist, verpflichtet (§ 5 Abs. 1 Satz 1 EFZG analog). Die Entgeltfortzahlung wird vom Verleiher geleistet, der regelmäßig aus dem Überlassungsvertrag mit dem Entleiher auch zur Stellung einer Ersatzkraft im Entleiherbetrieb verpflichtet ist. 29

f) Haftung des Leiharbeitnehmers

Typ 9: Haftung

Verursacht der Leiharbeitnehmer durch eine schuldhafte Pflichtverletzung, insbesondere durch den Nichtantritt oder die Einstellung der Arbeitsleistung beim Entleiher, einen Schaden, so hat er im Falle einfacher Fahrlässigkeit den Schaden zur Hälfte, höchstens jedoch bis zum Betrag einer gewöhnlichen Monatsnettovergütung zu ersetzen. Bei grober Fahrlässigkeit hat der Leiharbeitnehmer den Schaden voll zu tragen, jedoch der Höhe nach beschränkt auf den dreifachen Betrag der gewöhnlichen Monatsnettovergütung. Die Haftung für Fahrlässigkeit besteht nur für solche Schäden, die nicht durch eine – von dem Unternehmen abzuschließende – Betriebshaftpflichtversicherung gedeckt werden können. Diese Grundsätze gelten entsprechend bei Schadensersatzansprüchen Dritter, insbesondere von Entleihern, denen der Leiharbeitnehmer im Rahmen seiner Tätigkeit überlassen wird. Bei Vorsatz haftet der Leiharbeitnehmer unbeschränkt.

Eine Haftung des Leiharbeitnehmers bei Verletzung der Arbeitspflicht kommt in Form der Schlechtleistung in der Regel nur gegenüber dem Entleiher in Betracht, bei dem der Arbeitnehmer die Arbeitsleistung erbringt. Da der Entleiher ein eigenständiges Forderungsrecht gegenüber dem Arbeitnehmer hat,[1] das aus dem Leiharbeitsvertrag abgeleitet ist, besteht auch die Haftung des Leiharbeitnehmers in diesem arbeitsvertraglichen Umfang, d.h. dass insbesondere die Grundsätze der einge- 30

---
1 So die hier vertretene Ansicht, vgl. Rz. 6.

schränkten Arbeitnehmerhaftung im Rahmen des innerbetrieblichen Schadensausgleiches Anwendung finden. Im Fall der Nichtleistung des Leiharbeitnehmers haftet dieser regelmäßig neben dem Verleiher, der dem Entleiher aus dem Überlassungsvertrag zur Bereitstellung eines geeigneten Arbeitnehmers verpflichtet ist, gesamtschuldnerisch im Verhältnis zum Entleiher.[1] Im Innenverhältnis zwischen Verleiher und Leiharbeitnehmer ist letzterer entsprechend seinem Verschuldensgrad dem Verleiher zum Ausgleich verpflichtet.

g) Weitere arbeitnehmerüberlassungsrechtliche Besonderheiten

Typ 10: Merkblatt

Der Leiharbeiter bestätigt, ein Merkblatt der Bundesagentur für Arbeit über den wesentlichen Inhalt des Arbeitnehmerüberlassungsgesetzes – AÜG – erhalten zu haben.

Typ 11: Erlaubnis zur Arbeitnehmerüberlassung

Das Unternehmen erklärt, dass es im Besitz einer gültigen Erlaubnis zur Arbeitnehmerüberlassung gemäß § 1 Abs. 1 des Gesetzes zur Regelung der Arbeitnehmerüberlassung (Arbeitnehmerüberlassungsgesetz – AÜG) ist. Die Erlaubnis wurde von der Bundesagentur für Arbeit, Regionaldirektion ... am ... befristet zum ... erteilt.

31 Der Verleiher ist schließlich gemäß § 11 Abs. 1 Satz 2 Nr. 1 AÜG verpflichtet, dem Leiharbeitnehmer die Behörde, die ihm die Erlaubnis zur Arbeitnehmerüberlassung ausgestellt hat, sowie Ort und Datum der Erteilung schriftlich mitzuteilen. Des Weiteren muss er nach § 11 Abs. 2 AÜG dem Leiharbeitnehmer bei Vertragsschluss ein Merkblatt der Erlaubnisbehörde, das den wesentlichen Inhalt des Arbeitnehmerüberlassungsgesetzes zusammenfasst, aushändigen.[2] Auf Verlangen ist ausländischen Leiharbeitern das Merkblatt auf Kosten des Verleihers in ihrer Muttersprache auszuhändigen.

3. Hinweise zur Vertragsgestaltung

32 Obschon die Arbeitnehmerüberlassung zu den sog. „atypischen" Arbeitsverhältnissen zählt, kann bei der Vertragsgestaltung von den **Grundsätzen des Normalarbeitsverhältnisses** ausgegangen werden. Da der Arbeitnehmer die Arbeitsleistung regelmäßig aber bei einem Dritten erbringt, werden arbeitsvertragliche Verpflichtungen, die üblicherweise nur im Verhältnis Arbeitnehmer-Arbeitgeber bestehen, auf den Entleiher als Dritten ausgedehnt. Dies wirkt sich im Leiharbeitsvertrag insbesondere in Klauseln zum Direktionsrecht, zur Mitteilungspflicht bei Arbeitsverhinderung, zur Geheimhaltungspflicht des Leiharbeitnehmers und zur Arbeitnehmerhaftung aus.

---

1 Schüren/*Brors*, AÜG, Einl. Rz. 493.
2 Dieses Merkblatt ist auch über die Bundesagentur für Arbeit, www.arbeitsagentur.de, erhältlich.

Von größerer Bedeutung ist das **Gleichbehandlungsgebot**. Da der Verleiher hiernach **33** verpflichtet ist, dem Leiharbeitnehmer bei Überlassung mindestens die Arbeitsbedingungen zu gewähren, die für ihn gelten würden, wenn er vom Entleiher unmittelbar für den gleichen Arbeitsplatz eingestellt worden wäre, ergeben sich für die praktische Durchführung der Leiharbeit und damit verbunden für die Gestaltung des Leiharbeitsvertrages erhebliche Schwierigkeiten, wenn nicht auf tarifvertragliche Regelungen zur Leiharbeit zurückgegriffen werden kann. Die Konkretisierung bestimmter Arbeitsbedingungen wie die Dauer und Lage der Arbeitszeiten oder die Höhe des Arbeitsentgelts im Arbeitsvertrag, die im grundlegenden Interesse beider Arbeitsvertragsparteien steht, kann so angesichts der noch nicht voraussehbaren Einsatzmöglichkeiten des Leiharbeiters zum Zeitpunkt des Vertragsschlusses noch nicht vorgenommen werden. Gleichwohl ist der Verleiher als Arbeitgeber aus dem AÜG bzw. dem NachwG zur schriftlichen Fixierung der wesentlichen Arbeitsbedingungen verpflichtet. Diese Schwierigkeiten können umgangen werden, wenn im Leiharbeitsvertrag auf einen geltenden **Leiharbeitstarifvertrag** Bezug genommen wird und so gemäß §§ 3 Abs. 1 Nr. 3 Satz 2, 3, 9 Nr. 2 Satz 2, 3 AÜG der Gleichbehandlungsgrundsatz keine Anwendung mehr findet.[1] Insofern kann auf eine Vielzahl von Tarifabschlüssen zurückgegriffen werden.[2] So haben einzelne Mitgliedsgewerkschaften des DGB etwa mit dem Interessenverband deutscher Zeitarbeitsunternehmen (iGZ) e.V. bzw. dem Bundesverband Zeitarbeit (BZA) e.V. umfassende Tarifwerke abgeschlossen, die neben Regelungen zur Eingruppierung und Entgeltzahlung auch Regelungen zu übrigen Arbeitsbedingungen enthalten. Von einer Wiedergabe dieser Tarifverträge wird an dieser Stelle abgesehen. Die erwähnten Tarifverträge können aber über www.bza.de und www.ig-zeitarbeit.de abgerufen werden und so weitere Anregungen zur Vertragsgestaltung geben.

Allerdings ist zu beachten, dass eine Änderungskündigung zum „Hereinkündigen" **34** einer Bezugnahmeklausel auf einen geltenden Leiharbeitstarifvertrag nicht schon aufgrund der gesetzlichen Regelung der §§ 3 Abs. 1 Nr. 3, 9 Nr. 2 AÜG oder der Schwierigkeit, die maßgebliche Vergütung im Betrieb des Entleihers herauszufinden, gerechtfertigt ist.[3] Ebenso wenig reicht hierfür das Interesse des Verleihers an einheitlichen Vertragsbedingungen im eigenen Betrieb aus.[4] Insofern sind auch

---

1 Problematisch ist allerdings, ob die Möglichkeit einer Bezugnahme auch für Mischbetriebe, die nicht überwiegend Leiharbeitnehmer beschäftigen, besteht. So Boemke/Lembke/Lembke, AÜG, § 9 Rz. 422; Lembke/Distler, NZA 2006, 952; differenzierend Thüsing/Mengel, AÜG, § 9 Rz. 37; abl. Thüsing, Diskriminierungsschutz, Rz. 843; vgl. ausf. Sansone, Gleichstellung von Leiharbeitnehmern nach deutschem und Unionsrecht, S. 385 ff.
2 Vgl. 10. Erfahrungsbericht zum AÜG, BT-Drucks. 15/6008, S. 10 f.
3 BAG v. 12.1.2006 – 2 AZR 126/05, AP Nr. 82 zu § 2 KSchG 1969 = NZA 2006, 587; Dahl, DB 2006, 2519 (2520); Schüren/Schüren, AÜG, Einl. Rz. 280, § 9 Rz. 105; Hamann, BB 2005, 2185 (2187); Hamann, EzA § 2 KSchG Nr. 56; a.A. bzgl. der sozialen Rechtfertigung aufgrund der gesetzlichen Neuregelung Junker, SAE 2006, 219 (220 f.); Röder/Krieger, DB 2006, 2122 (2124); a.A. auch LAG BW v. 12.4.2007 – 21 Sa 62/06, n.v. für den Fall, dass die Kunden des Verleihunternehmens nachweislich nicht bereit seien, Leiharbeitnehmer zu den Bedingungen entsprechend dem Gleichstellungsgrundsatz zu beschäftigen. Diese Frage offen lassend die Revisionsentscheidung BAG v. 15.1.2009 – 2 AZR 641/07, NZA 2009, 957 (959), unter Betonung, dass „wenig dafür" spreche, dass in einem solchen Fall hinreichend dringende betriebliche Erfordernisse zum Ausspruch einer Änderungskündigung vorlägen.
4 Hiekel, FS 25 Jahre AG Arbeitsrecht, S. 333 (343); Hamann, EzA § 2 KSchG Nr. 56.

im Rahmen von Leiharbeitsverhältnissen die allgemeinen Grundsätze einer Änderungskündigung zur Entgeltreduzierung anzuwenden.

35 Darüber hinaus ist bei der Anwendung der tarifvertraglichen Ausnahme schon deswegen Vorsicht geboten, weil die Tariffähigkeit der Gewerkschaften der Zeitarbeitsbranche, insbesondere der Tarifgemeinschaft Christliche Gewerkschaften Zeitarbeit und PSA (CGZP) –aber auch der DGB-Tarifgemeinschaft,[1] seit Einführung des Gleichstellungsgrundsatzes angezweifelt wurde. Diese Zweifel hinsichtlich der CGZP bestätigend hat das BAG deren mangelnde Tariffähigkeit festgestellt.[2] Dies gilt auch für die Vergangenheit.[3] Die Folgeprobleme sind erheblich. Das BAG hat allerdings durch eine extensive Anwendung arbeitsvertraglicher Ausschlussfristen und eine harte Interpretation des Verjährungsrechts etwaige Ansprüche von Leiharbeitnehmern so weit wie möglich untergehen lassen. Mit Blick auf die Zweifel an der Wirksamkeit von Tarifverträgen zur Leiharbeit erscheint daher die sorgfältige Ausgestaltung arbeitsvertraglicher Ausschlussfristen von erheblicher Bedeutung (→ *Ausschlussfrist*, II A 150).

36 Das aus einer etwaigen ex-tunc-Nichtigkeit resultierende finanzielle Risiko, das nicht nur Verleiher, die neben Nachzahlungsansprüchen nach § 10 Abs. 4 AÜG auch einer sozialversicherungsrechtlichen Beitragshaftung ausgesetzt sind,[4] sondern auch Entleiher betrifft,[5] kann dabei im Rahmen der Arbeitsvertragsgestaltung nicht durch eine hilfsweise Verweisung auf die Tarifverträge der DGB-Gewerkschaften (sog. „gestaffelte" Bezugnahmeklausel) umgangen werden.[6] Entsprechend der Rechtsprechung des BAG,[7] das die Einführung einer solchen gestaffelten Klausel in das Leiharbeitsverhältnis im Wege der Änderungskündigung für unwirksam erklärt hat, da eine solche Klausel unzureichend bestimmt sei,[8] sind solche gestaffelten Klausel nach § 307 Abs. 1 Satz 2 BGB intransparent.[9] Denn bei einer solchen gestaffelten Verweisungsklausel bleibt für den Arbeitnehmer nicht nur unklar, auf welche dauerhaften tariflichen Grundlage sich zukünftig sein Arbeitsverhältnis

---

1 *Schüren*, RdA 2006, 303 (306f.); *Schöne*, DB 2004, 136 (137).
2 BAG v. 14.12.2010 – 1 ABR 19/10, NZA 2011, 289, vgl. dazu *Ulber D.*, RdA 2014, 353ff.
3 BAG v. 23.5.2012 – 1 AZB 58/11, NZA 2012, 623; v. 22.5.2012 – 1 ABN 27/12, NZA 2012, 625.
4 Hinsichtlich der Nachzahlungsansprüche nach § 10 Abs. 4 AÜG sind insofern auch Sozialversicherungsbeiträge gem. § 23 Abs. 1 SGB IV einschließlich der Beiträge zur Unfallversicherung nach § 150 Abs. 1 SGB VII abzuführen. Zudem kommt auch eine Lohnsteuernachhaftung der Verleiher nach § 42d Abs. 3 EStG i.V.m. § 44 Abs. 2 Satz 1 AO in Betracht.
5 Nach § 28e Abs. 2 Satz 1 SGB IV und § 150 Abs. 3 Satz 1 SGB VII i.V.m. § 28e Abs. 2 Satz 1 SGB IV besteht eine Subsidiärhaftung des Entleihers für Sozialversicherungsbeiträge einschließlich der Beiträge zur Unfallversicherung sowie für die nicht abgeführten Lohnsteuern nach § 42d Abs. 6 EStG.
6 Zur umstrittenen Anwendbarkeit von Ausschlussfristen auf den Anspruch aus § 10 Abs. 4 AÜG *Sansone*, Gleichstellung von Leiharbeitnehmern nach deutschem und Unionsrecht, S. 419ff.
7 BAG v. 15.1.2009 – 2 AZR 641/07, NZA 2009, 957 (958f.).
8 Vgl. Schüren/*Schüren*, AÜG, § 9 Rz. 179.
9 BAG v. 19.2.2014 – 5 AZR 700/12, NZA 2014, 1097; *Brors*, BB 2006, 101 (103f.); *Rolfs*, VSSR 2009, 159 (171); Schüren/*Schüren*, AÜG, § 9 Rz. 179ff.; a.A. Thüsing/*Mengel*, AÜG, § 9 Rz. 43.

gründet, sondern auch, von wem und wann festgestellt wird, ob die Tarifverträge unwirksam „werden".[1]

Angesichts der einschneidenden Rechtsfolgen, die das Gesetz insbesondere mit der Fiktion eines Arbeitsverhältnisses zwischen Leiharbeitnehmer und Entleiher sowie der Unwirksamkeit von Überlassungs- und Leiharbeitsvertrag an das Fehlen einer **Erlaubnis zur Arbeitnehmerüberlassung** knüpft, wird an dieser Stelle nochmals auf die besondere Bedeutung des Erlaubniserfordernisses hingewiesen. So liegt es im Interesse aller am Überlassungsgeschäft beteiligten Parteien, dass der Verleiher Arbeitnehmerüberlassung nur mit wirksamer Erlaubnis betreibt. Auch in Unternehmen, deren Betriebszweck nicht ausschließlich Arbeitnehmerüberlassung ist, aber die verbreitet Personal in Drittunternehmen einsetzen, empfiehlt sich daher der Erwerb einer Überlassungserlaubnis, wenn – etwa im Rahmen eines Personaleinsatzes auf werk- oder dienstvertraglicher Grundlage – die tatsächliche Ausgestaltung der Tätigkeit keine eindeutige Zuordnung der Rechtsform erlaubt, um so einer ggf. bestehenden illegalen Arbeitnehmerüberlassung vorzubeugen. Solche Gestaltungsformen müssen in der Praxis aber nach der anstehenden Neufassung des AÜG überprüft werden, weil durch diese der Missbrauch von Vorratserlaubnissen verhindert werden soll. 37

Weiterhin ergeben sich bei der Leiharbeit betriebsverfassungsrechtliche Besonderheiten, da der Leiharbeitnehmer auch für die Zeit der Überlassung Angehöriger des entsendenden Betriebs des Verleihers bleibt, § 14 Abs. 1 AÜG, gleichzeitig aber in der Regel wie ein Mitglied der Stammbelegschaft in die Betriebsorganisation des Entleihers eingegliedert wird. Zu berücksichtigen sind daher nicht nur **Mitbestimmungsrechte** des **Verleiherbetriebsrates**, die etwa nach § 99 Abs. 1 BetrVG bei der Einstellung des Arbeitnehmers in den Verleiherbetrieb, seiner Ein- oder Umgruppierung bestehen[2], sondern auch Beteiligungsrechte des **Betriebsrates im Entleiherbetrieb**.[3] So ist nach der ständigen Rechtsprechung des BAG[4] die Überlassung eines Leiharbeiters in einen Entleiherbetrieb als eine Einstellung und damit eine personelle Einzelmaßnahme zu bewerten, die damit nur mit Zustimmung des Betriebsrates im Entleiherbetrieb erfolgen kann, wie dies auch ausdrücklich § 14 Abs. 3 AÜG klarstellt.[5] 38

Neben dem Arbeitsvertrag zwischen Leiharbeitnehmer und Verleiher ist es schließlich notwendig, in einem **Überlassungsvertrag** das Rechtsverhältnis zwischen Verleiher und Entleiher entsprechend den gesetzlichen Anforderungen nach § 12 AÜG 39

---

1 BAG v. 19.2.2014 – 5 AZR 700/12, NZA 2014, 1097.
2 Vgl. hierzu *Linsenmaier/Kiel*, RdA 2014, 135 (139).
3 Vgl. hierzu *Linsenmaier/Kiel*, RdA 2014, 135 (139 ff.).
4 BAG v. 25.1.2005 – 1 ABR 61/03, AP Nr. 48 zu § 99 BetrVG 1972 Einstellung = NZA 2005, 1199; v. 22.4.1997 – 1 ABR 74/96, AP Nr. 18 zu § 99 BetrVG 1972 Einstellung = NZA 1997, 1297 (1299); v. 30.8.1994 – 1 ABR 3/94, AP Nr. 6 zu § 99 BetrVG Einstellung = NZA 1995, 649 f.
5 Zu den Beteiligungsrechten des Betriebsrates und zur betriebsverfassungsrechtlichen Stellung des Leiharbeitnehmers vgl. ausführlich *Brose*, NZA 2005, 797; *Grimm/Brock*, DB 2003, 1113; *Hamann*, NZA 2003, 526; *Jüttner*, Kollektivrechtliche Auswirkungen der gewerbsmäßigen Arbeitnehmerüberlassung im Betriebsverfassungsrecht, 2006; *Schirmer*, FS 50 Jahre Bundesarbeitsgericht, 2004, S. 1063; *Tenbrock*, www.aus-innovativ.de, Thema Leiharbeit/Mitbestimmung.

zu gestalten. Danach ist für den Überlassungsvertrag insbesondere Schriftform vorgesehen. Außerdem muss er in inhaltlicher Hinsicht bestimmte Mindestangaben, bspw. zur Arbeitnehmerüberlassungserlaubnis oder zur Tätigkeit und Qualifikation des Leiharbeitnehmers, enthalten. Der Entleiher muss im Vertrag angeben, welche im Betrieb des Entleihers wesentlichen Arbeitsbedingungen einschließlich des Arbeitsentgelts für einen vergleichbaren Arbeitnehmer gelten. Der Überlassungsvertrag enthält daneben notwendigerweise Vereinbarungen, die den Umfang der Leistungspflichten der Vertragsparteien, wie etwa Vergütung des Verleihers, Beendigung des Überlassungsverhältnisses oder das Recht zum Personalaustausch für Verleiher und Entleiher, festlegen und regelmäßig vom Verleiher auch als Allgemeine Geschäftsbedingungen ausgestaltet werden. Zu beachten ist, dass sich aus dem Überlassungsvertrag ergeben muss, dass die Überlassung vorübergehend erfolgen muss. Da der Gesetzgeber bislang den Begriff nicht weiter ausgeformt hat, sollte zunächst lediglich klargestellt werden, dass die Überlassung vorübergehend erfolgen soll. Mit Blick auf die erheblichen Risiken, die bis zu einer gesetzlichen Regelung bestehen, kann nicht empfohlen werden den Begriff der Überlassung arbeitnehmerbezogen zu verstehen. Das bedeutet, dass eine dauerhafte Überlassung im rollierenden Modell, bei dem dauerhaft die Überlassung unterschiedlicher Arbeitnehmer auf ein und denselben Arbeitsplatz erfolgt, gegenwärtig nicht als rechtssicher eingestuft werden kann.[1] Ebenso unklar ist gegenwärtig die zulässige Höchstdauer. Es bleibt abzuwarten, ob die Frage durch die durch die Große Koalition avisierte Änderung des AÜG geklärt wird. Des Weiteren kann im Überlassungsvertrag zusätzlich dafür Sorge getragen werden, dass der Verleiher den ihm im Verhältnis zum Leiharbeitnehmer obliegenden Verpflichtungen, die eine Mitwirkung des Entleihers erfordern, nachkommen kann. In Betracht kommt so z.B. die Festlegung einer Pflicht zur Leistungsbeurteilung durch den Entleiher zur Erfüllung des Zeugnisanspruchs des Leiharbeitnehmers. Seit Inkrafttreten des § 9 Nr. 3 Halbs. 2 AÜG kann sich der Verleiher vom Entleiher überdies auch eine Vermittlungsprovision für den Fall versprechen lassen, dass der Entleiher den Leiharbeitnehmer nach der Überlassung übernimmt.[2] Der Entwurf eines Überlassungsvertragsmusters findet sich im Übrigen wie auch der Entwurf eines Leiharbeitsvertrags unten unter Besondere Vertragsmuster, III B Rz. 53 f.

---

1 Für Arbeitsplatzbezug etwa: LAG Bdb. v. 21.8.2014 – 10 TaBV 671/14; LAG Bdb. v. 19.12.2012 – 4 TaBV 1163/12, LAGE § 99 BetrVG 2001 Nr. 17; a.A: Arbeitnehmerbezogen: LAG Bdb. v. 22.5.2014 – 14 TaBV 184/14 [Rechtsbeschwerde eingelegt]; vgl. dazu *Nießen/Fabritius*, NJW 2014, 263.
2 Vgl. hierzu BGH v. 7.12.2006 – III ZR 82/06, NZA 2007, 571; *Lembke/Fesenmeyer*, DB 2007, 801.

A 60 Arbeitsaufnahme/Beginn des Arbeitsverhältnisses

	Rz.		Rz.
1. Einführung	1	b) Annexregelung zur Betriebszugehörigkeit	6
2. Klauseltypen	5	3. Sozialversicherungsrecht	7
a) Beginn des Arbeitsverhältnisses	5		

1. Einführung

Die Regelung des Beginns des Arbeitsverhältnisses gehört zu den wesentlichen und typischen Vertragsbestandteilen eines Arbeitsvertrages. Von ihm hängt das Einsetzen der Hauptpflichten, der Vergütungspflicht des Arbeitgebers und der Arbeitspflicht des Arbeitnehmers, ab.

Der **Vertrag**, nicht die tatsächliche Eingliederung des Arbeitnehmers, also die faktische Arbeitsaufnahme, ist Begründungstatbestand des Arbeitsverhältnisses.[1] Gegenstand der **Mitbestimmung** des Betriebsrats nach § 99 Abs. 1 BetrVG ist allerdings die **Einstellung/Arbeitsaufnahme**, unter der nicht der Abschluss des Arbeitsvertrages, sondern die tatsächliche Beschäftigung im Betrieb[2] verstanden wird. Das Mitbestimmungsrecht ist folglich von der vertragsrechtlichen Seite gelöst; die Wirksamkeit des Arbeitsvertrages hängt auch nicht von der Zustimmung des Betriebsrats zur Einstellung ab.[3]

Bedarf mithin der Abschluss des Arbeitsvertrages selbst nicht der Zustimmung des Betriebsrates, so folgt daraus nicht notwendig, dass es genügt, wenn der Betriebsrat zeitlich erst nach Abschluss des Arbeitsvertrages unterrichtet und die Zustimmung zur Einstellung, d.h. zur geplanten Beschäftigung im Betrieb, eingeholt wird. So hat das BAG für die vorgesehene Beschäftigung einer Aushilfskraft aufgrund eines „Rahmenvertrages", der den Zeitpunkt und die Dauer der tatsächlichen Beschäftigung noch offen ließ, entschieden, dass der Betriebsrat vor Abschluss des Arbeitsvertrages über die geplante Beschäftigung zu unterrichten und die Zustimmung des Betriebsrates zu dieser auf der Grundlage des Arbeitsvertrages erfolgenden Beschäftigung im Betrieb einzuholen hat.[4] Daher ist es nicht nur aus Gründen der Zweckmäßigkeit zu empfehlen, den Betriebsrat vor Abschluss des Arbeitsvertrages zu unterrichten und seine Zustimmung zur geplanten Beschäftigung einzuholen.

---

1 Ausführlich MünchArbR/*Richardi/Buchner*, § 32 Rz. 1 ff.
2 BAG v. 12.7.1988 – 1 ABR 85/86, AP Nr. 54 zu § 99 BetrVG 1972; v. 28.4.1992 – 1 ABR 73/91, EzA § 99 BetrVG 1972 Nr. 106; v. 23.6.2009 – 1 ABR 30/08, NZA 2009, 1162 (1163); a.A. *Fitting*, § 99 BetrVG Rz. 32 m.w.N., der stets die zeitlich erste Maßnahme des Arbeitgebers für mitbestimmungspflichtig hält, wenn der Abschluss des Arbeitsvertrages und die tatsächliche Beschäftigung im Betrieb auseinanderfallen.
3 BAG v. 2.7.1980 – 5 AZR 56/79, AP Nr. 5 zu § 101 BetrVG 1972; zu den rechtlichen Konsequenzen der fehlenden Zustimmung des Betriebsrats vgl. MünchArbR/*Matthes*, § 263 Rz. 67 ff.
4 BAG v. 28.4.1992 – 1 ABR 73/91, EzA § 99 BetrVG 1972 Nr. 106; insofern stimmt die Ansicht des BAG im Ergebnis mit der abweichenden Literaturauffassung (*Fitting*, § 99 BetrVG Rz. 32) überein, wonach bei zeitlichen Auseinanderfallen von Vertragsschluss und Eingliederung jeweils die zeitlich erste Maßnahme des Arbeitgebers mitbestimmungspflichtig sein soll, vgl. ErfK/*Kania*, § 99 BetrVG Rz. 5.

4 Die vertragliche Regelung der Arbeitsaufnahme hängt primär von Zweckmäßigkeitserwägungen ab. Im Zusammenhang mit dem Beginn des Arbeitsverhältnisses ist an zusätzliche Regelungspunkte zu denken, die besonderer Behandlung bedürfen:
- Gesundheitsuntersuchung (→ *Gesundheitsuntersuchungen*, II G 30)
- Führungszeugnis
- Probezeit (→ *Kündigungsvereinbarungen*, II K 10 Rz. 52)
- Kündigung vor Dienstantritt (→ *Kündigungsvereinbarungen*, II K 10 Rz. 38)
- Vertragsstrafe für den Fall des Nichtantritts der Arbeit (→ *Vertragsstrafen*, II V 30)
- Ggf. Anrechnung von Betriebszugehörigkeit bei vorherigem Arbeitgeber (Rz. 6 ff.).

2. Klauseltypen

a) Beginn des Arbeitsverhältnisses

Typ 1: Beginn des Arbeitsverhältnisses

a) Das Arbeitsverhältnis beginnt am ...
b) Der Arbeitnehmer tritt am ... als ... auf unbestimmte Zeit in die Dienste des Arbeitgebers.
c) Das Arbeitsverhältnis beginnt, sobald der Mitarbeiter seine Tätigkeit für die Firma aufnimmt. Die Tätigkeit soll zum frühestmöglichen Zeitpunkt, muss aber spätestens am ... aufgenommen werden.

5 Typischer Fall ist die Regelung eines bestimmten Beginns des Arbeitsverhältnisses, zu dem auch die Aufnahme der Arbeit erfolgt (Klauseltyp 1a und b). Es ist allerdings auch möglich, den rechtlichen Beginn des Arbeitsverhältnisses von der tatsächlichen Arbeitsaufnahme abhängig zu machen (Klauseltyp 1c). Dies kann zweckmäßig sein, wenn der Arbeitgeber den Arbeitnehmer zum frühestmöglichen Zeitpunkt gewinnen will, jedoch ungewiss ist, ob der Arbeitnehmer seinen bisherigen Arbeitgeber vor Ablauf der ordentlichen Kündigungsfrist verlassen kann. In diesem Fall ist allerdings ein jedenfalls einzuhaltender Endtermin zu regeln. Ein klarer Fristbeginn ist für eine Vielzahl von Rechten und Pflichten im Arbeitsverhältnis wesentlich. Nicht zuletzt für die Fragen des Vertragsbruchs wegen des Nichtantritts der Arbeit (→ *Vertragsstrafen*, II V 30) und des Eingreifens des Kündigungsrechts bei Ausschluss einer Kündigung vor Dienstantritt ist eine Terminbestimmung wichtig.

b) Annexregelung zur Betriebszugehörigkeit

6 Mit der Arbeitsaufnahme (Einstellung) bzw. dem Beginn des Arbeitsverhältnisses wird der für zahlreiche Fragen erhebliche Zurechnungsgrund der **Betriebszugehörigkeit** begründet.[1] Das Eingreifen des Kündigungsschutzes (§ 1 KSchG), die Länge der

---
1 MünchArbR/*Richardi*, § 22 Rz. 51 ff.

Kündigungsfristen (§ 622 BGB) und die Unverfallbarkeit einer Versorgungsanwartschaft (§ 1 BetrAVG) hängen von der Betriebszugehörigkeit ab.

Den Vertragsparteien steht es allerdings im Zusammenhang mit der Begründung des Arbeitsverhältnisses frei, Betriebszugehörigkeiten, die bei anderen – unter Umständen verbundenen – Unternehmen erworben wurden, anzurechnen. Grundsätzlich sind diese Zeiten nämlich nicht anzurechnen. Das gilt auch dann, wenn der Arbeitnehmer zuvor im Betrieb des neuen Arbeitgebers als Leiharbeitnehmer beschäftigt und eingegliedert war. Die als Leiharbeitnehmer zurückgelegten Zeiten sind regelmäßig nicht auf die Wartezeit des § 1 Abs. 1 KSchG anzurechnen.[1] Zwar können einzelvertragliche Vereinbarungen dieser Art aus konkludentem Verhalten folgen, doch sind an die Annahme konkludenter Anrechnungen strenge Anforderungen zu stellen. Ob und unter welchen Voraussetzungen dies möglich sein soll, ist umstritten. So gibt es Stimmen, die davon ausgehen, dass Vorbeschäftigungszeiten anzurechnen seien, wenn der Arbeitnehmer innerhalb eines Konzerns zu einem anderen Unternehmen „versetzt" werde, selbst wenn dies mit dem Abschluss eines neuen Arbeitsvertrags einhergehe.[2] Weitergehend halten einige Autoren Zeiten der Betriebszugehörigkeit, die bei Tochterunternehmen erbracht werden, bei Arbeitsverträgen mit der Konzernmutter oder konzernbezogenen Arbeitsverhältnissen regelmäßig für anrechenbar.[3] Demgegenüber halten andere Autoren eine konkrete Anrechnungsvereinbarung für erforderlich.[4] Das BAG hat für die Annahme einer konkludenten Vereinbarung über die Anrechnung vorangegangener Beschäftigungszeiten besondere Anhaltspunkte verlangt. Gehe etwa der Arbeitgeberwechsel ausschließlich auf die Initiative des Arbeitgebers zurück und wird der Arbeitnehmer beim verbundenen Unternehmen zu annähernd gleichen Arbeitsbedingungen ohne Vereinbarung einer Probezeit weiterbeschäftigt, könne dies ein gewichtiges Indiz für eine solche Vereinbarung sein. Möglicherweise solle sogar eine Wartezeit im Arbeitsverhältnis mit dem neuen Arbeitgeber ausgeschlossen sein.[5]

6a

Erkennbar wird, dass in diesen Fällen hinsichtlich der Anrechenbarkeit kraft konkludenter Vereinbarung große Rechtsunsicherheit besteht. Aus Sicht beider Parteien empfiehlt sich daher eine klare Regelung entsprechend der empfohlenen Klausel Typ 2.

6b

Tritt im Falle eines Betriebsübergangs ein Betriebserwerber gemäß § 613a Abs. 1 Satz 1 BGB in die Rechte und Pflichten aus dem Arbeitsverhältnis ein, ist die beim Betriebsveräußerer zurückgelegte Dauer der Betriebszugehörigkeit zwingend zu den gesetzlichen Fristen zu rechnen, wie etwa der Unverfallbarkeitsfrist des § 1 Abs. 1 BetrAVG oder der Wartezeit gemäß § 1 KSchG.[6] Die Dauer der Betriebszugehörigkeit wird durch den Betriebsinhaberwechsel nicht unterbrochen.[7]

6c

---

1 BAG 20.2.2014 – 2 AZR 859/11, NZA 2014, 1083.
2 HHL/*Krause*, § 1 Rz. 115.
3 APS/*Dörner/Vossen*, § 1 KSchG Rz. 45; HaKo-KSchR/*Mayer*, § 1 KSchG Rz. 63.
4 KR/*Griebeling*, § 1 KSchG Rz. 118; MüchKommBGB/*Hergenröder*, § 1 KSchG Rz. 25; *Windbichler*, Arbeitsrecht im Konzern, S. 223 f.
5 BAG 20.2.2014 – 2 AZR 859/11, NZA 2014, 1083 Rz. 46.
6 BAG v. 27.6.2002 – 2 AZR 270/01, AP Nr. 15 zu § 1 KSchG 1969 Wartezeit; ErfK/*Preis*, § 613a BGB Rz. 76; der Schwellenwert des § 23 KSchG ist jedoch kein Recht i.S.d. § 613a Abs. 1 Satz 1 BGB, BAG v. 15.2.2007 – 8 AZR 397/06, NZA 2007, 739.
7 BAG v. 8.2.1983 – 3 AZR 229/81 und v. 20.7.1993 – 3 AZR 99/93, EzA § 613a BGB Nrn. 37, 110.

Für die Anrechnung auf vertragliche Fristen kann hingegen anderes vereinbart werden.

Typ 2: Annexregelung zur Betriebszugehörigkeit

Die Betriebszugehörigkeit in der Firma ... in der Zeit vom ... bis ... wird auf Rechte im bestehenden Arbeitsverhältnis angerechnet. Dies gilt auch/nicht

a) für den Kündigungsschutz nach § 1 KSchG,

b) für die Länge der Kündigungsfristen,

c) für die Rechte aus betrieblichen Versorgungszusagen.

3. Sozialversicherungsrecht

7   Für die sozialversicherungsrechtliche Absicherung des Arbeitnehmers ist der Beginn der Versicherungs- und Beitragspflicht von entscheidender Bedeutung. Anders als nach früherer Rechtslage, unter der die Rechtsprechung für den Krankenversicherungsschutz des Arbeitnehmers verlangt hat, dass die Arbeit zuvor tatsächlich aufgenommen worden ist,[1] ist aufgrund der Änderung des § 186 SGB V seit dem 1.1. 1998[2] der Tag des Eintritts „in das Beschäftigungsverhältnis" (statt wie zuvor: „in die Beschäftigung") maßgebend. Damit kann dem Arbeitnehmer der Krankenversicherungsschutz nicht mehr versagt werden, wenn er infolge von Krankheit,[3] eines Beschäftigungsverbots bei Schwangerschaft[4] oder vereinbarter Freistellung von der Arbeitsleistung[5] am Tag des vereinbarten Arbeitsbeginns an der Arbeitsaufnahme verhindert ist. Die Gesetzesänderung bewirkte zugleich, dass der Beginn der Versicherungspflicht bzw. Mitgliedschaft in der gesetzlichen Kranken-, Pflege-, Renten- und Arbeitslosenversicherung zusammenfallen und damit zum selben Zeitpunkt voller sozialversicherungsrechtlicher Schutz besteht.

8   Mithin ist nach geltender Rechtslage auch unerheblich, ob der Arbeitnehmer am Tag der vorgesehenen Arbeitsaufnahme arbeitsfähig ist oder nicht. Allerdings ist der Kritik an der Änderung des Gesetzes[6] zuzugeben, dass mit „**Eintritt**" in das Beschäftigungsverhältnis auch gemeint sein kann, dass der Arbeitnehmer auf der Be-

---

1 Verneinend für den Fall der Erkrankung am Tag der Arbeitsaufnahme BSG v. 15.12.1994 – 12 RK 17/92, NJW 1995, 3077; Arbeitsunfähigkeit bei Beendigung des Erziehungsurlaubs BSG v. 8.8.1995 – 1 RK 28/94, USK 9524; anders dagegen für den Fall der arbeitgeberseitigen Kündigung vor Dienstantritt BSG v. 18.9.1973 – 12 RK 15/72, BSGE 36, 161 (163).
2 Durch Art. 3 Nr. 3 des Gesetzes zur sozialrechtlichen Absicherung flexibler Arbeitszeitregelungen vom 6.4.1998 (BGBl. I, S. 688).
3 LSG NRW v. 23.8.2012 – L 16 KR 372/10; BSG v. 15.12.1994 – 12 RK 17/92, NJW 1995, 3077; v. 8.8.1995 – 1 RK 28/94, USK 9524; anders offenbar wieder BSG v. 4.3.2014 – B 1 KR 64/12 R - SozR 4-2500 § 186 Nr. 4.
4 BSG v. 10.12.1998 – B 12 KR 7/98 R, BSGE 83, 191 = SGb 1999, 520 m. Anm. *Spieß*.
5 So ausdrücklich die amtliche Begründung zu Art. 3 Nr. 3 des Gesetzes zur sozialrechtlichen Absicherung flexibler Arbeitszeitregelungen (Flexi-Gesetz), BT-Drucks. 13/9818, S. 13.
6 KassKomm/*Peters*, § 186 SGB V Rz. 10.

triebsstätte erscheint. So war in einem 1996[1] entschiedenen Fall der Arbeitnehmer am Arbeitsort eingetroffen und nach erster betriebsärztlicher Untersuchung seine Arbeitsunfähigkeit festgestellt worden. Der „Eintritt" in das Beschäftigungsverhältnis kann aber **nicht** im Sinne der **körperlichen Anwesenheit** des Arbeitnehmers am Ort der Beschäftigung verstanden werden. Bereits vor Änderung des Gesetzes bestand insofern Einigkeit, dass bei vereinbartem Arbeitsbeginn an einem Kalendertag, der auf einen arbeitsfreien Sonntag fiel, die Mitgliedschaft in der Krankenversicherung am Sonntag begann, wenn der Arbeitnehmer am nachfolgenden Tag die Arbeit aufnahm.[2] In Zusammenschau mit der geänderten Gesetzesfassung ist damit ausreichend, dass die Arbeitsvertragsparteien einen bestimmten Zeitpunkt für den Beginn der Arbeitspflicht mit korrespondierender Entgeltpflicht des Arbeitgebers vorgesehen[3] haben (Klauseltyp 1a und b). Dafür spricht letztlich auch die Fassung der maßgeblichen Vorschriften zur versicherungspflichtigen Beschäftigung in den SGB III, V, VI und XI als Beschäftigung gegen → *Arbeitsentgelt*, II A 70.[4] Eine ausdrückliche arbeitsvertragliche Regelung der Frage, wann die Arbeitspflicht des Arbeitnehmers beginnen soll, ist angesichts der weit reichenden Folgen für den sozialversicherungsrechtlichen Schutz dringend zu empfehlen!

Ungeregelt ist einzig der Fall, dass der Arbeitnehmer zum vereinbarten Arbeitsbeginn arbeitsunfähig erkrankt ist und im Hinblick auf die Wartezeit des § 3 Abs. 3 EFZG während der ersten vier Wochen des Arbeitsverhältnisses keinen Anspruch auf Fortzahlung seiner Bezüge im Krankheitsfall hat. Der Gesetzgeber des EFZG ging aber bei Einführung der Wartezeit[5] davon aus, dass der Arbeitnehmer im Falle der Erkrankung innerhalb der ersten vier Wochen einen Anspruch auf Krankengeld nach § 44 SGB V hat.[6] Daraus kann aus gesetzessystematischen Gründen nur geschlossen werden, dass die gesetzliche Krankenversicherung auch bei **Arbeitsunfähigkeit am ersten Tag des Arbeitsverhältnisses** das Krankheitsrisiko anstelle des Arbeitgebers trägt. Das versicherungspflichtige Beschäftigungsverhältnis beginnt auch in diesen Fällen am Tag der vereinbarten Arbeitsaufnahme. Ein weitergehender Regelungsbedarf besteht hierfür nicht. 9

---

1 BSG v. 21.5.1996 – 12 RK 67/94, AuA 1997, 173 (nach damaliger Rechtsprechung war gleichwohl der Versicherungsschutz mangels Arbeitsaufnahme versagt worden).
2 BSG v. 15.12.1994 – 12 RK 17/92, SozR 3-2500 § 186 Nr. 3.
3 A.A. Gagel/*Fuchs*, § 24 SGB III Rz. 5 ff.
4 Vgl. §§ 24 Abs. 2 SGB III, 5 Abs. 1 Nr. 1 SGB V, 1 Abs. 1 Nr. 1 SGB VI, 20 Abs. 1 Nr. 1 SGB XI.
5 Durch das Arbeitsrechtliche Beschäftigungsförderungsgesetz vom 23.6.1996 (BGBl. I, S. 1476).
6 BT-Drucks. 13/4612, S. 16.

A 70 Arbeitsentgelt

	Rz.
1. Einführung	1
a) Begriff und Inhalt	1
b) Kontrolle von Entgeltregelungen	7
2. Allgemeine Entgeltklauseln (Klauseltypen)	17
a) Entgeltklauseln ohne Bezugnahme auf Tarifentgelt	17
b) Entgeltklauseln mit Bezugnahme auf Tarifentgelt	23
c) Zulagen	28
3. Flexibilisierung von Arbeitsentgelten durch den Arbeitgeber	30
4. Leistungs- und erfolgsbezogene Vergütung	33
a) Leistungsbezogene Vergütung	34
aa) Akkordvergütung	35
bb) Prämien	44
cc) Provision	47
b) Erfolgsbezogene Vergütung	58
aa) Gewinnbeteiligung/Tantieme	59
bb) Umsatzbeteiligung	63
cc) Belegschaftsaktie	64
dd) Aktienoptionen	70
ee) Weitere Formen	81
5. Sozialversicherungsrechtliche Behandlung des Arbeitsentgelts	83
a) Beitragspflichtig: Arbeitsentgelt aus einer Beschäftigung	83
b) Anspruch auf oder Zufluss des Arbeitsentgelts	86
c) Bruttoprinzip	94
d) Einzelfälle	98
aa) Laufende Einkünfte	98
bb) Einmalzahlungen (§ 23a SGB IV)	106
cc) Unterkunft und Verpflegung	113
dd) Sonstige Sachbezüge	115
ee) Nicht zum Arbeitsentgelt zählende Einkünfte	116
e) Die Zuordnung des Arbeitsentgelts	123
6. Steuerrechtliche Behandlung des Arbeitsentgelts	129
a) Steuerpflichtig: Der Arbeitslohn	129
aa) Arbeitslohn in Geld	131
bb) Geldwerte Vorteile	133
(1) Aufgedrängte Bereicherung	134
(2) Überwiegendes eigenbetriebliches Interesse des Arbeitgebers	135
cc) Bewertung geldwerter Vorteile	145
b) Steuerfreie Einnahmen	153
aa) Katalog des § 3 EStG	154
bb) Andere Befreiungstatbestände	172

Schrifttum:

Baeck/Diller, Arbeitsrechtliche Probleme bei Aktienoptionen und Belegschaftsaktien, DB 1998, 1405; *Bayreuther*, Der gesetzliche Mindestlohn, NZA 2014, 865; *Benner/Bals*, Arbeitsentgelt im Sinne der Sozialversicherung und Arbeitslohn im Sinne des Lohnsteuerrechts, BB Beilage 2/2004; *Berndt*, Arbeits- und sozialversicherungsrechtliche Auswirkungen des Mindestlohngesetzes (MiLoG) – Was gehört zum Mindestlohn?, DStR 2014, 1878; *Berkowsky*, Möglichkeiten und Grenzen der Änderungskündigung, NZA Beilage 2010, 50; *Böggemann*, Arbeitsgerichtliche Rechtsprechung zum Lohnwucher, NZA 2011, 493; *Bredow*, Mustervereinbarung zu Aktienoptionsplänen für das Management und leitende Angestellte (Stock Option Plans), DStR 1998, 380; *Brors*, Europäische Rahmenbedingungen für den neuen Mindestlohn und seine Ausnahmen, NZA 2014, 938; *Däubler*, Der gesetzliche Mindestlohn – doch eine unendliche Geschichte?, NJW 2014, 1924; *Deich*, Provisionen, in Preis, Innovative Arbeitsformen, 2005, S. 463 ff.; *Diepold*, Die leistungsbezogene Vergütung, 2005; *Feldhoff*, „Nicht jede Arbeit ist zumutbar" – Lohnwucher als Zumutbarkeitsgrenze im SGB II, SGb 2006, 701; *Felix*, Die Wertneutralität des Sozialrechts – Zum Bestehen eines Beschäftigungsverhältnisses bei sittenwidrigem oder verbotenem Tun, NZS 2002, 225; *Figge*, Beitrags- und versicherungsrechtliche Änderungen in der Sozialversicherung zum Jahreswechsel 2002/2003, DB 2002, 2532; *Figge*, Zusätzliche Änderungen in der Sozialversicherung zum Jahreswechsel 2002/2003, DB 2003, 150; *Franzen*, Entkoppelung der Arbeitszeit vom Arbeitsentgelt, RdA 2014, 1; *Hahn*, Flexibilisierungsmöglichkeiten bei Arbeitszeit und Arbeitsentgelt nach TVöD/TV-L, öAT 2010, 54; *Harrer*, Mitarbeiterbeteiligungen und Stock-Option-Pläne, 2. Aufl. 2004; *Heise/Schwald*, Arbeitsrechtliche Instrumente in der Wirtschaftskrise, NZA 2009, 753; *Isenhardt*, Individualrechtliche Flexibilisierung von Arbeitsbedingungen, in Festschrift Hanau, 1999, S. 211; *Kania*, Flexible Vergütungsgestaltung, DB 1998, 2418; *Lakies*, Allgemeiner gesetzlicher Mindestlohn mit Ausnahmen ab 2015, ArbRAktuell 2014, 343; *Lange/Meine/Ohl*, Arbeit – Entgelt – Leistung, 1990; *Legerlotz/- Laber*, Arbeitsrechtliche Grundlagen bei betrieblichen Arbeitnehmerbeteiligungen durch Aktienoptionen und Belegschaftsaktien, DStR 1999, 1658; *Lembke*, Die Ausgestaltung von Aktienoptionsplänen in arbeitsrechtlicher Hinsicht, BB 2001, 1469; *Lippert*, Rechtsprobleme der Mitarbeiterbeteiligung, NJW 1980, 1884; *Ludwig/Rein*, Starr, flexibel, Mindestlohn? Aktuelle Gestaltungs- und Rechtsfragen des Arbeitsentgelts, NZA 2010, 856; *Otto/ Mückl*, Grenzen der Mitbestimmung des Betriebsrats bei Aktienoptionsplänen, DB 2009, 1594; *Otto/Walk*, Entgeltflexibilisierung als Weg aus der Krise, BB 2010, 373; *Ch. Picker*, Niedriglohn und Mindestlohn, RdA 2014, 25; *Reichel*, Die arbeitsvertragliche Bezugnahme auf den Tarifvertrag, 2001; *Reinecke*, Zur AGB-Kontrolle von Arbeitsentgeltvereinbarungen, BB 2008, 554; *Reiserer*, Zielvereinbarung – ein Instrument der Mitarbeiterführung, NJW 2008, 609; *Reiserer*, Atmendes Entgelt, atmende Arbeitszeit, NZA Beilage 2010, 39; *Ricken*, Gewinnbeteiligungen im Arbeitsverhältnis, NZA 1999, 236; *Rieble*, Flexible Gestaltung von Entgelt und Arbeitszeit im Arbeitsvertrag, NZA 2000, Sonderbeilage zu Heft 3, 34; *Rieble/Klebeck*, Gesetzlicher Mindestlohn?, ZIP 2006, 829; *Röder/Göpfert*, Aktien statt Gehalt, BB 2001, 2002; *Rolfs*, Scheinselbständigkeit, geringfügige Beschäftigung und „Gleitzone" nach dem zweiten Hartz-Gesetz, NZA 2003, 65; *Schmidt*, Sittenwidrige Vergütung, NJW-Spezial 2006, 561; *Schweibert/Leßmann*, Mindestlohngesetz – der große Wurf?, DB 2014, 1869; *Seitz/Werner*, Arbeitsvertragliche Bezugnahmeklauseln bei Unternehmensneustrukturierungen, NZA 2000, 1257; *Sittard*, Das MiLoG – Ein Ausblick auf die Folgen und anstehende Weichenstellungen, NZA 2014, 951; *Spielberger/Schilling*, Das Gesetz zur Regelung eines allgemeinen Mindestlohns, NJW 2014, 2897; *D. Ulber*, Die Erfüllung von Mindestlohnansprüchen, RdA 2014, 176; *Voßberg*, Inhaltskontrollen von arbeitsvertraglichen Entgelthöheregelungen, 2006; *Willemsen/Grau*, Alternative Instrumente zur Entgeltflexibilisierung im Standardarbeitsvertrag, NZA 2005, 1137; *Willemsen/Jansen*, Die Befristung von Entgeltbestandteilen als Alternative zu Widerrufs- und Freiwilligkeitsvorbehalten, RdA 2010, 1.

1. Einführung

a) Begriff und Inhalt

Das Arbeitsentgelt ist die Vergütung für die vom Arbeitnehmer geleistete Arbeit. Sie bildet als **Hauptleistungspflicht des Arbeitgebers** einen der wichtigsten Regelungsbereiche des Arbeitsvertrags. Die Vergütung erfolgt heute vorwiegend durch Geld, ausschließlicher Naturallohn findet sich nur noch sehr selten (z.B. im Hotel- und Gaststättengewerbe) und wird darüber hinaus weitgehend durch § 107 GewO („Truckverbot") verboten. Neben arbeitsrechtlichen Fragestellungen rund um das Entgelt sind auch die sozialversicherungsrechtliche (hierzu Rz. 86 ff.) und steuerrechtliche (hierzu Rz. 129 ff.) Behandlung des Arbeitsentgelts zu erörtern. 1

Die Vergütung kann als **Zeitlohn**, als **Leistungslohn** oder auch als **Kombination** aus beidem gezahlt werden. Häufig wird die Vergütung nach **Zeitabschnitten** bemessen und unabhängig vom Arbeitsergebnis gewährt (dazu Rz. 17 ff.). Möglich ist aber auch eine Orientierung an der **Leistung** des Arbeitnehmers, wobei die Leistung quantitativ (wie beim Akkordlohn, hierzu Rz. 34 ff.) oder qualitativ (wie bspw. bei einer Prämie für gute Qualität) bemessen werden kann (hierzu Rz. 44 ff.). 2

3   Daneben existiert eine ganze Reihe von **Sondervergütungsformen**, mit denen unterschiedliche Zwecke verfolgt werden. So sollen die einmal jährlich gezahlten Gratifikationen (→ *Sonderzahlungen*, II S 40) vor allem die Bindung des Arbeitnehmers an den Betrieb bewirken; verbreitet sind auch feste oder variable Zulagen, die unterschiedlichsten Zwecken dienen können (Einzelheiten s. Rz. 28 f.); durch Anwesenheitsprämien sollen Fehlzeiten verringert werden, Leistungsprämien werden für gute Leistungen in Qualität und/oder Quantität gezahlt. Eine Beteiligung vor allem leitender Arbeitnehmer am Betriebsergebnis wird durch Gewinnbeteiligungen oder Tantiemen gesichert.

4   Neben den Geldleistungen gewinnen, z.T. auch aus steuerlichen oder beitragsrechtlichen Gründen (Einzelheiten s. Rz. 113 ff. und 133 ff.), andere Vergütungsformen an Bedeutung, die als **Sachbezüge oder (verdeckte)**[1] **Sachleistungen** neben ihrer jeweiligen steuer- und sozialversicherungsrechtlichen Begünstigung gegenüber Barleistungen auch motivationssteigernde Wirkungen ausüben. Hierzu gehören die Dienstwagenüberlassung zur privaten Nutzung (→ *Dienstwagen*, II D 20), Vermögensbeteiligungen, Personalrabatte und die Gewährung von Aktienoptionen (hierzu Rz. 70 ff.).[2] Der Mitarbeiter wird durch die Beteiligung am Unternehmenserfolg oder durch eine mit der Zuwendung verbundene Statusverleihung (etwa an Art und Ausstattung des Dienstwagens erkennbar) an das Unternehmen gebunden, wodurch die persönliche Identifikation mit dem Unternehmen steigt.

5   Wird eine derartige Sachleistung über eine Gehaltsumwandlung finanziert, erfordert dies eine Änderung der arbeitsvertraglichen Entgeltabrede. Darin liegt – ebenso wie bei der Gehaltsumwandlung zugunsten der betrieblichen Altersversorgung – die Vereinbarung einer Leistung an Erfüllungs statt (§ 364 Abs. 1 BGB), der ein Gehaltsverzicht des Arbeitnehmers auf den umgewandelten Teil des Barlohns zugrunde liegt (Einzelheiten → *Entgeltumwandlung*, II E 30 Rz. 9 ff.; zu den steuerlichen Konsequenzen Rz. 129 ff.).

6   Bei Zahlung des Arbeitsentgelts ist dem Arbeitnehmer nach § 108 GewO eine **Abrechnung** zu erteilen. Diese Abrechnung muss mindestens Angaben über Abrechnungszeitraum und Zusammensetzung des Arbeitsentgelts enthalten sowie Art und Höhe der Zuschläge, Zulagen, sonstige Vergütungen, Art und Höhe der Abzüge, Abschlagszahlungen sowie Vorschüsse nennen. Eine neue Abrechnung ist jedoch nur zu erteilen, wenn sich die Angaben gegenüber der letzten ordnungsgemäßen Abrechnung geändert haben (§ 108 Abs. 2 GewO).

b) Kontrolle von Entgeltregelungen

7   **Anspruchsgrundlagen** für die Entgeltzahlung sind in aller Regel der Arbeitsvertrag oder Tarifverträge. Denkbar ist aber auch, insbesondere im Bereich von Sonderzahlungen, eine betriebliche Übung, d.h. ein Verhalten des Arbeitgebers, aus dem die Arbeitnehmer entnehmen können, dass sich der Arbeitgeber auch zukünftig rechtlich binden will. Eine betriebliche Übung wird bspw. angenommen bei einer mindestens dreimaligen vorbehaltlosen Gewährung einer freiwilligen Leistung durch

---

1 Zum Begriff Schaub/*Linck*, § 68 Rz. 1 ff.
2 Dazu *Röder/Göpfert*, BB 2001, 2002 ff. (mit besonderem Augenmerk auf den Risiken von Wertverlusten).

den Arbeitgeber. Anders als früher kann eine betriebliche Übung nach neuester BAG-Rechtsprechung nicht mehr durch eine gegenläufige betriebliche Übung geändert werden, so dass in der Praxis noch genauer darauf geachtet werden sollte, ob bzw. durch welches Verhalten eine betriebliche Übung entstehen kann und ob dies vom Arbeitgeber gewünscht ist.[1] Grundsätzlich gilt auch im Entgeltbereich der Grundsatz der **Vertragsfreiheit**,[2] d.h. die Vertragspartner können Höhe und Zahlungsmodalitäten der Vergütung selbst regeln. Doch wird dieses Prinzip wegen der für das Arbeitsverhältnis typischen Überlegenheit des einen Vertragspartners in mehrfacher Hinsicht eingeschränkt.

Seit dem Jahr 2002 unterfallen vorformulierte Arbeitsverträge dem AGB-Recht, §§ 305 ff. BGB. Auch wenn die Vereinbarung des Arbeitsentgelts als Hauptleistungsabrede nicht auf ihre Angemessenheit hin kontrolliert werden kann, gilt auch hier uneingeschränkt das **Transparenzgebot** des § 307 Abs. 1 Satz 2 i.V.m. § 307 Abs. 3 Satz 2 BGB. Es ist also auch hier auf **eine klare, eindeutige und widerspruchsfreie** Formulierung zu achten. Insbesondere bei der Gestaltung von Zulagen sollten die Voraussetzungen und Zwecke nicht vermischt werden. In einer Entscheidung aus dem Jahr 2006[3] hat das BAG allerdings klargestellt, dass das Transparenzgebot nicht uferlos ist: Im Falle einer Bruttolohnvereinbarung bei einer geringfügigen Beschäftigung darf der Arbeitgeber, dem steuerrechtlich das Wahlrecht zwischen einer Pauschalbesteuerung und einer Besteuerung nach individuellen Merkmalen zusteht, den Arbeitnehmer intern mit der Pauschalsteuer belasten. Eine Angemessenheitskontrolle dieser Pauschalsteuerabwälzung nach § 307 Abs. 1 Satz 1 BGB findet nicht statt, denn die Vereinbarung betrifft eine Hauptleistungspflicht des Arbeitgebers, die nicht durch Rechtsvorschriften bestimmt wird. Auch unter dem Gesichtspunkt des Transparenzgebots hat das BAG diese Regelung für zulässig gehalten, denn das Transparenzgebot verlangt nicht, Rechte, die aus dem Gesetz oder aus der Rechtsnatur einer Vereinbarung wie der hier getroffenen Bruttolohnabrede folgen, ausdrücklich zu regeln oder den Vertragspartner darüber zu belehren.

Unklarheiten bei der Auslegung von AGBs gehen gemäß § 305c Abs. 2 BGB zulasten des Verwenders, d.h. des Arbeitgebers. Bspw. in einer Entscheidung aus dem Jahr 2005 hat das BAG folgende, nicht eindeutig formulierte Entgeltabrede nicht als statische, sondern als dynamische Verweisung angesehen:[4]

„§ 5. Der Arbeitnehmer erhält folgende Vergütung

– Vergütungsgruppe/-Stufe KR II/3 =	2157,71 DM
– Ortszuschlag =	1540,53 DM
– Allgemeine Zulage =	155,84 DM
	3854,08 DM

§ 14. Für die Arbeitsbedingungen im Übrigen gelten die Bestimmungen des Tarifvertrages ..."

---

1 BAG v. 18.3.2009 – 10 AZR 281/08, NZA 2009, 601; zur früher zulässigen Änderung durch sog. negative betriebliche Übung vgl. BAG v. 26.3.1997 – 10 AZR 612/96, NZA 1997, 1007.
2 Schaub/*Vogelsang*, § 67 Rz. 1; *Künzl*, HzA Gruppe 1 Rz. 1257, 1741; BAG v. 19.8.1992 – 5 AZR 513/91, NZA 1993, 171.
3 BAG v. 1.2.2006 – 5 AZR 628/04, NZA 2006, 682.
4 BAG v. 9.11.2005 – 5 AZR 12805, NZA 2006, 202.

Der Wortlaut dieser Klausel ist nicht eindeutig. Die Formulierung „Der Arbeitnehmer erhält folgende Vergütung" in Verbindung mit der Benennung einer bestimmten Vergütungsgruppe/Stufe kann mangels einer entgegenstehenden Bestimmung eine Verweisung auf das jeweilige Entgelt der betreffenden Entgeltgruppe darstellen. Die den tariflichen Vergütungsbestandteilen zugeordneten Zahlbeträge sollen dann nur über das bei Vertragsabschluss aktuelle Vergütungsniveau informieren. Gemeint sein kann aber auch die bloße Zuordnung zu einer tariflichen Gehaltsgruppe, ohne dass damit etwas zur Frage der dynamischen Anpassung an die jeweilige tarifliche Gehaltsentwicklung ausgesagt wird. Da in dem entschiedenen Fall auch aus anderen Vertragsregelungen nicht hervorging, ob eine statische oder dynamische Verweisung gemeint war, führt die Unklarheitenregel des § 305c Abs. 2 BGB deshalb zu einer Auslegung zulasten des Arbeitgebers, d.h. zu einer dynamischen Verweisung, nach der der Arbeitnehmer Anspruch auf zukünftige Steigerungen des Tariflohns hat.

Auch im Bereich von Sonderzahlungen (→ *Sonderzahlungen*, II S 40 Rz. 7 ff.) hat das BAG die Unklarheitenregel angewandt: Bestimmt ein Formulararbeitsvertrag, dass sämtliche Sonderzahlungen freiwillige Zuwendungen sind, auf die kein Rechtsanspruch besteht und soll sich nach einem Klammerzusatz die Weihnachtsgratifikation nach den Bestimmungen eines Tarifvertrags richten, so ist diese Regelung unklar. Der Freiwilligkeitsvorbehalt erfasst in diesem Fall nicht den Anspruch auf eine Weihnachtsgratifikation.[1]

10 Sind sowohl Arbeitgeber als auch Arbeitnehmer Mitglieder der **Tarifvertragsparteien**, die einen für den Betrieb geltenden Tarifvertrag geschlossen haben, oder ist der einschlägige Tarifvertrag für allgemeinverbindlich erklärt worden, bleibt nur Raum für einzelvertragliche Abreden, wenn diese günstiger als die tariflichen sind oder der Tarifvertrag den entsprechenden Bereich nicht berührt oder abweichende Entgeltregelungen zulässt. Dabei ist die Feststellung, ob der entsprechende Bereich tariflich günstiger geregelt ist, nicht immer einfach. Probleme tauchen dann auf, wenn die Regelung sowohl Vorteile als auch Nachteile für den Arbeitnehmer enthält (z.B. Arbeitszeitverkürzung mit entsprechender Lohnabsenkung oder auch Arbeitszeitverlängerung ohne Lohnausgleich mit Beschäftigungssicherung).[2] Das BAG hat allerdings entschieden, dass stets nur sog. Sachgruppen in den Günstigkeitsvergleich einbezogen werden dürfen, d.h. nur Entgelt- oder nur Arbeitszeitregelungen.[3] Die Möglichkeit, vom Tarifvertrag nicht erfasste Bereiche zu regeln, ist außerdem dann nicht gegeben, wenn im Tarifvertrag eine abschließende Regelung existiert, die eine zusätzliche Vertragsvereinbarung gerade ausschließen will. So kann z.B. eine Rückzahlungsklausel zusätzlich zu einer tariflichen Weihnachtsgratifikation nicht etwa deshalb vereinbart werden, weil der Tarifvertrag sie nicht vorgesehen hat.

11 Fragen tauchen insbesondere dann auf, wenn im Arbeitsvertrag ein höheres Entgelt als im Tarifvertrag vorgesehen ist. Dann stellt sich die Frage, ob und inwieweit im Falle von Tarifänderungen auch das individualvertraglich vereinbarte Entgelt anzupassen ist. Diese Probleme sollen im Zusammenhang mit den allgemeinen Entgelt-

---

1 BAG v. 20.1.2010 – 10 AZR 914/08, NZA 2010, 445.
2 Vgl. dazu die einschlägigen Kommentierungen zu § 4 TVG, z.B. *Löwisch/Rieble*, § 4 TVG Rz. 393 ff.
3 BAG v. 20.4.1999 – 1 ABR 72/98, NZA 1999, 887.

regelungen anhand von Beispielen üblicher Entgeltklauseln erörtert werden (Rz. 17 ff.).

Gilt ein Tarifvertrag nicht bereits kraft Tarifbindung oder Allgemeinverbindlichkeit, kann durch eine **einzelvertragliche Bezugnahme** (→ *Verweisungsklauseln*, II V 40) die Geltung der tariflichen Regelungen vereinbart werden. Inwieweit hier das Günstigkeitsprinzip im Zeitpunkt von Änderungen der Tarifbindung des Arbeitgebers Anwendung findet, etwa bei Verbandswechsel des Arbeitgebers oder Wegfall der Tarifbindung, ist Auslegungsfrage[1] (→ *Verweisungsklauseln*, II V 40 Rz. 38, 59 ff.). Eine solche Bezugnahme sollte allerdings aufgrund der aktuellen Entwicklungen in der Rechtsprechung des BAG (vgl. im Einzelnen dazu → *Verweisungsklauseln*, II V 40) wohl überlegt sein. Insbesondere Arbeitgebern, die nicht tarifgebunden sind, kann eine pauschale Bezugnahme kaum noch empfohlen werden. Sie würde im Ergebnis eine „Ewigkeitsbindung" an den Tarifvertrag bewirken, Änderungen wären letztlich nur noch im Einvernehmen mit dem Arbeitnehmer möglich. Aber auch tarifgebundene Arbeitgeber sollten zukünftig genau prüfen, ob und welche Art von Bezugnahme auf den Tarifvertrag für ihr Unternehmen sinnvoll ist (→ *Verweisungsklauseln*, II V 40). Insbesondere sollte in der Bezugnahmeklausel klargestellt werden, dass damit ausschließlich eine Gleichstellung der nicht tarifgebundenen Arbeitnehmer mit den Gewerkschaftsmitgliedern bezweckt ist. Anderenfalls ist nach der neuen BAG-Rechtsprechung damit zu rechnen, dass der Arbeitgeber auch bei Betriebsübergängen, Umstrukturierungen und sogar nach einem Verbandsaustritt über den „Umweg" der Bezugnahme im Ergebnis weiter an die tarifliche Entwicklung gebunden ist. 12

Die Höhe der Vergütung ist Verhandlungssache, wobei eine Untergrenze durch Tarifverträge bestehen kann, wenn Arbeitgeber und Arbeitnehmer tarifgebunden sind oder der Tarifvertrag für allgemeinverbindlich erklärt worden ist. Nach langer rechtspolitischer Diskussion existieren mittlerweile unterschiedliche gesetzliche Entgeltregelungen, die ein bestimmtes **Mindestentgelt** statuieren und somit auch der im Entgeltbereich vorherrschenden Tarifautonomie eine Untergrenze setzen.[2] Das Gesetz über zwingende Arbeitsbedingungen für grenzüberschreitend entsandte und für regelmäßig im Inland beschäftigte Arbeitnehmer und Arbeitnehmerinnen (Arbeitnehmerentsendegesetz)[3] schreibt für das Baugewerbe, seit Juni 2007 auch für das Gebäudereinigerhandwerk sowie inzwischen für zahlreiche weitere Branchen (z.B. Briefdienstleistungen, Sicherheitsdienstleistungen, Bergbauspezialarbeiten auf Steinkohlebergwerken, Wäschereidienstleistungen im Objektkundengeschäft, Abfallwirtschaft einschließlich Straßenreinigung und Winterdienst sowie Pflegebranche) einen im Anwendungsbereich eines allgemeinverbindlich erklärten Tarifvertrags für das jeweilige Gewerbe geltenden Mindestlohn[4] auch für entsandte Arbeitnehmer vor. 13

Mit Wirkung zum 1.1.2015 statuiert **§ 1 MiLoG** eine **allgemeine Entgeltuntergrenze** von zunächst 8,50 Euro/Stunde, die künftig durch Entscheidung einer Mindestlohnkommission erstmals bis zum 30.6.2016 mit Wirkung zum 1.1.2017, da- 13a

---

1 *Etzel*, NZA Beilage 1/1987, 19 ff.
2 Zur Verfassungskonformität *Preis/Greiner*, ZfA 2009, 825.
3 Vom 20.4.2009 (BGBl. I, S. 799).
4 Ein Überblick über die aktuellen Mindestlöhne ist bspw. auf der Internetseite des Zolls (http://www.zoll.de) zu finden.

nach alle zwei Jahre, angepasst wird (§ 9 Abs. 1 MiLoG). Umstritten ist, wie sich die arbeitsstundenbezogene Vorgabe in § 1 Abs. 2 MiLoG mit der regelmäßig monatsbezogenen Abrechnungspraxis und der dieser Rechnung tragenden Fälligkeitsregelung in § 2 Abs. 1 Satz 1 Nr. 2 MiLoG verträgt. Nahezu konsentiert ist dabei, dass nur im Monatsdurchschnitt sich bei Division durch die tatsächlichen Arbeitsstunden (inkl. Überstunden, Zeiten des Bereitschaftsdienstes und der Arbeitsbereitschaft)[1] ein **durchschnittliches fiktives Stundenentgelt** wenigstens in Höhe des gesetzlichen Mindestlohns ergeben muss.[2] Dies ermöglicht ein Festhalten an erfolgsbezogenen Vergütungsmodellen, so dass z.B. die Wartezeiten eines angestellten Taxifahrers vergütungsfrei bleiben könnten, wenn die Fahrtzeiten so honoriert werden, dass im Monatsdurchschnitt in jedem Fall eine hinreichende Entgelthöhe erzielt wird. Das Erreichen der Mindestlohnhöhe sollte durch eine **arbeitsstundenbezogene Garantieklausel** (s. Rz. 34, 39) abgesichert werden. Erfüllungstauglich hinsichtlich des gesetzlichen Mindestlohns sind nach zutreffender, aber umstrittener Auffassung alle Vergütungsbestandteile, welche die vertragliche geschuldete „Normalleistung" honorieren,[3] unabhängig von ihrer Bezeichnung oder Berechnungsmodalität. Echte Überstundenzuschläge honorieren eine überobligatorische Leistung und sind demnach nicht anzurechnen.[4] Dies gilt auch für leistungs- oder erfolgsabhängige Vergütungsbestandteile (s. Rz. 33 ff.), Sachleistungen wie die Berechtigung zur privaten Dienstwagennutzung[5] oder ein zur Verfügung gestelltes „Jobticket".[6] Erfüllungswirkung im Hinblick auf den gesetzlichen Mindestlohnanspruch haben nach zutreffender, aber umstrittener Auffassung auch **Jahressonderzahlungen**, obwohl sie die monatsbezogene Fälligkeitsregelung des § 2 Abs. 1 Satz 1 Nr. 2 MiLoG missachten;[7] der Arbeitgeber setzt sich dann aber den bürgerlich-rechtlichen (§§ 288, 280 Abs. 1, 2, 286 BGB) und bußgeldrechtlichen (§ 22 MiLoG) Konsequenzen des Schuldnerverzugs aus,[8] so dass eine Verlagerung zur verstetigten monatlichen Auszahlungspraxis anzuraten ist. Andere gesetzliche Entgeltregelungen wie die Entgeltdiskriminierungsverbote des AGG beschränken sich auf Bestimmungen zur relativen Entgelthöhe, d.h. auf das Verhältnis zwischen den Entgelten verschiedener Arbeitnehmergruppen.[9]

---

1 Vgl. ErfK/*Franzen*, § 1 MiLoG Rz. 4.
2 Vgl. ErfK/*Franzen*, § 1 MiLoG Rz. 5; *Bayreuther*, NZA 2014, 865 (867); erfolgsbezogene Berechnungsmethoden sind nach BT-Drucks. 18/1558, S. 40 ausdrücklich weiterhin zulässig.
3 Vgl. – für Mindestentgeltsätze i.S.d. AEntG – BAG v. 18.4.2012 – 4 AZR 139/10, NZA 2013, 392; weitergehend – für umfassende Anrechnung des gesamten Arbeitsentgelts inkl. sämtlicher Zulagen – *Bayreuther*, NZA 2014, 865 (868); *Sittard*, NZA 2014, 951 (952); *Schweibert/Leßmann*, DB 2014, 1869; enger *Brors*, NZA 2014, 938 (940).
4 Zutreffend *Däubler*, NJW 2014, 1924 (1926), ausführlich mit Abgrenzungen BeckOK/*Greiner* (Stand: 1.3.2015) § 1 MiLoG Rz. 34 ff.
5 *Spielberger/Schilling*, NJW 2014, 2897.
6 *Berndt*, DStR 2014, 1878 (1881).
7 Vgl. EuGH v. 7.11.2013 – C-522/12, NZA 2013, 1359 Rz. 42; wie hier: ErfK/*Franzen*, § 1 MiLoG Rz. 15; relativierend *Ulber*, RdA 2014, 176 (178); ausführlich BeckOK/*Greiner*, (Stand: 1.3.2015) § 1 MiLoG Rz. 65 ff.; enger die h.M.: BT-Drucks. 18/1558 Anl. 4 S. 85; *Bayreuther*, NZA 2014, 865 (868); *Sittard*, NZA 2014, 951; *Lakies*, ArbRAktuell 2014, 343; *Berndt*, DStR 2014, 1878 (1880); *Spielberger/Schilling*, NJW 2014, 2897; *Schweibert/Leßmann*, DB 2014, 1869.
8 Zu Letzterem ErfK/*Franzen*, § 1 MiLoG Rz. 16.
9 MünchArbR/*Krause*, § 54 Rz. 35 ff.

Für die Umrechnung einer **erfolgsabhängigen Vergütungskomponente** in das fiktive   13b
mindestlohnrechtliche Zeitentgelt pro geleisteter Arbeitsstunde ist eine **konkrete
Betrachtungsweise anzustellen**. Maßgeblich ist stets die **individuell aufgewendete
Arbeitszeit des Arbeitnehmers**. Eine pauschalierende Durchschnittsbetrachtung
dahingehend, dass z.B. ein Zeitungszusteller in der Regel eine bestimmte Stückzahl
pro Stunde zustellen kann, bleibt mindestlohnrechtlich ohne Relevanz. Auch bei
unterdurchschnittlich leistungsfähigen Arbeitnehmern wird durch die Vorgabe in
§ 1 Abs. 2 Satz 1 MiLoG gewährleistet, dass diese für jede tatsächlich geleistete Arbeitsstunde wenigstens ein Entgelt in Höhe des Mindestlohns erhalten. Sofern vertreten wird,[1] der Mindestlohnanspruch sei bereits dann erfüllt, wenn der Geldfaktor
(Preis pro verteiltes Stück) so festgesetzt werde, dass eine durchschnittliche „**Normalleistung**" mit 8,50 Euro pro Stunde vergütet werde, verfehlt dies erkennbar den
Regelungsgehalt des § 1 MiLoG.

Eine Kontrolle auf **Sittenwidrigkeit** der Entgeltregelung erfolgt (auch neben § 1   14
MiLoG)[2] über § 138 BGB (Lohnwucher).[3] Kontrollmaßstab für die Feststellung eines „auffälligen Missverhältnisses zwischen Leistung und Gegenleistung" (so
§ 138 Abs. 2 BGB) ist nach der Rechtsprechung zum einen das allgemeine Lohnniveau[4] und zum anderen der Tariflohn. Dabei wird hinsichtlich des Lohnniveaus
grundsätzlich nicht speziell auf die betreffende Branche abgestellt, sondern allgemein auf das Entgelt für vergleichbare Arbeit.[5] Dies gilt aber bspw. dann nicht,
wenn der Arbeitnehmer als Leiharbeitnehmer einen durchaus üblichen Lohn der
Zeitarbeitsbranche erhält, der das Durchschnittslohnniveau der Branche des Entleiherbetriebs für vergleichbare Tätigkeiten deutlich unterschreitet, da bei Leiharbeitnehmern zur Feststellung des Missverhältnisses zwischen Leistung und Gegenleistung der Tariflohn der Zeitarbeitsunternehmen maßgeblich ist.[6] Während früher
Lohnwucher bei Unterschreitung des Vergleichsniveaus um etwa die Hälfte angenommen wurde,[7] hat das BAG im Jahr 2009 entschieden, dass ein auffälliges Missverhältnis zwischen Leistung und Gegenleistung i.S.v. § 138 Abs. 2 BGB vorliegt, wenn
die Arbeitsvergütung nicht einmal zwei Drittel eines in der betreffenden Branche und
Wirtschaftsregion üblicherweise gezahlten Tariflohns erreicht.[8] Ist das Vergleichsniveau ohnehin gering, etwa weil es sich um die niedrigste Tarifgruppe handelt,
kann schon bei geringeren Abweichungen Sittenwidrigkeit gegeben sein.[9] Das LAG

---

1 ErfK/*Franzen*, § 1 MiLoG Rz. 9.
2 *Bayreuther*, NZA 2014, 865 (866); *Däubler*, NJW 2014, 1924 (1927); *Bauer*, NZA 2014, 12 (13); *Baeck/Winzer/Kramer*, NZG 2014, 254 (255); ErfK/*Franzen*, § 1 MiLoG Rz. 1; *Picker*, RdA 2014, 25 (32); a.A. nur *Diringer*, NZA Editorial Heft 2/2014.
3 Ausführl. dazu MünchArbR/*Krause*, § 54 Rz. 73 ff.; *Künzl*, HzA Gruppe 1 Rz. 1243 ff.; ErfK/*Preis*, § 611 BGB Rz. 336 ff.; zusammenfassend zur jüngsten Rspr. *Böggemann*, NZA 2011, 493; *Lakies*, ArbRAktuell 2013, 65.
4 BAG v. 11.1.1973 – 5 AZR 322/72, DB 1973, 727; vgl. zur Sittenwidrigkeit der Vergütung einer Lehrkraft an einer Privatschule BAG v. 26.4.2006 – 5 AZR 549/05, NZA 2006, 1354.
5 BAG v. 11.1.1973 – 5 AZR 322/72, DB 1973, 727.
6 BAG v. 24.3.2004 – 5 AZR 303/03, NZA 2004, 971.
7 RAG v. 23.10.1935 – RAG 75/35, ARS 25, 185 (186); LAG Köln v. 5.2.1986 – 5 Sa 1086/85, BB 1986, 2057; LAG Berlin v. 20.2.1998 – 6 Sa 145/97, NZA-RR 1998, 392; ArbG Cottbus v. 14.12.2005 – 5 Ca 1930/05, juris.
8 BAG v. 22.4.2009 – 5 AZR 436/08, NZA 2009, 837.
9 LAG Düsseldorf v. 23.8.1977 – 11 Sa 466/77, DB 1978, 165, betr. 63 % des Tariflohns; BAG v. 22.4.1997 – 1 StR 701/96, NZA 1997, 1166 (bei Unterschreitung um 1/3).

Schleswig-Holstein hat in einer Entscheidung aus dem Jahr 2006 zur Angemessenheit einer Ausbildungsvergütung noch strengere Maßstäbe angelegt:[1] Es ist zum einen davon ausgegangen, dass auch bei fehlender Tarifbindung des Arbeitgebers stets die tarifliche Vergütung als Maßstab für die Beurteilung der Angemessenheit der Ausbildungsvergütung heranzuziehen sei und nur bei Fehlen eines einschlägigen Lohn-Tarifvertrags auf die branchenübliche Vergütung abgestellt werden dürfe. Zum anderen hat es die Unangemessenheit der Vergütung bereits dann bejaht, wenn die vertraglich vereinbarte Ausbildungsvergütung 80 % der entsprechenden tariflichen Vergütung unterschreitet.

15 Wird dem **Arbeitnehmer das wirtschaftliche Risiko** seiner Tätigkeit übertragen, so ist jedenfalls dann Sittenwidrigkeit anzunehmen, wenn ein angemessener Ausgleich für die Risikoverlagerung fehlt, z.B. bei ausschließlicher Vergütung auf Provisionsbasis, wenn keine hinreichenden Verdienstchancen bestehen.[2] Darauf, ob mit der Vereinbarung einer Verlustbeteiligung einem Vorschlag des Arbeitnehmers entsprochen wurde, der sich damit die Verlängerung seines Vertrags gewissermaßen selbst finanzierte, kommt es nach Auffassung des BAG nicht an.[3]

16 Wenngleich das allgemeine Gleichbehandlungsgebot in aller Regel[4] keinen Anspruch auf gleiche Entlohnung bei gleichwertiger Arbeit begründet, solange der Entlohnung nicht kollektive Regeln zugrunde liegen, ist ein Verstoß gegen die verfassungsrechtlich und europarechtlich (Art. 157 AEUV) garantierte **Lohngleichheit von Mann und Frau**[5] auch bei individuell ausgehandelten Regelungen denkbar. Damit ist Männern und Frauen im Grundsatz für gleiche Arbeitsleistung auch gleiche Vergütung zu gewähren. Einzelheiten können hier nicht weiter dargestellt werden und müssen dem umfangreichen Spezialschrifttum[6] vorbehalten werden.

2. Allgemeine Entgeltklauseln (Klauseltypen)

a) Entgeltklauseln ohne Bezugnahme auf Tarifentgelt

Typ 1: Monatliches Bruttogehalt

Als Vergütung für seine Tätigkeit erhält der Arbeitnehmer ein monatliches Bruttogehalt in Höhe von ... (in Worten: ...) Euro.

---

1 LAG Schl.-Holst. v. 7.11.2006 – 5 Sa 159/06, juris.
2 LAG Hamm v. 3.10.1979 – 1 Sa 946/79, DB 1980, 597; v. 16.10.1989 – 19 (13) Sa 1510/88, ZIP 1990, 880.
3 BAG v. 10.10.1990 – 5 AZR 404/89, DB 1991, 659.
4 Etwas anderes gilt für Leistungen, die der Arbeitgeber „nach einem bestimmten erkennbaren und generalisierenden Prinzip gewährt" (so BAG v. 19.8.1992 – 5 AZR 513/91, NZA 1993, 171); einen solchen kollektiven Bezug weisen insbesondere zusätzliche zum laufenden Arbeitsentgelt gewährte Leistungen wie Zulagen, Prämien und Sonderzahlungen auf, vgl. *Künzl*, HzA Gruppe 1 Rz. 1258, 1744 ff. m.w.N.
5 Vgl. EuGH v. 13.1.2004 – C-256/01, NZA 2004, 201 (betr. Gleichstellung einer bei einer Drittfirma angestellten weiblichen Lehrkraft mit männlichem Hochschulangehörigen); v. 8.9.2005 – C-191/03, NZA 2005, 1105.
6 Vgl. nur die Literaturangaben von MünchArbR/*Richardi*, zu § 9; MünchArbR/*Krause*, § 54 Rz. 63 ff.

Das Arbeitsentgelt wird häufig als **Zeitlohn** gezahlt. Durch eine Klausel dieses Typs wird üblicherweise das monatliche Entgelt für die unterschiedlichsten Arbeitnehmergruppen festgelegt. Die Klausel passt praktisch in jeden Arbeitsvertrag und muss nur noch um eine Regelung der Zahlungsmodalitäten (Zeit und Ort der Lohnzahlung, Art und Weise, Zahlungsmodalitäten) ergänzt werden, um eine rechtlich sichere Grundlage für die Entgeltzahlung darzustellen. Auch wenn in aller Regel eine Bruttovergütung als vereinbart gilt und der Arbeitnehmer beweisen muss, wenn er eine Nettolohnabrede behauptet,[1] ist zur Klarstellung zu empfehlen, die Vergütung ausdrücklich als Bruttovergütung zu bezeichnen. 17

Typ 2: Unterschiedliche Zeitabschnitte

a) Der Arbeitnehmer erhält eine Wochenvergütung von ... (in Worten: ...) Euro brutto.

b) Der Arbeitnehmer erhält für seine Tätigkeit einen Stunden-/Tageslohn von ... (in Worten: ...) Euro brutto.

Auch andere Zeitabschnitte als ein Monat können für die Entgeltzahlung festgelegt werden. Bei den Klauseln des **Typs 2** wird in aller Regel eine wöchentliche oder monatliche Zahlungsweise gesondert vereinbart.[2] Auch wenn solche Klauseln verwendet werden, ist zu beachten, dass der Arbeitnehmer nicht nur die tatsächlich geleisteten – und aufgeschriebenen – Stunden, Tage oder Wochen vergütet bekommen darf. Vielmehr ist ihm auch bei Abwesenheit wegen Urlaub, Krankheit etc. die Vergütung nach den gesetzlichen bzw. (tarif)vertraglichen Regelungen weiter zu zahlen. 18

Typ 3: Jahresgehalt für leitende Angestellte

Als Vergütung für ihre Tätigkeit erhalten Sie ein festes Jahresgehalt in Höhe von ... (in Worten ...) Euro brutto. Das Gehalt wird unter Abzug der gesetzlichen Abgaben monatlich in zwölf gleichen Teilbeträgen jeweils am Monatsende bargeldlos auf ein von Ihnen zu benennendes Konto ausgezahlt.

Leitende Angestellte erhalten mitunter feste Jahresgehälter, die aber dann wieder in monatlichen Teilbeträgen ausgezahlt werden. Zusätzlich werden in diesem Bereich häufig leistungs- oder erfolgsbezogene Gehaltsbestandteile vereinbart. 19

Typ 4: AT-Angestellter

Der Arbeitnehmer erhält ein außertarifliches Bruttogehalt von ... (in Worten: ...) Euro monatlich.

---

1 BAG v. 19.12.1963 – 5 AZR 174/63, DB 1964, 375; v. 18.1.1974 – 3 AZR 183/73, DB 1974, 778.

2 Ansonsten ist bei einer nach Stunden oder Tagen bemessenen Vergütung nach der Verkehrssitte eine Fälligkeit zum Wochenschluss anzunehmen, vgl. MünchArbR/*Krause*, § 62 Rz. 3.

20 Außertarifliche Angestellte sind Arbeitnehmer, die durch ihre Tätigkeit nicht mehr in den persönlichen Geltungsbereich des einschlägigen Tarifvertrags fallen und dadurch auf einzelvertragliche Entgeltregelung angewiesen sind. Dabei sehen die Tarifverträge meist einen bestimmten Abstand zwischen den AT-Angestellten und der höchsten Tarifgruppe vor.[1] Da die Entgeltabrede ausdrücklich ein außertarifliches Gehalt des Arbeitnehmers vorsieht, ist unabhängig von diesbezüglichen Klauseln eine Pflicht des Arbeitgebers zur → *Gehaltsanpassung*, II G 10 gegeben, wenn durch Tariferhöhungen dieser Mindestabstand unterschritten ist.[2] Wird ein Arbeitnehmer als AT-Mitarbeiter eingestellt, ist unabhängig davon darauf zu achten, dass der Arbeitsvertrag insoweit nicht auf den Tarifvertrag Bezug nimmt. Anderenfalls besteht das Risiko, dass der Mitarbeiter das AT-Gehalt und zusätzlich die tariflichen Leistungen beanspruchen kann.

21 Bisweilen wird in der Praxis in der Gehaltsbemessung zwischen der Probezeit und Einarbeitungszeit und dem danach zu zahlenden Entgelt differenziert.

⊃ **Nicht geeignet:**
  a) Während der Probezeit erhält der Arbeitnehmer ein monatliches Gehalt in Höhe von ... Euro.
  b) Der Einstellungslohn beträgt ... Euro brutto monatlich. Nach erfolgter Einarbeitung wird der arbeitsplatzübliche Lohn bezahlt.

22 Bei Klauseln des Typs a) kann sich die Regelung als unvollständig erweisen, wenn nicht gleichzeitig eindeutig geregelt wird, wann die Probezeit beendet ist. Das gleiche Problem besteht bei der Klausel b). Dort wäre zusätzlich die Höhe des arbeitsplatzüblichen Lohns zu klären. Letztendlich bringen solche Klauseln weder Vorteile für die Vertragsgestaltung noch sind sie hinreichend transparent, sondern wiederholen nur die ohnehin bestehende Rechtslage, da der übliche Lohn ohne Vereinbarung bereits nach § 612 BGB zu zahlen ist.

b) Entgeltklauseln mit Bezugnahme auf Tarifentgelt

23 Sind sowohl Arbeitgeber als auch Arbeitnehmer tarifgebunden oder ist der einschlägige Tarifvertrag für allgemeinverbindlich erklärt worden, gelten die Entgelt- und Eingruppierungsregelungen für das Arbeitsverhältnis unmittelbar und zwingend. Der Arbeitnehmer ist in die entsprechende Entgeltgruppe einzugruppieren, er hat Anspruch auf alle im Tarifvertrag vorgesehenen Leistungen. Allerdings weiß der Arbeitgeber oft nicht, ob der Arbeitnehmer Gewerkschaftsmitglied ist. Er darf auch jedenfalls vor der Einstellung nicht danach fragen. Daher waren Bezugnahmeklauseln in den unterschiedlichsten Varianten in der Vergangenheit Bestandteil vieler Arbeitsverträge. Vor einer solchen unbedachten Verwendung von Bezugnahmeklauseln kann angesichts der neuen Rechtsprechung des BAG nur gewarnt werden. Insbesondere nicht tarifgebundene Arbeitgeber sollten genau abwägen, ob sie eine „Ewigkeitsbindung" an den Tarifvertrag riskieren möchten (hierzu Rz. 12). Weitere Einzelheiten zur arbeitsvertraglichen Bezugnahme auf einen Tarifvertrag werden unter → *Verweisungsklauseln*, II V 40 gesondert dargestellt. Hier sollen im Folgen-

---

1 *Senne*, HzA Gruppe 1 Teilbereich 8, Rz. 2524f.
2 *Senne*, HzA Gruppe 1 Teilbereich 8, Rz. 2538.

den vor allem die Fragen der Entgelthöhe, die sich an die Bezugnahme auf den jeweiligen Tarifvertrag anschließen, erörtert werden.

Typ 5: Aufgeschlüsselter Lohn für tarifgebundene Arbeitnehmer

In Anwendung der zurzeit geltenden tariflichen Bestimmungen wird der Arbeitnehmer ab dem ... in Lohngruppe ... des Tarifvertrags ..., Fallgruppe ... eingruppiert. Der Bruttolohn berechnet sich wie folgt:
1. Grundlohn ... (in Worten: ...) Euro
2. Tarifliche Zulagen ... (in Worten: ...) Euro
3. Übertarifliche Zulage ... (in Worten: ...) Euro
4. ... ... (in Worten: ...) Euro

Diese Klausel eignet sich etwa dazu, die erforderliche Aufschlüsselung der Vergütung für tarifgebundene Arbeitnehmer vorzunehmen. Ob übertarifliche Entgeltbestandteile bei einer Erhöhung des Tarifentgelts weiter in unveränderter Höhe zu zahlen sind oder ob eine Anrechnung der Tariflohnerhöhung möglich ist, richtet sich zum einen nach dem Zweck des jeweiligen Entgelts, zum anderen danach, ob ein sog. Anrechnungsvorbehalt vereinbart wurde (→ *Vorbehalte und Teilbefristung*, II V 70 Rz. 31). 24

Typ 6: Eingruppierungsklauseln[1]

a) Der Arbeitnehmer wird in die Vergütungsgruppe ... des derzeit geltenden Lohntarifvertrages ... eingruppiert.
b) Der Arbeitnehmer wird in Vergütungsgruppe ..., Ziffer ... eingruppiert.
c) Das Gehalt beträgt ... (in Worten: ...) Euro brutto (Tarifgruppe ..., ... Fallgruppe).
d) Entsprechend seiner Tätigkeit wird der Arbeitnehmer in die Entgeltgruppe ... eingestuft.
e) Das Gehalt richtet sich nach Tarifgruppe ..., ... Fallgruppe. Es beträgt zurzeit ... (in Worten: ...) Euro brutto.

Sind beide Vertragspartner tarifgebunden, so wird die Zuordnung zu einer Tarifgruppe bereits vom Tarifvertrag festgelegt. In Arbeitsverträgen finden sich jedoch häufiger auch Klauseln, die die tariflich vollzogene Einordnung wiederholen. Diese Klauseln haben zwar de facto lediglich deklaratorische Bedeutung, da sie nur das wiedergeben, was ohnehin zwingend gilt;[2] weil die Tarifbindung jedoch enden kann und der Arbeitgeber regelmäßig bei Vertragsschluss keine Kenntnis von der Gewerkschaftsmitgliedschaft des Arbeitnehmers hat, kommt allen Eingruppierungsklauseln eine zumindest **potentiell konstitutive** Bedeutung zu, da der Tarifvertrag bei Fehlen oder Beendigung der Tarifbindung auf Arbeitnehmerseite nicht bereits normativ gilt. Dann haben solche Klauseln **konstitutive** Wirkung und wer- 25

---
1 Näher zur richtigen Anwendung von Tarifverträgen MünchArbR/*Krause*, § 54 Rz. 45 ff.; *Löwisch/Rieble*, TVG, § 1 Rz. 1642 ff.
2 MünchArbR/*Krause*, § 54 Rz. 45; *Löwisch/Rieble*, TVG, § 1 Rz. 1652.

den von der Rechtsprechung in der Regel als (kleine dynamische) Bezugnahme auf den Tarifvertrag ausgelegt. Angesichts der neuen, sehr viel strengeren Rechtsprechung des BAG zur Auslegung von Bezugnahmeklauseln auf Tarifverträge kann dies zu zahlreichen, bei Vertragsschluss nicht immer vorhersehbaren Folgen führen; daher ist zu empfehlen, solche Eingruppierungsklauseln nur zu verwenden, wenn der Arbeitgeber selbst tarifgebunden ist. Zusätzlich sollte vertraglich klargestellt werden, dass die Bezugnahme ausschließlich der Gleichstellung tarifgebundener und nicht tarifgebundener Arbeitnehmer dient, um insbesondere für zukünftige Umstrukturierungen den Handlungsspielraum nicht unnötig einzuschränken; vgl. hierzu im Einzelnen → *Verweisungsklauseln*, II V 40.

26   Ist eine deklaratorische Eingruppierung irrtümlich falsch erfolgt, so kann jede Seite die richtige Eingruppierung verlangen, wenn der Irrtum entdeckt wird. Dies gilt uneingeschränkt für die Zukunft[1] sowie für die Vergangenheit jedenfalls – im Rahmen der entsprechenden Ausschlussfristen – dann, wenn die Eingruppierung in eine zu niedrige Gehaltsgruppe erfolgt ist.[2] Kommt es dabei zu einer rückwirkenden Höhergruppierung des Arbeitnehmers, so kann der Arbeitgeber aufgrund einer Anrechnungsklausel das zusätzlich zu zahlende Entgelt unter Umständen mit einer in der Vergangenheit gezahlten übertariflichen Zulage verrechnen (s. aber Rz. 27). Die Frage, ob auch umgekehrt der Arbeitgeber vom Arbeitnehmer herausverlangen kann, was er durch eine falsche Eingruppierung in der Vergangenheit zu viel gezahlt hat, ist nicht immer leicht zu beantworten. Möglicherweise kann der Arbeitnehmer dem Arbeitgeber den Entreicherungseinwand aus § 818 Abs. 3 BGB entgegenhalten, etwa weil er den zu viel erhaltenen Lohn für Dinge ausgegeben hat, die er sich sonst nicht geleistet hätte (→ *Arbeitsentgelt, überzahltes*, II A 80 Rz. 3 ff.).

27   An konstitutiven Eingruppierungsklauseln muss sich der Arbeitgeber nach den allgemeinen Regeln festhalten lassen, auch wenn sie durch einen Irrtum zustande gekommen sind.[3] Eine Korrektur kann dann nur noch durch die – in der Praxis allerdings kaum Erfolg versprechende – Irrtumsanfechtung oder eine Änderungskündigung erfolgen.

c) Zulagen

28   Neben den bisher genannten Vergütungsformen sind **Zulagen** sowohl in Arbeitsverträgen als auch in Tarifverträgen weit verbreitet. Sie gehören zur festen Vergütung, wenn sie (einzel- oder kollektiv)vertraglich zugesagt sind. Soweit keine kollektivvertraglichen Vorgaben bestehen, können die Zulagenregelungen durch eine entsprechende Vertragsgestaltung individuell auf betriebliche Bedürfnisse abgestimmt werden. Der Arbeitgeber kann dann den **Zulagenzweck** bestimmen, bspw. das Entgelt an unterschiedliche Arbeitsbedingungen anzupassen (z.B. Überstunden-, Funktions-, Schmutz-, Erschwernis-, Schichtzulagen, Zulagen für Wochenend- oder Feiertagsarbeit), eine bestimmte Gehaltspolitik zu ermöglichen (übertarifliche Zulagen) oder sie aus sozialen Erwägungen zu zahlen (z.B. Zuschüsse zu Kindergartenkosten, Essensgeld).

---

[1] Z.B. BAG v. 18.5.1988 – 4 AZR 751/87, DB 1988, 2212.
[2] MünchArbR/*Krause*, § 54 Rz. 45.
[3] Vgl. BAG v. 27.6.1985 – 6 AZR 392/81, NZA 1986, 401.

Typ 6a: Zulagen

a) Für die Tätigkeit in Wechselschicht erhält der Arbeitnehmer eine Zulage von ... Euro brutto pro Stunde.

b) Solange der Mitarbeiter im Rahmen seines Arbeitsverhältnisses die Funktion als Tierschutzbeauftragter inne hat, erhält er hierfür eine monatliche Zulage in Höhe von ... Euro brutto.

Die aktuelle Rechtsprechungsentwicklung zu Freiwilligkeits- und Widerrufsvorbehalten ist auch bei der **Flexibilisierung von Zulagen** zu beachten. Von Freiwilligkeitsvorbehalten ist auch in diesem Bereich abzuraten, Widerrufsvorbehalte müssen den vom BAG vorgegebenen Anforderungen entsprechen, insbesondere klar und eindeutig formuliert sein und konkrete Widerrufsgründe enthalten (→ *Vorbehalte und Teilbefristung*, II V 70 Rz. 14 ff.). Zudem ist bei einer Flexibilisierung von Zulagen der jeweils gesetzte Zulagenzweck zu beachten, so dass bspw. eine Funktionszulage nicht deswegen gestrichen werden darf, weil sich die Arbeitszeit ändert. Umgekehrt bedeutet die Zwecksetzung aber auch, dass die Zulage automatisch entfällt, wenn die Voraussetzungen für diese Zulage zulässigerweise wegfallen. Eine Wechselschichtzulage ist daher nicht mehr zu zahlen, wenn der Arbeitnehmer nicht mehr in Wechselschicht eingesetzt wird; ob eine einseitige Änderung der Wechselschicht (bzw. der jeweiligen anderen Zulagenzwecke) durch den Arbeitgeber möglich ist, ist vorrangig eine Frage des Direktionsrechts (→ *Direktionsrecht und Tätigkeitsbeschreibung*, II D 30 Rz. 51 f.). Je allgemeiner die Zulage ausgestaltet ist, desto schwieriger ist eine Flexibilisierung, die den Anforderungen der Rechtsprechung noch genügt. Daher sollte der Zweck der Zulage möglichst genau beschrieben und klargestellt werden, dass die Zulage von diesem Zweck abhängt. 29

3. Flexibilisierung von Arbeitsentgelten durch den Arbeitgeber

Eine flexible Gestaltung der Vergütung, die bereits beim Abschluss von Arbeitsverträgen ansetzt, dem Arbeitgeber Möglichkeiten zur Änderung der Vergütung einräumt und damit Vorsorge für die Zukunft trifft, wenn eine notwendige Einsparung von Personalkosten ansteht, kann Entlassungen oder schwierige Verhandlungen mit Arbeitnehmern und Betriebsräten über eine Herabsetzung von Entgelten vermeiden. In der Praxis haben sich im Wesentlichen folgende[1] Typen von Flexibilisierungsinstrumenten herausgebildet, die eine vorsorgende Anpassung des Arbeitsentgelts an die sich ändernde Ertragslage des Unternehmens zulassen: 30

Widerrufsvorbehalt,[2] **Freiwilligkeitsvorbehalt, Teilbefristung und Anrechnungsvorbehalt.** Mit der Ausübung des Widerrufs wird der einmal begründete Rechts- 31

---

1 Weitere Formen von Umgestaltungs- bzw. Anpassungsklauseln behandelt *Zöllner*, NZA 1997, 121 (122 ff.).
2 Oder auch Umgestaltungsvorbehalt, vgl. *Zöllner*, NZA 1997, 121 (123); vgl. zur Zulässigkeit von Widerrufsvorbehalten insb. die Entscheidung BAG v. 12.1.2005 – 5 AZR 364/04, NZA 2005, 465, wonach die Vereinbarung eines Widerrufsrechts nach § 308 Nr. 4 BGB zulässig ist, wenn der Widerruf nicht grundlos erfolgen soll, sondern eine Anpassungsmöglichkeit aufgrund der Unsicherheit der zukünftigen Entwicklung der Verhältnisse notwendig ist. Die Vertragsklausel muss daher angeben, aus welchen Gründen der Wi-

anspruch für die Zukunft beseitigt. Durch einen Freiwilligkeitsvorbehalt soll bereits die Entstehung eines Anspruchs verhindert werden, wobei dieses Flexibilisierungsintrument aufgrund der Entwicklung der aktuellen Rechtsprechung erheblich an Bedeutung verloren hat. Bei einer Teilbefristung soll ein Anspruch für die vertraglich festgelegte Zeit bestehen und danach automatisch entfallen. Ein Anrechnungsvorbehalt ermöglicht, spätere Erhöhungen des Tariflohns auf übertarifliche Zulagen anzurechnen, so dass solche Zulagen mit der Zeit abgeschmolzen werden können. All diese Flexibilisierungsmöglichkeiten sind allerdings nur unter bestimmten Voraussetzungen und nur für bestimmte Entgeltbestandteile zulässig. Insbesondere darf dadurch nicht in den „Kernbereich des Arbeitsverhältnisses" eingegriffen werden (Einzelheiten → *Vorbehalte und Teilbefristung*, II V 70).

32 In sehr engen Grenzen[1] kann über das arbeitgeberseitige **Direktionsrecht** Einfluss auf die Vergütung genommen werden, insbesondere wenn mit der einseitigen Festlegung der Arbeitszeitdauer auch die Vergütungspflicht tangiert ist (Einzelheiten dazu → *Arbeitszeit*, II A 90 Rz. 44 ff.). Auch die Zuweisung schlechter bezahlter Tätigkeiten kann – jedoch ebenfalls nur sehr begrenzt – durch vertraglichen Vorbehalt dem Direktionsrecht des Arbeitgebers unterstellt werden (→ *Direktionsrecht und Tätigkeitsbeschreibung*, II D 30 Rz. 156 ff.).

4. Leistungs- und erfolgsbezogene Vergütung

33 Neben den Flexibilisierungsmöglichkeiten für Arbeitgeber haben sich in den vergangenen Jahren verstärkt Formen des leistungs- und erfolgsbezogenen Entgelts entwickelt, z.B. Prämien, Gewinn- und Umsatzbeteiligungen. Der Akkordlohn zählt dabei schon fast zu den klassischen Instrumenten einer leistungsbezogenen Vergütung. All diese Entgeltformen stellen **Mittel zum Leistungsanreiz** dar, insbesondere soll die Motivation der Arbeitnehmer verbessert werden, da eine höhere bzw. bessere Leistung unmittelbar eine höhere Vergütung bewirkt. Hinzu kommt, dass durch eine vom Unternehmens- oder Abteilungserfolg abhängige Vergütung die Identifikation mit dem Arbeitgeber verstärkt werden kann. Der Arbeitsvertrag erhält dadurch eine stark werkvertragliche Prägung,[2] insbesondere da der Erfolgseintritt dann durch einen Abnahmeakt (§ 640 BGB) festgestellt werden muss. Bei *ausschließlich* erfolgsabhängiger Ausgestaltung der Vergütung handelt es sich nach bürgerlich-rechtlicher Systematik sogar um einen Werkvertrag i.S.d. § 631 BGB. Dies ändert aber nichts daran, dass bei bestehender persönlicher Abhängigkeit (s. → *Arbeitnehmerstatus*, II A 50 Rz. 9) alle Schutznormen des Arbeitsrechts Anwendung finden, das somit nur gesetzestechnisch und mit Blick auf die typischerweise erfolgsunabhängige Ausgestaltung der Vergütung an die Regelungen des

---

derruf möglich sein soll (wirtschaftliche Gründe, Leistung oder Verhalten des Arbeitnehmers). Zusätzlich muss gewährleistet sein, dass der widerrufliche Anteil am Gesamtverdienst unter 25–30 % liegt, der Tariflohn nicht unterschritten wird und der Widerruf nur bei Vorliegen bestimmter Gründe erfolgen soll. Die Widerrufsklausel muss Voraussetzungen und Umfang der Änderung so konkret wie möglich beschreiben. Insbesondere muss klargestellt sein, welche Leistung in welcher Höhe widerruflich ist.

1 *Isenhardt*, FS Hanau, S. 221 (224, 226 f.); *Rieble*, NZA 2000, Sonderbeilage zu Heft 3, 34 (38 ff.).
2 Zum Erfolgsbezug der Vergütung als Charakteristikum des Werkvertrags *Greiner*, AcP 2011, 221.

freien Dienstvertrags (§§ 611 ff. BGB) angeknüpft wird. Spätestens mit Inkrafttreten des allgemeinen gesetzlichen Mindestlohns nach § 1 MiLoG ist indes eine *ausschließlich* erfolgsabhängige Vergütungsgestaltung nicht mehr zulässig (s. Rz. 13a, 39), so dass hierdurch das dienstvertragliche Fundament des Arbeitsvertrags weiter gestärkt wurde.

a) **Leistungsbezogene Vergütung**

Die leistungsbezogene Vergütung ist dadurch geprägt, dass die Vergütung an die individuelle Leistung einzelner Arbeitnehmer oder auch an Abteilungen oder Gruppen von Arbeitnehmern gekoppelt ist. 34

aa) **Akkordvergütung**

Typ 7: Akkordlohnvereinbarung

a) Der Arbeitnehmer erhält im Akkordlohn
 … (in Worten: …) Euro pro gefertigtem … (Stückakkord)
 … (in Worten: …) Euro pro verputztem qm … (Flächenakkord)
 … (in Worten: …) Euro pro verarbeitetem kg … (Gewichtsakkord).
b) Der Arbeitnehmer arbeitet im Zeitakkord. Die Ermittlung der Vorgabezeiten erfolgt nach Refa-Grundsätzen. [*Bei Anwendung eines Tarifvertrags zusätzlich*: Die Tätigkeit ist in die Lohngruppe … des Tarifvertrags eingestuft.] Der Akkordrichtsatz beträgt zurzeit … (in Worten: …) Euro. Der Arbeitnehmer erhält vor Beginn der Arbeit einen Akkordlohnzettel, auf dem die Art der Arbeit, die Stückzahl sowie die Vorgabezeit bezeichnet sein müssen. Der Arbeitnehmer hat die für die Akkordarbeit verbrauchte Zeit auf dem Akkordlohnzettel anzugeben.
c) Der Mindestlohn beträgt jedoch … (in Worten: …) Euro brutto/Tag.

Bei der Akkordvergütung handelt es sich um eine streng leistungsbezogene Vergütung. Die Höhe der Akkordvergütung richtet sich nach der Menge der geleisteten Arbeit entweder des einzelnen Arbeitnehmers (**Einzelakkord**) oder einer Arbeitsgruppe (**Gruppenakkord**). Zulässig ist Akkordlohn nur bei einer entsprechenden vertraglichen Vereinbarung. Eine einseitige Einführung im Wege des arbeitgeberseitigen Direktionsrechts ist ausgeschlossen. Nicht zulässig ist die Akkordarbeit gemäß § 4 Abs. 3 MuSchG bei **Schwangeren**, gemäß § 23 JArbSchG bei **Jugendlichen** sowie gemäß § 3 FPersG bei **Fahrpersonal**. Manche Tarifverträge enthalten Regelungen zur **Verdienstsicherung für ältere Arbeitnehmer** für den Fall einer Umstellung von Akkord- auf Zeitlohn und für die Weiterbeschäftigung im Akkordlohn. Dadurch sollen ältere Arbeitnehmer (meist ab dem 55. Lebensjahr) vor Verdiensteinbußen aufgrund altersbedingter Leistungsabnahme geschützt werden.[1] 35

Beim Akkord ist zwischen dem Zeit- und dem Geldakkord zu differenzieren. Beim **Geldakkord** (**Klauseltyp 7a**) wird für eine bestimmte Leistungseinheit ein bestimmter Geldbetrag vergütet. Die Vergütung ergibt sich somit als Produkt aus der Leis- 36

---
1 BAG v. 8.11.2006 – 4 AZR 608/05, NZA 2007, 712.

tungseinheit (Stückzahl, Fläche, Gewicht usw.) und dem Geldbetrag. Beim **Zeitakkord** (**Klauseltyp 7b**) wird hingegen für die Erbringung einer bestimmten Leistungseinheit eine bestimmte Zeit (Vorgabezeit) als Berechnungsfaktor vorgegeben. Diese Zeit erhält der Arbeitnehmer auch dann vergütet, wenn er die Leistung in kürzerer oder längerer Zeit erbringt.

37 Der **Akkordrichtsatz** bestimmt, welche Stundenvergütung der Arbeitnehmer bei Erbringung der Normalleistung eines eingearbeiteten durchschnittlichen Arbeitnehmers erhält. Basis ist dabei regelmäßig die tarifliche Grundvergütung, der ein Akkordrichtsatzzuschlag zwischen 10 und 20 % hinzugesetzt wird.

38 Die **Akkordvorgabe** bestimmt die Anforderungen an den Arbeitnehmer. Sie kann auf wissenschaftlichen Messungen beruhen, aber auch im Tarifvertrag, einer Betriebsvereinbarung oder im Individualarbeitsvertrag vereinbart werden.

39 Häufig sehen Akkordlohnvereinbarungen auch **Mindestlohngarantien** wie in **Klauseltyp 7c** vor, die gewährleisten, dass auch bei unterdurchschnittlicher Leistung das Einkommen des Arbeitnehmers nicht unter den Mindestlohn absinkt. Die Verwendung einer derartigen Klausel ist bei grundsätzlich leistungs- oder erfolgsabhängiger Vergütung mit Geltung des allgemeinen **gesetzlichen Mindestlohns nach § 1 MiLoG** zum 1.1.2015 dringend anzuraten, da auch in diesen Fällen sichergestellt sein muss, dass die arbeitsstundenbezogene Mindestlohnvorgabe gewahrt wird (s. Rz. 13a).

40 Kann aufgrund von Versäumnissen des Arbeitgebers die Akkordleistung nicht erbracht werden, hat der Arbeitnehmer trotzdem nach § 615 Satz 3 BGB Anspruch auf die Akkordvergütung. Andererseits kann der Arbeitnehmer nicht verlangen, dass der Arbeitgeber ihm Arbeitsmengen über die Normalleistung hinaus zuweist, damit er ein Arbeitsentgelt über den Akkordrichtsatz hinaus erzielen kann.

41 Für die Fälle eines **Arbeitsausfalls** finden sich hinsichtlich der Berechnung des fortzuzahlenden Entgelts klarstellende gesetzliche Regelungen. Kann eine Arbeitnehmerin aufgrund eines Beschäftigungsverbots nach dem MuSchG nicht beschäftigt werden, so bestimmt sich das fortzuzahlende Entgelt nach § 14 Abs. 1 Satz 1 bzw. § 11 Abs. 1 Satz 1 MuSchG nach dem vor Eintritt des Arbeitsausfalls erzielten durchschnittlichen Einkommen, mithin nach den tatsächlich erwirtschafteten Akkordvergütungen. Entsprechendes gilt nach § 11 Abs. 1 Satz 1 BUrlG im Hinblick auf die Berechnung des während des Urlaubs zu gewährenden Urlaubsentgelts. Im Falle der Krankheit des Arbeitnehmers findet § 4 Abs. 1a Satz 2 EFZG Anwendung. Nach dieser Vorschrift kommt es nach h.M.[1] nicht darauf an, was der Arbeitnehmer in der Vergangenheit verdient hat, sondern was er während der Zeit seiner Arbeitsunfähigkeit durchschnittlich verdient hätte. Da dies indes in der Regel schwer zu ermitteln ist, wird auch insoweit regelmäßig auf den vorausgegangenen Abrechnungszeitraum abzustellen sein.[2]

Hinzuweisen ist auf eine Entscheidung des ArbG Regensburg,[3] wonach der Arbeitgeber dem Arbeitnehmer, auch wenn dieser für Akkordarbeiten eingestellt worden

---

1 ErfK/*Dörner/Reinhard*, § 4 EFZG Rz. 14, 15.
2 ErfK/*Dörner/Reinhard*, § 4 EFZG Rz. 14, 15; *Schmitt*, Entgeltfortzahlungsgesetz, § 4 Rz. 148.
3 Vgl. ArbG Regensburg v. 17.12.1990 – 6 Ca 683/90 L, BB 1991, 982.

ist, Zeitlohntätigkeiten zuweisen könne. Die Zeitlohnarbeiten seien dabei grundsätzlich mit dem Akkorddurchschnitt zu vergüten, doch könne sich etwas anderes aufgrund einer vertraglichen Abrede ergeben.

Der **Gruppenakkord** unterscheidet sich vom Einzelakkord dadurch, dass nicht die Leistung der einzelnen Arbeitnehmer gesondert gemessen wird, sondern die Leistung der gesamten Arbeitsgruppe.[1] Diese wird anschließend auf die einzelnen Arbeitnehmer verteilt. Ein sinnvoller Beitrag zu guter Teamarbeit kann der Gruppenakkord sein, wenn die Arbeitsgruppe gemeinsam komplexe, ständig wechselnde und ineinandergreifende Tätigkeiten ausübt. Auf der anderen Seite gerät dadurch die Leistung des einzelnen Arbeitnehmers in den Hintergrund, da nur das Gruppenergebnis zählt. 42

Der Betriebsrat hat nach § 87 Abs. 1 Nr. 10 und 11 BetrVG ein **umfassendes Mitbestimmungsrecht** im Bereich der Akkordarbeit. Mitbestimmungspflichtig ist z.B. die Festsetzung der Akkordsätze, d.h. aller Bezugsgrößen für die Ermittlung des Akkordlohns, bspw. die Festsetzung des Geldwerts pro Leistungseinheit und die Bestimmung des Zeit- und Geldfaktors beim Zeitakkord.[2] Nach der Rechtsprechung des BAG[3] unterliegt auch die Regelung von Erholungszeiten als Bestandteil der Vorgabezeit für Akkordlöhne der Mitbestimmung des Betriebsrats. Der Betriebsrat hat zudem über die Frage mitzubestimmen, ob bei Akkordarbeit anfallende Wartezeiten mit dem Akkordrichtsatz oder dem persönlichen Durchschnittsverdienst des Arbeitnehmers entlohnt werden sollen.[4] Mitbestimmungspflichtig ist zudem die Frage, ob innerhalb eines Akkordlohnsystems die in der Vorgabezeit enthaltene Erholungszeit zu feststehenden Kurzpausen zusammengefasst werden soll.[5] 43

bb) Prämien

Hinsichtlich der Prämien ist zu unterscheiden zwischen dem – häufig in Tarifverträgen vorgesehenen – **echten Prämienlohn**, bei dem die Leistung des Arbeitnehmers gemessen und zu einer Bezugsleistung ins Verhältnis gesetzt wird,[6] und **anderen Prämien**, die besondere Arbeitsleistungen oder ein bestimmtes Verhalten des Arbeitnehmers, welches in einem besonderen betrieblichen Interesse besteht, honorieren sollen. 44

Der **echte Prämienlohn** ist, wie der Akkordlohn, eine Form von Leistungslohn. Auch hier wird unterschieden zwischen Geld- oder Zeitprämien und Einzel- oder Gruppenprämien und es wird eine Normalleistung definiert, an der die Leistung des Arbeitnehmers bzw. der Arbeitsgruppe gemessen wird.[7] Hier gelten die gleichen Beschäftigungsverbote für besonders geschützte Arbeitnehmergruppen wie beim Akkordlohn. In diesem Bereich hat der Betriebsrat, ebenfalls wie beim Akkordlohn, 45

---

1 Vgl. MünchArbR/*Krause*, § 57 Rz. 20; s.a. dazu BAG v. 26.4.1961 – 4 AZR 71/58, DB 1961, 881.
2 ErfK/*Kania*, § 87 BetrVG Rz. 121.
3 BAG v. 24.2.1987 – 1 ABR 18/85, NZA 1987, 639.
4 BAG v. 14.2.1989 – 1 AZR 97/88, NZA 1989, 648.
5 BAG v. 24.11.1987 – 1 ABR 12/86, NZA 1988, 320.
6 Hierzu BAG v. 13.9.1983 – 1 ABR 32/81, DB 1983, 2470.
7 ErfK/*Preis*, § 611 BGB Rz. 395.

insbesondere hinsichtlich der Prämiensätze ein Mitbestimmungsrecht nach § 87 Abs. 1 Nr. 11 BetrVG.

46 Die **anderen Prämien**, mit denen bspw. ein Verhalten des Arbeitnehmers belohnt werden soll, werden meist als Zulage zum Zeitlohn gewährt. Als spezielle Ausgestaltungsformen kommen in der betrieblichen Praxis etwa Nutzungs- und Ersparnisprämien, Terminprämien sowie Pünktlichkeits- und Anwesenheitsprämien vor (→ *Sonderzahlungen*, II S 40). Hier hat der Betriebsrat nach § 87 Abs. 1 Nr. 10 BetrVG mitzubestimmen.

cc) **Provision**

Typ 8: Provisionsvereinbarung

a) Neben dem Grundgehalt erhält der Arbeitnehmer für alle provisionspflichtigen Geschäfte eine Vermittlungsprovision. Provisionspflichtig sind alle während des Vertragsverhältnisses abgeschlossenen Geschäfte, die auf die Tätigkeit des Arbeitnehmers zurückzuführen sind oder mit Dritten abgeschlossen werden, die er als Kunden für Geschäfte der gleichen Art geworben hat, sofern insoweit kein Provisionsanspruch eines ausgeschiedenen Arbeitnehmers/Handelsvertreters nach § 87 Abs. 3 HGB besteht.

b) Die Höhe der Provision bestimmt sich nach der diesem Vertrag als Anlage ... beigefügten Provisionstabelle.

c) Die Provision errechnet sich aus dem in Rechnung gestellten Netto-Wert. Dem Kunden gewährte Nachlässe sind für die Provisionsberechnung vom Netto-Rechnungsbetrag nicht abzuziehen. Nebenkosten für Fracht, Porto, Zoll, Steuer usw. führen nur dann zu einer Minderung der Provision, wenn sie dem Kunden gesondert in Rechnung gestellt werden.

d) Nachvertragliche Geschäfte sind provisionspflichtig, wenn der Arbeitnehmer das Geschäft vermittelt oder es eingeleitet und so vorbereitet hat, dass der Abschluss überwiegend auf seine Tätigkeit zurückzuführen ist, und das Geschäft innerhalb von drei Monaten nach Beendigung des Vertragsverhältnisses abgeschlossen worden ist. Gleiches gilt, wenn vor Beendigung des Arbeitsverhältnisses das Angebot des Dritten zum Abschluss eines Geschäfts, für das ein Provisionsanspruch des Arbeitnehmers besteht, dem Arbeitnehmer oder dem Unternehmer zugegangen ist.

47 Provisionen werden i.d.R. zusätzlich zu einer festen Vergütung als Vergütung für die Vermittlung oder den Abschluss von Verträgen Dritter mit dem Unternehmen gezahlt, die durch die Tätigkeit des Arbeitnehmers zustande gekommen sind (**Vermittlungs- bzw. Abschlussprovision**). Denkbar sind auch **Bezirksprovisionen**, deren Höhe sich nach dem Wert der in einem dem Arbeitnehmer übertragenen Bezirk anfallenden Geschäfte bemisst, sowie **Anteils- oder Leistungsprovisionen**, bei denen der Arbeitnehmer einen Anteil an Vermittlungs- oder Abschlussprovisionen der ihm unterstellten Mitarbeiter erhält.[1]

---

1 Preis/*Deich*, Innovative Arbeitsformen, S. 465.

Daneben finden sich in der Praxis auch Provisionsvereinbarungen, die sich nicht 48
nach dem Erfolg des einzelnen Arbeitnehmers richten, sondern nach dem Umsatz
oder Gewinn der Abteilung, des Betriebs oder des Unternehmens (**Umsatzprovision**).
Diese Vergütungsform ist kein „klassischer" Fall einer Provision, sondern
eine Umsatz- bzw. Gewinnbeteiligung (hierzu Rz. 59, 63).

Vereinbarungen, nach denen die Vergütung ausschließlich auf Provisionsbasis erfolgt, 49
sind zwar grundsätzlich zulässig, aber meist nicht zu empfehlen, da sie von
den Gerichten jedenfalls dann für sittenwidrig (§ 138 BGB) angesehen werden,
wenn die Provisionsabrede so getroffen ist, dass der Arbeitnehmer die geforderten
Umsätze überhaupt nicht erbringen kann.[1] Zulässig ist nach der Rechtsprechung
hingegen die **Befristung** einer Provision, die zusätzlich zum Tarifgehalt gezahlt
wird und nicht mehr als 15 % der Gesamtvergütung ausmacht.[2] Für den **Widerruf**
einer Provisionszusage gelten jedenfalls für Vereinbarungen, die ab dem 1.1.2002 geschlossen
werden, die neuen Anforderungen der Rechtsprechung an Widerrufsvorbehalte
(→ *Vorbehalte und Teilbefristung*, II V 70 Rz. 14 ff.). Sind Provisionen in
einer **Betriebsvereinbarung** geregelt, werden diese Regelungen durch eine spätere
Betriebsvereinbarung auch dann abgelöst, wenn die früheren Bestimmungen für
die Arbeitnehmer günstiger waren.[3]

Zulässig sind nach der Rechtsprechung des Weiteren Vereinbarungen, nach denen – 50
auch bei beiderseitiger Tarifgebundenheit – eine **untertarifliche Festvergütung und
zusätzliche Provisionszahlungen** zugesagt werden, wenn als Summe aus beiden
Entgeltbestandteilen mindestens die tarifliche Festvergütung garantiert ist.[4] Der
Arbeitnehmer kann also tarifliche Festvergütung bei einer solchen Vertragsgestaltung
nicht zusätzlich und unabhängig von der Gesamtprovision verlangen. Vielmehr
ist diese Abrede als Garantie eines monatlichen Mindesteinkommens in
Höhe des tariflichen Gehalts zu verstehen, bei dem auch die variablen Provisionen
mitzurechnen sind. Zu einer Erhöhung der vertraglichen Vergütung kommt es also
nur in den Monaten, in denen die feste Vergütung zuzüglich der Provision unter der
tariflichen Vergütung liegt.[5] Für provisionspflichtige Geschäfte, bei denen Provisionen
bis zur Höhe des garantierten Mindestbetrags anfallen, erhält der Arbeitnehmer
hingegen effektiv keine Provision.[6] Des Weiteren kann vereinbart werden, dass der
Arbeitnehmer erst dann Provisionen erhält, wenn die von ihm vermittelten Geschäfte
der Höhe nach die Summe des Festgehalts und der Reisekostenpauschale
übersteigen.[7]

Eine **rechtliche Grundlage** für Provisionen (mit Ausnahme von Umsatzprovisionen, 51
für die die Regelungen über Gewinnbeteiligungen gelten) findet sich für Handelsvertreter
in den **§§ 87–87c HGB**. Diese Vorschriften gelten mit Ausnahme der Vorschriften
über die Bezirksvertretung (§ 87 Abs. 2 HGB) und die Inkassoprovision

---

1 BAG v. 20.6.1989 – 3 AZR 504/87, NZA 1989, 843; LAG Berlin v. 3.11.1986 – 9 Sa 65/86, DB 1987, 1899.
2 BAG v. 21.4.1993 – 7 AZR 297/92, NZA 1994, 476.
3 BAG v. 28.6.2005 – 1 AZR 213/04, NZA 2005, 1431.
4 BAG v. 19.1.2000 – 4 AZR 814/98, NZA 2000, 1300.
5 BAG v. 19.1.2000 – 4 AZR 814/98, NZA 2000, 1300.
6 BAG v. 29.10.1986 – 4 AZR 643/85, DB 1987, 1257.
7 So für den Fall eines Versicherungsangestellten BAG v. 8.12.1982 – 4 AZR 88/80, DB 1983, 887.

(§ 87 Abs. 4 HGB) gemäß § 65 HGB auch für Handlungsgehilfen und sind darüber hinaus (wenigstens entsprechend) auch für sonstige Arbeitnehmer[1] anwendbar. **Klauseltyp 8a** gibt insoweit die Grundlagen der gesetzlichen Provisionsregelung wieder.

52 Nach § 87a Abs. 1 Satz 1 (i.V.m. § 65) HGB hat der Arbeitnehmer **Anspruch auf die Provision**, wenn er ein Geschäft vermittelt hat, diese Vermittlung zu seinen vertraglichen Aufgaben gehört und sobald und soweit der Unternehmer das Geschäft ausgeführt hat. Zwar sind diesbezüglich abweichende Vereinbarungen zulässig, doch hat der Arbeitnehmer mit der Ausführung des Geschäfts durch den Unternehmer zumindest Anspruch auf einen angemessenen Vorschuss, der spätestens am Ende des Folgemonats fällig ist (§ 87a Abs. 1 Satz 2 HGB). Jedenfalls besteht nach § 87a Abs. 1 Satz 3 HGB ein Anspruch auf Provision, sobald und soweit der Dritte das Geschäft ausgeführt, d.h. im Regelfall seine Zahlung geleistet hat. Dem Anspruch steht es dabei nach § 87a Abs. 3 HGB auch nicht entgegen, wenn der Unternehmer das Geschäft seinerseits ganz oder teilweise nicht oder nicht so ausführt, wie es abgeschlossen ist, sofern er dies zu vertreten hat. Der Anspruch auf die Provision wird nach § 87a Abs. 4 HGB am letzten Tag des Monats **fällig**, in dem über den Anspruch abzurechnen ist. Diese Vorgaben dürfen nicht abweichend zulasten des Handelsvertreters geregelt werden, § 87a Abs. 5 HGB.

53 Der Arbeitnehmer hat einen Anspruch auf **regelmäßige Abrechnung** der Provision, auf Vorlage eines Buchauszugs über die provisionspflichtigen Geschäfte sowie auf Auskunft über alle Umstände, die für den Provisionsanspruch, seine Fälligkeit und seine Berechnung wesentlich sind. Vorgesehen ist von § 87c HGB grundsätzlich eine **monatliche Abrechnung**. Vertraglich kann aber ein Zeitraum von **maximal drei Monaten** vereinbart werden. Nach § 87c Abs. 5 HGB können diese Rechte nicht zulasten des Arbeitnehmers geändert werden.

54 Als **Höhe der Provision** gilt im Zweifel nach § 87b Abs. 1 HGB der übliche Satz als vereinbart. Zu empfehlen ist allerdings, wie in **Klauseltyp 8b**, ausdrückliche Regelungen über die Provisionshöhe für die verschiedenen Geschäfte zu vereinbaren, um späterem Streit über die Frage der Üblichkeit vorzubeugen. Die Provision berechnet sich gemäß § 87b Abs. 2 HGB nach dem von dem Kunden zu erbringenden Entgelt. Dabei ist die Provision mangels einer besonderen Vereinbarung aus dem Umsatz-/Mehrwertsteuerbetrag zu bezahlen.[2] Eine abweichende Regelung wie in **Klauseltyp 8c** ist indes zulässig und in der Praxis üblich.[3]

55 Die Provisionen sind sowohl bei der Berechnung des fortzuzahlenden Entgelts im Krankheitsfall als auch des Urlaubsentgelts miteinzubeziehen. Im **Krankheitsfall** ist der vom Arbeitnehmer in der für ihn maßgebenden regelmäßigen Arbeitszeit erzielbare Durchschnittsverdienst der Berechnung zugrunde zu legen (§ 4 Abs. 1a Satz 2 EFZG). Das **Urlaubsentgelt** bemisst sich nach § 11 Abs. 1 Satz 1 BUrlG nach dem durchschnittlichen Verdienst, den der Arbeitnehmer in den letzten 13 Wochen vor Beginn des Urlaubs erhalten hat. Für die Berechnung des Verdienstes sind alle Provisionsleistungen zu berücksichtigen, die ein Handlungsgehilfe für

---

1 *Trinkhaus*, DB 1967, 859 (860).
2 Vgl. BGH v. 28.6.1973 – VII ZR 3/71, DB 1973, 1740.
3 Baumbach/*Hopt*, HGB, § 87b Rz. 12.

die Vermittlung oder den Abschluss von Geschäften vertragsgemäß erhält.[1] Vereinbarungen, die zulasten des Arbeitnehmers hiervon abweichen, sind nur durch Tarifvertrag zulässig (§ 13 BUrlG).

Für erst **nach Beendigung des Arbeitsverhältnisses abgeschlossene Geschäfte** besteht nach § 87 Abs. 3 Satz 1 Nr. 1 HGB ein Anspruch auf Provision, wenn der Arbeitnehmer das Geschäft vermittelt oder es eingeleitet und so vorbereitet hat, dass der Abschluss überwiegend auf seine Tätigkeit zurückzuführen ist, und das Geschäft innerhalb einer angemessenen Frist nach Beendigung des Vertragsverhältnisses abgeschlossen worden ist. Gleiches gilt nach § 87 Abs. 3 Satz 1 Nr. 2 HGB, wenn das Angebot des Dritten zum Abschluss des Geschäfts vor Beendigung des Vertrags dem Arbeitnehmer oder dem Unternehmen zugegangen ist. Diese sich bereits aus dem Gesetz ergebende Lage gibt **Klauseltyp 8d** wieder, der allerdings den Begriff der „angemessenen Frist" konkretisiert. Beruht das nach Vertragsbeendigung abgeschlossene Geschäft sowohl auf der Tätigkeit des Arbeitnehmers als auch auf der Tätigkeit seines Nachfolgers, ist der Provisionsanspruch zu teilen (§ 87 Abs. 3 Satz 2 HGB).

Dem **Betriebsrat** kommt nach Ansicht des BAG[2] im Hinblick auf Provisionen **kein Mitbestimmungsrecht** nach § 87 Abs. 1 Nr. 11 BetrVG zu. Dieses Mitbestimmungsrecht setzt eine Form der Vergütung voraus, bei der eine „Leistung" des Arbeitnehmers gemessen und mit einer Bezugsleistung verglichen wird und bei der sich die Höhe der Vergütung in irgendeiner Weise nach dem Verhältnis der Leistung des Arbeitnehmers zur Bezugsleistung bemisst. Dies ist bei Provisionen nicht der Fall. Allerdings hat der Betriebsrat ein **Mitbestimmungsrecht nach § 87 Abs. 1 Nr. 10 BetrVG**.[3] Dieses bezieht sich zwar nicht auf den Geldfaktor, aber auf alle anderen Elemente, die das System im Einzelnen ausgestalten. Zur Lohngestaltung i.S.d. § 87 Abs. 1 Nr. 10 BetrVG gehören nach der Rechtsprechung insbesondere die Fragen, ob ein Gehaltsfixum und/oder Provisionen gezahlt werden, die Arten der Provisionen, das Verhältnis der Provision zum Lohnfixum (Anrechenbarkeit) sowie das Verhältnis der Provisionen zueinander, außerdem die Festsetzung der Bezugsgrößen, z.B. ob bei Erreichung einer bestimmten Provisionshöhe diese und/oder andere Provisionen progressiv oder degressiv beeinflusst werden, ob also auch eine Provision ganz oder teilweise wegfällt, sowie schließlich die abstrakte Staffelung der Provisionssätze.[4] Auch unterliegt bspw. die Zuordnung von Artikeln zu verschiedenen Provisionsgruppen der Mitbestimmung.[5]

b) Erfolgsbezogene Vergütung

Die erfolgsbezogene Vergütung ist dadurch geprägt, dass die Vergütung der Arbeitnehmer an den Erfolg, d.h. die finanzielle Situation des Unternehmens, gekoppelt ist. Zu beachten ist in diesem Zusammenhang, dass von der höchstrichterlichen

---

[1] BAG v. 11.4.2000 – 9 AZR 266/99, NZA 2001, 153.
[2] BAG v. 13.3.1984 – 1 ABR 57/82, NZA 1984, 296; v. 26.7.1988 – 1 AZR 54/87, NZA 1989, 109.
[3] BAG v. 26.7.1988 – 1 AZR 54/87, NZA 1989, 109.
[4] Dazu BAG v. 29.3.1977 – 1 ABR 123/74, DB 1977, 1415; v. 10.7.1979 – 1 ABR 88/77, DB 1979, 2497; v. 28.7.1981 – 1 ABR 79/79, DB 1981, 2621.
[5] Vgl. BAG v. 26.7.1988 – 1 AZR 54/87, NZA 1989, 109.

Rechtsprechung[1] ausdrücklich klargestellt worden ist, dass aus der Aufteilung des Gehalts in ein Grundgehalt und eine zusätzliche Erfolgsbeteiligung nicht darauf geschlossen werden kann, dass es sich bei der Erfolgsbeteiligung um eine freiwillige oder jederzeit widerrufbare Sonderleistung handelt. Zur mindestlohnrechtlichen Behandlung der erfolgsbezogenen Vergütung s. Rz. 13a f.

aa) Gewinnbeteiligung/Tantieme

Typ 9: Gewinnbeteiligung/Tantieme

a) Der Arbeitnehmer ... erhält neben der festen Vergütung gem. § ... eine jährliche Tantieme in Höhe von ... % des körperschaftsteuerpflichtigen Gewinns vor Abzug der Tantiemen für die leitenden Angestellten/Geschäftsführer, vermindert um Verlustvorträge.

b) Die Tantieme wird am Ende des Monats fällig, in dem der Jahresabschluss festgestellt wird.

c) Endet der Arbeitsvertrag im Laufe des Jahres, so wird die Tantieme anteilig gezahlt. Dieser Anspruch beläuft sich für jeden vollen Monat der Betriebszugehörigkeit auf $1/12$ der Tantieme. Die Auszahlung erfolgt nach Ende des laufenden Geschäftsjahrs und Feststellung des Jahresabschlusses.

59 Die in der Praxis am häufigsten eingesetzte Form der erfolgsbezogenen Vergütung ist die **Gewinnbeteiligung/Tantieme** – die Vereinbarung einer Beteiligung am Gewinn des Unternehmens. Eine dahingehende Regelung findet sich in **Klauseltyp 9a**. Die Anführung der Verminderung um Verlustvorträge begründet sich daraus, dass nach h.M.[2] ohne eine dahingehende Vereinbarung Verluste aus den Vorjahren nicht gewinnmindernd bei der Berechnung der Tantieme berücksichtigt werden können. Fehlt es an einer anderweitigen Regelung, so gilt im Zweifel der sich aus der Handelsbilanz, nicht der sich aus der Steuerbilanz ergebende Gewinn.[3]

60 Der Anspruch auf die Gewinnbeteiligung wird fällig, sobald die Bilanz festgestellt ist oder bei ordnungsgemäßem Geschäftsgang hätte festgestellt werden können. Zur Vermeidung späterer Streitigkeiten empfiehlt es sich stets, wie etwa in **Klauseltyp 9b**, eine ausdrückliche Regelung hinsichtlich der Fälligkeit der Gewinnbeteiligung zu treffen.

61 Der Arbeitnehmer hat bei einer Beteiligung am Gewinn des Unternehmens gegen den Arbeitgeber grundsätzlich einen **Anspruch auf Auskunft** hinsichtlich des erzielten Gewinns bzw. des sich daraus ergebenden Umfangs seines Rechts.[4] Zudem muss der Arbeitnehmer die Möglichkeit haben, die Richtigkeit der erteilten Auskunft überprüfen zu können. Ausreichend ist es jedoch, wenn ein von einer neutra-

---

1 Vgl. BAG v. 12.1.1973 – 3 AZR 211/72, DB 1973, 1177; v. 8.9.1998 – 9 AZR 223/97, NZA 1999, 420.
2 ErfK/*Preis*, § 611 BGB Rz. 499; MünchKommBGB/*Müller-Glöge*, § 611 Rz. 763.
3 *Becker-Schaffner*, ArbuR 1991, 304 (307).
4 *Becker-Schaffner*, ArbuR 1991, 304 (306).

len Stelle beauftragter Wirtschaftsprüfer die entsprechenden Feststellungen treffen kann.[1]

Probleme entstehen, wenn der gewinnbeteiligte **Mitarbeiter bereits während des laufenden Jahrs aus dem Unternehmen ausscheidet.** Ob eine Vereinbarung, nach der in diesen Fällen der Tantiemeanspruch entfällt, wegen Verstoßes gegen die guten Sitten (§ 138 BGB) oder als unzulässige Kündigungserschwerung rechtswidrig ist, hängt von den Umständen des Einzelfalls ab. Insbesondere der Ausschluss derjenigen Mitarbeiter, die aus betriebsbedingten Gründen gekündigt werden, wird überwiegend[2] als unzulässig angesehen. Zulässig ist es hingegen, den Anspruch des Arbeitnehmers in Abhängigkeit zur Unternehmenszugehörigkeit während des Geschäftsjahrs zu bringen, d.h. den Anspruch, wie in **Klauseltyp 9c**, bei unterjährigem Ausscheiden anteilig zu zahlen.[3] Soll der Arbeitnehmer indes an dem bis zu seinem Ausscheiden erzielten Gewinn beteiligt werden, d.h. soll für den Fall des Ausscheidens eine Zwischenbilanz erstellt werden, bedarf es einer ausdrücklichen Regelung zwischen den Parteien.[4]

bb) Umsatzbeteiligung

Die Umsatz- unterscheidet sich von der Gewinnbeteiligung dadurch, dass Anknüpfungspunkt nicht der bilanzielle Gewinn, sondern der Umsatz des Unternehmens ist. Da der Umsatz lediglich die Einnahmenseite des Unternehmens abbildet, ist die Höhe der dem Arbeitnehmer zukommenden Vergütung – anders als bei der Gewinnbeteiligung – unabhängig von den für das Unternehmen entstehenden Kosten. Die durch eine Umsatzbeteiligung hervorgerufene Motivation zur Steigerung des Umsatzes ohne Rücksicht auf die Kosten kann jedoch für das Unternehmen unerwünschte Folgen haben. Andererseits kann mit einer Umsatzbeteiligung – anders als bei der Gewinnbeteiligung – eine motivierende Wirkung auch bei den Unternehmen erzielt werden, die auf längere Sicht, sei es aufgrund hoher Ausgaben im Bereich Forschung und Entwicklung oder für die Werbung, keine Gewinne erzielen.

cc) Belegschaftsaktie

Während sowohl die Gewinn- als auch die Umsatzbeteiligung sich nach dem operativen Geschäft des jeweiligen Geschäftsjahrs bestimmen, führt die Belegschaftsaktie zu einer Beteiligung des Arbeitnehmers am (Börsen-)Wert des Unternehmens insgesamt. Auch Belegschaftsaktien sind, wie andere Formen der leistungs- und erfolgsbezogenen Vergütung, eine Möglichkeit zur Personalgewinnung und -bindung. Diese Form der erfolgsbezogenen Vergütung kann die Motivation der Mitarbeiter steigern, da sich der Unternehmenserfolg durch die Steigerung des Aktienwerts für den einzelnen Arbeitnehmer auch finanziell auswirkt. Außerdem kann eine Beteiligung am Unternehmen zur Förderung des unternehmerischen Denkens führen. Sie kann dazu beitragen, dass sich die Arbeitnehmer stärker mit dem Unternehmen

---

1 *Becker-Schaffner*, ArbuR 1991, 304 (307).
2 Etwa Schaub/*Vogelsang*, § 76 Rz. 7 allgemein für die Regelung, dass ein Tantiemeanspruch bei Ausscheiden des Arbeitnehmers entfallen soll.
3 Vgl. *Becker-Schaffner*, ArbuR 1991, 304 (307).
4 *Becker-Schaffner*, ArbuR 1991, 304 (307).

verbunden fühlen und ein Interesse für die Berücksichtigung der Unternehmensinteressen entwickeln, um den Marktwert zu steigern.

65 Zur Erlangung der erforderlichen Aktien besteht für die Unternehmen neben der Möglichkeit einer Kapitalerhöhung und der damit verbundenen Ausgabe neuer Aktien nach § 71 Abs. 1 Nr. 2 AktG die Möglichkeit des Erwerbs eigener Aktien i.H.v. maximal 10 % des Grundkapitals.

66 Die sich aus der Innehabung der Belegschaftsaktien ergebenden rechtlichen Konsequenzen sind nicht spezifisch arbeitsrechtlich, da der Arbeitnehmer Aktien seines Arbeitgebers i.d.R. auch selbständig an der Börse erwerben kann.

67 Die Belegschaftsaktien sind jedoch dadurch geprägt, dass sie den Arbeitnehmern als Gratifikation gewährt oder zumindest zu einem verbilligten Preis angeboten werden. Die hiermit zusammenhängenden Problematiken – wie etwa der Gleichbehandlung der Arbeitnehmer[1] – sind daher wiederum dem Arbeitsrecht zuzuordnen.

68 Als vertraglich regelbare Faktoren kommen vor allem Klauseln in Betracht, unter deren Voraussetzungen der Arbeitnehmer unentgeltlich oder verbilligt Aktien seines Unternehmens erwerben kann. Daneben finden sich häufig Bindungsklauseln, nach denen dem Arbeitnehmer für einen bestimmten Zeitraum die Veräußerung seiner Aktien untersagt wird. Nach h.M.[2] können derartige **Veräußerungssperren** mangels einer entsprechenden Regelung im AktG nicht mit dinglicher Wirkung vereinbart werden. Zulässig sind nach zutreffender Ansicht[3] allerdings rein schuldrechtliche Veräußerungsbeschränkungen. Ein Verstoß gegen diese macht die Veräußerung zwar nicht unwirksam, doch kann der Arbeitgeber hierauf mit den üblichen Sanktionen (Vertragsstrafe, ggf. auch Kündigung) reagieren. Von einer Unbilligkeit oder Sittenwidrigkeit kann beim zeitweiligen Ausschluss der Übertragbarkeit regelmäßig nicht ausgegangen werden. Dies soll nach Ansicht des Schrifttums[4] jedenfalls bei den üblichen Bindungsfristen von fünf bzw. im Einzelfall auch zehn Jahren gelten.

69 Trotz einiger kritischer Gegenstimmen[5] geht die h.M. davon aus,[6] dass dem Betriebsrat bei der Einführung und Ausgestaltung von Belegschaftsaktien-Programmen ein **Mitbestimmungsrecht gemäß § 87 Abs. 1 Nr. 10 BetrVG** zukommt. Mitbestimmungsfrei sollen dabei zwar die Entscheidungen des Arbeitgebers sein, ob er überhaupt Belegschaftsaktien ausgibt, welche Mitarbeitergruppen beteiligt werden sowie welche finanziellen Mittel insgesamt aufgewendet werden sollen. Ein Mitbestimmungsrecht besteht demgegenüber im Hinblick auf die Verteilung auf die begünstigten Mitarbeiter sowie hinsichtlich der Vereinbarung von Veräußerungssperren. Des Weiteren kann die Ausgabe von Belegschaftsaktien durch freiwillige Betriebsvereinbarung geregelt werden, § 88 Nr. 3 BetrVG.[7]

---

1 Hierzu etwa *Baeck/Diller*, DB 1998, 1405 (1408 ff.).
2 *Baeck/Diller*, DB 1998, 1405 (1407); *Legerlotz/Laber*, DStR 1999, 1658 (1663).
3 BayObLG v. 24.11.1988 – BReg 3 Z 111/88, DB 1989, 214; *Baeck/Diller*, DB 1998, 1405 (1407); *Legerlotz/Laber*, DStR 1999, 1658 (1663).
4 *Baeck/Diller*, DB 1998, 1405 (1407).
5 Vgl. die Nachweise bei *Baeck/Diller*, DB 1998, 1405 (1410).
6 *Baeck/Diller*, DB 1998, 1405 (1410 f.); *Legerlotz/Laber*, DStR 1999, 1658 (1665).
7 Hierzu BAG v. 28.11.1989 – 3 AZR 118/88, NZA 1990, 559.

Arbeitsentgelt

dd) Aktienoptionen

Typ 10: Aktienoptionsrechtsvereinbarung

a) Herr/Frau ... erhält das Recht, ... Stück auf den Namen lautender Aktien der AG im Nennbetrag von jeweils ... (in Worten: ...) Euro zum Preis von jeweils ... (in Worten: ...) Euro (Basispreis) zu erwerben.

b) Herr/Frau ... kann die Optionsrechte wie folgt ausüben:
... % der Optionsrechte frühestens am ...,
weitere ... % der Optionsrechte frühestens am ...,
die verbleibenden ... % der Optionsrechte frühestens am ...

c) Auch nach Ablauf der Wartefrist können die Optionsrechte nicht innerhalb folgender Zeiträume ausgeübt werden: ...

d) Die Ausübung hat unter Angabe der Anzahl der zu erwerbenden Aktien durch schriftliche Erklärung gegenüber dem Vorsitzenden des Aufsichtsrats der AG zu erfolgen.

e) Die Optionsrechte dürfen während der Wartefrist/während eines Zeitraums von fünf Jahren nicht übertragen werden. Auch jegliche anderweitige Verfügung über die Optionsrechte, die Gewährung einer Unterbeteiligung oder die Errichtung einer Treuhand daran sind unzulässig. Verstöße gegen diese Regelung führen zum Verfall der Optionsrechte.

f) Die Optionsrechte verfallen, wenn sie nicht bis einschließlich ... ausgeübt werden.

g) Die Optionsrechte verfallen, wenn Herr/Frau ... sein/ihr Anstellungsverhältnis mit der AG vor dem ... beendet, gleich aus welchem Grunde. Sie verfallen ferner, wenn die AG das Anstellungsverhältnis mit Herrn/Frau ... aus einem wichtigen Grund beendet, den Herr/Frau ... zu vertreten hat.

h) Im Falle einer Verschmelzung der AG auf eine andere Gesellschaft, deren Umwandlung, einer Kapitalerhöhung, einer Veränderung des Nennbetrags der Aktien oder vergleichbarer Maßnahmen tritt an die Stelle des Rechts nach ... (Bezugsrechtsregelung) ... das Recht, zum angeführten Basispreis jeweils diejenige Anzahl an Aktien, Geschäftsanteilen oder sonst an die Stelle der Aktien der AG tretenden Beteiligungsrechten an der AG oder deren Rechtsnachfolgerin zu erwerben, deren Wert dem Kurswert einer Aktie der AG im Zeitpunkt einer solchen Maßnahme entspricht.

Die insbesondere in den letzten Jahren zunehmende Durchführung von Aktienoptionsplänen ist nicht zuletzt auf das Gesetz zur Kontrolle und Transparenz im Unternehmensbereich (KonTraG)[1] zurückzuführen, mit dem der Gesetzgeber u.a. eine Ergänzung des § 192 AktG dahingehend vorgenommen hat, dass die Schaffung von bedingtem Kapital ausdrücklich auch für die Absicherung und Bedienung von Bezugsrechten für die Arbeitnehmer im Rahmen von Aktienoptionsplänen zulässig ist. Durch diese Regelung ist die Durchführung von Aktienoptionsplänen erheblich vereinfacht worden. Weitere Vorgaben ergeben sich aus dem Gesetz zur Angemessenheit der Vorstandsvergütung (VorstAG),[2] das am 5.8.2009 in Kraft getreten und

---
1 Gesetz v. 27.4.1998, BGBl. I, S. 768.
2 BGBl. I, S. 2509.

durch das das AktG an verschiedenen Stellen geändert worden ist (hierzu näher Rz. 72). Zudem ist auch bei der Gewährung von Aktienoptionen der arbeitsrechtliche Gleichbehandlungsgrundsatz zu beachten.[1]

71 Mit einer Aktienoption des Arbeitgebers erhält der Arbeitnehmer Bezugsrechte für Aktien des Unternehmens, in dem er angestellt ist. Das Prinzip der Aktienoption besteht darin, dass der Basis-/Ausübungspreis, d.h. der Preis für den späteren Erwerb der Aktien, wie in **Klauseltyp 10a** bereits zum Zeitpunkt der Gewährung der Option festgesetzt wird. Eine Steigerung des Aktienkurses über den Ausübungspreis hinaus kommt daher dem Arbeitnehmer insoweit zugute, als er hierdurch die Möglichkeit erlangt, Aktien unter dem Marktwert zu erwerben.

72 In der Regel wird im Rahmen eines Aktienoptionsprogramms eine **Wartefrist** vorgesehen, vor deren Ablauf der Optionsberechtigte seine Option nicht ausüben darf (**Klauseltyp 10b**). Durch § 193 Abs. 2 Nr. 4 AktG, der auch in Bezug auf Arbeitnehmer gilt, wurde diese Wartefrist von zwei auf vier Jahre verlängert. Zudem wird die Ausübung – insbesondere zur Verhinderung von Insiderhandel – oftmals auf bestimmte Zeiten beschränkt bzw. für bestimmte Zeiten ausgeschlossen (**Klauseltyp 10c**).

73 Um spätere Streitigkeiten über die Ausübung der Optionsrechte zu vermeiden, sollte – wie in **Klauseltyp 10d** – eine schriftliche Ausübung unter Angabe, in welchem Umfang von den Optionsrechten Gebrauch gemacht wird, gefordert werden.

74 Auch die **Übertragung** der Optionen wird – wie in **Klauseltyp 10e** – oftmals untersagt, was nach h.M.[2] jedenfalls für einen Zeitraum von bis zu fünf, im Einzelfall auch bis zu zehn Jahren zulässig ist. Dabei sollten neben der Veräußerung auch andere Formen der Verfügung ausgeschlossen werden, um etwa eine Verpfändung des Optionsrechts o.Ä. zu verhindern.

75 Zulässig sind auch Regelungen wie in **Klauseltyp 10f**, nach denen die Optionen **zu einem bestimmten Zeitpunkt verfallen**. Derartige Regelungen sind vor allem insofern für das Unternehmen von Interesse, als die wiederholte Durchführung von Aktienoptionsplänen auf Dauer problematisch ist, wenn noch eine Vielzahl von Optionen aus vorherigen Optionsplänen offen ist.

76 In der Regel enthalten Aktienoptionspläne zudem Klauseln, nach denen die Optionen beim **Ausscheiden des Arbeitnehmers** aus dem Unternehmen verfallen (**Klauseltyp 10g**). Derartige Klauseln werden weitgehend[3] als zulässig angesehen, da die Gewährung von zukünftigen Vorteilen an das Bestehen des Arbeitsverhältnisses gebunden werden könne. Die Frage, bis zu welcher Grenze derartige Vereinbarungen zulässig sind, beantwortet sich nach h.M.[4] nach Maßgabe der §§ 138, 242 BGB i.V.m. Art. 12 GG, weshalb es diesbezüglich einer Abwägung bedürfe. Zu berücksichtigen seien insoweit der mit der Leistung verfolgte Zweck, die Bindungsdauer

---

1 BAG v. 21.10.2009 – 10 AZR 664/08, NZA-RR 2010, 289.
2 *Baeck/Diller*, DB 1998, 1405 (1407); *Küttner/Röller*, Personalbuch 2014, Aktienoptionen, Rz. 12.
3 *Baeck/Diller*, DB 1998, 1405 (1407 f.); *Legerlotz/Laber*, DStR 1999, 1658 (1664); nach *Tepass* (Harrer/*Tepass*, Rz. 394) darf die Frist, während derer die Optionen bei Ausscheiden des Arbeitnehmers verfallen, die vereinbarte Wartefrist nicht übersteigen.
4 Etwa *Baeck/Diller*, DB 1998, 1405 (1408).

sowie die Höhe des wirtschaftlichen Vorteils. Das BAG hat im Jahr 2008 entschieden, dass Aktienoptionsrechte grundsätzlich an das Bestehen eines ungekündigten Arbeitsverhältnisses gebunden werden können. Begründet wurde dies im Wesentlichen damit, dass Aktienoptionen – anders als sonstige Sonderleistungen – spekulativen Charakter hätten, der Arbeitnehmer daher stets mit dem Verlust der Werthaltigkeit seiner Optionsrechte rechnen müsse und ein schutzwürdiges Vertrauen auf den Fortbestand dieses Vermögenswerts nur sehr eingeschränkt entstehen könne.[1] Auch wenn dieser Begründung dogmatische Zweifel entgegengebracht werden können, da nicht das eingeräumte Optionsrecht als solches spekulativen Charakter hat, sondern erst die Frage, ob und in welcher Höhe die Option realisiert werden kann, kann die Einräumung von Aktienoptionsrechten in der Praxis derzeit vom Bestehen eines ungekündigten Arbeitsverhältnisses abhängig gemacht werden.

Daneben sollten die Optionsrechtsvereinbarungen eine Regelung entsprechend dem **Klauseltyp 10h** enthalten, wonach sich bei bestimmten Maßnahmen die Anzahl der für den Basispreis erhältlichen Beteiligungsrechte verändert. 77

Bei einem **Betriebsübergang** gehen Ansprüche aus einem mit dem Veräußerer abgeschlossenen Aktienoptionsplan grundsätzlich auf den Erwerber über.[2] Wurde dagegen der Aktienoptionsplan nicht mit dem Arbeitgeber, sondern mit einem anderen Konzernunternehmen vereinbart, kann der Arbeitnehmer Ansprüche aus diesem Aktienoptionsplan nur gegenüber diesem vertragsschließenden Konzernunternehmen geltend machen und nicht gegenüber dem Betriebserwerber.[3] Grund ist, dass der Aktienoptionsplan in diesem Fall nicht zum Inhalt des Arbeitsverhältnisses mit dem Veräußerer geworden ist, sondern Rechte und Pflichten nur gegenüber dem anderen Konzernunternehmen bestehen. 78

Nach h.M.[4] kommt dem Betriebsrat auch bei der Ausgabe von Aktienoptionen des Arbeitgebers ein **Recht zur Mitbestimmung nach § 87 Abs. 1 Nr. 10 BetrVG** zu. Wie bei den Belegschaftsaktien sollen dabei zwar die Entscheidungen des Arbeitgebers, ob er überhaupt Aktienoptionen ausgibt, welche Mitarbeitergruppen beteiligt werden sowie welche finanziellen Mittel insgesamt aufgewendet werden sollen, mitbestimmungsfrei sein. Auch wird dies überwiegend[5] hinsichtlich der Regelung von Wartefristen angenommen, da sich diese auf den Wert der Optionen auswirken würden. Ein Mitbestimmungsrecht bestehe demgegenüber im Hinblick auf die Verteilung auf die begünstigten Mitarbeiter sowie hinsichtlich der Regelung von Verfallfristen. 79

Für die Praxis von großer Relevanz ist die Frage, ob von einem **steuerpflichtigen Zufluss** bereits im Zeitraum der Einräumung oder erst im Zeitpunkt der Ausübung der 80

---

1 BAG v. 28.5.2008 – 10 AZR 351/07, NZA 2008, 1066.
2 BAG v. 12.2.2003 – 10 AZR 299/02, NZA 2003, 487; so auch *Tappert*, NZA 2002, 1188; *Lembke*, BB 2001, 1469; *Nehls/Sudmeyer*, ZIP 2002, 201; a.A. *Bauer/Göpfert/von Steinau-Steinrück*, ZIP 2001, 1129.
3 BAG v. 12.2.2003 – 10 AZR 299/02, NZA 2003, 487; LAG München v. 12.2.2009 – 3 Sa 833/08, juris.
4 *Baeck/Diller*, DB 1998, 1405 (1410f.); *Legerlotz/Laber*, DStR 1999, 1658 (1665); *Harrer/Tepass*, Rz. 373ff.; vgl. dazu auch LAG Nürnberg v. 22.1.2002 – 6 TaBV 19/01, NZA-RR 2002, 247.
5 *Baeck/Diller*, DB 1998, 1405 (1411); *Legerlotz/Laber*, DStR 1999, 1658 (1666); *Harrer/Tepass*, Rz. 378.

Option auszugehen ist.[1] Die inzwischen ständige Rechtsprechung geht davon aus, dass im Zeitpunkt der Einräumung des Optionsrechts noch keine Sachzuwendung vorliegt, so dass es zu einer Versteuerung erst im Zeitpunkt der Ausübung der Option kommt.[2] Dieser Zeitpunkt ist auch dann maßgeblich, wenn die Option selbst ein handelbares Wirtschaftsgut ist. Denn erst in diesem Zeitpunkt erlangt der Arbeitnehmer die für den Zufluss erforderliche Verfügungsmacht.[3] Sofern der Arbeitnehmer die Verfügungsmacht erlangt hat, stehen dem Zufluss und damit der Versteuerung weder vertragliche noch gesetzliche Verfügungsbeschränkungen entgegen.[4] Werden die Optionsrechte im Konzernverbund durch die (ausländische) Muttergesellschaft an Arbeitnehmer der Tochtergesellschaft ausgegeben, kann die Tochtergesellschaft zum Lohnsteuerabzug verpflichtet sein, wenn sie wusste oder erkennen konnte, dass Optionsrechte eingeräumt werden. Diese Voraussetzung ist regelmäßig erfüllt, wenn die Tochtergesellschaft an der Aufstellung des Optionsplans mitgewirkt hat (vgl. § 38 Abs. 1 Satz 3 EStG).

ee) Weitere Formen

81 Daneben gibt es noch eine Vielzahl weiterer Möglichkeiten, den Arbeitnehmer am Erfolg des Unternehmens teilhaben zu lassen, von denen einige nachfolgend kurz aufgeführt werden sollen: Beim sog. **partiarischen Darlehen** überlässt der Arbeitnehmer dem Arbeitgeber einen bestimmten Geldbetrag, wobei die Verzinsung sich variabel nach dem Erfolg des Unternehmens bestimmt. Eine Partizipation am Erfolg des Unternehmens kann auch im Wege einer **stillen Gesellschaft** i.S.d. §§ 230ff. HGB, bei der der stille Gesellschafter am Gewinn des Geschäftsinhabers zu beteiligen ist, erfolgen. Beim **Genussrechtsverhältnis**, für das keine ausdrücklichen gesetzlichen Regelungen existieren, steht der Arbeitnehmer dem Arbeitgeber – anders als bei einer stillen Gesellschaft – in einer reinen Gläubigerstellung gegenüber. Im Wege des Genussrechts kann eine Beteiligung sowohl am Gewinn als auch am Liquidationserlös des Unternehmens vorgesehen werden. Insgesamt besteht hinsichtlich der Ausgestaltung der Genussrechtsbedingungen eine weitgehende Gestaltungsfreiheit der Parteien.

82 Bei den virtuellen Aktien („Phantomaktien") bzw. virtuellen Aktienoptionen („Stock Appreciation Rights") wird der Berechtigte rein finanziell so gestellt, als ob er Inhaber echter Aktien oder Aktienoptionen wäre. Regelmäßig handelt es sich hierbei um eine besondere Form der Tantieme, doch kann das Rechtsverhältnis – je nach Ausgestaltung – etwa auch als (stille) Gesellschaft oder Genussrechtsverhältnis zu qualifizieren sein.

---

1 Ausführlich hierzu Harrer/*Portner*, Rz. 242ff.
2 BFH v. 23.7.1999 – VI B 116/99, NZA 2000, 135; v. 24.1.2001– I R 100/98, NZA 2001, 948; v. 20.6.2001 – VI R 105/99, DB 2001, 1861; v. 20.11.2008 – VI R 25/05, NZA 2009, 360.
3 BFH v. 20.11.2008 – VI R 25/05, NZA 2009, 360.
4 FG Thüringen v. 14.1.2009 – III 922/03, BB 2010, 150; BFH v. 30.6.2011 – VI R 37/09, NZA-RR 2011, 589.

5. Sozialversicherungsrechtliche Behandlung des Arbeitsentgelts

a) Beitragspflichtig: Arbeitsentgelt aus einer Beschäftigung

Im beitragsrechtlichen Sinne der Sozialversicherung sind Arbeitsentgelt **Einkünfte aus einer Beschäftigung** (§ 14 Abs. 1 Satz 1 SGB IV). Nur Personen, die in einem Beschäftigungsverhältnis i.S.v. § 7 Abs. 1 SGB IV stehen (→ *Arbeitnehmerstatus*, II A 50 Rz. 5ff.), können Arbeitsentgelt beziehen. Abgeordnete des Deutschen Bundestages oder eines Landtages sind in dieser Eigenschaft Mandatsträger, aber keine Beschäftigten, die ihnen gewährten Entschädigungen sind folglich auch insoweit kein Arbeitsentgelt i.S.v. § 14 SGB IV, als sie steuerpflichtiges Einkommen darstellen.[1]

83

Die Ausübung einer **ehrenamtlichen Tätigkeit** ist mangels persönlicher Abhängigkeit keine Beschäftigung, die dafür gewährte Aufwandsentschädigung folglich kein Arbeitsentgelt. Werden mit dieser Entschädigung jedoch nicht nur Bar- und Sachauslagen des ehrenamtlich Tätigen konkret oder pauschal abgegolten, sondern ihm auch sein Zeitaufwand oder sein Verdienstausfall im Hauptberuf ersetzt, ist die Aufwandsentschädigung im Umfang ihres steuerpflichtigen Anteils (vgl. § 3 Nr. 12 Satz 2 EStG) beitragspflichtiges Arbeitsentgelt. Das BSG hebt hervor, dass Ehrenbeamte in einem abhängigen Beschäftigungsverhältnis gegen Entgelt stehen, wenn sie über Repräsentationsfunktionen hinaus dem allgemeinen Erwerbsleben zugängliche Verwaltungsaufgaben wahrnehmen und hierfür eine den tatsächlichen Aufwand übersteigende pauschale Aufwandsentschädigung erhalten.[2] Beitragspflichtig ist in diesen Fällen der zu versteuernde Anteil der Aufwandsentschädigung.

84

Unerheblich ist auch, ob das Arbeitsentgelt aufgrund eines **nichtigen Arbeitsverhältnisses** gezahlt wurde; denn es kommt nicht darauf an, ob ein Rechtsanspruch auf das Arbeitsentgelt bestand. Dementsprechend ist anerkannt, dass die **Sittenwidrigkeit** der Arbeit eine Beschäftigung und damit die Beitragspflicht zur Sozialversicherung nicht ausschließt.[3]

85

b) Anspruch auf oder Zufluss des Arbeitsentgelts

Hinsichtlich des Entstehens der Beitragsansprüche unterscheidet § 22 Abs. 1 SGB IV in seinen Sätzen 1 und 2 zwischen laufendem und einmalig gezahltem Arbeitsentgelt. Bei **laufendem Arbeitsentgelt** ist es ausreichend, dass der Beschäftigte entweder zivil-(arbeits-)rechtlich Anspruch auf das Arbeitsentgelt hatte oder ihm dieses (und sei es auch ohne, dass er es hätte beanspruchen können, also bspw. als echte freiwillige Leistung des Arbeitgebers), tatsächlich zugeflossen ist (kom-

86

---

1 BSG v. 23.2.2000 – B 5 RJ 26/99 R, SozR 3-2600 § 34 Nr. 3.
2 Vgl. dazu BSG v. 30.11.1978 – 12 RK 33/76, BSGE 47, 201 (207) betreffend Vorstandsvorsitzende eines Wasser- und Bodenverbandes; v. 27.3.1980 – 12 RK 56/78, SozR 2200 § 165 Nr. 44 betreffend ehrenamtlichen Bürgermeister in Schleswig-Holstein; v. 13.6.1984 – 11 RA 34/83, SozR 2200 § 1248 Nr. 41 betreffend ehrenamtlichen Bürgermeister in Rheinland-Pfalz; v. 18.1.1990 – 4 RA 17/89, BSGE 66, 150ff. betreffend Ortsvorsteher in Baden-Württemberg; v. 22.2.1996 – 12 RK 6/95, SozR 3-2940 § 2 Nr. 5.
3 BSG v. 10.8.2000 – B 12 KR 21/98 R, BSGE 87, 53 (59ff.) mit Besprechung *Felix*, NZS 2002, 225ff.; vgl. auch BGH v. 8.11.2007 – III ZR 102/07, NJW 2008, 140 (141).

binierte Anspruchs- und Zuflusstheorie; Entstehungsprinzip).[1] Zu verbeitragen sind damit auch solche **laufenden Arbeitsentgelte**, die dem Arbeitnehmer zwar rechtlich zustanden, ihm aber nicht ausbezahlt worden sind.[2] Aus welchem Grunde die Beträge nicht zur Auszahlung gelangt sind, ist unerheblich. Betroffen sind damit sowohl Vergütungsansprüche, die vom Arbeitnehmer gar nicht geltend gemacht worden sind (einschließlich solche von Leiharbeitnehmern auf „equal pay" bei unwirksamem Zeitarbeits-Tarifvertrag), als auch solche, die z.B. wegen einer einzel- oder tarifvertraglichen Ausschlussfrist verfallen sind. Selbst zivilrechtlich verjährte Ansprüche können noch der Beitragspflicht unterliegen, da die Verjährungsfrist des § 25 SGB IV (in der Regel vier Jahre) länger ist als diejenige des § 195 BGB. Demgegenüber gilt für **Einmalzahlungen** (§ 23a SGB IV) wie das Weihnachts- oder Urlaubsgeld seit 2003 das **strenge Zuflussprinzip** (§ 22 Abs. 1 Satz 2 SGB IV).[3] Hier entsteht der Beitragsanspruch nur, wenn die Sonderleistung tatsächlich zur Auszahlung gelangt. Damit hat der Gesetzgeber die gegenteilige Rechtsprechung des BSG, die insbesondere im Hinblick auf das Gleichbehandlungsgebot gegenüber Teilzeitbeschäftigten (§ 4 Abs. 1 TzBfG) vielfach kritisiert worden war, für diesen Teilbereich korrigiert.[4]

87 Unerheblich ist, ob die Einnahme unmittelbar aus der Beschäftigung oder nur **im Zusammenhang** mit ihr erzielt worden ist und ob auf sie ein **Rechtsanspruch** besteht oder nicht. Hiervon betroffen waren früher insbesondere Trinkgelder. Seitdem das Gesetz zur Steuerfreistellung von Arbeitnehmertrinkgeldern[5] diese Einkünfte mit Wirkung vom 1.1.2002 jedoch vollständig steuerbefreit hat, sind diese Einkünfte auch kein beitragspflichtiges Arbeitsentgelt mehr. Arbeitsentgelt sind demgegenüber aber z.B. Bedienungsgelder, auf die der Arbeitnehmer einen Rechtsanspruch hat,[6] oder Auflassungsgebühren, die Notariatsangestellte als Auflassungsbevollmächtigte erhalten.[7]

88 Für die Feststellung der **Höhe des Anspruchs** kommt es entscheidend auf die Vereinbarungen der Arbeitsvertragsparteien an. Wird bspw. statt der bisherigen Vergütung arbeitsrechtlich wirksam die Zahlung eines reduzierten Barlohns sowie die Gewährung eines Sachbezugs vereinbart, so sind entsprechend der vereinbarten Gehaltsumwandlung Sozialversicherungsbeiträge lediglich hieraus zu erheben.[8] **Nachträgliche Lohnerhöhungen** sind zu berücksichtigen; zweifelhaft ist nur, ob diese – wie eine Einmalzahlung (§ 23a SGB IV) – in dem Monat zu berücksichtigen

---

1 BVerfG v. 11.9.2008 – 1 BvR 2007/05, NJW 2008, 3698 (3699); BGH v. 2.12.2008 – 1 StR 416/08, NJW 2009, 528 (530); BSG v. 28.6.1995 – 7 RAr 102/94, BSGE 76, 162 (164ff.); v. 14.7.2004 – B 12 KR 1/04 R, BSGE 93, 119 (121); BFH v. 29.5.2008 – VI R 57/05, BFHE 221, 177 (180); LSG Nordrhein-Westfalen v. 22.8.2002 – L 5 B 41/02 KR ER, NZS 2003, 100 (101ff.).
2 BVerfG v. 11.9.2008 – 1 BvR 2007/05, NJW 2008, 3698 (3699); BSG v. 14.7.2004 – B 12 KR 1/04 R, BSGE 93, 119 (123f.); v. 14.7.2004 – B 12 KR 7/03 R, ZTR 2005, 387f.
3 *Figge*, DB 2003, 150; *Rolfs*, NZA 2003, 65 (67).
4 Überholt daher BSG v. 14.7.2004 – B 12 KR 10/03 R, ZfS 2004, 275f.; v. 14.7.2004 – B 12 KR 7/04 R, SozR 4-2400 § 22 Nr. 1, die Urteile betrafen noch die bis zum 31.12.2002 geltende Rechtslage.
5 V. 8.8.2002, BGBl. I, S. 3111.
6 *Figge*, DB 2002, 2532 (2533).
7 BSG v. 3.2.1994 – 12 RK 18/93, SozR 3-2400 § 14 Nr. 8.
8 BSG v. 2.3.2010 – B 12 R 5/09 R, SozR 4-2400 § 14 Nr. 12.

sind, *in* dem sie gewährt werden, oder ob sie auf die Monate zu verteilen sind, *für* die sie gezahlt werden (dazu Rz. 108).

Demgegenüber führen nachträgliche Vereinbarungen der Arbeitsvertragsparteien 89 über die **Verminderung des Arbeitsentgelts** nicht zu einer nachträglichen Verringerung der Beitragsschuld. Zwar bestimmt die Höhe des Entgelts die Höhe der Beiträge. Insoweit haben es die Parteien von Arbeitsverträgen und die Tarifpartner in der Hand, durch Vereinbarung von Entgelt und seiner Höhe den Eintritt der öffentlich-rechtlichen Versicherungs- und Beitragspflicht aufgrund eines entgeltlichen Beschäftigungsverhältnisses mit entsprechenden Beitragsforderungen der Einzugsstelle auszulösen. Ist dieses jedoch einmal geschehen, so können sie das Versicherungsverhältnis in seiner öffentlich-rechtlichen Ausgestaltung durch ein späteres Verhalten für die Vergangenheit nicht mehr beeinflussen, sondern seine Änderung lediglich für die Zukunft nach Maßgabe der neuen Entgeltvereinbarungen oder -zahlungen bewirken.[1]

Dies gilt auch für ein **Ehegatten-Arbeitsverhältnis.** Es kommt nicht darauf an, ob 90 das Finanzamt die an den Ehegatten gezahlte Vergütung in voller Höhe als Betriebsausgabe akzeptiert oder als „unangemessenen Arbeitslohn" nicht als Arbeitslohn i.S.d. Lohnsteuerrechts, sondern als Entnahme behandelt. Die Vertragsparteien sind im Interesse der Rechtssicherheit nicht in der Lage, von der späteren Einschätzung des Finanzamtes darüber, was steuerrechtlich als angemessener Lohn eines Ehegatten anzusehen ist, auch die Höhe des beitragspflichtigen Arbeitsentgelts in der Sozialversicherung abhängig zu machen. Das dem Ehegatten ursprünglich geschuldete und an ihn gezahlte Einkommen bleibt daher auch dann in voller Höhe „Arbeitsentgelt", wenn es später steuerrechtlich nicht als Arbeitslohn behandelt wird.[2]

Bei Einkünften aus sog. „**gemischten Tätigkeiten**", d.h. solchen Tätigkeiten von Ar- 91 beitnehmern, die sowohl in abhängiger als auch in selbständiger Stellung erbracht werden, ist zu unterscheiden: Stehen die abhängige Beschäftigung und die selbständige Tätigkeit in keinem Zusammenhang miteinander, wird insbesondere Letztere nur nach Feierabend oder am Wochenende ausgeübt, sind beide Einkommensarten zu trennen. Werden beide Tätigkeiten dagegen zeitgleich im Rahmen eines einheitlichen Beschäftigungsverhältnisses ausgeübt, sind die Einkünfte ungeachtet ihrer unterschiedlichen steuerrechtlichen Behandlung zu addieren und insgesamt als Arbeitsentgelt zu behandeln.[3] Ein **einheitliches Beschäftigungsverhältnis** wird von der Rechtsprechung angenommen, wenn eine selbständige Tätigkeit mit einer abhängigen Beschäftigung derart verbunden ist, dass sie nur aufgrund der abhängigen Beschäftigung ausgeübt werden kann und insgesamt wie ein Teil der abhängigen Beschäftigung erscheint.[4] Wie die Verbindung zwischen selbständiger Tätigkeit und abhängiger Beschäftigung beschaffen sein muss, um eine einheitliche Beschäftigung annehmen zu können, kann nach Auffassung des BSG nicht abstrakt für alle selbständigen Tätigkeiten definiert werden. Sie werde vielmehr von der Eigen-

---

1 Vgl. BSG v. 30.8.1994 – 12 RK 59/92, BSGE 75, 61 (66 f.): tarifliche Ausschlussklausel; BSG v. 7.2.2002 – B 12 KR 13/01 R, SozR 3–2400 § 24 Nr. 24.
2 BSG v. 7.2.2002 – B 12 KR 13/01 R, SozR 3–2400 § 24 Nr. 24.
3 BSG v. 31.10.2012 – B 12 R 1/11 R, NZS 2013, 349 (350).
4 BSG v. 3.2.1994 – 12 RK 18/93, SozR 3–2400 § 14 Nr. 8 = NJW 1995, 350; v. 26.3.1998 – B 12 KR 17/97 R, SozR 3–2400 § 14 Nr. 15 = NZA-RR 1998, 510.

art der jeweiligen selbständigen Tätigkeit bestimmt. Diese müsse nicht notwendig weitergehend mit der abhängigen Beschäftigung verbunden sein, etwa in der Art, dass sie in diese zeitlich, örtlich, organisatorisch und inhaltlich eingebunden ist, um eine einheitliche Beschäftigung anzunehmen. Abhängig von der Art der Tätigkeit könne eine einheitliche Beschäftigung auch bereits dann bejaht werden, wenn aus der Beschäftigung gewonnene Kenntnisse und Erfahrungen für die Tätigkeit genutzt werden müssen und die Tätigkeit dem Arbeitgeber nützlich ist.[1]

92 Wenn z.B. Versicherungsgesellschaften ihren im Innendienst beschäftigten Angestellten bei Vermittlung eines Versicherungsvertrags Honorare zahlen, können die dadurch erzielten Einkünfte mit Beiträgen belegt werden, obwohl sie außerhalb des abhängigen Beschäftigungsverhältnisses verdient wurden.[2] Anders wäre nur dann zu entscheiden, wenn die Vermittlungsprämie auch Dritten, also z.B. Privatleuten, die einen Versicherungsvertrag vermittelt haben, gezahlt würde. Zu **Prämien von Seiten eines Dritten** s. Rz. 122.

93 Bei vom Arbeitgeber finanzierten **Reisen** ist danach zu differenzieren, ob diese einen **erheblichen Erholungs- und Erlebniswert** haben und wesentlich von dem Ziel mitbestimmt sind, dem Arbeitnehmer neben dem laufenden Arbeitsentgelt eine zusätzliche Vergütung für geleistete Arbeit zukommen zu lassen und zugleich einen Anreiz für weitere erfolgreiche Arbeiten zu schaffen (sog. Incentive- oder Motivationsreisen) oder ob sie überwiegend betrieblichen Interessen dienen, deren Wert kein Lohn oder Gehalt i.S.d. § 19 Abs. 1 Nr. 1 EStG darstellt.[3]

c) Bruttoprinzip

94 Arbeitsentgelt ist, wie sich mittelbar aus § 14 Abs. 2 SGB IV ergibt, grundsätzlich das **Bruttoarbeitsentgelt**, also das Nettoentgelt zuzüglich Lohn- bzw. Einkommensteuer, Solidaritätszuschlag, Kirchensteuer und Arbeitnehmeranteilen am Gesamtsozialversicherungsbeitrag,[4] nicht aber der Arbeitgeberanteile. Auch die allein vom Arbeitgeber zu tragenden Beiträge zur gesetzlichen Unfallversicherung[5] sowie die Umlagen nach dem AAG (U 1 und U 2), zum Wintergeld und zum Insolvenzgeld sind kein Arbeitsentgelt.

95 Eine **Ausnahme** hat das BSG für geringfügig Beschäftigte anerkannt, deren Arbeitsentgelt gemäß § 40a EStG pauschal versteuert wird. Bei ihnen wird die Pauschalsteuer nicht dem Arbeitsentgelt hinzugerechnet. Das BSG hat diese Entscheidung in erster Linie damit begründet, dass sich der mittelbare Vorteil des Arbeitnehmers – Befreiung von der Steuerpflicht nach § 38 EStG – nicht mit der Höhe der vom Arbeitgeber übernommenen Pauschalsteuer deckt. Der tatsächlich bestehende Vorteil müsste vielmehr von Fall zu Fall individuell ermittelt werden. Damit würde aber auch die mit der Pauschalversteuerung bezweckte Vereinfachung des Besteuerungs-

---

1 BSG v. 26.3.1998 – B 12 KR 17/97 R, SozR 3–2400 § 14 Nr. 15; v. 31.10.2012 – B 12 R 1/11 R, NZS 2013, 349 (350).
2 BSG v. 31.10.2012 – B 12 R 1/11 R, NZS 2013, 349 (350).
3 BSG v. 26.10.1988 – 12 RK 18/87, n.v.; BFH v. 25.3.1993 – VI R 58/92, BFHE 171, 210 (221 f.); v. 16.4.1993 – VI R 6/89, BFHE 171, 231 (233 f.).
4 Auch dann, wenn der Arbeitgeber sie kraft vertraglicher Vereinbarung mit dem Arbeitnehmer übernimmt: BSG v. 12.11.1975 – 3/12 KR 22/74, SozR 2200 § 160 Nr. 3.
5 BSG v. 12.12.1991 – 7 RAr 26/90, SozR 3–4100 § 94 Nr. 1.

verfahrens, zu der auch der Verzicht auf die Vorlage einer Lohnsteuerkarte gehört, weitgehend vereitelt werden.[1]

Ist ein **Nettoarbeitsentgelt vereinbart**, so gelten gemäß § 14 Abs. 2 SGB IV zunächst die Einnahmen des Beschäftigten als Arbeitsentgelt. Hinzugerechnet werden allerdings die auf den Nettobetrag entfallende Lohn- und Kirchensteuer, der Solidaritätszuschlag sowie die Arbeitnehmeranteile zur Sozialversicherung im sog. Abtastverfahren.[2] Bei einem lediglich freiwillig Krankenversicherten ist die Hälfte des Betrags, der im Falle der Versicherungspflicht an die Krankenkasse zu zahlen wäre, dem Nettoarbeitsentgelt hinzuzuaddieren.[3] Dagegen sieht das Gesetz den Abzug von Prämien zu einer privaten Lebensversicherung nicht vor. Es enthält auch keine Regelung, dass anstelle oder jedenfalls bis zur Höhe solcher Prämien der Betrag abzuziehen wäre, der als gesetzlicher Anteil des Krankengeldberechtigten an die Rentenversicherung abgeführt werden müsste, wenn der Angestellte der Versicherungspflicht unterläge.[4]

Von einer Nettolohnvereinbarung kann zwar nur gesprochen werden, wenn der Arbeitgeber vor oder bei Auszahlung des Lohns ausdrücklich oder wenigstens durch schlüssiges Verhalten zu erkennen gibt, dass er Steuern und Beitragsanteile seiner Beschäftigten übernehmen und ihnen damit zusätzlich zu dem ausgezahlten Barlohn einen weiteren Vermögensvorteil zuwenden will.[5] Bei **Schwarzarbeit**[6] bestimmt § 14 Abs. 2 Satz 2 SGB IV aber, dass eine Nettolohnvereinbarung auch dann vorliegt, wenn bei illegaler Beschäftigung Steuern und Sozialversicherungsbeiträge nicht gezahlt worden sind. In diesen Fällen sind die Sozialversicherungsbeiträge wie bei einer Nettolohnvereinbarung (unter Hinzurechnung der Steuern und Arbeitnehmeranteile zur Sozialversicherung) zu ermitteln.[7] Zugrunde gelegt wird dabei die (dem Arbeitgeber ungünstigste) Steuerklasse VI, so dass der Nachzahlung sanktionsähnlicher Charakter zukommt.[8] Allerdings beschränkt sich die Wirkung des § 14 Abs. 2 Satz 2 SGB IV auf das Sozialversicherungsrecht. Sie hat nicht auch arbeitsrechtlich zur Folge, dass ein Nettolohn als vereinbart gilt.[9] Dementsprechend muss und darf der Arbeitgeber nach Aufdeckung der Schwarzarbeit Steuern und die zukünftig fällig werdenden Arbeitnehmeranteile am Gesamtsozialversicherungsbeitrag vom vereinbarten Arbeitsentgelt einbehalten. Ein nachträglicher Abzug der vor der Aufdeckung der Schwarzarbeit den Sozialversicherungsträgern vorenthaltenen Sozialversicherungsbeiträge vom Arbeitsentgelt des Arbeitnehmers kommt dagegen schon wegen § 28g Satz 3 SGB IV nicht in Betracht.

---

1 BSG v. 12.11.1975 – 3/12 RK 8/74, BSGE 41, 16 (18 ff.); v. 13.10.1993 – 2 RU 41/92, BSGE 73, 170 (172 ff.); v. 19.6.2001 – B 12 KR 16/00 R, SozR 3–2400 § 14 Nr. 20; ebenso BGH v. 11.8.2010 – 1 StR 199/10, NStZ-RR 2010, 376 (376).
2 BSG v. 22.9.1988 – 12 RK 36/86, BSGE 64, 110 (112).
3 BSG v. 19.12.1991 – 4/1 RA 85/90, SozR 3–5765 § 6 Nr. 1.
4 BSG v. 6.2.1991 – 1/3 RK 3/89, BSGE 68, 139 (143 f.).
5 BSG v. 22.9.1988 – 12 RK 12/86, BSGE 64, 110 (112 f.); v. 19.6.2001 – B 12 KR 16/00 R, SozR 3–2400 § 14 Nr. 20.
6 Zu deren Voraussetzungen näher BSG v. 9.11.2011 – B 12 R 18/09 R, BSGE 109, 254 (257 ff.) = SozR 4–2400 § 14 Nr. 13.
7 BGH v. 2.12.2008 – 1 StR 416/08, NJW 2009, 528 (529); v. 11.8.2010 – 1 StR 199/10, NStZ-RR 2010, 376 (376); *Figge*, DB 2002, 2532 (2533).
8 *Körner*, NJW 2014, 584 (585).
9 BAG v. 17.3.2010 – 5 AZR 301/09, AP Nr. 1 zu § 14 SGB IV.

d) Einzelfälle

aa) Laufende Einkünfte

98 Die **weite Begriffsbestimmung** des Arbeitsentgelts in § 14 Abs. 1 SGB IV erfasst alle Einnahmen, die dem Versicherten in ursächlichem **Zusammenhang mit einer Beschäftigung** zufließen.[1] Hierzu gehören neben Pauschalvergütungen für Bereitschaftsdienste und Rufbereitschaft,[2] **Provisionen und Tantiemen**[3] sowie dem Instrumentengeld für Orchestermusiker[4] auch die Gegenleistungen des Arbeitgebers oder eines Dritten für eine konkret zu ermittelnde Arbeitsleistung des Beschäftigten und solche Vergütungen, die zugleich einen Anreiz für weitere erfolgreiche Arbeit schaffen sollen, wie Gratifikationen, Gewinnbeteiligungen und sonstige Vorteile.[5] Ebenso erfasst werden Zahlungen, denen ein Anspruch des Arbeitgebers auf eine Arbeitsleistung nicht gegenübersteht, wie die Entgeltfortzahlung im Krankheitsfall und das Urlaubsgeld.

99 Darüber hinaus hat das BSG ausgesprochen, dass auch Zahlungen, die **anlässlich der Beendigung eines Arbeitsverhältnisses** geleistet werden, beitragspflichtiges Arbeitsentgelt sind, soweit sie sich zeitlich der versicherungspflichtigen Beschäftigung zuordnen lassen, d.h. auf die Zeit der Beschäftigung und der Versicherungspflicht entfallen. Es hat daher Zahlungen von rückständigem Arbeitsentgelt anlässlich einer einvernehmlichen Beendigung von Arbeitsverhältnissen oder ihrer gerichtlichen Auflösung im Kündigungsschutzprozess dem Arbeitsentgelt aus der versicherungspflichtigen Beschäftigung zugerechnet, selbst wenn sie von den Beteiligten als „Abfindungen" bezeichnet wurden und unabhängig davon, ob ihre Zahlung vor oder nach dem Ende des Arbeitsverhältnisses vereinbart worden war.[6]

100 **Abfindungen** wegen der **Beendigung des Arbeitsverhältnisses** sind kein Arbeitsentgelt. Jede Einnahme, die aufgrund einer versicherungspflichtigen Beschäftigung beitragspflichtig sein soll, muss sich nämlich zeitlich der versicherungspflichtigen Beschäftigung zuordnen lassen, d.h. auf die Zeit der Beschäftigung und der Versicherungspflicht entfallen. Das trifft auf eine Abfindung, die wegen Beendigung der versicherungspflichtigen Beschäftigung gezahlt wird, grundsätzlich nicht zu. Soweit es sich bei ihr um eine echte Abfindung und nicht um eine Nachzahlung von während der Beschäftigung verdientem Entgelt handelt,[7] soll die Abfindung den Arbeitnehmer dafür entschädigen, dass er seine bisherige Beschäftigung nicht fortsetzen kann, mithin gehindert ist, aus dieser Beschäftigung künftig Arbeitsentgelt zu erzielen. Eine solche Abfindung, die als Entschädigung für den Wegfall künftiger Ver-

---

1 Vgl. BSG v. 12.3.1986 – 5a RKnU 2/85, BSGE 60, 39 (40); v. 26.10.1988 – 12 RK 18/87, SozR 2100 § 14 Nr. 19.
2 BSG v. 10.2.2004 – B 7 AL 54/03 R, SozR 4–4170 § 3 Nr. 1.
3 Vgl. BSG v. 2.6.1982 – 12 RK 4/82, SozR 2100 § 17 Nr. 3.
4 BSG v. 26.5.2004 – B 12 KR 2/03 R, SozR 4–2400 § 14 Nr. 2.
5 BSG v. 4.12.1958 – 3 RK 3/56, BSGE 8, 278 (283); v. 29.8.1963 – 3 RK 86/59, BSGE 20, 6 (9); v. 26.10.1988 – 12 RK 18/87, SozR 2100 § 14 Nr. 19.
6 Vgl. BSG v. 21.2.1990 – 12 RK 20/88, BSGE 66, 219 (220f.); v. 21.2.1990 – 12 RK 65/87, USK 9016; v. 25.10.1990 – 12 RK 40/89, USK 9055; v. 3.12.2002 – B 2 U 23/02 R, SozR 3–2200 § 577 Nr. 2.
7 Dazu BSG v. 23.2.1988 – 12 RK 34/86, SozR 2200 § 180 Nr. 39.

dienstmöglichkeiten (den Verlust des Arbeitsplatzes) gezahlt wird, ist zeitlich nicht der früheren Beschäftigung zuzuordnen; ihre Beitragspflicht kann nicht mehr auf die frühere, inzwischen weggefallene Versicherungspflicht gegründet werden.[1] Dasselbe gilt für **Karenzentschädigungen.**

Anders liegen die Dinge dagegen in Bezug auf eine **Abfindung**, die wegen einer Verschlechterung der Arbeitsbedingungen **bei weiterbestehendem versicherungspflichtigem Beschäftigungsverhältnis** gezahlt wird. Bietet der Arbeitgeber im Zusammenhang mit einer Kündigung die Fortsetzung des Arbeitsverhältnisses zu geänderten Arbeitsbedingungen an und wird diese Änderungskündigung als solche rechtswirksam, so wird das bisherige Arbeitsverhältnis unter den geänderten Bedingungen fortgesetzt. Gleiches gilt, wenn die Arbeitsbedingungen einvernehmlich geändert werden. Das fortbestehende Arbeitsverhältnis begründet die Fortdauer der Beschäftigung im Sinne der Sozialversicherung. Die Abfindung wäre ohne die bisherige Beschäftigung und deren Fortsetzung zu den geänderten Arbeitsbedingungen nicht vereinbart und gezahlt worden. Sie ersetzt in Form einer pauschalierten Abgeltung einen Teil der Vergütung, die ohne Änderung der Arbeitsbedingungen zu zahlen und als Arbeitsentgelt beitragspflichtig gewesen wäre. Ausgleichszahlungen wegen Verschlechterung der Arbeitsbedingungen im weiterbestehenden versicherungspflichtigen Beschäftigungsverhältnis wären zweifelsfrei Arbeitsentgelt und unterlägen der Beitragspflicht, wenn das früher höhere Arbeitsentgelt stufenweise abgeschmolzen und so auf den letztlich niedrigeren Betrag zurückgeführt oder wenn das für die geänderte Beschäftigung zu zahlende Arbeitsentgelt vorübergehend um die Differenz zum bisherigen Arbeitsentgelt aufgestockt worden wäre. Dann ist jedoch keine andere Beurteilung angezeigt, wenn solche Ausgleichsleistungen während der andauernden versicherungspflichtigen Beschäftigung in Form einer einmaligen Abfindung für den Verlust eines solchen Verdienstes gezahlt werden. Vielmehr hat dann auch eine derartige Abfindung rechtlich die Eigenschaft von Arbeitsentgelt i.S.d. § 14 Abs. 1 SGB IV.[2]

101

Arbeitsentgelt i.S.v. § 14 SGB IV sind ferner **Arbeitgeberbeiträge** zu einer Direktversicherung oder Unterstützungskasse, soweit sie auf einer Entgeltumwandlung nach § 1 Abs. 2 Nr. 3, § 1a BetrAVG beruhen (§ 14 Abs. 1 Satz 2 SGB IV), **Aufsichtsratsvergütungen** für Arbeitnehmer in mitbestimmten Unternehmen,[3] **Beiträge** des Arbeitgebers zu Vorsorgeeinrichtungen (Sozialversicherung, Lebens-, private Krankenversicherung etc.), soweit die Beitragstragung nicht auf gesetzlicher, sondern nur auf arbeits- oder kollektivvertraglicher Verpflichtung beruht (vgl. § 3 Nr. 62 Satz 1 EStG), **Auflassungsgebühren** für Notariatsangestellte,[4] **Ausbildungsvergütungen, Urlaubsabgeltung** sowie die **Wintergeld-Vorausleistung** (Überbrückungsgeld).[5]

102

---

1 BSG v. 21.2.1990 – 12 RK 20/88, BSGE 66, 219 (220 f.); v. 28.1.1999 – B 12 KR 6/98 R, SozR 3-2400 § 14 Nr. 16; v. 28.1.1999 – B 12 KR 14/98 R, BSGE 83, 266 (267 f.); vgl. auch BSG v. 3.12.2002 – B 2 U 23/02 R, SozR 3-2200 § 577 Nr. 2.
2 BSG v. 28.1.1999 – B 12 KR 6/98 R, SozR 3-2400 § 14 Nr. 16; v. 28.1.1999 – B 12 KR 14/98 R, BSGE 83, 266 (268 f.).
3 LSG Nordrhein-Westfalen v. 13.9.1966 – 15 KnU 156/64, DB 1967, 87.
4 BSG v. 3.2.1994 – 12 RK 18/93, SozR 3-2400 § 14 Nr. 8.
5 BSG v. 9.12.1975 – GS 1/75, BSGE 41, 41 (44 ff.).

103 **Aufwandsentschädigungen** sind Arbeitsentgelt, soweit sie nicht nur die Bar- und Sachauslagen des ehrenamtlich Tätigen konkret oder pauschal abgelten, sondern ihm auch seinen Zeitaufwand oder Verdienstausfall im Hauptberuf ersetzen.[1] Werden Aufwandsentschädigungen an Außendienstmitarbeiter als Pauschale gezahlt, **pauschal versteuert** und erst nachträglich abgerechnet, handelt es sich ebenfalls um Arbeitsentgelt, das als **Einmalzahlung** (§ 23a SGB IV) beitragspflichtig ist.[2] Dementsprechend können auch Einnahmen aus einer **ehrenamtlichen Tätigkeit** Arbeitsentgelt darstellen, soweit sie einen tatsächlich entstandenen finanziellen Aufwand übersteigen. Voraussetzung ist aber, dass es sich bei dem Ehrenamt tatsächlich um ein Beschäftigungsverhältnis handelt (Rz. 84).

104 **Vermögenswirksame Leistungen** sind regelmäßig als Arbeitsentgelt anzusehen.[3] Sie unterliegen aber nur in sehr differenzierter Weise der Beitragspflicht. Gewinnanteile aus einem Partnerschaftsvertrag sind Arbeitsentgelt. Sie sind aber erst dann der Berechnung der Sozialversicherungsbeiträge zugrunde zu legen, wenn der Berechtigte über den Gewinnanteil **rechtlich und tatsächlich verfügen kann**.[4] Der Dividendenertrag oder sonstige Vermögensvorteile (Bezugsrechte, Vorzugsaktien) aus Belegschaftsaktien sind **Einkünfte aus Kapitalvermögen** (§ 2 Abs. 1 Nr. 5 EStG) und unterliegen nicht der Beitragspflicht. Bei Erwerb von Belegschaftsaktien, die zu einem günstigeren als dem marktüblichen Kurs ausgegeben werden, ist hingegen der **Differenzbetrag als Arbeitsentgelt** anzusehen. Dieser ist unter den Voraussetzungen des § 3 Nr. 39 EStG allerdings steuer- und damit gemäß § 1 Abs. 1 Nr. 1 SvEV beitragsfrei, soweit er 360 Euro im Kalenderjahr nicht übersteigt. Der darüber hinausgehende wirtschaftliche Vorteil ist zu verbeitragen.

105 Vermögenswirksame Leistungen des Arbeitgebers sind, soweit es sich um beitragspflichtiges Arbeitsentgelt handelt, grundsätzlich dem **Lohnzahlungszeitraum** hinzuzurechnen, für den sie bestimmt sind. Umfasst der Lohnzahlungszeitraum keinen vollen Monat, so ist die vermögenswirksame Leistung auf diesen Zeitraum zu verteilen.

bb) Einmalzahlungen (§ 23a SGB IV)

106 Einmalig gezahltes Arbeitsentgelt sind Zuwendungen, die dem Arbeitsentgelt zuzurechnen sind und nicht für die Arbeit in einem einzelnen Entgeltabrechnungszeitraum gezahlt werden, § 23a Abs. 1 Satz 1 SGB IV. Wie laufendes Arbeitsentgelt können auch diese Zuwendungen nur dann beitragspflichtig sein, wenn sie steuerpflichtiges Einkommen sind. Daher stellt z.B. die Erstattung der Aufwendungen für den Erwerb eines Lkw-Führerscheins durch den Arbeitgeber keine beitragspflichtige Einnahme dar, wenn das eigenbetriebliche Interesse des Arbeitgebers am Füh-

---

1 BSG v. 27.3.1980 – 12 RK 56/78, SozR 2200 § 165 Nr. 44; v. 27.4.1982 – 1 RJ 72/81, BSGE 53, 242 (246); v. 18.1.1990 – 4 RA 17/89, BSGE 66, 150 (153 ff.); v. 22.2.1996 – 12 RK 6/95, BSGE 78, 34 (38 ff.); v. 23.7.1998 – B 11 AL 3/98 R, SozR 3–4100 § 138 Nr. 11; v. 23.7.1998 – B 11 AL 3/98 R, SozR 3–4100 § 102 Nr. 4.
2 BSG v. 26.1.2005 – B 12 KR 3/04 R, SozR 4–2400 § 14 Nr. 7.
3 BSG v. 10.6.1980 – 11 RA 76/79, SozR 2200 § 1262 Nr. 13; v. 18.2.1981 – 1 RA 113/79, SozR 2200 § 1262 Nr. 19.
4 BSG v. 1.12.1977 – 12 RK 11/76, SozR 2200 § 160 Nr. 5.

rerscheinerwerb deutlich überwiegt.¹ Praktisch handelt es sich bei den steuer- und beitragspflichtigen einmaligen Einnahmen vor allem um **Urlaubs- und Weihnachtsgeld**, das zumeist sowohl die bewiesene als auch die künftige Betriebstreue honorieren und zugleich die geleisteten Dienste im Bezugszeitraum vergüten soll.²

Zu diesen Zuwendungen gehören aber z.B. auch **Aufwandsentschädigungen, Gewinnbeteiligungen und Tantiemen**. Sie erfahren beitragsrechtlich eine besondere Behandlung, weil sie zwar nur in einem Entgeltabrechnungszeitraum gezahlt werden (und damit häufig dazu führen, dass in diesem Zeitraum die Beitragsbemessungsgrenze überschritten wird und die Einmalzahlung so zumindest teilweise beitragsfrei bliebe), aber für einen längeren Zeitraum gewährt werden und bei gleichmäßiger Verteilung auf diesen Zeitraum der Beitragspflicht unterlägen. Einmaliges Arbeitsentgelt sind solche leistungsbezogenen, z.B. vom Erreichen für das Geschäftsjahr vereinbarter Ziele abhängiger, variablen Entgelte aber selbst dann, wenn sie während des Geschäftsjahrs in gleich hohen Abschlagszahlungen und nach Ablauf des Geschäftsjahrs in einer Endzahlung erbracht werden.³ 107

Nicht zum einmaligen, sondern zum **laufenden Arbeitsentgelt** gehören **Nachzahlungen** auf das laufende Arbeitsentgelt, auch wenn sie (wie z.B. bei einer rückwirkenden Tariflohnerhöhung) in einer Summe erbracht werden.⁴ Dasselbe gilt für Zulagen, Zuschläge und Zuschüsse, die sich auf die Arbeit in einem bestimmten Entgeltabrechnungszeitraum beziehen, und zwar selbst dann, wenn sie erst nach einem bestimmten Stichtag geschuldet werden.⁵ Sie werden auch nachträglich noch demjenigen Entgeltabrechnungszeitraum zugeordnet, in dem die entsprechende Arbeitsleistung stattfand, für den sie also gezahlt werden (sog. **Für-Prinzip**).⁶ 108

Demgegenüber gilt für Einmalzahlungen – wie für laufendes, nicht nachgezahltes Arbeitsentgelt – gemäß § 23a Abs. 1 Satz 3 SGB IV grundsätzlich das **In-Prinzip**, d.h. die Beiträge werden dem Monat zugeordnet, in dem sie gezahlt worden sind. Allerdings statuieren die Absätze 2 und 4 des § 23a SGB IV hiervon praktisch wichtige Ausnahmen. 109

Einmalig gezahltes Arbeitsentgelt, das **nach Beendigung** oder bei Ruhen des Beschäftigungsverhältnisses gezahlt wird, ist dem letzten Entgeltabrechnungszeitraum des laufenden Kalenderjahres zuzuordnen, auch wenn dieser nicht mit Arbeitsentgelt belegt ist, § 23a Abs. 2 SGB IV. Diese Ausnahme trifft vor allem Urlaubs- und Weihnachtsgeld. Endet bspw. das Beschäftigungsverhältnis am 30. Juni, erhält der Arbeitnehmer aber im November noch anteiliges Weihnachtsgeld, ist die- 110

---

1 BSG v. 26.5.2004 – B 12 KR 5/04 R, SozR 4–2400 § 14 Nr. 3 unter Bezugnahme auf die Rechtsprechung des BFH, BFH v. 2.2.1990 – VI R 15/86, BFHE 159, 513 (517); v. 26.6. 2003 – VI R 112/98, BFHE 203, 53 (57).
2 BAG v. 18.1.1978 – 5 AZR 56/77, AP Nr. 92 zu § 611 BGB Gratifikation; v. 5.8.1992 – 10 AZR 88/90, AP Nr. 143 zu § 611 BGB Gratifikation; *Wackerbarth*, Entgelt für Betriebstreue, S. 122 ff.
3 BSG v. 3.6.2009 – B 12 R 12/07 R, BSGE 103, 229 (231 ff.) = NZS 2010, 455.
4 Sog. „aufgestautes Arbeitsentgelt", BSG v. 27.10.1989 – 12 RK 9/88, SozR 2200 § 385 Nr. 22.
5 BSG v. 15.5.1984 – 12 RK 28/83, SozR 2200 § 385 Nr. 9.
6 BSG v. 27.10.1989 – 12 RK 9/88, BSGE 66, 34 (41 ff.); vgl. auch BSG v. 15.5.1984 – 12 RK 28/83, SozR 2200 § 385 Nr. 9; anders – zu Unrecht – die Praxis der Einzugsstellen bei rückwirkenden Tariflohnerhöhungen.

ses zu verbeitragen. Keine Anwendung findet diese Bestimmung auf **Abfindungen** wegen der Beendigung des Arbeitsverhältnisses, weil diese gar kein beitragspflichtiges Arbeitsentgelt darstellen. Keinem Entgeltabrechnungszeitraum mehr zuzuordnen und damit **beitragsfrei** sind Einmalzahlungen, die erst nach dem (nicht: am) 31. März des auf die Beendigung folgenden Kalenderjahres gezahlt werden, z.B. Tantiemen oder Gewinnbeteiligungen.

111 Um zu verhindern, dass Einmalzahlungen (insb. das Weihnachtsgeld) zur Vermeidung der Beitragspflicht erst im Januar ausgezahlt werden, ordnet die **sog. März-Regel** des § 23a Abs. 4 SGB IV eine besondere Verteilung von einmalig gezahltem Arbeitsentgelt an, das in der Zeit vom 1. Januar bis 31. März gewährt wird. Soweit es von demselben Arbeitgeber gezahlt wird, der auch das laufende Arbeitsentgelt des letzten Entgeltabrechnungszeitraums im vorangegangen Kalenderjahr (also z.B. den Dezemberlohn) gezahlt hatte und es zusammen mit den übrigen beitragspflichtigen Einnahmen des laufenden Kalenderjahres die anteilige Beitragsbemessungsgrenze übersteigt, ist es dem letzten Entgeltabrechnungszeitraum des Vorjahres zuzuordnen.

112 **Beispiel (mit Werten von 2015/West):**

Der Arbeitnehmer bezieht ein Einkommen von 4500 Euro monatlich. Im März erhält er eine Tantieme von 18000 Euro. Die anteilige Beitragsbemessungsgrenze (§ 23a Abs. 3 Satz 2 SGB IV) betrug im März 3 × 6050 Euro = 18150 Euro. Davon waren 13500 Euro mit laufendem Arbeitsentgelt belegt. Von der Tantieme werden nunmehr 4650 Euro dem laufenden Kalenderjahr zugeordnet und sind damit beitragspflichtig, die restlichen 13350 Euro werden dem vorhergehenden Kalenderjahr zugeordnet. Ob und wieweit sie dort beitragspflichtig sind, hängt davon ab, ob das Arbeitsentgelt im Vorjahr die Jahres-Beitragsbemessungsgrenze bereits erreicht hatte. Hatte der Arbeitnehmer im Jahr 2014 65000 Euro Arbeitsentgelt erhalten, sind von der Tantieme weitere 6400 Euro beitragspflichtig (Beitragsbemessungsgrenze 2014/West: 71400 Euro). Die verbleibenden 6950 Euro sind beitragsfrei. Zu beachten ist, dass wegen der **unterschiedlichen Beitragsbemessungsgrenzen** der Renten- und Arbeitslosenversicherung einerseits sowie der Kranken- und Pflegeversicherung andererseits für die verschiedenen Versicherungszweige getrennte Berechnungen anzustellen sind.

cc) Unterkunft und Verpflegung

113 Sachbezüge, die der Arbeitgeber dem Arbeitnehmer als Gegenleistung für erbrachte Arbeitsleistung zusätzlich oder anstelle eines Bruttoarbeitsentgelts gewährt, sind ein geldwerter Vorteil und damit Arbeitsentgelt i.S.v. § 14 Abs. 1 SGB IV. Zur Vereinfachung des Beitragseinzugs hat die Bundesregierung auf der Grundlage von § 17 Abs. 1 Nr. 3 SGB IV § 2 der Sozialversicherungsentgeltverordnung (SvEV) erlassen. Dieser unterscheidet zwischen freier Verpflegung, freier oder verbilligter Unterkunft oder Wohnung und sonstigen Sachbezügen.

114 Der Wert der als Sachbezug zur Verfügung gestellten **freien Verpflegung** wird in § 2 Abs. 1 Satz 1 SvEV ab dem Jahr 2014 auf 229 Euro monatlich festgesetzt. Wird Verpflegung teilweise zur Verfügung gestellt, sind für Frühstück 49 Euro und für Mittag- und Abendessen je 90 Euro monatlich anzusetzen. Wird Verpflegung nicht nur dem Beschäftigten, sondern auch seinem nicht bei demselben Arbeitgeber beschäftigten Familienangehörigen zur Verfügung gestellt, erhöhen sich die genannten Werte je nach den Lebensalter des Familienangehörigen um 30 % (bis einschließ-

lich 6. Lebensjahr), 40 % (7. bis einschließlich 13. Lebensjahr), 80 % (14. bis einschließlich 17. Lebensjahr) oder 100 % (ab 18. Lebensjahr). Bei der Berechnung des Wertes für kürzere Zeiträume als einen Monat ist für jeden Tag 1/30 des Monatswertes zugrunde zu legen, § 2 Abs. 6 Satz 1 SvEV.

Gewährt der Arbeitgeber als Sachbezug eine **freie Wohnung**, so ist diese mit dem ortsüblichen Mietpreis unter Berücksichtigung der sich aus der Lage der Wohnung zum Betrieb ergebenden Beeinträchtigungen zu bewerten, § 2 Abs. 4 SvEV. Wohnung in diesem Sinne ist eine in sich geschlossene Einheit von Räumen, in denen ein selbständiger Haushalt geführt werden kann. Wesentlich ist, dass eine Wasserversorgung und -entsorgung, zumindest eine einer Küche vergleichbare Kochgelegenheit sowie eine Toilette vorhanden sind.[1] Ist im Einzelfall die Feststellung des ortsüblichen Mietpreises mit außergewöhnlichen Schwierigkeiten verbunden, kann die Wohnung mit 3,88 Euro je qm monatlich, bei einfacher Ausstattung (ohne Sammelheizung oder ohne Bad oder Dusche) mit 3,17 Euro je qm monatlich bewertet werden, § 2 Abs. 4 Satz 2 SvEV.

Eine **freie Unterkunft**, die keine Wohnung ist (z.B. Gemeinschaftsküche oder -toilette), wird mit 221 Euro monatlich bewertet. Der Wert der Unterkunft vermindert sich bei Aufnahme des Beschäftigten in den Haushalt des Arbeitgebers oder bei Unterbringung in einer Gemeinschaftsunterkunft sowie für Jugendliche bis zur Vollendung des 18. Lebensjahres um 15 % und bei Belegung mit mehreren Beschäftigten um 40 % (zwei Beschäftigte), 50 % (drei Beschäftigte) oder 60 % (vier und mehr Beschäftigte), § 2 Abs. 3 Satz 2 SvEV. Werden Verpflegung, Unterkunft oder Wohnung **verbilligt** als Sachbezug zur Verfügung gestellt, ist der Unterschiedsbetrag zwischen dem vereinbarten Preis und dem Wert, der sich bei freiem Bezug nach § 2 Abs. 1–4 SvEV ergeben würde, gemäß § 2 Abs. 5 SvEV dem Arbeitsentgelt zuzurechnen.

dd) Sonstige Sachbezüge

Sonstige Sachbezüge sind mit dem um die üblichen Preisnachlässe verminderten üblichen Endpreis am Abgabeort anzusetzen. Werden sonstige Sachbezüge verbilligt zur Verfügung gestellt, ist als Wert der Unterschiedsbetrag zwischen dem vereinbarten Preis und dem vorgenannten Wert anzusetzen. Bei **Belegschaftsrabatten** auf Waren (z.B. Freitrunk einer Brauerei, Jahreswagenrabatte) und Dienstleistungen (z.B. Kontoführung,[2] Versicherungsschutz, Beförderung[3]) ist danach zu unterscheiden, ob diese individuell oder pauschal besteuert werden. Bei individueller Besteuerung gilt als Wert der Waren und Dienstleistungen der um 4 % verminderte Endpreis, zu dem der Arbeitgeber die Waren oder Dienstleistungen fremden Letztverbrauchern anbietet. Dieser geldwerte Vorteil ist jedoch gem. § 8 Abs. 3 Satz 2 EStG nur dann steuer- und damit gemäß § 1 Abs. 1 Nr. 1 SvEV auch nur dann beitragspflichtig, wenn er 1080 Euro im Kalenderjahr übersteigt. Bei einer Pauschalbesteuerung nach § 40 EStG können Waren und Dienstleistungen, die vom Arbeitgeber nicht überwiegend für den Bedarf seiner Arbeitnehmer hergestellt, vertrieben oder erbracht werden, mit dem Durchschnittsbetrag der vom Arbeitgeber insgesamt pauschal versteuerten Waren und Dienstleistungen angesetzt werden, sofern der

---
1 Küttner/*Schlegel*, Personalbuch 2014, Sachbezug Rz. 42.
2 Vgl. BSG v. 7.2.2002 – B 12 KR 12/01 R, BSGE 89, 158 (163 ff.).
3 Vgl. BSG v. 7.2.2002 – B 12 KR 6/01 R, SozR 3-2400 § 14 Nr. 23.

Arbeitgeber den von dem Beschäftigten zu tragenden Teil des Gesamtsozialversicherungsbeitrags übernimmt (§ 3 Abs. 3 SvEV).

ee) Nicht zum Arbeitsentgelt zählende Einkünfte

116 Nicht zum beitragspflichtigen Arbeitsentgelt gehören gemäß § 23c Abs. 1 SGB IV Zuschüsse des Arbeitgebers zum Krankengeld, Verletztengeld, Übergangsgeld oder Krankentagegeld sowie sonstige Einnahmen aus einer Beschäftigung, die für die Zeit des Bezuges von Krankengeld, Krankentagegeld, Versorgungskrankengeld, Verletztengeld, Übergangsgeld, Mutterschaftsgeld oder Elterngeld weiter erzielt werden, wenn die Einnahmen zusammen mit den genannten Sozialleistungen das Nettoarbeitsentgelt (§ 47 SGB V) um nicht mehr als 50 Euro im Monat übersteigen.[1] Zur Berechnung des Nettoarbeitsentgelts bei freiwilligen Mitgliedern der gesetzlichen Krankenversicherung ist der um den Beitragszuschuss für Beschäftigte verminderte Beitrag des Versicherten zur Kranken- und Pflegeversicherung abzuziehen; dies gilt entsprechend für Personen und für ihre nicht selbstversicherten Angehörigen, die bei einem privaten Krankenversicherungsunternehmen versichert sind, einschließlich der Versicherung für das Krankentagegeld. Für Beschäftigte, die nach § 6 Abs. 1 Satz 1 Nr. 1 SGB VI von der Versicherungspflicht in der gesetzlichen Rentenversicherung befreit sind und Pflichtbeiträge an eine berufsständische Versorgungseinrichtung entrichten, sind bei der Ermittlung des Nettoentgeltes die um den Arbeitgeberzuschuss nach § 172a SGB VI verminderten Pflichtbeiträge des Beschäftigten entsprechend abzuziehen (§ 23c Abs. 1 Satz 2 und 3 SGB IV). Ferner zählen gemäß § 1 Abs. 1 Nr. 1 SvEV einmalige Einnahmen sowie laufende Zulagen, Zuschläge, Zuschüsse sowie ähnliche Einnahmen, die zusätzlich zum Lohn oder Gehalt gezahlt werden, nicht zum Arbeitsentgelt, soweit sie lohnsteuerfrei sind; dies gilt nicht für Sonntags-, Feiertags- und Nachtarbeitszuschläge, soweit das Entgelt, auf dem sie berechnet werden, mehr als 25 Euro für jede Stunde beträgt.[2] Welche Einnahmen steuerfrei sind, ergibt sich aus den §§ 3, 3b EStG, dazu zählen z.B. die Einnahmen aus nebenberuflichen Tätigkeiten als Übungsleiter usw. bis zur Höhe von 2400 Euro im Jahr (§ 3 Nr. 26 EStG) oder die Aufstockungsbeträge nach dem Altersteilzeitgesetz (§ 3 Nr. 28 EStG).

117 Kein Arbeitsentgelt sind die **Arbeitgeberbeiträge** zur Sozialversicherung;[3] Arbeitgeberbeiträge für eine Direktversicherung des Arbeitnehmers und Zuwendungen an Pensionskassen, soweit sie zusätzlich zum Arbeitsentgelt aufgebracht werden und der Arbeitgeber die Lohnsteuer nach § 40b EStG pauschal erhebt;[4] **Arbeitgeberzuschüsse** zu den Vorsorgeaufwendungen eines von der Versicherungspflicht in der gesetzlichen Rentenversicherung befreiten Arbeitnehmers (z.B. Beiträge zur Lebensversicherung, zu einem berufsständischen Versorgungswerk etc.), soweit sie den Betrag nicht übersteigen, der dem Arbeitgeberanteil an der Sozialversicherung

---

1 Ähnlich schon früher BSG v. 30.1.1963 – 3 RK 16/59, BSGE 18, 236 (237 ff.) = NJW 1963, 1518.
2 Vgl. dazu auch BSG v. 9.5.1996 – 7 RAr 36/95, SozR 3–4100 § 112 Nr. 28.
3 Vgl. BSG v. 12.12.1991 – 7 RAr 26/90, SozR 3–4100 § 94 Nr. 1.
4 BSG v. 21.8.1997 – 12 RK 44/96, BSGE 81, 21 (24 ff.); LSG Schl.-Holst. v. 20.11.2001 – L 1 KR 5/00, NZS 2002, 601 (602); zur Entgeltumwandlung in der betrieblichen Altersversorgung s. § 14 Abs. 1 Satz 2 SGB IV und dazu BSG v. 14.7.2004 – B 12 KR 10/02 R, SozR 4–5375 § 2 Nr. 1.

entspräche, wenn der Arbeitnehmer rentenversicherungspflichtig wäre (§ 3 Nr. 62 EStG); Arbeitgeberzuschüsse für **privat kranken- und pflegeversicherte Beschäftigte** gemäß § 257 SGB V, § 61 SGB XI, soweit der Zuschuss auf der gesetzlichen Verpflichtung beruht; **Auslösungen**, soweit sie Aufwendungsersatz darstellen; **Belegschaftsaktien**, die Beschäftigten zu einem günstigeren als dem marktüblichen Kurs angeboten werden, soweit der wirtschaftliche Vorteil 360 Euro im Kalenderjahr nicht übersteigt und die weiteren Voraussetzungen des § 3 Nr. 39 EStG erfüllt sind (§ 1 Abs. 1 Nr. 1 SvEV); **Belegschaftsrabatte**, soweit der geldwerte Vorteil zwischen dem um 4 % verminderten Marktendpreis und dem Abgabepreis 1 080 Euro im Kalenderjahr nicht übersteigt (§ 8 Abs. 3 EStG); die Übernahme von **Bußgeldern** durch den Arbeitgeber, wenn hierfür ein überwiegendes betriebliches Interesse besteht;[1] **Jubiläumszuwendungen**, soweit sie steuerfrei sind.

Nach § 1 Abs. 1 Nr. 2 SvEV nicht dem Arbeitsentgelt zuzurechnen sind sonstige Bezüge nach § 40 Abs. 1 Satz 1 Nr. 1 EStG, die nicht einmalig gezahltes Arbeitsentgelt i.S.v. § 23a SGB IV sind. Hierbei handelt es sich um **pauschal versteuerte sonstige Bezüge**, die vom Arbeitgeber in einer größeren Zahl von Fällen gewährt werden. Beitragsfrei sind daher insbesondere Zuwendungen, die üblicherweise zur **Abgeltung bestimmter Aufwendungen** des Beschäftigten, die auch im Zusammenhang mit der Beschäftigung stehen, oder als Waren oder Dienstleistungen, die vom Arbeitgeber nicht überwiegend für den Bedarf seiner Beschäftigten hergestellt, vertrieben oder erbracht werden und monatlich in Anspruch genommen werden können, oder die als **sonstige Sachbezüge** oder als vermögenswirksame Leistungen vom Arbeitgeber erbracht werden. Sie gelten weder als laufendes[2] noch als einmalig gezahltes Arbeitsentgelt, § 23a Abs. 1 Satz 2 SGB IV. Mit dieser zum 1.1.2003 in das Gesetz eingefügten Klarstellung korrigiert der Gesetzgeber die gegenteilige Rechtsprechung des BSG, nach der z.B. die kostenlose Kontoführung einer Bank gegenüber ihren Angestellten[3] oder die verbilligte Gewährung von Beförderungsleistungen durch Transportunternehmen für die Mitarbeiter[4] als Einmalzahlung zu verbeitragen sein sollte. Entsprechend der vorherigen Praxis der Einzugsstellen bleiben derartige Arbeitgeberleistungen, wenn sie vom Arbeitgeber pauschal versteuert werden, weiter beitragsfrei. Dasselbe gilt auch für pauschal versteuerte Belobigungsprämien, die die Mitarbeiter zur kostenfreien oder vergünstigten Teilnahme an Gemeinschaftsveranstaltungen oder zu Kurzreisen berechtigen.[5] Damit wird zugleich ein unnötiger verwaltungsmäßiger Mehraufwand auf Arbeitgeberseite vermieden.[6]

Kein Arbeitsentgelt sind ferner Einnahmen nach § 40 Abs. 2 EStG, also mit 25 % pauschal versteuerte **Mahlzeiten**, die der Arbeitgeber im Betrieb verbilligt oder unentgeltlich an die Beschäftigten abgibt, oder entsprechende Barzuschüsse, die er an ein anderes Unternehmen leistet.[7] Allerdings muss der Kostenanteil der Essens-

---

1 BSG v. 1.12.2009 – B 12 R 8/08 R – BSGE 105, 66 (69 f.); **a.A.** zum Steuerrecht jetzt aber BFH v. 14.11.2013 – VI R 36/12, NZA-RR 2014, 206 (207).
2 BSG v. 7.2.2002 – B 12 KR 12/01 R, BSGE 89, 158 (163 ff.); v. 7.2.2002 – B 12 KR 6/01 R, SozR 3–2400 § 14 Nr. 23.
3 BSG v. 7.2.2002 – B 12 KR 12/01 R, BSGE 89, 158 (163 ff.).
4 BSG v. 7.2.2002 – B 12 KR 6/01 R, SozR 3–2400 § 14 Nr. 23; v. 18.12.2013 – B 12 R 2/11 R, SozR 4–2400 § 23a Nr. 7.
5 BSG v. 31.10.2012 – B 12 R 15/11 R, SozR 4–2400 § 23a Nr. 6 = NZA-RR 2013, 539 (540 f.).
6 BT-Drucks. 15/91, S. 18; *Figge*, DB 2002, 2532; *Figge*, DB 2003, 150.
7 Vgl. BSG v. 19.6.2001 – B 12 KR 16/00 R, SozR 3–2400 § 14 Nr. 20.

zuschüsse mindestens so hoch sein wie der amtliche Sachbezugswert für die Mahlzeit; ist er geringer, so sind die Zuschüsse bis zur Höhe des Unterschiedsbetrages zwischen dem Kostenanteil des Arbeitnehmers und dem amtlichen Sachbezugswert steuer- und beitragspflichtig.

120 Kein Arbeitslohn ist wegen der Verweisung des § 1 Abs. 1 Nr. 3 SvEV auf § 40 Abs. 2 EStG ferner das Entgelt, das der Arbeitgeber aus Anlass von **Betriebsveranstaltungen** zahlt, die **Erholungsbeihilfen**, die er seinen Beschäftigten gewährt, soweit sie 156 Euro für den Arbeitnehmer, 104 Euro für dessen Ehegatten und 52 Euro für jedes Kind im Kalenderjahr nicht übersteigen und der Arbeitgeber sicherstellt, dass die Beihilfen zu Erholungszwecken verwendet werden, ferner Vergütungen für Verpflegungsmehraufwendungen anlässlich einer Entsendung aus betrieblichem Anlass sowie die **unentgeltliche oder verbilligte Überlassung eines PC** einschließlich Zubehör und Internetzugang.

121 **Zukunftssicherungsleistungen** des Arbeitgebers sind in der Regel kein Arbeitsentgelt, wenn sie nicht aus einer Entgeltumwandlung (§ 1 Abs. 2 Nr. 3 BetrAVG) stammen. Dies folgt für bis zum 31.12.2004 erfolgte „Altzusagen" aus § 1 Abs. 1 Satz 1 Nr. 1 SvEV i.V.m. § 40b EStG in der bis zum 31.12.2004 geltenden Fassung, für seit dem 1.1.2005 erteilte Neuzusagen aus § 1 Abs. 1 Satz 1 Nr. 4a SvEV i.V.m. § 40b EStG – pauschal versteuerte Zuwendungen an Pensionskassen – bzw. § 1 Abs. 1 Satz 1 Nr. 9 SvEV i.V.m. § 3 Nr. 63 EStG – steuerfreie Zuwendungen aus dem ersten Dienstverhältnis an eine Direktversicherung, eine Pensionskasse oder einen Pensionsfonds zum Aufbau einer kapitalgedeckten betrieblichen Altersversorgung. Jedoch ist die Summe der in § 1 Abs. 1 Satz 1 Nr. 4a SvEV genannten Zuwendungen, höchstens monatlich 100 Euro, bis zur Höhe von 2,5 % des für ihre Bemessung maßgebenden Entgelts dem Arbeitsentgelt zuzurechnen, wenn die Versorgungsregelung mindestens bis zum 31.12.2000 – vor der Anwendung etwaiger Nettobegrenzungsregelungen – eine allgemein erreichbare Gesamtversorgung von mindestens 75 % des gesamtversorgungsfähigen Entgelts und nach Eintritt des Versorgungsfalls eine Anpassung nach Maßgabe der Entwicklung der Arbeitsentgelte im Bereich der entsprechenden Versorgungsregelung oder gesetzlicher Versorgungsbezüge vorsieht, wobei sich die dem Arbeitsentgelt zuzurechnenden Beiträge und Zuwendungen jedoch um 13,30 Euro monatlich vermindern (§ 1 Abs. 1 Satz 3 SvEV). Die Zuwendungen nach § 3 Nr. 56 EStG und § 40b EStG werden dem Arbeitsentgelt insoweit zugerechnet, als sie in der Summe monatlich 100 Euro übersteigen.

122 **Kein Arbeitsentgelt** sind ferner Beträge nach § 10 EFZG (Zuschlag zum Arbeitsentgelt in Heimarbeit Beschäftigter), Zuschüsse zum Mutterschaftsgeld nach § 14 MuSchG, der vom Arbeitgeber in den Fällen des § 3 Abs. 3 SvEV insoweit übernommene Teil des Gesamtsozialversicherungsbeitrags, Zuschüsse des Arbeitgebers zum Kurzarbeitergeld, soweit sie zusammen mit dem Kurzarbeitergeld 80 % des Unterschiedsbetrags zwischen dem Soll-Entgelt und dem Ist-Entgelt nach § 106 SGB III nicht übersteigen; steuerfreie Zuwendungen an Pensionskassen und Pensionsfonds nach § 3 Nr. 63 EStG und Leistungen eines Arbeitgebers oder einer Unterstützungskasse an einen Pensionsfonds zur Übernahme bestehender Versorgungsverpflichtungen oder Versorgungsanwartschaften durch den Pensionsfonds, soweit diese nach § 3 Nr. 66 EStG steuerfrei sind (§ 1 Abs. 1 Nr. 10 SvEV). Beitragsfrei sind ferner steuerlich nicht belastete Zuwendungen des Beschäftigten aus Arbeitsentgelt

einschließlich Wertguthaben zugunsten von durch Naturkatastrophen im Inland Geschädigten (§ 1 Abs. 1 Nr. 11 SvEV), **Sachprämien** nach § 37a EStG (§ 1 Abs. 1 Satz 1 Nr. 13 SvEV) sowie vom Arbeitgeber getragene oder übernommene **Studiengebühren** für ein Studium des Beschäftigten, soweit sie steuerrechtlich kein Arbeitslohn sind (§ 1 Abs. 1 Satz 1 Nr. 15 SvEV). **Prämien eines Dritten** sind nach § 1 Abs. 1 Nr. 14 SvEV i.V.m. § 37b EStG beitragsfrei, wenn der Dritte mit dem Arbeitgeber des Beschäftigten nicht konzernmäßig verbunden ist (z.B. Prämie eines Automobilherstellers für technische Verbesserungsvorschläge an den Arbeitnehmer einer Kfz-Werkstatt). Nur wenn der Arbeitnehmer bei einem mit dem Zuwendenden verbundenen Unternehmen beschäftigt ist, unterliegt die Prämie der Beitragspflicht.[1]

e) Die Zuordnung des Arbeitsentgelts

Die Beitragsansprüche entstehen, sobald ihre im Gesetz oder aufgrund eines Gesetzes bestimmten Voraussetzungen vorliegen, § 22 Abs. 1 Satz 1 SGB IV. Einer Konkretisierung durch einen Beitragsbescheid (§ 28h Abs. 2 Satz 3 SGB IV) bedarf es folglich nicht, dieser hat nur feststellenden Charakter.[2] Bei abhängig Beschäftigten entsteht der Beitragsanspruch – ebenso wie der Anspruch auf Arbeitsentgelt – **kontinuierlich mit Erbringung der Arbeitsleistung**.[3]   123

Eine abweichende Regelung trifft § 22 Abs. 1 Satz 2 SGB IV lediglich für einmalig gezahltes Arbeitsentgelt wie das Weihnachts- oder Urlaubsgeld. S. dazu näher Rz. 86.   124

Die **Fälligkeit** richtet sich im Regelfall nach § 23 SGB IV. Bei Streit um das Bestehen eines Arbeitsverhältnisses oder dessen Dauer wird der Beitrag für den streitigen Zeitraum aber grundsätzlich erst bei Abschluss des arbeitsgerichtlichen Verfahrens fällig.[4] Eine Ausdehnung dieses Grundsatzes auf Lohnstreitigkeiten erscheint nicht möglich.   125

Eine andere Frage ist, welchem **Zeitraum** die Einkünfte **zuzuordnen** sind, aus denen sich der Beitrag errechnet. Diese Frage ist unabhängig vom Zeitpunkt des Entstehens oder der Fälligkeit zu beantworten. In der Regel ist der Zeitpunkt oder Zeitraum maßgeblich, in dem die betreffenden Einkünfte **erarbeitet** wurden, also der Zeitraum, für den der Lohn gezahlt wird; dementsprechend ist auch verspätet gezahltes Arbeitsentgelt dem Zeitraum zuzuordnen, in dem es erdient wurde.[5] Dasselbe gilt für Entgeltansprüche, die sich aus dem **Ergebnis einer Streitbeendigung** (arbeitsgerichtliches Urteil, Vergleich, Vereinbarung) ergeben.   126

Eine Sonderbestimmung über die Zuordnung **einmalig gezahlten Arbeitsentgelts** trifft § 23a SGB IV. Es handelt sich um Arbeitsentgelt, das nicht für die Arbeit in   127

---
1 Vgl. BSG v. 26.3.1998 – B 12 KR 17/97 R, SozR 3-2400 § 14 Nr. 15 = NZA-RR 1998, 510
2 BR-Drucks. 300/75, S. 33.
3 BSG v. 30.8.1994 – 12 RK 59/92, BSGE 75, 61 (66 ff.); anders aber BSG v. 25.9.1981 – 12 RK 58/80, BSGE 52, 152 (156); v. 22.6.1994 – 10 RAr 3/93, SozR 4100 § 160 Nr. 1: Zeitpunkt der Fälligkeit; BSG v. 28.10.1981 – 12 RK 23/80, SozR 2100 § 14 Nr. 9: Zeitpunkt des Zuflusses; Zeitpunkt der Fälligkeit.
4 BSG v. 25.9.1981 – 12 RK 58/80, BSGE 52, 152 (157 ff.).
5 So schon BSG v. 17.12.1964 – 3 RK 74/60, BSGE 22, 162 (165 ff.).

einem einzelnen Entgeltabrechnungszeitraum gezahlt wird. Dieses wird dem Entgeltabrechnungszeitraum zugeordnet, in dem es gezahlt wird. In den Abs. 2–4 des § 23a SGB IV sind aber Sonderbestimmungen enthalten.

128 Für **flexibel gestaltete Arbeitsverhältnisse** ist eine beitragsrechtliche Regelung durch Ergänzung des SGB IV im sog. FlexiG vom 6.4.1998[1] getroffen worden: § 7 Abs. 1a SGB IV schafft die Möglichkeit, auch Zeiten der Freistellung als Beschäftigungszeiten anzusehen. § 23b SGB IV regelt die Fälligkeit und die Zuordnung der Arbeitsentgelte in der Weise, dass das in Zeiten aktiver Tätigkeit erdiente Entgelt beitragsrechtlich auch für Zeiten der Freistellung berücksichtigt wird. In § 23b Abs. 2 SGB IV wird die Zuordnung von Wertguthaben geregelt, die nicht mehr zwecksentsprechend verwendet werden können, weil der Arbeitgeber zahlungsunfähig geworden ist oder z.B. das Arbeitsverhältnis vorzeitig beendet wurde. Im Einzelnen wird auf die Vorschrift verwiesen.

6. Steuerrechtliche Behandlung des Arbeitsentgelts

a) Steuerpflichtig: Der Arbeitslohn

129 Der Lohnsteuer und damit der Lohnsteuerabführungspflicht des Arbeitgebers unterliegt das dem Arbeitnehmer gezahlte Arbeitsentgelt, steuerrechtlich Arbeitslohn genannt. Inhaltlich sind steuerrechtlicher Arbeitslohnbegriff und die Arbeitsentgelte des Arbeits- und Sozialrechts weitgehend identisch. Nach § 19 EStG i.V.m. § 2 Abs. 1 LStDV sind Arbeitslohn „alle Einnahmen, die dem Arbeitnehmer aus dem Dienstverhältnis zufließen". Der Arbeitslohnbegriff ist demnach **weit gefasst**. Er erfasst nicht nur Geldzahlungen, sondern alle Leistungen, die durch das individuelle Arbeitsverhältnis veranlasst sind, insbesondere auch die Überlassung von Gütern und anderen geldwerten Vorteilen durch den Arbeitgeber. Auch Zuwendungen Dritter können den Arbeitslohntatbestand erfüllen, sofern sie im Zusammenhang mit dem Arbeitsverhältnis stehen. Hierzu gehören auch Zuwendungen innerhalb eines Konzernverbunds, wie z.B. die Einräumung von Belegschaftsaktien oder Aktienoptionen durch die Konzernmutter an die Arbeitnehmer der Konzerntöchter. Rabatte oder andere Vorteile, die Arbeitnehmern von Dritten eingeräumt werden, gehören zum Arbeitslohn, wenn sie sich für den Arbeitnehmer als Frucht seiner Arbeit darstellen und ein Zusammenhang mit dem Dienstverhältnis besteht. Von einem Zusammenhang mit den Dienstverhältnis ist in aller Regel auszugehen, wenn der Arbeitgeber aktiv an der Gewährung der Preisvorteile mitwirkt. Indizien dafür können sich insbesondere aus wirtschaftlichen Verflechtungen des Arbeitgebers mit dem Rabattgewährenden oder durch die Einbindung in die Vertragsabwicklung ergeben. Eine Mitwirkung ist noch nicht anzunehmen, wenn der Arbeitgeber ausschließlich die Betriebszugehörigkeit des Arbeitnehmers bescheinigt oder er dem Dritten Gelegenheit gibt, seine Produkte im Betrieb zu bewerben. Eine Mitwirkung der Personalvertretung ist dem Arbeitgeber nicht zuzurechnen.[2] Ein weiterer wichtiger Fall von Arbeitslohnzahlungen Dritter, die freiwillig gezahlten Trinkgelder, sind nach § 3 Nr. 51 EStG steuerfrei. Von der Qualifikation von Zuwendungen Dritter als Arbeitslohn ist die Frage zu unterscheiden, ob der Arbeitgeber bei Lohn-

---

1 BGBl. I, S. 688.
2 BFH v. 18.10.2012 – VI R 64/11, DB 2012, 2724; v. 10.4.2014 – VI R 62/11, DB 2014, 1593; BMF v. 20.1.2015, BStBl. I 2015, 143.

zahlungen Dritter zur Einbehaltung und Abführung der Lohnsteuer verpflichtet ist.[1]

Wegen des weiten Arbeitslohnbegriffs gibt es keine abschließende Aufzählung der möglichen Arten des Arbeitslohns. Deshalb ist die in § 19 EStG und § 2 Abs. 2 LStDV enthaltene **katalogartige Aufstellung einzelner Arten von Arbeitslohn** nicht abschließend. Darüber hinaus hat die Finanzverwaltung (H 19.3 LStH „Arbeitslohn") auf der Grundlage der Rechtsprechung des Bundesfinanzhofes eine weitere Aufzählung von in der Praxis wichtigen Arbeitslohnarten erstellt.

130

aa) Arbeitslohn in Geld

Die in jedem Arbeitsverhältnis im Vordergrund stehende Form der Arbeitslohngewährung ist die Zuwendung von Geld. Die Entlohnung in ausländischer Währung gilt nicht als Sachbezug, sondern als Geldzahlung.[2] Für die Qualifikation als Arbeitslohn ist es unerheblich, wie die Zahlung bezeichnet ist. So führen Lohn- und Gehaltszahlungen in gleicher Weise zu Arbeitslohn wie die Zahlung von Prämien, Gratifikationen, Tantiemen und Sonderzuwendungen. Auf die Bezeichnung der Zahlung kommt es nicht an. Für die Steuerpflicht ist auch ohne Bedeutung, ob die Zahlungen laufend (z.B. monatlich oder wöchentlich; s.a. Rz. 98 zur Sozialversicherungspflicht) erfolgen oder ob es sich um einmalige Leistungen handelt. Ebenso wenig kommt es darauf an, wann die Zahlungen dem Arbeitnehmer zufließen; dies hat allerdings Bedeutung für die Durchführung des Lohnsteuerabzugs. So kann der (künftige) Arbeitgeber bereits vor Aufnahme der Tätigkeit Zahlungen leisten, die zu den Einkünften aus nichtselbständiger Tätigkeit gehören (z.B. Handgeld). Häufiger sind Zahlungen, die im Zusammenhang mit der Beendigung des Arbeitsverhältnisses stehen, insbesondere **Abfindungen**. Sie gehören zum Arbeitslohn, auch wenn der Arbeitnehmer durch die Zahlung der Abfindung zur Beendigung des Dienstverhältnisses veranlasst werden soll; zu Abfindungen s. → *Aufhebungsvertrag*, II A 100 Rz. 130 ff.

131

Für die Besteuerung ist grundsätzlich der zwischen Arbeitgeber und Arbeitnehmer vereinbarte **Bruttoarbeitslohn** maßgeblich. Bei einer **Nettolohnvereinbarung**, bei der die Höhe des Auszahlungsbetrages im Arbeitsvertrag vereinbart wurde, ist daher zum Zwecke der Besteuerung eine Hochrechnung auf den Bruttolohn erforderlich. Zum Lohnsteuerabzug s. I E Rz. 5 ff.

132

bb) Geldwerte Vorteile

Neben dem Arbeitslohn in Geld gewähren Arbeitgeber häufig zusätzliche Leistungen, die zu einer Bereicherung des Arbeitnehmers führen. Der damit zufließende wirtschaftliche Wert gehört zum Arbeitslohn.[3] Von diesem Grundsatz gibt es zwei Ausnahmen:

133

---

1 S. § 38a Abs. 3 EStG.
2 BFH v. 11.10.2011 – VI R 41/10 – DB 2011, 331; R 8.1 Abs. 1 Satz 6 LStR.
3 St. Rspr. vgl. BFH v. 9.3.1990 – VI R 48/87, DB 1990, 1697; v. 17.9.1982 – VI R 75/79, DB 1983, 156; v. 11.3.2010 – VI R 7/08, NZA 2010, 752; v. 7.5.2014 –VI R 73/12, DB 2014, 1291.

(1) Aufgedrängte Bereicherung

134 Der Arbeitslohntatbestand ist nicht erfüllt, wenn sich die Zuwendung für den Arbeitnehmer als aufgedrängte Bereicherung darstellt.[1] Dies ist in der Praxis von geringer Relevanz, zumal eine aufgedrängte Bereicherung nur anzunehmen sein soll, wenn dem Arbeitnehmer bei Nichtannahme des Vorteils berufliche oder finanzielle Nachteile in Aussicht gestellt werden. Dies dürfte bei Vertragsgestaltungen kaum relevant werden.

(2) Überwiegendes eigenbetriebliches Interesse des Arbeitgebers

135 Ein überwiegendes eigenbetriebliches Interesses des Arbeitgebers an der Zuwendung schließt die Annahme von Arbeitslohn aus.[2] Hierunter fallen Maßnahmen des Arbeitgebers, die nicht durch den Gedanken veranlasst sind, dem Arbeitnehmer etwas zuzuwenden, sondern die nahezu ausschließlich betrieblich veranlasst sind. Die Aufwendungen müssen im Sinne einer sog. **betriebsfunktionalen Zielsetzung** entstehen, mithin also geeignet und bestimmt sein, dem Betrieb des Arbeitgebers unmittelbar zu dienen. Die Beurteilung, ob ein überwiegendes eigenbetriebliches Interesse vorliegt, lässt sich nur aufgrund einer einzelfallbezogenen Würdigung vornehmen. Die Rechtsprechung hat in der Vergangenheit Fallgruppen entwickelt, in denen in der Regel ein überwiegendes eigenbetriebliches Interesse anzunehmen ist, wobei eine Tendenz zu erkennen ist, dass der Begriff des eigenbetrieblichen Interesses in einem weiteren Sinne verstanden wird. So hat der BFH z.B. Aufwendungen des Arbeitgebers für die Massage von Arbeitnehmern, die an Bildschirmarbeitsplätzen tätig sind, und für eine vom Arbeitgeber veranstaltete Geburtstagsfeier zu Gunsten eines Arbeitnehmers, zu der im Wesentlichen Geschäftsfreunde und Personen des öffentlichen Lebens eingeladen waren, nicht als Arbeitslohn angesehen.[3] Übernimmt der Arbeitgeber jedoch Bußgelder des Arbeitnehmers, die aufgrund von Weisungen des Arbeitgebers entstanden sind, z.B. für Verkehrsverstöße, liegt Arbeitslohn vor. Die Inkaufnahme rechtswidrigen Verhaltens zur Erreichung betrieblicher Ziele ist keine notwendige Begleiterscheinung einer betriebsfunktionalen Zielsetzung.[4] Im Übrigen wird herkömmlicher Weise nach nachstehenden Fallgruppen unterschieden:

136 **– Aufmerksamkeiten:**

Wegen des weiten Arbeitslohnbegriffs, der jede Art der Zuwendung erfasst, die ihren Anlass im Arbeitsverhältnis hat, sind de lege lata auch kleinere Zuwendungen des Arbeitgebers Arbeitslohn. Die Finanzverwaltung lässt jedoch Zuwendungen in Form von Sachleistungen, die auch im gesellschaftlichen Verkehr üblicherweise ausgetauscht werden und zu keiner nennenswerten Bereicherung führen, als sog. Aufmerksamkeiten steuerfrei. Die Steuerfreiheit ist auf einen Wert bis zu 60 Euro und auf Sachleistungen (z.B. Buch, Tonträger, Genussmittel) beschränkt, die dem

---

1 BFH v. 17.9.1982 – VI R 75/79, DB 1983, 156; v. 21.3.2013 – VI R 31/10, DB 2013, 1528.
2 BFH v. 11.3.2010 – VI R 7/08, NZA 2010, 752; v. 16.10.2013 – VI R 78/12, DB 2014, 96; v. 14.11.2013 – VI R 36/12, DB 2014, 156.
3 BFH v. 28.1.2003 – VI R 48/99, NZA 2003, 958; vgl. zur Abgrenzung auch FG Hamburg v. 4.9.2003 – VI 118/00, DStRE 2004, 25.
4 BFH v. 14.11.2013 – VI R 36/12, DB 2014, 156.

Arbeitnehmer aus Anlass eines persönlichen Ereignisses zugewendet werden. Zuwendungen in Geld gehören stets zum Arbeitslohn.[1]

– **Ausgestaltung des Arbeitsplatzes:** 137

Kein Arbeitslohn sind Maßnahmen des Arbeitgebers zur Ausgestaltung des Arbeitsplatzes, die sich unmittelbar auf das Arbeitsumfeld des Arbeitnehmers beziehen. Hierzu gehören die Bereitstellung moderner Arbeitsräume und -mittel, aber auch von Tageszeitungen, Wasch-, Dusch- und Kochgelegenheiten und ansprechend gestalteter Aufenthalts- und Pausenräume. Die Bereitstellung von Sportgeräten sieht der Bundesfinanzhof allerdings immer dann als über die Ausgestaltung des Arbeitsplatzes hinausgehende Maßnahme und damit als Arbeitslohn an, wenn für deren Bereitstellung üblicherweise ein Entgelt gezahlt würde.[2]

– **Betriebsveranstaltungen:** 138

Im Zusammenhang mit Betriebsveranstaltungen stehende Aufwendungen sind ab dem VZ 2015 nur noch im Rahmen der gesetzlichen Freigrenze (110 Euro) des § 19 Abs. 1 Satz 1 Nr. 1a Satz 3 und 4 EStG steuerfrei. Insoweit unterstellt der Gesetzgeber ein überwiegendes eigenbetriebliches Interesse. Der Begriff der Betriebsveranstaltung ist in § 19a Abs. 1 Satz 1 Nr. 1a Satz 1 EStG als Veranstaltung auf betrieblicher Ebene mit gesellschaftlichem Charakter legal definiert.

Unter den Begriff der Betriebsveranstaltung fallen damit alle Veranstaltungen auf betrieblicher Ebene, die gesellschaftlichen Charakter haben, also vor allem Betriebsfeiern, -feste, Betriebsausflüge. Die Aufwendungen des Arbeitgebers für die Durchführung der Betriebsveranstaltung gehören grundsätzlich zu den Einkünften aus nichtselbständiger Arbeit, also zum Arbeitslohn. Nicht zu den Einkünften gehören nur die Aufwendungen, die die Freigrenze von 110 Euro je teilnehmendem Arbeitnehmer nicht übersteigen, allerdings nur unter der Voraussetzung, dass die Teilnahme an der Betriebsveranstaltung allen Angehörigen des Betriebs oder eines Betriebsteils offensteht (§ 19 Abs. 1 Satz 1 Nr. 1a Satz 3 EStG). Die Auswahl der Teilnehmer muss also nach objektiven Kriterien erfolgen, nicht aufgrundlage einer individuellen Auswahl, etwa nach Leistung oder Gehaltsgruppe. 139

Begünstigt sind zudem nur zwei Betriebsveranstaltungen im Jahr (§ 19 Abs. 1 Satz 1 Nr. 1a Satz 4 EStG), die sich auch über mehr als einen Tag erstrecken dürfen.[3] Steuerfrei sind nur im Zusammenhang mit der Betriebsveranstaltung stehende Aufwendungen, die 110 Euro (einschließlich Umsatzsteuer) je teilnehmenden Arbeitnehmer nicht überschreiten. Seit 2015 ist diese Freigrenze gesetzlich festgeschrieben (§ 19 Abs. 1 Satz 1 Nr. 1a Satz 3 EStG). Ein Anspruch, den Betrag in Anlehnung an die Preisentwicklung anzupassen, besteht auch für den Gesetzgeber nicht. In diese Grenze sind alle Aufwendungen einzubeziehen, die dem Arbeitgeber im Zusammenhang mit der Betriebsveranstaltung gegenüber Dritten entstehen, also einschließlich des äußeren Rahmens, künstlerischer Darbietungen und Bewirtung. Nur betriebsinterne Kosten z.B. für Organisation und Planung bleiben außer Betracht. Aufwendungen, die dem Arbeitgeber für Begleitpersonen des Arbeitneh- 140

---
1 Vgl. R 19.6 LStR.
2 BFH v. 27.9.1996 – VI R 44/96, DB 1996, 2594; v. 8.11.1996 – VI R 74/96, BFH/NV 1997, 473; zur Kritik vgl. *Heuermann/Wagner*, LohnSt Teil D Rz. 152.
3 Vgl. R 19.5 Abs. 3 LStR.

mers entstehen, sind in die Berechnung einzubeziehen. Wird die Grenze überschritten, liegt in voller Höhe steuerpflichtiger Arbeitslohn vor (Freigrenze), der aber nach § 40 Abs. 2 Satz 1 Nr. 2 EStG pauschal versteuert werden kann.

Neben den Betriebsveranstaltungen, die nach Art und Inhalt vor allem für die Arbeitnehmer veranstaltet werden, gehören aber auch Aufwendungen für Veranstaltungen nicht zum Arbeitslohn, die aus besonderen betrieblichen Anlässen durchgeführt werden. Dazu gehören z.B. Betriebsjubiläen, aber auch Geburtstagsfeiern für leitende Angestellte, an denen neben den Arbeitnehmern auch Geschäftsfreunde und Personen des öffentlichen Lebens teilnehmen. Die Abgrenzung ist danach vorzunehmen, ob sich die Veranstaltung als betriebliche Feier des Arbeitgebers darstellt.

141 **– Bewirtung:**

Bewirtungen des Arbeitnehmers durch den Arbeitgeber gehören in der Regel zum Arbeitslohn. Eine Ausnahme sieht die Finanzverwaltung nur für Bewirtungen vor, die anlässlich eines außergewöhnlichen Arbeitseinsatzes, z.B. während einer außergewöhnlichen Besprechung oder Sitzung, im ganz überwiegenden Interesse des Arbeitsablaufs erfolgen. Ob dies der Fall ist, lässt sich nur anhand der Umstände des Einzelfalls beurteilen. Die verwaltungsseitig eingeräumte Steuerbefreiung ist auf 60 Euro je Arbeitnehmer begrenzt.[1]

142 **– Fortbildungsmaßnahmen:**

Bei Fortbildungsmaßnahmen ist ein überwiegendes eigenbetriebliches Interesse des Arbeitgebers anzunehmen, wenn die Maßnahme die **Einsatzfähigkeit des Arbeitnehmers** im Betrieb verbessert. Dies wird in der Regel bei Maßnahmen der Fall sein, die einen unmittelbaren Bezug zu der beruflichen Tätigkeit aufweisen. Ein wesentliches Indiz für das Interesse des Arbeitgebers besteht darin, dass der Arbeitgeber die für die Fortbildungsmaßnahme erforderliche Zeit auf die Arbeitszeit anrechnet. Dies gilt aufgrundlage der Rechtsprechung des EuGH[2] und des BFH[3] ungeachtet dessen, ob die Fortbildungsmaßnahme im Inland oder im Ausland durchgeführt wird; das eigenbetriebliche Interesse ist aber dann nicht mehr gegeben, wenn die privaten Interessen des Arbeitnehmers an der Maßnahme überwiegen. Das kann z.B. bei rein allgemeinbildenden Maßnahmen der Fall sein. Bei Sprachkursen kommt es darauf an, ob ein Bezug zu der aktuellen oder zukünftigen beruflichen Tätigkeit des Arbeitnehmers besteht. Lässt sich danach das überwiegende eigenbetriebliche Interesse feststellen, führen sowohl Schulungsmaßnahmen, die der Arbeitgeber selbst durchführt, als auch Aufwendungen für die Beauftragung Dritter nicht zu Arbeitslohn.[4]

143 **– Gesundheitsfürsorge:**

Gesundheitsfürsorgeleistungen des Arbeitgebers, wie z.B. Betreuung durch einen **Betriebs-/Werksarzt**, Übernahme der Kosten für vorgeschriebene **Pflichtuntersuchungen, betriebsbezogene Vorsorgeuntersuchungen** oder andere gesundheitsfördernde Maßnahmen unter den Anleitung von Betriebs-/Werksärzten liegen in der

---

1 Vgl. R 19.6 Abs. 2 LStR.
2 EuGH v. 28.10.1999 – C-55/98 – IStR 1999, 694.
3 Vgl. BFH GrS v. 21.9.2009 – GrS 1/06, NZA 2010, 382.
4 Vgl. R 19. 7 LStR.

Regel im überwiegenden eigenbetrieblichen Interesse des Arbeitgebers.[1] Dies gilt auch für gesundheitsfördernde Maßnahmen, die in unmittelbarem Zusammenhang mit der beruflichen Tätigkeit stehen, wie z.B. die Massage von Arbeitnehmern, die an Bildschirmarbeitsplätzen tätig sind.[2] Ob der Zusammenhang besteht, muss der Arbeitgeber im Einzelfall nachweisen. Dabei sind die von der Rechtsprechung geforderten Voraussetzungen hoch; der Nachweis kann durch ärztliche Gutachten oder eine Bescheinigung der Krankenkasse erbracht werden. Nach § 3 Nr. 34 EStG sind vom Arbeitgeber zusätzlich zum ohnehin geschuldeten Arbeitslohn erbrachte Leistungen zur Verbesserung des allgemeinen Gesundheitszustands und der betrieblichen Gesundheitsförderung bis zu einem Betrag von 500 Euro steuerfrei. Voraussetzung ist, dass die Maßnahme hinsichtlich Qualität, Zweckbindung und Zielgerichtetheit den Anforderungen nach §§ 20, 20a SGB V genügt. Hingegen gehören allgemein gesundheitsfördernde Maßnahmen ohne konkreten Bezug zur jeweiligen Tätigkeit ebenso zum Arbeitslohn wie die Bereitstellung von Sportmöglichkeiten, für die der Arbeitnehmer ansonsten private Aufwendungen tätigen müsste (z.B. Tennisplatz, Squash-Halle).[3]

Trägt der Arbeitgeber jedoch die Aufwendungen für eine **Kur** des Arbeitnehmers, liegt Arbeitslohn vor, sofern die Kur nicht ihre Ursache unmittelbar in der beruflichen Tätigkeit hat.[4] Dies wird in der Regel nur bei Berufskrankheiten der Fall sein.

– Reisen:

Auch Reisen des Arbeitnehmers können im überwiegenden eigenbetrieblichen Interesse des Arbeitgebers liegen. Dies setzt jedoch voraus, dass sie nahezu ausschließlich den betrieblichen Interessen des Arbeitgebers dienen. Reisen mit Belohnungscharakter (**Incentive-Reisen**), die für Verdienste des Arbeitnehmers gewährt werden, gehören zum Arbeitslohn. Für die Beurteilung, ob die betrieblichen Interessen des Arbeitgebers an der Reise überwiegen, kommt es nicht auf die vertraglichen Vereinbarungen, sondern auf die Umstände des Einzelfalles an. Dabei sind vor allem die Art der Reise, die damit verbundenen Tätigkeiten und der berufliche Bezug zur Tätigkeit des Arbeitnehmers zu prüfen. Hat eine Reise auch touristischen Charakter, ist dies ein Indiz gegen eine überwiegende betriebliche Veranlassung. Insoweit gilt: Je mehr touristische Elemente die Reise aufweist, desto mehr Zweifel bestehen an der beruflichen Veranlassung der Reise. Dies gilt vor allem dann, wenn ausschließlich Beschäftigte des Arbeitgebers an der Reise beteiligt sind. Auch Reisen, die der Fortbildung der Arbeitnehmer dienen, sind nach diesen Grundsätzen zu beurteilen; das Fortbildungsprogramm muss die touristischen Merkmale deutlich überwiegen. Kein Arbeitslohn liegt aber vor, wenn der Arbeitnehmer bei sog. **Händler-Incentive-Reisen** Geschäftsfreunde des Arbeitgebers betreut und quasi als „Reiseleiter" in der Weise tätig wird, dass für die Entfaltung privater Interessen kein Raum mehr bleibt. Aufwendungen für Partner oder Angehörige, die den Arbeitnehmer begleiten, gehören in aller Regel zum Arbeitslohn.

Bei gemischter Veranlassung, wenn die Reise also sowohl berufliche als auch private Elemente enthält, kann eine Aufteilung in Betracht kommen. Die Aufwendungen sind teilbar, wenn sich die einzelnen Aufwendungen individuell dem berufli-

---
1 BFH v. 17.9.1982 – VI R 75/79, DB 1983, 156; v. 11.3.2010 – VI R 7/08, DB 2010, 1098.
2 BFH v. 30.5.2001 – VI R 177/99, NZA-RR 2001, 599.
3 *Heuermann/Wagner*, LohnSt, Teil D Rz. 151 m.w.N.
4 BFH v. 11.3.2010 – VI R 7/08, NZA 2010, 752.

chen oder privaten Teil zuordnen lassen. Unter Umständen kann, z.B. für Anreisekosten bei gemischt veranlasstem Aufenthalt, auch eine Aufteilung nach Reisetagen möglich sein. Nur die nicht beruflich veranlassten Aufwendungen gehören zum Arbeitslohn; für den beruflich veranlassten Teil ist von einem überwiegenden eigenbetrieblichen Interesse des Arbeitgebers auszugehen.[1] Zur Vermeidung steuerlicher Nachteile sollten daher die berufliche Veranlassung der Reise, das Reiseprogramm und der jeweilige konkrete berufliche Bezug dokumentiert werden. Dazu reichen allgemeine Angaben im Arbeitsvertrag – etwa die Verpflichtung zur Durchführung von Dienstreisen – nicht aus. Vielmehr bedarf es bei jeder Reise konkreter Aufzeichnungen.

cc) Bewertung geldwerter Vorteile

145 Liegt in einer Zuwendung an den Arbeitnehmer ein geldwerter Vorteil, ist dieser Vorteil zum Zwecke der Lohnversteuerung zu bewerten. Eine vertragliche Vereinbarung über den Wert der Leistungen ist für die Besteuerung des Vorteils ohne Belang. Vielmehr ist die Bewertung zwingend nach den steuerrechtlichen Vorschriften vorzunehmen. Maßgebend sind folgende Regelungen:

146 Überlässt der Arbeitgeber dem Arbeitnehmer Waren oder Dienstleistungen, die der Arbeitgeber überwiegend für die eigenen Arbeitnehmer herstellt, vertreibt oder erbringt, gilt der sog. **Grundsatz der Einzelbewertung**. Dies bedeutet, dass die Einnahmen mit den um übliche Preisnachlässe geminderten üblichen Endpreisen am Abgabeort anzusetzen sind (§ 8 Abs. 2 Satz 1 EStG). Maßgebend ist also der Marktpreis, den ein Dritter für den Erwerb des Wirtschaftsgutes aufwenden müsste. Sonderrabatte bleiben bei der Ermittlung des Marktpreises außer Ansatz.

147 Die wohl in der Praxis bedeutendste Sonderregelung für die Bewertung eines geldwerten Vorteils betrifft die **Überlassung eines Kraftfahrzeuges** zur privaten Nutzung (sog. → *Dienstwagen*, II D 20), die in § 8 Abs. 2 Satz 3–5 i.V.m. § 6 Abs. 1 Nr. 4 Satz 2 und 3 EStG geregelt ist (s. dazu → *Dienstwagen*, II D 20 Rz. 28 ff.).

148 Eine weitere Sonderregelung ist die Bewertung nach der **Sozialversicherungsentgeltverordnung** (SvEV). In dieser sind – ebenfalls abweichend vom Grundsatz der Einzelbewertung – Sachbezugswerte für in der Praxis oftmals gewährte Sachbezüge festgelegt. Erfasst sind:
– freie Verpflegung, d.h. die Verköstigung eines Arbeitnehmers über einen längeren Zeitraum, wobei die Werte der SvEV auch auf die Ausgabe von Essensmarken und -gutscheinen Anwendung finden;[2]
– freie Wohnung; allerdings kommen die Werte der SvEV nur zur Anwendung, wenn für die überlassene Wohnung kein ortsüblicher Mietpreis feststellbar ist;
– freie Unterkunft, also die Bereitstellung von Schlaf- und Unterkunftsmöglichkeiten.

Die Werte der SvEV werden in regelmäßigen Abständen, in der Regel, jährlich angepasst.[3]

---
1 BFH v. 24.8.2010 – VI B 14/10, NZA 2011, 28.
2 R 8.1 Abs. 7 LStR.
3 Zuletzt durch Verordnung v. 24.11.2014, BGBl. I, S. 1799.

In der SvEV sind zudem die sozialversicherungsrechtlich relevanten Arbeitsentgelte angesprochen (s. Rz. 113 ff.).

Eine weitere steuerrechtliche Besonderheit ist die sog. **Bagatellregelung** des § 8 Abs. 2 Satz 11 EStG. Nach dieser Vorschrift bleiben Sachbezüge, die nach der Regelung des § 8 Abs. 2 Satz 1 EStG mit dem Marktpreis zu bewerten wären, außer Ansatz, wenn der sich für den einzelnen Steuerpflichtige ergebende Vorteil 44 Euro im Kalendermonat nicht übersteigt. Es handelt sich um eine der Erleichterung der Besteuerung dienende Freigrenze, bei deren Überschreiten die Zuwendung in vollem Umfang steuerpflichtig wird. Da das Gesetz ausdrücklich auf den Kalendermonat abstellt, ist eine auf das Jahr bezogene Durchschnittsberechnung nicht zulässig. Maßgeblich ist der Zufluss des Sachbezugs.[1] Die Vorschrift eröffnet damit dem Arbeitgeber die Möglichkeit, dem Arbeitnehmer monatlich zusätzlich zum Arbeitslohn – wenn auch nur geringe – steuerfreie Zuwendungen zu gewähren. Auch Job-Tickets oder Warengutscheine, z.B. Tankgutscheine oä., können Sachbezug i.S.v. § 8 Abs. 1 Satz 1 EStG sein. Voraussetzung ist aber, dass eine Barauszahlung ausgeschlossen ist.[2] Bei der Vertragsgestaltung muss weiter beachtet werden, dass die Bagatellregelung nicht für jede einzelne Leistung des Arbeitgebers gilt, sondern es sich um einen Monatshöchstbetrag handelt. Das bedeutet, dass alle in einem Kalendermonat zufließenden Sachbezüge zusammenzurechnen sind.[3]

Eine weitere große Fallgruppe ist die Bewertung der Überlassung von Waren und Dienstleistungen, die vom Arbeitgeber nicht überwiegend für den Bedarf der Arbeitnehmer hergestellt, vertrieben oder erbracht werden (§ 8 Abs. 3 EStG), sog. **Personalrabatte**. Von der Bewertung nach § 8 Abs. 2 EStG unterscheidet sich die Bewertung der Personalrabatte durch den Umstand, dass dem Arbeitnehmer der unentgeltliche oder verbilligte Bezug von Produkten eingeräumt wird, die der Arbeitgeber Dritten am Markt anbietet. Es ist nicht erforderlich, dass die angebotenen Waren oder Dienstleistungen ständig zur Leistungspalette des Arbeitgebers gehören, sodass z.B. auch bei Aktionswaren Personalrabatte i.S.d. § 8 Abs. 3 EStG gewährt werden können. Anders als bei der Bewertung nach § 8 Abs. 2 EStG ist bei der Bewertung der Personalrabatte nicht auf den Marktpreis abzustellen. Als geldwerter Vorteil ist nach § 8 Abs. 3 EStG vielmehr der um 4 v.H. geminderte Endpreis anzusetzen, zu dem der Arbeitgeber oder der dem Abgabeort nächstansässige Abnehmer die Waren oder Dienstleistungen fremden Letztverbrauchern im allgemeinen Geschäftsverkehr anbietet. Das sind nicht die in Preislisten oder Preisauszeichnungen genannten Preise, sondern der Endpreis, einschließlich der Umsatzsteuer, der am Ende der Verkaufsverhandlungen durchschnittlich zustande kommt. Deshalb sind auch Rabatte in die Berechnung des Endpreises einzubeziehen.[4] Das Gleiche gilt, wenn Preisnachlässe allgemein üblich sind und den Letztverbrauchern in der Regel ohne besondere Nachfrage eingeräumt werden, z.B. sog. Hauspreise. Bei den in der Praxis bedeutenden Rabatten in der Automobilindustrie kann deshalb der geldwerte Vorteil in der Regel nicht anhand der Listenpreise ermittelt werden.[5]

---

1 BFH v. 14.11.2012 – VI R 56/11, DB 2013, 353.
2 BFH v. 11.11.2010 – VI R 21/09, NZA-RR 2011, 313.
3 R 8.1 Abs. 3 LStR.
4 BFH v. 26.7.2012 – VI R 27/11, VI R 30/09, DB 2012, 2551; 2553; BMF v. 16.1.2013, BStBl. I 2013, 729 Tz. 3.2.
5 BFH v. 17.6.2009 – VI R 18/07, NZA-RR 2009, 659.

Die Finanzverwaltung[1] stellt deshalb „wegen der Schwerigkeiten bei der Ermittlung des tatsächlichen Angebotspreises" auf den durchschnittlichen Preisnachlass ab, der modellbezogen nach den tatsächlichen Verkaufserlösen in den vorangegangenen drei Kalendermonaten zu ermitteln ist. Maßgeblich ist die jeweilige Endpreisfeststellung im Zeitpunkt der Bestellung (Bestellbestätigung). Die genaue Ermittlung des Vorteils ist – auch nach den Vorgaben der Finanzverwaltung – kompliziert und bürokratisch. Bei neuen Modellen ist ein pauschaler Abschlag von 6 % zulässig.[2] Von dem ermittelten Vorteil sind Zahlungen des Arbeitnehmers in Abzug zu bringen, so dass nur das Ersparte, also die Differenz zwischen der geleisteten Zahlung und dem ermittelten Endpreis, als Arbeitslohn anzusehen ist. Zur sozialversicherungsrechtlichen Behandlung s. Rz. 83 ff.

151 Trotz der Steuerpflicht der Personalrabatte bleibt eine Vereinbarung über die Gewährung von Personalrabatten für die Arbeitnehmer attraktiv. Denn die Vorteile unterliegen nur insoweit der Besteuerung, wie der Rabattfreibetrag des § 8 Abs. 3 Satz 2 EStG überschritten wird. Nach dieser Vorschrift bleiben die Vorteile steuerfrei, sofern sie 1 080 Euro im Kalenderjahr nicht übersteigen.

Zu beachten ist, dass der Freibetrag nur zur Anwendung kommt, wenn der Rabatt unmittelbar im Verhältnis Arbeitgeber/Arbeitnehmer gewährt wird. Verschafft der Arbeitgeber dem Arbeitnehmer **Preisvorteile bei einem Dritten**, ist der damit verbundene Vorteil in voller Höhe steuerpflichtig.[3] Dies hat vor allem Bedeutung bei Rabattgewährungen innerhalb eines Konzernverbundes und sollte daher bei der Vertragsgestaltung bedacht werden. Denn auch im Konzernverbund kann nur das Unternehmen begünstigte Personalrabatte gewähren, das im steuerrechtlichen Sinn als Arbeitgeber anzusehen ist.[4]

152 In Einzelfällen kann die Anwendung der Regelung des § 8 Abs. 3 EStG für den Arbeitnehmer ungünstiger sein als die Anwendung der Grundregel des § 8 Abs. 2 Satz 1 EStG. In diesem Fall besteht ein Wahlrecht zugunsten der günstigeren Besteuerung.[5]

b) Steuerfreie Einnahmen

153 Bei dem Abschluss eines Arbeitsvertrags sollte auch in Erwägung gezogen werden, ob es möglich ist, die Vergütung oder Teile der Vergütung steuerfrei zu gewähren. Das Einkommensteuergesetz sieht nämlich für eine Vielzahl von Fallgestaltungen Steuerbefreiungen vor, auf die hier allerdings nur stichwortartig eingegangen werden kann.[6]

---

1 BMF v. 18.12.2009, BStBl. I 2010, 20; ergänzt durch BMF v. 16.5.2013, BStBl. I 2013, 729.
2 Zu Einzelheiten der Berechnung vgl. BMF-Schreiben v. 18.12.2009, BStBl. I 2010, 20.
3 BMF v. 20.1.2015, BStBl. I 2015, 143; BFH v. 10.4.2014 – VI R 62/11, DB 2014, 1593; v. 7.5.2014 – VI R 73/12, DB 2014, 1718.
4 BFH v. 1.10.2009 – VI R 22/07, NZA 2010, 150.
5 BFH v. 5.9.2006 – VI R 41/02, NZA-RR 2007, 143; v. 26.7.2017 – VI R 27/11 und VI R 30/09, DB 2012, 2551 und 2553; dem folgende BMF v. 16.5.2013, BStBl. I 2013, 729.
6 Es ist daher auf lohnsteuerliche Spezialliteratur zu verweisen, insbesondere auf *Brick* (Hrsg.), Praxishandbuch zum Lohnsteuerrecht, Teil 2; *Heuermann/Wagner*, LohnSt, Teil E.

aa) Katalog des § 3 EStG

Das Gros der Steuerbefreiungen ist in dem unsystematischen Katalog des § 3 EStG enthalten. Für den Bereich der Arbeitnehmerbesteuerung sind im Zusammenhang mit der Vertragsgestaltung insbesondere von Bedeutung: **154**

§ 3 Nr. 11 EStG stellt bestimmte **Beihilfen und Unterstützungen**, die aus öffentlichen Mitteln wegen Hilfsbedürftigkeit gewährt werden, steuerfrei. Über diese gesetzliche Regelung hinaus stellt die Finanzverwaltung auch Unterstützungen an Arbeitnehmer im privaten Dienst steuerfrei, z.B. in Krankheits- oder Unglücksfällen. In der Regel ist die Steuerfreiheit auf Beträge bis zu 600 Euro im Kalenderjahr beschränkt; darüber hinaus stellt die Finanzverwaltung auch formelle Anforderungen.[1] **155**

§ 3 Nr. 16 EStG: In dieser Vorschrift sind in der Praxis häufig vorkommende Befreiungstatbestände normiert. Steuerfrei sind die Vergütungen, die Arbeitnehmer außerhalb des öffentlichen Dienstes[2] von ihrem Arbeitgeber zur Erstattung von Reisekosten aus Anlass von → *Dienstreisen*, II D 15, Rz. 12, → *Umzugskosten*, II U 10 Rz. 25 oder Mehraufwendungen bei doppelter Haushaltsführung erhalten. Allerdings ist die Steuerfreiheit der Erstattung von Verpflegungsmehraufwendungen auf Pauschbeträge beschränkt.[3] Einschränkungen gibt es auch für die Erstattung von Kraftfahrzeugkosten und von Mehraufwendungen aus Anlass einer doppelten Haushaltsführung. Stets ausgeschlossen ist die Steuerfreiheit, soweit die Zuwendungen des Arbeitgebers den Aufwand des Arbeitnehmers übersteigen. **156**

§ 3 Nr. 26 EStG: Steuerfrei sind die Einnahmen aus einer **nebenberuflichen Tätigkeit** als Übungsleiter, Ausbilder, Erzieher, Betreuer oder vergleichbaren Tätigkeiten, aus nebenberuflichen künstlerischen Tätigkeiten oder der nebenberuflichen Pflege alter, kranker oder behinderter Menschen im Dienst oder im Auftrag einer inländischen juristischen Person des öffentlichen Rechts oder einer unter § 5 Abs. 1 Nr. 9 KStG fallenden Einrichtung zur Förderung gemeinnütziger, mildtätiger und kirchlicher Zwecke i.S.d. §§ 52–54 AO. Diese oft als „Übungsleiterpauschale" bezeichnete Vorschrift erfasst damit auch die Einnahmen aus sog. **ehrenamtlicher Tätigkeit** (s. hierzu → *Ehrenämter*, II E 10 Rz. 14). Die Steuerfreiheit ist auf einen Betrag von 2 400 Euro im Kalenderjahr beschränkt. **157**

§ 3 Nr. 26a EStG: Die Steuerbefreiung ergänzt § 3 Nr. 26 EStG und gewährt eine Steuerbefreiung auch für nebenberufliche Tätigkeiten, die nicht zu den in § 3 Nr. 26 EStG genannten Katalogberufen gehören. Damit sind vor allem auch administrative Arbeiten begünstigt. Der Freibetrag, der hinsichtlich der weiteren Tatbestandsvoraussetzungen mit § 3 Nr. 26 EStG identisch ist, beträgt 720 Euro im Kalenderjahr. **158**

§ 3 Nr. 28 EStG: Der wesentliche Anwendungsbereich dieses Befreiungstatbestandes ist die Steuerfreiheit von Zahlungen des Arbeitgebers im Zusammenhang mit **159**

---
1 Zu Einzelheiten R 3.11 LStR.
2 Für Angehörige des öffentlichen Dienstes gilt die Sondervorschrift des § 3 Nr. 13 EStG.
3 Bei 24-stündiger Abwesenheit 24 Euro, An- und Abreisetag mit Übernachtung 12 Euro, eintägige Abwesenheit von mehr als 8 Stunden 12 Euro. Bei Abwesenheit unter 8 Stunden kann Verpflegungsmehraufwand nicht steuerfrei erstattet werden.

dem **Altersteilzeit**gesetz, also der Aufstockungsbeträge, Höherversicherungsbeiträge und zusätzlichen Beiträge zur gesetzlichen Rentenversicherung.

160 § 3 Nr. 30 EStG stellt Entschädigungen für die betriebliche Nutzung von Werkzeugen eines Arbeitnehmers (sog. **Werkzeuggeld**) steuerfrei, soweit sie die entsprechenden Aufwendungen des Arbeitnehmers nicht offensichtlich übersteigen. Unter Werkzeugen im Sinne dieser Vorschrift sind nur Handwerkszeuge zu verstehen, die zur leichteren Handhabung, zur Herstellung oder Bearbeitung eines Gegenstands verwendet werden.[1] Demzufolge können Aufwendungen für andere Arbeitsmittel (z.B. Datenverarbeitungsgeräte, Musikinstrumente) nicht steuerfrei ersetzt werden.

161 § 3 Nr. 31 EStG: Die unentgeltliche oder verbilligte Überlassung von typischer **Berufskleidung**, die der Arbeitgeber seinem Arbeitnehmer überlässt, ist steuerfrei. Geldzahlungen sind nur dann steuerfrei, wenn sie der Barablösung eines nicht nur einzelvertraglichen Anspruchs auf Gestellung typischer Berufskleidung dienen, die Barablösung betrieblich veranlasst ist und die Zahlungen die dem Arbeitnehmer entstandenen Aufwendungen nicht offensichtlich übersteigen. Ob ein Kleidungsstück zur „typischen Berufskleidung" gehört, lässt sich nur nach den Umständen des Einzelfalles bestimmen. Sofern es sich nicht um Arbeitsschutzkleidung handelt, ist eine Abgrenzung zur sog. „bürgerlichen Kleidung" erforderlich, die auch im Alltag getragen werden kann. Hier ist nach Ansicht der Finanzverwaltung darauf abzustellen, ob z.B. aufgrund der uniformartigen Beschaffenheit des Kleidungsstücks oder einer dauerhaft angebrachte Kennzeichnung mit einem Firmenemblem oder -schriftzug objektiv eine berufsbezogene Funktion besteht, die eine private Nutzung des Kleidungsstücks so gut wie ausgeschlossen erscheinen lässt.[2]

162 § 3 Nr. 32 EStG: Steuerfrei ist die unentgeltliche oder verbilligte **Sammelbeförderung** eines Arbeitnehmers zwischen Wohnung und Arbeitsstätte mit einem vom Arbeitgeber gestellten Beförderungsmittel, soweit die Sammelbeförderung für den betrieblichen Einsatz des Arbeitnehmers notwendig ist. Diese Steuerbefreiung hat in der Praxis nur geringe Bedeutung (z.B. Werksbus).

163 § 3 Nr. 33 EStG: Im Einzelfall von Interesse sein kann auch die Übernahme von **Kinderbetreuungskosten** durch den Arbeitnehmer, da Leistungen des Arbeitgebers zur Unterbringung und Betreuung von nicht schulpflichtigen Kindern der Arbeitnehmer in Kindergärten oder vergleichbaren Einrichtungen, auch **Betriebskindergärten**, steuerfrei sind. Voraussetzung ist, dass die Leistungen zusätzlich zum ohnehin geschuldeten Arbeitslohn[3] erbracht werden; dies ist bei der Vertragsgestaltung zu beachten. Nicht begünstigt ist hingegen, wenn der Arbeitgeber die Aufwendungen für eine Tagesmutter trägt.

164 § 3 Nr. 34 EStG sieht eine Steuerbefreiung für zusätzlich zum Arbeitslohn erbrachte Leistungen des Arbeitgebers zur Verbesserung des allgemeinen Gesundheitszustands und der betrieblichen Gesundheitsförderung vor. Die Steuerfreiheit

---

1 BFH v. 21.8.1995 – VI R 30/95, DB 1996, 1114.
2 Zur Abgrenzung vgl. BFH v. 18.4.1991 – IV R 13/90, DB 1991, 2015; v. 16.8.1994 – I B 5/94 – BFH/NV 1995, 207; Beispiel für Einzelfälle bei *Heuermann/Wagner*, LohnSt, Teil F Rz. 416.
3 Zum Zusätzlichkeitserfordernis vgl. BFH v. 19.9.2012 – VI R 54/11 und VI R 55/11, DB 2012, 2098 und NZA-RR 2013, 93; BMF v. 22.5.2013, BStBl. I 2013, 728.

ist auf einen Betrag von 500 Euro je Kalenderjahr beschränkt und davon abhängig, dass die Maßnahmen hinsichtlich der Qualität, Zweckbindung und Zielgerichtetheit den Anforderungen der §§ 20 und 20a SGB V entsprechen.

§ 3 Nr. 34a EstG normiert eine Steuerbefreiung für verschiedene Leistungen des Arbeitgebers im Zusammenhang mit der Kinderbetreuung. Steuerfrei sind zum einen Leistungen an Dienstleistungsunternehmen für Beratungsleistungen hinsichtlich der Betreuung von Kindern und die Vermittlung von Betreuungspersonen. Zum anderen sind steuerfrei Leistungen des Arbeitgebers zur kurzfristigen Betreuung von Kindern, die das 14. Lebensjahr noch nicht vollendet haben oder infolge einer vor dem 25. Lebensjahr eingetretenen Behinderung außerstande sind, sich selbst zu unterhalten. Die Betreuung muss aus zwingenden und beruflich veranlassten Gründen notwendig sein und im Haushalt des Arbeitnehmers erfolgen. Die Steuerfreiheit ist auf einen Höchstbetrag von 600 Euro im Kalenderjahr beschränkt; bei mehreren Kindern ist er für jedes Kind anzuwenden. Die Leistungen müssen zusätzlich zum ohnehin geschuldeten Arbeitslohn erbracht werden. 164a

§ 3 Nr. 38 EStG enthält eine besondere Steuerbefreiung für Zuwendungen, die der Arbeitnehmer nicht vom Arbeitgeber, sondern von dritten Unternehmen im Rahmen sog. **Kundenbindungsprogramme** erhält. Steuerfrei sind Sachprämien – dazu gehören auch Meilengutschriften der Vielfliegerprogramme der Fluggesellschaften –, die der Arbeitnehmer für die persönliche Inanspruchnahme von Dienstleistungen unentgeltlich erhält, die diese Unternehmen zum Zwecke der Kundenbindung in einem jedermann zugänglichen planmäßigen Verfahren gewähren. Die Steuerfreiheit ist auf einen Betrag von 1 080 Euro im Kalenderjahr beschränkt. Wird der Betrag überschritten, kann das die Prämie gewährende Unternehmen (nicht der Arbeitgeber!) den insoweit steuerpflichtigen Betrag mit einem Pauschsteuersatz von 2,25 v.H. pauschal versteuern (§ 37a EStG). Die Steuerfreiheit erstreckt sich nicht auf Vorteile aus Kundenbindungsprogrammen, die dem Arbeitgeber zustehen und die dieser dem Arbeitnehmer überlässt. Bei einer solchen Fallgestaltung handelt es sich um eine zu Arbeitslohn führende Zuwendung des Arbeitgebers. 165

§ 3 Nr. 45 EStG: Steuerfrei sind die Vorteile aus der **privaten Nutzung betrieblicher Datenverarbeitungs- und Telekommunikationsgeräte**. Die Steuerfreiheit erstreckt sich auch auf die private Internet-Nutzung am betrieblichen Datenverarbeitungsgerät, der sich aber nicht in betrieblichen Räumen des Arbeitgebers befinden muss. Damit ist auch die Privatnutzung eines vom Arbeitgeber zur Nutzung am häuslichen Arbeitsplatz überlassenen Gerätes steuerfrei. Die Steuerfreiheit umfasst auch die mit der Gerätenutzung verbundenen Verbindungskosten sowie das Zubehör. 166

§ 3 Nr. 50 EStG stellt die Beträge steuerfrei, die der Arbeitnehmer vom Arbeitgeber erhält, um sie für ihn auszugeben (sog. **durchlaufende Gelder**) sowie die Beträge, die der Arbeitnehmer zum Ersatz von Auslagen erhält, die für den Arbeitgeber getätigt wurden (sog. **Auslagenersatz**). Es muss sich also um Aufwendungen handeln, die der Arbeitnehmer im überwiegenden eigenbetrieblichen Interesse des Arbeitgebers getätigt hat. Im Gegensatz dazu steht der Werbungskostenersatz, mit dem der Arbeitgeber Aufwendungen des Arbeitnehmers ausgleicht, die bei diesem zu Werbungskosten geführt hätten und der beim Arbeitnehmer zum Zufluss von Arbeitslohn führt. 167

168 **§ 3 Nr. 51 EStG: Trinkgeldzahlungen** Dritter gehören als Lohnzahlung eines Dritten zum Arbeitslohn, sind aber steuerfrei, sofern es sich um freiwillige Trinkgelder handelt. Damit sind z.B. Trinkgeldzahlungen im Gastgewerbe – systemwidrig – vollständig von der Besteuerung ausgenommen. Tronc-Auszahlungen an Arbeitnehmer der Spielbanken sind keine Trinkgelder und daher steuerpflichtig.[1] Gleiches gilt für Zahlungen eines Chefarztes an Mitarbeiter einer Klinik aus einem Liquidationspool.[2]

169 **§ 3 Nr. 56 EStG:** Steuerfrei sind laufende Beiträge und laufende Zuwendungen des Arbeitgebers aus einem bestehenden Dienstverhältnis an eine Pensionskasse zum Aufbau einer nicht kapitalgedeckten betrieblichen Altersversorgung. Begünstigt sind nur Zuwendungen im Rahmen eines ersten Dienstverhältnisses. Weitere Voraussetzung ist, dass die Auszahlung in Form einer Rente oder eines Auszahlungsplans im Sinne des Altersvorsorgeverträge-Zertifizierungsgesetzes vorgesehen ist. Steuerfrei sind Zuwendungen bis zu jährlich 2 % (2014–2019) der Beitragsbemessungsgrenze in der allgemeinen Rentenversicherung.

170 **§ 3 Nr. 62 EStG** sieht für bestimmte Arten von Zukunftssicherungsleistungen des Arbeitgebers zu Gunsten des Arbeitnehmers Steuerfreiheit vor. Steuerfrei sind u.a. die Ausgaben zur **Zukunftssicherung**, zu denen der Arbeitgeber nach sozialversicherungsrechtlichen oder anderen gesetzlichen Vorschriften oder nach einer auf gesetzlichen Vorschriften beruhenden Bestimmung verpflichtet ist. Damit werden vor allem die Sozialversicherungsabgaben (Arbeitslosen-, Kranken-, Renten- und Pflegeversicherungsbeiträge) des Arbeitgebers von der Besteuerung ausgenommen.

171 **§ 3 Nr. 63 EStG** stellt Beiträge des Arbeitgebers aus einem ersten Dienstverhältnis an eine Pensionskasse, Pensionsfonds oder eine Direktversicherung steuerfrei, sofern sie im Kalenderjahr 4 % der Bemessungsgrundlage in der Rentenversicherung der Arbeiter und Angestellten nicht übersteigen. Der Höchstbetrag erhöht sich um 1 800 Euro, wenn die Versorgungszusage nach dem 31.12.2004 erteilt wurde. Werden Beiträge aus Anlass der Beendigung des Dienstverhältnisses gezahlt, sind sie steuerfrei soweit sie 1 800 Euro, vervielfältigt mit der Anzahl der Kalenderjahre, in denen das Arbeitsverhältnis mit dem Arbeitgeber bestanden hat, nicht übersteigen, vermindert um die Beiträge, die in den sechs vorangegangenen Jahren geleistet wurden. Diese Vervielfältigungsregelung eröffnet damit eine Gestaltungsmöglichkeit anstelle steuerpflichtiger Abfindungsleistungen bei Beendigung eines Dienstverhältnisses.

§ 3 Nr. 66 EStG: Steuerfrei sind auch Leistungen des Arbeitgebers oder an eine Unterstützungskasse/an einen Pensionsfonds zur Übernahme bestehender Versorgungsanwartschaften.

bb) Andere Befreiungstatbestände

172 Einen in der Praxis wichtigen Befreiungstatbestand regelt § 3b EStG mit der Steuerbefreiung für Sonntags-, Feiertags- oder Nachtarbeitszuschläge; s. → *Mehrarbeits- und Überstundenvergütung*, II M 20. Von Bedeutung ist ferner der Versorgungsfreibetrag nach § 19 Abs. 2 EStG. Steuerfrei sind auch die Arbeitnehmer-Sparzulage

---

1 BFH v. 25.11.2009 – VI B 97/09, BFH/NV 2010, 632.
2 FG Hamburg v. 30.3.2009 – 6 K 45/08, EFG 2009, 1367.

(§ 13 Abs. 3 5. VermBG) und die Wohnungsbauprämie (§ 6 WoPG). Der Freibetrag von 360 Euro bei der Überlassung von Vermögensbeteiligungen an Arbeitnehmer (§ 3 Nr. 39 EStG) hat in der Praxis wegen der geringen steuerlichen Auswirkung und der komplizierten Ausgestaltung der Vorschrift keine Bedeutung.

Neben diesen gesetzlichen Befreiungen sieht die Finanzverwaltung auch gelegentlich Steuerbefreiungen in Verwaltungsvorschriften vor, denen aber die gesetzliche Grundlage fehlt.[1]

---

1 Z.B. R 19.6 LStR: Steuerfreiheit von Aufmerksamkeiten bis zu einem Wert von 60 Euro.

A 80 Arbeitsentgelt, überzahltes

	Rz.		Rz.
1. Einführung	1	cc) Kondiktion entrichteter Lohnsteuer und Sozialversicherungsbeiträge?	20
a) Irrtümliche Überzahlungen	1		
b) Entreicherungseinwand und dessen Beweislast	3	c) Rückzahlungspflicht bei Wahrung der Ausschlussfrist	21
2. Klauseln	8	aa) Auswirkung einer arbeitnehmerseitigen schuldhaften Nichtaufklärung der Überzahlung auf den Lauf der Ausschlussfrist	25
a) Unbegrenzte Rückzahlungspflicht	8		
b) Begrenzte Rückzahlungspflicht	16		
aa) Schuldhaftes Nichterkennen der Überzahlung seitens des Arbeitnehmers	17	bb) Verjährungsfrist für den Kondiktionsanspruch	28
bb) Leichte Fahrlässigkeit des Arbeitgebers bei Überzahlung	19	d) Ratenvereinbarungen	29
		3. Hinweise zur Vertragsgestaltung; Zusammenfassung	32

Schrifttum:

Bieder, Überzahlung von Arbeitsentgelt und formularvertraglicher Ausschluss des Entreicherungseinwands, DB 2006, 1318; *Eckert*, AR-Blattei SD, Ungerechtfertigte Bereicherung, 2006; *Hromadka*, Irrtümliche Überzahlung von Lohn, in Köbler/Heinze/Schapp (Hrsg.), Freundesgabe für Alfred Söllner, 1990, S. 105; *Möller*, Die Rückführung überzahlten Arbeitsentgelts, ZTR 1989, 306; *Mummenhof*, AR-Blattei SD, Rückzahlung 1999; *Schwab*, Verwirkung des Anspruchs des Arbeitgebers auf Rückerstattung von Lohnüberzahlungen, BB 1995, 221.

1. Einführung

a) Irrtümliche Überzahlungen

1 Im bestehenden Arbeitsverhältnis hat der Arbeitgeber typischerweise eine Anzahl unterschiedlicher Geldleistungen zu erbringen. Bei Auszahlung und Abrechnung von Vergütungen, Provisionen, Urlaubsgeld, Entgeltfortzahlung und Sonderleistungen aller Art kann es zu Überzahlungen des Arbeitgebers kommen.[1] Sofern es sich um **irrtümliche Leistungen ohne Rechtsgrund** handelt, kommt eine Rückerstattung nach **bereicherungsrechtlichen Grundsätzen** (§ 812 Abs. 1 Satz 1 Alt. 1 BGB, „condictio indebiti") in Betracht. In seiner frühen Rechtsprechung lehnte das BAG[2] noch die unmittelbare Anwendung der §§ 812 ff. BGB ab und konstruierte stattdessen eine Rückerstattungspflicht aus der „arbeitsrechtlichen Treuepflicht". Dies überzeugt dogmatisch nicht, da diese BAG-Rechtsprechung ebenfalls den Rechtsgedanken des § 818 Abs. 3 BGB berücksichtigte. Es besteht kein Grund, die §§ 812 ff. BGB für den Fall des überzahlten Entgelts nicht unmittelbar heranzuzie-

---

1 Bzgl. des Falles, dass der Arbeitgeber in Erwartung einer (sodann nicht gewährten) Erstattung von Arbeitnehmeranteilen zur Sozialversicherung eine Zahlung an den Arbeitnehmer leistet, BAG v. 1.2.2006 – 5 AZR 395/05, ZTR 2006, 434.
2 BAG v. 31.3.1960 – 5 AZR 441/57, AP Nr. 5 zu § 394 BGB und v. 11.11.1960 – 4 AZR 361/58, AP Nr. 1 zu § 819 BGB.

hen.[1] Mittlerweile wendet auch das BAG die §§ 812 ff. BGB bei überzahltem Entgelt an.[2] Inwieweit der Kondiktionsschuldner das zu Unrecht Erlangte herausgeben muss, richtet sich deshalb nach §§ 818, 819 BGB.[3] Leistet der Arbeitgeber, obwohl er weiß, dass er dazu nicht verpflichtet ist, kann er nach § 814 BGB die Rückgewähr nicht verlangen.

Bei den Bereicherungsansprüchen und ihrer gesetzlichen Ausgestaltung in den §§ 812 ff. BGB handelt es sich um eine Ausgleichsordnung, deren Auslegung im Einzelfall in besonderem Maße dem Grundsatz von Treu und Glauben untersteht.[4] Der Bereicherungsanspruch ist grundsätzlich auf Herausgabe des Erlangten (§ 818 Abs. 1 BGB) oder auf Wertersatz (§ 818 Abs. 2 BGB) beschränkt. Die Verpflichtung entfällt, soweit der Empfänger nicht mehr bereichert ist, § 818 Abs. 3 BGB. Diese Norm wird vielfach als der eigentliche Grundgedanke des Bereicherungsrechts bezeichnet.[5] Sie begünstigt den Empfänger, der nur im Falle der Kenntnis des fehlenden Rechtsgrundes (§ 819 Abs. 1 BGB) oder nach Rechtshängigkeit (§ 818 Abs. 4 BGB) verschärft haftet.

b) Entreicherungseinwand und dessen Beweislast

Das dispositive Recht führt auch im Arbeitsverhältnis zu einem ausgewogenen Interessenausgleich und einer angemessenen Risikoverteilung. Die §§ 812 ff. BGB haben eine Ausgleichsfunktion zur „Korrektur irregulärer Vermögenszuordnungen".[6] Die Korrektur- und Güterschutzfunktion des Bereicherungsrechts dient den Gläubigerinteressen. § 818 Abs. 3 BGB bildet hierzu das notwendige Korrelat, durch das der begünstigte Kondiktionsschuldner geschützt wird, wenn er annehmen konnte, das Erlangte behalten zu dürfen.[7]

Der Arbeitnehmer ist danach als nicht mehr bereichert anzusehen, wenn er eine nicht erkannte Zuvielzahlung für Anschaffungen verbraucht hat, die er sich sonst nicht hätte erlauben können (sog. Luxusaufwendungen),[8] oder wenn er seinen Lebensstandard dem erhöhten Einkommen angepasst hat.[9] Eine **Entreicherung** liegt allerdings dann nicht vor, wenn anderweitige Aufwendungen erspart[10] oder bestehende Schulden getilgt wurden.

---

1 *Schnorr/von Carolsfeld*, Anm. zu AP Nr. 1 zu § 819 BGB; *A. Hueck*, Anm. zu AP Nr. 5 zu § 394 BGB; *Larenz*, Anm. zu AP Nr. 1 zu § 611 BGB Lohnrückzahlung; *Hromadka*, Freundesgabe Söllner, S. 105 ff.
2 Vgl. nur BAG v. 12.1.1994 – 5 AZR 597/92, NJW 1994, 2636 (2637); v. 18.1.1995 – 5 AZR 817/93, NJW 1996, 411.
3 Einzelheiten bei *Hromadka*, Freundesgabe Söllner, S. 105 (107 ff.).
4 BGH v. 21.12.1961 – III ZR 130/60, BGHZ 36, 235; v. 7.1.1971 – VII ZR 9/70, BGHZ 55, 128; ebenso BAG v. 19.3.1959 – 2 AZR 401/55, AP Nr. 8 zu § 611 BGB Haftung des Arbeitnehmers.
5 Palandt/*Sprau*, § 818 BGB Rz. 26; vgl. auch BGH v. 19.1.1951 – I ZR 15/50, BGHZ 1, 75 (81).
6 MünchKommBGB/*Schwab*, § 818 Rz. 114.
7 *Von Cammerer*, FS Rabel, Band I, S. 368; *Larenz/Canaris*, Schuldrecht BT, § 73 I; MünchKommBGB/*Schwab*, § 818 Rz. 111 ff.
8 BAG v. 18.9.1986 – 5 AZR 817/93, AP Nr. 13 zu § 812 BGB.
9 Vgl. Küttner/*Griese*, Personalbuch 2014, Entgeltrückzahlung, Rz. 8; Schaub/*Linck*, § 74 Rz. 8a.
10 Exemplarisch BAG v. 18.9.1986 – 6 AZR 517/83, AP Nr. 5 zu § 812 BGB.

5   Die **Beweislast** für die Entreicherung trägt grundsätzlich der Arbeitnehmer, wobei diesem **Beweiserleichterungen** zugestanden werden. So kann dem Arbeitnehmer der Beweis des ersten Anscheins zugute kommen.[1] Der **Anscheinsbeweis** für eine Entreicherung greift nach der herrschenden Rechtsprechung, wenn eine nur geringfügige Überzahlung vorliegt, ein erfahrungsgemäß alsbaldiger Verbrauch für die Lebenshaltung angenommen werden kann und nach der Lebenssituation Tatsachen für den Verbrauch sprechen.[2]

6   Das BAG hat sich für eine differenzierende Betrachtung von Überzahlungen ausgesprochen.[3] Auf eine Zahlung, die nach Beendigung des Arbeitsverhältnisses erfolge, könne nicht vertraut werden. Bei **verhältnismäßig geringen Abweichungen des laufenden Entgelts** bestehe der Anschein, dass diese typischerweise für den Konsum ausgegeben worden seien, eine Entreicherung nach § 818 Abs. 3 BGB folglich vorliege. Damit folgt das BAG der Rechtsprechung der Verwaltungsgerichte.[4] Schließlich kann ein Verwendungsnachweis durch den Arbeitnehmer kaum geführt werden, so dass der durch § 818 Abs. 3 BGB gewährte Vertrauensschutz ansonsten ad absurdum geführt würde. Eine Beweiserleichterung bezüglich der Entreicherung komme für Besserverdiener allerdings nicht in Betracht.[5]

7   Den allgemeinen Interessenausgleich des Bereicherungsrechts hat auch der jüngere Gesetzgeber für so überzeugend gehalten, dass er im **Beamtenrecht** von früheren Sonderregelungen Abstand nahm, die dem Beamten die stete Rückzahlungspflicht auferlegten. In Formulararbeitsverträgen wird jedoch vielfach eine generelle Rückgewährpflicht bei Überzahlungen von Lohn und sonstigen Leistungen begründet.

2. Klauseln

a) Unbegrenzte Rückzahlungspflicht

⊃ **Nicht geeignet:**

> a) Der Arbeitnehmer verpflichtet sich, zu viel gezahlte Bezüge zurückzuzahlen.[6]

---

1 BAG v. 12.1.1994 – 5 AZR 597/92, AP Nr. 3 zu § 818 BGB; v. 18.1.1995 – 5 AZR 817/93, AP Nr. 13 zu § 812 BGB; v. 9.2.2005 – 5 AZR 175/04, AP Nr. 12 zu § 611 BGB Lohnrückzahlung = NZA 2005, 814 (817); LAG Hamm v. 3.12.1999, NZA-RR 2000, 189.
2 Vgl. etwa BAG v. 18.1.1995 – 5 AZR 817/93, NZA 1996, 27.
3 BAG v. 11.8.1998 – 9 AZR 83/97, NZA 1999, 36; v. 8.11.2006, NZA 2007, 321 (325); ähnlich BAG v. 18.1.1995 – 5 AZR 175/04, NZA 1996, 27; vgl. auch LAG Rh.-Pf. v. 14.1.2010 – 2 Sa 549/09, Rz. 61.
4 Vgl. BVerwG v. 10.10.1961 – VI C 25/60 und v. 30.8.1962 – II C 90/60, NJW 1962, 266 f. und 2317; ebenso LAG Hamm v. 27.3.1974 – 3 Sa 51/74, BB 1975, 230; LAG München v. 30.3.1988, DB 1989, 332; offen gelassen in BAG v. 18.9.1986 – 6 AZR 517/83, NZA 1987, 380; vgl. auch die Verwaltungsvorschriften, die im öffentlichen Dienst gelten: Ohne nähere Prüfung kann [...] der Wegfall der Bereicherung unterstellt werden, wenn die im jeweiligen Monat zuviel gezahlten Bezüge 10 v. H. des insgesamt zustehenden Betrages, höchstens 300 DM, nicht übersteigen [...]. (Bsp.: Bundesminister des Innern, Allgemeine Verwaltungsvorschriften zum BBesG v. 11.7.1997, GMBl. S. 314).
5 BAG v. 12.1.1994 – 5 AZR 597/92, AP Nr. 3 zu § 818 BGB; kritisch *Grunsky*, ArbuR 1987, 314 (316).
6 Vgl. z.B. *Kador*, S. 161, 167, 175; *Lakies*, Rz. 784 f.

b) Der Angestellte verpflichtet sich, eventuelle Überzahlungen von Gehalt an den Arbeitgeber zurückzuzahlen, auch wenn die Bereicherung nicht mehr vorliegt.

c) Der Arbeitnehmer verpflichtet sich, alle Verdienstabrechnungen unverzüglich zu prüfen und zu viel gezahlte Bezüge auf jeden Fall, und zwar unabhängig von ihrer Höhe, unaufgefordert zurückzuzahlen.

d) Fehler bei der Berechnung der Bezüge oder bei der Überweisung sind unverzüglich der zur Gehaltsabrechnung zuständigen Stelle mitzuteilen, und zwar auch dann, wenn sie sich zugunsten des Mitarbeiters ausgewirkt haben. Nachgewiesene Differenzbeträge sind uneingeschränkt auszugleichen.

e) Dem Arbeitnehmer ist bekannt, dass er alle Bezüge zurückzahlen muss, die er infolge unterlassener, verspäteter oder fehlerhafter Meldung zu viel erhalten hat.[1]

Durch Beispiel e) wird kein Ausschluss des Entreicherungseinwands vereinbart. Diese Klausel beinhaltet eine bloße Wissenserklärung und gibt deklaratorisch nur die ohnehin bestehende gesetzliche Verpflichtung wieder. Die Klausel gewinnt im Lichte des § 305c Abs. 2 BGB nicht die Bedeutung, dass der Arbeitnehmer auf den günstigen Entreicherungseinwand grundsätzlich verzichten will.[2]

Die Klauselbeispiele a)–d) bewirken allerdings eine **Abbedingung des § 818 Abs. 3 BGB**, der den Bereicherungsanspruch auf das Vorhandensein und den Fortbestand der Bereicherung beschränkt. Es fragt sich, ob dies formularmäßig in uneingeschränkter Höhe zulässig ist.[3]

Prinzipiell ist **§ 818 Abs. 3 BGB vertragsdispositiv**.[4] Bisher wurden Vertragsklauseln, die in Abweichung von § 818 Abs. 3 BGB eine uneingeschränkte Rückzahlungspflicht bei Lohnüberzahlungen vorsahen, überwiegend für zulässig gehalten.[5] Ob diese Klauseln als besonderes vertragliches Rückforderungsrecht oder als Abweichung von § 818 Abs. 3 BGB ausgestaltet sind, bleibt im Ergebnis gleich.

In der früheren Rechtsprechung wurde es geradezu als Zweck der Vertragsklauseln angesehen, den Arbeitnehmer mit dem Risiko unrichtiger Lohnberechnung zu belasten.[6] Jedenfalls für „typische Versehen" bei der Lohnberechnung müsse der Arbeitgeber nicht einstehen. Dies wurde auch deshalb für zulässig gehalten, weil in einem Umkehrschluss zu §§ 276 Abs. 3 und 278 Satz 2 BGB die Haftung für leichte und grobe Fahrlässigkeit abbedungen werden kann. Im Ergebnis bewirken daher die

---

1 Folgendem Urteil zugrunde liegend: BAG v. 18.9.1986 – 6 AZR 517/83, AP Nr. 5 zu § 812 BGB.
2 So im Ergebnis auch BAG v. 18.9.1986 – 6 AZR 517/83, AP Nr. 5 zu § 812 BGB; vgl. auch *Lakies*, Rz. 785.
3 Hierzu im Einzelnen *Preis*, Vertragsgestaltung, § 17 III 2.
4 Allgemeine Meinung, vgl. nur Palandt/*Sprau*, § 818 BGB Rz. 32.
5 BAG v. 8.2.1964 – 5 AZR 371/63, AP Nr. 2 zu § 611 BGB Lohnrückzahlung = SAE 1964, 220 mit zust. Anm. *Beitzke* und *Wlotzke*, BArbBl. 1964, 813; v. 20.6.1989 – 3 AZR 504/87, AP Nr. 8 zu § 87 HGB; ebenso für die Versorgungssatzung BGH v. 21.1.1998 – IV ZR 214/96, NJW-RR 1998, 1425; ohne eindeutige Stellungnahme *Hromadka*, Freundesgabe Söllner, S. 105, (118 ff.).
6 So ausdrücklich BAG v. 8.2.1964 – 5 AZR 371/63 und LAG Hess. v. 29.3.1956 – IV/V LA 548/55, AP Nr. 1 u. 2 zu § 611 BGB Lohnrückzahlung.

Klauseln, dass der gutgläubige Arbeitnehmer selbst dann nicht geschützt wird, wenn der Arbeitgeber selbst grob fahrlässig Lohnüberzahlungen herbeigeführt hat.

12 Heute ist anerkannt, dass den Arbeitgeber eine **Nebenpflicht zu richtiger Lohnberechnung** trifft. Sie folgt aus der allgemein anerkannten Leistungstreuepflicht.[1] Ob in Anbetracht dieser Verpflichtung zu korrekter Lohnabrechnung[2] der Arbeitgeber sich hiervon gänzlich freizeichnen kann, erscheint äußerst fraglich. So verdeutlichte *Hueck*[3] schon früh, dass es problematisch sei, das Risiko falscher Lohnberechnung vollständig – auch bei schuldhafter Pflichtverletzung des Arbeitgebers – auf den Arbeitnehmer zu verlagern.

13 Die **Freizeichnung für grobe Fahrlässigkeit** in vorformulierten Bedingungen ist grundsätzlich **unangemessen** (vgl. auch § 309 Nr. 7 BGB).[4] Irrtümer bei der Lohn- und Gehaltsabrechnung fallen zudem in die **Risikosphäre des Arbeitgebers**.[5] Ins Gewicht fällt dabei, dass die für den Arbeitnehmer fortgesetzt falsche Lohnberechnung zu erheblichen Rückzahlungsforderungen führen kann.[6] In Parallele zu dieser Überlegung steht die Rechtsprechung des 8. Senats des BAG, wonach die globale Freizeichnung von arbeitgeberseitig verursachten oder zu verantwortenden Betriebsrisiken in Allgemeinen Arbeitsbedingungen unzulässig ist.[7] Die gängigen uneingeschränkten Lohnrückzahlungsklauseln führen ferner zu einer vollständigen **Abkehr vom dispositiven Leitbild des § 818 Abs. 3 BGB**.[8] Allein diese Gesichtspunkte, insbesondere aber die **vollständige Risikoabwälzung** für fehlerhaftes Verhalten des Arbeitgebers, können eine **unangemessene, mit Treu und Glauben nicht vereinbare Benachteiligung** des Arbeitnehmers i.S.d. § 307 Abs. 2 Nr. 1 BGB bedeuten.

14 Zur Beurteilung der Angemessenheit einer Klausel ist eine **Gesamtbewertung** erforderlich. Einerseits ist es unangemessen, wenn der Arbeitgeber das Risiko für eigene grob fahrlässige Fehler vollständig dem Arbeitnehmer aufbürdet, obwohl ihn eine vertragliche Nebenpflicht zu richtiger Berechnung von Lohn, Steuern und Sozialabgaben trifft.[9] Andererseits ist zu bedenken, dass ohne Modifikation der §§ 818 Abs. 3, 819 Abs. 1 BGB der Arbeitnehmer als Empfänger einer Überzahlung nur

---

1 BAG v. 8.2.1964 – 5 AZR 371/63, AP Nr. 2 zu § 611 BGB Lohnrückzahlung, spricht noch von Fürsorgepflicht; präziser schon *Larenz*, Anm. zu AP Nr. 1 zu § 611 BGB Lohnrückzahlung.
2 Freilich scheitert die schadensrechtliche Berufung des Arbeitnehmers auf diese Pflicht bei Überzahlungen, weil ihm regelmäßig kein Schaden entsteht; LAG Hess. v. 29.3.1956 – IV/V LA 548/55 und BAG v. 8.2.1964 – 5 AZR 371/63, AP Nr. 1 u. 2 zu § 611 BGB Lohnrückzahlung; *Mummenhof*, AR-Blattei: Rückzahlung, Rz. 185.
3 Anm. ARS 37, 42 ff.
4 ErfK/*Preis*, §§ 305–310 BGB, Rz. 93; so auch *Lakies*, Rz. 785; vgl. zur Frage der Haftungsfreizeichnung *Preis*, Vertragsgestaltung, § 16 I; zu möglichen weiteren Verstößen vgl. *Bieder*, DB 2006, 1318 (1319 f.); zum Verstoß gegen § 309 Nr. 12b) BGB → *Beweislastvereinbarungen*, II B 30.
5 So schon *Beitzke*, SAE 1964, 222, und die st. Rspr. des BAG, etwa BAG v. 10.3.2005 – 6 AZR 217/04, AP Nr. 38 zu § 70 BAT = NZA 2005, 812 (813).
6 S. *Bieder*, DB 2006, 1318 (1319).
7 BAG v. 28.9.1989 – 8 AZR 120/88, EzA BGB § 611 Parkplatz Nr. 5.
8 Ebenso *Bieder*, DB 2006, 1318 (1320); *Lakies*, Rz. 786.
9 Das BAG v. 8.2.1964 – 5 AZR 371/63, AP Nr. 2 zu § 611 BGB Lohnrückzahlung, brauchte nicht zu entscheiden, ob die Rückzahlungspflicht auch bei grober Fahrlässigkeit des Arbeitgebers durchgreift; hierzu *Beitzke*, SAE 1964, 222.

bei positiver Kenntnis verschärft haftet (anders im Beamtenrecht, s. Rz. 17). Diese starke Privilegierung des Empfängers ist in einem Dauerschuldverhältnis, in dem auch der Arbeitnehmer selbst die Möglichkeit hat, Geschuldetes von nicht Geschuldetem zu unterscheiden, nicht zwingend geboten. In der Sache versucht sich der Verwender vor eigenen oder Irrtümern seiner Erfüllungsgehilfen zu schützen. Prinzipiell ist dies ein berechtigtes Interesse. Fraglich kann nur sein, ob es angemessen ist, das Irrtumsrisiko vollständig auf den Arbeitnehmer zu verlagern.

Zu bedenken ist, dass die Richtigkeit einer Gehaltsabrechnung nicht ohne Weiteres für den Arbeitnehmer nachprüfbar und erkennbar ist. Das ausgezahlte Entgelt kann häufigen Schwankungen unterliegen.[1] Tariflohnerhöhungen, Veränderungen der Dienstalterssstufe, Sonderzahlungen, Provisionsabrechnungen, Änderungen der Sozialversicherungsbeiträge, Lohnsteuerverrechnungen zum Jahresende u.a.m. führen zu **steten Schwankungen** in der Gehaltsabrechnung. Der Arbeitnehmer darf darauf vertrauen, dass sein Gehalt von einer Personalabteilung richtig berechnet wird. Dieser **Vertrauensschutz**, der aus der vertraglichen Nebenpflicht des Arbeitgebers folgt, korreliert mit dem Rechtsgedanken des § 818 Abs. 3 BGB.[2] Im Interesse des Empfängers einer ohne Rechtsgrund erfolgten Leistung ist, namentlich auch in den Fällen der Lohnüberzahlung, der Schutzgedanke des § 818 Abs. 3 BGB großzügig interpretiert worden.[3] Deshalb verstößt es gegen § 307 Abs. 2 Nr. 1 BGB, in vorformulierten Verträgen den Schutzgedanken des § 818 Abs. 3 BGB vollständig zu entwerten.[4] Daher wird empfohlen, eine grundsätzliche und uneingeschränkte Rückzahlungspflicht nicht zu vereinbaren.

b) Begrenzte Rückzahlungspflicht

Typ 1: Rückzahlung überzahlten Arbeitsentgelts

a) Die Rückforderung zu viel gezahlter Löhne regelt sich nach den Vorschriften des BGB über die Herausgabe einer ungerechtfertigten Bereicherung. Der Kenntnis des Mangels des rechtlichen Grundes der Zahlung steht es gleich, wenn der Mangel so offensichtlich war, dass der Empfänger ihn hätte erkennen müssen.

b) Der Arbeitnehmer hat zu viel erhaltenes Entgelt zurückzuzahlen, es sei denn, der Arbeitgeber oder seine Erfüllungsgehilfen haben vorsätzlich oder grob fahrlässig eine fehlerhafte Auszahlung verursacht. In diesem Fall ist der Arbeitgeber auf Ansprüche nach den Vorschriften des BGB über die Herausgabe einer ungerechtfertigten Bereicherung beschränkt. Eine Rückzahlung beinhaltet auch eventuelle Überzahlungen von Lohnsteuern und Sozialversicherungsbeiträgen.

---

1 Vgl. dazu auch ArbG Kiel v. 8.7.1971 – 4a Ca 448/71, AR-Blattei: Ungerechtfertigte Bereicherung, E 5.
2 S.a. WLP/*Stoffels*, ArbR Rz. 181.
3 S. MünchKommBGB/*Schwab*, § 818 Rz. 176 ff., mit zahlreichen Nachweisen aus der Literatur und der Rechtsprechung der Verwaltungsgerichte zur Überzahlung von Dienstbezügen.
4 So auch *Bieder*, DB 2006, 1318 (1320); DBD/*Däubler*, Anhang Rz. 367; MünchArbR/*Krause* § 65 Rz. 5; *Lakies*, Rz. 786; Schaub/*Linck*, § 74 Rz. 12; MünchKommBGB/*Müller-Glöge*, § 611 Rz. 871; WLP/*Stoffels*, ArbR Rz. 181; *Thüsing*, AGB-Kontrolle im Arbeitsrecht, Rz. 364.

16 Nach den Ausführungen zu den Klauselbeispielen ist eine unbedingte Rückzahlungspflicht für überzahlten Lohn problematisch. Es empfiehlt sich daher, die Rückzahlungspflicht zu begrenzen.

aa) Schuldhaftes Nichterkennen der Überzahlung seitens des Arbeitnehmers

17 Wenn der Arbeitnehmer selbst **grob fahrlässig** einen Fehler in der Gehaltsabrechnung nicht erkennt, **versagt der Schutzgedanke des Vertrauensschutzprinzips**, denn dieser setzt auch die Schutzwürdigkeit des Betroffenen voraus.[1] Aus diesem Grund wird zu Recht die Überlegung angestellt, ob nicht bereits de lege lata mit der Ausweitung des Vertrauensschutzes zugunsten des Empfängers auch eine gewisse Haftungsverschärfung durch Einbeziehung der groben Fahrlässigkeit in die §§ 818 Abs. 4, 819 Abs. 1 BGB zugelassen werden soll.[2] Auch wenn es angesichts der positiven Gesetzeslage zweifelhaft ist, ob sich diese sachgerechte Auffassung durchsetzt, so kann sie dennoch Element eines ausgewogenen Vertragsmodells sein.[3] Dem sucht der Klauseltyp 1a Rechnung zu tragen, der auch in Tarifverträgen (des öffentlichen Dienstes) anzutreffen ist. Im Beamtenrecht wird nur noch auf die §§ 812 ff. BGB verwiesen (vgl. § 12 Abs. 2 Satz 1 BBesG und auf Landesebene bspw. § 80 Abs. 6 LBG NRW i.V.m. § 12 Abs. 2 BBesG, § 109 LBG Baden-Württemberg i.V.m. § 12 Abs. 2 BBesG, § 16 Abs. 2 LBesG Rheinland-Pfalz). Lediglich bezüglich § 819 Abs. 1 BGB enthält das Beamtenrecht eine Erweiterung. Der Kenntnis des Mangels des rechtlichen Grundes der Zahlung steht es gleich, wenn der Mangel so offensichtlich war, dass der Empfänger ihn hätte erkennen müssen (§ 12 Abs. 2 Satz 2 BBesG und auf Landesebene etwa § 80 Abs. 6 LBG NRW i.V.m. § 12 Abs. 2 Satz 2 BBesG, § 109 LBG Baden-Württemberg i.V.m. § 12 Abs. 2 Satz 2 BBesG, § 16 Abs. 2 Satz 2 LBesG Rheinland-Pfalz). In Analogie zum Beamtenrecht spräche nichts dagegen, vorformulierte Rückzahlungsklauseln für überzahltes Entgelt in Verträgen vorzusehen, die die Berufung auf § 818 Abs. 3 BGB ausschließen, wenn die rechtsgrundlose Überzahlung für den Arbeitnehmer offensichtlich erkennbar war.[4]

18 Auch der Gesetzesvorschlag des Arbeitskreises Deutsche Rechtseinheit im Arbeitsrecht (Gutachten D des 59. DJT 1992) weist in diese Richtung:[5]

„§ 45 AVG (Rückforderung von Entgelt)

Der Arbeitgeber kann irrtümlich überzahltes Entgelt zurückfordern, wenn der Arbeitnehmer die Überzahlung erkannt hat oder wenn der Mangel so offensichtlich war, dass er ihn hätte erkennen müssen, oder wenn die Überzahlung auf Umständen beruht, die der Arbeitnehmer zu vertreten hat."

---

1 S. *Canaris*, Vertrauenshaftung, S. 510 ff.; *Preis*, Prinzipien, S. 361.
2 So die Anregung von *Hromadka*, Freundesgabe Söllner, S. 105 (113).
3 Für die Wirksamkeit einer solchen Einschränkung im Rahmen einer vorformulierten Vertragsklausel MünchArbR/*Krause*, § 65 Rz. 5.
4 A.A. *Bieder*, DB 2006, 1318 (1321 f.), der eine Klausel, die allein auf die grobe Fahrlässigkeit des Arbeitnehmers abstellt, ohne das Verschulden des Arbeitgebers zu berücksichtigen, gem. § 307 BGB für unwirksam hält.
5 In diesem Punkt ähnlich auch § 37 DE-ArbVG des von mir und *Henssler* vorgelegten Diskussionsentwurfs eines Arbeitsvertragsgesetzes (3. Fassung), NZA 2007, Beilage zu Heft 21. Dort wird im Interesse des Arbeitnehmerschutzes jedoch – im Unterschied zur wohl geltenden Rechtslage (Rz. 20) – klargestellt, dass nur das ausbezahlte Nettoentgelt zurückverlangt werden kann.

bb) Leichte Fahrlässigkeit des Arbeitgebers bei Überzahlung

Nach Klauseltyp 1b besteht die unbedingte Rückzahlungspflicht dann, wenn dem Arbeitgeber oder seinen Erfüllungsgehilfen selbst weder Vorsatz noch grobe Fahrlässigkeit vorzuwerfen sind. In diesem Falle würde nur das Risiko für leicht fahrlässige Irrtümer des Arbeitgebers auf den Arbeitnehmer verlagert. Ob die Verantwortung für einfache Fahrlässigkeit formularmäßig verlagert werden kann, entscheidet sich nach Abwägung der für und gegen die Risikoverlagerung sprechenden Interessen.[1] § 309 Nr. 7 BGB ist die Wertung des Gesetzgebers zu entnehmen, dass der Haftungsausschluss für leichte Fahrlässigkeit generell nicht unangemessen ist. Eine gegen Treu und Glauben verstoßende Benachteiligung liegt in der Freizeichnung für einfache Fahrlässigkeit nur, wenn es um Kardinalpflichten oder besondere Vertrauenstatbestände geht.[2] Das ist jedoch bei irrtümlichen Zuvielzahlungen nicht der Fall. Vielmehr ist schon früher darauf hingewiesen worden, dass die Rückzahlungspflicht nur bei grober, nicht aber bei einfacher Fahrlässigkeit des Arbeitgebers problematisch sei.[3] Hier wurde schon eine allgemeine Erwägung angestellt, die später in § 309 Nr. 7 BGB Niederschlag gefunden hat und die den allgemeinen Grundsätzen zur beschränkten Arbeitnehmerhaftung entspricht.[4] **Nur bei typischen Versehen**, also in Fällen einfacher Fahrlässigkeit, kann eine unbegrenzte Rückzahlungspflicht bei irrtümlichen Zuvielzahlungen vereinbart werden. Schließlich kann der Arbeitgeber nach den Grundsätzen zur betrieblich veranlassten Tätigkeit umgekehrt auch keinen Regress gegen einen leicht fahrlässig handelnden Arbeitnehmer nehmen.[5] Unangemessen benachteiligend ist diese **begrenzte Risikoverlagerung** nicht, weil ein besonderes Vertrauen des Arbeitnehmers, nicht zustehende Lohnüberzahlungen behalten zu dürfen, nicht erkennbar ist. Die behutsame Abweichung von §§ 818, 819 BGB ist im Hinblick auf die **Besonderheiten eines Dauerschuldverhältnisses**, in dem es typischerweise auch einmal zu Fehlern bei der Lohnberechnung kommen kann, vertretbar.[6]

19

cc) Kondiktion entrichteter Lohnsteuer und Sozialversicherungsbeiträge?

Weiterhin fraglich ist, ob eine etwaige Rückforderung zu viel gezahlter Löhne auch die fälschlicherweise zu hoch entrichteten Sozialversicherungsbeiträge und Lohnsteueranteile umfasst.[7] Dass der Arbeitgeber öffentlich-rechtlich gemäß §§ 41a und 38 Abs. 3 EStG und nach §§ 28e und g SGB IV zu einer Abführung verpflichtet ist, er aber nicht Steuerschuldner bzw. Beitragsträger gemäß § 38 Abs. 2 EStG und § 249 SGB V, § 168 I Nr. 1 SGB VI, § 346 SGB III ist, spricht dafür, die Rückforderung

20

---

1 Palandt/*Grüneberg*, § 309 BGB Rz. 45 ff. i.V.m. Rz. 40.
2 S. Palandt/*Grüneberg*, § 309 BGB Rz. 50 ff.; WLP/*Dammann*, § 309 Nr. 7 Rz. 90 ff.
3 Wlotzke, BArbBl. 1964, 813; *Larenz*, Anm. zu AP Nr. 1 zu § 611 BGB Lohnrückzahlung.
4 Hierauf bereits hinweisend *Beitzke*, SAE 1964, 222 f.
5 BAG v. 12.6.1992 – GS 1/89, NZA 1993, 547.
6 Im Ergebnis auch MünchArbR/*Krause*, § 65 Rz. 6.
7 Dafür LAG Köln v. 17.11.1995 – 13 Sa 558/95, NZA-RR 1996, 161; MünchArbR/*Krause*, § 65 Rz. 2; *Matthes*, DB 1973, 331; Palandt/*Weidenkaff*, § 611 BGB Rz. 68; MünchKomm/*Müller-Glöge*, § 611 BGB Rz. 866 m. zahlr. w.N.; im Fall eines Geschäftsführers BGH v. 26.11.2007 – II ZR 161/06, NJW-RR 2008, 484; dagegen *Groß*, ZIP 1987, 5; Küttner/*Griese*, Personalbuch 2014, Entgeltrückzahlung, Rz. 12, wonach der Arbeitnehmer nur das schulden könne, was er auch erhalten habe.

überbezahlter Löhne brutto vom Arbeitnehmer verlangen zu dürfen.[1] Schließlich ähnelt diese Konstellation den Anweisungsfällen, da der Arbeitnehmer durch Abschluss des Arbeitsvertrages der Abführung durch den Arbeitgeber zustimmt bzw. der Bundesgesetzgeber durch § 38 Abs. 3 EStG diese Wertung vorgibt. Daher hat folgerichtig auch ausschließlich der Arbeitnehmer einen Anspruch gegenüber dem Finanzamt und den Sozialversicherungsträgern auf Rückerstattung (vgl. § 38 Abs. 2 EStG, § 26 Abs. 3 SGB IV).[2]

c) Rückzahlungspflicht bei Wahrung der Ausschlussfrist

↻ Nicht geeignet:

a) Zu Unrecht gezahlte Löhne, Gehälter oder geldliche Zuwendungen können nur innerhalb der tariflichen Ausschlussfristen zurückgefordert werden.

b) Ansprüche aus Mehrarbeit verfallen gemäß der bestehenden Ausschlussfrist.[3]

c) Ansprüche aus dem Arbeitsverhältnis unterfallen der bestehenden Ausschlussfrist. Die Zahlung des Lohnes erfolgt unter Vorbehalt.

21 Die Vertragsklausel des Beispiels a) enthält nur einen deklaratorischen Hinweis auf die ohnehin kraft Tarifbindung oder kraft Bezugnahme geltenden → *Ausschlussfristen*, II A 150, die in der Regel alle „Ansprüche aus dem Arbeitsverhältnis" erfassen. Dies entspricht ständiger Rechtsprechung des BAG.[4] Konstitutive Bedeutung erlangt eine derartige Klausel nur, wenn man sich der Gegenauffassung von *Weber*[5] anschlösse oder der Tarifvertrag weder kraft Tarifbindung noch kraft Bezugnahme gelten würde.

22 Oftmals scheitern Lohnrückzahlungen an der Nichteinhaltung der vereinbarten Ausschlussfristen. So enthält z.B. der Klageabweisungsantrag des Arbeitgebers im Kündigungsrechtsstreit nicht die erforderliche schriftliche Geltendmachung auf Rückgewähr des Lohnes, den der Arbeitgeber während des Rechtsstreits im Ergebnis rechtsgrundlos nach rechtskräftig festgestellter Beendigung des Arbeitsverhältnisses gezahlt hat.[6] Allerdings tritt in einer derartigen Konstellation die Fällig-

---

1 Vgl. LAG Köln v. 17.11.1995 – 13 Sa 558/95, NZA-RR 1996, 161; ähnlich zur Rückzahlung von Gratifikationen BAG v. 15.3.2000 – 10 AZR 101/99, AP Nr. 24 zu §§ 22, 23 BAT Zuwendungs-TV = NZA 2000, 1004 und v. 5.4.2000 – 10 AZR 257/99, AP Nr. 224 zu § 611 BGB Gratifikation = NZA 2000, 1008.
2 Vgl. LAG Köln v. 17.11.1995 – 13 Sa 558/95, NZA-RR 1996, 161; LAG Nürnberg v. 2.3.1999 – 6 Sa 1137/96, NZA-RR 1999, 626; herrschende Praxis der Finanzverwaltung (Einheitlicher Ländererlass, DB 1986, 725), da eine eingehende Prüfung der zivilrechtlichen Beziehung dem Finanzamt nicht möglich ist.
3 Ähnlich der MTV für die holz- und kunststoffverarbeitende Industrie im nordwestdeutschen Raum der BRD v. 10.1.1989, Nr. 116.
4 BAG v. 19.3.1986 – 5 AZR 86/85, DB 1986, 1877; v. 26.4.1978 – 5 AZR 62/77, AP Nr. 64 zu § 4 TVG Ausschlussfristen; v. 28.2.1979 – 5 AZR 728/77 und 11.6.1980 – 4 AZR 443/78, AP Nr. 6 u. 7 zu § 70 BAT.
5 Die Ausschlussfrist im Arbeitsrecht, 1983, S. 68.
6 Vgl. BAG v. 19.1.1999 – 9 AZR 405/97, NZA 1999, 1040.

keit¹ auf Rückgewähr des überzahlten Lohnes erst mit der Rechtskraft des Urteils im Kündigungsverfahren ein, da der Arbeitgeber regelmäßig, um eine (erfolgreiche) Gehaltsklage zu vermeiden, zur Zahlung während des Kündigungsschutzprozesses verpflichtet ist.

Klauselbeispiel b) ist mangels Klarheit nicht zu empfehlen. Dieses umfasst bei **gebotener weiter Auslegung** ebenfalls Rückzahlungsansprüche für tatsächlich nicht erbrachte Mehrarbeitsvergütungen. Sinn der Klausel ist nämlich die Klärung aller mit der Mehrarbeit verbundenen Fragen.² 23

Durch Klauselbeispiel c) kann eine Ausschlussfrist nicht hinausgeschoben werden. Die arbeitgeberseitige Erklärung, unter Vorbehalt zu zahlen, würde ansonsten eine bestehende Ausschlussfrist leer laufen lassen und stünde in Widerspruch zum ersten Satz der Klausel (§ 305c Abs. 2 BGB, Unklarheitenregel).³ 24

aa) Auswirkung einer arbeitnehmerseitigen schuldhaften Nichtaufklärung der Überzahlung auf den Lauf der Ausschlussfrist

Streitig und von hoher praktischer Brisanz ist, ob dem Arbeitnehmer Ausschlussfristen zum Vorteil gereichen, der wissentlich Zuvielzahlungen angenommen hat. Man könnte dem Arbeitnehmer **unzulässige Rechtsausübung** i.S.d. § 242 BGB vorwerfen,⁴ wenn er es pflichtwidrig unterlässt, Umstände mitzuteilen, die den Arbeitgeber zur Einhaltung der Ausschlussfrist veranlasst hätten.⁵ Dies gilt umso mehr, da die dem Arbeitsverhältnis **immanente Treuepflicht** vom Arbeitnehmer verlangt, Schäden vom Arbeitgeber abzuwenden. Insbesondere nach den Grundsätzen der betrieblich veranlassten Tätigkeit⁶ trifft den Arbeitnehmer bei einer **vorsätzlichen (Neben)Pflichtverletzung** die volle Haftung, so dass mangels Schutzwürdigkeit des Arbeitnehmers die Ausschlussfrist nicht greifen könnte. 25

Typ 2: Ausschlussfrist

Alle Ansprüche aus dem Arbeitsverhältnis, auch überbezahlte Löhne, unterfallen den bestehenden Ausschlussfristen.

---

1 In der Regel wird die Rückforderung mit Überzahlung und nicht mit Kenntnis des Arbeitgebers fällig, exemplarisch BAG v. 1.6.1995 – 13 Sa 558/95, AP Nr. 17 zu § 812 BGB und v. 14.9.1994 – 5 AZR 407/93, AP Nr. 127 zu § 4 TVG. Etwas anderes gilt, wenn der Arbeitgeber die Überzahlung nicht erkennen konnte, weil der Berechnungsfehler in die Sphäre des Arbeitnehmers fiel, BAG v. 10.3.2005 – 6 AZR 217/04, AP Nr. 38 zu § 70 BAT = NZA 2005, 812 (dann Fälligkeit ab Kenntnis der rechtsbegründenden Tatsachen).
2 Vgl. BAG v. 14.9.1994 – 5 AZR 407/93, AP Nr. 127 zu § 4 TVG.
3 Vgl. BAG v. 27.3.1996 – 5 AZR 336/94, NZA 1997, 235; so auch MünchArbR/*Krause*, § 65 Rz. 9.
4 Treuwidrigkeit für den Fall klarer Überzahlung bejahend der 6. Senat des BAG v. 1.6.1995 – 6 AZR 912/94, NZA 1996, 135; *Hromadka*, Freundesgabe Söllner, S. 104 (113 f.); dagegen der 5. Senat des BAG v. 19.6.1982 – 5 AZR 569/82 und v. 29.4.1982 – 5 AZR 1229/79, beide n.v., und LAG Düsseldorf v. 11.6.1997 – 12 (13) Sa 421/97, NZA-RR 1998, 80.
5 Zur verneinten Frage einer strafrechtlichen Garantenpflicht des Arbeitnehmers zur Aufklärung seines Arbeitgebers bei ungerechtfertigten Lohnzahlungen, OLG Celle v. 9.2.2010 – 32 Ss 205/09, NStZ-RR 2010, 207.
6 BAG v. 12.6.1992 – GS 1/89, NZA 1993, 547.

26 Allerdings ist zu bedenken, dass bei Vereinbarung einer weiten Ausschlussfrist, wie z.B. der des Typs 2, der Arbeitgeber gerade das Risiko des Fristablaufs, wenn auch unbewusst, übernommen hat. Eine ausschließlich am Wortlaut orientierte Auslegung etwa des Klauseltyps 2 und des Beispiels a) in Rz. 21 legt nahe, dass selbst gravierendes schuldhaftes und pflichtwidriges Verhalten des Arbeitnehmers nicht zu einer Lohnrückzahlung nach Ablauf der Ausschlussfrist führen sollen.[1] Insbesondere bei verhältnismäßig geringen Überzahlungen muss daher in der Praxis die Ausschlussklausel greifen. Andernfalls liefen Ausschlussfristen nahezu leer, da bei Nichterkennen überbezahlten Lohnes dem Arbeitnehmer im Einzelfall der Vorwurf grob fahrlässiger Nichtaufklärung und damit widersprüchlichen Verhaltens gemacht werden könnte. Nur bei hohen und offensichtlichen Abweichungen, bei denen der Anschein einer vorsätzlichen Schädigung des Arbeitgebers durch unterlassene Aufklärung besteht, bleibt der Arbeitnehmer trotz vereinbarter Ausschlussfrist zur Rückzahlung verpflichtet („dolo agit, qui petit quod statim redditurus est").[2]

27 Arbeitnehmer sollten **erkannte Lohndifferenzen** auch deshalb offenbaren, da ein schuldhaftes Unterlassen der Aufklärung des Arbeitgebers grob unbillig ist[3] und jedenfalls bei Vorsatz zu einer Abmahnung, bei Fällen hoher Überzahlungen ggf. sogar zu einer verhaltensbedingten Kündigung berechtigt.

bb) Verjährungsfrist für den Kondiktionsanspruch

28 Ist keine Ausschlussfrist für die Geltendmachung von überbezahltem Lohn vorgesehen, verjähren Ansprüche aus ungerechtfertigter Bereicherung nach § 195 BGB innerhalb der regelmäßigen Verjährungsfrist von drei Jahren.

d) Ratenvereinbarungen

29 Bisweilen wird in Rückerstattungsvereinbarungen die Möglichkeit zu Ratenvereinbarungen vorgesehen.

Typ 3: Ratenzahlung

a) Übersteigt die Rückzahlungsforderung ein halbes Monatsgehalt, kann Ratenzahlung vereinbart werden.

b) Ratenzahlungen sind möglich und werden im Einvernehmen mit dem Betriebsrat festgelegt.

30 Klauseltyp 3 mildert die Auswirkungen einer unter Umständen hohen Rückzahlungsverpflichtung. Die Klausel 3b sieht keinen konkreten Anspruch auf eine Ratenzahlung vor. In jedem Falle hat der Arbeitgeber jedoch nach billigem Ermessen

---

1 So im Ergebnis LAG Düsseldorf v. 11.6.1997 – 12 (13) Sa 421/97, NZA-RR 1998, 80.
2 So auch BAG v. 10.3.2005 – 6 AZR 217/04, AP Nr. 38 zu § 70 BAT = NZA 2005, 812 (813). Dem Arbeitgeber wurde dennoch die Berufung auf den Rechtsmissbrauch verwehrt, da der Anspruch innerhalb einer kurzen, nach den Umständen des Falles zu bemessenden Frist nach Kenntnis der Überzahlung geltend zu machen sei. Kritisch bezüglich der Frist *Schumann*, DB 2005, 1174 (1174).
3 Anders zu Unrecht LAG Düsseldorf v. 11.6.1997 – 12 (13) Sa 421/97, NZA-RR 1998, 80.

(§ 315 BGB) zu entscheiden. Klauseltyp 3a konkretisiert die Voraussetzungen des Anspruches auf Ratenzahlungen, wenn die Rückforderung ein halbes Monatsgehalt übersteigt. Zur Erzielung eines gerechten Interessenausgleichs wird in Klauseltyp 3b der Betriebsrat als Dritter eingeschaltet. Auch hier ist nach § 317 BGB im Zweifel anzunehmen, dass die Bestimmung nach billigem Ermessen zu erfolgen hat.

Zusätzlich zur Rückzahlungspflicht wird in Formulararbeitsverträgen bisweilen ein Hinweis auf die Aufrechnungsmöglichkeit vereinbart. 31

○ **Nicht geeignet:**
> Der Arbeitgeber ist berechtigt, mit seiner Rückzahlungsforderung gegen die rückständigen oder nach Kündigung fällig werdenden Vergütungsansprüche des Mitarbeiters unter Beachtung der Pfändungsschutzvorschriften aufzurechnen.

Mit dieser Klausel wird dem Arbeitgeber die einseitige Befugnis zur → *Aufrechnung*, II A 110 eingeräumt. Die Klausel hat weithin deklaratorischen Charakter, weil der Arbeitgeber bei bestehender Aufrechnungslage ohnehin nach §§ 387 ff. BGB aufrechnen kann. Die Anwendung des Pfändungsschutzes (§§ 850 ff. ZPO) bei der Aufrechnung gegenüber Lohnforderungen ergibt sich aus § 394 BGB. Durch eine derartige Klausel erlangt der Arbeitgeber keinen Vorteil gegenüber der gesetzlichen Rechtslage.

3. Hinweise zur Vertragsgestaltung; Zusammenfassung

Eine rechtssichere Vertragsklausel, die die berechtigten Interessen beider Seiten berücksichtigt, könnte demnach wie folgt lauten: 32

Typ 4: Rückzahlung überzahlten Arbeitsentgelts

Zu viel gezahltes Entgelt oder sonstige Geldleistungen kann der Arbeitgeber nach den Grundsätzen über die Herausgabe einer ungerechtfertigten Bereicherung zurück verlangen. Der Arbeitnehmer kann sich auf den Wegfall der Bereicherung nicht berufen, wenn die rechtsgrundlose Überzahlung so offensichtlich war, dass der Arbeitnehmer dies hätte erkennen müssen, oder wenn die Überzahlung auf Umständen beruhte, die der Arbeitnehmer zu vertreten hat.

Hinweise auf die ohnehin geltenden Ausschlussfristen oder denkbare Aufrechnungsmöglichkeiten erscheinen entbehrlich, sorgen aber für Transparenz. Der Hinweis auf die Möglichkeit zu Ratenzahlungen ist bei einer eingeschränkten Rückforderungsmöglichkeit ebenfalls verzichtbar. Sofern Ratenzahlungen allerdings vereinbart werden, sollten Lohngrenzen, ab denen gestaffelte Zahlungen von Arbeitnehmern verlangt werden dürfen, explizit Inhalt der Klauseln werden. Unentziehbaren Schutz geben dem Arbeitnehmer die Pfändungsschutzbestimmungen der ZPO. 33

A 90 Arbeitszeit

	Rz.
1. Einführung	1
2. Grundfragen der Inhaltskontrolle	4a
a) Hauptabreden	4a
b) Kontrollfähige Nebenabreden zur Arbeitszeit	4c
c) Auslegung und Transparenzkontrolle	4d
d) Rechtsfolgen unwirksamer Arbeitszeitabreden	4g
3. Feste Arbeitszeitmodelle	5
a) Tägliche/wöchentliche/monatliche Arbeitszeit	6
aa) Dauer der Arbeitszeit	6
bb) Lage der Arbeitszeit	13
cc) Ruhepausen	16
dd) Ruhezeiten	20
ee) Sommer- und Winterzeit	21
ff) Hinweise zur Vertragsgestaltung	22
b) Kurze tägliche Arbeitszeit	30
c) Nachtarbeit	34
d) Sonn- und Feiertagsarbeit	38
e) Wegezeit; Dienstreisen	40
f) Umkleide- und Waschzeit	41
4. Flexible Arbeitszeitmodelle	42
a) Dauer der Arbeitszeit	43
aa) Variable Dauer der Arbeitszeit mit variabler Vergütung	44
(1) Einzelarbeitsvertrag	44
(2) Tarifvertrag	53
(3) Rechtsfolgen einer unangemessen benachteiligenden flexiblen Arbeitszeitdauer	56
(4) Hinweise zur Vertragsgestaltung	61
bb) Feste Dauer der Arbeitszeit mit variabler Lage und gleichbleibender Vergütung	62
cc) Teilweise Bestimmungsbefugnis des Arbeitnehmers	65
dd) Überstunden und Mehrarbeit	68
(1) Voraussetzung für die Anordnung von Überarbeit	71
(2) Anwendbarkeit des § 12 TzBfG bei Teilzeitarbeit	74
(3) „Freiwillige" Überstunden	78
ee) Kurzarbeit	79

	Rz.
ff) Arbeitsbereitschaft, Bereitschaftsdienst, Rufbereitschaft	83
gg) Kurze tägliche Arbeitszeit	85
(1) Arbeitszeit von weniger als drei Stunden pro Tag	85
(2) Mindest- und Höchstdauer der täglichen Arbeitszeit	91
hh) Arbeitszeit von Führungskräften	97
ii) Zweiseitige Bestimmungsbefugnis	99
jj) Rahmenvertrag für Aushilfsarbeitsverhältnisse	102
b) Lage der Arbeitszeit	104
aa) Gleitzeit	109
(1) Allgemeines	109
(2) Feste Gleitzeit	111
(3) Variable Gleitzeit	113
(4) Vertrauensgleitzeit	116
bb) Jahresarbeitszeitvertrag	117
cc) KAPOVAZ-Abrede	122
dd) Befristete KAPOVAZ-Abrede	139
ee) Schichtarbeit	141
ff) Rollierendes System (Freischichtmodell)	145
gg) Arbeitsplatzteilung (Jobsharing, Jobpairing)	149
hh) Arbeitszeit von Außendienstmitarbeitern	152
ii) Rahmenvereinbarungen über die Lage der Arbeitszeit	154
jj) Mischformen fester und variabler Arbeitszeitlage	155
kk) Berücksichtigung der Interessen des Arbeitnehmers	156
c) Dauer und Lage der Arbeitszeit	157
aa) Abrufarbeit mit teilflexibler Arbeitszeitdauer	157
bb) Jahresarbeitszeit mit kombinierter Abrufarbeit	164
5. Sozialrechtliche Aspekte der Arbeitszeitgestaltung	174
a) Feste Arbeitszeitmodelle	175
aa) Grundsätze der Versicherungs- und Beitragspflicht in der Sozialversicherung	176
(1) Kontinuierliche Beschäftigung und kontinuierliche Bezahlung	177

	Rz.		Rz.
(2) Diskontinuierliche Beschäftigung und diskontinuierliche Entgeltzahlung	179	aa) Variable Arbeitszeitdauer und -lage bei variablem Entgelt	199
(3) Kontinuierliche Entgeltzahlung bei diskontinuierlicher Beschäftigung	186	bb) Variable Arbeitszeitdauer und/oder -lage bei festem Entgelt	202
bb) Vertragliche Gestaltungen unter Ausnutzung der sozialrechtlichen Folgen des Flexi-Gesetzes	189	c) Einhaltung von Zeit- und Entgeltgrenzen in der Sozialversicherung bei Modellen mit variabler Arbeitszeit und variablem Entgelt	204
b) Variable Arbeitszeitmodelle	199		

Schrifttum:

Andritzky, Nochmals – Abrufarbeit mit variabler Arbeitszeit, NZA 1997, 643; *Arnold*, Änderungsvorbehalte zur Arbeitszeitdauer, in Festschrift für Löwisch, 2007, S. 1; *Bährle*, Flexible Arbeitszeitmodelle in der Praxis, BuW 1998, 474; *Bauer/Günther*, Heute lang, morgen kurz – Arbeitzeit nach Maß!, DB 2006, 950; *Bellgardt*, Flexible Arbeitszeitsysteme, 1987; *Benecke*, Flexibilisierung und kein Ende, ArbuR 2006, 337; *Bepler*, Mitbestimmung des Betriebsrats bei der Regelung der Arbeitszeit, NZA 2006, Beilage zu Heft 1, 45; *Bex*, Flexible Arbeitszeitgestaltung – Erfahrungen in kleinen und mittelständischen Unternehmen, AuA 2003, Nr. 6, 10; *Bischoff/Bischoff*, Job Sharing, 1984; *Böhm*, Sabbatical-Vereinbarung, ArbRB 2010, 289; *Boemke/Föhr*, Arbeitszeitformen der Zukunft, 1999; *Cisch/Ulbrich*, Flexi-Gesetz II: Licht und Schatten, BB 2009, 550; *Coester*, Entgeltfortzahlung im Krankheitsfall – flexible Arbeitszeit – Freischichten – Arbeitszeitkonto – Auszahlung von Zeitguthaben, SAE 2003, 105; *Didier*, Arbeitszeit im Straßentransport – Die neue Sondervorschrift des § 21a ArbZG, NZA 2007, 120; *Diller*, Das neue Gesetz zur Absicherung flexibler Arbeitszeitregelungen („Flexi-Gesetz"), NZA 1998, 792; *Fauth-Herkner*, Modelle für Ihr Unternehmen – Arbeitszeitflexibilisierung, AuA 2002, 196; *Flanze*, Die „atmende" Fabrik – Flexibilisierungsmodelle und Lebensarbeitszeitkonten am Beispiel der Continental AG, NZA 2006, Beilage zu Heft 1, 21; *Forst*, Null-Stunden-Verträge, NZA 2014, 998; *Frey*, Flexible Arbeitszeit, Zeitgemäße Vertragsformen bei wechselndem betrieblichem Personalbedarf, 1985; *Friedhofen/Weber*, Flexibler Personaleinsatz – Direktionsrecht oder Änderungskündigung?, NZA 1986, 145; *Gaul*, Das Gesetz zur sozialrechtlichen Absicherung flexibler Arbeitszeitregelungen, BB 1998, 1634; *Gotthardt*, Grenzen von Tarifverträgen zur Beschäftigungssicherung durch Arbeitszeitverkürzung, DB 2000, 1462; *Hahn*, Flexible Arbeitszeit, 2011; *Hamm*, Flexible Arbeitszeitsysteme oder die Geister, die ich rief ..., AiB 2003, 228; *Hamm*, Flexible Arbeitszeiten in der Praxis, 2001; *Hanau*, Möglichkeiten und Grenzen der Vereinbarungen zur Dauer der Arbeitszeit, NZA 2006, Beilage zu Heft 1, 34; *Hanau/Veit*, Neues Gesetz zur Verbesserung der Rahmenbedingungen für die Absicherung flexibler Arbeitszeitregelungen und zur Änderung anderer Gesetze, NJW 2009, 182; *Hohenstatt/Schramm*, Neue Gestaltungsmöglichkeiten zur Flexibilisierung der Arbeitszeit, NZA 2007, 238; *von Hoyningen-Huene*, Die Auswirkungen der Veränderungen in der Arbeitswelt auf die soziale Sicherung, in: Veränderungen in der Arbeitswelt und soziale Sicherung, Schriftenreihe des deutschen Sozialrechtsverbandes, Band XXVIII, 1986, S. 62; *von Hoyningen-Huene*, Der KAPOVAZ-Arbeitsvertrag – Zur Unbilligkeit arbeitsanfallorientierter Vertragsgestaltungen, AiB 1986, 103; *Hromadka*, Möglichkeiten und Grenzen flexibler Vertragsgestaltung, 1991; *Kleinebrink*, Vertragliche Flexibilisierung der Arbeitszeit durch „Arbeit auf Abruf", ArbRB 2006, 153; *Kliemt*, Der neue Teilzeitanspruch, NZA 2001, 63; *Knörzer*, Flexible Arbeitszeiten und alternative Beschäftigungsformen in der Personalplanung, 2002; *Kramer*, Einzelvertragliche Verlängerbarkeit tariflich festgelegter Arbeitszeit, DB 1994, 426; *Landenberger*, Aktuelle sozialversicherungsrechtliche Fragen zur flexiblen Arbeitszeit und Teilzeitbeschäftigung, ZSR 1985, 321; *Langmaack*, Teilzeitarbeit und Arbeitszeitflexibilisierung, 2. Aufl. 2001; *Linde-*

mann, Flexible Gestaltung von Arbeitsbedingungen nach der Schuldrechtsreform, 2003; *Linnenkohl/Rauschenberg,* Arbeitszeitflexibilisierung, 4. Aufl. 2001; *Mühlmann,* Flexible Arbeitsvertragsgestaltung – Die Arbeit auf Abruf, RdA 2006, 356; *Neumann,* Arbeitszeit und Flexibilisierung, NZA 1990, 961; *Norpoth,* Anspruch auf Arbeitslosengeld in den Freizeitintervallen flexibler Arbeitszeitmodelle, SGb 1999, 67; *Norpoth,* Sozialversicherungsrechtliche Behandlung flexibler Arbeitszeitmodelle mit größeren Freizeitintervallen, Diss. Münster, Berlin, 2000; *Preis,* Unangemessene Benachteiligung des Arbeitnehmers durch Vereinbarung einer Durchschnittsarbeitszeit, RdA 2012, 101; *Preis/Gotthardt,* Neuregelung der Teilzeitarbeit und befristeten Arbeitsverhältnisse, DB 2000, 2065; *Preis/Gotthardt,* Das Teilzeit- und Befristungsgesetz, DB 2001, 145; *Preis/Lindemann,* Änderungsvorbehalte – Das BAG durchschlägt den gordischen Knoten, NZA 2006, 632; *Preis/Ulber,* Direktionsrecht und Sonntagsarbeit, NZA 2010, 729; *Promberger/Böhm/Heyder,* Hochflexible Arbeitszeiten in der Industrie, 2002; *Reiserer,* Flexible Vergütungsmodelle – AGB-Kontrolle, Gestaltungsvarianten, NZA 2007, 1249; *Rieble,* Flexible Gestaltung von Entgelt und Arbeitszeit im Arbeitsvertrag, NZA 2000, Sonderbeilage zu Heft 3, 34; *Rombach,* Das sozialversicherungsrechtliche Flexi-Gesetz unter Berücksichtigung seiner Anwendung im Rahmen der Altersteilzeit, RdA 1999, 194; *Rudolf,* Bandbreitenregelungen, NZA 2002, 1012; *Ruland,* Flexible Arbeitszeitgestaltungen und Sozialversicherungsrecht, DRV 1987, 21; *Schiefer,* Entwurf eines Gesetzes über Teilzeitarbeit und befristete Arbeitsverhältnisse und zur Änderung und Aufhebung arbeitsrechtlicher Bestimmungen, DB 2000, 2118; *Schliemann,* Bereitschaftsdienst im EG-Recht, NZA 2006, 1009; *Schüren,* Arbeitszeitflexibilisierung und Sozialversicherung, BB 1984, 1235; *Sieg,* Auszeiten vom Berufsalltag – Sabbatical, AuA 2002, 52; *Singer,* Flexible Gestaltung von Arbeitsverträgen, RdA 2006, 362; *Stamm,* Arbeitszeitregelung in Allgemeinen Geschäftsbedingungen: Reglementierung oder Flexibilisierung im Gefolge der Schuldrechtsreform, RdA 2006, 288; *Wagner* (Hrsg.), Arbeitszeitmodelle, 1995; *Walker/Gaumann,* Mitbestimmung bei Überschreiten der Jahresarbeitszeit, SAE 2003, 88; *Wiebauer,* Arbeitszeitgrenzen für selbstständige Kraftfahrer, NZA 2012, 1331; *Wisskirchen/Bissels,* Arbeiten, wenn Arbeit da ist – Möglichkeiten und Grenzen der Vereinbarungsbefugnis zur Lage der Arbeitszeit, NZA 2006, Beilage zu Heft 1; *Wonneberger,* Das Gesetz zur sozialrechtlichen Absicherung flexibler Arbeitszeitregelungen, DB 1998, 982; *Zöllner,* Vorsorgende Flexibilisierung durch Vertragsklauseln, NZA 1997, 121; *Zundel,* Die neue Flexibilität im Arbeitsrecht durch das BAG, NJW 2006, 2304.

1. Einführung

1   Den Begriff der Arbeitszeit gibt das Gesetz selbst in § 2 Abs. 1 Satz 1 Halbs. 1 ArbZG vor: Arbeitszeit ist die **Zeit vom Beginn bis zum Ende der Arbeit ohne die Ruhepausen**. Durch das ArbZG ist jedoch nur die gesetzlich zulässige Höchstdauer der Arbeitszeit festgelegt. In welchem zeitlichen Umfang der Arbeitnehmer im konkreten Einzelfall die Arbeitsleistung zu erbringen hat, wird in erster Linie durch den Arbeitsvertrag bestimmt. Bei der Vertragsgestaltung sind die Vorgaben des öffentlich-rechtlichen Arbeitszeitrechts – insbes. ArbZG, JArbSchG, MuSchG, SGB IX, TzBfG – und anwendbare Tarifverträge, die typischerweise Arbeitszeitfragen regeln, sowie ggf. Betriebsvereinbarungen zu beachten. Innerhalb dieser Grenzen haben die Vertragsparteien eine Vielzahl von Möglichkeiten, Regelungen hinsichtlich der Arbeitszeit zu treffen: Zum einen können sie feste Arbeitszeitmodelle wählen, bei denen Lage und Dauer fixiert werden, zum anderen können sie aber auch variable Arbeitszeitmodelle vereinbaren, um die Möglichkeit offen zu halten, die Arbeitszeit im Laufe der Vertragsbeziehung zu verändern und den jeweiligen Umständen anpassen zu können.

2   In der Praxis besteht ein steigendes Bedürfnis des Arbeitgebers nach **flexibler Gestaltung** der Arbeitszeit. Der Arbeitsanfall kann aus saisonalen oder konjunkturel-

len Gründen stark schwanken. Diese Schwankungen verstärken sich durch die zunehmende Tendenz, bei gleichzeitigem weitgehenden Abbau der (kostenintensiven) Lagerhaltung die Produktion an eine kurzfristige Güternachfrage anzupassen, um auf sich wandelndes Verbraucherverhalten schnell reagieren zu können. Es existiert in der Praxis eine Vielzahl, insbesondere auf Kollektivvereinbarungen beruhende, flexibler Arbeitszeitsysteme.[1]

Andererseits sind bei der Vertragsgestaltung auch die Interessen des Arbeitnehmers zu berücksichtigen. Der Arbeitnehmer leistet fremdbestimmte Arbeit, kann also während der Arbeitszeit nicht selbst über seine Zeit verfügen und hat ein verständliches Interesse an einer gewissen Vorhersehbarkeit von Dauer und Lage der Arbeitszeit. Nicht zuletzt wird die Vergütung aufgrundlage der Dauer der Arbeitszeit berechnet.

Um einen für beide Seiten akzeptablen Interessenausgleich zu schaffen und spätere Streitigkeiten und Auslegungsschwierigkeiten zu vermeiden, sollte in den Arbeitsvertrag eine Regelung aufgenommen werden, die sich sowohl auf die **Dauer** als auch auf die **Lage der Arbeitszeit** bezieht. Eine allgemeingültige Empfehlung kann hier nicht gegeben werden. Die Ausgestaltung im Einzelnen hängt von den betrieblichen Erfordernissen sowie den persönlichen Interessen des Arbeitnehmers ab.

Inwieweit verschiedene arbeitsvertragliche Regelungen möglich und sinnvoll sind, ist Gegenstand der folgenden Erörterung. Dabei kann, in Ansehung der Vielzahl der denkbaren Systeme, keine Vollständigkeit angestrebt werden; zu den sozialrechtlichen Besonderheiten s. Rz. 174 ff.

2. Grundfragen der Inhaltskontrolle

a) Hauptabreden

Arbeitszeitvereinbarungen unterfallen – unbeschadet der speziellen Beschränkungen des sozialen Arbeitsschutzes (insbesondere ArbZG) – als regelmäßig einseitig vorformulierte Abreden der AGB-Kontrolle nach Maßgabe der §§ 305 ff. BGB. Sie sind jedoch im Lichte des § 307 Abs. 3 Satz 2 BGB vielfach nur auf Transparenz hin kontrollierbare **Hauptabreden**; sie unterliegen nicht der Angemessenheitskontrolle. Klauseln, die die geschuldete Arbeitszeit und das hierfür geschuldete Entgelt regeln, legen (nur) den Umfang der von den Parteien geschuldeten Vertragsleistung fest. Die §§ 305 ff. BGB sind – mit den Worten des BAG – kein Instrumentarium, den „gerechten Preis" für die Arbeitsleistung zu ermitteln.[2]

Das zeigt sich bei Arbeitszeitfragen sehr deutlich. So ist eine **Arbeitszeitabrede**, die die **Grenzen des Arbeitszeitrechts** ausschöpft (näher Rz. 5 ff.), **klar, transparent und nicht auf Angemessenheit** zu kontrollieren. Das BAG entschied im Falle eines Fernfahrers, dass die arbeitsvertragliche Vereinbarung, wonach der Arbeitnehmer die Arbeitsleistung schulde, die arbeitszeitrechtlich erlaubt ist, eine Konkretisierung der Hauptleistungspflichten des Arbeitnehmers dahingehend darstelle, dass zeitdy-

---

[1] Hierzu *Linnenkohl/Rauschenberg*, Arbeitszeitflexibilisierung, 4. Aufl. 2001; *Hahn*, Flexible Arbeitszeit, 2011.
[2] BAG v. 17.10.2012 – 5 AZR 792/11, NZA 2013, 266 Rz. 15 ff.; v. 16.5.2012 – 5 AZR 331/11, NZA 2012, 908 Rz. 25.

namisch das jeweils geltende Arbeitszeitrecht für Kraftfahrer den Umfang der Arbeitspflicht bestimmen solle. Diese Hauptabrede ist nicht auf Angemessenheit kontrollierbar. Legt der Arbeitgeber darüber hinaus die Lage der Arbeitszeit nicht fest, kann der Arbeitgeber diese kraft seines Weisungsrechts nach billigem Ermessen innerhalb des geltenden Zeitrahmens gemäß § 106 Satz 1 GewO bestimmen. Überstunden werden danach erst dann geleistet, wenn der Rahmen überschritten ist.[1] Das bietet **bei maximaler Ausschöpfung des Arbeitsvertragsumfangs die maximale Flexibilität**. Ob Arbeitszeitdauer und das hierfür gezahlte Entgelt rechtlich Bestand haben, richtet sich danach, ob zumindest der Mindestlohn (§§ 1, 3 MiLoG), ggf. der Branchenmindestlohn (nach Maßgabe des AEntG) oder die Sittenwidrigkeitsgrenze (§ 138 BGB) eingehalten sind. Ergänzend hat das BAG entschieden, dass eine Klausel, die nur die Vergütung von Überstunden regelt, Hauptleistungsabrede sei, die nicht auf Angemessenheit kontrolliert werde (→ Mehrarbeits- und Überstundenvergütung, II M 20).[2]

b) Kontrollfähige Nebenabreden zur Arbeitszeit

4c Sofern sich der Arbeitgeber in der vorformulierten Arbeitszeitabrede einseitige Leistungsbestimmungsrechte einräumt, unterliegen diese auch der materiellen Inhaltskontrolle. Zu Recht hat der 5. Senat am 7.12.2005[3] entschieden, dass Bestimmungsrechte, die ermöglichen, Hauptleistungspflichten – wie die **Arbeitszeitabrede – einzuschränken, zu verändern, auszugestalten oder zu modifizieren**, einer Inhaltskontrolle unterliegen, da sie von dem allgemeinen Grundsatz pacta sunt servanda (Verträge sind einzuhalten) abweichen. So fallen eben alle Spielarten von Klauseln, die den geschuldeten Umfang der Arbeitszeit verändern, also z.B. Überstunden- und Kurzarbeitsklauseln, wie auch Bandbreitenklauseln, der Inhaltskontrolle (hierzu Rz. 42 ff.).

c) Auslegung und Transparenzkontrolle

4d Im Zentrum der Rechtsprechungspraxis steht bei Arbeitszeitabreden indes die Transparenzkontrolle. Arbeitszeitabreden sind oft erstaunlich unbestimmt, entweder aus vertragsgestalterischer Nachlässigkeit oder um die Unbestimmtheit zu Lasten des Arbeitnehmers zu nutzen. Eine extreme Spielart unbestimmter Arbeitszeitabreden sind die sog. „Null-Stunden-Verträge", in denen kein zeitlicher Mindestumfang festgelegt wird und nur erbrachte Arbeitsleistungen bezahlt werden.[4] In seltenen Fällen ist denkbar, dass die fehlende Festlegung der Arbeitszeit den Arbeitnehmern nutzt.

4e Prüfungstechnisch stellt sich dabei zunächst die Frage der Auslegung der Arbeitszeitabrede. So hatte der 10. Senat des BAG die Frage zu entscheiden, ob in einem Arbeitsvertrag eines leitenden Mitarbeiters, der keine ausdrückliche Arbeitszeitregelung beinhaltete, der Arbeitgeber (mindestens) die Einhaltung der betriebsüblichen Arbeitszeit verlangen kann. Der 10. Senat bejahte dies. Bei fehlender ausdrücklicher Vereinbarung über die Dauer der Arbeitszeit sei anzunehmen, dass

---

1 BAG v. 18.4.2012 – 5 AZR 195/11, NZA 2012, 796.
2 BAG v. 16.5.2012 – 5 AZR 331/11, NZA 2012, 908.
3 BAG v. 7.12.2005 – 5 AZR 364/04, AP TzBfG § 12 Nr. 4.
4 Hierzu *Forst*, NZA 2014, 998.

die Parteien die betriebsübliche Arbeitszeit vereinbaren wollen. Dies entspreche dem Vertragswillen verständiger und redlicher Vertragspartner. Die betriebsübliche Arbeitszeit für Vollzeitkräfte sei die in dem jeweiligen Betrieb regelmäßig geleistete Arbeitszeit.[1]

Geradezu gegensinnig erscheint dagegen die Entscheidung des 5. Senats.[2] In dem Arbeitsvertrag war ebenfalls weder eine bestimmte Dauer der wöchentlichen und noch der täglichen Arbeitszeit festgelegt. Der Senat interpretierte die Klausel („*Es ist eine Festbeschäftigung mit flexibler Arbeitszeit nach den betrieblichen Erfordernissen vereinbart.*") so, dass die Arbeitsvertragsparteien ausdrücklich keine Vollzeitbeschäftigung vereinbart hätten. Das Fehlen jeglichen Hinweises auf eine bestimmte Dauer der Arbeitszeit dürfe ein verständiger Arbeitnehmer redlicherweise nicht dahin deuten, es solle ein Vollzeitarbeitsverhältnis begründet werden. Für die Regel, wonach bei Fehlen einer Teilzeitvereinbarung im Zweifel ein Vollzeitarbeitsverhältnis begründet werde, sei danach kein Raum. Genau von diesem Prinzip ist aber wiederum der 9. Senat[3] ausgegangen. Eine Vertragsklausel, die mit 150 Stunden „im monatlichen Durchschnitt" eine Durchschnittsarbeitszeit bestimme, ohne den für die Ermittlung des Durchschnitts maßgeblichen Zeitraum anzugeben, sei nach dieser Entscheidung nicht hinreichend klar und verständlich i.S.v. § 307 Abs. 1 Satz 2 BGB. An die Stelle setzte das BAG im Wege ergänzender Vertragsauslegung den mutmaßlichen Parteiwillen, ein Vollzeitarbeitsverhältnis zu begründen. Erkennbar werden hier die Diskrepanzen. Unbestimmte Arbeitszeitabreden führen nach den Diktionen des 9. und 10. Senats zur Begründung eines Vollzeitarbeitsverhältnisses, die Auslegung des 5. Senats zu einem variablen Teilzeitarbeitsverhältnis mit der Konsequenz, dass nach § 12 Abs. 1 Satz 3 TzBfG eine wöchentliche Arbeitszeit von nur zehn Stunden als vereinbart gilt.

4f

d) Rechtsfolgen unwirksamer Arbeitszeitabreden

Großes Durcheinander in der Rechtsprechung herrscht auch bei der Rechtsfolgenbewältigung. Über die Unbestimmtheit und die Folge der Intransparenz ist man sich schnell einig, wenn man den Parteien nicht mittels Auslegung unterschiebt, sie hätten ein Teilzeit- oder Vollzeitarbeitsverhältnis vereinbart. Es existieren mehrere divergierende Entscheidungen der Landesarbeitsgerichte, die etwa bei Vereinbarung einer „regelmäßig durchschnittlichen Arbeitszeit von ... Stunden" nicht unplausibel ansehen, dass durch Streichung des Wortes „durchschnittlich" eine feste Mindestarbeitszeit die Folge sei, was den Parteiinteressen entsprechen könne.[4] Unbestimmte oder benachteiligende Arbeitszeitabreden könnten indes auch zu einer ergänzenden Vertragsauslegung führen.[5]

4g

Welche Rechtsfolgen hat nun eine intransparente und unwirksame Arbeitszeitabrede? Geht es „nur" um eine **Nebenabrede** (Beispiel: „*Der Arbeitgeber kann die ver-*

4h

---
1 BAG v. 15.5.2013 – 10 AZR 325/12, NZA-RR 2014, 519.
2 BAG v. 24.9.2014 – 5 AZR 1024/12, NZA 2014, 1328.
3 BAG v. 21.6.2011 – 9 AZR 236/10, AP TzBfG § 9 Nr. 7; v. 19.6.2012 – 9 AZR 736/10, AP BGB § 307 Nr. 66.
4 LAG Berlin-Brandenburg v. 15.4.2010 – 25 Sa 2735/09; LAG Köln v. 25.1.2010 – 2 Sa 963/09, LAGE TzBfG § 9 Nr. 3.
5 LAG Köln 3.8.2010 – 12 Sa 610/10, LAGE ArbZG § 4 Nr. 2.

einbarte Wochenarbeitszeit heraufsetzen oder herabsetzen"), ist die Antwort einfach: Die intransparente und unangemessene Klausel entfällt (§ 306 Abs. 1 BGB). Schwieriger ist die Frage zu beantworten, wenn letztlich die **Hauptabrede** als solche betroffen ist. Man nehme nur den Fall, dass der Arbeitgeber auf eine Angabe der Arbeitszeitdauer gänzlich verzichtet (*„Der Arbeitnehmer schuldet eine flexible Arbeitszeit nach den betrieblichen Erfordernissen."*) oder eine – unterhalb der Vollzeitarbeit liegende – Durchschnittsarbeitszeit regelt (Beispiel: *„Der Arbeitnehmer hat im Durchschnitt 150 Stunden im Monat zu leisten."*).[1] Zur Lückenschließung bieten sich vier verschiedene Wege mit ganz unterschiedlichen Auswirkungen:

4i
1. Die in Rede stehende Arbeitszeitabrede könnte eine unzulässige variable Arbeit auf Abruf sein, so dass § 12 Abs. 1 Satz 3 TzBfG die Lücke füllt.[2] Danach gölte eine Arbeitszeit von zehn Wochenstunden als vereinbart. Das war im Falle des 9. Senats[3] ein schwerlich interessengerechtes Ergebnis bei einer vereinbarten Durchschnittsarbeitszeit von 150 Stunden monatlich und einem tatsächlichen Arbeitseinsatz von 188 Stunden monatlich. Das dürfte – gegen die Entscheidung des 5. Senats[4] – auch gelten, wenn überhaupt keine Arbeitszeit geregelt war, der Arbeitnehmer aber „nach den betrieblichen Erfordernissen" zunächst über der tariflichen Regelarbeitszeit von 39 Wochenstunden eingesetzt wurde.
2. Die Klausel „im monatlichen Durchschnitt 150 Stunden" könnte auf der Basis der Unklarheitenregel und des Transparenzgebots im Wege der Auslegung oder des „Blue-Pencil-Tests" so interpretiert werden, dass eine Mindestdauer von 150 Stunden als vereinbart gilt.
3. Der 9. Senat des BAG bevorzugte in seinem Fall die Lösung, die Mindeststundenzahl eines normativ nicht geltenden Tarifvertrages für Vollzeitbeschäftigte zu Grunde zu legen (hier Mindestarbeitszeit von 160 Stunden). Hier handelt es sich um eine fallbezogene Sonderkonstellation.[5]
4. Im Wege der Lückenfüllung durch ergänzende Vertragsauslegung könnte ferner die – wie es der Rechtsprechung des 5. Senats entspricht[6] – im Verlauf des Arbeitsverhältnisses tatsächlich geleistete Durchschnittsstundenzahl als fest vereinbart gelten.[7]

4k Die Alternative (1) ist erkennbar nicht interessengerecht, insbesondere wenn sich aus der tatsächlichen Vertragsdurchführung eine deutlich längere Durchschnittsarbeitszeit ergibt.[8] § 12 TzBfG garantiert keine Mindestarbeitszeit, sondern greift nur subsidiär ein und fingiert eine Arbeitsdauer von zehn Wochenstunden, wenn vertraglich keine Dauer bestimmt ist. § 12 Abs. 1 Satz 2 TzBfG erfordert nicht, dass die Arbeitszeitdauer ausdrücklich festgelegt wird; eine konkludente Vereinbarung genügt. Fehlt auch eine solche, ist der mutmaßliche Wille der Parteien im

---

1 In Anlehnung an die Fälle des 9. Senats: BAG v. 21.6.2011 – 9 AZR 236/10, AP TzBfG § 9 Nr. 7; v. 19.6.2012 – 9 AZR 736/10, AP BGB § 307 Nr. 66.
2 So in der Tat BAG v. 24.9.2014 – 5 AZR 1024/12, NZA 2014, 1328.
3 BAG v. 21.6.2011 – 9 AZR 236/10, AP TzBfG § 9 Nr. 7; v. 19.6.2012 – 9 AZR 736/10, AP BGB § 307 Nr. 66.
4 BAG v. 24.9.2014 – 5 AZR 1024/12, NZA 2014, 1328.
5 Kritisch hierzu *Preis*, RdA 2012, 101.
6 BAG v. 7.12.2005 – 5 AZR 364/04, AP TzBfG § 12 Nr. 4.
7 Im konkreten Fall 188 Stunden; so das ArbG Köln v. 18.5.2009 – 15 Ca 3663/08; abgelehnt durch BAG v. 19.6.2012 – 9 AZR 736/10, AP BGB § 307 Nr. 66.
8 Zutreffend SSN/*Striegel*, Rz. 302.

Wege der ergänzenden Vertragsauslegung zu bestimmen. Ein Rückgriff auf die gesetzliche Fiktion des § 12 Abs. 1 Satz 3 TzBfG gegen den Willen der Parteien wäre nicht interessengerecht und würde den Schutzzweck der Norm ins Gegenteil verkehren. Für § 12 Abs. 1 Satz 3 TzBfG verbleibt daher praktisch kein relevanter Anwendungsbereich; die Norm greift nur ein, wenn sich eine vertragliche Arbeitszeitdauer in keiner Weise ermitteln lässt. Eine vertragliche Vereinbarung ohne Mindestarbeitsgrenze weicht von wesentlichen Grundgedanken der Verteilung des Wirtschaftsrisikos ab, die in § 615 BGB ihren Ausdruck finden.

Der 5. Senat hat überzeugend auf die tatsächliche Vertragsdurchführung in der Vergangenheit abgestellt, so dass die bisherige durchschnittliche Arbeitszeitdauer als vertraglich vereinbart anzusehen ist. Das spricht für Variante (4). Als Alternative hierzu kommt letztlich nur noch die Variante (2) und die Streichung der Worte „im Durchschnitt" in Betracht. Nach der Rechtsprechung des BAG sind solche **Klauseln teilbar**, bei denen, wenn der unwirksame Teil gestrichen wird, eine Regelung verbleibt, die weiterhin verständlich ist. Im vorliegenden Fall war aber weniger entscheidend, ob eine Streichung theoretisch möglich war oder nicht, sondern ob die Klausel überhaupt mehrere voneinander inhaltlich trennbare Regelungsgehalte beinhaltete. Die Zerlegung einer ihrem Wortlaut nach einheitlichen Regelung in mehrere Teile ist nicht zulässig. Auch hier ist die Rechtsprechung nicht hinreichend präzise. Denn entscheidend für die fehlende Teilbarkeit ist auch der untrennbare inhaltliche Zusammenhang von Regelungen. Genau hier setzt auch ein erheblicher Teil der Kritik des Schrifttums an der Rechtsprechung des BAG zur Anwendung des Blue-Pencil-Tests an. Diese fokussiere zu stark auf die Frage der sprachlichen Trennbarkeit, ohne hinreichend die inhaltliche Seite in den Blick zu nehmen. Die Kritik ist erkennbar von der Sorge getragen, eine zu großzügige Handhabung der Teilbarkeit würde in Widerspruch zum Verbot der geltungserhaltenden Reduktion geraten. Der Zusammenhang ist nicht zu bestreiten. Der Übergang von der geltungserhaltenden Reduktion zur geltungserhaltenden Aufspaltung ist fließend. Insoweit ist eine gewisse Zurückhaltung angezeigt, bevor eine Klausel als teilbar angesehen wird. Auch eine Regelung, die ihrem Wortlaut nach nicht eindeutig einheitlich ist, kann dennoch untrennbar sein, wenn ihr innerer Zusammenhang ergibt, dass die nach dem Wortlaut teilbaren Elemente unabhängig voneinander nicht gewollt sind. Dementsprechend gilt, dass die sprachliche Teilbarkeit lediglich ein Indiz für die inhaltliche Teilbarkeit ist. Andererseits kann sich die Aussage eines Satzes inhaltlich ohne Weiteres in zwei Sätze aufspalten lassen, obwohl eine sprachliche Teilbarkeit nicht möglich ist.

Im Falle der **„Durchschnittsklausel"** ist die Sachlage nicht so eindeutig. Der den Kläger benachteiligende Kern der Klausel liegt nicht in der geringen Stundenzahl von 150 Stunden monatlich, sondern in den Worten „im Durchschnitt". Dieser Klauselinhalt hätte auch ohne Weiteres inhaltlich aufgespalten werden können, etwa wie folgt: „Die Arbeitszeit beträgt 150 Stunden im Monat. Sie kann – je nach Arbeitsbedarf – über- und unterschritten werden." So formuliert besteht kein Zweifel, dass in dem zweiten Teil der Klausel, einer Nebenabrede, der benachteiligende Kern liegt. Es kann also nicht darauf ankommen, ob der Vertragsverwender einen ganzen Satz oder ein Wort verwendet, das die Hauptabrede intransparent relativiert. Der Blue-Pencil-Test führt indes nur in einfachen Fällen zu einem plausiblen Ergebnis. Komplexere ineinandergreifende Vereinbarungen lassen sich mit seiner Hilfe in der Regel nicht lösen.

4n Eine Lückenfüllung und Rechtsfolgenanordnung, die den beiderseitigen Interessen nicht dienlich ist, führt zwangsläufig zu der Frage, ob die unwirksame Vertragsabrede durch **ergänzende Vertragsauslegung** zu füllen möglich war. Vorweggenommen sei, dass insoweit wiederum der 5. Senat die Möglichkeit der ergänzenden Vertragsauslegung bejahte, der 9. Senat indes – bei vergleichbarer Vertragsgestaltung – verneinte. Der Widerspruch ist bislang nicht aufgelöst. Noch verwirrender ist, dass der 5. Senat sich durch die Annahme der Lösungsvariante 1 von seiner eigener Konzeption gemäß Lösungsvariante (4) absetzt.

4o Nach nochmaliger Prüfung bleibt in fast allen Fällen unwirksamer Arbeitszeitabreden nur übrig, entweder die beeinträchtigende Nebenabrede zu eliminieren oder eine ergänzende Vertragsauslegung vorzunehmen. Die ergänzende Vertragsauslegung ist – schon wegen ihrer Nähe zur geltungserhaltenden Reduktion – stets zurückhaltend anzuwenden. Wenn sie aber unabweisbar ist, dann muss sie objektiv und nicht einseitig gehandhabt werden. Nach der zutreffenden Rechtsprechung des 4. Senats[1] tritt im Wege der ergänzenden Vertragsauslegung an die Stelle der lückenhaften Klausel diejenige Gestaltung, „die die Parteien bei einer angemessenen Abwägung der beiderseitigen Interessen nach Treu und Glauben als redliche Vertragsparteien vereinbart hätten, wenn ihnen die Unwirksamkeit der Geschäftsbedingung bekannt gewesen wäre." Die ergänzende Vertragsauslegung hat sich dabei zu orientieren an einem objektiv-generalisierenden, am Willen und Interesse der typischerweise an Geschäften dieser Art beteiligten Verkehrskreise, ausgerichteten Maßstab, und nicht nur an dem der konkret beteiligten Personen. Zunächst sei hierfür an den Vertrag selbst anzuknüpfen, denn die in ihm enthaltenen Regelungen und Wertungen, sein Sinn und Zweck sind Ausgangspunkt der Vertragsergänzung. Soweit irgend möglich, sind danach Lücken im Wege der ergänzenden Vertragsauslegung in der Weise auszufüllen, dass die Grundzüge des konkreten Vertrages „zu Ende gedacht" werden.

3. Feste Arbeitszeitmodelle

5 Feste Arbeitszeitmodelle sind dadurch gekennzeichnet, dass entweder die Lage und Dauer oder nur die Dauer der Arbeitszeit im Arbeitsvertrag festgelegt werden. Hier stellen sich – im Unterschied zu den flexiblen Arbeitszeitmodellen – primär Fragen der zweckmäßigen Ausgestaltung und Auslegung.

a) Tägliche/wöchentliche/monatliche Arbeitszeit

Typ 1: Tägliche/wöchentliche/monatliche Arbeitszeit

a) Die tägliche Arbeitszeitdauer beträgt zusammenhängend ... Stunden. Die Arbeitszeit beginnt um ... Uhr und endet um ... Uhr.

b) Die Arbeitszeit beträgt im Mai 60 Stunden, im Juni 80 Stunden, im Juli 100 Stunden und in allen übrigen Monaten jeweils 40 Stunden.

---

1 BAG 19.5.2010 – 4 AZR 796/08, NZA 2010, 1183.

c) Unabhängig von der jeweiligen betriebsüblichen Lage der Arbeitszeit beginnt die Arbeitszeit des Arbeitnehmers XY um 7.00 Uhr und endet um 16.00 Uhr. Eine Änderung dieser Arbeitszeit bedarf des Einvernehmens von Arbeitnehmer und Arbeitgeber.

d) Die tägliche/wöchentliche/monatliche Arbeitszeitdauer richtet sich nach den für den Betrieb geltenden tariflichen und betrieblichen Bestimmungen in der jeweils gültigen Fassung. Sie beträgt zurzeit ... Stunden täglich/wöchentlich/monatlich.

e) Die Arbeitszeit des Mitarbeiters beträgt ... % der betriebsüblichen Arbeitszeit eines Vollzeitmitarbeiters. Sie beträgt zurzeit ... Stunden täglich/wöchentlich/monatlich.

aa) Dauer der Arbeitszeit

Die Dauer der Arbeitszeit betrifft den zeitlichen Umfang der Arbeitsleistung, mithin die Frage, **wie lange der Arbeitnehmer pro Tag/Woche/Monat** arbeiten muss. Zur Arbeitszeit zählen dabei auch die Zeiten, in denen der Arbeitnehmer nicht voll arbeitet, in denen er aber auch nicht frei über seine Zeit verfügen kann, wie Arbeitsbereitschaft und Bereitschaftsdienst.

Die gesetzlich zulässige Höchstdauer der täglichen Arbeitszeit wird durch das ArbZG festgelegt. Dieses Gesetz gilt für alle volljährigen Arbeitnehmer in Deutschland (Territorialitätsprinzip),[1] also gemäß § 2 Abs. 2 ArbZG für alle Arbeiter und Angestellten sowie die zu ihrer Berufsbildung Beschäftigten mit (eingeschränkter) Ausnahme der in §§ 18–21a ArbZG genannten Beschäftigten. Zu diesen zählen z.B. leitende Angestellte i.S.d. § 5 Abs. 3 BetrVG, Chefärzte, Leiter von öffentlichen Dienststellen, Beschäftigte im liturgischen Bereich der Kirchen und Religionsgemeinschaften sowie in der Binnenschiff- und Luftfahrt.

Nach § 3 Satz 1 ArbZG darf die werktägliche Arbeitszeit der Arbeitnehmer **8 Stunden** nicht überschreiten, wobei nur der Sonntag nicht als Werktag gilt. Das Gesetz geht also von einer 48-Stunden-Woche aus. Allerdings kann die Arbeitszeit auf **bis zu 10 Stunden** täglich verlängert werden, wenn innerhalb eines bestimmten Zeitraumes ein Ausgleich der verlängerten Arbeitszeit auf einen 8-Stunden-Durchschnitt eintritt. Hierbei stellt § 3 Satz 2 ArbZG zwei Ausgleichszeiträume zur Wahl: einen von 6 Kalendermonaten und einen von 24 Wochen. Die Arbeitsvertragsparteien können einen kürzeren, nicht aber einen längeren Ausgleichszeitraum vereinbaren, es sei denn, ein solcher ist durch Tarifvertrag[2] oder ggf. Betriebsvereinbarung geregelt (zu den Voraussetzungen s. Rz. 22 ff.), § 7 Abs. 1 Nr. 1b ArbZG. Solche längeren Ausgleichszeiträume eröffnen dem Unternehmen die Möglichkeit, flexibel auf Auftragsschwankungen zu reagieren. Sie finden sich in der Praxis häufig in Sanierungstarifverträgen oder (soweit nicht tarifvertraglich geregelt) in Betriebsvereinbarungen über flexible Arbeitszeiten. Wird bspw. ein Ausgleichszeitraum von 24 Wochen vereinbart, ergibt sich eine zulässige Gesamtarbeitszeit von 1152 Stunden, die auf insgesamt 144 Werktage verteilt werden kann. Im Extremfall

---
1 BAG v. 12.12.1990 – 4 AZR 238/90, AP Nr. 2 zu § 4 TVG Arbeitszeit.
2 Vgl. dazu BAG v. 26.6.1985 – 4 AZR 585/83, AP Nr. 4 zu § 9 TVAL II; v. 19.6.1985 – 5 AZR 57/84, AP Nr. 11 zu § 4 BAT; v. 12.2.1986 – 7 AZR 358/84, AP Nr. 7 zu § 15 BAT.

kann eine Verteilung auf 115 Werktage zu je 10 Stunden, ein Werktag zu 2 Stunden und 28 arbeitsfreie Werktage erfolgen. Bei einem Ausgleichszeitraum von 6 Monaten könnten 3 Monate lang 10 Stunden pro Werktag (d.h. 60-Stunden-Woche) und die restlichen 3 Monate 6 Stunden pro Werktag (36-Stunden-Woche) gearbeitet werden. Gemäß § 21a ArbZG bestehen – basierend auf verschiedenen Verordnungen der EU zur Harmonisierung der Rechtsvorschriften im Straßenverkehr – für die Beschäftigung im Straßentransport Sonderregelungen. Im Kern ist hiernach eine maximale Höchstarbeitszeit von 60 Wochenarbeitsstunden, dies entspricht 260 Arbeitsstunden im Monat, darstellbar. Zugleich beschränkt § 21a ArbZG die durchschnittliche monatliche Arbeitszeit für Fahrpersonal auf 48 Wochenstunden und damit auf umgerechnet ca. 208 Monatsstunden im Referenzzeitraum von vier Monaten, wobei bestimmte Warte- und Bereitschaftszeiten sowie Beifahrerzeiten nach § 21a Abs. 4 ArbZG nicht mehr eingerechnet werden.

9 Ist im Arbeitsvertrag allein eine bestimmte tägliche Arbeitszeitdauer geregelt, fehlt es jedoch an einer ausdrücklichen Regelung hinsichtlich der zusammenhängenden Beschäftigung, ist diese Abrede in der Regel im Sinne einer **zusammenhängenden Arbeitszeit** auszulegen.[1] Unterbrechungen können dann nur als übliche Arbeitspausen angeordnet werden. Aus Gründen der Transparenz und um Streitigkeiten in diesem Punkt zu vermeiden, empfiehlt sich eine insoweit eindeutige Formulierung durch Aufnahme des Wortes „zusammenhängend" (Typ 1a). Will sich der Arbeitgeber demgegenüber eine mehrmalige Heranziehung des Arbeitnehmers zur Arbeit offen halten, ist dies vertraglich besonders zuzulassen.[2]

10 Bei **Teilzeitarbeitnehmern** kann die Arbeitszeitdauer nicht nur durch die Angabe einer bestimmten Stundenzahl festgelegt werden, sondern auch in der Weise, dass sie einen bestimmten Prozentsatz der Arbeitszeitdauer von Vollzeitarbeitnehmern betragen soll (Typ 1e). Wird in einem solchen Fall die Arbeitszeit für Vollzeitbeschäftigte verkürzt, bspw. durch Tarifvertrag, tritt automatisch auch eine Verkürzung der effektiven Arbeitszeit der Teilzeitarbeitnehmer ein. Soll eine derartige Anpassung vermieden werden, muss ausdrücklich eine bestimmte Stundenzahl festgelegt werden (Klausel 1a). Wird dann der Stundenlohn der vollzeitbeschäftigten Arbeitnehmer erhöht, haben teilzeitbeschäftigte Arbeitnehmer bei unveränderter Arbeitszeit Anspruch auf eine entsprechende Lohnerhöhung je Arbeitsstunde.[3] Dies folgt unmittelbar aus § 4 Abs. 1 TzBfG. Das gilt auch bei **Lohnerhöhungen**, die zum Ausgleich einer **tariflichen Arbeitszeitverkürzung** erfolgen. Beträgt die bisherige tarifliche Arbeitszeit 40 Stunden und wird mit einem Teilzeitbeschäftigten eine Arbeitszeit von 20 Stunden vereinbart, hat dieser nach Verkürzung der Wochenarbeitszeit auf 39 Stunden einen Vergütungsanspruch in Höhe von 20/39 eines vollzeitbeschäftigten Arbeitnehmers.[4] Anders soll dies freilich sein, wenn sich aus den Begleitumständen der Vertragsvereinbarung ergibt, dass die Parteien eine „Halbtagsbeschäftigung" wollten. Dann soll die tarifliche Arbeitszeitverkürzung auch anteilig auf den Teilzeitbeschäftigten durchschlagen,[5] d.h. die Arbeitszeit verringert sich auf 19,5 Stunden.

---

1 *Laux/Schlachter*, § 12 Rz. 60; ErfK/*Preis*, § 12 TzBfG Rz. 23.
2 BAG v. 24.5.1989 – 2 AZR 537/88, n.v.; zu Einzelheiten s. Rz. 30 ff.
3 BAG v. 29.1.1992 – 4 AZR 293/91, AP Nr. 16 zu § 2 BeschFG 1985.
4 BAG v. 29.1.1992 – 4 AZR 293/91, AP Nr. 16 zu § 2 BeschFG 1985.
5 BAG v. 15.5.1991 – 5 AZR 211/90, n.v.

Überschreitet die Arbeitszeit die zulässige Höchstdauer, kann der Arbeitnehmer ein Leistungsverweigerungsrecht geltend machen. Der Arbeitgeber, der Arbeitnehmer über die Grenzen der Arbeitszeit hinaus beschäftigt, handelt nach § 22 Abs. 1 Nr. 1 ArbZG ordnungswidrig und macht sich u.U. auch strafbar, § 23 ArbZG. Nach § 16 Abs. 2 ArbZG ist der Arbeitgeber verpflichtet, die über 8 Stunden pro Werktag hinausgehende Arbeitszeit aufzuzeichnen und diese Nachweise mindestens zwei Jahre aufzubewahren. In der Praxis bereitet diese Aufzeichnungspflicht teilweise, insbesondere bei flexiblen Arbeitszeitmodellen und Außendienstmitarbeitern, erhebliche Schwierigkeiten. In manchen Fällen wird die Arbeitszeit schlicht gar nicht erfasst. Da allerdings in den vergangenen Jahren ein zunehmender Trend zu Arbeitszeitkontrollen durch die Aufsichtsbehörden zu beobachten ist, kann nur dazu geraten werden, die Aufzeichnungspflicht ernst zu nehmen, um Ordnungswidrigkeitenverfahren zu vermeiden.

Hinsichtlich der **Dauer** der Arbeitszeit besteht **grundsätzlich kein Mitbestimmungsrecht** des Betriebsrats mit Ausnahme der **vorübergehenden** Verlängerung (Überstunden) oder Verkürzung (Kurzarbeit) der regelmäßigen betrieblichen Arbeitszeit.[1]

bb) Lage der Arbeitszeit

Die Lage der Arbeitszeit betrifft die Frage von **Beginn und Ende der täglichen Arbeitszeit**, also von wann bis wann der Arbeitnehmer seine Leistung erbringen muss. Sie ist zu unterscheiden von der Betriebszeit – der Zeit, in der in einem Betrieb überhaupt Arbeitnehmer tätig sind – und der Betriebsnutzungszeit – der tatsächlichen Produktions- bzw. Maschinenlaufzeit.

Mit welchem Ereignis die tägliche Arbeitszeit beginnt und endet, hängt von den Einzelfallumständen ab. Es kann abgestellt werden auf das Betreten bzw. Verlassen des Betriebsgeländes oder der Dienststelle,[2] aber auch auf das Betreten bzw. Verlassen des Arbeitsplatzes, das An- und Abschalten von Maschinen oder auf eine Werkssirene. Bestimmungen darüber finden sich meist in Tarifverträgen oder Betriebsvereinbarungen, können aber auch im Arbeitsvertrag enthalten sein.

Hinsichtlich der **Arbeitszeitlage** hat der Arbeitgeber ein weites **Direktionsrecht** (§ 106 GewO), d.h. er kann eine im Arbeitsvertrag nur rahmenmäßig oder gar nicht geregelte Lage der Arbeitszeit einseitig bestimmen und verändern.[3] Ist aber, wie bei den hier vorliegenden Klauseln, eine feste Lage der Arbeitszeit im Arbeitsvertrag[4] vereinbart, besteht daneben kein Raum für ein Direktionsrecht.

Für die Vertragsgestaltung ist wichtig zu wissen, dass **flexible Arbeitszeitsysteme weitreichend** schlicht auf der Basis des **Direktionsrechts** nach Maßgabe des § 106

---

1 BAG v. 26.6.1985 – 4 AZR 585/83, AP Nr. 4 zu § 9 TVAL II; v. 13.1.1987 – 1 ABR 69/85, AP Nr. 22 zu § 87 BetrVG 1972 Arbeitszeit; v. 14.1.2014 – 1 ABR 66/12, juris; Fitting, § 87 BetrVG Rz. 104; HWGNRH/Worzalla, § 87 BetrVG Rz. 192; ErfK/Kania, § 87 BetrVG Rz. 25; s. dazu Rz. 68 ff. und 79 ff.
2 So für den öffentlichen Dienst BAG v. 18.1.1990 – 6 AZR 386/89, AP Nr. 16 zu § 15 BAT; v. 28.7.1994 – 6 AZR 220/94, AP Nr. 32 zu § 15 BAT.
3 BAG v. 19.6.1985 – 5 AZR 57/84, AP Nr. 11 zu § 4 BAT; LAG Berlin v. 1.3.1999 – 9 Sa 133/98 u. 135/98, BB 1999, 800.
4 BAG v. 11.2.1998 – 5 AZR 472/97, AP Nr. 54 zu § 611 BGB Direktionsrecht.

GewO installiert werden können (s. Rz. 4b).¹ Ist keine kalendertägliche Lage der Arbeitszeit vereinbart, kann der Arbeitgeber die Lage der Arbeitszeit kraft seines Weisungsrechts nach billigem Ermessen innerhalb der vereinbarten wöchentlichen, monatlichen oder gar jährlichen Arbeitszeitdauer bestimmen.²

cc) Ruhepausen

16 Ruhepausen sind **Unterbrechungen der täglichen Arbeitszeit** von bestimmter Dauer, die der **Erholung** dienen und die **nicht zur vergütungspflichtigen Arbeitszeit** zählen.³ Der Arbeitnehmer ist in dieser Zeit von jeglicher Arbeitsleistung freigestellt.⁴ Keine Ruhepausen und damit reguläre Arbeitszeit sind bloße Betriebspausen, Wartezeiten, Verschnauf- und Kurzpausen sowie Essenszeiten im Schichtbetrieb,⁵ da diese zu kurz sind, um der Erholung zu dienen. Auch während solcher in vielen Tarifverträgen enthaltenen Essenspausen⁶ ist daher die Vergütung weiter zu zahlen. Daraus folgt allerdings kein allgemeiner Anspruch auf Vergütung von Pausen in Schichtbetrieben, wenn diese Pausen **außerhalb** der individuellen Arbeitszeit liegen. Dies hat das BAG mehrfach bestätigt: Der Sinn von vergütungspflichtigen Kurzpausen sei es, die besonderen Belastungen der Tätigkeit in Dreischichtbetrieben auszugleichen, sofern dort zeitversetzte Pausen **innerhalb** der Arbeitszeit gewährt werden.⁷

17 Bei einer Arbeitszeit von 6–9 Stunden pro Tag muss dem Arbeitnehmer eine im Voraus festgesetzte Ruhepause von mindestens 30 Minuten gewährt werden, bei einer Arbeitszeit von mehr als 9 Stunden pro Tag muss die Ruhepause mindestens 45 Minuten lang sein, § 4 ArbZG. Ausnahmen von dieser Regelung sind gemäß § 7 Abs. 1 Nr. 2, Abs. 2 Nr. 3, 4 ArbZG möglich.

18 Es genügt nicht, wenn der Arbeitgeber einer Gruppe von Arbeitnehmern überlassen hat, einvernehmlich die Ruhepause zu regeln, die Arbeitnehmer aber eine Regelung, aus der sich für den Einzelnen eine im Voraus festlegende Unterbrechung der Arbeitszeit ergibt, nicht getroffen haben oder eine von ihnen getroffene Regelung nicht durchführen.⁸

19 Hinsichtlich Lage und Dauer der Pausen steht dem Betriebsrat ein **Mitbestimmungsrecht** (§ 87 Abs. 1 Nr. 2 BetrVG) zu.⁹

---

1 Zutreffend *Hahn*, Rz. 224 ff.
2 BAG v. 18.4.2012 – 5 AZR 195/11, NZA 2012, 796.
3 ErfK/*Wank* § 4 ArbZG Rz. 1.
4 BAG v. 27.2.1992 – 6 AZR 478/90, AP Nr. 5 zu § 3 AZO Kr.
5 S. dazu BAG v. 6.11.1990 – 1 ABR 34/89, AP Nr. 94 zu § 1 TVG Tarifverträge: Metallindustrie.
6 Vgl. z.B. den MTV der Metall- und Elektroindustrie NRW und den Gemeinsamen MTV der Metall- und Elektroindustrie des Saarlandes.
7 BAG v. 16.5.1990 – 4 AZR 45/90, AP Nr. 91 zu § 1 TVG Tarifverträge: Metallindustrie; v. 6.11.1990 – 1 ABR 34/89, AP Nr. 94 zu § 1 TVG Tarifverträge: Metallindustrie; v. 18.12.1990 – 1 ABR 11/90, AP Nr. 98 zu § 1 TVG Tarifverträge: Metallindustrie.
8 BAG v. 27.2.1992 – 6 AZR 478/90, AP Nr. 5 zu § 3 AZO Kr.
9 BAG v. 13.10.1987 – 1 ABR 10/86, AP Nr. 24 zu § 87 BetrVG 1972 Arbeitszeit.

dd) Ruhezeiten

Ruhezeiten sind **Zeiten völliger Arbeitsfreistellung** für den Arbeitnehmer zwischen dem Ende der täglichen Arbeitszeit und dem Beginn am nächsten Tag.[1] Sie zählen **nicht zur Arbeitszeit**, folglich hat der Arbeitnehmer dafür keinen Vergütungsanspruch.

Gemäß § 5 Abs. 1 ArbZG muss dem Arbeitnehmer nach Beendigung der täglichen Arbeitszeit eine ununterbrochene Ruhezeit von **mindestens 11 Stunden** gewährt werden. Ausnahmen davon können gemacht werden nach Maßgabe des § 5 Abs. 2–3 ArbZG sowie § 7 Abs. 1 Nr. 3, Abs. 2 ArbZG, z.B. in Krankenhäusern und anderen Pflegeeinrichtungen sowie durch Tarifvertrag oder ggf. Betriebsvereinbarung. Zu beachten ist, dass nach der Rechtsprechung des EuGH[2] und in Anlehnung daran nach dem geänderten § 7 Abs. 2 ArbZG Bereitschaftsdienst nicht mehr zur Ruhe-, sondern zur Arbeitszeit zählt.

ee) Sommer- und Winterzeit

Wird während der Umstellung von Sommer- auf Winterzeit und umgekehrt nicht gearbeitet, ergeben sich keine Besonderheiten. Bei Betrieben mit Nachtschichten gilt Folgendes: Die ausgefallene Stunde bei der Umstellung auf Sommerzeit zählt nicht zur Arbeitszeit und ist daher nicht zu vergüten. Wird umgekehrt bei der Umstellung auf Winterzeit gearbeitet, gehört diese Stunde zur normalen Arbeitszeit.

ff) Hinweise zur Vertragsgestaltung

Regelungen über Dauer und Lage der Arbeitszeit können im Arbeitsvertrag sowie in Kollektivverträgen enthalten sein, in Betriebsvereinbarungen allerdings nur, wenn der anwendbare Tarifvertrag eine Öffnungsklausel enthält (§ 77 Abs. 3 BetrVG) oder eine Tarifgebundenheit nicht besteht. Arbeitsverträge mit feststehender Dauer und Lage sind sowohl in Vollzeit- als auch Teilzeitarbeitsverhältnissen anzutreffen. Bei Letzteren ist § 4 TzBfG zu beachten: Teilzeitbeschäftigte dürfen nicht wegen der Teilzeitbeschäftigung gegenüber Vollzeitbeschäftigten schlechter behandelt werden, es sei denn, es liegt ein sachlicher Grund dafür vor.

Werden Arbeitszeitlage und -dauer im Arbeitsvertrag festgelegt, sind folgende Fälle zu unterscheiden:

Fall 1: Die arbeitsvertragliche Klausel **verweist nicht** auf einen Tarifvertrag (Typ 1a, b, c, e) und es besteht **beiderseitige** Tarifgebundenheit.

Fall 2: Die arbeitsvertragliche Klausel **verweist nicht** auf einen Tarifvertrag (Typ 1a, b, c, e) und es besteht **keine beiderseitige** Tarifgebundenheit.

Fall 3: Die arbeitsvertragliche Klausel **verweist** auf einen Tarifvertrag (Typ 1d) und es besteht **beiderseitige** Tarifgebundenheit.

Fall 4: Die arbeitsvertragliche Klausel **verweist** auf einen Tarifvertrag (Typ 1d) und es besteht **keine beiderseitige** Tarifgebundenheit.

---

1 MünchArbR/*Anzinger*, § 219 Rz. 1.
2 EuGH v. 3.10.2000 – Rs. C-303/98 – SIMAP, NZA 2000, 1227; v. 9.9.2003 – Rs. C-151/02, NZA 2003, 1019.

24 In Fall 1 gelten die Bestimmungen des Tarifvertrags hinsichtlich der Arbeitszeit unmittelbar und zwingend, § 4 Abs. 1 TVG, sofern nicht die einzelvertragliche Regelung für den Arbeitnehmer günstiger ist, § 4 Abs. 3 TVG. Ist die arbeitsvertragliche Regelung also ungünstiger für den Arbeitnehmer, gilt sie nicht.

25 Ist in einem anwendbaren Tarifvertrag die Dauer der Arbeitszeit festgelegt und soll **im Arbeitsvertrag eine höhere Dauer als die tariflich vorgegebene** Arbeitszeitdauer vereinbart werden, ist ungeklärt, ob dies möglich ist.[1] Zum Teil wird diese Frage bejaht[2] unter Berufung auf das Günstigkeitsprinzip: Wenn der Arbeitnehmer eine höhere Anzahl von Stunden arbeiten möchte, um dadurch eine höhere Vergütung zu erhalten, solle dies auch möglich sein, da eine solche Vertragsgestaltung für den Arbeitnehmer individuell günstiger sei. In der instanzgerichtlichen Rechtsprechung wird diese Möglichkeit abgelehnt[3] mit der Begründung, eine solche Regelung sei für den Arbeitnehmer nicht günstig. Vielmehr gelten die tariflichen Regelungen unmittelbar und zwingend. Eine Entscheidung des BAG hierzu ist bislang noch nicht ergangen. Allerdings lässt sich eine gewisse ablehnende Haltung aus einer Entscheidung ersehen, die zu einem ähnlichen Thema ergangen ist: Das BAG bejahte einen Unterlassungsanspruch einer tarifvertragschließenden Gewerkschaft gegen den Arbeitgeber wegen vertraglicher Einheitsregelungen, in denen die tarifliche Wochenarbeitszeit verlängert und dafür eine Beschäftigungsgarantie abgegeben wurde.[4] Diese Entscheidung wurde damit begründet, dass die Regelungsgegenstände Entgelt- und Arbeitszeitregelung mit dem Regelungsgegenstand Beschäftigungsgarantie nicht vergleichbar seien und daher das Günstigkeitsprinzip nicht anwendbar sei. Angesichts dieser Tendenz des BAG ist eine die tariflichen Arbeitszeitvorgaben verlängernde Regelung im Einzelarbeitsvertrag nicht zu empfehlen.

26 Für Fall 2 gilt: Die im **Arbeitsvertrag** festgelegte Arbeitszeitlage und -dauer ist **allein maßgebend** für das Arbeitsverhältnis. Eine solche Regelung hat für den Arbeitgeber zwar einerseits den Vorteil, dass diese Vereinbarung klar und deutlich und frei von Einflüssen durch Tarifverträge ist. Auch wenn in einem Tarifvertrag Regelungen über die Arbeitszeitdauer vereinbart werden sollten, die für den Arbeitgeber ungünstig sind, kann er sich auf die im Arbeitsvertrag getroffenen Vereinbarungen berufen. Andererseits besteht bei einer solchen Vertragsgestaltung keinerlei Möglichkeit der Flexibilisierung, Änderungen sind allein durch einvernehmliche Vertrags-

---

1 Dazu ausf. *Lindemann*, § 16 II.
2 ArbG Nürnberg v. 5.10.1990 – 12 BV 25/90, DB 1990, 2605; *Adomeit*, NJW 1984, 595; *Bengelsdorf*, ZfA 1990, 563 (581); *Buchner*, in Hromadka, Arbeitszeitrecht im Umbruch, 1988, S. 3 ff.; *Buchner*, FS Kissel, 1994, S. 97 (111); *Gitter*, FS Wlotzke, 1996, S. 297 (300 ff.); *von Hoyningen-Huene*, NZA 1985, 14; *Hromadka*, DB 1992, 1042; *Joost*, ZfA 1984, 173 (176 ff.); *Kramer*, DB 1994, 426 (427); *Krauss*, DB 2000, 1962; *Neumann*, NZA 1990, 961 (966); *Richardi*, DB 1990, 1613 (1617); *Zöllner*, DB 1989, 2121 (2125).
3 LAG BW v. 22.3.1989 – 9 Sa 140/88, LAGE § 4 TVG Metallindustrie Nr. 17; v. 28.5.1996 – 8 Sa 160/95, AiB 1997, 121; so auch *Buschmann*, NZA 1990, 387; *Däubler*, ArbuR 1996, 347 (349); *Gamillscheg*, Kollektives Arbeitsrecht, Bd. 1, 1997, S. 855; Kempen/Zachert/ Schubert-Zachert, TVG, § 4 Rz. 422 f.; *Leinemann*, DB 1990, 732; *Lieb*, NZA 1994, 289 (293) und 337 (342); *Linnenkohl/Rauschenberg/Reh*, BB 1990, 628, 629; *Löwisch*, NZA 1989, 959, 960.
4 BAG v. 20.4.1999 – 1 ABR 72/98, AP Nr. 89 zu Art. 9 GG; so auch LAG BW v. 28.5.1996 – 8 Sa 160/95, AiB 1997, 121; ArbG Stuttgart v. 7.9.1995 – 21 Ca 806/95, NZA-RR 1996, 139.

änderung oder Änderungskündigung möglich. Allerdings kann der Arbeitnehmer, falls der Arbeitgeber tarifgebunden ist, allein durch Eintritt in die Gewerkschaft die Geltung der tarifvertraglichen Regelungen erreichen, falls nicht der Arbeitsvertrag günstigere Vereinbarungen enthält, § 4 Abs. 1 TVG.

In Fall 3 ist eine **Verweisungsklausel** aus den o.g. Gründen – § 4 Abs. 1 TVG – **überflüssig**, solange die beiderseitige Tarifbindung fortbesteht. 27

Aber auch bei fehlender Tarifgebundenheit, wie in Fall 4, haben die Vertragsparteien die Möglichkeit, durch entsprechende **Verweisungen** auf den jeweiligen Tarifvertrag die darin enthaltenen **Regelungen zum Vertragsinhalt** zu machen. Chancen und Risiken solcher Verweisungsklauseln sind jedoch sorgfältig abzuwägen (näher → *Verweisungsklauseln*, II V 40). 28

Besteht **keine Vereinbarung über die Lage** der Arbeitszeit (Typ 1b), richtet sich diese nach der **im Betrieb oder der jeweiligen Abteilung üblichen** Arbeitszeit.[1] Dabei ist zu beachten, dass bei außertariflichen Angestellten, deren Arbeitszeit sich nach der betriebsüblichen Arbeitszeit richtet, bei einer Verkürzung der Arbeitszeit durch Tarifvertrag auch die verkürzte Arbeitszeit gilt.[2] Als außertariflich Angestellte gelten dabei solche Angestellte, die kraft ihrer Tätigkeit nicht mehr unter den persönlichen Geltungsbereich des einschlägigen Tarifvertrags fallen, andererseits aber noch nicht zu den leitenden Angestellten i.S.v. § 5 Abs. 3 BetrVG gehören.[3] 29

b) Kurze tägliche Arbeitszeit

Typ 2: Kurze tägliche Arbeitszeit

a) Die tägliche Arbeitszeitdauer beträgt zusammenhängend 1 Stunde.

b) Die tägliche Arbeitszeitdauer beträgt zweimal je 2 Stunden am Tag. Die beiden Einsätze müssen nicht zusammenhängen.

Eine kurze tägliche Gesamtarbeitszeit (Typ 2a) oder die Zerstückelung der täglichen Arbeitszeit in mehrere kurze, durch (unbezahlte) Untätigkeit unterbrochene Arbeitseinsätze (Typ 2b) kann zu unangemessenen Belastungen des Arbeitnehmers führen. Diese können bspw. in einem längeren Anfahrtsweg oder der Stückelung der verbleibenden Freizeit liegen.[4] 30

Eine einzuhaltende **Mindestdauer der Arbeitszeit gibt es jedoch nicht**, sie ergibt sich auch nicht aus § 12 Abs. 1 Satz 4 TzBfG. Diese Vorschrift besagt ausschließlich, dass bei **nicht festgelegter** täglicher Arbeitszeit die Mindestinanspruchnahme drei zusammenhängende Stunden betragen muss. Die Vereinbarung einer **zehn** 31

---

1 BAG v. 15.5.2013 – 10 AZR 325/12, AP BGB § 611 Arbeitszeit Nr. 42; LAG BW v. 28.10. 1991 – 4b Sa 27/91, LAGE § 77 BetrVG 1972 Nr. 16.
2 BAG v. 23.4.1957 – 4 AZR 584/87, AP Nr. 1 zu § 1 TVG Tarifverträge: Stahlindustrie.
3 BAG v. 28.5.1974 – 1 ABR 22/73, AP Nr. 6 zu § 80 BetrVG 1972; v. 9.12.1987 – 4 AZR 584/87, AP Nr. 1 zu § 1 TVG Tarifverträge - Stahlindustrie; v. 18.9.1973 – 1 ABR 7/73, AP Nr. 3 zu § 80 BetrVG 1972; LAG BW v. 22.3.1989 – 9 Sa 140/88, LAGE § 4 TVG Metallindustrie Nr. 17.
4 Vgl. BR-Drucks. 393/84, S. 26 zu § 4 BeschFG.

Stunden unterschreitenden Wochenarbeitszeit wird durch § 12 Abs. 1 TzBfG jedoch **nicht** ausgeschlossen. Die Dauer der Arbeitszeit ist privatautonom gestaltbar. § 12 TzBfG garantiert also keine Mindestarbeitszeit, sondern greift nur subsidiär ein und fingiert eine Arbeitsdauer von zehn Wochenstunden, wenn vertraglich keine Dauer bestimmt ist.[1] Die Drei-Stunden-Grenze des § 12 Abs. 1 Satz 4 TzBfG greift also dann nicht ein, wenn die **zusammenhängende** Dauer der täglichen Arbeitszeit **festgelegt** ist, ein Direktionsrecht des Arbeitgebers sich mithin allein auf die Lage der zusammenhängenden Arbeitszeit bezieht (Typ 2a). Der Arbeitnehmer ist in diesem Fall nicht schutzwürdig: Er kennt von vornherein für jeden Tag die Zeit der zusammenhängenden Beschäftigung und vermag bei seiner Entscheidung, ob er sich auf eine solche Vereinbarung einlassen soll, zu berücksichtigen, ob sich für ihn die tägliche Arbeitsdauer wirtschaftlich lohnt.

32 Eine die Anwendung des § 12 Abs. 1 Satz 4 TzBfG ausschließende Vereinbarung dürfte auch bei Typ 2b) anzunehmen sein: Der Arbeitnehmer muss von vornherein davon ausgehen, dass die tägliche Gesamtarbeitszeit von vier Stunden in zwei Etappen von je zwei Stunden zu leisten ist, wobei diese beiden Einsätze zusammenhängen können, aber nicht müssen.

33 Für den Arbeitgeber hat eine solche Regelung den Vorteil, dass er den Arbeitnehmer zu der Zeit an jedem Arbeitstag für die vertraglich vereinbarte Dauer einsetzen kann, wenn er ihn braucht. Bei der Vertragsgestaltung sollte dabei immer darauf geachtet werden, dass eine bestimmte tägliche Arbeitszeitdauer festgelegt ist. Falls diese weniger als drei Stunden beträgt, muss sie zusammenhängen. Wird dies nicht eingehalten, greift § 12 Abs. 1 Satz 4 TzBfG ein mit der Folge, dass der Arbeitgeber den Arbeitnehmer mindestens drei Stunden zusammenhängend beschäftigen bzw. jedenfalls bezahlen muss.[2]

c) Nachtarbeit

Typ 3: Nachtarbeit

a) Der Arbeitnehmer ist im Rahmen der gesetzlichen Vorschriften zu Nachtarbeit verpflichtet.

b) Bei dringenden betrieblichen Erfordernissen kann Nachtarbeit angeordnet werden. Dabei darf die tägliche Arbeitszeit zehn Stunden nicht überschreiten, wenn nicht die in § 15 Arbeitszeitgesetz vorgesehene Zustimmung der Aufsichtsbehörde vorliegt. Die vorstehenden Bestimmungen dürfen nicht missbräuchlich ausgenutzt werden.

34 Nachtarbeit ist jede Arbeit, die **während der Nachtzeit länger als zwei Stunden** verrichtet wird, § 2 Abs. 4 ArbZG. Nachtzeit i.S.d. Arbeitszeitgesetzes ist die Zeit zwischen 23 Uhr und 6 Uhr, in Bäckereien und Konditoreien von 22 Uhr bis 5 Uhr, § 2 Abs. 3 ArbZG. Ein Arbeitnehmer ist jedoch erst als Nachtarbeitnehmer i.S.d. ArbZG anzusehen, wenn er aufgrund seiner Arbeitszeitgestaltung normalerweise

---

[1] ErfK/*Preis*, § 12 TzBfG Rz. 15; HWK/*Schmalenberg*, § 12 TzBfG Rz. 11; MünchKommBGB/*Müller-Glöge*, § 12 TzBfG Rz. 9.
[2] BAG v. 24.5.1989 – 2 AZR 537/88, n.v.; im Einzelnen s. Rz. 122 ff.

Nachtarbeit in Wechselschicht zu leisten hat oder wenn er im Kalenderjahr mindestens an 48 Tagen Nachtarbeit leistet, § 2 Abs. 5 ArbZG.

Besondere Regelungen über Nacht- sowie Schichtarbeit enthält § 6 ArbZG, die dem Schutz der Arbeitnehmer dienen sollen: So ist die Arbeitszeit der Nacht- und Schichtarbeitnehmer nach gesicherten arbeitswissenschaftlichen Erkenntnissen über die menschengerechte Gestaltung der Arbeit festzulegen. Gemäß § 6 Abs. 3 ArbZG hat der Arbeitnehmer einen Anspruch darauf, sich vor Beginn der Beschäftigung und danach in regelmäßigen Abständen von nicht weniger als drei Jahren arbeitsmedizinisch untersuchen zu lassen. Bei gesundheitlicher Gefährdung durch weitere Nachtarbeit sowie bei Betreuung von Kindern unter 12 Jahren oder von schwerpflegebedürftigen Angehörigen hat der Nachtarbeitnehmer gemäß § 6 Abs. 4 ArbZG einen Anspruch, im Rahmen der betrieblichen Möglichkeiten auf einen für ihn geeigneten Tagesarbeitsplatz umgesetzt zu werden. 35

Für die während der Nachtzeit geleisteten Arbeitsstunden muss der Arbeitgeber dem Arbeitnehmer, falls keine tarifvertraglichen Ausgleichsregelungen bestehen, eine angemessene Zahl **bezahlter freier Tage** oder einen angemessenen **Zuschlag** auf das Bruttoarbeitsentgelt gewähren. Der Arbeitgeber hat das **Wahlrecht**, ob er den gesetzlich bestimmten Anspruch des Nachtarbeitnehmers auf Ausgleichsleistungen (§ 6 Abs. 5 ArbZG) durch eine angemessene Zahl freier Tage oder einen angemessenen Zuschlag auf das dem Arbeitnehmer für die Nachtarbeit zustehende Bruttoarbeitsentgelt erfüllt.[1] Dieses Wahlrecht erlischt nicht infolge Zeitablaufs, wenn zwischen der Leistung der Nachtarbeit und der Erfüllung des Anspruchs des Arbeitnehmers ein erheblicher zeitlicher Abstand (hier: vier Jahre) liegt.[2] Wenn das Arbeitsverhältnis zwischen den Parteien allerdings beendet ist, kommt ausschließlich die Zahlung eines Zuschlags in Betracht.[3] 36

Vorteile der Einführung von Nachtarbeit für den Arbeitgeber ist eine bessere Auslastung der Maschinen und dadurch höhere Produktivität, nachteilig können sich die erhöhten Kosten für die Vergütung bzw. die zu gewährenden freien Tage auswirken. Besonderheiten bestehen bei der Beschäftigung **schwerbehinderter Menschen**: Diese haben nach § 81 Abs. 4 Nr. 4 SGB IX einen Anspruch auf behinderungsgerechte Gestaltung der Arbeitszeit, soweit dessen Erfüllung für den Arbeitgeber nicht unzumutbar oder mit unverhältnismäßigen Aufwendungen verbunden ist. Hieraus kann sich die Pflicht des Arbeitgebers ergeben, einen schwerbehinderten Arbeitnehmer nicht zur Nachtarbeit einzuteilen.[4] 37

In Ansehung der äußerst großzügigen Rechtsprechung des BAG zur Möglichkeit der Anordnung von Sonntagsarbeit (s. nachfolgend Rz. 38 f.) kann davon ausgegangen werden, dass das BAG – auch ohne konkrete Abrede – im Rahmen des allgemeinen Direktionsrechts nach § 106 GewO die Anordnung von Nachtarbeit für zulässig halten würde. Freilich ist dennoch bei Arbeitsverhältnissen, bei denen Nachtarbeit in Betracht kommt, schon aus Transparenzgründen eine entsprechende Vertragsklausel zu empfehlen. Wenn der Arbeitnehmer weiß, dass Nachtarbeit auf ihn zukommen kann, dann dürfte diese – vertraglich ausdrücklich klargestellte – Mög- 37a

---

1 BAG v. 1.2.2006 – 5 AZR 422/04, NZA 2006, 494.
2 BAG v. 5.9.2002 – 9 AZR 202/01, AP Nr. 4 zu § 6 ArbZG.
3 BAG v. 27.5.2003 – 9 AZR 18/02, AP Nr. 5 zu § 6 ArbZG.
4 BAG v. 3.12.2002 – 9 AZR 462/01, AP Nr. 1 zu § 124 SGB IX.

lichkeit auch in der Regel „billigem Ermessen" entsprechen (→ *Direktionsrecht und Tätigkeitsbeschreibung*, II D 30 Rz. 11 ff.).

d) Sonn- und Feiertagsarbeit

Typ 4: Sonn- und Feiertagsarbeit

Der Arbeitnehmer ist im Rahmen der gesetzlichen Vorschriften zu Sonn- und Feiertagsarbeit verpflichtet.

38 Nach der öffentlich-rechtlichen Vorschrift des § 9 Abs. 1 ArbZG ist die Beschäftigung von Arbeitnehmern an **Sonn- und gesetzlichen Feiertagen** in der Zeit von 0 bis 24 Uhr **grundsätzlich unzulässig**, wenn nicht einer der gesetzlich genannten Ausnahmefälle oder eine behördliche Genehmigung vorliegt. In mehrschichtigen Betrieben kann Beginn oder Ende der Sonn- und Feiertagsruhe um bis zu sechs Stunden vor- oder zurückverlegt werden, § 9 Abs. 2 ArbZG, so dass die werktäglichen Schichtwechselzeiten beibehalten werden können. Für Kraftfahrer und Beifahrer kann der Beginn der 24-stündigen Sonn- und Feiertagsruhe entsprechend dem bis 22 Uhr dauernden Fahrverbot des § 30 Abs. 3 StVO um bis zu zwei Stunden vorverlegt werden, § 9 Abs. 3 ArbZG.[1] § 10 ArbZG enthält einen Katalog von Ausnahmen vom grundsätzlichen Beschäftigungsverbot an Sonn- und Feiertagen, so etwa für Not- und Rettungsdienste, Polizei, Krankenhäuser, Gaststätten und Hotels usw. Des Weiteren besteht die Möglichkeit, dass Sonn- und Feiertagsarbeit nach § 13 ArbZG von der Aufsichtsbehörde auf Antrag genehmigt wird, z.B. im Handelsgewerbe an bis zu zehn Sonn- und Feiertagen im Jahr, an denen besondere Verhältnisse einen erweiterten Geschäftsverkehr erforderlich machen, etwa bei Messen oder Ausstellungen. Für international tätige Unternehmen interessant ist auch die Genehmigung der Sonn- und Feiertagsarbeit nach § 13 Abs. 5 ArbZG, wenn im Ausland u.a. die Betriebszeiten deutlich länger sind als im Inland und dadurch die Konkurrenzfähigkeit unzumutbar beeinträchtigt wird. Ist danach Sonn- oder Feiertagsarbeit zulässig oder behördlich genehmigt, stellt sich die Frage, ob der Arbeitnehmer individualrechtlich zur Arbeitsleistung an diesen Tagen verpflichtet ist. Ob eine solche Pflicht besteht, richtet sich vorrangig nach Tarifverträgen oder Betriebsvereinbarungen. Fehlt eine kollektive Regelung, bedarf es einer Auslegung des Einzelarbeitsvertrages in dieser Hinsicht. Das BAG ist in seiner jüngsten Rechtsprechung insoweit sehr großzügig:[2] In dem Fall, der dieser Entscheidung zu Grunde lag, hatten die Arbeitsvertragsparteien einen Arbeitsvertrag geschlossen, in dem keine ausdrückliche Regelung über die Sonntagsarbeit enthalten war. In dem Vertrag hieß es lediglich: „Die regelmäßige tägliche Arbeitszeit beträgt grundsätzlich 7,4 Stunden, die wöchentliche Arbeitszeit 37 Stunden in der Normalarbeitszeit. Eine Änderung der Arbeitszeit ist möglich." Zusätzlich wurde später ein Schichtmodell vereinbart. Im Zeitpunkt des Vertragsschlusses führte der Arbeitgeber keine Sonntagsarbeit durch. Diese war ihm auch weder behördlich genehmigt worden

---

1 Vgl. auch das Gesetz zur Regelung der Arbeitszeit von selbständigen Kraftfahrern (KrFArbZG), Gesetz v. 11.7.2012, BGBl. I 2012, 1479, dazu *Wiebauer*, NZA 2012, 1331.
2 BAG v. 15.9.2009 – 9 AZR 757/08, AP Nr. 7 zu § 106 GewO; vgl. dazu *Preis/Ulber*, NZA 2010, 729.

noch hatte er den hierzu erforderlichen Antrag gestellt. Nachdem das Arbeitsverhältnis auf diese Weise nahezu 30 Jahre lang erfüllt worden war, führte der Arbeitgeber nach Erteilung einer Genehmigung Sonntagsarbeit ein. Zu dieser wollte er den Arbeitnehmer kraft Direktionsrecht verpflichten. Der Arbeitnehmer hingegen war der Ansicht, sein Arbeitsvertrag sei dahingehend auszulegen, dass er nicht zur Sonntagsarbeit verpflichtet sei. Wichtig ist, dass es nicht um die Zulässigkeit einer konkreten Weisung – also die Ausübung des Direktionsrechts – ging, sondern um die Frage, ob der Arbeitsvertrag die entsprechende Weisung überhaupt zuließ. Das BAG wandte seine großzügige Rechtsprechung zum Direktionsrecht des Arbeitgebers bei der Anordnung der Lage der Arbeitszeit[1] auch auf diese Konstellation an und sah den Arbeitnehmer grundsätzlich als verpflichtet an, auch Sonntagsarbeit zu leisten. Dass die Grundsätze zum Direktionsrecht hinsichtlich der Lage der Arbeitszeit ohne Weiteres auch auf die Sonntagsarbeit übertragen wurden, erscheint insbesondere aus verfassungsrechtlichen Grundsätzen sowie vor dem Hintergrund der Unklarheitenregel des § 305c BGB diskussionswürdig.[2] Für die Praxis jedoch ist diese Rechtsprechung des BAG maßgebend. Aus Klarstellungsgründen kann allerdings dennoch in Betrieben, in denen ein Bedürfnis nach Feiertagsarbeit nicht von vornherein ausgeschlossen werden kann, eine entsprechende Klausel in den Einzelarbeitsvertrag aufgenommen werden. Dies gilt – wie im Falle der Nachtarbeit – aus Transparenzgründen und wegen der Auswirkungen präziser Vertragsregelungen auf die richterliche Billigkeitskotrolle im Rahmen des § 106 GewO.

Hinsichtlich der Einführung von Sonn- und Feiertagsarbeit besteht bei kollektivem Bezug ein **Mitbestimmungsrecht** des Betriebsrats gemäß § 87 Abs. 1 Nr. 2 BetrVG. 39

e) Wegezeit; Dienstreisen

Typ 5: Wegezeit

Die Zeiten der Beförderung des Arbeitnehmers vom Betrieb oder von seiner Wohnung zu einer außerhalb des Betriebs gelegenen Arbeitsstätte und zurück gehören nicht zur Arbeitszeit und sind nicht zu vergüten.

Als **Wegezeit** wird die Zeit für die An- und Abfahrt des Arbeitnehmers von seiner **Wohnung zum Betrieb** des Arbeitgebers bezeichnet, die nicht zur vergütungspflichtigen Arbeitszeit zählt.[3] Reine Wegezeiten, die dem Arbeitnehmer durch die Beschränkung auf ein öffentliches Verkehrsmittel lediglich ein Freizeitopfer abverlangen, sind keine Arbeitszeit i.S.v. § 2 Abs. 1 ArbZG oder Art. 2 Nr. 1 der Richtlinie 2003/88/EG vom 4.11.2003 über bestimmte Aspekte der Arbeitszeitgestaltung (Arbeitszeit-Richtlinie).[4] Eine arbeitsvertragliche Regelung diesbezüglich ist nicht erforderlich. Eine **Dienstreise** ist eine **Reise im dienstlichen Auftrag, in Amtsgeschäften oder in einer dienstlichen Angelegenheit**,[5] also eine Fahrt an einen Ort, an dem 40

---

1 BAG v. 23.6.1992 – 1 AZR 57/92, AP Nr. 1 zu § 611 BGB Arbeitszeit.
2 Vgl. dazu *Preis/Ulber*, NZA 2010, 729.
3 BAG v. 8.12.1960 – 5 AZR 304/58, AP Nr. 1 zu § 611 BGB Wegezeit; v. 19.3.2014 – 5 AZR 954/12, NZA 2014, 787.
4 BAG v. 11.7.2006 – 9 AZR 519/05, AP Nr. 10 zu § 611 BGB Dienstreise.
5 BAG v. 20.3.1985 – 4 AZR 287/83, n.v.

ein Dienstgeschäft zu erledigen ist (vgl. hierzu im Einzelnen → *Dienstreise*, II D 15).[1] Ist bei Außendienstmitarbeitern das wirtschaftliche Ziel der gesamten Tätigkeit darauf gerichtet, verschiedene Kunden zu besuchen, gehört die Reisetätigkeit insgesamt zu den vertraglichen Hauptleistungspflichten.[2]

f) Umkleide- und Waschzeit

Typ 6: Umkleide- und Waschzeit

a) Die Zeit für An- und Auskleiden zählt nicht zur regelmäßigen Arbeitszeit.

b) Ist infolge besonders starker Verschmutzung oder aus gesundheitlichen Gründen eine sorgfältige Reinigung erforderlich, so wird täglich eine bezahlte Waschzeit gewährt. Welche Gruppen der Arbeitnehmer darauf Anspruch haben, wie die Dauer der Waschzeit zu bemessen und in welche Zeit sie zu legen ist, ist in der Betriebsvereinbarung ... geregelt.

41 Wasch- und Umkleidezeiten vor und nach der Arbeit zählten nach bisheriger Auffassung **grundsätzlich nicht zur betrieblichen Arbeitszeit** i.S.d. öffentlich-rechtlichen Arbeitsschutzes des ArbZG, sondern nur dann, wenn das Waschen und Umkleiden zum Inhalt der Arbeitsleistung gehört.[3] Wann dies der Fall ist, hängt vom Einzelfall ab. Aktuell hat das BAG diesbezüglich immer weitere Konstellationen anerkannt, in denen das Umkleiden als vergütungspflichtige Arbeitszeit einzuordnen ist. So vertrat der 5. Senat – unter ausdrücklicher Abweichung von seiner bisherigen Rechtsprechung[4] – die Auffassung, dass zu den i.S.v. § 611 Abs. 1 BGB „versprochenen Diensten" auch das vom Arbeitgeber angeordnete Umkleiden im Betrieb gehöre. Der Arbeitgeber mache in einem solchen Falle selbst mit seiner Weisung das Umkleiden und das Zurücklegen des Wegs von der Umkleide- zur Arbeitsstelle zur arbeitsvertraglichen Verpflichtung.[5] Sofern das Umkleiden nur der persönlichen Vorbereitung dient, sind in erster Linie die organisatorischen Gegebenheiten des jeweiligen Betriebs und konkreten Anforderungen an den Arbeitnehmer maßgebend, wie sie sich aus den betrieblichen Regelungen und Handhabungen tatsächlich ergeben. Hat der Arbeitgeber bspw. das **Umkleiden** vor Dienstantritt in einem bestimmten Raum im Betrieb **angeordnet** und darf die Dienstkleidung nicht mit nach Hause genommen werden, gehört das Umkleiden schon zur Arbeitszeit.[6] Sofern der Arbeitgeber anordnet, die Dienstkleidung an einer außerbetrieblichen Ausgabestelle abzuholen, zählt das Zurücklegen des Weges zu und von der Ausgabestelle ebenfalls zur Arbeitszeit und ist als arbeitsvertrag-

---

1 BAG v. 22.2.1978 – 4 AZR 579/76, AP Nr. 3 zu § 17 BAT.
2 BAG v. 22.4.2009 – 5 AZR 292/08, AP Nr. 11 zu § 611 BGB Wegezeit.
3 BAG v. 23.7.1996 – 1 ABR 17/96, AP Nr. 26 zu § 87 BetrVG 1972 Ordnung des Betriebes; v. 11.10.2000 – 5 AZR 122/99, AP Nr. 20 zu § 611 BGB Arbeitszeit; LAG Berlin v. 16.6.1986 – 9 TaBV 3/86, LAGE § 76 BetrVG 1972 Nr. 24.
4 BAG v. 11.10.2000 – 5 AZR 122/99, AP Nr. 20 zu § 611 BGB Arbeitszeit.
5 BAG v. 19.9.2012 – 5 AZR 678/11, AP BGB § 611 Arbeitszeit Nr. 39; dazu Schaub/*Linck*, § 69 Rz. 9c.
6 BAG v. 28.7.1994 – 6 AZR 220/94, AP Nr. 32 zu § 15 BAT; für das Anlegen von Sicherheitskleidung s. LAG BW v. 12.2.1987 – 13 (7) Sa 92/86, AiB 1987, 246.

liche Verpflichtung vergütungspflichtig.[1] Auch das gesetzlich vorgeschriebene Anlegen von **Sicherheitskleidung** zählt zur Arbeitszeit.[2] In den übrigen Fällen ist die Rechtsprechung einzelfallbezogen: So soll bei einem Koch das An- und Ablegen seiner Berufskleidung nicht zu seiner vergütungspflichtigen Arbeitszeit gehören.[3] Gleiches gilt mangels anderweitiger normativer Bestimmungen für die Umkleidezeit beim Flugpersonal.[4] Das Ankleiden vorgeschriebener Dienstkleidung im Betrieb gehört außerdem dann zur Arbeitszeit, wenn diese Kleidung besonders auffällig ist und deshalb nicht bereits auf dem Arbeitsweg getragen zu werden braucht.[5] Hierfür kommt es nicht auf die subjektiven Vorstellungen des Arbeitnehmers, sondern auf eine objektive Betrachtungsweise an.[6] Des Weiteren besteht nach Inkrafttreten des TVÖD im öffentlichen Dienst grundsätzlich keine Vergütungspflicht für Umkleidezeiten als Vor- bzw. Nachbereitungszeiten mehr. Als Arbeitszeit zählen dagegen bei Personal von Intensivstationen im Krankenhaus die Zeiten der Desinfektion, bei der der Arbeitnehmer bereits besondere Sorgfaltspflichten zu beachten hat.[7] Aus diesen Gründen empfiehlt sich eine ausdrückliche Vereinbarung über Wasch- und Umkleidezeiten im Arbeitsvertrag, sofern nicht schon in einem Tarifvertrag oder einer Betriebsvereinbarung Regelungen darüber getroffen worden sind. Bei der Entscheidung, ob das An- und Ablegen von Dienstkleidung als Arbeitszeit zu werten ist, steht dem Betriebsrat nach § 87 Abs. 1 Nr. 2 BetrVG ein Mitbestimmungsrecht zu.[8]

4. Flexible Arbeitszeitmodelle

In der Praxis bestehen diverse Arbeitszeitmodelle, die die Arbeitszeit dadurch zu flexibilisieren versuchen, dass entweder Dauer und Lage oder nur Lage der Arbeitszeit dem Direktionsrecht des Arbeitgebers unterstellt werden. Hier stellen sich die Fragen der Inhaltskontrolle von Arbeitszeitabreden (s. Rz. 4a ff.) in besonderem Maße. Unbeschränkt ist dies jedoch nicht möglich. 42

a) Dauer der Arbeitszeit

Regelungen über eine variable Arbeitszeitdauer sind in vielen Arbeitsverträgen in unterschiedlichen Varianten anzutreffen: 43
– Klauseln, die die Frage der Arbeitszeitdauer und davon abhängender Vergütung völlig offen lassen.
– Bestimmungsrechte des Arbeitgebers hinsichtlich der Arbeitszeitdauer und Vergütung innerhalb einer bestimmten Bandbreite.
– Feste Vergütung und Bestimmungsrecht des Arbeitgebers hinsichtlich der Dauer der Arbeitszeit innerhalb einer Bandbreite.

---
1 BAG v. 19.3.2014 – 5 AZR 954/12, NZA 2014, 787.
2 LAG BW v. 12.2.1987 – 13 (7) Sa 92/86, AiB 1987, 246.
3 BAG v. 22.3.1995 – 5 AZR 934/93, AP Nr. 8 zu § 611 BGB Arbeitszeit.
4 LAG Berlin v. 16.6.1986 – 9 TaBV 3/86, LAGE § 76 BetrVG 1972 Nr. 24.
5 BAG v. 12.11.2013 – 1 ABR 59/12, NZA 2014, 557.
6 BAG v. 10.11.2009 – 1 ABR 54/08, AP Nr. 125 zu § 87 BetrVG 1972 Arbeitszeit.
7 LAG BW v. 8.2.2010 – 3 Sa 24/08, ZTR 2010, 238.
8 BAG v. 12.11.2013 – 1 ABR 59/12, NZA 2014, 557, ebenfalls zur Entgegennahme und Abgabe von arbeitsnotwendigen Betriebsmitteln als mitbestimmungspflichtige Arbeitszeit i.S.v. § 87 Abs. 1 Nr. 2 BetrVG.

- Bestimmungsrechte des Arbeitnehmers, innerhalb eines vorgegebenen Rahmens seine Arbeitszeitdauer und damit seine Vergütung zu wählen.

Einige dieser Klauseln sind rechtlich gesehen außerordentlich problematisch, insbesondere wenn die Arbeitszeitdauer allein durch den Arbeitgeber verändert werden kann und gleichzeitig Einfluss auf die Vergütung hat (s. Rz. 4 ff.).

aa) Variable Dauer der Arbeitszeit mit variabler Vergütung

⊃ **Nicht geeignet:**
  a) Der Arbeitgeber legt die Dauer der Arbeitszeit im Einzelfall fest. Die Vergütung erfolgt nach den tatsächlich geleisteten Stunden.
  b) Arbeitszeit und Arbeitseinsatz des Arbeitnehmers erfolgen nach den betrieblichen Notwendigkeiten/richten sich nach dem Arbeitsanfall/dem betrieblichen Bedarf. Die Vergütung erfolgt nach den tatsächlich geleisteten Stunden.
  c) Die wöchentliche Arbeitszeit darf 6 Stunden nicht überschreiten. Der Arbeitgeber ist berechtigt, die Arbeitszeit von Fall zu Fall festzulegen. Die Vergütung erfolgt nach den tatsächlich geleisteten Stunden.
  d) Die wöchentliche Arbeitszeit beträgt mindestens 20 Stunden. Der Arbeitgeber kann jedoch bei Bedarf eine höhere Wochenarbeitszeit festlegen. Die Vergütung erfolgt nach den tatsächlich geleisteten Stunden.
  e) Die wöchentliche Arbeitszeit beträgt mindestens 20 Stunden und höchstens 30 Stunden. Die Vergütung erfolgt nach den tatsächlich geleisteten Stunden.
  f) Die regelmäßige Arbeitszeit ausschließlich der Pausen beträgt 40 Stunden in der Woche. Abweichend davon kann die regelmäßige Arbeitszeit auf bis zu 57 Stunden in der Arbeitswoche ausgedehnt werden, wenn die über 40 Stunden hinausgehende Zeit in der Regel aus Arbeitsbereitschaft besteht. Die Vergütung erfolgt nach den tatsächlich geleisteten Stunden.
  g) Die wöchentliche Arbeitszeit beträgt ca. 20 Stunden, kann aber je nach Arbeitsanfall vom Arbeitgeber um ... Stunden verringert oder um ... Stunden erhöht werden. Die Vergütung erfolgt nach den tatsächlich geleisteten Stunden.
  h) Die monatliche Arbeitszeit beträgt im Durchschnitt je nach Bedarf 150 Stunden.
  i) Geschuldet ist eine flexible Arbeitszeit nach den betrieblichen Erfordernissen.

(1) Einzelarbeitsvertrag

44 Charakteristisch für diese Beispiele ist, dass **kein bestimmtes Stundendeputat festgelegt** ist. Wann und wie lange der Arbeitnehmer arbeiten muss bzw. darf, soll einzig entweder von der Bestimmung des Arbeitgebers (Beispiel a) oder aber vom Arbeitsanfall bzw. dem betrieblichen Bedarf abhängen (Beispiel b). In den weiteren Fällen kann der Arbeitgeber einseitig durch Veränderung der Arbeitszeit eine Veränderung der Vergütung bewirken. In der Praxis verwendet wird die Vereinbarung einer Höchst- (Beispiel c), einer Mindestarbeitszeit (Beispiel d), einer Kombination aus beidem (Beispiele e und f) oder einer ungefähren Arbeitszeitdauer (Beispiel g, h und i).

Mit allen Klauseln, die die Dauer der Arbeitszeit von dem **Arbeitsanfall oder betrieblichen Bedarf** abhängig machen, wird dem Arbeitgeber hinsichtlich der Arbeitszeitdauer (und auch -lage) ein **umfassendes Direktionsrecht** eingeräumt. Nach einer grundlegenden Entscheidung des 7. Senats des BAG aus dem Jahre 1984 (Musiklehrerfall),[1] in der es um das Direktionsrecht des Arbeitgebers innerhalb einer gewissen Bandbreite der Arbeitszeit (zwischen 0 und 6 Stunden bzw. 6 und 13,5 Stunden) ging, erachtete das BAG in der Vereinbarung einer variablen Arbeitszeitdauer eine unzulässige Umgehung des gesetzlichen Schutzes für Änderungskündigungen. Die Hauptpflichten seien einer einseitigen Änderung durch eine Vertragspartei nicht zugänglich. Eine solche Vertragsgestaltung sei daher ein unzulässiger Eingriff in den Kernbereich des Arbeitsverhältnisses. Diese Grundsätze galten nicht nur bei Bandbreitenregelungen, sondern erst recht bei Klauseln, durch die dem Arbeitgeber ein unbeschränktes Bestimmungsrecht eingeräumt werden sollte. Danach durfte also die **Arbeitszeitdauer nicht zur einseitigen Disposition des Arbeitgebers** stehen.

Von dieser engen Rechtsprechung ist der 5. Senat des BAG abgewichen. Eine **variable Dauer der Arbeitszeit** durch Abrufbarkeit oder **Bandbreitenregelungen** verstößt danach **nicht gegen § 12 Abs. 1 Satz 2 TzBfG**.[2] Weder Wortlaut noch Zweck der Regelung sprechen dagegen, „Dauer" im Sinne von „Mindestdauer" zu verstehen. Die Festsetzung einer Mindestdauer sei durch § 12 Abs. 1 Satz 3 und 4 TzBfG sogar nahe liegend. Darüber hinausgehend bestehe grundsätzlich – im Rahmen der allgemeinen Grenzen der Vertragsfreiheit – Flexibilität. § 12 TzBfG bezwecke lediglich einen Mindestschutz der Arbeitnehmer, vom Arbeitgeber überhaupt nicht zur Arbeitsleistung herangezogen zu werden und dadurch jeglichen Vergütungsanspruch zu verlieren. Dieser Mindestschutz sei auch dann erreicht, wenn der Arbeitnehmer über die Mindeststundenzahl hinaus verpflichtet sei, auf Abruf tätig zu werden, ohne dass ein Anspruch auf dieses Tätigwerden bestehe. Ein Schutz des Arbeitnehmers vor dem hohen Flexibilisierungspotenzial wird durch eine andere Prüfungsebene – eben die Inhaltskontrolle der Abruf-Vereinbarung nach §§ 305 ff. BGB – erreicht. Diese Rechtsprechung ist zu begrüßen. Die Unzulässigkeit der Bandbreitenregelungen erklärte sich damit, dass nach überkommener Rechtsprechung Bandbreitenregelungen ohne Mindestarbeitszeitumfang zwingende Kündigungsschutzregelungen umgehen, ohne dass der Arbeitnehmer dagegen geschützt werden könnte. Dieser Schutz ist nun durch die Anwendbarkeit der §§ 305 ff. BGB auf das Arbeitsverhältnis gewährleistet. Außerdem bewirkt die Entscheidung einen weitgehenden Gleichlauf von Abrufarbeit und der Rechtsprechung zum Widerrufsvorbehalt (näher → *Vorbehalte und Teilbefristung*, II V 70).[3] Durch diese Rechtsprechung entspannt sich auch der Streit, ob § 12 TzBfG, der prinzipiell nur für Teilzeitarbeitsverhältnisse gilt, auch auf Vollzeitarbeitsverhältnisse anwendbar ist.[4]

---

1 BAG v. 12.12.1984 – 7 AZR 509/83, AP Nr. 6 zu § 2 KSchG 1969; vgl. auch BAG v. 31.1.1985 – 2 AZR 393/83, EzBAT § 8 BAT Direktionsrecht Nr. 3; v. 28.10.1987 – 5 AZR 390/86, n.v.; ArbG Hamburg v. 2.5.1984 – 6 Ca 691/83, AiB 1984, 138; LAG München v. 20.9.1985 – 4 Sa 350/85, BB 1986, 1577; LAG Bdb. v. 24.10.1996 – 3 Sa 393/96, NZA-RR 1997, 127; *Hanau*, NZA 1984, 345 (347).
2 BAG v. 7.12.2005 – 5 AZR 535/04, AP Nr. 4 zu § 12 TzBfG; bestätigen LAG Berlin-Brandenburg v. 16.10.2014 – 21 Sa 903/14.
3 *Preis/Lindemann*, NZA 2006, 632; AG/*Arnold*, § 12 TzBfG Rz. 16 ff.; *Arnold*, FS Löwisch, 2007, S. 1 ff.; abl. *Laux/Schlachter*, § 12 TzBfG Rz. 43.
4 Hierzu ErfK/*Preis*, § 12 TzBfG Rz. 4 m.w.N.; SSN/*Striegel*, Rz. 300.

47 **Rechtsgrundlage** für die Inhaltskontrolle von Änderungsvorbehalten ist § 307 Abs. 1 BGB. Zwar finden sich im BGB, unbeschadet der allgemeinen Grenze des § 138 BGB, noch andere Normen, nach denen einseitige Leistungsbestimmungsrechte kontrolliert werden können. Diese eignen sich aber nicht für die Kontrolle von Änderungsvorbehalten in Arbeitsverträgen: § 309 Nr. 1 BGB bezieht sich ausdrücklich nicht auf Dauerschuldverhältnisse und § 308 Nr. 4 BGB gilt nur für Änderungsvorbehalte, die die Leistung des Verwenders – hier also das Entgelt – betreffen. Häufig werden aber im Arbeitsrecht auch Änderungsvorbehalte hinsichtlich der Leistung des Arbeitnehmers vereinbart, z.B. in Bezug auf die Arbeitszeit und die Art der Tätigkeit (→ *Direktionsrecht und Tätigkeitsbeschreibung*, II D 30). Für diese gilt dann nicht § 308 Nr. 4 BGB, sondern § 307 BGB. Unterschiedliche Prüfungsmaßstäbe sind damit im Ergebnis nicht verbunden.

48 **Einheitliche Leitlinien** für die Inhalts- bzw. Angemessenheitskontrolle sind unverzichtbar, um Rechtssicherheit sowohl für die Inhaltskontrolle als auch für die Vertragsgestaltung zu schaffen. Eine Zusammenschau des Urteils vom 7.12.2005 sowie der Entscheidungen zu Widerrufsvorbehalten[1] und zur Befristung von Einzelarbeitsbedingungen[2] lässt Konturen erkennen, die rechtssatzförmige Prinzipien für alle Änderungsvorbehalte ermöglichen. Eine der Kernaussagen der genannten Entscheidung des BAG ist, dass Flexibilisierungen auch im Bereich der gegenseitigen Hauptleistungspflichten und damit auch hinsichtlich der Dauer der Arbeitszeit innerhalb bestimmter Grenzen zulässig sind. In Übereinstimmung mit dem BGH wird verlangt, dass vorformulierte einseitige Leistungsbestimmungsrechte des Klauselverwenders nur hingenommen werden können, soweit sie bei unsicherer Entwicklung des Schuldverhältnisses als Instrument der Anpassung notwendig sind und den Anlass, aus dem das Bestimmungsrecht entsteht, sowie die Voraussetzungen und Grenzen seiner Ausübung so konkret wie möglich angeben.[3] Diese Grundsätze wendet das BAG nunmehr auch auf Änderungsvorbehalte in Arbeitsverträgen an. Es bejaht die Notwendigkeit der Anpassung von Arbeitsbedingungen an externe Gegebenheiten vor dem Hintergrund, dass sich während der Dauer des auf lange Sicht angelegten Arbeitsverhältnisses wirtschaftliche Rahmenbedingungen ändern können. Bspw. muss der Arbeitgeber die Möglichkeit haben, auf unterschiedlichen Arbeitsanfall aufgrund kurzfristiger Auftragsschwankungen rasch und angemessen reagieren zu können. Da auf der anderen Seite der Arbeitnehmer ein berechtigtes Interesse an einer möglichst planbaren Arbeitszeitdauer hat, die die Grundlage für die Vergütung darstellt und darüber hinaus von wesentlicher Bedeutung für die Planung der restlichen Zeit ist, ergeben sich die **Grenzen von Flexibilisierungsabreden aus einer umfassenden Interessenabwägung**. Diese Abwägung muss die Art und die Höhe des Vergütungsbestandteils, der widerrufen wird, sowie die Höhe der verbleibenden Vergütung berücksichtigen.

49 Für die Abrufarbeit und die Bandbreitenregelungen kam das BAG in der Entscheidung vom 7.12.2005 zu folgendem Ergebnis: Bei der Prüfung der Angemessenheit einer Vereinbarung über Arbeit auf Abruf gehe es um den Umfang der im **unmittelbaren Gegenseitigkeitsverhältnis stehenden Arbeitspflicht**. Das schließe **einen über**

---

1 BAG v. 12.1.2005 – 5 AZR 364/04, AP Nr. 1 zu § 308 BGB.
2 BAG v. 27.7.2005 – 7 AZR 486/04, AP Nr. 6 zu § 307 BGB.
3 BGH v. 19.10.1999 – XI ZR 8/99, NJW 2000, 651 (652).

25 % hinausgehenden Anteil abrufbarer Arbeitsleistung aus.[1] Die vom Arbeitgeber abrufbare, über die vereinbarte Mindestarbeitszeit hinausgehende Arbeitsleistung des Arbeitnehmers dürfe nicht mehr als 25 % der vereinbarten wöchentlichen Mindestarbeitszeit betragen. **Bei einer Vereinbarung über die Verringerung der vereinbarten Arbeitszeit betrage demzufolge das Volumen 20 % der Arbeitszeit.** Damit berücksichtigt das BAG die berechtigten beiderseitigen Interessen in angemessener Weise. Bei einer Sockelarbeitszeit von 30 Wochenstunden kann der Arbeitgeber über eine vereinbarte Arbeit auf Abruf die regelmäßige Arbeitszeit in der Woche auf bis zu 37,5 Stunden heraufsetzen. Soweit die Voraussetzungen für die Anordnung von Überstunden (Rz. 68 ff.) vorliegen, kann die Arbeitszeit noch weiter verlängert werden. Die Höchstgrenze von 25 % der vereinbarten wöchentlichen Mindestarbeitszeit führt aber auch zu einem Schutz des Arbeitnehmers vor Vereinbarungen, die nur eine geringe Mindestarbeitszeit und einen hohen variablen Arbeitszeitanteil vorsehen und so die Planungssicherheit des Arbeitnehmers in unangemessener Weise beeinträchtigen. Je geringer die vereinbarte wöchentliche Mindestarbeitszeit ist, desto geringer ist rechnerisch die einseitig vom Arbeitgeber abrufbare Arbeitsleistung des Arbeitnehmers. Ist z.B. eine Mindestarbeitszeit von 15 Wochenstunden vereinbart, beträgt die zusätzlich abrufbare Arbeitsleistung nur 3,75 Stunden. Will der Arbeitgeber ein relativ hohes Maß an Flexibilität, darf er also mit dem Arbeitnehmer keine allzu niedrige Mindestarbeitszeit vereinbaren. Mit diesem Effekt entpuppt sich die Rechtsprechung des Senats sogar als Instrument zur Förderung der Regelbeschäftigung, die über „Mini-Jobs" hinaus geht. Ein Paradebeispiel der sog. „Flexicurity": Der Arbeitgeber, der bereit ist, den Arbeitnehmern eine hohe Basissicherung zu geben, wird mit einem breiteren Flexibilitätskorridor „belohnt".

Die äußere Grenze für Änderungsvorbehalte hat das BAG somit bei 25 % der Hauptabreden über Arbeitszeit und Entgelt, das als Gegenleistung für die Arbeit als solche gezahlt wird, gezogen. Änderungsvorbehalte, die diese Grenze überschreiten, sind generell unwirksam. Im Sinne einer Harmonisierung der Kontrollmaßstäbe sollte diese äußere Grenze für alle Änderungsvorbehalte – unabhängig von ihrer Bezeichnung – als verbindlich angesehen werden. Die Einhaltung der 25 %-Grenze bedeutet allerdings noch nicht, dass sämtliche Flexibilisierungen ohne Weiteres wirksam sind. Vielmehr findet auch innerhalb dieser Grenzen eine Angemessenheitskontrolle statt, auch hier gibt es Abstufungen der Angemessenheit. Denn es ist ein Unterschied, ob ein Zusatzentgelt entzogen wird oder, ggf. unter Beeinträchtigung der Äquivalenz von Leistung und Gegenleistung, in das Austauschverhältnis eingegriffen wird oder ob schließlich ein Änderungsvorbehalt zwar das Austauschverhältnis wahrt, aber das Wirtschaftsrisiko (§ 615 BGB) auf den Arbeitnehmer verlagert. Insofern bedarf es weiterhin der Differenzierung innerhalb eines einheitlichen Kontrollansatzes. 50

Hinzu kommt die grundlegende Bedeutung des **Transparenzgebotes** nach § 307 Abs. 1 Satz 2 BGB für die Gestaltung von Änderungsvorbehalten. Es ist dann eingehalten, wenn der Verwender – also der Arbeitgeber – die Klausel so formuliert, dass die Vertragsbedingungen durchschaubar, richtig, bestimmt und möglichst klar sind. 51

---

1 BAG v. 7.12.2005 – 5 AZR 535/04, AP Nr. 4 zu § 12 TzBfG; a.A. die nicht verallgemeinerungsfähige Einzelfallentscheidung BAG v. 14.8.2007 – 9 AZR 18/07, AP Nr. 2 zu § 6 ATG.

Der Vertragspartner, der keinen Einfluss auf die Gestaltung des Vertrags nehmen konnte, soll ausreichend, sprachlich klar und inhaltlich richtig über seine Rechte und Pflichten aus dem Vertrag informiert werden und vor irrtümlichen Vorstellungen über die Leistung sowie vor unzutreffender Information über die Rechtslage geschützt werden. Darüber hinaus soll Markttransparenz geschaffen werden. Die Klausel darf des Weiteren die Vertragsfolgen nicht verschleiern und den Vertragspartner nicht irreführen. Im Bereich einseitiger Leistungsbestimmungsrechte muss also der Arbeitnehmer schon aus der Klausel selbst ersehen können, unter welchen Voraussetzungen und in welchem Umfang der Arbeitgeber welche Leistungen ändern kann.[1]

52 Legt man dies zugrunde, sind auch nach der neueren Rechtsprechung alle oben (Rz. 44) wiedergegebenen Klauselbeispiele intransparent, überschießend und damit unangemessen benachteiligend. Denn es wird entweder keine Grundarbeitszeit definiert oder das Ausmaß der abzurufenden Arbeit bleibt zu unbestimmt bzw. geht über die 25 %-Schwelle hinaus. Diese Rechtsprechungslinie ist beizubehalten, obwohl es jüngere Entscheidungen gibt, die uneinheitliche Tendenzen nahelegen (hierzu ausführlich Rz. 4d ff.).

(2) Tarifvertrag

53 Bestimmt ein **Tarifvertrag**, dass sich die Arbeitszeit teilzeitbeschäftigter Arbeitnehmer nach dem Arbeitsanfall richtet, entschied das BAG im Jahr 1992, dass eine solche Regelung **zulässig** ist. Zwei Jahre später, 1994, **schränkte das BAG** in zwei Urteilen **diese weitgehende Rechtsprechung ein**: Eine Tarifvertragsklausel, die die Einführung von Kurzarbeit durch den Arbeitgeber erlaubt, ohne Regelungen über Voraussetzungen, Umfang und Höchstdauer dieser Maßnahme zu treffen, ist wegen Verstoßes gegen zwingende kündigungsrechtliche Gesetzesbestimmungen **unwirksam**.[2] Als Begründung wird angeführt, dass zwar den Tarifvertragsparteien ein größerer Gestaltungsspielraum zuzubilligen ist als den Vertragsparteien eines Einzelarbeitsvertrags, jedoch auch die Tarifpartner die Kündigungsschutzvorschriften nicht verletzen dürfen. Bei einer Einräumung eines solchen ohne an weitere Voraussetzungen geknüpften unbeschränkten Direktionsrechts ist dies jedoch der Fall. Ein solcher Eingriff in den Kernbereich des Arbeitsverhältnisses kann nur durch Arbeitgeber und Arbeitnehmer einvernehmlich oder durch Änderungskündigung erfolgen. Diese beiden Urteile sind zwar zur Einführung von Kurzarbeit ergangen, der Sache nach handelte es sich aber – ebenso wie bei den hier angeführten Beispielen – um eine tarifvertragliche Klausel, die dem Arbeitgeber ein unbegrenztes Bestimmungsrecht hinsichtlich der Arbeitszeit und damit der Vergütung einräumt.

54 Diese einschränkende Rechtsprechung wird auch durch die begrenzte bereichsspezifische Tariföffnungsklausel des **§ 12 Abs. 3 TzBfG** bestätigt: Durch Tarifvertrag kann zwar von den Vorschriften der Absätze 1 und 2 auch zuungunsten des Arbeitnehmers abgewichen werden, allerdings – im Unterschied zu § 6 BeschFG a.F. – nur unter bestimmten Voraussetzungen: Der Tarifvertrag muss **Regelungen über die**

---

[1] Vgl. BAG v. 12.1.2005 – 5 AZR 364/04, AP Nr. 1 zu § 308 BGB; *Stoffels*, AGB-Recht, Rz. 798, allerdings in Bezug auf § 308 Nr. 4 BGB; *Singer*, RdA 2003, 194 (203).
[2] BAG v. 27.1.1994 – 6 AZR 541/93, AP Nr. 1 zu § 15 BAT-O; v. 18.10.1994 – 1 AZR 503/93, AP Nr. 11 zu § 615 BGB Kurzarbeit.

wöchentliche und tägliche Arbeitszeit und die Vorankündigungsfrist vorsehen. Allerdings ist nach dem Wortlaut des § 12 Abs. 3 TzBfG lediglich erforderlich, dass der Tarifvertrag überhaupt Regelungen über die wöchentliche und tägliche Arbeitszeit sowie die Vorankündigungsfrist vorsieht, nicht, dass er eine bestimmte wöchentliche und tägliche Arbeitszeit festlegt. § 12 Abs. 3 TzBfG stellt damit keine sehr hohen Anforderungen an Tarifverträge. So wurde z.B. eine tarifliche Regelung für wirksam befunden, nach der der Arbeitgeber einseitig mit einer Ankündigungsfrist von drei Monaten die wöchentliche Arbeitszeit von 40 Stunden auf 35 Stunden absenken und entsprechend den Lohn anpassen kann, ohne eine Änderungskündigung aussprechen zu müssen.[1]

Dennoch kann auch durch Tarifverträge kein unbegrenztes Direktionsrecht des Arbeitgebers hinsichtlich der Arbeitszeitdauer eingeführt werden.[2] Freilich handelt es sich bei dieser Frage um das hier nicht diskutierbare Problem der Rechtskontrolle von Tarifverträgen. 55

(3) Rechtsfolgen einer unangemessen benachteiligenden flexiblen Arbeitszeitdauer

Wird eine unangemessen benachteiligende Flexibilisierung der Arbeitszeitdauer vereinbart, stellt sich die schwierige Frage nach den Rechtsfolgen. In § 12 Abs. 1 Satz 2 TzBfG liegt, wie § 12 Abs. 1 Satz 3 TzBfG erkennen lässt, **kein gesetzliches Verbot i.S.d. § 134 BGB**, so dass nicht etwa der gesamte Arbeitsvertrag unwirksam ist. Vielmehr gilt nach § 12 Abs. 1 Satz 3 TzBfG, sofern die Festlegung einer bestimmten wöchentlichen Dauer nicht erfolgt ist, eine wöchentliche Arbeitszeit von **zehn Stunden** als vereinbart. Ein Rückgriff auf § 12 Abs. 1 Satz 3 TzBfG scheidet aus. Die Anwendung der Fiktion einer wöchentlichen Arbeitszeitdauer von zehn Stunden ist nicht interessengerecht (s. Rz. 4) Diese Regelung ist nur eine (Mindest-)Sanktion für den Fall, dass überhaupt keine feste Arbeitszeitdauer vereinbart ist. Die Zehn-Stunden-Regel versagt aber für die Fälle, in denen die Parteien schon eine über zehn Stunden hinausgehende Mindestarbeitszeit, und sei es konkludent oder kraft ergänzender Vertragsauslegung, vereinbart haben, aber der Abrufspielraum über 25 % hinausgeht, oder in denen ohne feste Arbeitszeitvereinbarung der Arbeitnehmer faktisch weit über zehn Stunden hinaus eingesetzt wird. 56

So hat das BAG in einem Fall, in dem der Arbeitsvertrag eine regelmäßige wöchentliche Arbeitszeit von 30 Stunden vorsah, der Arbeitnehmer aber auf Anforderung weitere zehn Stunden in der Woche zu arbeiten hatte, eine unangemessene Benachteiligung gesehen (§ 307 Abs. 1 und 2 BGB), weil der Flexibilisierungsspielraum in der Woche 33,33 % betrug. Die unwirksame Klausel (§ 306 Abs. 1 BGB) kann mangels gesetzlicher Regelung der Arbeitszeit nicht durch dispositives Recht, das nach § 306 Abs. 2 BGB an die Stelle der vertraglichen Regelung treten könnte, gefüllt werden. Das BAG hat deshalb eine ergänzende Vertragsauslegung zur Lückenfüllung für erforderlich gehalten.[3] 57

---

1 LAG Berlin v. 7.3.2002 – 13 Sa 72/03, NZA-RR 2004, 92.
2 S. dazu auch *Preis/Gotthardt*, DB 2000, 2065 (2069); AT/*Jacobs*, § 12 TzBfG Rz. 60; *Boewer*, § 12 TzBfG Rz. 48; *Meinel/Heyn/Herms*, § 12 TzBfG Rz. 55, 58; *Rolfs*, § 12 TzBfG Rz. 7.
3 BAG v. 7.12.2005 – 5 AZR 364/04, AP Nr. 4 zu § 12 TzBfG; a.A. die nicht verallgemeinerungsfähige Entscheidung BAG v. 14.8.2007 – 9 AZR 18/07, AP Nr. 4 zu § 6 ATG.

58 Bei der ergänzenden Vertragsauslegung ist darauf abzustellen, was die Parteien bei einer angemessenen Abwägung ihrer Interessen nach Treu und Glauben als redliche Vertragsparteien vereinbart hätten, wenn sie die Unwirksamkeit der Klausel bedacht hätten.[1] Zur Feststellung des mutmaßlichen Parteiwillens ist die tatsächliche Vertragsdurchführung von erheblicher Bedeutung. Sie gibt Aufschluss über die von den Parteien wirklich gewollte Arbeitszeitdauer.[2] Im konkreten Fall ergänzte das BAG den Vertrag dergestalt, dass es statt 30 Stunden eine regelmäßige Arbeitszeit von 35 Stunden in der Woche annahm und der Arbeitgeber bis zu 40 Wochenstunden abrufen kann. Die Entscheidung basiert auf der Feststellung, dass im maßgeblichen Zeitraum eine durchschnittliche Arbeitszeit von 35,02 Wochenstunden festgestellt werden konnte. Da die Abrufklausel auch im Wege der ergänzenden Vertragsauslegung bestehen blieb, verringerte sich die vereinbarte Flexibilisierungsspanne auf 5 Stunden (= 14,3 %).[3]

59 Die Entscheidung ist interessengerecht, obwohl sie einer geltungserhaltenden Reduktion sehr nahe kommt. Die ergänzende Vertragsauslegung ist aber in den Fällen ein unverzichtbares Instrument, wenn hauptleistungsnahe Nebenabreden unwirksam sind und die Nichtigkeit der Klausel (wie etwa bei der Unwirksamkeit eines Widerrufsvorbehalts möglich), den Vertrag in den essentialia negotii trifft. Die ergänzende Vertragsauslegung ist das notwendige Instrument, um einen Torso oder die Gesamtunwirksamkeitsfolge des § 306 Abs. 3 BGB zu vermeiden.

60 Wurde überhaupt keine Arbeitszeitdauer festgelegt, hat der Arbeitnehmer aber **mehr als zehn Stunden** pro Woche gearbeitet, so kann er, jedenfalls für die in der Vergangenheit tatsächlich geleistete, über zehn Stunden hinausgehende Arbeitszeit Entlohnung verlangen. Die Anwendung von § 12 Abs. 1 Satz 3 TzBfG und die Festschreibung von zehn Wochenstunden würde den Schutzzweck ins Gegenteil verkehren.[4] Das ist für die Vergangenheit selbstverständlich, so dass der Arbeitnehmer **mindestens die Bezahlung für die erbrachte tatsächliche Arbeitszeit** verlangen kann. Fraglich ist aber, was für die Zukunft gilt. Trifft die Annahme des BAG zu, dass § 12 Abs. 1 Satz 3 TzBfG nur einen Mindestschutz gewährt, dann ist auch eine ergänzende Vertragsauslegung nicht versperrt. Ist also im Arbeitsvertrag überhaupt keine bestimmte Arbeitszeitdauer geregelt, ist – in Anwendung der BAG-Rechtsprechung – der Arbeitsvertrag auch in diesem Falle im Wege der ergänzenden Vertragsauslegung an die durchschnittlich geleistete Arbeitszeit anzupassen.[5]

(4) Hinweise zur Vertragsgestaltung

61 Für die Vertragsgestaltung festzuhalten bleibt, dass in einem vorformulierten Arbeitsvertrag die regelmäßige **Dauer der Arbeitszeit** in Bezug auf einen gewissen Zeitraum (Tag/Woche/Monat etc.) **genau bestimmt sein sollte**. Jede Flexibilisierung der Arbeitszeitdauer muss sich an die 20 %- bzw. 25 %-Grenze der BAG-Rechtsprechung halten. Eine völlig offene Arbeitszeitdauer kann die schwerwiegende Folge

---

1 BAG v. 26.6.1996 – 7 AZR 674/95, AP Nr. 23 zu § 620 BGB Bedingung.
2 Vgl. AT/*Jacobs*, § 12 TzBfG Rz. 27; *Boewer*, § 12 TzBfG Rz. 26 f.; *Meinel/Heyn/Herms*, TzBfG § 12 Rz. 36; *Rudolf*, NZA 2002, 1012 (1014).
3 BAG v. 7.12.2005 – 5 AZR 364/04, AP Nr. 4 zu § 12 TzBfG.
4 AG/*Arnold*, § 12 TzBfG Rz. 49.
5 AG/*Arnold*, § 12 TzBfG Rz. 49.

haben, dass – im Wege der ergänzenden Vertragsauslegung – die bislang geleistete Durchschnittsarbeitszeit als regelmäßige Arbeitszeit auch für die Zukunft gilt. Versteigt sich der Arbeitgeber zu einer derart unangemessenen Vertragsgestaltung, ist die Gefahr groß, statt der grenzenlosen Flexibilität eine starre Arbeitszeitdauer zu ernten. Für kurzfristige vorübergehende Mehrarbeit empfiehlt sich eher der Rückgriff auf Überstundenregelungen (→ *Mehrarbeits- und Überstundenvergütung*, II M 20).

Zur Zeit ist völlig offen, wohin sich die Rechtsprechung des BAG hinsichtlich der Rechtsfolgen unwirksamer oder intransparenter Arbeitszeitabreden bewegt (hierzu Rz. 4g ff.).

bb) Feste Dauer der Arbeitszeit mit variabler Lage und gleich bleibender Vergütung

Typ 7: Feste Dauer der Arbeitszeit mit variabler Lage und gleich bleibender Vergütung

a) Die Arbeitszeit beträgt 30 Stunden monatlich, wobei die tatsächliche Arbeitszeit in den einzelnen Monaten je nach Arbeitsanfall zwischen 20 und 40 Stunden variieren kann. Die Vergütung ist konstant. Mehr- oder Minderarbeit in den einzelnen Monaten wird bis zum Jahresende ausgeglichen.

b) Die regelmäßige Arbeitszeit beträgt 40 Stunden pro Woche. Nach dieser Stundenanzahl richtet sich die Vergütung. Die Arbeitszeit kann aus betrieblichen Gründen auf mehrere Wochen zwischen 30 und 48 Stunden pro Woche ungleichmäßig verteilt werden. In ... zusammenhängenden Wochen muss der Ausgleich erreicht sein.

Bei dieser Vertragsgestaltung ist für die einzelnen Wochen/Monate eine regelmäßige **Arbeitszeitdauer festgelegt**, lediglich die **Lage** der Arbeitszeit ist innerhalb einer bestimmten Bandbreite **variabel**. Der entscheidende **Unterschied** zu den Vereinbarungen einer variablen Dauer besteht darin, dass die sich aufgrund der etwaigen Abweichungen von der regelmäßigen Arbeitszeit ergebenden Zeitschulden bzw. Zeitguthaben hier innerhalb eines gewissen Zeitraums ausgeglichen werden müssen, so dass sich bezogen auf den Zeitraum im Durchschnitt die festgelegte regelmäßige Arbeitszeitdauer ergibt und vor allen Dingen die **Vergütung konstant** ist und nicht dem Direktionsrecht des Arbeitgebers unterliegt. 62

Auf diese Weise kann der Arbeitnehmer auch bei veränderlicher Lage der Arbeitszeit mit einem festen Arbeitslohn rechnen. Darüber hinaus ist er gegen übermäßige Schwankungen der Arbeitszeit in den Bezugszeiträumen dadurch geschützt, dass die Notwendigkeit des Ausgleichs von Zeitschulden bzw. -guthaben innerhalb eines gewissen Zeitraumes den Arbeitgeber zu moderaten Arbeitszeitschwankungen nötigt.[1] 63

Hierbei handelt es sich also um die rechtlich zulässige Festlegung einer **bestimmten Arbeitszeitdauer** verbunden mit einer flexiblen Regelung über die **Lage der Arbeits-** 64

---
1 *Hermann*, AnwBl. 1990, 605 (606).

zeit. Derartige Bandbreitenregelungen sind von ihrer Art her Regelungen über die flexible Lage der Arbeitszeit und werden daher ausführlich dort behandelt (s. Rz. 155 ff.).

cc) Teilweise Bestimmungsbefugnis des Arbeitnehmers

Typ 8: Teilweise Bestimmungsbefugnis des Arbeitnehmers

Der Arbeitnehmer kann eine individuelle wöchentliche Arbeitszeit in einem Rahmen zwischen 35,5 Stunden und 39,5 Stunden in Stundenintervallen (35,5; 36,5; 37,5; 38,5; 39,5) wählen. Das Wahlrecht wird durch Antrag ausgeübt. Die Vereinbarung der individuellen Arbeitszeit wird für jeweils 12 Monate geschlossen. Eine vorzeitige Beendigung ist bei gegenseitigem Einvernehmen möglich. Wird von dem Wahlrecht nicht Gebrauch gemacht, beträgt die regelmäßige wöchentliche Arbeitszeit 37,5 Stunden.

Der Arbeitgeber kann aus betrieblichen Gründen die Wahl einer individuellen Arbeitszeit mit schriftlicher Begründung ablehnen.

65 Auch bei dieser Klausel handelt es sich um eine Festlegung der Arbeitszeitdauer innerhalb einer bestimmten Bandbreite. Besonderheit ist jedoch, dass **der Arbeitnehmer selbst** innerhalb der vom Arbeitgeber vorgegebenen Bandbreite bestimmen kann, wie lange er pro Woche arbeiten möchte. Eine solche Regelung findet sich vereinzelt in Tarifverträgen.[1]

66 Aus arbeitsrechtlicher Sicht gibt es gegen eine derartige **einseitige Gestaltungsbefugnis des Arbeitnehmers** keine Bedenken. Insbesondere steht die Rechtsprechung des BAG zur einseitigen Bestimmungsbefugnis durch den Arbeitgeber mit Auswirkungen auf die Vergütung nicht entgegen, da hier die Bestimmung der Arbeitszeit und damit die Höhe der Vergütung durch den Arbeitnehmer selbst vorgenommen wird.

67 Zu überlegen sind die Auswirkungen dieses Wahlrechts: Vorteil ist, dass jeder einzelne Arbeitnehmer innerhalb der Bandbreite für sich entscheiden kann, wie lange er arbeiten möchte, und infolgedessen, wie viel Vergütung er erhält. Dies kann zu einer höheren Zufriedenheit und Arbeitsmotivation der Arbeitnehmer führen. Nehmen allerdings sehr viele Arbeitnehmer das Wahlrecht in Anspruch und wählen (fast) alle die niedrigste Stundenzahl, müssen u.U. neue Arbeitnehmer eingestellt oder Überstunden angeordnet werden, um die Betriebsnutzungszeit ausfüllen zu können. Im anderen Extremfall – viele Arbeitnehmer wählen die höchste Stundenzahl – hat der Arbeitgeber hohe Lohnkosten und u.U. nicht ausreichend Beschäftigung für die Arbeitnehmer. Aus diesem Grund empfiehlt sich die Aufnahme einer Regelung, dass der Arbeitgeber die Wahl des Arbeitnehmers aus betrieblichen Gründen ablehnen kann. Darüber hinaus kann davon ausgegangen werden, dass die Interessen der Arbeitnehmer gerade in größeren Betrieben zu unterschiedlich sind, als dass (fast) alle die gleiche Wahl treffen würden.

---

1 Tarifvertrag der Techniker Krankenkasse von 1995.

dd) Überstunden und Mehrarbeit

Typ 9: Überstunden

a) Die regelmäßige Arbeitszeit beträgt 40 Stunden pro Woche. Der Arbeitnehmer ist verpflichtet, bei Bedarf auf Anordnung des Arbeitgebers bis zu 5 Überstunden pro Woche zu leisten.

b) Die regelmäßige Arbeitszeit beträgt 20 Stunden pro Woche. Der Arbeitnehmer ist auf Anordnung des Arbeitgebers im Rahmen der gesetzlichen/tarifvertraglichen Bestimmungen, insbesondere der Mitbestimmung des Betriebsrats gem. § 87 Abs. 1 BetrVG, vorübergehend zur Leistung von Überstunden verpflichtet.

Von **Überstunden oder Überarbeit** spricht man, wenn die für das jeweilige Arbeitsverhältnis **vereinbarte Arbeitszeit überschritten** wird, die durch Kollektiv- oder Einzelarbeitsvertrag festgelegt ist.[1] Mit dem Begriff der **Mehrarbeit** werden üblicherweise solche Überstunden bezeichnet, die über die **gesetzlich zugelassene Höchstarbeitszeit** hinausgehen.[2]

Durch Anordnung von Überstunden kann der Arbeitgeber kurzfristige nicht vorhersehbare Personalengpässe, z.B. durch Krankheit, überbrücken, ohne Einbußen in der Produktion hinnehmen zu müssen und ohne für diese Zeit Arbeitnehmer einstellen zu müssen. Damit hat er die Möglichkeit, kurzfristig auf Ausnahmesituationen zu reagieren.

Für den Arbeitnehmer hat die Leistung von Überstunden zwar zur Folge, dass er an diesen Tagen länger arbeiten muss als üblich, jedoch erhält er dafür eine über seiner üblichen Vergütung liegende Überstundenvergütung oder Freizeitausgleich, jedenfalls sofern dies vereinbart ist; im Einzelnen dazu → *Mehrarbeits- und Überstundenvergütung*, II M 20. Daher können Überstunden durchaus auch im Interesse des Arbeitnehmers sein.

(1) Voraussetzung für die Anordnung von Überarbeit

Grundsätzlich ist der Arbeitnehmer ohne ausdrückliche Regelung **nicht verpflichtet**, Überstunden zu leisten. Daher kann der Arbeitgeber mit Ausnahme von Notfällen, in denen der Arbeitnehmer gemäß § 242 BGB zur Leistung von Überstunden verpflichtet ist (vgl. dazu § 14 ArbZG), Überarbeit nur dann anordnen, wenn der Arbeits- oder ein anwendbarer Kollektivvertrag dies vorsieht, und auch dann nur im Rahmen der arbeitsschutzrechtlichen Grenzen der Gesetze.[3]

Besteht kein Tarifvertrag oder fehlt beiderseitige Tarifgebundenheit, empfiehlt sich eine ausdrückliche Regelung im Arbeitsvertrag. Soweit **Tarifverträge** Anwendung finden, enthalten diese regelmäßig auch Bestimmungen, unter welchen Voraussetzungen und in welchem Umfang der Arbeitnehmer verpflichtet ist, über die regel-

---

1 BAG v. 25.7.1996 – 6 AZR 138/94, AP Nr. 6 zu § 35 BAT; Schaub/*Linck*, § 69 Rz. 10.
2 Schaub/*Linck*, § 69 Rz. 5–7.
3 Vgl. dazu EuGH v. 8.2.2001 – C-350/99, EAS C RL 91/533/EWG Art. 2 Nr. 2 m. Anm. *Preis/Lindemann*; BAG v. 27.1.1994 – 6 AZR 541/93, AP Nr. 1 zu 15 BAT-O; v. 18.10.1994 – 1 AZR 503/93, AP Nr. 11 zu § 615 BGB Kurzarbeit.

mäßige Arbeitszeit hinaus Überstunden zu leisten. So kann im Tarifvertrag ein Rahmen geschaffen werden, innerhalb dessen die Anordnung von Überstunden zulässig ist.[1] Dennoch kann sich diesbezüglich eine ergänzende arbeitsvertragliche Regelung empfehlen: Es ist nämlich oftmals eine Auslegungsfrage im Einzelfall, ob durch eine tarifliche Bestimmung, die eine Verlängerung der täglichen oder wöchentlichen Arbeitszeit bis zu einer bestimmten Stundenzahl zulässt, lediglich eine Verlängerung der gesetzlichen Höchstarbeitszeit **für zulässig erklärt werden** soll (vgl. § 7 Abs. 1 ArbZG), oder ob damit gleichzeitig die **Verpflichtung des Arbeitnehmers** zur Überarbeit begründet werden soll. Ersterenfalls ist der Arbeitnehmer zu Überstunden nur verpflichtet, soweit eine entsprechende besondere vertragliche Vereinbarung existiert. Hinzu kommt, dass Tarifverträge nicht ohne Weiteres für alle Arbeitnehmer Anwendung finden, sondern nur, wenn Arbeitgeber und Arbeitnehmer tarifgebunden sind, der Tarifvertrag für allgemeinverbindlich erklärt wurde oder bspw. auf den Tarifvertrag im Arbeitsvertrag Bezug genommen wurde (hierzu → *Verweisungsklauseln*, II V 40).

73 Allerdings kann die Einführung von Überarbeit, sofern nicht nur einzelne Arbeitnehmer betroffen sein sollen, nur unter **Mitwirkung des Betriebsrats** gemäß § 87 Abs. 1 Nr. 3 BetrVG erfolgen.[2] Dies gilt auch für Teilzeitbeschäftigte.[3]

(2) Anwendbarkeit des § 12 TzBfG bei Teilzeitarbeit

74 Problematisch ist, ob bei der Beurteilung der **Rechtmäßigkeit** arbeitsvertraglicher Vereinbarungen von **Überarbeit im Bereich der Teilzeitarbeit § 12 TzBfG** Anwendung finden muss. Hingewiesen wird darauf, dass der Arbeitnehmer sich bei Überstundenanordnungen in der gleichen Situation befinde wie bei Abrufarbeit. Dennoch findet nach überwiegender Auffassung § 12 TzBfG auf die Anordnung von **Überstunden** keine Anwendung.[4] Zwar ist auch die Möglichkeit der Anordnung von Überstunden eine Form variabler Arbeitszeitgestaltung durch Abruf. Es gibt jedoch keine Anhaltspunkte dafür, dass der Gesetzgeber mit § 12 TzBfG Überstundenregelungen erfassen wollte. Insbesondere wird durch die Überstundenanordnung nach der Anschauung des Arbeitslebens auch die regelmäßige Dauer der Arbeitszeit nicht verändert. Gleiches gilt für die Anordnung von **Kurzarbeit**.

75 Jedoch stellt sich die Problematik der **Abgrenzung** zwischen der **partiellen Abrufarbeit** i.S.d. § 12 TzBfG einerseits und **Überstunden** andererseits. Denn es ist nicht zu verkennen, dass gerade bei Teilzeitarbeit eine unbegrenzte Überstundenverpflichtung auch die Grundsätze der Entscheidung des BAG vom 7.12.2005 sprengen könnte. Dies hat das BAG erkannt. Nach hier vertretener Auffassung handelt sich dann um eine Überstundenabrede, wenn der Teilzeitbeschäftigte verpflichtet ist, an Überstunden der Vollzeitbeschäftigten ganz oder teilweise teilzunehmen und es

---

1 BAG v. 21.2.1990 – 4 AZR 604/89, AP Nr. 16 zu § 1 TVG Tarifverträge Lufthansa.
2 Dazu ausf. Richardi/*Richardi*, § 87 BetrVG Rz. 356 ff.
3 BAG v. 23.7.1996 – 1 ABR 13/96, AP Nr. 68 zu § 87 BetrVG 1972 Arbeitszeit.
4 Vgl. MünchKommBGB/*Müller-Glöge*, § 12 TzBfG Rz. 7; AG/*Arnold*, § 12 TzBfG Rz. 25; *Hanau*, RdA 1987, 25 (28); *Klevemann*, AiB 1986, 108 f.; diff. *Schüren*, NZA 1997, 1306 f.; *Laux/Schlachter*, § 12 TzBfG Rz. 31, 102; ähnlich ArbG Frankfurt v. 26.11.1998 – 2 Ca 4267/98, NZA-RR 1999, 357, wonach die Ankündigungsfrist bei der Heranziehung von Überstunden zu beachten ist.

sich sowohl um eine nur **vorübergehende und unregelmäßige** Überarbeit handelt als auch diese auf **dringende betriebliche Erfordernisse** beschränkt ist. Besteht dagegen für den Teilzeitbeschäftigten eine selbständige, nicht auf vorstehende Kriterien der Unregelmäßigkeit und Dringlichkeit beschränkte Verpflichtung zu überplanmäßiger, nach Dauer und/oder Lage nicht fixierter Arbeit, liegt – auch bei Bezeichnung als „Mehrarbeit" – in Wirklichkeit eine Abrufabrede vor, für die § 12 TzBfG eingreift. Ganz in diesem Sinne verweist das BAG darauf, dass eine Vereinbarung zur Leistung von Überstunden vorliegt, wenn sich der Arbeitnehmer verpflichtet, bei einem **vorübergehenden** zusätzlichen Arbeitsbedarf länger als vertraglich vereinbart zu arbeiten. Überstunden werden **wegen bestimmter besonderer Umstände vorübergehend** zusätzlich geleistet.[1] Besteht dagegen für den Arbeitnehmer eine selbständige, nicht auf Unregelmäßigkeit oder Dringlichkeit beschränkte Verpflichtung, auf Anforderung des Arbeitgebers zu arbeiten, handelt es sich um Arbeit auf Abruf i.S.v. § 12 TzBfG.[2]

Letzteres dürfte bspw. dann anzunehmen sein, wenn der Arbeitsvertrag eine Mindestarbeitszeit enthält, die sich von vornherein erheblich unter dem vom Arbeitgeber für diesen Arbeitnehmer vorgesehenen Stundensoll bewegt, so dass durch die Flexibilisierung das im Normalfall dem Arbeitgeber obliegende Betriebsrisiko fast vollständig auf den Arbeitnehmer abgewälzt wird. In diesem Fall liegt die tatsächliche regelmäßige Arbeitszeit über der vereinbarten Mindestarbeitszeit. Es handelt sich nicht um Überstunden. 76

Daher sollte bei der Vertragsgestaltung eine möglichst einengende Formulierung gewählt werden (Typ 9b), die deutlich macht, dass es sich gerade nicht um Abrufarbeit i.S.d. § 12 TzBfG, sondern um wirkliche Überstunden handelt. 77

(3) „Freiwillige" Überstunden

Ist die Arbeitszeitdauer festgelegt, ohne auch nur eine Überstundenverpflichtung des Arbeitnehmers vorzusehen, greift § 12 TzBfG erst recht nicht ein. Freiwillige, individuell vereinbarte Änderungen des Austauschverhältnisses, mögen sie auch nur temporär sein, werden weder durch § 12 TzBfG noch durch §§ 305 ff. BGB verhindert. 78

ee) Kurzarbeit

Typ 10: Kurzarbeit

Unbeschadet der Regelung des § 87 BetrVG darf der Arbeitgeber Kurzarbeit anordnen, wenn die gesetzlichen Voraussetzungen für die Gewährung von Kurzarbeitergeld (z.Zt. §§ 95 ff. SGB III) erfüllt sind und der Arbeitgeber den Arbeitsaus-

---

1 BAG v. 7.12.2005 – 5 AZR 364/04, AP TzBfG § 12 Nr. 4; v. 21.11.2001 – 5 AZR 296/00, AP Nr. 56 zu § 4 EntgeltFG.
2 Vgl. AG/*Arnold*, § 12 TzBfG Rz. 23; AT/*Jacobs*, § 12 TzBfG § 12 Rz. 11; *Boewer*, § 12 TzBfG Rz. 21; *Lindemann*, Flexible Gestaltung von Arbeitsbedingungen nach der Schuldrechtsreform, 2003, S. 266.

fall der Agentur für Arbeit gemäß § 99 SGB III angezeigt hat; dabei ist eine Ankündigungsfrist von zwei Wochen einzuhalten. Der Arbeitgeber kann die Anordnung von Kurzarbeit jederzeit widerrufen.

79 Gerade die Kurzarbeit wird in wirtschaftlich schwierigen Zeiten intensiv zur Vermeidung betriebsbedingter Kündigungen genutzt und von der Bundesagentur für Arbeit gefördert. Unter Kurzarbeit versteht man das **vorübergehende teilweise Ruhen von Arbeits- und Entgeltzahlungspflicht**. Ebenso wie Überstunden kann der Arbeitgeber Kurzarbeit **nicht einseitig** aufgrund seines Direktionsrechts anordnen, sondern nur aufgrund einer kollektiv- oder einzelvertraglichen Vereinbarung.[1] Bestimmungen, die dem Arbeitgeber das Recht einräumen, einseitig Kurzarbeit einzuführen, verstoßen nach der Rechtsprechung des BAG gegen unabdingbares Kündigungsrecht[2] bzw. in vorformulierten Arbeitsverträgen gegen § 307 Abs. 1 BGB und sind deshalb unwirksam, denn auch hier besteht die gleiche Problematik wie oben bei Rz. 44 ff.: Durch die Einführung von Kurzarbeit wird die Dauer der Arbeitszeit faktisch an den (nicht oder nur gering vorhandenen) Arbeitsanfall angepasst und dadurch auf die Vergütung Einfluss genommen. Das Instrument der Kurzarbeit ist aber vom Gesetz ausdrücklich zugelassen und wird vom Staat durch die Zahlung von Kurzarbeitergeld zur Erhaltung von Arbeitsplätzen gefördert, vgl. §§ 95 ff. SGB III. Daher ist eine vertragliche Vereinbarung über die Einführung von Kurzarbeit nicht als grundsätzlich unzulässig anzusehen, muss jedoch an bestimmte Voraussetzungen geknüpft werden.[3] Zu empfehlen sind dabei die vom Gesetz selbst genannten Voraussetzungen, § 95 SGB III:

– Es muss ein erheblicher Arbeitsausfall mit Entgeltausfall gemäß § 96 SGB III vorliegen.
– Die in § 97 SGB III genannten betrieblichen Voraussetzungen müssen erfüllt sein.
– Die nach § 98 SGB III erforderlichen persönlichen Voraussetzungen müssen vorliegen und
– der Arbeitsausfall muss der Arbeitsagentur gemäß § 99 SGB III angezeigt worden sein.

Macht der Arbeitgeber die Einführung von Kurzarbeit von diesen Voraussetzungen abhängig, ist gegen eine arbeitsvertragliche Kurzarbeitsklausel nichts einzuwenden.

80 Besteht ein Betriebsrat, hat dieser hinsichtlich des Ob und Wie der Verkürzung der Arbeitszeit ein **Mitbestimmungsrecht**, § 87 Abs. 1 Nr. 3 BetrVG,[4] sofern die Kurzarbeit nicht nur einzelne Arbeitnehmer betrifft. Dieses Mitbestimmungsrecht hat auch zum Inhalt, dass der Betriebsrat die Einführung von Kurzarbeit verlangen und

---

1 BAG v. 17.1.1995 – 1 AZR 283/94, n.v.
2 BAG v. 18.10.1994 – 1 AZR 503/93, AP Nr. 11 zu § 615 BGB Kurzarbeit im Anschluss an BAG v. 27.1.1994 – 6 AZR 541/93, AP Nr. 1 zu § 15 BAT-O.
3 Strenge Anforderungen an die Transparenz der Klausel in betriebsratslosen Betrieben stellt LAG Berlin-Brandenburg v. 7.10.2010 – 2 Sa 1230/10, NZA-RR 2011, 65; s.a. LAG Berlin-Brandenburg v. 9.7.2010 – 13 Sa 650/10, n.v.
4 Anders jedoch im öffentlichen Dienst: § 75 Abs. 3 BPersVG enthält keine dem § 87 Abs. 1 Nr. 3 BetrVG entsprechende Regelung; dazu auch BAG v. 18.10.1994 – 1 AZR 503/93, AP Nr. 11 zu § 615 BGB Kurzarbeit.

ggf. über einen Spruch der Einigungsstelle erzwingen kann.[1] Kurzarbeit kann dabei **nur durch eine Betriebsvereinbarung** eingeführt werden, eine formlose Regelungsabrede zwischen Betriebsrat und Arbeitgeber genügt nicht.[2] Erteilt der Betriebsrat seine Zustimmung nicht, hilft dem Arbeitgeber auch eine Kurzarbeitsklausel in den jeweiligen Einzelverträgen nicht, selbst wenn nach dieser die Einführung von Kurzarbeit gegenüber den einzelnen Arbeitnehmern zulässig wäre. Kann allerdings infolge der veränderten Auftragslage die mit dem Betriebsrat vereinbarte vorübergehende Kurzarbeitszeit früher als vorgesehen aufgehoben werden, unterliegt der Abbau der Kurzarbeit in Rückführung auf die betriebsübliche Arbeitszeit als solcher nicht dem Mitbestimmungsrecht des Betriebsrats, denn durch den Abbau der Kurzarbeit wird nicht die betriebsübliche Arbeitszeit, sondern die vorübergehend festgelegte „Ausnahme-Arbeitszeit" verändert.[3]

Wie wichtig eine arbeitsvertragliche Kurzarbeitsklausel ist, zeigt sich am Beispiel eines **nicht mitbestimmten Betriebs**: Für den Arbeitgeber besteht dort keine Möglichkeit, ohne Zustimmung der einzelnen Arbeitnehmer Kurzarbeit anzuordnen. Kommt eine **Einigung nicht zustande**, bedarf es zur Arbeitszeitverkürzung einer **Änderungskündigung**.[4] Durch eine entsprechende Klausel im Arbeitsvertrag erklärt sich der Arbeitnehmer jedoch mit der Einführung der Kurzarbeit einverstanden, so dass der Arbeitgeber unter den vereinbarten Voraussetzungen Kurzarbeit anordnen kann. 81

Eine nur **vorübergehende Reduzierung** der regelmäßigen wöchentlichen Arbeitszeit von 38,5 Stunden auf 30,5 Stunden in einem **Firmentarifvertrag zur Beschäftigungssicherung** hat die gleiche Auswirkung wie die Anordnung von Kurzarbeit und ist nach der Rechtsprechung des BAG[5] zulässig. Solange die Arbeitszeitreduzierung nicht auf Dauer angelegt ist, liegt darin auch keine verdeckte (wegen Art. 12 Abs. 1 GG problematische) Umwandlung von Vollzeitarbeitsverhältnissen in Teilzeitbeschäftigung. Eine Umgehung von Kündigungsschutzbestimmungen ist nach Ansicht des BAG ebenfalls nicht gegeben, da die Änderung der Arbeitszeit nicht einseitig vom Arbeitgeber angeordnet, sondern von den Tarifvertragsparteien ausgehandelt wurde.[6] 82

ff) Arbeitsbereitschaft, Bereitschaftsdienst, Rufbereitschaft

Typ 11: Rufbereitschaft

Der Arbeitnehmer verpflichtet sich, sich im Rahmen des Betriebsplans für Rufbereitschaft an sechs Tagen monatlich auf Abruf für dringende betriebliche Einsätze in seiner Freizeit bereitzuhalten und hierbei jeweils bis zu vier Stunden seine

---

1 BAG v. 4.3.1986 – 1 ABR 15/84, AP Nr. 3 zu § 87 BetrVG 1972 Kurzarbeit.
2 BAG v. 14.2.1991 – 2 AZR 415/90, AP Nr. 4 zu § 615 BGB Kurzarbeit.
3 BAG v. 21.11.1978 – 1 ABR 67/76, AP Nr. 2 zu § 87 BetrVG 1972 Arbeitszeit.
4 BAG v. 14.2.1991 – 2 AZR 415/90, AP Nr. 4 zu § 615 BGB; LAG Rh.-Pf. v. 7.10.1996 – 9 Sa 703/96, NZA-RR 1997, 331.
5 BAG v. 25.10.2000 – 4 AZR 438/99, AP Nr. 1 zu § 1 TVG Tarifverträge: Internationaler Bund.
6 BAG v. 25.10.2000 – 4 AZR 438/99, AP Nr. 1 zu § 1 TVG Tarifverträge: Internationaler Bund; vgl. auch *Gotthardt*, DB 2000, 1462 f.

vertragliche Tätigkeit auszuüben. Falls er sich in der Rufbereitschaft aus seiner Wohnung entfernt, wird er hinterlassen, wo er zu erreichen ist. Zur pauschalen Abgeltung der Zeit der Rufbereitschaft erhält der Arbeitnehmer ... Euro monatlich.

83 Arbeitsbereitschaft, Bereitschaftsdienst, Rufbereitschaft stehen von ihrer Art her zwischen der Arbeitszeit und der Ruhezeit, sie sind also quasi ein **Bereithalten zur Arbeit**.[1] § 12 TzBfG ist weder auf die herkömmlichen Formen der sog. Arbeitsbereitschaft noch auf die sog. Rufbereitschaft oder den Bereitschaftsdienst anwendbar. Diese Varianten der Arbeitszeit bilden nur einen Annex zu einer im Übrigen nach Lage und Dauer fest bestimmten Arbeitszeit.[2] Sie werden als eigenständige Arbeitsleistung gesondert vergütet, wohingegen § 12 TzBfG den Abruf aus unbezahlter Freizeit erfasst.[3] Bei Abgrenzungsschwierigkeiten gilt diese Prämisse auch als Abgrenzungskriterium. Entscheidend ist nicht die Bezeichnung im Arbeitsvertrag, sondern die tatsächliche Ausgestaltung der Arbeitsbeziehung.

84 Die Abgrenzung von Arbeitsbereitschaft, Bereitschaftsdienst und Rufbereitschaft wirft nationale und europarechtliche Fragen des Arbeitszeitrechts auf, die es bei der Vertragsgestaltung zu beachten gilt.[4] Die arbeitszeitrechtliche Behandlung von Arbeitsbereitschaft, Bereitschaftsdienst und Rufbereitschaft ist unabhängig von der Frage der Vergütungspflicht zu beantworten.[5]

gg) Kurze tägliche Arbeitszeit

(1) Arbeitszeit von weniger als drei Stunden pro Tag

⊃ Nicht geeignet:
   a) Der Arbeitgeber kann auch kürzere Beschäftigungszeiten als drei Stunden pro Tag bestimmen.
   b) Der Arbeitgeber kann bestimmen, dass am ... (bestimmter Wochentag) der Arbeitnehmer zu beliebig kurzen Arbeitseinsätzen herangezogen werden kann.
   c) Die tägliche Arbeitszeitdauer von drei/... (mehr als drei) Stunden muss nicht zusammenhängend abgerufen werden.

85 Bisweilen finden sich im Arbeitsvertrag Klauseln, die darauf abzielen, im Einzelfall auch eine kürzere zusammenhängende Beschäftigungsdauer zu ermöglichen (Beispiele a und b). In Beispiel c) beträgt die tägliche Arbeitszeitdauer zwar insgesamt mehr als drei Stunden, es wird jedoch ausdrücklich bestimmt, dass die tägliche Arbeitsleistung nicht zusammenhängend abgerufen werden muss. Hier fehlt eine Vereinbarung über die zusammenhängende Dauer der Arbeitszeit. Der Arbeitnehmer kann nicht vorhersehen, in wie vielen einzelnen Arbeitsblöcken von welcher zu-

---

1 MünchArbR/*Anzinger*, § 219 Rz. 9 ff.
2 ErfK/*Preis*, § 12 TzBfG Rz. 10; AT/*Jacobs*, § 12 TzBfG Rz. 10; *Boewer*, § 12 TzBfG Rz. 18; für die Anwendbarkeit des § 12 TzBfG auf Rufbereitschaft jedoch TZA/*Buschmann*, § 12 TzBfG Rz. 26.
3 AG/*Arnold*, § 12 TzBfG Rz. 24.
4 Im Überblick ErfK/*Wank*, § 2 ArbZG Rz. 20 ff.
5 Hierzu BAG v. 5.6.2003 – 6 AZR 114/02, AP Nr. 7 zu § 611 BGB Bereitschaftsdienst; v. 28.1.2004 – 5 AZR 530/02, AP Nr. 10 zu § 611 BGB Bereitschaftsdienst.

sammenhängenden Dauer er die tägliche Gesamtarbeitszeit ableisten muss. Daher entfällt hier das Bedürfnis für die in § 12 Abs. 1 Satz 4 TzBfG angeordnete Rechtsfolge nicht.

Klarzustellen ist freilich, dass die Regelung des § 12 Abs. 1 Satz 4 TzBfG nicht zwingend ist. Einzelvertraglich kann eine **kürzere tägliche Arbeitszeit** als drei Stunden oder die Stückelung derselben in kürzere als dreistündige Arbeitsperioden vereinbart werden.[1] Insbesondere greift die Drei-Stunden-Grenze dann nicht ein, wenn die zusammenhängende Dauer der täglichen Arbeitszeit festgelegt ist, ein Direktionsrecht des Arbeitgebers sich mithin allein auf die Lage der zusammenhängenden Arbeitszeit bezieht. In diesen Fällen bedarf der Arbeitnehmer keines Schutzes, weil er sich auf die vereinbarte Arbeitszeit einstellen kann und die kurzen Einsatzzeiten bei Vertragsschluss kannte. Vertragsgestaltungen, die dem Arbeitgeber das globale Recht einräumen (vgl. Rz. 122), den Arbeitnehmer auch zu kürzeren Arbeitseinheiten als drei Stunden täglich abzurufen, sind unzulässig.[2]

86

Durch **§ 12 Abs. 1 Satz 4 TzBfG** wird also das Recht des Arbeitgebers, die Länge des konkreten Arbeitseinsatzes einseitig festzulegen, eingeschränkt: Hiernach besteht, wenn die tägliche Arbeitszeitdauer arbeitsvertraglich **nicht festgelegt** ist, die Verpflichtung zu einer **zusammenhängenden Beschäftigung von mindestens drei Stunden**. Nimmt der Arbeitgeber den Arbeitnehmer für eine kürzere als die durch § 12 Abs. 1 Satz 4 TzBfG (oder eine Bestimmung des Arbeitsvertrages) bestimmte Arbeitsleistung in Anspruch, kann der Arbeitnehmer in dreifacher Weise **reagieren**:

87

Er kann erstens die **Arbeitsleistung insgesamt verweigern**. Der Arbeitgeber kann sich daraufhin zu einer Vergütung und Deputatsanrechnung von wenigstens drei Stunden bereit erklären, auf den betreffenden Arbeitseinsatz ganz verzichten oder ihn auf mindestens drei Stunden ausdehnen. Letzterenfalls ist freilich die Vier-Tages-Frist des § 12 Abs. 2 TzBfG zu beachten.[3]

88

Der Arbeitnehmer kann aber zweitens der Aufforderung des Arbeitgebers zu einem **Kurzeinsatz** auch trotz des Verstoßes gegen § 12 Abs. 1 Satz 4 TzBfG **nachkommen**, indem er entweder ausdrücklich oder konkludent sein Einverständnis mit der kürzeren Arbeitszeit erklärt. Weiter gehende Ansprüche stehen ihm dann nicht zu.[4]

89

Drittens kann der Arbeitnehmer die **Arbeit mit der gesetzlichen Mindestarbeitszeit von drei Stunden annehmen**. Dann steht ihm für die nicht geleistete Arbeit bis zur Dauer von drei Stunden ein Anspruch aus Annahmeverzug zu.[5]

90

Aus diesen Gründen sind solche Vertragsklauseln nicht zu empfehlen.

---

1 MünchKommBGB/*Müller-Glöge*, § 12 TzBfG Rz. 13.
2 ErfK/*Preis*, § 12 TzBfG Rz. 22; MünchKommBGB/*Müller-Glöge*, § 12 TzBfG Rz. 13.
3 ErfK/*Preis*, § 12 TzBfG Rz. 24.
4 ErfK/*Preis*, § 12 TzBfG Rz. 24.
5 *Lorenz*, NZA 1985, 473 (474f.); *Malzahn*, ArbuR 1985, 386 (389f.); ErfK/*Preis*, § 12 TzBfG Rz. 24.

(2) Mindest- und Höchstdauer der täglichen Arbeitszeit

> **Typ 12: Mindest- und Höchstdauer der täglichen Arbeitszeit**
> a) Die wöchentliche/monatliche Arbeitszeit beträgt ... Stunden. Auf jeden einzelnen Arbeitstag dürfen nicht weniger als vier Stunden entfallen.
> b) Die wöchentliche/monatliche Arbeitszeit beträgt ... Stunden. Die Dauer der Arbeitszeit pro Arbeitstag muss mindestens drei aufeinander folgende Stunden betragen.
> c) Die wöchentliche/monatliche Arbeitszeit beträgt ... Stunden. Die tägliche Arbeitszeit beträgt mindestens drei/... und höchstens ... aufeinander folgende Stunden.

91 Auf den ersten Blick weisen derartige Klauseln große Ähnlichkeit auf mit den in Rz. 85 genannten Beispielen: In beiden Fällen steht dem Arbeitgeber ein Bestimmungsrecht hinsichtlich der Arbeitszeitdauer zu. Der entscheidende Unterschied liegt darin, dass hier die Dauer der Arbeitszeit für einen bestimmten Zeitraum (Woche/Monat) und damit auch die Vergütung festgelegt ist und der Arbeitgeber lediglich die Verteilung dieser Stundenzahl auf die einzelnen Tage bestimmen kann. Er hat hier also ein Direktionsrecht nur bezüglich der Lage der Arbeitszeit. Oben hingegen soll der Arbeitgeber durch die Bestimmung der Dauer der Arbeitszeit Einfluss auf die Vergütung und damit seine Hauptleistungspflicht nehmen können.

92 Die Vereinbarung einer geringeren täglichen **Mindestbeschäftigungsdauer** als drei Stunden ist wegen § 12 Abs. 1 Satz 4 TzBfG unwirksam. Wird dagegen eine drei Stunden überschreitende Mindestdauer vereinbart (Typ 12a und b), begrenzt diese in wirksamer Weise das Bestimmungsrecht des Arbeitgebers nach unten hin.

93 Eine Kombination von Höchst- und Mindestdauer (Typ 12c) verstößt dann nicht gegen § 12 Abs. 1 Satz 4 TzBfG, wenn die vereinbarte Mindestdauer wenigstens drei Stunden beträgt.

94 Die arbeitsvertragliche Vereinbarung einer drei Stunden überschreitenden **Höchstarbeitsdauer** begrenzt das Bestimmungsrecht des Arbeitgebers der Höhe nach. Gleichwohl greift – sofern die Höchstdauer nicht vertraglich mit einer mindestens dreistündigen Mindestdauer kombiniert wird – § 12 Abs. 1 Satz 4 TzBfG ein, da die Dauer der Arbeitszeit nach unten hin nicht begrenzt ist, da es dem Arbeitgeber (unzulässigerweise) ja gerade vorbehalten bleiben soll, eine geringere Arbeitszeitdauer festzulegen.[1]

➲ **Nicht geeignet:**
  a) Auf jeden einzelnen Arbeitstag dürfen höchstens zwei, drei, vier, ... Stunden entfallen.
  b) Die tägliche Arbeitszeitdauer beträgt zwei Stunden. Der Arbeitnehmer erklärt sich jedoch bei dringendem betrieblichem Bedarf zu Überstunden bereit.

95 Allerdings wird teilweise erwogen, die Unwirksamkeitsfolge dadurch zu vermeiden, dass etwa bei einer vereinbarten täglichen Höchstdauer von zwei Stunden

---
1 ErfK/*Preis*, § 12 TzBfG Rz. 23.

im Wege der ergänzenden Vertragsauslegung die Vereinbarung einer festen Einsatzdauer von zwei Stunden angenommen wird.

Wird die tägliche Dauer der Arbeitszeit auf weniger als drei Stunden festgelegt, ein Bestimmungsrecht des Arbeitgebers jedoch in der Weise eröffnet, dass sich der Arbeitnehmer bei Bedarf zur Ableistung von Überstunden verpflichtet (Beispiel b), gelten bezüglich der Anwendbarkeit des § 12 Abs. 1 Satz 4 TzBfG die Ausführungen oben zu Überstunden und Mehrarbeit entsprechend (s. Rz. 68 ff.): Entscheidende Kriterien für dessen Anwendbarkeit und damit für die Unwirksamkeit der vertraglichen Vereinbarung sind die Regelmäßigkeit der „Überstunden" sowie die Dringlichkeit und Außergewöhnlichkeit des betrieblichen Bedarfs. 96

hh) Arbeitszeit von Führungskräften

Typ 13: Arbeitszeit von Führungskräften

a) Der Mitarbeiter/die Mitarbeiterin unterliegt als leitende/r Angestellte/r nach § 18 Abs. 1 Nr. 1 ArbZG nicht den beschränkenden Vorschriften des Arbeitszeitrechts. Er/Sie verpflichtet sich, seine ganze Arbeitskraft in den Dienst des Unternehmens zu stellen und – soweit erforderlich – auch über die betriebsübliche Arbeitszeit hinaus tätig zu werden.

oder:

b) Die Dauer der Arbeitszeit beträgt – nach Maßgabe des Arbeitszeitgesetzes – 48 Wochenstunden. Sie kann auf bis zu 60 Wochenstunden verlängert erweitert; der Freizeitausgleich richtet sich nach Maßgabe des § 3 ArbZG.

Die Lage der täglichen Arbeitszeit richtet sich nach den betrieblichen Erfordernissen.

Die Tätigkeit von Führungskräften ist in weit höherem Maße **aufgabengezogen** als die der „normalen" Angestellten. So bestimmt sich die Arbeitszeit der Führungskräfte – bei Fehlen tarif- oder einzelvertraglicher Regelungen – zwar **grundsätzlich ebenso nach der betriebsüblichen Arbeitszeit**, allerdings haben Mitarbeiter in Führungspositionen aufgrund ihrer Stellung und Verantwortung zahlreiche Aufgaben wahrzunehmen, die wegen der Termingebundenheit einen unterschiedlich großen **Teil der Freizeit in Anspruch nehmen**, z.B. Dienstreisen, Teilnahme an Tagungen und Sitzungen. Darüber hinaus hat der leitende Mitarbeiter in erster Linie den ihm übertragenen Auftrag zu erfüllen, was je nach Art des Auftrags auch die Überschreitung der regelmäßigen betrieblichen Arbeitszeit erforderlich machen kann. So stellt sich bei diesen Arbeitnehmern die Frage, inwieweit sie zu Überstunden verpflichtet sind und ob sie dafür eine Vergütung fordern können. 97

Hinsichtlich der gesetzlich zulässigen Höchstdauer der Arbeitszeit ist zu **unterscheiden zwischen leitenden Angestellten** i.S.v. § 5 Abs. 3 BetrVG und **anderen Mitarbeitern in Führungspositionen**, die keine leitenden Angestellten sind: Für die leitenden Angestellten i.S.v. § 5 Abs. 3 BetrVG gilt das ArbZG gemäß § 18 Abs. 1 Nr. 1 ArbZG nicht, die Begrenzung der zulässigen Arbeitszeitdauer auf 48 Stunden pro Woche[1] ent- 98

---

1 Zu den Ausnahmen s. Rz. 6 ff.

fällt also. Dem trägt die Klausel in Typ 13a Rechnung. Alle anderen Angestellten in Führungspositionen fallen jedoch unter die Beschränkungen des ArbZG. Innerhalb der gesetzlich vorgegebenen Grenzen darf der Arbeitgeber von einem hoch bezahlten leitenden Angestellten ein besonderes Maß an Arbeitsleistung verlangen, auch wenn dadurch die im Betrieb übliche Arbeitszeit überschritten wird, solange dadurch nicht die Gesundheit des Angestellten gefährdet wird.[1] Rechtssicher ist bei Führungskräften, die noch nicht zur Gruppe der leitenden Angestellten zählen und weder tarifvertraglichen noch betrieblichen Regelungen unterliegen, eine Vereinbarung, die die Grenzen des Arbeitszeitrechts ausschöpfen. Dem trägt die Klausel Typ 13b Rechnung. Zu Einzelheiten über eine Mehrarbeitsvergütung s. → *Mehrarbeits- und Überstundenvergütung*, II M 20.

ii) Zweiseitige Bestimmungsbefugnis

99   Teilweise wird in Arbeitsverträgen vereinbart, dass der Arbeitseinsatz nur in beiderseitigem Einvernehmen erfolgen soll.

⊃ **Nicht geeignet:**

> Der Arbeitseinsatz erfolgt im Bedarfsfall in gegenseitigem Einvernehmen nach Absprache im Einzelfall. Aus dieser Vereinbarung können jedoch keine Ansprüche für die Zukunft abgeleitet werden. Weder ist der Arbeitnehmer in der Zukunft zu einer Mitarbeit verpflichtet, noch ist der Arbeitgeber gehalten, den Arbeitnehmer in Bedarfsfällen zu beschäftigen.

100 Obgleich solche Vereinbarungen nach ihrem bloßen Wortlaut Arbeitgeber und Arbeitnehmer gemeinsam eine Konkretisierungsbefugnis hinsichtlich der Arbeitszeit einzuräumen scheinen, können sich im Einzelfall Auslegungsschwierigkeiten ergeben:[2]

101 Es kann sich hierbei einerseits lediglich **formal** um eine **zweiseitige Konkretisierungsbefugnis** handeln. Auf den ersten Blick scheinen Dauer und Lage der Arbeitszeit zwar nicht ausschließlich von der Direktion des Arbeitgebers abzuhängen; indes liegt die **materielle Dispositionsbefugnis** bei genauerer Betrachtung letztlich entscheidend beim Arbeitgeber. Er kann die Arbeitszeit durch Verweigerung seines Einverständnisses nach Belieben reduzieren, das Arbeitsverhältnis mithin austrocknen. Auch kann er durch mittelbaren Druck den Arbeitnehmer (bspw. durch die Ankündigung, ihn zukünftig nicht mehr einzusetzen) zum Einverständnis zu vermehrter Arbeit bewegen und so die Arbeitszeit ausdehnen. Die Klausel ermöglicht die Aushöhlung des Kerns des Arbeitsverhältnisses, ist damit unangemessen benachteiligend und unwirksam nach § 307 Abs. 1 BGB (zu den Rechtsfolgen s. Rz. 56).

---

[1] BAG v. 13.3.1967 – 2 AZR 133/66, AP Nr. 15 zu § 618 BGB.
[2] Ausführlich zu dieser Differenzierung: *Hermann*, AnwBl. 1990, 537 (538).

jj) Rahmenvertrag für Aushilfsarbeitsverhältnisse

Typ 14: Rahmenvertrag für Aushilfsarbeitsverhältnisse

Der Arbeitnehmer ist verpflichtet, bei Bestehen eines betrieblichen Bedarfs mit dem Arbeitgeber einen befristeten Arbeitsvertrag abzuschließen. Für diesen Arbeitsvertrag gilt Folgendes: Die durchschnittliche wöchentliche Arbeitszeit beträgt ... Stunden. Sie ist in einem Zeitraum von ... Wochen/Monaten zu erreichen.

Der Klausel zur „zweiseitigen Bestimmungsbefugnis" sehr nahe stehen die sog. **Rahmen- oder Vorverträge** für Aushilfsarbeitsverhältnisse. Sie beinhalten selbst noch keinen Arbeitsvertrag, sondern legen lediglich die Rahmenbedingungen für spätere, erst noch abzuschließende Arbeitsverträge fest.[1] Andererseits gehen sie über eine bloße, nicht verpflichtende, lose Absprache hinaus: Sie begründen die **Verpflichtung des Arbeitnehmers**, im Bedarfsfalle einzelne befristete **Arbeitsverträge mit dem Arbeitgeber abzuschließen**. Letztlich muss also der Arbeitnehmer auch hier die Arbeitsleistung entsprechend dem Arbeitsanfall erbringen, auch wenn es für den einzelnen Arbeitseinsatz formal erst noch des Abschlusses eines Arbeitsvertrages bedarf. Dies rechtfertigt eine mindestens entsprechende Anwendung des § 12 TzBfG.[2]

102

Daraus folgt, dass die Arbeitsvertragsparteien bereits im Rahmenvertrag eine bestimmte Arbeitszeitdauer für einen zulässigen Bezugszeitraum festlegen müssen, um das Eingreifen der Fiktion des § 12 Abs. 1 Satz 3 TzBfG zu vermeiden. Darüber hinaus sind die Ankündigungs- und Mindestarbeitsfristen des § 12 Abs. 1 Satz 4 und Abs. 2 TzBfG zu beachten; hierzu Rz. 163 ff.

103

Eine Spielart des Rahmenvertrages stellen die sog. Null-Stunden-Verträge dar.[3] Steht beiden Parteien ein Ablehnungsrecht zu, handelt es sich um einen Rahmenvertrag. Soll jedoch der Verpflichtete kein Recht haben, den Dienst abzulehnen, dann ist der Null-Stunden-Vertrag ein Arbeitsvertrag, auf den jedenfalls der zwingende Mindestschutz des § 12 TzBfG anwendbar ist. Darüber hinaus liegt eine unangemessene Benachteiligung nach § 307 Abs. 1 Satz 1, Abs. 2 Nr. 1 und 2 BGB vor, weil das Beschäftigungsrisiko entgegen § 12 Abs. 1 TzBfG auf den Arbeitnehmer abgewälzt wird.[4]

103a

b) Lage der Arbeitszeit

Regelungen über die Lage der Arbeitszeit betreffen **Beginn und Ende der täglichen Arbeitszeit**. Diese unterliegt dem Direktionsrecht des Arbeitgebers (§ 106 GewO), das begrenzt wird durch Gesetze, Tarifverträge, Betriebsvereinbarungen, den Arbeitsvertrag und das Mitbestimmungsrecht des Betriebsrats – das in Extremfällen

104

---

1 Vgl. hierzu BAG v. 31.7.2002 – 7 AZR 181/01, AP Nr. 2 zu § 4 TzBfG m. Anm. *Lindemann*, wonach die Rahmenvereinbarung nicht daran hindert, die jeweilige Befristung der einzelnen Arbeitsverhältnisse nach § 14 TzBfG auf ihre Wirksamkeit hin gerichtlich überprüfen zu lassen.
2 *Laux/Schlachter*, § 12 TzBfG Rz. 19 ff.
3 Hierzu *Forst*, NZA 2014, 998.
4 *Hamann/Rudnik*, jurisPR-ArbR 48/2014 Anm. 1.

sogar so weit führen kann, dass der Arbeitgeber die gesetzlichen Ladenöffnungszeiten nicht voll ausschöpfen kann, weil der Betriebsrat seine Zustimmung über die Lage der Arbeitszeit verweigert.[1]

105 Der Arbeitgeber hat ein einseitiges Bestimmungsrecht einerseits hinsichtlich der betriebsüblichen Lage der Arbeitszeit, andererseits hinsichtlich der hiervon abweichenden Lage.[2] Ist keine abschließende arbeitsvertragliche Regelung getroffen, ist der Arbeitgeber im Rahmen seines Weisungsrechtes befugt, die Lage der Arbeitszeit einseitig festzulegen (z.B. auch Wechsel von Nacht- zu Tagarbeit, Einführung von Schichtarbeit). Das BAG gibt dem Arbeitgeber insoweit vertragsrechtlich einen weiten Spielraum.[3] Selbst Sonntagsarbeit kann der Arbeitgeber prinzipiell im Rahmen des § 106 GewO anordnen.[4] Das gilt auch dann, wenn in der Vergangenheit über einen mehrjährigen Zeitraum anderweitig verfahren worden ist, es sei denn, es liegen besondere Umstände vor.[5]

106 Es bestehen **keine grundsätzlichen Bedenken** dagegen, das Ausmaß potenzieller Verlagerungen der Arbeitszeit im Arbeitsvertrag zu regeln. Sofern aber die Lage der Arbeitszeit arbeitsvertraglich fixiert wird, schränkt der Arbeitgeber sein dahingehendes Direktionsrecht ein (allgemein zur Einschränkung und Erweiterung des Direktionsrechts → *Direktionsrecht und Tätigkeitsbeschreibung*, II D 30).

107 Allerdings unterliegt die vertragliche Einräumung und Ausgestaltung sowie die Ausübung des Direktionsrechts des Arbeitgebers in Bezug auf die Lage der Arbeitszeit vielfältigen **Schranken**, die sich aus zahlreichen gesetzlichen und tarifvertraglichen Bestimmungen ergeben. Als Beispiele für **gesetzliche Grenzen** seien das grundsätzliche Verbot der Arbeit an Sonn- und Feiertagen gemäß § 9 ArbZG, das Samstags- und Nachtarbeitsverbot für Jugendliche gemäß §§ 16 Abs. 1, 14 Abs. 1 JArbSchG, die Ruhezeiten nach § 5 ArbZG, die Schutzvorschriften des § 6 ArbZG für alle Nacht- und Schichtarbeitnehmer sowie die gesetzlichen Höchstarbeitszeiten gemäß § 3 ArbZG genannt. Hiergegen verstoßende Vereinbarungen sind ebenso unwirksam wie entsprechende Weisungen des Arbeitgebers.[6]

108 Grenzen der Bestimmung der zeitlichen Lage der Arbeitszeit ergeben sich ferner aus der Prüfung des „billigen Ermessens" (§ 106 GewO). Bei der Bestimmung der Lage der Arbeitszeit hat der Arbeitgeber nach Möglichkeit auch auf die Personensorgepflichten (Art. 6 Abs. 1 GG; §§ 1626, 1627 BGB) des Arbeitnehmers Rücksicht

---

1 BAG v. 31.8.1982 – 1 ABR 27/80, AP Nr. 8 zu § 87 BetrVG 1972; v. 13.10.1987 – 1 ABR 10/86, AP Nr. 24 zu § 87 BetrVG 1972 Arbeitszeit.
2 BAG v. 19.6.1985 – 5 AZR 57/84, AP Nr. 11 zu § 4 BAT.
3 BAG v. 23.9.2004 – 6 AZR 567/03, AP Nr. 64 zu § 611 BGB Direktionsrecht; v. 11.2.1998 – 5 AZR 472/97, AP Nr. 54 zu § 611 BGB Direktionsrecht; krit. *Hromadka*, DB 1995, 2601 (2603).
4 BAG v. 15.9.2009 – 9 AZR 757/08, AP Nr. 7 zu § 106 GewO.
5 LAG Hamm v. 30.6.1994 – 4 Sa 2017/93, LAGE § 611 BGB Direktionsrecht Nr. 17; LAG Köln v. 26.7.2002 – 11 Ta 224/02, LAGE § 611 BGB 2002 Direktionsrecht Nr. 1.
6 Auch eine Anzeige des Arbeitgebers beim Amt für Arbeitsschutz durch den Arbeitnehmer wegen Arbeitszeitüberschreitung rechtfertigt jedenfalls dann nicht die fristlose Kündigung des Arbeitnehmers, wenn die Anzeige nicht auf der alleinigen Absicht beruht, den Arbeitgeber zu schädigen, und der Arbeitnehmer zuvor vergeblich versucht hat, den Arbeitgeber zur Einhaltung der gesetzlichen Bestimmungen zu veranlassen (LAG Köln v. 10.7.2003 – 5 Sa 151/03, LAGE § 626 BGB 2002 Nr. 1b).

zu nehmen, muss aber keine soziale Auswahl vornehmen (→ *Direktionsrecht und Tätigkeitsbeschreibung*, II D 30 Rz. 24 f.).[1]

aa) Gleitzeit

Typ 15: Gleitzeit

a) Die regelmäßige tägliche Arbeitszeit beträgt ... Stunden. Sie ist im Zeitraum von 6.30 Uhr bis 17.30 Uhr zu leisten.

b) Die regelmäßige Gesamtarbeitszeit, d.h. die Kernarbeitszeit zuzüglich der Gleitzeit, beträgt ... Stunden pro Woche/... Stunden pro Monat. Die Gesamtarbeitszeit ist im Zeitraum von 6.30 Uhr bis 17.15 Uhr zu erbringen. Die Kernarbeitszeit, in der der Arbeitnehmer stets anwesend sein muss, erstreckt sich von 8.30 Uhr bis 15.15 Uhr, an Freitagen bis ... Uhr. Zeitguthaben von ... Stunden sind in einem Zeitraum von ... Wochen/... Monaten auszugleichen.

c) Die regelmäßige Gesamtarbeitszeit, d.h. die Kernarbeitszeit zuzüglich der Gleitzeit, beträgt ... Stunden pro Woche/... Stunden pro Monat. Die Gesamtarbeitszeit ist im Zeitraum von 6.30 Uhr bis 17.15 Uhr zu erbringen. Zeitguthaben von ... Stunden sind in einem Zeitraum von ... Wochen/... Monaten auszugleichen.

d) Der Arbeitnehmer kann die Verteilung seiner Arbeitszeit von insgesamt ... Stunden pro Woche/Monat unter Berücksichtigung der betrieblichen Notwendigkeiten im eigenen Ermessen festlegen. Ist er an einem Arbeitstag mehr als drei Stunden abwesend, hat er sich rechtzeitig bei seinem Vorgesetzten abzumelden.

(1) Allgemeines

Ein Spezialfall einer einseitigen Festlegung der Lage der Arbeitszeit – wenn auch in bestimmten Grenzen – ist die Gleitzeit.[2] Bei dieser ist die Lage der täglichen Arbeitszeit entweder ganz unbestimmt oder bewegt sich zumindest innerhalb einer vorgegebenen Bandbreite. Hier hat also der **Arbeitnehmer selbst die Möglichkeit**, in gewissen Grenzen oder ganz frei die **Lage der Arbeitszeit zu bestimmen**. Hinsichtlich der Einführung, Änderung und Modalitäten der Gleitzeit ist das **Mitbestimmungsrecht** des Betriebsrats gemäß § 87 Abs. 1 Nr. 2 BetrVG zu beachten.[3]

Vorteil einer solchen Gleitzeitregelung für den Arbeitgeber ist die höhere Zufriedenheit des Arbeitnehmers, der – ggf. in einem vorgegebenen Rahmen – selbst über Beginn und Ende seiner täglichen Arbeitszeit entscheiden kann und dadurch die Arbeitszeit in bestimmten Grenzen an seine persönliche Lebensführung anpassen kann.

---

1 BAG v. 23.9.2004 – 6 AZR 567/03, AP Nr. 64 zu § 611 BGB Direktionsrecht.
2 Hierzu ausführlich Schaub/*Vogelsang*, § 160 Rz. 2 ff.
3 BAG v. 18.4.1989 – 1 ABR 3/88, AP Nr. 33 zu § 87 BetrVG 1972 Arbeitszeit; GK-BetrVG/ *Wiese*, § 87 Rz. 334; Richardi/*Richardi*, § 87 BetrVG Rz. 279.

(2) Feste Gleitzeit

111 Bei der festen Gleitzeit besteht eine vom Arbeitgeber **festgelegte Kernarbeitszeit**, zu der der Arbeitnehmer am Arbeitsplatz anwesend sein muss, sowie morgens und/oder abends eine Spanne, innerhalb derer er selbst entscheiden kann, wann er zur Arbeit kommt bzw. nach Hause geht. Hier finden sich zwei Varianten: Zum einen kann „einfache" Gleitzeit vorliegen, bei der nur Beginn und Ende der täglichen Arbeitszeit variabel sind (Typ 15a), zum anderen kann die Dauer der täglichen Anwesenheit an der Arbeitsstelle variabel gestaltet werden, auf andere Tage übertragen und innerhalb eines bestimmten Zeitraums ausgeglichen werden (Typ 15b).

112 § 12 TzBfG greift aus folgenden Gründen nicht ein:[1] Der Arbeitnehmer kann die Lage der Arbeitszeit innerhalb bestimmter Grenzen selbst festlegen. Eine Abhängigkeit vom Arbeitsanfall ist nicht gegeben. Darüber hinaus muss bei Gleitzeit regelmäßig innerhalb gewisser Grenzen ein Zeitausgleich erfolgen, so dass die Arbeitszeitdauer bezogen auf einen Zeitraum festliegt. Allgemeinverbindliche Aussagen lassen sich letztlich gleichwohl nicht treffen, da auch **Mischformen** zwischen Gleitzeit und variabler Arbeitszeit i.S.v. § 12 TzBfG denkbar sind: So kann etwa arbeitsvertraglich Gleitzeit vorgesehen sein und gleichzeitig dem Arbeitgeber innerhalb einer gewissen Bandbreite in Abhängigkeit vom Arbeitsanfall ein Bestimmungsrecht hinsichtlich der Arbeitszeitlage eingeräumt sein. In diesem Fall ist § 12 TzBfG anwendbar.

(3) Variable Gleitzeit

113 Kennzeichen der variablen Gleitzeit ist, dass es **keine festgelegte Kernarbeitszeit** gibt, sondern der Arbeitnehmer innerhalb der vorgegebenen Zeitspanne frei entscheiden kann, wann sein Arbeitsbeginn und -ende ist, solange er die vereinbarte Wochen- bzw. Monatsstundenzahl erreicht (Typ 15c).

114 Besonderer Vorteil der variablen Gleitzeit ist für den Arbeitgeber die Möglichkeit einer gewissen Anpassung der Arbeitszeit an den Arbeitsanfall, indem die Arbeitnehmer bei höherem Arbeitsanfall Arbeitszeitguthaben ansammeln und diese bei geringerem Arbeitsanfall wieder abbauen können. Allerdings kann sich diese Form der Gleitzeit auch zum Nachteil des Arbeitgebers auswirken, wenn die Arbeitnehmer die Zeit am Arbeitsplatz ohne Rücksicht auf den Arbeitsanfall „absitzen" und diese Zeitguthaben bei erhöhtem Arbeitsanfall ausgleichen möchten.[2] Befürchtet ein Arbeitgeber ein solches Verhalten seiner Arbeitnehmer, ist die Vereinbarung einer festen Kernarbeitszeit sinnvoller. Ist der Zeitraum, in dem die Zeitguthaben ausgeglichen werden können, relativ groß, besteht für die Arbeitnehmer die Möglichkeit, durch Überarbeit über einen gewissen Zeitraum hinweg viel Zeitguthaben anzusparen und dann für längere Zeit, u.U. mehrere Wochen oder einige Monate, als Ausgleich nicht zu arbeiten. Machen mehrere Arbeitnehmer von dieser Möglichkeit Gebrauch, kann es in dieser Zeit zu Personalengpässen kommen. Dennoch dürfen zur Verhinderung dieser Folge keine Regelungen in den Vertrag aufgenommen werden, die die Arbeitszeit an den Arbeitsanfall anpassen, da sonst

---

1 ErfK/*Preis*, § 12 TzBfG Rz. 9; MünchKommBGB/*Müller-Glöge*, § 12 TzBfG Rz. 6; AG/*Arnold*, § 12 TzBfG Rz. 22.
2 So auch *Schüren*, ArbuR 1996, 381 (383).

eine versteckte KAPOVAZ-Vereinbarung getroffen würde, für die die Regelung des § 12 TzBfG gilt (s. Rz. 122 ff.). Zumindest solchen langen Fehlzeiten durch lange zusammenhängende Freizeitnahmen kann jedoch durch folgende Regelung entgegengesteuert werden:

Der Arbeitgeber ist berechtigt, unter Einhaltung einer Ankündigungsfrist von einem Arbeitstag unter Beachtung der Ober- und Untergrenzen für Zeitsalden für das Arbeitszeitkonto pro Kalendermonat bis zu ... Stunden Freizeitnahme anzuordnen. Wünscht der Arbeitnehmer eine Freizeitnahme, beantragt er dies spätestens ... Arbeitstage vor dem geplanten Beginn der Freizeitnahme beim Vorgesetzten. Die Zustimmung für bis zu insgesamt ... Arbeitstage Freizeitnahme pro Kalenderjahr durch den Arbeitnehmer wird vom Arbeitgeber erteilt, soweit nicht betriebliche Belange entgegenstehen.

Dadurch steht dem Arbeitgeber zumindest in gewissem Umfang die Möglichkeit zur Verfügung, das Arbeitszeitkonto durch einseitige Anordnung abzubauen. Gleichzeitig wird durch die Angabe der Anzahl von Tagen pro Jahr, an denen der Arbeitnehmer nach eigenem Wunsch sein Arbeitszeitguthaben „abfeiern" kann, die Freizeitnahme für den Arbeitnehmer begrenzt. Ein einvernehmlicher Abbau von Arbeitszeitguthaben ist dadurch selbstverständlich nicht ausgeschlossen.

(4) Vertrauensgleitzeit

Der in der Praxis bisweilen bei Führungskräften anzutreffende Klauseltyp 15d bietet eine besondere Arbeitszeitsouveränität. Die Klausel räumt hinsichtlich der Lage der Arbeitszeit gewissermaßen ein „**umgekehrtes Direktionsrecht**" ein, was sinnvoll sein kann bei Arbeitsaufgaben, die eine feste Anwesenheit zu bestimmten Zeiten nicht voraussetzen. Folge einer solchen Regelung ist, dass der Arbeitgeber keinen Einfluss auf die Lage der Arbeitszeit hat und daher auch ein Mitbestimmungsrecht des Betriebsrats in diesem Bereich nicht besteht.[1]

Der Unterschied zum Klauseltyp 13 „Arbeitszeit von Führungskräften" besteht darin, dass dort sowohl Lage als auch Dauer der Arbeitszeit offen sind, während bei der Vertrauensgleitzeit nur die Lage der Arbeitszeit der Bestimmung durch den Arbeitnehmer überlassen bleibt.

bb) Jahresarbeitszeitvertrag

Typ 16: Jahresarbeitszeitvertrag

Die Arbeitszeit beträgt im Jahr ... ausgehend von einer Fünf-Tage-Woche mit einer durchschnittlichen täglichen Arbeitszeit von 7,5 Stunden gemäß anliegender Berechnung 1897,5 Stunden. Die Arbeitsleistung kann an Arbeitstagen in der Zeit von 6.00 Uhr bis 18.00 Uhr erbracht werden. Während der Saison vom 1.4. bis 30.9. ist eine tägliche Soll-Arbeitszeit von acht Stunden einzuhalten, im Übrigen kann der Arbeitnehmer innerhalb des gesetzlich zulässigen Rahmens Beginn und Ende

---

1 S. den Anwendungsfall in BAG v. 18.8.2009 – 9 AZR 517/08, AP Nr. 28 zu § 8 TzBfG.

der Arbeitszeit in Abstimmung mit ... frei bestimmen, soweit es die betrieblichen Belange zulassen.

Zur Abgeltung des Zeitbonus kann dem Arbeitnehmer Freizeit wie bei Urlaub bis zu einer zusammenhängenden Dauer von ... Wochen/Monaten gewährt werden.

117 Kennzeichen des Jahresarbeitszeitvertrags ist, dass die **zu leistende Arbeitszeit** nicht auf Wochen- oder Monatsbasis festgelegt wird, sondern **auf Jahresbasis**, d.h. die vereinbarte Arbeitszeit muss erst im Durchschnitt von 12/24/... zusammenhängenden Monaten erreicht werden. Bei der Vereinbarung des Berechnungszeitraums sind die Vertragsparteien völlig frei, allerdings sind die Vorgaben des ArbZG zu beachten (dazu Rz. 6 ff.). Die **Bezahlung erfolgt monatlich**, auch wenn nicht den ganzen Monat gearbeitet wurde. Ein Jahresarbeitszeitvertrag ist **auch mit Teilzeitarbeitnehmern** möglich. Dabei wird häufig die verminderte Arbeitszeit in Vollzeitblöcken abgeleistet, die durch Freizeitperioden ausgeglichen werden.[1] Bspw. wird, anstelle einer Teilzeitbeschäftigung mit 30 Wochenstunden pro Kalenderjahr, neun Monate lang 40 Wochenstunden gearbeitet und anschließend drei Monate en bloc Freizeit gewährt.

118 Unterschied des Jahresarbeitsvertrags zur Abrufarbeit ist, dass dort dem Arbeitgeber ein einseitiges Bestimmungsrecht hinsichtlich der Lage der Arbeitszeit eingeräumt wird, während beim Jahresarbeitszeitvertrag die Verteilung der Arbeitszeit vertraglich, also zweiseitig, geregelt wird.

119 Für die Zulässigkeit dieser Vertragsgestaltung wird neben der Anerkennung durch die Rechtsprechung[2] die Flexibilisierung[3] sowie die Möglichkeit der Verhinderung befristeter Arbeitsverhältnisse angeführt. Bei einem garantierten Stundenvolumen erfolgt kein Eingriff in das Äquivalenzverhältnis. Die Vereinbarung einer an der durchschnittlichen monatlichen Stundenvergütung orientierten kontinuierlichen Entgeltzahlung sichert die Kalkulierbarkeit des zur Verfügung stehenden Einkommens[4] sowie den sozialversicherungsrechtlichen Schutz.[5] Wird die Arbeitszeit auf bis zu zehn Stunden täglich verlängert, muss § 3 Satz 2 ArbZG beachtet werden, wonach innerhalb von sechs Kalendermonaten oder innerhalb von 24 Wochen ein Ausgleich zu erfolgen hat, also durchschnittlich nicht mehr als acht Stunden pro Werktag gearbeitet wird.

120 Das Jahresarbeitszeitmodell ist daher **von seiner Art her ein Gleitzeitmodell** mit einem wesentlich umfangreicheren Zeitkonto. Eine Arbeitszeitverteilung kann erfolgen (wie oben für die Zeit von 1.4. bis 30.9.), ist aber nicht zur Wirksamkeit erfor-

---

1 GK-TzA/*Danne*, Art. 1 § 5 BeschFG Rz. 61; *Meyer*, Kapazitätsorientierte variable Arbeitszeit, 1989, S. 38; *Schüren*, BB 1984, 1235.
2 Vgl. BAG v. 29.1.2002 – 1 AZR 227/01, n.v.; v. 11.12.2001 – 1 ABR 3/01, AP Nr. 93 zu § 87 BetrVG 1972 Arbeitszeit; v. 9.8.2000 – 4 AZR 452/99, n.v.; v. 20.6.1995 – 3 AZR 539/93, AP Nr. 1 zu § 1 TVG Tarifverträge Nährmittelindustrie; LAG Hamm 19.7.2000 – 3 Sa 2201/99, n.v.
3 *Heinze*, NZA 1997, 681 (685, 687); *Andritzky*, NZA 1997, 643 (644); für die Zulässigkeit auch *Busch*, NZA 2001, 593 (594); *Meinel/Heyn/Herms*, § 12 TzBfG Rz. 22 ff.; ErfK/*Preis*, § 12 TzBfG Rz. 21; *Rolfs*, § 12 TzBfG Rz. 4.
4 Erman/*Edenfeld*, § 611 BGB Rz. 310 verlangt daher zumindest angemessene monatliche Vorschüsse.
5 *Laux/Schlachter*, § 12 TzBfG Rz. 53.

derlich, und kann geregelt werden durch Tarifvertrag, Betriebsvereinbarung oder Arbeitsvertrag. Eine Berechnung der Arbeitszeit sollte dem Arbeitsvertrag als Anlage beigelegt werden und jährlich den Arbeitnehmern mitgeteilt werden.

Besteht ein kollektiver Tatbestand, also der Abschluss von Jahresarbeitszeitverträgen mit einer Vielzahl von Arbeitnehmern, steht dem Betriebsrat ein **Mitbestimmungsrecht** gemäß § 87 Abs. 1 Nr. 2 BetrVG zu. Allerdings ist eine tarifliche Jahresarbeitszeit in der Regel nicht gleichbedeutend mit der betriebsüblichen Arbeitszeit i.S.d. § 87 Abs. 1 Nr. 3 BetrVG. Das Überschreiten der Jahresarbeitszeit als solches löst deshalb regelmäßig nicht das Mitbestimmungsrecht des Betriebsrats aus.[1]

121

Hinsichtlich der Vor- und Nachteile kann auf die Ausführungen zur variablen Gleitzeit verwiesen werden.

cc) KAPOVAZ-Abrede

Typ 17: KAPOVAZ-Abrede

a) Der Mitarbeiter/die Mitarbeiterin ist verpflichtet seine/ihre Arbeitslast nach dem Arbeitsanfall zu erbringen (Arbeit auf Abruf).
Die Dauer der wöchentlichen Arbeitszeit beträgt ... Stunden.
Der jeweilige Abruf der Arbeitsleistung erfolgt für mindestens drei zusammenhängende Stunden.
Der Arbeitgeber teilt dem Mitarbeiter/der Mitarbeiterin die Lage seiner/ihrer Arbeitszeit mindestens vier Tage im Voraus mit.[2]

b) Im Rahmen der festgelegten Arbeitszeitdauer von ... Stunden pro Woche wird die Lage der Arbeitszeit nach den betrieblichen Notwendigkeiten seitens des Arbeitgebers festgelegt. Beginn und Ende der täglichen Arbeitszeit werden dem Mitarbeiter jeweils vier Werktage im Voraus (per E-Mail/durch Aushang am schwarzen Brett im Gebäude ...) mitgeteilt.
Eine Mindestbeschäftigungszeit von drei aufeinander folgenden Stunden pro Tag der Arbeitsleistung wird dem/der Mitarbeiter/in zugesagt. Ein darüber hinausgehender Anspruch auf gleichmäßige Verteilung der vereinbarten Wochenarbeitszeit besteht nicht.

c) Die regelmäßige Arbeitszeit beträgt ... Stunden pro Woche. Sie kann je nach betrieblichem Bedarf auf mehrere Wochen ungleichmäßig verteilt werden, jedoch nur so, dass in ... zusammenhängenden Wochen der Ausgleich erreicht sein muss. Dabei ist der Arbeitnehmer zum Einsatz verpflichtet, wenn ihm die Lage und Dauer der jeweiligen Arbeitszeit mindestens vier Tage im Voraus mitgeteilt werden.
Eine Mindestbeschäftigungszeit von drei aufeinander folgenden Stunden pro Tag der Arbeitsleistung wird dem/der Mitarbeiter/in zugesagt. Ein darüber hinausgehender Anspruch auf gleichmäßige Verteilung der vereinbarten Wochenarbeitszeit besteht nicht.

---

1 BAG v. 11.12.2001 – 1 ABR 3/01, AP Nr. 93 zu § 87 BetrVG 1972 Arbeitszeit.
2 Einfaches Beispiel in Anlehnung an SSN/*Striegel*, Rz. 315.

122　Bei Klauseltyp 17 handelt es sich um die typische KAPOVAZ-Abrede: Die Dauer der Arbeitszeit ist bezogen auf einen bestimmten Zeitraum festgelegt, die Lage kann der Arbeitgeber je nach Arbeitsanfall bestimmen.

123　§ 12 Abs. 1 Satz 2 TzBfG regelt, dass eine wöchentliche und tägliche Arbeitszeitdauer festgelegt werden muss. Dies hat das BAG in seiner Entscheidung vom 7.12.2005 so ausgelegt, dass eine Abrede über Abrufarbeit lediglich eine Festlegung der **Mindestdauer der wöchentlichen und täglichen Arbeitszeit** verlangt und darüber hinausgehend **Flexibilität** – im Rahmen der allgemeinen Grenzen der Vertragsfreiheit – besteht.[1] § 12 TzBfG bezweckt lediglich einen Mindestschutz der Arbeitnehmer, vom Arbeitgeber überhaupt nicht zur Arbeitsleistung herangezogen zu werden und dadurch jeglichen Vergütungsanspruch zu verlieren. Dieser Mindestschutz ist auch dann erreicht, wenn der Arbeitnehmer über die Mindeststundenzahl hinaus verpflichtet ist, auf Abruf tätig zu werden, ohne dass ein Anspruch auf dieses Tätigwerden besteht. Ein Schutz des Arbeitnehmers vor dem hohen Flexibilisierungspotenzial wird durch eine andere Prüfungsebene – eben die Inhaltskontrolle der Abruf-Vereinbarung nach §§ 305 ff. BGB – erreicht. Durch § 12 TzBfG soll also dem Arbeitnehmer bei Abrufarbeit ein Mindestschutz zukommen, indem er sich durch die Festlegung einer wöchentlichen und täglichen (Mindest)Arbeitszeit auf ein festes wöchentliches (Mindest)Einkommen verlassen kann sowie nicht unzumutbaren Belastungen durch viele kurze Arbeitseinsätze ausgesetzt wird (s. dazu Rz. 30). Ginge man nun aber davon aus, dass der Arbeitnehmer in jeder Woche genau so viele Stunden arbeiten muss, wie im Vertrag festgelegt sind,[2] wäre der Zweck des § 12 TzBfG, nämlich eine Flexibilisierung der Arbeitszeit durch Anpassung an den Arbeitsanfall, unerreichbar. Es ist also zulässig, in einer oder mehreren Wochen Arbeitszeitguthaben bzw. -defizite aufkommen zu lassen und sie innerhalb eines Ausgleichszeitraums abzubauen.[3] Es ist daher sachgerecht, auch einen Ausgleichszeitraum von mehr als sechs Monaten (dieser ergibt sich aus § 3 ArbZG für den Ausgleich von Überarbeit) für zulässig zu erachten. So werden die Interessen beider Seiten angemessen berücksichtigt: Der Arbeitnehmer kann sich wegen der Festlegung einer Wochenarbeitszeit eines konstanten Einkommens sicher sein, auch wenn er nicht in jeder Woche die angegebene Stundenzahl arbeiten muss, der Arbeitgeber kann auf schwankenden Arbeitsanfall auch über einen mehrmonatigen Zeitraum hinweg durch unterschiedliche Heranziehung des Arbeitnehmers reagieren.

Auf Vollzeitarbeitsverhältnisse ist § 12 TzBfG nicht anwendbar (s. Rz. 46).

124　Ist im Arbeitsvertrag die Lage der Arbeitszeit nicht genau bestimmt, so erfolgt die **Ausübung** des daraus resultierenden **Direktionsrechts durch Mitteilung** des Arbeitgebers an den Arbeitnehmer. § 12 Abs. 2 TzBfG trifft eine Regelung über den **Zeitpunkt der Mitteilung** der Lage der Arbeitszeit. Hiernach ist der Arbeitnehmer zur Arbeitsleistung nur dann verpflichtet, wenn der Arbeitgeber ihm die Lage der Arbeitszeit, also den konkreten Zeitraum der Arbeit an einem bestimmten Tag, je-

---

1　BAG v. 7.12.2005 – 5 AZR 535/04, AP Nr. 4 zu § 12 TzBfG.
2　So aber *Boewer*, § 12 TzBfG Rz. 13; *Däubler*, ZIP 2001, 217 (222); KDZ/*Zwanziger*, § 12 TzBfG Rz. 9, 13; *Sievers*, § 12 TzBfG Rz. 12, wonach die Festlegung von Monats- und Jahresarbeitszeitkonten wegen § 12 Abs. 1 TzBfG nicht mehr möglich sein soll.
3　AT/*Jacobs*, § 12 TzBfG Rz. 22 f.; *Busch*, NZA 2001, 593 (594); ErfK/*Preis*, § 12 TzBfG Rz. 17; *Rolfs*, § 12 TzBfG Rz. 4.

weils **mindestens vier Tage im Voraus** mitteilt, gemeint sind Werktage. Die Festlegung der Arbeitszeit kann auch mit einer **Bedingung** verknüpft sein, wobei deren Eintritt oder Nichteintritt aber spätestens vier Tage im Voraus für den Arbeitnehmer klar sein muss.[1]

Eine im **Vorhinein getroffene Vereinbarung**, dass der Arbeitnehmer auch einem kürzeren als dem in § 12 Abs. 2 TzBfG bestimmten Abruf Folge zu leisten hat, ist gemäß § 134 BGB **unwirksam**. Selbst bei anders lautender vertraglicher Vereinbarung ist der Arbeitnehmer bei einer Aufforderung mit kürzerer Frist nicht zur Arbeit verpflichtet.[2]

125

Der Arbeitnehmer braucht die nicht fristgerechte Mitteilung **nicht zurückzuweisen**. Ob etwas Abweichendes dann gilt, wenn der Arbeitnehmer in früheren Fällen der zu kurzfristigen Festlegung gefolgt war, wird uneinheitlich beantwortet: Teilweise wird dies unter dem Gesichtspunkt der Herausbildung einer gegenteiligen betrieblichen Übung im Arbeitsverhältnis bejaht,[3] während nach anderer Ansicht[4] der zwingende Charakter des § 12 Abs. 2 TzBfG keine abweichende Handhabung zulässt. Selbstverständlich kann der Arbeitnehmer umgekehrt nachträglich dadurch auf die Vier-Tages-Frist **verzichten**, dass er trotz Fristunterschreitung freiwillig der Arbeit nachkommt. In diesem Fall ist er nicht schutzwürdig.[5] Dies ergibt sich aus dem **Sinn** der Regelung des § 12 Abs. 2 TzBfG, der im Schutz der Planbarkeit und selbstbestimmten Dispositionsmöglichkeit des Arbeitnehmers über seine arbeitsfreie Zeit liegt. Es soll vermieden werden, dass der Arbeitnehmer jederzeit mit einem u.U. ganz kurzfristigen Abruf rechnen muss. Denn dann stünde der Arbeitnehmer unter dem ständigen Druck, sich jederzeit verfügbar halten zu müssen.[6] Jedenfalls wenn der Arbeitnehmer allein aus Unkenntnis der Vier-Tages-Frist der Aufforderung des Arbeitgebers gefolgt war, kann er sich in der Zukunft auf die Frist berufen.

126

Kommt der Arbeitnehmer trotz Verstoßes gegen die gesetzlich, tariflich oder einzelvertraglich bestimmte Mitteilungsfrist der Arbeit nach, ist **die geleistete Arbeit zu vergüten** und auf das Arbeitszeitdeputat anzurechnen. Tritt der Arbeitnehmer die Arbeit wegen Unterschreitung der Mindestankündigungsfrist nicht an, wird die Zeit weder auf das Arbeitsdeputat angerechnet noch kann er Entgelt verlangen. Gegenteiliges gilt dann, wenn der Arbeitgeber in Annahmeverzug gerät, weil die festgelegte Dauer der Arbeitszeit keine andere Lage mehr zulässt: Ruft der Arbeitgeber die Arbeitsleistung im vereinbarten Bezugszeitraum nicht (vollständig) ab, gerät er insoweit in Annahmeverzug, denn der Abruf der Arbeit ist eine notwendige Mitwirkungshandlung des Arbeitgebers i.S.v. § 296 BGB. Der Arbeitnehmer kann daher nach § 615 Satz 1 BGB auch für seine infolge des Annahmeverzugs nicht erbrachten Leistungen Vergütung verlangen und ist nicht zur Nachleistung verpflichtet.[7]

127

---

1 ErfK/*Preis*, § 12 TzBfG Rz. 25.
2 Missverständlich insoweit *Hanau*, RdA 1987, 25 (28).
3 *Hanau*, RdA 1987, 25 (28).
4 ErfK/*Preis*, § 12 TzBfG Rz. 25.
5 Vgl. Begründung des RegE v. 11.10.1984, BT-Drucks. 10/2102, S. 25; *Rolfs*, § 12 TzBfG Rz. 6, der einen nicht fristgemäßen Abruf in ein Angebot zur kurzfristigeren Arbeitsaufnahme umdeutet, das der Arbeitnehmer konkludent durch das Tätigwerden annehmen kann; kritisch *Malzahn*, ArbuR 1985, 386 (389).
6 *Malzahn*, ArbuR 1985, 386 (388).
7 AT/*Jacobs*, § 12 TzBfG Rz. 44; *Meinel/Heyn/Herms*, § 12 TzBfG Rz. 39.

128 Der **Inhaltsumfang der Mitteilung** ist davon abhängig, wie konkret die Lage der Arbeitszeit bereits im Arbeitsvertrag geregelt ist: Ist etwa arbeitsvertraglich eine bestimmte Wochenarbeitszeit festgelegt, muss sich aus der Mitteilung die tägliche Dauer des Arbeitseinsatzes, der Zeitpunkt des Arbeitsbeginns und der Zeitpunkt des Arbeitsendes ergeben. Hierbei kann sich die Mitteilung auf einen einzelnen Tag, aber auch auf die tägliche Arbeitszeit innerhalb eines längeren Zeitraums beziehen.

129 Für die **Fristberechnung** gelten die allgemeinen zivilrechtlichen Bestimmungen (§§ 186 ff. BGB).[1] Entscheidend ist nicht die Kenntnisnahme oder Abgabe, sondern der Zugang der Mitteilung.[2] Eine einzelvertragliche Vereinbarung über den Zugang darf nicht zu einer Verkürzung der zwingenden Vier-Tages-Frist führen (s. dazu → *Zugangsfiktionen*, II Z 10). Der Tag des Zugangs zählt ebenso wenig bei der Berechnung der Frist mit (§ 187 Abs. 1 BGB), wie der Tag der Arbeitsleistung (vier Tage „im Voraus"). Ist der letzte Tag vor dem Vier-Tages-Zeitraum ein Samstag, Sonntag oder Feiertag, so muss die Mitteilung am „nächsten" Werktag, d.h. wegen der anzustellenden Rückrechnung am nächsten vorhergehenden Werktag erfolgen (§ 193 BGB). Dementsprechend gilt – vorbehaltlich einer etwaigen Vorverlegung der Mitteilung wegen eines Feiertages – folgende Übersicht:

Geplanter Arbeitstag	Letzter Mitteilungstag (Zugang)
Montag	Mittwoch
Dienstag	Donnerstag
Mittwoch	Freitag
Donnerstag	Freitag
Freitag	Freitag (Vorwoche)
Samstag	Montag
Sonntag	Dienstag

Der Abruf muss dem Arbeitnehmer an den aufgeführten Tagen zugegangen sein, d.h. dieser muss die Möglichkeit zur Kenntnisnahme an diesem Tag haben. Ein Abschicken per Post muss also entsprechend früher erfolgen. Ist z.B. lediglich eine wöchentliche Arbeitszeit von zehn Stunden vereinbart, muss diese Arbeitsmenge spätestens am Freitag der vorangegangenen Woche abgerufen werden.[3]

130 Die Lage der Arbeitszeit kann auch durch E-Mail oder **Aushang im Betrieb am sog. Schwarzen Brett** bekannt gegeben werden (Typ 17a). Eine solche Vereinbarung ist unbedenklich. Erforderlich ist aber auch hier, dass die Erklärung dem Arbeitnehmer rechtzeitig i.S.v. § 12 Abs. 2 TzBfG zugeht. Insbesondere muss der Arbeitnehmer überhaupt die Möglichkeit der Kenntnisnahme haben, d.h. es muss mit seiner Anwesenheit im Betrieb oder dem Abruf der E-Mails gerechnet werden können.

---

1 *Hanau*, RdA 1987, 25 (28); *Löwisch*, BB 1985, 1200 (1204); *Malzahn*, ArbuR 1985, 386 (388); a.A. offenbar *Rosenfelder*, Das neue BeschFG, 1985, S. 54.
2 ErfK/*Preis*, § 12 TzBfG Rz. 26.
3 *Hanau*, RdA 1987, 25 (28); *von Hoyningen-Huene*, NJW 1985, 1801 (1804); ErfK/*Preis*, § 12 TzBfG Rz. 25.

⊃ **Nicht geeignet:**
a) War die Festlegung der Arbeit nach diesen Bestimmungen nicht rechtzeitig, so ist der Arbeitnehmer nicht zur Arbeit verpflichtet.
b) Hat der Arbeitgeber dem Arbeitnehmer die Lage der Arbeitszeit mitgeteilt, kann er diese Mitteilung jederzeit/bis ... Tage vor Arbeitsbeginn ändern oder widerrufen.
c) Der Arbeitnehmer muss sich jeweils mittwochs beim Arbeitgeber nach der Lage der Arbeitszeit für die nächste Woche erkundigen.
d) Der Arbeitnehmer muss täglich zwischen 16 Uhr und 20 Uhr zu Hause telefonisch erreichbar sein, um die Mitteilung des Arbeitgebers entgegenzunehmen.

Für die gesetzliche Vier-Tages-Frist ergibt sich, ohne dass es noch der Aufnahme einer solchen Klausel (Beispiel a) in den Arbeitsvertrag bedürfte, bereits unmittelbar aus § 12 Abs. 2 TzBfG, dass dem Arbeitnehmer bei einer nicht fristgerechten Mitteilung der Arbeitszeitlage ein Leistungsverweigerungsrecht zusteht.

Ein **Widerruf oder eine Änderung** einer einmal erfolgten Ausübung des Direktionsrechts durch Mitteilung an den Arbeitnehmer ist, ohne dass es der Voraussetzungen des § 130 Abs. 1 BGB oder einer Anfechtung durch den Arbeitgeber bedürfte, **grundsätzlich möglich**.[1] Eines ausdrücklichen Vorbehalts im Arbeitsvertrag bedarf es nicht (Beispiel b). Die spätere Direktive geht der früheren vor.[2]

Jedenfalls aber kann durch eine spätere Änderung oder durch einen Widerruf nicht die **Vier-Tages-Frist** des § 12 Abs. 2 TzBfG umgangen werden. Mit anderen Worten kann auch die Änderung einer einmal erfolgten Festlegung der Arbeitszeit nur bis jeweils vier Tage vor dem in Aussicht genommenen oder angekündigten Arbeitstermin erfolgen. Angesichts der durch § 12 Abs. 2 TzBfG geschützten Dispositionsfreiheit des Arbeitnehmers gilt dies sowohl für eine Erweiterung der Arbeitspflicht als auch für deren Reduzierung u.U. bis auf Null. Sofern also im Arbeitsvertrag eine fristungebundene Mitteilungsänderung vorgesehen ist (Beispiel b, 1. Alternative „jederzeit"), ist diese Vereinbarung unwirksam.

Sowohl eine arbeitsvertragliche Vereinbarung, der Arbeitnehmer müsse sich täglich oder an bestimmten Tagen etwa telefonisch beim Arbeitgeber über die Lage der Arbeitszeit erkundigen (Beispiel c), als auch die Begründung einer Verpflichtung des Arbeitnehmers, sich zu bestimmten Zeiten für eine Mitteilung des Arbeitgebers in Bezug auf die Lage der Arbeitszeit an einem bestimmten Ort bereitzuhalten (Beispiel d), erscheint rechtlich bedenklich. Hierdurch könnte auch außerhalb der Arbeitszeit eine unverhältnismäßige Bindung bewirkt werden.[3] Allgemeingültige Aussagen lassen sich jedoch nicht treffen; entscheidend ist die Ausgestaltung der Klausel im Einzelfall. Je weiter die private Betätigungsfreiheit eingeschränkt ist, desto bedenklicher ist die Klausel. So könnte z.B. eine Klausel, wie sie in Beispiel d) genannt ist, dahin gehend geändert werden, dass der Arbeitnehmer nicht während einer bestimmten Zeit zu Hause erreichbar sein muss, um die **Mitteilung über die**

---
1 ErfK/*Preis*, § 12 TzBfG Rz. 28; a.A. *Boewer*, § 12 TzBfG Rz. 47; *Meinel/Heyn/Herms*, § 12 TzBfG Rz. 39 m.w.N.
2 MünchKommBGB/*Müller-Glöge*, § 12 TzBfG Rz. 15.
3 GK-TzA/*Mikosch*, Art. 1 § 4 BeschFG Rz. 66.

Arbeitszeit entgegenzunehmen, sondern nur per Handy, das er evtl. vom Arbeitgeber zu diesem Zweck zur Verfügung gestellt bekommt. Dieser Fall ist nicht zu verwechseln mit dem Fall, in dem der Arbeitgeber dem Arbeitnehmer ein Handy zur Verfügung stellt, damit er den Arbeitnehmer zur Arbeit heranziehen kann: Muss der Arbeitnehmer außerhalb der regelmäßigen Arbeitszeit erreichbar sein, um auf Abruf die Arbeit aufzunehmen, liegt Rufbereitschaft vor.[1]

134 Auch kann in **Tarifverträgen** vorgesehen sein, dass an bestimmten Tagen oder zu bestimmten Tageszeiten nicht gearbeitet werden darf.[2] Der tarifgebundene Arbeitnehmer ist dann nicht verpflichtet, zu tarifrechtlich verbotenen Zeiten zu arbeiten. Ebenso können KAPOVAZ-Abreden tarifvertraglich auf eine bestimmte Anzahl der Arbeitsverhältnisse („Höchstens 20 % der Arbeitnehmer eines Betriebs") begrenzt werden. Auch ein gänzliches tarifvertragliches Verbot von KAPOVAZ-Arbeitsverträgen wird unter Hinweis auf das Schutzbedürfnis von Arbeitnehmern für zulässig gehalten.[3]

135 Als weitere wesentliche Einschränkung kommt das **Mitbestimmungsrecht** des Betriebsrats über Beginn und Ende der täglichen Arbeitszeit einschließlich der Pausen sowie der Verteilung der Arbeitszeit auf die einzelnen Wochentage gemäß **§ 87 Abs. 1 Nr. 2 BetrVG** hinzu. Dieses besteht bei der Regelung der Arbeitszeitlage von Teilzeitarbeitnehmern in demselben Umfang wie bei Vollzeitbeschäftigten. Es bezieht sich nach der Rechtsprechung des BAG sowohl auf die grundsätzliche Einführung bzw. Abschaffung von Abrufarbeit als auch auf ihre Ausgestaltung im Einzelnen, so die Mindestdauer der täglichen Arbeitszeit, die Festlegung der Höchstzahl von Tagen in der Woche oder die Mindestzahl arbeitsfreier Samstage etc.[4] Jedoch ist die Mitbestimmung gemäß § 87 Abs. 1 Nr. 2 BetrVG über die Lage der Arbeitszeit im Rahmen des TzBfG auszuüben. Die gesetzlich geregelten Punkte der Mindestankündigungsfrist sowie der Mindestarbeitszeit sind als gesetzliche Regelungen i.S.d. § 87 Abs. 1 Eingangssatz BetrVG der Mitbestimmung entzogen. Außerdem darf das Mitbestimmungsrecht nicht zur grundsätzlichen Verhinderung der Abrufarbeit eingesetzt werden.[5] So dürfte es ermessensfehlerhaft i.S.v. § 76 Abs. 5 BetrVG sein, wenn die bei Nichteinigung zwischen Arbeitgeber und Betriebsrat entscheidende Einigungsstelle (vgl. § 87 Abs. 2 BetrVG) die Einführung von Abrufarbeit wegen grundsätzlicher Ablehnung dieser Arbeitszeitform ausschließen würde. Vielmehr ist stets eine am Einzelfall orientierte Interessenabwägung erforderlich, wobei durch § 12 TzBfG klargestellt wird, dass ein legitimes Arbeitgeberinteresse an der Einführung von Abrufarbeit existieren kann. Indes ist ein solches Interesse zu verneinen, wenn der Arbeitsanfall zwar ungleichmäßig, aber

---

1 BAG v. 29.6.2000 – 6 AZR 900/98, AP Nr. 41 zu § 15 BAT.
2 *Nedel*, ArbuR 1988, 337.
3 ErfK/*Preis*, § 12 TzBfG Rz. 35.
4 BAG v. 13.10.1987 – 1 ABR 10/86, AP Nr. 24 zu § 87 BetrVG 1972 Arbeitszeit; v. 28.9.1988 – 1 ABR 41/87, AP Nr. 29 zu § 87 BetrVG 1972 Arbeitszeit; v. 23.7.1996 – 1 ABR 13/96, AP Nr. 68 zu § 87 BetrVG 1972 Arbeitszeit jeweils m.w.N.; *Sievers*, § 12 TzBfG Rz. 48.
5 So die Autoren, die für eine mitbestimmungsfreie Einführung („Ob") der KAPOVAZ plädieren (GK-BetrVG/*Wiese*, § 87 Rz. 319; *Hohenstatt/Schramm*, NZA 2007, 238; a.A. *Fitting*, § 87 BetrVG Rz. 126).

zeitlich vorhersehbar ist oder in zumutbarer Weise vorhersehbar gestaltet werden kann.[1]

Die **Variationsbreite arbeitsvertraglicher Vereinbarungen** wird durch das Mitbestimmungsrecht allerdings nicht beschränkt. Vielmehr differenziert das BAG[2] zwischen der Vertragspraxis beim Abschluss des einzelnen Arbeitsvertrages und dem späteren tatsächlichen Einsatz des Arbeitnehmers: Das Mitbestimmungsrecht des Betriebsrats sage nichts darüber aus, was der Arbeitgeber mit dem jeweiligen Arbeitnehmer einzelvertraglich vereinbaren könne. Den konkreten tatsächlichen Einsatz der Arbeitnehmer allerdings könne der Arbeitgeber – selbst wenn dies einzelvertraglich vorbehalten ist – nicht einseitig anordnen, sondern bedürfe hierfür der Zustimmung des Betriebsrats und müsse ggf. die Einigungsstelle anrufen. Das Mitbestimmungsrecht „überlagert" insoweit also gewissermaßen etwaige abweichende individuelle Vereinbarungen.[3] Diese halten allerdings, wenn sich die Auffassung des Betriebsrates ändert und das Mitbestimmungsrecht in anderer Weise ausgeübt wird, die spätere flexible Arbeitszeitverteilung offen.[4] 136

Eine weitere Einengung erfährt das Direktionsrecht des Arbeitgebers in Bezug auf die Lage der Arbeitszeit durch die überwiegend für möglich gehaltene **Konkretisierung** des Direktionsrechts durch längere Übung. Allerdings müssen nach ständiger Rechtsprechung des BAG neben dem bloßen Zeitablauf noch weitere vertrauensbegründende Umstände hinzutreten, bspw. Erklärungen des Arbeitgebers,[5] damit eine Konkretisierung des Direktionsrechts angenommen werden kann.[6] So hat es das BAG bspw. für den Eintritt einer Konkretisierung in Bezug auf die Arbeitszeit auf einen unveränderbaren Vertragsinhalt noch nicht ausreichen lassen, dass der Arbeitnehmer über Jahre hinweg stets zur selben Zeit gearbeitet hat.[7] 137

Schließlich muss der Arbeitgeber bei der Regelung der Lage der Arbeitszeit, wie stets bei der **Ausübung seines Direktionsrechts**, die Grundsätze billigen Ermessens wahren (**§ 106 Satz 1 GewO**). D.h. die wesentlichen Umstände des Einzelfalles müssen abgewogen und die beiderseitigen Interessen angemessen berücksichtigt werden. Berücksichtigt werden muss also auch das **Interesse des einzelnen Arbeitnehmers**. Denn die Lage seiner individuellen Arbeitszeit ist deshalb für ihn von be- 138

---

1 *Hanau*, in Hromadka, Möglichkeit und Grenzen flexibler Vertragsgestaltung, S. 121.
2 BAG v. 28.9.1988 – 1 ABR 41/87, AP Nr. 29 zu § 87 BetrVG 1972 Arbeitszeit; vgl. auch BAG v. 13.10.1987 – 1 ABR 51/86, AP Nr. 2 zu § 77 BetrVG 1972 Auslegung.
3 So *Fitting*, § 87 BetrVG Rz. 126.
4 Ausführlich zur Abgrenzung von mitbestimmungsfreier Einzelfallregelung und mitbestimmungspflichtiger abstrakter Festlegung von Arbeitsbedingungen *Buschmann*/Dieball/Stevens-Bartol, § 12 TzBfG Rz. 85.
5 BAG v. 17.12.1997 – 5 AZR 332/96, AP Nr. 52 zu § 611 BGB Direktionsrecht.
6 LAG Schl.-Holst. v. 30.4.1998 – 4 Sa 490/97, n.v.; LAG Berlin v. 29.4.1991 – 9 Sa 9/91, LAGE § 611 BGB Direktionsrecht Nr. 9.
7 BAG v. 21.1.1997 – 1 AZR 572/96, AP Nr. 64 zu § 77 BetrVG 1972; vgl. auch LAG Schl.-Holst. v. 12.2.2002 – 5 Sa 409 c/01, n.v.; v. 30.4.1998– 4 Sa 490/97, n.v.; BAG v. 23.6.1992 – 1 AZR 57/92, AP Nr. 1 zu § 611 BGB Arbeitszeit; LAG Berlin v. 29.4.1991 – 9 Sa 9/91, LAGE § 611 BGB Direktionsrecht Nr. 9; vgl. aber LAG Nürnberg v. 5.11.1997 – 4 Sa 796/96 – AiB 1998, 711: Konkretisierung bei 4½-jähriger Tätigkeit in Abend-, Sonn- und Feiertagsarbeit; LAG Bremen v. 20.5.1999 – 4 Sa 2/99, NZA-RR 2000, 14: Vereinbarung einer 10-stündigen Arbeitszeit, Konkretisierung auf 20 Stunden bei Beschäftigung zu dieser Stundenzahl über 1½ Jahre.

sonderer Bedeutung, weil von ihr abhängig ist, welche Tage und welche Tageszeiten ihm als Freizeit zur Verfügung stehen, und wie verkehrs- bzw. zeitgünstig er seine Arbeitsstelle erreichen kann.[1]

dd) Befristete KAPOVAZ-Abrede

Typ 18: Befristete KAPOVAZ-Abrede

Die wöchentliche/monatliche/jährliche Dauer der Arbeitszeit beträgt ... Stunden. Für den Zeitraum vom ... bis ... kann der Arbeitgeber die Lage der Arbeitszeit im Rahmen der gesetzlichen Grenzen frei bestimmen.

139 Hierbei handelt es sich um eine befristete KAPOVAZ-Abrede. Diese Vertragsgestaltung unterliegt den **gleichen Zulässigkeitsvoraussetzungen** wie eine unbefristete KAPOVAZ-Abrede, da sie lediglich eine Einschränkung des Direktionsrechts in zeitlicher Hinsicht bedeutet.[2] Hiervon zu unterscheiden ist eine Bedingung bzw. Befristung des KAPOVAZ-Arbeitsvertrags an sich. Hierfür gelten – abgesehen von den Besonderheiten des § 14 TzBfG – die allgemeinen von der Rechtsprechung des BAG entwickelten Grundsätze (s. dazu → *Befristung des Arbeitsverhältnisses*, II B 10).

140 In Klauseln wie den hier angegebenen kann also **keine unangemessene Benachteiligung des Arbeitnehmers** gesehen werden. Neuverteilungen der Arbeitszeit stellen keine Änderung des Arbeitsvertrags dar, sondern konkretisieren bereits der Sache nach nur, wann der Arbeitnehmer die vertraglich vereinbarte Tätigkeit auszuführen hat. Zusätzlich verhindern die genannten zahlreichen Schranken, vor allem das in betriebsratspflichtigen Betrieben bestehende erzwingbare Mitbestimmungsrecht des Betriebsrats nach § 87 Abs. 1 Nr. 2 BetrVG, der arbeitsrechtliche **Gleichbehandlungsanspruch** des einzelnen Arbeitnehmers sowie die Möglichkeit der **Konkretisierung** in diesem Bereich unangemessene Benachteiligungen.

ee) Schichtarbeit

Typ 19: Schichtarbeit

a) Der Arbeitnehmer erklärt die grundsätzliche Bereitschaft, je nach betrieblicher Notwendigkeit in Normal- oder Wechselschicht, ggf. auch Nachtschicht, zu arbeiten.

b) Der Mitarbeiter ist verpflichtet, aus dringenden betrieblichen Gründen im Rahmen der gesetzlichen Bestimmungen, insbesondere der Mitbestimmung des Betriebsrats gemäß § 87 Abs. 1 BetrVG, Nacht- und Wechselschicht zu leisten (*evtl. Ankündigungsfrist vorsehen*).

c) Der Einsatz des Mitarbeiters erfolgt zunächst in Normalschicht. Bei dringendem betrieblichen Interesse ist der Arbeitgeber berechtigt, zur Beschäftigung in

---

1 *Matthes*, in Handbuch „b + p", Fach 9 Rz. 140.
2 GK-TzA/*Mikosch*, Art. 1 § 4 BeschFG Rz. 28; s.a. → *Vorbehalte und Teilbefristung*, II V 70.

Wechselschicht einschließlich der Nachtschicht überzugehen. Der Übergang erfolgt mit einer Ankündigungsfrist von einer Woche/von einer Frist, die der für diesen Vertrag maßgeblichen Kündigungsfrist entspricht.

In § 6 Abs. 1 ArbZG wird der Begriff der Schichtarbeit zwar verwendet, aber nicht definiert. Die Rechtsprechung hat den Begriff folgendermaßen konkretisiert: Schichtarbeit ist dann anzunehmen, wenn eine bestimmte Arbeitsaufgabe über einen erheblich längeren Zeitraum als die wirkliche Arbeitszeit eines Arbeitnehmers hinaus erfüllt und daher von mindestens zwei Arbeitnehmern in einer geregelten zeitlichen Reihenfolge erbracht wird. Entscheidend ist dabei nicht, dass der jeweils abgelöste Arbeitsplatz identisch ist, sondern vielmehr, dass eine übereinstimmende Arbeitsaufgabe von untereinander austauschbaren Arbeitnehmern erfüllt wird.[1] Schichtdienst liegt aber auch vor, wenn Arbeitsbeginn und Arbeitsende täglich oder wöchentlich nach dem Dienstplan nur in einem Abstand von ein oder zwei Stunden wechseln[2] sowie wenn die Arbeit in einer der Schichten durch eine längere Arbeitspause unterbrochen wird.[3]

Den **Schutzinteressen der Arbeitnehmer** wird zum einen durch das **Mitbestimmungsrecht** des Betriebsrats nach § 87 Abs. 1 Nr. 2 BetrVG über die Einführung und Ausgestaltung von Schichtarbeit sowie Festlegung und Änderung der Anzahl der einzelnen Schichten hinreichend Rechnung getragen.[4] Ein Initiativrecht des Betriebsrats zur Einführung von Schichtarbeit sowie über die Bestimmung der Betriebsnutzungszeit besteht jedoch nicht.[5] Allerdings hat der Betriebsrat nach § 87 Abs. 1 Nr. 2 und 3 BetrVG mitzubestimmen, wenn der Arbeitgeber in Abweichung von einem Jahresschichtplan eine oder mehrere Schichten ersatzlos streichen will.[6] Zum anderen enthält **§ 6 ArbZG** einige Schutzvorschriften für Nacht- und Schichtarbeit (dazu im Einzelnen Rz. 35).

Durch die Einführung von Schichtarbeit kann der Betriebsinhaber eine bessere Auslastung von Maschinen und anderen technischen Einrichtungen durch die Ausdehnung der Maschinenlaufzeit – u.U. 24 Stunden lang im Dreischichtbetrieb – erreichen und damit wirtschaftlicher arbeiten. Teilweise ist die Beschäftigung von Arbeitnehmern rund um die Uhr wegen der Eigenart des Betriebs sogar zwingend notwendig, z.B. in Krankenhäusern und Pflegeeinrichtungen. Auf der anderen Seite erfordert ein Schichtbetrieb eine umfassende und mit Mehrkosten verbundene Koordination der Arbeitszeit der einzelnen Arbeitnehmer.[7]

Fehlt eine eindeutige arbeitsvertragliche bzw. kollektivvertragliche Regelung, ist der Arbeitgeber nach der Rechtsprechung grundsätzlich im Rahmen seines **Direkti-**

---

1 BAG v. 24.1.2001 – 10 AZR 106/00, AR-Blattei ES 1410 Nr. 27; v. 4.2.1988 – 6 AZR 203/85, AP Nr. 17 zu § 1 TVG Tarifverträge - Rundfunk; LAG Düsseldorf v. 10.1.2000 – 5 Sa 1491/99, n.v.
2 BAG v. 14.12.1993 – 10 AZR 368/93, AP Nr. 3 zu § 33a BAT.
3 BAG v. 2.10.1996 – 10 AZR 232/96, AP Nr. 12 zu § 33a BAT.
4 Vgl. Richardi/*Richardi*, § 87 BetrVG Rz. 288.
5 GK-BetrVG/*Wiese*, § 87 Rz. 322.
6 BAG v. 1.7.2003 – 1 ABR 22/02, AP Nr. 103 zu § 87 BetrVG 1972 Arbeitszeit.
7 Dazu auch *Linnenkohl/Rauschenberg*, S. 73f.

onsrechts befugt, die Lage der Arbeitszeit einseitig festzulegen.[1] Dazu gehört grundsätzlich auch der Wechsel von Nacht- und Tagarbeit[2] oder von Normalschicht in Wechselschicht sowie die Festlegung der Anzahl der in Folge zu leistenden Nachtschichten.[3] Allerdings umfasst nach einer Entscheidung des LAG Hamm[4] das Direktionsrecht nicht die Befugnis, den Arbeitnehmer einseitig zur Nachtschicht einzuteilen, sofern sich nicht aus der Natur der übernommenen Dienste ergibt, dass diese auch nachts geleistet werden müssen. Diese Rechtsprechung dürfte in Ansehung der Rechtsprechung des BAG zur Sonntagsarbeit überholt sein. Das gilt erst recht für die Auffassung, dass eine Vereinbarung, nach der der Arbeitnehmer **beliebig** zur Früh-, Spät- oder Nachtschicht herangezogen werden darf, ein **Verstoß gegen § 138 BGB** sein soll.[5]

Dessen ungeachtet empfiehlt sich daher aus Transparenzgründen eine entsprechende vertragliche Vereinbarung, insbesondere wenn einschlägige kollektivvertragliche Regelungen fehlen.

ff) Rollierendes System (Freischichtmodell)

Typ 20: Rollierendes System (Freischichtmodell)

Die Betriebsnutzungszeit beträgt 40 Stunden pro Woche. Die regelmäßige individuelle wöchentliche Arbeitszeit beträgt 38/... Stunden. Sie kann im Durchschnitt eines Verteilungszeitraums von höchstens ... Monaten erreicht werden. Bei der Verteilung der regelmäßigen individuellen Arbeitszeit kann die tägliche Arbeitszeit bis zu zehn Stunden betragen.

Der Zeitausgleich zwischen Betriebsnutzungszeit und individueller Arbeitszeit erfolgt in Form von freien Tagen. Diese Freischichten sollen möglichst in unmittelbarem Zusammenhang mit Sonntagen stehen/sollen am ... (Wochentag angeben) gewährt werden.

145 Bei rollierenden Systemen wird – meist kollektivvertraglich – eine **individuelle regelmäßige wöchentliche Arbeitszeit** festgelegt, die **geringer ist als die Betriebsnutzungszeit**. Die individuelle wöchentliche Arbeitszeit kann gleichmäßig oder ungleichmäßig auf fünf Werktage in der Woche verteilt werden, wobei die Vorschriften des ArbZG einzuhalten sind (dazu im Einzelnen Rz. 6ff.), d.h. der Arbeitnehmer leistet an einigen Tagen Überarbeit, indem er während der gesamten Betriebsnutzungszeit arbeitet. Der Ausgleich zwischen Betriebsnutzungs- und Arbeitszeit erfolgt durch Gewährung von Freischichten.[6]

146 Vorteil eines solchen Freischichtmodells ist für den Arbeitgeber, dass er trotz veränderlicher tariflicher Arbeitszeiten die Produktion auf einem gleich bleibenden

---

1 LAG Berlin v. 29.4.1991 – 9 Sa 9/91, LAGE § 611 BGB Direktionsrecht Nr. 9; LAG Rh.-Pf. v. 27.8.1993 – 3 Sa 387/92, EzBAT § 8 BAT Direktionsrecht Nr. 20.
2 Vgl. zu einer Arbeitnehmerin in einem Pflegeheim LAG Köln v. 26.7.2002 – 11 Ta 224/02, LAGE § 611 BGB 2002 Direktionsrecht Nr. 1.
3 BAG v. 11.2.1998 – 5 AZR 472/97, AP Nr. 54 zu § 611 BGB Direktionsrecht.
4 LAG Hamm v. 30.1.1976 – 3 Sa 1461/75, n.v.
5 GK-TzA/*Mikosch*, Art. 1 § 4 BeschFG Rz. 84.
6 BAG v. 18.8.1987 – 1 ABR 80/85, DB 1987, 2263.

Niveau beibehalten kann und nicht seine Arbeitsorganisation an die wechselnden tariflichen Regelungen anpassen muss. Damit ist er in der Betriebsnutzungszeit unabhängig von Tarifverträgen.[1] Aber auch bei vertraglich festgelegter Arbeitszeit kann er so die Betriebsnutzungszeit ausdehnen, ohne den Arbeitsvertrag ändern zu müssen. Ein Ausgleich der Zeitdifferenz erfolgt praktisch durch verlängerte Urlaubszeiten für die Arbeitnehmer. Allerdings kann dieses Modell bei einer zu weiten Verringerung der tariflich festgelegten Arbeitszeit unmöglich werden.

Nachteilig scheint sich das Freischichtenmodell auf den ersten Blick für den Arbeitnehmer auszuwirken: Nach der Rechtsprechung des BAG sind, wenn zum Ausgleich von Zeitguthaben aus dem Unterschied zwischen der tariflichen Arbeitszeit und der Betriebsnutzungszeit freie Tage festgelegt sind, diese nicht nachzugewähren, wenn der Arbeitnehmer an diesen Tagen arbeitsunfähig krank ist.[2] Bei näherem Hinsehen allerdings hat der Arbeitnehmer an den Tagen, an denen er gearbeitet hat, genau sein vertraglich geschuldetes Arbeitszeitsoll erbracht und auf die Woche/den Monat bezogen keine Überstunden geleistet, die mit Freizeit auszugleichen wären. Vor diesem Hintergrund ist auch die Begründung des BAG für seine Rechtsprechung zu sehen: Der Arbeitnehmer erhält den freien Tag nicht als Freizeit, sondern allein dafür, dass er über die für ihn geltende Wochenarbeitszeit hinaus Arbeitsleistungen erbracht hat. Die Freischichten dienen daher allein der Einhaltung der wöchentlichen Arbeitszeit und nicht einem besonderen Erholungsbedürfnis des Arbeitnehmers.[3]

147

Ein **Mitbestimmungsrecht** des Betriebsrats hinsichtlich der Einführung und der Ausgestaltung der Rollierregelung besteht gemäß § 87 Abs. 1 Nr. 2 BetrVG, solange dadurch nicht die Betriebsnutzungszeit ausgedehnt wird.[4]

148

gg) **Arbeitsplatzteilung (Jobsharing, Jobpairing)**

Typ 21: Jobsharing

a) Am gleichen Arbeitsplatz Beschäftigte stimmen im Rahmen der betriebsüblichen/der festgelegten Arbeitszeit von ... Stunden ihren Arbeitseinsatz untereinander ab. Die Abstimmung der individuellen Arbeitszeit ist so vorzunehmen, dass jeder beteiligte Arbeitnehmer innerhalb eines Zeitraums von ... Monat(en) seinen vertraglich vereinbarten Zeitanteil erreicht.

Bei Meinungsverschiedenheiten über die Abstimmung oder bei Nichteinigung der Jobsharing-Partner über die Aufteilung der Arbeitszeit entscheidet der Arbeitgeber verbindlich.

b) Die Firma ... stellt den Mitarbeiter XY für ... Stunden täglich/wöchentlich/monatlich im Jobsharing-System für folgende Tätigkeit ein: ... Die betriebsübliche

---

1 Dazu auch *Linnenkohl/Rauschenberg*, S. 90.
2 BAG v. 21.8.1991 – 5 AZR 91/91, AP Nr. 4 zu § 1 TVG Tarifverträge Schuhindustrie; v. 18.12.1990 – 1 ABR 11/90, AP Nr. 98 zu § 1 TVG Tarifverträge Metallindustrie; v. 4.9.1985 – 7 AZR 531/82, AP Nr. 13 zu § 17 BAT; v. 2.12.1987 – 5 AZR 557/86, AP Nr. 54 zu § 1 FeiertagslohnzahlungsG.
3 BAG v. 2.12.1987 – 5 AZR 652/86, AP Nr. 76 zu § 1 LohnFG; v. 21.8.1991 – 5 AZR 91/91, AP Nr. 4 zu § 1 TVG Tarifverträge Schuhindustrie.
4 GK-BetrVG/*Wiese*, § 87 Rz. 329.

> Arbeitszeit beträgt täglich/wöchentlich/monatlich ... Stunden. Der Mitarbeiter verpflichtet sich, während dieser Zeiten den zugewiesenen Arbeitsplatz in Abstimmung mit dem/den anderen am gleichen Arbeitsplatz Beschäftigten zu besetzen, ohne dass Überschneidungen mit der Arbeitszeit des/der anderen Beschäftigten stattfinden.

149 Eine Arbeitsplatzteilung liegt nach § 13 Abs. 1 TzBfG vor, wenn der Arbeitgeber **mit zwei oder mehr Arbeitnehmern vereinbart, dass diese sich die Arbeitszeit an einem Arbeitsplatz teilen.** Dieser Arbeitsplatz kann sowohl ein Vollzeit- als auch ein Teilzeitarbeitsplatz sein, das einzelne Jobsharing-Verhältnis ist dagegen immer Teilzeitarbeitsverhältnis. Im Unterschied zur Eigengruppe (Jobpairing) bestehen beim Jobsharing zwischen den einzelnen Arbeitnehmern keine vertraglichen Beziehungen. Sie bieten sich dem Arbeitgeber gemeinhin nicht als Partner eines Jobsharing-Arbeitsverhältnisses an (so beim Jobpairing), sondern werden von diesem zu einer Gruppe zusammengefasst. Die Aufteilung der Arbeitszeit kann in der Weise erfolgen, dass die Jobsharer nacheinander während einer Schicht am selben Arbeitsplatz arbeiten, oder aber sie täglich, wöchentlich oder monatlich wechseln. Das bei einem „normalen" Arbeitsverhältnis innerhalb der gesetzlichen und vertraglichen Schranken bestehende Direktionsrecht des Arbeitgebers hinsichtlich der Arbeitszeit ist bei einem Jobsharing-Arbeitsverhältnis – auch ohne spezielle Regelung im Arbeitsvertrag – in der Weise eingeschränkt, dass die Jobsharer die Verteilung der Arbeitszeit untereinander selbst bestimmen können. Lediglich wenn sie keine Einigung erzielen, fällt insoweit das Direktionsrecht auf den Arbeitgeber zurück.[1]

150 Vorteil eines solchen Jobsharing-Verhältnisses ist für den Arbeitgeber, dass er – zumindest theoretisch – nicht mehr selbst die Koordinierung der Arbeitszeit zwischen den Arbeitnehmern vornehmen muss und dadurch Verwaltungskosten sparen kann. Andererseits sind die Anforderungen an die Arbeitnehmer untereinander hinsichtlich der Abstimmung sehr hoch.[2] Funktioniert die Abstimmung nicht oder nur unzureichend, ist eine reibungslose Erledigung der übertragenen Aufgabe nicht gewährleistet und der Arbeitgeber muss doch selbst die Koordinierung übernehmen. Darüber hinaus besteht bei Krankheit oder sonstiger Abwesenheit eines Jobsharers aufgrund der Regelung des § 13 Abs. 1 Satz 2 TzBfG nur bei einer **für den einzelnen Vertretungsfall** geschlossenen Vereinbarung oder bei einem dringenden betrieblichen Erfordernis die Pflicht des/der anderen Jobsharer zur Vertretung,[3] eine generelle Vorabvereinbarung zur gegenseitigen Vertretungspflicht ist nach § 134 BGB nichtig. Ein **dringendes betriebliches Erfordernis** ist zu bejahen, wenn Arbeiten zu erledigen sind, die so eilig sind, dass bei unterlassener Erledigung erhebliche Nachteile für den Betriebsablauf oder die Außenbeziehungen des Unternehmens entste-

---

1 Krit. für den Fall, dass der Jobsharing-Vertrag keine Regelungen für den Fall der Nichteinigung der Arbeitnehmer enthält, AT/*Maschmann*, § 13 TzBfG Rz. 12: kein Selbstentscheidungsrecht des Arbeitgebers, sondern Änderungskündigung erforderlich.
2 *Linnenkohl/Rauschenberg*, S. 21.
3 Ausführlich zu Vor- und Nachteilen des entsprechenden § 5 BeschFG: GK-TzA/*Lipke*, Einl. Rz. 33 ff.

hen, und die nicht auch durch andere Arbeitnehmer des Betriebes erledigt werden können.[1]

Hinsichtlich der **Einführung** von Jobsharing-Verhältnissen steht dem Betriebsrat **kein Mitbestimmungsrecht** zu,[2] da dies keine Entscheidung über die Lage der Arbeitszeit ist, **wohl aber** hinsichtlich der **Ausgestaltung** der Arbeitszeit des einzelnen Jobsharers, sofern sie nicht ausschließlich den Arbeitnehmern überlassen ist.[3] 151

hh) Arbeitszeit von Außendienstmitarbeitern

Typ 22: Arbeitszeit von Außendienstmitarbeitern

a) Aufgrund der zeitlichen Besonderheiten des Direktverkaufs wird die regelmäßige wöchentliche/monatliche Arbeitszeit von ... Stunden in Bezug auf die einzelnen Kalendertage nicht festgelegt.

b) Die Arbeitszeit im Außendienst orientiert sich in erster Linie an der Erfüllung von Zielen und Aufgaben. Der Mitarbeiter ist im Rahmen seiner Ziele frei in der Einteilung seiner Arbeitszeit. Die regelmäßige wöchentliche/monatliche Arbeitszeit beträgt ... Stunden.

c) Durch die in ... dieses Vertrages genannte Vergütung ist die gesamte vertragsgemäße Tätigkeit des Mitarbeiters einschließlich etwaiger Überstunden im gesetzlich zulässigen Rahmen, Reisezeit usw. abgegolten.

Außendienstmitarbeiter (im Gegensatz zum selbständigen Handelsvertreter gemäß § 84 Abs. 1 HGB) sind Arbeitnehmer, die den überwiegenden Teil ihrer Tätigkeit nicht im Betrieb des Arbeitgebers ausüben, sondern **bei dessen Kunden**, z.B. als Verkäufer oder Kundenberater. Die Arbeit ist also aufgabenorientiert. Daher kann für die Außendienstmitarbeiter nicht dieselbe Arbeitszeitlage gelten wie für die Arbeitnehmer im Innendienst.[4] Vielmehr müssen sie die zeitlichen Wünsche der Kunden mit berücksichtigen, sind aber auch in ihrer Zeiteinteilung freier. Sie haben faktisch **selbst ein Direktionsrecht hinsichtlich der Lage der Arbeitszeit** (Typ 22a und b). 152

Aber auch hinsichtlich der Vereinbarung einer festen **Dauer** der Arbeitszeit bestehen Besonderheiten: Der Außendienstmitarbeiter arbeitet überwiegend direkt von seinem Wohnsitz aus und fährt von dort zu den Kunden bzw. von einem Kunden zum nächsten. Die Bestimmung einer festen Arbeitszeitdauer ist bei ihnen schwierig und die Einhaltung kaum zu kontrollieren. Häufig enthalten daher Arbeitsverträge mit Außendienstmitarbeitern keine ausdrückliche Regelung über die Dauer der Arbeitszeit.[5] Ist der Außendienstmitarbeiter **Tarifangestellter**, ergibt sich die für ihn – genauso wie für Innendienstmitarbeiter – maßgebliche Arbeitszeit aus den tarifvertraglichen Bestimmungen. Fehlt eine beiderseitige Tarifgebundenheit 153

---

1 *Buschmann*, AiB 2002, 507 (509); *Löwisch*, BB 1985, 1200 (1204); *Lorenz*, NZA 1985, 473 (475).
2 *von Hoyningen-Huene*, BB 1982, 1240 (1246); *Richardi*, NZA 1994, 593 (594).
3 GK-BetrVG/*Wiese*, § 87 Rz. 316.
4 Vgl. zur Reisezeit als Arbeitszeit von Außendienstmitarbeitern oben Rz. 40.
5 *Hunold*, NZA 1993, 10.

und auch eine Verweisung im Arbeitsvertrag auf tarifliche Regelungen, gelten für die Dauer der Arbeitszeit lediglich die Vorgaben des ArbZG. Bedenken hinsichtlich einer unangemessenen Benachteiligung des Arbeitnehmers unter dem Gesichtspunkt der einseitigen Veränderung der Arbeitszeitdauer (s. Rz. 46 ff.) bestehen nicht, denn zum einen unterliegt hier die Dauer der Arbeitszeit nicht der einseitigen Bestimmung durch den Arbeitgeber und zum anderen wird eine feste Vergütung unabhängig von der Arbeitszeitdauer vereinbart. Dennoch empfiehlt sich jedenfalls **bei fehlender Tarifgebundenheit** oder wenn der Außendienstmitarbeiter **außertariflicher Angestellter** ist, aus Klarstellungsgründen eine arbeitsvertragliche Regelung bzgl. Überstunden, Reisezeit usw. (Typ 22c).

ii) **Rahmenvereinbarungen über die Lage der Arbeitszeit**

Typ 23: Rahmenvereinbarungen über die Lage der Arbeitszeit

a) Der Arbeitnehmer steht dem Arbeitgeber an folgenden Wochentagen nicht zur Verfügung: ...

b) Der Arbeitnehmer steht dem Arbeitgeber ausschließlich am Vormittag/Nachmittag zur Verfügung.

c) Der Arbeitnehmer steht dem Arbeitgeber von 15.00 bis 17.00 Uhr nicht zur Verfügung.

d) Die Arbeitszeit ist auf die Frühschicht begrenzt.

e) Der Arbeitnehmer steht dem Arbeitgeber ausschließlich montags, dienstags und donnerstags und an diesen Tagen ausschließlich in der Zeit von ... bis ... zur Verfügung.

154 **Rahmenvereinbarungen** hinsichtlich der **Lage** der Arbeitszeit finden sich in der Praxis weitaus seltener als Bandbreitenregelungen in Bezug auf die Dauer der Arbeitszeit (welche jedoch nach der Rechtsprechung des BAG in Einzelarbeitsverträgen unzulässig sind).[1] Denkbar bei Regelungen über die Arbeitszeitlage sind die unterschiedlichsten Anknüpfungspunkte, wie etwa die Beschränkung der Arbeit auf bestimmte Wochentage (Typ 23a), auf den Vor- oder Nachmittag (Typ 23b) oder auf bestimmte Zeiten (Typen 23c und d), die auch untereinander kombinierbar sind (Typ 23e). Möglich ist auch umgekehrt, arbeitsvertraglich bestimmte Tage oder Zeiten von der Arbeitspflicht auszunehmen. Aus dem Schutzzweck des § 12 Abs. 2 TzBfG folgt, dass dessen Mindestankündigungs- und Mindestarbeitsfristen auch bei derartigen Rahmenvereinbarungen zu beachten sind, also unabhängig davon, ob die Lage der Arbeitszeit ganz oder nur teilweise vom Abruf des Arbeitgebers abhängig sein soll.[2] Durch derartige Vereinbarungen wird das Direktionsrecht des Arbeitgebers hinsichtlich der Arbeitszeitlage in zulässiger Weise begrenzt.

---

1 BAG v. 12.12.1984 – 7 AZR 509/83, AP Nr. 6 zu § 2 KSchG 1969.
2 *Hanau*, in Hromadka, Möglichkeit und Grenzen flexibler Vertragsgestaltung, S. 126.

jj) Mischformen fester und variabler Arbeitszeitlage

Typ 24: Mischformen fester und variabler Arbeitszeitlage

Die wöchentliche Arbeitszeit beträgt 20 Stunden. Die tägliche Arbeitszeit beginnt um 9.00 Uhr und endet um 11.00 Uhr. Die Lage der restlichen 10 Stunden pro Woche bestimmt der Arbeitgeber nach den betrieblichen Erfordernissen.

Bei dieser Vertragsgestaltung handelt es sich um eine Kombination zwischen fester und variabler Arbeitszeit: Ein Teil der Arbeitszeit ist nach Dauer **und** Lage genau festgelegt (zwei Stunden pro Tag, d.h. zehn Stunden pro Woche), während ein weiterer Teil (zehn Stunden pro Woche) **nur** der Dauer nach bestimmt ist. Da die Lage der Arbeitszeit hierbei nicht vollständig festgelegt ist, findet auch hier § 12 Abs. 1 TzBfG Anwendung (zu den Konsequenzen s. Rz. 117 ff.).[1]

155

kk) Berücksichtigung der Interessen des Arbeitnehmers

Vielfach wird klauselmäßig mit unterschiedlichen Formulierungen für die Festlegung der Lage der Arbeitszeit auf die betrieblichen Erfordernisse verwiesen und die Berücksichtigung der Wünsche des Arbeitnehmers zugesagt. Ein entscheidender Einfluss ist dem Arbeitnehmer damit freilich auf die Verteilung der Arbeitszeit noch nicht eingeräumt.[2]

156

⊃ **Nicht geeignet:**
   a) Die Festlegung der Lage der Arbeitszeit erfolgt nach den Wünschen des Arbeitnehmers, wobei die betrieblichen Belange und die Wünsche anderer Arbeitnehmer angemessen zu berücksichtigen sind.
   b) Bei der Festlegung der Lage der Arbeitszeit werden die persönlichen Wünsche des Arbeitnehmers angemessen berücksichtigt.

Bei der **Ausübung** seines Rechts, die Arbeitszeitlage im Einzelfall bestimmen zu können, ist der Arbeitgeber **ohnehin zur Rücksichtnahme auf die Arbeitnehmerinteressen im Rahmen des § 106 GewO verpflichtet,** wonach das Direktionsrecht des Arbeitgebers nach billigem Ermessen auszuüben ist. Die erkennbaren oder geltend gemachten Belange des Arbeitnehmers (etwa Behördentermine, besondere Geburtstags- oder Familienfeiern, Teilnahme an Beerdigungen oder Schwierigkeiten bei der Unterbringung von Kindern) sind mit den betrieblichen Belangen des Arbeitgebers abzuwägen.[3] Die Aufnahme einer entsprechenden Klausel (Beispiele a und b) in den Arbeitsvertrag ist daher verzichtbar.

157

---

1 Zu der entsprechenden Vorschrift des § 4 BeschFG: GK-TzA/*Mikosch*, Art. 1 § 4 BeschFG Rz. 34.
2 *Klevemann*, AiB 1986, 103 (106).
3 ErfK/*Preis*, § 12 TzBfG Rz. 33.

c) Dauer und Lage der Arbeitszeit

aa) Abrufarbeit mit teilflexibler Arbeitszeitdauer

Typ 25: Abrufarbeit mit teilflexibler Arbeitszeitdauer

a) Die regelmäßige Mindestarbeitszeit beträgt ... Stunden pro Woche. Sie kann je nach betrieblichem Bedarf auf mehrere Wochen ungleichmäßig verteilt werden, jedoch nur so, dass in ... zusammenhängenden Wochen der Ausgleich erreicht sein muss.

Eine Mindestbeschäftigungszeit von drei aufeinander folgenden Stunden pro Tag der Arbeitsleistung wird dem/der Mitarbeiter/in zugesagt. Ein darüber hinausgehender Anspruch auf gleichmäßige Verteilung der vereinbarten Wochenarbeitszeit besteht nicht.

Der Arbeitgeber ist berechtigt, über die Mindestarbeitszeit hinaus bis zu 25 %, d.h. bis zu ... Stunden pro Woche, zusätzlich abzurufen. Macht der Arbeitgeber von diesem Recht Gebrauch, wird die zusätzliche Arbeitszeit mit dem gleichen Stundensatz wie die regelmäßige Mindestarbeitszeit vergütet. Ein Anspruch des Arbeitnehmers auf Abruf zusätzlicher Stunden über die Mindestarbeitszeit hinaus besteht nicht.

Der Arbeitnehmer ist zum über die Mindestarbeitszeit hinausgehenden Einsatz verpflichtet, wenn ihm die Lage und Dauer der jeweiligen Arbeitszeit mindestens vier Tage im Voraus mitgeteilt werden.

oder

b) Die regelmäßige Arbeitszeit beträgt ... Stunden pro Woche. Sie kann je nach betrieblichem Bedarf auf mehrere Wochen ungleichmäßig verteilt werden, jedoch nur so, dass in ... zusammenhängenden Wochen der Ausgleich erreicht sein muss.

Eine Mindestbeschäftigungszeit von drei aufeinander folgenden Stunden pro Tag der Arbeitsleistung wird dem/der Mitarbeiter/in zugesagt. Ein darüber hinausgehender Anspruch auf gleichmäßige Verteilung der vereinbarten Wochenarbeitszeit besteht nicht.

Der Arbeitgeber ist berechtigt, die Arbeitszeit um bis zu 20 %, d.h. auf bis zu ... Stunden pro Woche, zu reduzieren. Macht der Arbeitgeber von diesem Recht Gebrauch, werden nur die tatsächlich abgerufenen Stunden vergütet.

Der Arbeitnehmer ist zum über die regelmäßige Arbeitszeit hinausgehenden Einsatz verpflichtet, wenn ihm die Lage und Dauer der jeweiligen Arbeitszeit mindestens vier Tage im Voraus mitgeteilt werden.

oder

c) Die regelmäßige Arbeitszeit beträgt 36 Stunden pro Woche. Sie kann je nach betrieblichem Bedarf auf mehrere Wochen ungleichmäßig verteilt werden, jedoch nur so, dass in ... zusammenhängenden Wochen der Ausgleich erreicht sein muss.

Eine Mindestbeschäftigungszeit von drei aufeinander folgenden Stunden pro Tag der Arbeitsleistung wird dem/der Mitarbeiter/in zugesagt. Ein darüber hinausgehender Anspruch auf gleichmäßige Verteilung der vereinbarten Wochenarbeitszeit besteht nicht.

Der Arbeitgeber ist berechtigt, über die regelmäßige Arbeitszeit hinaus bis zu ... (max. acht) Stunden pro Woche zusätzlich abzurufen. Macht der Arbeitgeber von diesem Recht Gebrauch, wird die zusätzliche Arbeitszeit mit dem gleichen Stundensatz wie die regelmäßige Mindestarbeitszeit vergütet. Ein Anspruch des Arbeitnehmers auf Abruf zusätzlicher Stunden über die Mindestarbeitszeit hinaus besteht nicht. Der Arbeitgeber ist außerdem berechtigt, die Arbeitszeit auf bis zu ... (max. 28) Stunden pro Woche zu reduzieren. Macht der Arbeitgeber von diesem Recht Gebrauch, werden nur die tatsächlich abgerufenen Stunden vergütet.

Der Arbeitnehmer ist zum über die regelmäßige Arbeitszeit hinausgehenden Einsatz verpflichtet, wenn ihm die Lage und Dauer der jeweiligen Arbeitszeit mindestens vier Tage im Voraus mitgeteilt werden.

Während früher im Bereich der Abrufarbeit nur die o.g. KAPOVAZ-Abreden mit der (jedenfalls im Durchschnitt) festgelegten Dauer der Arbeitszeit zulässig waren, eröffnete die Entscheidung des BAG vom 7.12.2005[1] ganz **neue Flexibilisierungsmöglichkeiten** – auch und gerade im Bereich der Arbeitszeitdauer und damit mittelbar auch bei der Vergütung. Wurde nämlich unter Beachtung von § 12 Abs. 1 TzBfG eine Mindestdauer der wöchentlichen und der täglichen Arbeitszeit vertraglich festgelegt, können die Arbeitsvertragsparteien nunmehr wirksam vereinbaren, dass der Arbeitnehmer über die vertragliche Mindestarbeitszeit hinaus in bestimmtem Umfang Arbeit auf Abruf leisten muss bzw. der Arbeitgeber die Arbeitszeit in bestimmtem Umfang reduzieren darf. 158

Das BAG erkennt damit die Notwendigkeit der Anpassung von Arbeitsbedingungen an externe Gegebenheiten an, die insbesondere vor dem Hintergrund besteht, dass sich während der Dauer des auf lange Sicht angelegten Arbeitsverhältnisses wirtschaftliche Rahmenbedingungen ändern können und der Arbeitgeber die Möglichkeit benötigt, auf unterschiedlichen Arbeitsanfall aufgrund kurzfristiger Auftragsschwankungen rasch und angemessen reagieren zu können. Da auf der anderen Seite der Arbeitnehmer ein berechtigtes Interesse an einer möglichst planbaren Arbeitszeitdauer hat, die die Grundlage für die Vergütung darstellt und darüber hinaus von wesentlicher Bedeutung für die Planung der restlichen Zeit ist, ergeben sich die Grenzen von Flexibilisierungsabreden aus einer umfassenden Interessenabwägung. 159

Das BAG hat diesen Interessenausgleich wie folgt vorgenommen und damit zugleich die **Grenze für die Flexibilisierung der Arbeitszeitdauer** gezogen: Die vom Arbeitgeber abrufbare, über die vereinbarte Mindestarbeitszeit hinausgehende Arbeitsleistung des Arbeitnehmers darf maximal 25 % der vereinbarten wöchentlichen Mindestarbeitszeit betragen (Typ 25a). Bei einer Vereinbarung über eine einseitige Verringerung der vereinbarten Arbeitszeit beträgt das Volumen maximal 20 % der Arbeitszeit (Typ 25b). Möchte sich der Arbeitgeber die Möglichkeit offen halten, die Arbeitszeitdauer sowohl nach oben als auch nach unten zu flexibilisieren, darf der insgesamt variable Anteil nicht mehr als 25 % der vereinbarten Arbeitszeit betragen (Typ 25c), d.h. bei einer regelmäßigen Arbeitszeit von 36 Stunden pro Woche dürfen insgesamt neun Stunden variabel gestaltet werden. Je mehr Stunden der Arbeitgeber zusätzlich abrufen möchte, desto geringer ist sein Spielraum für 160

---
1 BAG v. 7.12.2005 – 5 AZR 535/04, AP Nr. 4 zu § 12 TzBfG.

eine Verringerung der Arbeitszeit und umgekehrt – sollen acht Stunden zusätzlich abrufbar sein, ist eine Verringerung auf nur 35 Stunden zulässig, bei sieben zusätzlich abrufbaren Stunden darf auf 34 Stunden verringert werden etc. Die Regelung in Typ 25c berücksichtigt dies. Unzulässig hingegen wäre es, ein zusätzliches Arbeitszeitkontingent von 25 % nach oben und eine Verringerungsmöglichkeit von 20 % nach unten zu vereinbaren, da hierdurch im Ergebnis 45 % der vereinbarten Arbeitszeit variabel wären.[1]

161 Die **Flexibilisierungsmöglichkeiten** für den Arbeitgeber hängen damit **unmittelbar von der vereinbarten Mindestarbeitszeit** ab: Je geringer diese ist, desto geringer ist rechnerisch die einseitig vom Arbeitgeber abrufbare Arbeitsleistung des Arbeitnehmers und umgekehrt. Der Arbeitgeber, der bereit ist, den Arbeitnehmern eine hohe Basissicherung zu geben, wird also mit einem breiteren Flexibilitätskorridor „belohnt".

162 Grundlegende Bedeutung auch für die Gestaltung von Klauseln über Abrufarbeit mit teilflexibler Arbeitszeitdauer hat darüber hinaus das **Transparenzgebot** des § 307 Abs. 1 Satz 2 BGB. Es ist dann eingehalten, wenn die Klausel so formuliert ist, dass die Vertragsbedingungen durchschaubar, richtig, bestimmt und möglichst klar sind. Der Arbeitnehmer, der keinen Einfluss auf die Gestaltung des Vertrags nehmen konnte, soll ausreichend, sprachlich klar und inhaltlich richtig über seine Rechte und Pflichten aus dem Vertrag informiert werden und vor irrtümlichen Vorstellungen über die Leistung sowie vor unzutreffender Information über die Rechtslage geschützt werden. Er muss aus der Klausel sehen können, „was auf ihn zukommt."

163 Genügt der Änderungsvorbehalt diesen Voraussetzungen, ist die Klausel als solche wirksam. Auf einer zweiten Stufe wird dann die konkrete Ausübung des Änderungsrechts im Einzelfall überprüft, d.h. die tatsächliche Änderung der Arbeitszeitdauer. Auch wenn die Klausel selbst angemessen ist, muss die Ausübung der vorbehaltenen Änderung im Einzelfall billigem Ermessen i.S.d. § 315 BGB bzw. § 106 GewO entsprechen. **Je ausgewogener jedoch die Vertragsklausel selbst gestaltet ist, desto seltener wird die Ausübung des Gestaltungsrechts im Einzelfall unbillig sein.**

bb) Jahresarbeitszeit mit kombinierter Abrufarbeit

Typ 26: Jahresarbeitszeit mit kombinierter Abrufarbeit

a) Der Arbeitnehmer wird auf Basis einer wöchentlichen Arbeitszeit von 30 Stunden eingestellt. Daraus ergibt sich eine Anzahl von ... Wochen pro Geschäftsjahr und eine Jahresstundenzahl von ... Bruttoarbeitsstunden bzw. (unter Berücksichtigung der gesetzlichen Feiertage und Urlaubstage) eine Grundarbeitszeit von ... (Mindest)Nettoarbeitsstunden.
Nach Ausschöpfung der Grundarbeitszeit ist der Arbeitgeber berechtigt, über diese Arbeitszeit hinaus jährlich bis zu 10 %, d.h. bis zu ... Stunden pro Geschäftsjahr, zusätzlich abzurufen. Der Arbeitnehmer ist zur über die Grundarbeitszeit hinausgehenden Arbeitsleistung verpflichtet, wenn der Arbeitgeber ihm die Lage und Dauer der jeweiligen Arbeitszeit mindestens vier Tage im Vo-

---

[1] Vgl. auch *Arnold*, FS Löwisch, S. 1 (8); *Bauer/Günther*, DB 2006, 950 (951).

raus mitteilt. Mit Einverständnis des Arbeitnehmers kann der Anteil der jährlich zusätzlich abrufbaren Arbeitsleistung auf maximal 25 %, d.h. auf maximal ... Stunden pro Geschäftsjahr, erhöht werden. Ein Anspruch des Arbeitnehmers auf Abruf zusätzlicher Stunden über die Grundarbeitszeit hinaus besteht nicht. Mit Ende des Geschäftsjahres verfallen die zusätzlich abrufbaren Stunden.

Der Arbeitnehmer erhält ein fixes monatliches Gehalt von ... Euro. Macht der Arbeitgeber von seinem Recht Gebrauch, die Arbeitsleistung nach Ausschöpfung der Grundarbeitszeit abzurufen, wird die zusätzliche Arbeitszeit mit dem gleichen Stundensatz wie die Grundarbeitszeit vergütet.

oder

b) Der Arbeitnehmer wird auf Basis einer wöchentlichen Arbeitszeit von 20 Stunden eingestellt. Daraus ergibt sich eine Anzahl von ... Wochen pro Quartal und eine Quartalsstundenzahl von ... Bruttoarbeitsstunden bzw. (unter Berücksichtigung der gesetzlichen Feiertage und Urlaubstage) eine Grundarbeitszeit von ... (Mindest)Nettoarbeitsstunden.

Nach Ausschöpfung der Grundarbeitszeit ist der Arbeitgeber berechtigt, über diese Arbeitszeit hinaus vierteljährlich bis zu 10 %, d.h. bis zu ... Stunden pro Quartal, zusätzlich abzurufen. Der Arbeitnehmer ist zur über die Grundarbeitszeit hinausgehenden Arbeitsleistung verpflichtet, wenn der Arbeitgeber ihm die Lage und Dauer der jeweiligen Arbeitszeit mindestens vier Tage im Voraus mitteilt. Mit Einverständnis des Arbeitnehmers kann der Anteil der zusätzlich abrufbaren Arbeitsleistung auf maximal 25 %, d.h. bis maximal ... Stunden pro Quartal oder pro Geschäftsjahr, erhöht werden. Ein Anspruch des Arbeitnehmers auf Abruf zusätzlicher Stunden über die Grundarbeitszeit hinaus besteht nicht. Mit Ende des Quartals bzw. – mit Einverständnis des Arbeitnehmers – des Geschäftsjahres verfallen die zusätzlich abrufbaren Stunden.

Der Arbeitnehmer erhält ein fixes monatliches Gehalt von ... Euro. Macht der Arbeitgeber von seinem Recht Gebrauch, die Arbeitsleistung nach Ausschöpfung der Grundarbeitszeit abzurufen, wird die zusätzliche Arbeitszeit mit dem gleichen Stundensatz wie die Grundarbeitszeit vergütet.

Die Flexibilisierungsmöglichkeiten, die sich durch die Entscheidung des BAG vom 7.12.2005[1] ergeben, können es dem Arbeitgeber ermöglichen, nicht nur die Arbeitszeitlage **oder** die Arbeitsdauer flexibel zu gestalten, sondern eine Kombination aus flexibler Arbeitszeitlage **und** -dauer vertraglich vorzusehen. 164

Während der BAG-Entscheidung eine vertragliche Regelung über einen wöchentlichen Mindestbeschäftigungsumfang zugrunde lag, den der Arbeitgeber je nach Arbeitsanfall aufgrundlage eines Wochenstundenkontos zeitlich ausdehnen konnte, kann sich für den Arbeitgeber eine davon abweichende Regelung als besonders interessant erweisen, die eine **durchschnittliche Wochenstundenzahl** in Kombination mit der Berechtigung zum **zusätzlichen Abruf** der Arbeitsleistung aufgrundlage eines **Jahresstundenkontos** vorsieht. Eine solche Kombination aus durchschnittlicher wöchentlicher Arbeitszeit und einem Jahresstundenkonto mit der Berechtigung zum Abruf zusätzlicher Arbeitsleistung ist insbesondere in solchen Unternehmen von Vorteil, deren Arbeits- und Beschäftigungsbedarf im Laufe eines Geschäftsjah- 165

---

[1] BAG v. 7.12.2005 – 5 AZR 535/04, AP Nr. 4 zu § 12 TzBfG.

res in nicht kalkulierbarem Maße schwankt. Im Gegensatz zu Betrieben, in denen ein zurückgehender Beschäftigungsbedarf vorhersehbar ist (Schulen und Hochschulen in den Schul- bzw. Semesterferien, Musiktheater in den Theaterferien), lässt sich in vielen Branchen der Arbeitsanfall zu Beginn eines Geschäftsjahres nicht voraussehen. Wurden keine flexiblen Arbeitszeiten vereinbart, kann der Arbeitgeber gezwungen sein, in Zeiten geringen Arbeitsaufkommens Kurzarbeit anzuordnen, in Zeiten gesteigerten Arbeitsaufkommens Aushilfskräfte zu beschäftigen. Um dies zu verhindern, bedarf es vertraglicher Regelungen, die den Arbeitgeber aufgrundlage eines Jahresstundenkontos berechtigen, die Arbeitnehmer auf Basis einer durchschnittlichen wöchentlichen Stundenzahl beschäftigungsbedarfsorientiert einzusetzen und in Zeiten gesteigerten Arbeitsanfalls die Arbeitsleistung über die Grundarbeitszeit hinaus abzurufen.

166 Den Flexibilisierungsinteressen des Arbeitgebers stehen die Interessen der Arbeitnehmer an einer **planbaren Arbeitszeit und damit zusammenhängenden sicheren Vergütung** gegenüber. So kann die genannte Flexibilisierungsmöglichkeit dem Arbeitgeber etwa ein Instrument an die Hand geben, den auf Basis einer wöchentlichen Arbeitszeit von 20 Stunden beschäftigten Arbeitnehmer in einigen Monaten gar nicht, in anderen zehn Stunden pro Woche, in wieder anderen Monaten 40 Stunden pro Woche zu beschäftigen. Die daneben bestehende Möglichkeit der Arbeit auf Abruf, die nach der Entscheidung des BAG bis zu 25 % der (wöchentlichen) Arbeitszeit betragen kann, würde es dem Arbeitgeber gerade bei einem Jahresstundenkonto überdies erlauben, in erheblichem Umfang zusätzliche Arbeitsleistung über die Grundarbeitszeit hinaus anzufordern.

167 Die gegenläufigen Interessen von Arbeitgeber und Arbeitnehmer setzen der arbeitszeitlichen Flexibilisierung Grenzen. Die Zulässigkeit entsprechender vertraglicher Regelungen setzt daher eine Interessenabwägung voraus, die das Bedürfnis nach einem flexiblen Abruf der Arbeitsleistung ebenso berücksichtigt wie das Interesse einer planbaren Arbeitszeit und Vergütung.

168 Der **Vereinbarung einer durchschnittlichen wöchentlichen Arbeitszeit**, die es dem Arbeitgeber bei einem Jahresstundenkonto bspw. ermöglicht, die Arbeitsleistung wochenlang nicht anzufordern, steht grundsätzlich nicht § 12 TzBfG entgegen. § 12 Abs. 1 Satz 1 TzBfG ist nicht dahingehend auszulegen, dass die „bestimmte Dauer" der wöchentlichen bzw. täglichen Arbeitszeit eine vertragliche Vereinbarung der Mindestbeschäftigungsdauer verlangt und deswegen den Arbeitgeber verpflichtet, die Arbeitsleistung jedenfalls im Umfang der wöchentlichen Mindestarbeitszeit anzufordern. Wie das BAG in seiner Entscheidung vom 7.12.2005 hervorhebt, liegt der Zweck der Vorschrift darin, zu verhindern, dass der Arbeitgeber den Arbeitnehmer während des bestehenden Arbeitsverhältnisses gar nicht zur Arbeitsleistung heranzieht – mit der Folge, dass der Arbeitnehmer auch keine Vergütung erzielen kann. Sieht demnach aber eine Vereinbarung wie die unter Typ 26 vorgeschlagene gerade vor, dass der Arbeitnehmer unabhängig vom tatsächlichen wöchentlichen Beschäftigungsumfang, also auch im Falle der Nichtbeschäftigung eine **fixe monatliche Vergütung** erhält, verstößt eine fehlende Mindestbeschäftigungsdauer nicht gegen den Zweck des § 12 TzBfG. Vertraglich festzuhalten ist jedoch, dass der Arbeitnehmer entsprechend § 12 Abs. 2 TzBfG nur dann zur über die Grundarbeitszeit hinausgehender Arbeitsleistung verpflichtet ist, wenn der Arbeit-

geber den Abruf der konkreten Arbeitsleistung **mindestens vier Tage** im Voraus ankündigt.[1]

Da die Kombination von flexibler Arbeitszeitlage und -dauer nicht mehr vom allgemeinen Direktionsrecht nach § 106 GewO umfasst ist, unterliegen die vorformulierten Arbeitsbedingungen zusätzlich der über den Schutz des § 12 TzBfG hinausgehenden **Inhaltskontrolle gemäß §§ 305 ff. BGB**. Mit dem vorliegenden Flexibilisierungsmodell nimmt der Arbeitgeber – in Abweichung zum Grundsatz pacta sunt servanda – zum einen einseitig Einfluss auf die Hauptleistungspflichten, zum anderen verlagert er einen Teil des wirtschaftlichen Beschäftigungsrisikos auf den Arbeitnehmer. Der damit gegebene Widerspruch zur gesetzlichen Wertung des § 615 BGB eröffnet den Weg zu der Inhaltskontrolle, ob die vertragliche Regelung wegen unangemessener Benachteiligung des Arbeitnehmers unwirksam ist, § 307 Abs. 3, Abs. 1 BGB.

169

Eine unangemessene Benachteiligung könnte sich zunächst daraus ergeben, dass sich der Arbeitgeber vorbehält, auf **Basis eines Jahresstundenkontos über die Grundarbeitszeit hinausgehend bis zu 25 %** der Arbeitszeit des Arbeitnehmers abrufen zu können. Zwar beurteilte das BAG einen Abruf-Spielraum von bis zu 25 % für zulässig, doch bezog sich die Entscheidung auf ein Wochen-, nicht auf ein Jahresstundenkonto. Mit der Verlängerung des zugrunde liegenden Zeitraumes geht jedoch eine Vervielfältigung der zusätzlich abrufbaren Arbeitsstunden und der damit zusammenhängenden Planungsunsicherheit des Arbeitnehmers einher,[2] die eine unangemessene Benachteiligung des Arbeitnehmers zur Folge haben könnte. Sinn und Zweck der 25 %-Grenze ist allerdings vorrangig der Schutz des Arbeitnehmers davor, durch fehlende Beschäftigung seitens des Arbeitgebers Einbußen seines Verdienstes zu erleiden (§ 307 Abs. 2 Nr. 2 BGB). Gewährt eine vertragliche Regelung wie die in Typ 26 vorgesehene aber dem Arbeitnehmer ein unabhängig vom Beschäftigungsumfang festes Gehalt sowie eine zusätzliche Vergütung für im Rahmen des Spielraums abgerufene Arbeitsstunden, liegt auch bei einem Jahresstundenkonto keine unangemessene Benachteiligung des Arbeitnehmers nach § 307 Abs. 2 Nr. 2, Abs. 1 Satz 1 BGB vor.[3]

170

Zu einer unangemessenen Benachteiligung des Arbeitnehmers könnte es jedoch führen, **kombinierte** man die als solche jeweils zulässige Vereinbarung eines Jahresstundenkontos inklusive 25 %-Abrufspielraums mit einer durchschnittlichen Wochenarbeitszeit.[4] Eine entsprechende vertragliche Regelung handhabe nicht allein das Verhältnis zusätzlicher Abrufarbeit pro Geschäftsjahr zur Grundarbeitszeit flexibel, sondern flexibilisiere zudem noch die Grundarbeitszeit. Diese Kombination führt dazu, dass der Arbeitnehmer nach Ableistung seiner Jahres-Grundarbeitszeit nicht voraussehen kann, **ob bzw. in welchem Umfang der Arbeitgeber zusätzlich seine Arbeitsleistung abruft** – und dies bei einem Umfang absoluter Arbeitsstunden, der bei einem Jahresstundenkonto ungleich größer ist als bei einem Wochen-

171

---

1 *Hohenstatt/Schramm*, NZA 2007, 238 (239); *Reiserer*, NZA 2007, 1249 (1253).
2 BAG v. 7.12.2005 – 5 AZR 535/04, AP Nr. 4 zu § 12 TzBfG („Je geringer die vereinbarte wöchentliche Mindestarbeitszeit ist, desto geringer ist rechnerisch die einseitig vom Arbeitgeber abrufbare Arbeitsleistung des Arbeitnehmers.").
3 S. dazu *Arnold*, FS Löwisch, S. 1 (9 f.); *Kleinebrink*, ArbRB 2006, 153 (154).
4 Zur grundsätzlichen Zulässigkeit einer Kombination von flexibler Dauer und Lage der Arbeitszeit *Arnold*, FS Löwisch, S. 1 (10).

stundenkonto. Schon die Vereinbarung einer flexiblen, durchschnittlichen Wochenarbeitszeit ermöglicht dem Arbeitnehmer keinen genauen Überblick, wann seine Arbeitsleistung tatsächlich abgerufen wird, doch kann er den Umfang seiner noch ausstehenden Arbeitspflichten im Hinblick auf die feste Gesamt-Grundarbeitszeit pro Geschäftsjahr errechnen. Diese letzte Sicherheit fällt jedoch weg, wenn sich der Arbeitgeber zusätzlich die Berechtigung vorbehält, über die Jahres-Grundarbeitszeit hinausgehend die Arbeitsleistung bis zu einer Grenze von 25 % abzurufen. Zur Vermeidung der Unwirksamkeit der vertraglichen Regelung wegen unangemessener Benachteiligung des Arbeitnehmers muss unter Abwägung der Flexibilisierungsinteressen des Arbeitgebers und des Interesses des Arbeitnehmers an einer hinreichenden Planungssicherheit (vgl. § 12 TzBfG) die Flexibilisierung der Arbeitszeit einer bestimmten Grenze unterworfen werden. Hierzu bietet es sich an, die **Höhe des Abruf-Spielraums auf 10 %** zu begrenzen. Der auf diese Weise gegenüber der 25 %-Grenze verringerte Umfang abrufbarer Arbeitsstunden ermöglicht es auf der einen Seite dem Arbeitgeber, über die Grundarbeitszeit hinausgehende Arbeitsleistung abzurufen und gibt auf der anderen Seite dem Arbeitnehmer eine höhere Planungssicherheit an die Hand. Es kann dem Arbeitnehmer allerdings die Möglichkeit zugestanden werden, auch dem Abruf einer erhöhten Stundenzahl (bis zu 25 %) zuzustimmen (Typ 26).

172 Bei der Kombination von flexibler Arbeitszeitlage und -dauer sind überdies die Besonderheiten solcher Arbeitnehmer zu beachten, die nur aufgrundlage einer **geringeren durchschnittlichen Wochenstundenzahl** beschäftigt werden. Die Gefahr einer unangemessen benachteiligenden Regelung stellt sich bei diesen Beschäftigten vor allem dann in ungleich größerem Maße, wenn sie noch in einem zweiten Arbeitsverhältnis stehen, auf das sich die Planungsunsicherheit des ersten Arbeitsverhältnisses auswirkt. So kann eine flexible Grundarbeitszeit in Kombination mit einem 25 %-Spielraum abrufbarer Arbeitszeit auf Basis eines Jahresstundenkontos dazu führen, dass die Arbeitnehmer im ersten Arbeitsverhältnis in solchem Umfang zur Arbeitsleistung herangezogen werden, dass sie ihrer zweiten Beschäftigung nicht mehr nachkommen können. Zur Gewährleistung der Planungssicherheit kann es sich wahlweise anbieten, entweder den Spielraum möglicher Abrufarbeit ebenfalls auf 10 % zu begrenzen oder den 25 %-Abruf-Spielraum nicht in Beziehung zum Geschäftsjahr, sondern **zum Quartal** anzusetzen (Typ 26). Die seitens des Arbeitgebers zusätzlich abrufbaren Stunden werden so weiter im Sinne der Planungssicherheit des Arbeitnehmers (§ 12 TzBfG) eingegrenzt.

173 Zudem ist zu vermeiden, dass der Arbeitgeber den abrufbaren Anteil zusätzlicher Arbeitszeit über Jahre hinweg „anspart", etwa im ersten Jahr den 10 %-Spielraum nicht ausnutzt, im zweiten Jahr dafür 20 % zusätzliche Arbeit anfordern möchte. Es empfiehlt sich daher der Zusatz, dass die **zusätzlich abrufbaren Stunden zum Ende des Geschäftsjahres verfallen** (Typ 26). Überdies ist die Klausel im Hinblick auf das Transparenzgebot so klar und bestimmt zu gestalten, dass eine Unwirksamkeit nach § 307 Abs. 1 Satz 2, 1 BGB vermieden wird. Sie muss dem Arbeitnehmer daher jedenfalls unter Angabe der genauen Stundenzahl vor Augen führen, in welchem Umfang der Arbeitgeber die Arbeitsleistung über die Grundarbeitszeit hinaus abrufen darf.[1]

---

1 *Hohenstatt/Schramm*, NZA 2007, 238 (239).

5. Sozialrechtliche Aspekte der Arbeitszeitgestaltung

Die vertraglichen Vereinbarungen zur Arbeitszeit haben nicht unwesentlichen **Einfluss auf die sozialversicherungsrechtliche Behandlung** des hierdurch gestalteten Beschäftigungsverhältnisses. Dies gilt insbesondere für variable Arbeitszeitgestaltungen, die längere arbeitsfreie Phasen aufweisen, so dass die Kontinuität des sozialversicherungspflichtigen Beschäftigungsverhältnisses in Frage gestellt ist.[1] Das sog. **Flexi-Gesetz**[2] hat die mit zunehmender Flexibilisierung von Arbeitszeiten aufgeworfenen Fragen der Versicherungs- und Beitragspflicht in der Sozialversicherung nur teilweise gelöst. Denn es regelt die Fragen der Sozialversicherungspflicht nur für einen Ausschnitt der vertraglichen Varianten flexibler Arbeitszeit.[3] Das **Flexi-II-Gesetz**[4] zur Absicherung flexibler Arbeitszeitregelungen bezieht sich vor allem auf die Insolvenzsicherung von Langzeitkonten.[5] Das Gesetz stellt künftig strengere Anforderungen an den Insolvenzschutz von Wertguthaben und regelt die Portabilität der Wertguthaben.

174

a) Feste Arbeitszeitmodelle

Im Rahmen fester Arbeitszeitmodelle, die sich also durch eine im Voraus vereinbarte Dauer und Lage oder nur Dauer der Arbeitszeit auszeichnen (s. Rz. 5), tritt ein sozialrechtlicher Regelungsbedarf hinsichtlich des Versicherungsschutzes in Freizeitphasen und der Beitragsabführung auf das aufgrund der fest vereinbarten Dauer in aller Regel auch fest vereinbarte Arbeitsentgelt auf.

175

aa) Grundsätze der Versicherungs- und Beitragspflicht in der Sozialversicherung

Anders als im Steuerrecht, das dem Zuflussprinzip folgt, knüpft das Sozialversicherungsrecht nicht an die tatsächliche Auszahlung des Arbeitsentgelts an. Für den Versicherungsschutz in der Unfallversicherung folgt das unmittelbar aus ihrem Grundgedanken, den **Arbeitnehmer** im Rahmen seiner Beschäftigung **vor den daraus resultierenden Gefahren** zu schützen. Aber auch der Schutz in der Arbeitslosen-, Renten-, Kranken- und Pflegeversicherung erfordert einen von dem Zeitpunkt der Auszahlung des Arbeitsentgelts grundsätzlich unabhängigen (Fort-)Bestand des Versicherungsverhältnisses. Aufgrund des diesen Versicherungszweigen innewohnenden Solidaritätsgedankens,[6] ausgedrückt in der hälftigen Beitragslast der Arbeitnehmer und Arbeitgeber, ist die Verknüpfung zum Arbeitsentgelt enger als in der Unfallversicherung. Deswegen spielen hier tatsächliche Beschäftigung

176

---

1 Grundlegend dazu die Studie von *Norpoth*, Sozialversicherungsrechtliche Behandlung flexibler Arbeitszeitmodelle mit größeren Freizeitintervallen, Diss. Münster, Berlin 2000.
2 Gesetz zur sozialrechtlichen Absicherung flexibler Arbeitszeitregelungen vom 6.4.1998 (BGBl. I, S. 688).
3 Ebenso *Diller*, NZA 1998, 792; *Norpoth*, Sozialversicherungsrechtliche Behandlung flexibler Arbeitszeitmodelle, S. 79 (86 f., 89 ff.); *Norpoth*, SGb 1996, 67 ff.; keinen Regelungsbedarf erkannte *Heinze*, NZA 1997, 681 (688 f.); krit. zum eingeschränkten Anwendungsbereich *Rombach*, RdA 1999, 194 (195).
4 Gesetz zur Verbesserung der Rahmenbedingungen für die Absicherung flexibler Arbeitszeitregelungen und zur Änderung anderer Gesetze vom 21.12.2008 (BGBl. I, S. 2940).
5 Hierzu *Hanau/Veit*, NJW 2009, 182.
6 Grundlegend *Gagel*, SGb 1981, 253 (254); SGb 1985, 268 (269).

und Zeitpunkt der Arbeitsentgeltzahlung in die Fragen von Versicherungsschutz und Beitragspflicht hinein.

(1) Kontinuierliche Beschäftigung und kontinuierliche Bezahlung

177 Am einfachsten für die sozialversicherungsrechtliche Abwicklung sind Arbeitszeitgestaltungen, in denen der Arbeitnehmer durchgängig, also ohne längere Freistellungsphasen beschäftigt wird und eine regelmäßige Vergütung erhält. Irrelevant ist eine tägliche Arbeitsleistung, wenn nur innerhalb eines jeden Monats gearbeitet wird und vom Arbeitsentgelt Beiträge zu entrichten sind, der Auszahlungsbetrag mithin nicht unter die Geringfügigkeitsgrenzen fällt.[1] Damit liegt in jedem Monat eine „Beschäftigung gegen Entgelt" vor, die nach § 7 Abs. 1 SGB IV i.V.m. §§ 25 Abs. 1 SGB III, 5 Abs. 1 Nr. 1 SGB V, 1 Abs. 1 Nr. 1 SGB VI, 20 Abs. 1 Satz 2 Nr. 1 SGB XI Versicherungsschutz in der Arbeitslosen-, Kranken-, Renten- und Pflegeversicherung begründet.

178 **Freistellungsphasen**, die sich an eine Beschäftigung anschließen, gelten kraft gesetzlicher Fiktion in § 7 Abs. 3 SGB IV als **fortbestehendes Beschäftigungsverhältnis** im sozialversicherungsrechtlichen Sinne, wenn ihre Dauer **einen Monat nicht überschreitet**. Nicht durch § 7 Abs. 3 SGB IV erfasst ist der Fall, dass das Arbeitsverhältnis mit einer bis zu einmonatigen Freistellungsphase beginnt – hier muss eine dem Flexi-Gesetz entsprechende Vertragsform gewählt werden (dazu Rz. 189 ff.; allgemein zum Beginn des Sozialversicherungsschutzes → *Arbeitsaufnahme/Beginn des Arbeitsverhältnisses*, II A 60 Rz. 7 ff.).

(2) Diskontinuierliche Beschäftigung und diskontinuierliche Entgeltzahlung

179 Das spiegelbildliche Gegenstück zur Beschäftigungs- und Entgeltkontinuität liegt in der Vereinbarung einer nicht regelmäßigen und damit diskontinuierlichen Arbeitspflicht, wenn sich die Entgeltzahlung jeweils der Arbeitsleistung anschließt und damit gleichfalls unregelmäßig erfolgt. Da die einschlägigen Vorschriften (s. Rz. 177) zur Versicherungspflicht in den jeweiligen Zweigen der Sozialversicherung an eine Beschäftigung gegen Entgelt anknüpfen, besteht **während mehr als einmonatiger Arbeitsunterbrechungen** (s. Rz. 178) im Rahmen flexibler Arbeitszeitmodelle, auch wenn Lage und Dauer der Arbeitszeit infolge fest vereinbarter Arbeitszeiten im Voraus bestimmt sind, **kein Versicherungsschutz**. Klassische Fälle sind das sog. Sabbatjahr[2] und auch die Saisonarbeit, wenn sie im Rahmen unbefristeter Verträge erfolgt.

180 Fälle **diskontinuierlicher** Arbeitspflicht und Entgeltzahlung werden **nicht vom Flexi-Gesetz erfasst** und sind daher nach den bereits vor seinem In-Kraft-Treten aufgestellten Grundsätzen, die sich insbesondere auch aus einer Bewertung durch

---

1 Zu den Auswirkungen geringfügiger Beschäftigung auf die Versicherungs- und Beitragspflicht → *Beschäftigung, geringfügige*, II B 20 Rz. 21 ff. Zur Anwendung des Flexi-Gesetzes bei geringfügiger Beschäftigung, *Boemke*, BB 2008, 722 (726).
2 Hierzu Gestaltungshinweise bei *Böhm*, ArbRB 2010, 289.

die Spitzenverbände der Sozialversicherungsträger ergeben,[1] wie folgt in den einzelnen Zweigen der Sozialversicherung zu behandeln:

In der Arbeitslosenversicherung kommt es infolge der versicherungsrechtlichen Lücken während arbeitsfreier Phasen zu **Problemen** mit der für den **Anspruch auf Arbeitslosengeld** zurückzulegenden Anwartschaftszeit von zwölf Monaten innerhalb einer zweijährigen Rahmenfrist (§§ 142, 143 SGB III). Mitentscheidend kann vielfach für die Bejahung eines Anspruchs sein, ob § 7 Abs. 3 SGB IV auch Anwendung findet, wenn die unbezahlte Arbeitsunterbrechung vorhersehbar länger als einen Monat dauert. Dies wird von der h.M. im Hinblick auf den recht eindeutigen Wortlaut bejaht.[2] Damit zählt bei jeder längeren Freizeitphase zumindest ein Monat für die Anwartschaftsbegründung mit.

Ein Anspruch auf Arbeitslosengeld innerhalb einer Freizeitphase des diskontinuierlich arbeitenden Arbeitnehmers kann allerdings nicht generell damit abgelehnt werden, der Arbeitnehmer sei in dieser Zeit nicht beschäftigungslos. Das Bestehen eines beitragsrechtlichen Beschäftigungsverhältnisses, das ohnehin nur für längstens einen Monat als fortbestehend fingiert wird, schließt das Ende eines leistungsrechtlichen Beschäftigungsverhältnisses nicht aus, für dessen Bestand die Rechtsprechung – grob ausgedrückt – auf die Unterstellung des Arbeitnehmers unter das Direktionsrecht des Arbeitgebers abhebt.[3] **Fehlt es an einer ständigen Dienstbereitschaft**, wie es bei der Vereinbarung fester Arbeitszeiten mit längeren Arbeitsunterbrechungen (im Unterschied zu Verträgen über variable Arbeitszeiten, deren Lage dem Direktionsrecht des Arbeitgebers unterliegt) regelmäßig der Fall sein wird, so ist der Arbeitnehmer „**während der arbeitsfreien Phasen beschäftigungslos**" i.S.v. §§ 137 Abs. 1 Nr. 1, 138 Abs. 1 Nr. 1 SGB III.[4] Diese Einschätzung wird durch eine neuere Entscheidung des BSG zur sozialversicherungsrechtlichen Behandlung freigestellter Arbeitnehmer bestätigt. Hierzu ist entschieden worden, dass der mit der flexiblen Arbeitszeit vergleichbare Fall der Freistellung die Annahme von Beschäftigungslosigkeit trotz weiter bestehenden Arbeitsverhältnisses nicht hindert.[5] Im Ergebnis kann dem Arbeitnehmer für diesen Zeitraum der Arbeitslosengeldanspruch nicht mit dem Argument, er sei nicht entsprechend § 138

---

1 Diskussionspapier über die Ergebnisse einer Arbeitsgruppe (Stand 15.1.1996); selbstverständlich wird die einschlägige Lit. berücksichtigt, so *von Hoyningen-Huene*, Schriftenreihe des Deutschen Sozialrechtsverbandes, Band XXVIII, 1986, S. 62 ff.; *Landenberger*, ZSR 1985, 321 ff.; *Norpoth*, SGb 1999, 67 ff.; *Norpoth*, Sozialrechtliche Absicherung flexibler Arbeitszeitmodelle, S. 29 ff.; *Ruland*, DRV 1987, 21 ff.; *Schüren*, BB 1984, 1235 ff.
2 *Figge*, DB 1998, 2519 (2520); KassKomm/*Seewald*, § 7 SGB IV Rz. 183; *Norpoth*, Sozialversicherungsrechtliche Behandlung flexibler Arbeitszeitmodelle, S. 83 ff.; Spitzenverbände, Die Beiträge 1998, 694; a.A. noch zur Vorläuferregelung im AFG BSG v. 3.12.1998 – B 7 AL 108/97 R, SozR 3-4100 § 104 Nr. 16.
3 BSG v. 10.9.1998 – B 7 AL 96/97 R – SozR 3-4100 § 101 Nr. 9 (zu „Aussetzzeiten" einer in einer Mensa beschäftigten Arbeitnehmerin während der Vorlesungszeit); grundlegend BSG v. 9.9.1993 – 7 RAr 96/92, SozR 3-4100 § 101 Nr. 4; v. 28.9.1993 – 11 RAr 69/92, SozR 3-4100 § 101 Nr. 5.
4 So auch BSG v. 10.9.1998 – B 7 AL 96/97 R, SozR 3-4100 § 101 Nr. 9; *Norpoth*, SGb 1999, 67 (68) zu einem Urteil des BSG v. 5.2.1998 – B 11 AL 55/97 R, SGb 1999, 85, betr. unbezahlten Urlaub für zwei Jahre.
5 BSG v. 25.4.2002 – B 11 AL 65/01 R, BSGE 89, 243; s.a. BSG v. 18.12.2003 – B 11 AL 35/03 R, BSGE 92, 74 (79).

Abs. 1 Nr. 1 SGB III beschäftigungslos, versagt werden. Ob er in dieser Zeit auch gemäß § 138 Abs. 1 Nr. 3 SGB III verfügbar ist, lässt sich nur anhand des jeweiligen Falles klären.

183 In der **Rentenversicherung** drohen dem diskontinuierlich Beschäftigten mit diskontinuierlicher Bezahlung neben den **Beitragsausfällen** während der unentgeltlichen Freistellungsphasen (die durch die höhere Bezahlung während der Arbeitsphase aber bei Verdiensten bis zur Beitragsbemessungsgrenze ausgeglichen werden) **versicherungsrechtliche Lücken bei Wartezeiten** und besonderen versicherungsrechtlichen Voraussetzungen einer Rente.[1] Dieses Problem kann abgemildert werden, indem Beginn und Ende der Freizeitphasen in den Lauf eines Kalendermonats (und nicht abschließend mit dessen Beginn bzw. Ende) gelegt werden. Nach § 122 Abs. 1 SGB VI gelten mit Pflichtbeiträgen belegte Zeiten stets als volle Kalendermonate, so dass sich der Wechsel innerhalb eines Kalendermonats bei Arbeitsunterbrechungen von nahezu zwei Monaten unschädlich für die Belegung mit (Pflicht-)Beitragszeiten auswirkt. Beispiel: Die Arbeitsphase endet am 1.3. und beginnt am 30.4. desselben Jahres wieder.

184 Der **Krankenversicherungsschutz** endet einen Monat nach Ende der Arbeitsphase (§ 7 Abs. 3 SGB IV). Findet im Anschluss daran § 19 Abs. 2 SGB V Anwendung, der nachgehenden Versicherungsschutz für einen Monat nach dem „Ende der Mitgliedschaft"[2] gewährt (str.),[3] so jedenfalls aber ohne Anspruch auf Krankengeld für einen dann erst eintretenden Versicherungsfall.[4] Der **Krankengeldanspruch**, der innerhalb einer Arbeitsphase begründet wurde, setzt sich zwar für die Dauer der Arbeitsunfähigkeit in die Freizeitphase fort (und begründet auch eine weitere Mitgliedschaft für den Anspruch auf Sachleistungen, vgl. § 192 Abs. 1 Nr. 2 SGB V); sobald der Arbeitnehmer seine Arbeitsfähigkeit wiedererlangt, muss er sich aber entweder freiwillig in der gesetzlichen Krankenversicherung oder privat weiterversichern.

185 Das **Mutterschaftsgeld** wird ebenso als Lohnersatzleistung nur für die Zeiten gewährt, in denen allein wegen der Schutzfristen kein Anspruch auf Arbeitsentgelt gegen den Arbeitgeber besteht. Liegen diese in einer unbezahlten Freistellungsphase, so entfällt das Mutterschaftsgeld ebenso wie der Aufstockungsbetrag des Arbeitgebers nach § 14 MuSchG.[5]

(3) Kontinuierliche Entgeltzahlung bei diskontinuierlicher Beschäftigung

186 **Vor In-Kraft-Treten des Flexi-Gesetzes** entsprach es zunächst allgemeiner Auffassung, dass durch eine kontinuierliche Vergütung auch während der Freistellungs-

---

1 Vgl. dazu allgemein *Fuchs/Preis*, Sozialversicherungsrecht, 2. Aufl. 2009, § 47 II.
2 Diese endet gem. § 190 Abs. 2 SGB V mit dem Ablauf des Tages, an dem das Beschäftigungsverhältnis mit Anspruch auf Arbeitsentgelt endet.
3 Zum Streitstand *Norpoth*, Sozialversicherungsrechtliche Behandlung flexibler Arbeitszeitmodelle, S. 37 f. m.w.N.
4 BSG v. 5.10.1977 – 3 RK 35/75, SozR 2200 § 183 Nr. 11; vgl. auch BSG v. 27.11.1990 – 3 RK 6/88, BSGE 68, 11; KassKomm/*Brandts*, § 19 SGB V Rz. 23 ff.
5 BSG v. 8.3.1995 – 1 RK 10/94, SozR 3-2200 § 200 Nr. 3; *Schüren*, BB 1984, 1235 (1239); GK-TzA/*Steinwedel*, SozR, Rz. 69.

phasen ein durchgehender Versicherungsschutz für die Entgeltlichkeit der Beschäftigung voraussetzenden Zweige der Sozialversicherung (also mit Ausnahme der Unfallversicherung) herbeigeführt werden konnte.[1] Auch gegenüber der hierdurch beabsichtigten hinausgeschobenen Beitragsfälligkeit mit hinausgeschobener Fälligkeit eines Teils des während der Arbeitsphase erarbeiteten Arbeitsentgelts bestanden zunächst keine Bedenken.[2]

Erst mit dem **Urteil des BSG zur Unbeachtlichkeit tariflicher Ausschlussfristen** für die Beitragspflicht, in dem sich das Gericht auch zur Entstehung und Fälligkeit der Beiträge äußerte,[3] wurde insbesondere die Frage der Fälligkeit der Beiträge für das „gestundete" Arbeitsentgelt (die Sozialversicherungsträger sprachen gar von darlehensweise dem Arbeitgeber gewährtem Arbeitsentgelt[4]) anders gesehen. Auch wurde der Versicherungsschutz in den Freizeitphasen nunmehr in Frage gestellt.[5] Dieser Meinungswandel war nicht mehr beeinflusst von der durch die Beitragsproblematik unbeirrten Rechtsprechung des BSG, nach der insbesondere bezahlte Arbeitsfreistellungen den Versicherungsschutz aufrecht erhielten, wenn nur der beiderseitige Wille zur Fortsetzung der Beschäftigung nach der Freistellung eindeutig war.[6] 187

Dementsprechend ist die Rechtslage für nicht dem Flexi-Gesetz unterfallene Arbeitszeitgestaltungen mit kontinuierlicher Entgeltzahlung als höchst unsicher einzuschätzen. Ratsam ist es daher, die **Vertragsgestaltungen an die Erfordernisse des Flexi-Gesetzes anzupassen**. 188

bb) Vertragliche Gestaltungen unter Ausnutzung der sozialrechtlichen Folgen des Flexi-Gesetzes

Das **Flexi-Gesetz** schreibt mit Wirkung zum 1.1.1998 für Arbeitszeitmodelle mit flexiblen Arbeitszeiten einen **kontinuierlichen Versicherungsschutz in allen Zweigen der Sozialversicherung** unter näher bestimmten Voraussetzungen vor. Gleichzeitig verlagert es die **Beitragsfälligkeit** abweichend von den im Urteil des BSG vom 30.8.1994[7] aufgestellten Grundsätzen auf den Zeitpunkt der (hinausgeschobenen) Fälligkeit des Arbeitsentgelts (§ 23b Abs. 1 SGB IV).[8] Damit schreibt es die in der 189

---

1 So insbes. auch die Spitzenverbände der Sozialversicherungsträger, Bespr. Erg. v. 5./6.3. 1985, Die Beiträge 1985, 166 (172); *von Hoyningen-Huene*, Schriftenreihe des Sozialrechtsverbandes Bd. XXVIII, S. 62 (77 ff.); *Löwisch*, RdA 1984, 197 (211); *Ruland*, DRV 1987, 21 (24 ff.); *Schüren*, BB 1984, 1235 (1236 f.); GK-TzA/*Steinwedel*, SozR Rz. 54 f.
2 Zweifelnd aber bereits *Landenberger*, ZSR 1985, 321 (393, 396 f.).
3 BSG v. 30.8.1994 – 12 RK 59/92, NZA 1995, 701 (702) mit abl. Anm. *Peters-Lange*, NZA 1995, 657 ff.
4 Spitzenverbände, Diskussionspapier, Anhang 2, S. 1 ff.; zum gewandelten Rechtsverständnis *Norpoth*, Sozialversicherungsrechtliche Behandlung flexibler Arbeitszeitmodelle, S. 56 f.
5 Spitzenverbände, Diskussionspapier, Anhang 2, S. 1 ff.
6 BSG v. 12.11.1975 – 3/12 RK 8/74, BSGE 41, 24; v. 9.12.1975 – GS 1/75, BSGE 41, 41 (53); v. 31.8.1976 – 12/3/12 RK 20/74, SozR 2200 § 1227 Nr. 4; v. 18.4.1991 – 7 RAr 106/90, BSGE 68, 236 (240).
7 BSG v. 30.8.1994 – 12 RK 59/92, NZA 1995, 701.
8 Zu dieser Beitragskreditierung *Knospe/Ewert/Marx*, NZS 2001, 459 (463).

Praxis zunächst ohne weitere Rechtszweifel zugrunde gelegten Grundsätze zum durchgehenden Versicherungsschutz und hinausgeschobener Beitragsfälligkeit bei Gestaltungen kontinuierlicher Entgeltzahlung trotz diskontinuierlicher Beschäftigung gesetzlich fest, beschränkt sie jedoch zugleich auf solche vertraglichen Arbeitszeitmodelle, die den gesetzlichen Anforderungen genügen.

190 Rechtstechnisch erfolgt die sozialrechtliche Absicherung über eine **gesetzliche Fiktion** der den sozialversicherungsrechtlichen Schutz begründenden „**Beschäftigung gegen Arbeitsentgelt**". Diese besteht nach § 7 Abs. 1a SGB IV auch dann, wenn für Zeiten einer Freistellung von der Arbeitsleistung Arbeitsentgelt fällig wird, das mit einer vor oder nach diesen Zeiten erbrachten Arbeitsleistung erzielt wird (Wertguthaben). Durch diese gesetzliche Formulierung wird deutlich, dass das Eingreifen der Bestimmungen des Flexi-Gesetzes eine kontinuierliche Entgeltzahlung voraussetzt. Nach der Begründung des Gesetzgebers kommt es nicht darauf an, ob die kontinuierliche Entgeltzahlung über Zeitkonten oder Wertguthaben abgewickelt wird.[1]

191 Ferner werden von der Vorschrift **nähere Voraussetzungen** zum Erwerb des durchgehenden Versicherungsschutzes formuliert. Nach § 7 Abs. 1a Satz 1 Nr. 1 SGB IV muss

– während der Freistellung Arbeitsentgelt aus einem Wertguthaben nach § 7b SGB IV fällig sein und

– das monatlich fällige Arbeitsentgelt in der Zeit der Freistellung darf nicht unangemessen von dem für die vorausgegangenen zwölf Kalendermonate abweichen, in denen Arbeitsentgelt bezogen wurde (§ 7 Abs. 1a Satz 1 Nr. 2 SGB IV).

192 Zu § 7 Abs. 1a Satz 1 Nr. 2 SGB IV haben die Spitzenverbände verlautbaren lassen,[2] dass das Arbeitsentgelt in der Freizeitphase mindestens 70 % des vorausgegangenen in der Arbeitsphase fälligen Arbeitsentgelts (ohne beitragsfreie Zuschläge[3]) betragen muss.

193 Wenn die **Freistellung im Vorgriff auf eine spätere Arbeitsleistung** erfolgt, gilt Entsprechendes, wobei nur die Beträge während der Freizeitphase und der anschließenden Arbeitsphase – ohne Rückgriff auf einen Referenzzeitraum von 12 Kalendermonaten – verglichen werden (§ 7 Abs. 1a Satz 2 SGB IV). Das gilt über den Gesetzeswortlaut hinaus auch dann, wenn eine Freistellung ohne vorige Arbeitsleistung innerhalb eines bereits bestehenden Beschäftigungsverhältnisses und nicht nur zu dessen Beginn vereinbart wird. Die Arbeitsvertragsparteien wären sonst dauerhaft an die vorige Durchschnittsarbeitszeit bzw. -bezahlung gebunden, ohne dass hierfür ein rechtlicher Grund erkennbar ist. Wurde also nicht „vorgearbeitet", bildet stets die nachgeschaltete Arbeitsphase den Vergleichsmaßstab.

---

1 BT-Drucks. 13/9818, S. 10.
2 Spitzenverbände, Gemeinsame Verlautbarung v. 23.7.1998, Nr. 1.5 (S. 9f.), abgedruckt in: Die Beiträge 1998, 652 ff.
3 So Spitzenverbände, Gemeinsame Verlautbarung v. 23.7.1998, Nr. 1.5 (S. 9f.), abgedruckt in: Die Beiträge 1998, 652 ff.; anders die Gesetzesbegründung, wonach sämtliche Zulagen und Zuschläge ohne Rücksicht auf die Beitragspflicht nicht in den Vergleich einfließen, BT-Drucks. 13/9818, S. 10.

194 Unterschreitet die vorangegangene Beschäftigung die Dauer von 12 Monaten, muss ohnehin (auch nach gesetzlicher Anordnung) auf einen kürzeren Zeitraum zurückgegriffen werden.[1] Der **Referenzzeitraum** soll nach den Worten des Gesetzgebers sicherstellen, dass der während des letzten wirtschaftlichen Dauerzustandes gehaltene **Lebensstandard in etwa gewahrt** bleibt. Wird das Arbeitsverhältnis aber durch eine Flexibilisierungsvereinbarung nach dem Willen der Parteien dergestalt verändert, dass die bisherige Durchschnittsarbeitszeit wesentlich (aus familiären oder sonstigen außerberuflichen Gründen) reduziert wird, ist der Gedanke der Lebensstandardsicherung untauglich. Hier ist eine teleologische Reduktion des Referenzzeitraums auf die Dauer des der Freistellungsphase vorangegangenen Zeitraums, beginnend mit der Flexibilisierungsvereinbarung, angebracht.[2]

195 Die Reduzierung des Arbeitsentgelts während der Freizeit- oder einer Ansparphase auf weniger als 450 Euro (vgl. § 7 Abs. 1a Satz 1 Nr. 1 i.V.m. § 7b Nr. 5 SGB IV) ist für den sozialversicherungsrechtlichen Schutz des Flexi-Gesetzes ungeeignet, dies stellt der Gesetzgeber ausdrücklich klar. Diese Klarstellung ist erforderlich, weil sonst auch nach der für die Einhaltung der Geringfügigkeitsgrenzen angestellten jährlichen Durchschnittsbetrachtung (s. Rz. 205) ein Sozialversicherungsschutz mit geringen Beiträgen erzielbar erscheint, insbesondere seit die 15-Wochenstunden-Grenze für die Annahme einer geringfügigen Beschäftigung gefallen ist (→ *Beschäftigung, geringfügige*, II B 20 Rz. 1). § 7 Abs. 1a Satz 1 Nr. 2 und Satz 2 i.V.m. § 7b Nr. 5 SGB IV verlangen daher ausdrücklich, dass sowohl in der Arbeits- als auch in der Freizeitphase ein Entgelt von mehr als 450 Euro zur Auszahlung gelangen muss.

196 Das **Schriftformerfordernis** (§ 7 Abs. 1a Satz 1 Nr. 1 i.V.m. § 7b Nr. 1 SGB IV) dient der Rechtssicherheit. Über den Zeitpunkt der Schriftformabrede wird im Gesetz nichts gesagt. Da es dem Nachweis der für das Eingreifen des Flexi-Gesetzes bestimmten Voraussetzungen dient, muss die Schriftform insbesondere Regelungen über die Bedingungen der Freistellung sowie die Höhe des dann fälligen Arbeitsentgelts umfassen.[3] Demgemäß ist erforderlich, dass die schriftliche Vereinbarung **spätestens vor der Freistellung** geschlossen wird.

197 Die Regelungen des **Flexi-Gesetzes** erfassen demnach **alle Formen fester Arbeitszeitmodelle mit vorausbestimmter Dauer und Entgelthöhe**, bei denen Arbeitszeit in Form von Zeit- oder Wertkonten angespart und durch Freizeitausgleich abgegolten wird. Sie dienen insbesondere der sozialrechtlichen Absicherung von Altersteilzeitmodellen in sog. Blockmodellen, bei denen an eine Phase mit (regelmäßig) Vollzeitarbeit eine Phase der Freistellung bis zum Erreichen einer Altersgrenze für die gesetzliche Rente (Vorruhestand) angeschlossen ist und durchgängig ein gleich bleibendes Arbeitsentgelt gezahlt wird; Einzelheiten → *Altersteilzeit*, II V 80 Rz. 26 ff.

198 Ist die **zeitliche Lage der Arbeitsfreistellung nicht vorausbestimmt**, sind Regelungen zur Frage der Verfügbarkeit über das Arbeitszeitkonto und ein diesbezügliches

---
1 Ebenso *Diller*, NZA 1998, 792 (793).
2 Ähnl. *Rombach*, RdA 1999, 194 (197), der nicht auf die Beschäftigung, sondern auf die Mobilzeitabrede abhebt.
3 Spitzenverbände, Gemeinsame Verlautbarung v. 23.7.1998, Nr. 1.2 (S. 8); *Rombach*, RdA 1999, 194 (195).

Anordnungsrecht des Arbeitgebers für die sozialrechtliche Wirksamkeit nicht erforderlich.[1] Im Rahmen fester Arbeitszeitmodelle wird der Vertrag regelmäßig ohnehin Modalitäten zur Lage der Arbeitszeit enthalten (s. Rz. 5 ff.). Wenn darüber hinaus eine Ansparmöglichkeit etwa auch zugunsten von Überstunden, Einmalzahlungen oder sonstigen beitragspflichtigen Zuschlägen vorgesehen ist, die durch – für das Eingreifen des Flexi-Gesetzes nur relevanten – längeren Freizeitausgleich abgegolten werden sollen, sind die arbeitsrechtlichen Bedingungen des Freizeitausgleichs, wenn nur die Entgeltpflicht und -höhe näher bestimmt sind, unerheblich.

b) Variable Arbeitszeitmodelle

aa) Variable Arbeitszeitdauer und -lage bei variablem Entgelt

199 Aus den Erläuterungen zum Eingreifen des Flexi-Gesetzes mit dem Ziel der sozialrechtlichen Absicherung **flexibler Arbeitszeitmodelle** (s. Rz. 42 ff.) ergibt sich, dass Arbeitszeitgestaltungen mit **variablem Arbeitsentgelt**, also wenn die Vergütung in Abhängigkeit von den geleisteten Stunden erfolgt, **grundsätzlich ungeeignet** sind, den sozialversicherungsrechtlichen Schutz durch das Flexi-Gesetz herbeizuführen. Zwar besteht auch hinsichtlich solcher Arbeitszeitregelungen, die eine diskontinuierliche Bezahlung bei diskontinuierlicher Beschäftigung vorsehen, grundsätzlicher Regelungsbedarf angesichts der Gefahr, dass durch längere unbezahlte Freizeitintervalle Lücken im Versicherungsschutz entstehen (s. im Einzelnen Rz. 174 ff.).[2] Das Gesetz zur sozialrechtlichen Absicherung flexibler Arbeitszeitmodelle erfasst jedoch nur einen Teilbereich der Arbeitszeitgestaltungen, in denen der Beschäftigte durch Vereinbarung eines durchgehenden Arbeitsentgelts eine durchgehende Lebensgrundlage hat und darüber dann auch seine sozialrechtliche Absicherung erfährt.

200 Der Gesetzgeber hat darüber hinaus die Modalitäten der Arbeitszeitvereinbarung mit einer kontinuierlichen Bezahlung an bestimmte Voraussetzungen geknüpft und damit den Arbeitsvertragsparteien hinsichtlich der **Herbeiführung eines durchgängigen Sozialversicherungsschutzes enge Grenzen** gesetzt. So führen die Regelungen zur Schriftform der Freistellungsvereinbarung sowie zur Abhängigkeit der während der Freistellung gezahlten Vergütung von der in der Arbeitsphase gezahlten Vergütung dazu, dass eine variable Vergütungszahlung, die nach dem tatsächlichen Arbeitsanfall oder auch nach dem jeweiligen Umfang der durch Freizeitausgleich abzugeltenden Guthaben variiert, ungeeignet ist. Aus der schriftlichen Vereinbarung muss sich die Höhe der monatlichen Vergütung sowohl für die Freizeit- als auch für die Arbeitsphase ergeben (weil sonst die Angemessenheit einer etwaigen Abweichung nicht beurteilt werden kann); dazu Rz. 189. Wäre bereits die Grundvergütung während der Arbeitsphase variabel, so ließe sich die Höhe des in der anschließenden (oder gar in einer vorangegangenen) Freizeitphase zu zahlenden Entgelts, um dem gesetzlichen Erfordernis einer nicht unangemessenen Abweichung zu genügen, letztlich nur durch eine im Einzelfall anzustellende Rechenoperation ermitteln. Damit bliebe die Frage nach dem Versicherungsschutz an Unsi-

---

1 A.A. (ohne nähere Begründung) *Rombach*, RdA 1999, 194 (195).
2 Regelungsbedarf diesbzgl. beklagt insbesondere auch *Norpoth*, Sozialversicherungsrechtliche Behandlung flexibler Arbeitszeitmodelle, S. 87.

cherheiten geknüpft, die dem Sicherungsbedürfnis des Arbeitnehmers nicht gerecht werden. Er muss vor der Inanspruchnahme eines Wert- oder Zeitguthabens in einer längeren Freistellungsphase wissen, ob er in dieser Zeit sozialversicherungsrechtlichen Schutz genießt. Demgemäß gehen auch die Spitzenverbände und Literaturstimmen von einem **kontinuierlichen Arbeitsentgelt während der Ansparphase** aus.[1]

Bei **variablen Entgelten** ist der Arbeitnehmer sozialrechtlich am besten geschützt, indem die Freistellungsphasen den Monatszeitraum des § 7 Abs. 3 SGB IV, für den das Beschäftigungsverhältnis gegen Entgelt als fortbestehend fingiert wird, einhalten. Dies gilt vor allem für die Abrufarbeit (s. Rz. 104 ff.) und sämtliche Formen von – wenn zulässig – Bandbreitenregelungen, insbesondere aber auch für den Jahresarbeitsvertrag. 201

bb) Variable Arbeitszeitdauer und/oder -lage bei festem Entgelt

Aus den vorstehenden Ausführungen ergibt sich, dass Arbeitszeitmodelle, die dem Arbeitnehmer eine **gleich bleibende monatliche Vergütung** garantieren, dem **Schutz des Flexi-Gesetzes** unterfallen, sofern die Mindestentgeltgrenze von mehr als 450 Euro monatlich eingehalten wird. Sozialversicherungsbeiträge sind nach dem jeweils fälligen Arbeitsentgelt zu entrichten, wobei die Fälligkeit der Fälligkeit des Arbeitsentgeltes folgt (vgl. § 23b SGB IV). Einzelheiten zu den Anforderungen einer vertraglichen Vereinbarung, für die der Schutz des Flexi-Gesetzes eingreift, wurden in Rz. 174 ff. erläutert. 202

Folge ist ein **durchgehender Sozialversicherungsschutz** in den vier Zweigen Arbeitslosen-, Renten-, Kranken- und Pflegeversicherung, mit geringen Modifikationen bei der Leistungsbemessung (vgl. § 151 SGB III zur Höhe des Arbeitslosengeldes und § 47 Abs. 2 Satz 4 SGB V zum Ruhen des Krankengeldes in der Freizeitphase). 203

c) Einhaltung von Zeit- und Entgeltgrenzen in der Sozialversicherung bei Modellen mit variabler Arbeitszeit und variablem Entgelt

Problematisch für die Sozialversicherungsträger sind Arbeitszeitregelungen mit **unregelmäßiger Arbeitszeitdauer** und demzufolge **unregelmäßigem Arbeitsentgelt** im Hinblick auf die Einhaltung von für die Versicherungs- und Beitragspflicht maßgeblichen Entgeltgrenzen. So führt die Überschreitung der für die Krankenversicherung geltenden Jahresentgeltgrenze (s. I D Rz. 11) (die der Beitragsbemessungsgrenze entspricht) zur Versicherungsfreiheit in der Kranken- und Pflegeversicherung (§§ 6 Abs. 1 Nr. 1 SGB V, 20 Abs. 1 Satz 1 SGB XI). Für die (beschränkte)[2] Versicherungs- 204

---

1 Spitzenverbände, Verlautbarung v. 23.7.1998, Beispiel unter 1.5 (S. 10); *Diller*, NZA 1998, 792; *Wonneberger*, DB 1998, 982; krit. *Norpoth*, Sozialversicherungsrechtliche Behandlung flexibler Arbeitszeitmodelle, S. 71.
2 Aufgrund der Pflicht zur Entrichtung der Pauschalbeiträge zur Kranken- und Rentenversicherung, wodurch in der Rentenversicherung sogar rentensteigernde Anwartschaften begründet werden, → *Beschäftigung, geringfügige*, II B 20 Rz. 22 f.

freiheit der geringfügigen Beschäftigungen muss die Entgeltgrenze von bis zu 450 Euro grundsätzlich[1] in jedem Monat eingehalten sein.

205 Für die Einhaltung der **Entgeltgrenzen** orientiert sich die Praxis an einer **Jahres- bzw. Jahresdurchschnittsbetrachtung**: Während für die Frage der Versicherungspflicht in der Krankenversicherung das im Laufe eines 12-Monatszeitraums (nicht notwendig Kalenderjahres)[2] zu erwartende Arbeitsentgelt heranzuziehen ist, wird für die Einhaltung der Geringfügigkeits-Entgeltgrenze bei schwankenden Bezügen aus den unterschiedlichen Monatsentgelten ein Durchschnittswert gebildet.[3] Diese Berechnung ist aber, da es um die Beurteilung der Versicherungspflicht der Beschäftigung von ihrem Beginn an geht, stets vorausschauend anzustellen.[4]

206 Bei der vorausschauenden Betrachtung wird den schriftlichen Vereinbarungen zwar Indizwirkung zuerkannt. Weichen die tatsächliche Durchführung, möglicherweise aus den Erfahrungen der Vergangenheit, oder etwaige, im Jahresverlauf mit an Sicherheit grenzender Wahrscheinlichkeit eintretende Veränderungen hiervon ab, so sind die **tatsächlichen Verhältnisse entscheidend**.[5] Gehaltserhöhungen, auch wenn sie bereits feststehen, führen nur ab dem Zeitpunkt ihres tatsächlichen Eintritts zu einer Änderung der Berechnung.[6]

207 Für die Ermittlung der Entgeltgrenze sind **Einmalzahlungen** nur dann zu berücksichtigen, wenn sie tatsächlich zur Auszahlung gelangen (§ 22 Abs. 1 Halbs. 2 SGB IV). Allerdings reicht es aus, dass eine Einmalzahlung zu *erwarten* ist, um die maßgebliche Entgeltgrenze im Jahresdurchschnitt zu überschreiten – voraussetzen wird man jedoch einen Rechtsanspruch auf Auszahlung im laufenden Jahr.[7]

208 Eine sozialversicherungsfreie geringfügige Beschäftigung in Gestalt der **kurzfristigen Beschäftigung** erfordert eine Beschäftigung von nicht mehr als zwei Monaten oder insgesamt 50 Arbeitstagen im Jahr, § 8 Abs. 1 Nr. 2 SGB IV (für die Zeit vom **1.1.2015 bis zum 31.12.2018** sind die Werte durch § 115 SGB IV vorübergehend auf **drei Monate oder siebzig Arbeitstage** verlängert worden (Einzelheiten → *Beschäftigung, geringfügige*, II B 20 Rz. 15 ff.). Werden nicht jeweils volle Kalendermonate erreicht, treten an die Stelle eines Monats 30 Tage, also insgesamt 60 bzw. (vom 1.1.2015 bis 31.12.2018) 90 Tage. Dies gilt allerdings nur für Beschäftigungen, die jeweils an 5 Tagen die Woche ausgeübt werden.[8] Werden wechselweise 5 Wochenarbeitstage und weniger als 5 Wochenarbeitstage erreicht, ist wiederum die Jahresgrenze von 50 bzw. 70 Arbeitstagen entscheidend. Auch bei der Ermittlung der **Durchschnittsarbeitszeit** ist eine vorausschauende Betrachtung anzustellen. Hilfsweise soll die Arbeitszeit des Arbeitnehmers oder vergleich-

---

1 Gelegentliche Überschreitungen = bis zu zweimal im Jahr schaden nicht, vgl. Geringfügigkeits-Richtlinien der Spitzenverbände, 3.1, abgedruckt in ZIP 2003, 499 (504).
2 BSG v. 9.2.1993 – 12 RK 26/90, SozR 3-2200 § 165 Nr. 9; KassKomm/*Peters*, § 6 SGB V Rz. 17; Küttner/*Schlegel*, Personalbuch 2014, Jahresarbeitsentgelt, Rz. 14.
3 Vgl. Geringfügigkeits-Richtlinien der Spitzenverbände v. 25.2.2003, abgedruckt in ZIP 2003, 499, 501, unter 2.1.1.
4 BSG v. 23.4.1974 – 4 RJ 335/72, SozR 2200 § 1228 Nr. 1; v. 28.2.1984 – 12 RK 21/83, SozR 2100 § 8 Nr. 4; v. 9.2.1993 – 12 RK 26/90 – SozR 3-2200 § 165 Nr. 9.
5 Küttner/*Schlegel*, Personalbuch 2014, Geringfügige Beschäftigung, Rz. 49.
6 BSG v. 7.12.1989 – 12 RK 19/87, BSGE 66, 124.
7 Geringfügigkeitsrichtlinien, abgedruckt in ZIP 2003, 499, 501, unter 2.1.1.
8 Geringfügigkeitsrichtlinien, abgedruckt in ZIP 2003, 499, 503 unter 2.2.1.

barer Arbeitnehmer in den zurückliegenden drei Kalendermonaten herangezogen werden können.[1] Kommt es infolge einer weiteren Beschäftigung – gleichgültig ob ihrerseits geringfügig oder nicht – durch die gesetzlich bestimmte Zusammenrechnung (§ 8 Abs. 2 SGB IV; → *Beschäftigung, geringfügige*, II B 20 Rz. 17 ff.) zur Versicherungspflicht beider Beschäftigungen, so ist unabhängig vom Zeitpunkt des Erreichens der Zeitgrenze vom Zeitpunkt der Aufnahme der zweiten Beschäftigung an Versicherungspflicht (beider Beschäftigungen) gegeben.

---

[1] Geringfügigkeits-Richtlinien, abgedruckt in ZIP 2003, 499, 501, 2.1.1.

A 100 Aufhebungsvertrag

	Rz.
1. Einführung	1
2. Abschluss des Aufhebungsvertrages	5
a) Beratungspflichten des Arbeitgebers	5
b) Angebot und Annahme	13
c) Schriftform (§ 623 BGB)	16
3. Abgrenzung zu sonstigen Beendigungsverträgen	19
a) Kündigung mit Abfindungsangebot (§ 1a KSchG)	19
b) Abwicklungsvertrag	21
c) Vergleich	23
4. Beteiligungsrechte des Betriebsrats	25
5. Leistungsstörungen	28
a) Unmöglichkeit	28
b) Verzögerung der Leistung	32
c) Sonstige Pflichtverletzungen	35
6. Unwirksamkeit des Aufhebungsvertrages	36
a) Nichtigkeit	36
aa) Fehlende Geschäftsfähigkeit	38
bb) Fehlende Vertretungsbefugnis	40
cc) Umgehung des Kündigungsrechts?	41
dd) Umgehung von § 613a BGB	42
ee) Sittenwidrigkeit (§ 138 BGB)	46
ff) Fehlende Massenentlassungsanzeige	50
b) Widerruf	52
aa) Vertragliches Widerrufsrecht	52
bb) Gesetzliches Widerrufsrecht (§§ 312g, 355 BGB)	53
c) Anfechtung	55

	Rz.
aa) Wegen Irrtums	56
bb) Wegen arglistiger Täuschung	60
cc) Wegen widerrechtlicher Drohung	64
d) Rücktritt	70
aa) Vertragliches Rücktrittsrecht	70
bb) Gesetzliches Rücktrittsrecht	71
e) Störung der Geschäftsgrundlage (§ 313 BGB)	72
7. Hinweise zur Vertragsgestaltung	74
a) Beendigung des Arbeitsverhältnisses	74
b) Abfindung	84
c) Sonstige Vereinbarungen	88
aa) Arbeitspflicht und Urlaub für die restliche Vertragslaufzeit	89
bb) Gratifikations- und Rückzahlungsansprüche	94
cc) Zeugnis	97
d) Ausgleichs- und Erledigungsklauseln	99
e) Hinweispflichten	108
f) Widerrufsrecht	112
8. Sozialrechtliche Konsequenzen des Aufhebungsvertrages	113
a) Beendigung des Beschäftigungsverhältnisses	113
b) Beitragspflichtigkeit von Abfindungen	115
c) Anrechnung von Abfindungen auf das Arbeitslosengeld (§ 158 SGB III)	116
d) Sperrzeit (§ 159 SGB III)	119
9. Steuerrechtliche Behandlung	130

Schrifttum:

Bauer, Neue Spielregeln für Aufhebungs- und Abwicklungsverträge durch das geänderte BGB?, NZA 2002, 169; *Bauer/Günther*, Neue Spielregeln für Klageverzichtsvereinbarungen, NJW 2008, 1617; *Bauer/Krieger*, Freistellungsvereinbarungen: Neue sozialversicherungsrechtliche Spielregeln – Rechtsfolgen, Kritik, Alternativen, DB 2005, 2242; *Becker-Schaffner*, Umfang und Grenzen der arbeitgeberseitigen Hinweis- und Belehrungspflichten, BB 1993, 1281; *Bengelsdorf*, Der gesetzes- und verfassungswidrige Zugriff auf die arbeitsrechtliche Beendigungsfreiheit, NZA 1994, 193; *Besgen/Velten*, Der Rücktritt vom Aufhebungsvertrag in der Insolvenz, NZA-RR 2010, 561; *Boemke*, Privatautonomie im Arbeitsvertragsrecht, NZA 1993, 532; *Eicher*, Die Sperrzeit für das Arbeitslosengeld bei Lösung des Beschäftigungsverhältnisses durch den Arbeitnehmer, SGb 2005, 553; *Freckmann*, Abwicklungs- und Aufhebungsverträge – in der Praxis noch immer ein Dauerbrenner, BB 2004, 1564; *Gagel*, Sperrzeiten der Aufhebungsvereinbarungen bei drohender Kündigung, SGb 2006, 264; *Gagel/Vogt*, Beendigung von Arbeitsverhältnissen: sozial- und steuerrechtliche Konsequenzen,

5. Aufl. 1996; *Gaul/Niklas*, Neue Grundsätze zur Sperrzeit bei Aufhebungsvertrag, Abwicklungsvereinbarung und gerichtlichem Vergleich, NZA 2008, 137; *Hanau*, Einzelfragen und -antworten zu den beiden ersten Gesetzen für moderne Dienstleistungen am Arbeitsmarkt, ZIP 2003, 1573; *Heinze*, Arbeitsrecht in der gesellschaftlich-ökonomischen Ordnung der Bundesrepublik Deutschland, in Festschrift für D. Gaul, 1992, S. 305; *Henssler*, Arbeitsrecht und Schuldrechtsreform, RdA 2002, 129; *Hümmerich*, Sperrzeitrechtsprechung im Umbruch, NJW 2007, 1025; *Hümmerich/Holthausen*, Der Arbeitnehmer als Verbraucher, NZA 2002, 173; *Knospe*, Die Vereinbarung sozialversicherungsrechtlich zulässiger Freistellungen von der Arbeitsleistung, NJW 2006, 3676; *Kroeschell*, Die neuen Regeln bei Aufhebungs- und Abwicklungsvereinbarungen, NZA 2008, 560; *Kühl*, Die Sperrzeit bei Arbeitsaufgabe, 2006; *Langer/Windhammer*, Abgrenzung zwischen Vorbereitungshandlung und Betriebs(teil-)Stilllegung, NZA 2011, 430; *Larenz*, Lehrbuch des Schuldrechts, Bd. 1, 14. Aufl. 1987; *Lembke*, Aufhebungsverträge: Neues zur Sperrzeit, DB 2008, 293; *Lilienfeld/Spellbrink*, Für eine sperrzeitrechtliche Neubewertung des Abwicklungsvertrages im Licht des § 1a KSchG, RdA 2005, 88; *Lingemann/Groneberg*, Der Aufhebungsvertrag, NJW 2010, 3496; NJW 2010, 3624; NJW 2011, 2028; NJW 2011, 2937 und NJW 2011, 3629; *Lingemann/Groneberg*, Musterformulierung für einen Aufhebungsvertrag, NJW 2012, 985; *Lipinski/Kumm*, Renaissance des Aufhebungs- und Abwicklungsvertrages durch die aktuelle Änderung der Durchführungsanweisungen der Bundesagentur für Arbeit?, BB 2008, 162; *Lorenz*, Arbeitsrechtlicher Aufhebungsvertrag, Haustürwiderrufsgesetz und 'undue influence', JZ 1997, 277; *Nicolai/Noack*, Grundlagen und Grenzen des Wiedereinstellungsanspruchs nach wirksamer Kündigung des Arbeitsverhältnisses, ZfA 2000, 87; *Papier*, Der verfassungsrechtliche Rahmen für Privatautonomie im Arbeitsrecht, RdA 1989, 137; *Peters-Lange/Gagel*, Arbeitsförderungsrechtliche Konsequenzen aus § 1a KSchG, NZA 2005, 740; *Pohlmann-Weide/Ahrendt*, Arbeitslosengeld I: Keine Sperrzeit in der Insolvenz, ZIP 2008, 589; *Preis/Bleser/Rauf*, Die Inhaltskontrolle von Ausgleichsquittungen und Verzichtserklärungen, DB 2006, 2812; *Preis/Schneider*, § 1a KSchG – die sozialrechtliche Aufwertung einer bisher arbeitsrechtlich unbedeutenden Vorschrift, NZA 2006, 1297; *Reim*, Arbeitnehmer und/oder Verbraucher?, DB 2002, 2434; *Reinecke*, Zur Kontrolle von Aufhebungsverträgen nach der Schuldrechtsreform, in Festschrift für Küttner, 2006, S. 327; *Reinfelder*, Der Rücktritt von Aufhebungsvertrag und Prozessvergleich, NZA 2013, 62; *Reuter*, Inhaltskontrolle im Arbeitsrecht (§ 310 Abs. 4 BGB), in Festschrift 50 Jahre BAG, 2004, S. 177; *Ricken*, Aufhebungsvertrag und Sperrzeit – Ankündigung einer Rechtsprechungsänderung, NJW 2006, 3516; *Rolfs*, Schriftform für Kündigungen und Beschleunigung des arbeitsgerichtlichen Verfahrens, NJW 2000, 1227; *Rolfs*, Sperrzeit wegen verspäteter Meldung als arbeitsuchend (§ 144 Abs. 1 Satz 2 Nr. 7 SGB III), DB 2006, 1009; *Rolfs*, Die Inhaltskontrolle arbeitsrechtlicher Beendigungsvereinbarungen, in Festschrift für Reuter, 2010, S. 825; *Rolfs/Witschen*, Keine Beschäftigung ohne Arbeit?, NZA 2011, 881; *Rolfs/Witschen*, Beschäftigung und Freistellung bei flexibler Arbeitszeit – der neue § 7 Abs. 1a Satz 2 SGB IV, NZS 2012, 241; *Schaub*, Gesetz zur Vereinfachung und Beschleunigung des arbeitsgerichtlichen Verfahrens, NZA 2000, 344; *Schlegel*, Versicherungs- und Beitragspflicht bei Freistellung von der Arbeit, NZA 2005, 972; *Schleusener*, Zur Widerrufsmöglichkeit von arbeitsrechtlichen Aufhebungsverträgen nach § 312 BGB, NZA 2002, 949; *Seel*, Sperrzeitprivilegierter „§ 1a KSchG-Aufhebungsvertrag"?, NZS 2007, 513; *Söllner*, Der verfassungsrechtliche Rahmen für Privatautonomie im Arbeitsrecht, RdA 1989, 144; *Spellbrink*, Der Eintritt einer Sperrzeit gemäß § 144 Abs. 1 Satz 2 Nr. 1 Alt. 1 SGB III bei einvernehmlicher Beendigung des Beschäftigungsverhältnisses, BB 2006, 1274; *Thomas/Weidmann*, Sozialversicherungsrechtliche Risiken als Folge einer unwiderruflichen Freistellung in Aufhebungsverträgen, NJW 2006, 257; *Thüsing*, Angemessenheit durch Konsens – Zu den Grenzen der Richtigkeitsgewähr arbeitsvertraglicher Vereinbarungen, RdA 2005, 257; *Vetter*, Kein Schadensersatz wegen unterlassener Unterrichtung des Arbeitnehmers über seine sozialrechtlichen Pflichten bei Ausspruch der Kündigung, BB 2005, 891; *Voelzke*, Aktuelle Entwicklungen im Sperrzeitrecht, NZS 2005, 281.

1. Einführung

1 Die allgemeine Handlungsfreiheit (Art. 2 Abs. 1 GG) und die – negative – Berufsfreiheit (Art. 12 Abs. 1 GG) gestatten es den Arbeitsvertragsparteien, ihr Vertragsverhältnis jederzeit einvernehmlich zu beenden.[1] Der Abschluss eines Aufhebungsvertrages ist Ausdruck der **Vertragsfreiheit** und actus contrarius gegenüber der Eingehung des Arbeitsvertrages. Weder muss der Arbeitgeber einen Grund für sein Angebot auf vorzeitige Beendigung der arbeitsvertraglichen Beziehungen benennen noch ist die Wirksamkeit der daraufhin getroffenen Vereinbarungen vom Vorliegen eines sachlichen Grundes zur Beendigung abhängig. Es ist vielmehr Ausdruck der freien Entscheidung des Arbeitnehmers, ob er an seinem Arbeitsverhältnis festhalten will oder aber dem Aufhebungsangebot des Arbeitgebers zustimmt.[2]

2 Am Abschluss des Aufhebungsvertrages können beide Parteien ein Interesse haben. Das **Interesse des Arbeitgebers** besteht darin, das Arbeitsverhältnis ohne Berücksichtigung von gesetzlichen oder kollektivrechtlich bzw. einzelvertraglich festgelegten Kündigungsfristen und -terminen auflösen zu können. Er muss weder die Vorschriften des allgemeinen (§ 1 KSchG) noch des besonderen gesetzlichen (z.B. § 15 KSchG, § 9 MuSchG,[3] § 18 BEEG, § 85 SGB IX) oder tariflichen Kündigungsschutzes beachten und kann das Arbeitsverhältnis daher auch bei fehlender oder zweifelhafter sozialer Rechtfertigung beenden. Eine soziale Auswahl (§ 1 Abs. 3 KSchG) ist bei betriebsbedingter Veranlassung der Beendigung entbehrlich. Der Arbeitgeber erhält die Möglichkeit, sich von weniger geeigneten Mitarbeitern zu trennen und die für die Fortführung des Betriebs notwendige Alters- und Qualifikationsstruktur der Belegschaft aufrechtzuerhalten bzw. zu verbessern.[4] Eine Anhörung des Betriebsrats (§ 102 BetrVG) ist entbehrlich;[5] einer staatlichen Genehmigung bedarf der Arbeitgeber nicht.

3 Das **Interesse des Arbeitnehmers** kann je nach Lage der Dinge unterschiedlich ausgeprägt sein. Geht die Initiative zum Vertragsabschluss von ihm aus, kann dies seine Ursache darin finden, dass die einvernehmliche Beendigung der arbeitsvertraglichen Beziehungen ohne Einhaltung der an sich zu beachtenden Kündigungsfristen ihm die Wahrnehmung einer sich kurzfristig anbietenden beruflichen Chance in einem anderen Unternehmen ermöglicht. Er setzt sich auf diese Weise keinen Ansprüchen des Arbeitgebers wegen Vertragsbruchs (Schadensersatz gemäß § 280 Abs. 1 und 3, § 281 BGB; ggf. vereinbarte Vertragsstrafe) aus.[6] Droht dem Arbeitnehmer eine Kündigung aus personen- oder verhaltensbedingten Gründen, vermeidet der Aufhebungsvertrag die Publizität des Kündigungsgrundes mit den daraus resultierenden Nachteilen. Im Zeugnis wird ihm die „einvernehmliche Trennung" bescheinigt,[7] so dass er sich in seinem weiteren beruflichen Fortkommen als ungekündigt bezeichnen kann. Ggf. ist der Arbeitgeber, obwohl er einen Grund zur

---

1 *Boemke*, NZA 1993, 532 (534); *Heinze*, FS Gaul, 1992, S. 305 (317); *Söllner*, RdA 1989, 144 (147 ff.); *Papier*, RdA 1989, 137 (138 f.).
2 BAG v. 7.3.2002 – 2 AZR 93/01, AP Nr. 22 zu § 620 BGB Aufhebungsvertrag.
3 Dazu BAG v. 8.12.1955 – 2 AZR 13/54, AP Nr. 4 zu § 9 MuSchG; **a.A.** ArbG Hamburg v. 14.10.1994 – 13 Ca 195/94, ArbuR 1995, 29.
4 *Bengelsdorf*, NZA 1994, 193 (193).
5 *Fitting*, § 102 BetrVG Rz. 15; *Lingemann/Groneberg*, NJW 2010, 3496 (3496).
6 *Bengelsdorf*, NZA 1994, 193 (194).
7 Vgl. Staudinger/*Preis*, § 630 BGB Rz. 35.

außerordentlichen fristlosen Kündigung (§ 626 BGB) hat, bereit, das Arbeitsverhältnis mit einem „geraden" Datum (Monatsende, Quartalsschluss) zu beenden, so dass auch hieraus für einen Dritten keinerlei dem Arbeitnehmer negative Rückschlüsse möglich sind.[1]

Allerdings birgt der Aufhebungsvertrag vor allem für den Arbeitnehmer auch erhebliche **Risiken**. Er verliert seinen Arbeitsplatz, ohne das Gewicht der arbeitgeberseitigen Beendigungsgründe einer gerichtlichen Überprüfung unterziehen zu können. Unter Umständen muss er sich schnell entscheiden, wenn das Angebot des Arbeitgebers zeitlich eng befristet ist oder günstige Konditionen nur bei einer schnellen Annahme des Angebots gewährt werden („Turboprämie"). Die dreiwöchige Frist, die ihm § 4 Satz 1 KSchG gewährt, um eine Kündigung gerichtlich anzugreifen, steht ihm nicht zu. Der Aufhebungsvertrag löst das sozialrechtliche Beschäftigungsverhältnis und hat daher häufig eine Sperrzeit von zwölf Wochen (§ 159 Abs. 1 Satz 2 Nr. 1 SGB III) zur Folge (Rz. 119 ff.), zudem kann eine Abfindung nach Maßgabe des § 158 SGB III zu einem weiteren Ruhen des Arbeitslosengeldanspruchs führen (Rz. 116 ff.). Versorgungsanwartschaften und sonstige Rechte aus dem Arbeitsverhältnis können verfallen. 4

2. Abschluss des Aufhebungsvertrages

a) Beratungspflichten des Arbeitgebers

Wegen der vorbezeichneten Nachteile, die der Arbeitnehmer oft nicht in vollem Umfang zu überblicken vermag, stellt sich die Frage, ob und ggf. in welchem Umfang der Arbeitgeber verpflichtet ist, ihn vor Vertragsabschluss aufzuklären oder zu beraten. Eine solche Pflicht kann sich sowohl als **vorvertragliche Nebenpflicht** aus dem angestrebten Aufhebungsvertrag (§ 311 Abs. 2, § 241 Abs. 2 BGB) als auch als **vertragliche Nebenpflicht** aus dem Arbeitsvertrag (§ 241 Abs. 2 BGB) ergeben. Letztere reicht regelmäßig weiter. Während vorvertraglich nur die „allgemeine Redlichkeitserwartung", es mit einem redlich denkenden, sich loyal verhaltenden Partner zu tun zu haben, geschützt wird,[2] bestehen in einem Dauerschuldverhältnis wie dem Arbeitsverhältnis gesteigerte Nebenleistungspflichten, die auch intensivere Hinweis- und Aufklärungspflichten zur Folge haben.[3] 5

Der Arbeitgeber ist erstens verpflichtet, dem Arbeitnehmer auf dessen Fragen **vollständige und zutreffende Auskünfte** zu erteilen oder – wenn er dies wegen der Komplexität bspw. steuer- oder sozialversicherungsrechtlicher Fragestellungen nicht vermag – den Arbeitnehmer an eine geeignete Stelle (Finanzamt, Agentur für Arbeit etc.) zu verweisen. Er genügt seinen Pflichten im Zusammenhang mit dem Abschluss eines Aufhebungsvertrages dann dadurch, dass er dem Arbeitnehmer hinreichend Zeit einräumt, um sich in jedweder Hinsicht umfassend informieren zu kön- 6

---

1 Küttner/*Eisemann*, Personalbuch 2014, Aufhebungsvertrag Rz. 2.
2 *Larenz*, Lehrbuch des Schuldrechts, Bd. 1, § 9 I; vgl. etwa BAG v. 2.12.1976 – 3 AZR 401/75, AP Nr. 10 zu § 276 BGB Verschulden bei Vertragsschluss; v. 14.7.2005 – 8 AZR 300/04, AP Nr. 41 zu § 242 BGB Auskunftspflicht.
3 BAG v. 13.11.1984 – 3 AZR 255/84, AP Nr. 5 zu § 1 BetrAVG Zusatzversorgungskassen; v. 17.10.2000 – 3 AZR 605/99, AP Nr. 116 zu § 611 BGB Fürsorgepflicht; v. 23.9.2003 – 3 AZR 658/02, AP Nr. 3 zu § 1 BetrAVG Auskunft; v. 22.4.2004 – 2 AZR 281/03, AP Nr. 27 zu § 620 BGB Aufhebungsvertrag.

nen.¹ Nicht erforderlich ist es demgegenüber, dass er dem Arbeitnehmer in allen Einzelheiten erläutert, welche Fragen er stellen und welche Auskünfte er genau einholen muss.² Erteilt der Arbeitgeber die Auskunft aber selbst oder durch seine Erfüllungsgehilfen (§ 278 BGB), haftet er gemäß § 280 Abs. 1 BGB für ihre Richtigkeit.³

7 Zum Zweiten kann der Arbeitgeber auch ohne ausdrückliche Nachfrage des Arbeitnehmers verpflichtet sein, von sich aus über Risiken im Zusammenhang mit dem angestrebten Vertragsabschluss zu unterrichten. Eine derartige Pflicht trifft ihn dann, wenn zwischen den Vertragsparteien ein **Informationsgefälle** besteht, er aufgrund seiner **überlegenen Sachkunde** ohne Weiteres zu entsprechenden Auskünften imstande und der Arbeitnehmer zur sachgerechten Entscheidung nur nach entsprechender Aufklärung in der Lage ist, er also über Kenntnisse verfügt, die der Arbeitnehmer nicht hat oder er sich diese wesentlich leichter als jener zu beschaffen vermag.⁴ Eine Aufklärungspflicht kann deshalb zu bejahen sein, wenn der Arbeitgeber erkennt, dass sich sein Vertragspartner bestimmter, nahe liegender Risiken offensichtlich nicht bewusst ist. Demgegenüber ist anerkannt, dass bei in etwa gleichem Kenntnisstand beider Vertragspartner eine Aufklärungspflicht nicht in Betracht kommt. Dies gilt nicht nur für den Fall, dass der Berechtigte ausdrücklich oder konkludent erklärt, über das erforderliche Wissen zu verfügen und sich so als nicht aufklärungsbedürftiger Fachmann geriert.⁵ Vielmehr entfällt eine Aufklärungspflicht auch dann, wenn der Verpflichtete seinerseits nicht über die erforderlichen Kenntnisse verfügt und dem anderen Teil gegenüber auch nicht den Eindruck erweckt, sie zu besitzen.⁶

8 Drittens schließlich bestehen Aufklärungspflichten, wenn der Arbeitgeber während der Vertragsverhandlungen **ausdrücklich oder konkludent erklärt**, nicht nur seine eigenen **Interessen**, sondern auch diejenigen **des Arbeitnehmers zu achten und zu wahren**. So sollen die Dinge nach Ansicht des BAG insbesondere dann liegen können, wenn ein Aufhebungsvertrag auf seine Initiative und in seinem Interesse zustande kommt. Durch das Angebot eines Aufhebungsvertrages könne der Arbeitgeber den Eindruck erwecken, er werde bei der vorzeitigen Beendigung des Arbeitsverhältnisses auch die Interessen des Arbeitnehmers wahren und ihn nicht ohne ausreichende Aufklärung erheblichen und atypischen Risiken aussetzen.⁷

9 Von derartigen Ausnahmefällen abgesehen ist aber zu betonen, dass der Arbeitgeber **nicht verpflichtet** ist, umfassend die Aufgaben eines Sachwalters der wirtschaftlichen Interessen des Arbeitnehmers zu übernehmen. Schutz- und Fürsorgepflichten dürfen nicht überspannt werden. In der Regel muss sich der Arbeitnehmer vor Abschluss eines Aufhebungsvertrages selbst Klarheit über die Folgen der Beendigung

---

1 Ähnlich *Becker-Schaffner*, BB 1993, 1281 (1281).
2 BAG v. 10.3.1988 – 8 AZR 420/85, AP Nr. 99 zu § 611 BGB Fürsorgepflicht.
3 BAG v. 3.7.1990 – 3 AZR 382/89, AP Nr. 24 zu § 1 BetrAVG; v. 19.8.2003 – 9 AZR 611/02, AP Nr. 20 zu § 1 TVG Tarifverträge: Luftfahrt.
4 LAG Berlin v. 18.1.1999 – 9 Sa 107/98, NZA-RR 1999, 179 (181).
5 Vgl. nur BGH v. 19.5.1988 – XI ZR 216/97, BGHZ 139, 36 (38 f.).
6 Vgl. BGH v. 5.10.1999 – XI ZR 296/98, BGHZ 142, 345 (355).
7 BAG v. 17.10.2000 – 3 AZR 605/99, AP Nr. 116 zu § 611 BGB Fürsorgepflicht; v. 23.9.2003 – 3 AZR 658/02, AP Nr. 3 zu § 1 BetrAVG Auskunft; v. 22.4.2004 – 2 AZR 281/03, AP Nr. 27 zu § 620 BGB Aufhebungsvertrag.

des Arbeitsverhältnisses verschaffen.¹ Der Arbeitgeber ist nicht ohne Weiteres verpflichtet, Arbeitnehmer unaufgefordert über die Auswirkungen einer Beendigung ihres Arbeitsverhältnisses zu unterrichten.² Hinsichtlich der Folgen eines Aufhebungsvertrages stehen dem Arbeitnehmer zur sachkundigen und kompetenten Beratung die entsprechenden Leistungsträger bzw. beruflich ausgebildete Sachverständige zur Verfügung.³

Etwas anderes folgt auch nicht aus **§ 2 Abs. 2 Nr. 3 SGB III.** Hiernach soll der Arbeitgeber den Arbeitnehmer vor der Beendigung des Arbeitsverhältnisses frühzeitig über die Notwendigkeit eigener Aktivitäten bei der Suche nach einer anderen Beschäftigung sowie über die Verpflichtung zur Meldung nach § 38 Abs. 1 SGB III bei der Agentur für Arbeit informieren, ihn hierzu freistellen und die Teilnahme an erforderlichen Qualifizierungsmaßnahmen ermöglichen. Damit soll u.a. gewährleistet werden, dass der Arbeitnehmer von seiner **Obliegenheit zur Arbeitsuchendmeldung** Kenntnis erlangt.⁴ Nach Wortlaut, Systematik und Entstehungsgeschichte handelt es sich bei § 2 Abs. 2 SGB III um eine bloß sozialversicherungsrechtliche Bestimmung, deren Verletzung keine schadensersatzrechtlichen Konsequenzen nach sich zieht.⁵ 10

Eine Haftung des Arbeitgebers wegen Verletzung von Aufklärungs- und Beratungspflichten setzt zudem voraus, dass der Arbeitnehmer den Vertrag nicht oder nicht mit diesem Inhalt abgeschlossen hätte, wenn er zuvor zutreffend informiert worden wäre.⁶ Allerdings wird dem Arbeitnehmer die diesbezügliche Beweisführung nach den Grundsätzen des Anscheinsbeweises erleichtert, wenn ein bestimmter Rat geschuldet war und es in der gegebenen Situation unvernünftig gewesen wäre, einen solchen Rat nicht zu befolgen (**Grundsatz des „beratungsgemäßen Verhaltens"**).⁷ Demgegenüber kommt es nicht darauf an, ob er dem pflichtwidrigen Rat des Arbeitgebers gefolgt ist oder ob er aus eigenem Antrieb gehandelt hat.⁸ 11

Eine schuldhafte (§ 280 Abs. 1 Satz 2 BGB) Verletzung von Aufklärungspflichten hat einen **Schadensersatzanspruch** des Arbeitnehmers aus Pflichtverletzung zur Folge. Gemäß § 249 Abs. 1 BGB ist der Arbeitnehmer so zu stellen, wie er ohne die Pflichtverletzung des Arbeitgebers gestanden hätte. Da der Verstoß gegen eine Rechtspflicht nur zum Ersatz desjenigen Schadens verpflichtet, dessen Eintritt die Einhaltung der Pflicht verhindern sollte, ersatzfähig also nur derjenige Schaden ist, der nach Art und Entstehungsweise aus dem Bereich der Gefahren stammt, zu deren Abwendung die verletzte Pflicht bestimmt war,⁹ kommt eine Rückgängigmachung 12

---

1 BAG v. 3.7.1990 – 3 AZR 382/89, AP Nr. 24 zu § 1 BetrAVG.
2 BAG v. 13.11.1996 – 10 AZR 340/96, AP Nr. 4 zu § 620 BGB Aufhebungsvertrag; v. 11.12. 2001 – 3 AZR 339/00, AP Nr. 2 zu § 1 BetrAVG Auskunft; v. 23.9.2003 – 3 AZR 658/02, AP Nr. 3 zu § 1 BetrAVG Auskunft.
3 LAG Berlin v. 18.1.1999 – 9 Sa 107/98, NZA-RR 1999, 179 (181); v. 13.1.2006 – 13 Sa 1957/05, NZA-RR 2006, 327 (328).
4 BSG v. 25.5.2005 – B 11a/11 AL 81/04 R, BSGE 95, 8 (10).
5 BAG v. 29.9.2005 – 8 AZR 571/04, AP Nr. 2 zu § 2 SGB III; BLDH/*Lingemann*, Kap. 23 Rz. 6; *Hanau*, ZIP 2003, 1573 (1574); *Vetter*, BB 2005, 891 (891).
6 BAG v. 19.8.2003 – 9 AZR 611/02, AP Nr. 20 zu § 1 TVG Tarifverträge: Luftfahrt.
7 BGH v. 30.9.1993 – IX ZR 73/93, BGHZ 123, 311 (314 ff.); v. 22.2.2001 – IX ZR 293/99, NJW-RR 2001, 1351 (1353).
8 BGH v. 6.12.2001 – IX ZR 124/00, NJW 2002, 593 (594).
9 BGH v. 25.6.1985 – VI ZR 270/83, NJW 1985, 2749 (2751); v. 9.7.1985 – VI ZR 244/83, BGHZ 95, 199 (209 f.); v. 3.12.1991 – XI ZR 300/90, BGHZ 116, 209 (212).

des Aufhebungsvertrages (= Fortsetzung des Arbeitsverhältnisses) in aller Regel nicht in Betracht. Der Arbeitnehmer irrt nämlich infolge der Aufklärungspflichtverletzung nicht darüber, dass der Aufhebungsvertrag das Arbeitsverhältnis beendet, sondern über andere (steuer-, sozial- oder versorgungsrechtliche) Konsequenzen. Der Schadensersatzanspruch des Arbeitnehmers ist daher auf **Geldersatz** gerichtet.[1]

b) Angebot und Annahme

13 Der Aufhebungsvertrag muss mindestens zum **Inhalt** haben, dass die Parteien sich über die Beendigung des Arbeitsverhältnisses einig sind. Ist ein konkreter Beendigungszeitpunkt weder bestimmt noch aus den Umständen erkennbar, beendet der Vertrag das Arbeitsverhältnis sofort (§ 271 Abs. 1 BGB). Dementsprechend reicht es für eine Offerte (§ 145 BGB) aus, dass eine Partei der anderen die Aufhebung anträgt, ohne dass es irgendwelcher weiteren Bestimmungen bedürfte. Trägt der Arbeitgeber mehreren Arbeitnehmern Aufhebungsverträge an, muss er darauf achten, dass er weder die **Diskriminierungsverbote des AGG** noch den **allgemeinen arbeitsrechtlichen Gleichbehandlungsgrundsatz verletzt.**[2] Eine unzulässige Differenzierung kann bspw. darin liegen, dass bestimmte Arbeitnehmer ohne sachlichen Grund vom Angebot ausgeschlossen oder ihnen gegenüber geringere Abfindungen angeboten werden.[3] Demgegenüber stellt es keine nach §§ 7, 1 AGG untersagte Diskriminierung wegen des Alters dar, wenn der Arbeitgeber nur jüngeren Arbeitnehmern die Beendigung des Arbeitsverhältnisses unter Zahlung attraktiver Abfindungen anträgt und ältere Arbeitnehmer generell vom Personalabbau ausnimmt.[4] Das BAG verweist insoweit zutreffend darauf, dass sowohl die Richtlinie 2000/78/EG als auch das AGG das Ziel verfolgen, ältere Arbeitnehmer vor einem Verlust ihres Arbeitsplatzes zu schützen, und diesem Ziel mit einer solchen Differenzierung Rechnung getragen wird.

14 Ein Aufhebungsvertrag kommt auch dann wirksam zustande, wenn der Arbeitnehmer **der deutschen Sprache nicht mächtig** ist, der Text aber in Deutsch abgefasst wurde.[5] Eine wirksame Willenserklärung setzt nämlich nicht voraus, dass der Erklärende Erklärungsbewusstsein oder Geschäftswillen hatte.[6] Allerdings kann der Arbeitnehmer seine Erklärung analog § 119 Abs. 1 BGB anfechten, wenn ihm nicht bewusst war, eine rechtsgeschäftliche Erklärung unterzeichnet zu haben (Rz. 57). Auch eine Anfechtung nach § 123 Abs. 1 BGB kann u.U. in Betracht kommen. Der Arbeitgeber ist daher gut beraten, dem Arbeitnehmer das Vertragsangebot in einer ihm verständlichen Sprache zu erläutern oder den Text zu übersetzen.

---

1 Vgl. BAG v. 24.2.2011 – 6 AZR 626/09, NZA-RR 2012, 148 (153 f.).
2 Vgl. auch BAG v. 18.5.2010 – 1 AZR 187/09, NZA 2010, 1304 für den Fall, dass die Rahmenbedingungen für die Aufhebungsvereinbarungen mit dem Betriebsrat abgestimmt worden sind.
3 BAG v. 25.11.1993 – 2 AZR 324/93, AP Nr. 108 zu § 242 BGB Gleichbehandlung; näher unten Rz. 86.
4 BAG v. 25.2.2010 – 6 AZR 911/08, AP Nr. 3 zu § 3 AGG; s. aber auch EuGH v. 12.10.2010 – C-499/08, Slg. 2010, I-9343 = NZA 2010, 1341 (1342 f.) – *Ingeniørforeningen i Danmark*.
5 Vgl. BAG v. 19.3.2014 – 5 AZR 252/12 (B), NZA 2014, 1076 (1079 f.).
6 BGH v. 7.6.1984 – IX ZR 66/83, BGHZ 91, 324 (329); v. 19.9.2002 – V ZB 37/02, BGHZ 152, 63 (70 f.); v. 13.7.2005 – VIII ZR 255/04, NJW 2005, 2620 (2621).

Eine unwirksame ordentliche oder außerordentliche Kündigung kann gemäß § 140 BGB unter besonderen Umständen in ein Angebot des Arbeitgebers zum Abschluss eines Aufhebungsvertrages **umzudeuten** sein.[1] Dem steht nicht entgegen, dass § 623 BGB nicht nur für die Kündigung, sondern auch für den Auflösungsvertrag die Schriftform vorschreibt und damit voraussetzt, dass nicht nur das Vertragsangebot des Arbeitgebers, sondern auch die Annahme des Arbeitnehmers in der Urkunde schriftlich niedergelegt ist. Es genügt nämlich, dass Angebot und Annahme zwar isoliert abgegeben werden, aber in derselben Urkunde verkörpert sind.[2] Damit kann ein Aufhebungsvertrag auch dadurch zustande kommen, dass der Arbeitnehmer sein Einverständnis mit dem in der unwirksamen Kündigung liegenden Angebot auf Abschluss eines solchen Vertrages auf derselben Urkunde schriftlich erklärt. Voraussetzung hierfür ist jedoch zweierlei: Zum einen muss der Arbeitgeber sich der **möglichen Unwirksamkeit seiner Kündigung bewusst** gewesen sein und seine Erklärung jedenfalls hilfsweise als Vertragsangebot verstanden wissen wollen.[3] Zum anderen darf der Arbeitnehmer nicht nur die Kündigungserklärung „akzeptiert" oder ihren Empfang quittiert haben, sondern er muss sich seinerseits bewusst gewesen sein, eine **rechtsgeschäftliche Willenserklärung** abgeben zu können und zu wollen. Das setzt voraus, dass er die Unwirksamkeit der Kündigung erkannt hat, diese als Angebot zur Vertragsaufhebung werten konnte und diesem mutmaßlichen Willen des Arbeitgebers zu entsprechen bereit war.[4] 15

c) Schriftform (§ 623 BGB)

Aufhebungsverträge bedürfen der Schriftform, § 623 BGB. Der **sachliche Geltungsbereich** dieser Vorschrift beschränkt sich allerdings auf Arbeitsverträge. Sonstige Dienstverträge, die keine Arbeitsverträge sind, unterliegen ihm nicht. Aus diesem Grunde findet die Vorschrift z.B. auf die Aufhebung freier Dienstverträge mit GmbH-Geschäftsführern oder von Umschulungsverträgen (§ 1 Abs. 5, §§ 58 ff. BBiG) keine Anwendung.[5] Allerdings sind auch **Vorverträge**, in denen sich die Parteien zu einem späteren Abschluss des Aufhebungsvertrages verpflichten, dem Formzwang des § 623 BGB unterworfen.[6] 16

Die Schriftform des § 623 BGB ist nur gewahrt, wenn die Parteien über die Aufhebung des Arbeitsverhältnisses entweder **eine Urkunde** errichtet und diese gemeinsam im Original unterzeichnet haben (§ 126 Abs. 2 Satz 1 BGB) oder sie **zwei Urkunden** errichtet, diese jeweils einzeln unterzeichnet und untereinander ausgetauscht haben (§ 126 Abs. 2 Satz 2 BGB). Erforderlich ist dann aber, dass jeder Vertragspartner das vom anderen Teil *original* unterschriebene Exemplar ausgehändigt bekommt. Ein **Telefax** oder Telebrief gibt zwar das Bild der Unterschrift wieder, ist aber nichts anderes als eine auf elektronischem Wege mechanisierte Vervielfältigung der Originalunterschrift und genügt deshalb nicht der Schriftform der Kündigungserklärung, weil die Echtheit der Unterschrift nicht gesichert ist. Die Grund- 17

---
1 Dazu grundsätzlich BAG v. 15.11.2001 – 2 AZR 310/00, AP Nr. 13 zu § 140 BGB.
2 BAG v. 26.7.2006 – 7 AZR 514/05, AP Nr. 24 zu § 14 TzBfG.
3 BAG v. 14.3.1972 – 2 AZR 243/71, AP Nr. 64 zu § 626 BGB.
4 BAG v. 14.3.1972 – 2 AZR 243/71, AP Nr. 64 zu § 626 BGB; v. 24.1.1985 – 2 AZR 67/84, AP Nr. 7 zu § 1 TVG Tarifverträge: Einzelhandel.
5 BAG v. 19.1.2006 – 6 AZR 638/04, AP Nr. 7 zu § 623 BGB.
6 BAG v. 17.12.2009 – 6 AZR 242/09, AP Nr. 41 zu § 620 BGB Aufhebungsvertrag.

sätze, die zu prozessrechtlichen Erklärungen durch Telefax entwickelt worden sind, lassen sich wegen des andersartigen Gesetzeszwecks nicht auf materiell-rechtliche Willenserklärungen übertragen.[1]

18 Ein Aufhebungsvertrag, der die Form des § 623 BGB nicht wahrt, ist gemäß § 125 Satz 1 BGB nichtig.[2] Der Arbeitnehmer braucht für seine auf Feststellung der Nichtigkeit gerichtete Klage (§ 256 ZPO) keine Klagefrist zu wahren. Allerdings kann die Geltendmachung der Nichtigkeit gegen **Treu und Glauben** verstoßen (§ 242 BGB). Dies kann unter dem Gesichtspunkt des „venire contra factum proprium" anzunehmen sein, wenn der Arbeitnehmer unmissverständlich und definitiv sein Einverständnis mit der Beendigung des Arbeitsverhältnisses erklärt und sich entsprechend verhalten hat.[3] Allerdings nimmt die gesetzliche Formvorschrift des § 623 BGB bewusst in Kauf, dass auch unstreitig im Ernst – aber eben nur mündlich – abgegebene Auflösungserklärungen wirkungslos sind. Dann aber kann die Berufung auf die fehlende Schriftform nicht allein mit der Begründung, die Beendigungserklärung sei ernsthaft gemeint gewesen, für treuwidrig erklärt werden.[4] Schließlich unterliegt das Recht, die Formunwirksamkeit geltend zu machen, nach § 242 BGB der **Verwirkung**.

3. Abgrenzung zu sonstigen Beendigungsverträgen

a) Kündigung mit Abfindungsangebot (§ 1a KSchG)

19 In systematischer Nähe zum Aufhebungsvertrag befindet sich die **betriebsbedingte Kündigung mit Abfindungsangebot.** Mit dem Aufhebungsvertrag gemein ist dieser Form der Beendigung, dass das Arbeitsverhältnis letztlich im Konsens beendet wird. Unbeschadet der überaus streitigen Frage, ob das Angebot des Arbeitgebers und das Verstreichenlassen der dreiwöchigen Klagefrist durch den Arbeitnehmer Willenserklärungen, geschäftsähnliche Handlungen oder Realakte sind,[5] stimmen die Vertragsparteien in ihrem Willen, ihre Rechtsbeziehung zu beenden, überein. Freilich bestehen gegenüber dem Aufhebungsvertrag auch beachtliche Unterschiede: Die Beendigungserklärung geht allein vom Arbeitgeber aus, der Arbeitnehmer löst das Beschäftigungsverhältnis (auch i.S.v. § 159 Abs. 1 Satz 2 Nr. 1 SGB III) nicht. Nur die Willenserklärung des Arbeitgebers bedarf der Schriftform des § 623 BGB, die Annahme seitens des Arbeitnehmers erfolgt konkludent durch Verstreichenlassen der Klagefrist. Die Rechtsfolgen der Beendigung treten kraft Gesetzes ein, die Vertragsparteien können z.B. die Kündigungsfrist nicht abkürzen. Auch die Höhe der Abfindung kann nicht beeinflusst werden.

20 Allerdings haben die Vertragsparteien die Möglichkeit, auch nach **Zugang der Kündigungserklärung noch einen Aufhebungs- oder Abwicklungsvertrag** abzuschließen. Dadurch können sie die in § 1a KSchG gesetzlich feststehenden Rechtsfolgen modifizieren. Ein dahingehendes Interesse kann von Seiten des Arbeitgebers z.B. darin bestehen, dass er schon vor Ablauf der dreiwöchigen Klagefrist Gewissheit ha-

---

1 BGH v. 28.1.1993 – IX ZR 259/91, BGHZ 121, 224 (229); v. 14.3.2006 – VI ZR 335/04, NJW 2006, 2482 (2483f.).
2 BAG v. 17.12.2009 – 6 AZR 242/09, AP Nr. 41 zu § 620 BGB Aufhebungsvertrag.
3 Vgl. BAG v. 4.12.1997 – 2 AZR 799/96, AP Nr. 141 zu § 626 BGB.
4 BAG v. 16.9.2004 – 2 AZR 659/03, AP Nr. 1 zu § 623 BGB.
5 Dazu näher BeckOK/*Rolfs*, § 1a KSchG Rz. 15ff.

ben will, ob der Arbeitnehmer mit der Beendigung einverstanden ist. Der Arbeitnehmer kann u.U. eine höhere Abfindung als den gesetzlichen Regelsatz erzielen, wenn er seinem Arbeitgeber diese Gewissheit durch eine entsprechende vertragliche Vereinbarung frühzeitig verschafft. Beide Vertragspartner können schließlich daran interessiert sein, das Beendigungsdatum abweichend von der Kündigungsfrist festzulegen.

b) Abwicklungsvertrag

Der Abwicklungsvertrag unterscheidet sich vom Aufhebungsvertrag dadurch, dass er **das Arbeitsverhältnis selbst nicht beendet**, sondern **lediglich Folgefragen regelt**, die aus einer vorhergehenden – regelmäßig, aber nicht notwendig ordentlichen personen- oder betriebsbedingten – arbeitgeberseitigen Kündigung resultieren (→ *Abwicklungsvertrag*, II A 15). Die beiden Kernelemente des Abwicklungsvertrages bestehen darin, dass der Arbeitnehmer auf die Erhebung der Kündigungsschutzklage verzichtet bzw. zusagt, eine bereits erhobene Klage zurückzunehmen, und dafür zum Ausgleich Anspruch auf eine Entlassungsentschädigung (Abfindung) erhält. Daneben können im Abwicklungsvertrag weitere Fragen, etwa die Freistellung des Arbeitnehmers für die Dauer der Kündigungsfrist, seine Berechtigung zur Weiternutzung eines Dienstwagens etc. geregelt werden. 21

Der Abwicklungsvertrag ist nach diesseitiger Auffassung formfrei möglich,[1] die Willenserklärungen der Vertragspartner zielen nicht unmittelbar auf die Beendigung des Arbeitsverhältnisses. Diese wird vielmehr allein durch die – wenn auch zuvor „vereinbarte" – Kündigung des Arbeitgebers herbeigeführt, weshalb dieser Weg der Beendigung auch nicht ohne Anhörung des Betriebsrats (§ 102 BetrVG) erfolgen kann.[2] Da der Arbeitnehmer vor Zugang der Kündigung nicht wirksam auf seinen ihm durch das KSchG vermittelten Bestandsschutz verzichten kann, entfaltet ein solcher Abwicklungsvertrag letztlich überhaupt keine rechtsgeschäftliche Bindungswirkung. Der Arbeitnehmer kann ihm zum Trotz gleichwohl Kündigungsschutzklage erheben, wenn er nicht *nach* Zugang der Kündigung (nochmals und dann wirksam[3]) hierauf verzichtet. 22

c) Vergleich

Das Arbeitsverhältnis kann, wenn zwischen den Parteien **Streit oder Ungewissheit über seinen Bestand** besteht, im Wege gegenseitigen Nachgebens durch außergerichtlichen Vergleich beendet werden. Unerheblich ist, ob sich die Unsicherheit auf den Status des Beschäftigten (Arbeitnehmer/Dienstnehmer) und/oder auf die Wirksamkeit einer Kündigung oder eines anderen Beendigungstatbestandes, z.B. einer Befristung, bezieht. Ist zwischen den Parteien aus diesem Grunde ein Rechtsstreit anhängig, kann ein außergerichtlicher Vergleich nur bis zu dessen rechtskräf- 23

---

1 Ebenso BAG v. 23.11.2006 – 6 AZR 394/06, AP Nr. 8 zu § 623 BGB; LAG Hamm v. 9.10. 2003 – 11 Sa 515/03, NZA-RR 2004, 242 (243); *Bauer*, NZA 2002, 169 (170); *Bauer/Günther*, NJW 2008, 1617 (1618); *Rolfs*, NJW 2000, 1227 (1228); **a.A.** BAG v. 19.4.2007 – 2 AZR 208/06, AP Nr. 9 zu § 623 BGB; *Schaub*, NZA 2000, 344 (347).
2 BAG v. 28.6.2005 – 1 ABR 24/04, AP Nr. 146 zu § 102 BetrVG 1972.
3 BAG v. 15.2.2005 – 9 AZR 116/04, AP Nr. 15 zu § 612a BGB; LAG Köln v. 22.2.2000 – 13 (10) Sa 1388/99, NZA-RR 2001, 85 (86).

tigem Abschluss vereinbart werden, weil danach keine Ungewissheit i.S.d. § 779 BGB über den Bestand des Rechtsverhältnisses bzw. seine Beendigung mehr besteht.

24 Der außergerichtliche Vergleich bedarf der Form des § 623 BGB. Er hat ausschließlich materiell-rechtliche Wirkung und beendet daher das gerichtliche Verfahren selbst dann nicht, wenn er auf Vorschlag des Gerichts vereinbart worden ist. Hierzu bedarf es einer entsprechenden **Prozesshandlung** (Rücknahme der Klage oder des Rechtsmittels, Erledigungserklärung, Verzicht auf das Rechtsmittel).

4. Beteiligungsrechte des Betriebsrats

25 Der Abschluss eines Aufhebungsvertrages bedarf **nicht** der vorherigen **Anhörung des Betriebsrats**. § 102 BetrVG gilt nur für Kündigungen, nicht aber für andere Beendigungstatbestände.[1] Allerdings finden sich im Bereich des öffentlichen Dienstes in einzelnen Bundesländern Bestimmungen, die die vorherige Anhörung des **Personalrats** zur Wirksamkeitsvoraussetzung erklären.

26 Dem Betriebsrat können aber **Informations- und Beteiligungsrechte** zustehen. Zwar besteht weder ein allgemeiner Anspruch, generell allen Personalgesprächen noch ein solcher, jedenfalls allen Gesprächen über die Beendigung des Arbeitsverhältnisses beizuwohnen, wie sich im Umkehrschluss aus § 81 Abs. 4 Satz 3, § 82 Abs. 2 Satz 2, § 83 Abs. 1 Satz 2 und § 84 Abs. 1 Satz 2 BetrVG ergibt.[2] Im Einzelfall können sich Ansprüche aber aus dem Überwachungsrecht des § 80 BetrVG, dem Anhörungs- und Erörterungsrecht des Arbeitnehmers aus § 82 BetrVG oder dem Informationsrecht bezüglich der Personalplanung (§ 92 BetrVG) ergeben. Für den Anspruch nach § 82 Abs. 2 Satz 2 BetrVG genügt es, wenn die Gesprächsgegenstände zumindest teilweise mit den in § 82 Abs. 2 Satz 1 BetrVG genannten Themen identisch sind. Nicht erforderlich ist daher, dass es sich ausschließlich um die in § 82 Abs. 2 Satz 1 BetrVG genannten Gegenstände handelt.[3] Ebenso wenig kommt es darauf an, wer den Anlass für das Gespräch gegeben oder dieses verlangt hat. Das Recht des Arbeitnehmers auf Teilnahme eines Betriebsratsmitglieds wird daher nicht dadurch ausgeschlossen, dass der Arbeitgeber die Erörterung mit dem Arbeitnehmer sucht.[4] Ist der Aufhebungsvertrag Teil einer Maßnahme zur **Massenentlassung** i.S.v. § 17 KSchG, bedarf es nach Maßgabe des § 17 Abs. 2 KSchG ebenfalls der Unterrichtung des Betriebsrats und der Beratung mit diesem; dasselbe gilt gem. § 111 Satz 1 BetrVG für Aufhebungsverträge im Rahmen einer **Betriebsänderung**.[5]

27 Bei **leitenden Angestellten** sind der Betriebsrat und der Sprecherausschuss über jede personelle Veränderung gemäß § 105 BetrVG bzw. § 31 Abs. 1 SprAuG rechtzeitig zu unterrichten. Die Verletzung der genannten Beteiligungsrechte durch den Arbeitgeber hat aber nicht die individualrechtliche Unwirksamkeit des Aufhebungsvertrages zur Folge. Der Betriebsrat ist vielmehr darauf beschränkt, seine Betei-

---

1 *Fitting*, § 102 BetrVG Rz. 15; *Lingemann/Groneberg*, NJW 2010, 3496 (3496).
2 BAG v. 16.11.2004 – 1 ABR 53/03, AP Nr. 3 zu § 82 BetrVG 1972.
3 Vgl. BAG v. 24.4.1979 – 6 AZR 69/77, AP Nr. 1 zu § 82 BetrVG 1972.
4 BAG v. 16.11.2004 – 1 ABR 53/03, AP Nr. 3 zu § 82 BetrVG 1972.
5 BAG v. 20.4.1994 – 10 AZR 323/93, NZA 1995, 489 (490); *Langer/Windhammer*, NZA 2011, 430 (437).

ligung zu beanspruchen und bei groben Verstößen des Arbeitgebers gegen seine betriebsverfassungsrechtlichen Pflichten den Weg des § 23 Abs. 3 BetrVG zu beschreiten.

5. Leistungsstörungen

a) Unmöglichkeit

Während die Zahlung einer in Geld geschuldeten Abfindung objektiv nicht unmöglich werden kann, stellt sich die Frage, welche Auswirkungen sich ergeben, wenn der Arbeitnehmer vor dem vereinbarten Beendigungszeitpunkt verstirbt oder ihm aus wichtigem Grund gemäß § 626 BGB gekündigt wird, so dass er seine im Aufhebungsvertrag geschuldete Leistung – die Aufgabe des Arbeitsplatzes – nicht mehr zu erbringen vermag. Sie wird in der Rechtsprechung des BAG uneinheitlich und im Ergebnis wenig befriedigend beantwortet. Das Gericht hat eine **Störung der Geschäftsgrundlage** (§ 313 BGB) erwogen, wenn der Arbeitnehmer nicht aufgrund des Aufhebungsvertrages, sondern aus einem anderen Grunde vor dem vorgesehenen Zeitpunkt ausscheidet. Letztlich hat es diesen Gedanken aber zu Recht verworfen, weil der Arbeitgeber bereits mit Abschluss der auf die Beendigung des Arbeitsverhältnisses gerichteten Vereinbarung über den Arbeitsplatz disponieren konnte und der vertraglich vereinbarte Erfolg nunmehr lediglich vorzeitig eingetreten war.[1] Es hat aber zugleich – und später auch in anderen Entscheidungen – angenommen, die Vertragsparteien hätten die Zahlung der vereinbarten Abfindung **konkludent** unter die **aufschiebende Bedingung** (§ 158 Abs. 1 BGB) gestellt, dass das Arbeitsverhältnis bis zum vereinbarten Beendigungszeitpunkt fortbestehe und nicht vorzeitig ende.[2] Dies gelte insbesondere dann, wenn es sich um eine Frühpensionierung handele und im Aufhebungsvertrag kein früherer Entstehungszeitpunkt bestimmt sei. Ende das Arbeitsverhältnis vorzeitig, etwa durch den Tod des Arbeitnehmers, könne der Anspruch nicht entstehen und von den Erben durch Erbfolge erworben werden.[3]

Zuletzt hat das Gericht argumentiert: Sei in einem Abfindungsvergleich der Zeitpunkt der Fälligkeit für die Abfindung nicht bestimmt, so könne sich der Fälligkeitszeitpunkt aus den Umständen ergeben (§ 271 Abs. 1 BGB). Bei Beantwortung der Frage, ob sich eine Leistungszeit aus den Umständen i.S.d. **§ 271 Abs. 1 BGB** ergebe, seien sowohl der Inhalt des zu Grunde liegenden Vertrags als auch vorvertragliche und vertragsbegleitende Umstände in Betracht zu ziehen. Die Interessen der Parteien seien am Maßstab von Treu und Glauben (§ 157 BGB) gegeneinander abzuwägen. Es sei zu untersuchen, ob sich aus den gesamten Umständen des einzelnen Falls etwas für die Fälligkeit des Anspruchs zu einem bestimmten Zeitpunkt ergebe. Es liege in aller Regel nahe, die in einem Abfindungsvergleich vorgesehene Verbindung zwischen Abfindung und Beendigung des Arbeitsverhältnisses auch in der Bestimmung des Fälligkeitszeitpunkts zu berücksichtigen. Dass eine Zahlung,

---
1 BAG v. 29.1.1997 – 2 AZR 292/96, AP Nr. 131 zu § 626 BGB.
2 BAG v. 29.1.1997 – 2 AZR 292/96, AP Nr. 131 zu § 626 BGB; v. 26.8.1997 – 9 AZR 227/96, AP Nr. 8 zu § 620 BGB Aufhebungsvertrag; v. 16.5.2000 – 9 AZR 277/99, AP Nr. 20 zu § 620 BGB Aufhebungsvertrag.
3 BAG v. 26.8.1997 – 9 AZR 227/96, AP Nr. 8 zu § 620 BGB Aufhebungsvertrag; ähnlich BAG v. 16.5.2000 – 9 AZR 277/99, AP Nr. 20 zu § 620 BGB Aufhebungsvertrag.

die aus einem bestimmten Anlass geleistet werden soll, nicht vor Eintritt dieses Anlasses fällig werden solle, liege in der Regel auf der Hand. Sei der Arbeitnehmer nach dem Vergleich unter Fortzahlung der Vergütung von der Arbeitsleistung freigestellt, so spreche auch dies für die **Fälligkeit der Abfindung bei Ende des Arbeitsverhältnisses.** Werde der Vergleich vor dem vereinbarten Ende des Arbeitsverhältnisses geschlossen und solle die Abfindung entsprechend §§ 9, 10 KSchG gezahlt werden, so lägen in aller Regel Umstände i.S.d. § 271 Abs. 1 BGB vor, aus denen sich als Fälligkeitszeitpunkt derjenige der Beendigung des Arbeitsverhältnisses ergebe.[1]

30 Anders liegen die Dinge nach Auffassung des Gerichts nur dann, wenn der Abfindungsanspruch beim Tod des Arbeitnehmers bereits **tituliert** war, bspw. weil er Gegenstand eines Prozessvergleichs (§ 794 Abs. 1 Nr. 1 ZPO) war. In einem solchen Falle soll ein Abfindungsanspruch, wenn die Parteien nichts anderes vereinbart haben, grundsätzlich auf die Erben übergehen, wenn der Arbeitnehmer vor dem im Abfindungsvergleich festgelegten Auflösungszeitpunkt verstirbt.[2]

31 Diese Differenzierung vermag weder dogmatisch noch praktisch zu überzeugen. Der Hinweis auf § 271 Abs. 1 BGB geht fehl, weil diese Vorschrift nur die **Fälligkeit**, nicht aber die **Entstehung** des Anspruchs betrifft. Auch wenn sich aus den Vereinbarungen der Parteien konkludent ergeben sollte, dass der Anspruch entgegen § 271 Abs. 1 BGB nicht sofort fällig, sondern betagt ist, könnte der Arbeitnehmer oder könnten seine Erben ihn zum vorgesehenen späteren (vereinbarten Ausscheidens-)Zeitpunkt beanspruchen. Über die allein fragliche Entstehung des Anspruchs bzw. sein Erlöschen trifft § 271 Abs. 1 BGB keine Aussage. Praktisch führt die Differenzierung des BAG dazu, dass titulierte Ansprüche gegenüber nicht titulierten hinsichtlich ihres Entstehens oder Nicht-Erlöschens bevorzugt werden, wofür es im Gesetz keinerlei Anhaltspunkte gibt. Nahe liegender erscheint die Annahme, dem Arbeitnehmer sei die vereinbarte Leistung – Aufgabe des Arbeitsplatzes – gemäß § 275 Abs. 1 BGB unmöglich, wenn er vor dem vorgesehenen Aufhebungszeitpunkt bereits verstorben oder fristlos entlassen worden ist. Er bzw. seine Erben verlieren damit den Anspruch auf die als Gegenleistung vereinbarte Abfindung (§ 326 Abs. 1 Satz 1 BGB), wenn nichts Abweichendes vereinbart ist.

b) Verzögerung der Leistung

32 Eine Verzögerung der vom Arbeitnehmer geschuldeten Leistung, des Ausscheidens aus dem Arbeitsverhältnis, ist nicht denkbar, da das Vertragsverhältnis mit Ablauf des vereinbarten Beendigungsdatums ipso iure endet. Wird es allerdings nach dem Ablauf der Dienstzeit vom Arbeitnehmer mit Wissen des Arbeitgebers fortgesetzt, so gilt es nach § 625 BGB als auf unbestimmte Zeit verlängert, sofern nicht der Arbeitgeber unverzüglich widerspricht.

33 Fraglich ist demgegenüber, ob eine **verspätete Zahlung der vereinbarten Abfindung** den Arbeitnehmer gemäß § 323 BGB berechtigt, **vom Aufhebungsvertrag zurück-**

---

[1] BAG v. 15.7.2004 – 2 AZR 630/03, AP Nr. 1 zu § 271 BGB; v. 10.11.2011 – 6 AZR 357/10, NZA 2012, 205 (206); v. 10.11.2011 – 6 AZR 583/10, AP Nr. 45 zu § 620 BGB Aufhebungsvertrag; LAG Nds. v. 12.9.2003 – 16 Sa 621/03, NZA-RR 2004, 478 (479); vgl. auch BAG v. 27.6.2006 – 1 AZR 322/05, AP Nr. 180 zu § 112 BetrVG 1972 zu einem Abfindungsanspruch aufgrund Sozialplans.
[2] BAG v. 22.5.2003 – 2 AZR 250/02, AP Nr. 8 zu § 767 ZPO.

zutreten. Im Ansatz zutreffend weisen die Vertreter der diese Frage bejahenden Auffassung darauf hin, dass der Aufhebung des Arbeitsverhältnisses als Verfügung ein kausales schuldrechtliches Rechtsgeschäft i.S.d. §§ 320 ff. BGB zugrunde liegt, das einerseits die Verpflichtung zur Aufhebung des Arbeitsverhältnisses, andererseits die Verpflichtung des Arbeitgebers zur Zahlung der Abfindung enthält. Dieses Grundgeschäft ist ein gegenseitig verpflichtender Vertrag und wird durch zwei selbständige Vollzugsgeschäfte erfüllt (Aufhebung des Arbeitsverhältnisses und Abfindungszahlung).[1] Danach komme ein Rücktritt in Betracht, wenn der Arbeitgeber trotz Fristsetzung (§ 323 Abs. 1 BGB) die Abfindung nicht zahle.[2] Nach anderer Auffassung soll zwar kein Rücktritt vom Aufhebungsvertrag, aber (jedenfalls grundsätzlich) ein Widereinstellungsanspruch gegeben sein, wenn der Arbeitgeber die zugesagte Abfindung nicht zahlt.[3]

Dabei wird allerdings übersehen, dass die Vertragsparteien in aller Regel das gesetzliche Rücktrittsrecht **konkludent abbedungen** haben werden.[4] Ein solcher vertraglicher Ausschluss des gesetzlichen Rücktrittsrechts ist ohne Weiteres zulässig;[5] er kann auch stillschweigend vereinbart werden.[6] Da der Aufhebungsvertrag auf eine schnelle und rechtssichere Beendigung des Arbeitsverhältnisses zielt, entspricht es typischerweise dem übereinstimmenden Vertragswillen der Parteien, die Rechte des Arbeitnehmers auf die Durchsetzung seiner finanziellen Leistungsansprüche zu beschränken; ein Rücktritt kommt nicht in Betracht.[7] Jedenfalls im Ergebnis ebenso hat auch das BAG entschieden, wenn es einem Arbeitnehmer den Rücktritt vom Aufhebungsvertrag verweigert hat, weil der Arbeitgeber nach Eintritt der Insolvenz die vereinbarte Abfindung nicht mehr gezahlt hat: Voraussetzung des Rücktrittsrechts aus § 323 Abs. 1 BGB sei die Durchsetzbarkeit des Leistungsanspruchs, und an ihr fehle es, wenn über das Vermögen des Schuldners das Insolvenzverfahren eröffnet worden ist.[8] Dabei kommt es nicht darauf an, ob der Aufhebungsvertrag außergerichtlich[9] oder durch gerichtlichen Vergleich[10] zustande gekommen ist. 34

---

1 BAG v. 10.11.2011 – 6 AZR 357/10, NZA 2012, 205 (207); v. 10.11.2011 – 6 AZR 342/10, AP Nr. 43 zu § 620 BGB Aufhebungsvertrag; *Reinfelder*, NZA 2013, 62 (62).
2 ArbG Siegburg v. 9.2.2010 – 5 Ca 2017/09, NZA-RR 2010, 345 (346 f.); *Bauer*, NZA 2002, 169 (170).
3 LAG Düsseldorf v. 19.3.2010 – 9 Sa 1138/09, ZIP 2010, 1099 (1100 f.); *Besgen/Velten*, NZA-RR 2010, 561 (563); BLDH/*Lingemann*, Kap. 23 Rz. 23; *Lingemann/Groneberg*, NJW 2010, 3496 (3497).
4 LAG Köln v. 5.1.1996 – 4 Sa 909/94, NZA-RR 1997, 11 (12); offen lassend BAG v. 10.11.2011 – 6 AZR 357/10, NZA 2012, 205 (207); v. 10.11.2011 – 6 AZR 583/10, AP Nr. 45 zu § 620 BGB Aufhebungsvertrag.
5 Palandt/*Grüneberg*, § 323 BGB Rz. 2.
6 *Reinfelder*, NZA 2013, 62 (63); Staudinger/*Otto/Schwarze*, § 323 BGB Rz. E 23.
7 A.A. *Besgen/Velten*, NZA-RR 2010, 561 (562); *Reinfelder*, NZA 2013, 62 (63); Schaub/*Linck*, § 122 Rz. 37, die für einen konkludenten Ausschluss des Rücktrittsrechts besondere Anhaltspunkte verlangen.
8 BAG v. 10.11.2011 – 6 AZR 357/10, NZA 2012, 205 (207 f.); v. 10.11.2011 – 6 AZR 342/10, AP Nr. 43 zu § 620 BGB Aufhebungsvertrag; v. 11.7.2012 – 2 AZR 42/11, NZA 2012, 1316 (1318).
9 So in den Fällen BAG v. 10.11.2011 – 6 AZR 357/10, NZA 2012, 205 (207 f.); v. 10.11.2011 – 6 AZR 342/10, AP Nr. 43 zu § 620 BGB Aufhebungsvertrag; v. 10.11.2011 – 6 AZR 583/10, AP Nr. 45 zu § 620 BGB Aufhebungsvertrag.
10 So im Falle BAG v. 11.7.2012 – 2 AZR 42/11, NZA 2012, 1316 (1318); *Reinfelder*, NZA 2013, 62 (64).

c) **Sonstige Pflichtverletzungen**

35 Aus demselben Grunde scheitert ein Rücktritt nach § 324 BGB, wenn eine Vertragspartei eine sonstige Pflicht aus dem Aufhebungsvertrag – etwa ein nachvertragliches Wettbewerbsverbot – verletzt. Neben der Erfüllung der Nebenpflichten (ggf. durch Unterlassung) kann bei Vertretenmüssen nach Maßgabe des § 280 Abs. 1 BGB **Schadensersatz** beansprucht werden.

6. Unwirksamkeit des Aufhebungsvertrages

a) **Nichtigkeit**

36 Aufhebungsverträge können nach **allgemeinen Grundsätzen** nichtig sein. Das Arbeitsverhältnis besteht dann über den vereinbarten Beendigungszeitpunkt hinaus fort. Das gilt auch, wenn der Nichtigkeitsgrund erst zu einem Zeitpunkt bekannt oder gerichtlich geltend gemacht wird, der nach dem vereinbarten Ende des Arbeitsverhältnisses liegt. Um die ursprünglich geplante Beendigung des Arbeitsverhältnisses aufrechtzuerhalten, bleibt die Möglichkeit der **Neuvornahme bzw. Bestätigung** des nichtigen Aufhebungsvertrags nach den Grundsätzen des § 141 BGB. Die Bestätigung wirkt allerdings nicht zurück. Das Rechtsgeschäft und damit die Aufhebungsvereinbarung gilt erst vom Zeitpunkt der Bestätigung an.[1]

37 Auch bei Aufhebungsverträgen hat die **Teilnichtigkeit** einzelner Vertragsbestimmungen[2] die Nichtigkeit des gesamten Rechtsgeschäfts nur zur Folge, wenn nach der Grundregel des § 139 BGB anzunehmen ist, dass es ohne den nichtigen Teil nicht vorgenommen worden wäre. In der Regel wird der übereinstimmende Wille der Vertragsparteien allerdings in die gegenteilige Richtung gehen.

aa) **Fehlende Geschäftsfähigkeit**

38 Die Nichtigkeit des Aufhebungsvertrags kann aus einer fehlenden Geschäftsfähigkeit des Arbeitgebers oder des Arbeitnehmers bei Vertragsschluss folgen.[3] Anwendungsfälle des § 105 Abs. 2 BGB sind in erster Linie Bewusstseins- oder Geistesstörungen etwa infolge **Alkohol- oder Drogenkonsums**.[4] § 105 Abs. 2 BGB setzt einen Zustand voraus, in dem die freie Willensbildung nicht nur geschwächt und gemindert, sondern völlig ausgeschlossen ist. Bloße Willensschwäche und leichte Beeinflussbarkeit durch Andere schließen die Möglichkeit freier Willensbildung nicht aus. Bestimmte krankhafte Vorstellungen und Empfindungen des Erklärenden oder Einflüsse Dritter müssen derart übermäßig geworden sein, dass eine Bestimmung des Willens durch vernünftige Erwägungen ausgeschlossen war. Eine – wenn auch „hochgradige" – alkoholbedingte Störung reicht nicht ohne Weiteres

---

1 BGH v. 1.10.1999 – V ZR 168/98, NJW 1999, 3704 (3705); BAG v. 1.12.2004 – 7 AZR 198/04, AP Nr. 15 zu § 14 TzBfG.
2 Z.B. Verstoß gegen das Abfindungsverbot des § 3 BetrAVG bei unverfallbaren Versorgungsanwartschaften.
3 Vgl. aber auch BAG v. 28.5.2009 – 6 AZN 17/09, AP Nr. 1 zu § 57 ZPO (frühkindliche Hirnschädigung mit Hirnleistungsschwäche).
4 BAG v. 17.2.1994 – 8 AZR 275/92, AP Nr. 2 zu § 286 BGB; v. 14.2.1996 – 2 AZR 234/95, NZA 1996, 811 (812); LAG MV v. 6.7.1995 – 1 Sa 629/94, NZA 1996, 535 (536); LAG Köln v. 13.2.2006 – 2 Sa 1271/05, NZA-RR 2006, 463 (463).

aus.¹ Ebenso wenig genügt das subjektive Unvermögen, die Tragweite der abgegebenen Willenserklärung vollständig erfassen zu können.²

Bei einem **Alkoholkranken** ist die freie Willensbestimmung wegen der krankheitsimmanenten Abhängigkeit nicht von vornherein ausgeschlossen. Vielmehr muss die Alkoholisierung ein Ausmaß erreicht haben, die eine freie Willensbetätigung nicht mehr zulässt. Das ist z.B. der Fall, wenn der Alkoholkranke unter starken Entzugserscheinungen leidet oder annehmen darf, beim Unterzeichnen des Aufhebungsvertrages Alkohol zu erhalten.³ Auch bei **starkem Stress** in Verbindung mit hohem Motivationsdruck ist die freie Willensbetätigung kaum jemals ausgeschlossen.⁴

bb) Fehlende Vertretungsbefugnis

Die Unwirksamkeit kann sich aus Vertretungsmängeln auf Seiten einer der beiden (oder beider) vertragsschließenden Parteien ergeben. Vor allem im **öffentlichen Dienst** regeln landesrechtliche Bestimmungen die Vertretungsbefugnisse der jeweiligen öffentlich-rechtlichen Arbeitgeber. Soweit eine für den Arbeitgeber handelnde Person bei Vertragsschluss keine Vertretungsmacht hat (§ 164 Abs. 1 BGB), kann der Arbeitnehmer bis zur Genehmigung des Vertretenen den Vertrag widerrufen, es sei denn, dass er den Mangel der Vertretungsmacht gekannt hat (§ 178 BGB). Der Widerruf muss erkennen lassen, dass der Vertrag gerade wegen des Vertretungsmangels nicht gelten soll. Dafür reicht eine Anfechtungserklärung oder Geltendmachung sonstiger Nichtigkeitsgründe nicht aus.⁵

cc) Umgehung des Kündigungsrechts?

Der Grundsatz der Vertragsfreiheit berechtigt die Arbeitsvertragsparteien, ihr Arbeitsverhältnis jederzeit einvernehmlich durch Aufhebungsvertrag zu beenden. Der **allgemeine Kündigungsschutz** des Arbeitnehmers steht dem nicht entgegen, das KSchG ist kein Verbotsgesetz i.S.d. § 134 BGB gegenüber einer auf andere Weise als durch Kündigung herbeigeführten Beendigung des Arbeitsverhältnisses. Ebenso wenig lässt sich aus §§ 9, 10 KSchG entnehmen, dass eine Beendigung des Arbeitsverhältnisses ohne Abfindung dem Gesetz widerspreche; im Gegenteil gewähren die §§ 9, 10 KSchG dem Arbeitnehmer sogar nur ausnahmsweise und unter besonderen Voraussetzungen eine finanzielle Entschädigung für den Verlust des Arbeitsplatzes.⁶ Auch Arbeitnehmer mit **besonderem Kündigungsschutz** können Aufhebungsverträge abschließen, weil auch diese Vorschriften einer Beendigung des Arbeitsverhältnisses auf andere Weise als durch Kündigung nicht im Wege stehen.

---

1 BAG v. 14.2.1996 – 2 AZR 234/95, NZA 1996, 811 (812).
2 LAG Köln v. 13.11.1998 – 11 Sa 25/98, NZA-RR 1999, 232 (233).
3 BAG v. 14.2.1996 – 2 AZR 234/95, NZA 1996, 811.
4 LAG Köln v. 13.11.1998 – 11 Sa 25/98, NZA-RR 1999, 232 (233).
5 BAG v. 31.1.1996 – 2 AZR 91/95, AP Nr. 41 zu § 123 BGB; Küttner/*Eisemann*, Personalbuch 2014, Aufhebungsvertrag Rz. 23.
6 SPV/*Preis*, Rz. 34.

dd) Umgehung von § 613a BGB

42 Demgegenüber darf eine Aufhebungsvereinbarung nicht dazu dienen, die Rechtsfolgen des § 613a Abs. 1 Satz 1 BGB objektiv zu umgehen. Nach dieser Vorschrift und der ihr zugrunde liegenden Betriebsübergangs-Richtlinie 2001/23/EG (ursprünglich 77/187/EWG) soll den Arbeitnehmern bei einem Wechsel des Inhabers eines Betriebs oder Unternehmens die Wahrung ihrer Rechte gewährleistet bleiben. Die gesetzlichen Regelungen gewähren einen **Inhaltsschutz** und wollen insbesondere verhindern, dass eine Betriebsveräußerung zum Anlass eines Abbaus der erworbenen Besitzstände der Arbeitnehmer genommen wird.[1] Dieser Schutz kann durch eine Vereinbarung zwischen dem Arbeitnehmer und dem Betriebsveräußerer oder dem Betriebserwerber nicht aufgehoben werden.[2]

43 Eine unzulässige **Umgehung des § 613a Abs. 1 BGB** ist immer dann zu besorgen, wenn der Inhalt der vertraglichen Vereinbarung zwischen dem Arbeitnehmer und dem Betriebsveräußerer oder -erwerber die Beseitigung der Kontinuität des Arbeitsverhältnisses bei gleichzeitigem Erhalt des Arbeitsplatzes bezweckt.[3] Das ist regelmäßig der Fall, wenn der Arbeitnehmer unter Hinweis auf die geplante Betriebsveräußerung und bestehende Arbeitsplatzangebote beim Erwerber zum Abschluss eines Aufhebungsvertrags mit dem Betriebsveräußerer veranlasst wird, um anschließend mit dem Erwerber einen neuen Arbeitsvertrag zu schlechteren Bedingungen zu schließen oder wenn dem Arbeitnehmer ein neuer Vertrag mit dem Betriebserwerber verbindlich in Aussicht gestellt wird.[4] In gleicher Weise unzulässig ist es, wenn der Betriebsveräußerer den Arbeitnehmern zum Stichtag des Betriebsübergangs kündigt und der Betriebserwerber sie (oder einige von ihnen) am darauf folgenden Tag neu einstellt, um die bereits zurückgelegte Betriebszugehörigkeit nicht anrechnen zu müssen (**„Lemgoer Modell"**).[5]

44 Davon zu unterscheiden sind Aufhebungsvereinbarungen zwischen dem Arbeitnehmer und dem neuen oder alten Betriebsinhaber, die auf ein **endgültiges Ausscheiden des Arbeitnehmers aus dem Betrieb** gerichtet sind. Diese Verträge korrespondieren mit dem Recht des Arbeitnehmers, dem Übergang des Arbeitsverhältnisses auf den Betriebserwerber zu widersprechen und damit den Eintritt der Rechtsfolgen des § 613a Abs. 1 Satz 1 BGB zu hindern.[6] Sie verstoßen nicht gegen § 613a BGB, und zwar auch dann nicht, wenn eine Beschäftigungs- und Qualifizierungsgesellschaft zwischengeschaltet ist. Wird ein Arbeitnehmer von einer Auffanggesellschaft nach Abschluss eines Aufhebungsvertrags zu verschlechterten Arbeitsbedingungen eingestellt, liegt hierin noch keine Umgehung des § 613a BGB, wenn

---

1 BAG v. 27.6.2002 – 2 AZR 270/01, AP Nr. 15 zu § 1 KSchG 1969 Wartezeit.
2 BAG v. 12.5.1992 – 3 AZR 247/91, AP Nr. 14 zu § 1 BetrAVG Betriebsveräußerung; v. 11.7.1995 – 3 AZR 154/95, AP Nr. 56 zu § 1 TVG Tarifverträge: Einzelhandel.
3 BAG v. 28.4.1987 – 3 AZR 75/86, AP Nr. 5 zu § 1 BetrAVG Betriebsveräußerung; v. 10.12.1998 – 8 AZR 324/97, AP Nr. 185 zu § 613a BGB.
4 BAG v. 11.2.1992 – 3 AZR 117/91, AP Nr. 13 zu § 1 BetrAVG Betriebsveräußerung.
5 BAG v. 20.7.1982 – 3 AZR 261/80, AP Nr. 1 zu § 1 BetrAVG Betriebsveräußerung; v. 18.8.2011 – 8 AZR 312/10, NZA 2012, 152 (154f.); v. 25.10.2012 – 8 AZR 575/11, NZA 2013, 203 (205f.).
6 BAG v. 11.7.1995 – 3 AZR 154/95, AP Nr. 56 zu § 1 TVG Tarifverträge: Einzelhandel; v. 27.9.2012 – 8 AZR 826/11, NZA 2013, 961 (964); HWK/*Kliemt*, Anh. § 9 KSchG Rz. 14.

Aufhebungsvertrag

die Änderung der Arbeitsbedingungen sachlich gerechtfertigt ist.[1] Anders können die Dinge liegen, wenn vor einem geplanten Betriebsübergang durch den Aufhebungsvertrag die Übernahme in eine Beschäftigungs- und Qualifizierungsgesellschaft nur zum Schein vorgeschoben oder offensichtlich bezweckt wird, die Sozialauswahl zu umgehen.[2]

Wird das Arbeitsverhältnis im Zusammenhang mit einem Betriebsübergang durch eine Aufhebungsvereinbarung beendet, kann der Arbeitnehmer bis zur rechtskräftigen Klärung der Wirksamkeit der Aufhebungsvereinbarung vom Betriebserwerber nicht die **Fortsetzung des Arbeitsverhältnisses verlangen**.[3] 45

ee) Sittenwidrigkeit (§ 138 BGB)

Ein Aufhebungsvertrag kann auch sittenwidrig und damit nichtig sein (§ 138 BGB). Dazu muss die Aufhebungsvereinbarung gegen das Anstandsgefühl aller billig und gerecht Denkenden verstoßen,[4] wobei sich dieser Verstoß aus Inhalt, Beweggrund und/oder Zweck der Vereinbarung ergeben kann. Maßgebend für die Beurteilung sind die Umstände bei Vertragsabschluss.[5] Ergibt sich die Sittenwidrigkeit schon aus dem Inhalt des Vertrages, kommt es auf die Würdigung der Begleitumstände, insbesondere darauf, ob die Parteien das Bewusstsein der Sittenwidrigkeit hatten oder ob sie die Tatsachen kannten, die die Sittenwidrigkeit zur Folge haben, nicht an.[6] Demgegenüber sind bei den Beweggründen oder dem Zweck der Vereinbarung auch subjektive Elemente zu berücksichtigen. Zwar ist auch hier nicht erforderlich, dass eine der Parteien das Bewusstsein der Sittenwidrigkeit oder eine Schädigungsabsicht hatte, sie musste aber **die Tatsachen kennen, aus denen sich die Sittenwidrigkeit ergibt**[7] oder sich dieser Kenntnis bewusst oder grob fahrlässig verschlossen haben.[8] 46

Für die Sittenwidrigkeit einer Aufhebungsvereinbarung bedarf es damit des Vorliegens besonderer und schwerwiegender Umstände, wie sie etwa § 138 Abs. 2 BGB typisierend beschreibt. Nicht jeder Störfaktor oder jedes Verhandlungsungleichgewicht begründet einen Verstoß gegen die guten Sitten. **Ebenso wenig genügt** für das Eingreifen des § 138 BGB, dass der Arbeitnehmer bei Vertragsschluss einer gewissen **Zwangslage** ausgesetzt war, etwa weil ihm der Arbeitgeber eine sofortige Annahmefrist gesetzt hat, er die Vertragsverhandlungen unangekündigt geführt und damit dem Arbeitnehmer keine Gelegenheit gegeben hat, sich auf den Inhalt des Gesprächs einzustellen oder ihm **keine Überlegungsfrist** eingeräumt worden ist.[9] In der Regel wird der Arbeitnehmer beim Abschluss des Aufhebungsvertrags erkennen, dass mit der Vereinbarung sein bisheriges Arbeitsverhältnis endet und 47

---

1 BAG v. 18.8.2005 – 8 AZR 523/04, AP Nr. 31 zu § 620 BGB Aufhebungsvertrag.
2 BAG v. 23.11.2006 – 8 AZR 349/06, AP Nr. 1 zu § 613a BGB Wiedereinstellung.
3 BAG v. 10.12.1998 – 8 AZR 324/97, AP Nr. 185 zu § 613a BGB.
4 BGH v. 29.9.1977 – III ZR 164/75, BGHZ 69, 295 (297); v. 19.7.2004 – II ZR 217/03, NJW 2004, 2668 (2670).
5 BGH v. 15.4.1987 – VIII ZR 97/86, BGHZ 100, 353 (359); v. 28.2.1989 – IX ZR 130/88, BGHZ 107, 92 (96).
6 BGH v. 8.5.1985 – IVa ZR 138/83, BGHZ 94, 268 (272).
7 BGH v. 19.1.2001 – V ZR 437/99, BGHZ 146, 298 (301).
8 BGH v. 29.6.2005 – VIII ZR 299/04, NJW 2005, 2991 (2992).
9 Vgl. BGH v. 7.7.1988 – IX ZR 245/86, AP Nr. 33 zu § 123 BGB; BAG v. 30.9.1993 – 2 AZR 268/93, AP Nr. 37 zu § 123 BGB.

sein damit verbundenes Einkommen entfällt. Es liegt an ihm, einzuschätzen, ob die dafür versprochene Gegenleistung des Arbeitgebers ausreichend ist, den Arbeitsplatz- und Einkommensverlust ganz oder teilweise auszugleichen.

48 Eine von **Verfassungs wegen** zu korrigierende Ungleichgewichtslage kann nur eintreten, wenn der Arbeitnehmer in seiner Entscheidungsfreiheit in einer Weise beeinträchtigt wird, dass ihm eine eigenverantwortliche Abwägung der für und gegen die Aufhebungsvereinbarung sprechenden Vor- und Nachteile nicht möglich ist und er deshalb einer ihm ungewöhnlich nachteiligen Vereinbarung zustimmt.[1]

49 Schwierigkeiten bereitet dabei u.a. die **Feststellung** einer den Arbeitnehmer **außergewöhnlich benachteiligenden Vereinbarung**. Insoweit dürfte es in erster Linie auf die persönliche Situation des betroffenen Arbeitnehmers, seine Wettbewerbssituation sowie auf den Umfang der vom Arbeitgeber versprochenen Gegenleistung ankommen. Unabhängig davon kann die Sittenwidrigkeit einer Aufhebungsvereinbarung auch aus einem **kollusiven Zusammenwirken** der Vertragsparteien zu Lasten Dritter folgen.

ff) Fehlende Massenentlassungsanzeige

50 Nach § 17 KSchG ist der Arbeitgeber verpflichtet, der Agentur für Arbeit bei einer Massenentlassung Anzeige zu erstatten. Entlassungen durch Kündigungen stehen solche aus anderen Rechtsgründen, insbesondere also aufgrund von Aufhebungsverträgen, gleich, wenn sie vom Arbeitgeber veranlasst sind, § 17 Abs. 1 Satz 2 KSchG.[2] Entlassungen, die ohne die erforderliche Anzeige vorgenommen werden, sind unwirksam. Auf den im arbeitsmarktpolitischen Interesse statuierten Schutz bei Massenentlassungen kann der Arbeitnehmer **nicht** durch Abschluss eines Aufhebungsvertrages **verzichten**.[3]

51 Unwirksam sind auch Aufhebungsverträge, denen keine wirksame Massenentlassungsanzeige (§ 17 KSchG) vorangegangen ist. Nach der „*Junk*"-Rechtsprechung des EuGH ist der Begriff der „Entlassung" i.S.d. Art. 2–4 der Massenentlassungs-RL 98/59/EG dahin auszulegen, dass **die rechtsgeschäftliche Erklärung des Arbeitgebers** das Ereignis ist, das als Entlassung gilt.[4] Dies dürfte für Kündigungen, Aufhebungsverträge und andere Beendigungstatbestände in gleicher Weise gelten.[5]

b) Widerruf

aa) Vertragliches Widerrufsrecht

52 Dem Arbeitnehmer kann kraft Vertrages das Recht zustehen, seine auf den Abschluss des Aufhebungsvertrages gerichtete Willenserklärung innerhalb einer be-

---

1 Vgl. z.B. BGH v. 16.1.1997 – IX ZR 250/95, NJW 1997, 1980 (1981) zur überrumpelnden Bürgschaftsvereinbarung.
2 BAG v. 11.3.1999 – 2 AZR 461/98, AP Nr. 12 zu § 17 KSchG 1969.
3 BAG v. 11.3.1999 – 2 AZR 461/98, AP Nr. 12 zu § 17 KSchG 1969.
4 EuGH v. 27.1.2005 – C-188/03, Slg. 2005, I-885 = AP Nr. 18 zu § 17 KSchG 1969 – *Junk*; daran anschließend BAG v. 23.3.2006 – 2 AZR 343/05, AP Nr. 21 zu § 17 KSchG 1969; v. 13.7.2006 – 6 AZR 198/06, AP Nr. 22 zu § 17 KSchG 1969.
5 Noch offen lassend BAG v. 16.6.2005 – 6 AZR 451/04, AP Nr. 20 zu § 113 InsO.

stimmten Frist zu widerrufen. Eine entsprechende vertragliche Vereinbarung kann Gegenstand des Aufhebungsvertrages selbst sein,[1] sie kann sich aber auch schon im Arbeitsvertrag finden. Auch kollektiv-rechtliche Vereinbarungen, namentlich **Tarifverträge**[2] und (freiwillige) Betriebsvereinbarungen können ein Widerrufsrecht statuieren. Ihnen ist dann auch zu entnehmen, welche Frist dem Arbeitnehmer für den Widerruf eingeräumt ist und ob die Frist – wie regelmäßig – durch rechtzeitigen Zugang (§ 130 Abs. 1 BGB) der Widerrufserklärung gewahrt werden muss oder ob die rechtzeitige Absendung der schriftlichen Erklärung genügt.

bb) Gesetzliches Widerrufsrecht (§§ 312g, 355 BGB)

Die Frage, ob dem Arbeitnehmer ein gesetzliches Widerrufsrecht nach § 312g Abs. 1, § 355 BGB zusteht und ob dieses Widerrufsrecht zeitlich sogar unbefristet besteht, wenn der Arbeitgeber den Arbeitnehmer nicht bei Vertragsabschluss auf dieses Recht hingewiesen hat,[3] hat das BAG zu Recht verneint. Nach der Entstehungsgeschichte, der gesetzlichen Systematik sowie nach **Sinn und Zweck des § 312g Abs. 1 BGB** unterfallen derartige Beendigungsvereinbarungen grundsätzlich nicht dem Anwendungsbereich der Norm. Sie werden nicht in einer für das abzuschließende Rechtsgeschäft atypischen Umgebung abgeschlossen. Das Personalbüro des Arbeitgebers ist vielmehr ein Ort, an dem typischerweise arbeitsrechtliche Fragen – vertraglich – geregelt werden. Von einer überraschenden Situation aufgrund des Verhandlungsortes, wie sie dem Widerrufsrecht bei Haustürgeschäften als „besonderer Vertriebsform" zugrunde liegt, kann deshalb keine Rede sein.[4]

53

Ob die Dinge ausnahmsweise dann anders liegen können, wenn der **Aufhebungsvertrag** nicht am Arbeitsplatz oder im Personalbüro, sondern **an einem atypischen Ort** zustande gekommen ist (z.B. der Arbeitgeber den Arbeitnehmer nach Feierabend in dessen Privatwohnung aufgesucht und ihn hier zum Vertragsabschluss bestimmt hat), ist noch nicht abschließend geklärt.[5] Hier könnte ein gesetzliches Widerrufsrecht in Betracht kommen.

54

c) Anfechtung

Die auf den Abschluss eines Aufhebungsvertrages gerichteten Willenserklärungen sind unter den Voraussetzungen der §§ 119, 120, 123 BGB anfechtbar. Die Anfechtung ist eine **formfreie, empfangsbedürftige Willenserklärung**, die gegenüber dem Vertragspartner zu erklären ist (§ 143 Abs. 1 BGB). Hat der Anfechtungsberechtigte die Anfechtung rechtzeitig erklärt, beseitigt sie seine Willenserklärung und damit den Aufhebungsvertrag rückwirkend (§ 142 Abs. 1 BGB).[6]

55

---

1 Küttner/*Eisemann*, Personalbuch 2014, Aufhebungsvertrag Rz. 18.
2 Schaub/*Linck*, § 122 Rz. 36.
3 In diesem Sinne *Hümmerich/Holthausen*, NZA 2002, 173 (178); *Reim*, DB 2002, 2434 (2437f.); *Schleusener*, NZA 2002, 949 (950ff.) und früher schon *Lorenz*, JZ 1997, 277 (277ff.).
4 BAG v. 27.11.2003 – 2 AZR 135/03, AP Nr. 1 zu § 312 BGB; v. 27.11.2003 – 2 AZR 177/03, AP Nr. 2 zu § 312 BGB; ebenso *Bauer*, NZA 2002, 169 (170f.); *Henssler*, RdA 2002, 129 (133f.).
5 Vgl. *Thüsing*, RdA 2005, 257 (266 mit Fn. 70).
6 BAG v. 24.2.2011 – 6 AZR 626/09, NZA-RR 2012, 148 (152).

aa) Wegen Irrtums

56 Die auf den Vertragsabschluss gerichtete Willenserklärung kann gemäß § 119 Abs. 1 BGB angefochten werden, wenn sich der Erklärende über Bedeutung und Tragweite seiner Erklärung geirrt hat (**Inhaltsirrtum**) oder wenn der äußere Erklärungstatbestand dem Willen des Erklärenden nicht entspricht (**Erklärungsirrtum**). Insoweit gelten für den Aufhebungsvertrag keine gegenüber dem Bürgerlichen Recht abweichenden Besonderheiten, so dass eine Anfechtung z.B. darauf gestützt werden kann, dass die im Aufhebungsvertrag ausgewiesene Höhe der Abfindung auf einem Schreibfehler beruht.

57 Einem Erklärungsirrtum gleich steht ein Irrtum darüber, eine Erklärung mit rechtsgeschäftlichem Inhalt abgegeben zu haben (**fehlendes Erklärungsbewusstsein**).[1] Auch er berechtigt daher zur Anfechtung. Betroffen sind namentlich Fälle, in denen ein der Vertragssprache nicht hinreichend mächtiger Arbeitnehmer die Aufhebungsvereinbarung unterschreibt, ohne sich der rechtsgeschäftlichen Bedeutung seiner Willenserklärung bewusst zu sein.[2]

58 Kein Anfechtungsrecht begründet der Irrtum im Beweggrund (**Motivirrtum**). Deshalb kann der Arbeitnehmer den Aufhebungsvertrag nicht nach § 119 BGB anfechten, weil er sich über die steuerrechtlichen und/oder sozialrechtlichen Folgen des Aufhebungsvertrags im Unklaren war oder sie falsch beurteilt hat.[3] Schließt der Arbeitnehmer einen Aufhebungsvertrag in Unkenntnis eines besonderen Kündigungsschutzes (z.B. MuSchG, SGB IX), handelt es sich um einen **unbeachtlichen Rechtsfolgeirrtum**.[4] Die fehlende Kenntnis von der Eigenschaft als schwerbehinderter Mensch ist nach § 119 Abs. 2 BGB allenfalls anfechtungsrelevant, wenn der betroffene Arbeitnehmer seine Zustimmung zur Beendigung des Arbeitsverhältnisses von dem Nichtvorliegen einer Schwerbehinderung abhängig gemacht hat.[5] Eine Schwangerschaft ist dagegen wegen ihres vorübergehenden Charakters schon keine Eigenschaft i.S.d. § 119 Abs. 2 BGB.[6]

59 Die Anfechtung hat **unverzüglich**, ohne schuldhaftes Zögern zu erfolgen (§ 121 Abs. 1 BGB). Ist die auf den Abschluss eines Arbeitsvertrages gerichtete Willenserklärung Gegenstand der Anfechtung, zieht das BAG zur Konkretisierung dieses unbestimmten Rechtsbegriffs die für die außerordentliche Kündigung in § 626 Abs. 2 Satz 1 BGB statuierte **Zwei-Wochen-Frist als Höchstfrist** entsprechend heran. Die beiden Rechtsinstituten immanente Möglichkeit, durch eine einseitige Willenserklärung eine fristlose Beendigung des Arbeitsverhältnisses herbeiführen zu können, rechtfertigt es, beide Gestaltungsrechte in ihren Ausübungsmodalitäten weitgehend anzugleichen.[7] Noch unentschieden ist bislang, ob diese Erwägungen

---

[1] BGH v. 7.6.1984 – IX ZR 66/83, BGHZ 91, 324 (329f.).
[2] Vgl. HWK/*Kliemt*, Anh. § 9 KSchG Rz. 12; Küttner/*Eisemann*, Personalbuch 2014, Aufhebungsvertrag Rz. 10.
[3] BAG v. 10.3.1988 – 8 AZR 420/85, AP Nr. 99 zu § 611 BGB Fürsorgepflicht.
[4] BAG v. 16.2.1983 – 7 AZR 134/81, AP Nr. 22 zu § 123 BGB; ErfK/*Müller-Glöge*, § 620 BGB Rz. 11a; SPV/*Preis*, Rz. 51.
[5] BAG v. 6.2.1992 – 2 AZR 408/91, AP Nr. 13 zu § 119 BGB.
[6] BAG v. 16.2.1983 – 7 AZR 134/81, AP Nr. 22 zu § 123 BGB; v. 6.2.1992 – 2 AZR 408/91, AP Nr. 13 zu § 119 BGB.
[7] BAG v. 14.12.1979 – 7 AZR 38/78, AP Nr. 4 zu § 119 BGB; v. 3.7.1980 – 2 AZR 340/78, AP Nr. 2 zu § 18 SchwbG.

auch dann tragen, wenn Gegenstand der Anfechtung nicht der Arbeits-, sondern ein Aufhebungsvertrag ist, auf den § 626 BGB keine unmittelbare Anwendung findet. Eine Anfechtung, die erst nach drei Wochen erfolgt, ist jedenfalls nicht mehr unverzüglich.[1] Im Übrigen ist die in § 626 Abs. 2 Satz 1 BGB genannte Frist lediglich als Höchstfrist anzusehen (eine nach ihrem Ablauf erklärte Anfechtung ist also in keinem Falle mehr unverzüglich), sie darf aber nicht in jedem Falle voll ausgeschöpft werden. Eine Anfechtung kann daher auch schon vor Ablauf der Zwei-Wochen-Frist verspätet sein.[2]

bb) Wegen arglistiger Täuschung

§ 123 Abs. 1 BGB ermöglicht die Anfechtung einer Willenserklärung, zu der der Erklärende durch arglistige Täuschung bestimmt worden ist. Die Täuschung kann durch **aktives Tun**, nämlich das Behaupten, Unterdrücken oder Entstellen von Tatsachen, also von objektiv nachprüfbaren Umständen, erfolgen.[3] So können die Dinge bspw. liegen, wenn der Arbeitgeber den Arbeitnehmer zum Abschluss eines Aufhebungsvertrages mit der Behauptung bestimmt, der Betrieb solle stillgelegt werden, obwohl in Wahrheit ein Betriebsübergang geplant ist.[4] Bloße Werturteile sind als solche keine Tatsachen, können aber einen Tatsachenkern beinhalten. Eine **Täuschung durch Unterlassen** kommt nur in Betracht, wenn der Handelnde zur Aufklärung über die verschwiegenen Umstände verpflichtet war. Die Verpflichtung, bestimmte Tatsachen vor Vertragsabschluss ungefragt zu offenbaren, kann sich aus der vorvertraglichen Rücksichtnahmepflicht ergeben (§ 311 Abs. 2 i.V.m. § 241 Abs. 2 BGB).[5]

60

Der Tatbestand der arglistigen Täuschung gemäß § 123 Abs. 1 BGB setzt voraus, dass durch die Täuschungshandlung beim Erklärungsgegner ein Irrtum über den wahren Sachverhalt hervorgerufen wird. Zwischen Täuschungshandlung und Irrtum muss ein **Kausalzusammenhang** bestehen. Irrtum ist die Abweichung der Vorstellung von der Wirklichkeit. Auch wenn der Anfechtende die Täuschung nicht erkannt hat, diese aber hätte erkennen können, liegt ein zur Anfechtung berechtigender Irrtum vor. An einem Irrtum fehlt es allerdings, wenn derjenige, der getäuscht werden soll, die Wahrheit kennt.[6] Hat der Getäuschte den Irrtum zwar nicht erkannt, hätte er aber auch in Kenntnis der wahren Sachlage seine Willenserklärung abgegeben, fehlt es an der Kausalität von Täuschung und Irrtum.

61

Die **Rechtswidrigkeit** der Täuschung ist indiziert. **Arglistig** handelt der Täuschende, wenn er die Unrichtigkeit seiner Angaben positiv kennt und zumindest billigend in Kauf nimmt, der Erklärungsempfänger könnte durch die Täuschung beeinflusst werden.[7] Es reicht aus, dass der Täuschende ins Blaue hinein unrichtige An-

62

---
1 BAG v. 27.11.2003 – 2 AZR 135/03, AP Nr. 1 zu § 312 BGB.
2 BAG v. 21.2.1991 – 2 AZR 449/90, AP Nr. 35 zu § 123 BGB.
3 BAG v. 21.2.1991 – 2 AZR 449/90, AP Nr. 35 zu § 123 BGB; v. 5.10.1995 – 2 AZR 923/04, AP Nr. 40 zu § 123 BGB.
4 BAG v. 23.11.2006 – 8 AZR 349/06, AP Nr. 1 zu § 613a BGB Wiedereinstellung.
5 Vgl. BAG v. 29.1.1997 – 2 AZR 472/96, AP Nr. 43 zu § 123 BGB.
6 BAG v. 11.7.2012 – 2 AZR 42/11, NZA 2012, 1316 (1317 f.): Kenntnis des Arbeitnehmers von der drohenden Zahlungsunfähigkeit der Arbeitgeberin bei Abschluss des Aufhebungsvertrages.
7 BAG v. 20.5.1999 – 2 AZR 320/98, AP Nr. 50 zu § 123 BGB; v. 6.7.2000 – 2 AZR 543/99, AP Nr. 58 zu § 123 BGB.

gaben aufstellt, obwohl er mit deren Unrichtigkeit rechnet.[1] Beantwortet der Arbeitgeber Fragen des Arbeitnehmers nach den sozial- oder steuerrechtlichen Konsequenzen der Aufhebungsvereinbarung bewusst falsch oder bagatellisiert er diese Folgen, um dessen Zustimmung zum Abschluss des Aufhebungsvertrags zu erreichen, kann eine Anfechtung in Betracht kommen. Vergleichbares gilt, wenn der Arbeitgeber eine drohende Betriebsschließung[2] oder -veräußerung vorspiegelt oder anlässlich eines Betriebsübergangs beim Arbeitnehmer den Eindruck erweckt, die Aufhebungsvereinbarung mit dem Betriebsveräußerer lasse den Kündigungsschutz unberührt.

63 Die **Frist** für die Anfechtung beträgt **ein Jahr** (§ 124 BGB). Die Ausschlussfrist des § 626 Abs. 2 Satz 1 BGB ist bei der Drohungs- und Täuschungsanfechtung *nicht* entsprechend anzuwenden. Im Gegensatz zu § 121 Abs. 1 BGB bindet nämlich § 124 Abs. 1 BGB die Ausübung des Anfechtungsrechts an eine zeitlich fest fixierte starre Ausschlussfrist. Für eine kürzere zeitliche Konkretisierung dieser Anfechtungsfrist ist deshalb kein Raum.[3] Ausnahmsweise kann eine **Verwirkung** des Anfechtungsrechts vor Ablauf der Jahresfrist in Betracht kommen.[4] Die Anfechtung ist ausgeschlossen, wenn seit der Abgabe der Willenserklärung zehn Jahre verstrichen sind (§ 124 Abs. 3 BGB). Die Ausübung des Anfechtungsrechts unterliegt zusätzlich den allgemeinen Beschränkungen des § 242 BGB.

cc) Wegen widerrechtlicher Drohung

64 Die praktisch größte Bedeutung unter den in den §§ 119 ff. BGB normierten Anfechtungsgründen kommt beim Aufhebungsvertrag der Anfechtung wegen widerrechtlicher Drohung zu. Eine **Drohung** i.S.d. § 123 Abs. 1 BGB setzt die Ankündigung eines **zukünftigen Übels** voraus, dessen Zufügung in irgendeiner Weise als von der Macht des Ankündigenden abhängig hingestellt wird. Ob der Drohende selbst zur Kündigung berechtigt ist, ist unerheblich, wenn der Arbeitnehmer davon ausgehen darf, dass der Arbeitgeber der Anregung des Drohenden, die Kündigung auszusprechen, folgen würde.[5] Die Drohung muss nicht ausdrücklich ausgesprochen werden, sie kann auch durch schlüssiges Verhalten erfolgen. Problematisch sind in diesem Zusammenhang Aufhebungsverträge, die vom Arbeitnehmer erst **nach Überreichung der Kündigung** unterzeichnet werden. Streng genommen fehlt es hier an der Androhung eines künftigen Übels, weil die Kündigung bereits erklärt ist.[6] Dennoch kann nach Ansicht des BAG in solchen Fällen u.U. eine Anfechtung berechtigt sein, wenn nämlich der zeitliche Zusammenhang zwischen der Kündigung und dem anschließenden Aufhebungsvertrag so eng ist, dass die Drohung mit der Kündigung im Zeitpunkt der Unterzeichnung der Auflösungsvereinbarung noch fortwirkte.[7]

---

1 BGH v. 18.3.1981 – VIII ZR 44/80, NJW 1981, 1441 (1442).
2 BAG v. 23.11.2006 – 8 AZR 349/06, AP Nr. 1 zu § 613a BGB Wiedereinstellung.
3 BAG v. 19.5.1983 – 2 AZR 171/81, AP Nr. 25 zu § 123 BGB.
4 Vgl. BAG v. 6.11.1997 – 2 AZR 162/97, AP Nr. 45 zu § 242 BGB Verwirkung.
5 BAG v. 15.12.2005 – 6 AZR 197/05, AP Nr. 66 zu § 123 BGB.
6 LAG Bdb. v. 16.10.1997 – 3 Sa 196/97, NZA-RR 1998, 248 (249 f.); ArbG Berlin v. 29.6.2006 – 38 Ca 4902/06, NZA-RR 2007, 19 (20); Schaub/*Linck*, § 122 Rz. 29, 30.
7 BAG v. 12.8.1999 – 2 AZR 832/98, AP Nr. 51 zu § 123 BGB.

Die Drohung ist für die Abgabe der Willenserklärung **kausal**, wenn der Bedrohte die Erklärung ohne die Drohung überhaupt nicht, mit einem anderen Inhalt oder zu einem anderen Zeitpunkt abgegeben hätte. Der bloße Umstand, dass der Arbeitnehmer vor Abgabe seiner Willenserklärung ausreichend Bedenkzeit hatte, beseitigt die Kausalität der Drohung nicht. Hat der Arbeitnehmer aber die Bedenkzeit genutzt, Rechtsrat einzuholen und sind die im Aufhebungsvertrag letztlich erreichten Konditionen deutlich günstiger als das ursprüngliche Angebot des Arbeitgebers, fehlt es an der Kausalität.[1] Ausreichend kann es sogar sein, dass der Arbeitnehmer in der Zwischenzeit Rechtsrat hätte einholen können, selbst wenn er hiervon keinen Gebrauch gemacht hat.[2] An der Kausalität fehlt es auch, wenn der Bedrohte die Willenserklärung aufgrund eigener Überlegungen unabhängig von der Drohung abgegeben hätte.

65

Der Drohende muss **vorsätzlich** gehandelt haben. Dies setzt den Willen zu einem nötigenden Verhalten voraus, d.h. die Absicht, zwecks Erzielung eines von dem Drohenden im eigenen Interesse erstrebten, rechtlich zu missbilligenden Erfolges den Bedrohten in eine Zwangslage zu versetzen und ihn auf diese Weise zur Abgabe der angestrebten Willenserklärung zu bestimmen.[3] Die Drohung muss bewusst darauf gerichtet sein, den Bedrohten zu der Einschätzung zu verleiten, nur zwischen zwei Übeln wählen zu können, von denen die Abgabe der empfohlenen Erklärung nach der Ansicht des Drohenden als das geringere Übel gegenüber der sonst zu erwartenden Maßnahme erscheint.[4]

66

Widerrechtlich ist eine Drohung, wenn entweder ein rechtswidriges Verhalten in Aussicht gestellt wird (Rechtswidrigkeit des Mittels), der mit der Drohung verfolgte Zweck verboten oder sittenwidrig ist (Rechtswidrigkeit des Zwecks) oder gerade die Verbindung eines an sich erlaubten Mittels mit dem an sich erlaubten Zweck gegen das Anstandsgefühl aller billig und gerecht Denkenden verstößt. Allein der **Zeitdruck**, unter den sich ein Arbeitnehmer gestellt sieht, dem ein Aufhebungsvertrag angeboten, sein Wunsch nach Einräumung einer Bedenkzeit aber abgelehnt wird, rechtfertigt eine Anfechtung nach § 123 BGB nicht.[5] Droht der Arbeitgeber mit einer Kündigung, kann sich die Widerrechtlichkeit regelmäßig nur aus der **Inadäquanz von Zweck und Mittel** ergeben. Weder das angedrohte Mittel – der Ausspruch einer Kündigung – noch der verfolgte Zweck – der Abschluss eines Aufhebungsvertrages – sind als solche nämlich rechtlich missbilligt. Die Drohung ist gleichwohl widerrechtlich, wenn der Drohende an der Erreichung des verfolgten Zwecks kein berechtigtes Interesse hat oder wenn die Drohung nach Treu und Glauben nicht mehr als angemessenes Mittel zur Erreichung dieses Zwecks anzusehen ist.[6]

67

Dabei ist es nicht erforderlich, dass die angedrohte Kündigung, wenn sie ausgesprochen worden wäre, sich in einem Kündigungsschutzprozess als rechtsbeständig erwiesen hätte. Die Drohung mit einer außerordentlichen Kündigung ist vielmehr nur dann widerrechtlich, wenn ein **verständiger Arbeitgeber** eine solche Kündigung

68

---

1 BAG v. 28.11.2007 – 6 AZR 1108/06, AP Nr. 36 zu § 620 BGB Aufhebungsvertrag.
2 BAG v. 28.11.2007 – 6 AZR 1108/06, AP Nr. 36 zu § 620 BGB Aufhebungsvertrag.
3 BAG v. 5.4.1978 – 4 AZR 621/76, AP Nr. 20 zu § 123 BGB.
4 BAG v. 22.12.1982 – 2 AZR 282/82, AP Nr. 23 zu § 123 BGB.
5 BAG v. 16.2.1983 – 7 AZR 134/81, AP Nr. 22 zu § 123 BGB.
6 BAG v. 21.3.1996 – 2 AZR 543/95, AP Nr. 42 zu § 123 BGB; v. 27.11.2003 – 2 AZR 135/03, AP Nr. 1 zu § 312 BGB.

nicht ernsthaft in Erwägung hätte ziehen dürfen.¹ Auch von einem verständigen Arbeitgeber kann nicht generell verlangt werden, dass er bei seiner Abwägung die Beurteilung des Tatsachengerichts „trifft". Nur wenn der Arbeitgeber unter Abwägung aller Umstände des Einzelfalls davon ausgehen muss, die angedrohte Kündigung werde im Falle ihres Ausspruchs einer arbeitsgerichtlichen Überprüfung mit hoher Wahrscheinlichkeit nicht standhalten, darf er die außerordentliche Kündigungserklärung nicht in Aussicht stellen, um damit den Arbeitnehmer zum Ausspruch einer Eigenkündigung oder zum Abschluss eines Aufhebungsvertrages zu veranlassen.²

69   So kann z.B. eine **außerordentliche Kündigung** von einem verständigen Arbeitgeber in Betracht gezogen werden, wenn es Anhaltspunkte für eine Gleitzeitmanipulation durch den Arbeitnehmer gibt;³ wenn der langjährig beschäftigte Arbeitnehmer umfangreiche private Telefongespräche geführt und sie nicht abgerechnet hat⁴ oder wenn der Mitarbeiter im Verdacht steht, Diebstähle oder Unterschlagungen begangen zu haben.⁵ Die **Drohung mit einer Strafanzeige** hat das BAG jedenfalls dann für zulässig gehalten, wenn der Arbeitnehmer durch sie veranlasst werden sollte, ein abstraktes Schuldanerkenntnis (§ 781 BGB) abzugeben. Bestehe in einem solchen Falle zwischen der anzuzeigenden Straftat und dem wieder gutzumachenden Schaden ein innerer Zusammenhang, weil sich der Schaden gerade aus der Straftat ergab, werde der Einsatz des Drohmittels Strafanzeige zum Zwecke des zivilrechtlichen Schadensausgleichs überwiegend für angemessen erachtet.⁶ Die **Anfechtungsfrist** beträgt auch hier ein Jahr (§ 124 Abs. 1 BGB); eine analoge Anwendung der dreiwöchigen Klagefrist des § 4 KSchG kommt nicht in Betracht.

d) Rücktritt

aa) Vertragliches Rücktrittsrecht

70   Die Parteien können vereinbaren, dass ihnen (oder einem von ihnen) ein **vertragliches Rücktrittsrecht** zusteht. Voraussetzungen, Modalitäten und Ausübungsfrist können grundsätzlich frei vereinbart werden; in Allgemeinen Geschäftsbedingungen sind allerdings die Beschränkungen der § 308 Nr. 3, § 307 BGB zu beachten. Im Übrigen gelten die Ausführungen zum vertraglichen Widerrufsrecht entsprechend.

bb) Gesetzliches Rücktrittsrecht

71   Der Aufhebungsvertrag mit Abfindung ist ein gegenseitiger Vertrag i.S.d. § 320 BGB; die Abfindung ist die vom Arbeitgeber geschuldete Gegenleistung für die Auf-

---

1   BAG v. 5.12.2002 – 2 AZR 478/01, AP Nr. 63 zu § 123 BGB; v. 15.12.2005 – 6 AZR 197/05, AP Nr. 66 zu § 123 BGB; OLG Karlsruhe v. 12.12.2003 – 14 U 34/03, NZA-RR 2005, 186 (186f.); ErfK/*Müller-Glöge*, § 620 BGB Rz. 11a.
2   BAG v. 12.8.1999 – 2 AZR 832/98, AP Nr. 51 zu § 123 BGB; v. 6.12.2001 – 2 AZR 396/00, AP Nr. 33 zu § 286 ZPO.
3   BAG v. 12.8.1999 – 2 AZR 832/98, AP Nr. 51 zu § 123 BGB.
4   BAG v. 5.12.2002 – 2 AZR 478/01, AP Nr. 63 zu § 123 BGB.
5   BAG v. 27.11.2003 – 2 AZR 135/03, AP Nr. 1 zu § 312 BGB; LAG Hess. v. 22.3.2010 – 17 Sa 1303/09, NZA-RR 2010, 341 (342ff.).
6   BAG v. 22.10.1998 – 8 AZR 457/97, AP Nr. 5 zu § 781 BGB.

gabe des Arbeitsplatzes durch den Arbeitnehmer.[1] Daher ist, wenn der Arbeitgeber die geschuldete Leistung trotz Fälligkeit und Fristsetzung nicht erbringt, grundsätzlich die Anwendung des § 323 BGB in Betracht zu ziehen. Freilich werden die Vertragsparteien das gesetzliche Rücktrittsrecht konkludent ausgeschlossen haben (Rz. 34). Ein Rücktrittsrecht steht dem Arbeitnehmer regelmäßig nicht zu. Ein **ausdrücklicher Verzicht des Arbeitnehmers auf das Rücktrittsrecht** ist wegen der Abdingbarkeit des § 323 BGB zwar grundsätzlich möglich. In vorformulierten Verträgen muss er sich jedoch der Inhaltskontrolle unterwerfen lassen und wird von denjenigen Autoren, die einen konkludenten Ausschluss des Rücktrittsrechts verneinen, wohl als unangemessen benachteiligend (§ 307 Abs. 1, Abs. 2 BGB) angesehen: Das Rücktrittsrecht stelle für den Arbeitnehmer ein wichtiges Druckmittel dar, um ohne weitere Zahlungsklage vom Arbeitgeber die vereinbarte Abfindung zu erhalten.[2] Ein derartiger ausdrücklicher Verzicht wird daher hier nicht empfohlen.

⊃ Nicht empfehlenswert:
Ein Rücktritt von diesem Vertrag ist ausgeschlossen.

e) Störung der Geschäftsgrundlage (§ 313 BGB)

Gemäß § 313 Abs. 1 BGB kann eine Anpassung des Vertrags verlangt werden, soweit einem Teil unter Berücksichtigung aller Umstände des Einzelfalls, insbesondere der vertraglichen oder gesetzlichen Risikoverteilung, das **Festhalten am unveränderten Vertrag nicht zugemutet werden kann**, weil sich Umstände, die zur Grundlage des Vertrags geworden sind, nach Vertragsschluss schwerwiegend verändert haben und wenn die Parteien den Vertrag nicht oder mit anderem Inhalt geschlossen hätten, wenn sie diese Veränderung vorausgesehen hätten. Einer Veränderung der Umstände steht es nach § 313 Abs. 2 BGB gleich, wenn sich wesentliche Vorstellungen, die zur Grundlage des Vertrags geworden sind, als falsch herausstellen. Nur wenn eine Anpassung des Vertrags nicht möglich oder einem Teil nicht zumutbar ist, kann der benachteiligte Teil vom Vertrag zurücktreten (§ 313 Abs. 3 Satz 1 BGB). Jedenfalls bei der vergleichsweisen Beendigung des Arbeitsverhältnisses im Rahmen eines Kündigungs- oder sonstigen Bestandsschutzprozesses kann nicht ohne Weiteres davon ausgegangen werden, Geschäftsgrundlage in diesem Sinn sei die gemeinsame Vorstellung der Parteien, bis zu dem vereinbarten Ende des Arbeitsverhältnisses werde sich keine anderweitige Beschäftigungsmöglichkeit ergeben. Vielmehr kann gerade auch diese Ungewissheit der künftigen Entwicklung bei dem Vergleich bereits Berücksichtigung gefunden haben.[3] Deshalb wird auch bei **betriebsbedingten Aufhebungsverträgen** eine Störung der Geschäftsgrundlage in der Regel selbst dann nicht anzunehmen sein, wenn der Arbeitgeber entgegen seiner früheren ernsthaften Absicht den Betrieb doch fortführt oder veräußert oder sich die wirtschaftliche Situation des Betriebes nach Abschluss der Aufhebungsvereinbarung nachhaltig bessert.

---
1 *Bauer*, NZA 2002, 169 (170).
2 *Schaub/Linck*, § 122 Rz. 37; wohl auch *Reinfelder*, NZA 2013, 62 (63).
3 BAG v. 28.6.2000 – 7 AZR 904/98, AP Nr. 6 zu § 1 KSchG 1969 Wiedereinstellung.

73 Eine Störung der Geschäftsgrundlage kann im Übrigen nur eintreten, solange der Aufhebungsvertrag **noch nicht beiderseits vollständig erfüllt ist**,[1] es sei denn, es handelte sich um einen gemeinsamen Irrtum beider Vertragsparteien bezüglich eines zukünftigen Ereignisses.[2] Aus diesem Grunde ist § 313 BGB regelmäßig allenfalls auf Aufhebungsverträge anwendbar, die eine Beendigung des Arbeitsverhältnisses zu einem späteren Zeitpunkt vorsehen, wenn zwischen Vertragsabschluss und vorgesehenem Ausscheidenstermin eine unvorhersehbare, wesentliche Veränderung der Sachlage eintritt. Außerdem führt bei einer sich nachträglich unvorhergesehen ergebenden Beschäftigungsmöglichkeit das Festhalten am Vergleich für den Arbeitnehmer keineswegs regelmäßig zu untragbaren Ergebnissen. Vielmehr wird jedenfalls dann, wenn durch eine Abfindung ein als angemessen erscheinender Ausgleich geschaffen wird, häufig das Festhalten an dem Vergleich auch für den Arbeitnehmer nicht unzumutbar sein.[3] Die Wiedereinstellung ist keine Anpassung des Abfindungsvergleichs, sondern das Gegenteil dessen, was die Parteien in diesem vereinbart haben.[4] Nur wenn ein Festhalten am Vertrag auch zu veränderten Bedingungen zu einem **untragbaren, mit Recht und Gerechtigkeit schlechthin unvereinbaren Ergebnis** führen würde, kommt daher ein Rücktritt vom Aufhebungsvertrag wegen Störung der Geschäftsgrundlage in Betracht; er bleibt damit ein äußerst seltener Ausnahmefall.

7. Hinweise zur Vertragsgestaltung

a) Beendigung des Arbeitsverhältnisses

Typ 1: Zeitpunkt und Grund der Beendigung

a) Die Parteien sind sich darüber einig, dass das am ... [Datum des Arbeitsvertrags] begründete Arbeitsverhältnis mit Ablauf des ... (im gegenseitigen Einvernehmen oder auf Wunsch des Arbeitnehmers) beendet wird (beendet worden ist).

b) Die Parteien sind sich darüber einig, dass das am ... [Datum des Arbeitsvertrags] begründete Arbeitsverhältnis auf Veranlassung des Unternehmens aus betrieblichen Gründen mit Ablauf des ... sein Ende findet (beendet worden ist).

c) Die Parteien sind sich darüber einig, dass das am ... [Datum des Arbeitsvertrags] begründete Arbeitsverhältnis aufgrund außerordentlicher arbeitgeberseitiger Kündigung unter Wahrung einer Auslauffrist zum ... beendet wird (beendet worden ist).

---

1 BGH v. 2.5.1972 – VI ZR 47/71, BGHZ 58, 355 (363); v. 24.11.1995 – V ZR 164/94, BGHZ 131, 209 (216).
2 BGH v. 1.6.1979 – V ZR 80/77, BGHZ 74, 370 (373); v. 24.11.1995 – V ZR 164/94, BGHZ 131, 209 (217); v. 15.11.2000 – VIII ZR 324/99, NJW 2001, 1204 (1206).
3 BAG v. 28.6.2000 – 7 AZR 904/98, AP Nr. 6 zu § 1 KSchG 1969 Wiedereinstellung.
4 *Nicolai/Noack*, ZfA 2000, 87 (100); vgl. auch BAG v. 8.5.2008 – 6 AZR 517/07, AP Nr. 40 zu § 620 BGB Aufhebungsvertrag (Geltendmachung von Unwirksamkeit des Aufhebungsvertrages und Wiedereinstellungsanspruch sind zwei verschiedene Streitgegenstände).

d) Die Parteien sind sich darüber einig, dass das am ... [Datum des Arbeitsvertrags] begründete Arbeitsverhältnis aufgrund ordentlicher (personen- oder verhaltensbedingter) Kündigung vom ... mit Ablauf des ... sein Ende findet (beendet worden ist).

e) Die Parteien sind sich darüber einig, dass das am ... [Datum des Arbeitsvertrags] begründete Arbeitsverhältnis aus gesundheitlichen Gründen, die den Arbeitnehmer dauerhaft an der Erbringung der vertraglich geschuldeten Arbeitsleistung hindern, auf Veranlassung des Arbeitgebers mit Ablauf des ... sein Ende findet.

Einziger notwendiger Inhalt des Aufhebungsvertrages ist die Einigung der Parteien über die Beendigung ihres Arbeitsverhältnisses. Der **Beendigungszeitpunkt** kann frei vereinbart werden.[1] In Ermangelung einer anderweitigen Bestimmung wird das Arbeitsverhältnis mit sofortiger Wirkung aufgehoben, § 271 Abs. 1 BGB.[2] Ein noch nicht in oder bereits wieder außer Vollzug gesetztes Arbeitsverhältnis kann auch rückwirkend, bezogen auf den Zeitpunkt der tatsächlichen Einstellung der wechselseitigen Hauptleistungen, beendet werden;[3] im Übrigen ist eine **Rückwirkung** unzulässig.[4] Um Nachteile für den Arbeitnehmer beim Bezug von Arbeitslosengeld bei gleichzeitiger Vereinbarung einer Abfindung zu vermeiden (vgl. § 158 SGB III), empfiehlt sich die Vereinbarung eines Beendigungszeitpunktes, der der **ordentlichen Kündigungsfrist** entspricht.[5] Bei Aufhebungsverträgen, denen keine Kündigung vorausgegangen ist, rechnet die Frist ab Abschluss der Vereinbarung.[6] Soll durch den Aufhebungsvertrag eine bereits ausgesprochene Kündigung in ihrer Wirksamkeit bestätigt werden, bestimmt diese den Endzeitpunkt des Arbeitsverhältnisses (Typ 1c, d).

Die Wirkungen der Beendigung unterscheiden sich – soweit nichts Abweichendes vereinbart ist – nicht von denjenigen, die eine Kündigung auslöst: Die wechselseitigen Hauptpflichten der Parteien entfallen ebenso wie die vertraglichen Nebenpflichten, an ihre Stelle treten aber nachvertragliche Nebenpflichten (Herausgabe der Arbeitspapiere etc., Zeugnisanspruch, ggf. nachvertragliches Wettbewerbsverbot) sowie die Pflichten, die im Aufhebungsvertrag neu vereinbart worden sind. Ausnahmsweise kann die Vergütungspflicht des Arbeitgebers auch über das vereinbarte Ende des Arbeitsverhältnisses hinaus fortbestehen, wenn nämlich das Arbeitsverhältnis wegen einer Arbeitsunfähigkeit des Arbeitnehmers beendet wird, § 8 EFZG.[7] Eine **Inhaltskontrolle der Beendigungsvereinbarung** selbst findet – jenseits der §§ 134, 138 BGB und der nach § 307 Abs. 3 Satz 2 i.V.m. § 307 Abs. 1 Satz 2 BGB verbleibenden Transparenzkontrolle – auch bei arbeitgeberseitig vorfor-

---

1 BAG v. 22.2.1968 – 5 AZR 278/67, AP Nr. 22 zu § 7 KSchG; ErfK/*Müller-Glöge*, § 620 BGB Rz. 10.
2 BAG v. 17.12.2009 – 6 AZR 242/09, AP Nr. 41 zu § 620 BGB Aufhebungsvertrag.
3 BAG v. 10.12.1998 – 8 AZR 324/97, AP Nr. 185 zu § 613a BGB; v. 17.12.2009 – 6 AZR 242/09, AP Nr. 41 zu § 620 BGB Aufhebungsvertrag.
4 Schaub/*Linck*, § 122 Rz. 16.
5 Ausführlich *Gagel/Vogt*, Rz. 119 ff.
6 *Gagel/Vogt*, Rz. 102.
7 Vgl. BAG v. 20.8.1980 – 5 AZR 589/79, AP Nr. 15 zu § 6 LohnFG.

76 Die schlichte Vertragsbeendigung durch Aufhebungsvertrag kann für den Arbeitnehmer nachteilige **sozialrechtliche Folgen** wegen Verhängung einer **Sperrzeit** nach § 159 SGB III haben. Sperrzeiten hat der Arbeitnehmer bei der grundlosen oder von ihm verschuldeten Auflösung des Arbeitsverhältnisses zu fürchten (Typ 1a, c und d). Diese Nachteile können vermieden werden, wenn der Aufhebungsvertrag zur Vermeidung einer (rechtmäßigen) Kündigung aus **dringenden betrieblichen Gründen** geschlossen worden ist (Typ 1b). Die bloße Umbenennung des Kündigungsgrundes hindert den Eintritt der Sperrzeit allerdings nicht. Vielmehr muss feststehen, dass die in Aussicht gestellte betriebs- oder personenbedingte Kündigung arbeitsrechtlich zulässig war.[2]

Die eingangs mulierten Vertragsklauseln nicht statt, da Abreden über den unmittelbaren Gegenstand der Hauptleistung nach § 307 Abs. 3 Satz 1 BGB kontrollfrei sind.[1]

77 Allerdings darf auch die **Kündigungsfrist** nicht verkürzt werden; zudem muss der Arbeitnehmer dartun, dass ihm das Abwarten der Kündigung unzumutbar war – etwa wegen objektiver Nachteile für sein berufliches Fortkommen. Auch der Klauseltyp 1e ist geeignet, Nachteile des Arbeitnehmers beim Bezug von Arbeitslosengeld zu vermeiden. Nach der Rechtsprechung des BAG sind Kündigungen wegen dauernder Unfähigkeit zur Erbringung der geschuldeten Arbeitsleistung weitgehend gerechtfertigt.[3] Die nicht vorsätzlich oder grob fahrlässig herbeigeführte krankheitsbedingte dauernde Arbeitsunfähigkeit fällt nicht unter § 159 Abs. 1 Satz 2 Nr. 1 SGB III und kann daher eine Sperrzeit nicht begründen. Freilich differenzieren die Arbeitsagenturen und Sozialgerichte nicht immer hinreichend zwischen i.d.R. verschuldensabhängiger verhaltensbedingter und verschuldensunabhängiger personenbedingter Kündigung.[4]

78 Da Aufhebungsverträge das Arbeitsverhältnis nicht mit sofortiger Wirkung beenden müssen, sondern der **Beendigungszeitpunkt in der Zukunft** liegen kann, können sie mit dem Befristungskontrollrecht in Konflikt geraten. Nach ständiger Rechtsprechung des BAG bedarf nämlich die **nachträgliche Befristung eines ursprünglich unbefristeten Arbeitsvertrages** eines sachlichen Grundes i.S.v. § 14 Abs. 1 TzBfG.[5] Allein der Umstand, dass die Parteien mit dem Aufhebungsvertrag eine Meinungsverschiedenheit beigelegt haben, begründet die Befristung sachlich nicht, da – wie sich im Umkehrschluss aus § 14 Abs. 1 Satz 2 Nr. 8 TzBfG ergibt – außergerichtliche Vergleiche als solche nicht privilegiert sind (→ *Befristung des Arbeitsverhältnisses*, II B 10 Rz. 66 f.).

---

1 BAG v. 27.11.2003 – 2 AZR 135/03, AP Nr. 1 zu § 312 BGB; v. 22.4.2004 – 2 AZR 281/03, AP Nr. 27 zu § 620 BGB Aufhebungsvertrag; v. 8.5.2008 – 6 AZR 517/07, AP Nr. 40 zu § 620 BGB Aufhebungsvertrag; *Kroeschell*, NZA 2008, 560 (561); *Reinecke*, FS Küttner, 2006, S. 327 (333); *Rolfs*, FS Reuter, S. 825 (832).
2 Ebenso *Gagel/Vogt*, Rz. 57, 64; vgl. auch BSG v. 25.4.1991 – 11 RAr 99/90, SozR 3-4100 § 119a Nr. 1.
3 Vgl. BAG v. 7.2.1991 – 2 AZR 205/90, AP Nr. 1 zu § 1 KSchG 1969 Umschulung; v. 4.2.1993 – 2 AZR 469/92, EzA § 626 BGB n.F. Nr. 144.
4 *Gagel/Vogt*, Rz. 40 ff.
5 BAG v. 24.1.1996 – 7 AZR 496/95, AP Nr. 179 zu § 620 BGB Befristeter Arbeitsvertrag; v. 3.12.1997 – 7 AZR 651/96, AP Nr. 196 zu § 620 BGB Befristeter Arbeitsvertrag; v. 8.7.1998 – 7 AZR 245/97, AP Nr. 201 zu § 620 BGB Befristeter Arbeitsvertrag.

Daher bedarf ein **Aufhebungsvertrag**, der seinem Regelungsgehalt nach nicht auf die alsbaldige Beendigung, sondern **auf eine befristete Fortsetzung des Arbeitsverhältnisses gerichtet ist**, zu seiner Wirksamkeit eines sachlichen Grunds im Sinne des Befristungskontrollrechts.[1] Demgegenüber ist eine solche Rechtfertigung für einen Vertrag, der das Arbeitsverhältnis alsbald beendet, nicht erforderlich. Daher muss sich jedenfalls ein Vertrag, der das Arbeitsverhältnis höchstens mit der für die arbeitgeberseitige Kündigung einschlägigen Frist beendet, nicht an § 14 TzBfG messen lassen.[2] Das gilt auch dann, wenn die Parteien später den Beendigungstermin auf das Ende der nächsten Kündigungsfrist hinausschieben.[3] Selbst ein Vertrag, der das Arbeitsverhältnis erst nach Ablauf von 15 Monaten beendet, kann noch ein Aufhebungsvertrag sein.[4]

Ob der Schwerpunkt des Vertrages in der Beendigung des Arbeitsverhältnisses oder in seiner befristeten Fortsetzung liegt, hängt von den Umständen des Einzelfalles, insbesondere der Dauer der Fortsetzung und ihres Verhältnisses zum bisherigen Bestand des Arbeitsverhältnisses ab.[5] **Indizien für eine Aufhebungsvereinbarung** sind darüber hinaus die für ein befristetes Arbeitsverhältnis untypische Regelung von Abwicklungsmodalitäten wie die völlige Freistellung des Arbeitnehmers bis zum vorgesehenen Beendigungszeitpunkt, die Zahlung einer Abfindung, die Regelung von Rückgabeansprüchen, das Versprechen eines wohlwollenden Zeugnisses oder der an der ordentlichen Kündigungsfrist orientierte Beendigungszeitpunkt.[6] Dagegen spricht das Fehlen von Regelungen, die aus Anlass einer einvernehmlichen Beendigung eines Arbeitsverhältnisses typischerweise getroffen werden, sowie eine die jeweilige Kündigungsfrist übersteigende Auslauffrist für das Vorliegen einer nachträglichen Befristung. Diese beendet das Arbeitsverhältnis mit Ablauf der vereinbarten Frist nur bei Vorliegen eines sachlichen Grundes i.S.d. § 14 Abs. 1 TzBfG,[7] es sei denn, der Arbeitnehmer macht die Unwirksamkeit nicht rechtzeitig geltend (§ 17 Satz 2 TzBfG i.V.m. § 7 KSchG).

⊃ **Nicht geeignet:**
Die Parteien sind sich darüber einig, dass das am [Datum des Arbeitsvertrags] begründete Arbeitsverhältnis mit Ablauf des ... beendet wird, falls der Arbeitnehmer nicht an diesem Tag seine Arbeit wieder aufnimmt.

Aufhebungsverträge können unter einer **aufschiebenden** oder einer **auflösenden Bedingung** i.S.v. § 158 BGB abgeschlossen werden. Allerdings darf dadurch nicht der allgemeine oder besondere **Kündigungsschutz umgangen** werden.[8] Da sie mit Eintritt der Bedingung das Arbeitsverhältnis ohne Weiteres beenden, kommen sie in

---

1 BAG v. 12.1.2000 – 7 AZR 48/99, AP Nr. 16 zu § 620 BGB Aufhebungsvertrag.
2 BAG v. 13.11.1996 – 10 AZR 340/96, AP Nr. 4 zu § 620 BGB Aufhebungsvertrag.
3 BAG v. 13.11.1996 – 10 AZR 340/96, AP Nr. 4 zu § 620 BGB Aufhebungsvertrag.
4 BAG v. 10.11.2011 – 6 AZR 357/10, NZA 2012, 205 (206).
5 BAG v. 7.3.2002 – 2 AZR 93/01, AP Nr. 22 zu § 620 BGB Aufhebungsvertrag; v. 15.2.2007 – 6 AZR 286/06, AP Nr. 35 zu § 620 BGB Aufhebungsvertrag; v. 28.11.2007 – 6 AZR 1108/06, AP Nr. 36 zu § 620 BGB Aufhebungsvertrag; v. 10.11.2011 – 6 AZR 357/10, NZA 2012, 205 (206).
6 BAG v. 15.2.2007 – 6 AZR 286/06, AP Nr. 35 zu § 620 BGB Aufhebungsvertrag; v. 28.11.2007 – 6 AZR 1108/06, AP Nr. 36 zu § 620 BGB Aufhebungsvertrag.
7 BAG v. 12.1.2000 – 7 AZR 48/99, AP Nr. 16 zu § 620 BGB Aufhebungsvertrag.
8 Küttner/*Eisemann*, Personalbuch 2014, Aufhebungsvertrag Rz. 16.

ihrer Wirkung dem unabdingbaren § 626 BGB gleich. Aus diesem Grunde ist es z.B. unzulässig, einem Arbeitnehmer Sonderurlaub in der Weise zu gewähren, dass das Arbeitsverhältnis automatisch endet, wenn der Arbeitnehmer nicht am Tag nach Ende des Urlaubs die Arbeit wieder aufnimmt. Denn es kann berechtigte Gründe (z.B. eine zur Arbeitsunfähigkeit führende Erkrankung) dafür geben, dass der Arbeitnehmer auch über den vereinbarten Sonderurlaub hinaus der Arbeit fernbleibt.[1] Die Bedingung kann anders zu beurteilen sein, wenn für sie ein sachlich berechtigter Grund besteht, z.B. die Auflösung für den Fall vereinbart worden ist, dass der Arbeitnehmer für die geschuldete Arbeitsleistung nach dem amtsärztlichen Zeugnis untauglich ist oder der Eintritt der Bedingung ausschließlich vom Willen des Arbeitnehmers abhängt.

82 Bedingten Aufhebungsverträgen stehen Vereinbarungen, die eine **unbedingte Aufhebung des Arbeitsverhältnisses mit einer bedingten Wiedereinstellungsgarantie** verknüpfen, grundsätzlich gleich. Das gilt z.B. für den Fall, dass der Arbeitnehmer vor Urlaubsantritt vereinbarungsgemäß aus dem Beschäftigungsverhältnis ausscheidet und ihm die Wiedereinstellung unter Wahrung des Besitzstandes für den Fall versprochen wird, dass er diese spätestens am ersten Tag nach Ende des Urlaubs verlangt.[2]

83 Für einen **Ausnahmefall** hat das BAG freilich im gegenteiligen Sinne entschieden: Der Arbeitnehmer hatte sich innerhalb der sechsmonatigen Wartezeit des § 1 Abs. 1 KSchG noch nicht bewährt, der Arbeitgeber wollte ihm aber eine „zweite Chance" geben. Da die Wartezeit vertraglich nicht verlängerbar ist, vereinbarte er mit dem Arbeitnehmer die Auflösung des Arbeitsverhältnisses zu einem nach Ablauf der Wartefrist liegenden Zeitpunkt, verbunden mit der Zusage, das Arbeitsverhältnis fortzusetzen, falls der Arbeitnehmer sich nunmehr bewähre. Nach Auffassung des 2. Senats ist ein solcher Aufhebungsvertrag, der lediglich eine nach § 1 KSchG nicht auf ihre Sozialwidrigkeit zu überprüfende Kündigung ersetzt, nicht wegen der Umgehung zwingender Kündigungsschutzvorschriften unwirksam. Sehe der Arbeitgeber die sechsmonatige Probezeit als nicht bestanden an, so könne er regelmäßig, ohne rechtsmissbräuchlich zu handeln, anstatt das Arbeitsverhältnis innerhalb der Frist des § 1 Satz 1 KSchG mit der kurzen Probezeitkündigungsfrist zu beenden, dem Arbeitnehmer eine Bewährungschance geben, indem er mit einer überschaubaren, längeren Kündigungsfrist kündige und dem Arbeitnehmer für den Fall seiner Bewährung die Wiedereinstellung zusage. Diese Grundsätze gölten auch für einen entsprechenden Aufhebungsvertrag.[3]

b) Abfindung

Typ 2: Abfindung

a) Der Arbeitgeber verpflichtet sich, an den Arbeitnehmer für den Verlust des Arbeitsplatzes und des sozialen Besitzstands eine Abfindung in Höhe von ... Euro zu zahlen.

---

1 BAG v. 19.12.1974 – 2 AZR 565/73, AP Nr. 3 zu § 620 BGB Bedingung; Küttner/*Eisemann*, Personalbuch 2014, Aufhebungsvertrag Rz. 17; Schaub/*Linck*, § 122 Rz. 17.
2 BAG v. 25.6.1987 – 2 AZR 541/86, AP Nr. 14 zu § 620 BGB Bedingung.
3 BAG v. 7.3.2002 – 2 AZR 93/01, AP Nr. 22 zu § 620 BGB Aufhebungsvertrag; HWK/*Kliemt*, Anh. § 9 KSchG Rz. 34.

b) Der Anspruch auf die Abfindung entsteht mit Abschluss dieses Vertrages/mit Ablauf der vereinbarten Auslauffrist.
c) Der Anspruch auf die Abfindung ist vererblich/unvererblich.
d) Die Abfindung ist am ... fällig und darf auch nicht vorher geleistet werden.
e) Für den Fall, dass dem Arbeitgeber ein wichtiger Grund zur Kündigung des Arbeitsverhältnisses ohne Einhaltung der Kündigungsfrist gegeben ist, vereinbaren die Parteien, dass der Anspruch des Arbeitnehmers auf die Abfindung entfällt.

Die Abfindung ist eine **pauschale Entschädigung für den Verlust des Arbeitsplatzes** (Typ 2a). Sie unterscheidet sich in Rechtsgrund und Zweck von sonstigen Zahlungen aus Anlass der Beendigung des Arbeitsverhältnisses. Ansprüche auf Arbeitsentgelt (einschließlich Gratifikationen sowie Entgeltfortzahlung nach dem EFZG), Aufwendungsersatz (Spesen) oder im Zusammenhang mit nicht gewährtem Urlaub (§ 7 Abs. 4 BUrlG) gehen auf den Arbeitsvertrag zurück und werden im Aufhebungsvertrag lediglich abgewickelt. Dagegen entsteht der Anspruch auf die Abfindung erst durch entsprechende Vereinbarung im Aufhebungsvertrag. Die Abfindung ist außerdem von der Karenzentschädigung für ein nachvertragliches Wettbewerbsverbot zu unterscheiden.[1] Die Abgrenzung der Abfindung von anderen im Aufhebungsvertrag vereinbarten Zahlungen ist insbesondere im Sozial- und Steuerrecht von Bedeutung. 84

Ob und ggf. in welcher Höhe eine Abfindung vereinbart wird, steht im Belieben der Parteien. Weder besteht ein gesetzlicher „Anspruch auf den Abfindungsanspruch" (anders bei der Karenzentschädigung, vgl. § 74 Abs. 2 HGB), noch gelten hinsichtlich der Höhe gesetzliche Vorgaben. §§ 1a, 10 KSchG sind schon tatbestandlich nicht einschlägig und bieten daher allenfalls unverbindliche Orientierung. Eine **Inhaltskontrolle** findet wegen § 307 Abs. 3 Satz 1 BGB auch bei arbeitgeberseitig vorformulierten Abfindungsvereinbarungen nicht statt.[2] 85

Nach Auffassung des BAG soll der Arbeitgeber aber an den **Gleichbehandlungsgrundsatz** gebunden sein, wenn er aus Anlass der Beendigung zahlreicher Arbeitsverhältnisse freiwillig Abfindungen an einen Teil der Ausscheidenden zahlt.[3] Ist jedoch der für die Zahlung der Abfindungen zur Verfügung stehende **Gesamtbetrag gering** und sind die Chancen der ausgeschiedenen Arbeitnehmer auf dem Arbeitsmarkt ungünstig zu beurteilen, so kann es je nach den Umständen gerechtfertigt sein, die Arbeitnehmer ganz von einer Abfindungszahlung auszunehmen, die das Arbeitsverhältnis vorzeitig durch Aufhebungsvertrag beendet haben, nachdem sie eine neue Beschäftigung gefunden hatten;[4] ebenso ist einzelvertraglich jede **Differenzierung** zulässig, die auch in einem Sozialplan rechtlich unbedenklich wäre.[5] Der arbeitsrechtliche Gleichbehandlungsgrundsatz findet indessen keine Anwendung, wenn ein Arbeitgeber mit Arbeitnehmern individuelle Vereinbarungen über die Begründung oder die Aufhebung eines Arbeitsverhältnisses trifft und Ab- 86

---
1 BAG v. 3.5.1994 – 9 AZR 606/92, AP Nr. 65 zu § 74 HGB.
2 Vgl. BAG v. 22.4.2004 – 2 AZR 281/03, AP Nr. 27 zu § 620 BGB Aufhebungsvertrag; v. 21.6.2011 – 9 AZR 203/10, NZA 2011, 1338 (1341); *Rolfs*, FS Reuter, S. 825 (832).
3 BAG v. 25.11.1993 – 2 AZR 324/93, AP Nr. 108 zu § 242 BGB Gleichbehandlung.
4 BAG v. 25.11.1993 – 2 AZR 324/93, AP Nr. 108 zu § 242 BGB Gleichbehandlung.
5 BAG v. 8.3.1995 – 5 AZR 869/93, AP Nr. 123 zu § 242 BGB Gleichbehandlung.

findungen zahlt, die dem Grunde und der Höhe nach z.B. in einer Betriebsvereinbarung geregelt sind. In einem solchen Fall liegt nicht einmal eine verteilende Entscheidung des Arbeitgebers nach einer von ihm selbst aufgestellten Regelung vor.[1] Ein Anspruch auf Gewährung einer Abfindung kann nach Ansicht des BAG auch aus **betrieblicher Übung** entstehen.[2]

87 **Fälligkeitsfragen** im Zusammenhang mit der Abfindung spielen eine Rolle im Falle des Ablebens des Arbeitnehmers vor dem Ende des Arbeitsverhältnisses (Rz. 28 ff.). Streitigkeiten können durch eine eindeutige Formulierung vermieden werden. Unklarheiten vermeidet eine genaue Regelung des Zeitpunkts, in dem der Anspruch entstehen soll (Typ 2b). Im Aufhebungsvertrag kann die Vererblichkeit des Anspruchs aber auch ausdrücklich vereinbart werden (Typ 2c); s. → *Abwicklungsvertrag*, II A 15 Rz. 21.[3] Ein häufiges arbeitsrechtliches Problem bildet auch das **Zusammentreffen einer Auflösungsvereinbarung mit einer (zumeist) verhaltensbedingten Kündigung** seitens des Arbeitgebers. Eine entsprechende Vertragsklausel (Typ 2e) vermeidet das Erfordernis des Kündigungsausspruchs, wenn es beim vereinbarten Endzeitpunkt bleiben soll.

c) Sonstige Vereinbarungen

88 Die Parteien können im Aufhebungsvertrag weitere Regelungen treffen. Typisch sind Vereinbarungen über die Fortzahlung der Vergütung, die Freistellung von der Arbeit, ein Wettbewerbsverbot während des fortbestehenden Arbeitsverhältnisses und die Anrechnung von Zwischenverdienst; Gratifikationen, Gewinnbeteiligungen und Tantiemen sowie die Auszahlung von Provisionen; die Benutzung des Dienstwagens, Diensthandys und sonstiger vom Arbeitgeber aus betrieblicher Veranlassung überlassener Gegenstände, die der Arbeitnehmer auch privat zu nutzen berechtigt ist; Urlaub; Rückzahlung von Darlehen; Betriebsgeheimnisse und ein nachvertragliches Wettbewerbsverbot; betriebliche Altersversorgung; das Zeugnis und sonstige Arbeitspapiere.[4]

aa) Arbeitspflicht und Urlaub für die restliche Vertragslaufzeit

Typ 3: Arbeitspflicht, Urlaub

a) Bis zur Beendigung des Arbeitsverhältnisses wird der Vertrag beiderseits erfüllt. Unter Berücksichtigung der Resturlaubsansprüche ist der ... (Datum) der letzte Arbeitstag. Damit ist der Urlaubsanspruch des Arbeitnehmers erfüllt.

b) Bis zur Beendigung des Arbeitsverhältnisses wird der Vertrag beiderseits erfüllt. Der Resturlaub von ... Werktagen wird finanziell abgegolten.

c) Der Arbeitnehmer nimmt vom ... (sofort oder Datum) bis zum ... seinen verbleibenden Jahresurlaub, anschließend wird er unter Anrechnung erworbener Zeit-/Wertguthaben von der Arbeitsleistung freigestellt.

---

1 BAG v. 17.12.2009 – 6 AZR 242/09, AP Nr. 41 zu § 620 BGB Aufhebungsvertrag.
2 BAG v. 17.11.2009 – 9 AZR 765/08, AP Nr. 88 zu § 242 BGB Betriebliche Übung.
3 Vgl. auch *Freckmann*, BB 2004, 1564 (1565).
4 Vgl. BLDH/*Lingemann*, Kap. 23 Muster 23.1a §§ 3 ff.; Liebers/*Oberwinter/Hangarter*, Rz. K 141 §§ 2 ff.

d) Der Arbeitnehmer wird mit sofortiger Wirkung/ab ... bis zur Beendigung des Arbeitsverhältnisses unter Fortzahlung der Vergütung von der Arbeitsleistung freigestellt. Der Arbeitgeber behält sich vor, den Arbeitnehmer während der Restlaufzeit des Vertrages teilweise oder ganz an den Arbeitsplatz zurückzurufen.

Ob der Arbeitnehmer während der restlichen Laufzeit des Arbeitsverhältnisses weiter zur Arbeitsleistung verpflichtet sein oder freigestellt werden soll, hängt jeweils von der Interessenlage der Vertragsparteien ab. Insbesondere wenn die Initiative zur Auflösung des Arbeitsvertrags vom Arbeitnehmer ausging, kann der Arbeitgeber durchaus interessiert sein, sich die Arbeitskraft des Arbeitnehmers für die verbleibende Zeit zu sichern (Typ 3a, b), etwa um die Einarbeitung eines Nachfolgers zu gewährleisten.

Je nach Interessenlage, insbesondere wenn durch den Aufhebungsvertrag eine Arbeitgeberkündigung vermieden werden soll, kann alternativ eine teilweise (Typ 3c), widerrufliche (Typ 3d) oder endgültige Freistellung (Typ 3c, hierzu auch → *Abwicklungsvertrag*, II A 15 Rz. 23 f.) vereinbart werden. Anders als in Arbeitsverträgen (→ *Freistellung des Arbeitnehmers*, II F 10) sind in Aufhebungsverträgen Freistellungsvereinbarungen möglich. Im Schrifttum umstritten ist, ob der Arbeitnehmer bei einem vom Arbeitgeber veranlassten Aufhebungsvertrag einen **Anspruch auf Freistellung zur Stellensuche** (§ 629 BGB analog) hat.[1] Folgende Ergänzung (im Anschluss an Typ 3e) kann spätere Streitigkeiten hierüber vermeiden helfen:

e) Die Freistellung erfolgt auch, um dem Arbeitnehmer die Suche nach einer Anschlussbeschäftigung zu ermöglichen.

Zum Regelbestand von Aufhebungsvereinbarungen gehören auch Klarstellungen über noch bestehende Urlaubsansprüche (→ *Urlaub*, II U 20). Dies gilt insbesondere, wenn der Arbeitnehmer zugleich von der Arbeit freigestellt wird. In solchen Fällen ist der Urlaubszeitraum gesondert auszuweisen.[2] Anderenfalls, insbesondere bei bloß widerruflicher Freistellung (Typ 3d), kommt eine Verrechnung der Freistellungsphase mit dem Urlaubsanspruch des Arbeitnehmers nicht in Betracht.[3] Mehr noch: Der Arbeitnehmer erwirbt auch während der Freistellung weiter anteilig Anspruch auf Urlaub, der dann bei der Beendigung des Arbeitsverhältnisses vom Arbeitgeber abzugelten ist.[4]

Bei finanzieller **Urlaubsabgeltung** (Typ 3b) ist zu bedenken, dass der Anspruch auf Arbeitslosengeld für die Zeit des abzugeltenden Urlaubs ruht (§ 157 Abs. 2 SGB III). Die Urlaubsabgeltung ist steuer- und sozialversicherungspflichtig. Die Einbeziehung einer Urlaubsabgeltung in eine Abfindung kann aus steuer- und sozialrechtlichen Gründen nicht empfohlen werden. Auch arbeitsrechtlich ist dies problema-

---

1 Vgl. ErfK/*Müller-Glöge*, § 629 BGB Rz. 3.
2 Vgl. BAG v. 14.3.2006 – 9 AZR 11/05, AP Nr. 32 zu § 7 BUrlG; v. 6.9.2006 – 5 AZR 703/05, AP Nr. 118 zu § 615 BGB; v. 14.8.2007 – 9 AZR 934/06, AP Nr. 38 zu § 7 BUrlG; *Lingemann/Groneberg*, NJW 2010, 3496 (3498).
3 BAG v. 19.5.2009 – 9 AZR 433/08, AP Nr. 41 zu § 7 BUrlG.
4 BAG v. 6.5.2014 – 9 AZR 678/12, NZA 2014, 959 (960).

tisch, weil ein Verzicht auf die Urlaubsabgeltung grundsätzlich nicht durch Einbeziehung in eine Abfindung möglich ist. In der Regel ist es deshalb zweckmäßig, noch offenen Urlaub während der Auslauffrist in Natur zu gewähren. **Erdiente Ansprüche** und die Entschädigung für den Verlust des Arbeitsplatzes sollten getrennt ausgewiesen werden.[1]

93 Wird der Arbeitnehmer im Aufhebungsvertrag unter Fortzahlung der Vergütung von der Arbeitsleistung freigestellt (Typ 3c, d), muss er sich anderweitig erzielten oder böswillig unterlassenen Verdienst im Zweifel nicht anrechnen lassen (**keine Anrechnung anderweitigen Erwerbs**). § 615 Satz 2 BGB ist auf die Vereinbarung bezahlter Freistellung weder unmittelbar noch analog anwendbar.[2] Die Voraussetzungen des § 615 Satz 1 BGB (Annahmeverzug) liegen nicht vor;[3] ein Verzicht auf die Arbeitsleistung des Arbeitnehmers enthält insoweit auch keine ausfüllungsbedürftige Regelungslücke. Freilich kann die Anrechnung anderweitigen Erwerbs ausdrücklich vereinbart werden.[4] In einem solchen Fall kann der Arbeitnehmer aber regelmäßig davon ausgehen, in der Verwertung seiner Arbeitsleistung frei und nicht mehr an vertragliche Wettbewerbsverbote (§ 60 HGB) gebunden zu sein. Einen abweichenden Willen hat der Arbeitgeber in der Freistellungserklärung zum Ausdruck zu bringen.[5] Ist die Freistellungserklärung des Arbeitgebers dahingehend auszulegen, dass abweichend von § 615 Satz 2 BGB eine Anrechnung anderweitigen Verdienstes nicht erfolgen soll, kann der Arbeitnehmer redlicherweise nicht ohne ausdrückliche Erklärung des Arbeitgebers annehmen, der Arbeitgeber habe auf die Einhaltung des vertraglichen Wettbewerbsverbots verzichtet.[6]

bb) Gratifikations- und Rückzahlungsansprüche

94 In arbeitsrechtlicher Hinsicht ist generell das Schicksal möglicher Gratifikations- und Rückzahlungsansprüche (vom Arbeitgeber gewährte → *Darlehen*, II D 10, → *Ausbildungskosten*, II A 120) zu bedenken. Endet das Arbeitsverhältnis einvernehmlich aus betriebsbedingten Gründen, können unter Umständen allein deshalb Rückzahlungsansprüche ausscheiden. Ggf. empfiehlt sich deshalb eine klarstellende Regelung oder eine Berücksichtigung der Rückzahlungsansprüche bei der Bemessung der Abfindung. Beispiele:

Typ 4: Klarstellung von Gratifikationsansprüchen

a) Die Gratifikation für das Jahr ... wird trotz der Beendigung des Arbeitsverhältnisses im Bezugsjahr voll/zu x/12 gezahlt.

b) Die Gratifikation für das Jahr ... wird infolge der Beendigung des Arbeitsverhältnisses im Bezugsjahr nicht gezahlt. Die Gratifikation des Vorjahres braucht nicht zurückgezahlt zu werden.

---

1 *Gagel/Vogt*, Rz. 92 ff.
2 BAG v. 19.3.2002 – 9 AZR 16/01, EzA § 615 BGB Nr. 108; so auch schon LAG Köln v. 21.8.1991 – 7/5 Sa 385/91, NZA 1992, 123.
3 Vgl. BAG v. 7.12.2005 – 5 AZR 19/05, AP Nr. 114 zu § 615 BGB.
4 BAG v. 19.3.2002 – 9 AZR 16/01, NZA 2002, 1055 (1055).
5 BAG v. 6.9.2006 – 5 AZR 703/05, AP Nr. 118 zu § 615 BGB.
6 BAG v. 6.9.2006 – 5 AZR 703/05, AP Nr. 118 zu § 615 BGB.

Ohne entsprechende klarstellende Klauseln kommt es auf die vertragliche Ausgestaltung der Gratifikationsrückzahlung an (s. → *Sonderzahlungen*, II S 40). 95

Typ 5: Klarstellung von Rückzahlungsansprüchen

Das aufgrund Vertrag vom ... gewährte Arbeitgeberdarlehen besteht noch in Höhe einer Restschuld von ... Euro. Die Rückzahlung des gesamten Darlehens wird zum ... fällig/erfolgt in monatlichen Raten in Höhe von ... Euro.

Eine derartige Klarstellung von Rückzahlungsansprüchen, sei es für Arbeitgeberdarlehen, Umzugskosten, Ausbildungskosten, Personalrabatte u.a. m. kann sinnvoll sein, insbesondere wenn – wie in Aufhebungsverträgen oder Prozessvergleichen üblich – allgemeine Ausgleichs- oder Erledigungsklauseln zur endgültigen Befriedigung des abzuwickelnden Rechtsverhältnisses aufgenommen werden (s. dazu Rz. 99 ff.). Je nach ihrer Formulierung kann eine allgemeine Erledigungsklausel auch diese Ansprüche, für die Rückzahlungsklauseln vereinbart wurden, erfassen.[1] Eine Verständigung über den Rückzahlungsanspruch kann daher geboten sein. 96

cc) Zeugnis

Typ 6: Zeugnisansprüche

a) Der Arbeitgeber verpflichtet sich zur Erteilung eines Zeugnisses, das sich auf Art und Dauer des Arbeitsverhältnisses sowie auf Führung und Leistung des Arbeitnehmers erstreckt.

b) Der Arbeitnehmer erhält das als Anlage zu dieser Vereinbarung beigefügte qualifizierte Zeugnis.

c) Der Arbeitnehmer erhält ein mit dem Zwischenzeugnis vom ... (Datum) übereinstimmendes qualifiziertes Endzeugnis, mit folgender Ergänzung: „Herr/Frau ... ist am ... (Datum) auf eigenen Wunsch/auf Veranlassung des Unternehmens aus betrieblichen Gründen ausgeschieden."

Fraglich ist, ob der Anspruch auf ein Zeugnis überhaupt verzichtbar ist (→ *Verzicht und Ausgleichsquittung*, II V 50 Rz. 39 ff.). Um weiteren Streit der Parteien zu vermeiden, sollte der Zeugnisanspruch möglichst schon mit der Aufhebungsvereinbarung erledigt werden. Klauseltyp 6a ist hier eine Notlösung, weil diese Globalklausel Streit über den Inhalt des Zeugnisses nicht ausschließt. Günstig wäre, sich über den Inhalt unmittelbar zu verständigen oder ggf. ein aktualisiertes Zwischenzeugnis der Vereinbarung zu Grunde zu legen (Typ 6b und c). 97

In Spezialfällen können weitere Einzelregelungen angezeigt sein. Hier sei nur stichwortartig auf folgende, an **anderer Stelle erörterte Fragen hingewiesen:** 98

→ *Nachvertragliche Wettbewerbsverbote*, II W 10

→ *Verschwiegenheitspflichten*, II V 20

---

1 Verneint für eine Ausgleichsklausel, die nur die Ansprüche aus einem „bestehenden Arbeitsverhältnis" regelt: BAG v. 19.1.2011 – 10 AZR 873/08, NZA 2011, 1159 (1160 f.).

Rückzahlung von → *Ausbildungskosten*, II A 120

→ *Aufrechnung*, II A 110 und → *Zurückbehaltungsrechte*, II Z 20

→ *Salvatorische Klausel*, II S 10.

d) Ausgleichs- und Erledigungsklauseln

Typ 7: Allgemeine Ausgleichsklauseln

Die Parteien sind sich einig, dass mit dieser Vereinbarung alle gegenseitigen Ansprüche aus dem Arbeitsverhältnis erledigt sind. Von dieser Ausgleichsklausel nicht erfasst sind die Ansprüche des Arbeitnehmers auf
- betriebliche Altersversorgung
- ein qualifiziertes Zeugnis
- Karenzentschädigung für das im Arbeitsvertrag/am ... vereinbarte nachvertragliche Wettbewerbsverbot
- ...

und des Arbeitgebers auf
- Zahlung von ...

Damit sind alle Ansprüche – gleichgültig ob bekannt oder unbekannt und aus welchen Rechtsgründen – abgegolten.

⊃ **Nicht geeignet:**
  a) Die Parteien sind sich darüber einig, dass sämtliche Ansprüche aus und in Verbindung mit dem Arbeitsverhältnis, gleich aus welchem Rechtsgrund, nicht mehr bestehen.
  b) Mit dieser Vereinbarung sind alle gegenseitigen Ansprüche aus dem Arbeitsverhältnis und seiner Beendigung erledigt.
  c) Die Parteien sind sich einig, dass mit dieser Vereinbarung alle gegenseitigen Ansprüche, also auch solche, die nicht aus dem Arbeitsverhältnis oder seiner Beendigung herrühren, erledigt sind.

99 **Ausgleichs- und Erledigungsklauseln** gehören zum Standardrepertoire von Aufhebungsverträgen und arbeitsrechtlichen Vergleichen. Durch Ausgleichsklauseln können einerseits ungewollt wichtige Ansprüche verloren gehen; andererseits können aber auch Ansprüche bestehen bleiben, von denen die andere Seite annahm, sie seien miterfasst. Daher sollte die Reichweite von Ausgleichsvereinbarungen ausgehandelt und im Aufhebungsvertrag möglichst präzise geregelt werden (Typ 7). Ausgleichsklauseln, die formularmäßig vorformuliert sind, unterliegen gleich in dreifacher Hinsicht einer rechtlichen Kontrolle. Zunächst bedarf der Überprüfung, ob sie überhaupt wirksam in den Vertrag einbezogen worden sind, §§ 305 ff. BGB. Sodann sind sie auszulegen, um zu ermitteln, ob und ggf. in welchem Umfang Ansprüche der Vertragsparteien von ihnen erfasst werden sollen. Schließlich sind sie der Inhaltskontrolle zu unterziehen, die stets auf gesetzliche unabdingbare Ansprüche zu erstrecken ist und darüber hinaus in Allgemeinen Geschäftsbedingungen den Anforderungen des § 307 BGB genügen muss (s.a. → *Verzicht und Ausgleichsquittung*, II V 50 Rz. 6 ff.).

Im Rahmen der **Einbeziehungskontrolle** kommt dem Verbot überraschender Klauseln (§ 305c Abs. 1 BGB) die größte Bedeutung zu. Hiernach werden Bestimmungen in Allgemeinen Geschäftsbedingungen, die nach den Umständen, insbesondere nach dem äußeren Erscheinungsbild des Vertrags, so ungewöhnlich sind, dass der Vertragspartner des Verwenders mit ihnen nicht zu rechnen braucht, nicht Vertragsbestandteil. Klauseln i.S.v. § 305c Abs. 1 BGB liegen dann vor, wenn ihnen ein **Überrumpelungseffekt** innewohnt, weil sie eine Regelung enthalten, die von den Erwartungen des Vertragspartners deutlich abweicht und mit der dieser den Umständen nach vernünftigerweise nicht zu rechnen braucht.[1] Zwischen den durch die Umstände bei Vertragsschluss begründeten Erwartungen und dem tatsächlichen Vertragsinhalt muss ein deutlicher Widerspruch bestehen. Da sich das Überraschungsmoment auch aus dem Erscheinungsbild des Vertrags ergeben kann, ist es möglich, dass auch das Unterbringen einer Klausel an einer unerwarteten Stelle im Text sie deswegen als Überraschungsklausel erscheinen lässt. Das Überraschungsmoment ist desto eher zu bejahen, je belastender die Bestimmung ist. Im Einzelfall muss der Verwender darauf besonders hinweisen oder die Klausel drucktechnisch hervorheben.[2]

Durch **Auslegung** der Klausel ist gemäß §§ 133, 157 BGB zu ermitteln, welche Ansprüche der Vertragsparteien sie erfassen soll. Für Ausgleichsklauseln nach einer Kündigung einerseits und in einem Aufhebungsvertrag oder Vergleich andererseits legt das BAG unterschiedliche Auslegungsregeln zugrunde. Während Vereinbarungen, die sich an eine Kündigung anschließen, in der Regel eng zu interpretieren sind,[3] gilt für Abgeltungsklauseln in Aufhebungsverträgen etwas anderes: In einem Aufhebungsvertrag wollen die Parteien in der Regel das Arbeitsverhältnis abschließend bereinigen und alle Ansprüche erledigen, gleichgültig, ob sie daran dachten oder nicht. Daher sind entsprechende vertragliche Vereinbarungen in gerichtlichen und außergerichtlichen Vergleichen sowie in Aufhebungsverträgen im Interesse klarer Verhältnisse **grundsätzlich weit auszulegen**.[4]

Sie erfassen daher z.B. Ansprüche auf ein anteiliges 13. Monatsgehalt,[5] wegen „Mobbings"[6] und, wenn eine entsprechende Einschränkung (zB auf „alle gegenseitigen finanziellen Ansprüche"[7]) fehlt, in der Regel auch Ansprüche aus einem nachvertraglichen Wettbewerbsverbot, und zwar selbst dann, wenn ein Tarifvertrag für die Aufhebung des Wettbewerbsverbots Schriftform vorsieht.[8] Nicht von ihnen be-

---

1 BGH v. 10.11.1989 – V ZR 201/88, BGHZ 109, 197 (200).
2 BAG v. 29.11.1995 – 5 AZR 447/94, AP Nr. 1 zu § 3 AGB-Gesetz; v. 6.8.2003 – 7 AZR 9/03, AP Nr. 51 zu § 133 BGB; v. 23.2.2005 – 4 AZR 139/04, AP Nr. 42 zu § 1 TVG Tarifverträge: Druckindustrie.
3 BAG v. 3.5.1979 – 2 AZR 679/77, AP Nr. 6 zu § 4 KSchG 1969; v. 17.10.2000 – 3 AZR 69/99, AP Nr. 56 zu § 1 BetrAVG Zusatzversorgungskassen.
4 BAG v. 19.11.2003 – 10 AZR 174/03, AP Nr. 50 zu § 611 BGB Konkurrenzklausel; v. 28.7.2004 – 10 AZR 661/03, AP Nr. 177 zu § 4 TVG Ausschlussfristen; v. 8.3.2006 – 10 AZR 349/05, AP Nr. 79 zu § 74 HGB; v. 22.10.2008 – 10 AZR 617/07, AP Nr. 82 zu § 74 HGB; v. 19.11.2008 – 10 AZR 671/07, AP Nr. 7 zu § 448 ZPO; v. 24.6.2009 – 10 AZR 707/08 (F), AP Nr. 81 zu § 74 HGB; v. 20.4.2010 – 3 AZR 225/08, AP Nr. 63 zu § 1 BetrAVG.
5 BAG v. 28.7.2004 – 10 AZR 661/03, AP Nr. 177 zu § 4 TVG Ausschlussfristen.
6 LAG Berlin v. 26.8.2005 – 6 Sa 633/05, NZA-RR 2006, 67 (67f.).
7 So in BAG v. 8.3.2006 – 10 AZR 349/05, AP Nr. 79 zu § 74 HGB.
8 BAG v. 19.11.2003 – 10 AZR 174/03, AP Nr. 50 zu § 611 BGB Konkurrenzklausel.

troffen sein sollen dagegen Lohnansprüche, die lediglich noch nicht abgerechnet worden sind und über die kein Streit besteht,[1] ebensowenig Herausgabeansprüche, die erst bei Beendigung des Arbeitsverhältnisses zu erfüllen sind.[2] Ausgleichsklauseln, die sich auf Ansprüche „aus dem Arbeitsverhältnis" beschränken (Typ 7), lassen fraglich erscheinen, ob hierdurch auch Ansprüche aus **Annexverträgen** (Arbeitgeberdarlehen, Werkwohnung, Personalrabatte) erfasst sind.[3] Das gilt insbesondere auch für Schadensersatzansprüche aus Vertrag oder Delikt. Zu verweisen ist hier auf die reichhaltige Rechtsprechung zu → *Ausschlussfristen*, II A 150, in denen entsprechende Formulierungen anzutreffen sind.

103 Die **Inhaltskontrolle** der Ausgleichsklausel hat sich in jedem Falle, also insbesondere auch bei im Einzelnen ausgehandelten Vertragsklauseln, darauf zu erstrecken, ob nicht gegen ein **gesetzliches Verbot** (§ 134 BGB) oder die **guten Sitten** (§ 138 BGB) verstoßen worden oder ob **zwingendes Arbeitnehmerschutzrecht umgangen** worden ist. Außerhalb gerichtlicher Vergleiche unverzichtbar ist z.B. der Anspruch auf einen entstandenen **Mindestlohn** (§ 3 Satz 2 MiLoG); unverzichtbar sind ferner der Anspruch auf Entgeltfortzahlung (§§ 3 ff. EFZG), auch soweit er nach § 8 EFZG ausnahmsweise über den Zeitpunkt der Beendigung des Arbeitsverhältnisses hinausreicht,[4] sowie gemäß § 13 BUrlG der Urlaubs- bzw. Urlaubsabgeltungsanspruch,[5] soweit er sich auf den gesetzlichen Mindesterholungsurlaub nach dem BUrlG (24 Werktage) bezieht. In diesen Fällen kann lediglich ein Tatsachenvergleich abgeschlossen werden, in dem unstreitig gestellt wird, dass die tatsächlichen Voraussetzungen für den gesetzlichen Mindestlohn-, Entgeltfortzahlungs- oder Urlaubsanspruch nicht (mehr) gegeben sind. Im Rechtssinne verzichten kann der Arbeitnehmer in einem Aufhebungsvertrag dagegen auf den einzelvertraglich vereinbarten längeren Urlaub.

104 Von Ausgleichsklauseln in Aufhebungsverträgen nicht erfasst werden ferner mögliche Ansprüche von **Arbeitnehmererfindervergütung**. Ansprüche aus **betrieblicher Altersversorgung** sind, soweit sie **gesetzlich unverfallbar** (§ 1b BetrAVG) sind und im Zusammenhang mit der Beendigung des Arbeitsverhältnisses stehen, Abfindungen und Erlassverträgen weitgehend entzogen (§ 3 BetrAVG). Lediglich **vertraglich unverfallbare** Anwartschaften werden hiervon nicht erfasst.[6] Auf sie kann der Arbeitnehmer im Zusammenhang mit der Aufhebung des Arbeitsverhältnisses verzichten. Eine allgemeine Ausgleichsklausel erfasst diesen besonderen Anspruch nicht.[7]

---

1 LAG Hamm v. 7.12.2000 – 16 Sa 1152/00, NZA-RR 2002, 15 (16).
2 BAG v. 14.12.2011 – 10 AZR 283/10, NZA 2012, 501 (503 f.).
3 Vgl. BAG v. 19.3.2009 – 6 AZR 557/07, AP Nr. 1 zu § 611 BGB Arbeitgeberdarlehen; v. 19.1.2011 – 10 AZR 873/08, NZA 2011, 1159 (1160 f.).
4 Teilweise a.A. BAG v. 20.8.1980 – 5 AZR 218/78, AP Nr. 11 zu § 6 LohnFG; v. 20.8.1980 – 5 AZR 955/78, AP Nr. 12 zu § 6 LohnFG; v. 20.8.1980 – 5 AZR 759/78, AP Nr. 3 zu § 9 LohnFG.
5 BAG v. 5.4.1984 – 6 AZR 443/81, AP Nr. 16 zu § 13 BUrlG; v. 31.5.1990 – 8 AZR 132/89, AP Nr. 13 zu § 13 BUrlG Unabdingbarkeit; v. 20.1.1998 – 9 AZR 812/96, AP Nr. 45 zu § 13 BUrlG.
6 Blomeyer/Rolfs/Otto/*Rolfs*, BetrAVG, § 3 Rz. 18.
7 Vgl. schon BAG v. 9.11.1973 – 3 AZR 66/73, AP Nr. 163 zu § 242 BGB Ruhegehalt; LAG Hamm v. 30.10.1979 – 6 Sa 91/79, LAGE § 242 BGB Ruhegeld Nr. 5; v. 15.1.1980 – 6 Sa 1166/79, LAGE § 6 BetrAVG Nr. 1.

Arbeitsentgeltansprüche, die infolge Zahlung von Arbeitslosengeld auf die Bundesagentur für Arbeit übergegangen sind (§ 115 SGB X i.V.m. § 157 Abs. 3 SGB III), werden nicht von der Ausgleichsklausel erfasst. Sofern der Arbeitgeber trotz Kenntnis vom Anspruchsübergang gezahlt hat und nunmehr von der Bundesagentur in Anspruch genommen wird, kann er den zu Unrecht an den Arbeitnehmer gezahlten Betrag von diesem zurückverlangen (§ 812 BGB).[1] 105

Nur mit **Zustimmung der Tarifvertrags- bzw. Betriebsparteien** verzichtbar sind Ansprüche, die dem Arbeitnehmer aus einem normativ oder kraft Allgemeinverbindlichkeit anwendbaren Tarifvertrag oder einer Betriebsvereinbarung zustehen (§ 4 Abs. 4 Satz 1 TVG bzw. § 77 Abs. 4 Satz 2 BetrVG). Auch hier bleibt aber die Möglichkeit eines Tatsachenvergleichs unberührt.[2] 106

Arbeitgeberseitig formularmäßig vorformulierte Ausgleichsklauseln unterliegen schließlich der **Angemessenheitskontrolle** des § 307 Abs. 1 BGB. Sie sind unwirksam, wenn sie den Arbeitnehmer entgegen den Geboten von Treu und Glauben unangemessen benachteiligen. Insoweit ist insbesondere streitig, ob der formularmäßige Verzicht des Arbeitnehmers auf alle noch bestehenden – bekannten und unbekannten – Ansprüche ohne kompensatorische Gegenleistung (namentlich in Form einer Abfindung) eine derartige unangemessene Benachteiligung darstellt. Teile der Rechtsprechung[3] und der Literatur[4] tendieren in diese Richtung. Sie können sich dabei auf die Rechtsprechung des BAG stützen, die den arbeitnehmerseitigen Verzicht auf die Erhebung der Kündigungsschutzklage ohne kompensatorische Gegenleistung als unangemessen benachteiligend angesehen hat.[5] Dasselbe hat das Gericht für den Fall angenommen, dass der anderen Vertragspartei das Recht genommen wird, geltend zu machen, eine einem Schuldversprechen oder dem -anerkenntnis zu Grunde liegende Forderung bestehe nicht, weil darin eine Abweichung vom Recht der ungerechtfertigten Bereicherung (§ 812 Abs. 1, § 821 BGB) liege.[6] Obgleich gegen diese Judikatur beachtliche Bedenken bestehen,[7] sollten allgemeine Ausgleichsklauseln bis zu einer endgültigen höchstrichterlichen Klärung **nur noch in Zusammenhang mit einer angemessenen Abfindung** vereinbart werden. 107

---

1 BAG v. 25.3.1992 – 5 AZR 254/91, AP Nr. 12 zu § 117 AFG; v. 9.10.1996 – 5 AZR 246/95 AP Nr. 9 zu § 115 SGB X; **a.A.** OLG Frankfurt/Main v. 18.3.1993 – 15 U 55/90, NJW-RR 1994, 252, das die Abfindungsvereinbarung insoweit für unwirksam hält und unter Anwendung von § 139 BGB Gesamtnichtigkeit annimmt.
2 BAG v. 20.8.1980 – 5 AZR 955/78, AP Nr. 12 zu § 6 LohnFG; v. 5.11.1997 – 4 AZR 682/95, AP Nr. 17 zu § 4 TVG.
3 LAG Schl.-Holst. v. 24.9.2003 – 3 Sa 6/03, NZA-RR 2004, 74 (75); LAG Hamburg v. 29.4. 2004 – 1 Sa 47/03, NZA-RR 2005, 151 (153) mit dem hübschen Hinweis, dies entspreche „wohl bald h.M."; LAG Düsseldorf v. 13.4.2005 – 12 Sa 154/05, DB 2005, 1463.
4 *Preis/Bleser/Rauf*, DB 2006, 2812 (2815 f.).
5 BAG v. 6.9.2007 – 2 AZR 722/06, AP Nr. 62 zu § 4 KSchG 1969.
6 BAG v. 15.3.2005 – 9 AZR 502/03, AP Nr. 7 zu § 781 BGB.
7 HWK/*Gotthardt*, Anh. §§ 305–310 BGB Rz. 4; *Reuter*, FS 50 Jahre BAG, 2004, S. 177 (190); APS/*Rolfs*, AufhVertr Rz. 57; *Rolfs*, FS Reuter, S. 825 (832 ff.).

e) Hinweispflichten

108 Typ 8: Hinweise

a) Der Arbeitnehmer nimmt zur Kenntnis, dass er sich gemäß § 38 Abs. 1 SGB III innerhalb von drei Tagen (oder: drei Monate vor Beendigung des Arbeitsverhältnisses) persönlich bei der Agentur für Arbeit arbeitsuchend zu melden hat.

b) Der Arbeitnehmer bestätigt, auf mögliche sozialrechtliche Nachteile in Verbindung mit diesem Vertrag, insbesondere hinsichtlich des Bezugs von Entgeltersatzleistungen, hingewiesen worden zu sein. Verbindliche Auskünfte erteilt insoweit die Agentur für Arbeit.

⊃ **Nicht geeignet:**
Der Arbeitnehmer verzichtet auf Hinweise des Arbeitgebers hinsichtlich möglicher Konsequenzen, die sich aus diesem Aufhebungsvertrag für den Arbeitnehmer ergeben können.

109 Der Arbeitnehmer ist gehalten, sich unverzüglich nach Kenntnis vom Ende des Arbeitsverhältnisses arbeitsuchend zu melden (§ 38 Abs. 1 SGB III). Diese Norm wird von der „Soll-Vorschrift" in § 2 Abs. 2 Satz 2 Nr. 3 SGB III flankiert, wonach der Arbeitgeber den Arbeitnehmer auf die Obliegenheit zur Meldung bei der Agentur für Arbeit hinweisen soll. Daher empfiehlt es sich, in den Vertragstext einen entsprechenden Hinweis (Typ 8a) aufzunehmen.

110 Weiter gehende Hinweispflichten sind nicht ausdrücklich gesetzlich geregelt, können sich aber aus der Fürsorgepflicht des Arbeitgebers oder aus Inhalt und Natur des Aufhebungsvertrags (§ 311 Abs. 2, § 241 Abs. 2 BGB) ergeben. Grundsätzlich gilt, dass jeder Vertragspartner selbst für die Wahrnehmung seiner Interessen zu sorgen hat.[1] Unter bestimmten Umständen darf der Arbeitnehmer aber erwarten, dass der Arbeitgeber ihn auf von ihm nicht bedachte nachteilige Folgen hinweist, etwa auf den möglichen Verlust einer Versorgungsanwartschaft.[2] Dies ist vor allem dann der Fall, **wenn der Arbeitgeber den Aufhebungsvertrag veranlasst hat** und dem Arbeitnehmer **erhebliche, atypische Nachteile** drohen (Rz. 5 ff.).[3] Nach der Rechtsprechung des BAG[4] hat der Arbeitgeber beim Abschluss von Aufhebungsverträgen aufgrund seiner Fürsorgepflicht eine **Beratungs- und Aufklärungspflicht** über die Folgen für die sozialrechtliche Absicherung des Arbeitnehmers, wenn er selbst die Auflösung des Arbeitsverhältnisses anregt oder der Arbeitnehmer sich nach den sozialversicherungsrechtlichen Konsequenzen erkundigt. Diese Hinweispflichten

---

1 BAG v. 11.12.2001 – 3 AZR 339/00, AP Nr. 2 zu § 1 BetrAVG Auskunft.
2 BAG v. 13.11.1984 – 3 AZR 255/84, AP Nr. 5 zu § 1 BetrAVG Zusatzversorgungskassen; v. 18.9.1984 – 3 AZR 118/82, AP Nr. 6 zu § 1 BetrAVG Zusatzversorgungskassen; v. 13.12.1988 – 3 AZR 252/87, AP Nr. 22 zu § 1 BetrAVG Zusatzversorgungskassen; v. 3.7.1990 – 3 AZR 382/89, AP Nr. 24 zu § 1 BetrAVG.
3 BAG v. 3.7.1990 – 3 AZR 382/89, AP Nr. 24 zu § 1 BetrAVG; v. 17.10.2000 – 3 AZR 605/99, AP Nr. 116 zu § 611 BGB Fürsorgepflicht.
4 BAG v. 10.3.1988 – 8 AZR 420/85, AP Nr. 99 zu § 611 BGB Fürsorgepflicht; v. 23.5.1989 – 3 AZR 257/88, AP Nr. 28 zu § 1 BetrAVG Zusatzversorgungskassen; v. 3.7.1990 – 3 AZR 382/89, AP Nr. 24 zu § 1 BetrAVG.

gelten indessen nicht, wenn der Arbeitnehmer ein Aufhebungsangebot erst nach längerer Bedenkzeit[1] annimmt oder selbst um die Auflösung des Arbeitsverhältnisses bittet.[2] Dann reicht es aus, wenn der Arbeitgeber ihn auf die Möglichkeit der Verhängung einer Sperrzeit durch die Arbeitsagentur hinweist (Typ 8b).[3] Unterlässt der Arbeitgeber die gebotene Aufklärung, so macht er sich dem Arbeitnehmer gegenüber u.U. wegen dessen entgangener Ansprüche auf Arbeitslosengeld **schadensersatzpflichtig**.[4]

Nicht zu empfehlen sind formularmäßige Klauseln, die einen pauschalen Verzicht auf Hinweise des Arbeitgebers hinsichtlich möglicher Konsequenzen aus dem Aufhebungsvertrag enthalten. Soweit der Verzicht auch die öffentlich-rechtliche Hinweispflicht aus § 2 Abs. 2 Satz 2 Nr. 3 SGB III umfasst, ist er schon deshalb unwirksam, weil diese Vorschrift nicht zur Disposition der Arbeitsvertragsparteien steht. Als Klausel in einem Formular-Aufhebungsvertrag ist der Verzicht zusätzlich nach § 307 Abs. 2 Nr. 1 i.V.m. Abs. 1 Satz 1 BGB unwirksam, da er mit dem Grundgedanken der sich aus § 311 Abs. 2, § 241 Abs. 2 BGB ergebenden Hinweispflicht unvereinbar ist. 111

f) Widerrufsrecht

Typ 9: Widerrufsrecht

Dieser Vertrag kann vom Arbeitnehmer innerhalb einer Woche nach Unterzeichnung ohne Angabe von Gründen schriftlich widerrufen werden.

Das Recht, den Aufhebungsvertrag zu widerrufen, kann von den Parteien frei vereinbart werden. Unabhängig davon sind tarifliche Widerrufsrechte zu beachten. Einzelheiten dazu und zum gesetzlichen Widerrufsrecht nach §§ 312, 355 BGB s. Rz. 53 f. Vereinbart werden kann auch ein „Rückkehrrecht" des Arbeitnehmers dergestalt, dass der Arbeitgeber bereits im Aufhebungsvertrag ein (zeitlich befristetes und/oder an bestimmte Bedingungen geknüpftes) Angebot zum Abschluss eines neuen Arbeitsvertrages abgibt, das der Arbeitnehmer annehmen kann.[5] 112

8. Sozialrechtliche Konsequenzen des Aufhebungsvertrages

a) Beendigung des Beschäftigungsverhältnisses

Der Aufhebungsvertrag beendet nicht nur das Arbeits-, sondern auch das sozialrechtliche Beschäftigungsverhältnis (§ 7 Abs. 1 SGB IV), das in der Regel die Versicherungspflicht in der Sozialversicherung begründet. Die zwischenzeitlich von den Spitzenverbänden der Sozialversicherungsträger vertretene Auffassung, nach 113

---

1 Ein Widerrufsrecht, weil dem Arbeitnehmer keine Bedenkzeit eingeräumt war, hat das BAG abgelehnt, BAG v. 30.9.1993 – 2 AZR 268/93, AP Nr. 37 zu § 123 BGB.
2 BAG v. 10.3.1988 – 8 AZR 420/85, AP Nr. 99 zu § 611 BGB Fürsorgepflicht; v. 13.12.1988 – 3 AZR 322/87, AP Nr. 23 zu § 1 BetrAVG Zusatzversorgungskassen.
3 Vgl. BAG v. 10.3.1988 – 8 AZR 420/85, AP Nr. 99 zu § 611 BGB Fürsorgepflicht.
4 BAG v. 14.2.1996 – 2 AZR 234/95, NZA 1996, 811.
5 Dazu näher BAG v. 13.6.2012 – 7 AZR 169/11, AP Nr. 65 zu § 307 BGB.

der bei einer **Freistellung von der Arbeitsleistung** am Ende des Arbeitsverhältnisses eine differenzierte Betrachtung anzustellen sein sollte,[1] ist vom BSG zu Recht nicht geteilt worden. Auch bei einem einvernehmlichen und unwiderruflichen Verzicht auf die Arbeitsleistung besteht der Arbeitsvertrag fort und soll nach dem Willen der Parteien mit den jeweiligen Pflichten – jedenfalls zeitlich begrenzt – grundsätzlich fortbestehen.[2]

114 Gleichwohl meldet die **Praxis der Sozialversicherungsträger** erneut Bedenken an: Jedenfalls bei Freistellungen im Rahmen sonstiger flexibler Arbeitszeitregelungen über einen längeren Zeitraum ende die sozialversicherungsrechtlich relevante Beschäftigung nach einem Monat. Nach § 7 Abs. 1a Satz 1 SGB IV in der seit dem 1.1.2009 geltenden Fassung[3] bestehe nämlich eine sozialversicherungsrechtlich relevante Beschäftigung in Zeiten der Freistellung im Rahmen flexibler Arbeitszeitregelungen über einen Monat hinaus nur dann, wenn Arbeitsentgelt aus einem Wertguthaben nach § 7b SGB IV fällig sei. Dem stehe die in Rz. 113 erwähnte Rechtsprechung des BSG nicht entgegen, weil sie sich nur auf die Rechtslage vor 2009 beziehe. Vielmehr führe das BSG aus, dass es ausdrücklicher gesetzlicher Ausschlussregelungen bedürfe, wenn der Fortbestand der Beschäftigung in Zeiten der Freistellung ausgeschlossen werden solle. Diese Regelung habe der Gesetzgeber für Freistellungen aufgrund flexibler Arbeitszeitregelungen nunmehr getroffen.[4] Ob diese Rechtsauffassung – die erneut nicht zu überzeugen vermag[5] – auch für Freistellungen anlässlich der Beendigung von Arbeitsverhältnissen Geltung beanspruchen soll, ist unklar.

b) Beitragspflichtigkeit von Abfindungen

115 **Abfindungen** wegen der Beendigung des Arbeitsverhältnisses sind **kein beitragspflichtiges Arbeitsentgelt** i.S.d. § 14 SGB IV. Jede Einnahme, die aufgrund einer versicherungspflichtigen Beschäftigung beitragspflichtig sein soll, muss sich nämlich zeitlich der versicherungspflichtigen Beschäftigung zuordnen lassen, d.h. auf die Zeit der Beschäftigung und der Versicherungspflicht entfallen. Das trifft auf eine Abfindung, die wegen Beendigung der versicherungspflichtigen Beschäftigung gezahlt wird, grundsätzlich nicht zu. Soweit es sich bei ihr um eine echte Abfindung und nicht um eine Nachzahlung von während der Beschäftigung verdienten Entgelts handelt,[6] soll die Abfindung den Arbeitnehmer dafür entschädigen, dass er seine bisherige Beschäftigung nicht fortsetzen kann, mithin gehindert ist, aus dieser Beschäftigung künftig Arbeitsentgelt zu erzielen. Eine solche Abfindung, die als Entschädigung für den Wegfall künftiger Verdienstmöglichkeiten (den Verlust des Ar-

---

1 Spitzenverbände der Krankenkassen, des VDR und der BA, Besprechungsergebnis vom 5./6.7.2005, bei *Giesen/Ricken*, NZA 2006, 88; ausführlich dazu *Knospe*, NJW 2006, 3676 ff.; *Thomas/Weidmann*, NJW 2006, 257 ff.
2 BSG v. 24.9.2008 – B 12 KR 22/07 R, AP Nr. 3 zu § 7 SGB IV; LSG Rh.-Pf. v. 21.6.2007 – L 5 KR 231/06, Breithaupt 2008, 61 ff.; vgl. auch BSG v. 24.9.2008 – B 12 KR 27/07 R, BSGE 101, 273 (275).
3 Dazu *Rolfs/Witschen*, NZS 2012, 241 (241 ff.).
4 GKV-Spitzenverband, DRV Bund und BA, Frage-/Antwortkatalog zum Versicherungs-, Beitrags- und Melderecht für flexible Arbeitszeitregelungen vom 13.4.2010, bei *Giesen/Ricken*, NZA 2010, 1056.
5 *Rolfs/Witschen*, NZA 2010, 881 (882 ff.).
6 Vgl. dazu BSG v. 23.2.1988 – 12 RK 34/86, SozR 2200 § 180 Nr. 39.

beitsplatzes) gezahlt wird, ist zeitlich nicht der früheren Beschäftigung zuzuordnen; ihre Beitragspflicht kann nicht mehr auf die frühere, inzwischen weggefallene Versicherungspflicht gegründet werden.[1] Zu Einzelheiten → *Arbeitsentgelt*, II A 70 Rz. 100f.

c) Anrechnung von Abfindungen auf das Arbeitslosengeld (§ 158 SGB III)

Arbeitsrechtlich können die Vertragsparteien ihr Arbeitsverhältnis jederzeit und mit sofortiger Wirkung beenden. Dann endet sogleich auch das sozialrechtliche Beschäftigungsverhältnis. Um jedoch zu vermeiden, dass der Arbeitnehmer parallel Arbeitslosengeld bezieht und ggf. eine Abfindung für die Abkürzung der Kündigungsfrist erhält, sieht § 158 SGB III eine teilweise Anrechnung der Abfindung auf den Arbeitslosengeldanspruch vor. Diese „Anrechnung" erfolgt durch Umrechnung der Abfindung auf die Tage, an denen ein entsprechendes Arbeitsentgelt beim früheren Arbeitgeber erzielt worden wäre, wenn das Arbeitsverhältnis bis zum Ablauf der arbeitgeberseitigen Kündigungsfrist fortbestanden hätte. **Anrechnungsfrei** bleiben **grundsätzlich 40 % der Abfindungssumme**, so dass der Anspruch auf Arbeitslosengeld höchstens so lange ruht, bis der Zeitraum verstrichen ist, in dem der Arbeitnehmer 60 % der Abfindungssumme verdient hätte. Dieser Prozentsatz mindert sich für **je fünf Jahre Betriebszugehörigkeit** im Unternehmen des früheren Arbeitgebers und für **je fünf Lebensjahre** nach Vollendung des 35. Lebensjahres **um weitere 5 %**, wobei ein Betrag von **25 %** der Abfindungssumme nicht unterschritten werden darf. Arbeitsentgeltkürzungen wegen Krankheits-, Kurzarbeits- und anderer Arbeitsausfallzeiten bleiben ebenso wie einmalige Zuwendungen für das dem Entsprechungszeitraum zu Grunde zu legende Arbeitsentgelt außer Betracht.

116

Zeitlich ist die Anrechnung auf den Ablauf eines der **ordentlichen Kündigungsfrist** entsprechenden Zeitraums, beginnend mit der zur Beendigung führenden Kündigung oder dem Abschluss des Aufhebungsvertrages, beschränkt. Dieser Zeitraum verlängert sich um Zeiten eines abgegoltenen Urlaubs (§ 157 Abs. 2 SGB III). Für Arbeitnehmer, deren ordentliche Kündigung durch den Arbeitgeber ausgeschlossen ist, gilt eine fiktive Kündigungsfrist von 18 Monaten. Kann ihnen – z.B. aufgrund tariflicher Bestimmungen oder nach Aufstellung eines Sozialplans – nur bei Zahlung einer Abfindung (ordentlich) gekündigt werden, gilt eine Frist von einem Jahr. Für Arbeitnehmer, die nur zeitlich beschränkt einem Schutz vor ordentlicher Kündigung unterliegen (werdende Mütter, Betriebsratsmitglieder) oder nur aus wichtigem Grund kündbar sind, ist die ohne den Ausschluss der Kündigungsmöglichkeit geltende Kündigungsfrist maßgeblich. Zu dieser Gruppe gehören auch Arbeitnehmer in **befristeten Arbeitsverhältnissen**.[2] Der Anspruch ruht **längstens für ein Jahr** (gerechnet ab dem Ende des Arbeitsverhältnisses).

117

Eine weitere zeitliche Beschränkung folgt aus dem Sinn und Zweck der Vorschrift, die nur eine Sanktion für die **vorzeitige Beendigung** des Arbeitsverhältnisses gegen Zahlung einer Abfindung bezweckt. Deshalb ruht der Anspruch nicht über einen Zeitraum hinaus, zu dem das Arbeitsverhältnis **aus anderen Gründen** ohnehin beendet worden wäre. Beispiele hierfür sind das vom Gesetz genannte Auslaufen ei-

118

---

1 BSG v. 21.2.1990 – 12 RK 20/88, BSGE 66, 219 (220f.); v. 28.1.1999 – B 12 KR 6/98 R, AP Nr. 1 zu § 1 ArEV; v. 28.1.1999 – B 12 KR 14/98 R, BSGE 83, 266 (267f.).
2 BSG v. 12.12.1984 – 7 RAr 87/83, NZA 1985, 302f.

nes **befristeten Arbeitsverhältnisses** (§ 158 Abs. 2 Satz 2 Nr. 2 SGB III) sowie die Beendigung des Arbeitsverhältnisses aufgrund eines **Rechts zur außerordentlichen Kündigung** mit oder ohne Auslauffrist. Das Gesetz nennt hier nur den Fall der arbeitgeberseitigen Kündigung **ohne** Einhaltung einer Kündigungsfrist (§ 158 Abs. 2 Satz 2 Nr. 3 SGB III) sowie eine mit „sozialer Auslauffrist" erklärte Kündigung, etwa unter Gewährung des Resturlaubs oder aus Anlass von Betriebsstilllegungen.[1]

d) Sperrzeit (§ 159 SGB III)

119 Der Arbeitnehmer, der einen Aufhebungsvertrag abschließt, **löst sein Beschäftigungsverhältnis** i.S.d. § 159 Abs. 1 Satz 2 Nr. 1 SGB III.[2] Er sieht sich daher einer Sperrzeit von in der Regel zwölfwöchiger Dauer ausgesetzt, es sei denn, dass er für sein Verhalten einen **wichtigen Grund** hatte.

120 Damit trägt das Gesetz dem Umstand Rechnung, dass eine Obliegenheitsverletzung nur dann sanktioniert werden kann, wenn dem Versicherten **unter Berücksichtigung aller Umstände des Einzelfalles** und unter Abwägung seiner Interessen mit denjenigen der Versichertengemeinschaft ein anderes Verhalten hätte zugemutet werden können.[3] Dabei muss der wichtige Grund nicht nur die Lösung des Beschäftigungsverhältnisses, sondern gerade auch den konkreten Zeitpunkt der Lösung decken.[4] Erforderlich, aber auch ausreichend ist, dass der wichtige Grund **objektiv vorgelegen** hat. Ob der Arbeitnehmer ihn gekannt hat, ist ebenso unerheblich[5] wie umgekehrt die irrtümliche Annahme des Arbeitnehmers, ein wichtiger Grund sei gegeben, ihn vor einer Sperrzeit nicht bewahrt.[6] Allerdings muss der Arbeitnehmer, soweit ihm dies zumutbar war, zunächst einen erfolglosen Versuch unternommen haben, den **Grund zu beseitigen**.[7] Fällt der wichtige Grund nach Abgabe der Erklärungen, die zur Auflösung geführt haben, weg, muss der Versicherte alle ihm zumutbaren Maßnahmen treffen, um den Arbeitsplatz dennoch zu erhalten.[8]

121 Die größte praktische Bedeutung haben dürfte, dass das BSG nach Vorbereitung durch die Literatur[9] aus § 1a KSchG den Schluss zieht, dass jede vergleichsweise Beendigung des Beschäftigungsverhältnisses durch einen wichtigen Grund getragen sei, wenn die in ihr vereinbarte **Abfindungssumme den Betrag von 0,5 Monatsver-**

---

1 Hier ist für unkündbare Arbeitnehmer die ohne den Ausschluss der Kündigungsmöglichkeit geltende Kündigungsfrist einzuhalten, vgl. BAG v. 28.3.1985 – 2 AZR 113/84, AP Nr. 86 zu § 626 BGB.
2 ErfK/*Rolfs*, § 159 SGB III Rz. 7.
3 BSG v. 13.8.1986 – 7 RAr 1/86, SozR 4100 § 119 Nr. 28; ausführlich *Kühl*, Die Sperrzeit bei Arbeitsaufgabe, 2006, S. 124 ff.
4 BSG v. 25.4.2002 – B 11 AL 65/01 R, AP Nr. 1 zu § 128 SGB III.
5 BSG v. 28.6.1991 – 11 RAr 61/90, BSGE 69, 108 (114).
6 BSG v. 13.3.1997 – 11 RAr 25/96, SozR 3–4100 § 119 Nr. 11; v. 25.4.2002 – B 11 AL 65/01 R, AP Nr. 1 zu § 128 SGB III.
7 BSG v. 29.11.1988 – 11/7 RAr 91/87, BSGE 64, 202 (205); v. 6.2.2003 – B 7 AL 72/01 R, NZA-RR 2003, 662 (663).
8 BSG v. 20.4.1977 – 7 RAr 112/75, BSGE 43, 269 (274).
9 *Gagel*, NZA 2005, 1328 (1330); *Lilienfeld/Spellbrink*, RdA 2005, 88 (96 f.); *Peters-Lange/Gagel*, NZA 2005, 740 (741 f.); *Voelzke*, NZS 2005, 281 (286 ff.).

diensten je Beschäftigungsjahr **nicht übersteige**.[1] Dem hat die Bundesagentur für Arbeit durch eine neue Weisungslage Rechnung getragen.[2] Diese sieht vor, dass eine Sperrzeit nicht verhängt wird, wenn der Arbeitnehmer anlässlich der Aufhebung des Arbeitsverhältnisses eine Abfindung in Höhe von mindestens 0,25 und höchstens 0,5 Monatsgehältern pro Beschäftigungsjahr erhält.

Bei geringeren oder höheren Abfindungen hat dagegen eine Einzelfallprüfung auf der Basis der sonstigen Umstände, die zur Beendigung des Beschäftigungsverhältnisses geführt haben, stattzufinden. Insoweit ist zu Recht allgemein anerkannt, dass **jeder Grund**, der i.S.v. **§ 626 Abs. 1 BGB** schwer genug wiegt, um die fristlose Kündigung des Arbeitsverhältnisses durch den Arbeitnehmer zu rechtfertigen, zugleich „wichtig" i.S.v. § 159 Abs. 1 SGB III ist.[3] Auf die Wahrung der zweiwöchigen Ausschlussfrist des § 626 Abs. 2 BGB kommt es dabei nicht an, weil ein Arbeitnehmer, der zunächst versucht, trotz Vorliegens eines fristlosen Kündigungsgrundes am Arbeitsplatz festzuhalten und der später resignierend aufgibt, nicht schlechter gestellt werden darf als einer, der sofort kündigt.

122

In der Rechtsprechung anerkannt ist jedoch, dass darüber hinaus auch **die fristlose Eigenkündigung nicht rechtfertigende Gründe „wichtig"** i.S.v. § 159 Abs. 1 SGB III sein können. So hat die Rechtsprechung z.B. im Falle fehlender Aufstiegschancen,[4] bei der Beschäftigung eines Wehrdienstverweigerers mit der unmittelbaren Produktion oder Wartung von Kriegswaffen[5] und sogar die Vermeidung des Passivrauchens durch einen Nichtraucher[6] als einen die Sperrzeit ausschließenden „wichtigen Grund" für die Eigenkündigung oder den Aufhebungsvertrag anerkannt. Dasselbe gilt für die Herstellung der **ehelichen Lebensgemeinschaft** (oder eingetragenen Lebenspartnerschaft nach dem LPartG), wenn der Arbeitnehmer seine Arbeitsstelle von der gemeinsamen Wohnung aus nicht in zumutbarer Weise erreichen kann,[7] und zwar unabhängig davon, ob die Gemeinschaft erstmals hergestellt,[8] fortgesetzt[9] oder nach zeitweiser räumlicher Trennung vom Partner wiederhergestellt werden soll. Erforderlich ist dabei im erstgenannten Fall nicht, dass die Ehe im Zeitpunkt

123

---

1 BSG v. 2.5.2012 – B 11 AL 6/11 R, NZS 2012, 874 (876 ff.); zuvor bereits angekündigt durch BSG v. 12.7.2006 – B 11a AL 47/05 R, AP Nr. 8 zu § 144 SGB III; LSG BW v. 19.10.2011 – L 3 AL 5078/10, NZS 2012, 160; **a.A.** *Eicher*, SGb 2005, 553 (557 ff.); *Preis/Schneider*, NZA 2006, 1297 (1298 ff.); *Ricken*, NJW 2006, 3516 (3517); *Seel*, NZS 2007, 513 ff.; krit. auch *Hümmerich*, NJW 2007, 1025 (1029 f.).
2 Näher zu den neuen Dienstanweisungen der BA *Gaul/Niklas*, NZA 2008, 137 ff.; *Lembke*, DB 2008, 293 f.; *Lipinski/Kumm*, BB 2008, 162 ff.
3 BSG v. 17.7.1964 – 7 RAr 4/64, BSGE 21, 205 (207); LSG Rh.-Pf. v. 25.2.2005 – L 1 AL 125/03, NZS 2005, 610 f.: Lohnrückstände von mehr als sechs Monaten trotz Abmahnung des Arbeitnehmers; Einzelfälle bei *Spellbrink*, BB 2006, 1274 (1276 f.).
4 BSG v. 13.8.1986 – 7 RAr 1/86, SozR 4100 § 119 Nr. 28: Beschäftigung eines Facharbeiters mit Aufgaben für ungelernte Arbeiter; siehe aber andererseits BSG v. 9.12.1982 – 7 RAr 31/82, SozR 4100 § 119 Nr. 21.
5 BSG v. 18.2.1987 – 7 RAr 72/85, BSGE 61, 158 (161 ff.).
6 LSG Hess. v. 11.10.2006 – L 6 AL 24/05, NJW 2007, 1837 (1838).
7 Dazu BSG v. 20.4.1977 – 7 RAr 112/75, BSGE 43, 269 (271).
8 BSG v. 29.11.1988 – 11/7 RAr 91/87, BSGE 64, 202 (204); v. 27.5.2003 – B 7 AL 4/02 R, BSGE 91, 90 (91).
9 BSG v. 25.10.1988 – 7 RAr 37/87, SozR 4100 § 119 Nr. 33.

der Eigenkündigung bereits bestand; es genügt, dass sie bis zum Ablauf der Kündigungsfrist geschlossen werden sollte und geschlossen wurde.[1]

124 Demgegenüber kann eine **nichteheliche Lebensgemeinschaft**, die in der Regel ein mindestens dreijähriges Zusammenleben[2] in einer gemeinsamen Wohnung[3] erfordert, einen wichtigen Grund nur darstellen, wenn sie – z.B. bei einer Versetzung des Partners – fortgeführt,[4] nicht aber, wenn sie erstmals begründet werden soll,[5] und zwar auch dann nicht, wenn die Partner später – nach Ablauf der Kündigungsfrist – die Ehe eingehen.[6] Allerdings kann die spätere Heirat die Ernsthaftigkeit der nichtehelichen Lebensgemeinschaft bezeugen, auch wenn diese im Zeitpunkt der Lösung noch keine drei Jahre bestanden hat.[7] Großzügiger ist die Praxis, wenn aus der Beziehung **gemeinsame Kinder** hervorgegangen sind, dann tritt auch bei der erstmaligen Herstellung der Lebens- und Erziehungsgemeinschaft in der Regel keine Sperrzeit ein.[8] Selbst die erstmalige Herstellung einer ernsthaften und auf Dauer angelegten Erziehungsgemeinschaft durch Zuzug mit dem minderjährigen Kind zum nichtehelichen Partner bildet einen wichtigen Grund i.S.d. Sperrzeitrechts, wenn Gründe des Kindeswohls dies erfordern, und zwar nach Auffassung des BSG unabhängig davon, ob es sich bei dem Partner um ein leiblichen Elternteil handelt oder nicht.[9]

125 **Mobbing** am Arbeitsplatz kann für den hiervon betroffenen Arbeitnehmer einen wichtigen Grund zur Lösung des Beschäftigungsverhältnisses darstellen, wenn feindselige Handlungen objektiv festgestellt werden können und der Arbeitnehmer ernsthaft, aber erfolglos versucht hat, die gegen ihn gerichteten Maßnahmen zu beenden.[10] Bei behaupteter **sexueller Belästigung** ist die Bundesagentur für Arbeit relativ großzügig; hier soll vielfach der plausible Vortrag der Arbeitnehmerin bzw. des Arbeitnehmers genügen, nach ihrem/seinem subjektiven Empfinden Opfer einer derartigen Belästigung gewesen zu sein.[11]

126 Der Abschluss eines Aufhebungsvertrages **zur Vermeidung einer arbeitgeberseitigen Kündigung** ist regelmäßig nicht durch einen wichtigen Grund gerechtfertigt. Es ist dem Arbeitnehmer zuzumuten, die Kündigung des Arbeitgebers abzuwarten. Etwas anderes gilt nach der **Verwaltungspraxis der Bundesagentur für Arbeit** nur,

---

1 BSG v. 26.3.1998 – B 11 AL 49/97 R, AP Nr. 5 zu § 119 AFG; v. 27.5.2003 – B 7 AL 4/02 R, BSGE 91, 90 (91).
2 BSG v. 29.4.1998 – B 11 AL 56/97 R, SozR 3–4100 § 119 Nr. 15; v. 17.10.2002 – B 7 AL 96/00 R, BSGE 90, 90 (100 f.).
3 BSG v. 17.10.2007 – B 11a/7a AL 52/06 R, SozR 4-4300 § 144 Nr 16.
4 BSG v. 29.4.1998 – B 11 AL 56/97 R, SozR 3–4100 § 119 Nr. 15 unter Aufgabe der gegenteiligen älteren Rspr.
5 BSG v. 5.11.1998 – B 11 AL 5/98 R, SozR 3–4100 § 119 Nr. 16; v. 17.10.2002 – B 7 AL 96/00 R, BSGE 90, 90 (94).
6 BSG v. 26.3.1998 – B 11 AL 49/97 R, AP Nr. 5 zu § 119 AFG; v. 17.10.2002 – B 7 AL 96/00 R, BSGE 90, 90 (100 f.).
7 BSG v. 17.10.2002 – B 7 AL 72/00 R, NZS 2003, 667 (669 f.); v. 17.11.2005 – B 11a/11 AL 49/04 R, SozR 4–4300 § 144 Nr. 10.
8 BSG v. 12.11.1988 – 7 RAr 21/87, BSGE 52, 276 (277); v. 25.10.1988 – 7 RAr 37/87, SozR 4100 § 119 Nr. 33; s. aber auch BSG v. 29.11.1988 – 11/7 RAr 91/87, BSGE 64, 202 (204).
9 BSG v. 17.10.2007 – B 11a/7a AL 52/06 R, SozR 4–4300 § 144 Nr. 16.
10 BSG v. 21.10.2003 – B 7 AL 92/02 R, AP Nr. 2 zu § 144 SGB III.
11 Vgl. APS/*Steinmeyer*, § 144 SGB III Rz. 72 ff.

wenn der Arbeitnehmer darlegen kann, dass er bei einer drohenden rechtmäßigen arbeitgeberseitigen Kündigung durch Abschluss eines Aufhebungsvertrages eine Abfindung erlangen konnte, auf die er ohne Abschluss des Aufhebungsvertrages keinen Anspruch gehabt hätte. Damit trägt die Bundesagentur der Rechtsprechung des BSG Rechnung, die aus Gründen des verfassungsrechtlichen Übermaßverbots „durchgreifende Bedenken" gegen die frühere strengere Praxis der Bundesagentur angemeldet hatte.[1] Dementsprechend kann in Einzelfällen ein wichtiger Grund auch bei einer drohenden oder feststehenden, aber noch nicht erfolgten Kündigung vorliegen.[2] Ein solcher ist stets in der **Insolvenz des Arbeitgebers**,[3] außerhalb derselben bspw. dann anzunehmen, wenn die bevorstehende Kündigung offensichtlich rechtmäßig wäre[4] oder der Arbeitnehmer in die **Namensliste** nach § 1 Abs. 5 KSchG aufgenommen worden ist, weil er infolge der daraus resultierenden Vermutung der sozialen Rechtfertigung der Kündigung in seinen Möglichkeiten, die drohende Kündigung gerichtlich anzugreifen, praktisch äußerst beschränkt ist.[5]

Beim **Wechsel von einem unbefristeten in ein befristetes Arbeitsverhältnis** erkennt die Bundesagentur in Übereinstimmung mit der Rechtsprechung des BSG einen wichtigen Grund für die Lösung des Beschäftigungsverhältnisses an, wenn (1) im Zeitpunkt der Auflösung des alten Beschäftigungsverhältnisses eine konkrete Aussicht bestand, dass die neue Beschäftigung in ein dauerhaftes Beschäftigungsverhältnis umgewandelt wird oder (2) zeitnah (nicht abwendbare, maximal einen Monat andauernde Unterbrechung) in eine befristete Beschäftigung gewechselt wird und (a) der Arbeitnehmer die Tätigkeit in einem anderen Berufsfeld ausübt, in dem er zusätzliche berufliche Fertigkeiten erlangen kann, oder (b) die befristete Beschäftigung der erworbenen bisherigen beruflichen Qualifikation entspricht oder (c) der Arbeitnehmer in der befristeten Beschäftigung ein um mindestens 10 % höheres Arbeitsentgelt erzielen kann oder (d) die unbefristete Beschäftigung ein Leiharbeitsverhältnis war und zugunsten einer regulären Beschäftigung von mindestens zweimonatiger Dauer aufgegeben wird.[6] 127

Insbesondere kann bei **älteren Arbeitnehmern** ein wichtiger Grund vorliegen, wenn sie anlässlich eines **drastischen Personalabbaus** das Beschäftigungsverhältnis lösen und dadurch andere Arbeitnehmer des Betriebes vor der Entlassung bewahren, wenn die drohende Arbeitslosigkeit vom örtlichen Arbeitsmarkt nicht aufgefangen werden kann.[7] Dafür reicht es freilich nicht aus, dass die Entlassung nur zum Zwecke der Verjüngung der Belegschaft und zur Steigerung der Wettbewerbsfähigkeit des Unternehmens erfolgt ist. Erforderlich ist vielmehr eine **krisenhafte Situation** in einem größeren Betrieb, die zu einem drastischen und kurzfristig durchzuführenden Personalabbau zwingt, um den Betrieb und damit auch die Arbeitsplätze zu erhalten und die drohende Arbeitslosigkeit der freizusetzenden Arbeitnehmer durch 128

---

1 BSG v. 25.4.2002 – B 11 AL 65/01 R, AP Nr. 1 zu § 128 SGB III.
2 BSG v. 17.10.2002 – B 7 AL 136/01 R, SozR 3–4300 § 144 Nr. 12; LSG Bayern v. 9.1.2003 – L 11 AL 147/00, NZA-RR 2003, 496 (497).
3 DA 144.87; dazu *Pohlmann-Weide/Ahrendt*, ZIP 2008, 589 ff.
4 BSG v. 17.11.2005 – B 11a/11 AL 96/04 R, BSGE 95, 232 (234); v. 12.7.2006 – B 11a AL 147/05 R, AP Nr. 8 zu § 144 SGB III.
5 Vgl. BSG v. 25.4.2002 – B 11 AL 65/01 R, AP Nr. 1 zu § 128 SGB III.
6 DA 144.100.
7 BSG v. 17.2.1981 – 7 RAr 90/79, SozR 4100 § 119 Nr. 14.

den örtlichen Arbeitsmarkt nicht ohne Weiteres aufgefangen werden kann.[1] Ein Personalabbau im Umfang von weniger als einem Viertel der Arbeitnehmer innerhalb eines Jahres[2] genügt ebenso wenig, die Sperrzeit zu vermeiden, wie der bloße Umstand, dass der Arbeitnehmer bei Abschluss des Aufhebungsvertrages eine Abfindung erhalten hat, die er sonst nicht hätte beanspruchen können.[3]

129 Arbeitnehmer, die (z.B. in einem Kleinbetrieb, § 23 Abs. 1 KSchG) **keinen allgemeinen Kündigungsschutz** genießen, haben einen wichtigen Grund für den Abschluss eines Aufhebungsvertrages, wenn dieser das Arbeitsverhältnis nicht zu einem früheren Zeitpunkt beendet, als es bei einer fristgemäßen Kündigung des Arbeitgebers zum gleichen Zeitpunkt geendet hätte. Das gilt auch für Geschäftsführer, Betriebsleiter und ähnliche leitende Angestellte i.S.v. § 14 Abs. 2 KSchG. Der Arbeitgeber könnte nämlich in Bezug auf sie selbst dann, wenn sich seine Kündigung als sozialwidrig erweisen würde, eine Auflösung des Arbeitsverhältnisses nach § 9 KSchG erreichen, ohne hierzu einer Begründung zu bedürfen.[4]

9. Steuerrechtliche Behandlung

130 Bei Abschluss von Auflösungsverträgen zur Beendigung des Arbeitsverhältnisses sind auch die steuerrechtlichen Folgen in die Gestaltung der Auflösungsvereinbarung einzubeziehen. Zu unterscheiden ist zwischen Ansprüchen, die bereits aus dem laufenden Arbeitsverhältnis entstanden sind, und Zuwendungen, die der Arbeitgeber dem Arbeitnehmer zusätzlich aus Anlass der Beendigung des Arbeitsverhältnisses gewährt. Zu den erstgenannten Ansprüchen gehören während der Beschäftigungszeit erdiente Ansprüche auf Arbeitslohn, insbesondere (ggf. rückständigen) laufenden Arbeitslohn, aber auch Sonderzahlungen, z.B. Gratifikationsansprüche oder andere geldwerte Vorteile. Diesbezügliche Vereinbarungen lösen keine besonderen steuerlichen Folgen aus. Es erfolgt die Besteuerung nach allgemeinen Grundsätzen wie bei einem fortgeführten Arbeitsverhältnis. Für die (nach)gezahlten Beträge hat der Arbeitgeber die Lohnsteuer einzubehalten und abzuführen. Bei Zuwendungen, die der Arbeitgeber als „Anreiz" zur Beendigung des Arbeitsverhältnisses gewährt, handelt es sich in der Regel um sog. **Abfindungen**. Abfindungen aus Anlass der Beendigung des Arbeitsverhältnisses gehören stets zum Arbeitslohn, da ein unmittelbarer Zusammenhang mit dem Arbeitsverhältnis besteht, der nicht durch die damit bezweckte Beendigung verloren geht. Der Abfindungsbegriff korrespondiert mit dem weiten Arbeitslohnbegriff und ist ebenfalls weit zu verstehen. Darunter fallen nicht nur einmalige oder laufende Geldzahlungen, sondern auch Sachzuwendungen, wie z.B. die (Weiter-)Überlassung eines Dienstwagens.

131 Aus der Qualifikation der Abfindungsleistungen als Arbeitslohn folgt zugleich deren steuerliche Behandlung. Sämtliche Abfindungsleistungen sind in vollem Um-

---

[1] BSG v. 17.2.1981 – 7 RAr 90/79, SozR 4100 § 119 Nr. 14; v. 13.3.1997 – 11 RAr 17/96, NZA-RR 1997, 495 (496).

[2] BSG v. 29.11.1989 – 7 RAr 86/88, BSGE 66, 94 (98); v. 13.3.1997 – 11 RAr 17/96, NZA-RR 1997, 495 (496).

[3] BSG v. 13.8.1986 – 7 RAr 1/86, SozR 4100 § 119 Nr. 28; v. 5.6.1997 – 7 RAr 22/96, SozR 3-1500 § 144 Nr. 12.

[4] BSG v. 17.11.2005 – B 11a/11 AL 96/04 R, BSGE 95, 232 (234); *Gagel*, SGb 2006, 264 (267 f.).

fang steuerpflichtiger Arbeitslohn. Dementsprechend hat der Arbeitgeber auch auf Abfindungen Lohnsteuer einzubehalten und an das Finanzamt abzuführen. Eine steuerliche Begünstigung kann der Arbeitnehmer nur erhalten, wenn die Voraussetzungen für eine ermäßigte Besteuerung vorliegen oder die Zahlungen für Beitragsleistungen zu einer nach § 3 Nr. 63 EStG begünstigten Zukunftssicherung des Arbeitnehmers verwendet werden.

Soweit die im Rahmen eines Auflösungsvertrages vereinbarten Leistungen als Abfindungen zu qualifizieren sind, sie also als Entschädigung für den Verlust des Arbeitsplatzes gezahlt werden, handelt es sich um **außerordentliche Einkünfte** i.S.v. § 34 Abs. 1 Satz 2 EStG i.V.m. § 24 Nr. 1 EStG, die einem besonderen (ermäßigten) Steuersatz unterliegen können. Darunter ist die Berechnung der Steuer auf Grundlage der sog. Fünftelungsregelung zu verstehen. Sie verteilt den steuerpflichtigen Teil der Abfindung rechnerisch auf fünf Jahre, um die Progression abzuschwächen. Vereinfacht gesagt beträgt die Einkommensteuer das Fünffache des Unterschiedsbetrages zwischen der Einkommensteuer für das um diese Einkünfte verminderte zu versteuernde Einkommen (sog. verbleibendes zu versteuerndes Einkommen) und der Einkommensteuer für das verbleibende zu versteuernde Einkommen zuzüglich eines Fünftels dieser Einkünfte.[1]

132

Diese Berechnung hat zur Folge, dass es zu keiner steuerlichen Entlastung mehr kommt, wenn die Regeleinkünfte bereits in der oberen Proportionalzone liegen und damit ohnehin schon dem Spitzensteuersatz unterliegen. Da sich die Fünftelungsregelung also nur günstiger auswirkt, wenn das zu versteuernde (Regel-)Einkommen auf einer möglichst niedrigen Progressionsstufe liegt, kann sich die **Verschiebung des Zuflusses** auf einen späteren Veranlagungszeitraum, ggf. also auf das dem Ausscheiden folgende Kalenderjahr anbieten, wenn hier ein niedrigeres Einkommen des Arbeitnehmers zu erwarten ist. Dies kann durch eine entsprechende Fälligkeitsbestimmung in der Abfindungsvereinbarung (s.o. Typ 2, vor Rz. 84) erreicht werden.

Zu beachten ist aber bei der Gestaltung von Aufhebungsverträgen, dass die Anwendung des besonderen (ermäßigten) Steuersatzes eine sog. **Zusammenballung von Einkünften** i.S.d. Rechtsprechung des BFH voraussetzt. Von außerordentlichen Einkünften ist nur dann auszugehen, wenn insgesamt ein höheres Einkommen erzielt wird als bei „normalem Lauf der Dinge".[2] Vergleichsmaßstab ist das im vorangehenden Veranlagungszeitraum erzielte Einkommen. Im Hinblick darauf empfiehlt sich die angeratene Verschiebung der Fälligkeit der Abfindung auf das nächste Kalenderjahr nur, wenn trotz des in diesem Jahr erwarteten Einkommens mit einer niedrigeren Progressionswirkung (z.B. infolge anschließender Arbeitslosigkeit) noch unter Hinzurechnung der Abfindung ein höheres Einkommen erzielt wird als im Kalenderjahr davor.[3] Liegt der Abfindungsbetrag deutlich unter dem Jahreseinkommen des Vorjahres, erscheint es sinnvoll, den Zeitpunkt des Ausscheidens auf das Ende des Kalenderjahres hin zu verschieben – eine Vorfälligkeitsverein-

133

---

1 *Blümich/Lindberg*, EStG, § 34 EStG Rz. 81; *Wagner* in Heuermann/Wagner, LohnSt, Teil E Rz. 144; LStH 39b.6 „Fünftelungsregelung"; BMF v. 1.11.2013, BStBl. I 2013, 1326.
2 BFH v. 27.1.2010 – IX R 31/09, DB 2010, 1326; v. 8.4.2014 – IX R 33/13, BFH/NV 2014, 796.
3 Vgl. *Bauer*, Aufhebungsverträge, Rz. 967.

barung, die den Zufluss in den Zeitraum des Vorjahres legt, könnte als Rechtsmissbrauch gemäß § 42 AO bei längeren Zeiträumen unbeachtlich sein.[1]

134 Vereinbaren Arbeitgeber im Rahmen des Auflösungsvertrages, dass der Arbeitgeber Beiträge an einen **Pensionsfonds, eine Pensionskasse oder eine Direktversicherung** zum Aufbau einer **kapitalgedeckten betrieblichen Altersversorgung** leistet, sind diese aus Anlass der Beendigung des Arbeitsverhältnisses gezahlten Beiträge nach Maßgabe von § 3 Nr. 63 EStG steuerfrei. Dies kann insbesondere bei langjährigen Beschäftigungsverhältnissen zu Steuerersparnissen führen, weil sich die Höhe des steuerfreien Betrages (1 800 Euro) mit der Anzahl der Kalenderjahre, in denen das Dienstverhältnis bestand, vervielfältigt. Allerdings sind die steuerfreien Beträge, die der Arbeitgeber im Kalenderjahr der Beendigung des Dienstverhältnisses und den sechs vorangegangenen Jahren erbracht hat, anzurechnen. Insbesondere wenn solche Anrechnungen nicht vorzunehmen sind, kann aber in der Beitragsleistung eine steuerlich attraktive Gestaltungsvariante gesehen werden. Allerdings hat der Arbeitnehmer die aufgrund der Beitragsleistung in der Leistungsphase ausgezahlten Leistungen zu versteuern (sog. nachgelagerte Besteuerung). Dies wird aber im Regelfall günstiger sein als die Besteuerung der Abfindungsleistung.

---

1 *Wisskirchen*, NZA 1999, 405 (407).

A 110 Aufrechnung

	Rz.		Rz.
1. Einführung	1	3. Steuerrechtliche Aspekte	29
a) Voraussetzungen der Aufrechnung	1	a) Aufrechnung des Arbeitgebers gegenüber dem Arbeitnehmer	29
b) Aufrechnungsverbote	6	b) Aufrechnung durch oder gegen das Finanzamt	34
2. Klauseltypen	17		
a) Aufrechnungsausschluss	18	4. Hinweise zur Vertragsgestaltung; Zusammenfassung; Prozessuales	36
b) Aufrechnungsvertrag	22		

Schrifttum:

Berger, Der Aufrechnungsvertrag, 1996; *Deutsch*, Einschränkung des Aufrechnungsverbots bei vorsätzlich begangener unerlaubter Handlung, NJW 1981, 735; *Fenge*, Zulässigkeit und Grenzen des Ausschlusses der Aufrechnung durch Rechtsgeschäft, JZ 1971, 118; *Gernhuber*, Erfüllung und ihre Surrogate, 1983; *Hanel*, Die Aufrechnung im Arbeitsverhältnis, Personal 1982, 170; *Hartmann*, Die Aufrechnung im Arbeitsverhältnis, 1988; *Heckelmann*, Die Rechtshängigkeit bei der Prozessaufrechnung, NJW 1972, 1350; *Heller*, Der Ausschluss der Aufrechnung, AcP 207 (2007), 456; *Mikosch*, Aufrechnung im Arbeitsverhältnis, AR-Blattei SD 270; *Reinicke*, Zweckentfremdete Aufrechnung, NJW 1972, 793; *Reinicke/Tiedtke*, Rechtskraft und Aufrechnung, NJW 1984, 2790; *Sielck*, Ist die Aufrechnung mit einem Urlaubsabgeltungsanspruch möglich?, DB 1969, 396; *Werner*, Zweckentfremdete Aufrechnung?, NJW 1972, 1697.

1. Einführung

a) Voraussetzungen der Aufrechnung

Die in den §§ 387 ff. BGB geregelte Aufrechnung ist grundsätzlich auch mit und gegenüber Ansprüchen aus dem Arbeitsverhältnis zulässig. Unter **Aufrechnung** versteht man die wechselseitige Tilgung zweier sich gegenüberstehender Forderungen durch einseitige empfangsbedürftige Willenserklärung des Schuldners.[1] Dahinter steckt einerseits der Gedanke, einen unwirtschaftlichen tatsächlichen Austausch der beiderseitig geschuldeten Leistungen zu vermeiden. Andererseits kommt der Aufrechnung rechtlich durch die Erfüllungswirkung eine Sicherungs- und durch die Möglichkeit der Forderungsdurchsetzung im Wege der Selbsthilfe eine Vollstreckungsfunktion zu,[2] die vor allem beim Vermögensverfall des Aufrechnungsgegners von Bedeutung sein kann. 1

Von der Aufrechnung ist die **Anrechnung** (auch Verrechnung genannt) zu unterscheiden. Damit ist gemeint, dass bei der Bestimmung des Umfangs einer Forderung ein bestimmter Abzugsposten berücksichtigt werden muss.[3] Ob derartige unselbständige Verrechnungsposten vorliegen, bestimmt sich nach dem Inhalt des zu 2

---

[1] BAG v. 17.2.2009 – 9 AZR 676/07, NZA 2010, 99 (100); Palandt/*Grüneberg*, § 387 BGB Rz. 1; Schaub/*Linck*, § 73 Rz. 8.
[2] BGH v. 16.8.2007 – IX ZR 63/06, ZIP 2007, 1717 (1719) m.w.N.
[3] Staudinger/*Gursky*, Vorbem. zu §§ 387 BGB Rz. 97; BAG v. 17.2.2009 – 9 AZR 676/07, NZA 2010, 99 (100).

Grunde liegenden Rechtsgeschäfts.[1] Angenommen wird dies z.B. bei der Anrechnung von **Vorschüssen** auf die Vergütung.[2] Eine Zahlung durch den Arbeitgeber ist dann ein Vorschuss, wenn sich beide Seiten bei der Auszahlung darüber einig sind, dass es sich um eine Vorwegleistung handelt, die bei Fälligkeit der Forderung verrechnet wird. Der Vorschuss ist also eine vorweggenommene Vergütungstilgung; einer Aufrechnungserklärung nach § 388 BGB bedarf es nicht. Es stehen sich also nicht wie bei der Aufrechnung zwei selbständige Forderungen gegenüber. Auch bei einem **negativen Zeitguthaben** des Arbeitnehmers handelt es sich der Sache nach um einen Vergütungsvorschuss des Arbeitgebers.[3]

3 Eine Aufrechnung setzt grundsätzlich gemäß §§ 387 ff. BGB voraus, dass zwei Personen (hier: Arbeitgeber und Arbeitnehmer) sich **gegenseitig** Leistungen schulden, die ihrem Gegenstand nach **gleichartig** sind. Gleichartigkeit liegt vor, wenn sich Arbeitgeber und Arbeitnehmer jeweils Geldleistungen schulden. Sie fehlt bspw., wenn Herausgabeansprüchen des Arbeitgebers hinsichtlich Firmeneigentums Vergütungsansprüche des Arbeitnehmers gegenüberstehen (→ *Zurückbehaltungsrechte*, II Z 20). Weiter muss die Forderung, mit der aufgerechnet wird, **fällig, einredefrei** und **erfüllbar** sein.[4] Eine Aufrechnung ist nicht (mehr) möglich mit einer Forderung, die aufgrund einer tarifvertraglichen oder sonstigen Verfallklausel verfallen ist (→ *Ausschlussfristen*, II A 150).[5] Hinsichtlich beidseitiger Ausschlussfristen, die sich unter AGB-rechtlichen Gesichtspunkten als unangemessen kurz erweisen (in aller Regel bei weniger als drei Monaten je Stufe), gilt es Folgendes zu beachten: Der Arbeitgeber als AGB-Verwender darf sich nicht auf die Unwirksamkeit der Klausel berufen[6], der Arbeitnehmer hingegen schon. Deshalb kann der Arbeitnehmer seine rückständigen Gehaltsansprüche trotz Ablaufs der in der Ausschlussklausel vorgesehenen Frist weiterhin erfolgreich geltend machen, während der Arbeitgeber nicht mehr mit aufgrund der Ausschlussklausel bereits verfallenen Gegenansprüchen aufrechnen kann.[7]

3a Auch wenn die Aufrechnung mit einer verfallenen Forderung nicht mehr möglich ist (s. Rz. 3), bleibt jedoch die Aufrechnung gegen einen verfallenen Anspruch grundsätzlich möglich[8] und kann einen Verzicht auf die eigene Forderung darstellen.[9]

---

1 BAG v. 17.2.2009 – 9 AZR 676/07, NZA 2010, 99 (100): kein Verrechnungsverhältnis, wenn Befugnis des Arbeitgebers vereinbart wird, eine Kostenpauschale für Berufskleidung mit dem Monatsentgelt zu „verrechnen".
2 Küttner/*Griese*, Personalbuch 2014, Aufrechnung Rz. 2; zu Vorschüssen s. BAG v. 15.3.2000 – 10 AZR 101/99, BAGE 94, 73 (83 ff.) = AP Nr. 24 zu §§ 22, 23 BAT Zuwendungs-TV = NZA 2000, 1004 (1007 ff.), v. 25.9.2002 – 10 AZR 7/02, NZA 2003, 617.
3 BAG v. 13.12.2000 – 5 AZR 334/99, AP Nr. 31 zu § 394 BGB = NZA 2002, 390.
4 Vgl. hierzu ausführlich die allgemeinen Ausführungen bei Palandt/*Grüneberg*, § 387 BGB Rz. 11 f.
5 BAG v. 18.1.1962 – 5 AZR 177/61, AP Nr. 2 zu § 390 BGB; v. 30.3.1973 – 4 AZR 259/72, EzA § 390 BGB Nr. 1; v. 27.10.2005 – 8 AZR 546/03, NZA 2006, 259 (261 f.); ErfK/*Preis*, § 611 BGB Rz. 455.
6 Vgl. BAG v. 27.10.2005 – 8 AZR 3/05, NZA 2006, 257.
7 LAG Köln v. 16.12.2011 – 4 Sa 952/11, NZA-RR 2012, 178.
8 Küttner/*Griese*, Personalhandbuch 2014, Aufrechnung Rz. 4.
9 ErfK/*Preis*, § 218 BGB Rz. 67.

Aufrechnung

Für den Fall der Insolvenz des Arbeitgebers darf der Arbeitnehmer gemäß § 94 InsO 3b aufrechnen, unter der Voraussetzung, dass die Aufrechnungslage bei der Insolvenzeröffnung bereits gegeben war.[1]

Im Arbeitsrecht kann die Aufrechnung danach bspw. dann Bedeutung erlangen, 4 wenn der Lohnforderung oder einem Anspruch des Arbeitnehmers auf Urlaubsentgelt oder Abfindung z.B. eine Schadensersatzforderung des Arbeitgebers oder die Rückzahlung eines Arbeitgeberdarlehens gegenübersteht. Eine Aufrechnung durch den Arbeitgeber gegen etwaige Restverdienstforderungen des Arbeitnehmers kommt auch in Betracht, wenn gegen den Arbeitnehmer bei einer vertragswidrigen Beendigung des Arbeitsverhältnisses ein Anspruch auf Entrichtung einer Vertragsstrafe oder Rückzahlung von Gratifikationen besteht. Der Arbeitgeber kann allerdings grundsätzlich nur gegen den **Nettolohnanspruch** des Arbeitnehmers aufrechnen, so dass er zur Abführung der Steuern und Sozialversicherungsbeiträge verpflichtet bleibt.[2] Ebenso kann er umgekehrt bei Lohnüberzahlung vom Arbeitnehmer nur die Nettozuvielzahlung zurückfordern. Ausnahmsweise kann bei der Rückforderung von Lohnbestandteilen die Bruttoüberzahlung gegen die Bruttoforderung aufgerechnet werden, weil dies im wirtschaftlichen Ergebnis dasselbe ist.[3] Hat der Arbeitnehmer seine Vergütungsforderung abgetreten, kann der Arbeitgeber dann i.d.R. selbst gegenüber dem Zessionar aufrechnen, § 406 BGB.[4]

Die Aufrechnung erfolgt durch eine einseitige, empfangsbedürftige, bedingungs- 5 feindliche **Willenserklärung** eines Schuldners, der zugleich Gläubiger ist, und bewirkt, dass die Forderungen, soweit sie sich decken, in dem Zeitpunkt als erloschen gelten, in welchem sie zur Aufrechnung geeignet einander gegenübergetreten sind, § 389 BGB. Grundsätzlich ist die Aufrechnungserklärung formfrei möglich. Selbst dann, wenn eine tarifliche → *Ausschlussfrist*, II A 150 eine schriftliche Geltendmachung der Gegenforderung verlangt, muss die Aufrechnungserklärung nicht schriftlich erfolgen.[5] Ein einfacher Lohneinbehalt reicht dann nicht. Denkbar ist aber auch der Abschluss eines **Aufrechnungsvertrages** (s. hierzu Rz. 22 ff.).

---

1 LAG Köln v. 28.8.2006 – 14 Sa 196/06, BB 2007, 559; Küttner/*Griese*, Personalbuch 2014, Aufrechnung Rz. 4.
2 BAG v. 24.10.2000 – 9 AZR 610/99, AP Nr. 19 zu § 5 BUrlG = NZA 2001, 663; LAG Schl.-Holst. v. 11.1.2001 – 4 Sa 379/00, n.v.; LAG Rh.-Pf. v. 26.7.2001 – 6 Sa 1559/00 und 6 Sa 1560/00, n.v.; Küttner/*Griese*, Personalbuch 2014, Aufrechnung Rz. 5; ErfK/*Preis*, § 611 BGB Rz. 450; vgl. auch LAG Nürnberg v. 2.3.1999 – 6 Sa 1137/96, NZA-RR 1999, 626.
3 Voraussetzung ist jedoch die Angabe des pfändbaren Teils der Nettobezüge durch den Arbeitgeber. S. hierzu LAG Düsseldorf v. 25.7.2007 – 12 Sa 944/07, LAGE Nr. 21 zu § 7 BUrlG – Abgeltung.
4 Z.B. bei einem gem. § 115 Abs. 1 SGB X auf die Krankenkasse übergegangenen Lohnfortzahlungsanspruch, BAG v. 6.12.1978 – 5 AZR 436/77, EzA § 115 GewO Nr. 5; ErfK/*Preis*, § 611 BGB Rz. 450.
5 Umstr.; wie hier BAG v. 1.2.2006 – 5 AZR 395/05, ZTR 2006, 319 (320); ErfK/*Preis*, § 218 BGB Rz. 67; Schaub/*Linck* § 73 Rz. 13; *Löwisch/Rieble*, § 1 TVG Rz. 763; *Mikosch*, AR-Blattei SD 270 Rz. 58; a.A. LAG Düsseldorf v. 6.1.1971 – 2 Sa 424/70, DB 1971, 1015; v. 22.7.1971 – 7 Sa 948/70, DB 1972, 242 (243); *Plüm*, MDR 1993, 17 f.

b) Aufrechnungsverbote

6 Eine Aufrechnung ist allerdings ausgeschlossen, soweit ein **Aufrechnungsverbot** besteht:

7 Ein **Ausschluss der Aufrechnung** kann sich zum einem aus dem **Gesetz**, und hier insbesondere aus den §§ 390–395 BGB ergeben.

8 Bedeutsam ist im Arbeitsrecht vor allem § 394 BGB: Hiernach kann gegen eine Lohnforderung – und zwar gegen den Nettolohn – nur in gleicher Höhe aufgerechnet werden, wie diese **nach den §§ 850 ff. ZPO pfändbar** ist.[1] Der Arbeitgeber hat also, auch wenn ihm Gegenansprüche zustehen, mit denen er gegen die Lohnforderung aufrechnen könnte, stets den unpfändbaren Teil auszuzahlen[2] und dabei auch Unterhaltspflichten des Arbeitnehmers gegenüber Dritten zu berücksichtigen (§ 850c ZPO).[3] Weiterhin darf der Pfändungsschutz etwa nicht dadurch unterlaufen werden, dass der Arbeitgeber nach einer vertraglichen Abrede eine monatliche Beteiligung des Arbeitnehmers an der Reinigung und Pflege der Berufskleidung mit dem monatlichen Nettoentgelt ohne Rücksicht auf Pfändungsfreigrenzen verrechnen kann.[4] Die pfändbaren Anteile des Arbeitseinkommens sind nicht vom Gericht von Amts wegen zu ermitteln. Vielmehr trägt der Arbeitgeber die Darlegungslast dafür, dass und inwieweit seine Aufrechnung zum Erlöschen oder teilweisen Untergang der Lohnforderung geführt hat.[5] Zur Pfändbarkeit → *Abtretungsverbote und Lohnpfändung*, II A 10.

9 **Unzulässig** ist bspw. wegen § 2 Abs. 7 des 5. VermBG i.V.m. §§ 1274 Abs. 2, 394 BGB die Aufrechnung des Arbeitgebers gegen Ansprüche des Arbeitnehmers auf vermögenswirksame Leistungen[6] oder gegen Ansprüche aus der privaten Altersversorgung.[7]

10 Umstritten und vom BAG noch nicht ausdrücklich entschieden ist die Frage, ob gegen den Anspruch des Arbeitnehmers auf **Urlaubsentgelt** aufgerechnet werden kann.[8] Gegen eine Aufrechenbarkeit wird geltend gemacht, der Urlaubsanspruch sei ein auf Freizeit und Bezahlung derselben gerichteter Anspruch höchstpersönlicher Natur und daher nicht übertragbar, so dass er nach § 851 Abs. 1 ZPO auch nicht pfändbar sei und gegen ihn daher wegen § 394 BGB nicht aufgerechnet werden könne. Richtigerweise wird man das Urlaubsentgelt aber als während des Urlaubs

---

1 Vgl. BAG v. 24.1.2001 – 10 AZR 90/00, EzA § 611 BGB Gratifikation, Prämie Nr. 162; hierzu mit weiteren Einzelfällen Staudinger/*Richardi/Fischinger*, § 611 BGB Rz. 962 ff.
2 *Zöllner/Loritz/Hergenröder*, Arbeitsrecht, S. 179 f. Zur Berücksichtigung der Pfändungsgrenzen bei der Verrechnung von Abschlagszahlungen, Darlehen, Lohnüberzahlungen und Vorschüssen mit dem Entgeltanspruch des Arbeitnehmers vgl. *Besgen/Jüngst* in Handbuch „b + p", Fach 6 Rz. 545 ff.; zum Pfändungsschutz nach Vorschusszahlungen des Arbeitgebers auch LAG Mainz v. 24.4.2007 – 9 SaGA 1/07, juris.
3 LAG Hamm v. 3.5.2007 – 15 Sa 58/07, n.v.
4 BAG v. 17.2.2009 – 9 AZR 676/07, NZA 2010, 99.
5 BAG v. 5.12.2002 – 6 AZR 569/01, NZA 2003, 802.
6 ArbG Berlin v. 7.3.1972 – 10 Ca 770/71, AP Nr. 27 zu § 394 BGB; Schaub/*Linck*, § 73 Rz. 10.
7 LAG Rh.-Pf. v. 3.11.2006 – 3 Sa 414/06, VuR 2007, 395 f. für sog. „Riester-Renten", die auf einem nach § 5 AltZertG zertifizierten Vertrag beruhen.
8 Vgl. *Sielck*, DB 1969, 396; *Mikosch*, AR-Blattei SD 270 Rz. 78 ff.

fortgezahltes Arbeitsentgelt behandeln müssen.[1] So hat denn auch das BAG entschieden, dass Urlaubsentgelt Arbeitsentgelt ist, das der Arbeitgeber für die Zeit des Urlaubs fortzahlt und das daher ebenso wie anderes Arbeitsentgelt pfändbar ist.[2] Das gelte auch für die Urlaubsabgeltung nach § 7 Abs. 4 BUrlG.[3] Es ist nicht einzusehen, warum der Arbeitnehmer während des Urlaubs zum Nachteil seiner Gläubiger besser gestellt sein soll. Den Vorzug verdient daher die Ansicht, nach der der Anspruch auf Urlaubsentgelt **im Rahmen der §§ 850ff. ZPO pfändbar** ist[4] und daher gegen ihn auch mit Gegenansprüchen bis zur Höhe der Pfändungsfreigrenze aufgerechnet werden kann.[5]

Die **Abfindung** stellt zwar Arbeitseinkommen dar, sie unterliegt hingegen nicht den Pfändungsgrenzen des § 850c ZPO. Ihr Pfändungsschutz richtet sich nach § 850i ZPO.[6] Das hat dann entsprechende Konsequenzen für den Umfang der Aufrechnung. 11

Der Arbeitgeber darf dem Arbeitnehmer gemäß § 107 Abs. 2 Satz 2 GewO keine Waren aus eigener Produktion kreditieren. Dieses sog. **Truckverbot** darf nicht in der Weise umgangen werden, dass die Erfüllung aus gleichwohl erfolgten Warenverkäufen oder -kreditierungen resultierenden Forderungen durch Aufrechnung erfolgt. 12

Im Einzelfall kann die Aufrechnung auch durch **Treu und Glauben** ausgeschlossen sein.[7] Ebenso kann umgekehrt in Ausnahmefällen die Berufung auf ein gesetzliches Aufrechnungsverbot nach Treu und Glauben unzulässig sein.[8] 13

Eine Ausnahme von § 394 BGB – also eine Aufrechnung auch gegenüber unpfändbaren Lohn- und Gehaltsansprüchen – kann gemäß § 242 BGB dann gelten, wenn der Arbeitgeber mit einem Schadensersatzanspruch aufrechnet, der aus einer vorsätzlichen unerlaubten Handlung des Arbeitnehmers resultiert.[9] Bei einem Schadensersatzanspruch aus einer vorsätzlichen Vertragsverletzung[10] ist die Schwere des dem Arbeitgeber zugefügten Nachteils gegenüber dem durch § 394 BGB bezweck- 14

---

1 BAG v. 30.9.1965 – 5 AZR 115/65, NJW 1966, 222; v. 11.1.1990 – 8 AZR 440/88, NZA 1990, 938; *Mikosch*, AR-Blattei SD 270 Rz. 80; MünchArbR/*Düwell*, § 79 Rz. 6.
2 BAG v. 11.1.1990 – 8 AZR 440/88, NZA 1990, 938; v. 20.6.2000 – 9 AZR 405/99, NZA 2001, 100 (101); v. 28.8.2001 – 9 AZR 611/99, NZA 2002, 323.
3 BAG v. 28.8.2001 – 9 AZR 611/99, NZA 2002, 323; LAG Nds. v. 2.2.2001 – 10 Sa 2056/00, LAGE Nr. 4 zu § 394 BGB.
4 BAG v. 20.6.2000 – 9 AZR 405/99, NZA 2001, 100.
5 Ebenso Schaub/*Linck*, § 104 Rz. 154.
6 BAG v. 13.11.1991 – 4 AZR 39/91, juris; LAG Köln v. 30.7.2010 – 11 Sa 909/09, BeckRS 2010, 74744.
7 S. hierzu Staudinger/*Gursky*, § 387 BGB Rz. 259ff.
8 MünchKommBGB/*Schlüter*, § 394 Rz. 13.
9 BAG v. 18.3.1997 – 3 AZR 756/95, NZA 1997, 1008; v. 28.8.1964 – 1 AZR 414/63, NJW 1965, 70; BGH v. 22.4.1959 – IV ZR 255/58, AP Nr. 4 zu § 394 BGB mit insoweit zust. Anm. *Hueck; Hanau/Adomeit*, Arbeitsrecht, Rz. 875; Schaub/*Linck*, § 73 Rz. 12.
10 Umstr. dabei ist, ob jede vorsätzliche Vertragsverletzung ausreichend ist, so jedenfalls: Palandt/*Grüneberg*, § 394 BGB Rz. 2, oder ob zusätzlich eine Schädigungsabsicht des Arbeitnehmers erforderlich ist nach Küttner/*Griese*, Personalbuch 2014, Aufrechnung Rz. 8.

ten Lohnschutz abzuwägen.[1] Jedenfalls ist eine Aufrechnung nur bis zur untersten Grenze des notwendigen Unterhalts gemäß § 850d ZPO zulässig. Auch sonst kann die Berufung auf § 394 BGB wegen Rechtsmissbrauchs nach § 242 BGB unzulässig sein, bspw. wenn eine geringe zeitliche Differenz zwischen Überzahlung und Aufrechnung besteht und wenn der Arbeitnehmer die Überzahlung hätte erkennen müssen.[2]

15 Zum anderen kann die Aufrechnung durch **Tarifvertrag, Betriebsvereinbarung** oder im **Einzelarbeitsvertrag** selbst ausgeschlossen werden, sofern keine gesetzliche Vorschrift entgegensteht.[3] Erfolgt der Ausschluss durch AGB, so ist § 309 Nr. 3 BGB zu beachten[4] (s. hierzu Rz. 17 ff.).

16 Ein **Aufrechnungsausschluss** kann sich schließlich auch dann ergeben, wenn die **Natur des Rechtsverhältnisses** bzw. der Zweck der geschuldeten Leistung eine Aufrechnung als mit **Treu und Glauben** unvereinbar erscheinen lässt.[5] Ein solcher Fall kann etwa gegeben sein, falls der im Außendienst tätige Arbeitnehmer erkennbar auf die Gewährung des Reisegeldes in Natur angewiesen ist, wenn ansonsten, d.h. durch die bloße Aufrechnung mit etwaigen gegen ihn bestehenden Ansprüchen des Arbeitgebers, die Erreichung des gemeinsamen Vertragszwecks ausgeschlossen sein würde.[6] Ein derartiger Fall der Zweckvereitelung liegt allerdings nicht bereits dann vor, wenn der Arbeitgeber Schadensersatzansprüche zur Aufrechnung mit Ansprüchen des Arbeitnehmers aus der betrieblichen Altersversorgung[7] stellt.

2. Klauseltypen

17 Im Einzelarbeitsvertrag finden sich vor allem vorformulierte Klauseln, mit denen eine Aufrechnung des Arbeitnehmers gegen Forderungen des Arbeitgebers ausgeschlossen werden soll, und solche, mit denen schon im Voraus eine Aufrechnung vertraglich vereinbart wird:

---

1 BAG v. 31.3.1960 – 5 AZR 441/57, NJW 1960, 1589; v. 28.8.1964 – 1 AZR 414/63, NJW 1965, 70; v. 18.3.1997 – 3 AZR 756/95, NZA 1997, 1108; *Mikosch*, AR-Blattei SD 270 Rz. 158; vgl. auch Schaub/*Linck*, § 73 Rz. 12; Staudinger/*Richardi/Fischinger*, § 611 BGB Rz. 965; a.A. BGH v. 22.4.1959 – IV ZR 255/58, NJW 1959, 1275.
2 ArbG Stade v. 15.1.2002 – 1 Ca 1347/01, FA 2002, 116 (Auszahlung des Lohnes in Euro statt in DM).
3 BAG v. 16.12.1986 – 3 AZR 198/85, EzA § 387 BGB Nr. 2; Küttner/*Griese*, Personalbuch 2014, Aufrechnung Rz. 11; allgemein zum vertraglichen Ausschluss: MünchKommBGB/*Schlüter*, § 387 Rz. 58 ff.; Staudinger/*Gursky*, § 387 BGB Rz. 201 ff.
4 S. zu den Einzelheiten BGH v. 27.6.2007 – XII ZR 54/05, NJW 2007, 3421 ff.; WLP/*Stoffels*, Anhang zu § 310 BGB Rz. 96.
5 BGH v. 19.9.1957 – VII ZR 423/56, BGHZ 25, 211 (215); v. 1.6.1978, NJW 1978, 1807 (1808); v. 24.6.1985, NJW 1985, 2820 (1821); Palandt/*Grüneberg*, § 387 BGB Rz. 15; ausführliche Übersicht bei *Gernhuber*, Erfüllung und ihre Surrogate, § 12 VI. 8.
6 *Gernhuber*, Erfüllung und ihre Surrogate, § 12 VI. 9. Ebenso LAG Rh.-Pf. v. 18.8.2005 – 1 Sa 171/05, AE 2006, 95 für die Aufrechnung von Ansprüchen der Arbeitnehmer aus einer Gruppenunfallversicherung.
7 OLG Karlsruhe v. 2.10.2003 – 2 UF 33/02, NJW-RR 2004, 727 (728); enger jedoch BGH v. 15.3.2006 – VIII ZR 120/04, NJW-RR 2006, 1185 (1186 ff.), wonach die Aufrechnung von Pensionsansprüchen nur für einen über sechs Monate hinausgehenden Zeitraum unwirksam ist. S. hierzu auch *U. H. Schneider/Brouwer*, GmbHR 2006, 1019.

a) Aufrechnungsausschluss

○ **Nicht geeignet:**
a) Dem Arbeitnehmer steht an den kassierten Beiträgen ein Zurückbehaltungsrecht nicht zu. Eine Aufrechnung gegen den Abführungsanspruch mit irgendwelchen Ansprüchen des Arbeitnehmers ist ausgeschlossen.
b) Gegenüber Ansprüchen der Gesellschaft ist die Geltendmachung von Zurückbehaltungsrechten, Leistungsverweigerungsrechten und Aufrechnung, soweit rechtlich zulässig, ausgeschlossen.

Typ 1: Aufrechnungsausschluss

Die Aufrechnung gegenüber Ansprüchen des Arbeitgebers ist ausgeschlossen. Dies gilt nicht für die Aufrechnung mit unbestrittenen oder rechtskräftig festgestellten Forderungen.[1]

Die **grundsätzliche Zulässigkeit** eines vertraglichen Ausschlusses der Aufrechenbarkeit folgt schon aus der Existenz der §§ 391 Abs. 2, 556b Abs. 2 BGB und des § 309 Nr. 3 BGB. Solche Klauseln finden sich häufig in Arbeitsverträgen mit Verkaufsreisenden, die auch zum Inkasso berechtigt sind, d.h. für ihre Firma Gelder kassieren.[2] Zum Zusatz „soweit rechtlich zulässig" → *Salvatorische Klauseln*, II S 10. Zum häufig im Zusammenhang mit Aufrechnungsklauseln anzutreffenden Ausschluss von Zurückbehaltungs- und Leistungsverweigerungsrechten → *Zurückbehaltungsrechte*, II Z 20. 18

Der **Sinn** eines klauselmäßigen Aufrechnungsverbotes ist in erster Linie darin zu sehen, eine etwaige Verschleppung der Zahlung durch die Geltendmachung zweifelhafter Gegenansprüche zu unterbinden: Der von einem Aufrechnungsverbot betroffene Arbeitnehmer wird auf eine Klage des Arbeitgebers hin zur Zahlung ohne Rücksicht auf seine Gegenforderung verurteilt und muss ggf. einen zweiten Prozess anstrengen. Außerdem verliert er andere Vorteile, die die Aufrechnung ihm bieten würde: Die Rückwirkungsfiktion des § 389 BGB greift nicht, so dass nicht etwa mit einer Aufrechnungserklärung rückwirkend Verzugsfolgen, Zinspflichten oder eine möglicherweise verwirkte Vertragsstrafe wieder hinfällig werden. 19

Die Berufung auf ein vertragliches Aufrechnungsverbot kann im Einzelfall allerdings eine **unzulässige Rechtsausübung** darstellen: Dies wird einmal dann angenommen, wenn sonst die Durchsetzung einer mit der Hauptforderung zusammenhängenden Gegenforderung vereitelt würde.[3] Ein solcher Ausnahmetatbestand dürfte z.B. vorliegen, falls infolge nachträglichen Vermögensverfalls des Arbeitgebers der Arbeitnehmer seine Entgeltforderung ansonsten nicht mehr realisieren 20

---
[1] Vgl. die ähnlichen Vorschläge bei BLDH/*Lingemann*, M 12. 26.1 und HR/*Borgmann*, 1/731.
[2] *Lakies*, Inhaltskontrolle von Arbeitsverträgen, Rz. 578; CKK/*Schlewing*, § 309 BGB Rz. 32.
[3] BGH v. 6.3.1975 – III ZR 137/72, WM 1975, 614 (616); v. 15.2.1978 – VIII ZR 242/76, WM 1978, 620 (621); BLDH/*Lingemann*, Anwaltsformularbuch, Kap. 12 Rz. 55; MünchKommBGB/*Schlüter*, § 387 Rz. 61; einschränkend allerdings BGH v. 15.2.2007 – I ZR 118/04, NJW-RR 2008, 121 ff. für den Fall der Verjährung der Hauptforderung.

könnte.[1] Schließlich ist zu beachten, dass der Arbeitnehmer trotz des formularmäßig vereinbarten Aufrechnungsausschlusses ausnahmsweise aufrechnen kann, wenn seine Ansprüche gegen den Arbeitgeber aus einer vorsätzlichen unerlaubten Handlung des Arbeitgebers entstanden sind oder aus einer Vertragsverletzung des Arbeitgebers resultieren.[2] Diese Durchbrechung muss allerdings nicht in den Klauseltext aufgenommen werden.

20a Zentrale Bedeutung hat sodann das **Klauselverbot des § 309 Nr. 3 BGB**. Nach dieser Vorschrift ist eine Bestimmung in Allgemeinen Geschäftsbedingungen unwirksam, durch die dem Vertragspartner des Verwenders die **Befugnis genommen wird**, mit einer unbestrittenen oder rechtskräftig festgestellten Forderung **aufzurechnen**.[3] Unter den Verbotstatbestand fallen allerdings auch solche Klauseln, die die Zulässigkeit der Aufrechnung auf **vom Verwender anerkannte** Forderungen beschränken.[4] **Unbestritten** sind Forderungen, die nach Grund und Höhe außer Streit stehen.[5] **Rechtskräftig festgestellt** ist eine Forderung, wenn ein entsprechender Titel in formeller und materieller Rechtskraft erwachsen ist, §§ 704, 794 ZPO. Nach überwiegender Ansicht sind auch **entscheidungsreife Forderungen** den unbestrittenen oder rechtskräftig festgestellten Forderungen **gleichzustellen**.[6] Dafür spricht in der Tat, dass der Aufrechnungsausschluss den Verwender lediglich vor unklaren Gegenansprüchen, die die Durchsetzung seiner Ansprüche verzögern könnten, schützen soll. Bei Entscheidungsreife besteht ein solches Bedürfnis nicht mehr. Der Ausschluss der Aufrechnungsmöglichkeit ist in diesen Fällen nicht mehr gerechtfertigt. Forderungen sind entscheidungsreif, wenn sie voll bewiesen sind und daher über sie ohne weitere Beweiserhebung entschieden werden kann. Vor diesem Hintergrund empfiehlt sich eine entsprechende Klarstellung bereits im Wortlaut des Klauseltexts (vgl. Klauseltyp 1, der im Gegensatz zu den vorgenannten Beispielen die Schranken ausdrücklich benennt).

21 Die bloße **Anrechnung** (vgl. Rz. 2) wird durch Aufrechnungsverbote oder -beschränkungen allerdings **nicht erfasst**, da sie rechtlich keine Aufrechnung ist.[7]

---

1 Vergleichbare Fälle: BGH v. 19.9.1988 – II ZR 362/87, NJW-RR 1989, 124 (125); v. 16.8.2007 – IX ZR 63/06, ZIP 2007, 1717; OLG Frankfurt v. 26.6.1984 – 5 U 221/83, WM 1984, 1021 (1022).
2 Vgl. BGH v. 7.3.1985 – III ZR 90/83, ZIP 1985, 921 (926); Palandt/*Grüneberg*, § 387 BGB Rz. 17; Erman/*E. Wagner*, § 387 BGB Rz. 40. Eine Gegenausnahme wird wiederum dann gemacht, wenn eine derartige Gegenforderung ganz undurchsichtig ist und eine weitläufige Beweisaufnahme erfordern würde, BGH v. 7.3.1985 – III ZR 90/83, ZIP 1985, 921 (926); v. 9.5.1966 – VII ZR 8/64, NJW 1966, 1452.
3 Die Vorschrift knüpft damit weitgehend an die vorbekannte Rechtsprechung des BGH an; vgl. BGH v. 22.1.1954 – I ZR 34/53, BGHZ 12, 136 (143); v. 18.9.1967 – VII ZR 52/65, BGHZ 48, 264 (269); v. 12.1.1977 – VIII ZR 252/75, BB 1977, 814; v. 9.2.1960 – VIII ZR 53/59, NJW 1960, 859.
4 BGH v. 1.12.1993 – VIII ZR 41/93, NJW 1994, 657 (658); v. 27.6.2007 – XII ZR 54/05, NJW 2007, 3421 (3422).
5 BGH v. 6.7.1978 – III ZR 65/77, NJW 1978, 2244; Wolf/*Dammann*, § 309 Nr. 3 Rz. 31.
6 BGH v. 15.2.1978 – VIII ZR 242/76, WM 1978, 620 (621); OLG Düsseldorf v. 25.10.1996 – 22 U 56/96, NJW-RR 1997, 757; Wolf/*Dammann*, § 309 Nr. 3 Rz. 33; Erman/*Roloff*, § 309 Rz. 29; AGB-Klauselwerke/*Graf von Westphalen*, Aufrechnungsklauseln, Rz. 13; Palandt/*Grüneberg*, § 309 Rz. 17; über § 307 will dagegen gehen Soergel/*Stein*, § 11 AGBG Rz. 26.
7 BGH v. 2.7.1962 – VIII ZR 12/61, NJW 1962, 1909; Küttner/*Griese*, Personalbuch 2014, Aufrechnung Rz. 2; ErfK/*Preis*, § 611 BGB Rz. 457.

21a Die **Überschreitung der Grenzen des § 309 Nr. 3 BGB** hat grundsätzlich die **Gesamtnichtigkeit des Aufrechnungsausschlusses** zur Folge. Der Arbeitnehmer kann mithin ohne Beschränkung von seinem Aufrechnungsrecht nach §§ 387 ff. Gebrauch machen. Eine geltungserhaltende Reduktion in der Weise, dass die Unwirksamkeit nur eintritt, soweit die Aufrechnung mit rechtskräftig festgestellten, entscheidungsreifen oder unbestrittenen Forderungen ausgeschlossen wird, ist unzulässig.[1]

Vor der Inhaltskontrolle nach § 309 Nr. 3 BGB bedarf es mitunter noch der Bestimmung der genauen Reichweite des Aufrechnungsausschlusses. Die Rechtsprechung hat zu weit reichende Klauseln in mehreren Fällen durch eine **restriktive Auslegung** vor der nicht immer angemessenen Rechtsfolge der Gesamtnichtigkeit bewahrt.

Beispiele:

(1) Eine Bestimmung in Allgemeinen Geschäftsbedingungen, die nach ihrem Wortlaut **nur** die **Aufrechnung mit unbestrittenen Forderungen** zulässt, erfasst sinngemäß auch die Zulässigkeit der Aufrechnung mit rechtskräftig festgestellten Forderungen. Denn rechtskräftig festgestellte Forderungen i.S.d. § 309 BGB stellen nur einen Unterfall der unbestrittenen Forderungen dar, weil sie mit präkludierten Einwendungen nicht mehr bestritten werden können.[2]

(2) Umgekehrt kann eine Klausel, die **lediglich** die **Aufrechnung mit rechtskräftig festgestellten Forderungen** erlaubt, dahingehend ausgelegt werden, dass sie auch einer Aufrechnung mit unbestrittenen Forderungen nicht im Wege steht.[3]

(3) Der vorformulierte **Aufrechnungsausschluss** erwähnt nicht ausdrücklich „entscheidungsreife Forderungen". Dieses Merkmal wird von der herrschenden Meinung – wie bereits erwähnt – als zusätzliche Ausnahme vom Verbot der Aufrechnung den benannten Tatbeständen des § 309 Nr. 3 BGB angefügt. Dem Verwender darf jedoch kein Nachteil entstehen, wenn er seine Klausel in Anlehnung an den Gesetzeswortlaut formuliert. Der Arbeitnehmer ist aufgrund des Aufrechnungsausschlusses mithin nicht gehindert, mit entscheidungsreifen Forderungen aufzurechnen. Unwirksam ist der Aufrechnungsausschluss aus diesem Grunde jedoch nicht.[4]

b) Aufrechnungsvertrag

Typ 2: Aufrechnungsvertrag

a) Scheidet Herr/Frau ... aufgrund eigener Kündigung bis zum Schluss des auf den Auszahlungstermin des Urlaubsgeldes folgenden Kalendervierteljahres aus den Diensten der Firma aus oder wird er/sie aus einem wichtigen Grunde, den er/sie zu vertreten hat, bis zu diesem Zeitpunkt fristlos entlassen, so ist die Firma ... berechtigt, den Betrag des freiwilligen Urlaubsgeldes bis zur Höhe des pfändbaren Teiles der Vergütung gegen das letzte Gehalt aufzurechnen.

---

1 BGH v. 16.10.1984 – X ZR 97/83, NJW 1985, 319 (320); v. 31.10.1985 – IX ZR 175/84, NJW-RR 1986, 1281; v. 27.6.2007 – XII ZR 54/05, NJW 2007, 3421 (3423).
2 BGH v. 18.4.1989 – X ZR 31/88, NJW 1989, 3215 (3216); CKK/*Schlewing*, § 309 BGB Rz. 34.
3 BGH v. 27.1.1993 – XII ZR 141/91, NJW-RR 1993, 519 (520); a.A. CKK/*Schlewing*, § 309 BGB Rz. 34.
4 BGH v. 17.2.1986 – II ZR 285/84, NJW 1986, 1757 f.; v. 18.6.2002 – XI ZR 160/01, NJW 2002, 2779; CKK/*Schlewing*, § 309 BGB Rz. 34.

b) Der Vertreter hat die nach Abzug seiner Provision verbleibenden Beträge prompt abzuführen.[1]

c) Der Arbeitgeber ist berechtigt, vom Lohn bzw. Gehalt des Arbeitnehmers die Miete für die Werkswohnung einzubehalten.

22 Bei Klauseln dieser Art handelt es sich um einen sog. **Aufrechnungsvertrag**. Wie bereits erwähnt, kann die Aufrechnung angesichts des Grundsatzes der Vertragsfreiheit statt durch einseitige Erklärung auch durch einen sog. Aufrechnungsvertrag vollzogen werden.[2] Umstritten, wenngleich von geringer praktischer Bedeutung, ist lediglich die Frage nach dessen rechtlicher Einordnung. Überwiegend wird der Aufrechnungsvertrag als gegenseitiger Erfüllungsersetzungsvertrag, nicht als gegenseitiger Erlassvertrag angesehen.[3] Ein Aufrechnungsvertrag kann in jeder Form, auch in Formularverträgen geschlossen werden[4] und hat verfügenden Charakter.[5] Jede Klausel ist jedoch auf den genauen Inhalt des enthaltenen Aufrechnungsvertrages zu untersuchen, insbesondere unterliegen vertragliche Aufrechnungsverbote zulasten des Arbeitnehmers der Inhaltskontrolle (vor allem nach § 309 Nr. 3 BGB)[6]. Die jeweilige Klausel kann einen echten, ohne Weiteres und unmittelbar verfügenden Aufrechnungsvertrag beinhalten. Es kann sich aber auch um einen Aufrechnungsvertrag handeln, der einem der Vertragsschließenden oder beiden eine einseitige Befugnis zur Aufrechnung, also ein Gestaltungsrecht, einräumt. Letzterenfalls steht die verfügende, d.h. schuldtilgende Wirkung gewissermaßen unter der Bedingung der Ausübung eines einseitigen Gestaltungsrechtes. Wird in einer Klausel bspw. die Formulierung „der Arbeitgeber ist berechtigt …" verwendet, deutet dies bei Fehlen anderer Anhaltspunkte darauf hin, dass dem Arbeitgeber ein derartiges Gestaltungsrecht zustehen soll.

23 Rechtlich möglich ist auch der Abschluss der hier in den Beispielsklauseln vorliegenden Vereinbarungen, dass erst **künftig entstehende Forderungen** erlöschen, sobald sie sich gegenüberstehen.[7] Hierbei kann es allerdings zu Konflikten mit späteren Pfändungen kommen: Ein Aufrechnungsvertrag ist gegenüber dem Pfändungsgläubiger wegen § 392 BGB dann wirksam, wenn er vor der Beschlagnahme der Forderung abgeschlossen wurde. Dies liegt darin begründet, dass die Beschlagnahme die Forderung nur in dem Zustand ergreifen kann, in dem sie sich befindet.[8] Dage-

---

1 Vgl. hierzu MünchKommBGB/*Schlüter*, § 387 Rz. 55.
2 BAG v. 17.2.2009 – 9 AZR 676/07, NZA 2010, 99 (101).
3 *Larenz*, Schuldrecht I, § 18 VI, S. 266; Palandt/*Grüneberg*, § 387 Rz. 19; a.A.: MünchKommBGB/*Schlüter*, § 387 Rz. 51: Verständnis als schuldrechtliches Verfügungsgeschäft eigener Art.
4 Staudinger/*Gursky*, Vorbem. zu §§ 387ff. BGB Rz. 86.
5 Allg. Ansicht, s. etwa Palandt/*Grüneberg*, § 387 BGB Rz. 19ff.; Staudinger/*Gursky*, Vorbem. zu §§ 387ff. BGB Rz. 64.
6 HWK/*Gotthardt*, § 309 BGB Rz. 4; Küttner/*Griese*, Personalbuch 2014, Aufrechnung Rz. 3.
7 Vgl. etwa *Gaul*, Arbeitsrecht im Betrieb, Bd. I, 8. Aufl. 1986, G IV Rz. 107.
8 BGH v. 29.1.1968 – VIII ZR 199/65, NJW 1968, 835; *Bötticher*, FS Schima, 1969, S. 106; Palandt/*Grüneberg*, § 392 BGB Rz. 2.

gen ist ein nach der Beschlagnahme geschlossener Aufrechnungsvertrag dem Pfandgläubiger gegenüber unwirksam.[1]

Zu den Anwendungsfällen im Einzelnen: 24

Typ 2a betrifft den Anspruch des Arbeitgebers auf Rückzahlung des Urlaubsgeldes. Die **Rückforderung von Urlaubsgeld**, das über den gesetzlichen Rahmen des BUrlG hinaus, also zusätzlich zum Urlaubsentgelt, gewährt wurde, ist bei einem Ausscheiden des Arbeitnehmers aus dem Betrieb zulässig, sofern eine dementsprechende arbeitsvertragliche Vereinbarung zwischen den Parteien getroffen wurde[2] (zu Einzelheiten → *Urlaub*, II U 20 Rz. 54 ff.). In diesem Fall besteht ein auf Zahlung gerichteter Anspruch des Arbeitgebers, mit dem er wie mit jeder anderen Geldforderung gegen den letzten Lohnanspruch des Arbeitnehmers aufrechnen kann,[3] ohne dass es hierfür einer besonderen Erwähnung im Arbeitsvertrag bedürfte. Gleichwohl kann für den Arbeitgeber der Abschluss einer hierauf bezogenen Aufrechnungsvereinbarung sinnvoll sein (hierzu näher Rz. 28).

Ein Aufrechnungsvertrag ist auch gegeben, wenn für die Entlohnung des Arbeitnehmers vertraglich eine Art **Abzugsverfahren** vereinbart wird: Dies gilt etwa für die Vereinbarung, dass der provisionsberechtigte Vertreter von den eingenommenen Beträgen zunächst seine Provision abziehen kann (vgl. Typ 2b).[4] Ähnlich liegt es in dem Fall, dass der Kellner ermächtigt wird, das eingenommene Bedienungsgeld zur Befriedigung seines Vergütungsanspruches zu behalten.[5] Streitig ist allerdings die Frage, ob der Arbeitnehmer auch nach einer Lohnpfändung noch berechtigt ist, seine Vergütung von den für den Arbeitgeber vereinnahmten Beträgen abzuziehen. Dies ist mit der h.M.[6] im Hinblick auf den Rechtsgedanken des § 850h ZPO zu verneinen. 25

Gerade bei größeren Firmen wird den Arbeitnehmern häufig zu einem ermäßigten Mietzins eine sog. **Werkwohnung** in der Nähe der Arbeitsstätte zur Verfügung gestellt. Hier können Arbeitgeber und Arbeitnehmer im Mietvertrag oder im Arbeitsvertrag eine Aufrechnungsvereinbarung dergestalt treffen, dass eine Aufrechnung der Mietzinsansprüche des Arbeitgebers/Vermieters gegen den Vergütungsanspruch des Arbeitnehmers/Mieters zulässig ist.[7] Der Arbeitgeber kann bei der Lohn- bzw. Gehaltszahlung dann sofort die Miete einbehalten. Eine solche Vereinbarung verstößt nicht gegen das sog. Truckverbot des § 107 Abs. 2 Satz 2 GewO.[8] 26

Ein **gesetzliches Aufrechnungsverbot** kann allerdings auch den Abschluss eines Aufrechnungsvertrages ausschließen: So ist § 394 BGB aus Gründen des Arbeitneh- 27

---

1 BAG v. 1.8.1959 – 2 AZR 56/57, AP Nr. 1 zu § 392 BGB; v. 10.10.1966 – 3 AZR 177/66, AP Nr. 2 zu § 392 BGB.
2 BAG v. 15.3.1973 – 5 AZR 525/72, NJW 1973, 1247.
3 *Matthes* in Handbuch „b + p", Fach 5 Rz. 474.
4 RG v. 28.10.1932 – VII 141/32, RGZ 138, 252 (258); MünchKommBGB/*Schlüter*, § 387 Rz. 55.
5 BAG v. 22.5.1965 – 3 AZR 306/64, NJW 1966, 469; MünchKommBGB/*Schlüter*, § 387 Rz. 55.
6 BAG v. 22.5.1965 – 3 AZR 306/64, NJW 1966, 469; Palandt/*Grüneberg*, § 392 BGB Rz. 2.
7 BAG v. 1.8.1959 – 2 AZR 56/57, AP Nr. 1 zu § 392 BGB; v. 15.5.1974 – 5 AZR 395/73, EzA § 115 GewO Nr. 2; Schaub/*Koch*, § 81 Rz. 10.
8 BAG v. 15.5.1974 – 5 AZR 395/73, EzA § 115 GewO Nr. 2; Schaub/*Koch*, § 81 Rz. 10.

merschutzes entsprechend auf den Aufrechnungsvertrag anzuwenden, soweit er sich auf noch nicht fällige Lohnforderungen bezieht.[1] In Bezug auf den bereits fälligen Lohn dagegen kann der Arbeitnehmer eine über die Pfändungsgrenzen hinausgehende Aufrechnungsvereinbarung treffen,[2] ebenso wie er über den tatsächlich ausgezahlten Lohn sofort voll verfügen kann.

28 Der **Vorteil eines Aufrechnungsvertrages** gegenüber der einseitigen Aufrechnung besteht darin, dass deren Voraussetzungen nicht sämtlich gegeben sein müssen.[3] So können bspw. Gegenseitigkeit, Fälligkeit oder Erfüllbarkeit der Forderungen fehlen. Sinnvoll aber kann ein Aufrechnungsvertrag auch dann sein, wenn eine einseitige Aufrechnung möglich wäre: Denn dem Aufrechnenden wird der Beweis der die Gegenforderung begründenden Tatsachen erspart.[4] Da zur Sicherung möglicher Ansprüche im Verhältnis zwischen Arbeitgeber und Arbeitnehmer eine vertragliche Vorausabtretung in Ermangelung eines gemäß § 398 BGB erforderlichen Dreiecksverhältnisses nicht möglich ist, kann somit deren Sicherungsfunktion durch eine vertragliche Aufrechnungsvereinbarung erreicht werden.[5]

3. Steuerrechtliche Aspekte

a) Aufrechnung des Arbeitgebers gegenüber dem Arbeitnehmer

29 Rechnet der Arbeitgeber wegen einer ihm gegen den Arbeitnehmer zustehenden Forderung mit dem Arbeitslohnanspruch des Arbeitnehmers auf, gehört auch der Aufrechnungsbetrag zum **Arbeitslohn**. Denn auch wenn der Arbeitnehmer nicht über das Entgelt verfügen kann, gilt es steuerrechtlich als zugeflossen (§ 11 EStG).[6] Dies hat zur Folge, dass der Aufrechnungsbetrag in die Berechnung der Lohnsteuer einzubeziehen und der Arbeitgeber auch insoweit zur Einbehaltung und Abführung der Lohnsteuer verpflichtet ist. Für den Zuflusszeitpunkt ist der Zugang der Aufrechnungserklärung beim Arbeitnehmer maßgeblich.

30 Für die steuerrechtliche Beurteilung ist es grundsätzlich ohne Bedeutung, auf welchem Rechtsgrund die Forderung des Arbeitgebers gegen den Arbeitnehmer beruht. Es kann sich also nicht nur um Forderungen aus dem Arbeitsverhältnis handeln, sondern auch um Ansprüche, die nicht im Zusammenhang mit der Tätigkeit des Arbeitnehmers stehen. Allerdings ist die Aufrechnung nur mit dem **Nettoarbeitslohn** möglich (s. Rz. 4).

---

1 BAG v. 17.2.2009 – 9 AZR 676/07, NZA 2010, 99 (101); LAG Berlin-Brandenburg v. 9.7.2010 – 13 Sa 650/10, BeckRS 2010, 72692; Schaub/*Linck*, § 73 Rz. 10; *Zöllner/Loritz/Hergenröder*, Arbeitsrecht, S. 179f.
2 BAG v. 18.8.1976 – 5 AZR 95/75, NJW 1977, 1168; LAG Berlin-Brandenburg v. 9.7.2010 – 13 Sa 650/10, BeckRS 2010, 72692.
3 RG v. 22.1.1910 – V 142/09, RGZ 72, 377 (378); BGH v. 27.3.1985, ZIP 1985, 745 (747); MünchKommBGB/*Schlüter*, § 387 Rz. 52; Palandt/*Grüneberg*, § 387 BGB Rz. 20.
4 MünchKommBGB/*Schlüter*, § 387 Rz. 54; Staudinger/*Gursky*, Vorbem. zu §§ 387ff. BGB Rz. 66.
5 *Gaul*, Arbeitsrecht im Betrieb, Bd. I, 8. Aufl. 1986, G IV Rz. 107.
6 BFH v. 2.10.1986 – IV R 173/84, BFH/NV 1987, 495; vgl. auch BFH v. 16.1.2007 – IX R 69/04, BStBl. II 2007, 579; allgemein BFH v. 2.6.2014 – III B 153/13, BFH/NV 2014, 1377.

Besonderheiten bestehen, wenn die Forderung des Arbeitgebers ein Anspruch auf **Rückzahlung von Arbeitslohn** ist. Dabei ist zu berücksichtigen, dass für den Rückzahlungsbetrag bereits Lohnsteuer einbehalten worden war. Deshalb mindert die Rückzahlung – anders als bei anderen Forderungen – die Bemessungsgrundlage des laufenden Arbeitslohns. Die Lohnsteuer ist aus dem gekürzten Arbeitslohn, einschließlich der darauf entfallenden Lohnsteuer, zu berechnen. 31

Ausgeschlossen ist eine Aufrechnung mit einem **Lohnsteuererstattungsanspruch** des Arbeitnehmers, der infolge eines vom Arbeitgeber durchgeführten Lohnsteuerjahresausgleichs entstanden ist. Insoweit fehlt es an der Gegenseitigkeit der Forderungen, da das Finanzamt Schuldner des Erstattungsanspruchs ist. 32

Erklärt der Arbeitgeber trotz eines **Aufrechnungsverbots** oder eines **Aufrechnungsausschlusses** die Aufrechnung und lassen die Beteiligten gleichwohl die wirtschaftlichen Folgen eintreten, hindert dies den Zufluss von Arbeitslohn nicht. 33

b) Aufrechnung durch oder gegen das Finanzamt

Aufrechnungen sind auch im Verhältnis zwischen Arbeitgeber und Finanzverwaltung möglich. Gegenstand der Aufrechnung sind regelmäßig Ansprüche aus dem Steuerschuldverhältnis, also Steueransprüche, Haftungsansprüche oder Erstattungsansprüche (§ 37 AO). Von besonderer Bedeutung ist die Frage, ob das Finanzamt mit Erstattungsansprüchen des Arbeitgebers gegen die von ihm abzuführende Lohnsteuer aufrechnen kann. Dagegen spricht, dass der Arbeitgeber nicht Schuldner der Lohnsteuer ist und es insoweit an der Gegenseitigkeit der Forderungen fehlt.[1] Will das Finanzamt also die einzubehaltende und abzuführende Lohnsteuer im Wege der Aufrechnung erhalten, muss es den Arbeitgeber als **Haftungsschuldner** durch Erlass eines Haftungsbescheids in Anspruch nehmen. Zulässig ist auch eine Vereinbarung mit dem Arbeitgeber über die Aufrechnung, ein sog. **Verrechnungsvertrag**. 34

Der Arbeitgeber kann gegenüber dem Finanzamt nur mit unbestrittenen oder rechtskräftig festgestellten Gegenforderungen aufrechnen (§ 226 Abs. 3 AO), während dieses Aufrechnungshindernis für das Finanzamt nicht gilt. Das Finanzamt kann also auch mit streitigen Forderungen aufrechnen, solange der Steueranspruch nicht von der Vollziehung ausgesetzt, gestundet[2] oder z.B. durch Verjährung erloschen ist. Allerdings kann durch eine nachträgliche Stundung eine bereits bestehende Aufrechnungslage nicht mehr beseitigt werden.[3] Die Aufrechnungserklärung des Finanzamts ist mangels Verwaltungsaktsqualität nicht anfechtbar. Es handelt sich um eine rechtsgeschäftliche Erklärung, die mit dem Zugang wirksam wird.[4] Dementsprechend kann sich der Arbeitgeber gegen die Aufrechnung nur mit Antrag auf Erlass eines Abrechnungsbescheides (§ 218 AO) wehren. Der Abrechnungsbescheid kann mit Einspruch und Klage angefochten werden. 35

---

1 *von Groll*, DStJG 9, 452; *Loose* in Tipke/Kruse, AO/FGO, § 226 AO Tz. 19.
2 Vgl. BFH v. 11.5.2010 – V B 75/09, BFH/NV 2010, 1478; v. 31.8.1985 – VII R 58/94, BStBl. II 1996, 55.
3 BFH v. 8.7.2004 – VII R 55/03, BStBl. II 2005, 7.
4 BFH v. 29.11.2012 – VII B 88/12, BFH/NV 2013, 508.

Denkbar sind aber auch Verrechnungsvereinbarungen mit dem Finanzamt, wenn die Voraussetzungen einer Aufrechnung nicht erfüllt sind.

4. Hinweise zur Vertragsgestaltung; Zusammenfassung; Prozessuales

36 Die Aufnahme einer ein **Aufrechnungsverbot** enthaltenden Klausel in den Arbeitsvertrag kann sinnvoll sein, um eine mögliche spätere Zahlungsverschleppung zu vermeiden. Ein solches Aufrechnungsverbot unterliegt jedoch zahlreichen Einschränkungen.

37 Soll demgegenüber für bestimmte Ansprüche möglichst weitgehend eine Verrechnungsmöglichkeit mit Gegenansprüchen gesichert werden, empfiehlt sich der Abschluss eines sog. **Aufrechnungsvertrages**. Die Formulierung hängt hier vom jeweiligen Fall und der Art der sich gegenüberstehenden Ansprüche ab.

38 Rechnet der Arbeitgeber über die Pfändungsfreigrenze der §§ 850 Abs. 1, 850a–850i ZPO hinaus gegen den Lohnanspruch auf und gerät der Arbeitnehmer dadurch in eine wirtschaftliche Notlage, so kann er seinen **Notbedarf im Wege einstweiliger Verfügung** durchsetzen.[1] Das Arbeitsgericht ist nicht zuständig für die Entscheidung über die Wirkung einer **Aufrechnung mit einer rechtswegfremden Gegenforderung**, z.B. auf Mietzahlung aus Mietvertrag. Das Arbeitsgericht ist insoweit darauf beschränkt, durch Vorbehaltsurteil (§ 302 ZPO) über die Hauptforderung zu entscheiden. Über die Gegenforderung entscheidet das Gericht des zulässigen Rechtsweges.[2]

---

1 ArbG Düsseldorf v. 12.3.2002, AiB 2002, 447.
2 BAG v. 23.8.2001 – 5 AZB 3/01, NJW 2002, 317; v. 28.11.2007 – 5 AZB 44/07, NZA 2008, 843 (844); LAG Rh.-Pf. v. 6.4.2006 – 11 Ta 24/06, AE 2007, 89.

A 115 Aufwendungsersatz

	Rz.		Rz.
1. Einführung	1	f) Kosten für Anschaffung von Schutzbekleidung	19
2. Klauseltypen	4	g) Erstattung an sich nicht erstattungsfähiger Aufwendungen	21
a) Allgemeine Erstattungsklauseln	4		
b) Ausschluss- bzw. Abgeltungsklauseln	11	3. Sozialrechtliche Behandlung von Aufwendungsersatz	25
c) Pauschalierungsklauseln	13	4. Steuerrechtliche Aspekte	26
d) Aufwendungsersatz bei Leiharbeit	15	5. Hinweise zur Vertragsgestaltung	30
e) Aufwendungsersatz für Heimarbeitsplatz	17		

Schrifttum:

Brill, Zum Anspruch des Arbeitnehmers auf Arbeits-, Berufs-, Dienst- und Schutzkleidung, DB 1975, 1076; *Falkenberg*, Erstattung von Aufwendungen des Arbeitnehmers durch den Arbeitgeber, DB 1974, 1382; *Franzen*, Aufwendungsersatzansprüche der kommunalen Dienstkräfte gegenüber ihrem Arbeitgeber/Dienstherrn, ZTR 1996, 305; *Reichold*, Geschäftsbesorgung im Arbeitsverhältnis, NZA 1994, 488; *Schumann*, Erstattung von Aufwendungen bei Auswärtstätigkeiten, AuR 1998, 49.

1. Einführung

Arbeitnehmer setzen im Zusammenhang mit der Erfüllung ihrer dienstlichen Verpflichtungen, also im Interesse ihres Arbeitgebers, nicht selten eigene Vermögenswerte ein. Diese Investitionen sind nicht ohne Weiteres von dem dem Arbeitnehmer zufließenden Arbeitsentgelt abgedeckt. Vielmehr stellt sich die Frage, ob und unter welchen Voraussetzungen der Arbeitnehmer den Ersatz solcher freiwillig getätigten Vermögensopfer (Aufwendungen) vom Arbeitgeber verlangen kann. Auch wenn für dieses Erstattungsbegehren grundsätzlich eine Rechtsgrundlage, nämlich § 670 BGB, gegeben ist, muss darüber nachgedacht werden, ob es nicht zweckmäßig ist, die Voraussetzungen und insbesondere den genauen Umfang der Erstattung im Vorhinein vertraglich festzulegen. Dies geschieht des öfteren in Tarifverträgen. Ansonsten bietet sich als Standort einer solchen Erstattungsregelung der Arbeitsvertrag oder ein in den Arbeitsvertrag inkorporiertes Regelwerk an. Sehr verbreitet sind entsprechende Abreden in den Dienstverträgen mit GmbH-Geschäftsführern.[1]

Im Rahmen eines Arbeitsverhältnisses kann sich die Frage des Bestehens von Aufwendungsersatzansprüchen in sehr unterschiedlichen Sachverhaltskonstellationen stellen. Schon im Zuge der Anbahnung eines Arbeitsverhältnisses können auf Seiten des Arbeitnehmers ersatzfähige Aufwendungen entstehen. Fordert etwa der Arbeitgeber einen Stellenbewerber auf, sich persönlich vorzustellen, so sind dem Bewerber die **Vorstellungskosten** zu erstatten und zwar unabhängig davon, ob es zum Abschluss eines Arbeitsvertrages kommt oder nicht.[2] Will der Arbeitgeber die Er-

---
1 Vgl. hierzu insbesondere HR/*Reufels*, 2/298 ff.
2 BAG v. 14.2.1977 – 5 AZR 171/76, AP Nr. 8 zu § 196 BGB; v. 29.6.1988 – 5 AZR 433/87, NZA 1989, 468; ErfK/*Müller-Glöge*, § 629 BGB Rz. 13 f.; a.A. *Sieber/Wagner*, NZA 2003, 1312.

stattung nicht übernehmen, hat er dies vorher (im Einladungsschreiben) unmissverständlich klarzustellen.[1] Dies ist dann rechtlich nicht zu beanstanden. Mangels eines ausdrücklichen Ausschlusses hat der Arbeitgeber dem Bewerber nach § 670 BGB diejenigen Aufwendungen zu erstatten, die dieser den Umständen nach für erforderlich halten durfte. Das sind regelmäßig die Fahrt-, Verpflegungs- und Unterbringungskosten, nicht hingegen ein etwaiger Verdienstausfall.[2]

3 Einige Sachlagen, bei denen sich typischerweise die Frage des Kostenersatzes für Aufwendungen des Arbeitnehmers stellt, werden in diesem Werk gesondert unter eigenen Stichwörtern behandelt. Unternimmt etwa ein Arbeitnehmer zur Erledigung von Dienstgeschäften eine Reise an einen anderen Ort als den Dienstort, so muss der Arbeitgeber grundsätzlich die Aufwendungen ersetzen, die der Arbeitnehmer für erforderlich halten durfte (→ *Dienstreise*, II D 15). Auch im Zuge der Gestellung eines Dienstwagens muss die Kostentragungspflicht für Instandhaltung, Versicherung etc. geklärt werden; Näheres hierzu → *Dienstwagen*, II D 20. Hohe Aufwendungen verursacht im Übrigen regelmäßig ein Umzug des Arbeitnehmers. Liegt dem eine Versetzung aus dienstlichen Gründen zugrunde, so hat der Arbeitnehmer einen Anspruch auf Ersatz der angefallenen Kosten aus dem Gesichtspunkt des Aufwendungsersatzes (§ 670 BGB), Einzelheiten s. → *Umzugskosten*, II U 10. Eine eigenständige Fallgruppe bilden die vom Arbeitgeber nicht verschuldeten **Eigenschäden des Arbeitnehmers**. Auch hier fungiert § 670 BGB analog als Anspruchsgrundlage. Streng genommen geht es hier allerdings nicht um den Ersatz von Aufwendungen, sondern um den Ausgleich unfreiwillig in Ausübung der dienstlichen Aufgaben erlittener Schäden. Die Problematik wird hier unter dem Stichwort → *Haftung des Arbeitgebers*, II H 10 eingehend erörtert. Ausgeklammert werden schließlich auch **Aufwendungsersatzansprüche des Arbeitgebers gegen seine Arbeitnehmer**. Solche Konstellationen sind eher selten[3] und werden an anderer Stelle behandelt. Zu Kostenersatzansprüchen des Arbeitgebers wegen der Bearbeitung von Lohnabtretungen und -pfändungen vgl. → *Abtretungsverbote und Lohnpfändung*, II A 10 Rz. 37 ff.

2. Klauseltypen

a) Allgemeine Erstattungsklauseln

Typ 1: Allgemeine Erstattungsklausel

Erstattungsfähig sind angemessene Kosten, die bei der Wahrnehmung der Interessen der Gesellschaft entstanden sind.[4]

4 **§ 670 BGB** enthält einen allgemeinen Rechtsgrundsatz, der über § 675 BGB auch im Arbeitsverhältnis gilt: Wer im Interesse eines anderen Aufwendungen macht, für die er keine Vergütung erhält, kann Ersatz der Aufwendungen von demjenigen ver-

---
1 ArbG Kempten v. 12.4.1994 – 4 Ca 720/94, BB 1994, 1504; Schaub/*Linck*, § 25 Rz. 26.
2 Ausführlich MünchKommBGB/*Henssler*, § 629 Rz. 30 ff.
3 Beispiel: BAG v. 27.7.2010 – 3 AZR 777/08, NZA 2010, 1237 (Ablöseentschädigung im Rahmen einer Wohngruppenbetreuung).
4 BGH v. 28.10.2002 – II ZR 353/00, NJW 2003, 431.

Aufwendungsersatz Rz. 7 II A 115

langen, für den er tätig geworden ist.[1] Voraussetzung ist, dass es sich um Aufwendungen zum Zwecke der Ausführung des Auftrags handelt, die der Betreffende den Umständen nach für erforderlich halten durfte und die nicht durch die Arbeitsvergütung abgegolten sind. Auf die objektive Notwendigkeit der Aufwendungen kommt es demgegenüber nicht an.[2] Für die Heranziehung dieser Rechtsgrundlage spricht, dass der Arbeitnehmer insoweit unentgeltlich ein Geschäft seines Arbeitgebers besorgt. Typ 1 bestätigt diesen Ausgangspunkt, hat also insoweit lediglich deklaratorischen Charakter.

Aufwendungsersatz zielt auf den Ausgleich des eingesetzten Eigenvermögens des Arbeitnehmers und stellt damit **kein Entgelt für erbrachte Arbeitsleistung** dar und steht damit auch nicht im Gegenseitigkeitsverhältnis zur Arbeitspflicht des Arbeitnehmers.[3] Folgerichtig rechnet das Entgeltfortzahlungsgesetz (vgl. § 4 Abs. 1a Satz 1 EFZG) den Aufwendungsersatz auch nicht zum fortzuzahlenden Arbeitsentgelt. Wohl aber zählt § 850a Nr. 3 ZPO Aufwandsentschädigungen, soweit diese den Rahmen des Üblichen nicht übersteigen, zu den unpfändbaren Bezügen. 5

Die **Voraussetzungen** des allgemeinen Aufwendungsersatzanspruchs auf der Grundlage des § 670 BGB (i.V.m. § 675 BGB) sind:[4] 6
– Der Arbeitnehmer setzt eigenes Vermögen im Interesse des Arbeitgebers ein.
– Das Tätigwerden des Arbeitnehmers beruht auf einer Weisung des Arbeitgebers (§ 665 BGB) oder der Arbeitnehmer durfte den Einsatz im Zusammenhang mit seinen arbeitsvertraglichen Pflichten den Umständen nach für erforderlich halten.
– Die Aufwendungen werden durch die gewährte Arbeitsvergütung nicht abgedeckt.

Schwierig ist mitunter die **Abgrenzung der Aufwendungen**, die der persönlichen Lebenssphäre des Arbeitnehmers zuzurechnen sind, und solchen, die im überwiegenden Interesse des Arbeitgebers getätigt werden und daher ersatzpflichtig sind. Die Rechtsprechung hat hierzu eine variantenreiche Kasuistik hervorgebracht. Einige Beispiele mögen die Richtung verdeutlichen: Die Anfahrt zum Arbeitsplatz wird allgemein dem persönlichen Lebensbereich des Arbeitnehmers zugeordnet und ist daher nicht nach § 670 BGB ersatzfähig.[5] Anders verhält es sich hingegen bei Fahrten zu auswärtigen Arbeitsstellen[6] (vgl. noch zu den Ansprüchen des Leiharbeitnehmers Rz. 15 f.). Kann der Arbeitnehmer die ihm vom Arbeitgeber übertragene Arbeit nicht ohne auswärtige Übernachtung ausführen, hat der Arbeitgeber nach § 670 BGB die Übernachtungskosten zu ersetzen.[7] An der Finanzierung von Arbeitsmitteln, die der Arbeitnehmer mit Wissen des Arbeitgebers zur Bewältigung seiner 7

---

1 BAG v. 14.2.1996 – 5 AZR 978/94, NZA 1996, 883; 14.10.2003 – 9 AZR 657/02, NZA 2004, 604 (605); ErfK/*Preis*, § 611 BGB Rz. 553.
2 Schaub/*Koch*, § 82 Rz. 1.
3 BAG v. 15.7.1992 – 7 AZR 491/91, NZA 1993, 661; v. 27.7.1994 – 7 AZR 81/94, NZA 1995, 799; HWK/*Thüsing*, § 611 BGB Rz. 271.
4 Übersichtliche Zusammenstellung bei MünchArbR/*Reichold*, § 85 Rz. 28 ff. und Schaub/*Koch*, § 82 Rz. 3.
5 LAG Köln v. 24.10.2006 – 13 Sa 881/06, NZA-RR 2007, 345.
6 LAG Köln v. 24.10.2006 – 13 Sa 881/06, NZA-RR 2007, 345.
7 BAG v. 14.2.1996 – 5 AZR 978/94, NZA 1996, 883; LAG Düsseldorf v. 22.5.1987 – 4 Sa 178/87, NZA 1987, 679.

dienstlichen Aufgaben einsetzt (Handwerkszeug, Notebook, eigenes Mobiltelefon etc.), hat sich der Arbeitgeber zu beteiligen.[1] An Fahrerkarten im Güterfernverkehr hat wiederum der Arbeitnehmer ein starkes Eigeninteresse. Denn diese wird für ihn persönlich ausgestellt und ermöglicht ihm das Führen von Lkw. Hinzu kommt, dass die Nutzung der Fahrerkarte nicht auf das bestehende Arbeitsverhältnis beschränkt ist und ihre Gültigkeitsdauer fünf Jahre beträgt.[2] Im überwiegenden Eigeninteresse liegen schließlich auch Haftpflicht- oder Rechtsschutzversicherungen, die der Arbeitnehmer zur Abwehr gegen ihn gerichteter Haftungsansprüche abschließt. Die hierfür aufzuwendenden Prämien sind grundsätzlich nicht erstattungsfähig.[3] Zur Erstattungsfähigkeit von Aufwendungen im Zusammenhang mit Telearbeit und zur Anschaffung von Schutzkleidung s. noch Rz. 17f. und 19f.

8 Besteht hiernach ein Aufwendungsersatzanspruch, so kann der Arbeitnehmer nach Maßgabe der §§ 675, 669 BGB einen **Vorschuss** verlangen.[4] Die Höhe richtet sich nach dem Umfang der erforderlichen Aufwendungen. Die Vorschusspflicht ist abdingbar.[5] Verbleibt nach der Vornahme der Aufwendungen ein Überschuss, so ist der Differenzbetrag nach § 667 BGB dem Arbeitgeber zurückzuzahlen.[6]

9 Die **Klausel Typ 1** orientiert sich im Grunde am Aufwendungsersatzanspruch aus § 670 BGB, ersetzt allerdings das Merkmal „erforderlich" durch „angemessen". Die Erstattungspflicht wird damit tendenziell ausgeweitet. So meinte der BGH, die Klausel könne auch einen Kostenerstattungsanspruch für die Teilnahme der Ehefrau an einem Geschäftsessen rechtfertigen. Eine solche Ausdehnung des Teilnehmerkreises könne zur Kontakt- und Imagepflege des Unternehmens, insbesondere auch aus atmosphärischen Gründen, durchaus „angemessen" sein, zumal dann, wenn auch der Geschäftspartner mit seinem Ehegatten teilnähme.[7] Einen Gewinn an Klarheit bringt eine solche allgemein gehaltene Klausel freilich nicht.[8] Sie ist in hohem Maße auslegungsbedürftig und birgt Konfliktstoff, wie der vom BGH entschiedene Fall anschaulich belegt.

10 Eine gesetzliche Sonderregelung des Aufwendungsersatzes besteht in Gestalt des **§ 40 Abs. 1 BetrVG** für die **Kosten der Betriebsratstätigkeit**. Nach dieser Vorschrift trägt der Arbeitgeber die Kosten, die durch die Betriebsratstätigkeit entstanden sind, wobei Einigkeit darüber besteht, dass nur die erforderlichen Kosten erstattungsfähig sind, die zur ordnungsgemäßen Amtsausübung erforderlich und vertretbar sind.[9] Zu den Kosten, die durch die Tätigkeit des Betriebsrats entstehen, gehören dann aller-

---

1 ArbG Frankfurt v. 18.6.1998 – 2 Ca 6205/96, ARST 1998, 194 (Notebook für Vertriebsmitarbeiter); wie hier auch Schaub/*Koch*, § 82 Rz. 3; a.A. ErfK/*Preis*, § 611 BGB Rz. 559: ohne besondere Vereinbarung kein Anspruch; zur Reparatur von Musikinstrumenten BAG v. 13.2.1992 – 6 AZR 622/89, NZA 1992, 746.
2 BAG v. 16.10.2007 – 9 AZR 170/07, NZA 2008, 1012.
3 Küttner/*Griese*, Personalbuch 2014, Aufwendungsersatz Rz. 5.
4 Schaub/*Koch*, § 82 Rz. 26.
5 MünchKommBGB/*Seiler*, § 669 Rz. 9; Staudinger/*Martinek*, § 669 BGB Rz. 3.
6 BGH v. 4.2.1991, NJW 1991, 1884.
7 BGH v. 28.10.2002 – II ZR 353/00, NJW 2003, 431 (432).
8 *Hümmerich*, Gestaltung von Arbeitsverträgen, 1. Aufl. 2006, 2/274 empfahl sie daher lediglich als „Auffangtatbestand, soweit keine speziellere Regelung im Vertrag greift".
9 BAG v. 27.9.1974 – 1 ABR 76/73, AP Nr. 8 zu § 40 BetrVG 1972; vorherige Zustimmung des Arbeitgebers ist hingegen nicht Voraussetzung, vgl. Richardi/*Thüsing*, § 40 BetrVG Rz. 9.

dings auch die notwendigen Aufwendungen der einzelnen Betriebsratsmitglieder.[1] Parallelvorschriften existieren für den Sprecherausschuss (§ 14 Abs. 2 SprAuG) und den Personalrat (§ 44 BPersVG und die entsprechenden Regelungen in den Personalvertretungsgesetzen der Länder).

b) Ausschluss- bzw. Abgeltungsklauseln

⊃ **Nicht geeignet:**

> Die Parteien sind sich einig, dass die Vergütung sämtliche Aufwendungsersatzansprüche abdeckt. § 670 BGB wird einvernehmlich und vollumfänglich abbedungen.[2]

Dem Wortlaut zufolge wird durch diese Klausel die aus § 670 BGB resultierende Verpflichtung des Arbeitgebers, dem Arbeitnehmer Aufwendungsersatz zu leisten, abbedungen. Das wirft die Frage der Dispositivität der Regelung des § 670 BGB auf. In der zivilrechtlichen Kommentarliteratur wird sie im Grundsatz bejaht, so dass Aufwendungsersatzansprüche in der Tat ausgeschlossen oder eingeschränkt werden könnten.[3] Dies wird man allerdings auf Individualabreden zu beschränken haben. Für **Allgemeine Geschäftsbedingungen** und damit für die große Mehrzahl der Arbeitsvertragsbedingungen gilt, dass **von den Anforderungen des § 670 BGB grundsätzlich nicht wesentlich abgewichen werden darf**.[4] Der in § 670 BGB zum Ausdruck gebrachte Grundgedanke, dass derjenige, der eine (vertraglich geschuldete) fremdnützige Tätigkeit im Interesse des Auftraggebers erbringt, keinen Vermögensverlust erleiden soll, weist einen hohen Gerechtigkeitsgehalt auf. Mit *Reufels* wird man daher in der o.g. Klausel einen klaren Leitbildverstoß sehen müssen.[5] Die Klausel ist nach § 307 Abs. 2 Nr. 1 BGB unwirksam.

Nicht ausgeschlossen ist, dass der Verwender dieser Klausel einen Aufwendungsersatzanspruch nach § 670 BGB entgegen Satz 2 der Klausel nicht generell ausschließen wollte, sondern schlicht eine Abgeltung durch das dem Arbeitnehmer gewährte Arbeitsentgelt vorsehen wollte. Ist das Arbeitsentgelt freilich nicht erkennbar erhöht, kommt die Klausel einem vollkommenen Ausschluss des Aufwendungsersatzes recht nahe. Selbst wenn man den Regelungsgehalt der Klausel nicht im Ausschluss, sondern in der **pauschalen Abgeltung** und damit in der vereinfachenden Festsetzung des Anspruchs aus § 670 BGB erblicken wollte, wäre sie gleichfalls rechtlich nicht zu halten. Fallen – vom Arbeitgeber in seinem eigenen Interesse veranlasste – Aufwendungen verhältnismäßig häufig an, wird ein angemessener Ausgleich nicht erreicht.[6] Die Klausel müsste, um einen angemessenen

---

1 BAG v. 18.1.1989 – 7 ABR 89/87, NZA 1989, 641.
2 HR/*Reufels*, 2/334.
3 MünchKommBGB/*Seiler*, § 670 Rz. 4; Staudinger/*Martinek*, § 670 BGB Rz. 5; so auch (vor der Schuldrechtsmodernisierung) BAG v. 14.10.2003 – 9 AZR 657/02, NZA 2004, 604 (605).
4 So WLP/*Dammann*, Klauseln Rz. G 207–210.
5 HR/*Reufels*, 2/304 und 335 für entsprechende Abreden in Dienstverträgen mit GmbH-Geschäftsführern.
6 Vgl. die Parallele zur Diskussion um die Zulässigkeit der pauschalen Abgeltung von Über- und Mehrarbeitsvergütung, hierzu z.B. *Lakies*, Inhaltskontrolle von Arbeitsverträgen, Rz. 847 ff.

Interessenausgleich zu bewerkstelligen, Sicherungsvorkehrungen treffen, damit vom Arbeitnehmer getätigte Aufwendungen nicht unausgeglichen bleiben. Auch das Transparenzgebot (§ 307 Abs. 1 Satz 2 BGB) verlangt hier eine Offenlegung, welche Anteile des Gehalts die Aufwendungen abdecken sollen.

c) Pauschalierungsklauseln

Typ 2: Pauschalierungsklauseln

Der Mitarbeiter erhält zum Ausgleich seiner für die Firma getätigten Aufwendungen pro Kalenderjahr folgende Pauschalbeträge:
- für die im Zusammenhang mit Dienstreisen anfallenden Reise- und Übernachtungskosten ... Euro
- für die Bewirtung von Geschäftspartnern ... Euro
- für die Wartung und Reparatur des Dienstwagens ... Euro
- für Mitgliedschaften in Vereinigungen, soweit die Mitgliedschaft im überwiegenden Interesse der Firma ist, ... Euro
- für den Einsatz privater Telekommunikationseinrichtungen zugunsten der Firma ... Euro.

Fällt der Mitarbeiter während des gesamten Kalenderjahres – z.B. krankheitsbedingt – aus, entfällt der Anspruch auf Aufwendungsersatz abgesehen von den fixen Kosten.

Die Firma verpflichtet sich, die Sätze jährlich zu überprüfen und ggf. den veränderten Rahmenbedingungen in der Weise anzupassen, dass die Aufwendungen des Mitarbeiters angemessen ausgeglichen werden.

13 Setzt der Arbeitnehmer eigenes Vermögen im Interesse seines Arbeitgebers ein, so muss er, um den Anspruch aus § 670 BGB erfolgreich geltend machen zu können, die Notwendigkeit und die Höhe der einzelnen Auslagen darlegen und im Streitfall auch beweisen.[1] Gerade bei Mitarbeitern, bei denen derartige Auslagen (z.B. Fahrt- und Übernachtungskosten, Bewirtungskosten etc.) aufgrund ihrer Tätigkeit – etwa im Außendienst – naturgemäß sehr häufig anfallen, besteht ein erkennbares Interesse beider Seiten, die Abrechnung zu **vereinfachen**. Um hier eine wenig aufwändige und Streitigkeiten vermeidende Abrechnungspraxis zu ermöglichen, wird der Aufwendungsersatz vielfach im Vorhinein vertraglich pauschaliert. In **Tarifverträgen** sind solche Pauschalierungsregelungen weit verbreitet.[2] Entsprechend der im Wege der Auslegung zu bestimmenden tarifvertraglichen Vorgaben verkürzt sich dann auch der Gestaltungsspielraum der Arbeitsvertragsparteien. Mangels tarifvertraglicher Pauschalierungsregelungen sollten die Arbeitsvertragsparteien zumindest bei solchen Arbeitnehmern, bei denen Auslagen erfahrungsgemäß häufig vorkommen, eine entsprechende Abrede in den **Arbeitsvertrag** aufnehmen. Dies kann auch in standardisierter Form geschehen. Der Betriebsrat hat, da es um den Ausgleich des eingesetzten Eigenvermögens des Arbeitnehmers und damit nicht um

---
1 Schaub/*Koch*, § 82 Rz. 27; Küttner/*Griese*, Personalbuch 2014, Aufwendungsersatz Rz. 2.
2 Vgl. hierzu etwa BAG v. 21.7.1993 – 1 AZR 203/56, AP Nr. 9 zu § 1 TVG Tarifverträge: Versicherungsgewerbe.

das Entgelt des Arbeitnehmers geht, **kein Beteiligungsrecht** nach § 87 Abs. 1 Nr. 10 BetrVG.[1]

Eine solche arbeitsvertragliche Pauschalierung von Aufwendungsersatz ist **grundsätzlich auch in formularmäßiger Form zulässig**. Der Kontrollmaßstab ergibt sich aus der Generalklausel des § 307 BGB. § 309 Nr. 5 BGB ist nicht einschlägig, da es nicht um die Pauschalierung von Schadensersatzansprüchen geht, und § 308 Nr. 7 Buchst. b BGB greift nicht ein, da dieses Klauselverbot auf die Situation der Abwicklung von Verträgen zugeschnitten ist. Im Rahmen der durch § 307 BGB gebotenen Abwägung der beiderseitigen Interessen spricht das bereits oben beschriebene – beiderseitige – Interesse an einer unkomplizierten und wenig streitanfälligen Handhabung der Kostenerstattung entscheidend für die Zulässigkeit solcher Pauschalierungsklauseln. Eine unangemessene Benachteiligung ist allerdings dann anzunehmen, wenn die **Erstattungsbeträge unverhältnismäßig gering** angesetzt sind (Rechtsgedanke des § 309 Nr. 5 Buchst. a BGB)[2] oder im Ergebnis auf eine Beteiligung des Arbeitnehmers an solchen Kosten hinauslaufen, die zwingend in voller Höhe vom Arbeitgeber zu tragen sind (vgl. hierzu noch unten). Eine den Arbeitnehmer unangemessene benachteiligende Pauschalabrede ist insgesamt unwirksam. Eine geltungserhaltende Reduktion findet nicht statt. Vielmehr tritt nach § 306 Abs. 2 BGB das ergänzende Gesetzesrecht, also der gesetzliche Aufwendungsersatzanspruch (§ 670 BGB), auf den Plan.[3] Um auch künftig die Ausgewogenheit der festgesetzten Pauschalen zu sichern, sollte schon in der Klausel ein entsprechender Anpassungsmechanismus verankert werden.[4] Dies könnte man wie in Klauseltyp 2 (letzter Satz) oder schlicht durch die Formulierung „Bei einer nicht nur unerheblichen Änderung der Kosten wird die Pauschale entsprechend angepasst" bewerkstelligen.

d) Aufwendungsersatz bei Leiharbeit

Typ 3: Aufwendungsersatz bei Leiharbeit

Fahrt- und Reisekosten werden gegen Nachweis bei betrieblicher Veranlassung nach folgender Regelung erstattet: ...[5]

Die noch durch eine ausführende Regelung zu ergänzende Klausel (Typ 4) aus einem Arbeitnehmerüberlassungsvertrag deutet an, dass Aufwendungsersatzansprüche bei Leiharbeitsverhältnissen besondere Beachtung verdienen und einer Regelung zugeführt werden sollten. Hintergrund ist die instanzgerichtlich[6] mehrfach bestätigte **Verpflichtung des Verleihers, seinen Mitarbeitern den Mehraufwand für die Anfahrt zu den wechselnden Arbeitsstätten bei den Entleihern zu ersetzen**. Ein

---

1 BAG v. 27.10.1998 – 1 ABR 3/98, NZA 1999, 381.
2 Schaub/*Koch*, § 82 Rz. 25.
3 Schaub/*Koch*, § 82 Rz. 25.
4 Schaub/*Koch*, § 82 Rz. 25.
5 SSSV/*Schrader/Hilgenstock*, A. Individualarbeitsrecht Rz. 418.
6 LAG Köln v. 24.10.2006 – 13 Sa 881/06, NZA-RR 2007, 345; v. 15.11.2002 – 4 Sa 692/02, LAGE § 670 BGB Nr. 14; LAG Düsseldorf v. 30.7.2009 – 15 Sa 268/09, BeckRS 2009, 72888.

Leiharbeitnehmer hat hiernach mangels anderweitiger vertraglicher Regelung einen **Anspruch aus § 670 BGB** auf Erstattung der ihm tatsächlich entstandenen Fahrtkosten, soweit die Reisekosten zu dem Arbeitsort, den der Verleiher ihm zuweist, die Kosten für die Reise von der Wohnung zur Geschäftsstelle des Verleihers übersteigen. Die jeweilige Anreise des Leiharbeitnehmers zum Entleiher stellt zwar einen Teil seiner eingegangenen Arbeitspflicht dar, die hiermit verbundenen Aufwendungen sind aber nicht durch den normalen Vergütungsanspruch abgegolten. Vielmehr ist bei den Fahrten zur täglichen Aufnahme der Arbeit bei Entleihern zu berücksichtigen, dass die hiermit verbundenen Fahrtkosten ausschließlich auf Veranlassung und im Interesse des Verleihers entstehen und vom Leiharbeitnehmer nicht (z.B. durch Verlegung des Wohnsitzes in die Nähe der Arbeitsstelle) beeinflusst werden können. Die Pflicht zum Aufwendungsersatz umfasst jedoch grundsätzlich nur die Fahrtkosten von der Betriebsstätte zum Einsatzort. Denn die Ausgaben für die Fahrten zwischen Wohnung und Arbeitsstätte gehören zum persönlichen Lebensbedarf, der nach allgemeiner Auffassung von der Vergütung zu bestreiten ist.[1]

16 Um die Erstattungspflicht des Verleihers gegenüber seinen Arbeitnehmern übersichtlich und handhabbar zu gestalten, empfiehlt sich eine schematisierende Regelung entweder in einer **separaten Reisekostenrichtlinie**[2], auf die im Arbeitsvertrag Bezug genommen wird, oder aber direkt in einer **Klausel im Arbeitsvertrag** etwa unter der Überschrift „Arbeitsentgelt und sonstige Bezüge". Ein entsprechendes Muster findet sich in diesem Werk als Typ 7 beim Stichwort „Arbeitnehmerüberlassung" (→ *Arbeitnehmerüberlassung*, II A 55 vor Rz. 26). Das LAG Niedersachsen hielt bei Benutzung des eigenen Kraftfahrzeuges jedenfalls eine pauschale Fahrtkostenerstattung in Höhe von 0,30 Euro/km, die ab dem 21. Entfernungskilometer vom Verleiher an den Arbeitnehmer gezahlt wird, für angemessen.[3] Eine **Klausel, die einen Ersatz der Aufwendungen ausschließt** oder die Aufwendungen des Leiharbeitnehmers für mit der Vergütung abgegolten erklärt, benachteiligt den Arbeitnehmer entgegen den Geboten von Treu und Glauben und ist gemäß § 307 Abs. 2 Nr. 1 BGB **unwirksam**. Der durchaus anzuerkennende Regelungsbedarf bei Aufwendungsersatzansprüchen erfordert es nicht, den Arbeitnehmer in eine für ihn kostenmäßig unkalkulierbare Situation zu bringen, indem ihm nicht einmal ein gewisser Rahmen erstattungsfähigen Kostenausgleichs belassen bzw. ein vom Einzelfall unabhängiges Minimum an Kostenbeteiligung durch den Arbeitgeber zugesagt wird.[4]

e) Aufwendungsersatz für Heimarbeitsplatz

Typ 4: Aufwendungsersatz für Heimarbeitsplatz

a) Der Mitarbeiter stellt seinen PC sowie die Peripheriegeräte (Tastatur, Monitor, Drucker) zur Verfügung. Der Arbeitgeber übernimmt alle Kosten für die Einrich-

---

1 Nach Ansicht des LAG Düsseldorf v. 30.7.2009 – 15 Sa 268/09, BeckRS 2009, 72888, bietet der Ort der Niederlassung keinen hinreichenden Anknüpfungspunkt für eine Kostenaufteilung zwischen Verleiher und Leiharbeitnehmer.
2 Dazu näher MSG/*Jochums*, 150 Rz. 18.
3 LAG Nds. v. 20.12.2013 – 6 Sa 392/13, BeckRS 2014, 66085.
4 So zu Recht LAG Düsseldorf v. 30.7.2009 – 15 Sa 268/09, BeckRS 2009, 72888.

tung der Übertragungstechnik (ISDN-Anschluss, DSL etc.), ferner die laufenden Kosten für dienstlich entstandene Telefongebühren (ausgewiesen durch Einzelgebührennachweis), Druckerpatronen und Papier.

b) Die anteiligen Raumkosten (nebst Heizung, Strom, Reinigung etc.) erstattet der Arbeitgeber monatlich mit pauschal ... Euro. Die Kosten für die Anschaffung und Erhaltung der Büroeinrichtung und des notwendigen Büromaterials deckt der Arbeitgeber. Für die Inanspruchnahme der Kommunikationseinrichtungen des Mitarbeiters (Telefon, Online-Verkehr) erstattet der Arbeitgeber monatlich pauschal ... Euro.[1]

c) Vgl. auch → *Telearbeit*, II T 20 Rz. 49.

Arbeitnehmer verrichten ihre Arbeit heutzutage nicht mehr nur im Betrieb, sondern zunehmend auch zu Hause. Mitunter wird dort ein funktionsfähiger Arbeitsplatz eingerichtet, von dem aus der Arbeitnehmer für den Arbeitgeber aktiv wird (Telearbeit von zu Hause aus, home based office). Hier stellt sich besonders dringlich die Frage, ob und in welchem Umfang ein solcher Arbeitnehmer Ersatz der Kosten für die Einrichtung und Unterhaltung des häuslichen Arbeitsplatzes verlangen kann. Das BAG hat klargestellt, dass Arbeitnehmer, die ihre Arbeitsleistung ganz oder teilweise von zu Hause aus erbringen, zusätzlich zu ihrem vertraglichen Entgelt einen Anspruch auf Aufwendungsersatz entsprechend für die **Nutzung ihrer Wohnung** haben. Mit Urteil vom 14.10.2003 hat es entschieden, dass der Arbeitnehmer den Ersatz derjenigen Aufwendungen verlangen kann, die er im Interesse des Arbeitgebers gemacht hat, und die er den Umständen nach für erforderlich halten durfte. Nach Auffassung des BAG kann ein ersatzfähiges Vermögensopfer schon darin bestehen, dass der Arbeitnehmer zur Erfüllung seiner Arbeitsaufgaben auf die Möglichkeit der Nutzung eigener Räumlichkeiten (teilweise) verzichtet. Nur was noch zur selbstverständlichen Einsatzpflicht des Arbeitnehmers gehöre, sei bereits mit der regelmäßigen Vergütung abgegolten. Bei allem, was darüber hinausgehe, könne der Arbeitnehmer Aufwendungsersatz in Höhe der ortsüblichen Miete abzüglich des kalkulatorischen Gewinns des Vermieters und pauschaler Erhaltungsaufwendungen verlangen. Die konkrete Höhe muss dann im Einzelfall berechnet werden. Das Urteil hat große Bedeutung für die Gestaltung von Außendienstverträgen, Heim- und Telearbeitsvereinbarungen und anderen Home-Office-basierten Arbeitsmodellen. Die Erstattungspflicht reicht im Übrigen noch weiter. Nicht nur für die Bereitstellung der häuslichen Räume muss der Arbeitnehmer entschädigt werden, auch die **vom Arbeitnehmer eingesetzten Arbeitsmittel** sind erstattungspflichtige Investitionen. Zusammenfassend lässt sich sagen, dass der Telearbeiter mangels vertraglicher Abrede entsprechend § 670 BGB die Ausgaben für die eigens zur Verfügung gestellten Räumlichkeiten (Miet-, Strom- und Heizkosten), Büro- und Telekommunikationseinrichtungen (Anschaffungskosten für Büromöbel, PC-, Telefax- und Telefonanlage; Kosten für Pflege und Wartung der technischen Geräte) sowie Büromaterial (Papier, Schreibmittel) ersetzt verlangen kann.[2] Einsparungen, welche dem Beschäftigten aufgrund der Telearbeit im persönlichen Bereich zugute kommen, sind bei der Berechnung des Aufwendungsersatzes gemäß § 670 BGB (analog) unerheblich und dürfen nicht mit den sonstigen anfallenden Kosten auf-

17

---

1 *Nägele*, ArbRB 2002, 314.
2 Schaub/*Koch*, § 82 Rz. 23.

gerechnet werden. Der Wegfall von Fahrten zur betrieblichen Arbeitsstätte zählt bspw. zu den persönlichen, außerhalb des Arbeitsverhältnisses liegenden Kosten, welche nicht in die Berechnung der Aufwandsentschädigung einbezogen werden dürfen. Umgekehrt gehören vom Arbeitgeber angeordnete Fahrten vom Telearbeitsplatz zum Betrieb jedenfalls bei ausschließlicher Telearbeit zu den vom Arbeitgeber zu tragenden Kosten (→ *Telearbeit*, II T 20 Rz. 52).[1] Nicht erstattungsfähig ist die Nutzung der eigenen Wohnung hingegen dann, wenn es dem Arbeitnehmer anheimgestellt ist, nach seiner Wahl Räumlichkeiten am Arbeitsort zu nutzen.[2]

18 Bereits im Arbeitsvertrag sollte eine ausdrückliche Regelung hierzu getroffen werden. Man sollte sich jedenfalls nicht Diskussionen aussetzen, wann die Schwelle der für den Arbeitgeber kostenlosen selbstverständlichen Einsatzpflicht des Arbeitnehmers überschritten ist. Hier kommen verschiedene Gestaltungsvarianten in Betracht. Zum einen können die Vertragsparteien **ausdrückliche Vereinbarungen zum Thema Kostentragung** – vgl. Typ 4a – treffen, bspw. vertraglich festhalten, in welcher Höhe und für welche Art von Aufwendungen der Telearbeiter von dem Arbeitgeber Ersatz verlangen kann. In diesem Zusammenhang werden sich allerdings nicht immer etwaige Schwierigkeiten und (Rechts-)Streitigkeiten vermeiden lassen, welche mit dem Nachweis und der Berechnung entstandener Kosten (etwa der anteiligen Energie- und Heizkosten) einhergehen können. Gerade bei regelmäßig und dauerhaft anfallenden Kosten empfiehlt es sich daher, vertraglich einen **pauschalierten Zuschuss** festzulegen, welchen der Arbeitgeber dem Telearbeiter zur Deckung der angefallenen und laufend anfallenden Kosten gewährt (→ *Telearbeit*, II T 20 Rz. 51), vgl. Typ 4b. Im letzteren Fall ist darauf zu achten, dass die Pauschale die durchschnittlichen Kosten in etwa abdeckt, da sie anderenfalls Gefahr läuft, als unangemessene Benachteiligung des Arbeitnehmers verworfen zu werden. Ein ausgewogenes Muster findet sich unter dem Stichwort → *Telearbeit*, II T 20 Rz. 49.

f) Kosten für Anschaffung von Schutzbekleidung

Typ 5: Aufwendungsersatz für Anschaffung und Instandhaltung von Schutzkleidung

a) Soweit das Tragen einer bestimmten Schutzkleidung vom Arbeitgeber angeordnet oder das Tragen von Schutzkleidung gesetzlich vorgeschrieben ist, wird sie unentgeltlich geliefert und bleibt Eigentum des Arbeitgebers.

b) Als Schutzkleidung sind die Kleidungsstücke anzusehen, die bei bestimmten Tätigkeiten an bestimmten Arbeitsplätzen an Stelle oder über der sonstigen Kleidung zum Schutze gegen gesundheitliche Gefahren oder außergewöhnliche Beschmutzungen getragen werden müssen. Die Schutzkleidung muss geeignet und ausreichend sein.

c) Die Instandhaltung und Reinigung von Dienst- und Schutzkleidung obliegt dem Arbeitgeber, der auch die Kosten dafür trägt.

---

[1] *Nägele*, ArbRB 2002, 314.
[2] BAG v. 12.4.2011 – 9 AZR 14/10, NZA 2012, 97 zur Nutzung des häuslichen Arbeitszimmers eines Lehrers.

In den Arbeitsverträgen bestimmter Arbeitnehmergruppen (z.B. Arzthelfer/innen, **19** Chemielaboranten, Bauarbeiter, Arbeitnehmer im Bereich der Lebensmittelherstellung) findet sich ein Passus zur Anschaffung und Instandhaltung der jeweils gebotenen Schutzbekleidung.[1] Dabei kann es sich z.B. um Sicherheitsschuhe, Schürzen, Sicherheitsbrillen, Schutzhelme oder Handschuhe handeln. Zur Ausstattung der Arbeitnehmer mit solchen ihrem Schutz dienenden Bekleidungsstücken kann der Arbeitgeber nach **§ 618 BGB** verpflichtet sein. Ausweislich dieser Vorschrift muss der Arbeitgeber seine **Arbeitnehmer soweit vor Gefahren für Leben und Gesundheit in ihrem Arbeitsumfeld schützen**, wie es die Natur der zu erbringenden Leistung erfordert. Diese Vorschrift wird durch die besonderen Gesetze des staatlichen Arbeitsschutzes konkretisiert. So kann die Beurteilung, was dem Arbeitgeber an Schutzmaßnahmen zumutbar ist, anhand § 4 ArbSchG abgestellt werden. Danach hat der Arbeitgeber die Arbeit so zu gestalten, dass eine Gefährdung für Leben und Gesundheit möglichst vermieden und die verbleibende Gefährdung möglichst gering gehalten wird (§ 4 Nr. 1 ArbSchG). § 4 Nr. 3 ArbSchG verpflichtet den Arbeitgeber darüber hinaus, bei den Arbeitsschutzmaßnahmen den Stand von Technik, Arbeitsmedizin und Hygiene sowie sonstige gesicherte arbeitswissenschaftliche Erkenntnisse zu berücksichtigen. Soweit der Arbeitgeber hiernach oder nach den einschlägigen Unfallverhütungsvorschriften Schutzausrüstungen zur Verfügung zu stellen hat, trifft ihn diese Verpflichtung auch gegenüber dem Arbeitnehmer.[2] Sie kann vertraglich **nicht abbedungen** werden (**§ 619 BGB**).

Die Rechtsprechung folgt aus dem Normzweck des § 618 BGB, dass der **Arbeit- 20 geber** zwingend auch die **Kosten für die Beschaffung der Schutzkleidung zu tragen** hat und zwar unabhängig davon, ob sie in das Eigentum des Arbeitnehmers übergeht oder nicht.[3] Kümmert sich der Arbeitnehmer selbst darum, setzt er also eigenes Vermögen im Interesse des Arbeitgebers ein, so hat er in entsprechender Höhe Anspruch auf **Aufwendungsersatz aus §§ 675, 670 BGB**.[4] Dasselbe gilt auch für die **Instandhaltung der Schutzbekleidung** also z.B. für die regelmäßige Reinigung der Oberbekleidung.[5] Die oben wiedergegebene Beispielsklausel aus einem Arbeitsvertrag (Typ 5) wird diesen Anforderungen in jeder Hinsicht gerecht. Zu beachten ist, dass die Rechtsprechung diese Grundsätze auch auf Arbeitskleidung übertragen hat, die nicht zum Schutz des Arbeitnehmers erforderlich ist, sondern aus hygie-

---

1 Von der Schutzbekleidung im nachstehend beschriebenen Sinn ist die normale Arbeitskleidung des Arbeitnehmers abzugrenzen. Das ist die Kleidung, die er während der Arbeit trägt (Anzug des Bankangestellten). Diese Kleidung hat er selbst zu beschaffen und auf eigene Kosten zu reinigen. Besteht nach vertraglicher Vereinbarung für den Arbeitnehmer die Verpflichtung, eine bestimmte einheitliche Berufs- oder Dienstbekleidung zur Kenntlichmachung der Funktion oder zur Außendarstellung des Unternehmens zu tragen, sind Kleidungs- und Reinigungskosten vertraglich regelbar. Zwingende Vorschriften wie §§ 618, 619 BGB oder § 670 BGB bestehen insoweit nicht. Vgl. LAG Nds. v. 11.6. 2002 – 13 Sa 53/02, LAG Report 2003, 289; v. 16.7.2007 – 9 Sa 1894, NZA-RR 2008, 12; BAG v. 19.5.1998 – 9 AZR 307/96, NZA 1999, 38 (39); Schaub/Koch, § 82 Rz. 20.
2 BAG v. 21.8.1985 – 7 AZR 199/83, NZA 1986, 324; v. 14.2.1996 – 5 AZR 978/94, NZA 1996, 883.
3 BAG v. 21.8.1985 – 7 AZR 199/83, NZA 1986, 324; Schaub/Koch, § 82 Rz. 20.
4 BAG v. 21.8.1985 – 7 AZR 199/73, NZA 1986, 324; v. 14.2.1996 – 5 AZR 978/94, NZA 1996, 883; v. 19.5.1998 – 9 AZR 307/96, NZA 1999, 38 (39).
5 LAG Düsseldorf v. 26.4.2001 – 13 Sa 1804/00, NZA-RR 2001, 409.

nischen Gründen zu tragen ist.[1] So kann sich aus dem Lebensmittelrecht für den Arbeitgeber die Verpflichtung ergeben, für „helle und saubere Arbeitskleidung" zu sorgen. Als Schutzkleidung wurde auch die Arbeitskleidung des Krankenhauspersonals eingestuft, die nur auf der Station getragen werden durfte.[2] Auch hier muss der Arbeitgeber sowohl die Anschaffungs- als auch die Instandhaltungskosten übernehmen. Arbeitsvertragliche **Vereinbarungen, die zum Nachteil des Arbeitnehmers von dieser vorgegebenen Kostenverteilung abweichen**, ihn – auch nur teilweise – mit den Kosten der Anschaffung oder Instandhaltung belasten, sind wegen Missachtung der zwingenden Wirkung des Arbeitnehmerschutzrechts nach § 134 BGB **unwirksam**. Gegen die **Festlegung von Höchsterstattungsbeträgen** für die Anschaffung von Schutzkleidung bestehen jedenfalls dann keine rechtlichen Bedenken, wenn der jeweils maßgebliche Höchsterstattungsbetrag so bemessen ist, dass damit für den Arbeitnehmer die Möglichkeit besteht, die Schutzkleidung zu einem Preis zu beziehen, der den Höchsterstattungsbetrag nicht übersteigt. Die Festlegung eines niedrigeren Höchsterstattungsbetrages wäre dagegen unwirksam, da der Arbeitgeber hierdurch entgegen der zwingenden Regelung der §§ 618, 619 BGB einen Teil der von ihm zu tragenden Betriebskosten auf den Arbeitnehmer abwälzen würde.[3] Eine **Kostenbeteiligung des Arbeitnehmers** ist allenfalls dann **zulässig**, wenn der Arbeitgeber dem Arbeitnehmer über seine gesetzliche Verpflichtung hinaus Vorteile bei der Benutzung oder Verwendung der Schutzausrüstung anbietet und der Arbeitnehmer von diesem Angebot freiwillig Gebrauch macht.[4]

g) Erstattung an sich nicht erstattungsfähiger Aufwendungen

Typ 6: Erstattung an sich nicht erstattungsfähiger Aufwendungen

Die Kanzlei verpflichtet sich, die Beiträge für die von dem Mitarbeiter abzuschließende Berufshaftpflichtversicherung zu übernehmen.

⊃ **Nicht geeignet:**
   a) Der Geschäftsführer kann Ersatz derjenigen Auslagen verlangen, die er im Hinblick auf die Vertragsanbahnung für die Gesellschaft an Dritte auskehrt.[5]
   b) Der Arbeitgeber wird den Arbeitnehmer von Geldstrafen und Bußgeldern freistellen, wenn diese Belastungen durch die im Unternehmensinteresse liegende Tätigkeit des Arbeitnehmers anfallen sollten und dem Arbeitnehmer kein Vorsatz zur Last fällt.

21 Den Arbeitsvertragsparteien steht es frei, über den Kreis der von Gesetzes wegen erstattungspflichtigen Aufwendungen hinauszugehen und eine (teilweise) **Kostenerstattung auch für anderweitige, der privaten Lebensführung zuzurechnende Auf-

---
1 LAG Düsseldorf v. 26.4.2001 – 13 Sa 1804/00, NZA-RR 2001, 409; LAG Nds. v. 11.6.2002 – 13 Sa 53/02, LAG Report 2003, 289; v. 16.7.2007 – 9 Sa 1894, NZA-RR 2008, 12.
2 LAG Hamm v. 22.5.2001 – 7 Sa 140/01, juris.
3 BAG v. 21.8.1985 – 7 AZR 199/73, NZA 1986, 324; v. 14.2.1996 – 5 AZR 978/94, NZA 1996, 883.
4 BAG v. 21.8.1985 – 7 AZR 199/73, NZA 1986, 324; Schaub/*Koch*, § 82 Rz. 20.
5 HR/*Reufels*, 2/341.

wendungen vorzusehen. Dabei kann es sich bspw. um Zuschüsse zu den täglichen Fahrten zur Arbeit und zurück, um einen Kantinenzuschuss, um eine Beteiligung an der (nicht dienstlich vorgeschriebenen) Bekleidung des Arbeitnehmers oder aber um die Übernahme der Beiträge für Haftpflicht- und Rechtsschutzversicherungen[1] handeln. Insbesondere im freiberuflichen Bereich begegnet man in den Arbeitsverträgen angestellter Berufsträger nicht selten Klauseln, die die Übernahme der **Beiträge zur Berufshaftpflichtversicherung** vorsehen. Eine Klausel vom Typ 6 trifft man bspw. in den Anstellungsverträgen von Rechtsanwälten an. Wenn in diesem Fall die Kanzlei (der Arbeitgeber) gleichwohl die Kosten übernimmt, was ohne Weiteres zulässig ist, muss dabei allerdings in Rechnung gestellt werden, dass es sich steuerrechtlich um Arbeitslohn handelt. Der BFH[2] hat in diesem Zusammenhang darauf hingewiesen, dass der Rechtsanwalt gemäß § 51 BRAO gesetzlich verpflichtet ist, eine Berufshaftpflichtversicherung abzuschließen und ein Verstoß gegen diese Pflicht mit der Nichtzulassung zum Beruf (§ 12 Abs. 2 BRAO) oder der Entfernung aus diesem sanktioniert (§ 14 Abs. 2 Nr. 9 BRAO) werde. Der Abschluss einer Berufshaftpflichtversicherung sei damit unabdingbar für die Ausübung des Berufs eines (angestellten) Rechtsanwalts. Komme er der gesetzlichen Verpflichtung nach, handele er in typischer Weise im eigenen Interesse. Ein überwiegendes eigenbetriebliches Interesse vermochte der BFH nicht zu erkennen. Diese Folge muss in all diesen Konstellationen stets sorgfältig bedacht werden.

Ein Ersatz für **Aufwendungen des Arbeitnehmers, welche die Rechtsordnung missbilligt**, kann nicht verlangt werden.[3] Dies gilt für Bestechungsgelder oder **Schmiergelder**, auch wenn der Tatbestand des § 299 StGB nicht erfüllt sein sollte. Schon in einer Entscheidung des BGH aus dem Jahre 1964 heißt es, Schmiergelder seien grundsätzlich nicht erstattungsfähig. Ein von der Rechtsordnung missbilligter Aufwand könne keinen rechtlich geschützten Erstattungsanspruch gemäß dem § 670 BGB auslösen. Das gelte auch dann, wenn die Zahlung von Schmiergeldern im Einzelfall zu einem „günstigeren" Abschluss geführt haben sollte. Die Erstattungsfähigkeit kann dann auch nicht durch eine hierauf gerichtete arbeitsvertragliche Absprache begründet werden. Eine solche wäre wegen Gesetzes- und Sittenverstoßes gemäß §§ 134, 138 BGB nichtig.[4] Bei Auslandsbeteiligung kann je nach Landessitte eine andere Beurteilung angebracht sein.[5] In einer Entscheidung aus dem Jahre 1985 führte der BGH[6] hierzu aus, von einem deutschen Unternehmer könne nicht erwartet werden, dass er in den Ländern, in denen staatliche Aufträge nur durch Bestechung zu erlangen seien, auf dieses Mittel völlig verzichte und damit das Geschäft weniger gewissenhaften Konkurrenten überlasse. Er werde daher seinen Angestellten, die bei der Bewerbung um solche Aufträge in ortsüblicher Weise mit Schmiergeldern arbeiten, nicht den Vorwurf einer Verletzung ihrer Dienst- oder Vertragspflichten machen können; er werde ihnen unter Umständen sogar die von ihnen verauslagten Schmiergelder gemäß §§ 670, 675 BGB ersetzen müssen. Im Bereich der Europäischen Union dürfte allerdings die Ortsüblichkeit der Zah-

---

1 Aufwendungsersatz für Versicherungsbeiträge ist nicht nach § 670 BGB geschuldet, so zutreffend Küttner/*Griese*, Personalbuch 2014, Aufwendungsersatz Rz. 5.
2 BFH v. 26.7.2007 – VI R 64/06, NJW 2007, 3088.
3 Palandt/*Sprau*, § 670 BGB Rz. 4.
4 So Küttner/*Griese*, Personalbuch 2014, Aufwendungsersatz Rz. 5.
5 Palandt/*Sprau*, § 670 BGB Rz. 5.
6 BGH v. 8.5.1985 – IVa ZR 138/83, NJW 1985, 2405.

lung von Schmiergeldern generell zu verneinen sein.[1] Darüber hinaus ist zu bedenken, dass die Anforderungen an ein einwandfreies geschäftliches Verhalten in der letzten Zeit allgemein in den Fokus gerückt worden sind. Für Unternehmen, die an der amerikanischen Börse notiert sind, gelten strenge Regeln, deren Nichtbeachtung hohe Strafzahlungen auslösen kann. Deutsche Aktiengesellschaften sind angehalten, den **Corporate Governance Kodex**[2] einzuhalten, der auch den Gedanken der **Compliance**[3] mehrfach erwähnt. Dabei geht es um die vielfach praktizierte Selbstverpflichtung eines Unternehmens bzw. der Führungskräfte, sich an die vom Gesetzgeber, den Anteilseignern oder dem Aufsichtsgremium aufgestellten Regeln zu halten, die vielfach ethische Aspekte der Unternehmensphilosophie enthalten. Dass sich damit eine vertragliche Regelung über die Erstattungsfähigkeit zweifelhafter Zahlungen zur Herbeiführung eines Vertragsschlusses (nach Art des obigen Beispiels a) nicht vereinbaren lässt, liegt auf der Hand.

23 Im Zuge der Ausführung der ihm übertragenen Aufgaben kommt es mitunter vor, dass Arbeitnehmer gegen gesetzliche Bestimmungen verstoßen und diese Regelverletzungen dann entsprechend geahndet werden. Man denke z.B. an einen Lkw-Fahrer, der, um schneller das Ziel zu erreichen, die Lenkzeitbestimmungen missachtet und einen Bußgeldbescheid hinnehmen muss, oder den Kurierfahrer, gegen den wegen massiven Drängelns auf der Autobahn (§ 240 StGB) ein Strafbefehl ergeht. Solche Verstöße sind selbst dann nicht betrieblich veranlasst, wenn der Arbeitgeber sie dem geschäftlichen Erfolg unterordnet, mithin für ein Klima verantwortlich ist, das die Begehung solcher Delikte tendenziell begünstigt. Wegen des höchstpersönlichen Strafcharakters und der spezialpräventiven Wirkung sind **Geldstrafen und Bußgelder**, die dem Arbeitnehmer auferlegt werden, allein seiner Sphäre zuzuordnen und zwingend aus seinem eigenen Vermögen zu bezahlen.[4] Dass die Bezahlung einer Geldstrafe durch Dritte nicht mehr als strafbare Strafvereitelung (§ 258 Abs. 2 StGB) gewertet wird,[5] ändert an dieser Feststellung nichts. Ein Ersatzanspruch (analog) § 670 BGB gegen den Arbeitgeber kommt daher nach alledem nicht in Betracht.

24 **Arbeitsvertraglichen Abreden, die die Zahlungspflicht auf den Arbeitgeber verlagern**, hat das BAG zu Recht die Wirksamkeit versagt.[6] Zusagen des Arbeitgebers, dem Arbeitnehmer bei der Arbeitsausübung auferlegte Geldstrafen oder Geldbußen zu übernehmen, seien regelmäßig als Verstoß gegen die guten Sitten **nach § 138 BGB nichtig**, weil sie jedenfalls dem Zweck von Straf- und Bußgeldvorschriften zuwiderliefen und geeignet seien, die Hemmschwelle des Arbeitnehmers, Straftaten oder Ordnungswidrigkeiten zu begehen, herabzusetzen. Auch wenn die Strafrechtsordnung darauf verzichte, die Übernahme Dritten auferlegter Geldstrafen oder Geldbußen unter Strafe zu stellen, bedeute dies nicht, dass die Zivilrechtsordnung bereit sei, dieses Verhalten zu billigen, indem sie derartige Absprachen für rechtswirksam erklärt. Ein Arbeitgeber, der im eigenen wirtschaftlichen Interesse seine

---

1 HR/*Reufels*, 2/301.
2 Vgl. hierzu *Bürkle*, Corporate Compliance als Standard guter Unternehmensführung des Deutschen Corporate Governance Kodex, BB 2007, 1797.
3 Hierzu *Mengel/Hagemeister*, Compliance und Arbeitsrecht, BB 2006, 2466.
4 LAG Rh.-Pf. v. 10.4.2008 – 10 Sa 892/06, VRR 2008, 242.
5 BGH v. 7.11.1990 – 2 Str 439/90, NJW 1991, 990.
6 BAG v. 25.1.2001 – 8 AZR 465/00, NZA 2001, 653; LAG Hamm v. 30.7.1990 – 19 (14) Sa 1824/89, NJW 1991, 861; ebenso *Holly/Fiedhofen*, NZA 1992, 148 ff.; MünchArbR/*Reichold*, § 85 Rz. 42; *Küttner/Griese*, Personalbuch 2014, Aufwendungsersatz Rz. 20.

Arbeitnehmer zur Vernachlässigung von Verkehrsvorschriften verleite, indem er von vornherein die Übernahme etwaiger Geldstrafen und Geldbußen zusage, handele unverantwortlich nicht nur gegenüber seinen Arbeitnehmern, deren Gesundheit er gefährde, sondern auch gegenüber der allgemeinen Verkehrssicherheit. Die oben wiedergegebene Klausel (Beispiel b) ist daher nicht haltbar. Daran ändert richtiger Ansicht nach auch die Beschränkung auf nicht vorsätzlich begangene Regelverstöße nichts.[1]

3. Sozialrechtliche Behandlung von Aufwendungsersatz

Die zur Abgeltung der Aufwendungen an den Arbeitnehmer gezahlten Beträge unterfallen grundsätzlich nicht der Beitragspflicht in der gesetzlichen Sozialversicherung und sind auch nicht in die Berechnung der Lohnersatzleistungen einzubeziehen. Der Grund hierfür liegt darin, dass § 14 Abs. 1 Satz 1 SGB IV als Arbeitsentgelt alle laufenden oder einmaligen Einnahmen aus einer Beschäftigung kennzeichnet, es sich bei den hier erörterten Fällen des Aufwendungsersatzes jedoch durchweg gerade nicht um Vergütung für geleistete Arbeit handelt.[2] Der Arbeitgeber ersetzt dem Arbeitnehmer nur die Ausgaben, die dieser im Interesse und für Rechnung des Arbeitgebers getätigt hat. In der vermögensmäßigen Bilanz des Arbeitnehmers handelt es sich mithin um einen Durchlaufposten. Ein dauerhafter Vermögensvorteil verbleibt ihm gerade nicht. Im Übrigen gilt die Regel, dass das Sozialversicherungsrecht dem Steuerrecht folgt. Selbst wenn man die Erstattungszahlungen als Arbeitsentgelt qualifizieren würde, wären sie nach § 1 Abs. 1 Nr. 1 SvEV[3] i.V.m. § 3 Nr. 50 EStG nicht dem Arbeitsentgelt zuzurechnen und damit nicht sozialversicherungspflichtig.[4] Abweichendes gilt in den hier nicht im Mittelpunkt stehenden Fällen, in denen der Arbeitnehmer die Aufwendungen überwiegend im eigenen Interesse vornimmt.[5]

4. Steuerrechtliche Aspekte

Beträge, durch die der Arbeitgeber Aufwendungen des Arbeitnehmers ersetzt, werden steuerlich unter den Begriffen **durchlaufende Gelder** und **Auslagenersatz** behandelt; sie sind nach § 3 Nr. 50 EStG steuerfrei. Sowohl durchlaufende Gelder als auch Auslagenersatz werden immer zusätzlich zum ohnehin geschuldeten Arbeitslohn gezahlt. Eine Vereinbarung, nach der ein Teil des arbeitsvertraglich geschuldeten Arbeitslohns als Ersatzleistung gelten soll, ist daher steuerlich unbeachtlich.[6] Für die steuerliche Beurteilung von Bedeutung ist die **Abgrenzung zum Werbungskostenersatz**, der im Regelfall zum steuerpflichtigen Arbeitslohn gehört. Nur wenn der Arbeitnehmer Beträge ersetzt erhält, die er für Rechnung des Arbeitgebers und in dessen Interesse getätigt hat, handelt es sich um steuerfreie Leistungen. Gleichgültig ist, ob der Arbeitnehmer die Aufwendungen im eigenen Namen oder im Namen des Arbeitgebers getätigt hat.[7]

---

1 MünchArbR/*Blomeyer*, 2. Aufl. 2000, § 96 Rz. 88 gegen *Kapp*, NJW 1992, 2798; sowie i. E. auch LAG Köln v. 11.3.1993 – 5 Sa 1068/92, LAGE § 670 BGB Nr. 11.
2 Küttner/*Schlegel*, Personalbuch 2014, Aufwendungsersatz Rz. 35.
3 V. 21.12.2006, BGBl. I, S. 3385.
4 Küttner/*Schlegel*, Personalbuch 2014, Aufwendungsersatz Rz. 35; HR/*Reufels*, 2/333.
5 Hierzu Küttner/*Schlegel*, Personalbuch 2014, Aufwendungsersatz Rz. 37.
6 R 3.50 Abs. 1 Satz 4 und 5 LStR.
7 R 3.50 Abs. 1 Satz 1 Nr. 1 LStR.

27 Die Steuerfreiheit erfordert grundsätzlich eine **Einzelabrechnung** zwischen Arbeitgeber und Arbeitnehmer.[1] **Pauschaler Auslagenersatz** führt regelmäßig zu Arbeitslohn, insbesondere wenn er überhöht oder anhand der vorgelegten oder angebotenen Beweismittel nicht aufzuklären ist, ob er den tatsächlichen Aufwendungen im Großen und Ganzen entspricht.[2] Die grundsätzliche Notwendigkeit des Einzelnachweises, der auch bei kleinen Beträgen erforderlich ist, soll der Vermeidung von Missbräuchen dienen, da bei einer pauschalen Erstattungsmöglichkeit kaum eine Kontrolle möglich ist, ob die Aufwendungen tatsächlich getätigt wurden oder ob es sich um verdeckte Arbeitslohnzahlungen handelt. Gleichwohl kann aus **Vereinfachungsgründen** pauschaler Auslagenersatz als steuerfrei behandelt werden, wenn der Arbeitgeber die Zahlungen regelmäßig leistet und der Arbeitnehmer die damit im Zusammenhang stehenden Aufwendungen über einen repräsentativen Zeitraum von drei Monaten im Einzelnen nachweist. Der auf diese Weise ermittelte Betrag kann so lange steuerfrei ausgezahlt werden, wie die Verhältnisse unverändert bleiben.[3]

28 Auch der Ersatz von **Telekommunikationsaufwendungen** des Arbeitnehmers ist nach den Grundsätzen über Auslagenersatz zu beurteilen. Die Finanzverwaltung hat hierzu im Verwaltungswege Regelungen für den Ersatz von Telekommunikationskosten getroffen.[4] Im Einzelnen gilt: Ersetzt der Arbeitgeber die Kosten für die tatsächlich beruflich ausgelösten Verbindungsentgelte (Telefon und Internet), handelt es sich stets um Auslagenersatz. Allerdings erfordert eine **Einzelabrechnung** die detaillierte Aufzeichnung der beruflichen Verbindungen. Um den erforderlichen Einzelnachweis zu erbringen, sind insbesondere Tag, Art der Verbindung und – sofern keine automatische Gebührenerfassung oder Einzelverbindungsnachweis vorhanden ist – Dauer der Verbindung sowie der ermittelte Gebührenbetrag aufzuzeichnen. In Höhe des so ermittelten beruflichen Anteils können dann auch die Nutzungsentgelte für eine Telefonanlage und der Grundpreis aufgeteilt und steuerfrei ersetzt werden. Zur Vereinfachung reicht es aus, wenn der Steuerpflichtige den Nachweis nur für einen repräsentativen Zeitraum von drei Monaten erbringt. Der sich aus den Rechnungsbeträgen der drei Monate ergebende Durchschnittsbetrag der beruflichen Aufwendungen kann in der Folgezeit ohne weiteren Nachweis so lange steuerfrei erstattet werden, bis eine wesentliche Änderung der Verhältnisse eintritt.

29 Bei fehlenden Aufzeichnungen ist ausnahmsweise ein **pauschaler Ersatz von Telekommunikationsaufwendungen** als steuerfreier Auslagenersatz möglich. Voraussetzung ist, dass „erfahrungsgemäß" beruflich veranlasste Telekommunikationsaufwendungen anfallen. Es muss sich also um eine berufliche Tätigkeit handeln, bei der typischerweise Telekommunikationsaufwand entsteht. Dies wird sich nur anhand der konkreten beruflichen Tätigkeit beurteilen lassen. Steuerfrei erstattet werden können bis zu 20 % des Rechnungsbetrages, höchstens jedoch 20 Euro monatlich. Die 20-Euro-Grenze ist in jedem Monat einzuhalten. Danach ergibt sich folgende Tabelle:

---

1 BFH v. 21.8.1995 – VI R 30/95, DB 1996, 1114; R 3.50 Abs. 1 Satz 1 Nr. 2 LStR.
2 BFH v. 2.10.2003 – IV R 4/02, BStBl. II 2004, 129; v. 15.3.2011 – VI B 151/10, BFH/NV 2011, 1003.
3 BFH v. 21.8.1995 – VI R 30/95, DB 1996, 1114; R 3.50 Abs. 2 Satz 2, 6, 7 LStR.
4 R 3.50 Abs. 2 Satz 3 LStR.

monatliche Rechnungsbeträge (Euro)	steuerfrei ersetzbar (Euro)	verbleibender Teil (Euro)
50	10	40
80	16	64
100	20	80
150	20	130

Bereits ab einem Rechnungsbetrag von 100 Euro bleibt demnach der pauschale steuerfreie Betrag auf 20 Euro beschränkt. Das dürfte auch bei der anteiligen Erstattung bei Flatrates gelten. Allerdings kann auch bei den Aufwendungen für Telekommunikation aus Vereinfachungsgründen der monatliche Durchschnittsbetrag, der sich über einen repräsentativen Zeitraum von drei Monaten ergibt, angesetzt werden.[1]

5. Hinweise zur Vertragsgestaltung

Bei regelmäßig anfallendem Aufwendungsersatz sollte unter Beachtung der oben aufgezeigten Grenzen nach Möglichkeit auf arbeitsvertragliche Regelungen zurückgegriffen werden. Es bieten sich zur Erleichterung der Abrechnungspraxis und zur Streitvermeidung vor allem **Pauschalierungsklauseln** an. Dabei dürfte es sich empfehlen, die **Pauschalbeträge im Arbeitsvertrag und bei der Lohnabrechnung getrennt vom Arbeitsentgelt auszuweisen**.[2] Im Hinblick auf mögliche Entgeltpfändungen, aber auch bei der Berechnung der Lohnsteuer und der Sozialversicherungsabgaben muss eine solche Trennung ohnehin erfolgen.

---

1 R 3.50 Abs. 2 Satz 5 LStR.
2 Schaub/*Koch*, § 82 Rz. 25.

A 120 Ausbildungskosten

	Rz.
1. Einführung	1
2. Klauseltypen	4
a) Umfassende Aus- und Fortbildungsverträge	4
b) Fortbildungsrahmenklausel im Arbeitsvertrag	5a
c) Rückzahlungsklauseln	6
aa) Zweck und Rechtsnatur einer Rückzahlungsklausel	7
bb) Erfordernis einer vorher getroffenen Vereinbarung	8
cc) Entgegenstehende gesetzliche oder kollektivvertragliche Bestimmungen	12
(1) § 12 BBiG als gesetzliche Schranke	12
(2) § 32 SGB I als gesetzliche Schranke	15
(3) Tarifvertrag	16
dd) AGB-rechtliche Zulässigkeitsschranken (§ 307 BGB)	17
(1) Zulässigkeit dem Grunde nach („Ob")	20
(a) Erwerb eines Qualifikationsnachweises als Einstellungs- oder Aufstiegsvoraussetzung	24
(b) Hochschulstudium	27
(c) Allgemeines Fortbildungsseminar	28
(d) Betriebsbezogene Fortbildungsmaßnahmen	30
(e) Traineeprogramme	33a
(f) Kurzlehrgänge im Bereich sich schnell entwickelnder Technologien	34
(g) Darlegungs- und Beweislast	35
(2) Zulässige inhaltliche Ausgestaltung („Wie")	37
(a) Zulässige Bindungsintensität	38
(aa) Bindungszeitraum von angemessener Dauer	39
(bb) Höhe des zurückzuerstattenden Betrages	43
(cc) Modalitäten der Rückzahlung	49
(dd) Bedingungen der Berufstätigkeit im Falle der Übernahme nach abgeschlossenem Studium	49a
(b) Zulässige Beendigungstatbestände	50
(aa) Vorzeitiges Ausscheiden des Arbeitnehmers auf eigene Veranlassung	51
(bb) Vorzeitiges Ausscheiden des Arbeitnehmers auf Veranlassung des Arbeitgebers	53
(cc) Nichterreichung des Fortbildungszieles	56
(dd) Keine Übernahme nach Beendigung des Studiums	58a
(3) Rechtsfolge bei Überschreitung der Angemessenheitsgrenzen	59
ee) Einwand der unzulässigen Rechtsausübung	60
c) Rückzahlungsklauseln im öffentlichen Dienst	62
d) Nichtrückzahlbares Darlehen	64
e) Darlehensweise Stundung	65
3. Steuerrechtliche Aspekte	67
a) Ausbildungsvergütungen	68
b) Ausbildungskosten	70
c) Fortbildungskosten	71
d) Rückzahlungsklauseln	76
4. Hinweise zur Vertragsgestaltung; Zusammenfassung	78

Schrifttum:

Blomeyer/Buchner, Rückzahlungsklauseln im Arbeitsrecht, 1969; *Bormann*, Rückforderungsansprüche des Arbeitgebers, AR-Blattei [D] Rückzahlungsklauseln I; *Braun*, Rückzahlung von Fortbildungskosten, DÖD 2003, 177; *Dorth*, Gestaltungsgrenzen bei Aus- und Fortbildungskosten betreffenden Rückzahlungsklauseln, RdA 2013, 287; *Düwell/Ebeling*, Rückzahlung von verauslagten Bildungsinvestitionen, DB 2008, 406; *Elking*, Rückzahlungsklauseln bei Fortbildungskosten – die aktuellen Anforderungen der Rechtsprechung, BB 2014, 885; *Hanau/Stoffels*, Beteiligung von Arbeitnehmern an den Kosten der beruflichen Fortbildung, 1992; *Hennige*, Rückzahlung von Aus- und Fortbildungskosten, NZA-RR 2000, 617; *Hofmann*, Rückzahlung von Fort- und Ausbildungskosten, AuA 1996, 194; *Hoß*, Finanzierung von Fortbildungskosten durch den Arbeitgeber – Zulässigkeit von Rückzahlungsklauseln, MDR 2000, 1115; *Huber/Blömecke*, Rückzahlung von Fortbildungskosten im Arbeitsverhältnis, BB 1998, 2157; *Jesgarzewski*, Rückzahlungsvereinbarungen für Fortbildungskosten, BB 2011, 1594; *Koch-Rust/Rosentreter*, Ausbildungsverträge bei praxisintegrierten dualen Studiengängen – Aktuelle Praxisfragen unter besonderer Berücksichtigung von Bleibeverpflichtungen, NZA 2013, 879; *Lakies*, AGB-Kontrolle von Rückzahlungsvereinbarungen über Weiterbildungskosten, BB 2004, 1903; *Lingemann*, Rückzahlungsvereinbarungen bei Fortbildungskosten, ArbRAktuell 2009, 156; *Lipke*, Gratifikationen, Tantiemen, Sonderzulagen, 1982; *Loy*, Rückzahlung von Ausbildungskosten bei Arbeitgeberwechsel, DB 1992, 2109; *Luhmann/Zach*, Sämtliche Sonderzuwendungen an den Arbeitnehmer und ihre Auswirkungen auf das Unternehmen aus arbeitsrechtlicher, steuerlicher und betrieblicher Sicht: von der Anwesenheitsprämie bis zur Weihnachtsgratifikation, 1979; *Maier/Mosig*, Unwirksame Rückzahlungsklauseln bei arbeitgeberseitiger Übernahme der Ausbildungskosten, NZA 2008, 1168; *Meier/Schulz*, Die Rückzahlung von Ausbildungskosten bei vorzeitiger oder erfolgloser Beendigung der Ausbildung, NZA 1996, 742; *Natzel*, AGB-Kontrolle von Klauseln zur Rückzahlung von Ausbildungskosten, SAE 2008, 277; *Rischar*, Arbeitsrechtliche Klauseln zur Rückzahlung von Fortbildungskosten, BB 2002, 2550; *I. Schmidt*, Die Beteiligung der Arbeitnehmer an den Kosten der beruflichen Bildung, NZA 2004, 1002; *Schönhöft*, Rückzahlungsverpflichtungen in Fortbildungsvereinbarungen, NZA-RR 2009, 625; *Staudinger*, Einzelvertragliche Rückzahlungsklauseln bei Ausbildungskosten, 1999; *Stück*, Rückzahlungsvereinbarungen für Fortbildungskosten – Was ist noch zulässig?, DStR 2008, 2020; *Straube*, Inhaltskontrolle von Rückzahlungsklauseln für Ausbildungskosten, NZA-RR 2012, 505; *Waas*, Ausbildungskosten – Erstattung bei Arbeitgeberkündigung, RdA 2005, 120; *Zeranski*, Rückzahlung von Ausbildungskosten bei Kündigung des Arbeitsverhältnisses, NJW 2000, 336.

1. Einführung

Ständig steigende Anforderungen an den Ausbildungsstand der Arbeitnehmer als Folge der Einführung rationellerer Produktions-, Verwaltungs- und Vertriebsmethoden bringen es mit sich, dass betrieblichen Ausbildungs-, Fortbildungs- und Umschulungsmaßnahmen ein **fester Stellenwert in der heutigen Arbeitswelt** zukommt. 1

Bei diesen Weiterbildungsmaßnahmen kann es sich um mehrmonatige Lehrgänge in speziellen Bildungseinrichtungen, aber auch um Tages- und Wochenkurse innerhalb des Betriebes handeln. Stehen auf dem Arbeitsmarkt entsprechend qualifizierte Fachkräfte nur in geringer Zahl zur Verfügung, entschließen sich Arbeitgeber darüber hinaus, dem Arbeitnehmer eine Grundausbildung zuteilwerden zu lassen, um ihn in den Stand zu versetzen, zukünftig den in Aussicht genommenen Arbeitsplatz einzunehmen. Dies kann äußerstenfalls bis zur Finanzierung eines mehrjährigen Hochschulstudiums reichen. 2

Üblicherweise werden die anfallenden Kosten ganz oder doch zum größten Teil vom Arbeitgeber übernommen.[1] Dieser tätigt diese Investitionen in der Erwartung, dass die von ihm finanzierte Aus- oder Fortbildung seinem Betrieb zukünftig in Form einer qualifizierten Arbeitsleistung zugutekommt. Dabei muss er aber auch in Rechnung stellen, dass der Marktwert der so geförderten Arbeitnehmer mit der Fortbildung ansteigt. Andere (Konkurrenz-)Unternehmen könnten versucht sein, derartig qualifizierte Mitarbeiter abzuwerben und sich auf diese Weise eigene finan- 3

---

[1] Näheres zu den verschiedenen Formen der Kostenübernahme bzw. -beteiligung bei *Lipke*, Gratifikationen, S. 167 f.

zielle Aufwendungen für entsprechende Bildungsmaßnahmen zu ersparen. Um zu verhindern, dass seine Mitbewerber die Früchte seiner Bemühungen ernten und sich die Übernahme der Fortbildungskosten damit als finanzieller Fehlschlag erweist, wird der Arbeitgeber bemüht sein, die geförderten Arbeitnehmer jedenfalls für eine gewisse Zeit an seinen Betrieb zu binden.[1]

2. Klauseltypen

a) Umfassende Aus- und Fortbildungsverträge

Typ 1: Aus- und Fortbildungsvertrag

Zwischen der Firma ... (im Folgenden: Arbeitgeber) und dem Arbeitnehmer wird folgender Fortbildungsvertrag abgeschlossen:

§ 1 Fortbildungsmaßnahme

(1) Der Arbeitnehmer nimmt vom ... für die Dauer von ... (z.B. acht) Monaten an einem Fortbildungskurs für ... teil. Der Fortbildungskurs besteht aus ... (z.B. acht) Lehreinheiten.

(2) Die Parteien sind sich darüber einig, dass die Teilnahme auf eigenen Wunsch des Arbeit-nehmers im Interesse seiner beruflichen Fort- und Weiterbildung erfolgt.

§ 2 Fortbildungskosten

(1) Der Arbeitgeber wird den Arbeitnehmer unter Fortzahlung der Bezüge von der Arbeit freistellen. Die Vergütung wird entsprechend dem Durchschnittsverdienst der letzten drei Monate berechnet.

(2) Die Lehrgangskosten, bestehend aus
- Unterrichtsgebühr (Höhe pro Lehreinheit Euro ...),
- Unterbringungskosten (Höhe pro Übernachtung Euro ...),
- Verpflegungskosten (Höhe pro Tag Euro ...), sowie
- An- und Abreisekosten (Höhe pauschal Euro 0,30 je gefahrenem Kilometer)

übernimmt der Arbeitgeber.

§ 3 Rückzahlungspflicht

(1) Hat der Arbeitgeber unter Fortzahlung der Bezüge die in § 2 genannten Lehrgangskosten übernommen, so ist der Arbeitnehmer zur Rückzahlung der Bezüge – mit Ausnahme der Arbeitgeberanteile zur Sozialversicherung – und der Lehrgangskosten verpflichtet, wenn der Arbeitnehmer innerhalb von ... (z.B. zwei) Jahren nach dem Ende des Lehrgangs, d.h. dem Ende der letzten Lehreinheit/nach Ablauf des Kalendermonats, in dem das Prüfungszeugnis ausgestellt wird, durch eine nicht vom Arbeitgeber veranlasste Kündigung des Arbeitnehmers oder aus dem Verschulden des Arbeitnehmers aus dem Dienstverhältnis zum Arbeitgeber ausscheidet.

(2) Der zurückzuzahlende Betrag vermindert sich innerhalb eines Zeitraumes von ... (z.B. zwei) Jahren für jeden vollen Monat, den der Arbeitnehmer nach dem Ende des Lehrgangs/nach Ablauf des Kalendermonats, in dem das Prüfungszeugnis

---

[1] *Lipke*, Gratifikationen, S. 168f.; *Luhmann/Zach*, Sonderzuwendungen, S. 138.

Ausbildungskosten

ausgestellt wird, im Arbeitsverhältnis zu dem Arbeitgeber verbracht hat, um ... (z.B. ¹⁄₂₄). Der hiernach verbleibende Restbetrag ist zum Zeitpunkt der Beendigung des Arbeitsverhältnisses zur sofortigen Rückzahlung fällig.[1]

Die Regelung des Fortbildungsverhältnisses in Arbeitsverträgen beschränkt sich zumeist auf die Statuierung einer Rückzahlungspflicht für den Fall des vorzeitigen Ausscheidens des Arbeitnehmers. Anlässlich einer konkreten Fortbildungsmaßnahme werden mitunter aber auch umfangreichere Absprachen getroffen.[2] Dies geschieht dann in einer gesonderten Vereinbarung, oftmals als „Anhang zum Arbeitsvertrag". Da das Fortbildungsverhältnis bislang weder durch den Gesetzgeber noch durch die Tarifpartner eine umfassende Ausgestaltung erfahren hat, kommt den Arbeitsvertragsparteien in diesem Bereich ein großer Freiraum zu.[3] In Fortbildungsverträgen werden die gegenseitigen Rechte und Pflichten der Arbeitsvertragsparteien während der Phase der Weiterbildung näher umschrieben. Der Arbeitgeber verpflichtet sich in der Regel, dem Arbeitnehmer die Fortbildung zu ermöglichen, ihn für diese Zeit unter Fortzahlung der Vergütung (auch der sonstigen betrieblichen Leistungen? – offen gelassen in Typ 1) bzw. bei Gewährung einer Beihilfe von der Arbeit freizustellen und die anfallenden Lehrgangskosten ganz oder teilweise zu übernehmen. Die Hauptpflicht des Arbeitnehmers besteht darin, alle Kraft darauf zu verwenden, das angestrebte Ausbildungsziel zu erreichen.[4] Ferner verpflichtet sich der Arbeitnehmer regelmäßig zur Rückzahlung der für seine Fortbildung aufgewandten Kosten im Falle seines alsbaldigen Ausscheidens nach Beendigung der Bildungsmaßnahme (vgl. Typ 1 § 3 Abs. 1). Diese Abreden bilden das eigentliche – wenngleich überaus umstrittene[5] – Kernstück solcher Fortbildungsverträge.

Insgesamt bleibt festzuhalten, dass sich **umfassende Fortbildungsverträge** der hier vorgestellten Art zur Vermeidung von Streitigkeiten **vor allem bei besonders kostenintensiven und lang dauernden Bildungsmaßnahmen** empfehlen.

b) **Fortbildungsrahmenklausel im Arbeitsvertrag**

Typ 2: Rahmenvereinbarung im Arbeitsvertrag

§ ... Fortbildungskosten und Rückzahlung

(1) Arbeitgeber und Arbeitnehmer können vereinbaren, dass der Arbeitgeber die Fortbildungskosten für den Arbeitnehmer für bestimmte, konkrete Fortbildungsveranstaltungen übernimmt. Zur Wirksamkeit der Verpflichtung des Arbeitgebers ist es erforderlich, dass die Parteien eine individuelle Vereinbarung über die Fortbildungsveranstaltung, die Kostentragungspflicht des Arbeitgebers sowie die ge-

---
1 Vgl. Vertragsmuster bei BLDH/*Lingemann*, M. 8.4.
2 Zu weiteren Konstellationen bspw. bei Nichtablegung der Abschlussprüfung s. BLDH/*Lingemann*, Kap. 8 M. 8.4 § 3 Abs. 3.
3 *Lipke*, Gratifikationen, S. 172.
4 *Lipke*, Gratifikationen, S. 172; *Schmidt*, BB 1971, 46.
5 Zur rechtlichen Beurteilung s. sogleich zu Klauseltyp 3.

naue Höhe der Fortbildungskosten treffen. Die Vereinbarung muss ferner die Bindungsdauer, innerhalb derer der Arbeitnehmer zur (zeitanteiligen) Rückzahlung verpflichtet sein soll, beinhalten.

(2) Kommt eine Fortbildungsvereinbarung zustande, verpflichtet sich der Arbeitnehmer zur Rückzahlung, falls er vor Erreichen der in der Fortbildungsvereinbarung genannten Bindungsdauer aus dem Arbeitsverhältnis ausscheidet, wenn
– das Arbeitsverhältnis aus einem nicht von dem Arbeitgeber zu vertretenden Grund durch den Arbeitnehmer gekündigt wird;
– der Arbeitnehmer seitens des Arbeitgebers aus einem vom Arbeitnehmer zu vertretenden Grund gekündigt wird;
– ein Aufhebungsvertrag infolge von verhaltensbedingten Pflichtverletzungen des Arbeitnehmers geschlossen wird.

(3) Der zurückzuzahlende Betrag umfasst die Fortbildungskosten gemäß der Fortbildungsvereinbarung nach Abs. 1. Der zurückzuzahlende Betrag vermindert sich innerhalb des Zeitraums für jeden vollen Monat, den der Arbeitnehmer nach dem Ende der Fortbildungsveranstaltung im Arbeitsverhältnis zum Arbeitgeber verbracht hat pro rata temporis im Verhältnis von Fortbildungskosten und Bindungsdauer.[1]

5b Neben dem Fortbildungsvertrag (Typ 1) ist auch eine zweistufige Vereinbarung denkbar. Im ersten Schritt werden bereits **im Arbeitsvertrag** die Möglichkeiten einer Fortbildungsvereinbarung eingeräumt sowie die Beendigungstatbestände und die Modalitäten der Rückzahlung festgelegt (Abs. 2 und 3). Die **konkrete Fortbildungsvereinbarung** kann bei Bedarf später getroffen werden und muss insbesondere genaue Angaben zur Höhe der Fortbildungskosten sowie zur Bindungsdauer enthalten (Abs. 1) – s. hierzu Rz. 44. Diese Angaben dürften dem Arbeitgeber bei Abschluss des Arbeitsvertrags in der Regel auch nicht zur Verfügung stehen.

c) Rückzahlungsklauseln

6 **Typ 3: Rückzahlungsklauseln**

a) Der Arbeitnehmer ist verpflichtet, die entstandenen Qualifizierungskosten und die erhaltene Bruttovergütung in voller Höhe (ggf. ergänzen: bis zu einem Betrag von maximal …Euro) zu erstatten, wenn das Arbeitsverhältnis vor Ablauf von … Monaten/Jahren nach Abschluss der Qualifizierung durch eine nicht vom Arbeitgeber veranlasste Kündigung des Arbeitnehmers oder aus einem Grund endet, der den Arbeitgeber zur außerordentlichen oder einer ordentlichen verhaltensbedingten Kündigung berechtigt. Gleiches gilt, wenn das Arbeitsverhältnis aufgrund pflichtwidrigen Verhaltens durch Aufhebungsvertrag endet. Der zu erstattende Betrag vermindert sich um 1/n (abhängig von der Bindungsdauer, z.B. $1/36$ bei 36 Monaten) für jeden vollen Beschäftigungsmonat nach Abschluss der Qualifizierung. Eine endgültige Bezifferung der zu erstattenden Gesamtkosten ist erst nach Abschluss der Qualifizierung möglich. Mit folgenden Kosten ist voraussichtlich zu rechnen:

---

[1] SSSV/*Schrader*/*Klagges*, A. Individualarbeitsrecht Rz. 207.

Arbeitsmaterial/Lernmittel ca. ... Euro
Unterrichtsgebühr/Lehrgangsgebühr ca. ... Euro
Bruttovergütung für die Lehrgangsdauer ca. ... Euro
Übernachtungs-, Verpflegungs-, Fahrkosten ca. ... Euro
Prüfungsgebühr ca. ... Euro
Insgesamt ca. ... Euro

b) Die Rückzahlungsverpflichtung nach Ziffer a) besteht auch, wenn der Arbeitnehmer die Qualifizierung aus von ihm zu vertretenden Gründen abbricht oder die Prüfung aus von ihm zu vertretenden Gründen nicht besteht.[1]

⊃ **Nicht geeignet:**

a) Endet das Arbeitsverhältnis zwischen der ... und dem Flugschüler vor Ablauf von zwei Jahren und ist die Beendigung durch den Flugschüler oder sein Verhalten veranlasst, ist der Flugschüler zur Bezahlung der vorläufig nicht berechneten Schulungskosten an ... verpflichtet. Der Anspruch der ... reduziert sich in diesem Falle für jeden vollen Kalendermonat, in dem das Arbeitsverhältnis bestanden hat, um ¹⁄₂₄ der vorläufig nicht berechneten Schulungskosten.[2]

b) Für den Fall, dass der Mitarbeiter vor Ablauf von drei Jahren kündigt oder das Arbeitsverhältnis wegen eines von ihm verschuldeten wichtigen Grundes oder Arbeitsvertragsbruchs beendet wird, hat er die für die Programmierer-Ausbildung von der Firma aufgewandten Kosten bis zur Höhe von maximal ... Euro in zehn Monatsraten zurückzuzahlen. Scheidet der Mitarbeiter nach Ablauf von drei Jahren aus, verzichtet die Firma auf jegliche Rückzahlungsansprüche.[3]

aa) Zweck und Rechtsnatur einer Rückzahlungsklausel

Anders als im Bereich der Gratifikationen wird die Übernahme von Fortbildungskosten in der betrieblichen Praxis nach wie vor regelmäßig mit der Vereinbarung sog. Rückzahlungsklauseln verbunden.[4] Der Arbeitnehmer verpflichtet sich hierbei für den Fall seines Ausscheidens vor einem bestimmten Zeitpunkt aus dem Betrieb zur (teilweisen) Rückzahlung der für seine Fortbildung aufgewandten Kosten. Mit einer solchen Rückzahlungsklausel verfolgt der Arbeitgeber vorrangig den Zweck, den geförderten Arbeitnehmer durch Androhung einer finanziellen Belastung jedenfalls für eine gewisse Zeit an seinen Betrieb zu binden.[5] Die Investition in die Fortbildung soll sich **amortisieren**,[6] indem dem Betrieb nunmehr die durch die Fortbildung erworbenen besonderen Fähigkeiten und Kenntnisse des Arbeitnehmers zugutekom-

---

1 Mustervorschlag von MSG/*Mroß*, Ausbildung/Fort- und Weiterbildung Rz. 53.
2 LAG Hess. v. 3.6.1991 – 10 Sa 1017/90, n.v.
3 Vgl. *Hunold*, Teil 10 Kapitel 4.2.2.
4 *Lipke*, Gratifikationen, S. 175.
5 BAG v. 19.1.2011 – 3 AZR 621/08, NZA 2012, 85 (90); *Straube*, NZA-RR 2012, 505; MSG/*Mroß*, Ausbildung/Fort- und Weiterbildung Rz. 31.
6 Zum sog. Amortisierungseffekt: *Blomeyer*, Anm. AP Nr. 1 zu § 611 BGB Ausbildungsbeihilfe; *Luhmann/Zach*, Sonderzuwendungen, S. 143; *Thüsing*, AGB-Kontrolle im Arbeitsrecht, Rz. 334; LAG Bremen v. 25.1.1984 – 4 Sa 122/83, AP Nr. 7 zu § 611 BGB Ausbildungsbeihilfe.

men. Wird dieses Primärziel nicht erreicht, scheidet also der Arbeitnehmer gleichwohl vorzeitig aus, so ist der Arbeitgeber bestrebt, zumindest seine für die Fortbildung aufgewandten Mittel vom Arbeitnehmer ersetzt zu bekommen. Der Rückzahlungsanspruch des Arbeitgebers, ein aufschiebend bedingter Zahlungsanspruch (§ 158 Abs. 1 BGB),[1] erfährt im Zeitpunkt der vorzeitigen Beendigung des Arbeitsverhältnisses durch den Eintritt der aufschiebenden Bedingung nicht nur eine rechtliche Änderung. Auch wandelt sich die Funktion des Rückzahlungsanspruchs vom bloßen Druckmittel hin zur Rechtsgrundlage eines Aufwendungsersatzbegehrens.

bb) Erfordernis einer vorher getroffenen Vereinbarung

8 Die Rückzahlungsabrede unterliegt als schuldrechtliche Vereinbarung zwischen Arbeitgeber und Arbeitnehmer den Regeln des BGB über das Zustandekommen von Verträgen. Das bedeutet, dass über den Vorbehalt der Rückforderung eine **Einigung zwischen Arbeitgeber und Arbeitnehmer** erzielt werden muss.

9 Dies sollte zu Beweiszwecken **ausdrücklich, schriftlich und unter Nennung des Rückzahlungsbetrages bzw. seiner Berechnungsgrundlage** geschehen.[2] Seit dem In-Kraft-Treten des Nachweisgesetzes dürfte die Vereinbarung einer Rückzahlung von Fortbildungskosten dokumentationspflichtig sein, so dass schon aus diesem Grunde die schriftliche Abfassung der Vereinbarung angezeigt ist.[3] Es empfiehlt sich ferner, die Rückzahlungsabrede **vor Beginn der Fortbildungsmaßnahme** entweder schon im Arbeitsvertrag[4] oder als Sonderregelung anlässlich der konkreten Fortbildungsmaßnahme zu treffen.[5] Nach Beginn der Fortbildung kann ein Rückzahlungsvorbehalt mit Einverständnis des Arbeitnehmers zwar auch noch vereinbart werden.[6] Der Arbeitgeber setzt sich dann aber leicht dem Vorwurf aus, er habe den Arbeitnehmer hierbei unzulässig unter Druck gesetzt.[7] In diesem Fall ist es ratsam, dem Arbeitnehmer eine angemessene Überlegungsfrist einzuräumen, innerhalb derer er entscheiden kann, ob er sich auf das Ansinnen des Arbeitgebers einlässt.[8] Anders verhält es sich freilich nach Abschluss der Aus- oder Fortbildungsmaßnahme. Einem erst jetzt geäußerten Verlangen des Arbeitgebers nach Vereinbarung einer Rückzahlungsklausel kann sich der geförderte Arbeitnehmer nun leichter widersetzen. Die Sanktion „Abbruch der Weiterbildung" hat er jetzt nicht

---

1 Allgemeine Meinung: vgl. nur BAG v. 29.6.1962 – 1 AZR 343/61, AP Nr. 25 zu Art. 12 GG mit Anm. *Hueck*; v. 16.5.1972 – 5 AZR 459/71, AP Nr. 11 zu § 4 TVG; *Lipke*, Gratifikationen, S. 175; DBD/*Deinert*, § 307 BGB Rz. 102; *Thüsing*, AGB-Kontrolle im Arbeitsrecht, Rz. 336; a.A. nur *Bötticher*, SAE 1963, 7 ff., der in einer derartigen Vereinbarung die Abrede einer Vertragsstrafe sieht.
2 *Lakies*, Inhaltskontrolle von Arbeitsverträgen, Rz. 788; *Becker-Schaffner*, DB 1991, 1016.
3 *Hennige*, NZA-RR 2000, 621.
4 Auch die schlichte Bezugnahme auf einen eine Rückzahlungsklausel enthaltenden Tarifvertrag im Arbeitsvertrag soll nach BAG v. 6.6.1984 – 5 AZR 605/82, n.v., genügen.
5 *Gamillscheg*, Arbeitsrecht I. S. 70 Nr. 30.
6 LAG Hamm v. 18.2.2009, BeckRS 2009, 73754; dies betont auch *Thüsing*, AGB-Kontrolle im Arbeitsrecht, Rz. 350; offen gelassen bei BAG v. 13.12.2011 – 3 AZR 791/09, NZA 2012, 738 (740).
7 BAG v. 19.3.1980 – 5 AZR 362/78, EzA § 611 BGB Nr. 2 Ausbildungsbeihilfe; ArbG Darmstadt v. 8.3.1990 – 2 Ca 306/89, n.v.; DBD/*Deinert*, § 307 BGB Rz. 126; Schaub/*Vogelsang*, § 176 Rz. 26; *Lakies*, Inhaltskontrolle von Arbeitsverträgen, Rz. 789.
8 *Lakies*, Inhaltskontrolle von Arbeitsverträgen, Rz. 789.

mehr zu gewärtigen. Die Kündigungsandrohung verfängt in der Regel ebenfalls nicht mehr, da es dem Arbeitgeber ja gerade um die Bindung seines Mitarbeiters geht. Zutreffend ist daher die Entscheidung des LAG Hamm vom 31.7.1986,[1] wonach eine zeitlich nach der Aufkündigung des Arbeitsverhältnisses durch den Arbeitnehmer erfolgte Einigung der Arbeitsvertragsparteien über die Begründung einer Rückerstattungspflicht für die Kosten der absolvierten Weiterbildung nicht den von der Rechtsprechung entwickelten Grundsätzen über die Wirksamkeitsvoraussetzungen für Rückzahlungsklauseln von Ausbildungskosten unterliegt.[2]

In der Gewährung einer freiwilligen Leistung allein kann nicht ohne Weiteres eine stillschweigende Übereinkunft hinsichtlich der Rückzahlungsverpflichtung gesehen werden.[3] Hierfür genügt jedenfalls nicht die bloße Üblichkeit eines solchen Rückzahlungsvorbehalts.[4] Auch ginge es zu weit, dem Arbeitnehmer eine Erkundigungspflicht hinsichtlich der Modalitäten der Leistung aufzuerlegen.[5] Die Schutzbedürftigkeit des Arbeitnehmers und die Rechtssicherheit sprechen **gegen** die **Annahme eines stillschweigenden Rückzahlungsvorbehalts**.[6]

10

Probleme kann allerdings auch die **Auslegung** einer ausdrücklichen Parteivereinbarung bereiten. Ist in ihr bspw. nur geregelt, dass Prüfungsgebühren über drei Jahre amortisiert werden sollen, nicht aber, was geschehen soll, wenn das Arbeitsverhältnis vor Ablauf von drei Jahren endet,

11

Nach Beendigung der Probezeit erstatten wir Ihnen (...) die Ihnen entstandenen Pharma-Referenten-Prüfungsgebühren bis max. ... Euro. Dieser Betrag wird dann über drei Jahre amortisiert.

---

so ist diese Lücke nach Ansicht des BAG[7] im Wege der ergänzenden Vertragsauslegung dahingehend zu schließen, dass der ausscheidende Arbeitnehmer in diesem Falle zur Rückerstattung der noch nicht amortisierten Summe verpflichtet ist.

cc) Entgegenstehende gesetzliche oder kollektivvertragliche Bestimmungen

(1) § 12 BBiG als gesetzliche Schranke

Ein **gesetzliches Verbot vertraglicher Rückzahlungsklauseln** findet sich lediglich in § 12 BBiG. Nach Abs. 1 Satz 1 dieser Vorschrift ist eine Vereinbarung nichtig, die

12

---

1 LAG Hamm v. 31.7.1986 – 10 Sa 1707/84, n.v.
2 Offen gelassen zuletzt von BAG v. 15.9.2009 – 3 AZR 173/08, NZA 2010, 342 (345).
3 So auch BAG v. 19.3.1980, EzA § 611 BGB Ausbildungsbeihilfe Nr. 2 unter Abkehr von einem entgegenstehenden in BAG v. 19.6.1974 – 4 AZR 299/73, AP Nr. 1 zu § 611 BGB Ausbildungsbeihilfe geäußerten obiter dictum; ebenso *Lipke*, Gratifikationen, S. 173; *Blomeyer*, Anm. AP Nr. 1 zu § 611 BGB Ausbildungsbeihilfe und Schaub/*Vogelsang*, § 176 Rz. 18; vgl. hierzu auch *Schneider*, Anm. EzA § 611 BGB Ausbildungsbeihilfe Nr. 2.
4 *Blomeyer/Buchner*, Rückzahlungsklauseln, S. 8.
5 So zutreffend BAG v. 19.3.1980 – 5 AZR 362/78, EzA § 611 BGB Ausbildungsbeihilfe Nr. 2.
6 *Blomeyer*, Anm. AP Nr. 1 zu § 611 BGB Ausbildungsbeihilfe.
7 BAG v. 14.12.1983 – 5 AZR 174/82, n.v. ob dies im Hinblick auf die aktuellen Anforderungen an die Transparenz und Bestimmtheit der Rückzahlungsklausel noch Bestand hat scheint fraglich, vgl. die Ausführungen unter Rz. 50 ff.

den Auszubildenden für die Zeit nach Beendigung des Berufsausbildungsverhältnisses in der Ausübung seiner beruflichen Tätigkeit beschränkt. Dies trifft auf Rückzahlungsvereinbarungen zu.[1] Noch deutlicher ergibt sich die Unzulässigkeit und Nichtigkeit solcher Abreden aus § 12 Abs. 2 Nr. 1 BBiG, der eine Vereinbarung über die Verpflichtung des Auszubildenden, für die Berufsausbildung eine Entschädigung zu zahlen, für nichtig erklärt. Das Verbot der Kostenerhebung bzw. der Auferlegung einer Entschädigungsverpflichtung erstreckt sich **nicht** auf Maßnahmen, die dem **schulischen Bereich der Ausbildung** zuzurechnen sind (z.B. Kosten durch den Besuch einer staatlichen Berufsschule). Da das **Studium** nicht zum betrieblichen Bereich gehört, ist es dem schulischen Bereich der Ausbildung zuzuordnen.[2] Im Rahmen eines sog. dualen Studiengangs muss der Arbeitgeber hinreichend deutlich machen, auf welche konkreten Kosten sich die Rückzahlungsvereinbarung stützt.[3] Um dem Transparenzgebot gerecht zu werden, muss dabei klar erkennbar sein, dass betriebliche Ausbildungskosten nicht Teil der Rückzahlungsklausel sind.[4] Dagegen ist nach § 12 Abs. 2 Nr. 1 BBiG eine Vereinbarung nichtig, wonach der Auszubildende diejenigen Kosten zu erstatten hat, die dem Ausbilder durch einen von ihm veranlassten Besuch einer anderen Bildungseinrichtung als der staatlichen Berufsschule entstehen.[5] Nichtig ist ferner die Übernahme der Kosten für den Erwerb der Fahrerlaubnis im Rahmen des Ausbildungsverhältnisses zum Berufskraftfahrer unter der Voraussetzung, dass das Arbeitsverhältnis im Anschluss an die Ausbildung mindestens noch ein Jahr bestehen bleibt.[6]

13 § 12 BBiG steht im ersten, mit „Berufsausbildung" überschriebenen Kapitel des zweiten Teils des Berufsbildungsgesetzes und trägt der besonderen Abhängigkeit des Auszubildenden vom Ausbildungsbetrieb Rechnung. Beides spricht gegen eine Anwendung auch auf berufliche Fortbildungs- und Umschulungsmaßnahmen i.S.d. §§ 1 Abs. 5, 53ff., 58ff. BBiG.[7] § 12 BBiG ist auf Berufsausbildungsverhältnisse zu beschränken und **einer Verallgemeinerung** oder gar analogen Anwendung über § 26 BBiG **nicht zugänglich**.[8] Ein sonstiges Vertragsverhältnis i.S.d. § 26 BBiG liegt nur vor, wenn erstmals Kenntnisse, Fertigkeiten oder Erfahrungen vermittelt werden, nicht aber, wenn eine Vorbildung oder berufliche Praxis des Mitarbeiters gegeben ist und dieser neben der Ausbildung in erheblichem Umfang leistungsorientiert Arbeitsleistungen erbringt und dafür eine nicht unerhebliche Vergütung bezieht.[9]

---

1 Vgl. BAG v. 25.4.2001 – 5 AZR 509/99, NZA 2002, 1396; CKK/*Klumpp*, § 307 Rz. 208.
2 BAG v. 18.11.2008 – 3 AZR 312/07, NZA 2009, 435 (438); LAG Köln v. 27.5.2010 – 7 Sa 23/10, NZA-RR 2011, 11; LAG MV v. 14.12.2011 – 3 Sa 263/11, BeckRS 2012, 67940.
3 LAG Köln v. 27.5.2010 – 7 Sa 23/10, NZA-RR 2011, 11; ausführlich zur Rückzahlungsklauseln bei dualen Studiengängen *Koch-Rust/Rosentreter*, NZA 2013, 879 (881 ff.).
4 Vgl. LAG Köln v. 27.5.2010 – 7 Sa 23/10, NZA-RR 2011, 11 (12); zu den weiteren Voraussetzungen einer Rückzahlungsklausel unter Berücksichtigung von § 12 BBiG (insbesondere zu einem angemessenen Arbeitsvertragsangebot nach Abschluss der Ausbildung) s. LAG MV v. 14.12.2011 – 3 Sa 263/11, BeckRS 2012, 67940.
5 BAG v. 25.7.2002 – 6 AZR 381/00, AP Nr. 9 zu § 5 BBiG; *Braun*, DÖD 2003, 177.
6 BAG v. 25.4.1984 – 5 AZR 386/83, NZA 1985, 184.
7 S.a. BAG v. 20.2.1975 – 5 AZR 240/74, EzA Art. 12 GG Nr. 12.
8 BAG v. 20.2.1975 – 5 AZR 240/74, EzA Art. 12 GG Nr. 12; *Lipke*, Gratifikationen, S. 169; *Braun*, DÖD 2003, 177; *I. Schmidt*; NZA 2004, 1003; *Thüsing*, AGB-Kontrolle im Arbeitsrecht, Rz. 337.
9 BAG v. 5.12.2002 – 6 AZR 216/01, AP Nr. 2 zu § 19 BBiG; LAG Schl.-Holst. v. 27.2.2001 – 1 Sa 409 a/00, FA 2001, 185.

Somit kommt der **Definition der Berufsausbildung** entscheidende Bedeutung zu. Sie findet sich in § 1 Abs. 3 BBiG. Hiernach hat die Berufsausbildung die für die Ausübung einer qualifizierten beruflichen Tätigkeit in einer sich wandelnden Arbeitswelt notwendigen beruflichen Fertigkeiten, Kenntnisse und Fähigkeiten in einem geordneten Ausbildungsgang zu vermitteln sowie den Erwerb der erforderlichen Berufserfahrung zu ermöglichen.[1] Nimmt man die Absätze 4 und 5 hinzu, so wird deutlich, dass es bei der Berufsausbildung im Gegensatz zur beruflichen Fortbildung und Umschulung um die erstmalige Vermittlung der genannten Kenntnisse, Fertigkeiten oder Erfahrungen geht.[2] Für Qualifizierungsmaßnahmen innerhalb eines bestehenden Arbeitsverhältnisses – also zeitlich nach Abschluss der erstmaligen Berufsausbildung – hat § 12 BBiG somit keine Bedeutung. Das Berufsbildungsgesetz ist ferner dann nicht anwendbar, wenn die praktische Tätigkeit **Teil eines Studiums** ist (§ 3 Abs. 2 Nr. 1 BBiG). In diesem Fall treten die für das Studium geltenden Regeln an die Stelle des Berufsbildungsgesetzes. Das gilt allerdings nur dann, wenn auch das Praktikum durch staatliche Entscheidung anerkannt ist.[3]

(2) § 32 SGB I als gesetzliche Schranke

⊃ **Nicht geeignet:**

Der zurückzuzahlende Betrag umfasst die Kosten der Fortbildung sowie das fortgezahlte Entgelt mit den von der Firma gezahlten Anteilen zur Sozialversicherung.[4]

Zahlt der Arbeitgeber für die Dauer der Aus- oder Fortbildung die regelmäßige Vergütung fort und gewährt er dem Arbeitnehmer zumindest eine Ausbildungsbeihilfe, so handelt es sich um beitragspflichtiges Arbeitsentgelt in der Sozialversicherung.[5] Der auf den Arbeitgeber entfallende Anteil des Sozialversicherungsbeitrags rechnet nach der Rechtsprechung[6] ebenfalls zum Arbeitsentgelt i.S.v. § 14 SGB IV. Der Arbeitgeber leistet diesen Teil des Gesamtsozialversicherungsbeitrags in Erfüllung einer eigenen Verbindlichkeit an die Träger der Sozialversicherung. Eine **Rückzahlungsvereinbarung, die sich** – wie die oben mitgeteilte Klausel – **auf diese Arbeitgeberanteile erstreckt**, weicht somit zum Nachteil des Arbeitnehmers von den Vor-

---

1 Rein schulische Veranstaltungen fallen nicht hierunter. Rückzahlungsklauseln sind hier unter erleichterten Voraussetzungen möglich, vgl. BAG v. 16.10.1974 – 5 AZR 575/73, EzA Nr. 2 zu § 5 BBiG für Ausbildungsverhältnisse der Flugschüler der Verkehrsfliegerschule der Deutschen Lufthansa und BAG v. 6.6.1984 – 5 AZR 605/82, n.v., für Ausbildung an der Akademie für Beratungsanwärter.
2 BAG v. 20.2.1975 – 5 AZR 240/74, EzA Art. 12 GG Nr. 12; zur Abgrenzung von Aus- und Fortbildung s. auch LAG Hamburg v. 19.4.2000 – 4 Sa 107/99.
3 Vgl. BAG v. 18.11.2008 – 3 AZR 192/07, NZA 2009, 435 zu betrieblichen Praxisphasen im Rahmen eines dualen Studiums zum Diplom-Betriebswirt (FH).
4 Empfehlung der Arbeitgeberverbände Wuppertal e.V. A II – 101/1991 v. 21.10.1991.
5 *Lipke*, Gratifikationen, S. 197.
6 BAG v. 11.4.1984 – 5 AZR 430/82, EzA § 611 BGB Ausbildungsbeihilfe Nr. 4; v. 23.4.1997 – 5 AZR 29/96, NZA 1997, 1002; LAG Düsseldorf v. 23.1.1989, LAGE § 611 BGB Ausbildungsbeihilfe Nr. 2.

schriften des Sozialgesetzbuchs ab, was gemäß § 32 SGB I zur **Nichtigkeit** einer solchen Abrede führt.[1]

(3) Tarifvertrag

16 Hinzuweisen bleibt auf eine Grenze, die sich aus der Existenz eines Tarifvertrages ergeben kann. Hat der Arbeitnehmer nämlich während der Aus- oder Fortbildung einen tarifvertraglichen Lohnzahlungsanspruch – beiderseitige Tarifbindung also vorausgesetzt –, so würde eine Rückzahlungsklausel, die sich auf den tariflichen Mindestlohn erstreckte, an **§ 4 Abs. 1, 3 TVG** scheitern.[2] In den meisten Fällen erfolgt die Fortzahlung der Vergütung während der Bildungsmaßnahme jedoch auf freiwilliger Basis, so dass auch diese Schranke in der Praxis keine große Bedeutung hat, zumal sich die Rückforderung häufig auf die sachlichen Fortbildungskosten beschränkt.

dd) AGB-rechtliche Zulässigkeitsschranken (§ 307 BGB)

17 Rückzahlungsklauseln bei Vereinbarungen über Sonderleistungen des Arbeitgebers stehen im **Spannungsverhältnis zwischen der Vertragsfreiheit und dem das Arbeitsrecht beherrschenden Gedanken des Arbeitnehmerschutzes**.[3] Einerseits umfasst nämlich das den Privatrechtssubjekten zugestandene und verfassungsrechtlich abgesicherte (Art. 2 Abs. 1 GG) Recht, durch den Abschluss von Verträgen Rechte und Verbindlichkeiten zu begründen, selbstverständlich auch Vereinbarungen über eine Rückzahlungspflicht. Andererseits darf nicht übersehen werden, dass der Arbeitnehmer durch die zumeist vorformulierten Rückzahlungsklauseln in seiner Freiheit den Arbeitsplatz zu wechseln eingeschränkt wird. Die Rechtsprechung hat es vor diesem Hintergrund abgelehnt, in Rückzahlungsabreden für Aus- und Fortbildungskosten generell eine unangemessene Benachteiligung des Arbeitnehmers zu sehen. Vielmehr steht es den Arbeitsvertragsparteien nach der Rechtsprechung des BAG[4] **grundsätzlich frei**, die Übernahme der Aus- oder Fortbildungskosten mit einem Rückzahlungsvorbehalt für den Fall des vorzeitigen Ausscheidens des Arbeitnehmers zu verbinden. Das gelte jedoch nicht uneingeschränkt. Zahlungsverpflichtungen, die an die vom Arbeitnehmer ausgehende Kündigung anknüpften, könnten das **Grundrecht auf freie Wahl des Arbeitsplatzes nach Art. 12 GG** beeinträchtigen. Die verfassungsrechtliche Wertentscheidung entfalte sich in bürgerlich-rechtlichen Streitigkeiten durch die das Privatrecht unmittelbar beherrschenden Vorschriften, insbesondere durch die **Generalklausel des § 307 Abs. 1 Satz 1 BGB**.[5]

---

1 *Thüsing*, AGB-Kontrolle im Arbeitsrecht, Rz. 338; LAG Düsseldorf v. 23.1.1989 – 4 Sa 1518/88, LAGE § 611 BGB Ausbildungsbeihilfe Nr. 2; anders sind nach dieser Entscheidung die Arbeitgeberanteile zur Zusatzversorgungskasse zu behandeln. Abl. *Krebs*, Anm. SAE 2004, 67.
2 *Düwell/Ebeling*, DB 2008, 406; abl. *Krebs*, Anm. SAE 2004, 67.
3 *Borrmann*, AR-Blattei [D] Rückzahlungsklauseln I, A. III.1.
4 BAG v. 11.4.2006 – 9 AZR 610/05, NZA 2006, 1042 (1044); ebenso die frühere Rechtsprechung, vgl. nur BAG v. 24.6.2004 – 6 AZR 383/03, NZA 2004, 1035 (1036).
5 Für § 307 Abs. 1 Satz 1 BGB als Prüfungsmaßstab vorformulierter Rückzahlungsvorbehalte BAG v. 11.4.2006 – 9 AZR 610/05, NZA 2006, 1042 (1044); v. 28.5.2013 – 3 AZR 103/12, NZA 2013, 1419 (1420); v. 6.8.2013 – 9 AZR 442/12, NZA 2013, 1361 (1362); BGH v. 17.9.2009 – III ZR 207/08, NZA 2010, 37 (38); *Krebs*, Anm. SAE 2004, 67; zuvor

Die für den Arbeitnehmer tragbaren Bindungen seien hiernach aufgrund einer **Güter- und Interessenabwägung** nach Maßgabe des Verhältnismäßigkeitsgrundsatzes unter Heranziehung aller Umstände des Einzelfalles zu ermitteln. Das Interesse des Arbeitgebers, der seinem Arbeitnehmer eine Aus- oder Weiterbildung finanziere, gehe dahin, die vom Arbeitnehmer erworbene Qualifikation möglichst langfristig für seinen Betrieb nutzen zu können. Dieses grundsätzlich berechtigte Interesse gestatte es dem Arbeitgeber, als Ausgleich für seine finanziellen Aufwendungen von einem sich vorzeitig abkehrenden Arbeitnehmer die Kosten der Ausbildung ganz oder zeitanteilig zurückzuverlangen. Die berechtigten Belange des Arbeitgebers seien gegen das Interesse des Arbeitnehmers abzuwägen, seinen Arbeitsplatz ohne Belastung mit Kosten frei wählen zu können. Die Abwägung habe sich insbesondere daran zu orientieren, ob und inwieweit der Arbeitnehmer mit der Aus- oder Fortbildung einen geldwerten Vorteil erlange. Darüber hinaus komme es u.a. auf die Dauer der Bindung, den Umfang der Fortbildungsmaßnahme, die Höhe des Rückzahlungsbetrages und dessen Abwicklung an.

Die in der Rechtsprechung vor Inkrafttreten der Schuldrechtsmodernisierung entwickelten Zulässigkeitskriterien können auf der Basis des § 307 BGB weitestgehend fortgeführt werden (vgl. hierzu Rz. 21).[1] Eine neue Konsequenz dürfte aber in den sehr strengen Transparenzanforderungen liegen (ausführlich Rz. 43 ff.).[2] Für die Anwendbarkeit der AGB-Kontrollvorschriften kommt es allein darauf an, dass die Rückzahlungsbedingungen vom Arbeitgeber vorformuliert und dem Arbeitnehmer gestellt worden sind. Unerheblich ist demgegenüber, ob der Rückzahlungsvorbehalt bereits im Arbeitsvertrag enthalten ist oder erst später im Zusammenhang mit der Fortbildungsmaßnahme in einer separaten Vereinbarung erfolgt.[3] Auch die **Kontrollfähigkeit nach § 307 Abs. 3 BGB** steht außer Zweifel.[4] Um die Interessenabwägung besser zu strukturieren, bietet es sich allerdings an, zwischen der Zulässigkeit dem Grunde nach („Ob") und der zulässigen inhaltlichen Ausgestaltung der Rückzahlungsklausel („Wie") zu unterscheiden.[5] Diskutiert wird weiterhin über die Rechtsfolgen unzulässiger Rückzahlungsvorbehalte (hierzu Rz. 59). Noch ungeklärt ist derzeit, was künftig für **individuell ausgehandelte Rückzahlungsklauseln** gelten soll. Hier müsste die Kontrolldichte künftig deutlich zurückgenommen werden.[6] In gravierenden Fällen, in denen der Inhalt des Vertrages eine Seite ungewöhnlich belastet und als Interessenausgleich offensichtlich ungeeignet ist, wird

18

---

hatte das BAG auf den Grundsatz von Treu und Glauben (§ 242 BGB) abgestellt, vgl. BAG v. 24.6.2004 – 6 AZR 383/03, NZA 2004, 1035 und v. 21.7.2005 – 6 AZR 452/04, NZA 2006, 542.

1 In diesem Sinne auch LAG Köln v. 6.3.2006 – 14 (11) Sa 1327/05, NZA-RR 2006, 404 (405); *Thüsing*, AGB-Kontrolle im Arbeitsrecht, Rz. 339; CKK/*Klumpp*, § 307 Rz. 208.
2 So auch ErfK/*Preis*, § 310 BGB Rz. 94; die Angabe der konkreten Kosten und deren Aufschlüsselung fordernd BAG v. 6.8.2013 – 9 AZR 442/12, NZA 2013, 1361 (1362).
3 *Lakies*, AGB im Arbeitsrecht, Rz. 725.
4 Vgl. BAG v. 24.10.2002 – 6 AZR 632/00, NZA 2003, 668; v. 14.1.2009 – 3 AZR 900/07, NZA 2009, 666 (667); v. 15.9.2009 – 3 AZR 173/08, NZA 2010, 342 (344); BGH v. 17.9.2009 – III ZR 207/08, NZA 2010, 37 (39); HR/*Mengel*, 1/13 Rz. 752; HWK/*Gotthardt*, Anh. §§ 305–310 BGB Rz. 44.
5 Diesem Ansatz folgend *Thüsing*, AGB-Kontrolle im Arbeitsrecht, Rz. 339; s.a. *Elking*, BB 2014, 885 (888).
6 Zu Rückzahlungsklauseln im Rahmen von Individualabreden allgemein BLDH/*Lingemann*, Kap. 8 Rz. 13 ff.

man auf der Grundlage des § 138 BGB zur Unwirksamkeit der Rückzahlungsabrede gelangen.[1] Im Übrigen bleibt auch in diesen Fällen noch die Ausübungskontrolle auf der Grundlage des Gebots von Treu und Glauben (vgl. hierzu noch Rz. 60).

19 Vorformulierte Rückzahlungsklauseln unterliegen nicht nur einer materiellen Inhaltskontrolle. Sie müssen darüber hinaus auch klar und verständlich formuliert sein. Schon nach bisheriger Rechtsprechung musste eine Rückzahlungsabrede **hinreichend bestimmt** sein.[2] Diese Anforderung lässt sich heute als Ausfluss des **Transparenzgebots** begreifen. Der Arbeitnehmer muss demnach in die Lage versetzt werden, abzuwägen, ob die mit der Teilnahme an der Aus- oder Fortbildung verbundenen beruflichen Vorteile die finanziellen Belastungen im Falle einer vorzeitigen Beendigung des Vertragsverhältnisses rechtfertigen.[3] So ist eine Rückzahlungsklausel wegen Unbestimmtheit unwirksam, wenn der Arbeitnehmer verpflichtet ist, an allen Fortbildungen teilzunehmen, die der Erfüllung seiner Aufgaben dienlich sind, jedoch weder die Dauer noch der konkrete Inhalt der Fortbildungsmaßnahmen und die damit verbundenen Kosten und Vorteile feststellbar sind.[4] Ein Verstoß gegen das Transparenzgebot ist ferner in dem Fall angenommen worden, dass der Rückzahlungsvorbehalt **Angaben zur etwaigen Größenordnung der auflaufenden Kosten** vermissen lässt.[5] Eine Klausel in Formularverträgen genüge dem Transparenzgebot nur dann, wenn die **Kosten dem Grunde und der Höhe nach im Rahmen des Möglichen angegeben** seien.[6] Schließlich ist es unter dem gleichen Gesichtspunkt beanstandet worden, dass für den Rückzahlungsbelasteten bei Vertragsschluss nicht erkennbar war, was für ein Einstellungsangebot ihm der Arbeitgeber im Falle des erfolgreichen Abschlusses des Studiums unterbreiten werde.[7]

(1) Zulässigkeit dem Grunde nach („Ob")

20 Zunächst gilt es zu klären, welche Voraussetzungen erfüllt sein müssen, damit die Übernahme der Fortbildungskosten überhaupt mit einer Rückzahlungsklausel versehen werden darf. Anders gewendet lautet die Frage, in welchen Fällen eine Rückzahlungsvereinbarung zulasten des Arbeitnehmers trotz denkbar günstigster inhaltlicher Ausgestaltung von vornherein ausgeschlossen ist.

21 Anzusetzen ist bei der Zumutbarkeitsformel der Rechtsprechung. Für die Frage, ob eine Rückzahlungsklausel dem Arbeitnehmer zuzumuten ist, kommt es nach der Rechtsprechung des BAG[8] darauf an, welche Vertragspartei das größere Interesse

---

1 *Krebs*, Anm. SAE 2004, 68.
2 Vgl. ArbG Passau v. 6.3.2001 – 4e Ca 1326/00 E, NZA-RR 2002, 50.
3 BAG v. 21.11.2002 – 6 AZR 77/01, EzA Nr. 2 zu § 611 BGB 2002 Ausbildungsbeihilfe.
4 LAG Sa.-Anh. v. 17.11.2000 – 2 Sa 281/00, n.v.
5 BAG v. 6.8.2013 – 9 AZR 442/12, NZA 2013, 1361 (1362); LAG Schl.-Holst. v. 23.5.2007, NZA-RR 2007, 514.
6 BAG v. 28.8.2012 – 3 AZR 698/10, NZA 2012, 1428; v. 6.8.2013 – 9 AZR 442/12, NZA 2013, 1361 (1362).
7 LAG BW v. 15.2.2007 – 3 Sa 46/06, AuA 2007, 304; auf dieser Linie auch LAG Schl.-Holst. v. 23.5.2007 – 3 Sa 28/07, NZA-RR 2007, 514 (517); zuletzt LAG Köln, v. 27.5.2010 – 7 Sa 23/10, NZA-RR 2011, 11.
8 BAG v. 24.1.1963 – 5 AZR 100/62, AP Nr. 29 zu Art. 12 GG; v. 20.2.1975 – 5 AZR 240/74 und v. 18.8.1976 – 5 AZR 399/75, EzA Art. 12 GG Nrn. 12 und 13; zust. auch die Literatur: vgl. *Lipke*, Gratifikationen, S. 180 ff.; *Braun*, DÖD 2003, 177 (179); *Lakies*, Inhaltskontrolle von Arbeitsverträgen, Rz. 792.

an der Fortbildung des Arbeitnehmers hat. Sei das Interesse des Arbeitnehmers an der Fortbildung im Vergleich zu dem des Arbeitgebers gering, verbiete sich jede Beteiligung des Arbeitnehmers an den Fortbildungskosten über eine Rückzahlungsabsprache. Im Rahmen dieser Interessenabwägung stellt das BAG auf Seiten des Arbeitnehmers **entscheidend** darauf ab, ob und inwieweit er mit der Fortbildung einen **geldwerten Vorteil im Sinne einer Verbesserung seiner beruflichen Möglichkeiten** erlangt. Dieser dem Arbeitnehmer infolge der Fortbildung zugeflossene Vorteil müsse eine angemessene Gegenleistung des Arbeitgebers für die durch die Rückzahlungsklausel bewirkte Bindung darstellen.[1] Eine Kostenbeteiligung ist dem Arbeitnehmer danach umso eher zuzumuten, je größer der mit der Fortbildung verbundene berufliche Vorteil für ihn ist (Kompensationsgedanke).[2]

Der aus der Weiterbildung resultierende berufliche Vorteil kann nach Ansicht des BAG namentlich darin liegen, dass sich dem Arbeitnehmer nunmehr bislang verschlossene **berufliche Möglichkeiten auf dem Arbeitsmarkt** eröffnen, die gewonnenen zusätzlichen Kenntnisse und Fähigkeiten sich mithin in anderweitig eingegangenen Arbeitsverhältnissen verwerten lassen.[3] Dabei kommt es jedoch nicht darauf an, ob der Arbeitnehmer die Vorteile aus seiner Fortbildung tatsächlich zieht.[4] Entscheidend ist vielmehr, dass dem Mitarbeiter durch die Fortbildung objektiv die Möglichkeit geboten wird, sich die erhöhte Qualifikation zunutze zu machen. Aber auch in der **Einnahme einer höher dotierten Stelle beim eigenen Arbeitgeber** sieht das BAG eine Verbesserung der beruflichen Möglichkeiten des Arbeitnehmers.[5] In diesem Zusammenhang sah es sich veranlasst klarzustellen, dass bloß theoretische Aufstiegschancen keine angemessene Gegenleistung für die durch die Rückzahlungsklausel eingegangene Betriebsbindung darstellten.[6] Nur ernsthaft in Betracht zu ziehende Chancen seien von Gewicht. Die Dauer einer Fortbildung ist ein Indiz für die Qualität der erworbenen Qualifikation. Die Höhe der vom Arbeitgeber bezahlten Reise- und Hotelkosten sowie die Höhe des fortgezahlten Entgelts sind dagegen kein Indiz für die dem Arbeitnehmer durch die Fortbildung erwachsenen beruflichen Vorteile.[7]

Regelmäßig unzulässig sind Rückzahlungsklauseln, wenn es sich bei den vom Arbeitgeber vorgeschossenen Aus- oder Fortbildungskosten der Sache nach um eine Investition im Interesse des arbeitgeberischen Unternehmens handelt, es also letztlich um einen Teil der Personalpolitik des Unternehmens geht.[8] In diesem Fall bringt der Arbeitgeber die Kosten auf, um die später vom Arbeitnehmer erworbenen

---

1 Insbes. BAG v. 18.8.1976 – 5 AZR 399/75, EzA Art. 12 GG Nr. 13; v. 16.3.1994 – 5 AZR 339/92, AP Nr. 18 zu § 611 BGB Ausbildungsbeihilfe; v. 6.9.1995 – 5 AZR 241/94, AP Nr. 23 zu § 611 BGB Ausbildungsbeihilfe.
2 *Lakies*, Inhaltskontrolle von Arbeitsverträgen, Rz. 794.
3 Vgl. nur BAG v. 18.8.1976 – 5 AZR 399/75, EzA Art. 12 GG Nr. 13; zust. *Thüsing*, AGB-Kontrolle im Arbeitsrecht, Rz. 341.
4 BAG v. 30.11.1994 – 5 AZR 714/93, NZA 1995, 727 (728); *Schmidt*, BB 1971, 47; *Lipke*, Gratifikationen, S. 183; *Braun*, DÖD 2003, 177 (179).
5 BAG v. 18.8.1976 – 5 AZR 399/75, EzA Art. 12 GG Nr. 13; v. 16.3.1994 – 5 AZR 339/92, AP Nr. 18 zu § 611 BGB Ausbildungsbeihilfe.
6 BAG v. 23.2.1983 – 5 AZR 531/80, EzA § 611 BGB Ausbildungsbeihilfe Nr. 3.
7 BAG v. 5.12.2002 – 6 AZR 539/01, NZA 2003, 559; ebenso HWK/*Thüsing*, § 611 Rz. 465.
8 BAG v. 18.11.2008 – 3 AZR 192/07, NZA 2009, 435 (438); s. hierzu die Ausführungen unter Rz. 28, 30, 34.

Kenntnisse für seinen Geschäftsbetrieb nutzbar zu machen.[1] Dies gilt insbesondere für die Kosten der Einarbeitung auf einen bestimmten Arbeitsplatz,[2] sowie bei Qualifikationen, die lediglich der Auffrischung vorhandener Kenntnisse dienen[3] oder die notwendig werden, um auf vom Arbeitgeber veranlasste, neue betriebliche Gegebenheiten zu reagieren.[4]

23a Weitere Beurteilungskriterien für die Zulässigkeit einer Rückzahlungsklausel sind die Dauer der Bindung des Arbeitnehmers, der Umfang der Fortbildungsmaßnahme, die Höhe des Rückzahlungsbetrages und dessen Abwicklung. Für das Verhältnis dieser Beurteilungskriterien untereinander hat die Rechtsprechung keine festen Vorgaben aufgestellt.

(a) Erwerb eines Qualifikationsnachweises als Einstellungs- oder Aufstiegsvoraussetzung

24 **Führerschein**

Die Kosten meiner Ausbildung zum Omnibusfahrer betragen … Euro. Ich verpflichte mich, nach meiner Ausbildung mindestens fünf Jahre als Omnibusfahrer im Dienste der Ü. zu bleiben. Sollte mein Arbeitsverhältnis mit der Ü. vor Ablauf dieser fünf Jahre enden, ohne dass ich einen wichtigen Grund zur Kündigung meines Arbeitsverhältnisses habe, bin ich bereit, einen entsprechenden Jahresanteil – je nach der Dauer und der Beschäftigung als Omnibusfahrer – zu zahlen.[5]

Pharma-Referenten-Lehrgang

In folgenden Fällen haben Sie von den uns insgesamt entstandenen Fortbildungskosten einen Betrag von 9 000 Euro ganz oder teilweise zurückzuzahlen:
– Sie bestehen die Abschlussprüfung vor der IHK und/oder die firmeninterne Abschlussprüfung nicht;
– Sie lehnen nach Ablegung beider Abschlussprüfungen unser Angebot auf Abschluss eines befristeten Vertrages, dessen Zeitraum als Probe gilt, ab;
– Sie scheiden während der Fortbildung zum Geprüften … und/oder der pharmainternen Produktionsschulung vor Ablauf von drei Jahren nach Ablegung der Abschlussprüfungen auf eigenen Wunsch oder aus Gründen, die in Ihrer Person liegen, aus unseren Diensten aus. In diesem Fall vermindert sich der zurückzuzahlende Betrag um jeweils 1/36 für jeden Monat, den Sie als … bei uns tätig waren.

Für die rechtliche Beurteilung ist zunächst von Bedeutung, welchen Zweck die geplante Fortbildung verfolgt. Die Ausgangssituation ist nämlich eine andere je nachdem, ob die Rückerstattungsvereinbarung im Hinblick auf eine Fortbildungsmaß-

---
1 BAG v. 18.11.2008 – 3 AZR 192/07, NZA 2009, 435 (438).
2 BAG v. 16.1.2003 – 6 AZR 384/01, NZA 2004, 456 (Ls.); Schaub/*Vogelsang*, § 176 Rz. 27.
3 *Lakies*, Inhaltskontrolle von Arbeitsverträgen, Rz. 795; CKK/*Klumpp*, § 307 Rz. 209.
4 BAG v. 24.7.1991 – 5 AZR 443/90, NZA 1992, 405.
5 BAG v. 24.1.1963 – 5 AZR 100/62, AP Nr. 29 zu Art. 12 GG.

nahme getroffen wird, die den Arbeitnehmer erst für die in Aussicht genommene Position qualifizieren soll, oder ob sich die Abrede auf eine Fortbildung im laufenden Arbeitsverhältnis zur Anpassung des Kenntnisstandes an gewachsene Anforderungen bezieht. Die Erfüllung der Einstellungsvoraussetzungen, insbesondere die Beibringung entsprechender Qualifikationsnachweise ist Sache des Arbeitnehmers. Kommt der Arbeitgeber ihm hier auf halbem Wege durch Übernahme der Schulungs- und Prüfungskosten entgegen, so ist eine **angemessene Bindung grundsätzlich nicht zu beanstanden**. Denn für den Bewerber eröffnet sich die Perspektive, in absehbarer Zeit eine ihm zuvor wegen seiner Minderqualifikation an sich verschlossene Position einzunehmen, die dann auch entsprechend dotiert sein wird.

Das soeben Gesagte gilt jedenfalls uneingeschränkt für allgemein anerkannte und in der Praxis oftmals zur Einstellungsvoraussetzung erhobene Qualifikationsnachweise. Die erstgenannte Klausel (**Führerschein**) ist hierfür ein Beispiel.[1] Auch der **Pharma-Referenten-Lehrgang** setzt den Arbeitnehmer erst in den Stand, den in Aussicht genommenen Arbeitsplatz einzunehmen. Handelt es sich um eine auch anderwärts verwendbare Grundausbildung und nicht nur um ein Bekanntmachen mit den Produkten und Vertriebswegen des Arbeitgebers, so stehen einer Rückzahlungsklausel auch hier keine grundsätzlichen Bedenken entgegen. Auf dieser Linie liegt es auch, in der herstellerübergreifend durchgeführten **Ausbildung zum zertifizierten Automobilverkäufer** einen Sachverhalt zu erblicken, der grundsätzlich die Verknüpfung mit einer Rückzahlungsverpflichtung erlaube, da die teilnehmenden Arbeitnehmer auf dem Arbeitsmarkt mit einem zusätzlichen Nutzen rechnen können.[2] Auch durch die **Ausbildung** einer Altenpflegehelferin **zur examinierten Altenpflegerin** wird eine gehobene Qualifikation vermittelt, die einen Aufstieg in sonst verwehrte Vergütungsgruppen ermöglicht.[3] Gleiches dürfte auch für die **Weiterbildung zum KfZ-Prüfingenieur** gelten.[4]

25

Sparkassenaufbaulehrgang

26

(1) Die Städt. Sparkasse R. übernimmt namens der Stadt ... gegenüber dem Teilnehmer folgende freiwillige Leistungen: ...

(2) Die Sparkasse erbringt die in Ziff. (1) aufgeführten freiwilligen Leistungen in der Erwartung, dass der Teilnehmer während und nach der Beendigung des Lehrgangs weiterhin in ihren Diensten verbleibt. Wenn der Teilnehmer ... vorzeitig aus den Diensten der Sparkasse ausscheidet, wird er daher die von ihr erbrachten freiwilligen Leistungen nach dem folgenden Plan zurückerstatten: ...[5]

Aber auch bei bereits längere Zeit bestehenden Beschäftigungsverhältnissen ist eine positive Beurteilung in der Regel dann angezeigt, **wenn die Bildungsmaßnahme ei-**

---

[1] Gleiches gilt bei sog. Musterberechtigungen zum Führen von Flugzeugen, s.a. HWK/*Thüsing*, § 611 Rz. 465.
[2] LAG Köln v. 6.3.2006 – 14 (11) Sa 1327/05, NZA-RR 2006, 404.
[3] BAG v. 21.7.2005 – 6 AZR 452/04, NZA 2006, 542 (544); für die Fachweiterbildung „Anästhesie und Intensivpflege" einer Krankenschwester ebenso LAG BW v. 12.9.2013 – 16 Sa 24/13, juris.
[4] BAG v. 21.8.2012 – 3 AZR 698/10, NZA 2012, 1428 – die Rückzahlungsklausel wurde aber aus Transparenzgründen für unwirksam erklärt.
[5] BAG v. 23.2.1983 – 5 AZR 531/80, EzA § 611 BGB Ausbildungsbeihilfe Nr. 3.

nem ausdrücklichen Wunsch des Arbeitnehmers entspricht, sie mithin in seinem eigenen Interesse und auf seine Initiative hin ergriffen wird. Tritt bspw. ein seit vielen Jahren im einfachen Sparkassendienst tätiger Angestellter an seinen Arbeitgeber mit der Bitte heran, ihn für den zum Aufstieg in den gehobenen Sparkassendienst erforderlichen halbjährigen Lehrgang anzumelden, ihn für diese Zeit vom Dienst freizustellen und die anfallenden Kosten zu übernehmen, so kann er nicht ohne Weiteres davon ausgehen, dass dem auch entsprochen wird. Erklärt sich der Arbeitgeber gleichwohl hierzu bereit, so muss es ihm auch **gestattet** sein, **auf den weiteren Verbleib des Arbeitnehmers** im Sparkassendienst **durch Vereinbarung einer bedingten Rückzahlungspflicht**, etwa nach Art der obigen Klausel, **hinzuwirken**.[1] Auch die vom Arbeitgeber finanzierte Teilnahme an dem Studiengang „Sparkassenbetriebswirt/in" rechtfertigt grundsätzlich eine Bindung in Form eines Rückzahlungsvorbehalts.[2]

(b) Hochschulstudium

27 Ich erkläre hiermit, dass ich nach Teilnahme einer vorbereitenden Ausbildung ein Studium für das Lehramt an berufsbildenden Schulen durchführen werde. Nach dem Erwerb der Befähigung für das Lehramt an berufsbildenden Schulen werde ich mindestens fünf Jahre im Schuldienst des Landes ... bleiben. Ich verpflichte mich, die während der Dauer des Studiums gezahlte Vergütung ... zurückzuzahlen, wenn ich vor Ablauf von fünf Jahren nach Erwerb der Befähigung für das Lehramt an berufsbildenden Schulen aus dem Schuldienst ... ausscheide.

Ein **Tatbestand, der regelmäßig die Sanktionierung durch eine Rückzahlungsverpflichtung rechtfertigt**, ist die **Finanzierung eines Hochschulstudiums**.[3] Ein abgeschlossenes Hochschulstudium führt in aller Regel zu einer nachhaltigen Verbesserung der beruflichen Möglichkeiten, verbunden mit der Aussicht auf eine entsprechende Gehaltssteigerung. Zumeist wird der geförderte Arbeitnehmer nach dem Erwerb des Hochschulabschlusses auch eine höhere Laufbahn einschlagen können. Soll der Arbeitnehmer nach Ende des Studiums verpflichtet werden ein entsprechendes Arbeitsvertragsangebot anzunehmen, darf die Klauselformulierung keinen Spielraum für eine unangemessen niedrige, nicht markgerechte Vergütung bieten.[4]

---

1 So im Ergebnis auch die Rechtsprechung zu den Sparkassen(aufbau)lehrgängen: BAG v. 29.6.1962 – 1 AZR 343/61, NJW 1962, 1981; v. 11.4.1984 – 5 AZR 430/82, NZA 1984, 288; v. 23.4.1986 – 5 AZR 159/85, NZA 1986, 741; BGH v. 5.6.1984 – VI ZR 279/82, NZA 1984, 290.
2 LAG München v. 8.5.2008 – 2 Sa 9/08, BeckRS 2009, 67641.
3 Vgl. z.B. BAG v. 12.12.1979 – 5 AZR 1056/77, EzA § 70 BAT Nr. 11.
4 LAG Köln v. 27.5.2010 – 7 Sa 23/10, NZA-RR 2011, 11 – ein verbindliches Vertragsangebot, welches sich ausschließlich an der Qualifikation orientiere, biete die Möglichkeit eine objektiv zu niedrige Vergütung festzuschreiben und stelle daher eine unangemessene Benachteiligung des Arbeitnehmers dar; s.a. Rz. 49a.

(c) Allgemeines Fortbildungsseminar

◯ **Nicht geeignet: Seminar für Mitarbeiter ohne Banklehre** 28

(1) Der Mitarbeiter wird für die Dauer des Lehrgangs (drei Wochen) unter Fortzahlung seiner Bezüge von seinen dienstlichen Verpflichtungen freigestellt. Die Lehrgangskosten übernimmt die ... Bank.

(2) Der Mitarbeiter verpflichtet sich zur zeitanteiligen Rückzahlung der empfangenen Bezüge einschließlich der Lehrgangskosten für den Fall, dass er vor Ablauf von drei Jahren kündigt oder aus einem von ihm zu vertretenden Grund entlassen wird.

Die Vereinbarung eines Rückzahlungsvorbehaltes wird von der Rechtsprechung, insbesondere bei betriebsbezogenen Fortbildungsmaßnahmen, die nur den Zweck haben, vorhandene Kenntnisse und Fähigkeiten zu erweitern oder aufzufrischen, beanstandet.[1] Dasselbe gilt für **kurze Lehrgänge im bisherigen Berufsfeld, die keinen qualifizierten Abschluss vermitteln**.[2] In diesen Fällen eröffneten sich dem Arbeitnehmer in aller Regel **weder besondere Aufstiegschancen beim eigenen Arbeitgeber, noch** gehe mit derartigen Fortbildungsmaßnahmen eine **Erhöhung der Chancen auf dem allgemeinen Arbeitsmarkt** einher.

So verhielt es sich bspw. auch im Falle der o.g. Klausel. Das LAG Rheinland-Pfalz[3] 29 hielt den Rückzahlungsvorbehalt für unwirksam, da die Teilnahme an dem allgemeinen dreiwöchigen Bankfortbildungsseminar hier lediglich dazu gedient habe, die in der bisherigen Tätigkeit bereits benötigten Kenntnisse zu erweitern, aufzufrischen und zu vertiefen, dem Mitarbeiter jedoch darüber hinaus keinerlei neue Qualifikationen erbracht oder ihm neue berufliche Chancen eröffnet habe.

(d) Betriebsbezogene Fortbildungsmaßnahmen

◯ **Nicht geeignet: Sprachkurs** 30

Sie werden ... für einen Sprachkurs des Instituts ... angemeldet. Die Kosten dieses Kurses in Höhe von monatlich ca. 2 400 Euro trägt U. (...) erfolgt die Kostenübernahme unter folgender Voraussetzung: U. erlässt Ihnen pro Monat, beginnend mit dem Ende des Kurses, jeweils $1/24$ der vorgelegten Kosten.

Scheiden Sie aufgrund eigener Kündigung oder aus Gründen, die in Ihrer Person liegen, aus den Diensten der U. aus, so haben Sie den alsdann noch verbleibenden Rest unverzüglich zurückzuerstatten.[4]

---

1 BAG v. 20.2.1975 – 5 AZR 240/74 und v. 18.8.1976 – 5 AZR 399/75, EzA Art. 12 GG Nrn. 12 und 13; v. 15.11.1989 – 5 AZR 590/88, NZA 1990, 392; LAG Rh.-Pf. v. 23.10. 1981 – 6 Sa 353/81, EzA Art. 12 GG Nr. 18; LAG Bremen v. 25.1.1984 – 4 Sa 122/83, NZA 1984, 290; LAG Hess. v. 7.9.1988 – 2 Sa 359/88, LAGE § 611 BGB Ausbildungsbeihilfe Nr. 3.
2 LAG Rh.-Pf. v. 23.10.1981 – 6 Sa 353/81, EzA Art. 12 GG Nr. 18; LAG Hess. v. 20.3.1986 – 9 Sa 165/85, NZA 1986, 753.
3 LAG Rh.-Pf. v. 23.10.1981 – 6 Sa 353/81, EzA Art. 12 GG Nr. 18; vgl. auch LAG Hess. v. 7.9.1988 – 2 Sa 359/88, LAGE § 611 BGB Ausbildungsbeihilfe Nr. 3.
4 BAG v. 3.7.1985 – 5 AZR 573/84, n.v.

○ **Nicht geeignet: Schulung für Telefonsachbearbeiter**

Bei Kündigung des Schulungsvertrages, sei es durch den Mitarbeiter, sei es durch die ... ist der Mitarbeiter verpflichtet, den Aufwendungsersatz zurückzuerstatten.

§ 6 Erstattung der Schulungskosten bei sich anschließendem Telefonsachbearbeitervertrag

Wenn sich an die Schulungszeit ein Telefonsachbearbeitervertragsverhältnis anschließt, dann gehen die Schulungskosten voll zulasten der ... mit Beginn des 7. Tätigkeitsmonats des Mitarbeiters gerechnet ab Beginn der Tätigkeit als Telefonsachbearbeiter für die ...

Scheidet der Mitarbeiter vor Ablauf eines halben Jahres aus den Diensten der ... aus, ist er verpflichtet, die gesamten Schulungskosten in Höhe von 300 Euro zu erstatten.

§ 7 Fälligkeit

Die Rückzahlung der Schulungskosten hat mit einer Frist von acht Tagen zu erfolgen, gerechnet entweder nach Beendigung des Schulungsvertrages, wenn der Mitarbeiter bereits in dieser Zeit ausscheidet, oder gerechnet ab Beendigung des Telefonsachbearbeitervertragsverhältnisses, wenn sich ein solches an die Schulungszeit angeschlossen hat.

Die Rückzahlungsverpflichtung der Schulungskosten besteht auch dann, wenn die gesamte siebentägige Schulungszeit absolviert worden ist und sich kein Telefonsachbearbeitervertragsverhältnis angeschlossen hat, aus welchen Gründen auch immer.

31 Auch das **Vertrautmachen mit den spezifischen Anforderungen des neuen Arbeitsplatzes, die Einweisung sowie die Einarbeitung** bringen einem neu eingestellten oder aus einem anderen Arbeitsbereich versetzten Mitarbeiter in der Regel **keine dauernden beruflichen Vorteile**.[1] Dahinter steht die Überlegung, dass es hier häufig um die Vermittlung spezieller Kenntnisse über innerbetriebliche Arbeitsabläufe geht. Da jedoch die Organisationsstruktur von Betrieb zu Betrieb verschieden ist, können solche Spezialkenntnisse in der Regel nicht in den Dienst anderer Arbeitgeber gestellt werden. Dies gilt erst recht für solche Kosten, die der Arbeitgeber von Gesetzes wegen zwingend zu tragen hat, bspw. die Unterrichtung des Arbeitnehmers nach § 81 BetrVG, aber auch die Kosten einer Betriebsratsschulung gemäß § 37 BetrVG.[2]

32 Wird die Finanzierung eines Sprachkurses vom Arbeitgeber in erster Linie im Hinblick auf den geplanten Einsatz – im Falle der ersten Beispielsklausel in Osteuropa – übernommen, so geht es nach Ansicht des BAG[3] ebenfalls weniger um eine Aus- oder Weiterbildung, als um eine Einarbeitung für einen bestimmten Arbeitsplatz. Da mit der Verbesserung der Sprachkenntnisse im Russischen auch keine nennenswerten Steigerungen der Chancen auf dem allgemeinen Arbeitsmarkt einhergegangen seien, erklärte das BAG die obige Klausel insgesamt für unwirksam.

---

1 BAG v. 3.7.1985 – 5 AZR 573/84, n.v.; v. 16.1.2003 – 6 AZR 384/01, EzA § 611 BGB 2002 Ausbildungsbeihilfe Nr. 4; LAG Bremen v. 25.1.1984 – 4 Sa 122/83, AP Nr. 7 zu § 611 BGB Ausbildungsbeihilfe; LAG Hamm v. 15.5.1998 – 10 Sa 1465/97, NZA-RR 1999, 405.
2 HWK/*Thüsing*, § 611 Rz. 462.
3 BAG v. 3.7.1985 – 5 AZR 573/84, n.v.

Anders hat das BAG für einen sechsmonatigen Sprachaufenthalt einer Sekretärin unter Mitarbeit in einem Unternehmen im englischsprachigen Ausland entschieden. Dieser Sachverhalt – die aufgewandten Kosten beliefen sich auf insgesamt 15 000 DM – rechtfertige eine Bindung des Arbeitnehmers bis zu zwei Jahren.[1]

Bedenken bestehen auch gegen die zweite Beispielsklausel. Ob dem Arbeitnehmer durch die Telefonsachbearbeiter-Schulung Kenntnisse vermittelt werden, die sich auch bei anderen Arbeitgebern Gewinn bringend einsetzen lassen, erscheint fraglich. Näher liegt die Vermutung, dass der Arbeitnehmer hier lediglich mit den speziellen Anforderungen an seine künftige Tätigkeit vertraut gemacht werden soll. Davon wäre jedenfalls dann auszugehen, wenn sich dieser Schulung jeder neue Mitarbeiter unterziehen müsste, ungeachtet des Umstandes, ob er bereits früher in ähnlicher Funktion bei seinem vormaligen Arbeitgeber tätig war.

(e) Traineeprogramme

Die Zulässigkeit von Rückzahlungsvereinbarungen im Rahmen von sog. Traineeprogrammen ist weitgehend ungeklärt. Dies liegt zu einem nicht unerheblichen Teil darin begründet, dass es an einer rechtlich feststehenden Begriffsdefinition fehlt. Zwar wird ein **Trainee in der Regel** als **Hochschulabsolvent** definiert, der von einem Arbeitgeber in seinem Betrieb als **Führungs- oder Nachwuchskraft** aufgebaut werden soll.[2] Allerdings zeigt die Praxis, dass solche Programme nicht zwingend als funktions- und unternehmensspezifische Fortbildungen mit hohem Qualifikationserwerb ausgestaltet sind.[3] **Atypische Fälle** wie die (bloße) Einarbeitung eines Rechtsanwalts in einer kleinen Anwaltssozietät,[4] die Einweisung eines Diplom-Forstingenieurs an mehreren Stationen der Landesforstverwaltung,[5] sowie die Bezeichnung eines dualen Studiengangs als Traineeprogramm[6] sind der Definitionshoheit der Verwender geschuldet. Wohl auch aufgrund dieser Diversität finden sich in der Literatur bisher keine Vorschläge zu Rückzahlungsklauseln speziell in Traineeverträgen.[7] Aus der Bezeichnung als Trainee lässt sich jedenfalls kein sicherer Rückschluss auf den tatsächlichen arbeitsrechtlichen Status[8] und somit auch auf die Zulässigkeit einer solchen Abrede in toto ziehen. Im Einzelfall bedarf es einer Überprüfung anhand der bereits oben genannten Voraussetzungen. So erfährt eine Rückzahlungsklausel im Rahmen eines dualen Studiengangs (s. Rz. 12) keine

---

1 BAG v. 30.11.1994 – 5 AZR 715/93, NZA 1995, 727.
2 Wohlgemuth/*Pepping*, § 26 BBiG Rz. 30; *Maties*, RdA 2007, 135 (141); vgl. auch BAG v. 14.11.2013 – 8 AZR 997/12, NZA 2014, 489 (490); LAG Nürnberg v. 11.7.2012 – 4 Sa 596/11, BeckRS 2014, 66986.
3 Ausführlich zur „klassischen" Form eines Traineeprogramms s. Bröckermann/Müller-Vorbrüggen/*Becker*, Hdb. Personalentwicklung, S. 339 ff.
4 Vgl. BGH v. 30.11.2009 – AnwZ (B) 11/08, NZA 2010, 595 – welcher aufgrund des niedrigen Gehalts von ca. 1 000 Euro hierin eine unangemessene Beschäftigungsbedingung i.S.d. § 26 BORA sah.
5 Vgl. BAG v. 24.8.2011 – 7 AZR 368/10, AP Nr. 85 zu § 14 TzBfG.
6 Vgl. den Traineemustervertrag der LDT Nagold (Akademie für Mode-Management) abrufbar unter: www.ldt.de/kunden/user/ldt/Martina–Mohr/Firmenmodell–Handbuch–2014.pdf.
7 Es finden sich allenfalls Musterverträge ohne Rückzahlungsklausel, bspw. bei *Richter* in Beck'sches Formularbuch Arbeitsrecht, A. VII. 5 (S. 417 ff.).
8 Hierzu Wohlgemuth/*Pepping*, § 26 BBiG Rz. 30.

andere rechtliche Beurteilung durch den Austausch der Terminologie. Gleiches gilt für das Traineeprogramm eines Forstingenieurs, welches sich im Wesentlichen auf „learning by doing" stützt und nur einen geringen Anteil an direkten Qualifizierungsmaßnahmen enthält.[1] Hier wird man höchstens von einer betrieblichen Fortbildungsmaßnahme ausgehen können, die keine dauernden beruflichen Vorteile mit sich bringt und einen Rückzahlungsvorbehalt somit nicht rechtfertigt.[2]

33b Entscheidend ist zunächst, inwiefern der Austauschcharakter von Arbeitsleistung und Vergütung dem Rechtsverhältnis sein Gepräge gibt. **Überwiegt der Austauschcharakter den Lernzweck**, ist der **Trainee als Arbeitnehmer** anzusehen.[3] Die Vereinbarung einer Rückzahlungsklausel bleibt hier dem Grunde nach denkbar. Ausgehend von der typischen Begriffsdefinition dürfte dieses den Regelfall darstellen, da die theoretischen Kenntnisse umfänglich durch das Studium vermittelt wurden.[4] Steht der Ausbildungsaspekt allerdings eindeutig im Vordergrund des Traineeprogramms, ist eine Einordnung als **besonderes Ausbildungsverhältnis i.S.d. § 26 BBiG** möglich.[5] Bei der Abgrenzung dürften insoweit Parallelen zu denen der Praktikanten zu ziehen sein.[6] Stellt sich das Traineeprogramm als Ausbildung im oben genannten Sinne dar, verstößt eine Rückzahlungsvereinbarung gegen § 12 BBiG (s. Rz. 12). Ebenfalls für unwirksam wird man eine Vereinbarung halten müssen, die die ohnehin vom Arbeitgeber zu erbringende Unterstützung bei der Einarbeitung eines Berufsanfängers (vgl. Rz. 23) in Gestalt eines Traineeprogramms kleidet und durch eine Rückzahlungsklausel das **Kostenrisiko unangemessen auf den Arbeitnehmer verlagert**.[7]

33c Verfolgt das Traineeprogramm hingegen die **Entwicklung von zukünftigen Führungskräften** und bietet tatsächlich eine **Höherqualifizierung** für neue Mitarbeiter an, sind **Rückzahlungsklauseln nicht per se unwirksam**. Entscheidender Gesichtspunkt ist auch hier die Erlangung eines **geldwerten Vorteils**.[8] Regelmäßig erfolgen

---

1 Vgl. den zugrundeliegenden Sachverhalt BAG v. 24.8.2011 – 7 AZR 368/10, AP Nr. 85 zu § 14 TzBfG.
2 Vgl. BAG v. 3.7.1985 – 5 AZR 573/84, n.v.; v. 16.1.2003 – 6 AZR 384/01, EzA § 611 BGB 2002 Ausbildungsbeihilfe Nr. 4; LAG Bremen v. 25.1.1984 – 4 Sa 122/83, AP Nr. 7 zu § 611 BGB Ausbildungsbeihilfe; LAG Hamm v. 15.5.1998 – 10 Sa 1465/97, NZA-RR 1999, 405.
3 Wohlgemuth/*Pepping*, § 26 BBiG Rz. 30; *Maties*, RdA 2007, 135 (141); *Richter* in Beck'sches Formularbuch Arbeitsrecht, A. VII. 5 (S. 419); vgl. auch LAG Köln v. 14.11.2003 – 13 Sa 496/03, NZA-RR 2004, 586.
4 Ebenso Wohlgemuth/*Pepping*, § 26 BBiG Rz. 30; *Maties*, RdA 2007, 135 (141); anders ohne Differenzierung *Natzel*, BB 2011, 1589 (1591).
5 *Richter* in Beck'sches Formularbuch Arbeitsrecht, A. VII. 5 (S. 419); vgl. auch den Mustertraineevertrag der Techniker Krankenkasse, abrufbar unter: http://www.lexsoft.de/cgi-bin/lexsoft/tk–sec.cgi?chosenIndex=UAN–nv–1005&xid=3491058.
6 Vgl. Küttner/*Kania*, Personalbuch 2014, A. Ausbildungsverhältnis Rz. 3; *Richter* in Beck'sches Formularbuch Arbeitsrecht, A. VII. 5 (S. 419); *Natzel*, BB 2011, 1589 (1591); auch die Rspr. erkennt die Nähe zum Praktikum, BAG v. 14.11.2013 – 8 AZR 997/12, NZA 2014, 489 (490); LAG Nürnberg v. 11.7.2012 – 4 Sa 596/11, BeckRS 2014, 66986; zu den Abgrenzungskriterien im Einzelnen: Wohlgemuth/*Pepping*, § 26 BBiG Rz. 6.
7 Ähnlich die Argumentation des BGH, der in der Bezeichnung als Traineeprogramm lediglich den Versuch sah, Rechtsanwälte als billige Arbeitskräfte zu werben, BGH v. 30.11.2009 – AnwZ (B) 11/08, NZA 2010, 595 (598).
8 Die Bildungsmaßnahme muss den Marktwert der Arbeitskraft erhöhen, vgl. nur BAG v. 19.1.2011 – 3 AZR 621/08, NZA 2012, 85 (89).

solche Programme über eine Dauer von 18–24 Monaten und beinhalten bis zu sechs (Ausbildungs-)Stationen innerhalb des Betriebs, aber auch im Ausland.[1] Geht der Inhalt der Fortbildungsmaßnahme über die gezielte Einarbeitung in und Vorbereitung auf einen vorher festgelegten Unternehmensbereich hinaus, dürfte dies zunächst für eine Höherqualifizierung sprechen. Entscheidend bleibt aber die konkrete Ausgestaltung der Fortbildungsmaßnahme. Bietet das Traineeprogramm bspw. die Möglichkeit, eine Qualifikation zu erwerben, die alleine mit einem wissenschaftlichen Hochschulstudium nicht zu erreichen ist („Assistent im Bereich Marketing und Public Relations im Pressewesen und Verlagswesen"),[2] liegt der geldwerte Vorteil auf der Hand. Je mehr ein Traineeprogramm **Qualifikationen** vermittelt, die **als Einstellungs- oder Aufstiegsvoraussetzungen** anerkannt sind (vgl. Rz. 24),[3] desto eher wird man ein berechtigtes Interesse des Arbeitgebers an einer Bindung seiner hochqualifizierten Mitarbeiter bejahen müssen. Deutliche Unterschiede ergeben sich aber bei der Kostentragung. Während der Arbeitgeber regelmäßig die Kosten der Fortbildungsmaßnahme alleine trägt,[4] **amortisieren sich die Kosten** im Rahmen eines Traineeprogramms durch die **geringere Vergütung**.[5] Obgleich es auch hier erhebliche Abweichungen gibt, wird dem Trainee in der Regel ein Gehalt gezahlt, das ein bis zwei Tarifstufen unter dem Gehalt vergleichbarer Arbeitnehmer liegt.[6] Diese Besonderheit muss im Rahmen der Bindungsdauer angemessen Berücksichtigung finden.

Festzuhalten bleibt, dass **Traineeprogramme grundsätzlich mit Rückzahlungsklauseln versehen werden können**. Sie müssen dafür allerdings einen geldwerten Vorteil für den Arbeitnehmer mit sich bringen und sich in der Ausgestaltung von einem besonderen Ausbildungsverhältnis i.S.d. § 26 BBiG abgrenzen.[7] Die inhaltliche Ausgestaltung im Sinne einer **angemessenen Bindungsdauer** dürfte die Praxis allerdings vor die größten Probleme stellen. Die üblichen, von der Rechtsprechung aufgestellten, Bindungsfristen (vgl. Rz. 39ff.), lassen sich jedenfalls nicht bedenkenlos übernehmen. Hiergegen spricht die Partizipation der Trainees an den Fortbildungskosten in Form einer verringerten Vergütung.[8] Um zu verhindern, dass die gesamte Klausel aufgrund einer unangemessen langen Bindungsdauer für unwirksam erklärt wird (zu den Rechtsfolgen s. Rz. 59ff.), sollten unbedingt kürzere Bindungsdauern

33d

---

1 Ausführlich Bröckermann/Müller-Vorbrüggen/*Becker*, Hdb. Personalentwicklung, S. 339ff.; s.a. *Achtenhagen/Wolff v. der Sahl/Schröder/Hollmann*, Traineeprogramm, S. 6 – mit Praxisbeispiel (hrsg. vom BMWi; abrufbar unter http://www.kompetenzzentrum-fachkraeftesicherung.de/fileadmin/media/Themenportale-5/KoFa/Publikationen/Handlungs empfehlungen/HE–Traineeprogramme.pdf).
2 S. die Fallgestaltung bei BFH v. 26.8.2010 – 4 K 4113/07 Kg, BeckRS 2010, 25016596; FG Münster v. 30.10.2008 – 4 K 4113/07 Kg, BeckRS 2008, 26026914.
3 So bspw. auch die gesetzliche Regelung in § 4 PostLV – ein Traineeprogramm kann zur höheren Laufbahn befähigen.
4 CKK/*Klumpp*, § 307 Rz. 207.
5 *Achtenhagen/Wolff v. der Sahl/Schröder/Hollmann*, Traineeprogramm, S. 3.
6 *Maties*, RdA 2007, 135 (141); zur Vergütung eines Trainees bei der Bundesagentur für Arbeit s. § 17 Abs. 3 Satz 1 TV BA (Jahresbrutto: 42 816 Euro).
7 Zu den Abgrenzungskriterien vgl. BAG v. 5.12.2002 – 6 AZR 216/01, AP Nr. 2 zu § 19 BBiG 1969; LAG BW v. 8.2.2008 – 5 Sa 45/07, NZA 2008, 768.
8 Ähnlich gelagert sind die Überlegungen bei Fortbildungsmaßnahmen ohne bezahlte Freistellung. *Dorth* schlägt hier festgelegte und abgestufte Bindungsgrenze vor, ohne allerdings konkrete Zeiträume zu nennen, *Dorth*, RdA 2013, 287 (295). Vgl. auch Rz. 41.

vereinbart werden. Dies gilt insbesondere mit Blick auf die Skepsis des BAG gegenüber Rückzahlungsklauseln, die Arbeitnehmer zwingend an Fortbildungskosten beteiligen (s. Rz. 66).[1] Ausgehend von einer (üblichen) Vergütung in Höhe von zwei Dritteln des Tariflohns, sollte die **Bindungsdauer** zugleich auf **50 bis maximal 75 % des bisher Üblichen** reduziert werden, soweit die oben genannten Voraussetzungen erfüllt sind. Dem Verbot schematischer Lösungen ist allerdings stets Beachtung zu schenken.[2] Dieser Wert ist daher einzelfallbezogenen Abweichungen zugänglich und in hohem Maße von der tatsächlichen direkten oder indirekten Kostenbeteiligung des Arbeitnehmers an den Fortbildungsmaßnahmen abhängig.[3] Klar festgelegt werden muss zudem im Vorfeld, welche Phasen im Traineeprogramm tatsächlich dem Charakter einer Fortbildungsmaßnahme entsprechen. Gelangt der Arbeitgeber so auf eine tatsächliche Fortbildungsdauer von bspw. vier Monaten, empfiehlt es sich die Bindung auf zwölf Monate anzusetzen und die übliche Bindungsdauer insoweit zu reduzieren.[4]

(f) Kurzlehrgänge im Bereich sich schnell entwickelnder Technologien

34 ◯ **Nicht geeignet:**

> Herr/Frau ... nimmt in der Zeit von ... bis ... an einem Wochenseminar zur Erlernung des Umgangs mit den neuesten Versionen des Textverarbeitungssystems (...) und des Datenbankprogramms (...) teil. Die Kosten trägt die Fa. ... Sollte das Arbeitsverhältnis innerhalb von drei Jahren aus einem von Herrn/Frau ... zu vertretenden Grunde enden, so verpflichtet sich Herr/Frau ... zur Rückzahlung der Schulungskosten in Höhe von ... Dieser Betrag vermindert sich jährlich um ⅓.

34a Im Bereich sich schnell entwickelnder Technologien (z.B. im Softwarebereich, s. obige Klausel) indizieren Kurzlehrgänge ohne qualifizierenden Abschluss Zweifel an der dem Arbeitnehmer verbleibenden, seinen Marktwert erhöhenden Qualifikation und eröffnen ihm in aller Regel keine neuen Berufsfelder, da die **erworbenen Kenntnisse schon nach kurzer Zeit überholt** sein können.[5]

(g) Darlegungs- und Beweislast

35 Von oftmals prozessentscheidender Bedeutung ist die Frage, wer im Streitfall die Tatsachen, aus denen sich eine Verbesserung der beruflichen Möglichkeiten des Arbeitnehmers ergibt, darzulegen und zu beweisen hat. Abweichend von der all-

---

[1] BAG v. 16.10.1974 – 5 AZR 575/73, EzA § 5 BBiG Nr. 2.
[2] Für die Rückzahlung von Fortbildungskosten allgemein CKK/*Klumpp*, § 307 Rz. 211; s.a. MSG/*Mroß*, Ausbildung/Fort- und Weiterbildung Rz. 43 f.
[3] So für die Regelwerte des BAG BLDH/*Lingemann*, Kap. Rz. 20. Bei einer extrem geringen Vergütung des Trainees (Jahresbruttobetrag 7 800 Euro – vgl. FG Münster v. 30.10.2008 – 4 K 4113/07 Kg, BeckRS 2008, 26026914) und der dadurch bedingten, hohen indirekten Beteiligung an den Fortbildungskosten, wird man eine Bindung kaum für angemessen halten können; vgl. auch die Ausführungen zu Rz. 48.
[4] Das BAG geht bei einer Lehrgangsdauer von vier Monaten grds. von einer Bindungsdauer von bis zu 24 Monaten aus, vgl. BAG v. 21.7.2005 – 6 AZR 452/04, NZA 2006, 542 (544).
[5] LAG Hess. v. 20.3.1986 – 9 Sa 165/85, NZA 1986, 753; ebenso *Huber/Blömeke*, BB 1998, 2157 für Computerschulungen aus Anlass der Einführung neuer Hard- und Software.

gemeinen Grundregel der Beweislastverteilung[1] obliegt es nach der ständigen Rechtsprechung des BAG[2] dem Arbeitgeber, etwaige Zweifel an der Wirksamkeit der Rückzahlungsabrede auszuräumen, also darzutun, dass der Tatbestand einer rechtshindernden Norm nicht erfüllt ist. Aus der dem Einzelfall angepassten Interessenabwägung (§ 242 BGB) folge zwangsläufig, dass eine Partei in diesem Rahmen solche Umstände darlegen müsse, die ihr Interesse an derartigen Rückzahlungsverpflichtungen rechtfertigen könnten. Der **Arbeitgeber habe** somit im Streitfall **substantiiert darzulegen und ggf. zu beweisen, dass außerhalb des eigenen Betriebes Bedarf nach derart ausgebildeten Arbeitskräften in nennenswertem Umfang bestehe und inwieweit die Berufs- und Verdienstchancen des Arbeitnehmers gerade durch die genossene Fortbildung gesteigert worden seien**. Hierzu gehörten konkrete Angaben über die Lage auf dem Arbeitsmarkt für Kräfte mit dem Ausbildungsstand des Arbeitnehmers.

Kritische Stellungnahmen im Schrifttum[3] haben das BAG[4] zuletzt dazu bewogen, die Anforderungen an die den Arbeitgeber treffende Darlegungs- und Beweislast – allerdings nur geringfügig – abzusenken. Es soll nun ausreichen, dass der Arbeitgeber Umstände darlegt und (im Falle des Bestreitens) beweist, aus denen sich ergibt, dass im Zeitpunkt der Vereinbarung der Rückzahlungsklausel ein entsprechender beruflicher Vorteil für den Arbeitnehmer mit überwiegender Wahrscheinlichkeit erwartet werden konnte. Dem Arbeitnehmer obliege es dann, Umstände darzulegen und ggf. zu beweisen, die dieses Wahrscheinlichkeitsurteil zu entkräften vermögen.[5] 36

(2) Zulässige inhaltliche Ausgestaltung („Wie")

Konnte die Zulässigkeit einer Rückzahlungsklausel dem Grunde nach bejaht werden, so stellt sich die Frage, ob auch ihre nähere Ausgestaltung einer Inhaltskontrolle standzuhalten vermag. 37

(a) Zulässige Bindungsintensität

Im Blickpunkt der Inhaltskontrolle steht die durch die Klausel bewirkte Bindungsintensität, also die **Stärke des auf den Arbeitnehmer ausgeübten faktischen Drucks, dem Betrieb für eine bestimmte Zeit die Treue zu halten**. Der Grad der Bindungsintensität bestimmt sich zum einen nach der Höhe der den Arbeitnehmer bei vorzeitigem Ausscheiden treffenden **Rückzahlungslast**, zum anderen in zeitlicher Hinsicht nach der **Dauer der Bindung** an den Betrieb. 38

---

1 GMP/*Prütting*, § 58 ArbGG Rz. 76ff.
2 BAG v. 18.8.1976 – 5 AZR 399/75, EzA Art. 12 GG Nr. 13; v. 11.4.1990 – 5 AZR 308/89, NZA 1991, 178; v. 24.7.1991 – 5 AZR 443/90, EzA § 611 BGB Ausbildungsbeihilfe Nr. 7 mit Anm. *Krause* und BAG v. 24.7.1991 – 5 AZR 443/90, EzA § 611 BGB Ausbildungsbeihilfe Nr. 8 mit Anm. *Ahrens*.
3 Insbesondere *Hanau/Stoffels*, Beteiligung von Arbeitnehmern an den Kosten der beruflichen Fortbildung, S. 52ff.
4 BAG v. 16.3.1994 – 5 AZR 339/92, AP Nr. 18 zu § 611 BGB Ausbildungsbeihilfe mit in diesem Punkt abl. Anm. von *Wiedemann*; insoweit abl. auch *Stoffels*, Anm. SAE 1995, 178f.
5 BAG v. 16.3.1994 – 5 AZR 339/92, AP Nr. 18 zu § 611 BGB Ausbildungsbeihilfe; v. 30.11.1994 – 5 AZR 715/93, NZA 1995, 727.

(aa) **Bindungszeitraum von angemessener Dauer**

39 Die von der Rückzahlungsklausel ausgehende Betriebsbindung darf nicht zu lange bemessen sein; eine ungebührlich lange Einschränkung der freien Verwertbarkeit der Arbeitskraft verstößt nach der Rechtsprechung des BAG gegen Art. 12 GG.

40 Das gesetzliche Höchstmaß der Bindungsdauer ergibt sich aus § 624 BGB (fünf Jahre).[1] Nach der Rechtsprechung ist die Ausschöpfung der Höchstdauer jedoch nur in Ausnahmefällen gerechtfertigt, so bspw., wenn der Arbeitnehmer bei bezahlter Freistellung und vollständiger Kostenübernahme eine besonders hohe Qualifikation erworben hat, die mit überdurchschnittlichen Vorteilen für ihn verbunden ist.[2] Allgemein soll es für die Bestimmung der höchstzulässigen Bindungsdauer auf die Umstände des Einzelfalles ankommen,[3] vor allem auf die Dauer der Aus- bzw. Fortbildung und die Höhe der hier aufgewandten Mittel.[4] **Entscheidend ist, in welchem Ausmaß die beruflichen Chancen des Arbeitnehmers** infolge der genossenen Fortbildung **gestiegen** sind.[5] Dem Äquivalenzgedanken kommt auch auf dieser Stufe maßgebliche Bedeutung zu, geht es doch letztlich um die Frage, ob die vom Arbeitnehmer versprochene Leistung in Form einer längeren Betriebsbindung in einem **angemessenen Verhältnis** zu den Vorteilen aus der Bildungsmaßnahme steht.[6] Zugunsten des Arbeitgebers kann im Rahmen dieser Interessenabwägung die tatsächliche Finanzkraft Berücksichtigung finden.[7]

41 Die maximal zulässige Bindungsdauer bestimmt sich im Wesentlichen nach der **Länge der Fortbildungszeit**.[8] Dem BAG ist es zuletzt gelungen, der Praxis – ähnlich wie für Gratifikationen – eine handhabbare Rückzahlungstabelle an die Hand zu geben.[9] Der Grundgedanke ist auch hier, dass Leistung und Gegenleistung in einem angemessenen Verhältnis zueinander stehen müssen. Je länger die dem Arbeitnehmer abverlangte Betriebsbindung ist, desto größer müssen die ihm aus der Fortbil-

---

1 BAG v. 15.12.1993 – 5 AZR 279/93, NZA 1994, 835; *Rischar*, BB 2002, 2550 (2552).
2 BAG v. 12.12.1979 – 5 AZR 1056/77, DB 1980, 1704.
3 HWK/*Thüsing*, § 611 BGB Rz. 468; CKK/*Klumpp*, § 307 Rz. 211; *Schmidt*, BB 1971, 47; *Borrmann*, AR-Blattei [D] Rückzahlungsklauseln I, A. III. 2: b) (3) (c).
4 BAG v. 5.12.2002 – 6 AZR 539/01, NZA 2003, 559; LAG Nds. v. 20.2.2001 – 13 Sa 1295/00, ZTR 2001, 331.
5 BAG v. 11.4.1984 – 5 AZR 430/82, NZA 1984, 288.
6 Zuletzt BAG v. 18.3.2014 – 9 AZR 545/12, NZA 2014, 957 – kann oder will der Arbeitgeber die durch die Fortbildung erlangte Qualifikation des Arbeitnehmers gar nicht nutzen, kann er sein Interesse an der Bindung einer hochqualifizierten Arbeitskraft im Rahmen der Abwägung auch nicht geltend machen. Die üblichen Bindungsdauern sind dann regelmäßig unangemessen lang.
7 Für eine besondere Berücksichtigung der geringen Finanzkraft von Kleinunternehmern CKK/*Klumpp*, § 307 Rz. 211; s.a. *Dorth*, RdA 2013, 287 (295).
8 Erstmals in BAG v. 12.12.1979 – 5 AZR 1056/77, EzA § 70 BAT Nr. 11 angesprochen; v. 15.12.1993 – 5 AZR 279/93, NZA 1994, 835; v. 16.3.1994 – 5 AZR 339/92, NZA 1994, 937; v. 6.9.1995 – 5 AZR 241/94, NZA 1996, 314; v. 21.7.2005 – 6 AZR 452/04, NZA 2006, 542 (543); für Fortführung dieser Rechtsprechung unter der Ägide des § 307 BGB BAG v. 19.1.2011 – 3 AZR 621/08, NZA 2012, 85 (89); LAG Köln v. 6.3.2006 – 14 (11) Sa 1327/05, NZA-RR 2006, 404 (405); ebenso auch die neuere Literatur vgl. ErfK/*Preis*, § 611 BGB Rz. 437, 441; kritisch zur Länge der Fortbildungsdauer als entscheidendes und einziges Kriterium *Jesgarzewski*, BB 2011, 1594 (1597).
9 Tabellarische Übersicht bei BLDH/*Lingemann*, Kap. 8 Rz. 20.

dung erwachsenden Vorteile sein. Im Einzelnen gilt Folgendes:[1] Bei einer Fortbildungsdauer bis zu einem Monat ohne Verpflichtung zur Arbeitsleistung unter Fortzahlung der Bezüge ist eine Bindungsdauer von bis zu sechs Monaten zulässig, bei einer Fortbildungsdauer von bis zu zwei Monaten eine einjährige Bindung,[2] bei einer Fortbildungsdauer von drei bis vier Monaten eine zweijährige Bindung, bei einer Fortbildungsdauer von sechs Monaten bis zu einem Jahr keine längere Bindung als drei Jahre und bei einer mehr als zweijährigen Dauer eine Bindung von fünf Jahren. Abweichungen hiervon sind jedoch möglich. Eine verhältnismäßig lange Bindung kann auch bei kürzerer Ausbildung gerechtfertigt sein, wenn der Arbeitgeber ganz erhebliche Mittel aufwendet oder die Teilnahme an der Fortbildung dem Arbeitnehmer überdurchschnittlich große Vorteile bringt. Es geht nicht um rechnerische Gesetzmäßigkeiten, sondern um richterrechtlich entwickelte Regelwerte, die einzelfallbezogenen Abweichungen zugänglich sind.[3] Ausdrücklich zurückgewiesen hat das BAG jetzt einen in seiner früheren Rechtsprechung[4] angeklungenen Grundsatz, dass die Bindungsdauer höchstens sechsmal so lang sein dürfe wie die Dauer der Bildungsmaßnahme.[5] Besteht die Bildungsmaßnahme aus mehreren Unterrichtsabschnitten, so sind die dazwischenliegenden Zeiten bei der Berechnung der Dauer nicht mit zu berücksichtigen.[6] Das von der Rechtsprechung entwickelte Schema setzt eine vom Arbeitgeber gewährte bezahlte Freistellung voraus. Jedoch kann ein berechtigtes Interesse des Arbeitgebers auch dann bestehen, wenn er sich – ohne Freistellung – in erheblichem Maße an den Kosten der Fortbildung beteiligt, etwa indem er die Lehrgangs- oder Studiengebühren, die Kosten der Unterkunft und die Reisekosten übernimmt.[7]

Nachzutragen bleibt, dass das BAG dem Arbeitgeber die **Beweis- und Darlegungslast** auch im Hinblick auf die die zeitliche Bindung rechtfertigenden Tatsachen auferlegt.[8]

Zeiten ohne tatsächliche Arbeitsleistung (z.B. Mutterschutz, Elternzeit, Pflegezeit, krankheitsbedingte Arbeitsunfähigkeit, Sonderurlaub) verlängern die Bindungsfristen grundsätzlich nicht. Fraglich ist, ob einzelvertraglich eine Verlängerung der Bindungsfrist um die Abwesenheitszeit vereinbart werden kann. Dies wird man für den Fall eines vom Arbeitnehmer gewünschten (unbezahlten) Sonderurlaubs ohne Weiteres bejahen können. Hier sollte eine entsprechende Klarstellung in der Sonderurlaubsvereinbarung erfolgen. Hinsichtlich der Tatbestände, die dem Arbeitnehmer das Recht zugestehen, unter Aufrechterhaltung seines Arbeitsverhältnisses über längere Zeiträume hinweg der Arbeit fern zu bleiben, ist die Antwort weniger klar. Im Schrifttum wird die Ansicht vertreten, eine Verlängerung widerspreche dem

---

1 Zuletzt BAG v. 15.9.2009 – 3 AZR 173/08, NZA 2010, 342 (344f.).
2 Daher keine dreijährige Bindung bei einem zweimonatigen Lehrgang zum „Auftragsschweißer", so LAG Schl.-Holst. v. 23.9.2008 – 5 Sa 203/08, BeckRS 2009, 50420.
3 BAG v. 14.1.2009 – 3 AZR 900/07, NZA 2009, 666 (668).
4 BAG v. 23.2.1983 – 5 AZR 531/80, EzA § 611 BGB Ausbildungsbeihilfe Nr. 3.
5 BAG v. 6.9.1995 – 5 AZR 241/94, NZA 1996, 314.
6 BAG v. 6.9.1995 – 5 AZR 241/94, NZA 1996, 314; v. 15.9.2009 – 3 AZR 173/08, NZA 2010, 342 (345); HWK/*Thüsing*, § 611 BGB Rz. 468.
7 In diesen Fällen bleibt eine abgestufte Bindungsdauer denkbar. Wie hier auch *Schönhöft*, NZA-RR 2009, 625 (630f.); *Dorth*, RdA 2013, 287 (295).
8 BAG v. 18.8.1976 – 5 AZR 399/75, NJW 1977, 973; vgl. auch *Lipke*, Gratifikationen, S. 187.

Schutzzweck der entsprechenden Gesetze, also etwa dem Mutterschutzgesetz, dem Bundeselterngeld- und Elternzeitgesetz und dem Pflegezeitgesetz.[1] Das ist jedoch nicht zwingend, wie z.B. die Rechtsprechung zur vorbehaltenen Kürzung von Gratifikationen um Zeiten ohne tatsächliche Arbeitsleistung erweist. Auch im Hinblick auf krankheitsbedingte Fehlzeiten kann eine maßvolle – an § 4a EFZG ausgerichtete – Verlängerung der Bindungszeit vereinbart werden.

(bb) Höhe des zurückzuerstattenden Betrages

43 Eine unangemessene Benachteiligung des Arbeitnehmers kann auch aus einer sachlich nicht gerechtfertigten bzw. nicht zumutbaren Höhe der Rückzahlungslast folgen. Selbstverständlich muss die dem Arbeitnehmer auferlegte Rücklast **durch entsprechende Kosten auf Seiten des Arbeitgebers gedeckt** sein. Anderenfalls nähme das als Kostenerstattung deklarierte Rückforderungsverlangen Züge einer Vertragsstrafe an. Zu den erstattungsfähigen Kosten sind zunächst die dem Arbeitnehmer während der Zeit der Fortbildung gewährten Mittel zur Bestreitung des Lebensunterhaltes zu rechnen, unabhängig davon, ob es sich um die fortgezahlte Vergütung oder eine Beihilfe handelt.[2] Hinzu kommen die vom Arbeitgeber übernommenen Reise-, Verpflegungs- und Unterbringungskosten.[3] Ausgenommen sind freilich Zahlungen, die während der Fortbildungszeit vom Arbeitnehmer erbrachte Arbeitsleistungen vergüten sollen.[4] Erstattungsfähig sind weiterhin die im Zusammenhang mit der Fortbildung entstandenen Kosten (Lehrgangsgebühren, Lernmittel).[5] Lassen sich die entstandenen Kosten nicht messbar dem einzelnen Fortbildungsteilnehmer zuordnen, was bspw. bei einer von mehreren Arbeitgebern unterhaltenen Bildungseinrichtung der Fall sein kann, so ist im Wege einer vorsichtigen Schätzung ein Pauschalbetrag in Ansatz zu bringen. Entscheidend für die Zulässigkeit einer solchen Abrede wird sein, dass die Zusammensetzung des Betrages transparent gemacht und darüber hinaus dem Vertragspartner die Möglichkeit eröffnet wird, den Nachweis zu führen, dass tatsächlich nur Kosten in niedriger Höhe entstanden sind.[6] Arbeitgeber, die sich zu einer derartigen Organisation der Fortbildung entschließen, generell vom Kostenersatz auszuschließen,[7] erscheint nicht gerechtfertigt.

44 Nicht verpflichtet ist der Arbeitgeber, die **Kosten der Ausbildung** bei Abschluss der Rückzahlungsvereinbarung **exakt der Höhe nach** zu beziffern.[8] Allerdings müssen

---

1 *Schönhöft*, NZA-RR 2009, 625 (630).
2 *Schönhöft*, NZA-RR 2009, 625 (628).
3 *Thüsing*, AGB-Kontrolle im Arbeitsrecht, Rz. 338.
4 BAG v. 20.2.1975 – 5 AZR 240/74, EzA Art. 12 GG Nr. 12; *Lipke*, Gratifikationen, S. 183.
5 *Borrmann*, AR-Blattei [D] Rückzahlungsklauseln I, A III. 2. c).
6 Vgl. LAG Köln v. 27.5.2010 – 7 Sa 23/10, NZA-RR 2011, 11; BLDH/*Lingemann*, Kap. 8 Rz. 22; DBD/*Deinert*, § 307 BGB Rz. 111b ff.
7 So *Borrmann*, AR-Blattei [D] Rückzahlungsklauseln I, A. III. 2. c); BAG v. 20.2.1975 – 5 AZR 240/74, EzA Art. 12 GG Nr. 12 lässt dies unentschieden, meldet aber Zweifel an, ob der Rückforderungsanspruch auch mit einer Beteiligung an Dozentenhonoraren begründet werden könne.
8 BAG v. 21.8.2012 – 3 AZR 698/10, NZA 2012, 1428; für die Benennung einer Größenordnung noch offen gelassen bei BAG v. 15.9.2009 – 3 AZR 173/08, NZA 2010, 342 (345).

Voraussetzungen und der Umfang der Leistungspflicht dergestalt bestimmt oder zumindest bestimmbar sein, dass der Arbeitnehmer sein Rückzahlungsrisiko abschätzen kann.[1]

⊃ **Nicht geeignet:**

Der Angestellte verpflichtet sich, die dem Arbeitgeber entstandenen Aufwendungen für die Weiterbildung, einschließlich der Lohnfortzahlungskosten zu ersetzen, wenn ... .

Das BAG hat jüngst die Transparenzanforderungen an Rückzahlungsklauseln erheblich verschärft.[2] Die Ausgestaltung der Rückzahlungsklausel dürfe den Arbeitnehmer nicht im Unklaren lassen, welche Kostenbelastung im Falle des vorzeitigen Ausscheidens auf ihn zukomme und müsse verhindern, dass für den Verwender ungerechtfertigte Beurteilungsspielräume entstünden.[3] Dem Transparenzgebot (§ 307 Abs. 1 Satz 2 BGB) sei nur genügt, wenn die ggf. zu erstattenden Kosten dem Grunde und der Höhe nach im Rahmen des Möglichen angegeben seien.[4] Obgleich das BAG ausdrücklich betont, dass die Anforderungen an die Transparenz nicht überzogen sein dürfen,[5] sind die praktischen Hürden enorm.[6] Erforderlich ist nunmehr eine genaue und abschließende Bezeichnung der einzelnen Positionen (z.B. Lehrgangsgebühren, Fahrt-, Unterbringungs- und Verpflegungskosten), aus denen sich die Gesamtforderung zusammensetzen soll, und die Angabe, nach welchen Parametern die einzelnen Positionen berechnet werden sollen (z.B. Kilometerpauschale für Fahrtkosten, Tagessätze für Übernachtungs- und Verpflegungskosten).[7] Eine überschlägige Berechnung vor Antritt der Ausbildungsmaßnahme sowie eine beispielhafte Auflistung der Kostenpunkte genügen dieser Rechtsprechung nicht mehr,[8] obwohl es dem Arbeitgeber regelmäßig schwer fallen dürfte, auch nur die einzelnen Kostenpunkte im Vorfeld exakt zu bestimmen. Hinzu kommt, dass nach der jüngsten BAG-Rechtsprechung die einzelnen Positionen derart klar aufgegliedert werden müssen, dass der Arbeitnehmer ihnen entnehmen kann, ob sich eine Rückzahlungsverpflichtung auf die Netto- oder Bruttosumme der angesetzten Kostenposition bezieht.[9] Auf der sicheren Seite dürfte der Arbeitgeber weiterhin stehen, wenn die Rückzahlungsklausel einen Höchstbetrag angibt und die Rückzahlungspflicht sich im Übrigen an den tatsächlich entstandenen Kosten orientiert.[10] Der Arbeitnehmer kann somit sein (maximales) Rückzahlungsrisiko stets einschätzen. Unverzichtbar bleibt aber, dass der Arbeitgeber die Kostenpositionen so detailliert wie möglich angibt.

---

1 BAG v. 21.8.2012 – 3 AZR 698/10, NZA 2012, 1428.
2 BAG v. 21.8.2012 – 3 AZR 698/10, NZA 2012, 1428; v. 6.8.2013 – 9 AZR 442/12, NZA 2013, 1361.
3 BAG v. 21.8.2012 – 3 AZR 698/10, NZA 2012, 1428; LAG Schl.-Holst. v. 23.9.2008 – 5 Sa 203/08, BeckRS 2009, 50420.
4 BAG v. 21.8.2012 – 3 AZR 698/10, NZA 2012, 1428.
5 Ausdrücklich BAG v. 21.8.2012 – 3 AZR 698/10, NZA 2012, 1428.
6 Kritisch auch HWK/*Thüsing*, § 611 BGB Rz. 469.
7 BAG v. 21.8.2012 – 3 AZR 698/10, NZA 2012, 1428; s.a. LAG Köln v. 27.5.2010 – 7 Sa 23/10, BeckRS 2010, 74444.
8 Vgl. BAG v. 6.8.2013 – 9 AZR 442/12, NZA 2013, 1361 (1362).
9 Vgl. BAG v. 6.8.2013 – 9 AZR 442/12, NZA 2013, 1361 (1362).
10 So auch *Elking*, BB 2014, 885 (890); s. ebenfalls MSG/*Eckert*, Rückzahlung Rz. 29.

45 Zulässig sollte daher folgende Klausel sein:

> Der Rückzahlungsbetrag setzt sich zusammen aus den Kosten für folgende Positionen (1) ..., (2) ... Sämtliche Kostenpositionen beziehen sich auf den Netto-/Bruttowert. Die Gesamtsumme beläuft sich auf maximal ... Euro und wird nach Abschluss der Fortbildung vom Arbeitgeber endgültig festgesetzt.

46 Derartige Festsetzungen ermöglichen es dem Arbeitnehmer, die ihn treffende **Rückzahlungslast richtig einzuschätzen** und sein Verhalten entsprechend einzurichten. In Anbetracht der beim Arbeitnehmer hervorgerufenen Erwartungshaltung ist es dem Arbeitgeber hier verwehrt, mit seinem Rückforderungsverlangen über den veranschlagten Betrag hinauszugehen, und zwar auch dann, wenn sich die tatsächlichen Fortbildungskosten im Nachhinein als höher erwiesen haben.[1] Bleiben die Fortbildungskosten umgekehrt hinter dem vereinbarten Betrag zurück, so können auch nur diese erstattet verlangt werden.[2] Dies muss in der Klausel auch klar verständlich formuliert werden.[3]

47 Neben diesen beiden Höchstgrenzen ist eine **Angemessenheitsprüfung unter Berücksichtigung der Umstände des Einzelfalls**, so wie sie sich bei Vertragsschluss darstellten, durchzuführen. Hier rückt nun die den Arbeitnehmer tatsächlich belastende Rückzahlungspflicht in den Vordergrund. Hohe Aufwendungen des Arbeitgebers erhöhen zwar sein Interesse an einer hohen Rückzahlungsverpflichtung,[4] ihnen kommt aber, ebenso wie bei der Bestimmung der zumutbaren Bindungsdauer, keine entscheidende Bedeutung zu. Wichtiger ist demgegenüber wiederum, in welchem Ausmaß sich die beruflichen Chancen des Arbeitnehmers infolge der Fortbildung erhöht haben.[5] In Rechnung zu stellen sind des Weiteren die wirtschaftlichen Verhältnisse des Arbeitnehmers,[6] so wie sie sich im Zeitpunkt der Vereinbarung über die Rückzahlungspflicht darstellen. Eine hohe Rückzahlungslast dürfte einem gut verdienenden Arbeitnehmer, dessen Einkommenserwartung sich durch die Qualifizierung noch weiter erhöht, eher zuzumuten sein als einem Arbeitnehmer mit einem relativ niedrigen Einkommen.[7]

⊃ **Nicht geeignet:**
> Ich verpflichte mich ein für allemal, nach Bestehen einer jeden Lehrgangsabschlussprüfung mindestens zwei Jahre im Dienst der Bundesanstalt für Flugsicherung zu verbleiben. Sollte ich vorzeitig ausscheiden, werde ich die der Anstalt durch meinen Besuch der Flugsicherungsschule entstandenen Kosten erstatten. (...) Ich erkenne dabei einen pauschalen Kostensatz von ... Euro für jeden Schultag als verbindlich an.

---

1 BAG v. 16.3.1994 – 5 AZR 339/92, NZA 1994, 937; *Thüsing*, AGB-Kontrolle im Arbeitsrecht, Rz. 345; CKK/*Klumpp*, § 307 Rz. 212.
2 *Rischar*, BB 2002, 2550 (2551).
3 Vgl. LAG Köln v. 27.5.2010 – 7 Sa 23/10, NZA-RR 2011, 11; BLDH/*Lingemann*, Kap. 8 Rz. 22.
4 *Lipke*, Gratifikationen, S. 184.
5 BAG v. 20.2.1975 – 5 AZR 240/74, EzA Art. 12 GG Nr. 12; *Lipke*, Gratifikationen, S. 183.
6 BAG v. 29.6.1962 – 1 AZR 350/61, v. 24.1.1963 – 5 AZR 100/62, AP Nrn. 26, 29 zu Art. 12 GG; *Blomeyer/Buchner*, Rückzahlungsklauseln, S. 79; *Schmidt*, BB 1971, 47.
7 *Lipke*, Gratifikationen, S. 185; *Schmidt*, BB 1971, 47.

Das BAG[1] hat hier die Belastung des Flugsicherungsanwärters in Höhe von 10 DM 48
pro Lehrgangstag u.a. deswegen für unzumutbar gehalten, weil der Anwärter während der Ausbildung lediglich einen Unterhaltszuschuss in Höhe von 189 DM monatlich erhielt. Das BAG ging davon aus, dass ein solcher Betrag für den Lebensunterhalt voll verbraucht würde, der Anwärter mithin nicht im Stande sei Rücklagen zu bilden. Dann wirke sich aber die vereinbarte Zahlungsverpflichtung dahin aus, dass der Anwärter seine Ausbildung aus zusätzlichen Mitteln bezahlen müsse. Eine klare Linie, wann die Grenze der Angemessenheit überschritten ist, kann aus den vorliegenden Entscheidungen der höchstrichterlichen Rechtsprechung derzeit allerdings nicht herausgelesen werden. Bedenkenswert erscheint hier die Formel von *Schaub*,[2] man müsse auf die Differenz zwischen dem nach Beendigung des Fortbildungsverhältnisses durchschnittlich erzielbaren Verdienststandard und dem vor Beginn des Fortbildungsverhältnisses erzielten Verdienststandard abstellen und eine ratenweise Abzahlung bis zur Höhe der Fortbildungskosten als vertretbar ansehen, sofern dem Arbeitnehmer eine gewisse Verdienststeigerung zur Abgeltung seiner Müheleistung verbleibe.

(cc) **Modalitäten der Rückzahlung**

Wichtig ist hier in jedem Fall der Hinweis auf die in der Praxis übliche **Staffelung** 49
des Rückzahlungsbetrages zeitanteilig zur Bindungsdauer. Eine solche Ausgestaltung der Rückzahlungsklausel berücksichtigt, dass dem Betrieb die höhere Qualifikation des Arbeitnehmers nach Abschluss der Fortbildung zugutekommt, die Kosten sich somit schon teilweise amortisieren. Würde gleichwohl bis zum Ende der Bindungsdauer mit dem Ausscheiden des Arbeitnehmers der volle Rückzahlungsbetrag fällig, käme die Abrede wiederum in die Nähe einer Vertragsstrafenregelung.[3] Die Rechtsprechung hat die ratierliche Minderung des Rückzahlungsbetrages gleichsam in den Rang eines Zulässigkeitserfordernisses erhoben.[4] Jedenfalls handelt es sich hierbei um einen für die Zulässigkeitsprüfung mitentscheidenden Gesichtspunkt,[5] der u.U. auch etwaige sonstige Mängel der Rückzahlungsklausel zu kompensieren vermag. In der Praxis trifft man am häufigsten auf eine Kürzung des Rückzahlungsbetrages pro vollen Monat.[6] Diese monatliche Staffelung des Rückzahlungsbetrags (bspw. um $1/36$ bei einer dreijährigen Bindungsdauer) sollte beibehalten werden.[7] Zwar ließ das BAG[8] auch eine Kürzung um $1/3$ pro Jahr unbeanstandet, allerdings sind die Ansichten in der jüngsten Instanzrechtsprechung un-

---

1 BAG v. 29.6.1962 – 1 AZR 350/61, AP Nr. 26 zu Art. 12 GG.
2 Schaub/*Schaub*, 12. Aufl. 2007, § 176 Rz. 24.
3 *Borrmann*, AR-Blattei [D] Rückzahlungsklauseln I, A. III. 2. b) (3) (d).
4 BAG v. 29.6.1962 – 1 AZR 343/61, NJW 1962, 1981; LAG Bremen v. 25.1.1984 – 4 Sa 122/83, AP Nr. 7 zu § 611 BGB Ausbildungsbeihilfe; BGH v. 5.6.1984 – VI ZR 279/82, NZA 1984, 290; LAG Schl.-Holst. v. 25.5.2005 – 3 Sa 84/05, BeckRS 2005, 42214 = AuR 2005, 423 (Ls.); ebenso CKK/*Klumpp*, § 207 Rz. 212; etwas zurückhaltender *Thüsing*, AGB-Kontrolle im Arbeitsrecht, Rz. 345 („für die Interessenabwägung ein mitentscheidender Gesichtspunkt").
5 *Borrmann*, AR-Blattei [D] Rückzahlungsklauseln I, A III. 2. b) (3) (d).
6 So z.B. bei BLDH/*Lingemann*, M 8.4 § 3 Abs. 2.
7 Für eine zeitratierliche Kürzung nach Monaten auch MSG/*Mroß*, Ausbildung/Fort- und Weiterbildung Rz. 52.
8 BAG v. 23.4.1986 – 5 AZR 159/85, EzA § 611 BGB Ausbildungsbeihilfe Nr. 5.

einheitlich. Während das LAG Baden-Württemberg zuletzt sogar eine jährliche Kürzung gebilligt hat,[1] sprach sich das LAG Hamm für die monatliche Kürzung des Rückzahlungsbetrags als Wirksamkeitsvoraussetzung aus.[2] Eine Entscheidung des BAG hierzu steht noch aus.[3] Als weitere Möglichkeit des Arbeitgebers, die Rückzahlungslast für den Arbeitnehmer erträglicher zu gestalten, kommen in Betracht: die Beschränkung der Rückzahlungsverpflichtung auf einen Teil der Aufwendungen[4] sowie die Einräumung der Möglichkeit, den Rückforderungsbetrag in Raten zurückzuzahlen[5] (letzteres ist zu unterscheiden von der oben erwähnten Staffelung des Rückzahlungsbetrages!).

(dd) Bedingungen der Berufstätigkeit im Falle der Übernahme nach abgeschlossenem Studium

49a Hat der Arbeitgeber die Kosten eines Studiums übernommen und ist vorgesehen, dass diese verauslagten Kosten durch eine mehrjährige Berufstätigkeit auf der Grundlage eines noch abzuschließenden Arbeitsvertrags ratierlich abgebaut werden sollen, gelten im Hinblick auf die vorgesehene Anschlussbeschäftigung verschärfte Transparenzanforderungen.[6] Bei der Vereinbarung der Rückzahlungsverpflichtung muss zumindest rahmenmäßig bestimmt sein, zu welchen Bedingungen die Berufstätigkeit erfolgen soll. Dazu gehören Angaben zum Beginn des Vertragsverhältnisses, zu Art und zeitlichem Umfang der Beschäftigung und zur Gehaltsfindung der Anfangsvergütung.[7] Nur dann kann die Rückzahlungsvereinbarung als hinreichend transparent i.S.v. § 307 Abs. 1 Satz 2 BGB angesehen werden. Der Arbeitnehmer muss wissen, welches Vertragsangebot er ggf. annehmen muss, um die vereinbarte Rückzahlungspflicht abzuwenden. Das LAG Mecklenburg-Vorpommern hat zuletzt folgende Formulierung gebilligt: „Der Betrieb bietet den Studenten ein angemessenes Arbeitsverhältnis an."[8] Die Vertragsparteien seien regelmäßig nicht in der Lage, die konkreten Arbeitsvertragsbedingungen für die Zukunft festlegen zu können. Mit dem Zusatz „angemessen" sei aus Sicht des Arbeitnehmers auch hinreichend deutlich klargestellt, dass damit das Erfordernis eines Angebots seiner durch Hochschulabschluss erworbenen Qualifikation verbunden sei.[9] Aus Gründen

---

1 LAG BW v. 12.9.2013 – 16 Sa 24/13, n.v.
2 LAG Hamm v. 9.3.2012 – 7 Sa 1500/11, LAGE Nr. 5 zu § 611 BGB Ausbildungsbeihilfe; das BAG ist im Rahmen der Revision nicht auf diese Frage eingegangen, sondern hielt die Klausel aus Transparenzgründen für unwirksam, BAG v. 6.8.2013 – 9 AZR 442/12, NZA 2013, 1361 (1362).
3 Das Verfahren vor dem LAG BW ist anhängig beim BAG unter dem Az: 9 AZR 143/14.
4 *Lipke*, Gratifikationen, S. 185; *Schmidt*, BB 1971, 47.
5 *Blomeyer/Buchner*, Rückzahlungsklauseln, S. 79; *Schmidt*, BB 1971, 47; ArbG Essen v. 11.9.1959 – 1 Ca 2102/59, DB 1960, 63.
6 BAG v. 18.3.2008 – 9 AZR 186/07, NZA 2008, 1004 (1007); kritisch hierzu *Natzel*, SAE 2008, 277; ferner *Schramm*, BB 2008, 2580 und *Maier/Mosig*, NZA 2008, 1168; zuletzt auch LAG Köln v. 27.5.2010 – 7 Sa 23/10, BeckRS 2010, 74444.
7 Ebenso MSG/*Mroß*, Ausbildung/Fort- und Weiterbildung Rz. 47.
8 LAG MV v. 14.12.2011 – 3 Sa 263/11, BeckRS 2012, 67940.
9 LAG MV v. 14.12.2011 – 3 Sa 263/11, BeckRS 2012, 67940 – die Vergütung könne im Zweifel nach Maßgabe des § 612 Abs. 2 BGB bestimmt werden.

der Transparenz könnte es allerdings geboten sein, eine Frist für dieses Angebot bereits im Vorfeld festzuschreiben.[1]

Unerheblich ist es insoweit, dass der Arbeitgeber kurz vor Ende des geförderten Studiums ein ausreichend konkretisiertes Angebot auf Abschluss eines Arbeitsvertrags für die Zeit nach Beendigung des Studiums abgibt. Nach § 310 Abs. 3 Nr. 3 BGB sind bei der Beurteilung der unangemessenen Benachteiligung nur der Vertragstext und die den Vertragsschluss begleitenden Umstände, nicht jedoch spätere Ereignisse zu berücksichtigen.[2] 49b

(b) Zulässige Beendigungstatbestände

Als konfliktträchtig hat sich schließlich auch die **Frage** herauskristallisiert, **an welche Tatbestände eine Rückzahlungspflicht zulässigerweise geknüpft werden kann**. Bei der Beantwortung empfiehlt es sich, sorgsam zwischen der Auslegung einer Klausel und ihrer inhaltlichen Überprüfung zu unterscheiden. Am Anfang hat stets die Auslegung der Klausel, also die Bestimmung ihres Inhalts gemäß §§ 133, 157 BGB zu stehen.[3] In einem zweiten Schritt wird dann der im Wege der Auslegung ermittelte Inhalt auf seine Zulässigkeit bzw. Wirksamkeit hin überprüft. Für die inhaltliche Ausgestaltung gilt ein **Differenzierungsgebot**: Die Erstattungspflicht des Arbeitnehmers darf nur durch ein Ereignis ausgelöst werden, das in die **Verantwortungs- und Risikosphäre des Arbeitnehmers** fällt.[4] Anderenfalls hat er es nicht mehr selbst in der Hand, durch eigene Betriebstreue seiner Rückzahlungspflicht zu entgehen.[5] Die Rückzahlungsklausel sollte dabei alle Auslösungsgründe abschließend aufzählen.[6] Im Einzelnen gilt es folgende Punkte zu beachten: 50

§ X Rückzahlung

Endet das Arbeitsverhältnis durch Kündigung des Mitarbeiters aus einem nicht vom Arbeitgeber zu vertretenden, wichtigen Grund, durch Kündigung von Seiten des Arbeitgebers aufgrund eines vom Mitarbeiter zu vertretenden Grundes oder durch Aufhebungsvertrag auf Veranlassung des Mitarbeiters, so ist dieser zur Rückzahlung der für die Dauer der Fortbildungsmaßnahme empfangenen Vergütung und der von der Firma übernommenen Kosten der Fortbildung verpflichtet. Dieselbe Verpflichtung besteht auch bei schuldhafter Nichterreichung des Fortbildungszieles. Für jeden vollen Tätigkeitsmonat nach Beendigung der Fortbildungsmaßnahme vermindert sich der Rückzahlungsbetrag um ... (bspw. $1/36$ oder $1/12$).

---

1 So MSG/*Mroß*, Ausbildung/Fort- und Weiterbildung Rz. 48 die sich für die Dauer der Frist an § 626 Abs. 2 BGB orientieren will.
2 BAG v. 18.3.2008 – 9 AZR 186/07, NZA 2008, 1004 (1007).
3 S. nur BGH v. 23.6.2004 – IV ZR 130/03, NJW 2004, 2589 (2590); v. 29.5.2008 – III ZR 330/07, NJW 2008, 2495 (2496); v. 17.2.2011 – III ZR 35/10, NJW 2011, 2122 (2123) – mit Ausführungen zu fernliegenden Auslegungsalternativen; Palandt/*Grüneberg*, Überbl. v. § 305 Rz. 17; PWW/*Berger*, § 307 Rz. 3.
4 BGH v. 17.9.2009 – III ZR 207/08, NZA 2010, 37 (39); BAG v. 19.1.2011 – 3 AZR 621/08, NZA 2012, 85 (88); Staudinger/*Krause*, Anh zu § 310 Rz. 212.
5 BAG v. 13.12.2011 – 3 AZR 791/09, NZA 2012, 738 (740).
6 MSG/*Mroß*, Ausbildung/Fort- und Weiterbildung Rz. 40.

(aa) Vorzeitiges Ausscheiden des Arbeitnehmers auf eigene Veranlassung

51 Das von der Kautelarpraxis stets bedachte und mit einer Rückzahlungspflicht belegte **Ausscheiden des Arbeitnehmers aufgrund eigener Kündigung** nach Absolvierung der Fortbildungsmaßnahme, aber vor Ablauf der Bindungsfrist, lässt sich als Standard-Tatbestand bezeichnen. Bei Abschluss der Rückzahlungsvereinbarung dürften die Parteien insbesondere den Fall des vorzeitigen Abwanderns des geförderten Arbeitnehmers im Auge gehabt haben.

52 ⊃ Nicht geeignet:
   a) Die Rückerstattungspflicht tritt ein, wenn das Arbeitsverhältnis auf Veranlassung des Arbeitnehmers vorzeitig endet, ohne dass hierfür ein vom Arbeitgeber zu vertretender wichtiger Grund gegeben ist.
   b) Falls der Arbeitnehmer das Arbeitsverhältnis innerhalb einer Frist von ... Monaten nach Beendigung der Weiterbildungsmaßnahme von sich aus kündigt oder ..., hat er an den Arbeitgeber die Kosten der Weiterbildungsmaßnahme zu erstatten.[1]
   c) Die Rückerstattungspflicht wegen der in § 5 Satz 2 geregelten Kosten der Fortbildung tritt ein, wenn das Arbeitsverhältnis auf Veranlassung des Teilnehmers endet (Eigenkündigung), ...[2]

Dringend zu empfehlen ist, den wichtigsten Tatbestand, an den eine Rückzahlungspflicht geknüpft werden soll, genau zu benennen, also etwa eine Formulierung entsprechend Klauselbeispiel a) zu wählen. Der Verzicht auf den **Zusatz „ohne dass hierfür ein wichtiger Grund gegeben ist"** oder eine ähnliche Wendung (Klauselbeispiele b) und c)) wäre problematisch, da die Rückzahlungspflicht nicht an eine arbeitnehmerseitige Kündigung gekoppelt werden darf, die auf einen vom Arbeitgeber zu vertretenden wichtigen Grund i.S.d. § 626 BGB oder auf die Unzumutbarkeit der Fortsetzung des Arbeitsverhältnisses infolge vom Arbeitgeber gesetzter Umstände zurückzuführen ist.[3] Das BAG hat in dieser Frage[4] jetzt Klarheit geschaffen.[5] Eine Rückzahlungspflicht im Falle einer Eigenkündigung, die ohne Ausnahme formuliert ist und somit auch Konstellationen umfasst, in der die Beendigung des Arbeitsverhältnisses durch den Arbeitgeber veranlasst wurde, benachteiligt den Arbeitgeber unangemessen.[6] Subsumtionsschwierigkeiten lassen sich freilich auch bei Zugrundelegung des Klauselbeispiels a) nicht gänzlich vermeiden. Kündigt der Arbeitnehmer wegen erwiesenen Mobbings durch seine Arbeitskollegen, dürfte dieser Sachverhalt regelmäßig in den Verantwortungsbereich des Arbeitgebers fallen und für den Arbeitnehmer einen wichtigen Kündigungsgrund darstellen, so dass er nicht

---

1 Klauselvorschlag von *Lakies*, AGB im Arbeitsrecht, Rz. 749.
2 Klauselvorschlag von HR/*Mengel*, Gestaltung von Arbeitsverträgen, 1/13 Rz. 770.
3 LAG Bremen v. 25.2.1994 – 4 Sa 13/93, LAGE § 611 BGB Ausbildungsbeihilfe Nr. 9; *Schmidt*, BB 1971, 48; *Gaul*, RdA 1965, 91.
4 Ob die fehlende Differenzierung zur Unwirksamkeit führte, wurde zunächst in der Instanzrechtsprechung unterschiedlich beurteilt vgl. LAG Hamm v. 18.2.2009 – 2 Sa 1138/08, BeckRS 2009, 73754; LAG Hess. v. 20.10.2009 – 13 Sa 1235/09, BeckRS 2010, 65740.
5 BAG v. 13.12.2011 – 3 AZR 791/09, NZA 2012, 738; v. 28.5.2013 – 3 AZR 103/12, NZA 2013, 1419; v. 18.3.2014 – 9 AZR 545/12, NZA 2014, 957.
6 BAG v. 13.12.2011 – 3 AZR 791/09, NZA 2012, 738; v. 28.5.2013 – 3 AZR 103/12, NZA 2013, 1419; v. 18.3.2014 – 9 AZR 545/12, NZA 2014, 957.

mit einer Rückzahlungspflicht belastet wäre.[1] Dagegen trägt die Arbeitnehmerin das Risiko einer vorzeitigen Beendigung des Arbeitsverhältnisses wegen des Wunsches, sich künftig der Betreuung ihres kleinen Kindes widmen zu wollen.[2] Letzterer Fall ist im Klauselbeispiel a) nur unklar angelegt und allenfalls durch Auslegung zu erreichen. Der Vorteil des hier unterbreiteten Klauselvorschlags (vgl. Rz. 50) liegt deshalb darin, dass er auch die Lösung des Arbeitsverhältnisses durch einen vom Arbeitnehmer gewünschten Aufhebungsvertrag klar umfasst.[3] Ist nur für den Fall der Kündigung des Arbeitnehmers die Rückzahlungspflicht vorbehalten, wird sie bei Abschluss eines Aufhebungsvertrags nicht ausgelöst.[4] Dies kann dem Arbeitgeber einen Kostenausgleich verwehren, tritt doch an die Stelle einer arbeitnehmerseitigen Kündigung nicht selten die einvernehmliche Aufhebung. Anzuraten bleibt dem Arbeitgeber trotz entsprechender Klausel, den Arbeitnehmer nochmals ausdrücklich auf die durch den Abschluss des **Aufhebungsvertrages** ausgelöste Rückerstattungspflicht hinzuweisen. Diese greift jedoch nur dann, wenn die Umstände, die zum Abschluss des Aufhebungsvertrages führen, dem Verantwortungsbereich des Arbeitnehmers zuzuordnen sind.[5] Dem Arbeitgeber droht auch bezüglich dieser Umstände eine **Darlegungs- und Beweislast**.[6] Entschieden hat die Rechtsprechung das jedenfalls bereits für Gründe, die eine berechtigte fristlose Beendigung des Arbeitsverhältnisses durch den Arbeitnehmer rechtfertigen hätten können.[7] Die Klausel stellt schließlich auch klar, dass eine **ordentliche Kündigung seitens des Arbeitnehmers** auch dann die Rückzahlungspflicht auslöst, wenn er sie im Hinblick auf Vertragsverletzungen des Arbeitgebers ausspricht, die nicht das Gewicht eines wichtigen Grundes gemäß § 626 BGB erreichen.[8]

(bb) Vorzeitiges Ausscheiden des Arbeitnehmers auf Veranlassung des Arbeitgebers

Es entspricht durchaus einem nachvollziehbaren Interesse des Arbeitgebers, die Rückerstattungspflicht nicht nur im Falle des Abwanderns des Arbeitnehmers, sondern auch bei einer **vom Arbeitnehmer zu vertretenden arbeitgeberseitigen Kündigung** eintreten zu lassen. Um dies zu erreichen, wird der Tatbestand solcher Rückzahlungsabreden häufig sehr weit gefasst. Viele Klauseln knüpfen die Rückzahlungspflicht sogar schlichtweg an jedes **vorzeitige Ausscheiden** des Arbeitnehmers oder an die **Beendigung des Arbeitsverhältnisses vor Ablauf der Zeit**.

53

---

1 *Braun*, DÖD 2003, 181; *Düwell/Ebeling*, DB 2008, 409; HWK/*Thüsing*, § 611 BGB Rz. 470.
2 LAG Köln v. 18.9.1983, b + p 1984, 127.
3 Zulässig, vgl. LAG Köln v. 10.9.1992 – 5 Sa 476/92, LAGE § 611 BGB Ausbildungsbeihilfe Nr. 8 und HR/*Mengel*, Gestaltung von Arbeitsverträgen, 1/13 Rz. 757; s.a. die Vertragsmuster bei BLDH/*Lingemann*, M 8.4 § 3; *Zürn* in Beck'sches Formularbuch Arbeitsrecht, A. IV. 7 (S. 261).
4 Schaub/*Linck*, § 78 Rz. 63, 64; für die Rückzahlung einer Gratifikation bei Abschluss eines Aufhebungsvertrages vgl. LAG Hamm v. 12.9.1999 – 10 Sa 1621/98, NZA-RR 99, 514.
5 *Bauer/Krieger/Arnold*, Arbeitsrechtliche Aufhebungsverträge, C. Rz. 370.
6 Die bisherige Rechtsprechung entfernt sich im Rahmen der Beweislastregeln einseitig zulasten der Arbeitgeber vom Leitbild des § 307 BGB, wonach diejenige Partei die Beweislast für Tatsachen trägt, die aus der Unwirksamkeit Vorteile ziehen will – MünchKommBGB/*Müller-Glöge*, § 611 Rz. 887; s. ausführlich dazu die Rz. 35, 36.
7 LAG Bremen v. 25.2.1994 – 4 Sa 13/93, LAGE § 611 BGB Ausbildungsbeihilfe Nr. 9.
8 Zulässig, vgl. LAG Nds. v. 31.10.2008 – 10 Sa 346/08, BeckRS 2009, 52337.

54 ↪ **Nicht geeignet:**

Ich verpflichte mich, die während der Dauer des Studiums gezahlte Vergütung nach Vergütungsgruppe V b BAT zurückzuzahlen, wenn ich vor Ablauf von fünf Jahren nach Erwerb der Befähigung für das Lehramt an berufsbildenden Schulen aus dem Schuldienst des Landes ... ausscheide.[1]

Die voraussichtlichen Ausbildungskosten werden ca. 15 000 DM betragen. Sie gelten für die Dauer von zwei Jahren ab dem Ausbildungsende als Vorschuss. Wird das Arbeitsverhältnis vor Ablauf dieser Zeit beendet, verpflichtet sich der Mitarbeiter, den Betrag, der nach abgeschlossener Ausbildung ermittelt wird und dem Mitarbeiter gesondert mitgeteilt wird, anteilig an die T-GmbH zurückzuzahlen. Dabei wird für jeden Monat $1/24$ verrechnet.[2]

Vom Wortlaut der beiden o.g. Klauseln wird jeder vom Arbeitnehmer oder vom Arbeitgeber gesetzte Beendigungstatbestand erfasst. Es wird nicht danach differenziert, wessen Verantwortungs- oder Risikobereich die Beendigung des Arbeitsverhältnisses zuzurechnen ist. Der Arbeitnehmer soll auch dann mit den Ausbildungskosten belastet werden, wenn der Arbeitgeber **aus betriebsbedingten Gründen** kündigt. Eine Rückzahlungsklausel stellt aber nur dann eine ausgewogene Gesamtregelung dar, wenn es der Arbeitnehmer in der Hand hat, durch eigene Betriebstreue der Rückzahlungspflicht zu entgehen. Verluste aufgrund von Investitionen, die nachträglich wertlos werden, hat grundsätzlich der Arbeitgeber zu tragen. Hätte der betriebstreue Arbeitnehmer die in seine Aus- oder Weiterbildung investierten Betriebsausgaben auch dann zu erstatten, wenn die Gründe für die vorzeitige Beendigung des Arbeitsverhältnisses ausschließlich dem Verantwortungs- und Risikobereich des Arbeitgebers zuzurechnen sind, würde er mit den Kosten einer fehlgeschlagenen Investition seines Arbeitgebers belastet.[3] Dieser überschießende, von den Parteien im Einzelfall mitunter auch nicht gewollte Regelungsgehalt kann entgegen früherer Praxis auch nicht im Wege der Auslegung eingeschränkt werden.[4] Die Auslegung Allgemeiner Geschäftsbedingungen ist eine objektive, von den Umständen des Einzelfalles abstrahierende. Ihr eine korrektivische Funktion zuzuerkennen wäre auch methodisch höchst bedenklich, da eine solche im Wege der Auslegung betriebene (kaschierte) Vertragskontrolle Gefahr liefe, die tragenden Wertungen zu verdecken. Auch eine geltungserhaltende Reduktion scheidet aus.[5] Noch nicht höchstrichterlich geklärt ist, ob die Rückzahlungspflicht

---

1 BAG v. 12.12.1979 – 5 AZR 1056/77, EzA § 70 BAT Nr. 11.
2 BAG v. 11.4.2006 – 9 AZR 610/05, NZA 2006, 1042 (1043).
3 BAG v. 11.4.2006 – 9 AZR 610/05, NZA 2006, 1042 (1045); v. 23.1.2007 – 9 AZR 482/06, NZA 2007, 748 (749); ebenso LAG Schl.-Holst. v. 23.5.2007 – 3 Sa 28/07, NZA-RR 2007, 514 (516f.); LAG Köln v. 2.9.2009 – 3 Sa 255/09, BeckRS 2009, 72729; *Thüsing*, AGB-Kontrolle im Arbeitsrecht, Rz. 348; *Lakies*, Inhaltskontrolle von Arbeitsverträgen, Rz. 800; schon vor der Schuldrechtsreform BAG v. 6.5.1998 – 5 AZR 535/97, AP Nr. 28 zu § 611 BGB Ausbildungsbeihilfe mit zust. Anm. von *Becker-Schaffner*; LAG Nds. v. 20.2.2001 – 13 Sa 1295/00, ZTR 2001, 331.
4 Zutreffend *Thüsing*, AGB-Kontrolle im Arbeitsrecht, Rz. 352; für die Eigenkündigung des Arbeitnehmers ebenso BAG v. 13.12.2011 – 3 AZR 791/09, NZA 2012, 738 (740).
5 BAG v. 11.4.2006 – 9 AZR 610/05, NZA 2006, 1042 (1045); v. 28.5.2013 – 3 AZR 103/12, NZA 2013, 1419 (1420); LAG Köln v. 2.9.2009 – 3 Sa 255/09, BeckRS 2009, 72729 – s.a. Rz. 59.

auch an eine **personenbedingte Kündigung** geknüpft werden kann.[1] Regelmäßig beruht dieser Kündigungsgrund auf einem vom Arbeitnehmer nicht steuerbaren Umstand (Hauptfall: **unverschuldete Krankheit des Arbeitnehmers**). Da er es auch hier nicht in der Hand hat, durch eigene Betriebstreue der Rückzahlungspflicht zu entgehen, sollte man dieses Risiko der Sphäre des Arbeitgebers zuordnen.[2] Anders ist nur zu entscheiden, wenn der Arbeitnehmer seine mangelnde Einsetzbarkeit zu vertreten hat.

Als Ergebnis bleibt daher festzuhalten, dass **weit ausgreifende Vorbehalte, die die Rückzahlungspflicht schlechthin an jedes Ausscheiden des Arbeitnehmers knüpfen**, den Arbeitnehmer unangemessen benachteiligen und aus diesem Grunde **unwirksam** sind. Dies gilt im Übrigen auch dann, wenn im Formulararbeitsvertrag unter Voranstellung des Wortes „insbesondere" zwei Beispielsfälle genannt sind, für welche wirksam eine Rückzahlungsverpflichtung begründet werden könnte (Eigenkündigung des Arbeitnehmers und Kündigung durch den Arbeitgeber aus einem vom Arbeitnehmer zu vertretenden Grund).[3]

Wenn der Teilnehmer durch Kündigung seitens der Sparkasse, die sich auf einen in der Person des Teilnehmers liegenden, schuldhaft von ihm herbeigeführten wichtigen Grund stützen lässt, oder aufgrund eines auf seinen Wunsch geschlossenen Aufhebungsvertrages vorzeitig aus den Diensten der Sparkasse ausscheidet, wird er ... die von ihr erbrachten freiwilligen Leistungen ... zurückerstatten.[4]

55

Wird das Arbeitsverhältnis aus einem vom Mitarbeiter zu vertretenden Grunde von der Firma gekündigt, so ist der Mitarbeiter zur Rückzahlung der für die Dauer der Fortbildungsmaßnahme empfangenen Vergütung und der von der Firma übernommenen Kosten der Fortbildung verpflichtet.

Die o.g. Klauseln bemühen sich um eine Konkretisierung des die Rückzahlungspflicht auslösenden Tatbestandes, soweit es um eine Beendigung des Arbeitsverhältnisses auf Veranlassung des Arbeitgebers geht. Damit wird klargestellt, dass eine betriebsbedingte Kündigung, ebenso wie eine auf unverschuldeter Krankheit des Arbeitnehmers beruhende oder wegen **Insolvenz**[5] ausgesprochene Kündigung keine Rückzahlungspflichten begründet. Auch scheidet eine Rückzahlungspflicht des Arbeitnehmers für den Fall aus, dass der Arbeitgeber das Arbeitsverhältnis grundlos beendet und der Arbeitnehmer eine Kündigungsschutzklage nur deshalb nicht erheben kann, weil das KSchG keine Anwendung findet.[6]

---

1 Das BAG ist auf diesen Teil einer für unwirksam befundenen Klausel nicht eingegangen, vgl. BAG v. 13.12.2011 – 3 AZR 791/09, NZA 2012, 738.
2 Wie hier DBD/*Deinert*, § 307 BGB Rz. 122; *Waas*, RdA 2005, 123; HWK/*Thüsing*, § 611 BGB Rz. 471; *Schönhöft*, NZA-RR 2009, 628; tendenziell auch BAG v. 14.12.1983 – 5 AZR 174/82, juris für den Fall der Umzugskostenerstattung; a.A. LAG Nds. v. 31.10.2008 – 10 Sa 346/08, BeckRS 2009, 52337.
3 So BAG v. 23.1.2007 – 9 AZR 482/06, NZA 2007, 748 (750).
4 Angelehnt an BAG v. 23.2.1983 – 5 AZR 531/80, EzA § 611 BGB Ausbildungsbeihilfe Nr. 3.
5 LAG Hess. v. 1.12.1976 – 10 Sa 140/76, ArbuR 1978, 59.
6 ArbG Gelsenkirchen v. 7.6.1984 – 3 Ca 3616/83, ArbuR 1985, 162.

(cc) **Nichterreichung des Fortbildungszieles**

56 Schwierig zu beurteilen ist, ob eine Rückzahlungspflicht auch für den Fall des Nichterreichens des Fortbildungszieles vereinbart werden kann. Zweckmäßigerweise unterscheidet man hier zwischen dem Abbruch der Fortbildung und dem Nichtbestehen der Abschlussprüfung.[1]

> a) Wird das Dienstverhältnis aus den vorerwähnten Gründen nach Ablauf des ersten Beschäftigungsjahres als Erzieheranwärter und vor Ablegung der Prüfung beendet, so verpflichte ich mich, die bis zu diesem Zeitpunkt entstandenen Ausbildungskosten zu erstatten.[2]
>
> b) Der Beschäftigte hat der Sparkasse ihre Leistungen nach § 2 I – mit Ausnahme der Arbeitgeberanteile zur Sozialversicherung – in voller Höhe zu erstatten, wenn er auf eigenen Wunsch oder aus seinem Verschulden aus dem Arbeitsverhältnis vor Ablauf des Kalendermonats, in dem das Prüfungszeugnis ausgestellt wird, ausscheidet.[3]

57 Vereinbarungen über eine Kostenbeteiligung des Arbeitnehmers für den Fall des **vorzeitigen Abbruchs einer länger dauernden Aus- oder Fortbildung** prüft das BAG ebenfalls anhand der Zumutbarkeitsformel, allerdings nicht ohne der besonderen Situation des Aus- oder Fortbildungsteilnehmers Rechnung zu tragen.[4] Letzteres äußert sich bspw. in der Forderung, der Arbeitgeber müsse insbesondere bei länger andauernden Ausbildungsmaßnahmen die Rückzahlung so ausgestalten, dass dem Arbeitnehmer eine ausreichende Überlegungsfrist eingeräumt wird, innerhalb derer er sich über seine Eignung und Neigung schlüssig werden und ohne Kostenrisiko entscheiden könne, ob er die Ausbildungsmaßnahmen fortsetzen oder aufgeben wolle.[5]

Zu beachten ist, dass sich die Miteinbeziehung dieses Tatbestandes nach Ansicht des BAG[6] auch bei einer allgemein gehaltenen Klausel wie z.B.

> Ich verpflichte mich, die während der Dauer des Studiums gezahlte Vergütung nach Vergütungsgruppe V b BAT zurückzuzahlen, wenn ich vor Ablauf von fünf Jahren nach Erwerb der Befähigung für das Lehramt an berufsbildenden Schulen aus dem Schuldienst des Landes ... ausscheide.

im Wege einer an Sinn und Zweck orientierten Auslegung ergeben kann.

---

1 Ausführlich zu dieser Thematik *Meier/Schulz*, NZA 1996, 742 ff.
2 BAG v. 20.2.1975 – 5 AZR 240/74, EzA Art. 12 GG Nr. 12.
3 Gebilligt von BAG v. 19.1.2011 – 3 AZR 621/08, NZA 2012, 85.
4 BAG v. 20.2.1975 – 5 AZR 240/74, EzA Art. 12 GG Nr. 12; v. 3.8.1983 – 5 AZR 247/81, n.v.; s.a. BAG v. 19.1.2011 – 3 AZR 621/08, NZA 2012, 85.
5 BAG v. 20.2.1975 – 5 AZR 240/74, EzA Art. 12 GG Nr. 12; *Rischar*, BB 2002, 2550; *Braun*, DÖD 2003, 177 (178).
6 BAG v. 12.12.1979 – 5 AZR 1056/77, EzA § 70 BAT Nr. 11; zust. *Lipke*, Gratifikationen, S. 188.

Zuletzt wurde diesem Kriterium in der BAG-Rechtsprechung aber eine nur noch untergeordnete Rolle zuteil.[1] Jedenfalls im Rahmen einer Fortbildungsmaßnahme, die nur zum Erwerb einer zusätzlichen Qualifikation führe und nicht zur Ausübung eines weiteren Berufs befähige, seien diese Grundsätze nicht anwendbar.[2] Praktisch gesehen dürften damit die meisten Fortbildungsmaßnahmen nicht dem oben genannten Erfordernis unterliegen. Die Überlegungsfrist des Arbeitnehmers kann aber im Rahmen der Angemessenheitsprüfung von Bedeutung sein,[3] so dass weiterhin zu raten ist, dem Arbeitnehmer eine hinreichende Karenzzeit einzuräumen.

Im Übrigen sind dieselben Erwägungen anzustellen, die auch sonst in Konkretisierung der Zumutbarkeitsformel oben entwickelt wurden. Das Klauselbeispiel a) differenziert nicht nach dem Beendigungsgrund und insbesondere auch nicht danach, welchem Verantwortungs- und Risikobereich die Beendigung zuzuordnen ist.[4] Diese Unterscheidung findet sich hingegen in Klauselbeispiel b). Für den Arbeitnehmer ist hier ohne Weiteres erkennbar, dass er dann nicht mit den Ausbildungskosten belastet werden soll, wenn er sich wegen eines Fehlverhaltens des Arbeitgebers als zur Eigenkündigung berechtigt ansehen durfte, oder wenn der Arbeitgeber aus betriebsbedingten Gründen das Arbeitsverhältnis beendet.[5] 57a

Auch im zweitgenannten Fall des **Nichtbestehens der Abschlussprüfung** ist eine differenzierende Betrachtungsweise geboten. 58

Ebenso wird der Type-Betrag zur Rückzahlung fällig, wenn der Mitarbeiter aufgrund mangelnder Vorbereitung und Leistung das Type-Rating nicht bestehen sollte.

Als unzulässig wird man es erachten müssen, denjenigen Arbeitnehmer einer Rückzahlungspflicht auszusetzen, der trotz aller Anstrengung den Prüfungsanforderungen nicht zu entsprechen vermag.[6] Denn der Arbeitgeber soll nicht per Rückzahlungsabrede dem Arbeitnehmer unter finanziellem Druck Ausbildungserfolge abfordern.[7]

Dagegen dürfte es angängig sein, dass ein Arbeitnehmer der Rückzahlungspflicht unterfällt, der ersichtlich wegen mangelnder Vorbereitung und Leistung bzw. anderer aus seiner Sphäre stammender Gründe nicht bestanden hat.[8]

---

1 BAG v. 19.1.2011 – 3 AZR 621/08, NZA 2012, 85 (88f.).
2 BAG v. 19.1.2011 – 3 AZR 621/08, NZA 2012, 85 (89) – offen gelassen wurde auch, ob diese Grundsätze über den entschiedenen Einzelfall hinaus weiterhin Bedeutung besitzen.
3 BAG v. 19.1.2011 – 3 AZR 621/08, NZA 2012, 85 (89).
4 Eine solche Klausel ist unwirksam, vgl. die Ausführungen Rz. 51 ff.
5 BAG v. 19.1.2011 – 3 AZR 621/08, NZA 2012, 85 (88).
6 Ebenso CKK/*Klumpp*, § 307 Rz. 214.
7 *Lipke*, Gratifikationen, S. 190; DBD/*Deinert*, § 307 BGB Rz. 125; ArbG Celle v. 8.8.1978 – 1 Ca 354/78, ARST 1979, 3 Nr. 3; ErfK/*Preis*, § 611 BGB Rz. 439.
8 Zu eng ArbG Celle v. 8.8.1978 – 1 Ca 354/78, ARST 1979, 3 Nr. 3 und *Borrmann*, AR-Blattei [D] Rückzahlungsklauseln I, A. III. 2. d) (3) (b); wie hier *Thüsing*, AGB-Kontrolle im Arbeitsrecht, Rz. 349; CKK/*Klumpp*, § 307 Rz. 214; *Straube*, NZA-RR 2012, 505 (507).

(dd) **Keine Übernahme nach Beendigung des Studiums**

58a ⊃ Nicht geeignet:

Kommt es nach Ablauf des Studiums auf Wunsch von A (= Arbeitgeber) nicht zu einem Arbeitsverhältnis ..., besteht ebenfalls eine Rückzahlungspflicht für das gewährte Stipendium.[1]

Eine Rückzahlungsverpflichtung, die auch für den Fall vereinbart ist, dass der potenzielle Arbeitgeber dem potenziellen Arbeitnehmer keinen ausbildungsadäquaten Arbeitsplatz anbieten kann oder will, stellt eine unangemessene Benachteiligung des Vertragspartners i.S.d. § 307 Abs. 1 Satz 1 BGB dar. Denn auch hier hat der (künftige) Arbeitnehmer keine Chance, durch eigene Betriebstreue der Kostenlast zu entgehen. Vielmehr sind es Umstände aus dem Verantwortungs- und Risikobereich des Arbeitgebers, die über seine Übernahme entscheiden.[2]

(3) Rechtsfolge bei Überschreitung der Angemessenheitsgrenzen

59 Genügte im Einzelfall eine Rückzahlungsklausel den an sie zu stellenden inhaltlichen Anforderungen nicht, so bedeutete dies nach früherer Rechtsprechung noch nicht ihre Nichtigkeit. Vielmehr nahmen die Gerichte die Befugnis in Anspruch, derartige Klauseln auf das noch vertretbare Maß zurückzuführen. So sollten unvertretbar hohe Rückzahlungsforderungen der Reduzierung auf eine noch zulässige Höhe unterliegen.[3] Auch die übermäßige Länge der vom Arbeitgeber verlangten Betriebstreue hatte nur die gerichtliche Abkürzung der Bindungsfrist zur Folge.[4] Das BAG sah sich in diesem Falle sogar zur Neuordnung der Staffelungsregelung in der Lage.[5] Das stellt in der Sache nichts anderes dar als eine **geltungserhaltende Reduktion**, für die das Recht der Allgemeinen Geschäftsbedingungen (§ 306 BGB) **keinen Raum mehr** lässt.[6] Die allfällige Korrektur dieser Rechtsprechung hat das

---

1 BAG v. 18.11.2008 – 3 AZR 192/07, NZA 2009, 435.
2 BAG v. 18.3.2008 – 9 AZR 186/07, NZA 2008, 1004 (1007); v. 18.11.2008 – 3 AZR 192/07, NZA 2009, 435 (439).
3 *Lipke*, Gratifikationen, S. 187. Andeutungsweise BAG v. 12.12.1979 – 5 AZR 1056/77, EzA § 70 BATT Nr. 11. Eindeutig LAG Hess. v. 27.4.1987 – 14 Sa 647/86, ARST 1988, 19 Nr. 13.
4 BAG v. 24.1.1963 – 5 AZR 100/62, AP Nr. 29 zu Art. 12 GG; v. 20.2.1975 – 5 AZR 240/74, EzA Art. 12 GG Nr. 12; v. 12.12.1979 – 5 AZR 1056/77, EzA § 70 BAT Nr. 11; v. 11.4.1984 – 5 AZR 430/82, NZA 1984, 288; v. 15.5.1985 – 5 AZR 161/84, AP Nr. 9 zu § 611 BGB Ausbildungsbeihilfe; LAG Nds. v. 20.2.2001 – 13 Sa 1295/00, ZTR 2001, 331; LAG Berlin v. 26.7.2001 – 7 Sa 687/01; *Lipke*, Gratifikationen, S. 187; *Blomeyer/Buchner*, Rückzahlungsklauseln, S. 81.
5 BAG v. 24.1.1963 – 5 AZR 100/62, AP Nr. 29 zu Art. 12 GG; v. 11.4.1984 – 5 AZR 430/82, NZA 1984, 288.
6 Wie hier gegen jede Form der teilweisen Aufrechterhaltung *Lakies*, AGB im Arbeitsrecht, Rz. 754 f.; *Thüsing*, AGB-Kontrolle im Arbeitsrecht, Rz. 352; CKK/*Klumpp*, § 307 Rz. 218; anders offenbar *Hanau/Adomeit*, Arbeitsrecht, 14. Aufl. 2007, Rz. 868, wonach der Ausschluss der geltungserhaltenden Reduktion auf offensichtliche Verstöße beschränkt sein soll. *Hümmerich*, Gestaltung von Arbeitsverträgen, 1. Aufl. 2006, Rz. 605 will im Rahmen des § 306 Abs. 2 BGB auf die Grundsätze der bisherigen Rechtsprechung zurückgreifen, was methodisch unhaltbar sein dürfte (gegen diesen Ansatz überzeugend *Rolfs*, FS Schwerdtner, 2003, S. 165 f.); für weitgehende Aufrechterhaltung im Wege ergänzender

BAG bald nach der Schuldrechtsmodernisierung eingeleitet.[1] Grundsätzlich seien die Gerichte – so das BAG – weder zu einer geltungserhaltenden Reduktion unwirksamer Klauseln berechtigt, noch dazu, durch ergänzende Vertragsauslegung an die Stelle einer unzulässigen Klausel die zulässige Klauselfassung zu setzen, die der Verwender der Allgemeinen Geschäftsbedingungen voraussichtlich gewählt haben würde, wenn ihm die Unzulässigkeit der beanstandeten Klausel bekannt gewesen wäre.[2]

Eine Klausel, die – wie die unter Rz. 52 genannten – an jedwedes Ausscheiden des Arbeitnehmers anknüpft, kann also nicht etwa mit dem Inhalt aufrechterhalten werden, dass der Arbeitnehmer nur bei einem seinem Verantwortungsbereich zuzurechnenden **Beendigungsgrund** zur Rückzahlung der Ausbildungskosten verpflichtet ist. Bei alledem ist deutlich darauf hinzuweisen, dass die §§ 305 ff. BGB bereits das Stellen inhaltlich unangemessener Allgemeiner Geschäftsbedingungen verbieten, nicht erst den unangemessenen Gebrauch einer Klausel im konkreten Einzelfall. Der Rechtsfolge der Unwirksamkeit sind auch solche Klauseln unterworfen, die in ihrem Übermaßteil in zu beanstandender Weise ein Risiko regeln, das sich im Entscheidungsfall nicht realisiert hat.[3] Der Arbeitnehmer ist also auch dann nicht zur Rückzahlung verpflichtet, wenn er in der Bindungszeit ausscheidet, um ein besseres Angebot anzunehmen. Ein bereicherungsrechtlicher Rückzahlungsanspruch (§§ 812 ff. BGB) scheitert am weiterhin bestehenden Rechtsgrund im Sinne der Fortbildungsvereinbarung.[4] 59a

Soweit es um die **Länge der Bindungsdauer** geht, hat der 3. Senat des BAG in einer neueren Entscheidung **ausnahmsweise** eine **ergänzende Vertragsauslegung** für möglich gehalten.[5] Es sei – so der Senat – unangemessen und würde den Interessen beider Parteien nicht gerecht, das Risiko einer Fehlbeurteilung dem Arbeitgeber aufzuerlegen, wenn es für ihn objektiv schwierig war, die zulässige Bindungsdauer zu bestimmen. Dabei ist vor allem an den Fall gedacht, dass der Arbeitgeber sich berechtigt hält, von den Richtwerten der Rechtsprechung abzugehen, etwa weil er ganz erhebliche Mittel aufwendet oder die Fortbildung dem Arbeitnehmer ungewöhnlich große Vorteile bringt. Wenn und soweit sich dieses Prognoserisiko im Einzelfall verwirkliche, sei es für den Arbeitgeber eine unzumutbare Härte, an seiner Verpflichtung zur Tragung der Ausbildungskosten festgehalten zu werden, ohne den Arbeitnehmer angemessen binden zu können. Deshalb sei in diesem Fall durch ergänzende Vertragsauslegung festzustellen, was die Vertragsparteien vereinbart 59b

---

Vertragsauslegung *Krebs*, SAE 2004, 69 f.; neuerdings ebenfalls für eine geltungserhaltende Reduktion *Stöhr*, ZfA 2013, 213 (232 ff.).
1 BAG v. 11.4.2006 – 9 AZR 610/05, NZA 2006, 1042 (1045); v. 23.1.2007 – 9 AZR 482/06, NZA 2007, 748 (750); v. 14.1.2009 – 3 AZR 900/07, NZA 2009, 666 (668).
2 BAG v. 11.4.2006 – 9 AZR 610/05, NZA 2006, 1042 (1046); v. 23.1.2007 – 9 AZR 482/06, NZA 2007, 748 (751).
3 BAG v. 11.4.2006 – 9 AZR 610/05, NZA 2006, 1042 (1046); v. 23.1.2007 – 9 AZR 482/06, NZA 2007, 748 (751); BGH v. 17.9.2009 – III ZR 207/08, NZA 2010, 37 (40).
4 BAG v. 21.8.2012 – 3 AZR 698/10, NZA 2012, 1428.
5 BAG v. 14.1.2009 – 3 AZR 900/07, NZA 2009, 666 mit abl. Anm. von *Stoffels*, AP Nr. 41 zu § 611 BGB Ausbildungsbeihilfe; zustimmend hingegen *Hanau*, Anm. AP Nr. 41 zu § 611 BGB Ausbildungsbeihilfe; bestätigt durch BAG v. 15.9.2009 – 3 AZR 173/08, NZA 2010, 342 (345 f.); ausführlich und grundlegend zur Lückenfüllung durch ergänzende Vertragsauslegung Staudinger/*Krause*, Anh. zu § 310 Rz. 265 ff.

hätten, wenn ihnen die Unwirksamkeit der Klausel bekannt gewesen wäre. Einen beiden Seiten gerecht werdenden Ausgleich stelle mangels besonderer Anhaltspunkte dasjenige dar, was nach der Rechtsprechung zulässig sei.

59c Die jüngste Rechtsprechung lässt allerdings erkennen, dass dieser Ansatz nur sehr restriktiv weiter verfolgt werden soll.[1] Unwirksame Klauseln – so der 3. Senat – seien grundsätzlich nicht auf einen mit dem Recht der Allgemeinen Geschäftsbedingungen zu vereinbarenden Regelungsgehalt zurückzuführen.[2] Würde dies als zulässig angesehen, hätte dies zur Folge, dass der Vertragspartner des Verwenders in der Vertragsabwicklungspraxis mit überzogenen Klauseln konfrontiert würde. Bediene man sich anstelle einer verbotenen geltungserhaltenden Reduktion, einer ergänzenden Vertragsauslegung, unterlaufe man die gesetzliche Wertvorstellung des § 307 BGB.[3] Diese Entwicklung ist zu begrüßen. Um die in Teilen erheblichen finanziellen Auswirkungen der Totalnichtigkeit einer Rückzahlungsklausel angemessen zu verteilen,[4] bedarf es keiner systemfremden Korrektur auf Rechtsfolgenseite, sondern einer Anpassung auf Tatbestandsebene. Erstrebenswert wäre es, die Anforderungen an die Zulässigkeit solcher Klauseln auf ein angemessenes und zumutbares Maß zu reduzieren, so dass es einem umsichtigen Verwender ermöglicht wird, zuverlässig und langfristig auf Formularabreden vertrauen zu können.

ee) Einwand der unzulässigen Rechtsausübung

60 Von der sich auf den ersten beiden Stufen vollziehenden Inhaltskontrolle ist die für zeitlich gestreckte Zahlungsverpflichtungen nicht untypische Fragestellung zu unterscheiden, **welcher Einfluss der Änderung der tatsächlichen Verhältnisse auf das Fortbestehen der Rückzahlungsverpflichtung zukommt**. Hat sich die Rückzahlungsvereinbarung allerdings im Rahmen der Inhaltskontrolle als wirksam erwiesen, dürfte in der Mehrzahl der Fälle die Begründetheit der Rückzahlungsforderung feststehen. **Korrekturen in Form einer Beschränkung oder** gar **Versagung des Rückzahlungsverlangens sind auf Ausnahmefälle zu beschränken**. So hat sich das BAG[5] soweit ersichtlich erst einmal bei einem von ihm selbst als Sonderfall bezeichneten Sachverhalt zu einer solchen Korrektur unter dem Gesichtspunkt der unzulässigen Rechtsausübung (§ 242 BGB) entschließen können.

61 Im Übrigen entspricht es ständiger Rechtsprechung,[6] dass die Rückzahlungspflicht auch im Hinblick auf Art. 6 GG nicht etwa deshalb entfällt, weil der Arbeitnehmer

---

1 BAG v. 13.12.2011 – 3 AZR 791/09, NZA 2012, 738 (741); v. 28.5.2013 – 3 AZR 103/12, NZA 2013, 1419 (1420); v. 18.3.2014 – 9 AZR 545/12, NZA 2014, 957 (959).
2 BAG v. 13.12.2011 – 3 AZR 791/09, NZA 2012, 738 (740f.).
3 So zumindest für den Fall, wenn im Zeitpunkt der Verwendung der Klausel deren Unwirksamkeit feststand BAG v. 13.12.2011 – 3 AZR 791/09, NZA 2012, 738 (741); v. 28.5.2013 – 3 AZR 103/12, NZA 2013, 1419 (1420); ohne Einschränkung gegen die ergänzende Vertragsauslegung nun der 9. Senat des BAG v. 18.3.2014 – 9 AZR 545/12, NZA 2014, 957 (959).
4 Insbesondere für kleinere und mittlere Unternehmen sind die Anforderungen des AGB-Rechts in der Vertragsgestaltung kaum zu bewältigen, vgl. ausführlich dazu *Stöhr*, ZfA 2013, 213.
5 BAG v. 19.3.1980 – 5 AZR 362/78, EzA § 611 BGB Ausbildungsbeihilfe Nr. 2.
6 BAG v. 9.11.1972 – 5 AZR 252/72, AP Nr. 45 zu Art. 12 GG; v. 19.3.1980 – 5 AZR 362/78, EzA § 611 BGB Ausbildungsbeihilfe Nr. 2.

heiratet, zu seinem Ehepartner zieht und deswegen das Arbeitsverhältnis kündigt. Anders könnte hingegen der Fall zu beurteilen sein, dass der Arbeitnehmer nach Abschluss der Fortbildung auf absehbare Zeit keine seiner neu erworbenen Qualifikation entsprechende Tätigkeit beim eigenen Arbeitgeber ausüben kann und sich angesichts der Perspektivlosigkeit eines weiteren Verbleibs zur Kündigung entschließt.[1]

c) Rückzahlungsklauseln im öffentlichen Dienst[2]

Der Unterzeichner verpflichtet sich, den Lehrgang zur Ausbildung von Fachlehrern für bildhaftes Gestalten und Werken in M. zu durchlaufen, nach erfolgreichem Abschluss in den Schuldienst des Landes ... einzutreten und dort mindestens fünf Jahre tätig zu sein. Falls der Unterzeichner den Lehrgang vorzeitig verlässt oder nach dem erfolgreichen Abschluss nicht in den Schuldienst des Landes ... eintritt oder aus diesem vor Ablauf von fünf Jahren ausscheidet, ist er verpflichtet, die während des Lehrgangs erhaltene Ausbildungsbeihilfe zurückzuerstatten. Der Erstattungsbetrag ermäßigt sich für jedes vollendete Jahr einer Tätigkeit im Schuldienst des Landes ... um 20 v.H.

Auch im öffentlichen Dienst sind Rückzahlungsklauseln weit verbreitet. Neben den Fällen der Lehrerausbildung (siehe o.g. Klausel) ist vor allem auf die sog. Fernmeldeaspirantenverträge hinzuweisen, zu denen eine umfangreiche verwaltungsgerichtliche Rechtsprechung existiert.[3] Die Zulässigkeit vertraglicher Rückzahlungsvorbehalte folgt auch hier den oben dargestellten allgemeinen Grundsätzen. Die öffentlichen Arbeitgeber sind zur sparsamen Haushaltsführung und einem sinnvollen Einsatz öffentlicher Mittel angehalten. Dies schließt die Verpflichtung ein, durch geeignete kautelarjuristische Maßnahmen darauf hinzuwirken, dass der mit finanzieller Förderung ausgebildete Arbeitnehmer für eine bestimmte Zeit auch tatsächlich am vorgesehenen Arbeitsplatz tätig wird und nicht nach erfolgreicher Absolvierung der Ausbildung in die Privatwirtschaft abwandert. 62

Eine besondere Problematik eröffnet sich, wenn der geförderte Arbeitnehmer vor Ablauf des Bindungszeitraums zu einem anderen Arbeitgeber des öffentlichen Dienstes übertritt, im Falle der obigen Beispielsklausel etwa in den Schuldienst eines anderen Bundeslandes wechselt. Der Gedanke, dass der Arbeitnehmer dem öffentlichen Dienst hier nicht verloren geht – schlagwortartig mit **„Einheit des öffentlichen Dienstes"** bezeichnet – wird im Beamtenbereich vom BVerwG[4] zumindest 63

---

1 *Blomeyer/Buchner*, Rückzahlungsklauseln, S. 80; *Borrmann*, AR-Blattei [D] Rückzahlungsklauseln I, A. III. 2. d) (1); ähnlich auch *Lipke*, S. 182, der auf diese Situation die Regeln des Annahmeverzuges (§§ 293 ff. BGB) entsprechend anwenden will.
2 Hierzu die zusammenfassenden Überblicke bei *Lipke*, Gratifikationen, S. 192 ff.; *Becker-Schaffner*, DB 1991, 1020 und *Beckmann*, DÖD 1995, 105 f.; *Braun*, DÖD 2003, 177 (181 f.). Beachte auch die für das Soldatenverhältnis wichtige Vorschrift des § 49 Abs. 24 SG, die nach BVerfG v. 22.1.1975 – 2 BvL 51/71, BVerfGE 39, 128 auch verfassungsgemäß ist.
3 BVerwG v. 25.10.1979 – 2 C 7/78, Buchh. 232 § 30 BBG Nr. 11; v. 7.5.1981 – 2 C 31/79, NJW 1982, 1412; v. 27.6.1968 – II C 70.67, AP Nr. 41 zu Art. 12 GG mit Anm. von *Richter*, DöV 1969, 452.
4 BVerwG v. 12.7.1972 – VI C 38.70, ZBR 1972, 335.

für eine Ermäßigung des Rückzahlungsbetrages herangezogen. Das BAG[1] hingegen hat es abgelehnt, diesen Gesichtspunkt zu berücksichtigen. Soweit nämlich getrennte Haushalte bestünden, sei es für den Arbeitgeber des öffentlichen Dienstes gleichermaßen nachteilig, ob der Arbeitnehmer in die Privatwirtschaft oder zu einem anderen Arbeitgeber im Bereich des öffentlichen Dienstes überwechsele. Die durch die o.g. Klausel begründete Rückzahlungspflicht erstreckt sich daher, ohne dass dies ausdrücklich in dem Klauseltext aufgenommen werden müsste, auch auf den Übertritt in den Schuldienst eines anderen Bundeslandes.

d) Nichtrückzahlbares Darlehen

Typ 3: Darlehensvertrag

Die ... gewährt Herrn ... zur Erlangung der Typenberechtigung auf einem der Luftfahrzeuge der ... ein zweckgebundenes zinsloses Darlehen in Höhe von ... Euro.

Dieses Darlehen wird im Zeitraum eines Jahres nach Beginn des Rating durch die ... abgelöst.

Sollte der Dienstvertrag vor Ende des angegebenen Zeitraums aufgelöst werden, wird Herr ... das Darlehen anteilig der Restzeit an die ... zurückzahlen.[2]

64 Weit verbreitet ist die Form des sog. „nichtrückzahlbaren Darlehens".[3] Vergleicht man die mit dieser Absprache intendierten Rechtswirkungen mit denjenigen einer Rückzahlungsklausel, so lässt sich ein Unterschied nicht erkennen.[4] Das Ergebnis ist aus der Sicht des Arbeitnehmers in beiden Fällen gleich. Mit dem Ausscheiden vor Ablauf des vereinbarten Zeitraumes trifft ihn stets die Pflicht zur anteiligen Rückzahlung der Fortbildungskosten bzw. des Darlehens. Es liegt auf der Hand, dass die Übernahme der Fortbildungskosten auch dann nicht unbegrenzt mit einer Rückzahlungsklausel verbunden werden darf, wenn sie als Darlehen deklariert wird. Die mit dieser Problematik konfrontierten Arbeitsgerichte[5] haben dieser konstruktiven Besonderheit bisher keine Beachtung geschenkt und derartige Klauseln sogleich den vom BAG gezogenen Grenzen der zulässigen Belastung der Arbeitnehmer unterworfen. Das BAG[6] führt im Hinblick auf die oben wiedergegebene Klausel aus, die Vereinbarung weiche vom Darlehenscharakter ab, weil sich die Rückzahlungspflicht entsprechend der Dauer der Betriebszugehörigkeit mindere, ohne dass durch Einbehaltungen oder Rückzahlungen eine Schuldtilgung erfolge.

---

1 BAG v. 9.11.1972 – 5 AZR 252/72, AP Nr. 45 zu Art. 12 GG; v. 19.6.1974 – 5 AZR 299/73, AP Nr. 1 zu § 611 BGB Ausbildungsbeihilfe mit Anm. *Blomeyer*; v. 12.12.1979 – 5 AZR 1056/77, EzA § 70 BAT Nr. 11; v. 15.5.1985 – 5 AZR 161/84, AP Nr. 9 zu § 611 BGB Ausbildungsbeihilfe.
2 LAG Köln v. 5.4.1989 – 7 (11) Sa 109/89, LAGE § 611 BGB Ausbildungsbeihilfe Nr. 4 und BAG v. 11.4.1990 – 5 AZR 308/89, DB 1990, 2222 als Revisionsinstanz.
3 *Luhmann/Zach*, Sonderzuwendungen, S. 202.
4 Ebenso MSG/*Mroß*, Ausbildung/Fort- und Weiterbildung Rz. 36.
5 ArbG Husum v. 26.4.1966 – 1 Ca 25/66, ARST 1966, 115 Nr. 176; ArbG Berlin v. 3.6.1975 – 10 Ca 380/74, BB 1975, 1304; ArbG Celle v. 8.8.1978 – 1 Ca 354/78, ARST 1979, 3 Nr. 3; LAG Köln v. 5.4.1989 – 7 (11) Sa 109/89, LAGE § 611 BGB Ausbildungsbeihilfe Nr. 4.
6 BAG v. 11.4.1990 – 5 AZR 308/89, DB 1990, 2222; v. 18.3.2008 – 9 AZR 186/07, NZA 2008, 1004 (1005); ebenso BGH v. 17.9.2009 – III ZR 207/08, NZA 2010, 37 (39).

Das spreche dafür, dass **in Wahrheit** – entgegen dem Wortlaut der Vereinbarung – **kein Darlehen im Rechtssinne** gewollt sei, **sondern eine Verpflichtung zur Rückzahlung der für die Ausbildung aufgewandten Kosten**. Allein die Wahl einer sachlich unzutreffenden Bezeichnung („Darlehensvertrag") könne daran nichts ändern. Als Fazit ist festzuhalten, dass die Grenzen der zulässigen Belastung des Arbeitnehmers nicht im Falle der Konstruktion als selbständige Rückzahlungspflicht enger und im Falle der Gewährung der Leistung als „Darlehen" dagegen weiter sein können.[1] Die „Darlehenskonstruktion" ist also einer Wirksamkeitsprüfung anhand der oben für Rückzahlungsklauseln dargestellten Grundsätze zu unterziehen.[2]

Über eine sehr ähnliche Konstellation hatte zuletzt das BAG zu entscheiden: 64a

§ 3. *Lehrgangskosten*. Die Kosten des Lehrgangs trägt der Mitarbeiter ... Der Mitarbeiter verpflichtet sich seinerseits, unter seinem Kundenstamm ein Kontokorrentkonto zu eröffnen, von dem die Lehrgangskosten sukzessive nach Entstehen belastet werden. Dieses Konto wird durch die Firma kostenlos (ohne Zins und Gebühren) zur Verfügung gestellt.

§ 4. *Rückerstattung*. Nach Abschluss der Fortbildungsmaßnahme erstattet die Firma dem Mitarbeiter den auf dem Kontokorrentkonto ausgewiesenen Betrag i.H.v. $1/36$ pro Monat, den das Arbeitsverhältnis nach Beendigung der Fortbildungsmaßnahme besteht.

§ 5. *Ausschluss der Rückerstattung*. Kündigt der Mitarbeiter innerhalb von drei Jahren nach Abschluss der Fortbildungsmaßnahme das Arbeitsverhältnis, so hat er die von der Firma verauslagten Kosten des Fortbildungslehrgangs und die für die Zeit der Freistellung gezahlte Vergütung in Höhe der bestehenden Restforderung aus dem Kontokorrentkonto zu tragen ...[3]

Das BAG hat hier die oben entwickelten Grundsätze angelegt. Der Erstattung von Ausbildungskosten seien bei einer solchen Konstruktion dieselben Grenzen wie bei einer unmittelbaren Kostentragung durch den Arbeitgeber gesetzt, wenn ihre Bindungsintensität und -folge denen einer typischen Rückzahlungsvereinbarung entspreche.[4]

e) Darlehensweise Stundung

Typ 4: Stundung

Die Flugschüler werden an den insgesamt etwa 180 000 DM betragenden Ausbildungskosten mit 17 000 DM beteiligt. Dieser Betrag wird von der Deutschen Lufthansa zunächst in Form eines Darlehens vorgeschossen und zinslos gestundet. Nach Beendigung der Ausbildung ist er zurückzuzahlen.[5]

---

1 So treffend *Blomeyer/Buchner*, Rückzahlungsklauseln, S. 93; ebenfalls für die Anwendung der geltenden Grundsätze HWK/*Thüsing*, § 611 BGB Rz. 474.
2 So zuletzt ohne Weiteres BAG v. 23.1.2007 – 9 AZR 482/06, NZA 2007, 748; vgl. hierzu auch BAG v. 26.10.1994 – 5 AZR 390/92, AP Nr. 19 zu § 611 BGB Ausbildungsbeihilfe.
3 BAG v. 18.3.2014 – 9 AZR 545/12, NZA 2014, 957.
4 BAG v. 18.3.2014 – 9 AZR 545/12, NZA 2014, 957 (958).
5 Vgl. BAG v. 10.3.1976 – 5 AZR 34/75, EzA § 4 BBiG Nr. 2.

65 Im Zusammenhang mit der Übernahme der Fortbildungskosten durch den Arbeitgeber kann der Darlehensabsprache aber auch eine ganz andere Funktion zukommen. Gemeint ist vor allem der Fall, dass der Arbeitnehmer von vornherein einen Beitrag zu den Fortbildungskosten zu leisten verspricht, diese Verpflichtung jedoch bis zum Ende der Fortbildung darlehensweise gestundet wird.[1] Hier soll die Darlehensabsprache die finanzielle Belastung des Arbeitnehmers abmildern, mithin die **Funktion einer Zahlungserleichterung** übernehmen.

66 Die Beispielsklausel steht stellvertretend für diese Art der Kostenbeteiligung des Arbeitnehmers. Über eine solche Vertragsgestaltung hatte das BAG im Urteil vom 16.10.1974[2] zu befinden. Das BAG weigerte sich, in diesen Fällen die Grundsätze zur Zulässigkeit von Rückzahlungsklauseln als Beurteilungsmaßstab heranzuziehen. Vielmehr betonte es die Unterschiede zwischen beiden Vertragsgestaltungen. Habe es die Rechtsprechung bisher mit Fällen zu tun gehabt, in denen an das Ausscheiden des Arbeitnehmers aus dem Arbeitsverhältnis die Verpflichtung zur Rückzahlung einer vom Arbeitgeber gewährten Ausbildungsbeihilfe geknüpft war, so gehe es nun um die **Verpflichtung des Arbeitnehmers, einen eigenen Beitrag zu den Ausbildungskosten zu übernehmen**. Dieser sei nach Abschluss der Ausbildung von allen Flugschülern zurückzuzahlen, auch von denen, die im Dienste der Klägerin verblieben. Die Wirksamkeitsprüfung verlangt hier eine Auseinandersetzung mit der Frage, unter welchen Umständen dem Arbeitnehmer ein Beitrag zu den Ausbildungskosten zugemutet werden kann. Dass einer solchen finanziellen Belastung des Arbeitnehmers im Hinblick auf die berufliche Bewegungsfreiheit Grenzen gesetzt sind,[3] dürfte unbestritten sein. Für die Zumutbarkeit eines laufenden Zuschusses des Beklagten zu den Ausbildungskosten und damit a fortiori für die Zulässigkeit der milderen Form, den Ausbildungsbeitrag erst nach Abschluss der Ausbildung zu verlangen, sprach nach Auffassung des BAG[4] vor allem die enorme Höhe der von der Klägerin selbst getragenen Ausbildungskosten. Auf den Beklagten entfalle nur knapp $1/10$ der Ausbildungskosten, ein ohne Weiteres zumutbarer Bruchteil. Diese Erwägung mag zwar in der Tat für die Zulässigkeit einer Beteiligung des Arbeitnehmers an den Ausbildungskosten sprechen. Den Kernpunkt trifft diese Begründung freilich nicht. Denn den Ausschlag muss auch hier die Frage geben, welche Vorteile dem Arbeitnehmer infolge der Ausbildung erwachsen. Nahe gelegen hätte hier auch eine Anknüpfung an die Rechtsprechung zur Beteiligung des Arbeitnehmers an den Kosten für persönliche Schutzausrüstung. So werden bspw. Vereinbarungen, die eine Beteiligung des Arbeitnehmers an den Anschaffungskosten für Sicherheitsschuhe vorsehen, nur für zulässig erachtet, wenn der Arbeitgeber dem Arbeitnehmer die Benutzung der Schuhe auch im privaten Bereich gestattet.

---

1 Zu dem seltenen Fall, dass der Rückzahlungsbetrag generell und ohne jegliche Bindungsdauer als Darlehen geschuldet werden soll, der Mitarbeiter also in jedem Fall an den Kosten seiner Ausbildung beteiligt wird, vgl. LAG Schl.-Holst. v. 25.5.2005 – 3 Sa 84/05, BeckRS 2005, 42214 = AuR 2005, 423 (Ls.).
2 BAG v. 16.10.1974 – 5 AZR 575/73, EzA § 5 BBiG Nr. 2.
3 BAG v. 16.10.1974 – 5 AZR 575/73, EzA § 5 BBiG Nr. 2.
4 BAG v. 16.10.1974 – 5 AZR 575/73, EzA § 5 BBiG Nr. 2.

3. Steuerrechtliche Aspekte

Aufwendungen im Zusammenhang mit der Aus- und Fortbildung von Arbeitnehmern können vielfältiger Natur sein. Für den Arbeitgeber ist im Zusammenhang mit dem Abschluss und der Durchführung eines Arbeitsvertrages vor allem von Bedeutung, ob es sich um Zuwendungen handelt, die den Arbeitslohntatbestand erfüllen, mit der Folge, dass er zur Einbehaltung und Abführung von Lohnsteuer verpflichtet ist, oder ob es sich um nicht steuerbare oder steuerfreie Zuwendungen handelt. 67

a) Ausbildungsvergütungen

Ausbildungsvergütungen, die der Ausbilder seinen Auszubildenden zahlt, gehören stets zum Arbeitslohn, auch wenn die Tätigkeit im Rahmen des Ausbildungsdienstverhältnisses zu einem großen Teil dem Auszubildenden zugute kommt und demgegenüber die Bereitstellung der Arbeitskraft zugunsten des Arbeitgebers ein geringes wirtschaftliches Gewicht hat.[1] Unerheblich ist die Bezeichnung der Zuwendung. Deshalb fallen **Ausbildungsvergütungen, Bezüge, Ausbildungsbeihilfen** in gleicher Weise unter den Arbeitslohnbegriff. Auf die Bezeichnung kommt es nicht an. Maßgeblich ist ausschließlich, dass der Arbeitgeber die Zuwendungen im Zusammenhang mit dem Ausbildungsdienstverhältnis gewährt. Auch **Lehrabschlussprämien**, die der Auszubildende z.B. für einen besonders guten Abschluss erhält, gehören zum Arbeitslohn. 68

Ausbildungsbeihilfen aus **öffentlichen Mitteln** können nach § 3 Nr. 11 EStG steuerfrei sein.[2] Dazu gehören aber nicht Zahlungen an Auszubildende, die sich in einem Ausbildungsdienstverhältnis im öffentlichen Dienst befinden, sowie die an Beamtenanwärter gezahlten Vergütungen. 69

b) Ausbildungskosten

Unter Ausbildungskosten werden steuerrechtlich Aufwendungen verstanden, die dem Steuerpflichtigen im Zusammenhang mit dem Erlernen einer ersten oder weiteren, später gegen Entgelt auszuübenden Tätigkeit stehen. Darunter fallen alle Maßnahmen, durch die das für den Beruf typische Können und schließlich eine selbständige, gesicherte Lebensstellung erworben werden sollen, also Fähigkeiten vermittelt werden, die zur Aufnahme eines Berufs befähigen.[3] Ein (Erst-)Studium fällt nicht unter den Begriff der Berufsausbildung.[4] Ausbildungskosten sind damit typischerweise Aufwendungen, die nicht im Zusammenhang mit einem bestehenden Arbeitsverhältnis stehen. Dadurch unterscheiden sie sich von den Fortbildungskosten, die regelmäßig im Rahmen eines bestehenden Arbeitsverhältnisses anfallen. Ausbildungskosten sind für den Arbeitnehmer als **Sonderausgaben** nach § 10 Abs. 1 Nr. 7 EStG bis zu einem Betrag von 6 000 Euro im Kalenderjahr abzugsfähig. Übernimmt ein (künftiger) Arbeitgeber solche Aufwendungen, führt die Übernahme zu **steuerpflichtigem Arbeitslohn**. 70

---
1 BFH v. 18.7.1985 – VI R 93/80, BStBl. II 1985, 644.
2 BFH v. 15.11.1983 – VI R 20/80, BStBl. II 1984, 113.
3 BT-Drucks. V/3430, S. 8.
4 BMF v. 22.9.2010, BStBl. I 2010, 721.

In der Praxis ist die damit erforderliche Abgrenzung von Ausbildungs- und Fortbildungskosten wegen der unklaren Abgrenzungskriterien seit jeher problemträchtig, so dass sich eine kaum mehr überschaubare Kasuistik entwickelt hat.[1] Nachdem der BFH[2] beginnend im Jahr 2003 die frühere restriktive Handhabung, Aufwendungen für die Aus- oder Fortbildung eher den Ausbildungskosten zuzuordnen, immer weiter aufgegeben hat[3], so dass die Aufwendungen in größerem Umfang Fortbildungskosten sein sollten, hat der Gesetzgeber als Reaktion auf diese Rechtsprechung zur Abgrenzung die aktuell geltende gesetzliche Regelung geschaffen (§ 9 Abs. 6 EStG). Danach gehören Aufwendungen für eine erstmalige Berufsausbildung und ein Erststudium stets zu den Ausbildungskosten, wenn diese nicht im Rahmen eines Dienstverhältnisses stehen. Dies gilt auch, wenn das Erststudium berufsbegleitend erfolgt. Ob die Berufsausbildung oder das Erststudium im Rahmen des Dienstverhältnisses erfolgt, hängt von den vertraglichen Vereinbarungen zwischen Arbeitnehmer und Arbeitgeber ab; die Abgrenzung kann im Einzelnen weiterhin schwierig sein.[4] Es ist nicht erforderlich, dass aus dem Ausbildungsverhältnis laufender Arbeitslohn zufließt. Es reicht aus, wenn die Teilnahme an der Ausbildung vertraglich vereinbart, die Ausbildung berufsbezogen und auf die spätere Tätigkeit beim Arbeitgeber ausgerichtet ist.[5] Duale Ausbildungsgänge werden in der Regel im Rahmen eines Dienstverhältnisses absolviert.[6] Erfolgt die Ausbildung nicht im Rahmen eines Dienstverhältnisses, liegen Fortbildungskosten nur vor, wenn der Steuerpflichtige zuvor bereits eine Berufsausbildung oder ein Erststudium abgeschlossen hat. Es handelt sich um eine Typisierung, mit der der Gesetzgeber eine Zuordnung der Erstausbildungskosten allgemein dem Bereich der privaten Lebensführung zuordnet. Für arbeitsvertragliche Gestaltungen hat die Differenzierung auch nach den neueren gesetzlichen Regelungen nur mittelbare Bedeutung. Denn auch nach der neuen Gesetzeslage führt die Übernahme von Ausbildungskosten zu einem geldwerten Vorteil des Arbeitnehmers und damit zu Arbeitslohn. Für den Arbeitnehmer kann die Aufnahme der Verpflichtung in den Arbeitsvertrag hingegen die Möglichkeit des Werbungskostenabzugs eröffnen.[7]

c) Fortbildungskosten

71 Im Gegensatz zu den Ausbildungskosten dienen Fortbildungskosten dem **Ausbau und der Erlangung von Fähigkeiten in dem ausgeübten Beruf**, um den jeweiligen Anforderungen gerecht zu werden und die es ermöglichen sollen, in dem Beruf zu

---

1 Instruktiv die Nachweise bei *Wagner* in Heuermann/Wagner, LohnSt Teil F Rz. 557.
2 BFH v. 17.12.2002 – VI R 137/01 BStBl. II 2003, 407; v. 29.4.2003 – VI R 86/99, BStBl. II 2003, 749.
3 Fortentwicklung der Rspr. insb. durch BFH v. 28.7.2011 –VI R 7/10, VI R 38/10, VI R 59/10, BFH/NV 2011, 1779 und 1782, BFH/NV 2012, 20; v. 27.10.2011 – VI R 52/10, BStBl. II 2012, 825.
4 Zu Einzelheiten BMF-Schreiben v. 22.9.2010, BStBl. I 2010, 721.
5 Schmidt/*Loschelder*, § 12 EStG Rz. 60.
6 BFH v. 16.1.2013 – VI R 14/12, BStBl. II 2013, 449.
7 Die Frage der Abgrenzung von Aus- und Fortbildungskosten und des Ausschlusses von Ausbildungskosten vom Werbungskostenabzug hat der BFH in mehreren Beschlüssen vom 17.7.2014 (VI R 2/12, BFH/NV 2014, 1954, VI R 61/11, VI R 38/12, VI R 2/13 und VI R 72/13, jeweils n.v.) dem BVerfG zur Entscheidung vorgelegt.

bestehen oder voran zu kommen.[1] Im Rahmen eines Arbeitsverhältnisses können für den Arbeitgeber vor allem folgende Fallgestaltungen von Bedeutung sein:
- interne Fortbildungsmaßnahmen;
- externe Fortbildungsmaßnahmen, für die der Arbeitgeber die damit verbundenen Kosten unmittelbar trägt; dabei ist unschädlich, wenn der Arbeitnehmer in der Rechnung des Fortbildungsträgers als Rechnungsempfänger genannt ist;[2]
- Fortbildungsmaßnahmen, bei denen der Arbeitnehmer die Aufwendungen trägt, der Arbeitgeber diese aber erstattet.

Bei den ersten beiden Fallgestaltungen bedarf es der Prüfung, ob sich die Durchführung der Fortbildungsmaßnahme als geldwerter Vorteil für den Arbeitnehmer darstellt, der Arbeitslohn auslöst. Bei der Übernahme der vom Arbeitnehmer getragenen Fortbildungskosten stellt sich die Frage, ob die Erstattung steuerfrei erfolgen kann. 72

Für die erforderliche Abgrenzung stellt die Finanzverwaltung (R 19.7 Abs. 2 LStR) zutreffend darauf ab, ob die Fort- oder Weiterbildungsmaßnahme im **überwiegenden betrieblichen Interesse** des Arbeitgebers erfolgt. 73

Dies ist stets der Fall, wenn die Fortbildung aufgrund gesetzlicher oder tarifvertraglicher Verpflichtung erfolgt. Ein überwiegendes eigenbetriebliches Interesse ist ferner anzunehmen, wenn die Maßnahme dazu dient, die Einsatzfähigkeit des Arbeitnehmers im Betrieb zu erhöhen. Es muss sich also um eine Fortbildungsmaßnahme handeln, die der konkret ausgeübten Tätigkeit unmittelbar zugutekommt. Neben der Art der Maßnahme ist ein wesentliches Indiz für ein überwiegendes eigenbetriebliches Interesse, wenn der Arbeitgeber die Teilnahme an der Bildungsveranstaltung als Arbeitsleistung wertet und wenigstens teilweise auf die regelmäßige Arbeitszeit anrechnet oder als Überstunden ansieht. 74

Aus dem Umstand, dass die Annahme eigenbetrieblichen Interesses einen betriebsfunktionalen Zusammenhang der Bildungsmaßnahme mit der Tätigkeit des Arbeitnehmers erfordert, folgt zugleich, dass das eigenbetriebliche Interesse zurücktritt, wenn die Maßnahme **Belohnungscharakter** hat oder **allgemein bildende Inhalte** vermittelt werden. Auch der Wille, den Arbeitnehmer mit einer nicht unmittelbar betriebsfunktionalen Fortbildung (z.B. Finanzierung eines Hochschulstudiums) dauerhaft an das Unternehmen zu binden, reicht zur Annahme eines überwiegenden eigenbetrieblichen Interesses nicht aus, so dass die Übernahme der Kosten durch den Arbeitgeber Arbeitslohn ist. 75

d) Rückzahlungsklauseln

Steht die Übernahme der Fortbildungskosten in Folge einer Rückzahlungsklausel unter dem Vorbehalt einer möglichen Rückforderung durch den Arbeitgeber, ist dies für die steuerrechtliche Beurteilung, ob (steuerfreier) Arbeitslohn vorliegt, ohne Bedeutung. 76

---
1 Statt aller vgl. BFH v. 6.3.1992 – VI R 163/88, BStBl. II 1992, 661 m.w.N. Zur Abgrenzung von Aus- und Fortbildungskosten ausf. *Söhn*, StuW 2002, 97 und BMF-Schreiben v. 22.9.2010, BStBl. I 2010, 721.
2 R 19.7 Abs. 1 Satz 4 LStR.

77 Kommt es zu einer ganz oder teilweisen Rückzahlung der Kosten, richten sich die steuerrechtlichen Folgen nach der Beurteilung der ursprünglich entstandenen Kosten. Stellte die Fortbildungsmaßnahme keinen Arbeitslohn dar oder war die Übernahme der Kosten steuerfrei, ist die Rückzahlung auf Seiten des Arbeitnehmers ein außersteuerlicher Vorgang, so dass lohnsteuerrechtlich keine Folgen zu ziehen sind. Für den Arbeitgeber handelt es sich aber um eine Betriebseinnahme, die in der Buchführung zu erfassen ist. Diese Folge tritt auf Seiten des Arbeitgebers auch ein, wenn die Fortbildungsmaßnahme beim Arbeitnehmer zu Arbeitslohn geführt hatte. In diesem Fall löst aber die Rückzahlung auch beim Arbeitnehmer steuerrechtliche Folgen aus. Dabei ist zu unterscheiden: Leistet der Arbeitnehmer die Rückzahlung noch im Jahr des Zuflusses, d.h. in dem Jahr, in dem die Fortbildungsmaßnahme durchgeführt wurde, kann der Arbeitgeber den Rückzahlungsbetrag mit ausstehendem Arbeitslohn verrechnen, so dass nur der verbleibende Betrag der Lohnsteuer zu unterwerfen ist. Auf diese Weise ist die Lohnversteuerung rückgängig gemacht. Alternativ kann der Arbeitgeber auch die Lohnsteuerbescheinigung des früheren Lohnzahlungszeitraums ändern, sofern die Lohnsteuerbescheinigung noch nicht erstellt war. Erfolgt die Rückzahlung zu einem späteren Zeitpunkt, ist diese zwar als Betriebseinnahme zu erfassen, kann aber im Lohnsteuerabzugsverfahren nicht mehr berücksichtigt werden. In Höhe des Rückzahlungsbetrags entsteht im Zeitpunkt der Rückzahlung, also des Abflusses, ein Aufwand des Arbeitnehmers. Dieser kann zum Werbungskostenabzug (nachträgliche Werbungskosten) führen, wenn die Aufwendungen materiell-rechtlich als Werbungskosten zu qualifizieren sind, z.B. wenn es sich um Fortbildungskosten gehandelt hat. Werden Ausbildungskosten erstattet, für die dem Arbeitnehmer nur der Sonderausgabenabzug nach § 10 Abs. 1 Nr. 7 EStG zugestanden hätte, kann auch der Rückzahlungsbetrag steuerlich nur wie Sonderausgaben berücksichtigt werden.[1] Beides kann nur in der Einkommensteuerveranlagung des Arbeitnehmers berücksichtigt werden.

4. Hinweise zur Vertragsgestaltung; Zusammenfassung

78 Um mögliche Unklarheiten und Streitfällen von vornherein vorzubeugen, empfiehlt es sich, die gegenseitigen Rechte und Pflichten während der Fortbildungsphase in einem besonderen Vertrag niederzulegen. Verbindet sich mit der Fortbildungsmaßnahme eine nennenswerte Steigerung der beruflichen Möglichkeiten des Arbeitnehmers, so kann in diesen Fortbildungsvertrag auch eine Rückzahlungsklausel im Hinblick auf die aufgewandten Kosten aufgenommen werden. Eine solche Vertragsgestaltung ermöglicht in der Mehrzahl der Fälle einen angemessenen Interessenausgleich der Arbeitsvertragsparteien. In den anerkannten Fällen kann das folgende Muster eine Orientierung geben:

Fortbildungsvertrag

Zwischen der Firma ... und Herrn/Frau ... wird Folgendes vereinbart:

§ 1

Der Mitarbeiter nimmt vom ... bis zum ... an folgender Fortbildungsmaßnahme teil: ...

---

[1] Offen gelassen von BFH v. 7.12.2005 – I R 34/05, BFH/NV 2006, 1068.

§ 2

Für diese Zeit wird der Mitarbeiter unter Fortzahlung seiner durchschnittlichen Vergütung in den letzten drei Monaten von der Arbeit freigestellt. Fortbildungszeit, die über die ausfallende Arbeitszeit hinausgeht, wird nicht vergütet. Durch die Fortbildungsmaßnahme wird die Betriebszugehörigkeit i.S.d. § X (Betriebsrente) dieses Vertrages nicht unterbrochen. Der Mitarbeiter ist während der Fortbildungszeit in jeder Hinsicht (Urlaub, Vergütungsfortzahlung im Krankheitsfall, Weihnachtsgratifikation etc.) den übrigen Mitarbeitern gleichgestellt.

Die Firma übernimmt sämtliche Kosten der Fortbildungsmaßnahme, soweit sie nicht von einem anderen Leistungsträger übernommen werden.

§ 3

Endet das Arbeitsverhältnis durch Kündigung des Mitarbeiters aus einem nicht vom Arbeitgeber zu vertretenden wichtigen Grund, durch Kündigung von Seiten des Arbeitgebers aufgrund eines vom Mitarbeiter zu vertretenden Grundes, oder durch Aufhebungsvertrag auf Veranlassung des Mitarbeiters, so ist dieser zur Rückzahlung der für die Dauer der Fortbildungsmaßnahme empfangenen Vergütung und der von der Firma übernommenen Kosten der Fortbildung verpflichtet. Dieselbe Verpflichtung besteht auch bei schuldhafter Nichterreichung des Fortbildungszieles. Für jeden vollen Tätigkeitsmonat nach Beendigung der Fortbildungsmaßnahme vermindert sich der Rückzahlungsbetrag um ... (bspw. $1/36$ oder $1/12$).

§ 4

Der Rückzahlungsbetrag setzt sich zusammen aus den Kosten für folgende Positionen (1) ..., (2) ... Sämtliche Kostenpositionen beziehen sich auf den Netto-/Bruttowert. Die Gesamtsumme beläuft sich auf maximal ... Euro und wird nach Abschluss der Fortbildungsmaßnahme vom Arbeitgeber endgültig festgesetzt.

In den problematischen Fällen sollte dagegen angesichts der zu konstatierenden restriktiven Tendenzen in der neueren Rechtsprechung über **alternative Sicherungsmittel** nachgedacht werden.[1] In der Judikatur des BAG[2] findet sich in diesem Zusammenhang der bemerkenswerte Fingerzeig, der Arbeitgeber könne zur Vermeidung des vorzeitigen Abwanderns die Ausbildung davon abhängig machen, dass ein Langzeitarbeitsvertrag oder lange Kündigungsfristen vereinbart würden. Anstelle des Rückforderungsanspruchs soll hier offensichtlich ein **Schadensersatzanspruch wegen Vertragsbruchs** treten. Die aufgewandten Kosten könnten auf diese Weise als frustrierte Aufwendungen geltend gemacht werden.[3] Auch an eine **Vertragsstrafenabrede** ist zu denken, obgleich sich hier die Voraussetzungen nicht wesentlich unterscheiden dürften (→ *Vertragsstrafen*, II V 30).[4]

---

1 Hierzu *Hennige*, NZA-RR 2000, 625.
2 BAG v. 24.7.1991 – 5 AZR 443/90, DB 1992, 893.
3 Vgl. *Stoffels*, Vertragsbruch, S. 142 ff.
4 Hierzu *Thüsing*, AGB-Kontrolle im Arbeitsrecht, Rz. 353.

A 140 Auslandstätigkeit

	Rz.
1. Einführung	1
2. Entsendung	3
a) Anwendbares Recht	4
aa) Arbeitsvertragsrecht	5
bb) Betriebsverfassungsrecht	17
cc) Tarifvertragsrecht	18
dd) Betriebliche Altersversorgung	19
ee) Gerichtsstandsvereinbarung	21
b) Tätigkeit und Dauer der Entsendung	22
c) Vergütung	23
d) Arbeitszeit, Urlaub, Feiertage und Entgeltfortzahlung	25
e) Reisekosten, sonstige zusätzliche Kosten	26
f) Rückruf des Arbeitnehmers und Kündigung	27
g) Rückkehrklausel	31
3. Versetzung	33
a) Anwendbares Recht	34
b) Besondere Regelungen im Auslandsarbeitsvertrag	37
aa) Vergütung	37
bb) Urlaub und Entgeltfortzahlung	38
c) Rumpfarbeitsverhältnis mit der Muttergesellschaft	40
aa) Ruhensvereinbarung	40
bb) Vergütung	42
cc) Reisekosten, sonstige zusätzliche Kosten	43
dd) Rückruf des Arbeitnehmers und Kündigung	44
ee) Rückkehrklausel	45
ff) Abfindung	47
4. Sozialversicherungsrechtliche Aspekte	48
a) Zweck	49
b) Ausstrahlung	50
aa) Entsendung	51
bb) Inländisches Beschäftigungsverhältnis	54
cc) Zeitliche Begrenzung	56
c) Entsendung innerhalb der EU	58
aa) Anwendungsbereich	59
bb) Höchstdauer	60
cc) „Gewöhnliche Tätigkeit" des Arbeitgebers	61
dd) Ablösungsverbot	63
ee) A1-Bescheinigung	64
ff) Beschäftigung in mehreren Mitgliedstaaten	65
d) Bedeutung der Vertragsgestaltung	66
aa) Einvertragsmodell	66
bb) Zweiverträgemodell	66
cc) Dreiseitiger Vortrag	66
5. Steuerrechtliche Aspekte	67
a) Regelungen nach DBA	69
b) Auslandstätigkeitserlass	71
c) Anrechnung und Abzug der ausländischen Steuer	72

Schrifttum:

Birk, Das Nachweisgesetz zur Umsetzung der Richtlinie 91/533/EWG in das deutsche Recht, NZA 1996, 281; *Boecken*, Arbeitnehmerentsendung im EG-Sozialrecht – Freizügigkeit versus Schutz vor Wettbewerbsverzerrungen de lege lata und de lege ferenda, ZIAS 1999, 219; *Boemke*, „Ausstrahlungen" des Betriebsverfassungsgesetzes ins Ausland, NZA 1992, 112; *Däubler*, Das neue Internationale Arbeitsrecht, RIW 1987, 249; *Däubler*, Arbeitsrecht und Auslandsbeziehungen, ArbuR 1990, 1; *Deinert*, Internationales Arbeitsrecht, 2013; *Deinert*, Neues Internationales Arbeitsvertragsrecht, RdA 2009, 144; *Falder*, Geschäftsführer bei Auslandsgesellschaften, NZA 2000, 868; *Franzen*, Internationales Arbeitsrecht, AR-Blattei SD 920, Stand November 2006; *Gamillscheg*, Ein Gesetz über das internationale Arbeitsrecht, ZfA 1983, 307; *Grauer*, Rechtliche Situation bei Fehlen einer Rechtswahl bei Auslandseinsatz, BB 1999, 2083; *Gnann/Gerauer*, Arbeitsvertrag bei Auslandsentsendung, 2. Aufl. 2002; *Heilmann*, Auslandsarbeit, in AR-Blattei SD 340, Stand Oktober 2006; *Hergenröder*, Europäisches und Internationales Tarifvertragsrecht, AR-Blattei SD 1550.15, Stand Februar 2004; *Heuser*, Die Entsendung deutscher Mitarbeiter ins Ausland, 2004; *Hickl*, Arbeitsverhältnisse mit Auslandsberührung, NZA Beilage 1/1987, 10; *Hoppe*, Die Entsendung von Arbeitnehmern ins Ausland, 1999; *Junker*, Die „zwingenden Bestimmungen" im neuen internationalen Arbeitsrecht, IPRax 1989, 69; *Junker*, Internationales

Arbeitsrecht im Konzern, 1992; *Junker*, Arbeitsrecht im grenzüberschreitenden Konzern, Die kollisionsrechtliche Problematik, ZIAS 1995, 564; *Junker*, Internationale Zuständigkeit und anwendbares Recht in Arbeitssachen, NZA 2005, 199; *Junker*, Internationales Arbeitsrecht in der geplanten Rom I-Verordnung, RIW 2006, 401; *Kort*, Die Bedeutung der europarechtlichen Grundfreiheiten für die Arbeitnehmerentsendung und die Arbeitnehmerüberlassung, NZA 2002, 1248; *Krebber*, Internationales Privatrecht des Kündigungsschutzes bei Arbeitsverhältnissen, 1997; *Laws/Koziner/Waldenmaier*, Mitarbeiter ins Ausland entsenden: Wie Sie Verträge und Vergütung gestalten und steuerlich optimieren, 2008; *Lorenz*, Das objektive Arbeitsstatut nach dem Gesetz zur Neuregelung des internationalen Privatrechts, RdA 1989, 220; *Louven/Louven*, Sozialversicherungsrechtliche Probleme bei der Entsendung von Arbeitnehmern ins Ausland, NZA 1992, 9; *Mankowski*, Der Vorschlag für die Rom I-Verordnung, IPRax 2006, 101; *Mankowski*, Employment Contracts under Article 8 of the Rome I Regulation, in Ferrari/Leible, Rome I Regulation, 2009, S. 171; *Mauer/Sadtler*, Rom I und das internationale Arbeitsrecht, DB 2007, 1586; *Pohl*, Grenzüberschreitender Einsatz von Personal und Führungskräften, NZA 1998, 735; *Pulte*, Arbeitsverträge bei Auslandseinsatz, 3. Aufl. 2004; *Schaflitzl/Hulde*, Arbeitnehmerentsendung – Grundlagen und Praxisfälle, IStR 2014, 317; *Schlachter*, Grenzüberschreitende Arbeitsverhältnisse, NZA 2000, 57; *Schlachter*, Grenzüberschreitende Dienstleistungen: Die Arbeitnehmerentsendung zwischen Dienstleistungsfreiheit und Verdrängungswettbewerb, NZA 2002, 1242; *Straube*, AGB-Kontrolle von Entsendungsverträgen, DB 2012, 2808; *Thüsing*, Rechtsfragen grenzüberschreitender Arbeitsverhältnisse, NZA 2003, 1303; *Thüsing/Müller*, Geklärtes und Ungeklärtes im Internationalen Tarifrecht, BB 2004, 1333; *Trenner*, Internationale Gerichtsstände in grenzüberschreitenden Arbeitsrechtsstreitigkeiten, 2001; *Ulber*, Die Bindungswirkung von A1-Bescheinigungen bei illegaler Arbeitnehmerüberlassung, ZESAR 2015, 3; *Werthebach*, Arbeitnehmereinsatz im Ausland – Sozialversicherung und anwendbares Recht bei befristeter Entsendung, NZA 2006, 247; *Windbichler*, Arbeitnehmermobilität im Konzern, RdA 1988, 97; *Windbichler*, Arbeitsrecht im Konzern, 1989; *Winkler von Mohrenfels/Block*, Abschluss des Arbeitsvertrages und anwendbares Recht, in Oetker/Preis (Hrsg.), EAS, B 3000, Stand August 2010; *Wurmnest*, Das neue Internationale Arbeitsvertragsrecht der Rom I-Verordnung, EuZA 2009, 481.

1. Einführung

Aufgrund der fortschreitenden Internationalisierung der Wirtschaft, insbesondere im europäischen Wirtschaftsraum, werden Arbeitnehmer immer häufiger auch im Ausland eingesetzt. Hierbei kommen grundsätzlich zwei Möglichkeiten der Vertragsgestaltung[1] in Betracht. Bei einer **Entsendung** bleibt der Arbeitsvertrag mit dem entsendenden Arbeitgeber bestehen und der Auslandseinsatz wird in einem Zusatzvertrag, dem Entsendungsvertrag oder der Entsendevereinbarung, gesondert geregelt. Er überlagert gewissermaßen den bereits bestehenden Arbeitsvertrag. Bei einer **Versetzung** schließt der Mitarbeiter einen eigenständigen Arbeitsvertrag mit der Auslandsgesellschaft; das Arbeitsverhältnis mit dem Inlandsunternehmen wird zum Ruhen gebracht. Diese beiden Formen der Vertragsgestaltung liegen der folgenden Darstellung zu Grunde.

In beiden Fällen[2] verlangt **§ 2 Abs. 2 NachwG zusätzliche Mindestangaben**, wenn der Arbeitnehmer seine Arbeitsleistung länger als einen Monat im Ausland zu erbringen hat. Anzugeben sind zusätzlich in jedem Fall die Dauer des Auslandseinsatzes und die Währung, in welcher das Arbeitsentgelt ausgezahlt wird, sowie, falls

1

2

---

1 Ausf. zu verschiedenen Entsendetypen *Hoppe*, S. 30 ff.; s.a. *Windbichler*, RdA 1988, 95 (97).
2 Vgl. *Feldgen*, Nachweisgesetz, 1995, Rz. 188.

vereinbart, Zusatzentgelte, Sachleistungen und die Rückkehrbedingungen.[1] Der Nachweis über diese Angaben ist dem Arbeitnehmer vor der Abreise auszuhändigen. Auch hier gilt jedoch, dass eine solide vertragliche Regelung (§ 2 Abs. 4 NachwG), welche diesen Anforderungen genügt, einem Nachweis vorzuziehen ist; vgl. I A Rz. 63.

2. Entsendung

3   Der Arbeitgeber kann einen Arbeitnehmer nicht allein aufgrund seines Direktionsrechtes zur Beschäftigung ins Ausland entsenden, weil damit regelmäßig in den Kernbestand des Arbeitsvertrages eingegriffen wird. Erforderlich ist insoweit, dass der Einsatz des Arbeitnehmers im Ausland aufgrund einer besonderen arbeitsvertraglichen Vereinbarung gestattet ist (vgl. → *Direktionsrecht und Tätigkeitsbeschreibung*, II D 30 Rz. 205 ff.).[2] Im Übrigen bedarf es einer ausdrücklichen Vereinbarung über die Auslandsentsendung. Die Regelung der wesentlichen mit dem Auslandseinsatz zusammenhängenden Fragen in einer Zusatzvereinbarung ist in jedem Fall zu empfehlen.

a) Anwendbares Recht

4   Die Grundfrage, welche bei einer Entsendung von Arbeitnehmern ins Ausland zu beantworten ist, ist diejenige nach dem anzuwendenden Recht.

aa) Arbeitsvertragsrecht

5   Die Frage des anwendbaren Arbeitsvertragsrechts bestimmt sich seit dem 17.12. 2009[3] insbesondere nach Art. 8 der **„Rom-I-Verordnung"** (Rom-I-VO)[3]. Diese Verordnung hat gemäß ihrer Art. 29 sowie Art. 24 Abs. 1 das Übereinkommen über das auf vertragliche Schuldverhältnisse anzuwendende Recht (EVÜ) vom 19.7. 1980 abgelöst, auf denen auch die Art. 27–37 EGBGB a.F. beruhten, und gilt in den Mitgliedstaaten der Europäischen Union im von Art. 52 EUV i.V.m. Art. 349, 355 AEUV (Art. 299 EG a.F.) bestimmten Gebiet[4] – mit Ausnahme von Dänemark[5]

---

1   ErfK/*Preis*, § 2 NachwG Rz. 28; *Birk*, NZA 1996, 281 (287).
2   LAG Hamm v. 22.3.1974 – 2 Sa 782/73, DB 1974, 877; Küttner/*Kreitner*, Personalbuch 2014, Auslandstätigkeit Rz. 5.
3   Verordnung (EG) Nr. 593/2008 des Europäischen Parlaments und des Rates v. 17.6.2008 über das auf vertragliche Schuldverhältnisse anzuwendende Recht (Rom I), ABl. EU Nr. L 177 v. 4.7.2008, S. 6 ff.; vgl. ausf. zur Rom-I-VO *Leible/Lehmann*, RIW 2008, 528 (528 ff.); *Magnus*, IPRax 2010, 27 (27 ff.) und zum internationalen Arbeitsrecht nach der Rom-I-VO *Deinert*, RdA 2009, 144 (144 ff.); *Mauer/Sadtler*, RIW 2008, 544 (544); *Wurmnest*, EuZA 2009, 481.
4   Damit ist die Rom-I-VO aufgrund der Koordinationsregel des Art. 24 Abs. 1 Rom-I-VO i.V.m. Art. 355 Abs. 5 AEUV nicht auf den Färöer, der Isle of Man und den britischen Stützpunkten Akrotiri und Dhekelia auf Zypern sowie auf Aruba anzuwenden.
5   Dänemark beteiligt sich nicht an der Annahme der Verordnung unter Verweis auf Art. 69 EG a.F. i.V.m. dem Protokoll über die Position Dänemarks. Diese Möglichkeit, die Rom-I-VO nicht anzunehmen, bestand auch für das Vereinigte Königreich und die Republik Irland gemäß Art. 69 EG a.F. i.V.m. dem Protokoll über die Position des Vereinigten Königreichs und Irlands. Nachdem sich Irland bereits frühzeitig nach Art. 3 des Protokolls

– als unmittelbar anwendbares Unionsrecht (Art. 288 Abs. 2 AEUV).[1] Während Dänemark zur Anwendung des EVÜ gegenüber den anderen Vertragsstaaten des EVÜ verpflichtet bleibt, haben die übrigen Mitgliedstaaten der EU auch auf Fälle mit Bezug zu Dänemark uneingeschränkt die Rom-I-VO anzuwenden.[2] Nach ihrem Art. 28 erfasst die Rom-I-VO in zeitlicher Hinsicht allerdings nur solche Arbeitsverträge, die nach dem 17.12.2009 geschlossen wurden.[3] Daher unterfallen am 17.12. 2009 oder vorher geschlossene Arbeitsverträge weiterhin der Geltung des EVÜ bzw. der vom deutschen Gesetzgeber zur Anpassung an die Rom-I-VO zum 17.12.2009 aufgehobenen[4] Art. 27 ff. EGBGB a.F.[5]

Als Ausfluss der Parteiautonomie steht den Vertragsparteien **Rechtswahlfreiheit** zu (Art. 3, Art. 8 Abs. 1 Satz 1 Rom-I-VO), d.h. die Parteien können das anzuwendende Recht frei bestimmen. Die Rechtswahl kann für den ganzen Vertrag oder nur für Teile desselben vereinbart werden (Art. 3 Abs. 1 Satz 3 Rom-I-VO)[6] und ausdrücklich oder stillschweigend erfolgen (Art. 3 Abs. 1 Satz 2 Rom-I-VO). Anders als nach Art. 27 Abs. 1 Satz 2 EGBGB a.F. stellt die Rom-I-VO für die stillschweigende Rechtswahl jedoch nicht mehr darauf ab, dass sich diese „mit hinreichender Sicherheit aus den Bestimmungen des Vertrages oder aus den Umständen des Falles" ergeben muss.[7] Art. 3 Abs. 1 Satz 2 Rom-I-VO verlangt vielmehr, dass sich die Rechtswahl „eindeutig aus den Bestimmungen des Vertrags oder aus den Umstän-

6

---

an der Rom-I-VO beteiligt hatte, hat auch die britische Regierung von dem Verfahren nach Art. 4 des Protokolls Gebrauch gemacht. Nach einer Entscheidung der Kommission v. 22.12.2008, ABl. EU Nr. L 10 v. 15.1.2009, S. 22, trat die Rom-I-VO auch im Vereinten Königreich in Kraft.

1 S. ausf. zum räumlichen Anwendungsbereich der Rom-I-VO *Magnus*, IPRax 2010, 27 (30f.); *Wurmnest*, EuZA 2009, 481 (483).
2 *Deinert*, RdA 2009, 144 (145); *Magnus*, IPRax 2010, 27 (31) m.w.N.; *Martiny*, RIW 2009, 737 (739f.); *Winkler von Mohrenfels/Block*, EAS B 3000, Rz. 19. Gleiches gilt für die nach Art. 24 Abs. 1 Rom-I-VO i.V.m. Art. 355 Abs. 5 AEUV von der Geltung der Rom-I-VO ausgenommenen Hoheitsgebiete.
3 Vgl. zum zeitlichen Anwendungsbereich der Rom-I-VO *Magnus*, IPRax 2010, 27 (31f.); zur Frage, wann eine Vertragsänderung als neue Vereinbarung i.S.d. Art. 28 Rom-I-VO anzusehen ist, *Wurmnest*, EuZA 2009, 481 (486).
4 Art. 1 Nr. 4 des Gesetzes zur Anpassung der Vorschriften des Internationalen Privatrechts an die Verordnung (EG) Nr. 593/2008 v. 25.6.2009, BGBl. I 2009, S. 1574; vgl. weitergehend zum Anpassungsgesetz *Martiny*, RIW 2009, 737.
5 Für eine Darstellung der ohnehin nur wenig divergierenden Rechtslage nach dem EGBGB, insbesondere dessen Art. 27 und Art. 30, vgl. die Ausführungen in der Vorauflage.
6 Allerdings erscheint eine Teilrechtswahl – die insbesondere in international agierenden Unternehmensgruppen angebracht sein kann (Bsp.: Zusage und Durchführung einer betrieblichen Altersversorgung bei gemeinsamen Versorgungswerken) nur dann sinnvoll, wenn die betreffenden Materien auch sachlich und ggf. zeitlich voneinander klar abgrenzbar sind, vgl. MünchArbR/*Oetker*, § 11 Rz. 12 m.w.N. S. ebenda zu den Grenzen einer zulässigen Teilrechtswahl; vgl. weiterführend MünchKommBGB/*Martiny*, Art. 3 Rom-I-VO Rz. 67ff.
7 Ähnlich aber noch Art. 3 Abs. 1 Satz 2 des Vorschlags für eine Verordnung des Europäischen Parlaments und des Rates über das auf vertragliche Schuldverhältnisse anzuwendende Recht (Rom I) v. 15.12.2005, KOM (2005) 650 endg., der verlangte, dass sich die stillschweigende Rechtswahl „mit hinreichender Sicherheit aus den Bestimmungen des Vertrages, dem Verhalten der Parteien oder den Umständen des Falles" ergibt, vgl. hierzu *Junker*, RIW 2006, 401 (403).

den des Falles" ergibt. Damit hat der Verordnungsgeber klargestellt, dass bei der Ermittlung der Rechtswahl eine Anknüpfung an den hypothetischen Parteiwillen ausscheiden muss.[1] Eine stillschweigende Rechtswahl ist auch möglich durch Bezugnahme auf Gesetze eines bestimmten Staates.[2] So hat das BAG im Rahmen des Art. 27 Abs. 1 Satz 2 EGBGB a.F. bspw. die arbeitsvertragliche Bezugnahme auf das KSchG oder AÜG als Wahl des deutschen Rechts gewertet.[3] Die Rechtswahl ist ein kollisionsrechtlicher Vertrag, der gemäß Art. 3 Abs. 2 Rom-I-VO zugleich mit dem Arbeitsvertrag, aber auch später, z.B. in einer Zusatzvereinbarung, getroffen werden kann. Für das Zustandekommen und die Wirksamkeit der Rechtswahlklausel verweist Art. 3 Abs. 5 Rom-I-VO neben Art. 11 und 13 Rom-I-VO auch auf Art. 10 Rom-I-VO. Bezüglich der Gesichtspunkte Wirksamkeit und Zustandekommen führt das im Hinblick auf diese Vorschrift zu einem Gleichlauf zwischen dem auf der Entsendevereinbarung und der Rechtswahlklausel anzuwendenden Sachrecht.

7 Erfolgt keine Rechtswahl, richtet sich das anzuwendende Recht nach der **objektiven Anknüpfung** des Art. 8 Abs. 2–4 Rom-I-VO. Danach unterliegen Arbeitsverträge und Arbeitsverhältnisse dem Recht des Staates, in dem oder andernfalls von dem aus der Arbeitnehmer in Erfüllung des Vertrags gewöhnlich seine Arbeit verrichtet, selbst wenn er vorübergehend in einen anderen Staat entsandt ist (Art. 8 Abs. 2 Rom-I-VO) oder dem Recht des Staates, in dem sich die Niederlassung befindet, die den Arbeitnehmer eingestellt hat (Art. 8 Abs. 3 Rom-I-VO). Die objektive Anknüpfung an den gewöhnlichen Arbeitsort (*lex loci laboris*) wird vom EuGH weit ausgelegt[4], was sich auch in dem Wortlaut des Art. 8 Abs. 2 Rom-I-VO deutlich widerspiegelt („von dem aus"). Diese sog. „Flugbegleiterklausel"[5] erfasst insbesondere mit grenzüberschreitender Reisetätigkeit verbundene Tätigkeiten, neben dem Flugpersonal also bspw. Handelsvertreter.[6] Fraglich ist allerdings, wann eine Entsendung in einen anderen Staat als demjenigen, in dem der Arbeitnehmer in Erfüllung des Vertrags gewöhnlich seine Arbeit verrichtet, noch als vorübergehend

---

1 Vgl. die Begründung des Kommissionsvorschlags, KOM (2005), 650 endg., S. 5; die Berücksichtigungsfähigkeit des hypothetischen Parteiwillens im Rahmen des Art. 27 Abs. 1 Satz 2 EGBGB ist strittig, bejahend insbesondere *Gamillscheg*, ZfA 1983, 307 (331 f.); ablehnend BGH v. 26.7.2004 – VIII ZR 273/03, NJW-RR 2005, 206 (208); s.a. MünchKommBGB/*Martiny*, Art. 3 Rom I-VO Rz. 47 m.w.N.
2 BAG v. 28.5.2014 – 5 AZR 422/12, NZA 2014, 1264 (1265) m.w.N.; *Winkler von Mohrenfels/Block*, EAS B 3000, Rz. 89 und ausf. MünchKommBGB/*Martiny*, Art. 3 Rom I-VO Rz. 56 ff.
3 BAG v. 23.4.1998 – 2 AZR 489/97, NZA 1998, 995 = AP Nr. 19 zu § 23 KSchG 1969; v. 28.5.2014 – 5 AZR 422/12, NZA 2014, 1264 (1265). Eine stillschweigende Rechtswahl kann sich insofern aus den Bestimmungen des Vertrages oder aus den Umständen des Falles ergeben, BAG v. 15.2.2005 – 9 AZR 116/04, AP Nr. 15 zu § 612a BGB. Der hypothetische Parteiwille ist hingegen als Anknüpfungspunkt untauglich, BGH v. 26.7.2004 – VIII ZR 273/03, NJW-RR 2005, 206.
4 EuGH v. 15.3.2011 – Rs. C-29/10 – Koelzsch, Slg. 2011 I, 1595 = NZA 2011, 625 (628, Rz. 42 ff.); s.a. EuGH v. 13.7.1993 – Rs. C-125/92 – Mulox/Geels, Slg. 1993 I, 4075 sowie v. 9.1.1997 – Rs. C-383/95 – Rutten/Cross Medical, Slg. 1997 I, 57; anders noch BAG v. 12.12.2001 – 5 AZR 255/00, NZA 2002, 734 (736).
5 Vgl. *Knöfel*, RdA 2006, 269 (274).
6 *Winkler von Mohrenfels/Block*, EAS B 3000, Rz. 101; *Wurmnest*, EuZA 2009, 481 (492); s. ausf. zu Art. 8 Abs. 2 Satz 1 Alt. 2 Rom-I-VO *Mankowski* in Ferrari/Leible, Rome I Regulation, S. 171 (177 ff.).

i.S.d. Art. 8 Abs. 2 Rom-I-VO anzusehen ist, so dass es zu keinem Statutenwechsel kommt. Eine starre Zeitgrenze, bis zu welchem Zeitraum noch von einer nur vorübergehenden Entsendung gesprochen werden kann, hat das BAG bislang nicht festgelegt. Es komme insoweit auf die Umstände des Einzelfalls an.[1] Die herrschende Meinung in der Literatur sieht jede nicht endgültige Entsendung als vorübergehend an.[2] Andere wollen den Zeitraum, in dem das Merkmal „vorübergehend" noch angenommen werden kann, auf ein bis drei Jahre beschränken.[3] Indes nennt die Rom-I-VO keine zeitliche Höchstgrenze, stellt aber in ihrem Erwägungsgrund 36 darauf ab, dass die Erbringung der Arbeitsleistung in einem anderen Staat als vorübergehend gelten sollte, „wenn von dem Arbeitnehmer erwartet wird, dass er nach seinem Arbeitseinsatz im Ausland seine Arbeit im Herkunftsstaat wieder aufnimmt". So wird auch hinsichtlich Art. 8 Abs. 2 Rom-I-VO z.T. darauf abgestellt, dass bereits jede nicht endgültige Entsendung vorübergehend sei.[4] Teilweise wird stärker auf die Umstände des Einzelfalls verwiesen.[5] Diese unklare Rechtslage führt dazu, dass es schwierig sein kann, das anzuwendende Recht bei fehlender Rechtswahl festzustellen. Wenngleich der 24-Monats-Zeitraum in Art. 12 VO (EG) Nr. 883/2004 eine gewisse Orientierung bieten könnte[6], empfiehlt es sich, das gewünschte Recht ausdrücklich zu wählen, um diesbezügliche Unklarheiten bei einem längerfristigen Auslandseinsatz zu vermeiden.[7] Regelmäßig ist es den Parteien zu raten, die Anwendung deutschen Rechts zu vereinbaren, weil sie mit diesem vertraut sind und die Details des ausländischen Rechts in aller Regel nicht überblicken werden. Bei nur vorübergehender Entsendung ist regelmäßig auch kraft objektiver Anknüpfung deutsches Recht anzuwenden; ein Günstigkeitsvergleich (Art. 8 Abs. 1 Satz 2 Rom-I-VO, unten Rz. 9) zwischen gewählter und objektiv bestimmter Rechtsordnung ist deshalb nicht vorzunehmen.[8] Zu empfehlen ist daher, in den Zusatzvertrag folgende Klausel aufzunehmen:

Typ 1: Rechtswahlklausel

Der Arbeitsvertrag vom ... sowie diese Zusatzvereinbarung unterliegen dem deutschen Recht.

Kann das anzuwendende Recht nicht nach Art. 8 Abs. 2 Rom-I-VO bestimmt werden, so unterliegt der Vertrag dem Recht des Staates, in dem sich die **Niederlassung** befindet, die den Arbeitnehmer eingestellt hat. Es besteht somit ein Vorrangverhältnis der objektiven Anknüpfung an das Recht des gewöhnlichen Arbeitsorts gegen-

---

1 *Junker*, S. 183; vgl. auch BAG v. 25.4.1978 – 6 ABR 2/77, AP Nr. 16 zu IPR, Arbeitsrecht; s. zur Parallelfrage beim BetrVG unten Rz. 17.
2 *Thüsing*, NZA 2003, 1303 (1306) m.w.N. und für weitere Nachweise *Deinert*, RdA 2009, 144 (146 Fn. 30); in ähnlicher Weise auf „endgültige, abschließende und damit gerichtsverlagernde Züge" abstellend LAG Hess. v. 1.9.2008 – 16 Sa 1296/07.
3 *Franzen*, AR-Blattei SD 920, Rz. 62; *Gamillscheg*, ZfA 1983, 307 (333).
4 *Deinert*, RdA 2009, 144 (146).
5 MünchKommBGB/*Martiny*, Art. 8 Rom I-VO Rz. 57; *Winkler von Mohrenfels/Block*, EAS B 3000, Rz. 104; *Wurmnest*, EuZA 2009, 481 (492).
6 So bspw. Kittner/Deinert/Zwanziger/*Heuschmid*, Handbuch Arbeitsrecht, § 139, Rz. 15.
7 *Gerauer*, BB 1999, 2083 (2084); ErfK/*Schlachter*, Rom I-VO Rz. 12.
8 Vgl. *Schlachter*, NZA 2000, 57 (58).

über dem Recht der einstellenden Niederlassung.[1] Der EuGH scheint den Begriff der einstellenden Niederlassung grundsätzlich wörtlich zu nehmen und damit formal auszulegen.[2] Erfolgt die Einstellung, d.h. der Vertragsschluss,[3] in einer Niederlassung in Deutschland, gilt nach Art. 8 Abs. 3 Rom-I-VO aufgrund objektiver Anknüpfung deutsches Recht.

8 Ergibt sich aus der Gesamtheit der Umstände, dass der Vertrag eine engere Verbindung zu einem anderen als dem in Art. 8 Abs. 2 Rom-I-VO oder Art. 8 Abs. 3 Rom-I-VO bezeichneten Staat aufweist, ist das Recht dieses anderen Staates anzuwenden.[4] Anders als Art. 4 Abs. 3, 5 Abs. 3, 7 Abs. 2 Unterabs. 2 Satz 2 Rom-I-VO verlangt die Ausweichklausel des Art. 8 Abs. 4 Rom-I-VO dabei zwar nicht ausdrücklich eine „offensichtlich engere Verbindung". Gleichwohl wird im Schrifttum für die Anwendung des Art. 8 Abs. 4 Rom-I-VO überwiegend gefordert, dass die Gesamtheit der Umstände ein erhebliches Gewicht besitzen müssen, um die Regelanknüpfungen nach Art. 8 Abs. 2 und Abs. 3 Rom-I-VO zu überwinden.[5] Mit anderen Worten muss die nach dem Wortlaut erforderliche Gesamtheit der Umstände gegenüber der Regelanknüpfung deutlich überwiegen. Die Bewertungshoheit liegt dabei grundsätzlich bei den nationalen Gerichten.[6] Wichtige Kriterien sind nach Auffassung des EuGH das Land, in dem der Arbeitnehmer Steuern und Abgaben auf die Einkünfte aus seiner Tätigkeit entrichtet, und das Land, in dem er der Sozialversicherung und den diversen Renten-, Gesundheits- und Erwerbsunfähigkeitsregelungen angeschlossen ist. Außerdem müsse das nationale Gericht auch die gesamten Umstände des Falls wie unter anderem die Parameter, die mit der Bestimmung des Gehalts und der Arbeitsbedingungen zusammenhängen,

---

1 So zu Art. 6 Abs. 2 lit. b EVÜ EuGH v. 15.12.2011 – Rs. C-384/10 – Voogsgeerd, Slg. 2011 I, 13275 = NZA 2012, 227 (229), Rz. 34 ff.; ausf. *Deinert*, Internationales Arbeitsrecht, § 9 Rz. 119 ff.; *Deinert*, RdA 2009, 144 (146 f.).
2 EuGH v. 15.12.2011 – Rs. C-384/10 – Voogsgeerd, Slg. 2011 I, 13275 = NZA 2012, 227 (230), Rz. 52, 65.
3 So zu Art. 30 Abs. 2 Nr. 2 EGBGB a.F. LAG Hess. v. 16.11.1999 – 4 Sa 463/99, NZA-RR 2000, 401; zuletzt v. 13.11.2006 – 17 Sa 816/06, n.v., v. 5.3.2007 – 17 Sa 122/06, v. 25.8. 2008 – 17 Sa 570/08 und v. 24.11.2008 – 17 Sa 682/07; *Franzen*, AR-Blattei SD 920, Rz. 71; *Schlachter*, NZA 2000, 57 (60); a.A. *Däubler*, RIW 1987, 249 (251); *Gamillscheg*, ZfA 1983, 307 (334), die auf die Eingliederung des Arbeitnehmers abstellen; den Streit offen lassend BAG v. 12.12.2001 – 5 AZR 255/00, AP Nr. 10 zu Art. 30 EGBGB n.F. = NZA 2002, 734; v. 13.11.2007 – 9 AZR 134/07, NZA 2008, 761. Vgl. für das Abstellen auf den Vertragsschluss hinsichtlich Art. 8 Abs. 3 Rom-I-VO ErfK/*Schlachter*, Rom I-VO Rz. 14; *Winkler von Mohrenfels/Block*, EAS B 3000 Rz. 110 m. zahlr. w. N.; a.A. *Deinert*, RdA 2009, 144 (147); MünchKommBGB/*Martiny*, Art. 8 Rom I-VO Rz. 65; *Wurmnest*, EuZA 2009, 481 (491).
4 Kriterien sind u.a.: Staatsangehörigkeit der Vertragsparteien, der Sitz des Arbeitgebers, die Vertragssprache, die Währung der Vergütung, gewöhnlicher Wohnsitz des Arbeitnehmers, Ort des Vertragsschlusses (BAG v. 29.10.1992 – 2 AZR 267/92, AP Nr. 31 zu IPR, Arbeitsrecht; v. 11.12.2003 – 2 AZR 627/02, AP Nr. 6 zu Art. 27 EGBGB n.F.; MünchArbR/*Oetker*, § 11 Rz. 36; *Martiny*, ZEuP 2006, 60 [79 f.]).
5 *Magnus*, IPRax 2010, 27 (41); MünchArbR/*Oetker*, § 11 Rz. 35; ErfK/*Schlachter*, Rom I-VO Rz. 15; Palandt/*Thorn*, Art. 8 Rom I-VO Rz. 13; *Winkler von Mohrenfels/Block*, EAS B 3000 Rz. 111 m.w.N.
6 EuGH v. 12.9.2013 – Rs. C-64/12 – Schlecker, NZA 2013, 1163 (1164).

berücksichtigen.[1] Das entspricht im Grundsatz der bisherigen Linie des BAG und der h.M.[2]

Die **Rechtswahl** ist im internationalen Arbeitsvertragsrecht jedoch in mehrerer Hinsicht **eingeschränkt**, d.h. unabhängig von einer Vereinbarung über das anzuwendende Recht setzen sich bestimmte zwingende Normen aus Gründen des Arbeitnehmerschutzes durch. Zunächst folgt aus **Art. 8 Abs. 1 Satz 2 Rom-I-VO**, dass durch die Rechtswahl dem Arbeitnehmer nicht der Schutz der zwingenden Normen des Rechts entzogen werden darf, welches bei objektiver Anknüpfung nach Art. 8 Abs. 2, Abs. 3 oder Abs. 4 Rom-I-VO anzuwenden wäre.[3] Zwingende Vorschriften in diesem Sinne sind Normen, die dem Schutz der Beschäftigten dienen und vertraglich nicht abdingbar sind,[4] z.B. die §§ 1–14 KSchG.[5] Anzuwenden ist die für den Arbeitnehmer günstigere Norm,[6] wobei für den Günstigkeitsvergleich nach überwiegender Auffassung zusammengehörige Regelungskomplexe zu vergleichen sind (sog. Sachgruppenvergleich).[7] Es ist deshalb möglich, dass teilweise deutsches und teilweise ausländisches Recht anzuwenden ist.

Unabhängig von der Rechtswahl, d.h. auch dann, wenn sich die Parteien ausnahmsweise für das ausländische Recht entscheiden, gelten gemäß **Art. 9 Abs. 1 Rom-I-VO** zwingend die sog. **Eingriffsnormen des deutschen Rechts**. Nach dieser Vorschrift ist eine Eingriffsnorm eine zwingende Vorschrift, deren Einhaltung von einem Staat als so entscheidend für die Wahrung seines öffentlichen Interesses, ins-

---

1 EuGH v. 12.9.2013 – Rs. C-64/12 – Schlecker, NZA 2013, 1163 (1165) Rz. 41.
2 Vgl. für Art. 30 Abs. 2 Halbs. 2 EGBGB a.F. BAG v. 24.8.1989 – 2 AZR 3/89, AP Nr. 30 IPR Arbeitsrecht; v. 11.12.2003 – 2 AZR 627/02, AP Nr. 6 Art. 27 EGBGB n.F.; *Schlachter*, AP Nr. 10 zu Art. 30 EGBGB n.F. Erhebliche, besondere Umstände, die zu einer abweichenden Beurteilung führen, hat das BAG bspw. in folgendem Fall bejaht: Arbeitgeberin war eine in Deutschland ins Handelsregister eingetragene Aktiengesellschaft italienischen Rechts mit Sitz in Italien, die zahlreiche Arbeitnehmer italienischer Staatsangehörigkeit mit Hauptwohnsitz in Italien aufgrund jeweils befristeter Arbeitsverträge für den Einsatz auf Baustellen in der Bundesrepublik Deutschland beschäftigte. Die Arbeitnehmer wurden in Italien angeworben, dort wurden auch die Arbeitsverträge abgeschlossen. Die Arbeitsverträge waren in italienischer Sprache abgefasst und sahen eine Vergütung in italienischer Lira vor. Italienisches Recht war vereinbart und es wurden Beiträge an die italienische Sozialkasse für das Baugewerbe gezahlt. Als Folge davon hat das BAG die Anwendbarkeit italienischen Rechts angenommen, vgl. BAG v. 9.7.2003 – 10 AZR 593/02, AP Nr. 261 zu § 1 TVG Tarifverträge: Bau. S.a. LAG Köln v. 26.4.2006 – 7 Sa 181/04, n.v., welches die engere Verbindung zu einem anderen Staat insbesondere daraus hergeleitet hat, dass der Vertragspartner (ausländische Aktiengesellschaft) zu 99,9 % im Eigentum eines ausländischen Staates befand.
3 Vgl. für reine Inlandssachverhalte bereits Art. 3 Abs. 3 Rom-I-VO (s. unten Rz. 13).
4 So zu Art. 30 Abs. 1 Satz 2 EGBGB a.F. *Gamillscheg*, ZfA 1983, 307 (335f.); *Junker*, IPRax 1989, 69 (71); *Schlachter*, NZA 2000, 57 (60f.); vgl. zu Art. 8 Abs. 1 Satz 2 Rom-I-VO *Deinert*, RdA 2009, 144 (149); MünchKommBGB/*Martiny*, Art. 8 Rom I-VO Rz. 34; ErfK/*Schlachter*, Rom I-VO Rz. 17; *Winkler von Mohrenfels/Block*, EAS B 3000 Rz. 77.
5 Vgl. für weitere Beispiele die Auflistung bei *Winkler von Mohrenfels/Block*, EAS B 3000 Rz. 77.
6 BAG v. 24.8.1989 – 2 AZR 3/89, EzA Art. 30 EGBGB Nr. 1.
7 Zu Art. 30 Abs. 1 Satz 2 EGBGB a.F. KR/*Weigand*, Internationales Arbeitsrecht, Rz. 30; *Krebber*, S. 330f. m.w.N.; *Thüsing*, NZA 2003, 1303 (1307); vgl. zu Art. 8 Abs. 1 Satz 2 Rom-I-VO MünchKommBGB/*Martiny*, Art. 8 Rom I-VO Rz. 40; *Winkler von Mohrenfels/Block*, EAS B 3000 Rz. 74.

besondere seiner politischen, sozialen oder wirtschaftlichen Organisation, angesehen wird, dass sie ungeachtet des nach Maßgabe dieser Verordnung auf den Vertrag anzuwendenden Rechts auf alle Sachverhalte anzuwenden ist, die in ihren Anwendungsbereich fallen.[1] Art. 9 Abs. 1 Rom-I-VO ist **restriktiv** anzuwenden und dürfte in seiner Handhabung dem deutschen Pendant in Art. 34 EGBGB a.F. gleichkommen.[2] Das BAG stellte bislang maßgeblich darauf ab, ob die Regelung des deutschen Rechts zumindest auch im Interesse des Gemeinwohls und nicht nur im Individualinteresse geschaffen worden ist,[3] weshalb nicht alle zwingenden Arbeitnehmerschutznormen erfasst sind. Der Normzweck liegt also in der Durchsetzung inländischer ordnungspolitischer Vorstellungen, die nicht zur Disposition der Parteiautonomie stehen.[4] Zwingenden Charakter i.S.d. Art. 34 EGBGB a.F. und damit auch i.S.d. Art. 9 Abs. 1 Rom-I-VO hat das BAG für die Normen über den allgemeinen Kündigungsschutz (§§ 1–14 KSchG)[5] und für § 613a BGB[6] verneint, hingegen für die Regelungen über die Massenentlassung in den §§ 17ff. KSchG[7] und die materiell-rechtlichen Vorschriften der KO (jetzt: InsO)[8] bejaht. Auch die behördlichen Genehmigungserfordernisse des § 85 SGB IX und des § 9 MuSchG dürften als Eingriffsnormen anzusehen sein,[9] wobei das BAG allerdings davon ausgegangen ist, dass diese Normen dann keine Anwendung finden, wenn der Arbeitnehmer im Ausland beschäftigt wird und auch nicht aufgrund der Ausstrahlungswirkung, z.B. bei nur vorübergehender Entsendung,[10] einem inländischen Betrieb zuzuordnen ist.[11] Das BAG hat darüber hinaus § 14 Abs. 1 MuSchG und im Grundsatz § 3 Abs. 1 EFZG als Eingriffsnormen eingestuft, nicht jedoch § 8 TzBfG.[12]

11 Unterliegt das Arbeitsverhältnis kraft Rechtswahl oder objektiver Anknüpfung jedoch deutschem Recht, ist hingegen die Berücksichtigung **zwingender Vorschriften**

---

1 Damit entspricht die Definition der Eingriffsnorm dem bisherigen Verständnis des EuGH v. 23.11.1999 – verb. RS C-369/96 und C-376/96 – Arblade, Slg. 1999, I-8453 Rz. 30; vgl. auch *Deinert*, RdA 2009, 144 (150f.); *Leible/Lehmann*, RIW 2008, 528 (542); *Mauer/Sadtler*, RIW 2008, 544 (547).
2 *Magnus*, IPRax 2010, 27 (41).
3 BAG v. 24.3.1992 – 9 AZR 76/91, AP Nr. 28 zu IPR, Arbeitsrecht; v. 12.12.2001 – 5 AZR 255/00, AP Nr. 10 zu Art. 30 EGBGB n.F. = NZA 2002, 734; v. 12.1.2005 – 5 AZR 617/01, AP Nr. 2 zu § 1a AEntG; zustimmend BGH v. 13.12.2005 – XI ZR 82/05, NJW 2006, 762 (763f.); dazu auch *Thüsing*, NZA 2003, 1303 (1308).
4 BAG v. 18.4.2012 – 10 AZR 200/11, NZA 2012, 1152 (1153).
5 BAG v. 24.8.1989 – 2 AZR 3/89, EzA Art. 30 EGBGB Nr. 1.
6 BAG v. 29.10.1992 – 2 AZR 267/92, EzA Art. 30 EGBGB Nr. 2.
7 BAG v. 24.8.1989 – 2 AZR 3/89, EzA Art. 30 EGBGB Nr. 1.
8 BAG v. 24.3.1992 – 2 AZR 3/89, AP Nr. 28 zu IPR, Arbeitsrecht.
9 Küttner/*Kreitner*, Personalbuch 2014, Auslandstätigkeit Rz. 10; ErfK/*Schlachter*, Rom I-VO Rz. 22; *Winkler von Mohrenfels/Block*, EAS B 3000 Rz. 153; dahin gehend auch BAG v. 24.8.1989 – 2 AZR 3/89, EzA Art. 30 EGBGB Nr. 1; a.A. für den Mutterschutz KR/*Weigand*, Internationales Arbeitsrecht, Rz. 35.
10 ErfK/*Schlachter*, Rom I-VO Rz. 27.
11 BAG v. 30.4.1987 – 2 AZR 192/86, AP Nr. 15 zu § 12 SchwbG.
12 BAG v. 18.4.2012 – 10 AZR 200/11, NZA 2012, 1152 (1153) (§ 3 EFZG ist als Eingriffsnorm zu qualifizieren, insoweit Arbeitnehmer betroffen sind, die dem deutschen Sozialversicherungsrecht unterliegen); BAG v. 12.12.2001 – 5 AZR 255/00, AP Nr. 10 zu Art. 30 EGBGB n.F. = NZA 2002, 734 einerseits und zu § 8 TzBfG BAG v. 13.11.2007 – 9 AZR 134/07, NZA 2008, 761 (767f.) andererseits; vgl. für weitere Beispiele ErfK/*Schlachter*, Rom I-VO Rz. 21f.

des **ausländischen Rechts** fraglich.¹ Im Rahmen des EGBGB hatte Deutschland bisher den Vorbehalt des Art. 22 Abs. 1a EVÜ, die in Art. 7 Abs. 1 EVÜ vorgesehene Möglichkeit der Anwendung fremder Eingriffsnormen ungeregelt zu lassen, ausgeübt, so dass die Anwendung solcher Normen zwar anerkannt, jedoch von Rechtsprechung und Literatur zu klären war.² Der vorbehaltlos geltende **Art. 9 Abs. 3 Rom-I-VO** enthält nunmehr eine lediglich ermessensabhängige Beachtung³ fremder Eingriffsnormen des Staates, in dem die durch den Vertrag begründeten Verpflichtungen erfüllt werden sollen oder erfüllt sind. Diese ist allerdings davon abhängig, dass die Eingriffsnormen die Erfüllung des Vertrags unrechtmäßig werden lassen.⁴ Es ist fraglich, ob Art. 9 Abs. 3 Rom-I-VO in der Praxis eine nennenswerte Rolle zukommen wird.

Eine ausländische Rechtsnorm kann zudem als weitere Einschränkung der Rechtswahlfreiheit aufgrund des Vorbehaltes des **ordre-public (Art. 21 Rom-I-VO als lex specialis)** nicht anzuwenden sein, was im Arbeitsrecht aber die Ausnahme ist.⁵ So hat das BAG keinen Verstoß gegen den ordre public angenommen, als bei Geltung amerikanischen Rechts im Falle der Kündigung kein Bestandsschutz, sondern nur eine geringe Abfindungszahlung bei Beendigung des Arbeitsverhältnisses vorgesehen war.⁶

12

Die Freiheit der Rechtswahl einschränkend wirken zudem Art. 3 Abs. 3 und Abs. 4 Rom-I-VO. Nach Art. 3 Abs. 3 Rom-I-VO können bei einem reinen Inlandssachverhalt die Vorschriften dieses Staates, von denen nicht durch Vereinbarung abgewichen werden kann, nicht durch Rechtswahl abbedungen werden. Art. 3 Abs. 4 Rom-I-VO erfasst hingegen sog. Binnenmarktsachverhalte. Sind alle Elemente eines Sachverhalts zum Zeitpunkt der Rechtswahl in einem oder mehreren Mitgliedstaaten belegen, so soll danach die Wahl des Rechts eines Drittstaats durch die Parteien nicht die Anwendung der Bestimmungen des Gemeinschaftsrechts, von denen nicht durch Vereinbarung abgewichen werden kann, berühren.⁷ Allerdings dürften diese internationalvertraglichen Vorschriften im Arbeitsrecht neben dem spezielleren Art. 8 Abs. 1 Satz 2 Rom-I-VO keine Rolle spielen.⁸

13

Die Rechtswahlfreiheit ist schließlich in dem Fall der vorübergehenden Entsendung eines Arbeitnehmers durch einen deutschen Arbeitgeber aufgrund weiterer europarechtlicher Vorgaben eingeschränkt. Aufgrund der **Richtlinie 96/71/EG**

14

---

1 MünchArbR/*Oetker*, § 11 Rz. 53.
2 Vgl. hierzu *Deinert*, RdA 2009, 144 (151).
3 Vgl. zur Ermessensausübung konkretisierend Art. 9 Abs. 3 Satz 2 Rom-I-VO und ausf. MünchKommBGB/*Martiny*, Art. 9 Rom I-VO Rz. 118 ff.
4 Vgl. ausf. *Deinert*, RdA 2009, 144 (151); MünchKommBGB/*Martiny*, Art. 9 Rom I-VO Rz. 112 ff.
5 S.a. *Magnus*, IPRax 2010, 27 (42).
6 BAG v. 10.4.1975 – 2 AZR 128/74, AP Nr. 12 zu IPR, Arbeitsrecht; dahingehend auch BAG v. 24.8.1989 – 2 AZR 3/89, EzA Art. 30 EGBGB Nr. 1; anders aber BAG v. 26.9.1978 – 2 AZR 973/77, AP Nr. 8 zu § 38 ZPO Internationale Zuständigkeit; s.a. KR/*Weigand*, Internationales Arbeitsrecht, Rz. 41 ff.
7 Vgl. zu Art. 3 Abs. 4 Rom-I-VO *Wurmnest*, EuZA 2009, 481 (489 f.) und zu Art. 3 Abs. 3 Rom-I-VO ErfK/*Schlachter*, Rom I-VO Rz. 18.
8 So zu Art. 3 Abs. 3 Rom-I-VO ErfK/*Schlachter*, Rom I-VO Rz. 18; *Winkler von Mohrenfels/Block*, EAS B 3000 Rz. 68; vgl. zu Art. 3 Abs. 4 Rom-I-VO *Deinert*, RdA 2009, 144 (150); *Winkler von Mohrenfels/Block*, EAS B 3000 Rz. 71; *Wurmnest*, EuZA 2009, 481 (490).

über die Entsendung von Arbeitnehmern (EntsendeRL)[1] muss der Mitgliedstaat, in welchen ein Arbeitnehmer vorübergehend von einem Arbeitgeber aus einem anderen Mitgliedstaat, z.B. aus Deutschland, entsandt wird, die Anwendung eines harten Kerns von Arbeits- und Beschäftigungsbedingungen garantieren. Hierzu gehören die in Rechtsvorschriften, einschließlich allgemeinverbindlicher Tarifverträge des Bausektors, enthaltenen Normen u.a. über Höchstarbeitszeiten und Mindestruhezeiten, den bezahlten Mindestjahresurlaub und die Mindestlohnsätze einschließlich der Überstundensätze (Art. 3 Abs. 1 EntsendeRL). Insoweit kann es also trotz Wahl des deutschen Rechts zur Anwendung des ausländischen Ortsrechtes kommen. Die Anwendung für den Arbeitnehmer günstigerer, deutscher Vorschriften ist jedoch nicht ausgeschlossen (Art. 3 Abs. 7 EntsendeRL). Soweit es sich allerdings um Normen des öffentlich-rechtlichen Arbeitnehmerschutzes handelt, kommt jedoch ohnehin, unabhängig vom Arbeitsvertragsstatut, das Recht des Beschäftigungsortes zur Anwendung.[2]

15 Auch dann, wenn die Rechtswahlklausel Bestandteil **vorformulierter Arbeitsvertragsbedingungen** ist, findet über diese Beschränkungen hinaus keine Inhaltskontrolle der Rechtwahl statt.[3] Zwar sind die §§ 305 ff. BGB aufgrund von Art. 3 Abs. 5 i.V.m. Art. 10 Abs. 1 Rom-I-VO auf den zu beurteilenden Vertrag selbst grundsätzlich anwendbar, wenn deutsches Recht kraft Rechtswahl bzw. objektiver Anknüpfung anzuwenden ist.[4] Dasselbe gilt freilich für die entsprechenden Vorschriften zur Zulässigkeit vorformulierter Vertragsklauseln eines anderen Staates, wenn der Arbeitsvertrag dessen Recht unterliegt. Die Rechtswahlklausel selbst ist hingegen lediglich einer Einbeziehungskontrolle nach § 305 Abs. 2 bis § 306 BGB zu unterziehen.[5] Über die inhaltliche Wirksamkeit der Rechtswahl entscheiden ausschließlich die anzuwendenden Kollisionsvorschriften der Art. 3 ff. Rom-I-VO. Eine Korrektur der Rechtswahl mittels des materiellen Rechts, auf das verwiesen wird, wäre methodisch verfehlt.[6]

16 Haben die Parteien die Anwendung deutschen Arbeitsrechts vereinbart oder ist es aufgrund objektiver Anknüpfung anzuwenden, gilt das deutsche Individualarbeitsrecht umfassend. So richtet sich der Kündigungsschutz für den im Ausland beschäftigten Mitarbeiter nach dem KSchG.[7] Bei der Berechnung der gemäß § 23 KSchG für die Anwendung des KSchG erforderlichen Arbeitnehmerzahl werden nach umstrittener Rechtsprechung des BAG jedoch Arbeitnehmer, die in ausländischen Betrieben beschäftigt sind, nicht mitgerechnet; das betrifft auch den Gemeinschafts-

---

1 EAS A 3510; ausf. Preis/Sagan/*Heuschmid*/*Schierle*, Europäisches Arbeitsrecht, 2015, § 5.
2 BAG v. 12.12.1990 – 4 AZR 238/90, AP Nr. 2 zu § 4 TVG Arbeitszeit; *Heilmann*, AR-Blattei SD 340, Rz. 300; *Pohl*, NZA 1998, 735 (738).
3 *Deinert*, RdA 2009, 144 (149); Staudinger/*Hausmann*, Art. 31 EGBGB Rz. 85; *Markovska*, RdA 2007, 352 (353); MünchKommBGB/*Martiny*, Art. 3 Rom I-VO Rz. 13; MünchArbR/*Oetker*, § 11 Rz. 18; a.A. DBD/*Däubler*, Anhang zu § 307 BGB Rz. 71.
4 MünchArbR/*Oetker*, § 11 Rz. 18.
5 MünchArbR/*Oetker*, § 11 Rz. 18.
6 MünchKommBGB/*Martiny*, Art. 3 Rom I-VO Rz. 1, Art. 8 Rom I-VO Rz. 31.
7 BAG v. 19.6.1986 – 2 AZR 563/85, EzA § 1 KSchG Betriebsbedingte Kündigung Nr. 39; v. 21.1.1999 – 2 AZR 648/97, AP Nr. 9 zu § 1 KSchG Konzern. Strittig ist, ob sich auch Aufhebungsverträge nach dem vereinbarten Vertragsstatut richten, so MünchArbR/*Oetker*, § 11 Rz. 110; ErfK/*Schlachter*, Rom I-VO Rz. 25; a.A. *Knöfel*, ZfA 2006, 397 (415).

betrieb i.S.d. § 1 Abs. 2 BetrVG.[1] Die herrschende Lehre teilt das Verständnis des § 23 KSchG als selbstbeschränkende Sachnorm zu Recht nicht.[2]

bb) Betriebsverfassungsrecht

Für das Betriebsverfassungsrecht ist nicht das Arbeitsvertragsstatut nach Art. 3ff. Rom-I-VO maßgebend; das anwendbare Recht bestimmt sich vielmehr nach dem **Territorialitätsprinzip**.[3] D.h. das BetrVG gilt nur für im Inland gelegene Betriebe.[4] Die Zuständigkeit des Betriebsrates kann sich aber auch auf im Ausland beschäftigte Arbeitnehmer erstrecken, wenn sie dem inländischen Betrieb zuzuordnen sind (sog. **Ausstrahlung**).[5] Wann weiterhin eine Bindung zum Inlandsbetrieb besteht, will das BAG[6] aufgrund einer Würdigung der Gesamtumstände feststellen, wobei die Dauer der Entsendung und die Frage der Integration in einen ausländischen Betrieb eine wesentliche Rolle spielen. Eine Rückrufmöglichkeit soll insoweit kein zwingendes, aber ein erhebliches Indiz darstellen.[7] Das BAG hat zudem darauf abgestellt, dass die Einsätze des Auslandsmitarbeiters vom Inland aus geplant wurden, dort die das Direktionsrecht ausübenden Vorgesetzten arbeiteten und nicht nur die Personalverwaltung im Inland geführt wurde.[8] Die Zugehörigkeit zu einem inländischen Betrieb hat das BAG für einen Mitarbeiter verneint, der nur für einen Auslandseinsatz eingestellt wurde und nie im inländischen Betrieb tätig war.[9] Für Auslands-

---

1 BAG v. 9.10.1997 – 2 AZR 64/97, AP Nr. 16 zu § 23 KSchG; vgl. zur Anwendbarkeit des KSchG bei internationalen Sachverhalten auch BAG v. 3.6.2004 – 2 AZR 386/03, NZA 2004, 1380; v. 17.1.2008 – 2 AZR 902/06, NZA 2008, 872; v. 8.10.2009 – 2 AZR 654/08, DB 2010, 230; abl. MünchKommBGB/*Martiny*, Art. 8 Rom I-VO Rz. 100; *Deinert*, Internationales Arbeitsrecht, § 13 Rz. 36 m.w.N.; ErfK/*Schlachter*, Rom I-VO Rz. 8 m.w.N.; *Straube*, DB 2009, 1406 (1407f.); dies gilt nach Auffassung des BAG jedenfalls auch für solche im Ausland beschäftigte Arbeitnehmer, deren Arbeitsverhältnisse nicht dem deutschen Recht unterliegen, wenn die ausländische Arbeitsstätte mit einer deutschen einen Gemeinschaftsbetrieb bildet, vgl. BAG v. 26.3.2009 – 2 AZR 883/07, AP Nr. 45 zu § 23 KSchG 1969; a.A. ErfK/*Schlachter*, Rom I-VO Rz. 8.
2 Bspw. *Junker*, FS Konzen, 2006, S. 367ff.; Staudinger/*Magnus*, Art. 8 Rom-I-VO Rz. 237; *Deinert*, AuR 2008, 300ff.; *Deinert*, Internationales Arbeitsrecht, § 13 Rz. 37 m.w.N.
3 Vgl. nur BAG v. 22.3.2000 – 7 ABR 34/98, NZA 2000, 1119 (1121); v. 20.2.2001 – 1 ABR 30/00, NZA 2001, 1033 = AP Nr. 23 zu § 101 BetrVG 1972; ArbG Frankfurt v. 27.5.2002 – 15 BV 21/02; Küttner/*Kreitner*, Personalbuch 2014, Auslandstätigkeit Rz. 14; Palandt/*Thorn*, Art. 8 Rom I-VO Rz. 5.
4 Zur Bildung von Gesamt- oder Konzernbetriebsräten nach dem BetrVG bei internationalen Sachverhalten MünchArbR/*Oetker*, § 11 Rz. 128.
5 Bei der Ausstrahlungswirkung handelt es sich allerdings nicht um eine Frage des räumlichen, sondern des persönlichen Geltungsbereichs des BetrVG, BAG v. 7.12.1989 – 2 AZR 228/89, NZA 1990, 658 (659); v. 22.3.2000 – 7 ABR 34/98, NZA 2000, 1119 (1121); Palandt/*Thorn*, Art. 8 Rom I-VO Rz. 5; s.a. *Temming*, IPRax 2010, 59ff.
6 BAG v. 7.12.1989 – 2 AZR 228/89, AP Nr. 27 zu IPR, Arbeitsrecht zum BetrVG; s.a. BAG v. 22.3.2000 – 7 ABR 34/98, NZA 2000, 1119 (1121); *Falder*, NZA 2000, 868f.
7 BAG v. 20.2.2001 – 1 ABR 30/00, NZA 2001, 1033 = AP Nr. 23 zu § 101 BetrVG 1972; *Junker*, ZIAS 1995, 564 (586) sieht darin allerdings das entscheidende Kriterium.
8 BAG v. 20.2.2001 – 1 ABR 30/00, NZA 2001, 1033 = AP Nr. 23 zu § 101 BetrVG 1972; v. 7.12.1989 – 2 AZR 228/89, AP Nr. 27 zu IPR, Arbeitsrecht = EzA BetrVG 1972 § 102 Nr. 74.
9 BAG v. 21.10.1980 – 6 AZR 640/79, AP Nr. 17 zu IPR, Arbeitsrecht; MünchArbR/*Oetker*, § 11 Rz. 131; a.A. *Junker*, S. 383ff.; anders jetzt auch für den Fall der Arbeitnehmerüberlassung BAG v. 22.3.2000 – 7 ABR 34/98, NZA 2000, 1119 (1122).

mitarbeiter, die dem inländischen Betrieb zuzuordnen sind, ist der inländische Betriebsrat zuständig. Die entsandten Arbeitnehmer sind aktiv und passiv wahlberechtigt.[1] Dem Betriebsrat stehen insoweit prinzipiell sowohl die **Mitbestimmungsrechte** in sozialen Angelegenheiten[2] als auch in personellen Angelegenheiten zu, d.h. insbesondere bei Versetzungen (§ 95 Abs. 3 BetrVG).[3] Vor der Kündigung des Auslandsmitarbeiters ist der Betriebsrat anzuhören.[4] Im Ausland darf der Betriebsrat jedoch nicht tätig werden, dort insbesondere keine Betriebsversammlungen abhalten.[5]

cc) Tarifvertragsrecht

18 Im internationalen Tarifvertragsrecht ist die Frage, welche Rechtsordnung für das Zustandekommen, den Inhalt, die Beendigung und die Rechtswirkungen eines Tarifvertrags maßgeblich ist (sog. Tarifvertragsstatut) von der Frage nach der Anwendung des Tarifvertrags auf das einzelne Arbeitsverhältnis zu trennen.[6] Auf das Tarifvertragsstatut findet der auf „Arbeitsverträge" abstellende Art. 8 Rom-I-VO keine Anwendung,[7] wohl aber Art. 3 Rom-I-VO bezüglich der freien Rechtswahl der Tarifvertragsparteien[8] und bei fehlender Rechtswahl die objektive Anknüpfung an das Recht des Staates, mit dem der Tarifvertrag die engste Verbindung aufweist, Art. 4 Abs. 4 Rom-I-VO.[9] Im einzelnen Arbeitsverhältnis findet der Tarifvertrag, der in dem entsendenden Unternehmen gilt, unter den allgemeinen Voraussetzungen, d.h. bei Tarifbindung der Parteien oder einzelvertraglicher Bezugnahme,[10] auch auf den Auslandsmitarbeiter Anwendung, wenn er ausdrückliche Regelungen für den Auslandseinsatz enthält.[11] Bei nur vorübergehender Entsendung soll dies nach teilweise vertretener Auffassung auch ohne ausdrückliche Regelung gelten.[12] Grundsätzlich besteht nach Rechtsprechung des BAG eine Regelungskompetenz der Tarifvertragsparteien jedoch nur für Arbeitsverhältnisse, die deutschem Ar-

---

1 Vgl. BAG v. 22.3.2000 – 7 ABR 34/98, NZA 2000, 1119 (1120); Küttner/*Kreitner*, Personalbuch 2014, Auslandstätigkeit Rz. 17; *Boemke*, NZA 1992, 112 (115f.); *Richardi*, BetrVG, Einl. Rz. 80.
2 BAG v. 30.1.1990 – 1 ABR 2/89, DB 1990, 1090.
3 Vgl. insoweit BAG v. 21.9.1999 – 1 ABR 40/98, NZA 2000, 781; Küttner/*Kreitner*, Personalbuch 2014, Auslandstätigkeit Rz. 20.
4 BAG v. 7.12.1989 – 2 AZR 228/89, AP Nr. 27 zu IPR, Arbeitsrecht; LAG München v. 13.4.2000 – 2 Sa 886/99, NZA-RR 2000, 425.
5 BAG v. 27.5.1982 – 6 ABR 28/80, DB 1982, 2519; a.A. LAG Hamm v. 12.3.1980 – 8 Ta 180/79, DB 1980, 1030.
6 MünchArbR/*Oetker*, § 11 Rz. 116; ErfK/*Schlachter*, Rom I-VO Rz. 30.
7 Vgl. MünchKommBGB/*Martiny*, Art. 8 Rom I-VO Rz. 137 m.w.N.
8 *Franzen*, AR-Blattei SD 920, Rz. 71; MünchKommBGB/*Martiny*, Art. 8 Rom I-VO Rz. 137; ErfK/*Schlachter*, Rom I-VO Rz. 30 jeweils m.w.N.; in diese Richtung gehend, ohne dies ausdrücklich auszusprechen, BAG v. 11.9.1991 – 4 AZR 71/91, AP Nr. 29 zu IPR, Arbeitsrecht; a.A. und für eine ausschließlich objektive Anknüpfung *Thüsing*, NZA 2003, 1303 (1311); vgl. ausf. zum Streitstand MünchArbR/*Oetker*, § 11 Rz. 119ff. m.w.N.
9 *Franzen*, AR-Blattei SD 920, Rz. 312; MünchKommBGB/*Martiny*, Art. 8 Rom I-VO Rz. 138.
10 Ob sich die Wirkung des Tarifvertrages nach Arbeitsvertragsstatut oder Tarifvertragsstatut richtet, ist umstritten, dazu *Hergenröder*, AR-Blattei SD 1550.15 Rz. 88.
11 BAG v. 12.12.1990 – 4 AZR 238/90, EzA Nr. 14 zu § 15 AZO; *Hergenröder*, AR-Blattei SD 1550.15, Rz. 102ff. m.w.N.
12 *Schlachter*, NZA 2000, 57 (64); ErfK/*Schlachter*, Rom I-VO Rz. 31.

beitsrecht unterliegen.[1] Auch die Allgemeinverbindlicherklärung eines Tarifvertrages ändert daran nichts, weil sie nur die fehlende Tarifbindung ersetzt, nicht aber den Geltungsbereich eines Tarifvertrages erweitert.[2] Eine darüber hinaus gehende und sich auf Arbeitsverhältnisse zwischen einem ausländischen Arbeitgeber und seinen im räumlichen Geltungsbereich des Tarifvertrages beschäftigten Arbeitnehmern erstreckende Regelungskompetenz wurde den Tarifvertragsparteien des Baugewerbes erst durch § 1 AEntG verliehen.[3] Tarifnormen haben in diesem Fall international zwingende Wirkung gemäß Art. 9 Abs. 1 Rom-I-VO[4] Auch im Anwendungsbereich der EntsendeRL ist zu beachten, dass diese die Anwendung bestimmter allgemeinverbindlicher Tarifverträge eines anderen Mitgliedstaates auch auf dorthin entsandte Arbeitnehmer vorschreibt (vgl. Rz. 14). Vorbehaltlich zwingenden Ortsrechts können die inländischen Tarifvertragsparteien einen Tarifvertrag auch für ausschließlich im Ausland zu erfüllende Arbeitsverträge schließen.[5]

dd) Betriebliche Altersversorgung[6]

Für die nur vorübergehende Entsendung des Mitarbeiters ins Ausland bei fortbestehendem Arbeitsverhältnis in Deutschland und Anwendung deutschen Rechts bestehen keine Besonderheiten. In diesem Fall wird für die Zeit des Auslandseinsatzes die Versorgungszusage uneingeschränkt fortgeführt und unterliegt dem sachlichen und persönlichen Geltungsbereich des BetrAVG.[7] Es sind also bspw. die Zeiten, die ein Arbeitnehmer in verschiedenen Betrieben eines Unternehmens tätig wird, für die Unverfallbarkeitsvorschriften des BetrAVG zusammenzurechnen, unabhängig davon, ob der Arbeitnehmer im In- oder Ausland gearbeitet hat.[8] Inwieweit Auslandszulagen oder ausländische Sozialversicherungsrenten anzurechnen sind, richtet sich aber primär nach der jeweiligen Versorgungsordnung.[9] Um diesbezügliche Unklarheiten zu vermeiden, sollte die Frage in der Zusatzvereinbarung über den Auslandseinsatz ausdrücklich geregelt werden.

Typ 2: Betriebliche Altersversorgung

Bemessungsgrundlage für die Leistungen aus der betrieblichen Altersversorgung ist das Inlandsgehalt ohne die wegen der Auslandstätigkeit gezahlten Zulagen.

---
1 BAG v. 9.7.2003 – 10 AZR 593/02, AP Nr. 261 zu § 1 TVG Tarifverträge: Bau.
2 BAG v. 9.7.2003 – 10 AZR 593/02, AP Nr. 261 zu § 1 TVG Tarifverträge: Bau.
3 BAG v. 9.7.2003 – 10 AZR 593/02, AP Nr. 261 zu § 1 TVG Tarifverträge: Bau; kritisch hierzu *Thüsing/Müller*, BB 2004, 1333 (1335).
4 BAG v. 12.1.2005 – 5 AZR 617/01, AP Nr. 2 zu § 1a AEntG; v. 25.1.2005 – 9 AZR 621/03, n.v.; v. 28.9.2005 – 10 AZR 28/05, NZA 2006, 379 (380); v. 3.5.2006 – 10 AZR 344/05, AP Nr. 25 zu § 1 AEntG; zur Frage, ob Tarifnormen im Übrigen international zwingend i.S.d. Art. 9 Abs. 1 Rom-I-VO/Art. 34 EGBGB a.F. sein können, vgl. ausführlich *Franzen*, AR-Blattei SD 920, Rz. 347 ff.; *Hergenröder*, AR-Blattei SD 1550.15, Rz. 97 ff.
5 BAG v. 11.9.1991 – 4 AZR 71/91, AP Nr. 29 zu IPR, Arbeitsrecht.
6 Eingehend Blomeyer/Rolfs/*Otto*, BetrAVG, Einl. Rz. 64 ff.
7 Vgl. *Höfer*, BetrAVG, ART Rz. 1227; für die Insolvenzsicherung durch den Pensionssicherungsverein ist der Sitz des Versorgungsschuldners entscheidend, vgl. BAG v. 6.8.1985 – 3 AZR 185/83, AP Nr. 24 zu § 7 BetrAVG.
8 LAG Hess. v. 2.4.2003 – 8 Sa 801/02.
9 Vgl. BAG v. 23.10.1990 – 3 AZR 553/89, DB 1991, 2042.

Eine aufgrund dieser Tätigkeit erworbene ausländische Sozialversicherungsrente wird nicht auf die Leistungen aus der betrieblichen Altersversorgung angerechnet.

20 Von Bedeutung ist die **Richtlinie 98/49/EG** zur Wahrung ergänzender Rentenansprüche von Arbeitnehmern und Selbständigen.[1] Diese durch § 1b Abs. 1 Satz 6 BetrAVG umgesetzte Richtlinie will gewährleisten, dass bei der Entsendung in einen anderen Mitgliedstaat der Verbleib im inländischen Versorgungssystem möglich ist. Sie enthält zudem die wichtige Normierung, dass in einem solchen Fall der Arbeitnehmer von einer etwaigen Beitragspflicht im Entsendestaat freigestellt ist, eine doppelte Beitragspflicht also vermieden wird.[2] Hinzuweisen ist noch auf die **Mobilitätsrichtlinie** 2014/50/EU, die bis zum 21.5.2018 umgesetzt werden muss. Sie sieht sowohl für inländische Arbeitnehmer als auch Wanderarbeitnehmer, die ihre Freizügigkeit wahrnehmen, Verbesserungen vor (u.a. Herabsetzung der Unverfallbarkeit von fünf auf drei Jahre).[3]

ee) **Gerichtsstandsvereinbarung**

21 Für grenzüberschreitende Sachverhalte regelt die gerichtliche Zuständigkeit innerhalb der **Europäischen Union** die reformierte EuGVVO aus dem Jahre 2012.[4] Sie enthält in ihren Art. 20–23 Bestimmungen über die Zuständigkeiten für individuelle Arbeitsverträge. Die Möglichkeiten von Gerichtsstandsvereinbarungen werden für Individualarbeitsverträge nur sehr eingeschränkt zugelassen, vgl. Art. 23, 25 Abs. 4 EuGVVO.[5] Für die Einzelheiten und zu empfehlende Klauseln wird auf → *Gerichtsstand*, II G 20 verwiesen, wo auch die Fälle des grenzüberschreitenden Einsatzes behandelt sind.

b) **Tätigkeit und Dauer der Entsendung**

22 Die Zusatzvereinbarung sollte zunächst klarstellen, auf welchen Arbeitsvertrag sie sich bezieht und dass sie diesen nur ergänzt und ihn weder aufhebt noch ruhend stellt. Schon um **§ 2 Abs. 2 Nr. 1 NachwG** zu genügen, muss die Vereinbarung die Dauer der auszuübenden Tätigkeit im Ausland angeben. Für den Regelfall der

---

1 EAS A 3850.
2 *Höfer*, BetrAVG, ART Rz. 1258.7, 1258.9.
3 *Hügelschäffer*, ZTR 2014, 403 ff.
4 Die alte EuGVVO, also die VO 44/2201, wurde mit Wirkung zum 10.1.2015 durch die Verordnung (EU) Nr. 1215/2012 des Europäischen Parlaments und des Rates v. 12.12. 2012 über die gerichtliche Zuständigkeit und die Anerkennung und Vollstreckung von Entscheidungen in Zivil- und Handelssachen, ABl. EU Nr. L 351 v. 20.12.2012, S. 1 ersetzt. Die Regelungen der EuGVVO stimmen weitgehend mit denen des europäischen Gerichtsstands- und Vollstreckungsübereinkommen (EuGVÜ) überein. Bezüglich Norwegen, Island und der Schweiz ist zudem das Lugano-Übereinkommen über die gerichtliche Zuständigkeit und die Vollstreckung gerichtlicher Entscheidungen in Zivil- und Handelssachen v. 16.9.1988 (BGBl. II 1994, 2658) in seiner 2007 revidierten Form zu beachten (ABl. EU Nr. L 339 v. 21.12.2007, S. 3). Finden das EuGVÜ oder ein zwischenstaatliches Abkommen keine Anwendung, richtet sich die Zulässigkeit von Gerichtsstandsvereinbarungen nach §§ 38, 29 Abs. 2 ZPO.
5 *Abele*, FA 2013, 357 ff.; zur alten EuGVVO vgl. *Junker*, NZA 2005, 199; *Thüsing*, NZA 2003, 1303 (1310).

befristeten Entsendung, welche zur Erhaltung des deutschen sozialversicherungsrechtlichen Schutzes (Art. 12 VO (EG) 883/2004/EG, § 4 Abs. 1 SGB IV) anzuraten ist, gilt insoweit dasjenige, was auch bei der Befristung im Inland gilt (§ 2 Abs. 1 Satz 2 Nr. 3 NachwG); dazu I A Rz. 37.[1] Erfolgt die Entsendung im Ausnahmefall unbefristet, so ist ein Nachweis auch über diesen Umstand in die Zusatzvereinbarung aufzunehmen.[2] Die Geltung der Zusatzvereinbarung sollte zeitlich auf die Zeit von der Ausreise bis zur endgültigen Rückkehr des Arbeitnehmers abgeschlossen werden. Inhaltlich ist anzuraten, die im Ausland auszuübende Tätigkeit so genau wie möglich zu beschreiben. Es bedarf zudem einer Regelung, wer während der Entsendung das arbeitgeberseitige **Weisungsrecht** ausübt.

c) Vergütung

Der entsandte **Arbeitnehmer behält regelmäßig** seine bisherige **inländische Vergütung**, da diese dem Arbeitsvertragsstatut unterliegt, vgl. Art. 12 Abs. 1 Buchst. b Rom-I-VO. Mit der Tätigkeit im Ausland sind jedoch weitere Kosten, wie z.B. aufgrund doppelter Haushaltsführung oder höherer Lebenshaltungskosten verbunden. Ob der Arbeitgeber auch ohne vertragliche Vereinbarung zur Übernahme aller Mehrkosten verpflichtet ist, ist umstritten, dürfte aber nicht pauschal zu bejahen sein.[3] In der Praxis werden für den Auslandseinsatz **Auslandszulagen** gewährt, die sich aus einem prozentualen Anteil des Inlandsgehalts ergeben können. Für die Mehraufwendungen am Einsatzort kann zusätzlich eine Pauschale z.B. nach der Reisekostenordnung des Arbeitgebers gezahlt werden. Bei der Entsendung wird, da das Arbeitsverhältnis zum entsendenden Arbeitgeber bestehen bleibt, das Gehalt regelmäßig in Euro auf das Inlandskonto des entsandten Mitarbeiters überwiesen. Die ausdrückliche Angabe der Währung sowie der Auslandszulagen ist wegen § 2 Abs. 2 Nr. 2, 3 NachwG erforderlich. Die dem Mitarbeiter im Ausland durch die Auszahlung entstehenden Kosten sind jedenfalls bei besonderer Vereinbarung durch die Auslandszulage mit abgedeckt.[4]

23

Typ 3: Vergütung

Dem Arbeitnehmer wird während seiner Auslandstätigkeit seine bisherige Vergütung gewährt. Zusätzlich erhält er eine Auslandszulage in Höhe von ... % der bisherigen Vergütung. Vergütung und Auslandszulage überweist der Arbeitgeber in Euro auf das bisherige inländische Gehaltskonto des Arbeitnehmers. Mit der Auslandszulage sind alle zusätzlichen Erschwernisse der Auslandstätigkeit einschließlich der Kosten des Transfers des Gehalts an den Einsatzort mit abgegolten.

Der Arbeitgeber kann dem Arbeitnehmer vertraglich auch gestatten, ein Auslandskonto für die Gehaltszahlung zu benennen. Bei der Entsendung in Länder, deren Währung im Vergleich zum Euro starken **Wechselkursschwankungen** unterliegt, müssen die Parteien zudem bedenken, dass dadurch der Mitarbeiter erhebliche Ge-

24

---

1 Zur Sozialversicherung bei Auslandstätigkeit vgl. ausf. BLDH/*Lingemann*, Kap. 11 Rz. 14 ff.; *Werthebach*, NZA 2006, 247.
2 *Feldgen*, NachwG, § 2 Rz. 192.
3 Küttner/*Kreitner*, Personalbuch 2014, Auslandstätigkeit Rz. 26.
4 *Gnann/Gerauer*, S. 66 f.

haltseinbußen erleiden kann. Das Gehalt oder ein Bestandteil desselben können periodisch an den Wechselkurs und an die **Teuerungsrate im Entsendestaat** angepasst werden. Zu beachten ist dabei, dass Wertsicherungsklauseln, die eine selbsttätige Erhöhung in Bezug zu einer vertragsfremden Größe, insbesondere dem Lebenshaltungsindex, normieren, gemäß § 1 Preisklauselgesetz[1] grundsätzlich verboten und nur bei langfristiger Zahlungserbringung gemäß § 3 Preisklauselgesetz zulässig sind. Das Preisklauselverbot wird vermieden, wenn die Zusatzvereinbarung bei einer bestimmten Änderung des gewählten Index nur eine Überprüfung der Höhe des Gehalts vorsieht oder an eine der Geldschuld gleichwertige Bezugsgröße, wie die Tarifgehälter anknüpft.

d) Arbeitszeit, Urlaub, Feiertage und Entgeltfortzahlung

25 Für die Arbeitszeit finden die am Einsatzort geltenden öffentlich-rechtlichen Arbeitszeitvorschriften als Eingriffsnormen unabhängig vom Arbeitsvertragsstatut Anwendung.[2] Der Urlaubsanspruch wird indes über das Arbeitsvertragsstatut angeknüpft,[3] wobei im Anwendungsbereich der EntsendeRL (vgl. Rz. 14) die Vorschriften des Mindestjahresurlaubes im Einsatzstaat nicht unterschritten werden dürfen. Bei längerfristigem Einsatz wird zumindest bei Einsatz im außereuropäischen Ausland in der Praxis ein zusätzlicher Heimaturlaub gewährt. Die Frage, an welchen Feiertagen nicht gearbeitet werden darf, richtet sich nach dem ausländischen Recht des Einsatzortes, die Frage der Bezahlung hingegen nach dem Recht des Arbeitsvertragsstatuts.[4] Die deutschen Feiertage gelten daneben nicht.[5] Teilweise werden jedoch vertraglich zusätzlich Ostermontag, Pfingstmontag und die Weihnachtsfeiertage als Feiertage gewährt. Ob die Entgeltfortzahlung nach dem Arbeitsvertragsstatut oder akzessorisch zur Sozialversicherung angeknüpft wird, ist umstritten.[6] Im Regelfall der befristeten Entsendung (Art. 12 VO (EG) 883/2004/EG, § 4 Abs. 1 SGB IV) und bei Wahl deutschen Rechts wirkt sich dies jedoch nicht aus; es findet deutsches Recht Anwendung (vgl. auch Rz. 10 a.E.).

e) Reisekosten, sonstige zusätzliche Kosten

26 Erfolgt die Entsendung ins Ausland im Interesse des Arbeitgebers, so hat dieser dem Arbeitnehmer die Reisekosten (§ 670 BGB analog) zu ersetzen.[7] Vorrangig sind insoweit jedoch vertragliche Vereinbarungen.[8] In der Zusatzvereinbarung sollte deshalb die Übernahme der Reisekosten geregelt werden, wobei darauf zu achten ist,

---

1 Vgl. Palandt/*Grüneberg*, Anhang zu § 245 BGB Rz. 1 ff.
2 *Winkler von Mohrenfels/Block*, EAS B 3000 Rz. 209.
3 *Franzen*, AR-Blattei SD 920, Rz. 133.
4 MünchArbR/*Oetker*, § 11 Rz. 79; Küttner/*Kreitner*, Personalbuch 2014, Auslandstätigkeit Rz. 12; *Winkler von Mohrenfels/Block*, EAS B 3000 Rz. 200; a.A. *Gamillscheg*, ZfA 1983, 307 (360 f.).
5 *Däubler*, ArbuR 1990, 1 (6).
6 S. für Nachweise sowie die vorzunehmende Differenzierung MünchArbR/*Oetker*, § 11 Rz. 71 ff.; *Winkler von Mohrenfels/Block*, EAS B 3000 Rz. 201.
7 Anders ist dies dann, wenn der Arbeitsvertrag erstmalig mit einem ausländischen Arbeitsort geschlossen wird, weil die Wegekosten zum Arbeitsort der Arbeitnehmer zu tragen hat (BAG v. 25.7.1984 – 5 AZR 219/82, n.v.).
8 ErfK/*Preis*, § 611 BGB Rz. 558.

dass eindeutig festgelegt ist, zu welchen Bedingungen (Economy-/Business-Class) die Reise durchzuführen ist. Dabei sollte auch festgelegt werden, ob die **Tage der Hin- und Rückreise Arbeitstage** sind (vgl. hierzu → *Dienstreise*, II D 15 Rz. 6 ff.), und in welchem Umfang der Arbeitgeber den Transport von Gepäck des Arbeitnehmers übernimmt. Regelungsbedürftig sind zudem die Fragen der Kostentragung für Besuche der Familie im Entsendestaat und von Familienheimfahrten.[1] Der Arbeitgeber sollte die Kosten für die Heimreise bei längerer Erkrankung des Arbeitnehmers und in familiären Notfällen übernehmen. Behält der Arbeitnehmer seinen Wohnsitz in Deutschland, stellt der Arbeitgeber im Entsendestaat regelmäßig auch eine angemessene Unterkunft oder finanziert diese.[2] Die Parteien müssen zudem das Erfordernis etwaiger **zusätzlicher Versicherungen**, wie Kranken- und Unfallversicherung, bedenken.[3] Das BAG hat aus der Fürsorgepflicht des Arbeitgebers, vgl. jetzt § 241 Abs. 2 i.V.m. § 242 BGB, insoweit einen Anspruch auf Kostenübernahme einer zusätzlichen Unfallversicherung nur dann bejaht, wenn im Ausland nur ein unzureichender gesetzlicher Schutz besteht oder der Arbeitnehmer besonderen gefährlichen Umständen ausgesetzt ist.[4] Soweit zusätzliche Sachleistungen gewährt werden, ist eine ausdrückliche vertragliche Regelung schon wegen § 2 Abs. 2 Nr. 3 NachwG zu empfehlen. Insgesamt ist zu bedenken, dass nur bei angemessener Kostenerstattung Mitarbeiter motiviert werden können, im Ausland tätig zu werden.

f) Rückruf des Arbeitnehmers und Kündigung

Aufgrund einer Veränderung der betrieblichen Gründe im Inland kann es erforderlich sein, den ins Ausland entsandten Arbeitnehmer vorzeitig zurückzurufen. Allein aufgrund des Direktionsrechts ist dies dem Arbeitgeber ebenso wie die Entsendung ins Ausland (vgl. Rz. 3) nicht möglich; die Entsendung wird zudem in der Regel befristet vereinbart. Es empfiehlt sich deshalb, dem Arbeitgeber unter Wahrung einer angemessenen Frist die vertragliche Möglichkeit einzuräumen, den Arbeitnehmer vorzeitig aus dem Ausland zurückzurufen.[5] Die Vereinbarung einer angemessen Frist ist dabei in Hinblick auf § 307 Abs. 1 Satz 1 BGB erforderlich.[6] Jedenfalls zweckmäßig sein kann zudem die Vereinbarung von konkreten Rückrufgründen, um dem Arbeitnehmer die grundsätzliche Richtung des Rückrufs zu veranschaulichen.[7] In Inlandsfällen örtlicher Versetzungen hält die Rechtsprechung für die Ausübung des Direktionsrechts weder einen transparenten Grund noch eine Ankündigungsfrist für erforderlich.[8] Es erfolgt darüber hinaus jedoch stets

---
1 Insoweit für einen Anspruch auf Erstattung der Flugkosten für einen Heimaturlaub jährlich, wenn Deutschland nicht innerhalb von 12 bis 18 Stunden mit der Bahn zu erreichen ist (*Däubler*, ArbuR 1990, 1 [7] ohne allerdings eine Anspruchsgrundlage zu nennen; *Franzen*, AR-Blattei SD 920, Rz. 165 wendet insofern § 670 BGB analog an).
2 Vgl. hierzu die Musterklauseln bei BLDH/*Lingemann*, M 11.1 § 6.
3 Vgl. für Musterklauseln zu Zusatzversicherungen BLDH/*Lingemann*, M 11.1 § 8.
4 BAG v. 4.5.1983 – 5 AZR 108/81 für Dienstreise; s.a. weitergehender *Däubler*, ArbuR 1990, 1 (7 f.).
5 Vgl. insoweit auch BAG v. 26.7.1995 – 5 AZR 216/94, DB 1996, 533.
6 BLDH/*Lingemann*, M 11.1 § 11 Fn. 18.
7 DBD/*Däubler*, Anhang Rz. 87, hält wegen des Transparenzgebots eine präzise Umschreibung der Rückrufgründe für erforderlich.
8 BAG v. 13.4.2010 – 9 AZR 36/09, AP Nr. 45 zu § 307 BGB.

auch eine **Billigkeitskontrolle** (§ 106 GewO) des ausgeübten Rückrufes.[1] Genauso wie bei der Versetzung ins Ausland muss die Billigkeitskontrolle beim Rückruf die Auswirkungen auf die Lebensführung des Arbeitnehmers berücksichtigen.[2] Ohne vertragliche Vereinbarung ist während des Auslandsaufenthalts auch eine ordentliche Kündigung nicht ausgeschlossen. Für den Arbeitnehmer können sich hieraus aber deutliche Nachteile ergeben, weil eine Bewerbung auf eine neue Stelle aus dem Ausland ins Inland erheblich erschwert ist.[3] Bei einem befristeten Auslandseinsatz sollte deshalb die **ordentliche Kündigung nach Möglichkeit ausgeschlossen** werden.[4]

Typ 4: Rückrufrecht

Der Arbeitgeber ist berechtigt, den Arbeitnehmer mit einer Ankündigungsfrist von ... aus seinem Einsatz in ... zurückzurufen (*evtl. fakultative Nennung von Rückrufgründen, etwa „wenn das Auslandsprojekt vorzeitig beendet wurde" etc.*).[5]

Die ordentliche Kündigung des Arbeitsverhältnisses ist für beide Teile während der Dauer des Auslandseinsatzes ausgeschlossen.

28 In den Fällen des vorzeitigen Rückrufes und bei Kündigung stellt sich die Frage, wer die Reisekosten und insbesondere die **Rückkehrkosten** zu tragen hat. Es wurde bereits ausgeführt (vgl. Rz. 26), dass dann, wenn die Rückreise im Interesse des Arbeitgebers erfolgt, dieser die Aufwendungen zu ersetzen hat, vertragliche Regelungen jedoch vorrangig sind. Enthält die Zusatzvereinbarung ein jederzeitiges Rückrufrecht und die Zusage, die Umzugskosten zu erstatten, so hat das BAG den Arbeitgeber auch für verpflichtet gehalten, die Kosten des Rückumzuges zu erstatten, wenn der Arbeitnehmer das Arbeitsverhältnis kündigt, weil der Arbeitgeber die ausländische Filiale schließt.[6] Für **reine Auslandsarbeitsverhältnisse**, bei denen der Arbeitnehmer nur zur Tätigkeit im Ausland eingestellt wurde, hat das BAG gestaffelte Rückzahlungsklauseln für Hin- und Rückreisekosten für die Fälle der außerordentlichen Kündigung bzw. der Eigenkündigung des Mitarbeiters in Anlehnung an die Rechtsprechung zur Rückzahlung von → *Umzugskosten*, II U 10 und von → *Ausbildungskosten*, II A 120 zugelassen.[7]

29 Die Situation ist bei der **vorübergehenden Entsendung aus einem bestehenden Arbeitsverhältnis** jedoch eine andere,[8] weil hier anders als bei dem reinen Auslandseinsatz der Arbeitgeber grundsätzlich die Reisekosten zu tragen hat. Ausgangs-

---

1 Küttner/*Kreitner*, Personalbuch 2014, Auslandstätigkeit, Rz. 27.
2 Vgl. ErfK/*Preis*, § 106 GewO Rz. 6.
3 Vgl. ArbG Wuppertal v. 28.4.1983 – 2 Ca 926/83, BB 1983, 1473 (grds. keine Kostenübernahme für Flugreisen aus dem Ausland zum Vorstellungsgespräch ohne ausdrückliche Zusage des einstellenden Arbeitgebers.).
4 *Gnann/Gerauer*, S. 59; BLDH/*Lingemann*, M 11.1 § 11.
5 Vgl. für weitere Beispiele BLDH/*Lingemann*, M 11.1 § 11; *Straube*, DB 2012, 2808 (2810).
6 BAG v. 26.7.1995 – 5 AZR 216/94, DB 1996, 533. Dieses Ergebnis nunmehr auf § 305c Abs. 2 BGB stützend DBD/*Däubler*, Anhang zu § 307 BGB Rz. 20.
7 BAG v. 25.7.1984 – 5 AZR 219/82, n.v.; s.a. BAG v. 26.3.1985 – 3 AZR 200/82, n.v., wobei die Rspr. zu Umzugskosten und Ausbildungskosten allerdings nicht identisch ist (vgl. ErfK/*Preis*, § 611 BGB Rz. 428 ff.).
8 Vgl. insoweit auch BAG v. 25.7.1984 – 5 AZR 219/82, n.v.

punkt sollte sein, dass sich der Arbeitgeber in der Zusatzvereinbarung zur Übernahme der vollen Hin- und Rückreisekosten vertraglich verpflichtet hat. In welchen Fällen der Arbeitgeber Kosten auf den Arbeitnehmer überwälzen darf, ist differenziert zu beurteilen. Ist die ordentliche Kündigung nicht ausgeschlossen, wird der Arbeitgeber auch die Rückreisekosten tragen müssen, wenn der Arbeitnehmer vorzeitig aus betrieblichem Interesse zurückgerufen wird oder er ihm betriebsbedingt kündigt (nachvertragliche Fürsorgepflicht i.R.d. § 241 Abs. 2 i.V.m. § 242 BGB). Ein Ausschluss der Kostenübernahme würde den Arbeitnehmer unzumutbar belasten. Anders ist die Lage bei einer personen- oder verhaltensbedingten Kündigung oder wenn der Arbeitnehmer selbst während des Auslandsaufenthalts ohne wichtigen Grund ordentlich kündigt. Der Arbeitgeber hat ein billigenswertes Interesse daran, dass sich die hohen Reisekosten amortisieren. Andererseits ist zu beachten, dass der Arbeitnehmer zumindest auch im Interesse des Arbeitgebers die Auslandstätigkeit aufgenommen hat und die vollständige Belastung des Arbeitnehmers mit allen Reisekosten diesen wirtschaftlich schwer beanspruchen kann und zudem eine Klausel, welche dem Arbeitnehmer die vollen Reisekosten auferlegt, für die Kündigung des Arbeitnehmers eine unzulässige Kündigungserschwerung darstellen würde.[1] Es erscheint deshalb in diesen Fällen angemessen, von einer Beteiligungsrate des Arbeitnehmers von einem Monatsverdienst auszugehen.[2] Um dem Amortisationsgedanken Rechnung zu tragen, wird die Beteiligung an den Kosten nach zwei Jahren entfallen.[3] Im Fall der berechtigten außerordentlichen Kündigung des Arbeitgebers wird man ihn aber auch aus einer nachvertraglichen Fürsorgepflicht nicht für verpflichtet halten, die Rückreisekosten zu tragen.[4] Vor diesem Hintergrund kann in die Zusatzvereinbarung einer vorübergehenden Entsendung, wenn die ordentliche Kündigung nicht ausgeschlossen werden konnte, folgende Klausel aufgenommen werden.

Typ 5: Reisekostenübernahme

(1) Der Arbeitgeber übernimmt die Kosten des Arbeitnehmers (sowie seines Ehepartners bzw. eingetragenen Lebenspartners[5] und seiner Kinder) für Hin- und Rückreise eines Fluges in der Business/Economy Class einschließlich des Transports der persönlichen Gegenstände bis zu einem Gewicht von ... kg (des Hausrates der Familie).

---

1 Vgl. BAG v. 24.2.1975 – 5 AZR 235/74, AP Nr. 50 zu Art. 12 GG; s. dazu auch ErfK/*Preis*, § 611 BGB Rz. 431 ff.
2 LAG Hess. v. 22.6.1981 – 11 Sa 548/80, DB 1982, 656.
3 Vgl. LAG Düsseldorf v. 3.12.1971 – 9 Sa 785/71, DB 1972, 97; s. aber auch BAG v. 24.2. 1975 – 5 AZR 235/74, AP Nr. 50 zu Art. 12 GG (3 Jahre); ausf. → *Umzugskosten*, II U 10 Rz. 17 ff.
4 So wohl auch *Hickl*, NZA Beilage 1/1987, 10 (17); a.A. *Gnann/Gerauer*, S. 102.
5 Vgl. zur Verfassungswidrigkeit einer tarifvertraglichen Regelung, die eine Ungleichbehandlung von Ehe- und eingetragenen Lebenspartnern bei Zahlung von Auslandszuschlägen nach § 55 BBesG vorsah, BAG v. 18.3.2010 – 6 AZR 434/07, AP Nr. 321 zu Art. 3 GG; vgl. zum aufgrund der Richtlinie 2000/78/EG bestehenden Anspruch von in Lebenspartnerschaft lebenden Beamter auf Auslandszuschläge, die dem Wortlaut nach nur verheirateten Beamten zustehen, BVerwG v. 28.10.2010 – 2 C 47/09, 2 C 52/09, 2 C 56/09, NVwZ 2011, 499 ff.

(2) Der Arbeitnehmer trägt die Reisekosten jedoch bis zur Höhe von einem Bruttomonatsgehalt selbst, wenn der Auslandseinsatz innerhalb von zwei Jahren nach dessen Beginn aufgrund eigener Kündigung des Arbeitnehmers ohne wichtigen Grund oder aus einem von ihm zu vertretenen Grund endet. Der Arbeitnehmer ist nicht zur Kostentragung verpflichtet, wenn seine Eigenkündigung vom Arbeitgeber veranlasst wurde.

(3) Wird der Auslandseinsatz aufgrund eines Verhaltens des Arbeitnehmers beendet, das einen Grund zur außerordentlichen Kündigung gemäß § 626 BGB darstellt, entfallen sämtliche Verpflichtungen des Arbeitgebers aus dieser Zusatzvereinbarung.

Darüber hinaus nach Rz. 26 zu empfehlende, weitere Ergänzungen:

(4) Die Hin- und Rückreisetage nach Abs. 1 gelten als Arbeitstage.

(5) Der Arbeitgeber übernimmt ...-mal monatlich die Reisekosten der Hin- und Rückreise für Familienheimreisen des Arbeitnehmers von ... Arbeitstagen exklusive der Reisetage.

oder, sofern keine Kostenübernahme für Familienheimreisen gewollt ist:

(6) Der Arbeitnehmer hat Anspruch auf eine Familienreise von ... Arbeitstagen exklusive der Reisetage.[1]

(7) Der Arbeitgeber übernimmt ...-mal jährlich die Reisekosten der Hin- und Rückreise für Besuchsreisen seiner Familie.

(8) In Notfällen (z.B. lebensbedrohlicher Erkrankung oder Erkrankung von mehr als ... Wochen des Arbeitnehmers sowie schwere Erkrankung oder Todesfall in der unmittelbaren Familie des Arbeitnehmers [Eltern, Geschwister, Ehepartner bzw. eingetragener Lebenspartner, Kinder] übernimmt der Arbeitgeber die Kosten des Rücktransports, ggf. des Krankentransports nach Deutschland.[2]

30 Auch die Bedingungen über das Rückrufrecht und den Ersatz der Rückreisekosten sind vereinbarte Bedingungen für die Rückkehr des Arbeitnehmers i.s.v. § 2 Abs. 2 Nr. 4 NachwG, weshalb sie schriftlich in der Zusatzvereinbarung niedergelegt werden sollten.

g) Rückkehrklausel

31 Während des Auslandseinsatzes des Arbeitnehmers wird seine Stelle im Inland oftmals von einem anderen Arbeitnehmer ausgefüllt werden, möglicherweise sogar ein anderer Mitarbeiter eingestellt. Die Entsendung ist jedoch nicht auf den endgültigen Verbleib im Ausland angelegt. Ein Mitarbeiter wird zu einer vorübergehenden Tätigkeit im Ausland allerdings nur bereit sein, wenn er nicht befürchten muss, nach seiner Rückkehr dem Risiko der betriebsbedingten Kündigung ausgesetzt zu sein, weil kein freier Arbeitsplatz mehr vorhanden ist, oder vom Arbeitgeber im Wege des Direktionsrechtes auf einem für ihn unattraktiven Arbeitsplatz eingesetzt zu werden. Zur Motivation des Mitarbeiters wird ein bloßer Verhandlungsanspruch nach Rückkehr aus dem Ausland nicht ausreichen, sondern eine verbind-

---

1 Vgl. BLDH/*Lingemann*, M 11.1 § 7.
2 BLDH/*Lingemann*, M 11.1 § 5.

liche, bei Nichterfüllung Schadensersatzansprüche begründende Regelung über die Weiterbeschäftigung erforderlich sein.

Typ 6: Rückkehrklausel Entsendung

Nach Beendigung des Auslandseinsatzes wird der Arbeitnehmer auf einem Arbeitsplatz weiterbeschäftigt, der hinsichtlich Einkommen, Verantwortung und Anforderungen mit der vor der Entsendung ausgeübten Tätigkeit vergleichbar ist.

Die Erfahrungen des Arbeitnehmers aus dem Einsatz im Ausland werden dabei berücksichtigt. Ein Anspruch auf Beibehaltung einer etwaigen höherwertigen Tätigkeit während des Auslandseinsatzes besteht nicht.

Eine entsprechende vertragliche Zusage der Weiterbeschäftigung auf einem vergleichbaren Arbeitsplatz wird man dahingehend zu verstehen haben, dass damit eine **betriebsbedingte Kündigung für den Fall der Rückkehr ausgeschlossen ist**, der Arbeitgeber sich also nicht darauf berufen kann, ein freier Arbeitsplatz sei nicht vorhanden.[1]

3. Versetzung

Wie bereits ausgeführt, schließt der Arbeitnehmer bei der Versetzung einen Arbeitsvertrag mit der Auslandsgesellschaft; das Arbeitsverhältnis mit der Inlandsgesellschaft wird ruhend gestellt.[2] Dies kann in einer Zusatzvereinbarung mit der Inlandsgesellschaft geschehen, in welcher auch die weitere Abstimmung des Vertrags mit der Auslandsgesellschaft erfolgt. Die Inlandsgesellschaft ist dabei regelmäßig die Muttergesellschaft der ausländischen Tochtergesellschaft. Von diesem Sachverhalt wird hier ausgegangen.

a) Anwendbares Recht

Es kann hierzu zunächst auf die Ausführungen in Rz. 4 ff. Bezug genommen werden. Auch der **Vertrag mit der Auslandsgesellschaft** unterliegt grundsätzlich der freien Rechtswahl. Mehrheitlich wird er in der Praxis dem ausländischen Statut unterstellt,[3] wobei aber auch empfohlen wird, ihn deutschem Sachrecht zu unterstellen.[4] Für die Vereinbarung des deutschen Sachrechts spricht, dass die bisherigen Parteien sich in diesem auskennen und im Inland Beratung erlangen können. Es erscheint jedoch fraglich, ob auch die Auslandsgesellschaft zur Anwendung deutschen Sachrechts bereit sein wird, mit welchem diese nicht vertraut ist, und wodurch es zu einer Ungleichbehandlung gegenüber den Arbeitnehmern der Auslandsgesellschaft, welche nach dem Ortsrecht beschäftigt sind, kommen kann. Hinzu kommt, dass bei der Vereinbarung deutschen Sachrechts ein komplizierter Günstigkeitsvergleich (Art. 8 Abs. 1 Satz 2 Rom-I-VO, s. Rz. 9) vorgenommen werden

---
1 So BAG v. 28.11.1968 – 2 AZR 76/68, EzA § 1 KSchG Nr. 12 im Falle einer Versetzung; ebenso *Bütefisch*, Die Sozialauswahl, 2000, S. 151.
2 Zu den Vorteilen einer solchen Gestaltung der Auslandstätigkeit vgl. *Mauer*, RIW 2007, 92 (95).
3 *Hoppe*, S. 41.
4 Z.B. *Gnann/Gerauer*, S. 147.

müsste, wenn bei objektiver Anknüpfung das lokale ausländische Sachrecht anzuwenden ist.[1] Da die Versetzung in der Regel längerfristig angelegt ist und der Arbeitnehmer in den Auslandsbetrieb eingegliedert ist,[2] liegt der gewöhnliche Arbeitsort (Art. 8 Abs. 2 Rom-I-VO) im Ausland. Auch in Ansehung der Gesamtumstände ist damit regelmäßig Ortsrecht anzuwenden.[3] Dann ist letztlich doch die Kenntnis des Ortsrechts erforderlich, um den Günstigkeitsvergleich durchführen zu können, welcher zudem zu Streitigkeiten Anlass bietet. Hinzu kommt, dass der Arbeitgeber sich im Anwendungsbereich der EuGVVO (dazu → *Gerichtsstand*, II G 20 Rz. 11 ff.) nicht davor schützen kann, vom Arbeitnehmer am ausländischen Tätigkeitsort verklagt zu werden (Art. 21 Abs. 1 lit. b(i) EuGVVO). Es kann deshalb günstiger sein, die Anwendung des ausländischen Ortsrechts zu vereinbaren. Maßgeblich muss jedoch der Einzelfall sein. Insbesondere wird ein Arbeitnehmer sich trotz der oben dargestellten Probleme nicht unbedingt auf die Vereinbarung von ausländischem Sachrecht mit einem dem deutschen deutlich unterlegenen Schutzniveau einlassen. Um Unklarheiten zu vermeiden, sollte aber eine ausländische Rechtsordnung ausdrücklich gewählt werden. Im Übrigen handelt es sich bei dem Vertrag mit der Auslandsgesellschaft um einen normalen Arbeitsvertrag ggf. nach ausländischem Recht. Wird er in ausländischer Sprache abgefasst und eine Übersetzung beigefügt, sollten sich die Parteien darüber einigen, welche Sprachfassung bei Streitigkeiten maßgeblich ist.

35 Der **Rumpfarbeitsvertrag mit der Muttergesellschaft** einschließlich der darin enthaltenen Zusatzvereinbarungen unterliegt bei objektiver Anknüpfung deutschem Recht.[4] Eine getrennte Anknüpfung im Verhältnis zum Vertrag mit der Auslandsgesellschaft ist nach zutreffender h.M. möglich.[5] Anders hat dies der EuGH in der Rechtssache Pugliese – allerdings für die Frage der internationalen gerichtlichen Zuständigkeit – beurteilt.[6] Der gewöhnliche Arbeitsort des Arbeitsverhältnisses mit der Auslandsgesellschaft sei auch als gewöhnlicher Arbeitsort des Rumpfarbeitsvertrages anzusehen, wenn der ursprüngliche Arbeitgeber ein im Einzelfall zu ermittelndes Interesse an der Erfüllung der vom Arbeitnehmer im Ausland zu erbringenden Leistung habe. Die Übertragung dieser vielkritisierten[7] Rechtsprechung auf das internationale Arbeitsvertragsrecht verhindernd stellt nunmehr Erwägungsgrund 36 Satz 2 Rom-I-VO klar, dass sich das Vertragsstatut des ruhenden Arbeitsverhältnisses in einem solchen Fall gerade nicht ändert.[8] Unabhängig davon,

---

1 Darauf hinweisend *Schlachter*, NZA 2000, 57 (58).
2 Zu diesem Kriterium BAG v. 29.10.1992 – 2 AZR 267/92, AP Nr. 31 zu IPR, Arbeitsrecht; *Birk*, RdA 1984, 129 (131).
3 *Deinert*, RdA 2009, 144 (146); *Mauer*, RIW 2007, 92 (95); ErfK/*Schlachter*, Rom I-VO Rz. 13; *Hoppe*, S. 196 f.
4 *Mauer*, RIW 2007, 92 (95); ErfK/*Schlachter*, Rom I-VO Rz. 13.
5 *Deinert*, RdA 2009, 144 (146); *Junker*, S. 215; *Lorenz*, RdA 1989, 220 (223); *Hoppe*, S. 206 ff. m.w.N.; *Mauer*, RIW 2007, 92 (95); ErfK/*Schlachter*, Rom I-VO Rz. 13; *Wurmnest*, EuZA 2009, 481 (494); differenzierender a.A. *Mankowski*, RIW 2004, 133 (136 ff.).
6 EuGH v. 10.4.2003 – Rs. C-437/00, Slg. 2003, I-3573, Rz. 26 ff. – Pugliese.
7 Vgl. zur Kritik ausf. *Mankowski*, RIW 2004, 133 (135 ff.); s.a. *Deinert*, RdA 2009, 144 (146); *Mauer*, RIW 2007, 92 (96 f.).
8 *Deinert*, RdA 2009, 144 (146); *Wurmnest*, EuZA 2009, 481 (494); im Vorschlag für eine Verordnung des Europäischen Parlaments und des Rates über das auf vertragliche Schuldverhältnisse anzuwendende Recht (Rom I) v. 15.12.2005, KOM (2005) 650 endg. war diese Klarstellung allerdings noch nicht in den Erwägungsgründen, sondern in der Kollisions-

ob man das ruhend gestellte Arbeitsverhältnis auch weiterhin als Arbeitsverhältnis i.S.v. Art. 8 Rom-I-VO ansieht,[1] ist ohne Rechtswahl über Art. 4 Rom-I-VO[2] oder über Art. 8 Rom-I-VO das inländische Recht anwendbar.[3] In jedem Fall entfällt damit ein Günstigkeitsvergleich. Es ist deshalb die ausdrückliche Wahl deutschen Rechts zu empfehlen, weil hier zudem beide Parteien mit dem inländischen Recht vertraut sind. Dies ist auch interessengerecht, weil der Rumpfarbeitsvertrag den Mitarbeiter absichern soll. So kann z.B. eine Kündigung bei Vereinbarung des ausländischen Ortsrechts zulässig sein, ohne dass ein dem deutschen vergleichbarer Kündigungsschutz[4] besteht. Die Sicherung durch die Inlandsgesellschaft würde aber eingeschränkt, wenn dann auch das ruhende Arbeitsverhältnis nach ausländischem Recht kündbar wäre.[5]

Für die Frage, ob deutsches **Betriebsverfassungsrecht** Anwendung findet, kommt es nach den oben zu Rz. 17 genannten Kriterien darauf an, ob der Arbeitnehmer noch dem Inlandsbetrieb zuzuordnen ist. Ist er längerfristig in den ausländischen Betrieb eingegliedert und hat sich die Inlandsgesellschaft kein Rückrufs- und Weisungsrecht vorbehalten, sondern führt nur noch die Personalverwaltung, wird man eine Ausstrahlung im Sinne der Rechtsprechung des BAG verneinen müssen. Maßgeblich muss aber der Einzelfall sein. Für das **Tarifvertragsrecht** ist zu beachten, dass der Arbeitnehmer mit der ausländischen Gesellschaft einen Arbeitsvertrag geschlossen hat. Auch wenn ein Tarifvertrag ausschließlich für im Ausland beschäftigte deutsche Arbeitnehmer Regelungen enthalten darf (Rz. 18), wird er oft deshalb keine Anwendung finden, weil die Auslandsgesellschaft an den Tarifvertrag nicht gebunden ist. Dies hat das BAG auch für das Verhältnis einer Tochtergesellschaft zu ihrer Muttergesellschaft, welche an den Tarifvertrag gebunden war, so gesehen.[6] Es hat aber eine Einwirkungspflicht der Muttergesellschaft auf das rechtlich selbständige, ausländische Tochterunternehmen angenommen, wenn Erstere an einen Haustarifvertrag gebunden ist, das Tochterunternehmen nur aufgrund internationalen Rechts verselbständigt wurde und von der Haustarifpartei abhängig ist. Die Einwirkungspflicht besteht insbesondere, wenn die Übertragung der Arbeitsverhältnisse auf das Tochterunternehmen erfolgte, um die Arbeitsbedingungen abzusenken. Sie geht dahin, die Regelungen aus dem Haustarifvertrag zur Anwendung zu bringen und findet ihre Grenze im zwingenden ausländischen Recht.[7] 36

---

norm selbst (dort Art. 6 Abs. 2 Buchst. a Satz 4) enthalten, vgl. hierzu ausf. *Mauer*, RIW 2007, 92 (95f.).
1 Dafür *Hoppe*, S. 125ff.; *Mankowski*, RIW 2004, 133 (136); *Mauer*, RIW 2007, 92 (97f.); dagegen *Junker*, S. 215ff.
2 So für Art. 28 Abs. 2 EGBGB a.F. *Junker*, S. 217.
3 *Hoppe*, S. 196, 211. Strittig ist jedoch, ob in diesem Falle auf den gewöhnlichen Arbeitsort gemäß Art. 8 Abs. 2 Rom-I-VO/Art. 30 Abs. 2 Nr. 1 EGBGB a.F. (so *Franzen*, IPRax 2000, 506 [508]; *Mankowski*, RIW 2004, 133 [138]) oder auf die Niederlassungsanknüpfung nach Art. 8 Abs. 3 Rom-I-VO/Art. 30 Abs. 2 Nr. 2 EGBGB a.F. abzustellen ist (in diesem Sinne MünchKommBGB/*Martiny*, Art. 8 Rom I-VO Rz. 61).
4 Zur Anwendung des „ordre public" oben Rz. 12. Zur Kündigung grenzüberschreitender Arbeitsverhältnisse nach der Rom-I-VO *Mauer*, RIW 2007, 92.
5 Vgl. auch *Junker*, S. 219.
6 BAG v. 11.9.1991 – 4 AZR 71/91, AP Nr. 29 zu IPR, Arbeitsrecht.
7 BAG v. 11.9.1991 – 4 AZR 71/91, AP Nr. 29 zu IPR, Arbeitsrecht.

b) **Besondere Regelungen im Auslandsarbeitsvertrag**

aa) **Vergütung**

37 Es handelt sich insoweit um einen normalen Arbeitsvertrag, ggf. nach ausländischem Recht. Bei der **Vergütung** besteht die Möglichkeit, diese vollständig von der Auslandsgesellschaft auszahlen zu lassen oder sie in zwei Bestandteile aufzuteilen, die zum einen von der Auslandsgesellschaft und zum anderen von der Inlandsgesellschaft getragen werden. Die Frage der Stellung einer **Unterkunft** oder einer entsprechenden Kostenbeteiligung sollte ebenso geregelt werden wie die Frage, inwieweit Kosten für die **Schulausbildung der Kinder** übernommen werden.[1]

bb) **Urlaub und Entgeltfortzahlung**

38 Die Frage des **Urlaubs** richtet sich bei ausländischem Vertragsstatut nach dem ausländischen Recht. Um den Arbeitnehmer jedoch nicht im Vergleich zu bisher schlechter zu stellen, sollte ihm ein zusätzlicher Heimaturlaub gewährt werden. Dieser sollte jedoch in der Vereinbarung mit der Muttergesellschaft geregelt werden, weil damit zusammenhängend auch eine Dienstreise zur Inlandsgesellschaft verbunden werden kann.[2] Um klarzustellen, dass auch die rechtlich selbständige Tochtergesellschaft zur Gewährung des zusätzlichen Urlaubs verpflichtet ist, sollte auf die diesbezügliche Regelung in der Vereinbarung mit der Muttergesellschaft Bezug genommen werden.

39 Unabhängig von der Frage des anwendbaren Rechts sollte dem Arbeitnehmer vertraglich mindestens eine **Fortzahlung des Entgeltes im Krankheitsfalle** in dem Umfang zugestanden werden, welcher demjenigen entspricht, der für einen vergleichbaren Mitarbeiter im Stammhaus üblich ist. Leistungen Dritter können darauf angerechnet werden. Da bei einem längeren Auslandsaufenthalt in der Regel auch die Familie mit in das Ausland überwechselt, ist es üblich, eine begrenzte **Entgeltfortzahlung** auch **im Todesfall** des Arbeitnehmers vorzusehen, weil die Familie bis zur Bewerkstelligung des Rückzuges die höheren Kosten im Ausland tragen muss.[3]

Typ 7: Entgeltfortzahlung bei Krankheit und Tod

Erkrankt der Arbeitnehmer, zahlt ihm der Arbeitgeber das vertragliche Entgelt für ... Wochen/Monate fort. Ansprüche gegen Dritte, soweit sie nicht auf eigener Versicherung des Arbeitnehmers beruhen, werden angerechnet.

Verstirbt der Arbeitnehmer, zahlt der Arbeitgeber den unterhaltsberechtigten Angehörigen die bisherige Vergütung des Arbeitnehmers für ... Wochen/Monate fort.

---

1 Vgl. hierzu die Musterklauseln bei BLDH/*Lingemann*, M 11.2.1 §§ 4f.
2 S. für Musterklauseln für den Lokalarbeitsvertrag und der Vereinbarung mit der Muttergesellschaft BLDH/*Lingemann*, M 11.2.1 § 6. einerseits und M 11.2.2 § 8 Abs. 2 andererseits.
3 *Gnann/Gerauer*, S. 140.

c) Rumpfarbeitsverhältnis mit der Muttergesellschaft

aa) Ruhensvereinbarung

In der Zusatzvereinbarung mit der Muttergesellschaft wird **das bisherige Arbeitsverhältnis zum Ruhen gebracht**. Dies sollte ausdrücklich geschehen, um zu vermeiden, dass eine der Parteien es als beendet betrachtet. Geregelt werden sollte zudem, wer weisungsberechtigt ist und wo der Arbeitnehmer personell geführt wird. Eine Klarstellung, dass auch die Zeit der Auslandstätigkeit als Zeit der Betriebszugehörigkeit zur Muttergesellschaft zu werten ist, ist zu empfehlen, was z.B. für die Länge der gesetzlichen Kündigungsfrist Bedeutung hat.[1]

Typ 8: Ruhensvereinbarung

Während der Dauer des Auslandsaufenthaltes bei der … (Tochtergesellschaft) ruht der am … zwischen der Arbeitgeberin (Muttergesellschaft) und dem Arbeitnehmer geschlossene Arbeitsvertrag. Während seiner Auslandstätigkeit unterliegt der Arbeitnehmer den Weisungen der Geschäftsführung der Tochtergesellschaft; personell wird er weiterhin bei der Arbeitgeberin geführt. Die Zeit der Auslandstätigkeit gilt als Zeit der Betriebszugehörigkeit zur Arbeitgeberin.

Zusätzlich kann eine **Berichtspflicht** des Arbeitnehmers gegenüber der Muttergesellschaft vereinbart werden und die sich aus dem Auslandsarbeitsvertrag ergebende **Dauer der dortigen Tätigkeit** sollte wegen § 2 Abs. 2 Nr. 1 NachwG wiederholt werden (vgl. Rz. 22).

bb) Vergütung

Im Hinblick auf die Vergütung wird dem Arbeitnehmer auch bei der Versetzung regelmäßig eine **Auslandszulage** gewährt, welche Bestandteil des von der Auslandsgesellschaft gewährten Gehalts sein kann. Um in diesem Fall Unklarheiten zu vermeiden, sollte in der Zusatzvereinbarung ausdrücklich geregelt werden, welcher Bestandteil des Auslandsgehalts eine Zusatzleistung für den Auslandsaufenthalt darstellt und nach der Rückkehr ins Inland wieder entfällt. Dies ist ebenso wie die Angabe der Währung, in welcher das Arbeitsentgelt gezahlt wird, wegen § 2 Abs. 2 Nr. 2 und Nr. 3 NachwG erforderlich und deshalb zu empfehlen. Es sollte zudem vereinbart werden, das bisherige Inlandsgehalt des Mitarbeiters bis zu seiner Rückkehr fortzuschreiben, es an der Gehaltsentwicklung eines entsprechenden Mitarbeiters teilnehmen zu lassen und dem Mitarbeiter mindestens die Fortzahlung dieses angepassten Gehalts bei Rückkehr zuzusagen.[2] Dieses Gehalt kann zudem der **betrieblichen Altersversorgung** zugrunde gelegt werden, für die in der Zusatzvereinbarung mit der Muttergesellschaft ebenfalls zu regeln ist, ob sie z.B. auf der genannten Grundlage fortgeführt werden soll oder nicht. Zu denken ist ebenfalls daran, die **Teuerungsrate des Einsatzlandes** und **Wechselkursschwankungen** auszugleichen (vgl. Rz. 24).[3] Wird die Vergütung in ausländischer Währung gezahlt,

---
1 Vgl. APS/*Linck*, § 622 BGB Rz. 55.
2 Vgl. auch die Musterklausel bei BLDH/*Lingemann*, M 11.2.2 § 4.
3 S. für Musterklauseln BLDH/*Lingemann*, M 11.2.2 §§ 5 f.

ist es zu empfehlen, dass die Muttergesellschaft dem Mitarbeiter gewährleistet, dass sein im Ausland gezahltes Gehalt einem bestimmten Euro-Betrag entspricht.[1]

cc) Reisekosten, sonstige zusätzliche Kosten

43 Auch wenn der Arbeitnehmer mit der Tochtergesellschaft einen Arbeitsvertrag abschließt, so erfolgt dies gleichwohl im Interesse der Muttergesellschaft, weshalb diese die **Reisekosten** (§ 670 BGB analog) zu tragen hat und es sich nicht um vom Arbeitnehmer zu tragende Kosten der Anreise zum Arbeitsort[2] handelt. Vorrangig und in der Praxis üblich sind jedoch auch hier vertragliche Regelungen. Diese sollten klar regeln, welche Kosten der Hin- und Rückreise einschließlich derjenigen von Familienangehörigen und Umzugskosten übernommen werden. In diesem Zusammenhang kann auch vereinbart werden, dass die Muttergesellschaft die Kosten z.B. jährlich für einen Familienheimflug übernimmt. Dem Arbeitnehmer kann ein Zusatzurlaub gewährt werden, dessen zeitliche Lage er mit Mutter- und Tochtergesellschaft abzusprechen hat und in dessen Rahmen er in einem gewissen zeitlichen Umfang für Dienstbesprechungen bei der Muttergesellschaft zur Verfügung steht. Diesbezüglich sollte klar geregelt sein, ob die Reisetage Arbeitstage sind oder nicht.[3] Zu denken ist auch hier z.B. an **zusätzliche Versicherungen** für den Auslandsaufenthalt. Sonstige zusätzliche Sachleistungen wie z.B. die Stellung einer Wohnung am Arbeitsort sollten wegen § 2 Abs. 2 Nr. 3 NachwG ausdrücklich in die Vereinbarung mit aufgenommen werden.

dd) Rückruf des Arbeitnehmers und Kündigung

44 Die Parteien müssen entscheiden, ob der Muttergesellschaft im Vertrag ein **Rückrufrecht** eingeräumt wird. Es handelt sich dann um eine **Konzernversetzungsklausel**, von der grundsätzlich abzuraten ist (→ *Direktionsrecht*, II D 30 Rz. 211 ff.). Allerdings sind hier die Bedingungen für die Rückkehr des Arbeitnehmers in der Zusatzvereinbarung geregelt. Zu bedenken ist aber, dass der Arbeitnehmer arbeitsvertraglich an die Auslandsgesellschaft gebunden ist. Dies bedeutet zum einen, dass die Muttergesellschaft den Einfluss haben muss, diese zur Aufhebung des Arbeitsvertrages veranlassen zu können oder aber dass die Rückkehr des Arbeitnehmers auch im Vertrag mit der Auslandsgesellschaft geregelt sein muss. Zum anderen wird in der Literatur teilweise vertreten, dass ein Arbeitgeberwechsel nicht ohne aktuelle Zustimmung des Arbeitnehmers möglich ist, und eine antizipierte Zustimmung nicht ausreicht.[4] Auf einen zwingenden Kündigungsschutz des Auslandsarbeitsverhältnisses, das bei einem Rückruf in der Regel nicht aufrecht erhalten werden soll, aber auch des ruhenden Arbeitsverhältnisses, wird der Arbeitnehmer nicht von vornherein verzichten können.[5] Allerdings kann sich der Arbeitneh-

---

1 Hierzu *Gnann/Gerauer*, S. 160 f.
2 So für den reinen Auslandsarbeitsvertrag BAG v. 25.7.1984 – 5 AZR 219/82, n.v.; ebenso *Franzen*, AR-Blattei SD 920, Rz. 179.
3 Vgl. für eine solche Regelung die Musterklausel bei BLDH/*Lingemann*, M 11.2.2 § 8.
4 Nachweise bei → *Direktionsrecht und Tätigkeitsbeschreibung*, II D 30 Rz. 231.
5 Vgl. LAG Köln v. 20.8.1998 – 6 Sa 241/98, n.v., das die Beendigung eines Freistellungsvertrages, mit welchem der Arbeitnehmer für einen Auslandseinsatz freigestellt wird, für unbedenklich hält, solange der Kündigungsschutz für das zugrunde liegende Arbeitsverhältnis nicht tangiert wird; s.a. BAG v. 21.1.1999 – 2 AZR 648/97, AP Nr. 9 zu § 1 KSchG Soziale Auswahl.

mer durchaus verpflichten, bei Rückruf seine Arbeitsleistung wieder bei der Inlandsgesellschaft zu erbringen und bei Nichterfüllung dieser Pflicht schadensersatzpflichtig zu sein. Die Vereinbarung eines Rückrufrechtes unter Einhaltung einer angemessenen Frist, sinnvoller Weise einer Frist, die der vertraglichen Kündigungsfrist entspricht, kann sich deshalb auch bei der Versetzung ins Ausland empfehlen. Die Einräumung einer angemessen Frist ist indes bei Inlandsversetzungen, auch im Hinblick auf § 307 Abs. 1 Satz 1 BGB, nicht für erforderlich (vgl. zur Entsendung bereits Rz. 27).[1] Das kann man bei Auslandssachverhalten anders sehen; Rechtsprechung hierzu liegt nicht vor. Zu regeln ist, wie auch bei der Entsendung, wer im Fall **vorzeitiger Rückkehr** die Reisekosten zu tragen hat. Auch hier empfiehlt es sich, dass der Arbeitgeber sich generell zur Kostenübernahme verpflichtet, der Arbeitnehmer jedoch betragsmäßig und zeitlich begrenzt je nach dem Grund der Beendigung des Auslandsarbeitsverhältnisses an den Kosten zu beteiligen ist (vgl. Rz. 28 f.). Die Muttergesellschaft sollte die Reisekosten, insbesondere die Rückkehrkosten der Familie, auch dann übernehmen, wenn der Mitarbeiter verstirbt.

ee) Rückkehrklausel

Zu denken ist auch bei der Versetzung an eine Rückkehrklausel für den Arbeitnehmer, weil dieser sich sonst auf eine Auslandstätigkeit nicht einlassen wird. Hierbei ist zu beachten, dass das bisherige Arbeitsverhältnis anders als bei der Entsendung ruht. Es ist deshalb zu regeln, in welchen Fällen die Weiterbeschäftigung bei dem Inlandsunternehmen erfolgen soll. Es finden sich hierbei Klauseln, wonach das ursprüngliche Arbeitsverhältnis nur dann wieder aufleben soll, wenn der Auslandseinsatz vertragsgemäß, d.h. bspw. nach Ablauf einer vereinbarten Befristung oder auf Betreiben der Muttergesellschaft, beendet wurde oder die Beendigung des Auslandsarbeitsverhältnisses nicht vom Mitarbeiter zu vertreten ist. Es ist jedoch zu beachten, dass **das bisherige Arbeitsverhältnis** damit unter eine auflösende Bedingung gestellt, nämlich **an die Art der Beendigung des Auslandsarbeitsvertrages gekoppelt wird**. Auch wenn dies nachträglich geschieht, bedarf es dazu eines sachlichen Grundes (§§ 14 Abs. 1, 21 TzBfG).[2] Es ist zweifelhaft, ob ein solcher Grund vorliegt.[3] Es wird nämlich nicht an einen vorübergehenden Arbeitsbedarf angeknüpft. Vielmehr schlägt die Art der Beendigung des Auslandsarbeitsverhältnisses auf das ruhende Arbeitsverhältnis durch. Es ist jedoch keineswegs so, dass z.B. derselbe Kündigungssachverhalt in einem aktiven Arbeitsverhältnis dieselbe Bedeutung haben muss wie in einem ruhenden.[4] Gerade dann, wenn für den Vertrag mit der Auslandsgesellschaft ausländisches Recht gewählt wurde, kann zudem der ruhende, nach deutschem Recht zu beurteilende Vertrag dem Arbeitnehmer eine gewisse Sicherheit bieten, was bei einer zu weit gehenden Koppelung der Verträge nicht mehr der Fall wäre. Es ist ebenfalls zweifelhaft, ob jede Eigenkündigung des Auslandsarbeitsvertrages durch den Arbeitnehmer zu einer Kündigung des ru-

---

1 BLDH/*Lingemann*, M 11.2.2 § 20 Fn. 14; vgl. für weitere Bedenken gegen Rückrufklauseln, die ein jederzeitiges Rückrufrecht enthalten, HR/*Borgmann*, Gestaltung von Arbeitsverträgen, § 1 Rz. 832 mit Rz. 814 f.
2 Vgl. APS/*Backhaus*, § 21 TzBfG Rz. 9 ff.
3 Krit. insoweit *Windbichler*, S. 141, die verlangt, dass der Aspekt, dass zwei Arbeitsverhältnisse von der Kündigung betroffen sind, vertraglich geregelt sein muss, ansonsten die auflösende Bedingung unwirksam sei.
4 BAG v. 21.1.1999 – 2 AZR 648/97, AP Nr. 9 zu § 1 KSchG 1969 Konzern.

henden Inlandsvertrages berechtigen würde. Vermeiden lässt sich diese Problematik, wenn der Auslandsarbeitsvertrag befristet abgeschlossen wird[1] und die ordentliche Kündigung für beide Parteien nicht zugelassen wird. Dann kann eine uneingeschränkte Rückkehrklausel vereinbart werden. Eine außerordentliche Kündigung wäre für beide Verträge getrennt zu beurteilen.

Typ 9: Rückkehrklausel Versetzung

Nach der Beendigung des Auslandseinsatzes bei der ... (Tochtergesellschaft) lebt der ruhend gestellte Vertrag des Arbeitnehmers mit der Arbeitgeberin (Muttergesellschaft) wieder auf. Der Arbeitnehmer wird auf einem Arbeitsplatz, der hinsichtlich Einkommen, Verantwortung und Anforderungen mit der vor der Entsendung ausgeübten Tätigkeit vergleichbar ist, weiter beschäftigt.

Die Erfahrungen des Arbeitnehmers aus dem Einsatz im Ausland werden dabei berücksichtigt. Ein Anspruch auf Beibehaltung einer etwaigen höherwertigen Tätigkeit während des Auslandseinsatzes besteht nicht.

Die Vergütung des Arbeitnehmers richtet sich nach dem fortgeschriebenen Inlandsgehalt.

46 Der letzte Satz stellt klar, dass der Arbeitnehmer Anspruch auf dasjenige Gehalt hat, das an den Gehaltsanpassungen während seiner Auslandstätigkeit teilgenommen hat und nicht auf das ursprüngliche Inlandsgehalt. Für die Rückkehrbedingungen ist zudem auf § 2 Abs. 2 Nr. 4 NachwG hinzuweisen. Auch eine derartige Rückkehrklausel wird man dahingehend verstehen, dass damit eine betriebsbedingte Kündigung für den Fall der Rückkehr ausgeschlossen ist und der bisherige Vertrag ohne Weiteres wieder auflebt.[2] Die o.g. Probleme werden vermieden, wenn der ursprüngliche Arbeitsvertrag aufgehoben wird und dem Arbeitnehmer eine Wiedereinstellungszusage gegeben wird. Zu einer solchen Vorgehensweise dürfte der Arbeitnehmer jedoch in der Regel nicht bereit sein.[3]

ff) Abfindung

47 **Ausländische Rechtsordnungen** sehen oft eine **Abfindung bei Beendigung des Arbeitsverhältnisses** vor, dafür jedoch keine Arbeitslosenversicherung. Wird nach dem Auslandseinsatz die Tätigkeit bei der Muttergesellschaft fortgesetzt, ist es aus Sicht des Konzerns nicht angemessen, die Auslandsgesellschaft mit diesen Kosten zu belasten. Es sollte deshalb vereinbart werden, dass der Arbeitnehmer der-

---

1 Das BAG hat diesbezüglich den Fortbestand des Arbeitsverhältnisses zum bisherigen Arbeitgeber und die gesicherte Rückkehrmöglichkeit des Arbeitnehmers in dieses Arbeitsverhältnis als sachlichen Befristungsgrund für einen Auslandsarbeitsvertrag, welcher deutschem Recht unterstellt wurde, anerkannt, wenn die Befristung dazu dient, die deutsche Sozialversicherung gemäß § 4 SGB IV zu erhalten, vgl. BAG v. 14.7.2005 – 8 AZR 392/04, AP Nr. 4 zu § 611 BGB Ruhen des Arbeitsverhältnisses = NZA 2005, 1411; vgl. hierzu *Werthebach*, NZA 2006, 247.
2 BAG v. 28.11.1968 – 2 AZR 76/68, EzA § 1 KSchG Nr. 12; LAG Köln v. 20.8.1998 – 6 Sa 241/98, n.v.; *Windbichler*, S. 74f. (140); s. dagegen aber BAG v. 3.9.1963 – 3 AZR 115/62, AP Nr. 1 zu § 611 BGB Ruhen des Arbeitsverhältnisses.
3 *Windbichler*, S. 74.

artige Ansprüche nicht geltend macht, oder, wenn er dazu gezwungen ist, den erhaltenen Betrag an die Konzernmutter abführt. Eine entsprechende Klausel sollte jedoch nicht – wie vielfach vorgeschlagen – generell, sondern nur für den Fall der tatsächlichen Weiterbeschäftigung bei der Inlandsgesellschaft vereinbart werden.[1]

4. Sozialversicherungsrechtliche Aspekte

Ob beim Auslandseinsatz der Schutz der deutschen Sozialversicherung erhalten bleibt und der Stammarbeitgeber weiterhin Sozialversicherungsbeiträge zahlen muss, lässt sich nicht generell beantworten. Es müssen vielmehr verschiedene Konstellationen differenziert werden.[2] Nach dem in § 3 Nr. 1 SGB IV verankerten **Territorialprinzip** gelten die Vorschriften über die Versicherungspflicht und die Versicherungsberechtigung grundsätzlich nur für Personen, die im Inland beschäftigt sind. Wird ein Arbeitnehmer also außerhalb des deutschen Hoheitsgebiets beschäftigt, so gilt das Sozialversicherungssystem des Beschäftigungslandes. Abweichend davon dehnt § 4 SGB IV den Schutzbereich des deutschen Sozialversicherungsrechts unter gewissen Voraussetzungen auf Personen aus, die ihre Beschäftigung nur vorübergehend im Ausland ausüben (**Ausstrahlung**), um so international mobile Arbeitnehmer vor sozialversicherungsrechtlichen Nachteilen zu bewahren.[3] Daneben ist gemäß § 6 SGB IV auf jeden Fall zu prüfen, ob nicht möglicherweise überstaatliche oder zwischenstaatliche Regelungen vorrangig zur Anwendung kommen.

a) Zweck

Der Zweck der nationalen, überstaatlichen und zwischenstaatlichen Entsenderegelung besteht darin, das Spannungsverhältnis zwischen der Gewährleistung der Freizügigkeit und dadurch möglicher Wettbewerbsverzerrungen zum Ausgleich zu bringen.[4] Für den EuGH dienen die besonderen Regelungen zur Bestimmung des anwendbaren Rechts im Falle einer Entsendung auch dazu, die **Dienstleistungsfreiheit** zugunsten der Unternehmen zu **fördern**, Hindernisse für die Freizügigkeit der Arbeitnehmer zu überwinden und administrative Schwierigkeiten für die Arbeitnehmer, Unternehmen und Sozialversicherungsträger zu vermeiden.[5] Tatsächlich verbleibt bei einer nur kurzfristigen Entsendung regelmäßig der Schwerpunkt des Beschäftigungsverhältnisses in dem Staat, von dem aus die Entsendung erfolgt, so dass es nicht praktisch wäre, den Arbeitnehmer auch bei einer nur kurzen Auslandsbeschäftigung dem Sozialversicherungsrecht des zweiten Staates zu unterwerfen. Dadurch könnte der Arbeitnehmer wegen der kurzen Versicherungszeit oftmals keine Leistungsansprüche erwerben und die inländische Erwerbsbiographie würde ebenfalls unterbrochen.

---

1 Vgl. für eine solche Regelung die Musterklausel bei BLDH/*Lingemann*, M 11.2.2 § 17.
2 Erforderlich ist eine Differenzierung nach dem Ort des Auslandseinsatzes, da sich danach die anzuwendenden Vorschriften bestimmen, sowie nach der jeweiligen Durchführung des Auslandseinsatzes.
3 BT-Drucks. 7/4122, S. 30.
4 Vgl. *Boecken*, ZIAS 1999, 219 (224).
5 EuGH v. 19.12.1970 – C-35/70, Slg. 1970, 1251 (Manpower).

b) Ausstrahlung

50 Für Staaten, mit denen keine Sozialversicherungsabkommen bestehen (sog. Vertragslose Staaten)[1], gilt § 4 SGB IV, der die Ausstrahlung des deutschen Sozialversicherungsrechts von drei Voraussetzungen abhängig macht, die bei der Planung des Auslandseinsatzes beachtet und in die Entsendevereinbarung mit aufgenommen werden sollten. Danach muss die Beschäftigung als **Entsendung** außerhalb Deutschlands im Rahmen eines **in Deutschland bestehenden Beschäftigungsverhältnisses** ausgeübt werden und im Voraus **zeitlich begrenzt** sein.

aa) Entsendung

51 Eine Entsendung liegt vor, wenn sich ein Arbeitnehmer auf **Weisung des Arbeitgebers** in das Ausland begibt, um dort für den Arbeitgeber eine Tätigkeit auszuüben.[2] Eine Entsendung liegt nach der ständigen Rechtsprechung des BSG[3] und dem Willen des Gesetzgebers[4] auch vor, wenn die Einstellung nur zum Zwecke der Auslandstätigkeit erfolgt ist, so dass der Arbeitnehmer noch nicht im Inland tätig gewesen sein muss. Keine Entsendung ist hingegen gegeben, wenn der betreffende Arbeitnehmer in seinem ausländischen Wohnstaat von einem deutschen Unternehmen für die vorübergehende Tätigkeit in einem anderen ausländischen Staat angeworben wird.[5] In diesen Fällen fehlt es an der für die Entsendung notwendigen **Ortsveränderung** vom Inland ins Ausland. Diese angeworbenen Arbeitnehmer unterliegen nicht dem deutschen Sozialversicherungssystem. Ebenfalls keine Entsendung mangels Ortsveränderung liegt vor, wenn der Arbeitnehmer bereits im Ausland lebt und von dort eine Tätigkeit für den inländischen Arbeitgeber aufnimmt, wenn der Arbeitnehmer mithin eine sog. **Ortskraft** ist.[6]

52 Sog. **Mehrfachentsendungen** hingegen stellen grundsätzlich eine Entsendung dar. Erfasst sind Fälle, in denen ein Arbeitnehmer zunächst in das Land B entsandt wird und unmittelbar anschließend eine vorübergehende Tätigkeit im Land B aufnimmt.[7] Diese Fälle müssen dann als erneute Entsendung aus dem ersten Entsendestaat in einen anderen Staat, also Land C, interpretiert werden.

53 Die Voraussetzungen einer Entsendung werden grundsätzlich nicht berührt, wenn der entsandte Arbeitnehmer kurzzeitig während der Entsendung in seinen Heimat-

---

1 Z.B. viele afrikanische Staaten sowie Brasilien.
2 BSG v. 27.5.1986 – 2 RU 12/85, SozR 2100 § 4 Nr. 3, Rz. 7; KassKomm/*Seewald*, § 4 SGB IV Rz. 8; Hauck/Haines/*Udsching*, § 4 SGB IV Rz. 5; Aus-und Einstrahlungsrichtlinie, abgedruckt in Aichberger, Nr. 116, Ziff. 3.1.
3 BSG v. 27.5.1986 – 2 RU 12/85, SozR 2100 § 4 Nr. 3, Rz. 7; BSG v. 25.8.1994 – 2 RU 14/93, HVBG-Info, 2699.
4 BT-Drucks. 7/4122, S. 30.
5 BSG v. 27.5.1986 – 2 RU 12/85, SozR 2100 § 4 Nr. 3, Rz. 7; KSW/*Hänlein*, §§ 1–6 SGB IV Rz. 22; *Louven/Louven*, NZA 1992, 9 (12); KassKomm/*Seewald*, § 4 SGB IV Rz. 12; LPK-SGB IV/*Wietek*, § 4 Rz. 11.
6 *Louven/Louven*, NZA 1992, 9 (12); BSG v. 27.5.1986 – 2 RU 12/85, SozR 2100 § 4 Nr. 3, Rz. 7.
7 Anders ist es jedoch zu beurteilen, wenn der entsandte Arbeitnehmer vom Gastunternehmen weiter entsendet wird.

staat zurückkehrt. Für die Dauer einer solchen unschädlichen Unterbrechung wird als Maßstab teilweise § 8 Abs. 1 Nr. 2 SGB IV herangezogen.[1]

bb) Inländisches Beschäftigungsverhältnis

Weitere Voraussetzung der Ausstrahlung ist, dass die Entsendung im Rahmen eines in Deutschland bestehenden Beschäftigungsverhältnisses erfolgt. D. h. das sozialversicherungsrechtliche Beschäftigungsverhältnis i.S.d. § 7 SGB IV muss bei der Entsendung weiterhin mit dem entsendenden Arbeitgeber bestehen.[2] Ob ein inländisches Beschäftigungsverhältnis angenommen werden kann, richtet sich nach dem **Schwerpunkt der rechtlichen und tatsächlichen Verhältnisse** unter Berücksichtigung der Gesamtumstände des Einzelfalles.[3] Wesentliches Indiz für ein inländisches Beschäftigungsverhältnis ist die **Eingliederung in den Betrieb** des inländischen Arbeitgebers[4] sowie die Bindung des Arbeitnehmers an das **Weisungsrecht** des Arbeitgebers in Bezug auf Zeit, Ort, Dauer sowie Art und Weise der Tätigkeit (§ 106 GewO)[5]. Eine gewisse Lockerung, die sich ggf. aus der Natur der räumlichen Trennung ergibt, ist jedoch unschädlich. Weiteres Indiz, vor allem in der Praxis, ist, wenn das **Entgelt** vom inländischen Unternehmen gezahlt wird (s. → Klausel Typ 3 Rz. 23) und steuerlich und sozialversicherungsrechtlich genauso behandelt wird wie das der im Inland tätigen Mitarbeiter.[6] Der Umstand aber, dass das Unternehmen das Entgelt sozialversicherungsrechtlich falsch behandelt, begründet kein inländisches Beschäftigungsverhältnis.[7] Andererseits führt allein die Auszahlung des Entgelts während der Tätigkeit im Ausland vom ausländischen Unternehmen oder von einer anderen Stelle nicht zur Beendigung des inländischen Beschäftigungsverhältnisses.

54

Typ 10: Inhalt der Leistung

Der Arbeitnehmer übt während des Auslandseinsatzes die Funktion eines ... aus und ist im Wesentlichen für folgende Aufgaben zuständig: ...

Die Weisungsrechte seitens des Stammarbeitgebers bestehen unverändert fort.

Wird das bisherige Arbeitsverhältnis gekündigt oder zugunsten eines neuen Arbeitsverhältnisses im Ausland zum Ruhen gebracht oder der Beschäftigte zu diesem Anlass beurlaubt, tritt das im Ausland begründete Arbeitsverhältnis an die Stelle des

55

---

1 AusEinstrlRL, Ziff. 3.5.2.
2 KassKomm/*Seewald*, § 4 SGB IV Rz. 5; Hauck/Haines/*Udsching*, § 4 SGB IV Rz. 4; LPK-SGB IV/*Wietek*, § 4 Rz. 7.
3 BSG v. 23.2.1994 – 10 RAr 8/93, SozR 3-4100 § 141b Nr. 9, Rz. 19; v. 7.11.1996 – 12 RK 79/94, juris Rz. 23; v. 10.8.1999 – B 2 U 30/98 R, SozR 3-2400 § 4 Nr. 5, Rz. 23; Hauck/Haines/*Udsching*, § 4 SGB IV Rz. 4a); KassKomm/*Seewald*, § 4 SGB IV Rz. 5.
4 BSG v. 13.8.1996 – 10 RKg 28/95, SozR 3-5870 § 1 Nr. 10; v. 4.5.1994 – 11 RAr 55/93, juris Rz. 22; v. 28.11.1990 – 5 RJ 87/89, BSGE 68, 24 (27 f.); LPK-SGB IV/*Wietek*, § 4 Rz. 7; *Werthebach*, NZA 2006, 247; KassKomm/*Seewald*, § 4 SGB IV Rz. 5; Hauck/Haines/*Udsching*, § 4 SGB IV Rz. 4b); KSW/*Hänlein*, §§ 1–6 SGB IV Rz. 21.
5 *Werthebach*, NZA 2006, 247; Hauck/Haines/*Udsching*, § 4 SGB IV Rz. 4c).
6 Vgl. AusEinStrlRL, Ziff. 3.3.1.
7 BSG v. 14.1.1987 – 10 RKg 20/85, BSGE 66, 123.

alten bzw. ausgesetzten Vertragsverhältnisses, so dass ein inländisches Beschäftigungsverhältnis nicht vorliegt.[1] Daraus folgt, dass das sog. **Rumpfarbeitsverhältnis**[2] kein inländisches Beschäftigungsverhältnis i.S.d. § 7 SGB IV darstellt. Der Grund hierfür liegt darin, dass die gegenseitigen Hauptpflichten nicht fortbestehen; gerade dies ist jedoch Voraussetzung für die Annahme eines Beschäftigungsverhältnisses.[3]

cc) Zeitliche Begrenzung

56 Die zeitliche Begrenzung der Beschäftigung muss im Vertrag entweder durch ein **festes Datum** oder durch den Eintritt eines vorher zeitlich **bestimmten Ereignisses** festgelegt werden. Der zweite Fall betrifft z.B. Fälle der Montage-, Reparatur- und Instandhaltungsarbeiten.

Anders als die sekundärrechtlichen Vorschriften der VO (EG) 883/2004 kennt § 4 SGB IV **keine zeitliche Höchstdauer**, so dass auch mehrjährige Entsendungen durchaus möglich sind, solange sie sich nach den Umständen des Einzelfalls nicht als eine unbefristete Beschäftigung erweisen.[4] Eine zeitliche Befristung ist aber meist dann nicht mehr anzunehmen, wenn der Auslandseinsatz lediglich auf das Erreichen einer Rentenaltersgrenze befristet wird.[5]

Typ 11: Dauer der Entsendung

Die Entsendung beginnt am ... und ist zunächst auf zwei Jahre befristet. Über eine etwaige Verlängerung werden die Parteien spätestens zehn Monate vor Ablauf der Befristung Einigkeit erzielen. Insgesamt darf die Tätigkeit im Gastunternehmen eine Zeit von drei Jahren nicht überschreiten.

Nach Beendigung der Entsendung infolge Fristablaufs oder Rückrufs wird der Arbeitgeber dem Mitarbeiter eine seiner Position vor Beginn der Entsendung gleichwertige Tätigkeit anbieten.

Die Erfahrungen des Arbeitnehmers aus dem Einsatz im Ausland werden dabei berücksichtigt. Ein Anspruch auf Beibehaltung einer etwaigen höherwertigen Tätigkeit während des Auslandseinsatzes besteht nicht.

Die Vergütung des Arbeitnehmers richtet sich nach dem fortgeschriebenen Inlandsgehalt.

57 Unerlässliche Voraussetzung für die zeitliche Begrenzung der Entsendung ist auch, dass nach Beendigung des Auslandsaufenthaltes eine **Weiterbeschäftigung** beim entsendenden Arbeitgeber gewährleistet ist.[6] Ist dies nicht der Fall, ist davon aus-

---

1 BSG v. 28.11.1990 – 5 RJ 87/89, BSGE 68, 24 (27f.); *Giesen*, NZS 1996, 309 (311); *Werthebach*, NZA 2006, 247.
2 Dazu Rz. 35ff.
3 BSG v. 25.1.1994 – 4 RA 48/92, juris Rz. 39.
4 BSG v. 4.5.1994 – 11 RAr 5/93, juris Rz. 24; LPK-SGB IV/*Wietek*, § 4 SGB IV Rz. 16; Hauck/Haines/*Udsching*, § 4 SGB IV Rz. 6.
5 Hauck/Haines/*Udsching*, § 4 SGB IV Rz. 6; *Werthebach*, NZA 2006, 247.
6 BSG v. 10.8.1999 – B 2 U 30/98 R, SozR 3-2400 § 4 Nr. 5, Rz. 23f., 27f.; v. 8.12.1994 – 2 RU 37/93, juris Rz. 17f., 20.

zugehen, dass eine Rückkehr ins Inland im Rahmen des Beschäftigungsverhältnisses nicht vorgesehen ist.

Liegen die hier skizzierten drei Voraussetzungen – Entsendung, Beschäftigungsverhältnis in Deutschland, zeitliche Begrenzung – kumulativ vor, so kommen sämtliche Regelungen über die Sozialversicherung zur Anwendung. Auf die **Staatsangehörigkeit** des entsandten Arbeitnehmers kommt es dabei nicht an.

c) Entsendung innerhalb der EU

Bei Entsendungen innerhalb der europäischen Union finden die Kollisionsnormen des europäischen koordinierenden Sozialrechts Anwendung. Einschlägig ist insoweit insbesondere die VO (EG) 883/2004 (früher: VO (EWG) 1408/71), welche kraft Anwendungsvorrang des Unionsrechts den nationalen Vorschriften zum Sozialversicherungsrecht vorgeht, vgl. auch § 6 SGB IV. Nach dem hier einschlägigen Art. 12 VO (EG) 883/2004 unterliegt eine Person, die in einem Mitgliedstaat auf Rechnung eines Arbeitgebers, der gewöhnlich dort tätig ist, eine Beschäftigung ausübt und die von diesem Arbeitgeber in einen anderen Mitgliedstaat entsandt wird, weiterhin den Rechtsvorschriften des ersten Mitgliedstaates, sofern die voraussichtliche Dauer dieser Arbeit 24 Monate nicht überschreitet und diese Person nicht eine andere Person ablöst. Bzgl. der Voraussetzungen der Entsendung und des inländischen Beschäftigungsverhältnisses bestehen im Grundsatz keine Unterschiede zu § 4 SGB IV, so dass auf die vorherigen Ausführungen verwiesen wird.

aa) Anwendungsbereich

Örtlich gilt die Verordnung für alle EU-Staaten sowie Island, Lichtenstein, Norwegen und die Schweiz. Persönlich gilt sie gem. Art. 2 Abs. 1 VO (EG) 883/2004 für Staatsangehörige der EU/EWR-Staaten und der Schweiz, für Staatenlose und Flüchtlinge. Für Drittstaatsangehörige sind seit dem 1.6.2003 die Regelungen der VO (EG) 883/2004 ebenfalls anzuwenden, wenn diese ihren rechtmäßigen Wohnsitz in einem EU-Staat haben und eine Beschäftigung in einem anderen Staat ausüben.[1]

bb) Höchstdauer

Art. 12 Abs. 1 VO (EG) 883/2004 sieht – anders als sein deutsches Pendant – für die Entsendung eine **Höchstdauer von 24 Monaten** vor mit der Möglichkeit von abweichenden zwei- oder mehrseitigen Vereinbarungen gem. Art. 16 Abs. 1 VO (EG) 883/2004, die auch auf Verwaltungsebene (von Behörden oder Einrichtungen) getroffen werden können. Hierzu bedarf es gegenüber der zuständigen Behörde oder Stelle eines Antrags des Arbeitgebers oder der betroffenen Person, die eine Ausnahme wünscht. Zu empfehlen ist, wann immer dies möglich ist, einen solchen Antrag im Voraus zu stellen, s. Art. 18 VO (EG) 978/2009. Bei der Einhaltung der zeitlichen Begrenzung von 24 Monaten handelt es sich um eine **Prognoseentschei-**

---

[1] EWG-VO 859/2003 v. 14.5.2003 zur Ausdehnung der Bestimmungen der Verordnungen EWG-VO 1408/71 und 574/72 auf Drittstaatenangehörige, die ausschließlich aufgrund ihrer Staatsangehörigkeit nicht unter diese Bestimmungen fallen (ABlEG Nr. L 124 v. 20.5.2003, S. 1 ff.); gilt nicht für Dänemark, Schweiz, Island, Liechtenstein und Norwegen.

dung. Steht schon zu Beginn oder vor der Entsendung fest, dass die zeitliche Höchstdauer nicht eingehalten werden kann, ist Art. 12 VO (EG) 883/2004 schon gar nicht anwendbar. Wird diese Erkenntnis während der Entsendung gewonnen, entfällt die Wirkung der Norm *ex nunc*, so dass der Arbeitnehmer ab diesem Zeitpunkt dem materiellen Sozialversicherungsrecht des Beschäftigungsortes unterliegt.[1]

cc) „Gewöhnliche Tätigkeit" des Arbeitgebers

61 In Art. 12 VO (EG) 883/2004 ist die Rede von einem Arbeitgeber, der gewöhnlich im Entsendemitgliedstaat tätig ist. Art. 14 Abs. 2 VO (EG) 978/2009 konkretisiert diese Voraussetzung dahingehend, dass der Arbeitgeber andere nennenswerte Tätigkeiten als reine interne Verwaltungstätigkeiten auf dem Hoheitsgebiet des Mitgliedstaats, in dem das Unternehmen niedergelassen ist, ausübt. Dabei sollen alle Kriterien berücksichtigt werden, die die Tätigkeit des betroffenen Unternehmens kennzeichnen; unter anderem den Ort, an dem das Unternehmen seinen Sitz und seine Verwaltung hat, die Zahl der im Mitgliedstaat seiner Betriebsstätte Beschäftigten, sowie den Ort, an dem der Großteil der Verträge mit den Kunden abgeschlossen wird.[2] Diese Auflistung ist dabei nicht erschöpfend, da die jeweils zu berücksichtigenden Kriterien vom Einzelfall abhängig sind.[3] Die zu berücksichtigenden Kriterien müssen auf die Besonderheiten eines jeden Arbeitgebers und die Eigenart der ausgeübten Tätigkeit abgestimmt sein.[4] Grund für diese Anforderungen an den Arbeitgeber ist die Vermeidung eines Missbrauchs insbesondere durch sog. Briefkastenfirmen, die fortgesetzt Arbeitnehmer zur Entsendung einstellen, um das Gefälle der Sozialversicherungskosten zwischen verschiedenen Mitgliedstaaten auszunutzen.

62 Arbeitnehmer eines Unternehmens, welches ausschließlich oder überwiegend **grenzüberschreitend verleiht**, unterfallen daher bei der Tätigkeit bei einem Entleiher in einem anderen Mitgliedstaat nicht weiter den Rechtsvorschriften des Entsendestaates. Der EuGH[5] hat klargestellt, dass ein Zeitarbeitsunternehmen nur dann unter Art. 12 VO (EG) 883/2004 fällt, wenn es seine Entsendetätigkeit überwiegend im Entsendestaat ausübt. Umgekehrt gilt die Vorschrift nicht für Arbeitnehmer eines Unternehmens mit Sitz in einem Mitgliedstaat, in dem dieses Unternehmen – abgesehen von reiner Verwaltungstätigkeit – seine gesamte Geschäftstätigkeit ausübt.[6] In diesen Fällen verbleibt es dann bei der Anknüpfung an den Beschäftigungsort nach Art. 11 Abs. 3 lit. a VO (EG) 883/2004.

---

1 Küttner/*Schlegel*, Personalbuch 2014, Auslandstätigkeit, Rz. 130.
2 Vgl. Beschluss A2 der Verwaltungskommission v. 12.6.2009, ABlEU Nr. C 106 v. 24.4. 2010, Art. 1 Abs. 5; EuGH v. 9.11.2000 – C-400/98, Slg. 2000, I-379, ZIP 2000, 2175 Rz. 6-10 (Plum); v. 10.2.2000 – C-202/97, Slg. 2000, I-883 Rz. 43 (Fitzwilliam).
3 Beschluss A2, Art. 1 Abs. 5.
4 So der EuGH in den maßgebenden Entscheidungen v. 9.11.2000 – C-400/98, Slg. 2000, I-379, ZIP 2000, 2175, Rz. 6-10 (Plum) und v. 10.2.2000 – C-202/97, Slg. 2000, I-883 Rz. 43 (Fitzwilliam).
5 EuGH v. 10.2.2000 – C-202/97, Slg. 2000, I-883 Rz. 43 (Fitzwilliam).
6 EuGH v. 9.11.2000 – C-400/98, Slg. 2000, I-379, ZIP 2000, 2175 Rz. 6-10 (Plum).

dd) Ablösungsverbot

Art. 12 Abs. 1 VO (EG) 883/2004 sieht vor, dass die Rechtsvorschriften des Entsendestaates nur dann weitergelten, wenn der betreffende Arbeitnehmer **nicht an Stelle eines anderen Arbeitnehmers** entsandt wird. Dieses Ablösungsverbot betrifft Fälle der **Kettenentsendung**. Hier löst der entsandte Arbeitnehmer nur eine andere Person ab, für welche die Entsendungszeit abgelaufen ist. Grund für einen solchen Ausschluss ist unter anderem die Vermeidung von Wettbewerbsverzerrungen. Ein Arbeitgeber soll nicht durch Kettenentsendungen in der Lage sein, sich wirtschaftliche Vorteile zu verschaffen, indem er in einem anderen Staat dauerhaft Arbeitsplätze unterhält, auf denen er laufend entsandte Arbeitnehmer mit niedrigeren Arbeitskosten beschäftigt als im Beschäftigungsstaat üblich.[1] Eine Ablösung ist nur während der befristeten Entsendedauer für die Restlaufzeit der Entsendung zulässig, z.B. wenn der entsandte Arbeitnehmer während des Auslandsaufenthaltes dauerhaft arbeitsunfähig geworden ist. Im Beschluss A2 der Verwaltungskommission ist zudem festgehalten, dass eine weitere Entsendung desselben Arbeitnehmers erst nach Ablauf von mindestens zwei Monaten nach Ende des vorangehenden Entsendezeitraums zulässig ist.[2]

ee) A1-Bescheinigung

Liegen die Voraussetzungen einer Entsendung gemäß Art. 12 VO (EG) 883/2004 vor, so stellt der zuständige Träger über die Fortgeltung der Vorschriften des Entsendestaates eine sog. A1-Bescheinigung[3] aus, vgl. Art. 19 Abs. 2 VO (EG) 978/2009. Zuständig ist der Mitgliedstaat dessen Rechtsvorschriften anzuwenden sind. Ist eine solche Bescheinigung ausgestellt worden, ist sowohl dem Arbeitnehmer als auch dem Arbeitgeber zu empfehlen, die Stelle, welche die Bescheinigung ausgestellt hat, zu informieren, wenn die im Antrag enthaltenen Voraussetzungen nicht mehr vorliegen, die Entsendung überhaupt nicht erfolgt, sie für mehr als zwei Monate unterbrochen wird, sie endet, der Arbeitnehmer bei einem anderen Unternehmer des Beschäftigungsstaates eingesetzt oder in einem Drittstaat überlassen wird.[4] Andernfalls kann die fehlende Unterrichtung zum Widerruf der Bescheinigung und dazu führen, dass die Rechtvorschriften des Beschäftigungsstaates Anwendung finden.[5] Gemäß Art. 5 VO (EG) 987/2009 ist die A1-Bescheinigung für die Träger der anderen Mitgliedstaaten so lange verbindlich, wie sie nicht von dem Mitgliedstaat, von dem sie ausgestellt worden ist, widerrufen oder für ungültig erklärt wird.[6]

ff) Beschäftigung in mehreren Mitgliedstaaten

Nicht erfasst von den obigen Kollisionsregeln bei einer Entsendung, sondern vielmehr von der Sonderregelung des Art. 13 VO (EG) 883/2004, werden solche Fälle,

---

1 Fuchs/*Steinmeyer*, Europäisches Sozialrecht, Art. 12 VO 883/2004 Rz. 14.
2 Beschluss A2, Art. 3 lit. c., ABl. EU Nr. C 106 v. 24.4.2010, S. 5.
3 Die A 1 Bescheinigung ist an die Stelle der Bescheinigungen E 101, E 102 und E 103 getreten.
4 Mauer/*Schulte*, Personaleinsatz im Ausland, Rz. 893.
5 Mauer/*Schulte*, Personaleinsatz im Ausland, Rz. 893.
6 Zur Bindungswirkung der A1-Bescheinigung bei illegaler Arbeitnehmerüberlassung *Ulber*, ZESAR 2015, 3 ff.

in denen ein Arbeitnehmer, eine Erwerbstätigkeit gleichzeitig in mehreren Mitgliedstaaten ausübt, etwa weil er von seinem Arbeitgeber **nebeneinander** in zwei vom Entsendestaat verschiedenen Mitgliedstaaten entsandt wird. Angeknüpft wird hier nicht an den Beschäftigungsort, sondern an den Wohnsitz. Dabei wird nicht an jedes Beschäftigungsverhältnis separat angeknüpft, sondern es wird auf die gesamte Berufstätigkeit der betreffenden Person abgestellt, Art. 13 Abs. 5 VO (EG) 883/2004. Es finden nach Art. 13 Abs. 1 lit. a) VO (EG) 883/2004 die Rechtsvorschriften des Wohnmitgliedstaates dann Anwendung, wenn der Arbeitnehmer den **wesentlichen Teil der Tätigkeit** dort ausübt. Erst wenn dies verneint wird, ist auf Art. 13 Abs. 1 lit. b) VO 883/2004 einzugehen. Zu beachten ist das besondere Verfahren bei Mehrfachbeschäftigungen. Nach Art. 16 Abs. 1 VO (EG) 987/2009 hat der Arbeitnehmer die zuständige Behörde des Wohnmitgliedstaates zu unterrichten. Der bezeichnete Träger des Wohnortes legt dann unverzüglich fest, welchen Rechtsvorschriften die betreffende Person unterliegt. Diese Festlegung ist jedoch zunächst nur vorläufig, es sei denn, der endgültige Charakter wurde aufgrundlage von Art. 16 Abs. 4 VO (EG) 987/2009 verbindlich festgelegt oder es sind seit der Festlegung zwei Monate vergangen.

d) Bedeutung der Vertragsgestaltung

66 Die schriftliche Vereinbarung der Inhalte des Auslandseinsatzes ist nicht nur wegen § 2 Abs. 2 NachwG von Bedeutung, sondern kann auch einen Rückschluss erlauben, wie der Entsendungsfall sozialversicherungsrechtlich zu beurteilen ist. Freilich sind nur wenige Vertragsmodelle bzw. -gestaltungen geeignet, eine Entsendekonstellation nach den oben ausgeführten sozialversicherungsrechtlichen Voraussetzungen zu statuieren. Dem steht auch nicht entgegen, dass den Parteien verschiedene Gestaltungsmöglichkeiten zur Verfügung stehen.

aa) Einvertragsmodell

Dem Einvertragsmodell liegt eine Entsendevereinbarung zwischen dem Stammarbeitgeber und entsandten Arbeitnehmer zu Grunde. Der ursprüngliche Arbeitsvertrag bleibt weiter bestehen und ändert sich nur in Bezug auf die Entsendevereinbarung. Aus diesem Grund bleiben die vertraglichen Bindungen zum Stammarbeitgeber bei diesem Vertragsmodell auch am stärksten bestehen. Der Arbeitnehmer unterliegt weiterhin den Weisungen des Stammarbeitgebers und ist mangels eines eigenen Vertrages mit dem Gastarbeitgeber nicht in diesen Gastbetrieb eingegliedert. Damit ist ein inländisches Beschäftigungsverhältnis i.S.d. § 7 SGB IV gegeben.

bb) Zweiverträgemodell

Schließt der Arbeitnehmer mit dem Stammarbeitgeber eine Ruhensvereinbarung und mit dem Gastunternehmen einen Arbeitsvertrag ab, ist im Regelfall von einer Versetzung[1] und nicht von einer Entsendung auszugehen. Da die Bindung zum Stammarbeitgeber durch die Ruhensvereinbarung sozialversicherungsrechtlich betrachtet vollständig gelöst wird, kann nicht mehr von einem inländischen Beschäftigungsverhältnis i.S.d. § 7 SGB IV ausgegangen werden. Dieses Vertragsmodell eig-

---

1 Zur Versetzung s. Rz. 33 ff.

net sich also nicht in denjenigen Fällen, in denen die Sozialversicherungspflicht nach deutschen Vorschriften beibehalten werden soll.

cc) Dreiseitiger Vertrag

Ein dreiseitiger Vertrag, also eine Entsendevereinbarung zwischen Arbeitnehmer, Stammarbeitgeber und Gastarbeitgeber hat den Vorteil, dass sich alle Parteien in einem Vertragsdokument über die einzelnen Punkte einig werden. Dieser Vertragstyp sagt jedoch nichts über die sozialversicherungsrechtliche Situation aus. Wird auch hier eine Ruhensvereinbarung getroffen und das Weisungsrecht dem Gastunternehmen übertragen, spricht dies gegen die Sozialversicherungspflicht in Deutschland. Wird in dem dreiseitigen Vertrag jedoch der bisherige Arbeitsvertrag als weiterhin gültig erklärt und lediglich Zusatzvereinbarungen getroffen, spricht auch dieses Vertragsmodell für die Sozialversicherungspflicht nach den deutschen Vorschriften. Maßgeblich ist also das Bestehen des Weisungsrechts des Stammarbeitgebers bzw. die Möglichkeit von Arbeitnehmer und Stammarbeitgeber die gegenseitigen arbeitsvertraglichen Hauptpflichten einzufordern.

5. Steuerrechtliche Aspekte

Für die Besteuerung von Einkünften der Arbeitnehmer, die ins Ausland entsandt werden, gelten besondere Regelungen, die sich zunächst danach richten, ob der Arbeitnehmer während der Zeit seiner Auslandstätigkeit seinen Wohnsitz oder gewöhnlichen Aufenthalt im Inland beibehält. Ist dies nicht der Fall, unterliegen die Einkünfte des Arbeitnehmers nicht der deutschen Einkommensteuer, da nur natürliche Personen, die im Inland einen Wohnsitz oder ihren gewöhnlichen Aufenthalt haben, unbeschränkt einkommensteuerpflichtig sind (§ 1 Abs. 1 Satz 1 EStG). Das Besteuerungsrecht steht dem Tätigkeitsstaat zu und zwar auch dann, wenn der Arbeitnehmer seinen Arbeitslohn von einem inländischen Arbeitgeber bezieht. Behält der Arbeitnehmer hingegen seinen Wohnsitz oder gewöhnlichen Aufenthalt im Inland bei, stellt sich die Frage, ob das Besteuerungsrecht wegen der fortbestehenden unbeschränkten Steuerpflicht beim deutschen Fiskus verbleibt oder dem Tätigkeitsstaat zusteht. Da die Steuerrechtsordnungen nicht international harmonisiert sind, kann es durch unterschiedliche Anknüpfungspunkte des Besteuerungsrechts zu konkurrierenden Besteuerungszugriffen kommen, die zu einer Doppelbesteuerung führen können. Um diese zu vermeiden sind die Besteuerungsrechte oft in zwischenstaatlichen Doppelbesteuerungsabkommen – DBA – geregelt, die mit vielen Staaten bestehen. Sofern mit dem Tätigkeitsstaat kein DBA abgeschlossen ist oder ein abgeschlossenes DBA keine Regelungen über die Besteuerung der Einkünfte aus nichtselbstständiger Tätigkeit enthält und eine Doppelbesteuerung erfolgt, kann nach den Bestimmungen des Auslandstätigkeitserlasses – ATE –[1] von der Besteuerung abgesehen werden. Durch eine Freistellung des Arbeitslohnes für bestimmte Auslandstätigkeiten sollen Doppelbesteuerungen vermeiden und die deutsche Exportwirtschaft gefördert werden. Allerdings muss der Arbeitnehmer bei einem inländischen Arbeitgeber beschäftigt sein. Wegen dieser Beschränkung auf inländische Arbeitgeber sieht der EuGH den Auslandstätigkeitserlass als unionsrechtswidrig an.[2] Nach Ansicht des EuGH verstößt

---
[1] V. 31.10.1983, BStBl. I 1983, 470.
[2] EUGH v. 28.2.2013 – Rs. C-544/11, BStBl. II 2013, 847 – *Petersen*.

die Beschränkung auf inländische Arbeitgeber sowohl gegen die Arbeitnehmer-Freizügigkeit (Art. 45 AEUV) als auch gegen die Dienstleistungsfreiheit (Art. 56 AEUV). Kommt es zu einer Doppelbesteuerung kommt auch eine Anrechnung oder der Abzug der ausländischen Steuer nach § 34c EStG in Betracht.

68 Es ergeben sich danach folgende **Besteuerungsmöglichkeiten**:

Wohnsitz im Inland		Wohnsitz im Ausland
DBA anwendbar	DBA nicht anwendbar	Keine Besteuerung der Einkünfte aus nichtselbständiger Tätigkeit im Inland
Besteuerung im Tätigkeitsstaat, wenn – Aufenthalt länger als 183 Tage – Entgeltzahlung durch ausländischen Arbeitgeber oder – Tätigkeit in ausländischer Betriebsstätte eines inländischen Arbeitgebers Besteuerung im Wohnsitzstaat, wenn – Voraussetzungen für Besteuerung im Tätigkeitsstaat nicht erfüllt sind	Besteuerung im Inland nach §§ 34c und 32b EStG und dem Auslandstätigkeitserlass	

a) Regelungen nach DBA

69 Hat der Arbeitnehmer einen Wohnsitz oder gewöhnlichen Aufenthalt im Inland und besteht mit dem Tätigkeitsstaat ein dem OECD-Musterabkommen entsprechendes DBA, hängt das Besteuerungsrecht zunächst von der Dauer der Auslandstätigkeit ab (Art. 15 Abs. 2 Buchst. a OECD-MA). Es steht nur dann dem Tätigkeitsstaat zu, wenn sich der Arbeitnehmer mehr als **183 Tage** im Ausland aufhält.[1] Weitere Voraussetzung für das Besteuerungsrecht des Tätigkeitsstaats ist, dass der Arbeitslohn vom ausländischen Arbeitgeber gezahlt (Art. 15 Abs. 2 Buchst. b OECD-MA) oder der Arbeitnehmer in einer ausländischen Betriebsstätte des inländischen Arbeitgebers (Art. 15 Abs. 2 Buchst. c OECD-MA) tätig wird. Dabei ist als ausländisches Unternehmen auch eine Tochter- oder Schwestergesellschaft eines inländischen Unternehmens anzusehen.[2] Zu beachten ist, dass der Betriebsstättenbegriff des Art. 5 OECD-MA nicht mit dem Betriebsstättenbegriff des § 12 AO identisch, sondern enger ist.

70 Liegen die Voraussetzungen für die Besteuerung im Tätigkeitsstaat vor, sind die Einnahmen in Inland nicht der Steuer zu unterwerfen. Der Arbeitgeber ist nicht

---

[1] Zur Anwendung der 183-Tage-Regelung vgl. BMF-Schreiben v. 14.9.2006, BStBl. I 2006, 532 Tz. 4.
[2] BFH v. 21.8.1985 – I R 63/80, BStBl. II 1986, 4; v. 8.4.1992 – I R 68/91, BFH/NV 1993, 295.

zum Lohnsteuerabzug verpflichtet. Ist die Steuerbefreiung nach einem DBA nicht von einem Antrag abhängig, darf es vom Lohnsteuerabzug absehen, wenn eine **Freistellungsbescheinigung** des Betriebsstättenfinanzamts nicht vorliegt. Bei einer antragsgebundenen Steuerbefreiung darf der Lohnsteuerabzug nur bei Vorlage der Freistellungsbescheinigung unterbleiben. Die Freistellungsbescheinigung kann für einen Zeitraum von maximal drei Jahren erteilt werden. Der Arbeitgeber muss sie als Beleg zum Lohnkonto nehmen. Auf diese Weise kann der Arbeitgeber eine Haftung gegenüber dem Fiskus vermeiden. Sofern die Einkünfte nicht im Tätigkeitsstaat zu besteuern sind, ist die Besteuerung im Inland durchzuführen. Wichtig ist, dass der Arbeitgeber dann den Lohnsteuerabzug vorzunehmen hat.

b) Auslandstätigkeitserlass

Der Auslandstätigkeitserlass – ATE – findet Anwendung, sofern die Einkünfte aus nichtselbständiger Tätigkeit nicht in die DBA einbezogen sind (Abs. 5 ATE). Aus diesem Grunde ist die praktische Bedeutung des ATE gering, da die DBA in aller Regel Vorschriften auch über die Behandlung der Einkünfte aus nichtselbständiger Tätigkeit enthalten. Inhaltlich begünstigt der ATE nur bestimmte Auslandstätigkeiten (Abs. 1 Nr. 1–3 ATE). Für die Freistellung ist erforderlich, dass die Auslandstätigkeit ununterbrochen mindestens drei Monate ausgeübt wird (Abs. 2 ATE). Wie der nach DBA freigestellte Arbeitslohn unterliegt auch der nach dem ATE freigestellte Arbeitslohn dem Progressionsvorbehalt (Abs. 4 ATE). Im Übrigen finden die Regelungen für DBA, insbesondere auch bezüglich der Freistellungsbescheinigung, entsprechende Anwendung (Abs. 6 ATE). Trotz der Unvereinbarkeit mit Unionsrecht ist der Auslandstätigkeitserlass bislang nicht geändert worden. Im Hinblick auf die Entscheidung des EuGH[1] dürften sich auch ausländische Arbeitgeber auf dieser verwaltungsseitig vorgesehenen Steuerfreistellung berufen können.

71

c) Anrechnung und Abzug der ausländischen Steuer

Ist der Arbeitslohn nicht nach DBA oder ATE von der inländischen Steuerpflicht freigestellt, kommt für den Arbeitnehmer die Anrechnung der gezahlten ausländischen Steuer nach § 34c Abs. 1 EStG auf die deutsche Einkommensteuer oder der Abzug der Steuer von der Bemessungsgrundlage nach § 34c Abs. 2 EStG in Betracht. Die Anrechnung ist erst im Rahmen der Veranlagung des Arbeitnehmers möglich.

72

---

1 EUGH v. 28.2.2013 – Rs. C-544/11, BStBl. II 2013, 847 – *Petersen*.

A 150 Ausschlussfristen

	Rz.		Rz.
1. Einführung	1	aa) Ausschlussfristen in Tarifverträgen	26
a) Praktische Bedeutung vertraglicher Ausschlussfristen	3	bb) Ausschlussfristen in Betriebsvereinbarungen	29
b) Ausschlussfristen und deren Nachweis nach dem NachwG	5	cc) Ausschlussfristen im Arbeitsvertrag	31
c) Inhaltskontrolle einzelvertraglicher Ausschlussfristen	11	2. Klauseln	34
aa) Vorliegen formularmäßiger Ausschlussfristen	12	a) Einseitige Ausschlussfristen zulasten des Arbeitnehmers	34
bb) Einbeziehungskontrolle – Verbot überraschender Klauseln	13	b) Bezugnahme auf tarifliche Ausschlussfristen	35
cc) Inhaltskontrolle gemäß §§ 307 ff. BGB	16	c) Beiderseitige Ausschlussfristen für Ansprüche aus dem Arbeitsverhältnis	37
dd) Angemessene Länge der Ausschlussfristen/Rechtsfolgen	21	aa) Auslegung	37
d) Differenzierung verschiedener Arbeitnehmergruppen nur bei sachlichem Grund	24	bb) Fristbeginn	41
		cc) Wirksamkeit	44
		d) Zweistufige Ausschlussfrist	45
e) Reichweite von Ausschlussfristen	25	3. Hinweise zur Vertragsgestaltung; Zusammenfassung	51

Schrifttum:

Bauer, Beiderseitige und einseitige Ausschlussfristen, NZA 1987, 440; *Busse*, Die Ausschlussfrist im Geflecht arbeitsrechtlicher Gestaltungsfaktoren, 1991; *Diehn*, AGB-Kontrolle von arbeitsrechtlichen Verweisungsklauseln, NZA 2004, 129; *Fenski*, Die Pflicht des Arbeitgebers zum Hinweis auf tarifvertragliche Ausschlussfristen, BB 1987, 2293; *Fenski*, Ausschlussklauseln in allgemeinen Arbeitsbedingungen, ArbuR 1989, 168; *Fromm*, Zweistufige tarifliche Ausschlussfristen nach der Schuldrechtsreform, ZTR 2003, 70; *Ganz/Schrader*, Das Regressrisiko bei Ausschlussfristen, NZA 1999, 570; *Gaul*, Inhalt und Wirkung tariflicher Ausschlussfristen, ZTR 1988, 123; *Henssler*, Arbeitsrecht und Schuldrechtsreform, RdA 2002, 129; *Hergenröder*, Ausschlussfristen, AR-Blattei SD 350; *Hohmeister*, Tarifliche Ausschlussfristen, AP Nr. 180 zu § 1 TVG Tarifverträge: Metallindustrie; *Hönn*, Zu den „Besonderheiten" des Arbeitsrechts, ZfA 2003, 325; *Hümmerich*, Gestaltung von Arbeitsverträgen nach der Schuldrechtsreform, NZA 2003, 753; *Koch*, Der fehlende Hinweis auf tarifliche Ausschlussfristen und seine Folgen, in Festschrift für Schaub, 1998, S. 421; *Kortstock*, Zulässige Länge von einzelvertraglichen Ausschlussfristen Berücksichtigung der Neuregelung im Arbeitnehmerentsendegesetz und im Mindestarbeitsbedingungengesetz, NZA 2010, 311; *Kramer*, Rechtsfolgen unzulässig kurzer Kündigungs- und Ausschlussfristen, BB 1997, 731; *Krause*, Vereinbarte Ausschlussfristen, RdA 2004, 36, 106; *Langen*, Gesetzliche und vertragliche Ausschlussfristen im Arbeitsrecht, 1994; *Laskawy*, Ausschlussfristen im Arbeitsrecht: Verständnis und Missverständnisse, DB 2003, 1325; *Linde/Lindemann*, Der Nachweis tarifvertraglicher Ausschlussfristen, NZA 2003, 649; *Mansel/Budzikiewicz*, Das neue Verjährungsrecht, 2002; *Matthiessen*, Arbeitsvertragliche Ausschlussfristen und das Verbot des § 309 Nr. 7 BGB, NZA 2007, 361; *Matthiessen*, Arbeitsvertragliche Ausschlussfristen, 2007; *Matthiessen*, Klageweise Geltendmachung von Ansprüchen zur Wahrung einer zweistufigen Ausschlussfrist durch Kündigungsschutzklage – Rechtsprechungsänderung des BAG, NZA 2008, 1165; *Mohr*, Neue Rechtsprechung des BAG zur AGB-Kontrolle von Ausschlussfristen in Formulararbeitsverträgen, SAE 2006,

156; *Oberthür*, Neues zu arbeitsvertraglichen Ausschlussfristen – Aktuelle Rechtsprechung, ArbRB 2009, 181; *Peters-Lange*, Tarifliche Ausschlussfristen und Sozialversicherungsbeiträge, NZA 1995, 657; *Plüm*, Tarifliche Ausschlussfristen im Arbeitsverhältnis, MDR 1993, 14; *Preis*, Auslegung und Inhaltskontrolle von Ausschlussfristen in Arbeitsverträgen, ZIP 1989, 885; *Preis*, Weihnachtsgratifikation – Arbeitsvertragliche Ausschlussfrist, RdA 2002, 42; *Preis/Roloff*, Die Inhaltskontrolle vertraglicher Ausschlussfristen, RdA 2005, 144; *Preis/Roloff*, Vertragsinhaltskontrolle im Arbeitsrecht, ZfA 2007, 43; *Preis/Ulber D.*, Ausschlussfristen und Mindestlohngesetz, 2014; *Reinecke*, Rückforderung von überbezahltem Arbeitsentgelt und tarifliche Ausschlussfristen, in Festschrift für Schaub, 1998, S. 593; *Schmid*, Regressfalle Ausschlussfristen, ArbRB 2002, 318; *Schrader*, Neues zu Ausschlussfristen, NZA 2003, 345; *Singer*, Arbeitsvertragsgestaltung nach der Reform des BGB, RdA 2003, 194; *Ulber D.*, Ausschlussfristen und zwingendes Recht, DB 2011, 1808; *Unterhinninghofen*, Mehrarbeitsvergütung – tarifliche Ausschlussfrist, ArbuR 2002, 393; *Weber*, Die Ausschlussfrist im Arbeitsrecht, 1983; *Weyand*, Die tariflichen Ausschlussfristen in Arbeitsrechtsstreitigkeiten, 1995.

1. Einführung

Ebenso wie die Verjährung dienen die Ausschlussfristen (oft auch als „Verfallfristen" bezeichnet) dem **Rechtsfrieden** und der **Rechtssicherheit** im Vertragsverhältnis. Der Schuldner muss binnen einer angemessenen Frist darauf hingewiesen werden, ob und welche Ansprüche gegen ihn noch geltend gemacht werden; ferner soll er sich darauf verlassen können, dass nach Fristablauf gegen ihn keine Ansprüche mehr erhoben werden. Dies gilt insbesondere auch nach Beendigung des Arbeitsverhältnisses.

Anders als die **Verjährungsfrist** führt die **Ausschlussfrist** zum **Erlöschen des Anspruchs**, sofern er nicht fristgerecht geltend gemacht wird.[1] Die Verjährung gibt dagegen nur ein auf Einrede zu beachtendes Leistungsverweigerungsrecht des Schuldners. Diese unterschiedlichen Rechtswirkungen haben zahlreiche prozessuale Konsequenzen.[2] Insbesondere haben die Gerichte Ausschlussfristen von Amts wegen zu beachten.[3]

a) Praktische Bedeutung vertraglicher Ausschlussfristen

Ausschlussfristen sind im Arbeitsrecht weit verbreitet. Fast jeder Tarifvertrag enthält entsprechende Regelungen.[4] Da in die meisten Arbeitsverträge ein Tarifvertrag einbezogen wird, ist davon auszugehen, dass jeder dieser Arbeitsverträge eine Ausschlussfrist enthält. Praktikerhandbücher empfehlen gerade im Hinblick auf **tarifliche Ausschlussfristen**, bei nicht organisierten Arbeitnehmern die **Einbeziehung**

---
1 BAG v. 30.3.1973 – 4 AZR 259/72, AP Nr. 4 zu § 390 BGB.
2 Hierzu *Weyand*, Die tariflichen Ausschlussfristen in Arbeitsrechtsstreitigkeiten, Rz. 1 ff. m.w.N.
3 LAG Köln v. 5.12.1998 – 6 Sa 1031/97, NZA-RR 1998, 453; beachte aber: Die herrschende Rechtsprechung ist – insofern widersprüchlich – der Ansicht, dass das Arbeitsgericht aber nicht verpflichtet sei zu prüfen, ob ein (allgemeinverbindlicher) Tarifvertrag für das Arbeitsverhältnis auch greife, BAG v. 12.7.1972 – 1 AZR 445/71, AP Nr. 51 zu § 4 TVG Ausschlussfristen und BAG v. 15.6.1993 – 9 AZR 208/92, NZA 1994, 274.
4 S. hierzu die Untersuchungen *Weber*, Die Ausschlussfrist im Arbeitsrecht, 1983, und *Weyand*, Die tariflichen Ausschlussfristen in Arbeitsrechtsstreitigkeiten, 1995.

des Tarifvertrages durch Einzelarbeitsvertrag herbeizuführen.[1] Solche in Bezug genommenen tarifvertraglichen Ausschlussfristen unterliegen, sofern eine Globalverweisung erfolgte, keiner Inhaltskontrolle nach den §§ 305–310 BGB. Dies gilt nach der Rechtsprechung des BAG sogar dann, wenn auf im Nachwirkungsstadium ein Tarifvertrag in Bezug genommen wird.[2] Allerdings hat die Rechtsprechung im Zusammenhang mit der Tarifunfähigkeit der CGZP durchaus gezeigt, dass arbeitsvertraglichen Ausschlussfristen eine eigenständige Bedeutung zukommen kann.[3]

4 Während bei **individualvertraglichen** Ausschlussfristen früher verhältnismäßig häufig **einseitige Ausschlussfristen** zulasten der Arbeitnehmer anzutreffen waren bzw. teilweise Ausschlussfristen mit einer Dauer von nur einem oder zwei Monaten empfohlen wurden,[4] zeigt sich nach der Schuldrechtsreform und neuen Rechtsprechung des BAG (hierzu Rz. 21 ff.) eine Änderung der Vertragsgestaltungspraxis. In den Formularbüchern werden nunmehr regelmäßig beiderseitige (einstufige wie zweistufige) Ausschlussfristen empfohlen, die mit einer Fristlänge von in der Regel drei Monaten angesetzt werden.[5]

b) Ausschlussfristen und deren Nachweis nach dem NachwG

5 Fraglich ist, ob die vertraglich vereinbarten Ausschlussfristen der Nachweispflicht nach dem NachwG unterliegen. Diese Fragestellung erscheint auf den ersten Blick unerheblich, da durch § 2 NachwG zwar ein zwingendes, aber kein konstitutives Formerfordernis begründet wird. Vielmehr beinhaltet nur der beiderseitig unterzeichnete Arbeitsvertrag die Vermutung der Vollständigkeit und Richtigkeit. So laufen bspw. normativ geltende tarifvertragliche Ausschlussfristen auch, wenn sie den Parteien unbekannt sind[6] oder wenn der Tarifvertrag entgegen § 8 TVG nicht im Betrieb ausgehängt wurde.[7] Zudem fehlt dem NachwG auch jegliche Sanktion für den Fall eines fehlenden Nachweises der Vertragsbedingungen.

6 Teile der Literatur setzen sich daher bei Ausbleiben des Nachweises von Vertragsbedingungen für eine Beweislastumkehr – bspw. in einem Prozess um den Ersatz des Schadens, der dem Arbeitnehmer durch die unterlassene rechtzeitige Geltendmachung des Anspruchs entstanden ist[8] – zugunsten des Arbeitnehmers ein, da andernfalls ein Verstoß des Arbeitgebers gegen die Nachweispflicht keinerlei Nach-

---

1 Sowka/Schiefer/*Prinz*, Arbeitsrecht für die betriebliche Praxis, Rz. 54.
2 BAG v. 18.9.2012 – 9 AZR 1/11, NZA 2013, 216 (218).
3 BAG v. 25.9.2013 – 5 AZR 778/12, NZA 2014, 94; v. 13.3.2013 – 5 AZR 954/11, NZA 2013, 680 (684).
4 *Frikell/Orlop*, Arbeitsrecht in Formularen, A 2; *Hohn/Romanovszky*, Vorteilhafte Arbeitsverträge, S. 212.
5 BLDH/*Lingemann*, M 2.1a, S. 112; SSSV/*Schrader*, § 2 Rz. 39, 55.
6 BAG v. 18.2.1992 – 9 AZR 611/90, NZA 1992, 881.
7 BAG v. 8.1.1970 – 5 AZR 124/69, AP Nr. 43 zu § 4 TVG Ausschlussfristen; v. 23.1.2002 – 4 AZR 56/01, NZA 2002, 800; LAG Bremen v. 9.11.2000 – 4 Sa 138/00, DB 2001, 336; LAG Schl.-Holst. v. 3.6.2002 – 4 Sa 438/01, LAG Report 2002, 325; s. aber LAG Köln v. 15.3.2001 – 5 (10) Sa 1363/00, ARSt. 2001, 186 für den Fall der Nichtaushändigung eines schriftlichen Arbeitsvertrags.
8 Vgl. hierzu ErfK/*Preis*, Einf. NachwG Rz. 12, 19 ff.

teile mit sich bringe.¹ Ob diese Ansicht zutreffend ist, kann dahin gestellt bleiben. Jedenfalls hat der Nachweis als Privaturkunde i.S.d. § 416 ZPO insofern beweisrechtliche Bedeutung, als bei Nichterteilung oder nicht vollständiger Erteilung des Nachweises dem Arbeitgeber eine **Beweisvereitelung** vorgeworfen werden kann.² So erkennt insbesondere der BGH in seiner Rechtsprechung an, dass die Verletzung einer **bestehenden Dokumentationspflicht** zu Beweiserleichterungen bis hin zur Beweislastumkehr führen kann.³ Zwar führt eine auch (fahrlässige) Beweisvereitelung nicht per se zur Umkehr der Beweislast, sie ist aber im Rahmen der Beweiswürdigung durch den Richter nach § 286 ZPO zu berücksichtigen und kann die Beweisführung für den Arbeitnehmer erleichtern. Diese Erleichterung tritt ein, wenn der Kläger in nicht zumutbarer Weise mit der Beweisführung belastet ist, was sich bezüglich der Arbeitsvertragsbedingungen bejahen lässt, da der Gesetzgeber dem Arbeitgeber zwingend die Dokumentationspflicht auferlegt hat.⁴

Zu klären ist aber weiterhin, ob **Ausschlussfristen** tatsächlich eine nachweispflichtige Vertragsbedingung darstellen. Voraussetzung hierfür ist, dass eine Ausschlussfrist eine **wesentliche Vertragsbedingung** i.S.d. § 2 Abs. 1 Satz 1 NachwG darstellt. Der Mindestkatalog des § 2 Abs. 1 Satz 2 NachwG enthält nur den Kernbestand der vom Richtliniengeber für wesentlich erachteten Vertragsbedingungen. Eine Beschränkung der Nachweispflicht auf die essentialia negotii (Vergütung und Arbeitszeit) erscheint ausgeschlossen, weil schon der Mindestkatalog darüber hinausgeht. Entscheidend ist demzufolge, was nach dem Inhalt des jeweiligen Arbeitsverhältnisses als wesentlich i.S.d. § 2 Abs. 1 Satz 1 NachwG anzusehen ist.

Der Normtext lässt es nicht zu, die in § 2 Abs. 1 Satz 2 NachwG aufgelisteten Mindestbedingungen als abschließend definierte wesentliche Vertragsbedingungen anzusehen. Wenn über den Mindestkatalog hinausgehende wesentliche Vertragsbedingungen denkbar sind, unterliegen sie ebenfalls der Nachweispflicht.⁵ Ent-

---

1 ArbG Celle v. 9.12.1999 – 1 Ca 426/99, LAGE § 2 NachwG Nr. 7a; *Berscheid*, WPRax 1994, 6 (11); *Birk*, NZA 1996, 289; *Däubler*, NZA 1992, 577 (578); *Gaul*, NZA Sonderbeilage 3/2000, 45 (53); *Höland*, ArbuR 1996, 87 (93); *Stückemann*, BB 1995, 1848; *Wank*, RdA 1996, 24; a.A. *Feldgen*, Nachweisgesetz, Rz. 84f., 96f.; der EuGH v. 4.12.1977 – Rs. 253/96 bis 258/96 – Kampelmann u.a., NZA 1998, 137, überlässt die beweisrechtliche Konsequenz des fehlenden Nachweises dem nationalen Recht.
2 Vgl. ErfK/*Preis*, Einf. NachwG Rz. 23; so auch LAG Köln v. 25.7.1997 – 11 Sa 138/97, BB 1998, 590; v. 9.1.1998 – 11 Sa 155/97, BB 1998, 1643; v. 31.7.1998 – 11 Sa 1484/97, NZA 1999, 545; LAG Hamm v. 17.12.1998 – 4 Sa 635/98, n.v.; ArbG Lübeck v. 21.1.1999 – 1 Ca 2776/98, EuroAS 2000, 102; LAG Köln v. 15.3.2001 – 5 (10) Sa 1363/00, ARST 2001, 186 (Ls.); LAG Düsseldorf v. 17.5.2001 – 5 (3) Sa 45/01, DB 2001, 1995; LAG Nürnberg v. 9.4.2002 – 7 Sa 518/01, LAGE § 2 NachwG Nr. 12; *Bergwitz*, BB 2001, 2316; *Franke*, DB 2000, 274 (276); *Hold*, ZTR 2000, 540 (544); *Kliemt*, EAS B 3050 Rz. 119; *Müller-Glöge*, RdA Sonderbeilage Heft 5/2001, 46 (53); *Richardi*, NZA 2001, 57 (60); *Preis*, NZA 1997, 10 (13); *Schaefer*, Nachweisgesetz, Rz. F 84; *Weber*, NZA 2002, 641 (644); einschränkend LAG Hamm v. 14.8.1998 – 10 Sa 777/97, NZA-RR 1999, 210, wonach eine Beweisvereitelung nur dann in Betracht kommt, wenn weitere Indizien für die Richtigkeit der vom Arbeitnehmer behaupteten Arbeitsbedingungen sprechen.
3 BGH v. 15.11.1984 – IX ZR 157/83, ZIP 1985, 312 (314); hierzu auch BAG v. 31.10.1996 – 2 AZR 68/95, NZA 1996, 819 (823); LAG Köln v. 9.10.1998 – 11 Sa 155/97, BB 1998, 1643.
4 *Preis*, NZA 1997, 10 (12f.); *Franke*, DB 2000, 274 (278); *Matthiessen*, Arbeitsvertragliche Ausschlussfristen, S. 362f.
5 So auch *Feldgen*, Nachweisgesetz, Rz. 124; *Kliemt*, EAS B 3050 Rz. 15; anders *Wank*, RdA 1996, 23.

scheidend ist, ob eine wesentliche Regelung, die Haupt- oder Nebenpflichten der Vertragsparteien berührt, vereinbart worden ist. Vertragliche **Ausschlussfristen** bedürfen schon wegen ihres **rechtsbeschneidenden Inhalts** einer klaren und bestimmten schriftlichen Regelung. Sie gehören zu den nachweispflichtigen wesentlichen Vertragsbedingungen.[1] Dies erstreckt sich allerdings im Verhältnis Leiharbeitnehmer und Verleiher nicht auf den Nachweis von beim Entleiher geltenden Ausschlussfristen.[2]

9 Damit wird der fehlende Nachweis einer Ausschlussfrist nach § 2 Abs. 1 Satz 1 NachwG trotz des deklaratorischen Charakters des Nachweises in der Praxis die Konsequenz haben, dass der Arbeitgeber diese Vereinbarung, die er nicht schriftlich dokumentiert hat, nicht wird beweisen können. Jedenfalls wäre eine Berufung auf eine nicht dokumentierte Ausschlussfrist gegenüber dem Arbeitnehmer treuwidrig. Daher bedürfen Ausschlussfristen eines Nachweises.

10 Wie der Nachweis der einzelnen Ausschlussfrist ausgestaltet sein muss, richtet sich danach, ob die Bedingung in einem Einzel- oder Tarifvertrag enthalten ist; dazu im Einzelnen Rz. 36 sowie → *Verweisungsklauseln*, II V 40 Rz. 12 ff.[3]

c) Inhaltskontrolle einzelvertraglicher Ausschlussfristen

11 Die Vereinbarung von Ausschlussfristen in (Formular-)Arbeitsverträgen ist im Rahmen der Vertragsfreiheit (§§ 241 Abs. 1, 311 Abs. 1 BGB) zulässig.[4] Fraglich ist jedoch, wo die **Grenzen der Vereinbarung** verlaufen, insbesondere wann eine unzulässige Beschneidung vertraglicher Rechte vorliegt.[5] Es ist mittlerweile anerkannt, dass einzelvertraglich festgelegte Ausschlussfristen nicht vergleichbar den tarifvertraglichen Regelungen (§ 310 Abs. 4 Satz 1 BGB)[6] einer Inhaltskontrolle entzogen sind, sondern der Kontrolle nach §§ 305 ff. BGB unterliegen.[7] Sie weichen von den gesetzlichen Vorschriften über die Verjährung ab (§ 307 Abs. 3 Satz 1 BGB).[8] Wegen der erheblichen Arbeitsentlastung, die Ausschlussfristen für die Gerichte bewirken, neigt das BAG dazu, die Inhaltskontrolle so zu handhaben, dass Ausschlussfristen nicht unwirksam sind.[9] Das führt zu einer inkonsistenten, überhar-

---

1 Genauso *Kliemt*, EAS B 3050 Rz. 15; *Lörcher*, ArbuR 1994, 450 (452); *Koch*, FS Schaub, 1998, S. 421 (438); *Matthiessen*, Arbeitsvertragliche Ausschlussfristen, S. 111; LAG Schl.-Holst. v. 8.2.2000 – 1 Sa 563/99, NZA-RR 2000, 196; a.A. *Feldgen*, Nachweisgesetz, Rz. 129.
2 BAG v. 23.3.2011 – 5 AZR 7/10, NZA 2011, 850 (851); LAG Nds. v. 13.12.2013 – 6 Sa 1324/12.
3 *Preis/Lindemann*, Anm. zu EuGH v. 8.2.2001, EAS C Richtlinie 91/533/EWG Art. 2 Nr. 2.
4 LAG Düsseldorf v. 12.9.1980 – 16 Sa 221/80, DB 1981, 590; LAG Schl.-Holst. v. 30.7.2002 – 2 Sa 218/02, n.v.; BAG v. 2.3.2004 – 1 AZR 271/03, NZA 2004, 852; v. 1.3.2006 – 5 AZR 511/05, NZA 2006, 783; *Bauer*, NZA 1987, 440 (442); Schaub/*Schaub*, § 205 Rz. 4; kritisch Wiedemann/*Wank*, § 4 TVG, Rz. 365; abweichend ArbG Heilbronn v. 2.7.1986 – 4 Ca 156/86, NZA 1987, 466.
5 Hierzu *Preis*, ZIP 1989, 885 ff.; ferner ArbG Freiburg v. 10.10.1988 – 2 Ca 201/89, EzA § 4 TVG Ausschlussfristen Nr. 80.
6 BAG v. 23.9.2004 – 6 AZR 442/03, AP Nr. 1 zu § 27 BMT-G II; v. 28.6.2007 – 6 AZR 750/06, NZA 2007, 1049; v. 13.12.2007 – 6 AZR 222/07, NZA 2008, 478.
7 Vgl. BAG v. 25.5.2005 – 5 AZR 572/04, NZA 2005, 1111; v. 28.9.2005 – 5 AZR 52/05, AP Nr. 7 zu § 307 BGB; v. 12.3.2008 – 10 AZR 152/07, NZA 2008, 699.
8 BAG v. 25.5.2005 – 5 AZR 572/04, NZA 2005, 1111.
9 BAG v. 20.6.2013 – 8 AZR 280/12, NZA 2013, 1265.

ten und von einer Vielzahl von Korrekturen überschießender Folgen geprägten Rechtsprechung (zur Rechtsprechung vgl. Rz. 37 ff.).

aa) Vorliegen formularmäßiger Ausschlussfristen

Der Inhaltskontrolle gemäß §§ 305 ff. BGB unterliegen vorformulierte Ausschlussfristen insoweit, als sie nicht zwischen den Vertragsparteien im Einzelnen ausgehandelt wurden (§ 305 Abs. 1 Satz 3 BGB) oder der Arbeitnehmer auch bei einmaliger Verwendung aufgrund der Vorformulierung auf ihren Inhalt keinen Einfluss nehmen konnte (§ 310 Abs. 3 Nr. 2 BGB). 12

bb) Einbeziehungskontrolle – Verbot überraschender Klauseln

Damit die Ausschlussfrist einer Inhaltskontrolle unterliegt, muss sie zum Inhalt des Vertrags geworden sein. Dies geschieht entweder durch ausdrückliche Festschreibung im Arbeitsvertrag oder durch Bezugnahme auf einen Tarifvertrag. Ob sich eine Bindung an tarifvertragliche Ausschlussfristen auch durch konkludentes Verhalten der Vertragsparteien oder betriebliche Übung ergeben kann, ist zweifelhaft.[1] 13

Die Einbeziehungskontrolle richtet sich nach §§ 305 ff. BGB. Generell wird der Einbeziehung einer Ausschlussfrist in den Arbeitsvertrag nicht entgegenstehen, dass diese als überraschende Klausel i.S.v. § 305c Abs. 1 BGB zu qualifizieren ist. Wegen ihrer Üblichkeit in der arbeitsrechtlichen Praxis haben Ausschlussfristen grundsätzlich keinen überraschenden Charakter.[2] Ausschlussfristen werden nicht Vertragsinhalt, wenn sie in einem Formulararbeitsvertrag ohne besonderen Hinweis und ohne drucktechnische Hervorhebung unter falscher oder missverständlicher Überschrift platziert wurden (sog. **formale Überraschung**).[3] Das BAG hat bspw. in einer Entscheidung aus dem Jahre 1995 rechtsbeschneidende individualvertragliche Ausschlussfristen mit der Begründung verworfen, sie seien in Allgemeinen Vertragsbedingungen versteckt gewesen.[4] Ist eine einzelvertragliche Ausschlussklausel für den Arbeitnehmer nur mit erheblichen Schwierigkeiten zu lesen, weil die Vertragsbedingungen auf der Rückseite des Formulars lediglich in einem blassen Grau gedruckt sind, so spricht dieser Umstand für eine überraschende Vereinbarung.[5] Ausschlussfristen werden danach regelmäßig gemäß § 305c Abs. 1 BGB nicht Vertragsinhalt, wenn sie nicht deutlich im Vertrag hervorgehoben, vor allem an ungewöhnlicher und überraschender Stelle im Vertrag „versteckt" werden, z.B. unter der missverständlichen Überschrift „Schlussbestimmungen" (zu dem dabei ebenfalls möglichen Verstoß gegen § 307 Abs. 1 Satz 2 BGB s. Rz. 22).[6] 14

---

1 Vgl. dazu ErfK/*Preis*, §§ 194–218 Rz. 34; Für eine konkludente Vereinbarung: BAG v. 19.1.1999 – 1 AZR 606/98, NZA 1999, 100; *Matthiessen*, Arbeitsvertragliche Ausschlussfristen, Fn. 73 m.w.N.
2 BAG v. 13.12.2000 – 10 AZR 168/00, NZA 2001, 723; v. 27.2.2002 – 9 AZR 543/00, DB 2002, 1720; v. 25.5.2005 – 5 AZR 572/04, NZA 2005, 1111 m. Anm. *Preis/Franz*; ErfK/ *Preis*, §§ 194–218 BGB Rz. 44; *Mohr*, SAE 2006, 156 (162).
3 BAG v. 31.8.2005 – 5 AZR 545/05, NZA 2006, 324; so bereits die Rspr. vor der Schuldrechtsreform: BAG v. 29.11.1995 – 5 AZR 447/94, NZA 1996, 702; v. 13.12.2000 – 10 AZR 168/00, NZA 2001, 723.
4 BAG v. 29.11.1995 – 5 AZR 447/94, NZA 1996, 702.
5 LAG Schl.-Holst. v. 30.7.2002 – 2 Sa 218/02, n.v.
6 BAG v. 31.8.2005 – 5 AZR 545/04, NZA 2006, 324; DBD/*Däubler*, § 305c BGB Rz. 18; *Lakies*, Rz. 597; *Matthiessen*, Arbeitsvertragliche Ausschlussfristen, S. 91 f.

15 Ist ein Arbeitsvertrag hinsichtlich der Geltung einer Ausschlussfrist aufgrund alternativer Regelung **unklar**, etwa weil sie an verschiedene Zeitpunkte anknüpft, so ist diese unwirksam.[1] Dem Arbeitgeber ist daher zu empfehlen, Ausschlussfristen klar zu formulieren und unter **eindeutiger Bezeichnung in den Arbeitsvertrag** selbst aufzunehmen.

cc) Inhaltskontrolle gemäß §§ 307ff. BGB

16 Die Unwirksamkeit formularmäßig vereinbarter arbeitsvertraglicher Ausschlussfristen kann sich zunächst aus den Klauselverboten der §§ 309, 308 BGB ergeben.

§ 309 Nr. 6 BGB ist auf Ausschlussfristen **nicht anwendbar**. Die Ausschlussfristen führen zwar zum Verfall von Ansprüchen, weisen aber nicht den für die Vertragsstrafen nach § 309 Nr. 6 BGB typischen Strafcharakter auf. Insbesondere sind die Fristen nicht mit solchen Verfallklauseln vergleichbar, die bei Zahlungsverzug des Vertragspartners eine Anzahlung u.ä. verfallen lassen und bei denen zivilrechtlich die Anwendung von § 309 Nr. 6 BGB diskutiert wird.[2]

17 **Ebenso wenig** kommt eine **Anwendung von § 309 Nr. 13 BGB** in Frage, und zwar auch nicht bei (zweistufigen) Ausschlussfristen, die eine gerichtliche Geltendmachung zwingend vorsehen.[3] Nach dieser Vorschrift sind Klauseln unwirksam, durch die Anzeigen oder Erklärungen, die dem Verwender oder einem Dritten gegenüber abzugeben sind, an eine strengere Form als die Schriftform oder an besondere Zugangserfordernisse gebunden werden. Die gerichtliche Geltendmachung von Ansprüchen fällt jedoch nicht darunter. Nicht die Erklärung des Arbeitnehmers gegenüber dem Arbeitgeber wird an eine besondere Form gebunden, sondern das Schicksal der geltend gemachten Ansprüche wird mit der gerichtlichen Geltendmachung verknüpft. Zudem ist die Klageerhebung eine Prozesshandlung und keine Anzeige oder Erklärung.[4] Selbst wenn man unter Hinweis darauf, dass auf Prozesshandlungen die Vorschriften über Willenserklärungen analog anwendbar sind, in der Ausschlussfrist eine Anforderung an die Erklärung sehen wollte, begründet die Pflicht zur gerichtlichen Geltendmachung keine besonderen Formanforderungen, da Klagen grundsätzlich schriftlich zu erheben sind, vgl. § 253 Abs. 1 ZPO. Zwar ist die Zustellung der Klage eine besondere Zugangsvoraussetzung, § 132 BGB. Dem Verwender kommt es aber nicht darauf an, dass ihm die Klageschrift zugestellt wird, er will allein eine gerichtliche Klärung über möglicherweise bestehende Ansprüche innerhalb einer bestimmten Frist herbeiführen. Adressat der Klageeinreichung ist also nicht der Arbeitgeber, sondern das Gericht. Dieses ist aber nicht „Dritter" i.S.v.

---

1 BAG v. 19.2.2014 – 5 AZR 700/12, NZA 2014, 1097; vgl. zur Geltung einer Ausschlussfrist bei Betriebsübergang BAG v. 12.12.2000 – 9 AZR 1/00, DB 2001, 1676.
2 MünchKommBGB/*Kieninger*, § 309 Nr. 6 Rz. 10; *Thüsing*, AGB-Kontrolle, Rz. 172; WLP/*Dammann*, § 309 Nr. 6 BGB Rz. 16ff.
3 Offen gelassen in BAG v. 25.5.2005 – 5 AZR 572/04, AP Nr. 1 zu § 310 BGB m. Anm. *Preis/Franz*; *Gotthardt*, Rz. 289; *Mohr*, SAE 2006, 156 (160); *Preis/Roloff*, RdA 2005, 144 (148f.); *Thüsing*, AGB-Kontrolle, Rz. 160; UBH/*Fuchs*, § 310 BGB Rz. 212; a.A. ArbG Frankfurt 13.8.2003, ArbuR 2004, 76 (Ls.); *Hümmerich*, NZA 2003, 753 (755); *Hönn*, ZfA 2003, 325 (340); *Singer*, RdA 2003, 194 (201); *Annuß*, BB 2002, 458 (463); *Däubler*, NZA 2001, 1329 (1336); DBD/*Deinert*, § 310 BGB Rz. 95a.
4 Zöller/*Greger*, § 253 ZPO Rz. 1; Thomas/Putzo/*Reichold*, § 253 ZPO Vorbem. Rz. 16 u. 34; hierzu auch ErfK/*Preis*, §§ 194–218 BGB Rz. 45.

§ 309 Nr. 13 BGB. Dritte sind nur solche Personen, die nicht dem Bereich des Verwenders angehören, denen gegenüber der Erklärende aber seine Rechte ausüben darf oder muss.[1]

Demgegenüber ist, nachdem das BAG seine zwischenzeitlich abweichende Rechtsprechung wohl aufgegeben hat,[2] das Klauselverbot nach **§ 309 Nr. 7 BGB** anwendbar.[3] Danach sind Haftungsausschlüsse bei der (auch fahrlässigen) Verletzung von Leben, Körper, Gesundheit sowie bei Vorsatz und grobem Verschulden unwirksam. Da Ausschlussfristen anspruchsvernichtende Wirkung haben, kommen sie Haftungsausschlüssen nahe. Durch die Ausschlussfristen wird die Haftung des Verwenders nicht ausdrücklich ausgeschlossen, aber jedenfalls an eine vorherige Geltendmachung verschiedener Art geknüpft. Einer Anwendung von § 309 Nr. 7 BGB stehen keine arbeitsrechtlichen Besonderheiten entgegen. Zwar ist die Haftung des Arbeitgebers gegenüber Versicherten, die in seinem Unternehmen tätig sind, für Personenschäden ohnehin nach § 104 SGB VII auf Vorsatz und auf Wegeunfälle beschränkt. Dennoch bleibt auch im Arbeitsrecht ein Anwendungsbereich des § 309 Nr. 7 BGB, nämlich für die Fälle vorsätzlich herbeigeführter Personenschäden sowie anderer vorsätzlich oder grob fahrlässig herbeigeführter Schäden. Es ist nicht ersichtlich, dass der Verwender von AGB im Arbeitsrecht bei der Haftung für Vorsatz und grobe Fahrlässigkeit schutzwürdiger ist als der Verwender von AGB im allgemeinen Zivilrecht. Daher **gilt § 309 Nr. 7 BGB auch im Arbeitsrecht**. Das hätte eigentlich die Unwirksamkeit einer Vielzahl von Ausschlussfristen zur Folge gehabt.[4] Das BAG hat hier mit einer geltungserhaltenden Auslegung von Ausschlussfristen geholfen, nach der jedenfalls davon auszugehen sei, dass der Verwender von Ausschlussfristen nicht gegen §§ 202 Abs. 1, 276 Abs. 3 BGB verstoßen wolle. Daher seien Ansprüche wegen vorsätzlicher Vertragsverstöße und vorsätzlich begangener unerlaubter Handlungen regelmäßig nicht von Ausschlussfristen erfasst.[5]

Um sicher zu gehen, dass die Ausschlussklausel nicht gegen diese Norm verstößt – mit der Folge der möglichen Gesamtunwirksamkeit der Klausel – ist **ausdrücklich klarzustellen**, dass sich die Ausschlussfrist **nicht auf Ansprüche bezieht**, die aus der Verletzung des Lebens, des Körpers oder der Gesundheit sowie aus vorsätzlichen oder grob fahrlässigen Pflichtverletzungen des Arbeitgebers oder seines gesetzlichen Vertreters oder Erfüllungsgehilfen resultieren.[6]

Der Kontrolle von **Änderungsvorbehalten gemäß § 308 Nr. 4 BGB** sind Ausschlussfristen **nicht** unterworfen.[7] Ausschlussfristen begründen im Sinne der Vorschrift kein Recht des Verwenders, die versprochene Leistung zu ändern oder von ihr abzuweichen. Das Erlöschen des Rechts oder Anspruchs bei Eingreifen der Ausschluss-

---
1 *Wolf*/Horn/Lindacher, 4. Aufl., § 11 Nr. 16 AGBG Rz. 3.
2 BAG v. 20.6.2013 – 8 AZR 280/12, NZA 2014, 1265; anders noch: BAG v. 25.5.2005 – 5 AZR 572/04, AP Nr. 1 zu § 310 BGB m. Anm. *Preis*/Franz; v. 28.9.2005 – 5 AZR 52/05, NZA 2006, 149.
3 BGH v. 15.11.2006 – VIII ZR 3/06, NJW 2007, 674; DBD/*Däubler*, § 309 BGB Rz. 4; *Lakies*, Rz. 600; *Matthiessen*, NZA 2007, 361 (364f.); *Matthiessen*, Arbeitsvertragliche Ausschlussfristen, S. 209; *Preis*/Roloff, RdA 2005, 144 (145ff.) m.w.N.
4 *Lakies*, Rz. 599; ErfK/*Preis*, §§ 194–218 Rz. 45.
5 BAG v. 20.6.2013 – 8 AZR 280/12, NZA 2013, 1265.
6 *Preis*/Roloff, RdA 2005, 144 (147).
7 *Preis*/Roloff, RdA 2005, 144 (149).

frist führt zu ihrem Untergang und gibt dem Arbeitgeber als Verwender kein Änderungs- oder Abweichungsrecht. Im Gegensatz zu zivilrechtlichen Verfallklauseln nach § 308 Nr. 4 BGB, die die Aufhebung von Stundungsabreden zur Folge haben, modifizieren die arbeitsrechtlichen Ausschlussfristen nicht die Leistungspflicht, sondern führen zum Erlöschen der Rechte bzw. Ansprüche des Arbeitnehmers.

20 Kern der Inhaltskontrolle ist die **Angemessenheitskontrolle nach § 307 BGB**.[1] Die arbeitsvertragliche Ausschlussfrist stellt eine von Rechtsvorschriften, nämlich den gesetzlichen Verjährungsregeln der §§ 195 ff. BGB, abweichende Regelung dar. Maßstab für die Frage der Angemessenheit der Ausschlussfrist ist, ob mit ihr ein **berechtigtes Klarstellungsinteresse** verfolgt oder aber das berechtigte Anliegen des Vertragspartners, vor Klageerhebung die Sach- und Rechtslage abschließend zu prüfen und nicht zu voreiliger Klageerhebung gezwungen zu sein, unvertretbar eingeschränkt wird.[2] Die Überprüfung einer arbeitsrechtlichen Ausschlussfrist muss der Gefahr einer nicht zu rechtfertigenden Beschneidung wohlerworbener Ansprüche durch zu kurze Fristen entgegnen.[3] Der Hinweis auf das Interesse, innerhalb eines möglichst überschaubaren Zeitraums offene Ansprüche zu klären, ist allein wenig aussagekräftig, da er lediglich eine allgemeine Umschreibung des Zwecks von Ausschlussfristen, Rechtssicherheit zu bewirken, darstellt. Zu berücksichtigen ist, dass der Arbeitnehmer von der Wirkung einer Ausschlussfrist in der Regel härter getroffen wird, da er vorleistungspflichtig und überwiegend Anspruchsteller ist. Gerade bei Arbeitsverhältnissen, in denen der Arbeitnehmer erfolgsabhängig in Prämien- und Akkordlohn oder auf Provisionsbasis tätig wird, ist zu bedenken, dass Vergütungsansprüche nicht immer schnell zu beziffern sind und geltend gemacht werden können.

dd) Angemessene Länge der Ausschlussfristen/Rechtsfolgen

21 Um die Angemessenheit zu beurteilen, muss berücksichtigt werden, ob die Ausschlussfrist für **beide Vertragsparteien gleichermaßen** gilt oder ob sie nur Ansprüche des Arbeitnehmers erfasst (hierzu Rz. 34), welche **Art von Ansprüchen** erfasst sein sollen (hierzu Rz. 37 ff.) und insbesondere, wie lange die **Frist** bemessen ist.

Nach früherer und auch nach der Schuldrechtsreform zunächst weitergeführter Rechtsprechung des BAG waren Ausschlussfristen von zwei Monaten oder sogar einem Monat wirksam.[4] Ebenso erkannte das BAG die Wirksamkeit einer zweistufigen, insgesamt zweimonatigen Ausschlussfrist an.[5] Nunmehr vertritt auch das BAG, entsprechend der Rechtsprechung des BGH,[6] zutreffend die Auffassung, dass Ausschlussfristen **mindestens drei Monate** betragen müssen. Unter Berücksichtigung der Regelverjährungszeit von drei Jahren (§§ 195, 199 BGB), benachteiligt eine Ausschlussfrist von **weniger als drei Monaten** den Vertragspartner des Ver-

---

1 BAG v. 25.5.2005 – 5 AZR 572/04, AP Nr. 1 zu § 310 BGB m. Anm. *Preis/Franz*; v. 28.9.2005 – 5 AZR 52/05, NZA 2006, 149.
2 *Gotthardt*, Rz. 311.
3 Vgl. *Preis*, RdA 2002, 42 (46).
4 BAG v. 17.6.1997 – 9 AZR 801/95, NZA 1998, 258; v. 13.12.2000 – 10 AZR 168/00, RdA 2002, 38 m. abl. Anm. *Preis*; v. 27.2.2002 – 9 AZR 543/00, DB 2002, 1720; v. 18.3.2003 – 9 AZR 44/02, AP Nr. 28 zu § 157 BGB.
5 BAG v. 13.12.2000 – 10 AZR 168/00, RdA 2002, 38 m. abl. Anm. *Preis*.
6 BGH v. 14.4.1975 – II ZR 147/73, BGHZ 64, 238; v. 20.3.1978 – II ZR 19/76, BGHZ 71, 167; v. 19.5.1988 – I ZR 147/86, BGHZ 104, 292.

wenders **unangemessen entgegen den Geboten von Treu und Glauben und stellt somit einen Verstoß gegen § 307 BGB** dar.[1] Drei Monate unterschreitende Fristen sind mit wesentlichen Grundgedanken des gesetzlichen Verjährungsrechts nicht vereinbar (§ 307 Abs. 2 Nr. 1 BGB) und schränken wesentliche Rechte, die sich aus der Natur des Arbeitsvertrages ergeben, so ein, dass die Erreichung des Vertragszwecks gefährdet ist (§ 307 Abs. 2 Nr. 2 BGB). Dies gilt unabhängig davon, ob die Ausschlussfrist eine gerichtliche Geltendmachung erfordert. Die Geltung der Drei-Monats-Frist hat das BAG sowohl für die erste[2] als auch zweite Stufe[3] der Ausschlussfrist festgelegt (**3+3 Regel**).

Die Unangemessenheit der Ausschlussfrist kann sich auch aus einem Verstoß gegen das Transparenzgebot gemäß § 307 Abs. 1 Satz 2 BGB ergeben, wenn die Klausel nicht klar und verständlich ist. Die Ausschlussklausel muss deutlich zum Ausdruck bringen, dass das Recht oder der Anspruch bei fehlender fristgerechter Geltendmachung untergeht.[4] Ausreichend ist die Überschrift „Ausschlussfrist" über der Ausschlussklausel oder (bei zweistufigen Ausschlussfristen) die zwingende Anordnung der Klageerhebung (vgl. schon Rz. 14 zu § 305c Abs. 1 BGB).[5] 22

Werden Ausschlussfristen von weniger als drei Monaten vereinbart, so sind sie grundsätzlich nach § 307 Abs. 1 Satz 1 BGB unwirksam.[6] Aufgrund des auch im Arbeitsrecht geltenden Verbots der geltungserhaltenden Reduktion führt die Unwirksamkeit der Ausschlussklausel zu deren vollständigen Wegfall bei Aufrechterhaltung des Arbeitsvertrages im Übrigen, § 306 Abs. 1 BGB. Abweichendes gilt, sofern die Ausschlussklausel inhaltlich geteilt werden kann. Eine Teilbarkeit ist bei zweistufigen Ausschlussklauseln gegeben,[7] so dass etwa bei Verstoß der zweiten Stufe gegen die Drei-Monats-Frist nicht die erste Stufe nach §§ 307 Abs. 1 Satz 1, 306 Abs. 1 BGB ersatzlos entfallen muss.[8] 23

d) Differenzierung verschiedener Arbeitnehmergruppen nur bei sachlichem Grund

In der Vertragsgestaltung der Unternehmen sollte tunlichst von einer Differenzierung in den Ausschlussfristen zwischen Arbeitern und Angestellten abgesehen wer- 24

---

1 BAG v. 12.3.2008 – 10 AZR 152/07, NZA 2008, 699; v. 25.5.2005 – 5 AZR 572/04, NZA 2005, 1111 = AP Nr. 1 zu § 310 BGB m. Anm. *Preis/Franz*; v. 31.8.2005 – 5 AZR 545/04, NZA 2006, 324; v. 28.9.2005 – 5 AZR 52/05, NZA 2006, 149; v. 28.11.2007 – 5 AZR 992/06, NZA 2008, 293; ErfK/*Preis*, §§ 194–218 BGB Rz. 46; *Gotthardt*, Rz. 311; *Krause*, RdA 2004, 106 (111); *Thüsing*, AGB-Kontrolle, Rz. 169f.; *Kortstock*, NZA 2010, 311, beschäftigt sich mit der Frage, ob daran nach den Neuregelungen im AEntG und MiArbG festzuhalten ist; insgesamt krit, *Lakies*, Rz. 608.
2 BAG v. 31.8.2005 – 5 AZR 545/04, NZA 2006, 324; v. 28.9.2005 – 5 AZR 52/05, NZA 2006, 149.
3 BAG v. 25.5.2005 – 5 AZR 572/04, NZA 2005, 1111; v. 12.3.2008 – 10 AZR 152/07, NZA 2008, 699.
4 BAG v. 31.8.2005 – 5 AZR 545/04, NZA 2006, 324.
5 BAG v. 25.5.2005 – 5 AZR 572/04, NZA 2005, 1111 = AP Nr. 1 zu § 310 BGB m. Anm. *Preis/Franz*; *Lakies*, Rz. 598; *Preis/Roloff*, ZfA 2007, 43 (75); *Thüsing*, AGB-Kontrolle, Rz. 168.
6 Differenzierend bzgl. der Zulässigkeit kürzerer Fristen *Thüsing*, AGB-Kontrolle, Rz. 170.
7 BAG v. 12.3.2008 – 10 AZR 152/07, NZA 2008, 699.
8 BAG v. 28.9.2005 – 5 AZR 52/05, NZA 2006, 149; LAG Bdb. v. 29.7.2005, DB 2006, 786; *Lakies*, Rz. 614; *Matthiessen*, Arbeitsvertragliche Ausschlussfristen, S. 350ff.

den. Noch sehen zwar manche Tarifverträge differenzierende Ausschlussfristen vor. Angesichts des allgemeinen verfassungsrechtlichen Erfordernisses, keine sachwidrigen Differenzierungen zwischen Arbeitern und Angestellten mehr zu vollziehen, und der Bindung der Tarifvertragsparteien an das Verfassungsrecht,[1] ist auch von **differenzierenden Ausschlussfristen abzuraten.** Erforderlich für eine Wirksamkeit der Differenzierung sind sachliche Gründe für die unterschiedliche Behandlung bei der Ausgestaltung von Ausschlussfristen zwischen Arbeitern und Angestellten.[2]

e) Reichweite von Ausschlussfristen

25 Enthält der Arbeitsvertrag direkt oder durch Verweisung auf einen Kollektivvertrag eine Ausschlussfrist, stellt sich die Frage, welche Ansprüche hiervon erfasst sind. Hierbei ist zu differenzieren, ob die Ausschlussfrist in einem Tarifvertrag, einer Betriebsvereinbarung oder im Arbeitsvertrag enthalten ist und wo die Ansprüche, die sie erfassen soll, geregelt sind.

aa) Ausschlussfristen in Tarifverträgen

26 Umstritten ist, ob **unabdingbare gesetzliche Ansprüche** tarifvertraglichen Ausschlussfristen unterworfen werden können. Das BAG bejaht dies in ständiger Rechtsprechung.[3] Begründet wird dies damit, dass die zwingende Natur des gesetzlichen Anspruchs lediglich bedeute, dass er nach Inhalt und Voraussetzungen nicht umgestaltet werden könne. Die zeitliche Begrenzung seiner Geltendmachung durch eine Ausschlussfrist sei jedoch nicht ausgeschlossen.[4] Auf der anderen Seite hat das BAG entschieden, dass zum Inhalt eines Rechts auch die Dauer, innerhalb derer es geltend gemacht werden könne, gehöre.[5] In der Literatur wird deshalb gefordert, dass Ausschlussfristen für zwingende gesetzliche Ansprüche nur noch vereinbart werden können, wenn der gesetzliche Anspruch tarifdispositiv ausgestaltet ist.[6] Das BAG hingegen ist sogar der Auffassung, die Tarifvertragsparteien könnten mit tarifvertraglichen Ausschlussfristen auch Ansprüche aus vorsätzlichem Handeln erfassen[7], weil § 202 Abs. 1 BGB die Erleichterung der Haftung wegen Vorsatzes nur durch Rechtsgeschäft verbietet. Bei Tarifverträgen handele es sich aber um gesetzliche Regelungen i.S.v. Art. 2 EGBGB. Das mag richtig sein, daraus ergibt sich aber nicht, der Gesetzgeber habe in § 202 Abs. 1 BGB Tarifverträge ausnehmen wollen. Die Gesetzesbegründung liefert hierfür – was notwendig wäre, weil es sich um

---

1 BVerfG v. 30.5.1990 – 1 BvL 2/83, EzA § 622 BGB Nr. 27; v. 1.9.1997 – 1 BvR 1929/95, BB 1997, 2330.
2 Das LAG Hamburg hat solche Sachgründe richtigerweise nicht für gegeben gehalten, LAG Hamburg v. 27.3.1992 – 3 Sa 50/91, LAGE § 4 TVG Ausschlussfrist Nr. 26.
3 BAG v. 24.5.1973 – 5 AZR 21/73, DB 2010, 675; v. 20.4.1989 – 8 AZR 475/87, NZA 1989, 761; v. 16.1.2002 – 5 AZR 430/00, NZA 2002, 746; v. 21.1.2010 – 6 AZR 556/07, AP Nr. 3 zu § 611 BGB Arbeitgeberdarlehen.
4 BAG v. 30.3.1962 – 2 AZR 101/61, NJW 1962, 1460.
5 BAG v. 5.4.1984 – 6 AZR 443/81, NZA 1984, 257.
6 ErfK/*Preis*, §§ 194–218 Rz. 26, 36; Vgl. *Preis*, ZIP 1989, 885 (891); *Ulber D.*, DB 2011, 1808; zum Ganzen auch *Weyand*, Rz. 30ff.
7 BAG v. 20.6.2013 – 8 AZR 280/12, NZA 2013, 1265; v. 18.8.2011 – 8 AZR 187/10, AP Nr. 198 zu § 4 TVG Ausschlussfristen.

eine erhebliche Einschränkung der Reichweite der Norm handelt – keine Anhaltspunkte.[1]

Aus dem Vorrang des Tarifvertrags nach §§ 77, 87 BetrVG gegenüber Betriebsvereinbarungen und aus § 77 Abs. 4 Satz 4 BetrVG ergibt sich, dass in einem Tarifvertrag für **Rechte aus einer Betriebsvereinbarung** Ausschlussfristen wirksam vereinbart werden können. Auch Ansprüche aus einem Sozialplan unterfallen nach der Rechtsprechung des BAG tariflichen Ausschlussfristen.[2]

Beruht ein Recht allein auf **arbeitsvertraglicher Vereinbarung**, wird es nach dem Günstigkeitsprinzip (§ 4 Abs. 3 TVG) jedenfalls dann nicht von einer tariflichen Ausschlussfrist erfasst, soweit **einseitig** die Arbeitnehmeransprüche der Verfallklausel unterworfen werden. Da der Ablauf einer Ausschlussfrist zudem zum Erlöschen des Anspruchs führt, ist eine arbeitsvertragliche Regelung, welche die Anwendbarkeit der Verjährungsvorschriften zulässt oder ausdrücklich vorsieht, unter dem Gesichtspunkt der Rechtseinwirkung (Anspruch bleibt trotz Verjährung bestehen) ebenfalls günstiger. Gleiches gilt, wenn bestimmte einzelvertragliche Ansprüche von der tariflichen Ausschlussfrist ausdrücklich ausgenommen oder die tarifliche Verfallfrist im Arbeitsvertrag für sie verlängert wurde. Liegt eine **beiderseitige**, auch die Arbeitgeberansprüche erfassende Ausschlussfrist vor, ist es schwierig, über die Günstigkeit der individualvertraglichen Vereinbarung eine Aussage zu treffen. Bedenkt man, dass die Ausschlussfrist überwiegend Arbeitnehmeransprüche (Vergütungsanspruch, Anspruch auf Verzugslohn oder Auslagenersatz, Gratifikationen und Abfindungen) und weniger Arbeitgeberansprüche (etwa Rückzahlungsansprüche, Schadensersatzansprüche) betreffen wird,[3] kann auch die Beidseitigkeit für sich allein noch kein überzeugendes Argument dafür sein, prinzipiell von der fehlenden Günstigkeit einer individualvertraglichen Vereinbarung auszugehen.

bb) Ausschlussfristen in Betriebsvereinbarungen

Ob **gesetzliche** Ansprüche von Verfallfristen in Betriebsvereinbarungen auch erfasst werden, wenn sie unabdingbar sind, hat das BAG bis jetzt nicht entschieden. Die Frage muss aber wie bei der gleich gelagerten Problematik, gesetzlich unabdingbare Rechte durch tarifvertragliche Ausschlussfristen wirksam zu verkürzen, beantwortet werden (Rz. 26). **Tarifvertragliche Ansprüche** werden von Ausschlussfristen in Betriebsvereinbarungen wegen § 4 Abs. 4 Satz 3 TVG nicht berührt.

Ansprüche aus **Betriebsvereinbarungen** können grundsätzlich durch Ausschlussfristen in Betriebsvereinbarungen erfasst werden, § 77 Abs. 4 Satz 4 BetrVG. Zu beachten ist aber, dass gemäß § 77 Abs. 3 BetrVG Ausschlussfristen nicht in Betriebsvereinbarungen wirksam vereinbart werden können, wenn sie schon im Tarifvertrag enthalten sind oder dort üblicherweise geregelt werden, falls der Tarifvertrag nicht insoweit eine Öffnungsklausel enthält.[4] Auch im Verhältnis **Einzelarbeitsvertrag** und Betriebsverfassung gilt das Günstigkeitsprinzip.[5] Zu beachten ist aller-

---
1 Ebenso aber mit gegenteiligem Ergebnis BAG v. 18.8.2011 – 8 AZR 187/10, AP Nr. 198 zu § 4 TVG Ausschlussfristen.
2 BAG v. 19.1.1999 – 1 AZR 606/98, NZA 1999, 879.
3 Vgl. *Preis*, ZIP 1989, 885 (890).
4 BAG v. 9.4.1991 – 1 AZR 406/90, NZA 1991, 734.
5 BAG GS v. 7.11.1989 – GS 3/85, NZA 1990, 816.

dings dessen Einschränkung durch die jüngere Rechtsprechung des BAG zur Betriebsvereinbarungsoffenheit (→ *Öffnungsklauseln*, II O 10).

cc) Ausschlussfristen im Arbeitsvertrag

31 Die einzelvertragliche Vereinbarung einer Verfallklausel für **abdingbare gesetzliche Ansprüche** ist im Rahmen der Vertragsfreiheit zulässig und wirksam.[1] Gleiches bejaht der 2. Senat des BAG für **unabdingbare** gesetzliche Ansprüche[2] und zwar unabhängig davon, ob die Klausel ausdrücklich im Einzelfall ausformuliert oder auf eine Verfallklausel im Tarifvertrag verwiesen wird. Die Verfallklausel beträfe nicht den Inhalt des Anspruchs, sondern allein seine Geltendmachung. Damit kommt es zu einer Gleichbehandlung von tarif- und einzelvertraglich vereinbarten Ausschlussfristen bzgl. unabdingbarer gesetzlicher Arbeitnehmerrechte. Im Widerspruch dazu steht jedoch eine Entscheidung des 6. Senats des BAG,[3] welche die Wirksamkeit einer einzelvertraglichen Ausschlussfrist für gesetzliche Urlaubsansprüche mit der Begründung verneinte, § 13 Abs. 1 BUrlG sehe eine Abweichung von den Vorschriften des BUrlG zuungunsten des Arbeitnehmers nur durch Tarifverträge vor. Denn wenn die einzelvertraglich vereinbarte Verfallklausel unabdingbare gesetzliche Ansprüche erfassen soll, so muss dies erst recht für gesetzliche Ansprüche gelten, die der Gesetzgeber bereits mit einer ausdrücklichen Einschränkungsmöglichkeit versehen hat. Es erscheint sachgerecht, dass einzelvertragliche Ausschlussfristen nur abdingbare Ansprüche erfassen.[4] Nachdem für den gesetzlichen Urlaubsanspruch langzeiterkrankter Arbeitnehmer die Befristung des Urlaubsanspruchs auf das Kalenderjahr nicht mehr gilt,[5] hat das BAG seine Surrogationstheorie aufgegeben und sieht den Urlaubsabgeltungsanspruch nunmehr als reinen Entgeltanspruch an, der durch Ausschlussfristen verfallen kann (vgl. zum Urlaubsanspruch → *Urlaub*, II U 20 Rz. 45).[6]

32 Tarifliche Ansprüche werden bei **beiderseitiger Tarifbindung** wegen § 4 Abs. 4 Satz 3 TVG von arbeitsvertraglichen Ausschlussfristen nicht erfasst. Anderes gilt bei **fehlender Tarifbindung**: Die einzelvertragliche Vereinbarung einer Verfallklausel für durch Inbezugnahme des Tarifvertrages begründete Ansprüche ist im Rahmen der Vertragsfreiheit nach §§ 241, 311 BGB zulässig und zwar unabhängig davon, ob auf eine tarifliche Verfallklausel verwiesen oder die Klausel im Einzelarbeitsvertrag ausdrücklich ausformuliert wird.[7]

33 Ansprüche aus **Betriebsvereinbarungen** können wegen des Verbots des § 77 Abs. 4 Satz 4 BetrVG nicht durch arbeitsvertragliche Ausschlussfristen verkürzt werden.

---

1 Wiedemann/*Wank*, § 4 TVG Rz. 754.
2 BAG v. 24.3.1988 – 2 AZR 630/87, NZA 1989, 101 = AP Nr. 1 zu § 241 BGB unter Hinweis auf BAG v. 25.7.1984 – 5 AZR 219/82, n.v.
3 BAG v. 5.4.1984 – 6 AZR 443/81, NZA 1984, 257.
4 So auch *Matthiessen*, Arbeitsvertragliche Ausschlussfristen, S. 188.
5 BAG v. 24.3.2009 – 9 AZR 983/07, NZA 2009, 538.
6 BAG v. 6.5.2014 – 9 AZR 758/12; v. 19.6.2012 – 9 AZR 652/10, NZA 2012, 1087.
7 BAG v. 24.3.1988 – 2 AZR 630/87, NZA 1989, 101.

2. Klauseln

a) Einseitige Ausschlussfristen zulasten des Arbeitnehmers

⊃ **Nicht geeignet:**

a) Ansprüche aus dem Arbeitsverhältnis seitens der Mitarbeiter sind entweder während der Laufzeit des Vertrages mündlich oder nach Beendigung des Arbeitsverhältnisses innerhalb von drei Monaten (abgesehen von gesetzlichen Regelungen) schriftlich geltend zu machen.

b) Ansprüche gegen das Unternehmen können, soweit nichts anderes bestimmt ist, nur innerhalb von zwei Monaten nach Fälligkeit geltend gemacht werden.

c) Der Arbeitnehmer hat alle aus diesem Arbeitsverhältnis resultierenden Ansprüche innerhalb einer Ausschlussfrist von einem Monat seit Fälligkeit bzw. Kenntnis des Anspruches schriftlich geltend zu machen.

d) Bei bestehendem Arbeitsverhältnis erlöschen Ansprüche
- auf Leistungslohn, wenn sie nicht sechs Monate nach Erteilung der Lohnabrechnung,
- auf sonstige Vergütungen, wenn sie nicht innerhalb von zwei Monaten nach der Lohnabrechnung geltend gemacht werden.

Umstritten ist, ob Ausschlussfristen allein für Arbeitnehmeransprüche statuiert werden können, während es für die Arbeitgeberansprüche bei der allgemeinen Verjährung des BGB (§§ 195, 199 BGB) verbleibt, sog. **einseitige Ausschlussfristen**. Das BAG[1] und die herrschende Auffassung in der Literatur[2] haben **in Tarifverträgen** einseitige Ausschlussfristen **gebilligt**, weil es einen beachtlichen Unterschied darstelle, ob eine Vielzahl von Arbeitnehmern ihre Ansprüche gegen den Arbeitgeber rechtzeitig geltend machen müssen oder ob der Arbeitgeber einer Vielzahl von einzelnen Arbeitnehmern gegenüber kurzfristig Ansprüche geltend machen müsse.

Diese für Tarifverträge ausgesprochene Auffassung kann nicht auf Arbeitsverträge übertragen werden. Es ist nicht ersichtlich, dass für den Arbeitgeber die Anspruchsdurchsetzung schwerer möglich ist als für Arbeitnehmer. Die einseitig den Arbeitnehmer treffende Erschwerung der Durchsetzung von Ansprüchen und der bei Fristversäumnis nur für den Arbeitnehmer vorgesehene völlige Anspruchsverlust widersprechen einer ausgewogenen Vertragsgestaltung.[3] Vielmehr sind in Arbeitsverträgen einseitige Ausschlussfristen zu Lasten der Arbeitnehmer regelmäßig nach § 307 Abs. 1 Satz 1 BGB unwirksam[4] und für die Vertragsgestaltung im Hinblick auf das Verbot der geltungserhaltenden Reduktion, § 306 Abs. 1 BGB, und den Diskussionsentwurf eines Arbeitsvertragsgesetzes, wonach Ausschlussfristen nur vereinbart werden können, wenn sie für beide Vertragsteile gelten sollen (§ 147 Abs. 1

---
1 BAG v. 27.9.1967 – 4 AZR 438/66, AP Nr. 1 zu § 1 TVG Tarifverträge Fernverkehr; v. 28.6.1967 – 4 AZR 183/66, EzA § 4 TVG Nr. 15; v. 4.12.1997 – 2 AZR 809/96, NZA 1998, 431.
2 Wiedemann/*Wank*, § 4 TVG Rz. 766; *Löwisch/Rieble*, § 1 TVG Rz. 470; *Bauer*, NZA 1987, 440; a.A. *Kempen/Zachert*, § 4 TVG Rz. 258.
3 BAG v. 31.8.2005 – 5 AZR 545/04, NZA 2006, 324.
4 BAG v. 31.8.2005 – 5 AZR 545/04, NZA 2006, 324.

Satz 1 ArbVG),[1] nicht zu empfehlen.[2] Im Lichte der dargestellten Rechtsprechung erscheint die abweichende Handhabung für Tarifverträge schwer haltbar, weil auch bei Formulararbeitsverträgen die Besonderheit besteht, dass ein einzelner Arbeitgeber einer Vielzahl von Arbeitnehmern gegenüber steht.

b) Bezugnahme auf tarifliche Ausschlussfristen

⊃ **Nicht geeignet:**
   a) Alle Lohn- und Gehaltsansprüche sowie sonstige Ansprüche aus dem Arbeitsverhältnis sind innerhalb der tarifvertraglich festgelegten Ausschlussfrist geltend zu machen.
   b) Sie müssen die tariflichen Ausschlussfristen auch nach Ihrem Ausscheiden einhalten.

35 Der Hinweis auf die Existenz tariflicher Ausschlussfristen ist sinnvoll und geboten (s. Rz. 5 ff.). Von der **isolierten Einbeziehung tariflicher Ausschlussfristen** ist jedoch dringend **abzuraten**. Erstens kann sich der Vertragsgestalter die höhere Bestandskraft tariflicher Normen nicht durch eine Bezugnahme auf einzelne Normen sichern, vielmehr findet bei solchen Einzelverweisungen eine volle Inhaltskontrolle der tariflichen Regelung statt (→ *Verweisungsklauseln*, II V 40 Rz. 86; I C Rz. 64 zur Einzelverweisung).[3] Die Verweisung auf eine tarifliche Ausschlussfrist kann ggf. wegen des Überraschungsmomentes gemäß § 305c Abs. 1 BGB nicht Vertragsinhalt werden.[4] Eine Verweisungsklausel wird jedenfalls regelmäßig als überraschend anzusehen sein, wenn sie auf einen branchen- oder ortsfremden Tarifvertrag verweist.[5] Darüber hinaus kann die isolierte Einbeziehung tariflicher Normen unangemessen sein. Zweitens ist eine solche Vertragsgestaltung unter Transparenzgesichtspunkten bedenklich, weil die Vertragspartner diese wesentliche Frist erst aus einem anderen, zum Teil schwer zugänglichen Tarifvertragswerk entnehmen können.

36 Zu beachten ist, dass auch tariflich geregelte Ausschlussfristen wesentliche Vertragsbestandteile im Sinne des NachwG sind und daher grundsätzlich schriftlich nachgewiesen werden müssen.[6] Jedoch muss der Inhalt des Tarifvertrags nicht wörtlich wiedergegeben werden. Es bedarf jedoch eines qualifizierten Hinweises auf den Tarifvertrag nach § 2 Abs. 3 NachwG analog.[7] Die wesentliche Vertragsbedingung – hier die Ausschlussfrist – muss ausdrücklich genannt werden, hin-

---

1 *Henssler/Preis*, NZA-Beilage 1/2007, 1 (31).
2 BAG v. 2.3.2004 – 9 AZR 983/07, NZA 2004, 852 (857); v. 31.8.2005 – 5 AZR 545/04, AP Nr. 8 zu § 8 ArbZG; *Preis/Roloff*, RdA 2005, 144 (154); *Thüsing*, AGB-Kontrolle, Rz. 158.
3 BAG v. 6.5.2009 – 10 AZR 390/08, NZA-RR 2009, 593.
4 BAG v. 14.12.2005 – 4 AZR 536/04, NZA 2006, 607; anders noch BAG v. 29.11.1995 – 5 AZR 447/94, NZA 1996, 2117; v. 22.1.2002 – 9 AZR 601/00, NZA 2002, 1041.
5 ErfK/*Preis*, §§ 305–310 BGB Rz. 30; *Gotthardt*, Rz. 258, *Thüsing*, AGB-Kontrolle, Rz. 194; differenzierend *Diehn*, NZA 2004, 129 (133); *Matthiessen*, Arbeitsvertragliche Ausschlussfristen, S. 96 f.
6 Vgl. aber BAG v. 5.11.2003 – 5 AZR 469/02, NZA 2004, 102, wonach auf tarifliche Ausschlussfristen neben einem allgemeinen Hinweis nach § 2 Abs. 1 Satz 2 Nr. 10 NachwG nicht gesondert hingewiesen werden muss; differenzierend *Matthiessen*, Arbeitsvertragliche Ausschlussfristen, S. 111 ff.
7 ErfK/*Preis*, § 2 NachwG Rz. 26 m.w.N.

sichtlich ihres Inhalts kann auf den Tarifvertrag verwiesen werden (vgl. dazu ausführlich → *Verweisungsklauseln*, II V 40 Rz. 12 ff.).

Typ 1: Bezugnahme auf tarifliche Ausschlussfristen

Die Ausschlussfrist richtet sich nach dem betrieblich und fachlich einschlägigen Tarifvertrag in der jeweils gültigen Fassung. Dies ist zurzeit (Zeitpunkt des Vertragsschlusses) der von der X-Gewerkschaft mit dem Y-Arbeitgeberverband für das Tarifgebiet Z abgeschlossene Tarifvertrag für die A-Branche.

c) Beiderseitige Ausschlussfristen für Ansprüche aus dem Arbeitsverhältnis

Typ 2: Beiderseitige Ausschlussfristen

a) Alle beiderseitigen Ansprüche aus dem bestehenden Arbeitsverhältnis müssen innerhalb von drei Monaten nach Fälligkeit schriftlich geltend gemacht werden. Der Fristlauf beginnt, sobald der Anspruch entstanden ist und der Gläubiger von den den Anspruch begründenden Umständen Kenntnis erlangt oder ohne grobe Fahrlässigkeit erlangen müsste.
b) Ansprüche, die durch strafbare Handlung oder unerlaubte Handlung entstanden sind, unterfallen nicht der vereinbarten Ausschlussfrist. Die Ausschlussfrist bezieht sich des Weiteren nicht auf Ansprüche, die aus grob fahrlässigen Pflichtverletzungen des Arbeitgebers oder seines gesetzlichen Vertreters oder Erfüllungsgehilfen resultieren. Die Ausschlussfrist erfasst nicht gesetzliche Mindestentgeltansprüche.
c) Ansprüche aus dem Arbeitsverhältnis erlöschen bei bestehendem und beendetem Arbeitsverhältnis für beide Seiten, wenn sie nicht innerhalb von drei Monaten nach Fälligkeit schriftlich geltend gemacht worden sind.
d) Spätere Forderungen können nicht mehr anerkannt werden, es sei denn, der Mitarbeiter war an der zeitgerechten Geltendmachung seiner Ansprüche nachweislich ernsthaft gehindert.
e) Der Lauf der Ausschlussfrist ist bei Erkrankung oder Urlaub des Arbeitnehmers gehemmt bis zum Tage der Wiederaufnahme der Arbeit.
f) Die Ausschlussfrist gilt nicht, wenn die Berufung auf die Ausschlussfrist wegen des Vorliegens besonderer Umstände eine unzulässige Rechtsausübung ist.[1]
g) Wird ein Anspruch nicht formgemäß innerhalb der Fristen geltend gemacht, so führt dies zum endgültigen Erlöschen des Anspruchs.

aa) Auslegung

Welche Ansprüche eine Ausschlussklausel erfasst, ist eine Frage der Auslegung. Das BAG sieht „die Schwere der mit der Versäumung einer Ausschlussfrist verbundenen Folge, die im völligen Verlust des Anspruches besteht".[2] Daher ist zum Schutz der Arbeitnehmer aufgrund der Unklarheitenregel des § 305 Abs. 2 BGB

---
1 Vgl. § 17 Nr. 2 MTV für Arbeitnehmer in der chemischen Industrie v. 24.6.1992.
2 So bereits RAG v. 8.8.1936 – 79/36, ARS 28, 56 (59).

eine Regelung bezüglich des Anwendungsbereiches **eng auszulegen**.[1] Ausschlussfristen, die sich auf **„Ansprüche aus dem Arbeitsverhältnis"** beziehen, sind nach der Rechtsprechung allerdings **weit zu fassen**. Etwas anderes gilt aber dann, wenn eine Ausschlussfrist lediglich „vertragliche Ansprüche aus dem Arbeitsverhältnis" erfasst.[2] Es kommt aber nicht auf die konkrete materiell-rechtliche Anspruchsgrundlage an, sondern darauf, ob der **Entstehungsbereich des Anspruchs im Arbeitsverhältnis** liegt.[3] Entscheidend soll die enge Verknüpfung eines Lebensvorgangs mit dem Arbeitsverhältnis sein. Die Kasuistik zu der Frage, welche Ansprüche im Einzelnen unter die Ausschlussfrist fallen, die auf Ansprüche aus dem Arbeitsverhältnis abstellt, ist nahezu unüberschaubar. Sie kann im Rahmen dieser Abhandlung nicht dargestellt werden. Auf einige Fälle, in denen das Tatbestandsmerkmal „Anspruch aus dem Arbeitsverhältnis" durch die Rechtsprechung bejaht wurde, sei nur stichwortartig hingewiesen:

– Alle Ansprüche aus dem Austauschverhältnis[4]
– Rückzahlungsansprüche des Arbeitgebers[5]
– Ansprüche aus unerlaubter Handlung[6]
– Anspruch auf Erteilung eines qualifizierten Zeugnisses[7]
– Anspruch auf Berichtigung des qualifizierten Arbeitszeugnisses[8]
– Anspruch auf Abfindung des Arbeitnehmers nach § 113 Abs. 3 BetrVG[9]
– Ansprüche auf vermögenswirksame Leistungen[10]
– Urlaubsentgelt[11]
– Schmerzensgeldanspruch wegen Verletzung des allgemeinen Persönlichkeitsrechts[12]
– Vertragliche Erstattungsansprüche der Arbeitsvertragsparteien[13]
– Ansprüche auf Rückzahlung überzahlter Lohnbeträge[14] (→ *Arbeitsentgelt, überzahltes*, II A 80)
– Ansprüche auf Rückzahlung von Lohn- und Gehaltsvorschüssen[15]

---

1 Vgl. auch BAG v. 4.9.1991 – 5 AZR 647/90, NZA 1992, 231.
2 BAG v. 13.2.2007 – 1 AZR 184/06, NZA 2007, 825.
3 BAG v. 26.2.1992 – 7 AZR 201/91, NZA 1993, 423.
4 BAG v. 27.11.1984 – 3 AZR 596/82, DB 1985, 2154.
5 BAG v. 26.4.1978 – 5 AZR 62/77, DB 1978. 2035; v. 28.2.1979 – 5 AZR 728/77, EzA § 70 BAT Nr. 10; v. 4.9.1991 – 4 AZR 71/91, DB 1992, 321.
6 BAG v. 8.2.1972 – 1 AZR 221/71, EzA § 4 TVG Ausschlussfristen Nr. 9; v. 26.5.1981 – 3 AZR 269/78, EzA § 4 TVG Ausschlussfristen Nr. 47; v. 16.5.2007, – 8 AZR 709/06, NZA 2007, 1154; a.A. *Löwisch/Rieble*, § 1 TVG Rz. 691.
7 BAG v. 23.2.1983 – 5 AZR 515/80, EzA § 70 BAT Nr. 15; LAG Köln v. 11.9.2002 – 7 Sa 530/02, n.v.
8 LAG Hamm v. 10.4.2002 – 3 Sa 1598/01, LAGReport 2002, 267.
9 BAG v. 20.6.1978 – 1 AZR 102/76, EzA § 4 TVG Ausschlussfristen Nr. 34.
10 BAG v. 27.11.1991 – 4 AZR 211/91, NZA 1992, 800.
11 BAG v. 22.1.2002 – 9 AZR 601/00, NZA 2002, 1041.
12 BAG v. 16.5.2007 – 8 AZR 709/06, NZA 2007, 1154 = AP Nr. 5 zu § 611 BGB Mobbing (bei Altfällen).
13 BAG v. 1.12.1967 – 3 AZR 459/66, AP Nr. 17 zu § 670 BGB; v. 14.6.1974 – 3 AZR 456/73, AP Nr. 20 zu § 670 BGB.
14 BAG v. 26.4.1978 – 5 AZR 62/77, AP Nr. 64 zu § 4 TVG Ausschlussfristen.
15 BAG v. 18.6.1980 – 4 AZR 463/78, AP Nr. 68 zu § 4 TVG Ausschlussfristen.

- Entgeltforderungen aus § 10 Abs. 1 AÜG[1] und § 10 Abs. 4 AÜG[2]
- Ansprüche auf Rückzahlung von Ausbildungsbeihilfen[3]
- Ansprüche aus § 87c HGB[4]
- Entgeltfortzahlung im Krankheitsfall[5]
- Karenzentschädigung bei vertraglichem Wettbewerbsverbot[6]
- Mehrarbeitsvergütungen[7]
- Schadensersatzansprüche wegen Verletzung der Fürsorgepflicht[8]
- Schadensersatzanspruch nach § 717 Abs. 2 ZPO[9]
- Vertragsstrafe[10]
- Freizeitausgleich eines Personalratsmitglieds[11]
- Sozialplanansprüche[12]
- Abfindungsansprüche aus außergerichtlichem Vergleich[13]
- Zinsforderungen aus Arbeitgeberdarlehen[14] und Rückzahlungsforderungen[15]
- Anspruch auf Ersatz eines aufgrund verspäteter Lohnzahlungen entstandenen Steuerschadens[16]
- Anspruch auf Korrektur von Urlaubsabmeldungen gegenüber Urlaubs- und Lohnausgleichskasse[17]
- Freistellungsansprüche gegen den Arbeitgeber wegen Verletzung arbeitsvertraglicher Pflichten[18]
- Urlaubsabgeltungsanspruch[19]

---

1 BAG v. 27.7.1983 – 5 AZR 194/81, AP Nr. 6 zu § 10 AÜG.
2 BAG v. 13.3.2013 – 5 AZR 954/11, NZA 2013, 680.
3 BAG v. 19.6.1974 – 5 AZR 299/73, AP Nr. 1 zu § 611 BGB Ausbildungsbeihilfe; v. 12.12.1979 – 5 AZR 105/77, AP Nr. 4 zu § 611 BGB Ausbildungsbeihilfe.
4 BAG v. 23.3.1982 – 3 AZR 637/79, AP Nr. 18 zu § 87c HGB.
5 BAG v. 16.1.2002 – 5 AZR 430/00, NZA 2002, 746; v. 24.5.1973 – 5 AZR 21/73, AP Nr. 52 zu § 4 TVG Ausschlussfristen; v. 15.11.1973 – 5 AZR 226/73, AP Nr. 53 zu § 4 TVG Ausschlussfristen.
6 BAG v. 18.12.1984 – 3 AZR 383/82, AP Nr. 87 zu § 4 TVG Ausschlussfristen; v. 27.11.1991 – 4 AZR 211/91, NZA 1992, 800; v. 17.6.1997 – 9 AZR 801/95, NZA 1998, 258.
7 BAG v. 26.8.1960 – 1 AZR 425/58, AP Nr. 6 zu § 4 TVG Ausschlussfristen.
8 BAG v. 25.4.1972 – 1 AZR 322/71, AP Nr. 9 zu § 611 BGB Öffentlicher Dienst.
9 BAG v. 18.12.2008 – 8 AZR 105/08, NZA-RR 2009, 314.
10 BAG v. 7.11.1969 – 3 AZR 303/69, AP Nr. 1 zu § 340 BGB.
11 BAG v. 26.2.1992 – 7 AZR 201/91, NZA 1993, 423.
12 BAG v. 19.1.1999 – 1 AZR 606/98, NZA 1999, 879; v. 27.3.1996 – 10 AZR 668/95, NZA 1996, 986; anders aber, wenn lediglich „vertragliche" Ansprüche aus dem Arbeitsverhältnis erfasst sind BAG v. 13.2.2007 – 1 AZR 184/06, NZA 2007, 825.
13 LAG Berlin v. 27.7.1998 – 9 Sa 58/98, LAGE § 4 TVG Ausschlussfristen Nr. 48.
14 BAG v. 23.2.1999 – 9 AZR 737/97, NZA 1999, 1212.
15 BAG v. 20.2.2001 – 9 AZR 11/00, AP Nr. 5 zu § 611 BGB Arbeitnehmerdarlehen; LAG Nds. v. 9.11.1999 – 7 Sa 321/99, DB 2000, 227, wenn „Darlehensvertrag Grundlage in arbeitsvertraglicher Beziehung hat". Anhand dieser banalen Formel ist eine Abgrenzung allerdings schwer möglich.
16 BAG v. 20.6.2002 – 8 AZR 488/01, DB 2002, 2275.
17 LAG Schl.-Holst. v. 20.8.2002 – 5 Sa 80c/02, n.v.
18 BAG v. 25.6.2009 – 8 AZR 236/08, AP Nr. 40 zu § 70 BAT.
19 BAG v. 6.5.2014 – 9 AZR 758/12; v. 19.6.2012 – 9 AZR 652/10, NZA 2012, 1087; v. 21.2.2012 – 9 AZR 486/10, NZA 2012, 750.

– Schadensersatzanspruch von Angestellten der Deutschen Reichsbahn wegen entgangener Leistungen der Bundesanstalt für Arbeit.[1]

↻ **Nicht geeignet:**
Alle beiderseitigen Ansprüche aus dem Arbeitsverhältnis und solche, die mit dem Arbeitsverhältnis in Verbindung stehen, verfallen, wenn sie nicht innerhalb von zwei Monaten nach Fälligkeit schriftlich geltend gemacht werden.

38 Eine ungenaue Klausel des Inhalts, die sich auf alle Ansprüche bezieht, die mit dem Arbeitsverhältnis **im Zusammenhang bzw. in Verbindung stehen**, erfasst trotz ihres weiten Ansatzes nicht solche Ansprüche aus selbstständig neben dem Arbeitsverhältnis geschlossenen bürgerlich-rechtlichen Verträgen, wie z.B. Forderungen aus Miet- oder Kaufverträgen.[2]

38a Nach § 3 Satz 1 MiLoG sind Ausschlussfristen unwirksam, „insoweit" sie den Mindestlohnanspruch nach § 1 Abs. 1 MiLoG erfassen. Das wirft die Frage auf, ob Ausschlussfristen, die solche Ansprüche nicht ausdrücklich von ihrem Anwendungsbereich ausnehmen, insgesamt unwirksam sind. Bis zu einer Klärung durch die Rechtsprechung sollte aus äußerster Vorsicht eine Typ 2b a.E. entsprechende Formulierung aufgenommen werden. Es ist denkbar, dass das BAG seine Rechtsprechung zum Haftungsausschluss wegen Vorsatzes (Rz. 18) überträgt und entsprechende Ausschlussfristen geltungserhaltend auslegt. Eine Begrenzung der Unwirksamkeitsfolge ist aber auch im MiLoG angelegt („insoweit"). Für Altverträge liegt die Gewährung von Vertrauensschutz nahe.[3] § 3 Satz 1 MiLoG gilt unabhängig von der Entgelthöhe für alle Arbeitsverträge im Anwendungsbereich des MiLoG. Das führt zu einer flächendeckenden Einschränkung der Wirkung von Ausschlussfristen und einer massiven Zunahme potentieller Annahmeverzugslohnansprüche, die jedenfalls im Umfang von 8,50 Euro je Zeitstunde aufgrund von Ausschlussfristen nicht mehr verfallen können.

39 Oft, besonders in Tarifverträgen, werden **strafbare und/oder unerlaubte Handlungen** wie in Typ 2b ausdrücklich vom Geltungsbereich der Ausschlussfrist ausgenommen. Zum Teil wird die Rechtsprechung, nach der auch Ansprüche aus unerlaubter Handlung von Ausschlussfristen erfasst werden, relativiert, indem solche Ansprüche ausgenommen werden, die „strafbare Handlungen" betreffen. Bezieht sich die Klausel aber auf alle unerlaubten Handlungen, dann sind prinzipiell alle aus unerlaubter Handlung folgenden Ansprüche vom Anwendungsbereich der Verfallklausel ausgenommen. Der Verstoß gegen ein arbeitsrechtliches Schutzgesetz kann dann über § 823 Abs. 2 BGB dazu führen, dass für die Geltendmachung eines arbeitsvertraglichen Anspruchs die Ausschlussfrist nicht gilt.[4]

40 Regelmäßig **nicht erfasst** von Ausschlussfristen sind Ansprüche, die das Statusverhältnis der Arbeitnehmer prägen. Wie oben (Rz. 18) dargelegt, darf sich die Ausschlussfrist wegen § 309 Nr. 7 BGB auch nicht auf Ansprüche beziehen, die aus der Verletzung des Lebens, des Körpers oder der Gesundheit sowie aus vorsätzlichen

---

1 BAG v. 17.7.2003 – 8 AZR 486/02, AP Nr. 27 zu § 611 BGB Haftung des Arbeitgebers; LAG Sa.-Anh. v. 13.6.2002 – 9 Sa 763/01, n.v.
2 BAG v. 20.10.1982 – 5 AZR 755/79, AP Nr. 72 zu § 4 TVG Ausschlussfristen.
3 Vgl. zum Ganzen *Preis/Ulber D.*, Ausschlussfristen und Mindestlohngesetz, 2014.
4 BAG v. 12.6.1996 – 5 AZR 960/94, NZA 1997, 191.

oder grob fahrlässigen Pflichtverletzungen des Arbeitgebers oder seines gesetzlichen Vertreters oder Erfüllungsgehilfen resultieren. Das BAG, schränkt den Geltungsbereich formularmäßiger Ausschlussfristen dadurch ein, dass es Ausschlussfristen geltungserhaltend dahingehend auslegt, dass das Verbot im Voraus vereinbarter Verjährungsverkürzungen bei Ansprüchen wegen vorsätzlicher Schädigung gemäß § 202 Abs. 1 BGB, durch diese nicht tangiert wird.[1] Des Weiteren sind Ansprüche von Arbeitnehmern untereinander sowie gegenüber Dritten nicht erfasst.[2] Exemplarisch hierzu folgende Ansprüche:

– Schulungskosten eines Betriebsratsmitglieds[3]
– Stammrechte aus der betrieblichen Altersversorgung[4]
– einzelne Ruhegeldraten[5]
– Ansprüche auf vertragsgemäße Beschäftigung[6]
– Anspruch auf Herausgabe des Eigentums[7]
– Anspruch auf Beseitigung oder Rücknahme einer Abmahnung[8]
– Unterstützungsleistungen für Angehörige bei Tod des Arbeitnehmers[9]
– Vorruhestandsleistungen im Baugewerbe[10]
– Schadensersatzansprüche wegen Versorgungsschäden[11]
– Entgeltansprüche nach §§ 611, 612 Abs. 2 BGB bei Vereinbarung einer sittenwidrigen Vergütung.[12]

bb) Fristbeginn

Soll eine Verfallfrist mit der Beendigung des Arbeitsverhältnisses zu laufen beginnen, ist damit im Zweifel die rechtliche und nicht die tatsächliche **Beendigung** gemeint. Zu beachten ist jedoch, dass eine Klausel, die für den Beginn der Ausschlussfrist allein auf die Beendigung des Arbeitsverhältnisses abstellt, ohne die Fälligkeit des Anspruchs zu berücksichtigen, unangemessen benachteiligt und deshalb gemäß § 307 Abs. 1 Satz 1 BGB unwirksam ist.[13] Der Wertung des § 199 Abs. 1 Nr. 2 BGB, wonach für den Beginn der Verjährungsfrist Voraussetzung ist, dass der Gläubiger von den den Anspruch begründenden Umständen Kenntnis erlangt oder ohne grobe Fahrlässigkeit erlangen müsste, ist in Aus-

---

1 BAG v. 20.6.2013 – 8 AZR 280/12, NZA 2013, 1265; v. 25.5.2005, AP Nr. 1 zu § 310 BGB m. Anm. *Preis/Franz*; krit. *Lakies*, Rz. 599.
2 BAG v. 19.10.1983 – 5 AZR 64/81, AP Nr. 37 zu § 611 BGB Ärzte, Gehaltsansprüche.
3 BAG v. 30.1.1973 – 1 ABR 1/73, EzA § 40 BetrVG 1972 Nr. 4.
4 BAG v. 27.2.1990 – 3 AZR 216/88, NZA 1990, 627; v. 3.4.1990 – 1 AZR 131/89, EzA § 4 TVG Ausschlussfristen Nr. 94.
5 BAG v. 3.4.1990 – 1 AZR 131/89, EzA § 4 TVG Ausschlussfristen Nr. 94; anders BAG v. 19.7.1983 – 3 AZR 250/81, AP Nr. 1 zu § 1 BetrAVG Zusatzversorgungskasse.
6 BAG v. 15.5.1991 – 5 AZR 271/90, NZA 1991, 979.
7 BAG v. 15.7.1987 – 5 AZR 251/86, NZA 1988, 53.
8 BAG v. 14.12.1994 – 5 AZR 696/93, NZA 1995, 461.
9 LAG Hess. v. 13.10.1995 – 13 Sa 253/94, NZA-RR 1996, 60.
10 BAG v. 5.9.1995 – 9 AZR 533/94, NZA 1996, 610.
11 BAG v. 13.12.1988 – 3 AZR 252/87, BB 1989, 1274.
12 LAG Hamm v. 18.3.2009 – 6 Sa 1284/08, AuR 2009, 133.
13 BAG v. 1.3.2006 – 5 AZR 511/05, NZA 2006, 783.

schlussfristen somit dadurch Rechnung zu tragen, dass für den Fristbeginn die Fälligkeit der Ansprüche maßgebend ist.[1]

42 Die Frist beginnt deshalb regelmäßig mit der **Fälligkeit** der Ansprüche zu laufen.[2] Problematisch ist jedoch, dass es im Arbeitsverhältnis nicht wenige Ansprüche „aus dem Arbeitsverhältnis" gibt, deren Grund und deren Höhe der Arbeitnehmer im Zeitpunkt der Fälligkeit nicht kennen kann.[3] Um besonderen Härten vorzubeugen, definiert das BAG den Terminus der Fälligkeit im Sinne der Ausschlussfristen: Die Frist läuft, wenn der Berechtigte den Anspruch rechtlich und tatsächlich geltend machen kann.[4] Sofern der Anspruch mehrere einzelne Handlungen voraussetzt, die eine zusammengesetzte Verletzungshandlung ergeben, beginnt die Ausschlussfrist regelmäßig erst mit der zeitlich letzten Handlung.[5] Ferner muss der Anspruchsberechtigte – anders als bei der Verjährung – objektiv in der Lage sein, die Anspruchshöhe zu beziffern.[6] Bei Geltendmachung vor Fälligkeit des Anspruchs soll bei einer zweistufigen Ausschlussfrist die Frist für die gerichtliche Geltendmachung nicht vor der Fälligkeit beginnen.[7] Soweit ein Arbeitnehmer seinen Arbeitnehmerstatus rückwirkend geltend macht, werden Ansprüche des Arbeitgebers erst fällig im Sinne der tarifvertraglichen Ausschlussfrist, wenn – im Fall einer gerichtlichen Klärung – rechtskräftig entschieden ist, dass tatsächlich ein Arbeitsvertrag bestand.[8]

43 Aus Gründen der Transparenz ist trotz der Rechtsprechung zum Beginn der Ausschlussfrist zu empfehlen, eindeutig auf diesen hinzuweisen, wie in Typ 2d, e und f geschehen. Durch Klauseltyp 2d wird die Härte der Ausschlussfristen gemildert, wenn der Mitarbeiter nicht in der Lage war, die Frist einzuhalten. Aus ähnlichen Gründen wird eine Hemmung des Fristablaufs in den Fällen des Klauseltyps 2e vereinbart. Klauseltyp 2f enthält lediglich einen deklaratorischen Hinweis auf die Rechtsprechung zur rechtsmissbräuchlichen Berufung auf Ausschlussfristen.[9] Auch ohne diesen klarstellenden Hinweis gilt das **Verbot des Rechtsmissbrauchs** nach § 242 BGB oder analog § 162 BGB, wenn eine der Parteien die rechtzeitige Anspruchstellung, insbesondere den Zugang, innerhalb der Ausschlussfrist zurechenbar verhindert. Der Einwand **treuwidrigen Verhaltens** ist insbesondere bei **arglistigem Verhalten** begründet. Es reicht aus, wenn dem Schuldner ein **widersprüchliches Verhalten** vorzuwerfen ist, das den Gläubiger von der rechtzeitigen Geltendmachung und Klageerhebung abgehalten hat.[10] Der Arbeitgeber darf sich nach Treu und Glauben z.B. nicht auf eine Verkürzung oder Versäumung der Ausschlussfrist

---

1 BAG v. 27.10.2005 – 8 AZR 3/05, NZA 2006, 257; v. 1.3.2006 – 5 AZR 511/05, NZA 2006, 783; *Lakies*, Rz. 623.
2 Zum Fristbeginn bei Provisionsansprüchen vgl. LAG BW v. 4.2.2002 – 9 Sa 51/00, n.v.
3 Vgl. *Henssler*, RdA 2002, 129 (138).
4 BAG v. 26.5.1981 – 3 AZR 269/78, AP Nr. 71 zu § 4 TVG Ausschlussfristen; v. 16.5.1984 – 7 AZR 143/81, AP Nr. 85 zu § 4 TVG Ausschlussfristen.
5 Bzgl. Mobbing: BAG v. 16.5.2007 – 8 AZR 709/06, NZA 2007, 1154.
6 BAG v. 17.10.1974 – 3 AZR 4/74, AP Nr. 55 zu § 4 TVG Ausschlussfristen; v. 9.2.2005 – 5 AZR 175/04, NZA 2005, 814; v. 25.5.2005 – 5 AZR 572/04, NZA 2005, 1111.
7 BAG v. 26.9.2001 – 5 AZR 699/00, NZA 2002, 1218 in Bezug auf § 16 BRTV-Bau.
8 BAG v. 14.3.2001 – 4 AZR 152/00, NZA 2002, 155.
9 Hierzu ausführlicher ErfK/*Preis*, §§ 194–218 BGB Rz. 68f; *Weyand*, Rz. 295ff.
10 BAG v. 18.2.1992 – 9 AZR 611/90, NZA 1992, 881; LAG Rh.-Pf. v. 13.10.2008 – 5 Sa 727/07, n.v.

berufen, solange er schuldhaft eine Abrechnung verzögert, ohne die der Arbeitnehmer seinen Anspruch nicht erkennen oder erheben kann.[1] Ebenfalls aus Gründen der Transparenz empfiehlt es sich, entsprechend dem Klauseltyp 2g darauf hinzuweisen, dass die fehlende Einhaltung der Fristen den endgültigen Verlust der Ansprüche zur Folge hat (s. Rz. 22).

cc) Wirksamkeit

Die Wirksamkeit formularmäßig vereinbarter Ausschlussfristen beurteilt sich nach den §§ 305 ff. BGB, vgl. dazu ausführlich Rz. 11 ff. Die Ausschlussfristen müssen im Vertrag **drucktechnisch deutlich hervorgehoben oder mittels Überschrift klar erkennbar** sein, damit sie nicht wegen Verstoßes gegen § 305c Abs. 1 BGB nicht Vertragsbestandteil werden. Unter Berücksichtigung der Rechtsprechung des BAG und des Diskussionsentwurfes eines Arbeitsvertragsgesetzes, wonach beiderseitige Ausschlussfristen drei Monate nicht unterschreiten dürfen (§ 147 Abs. 1 Satz 2 ArbVG),[2] ist in Ansehung des Leitbildcharakters der dreijährigen Regelverjährung (§§ 195, 199 BGB) die Ausschlussfrist mit **nicht weniger als drei Monaten** zu bemessen.[3] Die Festsetzung einer kürzeren Frist kann insbesondere nicht vor dem Hintergrund empfohlen werden, dass überschießende Vertragsbedingungen keiner geltungserhaltenden Reduktion auf die gerade noch zulässige Frist zugänglich sind, da dem Verwender ansonsten das Risiko bei vorgefassten Vertragswerken genommen wird, vgl. § 306 Abs. 1 BGB.

44

d) Zweistufige Ausschlussfrist

Typ 3: Zweistufige Ausschlussfrist

a) Alle Ansprüche aus dem Arbeitsverhältnis – mit Ausnahme von Ansprüchen auf gesetzliche Mindeststundenentgelte und Ansprüchen, die aus der Verletzung des Lebens, des Körpers oder der Gesundheit sowie aus vorsätzlichen oder grob fahrlässigen Pflichtverletzungen des Arbeitgebers oder seines gesetzlichen Vertreters oder Erfüllungsgehilfen resultieren – verfallen, wenn sie nicht innerhalb von drei Monaten nach der Fälligkeit gegenüber der anderen Vertragspartei schriftlich erhoben werden. Der Fristlauf beginnt, sobald der Anspruch entstanden ist und der Gläubiger von den den Anspruch begründenden Umständen Kenntnis erlangt oder ohne grobe Fahrlässigkeit erlangen müsste. Lehnt die Gegenpartei den Anspruch schriftlich ab oder erklärt sie sich nicht innerhalb von einem Monat nach der Geltendmachung des Anspruchs, so verfällt dieser, wenn er nicht innerhalb von drei Monaten nach der Ablehnung oder dem Fristablauf gerichtlich geltend gemacht wird.

---

1 Vgl. BAG v. 24.6.1960 – 1 AZR 29/58, v. 23.6.1961 – 1 AZR 239/59, v. 18.1.1969 – 2 AZR 451/67, v. 27.11.1984 – 3 AZR 596/82 und v. 8.8.1985 – 2 AZR 459/84, AP Nrn. 5, 27, 41, 89 und 94 zu § 4 TVG Ausschlussfristen.
2 *Henssler/Preis*, NZA-Beilage 1/2007, 1 (32).
3 Eine sechsmonatige Verjährungsfrist hat der BGH nicht beanstandet (BGH v. 4.5.1995 – I ZR 90/93, BGHZ 129, 323 [326 ff.]), dagegen die Verkürzung von Verjährungsfristen auf drei Monate in der Regel als unangemessene Benachteiligung verworfen (BGH v. 19.5.1988 – I ZR 147/86, BGHZ 104, 292).

b) Ansprüche aus dem Arbeitsverhältnis – mit Ausnahme von Ansprüchen, die aus der Verletzung des Lebens, des Körpers oder der Gesundheit sowie aus vorsätzlichen oder grob fahrlässigen Pflichtverletzungen des Arbeitgebers oder seines gesetzlichen Vertreters oder Erfüllungsgehilfen resultieren – verfallen drei Monate nach Ablauf des Fälligkeitsmonats, wenn sie nicht rechtzeitig schriftlich geltend gemacht wurden. Lehnt der Arbeitgeber den Anspruch schriftlich ab oder erklärt er sich nicht innerhalb von zwei Wochen nach der Geltendmachung des Anspruchs, so verfällt der Anspruch, wenn er nicht innerhalb einer weiteren Frist von drei Monaten nach der Ablehnung oder nach Fristablauf geltend gemacht wird.

c) Spätere Forderungen können nicht mehr anerkannt werden, es sei denn, der Mitarbeiter war an der zeitgerechten Geltendmachung seiner Ansprüche nachweislich ernsthaft gehindert.

d) Der Lauf der Ausschlussfrist ist bei Erkrankung oder Urlaub des Arbeitnehmers gehemmt bis zum Tage der Wiederaufnahme der Arbeit.

e) Die Ausschlussfrist gilt nicht, wenn die Berufung auf die Ausschlussfrist wegen des Vorliegens besonderer Umstände eine unzulässige Rechtsausübung ist.[1]

f) Wird ein Anspruch nicht formgemäß innerhalb der Fristen geltend gemacht, so führt dies zum endgültigen Erlöschen des Anspruchs.

45 Im **bestehenden Arbeitsverhältnis** ist die Vereinbarung einer zweistufigen Ausschlussfrist, sog. Doppelklausel, sorgfältig zu erwägen, um den Arbeitnehmer nicht im bestehenden Arbeitsverhältnis in eine prozessuale Auseinandersetzung mit dem Arbeitgeber zu zwingen. Solche Klauseln sind zwar nicht per se unwirksam, da § 309 Nr. 13 BGB keine Anwendung findet (Rz. 17). Erfahrungsgemäß führen sie aber zu einer **unzumutbaren Belastung des Arbeitsverhältnisses**. Allerdings kann gerade eine kurze Ausschlussfrist dazu beitragen, dass ein streitiger Anspruch alsbald geklärt wird, so dass der Betriebsfrieden wiederhergestellt und die Motivation der betroffenen Arbeitnehmer gesichert ist. Nach ArbG Freiburg[2] ist richtigerweise aber eine zweistufige Ausschlussfrist dann unausgewogen, wenn die erste Stufe für die zeitliche Geltendmachung keine Frist vorsieht, für die gerichtliche Geltendmachung dann aber eine Frist von einem Monat.

46 Nach Beendigung des Arbeitsverhältnisses bestehen diese Bedenken gegen eine zweistufige Ausschlussfrist grundsätzlich nicht mehr. In diesen Fällen wäre es den Parteien zuzumuten, ihre Ansprüche in kürzerer Frist geltend zu machen. Angesichts der Rechtsprechung des BGH und des BAG (Rz. 21) empfiehlt es sich jedoch, auch bei einer Beendigung des Arbeitsverhältnisses die Ausschlussfristen mit jeweils mindestens drei Monaten zu bemessen.

47 Kernpunkt des Streits um die Auslegung einer zweistufigen Ausschlussfrist ist, welche Voraussetzungen an die **schriftliche Geltendmachung** des Anspruchs (**1. Stufe**), **die Ablehnung des Anspruchs** durch den Schuldner und die **gerichtliche Geltendmachung (2. Stufe)** zu stellen sind. Konkret geht es um die Frage, ob das Erfor-

---

1 Vgl. § 17 Nr. 2 MTV für Arbeitnehmer in der chemischen Industrie vom 24.6.1992.
2 ArbG Freiburg v. 10.10.1988 – 2 Ca 201/89, EzA § 4 TVG Ausschlussfristen Nr. 80.

dernis gerichtlicher Geltendmachung eines Anspruches, der vom Ausgang des Kündigungsschutzprozesses abhängt, auch durch die **Erhebung der Kündigungsschutzklage** gewahrt werden kann.

Im Kündigungsfalle genügt für die schriftliche Geltendmachung der Ansprüche aus dem Arbeitsverhältnis (**1. Stufe**) in der Regel die Erhebung der Kündigungsschutzklage, wenn Ansprüche betroffen sind, die vom Ausgang des Kündigungsschutzprozesses abhängen, etwa auch Lohnansprüche.[1] Aber: Wird in der **zweiten Stufe** noch die **gerichtliche Geltendmachung** innerhalb einer **bestimmten zweiten Frist** verlangt und richtet sich der geltend gemachte Anspruch auf Geld, so war nach gefestigter Rechtsprechung des BAG unter Hinweis auf die unterschiedlichen Streitgegenstände die Kündigungsschutzklage oder eine generell auf den Fortbestand des Arbeitsverhältnisses gerichtete Klage nicht zur Erfüllung der zweiten Stufe geeignet. Vielmehr musste der Gläubiger neben der bereits eingereichten Kündigungsschutzklage auch **Zahlungsklage erheben**.[2] Die BAG-Rechtsprechung führte zu dem unökonomischen Ergebnis, dass der Arbeitnehmer trotz Rechtshängigkeit des Arbeitsverhältnisses „Ansprüche aus dem Arbeitsverhältnis" gerichtlich geltend machen musste, von dem noch gar nicht feststand, ob es überhaupt noch besteht.[3] Damit **erhöhte sich das Prozessrisiko um ein vielfaches**, was insbesondere auch deshalb nicht interessengerecht ist, da in arbeitsrechtlichen Urteilsverfahren im ersten Rechtszug jede Partei die Kosten für den Rechtsbeistand selber tragen muss, § 12a ArbGG.[4] Nun hat der 5. Senat des BAG jedoch entschieden, dass bei einer vorformulierten Klausel, wonach von der Gegenseite abgelehnte Ansprüche innerhalb einer Frist von drei Monaten einzuklagen sind, die Erhebung der Kündigungsschutzklage genügt, „um das Erlöschen der vom Ausgang des Kündigungsschutzstreits abhängigen Annahmeverzugsansprüche des Arbeitnehmers zu verhindern".[5] Das Erfordernis des Einklagens von Annahmeverzugsansprüchen, die von einem Kündigungsschutzprozess abhängen, erfordere aus der Sicht eines durchschnittlichen Arbeitnehmers nicht mehr als die Erhebung der Kündigungsschutzklage selbst. Diese sei eine ausreichende Geltendmachung der von dem Ausgang des Kündigungsschutzprozesses abhängigen Ansprüche. Ein durchschnittlicher Arbeitnehmer dürfe davon ausgehen, dass jede prozessuale Auseinandersetzung über den Anspruch seine Obliegenheit erfülle. Die Frage, ob zweistufige Ausschlussklauseln, die dem Arbeitnehmer die Pflicht auferlegen, vor rechtskräftigem Abschluss eines Kündigungsschutzprozesses die davon abhängigen Annahmeverzugsansprüche jeweils binnen einer mit Fälligkeit beginnenden Frist mittels einer bezifferten Leistungsklage geltend zu machen, wirksam sind, oder unangemessen benachteiligen, konnte dahinstehen.[6] Schon in der Rechtsprechung bezüglich einer

---

1 St. Rechtsprechung, BAG v. 7.11.1991 – 2 AZR 34/91, NZA 1992, 521; v. 26.4.2006 – 5 AZR 403/05, NZA 2006, 845.
2 BAG v. 24.3.1988 – 2 AZR 630/87, NZA 1989, 101; v. 7.11.1991 – 2 AZR 34/91, NZA 1992, 521; v. 16.1.2002 – 5 AZR 430/00, NZA 2002, 746; v. 26.4.2006 – 5 AZR 403/05, NZA 2006, 2653.
3 Ausführlicher ErfK/*Preis*, §§ 194–218 BGB Rz. 63f.
4 Kritisch insbesondere gegenüber dem Rückgriff auf die Streitgegenstandslehre *Gamillscheg*, § 18 IV 1i) („In einer Begriffsjurisprudenz, die dem der Faszination der Streitgegenstandslehre nicht verfallenen Betrachter nicht zugänglich ist, ...").
5 BAG v. 19.3.2008 – 5 AZR 429/07, NZA 2008, 757; vgl. auch HWK/*Gotthardt*, Anh. § 305–310 BGB Rz. 7f.
6 BAG v. 19.3.2008 – 5 AZR 429/07, NZA 2008, 757.

Klausel in einer Betriebsvereinbarung deutete sich eine Absetzbewegung an.[1] Das BVerfG[2] schloss sich den verfassungsrechtlichen Bedenken des 7. Senats gegen derartige Regelungen vollumfänglich an. Der Zugang zu den Gerichten dürfe den Prozessparteien nicht in unzumutbarer, durch Sachgründe nicht zu rechtfertigender Weise erschwert werden.[3] Der effektive Rechtsschutz und die effektive Rechtsdurchsetzung würden faktisch vereitelt, wenn das Kostenrisiko zu dem mit dem Verfahren angestrebten Erfolg außer Verhältnis stehe, so dass die Inanspruchnahme von Gerichten nicht mehr sinnvoll erscheine. Eine Obliegenheit zur Klageerhebung vor dem rechtskräftig abgeschlossenen Vorprozess – der sich zumeist in einer Kündigungsschutzklage begründen wird – dürfe einem Arbeitnehmer somit nicht auferlegt werden, wenn ihm dadurch ein unzumutbares Kostenrisiko entstehe. Dies ergebe sich aus dem Grundrecht auf Gewährleistung effektiven Rechtsschutzes gemäß Art. 2 Abs. 1 i.V.m. Art. 20 Abs. 3 GG.[4] Aufgrund dieser Rechtsprechung hat der 5. Senat seine bisherige Rechtsprechung zur Auslegung tarifvertraglicher Ausschlussfristen aufgegeben,[5] so dass nunmehr in verfassungskonformer Weise einheitlich davon auszugehen ist, dass die 2. Stufe einer Ausschlussfrist, die die Erhebung einer Leistungsklage bereits vor rechtskräftigem Abschluss des Kündigungsschutzprozesses verlangt„ als unzulässig anzusehen ist.

49 Ob zur Fristwahrung die **Einreichung der Klage** beim Gericht reicht, sofern die Zustellung demnächst erfolgt (§ 167 ZPO), war umstritten.[6] Nach der neueren Rechtsprechung des BAG ist nunmehr schon die Klageeinreichung ausreichend.[7] Wird die Klage jedoch zurückgenommen, so entfällt aufgrund der Funktionsähnlichkeit von Ausschlussfrist und Verjährung (s. § 204 Abs. 2 BGB) die durch die Klageerhebung bewirkte Fristwahrung nicht rückwirkend.[8]

50 Der Lauf der zweiten Stufe hängt zumeist von der ausdrücklichen oder schriftlichen Ablehnung ab. Zum Teil wird der Lauf der Frist durch Fristablauf bei fehlender Gegenäußerung in Gang gesetzt. Aus Gründen der Rechtsklarheit sollte auch die **Ablehnung der geltend gemachten Forderung an das Schriftformerfordernis gebunden werden**. Hierfür reicht, wenn der Arbeitgeber im Kündigungsschutzprozess die Klageabweisung in einem Schriftsatz ankündigt. Eine ausdrückliche schriftliche Ablehnungserklärung ist nicht erforderlich, wenn die Ausschlussfrist nur eine schriftliche

---

1 BAG v. 12.12.2006 – 1 AZR 96/06, NZA 2007, 453, in der das BAG eine Regelung in einer Betriebsvereinbarung für unwirksam erklärt, die von dem Arbeitnehmer bereits während des laufenden Kündigungsschutzprozesses die gerichtliche Geltendmachung von Annahmeverzugsansprüchen verlangt, die vom Ausgang des Kündigungsschutzprozesses abhängen.
2 BVerfG v. 1.12.2010 – 1 BvR 1682/07, NZA 2011, 354.
3 BVerfG v. 29.10.1975 – 2 BvR 630/73, BVerfGE 40, 272; v. 17.3.1988 – 2 BvR 233/84, BVerfGE 78, 88; v. 2.3.1993 – 1 BvR 249/92, BVerfGE 88, 118.
4 BVerfG v. 1.12.2010 – 1 BvR 1682/07, NZA 2011, 354.
5 BAG v. 19.9.2012 – 5 AZR 627/11, NZA 2013, 101.
6 Bejahend mit Verweis auf den Grundsatz der engen Auslegung von Ausschlussfristen *Löwisch/Rieble*, § 1 TVG Rz. 510; a.A. *Weyand*, Rz. 240.
7 BAG v. 22.5.2014 – 8 AZR 662/13, NZA 2014, 924; *Bader*, NZA 1997, 905 (909); ebenfalls bejahend schon für den Fall des rechtzeitigen Stellens eines Antrags auf Prozesskostenhilfe LAG Nds. v. 25.3.1999 – 16a Ta 119/99, LAGE § 4 TVG Ausschlussfristen Nr. 50.
8 Nach der früheren Rechtsprechung des BAG wurde allerdings § 212 Abs. 2 Satz 1 BGB a.F. nicht auf Ausschlussfristen angewendet, BAG v. 11.7.1990 – 5 AZR 609/89, NZA 1991, 70.

Ablehnung verlangt.[1] Dies wird jedoch nur dann bedeutsam, wenn die Ausschlussfrist nicht so ausgelegt werden kann, dass die Erhebung der Kündigungsschutzklage bereits ausreicht, um das Erlöschen der von dem Ausgang des Kündigungsschutzprozesses abhängigen Ansprüche zu verhindern. Denn in einem solchen Fall kann in der Klageerhebung bereits die gerichtliche Geltendmachung gesehen werden.

3. Hinweise zur Vertragsgestaltung; Zusammenfassung

Bevor eine vertragliche Ausschlussfrist erwogen wird, ist zu prüfen, ob auf einen Tarifvertrag Bezug genommen wird, in dem sich eine Ausschlussfrist befindet → *Verweisungsklauseln*, II V 40. Eine einzelvertragliche Regelung erübrigt sich dann zumeist, da sie nur deklaratorische Wirkung hat (beachte aber die Ausführungen zum NachwG, Rz. 5 ff.). 51

Bei der Ausgestaltung einzelvertraglicher Ausschlussfristen ist auf Rechtmäßigkeit und Zweckmäßigkeit zu achten. Nach den obigen Ausführungen sollte die Ausschlussfrist daher **beidseitig** gelten und nicht kürzer als drei Monate bemessen sein. 52

Der Zweck der Ausschlussfrist, Rechtssicherheit zu schaffen, erfordert auch, in jedem Fall eine schriftliche Geltendmachung und – bei zweistufigen Fristen – eine **schriftliche Ablehnung** des Anspruches vorzusehen. Nach der Rechtsprechung des BAG[2] genügt in diesen Fällen für die Einhaltung der Schriftform auch ein Telefaxschreiben. Zu beachten ist des Weiteren, dass in Fällen, in denen nach der vertraglichen Regelung die Ansprüche „gegenüber der Personalabteilung" oder einer „entsprechenden zuständigen Stelle" geltend zu machen sind, die Geltendmachung gegenüber einem Prozessbevollmächtigten des Arbeitgebers ausreicht, soweit ein mit dem Anspruch in Zusammenhang stehender Prozess geführt wird.[3] Es wird deshalb folgende Klauselgestaltung empfohlen: 53

§ X: Ausschlussfristen

(1) Alle beiderseitigen Ansprüche aus dem bestehenden Arbeitsverhältnis – mit Ausnahme von Ansprüchen, die aus der Verletzung des Lebens, des Körpers oder der Gesundheit sowie aus vorsätzlichen oder grob fahrlässigen Pflichtverletzungen des Arbeitgebers oder seines gesetzlichen Vertreters oder Erfüllungsgehilfen resultieren – müssen innerhalb von sechs Monaten, nachdem der jeweilige Gläubiger Kenntnis erlangt hat oder hätte erlangen müssen, schriftlich geltend gemacht werden.

(2) Lehnt die Gegenseite den Anspruch schriftlich ab oder erklärt sie sich nicht innerhalb von einem Monat nach Geltendmachung des Anspruches, so verfällt dieser, wenn er nicht innerhalb von drei Monaten nach der Ablehnung oder dem Fristablauf gerichtlich geltend gemacht wird.

(3) Wird ein Anspruch nicht formgemäß innerhalb der Fristen geltend gemacht, so führt dies zum endgültigen Erlöschen des Anspruchs.

(4) Die Ausschlussfrist nach Abs. 1 bis 3 erfasst nicht gesetzliche Mindestentgeltansprüche.

---

1 BAG v. 20.3.1985, EzA § 615 BGB Nr. 48; v. 26.4.2006 – 5 AZR 403/05, NZA 2006, 845.
2 BAG v. 11.10.2000 – 5 AZR 313/99, NZA 2001, 231.
3 BAG v. 27.2.2002 – 9 AZR 545/00, AP Nr. 180 zu § 1 TVG Tarifverträge Metallindustrie.

A 160 Außerdienstliches Verhalten

	Rz.		Rz.
1. Einführung	1	c) Regelungen zum Schutz des Ansehens des Arbeitgebers in der Öffentlichkeit	21
2. Klauseln	6		
a) Allgemeine Verhaltensregeln mit außerdienstlichem Bezug	6	d) Loyalitätspflichten	27
b) Regelungen zur Sicherung der Arbeitskraft – Verbot gefährlicher oder vertragsbeeinträchtigender Freizeitaktivitäten	12	3. Hinweise zur Vertragsgestaltung; Zusammenfassung	33

Schrifttum:

Boemke, Nebenpflichten des Arbeitnehmers, AR-Blattei SD 1228; *Buchner*, Tendenzförderung als arbeitsrechtliche Pflicht, ZfA 1979, 335; *Glöckner*, Nebentätigkeitsverbote im Individualarbeitsrecht, Diss. Köln 1993; *Grunewald*, Inhalt und Grenzen des arbeitsvertraglichen Nebentätigkeitsverbotes, NZA 1994, 971; *Grunsky*, Das Recht auf Privatleben als Begrenzung vertraglicher Nebenpflichten, JuS 1989, 59; *Kolle/Deinert*, Liebe ist Privatsache, AuR 2006, 177; *Mache*, Rechtswidrige Bestimmungen in Arbeitsverträgen, Teil I und II, AiB 1987, 200, 256; *Mummenhoff*, Loyalität im kirchlichen Arbeitsverhältnis, NZA 1990, 585; *Schäfer*, Pflicht zu gesundheitsförderndem Verhalten?, NZA 1992, 529; *Stöckli*, Allgemeine Arbeitsbedingungen, 1979; *Subatzus*, Das Fehlverhalten des Arbeitnehmers bei Arbeitsunfähigkeit, Diss. Hamburg 2006; s.a. → Ehrenämter, II E 10; → Nebentätigkeit, II N 10.

1. Einführung

1 In der Vertragspraxis ist eine merkliche Hinwendung zu solchen Regelungen festzustellen, die das **Privatleben** des Arbeitnehmers betreffen. Sie stehen vielfach eigenständig neben der Reglementierung von → *Nebentätigkeiten*, II N 10 bzw. sind diesen im Vertragstext unmittelbar vorgeschaltet. Letztere sind dadurch gekennzeichnet, dass ihr Ausgangspunkt und Maßstab in besonderer Weise die jeweils ausgeübte Hauptbeschäftigung bildet. Anderseits finden sich Sonderformen der nunmehr zu besprechenden vertraglichen Abreden zuvorderst bei bestimmten Berufsgruppen (s. Rz. 13).

2 Den beschriebenen Versuchen ist schon deshalb mit erheblicher Skepsis zu begegnen, weil die Privatsphäre des Arbeitnehmers grundsätzlich einen von arbeitgeberseitigen Eingriffen geschützten, von der **dienstlichen Sphäre zu trennenden Rechtskreis** darstellt.[1] Somit darf die private Lebensführung eines Arbeitnehmers durchaus im Widerspruch zu den Interessen des Unternehmens stehen. Die Verpflichtung des Arbeitnehmers endet grundsätzlich dort, wo der private Bereich beginnt.[2] Es bleibt dem Arbeitgeber verwehrt, „Sittenwächter über seine Belegschaft zu spielen".[3] Auch kann grundsätzlich keine allgemeine Pflicht zu gesund-

---

1 Ausführlich SPV/*Preis*, Rz. 639 ff. m.z.N.; referierend *Schäfer*, NZA 1992, 529 (530).
2 So auch DBD/*Däubler*, Anhang Rz. 96; *Rinck* in Tschöpe, Arbeitsrecht, Teil 2 A Rz. 219.
3 Vgl. BAG v. 23.6.1994 – 2 AZR 617/93, NZA 1994, 1080, das klarstellt, dass keinerlei Verpflichtung des Arbeitnehmers bestehe, „ein ordentliches Leben zu führen und sich dabei seine Arbeitsfähigkeit zu erhalten.".

heits- bzw. genesungsförderndem Verhalten bejaht werden.[1] Für nicht hoheitlich tätige Arbeitnehmer des öffentlichen Dienstes gelten, anders als früher in § 8 Abs. 1 Satz 1 BAT und § 8 Abs. 8 MTArb, keine weitergehenden vertraglichen Nebenpflichten als für die Beschäftigten der Privatwirtschaft (vgl. § 41 Satz 1 TVöD-BT-V).[2] Zu beachten ist jedoch, dass für hauptamtliche und ehrenamtliche Richter eine besondere Pflicht der Verfassungstreue gilt, die auch das außerdienstliche Verhalten erfasst.[3]

Auch das BAG hat bereits festgestellt, dass Regelungen über Pflichten im Privatbereich, die vergleichsweise üblich sind und für die ein anerkennenswertes Interesse nicht besteht, zu einer **unangemessenen Benachteiligung** des Arbeitnehmers führen können.[4] Die Abhängigkeit vom Arbeitgeber ist nämlich keine umfassende und ausschließliche.[5] Sicher enthält jedes Arbeitsverhältnis eine gewisse Beschränkung der persönlichen Freiheit; diese darf aber nicht über das hinausgehen, was der Zweck des Arbeitsverhältnisses unter **Beachtung der Persönlichkeit** des Arbeitnehmers unvermeidbar erforderlich macht.[6] So kann im Grundsatz nur dann das Arbeitgeberinteresse überwiegen, wenn ein privates Verhalten zu einer betrieblichen Störung führt.[7] Geboten ist im Sinne einer **praktischen Konkordanz** also stets eine Abwägung zwischen dem Arbeitgeberinteresse an der außerdienstlichen Verhaltensregel und dem Interesse des Arbeitnehmers am Schutz seiner Privatsphäre. Ein außerdienstliches Verhalten, das gerade keine Auswirkungen auf das Arbeitsverhältnis hat, ist grundsätzlich auch ungeeignet, eine außerordentliche Kündigung zu rechtfertigen.[8]

Unabhängig von diesen „Rahmendaten" sind jedenfalls strenge Anforderungen an die hinreichende **Bestimmtheit und Transparenz** der Formulierung entsprechender Vertragsklauseln anzulegen. Dem Arbeitnehmer muss klar erkennbar sein, welche konkreten Verhaltenspflichten durch die Klausel begründet werden.

Einschlägige Klauseln können sinnvoll einer **Dreiteilung** unterworfen werden. An erster Stelle sollen allgemeine Verhaltensregeln, die (auch) einen außerdienstlichen Bezug aufweisen, einer näheren Überprüfung unterzogen werden. Vielfach wird darüber hinaus versucht, dem Arbeitnehmer besondere Rechtspflichten zur Sicherung seiner Arbeitskraft aufzuerlegen. Schließlich sind Regelungen zum Schutz des Arbeitgeberansehens Gegenstand der nachfolgenden Darstellung.

---

1 Ablehnend denn auch *Schäfer*, NZA 1992, 529 (530). Das BAG bejaht eine Verpflichtung zu genesungsförderndem Verhalten während der Arbeitsunfähigkeit (vgl. BAG v. 2.3.2006 – 2 AZR 53/05, NZA-RR 2006, 636; v. 26.8.1993 – 2 AZR 154/93, NZA 1994, 63 = BB 1994, 142 m. Anm. *Hunold*; vgl. auch BAG v. 13.11.1979 – 6 AZR 934/77, NJW 1980, 1917; LAG Hamm v. 28.5.1998 – 4 Sa 1550/97, MDR 1999, 555).
2 BAG v. 10.9.2009 – 2 AZR 257/08, NZA 2010, 220.
3 BVerfG v. 6.5.2008 – 2 BvR 337/08, NZA 2008, 962.
4 BAG v. 20.7.1973 – 3 AZR 359/72, AP Nr. 7 zu § 65 HGB; vgl. noch *Mayer-Maly*, BB 1973, 761 (769).
5 *Grunewald*, NZA 1994, 971 ff.
6 *Wiese*, ZfA 1971, 273 (299).
7 S. für eine außerordentliche Kündigung wegen „Stalkings" einer Kollegin BAG v. 19.4.2012 – 2 AZR 258/11, NZA-RR 2012, 567 (570).
8 ErfK/*Müller-Glöge*, § 626 BGB Rz. 82; vgl. auch BAG v. 27.11.2008 – 2 AZR 98/07, NZA 2009, 604.

2. Klauseln

a) Allgemeine Verhaltensregeln mit außerdienstlichem Bezug

⌦ **Nicht geeignet:**

a) Sie sind verpflichtet, die Ihnen obliegenden Arbeiten mit Fleiß auszuführen und ihre Arbeitskraft ausschließlich in den Dienst des Unternehmens zu stellen, wie überhaupt dessen Interessen und Vorteile in jeder Hinsicht zu wahren sind.

b) Der Mitarbeiter ist verpflichtet, seine volle Arbeitskraft in den Dienst der Bank zu stellen.

c) Wir gehen gemeinsam davon aus, dass Sie ihre Arbeitskraft ausschließlich unserem Unternehmen widmen und seine Interessen nach besten Kräften fördern und vertreten werden. Sie werden auch im außerdienstlichen Bereich diese Grundsätze berücksichtigen.

6 Vertragsklauseln, durch die dem Arbeitnehmer die Pflicht auferlegt werden soll, in jeglicher Hinsicht die Interessen des Arbeitgebers zu wahren, sind in ihren konstitutiven Rechtswirkungen zweifelhaft.[1] Vielfach ist schon nicht klar erkennbar, ob und inwieweit sich ihr Geltungsbereich auch auf die private Lebensführung des Arbeitnehmers erstrecken soll. Deshalb führt bei solchen Formulierungen wie in Klauselbeispiel a) bereits die Anwendung der Unklarheitenregel des § 305c Abs. 2 BGB[2] zu der für den Arbeitnehmer günstig(er)en Auslegung, so dass die Vertragsabrede sich lediglich auf Art und Weise der Diensterfüllung bezieht. Dann weist die Klausel aber keinen eigenständigen Regelungsgehalt auf, sondern stellt allein **deklaratorisch** fest, was sich ohnehin als Hauptpflicht aus dem Arbeitsverhältnis ergibt: Der Arbeitnehmer ist gehalten, seiner Arbeitspflicht unter Aufwendung aller ihm gegebenen körperlichen und geistigen Kräfte nachzukommen.[3] Die Klausel ist schon deshalb verzichtbar. Überdies mangelt es in der Regel an einer hinreichenden Konkretisierung der Unternehmensinteressen.

7 Gleichwohl ist das arbeitgeberseitige Interesse verständlich, sich die gesamte Arbeitskraft der Arbeitnehmer zu sichern, insbesondere solcher, die Führungspositionen bekleiden. Damit einher geht aber keineswegs eine entsprechende Schutzwürdigkeit.[4] Grundrechte des Arbeitnehmers bilden eine unabdingbare Grenze: Wird die Ausübung nicht beruflicher Aktivitäten von Art. 2 Abs. 1 GG erfasst, so schützt Art. 12 Abs. 1 Satz 1 GG die beruflichen Tätigkeiten, wobei das Grundrecht der Berufsfreiheit auch das Recht beinhaltet, mehrere Berufe nebeneinander auszuüben.[5]

8 Dieses Recht steht jedem Arbeitnehmer in den Grenzen, die § 8 BUrlG und das ArbZG vorgeben, unabhängig von seiner Stellung zu. Auch ein zeitlich stark beanspruchter und hoch dotierter Angestellter lebt nicht allein für seinen Arbeitgeber,

---

1 Vgl. hierzu und zum Folgenden auch *Preis*, Vertragsgestaltung, § 18 II 2.
2 Vgl. die jetzt nach § 310 Abs. 4 BGB unmittelbar im Arbeitsrecht geltende Regel des § 305c Abs. 2 BGB (früher § 5 AGBG).
3 Vgl. insoweit nur Schaub/*Linck*, § 45 Rz. 46.
4 Fehlgehend insoweit LAG Berlin v. 25.1.1988 – 9 Sa 108/87, WM 1988, 1519 (1523 f.). Prägnant zur Gegenläufigkeit der Interessen von Arbeitgeber und Arbeitnehmer in Bezug auf die Vollstreckbarkeit der Arbeitsleistung, MünchArbR/*Reichold*, § 38 Rz. 2 f.
5 BVerfG v. 15.2.1967 – 1 BvR 569/62, NJW 1967, 1317.

ist nicht immer im Dienst und hat ein berechtigtes Interesse an einem Minimum an Freiraum für andere Beschäftigungen. Diesen Freiraum durch „Okkupation" der gesamten Arbeitskraft aufzuheben, ist weder aus Arbeitgebersicht erforderlich noch dem Mitarbeiter zumutbar. Ein Arbeitnehmer ist niemals wirksam verpflichtet, dem Arbeitgeber seine gesamte Arbeitskraft zur Verfügung zu stellen.[1] Vertragsformulierungen wie in Klauselbeispiel b) – dort exemplarisch für einen Bankangestellten – sind hiernach ebenso wenig zu empfehlen (→ *Ehrenämter*, II E 10).

Neuerdings tritt die Problematik der „**ständigen Erreichbarkeit**", insbesondere über mobile Telekommunikation, in das Zentrum des Interesses. Die ständige Erreichbarkeit stößt an arbeitsvertragliche und arbeitszeitrechtliche Grenzen. Ständige Erreichbarkeit außerhalb des Dienstes ist ein Widerspruch in sich. So wird dienstfreie Zeit zum Dienst.[2] Auch das Weisungsrecht nach § 106 GewO wirkt nur innerhalb der arbeitsvertraglichen und gesetzlichen Grenzen. Eine Nebenpflicht zu einer ständigen Erreichbarkeit ist ebenfalls abzulehnen.[3] Eine entsprechend formulierte Vertragsklausel wäre als unangemessen benachteiligende Abrede unwirksam. Hinzu kommen die ggf. arbeitszeitrechtlichen Grenzen, da die ständige Erreichbarkeit – je nach Ausgestaltung – schon als permanente Arbeitszeit, zumindest aber Rufbereitschaft oder Bereitschaftsdienst gewertet werden kann, die die arbeitszeitrechtlichen Schranken überschreitet. Schließlich können zumindest auch Verstöße gegen die zwingend einzuhaltenden Ruhepausen vorliegen. Schließlich gilt: Was arbeitszeitrechtlich verboten ist, kann arbeitsvertraglich nicht geschuldet sein.[4]

8a

Vertragsklauseln, die auch außerdienstliche Interessenwahrung fordern – Klauselbeispiel c) liefert ein verbreitetes Muster – können zumindest bei Arbeitsverhältnissen mit **Tendenzbetrieben** konstitutive Bedeutung erlangen. Tendenzbetrieben muss zur Wahrung ihrer Interessen gemäß ihrem Selbstbestimmungsrecht zugestanden werden, von ihren Mitarbeitern eine über das gegenständliche Arbeitsverhältnis hinausgehende Loyalität zu verlangen. (Grundrechtliche) Interessen eines Arbeitnehmers können somit in einem Spannungsfeld zu (grundrechtlichen) Belangen des Tendenzträgers stehen, wobei Letzteren im Grundsatz der Vorrang einzuräumen ist. Daher könnte eine Klausel etwa einem angestellten Gewerkschaftssekretär verbieten, in seiner Freizeit Beiträge für ein Arbeitgeberblatt zu schreiben (vgl. noch → *Veröffentlichungen und Vorträge*, II V 10).

9

Das BVerfG hat mit seiner Entscheidung vom 22.10.2014 erneut festgestellt, dass **Kirchen** als Arbeitgeber selbst bestimmen dürfen, in welchem Umfang sie von ihren Arbeitnehmern die Beachtung der kirchlichen Glaubens- und Sittenlehre erwarten.[5] So wird eine Vereinbarung als zulässig angesehen, nach der Arbeitnehmern einer Glaubensgemeinschaft untersagt wird, in der Öffentlichkeit für eine andere

10

---

1 Ähnlich *Mache*, AiB 1987, 256f.
2 *Falder*, NZA 2010, 1150.
3 *Schuchart*, Ständige Erreichbarkeit im Arbeitsverhältnis – Ist das Arbeitszeitgesetz noch zeitgemäß?, in Latzel/Picker, Neue Arbeitswelt, 2014, 175 (187); großzügiger *Reinhard*, ArbRB 2012, 186.
4 *Buschmann*, AiB 2013, 514 (518).
5 BVerfG v. 22.10.2014 – 2 BvR 661/12; ebenso bereits v. 4.6.1985 – 2 BvR 1703/83, 2 BvR 1718/83, 2 BvR 856/84, NJW 1986, 367; eingehend zu den Maßstäben bei Kündigungen von Betriebsratsmitgliedern in Tendenzbetrieben SPV/*Vossen*, Rz. 1679f.; bemerkenswert LAG Rh.-Pf. v. 12.9.1991 – 4 Sa 72/91, NZA 1992, 648.

Glaubensgemeinschaft, die eine von den Glaubenssätzen des Arbeitgebers erheblich abweichende Lehre verbreitet, zu werben.[1] Wird also in einem entsprechenden Arbeitsvertrag eine ausdrückliche und hinreichend konkrete Regelung zu diesem Gegenstand getroffen, muss darin eine für beide Seiten rechtsverbindliche Vereinbarung zu dieser Frage gesehen werden. Verstöße gegen Klauseln, die die Sittlichkeit eines Kirchenangestellten verlangen, können jedoch nicht generell als kündigungsbegründender Vertragspflichtverstoß angesehen werden. So entschied der EGMR, dass etwa Kündigungen von Kirchenangestellten wegen Ehebruchs nicht generell als zulässig angesehen werden können.[2] Es muss vielmehr im Einzelfall zwischen den Rechten beider Parteien abgewogen werden[3] und die Art der Tätigkeit Berücksichtigung finden.[4] Loyalitätspflichten der Kirche gegenüber, die das Recht auf Achtung des Privatlebens in gewissem Maße einschränken, werden jedoch weiterhin anerkannt.[5] Zu beachten ist jedoch, dass eine etwaige Kündigung – sofern keine „allgemeinen" Kündigungsgründe vorliegen – nicht auf einen Sachverhalt gestützt werden kann, der schon keine Aufnahme in die Vertragsklausel gefunden hat.

11 Unzulässig sind Klauseln, die Regelungen über private (Liebes-)Beziehungen der Arbeitnehmer enthalten. Wenngleich der Arbeitgeber damit das berechtigte Interesse verfolgt, den Betriebsfrieden zu gewährleisten oder Mitarbeiter vor sexuellen Belästigungen zu schützen, verstößt eine Regelung, die dem Arbeitnehmer die Eingehung einer Ehe oder Liebesbeziehung verbietet, gegen das Persönlichkeitsrecht des Arbeitnehmers aus Art. 2 Abs. 1, Art. 1 Abs. 1 GG.[6] Der Arbeitnehmer muss sein Privatleben nicht nach den Moralvorstellungen des Arbeitgebers ausrichten. Sofern der Arbeitnehmer aufgrund einer Beziehung zu einem Kollegen seinen ar-

---

1 Vgl. zur Wirksamkeit der außerordentlichen Kündigung in einem entsprechenden Fall BAG v. 21.2.2001 – 2 AZR 139/00, NZA 2001, 1136; bemerkenswert auch BAG v. 16.9.2004 – 2 AZR 447/03, AP Nr. 44 zu § 611 BGB Kirchendienst, wonach nach Ansicht des BAG eine katholische Kirchengemeinde das Arbeitsverhältnis mit einem noch keine sechs Monate beschäftigten Kirchenmusiker mit der Begründung kündigen darf, seine ihr jetzt bekannt gewordene Wiederverheiratung widerspreche den Grundsätzen der katholischen Sittenlehre. Vgl. bzgl. des im Arbeitsvertrag verankerten Verbots einer zweiten Ehe auch LAG Düsseldorf v. 1.7.2010 – 5 Sa 996/09, n.v.
2 EGMR v. 23.9.2010 – 425/03 – Obst, EuGRZ 2010, 571; v. 23.9.2010 – 1620/03 – Schüth, EuGRZ 2010, 560.
3 So auch BVerfG v. 22.10.2014 – 2 BvR 661/12, Rz. 124 ff., wobei dem Selbstverständnis der Kirchen besonderes Gewicht beizumessen sei und die „vorgegebenen kirchlichen Maßstäbe für die Gewichtung vertraglicher Loyalitätsobliegenheiten zugrunde zu legen" seien.
4 So befanden die Richter, dass die deutschen Gerichte im Fall *Obst* (Gebietsdirektor Europa in der Abteilung Öffentlichkeitsarbeit) alle wesentlichen Gesichtspunkte des Falles berücksichtigt und eine sorgfältige Abwägung der Interessen vorgenommen haben. Im Falle des Organisten und Chorleiters *Schüth* soll jedoch keine ausreichende Abwägung zwischen seinem Recht auf Achtung seines Privat- und Familienlebens und dem Interesse der Kirche stattgefunden haben. Gegen die Wirksamkeit der Kündigung im Einzelfall sprach u.a., dass die Möglichkeit, eine neue Stelle zu finden, sehr eingeschränkt war und dass sich der Fall nicht in der Öffentlichkeit abspielte und somit keinen Glaubwürdigkeitsverlust der katholischen Kirche befürchten ließ.
5 EGMR v. 23.9.2010 – 425/03 – Obst, EuGRZ 2010, 571; v. 23.9.2010 – 1620/03 – Schüth, EuGRZ 2010, 560.
6 LAG Düsseldorf v. 14.11.2005 – 10 TaBV 46/05, DB 2006, 162 (165).

beitsvertraglichen Pflichten nicht nachkommt und es zu einer konkreten Beeinträchtigung des Arbeitsverhältnisses kommt, stehen dem Arbeitgeber mit einer Abmahnung oder Kündigung ausreichende Mittel zur Maßregelung zur Verfügung. Stärkere Einschränkungen des Privatlebens haben ggf. leitende Angestellte in Privatunternehmen, Angestellte im öffentlichen Dienst oder in Tendenzbetrieben hinzunehmen.[1] Der Eindruck des Betriebs in der Öffentlichkeit bzw. die von der Kirche anerkannten Maßstäbe können das Persönlichkeitsrecht des Arbeitnehmers ausnahmsweise überwiegen, wenn das Ansehen des Arbeitgebers durch das Verhalten des Arbeitnehmers nicht nur unerheblich beeinträchtigt wird.

b) Regelungen zur Sicherung der Arbeitskraft – Verbot gefährlicher oder vertragsbeeinträchtigender Freizeitaktivitäten

Dass der Arbeitgeber auf das Freizeitverhalten seiner Mitarbeiter Einfluss nehmen möchte, ist bereits aus seiner Pflicht zur → *Entgeltfortzahlung*, II E 20 erklärbar. Allerdings ist der Arbeitnehmer keineswegs gehalten, sich so zu verhalten, dass jede Selbstschädigung ausgeschlossen ist. Angesichts der sehr zurückhaltenden Rechtsprechung, die generalisierend eine Sportart nur dann als besonders gefährlich einstuft, wenn ein Verletzungsrisiko bei objektiver Betrachtung so groß ist, dass auch ein gut ausgebildeter Sportler das Risiko nicht beherrschen kann,[2] und angesichts des in diesem Rechtsgebiet maßgeblichen Verschuldensbegriffs[3] versucht der Arbeitgeber insbesondere, die Ausübung risikoreicher bzw. sog. Extremsportarten zu untersagen, um die **Arbeitsfähigkeit** des Arbeitnehmers zu sichern und Lohnfortzahlungskosten zu vermeiden.[4]

Bei der Wirksamkeitskontrolle derart eingeführter Verhaltenspflichten, die jedoch meist **individuell vereinbart** und nicht formularmäßig sind, muss zunächst der **einseitig zwingende Charakter** der Entgeltfortzahlungsregelung (vgl. § 12 EFZG) ins Blickfeld gezogen werden. Der Anspruch kann weder über zusätzliche Voraussetzungen noch über erweiterte Ausschlussgründe zuungunsten des Arbeitnehmers abbedungen werden. Diese dem Lohnfortzahlungsrecht immanente gesetzliche Wertung kann und darf nicht ohne Einfluss auf die hier interessierenden vertraglichen Gestaltungsmöglichkeiten bleiben.[5] Es erschiene wenig stimmig, wenn der Arbeitgeber bestimmte Tätigkeiten außerhalb des Dienstes wirksam verbieten

---

1 ErfK/*Schmidt*, Art. 2 GG Rz. 80; *Kolle/Deinert*, AuR 2006, 177 (180 f.); zur (wirksamen) Kündigung einer Erzieherin einer kirchlichen Einrichtung wegen Pornodarstellung im Internet ArbG Augsburg v. 22.10.2014 – 10 Ca 1518/14.
2 BAG v. 7.10.1981 – 5 AZR 338/79, NJW 1982, 1014.
3 Das BAG hat bisher noch keine Sportart ausgemacht, deren Ausübung und hierauf beruhende Arbeitsunfähigkeit Verschulden i.S.d. Entgeltfortzahlungsregeln begründet; sogar verneinend für Amateurboxsport, BAG v. 1.12.1976 – 5 AZR 601/75, DB 1977, 639. Das hierbei gravierende Verletzungsrisiko wirtschaftlich dem Arbeitgeber aufzubürden, stellt aber nach hier vertretener Ansicht einen Verstoß gegen die aus § 242 BGB resultierende Rücksichtnahmepflicht dar; vgl. auch die Darstellung bei *Vossen*, Entgeltfortzahlung bei Krankheit und an Feiertagen, 1997, Rz. 151 ff.; Schaub/*Linck*, § 98 Rz. 41 f.; aber auch ArbG Hagen v. 15.9.1989 – 4 Ca 648/87, NZA 1990, 311 (Kickboxen als gefährliche Sportart); zum Bungee-Springen *Hilpert*, RdA 1997, 92 (98).
4 Vgl. *Glöckner*, § 8 I 5 c), mit Kurzüberblick über den Meinungsstand bzgl. solcher Vertragsklauseln.
5 So auch *Fuchs*, BlStSozArbR 1978, 321 f.; zust. *Preis*, Vertragsgestaltung, § 18 II 7.

könnte, er zugleich im Fall einer Arbeitsunfähigkeit des Mitarbeiters durch Ausübung dieser Tätigkeit aber zur Lohnfortzahlung verpflichtet bliebe. Die Bindung der Vertragsgestaltung an die im Lohnfortzahlungsrecht vorgefundene Risikoverteilung sollte jedoch nicht ausnahmslos gelten. Es sind Typen von Arbeitsverhältnissen denkbar, die, etwa wegen der typischerweise enthaltenen besonderen Verantwortung für Wohl und Wehe zahlreicher Menschen, eine arbeitsvertragliche Bindung im Hinblick auch auf das Freizeitverhalten unverzichtbar machen. Es versteht sich von selbst, Flugkapitänen oder anderen Personenbeförderern Beschränkungen ihrer Freizeitgestaltung insoweit aufzuerlegen, als sie zu einem bestimmten Zeitpunkt in besonderer Weise leistungsbereit sein müssen und nicht durch Alkoholkonsum u.Ä., der zeitlich vor der eigentlichen Arbeitsleistung liegt, hierzu außerstande sein dürfen. Auch bringt z.B. der Beruf eines Kraftfahrers mit sich, dass dieser sich auch als (privater) Straßenverkehrsteilnehmer ordnungsgemäß zu verhalten hat, da ansonsten seine Eignung für den Beruf in Zweifel gezogen werden kann.

Typ 1: Verhaltensbindungen zur Sicherung der Arbeitskraft

a) Innerhalb von 12 Stunden vor planmäßiger Abflugzeit und während des aktiven Flugdienstes ist die Einnahme alkoholischer Getränke nicht gestattet.

b) Der Arbeitnehmer (Schauspieler/Leitender Angestellter) wird für die Dauer der Produktion der Fernsehserie/der Anstellung nicht Motorrad fahren (den Motorrennsport ausüben).

↻ **Nicht geeignet:**

a) Das Mannequin verpflichtet sich, ihre Haare nicht weiter als bis auf ... cm kürzen zu lassen und kein muskelaufbauendes Bodybuilding zu betreiben.

b) Der Lizenzfußballer ist insbesondere verpflichtet, den Anweisungen des Trainers bezüglich der Lebensführung Folge zu leisten.[1]

c) Der Arbeitnehmer (Balletttänzer, Eishockeyspieler oder Jockey) verpflichtet sich, in seiner Freizeit weder Fußball zu spielen noch Ski zu fahren.

d) Der Arbeitnehmer hat alles zu tun, um seine Leistungsfähigkeit zu erhalten.

e) Unvereinbar mit der Anstellung sind Tätigkeiten, die das Leben oder die Gesundheit des Angestellten ersichtlich gefährden.

14 Sofern eine konkrete, **sachlich gerechtfertigte zeitliche Grenze für eine Abstinenzpflicht** gefunden wird, liegt keine unangemessene Benachteiligung vor. Unter Zugrundelegung dieser Maßstäbe bestehen gegen Vertragsgestaltungen wie in Klauseltyp 1a keine Bedenken.[2] Unter gewissen Einschränkungen können vergleichbare Klauseln auch bei Berufssportlern (z.B. Bundesligaspielern) wirksam sein. Vordergründig wird man dem jeweiligen Arbeitgeber hier zumuten können, eine etwaige Schlechtleistung abzuwarten und ihr sodann ggf. nachträglich (Abmahnung, Kündigung) zu begegnen. Allerdings besteht im Berufssport die paradoxe Besonderheit, dass eine etwaige Kündigung gegenüber einem Berufssportler zu dessen Vertrags-

---

1 Einem alten DFB-Musterarbeitsvertrag entnommen.
2 Vgl. auch BVerwG v. 8.11.1990 – 1 WB 86/89, NJW 1991, 1317f. für Piloten im militärischen Bereich.

losigkeit führt.¹ Konsequenz dieses vertragslosen Zustandes ist der marktwertsteigernde Vorteil des Berufssportlers, ablösefrei den Arbeitgeber wechseln zu dürfen. Daher ist der Spieler trotz des Makels einer (verhaltensbedingten) Kündigung auf dem Arbeitsmarkt regelmäßig weiterhin attraktiv.²

Die schwer zu ziehende Grenze zwischen einer noch zulässigen und schon unzulässig in die **Privatsphäre eingreifenden Verpflichtung** macht auch das nicht geeignete Klauselbeispiel a) deutlich. Werden Mannequins allgemein und unbefristet bestimmte Sportarten oder Tätigkeiten verboten, damit diese möglichst lange ihr bei Vertragsbeginn gegebenes Äußeres beibehalten, kann sehr schnell ein Pflichtenmaß erreicht werden, das das zur ordnungsgemäßen Arbeitsleistung Erforderliche in unangemessener Weise übersteigt. Jedenfalls die vorgestellte Vertragsklausel dürfte aus diesem Blickwinkel unwirksam sein. 15

Besonders bedenklich ist auch die im nicht geeigneten Klauselbeispiel b) aufgenommene Erweiterung des → *Direktionsrechts*[3], II D 30 gegenüber dem angestellten Fußballspieler.[4] In ihrer bemerkenswerten Allgemeinheit läuft die Klausel auf eine generalklauselartige Erweiterung des auf den Trainer[5] delegierten Direktionsrechts hinaus. Dies ist unzulässig. Auch spezielle Weisungen sind nicht immer von den nach § 242 BGB zu ermittelnden Rücksichtspflichten gedeckt (generelles Ausgangsverbot, Nachtruhe, Verbot des Familienbesuchs während eines längeren Trainingslagers u.Ä.). Auch bestehen weite Konfliktfelder in Bezug auf die freie Entfaltung der Persönlichkeit des Berufssportlers.[6] 16

Besonderen Konstellationen kann auch Rechnung getragen werden, indem wie in Klauseltyp 1b eine konkrete Verbotsklausel sich auf wenige **klar abgegrenzte Tätigkeiten** beschränkt, die ihrerseits allgemeinkundig über das normale Maß hinausgehende Gefahren in sich bergen. Solche Vereinbarungen können wirksam sein, wenn Arbeitnehmer betroffen sind, bei deren Ausfall kein Ersatz möglich ist. Dies mag bei einem Hauptdarsteller einer Fernsehserie anzuerkennen sein, wenn das Verbot zusätzlich eine angemessene zeitliche Begrenzung enthält. Anders dürfte sich die Lage bei einer „normalen" Führungskraft eines Unternehmens darstellen, die nicht um jedes Freizeitvergnügen gebracht werden darf. Denkbar ist aber, dass auch solche Personen – jedenfalls qua Ausübung des arbeitgeberseitigen 17

---

1 Es ist nichts dagegen einzuwenden, wenn bei einem Vereinswechsel eines Spielers, der sich kraft seiner Privatautonomie für einen festen Zeitraum bindet, – begrenzt durch § 624 BGB – innerhalb der eingegangenen Befristung eine die Freizügigkeit erschwerende Ablösesumme entgegensteht. Ein befristetes Arbeitsverhältnis schränkt die Kündigungsfreiheit ein.
2 Beispiel hierfür war der Lizenzfußballer *Basler*, der in der Saison 1999/2000 von seinem Arbeitgeber Bayern München wegen einer alkoholbedingten nächtlichen Auseinandersetzung suspendiert wurde. Kurze Zeit später aber fand er gerade wegen seiner in Folge der Beurlaubung gesunkenen Ablösesumme zu lukrativen Vertragskonditionen in dem 1. FC Kaiserslautern einen neuen Arbeitgeber.
3 Zu dessen Grenzen etwa *Leßmann*, DB 1992, 1137.
4 Kritisch hierzu auch *Buchner*, RdA 1982, 1 (4).
5 Zu dessen Arbeitnehmereigenschaft BAG v. 10.5.1990 – 2 AZR 607/89, EzA § 611 BGB Arbeitnehmerbegriff Nr. 36.
6 Ausf. zu dessen Rechtsstellung noch *Grunsky*, Rechtliche Probleme des Arbeitsverhältnisses eines Bundesligaspielers, in Das Recht des Fußballspielers (Hrsg.: Württembergischer Fußballverband), 1980.

Direktionsrechts – unmittelbar vor besonders wichtigen Terminen (Beispiel: wichtige Unternehmenspräsentation auf anerkannter Fachmesse) **gesteigerten Rücksichtspflichten** unterfallen.

18 Allgemein lässt sich folgender **Grundsatz** aufstellen:[1]

Die Untersagung eines bestimmten Verhaltens ist umso eher anzuerkennen,
- je höher das mit ihm verbundene Schadensrisiko ist,
- je gravierendere Konsequenzen ein hierbei hervorgerufener Schaden für dritte Personen zeitigt und
- **je weniger Entbehrungen** ein (allenfalls zeitweilig anzuerkennender) Verzicht auf die untersagte Tätigkeit vom Betroffenen fordert.

19 Art. 2 Abs. 1 GG kann daher in nicht mehr hinzunehmender Weise tangiert werden, wenn die Liste der z.B. verbotenen Sportarten derart lang ist, dass kaum sinnvolle Fitnessmöglichkeiten mehr übrig bleiben bzw. auch viele „harmlose" Sportarten erfasst sind. Vergegenwärtigt man sich dies, so kann auch Klauselbeispiel c) nicht für sämtliche Arbeitnehmer wirksam vereinbart werden. Für spezielle Berufsgruppen mag eine Ausnahme zu machen sein, solange das (ggf. eingeschränkte[2]) Verbot sich auf wenige Sportarten bezieht, die statistisch gesehen besonders unfallträchtig sind.[3] Eine solche Klausel wäre insbesondere bei angestellten Sportlern vor dem Hintergrund zulässig, dass vor allem ihnen eine Aufgabe zugedacht ist, die bei einer Verletzung per se nicht durchführbar ist. Daher kann von ihnen in ihrer Privatsphäre vertraglich ein Mehr an Zurückhaltung verlangt werden.

20 Als vollständig unwirksam sind die Beispiele d) und e) zu bewerten. Die Auferlegung der Pflicht, „alles zu tun, um seine Leistungsfähigkeit zu erhalten", kann schon wegen einer Verletzung des Bestimmtheits- und Transparenzgebotes nach § 307 Abs. 1 Satz 2 BGB ebenso wenig wirken wie ein arbeitsvertragliches Verbot aller Tätigkeiten, „die das Leben oder die Gesundheit ernstlich gefährden".[4] Die Vereinbarung solcher **Globalpflichten** ist ohne rechtliche Bedeutung; sie greift zu weit und zu pauschal in die Privatsphäre des Arbeitnehmers ein;[5] es besteht keine allgemeine arbeitsvertragliche Pflicht zu gesundheitsförderndem Verhalten im außerdienstlichen Bereich.[6] So kann bspw. der Arbeitnehmer für den Fall einer Alkoholkrankheit nicht zum Besuch einer Selbsthilfegruppe verpflichtet werden.[7]

---

1 Vgl. auch *Glöckner*, § 8 I 5c).
2 Beispiel: Ausübung der Sportart nur unter fachkundiger Anleitung und nach ausreichendem Training (Skischule).
3 Vgl. zur Rechtsprechung hinsichtlich gefährlicher Sportarten die Übersicht bei Feichtinger/Malkmus/*P. Feichtinger*, EFZG, § 3 Rz. 134.
4 Eine solche Klausel wird aber für wirksam gehalten von *Stöckli*, S. 217.
5 Ebenso *Preis*, Vertragsgestaltung, § 18 II 7.
6 Deutlich auch *Schäfer*, NZA 1992, 529 m.N. zur Gegenansicht (zuletzt LAG Hamm v. 28.8.1991 – 15 Sa 437/91, DB 1992, 431). Im Lohnfortzahlungsraum gilt nach BAG v. 26.8.1993 – 2 AZR 154/93, BB 1994, 142, anderes; ebenso *Rinck* in Tschöpe, Arbeitsrecht, Teil 2 A Rz. 221.
7 LAG Düsseldorf v. 25.2.1997 – 8 Sa 1673/96, NZA-RR 1997, 381; hierzu *Künzl*, NZA 1998, 122.

c) Regelungen zum Schutz des Ansehens des Arbeitgebers in der Öffentlichkeit

⊃ **Nicht geeignet:**

a) Der Arbeitnehmer hat sich in der Öffentlichkeit und tunlichst auch in seinem Privatleben so zu verhalten, dass weder sein eigenes Ansehen noch das des Unternehmens oder der Branche beeinträchtigt wird.

b) Der Spieler verpflichtet sich, sich in der Öffentlichkeit und privat so zu verhalten, dass das Ansehen des Vereins, der Verbände und des Fußballsports allgemein nicht beeinträchtigt wird. Äußerungen in der Öffentlichkeit, insbesondere Interviews für Fernsehen, Hörfunk und Presse bedürfen der vorherigen Zustimmung des Vereins.[1]

c) Der Betrieb einer Gaststätte und der Verkauf alkoholischer Getränke durch den Angestellten oder eines seiner Familienmitglieder, das mit ihm in häuslicher Gemeinschaft lebt, ist verboten.

Regelungen, die den Schutz des – vor allem – geschäftlichen Rufes des Arbeitgebers bezwecken, finden sich in der Vertragspraxis selten. Neben ihrem durchweg bevormundenden Charakter mag eine Ursache hierfür darin liegen, dass der Arbeitnehmer auch ohne eine besondere vertragliche Abrede aufgrund der dem Arbeitsverhältnis **immanenten Treuepflicht** verpflichtet ist, den Ruf des Unternehmens nicht zu schädigen.[2] So ist z.B. die Tätigkeit als Krankenpfleger unvereinbar mit einer Nebentätigkeit als Bestatter.[3] Auch verfassungsfeindliche Meinungsäußerungen sind schwere Vertrauensverstöße, die geeignet sind, den Ruf des Arbeitgebers zu schädigen, und die den Arbeitgeber sogar zu einer außerordentlichen Kündigung berechtigen.[4] **Gesetzliche Anknüpfungspunkte** für die Treuepflicht bilden insbesondere § 824 BGB sowie § 241 Abs. 2 BGB. Handelt der Mitarbeiter zusätzlich mit Wettbewerbsabsicht i.S.d. UWG, greift gar dessen weiter reichender § 4 Nr. 8 (sog. Anschwärzung)[5] mit der Folge, dass Schadensersatz zu leisten ist.

Vor diesem Hintergrund fragt sich schon, ob entsprechende Klauseln überhaupt eine sinnvolle Funktion bei der Vertragsgestaltung erfüllen können. So führt eine dem Klauselbeispiel a) entsprechende Vereinbarung allenfalls dazu, dass dem Arbeitnehmer vor Augen geführt wird, dass er auch im außerdienstlichen Bereich in gewissem Umfang zur Rücksichtnahme auf die Interessen seines Arbeitgebers verpflichtet sein kann. Problematisch ist die Klausel aber schon insoweit, als sie den Mitarbeiter arbeitsvertraglich dazu verpflichten soll, um seinen eigenen, **privaten Ruf** besorgt zu sein.[6] Eine solche Ausdehnung kann allenfalls bei solchen Arbeitnehmern befürwortet werden, die in besonderer Weise, etwa durch starke Medien-

---

1 Einem alten DFB-Musterarbeitsvertrag entnommen. Eine solch generelle Verhaltensklausel gibt es in der aktuellen Fassung (Stand: 3/2014) nicht mehr. Es findet sich lediglich ein Passus, wonach „[a]nderweitige Tätigkeiten" im Zusammenhang mit dem Vertragsverhältnis, wie eben Interviews, zustimmungspflichtig sind.
2 *Dudenbostel/Klas*, ArbuR 1979, 298.
3 Vgl. BAG v. 28.2.2002 – 6 AZR 357/01, DB 2002, 1560.
4 Vgl. LAG Schl.-Holst. v. 6.8.2002 – 2 Sa 150/02, NZA-RR 2004, 351.
5 Zu § 14 UWG a.F. etwa BGH v. 2.4.1992 – I ZR 217/90, NJW-RR 1992, 1392.
6 So hatte z.B. eine Kündigungsschutzklage einer Mitarbeiterin Erfolg, die sich privat in „softpornografischer" Pose für eine Illustrierte ablichten ließ, ArbG Passau v. 11.12. 1997 – 2 Ca 711/97 D, NZA 1998, 427; anders im kirchlichen Arbeitsverhältnis bei Pornodarstellung im Internet ArbG Augsburg v. 22.10.2014 – 10 Ca 1518/14.

präsenz o.Ä., mit dem Unternehmen identifiziert werden. Insbesondere leitende Angestellte, die das **Unternehmen repräsentieren**, können wegen ihrer **gesteigerten Treuepflicht** zu besonderer privater Zurückhaltung gehalten sein.

23 Darüber hinaus bestehen entscheidende Bedenken dagegen, den Arbeitnehmer gleichsam zu verpflichten, auf das Ansehen der gesamten Branche, in der das Arbeitgeberunternehmen tätig ist, ständig Rücksicht zu nehmen. Eine entsprechende Verpflichtung ist zuvorderst und allenfalls für das Unternehmen selbst anzuerkennen.

24 Ähnliche Zweifel bestehen an der Wirksamkeit der als Beispiel b) vorgestellten Vertragsklausel. Für den guten Ruf der Fußballverbände etwa sollten allein die Verbände selbst verantwortlich sein. Gegebenes Regelungsmedium hierfür ist nicht der Arbeitsvertrag zwischen Verein und Spieler, sondern allenfalls – soweit vorgesehen – die zwischen Verband und Spieler bestehenden Lizenzverträge.[1] Die Verpflichtung gegenüber dem Fußballsport im Allgemeinen klingt gut, vermag indes keine konkreten Verhaltensmaßstäbe für das jeweilige Einzelarbeitsverhältnis zu begründen.

25 Öffentliche Äußerungen einem Zustimmungsvorbehalt zu unterwerfen (Beispiel b) a.E.), ist schon mit der grundrechtlichen Wertung des Art. 5 Abs. 1 GG nicht zu vereinbaren.[2] Die Pauschalität und der bevormundende Charakter dieser Klausel erinnern an Zeiten der Leibeigenschaft und sind zudem kontraproduktiv, da die Faszination des Sportes und damit dessen lukrative Vermarktungsmöglichkeiten (Exklusivrechte und Erstausstrahlungsrechte der Fußball-Bundesliga sind z.B. begehrtes Objekt der Fernsehmedien) auf Emotion und spontaner Meinungsäußerung der Beteiligten basieren.

26 Wenn in der Literatur vereinzelt der grundsätzlichen Zulässigkeit einer Vertragsklausel wie der als Beispiel c) genannten das Wort geredet wird,[3] kann dem schon unter Zugrundelegung allgemeiner Regeln des Zivilrechts nicht zugestimmt werden: So stellt sich die Einbeziehung nicht am Arbeitsverhältnis beteiligter Personen als – nach allgemeiner Auffassung unzulässiger[4] – Vertrag zulasten Dritter dar. Überdies ist kaum vorstellbar, wann einmal berechtigte Interessen für ein derartiges Verbot beim Arbeitgeber zu bejahen sind, sofern die Regel nicht dazu dienen soll, Konkurrenztätigkeiten des Arbeitnehmers (Beispiel: Beschäftigter eines Brauhauses) zu verhindern.

d) Loyalitätspflichten

27 Eng verbunden mit Regelungen zum Schutz des Arbeitgebers in der Öffentlichkeit sind Loyalitätspflichten des Arbeitnehmers zum Arbeitgeber, die sich ebenfalls aus § 241 Abs. 2 BGB ergeben.

---

1 Vgl. zum Verfahren und Vertrag bzgl. der Lizenzspieler *Buchner*, RdA 1982, 1 (7).
2 Zur Schutzwirkung der Grundrechte im Zivilrecht statt anderer ErfK/*Schmidt*, Einl. GG Rz. 33 ff., Art. 5 GG Rz. 28 ff. (speziell zur Meinungsfreiheit im Arbeitsrecht).
3 Vgl. etwa *Stöckli*, S. 217.
4 Statt vieler Palandt/*Grüneberg*, Einf. v. § 328 BGB Rz. 10.

Im **öffentlichen Dienst** statuierte § 8 Abs. 1 Satz 1 BAT früher weitergehende   28
Pflichten zum außerdienstlichen Verhalten.[1] Heute gelten auch für Beschäftigte
im öffentlichen Dienst grundsätzlich dieselben Nebenpflichten wie in der Privatwirtschaft.[2] Nun richten sich auch im öffentlichen Dienst die Pflichten bezüglich
des außerdienstlichen Verhaltens nach § 241 Abs. 2 BGB. Demnach ist der Arbeitnehmer auch außerhalb der Arbeitszeiten verpflichtet, auf die berechtigten Interessen des Arbeitgebers Rücksicht zu nehmen.[3] Dabei kommt es in besonderem Maße
auf die Art der Tätigkeit an. So sind etwa an einen „mit hoheitlichen Befugnissen"
ausgestatteten Polizisten höhere Anforderungen zu stellen, als an Angehörige anderer Berufsgruppen.[4]

Für öffentliche Arbeitgeber gibt es insofern Besonderheiten, als sie ein gesteigertes   29
Interesse daran haben können, dass ihre Arbeitnehmer bestimmtes außerdienstliches Verhalten unterlassen. Das gilt etwa für außerdienstliche Straftaten, mit denen der – im besonderen Maße an Recht und Gesetz gebundene – Arbeitgeber öffentlich in Verbindung gebracht wird.[5] Außerdem besteht für Arbeitnehmer des öffentlichen Diensts eine gesteigerte **politische Loyalitätspflicht**, die sich aus § 3 Abs. 1
Satz 2 TV-L ergibt.[6] Laut BAG handelt es sich dabei um eine Konkretisierung der
Nebenpflicht aus § 241 Abs. 2 BGB, die aber nicht einer „beamtenähnlichen [...]
Treuepflicht" entspreche, sondern sich nach der Stellung und dem Aufgabenkreis
richte.[7] Die Mitarbeiter müssen – auch außerdienstlich – jedenfalls ein „Mindestmaß an Verfassungstreue" an den Tag legen.[8]

Neben den Kirchen (s. Rz. 10) gelten auch für Mitarbeiter anderer **Tendenzbetriebe**   30
– wie etwa politische Parteien – gesteigerte Loyalitätspflichten, die sich auf das außerdienstliche Verhalten auswirken können.

Diese bestehen aber auch bei Unternehmen, die keine Tendenzträger sind.[9] Ein Arbeitnehmer, der sich in seiner Freizeit öffentlich gegen das Produkt, das sein Arbeitgeber herstellt oder gegen die Branche, der sein Arbeitgeber angehört, ausspricht   31
oder engagiert, kann gegen seine vertraglichen Nebenpflichten verstoßen. So
kann es als Loyalitätsverstoß gewertet werden, wenn sich ein Mitarbeiter eines Tabakkonzerns in einer Nichtraucherkampagne engagiert, eine Arbeitnehmerin eines
Rüstungskonzerns gegen Rüstungsproduktion demonstriert oder sich ein Mitarbeiter einer Großbank an Protesten der bankenkritischen „Occupy"-Bewegung beteiligt. Im Einzelfall muss dabei eine Interessenabwägung stattfinden, bei der zugunsten der Arbeitnehmer deren nach Art. 5 Abs. 1 Satz 1 GG geschützte Meinungsfrei-

---

1 S. dazu *Görg/Guth*, TV-L, § 3 Rz. 10.
2 BAG v. 10.9.2009 – 2 AZR 257/08, NZA 2010, 220 Rz. 17.
3 BAG v. 10.9.2009 – 2 AZR 257/08, NZA 2010, 220 Rz. 20; v. 28.10.2010 – 2 AZR 293/09, NZA 2011, 112 Rz. 19.
4 Vgl. BAG v. 20.6.2013 – 2 AZR 583/12, NZA 2013, 1345, zur Kündigung eines Polizisten wegen einer außerdienstlich begangenen Betäubungsmittel-Straftat.
5 BAG v. 28.10.2010 – 2 AZR 293/09, NZA 2011, 112 Rz. 20.
6 BAG v. 6.9.2012 – 2 AZR 372/11, NZA-RR 2013, 441 Rz. 16.
7 BAG v. 6.9.2012 – 2 AZR 372/11, NZA-RR 2013, 441 Rz. 16f.; zu dieser „Funktionstheorie" BAG v. 12.5.2011 – 2 AZR 479/09, NZA-RR 2012, 43 Rz. 26ff.; *Görg/Guth*, TV-L, § 3 Rz. 11.
8 BAG v. 6.9.2012 – 2 AZR 372/11, NZA-RR 2013, 441 Rz. 17.
9 ErfK/*Preis*, § 611 BGB Rz. 734.

heit zu beachten ist.¹ Je höher sich die Arbeitnehmer aber in der Betriebshierarchie befinden und je stärker sie auch repräsentative Aufgaben übernehmen, desto mehr müssen sie Einschränkungen ihrer Meinungsfreiheit hinnehmen.² Bei Meinungsäußerungen, die sich speziell gegen den Arbeitgeber oder den Unternehmenszweck richten, ist den Rechten des Arbeitgebers größeres Gewicht beizumessen als bei allgemeinen Meinungsäußerungen, die sich auf den Betriebsfrieden auswirken könnten.³ Entscheidend sind also der Bezug des außerdienstlichen Verhaltens zum Arbeitsverhältnis, der Gegenstand der Äußerung, die Auswirkungen auf den Betrieb bzw. das öffentliche Ansehen des Betriebs und die Stellung des Arbeitnehmers im Betrieb.

32   Klauseln, die sich nur auf den Ruf oder das Ansehen des Unternehmens beziehen, sind dagegen grundsätzlich anzuerkennen. Ist eine entsprechende Verpflichtung allerdings so allgemein formuliert wie im Klauselbeispiel a), handelt es sich lediglich um eine Wiederholung der ohnehin gemäß § 241 Abs. 2 BGB bestehenden Nebenpflichten.⁴ Es kann sinnvoll sein, Klauseln zu formulieren, die konkretes außerdienstliches Verhalten untersagen, wenn es dem Arbeitgeber darauf besonders ankommt, weil etwa das Unternehmen regelmäßig Ziel öffentlicher Kritik ist. Gleichzeitig darf damit nicht der Eindruck erweckt werden, mit diesem konkreten Verbot seien alle sich aus § 241 Abs. 2 BGB ergebenden Verhaltenspflichten abschließend geregelt. Hierzu empfiehlt sich eine Klarstellung.

3. Hinweise zur Vertragsgestaltung; Zusammenfassung

33   Vertragliche Beschränkungen von Freizeitaktivitäten und -verhalten sollten auf bestimmte Arbeitnehmergruppen und selbst dort auf das absolut notwendige Maß reduziert werden. Die Formulierung entsprechender Vertragsklauseln hängt derart maßgeblich von den Besonderheiten des jeweiligen Einzelfalls ab, dass an dieser Stelle kein allgemeiner Formulierungsvorschlag gegeben werden kann.

34   Ein allgemein gefasstes Verbot gefährlicher und/oder ansehensgefährdender Tätigkeiten (geschützt kann allenfalls das Arbeitgeberansehen sein!) ist einer erwünschten Klarstellung von Rechten und Pflichten der Vertragsparteien nicht dienlich. Es wird überdies in den meisten Fällen ohnehin nach allgemeinen Grundsätzen keinerlei Rechtswirkung entfalten.

35   Mit diesen Einschränkungen könnte etwa folgende Formulierung Aufnahme in einen Arbeitsvertrag finden (Besonderheiten in Tendenzunternehmen sind nicht berücksichtigt):

Typ 2: § X Außerdienstliches Verhalten

(1) Herr/Frau ... ist verpflichtet, sich auch außerdienstlich so zu verhalten, dass der Ruf des Unternehmens keine Beeinträchtigung erfährt. (Insbesondere darf sich Herr/Frau ... nicht erkennbar an öffentlichen Kundgebungen oder Veröffent-

---

1 Vgl. dazu ErfK/*Schmidt*, Art. 5 GG Rz. 32 ff.; MüArbR/*Reichold*, § 49 Rz. 17.
2 Ähnl. MüArbR/*Reichold*, § 49 Rz. 49 a.E.
3 Dazu ErfK/*Schmidt*, Art. 5 GG Rz. 34.
4 Vgl. AR/*Kamanabrou*, § 611 BGB Rz. 390.

lichungen beteiligen, die sich direkt gegen das Unternehmen oder gegen den Unternehmenszweck richten.) Er/Sie wird die Interessen des Unternehmens fördern, sofern keine berechtigten eigenen Belange entgegenstehen.

(2) Während einer etwaigen krankheitsbedingten Arbeitsunfähigkeit ist Herr/Frau … insbesondere verpflichtet, sich so zu verhalten, dass der Genesungsprozess nicht behindert wird.

B 10 Befristung des Arbeitsverhältnisses

	Rz.		Rz.
1. Einführung	1	bb) Befristungen ohne sachlichen Grund (§ 14 Abs. 2, 2a TzBfG)	76
2. Klauseltypen	5	(1) Zulässigkeit der Befristung	76
a) Kalendermäßige Höchstbefristungen	11	(2) Dispositivität der gesetzlichen Regelung	85
aa) Befristung mit sachlichem Grund (§ 14 Abs. 1 TzBfG)	15	(3) Verlängerung eines befristeten Arbeitsverhältnisses	92
(1) Der „sachliche Grund" als Befristungsvoraussetzung	15	cc) Befristung mit älteren Arbeitnehmern (§ 14 Abs. 3 TzBfG)	96
(2) Kalendermäßige Bestimmbarkeit des Fristablaufs	16	dd) Vertretung bei Mutterschutz und Elternzeit (§ 21 BEEG)	102
(3) Kündigungsklauseln in befristeten Arbeitsverträgen	21	b) Zweckbefristungen	110
(4) Kündigungsklauseln in Verträgen mit einer Probezeit	24	aa) Vertragliche Fixierung des Befristungsgrundes	113
(5) Vertragliche Fixierung des sachlichen Grundes	26	bb) Vereinbarung einer längeren Ankündigungsfrist	121
(6) Die sachlichen Gründe des § 14 Abs. 1 Satz 2 TzBfG	30	cc) Rechtsfolgen unwirksamer Zweckbefristungen	127
(a) Vorübergehender Bedarf (§ 14 Abs. 1 Satz 2 Nr. 1 TzBfG)	30	c) Doppelbefristungen (Zeit/Zweck)	129
(b) Anschluss an Ausbildung oder Studium (§ 14 Abs. 1 Satz 2 Nr. 2 TzBfG)	42	d) Mindestbefristungen	132
(c) Vertretung (§ 14 Abs. 1 Satz 2 Nr. 3 TzBfG)	44	aa) Möglichkeiten und Grenzen der Vertragsgestaltung	132
(d) Eigenart der Arbeitsleistung (§ 14 Abs. 1 Satz 2 Nr. 4 TzBfG)	51	bb) Eindeutigkeit der Fristvereinbarung	139
(e) Erprobung (§ 14 Abs. 1 Satz 2 Nr. 5 TzBfG)	53	e) Doppelbefristungen (Höchst- und Mindestdauer)	141
(f) In der Person des Arbeitnehmers liegende Gründe (§ 14 Abs. 1 Satz 2 Nr. 6 TzBfG)	58	f) Auflösende Bedingungen	145
(g) Befristete Haushaltsmittel (§ 14 Abs. 1 Satz 2 Nr. 7 TzBfG)	64	g) Wiederholter Abschluss befristeter Arbeitsverträge	154
(h) Gerichtlicher Vergleich (§ 14 Abs. 1 Satz 2 Nr. 8 TzBfG)	65	aa) Zulässigkeit und Grenzen	154
(7) Weitere sachliche Gründe	68	bb) Gegenstand der Befristungskontrolle	162
(8) Nichtverlängerungsanzeige	70	h) Weiterbeschäftigung nach Ablauf der Befristung	166
		3. Muster befristeter Arbeitsverträge	169
		4. Hinweise zur Vertragsgestaltung	173

Schrifttum:

Backhaus, Das neue Befristungsrecht, NZA Beilage 2001, 8; *Bader*, Sachgrundlose Befristung mit älteren Arbeitnehmerinnen und Arbeitnehmern neu geregelt (§ 14 TzBfG), NZA 2007, 713; *Bauer*, Tückisches Befristungsrecht, NZA 2011, 241; *Bengelsdorf*, Die Anwendbarkeit der §§ 14 IV, 21 TzBfG auf die Weiterbeschäftigung während eines Kündigungsschutzverfahrens, NZA 2005, 277; *Bayreuther*, Kettenbefristung zur Vertretung von Arbeitnehmern, NZA 2013, 23; *Birk*, Das Nachweisgesetz zur Umsetzung der Richtlinie 91/533/EWG in das deutsche Recht, NZA 1996, 281; *Brose/Sagan*, Kettenbefristung wegen Vertretungsbedarfs im Zwielicht des Unionsrechts, NZA 2012, 308; *Bruns*, Aktuelle Rechtsprechung zu befristeten Arbeitsverhältnissen, NZA-RR 2010, 113; *Caspers*, Rechtsfolgen eines Formverstoßes bei § 623 BGB, RdA 2001, 28; *Däubler*, Das geplante Teilzeit- und Befristungsgesetz, ZIP 2000, 1961; *Däubler*, Das neue Teilzeit- und Befristungsgesetz, ZIP 2001, 217; *Düwell/Dahl*, Arbeitnehmerüberlassung und Befristung, NZA 2007, 889; *Francken*, Die Schranken der sachgrundlosen Befristung aufgrund Tarifvertrags nach § 14 II 3 TzBfG, NZA 2013, 122; *Franz*, Chancen und Risiken einer Flexibilisierung des Arbeitsrechts aus ökonomischer Sicht, ZfA 1994, 439; *Frohner/Pieper*, Befristete Arbeitsverhältnisse, ArbuR 1992, 97; *Gravenhorst*, Wann ist ein gerichtlicher Vergleich Sachgrund i.S. von § 14 I 2 Nr. 8 TzBfG?, NZA 2008, 803; *Höpfner*, Die Reform der sachgrundlosen Befristung durch das BAG – Arbeitsmarktpolitische Vernunft contra Gesetzestreue, NZA 2011, 893; *Hromadka*, Das neue Teilzeit- und Befristungsgesetz, NJW 2001, 400; *Hunold*, Die Rechtsprechung zur Befristung von Arbeitsverträgen, NZA-RR 2000, 505; *Jörchel*, Befristungsrecht – Ein Zwischenstopp, NZA 2012, 1065; *Kania/Gilberg*, Befristete Arbeitsverträge, 2000; *Kliemt*, Das neue Befristungsrecht, NZA 2001, 296; *Linsenmaier*, Befristung und Bedingung, RdA 2012, 193; *Lörcher*, Die EG-Nachweis-Richtlinie (91/533/EWG) und ihre Umsetzung in innerstaatliches Recht, ArbuR 1994, 450; *Löwisch*, Das Beschäftigungsförderungsgesetz 1985, BB 1985, 1200; *Löwisch*, „Zuvor" bedeutet nicht: „In aller Vergangenheit", BB 2001, 254; *Loth/Ulber*, Grenzen der tarifvertraglichen Abweichungsbefugnis nach § 14 II 3 TzBfG, NZA 2013, 130; *Nadler/von Medem*, Formnichtigkeit einer Befristungsabrede im Arbeitsvertrag – ein nicht zu korrigierender Fehler?, NZA 2005, 1214; *Oetker*, Das Dauerschuldverhältnis und seine Beendigung, 1994; *Oetker/Kiel*, Die „Neueinstellung" als Grund für den Abschluss befristeter Arbeitsverträge (Art. 1 Abs. 1 BeschFG 1985), DB 1989, 576; *Osnabrügge*, Die sachgrundlose Befristung von Arbeitsverhältnissen nach § 14 Abs. 2 TzBfG, NZA 2003, 639; *Preis*, Die „Reform" des Kündigungsschutzrechts, DB 2004, 70; *Preis/Gotthardt*, Schriftformerfordernis für Kündigungen, Aufhebungsverträge und Befristungen, NZA 2000, 348; *Preis/Greiner*, Befristungsrecht – Quo vadis?, RdA 2010, 148; *Richardi*, Formzwang im Arbeitsverhältnis, NZA 2001, 57; *Richardi/Annuß*, Der neue § 623 BGB – Eine Falle im Arbeitsrecht?, NJW 2000, 1231; *Richardi/Annuß*, Gesetzliche Neuregelung von Teilzeitarbeit und Befristung, BB 2000, 2201; *Rolfs*, Schriftform für Kündigungen und Beschleunigung des arbeitsgerichtlichen Verfahrens, NJW 2000, 1227; *Schlachter*, Befristete Einstellung nach Abschluss der Ausbildung – Sachgrund erforderlich?, NZA 2003, 1180; *Stahlhacke*, Der Europäische Gerichtshof und die Frage nach der Schwangerschaft, in Festschrift für Söllner, 2000, S. 1095; *Stürmer*, Bewerbung und Schwangerschaft, NZA 2001, 526; *Tschöpe*, Weiterbeschäftigung während des Kündigungsrechtsstreits: Neue Trends beim Annahmeverzug des Arbeitgebers, DB 2004, 434; *Vossen*, Die Befristungsklage nach § 1 V 1 BeschFG, NZA 2000, 704; *Wank*, Das Nachweisgesetz, RdA 1996, 21; *Zöllner*, Sind im Interesse einer gerechteren Verteilung der Arbeitsplätze Begründung und Beendigung der Arbeitsverhältnisse neu zu regeln?, Gutachten zum 52. Deutschen Juristentag, 1978.

1. Einführung

Befristete Arbeitsverhältnisse erfreuen sich in der Praxis einiger Beliebtheit. Die **Vorteile** vor allem für den die Vertragsbedingungen im Regelfall stellenden **Arbeitgeber** liegen auf der Hand: Das Arbeitsverhältnis endet mit dem Ablauf der Zeit, für die es eingegangen ist, oder mit dem Erreichen des Zweckes, auf den es ausgerichtet war, ohne dass es einer Kündigung bedarf (§ 15 Abs. 1, 2 TzBfG). Da die Beendigung des Arbeitsverhältnisses mit dem Vertragsabschluss bereits determiniert ist, entfallen alle an eine Kündigung anknüpfenden Beendigungsvoraussetzungen. Es bedarf weder der Einhaltung einer Kündigungsfrist noch eines Kündigungsgrundes, keiner Anhörung des Betriebsrats und keiner Rücksichtnahme auf die besonderen Schutzvorschriften zugunsten werdender Mütter, schwerbehinderter Menschen, von Betriebsratsmitgliedern etc. Mit Hilfe der sachgrundlosen Befristung (§ 14 Abs. 2

TzBfG) kann faktisch eine Probezeit vereinbart werden, die bis zu zwei Jahren dauert und damit deutlich länger als die in § 1 Abs. 1 KSchG vorgesehene Wartezeit von sechs Monaten ist.[1]

2 Aber auch der **Arbeitnehmer** kann Interesse an einer lediglich befristeten Beschäftigung haben, wenn diese bspw. der Überbrückung vor der Aufnahme einer neuen Stelle oder dem Beginn des Studiums dienen soll oder andere persönliche Belange einer Dauerstellung entgegenstehen.[2]

3 Befristete Arbeitsverträge bergen freilich auch nicht unerhebliche **Gefahren**. Ihr größtes Risiko liegt darin, dass durch eine Verletzung des Schriftformerfordernisses (§ 14 Abs. 4 TzBfG), eine ungeschickte oder gar rechtsmissbräuchliche Vertragsgestaltung einerseits oder durch fehlerhaftes Verhalten während oder bei Ablauf der vorgesehenen Befristungsdauer andererseits gegen den Willen eines Vertragspartners (des Arbeitgebers) ein unbefristetes Arbeitsverhältnis zwischen den Vertragsparteien begründet wird, das seinerseits nur unter den allgemeinen Voraussetzungen gekündigt werden kann. Übersehen werden kann bei der Vertragsgestaltung aber bspw. auch, dass befristete Arbeitsverhältnisse gemäß § 15 Abs. 3 TzBfG während ihrer Laufzeit von beiden Seiten ordentlich nicht kündbar sind – es sei denn, dies wäre besonders vereinbart worden.[3]

4 Die Befristung des Arbeitsverhältnisses bedarf daher einer **besonders sorgfältigen Vertragsgestaltung**, bei der sich beide Teile über die rechtliche Bedeutung der gewählten Formulierung, ihre Vor- und Nachteile, ihre Chancen und Risiken bewusst sind. Dabei sind die rechtlichen Rahmenbedingungen exakt zu ermitteln, insbesondere ist stets auch zu erwägen, ob ein einschlägiger Tarifvertrag gegenüber der gesetzlichen Regelung abweichende Voraussetzungen für die Zulässigkeit oder den Inhalt befristeter Arbeitsverträge aufstellt (§ 22 TzBfG).

2. Klauseltypen

5 Hinzuweisen ist zunächst darauf, dass **jedes befristete Arbeitsverhältnis der Schriftform** bedarf (§ 14 Abs. 4 TzBfG). Das gilt nicht nur für Befristungen auf der Basis des TzBfG, sondern auch des BEEG, des PflegeZG und anderer Spezialgesetze.[4] Dazu genügt es, wenn die eine Vertragspartei in einem von ihr unterzeichneten, an die andere Vertragspartei gerichteten Schreiben den Abschluss eines befristeten Arbeitsvertrages anbietet und die andere Vertragspartei das Angebot annimmt, indem sie das Schriftstück ebenfalls unterzeichnet.[5] Die Befristung kann sich auch aus einem Tarifvertrag[6] oder einer Betriebsvereinbarung[7] ergeben, was praktisch aber allein für die Altersgrenze (→ *Altersgrenze*, II A 20) und die auflösende Bedingung der dauer-

---

1 *Franz*, ZfA 1994, 439 (449).
2 Vgl. BAG v. 4.12.2002 – 7 AZR 492/01, AP Nr. 28 zu § 620 BGB Bedingung.
3 BAG v. 19.6.1980 – 2 AZR 660/78, AP Nr. 55 zu § 620 BGB Befristeter Arbeitsvertrag; v. 4.7.2001 – 2 AZR 88/00, NZA 2002, 288; KR/*Lipke*, § 15 TzBfG Rz. 20.
4 BAG v. 13.6.2007 – 7 AZR 700/06, AP Nr. 39 zu § 14 TzBfG; *Bruns*, NZA-RR 2010, 113 (113f.).
5 BAG v. 26.7.2006 – 7 AZR 514/05, AP Nr. 24 zu § 14 TzBfG; v. 20.8.2014 – 7 AZR 924/12, NZA-RR 2015, 9 (11).
6 BAG v. 23.7.2014 – 7 AZR 771/12, NZA 2014, 1341 (1344ff.).
7 BAG v. 5.3.2013 – 1 AZR 417/12, NZA 2013, 916 (917).

haften und vollständigen Erwerbsminderung (→ *Altersgrenze*, II A 20 Rz. 30 ff.) relevant ist.

Im Falle eines nach § 278 Abs. 6 ZPO abgeschlossenen gerichtlichen Vergleichs (§ 14 Abs. 1 Nr. 8 TzBfG; s. dazu Rz. 65) genügt die Wahrung dieser prozessualen Form auch materiell-rechtlich (§ 127a BGB analog).[1] Arbeitsverträge, die die Schriftform nicht wahren, führen ipso iure zur Unwirksamkeit der Befristung und damit zu einem unbefristeten Arbeitsverhältnis (§ 16 TzBfG).[2] Das gilt auch für die befristete oder auflösend bedingte Weiterbeschäftigung eines Arbeitnehmers während eines Kündigungsschutzprozesses[3] und für Arbeitsverträge mit Tagesaushilfen.[4] Eine Heilung des Formmangels durch schriftliche Bestätigung des zuvor formunwirksam eingegangenen Vertrages (§ 141 Abs. 2 BGB) kommt nicht in Betracht, da hierdurch das Anschlussverbot des § 14 Abs. 2 Satz 2 TzBfG verletzt würde.[5]

6

Der Arbeitgeber muss daher darauf achten, dass der Beschäftigte **die Arbeit nicht aufnimmt**, bevor der Arbeitsvertrag von beiden Parteien unterschrieben ist.[6] Das gilt auch im Falle der Verlängerung eines befristeten Arbeitsverhältnisses. Nur in einem an Rechtsmissbrauch grenzenden Ausnahmefall hat das BAG dem Arbeitnehmer den Einwand, das Schriftformgebot des § 14 Abs. 4 TzBfG sei verletzt, abgeschnitten, obwohl er bereits mit der Arbeit begonnen hatte.[7]

7

Befristete Arbeitsverträge müssen jedoch nicht nur mit dem TzBfG (oder Sonderbefristungstatbeständen wie § 21 BEEG) vereinbar sein, sie dürfen auch **nicht gegen das AGG verstoßen**. Dieses Gesetz untersagt die (unmittelbare oder mittelbare) Ungleichbehandlung aus Gründen der Rasse oder wegen der ethnischen Herkunft, des Geschlechts, der Religion oder Weltanschauung, einer Behinderung, der Alters oder der sexuellen Identität (§ 1 AGG), es sei denn, dass für diese ein sachlicher Grund existiert (§§ 8–10 AGG). Verboten ist es daher bspw., mit **älteren Arbeitnehmern** nur noch kürzer befristete Verträge abzuschließen als mit jüngeren.[8]

8

Vereinzelt ist aus dem unionsrechtlichen Verbot der **Benachteiligung wegen des Geschlechts** gefolgert worden, dass befristete Arbeitsverträge mit Schwangeren stets eines sachlichen Grundes bedürfen und daher nicht auf § 14 Abs. 2 TzBfG gestützt werden können.[9] Begründet wurde dies vor allem mit der Rechtsprechung des EuGH, nach der es unionsrechtlich unzulässig ist, einer Arbeitnehmerin wegen ihrer

9

---

1 BAG v. 23.11.2006 – 6 AZR 394/06, AP Nr. 8 zu § 623 BGB.
2 *Kliemt*, NZA 2001, 296 (301); ErfK/*Müller-Glöge*, § 14 TzBfG Rz. 122; *Preis/Gotthardt*, NZA 2000, 348 (360); *Richardi/Annuß*, NJW 2000, 1231 (1234); *Rolfs*, NJW 2000, 1227 (1228).
3 BAG v. 22.10.2003 – 7 AZR 113/03, AP Nr. 6 zu § 14 TzBfG; kritisch dazu *Bengelsdorf*, NZA 2005, 277 ff.; *Tschöpe*, DB 2004, 434 (437).
4 BAG v. 16.4.2003 – 7 AZR 187/02, AP Nr. 1 zu § 4 BeschFG 1996.
5 BAG v. 1.12.2004 – 7 AZR 198/04, AP Nr. 15 zu § 14 TzBfG; v. 16.3.2005 – 7 AZR 289/04, AP Nr. 16 zu § 14 TzBfG; v. 13.6.2007 – 7 AZR 700/06, AP Nr. 39 zu § 14 TzBfG; kritisch dazu *Nadler/von Medem*, NZA 2005, 1214 (1214 ff.).
6 S. insbesondere BAG v. 13.6.2007 – 7 AZR 700/06, AP Nr. 39 zu § 14 TzBfG.
7 BAG v. 16.4.2008 – 7 AZR 1048/06, AP Nr. 46 zu § 14 TzBfG.
8 BAG v. 6.4.2011 – 7 AZR 524/09, NZA 2011, 970 (971 f.).
9 ArbG Cottbus v. 13.9.2000 – 6 Ca 2170/00, NZA-RR 2000, 626 (627 f.).

Schwangerschaft den Abschluss eines unbefristeten Arbeitsvertrages zu verwehren.[1] Dem kann jedoch nicht beigetreten werden. Art. 14 Buchst. a) RL 2006/54/EG verbietet lediglich die Benachteiligung wegen des Geschlechts beim Zugang zur Beschäftigung, er verlangt keineswegs die Bevorzugung. Von den gesetzlichen Befristungsregeln kann daher gegenüber Schwangeren in derselben Weise Gebrauch gemacht werden wie gegenüber anderen Arbeitnehmern. Unzulässig ist es z.B., die Einstellung der Bewerberin wegen ihrer Schwangerschaft vollständig zu unterlassen, und zwar selbst dann, wenn die Schwangere infolge eines Beschäftigungsverbots über weite Strecken der Befristungsdauer tatsächlich nicht beschäftigt werden könnte.[2] Diskriminierend wäre es auch, mit Schwangeren nur befristete Verträge abzuschließen, während andere Arbeitnehmerinnen und Arbeitnehmer in vergleichbarer Lage unbefristete Verträge erhalten.

10 Zu bedenken ist ferner, dass arbeitgeberseitig vorformulierte Arbeitsverträge der **AGB-Kontrolle** nach Maßgabe der §§ 305 ff. BGB unterliegen. Zwar benachteiligt ein befristeter Arbeitsvertrag den Arbeitnehmer grundsätzlich nicht unangemessen i.S.v. § 307 Abs. 1 BGB. Eine Befristungsabrede kann aber ausnahmsweise als **überraschende Klausel** (§ 305c Abs. 1 BGB) erst gar nicht Vertragsbestandteil werden, wenn sie an ungewöhnlicher oder versteckter Stelle im Vertrag verortet ist. In diesem Sinne hat das BAG bei einer sechsmonatigen Probezeitbefristung entschieden, die in einen ohnehin auf zwei Jahre befristeten Vertrag „eingeschoben" war, so dass das Vertragsverhältnis nicht erst – wie drucktechnisch hervorgehoben – nach zwei Jahren, sondern bereits nach sechs Monaten enden sollte.[3] Eine derartige Vertragsgestaltung ist zugleich **intransparent** i.S.v. § 307 Abs. 1 Satz 2 BGB und damit unwirksam.[4]

a) Kalendermäßige Höchstbefristungen

Typ 1: Kalendermäßige Befristung ohne Angabe des Befristungsgrundes

a) Das Arbeitsverhältnis beginnt am ... und endet am ...
b) Das Arbeitsverhältnis beginnt am ... Es wird auf die Dauer von zwölf Monaten abgeschlossen.

11 Der befristete Arbeitsvertrag steht in einem kaum übersehbaren **Spannungsverhältnis** zwischen der **Freiheit der Vertragsgestaltung** einerseits und dem grundsätzlich gesetzlich geschützten Interesse des Arbeitnehmers am dauerhaften **Bestand des Arbeitsverhältnisses** andererseits. Beide Pole genießen verfassungsrechtlichen

---

1 EuGH v. 5.5.1994 – C-421/92, Slg. 1994, I-1657 = AP Nr. 3 zu EWG-Richtlinie Nr. 76/207 – *Habermann-Beltermann*; v. 14.7.1994 – C-32/93, Slg. 1994, I-3567 = AP Nr. 21 zu § 9 MuSchG 1968 – *Webb*; v. 3.2.2000 – C-207/98, Slg. 2000, I-549 = AP Nr. 18 zu § 611a BGB – *Mahlburg*; v. 4.10.2001 – C-438/99, Slg. 2001, I-6915 = AP Nr. 3 zu EWG-Richtlinie Nr. 92/85 – *Jiménez Melgar*; v. 27.2.2003 – C-320/01, Slg. 2003, I-2041 = AP Nr. 31 zu EWG-Richtlinie Nr. 76/207 – *Busch*; dazu *Stürmer*, NZA 2001, 526 (529 f.); vgl. auch *Stahlhacke*, FS Söllner, S. 1095 ff.
2 EuGH v. 4.10.2001 – C-109/00, Slg. 2001, I-6993 = AP Nr. 27 zu EWG-Richtlinie Nr. 76/207 – *Tele Danmark*; BAG v. 6.2.2003 – 2 AZR 621/01, AP Nr. 21 zu § 611a BGB.
3 BAG v. 16.4.2008 – 7 AZR 132/07, AP Nr. 10 zu § 305c BGB.
4 BAG v. 16.4.2008 – 7 AZR 132/07, AP Nr. 10 zu § 305c BGB.

Schutz: Einerseits ist der Grundsatz der Vertragsfreiheit Ausfluss der allgemeinen Handlungsfreiheit aus Art. 2 Abs. 1 GG,[1] andererseits hat die Rechtsordnung bei gestörter Vertragsparität darauf zu achten, dass auch das Selbstbestimmungsrecht des unterlegenen Vertragsteils hinreichende Sicherung findet.[2] Insofern hat jedwede Kontrolle befristeter Arbeitsverträge auch eine verfassungsrechtliche Dimension, als mit ihr nicht nur den Prinzipien der Sozialstaatlichkeit genügt, sondern auch die Störung der Vertragsparität kompensiert wird. Doch verleihen die Grundrechte, insbesondere die Berufswahl- und Berufsausübungsfreiheit aus Art. 12 Abs. 1 GG, **keinen unmittelbaren Schutz gegen den Verlust des Arbeitsplatzes** aufgrund privater Disposition. Insoweit obliegt dem Staat lediglich eine Schutzpflicht, der die geltenden Regelungen über den Bestandsschutz des Arbeitsverhältnisses hinreichend Rechnung tragen.[3] Aus der Verfassung lässt sich kein konkretes Konzept für die Kontrolle befristeter Arbeitsverträge entnehmen.[4]

Die europäischen Sozialpartner haben 1999 eine **Rahmenvereinbarung über befristete Arbeitsverträge** abgeschlossen, die als Richtlinie 1999/70/EG in Unionsrecht umgesetzt wurde. Neben dem Verbot der Diskriminierung und weiteren flankierenden Regelungen setzt die Richtlinie vor allem einen **unionsweiten Mindeststandard gegen den Missbrauch befristeter Arbeitsverträge**. 12

Der deutsche Gesetzgeber hat sich für eine Kombination der drei Optionen entschieden, die die RL 1999/70/EG ihm bietet. Als **Regelfall** des befristeten Arbeitsverhältnisses sieht er die **Befristung mit sachlichem Grund** (§ 14 Abs. 1 TzBfG) an. Diese ist weder an eine Höchstdauer gebunden[5] noch ist die Anzahl der zulässigen Verlängerungen begrenzt. Der Arbeitgeber kann, soft und solange er über sachliche Gründe verfügt, das Arbeitsverhältnis befristen. Beim **erstmaligen Abschluss eines befristeten Arbeitsvertrages** ist ein sachlicher Grund demgegenüber zwar nicht erforderlich, dafür ist jedoch dann die höchstzulässige Dauer auf zwei Jahre und die Anzahl der Verlängerungen innerhalb dieser Frist auf höchstens drei begrenzt (§ 14 Abs. 2 TzBfG). Einen Sonderfall stellt die Befristung des Arbeitsverhältnisses mit älteren Arbeitnehmern dar (§ 14 Abs. 3 TzBfG). 13

Der **EuGH** hat die deutsche Umsetzung der Richtlinie im TzBfG grundsätzlich gebilligt. Dies gilt auch und insbesondere insofern, als bei Vorliegen eines „sachlichen Grundes" i.S.v. § 14 Abs. 1 TzBfG der wiederholte Abschluss befristeter Arbeitsverträge (Kettenbefristung) zulässig ist, ohne dass eine maximale Dauer oder eine maximale Zahl der Befristungen festgelegt wäre.[6] Er hat die nationalen Gerichte jedoch 14

---

1 BVerfG v. 4.6.1985 – 1 BvL 12/84, BVerfGE 70, 115 (123); v. 23.4.1986 – 2 BvR 487/80, BVerfGE 73, 261 (270); v. 14.1.1987 – 1 BvR 1052/79, BVerfGE 74, 129 (152); v. 19.5.1992 – 1 BvR 126/85, BVerfGE 86, 122 (130).
2 BVerfG v. 7.2.1990 – 1 BvR 26/84, BVerfGE 81, 242 (254 ff.); v. 19.10.1993 – 1 BvR 567/89 u.a., BVerfGE 89, 214 (231 ff.); v. 6.2.2001 – 1 BvR 12/92, BVerfGE 103, 89 (100 ff.); v. 29.3.2001 – 1 BvR 1766/92, NJW 2001, 2248 (2248).
3 BVerfG v. 24.4.1991 – 1 BvR 1341/90, BVerfGE 84, 133 (146 f.); v. 21.2.1995 – 1 BvR 1397/93, BVerfGE 92, 140 (150); BAG v. 11.3.1998 – 7 AZR 700/96, AP Nr. 12 zu § 1 TVG Tarifverträge: Luftfahrt; v. 20.2.2002 – 7 AZR 600/00, AP Nr. 11 zu § 1 KSchG 1969 Wiedereinstellung.
4 **A.A.** *Frohner/Pieper*, ArbuR 1992, 97 (102).
5 *Hunold*, NZA-RR 2000, 505.
6 EuGH v. 26.1.2012 – C-586/10, ECLI:EU:C:2012:39 = NZA 2012, 135 – *Kücük*.

aufgefordert, bei der Beurteilung der Frage, ob die Verlängerung befristeter Arbeitsverträge oder -verhältnisse durch einen sachlichen Grund gerechtfertigt ist, alle Umstände des Falles einschließlich der Zahl und der Gesamtdauer der in der Vergangenheit mit demselben Arbeitgeber geschlossenen befristeten Arbeitsverträge oder -verhältnisse zu berücksichtigen.[1] Das BAG hat daraufhin auf der Basis von § 242 BGB ein Konzept des „**institutionellen Rechtsmissbrauchs**" entwickelt, das eine Kettenbefristung als unwirksam erscheinen lassen kann.[2] Dem ist beim wiederholten Abschluss befristeter Arbeitsverträge Rechnung zu tragen (Rz. 159 ff.).

aa) Befristung mit sachlichem Grund (§ 14 Abs. 1 TzBfG)

(1) Der „sachliche Grund" als Befristungsvoraussetzung

15 Die Befristung eines Arbeitsvertrages ist, wenn kein Fall der kalendermäßigen Erstbefristung für die Dauer von nicht mehr als zwei Jahren (§ 14 Abs. 2 TzBfG) bzw. nicht mehr als vier Jahren bei neu gegründeten Unternehmen (§ 14 Abs. 2a TzBfG) oder der Befristung mit einem älteren Arbeitnehmer (§ 14 Abs. 3 TzBfG) gegeben ist, nur zulässig, wenn für sie ein sachlicher Grund streitet, § 14 Abs. 1 TzBfG. Sachliche Gründe liegen „insbesondere" vor, wenn eines der acht genannten Beispiele gegeben ist. Damit wird der Sachgrund in den Fällen des § 14 Abs. 1 Satz 2 TzBfG – vorbehaltlich einer Rechtsmissbrauchskontrolle – **unwiderleglich vermutet**.[3]

(2) Kalendermäßige Bestimmbarkeit des Fristablaufs

16 Bei der kalendermäßigen Befristung (zur Zweckbefristung Rz. 110 ff.) muss das **Vertragsende eindeutig bestimmt** oder bestimmbar sein. Der Zeitpunkt muss entweder durch ein konkretes Datum bezeichnet (unten Beispiele a und b) oder aufgrund eines anderen feststehenden Datums, insbesondere dem Beginn des Arbeitsverhältnisses, nach Tagen, Wochen, Monaten oder Jahren exakt berechenbar sein (unten Beispiel c und Rz. 11 **Typ 1b**). Ausreichend ist es auch, dass (Anfangs- und End-)termin aufgrund anderweitig kalendermäßig feststehender Daten exakt bestimmbar sind (unten Beispiel d). Bei fehlender Bestimmtheit (Beispiel e) ist, wenn nicht eine Zweckbefristung angenommen werden kann (Beispiel f), eine Befristung nicht wirksam vorgenommen mit der Folge, dass das Arbeitsverhältnis auf unbefristete Zeit begründet worden ist.[4]

a) Das Arbeitsverhältnis beginnt am ... und endet am ...

b) Frau/Herr ... wird befristet von Anfang April bis Ende September ... eingestellt.

---

1 EuGH v. 26.1.2012 – C-586/10, ECLI:EU:C:2012:39 = NZA 2012, 135 – *Kücük*; dazu u.a. *Brose/Sagan*, NZA 2012, 308 ff.; *Linsenmaier*, RdA 2012, 193 (199 ff.); vgl. auch EuGH v. 13.3.2014 – C-190/13, ECLI:EU:C:2014:146 = NZA 2014, 475 (478 f.) – *Samohano*.
2 BAG v. 18.7.2012 – 7 AZR 443/09, NZA 2012, 1351 (1356 ff.); v. 18.7.2012 – 7 AZR 783/10, NZA 2012, 1359 (1363 ff.); dazu *Bayreuther*, NZA 2013, 23 ff.; BAG v. 4.12.2013 – 7 AZR 290/12, NZA 2014, 426 (429 f.); v. 19.3.2014 – 7 AZR 527/12, NZA 2014, 840 (842 f.).
3 *Richardi/Annuß*, BB 2000, 2201 (2205).
4 *Küttner/Kania*, Personalbuch 2014, Befristetes Arbeitsverhältnis Rz. 3; *Staudinger/Preis*, § 620 BGB Rz. 25.

c) Frau/Herr ... wird mit Wirkung vom ... für die Dauer von acht Wochen eingestellt.

d) Das Aushilfsarbeitsverhältnis ist befristet auf die Dauer der Sommerferien in Schleswig-Holstein.

e) Frau/Herr ... wird befristet für die Dauer der Getreideernte eingestellt.

f) Frau/Herr ... wird mit Wirkung vom ... befristet für die Dauer von ca. vier Wochen zur Aushilfe eingestellt.

Für die Wirksamkeit der Befristung des Arbeitsverhältnisses bedarf es außer eines sachlichen Grundes für die Befristung nicht noch zusätzlich einer besonderen sachlichen Rechtfertigung auch der gewählten **Dauer der Befristung**.[1] Die im Einzelfall vereinbarte Vertragsdauer hat nur Bedeutung im Rahmen der Prüfung des sachlichen Befristungsgrundes selbst, denn aus der vereinbarten Befristungsdauer zieht die Rechtsprechung Rückschlüsse darauf, ob im konkreten Fall ein sachlicher Befristungsgrund überhaupt vorgelegen hat oder ob ein solcher nur vorgeschoben war.

Überschreitet etwa die vereinbarte Vertragsdauer deutlich die bei Vertragsabschluss vorgesehene Dauer des Befristungsgrundes, so läuft der Arbeitgeber Gefahr, die Vertragsdauer mit dem angegebenen Befristungsgrund nicht mehr erklären zu können. Befristungsgrund und Befristungsdauer stehen dann nicht mehr miteinander in Einklang, so dass der angegebene Befristungsgrund die vertraglich vereinbarte Befristung nicht zu tragen vermag.

Dagegen ist das bloße **Zurückbleiben** der Dauer der Befristung des Arbeitsvertrages hinter der voraussichtlichen Dauer des Befristungsgrundes weniger kritisch, weil nicht ohne Weiteres geeignet, den angegebenen Sachgrund für die Befristung in Frage zu stellen. Weil es dem Arbeitgeber freisteht, ob er auf einen zeitweiligen Arbeitskräftemehrbedarf überhaupt mit der Einstellung eines neuen Arbeitnehmers reagiert, muss ihm auch freigestellt sein, die Einstellung (zunächst) nur für einen kürzeren Zeitraum vorzunehmen.[2]

Erst wenn die vereinbarte Befristungsdauer derart hinter der voraussichtlichen Dauer des Befristungsgrundes zurückbleibt, dass eine sinnvolle, dem Sachgrund der Befristung entsprechende Mitarbeit des Arbeitnehmers nicht mehr möglich erscheint, können sich aus einer zu kurzen Befristungsdauer Bedenken hinsichtlich des sachlichen Grundes für die Befristung insgesamt ergeben.[3]

---

1 BAG v. 28.9.1988 – 7 AZR 451/87, AP Nr. 125 zu § 620 BGB Befristeter Arbeitsvertrag; v. 12.2.1997 – 7 AZR 317/96, AP Nr. 187 zu § 620 BGB Befristeter Arbeitsvertrag; v. 20.2.2002 – 7 AZR 600/00, AP Nr. 11 zu § 1 KSchG 1969 Wiedereinstellung; v. 23.6.2004 – 7 AZR 636/03, AP Nr. 12 zu § 14 TzBfG; v. 21.1.2009 – 7 AZR 630/07, AP Nr. 57 zu § 14 TzBfG; a.A. ArbG Karlsruhe v. 4.10.2000 – 9 Ca 152/00, NZA-RR 2001, 575 (576).
2 BAG v. 6.6.1984 – 7 AZR 458/82, AP Nr. 83 zu § 620 BGB Befristeter Arbeitsvertrag; v. 22.11.1995 – 7 AZR 252/95, AP Nr. 178 zu § 620 BGB Befristeter Arbeitsvertrag; v. 25.3.2009 – 7 AZR 34/08, NZA 2010, 34; v. 17.3.2010 – 7 AZR 640/08, AP Nr. 70 zu § 14 TzBfG.
3 BAG v. 15.3.1989 – 7 AZR 264/88, AP Nr. 126 zu § 620 BGB Befristeter Arbeitsvertrag; v. 31.8.1994 – 7 AZR 983/93, AP Nr. 163 zu § 620 BGB Befristeter Arbeitsvertrag.

(3) Kündigungsklauseln in befristeten Arbeitsverträgen

Typ 2: Kalendermäßige Befristung mit Kündigungsklausel

a) Das Arbeitsverhältnis wird für die Zeit vom ... bis zum ... befristet abgeschlossen. Während dieser Zeit kann es mit einer Frist von zwei Wochen ordentlich gekündigt werden.

b) Das Arbeitsverhältnis beginnt am ... Es wird auf die Dauer von zwölf Monaten abgeschlossen. Während dieser Zeit gelten die gesetzlichen Kündigungsfristen.

21 Soll die Befristungsdauer als **reine Höchstdauer** ausgestaltet sein, muss beiden Teilen (nicht nur dem Arbeitgeber, dies wäre ein Verstoß gegen § 622 Abs. 6 BGB[1]) ein Recht zur ordentlichen Kündigung auch während der Laufzeit des Vertrages ausdrücklich durch entsprechende Vertragsklausel eingeräumt werden. Dies wird in der Praxis häufig vergessen, ist aber ohne Weiteres zulässig (§ 15 Abs. 3 TzBfG)[2] und bei der Vereinbarung einer **Altersgrenze** (→ *Altersgrenze*, II A 20) geradezu zwingend, weil das Arbeitsverhältnis sonst arbeitgeberseits nicht gekündigt werden kann.

22 Hinsichtlich der ordentlichen Kündigung kann, wie bei **Typ 2b**, auf die **gesetzlichen Kündigungsfristen** Bezug genommen werden. Eine solche Regelung hat keineswegs nur deklaratorischen, sondern konstitutiven Charakter, da die Kündigung eines befristeten Arbeitsverhältnisses ohne besondere Vereinbarung unzulässig ist.[3] Sind, wie bei **Typ 2b**, die „gesetzlichen Kündigungsfristen" vereinbart, findet in den ersten zwei Jahren des Arbeitsverhältnisses § 622 Abs. 1 BGB Anwendung mit der Folge, dass der Vertrag von beiden Seiten mit einer Frist von vier Wochen zum Fünfzehnten oder zum Ende eines Kalendermonats gekündigt werden kann.

23 Möglich ist es aber auch, wie bei **Typ 2a**, entsprechend § 622 Abs. 3 BGB eine Kündigungsfrist von zwei Wochen **ohne festen Endtermin** zu vereinbaren, wenn das Arbeitsverhältnis auf nicht mehr als sechs Monate befristet ist. Zwar lässt § 622 Abs. 3 BGB die einzelvertragliche Abkürzung der Kündigungsfrist nur „während einer vereinbarten Probezeit" zu. Anerkannt ist jedoch, dass eine Probezeit nicht nur der Beginn eines (befristeten oder unbefristeten) Arbeitsverhältnisses sein kann, sondern das gesamte befristete Arbeitsverhältnis als **Probearbeitsverhältnis** dienen kann.[4]

---

[1] KR/*Spilger*, § 622 BGB Rz. 146 ff.
[2] Vgl. auch BAG v. 10.6.1988 – 2 AZR 7/88, AP Nr. 5 zu § 1 BeschFG 1985; v. 25.2.1998 – 2 AZR 279/97, AP Nr. 195 zu § 620 BGB Befristeter Arbeitsvertrag; LAG Hamm v. 31.10.2006 – 19 Sa 1119/06, NZA-RR 2007, 243 (244).
[3] BAG v. 15.12.1955 – 2 AZR 228/54, AP Nr. 1 zu § 67 HGB; v. 19.6.1980 – 2 AZR 660/78, AP Nr. 55 zu § 620 BGB Befristeter Arbeitsvertrag; BGH v. 4.11.1992 – VIII ZR 235/91, BGHZ 120, 108 ff.
[4] BAG v. 22.7.1971 – 2 AZR 344/70, AP Nr. 11 zu § 620 BGB Probearbeitsverhältnis; v. 10.6.1988 – 2 AZR 7/88, AP Nr. 5 zu § 1 BeschFG 1985; LAG Hamm v. 31.10.2006 – 19 Sa 1119/06, NZA-RR 2007, 243.

(4) Kündigungsklauseln in Verträgen mit einer Probezeit

Typ 3: Kalendermäßige Befristung mit Vorschaltung einer Probezeit

a) Die Einstellung erfolgt befristet für die Zeit vom ... bis zum ... Die ersten vier Wochen gelten als Probezeit.

b) Die Einstellung erfolgt befristet für die Zeit vom ... bis zum ... Die ersten vier Wochen gelten als Probezeit. Während der Probezeit kann das Arbeitsverhältnis mit einer Frist von zwei Wochen, danach mit einer Frist von vier Wochen zum Monatsende gekündigt werden.

Unproblematisch im Hinblick auf die Kündigung sind Vereinbarungen vom **Typ 3**. Im Falle des **Typs 3a** wird ein befristetes Arbeitsverhältnis – sei es auf der Grundlage von § 14 TzBfG, sei es aufgrund von Sonderbefristungstatbeständen – vereinbart, innerhalb dessen die ersten vier Wochen die Probezeit darstellen. Während dieser Probezeit kann das Arbeitsverhältnis in Anwendung von § 622 Abs. 3 BGB von beiden Seiten ordentlich mit einer Frist von zwei Wochen (ohne festen Endtermin) gekündigt werden. Dazu genügt es, diesen Zeitraum als „Probezeit" zu bezeichnen.[1] Nicht zu empfehlen ist es demgegenüber, in ein ohnehin befristetes Arbeitsverhältnis eine zusätzliche Probebefristung einzuschalten, mit deren Ablauf das Arbeitsverhältnis enden soll. Eine derartige Vertragsgestaltung kann überraschend (§ 305c BGB) und/oder intransparent (§ 307 Abs. 1 Satz 2 BGB) sein.[2]

Nach **Ablauf der Probezeit** ist das Arbeitsverhältnis bei einer Vereinbarung vom **Typ 3a** ordentlich nicht mehr kündbar (§ 15 Abs. 3 TzBfG). Soll die ordentliche Kündigung während der gesamten Vertragsdauer zulässig sein, aber für die Probezeit und die übrige Vertragszeit unterschiedliche Fristen gelten, muss eine Vereinbarung vom **Typ 3b** abgeschlossen werden, wobei an die Stelle konkret vereinbarter Fristen (die allerdings in der Regel nur länger, nicht kürzer sein dürfen als die in § 622 Abs. 1, 2 BGB genannten Fristen, vgl. § 622 Abs. 5 BGB und hier unter → *Kündigungsvereinbarungen*, II K 10 Rz. 59 ff.) auch die „gesetzlichen Kündigungsfristen" treten können.

(5) Vertragliche Fixierung des sachlichen Grundes

Typ 4: Vertragliche Fixierung des Befristungsgrundes

a) Der Arbeitnehmer wird ab dem ... für die Dauer von ... Tagen/Wochen/Monaten befristet zur Probe eingestellt. Das Probearbeitsverhältnis endet mit Ablauf der Probezeit am ..., ohne dass es einer Kündigung bedarf, falls nicht vorher die Fortsetzung des Arbeitsverhältnisses vereinbart wird.

b) Frau/Herr ... wird ab dem ... für zwei Monate zur Aushilfe eingestellt.

---
1 BAG v. 4.7.2001 – 2 AZR 88/00, NZA 2002, 288; LAG Düsseldorf v. 20.10.1995 – 9 Sa 996/95, NZA 1996, 1156 (1157).
2 BAG v. 16.4.2008 – 7 AZR 132/07, AP Nr. 10 zu § 305c BGB.

26 Auf der Grundlage des Beschlusses vom 12.10.1960[1] hat das BAG eine **umfangreiche Kasuistik** von Tatbeständen entwickelt, die unter jeweils näher zu konkretisierenden Voraussetzungen geeignet sind, einen „sachlichen Grund" für die Befristung des Arbeitsverhältnisses darzustellen. *Backhaus* zählt nicht weniger als 60 Fallgruppen, die teilweise nochmals Untergruppen haben.[2]

27 Diese Befristungsgründe haben auf die konkrete **Gestaltung des Arbeitsvertrages** ganz überwiegend keinen unmittelbaren Einfluss. Es entspricht ständiger Rechtsprechung des BAG, dass – vorbehaltlich abweichender tarifvertraglicher Regelungen – bei Zeitbefristungen (anders als bei Zweckbefristungen, dazu Rz. 113 ff.) der Befristungsgrund nicht genannt zu werden braucht.[3] Ebenso wenig wie zur Wirksamkeit einer Kündigung die Angabe des Grundes erforderlich ist, braucht der Arbeitgeber dem Arbeitnehmer auch bei der Befristung den Sachgrund nicht mitzuteilen.

28 Ist demnach die **Angabe des Befristungsgrundes in der Vertragsurkunde** gesetzlich **nicht erforderlich**, empfiehlt es sich zumindest bei einer erstmaligen Befristung, hierauf auch grundsätzlich zu verzichten. Zum einen nämlich besteht die Gefahr, dass aus der Angabe eines konkreten Befristungsgrundes geschlossen wird, die Vertragsparteien hätten (zulässigerweise) die gemäß § 22 Abs. 1 TzBfG zugunsten des Arbeitnehmers dispositive Norm des § 14 Abs. 2 TzBfG abbedungen und folglich die Befristung des Arbeitsverhältnisses nur gewollt, wenn sie aus § 14 Abs. 1 TzBfG gerechtfertigt werden kann[4] mit der Folge, dass dem Arbeitgeber die Berufung auf die Möglichkeit der sachgrundlosen Befristung verwehrt ist, obwohl die Befristung durch § 14 Abs. 2, 2a oder 3 TzBfG getragen würde. Zum anderen kann in der Angabe eines bestimmten sachlichen Grundes eine **Selbstbindung des Arbeitgebers** mit der Folge zu erblicken sein, dass, wenn der angegebene Grund die Befristung nicht trägt, der Begründungswechsel einen Verstoß gegen das Verbot widersprüchlichen Verhaltens (venire contra factum proprium, § 242 BGB) darstellen kann.[5]

29 Der Verzicht auf die Niederlegung des sachlichen Grundes verstößt auch nicht gegen die **Nachweispflicht** des Arbeitgebers über die wesentlichen Vertragsbedingungen. § 2 Abs. 1 Nr. 3 NachwG verlangt, dass bei befristeten Arbeitsverhältnissen die vorhersehbare Dauer des Arbeitsverhältnisses schriftlich niederzulegen ist. Hinsichtlich kalendermäßiger Befristungen bedeutet dies nur, dass der Endtermin im Arbeitsvertrag oder Vertragsnachweis kalendermäßig bestimmt („... endet am ...") oder bestimmbar („Die Mitarbeiterin wird für die Dauer von vier Wochen, beginnend am ... eingestellt") nachgewiesen ist.[6]

---

1 BAG v. 12.10.1960 – GS 1/59, AP Nr. 16 zu § 620 BGB Befristeter Arbeitsvertrag.
2 APS/*Backhaus*, § 14 TzBfG Rz. 106 ff.
3 BAG v. 8.12.1988 – 2 AZR 308/88, AP Nr. 6 zu § 1 BeschFG 1985; v. 31.1.1990 – 7 AZR 125/89, AP Nr. 1 zu § 57b HRG; v. 24.4.1996 – 7 AZR 605/95, AP Nr. 9 zu § 57b HRG; v. 23.6.2004 – 7 AZR 636/03, AP Nr. 12 zu § 14 TzBfG; v. 26.7.2006 – 7 AZR 515/05, AP Nr. 1 zu § 5 AVR Diakonisches Werk.
4 Vgl. LAG Hamm v. 6.6.1991 – 16 Sa 1558/90, LAGE § 620 BGB Nr. 25; ArbG Berlin v. 16.5.1990 – 9 Ca 38/90, EzA § 1 BeschFG 1985 Nr. 12.
5 Vgl. BAG v. 16.3.1989 – 2 AZR 325/88, AP Nr. 8 zu § 1 BeschFG 1985; v. 26.7.2000 – 7 AZR 546/99, AP Nr. 5 zu § 1 BeschFG 1996; LAG Bremen v. 5.9.1990 – 2 Sa 38/90, LAGE § 620 BGB Nr. 23 sowie unten Rz. 87 f.
6 *Birk*, NZA 1996, 281 (286); *Wank*, RdA 1996, 21 (22).

(6) Die sachlichen Gründe des § 14 Abs. 1 Satz 2 TzBfG

(a) Vorübergehender Bedarf (§ 14 Abs. 1 Satz 2 Nr. 1 TzBfG)

Typ 4: Vertragliche Fixierung des sachlichen Grundes

c) Frau/Herr ... wird für die Zeit des Weihnachtsgeschäfts befristet vom ... bis zum 23. Dezember eingestellt.

d) Das Arbeitsverhältnis ist befristet für die Dauer der Sommerferien im Freistaat Bayern.

e) Das durch die Firma zum ... betriebsbedingt gekündigte Arbeitsverhältnis wird einvernehmlich befristet bis zum ... fortgesetzt, weil sich die Durchführung des ...-Projekts, mit dem die Mitarbeiterin/der Mitarbeiter betraut ist, bis zu diesem Zeitpunkt verzögert.

f) Das Arbeitsverhältnis beginnt am ... und endet am ..., weil die Firma den Betrieb zu diesem Zeitpunkt stilllegt.

§ 14 Abs. 1 Nr. 1 TzBfG erfasst unter einem recht weitgefassten Typus sowohl den **vorübergehend erhöhten** als auch den **zukünftig wegfallenden Arbeitskräftebedarf**.[1] Voraussetzung der Befristung ist, dass der Tatbestand des vorübergehenden Bedarfs objektiv gegeben ist. Es müssen erkennbare Umstände gegeben sein, die deutlich machen, dass nur eine vorübergehende Tätigkeit in Betracht kommt, oder die zumindest geeignet sind, die erkennbare Annahme des Arbeitgebers zu rechtfertigen, es sei nur mit einem vorübergehenden Bedürfnis zu rechnen.[2] Daran fehlt es bspw., wenn der Arbeitgeber beabsichtigt, die dem befristeten Arbeitnehmer übertragenen Aufgaben von einem späteren Zeitpunkt an dauerhaft von Leiharbeitnehmern erledigen zu lassen.[3]

Die bloße Unsicherheit des Arbeitgebers, ob der Mehrbedarf an Arbeitskräften von Dauer sein oder demnächst wegfallen wird, reicht nicht aus, um einen Arbeitsvertrag unter dem Gesichtspunkt der Aushilfe zu befristen. Die **Unsicherheit der künftigen Entwicklung des Arbeitsanfalls** und des Arbeitskräftebedarfs gehört grundsätzlich zum unternehmerischen Risiko des Arbeitgebers. Er kann sich bei nicht oder nur schwer vorhersehbarem quantifizierbaren Bedarf in der Regel nicht darauf berufen, mit befristeten Arbeitsverhältnissen leichter und schneller auf Bedarfsschwankungen reagieren zu können.[4]

---

1 BAG v. 4.12.2013 – 7 AZR 277/12, NZA 2014, 480 (482); LAG Nds. v. 8.3.2004 – 5 Sa 1393/03, NZA-RR 2004, 468 (469f.); LAG MV v. 12.2.2014 – 2 Sa 173/13, NZA-RR 2014, 287 (288); APS/*Backhaus*, § 14 TzBfG Rz. 82.

2 BAG v. 22.5.1986 – 2 AZR 392/85, AP Nr. 23 zu § 622 BGB; v. 12.9.1996 – 7 AZR 790/95, AP Nr. 182 zu § 620 BGB Befristeter Arbeitsvertrag; v. 20.1.1999 – 7 AZR 640/97, AP Nr. 138 zu § 611 BGB Lehrer, Dozenten; v. 16.10.2008 – 7 AZR 360/07, AP Nr. 56 zu § 14 TzBfG; v. 17.3.2010 – 7 AZR 640/08, AP Nr. 70 zu § 14 TzBfG.

3 BAG v. 17.1.2007 – 7 AZR 20/06, AP Nr. 30 zu § 14 TzBfG.

4 BAG v. 5.6.2002 – 7 AZR 241/01, AP Nr. 13 zu § 1 BeschFG 1996; v. 16.10.2008 – 7 AZR 360/07, AP Nr. 56 zu § 14 TzBfG; v. 11.9.2013 – 7 AZR 107/12, NZA 2014, 150 (151); v. 4.12.2013 – 7 AZR 277/12, NZA 2014, 480 (482).

32 Demgegenüber stellt **projektbedingter personeller Mehrbedarf**, etwa infolge von Eilaufträgen, Inventur, Schlussverkauf, Messe etc.[1] einen sachlichen Grund dar, die Arbeitsverhältnisse der projektbezogen beschäftigten Arbeitnehmer zu befristen (**Typ 4c**). Die projektbezogenen Gründe rechtfertigen aber nicht befristete Arbeitsverträge mit Arbeitnehmern, die nicht mit der Durchführung des Projekts, sondern mit übergreifenden Verwaltungs- oder sonstigen Daueraufgaben betraut sind.[2] Allerdings ist der Arbeitgeber nicht verpflichtet, den befristet eingestellten Mitarbeiter mit einer Aufgabe zu betrauen, die mit Ablauf der Befristungsdauer wegfällt. Es genügt, dass der vorübergehende Arbeitskräftemehrbedarf bis zum Ablauf der Befristung besteht, so dass auch die Möglichkeit besteht, einen Stammarbeitnehmer mit der zusätzlich anfallenden Arbeit und den vorübergehend eingestellten Mitarbeiter mit der an sich von der Stammbelegschaft bewältigten Aufgabe zu betrauen (mittelbare Vertretung).[3]

33 Jedoch muss eine nachprüfbare **Prognose** ergeben, dass im Zeitpunkt der Befristung aufgrund greifbarer Tatsachen mit einiger Sicherheit der Wegfall des Mehrbedarfs mit dem Auslaufen des befristeten Arbeitsverhältnisses zu erwarten ist.[4] Zu diesem Zweck muss der Arbeitgeber abschätzen, ob zukünftig ein Personalengpass bestehen wird, zum anderen muss er dessen vorübergehende Natur prognostizieren. Dafür ist notwendig, dass im Zeitpunkt des befristeten Vertragsabschlusses aufgrund **konkreter tatsächlicher Anhaltspunkte** mit einiger Sicherheit zu erwarten ist, dass die anfallende Arbeit nach dem Auslaufen des befristeten Arbeitsverhältnisses wieder mit der gewöhnlichen Belegschaftsstärke bewältigt werden kann. Dabei genügt es, wenn sich die Prognose bei einem projektbedingten personellen Mehrbedarf nur auf das konkrete Projekt bezieht. Unerheblich ist demgegenüber, ob der Arbeitnehmer aufgrund seiner Qualifikation nach Fristablauf auf einem freien Arbeitsplatz in einem anderen Projekt beschäftigt werden kann.[5]

34 Die Unsicherheit, die jeder prognostischen Wertung innewohnt, ändert nichts daran, dass der Prognose des Arbeitgebers ausreichend konkrete Anhaltspunkte zu Grunde liegen müssen,[6] wobei freilich geringfügige **Über- oder Unterschreitungen der Befristungsdauer** bezogen auf den Befristungsgrund nicht zu beanstanden sind. Entsprechendes gilt, wenn die Befristung mit einem sinkenden Bedarf gerechtfertigt

---

1 BAG v. 22.5.1986 – 2 AZR 392/85, AP Nr. 23 zu § 622 BGB; v. 12.9.1996 – 7 AZR 790/95, AP Nr. 182 zu § 620 BGB Befristeter Arbeitsvertrag; v. 11.2.2004 – 7 AZR 362/03, AP Nr. 256 zu § 620 BGB Befristeter Arbeitsvertrag; v. 7.4.2004 – 7 AZR 441/03, AP Nr. 4 zu § 17 TzBfG; MünchArbR/*Wank*, § 95 Rz. 47.
2 BAG v. 16.10.1987 – 7 AZR 614/86, AP Nr. 5 zu § 620 BGB Hochschule; v. 11.12.1991 – 7 AZR 170/91, AP Nr. 145 zu § 620 BGB Befristeter Arbeitsvertrag; v. 16.11.2005 – 7 AZR 812/05, AP Nr. 264 zu § 620 BGB Befristeter Arbeitsvertrag.
3 BAG v. 10.3.2004 – 7 AZR 307/03, AP Nr. 257 zu § 620 BGB Befristeter Arbeitsvertrag; v. 25.8.2004 – 7 AZR 32/04, NZA 2005, 472 (472 f.); v. 15.2.2006 – 7 AZR 232/05, AP Nr. 1 zu § 14 TzBfG Vertretung; v. 9.12.2009 – 7 AZR 399/08, AP Nr. 67 zu § 14 TzBfG; v. 6.11.2013 – 7 AZR 96/12, NZA 2014, 430 (432 f.; dort auch zu den Anforderungen an die Darlegung der „Vertretungskette").
4 BAG v. 7.11.2007 – 7 AZR 484/06, AP Nr. 42 zu § 14 TzBfG; v. 17.3.2010 – 7 AZR 640/08, AP Nr. 70 zu § 14 TzBfG; v. 11.9.2013 – 7 AZR 107/12, NZA 2014, 150 (151); v. 4.12.2013 – 7 AZR 277/12, NZA 2014, 480 (482).
5 BAG v. 25.8.2004 – 7 AZR 7/04, NZA 2005, 357 (357 ff.).
6 BAG v. 10.6.1992 – 7 AZR 346/91, EzA § 620 BGB Nr. 116; v. 11.2.2004 – 7 AZR 362/03, AP Nr. 256 zu § 620 BGB Befristeter Arbeitsvertrag.

wird.¹ Das BAG hat insoweit eine exakte und detaillierte Bedarfsprognose gefordert, denn allein die allgemeine Unsicherheit in der wirtschaftlichen und finanziellen Entwicklung des Unternehmens rechtfertigt die Befristung nicht, weil sie zum Unternehmerrisiko gehört.² Insgesamt stellt das Gericht hier verhältnismäßig strenge Anforderungen.³ Erweist sich die Prognose jedoch als zutreffend, begründet dies zugleich die **Vermutung, dass sie richtig erstellt worden ist**.⁴

Schließlich ist bei der Prüfung, ob die Befristung eines Aushilfsarbeitsverhältnisses 35 sachlich gerechtfertigt ist, neben dem Befristungsgrund auch die **Dauer der Befristung** in Betracht zu ziehen, die gewählte Dauer des Vertrages muss sich am Sachgrund für die Befristung orientieren und mit ihm in Einklang stehen.⁵

Dieser Grundsatz hat im Rahmen des **Aushilfsarbeitsverhältnisses besondere Bedeutung** 36 erlangt. Allerdings bedeutet er nicht, dass die gewählte Vertragsdauer mit der Dauer des Sachgrundes für die Befristung übereinstimmt, der Beendigungszeitpunkt des Vertrages sich also mit dem Zeitpunkt des Wegfalls des Befristungsgrundes decken muss und jede Abweichung notwendig die Unwirksamkeit der Befristung zur Folge hat. Die im Einzelfall gewählte Befristungsdauer hat nur Bedeutung im Rahmen der Prüfung des sachlichen Befristungsgrundes selbst; denn aus der vereinbarten Befristungsdauer lassen sich Rückschlüsse darauf ziehen, ob ein sachlicher Befristungsgrund überhaupt vorliegt oder ob ein solcher nur vorgeschoben ist.⁶

Maßgeblicher Beurteilungszeitpunkt ist in jedem Fall der Zeitpunkt des Vertrags- 37 abschlusses, so dass bei einer kalendermäßigen Befristung der vorzeitige Wegfall des Befristungsgrundes – unbeschadet der Möglichkeit der ordentlichen Kündigung, wenn diese vertraglich vorbehalten wurde – nicht zu einer vorzeitigen Beendigung des Arbeitsverhältnisses führt; ebenso wenig wie ein unvorhergesehener längerer Vertretungsbedarf das Aushilfsarbeitsverhältnis automatisch verlängert.⁷ Der gelegentlich vertretenen Auffassung, dass der Arbeitnehmer eine Vertragsverlängerung beanspruchen könne, wenn sich die Prognose im Nachhinein als falsch erweise,⁸ hat sich das BAG nicht angeschlossen.⁹ Einen Fortsetzungs- oder **Wiedereinstellungsanspruch** bei veränderter Befristungsprognose gibt es also **nicht**.

In systematischer Nähe zu derartigem vorübergehenden Arbeitskräftebedarf auf- 38 grund von Bedarfsschwankungen steht die **Saisonarbeit**, die als Befristungsgrund namentlich in Betrieben des Fremdenverkehrs und der Landwirtschaft anerkannt

---

1 Dazu BAG v. 29.9.1982 – 7 AZR 147/80, AP Nr. 70 zu § 620 BGB Befristeter Arbeitsvertrag.
2 BAG v. 9.7.1981 – 2 AZR 788/78, AP Nr. 4 zu § 620 BGB Bedingung.
3 Vgl. BAG v. 20.2.1991 – 7 AZR 81/90, AP Nr. 137 zu § 620 BGB Befristeter Arbeitsvertrag; v. 25.11.1992 – 7 AZR 191/92, AP Nr. 150 zu § 620 BGB Befristeter Arbeitsvertrag; v. 12.9.1996 – 7 AZR 790/95, AP Nr. 182 zu § 620 BGB Befristeter Arbeitsvertrag.
4 BAG v. 3.11.1999 – 7 AZR 846/98, AP Nr. 19 zu § 2 BAT SR 2y.
5 BAG v. 27.1.1988 – 7 AZR 53/87, AP Nr. 6 zu § 620 BGB Hochschule; v. 26.8.1988 – 7 AZR 101/88, AP Nr. 124 zu § 620 BGB Befristeter Arbeitsvertrag.
6 BAG v. 26.8.1988 – 7 AZR 101/88, AP Nr. 124 zu § 620 BGB Befristeter Arbeitsvertrag.
7 Vgl. BAG v. 8.5.1985 – 7 AZR 191/84, AP Nr. 97 zu § 620 BGB Befristeter Arbeitsvertrag.
8 Etwa *Hunold*, NZA-RR 2000, 505 (513 f.).
9 BAG v. 20.2.2002 – 7 AZR 600/00, AP Nr. 11 zu § 1 KSchG 1969 Wiedereinstellung; ebenso *Meinel/Heyn/Herms*, § 14 TzBfG Rz. 34.

ist (**Typ 4d**).¹ Auch in **Kampagnebetrieben**, die sich von Saisonbetrieben dadurch unterscheiden, dass die Betriebstätigkeit außerhalb der Kampagnezeit vollständig ruht, ist die Befristung des Arbeitsvertrages generell zulässig.²

39 Ein sog. **Auslauftatbestand** kann im betrieblichen Interesse die Befristung rechtfertigen, wenn eine in einem befristeten oder gekündigten Arbeitsverhältnis begonnene Aufgabe sinnvoll abgeschlossen werden soll (**Typ 4e**). Einen derartigen Fall hat das BAG z.B. bei befristet angestellten Lehrern nach Wegfall eines Vertretungsgrundes und Weiterbeschäftigung des Lehrers bis zum Ende des Schuljahres angenommen, um im Interesse der Schüler einen kontinuierlichen Unterricht zu gewährleisten.³ Demgegenüber vermag ein bevorstehender Betriebsübergang die Befristung nicht zu rechtfertigen, weil der Betriebserwerber in die bestehenden Arbeitsverhältnisse einzutreten hat (§ 613a Abs. 1 Satz 1 BGB).⁴

40 Differenziert beurteilt werden **Aufhebungsverträge**, die das Arbeitsverhältnis nicht sofort oder kurzfristig, sondern erst zu einem späteren Zeitpunkt beenden (→ *Aufhebungsvertrag*, II A 100 Rz. 78 ff.).

41 Zulässig ist die Befristung, wenn **in absehbarer Zeit der Betrieb stillgelegt** wird und ein befristeter Arbeitskräftebedarf besteht, um den Betrieb bis zur Stilllegung aufrecht zu erhalten⁵ (**Typ 4f**). Jedoch rechtfertigt allein die Eröffnung des Insolvenzverfahrens noch nicht die Befristung von Arbeitsverhältnissen; ebenso wenig der pauschale Hinweis des Insolvenzverwalters, er müsse bei der Abwicklung flexibel reagieren können und möglichst masseschonend handeln.⁶ Das BAG scheint darüber hinaus zu erwägen, eine Befristung auch dann für unzulässig zu halten, wenn zwar der Beschäftigungsbetrieb stillgelegt werden soll, eine Weiterbeschäftigung in einem **anderen Betrieb desselben Unternehmens** aber möglich ist.⁷

(b) Anschluss an Ausbildung oder Studium (§ 14 Abs. 1 Satz 2 Nr. 2 TzBfG)

Typ 4: Vertragliche Fixierung des sachlichen Grundes

g) Frau/Herr ... wird im Anschluss an das Ausbildungsverhältnis befristet für die Zeit vom ... bis ... eingestellt.

---

1 BAG v. 20.10.1967 – 3 AZR 467/66, AP Nr. 30 zu § 620 BGB Befristeter Arbeitsvertrag; v. 29.1.1987 – 2 AZR 109/86, AP Nr. 1 zu § 620 BGB Saisonarbeit; *Meinel/Heyn/Herms*, § 14 TzBfG Rz. 59.
2 APS/*Backhaus*, § 14 TzBfG Rz. 284 ff.; Staudinger/*Preis*, § 620 BGB Rz. 104; MünchArbR/*Wank*, § 95 Rz. 52.
3 BAG v. 29.9.1982 – 7 AZR 147/80, AP Nr. 70 zu § 620 BGB Befristeter Arbeitsvertrag; vgl. auch LAG Nds. v. 13.9.2007 – 4 Sa 1850/06, NZA-RR 2008, 235 (236).
4 BAG v. 30.10.2008 – 8 AZR 855/07, AP Nr. 359 zu § 613a BGB.
5 BAG v. 9.9.1992 – 7 AZR 32/92, RzK I 9a Nr. 73; MünchArbR/*Wank*, § 95 Rz. 48.
6 LAG Saarl. v. 29.4.1987 – 1 Sa 191/86, RzK I 9a Nr. 22; LAG Düsseldorf v. 8.3.1994 – 16 Sa 163/94, LAGE § 620 BGB Nr. 33.
7 BAG v. 3.12.1997 – 7 AZR 651/96, AP Nr. 196 zu § 620 BGB Befristeter Arbeitsvertrag (im konkreten Fall wegen der Weigerung des Arbeitnehmers, an dem anderen Beschäftigungsort tätig zu werden, nicht entscheidungserheblich).

Der Sachgrund der **befristeten Übernahme in ein Arbeitsverhältnis** im Anschluss an ein Studium oder ein Ausbildungsverhältnis soll insbesondere den tariflichen Regelungen vieler Wirtschaftsbereiche Rechnung tragen, die sogar eine befristete Übernahme*verpflichtung* für den Fall des erfolgreichen Abschlusses der Ausbildung vorsehen.[1] Bis zum Inkrafttreten des TzBfG hatte die Rechtsprechung solche tariflichen Regelungen unter dem Aspekt des **sozialen Überbrückungszwecks** der Befristung gebilligt.[2]

42

Die Einzelheiten der Befristungsvoraussetzungen sind freilich **unklar**.[3] So steht nicht fest, ob unter „Ausbildung" nur eine Berufsausbildung i.S.d. BBiG oder auch andere Ausbildungsverhältnisse bis hin zum bloßen Volontariat verstanden werden können. Auch der Begriff des „Anschlusses" lässt offen, ob zwischen dem Ende der Ausbildung und dem Beginn der befristeten Beschäftigung ein längerer Zeitraum liegen und ob in dieser Zeit andere Zwischenbeschäftigungen ausgeübt worden sein dürfen.[4] Schließlich bleibt unklar, ob die „Erleichterung des Übergangs" Vertragsinhalt sein muss und ob daher z.B. die konkrete Aussicht auf eine dauerhafte Übernahme gefordert ist. Entschieden hat das BAG bislang lediglich, dass von der Möglichkeit des § 14 Abs. 1 Nr. 2 TzBfG im Anschluss an eine Ausbildung nur *einmal* Gebrauch gemacht werden darf.[5] All dies lässt die Praxis gut beraten erscheinen, von dem Befristungsgrund **möglichst keinen Gebrauch** zu machen und die Befristung ggf. auf einen anderen Sachgrund wie z.B. die Erprobung (§ 14 Abs. 1 Satz 2 Nr. 5 TzBfG) zu stützen.[6]

43

(c) Vertretung (§ 14 Abs. 1 Satz 2 Nr. 3 TzBfG)

Typ 4: Vertragliche Fixierung des sachlichen Grundes

h) Frau/Herr … wird ab dem … für drei Monate zur Vertretung des erkrankten Mitarbeiters … eingestellt. Das Arbeitsverhältnis endet mit Ablauf dieser Frist, ohne dass es einer Kündigung bedarf.

Das **Arbeitsverhältnis zur Vertretung (Typ 4h)** ist wie das Aushilfsarbeitsverhältnis (s. Rz. 30) ein Arbeitsverhältnis, das der Arbeitgeber ausdrücklich von vornherein nicht auf Dauer eingeht, sondern nur zu dem Zweck, einen vorübergehenden Bedarf an Arbeitskräften abzudecken, der nicht durch den normalen Betriebsablauf, sondern durch den Ausfall von Arbeitskräften begründet ist.[7]

44

---

1 BT-Drucks. 14/4374, S. 19.
2 BAG v. 14.10.1997 – 7 AZR 811/96, AP Nr. 155 zu § 1 TVG Tarifverträge: Metallindustrie.
3 Vgl. *Schlachter*, NZA 2003, 1180 ff.
4 Offen lassend BAG v. 24.8.2011 – 7 AZR 368/10, AP Nr. 85 zu § 14 TzBfG.
5 BAG v. 10.10.2007 – 7 AZR 795/06, AP Nr. 5 zu § 14 TzBfG Verlängerung.
6 *Däubler*, ZIP 2000, 1961 (1966); *Kliemt*, NZA 2001, 296 (297 f.).
7 Vgl. BAG v. 12.12.1985 – 2 AZR 9/85, AP Nr. 96 zu § 620 BGB Befristeter Arbeitsvertrag; v. 22.5.1986 – 2 AZR 392/85, AP Nr. 23 zu § 622 BGB; v. 25.11.1992 – 7 AZR 191/92, AP Nr. 150 zu § 620 BGB Befristeter Arbeitsvertrag; ausführlich *Linsenmaier*, RdA 2012, 193 (198 ff.).

45 Der zeitweise Personalbedarf beruht auf einem **zeitweisen Ausfall von Arbeitskräften** wie etwa durch Krankheit,[1] Erholungsurlaub,[2] Mutterschutz,[3] Elternzeit (zu § 21 BEEG s. Rz. 102 ff.), Wehrdienst[4], einer vorübergehenden Abordnung der Stammkraft auf einen anderen Arbeitsplatz[5] o.Ä.[6] Dabei steht der Annahme eines Vertretungsfalles nicht entgegen, dass der zur Aushilfe eingestellte Arbeitnehmer für einen kürzeren Zeitraum oder mit einer **geringeren Stundenzahl** beschäftigt wird als der zu vertretene Arbeitnehmer. Dem Arbeitgeber steht es frei, den anfallenden Vertretungsbedarf nur teilweise durch Beschäftigung einer Aushilfskraft abzudecken.[7] Umgekehrt kann der Arbeitgeber sich aber nicht auf den Sachgrund der Vertretung berufen, wenn die Ersatzkraft mit einer höheren Stundenzahl beschäftigt wird als der Stammarbeitnehmer.[8] Voraussetzung ist – insbesondere in den Fällen der Krankheitsvertretung – außerdem, dass sich bei Abschluss des befristeten Arbeitsvertrages keine erheblichen Zweifel dafür aufdrängen durften, dass der Vertretene seine Arbeit nicht wieder aufnehmen wird. Sofern nicht besondere Umstände vorliegen, kann der Arbeitgeber allerdings grundsätzlich davon ausgehen, dass die vertretene Stammkraft an den Arbeitsplatz zurückkehren will und wird.[9] Ein solcher besonderer Umstand kann in der verbindlichen Erklärung des zu vertretenden Arbeitnehmers liegen, er werde die Arbeit nicht wieder aufnehmen.[10]

46 Grundsätzlich kann der Abschluss eines befristeten Arbeitsvertrages dem Arbeitgeber nicht mit dem Argument versagt werden, es hätte der Bildung einer **Personalreserve** bedurft. Der Befristungsgrund der Vertretung entfällt nur dann, wenn ein genau quantifizierbarer dauernder Vertretungsbedarf in demselben Betrieb für den Tätigkeitsbereich des jeweiligen Arbeitnehmers besteht. Der Schaffung einer Personalreserve bedarf es demgegenüber lediglich, wenn im gleichen Betrieb für einen bestimmten Tätigkeitsbereich ein hoher gleichartiger Vertretungsbedarf

---

1 BAG v. 3.10.1984 – 7 AZR 192/83, AP Nr. 87 zu § 620 BGB Befristeter Arbeitsvertrag; v. 21.2.2001 – 7 AZR 200/00, AP Nr. 226 zu § 620 BGB Befristeter Arbeitsvertrag; v. 2.6.2010 – 7 AZR 136/09, AP Nr. 71 zu § 14 TzBfG.
2 BAG v. 11.12.1991 – 7 AZR 170/91, AP Nr. 145 zu § 620 BGB Befristeter Arbeitsvertrag; v. 11.12.1991 – 7 AZR 170/91, AP Nr. 145 zu § 620 BGB Befristeter Arbeitsvertrag; v. 4.6.2003 – 7 AZR 523/02, AP Nr. 252 zu § 620 BGB Befristeter Arbeitsvertrag.
3 BAG v. 17.2.1983 – 2 AZR 481/81, AP Nr. 14 zu § 15 KSchG 1969.
4 BAG v. 6.6.1984 – 7 AZR 458/82, AP Nr. 83 zu § 620 BGB Befristeter Arbeitsvertrag.
5 BAG v. 16.1.2013 – 7 AZR 662/11, NZA 2013, 611 (613); v. 10.7.2013 – 7 AZR 833/11, NZA 2013, 1292 (1293 f.); v. 10.7.2013 – 7 AZR 761/11, NZA 2014, 26 (28 f.).
6 BAG v. 8.5.1985 – 7 AZR 191/84, AP Nr. 97 zu § 620 BGB Befristeter Arbeitsvertrag; v. 20.2.2002 – 7 AZR 600/00, AP Nr. 11 zu § 1 KSchG 1969 Wiedereinstellung; v. 2.7.2003 – 7 AZR 529/02, AP Nr. 254 zu § 620 BGB Befristeter Arbeitsvertrag; v. 19.2.2014 – 7 AZR 260/12, NZA-RR 2014, 408 (411).
7 BAG v. 6.12.2000 – 7 AZR 262/99, AP Nr. 22 zu § 2 BAT SR 2y; v. 21.2.2001 – 7 AZR 200/00, AP Nr. 226 zu § 620 BGB Befristeter Arbeitsvertrag; v. 13.10.2004 – 7 AZR 654/03, AP Nr. 13 zu § 14 TzBfG.
8 BAG v. 4.6.2003 – 7 AZR 523/02, AP Nr. 252 zu § 620 BGB Befristeter Arbeitsvertrag.
9 BAG v. 21.2.2001 – 7 AZR 200/00, AP Nr. 226 zu § 620 BGB Befristeter Arbeitsvertrag; v. 27.6.2001 – 7 AZR 326/00, NZA 2002, 168; v. 23.1.2002 – 7 AZR 440/00, AP Nr. 231 zu § 620 BGB Befristeter Arbeitsvertrag; v. 20.2.2002 – 7 AZR 600/00, AP Nr. 11 zu § 1 KSchG 1969 Wiedereinstellung; v. 4.6.2003 – 7 AZR 523/02, AP Nr. 252 zu § 620 BGB Befristeter Arbeitsvertrag.
10 BAG v. 2.7.2003 – 7 AZR 529/02, AP Nr. 254 zu § 620 BGB Befristeter Arbeitsvertrag; v. 13.10.2004 – 7 AZR 654/03, AP Nr. 13 zu § 14 TzBfG.

mit derart großer Regelmäßigkeit auftritt, dass personalwirtschaftlich die Schaffung eines weiteren unbefristeten Arbeitsplatzes geboten wäre. In einem solchen Fall fehlt es von vornherein an einem bloß vorübergehenden Arbeitskräftebedarf und damit an einem wesentlichen Element des Aushilfszwecks.[1]

Sachlich gerechtfertigt ist die Befristung des Arbeitsvertrages auch dann, wenn der Arbeitnehmer vorübergehend bis zu dem Zeitpunkt beschäftigt werden soll, in dem ein **Auszubildender** seine **Berufsausbildung** erfolgreich **beendet** und der Arbeitgeber dessen Übernahme in ein Arbeitsverhältnis beabsichtigt. Nicht erforderlich ist, dass der Arbeitgeber dem Auszubildenden die Zusage bereits erteilt hat. Ausreichend ist vielmehr, dass der Arbeitgeber im Zeitpunkt des Vertragsabschlusses mit dem befristet eingestellten Arbeitnehmer nach seiner Personalplanung die Übernahme des Auszubildenden für den Fall eines normalen Ablaufs beabsichtigt und keine greifbaren Umstände entgegenstehen, die gegen die Übernahme des Auszubildenden sprechen. Denn Grund für die Befristung ist nicht die Erfüllung des Übernahmeanspruchs des Auszubildenden, sondern das eigene Interesse des Arbeitgebers, den Auszubildenden nach dessen Ausbildung tatsächlich einsetzen zu können.[2] 47

Strenger ist das BAG dagegen, wenn die Befristung der Überbrückung des Zeitraums bis zur **Beschäftigungsaufnahme durch einen unbefristet neu eingestellten Mitarbeiter** dienen soll. Hier lässt das Gericht die bloße Personalplanung nicht genügen, sondern es verlangt, dass sich der Arbeitgeber bereits im Zeitpunkt des befristeten Vertragsabschlusses gegenüber dem auf unbestimmte Zeit einzustellenden Arbeitnehmer vertraglich gebunden hat.[3] In ähnlicher Weise hat das Gericht entschieden, wenn der Arbeitgeber einem ausgeschiedenen Arbeitnehmer eine **Wiedereinstellungszusage** gemacht und für die Zwischenzeit einen Vertreter befristet eingestellt hatte: Hier sei die Befristung nur dann sachlich gerechtfertigt, wenn nach dem Inhalt der Wiedereinstellungszusage mit der Geltendmachung des Wiedereinstellungsanspruchs in absehbarer Zeit ernsthaft zu rechnen und die befristete Einstellung einer Ersatzkraft geeignet sei, eine Beschäftigungsmöglichkeit für den Fall der Wiedereinstellung des ausgeschiedenen Arbeitnehmers freizuhalten.[4] 48

Zur Rechtfertigung der Befristung ist ein **Kausalzusammenhang** erforderlich, aus dem sich ergibt, dass die befristete Einstellung gerade wegen des nur vorübergehenden Personalbedarfs erfolgt.[5] Eine solche kausale Beziehung besteht etwa, wenn bei Vertragsabschluss vorgesehen war, der Vertretungskraft Aufgaben zu übertragen, 49

---

1 Vgl. BAG v. 8.9.1983 – 2 AZR 438/82, AP Nr. 77 zu § 620 BGB Befristeter Arbeitsvertrag; v. 6.6.1984 – 7 AZR 458/82, AP Nr. 83 zu § 620 BGB Befristeter Arbeitsvertrag; v. 6.10. 2010 – 7 AZR 397/09, NZA 2011, 1155 (1158).
2 BAG v. 21.4.1993 – 7 AZR 388/92, AP Nr. 148 zu § 620 BGB Befristeter Arbeitsvertrag; v. 19.9.2001 – 7 AZR 333/00, NZA 2002, 696.
3 BAG v. 3.7.1970 – 2 AZR 380/69, AP Nr. 33 zu § 620 BGB Befristeter Arbeitsvertrag; v. 6.11.1996 – 7 AZR 909/95, AP Nr. 188 zu § 620 BGB Befristeter Arbeitsvertrag; v. 9.12. 2009 – 7 AZR 399/08, AP Nr. 67 zu § 14 TzBfG.
4 BAG v. 2.6.2010 – 7 AZR 136/09, AP Nr. 71 zu § 14 TzBfG.
5 BAG v. 26.3.1986 – 7 AZR 599/84, AP Nr. 103 zu § 620 BGB Befristeter Arbeitsvertrag; v. 21.4.1993 – 7 AZR 388/92, AP Nr. 148 zu § 620 BGB Befristeter Arbeitsvertrag; v. 21.2. 2001 – 7 AZR 200/00, AP Nr. 226 zu § 620 BGB Befristeter Arbeitsvertrag; v. 25.8.2004 – 7 AZR 32/04, NZA 2005, 472 (472 f.); v. 15.2.2006 – 7 AZR 232/05, AP Nr. 1 zu § 14 TzBfG Vertretung; v. 25.3.2009 – 7 AZR 34/08, NZA 2010, 34.

die auch vom Vertretenen vertraglich geschuldet waren.[1] Ob die Stammkraft diese tatsächlich ausgeführt hat, ist unerheblich, wenn der Arbeitgeber sie ihr im Rahmen seines Direktionsrechts (§ 106 GewO) hätte übertragen können.[2] Demgegenüber scheidet eine Vertretungsbefristung aus, wenn der Stammkraft die vom angeblichen Vertreter ausgeübten Tätigkeiten aus rechtlichen oder tatsächlichen Gründen gar nicht hätten übertragen werden können oder dürfen.[3] Teil des Sachgrundes der Vertretung ist eine **Prognose** des Arbeitgebers über den voraussichtlichen Wegfall des Vertretungsbedarfs.[4] Steht bereits bei Vertragsabschluss fest, dass die Stammkraft endgültig aus dem Arbeitsverhältnis ausscheidet, kann die Befristung nicht mehr auf den Sachgrund der Vertretung gestützt werden.[5]

50 Anerkannt ist in der Rechtsprechung des BAG auch die sog. **Abordnungsvertretung**: Ein Vertretungsbedarf infolge der Abordnung einer Stammkraft kann einen Sachgrund für die Befristung eines Arbeitsverhältnisses darstellen. Er setzt jedoch voraus, dass der befristet beschäftigte Arbeitnehmer unmittelbar für die anderweitig eingesetzte Stammkraft beschäftigt wird oder sich die Verbindung zum anderweitigen Einsatz durch eine Vertretungskette vermittelt. Anders als bei der Vertretung eines abwesenden Arbeitnehmers reicht es nicht aus, dass der Arbeitnehmer der abwesenden Stammkraft gedanklich in dem Sinne zugeordnet werden kann, dass die Stammkraft auch auf der Position des befristet beschäftigten Arbeitnehmers eingesetzt werden könnte und sich die gedankliche Zuordnung aufgrund einer Dokumentation – z.B. im Arbeitsvertrag – hinreichend feststellen lässt.[6]

(d) Eigenart der Arbeitsleistung (§ 14 Abs. 1 Satz 2 Nr. 4 TzBfG)

Typ 4: Vertragliche Fixierung des sachlichen Grundes

i) Frau/Herr ... wird ab dem ... für die Dauer von drei Jahren als Trainer der 1. Damenmannschaft des Vereins eingestellt. Während dieser Zeit gelten die gesetzlichen Kündigungsfristen.

51 Mit „Eigenart der Arbeitsleistung" hat der Gesetzgeber verschiedene andere anerkannte Befristungsgründe unter einem Oberbegriff zusammengefasst. Neben der **Rundfunkfreiheit**, die es den Rundfunkanstalten gestattet, programmgestaltende

---

1 BAG v. 6.6.1984 – 7 AZR 458/82, AP Nr. 83 zu § 620 BGB Befristeter Arbeitsvertrag.
2 BAG v. 20.1.2010 – 7 AZR 542/08, AP Nr. 68 zu § 14 TzBfG.
3 BAG v. 14.4.2010 – 7 AZR 121/09, NZA 2010, 942 (944); v. 12.1.2011 – 7 AZR 194/09, NZA 2011, 507 (508 f.).
4 BAG v. 6.12.2000 – 7 AZR 262/99, AP Nr. 22 zu 2 BAT SR 2y; v. 21.2.2001 – 7 AZR 200/00, AP Nr. 226 zu § 620 BGB Befristeter Arbeitsvertrag; v. 20.2.2002 – 7 AZR 600/00, AP Nr. 11 zu § 1 KSchG 1969 Wiedereinstellung.
5 BAG v. 5.6.2002 – 7 AZR 201/01, AP Nr. 235 zu § 620 BGB Befristeter Arbeitsvertrag.
6 BAG v. 16.1.2013 – 7 AZR 662/11, NZA 2013, 611 (613 f.); v. 10.7.2013 – 7 AZR 761/11, NZA 2014, 26 (28 f.); *Linsenmaier*, RdA 2012, 193 (199); zur erforderlichen Prognose in diesen Fällen BAG v. 16.1.2013 – 7 AZR 661/11, NZA 2013, 614 (616 f.); v. 10.7.2013 – 7 AZR 833/11, NZA 2013, 1292 (1294 f.).

Mitarbeiter lediglich für eine begrenzte Zeit zu beschäftigen,[1] lassen sich vor allem **Verschleißtatbestände**[2] bei Arbeitsverträgen mit Künstlern oder Sportlern hierunter subsumieren.

So ist angesichts des Abwechslungsbedürfnisses des Publikums z.B. die Befristung von **Arbeitsverträgen mit Bühnenkünstlern** weithin üblich und zulässig.[3] Ähnliches gilt für die Aufgabe, **Spitzensportler** oder besonders talentierte Nachwuchssportler zu betreuen, weil mit ihr die Gefahr verbunden ist, dass die Fähigkeit des Trainers zur weiteren Motivation der ihm anvertrauten Sportler regelmäßig nachlässt.[4] Dieser Umstand rechtfertigt es aber nur dann, kein Dauerarbeitsverhältnis zu begründen, wenn die Befristung überhaupt geeignet ist, einem derartigen Verschleiß vorzubeugen. Befinden sich z.B. die Sportler regelmäßig ohnehin nur für einen Zeitraum, der kürzer ist als die gewählte Befristungsdauer, in der Obhut des Trainers, fehlt es an der sachlichen Rechtfertigung der Befristung.[5] 52

(e) Erprobung (§ 14 Abs. 1 Satz 2 Nr. 5 TzBfG)

Typ 4: Vertragliche Fixierung des sachlichen Grundes

j) Das Probearbeitsverhältnis beginnt am ... und endet am ..., ohne dass es einer Kündigung bedarf, falls nicht vorher die Fortsetzung des Arbeitsverhältnisses vereinbart wird.

Beim Abschluss eines Arbeitsvertrages wollen sich die Parteien häufig nicht sofort endgültig binden, sondern zunächst im Rahmen eines **Probearbeitsverhältnisses (Typ 4a, 4j)** Klarheit darüber gewinnen, ob eine dauerhafte Zusammenarbeit sinnvoll erscheint. Bei der Festlegung einer Probezeit steht in der Regel das Interesse des Arbeitgebers an der Erprobung des Arbeitnehmers im Vordergrund. Regelmäßig ist der Arbeitgeber bei Neueinstellungen berechtigterweise daran interessiert, zu prüfen, ob der neue Arbeitnehmer für die ihm zugedachte Stellung dauerhaft geeignet erscheint und sich die Auflösung des Arbeitsverhältnisses zunächst zu erleichtern, wenn der Arbeitnehmer den an ihn gestellten Anforderungen nicht gerecht wird. 53

Aus diesem Grund ist, wenn der Arbeitgeber im Falle der Bewährung des Arbeitnehmers eine **längerfristige**, nur durch Kündigung zu beseitigende arbeitsvertragliche 54

---

1 BVerfG v. 13.1.1982 – 1 BvR 848/77 u.a., BVerfGE 59, 231 (257 ff.); v. 18.2.2000 – 1 BvR 491/93 u.a., NZA 2000, 653 (653 ff.); BAG v. 11.12.1991 – 7 AZR 128/91, AP Nr. 144 zu § 620 BGB Befristeter Arbeitsvertrag; v. 22.4.1998 – 5 AZR 342/97, AP Nr. 26 zu § 611 BGB Rundfunk; v. 26.7.2006 – 7 AZR 495/05, AP Nr. 25 zu § 14 TzBfG; v. 4.12.2013 – 7 AZR 457/12, NZA 2014, 1018 (1022 f.).
2 ErfK/*Müller-Glöge*, § 14 TzBfG Rz. 44.
3 BAG v. 18.4.1986 – 7 AZR 114/85, AP Nr. 27 zu § 611 BGB Bühnenengagementsvertrag; v. 23.10.1991 – 7 AZR 56/91, AP Nr. 45 zu § 611 BGB Bühnenengagementsvertrag; v. 26.8.1998 – 7 AZR 263/97, AP Nr. 53 zu § 611 BGB Bühnenengagementsvertrag.
4 BAG v. 29.10.1998 – 7 AZR 436/97, AP Nr. 14 zu § 611 BGB Berufssport.
5 BAG v. 15.4.1999 – 7 AZR 437/97, AP Nr. 1 zu § 13 AÜG.

Bindung beabsichtigt (aber nur dann!),[1] die Erprobung als sachlicher Grund gemäß § 14 Abs. 1 Satz 2 Nr. 5 TzBfG anerkannt.[2]

55 Zu unterscheiden ist das Probearbeitsverhältnis insbesondere von der **sechsmonatigen Wartezeit** des § 1 Abs. 1 KSchG und einer etwa **vertraglich vereinbarten Probezeit** zu Beginn eines unbefristeten Arbeitsverhältnisses. Da der unbefristete Arbeitsvertrag den Regelfall, der befristete die Ausnahme darstellt,[3] sind an die **Vertragsgestaltung** bei der Vereinbarung eines echten Probearbeitsverhältnisses **strenge Anforderungen** zu stellen. Die Parteien müssen bei der Festlegung der Probezeit klar, eindeutig und zweifelsfrei vereinbaren, dass das Arbeitsverhältnis durch sie befristet ist.[4] Keinesfalls begründet daher die Festlegung einer Probezeit allein bereits ein selbständiges befristetes Probearbeitsverhältnis. Vielmehr ist die Probezeit, wenn kein entgegengesetzter Wille der Vertragsparteien eindeutig hervortritt, nur als Beginn eines Arbeitsverhältnisses auf unbestimmte Zeit anzusehen. Denn aus dem Zweck der Erprobung ergibt sich, dass grundsätzlich das Arbeitsverhältnis fortgesetzt werden soll, wenn der Arbeitnehmer sich bewährt hat.[5]

56 **Erprobungszweck und Erprobungsdauer** müssen in einem angemessenen Verhältnis zueinander stehen. Die Rechtsprechung kontrolliert die zulässige Höchstdauer nach strengen Grundsätzen. Die Dauer der vereinbarten Probezeit muss dem Grundsatz der Verhältnismäßigkeit genügen, da der den Arbeitnehmer belastende Schwebezustand nicht über Gebühr ausgedehnt werden darf. Welche Zeitspanne angemessen und zur Erreichung des Probezweckes erforderlich ist, hängt von den Umständen des Einzelfalles ab.[6] In der Regel wird man eine Probezeit von **bis zu sechs Monaten** als rechtlich zulässig ansehen können.[7]

57 Eine **längere Probezeit** kann dann zulässig sein, wenn die Art der zu leistenden Arbeit (etwa bei wissenschaftlichen oder künstlerischen Tätigkeiten)[8] oder die Person des Arbeitnehmers (etwa Wiederaufnahme des erlernten Berufs nach langer Pause)[9] dies rechtfertigt; unter diesen Umständen kann auch eine zweite Probebefristung zulässig sein.[10] Auch die Branchenüblichkeit ist zu berücksichtigen. Sie entnimmt das BAG den entsprechenden Regelungen in den einschlägigen Tarifverträgen, weil die Tarifvertragsparteien aufgrund der besonderen Sachnähe und Fachkompetenz

---

1 BAG v. 15.3.1996 – 2 AZR 211/65, AP Nr. 28 zu § 620 BGB Befristeter Arbeitsvertrag; v. 12.9.1996 – 7 AZR 64/96, AP Nr. 183 zu § 620 BGB Befristeter Arbeitsvertrag; *Meinel/Heyn/Herms*, § 14 TzBfG Rz. 130.
2 BAG v. 2.8.1978 – 4 AZR 46/77, AP Nr. 1 zu § 55 MTL II; v. 31.8.1994 – 7 AZR 983/93, AP Nr. 163 zu § 620 BGB Befristeter Arbeitsvertrag.
3 BAG v. 10.12.1994 – 7 AZR 745/93, AP Nr. 165 zu § 620 BGB Befristeter Arbeitsvertrag.
4 BAG v. 16.4.2008 – 7 AZR 132/07, AP Nr. 10 zu § 305c BGB.
5 RAG v. 20.10.1937 – RAG 117/37, ARS 31, 177 (179); BAG v. 30.9.1981 – 7 AZR 789/78, AP Nr. 61 zu § 620 BGB Befristeter Arbeitsvertrag.
6 BAG v. 15.3.1966 – 2 AZR 211/65, AP Nr. 28 zu § 620 BGB Befristeter Arbeitsvertrag; v. 15.3.1978 – 5 AZR 831/76, AP Nr. 45 zu § 620 BGB Befristeter Arbeitsvertrag.
7 BAG v. 15.3.1978 – 5 AZR 831/76, AP Nr. 45 zu § 620 BGB Befristeter Arbeitsvertrag; v. 2.6.2010 – 7 AZR 85/09, NZA 2010, 1293; *Meinel/Heyn/Herms*, § 14 TzBfG Rz. 133.
8 BAG v. 15.3.1978 – 5 AZR 831/76, AP Nr. 45 zu § 620 BGB Befristeter Arbeitsvertrag; v. 7.5.1980 – 5 AZR 593/78, AP Nr. 36 zu § 611 BGB Abhängigkeit; v. 2.6.2010 – 7 AZR 85/09, NZA 2010, 1293.
9 BAG v. 13.12.1962 – 2 AZR 38/62, AP Nr. 24 zu § 620 BGB Befristeter Arbeitsvertrag.
10 BAG v. 12.9.1996 – 7 AZR 31/96, AP Nr. 27 zu § 611 BGB Musiker.

für ihren Bereich am besten beurteilen können, welche Probezeit für Arbeitnehmer in dem betroffenen Aufgabenbereich erforderlich ist.[1]

(f) In der Person des Arbeitnehmers liegende Gründe (§ 14 Abs. 1 Satz 2 Nr. 6 TzBfG)

Typ 4: Vertragliche Fixierung des sachlichen Grundes

k) Das Arbeitsverhältnis beginnt am ... Es endet auf Wunsch des Mitarbeiters am ..., damit der Mitarbeiter zum Jahresbeginn seine neue Stelle bei der Firma ... antreten kann.

l) Obwohl das Ergebnis der die Berufsausbildung abschließenden Prüfung die Übernahme von Frau/Herrn ... in ein Anstellungsverhältnis an sich nicht zulässt, eröffnet die Firma ihr/ihm aus sozialen Gründen durch eine befristete Anstellung vom ... bis zum ... die Möglichkeit, erste Erfahrungen im Berufsleben zu sammeln.

Unter dem Oberbegriff „in der Person des Arbeitnehmers liegende Gründe" werden diejenigen Fälle zusammengefasst, in denen die Befristung des Arbeitnehmers entweder auf seinem ausdrücklichen, frei gebildeten Willen beruht oder mit ihr ein sozialer Überbrückungszweck verfolgt wird.

Nach ständiger Rechtsprechung des BAG kann der ausdrückliche **Wunsch des Arbeitnehmers** die Befristung des Arbeitsverhältnisses rechtfertigen, wobei allerdings vorausgesetzt wird, dass der Arbeitnehmer bei Vertragsabschluss in seiner Entscheidungsfreiheit nicht beeinträchtigt gewesen ist.[2] Allein aus der Annahme eines Arbeitgeberangebotes auf Abschluss eines Zeitvertrages kann noch nicht geschlossen werden, dieser beruhe auf dem Wunsch des Arbeitnehmers. Vielmehr müssen zum Zeitpunkt des Vertragsabschlusses objektive Anhaltspunkte vorliegen, aus denen gefolgert werden kann, dass der Arbeitnehmer gerade an einer Befristung des Vertrages interessiert ist.[3]

Da in aller Regel arbeitgeberseitig **vorformulierte Arbeitsverträge** dem Vertragsschluss zugrunde liegen, ist die beiderseits ausgehandelte Vereinbarung, die eine frei gebildete Entscheidung voraussetzt, sicher die Ausnahme. Es muss nachweisbar sein, dass der Arbeitnehmer bei Abschluss des befristeten Arbeitsvertrages Gestaltungsfreiheit zur Wahrung eigener Interessen mit der realen Möglichkeit hatte, die inhaltliche Gestaltung der Vertragsbedingungen zu beeinflussen.[4] Diesen Aus-

---

1 BAG v. 15.3.1978 – 5 AZR 831/76, AP Nr. 45 zu § 620 BGB Befristeter Arbeitsvertrag; v. 7.8.1980 – 2 AZR 563/78, AP Nr. 15 zu § 620 BGB Probearbeitsverhältnis; v. 15.8.1984 – 7 AZR 228/82, AP Nr. 8 zu § 1 KSchG 1969.
2 BAG v. 12.8.1976 – 3 AZR 502/75, AP Nr. 42 zu § 620 BGB Befristeter Arbeitsvertrag; v. 13.5.1982 – 2 AZR 87/80, AP Nr. 68 zu § 620 BGB Befristeter Arbeitsvertrag; v. 5.6.2002 – 7 AZR 241/01, AP Nr. 13 zu § 1 BeschFG 1996; v. 19.1.2005 – 7 AZR 115/04, AP Nr. 260 zu § 620 BGB Befristeter Arbeitsvertrag.
3 BAG v. 26.4.1985 – 7 AZR 316/84, AP Nr. 91 zu § 620 BGB Befristeter Arbeitsvertrag; v. 19.1.2005 – 7 AZR 115/04, AP Nr. 260 zu § 620 BGB Befristeter Arbeitsvertrag.
4 BAG v. 25.5.2005 – 5 AZR 572/04, AP Nr. 1 zu § 310 BGB; v. 27.7.2005 – 7 AZR 486/04, AP Nr. 6 zu § 307 BGB; v. 6.9.2007 – 2 AZR 722/06, AP Nr. 62 zu § 4 KSchG 1969.

nahmefall müsste der Arbeitgeber substantiiert darlegen und beweisen; hilfreich kann in diesen Fällen die ausdrückliche **Aufnahme des Befristungsgrundes in den Vertragstext der Urkunde** sein (**Typ 4k**).

61 Nicht ausreichend ist es jedenfalls, dass mit der Befristung lediglich pauschal den sich **wechselnden Erfordernissen** einer anderweitigen Tätigkeit des Arbeitnehmers (insbesondere **Studium**) entsprochen werden soll. Wird diesem Interesse nämlich z.B. bereits durch eine entsprechend flexible Ausgestaltung des Arbeitsverhältnisses (Arbeitszeit usw.) Rechnung getragen, so ist eine zusätzliche Befristung nicht mehr erforderlich und daher unwirksam.[1]

62 Schließlich erkennt die Rechtsprechung auch **soziale Belange des Arbeitnehmers** als Befristungsgrund an, insbesondere, wenn dem Arbeitnehmer dadurch bei der Überwindung von Übergangsschwierigkeiten, etwa nach Abschluss einer Ausbildung, geholfen werden soll.[2] Voraussetzung ist, dass die sozialen Belange des Arbeitnehmers und nicht die Interessen des Betriebes für den Abschluss des Arbeitsvertrages ausschlaggebend gewesen sind.[3] In diesem Falle werden also Befristungen des Arbeitsverhältnisses im Interesse des Arbeitnehmers auch dann zugelassen, wenn dessen eigener Wunsch eher ein unbefristetes Arbeitsverhältnis wäre (**Typ 4l**; im konkreten Beispielsfall wird die Befristung u.U. auch von § 14 Abs. 1 Satz 2 Nr. 2 TzBfG getragen).

63 Um zu vermeiden, dass vorgeblich soziale Erwägungen des Arbeitgebers zum Vorwand für den Abschluss befristeter Arbeitsverträge genommen werden, muss zur Wirksamkeit der Befristung der soziale Zweck, dem Arbeitnehmer den Übergang in das Berufsleben zu erleichtern und ihn vor sofortiger Arbeitslosigkeit zu bewahren, der **ausschlaggebende Beweggrund** des Arbeitgebers für den Vertragsabschluss sein, ohne den es nicht zur Einstellung des Arbeitnehmers gekommen wäre.[4]

(g) Befristete Haushaltsmittel (§ 14 Abs. 1 Satz 2 Nr. 7 TzBfG)

64 Der Befristungsgrund der nur befristet zur Verfügung stehenden Haushaltsmittel ist für die Privatwirtschaft ohne Belang und wird daher an dieser Stelle nicht weiter erläutert.

---

1 BAG v. 29.10.1998 – 7 AZR 561/97, AP Nr. 206 zu § 620 BGB Befristeter Arbeitsvertrag; großzügiger noch BAG v. 4.4.1990 – 7 AZR 259/89, AP Nr. 136 zu § 620 BGB Befristeter Arbeitsvertrag.
2 BAG v. 3.10.1984 – 7 AZR 132/83, AP Nr. 88 zu § 620 BGB Befristeter Arbeitsvertrag; v. 26.4.1985 – 7 AZR 316/84, AP Nr. 91 zu § 620 BGB Befristeter Arbeitsvertrag; v. 31.8.1994 – 7 AZR 983/93, AP Nr. 163 zu § 620 BGB Befristeter Arbeitsvertrag.
3 BAG v. 3.10.1984 – 7 AZR 132/83, AP Nr. 88 zu § 620 BGB Befristeter Arbeitsvertrag; v. 7.7.1999 – 7 AZR 232/98, AP Nr. 211 zu § 620 BGB Befristeter Arbeitsvertrag; v. 5.6.2002 – 7 AZR 241/01, AP Nr. 13 zu § 1 BeschFG 1996; v. 21.1.2009 – 7 AZR 630/07, AP Nr. 57 zu § 14 TzBfG.
4 BAG v. 24.8.2011 – 7 AZR 368/10, AP Nr. 85 zu § 14 TzBfG.

(h) Gerichtlicher Vergleich (§ 14 Abs. 1 Satz 2 Nr. 8 TzBfG)

Typ 4: Vertragliche Fixierung des sachlichen Grundes

m) Die Parteien sind sich darüber einig, dass zwischen ihnen ein Arbeitsverhältnis besteht. Dieses wird bis zum ... befristet fortgesetzt und endet dann, ohne dass es einer Kündigung bedarf.

Als sachlich gerechtfertigt hat die Rechtsprechung die Befristung eines Vertrages im Rahmen eines **gerichtlichen Vergleichs** angesehen.[1] Dieser nämlich setzt gemäß § 779 BGB ein gegenseitiges Nachgeben beider Vertragsparteien voraus. Dieses ist dann der sachliche Grund, der die Annahme einer gestörten Vertragsparität ausschließt.[2] „Gerichtlicher Vergleich" in diesem Sinne ist jedoch nur derjenige, der entweder in der Güte- oder mündlichen Verhandlung oder außerhalb dieser *auf Vorschlag des Gerichts* nach § 278 Abs. 6 Satz 1 Alt. 2 ZPO abgeschlossen worden ist; nicht dagegen derjenige, den die Parteien dem Gericht übereinstimmend nach § 278 Abs. 6 Satz 1 Alt. 1 ZPO unterbreitet haben.[3] Vorauszusetzen ist ferner, dass der Bestand oder die Beendigung des Arbeitsverhältnisses **Streitgegenstand** des Prozesses war, der durch den Vergleich beendet wurde.[4] Ein gerichtlicher Vergleich anlässlich einer andersartigen Auseinandersetzung – etwa um Urlaubs- oder Teilzeitansprüche des Arbeitnehmers – genießt das Privileg des § 14 Abs. 1 Nr. 8 TzBfG nicht. 65

In Übereinstimmung mit der Rechtsprechung des BAG zum früheren § 620 BGB überträgt § 14 Abs. 1 Satz 2 Nr. 8 TzBfG diese Regeln jedoch nicht auf **außergerichtliche Vergleiche**. Häufig nämlich geht der Arbeitnehmer auf das Befristungsangebot des Arbeitgebers ein, weil er so eher die Möglichkeit zum Erhalt seines Arbeitsplatzes sieht als beim Begehren eines unbefristeten Arbeitsverhältnisses. Jedenfalls in Fällen, in denen der Arbeitgeber dem Arbeitnehmer zu erkennen gegeben hat, dass er zu einer unbefristeten Fortsetzung des Arbeitsverhältnisses nicht bereit ist und der Arbeitnehmer daher befürchten muss, er könne bei Ablehnung der angebotenen Befristung seinen Arbeitsplatz früher verlieren als bei der Annahme des Angebots, muss die gewöhnliche arbeitsgerichtliche Befristungskontrolle einsetzen.[5] Die Befristung ist dann nur gerechtfertigt, wenn für sie ein (anderer) sachlicher Grund besteht. 66

---

1 BAG v. 18.12.1979 – 2 AZR 129/78, AP Nr. 51 zu § 620 BGB Befristeter Arbeitsvertrag; v. 2.12.1998 – 7 AZR 644/97, AP Nr. 4 zu § 57a HRG; *Linsenmaier*, RdA 2012, 193 (201 f.); zu einem „inszenierten Vergleich" *Gravenhorst*, NZA 2008, 803 (805 f.).
2 BAG v. 22.2.1984 – 7 AZR 435/82, AP Nr. 80 zu § 620 BGB Befristeter Arbeitsvertrag.
3 BAG v. 15.2.2012 – 7 AZR 734/10, NZA 2012, 919 (921 f.); *Linsenmaier*, RdA 2012, 193 (201 f.).
4 BAG v. 26.4.2006 – 7 AZR 366/05, AP Nr. 1 zu § 14 TzBfG Vergleich; v. 15.2.2012 – 7 AZR 734/10, NZA 2012, 919 (921).
5 BAG v. 24.1.1996 – 7 AZR 496/95, AP Nr. 179 zu § 620 BGB Befristeter Arbeitsvertrag; v. 28.1.1998 – 7 AZR 656/96, AP Nr. 1 zu § 48 HRG; v. 8.7.1998 – 7 AZR 245/97, AP Nr. 201 zu § 620 BGB Befristeter Arbeitsvertrag; anders noch BAG v. 4.3.1980 – 6 AZR 323/78, AP Nr. 53 zu § 620 BGB Befristeter Arbeitsvertrag; v. 22.2.1984 – 7 AZR 435/82, AP Nr. 80 zu § 620 BGB Befristeter Arbeitsvertrag; offen gelassen jetzt von BAG v. 23.1.2002 – 7 AZR 552/00, NZA 2002, 759; v. 22.10.2003 – 7 AZR 666/02, AP Nr. 255 zu § 620 BGB Befristeter Arbeitsvertrag.

67 Dementsprechend bedarf auch die **nachträgliche Befristung** eines zunächst unbefristeten Arbeitsvertrages eines sachlichen Grundes.[1] Kommt es nicht zu einer einvernehmlichen Befristung des unbefristeten Arbeitsvertrages (wobei die rechtsgeschäftliche Zustimmung des Arbeitnehmers ihm nicht die Möglichkeit der gerichtlichen Kontrolle abschneidet), kann der Arbeitgeber die nachträgliche Befristung mittels Änderungskündigung durchsetzen.[2] Im Rahmen der nach Maßgabe der §§ 2, 4 KSchG zu prüfenden sozialen Rechtfertigung der Änderungskündigung ist inzident die sachliche Berechtigung der Befristung zu untersuchen. Eine Änderungskündigung, die auf die Vereinbarung unwirksamer Vertragsbedingungen abzielt, ist sozial nicht gerechtfertigt.[3] Zweifelhaft ist dagegen die Auffassung des BAG, dass auch ein **Aufhebungsvertrag**, der das Arbeitsverhältnis mit einer deutlich längeren als der einschlägigen Kündigungsfrist beendet, der Befristungskontrolle unterliegt (→ *Aufhebungsvertrag*, II A 100 Rz. 78 ff.).

(7) **Weitere sachliche Gründe**

68 Die ganz h.M. geht zu Recht davon aus, dass auch über die in § 14 Abs. 1 Satz 2 TzBfG genannten Sachgründe hinaus weitere Gründe existieren, die die Befristung des Arbeitsvertrages sachlich rechtfertigen können.[4] So hat das BAG z.B. die Befristung des Arbeitsverhältnisses mit einem Betriebsratsmitglied nach der regulären Beendigung seines Arbeitsverhältnisses bis zum Ablauf der Wahlperiode gebilligt, wenn der Arbeitgeber damit die Kontinuität der Betriebsratsarbeit gewährleisten wollte.[5] Wegen der einseitig zugunsten des Arbeitnehmers zwingenden Wirkung des § 14 TzBfG (vgl. § 22 TzBfG) ist es auch den Tarifvertragsparteien jedoch nicht gestattet, eigenständige Befristungsgründe zu kreieren.[6]

Typ 4: Vertragliche Fixierung des sachlichen Grundes

n) Das Arbeitsverhältnis endet mit Ablauf des Monats, in dem der Mitarbeiter die Regelaltersgrenze der gesetzlichen Rentenversicherung erreicht. Zuvor kann es von beiden Seiten jederzeit ordentlich gekündigt werden.

69 In Arbeitsverträgen häufig enthalten sind Regelungen, die das Ende des Arbeitsverhältnisses für den Fall bestimmen, dass der Arbeitnehmer eine bestimmte **Alters-**

---

1 BAG v. 24.1.1996 – 7 AZR 496/95, AP Nr. 179 zu § 620 BGB Befristeter Arbeitsvertrag; v. 30.1.1997 – 6 AZR 847/95, AP Nr. 16 zu § 4 TVG Rationalisierungsschutz; v. 26.8.1998 – 7 AZR 349/97, AP Nr. 203 zu § 620 BGB Befristeter Arbeitsvertrag.
2 BAG v. 25.4.1996 – 2 AZR 609/95, AP Nr. 78 zu § 1 KSchG 1969 Betriebsbedingte Kündigung.
3 BAG v. 25.4.1996 – 2 AZR 609/95, AP Nr. 78 zu § 1 KSchG 1969 Betriebsbedingte Kündigung; v. 20.11.1997 – 2 AZR 631/96, AP Nr. 1 zu § 18 GVG; v. 10.2.1999 – 2 AZR 422/98, AP Nr. 52 zu § 2 KSchG 1969.
4 BT-Drucks. 14/4374, S. 18; BAG v. 16.3.2005 – 7 AZR 289/04, AP Nr. 16 zu § 14 TzBfG; v. 22.4.2009 – 7 AZR 96/08, AP Nr. 60 zu § 14 TzBfG; v. 9.12.2009 – 7 AZR 399/08, AP Nr. 67 zu § 14 TzBfG; v. 2.6.2010 – 7 AZR 136/09, AP Nr. 71 zu § 14 TzBfG; *Däubler*, ZIP 2001, 217 (223); *Kliemt*, NZA 2001, 297 (299); *Linsenmaier*, RdA 2012, 193 (197f.); *Richardi/Annuß*, BB 2000, 2201 (2204f.).
5 BAG v. 23.1.2002 – 7 AZR 611/00, AP Nr. 230 zu § 611 BGB Befristeter Arbeitsvertrag.
6 BAG v. 9.12.2009 – 7 AZR 399/08, AP Nr. 67 zu § 14 TzBfG.

grenze erreicht. Dabei wird zumeist auf den Zeitpunkt der Erreichung der Regelaltersgrenze der gesetzlichen Rentenversicherung abgestellt (§§ 35, 235 SGB VI). Derartige Vereinbarungen sind grundsätzlich zulässig. Zu weiteren Einzelheiten → *Altersgrenze*, II A 20.

(8) Nichtverlängerungsanzeige

Obgleich das befristete Arbeitsverhältnis mit Zeitablauf von selbst endet, wird im Arbeitsvertrag häufig vorgesehen, dass der Arbeitgeber bis spätestens zu einem bestimmten Zeitpunkt vor Ablauf des Arbeitsverhältnisses ankündigen muss, ob im Anschluss an den Zeitvertrag ein Arbeitsverhältnis auf unbestimmte Zeit geschlossen werden wird.[1] 70

Eine **einseitige Verlängerungsanzeige zur befristeten Fortsetzung** des Arbeitsverhältnisses nach dem folgenden Beispiel ist nicht möglich. Da der ursprüngliche Arbeitsvertrag befristet abgeschlossen war, stellt eine solche Erklärung rechtlich nämlich das Angebot zum Abschluss eines neuen (befristeten) Arbeitsvertrages dar, das der Arbeitnehmer – ggf. konkludent durch Weiterarbeit – annehmen kann. Da § 14 Abs. 4 TzBfG für befristete Arbeitsverträge die Schriftform vorschreibt und gemäß § 126 Abs. 2 Satz 1 BGB damit **beide Willenserklärungen schriftlich** abgegeben werden müssen, führt eine nur einseitige Nichtverlängerungsanzeige (im Falle ihrer Annahme durch den anderen Teil) stets in ein unbefristetes Arbeitsverhältnis.[2] 71

⊃ **Nicht geeignet:**
   Wir bieten Ihnen an, das Arbeitsverhältnis über den ... hinaus für zwei weitere Monate fortzusetzen.

Nach wie vor möglich ist es aber, dem Vertragspartner eine Nichtverlängerungsanzeige für den Fall zuzusagen, dass keine **unbefristete Fortsetzung** des Arbeitsverhältnisses stattfindet. Namentlich bei Probearbeitsverhältnissen sind Vereinbarungen wie der nachfolgende **Typ 5a** häufig anzutreffen: 72

Typ 5: Versprechen einer Nichtverlängerungsanzeige

a) Das Arbeitsverhältnis beginnt am ... und endet am ... Über die Übernahme in ein unbefristetes Arbeitsverhältnis bzw. die Nichtübernahme wird der Mitarbeiter zwei Wochen vor Vertragsablauf unterrichtet.
b) Die Vertragsparteien teilen sich wechselseitig 14 Tage vor Ablauf der Befristungsdauer mit, ob sie an einer Weiterbeschäftigung interessiert sind.

Vertraglich kann auch dem **Arbeitnehmer** eine Mitteilungspflicht auferlegt werden. Dies kann sich wegen arbeitgeberseits zu treffender Personaldispositionen insbesondere dann empfehlen, wenn das Arbeitsverhältnis auf Wunsch des Mitarbeiters nur befristet abgeschlossen worden ist und der Arbeitgeber nicht sicher sein 73

---

1 Zu tarifvertraglichen Regelungen dieser Art BAG v. 26.8.1998 – 7 AZR 263/97, AP Nr. 53 zu § 611 BGB Bühnenengagementsvertrag.
2 *Preis/Gotthardt*, NZA 2000, 348 (357 f.); *Richardi*, NZA 2001, 57 (62); *Rolfs*, NJW 2000, 1227 (1228); **a.A.** *Caspers*, RdA 2001, 28 (35 f.).

kann, ob der Arbeitnehmer auch an einer dauerhaften Beschäftigung interessiert ist. Aber auch sonst kann der Mitarbeiter zwischenzeitlich eine andere Arbeitsstelle gefunden haben, ohne dies dem Arbeitgeber mitzuteilen, so dass dieser sich u.U. vor der Schwierigkeit sieht, kurzfristig eine Ersatzkraft suchen zu müssen. Um Derartiges zu vermeiden, empfehlen sich Vereinbarungen vom **Typ 5b**, die die Nichtverlängerungsanzeige beiden Vertragsparteien auferlegen.

74 In der Mitteilung, ein befristet abgeschlossener Arbeitsvertrag solle nicht verlängert werden, liegt **keine Kündigung**.[1] Dementsprechend löst die Nichtverlängerungsanzeige allein die Klagefrist des § 17 Satz 1 TzBfG nicht aus, zumal noch die Möglichkeit besteht, dass das Arbeitsverhältnis gemäß § 15 Abs. 5 TzBfG unbefristet fortgesetzt wird. Die Klagefrist wird erst mit dem Ablauf des Tages der vorgesehenen Beendigung in Gang gesetzt. Die Frist gilt nicht, wenn lediglich darüber Streit besteht, ob überhaupt eine Befristung vereinbart wurde.[2]

75 **Verstößt eine Vertragspartei gegen die Anzeigepflicht**, ändert dies nichts an der Beendigung des Arbeitsverhältnisses, führt also nicht zum Zustandekommen eines unbefristeten Arbeitsvertrages oder eines Anspruchs auf Weiterbeschäftigung. Der die Anzeige vertragswidrig Unterlassende ist lediglich wegen Pflichtverletzung (§ 280 Abs. 1 BGB) zum Ersatz des Vertrauensschadens verpflichtet, den der andere Teil dadurch erleidet, dass ihm durch die verspätete Mitteilung ein Vermögensnachteil entstanden ist.[3]

bb) Befristungen ohne sachlichen Grund (§ 14 Abs. 2, 2a TzBfG)

(1) Zulässigkeit der Befristung

Typ 6: Befristung ohne sachlichen Grund

a) Frau/Herr ... wird mit Wirkung vom ... für die Dauer von fünfzehn Monaten befristet nach § 14 Abs. 2 TzBfG eingestellt.
b) Das Arbeitsverhältnis beginnt am ... und endet am ...

76 Nach § 14 Abs. 2 TzBfG ist es zulässig, einen Arbeitsvertrag **bis zur Dauer von zwei Jahren** zu befristen. Bis zur Gesamtdauer von zwei Jahren ist auch die höchstens dreimalige Verlängerung eines befristeten Arbeitsvertrages zulässig. Dies ist mit Unions- und Verfassungsrecht vereinbar.[4] Für **neu gegründete Unternehmen** verlängert § 14 Abs. 2a TzBfG[5] die höchstzulässige Befristungsdauer. Danach ist – vorbehaltlich einer abweichenden tariflichen Regelung (§ 14 Abs. 2a Satz 4 i.V.m. Abs. 2 Satz 3 TzBfG) – in den ersten vier Jahren nach der Gründung eines Unternehmens die kalendermäßige Befristung eines Arbeitsvertrages ohne Vorliegen eines sachlichen Grundes bis zur Dauer von **vier Jahren zulässig**; bis zu dieser Gesamtdauer von vier Jahren ist auch die mehrfache (nicht nur dreimalige) Verlängerung

---

1 BAG v. 23.10.1991 – 7 AZR 56/91, AP Nr. 45 zu § 611 BGB Bühnenengagementsvertrag.
2 LAG Düsseldorf v. 1.3.2002 – 18 Sa 860/01, DB 2002, 1892.
3 BAG v. 8.3.1962 – 2 AZR 497/61, AP Nr. 22 zu § 620 BGB Befristeter Arbeitsvertrag.
4 BAG v. 22.1.2014 – 7 AZR 243/12, NZA 2014, 483 (485 f.); v. 19.3.2014 – 7 AZR 828/12, NZA-RR 2014, 462 (464 f.); v. 19.3.2014 – 7 AZR 527/12, NZA 2014, 840 (841 f.).
5 Art. 2 des Gesetzes zu Reformen am Arbeitsmarkt vom 24.12.2003, BGBl. I, S. 3002.

eines kalendermäßig befristeten Arbeitsvertrages zulässig. Dies gilt nicht für Neugründungen im Zusammenhang mit der rechtlichen Umstrukturierung von Unternehmen und Konzernen. Nach der amtlichen Begründung soll es für die Berechnung der Vierjahresfrist nach Gründung nicht auf den Abschluss des Arbeitsvertrages, sondern den Zeitpunkt der vereinbarten Arbeitsaufnahme ankommen.[1]

Lange Zeit herrschte die Auffassung vor, eine sachgrundlose Befristung nach § 14 Abs. 2 TzBfG sei im Hinblick auf Satz 2 dieser Vorschrift nur zulässig, wenn der Arbeitnehmer mit dem Arbeitgeber **niemals zuvor** in einem Arbeitsverhältnis gestanden habe, gleichgültig, ob dieses befristet oder unbefristet war. Selbst wenn zwischen beiden Arbeitsverhältnissen mehrere Jahre lagen, in denen der Arbeitnehmer einer völlig anderen Beschäftigung bei einem anderen Arbeitgeber nachgegangen war, griff das Befristungsverbot.[2] Die gegenteilige Auffassung von *Löwisch*[3] und *Bauer*[4] konnte sich angesichts der Entstehungsgeschichte des Gesetzes zunächst nicht durchsetzen.[5] Etwas überraschend hat der Siebte Senat des **BAG** sich im Urteil vom 6.4.2011 **von seiner Auffassung verabschiedet**. Nunmehr soll eine „Zuvor-Beschäftigung" im Sinne dieser Vorschrift nicht mehr vorliegen, wenn ein **früheres Arbeitsverhältnis mehr als drei Jahre zurückliegt**. Das ergebe die an ihrem Sinn und Zweck orientierte, verfassungskonforme Auslegung der gesetzlichen Regelung. Bei zu strikter Interpretation des Begriffs „zuvor" könne § 14 Abs. 2 Satz 2 TzBfG zu einem Einstellungshindernis werden. Seine Anwendung sei daher nur insoweit gerechtfertigt, als dies zur Verhinderung von Befristungsketten erforderlich ist. Das sei bei mehr als drei Jahre zurückliegenden früheren Beschäftigungen typischerweise nicht mehr der Fall.[6]

Die vorgenannte Rechtsprechung findet auch auf Befristungen in neu gegründeten Unternehmen Anwendung, da § 14 Abs. 2a Satz 4 TzBfG die entsprechende Geltung von § 14 Abs. 2 Satz 2 TzBfG anordnet. Obwohl eine schädliche Vorbeschäftigung bei neu gegründeten Unternehmen nur recht selten in Betracht kommt, sollte berücksichtigt werden, dass § 14 Abs. 2 Satz 2 TzBfG auf den „Arbeitgeber" abstellt und daher eine Vorbeschäftigung möglich ist, wenn der frühere Arbeitgeber eines Arbeitnehmers ein neues Unternehmen gründet.[7]

Durch die dreijährige Frist beschränkt sind aber nur sachgrundlose Befristungen mit Arbeitnehmern, die zuvor in einem Arbeitsverhältnis gestanden haben. Beschäftigungen aufgrund eines **sonstigen Rechtsverhältnisses** – z.B. als **Auszubildender**,[8]

---

1 BT-Drucks. 15/1204, S. 14.
2 BAG v. 6.11.2003 – 2 AZR 690/02, AP Nr. 7 zu § 14 TzBfG; v. 29.7.2009 – 7 AZN 368/09, ZTR 2009, 544; *Däubler*, ZIP 2001, 217 (224); *Hromadka*, NJW 2000, 400 (404); *Kliemt*, NZA 2001, 296 (299f.); *Richardi/Annuß*, BB 2000, 2201 (2204).
3 *Löwisch*, BB 2001, 254 (254f.).
4 *Bauer*, NZA 2011, 241 (243).
5 Vgl. LAG Düsseldorf v. 11.1.2002 – 9 Sa 1612/01, LAGE § 14 TzBfG Nr. 2; LAG Rh.-Pf. v. 12.4.2002 – 3 Sa 1469/01, NZA 2002, 1037 (1038); APS/*Backhaus*, § 14 TzBfG Rz. 381; *Backhaus*, NZA Beilage 2001, 8 (11); *Kliemt*, NZA 2001, 296 (300); *Osnabrügge*, NZA 2003, 639 (642).
6 BAG v. 6.4.2011 – 7 AZR 716/09, NZA 2011, 905 (906ff.); v. 21.9.2011 – 7 AZR 375/10, NZA 2012, 255 (257ff.); dazu *Linsenmaier*, RdA 2012, 193 (204f.) und sehr differenziert *Höpfner*, NZA 2011, 893ff.
7 Vgl. *Preis*, DB 2004, 70 (79).
8 BAG v. 21.9.2011 – 7 AZR 375/10, NZA 2012, 255 (256f.); LAG Nds. v. 4.7.2003 – 16 Sa 103/03, LAGReport 2003, 292; *Jörchel*, NZA 2012, 1065 (1066f.).

freier Mitarbeiter, Leiharbeitnehmer,[1] Praktikant[2] etc. – sind unschädlich.[3] Zweifelhaft ist demgegenüber, ob eine sachgrundlose Befristung auch mit einem zuvor aufgrund eines **Umschulungsvertrages** Beschäftigten vereinbart werden kann. Zwar hat das BAG die entsprechende Frage unter der Geltung des § 1 BeschFG 1985 bejaht,[4] doch weicht der Normtext des § 14 Abs. 2 TzBfG insoweit wesentlich von dem des § 1 BeschFG 1985 ab. Da das BAG bislang ausdrücklich offen gelassen hat, ob es sich bei einem Umschulungsverhältnis um ein Arbeitsverhältnis handelt,[5] muss insoweit von einer sachgrundlosen Befristung abgeraten werden.

80 **Mit demselben Arbeitgeber** hat der Arbeitnehmer zuvor bereits in einem Arbeitsverhältnis gestanden, wenn er bei derselben natürlichen oder juristischen Person beschäftigt war.[6] Das ist nicht der Fall, wenn er im Anschluss an ein Arbeitsverhältnis mit einer GbR von einem der Gesellschafter beschäftigt wird[7] oder wenn er für ein Unternehmen tätig war, das später mit anderen Unternehmen auf einen neuen Rechtsträger verschmolzen worden ist (§ 20 Abs. 1 Nr. 1 UmwG), und er nunmehr bei diesem neuen Rechtsträger eine befristete Anstellung gefunden hat.[8] Sachgrundlose Befristungen nach § 14 Abs. 2 TzBfG sind unzulässig, wenn die innerhalb der letzten drei Jahre ausgeübte Tätigkeit in einem anderen Betrieb desselben Unternehmens verrichtet worden war. Dagegen steht die Beschäftigung in einem anderen Unternehmen desselben Konzerns der Befristung nicht entgegen.[9] Gestattet ist auch die erstmalige Einstellung durch eine Zeitarbeitsfirma, die den Arbeitnehmer sodann an seinen ehemaligen Vertragsarbeitgeber, bei der er zuvor ebenfalls sachgrundlos befristet beschäftigt war, verleiht.[10] Ebenso kann umgekehrt der Entleiher einen zuvor als Leiharbeitnehmer bei ihm tätigen Arbeitnehmer befristet einstellen, ohne dafür eines sachlichen Grundes zu bedürfen.[11]

81 Im Einzelfall kann die sachgrundlose Befristung allerdings **rechtsmissbräuchlich** sein (§ 242 BGB), wenn der Arbeitnehmer mehrfach zwischen verschiedenen Vertragsarbeitgebern „hin- und hergeschoben", dabei aber durchgängig auf demselben Arbeitsplatz eingesetzt wird.[12]

---

1 LAG Nds. v. 29.1.2003 – 10 SHa 18/02, NZA-RR 2003, 624 (625).
2 BAG v. 19.10.2005 – 7 AZR 31/05, AP Nr. 19 zu § 14 TzBfG.
3 *Meinel/Heyn/Herms*, § 14 TzBfG Rz. 201 ff.
4 BAG v. 28.6.1996 – 7 AZR 884/95, AP Nr. 20 zu § 1 BeschFG 1985.
5 BAG v. 21.5.1997 – 5 AZB 30/96, AP Nr. 32 zu § 5 ArbGG 1979.
6 BAG v. 25.4.2001 – 7 AZR 376/00, AP Nr. 10 zu § 1 BeschFG 1996; v. 16.7.2008 – 7 AZR 278/07, AP Nr. 51 zu § 14 TzBfG; v. 4.12.2013 – 7 AZR 290/12, NZA 2014, 426 (428); v. 19.3.2014 – 7 AZR 527/12, NZA 2014, 840 (841).
7 BAG v. 25.4.2001 – 7 AZR 376/00, AP Nr. 10 zu § 1 BeschFG 1996; *Osnabrügge*, NZA 2003, 639 (641).
8 BAG v. 10.11.2004 – 7 AZR 101/04, AP Nr. 14 zu § 14 TzBfG.
9 Vgl. KR/*Lipke*, § 14 TzBfG Rz. 425; *Löwisch*, BB 1985, 1200 (1200); *Meinel/Heyn/Herms*, § 14 TzBfG Rz. 207; Staudinger/*Preis*, § 620 BGB Rz. 189.
10 BAG v. 18.10.2006 – 7 AZR 145/06, AP Nr. 4 zu § 14 TzBfG Verlängerung; dazu *Düwell/Dahl*, NZA 2007, 889 (891 f.).
11 BAG v. 9.3.2011 – 7 AZR 657/09, NZA 2011, 1147 (1149); v. 18.7.2012 – 7 AZR 451/11, NZA 2012, 1369 (1370).
12 Vgl. BAG v. 15.5.2013 – 7 AZR 525/11, NZA 2013, 1214 (1215 ff.); ferner – Rechtsmissbrauch im konkreten Fall allerdings verneinend – BAG v. 9.3.2011 – 7 AZR 657/09, NZA 2011, 1147 (1149 f.); v. 22.1.2014 – 7 AZR 243/12, NZA 2014, 483 (484) sowie – für weitere Feststellungen zurückverweisend – BAG v. 4.12.2013 – 7 AZR 290/12, NZA 2014, 426 (429 f.); v. 19.3.2014 – 7 AZR 527/12, NZA 2014, 840 (842 f.).

Um ungewollte unwirksame Befristungen zu vermeiden, ist der Arbeitgeber berechtigt, den Arbeitnehmer bei der Einstellung **zu fragen**, ob er bereits für sein Unternehmen tätig geworden ist.[1] Allerdings berechtigt nur eine wissentlich falsche Antwort des Arbeitnehmers den Arbeitgeber gemäß § 123 BGB zur **Anfechtung** des Arbeitsvertrages wegen arglistiger Täuschung.[2] Bei einem beiderseitigen unwissentlichen Irrtum scheidet eine Anfechtung dagegen aus, weil die Vorbeschäftigung keine für die berufliche oder arbeitsplatzspezifische Eignung des Arbeitnehmers verkehrswesentliche „Eigenschaft" und § 119 Abs. 2 BGB daher nicht einschlägig ist.[3]

82

Der **Text des Arbeitsvertrages** kann auf § 14 Abs. 2 TzBfG als Rechtsgrundlage hinweisen (**Typ 6a**), er muss es aber nicht (**Typ 6b;** zu den Vor- und Nachteilen der Nennung des Befristungsgrundes vgl. Rz. 27f., Rz. 180f.), es sei denn, dass ein einschlägiger Tarifvertrag ein Zitiergebot enthält.[4] Die Zulässigkeit der sachgrundlosen Befristung setzt keine Vereinbarung der Parteien voraus, die Befristung auf diese Rechtsgrundlage stützen zu wollen. Ausreichend ist, dass die Voraussetzungen für die Zulässigkeit der Befristung nach § 14 Abs. 2 TzBfG bei Vertragsschluss objektiv vorlagen.[5] Eine Nennung von § 14 Abs. 2 TzBfG im Arbeitsvertrag hindert den Arbeitgeber grundsätzlich nicht, sich im Prozess auch auf einen Sachgrund zu berufen.[6] Im Rahmen von § 14 Abs. 2 TzBfG ist nur die Vereinbarung einer **kalendermäßigen Befristung** zulässig, eine Zweckbefristung kann nur auf § 14 Abs. 1 TzBfG oder § 21 BEEG gestützt werden.[7]

83

Die **Darlegungs- und Beweislast** für die Zulässigkeit der Befristung trägt derjenige, der sich auf die automatische Vertragsbeendigung beruft, i.d.R. also der Arbeitgeber.[8] Dies gilt sicher für § 14 Abs. 2 Satz 1 TzBfG, also für die Beachtung der höchstzulässigen Dauer und der höchstzulässigen Zahl der Verlängerungen (dazu noch Rz. 92ff.). Auch wenn der Arbeitgeber sich auf einen Tarifvertrag beruft, der zu seinen Gunsten von der gesetzlichen Regelung abweicht (§ 14 Abs. 2 Sätze 3 und 4 TzBfG), muss er den Bestand und die Geltung des Tarifvertrages darlegen und im Streitfalle beweisen.

84

---

1 *Däubler*, ZIP 2000, 1961 (1966); *Kliemt*, NZA 2001, 296 (300); *Richardi/Annuß*, BB 2000, 2001 (2004).
2 Palandt/*Ellenberger*, § 123 BGB Rz. 11.
3 **A.A.** *Kliemt*, NZA 2001, 296 (300).
4 Vgl. BAG v. 29.6.2011 – 7 AZR 774/09, NZA 2011, 1151 (1153).
5 BAG v. 29.6.2011 – 7 AZR 774/09, NZA 2011, 1151 (1152).
6 BAG v. 26.7.2000 – 7 AZR 51/99, AP Nr. 4 zu § 1 BeschFG 1996; v. 5.6.2002 – 7 AZR 241/01, AP Nr. 13 zu § 1 BeschFG 1996; v. 26.6.2002 – 7 AZR 92/01, AP Nr. 16 zu § 1 BeschFG 1996; v. 4.12.2002 – 7 AZR 545/01, AP Nr. 17 zu § 1 BeschFG 1996; **a.A.** noch *Vossen*, NZA 2000, 704 (710).
7 APS/*Backhaus*, § 14 TzBfG Rz. 369; ErfK/*Müller-Glöge*, § 3 TzBfG Rz. 9.
8 Vgl. BAG v. 6.12.1989 – 7 AZR 441/89, AP Nr. 13 zu § 1 BeschFG 1985; v. 12.10.1994 – 7 AZR 745/93, AP Nr. 165 zu § 620 BGB Befristeter Arbeitsvertrag; ArbG Karlsruhe v. 4.10.2000 – 9 Ca 152/00, NZA-RR 2001, 575 (576); *Oetker/Kiel*, DB 1989, 576 (583).

(2) Dispositivität der gesetzlichen Regelung

Typ 7: Vertragliche Abbedingung des § 14 Abs. 2 TzBfG

a) Der Mitarbeiter wird für die Zeit vom ... bis zum ... befristet zur Aushilfe für den erkrankten Mitarbeiter ... eingestellt. Zur Wirksamkeit der Befristung wird sich das Unternehmen nicht auf § 14 Abs. 2 TzBfG berufen.

b) Der Anstellungsvertrag wird auf die Dauer von sechs Monaten auf Probe abgeschlossen und endet spätestens mit Ablauf der Probezeit.[1]

85 Sowohl durch Einzelarbeits- als auch durch **Tarifvertrag kann zugunsten der Arbeitnehmer von § 14 Abs. 2 TzBfG abgewichen** werden (§ 22 Abs. 1 TzBfG).[2] Sieht ein Tarifvertrag vor, dass Zeitanstellungen nur vorgenommen werden dürfen, wenn hierfür sachliche oder in der Person des Arbeitnehmers vorliegende Gründe gegeben sind, so liegt darin eine Abweichung von der gesetzlichen Regelung, die es dem tarifgebundenen Arbeitgeber verwehrt, mit ihrerseits tarifgebundenen Arbeitnehmern einen befristeten Arbeitsvertrag auf der Grundlage von § 14 Abs. 2 TzBfG abzuschließen. Die **beiderseitige Tarifbindung** muss allerdings bereits im Zeitpunkt des Abschlusses des befristeten Arbeitsvertrages bestanden haben; der spätere Gewerkschaftsbeitritt des bei Vertragsabschluss noch nicht organisierten Arbeitnehmers hat auf die Wirksamkeit der vereinbarten Befristung keinen Einfluss.[3]

86 Der Abschluss eines unbefristeten Arbeitsvertrages stellt bei Vorliegen der gesetzlichen Tatbestandsmerkmale des § 14 Abs. 2 TzBfG für den Arbeitnehmer eine gegenüber dem Gesetz **günstigere einzelvertragliche Regelung** dar. Dies gilt ebenso für die vertragliche Vereinbarung zwischen Arbeitgeber und Arbeitnehmer, nach der trotz Vorliegens der gesetzlichen Voraussetzungen des § 14 Abs. 2 TzBfG die Befristung des Arbeitsverhältnisses nur wirksam sein soll, wenn für die Befristung dem Grunde und der Dauer nach ein von § 14 Abs. 1 TzBfG anerkannter sachlicher Grund vorliegt (**Typ 7a**). Eine derartige vertragliche Abrede weicht zugunsten des Arbeitnehmers von der einseitig zwingenden Befristungsregelung des § 14 Abs. 2 TzBfG ab und ist daher wirksam.[4]

87 Wesentlich problematischer als der ausdrückliche Verzicht des Arbeitgebers auf die Berufung auf § 14 Abs. 2 TzBfG – der in der Praxis selten vorkommt – ist eine Vertragsgestaltung, die (lediglich) **einen konkreten sachlichen Grund** i.S.d. § 14 Abs. 1 TzBfG benennt, der an sich geeignet ist, eine Befristungsvereinbarung zu tragen (**Typ 7b**). Ob hierin eine **Selbstbindung des Arbeitgebers** dahin gehend zu erblicken ist, dass ihm die Berufung auf einen anderen sachlichen Grund, der die Befristung (auch) tragen könnte, oder auf die Befristungsmöglichkeiten des § 14 Abs. 2 TzBfG

---

1 So die Formulierung im Falle des LAG Hamm v. 6.6.1991 – 16 Sa 155/90, LAGE § 620 BGB Nr. 25.
2 BAG v. 9.2.2011 – 7 AZR 32/10, NZA 2011, 791 (793); v. 29.6.2011 – 7 AZR 774/09, NZA 2011, 1151 (1152f.).
3 BAG v. 27.4.1988 – 7 AZR 593/87, AP Nr. 4 zu § 1 BeschFG 1985; v. 28.8.1996 – 7 AZR 849/95, AP Nr. 181 zu § 620 BGB Befristeter Arbeitsvertrag.
4 Vgl. BAG v. 24.2.1988 – 7 AZR 454/87, AP Nr. 3 zu § 1 BeschFG 1985; v. 15.1.2003 – 7 AZR 534/02, AP Nr. 19 zu § 1 BeschFG 1996.

oder der anderen spezialgesetzlichen Bestimmungen verwehrt ist, wird – auch in der Rechtsprechung des BAG – unterschiedlich beurteilt.¹

Zuletzt hat das Gericht formuliert: „§ 1 Abs. 1 BeschFG [entsprechend § 14 Abs. 2 TzBfG – *d. Verf.*] ermöglicht als einseitig zwingende gesetzliche Vorschrift die Vereinbarung einer für den Arbeitnehmer günstigeren Regelung. Eine solche Abbedingung kann sowohl ausdrücklich als auch konkludent erfolgen. An einen konkludenten Ausschluss der Anwendbarkeit des § 1 Abs. 1 BeschFG ist vor allem dann zu denken, wenn der Arbeitnehmer die Erklärungen des Arbeitgebers dahin verstehen darf, dass die Befristung ausschließlich auf einen bestimmten Sachgrund gestützt werden und von dessen Bestehen abhängig sein soll. Dabei sind die Umstände des Einzelfalles entscheidend. Die **Benennung eines Sachgrundes** kann hierbei ein **wesentliches Indiz** sein. Sie allein reicht allerdings noch nicht aus, um anzunehmen, die sachgrundlose Befristung solle damit ausgeschlossen sein. Vielmehr müssen im Einzelfall noch zusätzliche Umstände hinzutreten. Ob die Anwendbarkeit des § 1 Abs. 1 BeschFG [§ 14 Abs. 2 TzBfG – *d. Verf.*] vertraglich abbedungen wurde, ist im Einzelfall durch Auslegung der vertraglichen Vereinbarung zu ermitteln".²

88

Angesichts der Schwankungen der Rechtsprechung empfiehlt es sich jedoch, in jedem Falle eine **eindeutige Vereinbarung** zu treffen, über deren Inhalt bei einer späteren Auseinandersetzung über die Wirksamkeit der Befristung kein Streit entstehen kann. Soll § 14 Abs. 2 TzBfG vertraglich abbedungen werden, empfiehlt sich eine Formulierung wie in **Typ 7a**. Will der Arbeitgeber sich demgegenüber die Berufung auf das Recht zur sachgrundlosen Befristung offen halten – obwohl er an sich davon überzeugt ist, dass auch ein sachlicher Grund die Befristung trägt – sollte eine Vertragsformulierung vom **Typ 1** gewählt werden, aus der sich kein Befristungsgrund ergibt.

89

§ 14 Abs. 2 TzBfG kann freilich auch in der Weise abbedungen werden, dass der Arbeitgeber eine Vorbeschäftigung bei einem anderen Vertragsarbeitgeber so gegen sich gelten lässt, als sei sie bei ihm abgeleistet worden (z.B. bei einem Wechsel innerhalb des Konzerns),³ oder dass **auf einen Tarifvertrag Bezug genommen** wird, der Anstellungen auf Zeit nach Maßgabe des TzBfG nicht oder nur unter eingeschränkten Voraussetzungen zulässt.

90

§ 14 Abs. 2 Satz 3 TzBfG gestattet es den **Tarifvertragsparteien**, auch **zum Nachteil des Arbeitnehmers** von den gesetzlichen Beschränkungen der sachgrundlosen Befristung abzuweichen. Im Geltungsbereich eines solchen Tarifvertrages können nicht tarifgebundene Arbeitgeber und Arbeitnehmer die Anwendung der tariflichen

91

---

1 Vgl. einerseits BAG v. 26.7.2000 – 7 AZR 51/99, AP Nr. 4 zu § 1 BeschFG 1996; v. 5.6. 2002 – 7 AZR 241/01, AP Nr. 13 zu § 1 BeschFG 1996; v. 26.6.2002 – 7 AZR 92/01, AP Nr. 16 zu § 1 BeschFG 1996; andererseits BAG v. 28.6.2000 – 7 AZR 920/98, AP Nr. 2 zu § 1 BeschFG 1996; ähnlich LAG Hamm v. 6.6.1991 – 16 Sa 1558/90, LAGE § 620 BGB Nr. 25; *Vossen*, NZA 2000, 704 (710).
2 BAG v. 4.12.2002 – 7 AZR 545/01, AP Nr. 17 zu § 1 BeschFG 1996; ebenso BAG v. 15.1. 2003 – 7 AZR 534/02, AP Nr. 19 zu § 1 BeschFG 1996; v. 4.6.2003 – 7 AZR 489/02, AP Nr. 245 zu § 620 BGB Befristeter Arbeitsvertrag; v. 29.6.2011 – 7 AZR 774/09, NZA 2011, 1151 (1153); v. 21.9.2011 – 7 AZR 375/10, NZA 2012, 255 (256); *Linsenmaier*, RdA 2012, 193 (203); kritisch *Preis/Greiner*, RdA 2010, 148 (159).
3 BAG v. 9.2.2011 – 7 AZR 32/10, NZA 2011, 791 (793).

Regelungen vereinbaren (Satz 4). Über den Wortlaut der Vorschrift hinaus können die Tarifvertragsparteien nicht nur *entweder* die Zahl der Verlängerungen *oder* die höchstzulässige Befristungsdauer erweitern, sondern auch beides gleichzeitig.[1] Allerdings müssen auch sie das **Verbot des institutionellen Rechtsmissbrauchs** (§ 242 BGB; s. Rz. 159 ff.) beachten.[2] Es ist jedoch unbedenklich, wenn die zulässige Höchstdauer für die kalendermäßige Befristung eines Arbeitsvertrags ohne Vorliegen eines sachlichen Grundes tarifvertraglich auf 42 Monate festgesetzt und in diesem Rahmen eine höchstens viermalige Vertragsverlängerung zugelassen wird.[3]

(3) Verlängerung eines befristeten Arbeitsverhältnisses

Typ 8: Verlängerung eines befristeten Arbeitsverhältnisses

Im beiderseitigen Einvernehmen wird das zwischen den Parteien bestehende Arbeitsverhältnis bis zum ... verlängert.

92 § 14 Abs. 2 Satz 1 TzBfG eröffnet die Möglichkeit, ein zunächst für einen kürzeren Zeitraum abgeschlossenes **befristetes Arbeitsverhältnis zu verlängern**; möglich ist also z.B. nach einer Ausgangsbefristung von sechs Monaten die dreimalige Verlängerung um jeweils ein halbes Jahr (**Typ 8**). Voraussetzung ist, dass die Ausgangsbefristung eine solche ohne sachlichen Grund war; nur § 14 Abs. 2 TzBfG (nicht aber Abs. 1) eröffnet die Verlängerungsmöglichkeit.[4] Das gilt auch in Kleinbetrieben, die dem KSchG nicht unterliegen (§ 23 Abs. 1 KSchG) sowie bei einer Befristungsdauer von bis zu sechs Monaten.[5] Stets ist jedoch das **Schriftformerfordernis** des § 14 Abs. 4 TzBfG zu beachten, die Verlängerungsvereinbarung also von beiden Vertragsparteien im Original zu unterzeichnen.[6] Eine verspätete schriftliche Fixierung der Verlängerung vermag die Unwirksamkeit der Befristung nicht zu heilen; das Arbeitsverhältnis ist und bleibt unbefristet.[7] Anspruch auf eine Verlängerung hat der Arbeitnehmer nicht.[8]

93 In **neu gegründeten Unternehmen** ist innerhalb der vierjährigen Höchstdauer (s. Rz. 76) eine **unbegrenzt häufige Verlängerung** des befristeten Arbeitsverhältnisses möglich, § 14 Abs. 2a TzBfG.[9] § 14 Abs. 2 Satz 3 TzBfG gilt kraft der Verweisung

---

1 BAG v. 15.8.2012 – 7 AZR 184/11, NZA 2013, 45 (47).
2 BAG v. 15.8.2012 – 7 AZR 184/11, NZA 2013, 45 (47 ff.); v. 5.12.2012 – 7 AZR 698/11, NZA 2013, 515 (518 ff.); v. 19.2.2014 – 7 AZR 260/12, NZA-RR 2014, 408 (411 f.); ausführlich *Francken*, NZA 2013, 122 ff.; *Loth/Ulber*, NZA 2013, 130 ff.
3 BAG v. 15.8.2012 – 7 AZR 184/11, NZA 2013, 45 (47 ff.); v. 5.12.2012 – 7 AZR 698/11, NZA 2013, 515 (518 ff.).
4 Vgl. BAG v. 22.3.2000 – 7 AZR 581/98, AP Nr. 1 zu § 1 BeschFG 1996; v. 28.6.2000 – 7 AZR 920/98, AP Nr. 2 zu § 1 BeschFG 1996; v. 26.7.2000 – 7 AZR 256/99, AP Nr. 3 zu § 1 BeschFG 1996.
5 BAG v. 6.11.2003 – 2 AZR 690/02, AP Nr. 7 zu § 14 TzBfG.
6 *Rolfs*, NJW 2000, 1227 (1228); einschränkend zu Unrecht LAG Düsseldorf v. 6.12.2001 – 11 Sa 1204/01, LAGE § 17 TzBfG Nr. 1.
7 BAG v. 16.3.2005 – 7 AZR 289/04, AP Nr. 16 zu § 14 TzBfG.
8 BAG v. 13.8.2008 – 7 AZR 513/07, NZA 2009, 27.
9 Vgl. BT-Drucks. 15/1204, S. 14.

des § 14 Abs. 2a Satz 4 TzBfG allerdings auch hier, so dass durch Tarifvertrag die Anzahl der Verlängerungen abweichend vom Gesetz festgelegt werden kann.

Betriebsverfassungsrechtlich zu berücksichtigen ist, dass die **Verlängerung des befristeten Arbeitsverhältnisses eine Einstellung i.S.v. § 99 BetrVG** darstellt, die deshalb in Unternehmen mit in der Regel mehr als zwanzig wahlberechtigten Arbeitnehmern der Mitbestimmung des Betriebsrats bedarf.[1] Im Bereich des öffentlichen Dienstes kann eine Verletzung der Mitbestimmungsrechte des Personalrats sogar die Unwirksamkeit der Befristung und damit ein Dauerarbeitsverhältnis zur Folge haben.[2]

Zum Verhältnis der nach § 14 Abs. 2 Satz 1 TzBfG zulässigen **Verlängerung** zum gemäß Satz 2 der genannten Vorschriften unzulässigen Neuabschluss hat das BAG erkannt, dass eine **Verlängerung vor Ablauf des zu verlängernden Zeitvertrages vereinbart werden muss** und darüber hinaus auch den **übrigen bisherigen Vertragsinhalt nicht verändern** darf. Anderenfalls handelt es sich folglich um den Neuabschluss eines befristeten Arbeitsvertrages, der wegen des Nachfolgeverbotes des § 14 Abs. 2 Satz 2 TzBfG nur *mit* sachlichem Grund nach § 14 Abs. 1 TzBfG zulässigerweise abgeschlossen werden kann.[3] Das gilt z.B. auch für den Fall, dass die Parteien im Anschlussvertrag (nur) ein ordentliches Kündigungsrecht statuiert haben, das im Ausgangsvertrag noch nicht enthalten war.[4] Einer Verlängerung steht jedoch nicht entgegen, dass die Parteien in der Verlängerungsvereinbarung die Vertragsbedingungen des befristeten Arbeitsvertrages an die zum Zeitpunkt der Verlängerung geltende Rechtslage anpassen[5] oder der Arbeitgeber einem Arbeitszeiterhöhungsverlangen nach § 9 TzBfG entspricht.[6] Auch ist eine Änderung der Arbeitsbedingungen während der Laufzeit der Befristung möglich.[7]

---

1 BAG v. 18.7.1978 – 1 ABR 79/75, AP Nr. 9 zu § 99 BetrVG 1972; v. 28.10.1986 – 1 ABR 16/85, AP Nr. 32 zu § 118 BetrVG 1972; v. 23.6.2009 – 1 ABR 30/08, AP Nr. 59 zu § 99 BetrVG 1972 Einstellung; vgl. auch BAG v. 28.4.1998 – 1 ABR 63/97, AP Nr. 22 zu § 99 BetrVG 1972 Einstellung.
2 **Brandenburg:** BAG v. 9.6.1999 – 7 AZR 170/98, AP Nr. 2 zu § 63 LPVG Brandenburg; v. 27.9.2000 – 7 AZR 412/99, AP Nr. 1 zu § 61 LPVG Brandenburg; LAG Bdb. v. 8.1.1997 – 7 Sa 371/96, AP Nr. 1 zu § 63 LPVG Brandenburg; LAG Bdb. v. 1.10.2008 – 15 Sa 1036/08, NZA-RR 2009, 287 (288); **Hamburg:** BAG v. 24.10.2001 – 7 AZR 686/00, AP Nr. 11 zu § 1 BeschFG 1996; v. 4.12.2001 – 7 AZR 545/01, AP Nr. 17 zu § 1 BeschFG 1996; **Niedersachsen:** LAG Nds. v. 5.12.2002 – 4 Sa 610/02, NZA-RR 2003, 560; **Nordrhein-Westfalen:** BAG v. 8.7.1998 – 7 AZR 308/97, AP Nr. 18 zu § 72 LPVG NW; v. 20.2.2002 – 7 AZR 707/00, AP Nr. 23 zu § 72 LPVG NW; v. 10.3.2004 – 7 AZR 307/03, AP Nr. 257 zu § 620 BGB Befristeter Arbeitsvertrag; v. 18.6.2008 – 7 AZR 214/07, AP Nr. 50 zu § 14 TzBfG; **Sachsen:** BAG v. 26.6.2002 – 7 AZR 92/01, AP Nr. 16 zu § 1 BeschFG 1996; **Thüringen:** BAG v. 5.5.2004 – 7 AZR 629/03, AP Nr. 27 zu § 1 BeschFG 1996.
3 BAG v. 19.10.2005 – 7 AZR 31/05, AP Nr. 19 zu § 14 TzBfG; v. 18.1.2006 – 7 AZR 178/05, AP Nr. 22 zu § 14 TzBfG; v. 16.1.2008 – 7 AZR 603/06, AP Nr. 5 zu § 9 TzBfG; v. 4.12.2013 – 7 AZR 468/12, NZA 2014, 623 (624); v. 19.3.2014 – 7 AZR 828/12, NZA-RR 2014, 462 (464).
4 BAG v. 20.2.2008 – 7 AZR 786/06, AP Nr. 43 zu § 14 TzBfG.
5 BAG v. 23.8.2006 – 7 AZR 12/06, AP Nr. 1 zu § 14 TzBfG Verlängerung.
6 BAG v. 16.1.2008 – 7 AZR 603/06, AP Nr. 5 zu § 9 TzBfG.
7 BAG v. 18.1.2006 – 7 AZR 178/05, AP Nr. 22 zu § 14 TzBfG.

cc) Befristung mit älteren Arbeitnehmern (§ 14 Abs. 3 TzBfG)

96 Gemäß § 14 Abs. 3 TzBfG bedarf die Befristung eines Arbeitsvertrages auch dann keines sachlichen Grundes, wenn der Arbeitnehmer bei Beginn des Arbeitsverhältnisses **das 52. Lebensjahr vollendet** hat. Erforderlich ist jedoch zusätzlich, dass der Arbeitnehmer unmittelbar vor Beginn des befristeten Arbeitsverhältnisses mindestens vier Monate beschäftigungslos i.S.d. § 138 Abs. 1 Nr. 1 des SGB III gewesen ist, Transferkurzarbeitergeld bezogen hat oder an einer öffentlich geförderten Beschäftigungsmaßnahme nach dem SGB II oder SGB III teilgenommen hat.

97 § 14 Abs. 3 TzBfG bezieht sich ausschließlich auf **kalendermäßige Befristungen**. Zweckbefristungen oder auflösende Bedingungen (§ 21 TzBfG) erlaubt er nicht. Möglich ist, dass der befristete Arbeitsvertrag vor der **Vollendung des 52. Lebensjahres** abgeschlossen wird, solange nur der Beginn des befristeten Arbeitsverhältnisses nach der Vollendung liegt. Der Arbeitnehmer muss unmittelbar vor Beginn des befristeten Arbeitsverhältnisses mindestens vier Monate lang beschäftigungslos gewesen sein.[1] Zur Definition der Beschäftigungslosigkeit verweist § 14 Abs. 3 TzBfG ausschließlich auf § 138 Abs. 1 Nr. 1 SGB III. Nicht erforderlich ist daher, dass der Beschäftigungslose Eigenbemühungen unternimmt (§ 138 Abs. 1 Nr. 2 SGB III) oder verfügbar ist (§ 138 Abs. 1 Nr. 3 SGB III). Auch muss er nicht arbeitslos gemeldet sein.[2] Durch den fehlenden Verweis auf § 138 Abs. 3 SGB III ist die Beschäftigungslosigkeit jedoch ausgeschlossen, sobald der Arbeitnehmer einer geringfügigen Erwerbstätigkeit nachgeht.[3] Der mindestens viermonatige Bezug von **Transferkurzarbeitergeld** (§ 111 SGB III) ist der Beschäftigungslosigkeit gleichgestellt. Transferkurzarbeitergeld wird Arbeitnehmern gewährt, deren Beschäftigungsmöglichkeit infolge einer Betriebsänderung i.S.d. § 111 BetrVG wegfällt. An die Stelle ihrer bisherigen Tätigkeit tritt die Verpflichtung, an Qualifizierungs- und Fortbildungsmaßnahmen teilzunehmen. Da es älteren Arbeitnehmern in der Regel schwerer fällt, eine Anschlussbeschäftigung zu finden, gilt auch für sie die vereinfachte Befristungsmöglichkeit.[4] Gleiches gilt für Arbeitnehmer, die mindestens vier Monate lang an einer **öffentlich geförderten Beschäftigungsmaßnahme nach dem SGB II oder SGB III** teilgenommen haben. Auch sie bedürfen besonderer Hilfe, da sie zuvor regelmäßig langzeitarbeitslos waren und die Arbeitslosigkeit auch durch andere arbeitsmarktpolitische Instrumente nicht behoben werden konnte.[5]

98 Die **Unmittelbarkeit** zwischen der Beschäftigungslosigkeit (bzw. den ihr gleichgestellten Tatbeständen) und dem Beginn des befristeten Arbeitsverhältnisses wird durch jede noch so kleine Unterbrechung (z.B. einen Tag) ausgeschlossen.[6] Auch während der viermonatigen Dauer der Beschäftigungslosigkeit darf es zu keiner Unterbrechung kommen. Nach der Gesetzesbegründung sollen kurzzeitige Unterbrechungen zwar unschädlich sein, wenn sie insgesamt nicht länger als vier Wo-

---

1 Überholt daher EuGH v. 10.3.2011 – C-109/09, Slg. 2011, I-1309 = NZA 2011, 397 – *Kumpan*; BAG v. 19.10.2011 – 7 AZR 253/07, NZA 2012, 1297.
2 MünchArbR/*Wank*, § 95 Rz. 134.
3 BT-Drucks. 16/3793, S. 9; *Bader*, NZA 2007, 713 (715); ErfK/*Müller-Glöge*, § 14 TzBfG Rz. 111c.
4 BT-Drucks. 16/3793, S. 10.
5 BT-Drucks. 16/3793, S. 10.
6 *Bader*, NZA 2007, 713 (716); ErfK/*Müller-Glöge*, § 14 TzBfG Rz. 111f.; **a.A.** KR/*Lipke*, § 14 TzBfG Rz. 492.

chen andauern.[1] Diese Auffassung ist im Gesetzeswortlaut jedoch nicht wieder zu finden und steht zudem im Widerspruch dazu, dass mangels Verweises auf § 138 Abs. 3 SGB III geringfügige Tätigkeiten die Beschäftigungslosigkeit ausschließen.[2] Ihr ist daher nicht zu folgen.

Die Möglichkeit der Altersbefristung wird nicht dadurch ausgeschlossen, dass der Arbeitnehmer bereits **zuvor bei demselben Arbeitgeber** beschäftigt war, auch wenn es sich dabei um eine befristete Beschäftigung nach § 14 Abs. 1, 2 oder 2a TzBfG gehandelt hat.[3] Zwischen Vorbeschäftigung und Altersbefristung müssen allerdings mindestens vier Monate der Beschäftigungslosigkeit liegen. 99

Die Dauer der Befristung darf **fünf Jahre** nicht übersteigen. Bis zu dieser Höchstgrenze ist es auch möglich, einen zunächst kürzer befristeten Arbeitsvertrag zu verlängern (§ 14 Abs. 3 Satz 2 TzBfG), wobei die Anzahl der Verlängerungen nicht begrenzt ist.[4] Der Begriff der **Verlängerung** ist derselbe wie im Rahmen des § 14 Abs. 2 Satz 1 TzBfG.[5] Die Verlängerung muss danach zeitlich vor dem Ablauf des befristeten Vertrages schriftlich vereinbart werden, sich unmittelbar an diesen anschließen und darf keine inhaltlichen Vertragsänderungen mit sich bringen (vgl. Rz. 92 ff.). In die Berechnung der Gesamtdauer fließen nur die Zeiten ein, die auf einer Befristung nach § 14 Abs. 3 TzBfG beruhen. War der Arbeitnehmer bereits **zuvor bei demselben Arbeitgeber** beschäftigt, werden diese Zeiten nicht mit angerechnet. Ist die Fünfjahresfrist des § 14 Abs. 3 TzBfG indessen einmal ausgeschöpft, kann sie auch nach viermonatiger Pause mit dem gleichen Arbeitgeber nicht noch einmal beginnen. Das gebietet die unionsrechtskonforme Auslegung der Norm.[6] 100

Der Grundsatz von Treu und Glauben (§ 242 BGB) gebietet, dass dem Arbeitgeber das **Recht** zusteht, einen Bewerber nach den Voraussetzungen der Altersbefristung **zu fragen**. Bei wissentlich falscher Beantwortung kann der Arbeitgeber den Arbeitsvertrag gegebenenfalls wegen arglistiger Täuschung anfechten (§ 123 BGB).[7] 101

dd) Vertretung bei Mutterschutz und Elternzeit (§ 21 BEEG)

Die Befristung von Arbeitsverhältnissen, die der Vertretung einer im Mutterschutz befindlichen Mitarbeiterin dienen, wurde von der Rechtsprechung seit jeher als zulässig erachtet.[8] Der Gesetzgeber hat diesen Befristungsgrund **in § 21 BEEG ausdrücklich gesetzlich anerkannt**, indem er bestimmt hat, dass ein sachlicher Grund, der die Befristung des Arbeitsverhältnisses rechtfertigt, dann vorliegt, wenn ein Arbeitnehmer zur Vertretung eines anderen Arbeitnehmers[9] für Zeiten eines Beschäf- 102

---

1 BT-Drucks. 16/3793, S. 10; ebenso MünchArbR/*Wank*, § 95 Rz. 134.
2 *Bader*, NZA 2007, 713 (716); **a.A.** KR/*Lipke*, § 14 TzBfG Rz. 493a.
3 BT-Drucks. 16/3793, S. 10.
4 *Bader*, NZA 2007, 713 (716); *Meinel/Heyn/Herms*, § 14 TzBfG Rz. 253.
5 *Bader*, NZA 2007, 713 (716 f.); KR/*Lipke*, § 14 TzBfG Rz. 501.
6 *Bader*, NZA 2007, 713 (716); KR/*Lipke*, § 14 TzBfG Rz. 486a.
7 BT-Drucks. 16/3793, S. 10.
8 BAG v. 17.2.1983 – 2 AZR 481/81, AP Nr. 14 zu § 15 KSchG 1969; v. 6.12.2000 – 7 AZR 262/99, AP Nr. 22 zu § 2 BAT SR 2y.
9 Offen gelassen hat das BAG bislang, ob § 21 BEEG auch bei der Vertretung einer Beamtin Anwendung findet, vgl. BAG v. 21.2.2001 – 7 AZR 107/00, AP Nr. 228 zu § 620 BGB Befristeter Arbeitsvertrag; bejahend *Backhaus*, NZA Beilage 2001, 8 (9).

tigungsverbots nach dem Mutterschutzgesetz, einer Elternzeit, einer auf Tarifvertrag, Betriebsvereinbarung oder einzelvertraglicher Vereinbarung beruhenden Arbeitsfreistellung zur Betreuung eines Kindes oder für diese Zeiten zusammen oder für Teile davon eingestellt wird. Darüber hinaus ist die Befristung auch für **notwendige Zeiten der Einarbeitung** zulässig.

103 § 21 Abs. 3 BEEG **entbindet** den Arbeitgeber von der Pflicht, eine **Prognose** darüber anzustellen, ob und in welchem Umfang die Arbeitnehmer seines Betriebes in Zukunft Elternzeit in Anspruch nehmen werden und welcher Vertretungsbedarf sich voraussichtlich aus der Inanspruchnahme von Elternzeit ergeben wird. Auch bei voraussehbarem künftigen Bedarf muss er mit Vertretungskräften keine unbefristeten Arbeitsverträge schließen. Notwendig, aber auch ausreichend ist, dass zwischen dem zeitweiligen Ausfall des Mitarbeiters und dem dadurch hervorgerufenen Vertretungsbedarf einerseits und der befristeten Einstellung der Vertretungskraft andererseits ein Kausalzusammenhang besteht.[1]

104 Die Vorschrift verlangt **nicht**, dass die Vertretungskraft auf **demselben Arbeitsplatz** eingesetzt wird wie der Elternzeitarbeitnehmer. Der zeitweilige Ausfall eines Mitarbeiters und die dadurch bedingte Einstellung der Ersatzkraft können auch eine Umorganisation dergestalt erfordern, dass die Aufgaben des zeitweilig wegen Elternzeit ausfallenden Mitarbeiters einem anderen Mitarbeiter oder mehreren Mitarbeitern übertragen werden und dessen bzw. deren Aufgaben ganz oder teilweise die Vertretungskraft übernimmt. Zulässig ist es daher, die Ersatzkraft anderweitig zu beschäftigen, wenn durch Umsetzungen im Betrieb ein mittelbares Vertretungsbedürfnis entstanden ist.[2]

Typ 9: Vertretung eines Elternzeitarbeitnehmers

a) Frau/Herr ... wird zur Vertretung der in der Elternzeit befindlichen Frau ... befristet für die Zeit vom ... bis zum ... eingestellt.

b) Das Arbeitsverhältnis beginnt am ... Es dient der Vertretung der im Mutterschutz und anschließend in der Elternzeit befindlichen Frau ... und endet mit einer Frist von zwei Wochen, nachdem die Firma dem Mitarbeiter die Rückkehr von Frau ... angekündigt hat.

c) Frau/Herr ... wird ab dem ... zur Vertretung von Frau ... eingestellt, die sich in der Elternzeit befindet. Das Arbeitsverhältnis endet nach Rückkehr von Frau ... auf ihren Arbeitsplatz mit einer Frist von zwei Wochen nach entsprechender Mitteilung des Arbeitgebers, spätestens jedoch am ...

105 Zulässig ist es, den Arbeitsvertrag mit der Vertretungskraft **kalendermäßig** zu befristen (**Typ 9a**). § 21 Abs. 3 BEEG gestattet es aber auch, dass sich die Befristungs-

---

1 BAG v. 27.9.2000 – 7 AZR 412/99, AP Nr. 1 zu § 61 LPVG Brandenburg; v. 21.2.2001 – 7 AZR 107/00, AP Nr. 228 zu § 620 BGB Befristeter Arbeitsvertrag; LAG Köln v. 13.9.1995 – 2 Sa 568/95, NZA-RR 1996, 125 (126).
2 BAG v. 27.9.2000 – 7 AZR 412/99, AP Nr. 1 zu § 61 LPVG Brandenburg; v. 15.8.2001 – 7 AZR 263/00, AP Nr. 5 zu § 21 BErzGG; LAG Köln v. 24.10.1997 – 11 Sa 385/97, NZA-RR 1998, 293 (294).

dauer für die Ersatzkraft aus den in Absätzen 1 und 2 von § 21 BEEG genannten Zwecken entnehmen lässt (**Typ 9b**).[1]

Freilich hatte die Rechtsprechung seit jeher zusätzlich eine Ankündigung der Zweckerreichung gegenüber dem Arbeitnehmer und die Einräumung einer Auslauffrist gefordert, wenn die Zweckerreichung bei Vertragsschluss für den Arbeitnehmer nicht voraussehbar war.[2] Davon abweichend verlangt § 15 Abs. 2 TzBfG jetzt, dass der Arbeitgeber dem befristet eingestellten Mitarbeiter die Zweckerreichung **in jedem Falle schriftlich ankündigt oder mitteilt**, dafür hat das Gesetz die Ankündigungsfrist auf zwei Wochen verkürzt. 106

Möglich und u.U. sachgerecht ist es auch, das Arbeitsverhältnis mit der Vertretungskraft doppelt, nämlich sowohl durch die Rückkehr des Elternzeitarbeitnehmers **zweck- als auch kalendermäßig befristet** auszugestalten. Das BAG hat nämlich entschieden, dass ein Arbeitsverhältnis, das für den Zeitraum einer längeren – im konkreten Fall krankheitsbedingten – Abwesenheit eines Arbeitnehmers zweckbefristet abgeschlossen wird, nicht automatisch endet, wenn der Stammarbeitnehmer noch während seiner Abwesenheit kündigt oder ihm gekündigt wird und er deshalb nicht an seinen Arbeitsplatz zurückkehrt.[3] Ist eine derartige Folge nicht beabsichtigt, sondern soll auch das Arbeitsverhältnis mit der Vertretungskraft enden, wenn feststeht, dass die Stammarbeitnehmerin nach Ablauf der Elternzeit ihre alte Stelle nicht wieder einnimmt, so kann zusätzlich zu der Zweckbefristung noch ein kalendermäßig feststehender Termin gewählt werden, zu dem das Arbeitsverhältnis in jedem Falle endet (**Typ 9c: Doppelbefristung Zeit/Zweck**, dazu noch Rz. 129 ff.). 107

Dabei ist jedoch zu beachten, dass der **Sachgrund der Vertretung** für sich alleine in aller Regel nicht die Befristung des Arbeitsvertrages mit dem Vertreter bis zum Ausscheiden des Vertretenen aus seinem Beschäftigungsverhältnis rechtfertigt.[4] Zu diesem Zeitpunkt entfällt nämlich der Vertretungsbedarf nicht, sondern er manifestiert sich auf Dauer. Die Doppelbefristung ist daher nur zulässig, wenn sie sich auf § 14 Abs. 2 TzBfG oder einen anderen Sachgrund stützen kann, etwa den Umstand, dass der Arbeitgeber bereits bei Abschluss des befristeten Arbeitsvertrages beabsichtigte, die Stelle zukünftig einzusparen oder der Vertreter zwar als zeitweilige Aushilfe, nicht aber für eine Dauerbeschäftigung geeignet ist. Für derartige Umstände trägt der Arbeitgeber die Darlegungs- und Beweislast.[5] 108

Außerdem empfiehlt es sich auch bei einer auf § 21 Abs. 3 BEEG gestützten Befristung, den Vertragsparteien die Möglichkeit zur **vorzeitigen ordentlichen Kündigung** des Arbeitsverhältnisses vertraglich einzuräumen (Rz. 21 ff.).[6] 109

---

1 A.A. früher BAG v. 9.11.1994 – 7 AZR 243/94, AP Nr. 1 zu § 21 BErzGG.
2 BAG v. 17.2.1983 – 2 AZR 481/81, AP Nr. 14 zu § 15 KSchG 1969; v. 26.3.1986 – 7 AZR 599/84, AP Nr. 103 zu § 620 BGB Befristeter Arbeitsvertrag; v. 12.6.1987 – 7 AZR 8/86, AP Nr. 113 zu § 620 BGB Befristeter Arbeitsvertrag.
3 BAG v. 26.6.1996 – 7 AZR 674/95, AP Nr. 23 zu § 620 BGB Bedingung.
4 BAG v. 24.9.1997 – 7 AZR 669/96, AP Nr. 192 zu § 620 BGB Befristeter Arbeitsvertrag; v. 8.7.1998 – 7 AZR 382/97, NZA 1998, 1279 (1280).
5 BAG v. 24.9.1997 – 7 AZR 669/96, AP Nr. 192 zu § 620 Befristeter Arbeitsvertrag.
6 KR/*Lipke*, § 21 BEEG Rz. 21.

b) Zweckbefristungen

110 Eine Befristung aus sachlichem Grund i.S.v. § 14 Abs. 1 TzBfG ist, wie insbesondere § 3 Abs. 1, § 15 Abs. 2 TzBfG deutlich machen, nicht nur als kalendermäßig bestimmte oder bestimmbare Höchstbefristung des Arbeitsverhältnisses, sondern auch in der Form zulässig, dass sich die begrenzte Dauer aus der **Art, dem Zweck oder der Beschaffenheit der Arbeitsleistung** ergibt (§ 3 Abs. 1 Satz 2 TzBfG). Eine solche Vertragsgestaltung bietet sich vor allem an, wenn bei Vertragsschluss der Zeitpunkt des Wegfalls des Beschäftigungsbedürfnisses noch nicht genau feststeht und deshalb ein echter Zeitvertrag nachteilig erscheint.

111 Hinzuweisen ist jedoch darauf, dass eine **sachgrundlose Befristung** nach § 14 Abs. 2, 2a TzBfG **nicht als Zweckbefristung zulässig ist**. § 14 Abs. 2 Satz 1, Abs. 2a Satz 1 TzBfG lässt ausschließlich die kalendermäßige Befristung des Arbeitsverhältnisses zu.[1]

112 Kennzeichnend für eine Zweckbefristung ist, dass die Dauer der Befristung nicht kalendermäßig bestimmt ist, das Vertragsverhältnis vielmehr mit Eintritt eines von den Parteien als gewiss, der Zeit nach aber als ungewiss angesehenen Ereignisses enden soll.[2] Die Absicht, einen befristeten Arbeitsvertrag abzuschließen, muss allerdings **eindeutig zum Ausdruck gebracht** worden sein. So gibt es bspw. keine Auslegungsregel des Inhalts, dass stets schon bei Zuweisung einer durch einen Aushilfszweck bestimmten Arbeit eine Zweckbefristung anzunehmen ist; dies schon deshalb nicht, weil das arbeitgeberseitige Direktionsrecht, dem Arbeitnehmer eine bestimmte Tätigkeit zuweisen zu können, erst mit Abschluss des Arbeitsvertrages entsteht.[3]

aa) Vertragliche Fixierung des Befristungsgrundes

113 Bei einer Zweckbefristung muss der Zweck, mit dessen Erreichung das Arbeitsverhältnis enden soll, so **genau bezeichnet** sein, dass hieraus das Ereignis zweifelsfrei feststellbar ist, mit dessen Eintritt das Arbeitsverhältnis sein Ende findet. Denn sonst werden die Bestimmtheitsanforderungen an eine Zweckbefristung nicht erfüllt.[4] Anders als bei der kalendermäßigen Befristung muss bei der Zweckbefristung der **Befristungsgrund** also **vertraglich fixiert** werden und unterliegt dem Schriftformerfordernis.[5]

114 Die **Angabe des Zwecks ist erforderlich**, aber sowohl im Hinblick auf § 14 Abs. 4 TzBfG als auch auf § 2 Abs. 1 Nr. 3 NachwG ausreichend. Bei Zweckbefristungen genügt für die Erfüllung der Nachweispflicht des Arbeitgebers die Angabe des Zwecks bzw. die Angabe, wann der Zweck erreicht ist.[6] Die weitergehende Auffassung, wonach bei Zweckbefristungen auch die konkret vorhersehbare Dauer ge-

---

1 BAG v. 15.5.2012 – 7 AZR 35/11, NZA 2012, 1366 (1368); *Kliemt*, NZA 2001, 296 (299).
2 BAG v. 9.2.1984 – 2 AZR 402/83, AP Nr. 7 zu § 620 BGB Bedingung; v. 26.3.1996 – 7 AZR 599/84, AP Nr. 103 zu § 620 BGB Befristeter Arbeitsvertrag.
3 LAG Hess. v. 25.10.1988 – 7 Sa 953/88, LAGE § 622 BGB Nr. 11.
4 BAG v. 15.5.2012 – 7 AZR 35/11, NZA 2012, 1366 (1368).
5 BAG v. 21.12.2005 – 7 AZR 541/04, AP Nr. 18 zu § 14 TzBfG.
6 BT-Drucks. 13/668, S. 10.

nannt werden müsse,[1] verkennt, dass eine solche Angabe bei Zweckbefristungen häufig gerade nicht möglich ist. Auch die Nachweis-Richtlinie (91/533/EWG) verlangt vom Arbeitgeber nur die Mitteilung der vorhersehbaren Dauer und keine darauf gerichtete Prognose.[2]

Auf die **Formulierung des Vertragszwecks ist besondere Sorgfalt** zu verwenden. So hat das BAG bspw. entschieden, dass, wenn der Arbeitgeber mit einem zur Vertretung eingestellten Arbeitnehmer vereinbart, dass das Arbeitsverhältnis mit der Wiederaufnahme der Arbeit durch den vertretenen Mitarbeiter enden soll (**Typ 10a**), hierin in aller Regel nicht zugleich die Vereinbarung liegt, dass das Arbeitsverhältnis auch dann enden soll, wenn der vertretene Mitarbeiter vor Wiederaufnahme seiner Tätigkeit aus dem Arbeitsverhältnis ausscheidet.[3] Ist diese Folge nicht beabsichtigt, muss eine Doppelbefristung (s. Rz. 129 ff.) vereinbart werden. 115

Typ 10: Zweckbefristungen

a) Frau/Herr ... wird mit Wirkung vom ... zur Aushilfe für die Dauer der Krankheit unseres Mitarbeiters Herrn ... eingestellt. Das Arbeitsverhältnis endet zwei Wochen nach arbeitgeberseitiger Mitteilung über die Wiederaufnahme der Arbeit durch Herrn ..., ohne dass es einer Kündigung bedarf.

b) Das Arbeitsverhältnis wird für die Dauer der Wintersportsaison in Garmisch-Partenkirchen eingegangen.

c) Frau/Herr ... wird mit Wirkung vom ... zur Aushilfe als Vertreter für den erkrankten Mitarbeiter ... eingestellt. Das Arbeitsverhältnis endet mit einer Frist von einem Monat zum Ende des darauf folgenden Kalendermonats, nachdem die Firma Frau/Herrn ... schriftlich angezeigt hat, dass Herr ... seine Arbeit wieder aufgenommen hat.

In ständiger Rechtsprechung stellt das BAG an die Zulässigkeit eines zweckbefristeten Arbeitsvertrages im Vergleich zum Zeitvertrag nochmals **verschärfte Anforderungen**, weil die automatische Beendigung bei Zweckerreichung einer fristlosen Kündigung gleichkommt.[4] 116

Neben dem sachlichen Grund ist daher Wirksamkeitsvoraussetzung für die Zweckbefristung, dass der **Zeitpunkt der Zweckerfüllung** in für den Arbeitnehmer **überschaubarer Zeit** liegt.[5] Unbedenklich sind unter diesem Gesichtspunkt Verträge, bei denen sich der überschaubare Zeitraum aus der Natur des Befristungszwecks ergibt. Dies gilt etwa für die Vertretung eines nicht auf Dauer erkrankten Arbeitnehmers (**Typ 10a**) und für bestimmte, nicht ständige Arbeitsanfälle, etwa die Einstel- 117

---

1 *Lörcher*, ArbuR 1994, 450 (454).
2 Art. 2 Abs. 2 Buchst. e) der Nachweis-Richtlinie 91/533/EWG; vgl. *Wank*, RdA 1996, 21 (22 f.).
3 BAG v. 26.6.1996 – 7 AZR 674/95, AP Nr. 23 zu § 620 BGB Bedingung.
4 Eine Zweckbefristung grundsätzlich für unzulässig halten: LAG Bremen v. 27.1.1987 – 1 Sa 5/86, LAGE § 620 BGB Nr. 12; *Zöllner*, Gutachten zum 52. Deutschen Juristentag, S. D 123.
5 BAG v. 17.2.1983 – 2 AZR 481/81, AP Nr. 14 zu § 15 KSchG 1969.

lung eines Maurers für ein bestimmtes Bauvorhaben, eines Fahrers für eine bestimmte Reise oder für die Dauer eines von seinem Zeitraum her zunächst offenen Erholungsurlaubs.[1]

118 Demgegenüber stehen Zweckbefristungen, deren **Zweckerreichung** in zeitlicher Hinsicht von Beginn an **völlig ungewiss** war, im Widerspruch zum Kündigungsschutz für unbefristete Arbeitsverhältnisse. Für die erforderliche Prognose reicht es nicht aus, dass der in den Arbeitsvertrag aufgenommene Vertragszweck nur möglicherweise oder wahrscheinlich erreicht wird, sondern es muss im Rahmen des Vorhersehbaren sicher angenommen werden können, dass er eintreten wird. An die Zuverlässigkeit der Prognose sind desto höhere Anforderungen zu stellen, je weiter die vereinbarte Zweckerreichung in der Zukunft liegt.[2] Unzulässig ist es daher bspw., eine zweckbefristete Einstellung eines Arbeitnehmers als Vertretung für einen ins Ausland entsandten Mitarbeiter vorzunehmen, wenn dessen Rückkehrzeitpunkt völlig ungewiss ist[3] (zu den Unwirksamkeitsfolgen Rz. 127 f.).

119 Soweit bei **Saisonarbeitsverträgen** die Einstellung nicht für eine bestimmte Zeitdauer erfolgt (oben **Typ 4g** und **4h**), ist zu unterscheiden: Ist das Saisonende durch äußere objektive Umstände und überschaubare Entwicklungen bestimmt, ist die Zweckbefristung zulässig.[4] Gleiches gilt, wenn die Vertragspartner aufgrund langjähriger Übung oder Ortsüblichkeit feste Vorstellungen mit einer allgemein gehaltenen Formulierung verbinden (**Typ 10b**). Auch bei einer Einstellung „für die Dauer der Vegetationsperiode" hat das BAG eine hinreichende Bestimmtheit angenommen, wohl weil sich das Ende der Vegetationsperiode erfahrungsgemäß innerhalb eines relativ gut zu konkretisierenden Zeitrahmens bewegt.[5]

120 Unwirksam ist eine Zweckbefristung stets, wenn die Zweckerreichung der mehr oder weniger **willkürlichen Disposition des Arbeitgebers** oder eines Dritten unterliegt[6] bzw. der Zweck nicht hinreichend bestimmt und daher eine objektive Feststellung der Beendigung des Arbeitsverhältnisses nicht möglich ist.[7]

⊃ **Nicht geeignet:**
   a) Das Arbeitsverhältnis beginnt am ...; es dauert an, solange Arbeit vorhanden ist.
   b) Frau/Herr ... wird mit Wirkung vom heutigen Tag für die Dauer des zusätzlichen Arbeitskräftebedarfs eingestellt.

---

1 RAG v. 24.8.1932 – RAG 34/1932, ARS 16, 423 ff.; BAG v. 28.9.1961 – 2 AZR 97/61, AP Nr. 21 zu § 620 BGB Befristeter Arbeitsvertrag; v. 3.10.1984 – 7 AZR 192/83, AP Nr. 87 zu § 620 BGB Befristeter Arbeitsvertrag; v. 12.6.1987 – 7 AZR 8/86, AP Nr. 113 zu § 620 BGB Befristeter Arbeitsvertrag.
2 BAG v. 15.5.2012 – 7 AZR 35/11, NZA 2012, 1366 (1368 f.).
3 BAG v. 17.2.1983 – 2 AZR 481/81, AP Nr. 14 zu § 15 KSchG 1969.
4 BAG v. 20.10.1967 – 3 AZR 467/66, AP Nr. 30 zu § 620 Befristeter Arbeitsvertrag; v. 29.1.1987 – 2 AZR 109/86, AP Nr. 1 zu § 620 BGB Saisonarbeit.
5 BAG v. 20.10.1967 – 3 AZR 467/66, AP Nr. 30 zu § 620 BGB Befristeter Arbeitsvertrag.
6 RAG v. 29.4.1931 – RAG 500/30, ARS 13, 10 (13); v. 7.12.1932 – RAG 384/32, ARS 17, 113 (115); v. 18.1.1933 – RAG 443/32, ARS 17, 88 (89); LAG Düsseldorf v. 18.3.1958 – 3 Sa 487/65, BB 1958, 665.
7 LAG Düsseldorf v. 18.3.1958 – 3 Sa 487/57, BB 1958, 665; v. 12.11.1974 – 8 Sa 386/74, EzA § 622 BGB n.F. Nr. 11.

bb) Vereinbarung einer längeren Ankündigungsfrist

Anders als kalendermäßig befristete Arbeitsverhältnisse, deren Ende für beide Vertragsparteien vorhersehbar ist, drohen Zweckbefristungen in Konflikt mit dem durch die Kündigungsfristen (§ 622 BGB) bestehenden **temporären Beendigungsschutz** in Konflikt zu geraten. Die Zweckerreichung kommt in ihrer Wirkung einer fristlosen Kündigung gleich.

Diese Erwägungen hat der Gesetzgeber in § 15 Abs. 2 TzBfG aufgenommen und fordert, dass der Arbeitgeber den Arbeitnehmer **mindestens zwei Wochen vor der Zweckerreichung** über die bevorstehende Beendigung des Arbeitsverhältnisses schriftlich unterrichtet. Das Arbeitsverhältnis endet nur dann mit der Erreichung des Zwecks, wenn die Ankündigung rechtzeitig erfolgt, bei verspäteter Ankündigung findet das Arbeitsverhältnis erst zwei Wochen nach Zugang dieser Mitteilung ihr Ende.[1] Im Gegensatz zu der unter der Geltung des § 620 BGB entwickelten Rechtsprechung ist diese Ankündigung jetzt freilich stets, also auch bei frühzeitiger Erkennbarkeit der Zweckerreichung erforderlich.

Die Ankündigung muss **schriftlich** erfolgen, also die **Form des § 126 BGB** wahren. Zwar gilt § 126 Abs. 1 BGB unmittelbar nur für Willens-, nicht aber für den hier vorliegenden Fall der Wissenserklärung.[2] Aus der Entstehungsgeschichte des § 15 Abs. 2 TzBfG folgt jedoch, dass der für die Kündigung des Arbeitsverhältnisses durch § 623 BGB bewirkte Schutz auf die Zweckankündigung übertragen werden sollte.[3] Aus diesem Grunde gelten die dortigen Anforderungen entsprechend; die Ankündigung kann also insbesondere nicht per Telefax, Telegramm oder E-Mail erfolgen.[4]

Während § 15 Abs. 2 TzBfG zu Lasten des Arbeitnehmers unabdingbar ist (§ 22 Abs. 1 TzBfG), ist es den Vertragsparteien (auch den Tarifpartnern) unbenommen, wie bei **Typ 10c** eine längere Ankündigungsfrist zu vereinbaren.

Bei der Ankündigung einer Auslauffrist ist jedoch besonderer Wert auf die **Eindeutigkeit der Vertragsklausel** zu legen, weil sonst zweifelhaft sein kann, ob tatsächlich eine Zweckbefristung gewollt ist oder ob die vereinbarte „Auslauffrist" nicht in Wahrheit eine vertraglich vereinbarte Kündigungsfrist darstellt. Die Antwort hängt von der Art des Befristungszwecks und der Formulierung der Ankündigungsklausel ab. Je klarer und bestimmter der Befristungszweck abgegrenzt ist, desto mehr spricht für ein zweckbefristetes Arbeitsverhältnis.[5]

Zu beachten ist schließlich **§ 15 Abs. 5 TzBfG**, wonach das Arbeitsverhältnis als auf unbestimmte Zeit verlängert gilt, wenn es nach Erreichung des Zwecks mit Wissen des Arbeitgebers fortgesetzt wird und der Arbeitgeber nicht unverzüglich (auch formlos!) widerspricht bzw. – soweit noch nicht erfolgt – die Zweckerreichung mitteilt. Wegen dieser **Formalisierung der Beendigungsmodalitäten** ist be-

---

1 *Kliemt*, NZA 2001, 296 (301 f.).
2 BAG v. 11.10.2000 – 5 AZR 313/99, AP Nr. 153 zu § 4 TVG Ausschlussfristen.
3 Vgl. APS/*Backhaus*, § 15 TzBfG Rz. 8.
4 *Kliemt*, NZA 2001, 296 (302).
5 RAG v. 7.12.1932 – RAG 384/32, ARS 17, 113 (115); v. 18.1.1933 – RAG 443/32, ARS 17, 88 (89).

reits davor gewarnt worden, von Zweckbefristungen überhaupt Gebrauch zu machen, weil bei Ungenauigkeiten der Unterrichtung über das Vertragsende, Formfehlern oder Verzögerungen leicht ein unbefristetes Arbeitsverhältnis begründet werden kann.[1]

cc) Rechtsfolgen unwirksamer Zweckbefristungen

127 Hinsichtlich der Rechtsfolgen unwirksamer Zweckbefristungen hat das BAG früher danach differenziert, welche Norm objektiv umgangen worden ist: Fehlte es überhaupt an dem sachlichen Grund für die Befristung, stand eine Umgehung des materiellen Kündigungsschutzes im Raum mit der Folge, dass diese – ebenso wie eine vergleichbare Zeitbefristung – unwirksam ist. Zwischen den Parteien war dann ein unbefristetes Arbeitsverhältnis begründet worden.[2] Fehlte es dagegen lediglich an der Überschaubarkeit des Befristungszeitraums oder an der frühzeitigen Erkennbarkeit des Zweckeintritts (Vorhersehbarkeit bei Vertragsabschluss oder rechtzeitige Ankündigung), so führte dies nicht zu einem unbefristeten Arbeitsverhältnis. Der Bestandsschutz des befristet eingestellten Arbeitnehmers sollte nämlich grundsätzlich nicht weitergehen als das Gesetz, das im konkreten Fall objektiv umgangen worden war.[3] Daher bedeutete die Unwirksamkeit einer Zweckbefristung wegen Umgehung des § 622 BGB nur, dass das Arbeitsverhältnis ohne eine fristgemäße Ankündigung nicht allein mit der Zweckerreichung, sondern erst nach Ablauf einer der Mindestkündigungsfrist entsprechenden Auslauffrist endete, die begann, sobald der Arbeitnehmer durch eine entsprechende Mitteilung des Arbeitgebers oder auf sonstige Weise von der bevorstehenden oder bereits eingetretenen Zweckerreichung Kenntnis erlangt hatte.[4]

128 Ob diese Differenzierung auch für das TzBfG Geltung beansprucht, ist unsicher. § 16 TzBfG bestimmt lediglich, dass ein unwirksam befristetes Arbeitsverhältnis als **auf unbestimmte Zeit geschlossen** gilt; eine Einschränkung hinsichtlich einzelner Unwirksamkeitsgründe enthält die Norm – vom hier nicht einschlägigen Satz 2 abgesehen – nicht. Es kann daher nicht ausgeschlossen werden, dass die Gerichte für Arbeitssachen im Falle der zu unbestimmten Zweckvereinbarung die Rechtsfolge des § 16 Satz 1 TzBfG eintreten lassen. Aus diesem Grunde ist nochmals daran zu erinnern, dass an die **Formulierung des Vertragszwecks äußerste Sorgfalt** zu verwenden ist.

---

1 APS/*Backhaus*, § 3 TzBfG Rz. 24, § 15 TzBfG Rz. 12.
2 Vgl. BAG v. 12.10.1960 – GS 1/59, AP Nr. 16 zu § 620 BGB Befristeter Arbeitsvertrag; v. 26.4.1979 – 2 AZR 431/77, AP Nr. 47 zu § 620 BGB Befristeter Arbeitsvertrag; v. 14.1.1982 – 2 AZR 245/80, AP Nr. 64 zu § 620 BGB Befristeter Arbeitsvertrag.
3 BAG v. 8.9.1983 – 2 AZR 438/82, AP Nr. 77 zu § 620 BGB Befristeter Arbeitsvertrag.
4 BAG v. 17.2.1983 – 2 AZR 481/81, AP Nr. 14 zu § 15 KSchG 1969; v. 26.3.1986 – 7 AZR 599/84, AP Nr. 103 zu § 620 BGB Befristeter Arbeitsvertrag; v. 12.6.1987 – 7 AZR 8/86, AP Nr. 113 zu § 620 BGB Befristeter Arbeitsvertrag.

c) Doppelbefristungen (Zeit/Zweck)

Typ 11: Doppelbefristungen (Zeit/Zweck)

Frau/Herr ... wird mit Wirkung vom ... befristet für die Dauer der Beurlaubung unserer Mitarbeiterin Frau ..., längstens jedoch bis zum ... eingestellt.[1]

In der Praxis ist es vielfach üblich, sog. Doppelbefristungen vom **Typ 11** zu verwenden, bei denen das Arbeitsverhältnis sowohl auf einen Zweck als auch auf einen Endtermin hin befristet wird. Wird der Zweck wider Erwarten innerhalb des ursprünglich vorgesehenen Zeitrahmens nicht erreicht oder erweist sich die Zweckbefristung aus anderen Gründen als ungeeignet, die Beendigung des Arbeitsverhältnisses herbeizuführen, endet das Arbeitsverhältnis immer noch mit Ablauf der vereinbarten Zeit. Gegen derartige Doppelbefristungen sind unter dem Gesichtspunkt der **Vertragsfreiheit** Bedenken nicht zu erheben.[2] Das Vertragsverhältnis endet mit der zeitlich früheren Befristung, es sei denn, diese ist unwirksam oder der Arbeitnehmer wird über diesen ersten Befristungstermin hinaus weiterbeschäftigt – dann kommt es allein auf die Wirksamkeit der Befristung zum zweiten Befristungstermin an.[3]

129

Der Arbeitgeber muss lediglich beachten, dass, wenn die Zweckerreichung vor Ablauf des kalendermäßig fixierten Endtermins eintritt, er dem Arbeitnehmer die Zweckerreichung mitteilt und damit die Fiktionswirkung des § 15 Abs. 5 TzBfG verhindert.[4] Alternativ kann trotz Zweckerreichung die Weiterbeschäftigung bis zum kalendermäßig vorgesehenen Endtermin erfolgen; § 15 Abs. 5 TzBfG ist dann nicht anwendbar.[5]

130

Eine **weitere Flexibilisierung** hinsichtlich der Dauer kann schließlich dadurch erreicht werden, dass zusätzlich zu der Doppelbefristung auch noch eine Kündigungsklausel (s. Rz. 21 ff.) in den Arbeitsvertrag aufgenommen wird, die es den Vertragsparteien ermöglicht, das befristete Arbeitsverhältnis auch schon vor dem kalendermäßig fixierten Endtermin bzw. dem Erreichen des Zweckes durch ordentliche Kündigung zu beenden.

131

---

1 Beispiel nach LAG Bremen v. 18.1.1989 – 2 Sa 328/87, LAGE § 620 BGB Nr. 16.
2 BAG v. 3.10.1984 – 7 AZR 192/83, AP Nr. 87 zu § 620 BGB Befristeter Arbeitsvertrag; v. 8.5.1985 – 7 AZR 191/84, AP Nr. 97 zu § 620 BGB Befristeter Arbeitsvertrag; v. 21.4.1993 – 7 AZR 388/92, AP Nr. 148 zu § 620 BGB Befristeter Arbeitsvertrag; v. 27.6.2001 – 7 AZR 157/00, NZA 2002, 351.
3 BAG v. 21.4.1993 – 7 AZR 388/92, AP Nr. 148 zu § 620 BGB Befristeter Arbeitsvertrag; Staudinger/*Preis*, § 620 BGB Rz. 32.
4 Dies kann nicht schon im Arbeitsvertrag geschehen: BAG v. 22.7.2014 – 9 AZR 1066/12, NZA 2014, 1330 (1332).
5 LAG Düsseldorf v. 24.2.2011 – 5 Sa 1647/10, ZTR 2011, 447; ebenso zur Kombination aus auflösender Bedingung und Befristung BAG v. 29.6.2011 – 7 AZR 6/10, NZA 2011, 1346 (1348 f.).

d) Mindestbefristungen

Typ 12: Mindestbefristungen

a) Frau/Herr ... wird zum ... als kaufmännische/r Angestellte/r eingestellt. Das Arbeitsverhältnis kann erstmals zum ... gekündigt werden.

b) Das Arbeitsverhältnis beginnt am ... . Während der ersten drei Monate ist die ordentliche Kündigung ausgeschlossen.

c) Das Arbeitsverhältnis kann durch den Arbeitnehmer erstmals zum ..., durch das Unternehmen erstmals zum ... gekündigt werden.

d) Das Arbeitsverhältnis beginnt am ... Es wird auf die Dauer von fünf Jahren abgeschlossen und verlängert sich jeweils um weitere fünf Jahre, wenn es nicht ein Jahr vor seinem Ablauf gekündigt wird.

aa) Möglichkeiten und Grenzen der Vertragsgestaltung

132 Einem ganz anderen **Zweck** als Höchstbefristungen, die dazu führen, dass das Arbeitsverhältnis (spätestens) zu einem bestimmten Zeitpunkt endet, dienen Mindestbefristungen, die das Kündigungsrecht eines oder beider Vertragspartner für einen bestimmten Zeitraum ausschließen. Mit ihnen soll erreicht werden, dass das Arbeitsverhältnis mindestens einen bestimmten Zeitraum andauert (**Typ 12a**). Der Sache nach handelt es sich bei bloßen Mindestbefristungen nicht um ein befristetes, sondern um ein **unbefristetes Arbeitsverhältnis**, bei dem lediglich die ordentliche Kündigung für einen bestimmten Zeitraum ausgeschlossen ist.[1] Etwas anderes gilt allerdings dann, wenn neben der Mindest- auch noch eine Höchstdauer vereinbart wurde.

133 Zwar steht den Arbeitsvertragsparteien auf der Grundlage der **Privatautonomie** zu, über ihre grundrechtlich geschützten Positionen ohne staatlichen Zwang zu verfügen; die Privatautonomie besteht aber nur im Rahmen der geltenden Gesetze, die ihrerseits an die Grundrechte gebunden sind. Insofern hat der BGB-Gesetzgeber durch die Vorschrift des § 624 BGB, der die Kündigung eines auf Lebenszeit oder auf die Dauer von mehr als fünf Jahren abgeschlossenen Arbeitsvertrages nach Ablauf von fünf Jahren gestattet, Dauerverträgen zulässigerweise Grenzen gezogen. Trotz der an dieser Vorschrift geübten verfassungsrechtlichen und rechtspolitischen Kritik[2] hat § 15 Abs. 4 TzBfG eine Bindungsdauer von bis zu fünfeinhalb Jahren bestätigt.

134 Da **§ 624 BGB** und **§ 15 Abs. 4 TzBfG** die Kündigung sowohl von Dauer- als auch von befristeten Arbeitsverträgen erst nach Ablauf von fünf Jahren mit einer Frist von sechs Monaten vorsieht, was bei Vertragsbeginn einer **Gesamtbindungsdauer von fünfeinhalb Jahren** entspricht, sind Vertragsgestaltungen, bei denen die vereinbarte Mindestdauer diesen Zeitraum nicht wesentlich überschreitet, von Verfassungs wegen hinzunehmen. Das gilt auch für Klauseln vom **Typ 12d**, bei denen

---
1 ErfK/*Müller-Glöge*, § 3 TzBfG Rz. 7; Staudinger/*Preis*, § 620 BGB Rz. 29.
2 APS/*Backhaus*, § 15 TzBfG Rz. 30.

der Bindungszeitraum maximal sechs Jahre beträgt, wenn nämlich das Kündigungsrecht ein Jahr vor Ablauf der Fünfjahresfrist nicht genutzt wird.[1]

Aber auch auf einfachgesetzlicher Ebene sind Mindestbefristungen gewisse Grenzen gesetzt: 135

Das Recht zur **außerordentlichen Kündigung** gemäß § 626 BGB kann unter keinen Umständen ausgeschlossen werden, weder zu Lasten des Arbeitnehmers noch zu Lasten des Arbeitgebers. § 626 BGB verbürgt ein unverzichtbares, auch in individuell ausgehandelten Verträgen nicht abdingbares Freiheitsrecht, sich bei extremen Belastungen des Arbeitsverhältnisses von diesem lösen zu können.[2] Mindestbefristungen haben daher stets nur zur Folge, dass die ordentliche Kündigung des Arbeitsverhältnisses vor Ablauf der Frist nicht möglich ist. Ob Vereinbarungen, die auch die außerordentliche Kündigung auszuschließen suchen, auf diesen zulässigen Inhalt hin geltungserhaltend reduziert werden können, ist zwar nicht völlig unzweifelhaft,[3] im Ergebnis aber schon deshalb zu bejahen, weil sich der Verstoß nicht gegen spezifisches AGB-Recht, sondern gegen auch individualvertraglich unabdingbares Recht richtet. 136

Stets zu berücksichtigen ist ferner, dass **§ 622 Abs. 6 BGB** Vereinbarungen verbietet, die für den Arbeitnehmer eine längere Kündigungsfrist vorsehen als für den Arbeitgeber. Über den Wortlaut der Vorschrift hinaus erfasst diese nicht nur die Kündigungstermine, sondern enthält den allgemeinen Grundsatz, dass die ordentliche Kündigung des Arbeitnehmers gegenüber der des Arbeitgebers **nicht erschwert** werden darf.[4] Daraus folgt, dass es unzulässig wäre, einen Ausschluss der ordentlichen Kündigung nur für den Arbeitnehmer oder für diesen mit einem längeren Bindungszeitraum vorzusehen als für den Arbeitgeber. Im Umkehrschluss ergibt sich aus § 622 Abs. 6 BGB jedoch auch, dass Bedenken gegen Vereinbarungen vom **Typ 12c** nicht bestehen, wenn sie für den Arbeitgeber einen längeren Bindungszeitraum statuieren als für den Arbeitnehmer. 137

Letztlich setzt **§ 15 Abs. 4 TzBfG** auf einfachgesetzlicher Ebene einer mehr als fünfjährigen Bindung Schranken. Die Vorschrift bestimmt, dass ein auf die Lebenszeit einer Person oder für **längere Zeit als fünf Jahre** eingegangenes Arbeitsverhältnis vom Arbeitnehmer nach Ablauf von fünf Jahren mit einer Frist von sechs Monaten gekündigt werden kann. Eine Dauer des Vertrages von mehr als fünf Jahren kann sich dabei sowohl aus einer kalendermäßigen Befristung als auch daraus ergeben, dass der vertragliche Zweck der Dienste nicht innerhalb von fünf Jahren erreicht wird.[5] § 15 Abs. 4 TzBfG ist nur auf den Fall anzuwenden, dass bei Beginn des Arbeitsverhältnisses eine mehr als fünfjährige Vertragsdauer vereinbart wurde. Eine 138

---

1 BAG v. 19.12.1991 – 2 AZR 363/91, AP Nr. 2 zu § 624 BGB.
2 Vgl. BAG v. 8.8.1963 – 5 AZR 395/62, AP Nr. 2 zu § 626 BGB Kündigungserschwerung; v. 19.12.1974 – 2 AZR 565/73, AP Nr. 3 zu § 620 BGB Bedingung; v. 18.10.2000 – 2 AZR 465/99, AP Nr. 39 zu § 9 KSchG 1969; *Oetker*, Das Dauerschuldverhältnis und seine Beendigung, S. 455 ff.
3 Vgl. zur Anwendung des Verbots geltungserhaltender Reduktion im Arbeitsvertragsrecht BAG v. 25.5.2005 – 5 AZR 572/04, NZA 2005, 1111 (1114 f.), v. 28.9.2005 – 5 AZR 52/05, NZA 2006, 149 (153); v. 24.10.2007 – 10 AZR 825/06, NZA 2008, 40 (44); Palandt/*Ellenberger*, § 306 BGB Rz. 6.
4 Staudinger/*Preis*, § 622 BGB Rz. 53.
5 ErfK/*Müller-Glöge*, § 15 TzBfG Rz. 19; KR/*Lipke*, § 15 TzBfG Rz. 24b.

Klausel wie die vom **Typ 12d**, die zunächst nur eine fünfjährige Bindung vorsieht, muss sich nicht an § 15 Abs. 4 TzBfG, sondern allein an Art. 12 Abs. 1 GG messen lassen.[1]

bb) Eindeutigkeit der Fristvereinbarung

139 Bei der Bestimmung der Mindestfrist ist besonderer Wert darauf zu legen, dass sich aus dem Vertragstext eindeutig ergibt, ob das Arbeitsverhältnis erstmals **an dem genannten Datum** oder **zu dem genannten Datum** gekündigt werden kann. Beide Varianten sind denkbar und führen zu einer unterschiedlich langen Bindungsdauer, die im erstgenannten Fall zusätzlich davon abhängig ist, wie lang die gesetzlich, tarif- oder einzelvertraglich geltende Kündigungsfrist (s.a. → *Kündigungsvereinbarungen*, II K 10 Rz. 44 ff.) ist.

a) Das Arbeitsverhältnis kann mit einer Frist von drei Monaten zum Monatsende erstmals zum ... gekündigt werden.

b) Frau/Herr ... kann das Arbeitsverhältnis erstmals am ... kündigen; es gelten die gesetzlichen Kündigungsfristen.

⊃ Nicht geeignet:
Die Kündigung des Arbeitsverhältnisses ist nicht vor Ablauf des ... zulässig.

140 Während die ersten beiden Beispielsfälle eindeutig sind, ist im letzten Beispiel nicht klar ersichtlich, ob die erstmalige Kündigung des Arbeitsverhältnisses an oder zu dem genannten Termin möglich ist. Um Streitigkeiten zu vermeiden, empfiehlt es sich dementsprechend, auf eine derartige Formulierung zu verzichten.

e) Doppelbefristungen (Höchst- und Mindestdauer)

Typ 13: Doppelbefristungen (Höchst- und Mindestdauer)

a) Das Arbeitsverhältnis beginnt am ... und endet am ...

b) Das Arbeitsverhältnis beginnt am ... Während der ersten sechs Monate ist die Kündigung ausgeschlossen, danach kann das Arbeitsverhältnis von beiden Seiten mit einer Frist von einem Monat zum Monatsende gekündigt werden. Es endet spätestens am ..., ohne dass es einer Kündigung bedarf.

141 Die Doppelbefristung des Arbeitsvertrages ist der **gesetzliche Normalfall des befristeten Arbeitsverhältnisses**. Da das Arbeitsverhältnis mit Ablauf der vereinbarten Frist oder dem Erreichen des Zweckes ohne Weiteres endet, zugleich aber vorher – wenn nichts Abweichendes vereinbart ist – ordentlich nicht gekündigt werden kann (§ 15 Abs. 3 TzBfG), stellt der Ablauftermin zugleich die Mindest- als auch die Höchstdauer des Arbeitsverhältnisses dar (**Typ 13a**).

142 Eine derartige Vertragsgestaltung muss sich dementsprechend auch an den zu **beiden Befristungstypen entwickelten Prüfungsmaßstäben** messen lassen. Sie ist folg-

---

[1] Vgl. BAG v. 19.12.1991 – 2 AZR 363/91, AP Nr. 2 zu § 624 BGB.

lich nur zulässig, wenn die Befristungsdauer weder Bedenken hinsichtlich der Befristungskontrolle nach dem TzBfG noch der Verletzung des Rechts auf freie Arbeitsplatzwahl unterliegt.

Die **Doppelbefristung von Höchst- und Mindestdauer** bietet sich nur an, wenn die Arbeitsleistung des Arbeitnehmers lediglich für einen bestimmten Zeitraum, in diesem aber ganz sicher benötigt wird. Bestehen bei Vertragsabschluss Bedenken, ob das Beschäftigungsbedürfnis nicht u.U. doch schon zu einem früheren Zeitpunkt wegfallen oder der Arbeitnehmer sich bspw. als ungeeignet erweisen könnte, sollte eine reine Höchstbefristung mit Kündigungsklausel gewählt werden. 143

Nicht zwingend erforderlich ist, dass Höchst- und Mindestdauer **identisch** sind. Der Zeitpunkt, an oder zu dem das Arbeitsverhältnis erstmals ordentlich gekündigt werden können soll, kann auch früher liegen als der Zeitpunkt, an dem es spätestens sein Ende nehmen soll. Dann ist die ordentliche Kündigung bis zum Erreichen des Mindestzeitraums zunächst ausgeschlossen, im Anschluss daran ist sie für einen bestimmten Zeitraum möglich, bis das Arbeitsverhältnis mit Erreichen der Höchstbefristungsdauer selbständig und ohne Kündigung endet. Um dies zu erreichen, ist für die Mindestfrist ein anderes Datum zu wählen als für die Höchstfrist (**Typ 13b**). 144

f) Auflösende Bedingungen

Typ 14: Auflösende Bedingung

Sofern der Betriebsrat der Einstellung nicht zustimmt, endet das Arbeitsverhältnis mit Ablauf des Tages, an dem der Arbeitgeber der Mitarbeiterin/dem Mitarbeiter dies mitteilt.

Arbeitsverträge können, wie § 21 TzBfG ausdrücklich klarstellt, unter einer **auflösenden Bedingung** i.S.v. § 158 Abs. 2 BGB geschlossen werden. Von dieser Möglichkeit wird in der Praxis zumeist nur im Rahmen der **Weiterbeschäftigung während des Kündigungsrechtsstreits** Gebrauch gemacht. Dies ist zulässig; der Vertrag muss aber die **Schriftform** des § 14 Abs. 4 TzBfG wahren, weil der Arbeitnehmer sonst – unabhängig vom Ausgang des Kündigungsrechtsstreits – aufgrund der neuen Vereinbarung in einem unbefristeten Arbeitsverhältnis steht.[1] Im Übrigen ist die Praxis bei der Vereinbarung auflösender Bedingungen – zu Recht – sehr zurückhaltend. 145

Vom **befristeten Arbeitsvertrag unterscheidet** sich die auflösende Bedingung dadurch, dass der Eintritt des kalendermäßig bestimmten Endtermins, aber auch das Erreichen des Zwecks beim zweckbefristeten Arbeitsvertrag nach übereinstimmender Einschätzung der Parteien sicher feststeht (und lediglich der Zeitpunkt der Zweckerreichung unsicher ist).[2] Demgegenüber hängt bei der auflösenden Bedin- 146

---
1 BAG v. 22.10.2003 – 7 AZR 113/03, AP Nr. 6 zu § 14 TzBfG; LAG Hamm v. 16.1.2003 – 16 Sa 1126/02, NZA-RR 2003, 468 (469 f.); vgl. auch BAG v. 22.7.2014 – 9 AZR 1066/12, NZA 2014, 1330 (1331 f.).
2 Vgl. BAG v. 9.2.1984 – 2 AZR 402/83, AP Nr. 7 zu § 620 BGB Bedingung; v. 26.3.1986 – 7 AZR 599/84, AP Nr. 103 zu § 620 BGB Befristeter Arbeitsvertrag.

gung die Beendigung des Arbeitsverhältnisses von einem künftigen ungewissen Ereignis ab. Die Bedingung muss überhaupt nicht eintreten. Obwohl § 21 TzBfG hinsichtlich der Zulässigkeit und Rechtsfolgen einer auflösenden Bedingung weitgehend auf das Befristungsrecht verweist und damit den Eindruck erweckt, solche Bedingungen seien im gleichen Umfang möglich wie Befristungen, sind an ihre Zulässigkeit **strenge Anforderungen** zu stellen,[1] die noch über diejenigen hinausreichen, die bei der Zweckbefristung aufgestellt werden. Ausweislich der amtlichen Begründung zum TzBfG wollte der Gesetzgeber die auflösende Bedingung nämlich nicht in größerem als bisherigem Umfang gestatten.[2]

147 **Jede auflösende Bedingung bedarf eines sachlichen Grundes.** Da § 21 TzBfG nur auf § 14 Abs. 1 und 4 TzBfG, nicht aber auf die Absätze 2, 2a und 3 dieser Vorschrift erweist, sind sachgrundlose Bedingungen unzulässig.[3] Das Unternehmerrisiko darf nicht auf den Arbeitnehmer abgewälzt werden,[4] der Bedingungseintritt muss durch objektive Umstände bestimmt sein und darf nicht der willkürlichen Festlegung durch den Arbeitgeber unterliegen.[5] Die fehlende Bestimmtheit der Bedingung führt zu ihrer Unwirksamkeit.[6]

148 Zulässig können auflösende Bedingungen sein, wenn sie vorwiegend oder zumindest auch im **Interesse des Arbeitnehmers** liegen.[7] Zulässig ist die auflösende Bedingung jedenfalls dann, wenn ihre Vereinbarung auf den ausdrücklichen Wunsch des Arbeitnehmers zurückzuführen ist und sie seinem Interesse dient, z.B. der Arbeitgeber den Arbeitnehmer nach Vertragsbeendigung weiterbeschäftigt, bis er eine neue Stelle gefunden hat. Unbedenklich sind auch Bedingungen, deren Eintritt allein vom Willen des Arbeitnehmers abhängig ist (Potestativbedingungen).

149 Für **sachlich gerechtfertigt** hat die Rechtsprechung darüber hinaus auflösende Bedingungen bislang regelmäßig dann gehalten, wenn die Beschäftigung des Arbeitnehmers auf dem vorgesehenen Arbeitsplatz davon abhängig gemacht wurde, dass der Betriebs- bzw. Personalrat der Einstellung zustimmt[8] (**Typ 14**) oder ihr gesundheitliche Gründe nach (amts-)ärztlichem Attest nicht entgegenstanden.[9] Auch der Entzug einer behördlichen Erlaubnis zur Beschäftigung des Arbeitnehmers (hier: im Wach- und Sicherheitsgewerbe) darf zur auflösenden Bedingung gemacht werden, allerdings nur, wenn keine anderweitige Beschäftigungsmöglichkeit für den Arbeit-

---

1 BAG v. 20.12.1984 – 2 AZR 3/84, AP Nr. 9 zu § 620 BGB Bedingung; v. 5.12.1985 – 2 AZR 61/85, AP Nr. 10 zu § 620 BGB Bedingung.
2 BT-Drucks. 14/4374, S. 21; vgl. auch *Däubler*, ZIP 2001, 217 (225).
3 APS/*Backhaus*, § 21 TzBfG Rz. 10.
4 BAG v. 9.7.1981 – 2 AZR 788/78, AP Nr. 4 zu § 620 BGB Bedingung; v. 11.10.1995 – 7 AZR 119/95, AP Nr. 20 zu § 620 BGB Bedingung; *Preis*, Vertragsgestaltung, S. 158.
5 BAG v. 4.12.1991 – 7 AZR 344/90, AP Nr. 17 zu § 620 BGB Bedingung.
6 BAG v. 27.10.1988 – 2 AZR 109/88, AP Nr. 16 zu § 620 BGB Bedingung.
7 BAG v. 4.12.2002 – 7 AZR 492/01, AP Nr. 28 zu § 620 BGB Bedingung; KR/*Lipke*, § 21 TzBfG Rz. 29 ff.; Staudinger/*Preis*, § 620 BGB Rz. 261.
8 BAG v. 17.2.1983 – 2 AZR 208/81, AP Nr. 74 zu § 620 BGB Befristeter Arbeitsvertrag.
9 BAG v. 14.5.1987 – 2 AZR 374/86, AP Nr. 12 zu § 1 TVG Tarifverträge: Lufthansa (Feststellung der Flugtauglichkeit eines Piloten, der beim Bodenpersonal nicht weiterbeschäftigt werden konnte); LAG Berlin v. 16.7.1990 – 9 Sa 43/90, LAGE § 620 BGB Bedingung Nr. 2; LAG Köln v. 12.3.1991 – 4 Sa 1057/90, LAGE § 620 BGB Bedingung Nr. 3.

nehmer besteht.[1] Schließlich können die Besonderheiten der Arbeitsverhältnisse mit Künstlern[2] auflösende Bedingungen ebenso rechtfertigen wie der Umstand, dass die fragliche Stelle Gegenstand eines Konkurrentenstreits ist.[3]

Rechtsmissbräuchlich und daher unwirksam sind namentlich solche auflösenden Bedingungen, mit denen der Arbeitgeber sich von der Last befreien will, die Voraussetzungen der sozialen Rechtfertigung seiner Kündigung darlegen und im Streitfall beweisen zu müssen. So sind an eine personenbedingte Kündigung wegen **Krankheit** hohe Anforderungen gestellt, die es ausschließen, eine bestimmte Anzahl von Fehltagen automatisch zur Beendigung des Arbeitsverhältnisses führen zu lassen.[4] Dasselbe gilt für die auflösende Bedingung, dass der Arbeitnehmer während der Arbeitszeit **Alkohol** zu sich nimmt,[5] weil sowohl eine verhaltensbedingte Kündigung wegen verbotenen Alkoholgenusses als auch eine personenbedingte Kündigung wegen Alkoholabhängigkeit weiteren Voraussetzungen unterliegen. 150

Unwirksam sind auch Bedingungen, die das Ende des Vertragsverhältnisses z.B. an **schlechte Leistungen** im Berufsausbildungsverhältnis[6] oder die **Überschreitung des Urlaubs**[7] knüpfen. Gegen den Sonderkündigungsschutz für werdende Mütter verstößt die auflösende Bedingung des Eintritts einer **Schwangerschaft**,[8] gegen Art. 6 GG die der **Eheschließung**,[9] gegen die (positive oder negative) Koalitionsfreiheit die Bedingung des Fortbestandes des Arbeitsverhältnisses vom Eintritt in die bzw. Austritt aus der **Gewerkschaft**.[10] 151

Auch auf die früher vielfach für zulässig gehaltene[11] auflösende Bedingung des Bezugs einer **Erwerbsminderungsrente** sollte verzichtet werden. Zum einen nämlich hat das BAG schon die Tarifnorm des früheren § 59 BAT nur mit Einschränkungen für rechtlich unbedenklich erklärt,[12] zum anderen ist durchaus zweifelhaft, ob eine solche Klausel, wenn sie einzelvertraglich vereinbart worden ist, einer Inhaltskontrolle standhielte (näher → *Altersgrenze*, II A 20 Rz. 30ff.). Schließlich liefe der Arbeitgeber bei einer solchen Klausel Gefahr, den **erweiterten Beendigungsschutz** des 152

---

1 BAG v. 25.8.1999 – 7 AZR 75/98, AP Nr. 24 zu § 620 BGB Bedingung.
2 BAG v. 2.7.2003 – 7 AZR 612/02, AP Nr. 29 zu § 620 BGB Bedingung (Wegfall einer Rolle in einer Fernsehserie als auflösende Bedingung für das Arbeitsverhältnis mit der Darstellerin).
3 OVG Greifswald v. 31.7.2002 – 2 M 34/02, NZA-RR 2003, 628 (629).
4 LAG BW v. 15.10.1990 – 15 Sa 92/90, DB 1991, 918.
5 LAG München v. 29.10.1987 – 4 Sa 783/87, BB 1988, 348.
6 BAG v. 5.12.1985 – 2 AZR 61/85, AP Nr. 10 zu § 620 BGB Bedingung.
7 BAG v. 13.12.1984 – 2 AZR 294/83, AP Nr. 8 zu § 620 BGB Bedingung; v. 20.12.1984 – 2 AZR 3/84, AP Nr. 9 zu § 620 BGB Bedingung.
8 BAG v. 28.11.1958 – 1 AZR 199/59, AP Nr. 3 zu Art. 6 Abs. 1 GG Ehe und Familie.
9 BAG v. 10.5.1957 – 1 AZR 249/56, AP Nr. 1 zu Art. 6 Abs. 1 GG Ehe und Familie.
10 BAG v. 2.6.1987 – 1 AZR 651/85, AP Nr. 49 zu Art. 9 GG; v. 28.3.2000 – 1 ABR 16/99, AP Nr. 27 zu § 99 BetrVG 1972 Einstellung.
11 BAG v. 24.6.1987 – 8 AZR 635/84, AP Nr. 5 zu § 59 BAT.
12 BAG v. 28.6.1995 – 7 AZR 555/95, AP Nr. 6 zu § 59 BAT; vgl. ferner BAG v. 11.10.1965 – 7 AZR 119/95, AP Nr. 20 zu § 620 BGB Bedingung; v. 23.2.2000 – 7 AZR 126/99, AP Nr. 13 zu § 1 TVG Tarifverträge: Musiker; v. 23.2.2000 – 7 AZR 906/98, AP Nr. 25 zu § 1 BeschFG 1985; v. 9.8.2000 – 7 AZR 749/98, ZTR 2001, 270; v. 9.8.2000 – 7 AZR 214/99, AP Nr. 10 zu § 59 BAT; v. 3.9.2003 – 7 AZR 661/02, AP Nr. 1 zu § 59 BAT-O; vgl. aber auch LAG Berlin v. 19.12.2003 – 13 Sa 1481/03, NZA-RR 2004, 418 (419).

§ 92 SGB IX zu übersehen, der die Zustimmung des Integrationsamtes zur Beendigung des Arbeitsverhältnisses mit Ausnahme der Fälle dauernder Erwerbsunfähigkeit auch dann erforderlich macht, wenn das Arbeitsverhältnis nicht durch Kündigung beendet wird.[1]

153 Für die Vertragsgestaltung bedeutet dies, dass über die von der Rechtsprechung anerkannten Fallgruppen hinaus **von auflösenden Bedingungen tunlichst kein Gebrauch** gemacht werden sollte. Jeder Versuch, Kündigungsschutzbestimmungen zugunsten der Arbeitnehmer einschließlich der von der Rechtsprechung entwickelten Anforderungen an die Darlegungs- und Beweislast hinsichtlich einzelner Kündigungsgründe zugunsten des Arbeitgebers durch auflösende Bedingungen zu modifizieren, ist zum Scheitern verurteilt. Allerdings hat das TzBfG mit der Verweisung des § 21 TzBfG auf die Vorschrift des § 17 TzBfG bestätigt, dass auch die Unwirksamkeit einer Bedingung innerhalb von drei Wochen nach deren Eintritt geltend gemacht werden muss.[2]

g) Wiederholter Abschluss befristeter Arbeitsverträge

aa) Zulässigkeit und Grenzen

154 Befristete Arbeitsverträge können grundsätzlich auch mehrfach nacheinander von denselben Vertragsparteien abgeschlossen werden. Wegen der mit zunehmender Befristungsdauer und häufiger Verlängerung steigenden Abhängigkeit des Arbeitnehmers sind an derartige Kettenbefristungen jedoch erhöhte Anforderungen zu stellen. Zudem ist individualrechtlich § 14 Abs. 2 TzBfG, kollektivrechtlich das **Mitbestimmungsrecht des Betriebsrats** aus § 99 BetrVG (Rz. 94) zu beachten. Im Einzelnen gilt Folgendes:

155 **Ohne sachlichen Grund** darf ein Arbeitsverhältnis nur dann befristet abgeschlossen werden, wenn zwischen den Vertragsparteien innerhalb der letzten drei Jahre kein Arbeitsverhältnis bestanden hat, § 14 Abs. 2 Satz 2 TzBfG. Selbst innerhalb der Zwei-Jahres-Frist des § 14 Abs. 2 Satz 1 TzBfG darf nur ein einziger sachgrundlos befristeter Arbeitsvertrag abgeschlossen werden, der allenfalls bis zu dreimal bis zu der genannten Höchstdauer verlängert werden darf. Eine solche **Verlängerung** liegt aber nur vor, wenn sie bereits vor Ablauf der zunächst vereinbarten Befristungsdauer vereinbart wird und die Vertragsbedingungen im Übrigen unverändert bleiben (Rz. 95). Jede Modifikation bewirkt, dass die „Verlängerung" sich in Wahrheit als neuer befristeter Arbeitsvertrag erweist, der dann eines sachlichen Grundes bedarf.

156 Großzügiger ist das Gesetz lediglich in zwei Fällen. Der erste Fall betrifft die **Befristung von Arbeitsverträgen in neu gegründeten Unternehmen** (§ 14 Abs. 2a TzBfG). Nach dieser Vorschrift können in der Aufbauphase von vier Jahren befristete Arbeitsverträge mit einer Laufzeit von bis zu vier Jahren geschlossen werden, was eine Privilegierung neu gegründeter Unternehmen für nahezu acht Jahre bedeuten kann, da kurz vor Ende der Aufbauphase noch Arbeitsverträge mit einer Laufzeit von vier Jahren geschlossen werden können.[3] Eine weitere Privilegierung neu ge-

---

1 Vgl. ErfK/*Rolfs*, § 92 SGB IX Rz. 1.
2 BAG v. 4.12.2002 – 7 AZR 492/01, AP Nr. 28 zu § 620 BGB Bedingung; v. 10.10.2012 – 7 AZR 602/11, AP Nr. 10 zu § 21 TzBfG; *Kliemt*, NZA 2001, 296 (302).
3 *Preis*, DB 2004, 70 (79).

gründeter Unternehmen liegt in der Möglichkeit, die Arbeitsverträge bis zur Höchstdauer von vier Jahren beliebig oft zu befristen. Eine weitere Ausnahme von § 14 Abs. 2 TzBfG besteht bei der **Befristung mit älteren Arbeitnehmern** (§ 14 Abs. 3 TzBfG). Hier muss der Arbeitnehmer lediglich mindestens vier Monate vor Beginn des befristeten Vertrages beschäftigungslos gewesen sein, Transferkurzarbeitergeld bezogen oder an einer öffentlich geförderten Beschäftigungsmaßnahme nach dem SGB II oder SGB III teilgenommen haben. Außerdem gebietet die unionsrechtskonforme Auslegung, dass die Fünfjahresfrist des § 14 Abs. 3 TzBfG mit einem Arbeitgeber nur einmal ausgeschöpft werden darf (Rz. 100).

Daraus folgt, dass **mit Ausnahme der Erstbefristung jede weitere Befristung eines sachlichen Grundes** i.S.v. § 14 Abs. 1 TzBfG bedarf. Dies gilt nicht nur dann, wenn die einzelnen Arbeitsverträge ohne Unterbrechung aneinander gereiht werden oder in einem engen sachlichen Zusammenhang zueinander stehen.[1] Auch dann, wenn zwischen mehreren Verträgen ein Zeitraum von bis zu drei Jahren liegt und ein Zusammenhang zwischen ihnen in keiner Weise besteht, muss die Befristung des zweiten und jedes weiteren Vertrages durch einen sachlichen Grund gerechtfertigt sein. Denn § 14 Abs. 2 TzBfG gestattet sachgrundlose Befristungen nur, wenn die Parteien innerhalb der letzten drei Jahre nicht in einem Arbeitsverhältnis zueinander gestanden haben (Rz. 77ff.). 157

Mit **zunehmender Befristungsdauer** und **erhöhter Anzahl befristeter Arbeitsverträge** zwischen denselben Vertragsparteien besteht das Risiko, dass das Rechtsinstitut der Befristung missbräuchlich ausgenutzt wird, um den Abschluss eines unbefristeten Vertrages zu vermeiden. Die europäischen Sozialpartner stimmen jedoch darin überein, dass unbefristete Arbeitsverhältnisse die übliche Form des Beschäftigungsverhältnisses sind, weil sie zur Lebensqualität der betreffenden Arbeitnehmer und zur Verbesserung ihrer Leistungsfähigkeit beitragen.[2] Ursprünglich hatte das BAG dem Missbrauch dadurch vorbeugen wollen, dass mit zunehmender Befristungsdauer höhere Anforderungen an den sachlichen Grund gestellt wurden.[3] Davon ist es zwischenzeitlich aber abgerückt.[4] 158

Im Anschluss an entsprechende Hinweise des EuGH[5] nimmt das Gericht heute jedoch eine **Missbrauchskontrolle** vor: Rechtsmissbräuchlich i.S.v. § 242 BGB handele ein Vertragspartner, wenn er eine an sich rechtlich mögliche Gestaltung in 159

---

1 Vgl. zum früheren Recht insoweit BAG v. 12.9.1996 – 7 AZR 790/95, AP Nr. 182 zu § 620 BGB Befristeter Arbeitsvertrag; v. 22.4.1998 – 5 AZR 2/97, AP Nr. 24 zu § 611 BGB Rundfunk; v. 22.4.1998 – 5 AZR 92/97, AP Nr. 25 zu § 611 BGB Rundfunk.
2 Nr. 6 der Allgemeinen Erwägungen der Rahmenvereinbarung zur RL 1999/70/EG über befristete Arbeitsverträge.
3 BAG v. 20.2.1991 – 7 AZR 81/90, AP Nr. 137 zu § 620 BGB Befristeter Arbeitsvertrag; v. 11.12.1991 – 7 AZR 431/90, AP Nr. 141 zu § 620 BGB Befristeter Arbeitsvertrag; v. 22.11. 1995 – 7 AZR 252/95, AP Nr. 178 zu § 620 BGB Befristeter Arbeitsvertrag; LAG Nds. v. 8.7.2003 – 12 Sa 1582/02, LAGReport 2004, 1; *Hunold*, NZA-RR 2000, 505 (505).
4 BAG v. 21.4.1993 – 7 AZR 376/92, AP Nr. 149 zu § 620 BGB Befristeter Arbeitsvertrag; v. 22.11.1995 – 7 AZR 252/95, AP Nr. 178 zu § 620 BGB Befristeter Arbeitsvertrag; v. 11.11. 1998 – 7 AZR 328/97, AP Nr. 204 zu § 620 BGB Befristeter Arbeitsvertrag; v. 12.1.2000 – 7 AZR 863/98, AP Nr. 217 zu § 620 BGB Befristeter Arbeitsvertrag; v. 6.12.2000 – 7 AZR 262/99, AP Nr. 22 zu 2 BAT SR 2y; v. 21.2.2001 – 7 AZR 200/00, AP Nr. 226 zu § 620 BGB Befristeter Arbeitsvertrag.
5 EuGH v. 26.1.2012 – C-586/10, ECLI:EU:C:2012:39 = NZA 2012, 135 – *Kücük*.

einer mit Treu und Glauben unvereinbaren Weise nur dazu verwende, sich zum Nachteil des anderen Vertragspartners Vorteile zu verschaffen, die nach dem Zweck der Norm und des Rechtsinstituts nicht vorgesehen sind. Dabei sind **sämtliche Umstände des Einzelfalls zu berücksichtigen**; das BAG sieht sich sowohl außerstande, eine abschließende Bezeichnung aller zu berücksichtigenden Umstände vorzunehmen, noch eine quantitative Angabe zu machen, wo die zeitlichen und/oder zahlenmäßigen Grenzen genau liegen, bei denen ein Missbrauch indiziert oder gar zwingend von einem solchen auszugehen ist.[1] Zu den wichtigsten Beurteilungskriterien zählen:

160
- die Gesamtdauer der befristeten Verträge sowie die Anzahl der Vertragsverlängerungen;
- die konkrete Beschäftigung des Arbeitnehmers, insbesondere, ob er stets auf demselben Arbeitsplatz mit denselben Aufgaben beschäftigt wurde oder ob es sich um wechselnde, ganz unterschiedliche Aufgaben handelte;
- die Laufzeit der einzelnen befristeten Verträge sowie die Frage, ob und in welchem Maße die vereinbarte Befristungsdauer zeitlich hinter dem zu erwartenden (Vertretungs-)Bedarf zurückblieb;
- weitere Gesichtspunkte wie branchenspezifische Besonderheiten (etwa bei Saisonbetrieben) oder ein besonderer verfassungsrechtlicher Schutz des Arbeitgebers (Presse, Rundfunk, Film, Wissenschaft, politische Parteien etc.).[2]

161 In zeitlich-quantitativer Hinsicht lässt sich § 14 Abs. 2 TzBfG entnehmen, dass jedenfalls **eine dreimalige Verlängerung bis zur Höchstdauer von zwei Jahren keinen Rechtsmissbrauch** darstellt.[3] Unter Zugrundelegung dieser Grundsätze hat der 7. Senat bei einer Gesamtdauer von mehr als elf Jahren und 13 Befristungen eine missbräuchliche Gestaltung ebenso für indiziert angesehen[4] wie bei 13 befristeten Verträgen innerhalb von etwas mehr als sechseinhalb Jahren,[5] während bei einer Gesamtdauer von sieben Jahren und neun Monaten und vier Befristungen Anhaltspunkte für einen Gestaltungsmissbrauch noch nicht vorliegen sollen,[6] erst recht nicht bei vier Verträgen in vier Jahren[7] oder drei Verträgen von der Dauer jeweils eines Jahres.[8]

bb) Gegenstand der Befristungskontrolle

162 Seit dem Urteil vom 8.5.1985 entspricht es ständiger Rechtsprechung des BAG, dass grundsätzlich nur noch die **Wirksamkeit der Befristung des letzten Arbeitsvertrages** kontrolliert wird.[9] Wollen nämlich die Arbeitsvertragsparteien im Anschluss an ei-

---

1 BAG v. 18.7.2012 – 7 AZR 443/09, NZA 2012, 1351 (1357); dazu *Bayreuther*, NZA 2013, 23 ff.
2 BAG v. 18.7.2012 – 7 AZR 443/09, NZA 2012, 1351 (1357 f.).
3 BAG v. 18.7.2012 – 7 AZR 443/09, NZA 2012, 1351 (1358).
4 BAG v. 18.7.2012 – 7 AZR 443/09, NZA 2012, 1351.
5 BAG v. 13.2.2013 – 7 AZR 225/11, NZA 2013, 777 (781 f.).
6 BAG v. 18.7.2012 – 7 AZR 783/10, NZA 2012, 1359.
7 BAG v. 10.7.2013 – 7 AZR 761/11, NZA 2014, 26 (29 f.).
8 BAG v. 19.3.2014 – 7 AZR 527/12, NZA 2014, 840 (842 f.).
9 BAG v. 8.5.1985 – 7 AZR 191/84, AP Nr. 97 zu § 620 BGB Befristeter Arbeitsvertrag; v. 13.10.2004 – 7 AZR 218/04, NZA 2005, 401 (403); v. 16.11.2005 – 7 AZR 812/05, AP Nr. 264 zu § 620 BGB Befristeter Arbeitsvertrag; v. 14.2.2007 – 7 AZR 95/06, AP Nr. 18

nen früheren befristeten Arbeitsvertrag ihr Arbeitsverhältnis für eine bestimmte Zeit fortsetzen und schließen sie deshalb einen weiteren befristeten Arbeitsvertrag ab, so bringen sie damit jedenfalls regelmäßig zum Ausdruck, dass der neue Vertrag fortan für ihre Rechtsbeziehungen maßgeblich sein soll. Denn der Abschluss eines befristeten Arbeitsvertrages neben einem schon bestehenden unbefristeten Arbeitsvertrag hat nur dann einen Sinn, wenn die Vertragsparteien über die Wirksamkeit der Befristung des früheren Vertrages im Zweifel sind und sie infolge dessen den weiteren befristeten Vertrag nur für den Fall abschließen, dass sie nicht bereits aufgrund des vorangegangenen Vertrages in einem unbefristeten Arbeitsverhältnis stehen.[1] Etwas anderes gilt lediglich dann, wenn sich der letzte Vertrag nur als **unselbständiger Annex** zu dem vorangegangenen befristeten Arbeitsvertrag darstellt, dann ist dieser auf seine Wirksamkeit zu überprüfen.[2] Ein solcher Annex liegt jedoch nur vor, wenn der Anschlussvertrag lediglich eine verhältnismäßig geringfügige Korrektur des im früheren Vertrag vereinbarten Endzeitpunkts betrifft, diese Korrektur sich am Sachgrund für die Befristung orientiert und allein in der Anpassung der ursprünglich vereinbarten Vertragszeit an später eintretende, zum Zeitpunkt des Vertragsabschlusses nicht vorhersehbare Umstände besteht.[3]

Darüber hinaus ordnet § 17 Satz 1 TzBfG entsprechend § 4 KSchG eine **dreiwöchige Klagefrist** für die Geltendmachung der Unwirksamkeit einer Befristung an.[4] Diese Frist ist auch bei Kettenarbeitsverhältnissen **für jeden einzelnen Vertrag** einzuhalten.[5] Mit der Versäumung der Klagefrist – oder der Rücknahme der Klage[6] – werden alle Voraussetzungen einer rechtswirksamen Befristung unwiderleglich vermutet.[7] Da Arbeitnehmer in aller Regel erst bei (drohender) endgültiger Beendi-

---

zu § 612a BGB; v. 7.11.2007 – 7 AZR 484/06, AP Nr. 42 zu § 14 TzBfG; v. 18.6.2008 – 7 AZR 214/07, AP Nr. 50 zu § 14 TzBfG; v. 25.3.2009 – 7 AZR 34/08, NZA 2010, 34; v. 4.12.2013 – 7 AZR 468/12, NZA 2014, 623 (624); Kritik u.a. bei MünchArbR/*Wank*, § 95 Rz. 136.

1 BAG v. 8.5.1985 – 7 AZR 191/84, AP Nr. 97 zu § 620 BGB Befristeter Arbeitsvertrag; v. 26.3.1986 – 7 AZR 599/84, AP Nr. 103 zu § 620 BGB Befristeter Arbeitsvertrag; v. 21.1.1987 – 7 AZR 265/85, AP Nr. 4 zu § 620 BGB Hochschule.
2 BAG v. 24.4.1996 – 7 AZR 719/95, AP Nr. 180 zu § 620 BGB Befristeter Arbeitsvertrag; v. 25.10.2000 – 7 AZR 537/99, AP Nr. 7 zu § 1 BeschFG 1996; v. 15.8.2001 – 7 AZR 144/00, NZA 2002, 696; v. 5.6.2002 – 7 AZR 241/01, AP Nr. 13 zu § 1 BeschFG 1996; v. 7.11.2007 – 7 AZR 484/06, AP Nr. 42 zu § 14 TzBfG; v. 25.3.2009 – 7 AZR 34/08, NZA 2010, 34; *Vossen*, NZA 2000, 704 (708 f.).
3 BAG v. 15.2.1995 – 7 AZR 680/94, AP Nr. 166 zu § 620 BGB Befristeter Arbeitsvertrag; v. 1.12.1999 – 7 AZR 236/98, AP Nr. 21 zu § 57b HRG; v. 28.6.2000 – 7 AZR 920/98, AP Nr. 2 zu § 1 BeschFG 1996; v. 5.6.2002 – 7 AZR 241/01, AP Nr. 13 zu § 1 BeschFG 1996; v. 7.11.2007 – 7 AZR 484/06, AP Nr. 42 zu § 14 TzBfG.
4 Zu den Voraussetzungen einer ordnungsgemäßen Klageerhebung vgl. BAG v. 16.4.2003 – 7 AZR 119/02, AP Nr. 2 zu § 17 TzBfG.
5 BAG v. 9.2.2000 – 7 AZR 730/98, AP Nr. 22 zu § 1 BeschFG 1985; v. 22.3.2000 – 7 AZR 581/98, AP Nr. 1 zu § 1 BeschFG 1996; v. 28.6.2000 – 7 AZR 920/98, AP Nr. 2 zu § 1 BeschFG 1996; v. 26.7.2000 – 7 AZR 256/99, AP Nr. 3 zu § 1 BeschFG 1996; v. 26.7.2000 – 7 AZR 51/99, AP Nr. 4 zu § 1 BeschFG 1996; v. 26.7.2000 – 7 AZR 546/99, AP Nr. 5 zu § 1 BeschFG 1996; v. 24.10.2001 – 7 AZR 686/00, AP Nr. 11 zu § 1 BeschFG 1996; v. 5.6.2002 – 7 AZR 241/01, AP Nr. 13 zu § 1 BeschFG 1996; v. 4.12.2002 – 7 AZR 545/01, AP Nr. 17 zu § 1 BeschFG 1996.
6 BAG v. 26.6.2002 – 7 AZR 122/01, AP Nr. 14 zu § 1 BeschFG 1996.
7 BAG v. 19.9.2001 – 7 AZR 574/00, NZA 2002, 464; v. 4.12.2002 – 7 AZR 545/01, AP Nr. 17 zu § 1 BeschFG 1996.

gung des Arbeitsverhältnisses Befristungskontrollklage erheben, gelten die vorangegangenen Befristungen schon aufgrund der Fiktion des § 17 Abs. 2 TzBfG i.V.m. § 7 KSchG als wirksam befristet, wenn die Klage nicht ausnahmsweise auch hinsichtlich des vorletzten Vertrages die Drei-Wochen-Frist wahrt.[1]

164 Bei der Verlängerung eines befristeten Vertrages können die Parteien **keinen Vorbehalt** des Inhalts vereinbaren, dass die Befristung nur dann wirksam sein soll, wenn zwischen ihnen nicht bereits ein unbefristetes Arbeitsverhältnis besteht. Die dreiwöchige Klagefrist des § 17 Satz 1 TzBfG ist nämlich, nicht anders als diejenige des § 4 Satz 1 KSchG, zweiseitig zwingend und unterliegt folglich nicht der Parteidisposition.[2] Die Rechtssicherheit, um deretwillen sie eine alsbaldige Klärung des Bestandes des Arbeitsverhältnisses erreichen will, ist ein Gemeinschaftsgut, über das durch Parteivereinbarung nicht disponiert werden kann.

165 Aus dieser Begründung ergibt sich zugleich, dass die Dinge dann anders liegen, wenn der Arbeitnehmer gegen die Befristung des vorangegangenen Vertrages **bereits rechtzeitig Klage erhoben hat** und diese dem Arbeitgeber bei Vertragsabschluss auch schon zugestellt war.[3] Hier ist sowohl ein ausdrücklicher[4] als auch ein **konkludenter Vorbehalt** möglich; Letzterer ergibt sich im Wege der Auslegung aus dem Vertragsangebot des Arbeitgebers. Haben nämlich die Arbeitsvertragsparteien nach Rechtshängigkeit einer Klage gemäß § 17 TzBfG weitere befristete Verträge ohne *ausdrücklichen* Vorbehalt abgeschlossen, so ist regelmäßig anzunehmen, dass die Folgeverträge einen konkludenten Vorbehalt enthalten. Der Arbeitnehmer als der Empfänger eines Angebots des Arbeitgebers, einen neuen befristeten Arbeitsvertrag abzuschließen, darf der ausdrücklichen Erklärung den zusätzlichen Inhalt entnehmen, dieser Vertrag solle nur dann das Arbeitsverhältnis der Parteien regeln, wenn nicht bereits der der gerichtlichen Kontrolle übergebene Arbeitsvertrag maßgeblich für das Arbeitsverhältnis der Parteien ist. Etwas anderes muss der Arbeitnehmer dem Angebot des Arbeitgebers nur entnehmen, wenn dieses Hinweise für die ansonsten regelmäßig eintretende Rechtsfolge der Aufhebung des vorangegangenen Vertrags enthält. Gibt es sie nicht, nimmt der Arbeitnehmer das Angebot unter dem Vorbehalt an, der Vertrag solle nur maßgeblich sein, wenn nicht bereits aufgrund einer vorherigen unwirksamen Befristung ein Arbeitsverhältnis auf unbestimmte Zeit besteht.[5] Der Vorbehalt muss aber – ausdrücklich oder konkludent – vereinbart sein, sich also insbesondere auch aus dem objektiven Erklärungsgehalt des Vertragsangebots des Arbeitgebers ergeben. Ein bloß einseitiger Vorbehalt des Arbeitnehmers genügt nicht.[6] Der Arbeitgeber verstößt auch nicht gegen § 612a BGB, wenn er zum Abschluss eines befristeten Folgevertrages nur ohne diesen Vorbehalt bereit ist.[7] Andererseits liegt im Abschluss eines erneuten befristeten

---

1 Vgl. BAG v. 26.7.2000 – 7 AZR 43/99, AP Nr. 26 zu § 1 BeschFG 1985.
2 BAG v. 19.1.2005 – 7 AZR 115/04, AP Nr. 260 zu § 620 BGB Befristeter Arbeitsvertrag; vgl. auch von Hoyningen-Huene/*Linck*, § 4 KSchG Rz. 92; KR/*Friedrich*, § 4 KSchG Rz. 138; SPV/*Vossen*, Rz. 1922.
3 BAG v. 18.6.2008 – 7 AZR 214/07, AP Nr. 50 zu § 14 TzBfG; anders aber, wenn die Klage noch nicht zugestellt war: BAG v. 13.10.2004 – 7 AZR 218/04, NZA 2005, 401 (403).
4 Vgl. BAG v. 14.2.2007 – 7 AZR 95/06, AP Nr. 18 zu § 612a BGB.
5 BAG v. 10.3.2004 – 7 AZR 402/03, AP Nr. 11 zu § 14 TzBfG; v. 18.6.2008 – 7 AZR 214/07, AP Nr. 50 zu § 14 TzBfG.
6 BAG v. 16.11.2005 – 7 AZR 812/05, AP Nr. 264 zu § 620 BGB Befristeter Arbeitsvertrag.
7 BAG v. 14.2.2007 – 7 AZR 95/06, AP Nr. 18 zu § 612a BGB.

Arbeitsvertrages kein Verzicht des Arbeitnehmers auf sein Recht, die Unwirksamkeit der vorangegangenen Befristung geltend zu machen. Das gilt auch dann, wenn der neue Vertrag anlässlich eines gerichtlichen Vergleichs (§ 14 Abs. 1 Nr. 8 TzBfG) abgeschlossen worden ist.[1] Die Parteien können auch nicht gleichzeitig mit der Befristung wirksam vereinbaren, dass der Arbeitnehmer auf die Erhebung der Befristungskontrollklage verzichtet.[2]

h) Weiterbeschäftigung nach Ablauf der Befristung

◯ Nicht geeignet:
  a) Der Arbeitnehmer wird mit Wirkung vom ... befristet bis zum ... eingestellt. Das Arbeitsverhältnis endet mit Ablauf der Frist, ohne dass es einer Kündigung bedarf. Einer Fortsetzung über das Vertragsende hinaus wird bereits jetzt widersprochen.
  b) Die Parteien sind sich darüber einig, dass eine stillschweigende Fortsetzung des Arbeitsverhältnisses über den ... hinaus ausgeschlossen ist.

Gemäß § 15 Abs. 5 TzBfG gilt ein Arbeitsverhältnis als **auf unbestimmte Zeit verlängert**, wenn es nach dem Ablauf der Vertragsdauer vom Arbeitnehmer mit Wissen des Arbeitgebers[3] fortgesetzt wird und dieser nicht unverzüglich widerspricht oder die Zweckerreichung nicht unverzüglich mitteilt.[4]

§ 15 Abs. 5 TzBfG ist jedenfalls im Ursprungsvertrag unabdingbar (§ 22 Abs. 1 TzBfG), so dass vertragliche Vereinbarungen nach Beispiel b) nicht wirksam getroffen werden können. Auch ein antizipierter Widerspruch nach Beispiel a) kommt nicht in Betracht, obgleich durch ihn § 15 Abs. 5 TzBfG nicht ausdrücklich abbedungen wird. Die Ausübung des Widerspruchs ohne zeitlichen Zusammenhang zur durch die Befristung oder Bedingung vorgesehenen Beendigung des Arbeitsverhältnisses widerspricht jedoch dem Normzweck der Vorschrift und kommt daher gleichfalls nicht in Betracht.[5]

Nur ein Widerspruch, der **wenige Tage vor Ablauf der vereinbarten Zeit** oder der Zweckerreichung auf die bevorstehende Beendigung des Arbeitsverhältnisses hinweist und mit der der Arbeitgeber zugleich einer Weiterbeschäftigung widerspricht, ist weiterhin möglich.[6]

---

1 BAG v. 13.6.2007 – 7 AZR 287/06, AP Nr. 7 zu § 17 TzBfG.
2 BAG v. 13.6.2007 – 7 AZR 287/06, AP Nr. 7 zu § 17 TzBfG.
3 Zum Arbeitgeberbegriff in diesem Sinne BAG v. 25.10.2000 – 7 AZR 537/99, AP Nr. 7 zu § 1 BeschFG 1996; v. 21.2.2001 – 7 AZR 98/00, AP Nr. 9 zu § 1 BeschFG 1996; v. 20.2. 2002 – 7 AZR 662/00, NZA 2002, 1000 (1000); v. 11.7.2007 – 7 AZR 501/06, AP Nr. 12 zu § 57a HRG.
4 Erforderlich ist in jedem Falle eine tatsächliche Erbringung der Arbeitsleistung im unmittelbaren Anschluss an das Ende des Arbeitsverhältnisses: BAG v. 2.12.1998 – 7 AZR 508/97, AP Nr. 8 zu § 625 BGB; v. 24.10.2001 – 7 AZR 620/00, AP Nr. 9 zu § 57c HRG.
5 BAG v. 22.7.2014 – 9 AZR 1066/12, NZA 2014, 1330 (1332); APS/*Backhaus*, § 15 TzBfG Rz. 89.
6 BAG v. 11.7.2007 – 7 AZR 501/06, AP Nr. 12 zu § 57a HRG.

Wir weisen Sie darauf hin, dass das Arbeitsverhältnis mit Ihnen mit Ablauf der Probezeit am ... endet. Eine Weiterbeschäftigung beabsichtigen wir nicht.[1]

3. Muster befristeter Arbeitsverträge

169 Muster 1 enthält einen kalendermäßig befristeten Arbeitsvertrag ohne Angabe eines Befristungsgrundes (Rz. 26 ff.), mit vorgeschalteter sechsmonatiger Probezeit (Rz. 24), ordentlicher Kündigungsmöglichkeit (Rz. 21) und Nichtverlängerungsanzeige (Rz. 70).

Muster 1

Frau/Herr ... wird ab dem ... als ... eingestellt. Das Arbeitsverhältnis wird auf die Dauer von zwölf Monaten befristet und endet folglich am ..., ohne dass es einer Kündigung bedarf. Während der ersten sechs Monate, die als Probezeit gelten, kann das Arbeitsverhältnis von beiden Seiten mit der tariflichen Mindestkündigungsfrist/mit einer Frist von zwei Wochen, danach mit einer Frist von vier Wochen zum 15. oder zum Ende eines jeden Kalendermonats ordentlich gekündigt werden.

Die Vertragsparteien teilen sich wechselseitig spätestens 14 Tage vor dem vereinbarten Ende des Arbeitsverhältnisses mit, ob sie an einer Weiterbeschäftigung interessiert sind.

170 Muster 2 enthält einen zweck- und zeitbefristeten Arbeitsvertrag (Rz. 129) mit Aushilfsklausel (Rz. 44), ordentlicher Kündigungsmöglichkeit (Rz. 21) und Nichtverlängerungsanzeige durch den Arbeitgeber (Rz. 70).

Muster 2

Frau/Herr ... wird ab dem ... als ... zur aushilfsweisen Vertretung für die/den erkrankte/n Mitarbeiter/in Frau/Herrn ... eingestellt. Das Arbeitsverhältnis endet zwei Wochen nach der Mitteilung des Arbeitgebers über die Rückkehr von Frau/Herrn ... in den Betrieb, spätestens jedoch am ... In den ersten drei Monaten kann das Aushilfsarbeitsverhältnis von beiden Seiten jederzeit zum Ende des darauf folgenden Werktages, danach mit einer Frist von vier Wochen zum 15. oder zum Monatsende ordentlich gekündigt werden.

Sollte die Firma eine Weiterbeschäftigung von Frau/Herrn ... über das vereinbarte Ende des Arbeitsverhältnisses hinaus beabsichtigen, wird sie ihr/ihm dies spätestens zwei Wochen vorher mitteilen.

171 Muster 3 enthält einen zeit- und zweckbefristeten Arbeitsvertrag nach § 21 BEEG (Rz. 102, Rz. 129) mit vorgeschalteter Probezeit (Rz. 24) und Kündigungsklausel (Rz. 21).

---

1 Beispiel nach BAG v. 8.3.1962 – 2 AZR 497/61, AP Nr. 22 zu § 620 BGB Befristeter Arbeitsvertrag.

Muster 3

Frau/Herr ... wird ab dem ... als ... zur Vertretung von Frau ... gemäß § 21 BEEG befristet eingestellt. Das Arbeitsverhältnis endet zwei Wochen nach der Ankündigung über die Rückkehr von Frau ... nach der Geburt bzw. der ggf. daran anschließend in Anspruch genommenen Elternzeit, spätestens jedoch am ... Während der ersten sechs Monate, die als Probezeit gelten, kann das Arbeitsverhältnis von beiden Seiten mit der tariflichen Mindestkündigungsfrist/mit einer Frist von zwei Wochen, danach mit einer Frist von vier Wochen zum 15. oder zum Ende eines jeden Kalendermonats ordentlich gekündigt werden.

Muster 4 enthält einen unbefristeten Arbeitsvertrag mit vertraglich vereinbarter Mindestdauer (Rz. 132). 172

Muster 4

Frau/Herr ... wird ab dem ... als ... eingestellt. Die ordentliche Kündigung des Arbeitsvertrages ist unter Einhaltung der gesetzlichen/tarifvertraglichen Fristen erstmals zum ... zulässig.

4. Hinweise zur Vertragsgestaltung

– **Höchst- oder Mindestdauer?** Die Gestaltung eines befristeten Arbeitsvertrages hat 173 von der Frage auszugehen, ob die Vereinbarung einer Höchst- oder Mindestdauer beabsichtigt ist. Eine Mindestdauer wird dabei in aller Regel nur in Betracht kommen, wenn der Arbeitnehmer (etwa als besonders qualifizierte Fachkraft oder nach Abwerbung von einem anderen Unternehmen) die Vertragsbedingungen wesentlich zu beeinflussen vermag. In einem solchen Falle mag er ein Interesse daran haben, dass der Arbeitgeber das neue Arbeitsverhältnis, in dem er in den ersten sechs Monaten keinen gesetzlichen Kündigungsschutz genießt, nicht alsbald kündigen kann. Es empfiehlt sich dann eine Vereinbarung vom **Typ 12** (s. Rz. 132). Die Vereinbarung einer Mindestdauer kann auch durch eine vertragliche Erweiterung des gesetzlichen Kündigungsschutzes (→ *Kündigungsvereinbarungen*, II K 10) abgesichert werden.

Demgegenüber vermag der Arbeitgeber sein **Bindungsinteresse** (etwa nach einer 174 von ihm finanzierten Aus- oder Fortbildung des Arbeitnehmers) nicht sinnvoll mit einer Mindestbefristung zu befriedigen. Da der Anspruch auf die Arbeitsleistung zwar klageweise durchsetz-, wegen § 888 Abs. 3 ZPO aber nicht vollstreckbar ist, sollte er, wenn er die ordentliche Kündigung des Arbeitnehmers für einen längeren Zeitraum verhindern will, besser den Weg der individuellen Vereinbarung einer → *Vertragsstrafe*, II V 30 oder den der Rückzahlung von → *Ausbildungskosten*, II A 120 wählen.

Der Regelfall bei den vom Arbeitgeber vorformulierten Vertragsbedingungen stellt 175 dagegen die Vereinbarung einer **Höchstdauer** dar, die einen Zeitpunkt bezeichnet, mit der das Arbeitsverhältnis automatisch sein Ende findet, ohne dass es einer Kündigung bedürfte. Eine solche Höchstbefristung hat für den Arbeitgeber diverse Vorteile, ihre Gefahren lassen sich durch sachgerechte Vertragsgestaltung weitgehend ausschließen.

176 – **Zweck- oder Zeitbefristung?** Soll eine Höchstbefristung vereinbart werden, ist sodann zu erwägen, ob das Vertragsende kalendermäßig bestimmt oder bestimmbar fixiert oder ob auf die Erreichung eines bestimmten Zweckes abgestellt werden soll. Beide Vertragstypen haben Vor- und Nachteile auf ihrer Seite: Die Zweckbefristung wird dem Interesse des Arbeitgebers – insbesondere in den Aushilfsfällen – an sich besser gerecht, weil das Arbeitsverhältnis exakt mit dem Erreichen des Zwecks, nicht früher und nicht später, endet. Andererseits kann die Zweckbefristung nur mit sachlichem Grund gemäß § 14 Abs. 1 TzBfG oder im Falle der Vertretung eines Arbeitnehmers während der Elternzeit (§ 21 BEEG), nicht aber bei einer (nur) auf § 14 Abs. 2–3 TzBfG gestützten Befristung vereinbart werden. Sie darf ferner nur herangezogen werden, wenn der Befristungszeitpunkt für den Arbeitnehmer bei Vertragsabschluss überschaubar ist, ansonsten ist sie unwirksam. Außerdem muss der Vertragszweck sehr genau definiert werden, will der Arbeitgeber nicht unliebsame Überraschungen erleben.

177 Demgegenüber macht die **Zeitbefristung** das Ende des Arbeitsverhältnisses für beide Parteien überschaubarer, der vorherigen Ankündigung des Vertragsendes oder der Gewährung einer Auslauffrist bedarf es nicht. Freilich ist die Zeitbefristung auch unflexibler, u.U. scheidet der Mitarbeiter zu einem Zeitpunkt aus, an dem er eigentlich noch benötigt wird, die Einstellung einer neuen Ersatzkraft aber wegen der Kürze der noch zu überbrückenden Zeitspanne nicht sinnvoll ist. Dennoch erweist sich die Zeitbefristung in den meisten Fällen als überlegen.

178 Entscheiden die Vertragsparteien sich dennoch für eine **Zweckbefristung**, sollte diese nicht isoliert, sondern in Form einer Doppelbefristung (**Typ 11**, Rz. 129) gewählt werden. Tritt der vereinbarte Zweck nicht ein oder verzögert sich sein Eintritt wesentlich, so findet das Arbeitsverhältnis immer noch mit dem Ablauf der kalendermäßig bestimmten Frist sein Ende. Diese sollte dementsprechend zweckmäßigerweise so gewählt werden, dass bei normalem Verlauf mit dem Eintritt des Zwecks zeitlich vorher zu rechnen ist.

179 – **Nichtverlängerungsanzeige vorsehen!** Beiden Vertragsteilen dienlich dürfte in aller Regel die Vereinbarung der rechtzeitigen Anzeige der Nichtverlängerungsabsicht sein (**Typ 5**, Rz. 73). Dem Arbeitnehmer, der sich insbesondere nach wiederholten Befristungen möglicherweise bereits auf eine erneute Anschlussbefristung eingerichtet hatte, wird so die Möglichkeit gegeben, sich frühzeitig nach einem anderen Arbeitsplatz umzusehen. Aber auch der Arbeitgeber hat u.U. ein Interesse daran, rechtzeitig zu erfahren, ob der Arbeitnehmer, der sich bewährt hat und dessen Weiterbeschäftigung nach Vertragsende er (unbefristet oder erneut befristet) beabsichtigt, hierfür zur Verfügung steht.

180 – **Befristungsgrund angeben?** Nur sehr differenziert beantworten lässt sich die Frage, ob der Grund der Befristung im Arbeitsvertrag angegeben werden sollte oder nicht.[1] Zwingend erforderlich ist dies in jedem Falle bei einer Zweckbefristung, die sonst unwirksam wäre. Auch mancher Tarifvertrag verlangt, dass der Befristungsgrund im Arbeitsvertrag festgehalten wird. In jedem Falle zu empfehlen ist die vertragli-

---

1 Vgl. auch *Hunold*, NZA-RR 2000, 505 (506).

che Fixierung des Befristungsgrundes auch dann, wenn der Zeitvertrag auf Wunsch des Arbeitnehmers oder aus in seiner Person liegenden Gründen abgeschlossen wurde, dabei ist darauf zu achten, dass der Befristungsgrund möglichst individuell und nicht etwa formelhaft oder gar formularmäßig festgehalten wird.

Demgegenüber sind Vereinbarungen vom **Typ 1** (vor Rz. 11), die auf die Angabe des sachlichen Grundes verzichten, insbesondere beim **erstmaligen Abschluss** eines befristeten Arbeitsvertrages zu empfehlen, dessen Verlängerung nicht beabsichtigt ist. In diesen Fällen könnte die Angabe eines (sich später im Streitfall als tatsächlich nicht vorhandenen) Befristungsgrundes als einzelvertragliche Abbedingung von § 14 Abs. 2 TzBfG interpretiert werden, so dass dem Arbeitgeber die Berufung auf diese Vorschrift verwehrt würde, obwohl sie die Befristung objektiv getragen hätte. 181

– **Kündigungsklausel nicht vergessen!** Häufig übersehen wird, dass ein befristeter Arbeitsvertrag vor Ablauf der kalendarischen Befristung bzw. vor Erreichung des vereinbarten Zwecks ordentlich nicht gekündigt werden kann, wenn dies nicht ausdrücklich vertraglich vereinbart ist (§ 15 Abs. 3 TzBfG). Die Befristung erweist sich dann nicht als bloße Höchst-, sondern als eine Kombination aus Höchst- und Mindestbefristung (sog. Doppelbefristung, **Typ 13a**, Rz. 141). Ist dies – wie in aller Regel – nicht beabsichtigt, sondern will insbesondere der Arbeitgeber sich die Möglichkeit der vorzeitigen Beendigung des Arbeitsverhältnisses vorbehalten, ist die Aufnahme einer Kündigungsklausel (**Typ 2**, Rz. 21) in den Arbeitsvertrag erforderlich. 182

Dabei ist zu berücksichtigen, dass – wenn nicht eine abweichende Tarifnorm besteht – die Kündigungsfrist eines zur **vorübergehenden Aushilfe** eingestellten Mitarbeiters gemäß § 622 Abs. 5 Nr. 1 BGB in den ersten drei Monaten auf „Null" reduziert werden kann, also die Vereinbarung einer entfristeten ordentlichen Kündigung möglich ist. Während einer Probezeit, die dann allerdings ausdrücklich vertraglich vereinbart werden muss, kann das Arbeitsverhältnis gemäß § 622 Abs. 3 BGB mit einer Frist von zwei Wochen gekündigt werden (**Typ 3**, Rz. 24). 183

Zu bedenken ist auch, dass sowohl die Kündigungsmöglichkeit als solche als auch die vereinbarten Kündigungsfristen und -termine für den Arbeitnehmer nie ungünstiger sein dürfen als für den Arbeitgeber (§ 622 Abs. 6 BGB). Verboten ist also nicht nur die Beschränkung des Arbeitnehmers auf die außerordentliche Kündigung, wenn dem Arbeitgeber ein ordentliches Kündigungsrecht eingeräumt ist, sondern auch die Vereinbarung zum Nachteil des Arbeitnehmers längerer Kündigungsfristen oder seltenerer Kündigungstermine als für den Arbeitgeber. Im Übrigen ist außer beim Probe- und Aushilfsarbeitsverhältnis die einzelvertragliche Vereinbarung kürzerer Fristen oder weniger Termine als im Gesetz vorgesehen nur in Betrieben mit in der Regel nicht mehr als zwanzig Arbeitnehmern und auch dort nur in den Grenzen von § 622 Abs. 5 Satz 1 Nr. 2 BGB zulässig. 184

– **Auflösende Bedingung**. Auf auflösende Bedingungen sollte in Arbeitsverträgen weitestgehend verzichtet werden. Die Rechtsprechung verfährt in der Beurteilung derartiger Klauseln äußerst restriktiv. Uneingeschränkt empfohlen werden kann lediglich eine auflösende Bedingung vom **Typ 14** (Rz. 145), wenn der Betriebs- bzw. Personalrat bei Vertragsabschluss noch nicht beteiligt worden bzw. die Äußerungsfrist von einer Woche (§ 99 Abs. 3 BetrVG) noch nicht verstrichen ist. 185

B 20 Beschäftigung, geringfügige

	Rz.		Rz.
1. Einführung	1	3. Steuerrechtliche Aspekte	45
a) Voraussetzungen geringfügiger Beschäftigung	8	a) Regelbesteuerungsverfahren und Pauschalierungswahlrecht	45
aa) Entgeltgeringfügigkeit	9	b) Kurzfristige Beschäftigung, § 40a Abs. 1 EStG	46
bb) Zeitgeringfügigkeit, Kurzfristbeschäftigung	15	c) Dauerhaft geringfügig Beschäftigte, § 40a Abs. 2, Abs. 2a EStG	47
cc) Zusammenrechnung	20	d) Aushilfskräfte in der Land- und Forstwirtschaft, § 40a Abs. 3 EStG	49
b) Sozialrechtliche Auswirkungen der geringfügigen Beschäftigung	25	4. Hinweise zur Vertragsgestaltung	50
2. Klauseltypen	33		
a) Anzeigepflicht/Nebentätigkeitsverbot	33		
b) Abwälzung der Sozialversicherungsbeiträge	42		

Schrifttum:

Bauer, Neue Spielregeln für Teilzeitarbeit und befristete Arbeitsverträge, NZA 2000, 1039; *Bauer/Schuster*, Kassenschlager „Geringfügige Beschäftigung"?, DB 1999, 689; *Boecken*, Die Neuregelung der geringfügigen Beschäftigungsverhältnisse, NZA 1999, 393; *Breidenbach*, Nachforderung von Sozialversicherungsbeiträgen auf Tariflohn und Vertrauensschutz, BB 2002, 1910; *Däubler*, Das neue Teilzeit- und Befristungsgesetz, ZIP 2001, 217; *Feldhoff*, Die Neuregelung der geringfügigen Beschäftigungsverhältnisse, ArbuR 1999, 249; *Griese/Preis/Kruchen*, Neuordnung der geringfügigen Beschäftigung, NZA 2013, 113; *Hanau*, Die neuen Geringfügigkeits-Richtlinien der Sozialversicherungsträger, ZIP 1999, 726; *Hanau*, Offene Fragen zum Teilzeitgesetz, NZA 2001, 1168; *Hanau*, Einzelfragen und -antworten zu den beiden ersten Gesetzen für moderne Dienstleistungen am Arbeitsmarkt, ZIP 2003, 1573; *Hanau*, Mini- und Midijobs – neue Regelung und altes Rätsel, ZIP 2013, 1752; *Hohendanner/Stegmaier*, Umstrittene Minijobs, IAB-Kurzbericht 24/2012; *Kliemt*, Der neue Teilzeitanspruch, NZA 2001, 63; *Krause*, Abwälzung des Pauschalbeitrags zur Sozialversicherung auf geringfügig Beschäftigte?, ArbuR 1999, 390; *Lembke*, Die Neuregelung der „630-Mark-Jobs", NJW 1999, 1825; *Löwisch*, Die Neuregelung der 630-Mark-Verträge: Gesetzesinhalt und Handlungsalternativen, BB 1999, 739; *Preis/Gotthardt*, Schriftformerfordernis für Kündigungen, Aufhebungsverträge und Befristungen, NZA 2000, 348; *Rolfs*, Schriftform für Kündigungen und Beschleunigung des arbeitsgerichtlichen Verfahrens, NJW 2000, 1227; *Rolfs*, Das neue Recht der Teilzeitarbeit, RdA 2001, 129; *Rolfs*, Scheinselbständigkeit, geringfügige Beschäftigung und „Gleitzone" nach dem zweiten Hartz-Gesetz, NZA 2003, 65; *Rombach*, Neuregelungen für geringfügig Beschäftigte zum 1. April 2003, SGb 2003, 196.

1. Einführung

1 Die geringfügige Beschäftigung erfreut sich in der Praxis großer Beliebtheit.[1] Sie wird im **Sozialversicherungs- und im Steuerrecht** anders behandelt als die reguläre Beschäftigung, wodurch sich das Verhältnis der vom Arbeitgeber zu tragenden Arbeitskosten (Bruttolohn plus Arbeitgeberanteile zur Sozialversicherung) zum Nettolohn des Arbeitnehmers deutlich günstiger gestaltet. Geringfügige Beschäftigung

---
1 *Hohendanner/Stegmaier*, IAB-Kurzbericht 24/2012.

existiert in zwei Formen, nämlich als Beschäftigung gegen ein geringfügiges Arbeitsentgelt („450-Euro-Job") und als Saisonbeschäftigung (näher Rz. 8 ff.).

Ungeachtet der sozialrechtlichen Sonderbehandlung geringfügiger Beschäftigungsverhältnisse kann aber nicht deutlich genug darauf hingewiesen werden, dass geringfügig Beschäftigte **arbeitsrechtlich in vollem Umfang** mit anderen Arbeitnehmern **gleichgestellt** sind. Entgegen offenbar weit verbreiteter Praxis durften geringfügig Beschäftigte seit jeher (d.h. spätestens seit dem Inkrafttreten der Richtlinie 76/207/EWG) arbeitsrechtlich nicht anders behandelt werden als sonstige Teil- oder Vollzeitbeschäftigte.[1] Das Diskriminierungsverbot des § 4 Abs. 1 i.V.m. § 2 Abs. 2 TzBfG bestätigt insoweit lediglich die auch unabhängig von diesen Vorschriften geltende Rechtslage. Die besondere sozialversicherungsrechtliche Behandlung stellt keinen sachlich rechtfertigenden Grund für eine Ungleichbehandlung im Arbeitsverhältnis dar, und zwar weder in Bezug auf das Arbeitsentgelt einschließlich der Sonderzuwendungen und sonstiger geldwerter Vorteile als auch hinsichtlich aller übrigen Arbeitsbedingungen. Geringfügig Beschäftigte haben daher wie „normale" Arbeitnehmer Anspruch auf den **Mindestlohn**, auf **Erholungsurlaub, Entgeltfortzahlung im Krankheitsfall, Mutterschutz** und **Elternzeit**.[2] Sie genießen unter den Voraussetzungen des KSchG allgemeinen sowie nach Maßgabe des MuSchG, BEEG, SGB IX etc. besonderen Kündigungsschutz. Die gesetzlichen oder tarifvertraglichen Kündigungsfristen gelten auch für sie. Insbesondere sind auch geringfügig Beschäftigte berechtigt, den **Anspruch auf Verlängerung ihrer Arbeitszeit** gemäß § 9 TzBfG geltend zu machen, wenn ein solcher Arbeitsplatz im Unternehmen frei wird. Die genannte Vorschrift gilt auch für diese Arbeitnehmer; dass sie dadurch u.U. ihre Eigenschaft als geringfügig Beschäftigte verlieren, steht dem Verlängerungsanspruch nicht entgegen.[3] Veränderungen des sozialversicherungsrechtlichen Status des Arbeitnehmers berechtigen den Arbeitgeber nicht zur Kündigung aus personenbedingten Gründen (§ 1 Abs. 2 KSchG).[4]

Wenngleich die Versicherungsfreiheit in der Sozialversicherung kein geeignetes Differenzierungskriterium darstellt, so gestatten es Art. 157 AEUV und § 4 Abs. 1 TzBfG gleichwohl, eine **Ungleichbehandlung aus (anderen) sachlichen Gründen**, also solchen, die einem wirklichen Bedürfnis des Unternehmens dienen, zur Erreichung dieses Ziels geeignet und erforderlich sind und die nichts mit der Teilzeitbeschäftigung zu tun haben,[5] vorzunehmen. Arbeitsleistung, Qualifikation, Berufserfahrung, unterschiedliche Arbeitsplatzanforderungen etc. können daher die Un-

---

1 EuGH v. 9.9.1999 – C-281/97, Slg. 1999, I-5127 = AP Nr. 11 zu Art. 119 EG-Vertrag – *Krüger*; v. 10.2.2000 – C-50/96, Slg. 2000, I-743 = AP Nr. 18 zu Art. 119 EG-Vertrag – *Schröder*; BAG v. 25.4.2007 – 6 AZR 746/06, AP Nr. 14 zu § 4 TzBfG; *Rolfs*, RdA 2001, 129 (130).
2 BAG v. 7.3.1995 – 3 AZR 282/94, AP Nr. 26 zu § 1 BetrAVG Gleichbehandlung; v. 28.3.1996 – 6 AZR 501/95, AP Nr. 49 zu § 2 BeschFG; *Feldhoff*, ArbuR 1999, 249 (254 f.); Küttner/*Griese*, Personalbuch 2014, Geringfügige Beschäftigung Rz. 5 ff.
3 *Bauer*, NZA 2000, 1039 (1041); *Kliemt*, NZA 2001, 63 (69); *Meinel/Heyn/Herms*, § 9 TzBfG Rz. 10; *Rolfs*, RdA 2001, 129 (130).
4 BAG v. 18.1.2007 – 2 AZR 731/05, AP Nr. 26 zu § 1 KSchG 1969 Personenbedingte Kündigung.
5 Vgl. zur entsprechenden Formel des EuGH im Anwendungsbereich des Art. 157 AEUV und der RL 2006/54/EG (ex-Art. 141 EG, ex-RL 76/207/EWG) nur EuGH v. 31.3.1981 – 96/80, Slg. 1981, 911 = AP Nr. 2 zu Art. 119 EWG-Vertrag – *Jenkins*; v. 13.5.1986 – 170/84, Slg. 1986, 1607 = AP Nr. 10 zu Art. 119 EWG-Vertrag – *Bilka*.

gleichbehandlung von Voll- und Teilzeitbeschäftigten auch zum Nachteil der Letzteren rechtfertigen.[1]

4 Dies gilt auch für das **Arbeitsentgelt** und andere teilbare **geldwerte Leistungen**, so dass eine Differenzierung aus sachlichen Gründen auch in diesem Bereich zulässig ist.[2] Daher muss dem Teilzeitbeschäftigten zwar regelmäßig zeitanteilig das Weihnachts-[3] oder Urlaubsgeld[4] sowie Funktionszulagen[5] und Sozialplanabfindungen[6] gewährt werden. Zulässig ist es aber, Freischichten, die die Vollzeitbeschäftigten wegen der besonderen Belastung durch Wechselschichten erhalten, nicht ebenso betroffenen Teilzeitarbeitnehmern zu verwehren.[7] Ebenso wird wegen der mit steigender Arbeitszeitbelastung abnehmenden Leistungsfähigkeit eine degressive Steigerung des Akkordlohns für zulässig erachtet.[8]

5 Aus sachlichen Gründen **zulässig** bleibt die Ungleichbehandlung außerdem in Bezug auf die quotale Verrichtung der Arbeit unter gesundheitsschädlichen Arbeitsbedingungen (Hitze, Staub, Lärm, Bildschirm), wenn der geringfügig beschäftigte Arbeitnehmer aufgrund seiner kürzeren Arbeitszeit den belastenden Bedingungen nicht in gleicher Weise ausgesetzt ist wie ein Vollzeitbeschäftigter.[9] Ebenso dürfen Mehrarbeits- oder Überstundenzuschläge davon abhängig gemacht werden, dass der Arbeitnehmer nicht nur die individuelle, sondern auch die betriebsübliche oder tarifliche Wochenarbeitszeit überschreitet.[10] Allerdings dürfen die Überstunden selbst nicht geringer entlohnt werden als die entsprechenden Arbeitsstunden Vollzeitbeschäftigter.[11]

6 In der **betrieblichen Altersversorgung** erscheint eine Ungleichbehandlung grundsätzlich nicht mehr gerechtfertigt. Arbeitnehmer, deren geringfügiges Beschäftigungsverhältnis nach dem 31.12.2012 begonnen hat (§ 230 Abs. 8 SGB VI), sind in der gesetzlichen Rentenversicherung versicherungspflichtig (vgl. § 5 Abs. 2 Nr. 1 SGB VI). Solange sie keinen Antrag auf Befreiung von der Versicherungspflicht gestellt haben (§ 6 Abs. 1b SGB VI), stehen sie hinsichtlich ihrer gesetzlichen Alterssicherung nicht anders als nicht geringfügig Beschäftigte. Für eine Ungleichbehandlung bei der Betriebsrente fehlt es damit an einem Differenzierungsgrund.[12]

---

1 BT-Drucks. 10/2102, S. 24; BAG v. 13.3.1997 – 2 AZR 175/96, AP Nr. 54 zu § 2 BeschFG 1985; v. 30.9.1998 – 5 AZR 18/98, AP Nr. 70 zu § 2 BeschFG 1985.
2 BAG v. 5.11.2003 – 5 AZR 8/03, AP Nr. 6 zu § 4 TzBfG; *Bauer*, NZA 2000, 1039 (1040); *Hanau*, NZA 2001, 1168 (1173); *Kliemt*, NZA 2001, 63 (69); **a.A.** *Däubler*, ZIP 2001, 217 (218).
3 BAG v. 6.12.1990 – 6 AZR 159/89, AP Nr. 12 zu § 2 BeschFG 1985.
4 BAG v. 24.10.1989 – 8 AZR 5/89, AP Nr. 29 zu § 11 BUrlG.
5 BAG v. 17.4.1996 – 10 AZR 617/95, AP Nr. 18 zu §§ 22, 23 BAT Zulagen.
6 BAG v. 28.10.1992 – 10 AZR 129/92, AP Nr. 66 zu § 112 BetrVG 1972.
7 LAG Köln v. 10.1.1992 – 13 Sa 767/91, DB 1992, 692 (692).
8 Küttner/*Poeche*, Personalbuch 2014, Teilzeitbeschäftigung Rz. 77.
9 Vgl. BAG v. 9.2.1989 – 6 AZR 174/87, AP Nr. 4 zu § 2 BeschFG 1985.
10 EuGH v. 15.12.1994 – C-399/92 u.a., Slg. 1994, I-5727 = AP Nr. 7 zu § 611 BGB Teilzeit – *Stadt Lengerich*; BAG v. 20.6.1995 – 3 AZR 539/93, AP Nr. 1 zu § 1 TVG Tarifverträge: Nährmittelindustrie v. 25.7.1996 – 6 AZR 138/94, AP Nr. 6 zu § 35 BAT; Küttner/ *Poeche*, Personalbuch 2014, Teilzeitbeschäftigung Rz. 95.
11 EuGH v. 6.12.2007 – C-300/06, Slg. 2007, I-10573 = AP Nr. 17 zu Art. 141 EG – *Voß*.
12 Blomeyer/Rolfs/Otto/*Rolfs*, BetrAVG, Anh. § 1 Rz. 58a.

Daraus folgt für die **Vertragsgestaltung**, dass Arbeitsverträge mit geringfügig Beschäftigten grundsätzlich denselben Inhalt haben müssen wie Verträge mit anderen Voll- oder Teilzeitbeschäftigten. Auch das **Nachweisgesetz** findet, wenn der Arbeitnehmer nicht nur zur vorübergehenden Aushilfe von höchstens einem Monat eingestellt worden ist (§ 1 NachwG), in vollem Umfang Anwendung.

a) Voraussetzungen geringfügiger Beschäftigung

Geringfügige Beschäftigungen existieren in zwei Erscheinungsformen, nämlich als regelmäßige Tätigkeiten gegen geringes Entgelt (§ 8 Abs. 1 Nr. 1 SGB IV: Entgeltgeringfügigkeit) und als kurzfristige Tätigkeiten (§ 8 Abs. 1 Nr. 2 SGB IV: Zeitgeringfügigkeit; Saisonbeschäftigung). Geringfügige Beschäftigungen in Privathaushalten (§ 8a SGB IV) sind gleichfalls sowohl als entgelt- als auch als zeitgeringfügige Tätigkeiten möglich. Die besonderen Bestimmungen über die geringfügige Beschäftigung finden **keine Anwendung** auf Auszubildende, Praktikanten usw. (§ 7 Abs. 1 Satz 1 Nr. 1 SGB V, § 5 Abs. 2 Satz 3 SGB VI, § 27 Abs. 2 Satz 1 Nr. 1 SGB III). In diesen Fällen gelten auch bei einem Arbeitsentgelt von bis zu 450 Euro die allgemeinen Beitragsregeln.[1]

aa) Entgeltgeringfügigkeit

Gemäß § 8 Abs. 1 Nr. 1 SGB IV ist eine Beschäftigung geringfügig, bei der das **Arbeitsentgelt 450 Euro monatlich** nicht übersteigt. Eine Sonderregelung enthält für die Arbeitslosenversicherung § 27 Abs. 5 i.V.m. § 138 Abs. 3 SGB III. Versicherungsfrei sind danach Personen, die während der Zeit, in der ein Anspruch auf Arbeitslosengeld oder Arbeitslosenhilfe besteht, eine mehr als geringfügige, aber weniger als 15 Stunden wöchentlich umfassende Beschäftigung ausüben; gelegentliche Abweichungen von geringer Dauer bleiben unberücksichtigt. Dies gilt nicht für Beschäftigungen, die während der Zeit, in der ein Anspruch auf Teilarbeitslosengeld besteht, ausgeübt werden.

Wie sich im Umkehrschluss aus § 8 Abs. 1 Nr. 2 Halbs. 2 SGB IV ergibt, kann Entgeltgeringfügigkeit nur hinsichtlich derjenigen Personen in Betracht kommen, die einer berufsmäßigen und damit **regelmäßigen Tätigkeit** nachgehen.[2] Regelmäßigkeit in diesem Sinne setzt allerdings nicht zwingend ein Dauerarbeitsverhältnis voraus. Daher wird eine Beschäftigung auch dann regelmäßig ausgeübt, wenn sie von vornherein auf ständige Wiederholung gerichtet ist und über einen längeren Zeitraum ausgeübt werden soll.[3] Dies ist z.B. der Fall, wenn ein über ein Jahr hinausgehender Rahmenvertrag geschlossen wird, und zwar selbst dann, wenn dieser Vertrag maximal nur Arbeitseinsätze an 50 Arbeitstagen innerhalb eines Jahres vorsieht.[4] Zwar ist eine vorausschauende Betrachtungsweise erforderlich, der Beweis wird sich jedoch häufig erst durch die entsprechende nachfolgende Handhabung erbringen lassen.[5]

---

1 BSG v. 15.7.2009 – B 12 KR 14/08 R, NZA-RR 2010, 381 (382f.).
2 BSG v. 11.5.1993 – 12 RK 23/91, SozR 3-2400 § 8 Nr. 3; v. 23.5.1995 – 12 RK 60/93, SozR 3-2400 § 8 Nr. 4.
3 BSG v. 11.5.1993 – 12 RK 23/91, SozR 3-2400 § 8 Nr. 3.
4 Vgl. BSG v. 28.4.1982 – 12 RK 1/80, SozR 2200 § 168 Nr. 6: Einsatz an jeweils zwei Tagen in der Mitte und am Ende eines Monats = 48 Tage im Jahr ist nicht mehr geringfügig, wenn die Tätigkeit für mehr als ein Jahr ausgeübt werden soll.
5 BSG v. 28.2.1984 – 12 RK 21/83, SozR 2100 § 8 Nr. 4.

11 Das **regelmäßige Arbeitsentgelt** darf 450 Euro im Monat nicht übersteigen, gelegentliche Überschreitungen (bis zu zwei Monate im Jahr) sind unschädlich.[1] Zum Arbeitsentgelt zählen alle laufenden und einmaligen Einnahmen, gleichgültig, ob ein Rechtsanspruch auf sie besteht, unter welcher Bezeichnung oder in welcher Form sie geleistet werden und ob sie unmittelbar aus der Beschäftigung oder lediglich im Zusammenhang mit ihr erzielt werden (§ 14 Abs. 1 SGB IV). **Einmalzahlungen** wie Weihnachts- und Urlaubsgeld sind nicht nur in dem Monat, *in* dem sie gezahlt werden, zu berücksichtigen, sondern auf den gesamten Zeitraum, *für* den sie gewährt werden, umzulegen, soweit sie bei vorausschauender Betrachtung innerhalb eines Beschäftigungszeitraums von einem Jahr mit hinreichender Sicherheit zu erwarten sind.[2]

12 Zu beachten ist insbesondere, dass es im Sozialversicherungsrecht – anders als im Steuerrecht – für die Beitragspflicht des **laufenden Arbeitsentgelts** nicht allein auf dessen tatsächlichen Zufluss ankommt. Die Rechtsprechung vertritt die **Entstehungstheorie**,[3] die dazu führt, dass auch solche Entgelte berücksichtigt werden, die der Beschäftigte zwar hätte beanspruchen können, die ihm aber tatsächlich nicht zugeflossen sind. Sieht daher z.B. ein – ggf. auch nur kraft Allgemeinverbindlichkeit[4] – einschlägiger Tarifvertrag vor, dass der Arbeitnehmer bestimmte Zuschläge zu beanspruchen hat, werden diese der Ermittlung des Arbeitsentgelts auch dann zugrunde gelegt, wenn sie tatsächlich nicht zur Auszahlung gelangen.[5]

13 Demgegenüber gilt für **Einmalzahlungen** (§ 23a SGB IV) wie das Weihnachts- oder Urlaubsgeld das **strenge Zuflussprinzip**.[6] Hier entsteht der Beitragsanspruch gemäß § 22 Abs. 1 SGB IV nur, wenn die Sonderleistung tatsächlich zur Auszahlung gelangt.

14 Ist ein **Nettoarbeitsentgelt** vereinbart, sind den Einnahmen des Beschäftigten die darauf entfallenden Steuern und der Arbeitnehmeranteil zum Gesamtsozialversicherungsbeitrag hinzuzuaddieren (§ 14 Abs. 2 SGB IV), es sei denn, der Arbeitgeber versteuert pauschal nach § 40a EStG.[7]

bb) Zeitgeringfügigkeit, Kurzfristbeschäftigung

15 Ohne Rücksicht auf das dabei erzielte Einkommen liegt eine geringfügige Beschäftigung dann vor, wenn sie innerhalb eines Kalenderjahres auf einen bestimmten Zeitraum begrenzt ist. Dieser beträgt nach § 8 Abs. 1 Nr. 2 SGB IV eigentlich zwei Monate oder fünfzig Arbeitstage, ist aber für die Zeit vom **1.1.2015 bis zum**

---

1 *Lembke*, NJW 1999, 1825 (1826).
2 BSG v. 28.2.1984 – 12 RK 21/83, SozR 2100 § 8 Nr. 4.
3 BSG v. 28.6.1995 – 7 RAr 102/94, BSGE 76, 162 (164 ff.); BFH v. 29.5.2008 – VI R 57/05, BFHE 221, 177 (180); BGH v. 2.12.2008 – 1 StR 416/08, NJW 2009, 528 (530); *Breidenbach*, BB 2002, 1910 ff.
4 BVerfG v. 11.9.2008 – 1 BvR 2007/05, NZA 2009, 44 (44); LSG Nordrhein-Westfalen v. 22.8.2002 – L 5 B 41/02 KR ER, NZS 2003, 100 (101 ff.).
5 BSG v. 14.7.2004 – B 12 KR 1/04 R, BSGE 93, 119 (123 ff.); v. 14.7.2004 – B 12 KR 7/03 R, ZTR 2005, 387 f.
6 Vgl. BT-Drucks. 15/26, S. 24; LSG Niedersachsen-Bremen v. 18.4.2007 – L 4 KR 178/04, NZS 2008, 95 (95); *Rolfs*, NZA 2003, 65 (67).
7 BSG v. 12.11.1975 – 3/12 RK 11/74, BSGE 41, 16 (18 ff.).

31.12.2018 durch § 115 SGB IV vorübergehend auf **drei Monate oder siebzig Arbeitstage** verlängert worden. Zusätzlich verlangt die Rechtsprechung, dass die Beschäftigung nur unregelmäßig (gelegentlich) ausgeübt wird, weil bei regelmäßigen Beschäftigungen die Beurteilung allein anhand von § 8 Abs. 1 Nr. 1 SGB IV erfolgt.[1] Zum Begriff der Regelmäßigkeit in diesem Sinne Rz. 10.

Welche der beiden Grenzen der Kurzfristigkeit – drei Monate oder siebzig Arbeitstage – Anwendung findet, hängt davon ab, ob die Beschäftigung im Rahmen der betriebsüblichen Arbeitszeit werktäglich ausgeübt wird oder nicht. Ist beabsichtigt, den Arbeitnehmer täglich zu beschäftigen, ist allein die **Drei-Monats-Grenze** zu beachten, selbst wenn innerhalb dieses Zeitraums 70 Arbeitstage nicht erreicht oder mehr als 70 Arbeitstage abgeleistet werden.[2] Demgegenüber findet die **Siebzig-Tage-Grenze** Anwendung, wenn das Beschäftigungsverhältnis auf einen Teil der betriebs- oder berufsüblichen wöchentlichen Arbeitstage beschränkt ist.[3] Tagesaushilfen, die aufgrund einer entsprechenden Rahmenvereinbarung vom Arbeitgeber unregelmäßig, aber nicht mehr als 70 Tage im Jahr abgerufen werden, fallen unter diese Regelung.[4] Ein Nachtdienst, der sich über zwei Kalendertage erstreckt, gilt als ein Arbeitstag.

16

Die Begrenzung auf den Drei-Monats- oder den Siebzig-Tage-Zeitraum muss sich entweder aus der Eigenart der Tätigkeit oder der vertraglichen Vereinbarung ergeben. Dabei ist zu bedenken, dass für **befristete Arbeitsverhältnisse** gemäß § 14 Abs. 4 TzBfG zwingend die **Schriftform** erforderlich ist und Arbeitsverträge, die diese Form missachten, als unbefristet abgeschlossen gelten (§ 16 TzBfG).[5] Dementsprechend können Beschäftigungsverhältnisse, die nicht schriftlich vereinbart worden sind, auch nicht geringfügig i.S.v. § 8 Abs. 1 Nr. 2 SGB IV sein.[6]

17

Eine geringfügige Beschäftigung nach § 8 Abs. 1 Nr. 2 SGB IV ist **ausgeschlossen**, wenn die Tätigkeit **berufsmäßig ausgeübt** wird und ihr Entgelt 450 Euro im Monat übersteigt. Eine Beschäftigung wird berufsmäßig ausgeübt, wenn der Erwerbstätige hierdurch seinen Lebensunterhalt überwiegend oder doch in solchem Umfang erwirbt, dass seine wirtschaftliche Stellung zu einem erheblichen Teil auf der Beschäftigung oder Tätigkeit beruht. Dann nämlich bedarf er desjenigen sozialen Schutzes, den ihm die Pflichtmitgliedschaft in der Sozialversicherung vermittelt.[7]

18

Berufsmäßigkeit liegt dementsprechend in der Regel vor, wenn die Tätigkeit – und sei es mit Unterbrechungen – mit einer gewissen Regelmäßigkeit aufgenommen, also häufig und voraussehbar ausgeübt wird.[8] Nur ausnahmsweise führen wiederholte Beschäftigungen nicht zur Berufsmäßigkeit, wenn sie nämlich in größeren Abständen aufgenommen werden oder die betreffende Aushilfskraft hauptsächlich

19

---

1 BSG v. 11.5.1993 – 12 RK 23/91, SozR 3-2400 § 8 Nr. 3.
2 BSG v. 27.1.1971 – 12 RJ 118/70, BSGE 32, 182 (183 ff.).
3 Spitzenverbände, NZA Beilage 7/2003, 6 unter B 2.2.1.
4 BSG v. 7.5.2014 – B 12 R 5/12 R, SozR 4–2400 § 8 Nr. 6.
5 APS/*Backhaus*, § 14 TzBfG Rz. 480; *Preis/Gotthardt*, NZA 2000, 348 (357 f.); *Rolfs*, NJW 2000, 1227 (1228).
6 So schon LSG Bremen v. 14.2.1975 – L 1 Kr 5/74, SozVers 1975, 304 (305) für einen unter Verstoß gegen ein tarifliches Schriftformerfordernis abgeschlossenen Arbeitsvertrag.
7 BSG v. 30.11.1978 – 12 RK 32/77, SozR 2000 § 168 Nr. 3; v. 11.6.1980 – 12 RK 30/79, SozR 2200 § 168 Nr. 5.
8 KassKomm/*Seewald*, § 8 SGB IV Rz. 19.

anderweitig in Anspruch genommen ist.[1] Unmaßgeblich ist demgegenüber die Dauer der täglichen Beanspruchung oder das Ergebnis der Umrechnung auf einen Acht-Stunden-Tag.

cc) Zusammenrechnung

20 Die in dem komplizierten Wortlaut des § 8 Abs. 2 SGB IV nur schwer verständlich zum Ausdruck gebrachte Regel lautet: Gleichartige geringfügige Beschäftigungen werden zusammengerechnet (also dauerhaft geringfügige mit anderen dauerhaft geringfügigen, kurzfristige mit anderen kurzfristigen), ungleichartige dagegen nicht. In beiden Fällen spielt es jeweils keine Rolle, ob eine oder mehrere Beschäftigungen in privaten Haushalten (§ 8a SGB IV) erbracht werden, so dass z.B. eine dauerhaft geringfügige (§ 8 Abs. 1 Nr. 1 SGB IV) gewerbliche Tätigkeit mit einer dauerhaft geringfügigen Beschäftigung im Privathaushalt (§ 8a Satz 1 i.V.m. § 8 Abs. 1 Nr. 1 SGB IV) addiert wird. Nicht geringfügige Beschäftigungen werden nur mit dauerhaft geringfügigen Nebenjobs addiert, und zwar auch nur dann, wenn der Beschäftigte mehr als eine dauerhaft geringfügige Nebentätigkeit ausübt. **Tätigkeiten bei demselben Arbeitgeber** werden stets als einheitliches Beschäftigungsverhältnis behandelt,[2] und zwar auch dann, wenn sie einen unterschiedlichen Inhalt haben. Daher kann neben einer versicherungspflichtigen Hauptbeschäftigung mit demselben Vertragspartner keine geringfügige Beschäftigung begründet werden.[3]

21 In den folgenden **drei Fallgruppen** werden mehrere Beschäftigungsverhältnisse addiert mit der Folge, dass insgesamt Versicherungspflicht eintritt, wenn durch die Zusammenrechnung die Grenzen des § 8 Abs. 1 SGB IV überschritten werden:
– Der Erwerbstätige übt neben einer versicherungspflichtigen (Haupt-)Beschäftigung mehr als eine geringfügige (Neben-)Beschäftigung i.S.v. § 8 Abs. 1 Nr. 1 SGB IV aus, dann bleibt nach Auffassung der Spitzenverbände die zeitlich zuerst aufgenommene Nebentätigkeit versicherungsfrei, während (nur) die zweite und jede weitere geringfügige Beschäftigung der Hauptbeschäftigung hinzuaddiert werden;[4]
– er übt mehrere geringfügige Beschäftigungen i.S.v. § 8 Abs. 1 Nr. 1 SGB IV nebeneinander aus;
– er übt mehrere kurzfristige Beschäftigungen i.S.v. § 8 Abs. 1 Nr. 2 SGB IV gleichzeitig oder nacheinander innerhalb eines Kalenderjahres aus,

und zwar jeweils auch dann, wenn diese Tätigkeiten teilweise in privaten Haushalten und teilweise außerhalb derselben ausgeübt werden.

22 Steht bereits bei Aufnahme der ersten Kurzfristbeschäftigung fest, dass diese gemeinsam mit anderen innerhalb eines Kalenderjahres beabsichtigten Tätigkeiten die Grenzen des § 8 Abs. 1 Nr. 2 SGB IV übersteigen wird, ist sie von Beginn an nicht geringfügig. Ebenso endet die Geringfügigkeit an dem Tag, an dem während der Beschäftigung ungewiss wird, ob sie innerhalb der zunächst beabsichtigten Frist

---

1 BSG v. 11.5.1993 – 12 RK 23/91, SozR 3-2400 § 8 Nr. 3.
2 BSG v. 31.10.2012 – B 12 R 1/11 R, NZS 2013, 349 (350f.).
3 BSG v. 16.2.1983 – 12 RK 26/81, NZA 1984, 206 (207); v. 27.6.2012 – B 12 KR 28/10 R, SozR 4-2400 § 8 Nr. 5.
4 *Spitzenverbände*, NZA Beilage 7/2003, 4 unter B 2.1.2.2; ebenso *Rombach*, SGb 2003, 196 (198).

beendet wird; spätestens jedoch, wenn die Drei-Monats- bzw. die Siebzig-Tage-Grenze tatsächlich überschritten wird (§ 8 Abs. 2 Satz 2 SGB IV).

Ausnahmen von der Zusammenrechnungsregel des § 8 Abs. 2 Satz 1 SGB IV sind in einzelnen Büchern des SGB geregelt. In der **Arbeitslosenversicherung** findet gemäß § 27 Abs. 2 Satz 1 SGB III eine Addition geringfügiger und nicht geringfügiger Beschäftigungen „wegen des besonderen Charakters des in der Arbeitslosenversicherung versicherten Risikos"[1] nicht statt. In der **Krankenversicherung** ist § 8 Abs. 2 SGB IV mit der Maßgabe anzuwenden, dass eine Zusammenrechnung mit einer nicht geringfügigen Beschäftigung nur erfolgt, wenn diese ihrerseits die Versicherungspflicht begründet (§ 7 Abs. 1 Satz 2 SGB V). Damit wird verhindert, dass ein Erwerbstätiger, der z.B. wegen Überschreitens der Jahresarbeitsentgeltgrenze des § 6 Abs. 1 Nr. 1 SGB VI krankenversicherungsfrei und stattdessen privat krankenversichert ist, durch die zusätzlich ausgeübte geringfügige Beschäftigung wieder versicherungspflichtig wird.   23

Schon nach § 8 Abs. 2 SGB IV nicht zusammenzurechnen ist demgegenüber   24

– eine versicherungspflichtige Hauptbeschäftigung mit der ersten i.S.v. § 8 Abs. 1 Nr. 1 SGB IV dauerhaft geringfügigen Nebenbeschäftigung

– eine geringfügige Beschäftigung mit einer nicht versicherungspflichtigen oder versicherungsfreien Hauptbeschäftigung, z.B. als Selbständiger oder Beamter

– eine kurzfristige Beschäftigung nach § 8 Abs. 1 Nr. 2 SGB IV mit einer versicherungspflichtigen (Haupt-)Beschäftigung und

– eine geringfügige Dauerbeschäftigung nach § 8 Abs. 1 Nr. 1 SGB IV mit einer geringfügigen Kurzfristbeschäftigung nach § 8 Abs. 1 Nr. 2 SGB IV,[2] es sei denn, die kurzfristige Beschäftigung erfüllt zugleich die Voraussetzungen des § 8 Abs. 1 Nr. 1 SGB IV.[3]

b) Sozialrechtliche Auswirkungen der geringfügigen Beschäftigung

Zum 1.1.2013 hat der Gesetzgeber die **rentenversicherungsrechtliche Behandlung** der geringfügigen Beschäftigung geändert. Die nachfolgende Tabelle gilt daher nur für diejenigen Beschäftigungen, die ab diesem Tag aufgenommen worden sind. Zu Altfällen s. Vorauflage und unten Rz. 27f. Im Überblick ergeben sich bei der Ausübung mehrerer Beschäftigungen folgende Rechtsfolgen in Bezug auf die Geringfügigkeit: 25

---

[1] BT-Drucks. 14/280, S. 12.
[2] *Bauer/Schuster*, DB 1999, 689 (690).
[3] BSG v. 23.5.1995 – 12 RK 60/93, SozR 3-2400 § 8 Nr. 4.

Fallkonstellation		Zusammenrechnung (§ 8 Abs. 2 SGB IV)	Abgabenbelastung der geringfügigen Beschäftigungsverhältnisse			
erste Beschäftigung	zweite Beschäftigung		Rentenversicherung	Krankenversicherung	Arbeitslosenversicherung	Einkommensteuer
dauerhaft geringfügig[1] (außer in Privathaushalten)	–	–	15 % Pauschalbeitrag des AG, 3,7 % Aufstockung durch AN, falls nicht auf Versicherungspflicht verzichtet[2]	versicherungsfrei, 13 % Pauschalbeitrag des AG, falls bereits in der Krankenversicherung versichert	versicherungsfrei	steuerpflichtig (Pauschalsteuer möglich)[3]
dauerhaft geringfügig[1] in Privathaushalten	–	–	5 % Pauschalbeitrag des AG, 13,7 % Aufstockung durch AN, falls nicht auf Versicherungspflicht verzichtet[2]	versicherungsfrei, 5 % Pauschalbeitrag des AG, falls bereits in der Krankenversicherung versichert	versicherungsfrei	steuerpflichtig (Pauschalsteuer möglich)[3]
kurzfristig geringfügig (Saisonbeschäftigung)[4] (auch in Privathaushalten)	–	–	versicherungsfrei	versicherungsfrei	versicherungsfrei	steuerpflichtig (Pauschalsteuer möglich)[5]
dauerhaft geringfügig[1] (auch in Privathaushalten)	dauerhaft geringfügig[1] (auch in Privathaushalten)	ja	versicherungspflichtig, wenn nicht darauf verzichtet oder 450 Euro überschritten	versicherungspflichtig, wenn 450 Euro überschritten	versicherungspflichtig, wenn 450 Euro überschritten	steuerpflichtig (Pauschalsteuer möglich)[3/6]
kurzfristig geringfügig (Saisonbeschäftigung)[4] (auch in Privathaushalten)	kurzfristig geringfügig (Saisonbeschäftigung)[4] (auch in Privathaushalten)	ja	versicherungspflichtig, wenn Zeitgrenze überschritten oder berufsmäßig	versicherungspflichtig, wenn Zeitgrenze überschritten oder berufsmäßig	versicherungspflichtig, wenn Zeitgrenze überschritten oder berufsmäßig	steuerpflichtig (Pauschalsteuer möglich)[5/6]

Beschäftigung, geringfügige — Rz. 25 II B 20

Fallkonstellation		Zusammenrechnung (§ 8 Abs. 2 SGB IV)	Abgabenbelastung der geringfügigen Beschäftigungsverhältnisse			
erste Beschäftigung	zweite Beschäftigung		Rentenversicherung	Krankenversicherung	Arbeitslosenversicherung	Einkommensteuer
versicherungspflichtige Hauptbeschäftigung	Dauerhaft geringfügig[1] (auch in Privathaushalten)	In der Arbeitslosenversicherung nie, in den übrigen Versicherungszweigen erst ab der zweiten geringfügigen Nebenbeschäftigung	bei nur einer geringfügigen Nebenbeschäftigung 15 % (in Privathaushalten 5 %) Pauschalbeitrag des AG, 3,7 % (in Privathaushalten 13,7 %) Aufstockung durch AN, falls nicht auf Versicherungspflicht verzichtet[2]; ab der zweiten Nebenbeschäftigung versicherungspflichtig	bei nur einer geringfügigen Nebenbeschäftigung versicherungsfrei, 13 % (bzw. 5 %) Pauschalbeitrag des AG, falls bereits in der Krankenversicherung versichert; ab der zweiten Nebenbeschäftigung versicherungspflichtig	versicherungsfrei	steuerpflichtig (Pauschalsteuer möglich)[3/6]
versicherungspflichtige Hauptbeschäftigung	kurzfristig geringfügig (Saisonbeschäftigung)[4] (auch in Privathaushalten)	nein	versicherungsfrei	versicherungsfrei	versicherungsfrei	steuerpflichtig (Pauschalsteuer möglich)[5/6]

Fallkonstellation		Zusammenrechnung (§ 8 Abs. 2 SGB IV)	Abgabenbelastung der geringfügigen Beschäftigungsverhältnisse			
erste Beschäftigung	zweite Beschäftigung		Rentenversicherung	Krankenversicherung	Arbeitslosenversicherung	Einkommensteuer
Hauptberuf Beamter (versicherungsfrei)	dauerhaft geringfügig[1] (auch in Privathaushalten)	nein	15 % (in Privathaushalten 5 %) Pauschalbeitrag des AG, 3,7 % (in Privathaushalten 13,7 %) Aufstockung durch AN, falls nicht auf Versicherungspflicht verzichtet[2]	versicherungsfrei, wenn nicht Mitglied der gesetzlichen Krankenversicherung	versicherungsfrei	steuerpflichtig (Pauschalsteuer möglich)[3,6]
Hauptberuf Beamter (versicherungsfrei)	kurzfristig geringfügig[4] (Saisonbeschäftigung) (auch in Privathaushalten)	nein	versicherungsfrei	versicherungsfrei	versicherungsfrei	steuerpflichtig (Pauschalsteuer möglich)[5,6]
selbständig im Hauptberuf (nicht versicherungspflichtig)	dauerhaft geringfügig[1] (auch in Privathaushalten)	nein	15 % (in Privathaushalten 5 %) Pauschalbeitrag des AG, 3,7 % (in Privathaushalten 13,7 %) Aufstockung durch AN, falls nicht auf Versicherungspflicht verzichtet[2]	versicherungsfrei, 13 % (in Privathaushalten 5 %) Pauschalbeitrag des AG (ohne Aufstockungsoption), falls bereits in der Krankenversicherung versichert	versicherungsfrei	steuerpflichtig (Pauschalsteuer möglich)[3,6]
selbständig im Hauptberuf (nicht versicherungspflichtig)	kurzfristig geringfügig[4] (Saisonbeschäftigung) (auch in Privathaushalten)	nein	versicherungsfrei	versicherungsfrei	versicherungsfrei	steuerpflichtig (Pauschalsteuer möglich)[5,6]

Beschäftigung, geringfügige   Rz. 25 **II B 20**

Fallkonstellation		Abgabenbelastung der geringfügigen Beschäftigungsverhältnisse				
ohne Hauptbeschäftigung	geringfügige Beschäftigung	Zusammenrechnung (§ 8 Abs. 2 SGB IV)	Rentenversicherung	Krankenversicherung	Arbeitslosenversicherung	Einkommensteuer
Rentner mit Vollrente wegen Alters und Versorgungsempfänger (zB Beamter im Ruhestand)	dauerhaft geringfügig[1] (auch in Privathaushalten)	—	versicherungsfrei, 15 % (in Privathaushalten 5 %) Pauschalbeitrag[7]	versicherungsfrei, 13 % (in Privathaushalten 5 %) Pauschalbeitrag des AG (ohne Aufstockungsoption), falls bereits in der Krankenversicherung versichert	versicherungsfrei	steuerpflichtig (Pauschalsteuer möglich)[3/6/8]
Rentner mit Vollrente wegen Erwerbsminderung	dauerhaft geringfügig[1] (auch in Privathaushalten)	—	15 % (in Privathaushalten 5 %) Pauschalbeitrag des AG, 3,7 % (in Privathaushalten 13,7 %) Aufstockung durch AN, falls nicht auf Versicherungspflicht verzichtet	versicherungsfrei, 13 % (in Privathaushalten 5 %) Pauschalbeitrag des AG (ohne Aufstockungsoption), falls bereits in der Krankenversicherung versichert	versicherungsfrei	steuerpflichtig (Pauschalsteuer möglich)[3/6/8]
Rentner mit Vollrente (Erwerbsminderungs-, Altersrente) und Versorgungsempfänger (zB Beamter im Ruhestand)	kurzfristig geringfügig (Saisonbeschäftigung)[4] (auch in Privathaushalten)	—	versicherungsfrei	versicherungsfrei	versicherungsfrei	steuerpflichtig (Pauschalsteuer möglich)[5/6/8]

Fallkonstellation		Zusammenrechnung (§ 8 Abs. 2 SGB IV)	Abgabenbelastung der geringfügigen Beschäftigungsverhältnisse			
ohne Hauptbeschäftigung	geringfügige Beschäftigung		Rentenversicherung	Krankenversicherung	Arbeitslosenversicherung	Einkommensteuer
Hausfrau	dauerhaft geringfügig[1] (auch in Privathaushalten)	—	15 % (in Privathaushalten 5 %) Pauschalbeitrag des AG, 3,7 % (in Privathaushalten 13,7 %) Aufstockung durch AN, falls nicht auf Versicherungspflicht verzichtet[2]	versicherungsfrei, 13 % (in Privathaushalten 5 %) Pauschalbeitrag des AG (ohne Aufstockungsoption), falls bereits in der Krankenversicherung versichert	versicherungsfrei	steuerpflichtig (Pauschalsteuer möglich)[3]
Hausfrau	kurzfristig geringfügig[4] (Saisonbeschäftigung) (auch in Privathaushalten)	—	versicherungsfrei	versicherungsfrei	versicherungsfrei	steuerpflichtig (Pauschalsteuer möglich)[5]
Arbeitsloser	dauerhaft geringfügig[1] (auch in Privathaushalten)	—	15 % (in Privathaushalten 5 %) Pauschalbeitrag des AG, 3,7 % (in Privathaushalten 13,7 %) Aufstockung durch AN, falls nicht auf Versicherungspflicht verzichtet[2]	versicherungsfrei, 13 % (in Privathaushalten 5 %) Pauschalbeitrag des AG (ohne Aufstockungsoption), falls bereits in der Krankenversicherung versichert	versicherungsfrei	steuerpflichtig (Pauschalsteuer möglich)[3]

Beschäftigung, geringfügige · Rz. 25 II B 20

Fallkonstellation			Abgabenbelastung der geringfügigen Beschäftigungsverhältnisse			
ohne Hauptbeschäftigung	geringfügige Beschäftigung	Zusammenrechnung (§ 8 Abs. 2 SGB IV)	Rentenversicherung	Krankenversicherung	Arbeitslosenversicherung	Einkommensteuer
Schüler/Student	dauerhaft geringfügig[1] (auch in Privathaushalten)	–	15 % (in Privathaushalten 5 %) Pauschalbeitrag des AG, 3,7 % (in Privathaushalten 13,7 %) Aufstockung durch AN, falls nicht auf Versicherungspflicht verzichtet[2]	versicherungsfrei, 13 % (in Privathaushalten 5 %) Pauschalbeitrag des AG (ohne Aufstockungsoption), falls bereits in der Krankenversicherung versichert	versicherungsfrei	steuerpflichtig (Pauschalsteuer möglich)[3]
Schüler/Student	kurzfristig geringfügig (Saisonbeschäftigung)[4] (auch in Privathaushalten)	–	versicherungsfrei	versicherungsfrei	versicherungsfrei	steuerpflichtig (Pauschalsteuer möglich)[5]

Hinweis: Bei den geringfügigen Beschäftigungsverhältnissen keine Auswirkungen auf die Pflegeversicherung (versicherungs- und beitragsfrei); Ausnahmen in den Fällen der Zusammenrechnung, dann tritt Versicherungspflicht ein (wie in der Krankenversicherung).

Anmerkungen zu den vorstehenden Tabellen:

1 § 8 Abs. 1 Nr. 1 SGB IV: regelmäßig nicht mehr als 450 Euro/Monat.

2 Für ab 1.1.2013 neu begründete Beschäftigungsverhältnisse grundsätzlich Versicherungspflicht in der gesetzlichen Rentenversicherung mit anteiliger Beitragszahlung durch den Arbeitnehmer (3,7 %, in Privathaushalten 13,7 %, bis 175 Euro Mindestbeitrag von 32,73 Euro, auf den der Arbeitgeberanteil angerechnet wird). Bei Verzicht auf die Versicherungspflicht (§ 6 Abs. 1b SGB VI) nur Pauschalbeitrag des Arbeitgebers von 15 % (in Privathaushalten 5 %).

3 Unter den Voraussetzungen des § 40a Abs. 2 EStG kann der Arbeitgeber unter Verzicht auf die Vorlage der Lohnsteuerkarte einen Pauschalsteuersatz in Höhe von 2 % (in den Fällen des § 40a Abs. 2a EStG: 20 %) entrichten. Ist arbeitsvertraglich – wie regelmäßig – ein Bruttoarbeitsentgelt vereinbart, hat zwar der Arbeitgeber die Pauschalsteuer mit dem Pauschalbeitrag für die Sozialversicherung abzuführen. Er ist aber gegenüber dem Arbeitnehmer berechtigt, diese Pauschalsteuer einzubehalten und nur das um 2 % geringere Nettoarbeitsentgelt auszuzahlen.[1] Werden vom Arbeitnehmer keine anderen Einkünfte (etwa aus Vermietung und Verpachtung, Kapitalerträgen etc.) erzielt, kann sich statt der Pauschalbesteuerung der gewöhnliche Lohnsteuerabzug empfehlen, da das Einkommen (also die Einnahmen nach Abzug insbesondere der Werbungskosten-Pauschbeträge und der steuerlich abziehbaren Vorsorgeaufwendungen) bis zum Grundfreibetrag (2015: 8354 Euro) steuerfrei bleibt.

4 § 8 Abs. 1 Nr. 2 SGB IV: zwei Monate bzw 50 Arbeitstage/Kalenderjahr (vom 1.1.2015 bis 31.12.2018: drei Monate oder 70 Arbeitstage/Kalenderjahr, § 115 SGB IV) ohne Begrenzung beim Arbeitsentgelt, soweit die Beschäftigung nicht berufsmäßig ausgeübt wird.

5 Unter den Voraussetzungen des § 40a Abs. 1 EStG kann der Arbeitgeber unter Verzicht auf die Vorlage der Lohnsteuerkarte einen Pauschalsteuersatz in Höhe von 25 % entrichten. Werden vom Arbeitnehmer keine anderen Einkünfte (etwa aus Vermietung und Verpachtung, Kapitalerträgen etc.) erzielt, kann sich statt der Pauschalbesteuerung der gewöhnlichen Lohnsteuerabzug empfehlen, da das Einkommen bis zum Grundfreibetrag (2015: 8354 Euro) steuerfrei bleibt.

6 Im Gegensatz zur Sozialversicherung wird bei der Lohnsteuerpauschalierung jedes Beschäftigungsverhältnis für sich betrachtet (keine Zusammenrechnung); die Lohngrenzen der Beschäftigung gelten jeweils für die Beschäftigung bei einem Arbeitgeber. Durch die Pauschalsteuer ist die Besteuerung dieses Arbeitslohnes in vollem Umfang abgeschlossen, er bleibt bei der individuellen Einkommensteuerveranlagung außer Betracht.

7 Keine Versicherung in der gesetzlichen Rentenversicherung, da die Beschäftigung nach § 5 Abs. 4 SGB VI versicherungsfrei ist.

8 Sofern außer dem Entgelt aus der geringfügigen Beschäftigung nur Rente aus der gesetzlichen Rentenversicherung bezogen wird, dürfte es bei Wahl des Lohnsteuerabzugsverfahrens mit Lohnsteuerkarte letztlich wegen der günstigen Ren-

---

1 BAG v. 1.2.2006 – 5 AZR 628/04, AP Nr. 4 zu § 40a EStG.

tenbesteuerung (Ertragsanteil) in vielen Fällen zu keiner Steuerbelastung kommen, da die Einkünfte (also Einnahmen nach Abzug insb. der Werbungskosten-Pauschbeträge und der steuerlich abziehbaren Vorsorgeaufwendungen) unter dem Grundfreibetrag (2015: 8 354 Euro) bleiben.

In der **Krankenversicherung** sind geringfügig Beschäftigte gemäß § 7 SGB V in dieser Beschäftigung versicherungsfrei. Die besondere Zusammenrechnungsregel des § 7 Abs. 1 Satz 2 SGB V (s. Rz. 23) ist zu beachten. Trotz der Versicherungsfreiheit hat der Arbeitgeber für Entgeltgeringfügige (§ 8 Abs. 1 Nr. 1 SGB IV), nicht aber für Kurzfristbeschäftigte (§ 8 Abs. 1 Nr. 2 SGB IV) gemäß § 249b Satz 1 SGB V einen Pauschalbeitrag in Höhe von 13 % (in Privathaushalten 5 %) des Arbeitsentgelts zur gesetzlichen Krankenversicherung zu entrichten, wenn der Arbeitnehmer aus anderen Gründen, z.B. wegen einer versicherungspflichtigen Hauptbeschäftigung oder als Familienangehöriger (§ 10 SGB V), versichert ist. Ein zusätzlicher Leistungsanspruch wird dadurch jedoch nicht begründet.[1] 26

In der **Rentenversicherung** ist sowohl eine Differenzierung zwischen den verschiedenen Arten der Geringfügigkeit als auch nach dem Zeitpunkt der Aufnahme der Beschäftigung erforderlich: Bei einer **dauerhaft geringfügigen Beschäftigung** (§ 8 Abs. 1 Nr. 1 SGB IV; 450 Euro-Job) ist wie folgt zu unterscheiden: Wurde die Beschäftigung **nach dem 31.12.2012** aufgenommen, besteht grundsätzlich Versicherungspflicht.[2] Der Arbeitgeber trägt gemäß § 168 Abs. 1 Nr. 1b SGB VI einen Pauschalbeitrag von 15 % (in Privathaushalten 5 %) vom Arbeitsentgelt, der Arbeitnehmer die Differenz zum allgemeinen Beitragssatz (2015: 18,7 %, Arbeitnehmeranteil also 3,7 % [in Privathaushalten 13,7 %]) bei einer Mindestbeitragsbemessungsgrundlage von 175 Euro (§ 163 Abs. 8 SGB VI). Dadurch reduziert sich sein Nettoentgelt entsprechend. Dafür erhält er die vollen Ansprüche der gesetzlichen Rentenversicherung einschließlich der Invaliditätsabsicherung (§ 43 SGB VI) und den Leistungen zur Rehabilitation (§§ 9 ff. SGB VI). Der Arbeitnehmer kann gegenüber seinem Arbeitgeber schriftlich beantragen, auf die Versicherungspflicht zu verzichten („opt-out", § 6 Abs. 1b SGB VI). Dann entfällt auf der Beitragsseite der Arbeitnehmeranteil, auf der Leistungsseite werden nur geringfügige „Zuschläge zu Entgeltpunkten" erworben (§ 76b SGB VI).[3] 27

Wurde die dauerhafte geringfügige Beschäftigung **vor dem 1.1.2013** aufgenommen, ist der Arbeitnehmer grundsätzlich versicherungsfrei, solange sein Arbeitsentgelt 400 Euro nicht übersteigt (§ 230 Abs. 8 SGB VI). Dies gilt nicht für Personen, die von der Möglichkeit einer stufenweisen Wiederaufnahme einer nicht geringfügigen Tätigkeit (§ 74 SGB V) Gebrauch machen oder die nach § 2 Nr. 10 SGB VI versicherungspflichtig sind (§ 5 Abs. 2 Satz 3 SGB VI). Der Arbeitgeber trägt einen Pauschalbeitrag von 15 % (in Privathaushalten 5 %), der Arbeitnehmer nichts. Leistungsrechtlich steht er genauso wie bei einem „opt-out". Der Arbeitnehmer kann jederzeit mit ex-nunc-Wirkung auf die Versicherungsfreiheit verzichten, indem er dies dem Arbeitgeber gegenüber schriftlich erklärt („opt-in"). Der Verzicht gilt für die gesamte Dauer des Beschäftigungsverhältnisses (sowie aller übrigen parallel ausgeübten geringfügigen Beschäftigungsverhältnisse) und kann nicht widerrufen wer- 28

---
1 *Löwisch*, BB 1999, 739 (740).
2 *Griese/Preis/Kruchen*, NZA 2013, 113 (114).
3 *Hanau*, ZIP 2013, 1752 (1753).

den. Macht der Arbeitnehmer von dieser Möglichkeit Gebrauch, muss er die Differenz zwischen dem vom Arbeitgeber zu tragenden Pauschalbeitrag und dem gewöhnlichen Beitrag (im Jahr 2015: 18,7 % vom Arbeitsentgelt, mindestens jedoch von 175 Euro) tragen,[1] wird dadurch jedoch leistungsrechtlich jedem anderen Versicherten gleichgestellt.[2] Erhöht sich bei einem vor dem 1.1.2013 aufgenommenen geringfügigen Beschäftigungsverhältnis das Arbeitsentgelt nach dem 31.12.2012 auf einen Betrag zwischen 400,01 Euro und 450 Euro, wird der Arbeitnehmer versicherungspflichtig mit der Möglichkeit des opt-out.

29 Bei einer **Saisonbeschäftigung** (§ 8 Abs. 1 Nr. 2 SGB VI) besteht unabhängig vom Datum der Aufnahme der Tätigkeit Versicherungsfreiheit (§ 5 Abs. 2 Nr. 1 SGB VI). Weder der Arbeitgeber noch der Arbeitnehmer haben Beiträge zur Rentenversicherung zu entrichten, auch nicht pauschal. Leistungsansprüche entstehen nicht.

30 Die **Unfallversicherung** kennt keine Geringfügigkeitsgrenze, in ihr ist jeder Beschäftigte unabhängig vom Umfang der Tätigkeit versichert (vgl. § 2 SGB VII).[3]

31 In der **Pflegeversicherung** bleibt es für geringfügig Beschäftigte bei der Versicherungsfreiheit, eine besondere Zusammenrechnungsregel existiert nicht. Auch einen Pauschalbeitrag braucht der Arbeitgeber nicht zu entrichten. Versicherungspflicht tritt erst ein, wenn die dauerhaft geringfügige Beschäftigung nach § 8 Abs. 1 Nr. 1 SGB IV durch die Zusammenrechnung mit einer anderen Beschäftigung (Rz. 20 ff.) ihren Geringfügigkeitscharakter verliert.

32 Geringfügig Beschäftigte sind in der **Arbeitslosenversicherung** gemäß § 27 Abs. 2 Satz 1 SGB III in dieser Beschäftigung versicherungsfrei. Dies gilt nicht für Personen, die wegen eines Arbeitsausfalls mit Entgeltausfall i.S. der Vorschriften über das Kurzarbeitergeld oder wegen stufenweiser Wiedereingliederung in das Erwerbsleben (§ 74 SGB V, § 28 SGB IX) oder aus einem der in § 146 Abs. 1 SGB III genannten Gründen (Krankheit etc.) nur geringfügig beschäftigt sind. Abweichend von § 8 Abs. 2 SGB IV sind geringfügige und nicht geringfügige Beschäftigungen nicht zusammenzurechnen (Rz. 22). Versicherungsfreiheit kann ausnahmsweise gemäß § 27 Abs. 5 i.V.m. § 138 Abs. 3 SGB III auch beim Überschreiten der in § 8 Abs. 1 Nr. 1 SGB IV genannten 450 Euro-Grenze eintreten bzw. bestehen bleiben, wenn der Arbeitnehmer während der Zeit, in der ein Anspruch auf Arbeitslosengeld besteht, eine Beschäftigung ausübt.

2. Klauseltypen

a) Anzeigepflicht/Nebentätigkeitsverbot

33 Aus der Sicht der Arbeitsvertragsgestaltung geht es vor allem darum, den Arbeitgeber vor einer **Nachbelastung mit Sozialversicherungsbeiträgen** zu schützen, wenn der Arbeitnehmer neben der geringfügigen Beschäftigung eine weitere Beschäftigung aufnimmt, die durch die Zusammenrechnungsregel des § 8 Abs. 2 SGB IV zum Verlust der Versicherungsfreiheit führt. Die Zusammenrechnung kann für den Arbeitgeber **erhebliche wirtschaftliche Konsequenzen** zeitigen, weil

---
1 *Feldhoff*, ArbuR 1999, 249 (252).
2 Näher *Boecken*, NZA 1999, 393 (399 f.); *Lembke*, NJW 1999, 1825 (1827).
3 *Hanau*, ZIP 1999, 726 (727).

er, nur durch die vierjährige (bei vorsätzlicher Vorenthaltung sogar dreißigjährige) Verjährung des § 25 SGB IV begrenzt, die Sozialversicherungsbeiträge für den scheinbar geringfügig beschäftigten Arbeitnehmer nachentrichten und dabei wegen § 28g Satz 3 SGB IV nicht nur den Arbeitgeber-, sondern häufig auch den Arbeitnehmeranteil tragen muss. Allerdings beschränkt die Haftung sich auf das in diesem Arbeitsverhältnis erzielte Arbeitsentgelt, die frühere **gesamtschuldnerische Haftung** der Arbeitgeber von Mehrfachbeschäftigten gibt es seit 1989 nicht mehr.[1]

Das Risiko der Nachbelastung mit Sozialversicherungsbeiträgen besteht jedoch nur, wenn der Arbeitgeber es vorsätzlich oder grob fahrlässig versäumt hat, den Sachverhalt für die versicherungsrechtliche Beurteilung der Beschäftigung aufzuklären (§ 8 Abs. 2 Satz 4 SGB IV). In welchem Umfang der Arbeitgeber überhaupt verpflichtet ist, eine derartige „Aufklärung" vorzunehmen, ist indessen zweifelhaft.[2] Gemeint sind wohl vornehmlich diejenigen Fälle, in denen der Arbeitgeber von der weiteren geringfügigen Beschäftigung des Arbeitnehmers wusste oder trotz entsprechender Anhaltspunkte die Augen hiervor verschlossen hat. Im Übrigen – also bei nur einfacher Fahrlässigkeit oder gar Schuldlosigkeit – gilt seit der Einfügung von § 8 Abs. 2 Satz 3 SGB IV zum 1.4.2003 unverändert, dass die **Versicherungspflicht erst mit dem Tage der Bekanntgabe der Feststellung durch die Einzugsstelle** oder einen Träger der Rentenversicherung eintritt, wenn bei der Zusammenrechnung festgestellt wird, dass die Voraussetzungen einer geringfügigen Beschäftigung nicht mehr vorliegen. 34

Gleichwohl sollte möglichen unangenehmen Überraschungen durch eine geeignete Vertragsgestaltung begegnet werden. Sie ließe sich grundsätzlich durch ein **Nebentätigkeitsverbot** nach folgendem Muster erreichen: 35

⊃ **Nicht geeignet:**
a) Der Arbeitnehmer verpflichtet sich, keine weitere Beschäftigung aufzunehmen.
b) Der Arbeitnehmer verpflichtet sich, keine weitere Beschäftigung aufzunehmen, die zusammen mit dieser Beschäftigung die Grenzen des § 8 Abs. 1 SGB IV übersteigt.

Eine derartige Klausel ist jedoch **unzulässig**. Das BAG hat eine vergleichbare Vertragsvereinbarung unter Hinweis auf die verfassungsrechtlich garantierte Berufswahl- und Berufsausübungsfreiheit des Arbeitnehmers aus Art. 12 Abs. 1 GG verworfen.[3] Nebentätigkeitsverbote seien nur wirksam, soweit der Arbeitgeber an ihnen ein berechtigtes Interesse habe. Die Vermeidung der Beitragspflicht zur Sozialversicherung sei kein in diesem Sinne rechtlich geschütztes Interesse, so dass dem Arbeitnehmer nicht verboten werden könne, neben der geringfügigen Beschäftigung weiteren Tätigkeiten nachzugehen. 36

Damit beschränken sich die Möglichkeiten des Arbeitgebers darauf, zunächst **vor Abschluss des Arbeitsvertrages** nach anderweitigen Tätigkeiten zu fragen und not- 37

---
1 KassKomm/*Seewald*, § 28e SGB IV Rz. 39.
2 Vgl. zur Pflicht des Arbeitnehmers, den Arbeitgeber über weitere Nebentätigkeiten zu unterrichten, BAG v. 18.11.1988 – 8 AZR 12/86, AP Nr. 3 zu § 611 BGB Doppelarbeitsverhältnis.
3 BAG v. 18.11.1988 – 8 AZR 12/86, AP Nr. 3 zu § 611 BGB Doppelarbeitsverhältnis.

falls eine verbindliche Entscheidung der Einzugsstelle einzuholen. Verschweigt der Arbeitnehmer auf diese (nach § 28o Abs. 1 SGB IV zulässige)[1] Frage eine andere geringfügige Beschäftigung, so kann darin eine zur Schadensersatzpflicht gegenüber dem Arbeitgeber führende arglistige Täuschung liegen.[2]

38 Für die Dauer des Vertragsverhältnisses sollte eine **Anzeigepflicht des Arbeitnehmers** nach folgendem Muster statuiert werden:

Typ 1: Anzeigepflicht

Die Aufnahme oder Beendigung einer weiteren Beschäftigung, gleichgültig welchen Umfangs oder welcher Dauer, hat der Arbeitnehmer unverzüglich anzuzeigen. Ebenso ist jede Veränderung des Umfangs oder des vereinbarten Entgelts einer anderweitigen Beschäftigung anzuzeigen.

---

39 Diese Klausel verpflichtet den Arbeitnehmer, jede anderweitige Beschäftigung bei ihrer Aufnahme, Änderung oder Beendigung anzuzeigen. Nur auf diese Weise kann der Arbeitgeber sich ein vollständiges Bild darüber verschaffen, ob durch die Zusammenrechnung nach § 8 Abs. 2 SGB IV noch Versicherungsfreiheit besteht oder nicht. Nach Auffassung des BAG[3] besteht eine derartige **Anzeigepflicht** des Arbeitnehmers zwar bereits **kraft Gesetzes**, der Klarstellung halber sollte sie jedoch im Arbeitsvertrag ausdrücklich ausgebracht werden.

40 Eine Verletzung dieser Anzeigepflicht führt – wiederum auch ohne ausdrückliche Vereinbarung – zur **Schadensersatzpflicht des Arbeitnehmers**. Der Schaden des Arbeitgebers besteht aber lediglich darin, dass er – soweit er die nachzuentrichtenden Sozialversicherungsbeiträge nicht nach § 28g SGB IV durch Abzug vom Lohn zu realisieren vermag – die *Arbeitnehmer*anteile am Gesamtsozialversicherungsbeitrag zu tragen hat. Eine Abwälzung auch der *Arbeitgeber*anteile kommt dagegen wegen § 32 SGB I und im Übrigen auch deshalb nicht in Betracht, weil der Arbeitgeber sie auch bei ordnungsgemäßer Erfüllung der Mitteilungspflicht durch den Arbeitnehmer zu tragen gehabt hätte (mangelnde Kausalität der Pflichtwidrigkeit).[4]

41 Eine davon **abweichende Vertragsgestaltung ist unzulässig**. Das gilt auch für Schadenspauschalierungen etc., weil sie zum Nachteil des Arbeitnehmers von den Vorschriften des Sozialgesetzbuchs abweichen, § 32 SGB I.

b) Abwälzung der Sozialversicherungsbeiträge

42 Vereinzelt ist erwogen worden, die Pauschalbeiträge des Arbeitgebers zur Kranken- und Rentenversicherung auf den Arbeitnehmer abzuwälzen.[5]

---

1 BSG v. 23.2.1988 – 12 RK 43/87, SozR 2100 § 8 Nr. 5.
2 BSG v. 23.2.1988 – 12 RK 43/87, SozR 2100 § 8 Nr. 5.
3 BAG v. 18.11.1988 – 8 AZR 12/86, AP Nr. 3 zu § 611 BGB Doppelarbeitsverhältnis.
4 BAG v. 18.11.1988 – 8 AZR 12/86, AP Nr. 3 zu § 611 BGB Doppelarbeitsverhältnis.
5 S. die Meldung in ArbuR 1999, 396 („Mc D ist einfach gut").

◯ **Nicht geeignet:**
a) Der Arbeitnehmer trägt den Pauschalbeitrag in Höhe von 13 % zur Kranken- und von 15 % zur Rentenversicherung selbst. Der Arbeitgeber behält diese Beträge bei der Auszahlung des Arbeitsentgelts ein.
b) Der Arbeitnehmer erstattet dem Arbeitgeber den Pauschalbeitrag in Höhe von 13 % zur Kranken- und von 15 % zur Rentenversicherung. Der Arbeitgeber behält diese Beträge bei der Auszahlung des Arbeitsentgelts ein.

Eine Vereinbarung nach Beispiel a) überbürdet die kraft Gesetzes (§ 249b Satz 1 SGB V, § 172 Abs. 3 SGB VI) vom Arbeitgeber zu tragenden Pauschalbeiträge zur Kranken- und Rentenversicherung dem Arbeitnehmer. Soweit damit beabsichtigt ist, die sozialversicherungsrechtlichen Pflichten des Arbeitgebers, also die ihm öffentlich-rechtlich auferlegte Beitragslast selbst zu derogieren, ist dies per se unzulässig. Privatpersonen sind nicht befugt, über öffentlich-rechtliche Pflichten zu verfügen.[1]

Aber auch eine Klausel nach Beispiel b), die zwar die öffentlich-rechtliche Verpflichtung zur Tragung der Beiträge unberührt lässt, dem Arbeitnehmer aber eine **Erstattungspflicht** als bloße Entgeltnebenabrede aufbürdet, ist **unzulässig**. Sie weicht nämlich zum Nachteil des Sozialleistungsberechtigten von den Vorschriften des SGB ab und ist daher mit § 32 SGB I unvereinbar.[2]

3. Steuerrechtliche Aspekte

a) Regelbesteuerungsverfahren und Pauschalierungswahlrecht

Einkünfte aus geringfügiger Beschäftigung sind ebenso steuerpflichtig wie andere Einkünfte aus nichtselbständiger Arbeit (§ 2 Abs. 1 Nr. 4 EStG). Es gibt keine Möglichkeit einer steuerfreien geringfügigen Beschäftigung. Der Arbeitgeber ist also grundsätzlich zur Einbehaltung und Abführung der Lohnsteuer im sog. Regelbesteuerungsverfahren verpflichtet. Davon lässt das Gesetz jedoch Ausnahmen zu. § 40a EStG ermöglicht eine Pauschalierung der Lohnsteuer „für Teilzeitbeschäftigte und geringfügig Beschäftigte". Damit stellt das Gesetz dem Arbeitgeber ein alternatives Besteuerungsverfahren zur Regelbesteuerung zur Verfügung. Dem Arbeitgeber steht ein **Pauschalierungswahlrecht** zu. Er kann weder durch den Arbeitnehmer noch durch die Finanzverwaltung gezwungen werden, von der Möglichkeit der Pauschalierung Gebrauch zu machen. Allerdings können Arbeitgeber und Arbeitnehmer arbeitsvertraglich die Vereinbarung treffen, dass der Arbeitgeber die Pauschalierung durchführt. Im Verhältnis zum Finanzamt ist allerdings eine solche Vereinbarung nicht bindend. Macht der Arbeitgeber vom Pauschalierungswahlrecht Gebrauch, kann er die Steuer – mit Abgeltungswirkung für den Arbeitnehmer – mit einem Pauschsteuersatz erheben. Dabei hat er die Steuer im Verhältnis zum Finanzamt zu übernehmen, d.h. er wird Schuldner der pauschalen Lohnsteuer. Wenn er das Pauschalierungswahlrecht nicht ausübt, muss er das Regelbesteuerungsverfahren durchführen. Bei der Entscheidung, ob eine Versteuerung im Regelbesteuerungsverfahren oder durch Pauschalierung der Lohnsteuer erfolgt, sollte stets ein Belastungsvergleich angestellt werden. Denn während bei der Pauschalierung stets eine Steuerbelastung von 2 %/20 % entsteht (§ 40a Abs. 2 und 2a

---

1 *Krause*, ArbuR 1999, 390 (391).
2 *Krause*, ArbuR 1999, 390 (391 ff.).

EStG), kommt es bei einer Besteuerung im Regelbesteuerungsverfahren nicht zu einer Belastung, wenn die Summe der Einkünfte aus der geringfügigen Beschäftigung und anderen Einkünften den Grundfreibetrag zzgl. des Arbeitnehmerpauschbetrags und etwaiger Werbungskosten, Sonderausgaben und ggf. Altersentlastungsbetrag nicht übersteigt.

Die Pauschalierung ist eine besondere Erhebungsform der Lohnsteuer. Der Steueranspruch entsteht zwar nach wie vor durch die Tatbestandsverwirklichung des Arbeitnehmers in dessen Person, der Arbeitgeber ist aber kraft Gesetzes verpflichtet, die Steuer zu übernehmen; er wird anstelle des Arbeitnehmers Schuldner der pauschalen Lohnsteuer. Auch wenn der Arbeitgeber von seinem Pauschalierungswahlrecht Gebrauch macht und er die Steuer an das Finanzamt zu entrichten hat, steht es frei, mit dem Arbeitnehmer zu vereinbaren, dass Letzterer die Steuer wirtschaftlich trägt (sog. **Überwälzung**). In diesem Fall hat der Arbeitgeber gegen den Arbeitnehmer einen zivilrechtlichen Anspruch in Höhe der geschuldeten Steuer. Allerdings mindert die Überwälzung der Steuer auf den Arbeitnehmer die Bemessungsgrundlage der Steuer nicht; dies ist auch gesetzlich klargestellt (§ 40 Abs. 3 EStG).

Das Gesetz sieht je nach Art der Beschäftigung unterschiedliche Pauschalierungsmöglichkeiten vor: Es werden insgesamt **drei Fallgruppen** erfasst: Zum einen die kurzfristige Beschäftigung (§ 40a Abs. 1 EStG), zum anderen die geringfügigen Beschäftigungen (§ 40a Abs. 2, 2a EStG) und schließlich die Beschäftigung von Aushilfskräften in Betrieben der Land- und Forstwirtschaft (§ 40a Abs. 3 EStG).

b) Kurzfristige Beschäftigung, § 40a Abs. 1 EStG

46 Bei einer **Kurzfristbeschäftigung** beträgt der Steuersatz **25 %**.

Wann eine **kurzfristige Beschäftigung** vorliegt, ist in § 40a Abs. 1 Satz 2 EStG legaldefiniert: Der Arbeitnehmer wird bei dem Arbeitgeber gelegentlich nicht regelmäßig wiederkehrend beschäftigt, die Dauer der Beschäftigung darf 18 zusammenhängende Arbeitstage nicht übersteigen und der Arbeitslohn darf während der Beschäftigungsdauer 62 Euro durchschnittlich je Arbeitstag nicht übersteigen, es sei denn, die Beschäftigung wird zu einem unvorhergesehen Zeitpunkt sofort erforderlich. Wie die Tatbestandsvoraussetzungen belegen, bezweckt die Vorschrift den Ausschluss einer Pauschalversteuerung bei (verdeckten) Dauerarbeitsverhältnissen. Deshalb nimmt die Finanzverwaltung zu Recht an, dass eine regelmäßige und damit nicht mehr in den Anwendungsbereich des § 40a Abs. 1 EStG fallende Beschäftigung vorliegt, wenn die Tätigkeit mit Wiederholungsabsicht ausgeübt wird. Es kann also zu wiederholter Beschäftigung beim gleichen Arbeitgeber kommen. Allerdings darf die erneute Tätigkeit nicht von vornherein vereinbart sein.[1] Letztlich handelt es sich um eine Nachweisfrage. Bei der Berechnung der 18-Tage-Grenze sind sämtliche Tage einzubeziehen, an denen der Arbeitnehmer zur Dienstleistung verpflichtet ist, so dass – je nach Ausgestaltung des Arbeitsverhältnisses – auch Samstage, Sonn- oder Feiertage in die Berechnung einzubeziehen sein können. Bei der Verdienstgrenze von 62 Euro ist nach der gesetzlichen Regelung eine Durchschnittsberechnung zulässig, so dass unterschiedlich hohe Tagesverdienste die Pauschalierung nicht ausschließen. Die Verdienstgrenze findet jedoch keine Anwendung, wenn die Beschäftigung zu einem unvorhergesehenen Zeitpunkt sofort erfor-

---

1 R 40a.1 Abs. 2 LStR.

derlich wird. Hier ist für den Arbeitgeber zu beachten, dass nur ein unvorhergesehener Bedarf an zusätzlichen Arbeitskräften diese Pauschalierungsvoraussetzung erfüllt. Daran fehlt es z.B. bei Messen, Märkten oder anderen Veranstaltungen, die typischerweise zu einem erhöhten Personalbedarf führen, sowie im gastronomischen Saisonbetrieb. Hingegen ist der Ersatz einer plötzlich ausgefallenen Arbeitskraft ein unvorhergesehenes Ereignis.

Ausgeschlossen ist die Pauschalierung, wenn der Arbeitslohn durchschnittlich je Arbeitsstunde 12 Euro übersteigt oder der Arbeitnehmer Arbeitslohn vom selben Arbeitgeber bezieht, der dem Lohnsteuerabzug unterworfen ist (§ 40a Abs. 4 EStG).

c) Dauerhaft geringfügig Beschäftigte, § 40a Abs. 2, Abs. 2a EStG

Bei **dauerhaft geringfügig Beschäftigten** i.S.v. § 8 Abs. 1 Nr. 1 SGB IV oder § 8a SGB IV, deren Arbeitsentgelt monatlich 450 Euro nicht übersteigt (Entgeltgeringfügigkeit), kann der Arbeitgeber unter Verzicht auf den Abruf von elektronischen Lohnsteuerabzugsmerkmalen die Lohnsteuer in Form einer sog. **einheitlichen Pauschsteuer** erheben. Der Pauschsteuersatz beträgt 2 % und beinhaltet den Solidaritätszuschlag und die Kirchensteuer. Der Arbeitgeber hat diese Steuerbeträge zu übernehmen. Voraussetzung der Anwendung der einheitlichen Pauschsteuer ist aber, dass eine nach sozialrechtlichen Regelungen entgeltgeringfügige Beschäftigung vorliegt. Insoweit verweist § 40a Abs. 2 EStG auf § 8 Abs. 1 Nr. 1 und § 8a SGB IV. Die Anwendung der einheitlichen Pauschsteuer ist danach bei geringfügig entlohnten Beschäftigungen und geringfügigen Beschäftigungen in Privathaushalten möglich (zur Übersicht über die verschiedenen Tatbestände s. Rz. 25). Die sozialrechtliche Differenzierung ist für die steuerliche Behandlung ohne Bedeutung. Wegen des Verweises auf die sozialversicherungsrechtlichen Bestimmungen gilt auch für die Pauschalierung eine Entgeltgrenze von 450 Euro. Die Arbeitslohngrenze, die auf die Höhe des regelmäßigen Arbeitslohns abstellt, ist eine Monatslohngrenze. Bei kürzeren Lohnzahlungszeiträumen sind die Zahlungen im Kalendermonat zusammen zu rechnen. Die einheitliche Pauschsteuer ist – zusammen mit den Sozialversicherungsbeiträgen – an die Knappschaft-Bahn-See zu entrichten. Dabei ist für die geringfügig Beschäftigten in Privathaushalten ein vereinfachtes Verfahren, das sog. Haushaltsscheckverfahren, vorgesehen. **47**

Liegen die Voraussetzungen einer Pauschalierung nach § 40a Abs. 2 EStG nicht vor, weil keine Sozialversicherungsbeiträge zu entrichten sind (**nicht sozialversicherungspflichtige geringfügige Beschäftigungen**), kann der Arbeitgeber unter Verzicht auf den Abruf von Lohnsteuerabzugsmerkmalen von der Pauschalierungsmöglichkeit des § 40a Abs. 2a EStG Gebrauch machen. In diesem Fall beträgt der **Pauschsteuersatz** 20 %, anders als bei der einheitlichen Pauschsteuer aber zuzüglich des Solidaritätszuschlags und ggf. der Kirchensteuer. Da § 40a Abs. 2a EStG auf § 40a Abs. 2 EStG verweist, ist eine Pauschalierung möglich bei geringfügig entlohnten Beschäftigungen und geringfügigen Beschäftigungen in Privathaushalten. Deshalb findet auch die Arbeitslohngrenze von 450 Euro Anwendung. **48**

d) Aushilfskräfte in der Land- und Forstwirtschaft, § 40a Abs. 3 EStG

Für Aushilfskräfte in der Land- und Forstwirtschaft sieht das Gesetz (§ 40a Abs. 3 EStG) einen besonders niedrigen Pauschsteuersatz von 5 % vor. Es handelt sich um **49** eine Subvention land- und forstwirtschaftlicher Betriebe. Voraussetzung ist, dass die Aushilfskraft in einem Betrieb der Land- und Forstwirtschaft i.S.d. § 13 Abs. 1 Nr. 1–4 EStG tätig ist. Dazu zählen auch land- und forstwirtschaftliche Betriebe, die allein wegen ihrer Rechtsform (z.B. GmbH) als Gewerbebetriebe zählen. Das Tatbestandsmerkmal ist also rein **tätigkeitsbezogen** auszulegen.[1] Die Aushilfskraft muss darüber hinaus mit typisch land- und forstwirtschaftlicher Tätigkeit beschäftigt werden, also z.B. mit Feld- oder Erntearbeiten. Eine mit dem Betrieb der Land- und Forstwirtschaft verbundene Bürotätigkeit zählt nicht zu den typischen land- und forstwirtschaftlichen Tätigkeiten. Um den Kreis der begünstigten Arbeitskräfte zu beschränken, enthält § 40a Abs. 3 Satz 2 EStG eine typisierende Definition des Begriffs der Aushilfskraft. **Aushilfskräfte** sind danach nur Personen, die für die Ausführung und für die Dauer von Arbeiten beschäftigt werden, die nicht ganzjährig anfallen. Damit ist gesetzlich klargestellt, dass die Pauschalierung nur für saisonal auftretende Tätigkeiten möglich sein soll. Allerdings ist eine Beschäftigung mit anderen, d.h. also nicht nur saisonal anfallenden, land- und forstwirtschaftlichen Tätigkeiten unschädlich, wenn diese Tätigkeiten nicht mehr als 25 % der Gesamtbeschäftigungsdauer in Anspruch nehmen. Als Aushilfskraft kommen darüber hinaus Arbeitnehmer nicht in Betracht, die zu den land- und forstwirtschaftlichen Fachkräften gehören. Dies sind zum einen Personen, die die Tätigkeit im Rahmen einer land- und forstwirtschaftlichen Berufsausbildung erlernt haben, aber auch angelernte Personen, die nach ihren Fähigkeiten in der Lage sind, eine land- und forstwirtschaftliche Fachkraft zu ersetzen.[2] Schließlich ist die Pauschalierung ausgeschlossen, wenn der Arbeitgeber den Arbeitnehmer mehr als 180 Tage im Jahr beschäftigt. Die Höhe des Arbeitslohns ist für die Pauschalierung unerheblich. Allerdings ist die Pauschalierung ausgeschlossen, wenn der Arbeitslohn durchschnittlich je Arbeitsstunde 12 Euro übersteigt oder der Arbeitnehmer Arbeitslohn vom selben Arbeitgeber bezieht, der dem Lohnsteuerabzug unterworfen ist (§ 40a Abs. 4 EStG).

4. Hinweise zur Vertragsgestaltung

50   Jeder Arbeitsvertrag mit einem geringfügig Beschäftigten sollte schriftlich abgeschlossen werden. Für **Kurzfristbeschäftigte**, deren Arbeitsverhältnis nicht länger als einen Monat dauern soll, ergibt sich dies bereits aus § 14 Abs. 4 TzBfG, der für **befristete Arbeitsverhältnisse die Schriftform** zwingend vorschreibt (näher → *Befristung des Arbeitsverhältnisses*, II B 10 Rz. 6). Für Arbeitnehmer, deren Arbeitsverhältnis diese Dauer überschreiten soll, folgt diese Empfehlung dem Umstand, dass der Arbeitgeber gemäß § 2 NachwG ohnehin zum schriftlichen Nachweis der wesentlichen Vertragsbedingungen verpflichtet ist und es sich anbietet, den danach vorgeschriebenen Mindestinhalt sogleich im Arbeitsvertrag selbst festzuhalten.

51   Nicht zwingend, aber **zweckmäßig** ist außerdem die vertragliche Fixierung der bereits kraft Gesetzes bestehenden **Anzeigepflicht des Arbeitnehmers**.

Der Arbeitsvertrag mit einem geringfügig Beschäftigten sollte daher **grundsätzlich zu den sonstigen Vereinbarungen** folgende Klausel enthalten:

---

1 Blümich/*Thürmer*, § 40a Rz. 68 m.w.N.
2 BFH v. 12.6.1986 – VI R 167/83, BStBl. II 1986, 34.

§ ... Anzeigepflicht

Die Aufnahme oder Beendigung einer weiteren Beschäftigung, gleichgültig welchen Umfangs oder welcher Dauer, hat der Arbeitnehmer unverzüglich schriftlich anzuzeigen. Ebenso ist jede Veränderung des Umfangs oder des vereinbarten Entgelts einer anderweitigen Beschäftigung anzuzeigen.

B 30 Beweislastvereinbarungen

	Rz.		Rz.
1. Einführung	1	d) Sonstige Tatsachenbestätigungen	18
2. Klauselbeispiele	9	aa) „Sprachklausel"	18
a) Vollständigkeitsklauseln/mündliche Nebenabreden	9	(1) Träger des sog. Sprachrisikos	20
		(2) Wirkung der Klausel	26
b) Beweislastklauseln im Zusammenhang mit Mankoabreden	10	bb) Schriftliche Vertragsausfertigung	31
c) Sonstige direkte Beweislastvereinbarungen	11	cc) Gesundheit; Schwangerschaft	34
		dd) Rückzahlungsklauseln	40

Schrifttum:

Bennemann, Fiktionen und Beweislastregelungen in Allgemeinen Geschäftsbedingungen, 1987; *Bieder*, Überzahlung von Arbeitsentgelt und formularvertraglicher Ausschluss des Entreicherungseinwands, DB 2006, 1318; *Boudon*, AGB-Kontrolle – neue Regeln für den Entwurf von Arbeitsverträgen, ArbRB 2003, 150; *Gotthardt*, Der Arbeitsvertrag auf dem AGB-rechtlichen Prüfstand, ZIP 2002, 277; *Gotthardt*, Arbeitsrecht nach der Schuldrechtsreform, 2. Aufl. 2003; *Kliemt*, Formerfordernisse im Arbeitsverhältnis, 1994; *Lingemann*, Allgemeine Geschäftsbedingungen und Arbeitsvertrag, NZA 2002, 181; *Orbach*, Beweislastklauseln in Allgemeinen Geschäftsbedingungen, 1984; *Stübing*, Tatsachenbestätigungen und Fiktionen in Allgemeinen Geschäftsbedingungen, NJW 1978, 1606.

1. Einführung

1 Kann im Falle eines Prozesses eine zwischen den Parteien strittige Tatsache nicht bewiesen werden, so **entscheiden die Grundsätze der Beweislastverteilung über den Ausgang des Prozesses**: Derjenige, dem das Risiko der Beweiserbringung obliegt, verliert den Prozess. Daher kann die Frage, wer hinsichtlich des Vorliegens oder Nichtvorliegens bestimmter Tatsachen die Beweislast trägt, von entscheidender Bedeutung für die Durchsetzung von Rechtspositionen sein.

2 Grundsätzlich – eine Ausnahme gilt insbesondere bei gesetzlichen Regelungen wie z.B. § 280 Abs. 1 Satz 2 BGB – trägt jede Partei die Beweislast für die tatsächlichen Voraussetzungen der ihr günstigen Rechtsnorm.[1] Wie sich schon aus der Existenz des § 309 Nr. 12 BGB ergibt, sind die Parteien im Geltungsbereich des Beibringungsgrundsatzes grundsätzlich nicht gehindert, von dieser Regel abweichende Vereinbarungen über die Beweislast zu treffen.[2] Einer **Beweislastvereinbarung** zwischen dem Arbeitgeber und dem Arbeitnehmer stehen daher – im arbeitsgerichtlichen Urteilsverfahren gilt grundsätzlich der Beibringungsgrundsatz[3] – in den durch §§ 138, 242 BGB gezogenen Grenzen keine Bedenken entgegen, jedenfalls sofern sie individualvertraglich getroffen wurde.

3 Soweit es sich allerdings um **Formulararbeitsverträge** handelt, gewinnt § 309 Nr. 12 BGB an Bedeutung, der ein generelles **Verbot der Beweislaständerung** zum Nachteil

---

1 GMP/*Prütting*, § 58 ArbGG Rz. 77–79; *Rosenberg/Schwab/Gottwald*, Zivilprozessrecht, § 115 II 1; Thomas/Putzo/*Reichold*, Vorbem. § 284 ZPO Rz. 23.
2 UBH/*Habersack*, § 309 Nr. 12 BGB Rz. 3; *Rosenberg/Schwab/Gottwald*, Zivilprozessrecht, § 115 III 2 b.
3 GMP/*Prütting*, ArbGG, Einleitung, Rz. 216 m.w.N.

des anderen Vertragsteils enthält. Das Verbot von Klauseln über die Beweislastveränderung in § 309 Nr. 12 BGB enthält einen durchaus auch im Arbeitsrecht anzuerkennenden Gedanken, insbesondere wenn es um eine Veränderung der Beweislast zu Ungunsten des Arbeitnehmers geht.[1] Die **Heranziehung des § 309 Nr. 12 BGB** für die Inhaltskontrolle von Formulararbeitsverträgen ist durchaus sachgerecht,[2] da anerkanntermaßen[3] die Beweislastgrundsätze nicht nur Zweckmäßigkeitserwägungen entspringen, sondern darüber hinaus einen grundlegenden materiellen Gerechtigkeitsgehalt aufweisen. Arbeitsrechtliche Besonderheiten stehen der Anwendung dieser Vorschrift also nicht entgegen.[4]

In § 309 Nr. 12a) und b) BGB werden Beispielfälle verbotener Beweislastklauseln hervorgehoben: 4

Nach § 309 Nr. 12a) BGB darf der Verwender dem anderen Vertragsteil nicht die Beweislast für Umstände auferlegen, die im Verantwortungsbereich des Verwenders liegen. Hierunter würde bspw. eine arbeitsvertragliche Klausel fallen, deren Inhalt zufolge der Arbeitgeber nur dann wegen einer bestimmten Vertragsverletzung Schadensersatz an den Arbeitnehmer zu leisten hätte, wenn von Seiten des Arbeitnehmers ein Verschulden des Arbeitgebers nachgewiesen wird.[5] 5

Von größerer praktischer Bedeutung – auch für das Arbeitsvertragsrecht – sind die durch § 309 Nr. 12b) BGB hervorgehobenen **Tatsachenbestätigungen**. Lässt sich der Arbeitgeber als Klauselverwender vom Arbeitnehmer bestimmte Tatsachen, für die er die Beweislast trägt, bestätigen, liegt hierin eine **faktische Verschiebung der Beweislast** zu Ungunsten des Arbeitnehmers, da der Arbeitnehmer die bestätigte Tatsache so lange gegen sich gelten lassen soll, bis es ihm gelungen ist, deren Unrichtigkeit nachzuweisen.[6] Soll die Bestätigung ganz an die Stelle der eigentlich relevanten Tatsachen treten, also fingiert bzw. unwiderleglich vermutet werden, so wird überwiegend[7] befürwortet, hierauf § 309 Nr. 12b) BGB anzuwenden. 6

Unter das Verbot des § 309 Nr. 12 BGB fallen aber darüber hinaus alle sonstigen Änderungen der Beweislast zum Nachteil des Vertragspartners des Klauselverwenders, also keineswegs nur die Umkehr der Beweislast.[8] So ist § 309 Nr. 12 BGB bspw. ebenfalls einschlägig, wenn nicht die Beweislast unmittelbar verändert, sondern 7

---

1 *Gotthardt*, Rz. 286.
2 Ausführlich hierzu *Kliemt*, Formerfordernisse im Arbeitsverhältnis, § 15 VII 3.
3 Vgl. etwa BGH v. 17.2.1964 – II ZR 98/62, BGHZ 41, 151 (154 f.); UBH/*Habersack*, § 309 Nr. 12 BGB Rz. 3; WLP/*Dammann*, § 309 Nr. 12 BGB Rz. 82.
4 *Henssler*, RdA 2002, 129 (133); *Thüsing*, AGB-Kontrolle, Rz. 173; WLP/*Dammann*, § 309 Nr. 12 BGB Rz. 82; s. bereits BAG v. 16.3.1994 – 5 AZR 339/92, AP Nr. 18 zu § 611 BGB Ausbildungsbeihilfe.
5 Vgl. zu ähnlichen Fallgestaltungen: BGH v. 20.1.1983 – VII ZR 105/81, BGHZ 86, 284 (297); v. 23.2.1984 – VII ZR 274/82, NJW 1985, 3016.
6 Vgl. BGH v. 26.5.1986 – VIII ZR 229/85, NJW 1986, 2574; ausführliche Darstellung: WLP/*Dammann*, § 309 Nr. 12 BGB Rz. 50–52 ff.; zu Beispielen aus der arbeitsvertraglichen Praxis näher unten Rz. 18 ff.
7 UBH/*Habersack*, § 309 Nr. 12 BGB Rz. 18; Stein/Jonas/*Leipold*, § 286 ZPO Rz. 136; Löwe/von Westphalen/*Trinkner*, § 11 Nr. 15 AGBG Rz. 7.
8 BGH v. 28.1.1987 – IVa ZR 173/85, NJW 1987, 1634; *Lakies*, Rz. 667; ErfK/*Preis*, §§ 305–310 BGB Rz. 80; UBH/*Habersack*, § 309 Nr. 12 BGB Rz. 8; WLP/*Dammann*, § 309 Nr. 12 BGB Rz. 10.

eine vom Verwender zu erbringende Beweisführung erleichtert oder ein vom Vertragspartner zu führender Beweis erschwert wird (sog. **Änderung der Beweisanforderungen**).[1] Gleiches gilt für die Beeinträchtigung der Beweisposition, indem bestimmte Beweismittel vorgeschrieben oder umgekehrt andere ausgeschlossen werden oder die Anforderungen an die richterliche Überzeugungsbildung erhöht oder ermäßigt werden.[2] Ebenso verbietet § 309 Nr. 12 BGB, da die Regeln über die Beweislast auch die Behauptungslast bestimmen, dass der Vertragspartner mit der Behauptung bestimmter Tatsachen ausgeschlossen wird.[3]

8   Die in Formulararbeitsverträgen anzutreffenden Klauseln, die auf eine Veränderung oder Erschwerung der Behauptungs- oder Beweislast abzielen, sind mannigfaltig. Nicht immer werden Begriffe wie „Beweislast", „nachweislich" oder „beweisen" verwendet; mitunter erschließt sich die Beweiswirkung der jeweiligen Klausel erst aus dem Zusammenhang der Bestimmung. Einige häufig anzutreffende Klauseln seien im Folgenden kurz erläutert und auf ihre Wirksamkeit geprüft:

2. Klauselbeispiele

a) Vollständigkeitsklauseln/mündliche Nebenabreden

⊃ Nicht geeignet:

a) Mündliche Nebenabreden bestehen nicht.

b) Herr/Frau ... und die Firma sind sich darüber einig, dass keine mündlichen Vereinbarungen getroffen sind, die diesen schriftlichen Vertrag ändern oder ergänzen würden.

9   Hierbei handelt es sich nicht um → *Schriftformklauseln*, II S 30, sondern um sog. **Vollständigkeitsklauseln**,[4] die allerdings die bestehende Beweislastverteilung nicht beeinflussen, soweit sie keine unwiderlegbare Vermutung schaffen wollen[5] (eingehend → *Vollständigkeitsklauseln*, II V 60).

b) Beweislastklauseln im Zusammenhang mit Mankoabreden

10 S. hierzu → *Mankohaftung*, II M 10.

c) Sonstige direkte Beweislastvereinbarungen

Typ 1: Verrechnung von Ansprüchen bei Beendigung des Arbeitsverhältnisses

Mit der Beendigung des Arbeitsverhältnisses sind noch nicht ins Verdienen gebrachte Provisionsvorschüsse, gleichgültig auf welche Vergütungsbestandteile sie

---

1 BGH v. 28.1.1987 – IVa ZR 173/85, NJW 1987, 1634; v. 20.4.1989 – IX ZR 214/88, NJW-RR 1989, 817; UBH/*Habersack*, § 309 Nr. 12 BGB Rz. 8, 12; WLP/*Dammann*, § 309 Nr. 12 BGB Rz. 14.
2 *Lakies*, Rz. 667; UBH/*Habersack*, § 309 Nr. 12 BGB Rz. 11; WLP/*Dammann*, § 309 Nr. 12 BGB Rz. 14.
3 UBH/*Habersack*, § 309 Nr. 12 BGB Rz. 8.
4 Vgl. hierzu *Kliemt*, Formerfordernisse im Arbeitsverhältnis, § 15 VII 5 m.w.N.
5 UBH/*Schmidt*, Teil 3 (9), Rz. 15.

gewährt wurden, zurückzuzahlen. Die Verrechnung mit Ansprüchen, die bei Beendigung des Arbeitsverhältnisses fällig werden, ist zulässig; der Arbeitgeber ist beweispflichtig dafür, dass solche Ansprüche bestehen.

◯ **Nicht geeignet:**
  a) Eine Schadensaufteilung nach dem Verschuldensgrad richtet sich nach den von der Rechtsprechung entwickelten Grundsätzen. Im Zweifel ist der Mitarbeiter für seinen Verschuldensgrad beweispflichtig.
  b) Der Arbeitnehmer trägt die Beweislast dafür, dass er keinen Wettbewerb treibt, wenn er bei einem Arbeitgeber in Arbeit tritt, der teilweise konkurriert.

Jede der vorstehenden Klauseln enthält in unterschiedlichem Zusammenhang eine direkte Regelung in Bezug auf die Beweislast. Jedoch ist bei der Beurteilung der Wirksamkeit solcher Beweislastklauseln stets zu beachten, dass § 309 Nr. 12 BGB bereits seinem Wortlaut nach Vereinbarungen nicht erfasst, die nicht mehr als die ohnehin geltende Beweislastverteilung wiedergeben, also diese nicht zum Nachteil des Vertragspartners des Verwenders ändern.

Bei der Klausel Typ 1 geht es um die Verrechnung bzw. Rückforderung von an den Arbeitnehmer geleisteten **Vorschüssen**. Eine Beweislastregelung wird in diesem Zusammenhang mitunter deshalb empfohlen, weil das BAG[1] im Falle einer Klage des Arbeitgebers auf Rückzahlung von Provisionsvorschüssen auf künftige Provisionsansprüche den Arbeitnehmer als beweispflichtig für diejenigen Umstände angesehen hat, aus denen sich die Höhe eines zu verrechnenden Provisionsanspruches des Arbeitnehmers ergibt. Das LAG Berlin[2] hielt demgegenüber den Arbeitgeber, der einen nicht mehr verrechenbaren Lohnvorschuss zurückforderte, für in vollem Umfang dafür darlegungs- und beweispflichtig, dass der Vorschuss nicht mit zwischenzeitlich entstandenen Lohnansprüchen des Arbeitnehmers verrechnet worden ist, und begründete dies damit, dass die Lohnabrechnung vom Arbeitgeber vorgenommen und vom Arbeitnehmer lediglich entgegengenommen werde.

Die Verwendung einer Beweislastklausel vorstehender Art ist vor dem Hintergrund des § 309 Nr. 12 BGB **unbedenklich**, da durch sie die **Beweisposition des Arbeitnehmers nicht verschlechtert**, vielmehr dem Arbeitgeber als Verwender des Formulararbeitsvertrages die Beweislast auferlegt wird. Auch ist von der Rechtsprechung unabhängig von der Beweislastregelung anerkannt, dass Vereinbarungen in Allgemeinen Geschäftsbedingungen, wonach ein nicht ins Verdienen gebrachter Provisionsvorschuss zurück zu zahlen ist, keiner Inhaltskontrolle nach §§ 307 Abs. 1 und 2, 308, 309 BGB unterliegt, da es sich um keine von Rechtsvorschriften abweichende Regelung handelt.[3]

---
1 Vgl. BAG v. 28.6.1965 – 3 AZR 86/65, AP Nr. 3 zu § 614 BGB Gehaltsvorschuss; vgl. auch OLG Celle v. 27.6.2002 – 11 U 344/01, n.v., wonach der Handelsvertreter darzulegen und zu beweisen hat, dass er abweichend von der gesetzlichen Regelung des § 87a Abs. 2 HGB etwaige vorab gezahlte Pauschalbeträge, denen konkrete Provisionsverdienste nicht gegenüberstehen, als verlorenen Zuschuss des Arbeitgebers behalten darf.
2 LAG Berlin v. 16.2.1971 – 4 Sa 111/70, BB 1971, 1413.
3 LAG Berlin-Brandenburg v. 26.3.2010 – 13 Sa 321/10, n.v.

14 Zur Beispielsklausel a): Seit langem wird die **Haftung des Arbeitnehmers** gegenüber dem Arbeitgeber durch Rechtsprechung und Schrifttum **eingeschränkt**. Nach der Rechtsprechung[1] gelten die Grundsätze über die Beschränkung der Arbeitnehmerhaftung **für alle Arbeiten**, die durch den Betrieb veranlasst sind und aufgrund eines Arbeitsverhältnisses geleistet werden, ohne dass es auf die Gefahrgeneigtheit der Arbeit ankäme. Hiernach haftet der Arbeitnehmer grundsätzlich voll für Vorsatz und grobe Fahrlässigkeit.[2] Eine Haftung für leichte Fahrlässigkeit besteht demgegenüber nicht.[3] Bei normaler Fahrlässigkeit ist der Schaden i.d.R. quotal zu verteilen.[4] Die **Beweislast hinsichtlich des Verschuldensgrades** trägt der **Arbeitgeber** (§ 619a BGB).[5] Zwar können sich **Beweiserleichterungen** für den Arbeitgeber nach den Grundsätzen des Prima-facie-Beweises ergeben, jedoch folgt aus dem Anscheinsbeweis keine tatsächliche Vermutung für grobe Fahrlässigkeit, sondern allenfalls für „normale" Fahrlässigkeit.[6]

15 Im Ergebnis beinhaltet eine Klausel, die dem Arbeitnehmer die Beweislast hinsichtlich seines Verschuldensgrades aufbürdet, also eine Abweichung von der normalerweise geltenden Beweislastverteilung zum Nachteil des Arbeitnehmers und ist daher nach Maßgabe des Rechtsgedankens des § 309 Nr. 12 BGB **unwirksam**.[7]

16 Gleiches gilt für eine formularmäßige Beweislastregelung in Bezug auf einen etwaigen **Verstoß** des Arbeitnehmers **gegen** ein vereinbartes **Wettbewerbsverbot**, wie Klausel b) sie vorsieht:

17 Wird durch eine Wettbewerbsklausel dem Arbeitnehmer nicht untersagt, in einem Konkurrenzunternehmen überhaupt tätig zu sein (zur Zulässigkeit einer solchen allgemeinen Wettbewerbsklausel → *Wettbewerbsverbote*, II W 10), sondern ist nur eine sog. **partielle Wettbewerbsklausel** vereinbart, durch die es dem Arbeitnehmer untersagt ist, auf seinem bisherigen Arbeitsplatz bei einem Konkurrenzunternehmen in Arbeit zu treten, können sich für den Arbeitgeber **Beweisschwierigkeiten** ergeben. Zwar darf der Arbeitnehmer auch bei einem partiellen Wettbewerbsverbot in einem Konkurrenzunternehmen keine Arbeit aufnehmen, die nicht aufgrund einer räumlichen, personellen und sachlichen Trennung der Aufgabengebiete

---

1 BAG GS v. 12.6.1992 – GS 1/89, AP Nr. 101 zu § 611 BGB Haftung des Arbeitnehmers; BGH v. 21.9.1993 – GmS-OGB 1/93, NJW 1994, 856. Zum „Abschied" von dem Kriterium der Gefahrneigung eingehend: *Hanau/Rolfs*, NJW 1994, 1439ff.; *Richardi*, NZA 1994, 241ff. Vgl. auch schon BAG v. 12.10.1989 – 8 AZR 741/8, AP Nr. 98 zu § 611 BGB Haftung des Arbeitnehmers.
2 BAG v. 24.11.1987 – 8 AZR 524/82, NZA 1988, 579; v. 12.10.1989 – 8 AZR 276/88, NJW 1990, 468 (auch zur Ausnahme der Haftung im Falle grober Fahrlässigkeit bei Unzumutbarkeit für den Arbeitnehmer).
3 BAG v. 17.9.1998 – 8 AZR 175/97, BB 1999, 264.
4 BAG v. 17.9.1998 – 8 AZR 175/97, BB 1999, 264.
5 BAG v. 30.8.1966 – 1 AZR 456/65, AP Nr. 5 zu § 282 BGB mit insoweit krit. Anm. von *Sieg*; v. 13.3.1968 – 1 AZR 362/67, AP Nr. 42 zu § 611 BGB Haftung des Arbeitnehmers; BGH v. 10.7.1973 – VI ZR 66/72, NJW 1973, 2020; GMP/*Prütting*, § 58 ArbGG Rz. 91 – Haftung des Arbeitnehmers.
6 Vgl. BAG v. 30.8.1966 – 1 AZR 456/65, AP Nr. 5 zu § 282 BGB; a.A. *Baumgärtel*, FS Pleyer, 1986, S. 257 (265f.).
7 Vgl. *Gotthardt*, Rz. 286; *Thüsing*, AGB-Kontrolle, Rz. 175, unentschieden DBD/*Däubler*, § 309 Nr. 12 BGB Rz. 5, der die Unwirksamkeit einer Beweislastumkehr bzgl. des Verschuldensgrades auch mit § 619a BGB für begründbar hält.

organisatorisch so gegliedert ist, dass die Verletzung des Wettbewerbsverbotes ausgeschlossen ist.[1] Letztlich ist aber gleichwohl der Arbeitgeber, sofern er sich auf einen Verstoß gegen das Wettbewerbsverbot durch den Arbeitnehmer beruft und z.B. auf Unterlassung der Wettbewerbstätigkeit klagt, nach allgemeinen Beweislastgrundsätzen grundsätzlich diesbezüglich beweisbelastet. Eine hiervon abweichende formularmäßige Vereinbarung zwischen Arbeitgeber und Arbeitnehmer ist nicht wirksam.[2]

d) Sonstige Tatsachenbestätigungen

aa) „Sprachklausel"

⊃ **Nicht geeignet:**
Der ausländische Mitarbeiter versichert, den deutschsprachigen Einstellungsvertrag verstanden zu haben.

Arbeitsverträge können auch mit ausländischen Arbeitnehmern in deutscher Sprache abgefasst werden. Gleiches gilt sinngemäß für im Zusammenhang mit dem Arbeitsverhältnis stehende Verträge oder abgegebene Willenserklärungen (z.B. Kündigung, Ausgleichsquittung, etc.).[3]

Beherrscht ein ausländischer Arbeitnehmer die deutsche Sprache nicht oder nur unvollkommen, können sich bei den Einstellungsverhandlungen und dem Vertragsschluss **Verständigungsprobleme** ergeben. In gleicher Weise taucht dieses „Sprachrisiko" beim Verstehen anderer nur in deutscher Sprache abgefasster Schriftstücke, etwa betrieblicher Anweisungen und Bekanntmachungen, Betriebsvereinbarungen, Tarifverträgen, Unfallverhütungsvorschriften, Kündigungsschreiben oder Ausgleichsquittungen auf.

(1) Träger des sog. Sprachrisikos

Zu wessen Lasten derartige Verständigungsschwierigkeiten gehen, wird in Rechtsprechung und Literatur nicht einheitlich beantwortet:

Nach einer Ansicht[4] soll grundsätzlich der **ausländische Arbeitnehmer** das Sprachrisiko tragen. Er müsse sich an der unterschriebenen Erklärung festhalten lassen und könne nicht anfechten, selbst wenn er infolge mangelnder deutscher Sprachkenntnisse nicht in der Lage war, den Sinn der Erklärung voll zu verstehen. Dies wird damit begründet, dass ein der deutschen Sprache nicht mächtiger Ausländer den Vertrag nicht zu unterschreiben brauche, wenn er dessen Inhalt nicht versteht. Auch bestehe keine Fürsorgepflicht des Arbeitgebers bspw. dahingehend, den Ar-

---
1 Vgl. BAG v. 30.1.1970 – 3 AZR 348/69, AP Nr. 24 zu § 133f. GewO; vgl. Schaub/*Vogelsang*, § 55 Rz. 20.
2 Vgl. *Gotthardt*, Rz. 287.
3 Schaub/*Koch*, § 27 Rz. 35.
4 LAG BW v. 12.6.1968 – 4 Sa 37/168, DB 1968, 1676; ArbG Stuttgart v. 30.4.1965 – 1 Ca 173/65, BB 1965, 788; LAG Köln v. 2.9.2004 – 6 Sa 274/04, LAGReport 2005, 94, verneint eine Anfechtbarkeit, wenn dem Arbeitnehmer bewusst ist, eine rechtserhebliche Erklärung abzugeben; *Beyer*, BlStSozArbR 1970, 107; *Gutmann*, DB 2008, 81 (83); *Herbert/Oberrath*, DB 2009, 2434 (2437); *Küster*, BB 1968, 1204 (1206).

beitnehmer über den Vertragsinhalt aufzuklären und ggf. einen Dolmetscher hinzuzuziehen.[1]

22 Der Gegenmeinung[2] zufolge liegt das Sprachrisiko beim **Arbeitgeber**. Soweit Zweifel an der Verständlichkeit des deutschen Textes bzw. der Vereinbarung bestünden, müssten rechtserhebliche Erklärungen in die Heimatsprache des Ausländers übersetzt werden. Die Behauptungs- und Beweislast dafür, dass der Ausländer den Inhalt der Vereinbarung verstanden hat, trage der Arbeitgeber.

23 Richtigerweise wird man allerdings mangels gesetzlicher Spezialregelungen die allgemeinen gesetzlichen Bestimmungen zum **Recht der Willenserklärungen als Ausgangspunkt** wählen müssen: Soweit der Arbeitnehmer Empfänger einer Willenserklärung des Arbeitgebers ist und die verwendete Sprache nicht versteht, liegt hierin ein **Zugangsproblem**.[3] Zugegangen ist eine Willenserklärung unter Abwesenden dann, wenn die Erklärung so in den Machtbereich des Empfängers gelangt, dass die Kenntnisnahme durch ihn möglich und nach der Verkehrsanschauung zu erwarten ist.[4] Zum Teil[5] wird diesbezüglich auf die **abstrakte Möglichkeit der Kenntnisnahme** abgestellt, während nach anderer Auffassung[6] dem Erklärenden bekannte, die **individuelle Möglichkeit** der Kenntnisnahme des Erklärungsempfängers hindernde Umstände (z.B. fehlende Sprach-, Schreib- und Lesekenntnis) berücksichtigt werden. Letzterer Ansicht zufolge geht eine schriftliche, in deutscher Sprache gehaltene Willenserklärung des Arbeitgebers erst dann zu, wenn der ausländische Arbeitnehmer Gelegenheit hatte, sich diese übersetzen zu lassen.[7] Freilich fallen konkrete Umstände in der Sphäre des Empfängers jedoch grundsätzlich in dessen Risikosphäre und bleiben daher unbeachtet. Dies gilt insbesondere für in der Person des Empfängers liegende Umstände wie Sprach-, Schreib- und Lesekenntnis.[8] Die gegenteilige Auffassung, die darauf abstellt, ob dem Erklärenden besondere, in der Person des Erklärungsempfängers liegende und die Kenntnisnahme von dem Erklä-

---

1 ArbG Gelsenkirchen v. 4.1.1967 – 2 Ca 827/66, BB 1967, 999; *Küster*, BB 1968, 1204 (1206).
2 LAG Düsseldorf v. 2.11.1971 – 8 Sa 346/71, DB 1971, 2318.
3 *Gola/Hümmerich*, BlStSozArbR 1976, 273 (275); vgl. Palandt/*Ellenberger*, § 130 BGB Rz. 5; Schaub/*Koch*, § 27 Rz. 35; *Schlechtriem*, Das „Sprachrisiko" – ein neues Problem?, FS Weitnauer, 1980, S. 129 (136); vgl. auch ArbG Heilbronn v. 26.11.1968 – Ca 308/68, BB 1969, 535.
4 BAG v. 16.12.1980 – 7 AZR 1148/78, AP Nr. 11 zu § 130 BGB; Palandt/*Ellenberger*, § 130 BGB Rz. 5.
5 LAG Köln v. 24.3.1988 – 8 Ta 46/88, NJW 1988, 1870; v. 4.9.2007 – 14 Ta 184/07, AuA 2007, 751; *Schlüter*, Anm. zu LAG Hamm, EzA § 130 BGB Nr. 9; Palandt/*Ellenberger*, § 130 BGB Rz. 5; SPV/*Preis*, Rz. 126.
6 Vgl. ArbG Heilbronn v. 26.11.1968 – Ca 308/68, BB 1969, 535; vgl. *Gola/Hümmerich*, BlStSozArbR 1976, 273 (275); *Schlechtriem*, Das „Sprachrisiko" – ein neues Problem?, FS Weitnauer, 1980, S. 129 (136f.).
7 LAG Hamm v. 5.1.1979 – 8 Ta 105/78, EzA § 130 BGB Nr. 9.
8 So LAG Köln v. 24.3.1988 – 8 Ta 46/88, NJW 1988, 1870; *Schlüter*, Anm. zu LAG Hamm EzA BGB § 130 Nr. 9; LAG Hamburg v. 6.7.1990 – 1 Ta 3/90, LAGE BGB § 130 Nr. 16; SPV/*Preis*, Rz. 126; a.A. LAG Hamm v. 5.1.1979 – 8 Ta 105/78 und v. 24.3.1988, EzA § 130 BGB Nr. 9 = NJW 1979, 2488 und EzA § 5 KSchG Nr. 32; offen gelassen in BAG v. 9.8.1984 – 2 AZR 400/83, AP Nr. 12 zu § 1 KSchG 1969 Verhaltensbedingte Kündigung, wo allerdings für den Fall einer Abmahnung wie bei LAG Hamm eine Zeitspanne verlangt wird, die dem Arbeitnehmer es ermöglicht, eine Übersetzung zu erlangen.

rungsinhalt hindernde Umstände bekannt sind, dürfte durch die Rechtsprechung des BAG überholt sein.[1] Eine nicht verkörperte Willenserklärung, die gegenüber einem ausländischen Arbeitnehmer unter Anwesenden abgegeben wird, kann als unwirksam betrachtet werden, wenn er sie erkennbar nicht versteht.[2] Wenn der Erklärende nach den für ihn erkennbaren Umständen davon ausgehen durfte, dass der Empfänger die Erklärung richtig und vollständig verstanden hat, geht diese zu.[3]

Soweit der **Arbeitnehmer selbst etwas erklärt**, etwa indem er eine von ihm nicht verstandene Ausgleichsquittung unterschreibt, liegt schon keine rechtserhebliche Willenserklärung des Arbeitnehmers vor, wenn der Arbeitgeber als Erklärungsempfänger erkennt oder als objektiver Betrachter hätte erkennen müssen, dass der Arbeitnehmer nicht weiß, was er erklärt bzw. unterschreibt.[4]

Zusammenfassend lässt sich demnach sagen, dass weder der nicht der deutschen Sprache mächtige ausländische Arbeitnehmer noch der Arbeitgeber generell die Folgen des Irrtums oder eines Missverständnisses zu tragen hat. Maßgeblich sind die Regelungen über den Zugang von Willenserklärungen.

(2) Wirkung der Klausel

Indem dem mit dem ausländischen Arbeitnehmer geschlossenen Arbeitsvertrag eine sog. **Sprachklausel** beigefügt wird, durch die der Arbeitnehmer versichert, der deutschen Sprache mächtig zu sein, soll verhindert werden, dass dieser sich später ohne Weiteres auf fehlende Sprachkenntnisse berufen kann.

Grundsätzlich trifft die **Beweislast** und damit das Risiko eines sprachlichen Missverständnisses denjenigen, der aus einem bestimmten Inhalt einer von ihm oder einem anderen abgegebenen Erklärung günstige Rechtsfolgen herleiten will. Im Falle einer **Anfechtung** seiner Willenserklärung durch den ausländischen Arbeitnehmer trägt dieser daher ohnehin die Beweislast für das Vorliegen seines Irrtums,[5] so dass sich insoweit durch die Sprachklausel kein Unterschied ergibt. Geben Tatsachenbehauptungen, wie hier die Sprachklausel, nur die ohnehin geltende Beweislastverteilung wieder, sind sie nicht nach § 309 Nr. 12b) BGB zu beanstanden.[6]

---

1 Vgl. hierzu BAG v. 16.3.1988 – 7 AZR 587/87 und v. 2.3.1989 – 2 AZR 275/88, AP Nr. 16 und 17 zu § 130 BGB.
2 Palandt/*Ellenberger*, § 130 BGB Rz. 14; vgl. auch *Schlechtriem*, Das „Sprachrisiko" – ein neues Problem?, FS für Weitnauer, 1980, S. 129 (137f.), der anführt, dass jedoch ggf. ein Beweis des ersten Anscheins für ein „Vernehmen" sprechen könne.
3 Palandt/*Ellenberger*, § 130 BGB Rz. 14.
4 ArbG Heilbronn v. 26.11.1968 – Ca 308/68, BB 1969, 535; *Basedau*, BB 1969, 1316 (1318); *Schulte*, DB 1981, 937 (939, 942); MünchArbR/*Wank*, § 105 Rz. 24.
5 *Schulte*, DB 1981, 937 (942).
6 BGH v. 19.6.1985 – VII ZR 238/84, NJW 1985, 2329; UBH/*Habersack*, § 309 Nr. 12 BGB Rz. 18; a.A. jedoch WLP/*Dammann*, § 309 Nr. 12 BGB Rz. 54, der seine Meinung so begründet, dass selbst wenn der Verwendungsgegner ohnehin die Beweislast trägt, die Abgabe einer Tatsachenbestätigung als Indiztatsache zu seinen Lasten berücksichtigt werden könne, womit ihm die Erbringung des relevanten Nachweises potentiell erschwert werden würde. Auch diese Erschwerung der Beweisführung sei als Beweislaständerung anzusehen.

28 Die Hauptbedeutung der Sprachklausel liegt bei Erklärungen unter Anwesenden, etwa der Unterzeichnung des Arbeitsvertrages. Hier ist in der Regel der Arbeitgeber für diejenigen Umstände beweisbelastet, aus denen sich ergibt, dass dem ausländischen Arbeitnehmer die Erklärung zugegangen ist, er sie also verstanden hat bzw. der deutschen Sprache so weit mächtig ist, dass er sie verstehen konnte.[1]

29 An dieser sich aus allgemeinen Grundsätzen ergebenden Beweislastverteilung vermag auch eine Klausel des Inhalts, dass der ausländische Arbeitnehmer versichert, die deutsche Sprache zu beherrschen, nichts zu ändern: Dies folgt schon zwingend aus der Überlegung, dass, falls der Arbeitnehmer die deutsche Sprache nicht beherrscht, er selbstverständlich im Zweifel auch nicht den Inhalt der in deutscher Sprache gehaltenen Klausel erfassen kann. Jedenfalls aber stellt eine solche „Sprachklausel" eine **Tatsachenbestätigung** dar, die für Formulararbeitsverträge entsprechend dem Rechtsgedanken des § 309 Nr. 12 BGB **unwirksam** sein dürfte.

30 Vorzugswürdig erscheint daher entweder die Hinzuziehung eines **Dolmetschers**, der ggf. später als Zeuge fungieren kann. Oder aber es empfiehlt sich, um Missverständnisse von vornherein zu vermeiden, die Verwendung von → *Personalfragebögen*, II P 10, Arbeitsverträgen etc., die sowohl in Deutsch als auch in der jeweiligen Muttersprache des Arbeitnehmers abgefasst sind. Zumindest aber sollte die Verständnisklausel in der Heimatsprache des Arbeitnehmers formuliert sein.

bb) Schriftliche Vertragsausfertigung

⊃ **Nicht geeignet:**

Die Vertragsparteien bekennen, eine schriftliche Ausfertigung dieses Vertrages erhalten zu haben.

31 Hängt die Wirksamkeit des Arbeitsvertrages oder einzelner Bestimmungen kraft Gesetzes von der Übergabe einer schriftlichen Ausfertigung der Abrede ab, so wird zu Beweiszwecken häufig eine solche Klausel mit in den Vertrag aufgenommen. Praktisch relevant ist hier die vertragliche Vereinbarung eines **Wettbewerbsverbotes** zwischen Arbeitgeber und Arbeitnehmer. Gemäß **§ 74 Abs. 1 HGB** ist eine nachvertragliche Wettbewerbsabrede für Handlungsgehilfen nur wirksam, wenn diesem der vom Arbeitgeber unterzeichnete, das Wettbewerbsverbot enthaltende Vertrag ausgehändigt wird.[2] Gemäß § 110 Satz 2 GewO findet diese Regelung jedoch auf alle Arbeitsverhältnisse Anwendung, was der früheren Rechtslage entspricht.[3] Dies wurde vor Inkrafttreten des § 110 GewO damit begründet, dass der Zweck der Norm, Arbeitnehmer vor unüberlegten Handlungen zu bewahren und ihnen eine jederzeitige Orientierung über ihre vertraglichen Verpflichtungen zu ermöglichen, auch bei nichtkaufmännischen Arbeitnehmern greift.[4]

---

[1] Vgl. LAG Hess. v. 6.2.1974 – 6 Sa 608/73, BB 1975, 562 (Ls.); vgl. LAG Hamm v. 2.1.1976 – 3 Sa 1121/75, EzA § 305 BGB Nr. 8; vgl. ArbG Heilbronn v. 26.11.1968 – Ca 308/68, BB 1969, 535; *Schulte*, DB 1981, 937 (938); vgl. auch zur Beweislast bzgl. des Zugangs Palandt/*Ellenberger*, § 130 BGB Rz. 21.

[2] *Kliemt*, Formerfordernisse im Arbeitsverhältnis, § 5 II 4.

[3] ErfK/*Oetker*, § 74 HGB Rz. 2 m.w.N.

[4] BAG v. 16.7.1971 – 3 AZR 384/70, AP Nr. 25 zu § 611 BGB Konkurrenzklausel; *Kliemt*, Formerfordernisse im Arbeitsverhältnis, § 5 II 1a).

Ähnlich einer Klausel, nach der die AGB dem Kunden ausgehändigt worden sind,[1] liegt jedoch auch in der Bestätigung der Aushändigung einer schriftlichen Vertragsausfertigung eine Tatsachenbestätigung. Diese ist nach dem Schutzzweck des § 309 Nr. 12b) BGB nicht nur in dem praktisch seltenen Fall unzulässig, dass sie die Beweislast umkehrt, sondern auch schon dann, wenn sie die Beweislast faktisch zum Nachteil des Vertragspartners verschiebt,[2] so dass der Wirksamkeit für den Fall einer formularmäßigen Vereinbarung im Arbeitsvertrag wegen § 309 Nr. 12b) BGB Bedenken gegenüberstehen.

32

Um eine Formnichtigkeit der Wettbewerbsabrede gem. (§ 110 GewO i.V.m.) § 74 Abs. 1 HGB sicher zu vermeiden, genügt es wegen § 309 Nr. 12 BGB nicht, dass sich der Arbeitgeber die Aushändigung im Formulararbeitsvertrag bestätigen lässt.[3] Vielmehr sollte die Bestätigung separat geschehen.[4] **Gesondert unterschriebene bzw. mit einer qualifizierten elektronischen Signatur versehene Empfangsbekenntnisse** sind nämlich nach § 309 Nr. 12 letzter Halbs. BGB ausnahmsweise wirksam. Die Verwendung eines besonderen Formulars ist keine Wirksamkeitsvoraussetzung, jedoch zu empfehlen. Notwendig ist, dass das Empfangsbekenntnis räumlich oder drucktechnisch vom sonstigen Vertragstext deutlich abgehoben ist und vom Arbeitnehmer (neben der allgemeinen Vertragsunterschrift) mit einer gesonderten Unterschrift versehen wird.[5] Verweigert der Arbeitnehmer die Unterzeichnung oder die Annahme, so hat der Arbeitgeber die Möglichkeit, die das Wettbewerbsverbot enthaltende Urkunde dem Arbeitnehmer durch einen Gerichtsvollzieher zustellen zu lassen. Verweigert der Arbeitnehmer dann die Annahme der ihm rechtzeitig zugestellten Urkunde, muss er sich nach § 162 BGB so behandeln lassen, als ob sie ihm rechtzeitig ausgehändigt worden wäre.[6]

33

cc) Gesundheit; Schwangerschaft

⊃ **Nicht geeignet:**
a) Der Arbeitnehmer erklärt, dass er an keiner ansteckenden Krankheit leidet, keine körperlichen oder gesundheitlichen Mängel verschwiegen hat, die der Verrichtung der geschuldeten Arbeitsleistung entgegen stehen, und im Zeitpunkt des Abschlusses des Arbeitsvertrages nicht den Bestimmungen des Mutterschutzgesetzes oder des Schwerbehindertenrechts oder den Landesgesetzen über den Bergmannsversorgungsschein unterliegt.
b) Die Mitarbeiterin versichert, dass sie nicht schwanger ist.

---

1 Zu deren Unwirksamkeit: BGH v. 24.3.1988 – III ZR 21/87, NJW 1988, 2106; UBH/*Habersack*, § 309 Nr. 12 BGB Rz. 19; vgl. auch BGH v. 29.4.1987 – VIII ZR 251/86, BGHZ 100, 373 (381 f.).
2 BGH v. 28.1.1987 – IVa ZR 173/85, BGHZ 99, 374 (379 f.); OLG Stuttgart v. 28.6.1985 – 2 U 264/85, NJW-RR 1986, 275; v. 22.9.1986 – 2 U 297/85, NJW-RR 1987, 143; Palandt/*Grüneberg*, § 309 BGB Rz. 108.
3 ErfK/*Preis*, §§ 305–310 BGB Rz. 80; a.A. *Thüsing* in von Westphalen, AGB-Klauselwerke „Arbeitsverträge" Rz. 174, sofern die Bestätigung der Aushändigung durch deutliche drucktechnische oder räumliche Abhebung vom übrigen Vertragstext vorgenommen wird.
4 *Gotthardt*, Rz. 287; *Lingemann*, NZA 2002, 181 (192); ErfK/*Preis*, §§ 305–310 BGB Rz. 80.
5 Vgl. BGH v. 29.4.1987 – VIII ZR 251/86, BGHZ 100, 373 (382); v. 24.3.1988 – III ZR 21/87, NJW 1988, 2106; WLP/*Dammann*, § 309 Nr. 12 BGB Rz. 62.
6 Vgl. *Kliemt*, Formerfordernisse im Arbeitsverhältnis, § 15 VII 6.

34 Häufig in Arbeitsverträgen anzutreffen sind derartige Klauseln, durch die der Arbeitnehmer in Bezug auf seinen (Gesundheits-)Zustand bestimmte Tatsachen bestätigt oder zusichert. Alternativ hierzu findet sich die Vereinbarung einer Verpflichtung des Arbeitnehmers zu einer → *Gesundheitsuntersuchung*, II G 30.

35 Unwirksam nach § 309 Nr. 12b) BGB können Tatsachenbestätigungen sowohl in der Form sein, dass bestimmte rechtlich relevante Umstände formularmäßig bestätigt werden, als auch in der Form der Schilderung eines tatsächlichen Vorgangs oder Zustandes (hier: Gesundheit des Arbeitnehmers; Nichtbestehen einer Schwangerschaft).[1]

36 Durch die vorstehende Beispielsklausel a) bestätigt der Arbeitnehmer zunächst, dass er nicht unter einer ansteckenden Krankheit leidet. **Ähnliche Klauseln in Fitnessverträgen** werden von der wohl h.M.[2] deshalb nicht beanstandet, weil sie keine Änderung der Beweislast mit sich brächten: Der Kunde müsse sich ohnehin von Schadensersatzansprüchen des Verwenders dadurch befreien, dass er sein mangelndes Verschulden, die Nichterkennbarkeit der Erkrankung, darlegt.

37 Weiter gehend enthält die Beispielsklausel a) jedoch eine Bestätigung des Arbeitnehmers des Inhalts, dass er keine körperlichen oder gesundheitlichen Mängel verschwiegen habe, die der Verrichtung der geschuldeten Arbeitsleistung entgegenstehen. In diesem Zusammenhang gilt es zu berücksichtigen, dass derartige „Gesundheitsklauseln" in Arbeitsverträgen darauf abzielen, dem Arbeitgeber ggf. später eine **Anfechtung** des Arbeitsvertrages **wegen arglistiger Täuschung** zu ermöglichen, wenn sich erst nachträglich eine Krankheit des Arbeitnehmers herausstellt. Denn in diesem Fall trägt der Anfechtende, also der Arbeitgeber, grundsätzlich die volle Beweislast für alle Voraussetzungen des § 123 BGB. Wird die Anfechtung auf ein Verschweigen gestützt, muss der Gegner, hier der Arbeitnehmer, behaupten, wann und wie er die erforderliche Aufklärung gegeben hat, alsdann muss der Anfechtende, hier der Arbeitgeber, diese Behauptung erst einmal widerlegen.[3] Im Hinblick auf diese grundsätzliche Beweislastverteilung kann die Klausel Wirkung entfalten und dem Arbeitgeber die ihm obliegende Beweisführung erleichtern. Die Beispielsklausel a) unterliegt daher wegen § 309 Nr. 12b) BGB Wirksamkeitsbedenken.

38 Die vorstehenden Überlegungen gelten entsprechend für die Beispielsklausel b), wonach die Arbeitnehmerin das **Nichtbestehen einer Schwangerschaft** versichert. Eine solche Klausel ist darüber hinaus **aus arbeitsrechtsspezifischen Gründen unwirksam:** Der EuGH hat schon in einer Entscheidung vom 8.11.1990[4] ausgeführt, dass die Nichteinstellung einer Arbeitnehmerin wegen einer Schwangerschaft eine verbotene Diskriminierung darstelle, was sich nun auch den §§ 7 i.V.m. 3, 1 AGG entnehmen lässt. Eine dahingehende Frage des Arbeitgebers ist demnach aufgrund § 3 Abs. 1 Satz 2 AGG als unmittelbare Benachteiligung wegen des Geschlechts zu charakterisieren und damit unzulässig, was der früheren Rechtslage

---

1 Vgl. UBH/*Habersack*, § 309 Nr. 12 BGB Rz. 18 ff.
2 OLG Hamm v. 14.1.1987 – 30 U 182/86, NJW-RR 1987, 947; UBH/*Habersack*, § 309 Nr. 12 BGB Rz. 22.
3 Palandt/*Ellenberger*, § 123 BGB Rz. 30.
4 EuGH v. 8.11.1990 – Rs. C-177/88, BB 1991, 692; ausführlich hierzu *Wißmann*, DB 1991, 650 ff.

entspricht.[1] Etwas anderes ergibt sich auch nicht, wenn ein befristetes Arbeitsverhältnis begründet werden soll.[2] Eine von der Arbeitnehmerin falsch beantwortete diesbezügliche Frage berechtigt den Arbeitgeber daher weder zur Anfechtung noch resultiert hieraus ein Schadensersatzanspruch des Arbeitgebers wegen Verschuldens bei Vertragsschluss. Das grundsätzlich bestehende **Frageverbot** kann auch durch die Aufnahme einer entsprechenden Bestätigungsklausel in den Arbeitsvertrag **nicht umgangen** werden.

Jedenfalls für unwirksam wird die in Sportstudioverträgen verwendete Klausel: „Ich erkläre, gesund und daher in der Lage zu sein, an einem normalen Training teilzunehmen" erachtet, weil sie geeignet ist, den dem Kunden obliegenden Beweis zu erschweren, dass der Verwender seine **Beratungs- und Hinweispflicht** hinsichtlich der entstehenden körperlichen Belastung und der gesundheitlichen Risiken verletzt hat.[3] Diese Wertung lässt sich durchaus auf eine im Formulararbeitsvertrag enthaltene Klausel, durch die der Arbeitnehmer erklärt, gesund und daher in der Lage zu sein, die ihm übertragenen Arbeiten zu verrichten, übertragen: Denn den Arbeitgeber treffen schon während der Vertragsanbahnung Hinweispflichten, z.B. im Hinblick auf überdurchschnittliche Anforderungen im Arbeitsverhältnis,[4] und der Arbeitnehmer ist in Bezug auf die Hinweis- und Fürsorgepflichtverletzung des Arbeitgebers darlegungs- und beweispflichtig.[5] Die Erbringung dieses Beweises wird dem Arbeitnehmer durch eine solchermaßen ausgestaltete Klausel erschwert, so dass sie wegen Verstoßes gegen die Wertung des § 309 Nr. 12b) BGB der Gefahr der Unwirksamkeit ausgesetzt ist.

dd) Rückzahlungsklauseln

◯ **Nicht geeignet:**
a) Der Arbeitnehmer kann sich im Falle einer Gehaltsüberzahlung nicht auf den Einwand der Entreicherung berufen.
b) Der Arbeitnehmer erklärt, Gehaltsüberzahlungen nicht zur besseren Lebenshaltung verbraucht zu haben.

In den Anwendungsbereich des § 309 Nr. 12 BGB fallen auch Erstattungsklauseln, durch die der Arbeitgeber die Rückzahlung überzahlten Entgelts sicherstellen will. Eine Änderung der Beweislast ergibt sich aus den von der Rechtsprechung[6] entwickelten Grundsätzen zur erleichterten Beweisführung zugunsten von Geringver-

---

1 EuGH v. 4.10.2001 – Rs. C-109/00, EAS RL 76/207/EWG Art. 5 Nr. 16 mit abl. Anm. *Stahlhacke*; BAG v. 6.2.2003 – 2 AZR 621/01, NZA 2003, 848; v. 15.10.1992 – 2 AZR 227/92, AP Nr. 8 zu § 611a BGB; LAG Düsseldorf v. 1.4.1992 – 4 Sa 157/92, NZA 1992, 695; vgl. dazu auch Däubler/Bertzbach/*Däubler*, AGG, § 7 Rz. 25.
2 EuGH v. 4.10.2001 – Rs. C-109/00, EAS RL 76/207/EWG Art. 5 Nr. 16; ErfK/*Preis*, § 611 BGB Rz. 274; a.A. *Pallasch*, NZA 2007, 306 (307f.); *Herrmann*, SAE 2003, 125.
3 BGH v. 20.4.1989 – IX ZR 214/88, NJW-RR 1989, 817; UBH/*Habersack*, § 309 Nr. 12 BGB Rz. 22.
4 BAG v. 12.12.1957 – 2 AZR 574/55, AP Nr. 2 zu § 276 BGB Verschulden bei Vertragsabschluss.
5 Schaub/*Koch*, § 106 Rz. 21.
6 BAG v. 12.1.1994 – 5 AZR 597/92, AP Nr. 3 zu § 818 BGB; v. 18.1.1995 – 5 AZR 817/93, AP Nr. 3 zu § 812 BGB; LAG Hamm v. 3.12.1999 – 5 Sa 97/99, NZA-RR 2000, 181; BAG v. 9.2.2005 – 5 AZR 175/04, AP Nr. 12 zu § 611 BGB Lohnrückzahlung.

dienern → *Arbeitsentgelt, überzahltes*, II A 80. Unter bestimmten Voraussetzungen lässt die Rechtsprechung den Beweis des ersten Anscheins für eine Entreicherung des Arbeitnehmers nach Gehaltsüberzahlung ausreichen und weicht damit von dem Grundsatz ab, dass jeder die für ihn günstigen Tatsachen darlegen und beweisen muss. Dennoch führt ein formularmäßiger Ausschluss des Entreicherungseinwands gemäß § 818 Abs. 3 BGB (Beispielsklausel a)) nicht zu einem Verstoß gegen § 309 Nr. 12 BGB, wenn der Verwender die beweiserheblichen Wirkungen nicht beabsichtigt hat, sie vielmehr zwingend mit der Regelung einhergehen.[1] § 307 BGB stellt in dem Fall eine ausreichende Kontrollmöglichkeit zum Schutz vor einer unangemessenen Beweislastverteilung dar.

Während einfache Erstattungsklauseln daher mit § 309 Nr. 12 BGB grundsätzlich vereinbar sind und letztlich nur der Angemessenheitskontrolle nach § 307 BGB unterliegen, gilt dies nicht gleichermaßen für Klauseln, die **Tatsachenbestätigungen** hinsichtlich des Tatbestands der Entreicherungseinrede beinhalten (Beispielsklausel b)). Bestätigt der Arbeitnehmer das Fehlen solcher Umstände, die üblicherweise gemäß § 818 Abs. 3 BGB zum Wegfall der Bereicherung führen, liegt darin ein Verstoß gegen § 309 Nr. 12b) BGB. Die Beweislaständerung ist dann nicht unbeabsichtigte Folge einer anderen Regelung, vielmehr kommt es dem Arbeitgeber gerade auf die Verschiebung der Beweislast zum Nachteil des Arbeitnehmers an. Lässt sich der Arbeitgeber das Fehlen solcher beweiserheblichen Tatsachen bestätigen, läuft der Schutz des § 818 Abs. 3 BGB leer. Derartig vorformulierte Rückzahlungsklauseln sind daher gemäß § 309 Nr. 12b) BGB unwirksam.

---

1 *Bieder*, DB 2006, 1318 (1319).

D 10 Darlehen

	Rz.		Rz.
1. Einführung	1	cc) Fälligkeitsklauseln	16
a) Begriff	1	(1) Grundsätzliche Zulässigkeit	16
b) Praktische Bedeutung	3	(2) Bedeutung des Beendigungsgrundes	17
c) Inhaltskontrolle von Arbeitgeberdarlehensverträgen	4	(3) Bedeutung von Art und Zeitpunkt der Beendigung	19
d) Probleme der Vertragsgestaltung	5	(4) Unabdingbarkeit des ordentlichen Kündigungsrechts nach § 489 BGB	21a
2. Klauseltypen	6	e) Zinsanpassungsklauseln	22
a) Rechtsformwahl Darlehen/Vorschuss	6	f) Sicherungsklauseln	24a
b) Tilgungsmodalitäten und Fälligkeit	9	g) Ausgleichsklauseln	24b
c) Verrechnungsregelungen	10	3. Steuerrechtliche Aspekte	25
d) Vereinbarte Fälligstellung bei Beendigung des Arbeitsverhältnisses	12	4. Vertragsmuster	29
aa) Interessenlage	12	5. Hinweise zur Vertragsgestaltung; Prozessuales	30
bb) Rechtslage ohne entsprechende Vereinbarungen	13		

Schrifttum:

Berger-Delhey, Arbeitsrechtliche Probleme des Arbeitgeberdarlehens, DB 1990, 837; *K. Gamillscheg*, Darlehen, AR-Blattei, SD 570 (Stand 2005); *Jesse/Schellen*, Arbeitgeberdarlehen und Vorschuss, 1990; *Kania*, Nichtarbeitsrechtliche Beziehungen zwischen Arbeitgeber und Arbeitnehmer, 1990; *Kleinebrink*, Vertragliche Gestaltung eines Arbeitgeberdarlehens, ArbRB 2010, 382; *Kurz/Schellen*, Zu Rechtsfragen bei der Gewährung von Arbeitgeberdarlehen, in Festschrift für Gaul, 1987, S. 121; *Preis*, Grundfragen der Vertragsgestaltung im Arbeitsrecht, 1993, § 19 I; *Willemsen*, Einbeziehung nicht-arbeitsrechtlicher Verträge in das Arbeitsverhältnis, in Festschrift für Wiedemann, 2002, S. 647.

1. Einführung

a) Begriff

Ein **Arbeitgeberdarlehen** liegt vor, wenn der Arbeitgeber mit Rücksicht auf das Arbeitsverhältnis einem Arbeitnehmer Kapital zur vorübergehenden Nutzung überlässt.[1] Für den Arbeitnehmer ist diese Finanzierungshilfe interessant, da ihm sein Arbeitgeber das Kapital in der Regel zu günstigeren Konditionen anbieten wird, als sie auf dem allgemeinen Kapitalmarkt herrschen. Dabei steht es der Einordnung als Arbeitgeberdarlehen nicht entgegen, wenn als Darlehensgeber nicht der Arbeitgeber selbst, sondern eine rechtlich verselbständigte Sozialeinrichtung auftritt[2] bzw. wenn das Darlehen dem Arbeitnehmer und seinem Ehegatten gemeinsam gewährt wird.[3] Entscheidend ist vielmehr, dass die **Kapitalüberlassung mit Rücksicht auf das Arbeitsverhältnis** erfolgt. Von einem Arbeitgeberdarlehen kann man des-   1

---

1 MünchArbR/*Krause*, § 60 Rz. 15; HWK/*Thüsing*, § 611 BGB Rz. 153.
2 Vgl. hierzu BAG v. 24.2.1964 – 5 AZR 201/63, AP Nr. 1 zu § 607 BGB.
3 *Jesse/Schellen*, Arbeitgeberdarlehen und Vorschuss, S. 7; *K. Gamillscheg*, AR-Blattei SD 570 Rz. 4.

halb nicht sprechen, wenn der Arbeitgeber Darlehen geschäftsmäßig vergibt und sein Arbeitnehmer wie ein außenstehender Dritter einen Darlehensvertrag abschließt. Dies gilt etwa für den Bankangestellten, der sich bei „seiner" Bank durch die Kundenberatung ein normales Darlehen vermitteln lässt.[1]

Der Zusammenhang der Darlehensvergabe mit dem Arbeitsverhältnis zeigt sich regelmäßig darin, dass dem Arbeitnehmer das Darlehen zu günstigeren als den marktüblichen Konditionen überlassen wird. Ein insofern gewährter Zinsnachlass ist als Teil der dem Arbeitnehmer gewährten Vergütung einzustufen. Dies hat das BAG ausdrücklich für die Frage der Mitbestimmung des **Betriebsrates** gemäß § 87 Abs. 1 Nr. 10 BetrVG entschieden.[2] Ob und unter welchen Voraussetzungen Ansprüche aus einem Arbeitgeberdarlehen (Rückzahlungs- und Zinsansprüche) von tariflichen **Ausschlussfristen** erfasst werden, hängt zum einen von der genauen Formulierung der jeweiligen Klausel und zum anderen von der konkreten Ausgestaltung des Darlehensvertrags ab, insbesondere davon, wie eng das Arbeitgeberdarlehen mit dem Arbeitsverhältnis verknüpft ist.[3] Im Fall eines **Betriebsübergangs** wirkt sich die Verknüpfung der nicht-arbeitsrechtlichen Beziehung mit dem Arbeitsverhältnis dahingehend aus, dass nur die Verpflichtung zur Gewährung der Vergünstigung gemäß § 613a Abs. 1 Satz 1 BGB, nicht jedoch der diese realisierende nicht-arbeitsrechtliche Darlehensvertrag auf den Betriebserwerber übergeht.[4]

2 Vom Arbeitgeberdarlehen ist das **Arbeitnehmerdarlehen** zu unterscheiden, bei dem umgekehrt der Arbeitnehmer mit Rücksicht auf das Arbeitsverhältnis seinem Arbeitgeber Kapital zur vorübergehenden Nutzung zur Verfügung stellt.[5] Darlehen der Arbeitnehmer an ihre Arbeitgeber (sog. Arbeitnehmerdarlehen) sind wegen der Kumulierung von Arbeitsplatzrisiko und Sparguthabenrisiko und wegen der Abhängigkeit des Arbeitnehmers problematisch. Der Gesetzgeber hat aus diesem Grunde in § 3 Nr. 1 KWG den Betrieb des Einlagengeschäfts für den Fall verboten, dass der Kreis der Einleger überwiegend aus Betriebsangehörigen des Unternehmens besteht und nicht sonstige Bankgeschäfte betrieben werden, die den Umfang dieses Einlagegeschäfts übersteigen. Soweit nicht schon die Verbotsnorm des § 3 Nr. 1 KWG eingreift,[6] müssen sich die vom Arbeitgeber vorformulierten Bedingungen für Arbeitnehmerdarlehen einer Inhaltskontrolle nach §§ 305 ff. BGB stellen.[7] Für zulässig hat es das BAG erachtet, dass der Arbeitnehmer auf die Auszahlung einer freiwilligen Sonderleistung verzichtet und diesen Betrag dem Arbeitgeber langfris-

---

1 *K. Gamillscheg*, AR-Blattei SD 570 Rz. 6.
2 BAG v. 9.12.1980 – 1 ABR 80/77, NJW 1982, 253; v. 10.6.1986 – 1 ABR 65/84, NZA 1987, 30; *K. Gamillscheg*, AR-Blattei SD 570 Rz. 19 ff.; a.A. noch BAG v. 10.7.1979 – 1 ABR 88/77, AP Nr. 2 zu § 87 BetrVG 1972 Lohngestaltung.
3 Vgl. hierzu BAG v. 23.2.1999 – 9 AZR 737/97, NZA 1999, 1212 (1213); v. 20.2.2001 – 9 AZR 11/00, AP Nr. 5 zu § 611 BGB Arbeitnehmerdarlehen; v. 28.7.2009 – 3 AZR 250/07, NZA 2010, 356; v. 21.1.2010 – 6 AZR 556/07, AP Nr. 3 zu § 611 BGB Arbeitgeberdarlehen; v. 21.1.2010 – 6 AZR 593/07, BeckRS 2010, 67024; LAG Hamm v. 23.7.2010 – 7 Sa 524/10, BeckRS 2010, 74396.
4 BAG v. 21.1.1999 – 8 AZR 373/97, BeckRS 1999, 30368263; DBB/*Däubler*, Anhang Rz. 41; weiterführend *Willemsen*, FS Wiedemann, S. 652 f.
5 Weiterführend ErfK/*Preis*, § 611 BGB Rz. 427 und *K. Gamillscheg*, AR-Blattei SD 570 Rz. 90 ff.; aus der Rechtsprechung vor allem BAG v. 23.9.1992 – 5 AZR 569/91, NZA 1993, 936.
6 Näher zum Verbotsumfang DBB/*Däubler*, Anhang Rz. 44.
7 HWK/*Thüsing*, § 611 BGB Rz. 156.

tig als verzinsliches Darlehen zur Verfügung stellt. Selbst die Festsetzung einer 15-jährigen Laufzeit, unabhängig von der Beendigung des Arbeitsverhältnisses, wurde in diesem Fall nicht beanstandet.[1] Demgegenüber wäre ein Verzicht auf bereits vereinbarte Entgeltbestandteile eine unzulässige Lohnverwendungsabrede.[2]

b) Praktische Bedeutung

Arbeitgeberdarlehen sind heutzutage **weit verbreitet**. Sie zählen insbesondere in größeren Unternehmen zu den üblichen Sozialleistungen. Die Zwecke, zu denen Arbeitgeberdarlehen von Arbeitnehmern aufgenommen werden, haben sich im Laufe der Zeit gewandelt. Während sie nach dem Krieg dazu dienten, das Nötigste an Kleidung und Hausrat zu beschaffen, sind sie heute Bestandteil der langfristigen Finanzierung größerer Investitionen wie etwa Hausbau oder Autokauf.[3] Für den Arbeitnehmer hat die Inanspruchnahme von Arbeitgeberdarlehen regelmäßig **zwei Vorteile:** Einmal werden Arbeitgeberdarlehen – wie dargelegt – meist zu Zinssätzen zur Verfügung gestellt, die unter den marktüblichen Sätzen liegen; teilweise werden sie auch zinslos gewährt. Zum anderen begnügen sich die Arbeitgeber häufig mit einer nachrangigen dinglichen Sicherheit, so dass durch die Inanspruchnahme von Arbeitgeberdarlehen etwa beim Eigenheimbau die Restfinanzierung übernommen werden kann, die vom Bausparkassendarlehen nicht abgedeckt wird.[4]

3

c) Inhaltskontrolle von Arbeitgeberdarlehensverträgen

Soweit Arbeitgeberdarlehen auf der Grundlage von Formularverträgen gewährt werden, unterliegen sie der **Inhaltskontrolle nach den §§ 305 ff. BGB**. Immerhin entsprach es schon im Hinblick auf die in § 23 Abs. 1 AGBG enthaltene Bereichsausnahme für das Arbeitsrecht allgemeiner Meinung, dass es sich bei Arbeitgeberdarlehen nicht um „Verträge auf dem Gebiet des Arbeitsrechts" gehandelt hat.[5] Für ihre Einbeziehung wurde schon vor der Streichung der Bereichsausnahme zu Recht geltend gemacht, dass die Vertragsbedingungen von Arbeitgeberdarlehen – mit Ausnahme von § 87 Abs. 1 BetrVG – von den besonderen Schutznormen und -mechanismen des Arbeitsrechts gerade nicht erfasst würden, also ein Bedürfnis für eine intensivierte Inhaltskontrolle bestehe. Diesem Anliegen lässt sich jetzt auf der Grundlage der §§ 305 ff. BGB Rechnung tragen.

4

---

1 BAG v. 23.9.1992 – 5 AZR 569/91, NZA 1993, 936.
2 DBB/*Däubler*, Anhang Rz. 45.
3 Zu den verschiedenen Darlehensarten MSG/*Sieg*, 260 Rz. 15 ff. Zum Sonderfall der Finanzierung einer Mitarbeiterbeteiligung vgl. BAG v. 19.3.2009 – 6 AZR 557/07, NZA 2009, 896 und v. 21.1.2010 – 6 AZR 556/07, AP Nr. 3 zu § 611 BGB Arbeitgeberdarlehen.
4 *Schirdewahn*, BB 1980, 891; näher zu den Vorteilen für Arbeitnehmer und Arbeitgeber MSG/*Sieg*, 260 Rz. 3 ff.
5 BAG v. 26.5.1993 – 5 AZR 219/92, NZA 1993, 1029; v. 23.9.1992 – 5 AZR 569/91, NZA 1993, 936; offen gelassen hingegen in BAG v. 23.2.1999 – 9 AZR 737/97, NZA 1999, 1212 (1213); LAG Hamm v. 19.2.1993 – 10 Sa 1397/92, DB 1994, 1243; LAG Saarbrücken v. 29.4.1987 – 1 Sa 91/86, NZA 1988, 164; *Jesse/Schellen*, Arbeitgeberdarlehen Vorschuss, S. 75 ff.; *Kania*, Darlehen, Nichtarbeitsrechtliche Beziehungen, S. 23; a.A. *Berger-Delhey*, BB 1990, 837; *Nicolai*, ZIP 1995, 359 ff.

d) Probleme der Vertragsgestaltung

5 Das Arbeitgeberdarlehen ist zunächst ein „normales" Gelddarlehen i.S.v. § 488 BGB. Das bedeutet, dass sich auch bei der Gestaltung von Arbeitgeberdarlehensverträgen dieselben Probleme ergeben können wie bei sonstigen Darlehen, etwa die Problematik der Sittenwidrigkeit von Ratenkreditverträgen. Der Vertrag über die Gewährung eines Arbeitgeberdarlehens ist zwar grundsätzlich ein Verbraucherdarlehensvertrag i.S.v. § 491 BGB. Allerdings ist die Ausnahmeregelung des **§ 491 Abs. 2 Nr. 4 BGB** zu beachten, wonach die §§ 492 ff. BGB keine Anwendung auf Verbraucherdarlehensverträge finden, die ein Arbeitgeber mit seinem Arbeitnehmer zu Zinsen abschließt, die unter den marktüblichen Sätzen liegen. Maßgeblich ist der Effektivzins.[1] Vergleichsmaßstab ist der (effektive) Zins, den der Arbeitnehmer zu tragen hätte, wenn er sich das Darlehen bei einem Bankinstitut besorgen würde. Eine Orientierungsgröße stellen insoweit die Sollzinsen für banküblichen Raten- oder auch Kontokorrentkredite an private Haushalte mit anfänglicher Zinsbindung dar.[2] Diese werden für den jeweiligen Zeitpunkt in den aktuellen Monatsberichten der Deutschen Bundesbank ausgewiesen. Nur dann, wenn der Arbeitnehmer von seinem Arbeitgeber ein Darlehen zu mindestens marktüblichen Zinsen erhält, gelten für den Darlehensvertrag besondere Form- und Wirksamkeitserfordernisse (§§ 492, 494 BGB) und hat der Arbeitnehmer ein Widerrufsrecht (§ 495 BGB). Auf diese Rechte und Gestaltungsfragen kann hier nicht eingegangen werden, zumal solche Fallgestaltungen selten sein dürften. Die nachfolgende Darstellung beschränkt sich vielmehr auf **Besonderheiten der Vertragsgestaltung, die sich gerade aus dem Zusammenhang von Darlehensgewährung und Arbeitsverhältnis ergeben.**

Besondere Gestaltungsprobleme können sich etwa ergeben, wenn der Arbeitnehmer das Darlehen nicht zur Konsumfinanzierung oder für andere dem Arbeitsverhältnis fremde Zwecke nutzen möchte, sondern es zum Erwerb von Aktien oder Anteilen des vom Arbeitgeber betriebenen Unternehmens dient. In dieser Konstellation, insbesondere bei einem erst noch bevorstehenden Börsengang, bestehen besondere Aufklärungspflichten des Arbeitgebers hinsichtlich der mit einem kreditfinanzierten Anteilserwerb verbundenen Risiken. Die Verletzung dieser Pflichten kann zu einer Befreiung des Arbeitnehmers von der Rückzahlungspflicht führen.[3] Entsprechende Hinweise sind daher zum Zwecke der Dokumentation bereits in den Darlehensvertrag aufzunehmen.

2. Klauseltypen

a) Rechtsformwahl Darlehen/Vorschuss

Typ 1: Rechtsformwahl

a) Die Fa. ... gewährt Herrn/Frau ... mit Rücksicht auf das bestehende Arbeitsverhältnis ein Darlehen in Höhe von ... Euro. Das Darlehen ist mit ... % beginnend ... jährlich zu verzinsen.

---

1 MünchKomm/*Schürnbrand*, § 491 BGB Rz. 70.
2 Staudinger/*Kessal-Wulf*, § 491 BGB Rz. 81.
3 BAG v. 4.10.2005 – 9 AZR 598/04, NZA 2006, 545; vgl. auch *Loritz*, FS Richardi, 2007, S. 287 ff.

b) Herr/Frau ... erhält einen Vorschuss auf das künftig fällig werdende Arbeitsentgelt für die Monate ... in Höhe von je ... Euro, also insgesamt in Höhe von ... Euro. Für die entsprechenden Monate kommt demnach nur das jeweilige Restarbeitsentgelt zur Auszahlung.

⊃ **Nicht geeignet:**

Herr/Frau ... erhält hiermit einen Betrag von ... Euro für ... Monate. Der Betrag wird monatlich zu gleichen Teilen mit dem Arbeitsentgelt verrechnet.

Gerade bei der Auszahlung kleinerer Beträge ohne ausführliche Vertragsgestaltung kann fraglich sein, ob der Arbeitgeber tatsächlich ein Arbeitgeberdarlehen gewähren wollte oder nicht vielmehr nur ein Vorschuss auf künftig zu zahlendes Arbeitsentgelt beabsichtigt war. Die Unterscheidung zwischen Darlehen und Vorschuss ist nicht nur von akademischem Interesse. Während nämlich beim Darlehen eine **Aufrechnung mit künftigen Vergütungsansprüchen des Arbeitnehmers** nur im Bereich der Pfändungsfreigrenzen möglich ist, kann der Vorschuss nach allgemeiner Auffassung auch auf den unpfändbaren Teil des Arbeitseinkommens angerechnet werden, da die Verrechnung lediglich der Feststellung derjenigen Summe dient, in deren Höhe der Arbeitgeber am Fälligkeitstage seine Vergütungsschuld durch die vorausgeleistete Zahlung erfüllt hat.[1] Wohl aber muss dem Arbeitnehmer ein Betrag verbleiben, der zur Deckung des notwendigen Lebensbedarfs i.S.d. § 850d ZPO ausreicht.[2]

6

Bei der Vertragsgestaltung ist deshalb, auch wenn es nur um kleine Summen geht, auf eine eindeutige rechtliche Einordnung zu achten. Diese Zuordnung ist insofern erschwert, als nach einhelliger Auffassung allein die von den Parteien gewählte Bezeichnung als Darlehen oder Vorschuss nicht ausschlaggebend ist, sondern sich die **Abgrenzung nach den tatsächlichen Verhältnissen des Einzelfalls** richtet. Andererseits aber ist auch anerkannt, dass jedenfalls dann von einem Darlehen auszugehen ist, wenn darlehenstypische Absprachen über Verzinsung, Kündigung und Rückzahlung getroffen worden sind.[3] Diesen Anforderungen genügen die Klauseln Typ 1a und 1b. Bei der Klausel Typ 1a ist außer der Bezeichnung als Darlehen auch eine für die Darlehensgewährung typische Verzinsung vorgesehen, so dass Zweifel über deren Rechtscharakter ausgeschlossen werden. Ebenso eindeutig handelt es sich bei der Vertragsgestaltung nach Typ 1b um einen Vorschuss, was insbesondere durch die Formulierung klargestellt wird, dass in den Folgemonaten nur das jeweilige „Restarbeitsentgelt" zur Auszahlung kommt.

7

---

1 BAG v. 9.2.1956 – 1 AZR 329/55, AP Nr. 1 zu § 394 BGB; v. 11.2.1987 – 4 AZR 144/86, NZA 1987, 485; v. 25.9.2002 – 10 AZR 7/02, NZA 2003, 617 (619); ErfK/*Preis*, § 614 BGB Rz. 21; MünchArbR/*Krause*, § 60 Rz. 19; DBB/*Däubler*, Anhang Rz. 31; HR/*Mengel*, 1/Rz. 561.
2 Schaub/*Linck*, § 70 Rz. 14; MünchArbR/*Krause*, § 60 Rz. 19; offen gelassen noch von BAG v. 11.2.1987 – 4 AZR 144/86, NZA 1987, 485; a.A. wohl LAG Hess. v. 4.9.1995 – 16 Sa 215/95, NZA 1996, 482 und MSG/*Sieg*, 260 Rz. 7.
3 LAG Düsseldorf v. 14.7.1955 – 2a Sa 158/55, AP Nr. 1 zu § 14 Gehaltsvorschuss; *Kania*, Nichtarbeitsrechtliche Beziehungen zwischen Arbeitgeber und Arbeitnehmer, S. 30; *Jesse/Schellen*, Arbeitgeberdarlehen und Vorschuss, S. 16; MünchArbR/*Krause*, § 60 Rz. 20; DBD/*Däubler*, Anhang Rz. 33.

8 Zweifel bleiben dagegen bei der unbenannten und zinslosen Zuwendung in der hier an dritter Stelle aufgeführten Klausel. Für derartige Zweifelsfälle werden in Rechtsprechung und Literatur verschiedene Kriterien genannt, die als Indizien zur Ermittlung des Parteiwillens dienen können. Für ein Darlehen soll es danach sprechen, wenn der gegebene Betrag zu einem Zweck bestimmt ist, zu dessen Befriedigung auch sonst üblicherweise Kreditmittel in Anspruch genommen werden[1] oder wenn die vereinbarte Rückzahlungsdauer bestimmte Zeiträume überdauert.[2] Die Aussagekraft dieser Indizien ist allerdings zweifelhaft. Denn ob eine bestimmte Anschaffung durch ein niedriges Darlehen oder einen vergleichsweise hohen Vorschuss finanziert werden soll, ist genauso eine Frage der individuellen Vertragsgestaltung wie die Dauer der vereinbarten Rückzahlung oder Verrechnung. Am sinnvollsten erscheint es, mit der Steuerrechtsprechung[3] davon auszugehen, dass **im Zweifelsfall** eine Umwandlung des Gehaltsanspruchs in ein Darlehen nicht gewollt ist und demzufolge ein **Vorschuss** vorliegt.[4] In jedem Fall verbleibt eine erhebliche Rechtsunsicherheit, so dass von dem Gebrauch dieser Klausel nur dringend abgeraten werden kann.

b) Tilgungsmodalitäten und Fälligkeit

Typ 2: Tilgungsvereinbarung

(1) Das Darlehen ist von dem Darlehensnehmer in monatlichen/vierteljährlichen Raten beginnend mit dem Monat …/… Kalendervierteljahr in Höhe von je … Euro zu tilgen. Die Tilgungsraten werden gleichzeitig mit der jeweiligen Monatsvergütung/mit der letzten Monatsvergütung des Kalendervierteljahrs des Darlehensnehmers fällig.

(2) Die Zinsen werden kalenderjährlich berechnet und sind zusätzlich zu der letzten Tilgungsrate des Kalendervierteljahres beginnend mit dem … fällig.

9 Haben die Parteien über die Rückzahlung des Darlehens und die Fälligkeit der Zinsen keine Vereinbarung getroffen, greift die **Regelung der §§ 488 ff. BGB** ein. Ist für die Rückerstattung des Darlehens eine Zeit nicht bestimmt, so hängt die Fälligkeit des Rückzahlungsanspruchs gemäß § 488 Abs. 3 BGB davon ab, dass das Darlehen gekündigt wird, wobei die Kündigungsfrist grundsätzlich drei Monate beträgt. Ist hinsichtlich der Zinsen keine Vereinbarung getroffen, so sind diese grundsätzlich jeweils nach Ablauf eines Jahres zu entrichten. Ist das Darlehen vor Ablauf eines Jahres zurückzuerstatten, sind die Zinsen bei Rückerstattung zu zahlen (§ 488 Abs. 2 BGB).

---

1 LAG Düsseldorf v. 14.7.1955 – 2a Sa 158/55, AP Nr. 1 zu § 614 BGB Gehaltsvorschuss.
2 Dabei wird in Rechtsprechung und Literatur teilweise auf drei Monate, teilweise auf sechs Monate und teilweise auf zwölf Monate abgestellt. Vgl. LAG Bremen v. 21.12. 1960 – 1 Sa 147/60, DB 1961, 243; LAG Düsseldorf v. 14.7.1955 – 2a Sa 158/55, AP Nr. 1 zu § 614 BGB; *Larenz*, Anm. zu AP Nr. 1 zu § 614 BGB Gehaltsvorschuss.
3 BFH v. 2.8.1974 – VI R 165/71, BB 1975, 263.
4 Vgl. *Kania*, Nichtarbeitsrechtliche Beziehungen, S. 13 ff., 18 und MünchArbR/*Krause*, § 60 Rz. 22; abweichend hingegen LAG München v. 28.9.1989 – 4 Sa 241/89, BeckRS 1989, 30464394.

Da diese gesetzliche Regelung jedenfalls bei größeren Summen kaum den Interessen des Arbeitgebers entspricht, **empfiehlt sich regelmäßig der Abschluss einer Tilgungsvereinbarung** entsprechend der in Typ 2 dargestellten Klauseln. Nicht selten wird diese Klausel in der Praxis auch durch ein jederzeitiges Sondertilgungsrecht bis hin zur kompletten Ablösung des Darlehens vereinbart.[1] Auf eine Vorfälligkeitsentschädigung, die sich Kreditinstitute regelmäßig ausbedingen, wird dabei meist sogar ganz verzichtet. Die Tilgungsvereinbarung könnte in diesem Falle durch folgenden Passus ergänzt werden: „Der Arbeitnehmer ist berechtigt, das Darlehen jederzeit ganz oder teilweise zu tilgen."[2]

c) Verrechnungsregelungen

Typ 3: Verrechnungsregelung

(1) Die Tilgungsraten und Zinszahlungen werden im Fälligkeitszeitpunkt mit dem auszuzahlenden pfändbaren Arbeitsentgelt des Darlehensnehmers verrechnet.

(2) Soweit eine Verrechnung auf diese Weise nicht möglich ist, hat der Darlehensnehmer die nicht verrechneten Beträge an den Darlehensgeber im Fälligkeitszeitpunkt zu zahlen.

Da Arbeitgeberdarlehen häufig ohne die sonst üblichen Sicherheiten gewährt werden, hat der Arbeitgeber ein gesteigertes Interesse daran, die Rückzahlung durch den Zugriff auf das Arbeitseinkommen seines Arbeitnehmers sicherzustellen. Zu diesem Zweck kann er gemäß § 387 BGB bei Fälligkeit der Rückzahlungs- und Zinsansprüche gegen den Vergütungsanspruch des Arbeitnehmers aufrechnen. Sein **Aufrechnungsrecht beschränkt** sich allerdings gemäß § 394 BGB **auf den pfändbaren Teil des Arbeitseinkommens**.[3] Zu beachten sind dabei die Grenzen der §§ 850 ff. ZPO, insbesondere § 850c ZPO. Die Höhe der Tilgungs- und Zinsraten muss also so bemessen sein, dass dem Arbeitnehmer unter Berücksichtigung seiner Unterhaltspflichten der unpfändbare Teil seiner Vergütung verbleibt. Dieses Aufrechnungsrecht besteht unabhängig von einer ausdrücklichen Vereinbarung. Gleichwohl empfiehlt sich die Aufnahme einer in Typ 3 dargestellten Aufrechnungsvereinbarung. Diese hat gegenüber der einseitigen Aufrechnung den Vorteil für den Arbeitgeber, dass eine Aufrechnungserklärung entbehrlich wird und der Arbeitnehmer seinen Vergütungsanspruch nicht gegen eine andere Forderung des Arbeitgebers verrechnen kann.[4]

Gefährdet ist der Erfolg einer solchen Aufrechnungsvereinbarung, soweit der Arbeitnehmer den pfändbaren Teil seines Arbeitseinkommens anderweitig **abgetreten** hat oder dieser Teil von einem Gläubiger des Arbeitnehmers **gepfändet** worden ist. Insofern kann sich ggf. aus Sicht des Arbeitgebers die Vereinbarung eines Abtre-

---
1 MSG/*Sieg*, 260 Rz. 29.
2 Vorschlag von MSG/*Sieg*, 260 Rz. 30.
3 MünchArbR/*Krause*, § 60 Rz. 19; *K. Gamillscheg*, AR-Blattei SD 570 Rz. 32; Küttner/*Griese*, Personalbuch 2014, Arbeitgeberdarlehen Rz. 2.
4 *Jesse/Schellen*, Arbeitgeberdarlehen und Vorschuss, S. 80; *K. Gamillscheg*, AR-Blattei SD 570 Rz. 35.

tungsverbotes anbieten (Näheres → *Abtretungsverbote und Lohnpfändung*, II A 10).[1] Aber auch ohne ein solches Abtretungsverbot kann bei richtiger Gestaltung der Tilgungs- und Aufrechnungsvereinbarung die Vereitelung der Aufrechnung durch Abtretungen oder Lohnpfändungen weitgehend verhindert werden. Zwar kommt grundsätzlich eine Aufrechnung nicht mehr in Betracht, wenn der Arbeitnehmer den pfändbaren Teil seines Arbeitseinkommens abgetreten hat oder dieser Teil von einem Gläubiger des Arbeitnehmers gepfändet worden ist. Jedoch enthalten die §§ 392, 406 BGB wichtige Ausnahmen. Gemäß § 392 BGB ist die Aufrechnung trotz Pfändung des Arbeitseinkommens zulässig, wenn der Arbeitgeber seine Forderung vor der Beschlagnahme erworben hat und wenn sie entweder vor der Beschlagnahme oder nach der Beschlagnahme, aber früher als die in Beschlag genommene Forderung, fällig geworden ist. Bei einer Abtretung des Arbeitseinkommens ist die Aufrechnung gemäß § 406 BGB zulässig, wenn der Arbeitgeber die Abtretung beim Erwerb seiner Forderung nicht gekannt hat und wenn sie entweder vor der Erlangung der Kenntnis oder nach Erlangung der Kenntnis, aber früher als die abgetretene Forderung fällig geworden ist. Folglich stehen Pfändungen, die erst nach Abschluss des Arbeitgeberdarlehensvertrages zur Beschlagnahme führen, sowie Abtretungen, die dem Arbeitgeber erst anschließend bekannt werden, einer Aufrechnung nicht entgegen, wenn die Fälligkeit der Raten so festgelegt wird, dass sie vor oder gleichzeitig mit der jeweiligen Monatsvergütung fällig werden.[2] Deshalb ist es von entscheidender Bedeutung, neben der Aufrechnungsvereinbarung die **Fälligkeit der Tilgungsraten so zu bemessen, dass sie spätestens gleichzeitig mit den Vergütungsansprüchen des Arbeitnehmers fällig werden**. Einen entsprechenden Vorschlag enthält die Klausel Typ 2 Satz 2 (Rz. 9).

d) Vereinbarte Fälligstellung bei Beendigung des Arbeitsverhältnisses

⊃ **Nicht geeignet:**
  a) Das Darlehen wird im Falle der Beendigung des Arbeitsverhältnisses wegen des noch offenen Restbetrages sofort fällig.
  b) Endet das Arbeitsverhältnis, wird der noch ausstehende Restbetrag sofort fällig. Dies gilt nicht in Fällen betriebsbedingter Kündigung durch die Firma oder bei fristloser Eigenkündigung des Arbeitnehmers aus wichtigem Grund.
  c) Bei Beendigung des Arbeitsverhältnisses ist der Darlehensgeber berechtigt, den Darlehensvertrag fristlos zu kündigen.

Typ 4: Fälligkeitsklausel

Im Falle der Beendigung des Arbeitsverhältnisses ist der Darlehensgeber berechtigt, den Darlehensvertrag mit einer Frist von einem Monat zu kündigen. Dies gilt nicht bei einer fristlosen Eigenkündigung des Arbeitnehmers aus wichtigem Grund. Das ordentliche Kündigungsrecht des Arbeitnehmers aus § 489 BGB bleibt hiervon unberührt.

---

1 Ausdrücklich empfohlen von HR/*Mengel*, 1/Rz. 563 und MSG/*Sieg*, 260 Rz. 59.
2 *Jesse/Schellen*, Arbeitgeberdarlehen und Vorschuss, S. 79; Küttner/*Griese*, Personalbuch 2014, Arbeitgeberdarlehen Rz. 2.

aa) Interessenlage

Arbeitgeberdarlehen werden gerade im Hinblick auf das Arbeitsverhältnis gewährt. Sie dienen regelmäßig dazu, die Betriebstreue des Arbeitnehmers zu belohnen und ihn an das Unternehmen zu binden. Diese Motive zur Gewährung eines Arbeitgeberdarlehens entfallen, wenn das Arbeitsverhältnis beendet wird. Der Arbeitgeber hat deshalb ein gesteigertes Interesse, bei Beendigung des Arbeitsverhältnisses auch den Darlehensvertrag seiner Beendigung zuzuführen oder zumindest die durch den Bestand des Arbeitsverhältnisses motivierten Vergünstigungen (insbesondere Zinsvorteile) einzustellen.

bb) Rechtslage ohne entsprechende Vereinbarungen

Haben die Parteien überhaupt keine Vereinbarung über die Beendigung des Darlehensverhältnisses getroffen, kann der Arbeitgeber – ebenso wie der Arbeitnehmer – grundsätzlich das Darlehen bei Beendigung des Arbeitsverhältnisses mit der Frist des § 488 Abs. 3 BGB ordentlich kündigen. Dieser Grundsatz ist in der Praxis allerdings die Ausnahme, da regelmäßig für die Rückzahlung des Darlehens ein **fester Tilgungsplan** oder zumindest ein fester Rückzahlungstermin vereinbart wird. Eine solche Vereinbarung **beinhaltet den Ausschluss des ordentlichen Kündigungsrechts** gemäß § 488 Abs. 3 BGB.[1] Nicht ausgeschlossen wird lediglich das unabdingbare **Sonderkündigungsrecht gemäß § 489 BGB**, das allerdings nur dem Arbeitnehmer die Möglichkeit gibt, sich vom Darlehensvertrag zu lösen.

Für den Arbeitgeber bleibt deshalb im Regelfall, also bei Darlehen mit einem festen Tilgungsplan oder einem festen Rückzahlungszeitpunkt, nur die Möglichkeit der **fristlosen Kündigung aus wichtigem Grund**. Diese besteht nach § 490 BGB im Falle der **Verschlechterung der Vermögensverhältnisse des Darlehensnehmers**. Darüber hinaus kommt eine außerordentliche Kündigung nach §§ 313 Abs. 3 Satz 2, 314 BGB in Betracht (z.B. bei Zahlungsverzug des Darlehensnehmers).[2] Allerdings stellt allein die **vorzeitige Beendigung des Arbeitsverhältnisses** regelmäßig keinen wichtigen Grund für die außerordentliche Kündigung eines Arbeitgeberdarlehensvertrages dar. Das Arbeitgeberdarlehen beruht auf einem gesonderten Vertrag, der im Verhältnis zum Arbeitsvertrag eigenständige Verpflichtungen beinhaltet, die nicht vom Weiterbestehen des Arbeitsverhältnisses abhängen und deren Einhaltung grundsätzlich auch nach Beendigung des Arbeitsverhältnisses zugemutet werden kann.[3] Die Beendigung des Arbeitsverhältnisses kann deshalb nur dann ausnahmsweise zu einer fristlosen Kündigung des Darlehensvertrages berechtigen, wenn die Beendigung des Arbeitsverhältnisses unter besonderen Umständen erfolgt, die sich auf den Darlehensvertrag auswirken. Dies kann etwa im Fall einer verhaltensbedingten außerordentlichen Kündigung des Arbeitsverhältnisses durch den Arbeitgeber der Fall sein. Allerdings würde es zu weit gehen, in jedem Fall bei einer verhaltensbedingten fristlosen Kündigung des Arbeitsverhältnisses die Möglichkeit

---

1 MünchKommBGB/*Berger*, § 488 Rz. 224 ff.; *K. Gamillscheg*, AR-Blattei SD 570 Rz. 44.
2 Anerkannt ist auch, dass für den Fall des Zahlungsverzugs bei zwei aufeinander folgenden Kreditraten entsprechend § 498 BGB die Gesamtfälligkeit des Darlehensrechts vereinbart werden kann; vgl. Küttner/*Griese*, Personalbuch 2014, Arbeitgeberdarlehen Rz. 7.
3 *Jesse/Schellen*, Arbeitgeberdarlehen und Vorschuss, S. 86; *Preis*, Vertragsgestaltung, S. 551; MünchArbR/*Krause*, § 60 Rz. 23.

der sofortigen Rückzahlung des Arbeitgeberdarlehens zu erlauben. So kann etwa die Entziehung des Führerscheins bei einem Kraftfahrer oder dessen Trunkenheit am Steuer einen Grund für die fristlose Kündigung des Arbeitsverhältnisses darstellen. Die Zumutbarkeit der weiteren Belassung des Arbeitgeberdarlehens wird dadurch jedoch nicht beeinträchtigt, da der Grund für die fristlose Kündigung des Arbeitsverhältnisses in erster Linie in der Unfähigkeit oder Ungeeignetheit für die weitere Erfüllung der arbeitsvertraglich vereinbarten Tätigkeit zu sehen ist. Ein Grund für die fristlose Kündigung des Arbeitgeberdarlehensvertrages kann deshalb allenfalls angenommen werden, wenn die fristlose Kündigung des Arbeitsvertrages auf einem Fehlverhalten des Arbeitnehmers beruht, welches das Vertrauensverhältnis zum Arbeitgeber nachhaltig zerstört hat, etwa bei Straftaten gegen den Arbeitgeber oder bei unerlaubter Konkurrenztätigkeit.[1] Anerkannt ist auch, dass der Insolvenzverwalter, um das Verfahren zügig abzuwickeln, auf unbestimmte Zeit geschlossene Arbeitgeberdarlehen wegen dringenden Eigenbedarfs und Unzumutbarkeit der Weiterbelassung außerordentlich kündigen kann. Eine unzumutbare Belastung der Insolvenzmasse ist insbesondere in einer sich – wegen geringer Tilgungsraten – über Jahre hinziehenden Darlehensabwicklung zu sehen.[2]

15 Scheidet danach in den meisten Fällen der Beendigung des Arbeitsverhältnisses eine außerordentliche Kündigung des Arbeitgeberdarlehensvertrages aus, so gilt das Gleiche grundsätzlich auch für **sonstige Rechtsgrundsätze zur Anpassung oder Beendigung von Verträgen** wie etwa die Lehre vom Wegfall der Geschäftsgrundlage.[3] Denn mit der Beendigung verwirklicht sich lediglich das bewusst vom Arbeitgeber eingegangene Risiko.[4] Diese rechtliche Ausgangslage offenbart, dass bei einer entsprechenden Interessenlage der Parteien auf eine genaue vertragliche Festlegung der Auswirkungen einer vorzeitigen Beendigung des Arbeitsverhältnisses auf das Arbeitgeberdarlehen nicht verzichtet werden kann. Dies gilt umso mehr, als die Interessenlage der Parteien auch die Modalitäten einer derartigen Vertragsregelung bestimmt. Insofern kann es den Parteien entweder um eine (sofortige) Rückzahlung des Darlehens oder aber auch um eine weitere Belassung des Darlehens zu angepassten Zinssätzen gehen. Welche Grenzen bei einer derartigen Vereinbarung zu beachten sind, soll im Folgenden ausgelotet werden.

cc) Fälligkeitsklauseln

(1) Grundsätzliche Zulässigkeit

16 Im Grundsatz bestehen gegen Vertragsklauseln, die die Fälligkeit des Darlehens bei Beendigung des Arbeitsverhältnisses vorsehen bzw. dem Arbeitgeber für diesen Fall ein Kündigungsrecht einräumen, **keine durchgreifenden Bedenken**. Es handelt sich

---

1 *K. Gamillscheg*, AR-Blattei SD 570 Rz. 50; weitergehend *Jesse/Schellen*, Arbeitgeberdarlehen und Vorschuss, S. 86 f.
2 LAG Düsseldorf v. 21.5.1986 – 15 Sa 391/86, ZIP 1986, 1343; MünchArbR/*Krause*, § 60 Rz. 23.
3 BAG v. 5.3.1964 – 5 AZR 172/63, AP Nr. 2 zu § 607 BGB; LAG BW v. 15.7.1969 – 7 Sa 20/69, AP Nr. 3 zu § 607 BGB; ausführlich *Kania*, Nichtarbeitsrechtliche Beziehungen, S. 39 ff.; *K. Gamillscheg*, AR-Blattei SD 570 Rz. 54; *Preis*, Vertragsgestaltung, S. 551 ff.; MünchArbR/*Krause*, § 60 Rz. 23; a.A. *Jesse/Schellen*, Arbeitgeberdarlehen und Vorschuss, S. 87 f.
4 DLWBH/*Dörner*, Kap. 3 Rz. 1227.

insofern weder um einen Fall der Umgehung des § 622 Abs. 6 BGB noch um einen Verstoß gegen das Verbot unzulässiger Kündigungserschwerung,[1] das besagt, dass Rückzahlungsklauseln dann als unzulässig anzusehen sind, wenn sie den Arbeitnehmer für eine unbestimmte Zeit oder ungebührlich lange an der Lösung des Arbeitsverhältnisses hindern.[2] Die von der Rechtsprechung für Rückzahlungsklauseln bei Gratifikationen entwickelten Beurteilungsmaßstäbe und Grenzziehungen sind auf Arbeitgeberdarlehensverträge nicht übertragbar. Zwar kann auch bei Darlehensverträgen eine Rückzahlungsklausel die Entschließungsfreiheit des Arbeitnehmers, das Arbeitsverhältnis von sich aus aufzulösen, beschränken, wenn ihm die notwendigen finanziellen Mittel für die Rückzahlung des Darlehens fehlen. Anders als bei Gratifikationen weiß der Arbeitnehmer, der ein Arbeitgeberdarlehen in Anspruch nimmt, aber von vornherein, dass das Darlehen irgendwann zurückgezahlt werden muss; offen ist nur das Wann und Wie, nicht aber das Ob. Zum anderen wirkt sich eine Rückzahlungsklausel unterschiedlich aus, weil bei Gratifikationen und auch bei Ausbildungskosten eine in der Vergangenheit gewährte freiwillige Leistung zurückgefordert wird, während beim Darlehen nur eine zukünftige Leistung, die weitere Bereitstellung von Arbeitgeberkapital, eingestellt wird. Eine berechtigte Erwartungshaltung des Arbeitnehmers, dass ihm der Arbeitgeber das Darlehen auch nach Beendigung des Arbeitsverhältnisses belässt, hat dieser nicht; der Arbeitgeber hat keine Veranlassung, sein Kapital in der Person eines ehemaligen Arbeitnehmers zu binden.[3]

(2) Bedeutung des Beendigungsgrundes

Problematisch ist, inwiefern die Fälligstellung des Arbeitgeberdarlehens bei Beendigung des Arbeitsverhältnisses unabhängig von dem Grund für die Beendigung des Arbeitsverhältnisses vereinbart werden kann. So hält *Linck*[4] eine Fälligkeitsvereinbarung wegen Verstoßes gegen den Rechtsgedanken des § 162 Abs. 2 BGB insoweit für unwirksam, als sie die Rückzahlung des Darlehens auch für den Fall der betriebsbedingten Arbeitgeberkündigung vorsieht. Dem kann indes nicht zugestimmt werden. Der wirksame **Ausspruch einer betriebsbedingten**, aber ebenso auch einer **verhaltens- oder personenbedingten Kündigung** kann nicht mit der treuwidrigen Herbeiführung einer Bedingung gleichgesetzt werden. Wenn es nach der Rechtsprechung des BAG selbst bei Gratifikationsrückzahlungsklauseln für zulässig erachtet wird, die Rückzahlungspflicht auch bei betriebsbedingten Kündigungen auszulösen,[5] so muss dies erst recht für Rückzahlungsklauseln bei Arbeitgeberdarlehen gelten. Denn hier geht es nicht um die Rückerstattung einer erhaltenen Leistung, sondern um die Frage, ob der Arbeitnehmer einen Anspruch auf Weitergewährung in der Zukunft hat. Ein schutzwürdiges Vertrauen des Arbeitnehmers, ein Arbeit-

17

---

1 A.A. DBB/*Däubler*, Anhang Rz. 40.
2 Vgl. zur dogmatischen Herleitung *Kania*, Nichtarbeitsrechtliche Beziehungen, S. 35 mit umfangreichen Nachweisen.
3 *Kurz/Schellen*, FS Gaul, S. 121, 133 ff.; *Jesse/Schellen*, Arbeitgeberdarlehen und Vorschuss, S. 94 ff.; *Preis*, Vertragsgestaltung, S. 555 f.; *Kania*, Nichtarbeitsrechtliche Beziehungen, S. 36; MünchArbR/*Krause*, § 60 Rz. 28.
4 Schaub/*Linck*, § 70 Rz. 21; ebenso BLDH/*Lingemann*, M 12.23 Fn. 5; HR/*Mengel*, 1/Rz. 573; Küttner/*Griese*, Personalbuch 2014, Arbeitgeberdarlehen Rz. 8.
5 BAG v. 28.3.2007 – 10 AZR 261/06, NZA 2007, 687 (688); v. 19.11.1992 – 10 AZR 264/91, NZA 1993, 353.

geberdarlehen auch bei einer berechtigten Kündigung seitens des Arbeitgebers behalten zu dürfen, ist aber nicht erkennbar.[1] Wer Bedenken hat, ob sich die höchstrichterliche Rechtsprechung dieser Argumentation anschließen wird, mag die Beendigung des Arbeitsverhältnisses durch betriebsbedingte Kündigungen oder vor diesem Hintergrund geschlossene Aufhebungsverträge ausdrücklich ausklammern.[2]

18 Eine andere Wertung erscheint nur dann geboten, **wenn der Arbeitnehmer fristlos kündigt und diese Kündigung vom Arbeitgeber schuldhaft verursacht wurde.** Das BAG betont in einer neueren Entscheidung[3] zu Recht, dass der Arbeitgeber im Falle einer von ihm selbst veranlassten Eigenkündigung des Arbeitnehmers kein schützenswertes Interesse an einer vorzeitigen Abwicklung des Darlehensvertrags habe. Vielmehr sei es ihm in einem solchen Falle zuzumuten, den Darlehensvertrag auch nach dem Ausscheiden des Arbeitnehmers wie vorgesehen abzuwickeln, d.h. unter Einhaltung der Tilgungs- und Zinspläne. Eine geltungserhaltende Reduktion scheidet ebenso aus wie eine auf eine teilweise Aufrechterhaltung zielende ergänzende Vertragsauslegung. Die Kündigungsregelung ist damit insgesamt unwirksam.

Für die Vertragsgestaltung ist deshalb dringend zu empfehlen, entsprechend der Formulierung in Klauseltyp 4 von vornherein eine Ausnahme für den Fall vorzusehen, dass eine fristlose Eigenkündigung des Arbeitnehmers aus wichtigem Grund erfolgt.

(3) Bedeutung von Art und Zeitpunkt der Beendigung

19 Vorsicht bei der Vertragsgestaltung ist weiterhin geboten, soweit es um die Modalitäten der Fälligstellung bei Beendigung des Arbeitsverhältnisses geht. **Unzulässig** erscheint insbesondere die **Einräumung eines fristlosen Kündigungsrechts bei Beendigung des Arbeitsverhältnisses** (Beispiel c). Ist eine solche allgemein gefasste Klausel im Formularvertrag getroffen, beinhaltet sie einen Verstoß gegen § 307 Abs. 2 Nr. 1 BGB, da das fristlose Kündigungsrecht mit dem in § 488 Abs. 3 BGB zum Ausdruck kommenden wesentlichen Grundgedanken der gesetzlichen Regelung kollidiert.[4] Denn der maßgebliche Zweck der gesetzlichen Kündigungsfristen ist es, dem Schuldner die Aufbringung des Kapitals zu ermöglichen und eine Zwangsvollstreckung zu verhindern. Liegen die Voraussetzungen des § 305 Abs. 1 BGB nicht vor, handelt es sich also um einen individuell ausgehandelten Darlehensvertrag, scheidet zwar eine Inhaltskontrolle der entsprechenden Klausel nach dem AGB-Recht aus, im Ergebnis ergibt sich jedoch kein Unterschied, da die Rechtsausübung bei der Beendigung von Darlehensverträgen den Geboten von Treu und Glauben unterliegt. Insofern ist anerkannt, dass die Kündigung eines Dar-

---

1 *Jesse/Schellen*, Arbeitgeberdarlehen und Vorschuss, S. 100 ff.; *Preis*, Vertragsgestaltung, S. 558; MünchArbR/*Krause*, § 60 Rz. 29; a.A. *K. Gamillscheg*, AR-Blattei SD 570 Rz. 68; HR/*Mengel*, 1/573.
2 Ein entsprechender Formulierungsvorschlag findet sich bei BLDH/*Lingemann*, M 12.23 und als Klammerzusatz im Vertragsmuster hier unter Rz. 29.
3 BAG v. 12.12.2013 – 8 AZR 829/12, NZA 2014, 905 (908 f.).
4 WLP/Pfeiffer/*H. Schmidt*, Klauseln Rz. D 43; UBH/*Fuchs*, Teil 2 (10) Rz. 15; MünchArbR/*Krause*, § 60 Rz. 27; *K. Gamillscheg*, AR-Blattei SD 570 Rz. 45.

lehens nicht zur Unzeit erfolgen oder rechtsmissbräuchlich sein darf und der Darlehensgeber dem Darlehensnehmer eine angemessene Frist zur Rückzahlung einzuräumen hat.[1]

Dieselben Bedenken bestehen – in abgeschwächter Form – auch gegen **Klauseln, die die „automatische" Fälligstellung vorsehen** (Beispiel a). Allerdings stellt sich insofern das Erfordernis einer angemessenen Rückzahlungsfrist nur dann, wenn das Arbeitsverhältnis fristlos gekündigt wird; denn bei Ausspruch einer fristgerechten Kündigung des Arbeitsverhältnisses ergibt sich die notwendige Ankündigungsfrist für die Rückzahlung des Darlehens regelmäßig bereits aus der Einhaltung der Kündigungsfrist bezüglich des Arbeitsvertrages.[2] Insoweit wäre es also nur erforderlich, eine konkrete Rückzahlungsfrist für das Darlehen für den Fall vorzusehen, dass das Arbeitsverhältnis fristlos gekündigt wird. Von einer „automatischen" Fälligstellungsklausel ist aber auch aus einem anderen Grund abzuraten. Denn durch die „automatische" Fälligstellung begeben sich die Parteien der Möglichkeit, bei Beendigung des Arbeitsverhältnisses neu darüber nachzudenken, ob eine Fälligstellung des Darlehens tatsächlich erfolgen soll oder nicht.

Vorzugswürdig erscheint deshalb eine **Klausel, die die Fälligstellung des Darlehens bei Ausspruch einer Kündigung vorsieht und dem Darlehensnehmer eine angemessene Frist zur Rückzahlung einräumt**. Diese Frist braucht nicht der im Regelfall eingreifenden Drei-Monats-Frist gemäß § 488 Abs. 3 Satz 2 BGB zu entsprechen. Denn die Vorschrift des § 488 Abs. 3 Satz 2 BGB ist dispositiv. Deshalb steht es dem Grundgedanken ihrer Regelung nicht entgegen, wenn die Kündigungsfrist des Arbeitsverhältnisses mit der für das Arbeitgeberdarlehen vertraglich in Übereinstimmung gebracht und angemessen verkürzt wird, wobei eine Verkürzung auf die Kündigungsfrist von einem Monat wohl als äußerste Grenze anzusehen ist.[3] Zu empfehlen ist nach alledem allein die vorgestellte Klausel Typ 4, die dem Darlehensgeber ein Kündigungsrecht mit einer Frist von einem Monat einräumt und von einer Fälligstellung absieht, wenn der Arbeitnehmer aus wichtigem Grund selber fristlos kündigt.

(4) Unabdingbarkeit des ordentlichen Kündigungsrechts nach § 489 BGB

§ 489 BGB normiert zum Schutz des Darlehensnehmers eine nur ihm zustehende, zusätzliche Möglichkeit zur ordentlichen Kündigung. Die Vorschrift zielt auf den Schutz des Darlehensnehmers vor einer überlangen, den wirtschaftlichen Verhältnissen nicht mehr entsprechenden Bindung an den Darlehensvertrag[4] und ist demgemäß nicht abdingbar (§ 489 Abs. 4 BGB). Vor diesem Hintergrund empfiehlt es

---

[1] BGH v. 26.9.1985 – III ZR 14/85, WM 1985, 1437; v. 30.5.1985 – III ZR 112/84, WM 1985, 1128; *Halstenberg*, WM Sonderbeilage Nr. 4/1988, 7; *K. Gamillscheg*, AR-Blattei SD 570 Rz. 66.
[2] *Kania*, Darlehen, AR-Blattei SD 570, Rz. 75.
[3] Vgl. *K. Gamillscheg*, AR-Blattei SD 570 Rz. 65; *Jesse/Schellen*, Arbeitgeberdarlehen und Vorschuss, S. 98; *Preis*, Vertragsgestaltung, S. 557; WLP/*H. Schmidt*, Klauseln D 42 hält sogar Kündigungsfristen, die sechs Wochen unterschreiten per se für bedenklich. MSG/*Sieg*, 260 Rz. 45 plädiert bei hohen Darlehenssummen für eine Dreimonatsfrist.
[4] MünchKommBGB/*K.P. Berger*, § 489 BGB Rz. 2.

sich, in den Klauseltext die Klarstellung aufzunehmen, dass durch die vereinbarte Kündigungsregelung das aus § 489 BGB resultierende Kündigungsrecht des Arbeitnehmers nicht angetastet wird.[1]

e) Zinsanpassungsklauseln

↻ **Nicht geeignet:**

> Soweit eine Kündigung nach Ziffer ... ausgeschlossen oder nicht ausgesprochen wird, ist die Darlehensschuld rückwirkend seit Vertragsschluss mit 2 % über dem zum Zeitpunkt des Vertragsschlusses geltenden Basiszinssatz, mindestens jedoch mit 2 % über dem im Zeitpunkt der Beendigung des Arbeitsverhältnisses geltenden Basiszinssatz zu verzinsen und mit monatlichen Raten von ... Euro zu tilgen.

Typ 5: Zinsanpassungsklausel

> Ihnen als Mitarbeiter räumen wir Vergünstigungen in den Bedingungen in der Weise ein, dass wir ... und statt der im Grundbuch einzutragenden 7,25 % jährlichen Zinsen bis auf Weiteres nur 6,5 % berechnen. ... Die Vergünstigungen entfallen, ohne dass es einer besonderen Kündigung dieser Zusatzvereinbarung bedarf, wenn das bestehende Arbeitsverhältnis beendet wird.[2]

22 Gerade bei längerfristig laufenden Darlehen hat der Arbeitgeber häufig gar kein Interesse daran, das Darlehen bei Beendigung des Arbeitsverhältnisses sofort zurück zu verlangen, ist andererseits aber auch nicht bereit, über das Ende des Arbeitsverhältnisses hinaus dem ehemaligen Mitarbeiter weiterhin Sonderkonditionen einzuräumen. Um dieser Interessenlage gerecht zu werden, bietet es sich an, im Darlehensvertrag – regelmäßig neben der Einräumung einer Kündigungsmöglichkeit – eine Zinsanpassungsklausel zu vereinbaren, wonach bei Beendigung des Arbeitsverhältnisses die bislang gewährten Sonderkonditionen, insbesondere Zinsvergünstigungen, entfallen und der Arbeitnehmer nunmehr den Marktzins zu entrichten hat.

23 Hinsichtlich der Zulässigkeit solcher Zinsanpassungsklauseln ist zu unterscheiden: **Unzulässig** ist eine Zinsanpassungsklausel dann, wenn der Arbeitnehmer verpflichtet wird, ein Arbeitgeberdarlehen nach Beendigung des Arbeitsverhältnisses **rückwirkend** zu Marktkonditionen zu verzinsen (so die oben vor Rz. 22 genannte nicht geeignete Klausel). Eine solche Vertragsgestaltung verstößt gegen das Verbot der unzulässigen Kündigungserschwerung. Nicht anders als bei Gratifikationsrückzahlungsklauseln werden dem Arbeitnehmer durch eine rückwirkende Anhebung des Zinssatzes Leistungen entzogen, für die er eine Gegenleistung durch die bis zum Beendigungszeitpunkt erwiesene Betriebstreue erbracht hat. Hinzu kommt, dass die Belastung des Arbeitnehmers bei einer rückwirkenden Anhebung des Zinssat-

---

1 Ansonsten droht das Unwirksamkeitsverdikt gem. § 307 BGB. Denn es nicht ausgeschlossen, dass die Arbeitsgerichte die Nichtaufnahme dieser besonderen Kündigungsmöglichkeit als Ausschluss bewerten, so ArbG Chemnitz v. 12.1.2012 – 5 Ca 2269/11, BeckRS 2014, 67141.
2 BAG v. 23.2.1999 – 9 AZR 737/97, NZA 1999, 1212.

zes umso größer wird, je länger er sich betriebstreu verhält. Eine solche Klausel entspricht keinem legitimen Interesse des Arbeitgebers; sie stellt eine Sanktion für die Beendigung des Arbeitsverhältnisses und damit eine unverhältnismäßige Beschränkung der Berufswahlfreiheit des Arbeitnehmers dar.[1] Es bestehen ferner erhebliche Bedenken gegen die Wirksamkeit einer Vereinbarung, wonach während der Dauer der Elternzeit weitergewährte Zinsvergünstigungen für Arbeitgeberdarlehen rückwirkend entfallen, wenn das Arbeitsverhältnis nach § 19 BEEG zum Ende des Elternzeit gekündigt wird.[2]

Grundsätzlich zulässig ist es dagegen, wenn der Arbeitnehmer in einer Zinsanpassungsklausel verpflichtet wird, nach Beendigung des Arbeitsverhältnisses **für die Zukunft statt der vereinbarten Sonderkonditionen einen im Vorhinein festgelegten (kapitalmarktkonformen) höheren Zinssatz** zu entrichten.[3] Gegen die in Klausel Typ 5 vorgesehene automatische Zinsanpassung hatte das BAG bspw. keine rechtlichen Bedenken.[4] Sie führe – so das BAG – nicht zu einer unangemessenen Benachteiligung des Darlehensnehmers. Denn die vereinbarte Klausel berechtige den Darlehensgeber nicht, den Zinssatz bei Beendigung des Arbeitsverhältnisses an den für den Tag des Ausscheidens noch zu ermittelnden marktüblichen Zinssatz anzupassen. Für den Fall des Ausscheidens sei der anzuwendende Zinssatz bereits bei Abschluss des Darlehensvertrages konkret vertraglich festgesetzt worden. Freilich ist darauf zu achten, dass der für den Fall der Beendigung des Arbeitsverhältnisses festgesetzte Zinssatz den ermäßigten nur maßvoll übersteigt, also nicht Züge eines „Strafzinses" annimmt. Generell problematisch sind nach der Rechtsprechung ferner solche Klauseln, die dem Darlehensnehmer das Zinsveränderungsrisiko aufbürden, etwa indem sie den Darlehensgeber berechtigen, bei Ausscheiden eines Mitarbeiters dessen Darlehenszinssatz der dann geltenden Effektivverzinsung anzupassen, den Zinssatz also nicht im Vorhinein beziffern.[5]

24

f) Sicherungsklauseln

Typ 6: Abtretungsklauseln

Zur Sicherung der Forderungen aus diesem Darlehen tritt der Arbeitnehmer schon jetzt den jeweils pfändbaren Teil seiner Vergütungsansprüche gegen etwaige spätere Arbeitgeber an den Arbeitgeber ab. Die Abtretung ist begrenzt auf die Höhe des Restdarlehens inklusive Zinsen. Geht der Arbeitnehmer ein neues Arbeitsverhältnis ein, so ist er verpflichtet, dem Darlehensgeber Namen und Anschrift des neuen Arbeitgebers unaufgefordert mitzuteilen.

---

1 Vgl. *Preis*, Vertragsgestaltung, S. 556 f.; *Jesse/Schellen*, Arbeitgeberdarlehen und Vorschuss, S. 107; MünchArbR/*Krause*, § 60 Rz. 26; DBB/*Däubler*, Anhang Rz. 39.
2 So BAG v. 16.10.1991 – 5 AZR 35/91, NZA 1992, 793 zu § 19 BErzGG.
3 DBB/*Däubler*, Anhang Rz. 38.
4 BAG v. 23.2.1999 – 9 AZR 737/97, NZA 1999, 1212.
5 Vgl. insofern den allerdings besonders gelagerten Fall der Entscheidung LAG Saarbrücken v. 29.4.1987 – 1 Sa 91/86, NZA 1988, 164; andeutungsweise auch BAG v. 23.2.1999 – 9 AZR 737/97, NZA 1999, 1212; MSG/*Sieg*, 260 Rz. 50.

24a In welchem Umfang der Arbeitgeber auf einer Absicherung des Kredits gegenüber seinem Arbeitnehmer besteht, hängt von verschiedenen einzelfallabhängigen Umständen und nicht zuletzt der individuell differierenden Unternehmenspolitik ab. Bei einem Notstands- oder Härtefalldarlehen ist der Verzicht auf eine Sicherung naheliegend, während bei einem Eigenheimdarlehen die Vereinbarung einer personenbezogenen oder dinglichen Sicherung schon recht häufig anzutreffen sein wird. Bei einem Anschaffungsdarlehen (z.B. Kfz) kommt eine Sicherungsübereignung zugunsten des Arbeitgebers in Betracht. Tendenziell werden die Anforderungen an die Absicherung des Darlehens gegenüber dem Arbeitnehmer im Vergleich zu den Instituten der Kreditwirtschaft eher moderat ausfallen. Ein besonderes Sicherungsbedürfnis besteht beim Arbeitgeberdarlehen allerdings für den Fall der Beendigung des Arbeitsverhältnisses vor der Tilgung des Darlehens. Denn nunmehr muss der ausgeschiedene Arbeitnehmer die Darlehensraten in der Regel von seinen Entgeltansprüchen gegen den neuen Arbeitgeber bestreiten. Diese unterliegen jedoch dem Zugriff anderer Gläubiger bzw. könnten an diese abgetreten werden. Um dies zu verhindern, sollte die Vorausabtretung im Umfang der noch offenen Darlehensforderung vereinbart werden. Klauseltyp 6 entspricht einem berechtigten Interesse des Darlehensgebers und sollte damit der Inhaltskontrolle nach § 307 BGB standhalten.[1]

g) Ausgleichsklauseln

Typ 7: Ausgleichsklauseln

Mit diesem Aufhebungsvertrag werden sämtliche aus dem bestehenden Arbeitsverhältnis und seiner Beendigung abzuleitenden wechselseitigen Ansprüche, seien sie bekannt oder nicht bekannt, gleich aus welchem Rechtsgrund, geregelt und abgegolten.[2] Ausgenommen hiervon sind die Zins- und Rückzahlungsansprüche aus dem gewährten Arbeitgeberdarlehen.

24b Im Zuge der Beendigung von Arbeitsverhältnissen und durch Aufhebungs- und Abwicklungsvereinbarungen werden regelmäßig Ausgleichsklauseln vereinbart, wonach sämtliche Ansprüche aus dem Arbeitsverhältnis abgegolten sind. Nicht selten kommt es dann in der Folgezeit zu Differenzen in der Beurteilung des Umfangs des Regelungsgehalts solcher Klauseln. Der Arbeitnehmer stellt sich auf den Standpunkt, auch die Zins- und Rückzahlungsansprüche aus dem ihm gewährten Darlehen seien damit erloschen. Solche Streitfälle beschäftigen die Rechtsprechung relativ oft.[3] Schon daraus wird erkennbar, dass sich eine **eindeutige Klarstellung im Klauseltext** – etwa in Gestalt des zweiten Satzes der o.g. Klausel – **empfiehlt**. Ein möglicher Auslegungsstreit dürfte auf diese Weise zuverlässig vermieden werden. **Fehlt es an einem solchen klarstellenden Zusatz**, kann im Hinblick auf die rechtliche Selbständigkeit beider Vertragsverhältnisse grundsätzlich nicht davon ausgegangen werden, dass die Ausgleichsklausel auch Zins- und Rückzahlungansprü-

---

1 Nachdrücklich empfohlen auch von MSG/*Sieg*, 260 Rz. 64 und HR/*Mengel*, 1/Rz. 582.
2 In Anlehnung an BAG v. 19.1.2011 – 10 AZR 873/08, NZA 2011, 1159.
3 Vgl. etwa BAG v. 19.1.2011 – 10 AZR 873/08, NZA 2011, 1159; v. 19.3.2009 – 6 AZR 557/07, NZA 2009, 896; v. 4.10.2005 – 9 AZR 598/04, NZA 2006, 545.

che aus dem Arbeitsverhältnis umfasst. Dies jedenfalls dann, wenn die Ausgleichsklausel „alle Ansprüche aus dem Arbeitsverhältnis" umfasst.[1] Eine Ausnahme erwägt der 10. Senat des BAG hier nur, wenn aufgrund der konkreten Ausgestaltung des Darlehens eine besondere (zusätzliche) Verknüpfung zum Arbeitsverhältnis besteht. Diese könnte z.B. darin bestehen, dass das Darlehen abhängig vom Bestand und der Entwicklung des Arbeitsverhältnisses gewährt wurde oder einer besonderen Zweckbindung unterliegt.[2] Ist hingegen in der Ausgleichsklausel nicht von „Ansprüchen aus dem Arbeitsverhältnis" oder von „aus dem Arbeitsverhältnis abzuleitenden Ansprüchen", sondern umfassender von „mit dem Arbeitsverhältnis in Verbindung stehenden Ansprüchen" die Rede, ist nach der Rechtsprechung des 9. Senats des BAG grundsätzlich davon auszugehen, dass auch Ansprüche aus einem Arbeitgeberdarlehen umfasst sind, es sei denn, das Arbeitsverhältnis ist im konkreten Fall für den Inhalt und oder den Bestand des Darlehensvertrags ohne Bedeutung.[3] Ob diese auf Nuancen der Formulierung abhebende Unterscheidung überzeugt, mag hier dahinstehen. Sie unterstreicht jedenfalls die Gebotenheit einer eindeutigen Regelung in der Ausgleichsklausel.

3. Steuerrechtliche Aspekte

Gewährt der Arbeitgeber dem Arbeitnehmer ein Darlehen, führt die Auszahlung von Darlehensbeträgen an den Arbeitnehmer nicht zu Arbeitslohn, da der Arbeitnehmer mit dem Rückzahlungsanspruch belastet ist, so dass insoweit keine Steuerpflicht entsteht.

Arbeitslohn liegt jedoch vor, wenn die Darlehensgewährung zu einem unter dem Marktzins liegenden Zins erfolgt, also zugunsten des Arbeitnehmers ein Zinsvorteil entsteht.[4] Daraus folgt im Umkehrschluss, dass kein Arbeitslohn vorliegt, wenn der Arbeitgeber dem Arbeitnehmer das Darlehen zu einem marktüblichen Zinssatz überlässt. Die Höhe des geldwerten Vorteils bemisst sich dabei nach der Differenz zwischen dem marktüblichen und dem tatsächlichen Zinsbetrag. Folglich ist für alle Darlehen der maßgebliche Zinssatz zu ermitteln. Die Finanzverwaltung[5] stellt bei festverzinslichen Darlehen auf den Zinssatz bei Vertragsschluss, bei variablen Zinsen auf den sog. Maßstabzinssatz ab. Letzterer ermittelt sich aufgrundlage der von der Bundesbank veröffentlichten Durchschnittszinssätze („EWU – Zinsstatistik [Bestände, Neugeschäft]). Von den so ermittelten Werten ist ein Abschlag von 4 % vorzunehmen. Letztlich ist die Zinsdifferenz also nur individuell zu ermitteln. Eine Nichtaufgriffsgrenze für niedrige oder nur kurzfristig gewährte Darlehen (z.B. Gehaltsvorschuss) gibt es nicht. Allerdings findet die 44-Euro-Freigrenze

---

1 BAG v. 19.1.2011 – 10 AZR 873/08, NZA 2011, 1159 (1160); die rechtliche Selbständigkeit betonend auch BAG v. 23.2.1999 – 9 AZR 737/97, NZA 1999, 1212.
2 BAG v. 19.1.2011 – 10 AZR 873/08, NZA 2011, 1159 (1160f.) unter Hinweis auf BAG v. 28.7.2009 – 3 AZR 250/07, NZA 2010, 356 und v. 19.3.2009 – 6 AZR 557/07, NZA 2009, 896.
3 BAG v. 4.10.2005 – 9 AZR 598/04, NZA 2006, 545; v. 20.2.2001 – 9 AZR 11/00, AP Nr. 5 zu § 611 BGB Arbeitnehmerdarlehen.
4 BFH v. 4.5.2006 – VI R 28/05, DB 2006, 2099.
5 Vom 1.10.2008, BStBl. I 2008, 892.

des § 8 Abs. 2 Satz 11 EStG Anwendung, so dass sich Zinsvorteile, die diesen Betrag nicht übersteigen, nicht auswirken, sofern der Freibetrag nicht schon durch andere Arbeitgeberleistungen verbraucht ist.

27 Eine Besonderheit ergibt sich bei Arbeitgeberdarlehen, bei denen die Darlehensgewährung zum üblichen Geschäftsbetrieb gehört. Bietet der Arbeitgeber die Darlehen auch Dritten an (z.B. Bank, Sparkasse; nicht aber: Deutsche Bundesbank und Landeszentralbanken), richtet sich die Bewertung nach § 8 Abs. 3 EStG. Auch hier löst grundsätzlich jede Differenz zum marktüblichen Zins die Steuerpflicht aus. Allerdings kommt dem Arbeitnehmer zusätzlich der **Bewertungsabschlag** für Personalrabatte in Höhe von 4 v.H. zugute, so dass sich der Zinsvorteil entsprechend vermindert. Darüber hinaus findet der **Rabattfreibetrag** Anwendung mit der Folge, dass – soweit der Freibetrag noch nicht anderweitig ausgeschöpft wurde – Zinsvorteile bis zur Höhe von 1 224 Euro im Kalenderjahr steuerfrei bleiben.

28 Verzichtet der Arbeitgeber auf die Rückzahlung des Darlehens (**Rückzahlungsverzicht**), fließt in Höhe des Verzichtbetrages Arbeitslohn zu, der der Lohnsteuer zu unterwerfen ist. Für die Besteuerung ist der Zeitpunkt der Verzichtserklärung maßgeblich.

4. Vertragsmuster[1]

29 **Arbeitgeberdarlehensvertrag**

Zwischen der Firma ... (nachfolgend: Darlehensgeber) und Herrn/Frau ... (nachfolgend: Darlehensnehmer) wird folgender Vertrag geschlossen:

§ 1 Arbeitgeberdarlehen

Der Darlehensgeber gewährt dem Darlehensnehmer im Hinblick auf das bestehende Arbeitsverhältnis ein Darlehen in Höhe von ... Euro. Das Darlehen ist sofort/am ... zur Auszahlung fällig.

§ 2 Zinsen

Das Darlehen ist zinslos/mit ... % beginnend mit dem ... jährlich zu verzinsen. Soweit sich hiernach ein lohnsteuerpflichtiger Zinsvorteil ergibt, trägt der Darlehensnehmer die zu zahlende Lohnsteuer.

§ 3 Tilgung und Zinszahlung

(1) Das Darlehen ist vom Darlehensnehmer in monatlichen/vierteljährlichen Raten beginnend mit dem Monat .../... Kalendervierteljahr in Höhe von je ... Euro zu tilgen. Die Tilgungsraten werden gleichzeitig mit der jeweiligen Monatsvergütung/ mit der letzten Monatsvergütung des Kalendervierteljahres fällig. Der Darlehensnehmer ist berechtigt, das Darlehen ganz oder teilweise zu tilgen.

(2) Die Zinsen werden kalendervierteljährlich berechnet und sind zusätzlich zu der letzten Tilgungsrate des Kalendervierteljahres beginnend mit dem ... fällig.

---
1 In Anlehnung an den Vorschlag von *Jesse/Schellen*, Arbeitgeberdarlehen und Vorschuss, S. 232 f.

§ 4 Verrechnung

(1) Die Tilgungsraten und Zinszahlungen werden im Fälligkeitszeitpunkt mit dem auszuzahlenden pfändbaren Arbeitsentgelt verrechnet.

(2) Soweit eine Verrechnung auf diese Weise nicht möglich ist, hat der Darlehensnehmer die nicht verrechneten Beträge an den Darlehensgeber im Fälligkeitszeitpunkt zu zahlen.

§ 5 Beendigung des Arbeitsverhältnisses

(1) Im Falle der Beendigung des Arbeitsverhältnisses ist der Darlehensgeber berechtigt, den Darlehensvertrag mit einer Frist von einem Monat zu kündigen. Dies gilt nicht bei einer fristlosen Eigenkündigung des Arbeitnehmers aus wichtigem Grund. [ferner nicht, wenn das Arbeitsverhältnis aus dringenden betrieblichen Gründen gekündigt oder ein entsprechender Aufhebungsvertrag geschlossen worden ist.][1] Das ordentliche Kündigungsrecht des Arbeitnehmers aus § 489 BGB bleibt hiervon unberührt.

(2) Soweit eine Kündigung nach Ziffer 1 ausgeschlossen ist oder nicht ausgesprochen wird, ist die zum Zeitpunkt der Beendigung des Arbeitsverhältnisses bestehende Darlehensrestschuld statt des für Mitarbeiter geltenden Satzes von jährlich x % mit y % zu verzinsen und mit monatlichen Raten von ... Euro zu tilgen.

(3) Die Tilgungsraten und Zinszahlungen sind jeweils am ... eines Monats fällig.

§ 6 Abtretung späterer Entgeltansprüche

Zur Sicherung der Forderungen aus diesem Darlehen tritt der Arbeitnehmer schon jetzt den jeweils pfändbaren Teil seiner Vergütungsansprüche gegen etwaige spätere Arbeitgeber an den Arbeitgeber ab. Die Abtretung ist begrenzt auf die Höhe des Restdarlehens inklusive Zinsen. Geht der Arbeitnehmer ein neues Arbeitsverhältnis ein, so ist er verpflichtet, dem Darlehensgeber Namen und Anschrift des neuen Arbeitgebers unaufgefordert mitzuteilen.

5. Hinweise zur Vertragsgestaltung; Prozessuales

Will der Arbeitgeber seinem Arbeitnehmer eine Geldsumme für einen gewissen Zeitraum zur Verfügung stellen, ist bei der Vertragsgestaltung darauf zu achten, dass **eindeutig klargestellt** wird, **ob die Vergabe eines Arbeitgeberdarlehens oder lediglich die Gewährung eines Lohnvorschusses beabsichtigt** ist, da die gewählte Vertragsform entscheidende Auswirkungen auf die Möglichkeit der Aufrechnung mit Vergütungsansprüchen des Arbeitnehmers hat. 30

Beabsichtigt der Arbeitgeber, die Tilgungsraten eines Arbeitgeberdarlehens mit der regelmäßigen Vergütung des Arbeitnehmers zu verrechnen, hängt der Erfolg einer Aufrechnungsvereinbarung im Wesentlichen von der Fälligkeit der einzelnen Tilgungsraten ab. Nur wenn die **Fälligkeit der Tilgungsraten so bemessen ist, dass sie spätestens gleichzeitig mit den Vergütungsansprüchen des Arbeitnehmers eintritt**, ist der Arbeitgeber weitgehend davor geschützt, dass die Aufrechnungsvereinbarung wegen Pfändungen oder Abtretungen der Vergütungsansprüche des Arbeitnehmers leer läuft. 31

---

1 Zu dieser Option vgl. oben Rz. 17.

32 Dringend zu empfehlen ist eine vertragliche Vorsorgeregelung für den Fall, dass das Arbeitsverhältnis vor vollständiger Tilgung des Darlehens beendet wird. Je nach der Interessenlage der Parteien kann eine **sofortige Fälligkeit des Darlehens oder** aber eine **Anpassung des Zinssatzes an marktübliche Konditionen** gewünscht sein. Aus Sicht des Arbeitgebers bietet es sich an, beide Möglichkeiten kumulativ bei der Vertragsgestaltung vorzusehen. In Bezug auf eine Klausel, die die Fälligstellung des Darlehens vorsieht, muss dem Darlehensnehmer eine Rückzahlungsfrist eingeräumt werden, die einen Monat nicht unterschreiten sollte. Zudem ist vertraglich festzuschreiben, dass die Fälligstellung in dem Fall nicht eintritt, dass der Arbeitnehmer aus wichtigem Grund selber kündigt. Bei einer Zinsanpassungsklausel kann nur eine maßvolle Anpassung des Zinssatzes auf eine im Vorhinein festgesetzte Zinsmarke erfolgen; eine rückwirkende Erhöhung des Zinssatzes ist unzulässig.

33 Da das Arbeitgeberdarlehen in aller Regel zu Sonderkonditionen gewährt wird, besteht ein unmittelbarer wirtschaftlicher Zusammenhang mit dem Arbeitsverhältnis i.S.v. § 2 Abs. 1 Nr. 3a) und 4a) ArbGG, der die **Zuständigkeit der Gerichte für Arbeitssachen** begründet.[1]

---

1 LAG München v. 2.1.2007 – 4 Ta 361/06, EzA-SD 2007, Nr. 3, 15.

D 15 Dienstreise

	Rz.		Rz.
1. Einführung	1	b) Arten von Reisekosten	14
2. Klauselbeispiele	2	aa) Fahrtkosten	16
3. Sozialrechtliche Aspekte	10	bb) Verpflegungsmehraufwendungen	19
4. Steuerrechtliche Aspekte	12	cc) Übernachtungskosten	21
a) Steuerfreier Reisekostenersatz	12	dd) Reisenebenkosten	22

Schrifttum:
Bährle, Dienstreise, BuW 2002, 563; *Hunold*, Aktenlesen in der Bahn – Probleme von Arbeitszeit und Vergütung bei Dienstreisen, NZA Beilage Heft 1/2006, 38; *Loritz*, Die Dienstreise des Arbeitnehmers, NZA 1997, 1188.

1. Einführung

Für den Begriff der Dienstreise existiert keine allgemeine arbeitsrechtliche Legaldefinition. Nach dem für den öffentlichen Dienst geltenden § 2 des Bundesreisekostengesetzes liegt eine Dienstreise vor, wenn der Mitarbeiter aufgrund einer Anordnung oder Genehmigung zur Erledigung von Dienstgeschäften an einen Ort außerhalb des Dienstorts reist. Muss der Mitarbeiter Dienstgeschäfte außerhalb der Dienststelle am Wohn- oder Dienstort verrichten, liegt nach dieser Vorschrift begrifflich ein sog. Dienstgang vor. Das Steuerrecht spricht von einer „auswärtigen beruflichen Tätigkeit" (§ 9 Abs. 4a Satz 1 EStG), die dadurch gekennzeichnet ist, dass der Arbeitnehmer außerhalb seiner Wohnung und seiner ersten Tätigkeitsstätte beruflich tätig wird. 1

2. Klauselbeispiele

Typ 1: Dienstreise

(1) Zwischen der Firma ... und dem Arbeitnehmer besteht Einigkeit, dass der Arbeitnehmer aufgrund der vertraglich übernommenen Tätigkeit zu Dienstreisen im In- und in das weltweite Ausland verpflichtet ist und sich die Anzahl, die jeweilige Dauer und der Zielort der Dienstreisen nach den Bedürfnissen des Unternehmens richten.

(2) Die betrieblichen Umstände können ggf. auch eine vorübergehende, bis zu ... Wochen/Monaten dauernde zumutbare Tätigkeit bei einer Niederlassung an einem anderen Ort, einem mit dem Arbeitgeber direkt oder indirekt verbundenen Unternehmen, einem Kunden oder Lieferanten oder einem Partner eines joint ventures erforderlich machen.

(3) Übersteigt die voraussichtliche Dauer einer Dienstreise ins Ausland – einschließlich der erforderlichen Hin- und Rückreisezeit – die Dauer von ... Tagen, so soll die Dienstreise mit einer Frist von mindestens ... Werktagen angekündigt werden.

(4) Die jeweils gültige Reisekostenrichtlinie des Unternehmens ist Bestandteil dieser Vereinbarung.

oder

(4) Der Arbeitnehmer erhält bei auswärtigen Dienstgeschäften gegen Beleg Reisekosten- und Aufwandserstattungen nach den jeweiligen internen Richtlinien des Arbeitgebers im Rahmen der jeweiligen steuerlichen Höchstbeträge. Der Anspruch auf Reisekostenerstattung erlischt, wenn sie nicht innerhalb von sechs Monaten nach Beendigung der Dienstreise schriftlich oder elektronisch beim Arbeitgeber (Personalabteilung/Buchhaltung/...) beantragt wird.

(5) Bei angeordneten Dienstreisen wird die notwendige Reisezeit, soweit sie die Dauer der individuellen täglichen Arbeitszeit überschreitet, an Arbeitstagen bis zu 4 Stunden und an arbeitsfreien Tagen bis zu 12 Stunden täglich wie Arbeitszeit vergütet, jedoch ohne Zuschläge. Fallen die angeordnete Dienstreise und die notwendige Reisezeit auf einen Sonntag oder einen gesetzlichen Feiertag, so sind neben der Vergütung die hierfür vorgesehenen Zuschläge zu zahlen. Dies gilt nicht, wenn der Angestellte Beginn und Ende der Reise selbst bestimmen kann.

(6) Bei Dienstreisen gilt nur die Zeit der dienstlichen Inanspruchnahme am auswärtigen Geschäftsort als Arbeitszeit. Es wird jedoch für jeden Tag einschließlich der Reisetage die dienstplanmäßige bzw. betriebsübliche Arbeitszeit berücksichtigt.

Dienstliche Reisezeiten werden mit der tatsächlich aufgewandten Stundenzahl, höchstens jedoch mit der täglichen Soll-Arbeitszeit auf Basis der individuellen regelmäßigen wöchentlichen Arbeitszeit bewertet, sofern nicht ein Antrag des Mitarbeiters auf Bewertung mit einer längeren Reisezeit bis zu 12 Stunden täglich vom Vorgesetzten schriftlich genehmigt wird.

(7) Ein Nachweis über die Dienstreise unter Angabe der genauen Abwesenheits- und Reisezeiten ist unverzüglich nach der Dienstreise dem Vorgesetzten vorzulegen.

2 Ergibt sich eine **Verpflichtung zu Dienstreisen** bereits aus dem Berufsbild oder Tätigkeitsfeld des Arbeitnehmers, z.B. bei Außendienst- oder Montagemitarbeitern oder Berufskraftfahrern, ist eine gesonderte Verpflichtung zu Dienstreisen im Arbeitsvertrag entbehrlich. In Teilen des Schrifttums[1] wird zwar die Ansicht vertreten, dass grundsätzlich jeder Arbeitnehmer zu Dienstreisen verpflichtet ist. Sofern im Rahmen des Arbeitsverhältnisses Dienstreisen erforderlich werden sollten, ist es jedoch jedenfalls aus Klarstellungsgründen anzuraten, eine **Klauseltyp 1 (1)** entsprechende Regelung in den Arbeitsvertrag aufzunehmen. Insbesondere in den Fällen, in denen möglicherweise längerfristige Dienstreisen in Betracht kommen, ist auch eine Klausel des **Typs 1 (2)** empfehlenswert.

3 Die **Anordnung** der einzelnen Dienstreisen erfolgt nach der Rechtsprechung[2] aufgrund des Direktionsrechts des Arbeitgebers, welches dieser nach billigem Ermessen (§ 315 BGB, § 106 GewO) auszuüben habe. Dabei soll der Arbeitgeber den Arbeitnehmer zudem anweisen dürfen, ein zur Verfügung gestelltes Dienstfahrzeug zu benutzen.[3] Umstritten war bislang, ob dem Betriebsrat auch bei der Anordnung von Dienstreisen einzelner Arbeitnehmer ein Mitbestimmungsrecht – insoweit

---

1 *Loritz*, NZA 1997, 1188 (1190).
2 Vgl. BAG v. 29.8.1991 – 5 AZR 155/65, DB 1965, 1706.
3 Vgl. BAG v. 29.8.1991 – 5 AZR 155/65, DB 1965, 1706; krit. Küttner/*Griese*, Personalbuch 2010, Dienstreise, Rz. 3.

nach § 87 Abs. 1 Nr. 2 oder 3 BetrVG – zukommt.[1] Das BAG hat dies inzwischen abgelehnt.[2] Arbeitszeit i.S.v. § 87 Abs. 1 Nr. 2 und 3 BetrVG ist nach der BAG-Rechtsprechung nur die Zeit, während derer der Arbeitnehmer die von ihm in einem bestimmten zeitlichen Umfang vertraglich geschuldete Leistung tatsächlich erbringen soll. Reisen gehört – jedenfalls bei Arbeitnehmern im Innendienst – regelmäßig nicht zu den vertraglichen Hauptleistungspflichten eines Arbeitnehmers. Die dafür benötigte Zeit ist also keine Arbeitszeit nach § 87 Abs. 1 Nr. 2 und 3 BetrVG. Auch der Umstand, dass eine Dienstreise im Interesse des Arbeitgebers unternommen wird, sowie die Tatsache, dass der Arbeitnehmer mit dem Antritt einer Dienstreise in der Gestaltung seiner Freizeit auch dann eingeschränkt ist, wenn er kein Fahrzeug selbst steuern muss und während der Fahrt keine Arbeitsaufgaben zu erledigen hat, macht die dafür aufgewendete Zeit nicht automatisch zu mitbestimmungspflichtiger „Arbeitszeit".

Zur Wahrung der Interessen des Arbeitnehmers kann eine Klausel des **Typs 1 (3)** aufgenommen werden, nach der Dienstreisen ab einer bestimmten Dauer bereits frühzeitig **angekündigt** werden sollen. 4

Häufig finden sich in Unternehmen ausführliche Richtlinien über die **Planung,** **Durchführung und Abrechnung** von Dienstreisen. Insoweit ist im Individualarbeitsvertrag wie in **Klauseltyp 1 (4)** eine Bezugnahme auf die jeweils gültige Reisekostenrichtlinie des Unternehmens vorzunehmen. Fehlt eine betriebliche Regelung über die Erstattung von Reisekosten, kommt ein Anspruch des Arbeitnehmers auf Aufwendungsersatz entsprechend § 670 BGB in Betracht:[3] Der Arbeitnehmer hat in Ausführung seiner Tätigkeit für den Arbeitgeber Aufwendungen gemacht, deshalb muss der Arbeitgeber alle Aufwendungen, die der Arbeitnehmer für erforderlich halten durfte, ersetzen. Dies kann im Arbeitsvertrag klargestellt werden, ggf. verbunden mit einer Ausschlussfrist für die Geltendmachung von Reisekostenabrechnungen, vgl. **Typ 1 (4)**, um die Abrechnungen zeitnah zu erhalten. Ein im Arbeitsvertrag oder in dem Formular eines Dienstreiseantrags enthaltener Ausschluss des Aufwendungsersatzanspruchs kann unter Umständen nach § 307 Abs. 1 BGB oder wegen Treuwidrigkeit nach § 242 BGB unwirksam sein.[4] Umgekehrt sind durch eine Dienstreise erlangte Vorteile – z.B. Bonusmeilen – nach § 667 Alt. 2 BGB an den Arbeitgeber herauszugeben bzw. in dessen Interesse einzusetzen;[5] eine abweichende Regelung zur Privatnutzung von Bonusmeilen kann einzel- oder kollektivvertraglich getroffen werden. 5

Der Arbeitgeber ist grundsätzlich verpflichtet, dem Arbeitnehmer **Reisezeiten**, die in die reguläre Arbeitszeit fallen, zu **vergüten**[6] bzw. dem **Arbeitszeitkonto** gutzuschreiben. Umstritten ist, ob auch Reisezeiten, die über die **reguläre Arbeitszeit hinausgehen**, der Vergütungspflicht unterliegen. Reisezeiten sind nicht ohne Weiteres als vergütungspflichtige Arbeitszeit anzusehen. Insbesondere ist die Anreise 6

---

1 Ablehnend *Loritz*, NZA 1997, 1188 (1190f.) mit der Darstellung des Streitstands; vgl. dazu auch *Baeck/Deutsch*, Arbeitszeitgesetz, 3. Aufl. 2014, § 2 Rz. 82.
2 BAG v. 14.11.2006 – 1 ABR 5/06, NZA 2007, 458.
3 Vgl. BAG v. 27.2.2002 – 9 AZR 543/00, DB 2002, 1720.
4 BAG v. 16.10.2012 – 9 AZR 183/11, NZA 2013, 42 für Klassenfahrten angestellter Lehrkräfte, allerdings mit Blick auf Besonderheiten der Fallkonstellation.
5 BAG v. 11.4.2006 – 9 AZR 500/05, NZA 2006, 1089; dazu etwa *Gragert*, NJW 2006, 3762.
6 *Loritz*, NZA 1997, 1188 (1190).

zum Dienstort bereits an Sonn- oder Feiertagen vor dem tatsächlichen Arbeitseinsatz nicht ohne Weiteres Arbeitszeit. In Teilen der Literatur[1] wird die Ansicht vertreten, dass Reisezeiten generell keine Arbeitszeit darstellen. Andere[2] vertreten die Auffassung, dass Reisezeit (nur) dann Arbeitszeit sei, wenn der Arbeitnehmer selbst einen Pkw steuere, nicht hingegen, wenn er lediglich mitfahre oder öffentliche Verkehrsmittel benutze. Nach einer weiteren Ansicht[3] sei die Zeit der Dienstreise demgegenüber stets als Arbeitszeit zu vergüten, da der Arbeitgeber die Reise aufgrund seines Direktionsrechts zur Arbeitspflicht mache und der Arbeitnehmer seine Möglichkeit einer anderweitigen Disposition über seine Zeit verliere. Pausen, Ruhens- und Schlafenszeiten seien dabei jedoch in Abzug zu bringen.

7 Die Rechtsprechung lässt folgende Tendenz erkennen: Die An- und Abreisezeiten, die mit Einsätzen des Arbeitnehmers an einer außerhalb des Betriebs des Arbeitgebers gelegenen Arbeitsstätte verbunden sind **und innerhalb der regelmäßigen Arbeitszeit** stattfinden, werden als vergütungspflichtige Arbeitszeit angesehen.[4] Reisezeiten, die ein Arbeitnehmer **über die vereinbarte Arbeitszeit hinaus** im Interesse des Arbeitgebers aufwendet, sind nur dann als Arbeitszeit zu vergüten, wenn dies vereinbart oder eine Vergütung „den Umständen nach" zu erwarten ist.[5] Kriterien hierfür können sowohl die Höhe der regelmäßigen Vergütung des Arbeitnehmers sein, mit der ggf. ein gewisser zeitlicher Mehraufwand bereits abgegolten sein soll, als auch die Branchenüblichkeit einer gesonderten Vergütung von Reisezeiten. Einen allgemeinen Rechtssatz, dass solche Zeiten regelmäßig zur Arbeitszeit gehören, gibt es jedoch nicht.[6] Die Vergütungspflicht bestimmt sich also unter Zugrundelegung dieser Ansicht insbesondere nach Kriterien wie der Tätigkeit des Arbeitnehmers, dessen Stellung im Unternehmen sowie seiner Entlohnung. Sofern arbeits- oder kollektivvertraglich nichts geregelt ist, differenziert das BAG in diesem Bereich folgendermaßen:

- Hat der Arbeitnehmer während der Reisezeit eine Arbeitsaufgabe zu erfüllen (z.B. als Teilnehmer einer Besprechung) oder ist er jedenfalls zu einer belastenden Tätigkeit verpflichtet (z.B. zum Lenken eines Fahrzeugs), wird die Reisezeit als Arbeitszeit gewertet.

- Ist die Reisezeit hingegen mit keiner zusätzlichen Belastung (außer der Tatsache, dass dafür Freizeit aufgewendet werden muss) verbunden, soll es sich nicht um Arbeitszeit handeln. Abgesehen davon hat das BAG bei einem überdurchschnittlich verdienenden Angestellten zwei Reisestunden täglich zusätzlich zur vereinbarten Arbeitszeit als nicht gesondert vergütungspflichtig angesehen.

8 Diese differenzierte Betrachtung erscheint sachgerecht. Somit sind **angeordnete Dienstreisen**, die über die reguläre Arbeitszeit hinausgehen und bei denen der Arbeitnehmer mehr tun muss als nur passiv im Auto, Zug oder Flugzeug zu sitzen, grundsätzlich als Arbeitszeit zusätzlich zu vergüten. Die Pflicht zur zusätzlichen

---

1 *Wetterauer*, BB 1983, 318 (320).
2 *Hunold*, DB 1977, 1506 (1509f.); *Hunold*, NZA 1993, 10 (15).
3 Küttner/*Griese*, Personalbuch 2014, Dienstreise, Rz. 6f.
4 BAG v. 23.7.1996 – 1 ABR 17/96, NZA 1997, 216; vgl. auch BAG v. 27.6.2002 – 6 AZR 378/01, BB 2003, 428: Musiker, wonach bei einem auswärtigen Gastspiel des Orchesters die Reisezeit am Ort der Aufführung endet.
5 BAG v. 3.9.1997 – 5 AZR 428/96, NZA 1998, 540.
6 BAG v. 3.9.1997 – 5 AZR 428/96, NZA 1998, 540.

Vergütung entfällt jedoch dann, wenn die Dienstreise zur geschuldeten Hauptleistung gehört oder die mit ihr verbundene Mehrleistung nach den Umständen vom Gehalt abgedeckt ist. Beispielsweise löst eine dauerhaft an verschiedenen Einsatzorten geschuldete Arbeitsleistung keinen Anspruch auf Reisekostenvergütung aus.[1] Reisen von Angestellten **im Außendienst** zu den auswärts gelegenen, von dem Unternehmen des Arbeitgebers betreuten Firmen gelten in aller Regel als Arbeitszeit, sofern sich nicht aus Gesetz, Kollektiv- oder Einzelvertrag etwas anderes ergibt.[2] Dies gilt insbesondere auch für Reisezeiten, die ein Kraftfahrer als Beifahrer, also passiv, verbringt.[3] Mit **Reisezeiten** hat sich das BAG außerdem im Jahr 2006 im Rahmen von § 44 Abs. 2 TVöD (früher § 17 Abs. 2 BAT) befasst.[4] Maßgebliches Abgrenzungskriterium zwischen Arbeits- und Freizeit ist danach, ob der Arbeitnehmer die Zeit im Interesse des Arbeitgebers aufwendet und wie hoch der Grad der Belastung des Arbeitnehmers ist. Das Gericht bestätigte damit die bereits früher eingeschlagene Linie und entschied, dass Wegezeiten, bei denen der Arbeitgeber dem Arbeitnehmer lediglich die Benutzung eines öffentlichen Verkehrsmittels vorgibt und es dem Arbeitnehmer überlässt, wie er die Zeiten nutzt, keine Arbeitszeit im Sinne des ArbZG oder der Arbeitszeit-Richtlinie ist. Ausdrücklich offen gelassen hat das BAG in dieser Entscheidung allerdings, ob Fahrzeiten dann als Arbeitszeit zu werten sind, wenn der Mitarbeiter selbst ein Fahrzeug steuern oder wenn er aufgrund konkreter Weisung des Arbeitgebers oder wegen des übertragenen Aufgabenvolumens die Fahrzeiten zur Erledigung dienstlicher Arbeiten nutzen muss. Reisezeiten eines Arbeitnehmers, der bei festen Arbeitszeiten arbeitstäglich seinen Dienst an wechselnden Einsatzorten antritt, zu denen er außerhalb der täglichen Arbeitszeit anreist, sind dagegen nicht als Arbeitszeit zu werten.[5]

Von den angeführten Grundsätzen kann im Wege einzel- oder kollektivvertraglicher Regelungen abgewichen werden. Jedenfalls aus Gründen der Klarstellung ist eine ausdrückliche vertragliche Regelung hinsichtlich der Entlohnung von Reisezeiten außerhalb der regelmäßigen Arbeitszeit wie etwa in **Klauseltyp 1 (5)** oder **(6)** anzuraten. Um möglichst zeitnah nach Abschluss der Dienstreise einen Nachweis über Orte und genaue Dauer zu haben, kann eine Pflicht des Arbeitnehmers zur unverzüglichen Vorlage eines solchen Nachweises, wie in **Klauseltyp 1 (7)**, vereinbart werden. 9

Jüngst hat das BAG das Bewusstsein dafür geschärft, dass der vieldeutige **Dienstreisebegriff** aus sich selbst heraus nicht geeignet ist, den **Transparenzanforderungen** der §§ 305 ff. BGB gerecht zu werden. Eine die pauschale Vergütung von Reisezeiten regelnde Klausel sei nur dann klar und verständlich, wenn sich aus dem Arbeitsvertrag selbst ergibt, welche „Reisetätigkeit" von ihr in welchem Umfang erfasst werden soll. Eine Klausel, die alle „Reisezeiten" erfasst, die außerhalb der „normalen Arbeitszeit" anfallen, ist demnach zu unbestimmt; auch ein pauschaler Verweis auf die Bestimmungen des ArbZG genügt dabei nicht zur Bestimmung der regulären Arbeitszeit.[6] Für die Vertragsgestaltung ergibt sich daraus, 9a

---
1 BAG v. 5.6.2003 – 6 AZR 130/02, NZA 2004, 287.
2 BAG v. 28.3.1963 – 5 AZR 209/62, DB 1963, 836.
3 BAG v. 20.4.2011 – 5 AZR 200/10, NZA 2011, 917.
4 BAG v. 11.7.2006 – 9 AZR 519/05, NZA 2007, 155.
5 BAG v. 14.12.2010 – 9 AZR 686/09, NZA 2011, 760.
6 Zu allem BAG v. 20.4.2011 – 5 AZR 200/10, NZA 2011, 917.

1. dass bei pauschaler Abgeltung von Reisezeiten die **Abgrenzung** zu der durch das **Grundentgelt** abgegoltenen regulären Arbeitszeit transparent vollzogen werden muss, etwa indem diese in Wochenstunden angegeben wird und
2. dass **Art und Umfang** der Reisetätigkeit so **präzise bestimmt** werden müssen, dass der Arbeitnehmer klar erkennt, „was auf ihn zukommt",[1] er also den maximal abgegoltenen Zeitaufwand sicher abschätzen kann und für den Verwender keine ungerechtfertigten Beurteilungsspielräume entstehen.

⊃ **Nicht geeignet:**

Reisezeiten, die außerhalb der normalen Arbeitszeit anfallen, sind mit der nach § 4 zu zahlenden Grundvergütung abgegolten.

Klauselvorschlag: Reisezeiten als Beifahrer bei alternierendem Fahrereinsatz bis zu ... Stunden/Woche sind nicht Teil der regulären Arbeitszeit nach § . ... Sie werden pauschal mit [Betrag] Euro/Monat abgegolten. Die Pauschalabgeltung nimmt an der Entwicklung der Grundvergütung teil.

3. Sozialrechtliche Aspekte

10 Auf Wegen und Reisen außerhalb der Betriebsstätte, die in Ausübung des Beschäftigungsverhältnisses (vgl. § 2 Abs. 1 Nr. 1 SGB VII) zurückgelegt werden – mithin also auch auf Dienstreisen –, unterliegt der Arbeitnehmer dem **Versicherungsschutz** der gesetzlichen Unfallversicherung, weil diese Wege Bestandteil der betrieblichen Tätigkeit sind. Versichert sind dabei grundsätzlich alle mit der Reise notwendig verbundenen Tätigkeiten. **Nicht versichert** sind demgegenüber **private Tätigkeiten** wie der nächtliche Aufenthalt im Hotel, das Ankleiden, die Nahrungsaufnahme sowie die Gestaltung der Freizeit.[2] Versicherungsschutz besteht indes während der Teilnahme an einem betrieblichen Zwecken dienenden Arbeitsessen auf der Dienstreise sowie während der damit zusammenhängenden Wege zum und vom Ort der Nahrungsaufnahme.[3]

11 Ebenfalls versichert sind **betriebsbedingte Reisevorbereitungen** wie etwa das Aufgeben des Gepäcks. Eine Vorverlegung des Reisebeginns lässt den Versicherungsschutz auf der Hinfahrt nur dann entfallen, wenn diese Vorverlegung auf privaten Interessen beruht und zudem so erheblich ist, dass unter Berücksichtigung der Gesamtreisedauer der betriebliche Charakter hinter die privaten Interessen zurücktritt.[4] Entsprechendes hat für eine aus privaten Interessen verzögerte Rückfahrt zu gelten.

4. Steuerrechtliche Aspekte

a) Steuerfreier Reisekostenersatz

12 Die durch Dienstreisen, also durch eine auswärtige berufliche Tätigkeit i.S.d. § 9 Abs. 4a Satz 2 EStG, verursachten **Reisekosten** stellen in der Praxis einen wichtigen Teil der beruflichen Aufwendungen des Arbeitnehmers dar. In der Regel hat

---

1 Vgl. BAG v. 20.4.2011 – 5 AZR 200/10, NZA 2011, 917.
2 Küttner/*Ruppelt*, Personalbuch 2014, Dienstreise, Rz. 71.
3 Küttner/*Ruppelt*, Personalbuch 2014, Dienstreise, Rz. 70.
4 Vgl. BSG v. 6.7.1967 – 5 RKn 115/64, MDR 1967, 954.

der Arbeitnehmer entweder vertraglich oder nach allgemeinen Grundsätzen über den **Aufwendungsersatz** einen Anspruch auf Ersatz der Reisekosten. Dieser sog. Reisekostenersatz ist nach § 3 Nr. 13 und Nr. 16 EStG innerhalb der dort genannten Grenzen steuerfrei. Übersteigen die Reisekostenvergütungen die Grenzen der Steuerfreiheit, liegt steuerpflichtiger Arbeitslohn vor.

Das Gesetz unterscheidet wie folgt:

– Nach **§ 3 Nr. 13 EStG** sind – u.a. – steuerfrei **die aus öffentlichen Kassen gezahlten Reisekostenvergütungen**. Dabei sind die als Reisekostenvergütungen gezahlten Vergütungen für Verpflegungsmehraufwendungen nur insoweit steuerfrei, als sie die Pauschbeträge nach § 9 Abs. 4a EStG nicht übersteigen; Trennungsgelder sind nur insoweit steuerfrei, als sie die nach § 9 Abs. 1 Satz 3 Nr. 5 und Abs. 4a EStG abziehbaren Aufwendungen nicht übersteigen.

– Nach **§ 3 Nr. 16 EStG** sind – u.a. – steuerfrei die Vergütungen, die Arbeitnehmer außerhalb des öffentlichen Dienstes von ihrem Arbeitgeber zur Erstattung von Reisekosten erhalten, soweit sie die nach § 9 EStG als Werbungskosten abziehbaren Aufwendungen nicht übersteigen. Bei der Ermittlung der steuerfreien Leistungen dürfen die einzelnen Aufwendungsarten zusammengefasst werden; die Leistungen sind steuerfrei, wenn ihre Summe die nach § 9 Abs. 1 Satz 3 Nr. 4a Satz 1, 2 und 4, Nr. 5a und Abs. 4a sowie LStR 9.8 zulässigen Leistungen nicht übersteigen.[1]

Arbeitsvertragliche Gestaltungen betreffen regelmäßig Vergütungen privater Arbeitgeber i.S.v. § 3 Nr. 16 EStG. Danach sind steuerfrei die Vergütungen, die **Arbeitnehmer** von ihrem Arbeitgeber zur Erstattung ihrer Reisekosten erhalten. Zu den Reisekosten i.S. dieser Vorschrift zählen auch die Aufwendungen, die der Arbeitnehmer anlässlich einer Dienstreise, die steuerlich unter den Oberbegriff der auswärtigen beruflichen Tätigkeit (**Auswärtstätigkeit**) gefasst wird, erhält. Die Steuerfreiheit des Reisekostenersatzes setzt einen tatsächlichen Aufwand des Arbeitnehmers voraus, der bei fehlender Erstattung zu Werbungskosten geführt hätte. Wegen der erforderlichen **beruflichen Veranlassung** kann der Arbeitgeber Aufwendungen des Arbeitnehmers für **private Reisen** des Arbeitnehmers nicht steuerfrei erstatten. Werden mit einer Reise zugleich berufliche als auch private Interessen verfolgt, kommt eine steuerfreie Erstattung in Betracht, soweit sich die beruflich veranlassten Kosten von den privat veranlassten Kosten abgrenzen lassen. Dabei kann der Aufteilungsmaßstab auch im Wege einer Schätzung ermittelt werden.

Bei der Arbeitsvertragsgestaltung sollten die steuerrechtlichen Regelungen stets bedacht werden und in die entsprechenden Klauseln über Dienstreisen aufgenommen werden.

b) Arten von Reisekosten

Liegt nach diesen Grundsätzen eine Dienstreise bzw. Auswärtstätigkeit vor, kann der Arbeitgeber **steuerfrei erstatten**:
– Fahrtkosten (R 9.5 LStR; H 9.5 LStH),
– Verpflegungsmehraufwendungen (R 9.6 LStR; H 9.6 LStH),
– Übernachtungskosten (R 9.7 LStR; H 9.7 LStH),
– Reisenebenkosten (R 9.8 LStR; H 9.8 LStH).

---

1 R 3.16 Satz 1 LStR.

Bei der Erstattung der Reisekosten dürfen die einzelnen Aufwendungsarten zusammengefasst werden; die Erstattung ist dann steuerfrei, soweit sie die Summe der Einzelerstattungen nicht übersteigt. Zulässig ist auch die Zusammenfassung der Abrechnungen mehrerer Reisen (R 3.16 LStR).

Zu den einzelnen Reisekosten hat die Finanzverwaltung ein umfängliches BMF-Schreiben erlassen, das die Handhabung erleichtern soll.[1] Bei vertraglichen Regelungen zu Reisekosten sollten die Regelungen beachtet werden.

15 Möglich ist auch die **Umwandlung von Barlohn** in steuerfreie Vergütungen zur Erstattung von Reisekosten.[2] Allerdings setzt der BFH voraus, dass die Herabsetzung des vertraglich geschuldeten Arbeitslohns vor der Entstehung des konkreten Vergütungsanspruchs vereinbart wird. Es reicht also nicht aus, wenn der Arbeitgeber Reisekostenanteile anteilig aus dem Arbeitslohn herausrechnet und als steuerfrei behandelt.

aa) Fahrtkosten

16 Fahrtkosten kann der Arbeitgeber grundsätzlich in der tatsächlich entstandenen Höhe steuerfrei ersetzen, allerdings begrenzt auf die Beträge, die der Arbeitnehmer als Werbungskosten abziehen könnte. Daraus folgt, dass bei Benutzung öffentlicher Verkehrsmittel die mit der Benutzung verbundenen Kosten im Grundsatz in voller Höhe steuerfrei erstattet werden können. Dabei gehören zu den notwendigen Aufwendungen auch ggf. erforderliche Zuschläge oder bei Benutzung der Deutschen Bahn auch die Aufpreise für die erste Wagenklasse sowie in der Regel auch. Aufwendungen für Flugreisen.

17 Bei Nutzung eines **arbeitnehmereigenen Fahrzeugs** können die (anteiligen) tatsächlichen Aufwendungen (vgl. R 9.5 Abs. 1 Satz 3 LStR) oder aber die **pauschalen Kilometersätze** nach § 9 Abs. 1 Satz 3 Nr. 4a Satz 2 EStG steuerfrei ersetzt werden (H 9.5 LStH „pauschale Kilometersätze"). Letztere betragen:
– bei einem Kraftwagen 0,30 Euro je Fahrtkilometer,
– für jedes andere motorbetriebene Fahrzeug 0,20 Euro je Fahrtkilometer.[3]

18 Mit den Pauschbeträgen sind nur die mit der Nutzung der Fahrzeuge üblicherweise verbundenen Aufwendungen abgegolten. Darüber hinaus kann der Arbeitgeber steuerfrei nur noch außergewöhnliche Kosten ersetzen, die dem Arbeitnehmer auf der Dienstreise entstanden sind. Außergewöhnliche Kosten sind z.B. nicht voraussehbare Aufwendungen für Reparaturen, die nicht auf Verschleiß beruhen.

bb) Verpflegungsmehraufwendungen

19 Auch im Zusammenhang mit einer Auswärtstätigkeit entstehende Verpflegungsmehraufwendungen des Arbeitnehmers kann der Arbeitgeber bis zur Höhe des für den Arbeitnehmer möglichen Werbungskostenabzugs steuerfrei ersetzen. Dabei kommen nach § 3 Nr. 16 i.V.m. § 9 Abs. 4a EStG nur noch **Verpflegungspauscha-**

---

1 BMF v. 24.10.2014 – IV C 5 – S 2353/14/10002, BStBl. I 2014, 1412; v. 19.12.2014 – IV C 5 – S 2353/08/10006: 005, 2014/1119560, BStBl. I 2015, 34.
2 BFH v. 27.4.2001 – VI R 2/98, DB 2001, 1813.
3 BMF v. 24.10.2014 – IV C 5 – S 2353/14/10002, BStBl. I 2014, 1412 Rz. 36.

len zur Anwendung. Darüber hinausgehende Erstattungen sind steuerpflichtig, auch wenn sie vertraglich vereinbart sind. Dementsprechend kann der Arbeitgeber bei einer **Dienstreise im Inland** steuerfrei erstatten:

bei einer Abwesenheitszeit
- von weniger als 24 Stunden, aber mindestens 8 Stunden 12 Euro,
- von mehr als 24 Stunden 24 Euro und
- an An- und Abreisetagen mit Übernachtung 12 Euro.

Bei **Auslandstätigkeit** gelten die gesetzlichen Pauschbeträge nicht. Hier kann der Arbeitgeber anstelle dieser Pauschbeträge steuerfrei ersetzen: 20

bei einer Abwesenheitszeit
- von weniger als 14 Stunden, aber mindestens 8 Stunden 40 v.H.,
- von mehr als 24 Stunden 120 v.H.

der höchsten Auslandstagegelder nach dem Bundesreisekostengesetz, die vom BMF im Einvernehmen mit den obersten Finanzbehörden der Länder festgesetzt werden.

cc) Übernachtungskosten

Bei Übernachtungen aus Anlass einer Dienstreise, kann der Arbeitgeber die dem Arbeitnehmer durch die Übernachtung entstehenden Aufwendungen steuerfrei ersetzen, soweit er keine höheren Beträge zahlt, als der Arbeitnehmer als Werbungskosten abziehen könnte. 21

Übernachtung im Inland: Weist der Arbeitnehmer die Kosten im Einzelnen nach, so kann der Arbeitgeber sie unbegrenzt steuerfrei erstatten. Dabei ist zu beachten, dass die Kosten für die im Zusammenhang mit der Übernachtung stehenden Verpflegungen nicht zu den Übernachtungskosten zählen, sondern zu den durch die Fahrtätigkeit verursachten Verpflegungsmehraufwendungen gehören. Sind in einer Rechnung die Übernachtungs- und Verpflegungskosten nicht getrennt ausgewiesen (z.B. Tagungspauschale), so ist der Gesamtpreis bei einer Übernachtung im Inland für Frühstück um 20 % und für Mittag- und Abendessen um jeweils 40 % des für den Unterkunftsort maßgebenden Pauschbetrag für Verpflegungsmehraufwendungen bei einer Auswärtstätigkeit mit einer Abwesenheit von mehr als 24 Stunden zu kürzen.[1] Anstelle eines Einzelnachweises kann aber auch ein Pauschbetrag von 20 Euro steuerfrei gezahlt werden. Bei mehrtägigen Dienstreisen ist ein Wechsel zwischen Erstattung der tatsächlichen Aufwendungen und den Pauschbeträgen möglich (vgl. R 9.6 LStR)

Übernachtung im Ausland: Bei einem Einzelnachweis kann der Arbeitgeber die tatsächlichen Übernachtungskosten steuerfrei ersetzen. Bei einer einheitlichen Rechnung ist für die darin enthaltene Verpflegung auch bei einer Tätigkeit im Ausland eine Kürzung des für den Unterkunftsort maßgebenden Pauschbetrags für Verpflegungsmehraufwendungen bei einer mehrtägigen Auswärtstätigkeit vorzunehmen.

Anstelle eines Einzelnachweises kann der Arbeitgeber die Übernachtungskosten aber auch in Form von Pauschbeträgen (sog. Übernachtungsgelder) steuerfrei ersetzen, die vom BMF im Einvernehmen mit den obersten Finanzbehörden der Länder auf der Grundlage der höchsten Auslandsübernachtungsgelder nach dem Bundesrei-

---

[1] BMF v. 24.10.2014 – IV C 5 – S 2353/14/10002, BStBl. I 2014, 1412 Rz. 113.

sekostengesetz bekannt gemacht werden. Allerdings darf der Ansatz der Pauschbeträge nicht zu einer offenkundig unzutreffenden Besteuerung führen, weil nach der Art der Unterbringung die Übernachtungskosten ersichtlich nicht in Höhe der Pauschbeträge entstanden sein können.

dd) Reisenebenkosten

22 Auch die Erstattung der mit einer Reise verbundenen Reisenebenkosten durch den Arbeitgeber ist nach § 3 Nr. 16 EStG steuerfrei, soweit sie die tatsächlichen Aufwendungen nicht überschreiten. Voraussetzung ist, dass der Arbeitnehmer Unterlagen vorlegt, aus denen die tatsächlichen Aufwendungen ersichtlich sein müssen. Diese Unterlagen sind zum Lohnkonto zu nehmen. Bei fehlendem Nachweis scheidet die Möglichkeit einer steuerfreien Erstattung aus. Deshalb ist auch die Gewährung eines Pauschalbetrages, mit dem die Reisenebenkosten allgemein abgegolten werden sollen, nicht steuerfrei.

D 20 Dienstwagen

	Rz.
1. Einführung	1
a) Die Nutzung des Dienstwagens als zusätzliche Sachvergütung	1
b) Praktische Notwendigkeit von Dienstwagenklauseln	3
2. Klauseltypen	4
a) Modalitäten der Dienstwagennutzung	4
b) Entgeltliche Relevanz der Privatnutzung	6
c) Herausgabeansprüche des Arbeitgebers	8
d) Nutzungsersatz im Falle der Vorenthaltung des Dienstwagens bei auch privater Nutzung	18
e) Haftung bei Beschädigung des Dienstwagens	23
3. Steuerrechtliche Aspekte	28
a) Geldwerter Vorteil durch Dienstwagenüberlassung	28
aa) Bewertung des Vorteils nach der 1 %-Regel	31
bb) Führung eines Fahrtenbuchs	34
b) Fahrten zwischen Wohnung und Arbeitsstätte	36
c) Doppelte Haushaltsführung	37
d) Zuschusszahlungen des Arbeitnehmers	38

Schrifttum:

Abeln/Meier, Dienstwagen – Entzug der Privatnutzung möglich?, AuA 2005, 264; *Abeln/Steinkühler*, Wie man als Arbeitgeber gut fährt – Dienstwagen, AuA 2002, 116; *Becker-Schaffner*, Die Nutzung von Firmenfahrzeugen bei Beendigung des Arbeitsverhältnisses, DB 1993, 2078; *Berndt*, Aufwendungsersatzansprüche des Arbeitnehmers bei Dienstfahrten mit privatem Pkw, NJW 1997, 2213; *Bürck/Nussbaum*, Herausgabe des Dienstfahrzeugs während der Freistellung des Arbeitnehmers: Vertragliche Gestaltungsmöglichkeiten für die Praxis, BB 2002, 2278; *Dombrowski/Zettelmeyer*, Die Wertermittlung der Nutzungsvorteile von Firmenwagen im Rahmen der Karenzentschädigung nach § 74 II HGB, NZA 1995, 155; *Ehrich*, Anmerkung zu BAG v. 9.9.2003 (9 AZR 574/02), EWiR 2005, 63; *Fischer*, Der privat genutzte Dienstwagen und das Ende des Entgeltfortzahlungszeitraumes, FA 2003, 105; *Gruss*, Nochmals: Rechtsfragen zum Dienstfahrzeug, BB 1994, 71; *Hunold*, Dienstreisen des Arbeitnehmers im eigenen Pkw bzw. im Firmen-Pkw, DB 1985, Beil. 1; *Hunold*, Dienstreise- und Wegezeit, Rechtsfragen um Dienst- und Privatfahrzeuge des Arbeitnehmers, AR-Blattei SD 590; *Keilich*, Dienstwagen, AuA 2009, 264; *Lohr*, Rechtsfragen der Überlassung eines Dienstfahrzeuges, MDR 1999, 1353; *Marschner*, AR-Blattei SD 1380; *Meier*, Möglichkeiten zum Entzug der Privatnutzung des Dienstwagens, NZA 1997, 298; *Meier*, Der Entzug des Dienstwagens und seiner privaten Nutzung, in Festschrift für Adomeit, 2008, S. 453; *Nägele*, Der Dienstwagen, 2002; *Nägele*, Probleme beim Ersatz von Dienstfahrzeugen, NZA 1997, 1196; *Nägele*, Schadensersatz für Entzug des privat genutzten Dienstwagens, BB 1994, 2277; *Nägele*, Der Dienstwagenüberlassungsvertrag, ArbRB 2002, 346; *Nägele/Schmidt*, Das Dienstfahrzeug, BB 1993, 1797; *Pauly*, Schadensersatz für Entzug des privat genutzten Dienstwagens, AuA 1995, 38; *Plenker*, Aktuelle Entwicklungen bei der Firmenwagengestellung an Arbeitnehmer, BRZ 2009, 270; *Schaub*, Arbeitsrechts-Handbuch, § 68; *Schmiedl*, Die Sicherung des Herausgabeanspruchs am Dienstwagen nach Beendigung des Arbeitsverhältnisses mittels einstweiliger Verfügung, BB 2002, 992; *Stoffels*, Die Überlassung von Dienstwagen, FA 2009, 329; *Weber/Hoß/Burmester*, Handbuch der Managerverträge, 2000, Teil 2 Rz. 182 ff., Dienstwagen.

1. Einführung

a) Die Nutzung des Dienstwagens als zusätzliche Sachvergütung

1   Geleistete Dienste können neben der Vergütung in Geld auch in Form der Naturalvergütung abgegolten werden. Ein wichtiges Beispiel im Arbeitsleben hierfür bildet die Überlassung des Dienstwagens **ohne Anrechnung von Kosten**, indem dem Arbeitnehmer der Dienstwagen neben der dienstlichen Nutzung zugleich für private Zwecke zur Verfügung gestellt wird. In diesem Fall stellt die Gewährleistung der privaten Nutzung des Dienstwagens nicht nur ein Betriebsmittel, sondern einen Teil der Vergütung des Arbeitnehmers in Form der **zusätzlichen Sachvergütung** dar.[1] Die private Nutzungsmöglichkeit des Dienstwagens ist dann eine zusätzliche Gegenleistung für geschuldete Arbeitsleistung[2] und Teil des auf das Tarifgehalt anzurechnenden Gesamteinkommens.[3]

2   Steuerrechtlich kann dabei der private Nutzungsanteil entweder monatlich in Höhe von 1 % des inländischen Bruttolistenpreises des Fahrzeugs zum Zeitpunkt der Erstzulassung zuzüglich 0,03 % des inländischen Bruttolistenpreises pro Entfernungskilometer für die Fahrten zwischen Wohnung und Arbeitsplatz versteuert werden oder durch Ermittlung der tatsächlichen Kosten des Fahrzeugs anhand von Einzelbelegen (näher Rz. 28 ff.).

b) Praktische Notwendigkeit von Dienstwagenklauseln

3   Soll der Arbeitnehmer den Dienstwagen auch zu privaten Zwecken nutzen können, folgt aus dem Vergütungscharakter der Privatnutzung des Dienstwagens, dass der Privatnutzung als Bestandteil des Entgelts – anders als im Fall der rein betrieblichen Nutzung allein zu dienstlichen Zwecken – bei allen entgeltbezogenen Fragestellungen besondere Aufmerksamkeit zu schenken ist, und zwar immer dort, wo der Begriff des Entgelts, des Einkommens und der Bezüge als ein umfassender Begriff verstanden wird. Aber auch in der Frage der Entziehungsmöglichkeiten des Dienstwagens durch den Arbeitgeber ist zu beachten, dass die Privatnutzung des Dienstwagens einen vergütungsrechtlich relevanten Sachbezug darstellt, über den der Arbeitgeber nicht eigenmächtig disponieren kann. Da die Überlassung eines Dienstwagens aber sowohl zu rein dienstlichen als auch zu privaten Zwecken vereinbart werden kann, sollten die Modalitäten der Dienstwagenüberlassung zur Vermeidung von Unstimmigkeiten im Detail geregelt werden.

---

1   BAG v. 14.8.1990 – 3 AZR 321/89, NZA 1991, 104; v. 23.6.1994 – 8 AZR 537/92, DB 1994, 2239; LAG BW v. 27.7.2009 – 15 Sa 25/09, DB 2009, 2050; LAG Hamm v. 13.7.1992 – 17 Sa 1824/91, LAGE § 249 BGB Nr. 5; v. 10.4.1991 – 2 (16) Sa 619/90, BB 1991, 1496.
2   BAG v. 16.11.1995 – 8 AZR 240/95, NZA 1996, 415; v. 27.5.1999 – 8 AZR 415/98, NZA 1999, 1038.
3   BAG v. 17.9.1998 – 8 AZR 791/96, ArbuR 1999, 111.

2. Klauseltypen

a) Modalitäten der Dienstwagennutzung

Typ 1: Dienstwagenüberlassung mit Privatnutzung

(1) Der Arbeitgeber stellt dem Mitarbeiter ab dem … einen Dienstwagen der Mittelklasse Marke …, Kennzeichen …, Fahrgestellnummer … zur Verfügung.

oder

(1) Der Arbeitnehmer erhält ab dem … einen Dienstwagen. Er kann auswählen zwischen … (Marke und Typ) und … (Marke und Typ).

oder

(1) Der Mitarbeiter bekommt ab dem … einen Dienstwagen zur Verfügung gestellt. Die Auswahl des Dienstwagens obliegt dem Mitarbeiter. Hierbei darf die zulässige Obergrenze von … Euro (Bruttolistenpreis) nicht überschritten werden.

(2) Der Mitarbeiter verpflichtet sich, den Dienstwagen pfleglich zu behandeln. Er hat dafür Sorge zu tragen, dass sich das Fahrzeug in einem betriebsbereiten und verkehrssicheren Zustand befindet. Fällige Inspektionen und Prüfungen sind unaufgefordert in Abstimmung mit dem Arbeitgeber durchzuführen. Die Durchführung von Reparaturen bedarf der Zustimmung des Arbeitgebers. Dies gilt jedoch nicht für dringende Reparaturen, die für die Sicherstellung der Verkehrssicherheit erforderlich sind.

(3) Dem Mitarbeiter steht ein Anspruch auf ein Ersatzfahrzeug während der Ausführung von Wartungs-, Inspektions- und Reparaturarbeiten zu.

(4) Das Fahrzeug darf nur benutzt werden, wenn der Mitarbeiter im Besitz einer gültigen Fahrerlaubnis ist. Es ist untersagt, das Fahrzeug in fahruntüchtigem Zustand zu führen.

(5) Die Kosten für notwendige Aufwendungen trägt der Arbeitgeber. Hierzu zählen Treibstoff, Öl, Wartungsarbeiten sowie Inspektions- und Abgasuntersuchungen.

(6) Der Mitarbeiter trägt dafür Sorge, dass die Leasingbedingungen aus dem Leasingvertrag zwischen dem Arbeitgeber und der Firma … vom … eingehalten werden.

Typ 2: Zusatzabreden zur Privatnutzung eines Dienstwagens

(1) Dem Mitarbeiter ist neben der Nutzung zu dienstlichen Zwecken

die kostenlose Nutzung des Dienstwagens zu privaten Zwecken gestattet,

oder

die kostenlose Nutzung des Dienstwagens zu privaten Zwecken mit einer begrenzten Laufleistung von … Kilometern pro Jahr gestattet.

(2) Die Versteuerung des geldwerten Vorteils für die private Nutzung obliegt dem Mitarbeiter.

(3) Der Ehepartner oder Lebensgefährte des Mitarbeiters darf das Fahrzeug ebenfalls nur unter den Bedingungen zu Ziffer (1) der Klausel nutzen. Die Überlassung des Dienstwagens an andere dritte Personen ist untersagt.

(4) Die Mehrkosten für den Abschluss einer Vollkaskoversicherung trägt der Mitarbeiter.

(5) Der Dienstwagen darf für Urlaubsfahrten genutzt werden. In diesem Fall trägt der Mitarbeiter die Kosten für den Betrieb des Dienstwagens.

(6) Der Arbeitgeber stellt dem Mitarbeiter einen Dienstwagen Modell ... zur Verfügung, das im Einkaufspreis um ... Euro höher liegt als der üblicherweise für die Position des Arbeitnehmers gewährte Pkw. Wegen dieses höheren Einkaufspreises erhöht sich die vom Arbeitgeber an die Leasinggesellschaft zu zahlende monatliche Leasingrate um ... Euro. Der Mitarbeiter verpflichtet sich, diesen Betrag monatlich an den Arbeitgeber durch entsprechenden Abzug vom jeweils auszuzahlenden Nettogehalt zu zahlen.

4 Die Modalitäten der Dienstwagennutzung können außer im Arbeitsvertrag selbst entweder in der Form eines gesonderten Kfz-Überlassungsvertrags oder im Wege der arbeitsvertraglichen Bezugnahme auf eine im Unternehmen gültige Dienstwagenordnung vereinbart werden. Dabei muss jedoch nicht nur die Art der Nutzung – dienstliche oder auch private – festgelegt werden, denn ohne eine derartige vertragliche Absprache kann der Arbeitnehmer den Dienstwagen allein zu dienstlichen Zwecken im Sinne eines Betriebsmittels nutzen,[1] sondern es empfiehlt sich, ebenfalls die Einzelheiten der Nutzung selbst, wie insbesondere die Pkw-Klasse, die Kostentragungs- und Instandhaltungspflicht sowie die Entscheidung über die Frage, wem die Auswahl des Dienstwagens überlassen werden soll,[2] zu regeln, um im Streitfall eine adäquate Verhandlungsgrundlage zur Verfügung zu haben. Wird dem Arbeitnehmer die Auswahl des Dienstwagens überlassen, empfiehlt es sich, eine Preisgrenze festzulegen, die bei der Anschaffung nicht überschritten werden darf. Besonderheiten sind darüber hinaus bei der Nutzung eines geleasten Dienstfahrzeugs zu beachten. Hier sollte zudem die Einhaltung der Leasingbedingungen sichergestellt werden.

5 Üblicherweise sieht der Arbeitgeber für unterschiedliche Hierarchieebenen bestimmte Fahrzeugkategorien als Dienstwagen vor. Möchte der Mitarbeiter einen höherwertigen Dienstwagen als seiner Position entspricht oder zusätzliche Sonderausstattung, kann der Arbeitgeber auf diesen Wunsch eingehen und ein entsprechendes teureres Fahrzeug anschaffen. In diesem Fall darf der Mitarbeiter durch eine entsprechende Vereinbarung an den Mehrkosten beteiligt werden. Das BAG hat eine solche Klausel für die Dauer des Arbeitsverhältnisses ausdrücklich für zu-

---

1 Vgl. BAG v. 25.2.2009 – 7 AZR 954/07, AP Nr. 146 zu § 37 BetrVG 1972, wonach bei ausschließlich zur dienstlichen Nutzung überlassenen Dienstfahrzeugen grundsätzlich weder eine private Nutzung noch eine Nutzung zur Wahrnehmung von Betriebsratsaufgaben zulässig ist.
2 Wird nicht festgelegt, welche Art von Pkw als Dienstwagen auch zur Privatnutzung zur Verfügung gestellt wird, entscheidet grundsätzlich der Arbeitgeber hierüber. In einer Entscheidung aus dem Jahr 2009 hat das LAG Köln allerdings klargestellt, dass ein Leichenwagen des Arbeitgebers als Dienstwagen, der auch zur Privatnutzung überlassen wird, unzumutbar ist, LAG Köln v. 19.11.2009 – 7 Sa 879/09, ArbuR 2010, 482.

lässig erklärt.[1] Nicht ohne besondere Rechtfertigungsgründe wirksam ist in diesem Zusammenhang allerdings eine Vereinbarung, dass der Arbeitnehmer nach Beendigung des Arbeitsverhältnisses diejenigen Beträge, die die Leasingraten für ein übliches Fahrzeug übersteigen, weiter an den Arbeitgeber zahlt. Insbesondere reicht es für die Begründung einer solchen Zahlungspflicht über das Ende des Arbeitsverhältnisses hinaus nicht aus, dass der Arbeitgeber den höherwertigen Pkw auf Wunsch des Arbeitnehmers geleast hat (hierzu näher Rz. 16). Dies sollte bei entsprechenden Anfragen von Arbeitnehmern berücksichtigt werden.

b) Entgeltliche Relevanz der Privatnutzung

Typ 3: Abreden über die Anrechnung des geldwerten Vorteils der Privatnutzung

Die Privatnutzung des Dienstwagens ist bei der Berechnung des Ruhegelds nicht zu beachten.

Aus dem Vergütungscharakter der Privatnutzung folgt, dass die private Nutzung als geldwerter Vorteil in Form des Sachbezugs bei der Berechnung des **ruhegeldfähigen Einkommens** ebenso mit zu berücksichtigen ist wie im Fall der **Karenzentschädigung** bei Vereinbarung eines Wettbewerbsverbots nach § 74 Abs. 2 HGB, da die Privatnutzung des Dienstwagens als vertragsgemäße Leistung anzusehen ist.[2] Anders ist dies nur, wenn die Parteien ausdrücklich bestimmen, dass Sachbezüge bei der Berechnung der betrieblichen Altersversorgung außer Betracht bleiben bzw. vereinbart worden ist, dass der Begriff des ruhegeldfähigen Einkommens eng gefasst werden soll, d.h. Zuschläge und Sachleistungen nicht in die Berechnung einfließen sollen.[3] Ein Ausschluss der Berücksichtigung der privaten Nutzungsmöglichkeit bei der Berechnung der Karenzentschädigung kann hingegen nicht empfohlen werden, denn ein verbindliches Wettbewerbsverbot wird nur erreicht, wenn der Arbeitgeber die in § 74 Abs. 2 HGB vorgesehene Entschädigung zusagt. Diese muss für jedes Jahr des Verbots mindestens die Hälfte aller zuletzt bezogenen vertragsgemäßen Leistungen betragen.[4]

6

Auch im Fall der **Abfindung** nach § 9 Abs. 1 KSchG, soweit das Arbeitsverhältnis kraft gerichtlicher Entscheidung aufgelöst wird, sowie im Fall der Abfindung nach § 1a KSchG ist die Privatnutzung des Dienstwagens bei der Berechnung zu berücksichtigen. Denn in beiden Fällen ist die Abfindung nach dem Monatsverdienst und damit im Fall der auch privaten Nutzung nach den Geld- und Sachbezügen (§ 10 Abs. 3 KSchG) zu bemessen.

7

---

1 BAG v. 9.9.2003 – 9 AZR 574/02, NZA 2004, 484.
2 Schaub/*Schaub*, § 58 Rz. 76; *Dombrowski/Zettelmeyer*, NZA 1995, 155; BAG v. 8.11.1994 – 9 AZR 4/93, NZA 1995, 631; ArbG Frankfurt v. 5.2.2003 – 9 Ca 5975/02, AuB 2003, 81.
3 BAG v. 14.8.1990 – 3 AZR 321/89, NZA 1991, 104; vgl. auch BAG v. 21.8.2001 – 3 AZR 746/00, NZA 2002, 394.
4 BAG v. 9.1.1990 – 3 AZR 110/88, NZA 1990, 519; LAG Hess. v. 5.3.1990 – 10/2 Sa 1114/89, LAGE § 74 HGB Nr. 5; LAG Düsseldorf v. 10.12.2002 – 8 Sa 1151/02, NZA-RR 2003, 570.

c) Herausgabeansprüche des Arbeitgebers

Typ 4: Abreden über vorzeitige Herausgabeansprüche des Arbeitgebers

(1) Sowohl die Möglichkeit der dienstlichen als auch der privaten Nutzung des Dienstwagens kann seitens des Arbeitgebers während des Arbeitsverhältnisses mit sofortiger Wirkung widerrufen werden, wenn ein sachlicher Grund vorliegt, insbesondere wenn

a) dem Mitarbeiter der Führerschein für die Dauer von mindestens drei Monaten entzogen wurde,

b) ein Dienstwagen aufgrund von geänderten arbeitsvertraglichen Aufgaben des Mitarbeiters nicht mehr erforderlich ist; hält der Mitarbeiter die arbeitsbereichsverändernde Weisung des Arbeitgebers für unzulässig und/oder führt er eine gerichtliche Klärung herbei, steht dies der Herausgabepflicht nicht entgegen,

c) der Mitarbeiter wiederholt trotz Ermahnung gegen die Dienstwagen-Vereinbarungen verstoßen hat oder den Dienstwagen erheblich restwertgefährdend behandelt,

d) während einer Erkrankung des Mitarbeiters innerhalb des gesetzlichen Entgeltfortzahlungszeitraums für den erkrankten Mitarbeiter eine Ersatzkraft beschäftigt wird, die den Dienstwagen benötigt,

und der geldwerte Vorteil des Dienstwagens weniger als 25 % der Gesamtvergütung des Mitarbeiters ausmacht. Eine Entschädigung für den Wegfall der privaten Nutzungsmöglichkeit erfolgt nicht.

oder

Als Ersatz für die private Nutzung des Dienstwagens wird dem Mitarbeiter ab dem Zeitpunkt der Rückgabe des Dienstwagens eine Nutzungsentschädigung von ... Euro brutto (Höhe der steuerlichen Bewertung der privaten Nutzungsmöglichkeit) pro Monat gezahlt.

(2) Das Nutzungsrecht am Dienstwagen erlischt mit sofortiger Wirkung und der Mitarbeiter ist zur unverzüglichen Herausgabe des Dienstwagens verpflichtet, wenn

a) der Mitarbeiter aufgrund von Krankheit über die Dauer der Entgeltfortzahlung hinaus an der Arbeitsleistung gehindert ist,

b) das Arbeitsverhältnis ruht, ohne dass ein Anspruch auf Entgeltzahlung besteht, z.B. während einer Elternzeit oder eines unbezahlten Urlaubs.

Eine Entschädigung für den Wegfall der privaten Nutzungsmöglichkeit erfolgt nicht.

oder

Als Ersatz für die private Nutzung des Dienstwagens wird dem Mitarbeiter ab dem Zeitpunkt der Rückgabe des Dienstwagens eine Nutzungsentschädigung von ... Euro brutto (Höhe der steuerlichen Bewertung der privaten Nutzungsmöglichkeit) pro Monat gezahlt.

(3) Die Herausgabepflicht besteht ebenso bei der Beendigung des Arbeitsverhältnisses.

(4) Es steht dem Arbeitgeber frei, das Dienstfahrzeug durch ein anderes, gleichwertiges auszutauschen. In diesem Fall ist der Mitarbeiter verpflichtet, unverzüglich den bisherigen Dienstwagen herauszugeben.

(5) Die Geltendmachung eines Zurückbehaltungsrechts am Dienstwagen ist ausgeschlossen.

Stellt die Privatnutzung des Dienstwagens einen Vergütungsbestandteil dar, hat dies unmittelbar zur Folge, dass der Arbeitgeber ohne ausdrückliche Vereinbarung den Dienstwagen nicht nach freiem Belieben wieder herausverlangen kann. Denn anders als im Fall der rein dienstlichen Nutzung des Fahrzeugs stellt der Dienstwagen dann nicht nur ein Arbeitsmittel dar. Unproblematisch sind die Fälle, in denen das Arbeitsverhältnis einvernehmlich oder durch eine nicht angegriffene **Kündigung** beendet wird und der Dienstwagen im **Eigentum des Arbeitgebers** steht. Hier kann der Arbeitgeber bei Beendigung des Arbeitsverhältnisses den Dienstwagen nach § 985 BGB herausverlangen. Ist der Dienstwagen **geleast**, kommt ein Herausgabeanspruch des Arbeitgebers analog §§ 666, 667 BGB in Betracht.[1]   8

Probleme tatsächlicher und rechtlicher Art ergeben sich jedoch in der Praxis vielfach dann, wenn im Fall der vereinbarten Privatnutzung der Arbeitgeber die **vorzeitige** Rückgabe des Dienstwagens verlangt. Angesprochen sind hier neben den Fällen der krankheitsbedingten Arbeitsunfähigkeit, der Elternzeit und anderer Ruhenszeiten insbesondere die Freistellung des Arbeitnehmers nach Ausspruch einer ordentlichen Kündigung,[2] die Veränderung der Arbeitsbedingungen, die einen Dienstwagen zu dienstlichen Zwecken entbehrlich werden lassen, sowie der Austausch des Dienstwagens.   9

Aus dem Vergütungscharakter der Privatnutzung des Dienstwagens folgt, dass – jedenfalls ohne vertragliche Vereinbarung – bei **Arbeitsunfähigkeit** mit Entgeltfortzahlung nach dem EFZG auch die Überlassung des Dienstwagens weiterhin gewährleistet sein muss. Erst mit Beendigung des Entgeltfortzahlungsanspruchs nach § 3 Abs. 1 EFZG kann der Arbeitgeber den Dienstwagen auch ohne vertragliche Regelung entschädigungslos **herausverlangen**[3] mit der Folge, dass eine gesonderte Vereinbarung erforderlich ist, wenn das Fahrzeug dem Arbeitnehmer bei einer Erkrankung über den Entgeltfortzahlungszeitraum hinaus auch weiterhin zur Verfügung stehen soll. Letzteres gilt insbesondere auch für den Fall erkrankter Vorstandsmitglieder und Geschäftsführer einer GmbH, für die das EFZG keine Anwendung findet: Hier bedarf es einer Regelung bereits für den Zeitraum, der über die in § 616 BGB zu Grunde gelegte nicht erhebliche Zeit hinausgeht. Im Einzelfall kann sich eine Herausgabeverpflichtung des Arbeitnehmers auch bereits während des Entgeltfortzahlungszeitraums allerdings aus arbeitsvertraglichen Nebenverpflichtungen ergeben, wenn der Dienstwagen während der Arbeitsverhinderung zur Dienstverrichtung einer Ersatzkraft benötigt wird.[4]   10

---
1 *Schmiedl*, BB 2002, 992 (994).
2 Die Wirksamkeit einer darauf bezogenen Widerrufsklausel bejaht BAG v. 21.3.2012 – 5 AZR 651/10, NZA 2012, 616.
3 BAG v. 14.12.2010 – 9 AZR 631/09, NZA 2011, 569; *Meier*, NZA 1997, 298; a.A. wohl LAG Berlin-Brandenburg v. 19.2.2007 – 10 Sa 2171/06, AE 2007, 223; für ein Benutzungsrecht über den Entgeltfortzahlungsanspruch hinaus auch *Fischer*, FA 2003, 205 ff.
4 MünchKommBGB/*Müller-Glöge*, § 611 Rz. 705.

11 Entsprechendes gilt nach § 1 BUrlG sowie während der Beschäftigungsverbote und Schutzfristen nach dem **MuSchG**.[1] Auch hier hat der Arbeitnehmer grundsätzlich weiter Anspruch auf uneingeschränkte Nutzung des Dienstwagens. Denn die Bezahlung im Sinne dieser Gesetze erfasst neben der Geldleistung auch die Sachleistung. Da sich Organmitglieder von AG und GmbH nicht auf das BUrlG berufen können, bedarf es bei diesen hingegen wiederum einer klarstellenden Vereinbarung, aus der sich ergeben muss, ob eine vom BUrlG abweichende Regelung vereinbart werden soll oder nicht. Während der **Elternzeit** nach Ablauf der Mutterschutzfrist hingegen haben Arbeitnehmer keinen Anspruch auf Weiternutzung des Dienstwagens. In diesem Zeitraum ruhen Arbeits- und Vergütungspflicht vollständig. Etwas anderes kann allerdings gelten, wenn ausdrücklich die Weiternutzung vereinbart ist oder der Arbeitnehmer bei demselben Arbeitgeber eine Teilzeitbeschäftigung ausübt. Ist der Arbeitnehmer **Betriebsratsmitglied** und wird in dieser Eigenschaft nach § 37 Abs. 2 BetrVG vollständig von seiner Arbeitsleistung **freigestellt**, kann der Arbeitgeber den Dienstwagen nicht herausverlangen, wenn der Arbeitnehmer diesen bereits vor der Freistellung auch privat nutzen durfte. Grund hierfür ist, dass die Freistellung nach § 37 Abs. 2 BetrVG ohne Minderung des Arbeitsentgelts – zu dem auch die Privatnutzung zählt – erfolgt.[2]

12 Kommt es im Rahmen einer **Beendigungskündigung** sowie in sonstigen Fällen der **Freistellung** von der Arbeitspflicht zur Frage einer vorzeitigen Herausgabe des Dienstwagens, gilt auch hier wiederum, dass der Arbeitnehmer den Dienstwagen bei Fehlen einer entsprechenden vertraglichen Abrede wie bisher weiter nutzen darf. Besteht allerdings während eines laufenden Kündigungsschutzprozesses in erster Instanz **kein Weiterbeschäftigungsanspruch**, hat der Arbeitnehmer das überlassene Dienstfahrzeug auch ohne gesondert vereinbarte Herausgabepflicht zurückzugeben.[3]

13 Wird ein Organmitglied abberufen, besteht die Herausgabepflicht ebenfalls nur in den Fällen, in denen die Nutzung des Dienstwagens an die aktive Ausübung der Geschäftsführertätigkeit gebunden ist. In allen anderen Fällen bedarf es der gleichzeitigen Beendigung des Anstellungsverhältnisses oder der Widerrufsvereinbarung.

14 Bei einer Änderung des Aufgabengebiets des Arbeitnehmers gilt Folgendes: Ist die Benutzung eines Dienstwagens nicht mehr erforderlich, besteht eine **Herausgabepflicht** jedenfalls dann, wenn die Arbeitsbedingungen durch **Änderungskündigung** wirksam modifiziert wurden. Erfolgt die Änderung hingegen im Wege des Direktionsrechts, besteht eine Herausgabepflicht nur dann, wenn ein Widerrufsvorbehalt vereinbart ist. Dies resultiert wiederum aus dem entgeltlichen Charakter der privaten Nutzung des Dienstwagens. Denn da der Arbeitgeber nicht einseitig in das Äquivalenzverhältnis von Leistung und Gegenleistung eingreifen darf, entfällt auch die Möglichkeit der einseitigen Entziehung des Dienstwagens. Daher sollte ein Widerrufsvorbehalt bzw. eine Herausgabeverpflichtung auch für diese Fälle vereinbart werden.

15 Wie an diesen Beispielen deutlich wird, darf der Arbeitgeber die private Nutzungsmöglichkeit wegen des entgeltlichen Charakters der Privatnutzung nicht ohne Wei-

---

1 BAG v. 11.10.2000 – 5 AZR 240/99, NZA 2001, 445.
2 BAG v. 23.6.1994 – 8 AZR 537/92, DB 1994, 2239.
3 LAG München v. 11.9.2002 – 9 Sa 315/02, NZA-RR 2002, 636.

teres widerrufen,[1] da er ansonsten in den kündigungsschutzrechtlichen Bereich der Änderungskündigung eingreifen würde. Zulässig – und für einen Widerruf der Nutzungsmöglichkeit erforderlich – ist aber, dass die **Widerrufsmöglichkeit** ausdrücklich vertraglich vereinbart wird und außerdem die Gründe für den Widerruf in der Vertragsklausel selbst genannt werden. Solche vorformulierten Klauseln unterliegen der Inhalts- und Angemessenheitskontrolle nach §§ 305 ff. BGB. Ein Widerruf darf danach nur für den Eintritt bestimmter Widerrufsgründe vereinbart werden, z.B. wenn der Gebrauch des Dienstwagens aufgrund von geänderten arbeitsvertraglichen Aufgaben des Mitarbeiters nicht mehr erforderlich ist, wenn der Dienstwagen während Krankheitszeiten des Mitarbeiters, in denen ein Entgeltfortzahlungsanspruch besteht, für andere dienstliche Zwecke benötigt wird oder wenn der Mitarbeiter die Nutzung des Dienstwagens missbraucht. Problematisch sind dagegen „weiche" Widerrufsgründe, die etwa ohne nähere Konkretisierung auf die „Wirtschaftlichkeit" der Dienstwagenüberlassung rekurrieren.[2] Das BAG hat mittlerweile klargestellt, dass eine zur **entschädigungslosen Herausgabe** verpflichtende Widerrufsmöglichkeit auch für den Fall vereinbart werden kann, dass der Arbeitnehmer nach Kündigung des Arbeitsverhältnisses von der Erbringung der Arbeitsleistung freigestellt ist.[3] Soweit der geldwerte Vorteil durch die Dienstwagennutzung weniger als 25 % der Gesamtvergütung ausmacht und ein valider sachlicher Widerrufsgrund vorliegt, besteht kein Grund, den Bezug einer Natural- gegenüber dem einer Geldvergütung zu privilegieren; die Entschädigungslosigkeit folgt somit bereits aus einer **konsequenten Anwendung** der zu **Widerrufsvorbehalten bei Geldleistungen** entwickelten Grundsätze (→ *Vorbehalte und Teilbefristung*, II V 70 Rz. 14 ff.).[4] Zur Klauselwirksamkeit bedarf es demnach auch keiner vertraglich geregelten Ankündigungsfrist; allerdings unterwirft das BAG die Ausübung des Widerrufsrechts einer **Ausübungskontrolle** nach § 315 BGB. „Billigem Ermessen" entspricht die Ausübung des Widerrufsrechts demnach im Einzelfall nur, wenn eine **hinreichende Auslauffrist** für die private Dienstwagennutzung eingeräumt wird. Dafür sprach *in casu*, dass es sich um eine Freistellung aufgrund einer Eigenkündigung der Arbeitnehmerin und bei dem Dienstwagen um das einzige Fahrzeug der Arbeitnehmerin handelte und sie die Privatnutzung für den vollen Monat, in dem das Widerrufsrecht mit sofortiger Wirkung ausgeübt worden war, versteuern musste.[5] Es dürfte sich daher jedenfalls im Falle der Freistellung nach einer ordentlichen Eigenkündigung des Arbeitnehmers anbieten, das Widerrufsrecht mit Wirkung zum Monatsende, ggf. zum Ende des Folgemonats, auszuüben.

Eine formularmäßige Vereinbarung, nach der der Arbeitnehmer im Falle des vorzeitigen Ausscheidens aus dem Arbeitsverhältnis verpflichtet sein soll, den monatli- 16

---

1 BAG v. 19.12.2006 – 9 AZR 294/06, NZA 2007, 809; LAG Nds. v. 17.1.2006 – 13 Sa 1176/05, NZA-RR 2006, 289; ArbG Frankfurt v. 6.11.2002 – 9 Ca 3200/02, juris.
2 Dazu BAG v. 13.4.2010 – 9 AZR 113/09, NZA-RR 2010, 457.
3 BAG v. 21.3.2012 – 5 AZR 651/10, NZA 2012, 616 mwN.
4 Zutreffend BAG v. 21.3.2012 – 5 AZR 651/10, NZA 2012, 616 Rz. 20; ebenso AnwK-ArbR/*Brors*, § 611 BGB Rz. 658; *Fröhlich*, ArbRB 2011, 253 (255); aA HWK/*Thüsing*, § 611 BGB Rz. 89.
5 BAG v. 21.3.2012 – 5 AZR 651/10, NZA 2012, 616 Rz. 23; zu den Rechtsfolgen bei vorzeitiger Rückforderung (Ersatz des Verfrühungsschadens gem. §§ 280 Abs. 1, 3, 283 BGB) v. 21.3.2012 – 5 AZR 651/10, NZA 2012, 616 Rz. 24 ff.; weiterhin BAG v. 14.12.2010 – 9 AZR 631/09, NZA 2011, 569.

chen Differenzbetrag zwischen den **Leasingraten** für das vom Arbeitgeber zunächst vorgesehene und das auf Wunsch des Arbeitnehmers dann höherwertig ausgestattete Dienstfahrzeug für die gesamte Laufzeit des Leasingvertrags zu zahlen, ist jedoch unwirksam.[1] Denn es stellt eine unbillige Benachteiligung für den Arbeitnehmer dar, wenn der Arbeitgeber nach einer betriebsbedingten Kündigung den nicht mehr benötigten Dienstwagen anderweitig einsetzen kann, während der Arbeitnehmer allein aus Gründen, die der Arbeitgeber im Rahmen seines Betriebsrisikos zu vertreten hat, alle zukünftigen Zusatzraten ablösen muss, ohne irgendeine weitere Nutzungsmöglichkeit zu haben. Auch eine formularmäßige Vereinbarung über die Verpflichtung des Arbeitnehmers, bei einer Eigenkündigung des Arbeitsvertrags den Leasingvertrag über einen Firmenwagen bei seinem neuen Arbeitgeber einzubringen, einen Mitarbeiter zu finden, der firmenwagenberechtigt ist und sein Fahrzeug übernehmen möchte, oder den Vertrag auf eigene Kosten aufzulösen, ist unwirksam.[2]

17 Des Weiteren steht es dem Arbeitgeber nicht einseitig im Wege seines Direktionsrechts offen, beliebig über die Herausgabe des Dienstwagens und einen **Austausch** zu disponieren. Vielmehr bedarf es der vorherigen Vereinbarung einer entsprechenden **Ersetzungsklausel (Typ 4 (4))**.[3]

d) Nutzungsersatz im Falle der Vorenthaltung des Dienstwagens bei auch privater Nutzung

Typ 5: Abreden über Nutzungsersatz bei Vorenthaltung des Dienstwagens bei auch privater Nutzung

Im Falle einer Nutzungsersatzpflicht des Arbeitgebers wegen Vorenthaltung des Dienstwagens gelten die Grundsätze der lohnsteuerrechtlichen Vorteilsermittlung.

18 Der **Wert der Privatnutzung** ist nach der Rechtsprechung[4] nicht nach der für Verkehrsunfälle angewandten Tabelle von *Küppersbusch* u.a. zu berechnen, sondern ergibt sich aus der **steuerlichen Bewertung der privaten Nutzungsmöglichkeit** nach § 6 Abs. 1 Nr. 4 EStG. Grund hierfür ist, dass im Arbeitsverhältnis der Wert einer längerfristigen Gebrauchsmöglichkeit nicht anhand der im Verkehrsunfallrecht maßgeblichen Tabellen bemessen werden kann. Der private Anteil am Gebrauchswert eines Dienst-Pkw ist keine feststehende Größe, sondern verändert sich in Abhängigkeit von der Zeit, für die der Gebrauch gewährt werden soll. Der auch zur privaten Nutzung überlassene Dienst-Pkw steht dem Arbeitnehmer regelmäßig nicht zur uneingeschränkten Nutzung zur Verfügung, denn der dienstlichen Nutzung ist

---

1 BAG v. 9.9.2003 – 9 AZR 574/02, NZA 2004, 484; LAG Hamm v. 3.7.2002 – 14 Sa 624/02, juris; vgl. auch LAG Köln v. 19.6.2009 – 4 Sa 901/08, AuA 2009, 611; v. 10.3.2008 – 14 Sa 1331/07, juris; LAG Berlin-Brandenburg v. 5.12.2007 – 21 Sa 1770/07, juris; großzügiger LAG Hess. v. 15.10.2005 – 12 Sa 2008/04, juris; vgl. zur Problematik weiterhin *Chwalisz*, ArbRAktuell 2011, 627.
2 LAG Köln v. 19.6.2009 – 4 Sa 901/08, AuA 2009, 611.
3 BAG v. 23.6.1994 – 8 AZR 537/92, DB 1994, 2239; *Meier*, NZA 1997, 298 (299).
4 BAG v. 25.1.2001 – 8 AZR 412/00, juris; v. 2.12.1999 – 8 AZR 849/98, juris; v. 27.5.1999 – 8 AZR 415/98, NZA 1999, 1038.

nicht nur ein zeitlicher Vorrang einzuräumen. Private Gebrauchsmöglichkeiten kann der Arbeitnehmer nur insofern realisieren, als keine dienstliche Nutzung des Pkw erforderlich ist. Der Gebrauchsvorteil eines so überlassenen Dienst-Pkw ist somit spezifisch arbeitsvertraglich zu bestimmen und weicht von den im Verkehrsunfallrecht maßgeblichen Tabellen ab.

Entzieht der Arbeitgeber entgegen den vertraglichen Absprachen dem Arbeitnehmer das Dienstfahrzeug und damit zugleich auch die private Nutzung, stellt sich außerdem die Frage der Schadensersatzpflicht. Eine Besonderheit stellt hierbei die Frage der **Berechnung des Schadensersatzanspruchs** dar. Hierbei bieten sich zwei Möglichkeiten, eine konkrete oder eine abstrakte Schadensberechnung. Bei der **konkreten** Berechnung besteht der Anspruch in Höhe der für die tatsächliche Nutzung eines gleichwertigen privaten Pkw aufgewendeten Kosten.[1]

1999 entschied das BAG, dass der Arbeitnehmer bis zu einer Höchstdauer von drei Wochen den Schaden nicht konkret darlegen muss. Ihm steht es vielmehr offen, die entgangenen Gebrauchsvorteile **abstrakt** anhand einer Schadenstabelle zu bemessen. Hierbei ist, wie oben (Rz. 18) dargelegt, die private Nutzungsmöglichkeit keine feste Größe, wie etwa der Nutzungsausfall im Falle eines Straßenverkehrsunfalls. Dem Nutzungsausfall kommt vielmehr eine spezifische arbeitsvertragliche Größe zu, deren Bemessung letztendlich im Ermessen des Richters liegt.[2] Denn die Nutzung des Dienstwagens erfolgt gerade zu dienstlichen *und* privaten Zwecken. Dementsprechend erfolgen auch Nutzung und Abnutzung zu einem erheblichen Teil mit dienstlicher Zwecksetzung; insofern kann der Arbeitnehmer keinen Ersatz verlangen. Der Arbeitgeber ist hier also auf die Erstattung des steuerlichen Vorteils beschränkt.[3]

Eine **einstweilige Verfügung** auf Gestellung eines Dienstwagens zur (ausschließlich) privaten Nutzung scheitert regelmäßig am Verfügungsgrund, da es dem Arbeitnehmer zumutbar ist, selbst für Ersatz zu sorgen und die Kosten im Wege des Schadensersatzes geltend zu machen.[4] In diesem Zusammenhang ist allerdings eine Entscheidung des LAG Berlin-Brandenburg aus dem Jahr 2008[5] zu beachten: Danach kann ein Arbeitnehmer die (Wieder)Herausgabe des Dienstwagens mittels einstweiliger Verfügung verlangen, wenn ihm ein Dienstwagen auch zur privaten Nutzung überlassen worden ist und der Arbeitgeber diesen Dienstwagen dem Arbeitnehmer durch verbotene Eigenmacht (z.B. unter Verwendung eines Ersatzschlüssels) entzogen hat. In einem solchen einstweiligen Verfügungsverfahren stehen dem Arbeitgeber gegenüber dem Besitzeinräumungsrecht des Arbeitnehmers keine Herausgabeansprüche zu, die mit einem Widerantrag geltend gemacht werden könnten. Dies bedeutet, dass das Gericht dem Verfügungsantrag stattgeben wird, selbst wenn der Arbeitgeber einen Herausgabeanspruch aus § 985 BGB haben sollte; die Frage, ob der Arbeitnehmer tatsächlich Anspruch auf weitere Überlas-

---

1 BAG v. 16.11.1995 – 8 AZR 240/95, NZA 1996, 415; LAG Rh.-Pf. v. 23.3.1990 – 6 Sa 32/90, BB 1990, 1202; LAG Köln v. 4.3.1994 – 3 Ta 38/94, NZA 1994, 1104.
2 BAG v. 27.5.1999 – 8 AZR 415/98, NZA 1999, 1038; v. 2.12.1999 – 8 AZR 849/98, juris.
3 BAG v. 25.1.2001 – 8 AZR 412/00, juris; v. 2.12.1999 – 8 AZR 849/98, juris; v. 27.5.1999 – 8 AZR 415/98, NZA 1999, 1038.
4 LAG Köln v. 5.11.2002 – 2 Ta 330/02, NZA-RR 2003, 300.
5 LAG Berlin-Brandenburg v. 31.3.2008 – 13 Ta 519/08, LAGE § 861 BGB 2002 Nr. 1.

sung des Dienstwagens hat, wird daher in solchen Fällen nicht im einstweiligen Verfügungsverfahren geklärt.

22 **Verweigert** umgekehrt der **Arbeitnehmer** im Zusammenhang mit der Kündigung des Arbeitsverhältnisses **zu Unrecht die Rückgabe** des ihm überlassenen Firmenfahrzeugs wegen eines vermeintlichen Zurückbehaltungsrechts, so schuldet er dem Arbeitgeber für die Dauer der unrechtmäßigen Vorenthaltung **Schadensersatz wegen entgangener Gebrauchsvorteile** auch dann, wenn der Arbeitgeber kein Ersatzfahrzeug gemietet oder keinen konkreten Gewinnausfall erlitten hat.[1]

e) Haftung bei Beschädigung des Dienstwagens

Typ 6: Abreden über die Haftung bei privater Nutzung des Dienstwagens

(1) Im Falle einer Beschädigung des Dienstwagens während einer betrieblich veranlassten Tätigkeit haftet der Mitarbeiter für Vorsatz und grobe Fahrlässigkeit in vollem Umfang. Bei anderen fahrlässig verursachten Schäden erfolgt eine Quotelung des Haftungsumfangs anhand des Grads des Verschuldens. Im Fall leichtester Fahrlässigkeit haftet der Arbeitnehmer nicht.

(2) Letzteres gilt jedoch nicht für die Geschäftsführer der GmbH/Vorstandsmitglieder. Diese haften stets für die Beschädigung des Dienstwagens.

(3) Im Falle einer Beschädigung des Dienstwagens während einer Privatfahrt haftet der Mitarbeiter uneingeschränkt und unabhängig vom eigenen Verschulden für die Beschädigung des Dienstwagens sowie für dessen Verlust. Er stellt den Arbeitgeber von allen Schadensersatzansprüchen Dritter unverzüglich frei. Seine Haftung wird eingeschränkt bzw. entfällt, soweit ein Versicherer für den Schaden aufkommt und nicht auf den Arbeitgeber Rückgriff genommen wird. In diesen Fällen hat der Mitarbeiter lediglich für den Verlust des Schadensfreiheitsrabatts und für die Selbstbeteiligung bei der Kaskoversicherung einzustehen. Bei der unberechtigten Überlassung an eine dritte Person, die nicht der Ehepartner oder Lebensgefährte ist, haftet der Mitarbeiter für jeden Schaden unabhängig von eigenem Verschulden.

23 Kommt es zu einer Beschädigung des Dienstwagens während der **dienstlichen Nutzung**, kann sich eine Ersatzpflicht des Arbeitnehmers gegenüber seinem Arbeitgeber aus dem Gesichtspunkt der Pflichtverletzung (§ 280 Abs. 1 BGB) sowie der unerlaubten Handlung (§ 823 Abs. 1 BGB, Eigentumsverletzung) ergeben. Anwendung finden hierbei die Grundsätze des **innerbetrieblichen Schadensausgleichs** (→ *Haftung für Kfz-Schäden*, II H 30). Der Arbeitnehmer haftet daher für die Beschädigung des Dienstwagens grundsätzlich in voller Höhe bei grober Fahrlässigkeit sowie Vorsatz. Eine Haftung des Arbeitnehmers scheidet hingegen im Fall leichtester Fahrlässigkeit aus, während im Falle mittlerer Fahrlässigkeit eine anteilsmäßige Haftung in Betracht kommt. Daran ändert sich auch dann nichts, wenn dem Arbeitnehmer der Dienstwagen zugleich zur privaten Nutzung zur Verfügung steht. Bei der Bemessung der betrieblich veranlassten Schadensersatzpflicht ist zunächst zu berücksichtigen, dass sich die Einstandspflicht des Arbeitnehmers

---

1 LAG Hamm v. 19.12.2002 – 8 Sa 726/02, juris.

ungeachtet der Grundsätze des innerbetrieblichen Schadensausgleichs stets auf die Höhe der üblichen Selbstbeteiligung (325–500 Euro) beschränkt, wenn der Arbeitgeber es unterlassen hat, die ihm obliegende Kaskoversicherung abzuschließen. Ferner ist das Haftungsprivileg des Arbeitnehmers nach den Grundsätzen des innerbetrieblichen Schadensausgleichs auf das Verhältnis Arbeitgeber – Arbeitnehmer beschränkt. Dritten gegenüber, insbesondere dem Leasinggeber des Dienstwagens, besteht danach eine uneingeschränkte Einstandspflicht des Arbeitnehmers. Der Arbeitnehmer hat lediglich einen Freistellungsanspruch gegenüber dem Arbeitgeber in Höhe seiner Haftungsquote.

Bei Unfällen während einer **privaten Nutzung** trifft den Arbeitnehmer die **uneingeschränkte Einstandspflicht**. Die **Abgrenzung zwischen privater und dienstlicher Nutzung** bereitet allerdings oftmals erhebliche Schwierigkeiten. Zu beachten ist, dass nach einhelliger Ansicht Sachschäden am Dienstwagen bei Fahrten zwischen der Wohnung und dem Arbeitsplatz der Privatsphäre des Arbeitnehmers zuzurechnen sind. Die Abgrenzung verliert allerdings dann zunehmend an Bedeutung, wenn für das beschädigte Dienstfahrzeug eine Vollkaskoversicherung besteht, die auch für Unfallschäden im Rahmen der Privatnutzung aufkommt. 24

Überlässt der Arbeitnehmer entgegen der vertraglichen Vereinbarung unbefugt einem Dritten den auch zur Privatnutzung überlassenen Dienstwagen, kann eine uneingeschränkte Haftungspflicht des Arbeitnehmers gegenüber seinem Arbeitgeber ungeachtet des Verschuldens des Dritten vereinbart werden. Das heißt, der Arbeitnehmer haftet gegenüber seinem Arbeitgeber dann auch für Schäden, die der Dritte nicht zu vertreten hat. Denn in diesem Fall hat der Arbeitnehmer schuldhaft gegen die ihm obliegende Pflicht verstoßen, den Dienstwagen im Rahmen der privaten Nutzung nicht über den Kreis seines Ehegatten bzw. Lebensgefährten hinaus weiterzugeben. 25

Bei **GmbH-Geschäftsführern** und **Vorstandsmitgliedern** finden die o.g. Haftungsregelungen (Rz. 23) angesichts des Fehlens eines Arbeitsverhältnisses hingegen grundsätzlich keine Anwendung. Allerdings wird teilweise eine entsprechende Anwendung für den Fall der Verletzung einer nicht zu den Amtspflichten zu zählenden Pflicht diskutiert, zu der auch die Beschädigung des Dienstwagens während einer Dienstfahrt zählt. 26

Typ 7: Abreden über die Haftung bei sonstiger Wertminderung

Der Mitarbeiter haftet auch für Schäden am Fahrzeug, die durch vorsätzliche und grob fahrlässige unsachgemäße Behandlung oder Pflege entstehen und als sog. Betriebsschäden von der Kaskoversicherung grundsätzlich ausgenommen sind, z.B. Motorschäden aufgrund mangelnden bzw. unzureichenden Ölstands. Bei sonstigem fahrlässigen Verschulden bemisst sich der Haftungsumfang wiederum nach dem Verschuldensanteil.

Kommt es zu einer **Wertminderung** des Dienstfahrzeugs, die nicht durch einen Verkehrsunfall bedingt ist, sondern durch sonstiges vorwerfbares Verhalten, haftet der Arbeitnehmer ebenfalls nach § 280 Abs. 1 BGB und § 823 BGB, da er insofern eine ihm obliegende Nebenpflicht verletzt hat. Denn mit der Aufgabe der Rechtspre- 27 chung zur gefahrgeneigten Arbeit und der Anerkennung der Grundsätze der betrieblich veranlassten Tätigkeit gelten auch für diese Schäden die Grundsätze des innerbetrieblichen Schadensausgleichs.

3. Steuerrechtliche Aspekte

a) Geldwerter Vorteil durch Dienstwagenüberlassung

28 Steuerrechtlich ist die Überlassung eines Dienstwagens ein geldwerter Vorteil, der zu Arbeitslohn führt und der grundsätzlich nach der sog. 1 %-Regelung zu bewerten ist (s. Rz. 31). Dies gilt auch für die Privatnutzung durch einen Gesellschafter-Geschäftsführer einer GmbH.[1] Nur wenn der Arbeitgeber ein Fahrzeug für **ausschließlich dienstlich veranlasste** Fahrten und Dienstreisen bereit stellt, scheidet die Annahme von Arbeitslohn aus. Dies gilt wegen des überwiegenden eigenbetrieblichen Interesses des Arbeitgebers auch dann, wenn der Arbeitgeber das betriebliche Fahrzeug im Rahmen eines **Bereitschaftsdiensts** (z.B. Rufbereitschaft) dem Arbeitnehmer auch für die Fahrten zwischen Wohnung und Einsatzort zur Verfügung stellt, nicht aber bei ständiger Überlassung oder zur Erhöhung der Nettoarbeitszeit bei Außendienstmitarbeitern.[2]

Liegt der Ausnahmefall einer überwiegenden betrieblichen Veranlassung der Kfz-Überlassung vor, führt allein die Möglichkeit des Arbeitnehmers, das Fahrzeug privat nutzen zu können, zu Arbeitslohn. Das gilt auch, wenn das Fahrzeug dem Arbeitnehmer ständig zur Verfügung steht, um die Arbeitsstätte zu erreichen,[3] zumal das Gesetz in § 8 Abs. 2 EStG erkennbar davon ausgeht, dass die Nutzung eines Fahrzeugs für Fahrten zwischen Wohnung und Arbeitsstätte regelmäßig zu Arbeitslohn führt. Für die Entstehung der Steuerpflicht reicht die vom Arbeitgeber eingeräumte **tatsächliche Nutzungsüberlassung** aus; auf eine ausdrückliche oder gar schriftliche Vereinbarung durch eine Klausel im Arbeitsvertrag kommt es nicht an.

29 Nicht selten soll die Besteuerung der Dienstwagennutzung durch arbeitsvertragliche Verbote umgangen werden. Ein **Nutzungsverbot** ist nach der Rechtsprechung des Bundesfinanzhofes grundsätzlich anzuerkennen. Denn die zur Annahme von Arbeitslohn führende „Überlassung" eines PKW zur privaten Nutzung erfordert eine willentliche Überlassung des Fahrzeuges durch den Arbeitgeber. Eine unbefugte oder einem tatsächlichem Nutzungsverbot oder dem Arbeitsvertrag widersprechende Privatnutzung schließt die Annahme von Arbeitslohn aus. Es gibt keinen aus der allgemeinen Lebenserfahrung abzuleitenden Anscheinsbeweis oder Erfahrungssatz, dass ein Arbeitnehmer Nutzungsverbote missachtet. Dies soll auch für Gesellschafter-Geschäftsführer einer Kapitalgesellschaft gelten.[4] Demensprechend kommt eine Besteuerung nur in Betracht, wenn die Möglichkeit der Privat-

---

[1] BFH v. 19.12.2003 – VI B 281/01, BFH/NV 2004, 488; v. 23.4.2009 – VI B 118/08, DB 2009, 1188; v. 21.3.2013 – VI R 46/11, DB 2013, 1526.
[2] BFH v. 25.5.2000 – VI R 195/98, DB 2000, 1941; Schmidt/*Krüger*, § 19 Rz. 100 „Kraftfahrzeuggestellung".
[3] BFH v. 20.12.1991 – VI R 116/89, DB 1992, 717.
[4] BFH v. 21.3.2013 – VI R 46/11, DB 2013, 1302.

nutzung feststeht. Dafür trägt die Finanzverwaltung die Feststellungslast.[1] Der Arbeitgeber ist auch nicht zu einer Überwachung des Nutzungsverbots verpflichtet.[2] Da es aber auf die Tatsachenfeststellung im Einzelfall ankommt, empfiehlt es sich, Nutzungsverbote klar und unmissverständlich im Arbeitsvertrag oder in gesonderten Vereinbarungen schlüssig darzulegen und zu dokumentieren.

Abgesehen davon kann eine durch die nur eingeschränkte Möglichkeit der Privatnutzung unzutreffende Besteuerung der Kfz-Nutzung durch Führung eines Fahrtenbuchs vermieden werden. Kann der Arbeitnehmer **mehrere Fahrzeuge** nutzen, ist der Vorteil grundsätzlich fahrzeugbezogen, d.h. für jedes Fahrzeug anzusetzen. Die Nutzungswertbesteuerung wird nicht dadurch ausgeschlossen, dass der Arbeitnehmer zeitgleich nur ein Fahrzeug nutzen kann. Ausgenommen sind nur Fahrzeuge, die nach ihrer Beschaffenheit nicht für eine Privatnutzung geeignet sind[3]. Sind mehrere Fahrzeuge der Nutzungswertbesteuerung zu unterwerfen, kann der Arbeitgeber für jedes Fahrzeug wählen, ob die Besteuerung nach der 1 %-Regelung oder aufgrund eines Fahrtenbuchs erfolgen soll. Ein Wechsel der Besteuerungsmethode während eines Veranlagungszeitraums ausgeschlossen.[4] Bei einem Kfz-Pool mit unterschiedlichen Kfz ist der für jedes Fahrzeug ergebende Monatsbetrag nach der 1 %-Regel zu ermitteln und die Monatsbeträge sämtlicher Fahrzeuge zu addieren. Der sich daraus ergebende Gesamtbetrag ist durch die Anzahl der zugriffsberechtigten Arbeitnehmer zu dividieren.[5]

aa) Bewertung des Vorteils nach der 1 %-Regel

Die **Bewertung** des Sachbezugs der Dienstwagenüberlassung ist in § 8 Abs. 2 i.V.m. § 6 Abs. 1 Nr. 4 Satz 2 EStG gesetzlich geregelt. Danach ist für die Bestimmung des geldwerten Vorteils für jeden Monat 1 % des inländischen Listenpreises im Zeitpunkt der Erstzulassung als privater Nutzungswert anzusetzen (sog. 1 %-Regel). Die Regelung ist verfassungsgemäß.[6] **Listenpreis** ist nach R 8.1 Abs. 9 Nr. 1 Satz 6 LStR die auf volle 100 Euro abgerundete unverbindliche Preisempfehlung des Herstellers für das genutzte Kraftfahrzeug im Zeitpunkt der Erstzulassung einschließlich der Zuschläge für Sonderausstattungen und der Umsatzsteuer; lediglich der Wert eines Autotelefons sowie der Wert eines weiteren Satzes Reifen nebst Felgen bleiben außer Ansatz, allerdings ist bei Kombinationsgeräten mit Radio-, Computer-, Navigations- und Telekommunikationsfunktionen keine Aufteilung zulässig, so dass der Wert insgesamt zu den Aufwendungen für Sonderausstattung gehört. Nachträglich eingebaute unselbständige Sonderausstattungen sind in die Berechnung nicht einzubeziehen. Sie sind durch den pauschalen Nutzungswert abgegolten und können nicht getrennt bewertet werden.[7] Diese Wertbemessung kommt auch

---
1 BFH v. 6.10.2011 – VI R 56/10, DB 2012, 29; v. 4.12.2012 – VIII R 42/09, DB 2013, 262; v. 21.3.2013 – VI R 31/10 und VI R 46/11, DB 2013, 1298 und 1526; v. 18.4.2013 – VI R 23/12, BStBl. II 2013, 920; zur Kritik *Wagner* in Heuermann/Wagner, Teil D Rz. 275.
2 BFH v. 21.3.2013 – VI R 31/10 und VI R 46/11, DB 2013, 1528 und 1526.
3 BFH v. 18.12.2008 – VI R 34/07, DB 2009, 377.
4 BFH v. 3.8.2000 – III R 2/00, DB 2000, 2351; v. 9.3.2010 – VIII R 24/08, DB 2010, 875.
5 BFH v. 15.5.2002 – VI R 132/00, DB 2002, 1586; v. 9.3.2010 – VIII R 24/08, DB 2010, 875.
6 BFH v. 24.2.2000 – III R 59/98, DB 2000, 1004; v. 12.12.2012 – VI R 51/11, DB 2013, 385.
7 BFH v. 13.10.2010 – VI R 12/09, DB 2011, 207; LStH 8.1 (9,10) „Listenpreis".

bei dem Erwerb von re-importierten, gebrauchten oder geleasten Fahrzeugen zur Anwendung.[1] Dementsprechend bleiben individuell gewährte Preisnachlässe beim Neukauf des Fahrzeugs ebenso unberücksichtigt wie der in den Kaufpreis einfließende Wertverlust bei Kauf eines Gebrauchtfahrzeugs. Dies entspricht den gesetzlichen Vorgaben in § 6 Abs. 1 Nr. 4 Satz 2 EStG. Für aus Sicherheitsgründen **gepanzerte Fahrzeuge** kann der Ansatz des niedrigeren Preises für ein leistungsschwächeres Fahrzeug erfolgen, sofern dies dem Arbeitnehmer bei fehlendem Sicherheitsbedürfnis zur Verfügung gestellt worden wäre.[2] Für **Elektrofahrzeuge** sieht § 6 Abs. 1 Nr. 4 Satz 2 EStG zur Förderung der Elektromobilität eine Minderung der Bemessungsgrundlage vor. Für bis zum 31.12.2013 angeschaffte Kraftfahrzeuge mindert sich die Bemessungsgrundlage um 500 Euro pro Kilowattstunde der Batteriekapazität. Für in den Folgejahren angeschaffte Fahrzeuge mindert sich der Wert um jährlich 50 Euro pro Kilowattstunde der Batteriekapazität. Der Minderungsbetrag ist auf höchstens 10 000 Euro je Fahrzeug gedeckelt; dieser Höchstbetrag mindert sich für in den Folgejahren angeschaffte Fahrzeuge um jährlich 500 Euro. Wird ein Fahrzeug mehreren Arbeitnehmern zur Nutzung überlassen, bestimmt sich der geldwerte Vorteil ebenfalls nach der 1 %-Regel. Der so ermittelte Betrag ist auf die Zahl der Nutzungsberechtigten aufzuteilen.[3]

32 In der Übernahme laufender Kosten eines vom Arbeitnehmer geleasten Fahrzeugs (Leasingraten, Versicherung, Betriebskosten) durch den Arbeitgeber liegt keine Zuwendung von Barlohn, sondern eine zur Anwendung der 1 %-Regelung führende unentgeltliche Nutzungsüberlassung, wenn der Leasingvertrag auf Veranlassung des Arbeitgebers geschlossen wurde und der Arbeitgeber aufgrund der Vereinbarungen mit dem Arbeitnehmer allein über die Nutzung des Fahrzeugs bestimmt.[4] Trägt der Arbeitgeber hingegen die Kosten eines eigenen Pkw des Arbeitnehmers, ist die Kostenerstattung die Zuwendung von Barlohn. Diese Differenzierung sollte bei der Gestaltung der arbeitsvertraglichen Regelung beachtet werden.

33 Steuerlich von Interesse ist die sog. **Kostendeckelung**. Wird im Einzelfall nachgewiesen, dass die tatsächlich entstandenen Aufwendungen den pauschalen Nutzungswert übersteigen, ist der Nutzungswert auf die Höhe der Gesamtkosten des Fahrzeugs beschränkt

bb) Führung eines Fahrtenbuchs

34 Die 1 %-Regelung kann insbesondere bei hochwertigen Fahrzeugen, Gebrauchtfahrzeugen und einem verhältnismäßig geringen Umfang der Privatnutzung zu erheblichen steuerlichen Belastungen führen. Deshalb kann der Arbeitgeber den privaten Nutzungswert anstelle der 1 %-Regelung mit den konkreten Aufwendungen für das Kfz für die privaten Fahrten des Arbeitnehmers ansetzen. Voraussetzung ist jedoch die Sammlung der Belege für die Aufwendungen des jeweiligen Fahrzeugs und die Führung eines **ordnungsgemäßen Fahrtenbuchs** (§ 8 Abs. 2 Satz 4 EStG; R 8.1 Abs. 9 Nr. 2 LStR).[5] Ein ordnungsgemäßes Fahrtenbuch setzt voraus:

---

1 BFH v. 13.12.2012 – VI R 51/11, DB 2013, 385.
2 R 8.1 Abs. 9 Nr. 1 Satz 7 LStR.
3 BFH v. 15.5.2002 – VI R 132/00, NZA 2003, 604.
4 BFH v. 6.11.2001 – VI R 62/96, NZA 2002, 728.
5 Vgl. auch BFH v. 1.3.2012 – VI R 33/10, DB 2012, 1185.

- gesonderte Aufzeichnung der dienstlich und privat zurückgelegten Fahrstrecken in dem laufend geführten Fahrtenbuch,
- Kilometerangabe bei Privatfahrten,
- Angabe, ob es sich um eine Fahrt zwischen Wohnung und Arbeitsstätte handelt;
- bei Dienstfahrten zusätzlich folgende Angaben:
- Datum und Kilometerstand zu Beginn und am Ende jeder einzelnen Auswärtstätigkeit,
- Reiseziel und bei Umwegen auch die Reiseroute,
- Reisezweck und aufgesuchte Geschäftspartner, wobei sich diese Angaben auch aus ergänzenden Unterlagen entnehmen lassen können, z.B. aus Reisekostenabrechnungen des Arbeitgebers.

Für **bestimmte Berufsgruppen** sieht die Finanzverwaltung[1] **Erleichterungen** vor, und zwar für:
- Handelsvertreter, Kurierdienstfahrer, Automatenlieferanten, Kundendienstmonteuren und Pflegedienstmitarbeitern, die regelmäßig zu beruflichen Zwecken große Strecken mit mehreren unterschiedlichen Reisezielen zurücklegen. Hier reicht es aus, wenn zu Reiseziel, Reisezweck und Geschäftspartner angegeben wird, welche Kunden an welchem Ort besucht wurden; Angaben zu den Entfernungen zwischen den verschiedenen Orten sind nur bei größerer Differenz zwischen direkter Entfernung und tatsächlich gefahrenen Kilometern erforderlich.
- Taxifahrer, Fahrlehrer: Bei Fahrten des Taxifahrers im Pflichtfahrgebiet reicht es aus, wenn täglich zu Beginn und Ende dieser Fahrten der Kilometerstand angegeben wird (Angabe: Taxifahrten im Pflichtfahrgebiet); bei Fahrten außerhalb des Pflichtfahrtgebiets ist das Reiseziel anzugeben, bei Fahrlehrern reicht es aus in Bezug auf Reisezweck, -ziel und Geschäftspartner „Leerfahrten", „Fahrschulfahrten" o. Ä. anzugeben.
- Werden regelmäßig dieselben Kunden aufgesucht, wie z.B. im Lieferverkehr, und werden Kunden mit Name und Adresse in einem Kundenverzeichnis mit einer Nummer geführt, unter der sie später identifiziert werden können, reicht es aus, wenn zu Beginn und Ende der Lieferfahrten Datum und Kilometerstand sowie die Nummern der aufgesuchten Geschäftspartner aufgezeichnet werden; das Kundenverzeichnis muss dem Fahrtenbuch beigefügt werden.
- Bei sicherheitsgefährdeten Personen kann auf die Angabe der Reiseroute auch bei größeren Differenzen zwischen der direkten Entfernung und der tatsächlichen Fahrstrecke verzichtet werden.

Keine Aufzeichnungserleichterungen sind für Berufe vorgesehen, die zur Verschwiegenheit verpflichtet sind, z.B. Ärzte oder Rechtsanwälte, auch wenn sie in einem Arbeitsverhältnis stehen.

Das Fahrtenbuch ist **zeitnah** in einer geordneten und geschlossenen Form zu führen. Dies hat der BFH wiederholt bestätigt.[2] Der Arbeitnehmer muss also das Fahrtenbuch unmittelbar nach jeder Fahrt fortführen. Dabei ist ein Verweis auf ergänzende Unterlagen nur zulässig, wenn der geschlossene Charakter der Fahrtenbuch-

---
1 H 8.1 (9–10) LStH „Erleichterungen bei der Führung eines Fahrtenbuchs".
2 BFH v. 16.11.2005 – VI R 64/04, NZA-RR 2006, 529; v. 1.3.2012 – VI R 33/10, DB 2012, 1185.

aufzeichnungen nicht beeinträchtigt wird. Ein **elektronisches Fahrtenbuch** ist zulässig, sofern sich daraus dieselben Erkenntnisse herleiten lassen wie aus einem manuell geführten Fahrtenbuch. Nachträgliche Veränderungen müssen ausgeschlossen sein oder zumindest nachvollziehbar dokumentiert werden.[1]

b) Fahrten zwischen Wohnung und erster Tätigkeitsstätte

36 Bei der Überlassung eines Kfz für Fahrten zwischen **Wohnung und erster Tätigkeitsstätte** erhöht sich der nach der 1 %-Regelung ermittelte Vorteil privater Kfz-Nutzung um 0,03 % des Listenpreises für jeden Kilometer der Entfernung zwischen Wohnung und Tätigkeitsstätte, soweit nicht entsprechende Aufwendungen des Arbeitnehmers als Werbungskosten zu berücksichtigen sind. Im Gegensatz zur Nutzungswertbesteuerung für die Überlassung eines Fahrzeuges zur Privatnutzung soll die 0,03 %-Regelung nur einen Korrekturposten zum Werbungskostenabzug des Arbeitnehmers darstellen. Deshalb kommt die Regelung nur zur Anwendung, soweit der Arbeitnehmer das Fahrzeug tatsächlich für die Wege zwischen Wohnung und erster Tätigkeitsstätte nutzt. Die Nutzungsmöglichkeit reicht allein nicht aus.[2] Allerdings steht es dem Arbeitgeber und dem Arbeitnehmer frei, weiterhin die 0,03 %-Regelung anzuwenden. Wird von dieser Möglichkeit kein Gebrauch gemacht, ist bei der Einzelbewertung für die tatsächlichen Fahrten ein Ansatz mit 0,002 % des Listenpreis je Entfernungskilometer vorzunehmen.[3]

c) Doppelte Haushaltsführung

37 Bei Familienheimfahrten im Rahmen einer **doppelten Haushaltsführung** ist ein geldwerter Vorteil nur anzusetzen, wenn für die Fahrt kein Abzug als Werbungskosten nach § 9 Abs. 1 Satz 3 Nr. 5 Satz 3 und 4 EStG möglich wäre. Der Wertansatz hat dieser mit 0,002 % des Listenpreises zu erfolgen (§ 8 Abs. 2 Satz 5 EStG). Der Zuschlag ist nur anzusetzen, wenn das Fahrzeug tatsächlich für die Fahrten genutzt wird. Auch insoweit ist ein Einzelnachweis durch ein Fahrtenbuch möglich.

d) Zuschusszahlungen des Arbeitnehmers

38 **Zuschusszahlungen des Arbeitnehmers**, die auf arbeitsvertraglicher Grundlage entrichtet werden, sind auf den ermittelten Nutzungswert anzurechnen. Dies gilt sowohl für pauschale als auch für kilometerbezogene Vergütungen (R 8.1 Abs. 9 Nr. 4 LStR). Die Anrechnung hat aber keinen Einfluss auf die Berechnung der Höhe des Nutzungswerts, sondern führt lediglich dazu, dass der Arbeitnehmer die von ihm erbrachten Leistungen gegenrechnen kann.[4] Zuzahlungen auf die Anschaffungskosten sind im Zahlungsjahr auf den Nutzungswert anzurechnen. Eine Verteilung einmaliger Aufwendungen ist nicht möglich.[5]

---

1 BFH v. 16.11.2005 – VI R 95/04, NZA-RR 2006, 529; H 8.1 (9–10) LStH „elektronisches Fahrtenbuch".
2 BFH v. 22.9.2010 – VI R 57/09, DB 2011, 30.
3 Zu Einzelheiten und zu den Dokumentationspflichten vgl. BMF v. 1.4.2011, BStBl. I 2011, 301.
4 BFH v. 7.11.2006 – VII R 24/03, DB 2007, 36.
5 LStH H 8.1 (9, 10) „Zuschüsse des Arbeitnehmers"; vgl. auch BFH v. 23.10.1992 – VI R 1/92, DB 1993, 258.

D 30 Direktionsrecht und Tätigkeitsbeschreibung

	Rz.
1. Einführung	1
2. Allgemeines Direktionsrecht	11
a) Rechtsgrundlagen	11
b) Umfang und Grenzen	14
c) Art der Arbeit (Sachlicher Tätigkeitsbereich)	35
aa) Allgemeine Umschreibung der sachlichen Hauptleistungspflicht	36
(1) Vertraglich vereinbarte Tätigkeit	38
(2) Wertigkeit der neu zugewiesenen Tätigkeit	45
(3) Zusammenfassung	58
bb) Genaue Regelung der sachlichen Hauptleistungspflicht	59
(1) Genaue Umschreibung; Berufsbild	59
(2) Umschreibung außerhalb herkömmlicher Berufsbilder liegender Tätigkeiten; Hilfsarbeiten	63
(3) Einschlägige Arbeiten; Übertragung der Direktionsbefugnis	64
(4) Verweis auf Stellenbeschreibungen	68
(5) Zusammenfassung	77
cc) Konkrete Arbeitsanweisungen	78
dd) Fiktionen der Tätigkeitsbeschreibungen	86
ee) Tätigkeitsbereich und Gewissenskonflikt	89
d) Ort der Arbeit	101
aa) Versetzung innerhalb des Betriebs; Versetzung an einen anderen leicht erreichbaren Ort	108
bb) Versetzung an schwer erreichbaren Ort; Versetzung in ein anderes Konzernunternehmen; Versetzung ins Ausland	110
cc) Betriebsverlegung	111
e) Arbeitszeit	113
3. Besonderes Direktionsrecht (echte und unechte Direktionsrechtserweiterungen)	116
a) Überblick	120
aa) Rechtsgrundlagen	120
bb) Umfang	122
cc) Grenzen des echten erweiterten Direktionsrechts durch Inhaltskontrolle	131
b) Art der Arbeit (Sachlicher Tätigkeitsbereich)	137
aa) Tätigkeitszuweisung nach „Fähigkeiten und Kenntnissen"	137
bb) Übertragung geringerwertiger Tätigkeiten	147
cc) Übertragung geringerwertiger Tätigkeiten und Tarifautomatik	156
dd) Übertragung höherwertiger Tätigkeiten	172
ee) Übertragung risikoreicherer Tätigkeiten	185
ff) Erweiterung der sachlichen Arbeitspflicht um Nebenpflichten	192
gg) Erweiterung des Tätigkeitsbereichs um Aushilfsarbeiten im Urlaubs- und Krankheitsfall	198
hh) Befristung von Tätigkeitsbereichsänderungen	201
ii) Widerrufliche Gestaltung von Tätigkeitsbeschreibungen	204
c) Ort der Arbeit	205
aa) Allgemeines	205
bb) Unternehmensversetzungsklausel	208
cc) Konzernversetzungsklausel	211
(1) Abordnung (Entsendung)	218
(2) Versetzung	225
(3) Zusammenfassung	241
dd) Wohnsitzklauseln	244
(1) Verpflichtung zur Begründung des Hauptwohnsitzes am Dienstort	248
(2) Verpflichtung zum Bewohnen einer Dienstwohnung	257
(3) Zusammenfassung	271
d) Arbeitszeit	275
4. Überschreitung des Direktionsrechts	276
5. Anspruch auf Direktionsrechtsausübung	279

	Rz.		Rz.
6. Sonstige Leistungsbestimmungsrechte	284	7. Hinweise zur Vertragsgestaltung	286

Schrifttum:

Bauer/Opolony, Arbeitsrechtliche Änderungen in der Gewerbeordnung, BB 2002, 1590; *Berger-Delhey*, Die Leitungs- und Weisungsbefugnis des Arbeitgebers, DB 1990, 2266; *Boemke*, (Un-)Verbindlichkeit unbilliger Arbeitgeberweisungen, NZA 2013, 6; *Brose/Greiner/Preis*, Kleidung im Arbeitsverhältnis – Persönlichkeitsrechtliche Schranken arbeitsrechtlicher Regelungen, NZA 2011, 369; *Düwell*, Neues Arbeitsrecht in der Gewerbeordnung, ZTR 2002, 461; *Dzida/Schramm*, Versetzungsklauseln: Mehr Flexibilität für den Arbeitgeber, mehr Kündigungsschutz für den Arbeitnehmer, BB 2007, 1221; *Fischer, G.*, Grenzen des Direktionsrechts durch Konkretisierung, AiB 1998, 712; *Fischer, U.*, Anm. zu ArbG Lüneburg, jurisPR-ArbR 7/2013 Anm. 1; *Fliss*, Die örtliche Versetzung, NZA-RR 2008, 225; *Frey*, Flexible Arbeitszeit, 1985; *Friedhofen/Weber*, Flexibler Personaleinsatz – Direktionsrecht oder Änderungskündigung, NZA 1986, 145; *Gehlhaar*, Sozialauswahl: Vergleichbarkeit von Arbeitnehmern bei unwirksamer Versetzungsklausel, NJW 2010, 2550; *Glatzel*, Vorübergehende Übertragung höherwertiger Tätigkeit, AR-Blattei ES 1530 Nr. 52; *Gotthardt*, Arbeitsrecht nach der Schuldrechtsreform, 2. Aufl. 2003; *Greiner*, Anm. zu BAG v. 24.2.2011, AP GG Art. 4 Nr. 9; *Greiner*, Direktionsrecht und Direktionspflicht, Schadensersatz und Annahmeverzug bei Leistungshinderung des Arbeitnehmers, RdA 2013, 9; *Gussone*, Rechtfertigung und Beendigung der vorübergehenden Übertragung einer höherwertigen Tätigkeit nach § 24 BAT, ZTR 2003, 54; *Heil*, Flexibler Personaleinsatz – Abgrenzung zwischen Versetzung kraft Direktionsrechts und Änderungskündigung, ZAP Fach 17, 417 (1998); *Hilbrandt*, Versetzung aufgrund vermeintlichen Weisungsrechts und einstweiliger Rechtsschutz, RdA 1998, 155; *Hromadka*, Änderung von Arbeitsbedingungen, 1989; *Hromadka*, Das allgemeine Weisungsrecht, DB 1995, 2601; *Hromadka*, Das Leistungsbestimmungsrecht des Arbeitgebers, DB 1995, 1609; *Hromadka*, Vorübergehende Übertragung einer höherwertigen Tätigkeit, RdA 2003, 237; *Hromadka*, Grenzen des Weisungsrechts – Zur Auslegung des § 106 GewO, NZA 2012, 233; *Hübner*, Die individualrechtliche Versetzungsbefugnis und Versetzungspflicht des Arbeitgebers unter besonderer Berücksichtigung von Schwerbehinderten und älteren Arbeitnehmern, 1992; *Kamanabrou*, Der Entgeltanspruch bei gewissensbedingter Arbeitsverweigerung, in Gedächtnisschrift für Zachert, 2010, S. 400; *Lakies*, Das Weisungsrecht des Arbeitgebers (§ 106 GewO) – Inhalt und Grenzen, BB 2003, 364; *Lindemann*, Flexible Gestaltung von Arbeitsbedingungen nach der Schuldrechtsreform, 2003; *Maschmann*, Abordnung und Versetzung im Konzern, RdA 1996, 24; *Neumann*, Versetzung des Arbeitnehmers, AR-Blattei, SD 1700; *Popp*, Status quo und Perspektiven des arbeitsvertraglichen Direktionsrechts, BB 1997, 1790; *Preis*, Das Nachweisegesetz – lästige Förmelei oder arbeitsrechtliche Zeitbombe?, NZA 1997, 10; *Preis*, Unbillige Weisungsrechte und überflüssige Änderungskündigungen, NZA 2015, 1; *Preis/Genenger*, Die unechte Direktionsrechtserweiterung, NZA 2008, 969; *Preis/Ulber*, Direktionsrecht und Sonntagsarbeit, NZA 2010, 729; *Reinecke*, Weisungsrecht, Arbeitsvertrag und Arbeitsvertragskontrolle – Rechtsprechung des BAG nach der Schuldrechtsreform, NZA-RR 2013, 393; *Rost*, Die „Erweiterung des Direktionsrechts" durch Tarifvertrag, in Festschrift für Dieterich, 1999, S. 505; *Schöne*, Die Novellierung der Gewerbeordnung und die Auswirkungen auf das Arbeitsrecht, NZA 2002, 829; *Söllner*, Die Änderung der Arbeitsbedingungen durch Weisung, in Hromadka (Hrsg.), Änderung von Arbeitsbedingungen, 1990, 13; *Weber/Ehrich*, Direktionsrecht und Änderungskündigung bei Veränderungen im Arbeitsverhältnis, BB 1996, 2246; *Wisskirchen*, Novellierung arbeitsrechtlicher Vorschriften in der Gewerbeordnung, DB 2002, 1886.

1. Einführung

Unter **Direktions- oder Weisungsrecht** versteht man das Recht des Arbeitgebers, die Leistungspflicht des **einzelnen Arbeitnehmers nach Inhalt, Ort und Zeit einseitig näher zu bestimmen**. Das Direktionsrecht ist Wesensmerkmal des Arbeitsvertrages. Denn es gehört zu der Hauptpflicht des Arbeitnehmers, weisungsgebundene Arbeit zu leisten. Diese Erkenntnis ist auch für die Frage der Vertragsgestaltung wesentlich. Der dispositive Kern des Direktionsrechts ist seit 1.1.2003 in § 106 GewO ausdrücklich kodifiziert. Wie sich aus dieser Norm ergibt, kann das Direktionsrecht durch den Arbeitsvertrag gestaltet werden.

Deshalb empfiehlt es sich, zwischen dem **allgemeinen und dem erweiterten Direktionsrecht** zu unterscheiden. Im Rahmen des **allgemeinen Direktionsrechts** kann der Arbeitgeber gemäß § 106 GewO die vertraglich nur rahmenmäßig bestimmte Leistungspflicht des Arbeitnehmers konkretisieren. Dabei muss sich die Leistungsbestimmung innerhalb der vertraglich vereinbarten Arbeitspflicht halten. Es ist also zunächst der Arbeitsvertrag selbst, der das Direktionsrecht einschränken kann.

Als **erweitertes Direktionsrecht** wird das **vertraglich ausdrücklich vereinbarte** Recht des Arbeitgebers bezeichnet, dem Arbeitnehmer auch solche Leistungspflichten aufzuerlegen, **die vom allgemeinen Direktionsrecht nicht umfasst sind**, die also über den Rahmen des § 106 GewO bzw. die vertraglich geschuldete Leistung hinausgehen oder diese modifizieren.

Eine genaue Unterscheidung zwischen allgemeinem und erweitertem Direktionsrecht ist erforderlich, da die konkrete Weisung des Arbeitgebers zwar in beiden Fällen einer rechtlichen Überprüfung nach § 106 GewO standhalten muss (Ausübungskontrolle), die direktionsrechtserweiternde Klausel jedoch – soweit sie vorformuliert ist – zusätzlich einer Inhaltskontrolle nach §§ 307 ff. BGB unterzogen wird. Hierbei ist zur Vermeidung von Missverständnissen herauszustellen, dass sowohl die Tätigkeitsbeschreibung im Arbeitsvertrag als auch das Direktionsrecht kontrollfrei nach § 307 Abs. 3 BGB sind. Die **Tätigkeitsbeschreibung** des Arbeitnehmers ist eine **kontrollfreie Leistungsbeschreibung**. In welcher Funktion der Arbeitnehmer eingestellt wird, ist eine Hauptabrede, die an der bewussten Abschlussentscheidung des Arbeitnehmers teilnimmt. Mit anderen Worten: Der Arbeitnehmer weiß bei Vertragsabschluss, für welche Tätigkeit er eingestellt wird. Klauseln, die das **Direktionsrecht** betreffen, sind gemäß § 307 Abs. 3 Satz 1 BGB als **deklaratorische Klauseln** inhaltskontrollfrei, sofern sie lediglich den Inhalt des allgemeinen Weisungsrechts nach § 106 GewO wiedergeben.[1] Kontrollfähig werden die Klauseln jedoch, wenn sie über den gesetzlichen Inhalt des Direktionsrechts hinausgehen.[2] Wird der Inhalt des § 106 GewO (was häufig der Fall ist) nicht klar und verständlich wiedergegeben, greift zugunsten des Arbeitnehmers § 305c Abs. 2 BGB. In besonderen Fällen kann die Klausel auch als deklaratorische Klausel wegen des Verstoßes gegen das **Transparenzgebot** nach § 307 Abs. 3 Satz 2 i.V.m. § 307 Abs. 1 Satz 2 BGB unwirksam sein.[3]

---

1 BAG v. 25.8.2010 – 10 AZR 275/09, AP Nr. 11 zu § 106 GewO; v. 13.4.2010 – 9 AZR 36/09, AP Nr. 45 zu § 307 BGB.
2 Zum Ganzen *Preis* NZA Beil. 3/2006, 115 (119 f.); ErfK/*Preis* §§ 305–310 BGB Rz. 38.
3 Das Transparenzgebot verlangt hingegen nicht die Auflistung aller denkbaren Konkretisierungen der Arbeitspflicht und des Weisungsrechts, BAG v. 13.6.2007 – 5 AZR 564/06, AP Nr. 11 zu § 611 BGB Film; *Reinecke*, NZA-RR 2013, 393 (395).

5 Ob und in welchem Umfang dem Arbeitgeber ein Direktionsrecht zusteht, richtet sich in erster Linie nach den arbeitsvertraglichen Vereinbarungen. Zwischen **Tätigkeitsbeschreibung** im Arbeitsvertrag und **Direktionsrecht** besteht also eine **Wechselwirkung**, die bei der Vertragsgestaltung zu bedenken ist: Je konkreter die Tätigkeit des Arbeitnehmers nach Inhalt, Ort und Zeit festgelegt ist, desto geringer ist der Spielraum des Arbeitgebers zur Ausübung des Direktionsrechts.[1] Umgekehrt kann sich ein weites Direktionsrecht zum einen aus einer (wenig konkreten) Tätigkeitsbeschreibung ergeben, zum anderen aus einer speziellen direktionsrechtserweiternden Klausel.

6 Darüber hinaus hat der **Umfang** des Direktionsrechts Auswirkungen auf die **Sozialauswahl bei einer betriebsbedingten Kündigung**. In die Sozialauswahl sind alle Arbeitnehmer einzubeziehen, die vergleichbar sind. Vergleichbarkeit bedeutet nach der Rechtsprechung Austauschbarkeit in Ausübung des Direktionsrechts.[2] Austauschbar sind all diejenigen, deren Arbeitsplatz dem von der Kündigung betroffenen Arbeitnehmer im Rahmen des Direktionsrechts zugewiesen werden könnte. An einer Vergleichbarkeit fehlt es jedoch, wenn der Arbeitgeber den Arbeitnehmer nicht einseitig im Rahmen des Direktionsrechts auf den anderen Arbeitsplatz umsetzen oder versetzen kann.[3]

7 Hat der Arbeitgeber also ein **weites Direktionsrecht, erweitert** sich auch der Kreis der in die **Sozialauswahl** einzubeziehenden Arbeitnehmer und umgekehrt.[4] Die Sozialauswahl geht jedoch nicht so weit, dass der Arbeitgeber dem Arbeitnehmer eine freie „Beförderungsstelle" anbieten oder den Arbeitsvertrag so ändern muss, dass der gekündigte sozial schutzwürdigere Arbeitnehmer erst durch die Vertragsänderung mit einem sozial weniger schutzwürdigen Arbeitnehmer vergleichbar wird.[5] Auch ist die Sozialauswahl bei einer betriebsbedingten Kündigung nicht auf solche Arbeitsplätze zu erstrecken, auf die der Arbeitgeber den Arbeitnehmer im Rahmen seines Direktionsrechts nur vorübergehend und im Ausnahmefall versetzen kann.[6]

8 Ein eindrucksvolles Beispiel für ein **sehr eng begrenztes Direktionsrecht** und die Folgen bei einer betriebsbedingten Kündigung ist das Urteil des BAG vom 17.2.

---

1 BAG v. 20.1.2010 – 7 AZR 542/08, AP Nr. 68 zu § 14 TzBfG; LAG Rh.-Pf. v. 13.10.1987 – 3 Sa 457/87, NZA 1988, 471; LAG Köln v. 26.10.1984 – 6 Sa 740/84, NZA 1985, 258; LAG Berlin v. 25.4.1988 – 9 Sa 15/88, LAGE BGB § 611 Direktionsrecht Nr. 2; ErfK/*Preis* § 106 GewO Rz. 5.
2 BAG v. 6.11.1997 – 2 AZR 94/97, AP Nr. 42 zu § 1 KSchG 1969; vgl. auch BAG v. 17.9. 1998 – 2 AZR 725/97, AP Nr. 36 zu § 1 KSchG 1969 Soziale Auswahl, sowie BAG v. 5.6. 2008 – 2 AZR 907/06, AP Nr. 179 zu § 1 KSchG 1969 Betriebsbedingte Kündigung.
3 BAG v. 2.2.2006 – 2 AZR 38/05, AP Nr. 142 zu § 1 KSchG 1969 Betriebsbedingte Kündigung; v. 18.10.2006 – 2 AZR 676/05, AP Nr. 163 zu § 1 KSchG 1969 Betriebsbedingte Kündigung; im öffentlichen Dienst können das nur solche Tätigkeiten sein, die den Merkmalen seiner vertraglich festgesetzten Vergütungsgruppe entsprechen, BAG v. 23.11.2004 – 2 AZR 38/04, AP Nr. 70 zu § 1 KSchG 1969 Soziale Auswahl.
4 Hierzu BAG v. 13.3.2007 – 9 AZR 433/06, AP Nr. 26 zu § 307 BGB; *Dzida/Schramm*, BB 2007, 1221.
5 BAG v. 29.3.1990 – 2 AZR 369/89, AP Nr. 50 zu § 1 KSchG 1969 Betriebsbedingte Kündigung; v. 18.10.2006 – 2 AZR 676/05, AP Nr. 163 zu § 1 KSchG 1969 Betriebsbedingte Kündigung.
6 LAG Köln v. 21.11.2001 – 5 Sa 631/01, n.v.

2000.¹ In dem dieser Entscheidung zu Grunde liegenden Fall wurde einer Layouterin wegen der Schließung derjenigen Redaktion betriebsbedingt gekündigt, innerhalb derer sie nach der arbeitsvertraglichen Vereinbarung versetzt werden konnte. Die Layouterin machte geltend, ihr Arbeitgeber hätte eine Sozialauswahl treffen müssen unter Einbeziehung der Layouter/innen aller anderen Redaktionen des Verlags. Das BAG sah im Verhalten des Arbeitgebers keine fehlerhafte Sozialauswahl. Die betreffende Layouterin, deren Beschäftigung auf diese eine Redaktion beschränkt war, sei nicht mit den Layouterinnen der anderen Redaktionen vergleichbar, da sie nach dem Arbeitsvertrag nicht in eine andere Redaktion hätte versetzt werden dürfen. Daher seien die anderen Layouterinnen nicht in die Sozialauswahl einzubeziehen gewesen. Zum gleichen Ergebnis der **fehlenden Vergleichbarkeit** kommt das LAG München in einer Entscheidung aus dem Jahr 2002.² In dem zugrunde liegenden Fall war eine bei einem Goethe-Institut im Ausland beschäftigte Sprachlehrerin nach dem schriftlichen Arbeitsvertrag der Parteien (ausdrücklich und ausschließlich) als Ortskraft für einen bestimmten Einsatzort eingestellt. Daher war bei der Schließung der betreffenden Einsatzstelle eine Versetzung auf einen freien Arbeitsplatz im Wege der Ausübung des Direktionsrechtes nicht möglich und eine Sozialauswahl daher nicht vorzunehmen. Wird ein Arbeitnehmer hingegen allgemein als „Redakteur" eingestellt und ist sein Aufgabengebiet nicht auf einen bestimmten Tätigkeitsbereich eingegrenzt, ist auch die Vergleichbarkeit im Rahmen der Sozialauswahl nicht auf die Redakteure desselben Ressorts beschränkt.³

Schon bei der Vertragsgestaltung, also vor dem eigentlichen Vertragsbeginn, hat der Arbeitgeber somit die Auswirkungen der Tätigkeitsbeschreibung auf eine mögliche Kündigung zu bedenken. 9

Im Folgenden wird dargestellt, welche Weisungen des Arbeitgebers hinsichtlich Inhalt, Ort und Zeit der Arbeitsleistung vom allgemeinen Direktionsrecht umfasst sind, für welche Weisungen ein ausdrücklich vereinbartes Direktionsrecht erforderlich ist und wie die jeweiligen Regelungen im Arbeitsvertrag formuliert werden können. 10

2. Allgemeines Direktionsrecht

a) Rechtsgrundlagen

Für alle Arbeitsverhältnisse einheitlich **ausdrücklich geregelt** ist das allgemeine Direktionsrecht in § 106 GewO.⁴ Nach dieser Norm kann der Arbeitgeber Inhalt, Ort und Zeit der Arbeitsleistung nach billigem Ermessen näher bestimmen, soweit diese Arbeitsbedingungen nicht durch den Arbeitsvertrag, Bestimmungen einer Betriebsvereinbarung, eines anwendbaren Tarifvertrages oder gesetzliche Vorschriften festgelegt sind. Dies gilt auch hinsichtlich der Ordnung und des Verhaltens der Arbeitnehmer im Betrieb. Bei der Ausübung des Ermessens hat der Arbeitgeber auch 11

---

1 BAG v. 17.2.2000 – 2 AZR 142/99, AP Nr. 46 zu § 1 KSchG 1969 Soziale Auswahl.
2 LAG München v. 19.9.2002 – 4 Sa 682/01, n.v.
3 BAG v. 11.4.2006 – 9 AZR 557/05, AP Nr. 17 zu § 307 BGB; LAG Berlin v. 9.5.2003 – 6 Sa 42/03, DB 2003, 1632.
4 BAG v. 23.9.2004 – 6 AZR 567/03, AP Nr. 64 zu § 611 BGB Direktionsrecht.

auf Behinderungen des Arbeitnehmers Rücksicht zu nehmen. Soweit der Arbeitgeber die Grenzen des Weisungsrechts beachtet, hat der Arbeitnehmer den Weisungen Folge zu leisten. Im Fall der Verweigerung kann der Arbeitnehmer, ggf. nach einschlägiger Abmahnung, wegen Arbeitsverweigerung ordentlich oder außerordentlich gekündigt werden.

12 Schon vor Inkrafttreten des § 106 GewO verfügte der Arbeitgeber auch ohne ausdrückliche Regelung **über ein allgemeines Direktionsrecht**, aufgrund dessen er die erforderlichen Konkretisierungen einseitig vornehmen durfte.[1] **Rechtsgrundlage** dafür war nach einhelliger Auffassung der **Arbeitsvertrag**.[2] Dies bringt § 106 GewO insofern missverständlich zum Ausdruck, als die Norm den Eindruck vermittelt, das Weisungsrecht bestünde unabhängig vom Inhalt des Arbeitsvertrages. Die arbeitsvertraglichen Regelungen erscheinen in der Norm nur als Begrenzung des Weisungsrechts. An dieser Sichtweise ist richtig, dass im Rahmen der geschuldeten Tätigkeit § 106 GewO gilt. Jede vertragliche Regelung von Inhalt, Ort und Zeit der Arbeitsleistung ist daher in der Tendenz eine Einschränkung, Erweiterung oder (zumeist unklare) Bestätigung des § 106 GewO.

13 Im Normalfall ist nur der **Arbeitgeber** als der die Dienste Anfordernde imstande, die Konkretisierung vorzunehmen. Wo der Arbeitnehmer jedoch zur Konkretisierung imstande ist, wird sie häufig auch von ihm geleistet. Bedeutung erlangt dies für **hoch qualifizierte Arbeitnehmer**, denen der Arbeitgeber mangels Sachverstands keine inhaltlichen Weisungen erteilen, sondern dem Arbeitnehmer nur Zielvorstellungen vorgeben kann. Dennoch ist auch hier nur von einer Lockerung und nicht von einem Ausschluss der fachlichen Weisungsgebundenheit auszugehen.

b) Umfang und Grenzen

14 Der **Umfang** des Direktionsrechts lässt sich allgemein und einzelfallübergreifend nicht bestimmen. Möchte der Arbeitgeber im Rahmen des allgemeinen Direktionsrechts dem Arbeitnehmer eine bestimmte **Tätigkeit zuweisen**, muss er beachten, dass diese **von der arbeitsvertraglichen Leistungspflicht** umfasst ist.[3] Gleiches gilt für die Änderung des Arbeitsorts und der Arbeitszeit, denn die Rechtsgrundlage des allgemeinen Direktionsrechts ist der Arbeitsvertrag, und bei der Ausübung des Direktionsrechts muss sich der Arbeitgeber in den Grenzen bewegen, die der Arbeitsvertrag vorgibt.

15 Die im Arbeitsvertrag enthaltene Regelung hinsichtlich Inhalt, Ort und Zeit der Arbeit kann sehr konkret – mit der Folge eines sehr eingeschränkten oder gar ausgeschlossenen Direktionsrechts –, aber auch ganz allgemein gehalten sein – mit der Folge eines weiteren Direktionsrechts. Die arbeitsvertragliche Formulierung ist also von erheblicher Relevanz, weil von ihr der Umfang des Direktionsrechts abhängt.[4]

---

1 St. Rspr.: BAG v. 14.12.1961 – 5 AZR 180/61, AP Nr. 17 zu § 611 BGB Direktionsrecht; v. 27.3.1980 – 2 AZR 506/78, AP Nr. 26 zu § 611 BGB Direktionsrecht; v. 23.6.1993 – 5 AZR 337/92, AP Nr. 42 zu § 611 BGB Direktionsrecht.
2 BAG v. 27.3.1980 – 2 AZR 506/78, AP Nr. 26 zu § 611 BGB Direktionsrecht; v. 23.6.1993 – 5 AZR 337/92, AP Nr. 42 zu § 611 BGB Direktionsrecht,; v. 24.11.1993 – 5 AZR 206/93, ZTR 1994, 166.
3 *Richter*, DB 1989, 2378 (2379).
4 *Hromadka*, DB 1995, 2601 (2602).

Auch die **Art des Arbeitsverhältnisses** selbst kann das Direktionsrecht begrenzen. So kann den Arbeitnehmern ausdrücklich ein Ausführungsspielraum eingeräumt werden. Dieses Phänomen ist insbesondere im Kontext von Zielvereinbarungen anzutreffen (→ *Zielvereinbarungen*, II Z 5). Sieht ein Arbeitsvertrag Zielvereinbarungen über bestimmte Regelungsgegenstände vor, ist eine einseitige Zielvorgabe durch den Arbeitgeber insoweit ausgeschlossen.[1]

Seine **Grenzen** findet das Direktionsrecht aber nicht nur im **Arbeitsvertrag**, sondern auch in den Vorschriften der **Gesetze**, der einschlägigen **Tarifverträge und Betriebsvereinbarungen** (vgl. § 106 GewO). Nicht dem Direktionsrecht des Arbeitgebers unterliegen überdies diejenigen Bereiche, welche nicht von § 106 GewO umfasst sind, mithin weder Inhalt, Ort und Zeit der Arbeitsleistung noch die Regelung der Ordnung und des Verhaltens der Arbeitnehmer im Betrieb betreffen. So unterfällt bspw. die Weisung an den Arbeitnehmer, seine Steuererklärung durch eine bestimmte Steuerberatungsgesellschaft erstellen zu lassen, nicht mehr § 106 GewO, sondern stellt einen Eingriff in die private Lebensführung des Arbeitnehmers dar.[2] 16

Gesetzliche Grenzen in diesem Sinne sind etwa Arbeitszeitbeschränkungen des ArbZG, § 4 MuSchG, §§ 22–24 JArbSchG, § 81 SGB IX, §§ 134, 138 BGB sowie Unfallverhütungsvorschriften. Bspw. ist eine Weisung, gegen Strafvorschriften zu verstoßen, unzulässig.[3] Auch die Anweisung, Ordnungswidrigkeiten zu begehen (z.B. an Fernfahrer, die Lenkzeiten zu überschreiten), ist entsprechend § 36 Abs. 2 Satz 4 BeamStG, § 63 Abs. 2 Satz 4 BBG unwirksam. Bei Teilzeitarbeitsverhältnissen muss der Arbeitgeber bei der Ausübung des Direktionsrechts dem Benachteiligungsverbot des § 4 Abs. 1 TzBfG Rechnung tragen. 17

Innerhalb der gesetzlichen Grenzen zeigte sich das BAG jüngst hinsichtlich des Umfangs des Direktionsrechts besonders großzügig. So sei sogar die Anordnung von Sonntagsarbeit nach § 106 GewO zulässig, sofern die §§ 9 ff. ArbZG diese nicht verböten und keine entgegenstehende Vereinbarung mit dem Arbeitnehmer getroffen worden ist.[4] Daraus lässt sich der allgemeine Schluss ableiten, dass im Rahmen des Direktionsrechtsrechts nach § 106 GewO nicht nur hinsichtlich der Bestimmung der Lage der Arbeitszeit alles angeordnet werden darf, was nicht gesetzlich verboten ist. Das gibt der Vertragsgestaltung einen ganz neuen Ansatzpunkt, weil gestalterisch im Rahmen des § 106 GewO fast alles möglich ist. Die Grenzen werden dann alleine durch die Ausübungskontrolle im Einzelfall unter dem Maßstab der Billigkeit markiert. Inwieweit das BAG diese – jedenfalls für den Fall der Sonntagsarbeit – kritikwürdige Handhabung[5] beibehält oder auf weitere Bereiche ausdehnt, wird sich zukünftig zeigen. Sie verdeutlicht jedoch die große Reichweite des allgemeinen Direktionsrechts. 17a

---

1 BAG v. 12.12.2007 – 10 AZR 97/07, EzA § 611 BGB 2002 Gratifikation, Prämie Nr. 22 m. Anm. *Geneger*.
2 BAG v. 23.8.2012 – 8 AZR 804/11, AP BGB § 307 Nr. 67.
3 Vgl. LAG Nürnberg v. 30.1.1996 – 6 Sa 467/95, LAGE § 1 KSchG Verhaltensbedingte Kündigung Nr. 53.
4 BAG v. 15.9.2009 – 9 AZR 757/08, AP Nr. 7 zu § 106 GewO.
5 Zum Ausnahmecharakter der Sonntagsarbeit BVerfG v. 1.12.2009 – 1 BvR 2857/07, 1 BvR 2858/07, NVwZ 2010, 570; kritisch zur offenen Handhabung insbesondere *Preis/Ulber*, NZA 2010, 729.

18 Nichtig sind ferner Anweisungen, die kollektivrechtlichen Bestimmungen (**Tarifvertrag, Betriebsvereinbarung**) zuwiderlaufen.[1] Tarifverträge können bspw. bindende Vorgaben hinsichtlich der Arbeitszeitgestaltung enthalten.

19 Auch durch eigene Erklärungen kann sich der Arbeitgeber hinsichtlich der Ausübung des Direktionsrechts selbst binden und bspw. die Ausübung auf bestimmte Fälle beschränken.[2] Eine Selbstbindung kann jedoch nur in dem Umfang erfolgen, in welchem der Arbeitnehmer ein entgegenstehendes Verhalten des Arbeitgebers berechtigt als widersprüchlich ansehen darf. Das ist nicht der Fall, wenn gesetzliche Regelungen dem entgegenstehen.[3] Ein öffentlicher Arbeitgeber kann sich zudem durch **Verwaltungsvorschriften** selbst binden, so dass er bei der Direktionsrechtsausübung nur nach diesen Regelungen vorgehen darf.[4]

20 In der Praxis wird immer wieder versucht, aus einer länger gleich bleibenden Tätigkeit eine Konkretisierung nur auf diese Tätigkeit abzuleiten. Gegen diese Auffassung, allein durch längere Übung[5] könne sich eine Konkretisierung der Tätigkeit mit der Folge der Einschränkung des Direktionsrechts ergeben, bestehen Bedenken. Durch die Rechtsprechung ist dieser Fall im Ergebnis auch selten anerkannt worden. Letztlich ist der Leitgedanke, dass der Arbeitgeber keinen Anlass hat, auf die Ausübung seines Direktionsrechts zu verzichten und der Arbeitnehmer – in Ansehung des § 106 GewO – ohne besondere vertragliche Abrede damit nicht rechnen kann.[6]

21 Der Umstand, dass ein Arbeitnehmer zeitweise von seinem Fachvorgesetzten mit **höherwertigen Arbeitsaufgaben** betraut wird, führt nicht automatisch dazu, dass sich der Arbeitsvertrag auf diese neuen Aufgaben konkretisiert.[7] Erforderlich für eine Konkretisierung sind vielmehr weitere Umstände, bspw. Erklärungen des Arbeitgebers,[8] die ein Vertrauen des Arbeitnehmers als schutzwürdig erscheinen lassen, d.h. erforderlich sind Umstände, aus denen sich ergibt, der Arbeitnehmer solle

---

1 LAG Berlin v. 26.9.1996 – 10 Sa 55/96, LAGE § 611 BGB Direktionsrecht Nr. 26.
2 BAG v. 17.12.1997 – 5 AZR 332/96, AP Nr. 52 zu § 611 BGB Direktionsrecht.
3 Ein Arbeitgeber ist darüber hinaus auch bei vorliegender Selbstbindung im Bezug auf die Zuweisung einer anderweitigen Tätigkeit bei Zustimmungsverweigerung des Betriebsrates nicht gezwungen, ein Zustimmungsersetzungsverfahren anzustreben, BAG v. 16.3.2010 – 3 AZR 31/09, NZA 2010, 1028.
4 BAG v. 11.10.1995 – 5 AZR 1009/94, AP Nr. 45 zu § 611 BGB Direktionsrecht; v. 17.12. 1997 – 5 AZR 332/96, AP Nr. 52 zu § 611 BGB Direktionsrecht; LAG Berlin v. 14.12.1998 – 9 Sa 95/98, ZTR 1999, 223; LAG Köln v. 13.6.2000 – 13 (2) Sa 480/00, ZTR 2001, 36.
5 BAG v. 7.4.1992 – 1 AZR 275/91, n.v.; v. 11.10.1995 – 5 AZR 802/94, AP Nr. 9 zu § 611 BGB Arbeitszeit; v. 17.12.1997 – 5 AZR 332/96, AP Nr. 52 zu § 611 BGB Direktionsrecht; v. 10.1.1996 – 5 AZR 951/94, n.v.; ErfK/*Preis*, § 611 BGB Rz. 229; *Friedhofen/Weber*, NZA 1986, 145 (146); vgl. zu den Erfordernissen der Konkretisierung im Bereich der Arbeitszeit → *Arbeitszeit*, II A 90 Rz. 38.
6 BAG v. 13.6.2012 – 10 AZR 296/11, AP GewO § 106 Nr. 15; v. 28.8.2013 – 10 AZR 569/12, AP GewO § 106 Nr. 24; *Reinecke*, NZA-RR 2013. 393 (394).
7 LAG Düsseldorf v. 14.8.2002 – 12 Sa 523/02, n.v.
8 BAG v. 29.9.2004 – 5 AZR 559/03, AP Nr. 111 zu § 87 BetrVG 1972 Arbeitszeit; v. 17.12. 1997 – 5 AZR 332/96, AP Nr. 52 zu § 611 BGB Direktionsrecht; vgl. auch BAG v. 7.12. 2000 – 6 AZR 444/99, AP Nr. 61 zu § 611 BGB Direktionsrecht.

hinfort nur noch diese Arbeit verrichten.[1] Dies können etwa sein: Ausbildung, Beförderung, Übertragung von Führungsaufgaben etc., also eine Abweichung der praktizierten Handhabung vom Vertragsinhalt.[2] Ist dem Arbeitnehmer vorübergehend eine höherwertige Aufgabe übertragen worden, deren Fortführung auf Dauer seitens des Arbeitgebers nur von der fachlichen Bewährung abhängig gemacht wird, darf die Aufgabe nicht aus anderen Gründen entzogen werden.[3]

In der Rechtsprechung wurde zum Teil darauf abgestellt, dass eine Konkretisierung auf eine bestimmte, vertraglich geschuldete Tätigkeit regelmäßig nicht eintritt, wenn der Arbeitsvertrag einen Vorbehalt zur Zuweisung einer anderen Aufgabe enthält.[4] Das ist allerdings nicht notwendig, da kein Grund für die Annahme besteht, ein Arbeitgeber wolle auf das aus § 106 GewO folgende Direktionsrecht verzichten. Allein der Zeitablauf führt auch bei langjähriger Tätigkeit nicht zu einer Konkretisierung. Es bedarf vielmehr zusätzlicher Umstände.[5] So genügt keinesfalls der bloße **Zeitablauf**.[6] Eine entsprechende Klausel im Arbeitsvertrag, nach der auch bei einer längeren Beschäftigung an einem bestimmten Arbeitsplatz kein Verbrauch des Direktionsrechts eintreten soll, ist daher überflüssig. Das Zeitmoment allein kann jedoch bei der Interessenabwägung gemäß § 106 GewO im Rahmen der konkreten Weisung des Arbeitgebers bedeutsam sein.[7]

Schon die **Rechtsgrundlage für eine Direktionsrechtseinschränkung** ist zweifelhaft. Entweder erreicht die Einschränkung die Qualität einer konkludenten Arbeitsvertragsänderung.[8] Dann ist das Institut der betrieblichen Übung überflüssig. Oder es

---

1 BAG v. 24.11.1993 – 5 AZR 206/93, ZTR 1994, 166; v. 11.10.1995 – 5 AZR 802/94, AP Nr. 9 zu § 611 BGB Arbeitszeit; v. 24.4.1996 – 5 AZR 1031/94, AP Nr. 48 zu § 611 BGB Direktionsrecht; v. 7.12.2000 – 6 AZR 444/99, AP Nr. 61 zu § 611 BGB Direktionsrecht; v. 17.5.2011 – 9 AZR 201/10, AP GewO § 106 Nr. 12; v. 26.9.2012 – 10 AZR 311/11, AP GewO § 106 Nr. 21; v. 26.9.2012 – 10 AZR 412/11, AP GewO § 106 Nr. 22; LAG Berlin v. 29.4.1991 – 9 Sa 9/91, LAGE § 611 BGB Direktionsrecht Nr. 9; LAG Düsseldorf v. 23.6.1994 – 12 Sa 489/94, n.v.; LAG Schl.-Holst. v. 30.4.1998 – 4 Sa 490/97, n.v.; LAG Köln v. 5.2.1999 – 11 Sa 1025/98, ZTR 1999, 378.
2 BAG v. 14.12.1961 – 5 AZR 180/61, AP Nr. 17 zu § 611 BGB Direktionsrecht; vgl. auch BAG v. 30.10.1991 – 5 AZR 6/91, n.v.; LAG Köln v. 23.2.1987 – 6 Sa 957/86, LAGE § 611 BGB Direktionsrecht Nr. 1; Schaub/*Linck*, § 45 Rz. 16.
3 BAG v. 17.12.1997 – 5 AZR 332/96, AP BGB § 611 Direktionsrecht Nr. 52.
4 LAG Köln v. 23.2.1987 – 6 Sa 957/86, LAGE § 611 BGB Direktionsrecht Nr. 1; *Hennige*, NZA 1999, 281 (286); zu den Grenzen BAG v. 9.5.2006 – 9 AZR 424/05, AP Nr. 21 zu § 307 BGB.
5 BAG v. 15.9.2009 – 9 AZR 757/08, AP Nr. 7 zu § 106 GewO; v. 13.3.2007 – 9 AZR 433/06, AP Nr. 26 zu § 307 BGB; v. 17.5.2011 – 9 AZR 201/10, AP GewO § 106 Nr. 12; LAG Düsseldorf v. 23.6.1994 – 12 Sa 489/94, n.v.; LAG Rh.-Pf. v. 5.7.1996 – 10 Sa 165/96, NZA 1997, 1113; vgl. nur LAG Hess. v. 12.12.2002 – 5 Sa 688/02, NZA-RR 2003, 545, wonach allein eine 25-jährige Beschäftigung auf einem bestimmten Arbeitsplatz keine Konkretisierung dahingehend bewirkt, dass ein anderer (tariflich eingruppierungsmäßig) gleichwertiger Arbeitsplatz in einer anderen Abteilung nicht zugewiesen werden kann.
6 BAG v. 13.3.2007 – 9 AZR 433/06, AP Nr. 26 zu § 307 BGB; vgl. auch ArbG Köln v. 15.5.2007 – 14/13 Ca 9167/06, n.v.: auch eine 20-jährige abweichende Tätigkeit stellt keinen Verzicht auf die Möglichkeit dar, auch an Sonn- und Feiertagen beschäftigt zu werden.
7 *Hromadka*, RdA 1992, 234 (237).
8 So insbesondere das BAG in ständiger Rechtsprechung, vgl. BAG v. 14.12.1961 – 5 AZR 180/61, AP Nr. 17 zu § 611 BGB Direktionsrecht; v. 14.7.1965 – 4 AZR 347/63, AP Nr. 19 zu § 611 BGB Direktionsrecht; v. 28.2.1968 – 4 AZR 144/67, AP Nr. 22 zu § 611 BGB Direktionsrecht.

geht um das schützenswerte Vertrauen des Arbeitnehmers.[1] Dieses kann im Einzelfall zu einer Unbilligkeit der Weisung nach § 106 GewO führen. Die Rechtsprechung ist bei der Annahme entsprechender Konkretisierungen in jüngster Zeit zu Recht zurückhaltend. Grundsätzlich kann ein Verzicht auf das arbeitgeberseitige Direktionsrecht nicht angenommen werden.[2]

24 Die **Ausübung** des Weisungsrechts muss nach **billigem Ermessen (§ 106 GewO)** erfolgen. Entscheidend ist der Zeitpunkt der Ausübung des Weisungsrechts, wobei die Darlegungs- und Beweislast für die Wirksamkeit der getroffenen Ermessensausübung beim Arbeitgeber liegt.[3] Die Wahrung billigen Ermessens setzt voraus, dass die wesentlichen Umstände des Falles abgewogen und die beiderseitigen Interessen angemessen berücksichtigt werden.[4] In diesem Zusammenhang hat das BAG jüngst eine sehr weite Formel vorgelegt, die dem Richter aufgrund der geforderten Berücksichtigung auch der außervertraglichen Umstände des Einzelfalls ein enorm umfangreiches Ermessen zuspricht.[5] Unbillig ist bspw., wenn der Arbeitgeber allein seine Interessen durchzusetzen versucht.[6] Die in die Abwägung einzustellenden Interessen der einzelnen Vertragsparteien müssen allerdings für die jeweils andere Vertragspartei erkennbar sein; eine bloße innere Erwartungshaltung, die sich in der Außenwelt nicht nachvollziehbar manifestiert hat, kann nicht Grundlage dieses Abwägungsprozesses sein.[7] Soweit mehrere Arbeitnehmer von der Ausübung des Direktionsrechts betroffen sind, kann die Berücksichtigung schutzwürdiger Belange der Arbeitnehmer eine personelle Auswahlentscheidung des Arbeitgebers erfordern. Die Weisung hat dann gegenüber demjenigen Arbeitnehmer zu erfolgen, dessen Interessen gegenüber denjenigen der anderen Arbeitnehmer weniger schutzwürdig sind.[8]

25 Im Rahmen der anzustellenden **Interessenabwägung** sind auch die verfassungsrechtlich abgesicherten **Grundrechte** des Arbeitnehmers mit einzubeziehen. Von

---

1 HWK/*Thüsing*, § 611 BGB Rz. 237.
2 Zur Arbeitszeit: BAG v. 23.6.1992 – 1 AZR 57/92, AP Nr. 1 zu § 611 BGB Arbeitszeit; Schichtbetrieb: v. 13.6.2007 – 5 AZR 849/06, AP Nr. 78 zu § 242 BGB Betriebliche Übung; zur Lage des Arbeitsplatzes: BAG v. 21.1.1997 – 1 AZR 572/96, AP Nr. 64 zu § 77 BetrVG 1972; v. 7.12.2000 – 6 AZR 444/99, AP Nr. 61 zu § 611 BGB Direktionsrecht; zum Ganzen: *Hennige*, NZA 1999, 281, 285 f.
3 BAG v. 26.9.2012 – 10 AZR 311/11, AP GewO § 106 Nr. 21; v. 10.7.2013 – 10 AZR 915/12, AP GewO § 106 Nr. 24; *Reinecke*, NZA-RR 2013, 393 (397 f.) m.w.N.
4 BAG v. 12.4.1973 – 2 AZR 291/72, EzA § 611 BGB Nr. 12; v. 15.12.1976 – 5 AZR 600/75, AP Nr. 3 zu § 611 BGB Arzt-Krankenhaus-Vertrag; v. 12.12.1984 – 7 AZR 509/83, AP Nr. 6 zu § 2 KSchG 1969; v. 23.6.1993 – 5 AZR 337/92, AP Nr. 42 zu § 611 BGB Direktionsrecht; v. 24.11.1993 – 5 AZR 206/93, ZTR 1994, 166 (167); v. 24.4.1996 – 5 AZR 1031/94, AP Nr. 48 zu § 611 BGB Direktionsrecht; v. 7.12.2000 – 6 AZR 444/99, AP Nr. 61 zu § 611 BGB Direktionsrecht; v. 23.1.2002 – 4 AZR 461/99, n.v.; v. 23.9.2004 – 6 AZR 567/03, AP Nr. 64 zu § 611 BGB Direktionsrecht; v. 13.6.2012 – 10 AZR 296/11, AP GewO § 106 Nr. 15; LAG Sa.-Anh. v. 24.11.1995 – 2 Sa 1416/94, n.v.; LAG München v. 18.9.2002 – 5 Sa 619/02, LAGE § 611 BGB Beschäftigungspflicht Nr. 45.
5 BAG v. 21.7.2009 – 9 AZR 404/08, EzA § 4 TVG Luftfahrt Nr. 18; einzubeziehen sind hiernach bspw. auch Vermögens- und Einkommensverhältnisse, soziale Lebensverhältnisse, familiäre Pflichten und Unterhaltsverpflichtungen.
6 BAG v. 19.5.1992 – 1 AZR 418/91, AP Nr. 1 zu Art. 70 Verf Baden-Württemberg.
7 LAG Düsseldorf v. 5.6.2003 – 11 Sa 292/03, LAGE § 315 BGB Nr. 13.
8 BAG v. 23.9.2004 – 6 AZR 567/03, AP BGB § 611 Direktionsrecht Nr. 64; v. 10.7.2013 – 10 AZR 951/12, AP GewO § 106 Nr. 24.

besonderer Bedeutung ist hier das aus Art. 2 Abs. 1 i.V.m. Art. 1 Abs. 1 GG folgende allgemeine Persönlichkeitsrecht sowie das Grundrecht der Glaubens- und Gewissensfreiheit des Art. 4 GG (s. dazu ausführlich Rz. 90 ff.). So müssen bei der Billigkeitsprüfung einer Versetzung auf einen gleichwertigen Arbeitsplatz das persönliche Ansehen und die Möglichkeiten zur Persönlichkeitsentfaltung des Arbeitnehmers berücksichtigt werden, die mit dem alten und dem neuen Arbeitsplatz verbunden sind.[1] Im Bereich des öffentlichen Dienstes führt das BAG aber etwa bei der Abwägung das berechtigte Interesse des Arbeitgebers an, bei einer Verlagerung qualifizierter Arbeitsaufgaben im Zuge einer Verwaltungsreform diese Aufgaben am neuen Arbeitsort weiter durch das eingearbeitete Personal wahrnehmen zu lassen.[2] Eine vertraglich zulässige Umsetzung erweist sich bspw. dann als Verletzung des allgemeinen Persönlichkeitsrechts, wenn sich die Zuweisung einer bestimmten Beschäftigung nicht bloß als Reflex einer rechtlich erlaubten Vorgehensweise darstellt, sondern diese Maßnahme zielgerichtet als Mittel der Zermürbung und Diskriminierung des Arbeitnehmers eingesetzt wird, um diesen etwa selbst zur Aufgabe seines Arbeitsplatzes zu bewegen.[3] Insbesondere bei einer Versetzung an einen anderen Arbeitsort ist zu beachten, dass diese bedeutende Auswirkungen auf die private Lebensführung des Arbeitnehmers haben kann. So sind zugunsten des Arbeitnehmers bei einem ins Auge gefassten Ortswechsel insbesondere soziale Belange (etwa Vorhandensein und Anzahl schulpflichtiger Kinder, Familienstand, Berufstätigkeit des Ehepartners, Ortsbindung durch Grundeigentum, Dauer der Betriebszugehörigkeit, Alter des Arbeitnehmers) zu berücksichtigen.[4] Aus diesem Grunde ist selbst bei Montagearbeiten – wenn kein entsprechender Vorbehalt im Arbeitsvertrag enthalten ist – der Einsatz im Ausland kraft Weisung in der Regel nicht zulässig.[5] Nach § 106 Satz 3 GewO hat der Arbeitgeber bei der Ermessensausübung auf Behinderungen des Arbeitnehmers Rücksicht zu nehmen.[6]

Besteht eine **Betriebsvereinbarung**, z.B. über ein neu eingeführtes Dienstplanschema, legt dies zwar nahe, dass die durchschnittlichen Belange der betroffenen Arbeitnehmer angemessen berücksichtigt wurden. Dennoch ist deren Vollzug gegenüber dem einzelnen Arbeitnehmer an § 106 GewO zu messen und kann der Arbeitnehmer aufgrund besonders gelagerter individueller Interessen Anspruch auf eine Ausnahmeregelung haben. Nach dem Sinn und Zweck eines Dienstplanes können jedoch nur überdurchschnittlich schwerwiegende individuelle Belange einen solchen Ausnahmeanspruch begründen.[7] 26

Sind allerdings die Voraussetzungen der Direktionsrechtsausübung **abschließend** in einem anwendbaren **Tarifvertrag** geregelt, wird die Zulässigkeit der konkreten Leis- 27

---

1 LAG München v. 18.9.2002 – 5 Sa 619/02, LAGE § 611 BGB Beschäftigungspflicht Nr. 45.
2 BAG v. 17.8.2011 – 10 AZR 202/10, AP GewO § 106 Nr. 14; v. 10.7.2013 – 10 AZR 951/12, AP GewO § 106 Nr. 24.
3 LAG Schl.-Holst. v. 12.2.2002 – 5 Sa 409c/01, n.v.
4 BAG v. 23.9.2004 – 6 AZR 567/03, AP Nr. 64 zu § 611 BGB Direktionsrecht; ArbG Hannover v. 24.5.2007 – 10 Ca 384/06, ArbuR 2007, 280; *von Hoyningen-Huene/Boemke*, Die Versetzung, S. 97; LAG Köln v. 30.1.1995 – 3 Sa 1200/94, LAGE § 611 BGB Direktionsrecht Nr. 21.
5 LAG Hamm v. 28.1.1974 – 2 Sa 782/73, DB 1974, 877.
6 Dazu ErfK/*Preis*, § 106 GewO Rz. 21.
7 LAG Köln v. 19.12.2001 – 7 (12) Sa 1376/00 – ArbuR 2002, 192.

tungsbestimmung nicht an § 106 GewO, sondern allein nach dem Maßstab der tarifvertraglichen Klausel beurteilt.[1]

28 Im Falle **betriebsbedingter Versetzung** ist eine „Sozialauswahl" in analoger Anwendung des § 1 Abs. 3 KSchG nicht erforderlich. Dies gilt auch im Falle des erweiterten Direktionsrechts.[2]

29 Zu beachten ist ferner das **Mitbestimmungsrecht des Betriebsrats bei einer Versetzung** gemäß §§ 99, 95 BetrVG. Wird es nicht eingehalten, ist die Versetzung gegenüber dem Arbeitnehmer unwirksam.[3] Nach anderer Ansicht begründet sie ein Leistungsverweigerungsrecht[4] oder hat keine Auswirkungen.[5] Das BetrVG enthält einen **eigenen Versetzungsbegriff** in § 95 Abs. 3 BetrVG; dieser ist unabhängig davon, ob dem Arbeitgeber vertraglich ein Versetzungsrecht zusteht.[6] Es ist also zu beachten, dass der Betriebsrat u.U. auch dann ein Mitbestimmungsrecht hat, wenn die Versetzung eines Arbeitnehmers individualrechtlich zulässig ist. Grund dafür ist, dass durch das Mitbestimmungsrecht des Betriebsrats nicht nur derjenige Arbeitnehmer geschützt werden soll, der versetzt wird, sondern auch die übrigen Arbeitnehmer, die von den Folgen der Versetzung betroffen sein können. Das Mitbestimmungsrecht besteht auch dann, wenn eine Versetzung zwar nicht aufgrund des Arbeitsvertrags, aber aufgrund einer dringenden ärztlichen Empfehlung gegenüber dem betreffenden Arbeitnehmer zulässig ist.[7]

30 Eine **Versetzung gemäß § 95 Abs. 3 BetrVG** liegt vor bei der Zuweisung eines anderen Arbeitsbereichs, wenn die Zuweisung voraussichtlich die Dauer eines Monats überschreitet oder mit einer erheblichen Änderung der Arbeitsumstände verbunden ist. Die Frage der Zuweisung eines anderen Arbeitsbereichs beurteilt sich nach der Rechtsprechung ausschließlich nach den objektiv vorliegenden, tatsächlichen Verhältnissen im Betrieb. Sie ist anzunehmen, wenn sich die Tätigkeiten des Arbeitnehmers vor und nach der Zuweisung so voneinander unterscheiden, dass die neue Tätigkeit in den Augen eines mit den betrieblichen Verhältnissen vertrauten Beobachters als eine andere angesehen werden kann, wenn sich also das Gesamtbild der Tätigkeit des Arbeitnehmers geändert hat.[8] Zu diesem Gesamtbild gehört auch

---

1 BAG v. 14.1.2009 – 5 AZR 75/08, AP Nr. 88 zu § 315 BGB; v. 22.5.1985 – 4 AZR 427/83, AP Nr. 7 zu § 1 TVG Tarifverträge – Bundesbahn; LAG Schl.-Holst. v. 30.12.1998 – 4 Sa 365/98, ARSt 1999, 108; so auch *Bütefisch*, S. 61; *von Hoyningen-Huene/Boemke*, Die Versetzung, S. 91 f.
2 Dazu ErfK/*Preis*, § 106 GewO Rz. 18; a.A. LAG Hamm v. 12.2.1996 – 8 (9) Sa 1235/95, LAGE § 611 BGB Direktionsrecht Nr. 25.
3 BAG v. 26.1.1988 – 1 AZR 531/86, AP Nr. 50 zu § 99 BetrVG 1972; v. 5.4.2001 – 2 AZR 580/99, AP Nr. 32 zu § 99 BetrVG 1972 Einstellung; v. 7.11.2002 – 2 AZR 650/00, AP Nr. 98 zu § 615 BGB.
4 *Ehrich*, NZA 1992, 731.
5 *von Hoyningen-Huene*, NZA 1993, 145.
6 BAG v. 26.5.1988 – 1 ABR 18/87, AP Nr. 13 zu § 95 BetrVG 1972; v. 7.4.1992 – 1 AZR 275/91, n.v.
7 BAG v. 17.2.1998 – 9 AZR 130/97, AP Nr. 27 zu § 618 BGB.
8 BAG v. 26.5.1988 – 1 ABR 18/87, AP Nr. 13 zu § 95 BetrVG 1972; v. 7.4.1992 – 1 AZR 275/91, n.v.; v. 2.4.1996 – 1 AZR 743/95, AP Nr. 34 zu § 95 BetrVG 1972; v. 22.4.1997 – 1 ABR 84/96, AP Nr. 14 zu § 99 BetrVG 1972 Versetzung; vgl. auch LAG Berlin v. 11.3.2003 – 3 TaBV 1959/02, n.v.; ArbG Stuttgart v. 27.2.1997 – 9 BV 1/97, NZA-RR 1997, 481.

eine etwa mit der Aufgabe verbundene besondere Verantwortung sowie die Einbindung in eine bestimmte betriebliche Gruppe oder Einheit.[1]

Eine mitbestimmungspflichtige Versetzung kann auch im **Entzug eines Teils der bisherigen Aufgaben** liegen, wenn dadurch das Gesamtbild der Tätigkeit sowohl quantitativ als auch qualitativ wesentlich verändert wird.[2] Einem bei einem öffentlichen Arbeitgeber Angestellten kann jedoch eine Vorgesetztenfunktion entzogen werden, wenn die Führungsverantwortung nicht zu den Tätigkeitsmerkmalen der betreffenden Vergütungsgruppe gehört.[3] 31

Der **Wechsel des Arbeitsortes** hingegen ist regelmäßig eine Versetzung. Dies gilt nach Ansicht des BAG selbst für den Fall, dass sich die Arbeitsaufgabe des Arbeitnehmers oder seine Eingliederung in eine betriebliche Organisation dadurch nicht ändern.[4] So kann auch die Entsendung in eine andere Filiale des Arbeitgebers selbst innerhalb desselben Stadtgebiets unter dem Gesichtspunkt der Änderung des Arbeitsorts eine Versetzung darstellen.[5] 32

Ist eine konkret zugewiesene Tätigkeit nicht mehr von der vereinbarten Tätigkeitsbeschreibung gedeckt, bleibt dem Arbeitgeber nur die Möglichkeit des **Änderungsvertrags oder der Änderungskündigung**.[6] Für das Zustandekommen eines Änderungsvertrages ist die Zustimmung des Arbeitnehmers erforderlich. Bei einer Änderungskündigung ist der Maßstab der §§ 1, 2 KSchG zu beachten. Das bedeutet, die Änderungskündigung ist daraufhin zu überprüfen, ob sie aus personen- oder verhaltensbedingten Gründen oder dringenden betrieblichen Erfordernissen notwendig war, und ob im Falle der betriebsbedingten Änderungskündigung die Grundsätze der Sozialauswahl beachtet wurden; zur Auswirkung der Tätigkeitsbeschreibung auf die Sozialauswahl s. Rz. 6ff. 33

Fraglich ist, ob der Arbeitgeber den Arbeitnehmer im Wege des Direktionsrechts anweisen kann, **Streikarbeit** zu leisten. Soll ein nicht streikender Arbeitnehmer während des Streiks lediglich seine übliche Arbeit verrichten, bestehen keine Besonderheiten: Er hat, wie ohne Streik auch, die Pflicht, seine Arbeitsleistung zu erbringen. Dagegen ist der Arbeitgeber nicht befugt, dem Arbeitnehmer sog. direkte Streikarbeit zuzuweisen,[7] also solche Arbeit, die eigentlich von den streikenden Arbeitnehmern erledigt werden sollte. Eine Ausnahme gilt für sog. Erhaltungsarbeiten, also solche Arbeiten, die zum Erhalt der Betriebsmittel notwendig sind.[8] Indirekte 34

---

1 BAG v. 22.4.1997 – 1 ABR 84/96, AP Nr. 14 zu § 99 BetrVG 1972 Versetzung; v. 11.9.2001 – 1 ABR 2/01, EzA § 95 BetrVG 1972 Nr. 34.
2 BAG v. 27.3.1980 – 2 AZR 506/78, AP Nr. 26 zu § 611 BGB Direktionsrecht; v. 19.2.1991 – 1 ABR 33/90, n.v.; v. 2.4.1996 – 1 AZR 743/95, AP Nr. 34 zu § 95 BetrVG 1972.
3 LAG Köln v. 5.2.1999 – 11 Sa 1025/98, ZTR 1999, 378.
4 BAG v. 18.2.1986 – 1 ABR 27/84, AP Nr. 33 zu § 99 BetrVG 1972; v. 8.8.1989 – 1 ABR 63/88, AP Nr. 18 zu § 95 BetrVG 1972; v. 14.11.1989 – 1 ABR 87/88, AP Nr. 76 zu § 99 BetrVG 1972.
5 BAG v. 28.9.1988 – 1 ABR 37/87, AP Nr. 55 zu § 99 BetrVG 1972 zugleich zu den Anforderungen an eine erhebliche Änderung der Umstände bei kurzfristigen „Abordnungen".
6 Dazu ausführlich ErfK/*Preis*, § 611 BGB Rz. 649.
7 BAG v. 25.7.1957 – 1 AZR 194/56, AP Nr. 3 zu § 615 BGB Betriebsrisiko; Schaub/*Linck*, § 45 Rz. 38.
8 ErfK/*Dieterich*, Art. 9 GG Rz. 180ff.; Schaub/*Treber*, § 193 Rz. 66; zum Begriff BAG v. 31.1.1995 – 1 AZR 142/94, AP Nr. 135 zu Art. 9 GG Arbeitskampf.

Streikarbeit, also die Weiterverarbeitung solcher Materialien, die wegen des Streiks nicht im eigenen Betrieb produziert werden konnten, sondern anderweitig beschafft werden mussten, kann einem nicht streikenden Arbeitnehmer zugewiesen werden.[1]

c) Art der Arbeit (Sachlicher Tätigkeitsbereich)

35 Welche **Art von Arbeit** der Arbeitnehmer zu erbringen hat, d.h. der sachliche Tätigkeitsbereich, richtet sich in erster Linie nach der **Tätigkeitsbeschreibung** im Arbeitsvertrag. Die zu leistende Tätigkeit muss gemäß § 2 Abs. 1 Nr. 5 NachwG im Arbeitsvertrag wenigstens „kurz charakterisiert" werden. Je genauer die Tätigkeit geregelt ist, desto eingeschränkter kann das Direktionsrecht sein.

aa) Allgemeine Umschreibung der sachlichen Hauptleistungspflicht

36 Es finden sich zum einen – nicht für die Vertragsgestaltung zu empfehlende – Regelungen, in denen der Arbeitnehmer zur Leistung jeglicher im Betrieb anfallender Tätigkeiten verpflichtet wird:

⊃ **Nicht geeignet:**
Der Arbeitnehmer erklärt sich bereit, jede ihm innerhalb des Betriebs übertragene Tätigkeit zu übernehmen.

37 Zum anderen finden sich Regelungen, in denen die Hauptleistungspflicht des Arbeitnehmers ebenfalls nur allgemein umschrieben ist, aber eine bestimmte (meist tarifvertragliche) Vergütungsgruppe angegeben ist.

Typ 1: Allgemeine Umschreibung der sachlichen Hauptleistungspflicht

Herr/Frau ... wird als Angestellte eingestellt und in die Vergütungsgruppe ... eingruppiert.

(1) Vertraglich vereinbarte Tätigkeit

38 Das **vollständige Fehlen** einer Regelung über den sachlichen Tätigkeitsbereich ist **nicht denkbar**, weil der Arbeitnehmer im Arbeitsvertrag zumindest zur Leistung irgendwelcher Dienste verpflichtet werden muss. Für das Zustandekommen eines Arbeitsverhältnisses ist die Einigung über den Hauptgegenstand, die Arbeitsleistung, erforderlich.

39 Ist die Tätigkeit **nur allgemein umschrieben und kein weiteres Kriterium**, wie z.B. die Vergütungsgruppe, geregelt, ist die geschuldete Arbeitsleistung durch **Auslegung** zu ermitteln. Stellte man in diesen Fällen auf den Wortlaut der Regelung ab, wäre der Arbeitnehmer zur Leistung jedweder Tätigkeit im Betrieb verpflichtet. Entsprechend weit wäre der Raum für die Bestimmung der Arbeitspflicht kraft allgemeinen Direktionsrechts.[2]

---
1 Schaub/*Linck*, § 45 Rz. 38.
2 *Richter*, DB 1989, 2378 (2380); *Reinecke*, NZA-RR 2013, 393.

Die Rechtsprechung beurteilte früher in diesen Fällen den Umfang der Arbeitspflicht **streng nach dem Wortlaut des Arbeitsvertrags**. War nur das Tätigwerden schlechthin angegeben, musste der Arbeitnehmer demzufolge mit der Zuweisung beliebiger Tätigkeiten rechnen. So hat das BAG in einem Urteil aus dem Jahre 1958 entschieden, dass ein Arbeitnehmer, dessen sachlicher Arbeitsbereich mit der Bezeichnung „Nichthandwerker" definiert worden war, grundsätzlich jede Tätigkeitszuweisung im Rahmen der Verwendungsmöglichkeit eines „Nichthandwerkers" hinnehmen muss.[1]

40

In der folgenden Zeit schränkte jedoch der 2. Senat des BAG[2] und später der 4. Senat[3] in Übereinstimmung mit der Literatur[4] diese sehr weitgehende Rechtsprechung ein. In den Entscheidungen wurde zum Ausdruck gebracht, dass der Arbeitgeber auch bei einer nur allgemeinen Umschreibung des Tätigkeitsbereichs dem Arbeitnehmer **aufgrund des allgemeinen Direktionsrechts** nicht jegliche Art von Aufgaben zuweisen darf, sondern dass die **Zuweisung geringerwertiger Arbeiten** – selbst bei Beibehaltung der alten Vergütung – **grundsätzlich nicht zulässig ist** (dazu Rz. 45 ff.).

41

Um jedoch bestimmen zu können, welche Aufgaben zu der vertraglich geschuldeten Tätigkeit gleichwertig sind, muss diese zunächst festgelegt werden. Soll bspw. die Zuweisung einer Hilfsarbeitertätigkeit an einen als Schlosser eingestellten Arbeitnehmer unzulässig sein,[5] so erstaunt es, wenn der Arbeitgeber sich diesem Verbot dadurch entziehen können soll, dass er von vornherein auf die Anstellung als „Schlosser" verzichtet, und stattdessen eine Einstellung als „Arbeiter" vornimmt und ihm durch diese Vertragsgestaltung doch wieder die Hilfsarbeitertätigkeit zuweisen kann. Da sich der einzustellende Arbeitnehmer vor der Einstellung nicht auf den von § 2 KSchG und wohl auch § 1 KSchG gewährten Inhaltsschutz[6] zurückziehen kann, könnte er kaum Einfluss auf die vom Arbeitgeber vorgegebene Tätigkeitsbeschreibung im Arbeitsvertrag nehmen. Insbesondere würde auch die Inhaltskontrolle der Einräumung eines besonderen Direktionsrechts (dazu Rz. 131 ff.) wirkungslos, wenn sich der Arbeitgeber ihr dadurch entziehen könnte, dass er durch eine ganz allgemein gehaltene arbeitsvertragliche Tätigkeitsbeschreibung sein allgemeines Direktionsrecht fast schrankenlos ausdehnt.

42

Darüber hinaus können sich bei einer derartig weiten Tätigkeitsbeschreibung Bedenken ergeben im Hinblick auf die Anforderungen des **NachwG** vom 20.7.1995,[7] das die EG-Richtlinie 91/533/EWG (Nachweisrichtlinie) in nationales Recht umsetzt. § 2 Abs. 1 Nr. 5 NachwG verlangt die kurze Charakterisierung oder Beschreibung der vom Arbeitnehmer zu leistenden Tätigkeit spätestens einen Monat nach vereinbartem Beginn des Arbeitsverhältnisses. Demgegenüber verlangt Art. 2 Abs. 2 Buchst. c Richtlinie 91/533/EWG präziser die Angabe der dem Arbeitnehmer

43

---

1 BAG v. 11.6.1958 – 4 AZR 514/55, AP Nr. 2 zu § 611 BGB Direktionsrecht; vgl. auch BAG v. 16.10.1965 – 5 AZR 55/65, AP Nr. 20 zu § 611 BGB Direktionsrecht.
2 BAG v. 8.10.1962 – 2 AZR 550/61, AP Nr. 18 zu § 611 BGB Direktionsrecht.
3 BAG v. 14.7.1965 – 4 AZR 347/63, AP Nr. 19 zu § 611 BGB Direktionsrecht.
4 KR/*Rost/Kreft*, § 2 KSchG Rz. 42; Schaub/*Linck*, § 45 Rz. 39.
5 LAG Hamm v. 2.11.1954 – 2 Sa 443/54, BB 1955, 255.
6 Zur Bedeutung des § 1 KSchG als Inhaltsschutznorm vgl. *Dorndorf*, ZfA 1989, 345 (350 ff.).
7 BGBl. I, 946; dazu ausführlich *Preis*, NZA 1997, 10; vgl. auch *Zwanziger*, DB 1996, 2027.

bei der Einstellung zugewiesenen Amtsbezeichnung, seines Dienstgrads sowie ggf. der Art oder Kategorie seiner Stellung. Erkennbar zielt die Richtlinie damit auf eine **konkrete Einstufung** des Arbeitnehmers ab, weil Tätigkeitsbeschreibung und Arbeitsentgelt in Tarifgefügen voneinander abhängen. § 2 Abs. 1 Nr. 5 NachwG bedarf deshalb der richtlinienkonformen Auslegung. Insbesondere in den komplexen Tarifwerken des öffentlichen Dienstes bedarf es einer präzisen Eingruppierung nach Vergütungs- wie nach Tätigkeitsmerkmalen.

44 Aus diesen Gründen darf die **Tätigkeitsbeschreibung nicht beliebig weit gehen**, sondern muss durch Auslegung konkretisiert werden können. Zu Recht gibt es daher Ansätze in der Literatur, die die für die Zulässigkeit einer Weisung entscheidende Wertigkeit der Arbeit nicht allein nach dem Arbeitsvertrag, sondern, jedenfalls bei Angabe solch allgemeiner Tätigkeitsbilder, nach der **zuerst zugewiesenen konkreten Tätigkeit** beurteilen.[1]

(2) Wertigkeit der neu zugewiesenen Tätigkeit

45 Grundsätzlich dürfen dem Arbeitnehmer keine geringerwertigen Arbeiten zugewiesen werden.[2]

46 **Ausnahmen** von diesem Grundsatz ergeben sich bei Vorliegen **außergewöhnlicher, unvorhersehbarer Umstände** (so etwa bei Erkrankung oder sonstigem, plötzlichen Ausfall von Kollegen sowie im Katastrophenfall[3]). Hier kann der Arbeitgeber dem Arbeitnehmer kraft des allgemeinen Direktionsrechts vorübergehend auch Arbeiten zuweisen, die nicht in dessen Tätigkeitsbereich fallen.[4] Dies folgt aus der vertraglichen Rücksichtnahmepflicht (§ 241 Abs. 2 BGB) des Arbeitnehmers, Schaden vom Arbeitgeber abzuwehren.[5] Zudem kommt bei nur vorübergehender Befassung mit anderen Tätigkeiten der Wertigkeit der Arbeit nicht die gleiche Bedeutung zu

---

1 *Richter*, DB 1989, 2380.
2 BAG v. 8.10.1962 – 2 AZR 550/61, AP Nr. 18 zu § 611 BGB Direktionsrecht; v. 14.7.1965 – 4 AZR 347/63, AP Nr. 19 zu § 611 BGB Direktionsrecht; v. 28.2.1968 – 4 AZR 144/67, AP Nr. 22 zu § 611 BGB Direktionsrecht; v. 26.2.1976 – 3 AZR 166/75, AP Nr. 172 zu § 242 BGB Ruhegehalt; v. 30.8.1995 – 1 AZR 47/95, AP Nr. 44 zu § 611 BGB Direktionsrecht; v. 24.4.1996 – 4 AZR 976/94, AP Nr. 49 zu § 611 BGB Direktionsrecht; v. 29.10.1997 – 5 AZR 455/96, ZTR 1998, 187; LAG Hess. v. 7.11.1968 – 4 Sa 268/68, DB 1969, 2043; BAG v. 19.11.2002 – 3 AZR 591/01, AP Nr. 18 zu § 1 TVG Tarifverträge: Papierindustrie; LAG Schl.-Holst. v. 26.9.2002 – 4 Sa 337/01, n.v.; vgl. auch LAG Hamm v. 10.6.2002 – 19 (11) Sa 1031/01, n.v., wonach eine Versetzungsanordnung dann keinen Eingriff in den geschützten Kernbereich des Arbeitsverhältnisses darstellt, wenn dem Arbeitnehmer weder eine geringwertigere Tätigkeit zugewiesen wird, noch sich die tarifliche Vergütung ändert; ArbG Frankfurt v. 26.3.2003 – 9 Ca 4956/02, n.v.
3 *Bauer/Opolony*, NJW 2002, 3503.
4 BAG v. 29.1.1960 – 1 AZR 200/58, AP Nr. 12 zu § 123 GewO; v. 14.12.1961 – 5 AZR 180/61, AP Nr. 17 zu § 611 BGB Direktionsrecht; v. 8.10.1962 – 2 AZR 550/61, AP Nr. 18 zu § 611 BGB Direktionsrecht; v. 14.7.1965 – 4 AZR 347/63, AP Nr. 19 zu § 611 BGB Direktionsrecht; v. 4.10.1972 – 4 AZR 475/71, AP Nr. 2 zu § 24 BAT; ebenso *Hübner*, Individualrechtliche Versetzungsbefugnis, 1992, S. 127 f.
5 BAG v. 19.5.2010 – 5 AZR 162/09, AP GewO § 106 Nr. 10; v. 24.2.2011 – 2 AZR 636/09, AP GG Art. 4 Nr. 9 m. Anm. *Greiner*; *Reinecke*, NZA-RR 2013, 393 (398); a.A. *Greiner*, RdA 2013, 9 (11), der hierin nicht eine Rücksichtnahmepflicht aus § 241 Abs. 2 BGB, sondern eine Nebenleistungspflicht aus § 241 Abs. 1 BGB sieht.

wie bei einer dauernden Änderung des Aufgabengebiets. Vielmehr ist primär darauf abzustellen, ob der Anlass für die vorübergehende Änderung als ausreichender Grund angesehen werden kann. Dies ist nur der Fall bei nicht vorhersehbaren Ereignissen, nicht dagegen bei regelmäßig auftretenden Eilaufträgen, permanentem Arbeitskräftemangel etc.

Die Frage der **Arbeitswertigkeit** ist durch einen wertenden Gesamtvergleich zu ermitteln. Die „Geringerwertigkeit" bemisst sich dabei nicht allein nach der Vergütung. Zu berücksichtigen sind vielmehr alle Vor- und Nachteile, das Berufsbild sowie das Ansehen, das die jeweilige Arbeit in der gesellschaftlichen Anschauung, aber auch unter den Arbeitskollegen genießt, usw.[1] Grundsätzlich ist der Entzug oder die Hinzufügung von Teilaufgaben zulässig, es sei denn, die entzogene oder neu übertragene Teilfunktion gibt der Gesamttätigkeit ein solches Gepräge, dass nach ihrem Wegfall bzw. Hinzutreten insgesamt von einer anderen Tätigkeit auszugehen ist, wenn es sich also um eine wesentliche Änderung der Teilaufgaben handelt.[2] In der Privatwirtschaft spricht für eine unterwertige Beschäftigung, wenn die Funktionen und die Vertretungsbefugnisse eingeschränkt werden.[3] Der Entzug einer Prokura allerdings ist ohne Rücksicht auf den Arbeitsvertrag möglich, auch wenn dadurch das Ansehen des betroffenen Arbeitnehmers sinkt.[4] Geringfügige Minderungen des sozialen Status muss der Arbeitnehmer ebenso hinnehmen.[5]

47

Ist für die neu zugewiesene Tätigkeit eine **geringere Vergütung** zu zahlen, ist grundsätzlich auch von einer Geringerwertigkeit dieser Arbeit auszugehen. Dies gilt jedoch nach Rechtsprechung und Literatur nicht, wenn für die neu zugewiesene Tätigkeit geringere oder gar keine **Schmutzzulagen, Wegegelder o.Ä.** anfallen. Diese Zulagen haben nach dieser Ansicht keinen Einfluss auf die Wertigkeit der Arbeit an sich und sind damit regelmäßig nicht essenzieller Bestandteil des Arbeitsverhältnisses, sondern sollen nur besondere Erschwernisse abgelten, solange diese tatsächlich auch gegeben sind.[6] Wie hoch die Einkommensminderung aufgrund der wegfallenden Zulagen sein darf, richtet sich nach der Rechtsprechung zu Widerrufsvorbehalten (→ *Vorbehalte und Teilbefristung*, II V 70).

48

Indes begegnet eine solchermaßen generalisierende Differenzierung zwischen einer (unzulässigen) Versetzung auf einen Arbeitsplatz mit geringerer Vergütung und (zulässigen) Streichungen bestimmter Zulagen durchgreifenden **Zweifeln**: Ob eine bestimmte Vergütung und daneben eine Zulage oder ob von vornherein eine höhere Vergütung gezahlt wird, hängt oftmals vom Zufall der Formulierung im Einzelfall

49

---

1 Unzulässig ist etwa die Versetzung einer Führungskraft auf eine Sachbearbeiterstelle auch bei gleichbleibender Vergütung, so LAG BW v. 20.4.2009 – 4 Sa 4/09, ArbRB 2009, 196.
2 BAG v. 2.4.1996 – 1 AZR 743/95, AP Nr. 34 zu § 95 BetrVG 1972.
3 LAG Schl.-Holst. v. 26.9.2002 – 4 Sa 337/01, n.v.
4 BAG v. 26.8.1986 – 3 AZR 94/85, AP Nr. 1 zu § 52 HGB.
5 Vgl. zur Einschätzung im Einzelfall hinsichtlich der Entziehung von Leitungsfunktionen ohne Änderung der Vergütungsgruppe einerseits LAG Rh.-Pf. v. 27.8.2009 – 2 Sa 177/09, n.v., andererseits LAG Köln v. 11.12.2009 – 10 Sa 328/09, n.v.
6 BAG v. 15.11.1995 – 2 AZR 521/95, AP Nr. 20 zu § 1 TVG Tarifverträge Lufthansa; KR/*Rost/Kreft*, § 2 KSchG Rz. 43; *Neumann*, AR-Blattei SD 1700, Versetzung des Arbeitnehmers, Rz. 42; Schaub/*Linck*, § 45 Rz. 32.

ab. Häufig entspricht es weniger der Absicht einer sachlichen Differenzierung als vielmehr dem bloßen Wunsch nach **rationeller Formulierung**, bspw. in einem Gehaltstarifvertrag nicht alle denkbaren Arten von Arbeitsplätzen einzeln aufzuführen, wenn dabei für bestimmte Sonderfälle im Ergebnis immer der gleiche Gehaltszuschlag vorgesehen wird. Stattdessen werden Gehaltszuschläge für typisierbare Erschwernisse oder Sonderleistungen des Arbeitnehmers in Form von Zuschlägen berücksichtigt. Dadurch ändert sich aber der Charakter der letztendlich erbrachten Leistung nicht.

50 Eine Differenzierung zwischen geringerer Vergütung und Zulage sowie höherer Vergütung ohne Zulage bietet sich daher nur an, wenn eindeutig feststeht, dass die von der Zulage abgegoltene Erschwernis **nicht ständiger Bestandteil des sachlichen Tätigkeitsbereichs** ist.[1] Werden einem Arbeitnehmer nur von Fall zu Fall bestimmte Aufgaben übertragen, die eine besondere Abgeltung verlangen, so bestehen auch im Hinblick auf den damit verbundenen Zulagenverlust keine Bedenken dagegen, dem Arbeitnehmer derartige Sonderaufgaben weniger häufig oder auch gar nicht mehr zu übertragen. Dafür sprechen auch einige Urteile, in denen es um die Umwandlung von Bereitschaftsdienst in normale Arbeitszeit ging.[2]

51 Sind hingegen die zulagenbegründenden Aufgaben **regelmäßiger Bestandteil des Arbeitsverhältnisses**, so ist die Einschränkung oder Einstellung der Übertragung dieser Aufgaben jedenfalls insoweit **unzulässig**, als dadurch eine effektive Vergütungsminderung eintritt. Dies ist etwa dann der Fall, wenn bei der Einstellung mit Rücksicht auf die besonderen Verdienstmöglichkeiten des Arbeitnehmers ausdrücklich Nachtschicht vereinbart wurde.

52 Diese Aspekte sind zu berücksichtigen, wenn bei Versetzung auf einen anderen Arbeitsplatz bei gleichzeitigem Wegfall einer vorher zu gewährenden **Funktionszulage** (z.B. Zulagen als Schichtmeister, Vorarbeiter etc.) eine Ungleichwertigkeit angenommen wird,[3] so dass die Zuweisung eines Arbeitsplatzes, für den die Funktionszulage nicht anfällt, aufgrund des allgemeinen Direktionsrechts nicht möglich ist (dazu auch → *Vorbehalte und Teilbefristung*, II V 70 Rz. 18 ff.[4]

53 Ist die Arbeitspflicht **nicht auf eine näher bestimmte Tätigkeit begrenzt**, gleichzeitig aber eine **bestimmte Vergütungsgruppe angegeben** (Typ 1), kann dem Arbeitnehmer jedenfalls im **öffentlichen Dienst** nach ständiger Rechtsprechung grundsätzlich **jede Tätigkeit** zugewiesen werden, die den **Merkmalen seiner Vergütungsgruppe und seinen Kräften und Fähigkeiten entspricht**, sofern nicht ausnahmsweise Billig-

---

[1] In diesem Sinne auch *Neumann*, AR-Blattei SD 1700, Versetzung des Arbeitnehmers, Rz. 44.
[2] Z.B. BAG v. 19.6.1985 – 5 AZR 57/84, AP Nr 11 zu § 4 BAT; v. 17.3.1988 – 6 AZR 268/85, AP Nr. 11 zu § 15 BAT; v. 30.1.1996 – 3 AZR 1030/94, AP Nr. 5 zu § 1 TVG Tarifverträge DRK; v. 26.3.1998 – 6 AZR 537/96, AP Nr. 39 zu § 15 BAT.
[3] BAG v. 10.11.1992 – 1 AZR 185/92, AP Nr. 6 zu § 72 LPVG NW; v. 15.11.1995 – 2 AZR 521/95, AP Nr. 20 zu § 1 TVG Tarifverträge Lufthansa; KR/*Rost/Kreft*, § 2 KSchG Rz. 43; *Neumann*, AR-Blattei SD 1700, Versetzung des Arbeitnehmers, Rz. 47; Schaub/*Linck*, § 45 Rz. 32.
[4] BAG v. 15.11.1995 – 2 AZR 521/95, AP Nr. 20 zu § 1 TVG Tarifverträge Lufthansa.

keitsgesichtspunkte entgegenstehen.¹ Dies rechtfertigt jedoch nicht die Übertragung einer solchen Tätigkeit, die an sich einer niedrigeren Vergütungsgruppe angehört, der Arbeitnehmer aber wegen eines Bewährungsaufstiegs trotzdem in die ursprüngliche Vergütungsgruppe eingruppiert werden kann und nur aus diesem Grund die ursprüngliche Vergütungsgruppe beibehalten werden kann.²

Anders liegt jedoch der Fall, in dem ein Arbeitnehmer ausdrücklich für einen **bestimmten Tätigkeitsbereich** eingestellt wird, innerhalb dessen er alle Tätigkeiten einer bestimmten Vergütungsgruppe auszuüben hat:³ In einem solchen Fall ist dem Arbeitnehmer im Rahmen einer bestimmten Vergütungsgruppe vertraglich ein bestimmter Aufgabenbereich zugesagt worden. Der Arbeitgeber kann also nicht mit Hilfe des Direktionsrechts dem Arbeitnehmer Tätigkeiten zuweisen, die zwar der Vergütungsgruppe entsprechen, aber nicht innerhalb des vertraglich zugesagten Tätigkeitsbereichs liegen.⁴ 54

Die Grundsätze der Rechtsprechung zur Aufgabenzuweisung innerhalb der festgelegten Vergütungsgruppe im öffentlichen Dienst können auch auf **Arbeitsverhältnisse außerhalb des öffentlichen Dienstes** übertragen werden, falls ein Tarifvertrag mit entsprechenden Regelungen der Vergütungsgruppen Anwendung findet. In diesen Fällen kann davon ausgegangen werden, dass ein **Kräftegleichgewicht** der Tarifpartner besteht und daher für beide Seiten **angemessene Lösungen** vereinbart wurden. 55

Ein Arbeitgeber dagegen, auf dessen Arbeitsverträge mit seinen Arbeitnehmern **kein Tarifvertrag** Anwendung findet, kann die Vergütungsgruppe selbst und praktisch ohne Einfluss des Arbeitnehmers festlegen. Könnte dieser Arbeitgeber ebenfalls dem Arbeitnehmer jede Tätigkeit zuweisen, die in dessen Vergütungsgruppe fällt, könnte er möglichst viele Tätigkeiten in eine Vergütungsgruppe einbeziehen und auf diese Weise sein allgemeines Direktionsrecht beliebig ausweiten. Bei Arbeitsverhältnissen, auf die kein Tarifvertrag Anwendung findet, gelten daher die allgemeinen Grundsätze zum **Verbot der Zuweisung einer geringerwertigen Tätigkeit**. 56

Welche Tätigkeiten gleich- und welche geringerwertig sind, hatte die Rechtsprechung in zahlreichen Verfahren zu prüfen. Als **gleichwertig** wurden angesehen:⁵ 57
– Abteilungsleiter Boutique/Abteilungsleiter Damenhüte,⁶

---

1 BAG v. 9.2.1989 – 6 AZR 174/87, AP Nr. 4 zu § 2 BeschFG 1985; v. 15.10.1992 – 6 AZR 342/91, AP Nr. 2 zu § 9 MTB II; v. 23.6.1993 – 5 AZR 337/92, AP Nr. 42 zu § 611 BGB Direktionsrecht; v. 24.11.1993 – 5 AZR 206/93, ZTR 1994, 166; v. 30.8.1995 – 1 AZR 47/95, AP Nr. 44 zu § 611 BGB Direktionsrecht; v. 28.10.1999 – 6 AZR 269/98, ZTR 2000, 473; v. 29.10.2002 – 6 AZR 643/00 n.v.; v. 6.11.2002 – 5 AZR 330/01, AP Nr. 63 zu § 611 BGB Direktionsrecht; v. 21.11.2002 – 6 AZR 82/01, AP Nr. 63 zu § 611 BGB Direktionsrecht; LAG Köln v. 5.2.1999 – 11 Sa 1025/98, ZTR 1999, 378; LAG Hamm v. 20.4.1999 – 5 Sa 1000/97, EzA-SD 1999, Nr. 18, S. 11; LAG Schl.-Holst. v. 12.2.2002 – 5 Sa 409c/01, n.v.; LAG Hamm v. 22.5.2003 – 11 Sa 1735/02, n.v.
2 BAG v. 30.8.1995 – 1 AZR 47/95, AP Nr. 44 zu § 611 BGB Direktionsrecht; v. 24.4.1996 – 4 AZR 976/94, AP Nr. 49 zu § 611 BGB Direktionsrecht.
3 BAG v. 31.8.1989 – 2 AZR 567/88, n.v.; v. 26.6.2002 – 6 AZR 50/00, n.v.
4 BAG v. 31.8.1989 – 2 AZR 567/88, n.v.
5 Vgl. auch die Zusammenstellung bei *Neumann*, AR-Blattei SD 1700, Versetzung des Arbeitnehmers, Rz. 56 f.
6 BAG v. 25.10.1983 – 1 AZR 47/82, n.v.

- Badeabteilung/Aufnahmedienst in Klinik,[1]
- Büffetkraft/Verkäuferin,[2]
- Büffetkraft/Kuchenverkaufsstand,[3]
- Hilfsarbeiten sind grundsätzlich gleichwertig,[4]
- Hilfsarbeiter/Botengänge,[5]
- Hilfsarbeiter/Fensterputzer,[6]
- Kaffeekochen/andere Küchentätigkeiten,[7]
- Kreditsachbearbeiter Außendienst/Kreditsachbearbeiter Innendienst,[8]
- Pförtner/Nachtwächter,[9]
- Pressesprecher mit Vertrauensposition/Vorstandsreferent,[10]
- Schreibkraft mit Schreibmaschine/Computerschreibkraft,[11]
- Verkäuferin Kinderabteilung/Verkäuferin Herrenabteilung.[12]

Als **ungleichwertig** wurden angesehen:
- Angestellter/Arbeiter,[13]
- Ankerwickler/Hilfstätigkeiten,[14]
- Kanzleivorsteherin/Stenotypistin,[15]
- Kaufmännische Angestellte/Packerin am Packtisch,[16]
- Krankenpfleger/Bürotätigkeit in Röntgenabteilung,[17]
- Kundenbesucher/Mahnbuchhalter,[18]
- Lohnbuchhalter/Überwacher von Schichtenbüchern,[19]
- Orchestermusiker/Bühnenmusiker im Kostüm,[20]
- Pianist/Tonsteuerer,[21]

---

1 ArbG Berlin v. 6.12.1956 – 23 Ca 46/56, Entschkal. 1957 III 163.
2 ArbG Augsburg v. 17.5.1961, ARSt XXVI Nr. 381.
3 BAG v. 20.12.1983 – 1 AZR 380/82, n.v.
4 LAG Hamm v. 7.8.1962 – 2 Sa 182/62, BB 1962, 1160.
5 ArbG Essen v. 19.3.1963 – 3 Ca 2608/62, WA 1964, 39.
6 LAG Hamm v. 12.9.1951 – 3 Sa 298/51, BB 1951, 839.
7 LAG Schl.-Holst. v. 3.12.1992, 4 Sa 311/92 – DB 1993, 284.
8 BAG v. 27.3.1980 – 2 AZR 506/78, AP Nr. 26 zu § 611 BGB Direktionsrecht (die Einstellungsbezeichnung lautete hier „kaufmännischer Angestellter"); BAG v. 23.6.1993 – 5 AZR 337/92, AP Nr. 42 zu § 611 BGB Direktionsrecht.
9 LAG Düsseldorf v. 11.3.1959 – 3a Sa 2/59, BB 1959, 667; allerdings keine Gleichwertigkeit, wenn der Pförtner nur für den Tagdienst eingestellt wurde.
10 LAG Köln v. 23.2.1987 – 6 Sa 957/86, LAGE § 611 BGB Direktionsrecht Nr. 1.
11 BAG v. 10.4.1984 – 1 ABR 67/82, EzA § 95 BetrVG 1972 Nr. 8.
12 LAG Köln v. 26.10.1984 – 6 Sa 740/84, NZA 1985, 258.
13 LAG Tübingen v. 21.11.1966 – 4 Sa 20/66 – DB 1967, 249; LAG Hamm v. 29.1.1988 – 5 Sa 897/87, ZTR 1988, 433 (LS); LAG Rh.-Pf. v. 19.8.1999 – 6 Sa 171/99, n.v.
14 RAG v. 6.12.1930, ARS Bd. 11 Nr. 3.
15 LAG Düsseldorf v. 11.10.1960 – 8 Sa 286/60, BB 1960, 1326.
16 LAG Sachsen v. 13.11.2002 – 2 Sa 205/02, n.v.
17 BAG v. 15.5.1984 – 1 AZR 289/83, n.v.
18 LAG Düsseldorf v. 21.11.1955 – 2b Sa 295/55 (r), BB 1956, 433.
19 LAG Berlin v. 15.11.1962 – 6 Sa 21/62, DB 1963, 1123.
20 BAG v. 18.4.1984 – 4 AZR 212/83, AP Nr. 9 zu § 611 BGB Musiker.
21 RAG v. 16.5.1931, ARS Bd. 12, S. 261.

- Sachgebietsleiter mit Weisungsbefugnis/Sachgebietsleiter ohne Weisungsbefugnis (auch bei gleicher Vergütung),[1]
- Schlosser/Hilfsarbeiter,[2]
- Serviererin/Zimmermädchen,[3]
- Stenotypistin/Korrektorin in Kalkulation/Betriebsabrechnung,[4]
- Personalsachbearbeiterin/Mitarbeit in der Produktkontrolle.[5]

(3) Zusammenfassung

Zusammenfassend bleibt festzuhalten: Die Zuweisung geringerwertiger Tätigkeiten aufgrund des allgemeinen Direktionsrechts ist grundsätzlich nicht möglich. Der sachliche Tätigkeitsbereich ist im Wege der **Auslegung** zu ermitteln. Ist eine tarifliche Vergütungsgruppe angegeben, können dem Arbeitnehmer alle Aufgaben, die in diese Vergütungsgruppe fallen, übertragen werden. Ist dagegen keine Vergütungsgruppe angegeben, ist im Zweifel die **zuerst zugewiesene konkrete Tätigkeit** als die arbeitsvertraglich vereinbarte anzusehen, so dass sich die Zulässigkeit nachfolgender Neuzuweisungen an der Wertigkeit dieser zuerst zugewiesenen Arbeit orientiert.

bb) Genaue Regelung der sachlichen Hauptleistungspflicht

(1) Genaue Umschreibung; Berufsbild

Typ 2: Arbeitsvertragliche Regelung der sachlichen Hauptleistungspflicht

a) Herr/Frau ... wird als Teppichverkäufer/in eingestellt.
b) Herr/Frau ... wird als Kfz-Schlosser/in eingestellt.

Wird der Arbeitnehmer für eine **ganz bestimmte Tätigkeit** eingestellt, so wird diese zum Vertragsinhalt.[6] Wird er – dies ist der Regelfall – für eine im Arbeitsvertrag **rahmenmäßig umschriebene Tätigkeit** eingestellt (Typ 2a und b), z.B. als Kfz-Schlosser, Maurer, Einzelhandelskaufmann, kann der Arbeitgeber ihm kraft seines allgemeinen Direktionsrechts sämtliche Arbeiten zuweisen, die sich innerhalb dieses **Berufsbilds** halten.[7] Auch hier gilt der Grundsatz, dass die Zuweisung einer geringerwertigen Tätigkeit grundsätzlich unzulässig ist (dazu ausführlich Rz. 45 ff.). Ein Fahrer eines Lkw ist bspw. nur dann nicht zur Ladetätigkeit verpflichtet, wenn zwischen den Arbeitsvertragsparteien ausschließlich Lenktätigkeit vereinbart ist.[8]

---

1 LAG Hamm v. 9.1.1997 – 17 Sa 1554/96, ZTR 1997, 279 (Ls.).
2 LAG Hamm v. 2.11.1954 – 2 Sa 443754, BB 1955, 255.
3 ArbG München v. 23.4.1998 – 2b Ca 14200/97 H, AiB 1998, 600.
4 LAG Tübingen v. 22.2.1960 – IV Sa 91/59, WA 1960, 116.
5 BAG v. 9.5.2006 – 9 AZR 424/05, AP Nr. 21 zu § 307 BGB.
6 Vgl. BAG v. 10.11.1955 – 2 AZR 591/54, AP Nr. 2 zu § 611 BGB Beschäftigungspflicht; v. 19.8.1976 – 3 AZR 173/75, AP Nr. 4 zu § 611 BGB Beschäftigungspflicht.
7 BAG v. 27.3.1980 – 2 AZR 506/78, AP Nr. 26 zu § 611 BGB Direktionsrecht; v. 24.4.1996 – 5 AZR 1031/94, AP Nr. 48 zu § 611 BGB Direktionsrecht; LAG Hess. v. 3.7.1997 – 5 Sa 2064/96, ZTR 1998, 93.
8 LAG Hess. v. 13.6.1995 – 9 Sa 2054/94, NZA-RR 1996, 210.

Eine Bäckereifachverkäuferin ist auf Anordnung des Arbeitgebers verpflichtet, zeitweise die im Backraum installierte automatische Brötchenbackanlage einschließlich vorgeschaltetem Gärschrank zu bedienen.[1]

60 Dem Arbeitnehmer kann auch ein **Wechsel in der Art der Beschäftigung** auferlegt werden, insbesondere kann über das allgemeine Weisungsrecht auch der Arbeitsbereich des Arbeitnehmers verkleinert werden, solange darin nicht die Zuweisung eines anderen Tätigkeitsbereichs liegt.[2] Wird bspw. ein Arbeitnehmer als Leiter der Abteilung Betriebswirtschaft eingestellt, hat er Anspruch auf Leitung einer Abteilung, die zumindest die Kernbereiche der Betriebswirtschaft in sich vereint,[3] d.h. der Arbeitgeber darf nicht im Wege des Direktionsrechts dem Arbeitnehmer in der Weise Aufgaben entziehen, dass nur noch eine Leitungsfunktion ohne Bezug zu den Kernbereichen der Betriebswirtschaft übrig bleibt.

61 Darüber hinaus können dem Arbeitnehmer stets **Nebenarbeiten** zugewiesen werden, die in einem **inneren Zusammenhang** mit der geschuldeten Tätigkeit stehen.[4] In Notfällen können dem Arbeitnehmer jedoch auch andere Aufgaben übertragen werden (dazu Rz. 46).

62 Der Arbeitgeber kann auch die **Schulung** des Arbeitnehmers verlangen, wenn dieser aufgrund neuer technologischer Entwicklungen nicht über die erforderliche Kenntnis verfügt, die zur Ausübung der zum Berufsbild gehörenden Tätigkeiten erforderlich ist.[5]

(2) Umschreibung außerhalb herkömmlicher Berufsbilder liegender Tätigkeiten; Hilfsarbeiten

Typ 3: Umschreibung außerhalb herkömmlicher Berufsbilder liegender Tätigkeiten; Hilfsarbeiten

a) Der Arbeitnehmer wird damit betraut, für den Arbeitgeber Verträge über ... zu vermitteln.

b) Der Arbeitnehmer wird als Aushilfe für folgende Arbeiten eingestellt: ...

63 Entspricht die dem Arbeitnehmer zuzuweisende Tätigkeit **keinem bekannten Berufsbild** (Typ 3a), so bedarf es einer näheren Umschreibung der Tätigkeit. In solchen Fällen ist eine Aufzählung der anfallenden Arbeiten zu empfehlen. Bei der Einstellung des Arbeitnehmers als **Aushilfe** (Typ 3b) ist zwar eine solche Aufzählung der Arbeiten nach der Rechtsprechung nicht unbedingt erforderlich, da Hilfsarbeiten

---

1 LAG Hamm v. 8.6.1994 – 14 Sa 2054/93, LAGE § 611 Direktionsrecht Nr. 20.
2 BAG v. 27.3.1980 – 2 AZR 506/78 – AP Nr. 26 zu § 611 BGB Direktionsrecht; v. 23.6.1993 – 5 AZR 337/92, AP Nr. 42 zu § 611 BGB Direktionsrecht; v. 2.4.1996 – 1 AZR 743/95, AP Nr. 34 zu § 95 BetrVG 1972.
3 LAG Köln v. 22.4.1999 – 5 Sa 30/99, n.v.; bestätigt durch BAG v. 24.1.2001 – 5 AZR 411/99, n.v.
4 Eine Küchenhilfe kann jedoch nicht zur Reinigung von sanitären Einrichtungen angewiesen werden, LAG Nds. v. 6.4.2009 – 9 Sa 1303/08, LAGE § 106 GewO 2003 Nr. 6a.
5 ArbG Bonn v. 4.7.1990 – 4 Ca 751/90, NZA 1991, 512.

grundsätzlich als gleichwertig und damit als austauschbar gelten,[1] zu empfehlen ist sie jedoch aus Klarstellungsgründen auch hier.

(3) Einschlägige Arbeiten; Übertragung der Direktionsbefugnis

Eine neben der Berufsbildangabe enthaltene Wendung: „Der Arbeitnehmer wird beschäftigt mit ... und mit allen einschlägigen Arbeiten nach näherer Weisung der Betriebsleitung und seiner Vorgesetzten" ist **unnötig**. Ist das Berufsbild bekannt, bedarf es keines Hinweises auf einschlägige Arbeiten, da die Beschäftigung mit einschlägigen Arbeiten den Normalfall darstellt. Ist das Berufsbild dagegen nicht bekannt, so hilft der Hinweis auf einschlägige Arbeiten nicht weiter, weil es keine einschlägigen Arbeiten für das unbekannte Berufsbild gibt. **Hier hilft die Erkenntnis, dass alles Nötige schon in § 106 GewO steht.** 64

Der Zusatz, dass die anfallenden Arbeiten nach näherer Weisung von Betriebsleitung und Vorgesetzten auszuführen sind, ist ebenfalls entbehrlich. Die Einzelweisungen des Arbeitgebers stellen einseitige Rechtsgeschäfte dar,[2] so dass sich die **Zulässigkeit der Direktionsrechtsausübung durch Dritte** aus einer dem Dritten gesetzlich oder vertraglich eingeräumten Vertretungsmacht ergibt. Handelt es sich bei dem Arbeitgeber etwa um eine juristische Person (z.B. Aktiengesellschaft, GmbH) oder um einen rechtlich der juristischen Person angenäherten Personenverband (z.B. OHG, KG), so können diese Arbeitgeber ausschließlich durch ihre Organe (Vorstand, Geschäftsführer) handeln. Das gilt auch für die BGB-Gesellschaft, deren Rechtsfähigkeit nunmehr insoweit anerkannt ist, als sie durch Teilnahme am Rechtsverkehr eigene Rechte und Pflichten begründet.[3] Arbeitgeber, die natürliche Personen sind, und Organe von juristischen Personen oder Personenverbänden können wiederum Dritte durch Einräumung entsprechender Vertretungsmacht zur Ausübung des Direktionsrechts ermächtigen. 65

Dem steht auch **§ 613 Satz 2 BGB** nicht entgegen, da die Dienste auch bei Direktionsrechtsausübung durch Dritte nach wie vor für den Arbeitgeber geleistet werden. 66

Bindungen des Unternehmens an andere Unternehmen dagegen können das **Direktionsrecht nicht ausweiten**. Die Arbeitsleistung ist nur dem Arbeitgeber zu erbringen, mit dem der Arbeitsvertrag abgeschlossen wurde. Die Konzernleitungsmacht gibt kein Weisungsrecht, das auf den Arbeitnehmer eines konzernabhängigen Unternehmens durchgreifen könnte.[4] Eine andere Sichtweise hätte nämlich einen Arbeitgeberwechsel zur Folge. Etwas anderes gilt nur dann, wenn der Arbeitnehmer Arbeitsverträge mit mehreren Konzernunternehmen abgeschlossen hat (vgl. dazu im Rahmen der Versetzungsbefugnis Rz. 214). Dies wird in der Praxis selten der Fall sein. 67

---

1 LAG Hamm v. 7.8.1962 – 2 Sa 182/62, BB 1962, 1160.
2 BAG v. 20.1.1960 – 4 AZR 267/59, AP Nr. 8 zu § 611 BGB Direktionsrecht.
3 BGH v. 29.1.2001 – II ZR 331/00, BGHZ 146, 341; v. 18.2.2002 – II ZR 331/00, NJW 2002, 1207; BAG v. 1.12.2004 – 5 AZR 597/03, AP Nr. 14 zu § 50 ZPO; ArbG Verden v. 7.5.2003 – 1 Ca 859/02, NZA 2003, 918.
4 Vgl. MünchArbR/*Richardi*, § 23 Rz. 24; *Zöller*, ZfA 1983, 93 (100).

(4) Verweis auf Stellenbeschreibungen

Typ 4: Verweis auf Stellenbeschreibungen

a) Die Stellenbeschreibung für den Arbeitsplatz ... (z.B. Schlosser, Verkäufer, usw.) ist in ihrer Fassung vom (Erstellungsdatum der bei Vertragsschluss gültigen Fassung) Bestandteil des Arbeitsvertrags.

b) Die Hinweise in der dem Arbeitnehmer bekannt gemachten Stellenbeschreibung vom ... (Erstellungsdatum der bei Vertragsschluss gültigen Fassung) für den Arbeitsplatz ... (z.B. Schlosser, Verkäufer, usw.) sind zu beachten. Die Stellenbeschreibung ist nicht Bestandteil des Arbeitsvertrags.

c) Die Einzelheiten der dem/der Mitarbeiter/in übertragenen Arbeiten ergeben sich aus der jeweils verbindlichen Stellenbeschreibung.

d) Die Tätigkeit richtet sich nach der diesem Vertrag beigefügten Stellenbeschreibung, deren Änderung und Ergänzung nach betriebsorganisatorischen Erfordernissen sich die Firma ... vorbehält.

e) Der Ihnen zugewiesene Tätigkeitsbereich bestimmt sich aus der Stellenbeschreibung Ihres Aufgabenbereichs und der Betriebsanweisung „Kassieren". Die Stellenbeschreibung und die Betriebsanweisung „Kassieren" ist in der jeweils gültigen Fassung Bestandteil des Anstellungsvertrags.

68 Eine **Stellenbeschreibung** legt die Funktion einer bestimmten Stelle innerhalb des betrieblichen Geschehens fest. Sie definiert die Aufgaben und die Kompetenzen dieser Stelle und beschreibt, welche Tätigkeiten im Einzelnen zur Erfüllung dieser Aufgabe verrichtet werden müssen. Sie ist damit **Teil der Organisation des betrieblichen Arbeitsablaufes**, indem sie festlegt, an welcher Stelle welche Arbeit zu verrichten ist.[1]

69 Die Rechtsprechung hat bislang keine eingehenden Überlegungen zur Zulässigkeit von Bezugnahmeklauseln auf Stellenbeschreibungen angestellt, sondern diese schlicht akzeptiert.[2] Dazu besteht auch kein Anlass, weil Verweise auf Stellenbeschreibungen nur **formale Sonderfälle entweder von Tätigkeitsbeschreibungen oder von Direktionsrechtsausübungen** darstellen. Es sind also zwei Grundtypen von auf Stellenbeschreibungen Bezug nehmenden Klauseln zu unterscheiden:

70 Zum einen kann es sich um eine **ergänzende Tätigkeitsbeschreibung** handeln. Typ 4a bedeutet im Grunde nur eine Auslagerung der ganzen oder eines Teils der Tätigkeitsbeschreibung aus dem eigentlichen Arbeitsvertrag in die sog. Stellenbeschreibung in der **bei Vertragsschluss gültigen Fassung**. Die Stellenbeschreibung beinhaltet dann wesentliche Konkretisierungen der Leistungspflicht des Arbeitnehmers. Durch den Arbeitsvertrag in Verbindung mit der Stellenbeschreibung wird der Tätigkeitsbereich des Arbeitnehmers näher bestimmt. Die Stellenbeschreibung ist also in einem solchen Fall **Bestandteil des Arbeitsvertrages** und stellt selbst eine Rechtsgrundlage für das Direktionsrecht dar.

---
1 BAG v. 31.1.1984 – 1 ABR 63/81, EzA § 95 BetrVG 1972 Nr. 7.
2 Vgl. LAG Hamm v. 14.8.2002 – 18 Sa 1822/01, n.v.

71 Für die Wirksamkeit der Stellenbeschreibung als Arbeitsvertragsbestandteil ist jedenfalls Voraussetzung, dass die Stellenbeschreibung dem **Arbeitnehmer bei Vertragsschluss bekannt ist** und ggf. ausgehändigt wird. Der Sinn dieser Klausel liegt primär darin, den Arbeitgeber von ständigen Neufassungen und Neudrucken vorformulierter Arbeitsverträge zu befreien. Da der Arbeitnehmer in einer „Stellenbeschreibung" nicht zwangsläufig wichtige Bestandteile des Arbeitsvertrags vermutet, sollte darauf – auch im Hinblick auf das NachwG – sowohl im Arbeitsvertrag als auch in der Stellenbeschreibung selbst hingewiesen werden. Ansonsten kann es an dem für die Einbeziehung in den Arbeitsvertrag erforderlichen Konsens darüber fehlen, dass die Stellenbeschreibung Bestandteil des Arbeitsvertrags ist.

72 Zum anderen kann es sich bei einem Verweis auf eine Stellenbeschreibung um die statische **antizipierte Direktionsrechtsausübung** handeln. Durch eine Bestimmung wie Typ 4b wird auf eine Stellenbeschreibung Bezug genommen, die den Tätigkeitsbereich **über die im Arbeitsvertrag notwendige Bestimmtheitsgrenze hinaus konkretisiert**. Es handelt sich hierbei um eine antizipierte Ausübung des Direktionsrechts, z.B. um generelle Arbeitsanweisungen, so dass eine entsprechende Rechtsgrundlage im Arbeitsvertrag Voraussetzung ist. Die Stellenbeschreibung kann im Rahmen des bestehenden Direktionsrechts jederzeit einseitig durch den Arbeitgeber geändert werden. Verweise auf solche Stellenbeschreibungen sollten zur Abgrenzung von Verweisen auf Stellenbeschreibungen, die eine ergänzende Tätigkeitsbeschreibung enthalten, wie es in Klausel Typ 4a der Fall ist, den Hinweis enthalten, dass sie **nicht Bestandteil des Arbeitsvertrags** sind.

73 Eine Besonderheit gegenüber den beiden **Grundtypen** der gewöhnlichen Tätigkeitsbereichsbeschreibung (Typ 4a) und der Direktionsrechtsausübung (Typ 4b) besteht bei Typ 4 c–e. Sie enthalten **dynamische Verweise** auf die **jeweils gültige Fassung** einer Stellenbeschreibung. Solche dynamischen Verweise auf Stellenbeschreibungen finden sich in Verbindung mit beiden Grundtypen (Typ 4a und b).

74 Da Stellenbeschreibungen des Typ 4a den sachlichen (u.U. auch örtlichen und zeitlichen) Tätigkeitsbereich beschreiben, gelten für sie die gleichen Grenzen wie oben zum sachlichen Tätigkeitsbereich ausgeführt (Rz. 59 ff.). **Dynamische Verweisungen** auf solche ausgelagerten Tätigkeitsbeschreibungen beinhalten ein **jederzeitiges Änderungsrecht** des Arbeitgebers in Bezug auf den sachlichen Tätigkeitsbereich. Dies ist zulässig, soweit die durch den dynamischen Verweis mögliche Erweiterung des sachlichen Tätigkeitsbereichs sich in den **Grenzen zulässiger Direktionsrechtserweiterung** bewegt. Ein Eingriff in die gegenseitigen Hauptleistungspflichten (Vergütungs- und Arbeitspflicht) ist also nicht zulässig.[1] Problematisch vor dem Hintergrund des § 3 NachwG ist jedoch, dass der Arbeitgeber die Stellenbeschreibung und damit auch die Arbeitsbedingungen ändern kann, ohne dass der Arbeitnehmer davon erfährt. § 3 NachwG verpflichtet den Arbeitgeber indes, die wesentlichen Vertragsbedingungen schriftlich nachzuweisen und auch jede Änderung dieser Bedingungen dem Arbeitnehmer schriftlich mitzuteilen. Dadurch soll gerade verhindert werden, dass sich Arbeitsbedingungen unbemerkt vom Arbeitnehmer ändern. Deshalb ist der Arbeitgeber auch bei einer dynamischen Verweisung auf Stellen-

---

[1] Zu Direktionsrechtserweiterungen hinsichtlich des sachlichen Tätigkeitsbereichs s. Rz. 137 ff.

beschreibungen verpflichtet, diese dem Arbeitnehmer in der jeweils geltenden Fassung auszuhändigen.

75 Bei Verweisen auf Stellenbeschreibungen, wie in Typ 4b, die eine **antizipierte Direktionsrechtsausübung** darstellen, begegnet die Technik des dynamischen Verweises dagegen **keinen Bedenken**, im Gegenteil ist sie sogar anzuraten.[1] Ebenso wie der Arbeitgeber seine kraft Direktionsrechts mündlich gegebenen Weisungen jederzeit durch andere Direktiven ersetzen kann, darf er sich durch dynamische Verweisung vorbehalten, schriftliche Stellenbeschreibungen, die nur antizipierte Ausübungen des Direktionsrechts darstellen, jederzeit ändern zu können.

76 Ein Verweis auf eine nur **möglicherweise vorhandene** Stellenbeschreibung ist **unzweckmäßig**. Soll die Stellenbeschreibung Bestandteil des Arbeitsvertrags sein (Typ 4a), muss sie dem Arbeitnehmer nach allgemeinen Grundsätzen bei Abschluss des Arbeitsvertrags bekannt sein. Beinhaltet sie schriftlich gefasste, antizipierte Ausübungen des Direktionsrechts (Typ 4b), können diese Weisungen für den Arbeitnehmer ebenfalls nach allgemeinen Grundsätzen erst dann verbindlich werden, wenn sie ihm zugegangen sind. Unabhängig davon, welcher Typ von Stellenbeschreibung vorliegt, genügt ein von der Existenz der Stellenbeschreibung abhängig gemachter Verweis im Arbeitsvertrag also nicht, um irgendwelche Rechtsfolgen auszulösen.

(5) Zusammenfassung

77 Festzuhalten bleibt, dass auch bei einer genauen Regelung der sachlichen Hauptleistungspflicht die Zuweisung geringerwertiger Tätigkeiten außer in Notfällen unzulässig ist. Die Wertigkeit der vertraglich geschuldeten Tätigkeit bestimmt sich hier entweder nach dem angegebenen Berufsbild oder nach den einzeln aufgezählten Aufgaben. Dabei ist unerheblich, ob sich die Tätigkeitsbeschreibung ausdrücklich aus dem Arbeitsvertrag ergibt oder ob sie durch Verweis auf eine Stellenbeschreibung einbezogen wurde.

cc) Konkrete Arbeitsanweisungen

➲ **Nicht geeignet:**
  a) Der Arbeitnehmer ist verpflichtet, seinen Bezirk intensiv zu bearbeiten, die Kunden und Interessenten regelmäßig zu besuchen, neue Kunden zu werben und sich über ihre Bonität und Kreditwürdigkeit zu versichern. Er hat dem Arbeitgeber über alle Umstände, die für einen Vertragsschluss von Bedeutung sein können, zu berichten. Der Arbeitnehmer ist verpflichtet, Aufträge von Kunden und Interessenten unverzüglich an den Arbeitgeber weiterzugeben.
  b) Der Arbeitnehmer ist verpflichtet, über jeden Kundenbesuch nach beiliegendem Formblatt zu berichten. Der Arbeitnehmer ist verpflichtet, ein Fahrtenbuch zu führen.
  c) Der Arbeitnehmer verpflichtet sich, die übertragenen Arbeiten entsprechend den gesetzlichen Vorschriften, den Bestimmungen der Arbeitsordnung sowie den allgemeinen und besonderen Dienstanweisungen des Arbeitgebers und seiner Bevollmächtigten gewissenhaft und ordnungsgemäß unter besonderer

---

1 Vgl. dazu *Frey*, S. 45.

Beachtung der Unfallverhütungsvorschriften durchzuführen. Außerdem verpflichtet er sich, falls dies aus betrieblichen Gründen notwendig ist und eine Fahrerlaubnis vorliegt, ein werkseigenes Fahrzeug zu führen. Sofern betrieblich notwendig, ist der Arbeitnehmer grundsätzlich verpflichtet, im Schicht- oder Wechseldienst zu arbeiten.

Die Beispiele a) und b) beinhalten konkrete Arbeitsanweisungen, wobei sie den sachlichen Tätigkeitsbereich über das im Hinblick auf die Wertigkeitsrechtsprechung erforderliche Maß hinaus konkretisieren. 78

Einzelheiten bis hin zu Richtlinien über die Verwendung von Formblättern oder die Verpflichtung zur Führung eines Fahrtenbuchs sollten aus Gründen der **Übersichtlichkeit aus dem Arbeitsvertrag ausgelagert** werden. Erst recht gehören Regelungen, die die **betriebliche Ordnung** betreffen oder selbstverständlich sind (Beachtung von Sicherheitsbestimmungen), nicht in den Arbeitsvertrag.[1] Der Arbeitgeber, der auf eine schriftliche Fixierung nicht verzichten möchte, sollte dazu etwa das Instrument der dynamischen Verweisung auf eine Stellenbeschreibung nutzen. Dem Weisungsrecht des Arbeitgebers ist kraft Gesetzes immanent, dass es sich auch auf die betriebliche Ordnung und das Verhalten der Arbeitnehmer erstreckt (vgl. § 106 GewO). 79

Die Unterbringung solcher Regelungen im Arbeitsvertrag kann sich für den Arbeitgeber auch aus anderen Gründen als nachteilig erweisen. Nach der hier vertretenen Meinung handelt es sich bei diesen Regelungen – ebenso wie bei den Regelungen in den Stellenbeschreibungen – um antizipierte Wahrnehmungen des Direktionsrechts, mithin um **direktionsrechtsausübende Klauseln**. Sie sind nicht Bestandteil des Arbeitsvertrags, sondern dem Arbeitnehmer im Vorhinein eröffnete Konkretisierungen seiner Arbeitspflicht. Daraus folgt, dass der Arbeitgeber auch ohne ausdrücklichen Vorbehalt zur jederzeitigen Abänderung dieser Regelungen berechtigt ist. 80

Es ist aber **nicht sicher, wie die Rechtsprechung derartige Regelungen** – zumal als Bestandteil vorformulierter Verträge – **auslegen** wird. So könnten diese etwa zulasten des Arbeitgebers als **verbindliche Festlegungen** angesehen werden, auf deren Änderung der Arbeitgeber mangels ausdrücklichen Vorbehalts verzichtet hat. Es ist bspw. anerkannt, dass das Direktionsrecht durch Auswahlrichtlinien begrenzt werden kann.[2] Diese Richtlinien des Arbeitgebers in der genannten Entscheidung beziehen sich zwar nicht auf die Art der Tätigkeit, sondern auf die Durchführung personeller Einzelmaßnahmen. Es ist jedoch möglich, dass die Rechtsprechung auch in einer direktionsrechtsausübenden Klausel eine Selbstbindung des Arbeitgebers und damit eine Beschränkung des Direktionsrechts sieht. In einem solchen Fall könnte der Arbeitgeber keine anderen Weisungen im Wege des Direktionsrechts aussprechen, als in der betreffenden Klausel festgelegt ist.[3] 81

Im Hinblick darauf ist anzuraten, bei Anordnung solcher Klauseln im Arbeitsvertrag zumindest einen **ausdrücklichen Änderungsvorbehalt** einzufügen. Da es sich 82

---
1 Vgl. *Zöllner*, RdA 1989, 153 (155).
2 LAG Berlin v. 14.12.1998 – 9 Sa 95/98, ZTR 1999, 223.
3 Zu einem solchen Ergebnis gelangt nach einer Klauselauslegung etwa BAG v. 23.2.2010 – 9 AZR 3/09, AP Nr. 9 zu § 106 GewO.

um Ausübungen des Direktionsrechts und nicht um eine Bestimmung des Tätigkeitsbereichs als Hauptleistungspflicht handelt, begegnen solche Änderungsvorbehalte keinerlei Bedenken.

83 Beispiel c) enthält neben überflüssigen Regelungen auch die Verpflichtung zur Arbeit im Schicht- oder Wechselschichtdienst. Diese **Verknüpfung arbeitsvertraglicher mit direktionsrechtsausfüllenden Regelungen** ist gleichfalls **nicht empfehlenswert**, zumal, wenn sich der wesentliche arbeitsvertragliche Bestandteil in den sonstigen Feststellungen geradezu verliert. Im ungünstigen Fall kann eine derart „versteckte" Regelung nicht Arbeitsvertragsbestandteil geworden sein, wenn der Arbeitnehmer nach Auffassung des Gerichts an dieser Stelle nicht mit entscheidenden Regelungen rechnen musste, denn § 305c Abs. 1 BGB gilt auch im Arbeitsrecht.[1]

84 Gerade für in vorformulierten Arbeitsverträgen enthaltene versteckte Klauseln gewinnt das in § 307 Abs. 1 Satz 2 BGB geregelte **Transparenzgebot** an Bedeutung. Hiernach können solche Regelungen eine unangemessene Benachteiligung darstellen und daher unwirksam sein, von denen der Arbeitnehmer nicht in zumutbarer Weise Kenntnis nehmen kann. An dieser Zumutbarkeit fehlt es, wenn die Regelungen selbst formal oder inhaltlich unklar sind, oder zu besorgen ist, dass der Vertragspartner sie wegen mangelnder Übersichtlichkeit nicht zur Kenntnis nehmen wird.[2]

85 Als genereller Rat für die Vertragsgestaltung kann mitgegeben werden, dass die genaue und reflektierte Vereinbarung des Tätigkeitsbereichs für die Reichweite des Direktionsrechts wesentlich, aber auch ausreichend ist. Alle weiteren Zusatzformulierungen tragen das Risiko der Einschränkung des Direktionsrechts, der Unklarheit oder der Intransparenz. Alles Notwendige steht in § 106 GewO. Werden dennoch Direktionsrechtsklauseln aufgenommen, empfiehlt es sich, diese präzise zu fassen und klarzustellen, dass die Ausübung nur unter Wahrung der Interessen des Arbeitnehmers („billiges Ermessen") erfolgt.[3] Berechtigt etwa eine Klausel im Arbeitsvertrag den Arbeitgeber, dem Arbeitnehmer „andere gleichwertige Arbeit zuzuweisen, die seinen Kenntnissen und Fähigkeiten entspricht", unterliegt die Klausel wegen § 307 Abs. 3 Satz 1 BGB keiner Inhaltskontrolle, da sie vom Inhalt des § 106 GewO nicht abweicht. Gegen eine Klausel, die den Arbeitgeber dazu berechtigt, dem Arbeitnehmer eine andere gleichwertige Tätigkeit zuzuweisen, bestehen im Ergebnis keine Bedenken.[4] Unsicherheiten können aufkommen, wenn die Reichweite der Formulierungen unklar ist. So wurde die Formulierung „Falls erforderlich, kann der Arbeitgeber nach Abstimmung der beiderseitigen Interessen Art und Ort der Tätigkeit des/der Angestellten ändern" als zu weitgehend beanstandet, weil mit ihr auch die Zuweisung einer geringerwertigen Tätigkeit gemeint sein könnte.[5] Neuralgisch scheint hier das Wort „ändern" in Bezug auf die „Art" der Tätigkeit. In einer weiteren Entscheidung betont das BAG dagegen, dass an die Trans-

---

1 Vgl. hierzu ErfK/*Preis*, §§ 305–310 Rz. 29 f.; *Gotthardt*, Rz. 255 ff.; *Lindemann*, § 9 III.
2 Zum AGBG vgl. BAG v. 18.8.1998 – 1 AZR 34/98, n.v.; v. 18.8.1998 – 1 AZR 589/97, NZA 1999, 659; Palandt/*Grüneberg*, § 307 BGB Rz. 17.
3 *Dzida/Schramm*, BB 2007, 1221.
4 BAG v. 9.5.2006 – 9 AZR 424/05, AP Nr. 21 zu § 307 BGB; v. 11.4.2006 – 9 AZR 557/05, AP Nr. 17 zu § 307 BGB.
5 BAG v. 9.5.2006 – 9 AZR 424/05, AP Nr. 21 zu § 307 BGB; ebenso LAG Hamm v. 6.11. 2007 – 14 SaGa 39/07, n.v.

parenz einer Direktionsrechtsklausel nicht zu hohe Anforderungen zu stellen seien. Der Vorbehalt, einen Arbeitnehmer „entsprechend seinen Leistungen und Fähigkeiten mit einer anderen im Interesse des Unternehmens liegenden Tätigkeit zu betrauen und auch an einem anderen Ort zu beschäftigen", sei unbedenklich.[1]

dd) Fiktionen der Tätigkeitsbeschreibungen

⊃ **Nicht geeignet:**

Nach der Eigenart Ihrer Tätigkeit sind Sie nicht ständig an einem bestimmten Arbeitsplatz beschäftigt und im Rahmen Ihrer Vorbildung und beruflichen Erfahrungen verpflichtet, jeweils zugewiesene Aufgaben auszuführen. Es besteht Übereinstimmung darüber, dass gemäß §§ 95, 99 BetrVG die Zustimmung des Betriebsrats für solche Änderungen Ihrer jeweiligen Aufgabe nicht erforderlich ist.

Eine solche Klausel versucht, das **Mitbestimmungsrecht** des Betriebsrats für Versetzungen aus § 99 BetrVG im Wege einer arbeitsvertraglichen Regelung **auszuschalten**. 86

Derartige Klauseln stellen nur eine Beurteilung des sachlichen Tätigkeitsbereichs dar, die zutreffend sein kann oder nicht. Das **Mitbestimmungsverfahren der §§ 99 ff. BetrVG ist zwingend**. Es kann weder durch Tarifvertrag noch durch Betriebsvereinbarung – und erst recht nicht durch den Arbeitsvertrag – geändert, d.h. eingeschränkt oder ausgedehnt werden.[2] Dieser Grundsatz kann auch nicht dadurch umgangen werden, dass das Vorliegen der Voraussetzungen der §§ 99, 100 BetrVG durch vertragliche Vereinbarungen fingiert oder ausgeschlossen wird. Ob ein Mitbestimmungsrecht des Betriebsrats bei Versetzungen etc. gegeben ist, bestimmt sich allein anhand der in § 99 i.V.m. § 95 BetrVG genannten Voraussetzungen. Diese Voraussetzungen des § 95 BetrVG prüft das Gericht selbst anhand des sachlichen Tätigkeitsbereichs. Authentische Interpretationen des eigenen Arbeitsvertrags sind **ohne rechtliche Bedeutung**. Dies gilt selbst für solche Vereinbarungen, die unter Beteiligung des Betriebsrats zustande kommen. 87

Dem o.g. Beispiel liegt auch ein unzutreffendes Verständnis der Voraussetzungen der Mitbestimmung bei Versetzungen zu Grunde. Selbst wenn im Wege arbeitsvertraglicher Regelung verbindlich festgeschrieben werden könnte, dass ein Arbeitnehmer nicht ständig an einem Arbeitsplatz beschäftigt wird, würde das Mitbestimmungsrecht des Betriebsrats dadurch nicht entscheidend berührt. Entweder entspricht diese Regelung den Tatsachen; dann fände ohnedies keine Mitbestimmung statt. Oder aber sie entspricht nicht den Tatsachen. In diesem Fall würde § 99 i.V.m. § 95 BetrVG gleichwohl eingreifen, weil § 95 BetrVG die Mitbestimmung nicht von Regelungen des konkreten Arbeitsvertrags abhängig macht, sondern darauf abstellt, was typischerweise in einem Arbeitsvertrag für ein Arbeitsverhältnis der jeweils 88

---

1 BAG v. 13.3.2007 – 9 AZR 433/06, AP Nr. 26 zu § 307 BGB (abstellend auf die örtliche Versetzungsmöglichkeit); a.A. LAG Köln v. 9.1.2007 – 9 Sa 1099/06, NZA-RR 2007, 343 (abstellend auf die örtliche und inhaltliche Versetzungsmöglichkeit).
2 BAG v. 31.10.1995 – 1 ABR 5/95, AP Nr. 5 zu § 99 BetrVG 1972 Eingruppierung; LAG BW v. 12.1.1999 – 10 TaBV 1/98, LAGE § 99 BetrVG 1972 Versetzung Nr. 3; *Richardi/Thüsing*, § 99 BetrVG Rz. 7 und Einl. Rz. 136 ff.

vorliegenden Art vereinbart wird (beachte: „üblicherweise"). An dieser Typik wird es aber gerade in den Fällen, in denen die tatsächliche Situation von der vertraglich getroffenen Regelung abweicht, fehlen.

ee) **Tätigkeitsbereich und Gewissenskonflikt**

Typ 5: Tätigkeitsbereich und Gewissenskonflikt

Der Arbeitnehmer wird als Drucker eingestellt. Druckaufträge können auch ... (z.B. Darstellungen kriegerischer Handlungen) betreffen.

89 Auch bei zulässiger Bezeichnung des sachlichen Tätigkeitsbereichs ist der Arbeitgeber in der konkreten Ausübung des Weisungsrechts nicht frei. Vielmehr überprüft die Rechtsprechung Weisungen, für die im Arbeitsvertrag zunächst eine wirksame Rechtsgrundlage festgestellt wurde, nochmals individuell anhand von § 106 GewO.[1] Diesem Vorgehen ist zuzustimmen,[2] auch wenn die Ausübungskontrolle jedenfalls im Bereich vorformulierter Klauseln aufgrund der vorrangigen Angemessenheitskontrolle nach § 307ff. BGB an Bedeutung verloren hat (vgl. dazu I C Rz. 119ff.). Denn die Unangemessenheit einer Weisung kann sich nicht nur aus ihrem **Inhalt** ergeben, sondern auch aus den **Umständen**, unter denen sie im Einzelfall ausgesprochen wird, etwa dem gewählten **Zeitpunkt**.

90 Problematisch sind hier in neuerer Zeit insbesondere die Fälle geworden, in denen Arbeitnehmer unter Berufung auf ihre **Glaubens- und Gewissensfreiheit** aus Art. 4 GG die Ausführung bestimmter ihnen übertragener Arbeiten verweigert haben.

91 So lag einer Entscheidung aus dem Jahre 1984[3] etwa der Sachverhalt zu Grunde, dass ein als Drucker eingestellter Arbeitnehmer mit der drucktechnischen Erstellung einer Werbeschrift für verschiedene Bücher betraut wurde, in denen u.a. Feldzüge der deutschen Wehrmacht im 2. Weltkrieg in glorifizierender Weise beschrieben wurden. Der Arbeitnehmer, der aktives Mitglied u.a. im „VVN" (Verein der Verfolgten des Naziregimes) war, weigerte sich, die Werbeschrift zu erstellen und sollte nach Abmahnung wegen beharrlicher Arbeitsverweigerung entlassen werden.

92 In einem anderen Fall verweigerten zwei Ärzte die Teilnahme an der Entwicklung und Herstellung eines brechreizhemmenden Mittels mit der Begründung, dass dieses Mittel in einem Nuklearkrieg objektiv dazu verwendet werden könnte, an der

---

1 St. Rspr. zu der entsprechenden Regelung des § 315 Abs. 1 BGB: BAG v. 12.10.1961 – 5 AZR 423/60, BAGE 11, 318, 325ff.; v. 1.3.1962 – 5 AZR 191/61, BAGE 12, 311 (319); v. 7.9.1972 – 5 AZR 12/72, AP Nr. 2 zu § 767 ZPO; v. 15.12.1976 – 5 AZR 600/75, AP Nr. 3 zu § 611 BGB Arzt-Krankenhaus-Vertrag; v. 25.1.1978 – 4 AZR 509/76, AP Nr. 10 zu § 611 BGB Croupier; v. 12.12.1984 – 7 AZR 509/83, AP Nr. 6 zu § 2 KSchG 1969; v. 22.5.1985 – 4 AZR 427/83, AP Nr. 7 zu § 1 TVG Tarifverträge Bundesbahn; v. 7.4.1992 – 1 AZR 275/91, n.v.; v. 23.6.1993 – 5 AZR 337/92, AP Nr. 42 zu § 611 BGB Direktionsrecht.
2 So auch *Hanau/Adomeit*, Rz. 661; Schaub/*Linck*, § 45 Rz. 41.
3 BAG v. 20.12.1984 – 2 AZR 436/83, AP Nr. 27 zu § 611 BGB Direktionsrecht; v. 24.5.1989 – 2 AZR 285/88, AP Nr. 1 zu § 611 BGB Gewissensfreiheit.

Strahlungskrankheit leidende Soldaten länger einsatzfähig zu halten.[1] Einer weiteren Entscheidung lag der Sachverhalt zugrunde, dass ein als „Ladenhilfe" eingestellter Arbeitnehmer das Ein- und Ausräumen von Alkoholika unter Hinweis darauf verweigerte, ihm seien als gläubigem Moslem jegliche Handlungen verboten, die der gewerblichen Verbreitung von Alkoholika dienten.[2]

Das BAG[3] prüfte in derartigen Fällen vor In-Kraft-Treten der Schuldrechtsreform **93** eine Einschränkung des Direktionsrechts des Arbeitgebers aus § 315 Abs. 1 BGB (jetzt 106 GewO) i.V.m. Art. 4 GG. Bei der Ausübungskontrolle anhand des § 315 Abs. 1 BGB (jetzt 106 GewO) sei auch der Gesichtspunkt der Glaubens- und Gewissensfreiheit zu berücksichtigen (mittelbare Drittwirkung der Grundrechte[4]). Die **Arbeitsverweigerung aus Gewissensgründen** ist nunmehr von **§ 275 Abs. 3 BGB** erfasst.[5] Auch nach § 275 Abs. 3 BGB bedarf es bei ideellen Leistungshindernissen zur Begründung des Leistungsverweigerungsrechts einer **Rechtsgüterabwägung** unter Beachtung verfassungsrechtlicher Wertungen.[6] Die Interessenabwägung wird dabei durch den Rang der betroffenen Rechtsgüter vorgeprägt; so kommt bei Betroffenheit vorbehaltloser Verfassungsgüter (z.B. Gewissensfreiheit, Menschenwürde) nur eine Abwägung mit anderen Verfassungsgütern in Betracht.[7] Dabei trifft den Arbeitnehmer, der sich gegenüber einer nach dem Arbeitsvertrag geschuldeten Arbeitsleistung darauf beruft, ihn bringe die Erfüllung der Arbeitspflicht aus religiösen Gründen in Gewissensnot, die Darlegungslast für einen konkreten und ernsthaften Glaubenskonflikt.[8]

In diesem Zusammenhang hat die Rechtsprechung anerkannt, dass unter anderem **94** die **Vorhersehbarkeit** der Befassung mit für den Einzelnen u.U. gewissensbelastenden Tätigkeiten eine Abwägung zugunsten des Arbeitgebers nahe legt.[9] Für diese Vorhersehbarkeit bedarf es aber nach Auffassung des BAG im Gegensatz zur Ansicht eines Instanzgerichts[10] eines **besonderen Hinweises im Arbeitsvertrag**.[11] Das BAG führt im Fall des Arztes, der die Mitarbeit an dem Medikament verweiger-

---

1 BAG v. 24.5.1989 – 2 AZR 285/88, AP Nr. 1 zu § 611 BGB Gewissensfreiheit.
2 BAG v. 24.2.2011 – 2 AZR 636/09, AP GG Art. 4 Nr. 9 m. Anm. *Greiner*.
3 BAG v. 20.12.1984 – 2 AZR 436/83, AP Nr. 27 zu § 611 BGB Direktionsrecht; v. 24.5.1989 – 2 AZR 285/88, AP Nr. 1 zu § 611 BGB Gewissensfreiheit.
4 So auch MünchArbR/*Reichold*, § 36 Rz. 27.
5 *Gotthardt*, Rz. 115, auch zum Verhältnis von § 315 BGB und § 275 Abs. 3 BGB; ebenso PdSR/*Dedek*, § 275 Rz. 31; *Fischer*, DB 2001, 1923 (1926); *Henssler*, RdA 2002, 129 (131); *Medicus*, in Haas u.a. Das neue Schuldrecht 2002, Kap. 3 Rz. 47; *Olzen/Wank*, Die Schuldrechtsreform, 2002, Rz. 135; differenzierend *Kamanabrou*, GS Zachert, S. 400 (401f.); a.A. AnwKom-BGB/*Dauner-Lieb*, § 275 Rz. 19 für § 313.
6 Ausf. *Greiner*, Ideelle Unzumutbarkeit, 2004, S. 66ff.; *Henssler*, AcP 190 (1990) 538 (547ff.); zu Gebetspausen eines muslimischen Arbeitnehmers vgl. LAG Hamm v. 18.1.2002 – 5 Sa 1782/01, NZA 2002, 675.
7 Vgl. ErfK/*Dieterich*, Einl. GG Rz. 70ff.; zur Umsetzung einer Erzieherin, deren Ehemann Mitglied der NPD ist, ArbG Lüneburg v. 10.10.2012 – 4 Ca239/12 Ö, juris, m.Anm. *Fischer*, jurisPR-ArbR 7/2013 Anm. 1.
8 BAG v. 24.2.2011 – 2 AZR 636/09, AP GG Art. 4 Nr. 9 m. Anm. *Greiner*.
9 BAG v. 20.12.1984 – 2 AZR 436/83, AP Nr. 27 zu § 611 BGB Direktionsrecht; v. 24.5.1989 – 2 AZR 285/88, AP Nr. 1 zu § 611 BGB Gewissensfreiheit; ArbG Köln v. 18.4.1989 – 16 Ca 650/89, NZA 1991, 276.
10 LAG Düsseldorf v. 22.4.1988 – 11 Sa 1349/87, BB 1988, 1750.
11 BAG v. 24.5.1989 – 2 AZR 285/88, AP Nr. 1 zu § 611 BGB Gewissensfreiheit.

te, aus: „Der Kläger musste zwar in einem Pharmakonzern mit einer Beteiligung an der Entwicklung von Medikamenten rechnen, die im Kriegsfall auch an Soldaten verabreicht werden. Hierin liegt aber, wie bereits dargelegt, nicht sein Gewissenskonflikt. Der Kläger hat seine Mitarbeit an der Substanz BRL 43694 vielmehr deshalb verweigert, weil die Substanz eine Indikation bekämpft, die gerade im Falle atomarer Verstrahlung massenhaft vorkommen würde."

95 Von dem Recht des Arbeitnehmers zur Leistungsverweigerung nach § 275 Abs. 3 BGB zu unterscheiden sind die **Rechtsfolgen** desselben. Zum einen **entfällt der Vergütungsanspruch** des Arbeitnehmers für die Zeit, in der er nicht tätig war (§ 326 Abs. 1 BGB). Eine Entgeltfortzahlung kommt zwar nach § 616 BGB in Betracht, ist aber bei Leistungsverweigerung aus Gewissensgründen zu verneinen.[1] Ist ein anderer Arbeitseinsatz nicht möglich, gerät der Arbeitgeber nicht in Annahmeverzug.[2] Beruft sich der Arbeitnehmer zu Unrecht auf § 275 Abs. 3 BGB, trägt er das Risiko einer verhaltensbedingten Kündigung.[3] Beruft sich der Arbeitnehmer zu Recht auf § 275 Abs. 3 BGB, so ist z.B. bei unverschuldetem Gewissenskonflikt eine personenbedingte Kündigung möglich.[4]

96 Zum anderen kommen **Schadensersatzansprüche** des Arbeitgebers nach §§ (311a) 280 Abs. 1 und 3, 283 BGB in Betracht, etwa wenn er für die betreffende Tätigkeit eine Ersatzkraft einstellen musste. Hierfür wird die Frage der Vorhersehbarkeit relevant. Während das Leistungsverweigerungsrecht nach § 275 Abs. 3 BGB unabhängig vom Verschulden des Arbeitnehmers besteht – also auch dann, wenn die gewissensbelastenden Tätigkeiten vorhersehbar waren – erfordern Schadensersatzansprüche Verschulden. Dieses wird indiziert durch die Vorhersehbarkeit des Gewissenskonflikts. Daher kann dem Arbeitgeber nur empfohlen werden – und hier liegt der Anwendungsbereich der hier vorgeschlagenen Klausel –, in der **Beschreibung des sachlichen Tätigkeitsbereichs ausdrücklich vorzusehen**, dass von ihr auch bestimmte **potenziell gewissensbelastende Tätigkeiten** umfasst sind. Die fraglichen Tätigkeiten müssen dabei freilich einzeln aufgeführt werden, weil es keine objektiv gewissensbelastenden Tätigkeiten gibt.

97 Abgedeckt sind damit allerdings nur die Fälle, in denen die zur Beurteilung einer Tätigkeit als gewissensbelastend führende Einstellung des Arbeitnehmers bereits bei Vertragsabschluss vorlag.[5] Die Gewissensfrage wird dabei praktisch vorverlegt; dem Arbeitnehmer ist zuzumuten, ggf. auf den Vertragsabschluss zu verzichten. Weigert er sich trotzdem später, eine der genannten Tätigkeiten auszuführen, handelt er vertragswidrig. Keinen Einfluss nehmen können solche Erläuterungen des Tätigkeitsbereichs hingegen bei **nachträglichen Änderungen der Einstellung eines Arbeitnehmers**, in Fällen also, in denen der Arbeitnehmer bei Vertragsschluss keine Bedenken gegen die Ausführung der genannten Tätigkeiten hatte, sich infolge eines

---

1 Vgl. Staudinger/*Oetker*, § 616 BGB Rz. 69; *Henssler*, RdA 2002, 129 (131 f.); a.A. *Kamanabrou*, GS Zachert, S. 400 (406 ff.).
2 BAG v. 24.5.1989 – 2 AZR 285/88, AP Nr. 1 zu § 611 BGB Gewissensfreiheit.
3 Vgl. BAG v. 29.11.1983 – 1 AZR 469/82, AP Nr. 78 zu § 626 BGB; ArbG Hamburg v. 22.10.2001 – 21 Ca 187/01, NZA-RR 2002, 87.
4 *Hanau/Strick*, FS Wacke, 2001, S. 172.
5 Dazu BAG v. 24.2.2011 – 2 AZR 636/09, AP GG Art. 4 Nr. 9 m. Anm. *Greiner*.

Schlüsselereignisses dann aber anders besinnt. Denn entscheidend für die Wahrung des Ermessens- und Gestaltungsspielraums seitens des Arbeitgebers bleibt der Zeitpunkt der Weisung.[1]

In diesen Fällen wird man bei Vorliegen eines erläuterten Tätigkeitsbereichs nach Eintritt des Schlüsselerlebnisses immerhin eine **Verpflichtung** des Arbeitnehmers annehmen müssen, den Arbeitgeber sofort **über den Gesinnungswandel zu informieren**. Auf diese Weise kann zumindest gewährleistet werden, dass der Arbeitgeber nicht unvorbereitet von der (berechtigten) Arbeitsverweigerung des Arbeitnehmers getroffen wird. 98

Das Recht und die Pflicht des Arbeitnehmers zur Arbeitsverweigerung bei **rechtswidrigen Weisungen** kann natürlich nicht ausgeschlossen werden, da das Weisungsrecht des Arbeitgebers durch gesetzliche und kollektivvertragliche Regelungen begrenzt ist (s. dazu noch Rz. 277).[2] Hätte die Werbeschrift im Druckereifall[3] etwa das Naziregime selbst verherrlicht, so hätte der Arbeitnehmer ein Leistungsverweigerungsrecht gehabt, weil die weisungsgemäße Herstellung eine Straftat nach § 131 Abs. 1 Nr. 4 StGB dargestellt hätte.[4] Ebenso hat ein angestellter Arzt ein Leistungsverweigerungsrecht, wenn er angewiesen wird, einen Schwangerschaftsabbruch vorzunehmen.[5] Dieses Recht besteht aber unabhängig von dem Vorliegen einer Gewissensnot. 99

Zusammenfassend lässt sich Folgendes sagen: Der Arbeitnehmer muss bei Bestehen eines Gewissenskonflikts die zugewiesene Arbeit nicht ausführen.[6] War der Gewissenskonflikt allerdings bei Vertragsschluss vorhersehbar (wurden also im Arbeitsvertrag alle potenziell gewissensbelastenden Tätigkeiten einzeln aufgeführt), kommen Schadensersatzansprüche des Arbeitgebers sowie eine Kündigung in Betracht. 100

d) Ort der Arbeit

Aus § 106 GewO folgt, dass auch der Ort der Arbeitsleistung prinzipiell dem Direktionsrecht des Arbeitgebers unterliegt. Vertragliche Regelungen machen Sinn, wenn der Arbeitsort konkretisiert oder eingeschränkt werden soll. Fehlt eine ausdrückliche Regelung, so ist im Wege der **Auslegung** unter Berücksichtigung der näheren Umstände (§ 269 Abs. 1 BGB) zu ermitteln, für welchen Arbeitsort der Arbeitnehmer eingestellt wurde. 101

Auch hinsichtlich des Arbeitsorts kann der Arbeitgeber Weisungen aussprechen. Bei der Frage, inwieweit eine solche Weisung noch vom **allgemeinen Direktionsrecht** gedeckt ist, ist danach zu unterscheiden, welche arbeitsvertragliche Regelung getroffen wurde und ob der Arbeitnehmer innerhalb eines Betriebs, in eine andere 102

---

1 BAG v. 26.9.2012 – 10 AZR 311/11, AP GewO § 106 Nr. 21; v. 23.9.2004 – 6 AZR 567/03, AP BGB § 611 Direktionsrecht Nr. 64; v. 14.7.2010 – 10 AZR 182/09, AP GG Art. 12 Nr. 143; *Reinecke*, NZA-RR 2013, 393 (397).
2 BAG v. 24.2.2011 – 2 AZR 636/09, AP GG Art. 4 Nr. 9 m. Anm. *Greiner*.
3 BAG v. 20.12.1984 – 2 AZR 436/83, AP Nr. 27 zu § 611 BGB Direktionsrecht.
4 BAG v. 29.1.1960 – 1 AZR 200/58, AP Nr. 12 zu § 123 GewO.
5 Vgl. § 218 Abs. 1 Satz 1 StGB.
6 BAG v. 24.2.2011 – 2 AZR 636/09, AP GG Art. 4 Nr. 9 m. Anm. *Greiner*; s. aber noch Rz. 277.

Filiale am gleichen oder an einem problemlos erreichbaren Ort, an einen schwer zu erreichenden Ort, in einen anderen Betrieb, in ein anderes Unternehmen eines Konzerns oder ins Ausland versetzt werden oder ob sogar der gesamte Betrieb verlegt werden soll.

103 Schon aus dem allgemeinen Weisungsrecht nach § 106 GewO ergibt sich regelmäßig die Befugnis, den Arbeitnehmer an unterschiedlichen Orten einzusetzen.[1] Wird der **Ort der Arbeitsleistung** in einem Arbeitsvertrag **fixiert** oder ggf. die Versetzbarkeit auf bestimmte Orte beschränkt, geht der Arbeitsvertrag vor. Die Festlegung irgendeines Ortes der Arbeitsleistung erachtet das BAG gut vertretbar als eine nur auf Transparenz hin kontrollierbare **Hauptabrede** i.S.d. § 307 Abs. 3 BGB, weil diese Frage im Fokus der Aufnahme eines Arbeitsverhältnisses steht.[2] Wird hingegen ein bestimmter Arbeitsort in Kombination mit einem **Versetzungsvorbehalt**, der sich auf das gesamte Unternehmen erstreckt, vereinbart, findet keine vertragliche Beschränkung des örtlichen Direktionsrechts statt.[3] Mangels arbeitsvertraglicher Regelung ergibt sich aus dem Weisungsrecht des Arbeitgebers die Befugnis, den Arbeitnehmer **unternehmensweit an unterschiedlichen Orten** einzusetzen.[4] Das BAG verlangt im Hinblick auf die weite Regelung des § 106 GewO **weder die Aufnahme von Ankündigungsfristen noch die Angabe eines maximalen Entfernungsradius** in Versetzungsklauseln.[5] Auch eine **Beschränkung des Weisungsrechts auf den Betrieb** lässt sich § 106 GewO **nicht** entnehmen. Es bedarf damit auch keiner Versetzungsklausel, wenn der Arbeitgeber den Arbeitnehmer in einen anderen Betrieb und ggf. an einen anderen Ort versetzen will.[6] Denn nach dem eindeutigen Wortlaut des § 106 GewO erstreckt sich das Weisungsrecht auf den Ort der Arbeitsleistung. Das BAG verdeutlicht die Wahlfreiheit bei der Vertragsgestaltung: *„Es macht keinen Unterschied, ob im Arbeitsvertrag auf eine Festlegung des Orts der Arbeitsleistung verzichtet und diese dem Arbeitgeber im Rahmen von § 106 GewO vorbehalten bleibt oder ob der Ort der Arbeitsleistung bestimmt, aber die Möglichkeit der Zuweisung eines anderen Orts vereinbart wird. In diesem Fall wird lediglich klargestellt, dass § 106 S. 1 GewO gelten und eine Versetzungsbefugnis an andere Arbeitsorte bestehen soll."*[7] Soll nach einer arbeitsvertraglichen Vereinbarung der Arbeitsort „grundsätzlich" in einer bestimmten Stadt sein, wobei in der Klausel klargestellt wird, dass der Arbeitnehmer „auch vorübergehend oder auf Dauer ... an einem anderen Ort ..." eingesetzt wird, ist hinreichend klar, dass eine Einschränkung des Weisungsrechts nicht erfolgt ist, sondern im Vertrag nur die erstmalige Ausübung des Weisungsrechts in Bezug auf den Arbeitsort enthalten ist.[8] Überdies kann allein daraus, dass ein Arbeitnehmer über einen längeren Zeit-

---

1 BAG v. 11.4.2006 – 9 AZR 557/05, AP Nr. 17 zu § 307 BGB.
2 BAG v. 19.1.2011 – 10 AZR 738/09, NZA 2011, 631 Rz. 16.
3 BAG v. 28.8.2013 – 10 AZR 569/12, NZA-RR 2014, 181.
4 BAG v. 11.4.2006 – 9 AZR 557/05, NZA 2006, 1149; v. 19.1.2011 – 10 AZR 738/09, NZA 2011, 631; *Fliss*, NZA-RR 2008, 225; *Preis/Genenger*, NZA 2008, 969 (971).
5 BAG v. 13.4.2010 – 9 AZR 36/09, DB 2010, 2805.
6 So aber *Hromadka*, NZA 2012, 233 (237 f.), der sich dagegen wendet, den weiten Wortlaut des § 106 GewO wörtlich zu nehmen; abl. auch *Wank*, RdA 2012, 139 (140); die Rspr. verteidigend *Hunold*, DB 2013, 636; *Schmitz-Scholemann*, JbArbR 2013 (Band 51), 2014, S. 54, 55 („Charme der Gesetzesnähe"); offen lassend BAG v. 18.10.2012 – 6 AZR 86/11, ZTR 2013, 155.
7 BAG v. 19.1.2011 – 10 AZR 738/09, NZA 2011, 631.
8 BAG v. 13.6.2012 – 10 AZR 296/11, NZA 2012, 1154.

raum auf einer bestimmten Stelle mit bestimmten Aufgaben beschäftigt worden ist, noch nicht auf eine entsprechende **örtliche Konkretisierung** geschlossen werden.[1] Ob eine örtliche Versetzung in concreto zulässig ist, richtet sich auch nach der Entfernung des neuen Arbeitsplatzes.[2] Auf diese Frage konzentriert sich vielfach der Streit, ob die örtliche Versetzung **billigem Ermessen** entspricht.[3] Der Arbeitgeber kann ohne ausdrückliche Vereinbarung nicht verlangen, dass der Arbeitnehmer an einem bestimmten Ort seinen Wohnsitz errichtet (hierzu noch Rz. 244 ff.).[4]

Auch aus der konkret geschuldeten Tätigkeit kann sich ein **weit gehendes Direktionsrecht** des Arbeitgebers hinsichtlich des Arbeitsorts ergeben. Eine solche Regelung schließt von vornherein aus, dass sich ein Vertrauen des Arbeitnehmers auf einen örtlich gleich bleibendem Arbeitseinsatz entwickelt. Ein weites örtliches Direktionsrecht ist anzunehmen, wenn sich aus der Tätigkeitsbeschreibung bzw. aus der **Natur des sachlichen Tätigkeitsbereichs** die Notwendigkeit zur Arbeit an verschiedenen Orten ergibt, wie dies häufig bei Bau-, Montage-, Außendienstmitarbeitern, Propagandisten, Vermessern, sog. Springern oder Arbeitnehmern in Reinigungsunternehmen der Fall sein wird.[5] Hier ist der Arbeitgeber berechtigt, den Arbeitsort täglich neu festzulegen, kann ihn jedoch selbst bei Montagearbeiten nicht ohne Weiteres ins Ausland verlegen.[6] Ebenso ist der Arbeitgeber berechtigt, Vertriebsmitarbeitern vorbehaltlich vertraglicher Einschränkungen verschiedene Vertriebsgebiete zuzuweisen.[7] Der Arbeitsplatz eines Arbeitnehmers, der als Kontrollschaffner eingestellt wurde, ist der jeweilige Bus oder die Bahn, die ihm zur Kontrolltätigkeit zugewiesen wurde. Entsprechend ist der Arbeitsplatz eines Flugbegleiters nicht der Flughafen, sondern das Flugzeug selbst.[8] Diese Zuweisung bestimmt der Arbeitgeber in Ausübung seines Direktionsrechts.[9] Hinsichtlich des einzelnen Wechsels des Einsatzorts besteht kein Mitbestimmungsrecht des Betriebsrats, da der Wechsel nach der Eigenart des Arbeitsverhältnisses üblich ist und daher nicht als Versetzung gilt, § 95 Abs. 3 Satz 3 BetrVG.

104

Zum anderen kann eine Versetzung aufgrund des allgemeinen Direktionsrechts **begrenzt oder ganz ausgeschlossen** sein, Letzteres bspw., wenn der Arbeitnehmer zur Arbeit an einer ganz bestimmten Maschine im Betrieb eingestellt wurde[10] oder

105

---

1 BAG v. 7.12.2000 – 6 AZR 444/99, AP Nr. 61 zu § 611 BGB Direktionsrecht; LAG Berlin v. 25.4.1988 – 9 Sa 15/88, LAGE BGB § 611 Direktionsrecht Nr. 2; LAG Rh.-Pf. v. 5.7.1996 – 10 Sa 165/96, NZA 1997, 1113; vgl. auch zur zeitlichen Konkretisierung BAG v. 15.9.2009 – 9 AZR 757/08, AP Nr. 7 zu § 106 GewO.
2 HWK/*Lembke*, § 106 GewO Rz. 30; LAG Hess. v. 14.6.2007 – 11 Sa 296/06, n.v.
3 Einzelfälle: LAG Hess. v. 14.6.2007 – 11 Sa 296/06, n.v.: 270 km unzumutbar; ArbG Rostock v. 26.6.2007 – 1 Ga 12/07, n.v.: 175 km unzumutbar; ArbG Köln v. 23.1.2007 – 14 Ca 6907/06, n.v.: 40 Minuten Fahrzeit zumutbar; ArbG Hannover v. 24.5.2007 – 10 Ca 384/06, ArbuR 2007, 280: Vereinbarkeit von Familie und Beruf sind zu beachten.
4 *Richter*, DB 1989, 2378 (2379).
5 LAG Berlin v. 25.4.1988 – 9 Sa 15/88, LAGE BGB § 611 Direktionsrecht Nr. 2; Schaub/*Linck*, § 45 Rz. 26.
6 Schaub/*Linck*, § 45 Rz. 26.
7 LAG München v. 13.8.2009 – 13 Sa 91/09, n.v.
8 BAG v. 21.7.2009 – 9 AZR 404/08, EzA § 4 TVG Luftfahrt Nr. 18.
9 BAG v. 26.7.2001 – 6 AZR 434/99, EzBAT § 8 BAT Direktionsrecht Nr. 50.
10 LAG Mainz v. 25.1.1990 – 4 Sa 599/89, EzBAT § 8 BAT Direktionsrecht Nr. 11.

wenn im Arbeitsvertrag ein Versetzungsverbot vereinbart ist (sog. negative Versetzungsklausel):

Typ 6: Negative Versetzungsklausel

Herr/Frau ... wird als Verkäufer/in für die Filiale in X, Y-Straße, eingestellt. Eine Versetzung in eine andere Filiale ist nicht möglich.

106 Mit einer solchen negativen Versetzungsklausel wird die Einsatzmöglichkeit des Arbeitnehmers auf einen ganz **bestimmten Arbeitsort fixiert**. Dies kann durchaus im Interesse des Arbeitnehmers liegen, wenn er bspw. in unmittelbarer Nähe wohnt und schulpflichtige Kinder hat oder die Verkehrsverbindungen zu einer anderen Filiale des Arbeitgebers ungünstig sind.

107 Andererseits hat eine solche Beschränkung auf einen bestimmten Arbeitsplatz Auswirkungen auf die Sozialauswahl bei einer **betriebsbedingten Kündigung**: Da der Arbeitnehmer nicht kraft Direktionsrechts in eine andere Filiale versetzt werden kann, ist auch der Kreis der vergleichbaren Arbeitnehmer entsprechend klein (dazu Rz. 6 ff.).

aa) Versetzung innerhalb des Betriebs; Versetzung an einen anderen leicht erreichbaren Ort

108 Zumeist wird im Arbeitsvertrag der Einsatz an einem **bestimmten Ort**, dem Betriebsort, vorgesehen. Dann kann der Arbeitgeber im dadurch umrissenen Rahmen disponieren und den Arbeitnehmer **innerhalb des Betriebs umsetzen**, solange sich hierdurch der vereinbarte **Tätigkeitsbereich nicht ändert**.[1] Er kann z.B. den Arbeitnehmer an einer anderen, gleichartigen Maschine in derselben Abteilung einsetzen, einen Pförtner vom West- zum Osteingang versetzen etc.[2] Sofern ein bestimmter Einsatzort vereinbart wurde, ist allerdings die einseitige Abordnung in einen anderenorts gelegenen Betrieb – auch wenn dieser leicht erreichbar sein sollte – oder ins Ausland ausgeschlossen.

109 Etwas anderes gilt jedoch, wenn der Arbeitnehmer **für einen Betrieb** eingestellt wurde, **nicht aber für einen bestimmten Ort**. Dann kann der Arbeitgeber nach umstrittener, aber zutreffender Meinung den Arbeitnehmer kraft seines allgemeinen Direktionsrechts auch ohne arbeitsvertraglichen Vorbehalt an einen neuen Arbeitsort – etwa eine andere Filiale – versetzen, wenn der Arbeitnehmer diesen ohne größere Schwierigkeiten erreichen kann.[3] Dies wird im Allgemeinen bei einer Versetzung des Arbeitnehmers innerhalb eines Filialunternehmens von einem Geschäft in ein anderes, welches lediglich in einem anderen Stadtteil liegt, der Fall sein. Der Begriff des Betriebes ist weiter als der einzelne Arbeitsort, wie z.B. eine Filiale. Wird der

---

1 Dazu *Berger-Delhey*, DB 1990, 2266 (2269); *Maschmann*, RdA 1996, 24 (30); MünchArbR/*Reichold*, § 36 Rz. 49 u. 52; *von Hoyningen-Huene/Boemke*, Die Versetzung, S. 49; *Richter*, DB 1989, 2378 (2381); Schaub/*Linck*, § 45 Rz. 24; *Söllner*, S. 81 (83).
2 Weitere Beispiele bei *Hübner*, Individualrechtliche Versetzungsbefugnis, 1992, S. 13 ff.
3 LAG Kiel v. 23.11.1964 – 2 Sa 253/64, DB 1965, 443; ArbG Bremen v. 21.2.1961 – 3 Ca 3220/60, WA 1961, 125; KR/*Rost/Kreft*, § 2 KSchG Rz. 41; *Neumann*, AR-Blattei SD 1700, Versetzung des Arbeitnehmers, Rz. 53; Schaub/*Linck*, § 45 Rz. 17; a.A. *Bütefisch*, Die Sozialauswahl, 2000, S. 60.

Arbeitnehmer für das gesamte **Unternehmen** eingestellt, kann grundsätzlich eine Versetzung im gesamten Unternehmensbereich erfolgen.

bb) Versetzung an schwer erreichbaren Ort; Versetzung in ein anderes Konzernunternehmen; Versetzung ins Ausland

Problematisch ist, ob und inwieweit die Versetzung in einen anderen Betrieb an einen anderen, nur schwer erreichbaren Ort,[1] eine Versetzung in ein anderes konzernangehöriges Unternehmen[2] sowie ins Ausland[3] (ausführlich hierzu → *Auslandstätigkeit*, II A 140) vom allgemeinen Direktionsrecht umfasst sind. 110

cc) Betriebsverlegung

Ist der Arbeitnehmer für das gesamte Unternehmen eingestellt, ist er auch verpflichtet, in anderen Betrieben des Unternehmens zu arbeiten. Dies kann durch eine entsprechende Klausel klargestellt werden. Von der örtlichen Versetzung zu unterscheiden ist die **Verlegung des gesamten Betriebs**. Bei Schließung oder Verlagerung eines Betriebs ist die Versetzung an einen an einem anderen Ort gelegenen Betrieb regelmäßig nicht zu beanstanden[4] – die Arbeitsleistung ist betriebs- und nicht ortsgebunden –, solange das **Erreichen der neuen Betriebsstätte** für den Arbeitnehmer **nicht unzumutbar** geworden ist.[5] Dabei kommt es weder auf die Gemeindegrenzen noch auf die kilometermäßige Entfernung an, sondern auf die Erreichbarkeit für den Arbeitnehmer.[6] Wird der Betrieb also weit entfernt verlegt, braucht der Arbeitnehmer nur bei einer diesbezüglichen arbeitsvertraglichen Vereinbarung zu folgen. Fehlt eine solche Vereinbarung, besteht eine Folgepflicht selbst dann nicht, wenn der Betriebsrat der Verlegung gemäß § 111 Satz 2 Nr. 2 BetrVG oder der Personalrat gemäß § 78 Abs. 1 Nr. 2 BPersVG zugestimmt hat. Freilich muss der Arbeitnehmer, wenn der Arbeitgeber keinen anderen Betrieb mit freien Arbeitsplätzen hat, in solchen Fällen die betriebsbedingte Kündigung fürchten. 111

Ein außergewöhnlicher Fall einer „Betriebsverlegung" ist der **Umzug der Bundesregierung** von Bonn nach Berlin.[7] Das LAG Köln hatte den Fall zu entscheiden, in dem ein Mitarbeiter des Auswärtigen Amts nicht mit nach Berlin wechseln wollte. Im Arbeitsvertrag wurde der Arbeitsort des Angestellten nicht festgeschrieben, sondern konnte der Arbeitnehmer vielmehr nach den vertraglichen Vereinbarungen jederzeit innerhalb des Geschäftsbereichs des Auswärtigen Amts im In- und Ausland versetzt werden. Die weit reichende arbeitsvertragliche Versetzungsklausel verhin- 112

---

1 MünchArbR/*Reichold*, § 36 Rz. 52; Schaub/*Linck*, § 45 Rz. 24; *Zöllner/Loritz/Hergenröder*, S. 149f.; vgl. dazu Rz. 207ff.
2 *von Hoyningen-Huene/Boemke*, Die Versetzung, S. 216; *Maschmann*, RdA 1996, 24 (30); dazu auch Rz. 211ff.
3 LAG Hamm v. 28.1.1974 – 2 Sa 782/73, DB 1974, 877; *Berger-Delhey*, DB 1990, 2270; Schaub/*Linck*, § 45 Rz. 16a; → *Auslandstätigkeit*, II A 140.
4 LAG Rh.-Pf. v. 9.1.2003 – 6 Sa 830/02, n.v.; LAG Köln v. 30.1.1995 – 3 Sa 1200/94, LAGE § 611 BGB Direktionsrecht Nr. 21; LAG Berlin v. 14.12.1998 – 9 Sa 95/98, ZTR 1999, 223; a.A. aber Erman/*Edenfeld*, § 611 BGB Rz. 284 (die vertragliche Arbeitspflicht beziehe sich im Zweifel nicht auf den Betrieb, sondern auf den Ort des Betriebs).
5 MünchArbR/*Reichold*, § 36 Rz. 57; Schaub/*Linck*, § 45 Rz. 24; *Zöllner/Loritz/Hergenröder*, S. 149f.
6 MünchArbR/*Reichold*, § 36 Rz. 57.
7 LAG Köln v. 13.6.2000 – 13 (2) Sa 480/00, ZTR 2001, 36.

dert nach LAG Köln von vornherein jegliche Konkretisierung der Arbeitspflicht des Klägers in räumlicher Hinsicht.[1]

e) Arbeitszeit

113 Über die Arbeitszeit existiert ein eigener Abschnitt (→ *Arbeitszeit*, II A 90), so dass an dieser Stelle nur eine kurze Zusammenfassung gegeben wird. Hinsichtlich der Frage, ob und wann dem Arbeitgeber ein Direktionsrecht zusteht, ist zu unterscheiden zwischen Dauer und Lage der Arbeitszeit.

114 Die **Dauer** der Arbeitszeit, also die tägliche/wöchentliche/monatliche usw. Arbeitszeit, wird regelmäßig durch den Arbeitsvertrag oder durch Tarifverträge bestimmt. Da sie eng an das Entgelt gekoppelt ist und somit zum Austauschverhältnis gehört, steht sie **nicht zur Disposition des Arbeitgebers** im Rahmen des allgemeinen Weisungsrechts.[2]

115 Allerdings erstreckt sich das **Direktionsrecht** auf die **Lage** der Arbeitszeit,[3] jedenfalls dann, wenn im Arbeitsvertrag auf die betriebsübliche Arbeitszeit Bezug genommen wurde. Inhalt einer solchen Vereinbarung ist, dass die vereinbarte Arbeitsleistung zu den jeweiligen betriebsüblichen Arbeitszeiten zu erbringen ist.[4] Der Arbeitgeber kann also, soweit keine eindeutige arbeitsvertragliche Regelung vorhanden ist, bspw. den Beginn der Arbeit um eine Stunde vorverlegen oder den Samstag als Regelarbeitstag einführen. Ebenso ist er befugt, einen Wechsel von Nacht- zu Tagarbeit anzuordnen.[5] Jüngst hat das BAG sogar die Anordnung von Sonn- und Feiertagsarbeit im Rahmen der gesetzlichen und kollektivrechtlichen Grenzen für zulässig erachtet.[6]

3. Besonderes Direktionsrecht (echte und unechte Direktionsrechtserweiterungen)

116 Das echte erweiterte Direktionsrecht gibt dem Arbeitgeber die Möglichkeit, Weisungen hinsichtlich Art, Ort und Zeit der Arbeitsleistung auszusprechen, die vom allgemeinen Direktionsrecht nicht mehr umfasst sind, weil sie die **vertraglich geschuldete Leistungspflicht** des Arbeitnehmers **überschreiten**. Diese Direktionsrechtserweiterung ist zwischen dem allgemeinen Weisungsrecht und einer (nachträglichen) Vertragsänderung anzusiedeln. Sie erfolgt in der Weise, dass dem Arbeitgeber schon zum Zeitpunkt des Vertragsschlusses das Recht eingeräumt wird, später durch Ausübung des besonderen Weisungsrechts den Inhalt des Arbeitsvertrags zu ändern. Diese Vertragsgestaltung unterliegt im Lichte der §§ 305 ff. BGB Grenzen.

---

1 LAG Köln v. 13.6.2000 – 13 (2) Sa 480/00, ZTR 2001, 36; vgl. auch LAG Köln v. 23.2.1987 – 6 Sa 957/86, LAGE § 611 BGB Direktionsrecht Nr. 1.
2 BAG v. 12.12.1984 – 7 AZR 509/83, AP Nr. 6 zu 2 KSchG 1969; dazu auch ErfK/*Preis*, § 611 BGB Rz. 652 und § 106 GewO Rz. 20 f.
3 BAG v. 19.6.1985 – 5 AZR 57/84, AP Nr. 11 zu § 4 BAT; LAG Berlin v. 1.3.1999 – 9 Sa 133/98 u. 135/98, BB 1999, 800.
4 BAG v. 23.6.1992 – 1 AZR 57/92, AP Nr. 1 zu § 611 BGB Arbeitszeit.
5 LAG Berlin v. 29.4.1991 – 9 Sa 9/91, LAGE § 611 BGB Direktionsrecht Nr. 9.
6 BAG v. 15.9.2009 – 9 AZR 757/08, AP Nr. 7 zu § 106 GewO; demgegenüber betont das BVerfG das Verbot der Sonntagsarbeit als gesetzlichen Normalfall, BVerfG v. 1.12.2009 – 1 BvR 2857/07, 1 BvR 2858/07, NVwZ 2010, 570; kritisch hierzu *Preis/Ulber*, NZA 2010, 729; → *Arbeitszeit*, II A 90 Rz. 38.

Um auf die bei Arbeitsbereichsänderungen notwendig werdende Zustimmung des 117
Arbeitnehmers oder eine Änderungskündigung verzichten zu können, bei der selbst
bei Obsiegen des Arbeitgebers im Kündigungsschutzprozess einige Zeit verstreicht,
bis die u.U. kurzfristig erforderliche Weisung ausgesprochen werden kann, sehen
daher viele Arbeitsverträge besondere Regelungen vor, die das Direktionsrecht
von vornherein erweitern,[1] teilweise sogar den Arbeitgeber berechtigen sollen, die
Vergütung zu ändern.

Ob und inwieweit **Hauptleistungspflichten Gegenstand eines echten erweiterten** 118
Direktionsrechts sein können, gehört zu den Grundproblemen der Vertragsgestaltung.[2] Für den Arbeitgeber hat die Begründung einseitiger Bestimmungsrechte
zwar den Vorteil, seine eigenen Hauptpflichten oder die des Vertragspartners
ohne dessen Mitwirkung flexibel und anpassungsfähig zu gestalten. Durch eine derartige Vertragsgestaltung besteht jedoch die Gefahr, dass das Prinzip der Vertragstreue gefährdet, das Äquivalenzverhältnis verändert und ggf. bestehende Kündigungsschutznormen unterlaufen werden. Daher kann sie keinesfalls uneingeschränkt zulässig sein. Diese Problematik wird im Kontext der Teile → *Arbeitszeit*,
II A 90 sowie → *Vorbehalte und Teilbefristung*, II V 70 behandelt.

Viele Direktionsrechtsrechtserweiterungen sind „unechte" Erweiterungen. Die **un-** 119
echte Direktionsrechtserweiterung ist dadurch gekennzeichnet, dass sie materiell
über den Inhalt des § 106 GewO gar nicht hinausgeht, sie damit im Lichte der
§§ 307 ff. BGB auch hinsichtlich der Inhaltskontrolle keinen Bedenken unterliegt.
Entsprechende Klauseln sind in Arbeitsverträgen sehr verbreitet. Sie sind auch von
der jüngeren Rechtsprechung noch nicht klar kategorisiert worden. Die Beispiele
sind einfach. Wenn es zulässig ist, dass der Arbeitgeber über den Ort der Arbeitsleistung kraft § 106 GewO bestimmen kann, dann kann auch eine zunächst beschränkende Ortsangabe mit einer darauf folgenden örtlichen Versetzungsbefugnis nicht
unzulässig sein. Wenn es zulässig ist, eine weite Tätigkeitsbeschreibung zu vereinbaren, dann kann eine zunächst enge Tätigkeitsbeschreibung, die durch eine Folgeklausel wieder auf das gesetzliche Maß des § 106 GewO erweitert wird, nicht unzulässig sein.[3] Vor diesem Hintergrund hätte es zu der in BAG vom 11.4.2006 behandelten Klausel keiner langen Ausführungen bedurft. Die Klausel lautete: „Frau
D wird als Redakteur (verantwortlich für Wort und Bild) in der Hauptredaktion,
Ressort Sonderaufgaben beschäftigt. Der Verlag behält sich unter Wahrung der Interessen des Redakteurs die Zuweisung eines anderen Arbeitsgebietes vor." Letztlich besagt die Klausel nichts anderes als die knappe Formulierung: „Frau D wird als
Redakteur eingestellt." Es liegt mithin nur eine „unechte" scheinbar direktionsrechtserweiternde Klausel vor, die das Recht des Arbeitgebers, der Redakteurin
ein fachlich anderes Ressort zuzuweisen, nicht über das ohnehin bestehende allgemeine Weisungsrecht hinaus ausdehnt. Die in der Entscheidung gemachten Ausführungen zur Inhaltskontrolle sind letztlich überflüssig, da die Redakteurin im
Rahmen billigen Ermessens mit der Arbeit in einem anderen Ressort betraut werden konnte. Im Gegensatz zum Arbeitsinhalt wurde zum Arbeitsort in dieser Klausel nichts geregelt, weshalb das BAG hinsichtlich der Frage der örtlichen Versetzungsbefugnis zutreffend auf § 106 GewO abstellte. Deshalb konnte die Redakteu-

---
1 Dazu ausführlich *Preis*, Vertragsgestaltung, S. 445 ff.
2 Vgl. dazu *Lindemann*, § 13 IV 2h.
3 Vgl. *Preis/Genenger*, NZA 2008, 969 (970 f.).

rin – im Rahmen billigen Ermessens – auch als Lokalredakteurin an einem anderen Ort beschäftigt werden. Die Entscheidung ist im Ergebnis richtig, was auf einen entscheidenden Satz gestützt werden kann: „Die arbeitsvertragliche Zuweisungsklausel entspricht materiell der Regelung in § 106 Satz 1 GewO."[1]

Es ist daher auch unzutreffend, wie das BAG in seiner Entscheidung vom 13.3.2007 formuliert, bei einer Klausel, die den Arbeitgeber ermächtigt, den Arbeitnehmer auch an einem anderen Ort einzusetzen, von einer „Erweiterung des Weisungsrechtes" bezüglich des Ortes der Arbeitsleistung zu sprechen.[2] Es bedarf keiner Inhaltskontrolle, weil die Klausel nicht über § 106 GewO hinausgeht. Aus dieser Erkenntnis ergibt sich auch der im Ergebnis durchaus zutreffende Schluss, dass es für eine „unechte" Direktionsrechtserweiterung keiner expliziten Vereinbarung eines Änderungsgrundes bedarf. Im Ergebnis ist den Ausführungen des BAG zuzustimmen. Es bedürfte nur nicht des umständlichen Weges über die Inhaltskontrolle einer Klausel, die – weil sie dispositivem Recht entspricht – keiner Inhaltskontrolle bedarf (§ 307 Abs. 3 BGB). Als Kontrollmaßstab bleibt nur das Transparenzgebot (§ 307 Abs. 3 Satz 2 BGB).[3]

a) Überblick

aa) Rechtsgrundlagen

120 Gegenüber § 106 GewO echte erweiterte **Direktionsrechte** finden sich vielfach in Tarifverträgen, z.B. **§ 4 TVöD**. Vereinzelt finden sich gesetzliche Regelungen, z.B. im Beamtenrecht, z.B. **§ 20 Abs. 2 BeamtStG**, auf die u.U. in Arbeitsverträgen Bezug genommen werden kann.

121 Darüber hinaus kann der Arbeitgeber einer **schwangeren Arbeitnehmerin**, die wegen der Schwangerschaft gemäß §§ 3 ff. MuSchG die bisher ausgeübte Tätigkeit nicht mehr ausüben darf, eine – mutterschutzrechtlich zulässige und der Schwangeren zumutbare – Ersatztätigkeit zuweisen, die ihr im Wege des allgemeinen Direktionsrechts nicht zugewiesen werden könnte.[4]

bb) Umfang

122 Das Direktionsrecht kann nach der Rechtsprechung durch **einzel- oder kollektivvertragliche Regelung** erweitert werden.[5] Der Umfang richtet sich nach der vertraglichen Vereinbarung.

123 Ein **weitreichendes** Direktionsrecht muss – wie ausgeführt (Rz. 119) **keineswegs in jedem Fall ein echtes erweitertes** Direktionsrecht darstellen. Vielmehr kann sich etwa aus der Tätigkeitsbeschreibung selbst ein weites allgemeines Direktionsrecht

---

1 BAG v. 11.4.2006 – 9 AZR 557/05, AP Nr. 17 zu § 307 BGB Rz. 35; gleiche Formulierung in BAG v. 13.3.2007 – 9 AZR 433/06, AP Nr. 26 zu § 307 BGB.
2 BAG v. 13.3.2007 – 9 AZR 433/06, AP Nr. 26 zu § 307 BGB.
3 Richtig LAG BW v. 5.1.2007 – 7 Sa 93/06, NZA-RR 2007, 407.
4 BAG v. 15.11.2000 – 5 AZR 365/99, AP Nr. 7 zu § 4 MuSchG 1968.
5 BAG v. 11.6.1958 – 4 AZR 514/55, AP Nr. 2 zu § 611 BGB Direktionsrecht; v. 16.10.1965 – 5 AZR 55/65, AP Nr. 20 zu § 611 BGB Direktionsrecht; v. 27.1.1966 – 5 AZR 315/65, AP Nr. 21 zu § 611 BGB Direktionsrecht; v. 12.12.1984 – 7 AZR 509/83, AP Nr. 6 zu § 2 KSchG 1969; v. 22.5.1985 – 4 AZR 88/84 und 4 AZR 427/83, AP Nrn. 6 und 7 zu § 1 TVG Tarifverträge – Bundesbahn; v. 14.11.1990 – 5 AZR 509/89, AP Nr. 25 zu § 611 BGB Arzt-

ergeben: Der Arbeitgeber kann eine sehr weite, relativ unkonkret gehaltene Tätigkeitsbeschreibung treffen (z.B. „Schlosser" statt „Maschinenschlosser"), mit der Folge, dass die Tätigkeit später im Einzelfall konkretisiert werden kann. Weisungen werden in diesem Fall also aufgrund des allgemeinen Direktionsrechts ausgesprochen und müssen lediglich den Anforderungen des § 106 GewO genügen.

Es ist aber auch denkbar, die Tätigkeitsbeschreibung recht konkret zu halten, so dass das dem Arbeitgeber zustehende allgemeine Direktionsrecht sehr begrenzt ist, dem Arbeitgeber aber im Arbeitsvertrag ein **erweitertes Direktionsrecht** einzuräumen (z.B. Einstellung als „Maschinenschlosser" sowie Vereinbarung des Rechts des Arbeitgebers, dem Arbeitnehmer auch andere, den Fähigkeiten und Kenntnissen des Arbeitnehmers entsprechende Tätigkeiten zuzuweisen). In diesem Fall wird sowohl die konkrete Maßnahme nach § 106 GewO auf ihre Angemessenheit hin überprüft als auch schon die **Klausel selbst einer Inhaltskontrolle** nach Maßgabe der §§ 307 ff. BGB unterzogen. Ergibt diese Klauselkontrolle die Unwirksamkeit der Klausel, fällt diese weg (§ 306 BGB) und kann nicht mehr Grundlage für Weisungen gegenüber dem Arbeitnehmer sein. Übrig bleibt dann lediglich die ursprüngliche enge Tätigkeitsbeschreibung, innerhalb derer sich der Arbeitgeber bei Weisungen halten muss. 124

Ob eine Klausel im Arbeitsvertrag eine **gewöhnliche rahmenmäßige Umschreibung der Arbeitspflicht**, die dann kraft allgemeinen Weisungsrechtes des Arbeitgebers konkretisiert werden muss, oder eine relativ **enge, mit einer direktionsrechtserweiternden Klausel kombinierte Tätigkeitsbeschreibung** darstellt, lässt sich nicht in jedem Fall aus ihrem Wortlaut ersehen. Zur Verdeutlichung soll folgendes Beispiel dienen: 125

Der Arbeitnehmer wird als Kfz-Schlosser eingestellt. Er kann auch als Maschinenschlosser eingesetzt werden.

Eine solche Regelung könnte zum einen bedeuten, dass die Tätigkeitsbereiche „Kfz-Schlosser" und „Maschinenschlosser" nur Bestandteile einer Generalklausel sind, die lauten würde: „Der Arbeitnehmer kann als Schlosser eingesetzt werden." Zum anderen kann eine solche Klausel aber auch bedeuten, dass der originäre Tätigkeitsbereich der eines „Kfz-Schlossers" ist und eine Direktionsrechtserweiterung hinsichtlich des Tätigkeitsbereichs „Maschinenschlosser" vorliegt. Bei vernünfti- 126

Krankenhaus-Vertrag; v. 10.11.1992 – 1 AZR 185/92, AP Nr. 6 zu § 72 LPVG NW; v. 21.4.1993 – 7 AZR 297/92, AP Nr. 34 zu § 2 KSchG 1969; v. 30.8.1995 – 1 AZR 47/95, AP Nr. 44 zu § 611 BGB Direktionsrecht; v. 15.11.1995 – 2 AZR 521/95, AP Nr. 20 zu § 1 TVG Tarifverträge Lufthansa (dort wird das Recht zur einseitigen Änderung einzelner Vertragsbedingungen als Widerrufsvorbehalt bezeichnet); v. 24.4.1996 – 5 AZR 1031/94, AP Nr. 48 zu § 611 BGB Direktionsrecht; v. 28.5.1997 – 5 AZR 125/96, AP Nr. 36 zu § 611 BGB Arzt-Krankenhaus-Vertrag; v. 14.1.2009 – 5 AZR 75/08, AP Nr. 88 zu § 315 BGB; *Hueck/Nipperdey*, Bd. 1, S. 201, Fn. 16; Schaub/*Linck*, § 45 Rz. 45; *Friedhofen/Weber*, NZA 1986, 145; a.A. LAG Düsseldorf v. 17.3.1995, LAGE § 611 BGB Direktionsrecht Nr. 23 (es liege eine Umgehung von Kündigungsschutzvorschriften vor, wenn der Arbeitgeber dem Arbeitnehmer auch tariflich niedriger vergütete Tätigkeiten zuweisen können soll); LAG Düsseldorf v. 22.9.1995 – 15 Sa 715/95, n.v.

ger Auslegung liegt hier nur eine zweifellos zulässige und sogar **kontrollfreie Hauptabrede einer Tätigkeitsbeschreibung** vor, die kurz gefasst zum Inhalt hat, dass der Arbeitnehmer sowohl als Maschinenschlosser als auch als Kfz-Schlosser eingesetzt werden kann.

127 Eine sehr **allgemeine und unbestimmte Beschreibung** des originären Tätigkeitsbereichs hat für den Arbeitgeber den Vorteil, dass sein **allgemeines Direktionsrecht sehr weitgehend** ist. Das bedeutet für ihn, dass er viele und umfassende Weisungen aussprechen kann, ohne auf einen Änderungsvertrag oder eine Änderungskündigung angewiesen zu sein, und dass nur die konkrete Weisung anhand des § 106 GewO überprüft wird, nicht jedoch die Klausel im Arbeitsvertrag selbst einer Inhaltskontrolle unterzogen wird.

128 Für die Vertragsgestaltung muss der Arbeitgeber Folgendes berücksichtigen: Je weiter die Tätigkeitsbeschreibung, desto weiter ist im Falle der betriebsbedingten Kündigung der Kreis vergleichbarer Arbeitnehmer (vgl. Rz. 6 ff.). Und: Je unbestimmter der Tätigkeitsbereich, umso mehr Raum ist für die gerichtliche Überprüfung, ob das hieraus folgende weite Weisungsrecht „billigem Ermessen" entspricht.

129 Umgekehrt gilt: Je bestimmter die betreffende Klausel die Arbeitspflicht des Arbeitnehmers regelt, desto eingeschränkter ist das Direktionsrecht und umso weniger Raum ist für die Prüfung, ob diese konkretisierte Arbeitspflicht im Weisungsfalle „billigem Ermessen" entspricht.

130 Das Maß der Bestimmtheit auf arbeitsvertraglicher Ebene sollte nicht übertrieben werden. Schließlich benötigt der Arbeitgeber, soll er die einzelnen Arbeitsergebnisse der Arbeitnehmer zu einer sinnvollen Gesamtarbeitsleistung zusammenfassen, einen **Organisationsspielraum**. Daher ist eine dem Arbeitgeber zumutbare genaue Beschreibung des Tätigkeitsbereichs im Arbeitsvertrag nur dann anzunehmen, wenn die Organisationsfreiheit des Arbeitgebers unangetastet bleibt, die für die Zusammenfassung der Teilarbeitsleistungen zu einer wirtschaftlich sinnvollen Gesamtarbeitsleistung notwendig ist.

cc) Grenzen des echten erweiterten Direktionsrechts durch Inhaltskontrolle

131 Die „echte" Erweiterung des Direktionsrechts ist – über die Schranken des § 106 GewO hinaus – Restriktionen unterworfen. Das Weisungsrecht nach § 106 GewO umfasst **nicht** die Befugnis zur Versetzung des Arbeitnehmers auf einen Arbeitsplatz mit einer **geringerwertigen Tätigkeit**, und zwar auch dann nicht, wenn die bisher gezahlte Vergütung fortgezahlt wird.[1] Kurz gefasst: Das Weisungsrecht erstreckt sich nicht auf die essentialia negotii und die Grundlagen der Vertragsabrede.

132 Bei der Frage, ob und inwieweit der Arbeitgeber durch erweiterte Leistungsbestimmungsrechte in die **Hauptleistungspflichten** eingreifen darf, ist eine inkonsistente Rechtsprechungsentwicklung zu vermerken, von der zunächst uneingeschränkten

---

1 BAG v. 14.7.1965 – 4 AZR 347/63, AP Nr. 19 zu § 611 BGB Direktionsrecht; v. 24.4.1996 – 4 AZR 976/94, AP Nr. 49 zu § 611 BGB Direktionsrecht; LAG Hamm v. 6.11.2007 – 14 Sa Ga 39/07, n.v.; zur Inhaltskontrolle ErfK/*Preis*, §§ 305–310 BGB Rz. 51.

Zulässigkeit sowohl im Einzel- als auch im Tarifvertrag[1] über die Unzulässigkeit im Einzelvertrag,[2] aber Zulässigkeit im Tarifvertrag[3] bis hin auch zur (teilweisen) Unzulässigkeit im Tarifvertrag.[4]

In der Entscheidung des BAG vom 12.12.1984 hatte das BAG eine direktionsrechtserweiternde Klausel im **Einzelarbeitsvertrag** für unwirksam befunden, aufgrund derer der Arbeitnehmer die Arbeitszeit, nach der sich die Vergütung bemisst, einseitig reduzieren kann. Denn hierin liege eine **Umgehung von zwingenden Vorschriften des Kündigungsschutzrechts**, § 2 KSchG i.V.m. § 1 Abs. 2, 3 KSchG, § 622 Abs. 1, 5 BGB, so dass eine solche Vereinbarung nach § 134 BGB nichtig sei. Diese Rechtsprechung hat das BAG nunmehr aufgegeben und überprüft Änderungsvorbehalte allein nach den Maßstäben der §§ 305 ff. BGB.[5] Das BAG folgt in Übereinstimmung mit der Rechtsprechung des BGH[6] jetzt der strengen Unterscheidung zwischen der **Angemessenheitskontrolle** der Klausel, welche das Leistungsbestimmungsrecht einräumt, und der **Ausübungskontrolle** in Bezug auf die darauf beruhende Leistungsbestimmung im konkreten Einzelfall. Besonderheiten des Arbeitsrechts stehen dem nicht entgegen. Das BAG bestätigt sowohl ein **Interesse des Arbeitgebers**, das Arbeitsverhältnis flexibel der wirtschaftlichen Entwicklung anpassen zu können, als auch ein berechtigtes Interesse des Arbeitnehmers am Vertragsinhaltsschutz. Die erforderliche Abwägung muss die Art und die Höhe des Eingriffs einbeziehen. Eingriffe in den Kernbereich von Leistung und Gegenleistung sind unzumutbar. Die Inhaltskontrolle erfolgt – bei Vorliegen der Voraussetzungen – anhand § 308 Nr. 4 i.V.m. § 307 BGB oder unmittelbar anhand von § 307 BGB.[7] § 308 Nr. 4 BGB betrifft nur Klauseln, in denen sich der Arbeitgeber das Recht vorbehält, die versprochene Leistung, also das Entgelt, zu ändern.

Traditionell anders gestaltete sich die Rechtsprechung zu **echten Direktionsrechtserweiterungen in Tarifverträgen**. Das BAG hat in einem Urteil,[8] das sich mit einer **vergütungsmindernden Tarifklausel** befasste, mit der Begründung, dass Weisungen keine Umgehung des Kündigungsschutzes darstellen, weil sie die bestehende Arbeitspflicht nur konkretisieren, entsprechende Regelungen in Tarifverträgen weit-

---

1 BAG v. 11.6.1958 – 4 AZR 514/55, AP Nr. 2 zu § 611 BGB Direktionsrecht; v. 8.10.1962 – 2 AZR 550/61, AP Nr. 18 zu § 611 BGB Direktionsrecht; v. 14.7.1965 – 4 AZR 347/63, AP Nr. 19 zu § 611 BGB Direktionsrecht; v. 22.5.1985 – 4 AZR 427/83, AP Nr. 7 zu § 1 TVG Tarifverträge – Bundesbahn.
2 BAG v. 12.12.1984 – 7 AZR 509/83, AP Nr. 6 zu § 2 KSchG 1969.
3 BAG v. 28.11.1984 – 5 AZR 123/83, AP Nr. 1 zu § 4 TVG Bestimmungsrecht; v. 22.5.1985 – 4 AZR 427/83, AP Nr. 7 zu § 1 TVG Tarifverträge: Bundesbahn; v. 26.6.1985 – 4 AZR 585/83, EzA § 1 TVG Nr. 19; v. 17.3.1988 – 6 AZR 268/85, AP Nr. 11 zu § 15 BAT; v. 12.3.1992 – 6 AZR 311/90, AP Nr. 1 zu § 4 BeschFG 1985.
4 BAG v. 27.1.1994 – 6 AZR 541/93, AP Nr. 1 zu § 15 BAT-O; v. 18.10.1994 – 1 AZR 503/93, AP Nr. 11 zu § 615 BGB Kurzarbeit.
5 BAG v. 12.1.2005 – 5 AZR 364/04, AP Nr. 1 zu § 308 BGB = NZA 2005, 465; v. 7.12.2005 – 5 AZR 535/04, AP Nr. 4 zu § 12 TzBfG = NZA 2006, 423 (426), hierzu *Preis/Lindemann*, NZA 2006, 632.
6 BGH v. 26.11.1984 – VIII ZR 214/83, BGHZ 93, 29 (34); v. 16.1.1985 – VIII ZR 153/83, BGHZ 93, 252 (257 f.); v. 3.11.1999 – VIII ZR 269/98, BGHZ 143, 104; v. 17.2.2004 – XI ZR 140/03, ZIP 2004, 798.
7 BAG v. 7.12.2005 – 5 AZR 535/04, AP Nr. 4 zu § 12 TzBfG = NZA 2006, 423 (426).
8 BAG v. 22.5.1985 – 4 AZR 427/83, AP Nr. 7 zu § 1 TVG Tarifverträge – Bundesbahn; vgl. auch BAG v. 26.6.1985 – 4 AZR 585/83, EzA § 1 TVG Nr. 19.

gehend gebilligt.[1] Dieses Argument ist in der Literatur zu Recht auf Kritik gestoßen, weil es praktisch jede Art von Direktionsrechtserweiterung legitimiert.

135 1994 **schränkte das BAG** in zwei Urteilen[2] **diese weitgehende Rechtsprechung hinsichtlich der tarifvertraglichen Regelungen ein**: Auch eine Tarifvertragsklausel, die dem Arbeitgeber einen unbeschränkten Eingriff in seine Hauptleistungspflicht ermöglicht, sei wegen Verstoßes gegen zwingende kündigungsrechtliche Gesetzesbestimmungen **unwirksam**. Als Begründung wird angeführt, dass zwar den Tarifvertragsparteien ein größerer Gestaltungsspielraum zuzubilligen ist als den Vertragsparteien eines Einzelarbeitsvertrags, jedoch auch die Tarifpartner die Kündigungsschutzvorschriften nicht verletzen dürfen. Aus diesen Urteilen geht aber auch hervor, dass für die Tarifvertragsparteien nicht dieselben strengen Maßstäbe gelten wie für die Arbeitsvertragsparteien. Ein Eingriff in Hauptleistungspflichten kann daher im Tarifvertrag vereinbart werden, wenn er an bestimmte Vorgaben geknüpft ist, z.B. an Kündigungsfristen und Kündigungsgründe. Lediglich die Zubilligung eines **alleinigen Dispositionsrechts des Arbeitgebers** hinsichtlich der Hauptleistungspflichten ist **unzulässig**.

136 Für die Arbeitsvertragsgestaltung gilt, dass echte direktionsrechtserweiternde Klauseln, die über den gesetzlichen Inhalt des Direktionsrechts hinausgehen, kontrollfähig und kontrollbedürftig sind.[3]

b) Art der Arbeit (Sachlicher Tätigkeitsbereich)

aa) Tätigkeitszuweisung nach „Fähigkeiten und Kenntnissen"

137 Die Rechtsprechung hat die Erweiterung der Versetzungsbefugnis auf „den Fähigkeiten und Kenntnissen entsprechende" oder „zumutbare" Tätigkeiten in der Vergangenheit für zulässig erachtet.[4] Ähnliche Wendungen werden auch von zahlreichen Klauselhandbüchern vorgeschlagen. Richtigerweise wird man allerdings differenzieren müssen zwischen Klauseln, die nur „Zumutbarkeit" oder „nach Fähigkeiten und Kenntnissen"[5] als Kriterium enthalten, wie die folgenden Beispiele:

---

1 BAG v. 22.5.1985 – 4 AZR 427/83, AP Nr. 7 zu § 1 TVG Tarifverträge – Bundesbahn.
2 BAG v. 27.1.1994 – 6 AZR 541/93, AP Nr. 1 zu § 15 BAT-O; v. 18.10.1994 – 1 AZR 503/93, AP Nr. 11 zu § 615 BGB Kurzarbeit.
3 Zum Ganzen *Preis*, NZA Beilage 3/2006, 115 (119 f.); *Dzida/Schramm*, BB 2007, 1221.
4 Die Formulierung lässt sich zurückverfolgen bis BAG v. 11.6.1958 – 4 AZR 514/55, AP Nr. 2 zu § 611 BGB Direktionsrecht: „... nach seiner Befähigung, Ausbildung und körperlicher Eignung zugemutet werden kann." Vgl. auch BAG v. 12.4.1973 – 2 AZR 291/72, EzA § 611 BGB Nr. 12: „... die den Merkmalen seiner Vergütungsgruppe und seinen Kräften und Fähigkeiten entspricht, sofern ihm die Tätigkeit auch im Übrigen billigerweise zugemutet werden kann."; LAG Düsseldorf v. 14.8.2002 – 12 Sa 523/02, n.v., wonach der Arbeitgeber einem Arbeitnehmer, der zunächst ausdrücklich als Schweißer eingestellt wurde, auch solche Tätigkeiten zuweisen kann, die die Voraussetzungen seiner bisherigen tariflichen Lohngruppe erfüllen und ihm nach seiner beruflichen Qualifikation, seinen Kräften und Fähigkeiten zugemutet werden können, wenn er sich bereits im Arbeitsvertrag durch eine entsprechende Klausel vorbehalten hat, den Arbeitnehmer auch mit anderen angemessenen Tätigkeiten zu betrauen; vgl. auch LAG BW v. 28.2.2002 – 21 Sa 69/01, n.v.; ArbG Frankfurt v. 26.3.2003 – 9 Ca 4956/02, n.v.
5 BAG v. 9.5.2006 – 9 AZR 424/05, AP Nr. 21 zu § 307 BGB; LAG Köln v. 9.1.2007 – 9 Sa 1099/06, NZA-RR 2007, 343.

⊃ **Nicht geeignet:**
a) Der Arbeitgeber ist berechtigt, dem Arbeitnehmer andere zumutbare Tätigkeiten zuzuweisen.
b) Der Arbeitgeber ist berechtigt, dem Arbeitnehmer anderweitige, seinen Fähigkeiten und Kenntnissen entsprechende Aufgaben zu übertragen.

und Klauseln, die weitere Kriterien als Voraussetzung für die Zuweisung von Tätigkeiten nennen, wie die folgende Klausel:

Typ 7: Tätigkeitszuweisung

Der Arbeitgeber ist berechtigt, dem Arbeitnehmer innerhalb des Betriebs eine andere seinen Fähigkeiten und Kenntnissen entsprechende gleichwertige und gleich bezahlte Tätigkeit zuzuweisen.

Knüpft eine Vertragsklausel für die Zulässigkeit einer Versetzung allein an das Kriterium der **Zumutbarkeit** an, erscheint dies gleichermaßen verwirrend wie problematisch. Nach der Rechtsprechung ist die **Zumutbarkeit** dann gegeben, wenn es sich um die Übertragung einer gleichwertigen Tätigkeit bei gleicher Vergütung handelt, die also bspw. im Rahmen derselben Tarifgruppe liegt.[1] Welche Tätigkeiten gleichwertig sind, bestimmt sich nach der Beschreibung des sachlichen Tätigkeitsbereichs (dazu ausführlich Rz. 45 ff.). Aus diesem Grund führen Klauseln, die allein das Kriterium der Zumutbarkeit enthalten, im Ergebnis nach der gegenwärtigen Interpretation des Begriffes durch die Rechtsprechung kaum zu einer Direktionsrechtserweiterung. 138

Bedenklich ist allerdings, dass die Zumutbarkeit erst bei der Prüfung der konkreten Weisung im Einzelfall festgestellt werden kann. Dass diese „zumutbar" sein muss, ergibt sich für den Regelfall ohnehin aus **§ 106 GewO**, so dass eine Wiederholung dieser Anforderung ein überflüssiges Abschreiben des Gesetzes darstellt. Als eigenständiger Regelungsgehalt des obigen Beispiels bleibt daher nur die sinngemäße und sehr weitgehende Aussage „Der Arbeitgeber darf den Arbeitnehmer versetzen". 139

Des Weiteren problematisch ist, dass die Wendung „zumutbar" in gewisser Weise **salvatorischen Charakter** hat. Sie wiederholt die an die Klausel zu stellende Anforderung des § 106 GewO, ohne diese konkretisierend auszufüllen. Derartige Regelungen sichern die Übertragung gleichwertiger Tätigkeiten also nur so lange, wie die Rechtsprechung die Übertragung geringerwertiger Tätigkeiten für unzumutbar erachtet. Dagegen ist auf den ersten Blick nichts einzuwenden, weil der Arbeitgeber sich dadurch bei jeder Änderung der Rechtsprechung zum Inhalt des Zumutbarkeitskriteriums automatisch im Rahmen des Rechts hält. 140

Würde man aber deshalb die bloße Nennung des Zumutbarkeitserfordernisses als zulässig und ausreichend ansehen, geriete man in Widerspruch zur ständigen Rechtsprechung für den Bereich der **Allgemeinen Geschäftsbedingungen**, die jetzt 141

---
1 BAG v. 12.4.1973 – 2 AZR 291/72, EzA § 611 BGB Nr. 12; v. 28.6.1973 – 5 AZR 568/72, AP Nr. 2 zu § 2 BUrlG; v. 24.11.1993 – 5 AZR 206/93, ZTR 1994, 166; v. 30.8.1995 – 1 AZR 47/95, AP Nr. 44 zu § 611 BGB Direktionsrecht; v. 24.4.1996 – 4 AZR 976/94, AP Nr. 49 zu § 611 BGB Direktionsrecht.

auch nach § 310 Abs. 4 BGB Bedeutung für das Arbeitsrecht hat. Dort ist anerkannt, dass **weit gefasste Klauseln** im Wege richterrechtlicher Gestaltung wegen der Regelung des § 306 Abs. 2 BGB **nicht geltungserhaltend reduziert** werden können.[1]

142 Es macht aber in der Sache keinen Unterschied, ob eine Klausel eine zu weit gehende Regelung enthält und geltungserhaltend reduziert wird oder ob die Weite der Regelung durch einen unbestimmten Rechtsbegriff flexibel gehandhabt wird und die Gerichte den unbestimmten Rechtsbegriff für den Arbeitgeber jeweils weitest möglich auslegen. Die Einbeziehung des Zumutbarkeitsbegriffs unterscheidet sich nicht von dem Fall, in dem der Arbeitgeber sich „Tätigkeitszuweisungen" vorbehält, „die einer Inhaltskontrolle standhalten". Die Anerkennung anderer als „zumutbarer" Tätigkeiten kann der Arbeitgeber ohnehin nicht erwarten, so dass er den Kreis der potenziell zulässigen Tätigkeitszuweisungen durch den Zumutbarkeitsbegriff de facto überhaupt nicht einschränkt.

143 Mit anderen Worten: Durch die Zumutbarkeitsfloskel entzieht sich der Arbeitgeber in gleicher Weise der Mühe, selbst die für ihn weitest zulässige Regelung zu ermitteln, wie ein Arbeitgeber, der eine offensichtlich unzumutbare Klausel von der Rechtsprechung auf das maximal zulässige Maß reduzieren lassen möchte. Das **Risiko der Klauselgestaltung** wird dabei vom Arbeitgeber auf den Arbeitnehmer abgewälzt.

144 Die Wirksamkeit von Klauseln, die durch die alleinige Verwendung des salvatorischen Blankettbegriffes der „Zumutbarkeit" ohne Nennung weiterer Voraussetzungen dem Richter die genaue Ausfüllung und damit die Bestimmung ihrer inhaltlichen Reichweite überantworten, erscheint daher fraglich; ausführlich zu den damit verbundenen Fragen → *Salvatorische Klauseln*, II S 10.

145 Bedenken gegen solche Klauseln sowie gegen vergleichbare Klauseln, die eine Versetzung an den „Kenntnissen und Fähigkeiten" des Arbeitnehmers orientieren, bestehen auch im Hinblick auf § 305c Abs. 2 i.V.m. § 307 Abs. 2 Nr. 1, Abs. 1 Satz 1 BGB. Das alleinige Anknüpfen an die „Zumutbarkeit" bzw. die „Kenntnisse und Fähigkeiten" lässt keine eindeutige Auslegung dahingehend zu, dass dem Arbeitnehmer nur gleichwertige und nicht auch ungleichwertige Tätigkeiten zugewiesen werden können. Im Sinne der Unklarheitenregelung des § 305c Abs. 2 BGB ist daher zunächst von der arbeitnehmerfeindlichsten Auslegung, also davon auszugehen, dass dem Arbeitnehmer auch ungleichwertige Tätigkeiten zugewiesen werden können. Eine solche Klausel führt jedoch zu einer unangemessenen Benachteiligung des Arbeitnehmers und zur Unwirksamkeit gemäß § 307 Abs. 2 Nr. 1, Abs. 1 Satz 1 BGB. Denn der Arbeitgeber behält sich auf diese Weise das Recht vor, einseitig in den gesetzlich gewährleisteten Inhaltsschutz des Arbeitsverhältnisses einzugreifen, ohne dass die an eine Änderungskündigung gestellten Voraussetzungen nach §§ 2, 1 Abs. 2 und 3 KSchG vorliegen.[2] Unabhängig davon können derartige Klauseln als intransparent gemäß § 307 Abs. 1 Satz 2 BGB verworfen werden,

---

1 BGH v. 19.9.1983 – VIII ZR 84/82, NJW 1984, 48; v. 24.9.1985 – VI ZR 4/84, BGHZ 96, 18 (25f.); LG Heilbronn v. 18.10.1979 – 6 O 389/79, BB 1980, 177; zustimmend *Larenz*, AT, § 29a III d); UBH/*Fuchs*, § 310 BGB Rz. 232f.; vgl. zur Anwendbarkeit dieser Vorschrift im Arbeitsrecht → *I C* Rz. 116ff.; ErfK/*Preis*, §§ 305–310 BGB Rz. 55f.; *Lindemann*, § 14 III.
2 BAG v. 9.5.2006 – 9 AZR 424/05, AP Nr. 21 zu § 307 BGB; LAG Köln v. 9.1.2007 – 9 Sa 1099/06, NZA-RR 2007, 343; LAG Hamm v. 6.11.2007 – 14 SaGa 39/07, n.v.

da sie nicht erkennen lassen, ob der Arbeitgeber sich das Recht vorbehalten wollte, dem Arbeitnehmer auch eine ungleichwertige Tätigkeit zuweisen zu können. Aufgrund des Verbots der geltungserhaltenden Reduktion können die Klauseln auch nicht mit dem Inhalt aufrecht erhalten werden, dass einseitige Änderungen der arbeitsvertraglich geschuldeten Tätigkeit insoweit zulässig seien, als sie die Zuweisung anderer gleichwertiger Tätigkeiten betreffen.

Im Gegensatz zu Klauseln, die pauschal zumutbare oder den Kenntnissen und Fähigkeiten entsprechende Versetzungsmaßnahmen vorsehen, stellen diejenigen Klauseln zutreffende Ansätze dar, die dem Arbeitnehmer ein **gleichwertiges** (und gleichbezahltes) **neues Arbeitsgebiet** entsprechend seinen Fähigkeiten und Kenntnissen zuweisen können, wie dies durch die Klausel Typ 7 geschieht. Damit wird der Begriff der Zumutbarkeit auf die Übertragung gleichwertiger Tätigkeiten fixiert und von der möglicherweise wechselnden Meinung der Rechtsprechung abgekoppelt. 146

bb) Übertragung geringerwertiger Tätigkeiten

◯ Nicht geeignet:
  a) Der Arbeitgeber hat das Recht, dem Arbeitnehmer eine geringerwertige Tätigkeit zuzuweisen.
  b) Der Arbeitgeber hat das Recht, dem Arbeitnehmer eine geringerwertige Tätigkeit zuzuweisen. Die vereinbarte Vergütung bleibt davon unberührt. Die neue Tätigkeit muss mindestens den Tätigkeitsmerkmalen der Vergütungsgruppe ... (höchstens 2 Gruppen unter der ursprünglichen Vergütungsgruppe) entsprechen.

Ohne ausdrückliche einzel- oder tarifvertragliche Regelung, also aufgrund des allgemeinen Direktionsrechts, darf dem Arbeitnehmer **keine geringerwertige** Tätigkeit zugewiesen werden, selbst bei Weiterzahlung der ursprünglichen Vergütung (dazu ausführlich Rz. 45 ff.). 147

Allerdings haben bislang sowohl Rechtsprechung als auch Literatur es für zulässig gehalten, den Arbeitnehmer **bei Fortzahlung der alten Vergütung** auf einen geringerwertigen Arbeitsplatz zu versetzen, wenn dem Arbeitgeber dieses Recht **tarifvertraglich oder einzelvertraglich durch ausdrückliche echte Direktionsrechtserweiterungen vorbehalten ist**.[1] Soweit die Rechtsprechung die Zuweisung geringerwertiger Tätigkeiten als unzulässig bezeichnet hat, handelte es sich um Fälle, in denen es an einer Direktionsrechtserweiterung fehlte, wobei aber jeweils auf die Möglichkeit einer in Tarif- oder Einzelverträgen vereinbarten Direktionsrechtserweiterung hingewiesen wurde.[2] 148

---

1 St. Rspr., vgl. nur BAG v. 11.6.1958 – 4 AZR 514/55, AP Nr. 2 zu § 611 BGB Direktionsrecht; v. 27.3.1980 – 2 AZR 506/78, AP Nr. 26 zu § 611 BGB Direktionsrecht; LAG Hamm v. 10.6.2002 – 19 (11) Sa 1031/01, n.v.; LAG Sachsen v. 13.11.2002 – 2 Sa 205/02, n.v.; *Falkenberg*, DB 1981, 1087 (1088); KR/*Rost/Kreft*, § 2 KSchG Rz. 42.
2 Vgl. BAG v. 22.5.1985 – 4 AZR 427/83, AP Nr. 7 zu § 1 TVG Tarifverträge – Bundesbahn; v. 25.1.1978 – 4 AZR 509/76, AP Nr. 10 zu § 611 BGB Croupier; v. 26.2.1976 – 3 AZR 166/75, AP Nr. 172 zu § 242 BGB Ruhegehalt; v. 28.2.1968 – 4 AZR 144/67, AP Nr. 22 zu § 611 BGB Direktionsrecht; v. 8.10.1962 – 2 AZR 550/61, AP Nr. 18 zu § 611 BGB Direktionsrecht; v. 11.6.1958 – 4 AZR 514/55, AP Nr. 2 zu § 611 BGB Direktionsrecht.

149 Es ist fraglich, ob an dieser Auffassung im Lichte der neuen Rechtslage und der Rechtsprechung zu Änderungsvorbehalten festgehalten werden kann. Die Zuweisung geringerwertiger Tätigkeit kann nur im Rahmen der Transparenz- und Angemessenheitserfordernisse zulässig sein, die für alle Änderungsvorbehalte gelten (näher → Vorbehalte und Teilbefristung, II V 70).[1] Da das Direktionsrecht nicht die Befugnis zur Versetzung des Arbeitnehmers auf einen Arbeitsplatz mit einer geringerwertigen Tätigkeit umfasst, und zwar auch dann nicht, wenn die bisher gezahlte Vergütung fortgezahlt wird,[2] kommt es gerade in dieser Hinsicht häufig zu einer vertraglichen Erweiterung des Direktionsrechts. Die Klausel ist ohne nachvollziehbare, transparente Änderungsgründe und eine Vergütungsgarantie in der Regel unwirksam, da der Arbeitnehmer ein gewichtiges Interesse an der Beibehaltung der höherwertigen Tätigkeit hat.[3] Eine einzelvertragliche Klausel, durch die der Arbeitgeber dem Arbeitnehmer eine geringerwertige Tätigkeit mit einer verminderten Vergütung zuweisen kann, ist wegen des damit verbundenen Eingriffs in den Kernbereich der Entgeltzahlungspflicht und der Beeinträchtigung des Austauschverhältnisses nur unter strengen Voraussetzungen zulässig. Die Grenze liegt auch hier bei einer Absenkung von 20 %.[4] Zu bedenken ist, dass entsprechende Klauseln in der Regel unangemessen sein dürften, da geringerwertige Tätigkeit und geringere Vergütung doppelt belastend wirken.[5] Sie können nur dann zulässig sein, wenn hierdurch die Voraussetzungen des § 2 KSchG (Schutz vor Änderungskündigungen) über den Eingriffsgrund beachtet werden. Dass tarifvertragliche Klauseln von der Rechtsprechung weitergehend für zulässig gehalten werden, ist in der dem Tarifvertrag innewohnenden Richtigkeitsvermutung begründet.

150 Vor diesem Hintergrund scheitern die oben wiedergegebenen Klauseln schon aus Transparenzgründen. Es ist kein nachvollziehbarer Grund für den Eingriff angegeben. Ferner ist für den Arbeitnehmer die **Art der potenziell übertragbaren Aufgaben**, anders als bei der konkreten Beschreibung des sachlichen Tätigkeitsbereichs, **nicht absehbar**. Der Angabe „geringerwertiger Arbeiten" fehlt die Signal- und Warnfunktion der Beschreibung des sachlichen Tätigkeitsbereichs. Ferner ist unklar, wie weitreichend der Eingriff hinsichtlich der Qualifikationsstufe ist. So ist es sicher unangemessen, wenn durch eine solche Klausel der gelernte Facharbeiter nur noch mit Tätigkeiten als Hilfsarbeiter beschäftigt werden kann.

151 Erkennbar wird darüber hinaus, dass durch solche weitreichenden Klauseln der **Anspruch auf vertragsgemäße Beschäftigung ausgehöhlt** wird, der jedem Arbeitnehmer aufgrund seines Persönlichkeitsrechts zusteht:[6] Der Arbeitgeber könnte bspw. einen unliebsamen Arbeitnehmer unter Berufung auf die vertragliche Vereinbarung – nach der ja die Zuweisung geringerwertiger Tätigkeiten zulässig ist – nur noch untergeordnete Hilfstätigkeiten zuweisen, die mit seiner ursprünglichen Tätigkeit nicht mehr zusammenhängen. Angesichts der Bedeutung, die die Arbeitswertigkeit

---

1 DBD/*Bonin*, § 307 Rz. 189; ErfK/*Preis*, §§ 305–310 BGB Rz. 51 ff.
2 BAG v. 30.8.1995 – 1 AZR 47/95, AP Nr. 44 zu § 611 BGB Direktionsrecht; v. 24.4.1996 – 5 AZR 1031/94, AP Nr. 48 zu § 611 BGB Direktionsrecht.
3 S.a. BAG v. 9.5.2006 – 9 AZR 424/05, AP Nr. 21 zu § 307 BGB; *Dzida/Schramm*, BB 2007, 1221 (1224 f.); DBD/*Bonin*, § 307 Rz. 184 ff.
4 In Anlehnung an BAG v. 7.12.2005 – 5 AZR 535/04, AP Nr. 4 zu § 12 TzBfG; *Hromadka*, NZA 2012, 233 (237).
5 Im Grundsatz ähnlich *Dzida/Schramm*, BB 2007, 1221 (1225).
6 BAG v. 10.11.1955 – 2 AZR 591/54, AP Nr. 2 zu § 611 BGB Beschäftigungspflicht.

für den Arbeitnehmer hat, stellt die Möglichkeit der Zuweisung beliebig geringerwertiger Tätigkeiten einen **schweren Eingriff in das Arbeitsverhältnis** dar. Durch entsprechende Klauseln wird in den Kernbereich des Arbeitsverhältnisses eingegriffen. Der **Kern des Inhalts- und Änderungsschutzes** wird berührt. Noch verschärft wird der Eingriff, wenn sich die Änderung auch auf die Vergütungsseite erstreckt.

⮕ **Nicht geeignet:**

a) Macht der Arbeitgeber von seinem Recht der Zuweisung einer anderen Arbeit Gebrauch, so richtet sich nach Ablauf eines Monats die Vergütung nach der neu zugewiesenen Tätigkeit.

b) Ist eine dauernde Beschäftigung mit Arbeiten beabsichtigt, für die ein niedrigeres Entgelt vorgesehen ist, so kann der Arbeitnehmer erst nach Ablauf der Änderungskündigungsfrist in die niedrigere Lohn- oder Gehaltsgruppe eingestuft werden, sofern nicht eine anderweitige Vereinbarung zu Stande kommt.

c) Bei der Zuweisung einer neuen Tätigkeit durch den Arbeitgeber richtet sich das Entgelt nach dieser neuen Tätigkeit.

Für die Wirksamkeit derart direktionsrechtserweiternder Klauseln kann nicht angeführt werden, dass sich der Arbeitgeber vertraglich bindet, im Falle eines Kündigungsgrundes den Arbeitnehmer auch zu geringerwertiger Tätigkeit weiterzubeschäftigen. Diese Verpflichtung ergibt sich aus dem Ultima-ratio-Prinzip des Kündigungsrechts ohnehin. Dem Arbeitgeber obliegt, dem Arbeitnehmer jede freie Beschäftigungsmöglichkeit auch zu deutlich geringerer Vergütung anzubieten.[1] Ob der Kündigungsgrund tatsächlich vorliegt, ist durch die Arbeitsgerichte zu prüfen (vgl. § 1 Abs. 2 Satz 3 KSchG). Durch eine entsprechende Klausel werden in intransparenter Weise die ohnehin bestehenden kündigungsrechtlichen Obliegenheiten des Arbeitgebers verunklart. Aus diesem Grunde sind die Klauseln auch aus Arbeitgebersicht unzweckmäßig.

Die Wirksamkeit vorformulierter, echter direktionsrechtserweiternder Klauseln richtet sich danach, ob eine unangemessene Benachteiligung des Arbeitnehmers i.S.v. § 307 Abs. 1 BGB entsteht.[2] Wegen der Gefahr einer Verlagerung von unternehmerischen Risiken auf den Arbeitnehmer sind an einen solchen Versetzungsvorbehalt **hohe Anforderungen** zu stellen:[3] Die Versetzung muss an **dringende betriebliche Erfordernisse** i.S.v. § 1 Abs. 2 KSchG gebunden sein,[4] die auch eine (betriebsbedingte) Änderungskündigung rechtfertigen können. Zudem ist die Änderung der Tätigkeit **zeitlich zu begrenzen** auf die Zeitspanne, in der die wirtschaftliche Situation des Betriebs verbessert und der Bestand gesichert werden

---

[1] ErfK/*Preis*, § 611 Rz. 563.
[2] Vgl. zu Änderungsvorbehalten im Bereich der Vergütung auch → *Vorbehalte und Teilbefristung*, II V 70.
[3] Vgl. dazu auch ErfK/*Preis*, §§ 305–310 Rz. 54 ff.; *Lindemann*, § 18 III 1b; vgl. auch die Regelung im Tarifvertrag über die Lohn- und Gehaltssicherung für Arbeitnehmer der Eisen-, Metall-, Elektro- und Zentralheizungsindustrie NRW v. 25.1.1979 (abgedruckt bei LAG Hamm v. 10.6.2002 – 19 (11) Sa 1031/01, n.v., wonach dem Arbeitnehmer bei der Zuweisung von geringer bezahlten Tätigkeiten aus dringenden betrieblichen Gründen ein Anspruch auf Fortzahlung der bisherigen Vergütung für eine bestimmte Zeit zusteht).
[4] *Hromadka*, NZA 2012, 233 (236).

kann.[1] Auch inhaltlich ist der **Grad der Geringerwertigkeit** zu begrenzen. Darüber hinaus ist eine **Frist** vorzusehen zwischen der Ausübung des Änderungsvorbehalts und dem tatsächlichen Wirksamwerden der Änderungen. Diese Frist kann z.B. der gesetzlichen Kündigungsfrist entsprechen. Damit die Klausel dem Transparenzgebot nach § 307 Abs. 1 Satz 2 BGB genügt, sind die hier genannten Voraussetzungen ausdrücklich in den Änderungsvorbehalt aufzunehmen. Um die Eingriffsschwere zu begrenzen und die Klausel transparent erscheinen zu lassen, bedarf es daneben der **Aufstellung einer absoluten Grenze** für den zulässigen Grad der Geringerwertigkeit. Von stets zulässigen Einsätzen bei Notfällen abgesehen,[2] dürfte diese Grenze in der Regel bei nicht mehr als **einer Vergütungsgruppe** unterhalb derjenigen anzusetzen sein, in die der Arbeitnehmer ursprünglich eingruppiert wurde.

153 Zusammenfassend lässt sich also festhalten, dass Klauseln, die dem Arbeitgeber die Befugnis geben, geringerwertige Tätigkeiten zuzuweisen, nur zu empfehlen sind, wenn diese Eingriffe

– in der Regel nur vorübergehender Natur sind,
– auf einen betrieblichen Grund gestützt werden können
– und eine Vergütungsgarantie gegeben wird.

Typ 8: Übertragung geringerwertiger Tätigkeiten bei gleicher Vergütung

Sie werden eingestellt als kaufmännischer Angestellter mit der Vergütungsgruppe X des Y-Tarifvertrages. Aus betrieblichen Gründen können Sie jedoch (vorübergehend) auch mit Tätigkeiten betraut werden, die der nächst niedrigeren Vergütungsgruppe angehören. Die vereinbarte Vergütung wird dadurch nicht verändert.

154 Will der Arbeitgeber sich weitergehende Rechte einräumen lassen, dann müssen bei der Formulierung die strengen Voraussetzungen der Änderungsvorbehalte gewahrt werden (Transparenz, Sachgrund, Eingriffsschwelle). Ob sich eine solche Klausel „lohnt", muss der Vertragsgestalter entscheiden. Denn wesentlich für die Wirksamkeit ist, dass die Klausel nicht in unüberbrückbaren Widerspruch zum Beschäftigungsanspruch und zum Kündigungsschutz gerät. Mit diesen Bedenken könnte eine wirksame Klausel wie folgt lauten:

Typ 8a: Änderung der Höhe der Vergütung

Der Arbeitgeber hat das Recht, dem Arbeitnehmer eine geringerwertige Tätigkeit zuzuweisen und die Vergütung für die Zeit der Übertragung an die neue Tätigkeit anzupassen, wenn hierfür dringende betriebliche Gründe vorliegen, durch die eine betriebsbedingte (Änderungs-)Kündigung vermieden werden kann. Die jeweils

---

1 *Hromadka*, NZA 2012, 233 (236).
2 BAG v. 29.1.1960 – 1 AZR 200/58, AP Nr. 12 zu § 123 GewO; v. 14.12.1961 – 5 AZR 180/61, AP Nr. 17 zu § 611 BGB Direktionsrecht; v. 8.10.1962 – 2 AZR 550/61, AP Nr. 18 zu § 611 BGB Direktionsrecht; vgl. Schaub/*Linck*, § 45 Rz. 39.

geltende Kündigungsfrist wird eingehalten. Die geringerwertige Tätigkeit darf eine Tarifgruppe nicht überschreiten. Die aus der Zuweisung erfolgende Verringerung der Jahresvergütung darf nicht mehr als 20 % betragen.

Der Kritik gegen die hier vertretene Position, faktisch bestünden kaum Unterschiede zur Änderungskündigung,[1] erweist sich bei näherer Betrachtung als unzutreffend: Zum einen ist – und dies erleichtert Änderungen für den Arbeitgeber erheblich – bei der Ausübung des Änderungsvorbehalts keine Sozialauswahl vorzunehmen. Zu beachten ist lediglich der Gleichbehandlungsgrundsatz, der Arbeitgeber darf also nicht nur die Vergütung einzelner Arbeitnehmer, auch nicht allein der Arbeitnehmer einer mit Verlust arbeitenden Abteilung, einschneidend kürzen und die Vergütung der überwiegenden Mehrzahl der Belegschaft unverändert lassen.[2] Des Weiteren müssen bei einer Änderungskündigung der Betriebsrat und ggf. andere Stellen beteiligt werden, bei Ausübung des Leistungsbestimmungsrechts hingegen nicht. Der Änderungskündigungsschutz ist zudem von einer individuellen Betrachtungsweise geprägt, insbesondere geht es um die Zumutbarkeit der Änderung für den betroffenen Arbeitnehmer. Einseitige Leistungsbestimmungsrechte hingegen werden an abstrakt-generellen Maßstäben gemessen.

Der Zweck und große Vorteil eines Änderungsvorbehalts hinsichtlich synallagmatischer Leistungen besteht also vorrangig darin, dem Arbeitgeber das formelle Verfahren einer Änderungskündigung zu ersparen. Es geht bei der Aufstellung gewisser Anforderungen an die Klausel nicht darum, Flexibilisierungen zu erschweren, sondern darum, Vertragsgestaltungen zu vermeiden, die von vornherein den Grundsatz „pacta sunt servanda" zugunsten einer Partei relativieren. Daher müssen lediglich die Gründe für Änderungen im Grundsatz dem Maßstab einer Änderungskündigung genügen. Es genügt also letztlich die unternehmerische Entscheidung des Arbeitgebers, eine Organisations-, Arbeitszeit- oder Inhaltsänderung durchzuführen, die ihn zu einer Änderungskündigung berechtigen würde. Während bspw. der Widerruf einer Zulage aufgrund einer Organisationsänderung in der Regel unproblematisch ist, etwa weil der Zweck der Zulage entfällt, ist der neuralgische Punkt das betriebliche Erfordernis zur Lohnabsenkung bei schlechter Ertragslage. Der Arbeitgeber wird angesichts der strengen Rechtsprechung im Hinblick auf die Änderungskündigung zur Entgeltabsenkung[3] Schwierigkeiten haben, eine Verringerung der Vergütung aus betrieblichen Gründen mittels einseitiger Leistungsbestimmungsrechte durchzusetzen, sofern die Änderung an keine Voraussetzungen gebunden ist.

---

1 *Hanau/Hromadka*, NZA 2005, 73 (76f.).
2 BAG v. 20.8.1998 – 2 AZR 84/98, AP Nr. 50 zu § 2 KSchG 1969.
3 Vgl. nur BAG v. 16.5.2002 – 2 AZR 292/01, NZA 2003, 147; v. 12.11.1998 – 2 AZR 91/98, AP Nr. 51 zu § 2 KSchG 1969; v. 20.8.1998 – 2 AZR 84/98, EzA § 2 KSchG Nr. 31 m. Anm. *Thüsing*; v. 12.12.1996 – 2 AZR 879/95, EzA § 2 KSchG Nr. 32; v. 26.1.1995 – 2 AZR 371/94, AP Nr. 36 zu § 2 KSchG 1969; v. 11.10.1989 – 2 AZR 61/89, AP Nr. 47 zu § 1 KSchG 1969 Betriebsbedingte Kündigung; v. 30.10.1987 – 7 AZR 659/86, RzK I 7a Nr. 8; v. 20.3.1986 – 2 AZR 294/85, AP Nr. 14 zu § 2 KSchG 1969; v. 28.4.1982 – 7 AZR 1139/79, AP Nr. 3 zu § 2 KSchG 1969.

cc) Übertragung geringerwertiger Tätigkeiten und Tarifautomatik

156 Vergütungsminderungen können sich aber nicht nur aus einer arbeitsvertraglichen Regelung ergeben, sondern auch aus einer an den Tatbestand der Zuweisung geringerwertiger Arbeiten geknüpften **automatischen Vergütungsanpassung**. Eine solche Vergütungsautomatik besteht bei Eingreifen tarifvertraglicher Vergütungsregelungen. Die zahlenmäßige Bedeutung dieser Fälle ist groß, weil für zahlreiche Arbeitsverhältnisse tarifvertragliche Bestimmungen zur Anwendung kommen, sei es, weil die Vertragspartner einem Tarifvertrag unterworfen sind (durch gewillkürte oder durch Allgemeinverbindlichkeitserklärung bedingte Tarifbindung), sei es, weil die Geltung der tariflichen Regelungen einzelvertraglich vereinbart wird.

157 Die Gehalts- bzw. Lohnhöhe regelt sich für diese Fälle nach den Eingruppierungsregelungen des Tarifvertrags, so dass die Entlohnung untrennbar an die Art der Tätigkeit gebunden ist. Arbeitsvertragliche Regelungen haben in diesen Fällen nur deklaratorischen Charakter; maßgeblich ist das im Tarifvertrag genannte Entgelt. An dieser Vergütungsautomatik fehlt es nur dann, wenn Tarifbestimmungen weder infolge Tarifgebundenheit noch infolge ausdrücklicher Einbeziehung auf das Arbeitsverhältnis Anwendung finden. Abgesehen von diesen Fällen müsste die Zuweisung einer geringerwertigen Tätigkeit automatisch eine Neu-Eingruppierung zur Folge haben. Entsprechende **echte Direktionsrechtserweiterungen**, die **nicht zugleich eine Vergütungsgarantie** aussprechen, würden danach zu **Entlohnungsminderungen** führen. Diese Konsequenz wird von der Rechtsprechung allerdings – jedenfalls im Ergebnis – verneint. Zur Vergütungsminderung bedarf es nach ihr auch bei Tarifgebundenheit der Parteien einer **besonderen einzelvertraglichen Regelung**.[1]

158 Diese Auffassung beruhte ursprünglich auf der überholten Theorie, die die normative Wirkung von Tarifverträgen leugnete. In einem späteren Urteil[2] hat das BAG diese Theorie aufgegeben und spricht dort zutreffend von der „sich aus der tariflichen Normenwirkung ergebenden Vergütungsautomatik". Dann aber bekräftigt das Gericht seine alte Meinung mit der neuen Begründung, es sei zum Schutz des Arbeitnehmers „gleichwohl" erforderlich, zur Entlohnungsminderung eine besondere Vereinbarung zu treffen. Soweit das Gericht demnach auf einen nicht näher spezifizierten **Arbeitnehmerschutzgedanken** abstellt, kann dem nur zugestimmt werden.

159 Der Arbeitnehmerschutz darf aber **nicht** durch eine im Ergebnis **geltungserhaltende Reduktion** arbeitsvertraglicher Klauseln ohne Vergütungsgarantie erzielt werden, sondern nur dadurch, dass man arbeitsvertraglichen Klauseln, die dem Schutzbedürfnis des Arbeitnehmers nach Ansicht der Rechtsprechung nicht genügen, die Wirksamkeit versagt. Es ist methodisch zumindest fragwürdig, den Eintritt einer unzumutbaren Rechtsfolge in anderer Weise zu verhüten als dadurch, dass man die Norm, aus der sich die Rechtsfolge ergibt, für unwirksam erklärt, wenn überhaupt kein Fall vorstellbar ist, in dem die Rechtsfolge zumutbar wäre. Das Mit-

---

1 LAG Saarbrücken v. 23.4.1958 – Sa 56/57, AP Nr. 2 zu § 611 Mehrarbeitsvergütung; v. 14.1.1959 – 4 AZR 68/56, AP Nr. 47 zu § 3 TOA; v. 20.1.1960 – 4 AZR 267/59, AP Nr. 8 zu § 611 BGB Direktionsrecht; v. 16.10.1965 – 5 AZR 55/65, AP Nr. 20 zu § 611 BGB Direktionsrecht.
2 BAG v. 14.12.1961 – 5 AZR 180/61, AP Nr. 17 zu § 611 BGB Direktionsrecht.

tel der geltungserhaltenden Reduktion darf – wenn im Bereich der Formularverträge überhaupt[1] – nur dann eingesetzt werden, wenn die Aufrechterhaltung der auf das zulässige Maß reduzierten Norm zum Wohle des Arbeitnehmers geboten ist, weil das Verdikt der Nichtigkeit am Ende sonst den treffen würde, zu dessen Schutz es bestimmt ist.[2]

Infolge dieser **Rechtsprechung** bedürfen Direktionsrechtserweiterungen, die die Übertragung geringerwertiger Tätigkeiten zum Gegenstand haben, **keiner Einbeziehung einer Vergütungsgarantie**. Soweit eine Vergütungsautomatik eingreifen könnte, wird diese von der Rechtsprechung zum Schutze des Arbeitnehmers gleichwohl verneint. Hierbei kann es freilich zu Friktionen mit dem arbeitsrechtlichen Gleichbehandlungsanspruch innerhalb eines Betriebs kommen. Greift von vornherein keine Vergütungsautomatik ein, so ist davon auszugehen, dass der Arbeitgeber in Direktionsrechtserweiterungen im Zweifel nicht zugleich eine Regelung der Vergütung vornehmen möchte, da diese ohnehin im Rahmen des Direktionsrechts nicht ohne besondere Voraussetzungen möglich ist (näher hierzu Rz. 156 ff.). 160

Die Begründung der Rechtsprechung hinsichtlich fehlender ausdrücklicher Vergütungsgarantie bei an sich vorhandener Vergütungsautomatik unterliegt gewissen Zweifeln. Es ist möglich, dass sich die **Rechtsprechung**, die bisher eine Vergütungsgarantie für nicht erforderlich hält, **ändert** und Klauseln ohne Vergütungsgarantie aus Arbeitnehmerschutzgesichtspunkten für unwirksam erklärt. Daher ist **in jedem Fall zu empfehlen**, eine **ausdrückliche Vergütungsgarantie** in den Vertrag aufzunehmen, soweit tarifliche Vergütungsbestimmungen in Arbeitsverträge eingebunden sind. 161

Typ 9: Änderung der Vergütungsregelungen (Leistungs-/Zeitlohn)

Im Falle der Versetzung aus dem Außendienst in den Innendienst hat der Arbeitnehmer Anspruch auf Fortzahlung der Vergütung, die er im Durchschnitt der letzten drei Monate verdient hat.

Diese Klausel sieht eine **Änderung der Vergütungsregelung** vor. Sie geht davon aus, dass der Arbeitnehmer im Außendienst keine fixe Entlohnung erhalten hat, sondern etwa eine Entlohnung auf Leistungs- bzw. Prämienbasis (flexibler Lohnsockel plus Erfolgsprämie), und das Vergütungssystem nach Versetzung in den Innendienst auf Zeitentlohnung umgestellt werden soll. 162

Der Arbeitnehmer kann nach verschiedenen Systemen entlohnt werden: Beim **Zeitlohn** erhält er für einen bestimmten Zeitraum – z.B. Tag, Woche, Monat – einen festen Betrag, der von der Qualität der Leistung unabhängig ist. Beim **Akkordlohn** dagegen orientiert sich die Lohnhöhe am Arbeitsergebnis, meist an der Menge der hergestellten Gegenstände. Eine Mischform zwischen Zeit- und Akkordlohn ist der **Prämienlohn**. Dabei erhält der Arbeitnehmer neben einem gewissen Grundgehalt eine erfolgsabhängige Prämienzulage. Dieses System bietet sich für Arbeitnehmer an, die neben der Erzielung bestimmter Arbeitserfolge zusätzlich mit bestimmten 163

---
1 S. dazu I C Rz. 116 f. sowie → *Salvatorische Klauseln*, II S 10.
2 Daher keine Gesamtnichtigkeit bei sittenwidrigem Mietwucher, LG Köln v. 12.10.1964 – 1 S 134/64, NJW 1965, 157.

(meist Verwaltungsaufgaben) betraut sind, die typischerweise eine fixe Arbeitszeit erfordern. Eine prämienorientierte Entlohnung ist daher etwa bei Vertretern denkbar, die mit der Akquisition neuer Kunden betraut sind, daneben aber auch noch einen vorhandenen Kundenstamm betreuen müssen.

164 Der **Wechsel der Entlohnungsart** allein ist **nicht in jedem Fall** gleichzusetzen mit dem **Wechsel der Art der Arbeit**.[1] Bspw. der Übergang vom Stundenlohn zum Monatslohn ist zwar ein Wechsel der Entlohnungsart, aber keine Änderung der Arbeitsaufgabe oder der Art der Arbeit, da es sich bei beiden Vergütungsarten um Zeitlohn handelt, nur der Bezugszeitraum verschieden ist.

165 Beim Wechsel vom **Leistungslohn zum Zeitlohn** ist dies jedoch anders. Hierin liegt auch eine **Änderung der Art der Arbeit** selbst, denn beim Leistungslohn hat der Arbeitnehmer die Möglichkeit, die Höhe seiner Vergütung durch Geschwindigkeit und Intensität seiner Arbeitsleistung selbst zu bestimmen. Damit ist der Arbeitnehmer von vornherein – im Gegensatz zum Zeitlöhner – einem besonderen Leistungsdruck ausgesetzt. Darüber hinaus ist er in aller Regel darum bemüht, seine Arbeitskraft in besonderem Maße einzusetzen, um einen möglichst hohen Verdienst zu erzielen. Zur Art der Arbeitsleistung und damit auch zur Arbeitsaufgabe gehört es, unter welchen psychischen und physischen Voraussetzungen der Arbeitnehmer seine Arbeitsleistung zu erbringen hat.[2]

166 Fehlt es an einer vertraglichen Regelung, sieht es die Rechtsprechung wegen der Auswirkungen auf das Entgelt grundsätzlich als unzulässig an, kraft Direktionsrecht den Übergang vom Leistungs- zum Zeitlohn und umgekehrt anzuordnen, wenn vereinbart war, den Arbeitnehmer mit Akkordarbeit oder mit Arbeiten im Zeitlohn zu beschäftigen, da der Wechsel vom Stundenlohn zum Akkordlohn eine Versetzung darstelle.[3]

167 Ist hingegen vereinbart, dass der Arbeitnehmer im Leistungs- **oder** im Zeitlohn beschäftigt werden kann (sog. gemischtes Arbeitsverhältnis), kann selbst bei Änderungen auf der Vergütungsseite im Rahmen des Direktionsrechts der Wechsel angeordnet werden.

168 Änderungen der Vergütungsart sind jedoch **zulässig, wenn im Arbeitsvertrag** die Zuweisung von Tätigkeiten **vorbehalten** wird, für die die eine oder andere Vergütungsregelung **praktischen Zwängen** folgt. Das Bestehen solcher praktischer Zwänge ist beim Wechsel zwischen Prämien-, Akkord- und Zeitentlohnung keineswegs selten: In den Fällen, in denen der Arbeitgeber nicht in der Lage ist, die Arbeitszeit des Arbeitnehmers zu kontrollieren, muss jener die Möglichkeit haben, die Entlohnung nicht an der aufgewendeten Arbeitszeit (Zeitlohn), sondern am Arbeitsergebnis (Akkordlohn) oder an beiden Kriterien (Prämienlohn) zu orientieren.

169 Beinhalten Direktionsrechtsklauseln, wie üblich, nur mehr oder weniger allgemeine Vorbehalte der Zuweisung anderer Tätigkeiten, so muss der Arbeitgeber

---

1 Dazu ausführlich BAG v. 6.2.1985 – 4 AZR 155/83, AP Nr. 3 zu § 1 TVG Tarifverträge – Textilindustrie.
2 BAG v. 6.2.1985 – 4 AZR 155/83, AP Nr. 3 zu § 1 TVG Tarifverträge – Textilindustrie.
3 BAG v. 13.11.1974 – 4 AZR 106/74, AP Nr. 4 zu § 1 TVG Tarifverträge – Metallindustrie; v. 30.11.1983 – 4 AZR 374/81, AP Nr. 20 zu § 1 TVG Tarifverträge – Metallindustrie; v. 6.2.1985 – 4 AZR 155/83, AP Nr. 3 zu § 1 TVG Tarifverträge – Textilindustrie.

dem Arbeitnehmer im Vertrag schon aus Gründen transparenter Vertragsgestaltung **deutlich zu erkennen geben**, dass auch Tätigkeiten übertragen werden sollen, bei denen eine andere Entlohnungsregelung verwendet wird.[1]

Problematisch ist, dass die Änderung der Vergütungsart **mittelbar** auch **zu einer Änderung der Vergütungshöhe** führen kann. Bei Umstellung von Prämienlohn auf Zeitlohn wird dem Arbeitnehmer zumindest die Chance einer Höhervergütung genommen. Soweit die fragliche Klausel neben einem Hinweis auf die Möglichkeit der Änderung des Vergütungssystems auch eine Vergütungssicherungsklausel beinhaltet, wird dem Arbeitnehmer aber die in der Vergangenheit realisierte Chance gesichert. Eine völlige Gleichstellung ist dabei nicht erzielbar. Es muss aber ausreichen, wenn die Vergütungssicherungsklausel dem Arbeitnehmer bei Erbringung der von ihm geschuldeten oder erbrachten Arbeitsleistung (nur im Zweifel: eine Leistung mittlerer Art und Güte) den alten Lohn bzw. das alte Gehalt sichert. 170

Die obige Klausel verwirklicht dies, indem sie auf einen im Rahmen eines **angemessenen Zeitraums** in der Vergangenheit erzielten **Durchschnittslohn** abstellt. Der Zeitraum, der bei Wechsel von Akkord- oder Prämienlohn auf Zeitentlohnung für die Berechnung des Durchschnittseinkommens herangezogen werden muss, muss so lang bemessen sein, dass sich evtl. aufgetretene Einkommenseinbrüche in einzelnen Wochen oder Monaten nicht bestimmend für das zukünftige Einkommen auf Zeitbasis auswirken können. Die in der Klausel berücksichtigten **drei Monate** dürften hierzu in der Regel ausreichen. 171

dd) Übertragung höherwertiger Tätigkeiten

Typ 10: Übertragung höherwertiger Tätigkeiten

Der Arbeitnehmer wird als Schlosser eingestellt. Bei Bedarf können ihm auch Aufgaben eines Meisters in der Schlosserei übertragen werden. Die Vergütung richtet sich vom Zeitpunkt der Zuweisung an (*Alt.*: nach Ablauf von X Monaten) nach der dann übertragenen Tätigkeit.

Im Hinblick auf eine Störung des arbeitsvertraglichen Synallagmas problematisch ist auch die **Zuweisung höherwertiger Tätigkeiten**. Dabei ist der Fall der Zuweisung höherwertiger Tätigkeiten nicht ohne Weiteres dem der Zuweisung geringerwertiger Tätigkeiten gleichzustellen. 172

Während die Bedenken bei Übertragung höherwertiger Tätigkeiten aus einer potenziellen Synallagmastörung zu Lasten des Arbeitnehmers erwachsen, geht es bei der Übertragung geringerwertiger Arbeiten u.a. darum, ob zum Schutz des Arbeitnehmers nicht gerade eine Synallagmastörung zu Lasten des Arbeitgebers verlangt werden muss. Das bedeutet, dass bei der Übertragung höherwertiger Aufgaben eine **Vergütungsanpassung nach oben** vorgenommen werden muss, während bei der Übertragung geringerwertiger Aufgaben eine solche Anpassung nach unten grundsätzlich (Ausnahme: vgl. Typ 8a) verhindert werden soll. Der Arbeitgeber muss also 173

---

1 Es fehlt an einer einheitlichen (und aktuellen) Rechtsprechung, großzügiger LAG Hamm v. 7.4.1960 – 3 BVTa 104/59, BB 1960, 824; enger ArbG Flensburg v. 27.10.1955 – Ca 285/55, ARSt 1956 XV, Nr. 676.

bei der Zuweisung höherwertiger Aufgaben auch eine höhere Vergütung zahlen – also eine Leistung erbringen, die der Gegenleistung entspricht –, erhält aber bei der Zuweisung geringerwertiger Tätigkeiten weniger Leistung des Arbeitnehmers, muss aber die gleiche Vergütung wie bisher zahlen – also eine Leistung erbringen, die mehr wert ist als die Gegenleistung.

174 Mit der Übertragung höherwertiger Tätigkeiten ist in der Regel ein Vorteil verbunden. Es sind aber auch Fälle denkbar, in denen der Arbeitnehmer keine höherwertige Tätigkeit übernehmen möchte, etwa weil er keine zusätzliche Verantwortung übernehmen will oder weil damit rechtliche Nachteile verbunden sind (z.B. Übertragung einer Stelle als leitender Angestellter).

175 In der Regel wird die Übertragung höherwertiger Tätigkeiten aber als **Beförderung** empfunden,[1] so dass der Gesichtspunkt der Anderswertigkeit für die Frage der Zulässigkeit entsprechender Klauseln nicht näher erörtert werden soll. Die Übertragung höherwertiger Tätigkeiten ist daher grundsätzlich zulässig.

176 Problematisch bleibt aber die Frage der **Vergütungsanpassung**. Das gilt besonders für die Fälle, in denen der Arbeitnehmer nur vorübergehend höherwertige Tätigkeiten ausüben soll.

177 Unproblematisch ist die Vergütungsfrage nur dann, wenn die Vergütung **automatisch dem Arbeitswert folgt**. Sind beide Vertragsparteien **tarifunterworfen** oder nimmt der Arbeitsvertrag unabhängig davon Bezug auf einen Tarifvertrag, so führt die Zuweisung einer höherwertigen Tätigkeit zumeist (vgl. etwa § 14 TVöD) zu einer Höhergruppierung des Arbeitnehmers,[2] so dass Synallagmastörungen für diesen Fall nicht in Betracht kommen.

178 Wird der Arbeitnehmer **ohne Bezug auf tarifliche Bestimmungen** entlohnt, findet eine automatische Vergütungsanpassung dann statt, wenn die Direktionsrechtserweiterung für diesen Fall von einer Vergütungsanpassungsregelung begleitet wird, wie sie in der hier vorgeschlagenen Klausel enthalten ist.

179 Durch die Übertragung höherwertiger Tätigkeiten ohne Vergütungsanpassung wird, da der Arbeitnehmer nach der Versetzung ebenso viel erhält wie zuvor, zwar nicht unmittelbar in den Umfang der Vergütungspflicht eingegriffen. Die Zuweisung einer höherwertigen Tätigkeit muss auch nicht notwendigerweise mit Mehrarbeit und damit einer unmittelbaren Änderung des Umfangs der Arbeitspflicht einhergehen. Geändert wird primär die Qualität, nicht notwendig der Umfang der Arbeitspflicht.

180 Dennoch liegt in einer „**Beförderung**" ohne Vergütungsanpassung eine **erhebliche Synallagmastörung** (mehr Leistung bei gleichem Lohn), die es rechtfertigt, die Zulässigkeit einer derartigen Klausel dem Fall gleichzustellen, in dem der absolute Umfang der Vergütungspflicht eingeschränkt wird. Denn konsequenterweise wird man zum der Inhaltskontrolle unterworfenen Kernbereich des Arbeitsverhältnisses nicht nur isoliert die Vergütungspflicht einerseits sowie die Arbeitspflicht andererseits, sondern auch die Kombination der beiden Elemente, das sog. **Preis-/Leistungsverhältnis**, zählen müssen. Eine solche Veränderung des Preis-/Leistungsverhält-

---

[1] *Neumann*, AR-Blattei SD 1700, Versetzung des Arbeitnehmers, Rz. 47.
[2] Vgl. dazu BAG v. 16.1.1991 – 4 AZR 301/90, AP Nr. 3 zu § 24 MTA.

nisses liegt bei der Übertragung höherwertiger Tätigkeiten ohne Vergütungsanpassung vor. Höherwertige Arbeiten verlangen eine entsprechend höhere Leistung des Arbeitnehmers. Bei gleicher Vergütung wird das Verhältnis zwischen Preis und Leistung demnach verringert. Damit ist durch eine vertragliche Regelung, die die Übertragung höherwertiger Tätigkeiten ohne Vergütungsanpassung ermöglicht, der Umfang der Hauptleistungspflichten, der Vergütungs- und Arbeitspflicht, jedenfalls mittelbar betroffen.[1] Ein derartiger Eingriff in den Kernbereich des Arbeitsverhältnisses ist grundsätzlich nur durch Änderungsvertrag oder Änderungskündigung möglich, nicht jedoch durch die Einräumung eines einseitigen Bestimmungsrechts für den Arbeitgeber.

Diese Bewertung ergibt sich auch aus einem anderen Blickwinkel: Sowohl von der Rechtsprechung als auch in der Literatur wird befürwortet, dass dem Arbeitnehmer nicht nur, wenn er eine **größere**, sondern auch wenn er eine **andere Arbeitsleistung** als die nach dem Arbeitsvertrag zu erwartende erbringt, diese **zusätzlich zu vergüten** ist.[2] Wird aber dem Arbeitgeber von vornherein in einer Klausel das Recht eingeräumt, dem Arbeitnehmer auch höherwertige Arbeiten zuzuweisen, so wird damit dieser Vergütungsanspruch des Arbeitnehmers beschnitten. 181

Ein weiteres Argument für die Unwirksamkeit von Klauseln, nach denen der Arbeitgeber dem Arbeitnehmer ohne Vergütungsanpassung höherwertige Aufgaben zuweisen darf, kann der Rechtsprechung zu arbeitsvertraglichen **Verfallklauseln** entnommen werden. Dort wird Unwirksamkeit bejaht, wenn die Klausel inhaltlich unausgewogen ist oder Rechte des Arbeitnehmers einseitig beschneidet.[3] Eine vergleichbare Problematik besteht ferner bei Pauschalierungsabreden für Überstundenvergütung (→ *Mehrarbeits- und Überstundenvergütung*, II M 20 Rz. 12 ff.). 182

Letztlich ist daher die **Wirksamkeit** einer Klausel, die in recht unbestimmtem und damit für den Arbeitnehmer nicht oder nur schwer vorhersehbarem Maße die spätere Übertragung höherwertiger Tätigkeiten ohne Vergütungsanpassung vorsieht, zumindest dann außerordentlich zweifelhaft, wenn daraus eine erhebliche Änderung des Preis-/Leistungsverhältnisses resultieren kann. 183

Für die **Vertragsgestaltung** bleibt daher festzuhalten, dass eine Klausel, die dem Arbeitgeber die Zuweisung höherwertiger Tätigkeiten ermöglicht, dann zulässig ist, wenn auch eine Regelung über die **Vergütungsanpassung** getroffen wird. 184

ee) Übertragung risikoreicherer Tätigkeiten

Typ 11: Übertragung risikoreicherer Tätigkeiten

a) Der Arbeitnehmer wird als Kehrer eingestellt. Bei Bedarf kann er auch als Bote mit dem vom Arbeitgeber gestellten Kfz eingesetzt werden.

---
1 BAG v. 12.12.1984 – 7 AZR 509/83, AP Nr. 6 zu § 2 KSchG 1969.
2 BAG v. 28.10.1981 – 4 AZR 244/79, AP Nr. 54 zu §§ 22, 23 BAT 1975; *Buchner*, GRUR 1985, 1.
3 BAG v. 24.3.1988 – 2 AZR 630/87, AP Nr. 1 zu § 241 BGB; v. 17.6.1997 – 9 AZR 801/95, AP Nr. 2 zu § 74b HGB; LAG Köln v. 18.11.1996 – 3 Sa 852/96, BB 1997, 1263; dazu auch *Preis*, Vertragsgestaltung, S. 481 ff.; *Preis*, ZIP 1989, 885 (Entscheidungsbesprechung BAG v. 24.3.1988 – 2 AZR 630/87, AP Nr. 1 zu § 241 BGB).

b) Soll der Arbeitnehmer auch Fahrzeuge führen, die nicht im Eigentum des Arbeitgebers stehen (z.B. geleaste Kfz), verpflichtet sich der Arbeitgeber, dem Arbeitnehmer nur solche Fahrzeuge zu überlassen, für die eine Vollkaskoversicherung besteht.

185 Bei vorliegender Klausel wird dem Arbeitgeber das Recht eingeräumt, dem Arbeitnehmer bei Bedarf eine Tätigkeit zuzuweisen, bei der er als Fahrer **am Straßenverkehr teilnehmen** muss und dadurch einem **erhöhten Risiko** ausgesetzt ist, als wenn er nur als Kehrer arbeiten würde.

186 Das Problem der Synallagmastörung kann sich auch bei Übertragung risikoreicherer Tätigkeiten ergeben, und zwar wegen des damit für den Arbeitnehmer verbundenen erhöhten Haftungsrisikos.

187 Finden **Tarifverträge** auf das Arbeitsverhältnis Anwendung, könnte vermutet werden, dass die Tarifpartner Leistung und Gegenleistung auch unter Berücksichtigung des Arbeitnehmerrisikos ausgeglichen festlegen. Die Tarifpartner können das Problem des Arbeitnehmerrisikos indes nur unvollkommen, nämlich für arbeitsplatzspezifische Erschwernisse und Risiken berücksichtigen. Regelungen über Risikozulagen setzen die normative Erfassbarkeit, also die Typisierbarkeit arbeitsplatzspezifischer Gefahrneigungen voraus. Daran fehlt es jedoch, wenn der Arbeitnehmer mit Aufgaben betraut werden darf, die **arbeitsplatzunspezifische Risiken** mit sich bringen (etwa Führen von Kraftfahrzeugen durch Nicht-Berufskraftfahrer), denn darüber finden sich im Tarifvertrag keine Regelungen.

188 Die Risikoerhöhung könnte allerdings bereits in der Rechtsprechung zur **Haftungsfreistellung** des Arbeitnehmers ein **ausreichendes Korrektiv** gefunden haben. Danach besteht bei Schäden in Ausübung aller (d.h. nicht nur gefahrgeneigter) betrieblicher Tätigkeiten eine nach dem jeweiligen Verschuldensgrad abgestufte Haftungsfreistellung.[1] Hiernach haftet der Arbeitnehmer grundsätzlich gegenüber seinem Arbeitgeber voll nur bei grober Fahrlässigkeit oder Vorsatz. Bei leichtester Fahrlässigkeit haftet der Arbeitnehmer gar nicht, bei mittlerer Fahrlässigkeit wird die Haftung auf Arbeitgeber und Arbeitnehmer verteilt. Bei Haftungsteilung pflegt die Rechtsprechung den Schadensanteil des Arbeitnehmers zudem nach Billigkeits- und Zumutbarkeitsgesichtspunkten im Ergebnis auf „Denkzettelgröße" zu reduzieren.[2] Darin wird auch deutlich, dass die Rechtsprechung die in der Arbeitnehmerhaftung liegende Gefahr für das arbeitsvertragliche Synallagma erkennt.

189 Gerade wenn man diese Rechtsprechung als Korrektiv für das Haftungsrisiko des Arbeitnehmers ansieht, bestehen **Bedenken** bei Tätigkeiten, in deren Ausübung außerhalb des Arbeitsverhältnisses stehende **Dritte geschädigt** werden können. Die Haftungsbeschränkung des Arbeitnehmers besteht allein im Innenverhältnis zwi-

---

1 So BAG GS v. 12.6.1992 – GS 1/89, AP Nr. 102 zu § 611 BGB Haftung des Arbeitnehmers; BGH v. 21.9.1993 – GmS-OGB 1/93, NJW 1994, 856. Vgl. auch BAG v. 25.9.1957 – GS 4/56, GS 5/56, AP Nr. 4 zu §§ 898, 899 RVO; v. 12.10.1989 – 8 AZR 741/87, AP Nr. 98 zu § 611 BGB Haftung des Arbeitnehmers; BGH v. 19.9.1989 – VI ZR 349/88, AP Nr. 99 zu § 611 BGB Haftung des Arbeitnehmers; ErfK/*Preis*, § 619a BGB Rz. 13 ff.
2 BAG v. 12.10.1989 – 8 AZR 741/87, AP Nr. 98 zu § 611 BGB Haftung des Arbeitnehmers; LAG Köln v. 7.5.1992 – 5 Sa 448/91, NZA 1992, 1032; LAG Hamm v. 22.3.1993 – 10 (13) (10) Sa 594/92, EWiR 1994, 1171.

schen Arbeitnehmer und Arbeitgeber, während der Arbeitnehmer grundsätzlich **dem Dritten zum vollen Ersatz** verpflichtet ist und nur gegen seinen Arbeitgeber einen Freistellungsanspruch hat. Ist nun bspw. der Arbeitgeber teilweise oder völlig zahlungsunfähig, ist der Arbeitnehmer dem Dritten zum Ersatz des Schadens verpflichtet, kann aber seinen Freistellungsanspruch gegen den Arbeitgeber nicht durchsetzen. Im Ergebnis trägt dann doch der Arbeitnehmer den vollen Schaden.

Während Schädigungen Dritter früher fast nur bei Teilnahme am allgemeinen Verkehr denkbar waren, kann die beschriebene Situation heute bei praktisch allen Tätigkeiten auftreten, weil die **Betriebsmittel** immer seltener im Eigentum des Arbeitgebers und immer häufiger **im Eigentum Dritter** stehen, etwa „geleast" werden.[1] Das Risiko des Arbeitnehmers, bei Beschädigung von Betriebsmitteln von Dritten in Anspruch genommen zu werden, hat sich dadurch deutlich erhöht.

Vor diesem Hintergrund bestehen erhebliche Bedenken, die Zuweisung risikoreicherer Tätigkeiten durch Direktionsrechtserweiterung überhaupt zuzulassen. Soweit angenommen wird, die Zuweisung risikoreicherer Tätigkeiten könne Gegenstand einer Direktionsrechtserweiterung sein, ist zu fordern, dass bereits auf Klauselebene eine einklagbare Verpflichtung des Arbeitgebers auf Risikoabsicherung gewährt wird. Bei der Verpflichtung zum Führen von Kfz bspw. ist für das betreffende Kfz eine Vollkasko-Versicherung abzuschließen. **Unversicherbare Risiken** dürfen nach hier vertretener Ansicht **in keinem Fall durch Direktion überantwortet** werden.

ff) Erweiterung der sachlichen Arbeitspflicht um Nebenpflichten

Typ 12: Erweiterung der sachlichen Arbeitspflicht um Nebenpflichten

Herr/Frau ... wird eingestellt als ... Das Arbeitsgebiet umfasst auch folgende Tätigkeiten: ...

Aufgrund des **allgemeinen Direktionsrechts** können **Nebenarbeiten** dem Arbeitnehmer nur dann zugewiesen werden, wenn sie typischerweise in seinem Tätigkeitsbereich anfallen und nur untergeordnete Bedeutung haben. Hierzu kann auch das Zählen von Material und Waren im Rahmen einer Inventur gehören. Dabei muss die **Wertigkeitsrechtsprechung** des BAG (s. dazu Rz. 45 ff.) berücksichtigt werden.

Davon zu unterscheiden ist die vorübergehende Übertragung einer andersartigen Tätigkeit in besonderen Notfallsituationen.[2] In solchen, durch umsichtige Personalplanung nicht zu verhindernden Ausnahmefällen obliegt dem Arbeitnehmer die vertragliche Nebenpflicht, im Rahmen seiner Möglichkeiten Schäden vom Arbeitgeber abzuwenden. Hieraus folgt auch die Pflicht, vorübergehend Arbeiten zu übernehmen, die nicht dem vertraglich geschuldeten Tätigkeitsbereich unterfallen.[3]

---
[1] BGH v. 19.9.1989 – VI ZR 349/88, AP Nr. 99 zu § 611 BGB Haftung des Arbeitnehmers.
[2] Ausführlich auch zum Notfallbegriff Schaub/*Linck*, § 45 Rz. 37.
[3] BAG v. 3.12.1980 – 5 AZR 477/78, AP Nr. 4 zu § 615 BGB Böswilligkeit; v. 8.10.1962 – 2 AZR 550/61, AP Nr. 18 zu § 611 BGB Direktionsrecht; ErfK/*Preis*, § 611 BGB Rz. 744; s. dazu Rz. 46.

193 Soll der Arbeitnehmer jedoch über besondere Notfallsituationen hinaus Tätigkeiten verrichten, die aus dem Rahmen des vorgenannten Berufs- oder Tätigkeitsbilds herausfallen, so ist eine **vertragliche Erweiterung des Direktionsrechts** erforderlich. Ein Zusatz mit der Angabe weiterer Tätigkeiten ist zweckmäßig insbesondere für die Auflistung von untypischen, nicht ohne Weiteres selbstverständlichen Nebenarbeiten.

194 In einem solchen Fall prägen **alle Tätigkeiten zusammen**, also die Haupttätigkeit, für die der Arbeitnehmer eingestellt wurde, und die an sich geringerwertige Tätigkeit **die Wertigkeit der Arbeit**, da alle aufgezählten Arbeiten vertraglich geschuldet sind. Jedoch darf auch auf diese Weise die Wertigkeitsrechtsprechung nicht ausgehöhlt werden.

195 Um also durch eine entsprechende Vertragsgestaltung nicht doch unbegrenzt verschiedenwertige Tätigkeiten zusammenfassen und so dem Arbeitnehmer doch jede auch geringerwertige Tätigkeit zuweisen zu können – der Arbeitgeber könnte bspw. alle in seinem Betrieb anfallenden Hilfsarbeiten in die Tätigkeitsbeschreibung aufnehmen –, müssen die in der Tätigkeitserweiterung genannten zusätzlichen Arbeitspflichten zu der Hauptarbeitspflicht in einem Beziehungszusammenhang stehen. Dies bedeutet, **Haupt- und Nebenarbeitspflichten** müssen als **einheitliche Arbeitspflicht** verstanden werden können. Die Einbindung typischer Vor- und Abschlussarbeiten, bspw. die Säuberung des Arbeitsplatzes, ist zulässig.

196 Die Einbindung von parallel zur Haupttätigkeit zu leistenden Nebenarbeiten rechtfertigt jedoch **nicht die Zuweisung** einer solchen Nebenarbeit in der Weise, dass **nur noch die (geringerwertige) Nebenarbeit** ausgeführt werden muss. Daher empfiehlt es sich, im Zweifelsfalle einen ausdrücklichen Hinweis in den Arbeitsvertrag aufzunehmen, wonach der Arbeitnehmer **parallel** für verschiedenwertige Tätigkeiten eingestellt wird. Solche Fälle sind vor allem in mittelgroßen Unternehmen denkbar, in denen das begrenzte Beschäftigungskontingent daran hindert, für jede anfallende Arbeit spezialisierte Arbeitnehmer einzustellen, so dass Arbeitnehmer aus diesem Grunde Mischfunktionen wahrnehmen (häufig Innen- und Außendienstfunktionen).

197 Zu beachten ist ferner, dass zu ihrer **Berufsausbildung** beschäftigten Personen gemäß § 14 Abs. 2 BBiG nur solche Arbeiten zugewiesen werden dürfen, die der Berufsausbildung dienen und ihren körperlichen Kräften entsprechen.[1]

gg) Erweiterung des Tätigkeitsbereichs um Aushilfsarbeiten im Urlaubs- und Krankheitsfall

Typ 13: Erweiterung des Tätigkeitsbereichs um Aushilfsarbeiten im Urlaubs- und Krankheitsfall

Der Arbeitnehmer ist verpflichtet, bei Arbeitsüberlastung oder Ausfall seines Kollegen durch Krankheit, Urlaub usw. in zumutbarem Rahmen, (höchstens jedoch ... Tage/Wochen), während seiner vertraglichen Arbeitszeit die Aufgaben seines Kollegen wahrzunehmen. Dies gilt insbesondere für eilbedürftige Arbeiten. Eilbedürf-

---

[1] Einzelheiten bei Schaub/*Vogelsang*, § 174 Rz. 44.

tige Arbeiten des eigenen Aufgabengebiets haben hierbei Vorrang. Im Zweifel entscheidet darüber der Vorgesetzte.

Ohne ausdrückliche vertragliche Regelungen kann der Arbeitgeber nur in Notfällen den Arbeitnehmer zu Arbeiten heranziehen, die eigentlich vom allgemeinen Weisungsrecht nicht mehr gedeckt sind, sog. Notarbeiten (s. dazu Rz. 46).[1]

Bspw. die Einstellung einer Aushilfskraft für die kurze Zeitspanne der Urlaubsabwesenheit bedeutet jedoch für den Arbeitgeber einen unverhältnismäßigen Mehraufwand. Daher hat der Arbeitgeber häufig ein Interesse daran, die **vorhandenen Arbeitnehmer** mit den wegen der Abwesenheit des Kollegen zu verrichtenden Tätigkeiten zu betrauen. Aus diesem Grund ist es denkbar, im Arbeitsvertrag eine entsprechende Klausel vorzusehen, wonach der Arbeitnehmer in genau bestimmten Fällen die Aufgaben eines ausgefallenen Kollegen zu übernehmen hat.[2]

Da aber nur eine **vorübergehende Übertragung** von anderen Tätigkeiten, die nicht von der eigentlichen Arbeitspflicht umfasst sind, zulässig ist, sollte eine **zeitliche Beschränkung** vorgesehen werden, wenn sich eine angemessene zeitliche Beschränkung nicht ohnehin aus der Natur der Einsatzgründe ergibt. Dies dürfte bei Urlaubsvertretung der Fall sein, nicht aber ohne Weiteres bei Krankheitsvertretung, weil die Krankheitsdauer nicht immer absehbar ist.

hh) Befristung von Tätigkeitsbereichsänderungen

Typ 14: Befristung von Tätigkeitsbereichsänderungen

Der Arbeitnehmer ist bei Vorliegen betrieblicher Erfordernisse verpflichtet, für die Höchstdauer von sechs Monaten andere Aufgaben zu übernehmen, die seiner Ausbildung und Berufserfahrung entsprechen.

Die Befristung **von Tätigkeitsbereichsänderungen** unterliegt – wie Widerrufsvorbehalte – der Inhaltskontrolle nach Maßgabe der §§ 305 ff. BGB. Die hierzu relevanten Fragestellungen werden unter → *Vorbehalte und Teilbefristung*, II V 70, behandelt.

Besonders praxisrelevant ist die befristete Übertragung einer höherwertigen Tätigkeit. **Ansatzpunkt für die Inhaltskontrolle** ist zunächst die **Angemessenheit der arbeitsvertraglichen Klausel** sowie die **Zulässigkeit von Hin- und Rückversetzung**. Anders als bei der Befristung eines Arbeitsvertrages geht es bei der **befristeten Übertragung einer höherwertigen Tätigkeit** nicht um Fragen des Schutzes des Bestands des Arbeitsverhältnisses oder des Inhalts des Arbeitsvertrags. Denn der Inhalt und

---

1 BAG v. 29.1.1960 – 1 AZR 200/58, AP Nr. 12 zu § 123 GewO; v. 14.12.1961 – 5 AZR 180/61, AP Nr. 17 zu § 611 BGB Direktionsrecht; v. 8.10.1962 – 2 AZR 550/61, AP Nr. 18 zu § 611 BGB Direktionsrecht; v. 14.7.1965 – 4 AZR 347/63, AP Nr. 19 zu § 611 BGB Direktionsrecht; v. 4.10.1972 – 4 AZR 475/71, AP Nr. 2 zu § 24 BAT; vgl. *Hübner*, Individualrechtliche Versetzungsbefugnis, 1992, S. 127 f.; Schaub/*Linck*, § 45 Rz. 37.
2 Ein Anspruch des Arbeitnehmers auf Zuweisung von Vertretungsarbeit besteht jedoch auch bei Vorliegen einer entsprechenden Vertragsklausel nicht, LAG Rh.-Pf. v. 12.6.2008 – 2 Sa 52/08, n.v.

der Bestand des Arbeitsvertrages werden durch Maßnahmen, die sich im Rahmen des arbeitsvertraglichen Direktionsrechts halten, gerade nicht berührt. Daher ist – nach bisheriger Rechtsprechung – die Rechtmäßigkeit der vorübergehenden Übertragung einer anders bewerteten Tätigkeit an § 106 GewO zu messen.[1] Das billige Ermessen der Ausübung des Direktionsrechts muss sich nach der Rechtsprechung auf **die Tätigkeitsübertragung an sich** und die **Nicht-Dauerhaftigkeit** der Übertragung beziehen – sog. „doppelte Billigkeit". Das BAG nimmt also eine zweistufige Prüfung vor. Auf der ersten Stufe prüft es, ob es billigem Ermessen entspricht, dem Arbeitnehmer die anders bewertete Tätigkeit überhaupt zu übertragen. Auf der zweiten Stufe untersucht das BAG, ob es billigem Ermessen entspricht, diese Tätigkeit nur vorübergehend zu übertragen. Dabei ist unter Beachtung aller Umstände des Einzelfalls abzuwägen, ob das Interesse des Arbeitgebers daran, die Tätigkeit nur vorübergehend zu übertragen, oder das Interesse des Arbeitnehmers an der Beibehaltung der höherwertigen Tätigkeit und der damit verbundenen besseren Bezahlung überwiegt.

203 Die Rechtsprechung lässt also die **Versetzungsklausel selbst unbeanstandet** und überprüft lediglich die Wirksamkeit der konkreten Versetzung. Auch differenziert sie nicht danach, ob die Klausel in einem ausgehandelten oder einem vorformulierten Arbeitsvertrag enthalten ist. Eine solche **Differenzierung** sowie der **Vorrang der Klausel- vor der Ausübungskontrolle** erscheint jedoch vor dem Hintergrund der Einbeziehung des Arbeitsrechts in das Recht der Allgemeinen Geschäftsbedingungen (§ 310 Abs. 4 Satz 1 BGB) angezeigt.[2] (Befristete) Versetzungen ermöglichende Klauseln in Formulararbeitsverträgen unterliegen der **Angemessenheitskontrolle nach §§ 307 ff. BGB** (dazu ausführlich → Vorbehalte und Teilbefristung, II V 70).

ii) **Widerrufliche Gestaltung von Tätigkeitsbeschreibungen**

Typ 15: Widerrufliche Gestaltung von Tätigkeitsbeschreibungen

Herr/Frau ... wird als Schlosser eingestellt. Bis zu einem Widerruf durch den Arbeitgeber übt Herr/Frau ... die Tätigkeit eines Maschinenschlossers aus.

204 Werden Bestandteile der Tätigkeitsbereichsbeschreibung mit einem Widerrufsvorbehalt versehen, kann das so interpretiert werden, dass der Arbeitgeber sich den Widerruf seiner diesen Teil betreffenden Angebots- oder Annahmeerklärung vorbehält. Klauseln wie in Typ 15 stellen unechte Direktionsrechtserweiterungen dar. Denn sie beinhalten nichts anderes als eine (ungeschickte) Tätigkeitsbeschreibung. Diese Form der Vertragsgestaltung bietet für den Arbeitgeber **keinerlei Vorteile** gegenüber einer weiten Tätigkeitsbeschreibung, wohl aber ggf. den Nachteil der nur einmaligen Änderungsmöglichkeit. Für Änderungen zusätzlicher **Leistungen des Arbeitgebers mag der Widerrufsvorbehalt zweckmäßig sein, für alle vereinbarungsbedürftigen Festlegungen von Leistungspflichten der Arbeitsvertragsparteien dagegen grundsätzlich nicht.**

---

1 BAG v. 17.4.2002 – 4 AZR 174/01, AP Nr. 23 zu § 24 BAT.
2 Krit. zu der Entscheidung des BAG auch *Hromadka*, RdA 2003, 232 (237).

c) Ort der Arbeit

aa) Allgemeines

Wie bereits oben (Rz. 101 ff.) erläutert, besteht ohne ausdrückliche oder konkludente Einschränkung gemäß § 106 GewO das Recht des Arbeitgebers, den Arbeitnehmer – im Rahmen billigen Ermessens[1] – an unterschiedlichen Orten einzusetzen.[2] Vor diesem Hintergrund sind **Klauseln, die ausdrücklich die örtliche Versetzbarkeit regeln, lediglich deklaratorische Klauseln, also unechte Direktionsrechtserweiterungen.** Vielfach finden sich derartige Klauseln in der Spielart, dass zunächst ein bestimmter Arbeitsort genannt wird, in der Folgeklausel aber dann die Einsatzmöglichkeit auch an anderen Orten bestimmt wird. Derartige Klauseln haben nur klarstellenden Charakter. Obwohl diese Klauseln materiell § 106 GewO entsprechen, kann ihre Aufnahme sinnvoll sein, um Streit über eine konkludente Vereinbarung eines bestimmten Arbeitsortes oder ggf. eine sog. Konkretisierung auszuschließen. 205

Zur **Versetzung innerhalb eines Betriebs** bedarf es – sofern sich die Art der Tätigkeit nicht ändert – folglich keiner besonderen vertraglichen Vereinbarung. Eine innerbetriebliche Versetzung ist aufgrund des allgemeinen Direktionsrechts möglich (dazu Rz. 108). Das Gleiche gilt, wenn der Arbeitnehmer für einen Betrieb, nicht aber für einen bestimmten Ort eingestellt wurde und an einen **anderen leicht erreichbaren Ort** versetzt werden soll. 206

Soll der Arbeitnehmer jedoch an einen **anderen schwer erreichbaren Ort** (mit Ausnahme von Bau- oder Montagearbeitern und ähnlichen Arbeitnehmergruppen), in ein anderes **konzernangehöriges Unternehmen** oder ins **Ausland** versetzt werden, soll der **gesamte Betrieb an einen weit entfernten Ort verlegt** werden oder soll dem Arbeitnehmer die Pflicht zur **Wohnsitzerrichtung** an einem bestimmten Ort auferlegt werden, ist eine besondere vertragliche Vereinbarung erforderlich. 207

bb) Unternehmensversetzungsklausel

Typ 16: Unternehmensversetzungsklausel

a) Der Arbeitgeber behält sich vor, den Mitarbeiter bei Bedarf auch in anderen Betrieben innerhalb des Unternehmens am gleichen Ort zu beschäftigen.

b) Der Arbeitgeber behält sich vor, den Mitarbeiter bei Bedarf auch in anderen Betrieben des Unternehmens auch an einem anderen Ort innerhalb Deutschlands zu beschäftigen.

In den Arbeitsvertrag kann ein ausdrücklicher **Versetzungsvorbehalt** nach dem Beispiel von Klauseltyp 16a oder b aufgenommen werden, wobei Klauseltyp 16a eine Versetzung am gleichen Ort ermöglicht, Klauseltyp 16b eine Versetzung an einen anderen Ort. Diese Klauseln entsprechen dem ohnehin bestehenden Direktions- 208

---
1 BAG v. 21.7.2009 – 9 AZR 404/08, EzA § 4 TVG Luftfahrt Nr. 18; ArbG Hannover v. 24.5.2007 – 10 Ca 384/06, ArbuR 2007, 280.
2 BAG v. 11.4.2006 – 9 AZR 557/05, AP Nr. 17 zu § 307 BGB; LAG Köln v. 9.1.2007 – 9 Sa 1099/06, NZA-RR 2007, 343; ArbG Berlin v. 28.6.2006 – 30 Ca 23055/05, n.v.

recht.[1] Es ist daher sorgfältig abzuwägen, ob es – aus Klarstellungsgründen – zweckmäßig ist, entsprechende Klauseln in den Arbeitsvertrag aufzunehmen. Grundsätzliche rechtliche Bedenken gegen die **Wirksamkeit** von Betriebs- und Unternehmensversetzungsklauseln bestehen nicht, wenn dadurch nicht in die gegenseitigen Hauptleistungspflichten eingegriffen wird.[2] Dessen ungeachtet ist genau zu prüfen, ob mit der **örtlichen Versetzung** nicht eine **Änderung des sachlichen Tätigkeitsbereichs** einhergeht mit der Folge, dass die diesbezüglichen rechtlichen Anforderungen zu berücksichtigen sind.[3] Eine fehlende Angabe zum maximalen Entfernungsradius führt jedoch allein nicht zu einer Intransparenz.[4]

209 **Kündigungsrechtlich** hat die Existenz einer Unternehmensversetzungsklausel im Arbeitsvertrag – anders als Konzernversetzungsklauseln (hierzu Rz. 211 ff.) – für den Arbeitgeber keine negativen Auswirkungen. Ist der bisherige Arbeitsplatz des Arbeitnehmers weggefallen, so ist der Arbeitgeber vor Ausspruch einer betriebsbedingten Kündigung ohnehin verpflichtet zu prüfen, ob der Arbeitnehmer nicht an einem anderen freien Arbeitsplatz im Betrieb weiterbeschäftigt werden kann. Die Prüfung einer derartigen Möglichkeit erstreckt sich – das KSchG ist unternehmensbezogen, § 1 Abs. 2 Satz 2 Nr. 1b KSchG – nach der Rechtsprechung unabhängig vom Vorhandensein einer Betriebs- oder Unternehmensversetzungsklausel im Arbeitsvertrag nicht nur auf den Beschäftigungsbetrieb, sondern auch auf andere Betriebe desselben Unternehmens.[5] Überdies hat die Klausel keine Auswirkungen auf die Sozialauswahl. Diese bleibt auch dann betriebsbezogen und muss nicht betriebsübergreifend vorgenommen werden, wenn der Arbeitgeber sich die Möglichkeit der unternehmensweiten Versetzung vorbehält.[6]

210 Die in dem folgenden Beispiel vorgesehene Regelung des Ersatzes der dem Arbeitnehmer infolge Versetzung erhöhten **Kosten** ist entbehrlich, weil nach h.M. der Arbeitgeber ohnehin zu deren Ersatz verpflichtet ist.[7] Im Interesse des Arbeitnehmers kann aber eine Klarstellung sinnvoll sein.

Der Arbeitgeber ist berechtigt, dem Arbeitnehmer vertretungsweise für die Höchstdauer von zwölf Monaten eine der Vorbildung und den Fähigkeiten entsprechende gleichwertige Tätigkeit an einem anderen Ort in Deutschland zu übertragen. In diesem Fall übernimmt der Arbeitgeber die Kosten für einen notwendig werdenden Umzug, für Unterbringung und Kosten der Familientrennung im Rahmen der steuerlichen Richtlinien und der Reisekostenordnung des Arbeitgebers.

---

1 BAG v. 13.4.2010 – 9AZR 36/09, AP Nr. 45 zu § 307 BGB; LAG BW v. 5.1.2007 – 7 Sa 93/06, NZA-RR 2007, 406; LAG Köln v. 9.1.2007 – 9 Sa 1099/06, NZA-RR 2007, 343; ArbG Berlin v. 28.6.2006 – 30 Ca 23055/05, n.v.
2 Erman/*Edenfeld*, § 611 BGB Rz. 284; MünchArbR/*Reichold*, § 36 Rz. 53.
3 BAG v. 25.8.2010 – 10 AZR 275/09, AP Nr. 11 zu § 106 GewO; dazu näher Rz. 137 ff.
4 BAG v. 13.4.2010 – 9AZR 36/09, AP Nr. 45 zu § 307 BGB.
5 BAG v. 24.3.1983 – 2 AZR 21/82, AP Nr. 12 zu § 1 KSchG 1969 Betriebsbedingte Kündigung; v. 22.5.1986 – 2 AZR 612/85, AP Nr. 4 zu § 1 KSchG 1969 Konzern; v. 27.11.1991 – 2 AZR 255/91, AP Nr. 6 zu § 1 KSchG 1969 Konzern; LAG Schl.-Holst. v. 18.11.1999 – 4 Sa 106/99, RzK I 5d Nr. 87 (Ls.).
6 BAG v. 15.12.2005 – 6 AZR 199/05, AP Nr. 76 zu § 1 KSchG 1969 Soziale Auswahl; *Dzida/Schramm*, BB 2007, 1221 (1227).
7 Vgl. etwa Schaub/*Linck*, § 45 Rz. 29.

cc) Konzernversetzungsklausel

Sind mehrere Unternehmen in einer Gruppe verbunden, besteht aus der Perspektive 211
des Arbeitgebers häufig ein Interesse daran, sich die Möglichkeit offen zu halten, je
nach Bedarf Arbeitnehmer im Bereich verschiedener diesem Konzern angehörender
Unternehmen tätig werden lassen zu können.

Allerdings kann ein Arbeitnehmer **nicht** auf der Grundlage eines mit einem Kon- 212
zernunternehmen bestehenden Arbeitsverhältnisses etwa **qua allgemeinem Weisungsrecht** gezwungen werden, bei einem zum Konzern gehörenden Drittunternehmen tätig zu werden[1] und bspw. zu diesem Zweck ein zweites Arbeitsverhältnis zu
begründen.[2] Auch kommt eine Änderungskündigung wegen des i.d.R. fehlenden betrieblichen Interesses des (ursprünglichen) Arbeitgebers an dieser Änderung nicht
in Betracht.[3]

Um dennoch die erwünschte konzerndimensionale Arbeitnehmermobilität zu er- 213
reichen, finden nach dem Vorbild vorstehender Beispielsklauseln in Formulararbeitsverträgen häufig sog. **Konzernversetzungsklauseln** Verwendung. Bei ihnen
bezieht sich – anders als bei den Klauseln Typ 16 – das vorbehaltene Versetzungsrecht nicht nur auf einen Betrieb bzw. ein Unternehmen des Arbeitgebers. Vielmehr
soll dem Arbeitgeber vorbehalten bleiben, den Arbeitnehmer innerhalb eines Konzerns von einem zum anderen Unternehmen zu versetzen. Dabei sind verschiedene
Gestaltungsmöglichkeiten zu unterscheiden:

Zum einen kann die Versetzung innerhalb eines Konzerns in der Weise geschehen, 214
dass mit dem Arbeitnehmer ein Arbeitsvertrag abgeschlossen wird, bei dem **auf Arbeitgeberseite mehrere Unternehmen** beteiligt sind, sei es von Anfang an, sei es
durch späteren Vertragsbeitritt.[4] Denkbar ist auch der Abschluss **zweier Arbeitsverhältnisse** mit dem Arbeitnehmer, etwa in der Form, dass das Stammarbeitsverhältnis ruht, während ein Zweitarbeitsverhältnis mit einem anderen Unternehmen des
Konzerns begründet und durchgeführt wird. Das ruhende Stammarbeitsverhältnis
lebt dann bei Rückruf des Arbeitnehmers wieder auf.[5] Dabei kommt es zu „geteilten Arbeitgeberfunktionen",[6] wobei nur einem der beiden Arbeitgeber die Arbeitsleistung unmittelbar zugute kommt,[7] aber zwei Arbeitsverhältnisse bestehen. Bei
dieser Konstruktion ist vertraglich zu regeln, wann und unter welchen Voraussetzungen ein Rückruf des Arbeitnehmers in das Ursprungsunternehmen erfolgen
kann. Gemeinsamkeit der Vertragsgestaltung ist, dass der Arbeitnehmer **mehreren**

---

1 LAG Köln v. 11.12.1996 – 7 (11) Sa 710/96, n.v.; ArbG Köln v. 7.3.1996 – 17 Ca 6257/95,
DB 1996, 1342; ErfK/*Preis*, § 611 BGB Rz. 198.
2 *von Hoyningen-Huene/Boemke*, Die Versetzung, S. 216; *Weinmann*, ZGR 1984, 460 (462);
Windbichler, Arbeitsrechtliche Vertragsgestaltung im Konzern, S. 15.
3 *Windbichler*, Arbeitsrecht im Konzern, 1989, S. 77f.
4 *Windbichler*, Arbeitsrechtliche Vertragsgestaltung im Konzern, S. 10; vgl. auch BAG v.
27.3.1981 – 7 AZR 523/78, AP Nr. 1 zu § 611 BGB Arbeitgebergruppe; v. 5.3.1987 – 2
AZR 623/85, AP Nr. 30 zu § 15 KSchG 1969; v. 14.9.1988 – 7 ABR 10/87, AP Nr. 9 zu
§ 1 BetrVG 1972; v. 26.8.1999 – 8 AZR 588/98, n.v.
5 BAG v. 6.8.1985 – 3 AZR 185/83, AP Nr. 24 zu § 7 BetrAVG; v. 26.2.1987 – 2 AZR 177/86,
AP Nr. 15 zu § 1 KSchG 1969 Soziale Auswahl; v. 21.1.1999 – 2 AZR 648/97, AP Nr. 9 zu
§ 1 KSchG 1969 Konzern; vgl. auch *Konzen*, ZfA 1982, 259 (279ff.).
6 *Konzen*, ZfA 1982, 259 (279ff.).
7 BAG v. 21.1.1999 – 2 AZR 648/97, AP Nr. 9 zu § 1 KSchG 1969 Konzern.

Arbeitgebern verpflichtet ist. Möglich – wenngleich in Deutschland nicht weit verbreitet – ist auch die Konstruktion, dass eine **Personalführungsgesellschaft** den Arbeitnehmer in eigenem Namen einstellt, ihn aber nicht selbst beschäftigt, sondern ihn bei den einzelnen Konzernunternehmen einsetzt.[1]

215 Diese Formen der Tätigkeit für verschiedene Konzernunternehmen werden hier jedoch nicht vertieft, da sie keine Direktionsrechtserweiterung darstellen, sondern der Arbeitnehmer von vornherein für verschiedene Arbeitgeber tätig werden muss und mit diesen jeweils vertragliche Absprachen getroffen hat bzw. im Rahmen des Vertrags mit der Personalführungsgesellschaft für verschiedene Unternehmen arbeitet.

216 Zum anderen finden sich Vertragsgestaltungen, nach denen der Arbeitnehmer **nur einem Arbeitgeber** verpflichtet ist und dieser sich vertraglich das Recht vorbehält, den Arbeitnehmer auch in andere konzernangehörige Unternehmen zu **versetzen**. Diese vertraglichen Vereinbarungen stellen Direktionsrechtserweiterungen dar, da der Arbeitgeber durch sie einseitig eine Versetzung anordnen kann.

217 Hier stehen sich alternativ zwei Gestaltungsformen gegenüber, die in Anlehnung an die Terminologie des Beamtenrechts folgendermaßen bezeichnet werden: Die **vorübergehende Entsendung bzw. Abordnung**[2] ohne Arbeitgeberwechsel einerseits sowie die **dauerhafte Versetzung**[3] innerhalb des Konzerns andererseits, die mit einem Arbeitgeberwechsel verbunden ist.[4] An dieser Terminologie wird hier im Rahmen der Konzernversetzungsklausel zwecks Unterscheidbarkeit der beiden Formen festgehalten.

(1) Abordnung (Entsendung)

Typ 17: Abordnungsklausel

Der Arbeitnehmer ist verpflichtet, vorübergehend auch Tätigkeiten, die seinen Fähigkeiten und Kenntnissen entsprechen, in einem anderen zum X-Konzern/zur Y-Gruppe gehörenden Unternehmen zu erbringen. Eine solche Abordnung hat auf die Vergütung keinen Einfluss.

---

218 Diese Vereinbarung gibt dem Arbeitgeber das Recht, den Arbeitnehmer durch Ausübung des Direktionsrechts **vorübergehend** in anderen konzernangehörigen Unternehmen zu beschäftigen. Dabei findet **kein Arbeitgeberwechsel** statt, Vertragspartner bleibt allein der ursprüngliche Arbeitgeber (vgl. dazu auch → *Auslandstätigkeit*, II A 140 Rz. 1 ff.).

219 Dogmatisch wird eine solche Abordnung als eine **Überlassung der Ausübung der Arbeitgeberrechte**, insbesondere des Direktionsrechts, **durch einen Dritten** angesehen.[5] Der Arbeitnehmer erbringt also die Hauptpflicht der Arbeitsleistung bei

---

1 *Birk*, ZGR 1984, 23 (58 f.); *Martens*, BB 1985, 2144 (2148 f.).
2 Vgl. § 27 BBG, § 14 BeamtStG.
3 Vgl. § 28 BBG, § 15 BeamtStG.
4 Grundlegend: *Windbichler*, Arbeitsrechtliche Vertragsgestaltung im Konzern, S. 9 ff.
5 *Windbichler*, Arbeitsrechtliche Vertragsgestaltung im Konzern, S. 16.

dem Drittunternehmen, während der Vertragsarbeitgeber Lohnschuldner bleibt. Dies ist selbst dann der Fall, wenn die Vergütung aus praktischen Gründen während der Abordnung von dem anderen Unternehmen ausgezahlt wird.[1]

Eine solche Regelung wird zu Recht allgemein **als zulässig angesehen**.[2] Darüber hinaus ist die Situation für den Arbeitnehmer die Gleiche wie bei einer Versetzung in einen anderen Betrieb eines Unternehmens: Das Arbeitsverhältnis wird hinsichtlich der Vertragsparteien sowie der Hauptleistungspflichten nicht verändert, lediglich der Ort, an dem der Arbeitnehmer seine Leistung zu erbringen hat, ändert sich vorübergehend. 220

Wann das Merkmal „**vorübergehend**" vorliegt, lässt sich nicht allgemein bestimmen, sondern ist anhand der Einzelfallumstände festzustellen. Kriterien dafür sind z.B. die Dauer des Arbeitsverhältnisses sowie die Dauer der Abordnung, der Grund der Abordnung und die Art der Tätigkeit während der Abordnung.[3] Maßgeblich ist also, wo der **Schwerpunkt der Tätigkeit** liegt. Vorübergehende Arbeit bei anderen Konzernunternehmen liegt bspw. auch vor, wenn der Arbeitnehmer dort Sonderfunktionen, darunter auch kaufmännische oder organisatorische Aufbauarbeiten wahrnimmt.[4] Gemäß § 1 Abs. 3 Nr. 2 AÜG besteht unabhängig von den Zweifeln hinsichtlich seiner Europarechtskonformität (dazu → *Arbeitnehmerüberlassung*, II A 55 Rz. 12 ff.) keine Erlaubnispflicht.[5] 221

Zu beachten ist, dass die neu zugewiesene Arbeit in dem anderen Unternehmen der bisherigen Arbeit **gleichwertig** im Sinne der Wertigkeitsrechtsprechung des BAG (Rz. 45 ff.) sein muss. Die bisherige Vergütung ist in gleicher Höhe weiter zu zahlen. Dies ergibt sich schon daraus, dass durch die Abordnung der Inhalt des Arbeitsvertrags nicht verändert wird. 222

Bei der konkreten Abordnung aufgrund eines einzelvertraglich vorbehaltenen Direktionsrechts findet eine Interessenabwägung gemäß § 106 GewO oder anhand der oben (Rz. 24 ff.) genannten Kriterien statt, es sei denn, ein anwendbarer Tarifvertrag regelt die Direktionsrechtsausübung abschließend – dann beurteilt sich die Zulässigkeit der Abordnung allein nach den tariflichen Vorgaben (Rz. 27). 223

Wird im Arbeitsvertrag auf die **jeweils gültigen Tarifverträge** verwiesen oder besteht beiderseitige Tarifbindung, gilt während der Zeit der Abordnung auch der Tarifvertrag für das aufnehmende Unternehmen, selbst wenn die Bedingungen dieses Tarifvertrags für den Arbeitnehmer schlechter sind.[6] 224

---

1 *Windbichler*, Arbeitsrechtliche Vertragsgestaltung im Konzern, S. 17 f.
2 BAG v. 18.6.1997 – 4 AZR 699/95, AP Nr. 24 zu § 1 TVG Tarifverträge Lufthansa; *Hromadka*, NZA 2012, 233 (238); MünchArbR/*Reichold*, § 36 Rz. 53; *von Hoyningen-Huene/Boemke*, Die Versetzung, S. 216; MünchArbR/*Richardi*, § 23 Rz. 9.
3 *von Hoyningen-Huene/Boemke*, Die Versetzung, S. 216 ff.
4 BAG v. 5.5.1988 – 2 AZR 795/87, AP Nr. 8 zu § 1 AÜG.
5 ErfK/*Wank*, § 1 AÜG Rz. 57 ff.
6 BAG v. 18.6.1997 – 4 AZR 699/95, AP Nr. 24 zu § 1 TVG Tarifverträge Lufthansa; LAG Köln v. 9.10.1997 – 10 Sa 234/97, n.v.

(2) Versetzung

⊃ **Nicht geeignet:**

a) Wir behalten uns vor, Sie innerhalb unseres Gesamtunternehmens, d.h. auch bei angeschlossenen Gesellschaften und Werken innerhalb Deutschlands, in einer anderen Ihrer Vorbildung und Ihren Fähigkeiten entsprechenden Stellung mit gleichen Bezügen und Vertragsbedingungen zu beschäftigen und Sie in ein anderes mit uns verbundenes Unternehmen zu versetzen. Außer bei dringenden betrieblichen Notwendigkeiten werden wir hierbei eine Ankündigungsfrist beachten, die Ihrer vertraglichen Kündigungsfrist entspricht. Vertragspartner wird dann allein das aufnehmende Unternehmen.

b) Der Mitarbeiter ist damit einverstanden, eine vergleichbare Tätigkeit zu denselben Vertragsbedingungen auch im Dienste einer anderen zur X-Gruppe gehörenden Gesellschaft auszuüben. Für die Dauer der Tätigkeit bei der anderen Gesellschaft tritt der Mitarbeiter in ein unmittelbares Dienstverhältnis zu dieser.

225 Diese Art von Vertragsgestaltung soll es dem Arbeitgeber ermöglichen, durch Weisung einen **Wechsel des Arbeitgebers** innerhalb der Unternehmensgruppe vorzunehmen. Hierbei finden sich Klauseln, nach denen entweder das alte Arbeitsverhältnis beendet und ein neues mit dem neuen Arbeitgeber begründet werden soll, oder aber das ursprüngliche Arbeitsverhältnis unter Auswechslung der Arbeitgeberpartei fortgesetzt werden soll. Dies mag für den Arbeitgeber vorteilhaft sein, da er bei einer beabsichtigten Versetzung des Arbeitnehmers in ein anderes Konzernunternehmen nicht auf die Mitwirkung des Arbeitnehmers angewiesen zu sein scheint, aus mehreren Gründen ist jedoch von der Verwendung derartiger Klauseln im Arbeitsvertrag **abzuraten**.

226 Bei der Vereinbarung einer Pflicht des Arbeitnehmers zu einem späteren Arbeitgeberwechsel ist eine **Reihe von ergänzenden Regelungen** zu treffen.

227 Zu denken ist bspw. an Regelungen hinsichtlich der betrieblichen Altersversorgung und anderer **Sozialleistungen** mit Existenzsicherungs- und Vorsorgecharakter, hinsichtlich eines **Ausgleichs** bei Verschlechterung oder Verbesserung der Arbeitsbedingungen oder der Gewährung von Jubiläumszuwendungen. Bei einer möglichen Beschäftigung im **Ausland** sind etwaige abweichende Urlaubsansprüche sowie **steuer- und aufenthaltsrechtliche Aspekte** zu berücksichtigen. Weiter bedarf es einer Vereinbarung in Bezug auf die Übernahme der durch die Übersiedlung und des Erlernens der Sprache entstehenden Kosten. Darüber hinaus bieten sich bei einem Arbeitgeberwechsel zusätzlich **Anrechnungsvereinbarungen** für Vordienstzeiten sowie evtl. eine **Wiedereinstellungszusage** an.

228 Schon bei Abschluss des Arbeitsvertrags die Fülle dieser zu regelnden Details zu bedenken und sachgerechte Regelungen zu treffen, ist **praktisch außerordentlich schwierig**. Die sich erst zukünftig ergebenden unternehmerischen Erfordernisse und Entscheidungen hinsichtlich des Personaleinsatzes sind – wenn überhaupt – nur recht unscharf prognostizierbar. Versuchen die Arbeitsvertragsparteien, bereits im Arbeitsvertrag alle Eventualitäten einer späteren Versetzung zu berücksichtigen und eine Vielzahl sehr differenzierter Regelungen zu treffen, besteht außerdem die Gefahr der Überfrachtung des Arbeitsvertrags.

Aus diesen Gründen wird das mit einer Konzernversetzungsklausel verfolgte **Ziel**, 229
schon im Vorhinein mit dem Arbeitnehmer eine Vereinbarung zu treffen, die eine
spätere Versetzung in ein anderes konzernangehöriges Unternehmen ohne dessen
späteres Einverständnis ermöglicht, **in den weitaus meisten Fällen nicht erreicht**
werden. Der Arbeitgeber bleibt – zumindest für mangels Vorhersehbarkeit erst
nach Vertragsschluss mögliche Vereinbarungen in Bezug auf Nebenfragen der Versetzung – auf die Kooperationsbereitschaft des Arbeitnehmers angewiesen.

Zweifel daran, ob durch Konzernversetzungsklauseln vermieden werden kann, dass 230
für die unternehmensübergreifende Versetzung das spätere Einverständnis des Arbeitnehmers erforderlich ist, bestehen – zumindest für den Fall des Arbeitgeberwechsels – auch aus **rechtlichen Gründen:**

In der Literatur[1] wird zum Teil die Auffassung vertreten, dass die mit einem Arbeit- 231
geberwechsel verbundene **dauerhafte Versetzung** eines Arbeitnehmers in ein anderes Konzernunternehmen individualrechtlich jedenfalls auch der **aktuellen Zustimmung des Arbeitnehmers bedürfe**. Eine bereits bei Vertragsschluss erteilte (antizipierte) Einwilligung in einen etwaigen späteren konzerninternen Arbeitgeberwechsel sei wegen der **Umgehung** kündigungsschutzrechtlicher Vorschriften unzulässig.
Der Arbeitgeber könne dann durch einseitiges Direktionsrecht einen Arbeitgeberwechsel herbeiführen, was einen Eingriff in den Kernbereich des Arbeitsverhältnisses bedeute.

Dieser Gedanke ist vor allem dann naheliegend, wenn sich mit dem Arbeitgeber- 232
wechsel zusätzlich eine Entwertung des Beschäftigungsschutzes verbindet. Der Arbeitnehmer geht zwar zeitgleich mit der Beendigung des alten Arbeitsverhältnisses
ein neues Arbeitsverhältnis ein. Das **Arbeitsplatzrisiko** des Arbeitnehmers kann
sich allerdings gleichwohl erhöhen, bspw., wenn das aufnehmende Unternehmen
über weniger oder kleinere Betriebe als das abgebende verfügt und die unternehmensbezogenen Weiterbeschäftigungsmöglichkeiten (§ 1 Abs. 1 Satz 2 Nr. 1b,
ggf. i.V.m. Satz 3 KSchG) für den Fall eines Arbeitsplatzfortfalls deshalb geringer
sind, sich die Möglichkeit einer betriebsbezogenen Kündigung mithin erhöht.

Diese Bedenken bestehen trotz der konzernbezogenen Weiterbeschäftigungspflicht, 233
die als Folge einer Konzernversetzungsklausel angenommen wird: Grundsätzlich
ist das **KSchG** nach der Rechtsprechung des BAG **unternehmens-, nicht aber konzernbezogen**, d.h. der Arbeitgeber ist vor Ausspruch einer betriebsbedingten Kündigung grundsätzlich nicht verpflichtet, eine anderweitige Unterbringung des Arbeitnehmers in einem anderen Konzernunternehmen zu versuchen.[2]

Etwas anderes gilt aber bei **betriebsbedingten Kündigungen** bei der **Existenz einer** 234
Konzernversetzungsklausel: Ist der Arbeitnehmer nach dem Arbeitsvertrag von

---

1 *von Hoyningen-Huene/Boemke*, Die Versetzung, S. 218; *Windbichler*, Arbeitsrechtliche Vertragsgestaltung im Konzern, S. 17 (eine Zustimmung ist analog § 613 Satz 2 BGB erforderlich).
2 BAG v. 22.5.1986 – 2 AZR 612/85, AP Nr. 4 zu § 1 KSchG 1969 Konzern; v. 27.11.1991 – 2 AZR 255/91, AP Nr. 6 zu § 1 KSchG 1969 Konzern m.w.N.; v. 21.1.1999 – 2 AZR 648/97, AP Nr. 9 zu § 1 KSchG 1969 Konzern; LAG Hamm v. 12.2.1996 – 8 (9) Sa 1235/95, LAGE § 611 BGB Direktionsrecht Nr. 25; ArbG Duisburg v. 6.7.2000 – 4 Ca 157/00, DB 2001, 711; *von Hoyningen-Huene/Boemke*, Die Versetzung, S. 97; *Maschmann*, RdA 1996, 24 (29 m.w.N.).

vornherein für den Unternehmens- und Konzernbereich eingestellt worden oder hat er sich arbeitsvertraglich mit einer Versetzung innerhalb des Konzerns einverstanden erklärt, liegt nach überwiegender Ansicht ein Kündigungshindernis auch in der ggf. bestehenden Weiterbeschäftigungsmöglichkeit in einem anderen konzernangehörigen Unternehmen.[1]

235 Bei einer solchen Vertragsgestaltung wird, sofern im eigenen Unternehmen keine Beschäftigungsmöglichkeit mehr besteht, eine **konzernbezogene Weiterbeschäftigungspflicht** angenommen. Das bedeutet, dass dem Arbeitgeber allein schon aus der Existenz einer Konzernversetzungsklausel seinerseits die Pflicht erwächst, eine Abordnung (Entsendung) in dem durch die Versetzungsklausel eröffneten Rahmen wenigstens zu versuchen, bevor er dem Arbeitnehmer aus betriebsbedingten Gründen kündigt.[2] Der Arbeitnehmer kann sich also auf eine ggf. bestehende Weiterbeschäftigungsmöglichkeit in konzernangehörigen Unternehmen berufen.[3]

236 Diesbezüglich findet sich in Rechtsprechung und Literatur[4] zwar häufig der Hinweis, dass eine solche der Kündigung vorgehende Verpflichtung nur bestehe, wenn das **ursprüngliche Arbeitgeberunternehmen** die rechtliche oder auch nur tatsächliche **Einflussmöglichkeit** hat, die Erfüllung durchzusetzen. Denn sowohl die Abordnung des Arbeitnehmers im Wege der Konzernleihe unter Aufrechterhaltung des ursprünglichen Arbeitsverhältnisses als auch die mit einem Arbeitgeberwechsel verbundene „Versetzung" erfordern die Mitwirkung des aufnehmenden Konzernunternehmens.

237 Näher liegend ist allerdings, beim Fehlen eines bestimmenden Einflusses des Beschäftigungsunternehmens gegenüber dem anderen Konzernunternehmen einen Fall der **subjektiven Unmöglichkeit** anzunehmen, der nicht zur Unwirksamkeit der vertraglichen Verpflichtung der Entsendung führt.[5]

238 Wegen dieser konzernbezogenen Weiterbeschäftigungspflicht als Folge einer Konzernversetzungsklausel könnte man also argumentieren, es komme nicht zu einer Erhöhung des Arbeitsplatzrisikos bei unternehmensübergreifenden Versetzungen, da ja der Arbeitnehmer sich immer auf eine Weiterbeschäftigungsmöglichkeit im ganzen Konzern berufen kann. Andererseits kann dies **nur** gelten, wenn im Arbeitsvertrag mit dem aufnehmenden Unternehmen **ebenfalls eine solche Konzernverset-**

---

1 Vgl. etwa *Henssler*, Der Arbeitsvertrag im Konzern, 1983, S. 129 ff.; *Konzen*, RdA 1984, 65 f.
2 BAG v. 22.5.1986 – 2 AZR 612/85, AP Nr. 4 zu § 1 KSchG 1969 Konzern; v. 27.11.1991 – 2 AZR 255/91, AP Nr. 6 zu § 1 KSchG 1969 Konzern m.w.N.; LAG Köln v. 11.3.1993 – 5 Sa 22/93, LAGE § 1 KSchG Betriebsbedingte Kündigung Nr. 22; ArbG Duisburg v. 6.7.2000 – 4 Ca 157/00, DB 2001, 711; KR/*Griebeling*, § 1 KSchG Rz. 539; *Windbichler*, Arbeitsrechtliche Vertragsgestaltung im Konzern, S. 44.
3 BAG v. 27.11.1991 – 2 AZR 255/91, AP Nr. 6 zu § 1 KSchG 1969 Konzern; dazu *Windbichler*, EWiR 1992, 499.
4 BAG v. 14.10.1982 – 2 AZR 568/80, AP Nr. 1 zu § 1 KSchG 1969 Konzern = EzA § 15 n.F. KSchG Nr. 29; v. 24.8.1983 – 7 AZR 359/81, n.v.; *Henssler*, Der Arbeitsvertrag im Konzern, 1983, S. 131; *Hofmann*, ZfA 1984, 295 (331).
5 So auch *Windbichler*, Arbeitsrecht im Konzern, S. 157; vgl. dazu *Preis*, Kündigungsrecht, S. 320 ff.; *Wiedemann*, Anm. zu BAG v. 14.10.1982 – 2 AZR 568/80, AP Nr. 1 zu § 1 KSchG 1969 Konzern; offen lassend auch BAG v. 27.11.1991 – 2 AZR 255/91, AP Nr. 6 zu § 1 KSchG 1969 Konzern.

zungsklausel enthalten ist. Es ist jedoch auch der Fall denkbar, dass eine solche Klausel nur im Arbeitsvertrag mit dem ursprünglichen Arbeitgeber enthalten ist, nicht aber mit dem „neuen". Dann könnte innerhalb eines Konzerns ein kleines Unternehmen gegründet werden, in dem es für den Fall einer betriebsbedingten Kündigung nur wenige Weiterbeschäftigungsmöglichkeiten gibt. Dorthin könnten andere Konzernunternehmen alle Arbeitnehmer versetzen, von denen sie sich trennen möchten, und das aufnehmende Unternehmen könnte dann den Arbeitnehmern betriebsbedingt kündigen, ohne eine konzernbezogene Weiterbeschäftigungspflicht zu haben. Eine Konzernversetzungsklausel kann also nicht mit dem Argument gerechtfertigt werden, der konzernweite Kündigungsschutz kompensiere die Nachteile für den Arbeitnehmer.

Ferner kann sich auch aus dem **Gleichbehandlungsgrundsatz** ergeben, dass ein Arbeitgeber statt einer Kündigung primär für die Unterbringung freigesetzter Arbeitnehmer in anderen Konzernunternehmen zu sorgen hat. Das ist insbesondere dann der Fall, wenn der Arbeitgeber durch sein Vorverhalten in gleich gelagerten Fällen einen entsprechenden Vertrauenstatbestand geschaffen hat.[1]

239

In den weitaus überwiegenden Fällen wird also mit derartigen Konzernversetzungsklauseln das **verfolgte Ziel nicht erreicht**. Demzufolge spiegelt die Existenz der Klausel im Arbeitsvertrag sowohl dem Arbeitgeber als auch dem Arbeitnehmer die in Wirklichkeit nicht bestehende Möglichkeit einer späteren Versetzung des Arbeitnehmers innerhalb des Konzerns vor und kann deshalb falsche Dispositionen veranlassen.[2]

240

(3) Zusammenfassung

Abordnungsklauseln, die eine nur vorübergehende Entsendung des Arbeitnehmers in ein anderes Konzernunternehmen vorsehen und nicht mit einem Arbeitgeberwechsel verbunden sind, sind **grundsätzlich zulässig**. Es sollte jedoch in den Arbeitsvertrag eine Regelung aufgenommen werden, nach der die bisherige Vergütung weiter zu zahlen ist.

241

Jedoch sind die **Vor- und Nachteile** derartiger Klauseln anhand der betrieblichen Gegebenheiten sorgfältig abzuwägen. Zwar kann durch Abordnungs- und Versetzungsvorbehalte die Flexibilität des Arbeitnehmereinsatzes erhöht werden, andererseits kann die **Existenz einer Abordnungs- oder Versetzungsklausel** im Arbeitsvertrag für den Arbeitgeber auch negative Folgen haben, indem sie nämlich die **Kündigung eines Arbeitnehmers außerordentlich erschwert**.

242

Dagegen ist von Klauseln, die eine **dauerhafte Versetzung** in ein anderes konzernangehöriges Unternehmen vorsehen und einen Arbeitgeberwechsel zur Folge haben, grundsätzlich **abzuraten**.

243

---

1 *Windbichler*, Arbeitsrechtliche Vertragsgestaltung im Konzern, S. 44.
2 Die wiederholte Anwendung einer unwirksamen Versetzungsklausel kann sogar dazu führen, dass sich der Arbeitgeber im Kündigungsstreit nach Treu und Glauben nicht auf diese Unwirksamkeit berufen darf, BAG v. 3.4.2008 – 2 AZR 879/06, AP Nr. 17 zu § 1 KSchG 1969 Namensliste; ausführlich hierzu *Gehlhaar*, NJW 2010, 2551.

dd) Wohnsitzklauseln

244 Wohnsitzklauseln finden sich in verschiedenen Varianten. Zum einen kann der Arbeitsvertrag eine Klausel enthalten, die den Arbeitnehmer zur **Begründung des Hauptwohnsitzes** am Dienstort verpflichtet, zum anderen kann der Arbeitsvertrag die Verpflichtung des Arbeitnehmers zum **Bewohnen einer Dienstwohnung** enthalten.

245 Von solchen Vereinbarungen kann eine **erhebliche Beeinträchtigung des Privatlebens** des Arbeitnehmers ausgehen. Sie können zu einer Bindung im Privatbereich führen, die im Arbeitsrecht nur ausnahmsweise zulässig ist (→ *Außerdienstliches Verhalten*, II A 160).

246 Insbesondere können entsprechende Vertragspflichten in Konflikt mit **grundrechtlich geschützten Positionen** des Arbeitnehmers geraten. Sie können aus diesem Grunde bei formularmäßiger Gestaltung unangemessen benachteiligend (§ 307 BGB) oder in extremen Fällen auch sittenwidrig (§ 138 BGB) sein. Art. 11 GG schützt u.a. das Beibehalten von Wohnsitz und Aufenthaltsort und damit eine elementare Voraussetzung personaler Lebensgestaltung.[1] Ferner können Schutzpositionen aus Art. 2 und Art. 6 GG berührt sein.

247 Der Wechsel der beruflichen Aufgabe ist häufig auch mit einem Wohnsitzwechsel verbunden. Dies ergibt sich aus praktischen Notwendigkeiten. Fraglich ist aber, ob privatrechtlich, ggf. noch durch einseitige formularmäßige Vertragsgestaltung, rechtswirksam die Verpflichtung zur Einnahme eines bestimmten Wohnsitzes oder zum Bezug einer bestimmten Dienstwohnung vorgeschrieben werden kann.

(1) Verpflichtung zur Begründung des Hauptwohnsitzes am Dienstort

Typ 18: Verpflichtung zur Begründung des Hauptwohnsitzes am Dienstort

a) Der Arbeitnehmer ist verpflichtet, seinen Hauptwohnsitz am Hauptsitz der Firma ... oder in dessen unmittelbarer Umgebung zu nehmen. Dies gilt nicht, wenn überwiegende persönliche Gründe dies nicht zulassen und die Erfüllung der Arbeitsaufgabe hierdurch nicht gefährdet wird.

b) Der Arbeitnehmer ist verpflichtet, soweit es ihm persönlich zumutbar ist, seinen Hauptwohnsitz am Hauptsitz der Firma ... oder in dessen unmittelbarer Umgebung zu nehmen.

c) Um die Aufgabe als Lokalredakteur übernehmen zu können, ist der Arbeitnehmer verpflichtet, seinen ständigen Wohnsitz im Verbreitungsgebiet der Ausgabe zu nehmen, für die er tätig ist.

248 Diese Klauseln verpflichten den Arbeitnehmer, unter bestimmten Voraussetzungen seinen Wohnsitz am Dienstort zu errichten. **Gesetzliche Regelungen** über den Wohnsitz von Bediensteten kennt das **Beamtenrecht**. § 72 BBG (§ 74 BBG a.F.) (vergleichbar ähnliche landesrechtliche Bestimmungen) lautet: „(1) Beamtinnen und Beamte haben ihre Wohnung so zu nehmen, dass die ordnungsmäßige Wahrnehmung ihrer Dienstgeschäfte nicht beeinträchtigt wird. (2) Die oder der Dienst-

---
[1] Hierzu *Jarass/Pieroth*, GG, 13. Aufl. 2014, Art. 11 Rz. 3 m.w.N.

vorgesetzte kann, wenn die dienstlichen Verhältnisse es erfordern, anweisen, dass die Wohnung innerhalb einer bestimmten Entfernung von der Dienststelle zu nehmen oder eine Dienstwohnung zu beziehen ist."

Wichtig, auch für die Bewertung arbeitsrechtlicher Vertragsgestaltungen, ist, dass diese Wohnsitzregelung im Hinblick auf Art. 11 GG durchaus **restriktiv ausgelegt** wird. So können über § 72 BBG hinausgehende Vereinbarungen nicht getroffen werden.[1] Wesentlich ist ferner, dass § 72 BBG keine absolute Residenzpflicht begründet. **Entscheidend** ist vielmehr die **ordnungsgemäße Wahrnehmung des Dienstes**. Bei den heutigen Verkehrsverhältnissen kann ohnehin allein durch den Wohnsitz keine absolute Störungsfreiheit bei der Anreise zum Dienst erwartet werden. Bleibt die vom Beamten geschuldete Dienstleistung unbeeinträchtigt, so ist die Art und Weise der Erfüllung der Forderung des § 72 Abs. 1 BBG ohne dienstliches Interesse.[2] Insbesondere kann nicht verlangt werden, dass die Familie des Beamten umzieht. 249

Der BGH hat auf die rechtliche Problematik derartiger Vereinbarungen in Arbeitsverträgen in anderem Zusammenhang hingewiesen. Er erklärte eine Vereinbarung zwischen geschiedenen Eheleuten, die einen Partner zur Verlegung des Wohnsitzes aus der Stadt zwang, nach § 138 BGB i.V.m. Art. 11 GG für sittenwidrig.[3] Nach Art. 11 GG ist jeder Deutsche dazu berechtigt, seinen **Wohnsitz frei** zu wählen. Eine Vereinbarung, die dieses Recht auf Dauer beschneidet, sei nur aus gewichtigen Gründen als zulässig anzusehen. In der Regel müsse man jedoch von der Sittenwidrigkeit solcher Abreden ausgehen. 250

Diese Ausgangslage hat das LAG München in der Entscheidung vom 9.1.1991[4] verkannt, das Wohnsitzvereinbarungen schon deshalb für zulässig erklärte, weil sich der Arbeitnehmer nach dem „Grundsatz der allgemeinen Vertragsfreiheit" vertraglich hierzu verpflichtet habe. Die Beschränkung der persönlichen Freiheit, die von einer Wohnsitzvereinbarung in einem Arbeitsvertrag ausgeht, ist zwar insofern von geringerer Intensität, als durch die Aufnahme eines Arbeitsverhältnisses an einem bestimmten Ort ohnehin meist der faktische Zwang verbunden ist, auch den Wohnsitz an der Betriebsstätte oder in dessen unmittelbarer Nähe zu begründen. 251

Es kann jedoch durchaus Gründe geben, aus denen ein Arbeitnehmer es vorzieht, zumindest für begrenzte Zeit einen längeren täglichen Arbeitsweg auf sich zu nehmen oder an seinem Dienstort nur einen werktäglichen Zweitwohnsitz zu begründen. Zu bedenken ist insbesondere auch die Berührung des Schutzbereichs von **Art. 6 GG**, wenn die **Ehegatten beide berufstätig** sind. Häufig wird es hier dem ebenfalls berufstätigen Ehegatten gar nicht möglich sein, in kürzerer Frist eine adäquate Stelle am Beschäftigungsort des Partners zu finden. 252

Auch wenn ein Arbeitnehmer **nur für eine begrenzte Zeit** an einen anderen Ort versetzt wird, kann er ein Interesse daran haben, seine sozialen Bindungen am bisherigen Wohnort aufrecht zu erhalten und seinen dortigen Hauptwohnsitz zu behalten. 253

---

1 Vgl. BVerwG v. 7.3.1991 – 2 B 28/91, DVBl. 1991, 646.
2 Vgl. noch zur gleichlautenden Altfassung *Plog/Wiedow/Beck/Lemhöfer*, Kommentar zum BBG, § 74 Rz. 4.
3 BGH v. 26.4.1972 – IV ZR 18/71, NJW 1972, 1414 (1415).
4 LAG München v. 9.1.1991 – 5 Sa 31/90, LAGE § 1 KSchG Verhaltensbedingte Kündigung Nr. 32.

254 Besondere Brisanz kann die Problematik solcher Klauseln ferner bei Ehepartnern erlangen, wenn diese **beide an eine Wohnsitzklausel** gebunden und infolgedessen vertraglich daran gehindert sind, einen gemeinsamen Hausstand zu führen.

255 Angesichts dieser Beschränkungen der Planung und Gestaltung des Privatlebens, die für den Arbeitnehmer aus einer Wohnsitzklausel folgen können, sind derartige Abreden **nur dann als zulässig** anzusehen, wenn sie durch das Arbeitsverhältnis **tatsächlich geboten** sind. Dies lässt sich etwa für den bei einer Tageszeitung beschäftigten **Lokalredakteur** bejahen. Da dessen Tätigkeit darin besteht, aktuelle Berichte über das örtliche Geschehen zu liefern, ist es zur Erfüllung der Dienstpflicht unerlässlich, dass der Journalist innerhalb kurzer Zeit zur Stelle sein kann, um über aktuelle Ereignisse zu berichten.

256 Unangemessen benachteiligend können überdies Wohnsitzklauseln wirken, wenn sie unbestimmt gefasst sind und die Einnahme wechselnder Wohnsitze je nach Einsatzort vorschreiben. Klauseln wie die Folgenden sind daher für die Vertragsgestaltung nicht zu empfehlen:

⊃ **Nicht geeignet:**
  a) Der Mitarbeiter hat seinen Wohnsitz und ständigen Aufenthaltsort am Dienstsitz oder nach Abstimmung mit dem Arbeitgeber in der unmittelbaren Umgebung des Dienstsitzes zu nehmen.
  b) Der Arbeitnehmer ist verpflichtet, seinen Wohnsitz an dem Ort einzunehmen, in dem der jeweilige Schwerpunkt seiner dienstlichen Tätigkeit liegt.

Eine angemessene Vertragsgestaltung fordert stets, wenn die Wohnsitzverpflichtung nicht ohnehin unter dem Vorbehalt der persönlichen Zumutbarkeit steht (Typ 18b), die Aufnahme von **Ausnahmeregelungen** zu Gunsten des Mitarbeiters (Typ 18a).

(2) Verpflichtung zum Bewohnen einer Dienstwohnung

Typ 19: Verpflichtung zum Bewohnen einer Dienstwohnung

(1) Der Mitarbeiter ist verpflichtet, eine vom Arbeitgeber zugewiesene Dienstwohnung zu beziehen.

(2) Diese Verpflichtung kann vom Arbeitgeber nach den Bestimmungen des Bürgerlichen Gesetzbuchs gekündigt werden, wenn das Bewohnen der Dienstwohnung durch den Arbeitnehmer nicht mehr aus betrieblichen Gründen erforderlich ist. Der Arbeitnehmer ist zur Kündigung der Verpflichtung nach Ziff. (1) aus überwiegenden persönlichen Gründen berechtigt, wenn die Erfüllung der Arbeitsaufgabe dadurch nicht beeinträchtigt wird.

(3) Der Wert der Dienstwohnung bemisst sich nach der örtlichen Vergleichsmiete für den nicht öffentlich geförderten Wohnungsbau.

(4) Im Falle der Kündigung der Verpflichtung zum Bewohnen der Dienstwohnung ist die Vergütung des Arbeitnehmers um den Betrag zu erhöhen, der die Differenz

darstellt zwischen dem nach Ziff. (3) ermittelten Wert der Dienstwohnung zur Zeit der Kündigung und dem vom Arbeitnehmer zur Zeit der Kündigung gezahlten Nutzungsentgelt.

Das BGB unterscheidet zwischen **Werkmietwohnungen**, § 576 BGB, und **Werkdienstwohnungen**, § 576b BGB. 257

Werkmietwohnung ist jede Wohnung, die mit Rücksicht auf das Bestehen des Arbeitsverhältnisses vermietet wird. Neben dem Arbeitsverhältnis besteht ein selbstständiger Mietvertrag.[1] Zwischen beiden Verträgen ist eine besondere Verbindung nötig, die vorliegt, wenn das Arbeitsverhältnis Geschäftsgrundlage für den Abschluss des Mietvertrags ist.[2] Eine besondere Form ist die **funktionsgebundene Werkmietwohnung**. Diese liegt vor, wenn die Wohnung in unmittelbarer Beziehung oder Nähe zur Stätte der Dienstleistung steht und das Dienstverhältnis seiner Art nach die Überlassung des Wohnraums erfordert hat, § 576 Abs. 1 Nr. 2 BGB. Bei Werkmietwohnungen sind Mietvertrag und Arbeitsvertrag voneinander unabhängig. 258

Kennzeichen einer **Werkdienstwohnung** ist, dass Wohnraum im Rahmen des Arbeitsverhältnisses überlassen wird. Hier wird im Unterschied zur Werkmietwohnung **kein selbstständiger Mietvertrag** abgeschlossen. Die Wohnungsnutzung wird im Rahmen des Arbeitsvertrags mitgeregelt, so dass die Überlassung des Wohnraums ihre Rechtsgrundlage allein im Arbeitsvertrag findet.[3] Es liegt also ein **gemischter Vertrag** vor, bei dem das Arbeitsverhältnis im Vordergrund steht.[4] Regelmäßig besteht bei Werkdienstwohnungen eine **enge Verknüpfung von Arbeitsleistung und Wohnung**, die sich vor allem in der Lage der Wohnung äußert. Der Arbeitnehmer soll die Wohnung also vorrangig im Interesse des Betriebs und als Bestandteil seiner Arbeitspflicht beziehen, weil die Art der Arbeitsleistung und die besonderen dienstlichen Verhältnisse die Überlassung der Dienstwohnung erfordern.[5] So liegt es häufig bei der Hausmeister- oder Pförtnerwohnung sowie der Dienstwohnung für Heimleiter. 259

Eine **allgemeine Pflicht** zum Bewohnen einer Werkmiet- oder Werkdienstwohnung besteht **nicht**. Vielmehr bedarf es einer ausdrücklichen **Individualvereinbarung**.[6] 260

Eine **unbedingte vertragliche Verpflichtung** zum Bewohnen einer Dienstwohnung (sowohl Werkmiet- als auch Werkdienstwohnung) kann jedoch im Hinblick auf den damit verbundenen **Eingriff in die private und familiäre Lebensgestaltung** (Art. 2 Abs. 1, 6 Abs. 1 GG) problematisch sein. Die Verpflichtung zum Einzug in eine 261

---

1 Vgl. BAG v. 3.6.1975 – 1 ABR 118/73, AP Nr. 3 zu § 87 BetrVG 1972 Werkmietwohnungen; LAG Hess. v. 25.8.1987 – 7 Sa 215/87, EzBAT § 65 BAT Nr. 2.
2 LG Aachen v. 25.11.1983 – 5 S 337/83, WM 1985, 149.
3 BAG v. 24.1.1990 – 5 AZR 749/87, AP Nr. 16 zu § 2 ArbGG 1979; LAG Hess. v. 25.8.1987 – 7 Sa 215/87, EzBAT § 65 BAT Nr. 2.
4 Küttner/*Thomas*, Personalbuch 2014, Dienstwohnung Rz. 3.
5 BAG v. 28.7.1992 – 1 ABR 22/92, AP Nr. 7 zu § 87 BetrVG 1972 Werkmietwohnungen; v. 15.12.1992 – 1 AZR 308/92, PersR 1993, 468; LAG Köln v. 3.11.1998 – 13 (9) Sa 683/98, MDR 1999, 877.
6 LAG Köln v. 1.10.1999 – 4 Sa 515/99, ZTR 2000, 225.

funktionsgebundene Werkmietwohnung ist dabei wegen der selbstständigen Kündigungsmöglichkeit des Mietverhältnisses relativ unproblematisch.

262 Probleme ergeben sich jedoch bei der Verpflichtung zum Bewohnen einer **Werkdienstwohnung**: Da diese Pflicht unmittelbarer Bestandteil des Arbeitsvertrags ist,[1] stellt eine **Kündigung** nur der Wohnverpflichtung eine Teilkündigung des Arbeitsvertrags dar, die grundsätzlich unzulässig ist.[2] Auch ein gesonderter Vertrag über die Nutzung der Dienstwohnung kann dieses Problem nicht beseitigen, selbst wenn er als „Mietvertrag" bezeichnet wird. Denn es kommt nicht auf die Bezeichnung durch die Parteien an, sondern auf den wahren Willen, §§ 133, 157 BGB. Es sind also die tatsächlichen Umstände der Vertragsdurchführung maßgebend.[3] Ist danach also das Bewohnen der Dienstwohnung durch den Arbeitnehmer aufgrund betrieblicher Notwendigkeiten erforderlich, ist die Verpflichtung dazu Bestandteil des Arbeitsvertrags und kein selbstständiger Mietvertrag.

263 Auch **§ 576b Abs. 1 BGB** erklärt lediglich die Vorschriften über die Miete unter bestimmten Voraussetzungen für entsprechend anwendbar, sagt jedoch nichts darüber aus, ob eine unbedingte Wohnungsverpflichtung zulässig ist und wann der Arbeitnehmer sich von der Verpflichtung zum Bewohnen der Dienstwohnung lösen kann.

264 In der **Rechtsprechung** wird eine unbedingte arbeitsvertragliche Verpflichtung zum Bewohnen einer Werkdienstwohnung für zulässig angesehen und dem Arbeitnehmer im Falle fehlender vertraglicher Regelungen im Rahmen einer Interessenabwägung gemäß **§ 106 GewO** in Ausnahmefällen das Recht gegeben, aus der Dienstwohnung auszuziehen, ohne den Arbeitsvertrag kündigen zu müssen.[4]

265 Dieser Problematik einer – u.U. erst nach Jahren rechtskräftigen – gerichtlichen Klärung der Situation aufgrund einer Abwägung der gegenseitigen Interessen lässt sich durch eine ausgewogene Vertragsgestaltung vorbeugen.

266 Hierzu bieten sich verschiedene Ansätze an: Zum einen kann eine **Ausnahmeregelung** in den Arbeitsvertrag aufgenommen werden, nach der in bestimmten Fällen die Verpflichtung zum Bewohnen der Dienstwohnung nicht entsteht oder wieder entfällt.[5] Solche Ausnahmefälle können gegeben sein, wenn das Bewohnen für den Arbeitnehmer unzumutbar ist und der Nachteil, der dem Arbeitgeber durch das anderweitige Wohnen entsteht, zugemutet werden kann. Nachteil einer solchen Regelung ist jedoch, dass es u.U. einer gerichtlichen Klärung bedarf, ob ein solcher Ausnahmefall vorliegt.

267 Zum anderen kann den Parteien im Arbeitsvertrag ein **Teilkündigungsrecht** zugebilligt werden.[6] Mit dem Bezug einer Dienstwohnung „steht und fällt" keineswegs

---

1 BAG v. 15.12.1992 – 1 AZR 308/92, PersR 1993, 468.
2 BAG v. 23.8..1989 – 5 AZR 569/88, AP BGB § 565e Nr. 3.
3 BAG v. 23.8.1989 – 5 AZR 569/88, AP Nr. 3 zu § 565e BGB; v. 15.12.1992 – 1 AZR 308/92, PersR 1993, 468; LAG Rh.-Pf. v. 14.7.1992 – 5 Sa 155/92, EzBAT § 65 BAT Nr. 6.
4 LAG Rh.-Pf. v. 14.7.1992 – 5 Sa 155/92, EzBAT § 65 BAT Nr. 6; LAG Nds. v. 21.9.1999 – 12 Sa 2255/98, EzBAT § 65 BAT Nr. 7; v. 9.2.2001 – 16 Sa 1309/00, LAGE § 315 BGB Nr. 10.
5 Vgl. BAG v. 23.8.1989 – 5 AZR 569/88, AP Nr. 3 zu § 565e BGB.
6 LAG Rh.-Pf. v. 14.7.1992 – 5 Sa 155/92, EzBAT § 65 BAT Nr. 6; hierzu auch *Preis*, Vertragsgestaltung, § 15 II 4.

stets die Austauschbeziehung. Die unbedingte und unter keiner Voraussetzung lösbare Verpflichtung zum Bewohnen einer Dienstwohnung kann unangemessen benachteiligend wirken, wenn eine absolute Notwendigkeit zum Bewohnen einer bestimmten Dienstwohnung nicht erkennbar ist, durch einen Umzug die Arbeitsleistung des Arbeitnehmers folglich nicht leidet und die Vertragsklausel die Entscheidungsfreiheit über die private Lebensführung stark behindert.

Darüber hinaus ist nicht einzusehen, warum sich der Arbeitgeber ein Widerrufsrecht hinsichtlich der Verpflichtung zum Bewohnen der Dienstwohnung ohne weitere Voraussetzungen vorbehalten darf,[1] der Arbeitnehmer aber während der ganzen Dauer des Arbeitsverhältnisses an die Wohnungsverpflichtung gebunden sein soll. In seinem dahin gehenden Urteil[2] argumentiert das LAG Köln folgendermaßen: Ein Widerruf der Wohnungsverpflichtung durch den Arbeitgeber und der daraus folgende Entzug der Wohnung sei zulässig. Ein einseitiger Eingriff in Vertragsbestimmungen zu Gunsten einer Partei liege nicht vor, denn sowohl für den Arbeitgeber als auch für den Arbeitnehmer entfalle eine Verpflichtung: Der Arbeitgeber müsse nicht mehr die Wohnung zur Verfügung stellen, der Arbeitnehmer müsse sich nicht mehr auch außerhalb der Dienstzeiten am Dienstort aufhalten. 268

Dabei verkennt das LAG Köln jedoch, dass es sich bei der Überlassung der **Wohnung grundsätzlich um einen Bestandteil der Vergütung** handelt.[3] Der Vorteil, der dem Arbeitnehmer daraus entsteht, ist als Einnahme aus nicht selbstständiger Arbeit zu versteuern gemäß § 8 Abs. 2 EStG.[4] Könnte also der Arbeitgeber ohne weitere Voraussetzungen die Wohnungsverpflichtung widerrufen, greift er damit in die Vergütung des Arbeitnehmers ein. Das gleiche Problem ergibt sich bei der Einräumung eines Teilkündigungsrechts für den Arbeitnehmer. Das Nutzungsentgelt für eine Dienstwohnung ist – da es sich bei der Zurverfügungstellung um einen Bestandteil der Vergütung handelt, der lediglich nicht in Geld ausgezahlt wird – sehr niedrig. Wohnt der Arbeitnehmer nicht mehr in der Dienstwohnung, wird er keine vergleichbare Wohnung zu gleicher Miete finden und muss also prozentual einen höheren Anteil seines Einkommens für die Miete aufwenden. Selbst wenn der Arbeitnehmer ein vertragliches Recht zur Kündigung der Wohnungsverpflichtung hat, könnte es ihm aus finanziellen Gründen unmöglich sein, in eine andere Wohnung zu ziehen. Darüber hinaus bliebe die Arbeitspflicht gleich, während der Arbeitgeber die Wohnung und damit einen Teil der Vergütung nicht mehr dem Arbeitnehmer überlassen müsste, sondern anderweitig vermieten könnte. Eine solche Vertragsgestaltung erscheint **unangemessen benachteiligend** für den Arbeitnehmer. 269

Daher ist eine Regelung in den Arbeitsvertrag aufzunehmen, die für den Fall der Kündigung der Wohnungsverpflichtung die Pflicht des Arbeitgebers zur **Vergütungsanpassung** festlegt. Bewertet wird der Wohnungswert nach dem ortsübli- 270

---

1 LAG Köln v. 3.11.1998 – 13 (9) Sa 683/98, MDR 1999, 877; vgl. auch BAG v. 15.12.1992 – 1 AZR 308/92, WuM 1993, 353.
2 LAG Köln v. 3.11.1998 – 13 (9) Sa 683/98, MDR 1999, 877.
3 BAG v. 3.6.1975 – 1 ABR 118/73, AP Nr. 3 zu § 87 BetrVG 1972 Werkmietwohnungen; v. 23.8.1989 – 5 AZR 569/88, AP BGB § 565e Nr. 3 m.w.N.; v. 24.1.1990 – 5 AZR 749/87, AP Nr. 16 zu § 2 ArbGG 1979.
4 Ausnahme: Wenn die Räume im überwiegenden betrieblichen Interesse des Arbeitgebers genutzt werden; dazu *Berscheid/Kunz/Brand/Nebeling*, Teil 3, Rz. 1960f. m.w.N.; Küttner/*Thomas*, Personalbuch 2014, Dienstwohnung Rz. 20.

chen Mietpreis für nicht öffentlich geförderten Wohnraum.[1] Anhaltspunkte dafür ergeben sich aus den örtlichen Mietspiegeln.

(3) Zusammenfassung

271 Es ist zweifelhaft, ob **Wohnsitzvereinbarungen** in Arbeitsverträgen wirksam und durchsetzbar sind sowie mit arbeitsrechtlichen Sanktionen verknüpft werden können. Entscheidend ist, ob ein bestimmter **Wohnsitz zwingend zur Erfüllung der Arbeitsaufgabe nötig** ist. Prinzipiell kann aber von allen Mitarbeitern, die in Rufbereitschaft stehen müssen, die Einnahme eines Wohnsitzes in der Nähe des Einsatzorts verlangt werden.

272 Verstärkt wird der Eingriff in die Privatsphäre noch durch die **Verpflichtung zum Bewohnen einer Dienstwohnung**. Eine derartige Verpflichtung ist in allen Fällen fraglich, in denen eine bestimmte Wohnung nicht zwingend mit der Arbeitsaufgabe verknüpft ist. Daher sollte für eine angemessene Vertragsgestaltung stets eine **Möglichkeit zur Teilkündigung** bzw. **Ausnahmeregelung** aus überwiegenden persönlichen Gründen sowie eine **Vergütungsanpassung** für den Fall der Teilkündigung vorgesehen werden.

273 Kommt der Arbeitnehmer der zulässigen Verpflichtung, eine Dienstwohnung zu bewohnen, nicht nach, kann der Arbeitgeber ihn im Rahmen billigen Ermessens versetzen.[2]

274 Stets sollte jedoch bedacht werden, dass eine **wirkliche Durchsetzung** der Wohnsitzvereinbarungen **nur schwer möglich ist**. Denn wo der Arbeitnehmer seinen familiären Lebensmittelpunkt wählt – trotz formaler Erfüllung entsprechender Vertragsgestaltungen –, entzieht sich der Beeinflussung durch den Arbeitgeber. Entscheidend wird es auf die Einsicht des Mitarbeiters ankommen, einen bestimmten Wohnsitz einnehmen zu müssen, um die geforderte Arbeitsleistung erfüllen zu können. Wird die Arbeitsleistung erbracht, ohne der Wohnsitzklausel rechtlich oder tatsächlich zu genügen, dürften arbeitsrechtliche Reaktionsmöglichkeiten (Kündigung, Abmahnung) weder notwendig noch erfolgsträchtig sein.

d) Arbeitszeit

275 Bei einem erweiterten Direktionsrecht bezüglich der Arbeitszeit ist, ebenso wie beim allgemeinen Direktionsrechtsrecht, zu unterscheiden zwischen **Dauer** und **Lage** der Arbeitszeit. Zu den Einzelheiten der Vereinbarung eines erweiterten Direktionsrechts bezüglich der → *Arbeitszeit*, II A 90.

4. Überschreitung des Direktionsrechts

276 Soweit eine **Weisung des Arbeitgebers rechtmäßig** ist, hat der Arbeitnehmer der Weisung Folge zu leisten, Kündigungsschutzvorschriften brauchen nicht eingehalten zu werden.[3] Verweigert der Arbeitnehmer die Arbeit, kann er seinen Lohnanspruch ganz oder teilweise verlieren (§ 326 Abs. 1 BGB). Der Arbeitgeber kann

---

1 BAG v. 29.11.1985 – 7 AZR 364/82, AP Nr. 1 zu § 65 BAT.
2 LAG Nds. v. 19.1.2000 – 9 Sa 1365/99, ZTR 2000, 379.
3 ArbG Regensburg v. 7.2.1990 – 6 Ca 81/90 S, BB 1990, 1417.

ihm wegen der Arbeitsverweigerung ordentlich verhaltensbedingt, u.U. aber auch außerordentlich kündigen. Darüber hinaus gerät der Arbeitnehmer in Schuldnerverzug und hat den durch den Verzug entstehenden Schaden zu ersetzen (§§ 280 Abs. 2, 286 BGB).

Bislang war allgemein anerkannt, dass bei einer **nicht rechtmäßigen Weisung** der Arbeitnehmer ein Leistungsverweigerungsrecht hat[1] und der Arbeitgeber in Annahmeverzug (§§ 298, 615 BGB) gerät, d.h. der Arbeitnehmer muss die Weisung nicht befolgen, hat aber Anspruch auf Zahlung des vollen Lohns, sofern die Arbeit nicht nachgeholt werden kann (vgl. → *Zurückbehaltungsrechte*, II Z 20). Befolgt andererseits der Arbeitnehmer eine gesetzeswidrige Versetzungsanordnung und verrichtet längere Zeit die von ihm verlangte Arbeit, kann hierin auch eine stillschweigende Zustimmung und damit der Abschluss eines Änderungsvertrags liegen.[2] Möglich ist auch, die das Direktionsrecht überschreitende Versetzungsanordnung als Änderungskündigung aufzufassen. Eine solche Interpretation ist aber nur ausnahmsweise zulässig, nämlich dann, wenn sich aus der Änderung eindeutig ergibt, dass in jedem Fall eine Änderung des Arbeitsvertrags, notfalls um den Preis seiner Beendigung, gewollt ist.[3] Nunmehr hat allerdings der 5. Senat mit Urteil vom 22.2.2012[4] entschieden, dass ein Arbeitnehmer an eine Weisung des Arbeitgebers, die nicht aus sonstigen Gründen unwirksam ist, vorläufig gebunden ist, bis durch ein rechtskräftiges Urteil gemäß § 315 Abs. 3 Satz 2 BGB die Unverbindlichkeit der Leistungsbestimmung festgestellt wird. Konkret stellte der 5. Senat fest: „Die unbillige Leistungsbestimmung ist nicht nichtig, sondern nur unverbindlich, § 315 Abs. 3 Satz 1 BGB. Entsteht Streit über die Verbindlichkeit, entscheidet nach § 315 Abs. 3 Satz 2 BGB das Gericht. Deshalb darf sich der Arbeitnehmer über eine unbillige Ausübung des Direktionsrechts – sofern sie nicht aus anderen Gründen unwirksam ist – nicht hinwegsetzen, sondern muss entsprechend § 315 Abs. 3 Satz 2 BGB die Gerichte für Arbeitssachen anrufen. Wegen der das Arbeitsverhältnis prägenden Weisungsgebundenheit […] ist der Arbeitnehmer an die durch die Ausübung des Direktionsrechts erfolgte Konkretisierung u.a. des Inhalts der Arbeitsleistung vorläufig gebunden, bis durch ein rechtskräftiges Urteil (etwa aufgrund einer Klage auf Beschäftigung mit der früheren Tätigkeit) die Unverbindlichkeit der Leistungsbestimmung feststeht." Konsequenz dieser neuen Rechtsprechung ist vor allem, dass einem Arbeitnehmer, der sich über eine unbillige Weisung hinwegsetzt, mangelnder Leistungswille vorgeworfen werden kann.[5]

Dieser Rechtsprechung kann nicht gefolgt werden. Nach diesem Urteil soll ein Arbeitnehmer generell unbillige Weisungen zu befolgen haben, bis er eine rechtskräf-

---

1 BAG v. 8.10.1962 – 2 AZR 550/61, AP Nr. 18 zu § 611 BGB Direktionsrecht; v. 3.12.1980 – 5 AZR 477/78, AP Nr. 4 zu § 615 BGB Böswilligkeit; LAG Düsseldorf v. 20.12.1957 – 5 Sa 544/57, BB 1958, 449; ArbG Frankfurt v. 26.2.2002 – 18 Ca 8394/01, n.v.; *Berger-Delhey*, DB 1990, 2266 (2270).
2 Vgl. BAG v. 20.5.1976 – 2 AZR 202/75, EzA § 305 BGB Nr. 9; v. 13.5.1987 – 5 AZR 125/86, EzA § 315 BGB Nr. 34.
3 LAG Berlin v. 27.11.1978 – 9 Sa 49/78, EzA § 140 BGB Nr. 6; a.A. LAG Hess. v. 5.7.1965 – 1 Sa 223/65, WA 1965, 162.
4 BAG v. 22.2.2012 – 5 AZR 249/11, AP BGB § 615 Nr. 127; dazu *Boemke*, NZA 2013, 6; Schaub/*Linck*, § 45 Rz. 18 ff.
5 BAG v. 22.2.2012 – 5 AZR 249/11, AP BGB § 615 Nr. 127.

tige Entscheidung über die Unbilligkeit erreicht hat.[1] Selten hat eine Entscheidung eine so einhellige Ablehnung erfahren. Der Senat hat sein Ergebnis – nicht vertretbar – mit „der das Arbeitsverhältnis prägenden Weisungsgebundenheit" begründet.[2] Das ist schon deshalb falsch, weil die Weisungsgebundenheit in § 106 GewO kodifiziert ist und auch mit großer Phantasie hieraus die Gehorsamspflicht gegenüber unbilligen Weisungen nicht hergeleitet werden kann, sagt doch § 106 GewO das Gegenteil: Das Weisungsrecht darf nur nach billigem Ermessen ausgeübt werden. Ermessenswidrig wäre ein Verhalten, das unbilligen Weisungen zum Durchbruch verhilft.

277b Der Senat versucht seine Positionen mit nicht überzeugenden Bezugnahmen auf die Rechtsprechung des BGH zu § 315 Abs. 3 BGB zu rechtfertigen, die *Boemke* überzeugend allesamt als nicht tragfähig nachgewiesen hat.[3] Überdies hat *Hromadka*[4] überzeugend herausgearbeitet, dass § 106 GewO gegenüber § 315 BGB die vorrangige Spezialnorm ist. Der Arbeitgeber ist bei der Ausübung seines Weisungsrechts, das er täglich und stündlich mehrfach ausübt, auch nicht, wie es bei § 315 BGB der Fall ist, an seine eigene Weisung gebunden. Er kann die Weisung jederzeit neu ausüben.[5] Um ein banales Beispiel zu bringen: Wenn der Arbeitgeber die Sekretärin anweist, einen Brief in einer bestimmten Schriftart zu schreiben, ist er an diese Leistungsbestimmung nicht gebunden und kann jederzeit verlangen, eine andere Schriftart zu wählen. Alles andere ist abwegig. Direktionsrechte werden bei abhängiger weisungsgebundener Beschäftigung täglich millionenfach ausgeübt. Sie sind immanenter Bestandteil des Arbeitsverhältnisses.

277c Der Kern der Auseinandersetzung geht um die Frage, ob der Arbeitnehmer vorläufig – bis zu einer rechtskräftigen Entscheidung – auch an unbillige Weisungen gebunden ist. Diese Position ist durch den 5. Senat des BAG praktisch nicht begründet und mit ungeeigneten Belegen aus Rechtsprechung und Literatur zu stützen versucht worden.[6] Zum neuralgischen Punkt der Risikoverlagerung kommen wir, sollte das BAG so zu verstehen sein, dass ein Arbeitnehmer auch vertragsrechtlich verpflichtet ist, einer unbilligen Weisung zu folgen. Dann müsste eine verhaltensbedingte Kündigung des Arbeitnehmers möglich sein, weil der Arbeitnehmer einer unbilligen Weisung nicht gefolgt ist. Das kann alles nicht richtig sein.[7]

278 **Zulässigkeit und Rechtmäßigkeit** der Ausübung des Direktionsrechts können Gegenstand einer **positiven oder negativen Feststellungsklage** sein, für die die Drei-Wochen-Ausschlussfrist des § 4 KSchG nicht gilt.[8] Entscheidend für die Beurtei-

---

1 BAG v. 22.2.2012 – 5 AZR 249/11, NZA 2012, 858; zust. *Schmidt-Rolfes*, AuA 2013, 200: „Der Arbeitnehmer hat schlechte Karten"; zu Recht abl. *Boemke*, NZA 2013, 6; *Thüsing*, jM 2014, 20; *Fischer*, FA 2014, 38; *Hromadka*, FS v. Hoyningen-Huene, 2014, S. 145 (150ff.); Schaub/*Linck*, § 45 Rn. 19; *Tillmanns*, BeckOK, § 106 GewO Rz. 57; KDZ/*Zwanziger*, § 2 KSchG Rz. 59a: „Arbeitnehmer sind zwar weisungsgebunden, aber keine Soldaten.".
2 BAG v. 22.2.2012 – 5 AZR 249/11, NZA 2012, 858 Rz. 24.
3 *Boemke*, NZA 2013, 6.
4 *Hromadka*, FS v. Hoyningen-Huene, 2014, S. 145 (150ff.).
5 *Boemke*, NZA 2013, 6 (11).
6 Vgl. die bemerkenswerte Analyse von *Boemke*, NZA 2013, 6.
7 Ablehnend *Preis*, NZA 2015, 1ff.
8 BAG v. 20.1.1960 – 4 AZR 267/59, AP Nr. 8 zu § 611 BGB Direktionsrecht mit Anm. *Nikisch*; v. 27.3.1980 – 2 AZR 506/78, AP Nr. 26 zu § 611 BGB Direktionsrecht = SAE 1981, 268 mit Anm. *Hanau*.

lung der Rechtmäßigkeit der Weisung ist der Zeitpunkt ihrer Ausübung. Die Darlegungs- und Beweislast für die Wirksamkeit der getroffenen Weisung und Ermessensentscheidung liegt beim Arbeitgeber.[1] Möglich ist auch eine **Leistungsklage**, vgl. § 315 Abs. 3 Satz 2 BGB i.V.m. § 106 GewO.

5. Anspruch auf Direktionsrechtsausübung

Unter Umständen kann auch eine **Pflicht zur Ausübung des Direktionsrechts** bestehen. So muss der Arbeitgeber dem Arbeitnehmer nach dem Beschäftigungsanspruch vertragsgemäße Arbeit zuweisen.[2] Aus dem Grundsatz der Gleichbehandlung kann ein Anspruch auf Zuweisung bestimmter Tätigkeiten, z.B. Heranziehung zu Überstunden, folgen.[3] 279

Auch wenn zunächst die Zuweisung einer Arbeit an den Arbeitnehmer kraft Direktion rechtmäßig war, kann diese nachträglich durch veränderte Umstände unzulässig werden, weil sie durch diese nicht mehr als billig angesehen werden kann, § 106 GewO. So ist der Arbeitgeber verpflichtet, dem Arbeitnehmer im Rahmen seiner arbeitsvertraglichen Fürsorgepflicht durch Ausübung seines Direktionsrechts eine **andere vertragsgemäße und zumutbare Arbeit** zu übertragen, wenn der Arbeitnehmer die bisher zugewiesene Arbeit aus **gesundheitlichen Gründen** nicht mehr ausüben kann, aber für die zumutbare Arbeit ein freier Arbeitsplatz zur Verfügung steht.[4] 280

Frei in diesem Sinne ist auch ein Arbeitsplatz eines arbeitsunfähig erkrankten Arbeitnehmers, dessen Tätigkeiten vertretungsweise ausgeübt werden müssen.[5] Unterlässt der Arbeitgeber in einem solchen Fall die Zuweisung eines leidensgerechten Arbeitsplatzes, kann er sich gegenüber dem Arbeitnehmer schadenersatzpflichtig machen.[6] Ohne eine tatsächliche Zuweisung auf dem Wege des Direktionsrechts gerät der Arbeitgeber jedoch nicht in Annahmeverzug.[7] 281

---

1 BAG v. 14.7.2010 – 10 AZR 182/09, AP GG Art. 12 Nr. 143; v. 26.9.2012 – 10 AZR 311/11, AP GewO § 106 Nr. 21; v. 26.9.2012 – 10 AZR 412/11, AP GewO § 106 Nr. 22; v. 10.7.2013 – 10 AZR 915/12, AP GewO § 106 Nr. 24; *Reinecke*, NZA-RR 2013, 393 (397f.) m.w.N.
2 BAG v. 12.9.1996 – 5 AZR 30/95, AP Nr. 1 zu § 30 ZDG; vgl. auch BAG v. 11.10.1995 – 5 AZR 1009/94, AP Nr. 45 zu § 611 BGB Direktionsrecht (zur Zuweisung eines Gymnasiallehrers an ein Gymnasium).
3 LAG Köln v. 22.6.1994 – 2 Sa 1087/93, LAGE § 611 BGB Direktionsrecht Nr. 19; LAG Hess. v. 12.9.2001 – 8 Sa 1122/00, LAGE § 242 BGB Gleichbehandlung Nr. 25; dazu *Greiner*, RdA 2013, 9 (14).
4 BAG v. 29.1.1997 – 2 AZR 9/96, AP Nr. 32 zu § 1 KSchG Krankheit; v. 17.2.1998 – 9 AZR 130/97, AP Nr. 27 zu § 618 BGB; v. 29.10.1998 – 2 AZR 666/97, AP Nr. 77 zu § 615 BGB; v. 11.3.1999 – 2 AZR 538/98, n.v.; LAG Hess. v. 2.4.1993 – 9 Sa 815/91, LAGE § 611 BGB Direktionsrecht Nr. 15; LAG Hamm v. 20.4.1999 – 5 Sa 1000/97, EzA-SD 1999, Nr. 18, S. 11.
5 LAG Hamm v. 20.4.1999 – 5 Sa 1000/97, EzA-SD 1999, Nr. 18, S. 11.
6 BAG v. 13.8.2009 – 6 AZR 330/08, NZA-RR 2010, 420; LAG Hamm v. 20.4.1999 – 5 Sa 1000/97, EzA-SD 1999, Nr. 18, S. 11.
7 Andernfalls könnte der Arbeitnehmer seine arbeitsvertragliche Pflicht selbst konkretisieren, BAG v. 19.5.2010 – 5 AZR 162/09, NZA 2010, 1119.

282 Steht ein **freier leidensgerechter Arbeitsplatz nicht** zur Verfügung, auf den der Arbeitnehmer versetzt werden könnte, hat dieser dennoch einen Anspruch darauf, dass der Arbeitgeber einen solchen vor Ausspruch einer personenbedingten Kündigung im Wege des Direktionsrechts **freimacht, soweit dies möglich ist.** Das bedeutet, dass der Arbeitgeber denjenigen Arbeitnehmer, der sich auf dem leidensgerechten Arbeitsplatz befindet, im Wege des allgemeinen Direktionsrechts auf einen anderen Arbeitsplatz versetzt.[1] Die Pflicht des Arbeitgebers zur Zuweisung eines leidensgerechten Arbeitsplatzes geht jedoch **nicht so weit**, dass er einen solchen **freikündigen** muss.[2]

283 Begründet wird dies überzeugenderweise folgendermaßen: Übt der Arbeitgeber sein Direktionsrecht gegenüber dem Arbeitnehmer aus, dessen Arbeitsplatz frei gemacht werden soll, hält er sich im Rahmen des Arbeitsvertrags mit dem betreffenden Arbeitnehmer. Ein Freikündigen ist dagegen nicht möglich, da dadurch das Arbeitsverhältnis mit einem Arbeitnehmer beendet würde, der nicht die Ursache dafür ist, dass der erkrankte Arbeitnehmer nicht mehr auf seinem ursprünglichen Arbeitsplatz tätig sein kann. Liegt der eigentliche Grund für eine Kündigung also in der Person eines einzelnen Arbeitnehmers, dürfen andere Arbeitnehmer grundsätzlich davon nicht berührt werden, denn grundsätzlich ist der Kündigungsschutz nur auf den jeweiligen Einzelvertrag bezogen. Andere Arbeitnehmer sind ausschließlich bei einer betriebsbedingten Kündigung, deren Notwendigkeit gerade nicht in ihrer Person liegt, im Rahmen der Sozialauswahl miteinander zu vergleichen.[3]

6. Sonstige Leistungsbestimmungsrechte

284 Im Rahmen des Arbeitsverhältnisses sind außer den Leistungsbestimmungsrechten des Arbeitgebers hinsichtlich Ort, Zeit und Art der Arbeit in einer Vielzahl weiterer Beispiele Leistungsbestimmungsrechte denkbar. Als **Beispiele** seien genannt: Widerrufsvorbehalte (→ *Vorbehalte und Teilbefristung*, II V 70), insbesondere bezüglich des übertariflichen Entgeltbereichs, → *Jeweiligkeitsklauseln*, II J 10, Art und Umfang zahlreicher Nebenpflichten, wie → *Nebentätigkeit*, II N 10, → *Abtretungsverbote*, II A 10, → *Gehaltsanpassung*, II G 10.

285 Ein im Grundsatz **weitreichendes Direktionsrecht** besteht auch im Rahmen der sog. **betrieblichen Ordnung**. Hierzu gehören die Einhaltung von Sicherheitsbestimmungen, Anweisung zur Bedienung von Maschinen oder zur Zeiterfassung,[4] Alko-

---

1 BAG v. 29.1.1997 – 2 AZR 9/96, AP Nr. 32 zu § 1 KSchG 1969 Krankheit; v. 29.10.1998 – 2 AZR 666/97, AP Nr. 77 zu § 615 BGB; einschränkend LAG Hamm v. 20.1.2000 – 8 Sa 1420/99, NZA-RR 2000, 239, wonach der Arbeitgeber zur Vermeidung einer Kündigung eines Arbeitnehmers, der seine bisherige Tätigkeit aufgrund eines Arbeitsunfalls nicht mehr ausüben kann, diesem eine leidensentsprechende Tätigkeit nur auf einem vorhandenen freien oder absehbar frei werdenden Arbeitsplatz anbieten muss und nicht dazu verpflichtet ist, dem Arbeitnehmer das Arbeitsverhältnis im Hinblick auf ein nur zufällig mögliches Freiwerden eines Arbeitsplatzes – etwa bis zum Abschluss einer Umschulungsmaßnahme – zu erhalten.
2 BAG v. 29.1.1997 – 2 AZR 9/96, AP Nr. 32 zu § 1 KSchG 1969 Krankheit.
3 BAG v. 29.1.1997 – 2 AZR 9/96, AP Nr. 32 zu § 1 KSchG 1969 Krankheit.
4 BAG v. 9.12.1980 – 1 ABR 1/78, AP Nr. 2 zu § 87 BetrVG 1972 Ordnung des Betriebes; v. 4.8.1981 – 1 ABR 54/78, AP Nr. 1 zu § 87 BetrVG 1972 Tarifvorrang; v. 24.11.1981 – 1 ABR 108/79, AP Nr. 3 zu § 87 BetrVG 1972 Ordnung des Betriebes.

hol- oder Rauchverbote[1] sowie die Aufstellung von Bekleidungsregelungen bezüglich der Kleidung am Arbeitsplatz.[2] So darf ein Arbeitgeber etwa einem Arbeitnehmer, der als Verkaufssachbearbeiter in einem Möbelhaus der gehobenen Kategorie tätig ist, untersagen, in Gegenwart von Kunden mit Jeans und Turnschuhen aufzutreten und ihn anweisen, Sakko und Krawatte zu tragen.[3] In der Praxis stehen hier aber zumeist betriebsverfassungsrechtliche Probleme im Vordergrund. Grenzen können sich aber auch aus den Grundrechten des Arbeitnehmers ergeben.[4]

7. Hinweise zur Vertragsgestaltung

Es lassen sich **zwei Grundarten** von arbeitsvertraglichen Klauseln unterscheiden, die das Direktionsrecht des Arbeitgebers betreffen:

286

Zum einen gibt es Klauseln, die als Rechtsgrundlage des **allgemeinen Direktionsrechts** i.S.d. § 106 GewO fungieren. Dabei handelt es sich um die arbeitsvertraglichen Regelungen der Arbeitspflicht hinsichtlich Inhalt, Ort und Zeit der Arbeit. Sie sind notwendiger Bestandteil des Arbeitsvertrags. Die Ausübung des allgemeinen Direktionsrechts allerdings steht nach § 106 GewO unter dem Vorbehalt billigen Ermessens.

287

Zahlreiche Klauseln in Arbeitsverträgen erscheinen als direktionsrechtserweiternde Klauseln, bewegen sich aber ganz im Rahmen des § 106 GewO. Sie sind in der Regel als deklaratorische Klauseln unnötig und rechtlich unproblematisch. Sie sind als **unechte direktionsrechtserweiternde Klauseln** zu charakterisieren. Durch unvollkommene Formulierungen können jedoch Unklarheiten und Intransparenzen entstehen, die im Kontext der Inhaltskontrolle nach § 305c Abs. 2 BGB und § 307 Abs. 1 Satz 2 BGB relevant werden können. Jede Ausübung des Direktionsrechts muss sich eine Kontrolle nach § 106 GewO auf billiges Ermessen gefallen lassen.

288

Hiervon zu unterscheiden sind **echte direktionsrechtserweiternde Klauseln**. Bei diesen unterliegt nicht nur die Ausübung des Direktionsrechts im Einzelfall der Billigkeitskontrolle nach § 106 GewO, sondern schon die Klauseln selbst bedürfen einer generellen Inhalts- und Angemessenheitskontrolle gemäß §§ 307 ff. BGB. Unangemessen benachteiligend und daher unwirksam sind grundsätzlich Klauseln, die den zwingenden Kündigungsschutz umgehen.[5] Dies ist insbesondere der Fall, wenn sie

---

1 Zur Reichweite des Direktionsrechts vgl. LAG München v. 2.3.1990 – 6 Sa 88/90, LAGE § 618 BGB Nr. 4; LAG Hamm v. 26.4.1990 – 17 Sa 128/90, DB 1990, 1524; *Leßmann*, Rauchverbote am Arbeitsplatz, 1991.
2 BAG v. 15.12.1961 – 1 ABR 3/60, DB 1962, 274; v. 8.8.1989 – 1 ABR 65/88, AP Nr. 15 zu § 87 BetrVG 1972 Ordnung des Betriebes; LAG Köln v. 8.6.1988 – 5 TaBV 19/88, LAGE § 87 BetrVG 1972 Betriebliche Ordnung Nr. 5; LAG Hamm v. 7.7.1993 – 14 Sa 435/93, LAGE § 611 BGB Direktionsrecht Nr. 14.
3 LAG Hamm v. 22.10.1991 – 13 TaBV 36/91, LAGE § 611 BGB Direktionsrecht Nr. 11; vgl. auch BVerwG v. 15.1.1999 – 2 C 11/98, ArbuR 1999, 62 (Ohrschmuck bei Polizisten); zu den Grenzen des Weisungsrechts des Arbeitnehmers bezüglich der Arbeitskleidung LAG Köln v. 18.8.2010 – 3 TaBV 15/10, NZA-RR 2011, 85; *Brose/Greiner/Preis*, NZA 2011, 369 (371).
4 BAG v. 10.10.2002 – 2 AZR 472/01, AP Nr. 44 zu § 1 KSchG 1969 Verhaltensbedingte Kündigung; ErfK/*Dieterich*, Art. 2 GG Rz. 88.
5 BAG v. 12.12.1984 – 7 AZR 509/83, AP Nr. 6 zu § 2 KSchG 1969.

in den Kernbereich des Arbeitsverhältnisses, die Vergütungs- und Arbeitspflicht, eingreifen. In Ausnahmefällen jedoch, insbesondere bei Vorliegen von Gründen, die eine betriebsbedingte Kündigung rechtfertigen können, sind in engen Grenzen auch im Bereich der gegenseitigen Hauptpflichten einseitige Änderungen möglich.

289 **Wie weit das Direktionsrecht geht**, hängt ab von der **Tätigkeitsbeschreibung** im Arbeitsvertrag. Der Arbeitgeber hat daher bei der Abfassung der entsprechenden arbeitsvertraglichen Regelungen hinsichtlich des Direktionsrechts widerstreitende Überlegungen anzustellen: Einerseits ermöglicht erst eine möglichst unbestimmte Fassung der Klauseln oder eine möglichst weite Ermächtigung zu einseitiger Änderung des Arbeitsbereichs größtmögliche Flexibilität und optimale Allokation der zur Verfügung stehenden Gesamtarbeitskraft.

290 Andererseits ist bei der Aufstellung formularmäßiger, direktionsrechtserweiternder Klauseln aus der Sicht des Arbeitgebers zu bedenken, dass die Maxime „je mehr, desto besser" ein schlechter Ratgeber wäre. So droht zu weit gehenden Klauseln das Verdikt der Nichtigkeit.[1] Der Arbeitgeber verliert dann nicht nur das „Zuviel" an Freiheit, sondern auch das in der Klausel regelmäßig enthaltene zulässige Maß an Flexibilität. Eine geltungserhaltende Reduktion zu weit gefasster Klauseln wird in diesem Bereich zu Recht nicht anerkannt.[2]

291 Schließlich muss der Arbeitgeber bedenken, dass eine Ausweitung von Direktionsrechten im Falle einer möglichen **betriebsbedingten Kündigung** auch **zu weiter gehenden Pflichten** führt, u.U. sogar zu einer konzernweiten Weiterbeschäftigungspflicht (dazu Rz. 238 ff.). Umgekehrt gilt aus der Perspektive des Arbeitnehmers, dass er, je spezieller sein Tätigkeitsbereich ist, zwar weniger verschiedene Aufgaben zugewiesen bekommen kann, andererseits aber auch weniger mit anderen Arbeitnehmern vergleichbar, austauschbar und damit anderweitig einsetzbar ist.

292 Für die Vertragsgestaltung wird zu Recht vorgeschlagen, die Tätigkeitsbeschreibung und damit das **Direktionsrecht nicht zu eng** zu fassen, da der Arbeitgeber dadurch die Möglichkeit eines **flexiblen Personaleinsatzes** hat und eine eventuell vorzunehmende Sozialauswahl gemäß § 1 Abs. 3 KSchG zunächst nicht von Bedeutung ist.[3] Eine **zu weite Fassung ist jedoch ebenfalls nicht anzuraten**, da sie dem Arbeitgeber erhebliche Nachteile bringt, insbesondere die Erweiterung des Kreises der in eine Sozialauswahl einzubeziehenden Beschäftigten. Darüber hinaus ist in der Praxis ohnehin nicht davon auszugehen, dass der Arbeitnehmer jeder Weisung des Arbeitgebers widersprechen wird. In der arbeitsvertraglichen Konkretisierung der Leistungspflicht liegt daher ein **Feld für echte Vertragsverhandlungen**, in dem sich pauschale Aussagen über günstige oder nachteilige Abreden schwer treffen lassen. Jede Vereinbarung hat Wechselwirkungen und will wohl abgewogen sein.

---

1 Und zwar ex tunc, BAG v. 14.7.1965 – 4 AZR 347/63, AP Nr. 19 zu § 611 BGB Direktionsrecht: „Eine der Rechtsgrundlage entbehrende Versetzung ist von Anfang an unwirksam."; vgl. auch MünchArbR/*Richardi/Buchner*, § 34 Rz. 49; gegen eine Nichtigkeit solcher Klauseln *Crisolli*, Anm. zu AP Nr. 19 zu § 611 BGB Direktionsrecht.
2 Jedenfalls für einzelvertragliche Klauseln; für geltungserhaltende Reduktion tarifvertraglicher Bestimmungen ArbG Düsseldorf v. 15.3.1989 – 4 Ca 6569/88, DB 1989, 2079; zur Normenkontrolle tariflicher Klauseln vgl. *Wiedemann*, TVG, Einl. Rz. 129 ff.
3 *Bauer*, JuS 1999, 356 (358).

Aus alledem folgt, dass als generelle Empfehlung zur Vertragsgestaltung ein 293
schlichter Ratschlag gegeben werden kann: Weniger ist mehr! Wer im Rahmen
der Tätigkeitsbeschreibung und der Regelung des Direktionsrechts weder den Inhalt der – unter Umständen mühsam gefundenen – Tätigkeitsbeschreibung noch
die Verteilung der Lage der Arbeitszeit und die Versetzbarkeit an einen anderen Arbeitsort einschränken will, aber die volle Bandbreite des Direktionsrechts ausschöpfen möchte, dem sei folgende Klauselgestaltung empfohlen:

Tätigkeitsbeschreibung und Weisungsrecht des Arbeitgebers

(1) Herr/Frau ... (Name) wird eingestellt als ... (Berufsbild; kurze Charakterisierung oder Beschreibung der zu leistenden Tätigkeit).

(2) Das Weisungsrecht des Arbeitgebers hinsichtlich Inhalt der Tätigkeit, zeitliche Lage der Arbeitszeit und den Ort der Tätigkeit richtet sich nach § 106 Gewerbeordnung.

Die genaue und reflektierte Vereinbarung des Tätigkeitsbereichs ist für die Reich- 294
weite des Direktionsrechts wesentlich, aber auch ausreichend. Alle weiteren Zusatzformulierungen tragen das Risiko der Einschränkung des Direktionsrechts,
der Unklarheit oder der Intransparenz. Denn alles Notwendige steht in § 106
GewO (s. hierzu auch Rz. 17a, 85, 103 und 115).

Freilich muss der Arbeitgeber bei der weiten Fassung des Direktionsrechts wissen, 295
dass sich mögliche Konflikte auf die Ausübungskontrolle verlagern, bei der es dann
um die schwer prognostizierbaren Streitigkeiten geht, ob die Weisung „billigem Ermessen" entsprach. Wer dies vermeiden will, der muss die Vertragsvereinbarungen
genauer festlegen, sei es hinsichtlich Art und Inhalt der Tätigkeit, hinsichtlich des
Ortes und ggf. auch der zeitlichen Lage der Arbeitszeit. Als „Kröte" muss dann ge-
schluckt werden, dass über die Vereinbarung hinausgehende Veränderungen eben
nur noch durch Änderungsvereinbarung oder Änderungskündigung durchgesetzt
werden können.

E 10 Ehrenämter

	Rz.		Rz.
1. Einführung	1	e) Freiwillige Leistungen	13
2. Klauseln	5	3. Steuerrechtliche Aspekte	14
a) Tätigkeitsverbot	5	a) Begünstigte Tätigkeiten	15
b) Zustimmungs- oder Erlaubnisvorbehalt	5	b) Begünstigte Auftraggeber	17
c) Anzeigepflicht	5	c) Nebenberuflichkeit der Tätigkeit	18
d) Deklaratorischer Hinweis bezüglich der Aufnahme einer Ehrentätigkeit	5	d) Umfang der Steuerbefreiung	21
		4. Hinweise zur Vertragsgestaltung; Zusammenfassung	23

Schrifttum:

Andelewski, Auswirkungen des Altersteilzeitgesetzes auf die ehrenamtlichen Richter an den Arbeits- und Landesarbeitsgerichten, NZA 2002, 655; *Bader/Hohmann/Klein*, Die ehrenamtlichen Richterinnen und Richter beim Arbeits- und Sozialgericht, 12. Aufl. 2006; *Bertermann*, Der Einfluss des Abgeordnetenmandates auf Dienst-, Arbeits- und Gesellschaftsverträge, BB 1967, 272; *Birk*, Mitarbeit im Technischen Hilfswerk und Arbeitsrecht, NZA 2006, 414; *Dobberahn*, Wahlwerbung und Übernahme eines Mandats durch Arbeitnehmer, NZA 1994, 396; *Geiser*, Die Treuepflicht des Arbeitnehmers und ihre Schranken, 1983; *Großmann*, Der ehrenamtliche Richter in der Sozialgerichtsbarkeit, 1989; *Peterek*, Die ehrenamtlichen Richter bei den Gerichten für Arbeitssachen, 6. Aufl. 2001; *Pfitzner*, Die Beurlaubung von Gemeinderats- und Ausschussmitgliedern zur Wahrnehmung kommunalpolitischer Aufgaben, DB 1971, 144; *Plüm*, Die arbeitsrechtliche Stellung des Abgeordneten, Diss. Köln 1976; *Schäcker*, Die Ausübung staatsbürgerlicher Pflichten und Lohnausfallvergütung, DB 1962, 905; *Wolmerath*, Der ehrenamtliche Richter in der Arbeitsgerichtsbarkeit, 1993.

1. Einführung

1 Für zahlreiche Arbeitnehmer endet das **persönliche Engagement** weder mit dem Verlassen ihres Arbeitsplatzes noch im rein privaten, familiären Bereich. Die Übernahme ehrenamtlicher, meist öffentlicher Ämter durch abhängig Beschäftigte steht im erheblichen Interesse eines von gedeihlichem Zusammenleben geprägten Gemeinwesens: Ohne die weit verbreitete Umsetzung des politischen oder sozialen Verantwortungsgefühls ist die Aufgabenerfüllung vieler unverzichtbarer Institutionen (Wohlfahrtsverbände, Berufsinnungen, Jugendklubs, Sportvereine u.a.) oft gar nicht möglich.

2 In der **arbeitsrechtlichen Praxis** kommt es vor allem bei der Ämterübernahme in Kommunalvertretungen oder Idealvereinen zu (gerichtlichen) Streitigkeiten. Seltener spielen naturgemäß wegen der geringeren Kapazitäten die Mitgliedschaft in Landes- oder Bundesvertretungen sowie in europäischen Gremien eine Rolle. Eine große Bedeutung hat hingegen die Tätigkeit als Laienrichter in den verschiedenen Gerichtsbarkeiten,[1] dies, obwohl auch derartige

---

[1] So können ehrenamtliche Richter ab Berufung absoluten Kündigungsschutz genießen, da § 26 ArbGG nicht abschließend ist und der jeweilige Landesgesetzgeber daher frei ist, eine weitergehende Regel zu verabschieden, vgl. ArbG Neuruppin v. 1.6.1994 – 2 Ca 3918/93, AuA 1995, 26. Daneben gilt das allgemeine Maßregelungsverbot.

Aufgaben vielfach an **unabdingbare** persönliche Voraussetzungen geknüpft sind.[1]

In der großen Mehrzahl finden sich gesetzliche Spezialregelungen; auf diese wird im Zusammenhang mit der Besprechung der Klauselbeispiele näher einzugehen sein. Im Übrigen ist auch bei ehrenamtlichen Tätigkeiten im Ansatz von den Anforderungen auszugehen, die die Rechtsprechung allgemein an die Zulässigkeit einer → *Nebentätigkeit*, II N 10 stellt: Liegt kein außergewöhnliches **berechtigtes Arbeitgeberinteresse** vor, kann dem Arbeitnehmer die Übernahme und Ausübung von Ehrenämtern grundsätzlich nicht verwehrt werden. Nicht in Vergessenheit geraten darf zudem Folgendes: Im **Idealfall** kann die Übernahme eines Ehrenamtes, das Freude weckt und Verantwortungsgefühl schult, einen Motivationsschub und/oder die Weiterentwicklung der Persönlichkeit des Mitarbeiters bedingen, die auch der Arbeitsleistung und dem Arbeitsvermögen dienlich sein können. Auch kann über dessen seriöses Engagement mittelbar Rufpflege für das Unternehmen betrieben werden, wenn nämlich eine öffentlichkeitswirksame Verbindung der ehrenamtlichen Tätigkeit des Arbeitnehmers mit dem Unternehmen eintritt. Schließlich kommt es vor, dass der Mitarbeiter im Zuge seiner ehrenamtlichen Tätigkeit Kontakte zu einflussreichen und solventen Personen herstellt oder aufrechterhält, die sich in Zukunft positiv auf die Unternehmensgeschäfte auswirken. Da privates Engagement einen hohen unternehmerischen Werbeeffekt nach sich ziehen kann, ist eine vielerorts zu beachtende restriktive Haltung von Arbeitgebern kontraproduktiv und allzu kurzsichtig. Gerade die in der Praxis verwendeten Vertragsklauseln zur Regelung ehrenamtlicher Tätigkeiten des Arbeitnehmers weisen darauf hin, dass die meisten Arbeitgeber diesen möglichen Vorteilen zu skeptisch gegenüberstehen.

3

Auf kollektivrechtlicher Ebene ist zu beachten, dass der ehrenamtliche Einsatz von Vereinsmitgliedern des Arbeitgebers – z.B. des Roten Kreuzes als Rettungssanitäter in Krankenwagen – eine **mitbestimmungspflichtige Einstellung** i.S.d. § 99 Abs. 1 BetrVG ist.[2] Es kommt nach der Rechtsprechung für das Mitbestimmungsrecht des Betriebsrats nicht darauf an, ob der Beschäftigung ein Arbeitsvertrag zugrunde liegt oder ob der Einsatz vergütet wird. Maßgeblich ist vielmehr, ob die betreffende Person in den Betrieb eingegliedert wird, um zusammen mit den dort schon beschäftigten Arbeitnehmern dessen arbeitstechnischen Zweck durch weisungsgebundene Tätigkeit zu verwirklichen, sowie auf die Weisungsgebundenheit (vgl. → *Arbeitnehmerstatus*, II A 50).

4

2. Klauseln

a) Tätigkeitsverbot

⊃ **Nicht geeignet:**
Der Mitarbeiter schuldet seine volle Arbeitskraft dem Unternehmen. Auch eine ehrenamtliche Tätigkeit wird arbeitsvertraglich ausgeschlossen.

---

1 Zu ehrenamtlichen Richtern an den Kammern für Handelssachen beim Landgericht können etwa nur Kaufleute sowie Organmitglieder juristischer Personen berufen werden (§ 109 Abs. 1 GVG).
2 BAG v. 12.11.2002 – 1 ABR 60/01, NZA 2004, 1289.

b) Zustimmungs- oder Erlaubnisvorbehalt

⊃ **Nicht geeignet:**

a) Die Übernahme von Ehrenämtern kann nur nach vorheriger schriftlicher Einwilligung erfolgen.

b) Ehrenämter werden Sie nur nach vorheriger Abstimmung mit der Firma übernehmen.

c) Anzeigepflicht

⊃ **Nicht geeignet:**

Die Übernahme eines öffentlichen Ehrenamtes bedarf der Anzeige an die Geschäftsleitung. Fällt die Ausübung dieses Ehrenamtes in die Arbeitszeit, ist die Personalabteilung rechtzeitig und ausreichend zu informieren.

d) Deklaratorischer Hinweis bezüglich der Aufnahme einer Ehrentätigkeit

⊃ **Nicht geeignet:**

Die Übernahme und die Ausübung von Ehrenämtern im Interesse des Allgemeinwohls sind gestattet, sofern dadurch die Arbeit für das Unternehmen nicht beeinträchtigt wird.

5 Vertragsgestaltungen, die die Übernahme von Ehrenämtern an die Zustimmung des Arbeitgebers oder andere Voraussetzungen knüpfen, finden sich vor allem in (Formular-)Arbeitsverträgen mit Führungskräften, insbesondere leitenden Angestellten. Ein absolutes Verbot, wie im ersten Beispiel vorgestellt, enthielt im Übrigen kein einziger der untersuchten Formularverträge. Es hätte fraglos wegen eines jedenfalls mittelbaren grundrechtlichen Einschlags keinen rechtlichen Bestand (→ *Nebentätigkeit*, II N 10; → *Außerdienstliches Verhalten*, II A 160).

6 Entscheidenden Zweifeln ist aber auch schon ein entsprechender **Erlaubnisvorbehalt** ausgesetzt. Die Motivation des – vorsichtigen – Arbeitgebers, solche Klauseln zu verwenden, kann zwar im Einzelfall verständlich sein, ist aber nicht als ein berechtigtes Interesse anzuerkennen.

7 Der Arbeitgeber kann sein Interesse an einer ordnungsgemäßen Diensterfüllung vornehmlich auf andere Weise verfolgen: Erfüllt der Arbeitnehmer seine Dienstpflichten nicht ordnungsgemäß, weil er aufgrund von Freizeitaktivitäten überanstrengt ist, kommt nämlich ohne Weiteres – regelmäßig freilich erst im Anschluss an eine Abmahnung – eine **verhaltensbedingte Kündigung** in Betracht.[1] Eine personenbedingte Kündigung allein wegen der Übernahme eines Ehrenamts ist hingegen nicht zulässig, sie würde gegen das Maßregelungsverbot (§ 612a BGB) verstoßen.[2] Eine Handhabe, die Belastungen zu reglementieren, welche sich der Arbeitnehmer in seiner Freizeit aussetzt, besteht also grundsätzlich nicht, zumal dieser auch allgemein nicht dazu verpflichtet ist und werden kann, sein Privat-

---

[1] KR/*Griebeling*, § 1 KSchG Rz. 302; zur Kündigung wegen Ausübung ehrenamtlicher Tätigkeiten während der Arbeitszeit ArbG Passau v. 16.1.1992 – 4 Ca 654/91, BB 1992, 567.
[2] ErfK/*Oetker*, § 1 KSchG Rz. 161 m.w.N.

leben vollständig in den Dienst der Erhaltung seiner Arbeitskraft zu stellen.[1] Daher ist auch die Klausel im letzten Beispiel verzichtbar, da letztlich die geltende Rechtslage nur wiedergegeben wird.

Ähnliches gilt insoweit, als mit der Regelung verhindert werden soll, dass sich der Mitarbeiter in einem Verein oder einer anderen Organisation betätigt. Besonders in seiner Freizeit kann der Arbeitnehmer nicht gehindert werden, von seinen Grundrechten nach Art. 4,[2] 5, 6 und 9 GG Gebrauch zu machen. Auch hier gilt, dass Verfehlungen des Arbeitnehmers im Zusammenhang mit der ehrenamtlichen Tätigkeit – etwa unberechtigte Angriffe gegen das Unternehmen – je nach den Einzelfallumständen eine Kündigung rechtfertigen können.[3] Dies kommt insbesondere bei Arbeitsverhältnissen in Tendenzbetrieben in Betracht (→ *Außerdienstliches Verhalten*, II A 160).

Schützenswerte Arbeitgeberinteressen an Zustimmungsvorbehalten gerade in Bezug auf die Wahrnehmung öffentlicher Ehrenämter durch Mitarbeiter lassen sich schließlich auch nicht im Hinblick darauf herleiten, dass mit der Ämterübernahme ein gesetzlicher Anspruch auf **Freistellung vom Arbeitsverhältnis** verbunden ist.[4] Nicht zu verkennen ist zwar, dass hiermit erhebliche Belastungen für den Arbeitgeber entstehen können.[5] Dies rechtfertigt aber angesichts der eindeutigen gesetzgeberischen Zielsetzung, jede Benachteiligung aufgrund der Übernahme und Ausübung des Mandats auszuschließen (vgl. etwa Art. 48 Abs. 2 Satz 1 GG),[6] nicht die Anerkennung vertraglicher Gestaltungen, die solche **„ämterimmanenten Beeinträchtigungen"** zu verhindern suchen.

Sind somit Erlaubnisvorbehalte und andere einschränkende Klauseln in Bezug auf die Übernahme von Ehrenämtern keineswegs anzuerkennen, stellt sich die Frage, ob zumindest eine wie im zweiten Beispiel unter b) aufgenommene Verpflichtung zur Abstimmung der ehrenamtlichen Tätigkeit mit dem Arbeitgeber möglich bleibt. Fraglich ist hier schon, welchen Zweck eine solche **„Abstimmung"** verfolgen soll, wenn zugleich völlig offen bleibt, welche rechtlichen Einflüsse dem Arbeitgeber hierbei zustehen. Eine solche Bestimmung ist mit den allgemeinen Anfor-

---

1 Hierzu ausführlich *Hofmann*, ZfA 1979, 287; *Grunsky*, JuS 1989, 598.
2 Das Grundrecht greift bei der Übernahme kirchlicher Ehrenämter.
3 Vgl. bereits BAG v. 6.12.1979 – 2 AZR 1055/77, DB 1980, 547; KR/*Griebeling*, § 1 KSchG Rz. 302; *Dudenbostel/Klas*, ArbuR 1979, 296 f.; SPV/*Preis*, Rz. 653; im umgekehrten Fall kann eine ehrenamtliche Tätigkeit nach einem umstrittenen Urteil des BAG ein berechtigtes betriebliches Interesse i.S.d. § 1 Abs. 3 Satz 2 KSchG darstellen und im Rahmen einer betriebsbedingten Kündigung die Herausnahme aus der Sozialauswahl rechtfertigen, vgl. BAG v. 7.12.2006 – 2 AZR 748/05, NZA-RR 2007, 460.
4 Vgl. den fortgeltenden Art. 160 WRV; statt vieler: § 28 Abs. 1 GO NW. Der Anspruch auf Arbeitsbefreiung besteht nicht, wenn die ehrenamtliche Tätigkeit bei gleitender Arbeitszeit in eben diese Gleitzeit fällt, da eine Arbeitsbefreiung dann nicht mehr erforderlich ist, BAG v. 16.12.1993 – 6 AZR 236/93, NZA 1994, 854. Ein Teilzeitbeschäftigter hat keinen Anspruch auf Freizeitausgleich wie ein Vollzeitbeschäftigter bei Teilnahme an einer ganztägigen Schulung als Mitglied der Mitarbeitervertretung in der evangelischen Kirche, BAG v. 11.11.2008 – 1 AZR 646/07, AP Nr. 51 zu § 611 BGB Kirchendienst.
5 Vgl. in diesem Zusammenhang LAG Düsseldorf v. 7.1.1966 – (9) 4 Sa 605/65, BB 1966, 288.
6 Entsprechende Benachteiligungsverbote finden sich auch auf Landes- und kommunaler Ebene; vgl. auch Schaub/*Linck*, § 145 Rz. 3–5; SPV/*Preis*, Rz. 654.

derungen der Bestimmtheit und Transparenz nicht zu vereinbaren.[1] Selbst wenn dieser „Abstimmung" der Sinngehalt zukommen sollte, dass dem Arbeitgeber nach § 315 BGB ein billiges Interesse zustünde, über die konkrete Ehrentätigkeit zu entscheiden, wirkt die Klausel wie die ersten beiden Beispiele und ist daher nicht bestandskräftig.

11 Anders könnte sich die Beurteilung einer (bloßen) **Anzeigepflicht** darstellen. Eine solche hat im dritten Klauselbeispiel Aufnahme gefunden und ist jedenfalls aus dem Gesichtspunkt mangelnder Bestimmtheit nicht zu verwerfen. In diesem Zusammenhang ist auch zu erwähnen, dass im Beamtenrecht die Übernahme öffentlicher Ehrenämter vom Begriff der Nebentätigkeiten ausgenommen ist und insoweit eine bloße Anzeigepflicht besteht.[2] Zu beachten bleibt indes, dass eine wirksame Anzeigepflicht engagierte Bürger vielfach davon abhalten könnte, bestimmte Ehrenämter zu übernehmen, weil mit deren Ausübung nicht immer die persönlichen Arbeitgeberinteressen verfolgt werden und deshalb zumindest verdeckte Sanktionen im Arbeitsverhältnis drohen. Ob aber ein Arbeitnehmer ein Ehrenamt übernimmt, soll allein er selbst und ohne „taktische" Überlegungen entscheiden können.[3] Der Zwang der Offenbarung ist zudem negativ durch Art. 5 GG engen Grenzen unterworfen und kann durch die arbeitsrechtliche Treuepflicht ebenso nicht gerechtfertigt werden. Wegen der abschreckenden Wirkung derartiger Klauseln stehen diese dem durch ehrenamtliche Tätigkeit zu erfüllenden Allgemeinwohlbelang, der auch Ausprägung des Sozialstaates ist, entgegen und sind daher im Ergebnis ebenso zu verwerfen.

12 Es leuchtet aber ein, dass die ehrenamtliche Tätigkeit dann nicht mehr verschwiegen werden kann, wenn sie an einem anderen als dem Arbeitsplatz, aber innerhalb der Arbeitszeit ausgeübt werden muss. Dann liegt ihr die **Tendenz der Offenbarung(spflicht)** zugrunde. Der Arbeitgeber hat ein **berechtigtes Interesse** daran, Arbeitsausfälle durch rechtzeitigen Einsatz anderer Arbeitnehmer oder anderweitige Umdisponierungen aufzufangen. In diesen Fällen ist er deshalb so früh wie möglich zu unterrichten. Diese Verpflichtung besteht auch ohne vertragliche Vereinbarung, denn das eigenmächtige Verlassen des Arbeitsplatzes während der Arbeitszeit ist schon nach allgemeinen Grundsätzen untersagt.[4] Konkrete Einzelheiten seiner ehrenamtlichen Tätigkeit braucht der Mitarbeiter aber auch dann nicht mitzuteilen, solange ein verständiger Arbeitgeber nachvollziehen kann, warum der Arbeitsausfall des Arbeitnehmers unaufschiebbar ist.

e) Freiwillige Leistungen

Typ 1: Ehrenamtliche Tätigkeit

Bei ehrenamtlicher Tätigkeit, insbesondere in Bundes-, Landes-, Kommunalverbands- und Kommunalvertretungen, in Trägern der Sozialversicherungen und ih-

---
1 Ablehnend auch *Preis*, Vertragsgestaltung, § 18 II 6.
2 Vgl. etwa § 97 Abs. 4 BBG.
3 Vgl. BAG v. 23.1.1992 – 6 AZR 87/90, NZA 1992, 795.
4 Zur Kündigungsrelevanz unentschuldigter Fehlzeiten wie etwa eigenmächtigem Urlaubsantritt oder Überschreitung des Urlaubs Schaub/*Linck*, § 127 Rz. 133 ff., § 133 Rz. 53.

ren Verbänden sowie als Richter der verschiedenen Gerichtsbarkeiten ist die dafür benötigte Zeit ohne Entgeltkürzung und ohne Anrechnung auf den Urlaub unter Berücksichtigung der betrieblichen Möglichkeiten und Notwendigkeiten zu gewähren. Das Nähere regelt die Richtlinie über die Freistellung von Mitarbeitern zur Ausübung politischer Mandate oder öffentlicher Ämter.

Die im vorstehenden Klauseltyp vorzufindende Regelung, dass die für die Wahrnehmung des Ehrenamtes benötigte Freizeit – die ansonsten in die Arbeitszeit fällt, also insoweit auch anzeigepflichtig ist – ohne Entgeltkürzung und Anrechnung auf den Urlaub zu gewähren ist, enthält eine nicht gebotene Verbesserung der Rechtsstellung des Arbeitnehmers.[1] **Lohnfortzahlung** kann nur bei einem verpflichtenden Ehrenamt, das zur Erfüllung einer öffentlich-rechtlichen Pflicht übernommen worden ist (werden musste) und damit einer persönlichen Verhinderung gleichkommt, gemäß § 616 BGB verlangt werden.[2] Aus diesem Blickwinkel ist sie natürlich wirksam. Sie dürfte in der Praxis freilich allenfalls in Großunternehmen anzutreffen sein. Entsprechendes gilt für den Hinweis auf die betriebliche Richtlinie über die Mitarbeiterfreistellung. Auch eine solche kann im Übrigen allenfalls Konkretisierungen der unabdingbaren gesetzlichen Vorgaben zum Inhalt haben.

3. Steuerrechtliche Aspekte

Den Begriff „ehrenamtliche Tätigkeit" kennt das Einkommensteuerrecht nicht. Folglich sind im Grundsatz alle Einnahmen, die im Zusammenhang mit einer solchen Tätigkeit stehen, einkommensteuerpflichtig. Eine Ausnahme gilt nur für Zuwendungen, die über reinen Auslagenersatz (s. → *Aufwendungsersatz*, II A 115) nicht hinausgehen. Der Lohnsteuer zu unterwerfen sind die Einnahmen dann, wenn die zugrunde liegende Tätigkeit als nichtselbständige Arbeit und damit das gezahlte Entgelt als Arbeitslohn zu qualifizieren ist. Um gleichwohl einen Anreiz für die Übernahme „ehrenamtlicher" Tätigkeiten zu geben, enthält das Einkommensteuergesetz in § 3 Nr. 26 und 26a EStG unter dem Stichwort „nebenberufliche Tätigkeiten" Steuerbefreiungen für eine Vielzahl von Tätigkeiten, die allgemein ty-

---

1 Der Arbeitgeber ist z.B. ohne vertragliche Abrede nicht gehalten, den Unterschiedsbetrag zwischen entgangenem Arbeitsentgelt und Ersatz des Verdienstausfalls für eine Ratsherrentätigkeit zu zahlen, BAG v. 20.6.1995 – 3 AZR 857/94, NZA 1996, 383. Eine grundsätzliche Ausnahme besteht aber bei Angehörigen der freiwilligen Feuerwehr nach § 12 Abs. 2 Satz 3 FSHG. Es ist das Entgelt weiterzuzahlen, das üblicherweise erzielt worden wäre; bestätigt von BAG v. 13.2.1996 – 9 AZR 900/93, NZA 1996, 1104, das diese Norm wegen des gewichtigen Gemeinwohlbelangs im Lichte des Art. 12 GG für verfassungsgemäß hält. Zur ehrenamtlichen Tätigkeit eines THW-Helfers während des Erholungsurlaubs vgl. BAG v. 10.5.2005 – 9 AZR 251/04, NZA 2006, 439.
2 ErfK/*Preis*, § 616 BGB Rz. 5; § 616 BGB ist aber grundsätzlich abdingbar, s. ErfK/*Preis*, § 616 BGB Rz. 13 und greift indes sowieso nicht bei privaten Ämtern oder bei der bloßen Kandidatur für ein öffentliches Amt. Kein Anspruch auf Erstattung des Verdienstausfalls besteht, wenn der Arbeitnehmer für die Ausübung seines ehrenamtlichen Richteramtes Gleitzeit in Anspruch genommen hat, LAG BW v. 7.3.2005 – 3 Ta 31/05, ArbuR 2006, 286. Ebensowenig besteht ein Anspruch auf Zeitgutschrift, sofern die für ein Ehrenamt aufgewendete Zeit im Rahmen eines bestehenden Gleitzeitmodells aufgefangen werden kann, BAG v. 22.1.2009 – 6 AZR 78/08, NZA 2009, 735.

pischerweise dem Bereich ehrenamtlicher Tätigkeit zugeordnet werden. Erfasst sind zwei annähernd vergleichbare Tatbestände:

- Nach **§ 3 Nr. 26 EStG** sind steuerfrei Einnahmen aus nebenberuflichen Tätigkeiten als Übungsleiter, Ausbilder, Erzieher, Betreuer oder vergleichbaren nebenberuflichen Tätigkeiten, aus nebenberuflichen künstlerischen Tätigkeiten oder der nebenberuflichen Pflege alter, kranker oder behinderter Menschen im Dienst oder im Auftrag einer juristischen Person des öffentlichen Rechts oder einer unter § 5 Abs. 1 Nr. 9 KStG fallenden Einrichtung zur Förderung gemeinnütziger, mildtätiger und kirchlicher Zwecke bis zur Höhe von **2 400 Euro jährlich**.

- Auch **§ 3 Nr. 26a EStG** erfasst nebenberufliche Tätigkeiten im Auftrag der nach § 3 Nr. 26 EStG begünstigten Organisationen oder Einrichtungen. Im Gegensatz zu § 3 Nr. 26 EStG ist aber die Tätigkeit, aus der die Einnahmen erzielt werden, nicht auf bestimmte begünstige Tätigkeiten beschränkt. Die Steuerbefreiung ist damit weiter, da sie auch Tätigkeiten z.B. administrativer Art erfasst, die nicht unter den sog. Übungsleiterfreibetrag des § 3 Nr. 26 EStG fallen. Damit können also z.B. auch Vereinsvorstände die Steuerbefreiung in Anspruch nehmen. Allerdings ist die Höhe des **Freibetrages mit 720 Euro** im Jahr deutlich geringer als bei den nach § 3 Nr. 26 EStG begünstigten Tätigkeiten. Die Anwendung des § 3 Nr. 26a EStG ist aber ausgeschlossen, wenn für die Tätigkeit ganz oder teilweise eine Steuerbefreiung nach § 3 Nr. 12, § 3 Nr. 26 oder § 3 Nr. 26b EStG gewährt wird. Auf diese Weise soll eine doppelte Begünstigung der gleichen Tätigkeit vermieden werden. Die Befreiung nach § 3 Nr. 26a EStG ist aber nicht ausgeschlossen, wenn der Steuerpflichtige neben einer nach § 3 Nr. 12, § 3 Nr. 26 oder § 3 Nr. 26b EStG begünstigten Tätigkeit eine weitere Tätigkeit ausübt, die tatbestandlich nur unter den Anwendungsbereich von § 3 Nr. 26a EStG fällt, der Steuerpflichtige also z.B. zugleich als Übungsleiter und als Vorstandsmitglied tätig wird. Beide Tätigkeiten müssen aber klar voneinander abgrenzbar sei. Dies ist bei der vertraglichen Gestaltung des Dienst-/Arbeitsvertrages zu beachten.

a) Begünstigte Tätigkeiten

15 Der **in § 3 Nr. 26 EStG** beispielhaft genannte Katalog der begünstigten Tätigkeiten, die im Gesetz nicht näher konkretisiert sind, ist nicht abschließend, da auch den jeweiligen Katalogtätigkeiten **vergleichbare Tätigkeiten** begünstigt sind. Ob eine Tätigkeit vergleichbar ist, bestimmt sich danach, ob die zu vergleichende Tätigkeit der Katalogtätigkeit in allen typischen und wichtigen Merkmalen entspricht. Abgrenzungsschwierigkeiten treten vor allem bei der Beurteilung auf, ob eine Tätigkeit mit der eines Übungsleiters, Ausbilders, Erziehers oder Betreuers vergleichbar ist. Es ist stets eine Einzelfallbetrachtung erforderlich, wobei als Maßstab die allen Tätigkeiten innewohnende pädagogische Ausrichtung heranzuziehen ist (R 3.26 Abs. 1 Satz 2 LStR).

16 **Nicht begünstigt** sind nach § 3 Nr. 26 EStG Einnahmen, die im Zusammenhang mit einer rein verwaltenden Tätigkeit stehen und zwar selbst dann, wenn die Tätigkeit sich auf die Organisation einer der begünstigten Tätigkeiten bezieht. Allerdings genügt es für die Anwendung der Steuerbefreiung, dass einer der begünstigten

Tätigkeiten erst durch den Organisator „der Stempel aufgedrückt" wird.[1] Für diese Tätigkeiten steht nur die Steuerbefreiung nach § 3 Nr. 26a EStG zur Verfügung, die nicht nach der Art der Tätigkeit differenziert. Welche der Steuerbefreiungen zur Anwendung kommt, muss der Arbeitgeber – wenn die Einnahmen als Arbeitslohn zu qualifizieren sind – im Lohnsteuerabzugsverfahren zunächst selbst beurteilen, da sich wegen der unterschiedlichen Höhe der Freibeträge Auswirkungen auf den Lohnsteuerabzug ergeben. Ist die Tätigkeit nach keiner der Steuerbefreiungen steuerfrei, muss der Arbeitgeber die auf die Einnahmen entfallende Lohnsteuer erheben.

b) Begünstigte Auftraggeber

Der Kreis der begünstigten Auftraggeber ist in § 3 Nr. 26 und 26a EStG abschließend bestimmt. Unter den Begriff der inländischen Person des öffentlichen Rechts fallen z.B. Bund, Länder, Gemeinden, Gemeindeverbände, Kammern, Universitäten. Einrichtungen zur Förderung gemeinnütziger, mildtätiger und kirchlicher Zwecke sind z.B. Beratungsstellen, Sportvereine, karitative Einrichtungen). Erfüllt der Auftraggeber die Voraussetzungen der Steuerbefreiung nicht, sind die Einnahmen steuerpflichtig, auch wenn die Tätigkeit ihrer Art nach unter die begünstigten Tätigkeiten fällt. Nicht zum Kreis der begünstigten Auftraggeber gehören z.B. Berufsverbände (Arbeitgeberverbände, Gewerkschaften). 17

c) Nebenberuflichkeit der Tätigkeit

Nur **nebenberuflich** ausgeübte Tätigkeiten sind begünstigt. Folglich sind Tätigkeiten, die in den Pflichtenkreis der Haupttätigkeit fallen, nicht steuerfrei, selbst wenn eine zusätzliche Vergütung gezahlt wird. Bei einer abgrenzbaren Nebentätigkeit für den Arbeitgeber der Haupttätigkeit ist zu prüfen, ob sich die Tätigkeit bei objektiver Betrachtung insgesamt als einheitliche Tätigkeit darstellt. Ist dies der Fall, scheidet die Steuerbefreiung aus. Eine einheitliche Tätigkeit ist in der Regel anzunehmen, wenn die Tätigkeiten nach ihrer Art vergleichbar sind.[2] 18

Eine nebenberufliche Tätigkeit kann auch vorliegen, wenn der Arbeitnehmer keinen Hauptberuf ausübt. Folglich können auch Rentner, Schüler, Studenten und Hausfrauen die Steuerbefreiung in Anspruch nehmen (R 3.26 Abs. 2 Satz 2 LStR). Voraussetzung ist allerdings, dass sich die Tätigkeit ihrem Umfang nach als nebenberuflich darstellt. Dies ist nur dann der Fall, wenn der Zeitaufwand für die Tätigkeit hinter dem für eine Vollzeittätigkeit erforderlichen Zeitaufwand zurück bleibt. Dies ist nur dann der Fall, wenn nicht länger als ein Drittel der üblichen Arbeitszeit einer Vollzeitkraft gearbeitet wird (R 3.26 Abs. 2 Satz 1 LStR). 19

Bei mehreren nebenberuflichen Tätigkeiten muss der Arbeitgeber zunächst nach der Art der Tätigkeit differenzieren (nach § 3 Nr. 26, § 3 Nr. 26a EStG oder nicht begünstigte Tätigkeit). Bei begünstigten Tätigkeiten ist zu beachten, dass die jeweiligen Freibeträge nur einmal in Anspruch genommen werden dürfen. 20

---

[1] BFH v. 23.1.1986 – IV R 24/84, BStBl. II 1986, 398.
[2] BFH v. 30.3.1990 – VI R 188/87, BStBl. II 1990, 854; FG Thüringen v. 12.2.2014 – 3 K 926/13, EFG 2014, 1662, Rev. VIII R 43/14.

d) Umfang der Steuerbefreiung

21 Die Steuerbefreiung ist je Veranlagungszeitraum auf den gesetzlichen Höchstbetrag von jährlich 2 400 Euro (§ 3 Nr. 26 EStG) bzw. auf 720 Euro (§ 3 Nr. 26a EStG) beschränkt. Auch bei mehreren Tätigkeiten werden die Freibeträge nur einmal gewährt. Nachzahlungen für vergangene Zeiträume erhöhen die Freibeträge nicht. Auf der anderen Seite kann der jeweilige Freibetrag auch dann in voller Höhe in Anspruch genommen werden, wenn der Arbeitnehmer nur einen Teil des Veranlagungszeitraums tätig war; eine zeitanteilige Kürzung erfolgt nicht.

22 Der Arbeitgeber hat die Steuerbefreiungen bereits bei der Auszahlung des Arbeitslohns zu berücksichtigen, so dass ein Lohnsteuerabzug nicht vorzunehmen ist. Zur Vermeidung einer mehrfachen Inspruchnahme durch den Arbeitgeber und zur Vermeidung einer etwaigen Haftung hat der Arbeitnehmer dem Arbeitgeber zu bestätigen, dass die Steuerbefreiungen nicht in einem anderen Auftrags- oder Dienstverhältnis berücksichtigt worden sind. Die Erklärung ist – nicht zuletzt zur Absicherung des Arbeitgebers – zum Lohnkonto zu nehmen (R 3.26 Abs. 10 LStR). Liegen die Voraussetzungen der Steuerbefreiungen vor, hat der Arbeitnehmer gegenüber dem Auftraggeber zivilrechtlich einen Anspruch auf ungekürzte Zahlung des Entgelts.

4. Hinweise zur Vertragsgestaltung; Zusammenfassung

23 Die Analyse der Vertragspraxis hat gezeigt, dass die Regelung der Wahrnehmung von Ehrenämtern durch Arbeitnehmer zumeist an den gesetzlichen, im Kern gar verfassungsrechtlichen Vorgaben vorbei erfolgt. Nicht selten ist eine arbeitsvertragliche Regelung verzichtbar und deshalb unnötiger Ballast im Arbeitsvertrag.[1]

24 Über eine betont liberale Fassung der Vertragsklausel kann aber auch von der Unternehmensseite angestrebt werden, die Unterstützung gesellschaftspolitischen Engagements betont öffentlichkeitswirksam hervorzuheben.[2]

25 Sofern mit diesen oder ähnlichen Überlegungen eine Regelung angestrebt wird, etwa weil ein entsprechendes Engagement des Mitarbeiters abzusehen ist, könnte sich nachfolgende, vor allem klarstellende Regelung empfehlen:

Typ 2: § X Ehrenämter

(1) Die Übernahme von Ehrenämtern hat der/die Mitarbeiter/in der Firma für den Fall unverzüglich mitzuteilen, dass die ehrenamtliche Tätigkeit in die Arbeitszeit fällt. Insbesondere über die Dauer der Arbeitsverhinderung ist zu unterrichten.

---

1 Vollständig ablehnend daher auch *Preis*, Vertragsgestaltung, § 18 II 6.
2 Dem Unternehmen bleiben freilich genügend Betätigungsfelder, etwa im weiter expandierenden Bereich des Sponsorings (ausführlich: *Poser/Backes*, Sponsoringvertrag, 4. Aufl. 2010), um selbst gesellschaftliches Engagement kundzutun.

(2) Privaten Ehrenämtern darf während der Arbeitszeit nicht nachgegangen werden. Durch öffentliche Ehrenämter wird Herr/Frau ... seine/ihre Arbeitszeit nicht mehr als zu deren gewissenhafter Wahrnehmung erforderlich in Anspruch nehmen.

(3) Herr/Frau ... wird bei der Ausübung öffentlicher und/oder privater Ehrenämter auf die Interessen des Unternehmens in angemessener Weise Rücksicht nehmen.

E 20 Entgeltfortzahlung

	Rz.		Rz.
1. Einführung	1	e) Teilarbeitsunfähigkeit	20
a) Gesetzliche Grundlagen	1	f) Verzicht auf Entgeltfortzahlungs-	
b) Vertragliche Gestaltungsspiel-		ansprüche	22
räume	5	aa) Verzichtbarkeit	23
2. Klauselbeispiele	11	(1) Künftige, noch nicht fällige	
a) Krankengeldzuschuss während		Ansprüche	24
der Wartezeit	11	(2) Fällige Ansprüche	25
b) Verlängerung des Entgeltfortzah-		bb) Auslegung – materielle An-	
lungszeitraums	12	forderungen an die Verzichts-	
c) Krankengeldzuschussverein-		vereinbarung	27
barungen	15	3. Hinweise zur Vertragsgestaltung	31
d) Eingrenzung des Entgeltfortzah-			
lungsanspruchs	18		

Schrifttum:

Hanau/Kramer, Zweifel an der Arbeitsunfähigkeit, DB 1995, 94; *Müller-Glöge*, Aktuelle Rechtsprechung zum Recht der Entgeltfortzahlung im Krankheitsfall, RdA 2006, 105; *Preis/Bleser/Rauf*, Die Inhaltskontrolle von Ausgleichsquittungen und Verzichtserklärungen, DB 2006, 2812; *Schulte*, Rechtsfragen der Ausgleichsquittung bei Beendigung des Arbeitsverhältnisses, DB 1981, 937; *Trieschmann*, Zum Verzicht des Arbeitnehmers auf unabdingbare gesetzliche Ansprüche, RdA 1976, 68; *Wank*, Reform des Lohnfortzahlungsrechts, BB 1992, 1993.

1. Einführung

a) Gesetzliche Grundlagen

1 Gemäß Art. 68 Abs. 4 Pflege-Versicherungsgesetz[1] (PflegeVG) ist zum 1.6.1994 das Entgeltfortzahlungsgesetz (EFZG) in Kraft getreten. Hierdurch wurden die früheren partikularen Vorschriften, nämlich die §§ 1–9 LFZG, § 63 HGB, § 133c GewO, § 616 Abs. 2 BGB, §§ 48, 52a, 78 SeemannsG, § 12 BBiG sowie die §§ 115a, 115c bis 115e AGB-DDR abgelöst.

2 Damit ist schon die erste der beiden wesentlichen Änderungen des EFZG angesprochen, die Vereinheitlichung der Entgeltfortzahlung im Krankheitsfalle für alle Arbeitnehmergruppen. Daneben wurde – durch § 5 EFZG und § 275 SGB V – versucht, die Instrumentarien der Missbrauchsbekämpfung zu verbessern;[2] → *Anzeige- und Nachweispflichten*, II A 40 sowie → *Gesundheitsuntersuchung*, II G 30.

3 Rund zwei Jahre später – am 13.9.1996 – erfuhr das EFZG durch In-Kraft-Treten von Art. 3 des Arbeitsrechtlichen Beschäftigungsförderungsgesetzes[3] weitere wesentliche Neuerungen:

---

1 BGBl. I 1994, S. 1014 ff.
2 Vgl. hierzu eingehend *Hanau/Kramer*, DB 1995, 94 ff.
3 BT-Drucks. 13/4612, S. 5 f.

– Ein Entgeltfortzahlungsanspruch bestand seitdem erst nach einer Wartezeit von vier Wochen (§ 3 Abs. 3 EFZG). Der Höhe nach sollte sich grundsätzlich das fortzuzahlende Entgelt auf 80 % des regelmäßigen Arbeitseinkommens reduzieren.

– Mit der Einführung des § 4b EFZG entschloss sich der Gesetzgeber, die Frage der Kürzungsmöglichkeiten von Jahressonderleistungen bei krankheitsbedingten Fehlzeiten erstmals gesetzlich zu regeln, s. → *Sonderzahlungen*, II S 40.

Wiederum rund zwei Jahre später – am 19.12.1998 – sind durch Art. 7 des Gesetzes zu Korrekturen in der Sozialversicherung und zur Sicherung der Arbeitnehmerrechte[1] erneut Änderungen am EFZG vorgenommen worden. Dabei wurde insbesondere die Reduzierung der Entgeltfortzahlung auf 80 % des regelmäßigen Arbeitseinkommens rückgängig gemacht. Zudem wurde der ursprüngliche § 4b EFZG zum heutigen § 4a EFZG.

Neuerungen brachte auch zum 1.1.2002 das Gesetz zur Modernisierung des Schuldrechts.[2] Aufgrund der Änderung des § 275 BGB ist seitdem zu differenzieren zwischen krankheitsbedingter Unmöglichkeit (§ 275 Abs. 1 BGB) und Unzumutbarkeit (§ 275 Abs. 3 BGB).[3] Auch wenn nach § 3 Abs. 1 EFZG für den Anspruch auf Entgeltfortzahlung erforderlich ist, dass der Arbeitnehmer „durch Arbeitsunfähigkeit infolge Krankheit an seiner Arbeitsleistung verhindert" ist, greift die Vorschrift auch dann ein, wenn ihm die Erbringung der Arbeitsleistung zwar nicht unmöglich, aber doch unzumutbar ist.

Schließlich wurde durch das Gesetz zur Änderung des Transplantationsgesetzes[4] zum 1.8.2012 der § 3a EFZG eingefügt. Dieser stellt die Arbeitsverhinderung infolge einer Organspende mit einer Arbeitsunfähigkeit gleich, so dass der Organspender wie arbeitsunfähige Arbeitnehmer Anspruch auf Entgeltfortzahlung für bis zu sechs Wochen hat. Der Arbeitgeber hat jedoch nach § 3a Abs. 2 EFZG einen Erstattungsanspruch gegen die Krankenkasse des Empfängers.

b) Vertragliche Gestaltungsspielräume

Das Entgeltfortzahlungsgesetz enthält zugunsten der Arbeitnehmer fast ausnahmslos einseitig **zwingende Regelungen**, § 12 EFZG. Sofern das Gesetz Öffnungsklauseln enthält, etwa in § 4 Abs. 4 und § 10 Abs. 4 EFZG, gelten diese nur für Tarifverträge. Spielräume für echte (arbeits)vertragliche Vereinbarungen bestehen daher praktisch nur im **Günstigkeitsbereich**. Ob eine einzelvertragliche Regelung günstiger als die gesetzliche ist, muss in jedem Einzelfall gesondert geprüft werden.

Typische vertragliche Regelungsbereiche im Zusammenhang mit der Entgeltfortzahlung im Krankheitsfalle sind → *Anzeige- und Nachweispflichten*, II A 40 für den Fall der Arbeitsunfähigkeit. Ferner werden häufig vertragliche Regelungen zur → *Gesundheitsuntersuchung*, II G 30 vor Beginn, aber auch während des Arbeitsverhältnisses getroffen. Auch Regelungen hinsichtlich eines Verzichts auf die Wartezeit nach § 3 Abs. 3 EFZG (s. hierzu Rz. 11) sind anzutreffen.

---

1 BGBl. I 1998, S. 3843 ff.
2 BGBl. I 2001, S. 3138.
3 Vgl. hierzu *Gotthardt*, Arbeitsrecht nach der Schuldrechtsreform, 2. Aufl. 2003, Rz. 100 ff.; vgl. auch *Greiner*, Ideelle Unzumutbarkeit, 2004, S. 289 ff.
4 BGBl. I 2012, S. 1601.

7 Nach § 3 Abs. 1 Satz 1 EFZG hat der Arbeitnehmer im Falle krankheitsbedingter Arbeitsunfähigkeit für die Dauer von sechs Wochen einen unabdingbaren Anspruch auf Entgeltfortzahlung. Im Anschluss daran erhält er Krankengeld vom jeweiligen Sozialversicherungsträger nach den §§ 44 ff. SGB V. Was den vertraglichen Gestaltungsrahmen angeht, ist hier insbesondere an einen Krankengeldzuschuss (s. hierzu Rz. 15 ff.) zu denken.

8 Vereinzelt wird in Arbeitsverträgen, insbesondere bei Führungskräften, die Dauer der Entgeltfortzahlung über den gesetzlichen Mindestrahmen von sechs Wochen hinaus erweitert (s. hierzu Rz. 12 ff.). In diesem übergesetzlichen Bereich bestehen erhebliche Gestaltungsspielräume, die aber in der Praxis häufig nicht sinnvoll genutzt werden.

9 Eine Beschränkung des Entgeltfortzahlungsanspruchs (s. hierzu Rz. 18) ist nicht möglich. Noch nicht beendet dürfte die Diskussion über Vereinbarungen sein, die Regelungen zur Teilarbeitsunfähigkeit beinhalten (s. hierzu Rz. 20).

10 Für die Vertragspraxis von erheblichem Interesse ist schließlich, ob, wie und inwieweit auf Entgeltfortzahlungsansprüche rechtswirksam verzichtet werden kann (s. hierzu Rz. 22 ff.).

2. Klauselbeispiele

a) Krankengeldzuschuss während der Wartezeit

⊃ **Nicht geeignet:**

> Mit Beginn der vereinbarten Arbeitsaufnahme hat der Arbeitnehmer einen Anspruch auf Entgeltfortzahlung.

11 Der Verzicht auf die vierwöchige Wartezeit nach § 3 Abs. 3 EFZG durch eine derartige Klausel ist zulässig. Sinnvoll ist eine solche Vereinbarung indes nicht. Denn der Arbeitnehmer hat während der ersten vier Wochen gemäß § 44 Abs. 1 SGB V Anspruch auf Krankengeld. Der Krankengeldanspruch ruht während des Zeitraums, in dem der Arbeitnehmer Arbeitsentgelt erhält, § 49 Abs. 1 Nr. 1 SGB V. Folglich stellt eine derartige Klausel in erster Linie eine die Krankenkasse begünstigende Regelung dar. Empfehlenswerter erscheint es daher, insoweit eine bloße – auf die ersten vier Wochen beschränkte – Krankengeldzuschussabrede (s. hierzu allgemein Rz. 15 ff.) wie im folgenden **Klauseltyp 1** zu vereinbaren:

Typ 1: Krankengeldzuschuss während der Wartezeit

Während der ersten vier Wochen des Arbeitsverhältnisses erhält der Arbeitnehmer im Falle der Arbeitsunfähigkeit den Unterschiedsbetrag zwischen der ihm zustehenden Nettovergütung und den aus Anlass der Krankheit von öffentlichen oder privaten Kassen bezahlten Beträgen.

b) Verlängerung des Entgeltfortzahlungszeitraums

Typ 2: Verlängerung des Entgeltfortzahlungszeitraums

a) Verlängerung ohne Anrechnung sozialversicherungsrechtlicher Leistungen:

Im Falle der Arbeitsunfähigkeit durch Krankheit erhält der Arbeitnehmer das Bruttomonatsgehalt für die Dauer von drei/sechs Monaten weiterbezahlt.

b) Verlängerung unter Anrechnung sozialversicherungsrechtlicher Leistungen:

Bei Arbeitsunfähigkeit infolge Krankheit wird das Gehalt für die Dauer von drei/sechs Monaten fortgezahlt, soweit der Arbeitnehmer nicht Ansprüche auf Krankengeld gegen einen Sozialversicherungsträger hat.

Eine eigenständige Regelung über die Entgeltfortzahlung im Krankheitsfall ist insbesondere dann sinnvoll, wenn der betreffende Arbeitnehmer weder aufgrund gesetzlicher Verpflichtung (§§ 5–8 SGB V) noch freiwillig (§ 9 SGB V) bei einer gesetzlichen Krankenkasse (vgl. § 4 SGB V) versichert ist und somit durch einen vertraglichen Entgeltfortzahlungsanspruch Aufwendungen für eine private Krankenversicherung erspart. Das trifft insbesondere auf Führungskräfte und sonstige Arbeitnehmer, welche die Beitragsbemessungsgrenze übersteigen und nicht freiwillig in einer gesetzlichen Krankenkasse versichert sind, zu.

Bei den übrigen Arbeitnehmern ist bei der Vertragsgestaltung genau darauf zu achten, dass die Vereinbarung für den Arbeitnehmer im Ergebnis nicht leer läuft. Bei Verwendung einer **Typ 2a** entsprechenden Klausel wirkt sich die Vereinbarung von Entgeltfortzahlungsansprüchen über die gesetzliche Höchstgrenze von sechs Wochen hinaus nämlich lediglich zugunsten der Krankenkasse aus, deren Leistungspflicht (Krankengeld) gemäß § 49 Abs. 1 Nr. 1 SGB V während der Dauer der Gewährung des beitragspflichtigen Arbeitsentgelts ruht. Soll dem Rechnung getragen, also nicht lediglich eine die Krankenkasse begünstigende und somit ausschließlich den Arbeitgeber finanziell belastende Regelung[1] getroffen werden, empfiehlt sich eine **Klauseltyp 2b** entsprechende Formulierung.

Aber auch bei privat versicherten Arbeitnehmern kann sich eine Klauseltyp 2b ähnelnde Regelung dann anbieten, wenn der Arbeitnehmer eine Krankentagegeldversicherung abgeschlossen hat und nach den Versicherungsbedingungen – wie häufig – der Anspruch auf Krankentagegeld insoweit entfällt, als das Krankentagegeld zusammen mit dem vom Arbeitgeber gezahlten Gehalt das volle Arbeitseinkommen überschreitet. Auch in diesem Falle sollte aus den vorgenannten Gründen auf eine Regelung zurückgegriffen werden, die entsprechend Klauseltyp 2b formuliert ist. Das Wort „Krankengeld" ist lediglich durch „Krankentagegeld" zu ersetzen und statt „Sozialversicherungsträger" ist „private Krankenversicherer" einzusetzen.

---

1 Diesen Aspekt betonend *Müller-Glöge*, RdA 2006, 105 (113).

c) Krankengeldzuschussvereinbarungen

Typ 3: Krankengeldzuschussvereinbarungen

a) Bei länger andauernder Krankheit erhält der Arbeitnehmer nach Ablauf des fünften Jahres der Betriebszugehörigkeit für die Dauer von ... Wochen den Unterschiedsbetrag zwischen der letzten Nettovergütung und den aus Anlass der Krankheit von öffentlichen oder privaten Kassen gezahlten Beträgen.

b) Bei Arbeitsunfähigkeit wegen Krankheit und der Teilnahme an einem Heilverfahren der Sozialversicherungsträger zahlt der Arbeitgeber von der 7. bis zum Ablauf der 78. Woche einen Zuschuss. Der Zuschuss entspricht während der 7. bis 13. Woche der vollen Differenz zwischen dem monatlichen Nettogehalt und den gesetzlichen Bruttoleistungen des Sozialversicherungsträgers. Danach beträgt er x dieser Differenz. Wenn der Arbeitnehmer nicht oder privat versichert ist, wird zur Errechnung der Differenz der Betrag angesetzt, den die Betriebskrankenkasse zahlen würde.

c) Bestand der Arbeitsvertrag bei Eintritt der Arbeitsunfähigkeit länger als drei Jahre, zahlt der Arbeitgeber vom 43. bis zum 365. Tag der Arbeitsunfähigkeit einen Zuschuss bis zu 100 % des Nettoarbeitsverdienstes. Für die Errechnung dieser Zuschusszahlung wird das Krankengeld in tatsächlicher Höhe, mindestens aber in Höhe des Betrages zugrunde gelegt, den ein Mitarbeiter erhalten würde, der in der für den Arbeitgeber zuständigen Krankenkasse versichert ist. Die Ansprüche des Mitarbeiters auf Zuschusszahlungen bestehen nur für die Dauer des Arbeitsverhältnisses.

d) Im Falle einer über sechs Wochen hinausgehenden Erkrankung zahlt der Arbeitgeber für die Folgezeit die Differenz zwischen Krankengeld und Nettoentgelt des letzten voll abgerechneten Monats vor dem Ende der Sechswochenfrist. Überstundenverdienste, Schichtzulagen und Arbeitsplatzzulagen bleiben außer Ansatz. Zahlungen dieser Art enden mit Ablauf des sechsten Monats nach der Erkrankung. Diese Leistungen sind aus wirtschaftlichen Gründen widerrufbar.

e) Bei über sechs Wochen hinausgehender Erkrankung zahlt der Arbeitgeber die Differenz des im Rahmen der Betriebskrankenkassenregelung vorgesehenen Krankentagegeldes zu den bisherigen Nettobezügen. Die Ausgleichszahlungen leistet er für die Dauer von zwölf Monaten, höchstens jedoch bis zur Beendigung des Vertragsverhältnisses. Diese Leistungen sind aus wirtschaftlichen Gründen widerrufbar.

15 In den Verträgen der versicherungspflichtigen Arbeitnehmer wird häufig die Zahlung eines **Zuschusses des Arbeitgebers zu den Leistungen der Krankenversicherung** vereinbart.[1] Durch die Zahlung eines Krankengeldzuschusses sollen Differenzen zwischen Krankengeld und Nettoarbeitsentgelt ausgeglichen werden.[2] Bei

---

[1] In der Regel hat dies nicht zur Folge, dass der Arbeitgeber auf diese Zuschüsse Beiträge in die betriebliche Altersversorgung zu leisten hat. Insbesondere sind die Beitragszuschüsse des Arbeitgebers an privat versicherte Arbeitnehmer nach § 257 Abs. 2 SGB V und § 61 Abs. 2 SGB XI nicht Teil des Nettoentgelts, BAG v. 14.6.2005 – 3 AZR 301/04, NZA 2005, 1263; *Müller-Glöge*, RdA 2006, 105 (114).

[2] Zur lohnsteuer- und sozialversicherungsrechtlichen Behandlung von Krankengeldzuschüssen, *Benner/Niermann*, BB Beilage 2/2008, 1 (19).

sämtlichen Zuschussvereinbarungen wird auf die Differenz zum Nettoarbeitsentgelt (und nicht zum Bruttoarbeitsentgelt) abgestellt, weil das Krankengeld gemäß § 3 Nr. 1a EStG kein steuerpflichtiges Einkommen ist. Unter dem Begriff des Nettoentgelts als Bemessungsgrundlage der Zuschussvereinbarung wird dabei nicht der dem Arbeitnehmer bisher zugeflossene Auszahlungsbetrag verstanden. Gemeint ist vielmehr das um die gesetzlichen, d.h. die vom Arbeitnehmer zu tragenden Sozialversicherungsbeiträge und die auf die Bezüge entfallende Lohnsteuer verminderte Bruttoarbeitsentgelt.[1] Das bei Krankheit und Unfall gewährte Krankengeld beträgt gemäß § 47 Abs. 1 Satz 1 SGB V 70 % des entgangenen regelmäßigen Bruttoarbeitsentgelts, wobei der zu zahlende Betrag gemäß § 47 Abs. 1 Satz 2 SGB V 90 % des Nettoarbeitsentgelts[2] nicht überschreiten darf. Bei der Berechnung ist zu beachten, dass sich das Krankengeld im Sinne der Zuschussklausel und des § 47 Abs. 1 Satz 1 und 2 SGB V nicht an dem um die Beiträge zur Renten-, Pflege- und Arbeitslosenversicherung geminderten, sondern am vollen, auch „Bruttokrankengeld" genannten, Krankengeld orientiert.[3]

Vor allem Besserverdienende können von einer derartigen Zuschussvereinbarung profitieren. Gemäß § 47 Abs. 6 SGB V kann das Regelentgelt nicht höher als bis zur kalendertäglichen Beitragsbemessungsgrenze[4] berücksichtigt werden. Dementsprechend sind die Zuschussvereinbarungen für den Arbeitnehmer insbesondere dann vorteilhaft, wenn das Nettoarbeitsentgelt des betreffenden Arbeitnehmers 80 % der Jahresarbeitsverdienstgrenze überschreitet.

Will der Arbeitgeber auch den nichtversicherungspflichtigen Arbeitnehmern – anstelle der oben behandelten Verlängerung des Entgeltfortzahlungsanspruches (Typ 2) – nur einen Krankengeldzuschuss gewähren, empfiehlt es sich, um eine taugliche Bemessungsgrundlage zu haben, bei der Berechnung des Krankengeldzuschusses die hypothetischen Leistungen einer zuständigen Versicherung zugrunde zu legen (Klauseltypen 3b und c). Zum Teil wird die Höhe des Zuschusses auch nach der Dauer der Erkrankung gestaffelt oder/und die Dauer der Zuschussgewährung von der Länge der Betriebszugehörigkeit abhängig gemacht (vgl. **Typen 3a bis 3c**). Die **Klauseltypen 3d** und **3e** enthalten Widerrufsmöglichkeiten aus wirtschaftlichen Gründen, an die keine strengeren Anforderungen zu stellen sind, da die Krankengeldzuschussvereinbarung keine unmittelbare Gegenleistung darstellt, s. → *Widerrufsvorbehalt*, II V 70.

---

1 BAG v. 31.8.2005 – 5 AZR 6/05, ZTR 2006, 202; vgl. ausführlich *Müller-Glöge*, RdA 2006, 105 (113).
2 90 % des Nettoentgelts sind wegen der Beitragspflichtigkeit des Krankengeldes zur Rentenversicherung und zur Arbeitslosenversicherung nicht mehr als 80 % des Bruttoentgelts.
3 BAG v. 24.4.1996 – 5 AZR 798/94, AP Nr. 96 zu § 616 BGB; v. 26.3.2003 – 5 AZR 549/02, AP Nr. 1 zu § 47 SGB V; v. 31.8.2005 – 5 AZR 6/05, ZTR 2006, 202; v. 19.10.2011 – 5 AZR 138/10, n.v. unter Aufhebung des Urteils des LAG Hamburg v. 12.1.2010 – 2 Sa 139/09, in dem eine andere Auslegung für den entschiedenen, tarifvertraglich abweichend geregelten Einzelfall anerkannt wurde.
4 Diese beträgt in der Krankenversicherung seit dem 1.1.2015 bundeseinheitlich 49 500 Euro.

d) Eingrenzung des Entgeltfortzahlungsanspruchs

⊃ Nicht geeignet:
   a) Innerhalb eines Zeitraumes von zwei Kalenderjahren werden bei mehrmaliger krankheits- oder unfallbedingter Arbeitsunfähigkeit die Bezüge nur einmal für die Dauer von höchstens drei/sechs Monaten gewährt.
   b) Ein Entgeltfortzahlungsanspruch besteht nicht bei:
   – Unfällen infolge Nichtanlegens eines Sicherheitsgurtes
   – ...

18 Der Versuch, Entgeltfortzahlungsleistungen vertraglich einzuschränken, scheitert in aller Regel am **zwingenden Charakter des Entgeltfortzahlungsrechts**. Demgemäß verstößt die Beispielsklausel a) gegen § 3 Abs. 1 i.V.m. § 12 EFZG.

19 Auch der Ausschluss des Entgeltfortzahlungsanspruches wegen **verschuldeter Arbeitsunfähigkeit** (Beispielsklausel b) kann vertraglich in aller Regel nicht determiniert werden, sondern folgt grundsätzlich der durch die Rechtsprechung des BAG konkretisierten objektiven Rechtslage. Andererseits erscheint es sachgerecht, den Verschuldensbegriff i.S.d. § 3 Abs. 1 Satz 1 EFZG – gröblicher Verstoß gegen das von einem verständigen Arbeitnehmer im eigenen Interesse gebotene Verhalten[1] – nicht losgelöst von den arbeitsvertraglichen Pflichten zu sehen, sondern im Gegenteil die arbeitsvertraglich geschuldeten Pflichten als Prüfungsmaßstab heranzuziehen. Dies wiederum führt dazu, dass mittelbar, nämlich über eine spezifizierte Festlegung der arbeitsvertraglich geschuldeten Pflichten, auf den Begriff des Verschuldens i.S.d. § 3 Abs. 1 Satz 1 EFZG Einfluss genommen werden kann. So dürfte es z.B. zulässig sein, in einem Vertrag mit einem Schauspieler diesem während der laufenden Spielzeit die allgemeine Pflicht zu gesundheitserhaltendem Verhalten aufzuerlegen und diese allgemeine Pflicht durch sinnvolle Verbote weiter zu konkretisieren.

e) Teilarbeitsunfähigkeit

⊃ Nicht geeignet:
   Der Arbeitnehmer ist verpflichtet, bei krankheitsbedingter Unfähigkeit zur bisherigen Arbeit eine andere ihm medizinisch und arbeitsvertraglich zumutbare Tätigkeit auszuführen; eine Entgeltminderung tritt dadurch nicht ein. Dies gilt entsprechend bei teilweiser Unfähigkeit zur bisherigen Arbeit.

20 Durch derartige Klauseln wird versucht, den Fall der sog. Teilarbeitsunfähigkeit zu regeln. Durch das Gesetz zur Strukturreform im Gesundheitswesen[2] (GRG) vom 20.12.1988 ist die teilweise Arbeitsunfähigkeit in das Recht der gesetzlichen Krankenversicherung – dort in § 74 SGB V – eingeführt worden. Hiernach soll ein Arzt dann, wenn arbeitsunfähige Versicherte nach ärztlicher Feststellung ihre bisherige Tätigkeit teilweise verrichten und durch eine stufenweise Wiederaufnahme ihrer Tätigkeit voraussichtlich wieder besser in das Erwerbsleben eingegliedert werden

---
1 Vgl. BAG v. 23.11.1971 – 1 AZR 388/70, AP Nr. 8 zu § 1 LohnFG; v. 7.10.1981 – 5 AZR 1113/79, NJW 1982, 1013; s. ausf. ErfK/*Reinhard*, § 3 EFZG Rz. 23.
2 BGBl. I 1988, S. 2477ff.

könnten, auf der Bescheinigung über die Arbeitsunfähigkeit Art und Umfang der möglichen Tätigkeit angeben. Charakteristisch für das **Wiedereingliederungsverfahren** ist nach der klaren Regelung des § 74 SGB V, dass der Arbeitnehmer weiterhin arbeitsunfähig ist.[1] Schon daraus folgt, dass der Arbeitgeber nicht verpflichtet ist, eine Tätigkeit des Arbeitnehmers im Wiedereingliederungsverfahren als teilweise Arbeitsleistung entgegenzunehmen.[2] In gleicher Weise ist aber auch der Arbeitnehmer nicht verpflichtet, eine bestimmte Tätigkeit im Wiedereingliederungsverfahren zu übernehmen.[3] Es gibt keinen gesetzlichen Zwang zur Wiedereingliederung eines arbeitsunfähigen Arbeitnehmers.[4] Das Wiedereingliederungsverhältnis ist ein Rechtsverhältnis eigener Art (§§ 241, 311 BGB). Gegenstand der Tätigkeit des Arbeitnehmers ist nicht die vertraglich geschuldete Arbeitsleistung, sondern ein aliud.[5] Im Vordergrund der Beschäftigung stehen Gesichtspunkte der Rehabilitation des Arbeitnehmers. Arbeitsvertragliche Verpflichtungen des Arbeitnehmers zur Arbeitsleistung im üblichen Sinne werden nicht begründet. Dem Arbeitnehmer wird nur Gelegenheit gegeben, zu erproben, ob er auf dem Wege einer im Verhältnis zur vertraglich geschuldeten Arbeitsleistung quantitativ oder/und qualitativ verringerten Tätigkeit zur Wiederherstellung seiner Arbeitsfähigkeit gelangen kann.[6] Dementsprechend folgt aus der sozialrechtlichen Einführung des Begriffs der teilweisen Arbeitsunfähigkeit nicht die Anerkennung einer arbeitsrechtlichen Teilarbeitsunfähigkeit. Vielmehr ist nach der Rechtsprechung des **BAG**[7] von der gegenteiligen Rechtslage auszugehen.[8] Das **Recht der Entgeltfortzahlung im Krankheitsfall kenne den Begriff der teilweisen Arbeitsunfähigkeit nicht**. Die Arbeitsunfähigkeit könne nur im Hinblick auf einen bestimmten Arbeitnehmer und die von diesem zu verrichtende Tätigkeit bestimmt werden. Wesentlich sei dabei der Bezug zu der vertraglich geschuldeten Arbeitsleistung. Diese ergibt sich aus der Tätigkeitsbeschreibung (→ *Direktionsrecht und Tätigkeitsbeschreibung*, II D 30). Arbeitsrechtlich könne das Vorliegen einer Krankheit immer nur im Verhältnis zu den vom Arbeitnehmer vertraglich übernommenen Verpflichtungen beurteilt werden. Die durch Krankheit bedingte Arbeitsunfähigkeit werde deshalb nicht dadurch ausgeschlossen, dass der Arbeitnehmer seine geschuldeten Vertragspflichten anstatt voll nur teilweise zu erbringen vermöge. Arbeitsrechtlich bedeute es keinen Unterschied, ob der Arbeitnehmer durch die Krankheit ganz oder teilweise arbeitsunfähig werde. Auch der vermindert Arbeitsfähige sei arbeitsunfähig

---

1 Vgl. Regierungsentwurf zu § 74 SGB V, BT-Drucks. 11/2237, S. 192 zu § 82.
2 Im Hinblick auf die „alternde Arbeitswelt", also die zu erwartende demografische Entwicklung Deutschlands, wird diskutiert, ob § 74 SGB V dahingehend verstärkt werden sollte, dass er Arbeitnehmern auch einen Rechtsanspruch auf Wiedereingliederung vermittelt, vgl. *Preis*, NZA 2008, 922 (925).
3 LAG Düsseldorf v. 17.9.1999 – 10 Sa 806/99, NZA-RR 2000, 54; a.A. unter Heranziehung arbeitsvertraglicher Nebenpflichten *Gagel*, NZA 2001, 988 (992).
4 BAG v. 29.1.1992 – 5 AZR 37/91, AP Nr. 1 zu § 74 SGB V.
5 *Wank*, BB 1992, 1993 (1997) m.w.N.; zur strittigen Anrechnung eines vereinbarten Wiedereingliederungsentgelts auf das während der Wiedereingliederung gewährte Krankengeld *Fuhrmann*, NZS 2008, 299 (300 ff.).
6 BAG v. 29.1.1992 – 5 AZR 37/91, AP Nr. 1 zu § 74 SGB V; *Fuhrmann*, NZS 2008, 299 (299).
7 BAG v. 29.1.1992 – 5 AZR 37/91, AP Nr. 1 zu § 74 SGB V.
8 So auch LAG Köln v. 29.6.2007 – 11 Sa 238/07, Rz. 60; LAG Rh.-Pf. v. 4.3.2010 – 11 Sa 547/09, Rz. 41; *Fuhrmann*, NZS 2008, 299 (299) m.w.N.; a.A. *Compensis*, NZA 1992, 631 (634 f.).

krank im Sinne der einschlägigen entgeltfortzahlungsrechtlichen Regelungen, gerade weil er seine vertraglich geschuldete Arbeitsleistung nicht voll erfüllen könne.

21 Hiernach dürfte eine der obigen Beispielsklausel entsprechende Vertragsgestaltung gegen zwingendes Entgeltfortzahlungsrecht verstoßen,[1] obwohl man – rechtspolitisch – über den Sinn dieser Betrachtungsweise streiten kann. Auch das LAG Hamm[2] entschied, dass dem Arbeitgeber im Rahmen des Direktionsrechts die Entscheidungsbefugnis, einen arbeitsunfähig erkrankten Arbeitnehmer auf einem möglichen anderweitigen Arbeitsplatz einzusetzen, nicht zukomme. Eine entsprechende „systemverändernde" Befugnis müsse dem Gesetzgeber vorbehalten bleiben. Das LAG Rheinland-Pfalz schließt weitergehend auch dann eine Verweisung des erkrankten Arbeitnehmers durch den Arbeitgeber kraft Direktionsrechts aus, wenn der Arbeitsvertrag eine entsprechende Verweisungsmöglichkeit des gesunden Arbeitnehmers erlauben würde.[3] Die von der Rechtsprechung vertretene Ablehnung der Teilarbeitsunfähigkeit begegnet jedoch Bedenken, wenn man eine kündigungsschutzrechtliche Betrachtung in die Überlegung mit einbezieht. Zu bedenken ist nämlich, dass die obige Vertragsgestaltung kündigungsschutzrechtlich erhebliche Bedeutung zugunsten des Arbeitnehmers gewinnen kann, weil der Arbeitnehmer sich im Falle einer anstehenden personenbedingten Kündigung (etwa wegen krankheitsbedingter Leistungsminderung[4]) umgekehrt nicht bloß auf die etwaige Möglichkeit einer Änderungskündigung, sondern unmittelbar auf diese vertragliche Verpflichtung berufen und vor einer Beendigungskündigung eine Weiterbeschäftigung mit anderen (leichteren) Aufgaben verlangen könnte. In der Literatur hingegen sprechen sich einige nach quantitativer und qualitativer Arbeitsunfähigkeit differenzierend dafür aus, dass der Arbeitgeber im Rahmen seines Direktionsrechts die geschuldete Arbeitsleistung während der Dauer der Erkrankung des Arbeitnehmers auf Teiltätigkeiten zurückführen darf.[5] Dies ist nach einer Ansicht möglich, sofern die Teiltätigkeiten dem Arbeitnehmer zumutbar sind und der Arbeitgeber bei einer **qualitativen Arbeitsunfähigkeit**, bei der die Zuweisung einer anderen vom Direktionsrecht umfassten Tätigkeit denkbar ist, weiter die volle Vergütung zahlt.[6] Bei einer **quantitativen Arbeitsunfähigkeit**, welche vorliegt, wenn der Arbeitnehmer die vor der Erkrankung ausgeübte Tätigkeit nur in zeitlich verringerten Umfang fortsetzen könnte, schulde der Arbeitgeber hingegen im Verhältnis zur gesamten Arbeitsleistung des Arbeitnehmers teils Arbeitsentgelt nach § 611 BGB und teils Entgeltfortzahlung gemäß § 3 Abs. 1 EFZG. Eine weitere Auffassung verneint unter Verweis auf § 74 SGB V im Falle der qualitativen Arbeitsunfähigkeit

---

1 A.A. HR/*Schiefer*, Rz. 1656; vgl. für die Zulässigkeit einer nachträglich einvernehmlichen Vereinbarung, die die Arbeitsleistung vorübergehend auf die Tätigkeit beschränkt, die der Arbeitnehmer trotz seiner Erkrankung verrichten kann, LAG Rh.-Pf. v. 4.3.2010 – 11 Sa 547/09, Rz. 41.
2 Vgl. LAG Hamm v. 20.7.1988 – 1 Sa 729/88, DB 1989, 1293.
3 LAG Rh.-Pf. v. 4.11.1991 – 7 Sa 421/91, NZA 1992, 169; a.A. LAG Hamm v. 20.7.1988 – 1 Sa 729/88, DB 1989, 1293; *Schmitt*, EFZG, § 3 Rz. 68 m.w.N.
4 Zur krankheitsbedingten Minderleistung des Arbeitnehmers als personenbedingter Kündigungsgrund vgl. BAG v. 11.12.2003 – 2 AZR 667/02, AP Nr. 48 zu § 1 KSchG 1969 Verhaltensbedingte Kündigung = NZA 2004, 784.
5 Vgl. etwa Feichtinger/Malkmus/*P. Feichtinger*, § 3 EFZG Rz. 36 f. m.w.N.; *Schmitt*, EFZG, § 3 Rz. 67 f. m.w.N.
6 Feichtinger/Malkmus/*P. Feichtinger*, § 3 EFZG Rz. 37.

hingegen jegliche Arbeitspflicht der Arbeitnehmers.[1] Die Diskussion um die Anerkennung einer arbeitsrechtlichen Teilarbeitsunfähigkeit dürfte mithin noch nicht abgeschlossen sein. Fraglich ist auch, ob die Teilarbeitsunfähigkeit nach der Änderung von § 275 BGB noch Bedeutung hat, denn der Arbeitnehmer hat nach § 275 Abs. 3 BGB die Möglichkeit, sich bei nicht vollständiger Arbeitsunfähigkeit auf die Unzumutbarkeit des Tätigwerdens als solches zu berufen und dadurch den Anspruch des Arbeitgebers auf (auch teilweises) Tätigwerden auszuschließen.[2]

f) Verzicht auf Entgeltfortzahlungsansprüche

⊃ **Nicht geeignet:**

a) Ich erkläre, dass ich keinerlei Rechtsansprüche aus dem Arbeitsverhältnis, gleich welcher Art, gegen den Arbeitgeber mehr habe bzw. geltend machen werde.[3]

b) Ich habe gegen die Firma ... keinerlei Ansprüche mehr.

c) Am ... bin ich aus der Firma ... ausgeschieden und bescheinige hiermit, (...) und dass damit sämtliche Ansprüche aus dem Arbeitsverhältnis und aus seiner Beendigung ausgeglichen sind.[4]

d) Ich erkläre ausdrücklich, dass damit alle meine Ansprüche aus dem Arbeitsverhältnis abgegolten sind und dass ich keine Forderungen gegen die Firma ... – ganz gleich aus welchem Rechtsgrund – mehr habe.[5]

Durch derartige Abreden ist regelmäßig ein **negatives Schuldanerkenntnis** i.S.d. § 397 Abs. 2 BGB, also ein solches **mit konstitutiver Wirkung**, beabsichtigt.[6] Ein negatives Schuldanerkenntnis mit konstitutiver Wirkung liegt vor, wenn die Parteien alle bekannten und etwa doch noch vorhandenen unbekannten Ansprüche beseitigen wollen.[7] Berücksichtigt man, dass durch den Anspruchsverzicht ein Schlussstrich unter das bestehende Arbeitsverhältnis gezogen werden soll,[8] die Rechtsbeziehung zwischen Arbeitnehmer und Arbeitgeber für Vergangenheit und Zukunft in jeder Hinsicht restlos beendet werden[9] und eine eventuell vorhandene ungewisse Rechtslage hinsichtlich der Existenz von Forderungen beseitigt werden[10]

22

---

1 *Schmitt*, EFZG, § 3 Rz. 67 f. m.w.N.
2 Vgl. ausführlich zur Unzumutbarkeit der Leistungserbringung aus gesundheitlichen Gründen *Greiner*, Ideelle Unzumutbarkeit, 2004, S. 289 ff.
3 Gegenstand von BAG v. 26.10.1971 – 1 AZR 40/71, AP Nr. 1 zu § 6 LohnFG; ähnlich auch die Formulierung bei BAG v. 21.12.1972 – 5 AZR 319/72, AP Nr. 1 zu § 9 LohnFG.
4 Gegenstand von BAG v. 28.11.1979 – 5 AZR 955/77, AP Nr. 10 zu § 6 LohnFG.
5 Gegenstand von BAG v. 20.8.1980 – 5 AZR 759/78, AP Nr. 3 zu § 9 LohnFG; vergleichbar auch die Formulierungen bei LAG Schl.-Holst. v. 24.9.2003 – 3 Sa 6/03, NZA-RR 2004, 74 und LAG Düsseldorf v. 13.4.2005 – 12 Sa 154/05, DB 2005, 1463.
6 *Althof*, ArbuR 1968, 289 (290); *Müller*, BB 1976, 1466 (1467). Die Rechtsnatur der Vereinbarung ist gemäß §§ 133, 157 BGB durch Auslegung zu ermitteln. Möglich ist auch die Gestaltung als Erlassvertrag nach § 397 Abs. 1 BGB oder als Vergleich i.S.d. § 779 BGB, vgl. ErfK/*Reinhard*, § 12 EFZG Rz. 4.
7 Schaub/*Linck*, § 72 Rz. 7; *Schulte*, DB 1981, 937.
8 *Müller*, BB 1976, 1466 (1467).
9 Vgl. LAG Berlin v. 21.3.1957 – 4 Sa 715/56, BB 1957, 787.
10 *Althof*, ArbuR 1968, 289 (290); *Müller*, BB 1976, 1466 (1467).

sowie Rechtsklarheit und Rechtsfrieden geschaffen werden soll,[1] so wird deutlich, dass die Parteien alle bekannten oder unbekannten Ansprüche zum Erlöschen bringen wollen,[2] denn nur auf diese Weise sind die genannten Ziele zu erreichen.[3] In der Praxis geschieht dies – jedenfalls bei Beendigung des Arbeitsverhältnisses – in der Regel durch eine Ausgleichsquittung → *Verzicht und Ausgleichsquittung*, II V 50. Mit der Feststellung, dass es sich bei den vorgenannten Klauseln um ein konstitutives negatives Schuldanerkenntnis i.S.d. § 397 Abs. 2 BGB handelt, ist allerdings noch keine Aussage über die nachfolgend zu behandelnde Frage der Wirksamkeit eines solchen Anerkenntnisvertrages bezüglich Entgeltfortzahlungsansprüchen getroffen.

aa) Verzichtbarkeit

23 Bei der Frage der Verzichtbarkeit des Entgeltfortzahlungsanspruches ist danach zu differenzieren, ob auf schon fällige oder auf künftige Ansprüche verzichtet werden soll.

(1) Künftige, noch nicht fällige Ansprüche

24 Einigkeit besteht in Folgendem: Sowohl während der Dauer des Arbeitsverhältnisses als auch nach dessen Beendigung sind **künftige**, also noch nicht entstandene Ansprüche auf Entgeltfortzahlung nach § 12 EFZG **unverzichtbar**.[4] Unzulässig und unwirksam ist es daher, schon im Arbeitsvertrag selbst ohne Einschränkung auf den Entgeltfortzahlungsanspruch zu verzichten. Unbestritten ist auch, dass **tariflich abgesicherte Entgeltfortzahlungsansprüche** wegen § 4 Abs. 4 TVG **unverzichtbar** sind.[5] Ebenso ist – mangels Gläubigerstellung des Arbeitnehmers – der Verzicht ausgeschlossen, wenn der Entgeltfortzahlungsanspruch gemäß § 115 Abs. 1 SGB X auf die Krankenkasse übergegangen ist.[6]

(2) Fällige Ansprüche

25 Umstritten ist jedoch, ob tariflich nicht abgesicherte, aber **bereits fällige** Entgeltfortzahlungsansprüche dem Grunde nach verzichtbar sind. Eine Ansicht[7] lehnt die Möglichkeit eines Verzichts auf jegliche Entgeltfortzahlungsansprüche ab. Da der Wortlaut des § 12 EFZG keine Beschränkung auf noch nicht fällige Entgeltfortzahlungsansprüche enthält, folge bereits hieraus, dass auch fällige Ansprüche auf Entgeltfortzahlung von der Unabdingbarkeitsvorschrift umfasst seien. Nach der

---

1 *Althof*, ArbuR 1968, 289 (290).
2 *Althof*, ArbuR 1968, 289 (290).
3 *Althof*, ArbuR 1968, 289 (290).
4 BAG v. 26.10.1971 – 1 AZR 40/71, AP Nr. 1 zu § 6 LohnFG; v. 20.8.1980 – 5 AZR 218/78, AP Nr. 11 zu § 6 LohnFG; LAG Köln v. 28.6.2002 – 11 Sa 1315/01, LAGReport 2003, 165; *Dorndorf*, SAE 1974, 116 (118); *Frohner*, ArbuR 1975, 108 (109); *Trieschmann*, RdA 1976, 68 (69 f.); dagegen nur *Schulte*, DB 1981, 937 (941).
5 *Frohner*, ArbuR 1975, 108 (109).
6 BAG v. 5.11.2003 – 5 AZR 562/02, AP Nr. 106 zu § 615 BGB.
7 LAG Köln v. 28.6.2002 – 11 Sa 1315/01, LAGReport 2003, 165; ErfK/*Reinhard*, § 12 EFZG Rz. 6; *Trieschmann*, RdA 1976, 68 ff.; ihm folgend *Heckelmann*, SAE 1977, 260 ff. und *Moritz*, BB 1979, 1610 (1612); weitgehend ebenso *Dorndorf*, SAE 1974, 116 (118).

insbesondere vom BAG[1] geprägten Gegenansicht, der sich ein Teil der Literatur anschließt,[2] umfasst § 12 EFZG nur den Ausschluss zukünftiger Forderungen, so dass auf den einmal **fälligen Entgeltfortzahlungsanspruch wirksam verzichtet werden könne**. Diese Auffassung wird im Wesentlichen damit begründet, dass der Zweck des § 12 EFZG nicht auch ein Verbot des nachträglichen Verzichts erfordere. Da der Arbeitnehmer die hinter ihm liegende Zeit überschauen könne, werde er mit einem nachträglichen Verzicht nicht rückwirkend für die Zeit der bisherigen Dauer der Arbeitsunfähigkeit in Sorge um seinen Lebensunterhalt versetzt. Der Arbeitnehmer könne vielmehr selbst beurteilen, ob er den am Fälligkeitstage zu zahlenden Lohn für seinen Lebensunterhalt in der Zukunft benötigt oder nicht.[3] Diese Rechtsprechung verdient Zustimmung. Entscheidend ist die Zielsetzung der Unabdingbarkeitsregel des § 12 EFZG. Dafür ist wiederum erforderlich, die generelle Funktion des EFZG zu beachten. Dieses Gesetz will – darüber besteht Einigkeit – in erster Linie verhindern, dass ein Arbeitnehmer durch Krankheit zusätzlich in finanzielle Schwierigkeiten gerät. Dem Arbeitnehmer soll also insofern ein individueller Schutz geboten werden, als dass er die Krankheitszeit nicht ohne Lohn überbrücken muss. Dieses Schutzes bedarf er aber nach Fälligkeit des Anspruches nicht mehr. Denn zu diesem Zeitpunkt kann er selbst überschauen und entscheiden, ob er den Lohn für seinen zukünftigen Lebensunterhalt benötigt oder nicht.

Es bleibt also festzuhalten, dass nur auf bereits fällige, nicht aber auf noch nicht fällige Entgeltfortzahlungsansprüche wirksam verzichtet werden kann.[4]

bb) Auslegung – materielle Anforderungen an die Verzichtsvereinbarung

Nahezu sämtliche Klauseln in der Vertragspraxis (vgl. die Beispiele a)–d)) treffen keine dahingehende Differenzierung. Es stellt sich damit die Frage, ob allein deswe-

---

1 BAG v. 20.8.1980 – 5 AZR 218/78, AP Nr. 11 zu § 6 LohnFG (zur Rechtslage nach dem LohnFG); v. 25.5.2005 – 5 AZR 572/04, AP Nr. 1 zu § 310 BGB = NZA 2005, 1111; LAG Rh.-Pf. v. 25.10.2006 – 9 Sa 606/06, n.v.; dieser Rechtsprechung folgen i.E. *Frohner*, ArbuR 1979, 108 (109) und *Hofmann*, Grenzen gesetzlicher Unabdingbarkeitsnormen im Arbeitsrecht – zum Verzicht auf den Entgeltfortzahlungsanspruch im Krankheitsfall, in Festschrift 25 Jahre Bundesarbeitsgericht, 1979, S. 217 (235).
2 Feichtinger/*Malkmus*, § 12 EFZG Rz. 20; *Geyer*/*Knorr*/*Krasney*, § 12 EFZG Rz. 23 ff. m.w.N.; weiter differenzierend, *Simon*, Unabdingbarkeit und vertraglicher Verzicht, 2008, S. 447 ff., der vor Fälligkeit einen Verzicht für zulässig hält, wenn die zeitnahe Beendigung des Arbeitsverhältnisses bereits feststeht.
3 BAG v. 20.8.1980 – 5 AZR 218/78, AP Nr. 11 zu § 6 LohnFG.
4 Häufig werden hier die Begriffe „entstandener" und „fälliger" Anspruch synonym verwendet. Jedoch ist die Entstehung des Anspruches begrifflich streng von der Fälligkeit zu unterscheiden. Entstanden ist ein Anspruch, wenn die tatsächlichen Voraussetzungen für diesen Anspruch gebildet worden sind. Fällig ist ein Anspruch dagegen erst dann, wenn der Gläubiger die Leistung verlangen kann (Palandt/*Grüneberg*, § 271 BGB Rz. 1). Ein Gehaltsanspruch entsteht sukzessive mit der Arbeitsleistung des Arbeitnehmers, fällig wird er hingegen erst zu den gesetzlichen (§ 614 BGB) oder vertraglichen Gehaltszahlungsterminen. Teilweise (vgl. *Frohner*, ArbuR 1975, 108 [109]) wird von vornherein die Fälligkeit des Entgeltfortzahlungsanspruches als maßgebliche Grenze erachtet, jenseits derer erst ein Verzicht möglich sein soll. Andere (vgl. *Meisel*, SAE 1972, 187 [188]) verwenden bereits die Anspruchsentstehung als Maßstab. Aus dem zur Zwecksetzung von § 12 EFZG Gesagten ergibt sich, dass auf die Fälligkeit des Anspruchs abzustellen ist, da der Arbeitnehmer erst bei Fälligkeit übersehen kann, ob er den für die zurückliegende Zeit erwirkten Gehaltsanspruch für die Zukunft tatsächlich benötigt oder nicht.

gen die Klauseln als rechtsunwirksam anzusehen sind. Die höchstrichterliche Rechtsprechung des BAG sowie das gesamte Schrifttum problematisierten diese Frage vor der Einbeziehung des Arbeitsrechts in das Recht der Allgemeinen Geschäftsbedingungen zum 1.1.2002 nicht, sondern reduzierten die Klauseln insoweit (unausgesprochen) geltungserhaltend auf bereits fällige Ansprüche. Dies war bedenklich, da es sich bei § 12 EFZG um eine Arbeitnehmerschutzvorschrift handelt und bei solchen Schutznormen eine **geltungserhaltende Reduktion** grundsätzlich als unzulässig anzusehen war.[1] Auch nach dem nunmehr im Arbeitsrecht geltenden § 306 Abs. 2 BGB findet keine Reduzierung auf den gerade noch zulässigen Inhalt statt, sondern die unwirksame Klausel fällt ersatzlos weg (vgl. hierzu I C Rz. 116 ff.), so dass das BAG mittlerweile die grundsätzliche Anwendbarkeit des Verbots der geltungserhaltenden Reduktion für Formulararbeitsverträge ausdrücklich betont.[2] Zwar ist im Fall einer teilbaren Klausel – eine solche erfordert, dass nach Teilung eine verständliche Regelung verbleibt – die Aufrechterhaltung des wirksamen Klauselteils nach dem sog. „Blue-pencil"-Prinzip denkbar.[3] Die Beispielsklauseln a)–d) enthalten indes keinen Anknüpfungspunkt für eine solche Trennung des grundsätzlich zulässigen Verzichts hinsichtlich fälliger Ansprüche vom unzulässigen Verzicht bezüglich künftiger, noch nicht fälliger Ansprüche.

28 Vor der Neuregelung der AGB-Rechts forderte die höchstrichterliche Arbeitsrechtsprechung[4] für eine Verzichtsvereinbarung neben der Eindeutigkeit des Wortlauts[5] das Hinzutreten von „**Begleitumständen**" dergestalt, dass der Arbeitgeber den Arbeitnehmer darauf aufmerksam machen musste, dass dieser mit seiner Unterschrift auch auf einen möglicherweise bestehenden Entgeltfortzahlungsanspruch verzichtete. Dies bedeutete **faktisch**[6] eine **arbeitgeberseitige Hinweispflicht**. Ob der Arbeitgeber dieser Hinweispflicht nachgekommen war, konnte dieser in der Regel nicht nachweisen. Insoweit lässt sich festhalten, dass nach der früheren Rechtsprechung des BAG den Beispielen a) bis d) entsprechende Abreden zwar nicht unwirksam waren, aber – mangels nachweisbarem Hinweis – das Klauselziel, also der Verzicht auf Entgeltfortzahlungsansprüche, regelmäßig nicht erreicht werden konnte.

29 Dieser von der arbeitsgerichtlichen Rechtsprechung (rechtsfortbildend) aufgestellten Auslegungsregel, dass nur bei einem ausdrücklichen Hinweis des Arbeitgebers ein Auslegungsergebnis erzielt werden konnte, wonach der Arbeitnehmer auch auf Entgeltfortzahlungsansprüche verzichtet, ist durch die Neuregelung des AGB-Rechts die Grundlage entzogen, da nunmehr auch Verzichtsvereinbarungen anhand

---

1 *Hager*, Gesetzeskonforme Auslegung von Rechtsgeschäften, 1989, S. 217; *Kramer*, Kündigungsvereinbarungen im Arbeitsvertrag, 1994, S. 114 ff.
2 BAG v. 4.3.2004 – 8 AZR 196/03, AP Nr. 3 zu § 309 BGB = NZA 2004, 727; v. 12.1.2005 – 5 AZR 364/04, AP Nr. 1 zu § 308 BGB = NZA 2005, 465 (468); v. 25.5.2005 – 5 AZR 572/04, AP Nr. 1 zu § 310 BGB = NZA 2005, 1111 (1114).
3 BAG v. 21.4.2005 – 8 AZR 425/04, AP Nr. 3 zu § 307 BGB = NZA 2005, 1053; v. 19.12.2006 – 9 AZR 294/06, NZA 2007, 809; v. 12.3.2008 – 10 AZR 152/07, NZA 2008, 699.
4 BAG v. 20.8.1980 – 5 AZR 759/78, AP Nr. 3 zu § 9 LohnFG (nach dieser Entscheidung soll dies jedenfalls dann gelten, wenn der Verzicht in einer vorformulierten Ausgleichsquittung erklärt wird).
5 Zuletzt BAG v. 7.11.2007 – 5 AZR 880/06, NJW 2008, 461.
6 Nicht rechtlich, da die Klausel ohne den Hinweis nicht unwirksam wird, der Hinweis aber bei der Auslegung der arbeitnehmerseitigen Willenserklärung berücksichtigt werden soll, BAG v. 20.8.1980 – 5 AZR 759/78, AP Nr. 3 zu § 9 LohnFG.

der §§ 305 ff. BGB zu messen sind.[1] In der jüngeren Rechtsprechung des BAG findet sich dementsprechend auch kein solcher Verweis auf die Begleitumstände mehr.[2] Zunächst sind Verzichtsvereinbarungen durch das Verbot überraschender Klauseln gemäß § 305c Abs. 1 BGB begrenzt. Dies macht einen besonderen Hinweis oder eine drucktechnische Hervorhebung der Klausel notwendig.[3] Darüber hinaus ist zu beachten, dass ein sog. **isolierter Verzicht**, bei welchem der Anspruchsverzicht einziger Gegenstand der vorformulierten Vereinbarung darstellt, zwar eine Hauptleistungsabrede gemäß § 307 Abs. 3 Satz 1 BGB sein kann, die einer AGB-Kontrolle nach den §§ 307 Abs. 1 Satz 1, Abs. 2, 308, 309 BGB nicht unterliegt.[4] Doch auch im Rahmen einer solchen Ausgestaltung müssen in formaler Hinsicht die Anforderungen des Transparenzgebots des § 307 Abs. 1 Satz 2 BGB gemäß § 307 Abs. 3 Satz 2 BGB eingehalten werden. Insofern verstoßen die Beispielsklauseln a)–d) bereits gegen das Transparenzgebot, da die Erklärungen einen pauschalen Verzicht auf „sämtliche Ansprüche" enthalten und somit die Reichweite des Verzichts nicht erkennbar ist.[5] Dem Arbeitnehmer muss jedoch vor Augen geführt werden, welche Ansprüche er verliert. Auch die wirtschaftlichen Nachteile eines Verzichts müssen hinreichend klargestellt werden.[6] Anders verhält es sich, wenn der Verzicht nicht isoliert vereinbart wurde, sondern in einem vorformulierten Vertragswerk enthalten ist oder auf die gebräuchlichere Ausgleichsquittung – also einer Bestätigung der Arbeitsvertragsparteien, dass ihnen weitere Ansprüche gegeneinander nicht zustehen – zurückgegriffen wird. In diesen Fällen unterliegt die Klausel neben der Transparenzkontrolle auch einer Inhaltskontrolle,[7] so dass die Beispiele a)–d) neben dem genannten Verstoß gegen das Transparenzgebot i.S.d. § 307 Abs. 1 Satz 2 BGB auch Bedenken in Hinblick auf § 307 Abs. 1 Satz 1 BGB ausgesetzt sind. Wie das BAG zu Ausgleichsquittungen bereits zutreffend entschieden hat,[8] wird man einen Anspruchsverzicht entsprechend der Rechtsprechung zu einseitigen benachteiligenden Ausschlussfristen, welche das BAG regelmäßig als unangemessen ansieht,[9] erst recht als unangemessen benachteiligend gemäß § 307 Abs. 1 Satz 1 BGB ansehen müssen, wenn die Nachteile des Arbeitnehmers **keinerlei kompensa-**

---

1 *Preis/Bleser/Rauf*, DB 2006, 2812 (2817).
2 Vgl. zum Verzicht auf Erhebung einer Kündigungsschutzklage BAG v. 6.9.2007 – 2 AZR 722/06, NZA 2008, 219; vgl. zum Verzicht auf ein Wettbewerbsverbot BAG v. 19.11.2008 – 10 AZR 671/07, NZA 2009, 318.
3 BAG v. 23.2.2005 – 4 AZR 139/04, AP Nr. 42 zu § 1 TVG Tarifverträge: Druckindustrie = NZA 2005, 1193.
4 *Preis/Bleser/Rauf*, DB 2006, 2812 (2813 f.); ErfK/*Preis*, §§ 305–310 BGB Rz. 100; *Thüsing/Leder*, BB 2005, 1563 (1563); vgl. LAG Berlin-Brandenburg v. 5.6.2007 – 12 Sa 524/07, ZTR 2007, 510.
5 So bereits BAG v. 3.5.1979 – 2 AZR 679/77, AP Nr. 6 zu § 4 KSchG 1969 = NJW 1979, 2267; aus neuerer Zeit vgl. LAG Berlin-Brandenburg v. 5.6.2007 – 12 Sa 524/07, ZTR 2007, 510.
6 Diesen Aspekt betonend LAG Düsseldorf v. 13.4.2005 – 12 Sa 154/05, DB 2005, 1463.
7 *Preis/Bleser/Rauf*, DB 2006, 2812 (2814) zur Ausgleichsquittung einerseits und ErfK/*Preis*, §§ 305–310 BGB Rz. 100 andererseits.
8 BAG v. 6.9.2007 – 2 AZR 722/06, NZA 2008, 219; LAG Schl.-Holst. v. 24.9.2003 – 3 Sa 6/03, NZA-RR 2004, 74; LAG Düsseldorf v. 13.4.2005 – 12 Sa 154/05, DB 2005, 1463; LAG BW v. 17.5.2006 – 17 Sa 90/05, n.v.; v. 19.7.2006 – 2 Sa 123/05, AuA 2006, 614; LAG Berlin-Brandenburg v. 5.6.2007 – 12 Sa 524/07, ZTR 2007, 510.
9 BAG v. 2.3.2004 – 1 AZR 271/03, AP Nr. 31 zu § 3 TVG = NZA 2004, 852; v. 28.9.2005 – 5 AZR 52/05, AP Nr. 7 zu § 307 BGB = NZA 2006, 149.

torischen Ausgleich erfahren.[1] Ein sofortiger einseitiger Anspruchsverlust wirkt insofern stärker auf berechtigte Gläubigerpositionen ein als der Anspruchsuntergang, der aufgrund der Ausschlussfrist erst nach Fristversäumnis eintritt.[2]

Typ 4: Verzicht auf fällige Entgeltfortzahlungsansprüche

Ich verzichte auf fällige Entgeltfortzahlungsansprüche. *(Bei Gestaltung als nicht insolierter Verzichtserklärung oder Ausgleichsquittung zudem*: Im Gegenzug gewährt der Arbeitgeber … .)

30   Durch die ausdrückliche Nennung der (fälligen) Entgeltfortzahlungsansprüche ist **Klauseltyp 4** – was den Verzicht gerade auf Entgeltfortzahlungsansprüche betrifft – **genau bestimmt und unzweideutig**. Ist keine Ausgestaltung als isolierte Verzichtserklärung angedacht,[3] so muss eine unangemessene Benachteiligung des Arbeitnehmers nach § 307 Abs. 1 Satz 1 BGB in Klauseltyp 4 darüber hinaus durch die Gewährung einer Gegenleistung kompensiert werden. Beispielsweise ist eine Abfindung als eine von vielen Möglichkeiten denkbar.[4]

3. Hinweise zur Vertragsgestaltung

31   Da Spielräume für echte vertragliche Vereinbarungen praktisch ausschließlich im Günstigkeitsbereich bestehen, empfehlen sich dahingehende Vereinbarungen insbesondere dann, wenn ein wertvoller Mitarbeiter gewonnen oder dem Unternehmen erhalten bleiben soll.

32   Soll der Entgeltfortzahlungszeitraum verlängert werden, ist bei der Vertragsgestaltung sorgfältig darauf zu achten, dass dies unter Anrechnung sozialversicherungsrechtlicher Leistungen (bei privat Versicherten: unter Anrechnung der Leistungen der privaten Krankenversicherung) geschieht, weil anderenfalls lediglich eine Vereinbarung zugunsten der Krankenkassen (bei privat Versicherten: zugunsten der privaten Krankenversicherung) vorliegt (vgl. hierzu Klauseltyp 2b).

---

1 *Preis/Roloff*, ZfA 2007, 43 (72); *Preis/Bleser/Rauf*, DB 2006, 2812 (2815, 2817); ErfK/*Preis*, §§ 305–310 BGB Rz. 100; a.A. etwa *Henssler*, in Henssler/Graf von Westphalen, Praxis der Schuldrechtsreform, 2. Aufl. 2003, § 310 Rz. 26, der davon ausgeht, dass der Arbeitnehmer schon deshalb nicht unangemessen benachteiligt wird, weil er auf viele Ansprüche gar nicht wirksam verzichten kann.
2 Zur Frage, ob Ausschlussfristen auch unabdingbare Ansprüche erfassen (→ *Ausschlussfristen*, II A 150 Rz. 26 und 31).
3 Vgl. zum Verzicht auf Erhebung einer Kündigungsschutzklage BAG v. 6.9.2007 – 2 AZR 722/06 – NZA 2008, 219; ferner LAG Berlin-Brandenburg v. 5.6.2007 – 12 Sa 524/07, ZTR 2007, 510.
4 Vgl. ausf. zu verschiedenen Kompensationsmöglichkeiten *Preis/Bleser/Rauf*, DB 2006, 2812 (2816). Bei Zahlung einer Abfindung spricht viel dafür, von einer nach § 307 Abs. 3 Satz 1 BGB inhaltskontrollfreien Hauptleistungsabrede auszugehen. Problematisch erscheint zudem, ob bereits ein beiderseitiger Anspruchsverzicht zum Ausschluss einer unangemessenen Benachteiligung ausreicht (so *Bauer/Diller*, BB 2004, 1274 [1279]). In der Regel spricht jedoch gegen einen kompensatorischen Effekt, dass der Arbeitnehmer nach § 614 BGB vorleistungspflichtig ist, so dass dem Arbeitgeber nach Beendigung des Arbeitsverhältnisses keine Ansprüche mehr gegen den Arbeitnehmer zustehen. Ähnlich für den Bereich des Mietrechts, BGH v. 6.4.2005 – VIII ZR 27/04, NJW 2005, 1574.

Insbesondere bei Besserverdienenden bietet sich als zusätzliche Arbeitgeberleistung eine Krankengeldzuschussvereinbarung an. Sind die Arbeitnehmer nicht versicherungspflichtig, empfiehlt es sich, bei der Berechnung des Krankengeldzuschusses die hypothetischen Leistungen einer zuständigen Versicherung zugrunde zu legen (vgl. Klauseltypen 3b und 3c), damit eine taugliche Bemessungsgrundlage existiert.

33

Sofern ein Verzicht auf Entgeltfortzahlungsansprüche beabsichtigt wird, ist zu bedenken, dass ein Verzicht nur auf tariflich nicht abgesicherte, aber bereits fällige Entgeltfortzahlungsansprüche möglich ist. Wegen des Grundsatzes des Verbots der geltungserhaltenden Reduktion sollte dieser Verzicht auch ausdrücklich auf die bereits fälligen Entgeltfortzahlungsansprüche beschränkt werden (vgl. Klauseltyp 4). Weiterhin ist das Transparenzgebot des § 307 Abs. 1 Satz 2 BGB zu beachten, sowie bei der Gestaltung als Ausgleichsquittung oder als nicht isolierter Verzicht an eine Gegenleistung zur Kompensation der unangemessenen Benachteiligung nach § 307 Abs. 1 Satz 1 BGB zu denken.

34

E 30 Entgeltumwandlung

	Rz.		Rz.
1. Einführung	1	g) „Schattengehalt" bei der Bruttoentgeltumwandlung	20
2. Hinweise zur Vertragsgestaltung	10	h) Entgeltumwandlung und entgeltfreie Beschäftigungszeiten	21
a) Entgelt als Gegenstand der Entgeltumwandlung	11	i) Vorzeitige Beendigung der Entgeltumwandlung	22
b) Mindest- und Höchstbetrag	13	j) Änderungen der Entgeltumwandlungsvereinbarung	25
c) Absicherung biometrischer Risiken	14	k) Beratung durch den Arbeitgeber	26
d) Vereinbarung über den Durchführungsweg	16	l) Datenschutz	28
e) Die Zusageart	17	m) Leistung von Eigenbeiträgen	29
f) Bruttoentgeltumwandlung oder steuerliche Förderung	18	3. Muster einer Entgeltumwandlungsvereinbarung	30

Schrifttum:

Blomeyer, Direktversicherung durch Gehaltsumwandlung, DB 1994, 882; *Blomeyer,* Rechtsfragen der Entgeltumwandlung und Lösungsansätze, NZA 2000, 281; *Blomeyer,* Obligatorium für die betriebliche Altersversorgung?, BetrAV 2000, 515; *Blomeyer,* Neue arbeitsrechtliche Rahmenbedingungen für die Betriebsrente, BetrAV 2001, 430; *Blomeyer,* Der Entgeltumwandlungsanspruch des Arbeitnehmers in individual- und kollektivrechtlicher Sicht, DB 2001, 1413; *Bode,* Gehaltsumwandlung im Tarifbereich, DB 1997, 1769; *Buczko,* Betriebliche Altersversorgung im Beitragsrecht, insbesondere beitragsorientierte Leistungszusagen und Entgeltumwandlungen, DAngVers 1998, 121; *Doetsch,* Auskunfts- und Informationspflichten von Arbeitgeber und externem Versorgungsträger bei der betrieblichen Altersversorgung, BetrAV 2003, 48; *Doetsch,* Systematische Einordnung der in Deutschland üblichen Zusagearten, Festschrift für Höfer, 2011, S. 15; *Gerstenberg,* Versorgungslohn statt Barlohn, BetrAV 1994, 120; *Grabner/Bode,* Betriebliche Altersversorgung als flexibler Bestandteil der Gesamtvergütung, DB 1995, 1862; *Hanau,* Die Neuregelung der betrieblichen Altersversorgung, BetrAV 2002, 621; *Hanau/Arteaga/Rieble/Veit,* Entgeltumwandlung, 3. Aufl. 2014; *Heither,* Gestaltung des Anspruchs eines Arbeitnehmers auf Gehaltsumwandlung (§ 1a BetrAVG) durch Tarifverträge, NZA 2001, 1275; *Heither,* Ergänzende Altersvorsorge durch Direktversicherung nach Gehaltsumwandlung: Vorteile und Gefahren, 1998; *Hessling,* Pensionszusage durch Gehaltsumwandlung – eine attraktive Möglichkeit der Altersvorsorge, DB Spezial 1995, S. 12; *H. Höfer,* Betriebsrentengesetz 1999, 1999; *R. Höfer,* Entgeltumwandlungszusagen im novellierten Betriebsrentengesetz, DB 1998, 2266; *Hopfner,* Schon wieder Neuerungen in § 1 BetrAVG?, DB 2002, 1050; *Jaeger,* Die rückgedeckte Pensionszusage durch Gehaltsumwandlung aus Sicht des Arbeitnehmers, BB 1997, 1474; *Jaeger,* Die Pensionszusage gegen Gehaltsverzicht – eine Lebensversicherung, BetrAV 1998, 78; *Klein,* Deferred Compensation – Am Beispiel der Bertelsmann AG, AuA 2000, 344; *Klemm,* Abfindung und Übertragung von Versorgungsanwartschaften aus betrieblicher Altersvorsorge im Lichte des Altersvermögensgesetzes, NZA 2002, 416; *Klemm,* Fragen der Entgeltumwandlung nach dem Altersvermögensgesetz, NZA 2002, 1123; *Langohr-Plato/Teslau,* Die Beitragszusage mit Mindestleistung – Die neue große Unbekannte in der betrieblichen Alterversorgung –, DB 2003, 661; *Metz/Paschek,* Sind durch Gehaltsumwandlung finanzierte Direktversicherungen auch für „Tarifangestellte" zulässig?, DB 1987, 1938; *Perreng,* Die zusätzliche Altersvorsorge im Rahmen der Rentenreform, AiB 2001, 261; *Reinecke,* Die Änderungen des Gesetzes zur Verbesserung der betrieblichen Altersversorgung durch das Altersvermögensgesetz – neue Chancen für die betriebliche Altersversorgung, NJW 2001, 3511; *Rieble,* Die Entgeltumwandlung, BetrAV 2001, 584; *Sasdrich/Wirth,* Betriebliche Altersversorgung gestärkt, BetrAV 2001, 401; *Schlewing,* Hinausgeschobenes Entgelt: Mitarbeiterbindung durch betriebliche Altersversorgung?, NZA 2014, Beil. 4, S. 127; *Schwark/Raulf*, Beitragszusage mit Mindestleistung bei Direktzusagen in der Betrieblichen Altersversorgung?, DB 2003, 940; *Stiefermann*, Die neue Betriebsrente, AuA 2001, 388; *Uebelhack*, Beitragszusagen mit Mindestleistung – Eine neue Zusageform für Betriebsrenten, Gedächtnisschrift für Blomeyer, 2003, S. 467; *Veit*, Abschluss eines Versicherungsvertrags mit gezillmerten Tarifen im Rahmen einer Entgeltumwandlung, VersR 2009, 1046.

1. Einführung

Sozialpolitisches Anliegen des Gesetzgebers ist es seit jeher, die Verbreitung der betrieblichen Altersversorgung zu fördern. Allerdings ist die Errichtung neuer *arbeitgeberfinanzierter* Versorgungswerke schon seit längerem ins Stocken geraten. Dagegen erfreut sich die *arbeitnehmerfinanzierte* Altersvorsorge („deferred compensation") zunehmender Beliebtheit. Hierzu trägt auch ihre steuer- und sozialversicherungsrechtliche Privilegierung bei. Seit 2002 gewährt das Gesetz mit § 1a BetrAVG jedem Arbeitnehmer einen arbeitsrechtlichen Anspruch auf Umwandlung von Teilen seines Arbeitsentgelts zugunsten seiner Altersvorsorge. Die Entgeltumwandlung ist damit zu einem **zentralen Begriff des Betriebsrentenrechts** geworden. Erstmals ist der Arbeitgeber in seiner Entscheidung, eine betriebliche Altersversorgung einzuführen, nicht mehr frei.[1]

Die Neuregelungen wurden notwendig, weil die gesetzliche Rentenversicherung in der bisherigen Form aufgrund der demografischen Entwicklung auf Dauer nicht mehr finanzierbar erscheint[2] und der Gesetzgeber die Arbeitgeber nicht mit einer weiteren Steigerung der Lohnnebenkosten belasten wollte. Stattdessen hat er das gesetzliche Rentenniveau abgesenkt.[3] Zur Kompensation der entstehenden Versorgungslücke wurden in den §§ 10a, 82 ff. EStG steuerliche Vorschriften zur Förderung privater Altersvorsorgeverträge geschaffen (sog. **„Riester-Rente"**). In dieses System wurde auch die Entgeltumwandlung einbezogen, bei der sich der Arbeitnehmer entscheiden kann, ob er die Entgeltumwandlung aus dem Bruttoeinkommen vornimmt, oder – steuerlich gefördert – aus dem Nettoeinkommen. Eine Pflicht zur **Zertifizierung** der Verträge nach dem Zertifizierungsgesetz (AltZertG) besteht nicht. Der Gesetzgeber ging davon aus, dass das Schutzniveau des BetrAVG ausreichend sei.[4]

Die Entgeltumwandlung bedarf sorgfältiger **Vertragsgestaltung**. Jeder Arbeitgeber kann Schuldner des Anspruchs aus § 1a Abs. 1 Satz 1 BetrAVG sein, da jeder in der gesetzlichen Rentenversicherung pflichtversicherte Arbeitnehmer anspruchsberechtigt ist (§ 17 Abs. 1 Satz 3 BetrAVG). Es gibt keine Kleinbetriebsklausel wie in § 23 KSchG und auch sonst keine Beschränkungen, so dass auch Auszubildende, befristet Beschäftigte, Teilzeitarbeitnehmer und geringfügig Beschäftigte, die nicht von der Möglichkeit des „opt-out" (§ 6 Abs. 1b SGB VI) Gebrauch gemacht

---
1 Hanau u.a./*Rieble*, Teil A Rz. 12; *Schlewing*, NZA 2014, Beil. 4, S. 127 (128).
2 BT-Drucks. 14/4595, S. 1.
3 Gesetz zur Ergänzung des Gesetzes zur Reform der gesetzlichen Rentenversicherung und zur Förderung eines kapitalgedeckten Altersvorsorgevermögens (Altersvermögensergänzungsgesetz – AVmEG) v. 21.3.2001 (BGBl. I, S. 403).
4 Höfer/*Höfer*, § 1a BetrAVG Rz. 54; *Perreng*, AiB 2001, 261 (261); *Sasdrich/Wirth*, BetrAV 2001, 401 (404).

haben,[1] den Anspruch geltend machen können. Gerade im Hinblick auf befristet Beschäftigte kann die Entgeltumwandlung für den Arbeitgeber einen erheblichen, wenn nicht unverhältnismäßigen Aufwand zur Folge haben, da § 1b Abs. 5 Nr. 2 BetrAVG vorschreibt, dass der ausgeschiedene Arbeitnehmer die Versicherung oder Versorgung **mit eigenen Beiträgen fortführen** darf. Auf diese Weise kann ein nur wenige Monate beschäftigter Arbeitnehmer theoretisch über Jahrzehnte die Verwaltung des Arbeitgebers belasten, zumal die Abfindung von Anwartschaften gegen den Willen des Arbeitnehmers nur in dem engen Rahmen des § 3 BetrAVG möglich ist. Trotzdem kann in diesen Fällen die Geltendmachung des Entgeltumwandlungsanspruchs nicht verhindert werden.[2]

4   Der individuelle Entgeltumwandlungsanspruch ist nach § 1a Abs. 2 BetrAVG **ausgeschlossen**, soweit eine durch Entgeltumwandlung finanzierte betriebliche Altersversorgung bereits – z.B. durch entsprechende betriebliche Regelungen in einer Betriebsvereinbarung – besteht. In einem solchen Fall kann der Arbeitnehmer mit seinem Arbeitgeber nur auf freiwilliger Basis eine zusätzliche oder von der betrieblichen Regelung abweichende Entgeltumwandlung vereinbaren. Ausgeschlossen sein kann der Anspruch auch durch eine **tarifvertragliche Regelung** (§ 17 Abs. 3 Satz 1 BetrAVG). Diese findet auch auf nicht tarifgebundene Arbeitgeber und Arbeitnehmer im Geltungsbereich des Tarifvertrages Anwendung, wenn dies zwischen ihnen vereinbart ist.[3]

5   Alle gesetzlichen Sondervorschriften zur Entgeltumwandlung verfolgen das Ziel, die Entgeltumwandlungsanwartschaft gegenüber herkömmlichen Anwartschaften aus arbeitgeberfinanzierter betrieblicher Altersversorgung zu begünstigen. Damit wird dem Umstand Rechnung getragen, dass die für die betriebliche Altersversorgung aufgewendeten Beiträge wirtschaftlich aus dem Vermögen des Arbeitnehmers stammen.

6   So regelt § 1b Abs. 5 BetrAVG die sofortige **Unverfallbarkeit** der Anwartschaft sowie das unwiderrufliche Bezugsrecht bei der Direktversicherung. Verboten sind nach dieser Vorschrift alle Vertragsgestaltungen, die das Versorgungskapital zu Lasten des Arbeitnehmers in irgendeiner Form schmälern könnten, wie z.B. die Verwendung von Überschussanteilen zu anderen Zwecken als zur Verbesserung der Leistung. Die Vorschriften des § 1b Abs. 5 Satz 1 Halbs. 2 Nr. 1–3, Satz 2 BetrAVG sind insofern unklar formuliert, als sie – im Gegensatz zu Satz 1 Halbs. 1 – nicht eine gesetzliche Rechtsfolge regeln, sondern streng genommen die Parteien verpflichten, die entsprechenden Klauseln in ihre Abrede aufzunehmen. Um Missverständnissen vorzubeugen, sollte dies geschehen.

Typ 1: Verwendung der Überschüsse

Die Überschüsse der Direktversicherung werden zur Verbesserung der Leistung verwendet. Im Fall der Beendigung des Arbeitsverhältnisses vor Eintritt des Versor-

---

[1] Blomeyer/Rolfs/*Rolfs*, BetrAVG, § 17 Rz. 124 ff.; vgl. BT-Drucks. 14/4595, S. 70; *Reinecke*, NJW 2001, 3511 (3514); *Sasdrich/Wirth*, BetrAV 2001, 401 (401).
[2] BAG v. 12.6.2007 – 3 AZR 14/06, AP Nr. 1 zu § 1a BetrAVG; ErfK/*Steinmeyer*, § 1a BetrAVG Rz. 3.
[3] BAG v. 19.4.2011 – 3 AZR 154/09, NZA 2011, 982 (983 f.).

gungsfalls hat der Arbeitnehmer das Recht, die Versicherung mit eigenen Beiträgen fortzuführen. Der Arbeitgeber ist nicht berechtigt, die Versorgungsanwartschaft für eigene Zwecke zu verwenden, insbesondere darf er sie nicht verpfänden, abtreten oder beleihen.

Im Falle der Direktversicherung ist zusätzlich in Anlehnung an § 1b Abs. 5 Satz 2 BetrAVG zu vereinbaren, dass der Arbeitgeber sich gegenüber dem Arbeitnehmer verpflichtet, ihm im Versicherungsvertrag ein **unwiderrufliches Bezugsrecht** einzuräumen. Dieses Recht wird zugunsten des Arbeitnehmers im Versicherungsvertrag zwischen dem Arbeitgeber und dem Versicherer vereinbart und korrespondiert insofern mit der gesetzlich vorgeschriebenen sofortigen Unverfallbarkeit, die das Verhältnis zwischen Arbeitnehmer und Arbeitgeber betrifft. Dennoch kann von dem Vorliegen der sofortigen Unverfallbarkeit nicht auf das unwiderrufliche Bezugsrecht geschlossen werden.

Typ 2: Unwiderruflichkeit des Bezugsrechts

Der Arbeitgeber verpflichtet sich, dem Arbeitnehmer in dem zu schließenden Versicherungsvertrag ein unwiderrufliches Bezugsrecht einzuräumen.

Die weiteren Sonderregelungen zur Entgeltumwandlung (vgl. § 2 Abs. 5a, § 3 Abs. 2 Satz 3, § 4 Abs. 3 Satz 4, § 7 Abs. 5 Satz 3 Nr. 1 BetrAVG) sind für die Vertragsgestaltung selbst ohne Belang. Auch die obligatorische Anpassungspflicht des § 16 Abs. 5 BetrAVG muss nicht vertraglich geregelt werden, da sie sich bereits aus der insoweit zwingenden gesetzlichen Vorschrift ergibt, sofern nicht eine Beitragszusage mit Mindestleistung erteilt wurde, § 16 Abs. 3 Nr. 3 BetrAVG.

§ 1a BetrAVG ist als arbeitsrechtlicher Anspruch gegen den Arbeitgeber ausgestaltet. Die Vorschrift setzt also eine **Initiative des Arbeitnehmers** voraus. Ziel dieser Initiative ist die Entgeltumwandlungsvereinbarung nach § 1a Abs. 1 Satz 2 BetrAVG. Ob sie eine Leistung an Erfüllungs statt,[1] eine Schuldänderung[2] oder ein Erlassvertrag verbunden mit einer Versorgungszusage[3] ist, spielt in den meisten Fällen keine Rolle. Die Entgeltumwandlung selbst muss zunächst die Vorgaben des § 1 Abs. 2 Nr. 3 BetrAVG einhalten, da aufgrund der Definition der betrieblichen Altersversorgung durch Entgeltumwandlung die Anwendbarkeit des Betriebsrentengesetzes – und damit v.a. des Insolvenzschutzes und der Anpassungsprüfungspflicht – auf dem Spiel steht. Insbesondere muss die Vereinbarung dem **Gebot der Wertgleichheit** Rechnung tragen. Um eine echte Wertgleichheit gewährleisten zu können, sollte sie aufgrund **versicherungsmathematischer Grundsätze** errechnet werden.[4] Eine Ga-

---

1 ArbG Limburg v. 23.2.2000 – 1 Ca 156/99, DB 2000, 1823 (1824).
2 *Blomeyer*, NZA 2000, 281 (283); *Hopfner*, DB 2002, 1050 (1052); Hanau u.a./*Rieble*, Teil A Rz. 78 ff.; offen gelassen von BAG v. 15.9.2009 – 3 AZR 17/09, NZA 2010, 164 (166).
3 *Buczko*, DAngVers 1998, 121 (127); *Heither*, Ergänzende Altersvorsorge durch Direktversicherung nach Gehaltsumwandlung, S. 75; *H. Höfer*, Betriebsrentengesetz 1999, S. 101.
4 Ob die Berechnung nach versicherungsmathematischen Grundsätzen zwingende Voraussetzung für die Wertgleichheit der Versorgungsanwartschaft ist, wird bestritten; vgl. *Bode*, DB 1997, 1769 (1769); *Bode/Grabner*, DB 1995, 1862 (1863); *R. Höfer*, DB 1998, 2266 (2267); *Jaeger*, BetrAV 1998, 78 (80); *Klemm*, NZA 2002, 1123 (1124).

rantieverzinsung kann – wie früher allgemein üblich – vorgesehen werden, zwingend ist dies jedoch nicht. Vielmehr können die Parteien sich auch für ein Modell entscheiden, bei dem der Arbeitgeber neben einer „Null-Verzinsung" (Summe der Beiträge, soweit sie nicht rechnungsmäßig für einen biometrischen Risikoausgleich verbraucht werden) lediglich zusagt, die Überschüsse vollständig an den Arbeitnehmer auszukehren.[1] Solche Verträge werden zunehmend von den Unternehmen der Lebensversicherung angeboten; bei ihnen soll eine bessere Gesamtrendite als bei Verträgen mit einem Garantiezins zu erwarten sein. **Unisex-Tarife** sind bei versicherungsförmiger Durchführung für alle Neuverträge seit dem 21.12.2012 (vgl. § 33 Abs. 5 AGG) zwingend.[2] Der Arbeitnehmer darf, wenn die Altersversorgung über einen externen Versicherungsträger durchgeführt wird, mit den Abschluss- und Vertriebskosten belastet werden. Diese sind jedoch gleichmäßig auf mindestens die ersten fünf Vertragsjahre zu verteilen (§ 169 Abs. 3 Satz 1 VVG; **Zillmerung**).[3] Ferner ist zu beachten, dass sich die Entgeltumwandlung nur auf künftige, d.h. auf schon vereinbarte, aber noch nicht erdiente Ansprüche beziehen darf.[4] Das Entgelt darf dem Arbeitnehmer noch nicht zur Verfügung gestanden haben, da sonst ein steuerlicher Zuflusstatbestand bestünde. Zudem muss verhindert werden, dass die Parteien des Arbeitsvertrags eine Entgeltumwandlung durchführen, nur um einen schon erdienten oder gar fälligen Entgeltanspruch bei drohender Zahlungsunfähigkeit des Arbeitgebers nach den §§ 7 ff. BetrAVG dem Insolvenzschutz zu unterwerfen.[5] Von den Vorgaben des § 1a BetrAVG darf wegen § 17 Abs. 3 Satz 3 BetrAVG **nur zugunsten des Arbeitnehmers** abgewichen werden.

2. Hinweise zur Vertragsgestaltung

10 Nach § 1a Abs. 1 Satz 1 BetrAVG kann der Arbeitnehmer die Entgeltumwandlung vom Arbeitgeber verlangen. Über die Durchführung ist dann gemäß § 1a Abs. 1 Satz 2 BetrAVG eine Vereinbarung zu erzielen. Da die Vorschrift des § 1a BetrAVG auch in den Katalog der tarifdispositiven Vorschriften des § 17 Abs. 3 Satz 1 BetrAVG aufgenommen wurde und heute weit verbreitet Tarifverträge zur Entgeltumwandlung bestehen, gelten die folgenden Ausführungen jeweils **vorbehaltlich einer tariflichen Regelung**. Nach den Vorgaben der § 1 Abs. 2 Nr. 3, § 1a BetrAVG besteht Bedarf für folgende Vereinbarungen:

a) Entgelt als Gegenstand der Entgeltumwandlung

11 Die Parteien müssen eine Regelung darüber treffen, welche Entgeltbestandteile umgewandelt werden sollen. Entgelt sind **alle Arten von Vergütungen** des Arbeitgebers

---

1 Blomeyer/Rolfs/Otto/*Rolfs*, BetrAVG, § 1 Rz. 84; *Doetsch*, FS Höfer, 2011, S. 15 (20); Hanau u.a./*Langohr-Plato*, Teil B Rz. 53; *Uebelhack*, GS Blomeyer, 2003, S. 467 (492); **a.A.** *Schwark/Raulf*, DB 2003, 940 (942).
2 EuGH v. 1.3.2011 – C-236/09, Slg. 2011, I-773 = NJW 2011, 907 (909) – *test achats*; Blomeyer/Rolfs/Otto/*Rolfs*, BetrAVG, Anh. § 1 Rz. 708 ff.
3 BAG v. 15.9.2009 – 3 AZR 17/09, NZA 2010, 164 (169); *Uebelhack*, GS Blomeyer, S. 467 (492); *Veit*, VersR 2009, 1046 (1047).
4 *Blomeyer*, BetrAV 2000, 515 (520); *Blomeyer*, BetrAV 2001, 430 (435); *Bode/Grabner*, DB 1995, 1862 (1864); *Klemm*, NZA 2002, 1123 (1124); *Rieble*, BetrAV 2001, 584 (586).
5 *Blomeyer*, NZA 2000, 280 (281).

im Zusammenhang mit dem Arbeitsverhältnis.[1] Es kann sich dabei um laufendes Entgelt (vgl. § 1a Abs. 1 Satz 5 BetrAVG), Sonderleistungen wie Weihnachtsgeld, unter Umständen sogar um Sachbezüge handeln.[2] Auch eine einmalige Entgeltumwandlung kann verlangt werden.[3] Die entsprechenden Entgeltbestandteile dürfen zum Zeitpunkt des Abschlusses der Vereinbarung **noch nicht erdient** sein, was etwa bei Gratifikationen problematisch sein kann. Soweit die Parteien tarifgebunden sind und der Arbeitnehmer Entgelt umwandeln möchte, auf das er einen tariflichen Anspruch hat, bedarf es nach überwiegender Ansicht einer Ermächtigung durch einen Tarifvertrag (§ 17 Abs. 5 BetrAVG).[4] Im Übrigen hat der Arbeitnehmer die freie Wahl, welche Entgeltbestandteile umgewandelt werden. Er sollte seine Wahl schon bei seinem Entgeltumwandlungsverlangen deutlich machen.

Typ 3: Entgeltumwandlung (statische Beträge)

Folgende Entgeltbestandteile werden vom ... an in wertgleiche Anwartschaften auf betriebliche Altersversorgung umgewandelt:
- laufendes Arbeitsentgelt im Umfang von ... Euro
- vermögenswirksame Leistungen im Umfang von ... Euro
- Urlaubsgeld im Umfang von ... Euro
- Weihnachtsgeld im Umfang von ... Euro
- Sondervergütung im Umfang von ... Euro.

Soweit der Arbeitnehmer sich entschlossen hat, die Entgeltumwandlung aus seinem regelmäßigen Entgelt vorzunehmen, kann der Arbeitgeber aufgrund der damit verbundenen Verwaltungsvereinfachung verlangen, dass die monatlichen Beträge gleich bleibend sind, § 1a Abs. 1 Satz 5 BetrAVG.

b) Mindest- und Höchstbetrag

Der Arbeitnehmer kann sich im Rahmen des **Jahresmindestbetrags** des § 1a Abs. 1 Satz 4 BetrAVG (2015: 212,63 Euro) und des **Jahreshöchstbetrags** des § 1a Abs. 1 Satz 1 BetrAVG (2015: 2.904 Euro) entscheiden, wie viel er für seine betriebliche Altersversorgung aufwenden möchte. Es gilt einheitlich die Beitragsbemessungsgrenze West.[5] Um die Entgeltumwandlungsvereinbarung in Anlehnung an die gesetzlichen Vorgaben dynamisch auszugestalten, bietet sich eine Übernahme dieser Formulierungen in die Entgeltumwandlungsvereinbarung an.

---

1 *Blomeyer*, BetrAV 2000, 515 (520); *Blomeyer*, BetrAV 2001, 430 (434); *R. Höfer*, DB 1998, 2266 (2266); *Rieble*, BetrAV 2001, 584 (586).
2 HR/*Borgmann*, Teil 1 Rz. 1110.
3 *Blomeyer*, DB 1994, 882 (884); *Blomeyer*, NZA 2000, 281 (290); *Gerstenberg*, BetrAV 1994, 120 (123); *Heither*, Ergänzende Altersvorsorge durch Direktversicherung nach Gehaltsumwandlung, S. 71; *Jaeger*, BB 1997, 1474 (1474).
4 *Blomeyer*, DB 2001, 1413 (1413); Blomeyer/Rolfs/Otto/*Rolfs*, BetrAVG, § 17 Rz. 216 ff.; *Heither*, NZA 2001, 1275 (1277); **a.A.** *Metz/Paschek*, DB 1987, 1938 (1941).
5 BT-Drucks. 14/5150, S. 70; ferner Höfer/*Höfer*, § 1a BetrAVG Rz. 22; *Sasdrich/Wirth*, BetrAV 2001, 401 (401).

Typ 4: Entgeltumwandlung (dynamische Beträge)

Der Arbeitnehmer wandelt aus seinem laufenden Arbeitsentgelt einen jährlichen Betrag in Höhe von 4 % der jeweiligen Beitragsbemessungsgrenze (West) in eine wertgleiche Versorgungsanwartschaft um.

c) Absicherung biometrischer Risiken

14 Bei der klassischen betrieblichen Altersversorgung entscheidet der Arbeitgeber, welche biometrischen Risiken (Alter, Invalidität oder Tod – § 1 Abs. 1 Satz 1 BetrAVG) abgedeckt werden.[1] Mangels besonderer gesetzlicher Bestimmung ist davon auch bei der Entgeltumwandlung auszugehen,[2] obwohl der Arbeitgeber dem Arbeitnehmer hier die Entscheidung überlassen sollte, wie er seine persönliche Versorgungslücke am besten schließen kann. In der Praxis werden meist alle drei möglichen Risiken durch die Versorgungszusage abgedeckt,[3] zwingend ist dies jedoch nicht.

Typ 5: Versorgungsarten

Der Arbeitnehmer erhält nach näherer Maßgabe des Pensionsplans:
– Altersrente ab dem auf das Erreichen der Regelaltersgrenze folgenden Monat.
– Erwerbsminderungsrente, wenn durch Bescheid des zuständigen Rentenversicherungsträgers festgestellt ist, dass der Arbeitnehmer voll oder teilweise erwerbsgemindert im Sinne des § 43 SGB VI ist.
– Im Falle des Todes des Versicherten wird dem hinterbliebenen Ehegatten oder Lebenspartner und den minderjährigen Kindern des Versicherten eine Hinterbliebenenrente gezahlt.

15 Zusätzlich müssen entweder im Entgeltumwandlungsvertrag mit dem Arbeitnehmer oder in einem in Bezug genommenen Pensionsplan die **genauen Leistungsvoraussetzungen** definiert werden. Beispielsweise kann bestimmt werden, dass eine Hinterbliebenenrente nur an bestimmte enge Verwandte gezahlt wird, dass auch nichteheliche Lebenspartner bezugsberechtigt sind oder dass für eine Witwen-/Witwerrente die Ehe eine gewisse Zeit bestanden haben muss.[4] Derartige Klauseln sind vor dem Hintergrund des § 17 Abs. 3 Satz 3 BetrAVG weithin unbedenklich, weil das Gesetz den Begriff der Hinterbliebenen nicht definiert und daher auch keine Abweichung von gesetzlichen Vorschriften zu Lasten des Arbeitnehmers vorliegt.[5] Im Gegenteil können derartige Einschränkungen dem Arbeitnehmer sogar Vorteile bringen, da die Eingrenzung des Personenkreises das Risiko der Ver-

---

[1] ErfK/*Steinmeyer*, § 1 BetrAVG Rz. 5.
[2] Blomeyer/Rolfs/Otto/*Rolfs*, BetrAVG, § 1a Rz. 32; Hanau u. a./*Rieble* Entgeltumwandlung, Rz. A 192.
[3] Vgl. *Klein*, AuA 2000, 344 (346).
[4] BAG v. 19.12.2000 – 3 AZR 186/00, AP Nr. 19 zu § 1 BetrAVG Hinterbliebenenversorgung.
[5] BAG v. 19.12.2000 – 3 AZR 186/00, AP Nr. 19 zu § 1 BetrAVG Hinterbliebenenversorgung.

sicherung mindert und daher die zu erwartende Alters- oder Hinterbliebenenrente höher ausfallen kann als ohne eine solche Einschränkung.[1] Geachtet werden muss allerdings darauf, dass die Einschränkungen nicht zu einer Diskriminierung wegen des Alters oder des Geschlechts führen, wie dies z.B. bei Altersabstandsklauseln der Fall sein kann.[2]

d) Vereinbarung über den Durchführungsweg

Nach § 1a Abs. 1 Satz 2 BetrAVG muss die Entgeltumwandlungsvereinbarung den Durchführungsweg bestimmen. Es stehen für die Entgeltumwandlung alle fünf Durchführungswege (**Direktzusage, Unterstützungskasse, Direktversicherung, Pensionskasse, Pensionsfonds**) zur Verfügung.[3] Das Gesetz lässt in § 1a Abs. 1 Satz 2 und 3 BetrAVG zunächst den Parteien die Möglichkeit der freien Vereinbarung über den Durchführungsweg. Kommt eine Vereinbarung nicht zustande und bietet der Arbeitgeber die Durchführung über eine Pensionskasse oder einen Pensionsfonds an, so ist der Arbeitnehmer auf diesen Durchführungsweg festgelegt. Ist der Arbeitgeber auch hierzu nicht bereit, so kann der Arbeitnehmer nach § 1a Abs. 1 Satz 3 BetrAVG den Abschluss einer Direktversicherung erzwingen. Die Auswahl des konkreten Versorgungsträgers trifft der Arbeitgeber nach freier Entscheidung.[4] Der Arbeitgeber sollte mit dem von ihm ausgewählten Versorgungsträger einen Versorgungsplan ausarbeiten, auf dessen Grundlage dann die Entgeltumwandlung erfolgt.

16

Typ 6: Versorgungsweg

Die Entgeltumwandlung wird über die Unterstützungskasse der X-AG durchgeführt.

e) Die Zusageart

Wie bei der klassischen betrieblichen Altersversorgung entscheidet auch bei der Entgeltumwandlung der Arbeitgeber darüber, ob er eine **Leistungszusage** (§ 1 Abs. 1 Satz 1 BetrAVG), eine **beitragsorientierte Leistungszusage** (§ 1 Abs. 2 Nr. 1 BetrAVG) oder eine **Beitragszusage mit Mindestleistung** (§ 1 Abs. 2 Nr. 2 BetrAVG) erteilt.[5] Es ist zu beachten, dass die Beitragszusage mit Mindestleistung nur in den versicherungsförmigen Durchführungswegen möglich ist.[6] Weil die betriebliche Altersversorgung durch Entgeltumwandlung wirtschaftlich durch den Arbeitnehmer finanziert wird, bietet sich eine beitragsorientierte Leistungszusage oder eine

17

---

1 *Jaeger*, BB 1997, 1474 (1477).
2 Vgl. EuGH v. 23.9.2008 – C-427/06, Slg. 2008, I-7245 = NZA 2008, 1119 – *Bartsch*; BVerfG v. 11.9.1979 – 1 BvR 92/79, AP Nr. 182 zu § 242 BGB Ruhegehalt; BAG v. 27.6.2006 – 3 AZR 352/05 (A), NZA 2006, 1276 (1278 ff.); LAG Düsseldorf v. 19.5.2005 – 5 Sa 509/05, DB 2005, 2143 (2143 f.).
3 ErfK/*Steinmeyer*, § 1a BetrAVG Rz. 4.
4 BT-Drucks. 14/4595, S. 67; *Doetsch*, BetrAV 2003, 48 (52); *Sasdrich/Wirth*, BetrAV 2001, 401 (403); *Stiefermann*, AuA 2001, 388 (390).
5 Blomeyer/Rolfs/Otto/*Rolfs*, BetrAVG, § 1a Rz. 34.
6 *Hanau*, BetrAV 2002, 621 (622); *Langohr-Plato/Teslau*, DB 2003, 661 (661); *Sasdrich/Wirth*, BetrAV 2001, 401 (407); *Stiefermann*, AuA 2001, 388 (388).

Beitragszusage mit Mindestleistung schon aus praktischen Gründen an (s. dazu das Muster Rz. 30).

f) Bruttoentgeltumwandlung oder steuerliche Förderung

18 Der Staat fördert die Entgeltumwandlung auf verschiedene Weise. Er belässt dem Arbeitnehmer die Wahl, ob er sein Brutto- oder sein Nettoarbeitsentgelt umwandeln möchte. Bei der **Bruttoentgeltumwandlung** vermindert sich der Bruttolohnanspruch des Arbeitnehmers im Umfang des umgewandelten Arbeitsentgelts. Dadurch fallen auf diesen Teil keine Steuern (§ 3 Nr. 63 EStG)[1] und bis zur oben (Rz. 13) genannten Grenze keine Sozialversicherungsbeiträge (§ 14 Abs. 1 Satz 2 SGB IV, § 1 Abs. 1 Nr. 9 SvEV) an. Diese Variante ist für die meisten Arbeitnehmer die günstigere.

19 Alternativ besteht gemäß § 1a Abs. 3 BetrAVG die Möglichkeit, die Umwandlung (erst) vom Netto-, also vom mit Steuern und Sozialversicherungsbeiträgen belasteten Arbeitsentgelt durchzuführen. Dann wird die Entgeltumwandlung wie eine private Lebensversicherung nach Maßgabe der §§ 10a, 82 ff. EStG steuerlich über Zulagen oder einen Sonderausgabenabzug gefördert.[2] Die Inanspruchnahme dieser sog. „Riester-Förderung" kann vor allem für Arbeitnehmer mit geringerem Einkommen oder vielen Kindern wirtschaftlich attraktiver sein als die Bruttoentgeltumwandlung. Sie ist aber nur bei betrieblicher Altersversorgung, die im Wege der Direktversicherung, Pensionskassen- oder Pensionsfondsversorgung durchgeführt wird, möglich.

Typ 7: Entgeltumwandlung aus dem Nettoarbeitsentgelt

Die Entgeltumwandlung wird aus versteuertem und verbeitragtem Arbeitsentgelt vorgenommen. Der Arbeitgeber stellt sicher, dass bei der Durchführung die Voraussetzungen der §§ 10a, 82 ff. des Einkommensteuergesetzes erfüllt werden.

g) „Schattengehalt" bei der Bruttoentgeltumwandlung

20 Macht der Arbeitgeber nicht von den steuerlichen Förderungsmöglichkeiten Gebrauch, so sollten die Parteien zusätzlich folgende Überlegungen anstellen: Da sich bei der Bruttoentgeltumwandlung das Bruttoeinkommen mindert, ist auch für die **zukünftige Gehaltsentwicklung** sowie für die Berechnung etwaiger Sonderleistungen das geminderte Bruttoeinkommen maßgeblich. Da beide Parteien kein Interesse daran haben, dass der Arbeitnehmer allein durch die Entgeltumwandlung eine geringere Gehaltsentwicklung zu verzeichnen hat als Arbeitnehmer, die nicht von ihrem Entgeltumwandlungsanspruch Gebrauch gemacht haben, sollten die Parteien die Fortführung eines „Schattengehalts" in die Entgeltumwandlungsabrede aufnehmen.[3]

---

1 Bei Unterstützungskassen und Direktzusagen findet schon mangels rechtlich relevanten Zuflusses keine Besteuerung statt.
2 Ausführlich Blomeyer/Rolfs/Otto/*Rolfs*, BetrAVG, § 1a Rz. 42 ff.
3 *Blomeyer*, DB 1994, 882 (885); *Blomeyer*, BetrAV 2000, 515 (523); Liebers/*Kisters-Kölkes*, Rz. L 239.

Typ 8: Kontinuität der Berechnungsgrundlagen

a) Alle betrieblichen Leistungen, für die das Bruttoeinkommen die Bemessungsgrundlage bildet, sowie die künftige Einkommensentwicklung bleiben von dieser Vereinbarung unberührt.

b) Das vertraglich vereinbarte Einkommen ist weiterhin die Grundlage für die zukünftige Gehaltsentwicklung und sämtliche einkommensabhängigen Leistungen.

h) Entgeltumwandlung und entgeltfreie Beschäftigungszeiten

§ 1a Abs. 4 BetrAVG stellt klar, dass während entgeltfreier Beschäftigungszeiten keine Pflicht des Arbeitgebers besteht, Entgeltumwandlungsanwartschaften weiter anwachsen zu lassen. Zugleich wurde ein Anspruch des Arbeitnehmers gegen seinen Arbeitgeber konstituiert, der dem Arbeitnehmer während dieser Zeit eine eigene Beitragsleistung ermöglicht. Dadurch wurde eine vertragliche Regelung über die Kontinuität der Beitragszahlung in Zeiten des Fortbestandes des Arbeitsverhältnisses ohne Anspruch auf Arbeitsentgelt überflüssig gemacht.

i) Vorzeitige Beendigung der Entgeltumwandlung

Fehlt eine besondere Vereinbarung über die Beendigung der Entgeltumwandlung und ist auch nicht nur eine einmalige Entgeltumwandlung[1] gewollt, so ist die Vereinbarung so auszulegen, dass sie mit Eintritt des Versorgungsfalls endet.[2] Der **Arbeitnehmer** kann aber u.U. **vorzeitig** in eine Situation geraten, in der er auf sein volles Gehalt wieder angewiesen ist, so dass die Parteien ein Recht zur Kündigung der Entgeltumwandlungsabrede durch den Arbeitnehmer vorsehen sollten. Andererseits hat der Arbeitgeber Interesse an einer gewissen Kontinuität, da ein Arbeitnehmer, der die vorzeitige Beendigung der Entgeltumwandlung verlangt, nicht gehindert ist, sie einen Monat später nach § 1a Abs. 1 Satz 1 BetrAVG wieder zu verlangen. Daher bietet es sich an, das Kündigungsrecht des Arbeitnehmers an bestimmte Voraussetzungen zu binden.

Typ 9: Beendigung der Entgeltumwandlung

a) Der Arbeitnehmer kann diese Vereinbarung bei nachgewiesener wesentlicher Verschlechterung seiner finanziellen Verhältnisse mit einer Frist von drei Monaten zum Monatsende mit Wirkung für die Zukunft kündigen.

b) Der Arbeitnehmer ist an die Vereinbarung bis zum 31. Dezember 2016 gebunden. Die Vereinbarung verlängert sich automatisch um zwölf Monate, wenn der Arbeitnehmer nicht spätestens zwei Wochen vorher schriftlich die Beendigung der Vereinbarung verlangt.

---

1 Dazu *Blomeyer*, DB 1994, 882 (884); *Blomeyer*, NZA 2000, 281 (290); *Heither*, Ergänzende Altersvorsorge durch Direktversicherung nach Gehaltsumwandlung, S. 71.
2 *Blomeyer*, DB 1994, 882 (886); *Hessling*, DB Spezial 1995, 12 (13).

23 Ein Recht des **Arbeitgebers** zur Beendigung der Entgeltumwandlungsvereinbarung kann zumindest im Bereich des Entgeltumwandlungsanspruchs nach § 1a BetrAVG nicht vereinbart werden, da dies den Anspruch des Arbeitnehmers in zeitlicher Hinsicht einschränken würde und damit gegen §§ 1a, 17 Abs. 3 Satz 3 BetrAVG i.V.m. § 134 BGB verstoßen würde. Ebenso wenig darf dem Arbeitnehmer ein Recht zur rückwirkenden Beendigung der Entgeltumwandlung vorgesehen sein. Dies würde erhebliche Zweifel daran nähren, dass wirklich eine Entgeltumwandlung, und nicht nur eine steuerfreie und insolvenzgeschützte (§§ 7 ff. BetrAVG) Geldanlage gewollt war. In diesem Fall liegt der Vereinbarung nicht die Absicherung eines biometrischen Risikos zugrunde, die aber unerlässlich ist, um die Vereinbarung der betrieblichen Altersversorgung zuzuordnen.

24 Zudem ist bei Inanspruchnahme der „Riester-Förderung" eine rückwirkende Beendigung der Entgeltumwandlung als schädliche Verwendung i.S.d. § 93 EStG zu werten. Die gewährten Zulagen sind dann zurückzuerstatten.[1]

⊃ **Nicht geeignet:**

Die Parteien können diese Vereinbarung mit einer Frist von drei Monaten zum Monatsende kündigen.

Der Arbeitnehmer kann diese Vereinbarung kündigen und die Auszahlung des Versorgungskapitals verlangen.

j) Änderungen der Entgeltumwandlungsvereinbarung

25 Änderungen der Entgeltumwandlung können auch ohne entsprechende Klausel jederzeit vereinbart werden (§ 311 Abs. 1 BGB). Bei der Frage, ob dem Arbeitnehmer vertraglich ein Recht zur Änderung der Entgeltumwandlungsvereinbarung zugesprochen wird, bestehen dieselben Interessenskonflikte wie bei der Kündigung (Rz. 22 ff.). Sollte eine Änderungsklausel dennoch gewünscht werden, so bietet es sich an, diese in die Klauseln zur Kündigung aufzunehmen.

Typ 10: Änderung der Entgeltumwandlung

Der Arbeitnehmer ist an die Vereinbarung bis zum 31. Dezember 2016 gebunden. Die Vereinbarung verlängert sich automatisch um zwölf Monate, wenn der Arbeitnehmer nicht spätestens zwei Wochen vorher schriftlich die Beendigung oder die Änderung der Vereinbarung verlangt.

---

k) Beratung durch den Arbeitgeber

26 Bei der Entgeltumwandlung ist eine auf gesetzlichen Vorschriften beruhende Beratungspflicht des Arbeitgebers grundsätzlich nicht gegeben. Der Arbeitgeber ist nicht verpflichtet, den Arbeitnehmer auf seinen Umwandlungsanspruch aus § 1a BetrAVG hinzuweisen.[2] Die vom BAG im Bereich der Zusatzversorgung des öffentlichen Dienstes teilweise angenommene Beratungspflicht[3] ist auf die Entgelt-

---

1 *Klemm*, NZA 2002, 416 (419).
2 BAG v. 21.1.2014 – 3 AZR 807/11, NZA 2014, 903 (903 ff.).
3 BAG v. 18.9.1984 – 3 AZR 118/82, AP Nr. 6 zu § 1 BetrAVG Zusatzversorgungskassen; v. 13.11.1984 – 3 AZR 255/84, AP Nr. 5 zu § 1 BetrAVG Zusatzversorgungskassen; v. 17.10.

umwandlung nicht übertragbar. Da der Entgeltumwandlungsanspruch aber auch in Kleinstbetrieben besteht, in denen der Arbeitgeber regelmäßig über kein dem Arbeitnehmer überlegenes Wissen hinsichtlich der Altersversorgung verfügt[1] und der Anspruch nach § 1a BetrAVG stets eine Initiative des Arbeitnehmers voraussetzt, kann eine gesetzliche Beratungspflicht des Arbeitgebers nicht bestehen. **Anders** können die Dinge aber liegen, **wenn der Arbeitgeber die Entscheidung des Arbeitnehmers in gewisse Bahnen lenkt**, indem er z.B. nur eine spezifische Option für die Entgeltumwandlung zu ausgewählten Konditionen oder mit bestimmten Trägern anbietet bzw. indem er für das Einschlagen eines bestimmten Weges Anreize in Form von zusätzlichen Arbeitgeberbeiträgen setzt. Hier darf nicht verkannt werden, dass die Versicherungswirtschaft eine Vielzahl verschiedener Gestaltungsmodelle und Tarife bereithält, die ganz unterschiedlich gestaltet sind (z.B. hinsichtlich der Absicherung des Invaliditäts- und des Todesfallrisikos) und sehr diversifizierte Renditechancen und -risiken beinhalten. Wenn der Arbeitgeber unter diesen Produkten eine Auswahl trifft und dem Arbeitnehmer eine oder einzelne bestimmte Option(en) eröffnet oder nahe legt, reichen seine Informationspflichten weiter, als wenn er dem Arbeitnehmer allein die Auswahl überlässt.[2] In solchen und vergleichbaren Fällen hat der Arbeitnehmer das Recht, die konkreten Bedingungen und rechtlichen Konsequenzen des Produktes zu erfahren, das der Arbeitgeber schon wegen seines exklusiven Angebots für vorzugswürdig zu halten scheint. Werden dabei schuldhaft falsche oder unvollständige Auskünfte erteilt, haftet der Arbeitgeber nach Maßgabe des § 280 Abs. 1 BGB auf Schadensersatz.[3] Vorsorglich aufklären sollte der Arbeitgeber zudem stets darüber, dass der Arbeitnehmer bei der Direktversicherung vor dem Abschluss des Versicherungsvertrages u.U. eine Gesundheitserklärung abgeben und sich ggf. sogar untersuchen lassen muss und dass bei einer Entgeltumwandlung aus dem Bruttoarbeitsentgelt wegen der Beitragsfreiheit in der Sozialversicherung eine Verminderung der dortigen Ansprüche und Anwartschaften eintreten kann. Sinnvoll erscheint eine Vereinbarung, wonach **der Versorgungsträger** in bestimmten Intervallen den Arbeitnehmer über die Höhe der Anwartschaft unterrichtet.

Typ 11: Rentenauskunft

Die Unterstützungskasse teilt dem Arbeitnehmer jährlich die Höhe der zu erwartenden Altersrente mit.

Ein solches Informationsrecht besteht zwar bereits auf gesetzlicher Grundlage. § 4a BetrAVG verschafft dem Arbeitnehmer allerdings nur im Fall eines „berechtigten Interesses" einen Informationsanspruch gegen den Arbeitgeber und den Versorgungsträger, so dass eine darüber hinausgehende Pflicht zur Auskunft in bestimmten Abständen weiterhin sinnvoll sein kann.

27

2000 – 3 AZR 605/95, AP Nr. 116 zu § 611 BGB Fürsorgepflicht; v. 11.12.2001 – 3 AZR 339/00, AP Nr. 2 zu § 1 BetrAVG Auskunft.
1 Blomeyer/Rolfs/Otto/*Rolfs*, BetrAVG, § 1a Rz. 13ff.
2 Blomeyer/Rolfs/Otto/*Rolfs*, BetrAVG, § 1a Rz. 15.
3 Vgl. BAG v. 21.11.2000 – 3 AZR 13/00, AP Nr. 1 zu § 1 BetrAVG Auskunft.

l) Datenschutz

28 Der Arbeitnehmer muss sich damit einverstanden erklären, dass alle für die Durchführung der Entgeltumwandlung erforderlichen Daten an den Versorgungsträger übermittelt werden.

m) Leistung von Eigenbeiträgen

29 § 1 Abs. 2 Nr. 4 BetrAVG erkennt in bestimmten Fällen die Leistung von Eigenbeiträgen des Arbeitnehmers als betriebliche Altersversorgung an. Derartige Vereinbarungen folgen den Regeln über die Entgeltumwandlung, so dass auch ein Anspruch auf Leistung von Eigenbeiträgen besteht. Einzige Einschränkung dürfte sein, dass § 1a Abs. 2 BetrAVG sowohl für die Entgeltumwandlung als auch für die Leistung von Eigenbeiträgen gilt, so dass nicht beide Ansprüche nebeneinander stehen. Hinsichtlich der Vertragsgestaltung kann allerdings auf die Regeln zur Entgeltumwandlung verwiesen werden.

3. Muster einer Entgeltumwandlungsvereinbarung

30 Eine Abrede über die Entgeltumwandlung sollte jedenfalls die folgenden wesentlichen Vertragsbedingungen beinhalten:

Typ 12: Entgeltumwandlung

1. Die Parteien sind sich darüber einig, dass die/der Arbeitnehmer/in ab dem ... einen Teil ihres/seines Arbeitsentgelts zugunsten einer Versorgungszusage zum Zwecke der betrieblichen Altersversorgung umwandelt. Zu diesem Zwecke wird der Arbeitgeber mit [dem Versorgungsträger] einen [Lebensversicherungsvertrag im Tarif „X Classic"] abschließen und der/dem Arbeitnehmer/in hierin ein unwiderrufliches Bezugsrecht einräumen.

2. Folgende Entgeltbestandteile werden durch Beitragszahlungen an ... [den Versorgungsträger] vom ... [Datum] an in wertgleiche Anwartschaften auf betriebliche Altersversorgung umgewandelt:
   - laufendes Arbeitsentgelt im Umfang von ... Euro/ ... % der jährlichen Beitragsbemessungsgrenze
   - vermögenswirksame Leistungen im Umfang von ... Euro
   - Urlaubsgeld im Umfang von ... Euro
   - Weihnachtsgeld im Umfang von ... Euro
   - Sondervergütung im Umfang von ... Euro.

3. Die/Der Arbeitnehmer/in erhält nach näherer Maßgabe der Versicherungsbedingungen [des Pensionsplans]:
   - Altersrente ab dem auf das Erreichen der Regelaltersgrenze folgenden Monat.
   - Erwerbsminderungsrente, wenn durch Bescheid des zuständigen Rentenversicherungsträgers festgestellt ist, dass die/der Arbeitnehmer/in voll oder teilweise erwerbsgemindert im Sinne des § 43 SGB VI ist.

- Im Falle des Todes des Versicherten wird dem hinterbliebenen Ehegatten oder Lebenspartner und den minderjährigen Kindern der/des Versicherten eine Hinterbliebenenrente gezahlt.

4. Der Arbeitgeber ist verpflichtet, die Beiträge steuer- und beitragsfrei an ... [den Versorgungsträger] abzuführen, soweit und solange ein Anspruch auf Arbeitsentgelt besteht.

5. Die Überschüsse der Versicherung werden zur Verbesserung der Leistung verwendet. Im Fall der Beendigung des Arbeitsverhältnisses vor Eintritt des Versorgungsfalls hat die/der Arbeitnehmer/in das Recht, die Versicherung mit eigenen Beiträgen fortzuführen. Der Arbeitgeber ist nicht berechtigt, die Versorgungsanwartschaft für eigene Zwecke verwenden, insbesondere darf er sie nicht verpfänden, abtreten oder beleihen.

6. Die/Der Arbeitnehmer/in erklärt sich damit einverstanden, dass alle für die Durchführung seiner Entgeltumwandlung erforderlichen Daten an den Versorgungsträger übermittelt werden.

7. Der Versorgungsträger teilt der/dem Arbeitnehmer/in jährlich die Höhe der zu erwartenden Altersrente mit.

8. Alle betrieblichen Leistungen, für die das Bruttoeinkommen die Bemessungsgrundlage bildet, sowie die künftige Einkommensentwicklung sind von dieser Vereinbarung nicht betroffen.

9. Die/Der Arbeitnehmer/in ist an die Vereinbarung bis zum 31. Dezember 2016 gebunden. Die Vereinbarung verlängert sich automatisch um zwölf Monate, wenn die/der Arbeitnehmer/in nicht spätestens zwei Wochen vorher schriftlich die Änderung oder Beendigung der Vereinbarung verlangt.

F 10 Freistellung des Arbeitnehmers

	Rz.		Rz.
1. Einführung	1	b) Freistellung im gekündigten Arbeitsverhältnis	19
a) Möglichkeit zur Freistellung ohne vertragliche Vereinbarung	3	c) Vereinbarungen zur Anrechnung anderweitigen Verdienstes und Resturlaub	26
b) Individualvereinbarungen bei konkretem Anlass	7	3. Sozialrechtliche Konsequenzen	30
c) Vorformulierte antizipierte Freistellungsbefugnis	8	a) Freistellung im ungekündigten Arbeitsverhältnis	30
2. Hinweise zur Vertragsgestaltung	10	b) Freistellung im gekündigten Arbeitsverhältnis	34
a) Freistellung im ungekündigten Vertragsverhältnis	10		

Schrifttum:
Bauer, „Spielregeln" für die Freistellung von Arbeitnehmern, NZA 2007, 409; *Bauer/Arnold*, Urlaub und Freistellung bei Beendigung von Arbeitsverhältnissen, in Festschrift für Leinemann, 2006, S. 155; *Bergwitz*, Beschäftigungsverhältnis bei Freistellung, NZA 2009, 519; *Buchner*, Beschäftigungspflicht, 1989; *Fischer*, Die formularmäßige Abbedingung des Beschäftigungsanspruchs des Arbeitnehmers während der Kündigungsfrist, NZA 2004, 233; *Gagel*, Probleme um Anfang und Ende des Beschäftigungsverhältnisses, der Mitgliedschaft und der Beitragspflicht, SGb 1985, 268; *Giesen/Ricken*, Unfallversicherung und unwiderrufliche Freistellung zum Ende des Beschäftigungsverhältnisses, NZA 2011, 336; *Greiner*, Statusbegriff und Vertragsfreiheit im Arbeits- und Sozialversicherungsrecht, insbesondere im Falle der Freistellung von der Arbeitsleistung, NZS 2009, 657; *Hanau/Greiner*, Arbeitsmarktpolitik und Sozialrecht, Festschrift für Gagel, 2011, S. 103; *Hanau/Peters-Lange*, Schnittstellen von Arbeits- und Sozialrecht, NZA 1998, 785; *Hoß/Lohr*, Die Freistellung des Arbeitnehmers, BB 1998, 2575; *Kock/Fandel*, Unwiderrufliche Freistellung bis zum Ende des Arbeitsverhältnisses, DB 2009, 2321; *Kramer*, Gestaltung einer Freistellung von der Arbeit, DB 2008, 2538; *Leßmann*, Die Abdingbarkeit des Beschäftigungsanspruchs im unstreitigen und streitigen Arbeitsverhältnis, RdA 1988, 149; *Lindemann/Simon*, Die Freistellung von der Arbeitspflicht – neue Risiken und Nebenwirkungen, BB 2005, 2462; *Luckey*, Suspendierung und Schmerzensgeldanspruch des Arbeitnehmers, NZA 1992, 873; *Meyer*, Der Freistellungsvertrag, NZA 2011, 1249; *Nägele*, Freistellung und anderweitiger Erwerb, NZA 2008, 1039; *Pallasch*, Der Beschäftigungsanspruch des Arbeitnehmers, 1993; *Rolfs/Witschen*, Beschäftigung und Freistellung bei flexibler Arbeitszeit – der neue § 7 Abs. 1a Satz 2 SGB IV, NZS 2012, 241; *Rolfs/Witschen*, Keine Beschäftigung ohne Arbeit?, NZA 2011, 881; *Ruhl/Kassebohm*, Der Beschäftigungsanspruch des Arbeitnehmers, NZA 1995, 497; *Schlegel*, Versicherungs- und Beitragspflicht bei Freistellung von der Arbeit, NZA 2005, 972.

1. Einführung

1   Ob und inwieweit der Arbeitnehmer im ungekündigten oder gekündigten Arbeitsverhältnis durch einseitige Erklärung des Arbeitgebers freigestellt werden kann (**Suspendierung**), ist unklar und umstritten. Durch die einseitige Freistellung wird der durch die Rechtsprechung anerkannte **Beschäftigungsanspruch des Arbeitnehmers** berührt.

2   In der Vertragspraxis außerordentlich verbreitet sind vorformulierte Freistellungsklauseln, die dem Arbeitgeber jederzeit – oder nach Ausspruch einer Kündigung bis zum Ablauf der Kündigungsfrist bzw. zum rechtskräftigen Abschluss des Kündi-

gungsschutzverfahrens – das Recht einräumen, den Arbeitnehmer unter Fortzahlung der Bezüge von der Arbeit freizustellen.

a) Möglichkeit zur Freistellung ohne vertragliche Vereinbarung

Ausgangspunkt der Bewertung entsprechender Vertragsgestaltungen ist, dass dem Arbeitnehmer nach der Rechtsprechung des BAG[1] **grundsätzlich ein Anspruch auf vertragsgemäße Beschäftigung** zusteht. Dieser allgemeine Beschäftigungsanspruch, der neben dem gesetzlichen Weiterbeschäftigungsanspruch nach § 102 Abs. 5 BetrVG steht, hat nach einem Beschluss des Großen Senats des BAG[2] seine Grundlage im Arbeitsvertrag selbst. Er sei aus §§ 611, 613 i.V.m. § 242 BGB abzuleiten. Die Generalklausel des § 242 BGB werde dabei durch die Wertentscheidungen der Art. 1 und 2 GG („allgemeines Persönlichkeitsrecht") ausgefüllt.

Der Arbeitgeber ist indes nach der Rechtsprechung des BAG[3] bei Vorliegen eines das Beschäftigungsinteresse des Arbeitnehmers **überwiegenden, besonders schutzwürdigen Interesses**, das regelmäßig nur für einen kurzen Zeitraum anerkannt werden kann,[4] zu einer **Suspendierung** des Arbeitnehmers **berechtigt**. Eine Freistellung kann insoweit insbesondere unter den Voraussetzungen des § 626 BGB als vorübergehendes milderes Mittel zur Vermeidung einer sofortigen außerordentlichen Kündigung zulässig sein.[5]

Die unberechtigte Suspendierung führt zu einem Annahmeverzug des Arbeitgebers und somit zu einem Fortbestehen des Vergütungsanspruchs gemäß § 615 BGB.[6] Zudem kann sich der Arbeitgeber gegenüber dem Arbeitnehmer schadensersatzpflichtig machen.[7] Selbst im Falle berechtigter einseitiger Suspendierung behält der Arbeitnehmer **in aller Regel den Vergütungsanspruch**.[8] Mit der Freistellung bringt der Arbeitgeber regelmäßig zum Ausdruck, dass er die Vergütungsansprüche auch ohne Arbeitsleistung erfüllt. Eine rechtswidrige Freistellung hat lediglich zur Folge, dass der Arbeitnehmer weiterhin einen Beschäftigungsanspruch hat.[9] Dem Arbeitgeber bleibt insoweit grundsätzlich nur die Wahl zwischen einer Freistellung unter Fortzahlung der Vergütung und einer Kündigung.[10] Durch die einseitige Freistellung des Arbeitnehmers von der Arbeitspflicht tritt Annahmeverzug nach § 615 BGB nur dann nicht ein, wenn durch die Freistellung Urlaubsansprüche erfüllt wer-

---

1 BAG v. 10.11.1955 – 2 AZR 591/54, AP Nr. 2 zu § 611 BGB Beschäftigungspflicht; BAG GS v. 27.2.1985 – GS 1/84, AP Nr. 14 zu § 611 BGB Beschäftigungspflicht.
2 BAG GS v. 27.2.1985 – GS 1/84, AP Nr. 14 zu § 611 BGB Beschäftigungspflicht.
3 BAG v. 15.6.1972 – 2 AZR 345/71, AP Nr. 7 zu § 628 BGB; v. 19.8.1976 – 3 AZR 173/75, AP Nr. 4 zu § 611 BGB Beschäftigungspflicht; BAG GS v. 27.2.1985 – GS 1/84, AP Nr. 14 zu § 611 BGB Beschäftigungspflicht.
4 Vgl. BAG v. 10.11.1955 – 2 AZR 591/54, AP Nr. 2 zu § 611 BGB Beschäftigungspflicht.
5 Vgl. *Preis*, Vertragsgestaltung, S. 462f.
6 BAG v. 23.9.2009 – 5 AZR 518/08, NZA 2010, 781. Dies umfasst auch, soweit vereinbart, eine zumindest anteilige erfolgsabhängige Vergütung auf Basis einer prognostizierbaren Zielerreichung, vgl. *Behrens/Rinsdorf*, NZA 2006, 830 (833).
7 *Luckey*, NZA 1992, 873 (876); *Luckey* (a.a.O., 876f.) führt zudem aus, dass dem Arbeitnehmer unter Umständen sogar ein Anspruch auf Schmerzensgeld zustehen könne.
8 Vgl. BAG v. 10.11.1955 – 2 AZR 591/54, AP Nr. 2 zu § 611 BGB Beschäftigungspflicht; LAG Hamm v. 5.5.1975 – 2 Sa 232/75, DB 1975, 1131.
9 BAG v. 16.7.2013 – 9 AZR 50/12.
10 Vgl. HzA/*Künzl*, Teilbereich 5 Gruppe 1, Rz. 1682; *Luckey*, NZA 1992, 873 (875).

den sollen. Dies muss der Arbeitgeber hinreichend klarstellen und den Urlaubszeitraum konkret festlegen. Lässt die Erklärung den Zeitraum nicht erkennen, wird der Urlaubsanspruch nicht erfüllt. Die Differenzierung ist erforderlich, weil bei der Freistellung zu anderen Zwecken § 615 BGB greift.[1] Erfolgt die Freistellung nicht zur Erfüllung von Urlaubsansprüchen, kann bei Freistellung zu anderen Zwecken auch ohne gesonderte Vereinbarung die Anrechnung auf den Zwischenverdienst (§ 615 Satz 2 BGB) erfolgen.[2]

6 Es kann aber auch seltene **Ausnahmefälle** geben, in denen das vertragswidrige Verhalten des Arbeitnehmers so schwerwiegend ist, dass dem Arbeitgeber die Annahme der Arbeitsleistung schlechthin unzumutbar ist. Dann handelt es sich nicht mehr um ein ordnungsgemäßes Angebot des Arbeitnehmers. Der Vergütungsanspruch entfällt. Das BAG[3] hat dies in einer frühen, einmalig gebliebenen Entscheidung angenommen, wenn bei der Annahme der angebotenen Leistung Leib und Leben, Freiheit, Gesundheit, Ehre, andere Persönlichkeitsrechte oder Eigentum des Arbeitgebers unmittelbar und nachhaltig gefährdet würden. Ebenso entfällt der Vergütungsanspruch, sofern der Arbeitnehmer während der Freistellung länger als sechs Wochen arbeitsunfähig erkrankt, da ein Annahmeverzug die Leistungsfähigkeit des Arbeitnehmers gemäß § 297 BGB voraussetzt und ein arbeitgeberseitiger Wille zur Zahlung von Entgeltfortzahlung über den gesetzlichen Zeitraum des § 3 Abs. 1 EFZG hinaus nur bei ausdrücklicher Vereinbarung angenommen werden kann.[4]

b) Individualvereinbarungen bei konkretem Anlass

7 Beim Beschäftigungsanspruch des Arbeitnehmers handelt es sich um einen dispositiven, d.h. einer Vereinbarung zugänglichen Anspruch.[5] Die bei **konkretem Anlass getroffene Vereinbarung** einer Suspendierung des Arbeitnehmers bei Fortzahlung der Vergütung kann mithin **nicht problematisch** sein. Die Individualvereinbarung aus einem bestehenden Arbeitsverhältnis heraus ist – in den Grenzen des § 138 BGB – zu respektieren.[6] Das ergibt sich schon aus der Zulässigkeit von → *Aufhebungsverträgen*, II A 100. Das BAG[7] hat zudem ausgeführt, dass es sich bei einer Freistellung mangels Zuweisung eines anderen Arbeitsbereichs nicht um eine nach § 99 BetrVG mitbestimmungspflichtige Versetzung i.S.d. § 95 Abs. 3 Satz 1 BetrVG handelt.

---

1 BAG v. 14.5.2013 – 9 AZR 760/11, DB 2013, 2155.
2 BAG v. 19.3.2002 – 9 AZR 16/01, EzA BGB § 615 Nr. 108.
3 BAG GS v. 26.4.1956 – GS 1/56, AP Nr. 5 zu § 9 MuSchG; bestätigt durch BAG v. 29.10.1987 – 2 AZR 144/87, NZA 1988, 465.
4 BAG v. 23.1.2008 – 5 AZR 393/07, NZA 2008, 595; HzA/*Künzl*, Teilbereich 5 Gruppe 1, Rz. 1682/3.
5 MünchArbR/*Reichold*, § 84 Rz. 10; *Bram*, HAS, § 9 B Rz. 47; *Hoß/Lohr*, BB 1998, 2575; *Leßmann*, RdA 1988, 149 (152); *Schukai*, DB 1986, 482.
6 Statt vieler: *Küttner/Kania*, Personalbuch 2014, Beschäftigungsanspruch, Rz. 5; vgl. bereits BAG v. 10.11.1955 – 2 AZR 591/54, AP Nr. 2 zu § 611 BGB Beschäftigungspflicht.
7 BAG v. 28.3.2000 – 1 ABR 17/99, DB 2000, 2176; das BAG musste sich zwar insoweit nur mit einer Freistellung während der Kündigungsfrist auseinander setzen, doch sind die Ausführungen entsprechend auch auf eine Freistellung im ungekündigten Arbeitsverhältnis übertragbar; s.a. *Sibben*, NZA 1998, 1267 ff., der den Streitstand vor der Entscheidung des BAG darstellt und selbst auch eine Mitbestimmungspflicht ablehnt; a.A. etwa ArbG Wesel v. 7.1.1998 – 3 Ca 3942/97, BB 1998, 644.

c) Vorformulierte antizipierte Freistellungsbefugnis

Fraglich ist, ob und wenn ja, in welchen Grenzen die in einem vorformulierten Arbeitsvertrag **antizipierte Freistellungsbefugnis** für den „Fall der Fälle" einer **Inhaltskontrolle** standhält.[1] Mit der Bejahung der prinzipiellen Dispositivität des Beschäftigungsanspruchs ist diese Problematik noch nicht gelöst.[2]

Zumeist werden derartige Freistellungsbefugnisse an keine weiteren Gründe gebunden. Bei der Pflicht zur vertragsgemäßen Beschäftigung handelt es sich indes um eine Hauptleistungspflicht des Arbeitgebers aus dem Arbeitsverhältnis, zumindest aber um eine klagbare Nebenleistungspflicht,[3] die eng mit den Hauptleistungspflichten zusammenhängt. Von derartigen Pflichten kann sich der Arbeitgeber nicht von vornherein einschränkungslos – und womöglich formularmäßig – freizeichnen. Das Recht des Arbeitnehmers, seinen Beschäftigungsanspruch in einer konkreten Situation geltend zu machen, wird durch einen generellen (formularmäßigen) Vorausverzicht unangemessen i.S.d. § 307 Abs. 1 BGB eingeschränkt.[4] Der Beschäftigungsanspruch des Arbeitnehmers, dessen Grundlage im Gesetz §§ 611, 613 BGB i.V.m. § 242 BGB, Art. 1 und 2 GG bilden, ist insofern als gesetzliches Leitbild i.S.v. § 307 Abs. 2 Nr. 1 BGB[5] oder als gemäß § 307 Abs. 2 Nr. 2 BGB zu beachtende Kardinalpflicht[6] zu berücksichtigen. Die Grundentscheidungen des BAG würden ansonsten konterkariert. Eine antizipierte Freistellungsbefugnis kann somit allenfalls bei Vorliegen sachlicher, ggf. wichtiger Gründe Bestand haben.[7] Zu erwägen ist indes, ob nicht bei Führungskräften i.S.d. § 14 Abs. 2 KSchG der Beschäftigungsanspruch generell geringer zu veranschlagen ist, weil der Gesetzgeber bei dieser Arbeitnehmergruppe den Bestandsschutz schwächer ausgestaltet hat. Dies kann aber nicht für die Freistellung im bestehenden, sondern allenfalls im gekündigten Arbeitsverhältnis angenommen werden.[8] Nach Ansicht des ArbG Berlin[9] ist eine Freistellungsklausel jedoch auch bei Führungskräften nicht generell zulässig, sondern die besondere Situation nur im Rahmen der Prüfung des besonderen

---

1 Vgl. Küttner/*Kania*, Personalbuch 2014, Beschäftigungsanspruch, Rz. 5; vgl. *Leßmann*, RdA 1988, 149 (157 f.).
2 *Buchner*, Beschäftigungspflicht, S. 22 f.; *Leßmann*, RdA 1988, 149 (150).
3 So *Leßmann*, RdA 1988, 149 (151); ErfK/*Preis*, § 611 BGB Rz. 564.
4 So auch LAG Hess. 14.3.2011 – 16 Sa 1677/10, NZA-RR 2011, 419; LAG München v. 7.5.2003 – 5 Sa 297/03, LAGE § 307 BGB 2002 Nr. 2; ArbG Frankfurt a.M. v. 19.11.2003 – 2 Ga 251/03, NZA-RR 2004, 409; ArbG Berlin v. 4.2.2005 – 9 Ga 1155/05, EzA-SD 8/2005, 11; ArbG Stuttgart v. 18.3.2005 – 26 Ga 4/05, EzA-SD 14/2005, 8; *Hunold*, NZA-RR 2006, 113 (118); a.A. wohl *Frey*, Arbeitsrechtliche Fehler, S. 193.
5 LAG München v. 7.5.2003 – 5 Sa 297/03, LAGE § 307 BGB 2002 Nr. 2; ArbG Berlin v. 4.2.2005 – 9 Ga 1155/05, EzA-SD 8/2005, 11; *Bauer*, NZA 2007, 409 (412).
6 ErfK/*Preis*, § 611 BGB Rz. 570.
7 Küttner/*Kania*, Personalbuch 2014, Beschäftigungsanspruch, Rz. 5; differenzierend zwischen gekündigtem und ungekündigtem Arbeitsverhältnis *Kramer*, DB 2008, 2538 (2541). Während das BAG auf das Vorliegen von „sachlichen" Gründen abstellt (vgl. BAG v. 19.8.1976 – 3 AZR 173/75, DB 1976, 2308), fordert die Instanzrechtsprechung teilweise das Eingreifen von „wichtigen" Gründen i.S.v. § 626 Abs. 1 BGB, so etwa LAG Köln v. 20.3.2001 – 6 Ta 46/01, LAGE § 611 BGB Beschäftigungspflicht Nr. 44.
8 *Luckey*, NZA 1992, 875, weist insoweit zu Recht darauf hin, dass gerade leitende Angestellte i.d.R. ein besonderes Interesse an einer tatsächlichen Beschäftigung haben.
9 ArbG Berlin v. 4.2.2005 – 9 Ga 1155/05, EzA-SD 8/2005, 11; ebenso *Fischer*, NZA 2004, 233 (236); Küttner/*Kreitner*, Personalbuch 2014, Freistellung von der Arbeit, Rz. 17.

Freistellungsinteresses zu berücksichtigen. Anders sieht dies das ArbG Frankfurt,[1] welches eine generelle Freistellungsklausel ab dem Kündigungsausspruch im Falle eines Bankangestellten in leitender Position als wirksam erachtet.

2. Hinweise zur Vertragsgestaltung

a) Freistellung im ungekündigten Vertragsverhältnis

10 Durchgreifende Wirksamkeitsbedenken bestehen nach den obigen Ausführungen insbesondere gegen die folgenden verbreiteten Klauseln, die nicht einmal im Ansatz ein gewichtiges Arbeitgeberinteresse zur Rechtfertigung voraussetzen:

⊃ **Nicht geeignet:**
  a) Nach dem Ermessen des Personalleiters können Sie ohne Anspruch auf Beschäftigung beurlaubt werden.
  b) Die Firma ist jederzeit berechtigt, den/die Mitarbeiter/in unter Fortzahlung der Bezüge von der Arbeit freizustellen. In diesem Fall hat der/die Mitarbeiter/in der Firma seinen/ihren Aufenthaltsort während der üblichen Arbeitszeit mitzuteilen und sich für Rückfragen der Firma zur Verfügung zu halten. Die Freistellung durch die Firma ist widerrufbar.
  c) Die Firma ist jederzeit berechtigt, zeitweise oder dauernd auf die Dienste des/der Mitarbeiters/in zu verzichten, ohne dass sich im Übrigen das Vertragsverhältnis ändert. Auch während der Freistellung bleibt die Aufnahme jeder selbständigen oder nicht selbständigen Tätigkeit zustimmungspflichtig. Einkünfte aus solchen Tätigkeiten mindern die Bezüge und sind offen zu legen.

11 Das BAG erkennt allerdings an, dass der allgemeine Beschäftigungsanspruch des Arbeitnehmers dann zurückstehen muss, wenn überwiegende **schutzwerte Interessen des Arbeitgebers** entgegenstehen. Dies können im Einzelnen sein:[2]
  – Wegfall der Vertrauensgrundlage,
  – fehlende Einsatzmöglichkeit (Auftragsmangel; Betriebsstilllegung),
  – Gefahr des Geheimnisverrats,
  – ansteckende Krankheit des Arbeitnehmers,
  – ggf. Verdacht strafbarer Handlungen,
  – unzumutbare wirtschaftliche Belastung sowie
  – alle Gründe, die eine fristlose Entlassung rechtfertigen würden.

12 Zu untersuchen ist, welche Konsequenzen diese dem Beschäftigungsanspruch entgegenstehenden Interessen für die Vertragsgestaltung haben. Die Freistellungsklauseln sind **einseitige Bestimmungsklauseln**. Als solche müssen sie so **konkret** wie möglich die **Voraussetzungen benennen**, unter denen von ihnen Gebrauch gemacht werden kann.[3] Das BAG will offenbar bei besonders sensiblen Gründen die Befugnis zur Freistellung nicht verweigern. Entsprechende Freistellungsgründe könnten typisierend auch in den Vertragsklauseln genannt werden (z.B. Störung des Vertrau-

---

[1] ArbG Frankfurt v. 22.9.2005 – 19 Ga 199/05, BB 2006, 1915.
[2] Vgl. BAG GS v. 27.2.1985 – GS 1/84, AP Nr. 14 zu § 611 BGB Beschäftigungspflicht; *Luckey*, NZA 1992, 873 (874 f.); *Ruhl/Kassebohm*, NZA 1995, 497 (501) m.w.N.
[3] Hierzu *Preis*, Vertragsgestaltung, § 7 VIII 3.

ensverhältnisses, Verdacht strafbarer Handlungen, grobe Vertragsverstöße). Eine Kasuistik der rechtfertigenden Gründe ist indes ebenso wie bei den Kündigungsgründen nicht möglich und würde unzumutbare Anforderungen an eine wirksame Vertragsgestaltung stellen. Ist die **Freistellungsbefugnis jedoch auf besonders zentrale Fälle beschränkt**, die das Arbeitgeberinteresse nachhaltig berühren, dann wird sowohl dem **Gebot transparenter Vertragsgestaltung** als auch den Richtlinien des BAG Rechnung getragen.

Ein weiterer in der Praxis verwendeter Klauseltyp weist folgenden Wortlaut auf: 13

⊃ **Nicht geeignet:**
Nach Beratung mit dem Betriebsrat ist die Gesellschaft berechtigt, aus besonderen Gründen unter Fortzahlung des Arbeitsentgelts auf die Dienstleistung des Mitarbeiters zu verzichten.

Dieser Klauseltyp spricht vage von „besonderen Gründen". Doch wird der Mitarbeiter in gewisser Weise dadurch geschützt, dass die Freistellung nur im Einvernehmen mit dem Betriebsrat erfolgen kann. Freilich wird der prinzipielle Beschäftigungsanspruch des Arbeitnehmers nicht dadurch relativiert, dass sich Arbeitgeber und Betriebsrat einig sind. 14

Zu empfehlen ist die Wahl einer konkreteren Klauselfassung, die folgenden Wortlaut aufweisen könnte:[1] 15

Typ 1: Freistellung im ungekündigten Arbeitsverhältnis

Die Firma ist berechtigt, den Mitarbeiter unter Fortzahlung der Bezüge vorübergehend von der Arbeit freizustellen, wenn ein sachlicher Grund, insbesondere ein grober Vertragsverstoß, der die Vertrauensgrundlage beeinträchtigt (z.B. Geheimnisverrat, Konkurrenztätigkeit), gegeben ist.

Eine derartige Klausel dürfte mit der Bezugnahme auf grobe, die Vertrauensgrundlage beeinträchtigende Vertragsverstöße die für die Praxis wichtigsten Fälle abdecken. Hiervon umfasst sind insbesondere der Geheimnisverrat und die verbotene Konkurrenztätigkeit. Andere sachliche Gründe (vgl. Rz. 11) dürften lediglich in Ausnahmefällen in Betracht kommen. Dies gilt vor allem für die wirtschaftliche Unzumutbarkeit der Beschäftigung für den Arbeitgeber. Nicht berücksichtigt werden kann insoweit die Lohnzahlungspflicht des Arbeitgebers, weil diese auch bei einer Freistellung fortbesteht. Lediglich dann, wenn die Arbeitsleistung für den Arbeitgeber keinen wirtschaftlichen Nutzen bringt, sondern allein zu zusätzlichen Kosten führt, kann eine Freistellung ausnahmsweise zulässig sein.[2] Schon eher dürfte eine Freistellung aufgrund fehlender Beschäftigungsmöglichkeit – etwa wegen Auftragsmangels – in Betracht kommen. Weitere Ausnahmefälle, die ggf. eine Freistellung rechtfertigen können, sind das Vorliegen einer ansteckenden Krankheit beim Arbeitnehmer sowie der Verdacht der Begehung einer strafbaren Handlung.[3] 16

---
1 Ähnlich *Fröhlich*, ArbRB 2006, 84 (85).
2 *Hoß/Lohr*, BB 1998, 2575 (2576).
3 *Luckey*, NZA 1992, 873 (875).

Sollte ein solcher Ausnahmefall gegeben sein, wird durch die obige Vertragsgestaltung eine Suspendierung nicht ausgeschlossen („insbesondere").

17 Fraglich ist, ob der Arbeitgeber durch Aufführen bestimmter Gründe in der Freistellungsbefugnis den **Rahmen zulässiger Freistellungen erweitern** oder hierdurch nur die ohnehin bestehende Rechtslage wiedergeben kann.[1] Jedenfalls erscheint der Arbeitnehmer insoweit weniger schutzwürdig, wenn er aufgrund einer vertraglichen Regelung Kenntnis davon hat, welches Verhalten eine Suspendierung mit sich bringen könnte. Aus denselben Gründen, die gegen die Wirksamkeit eines gänzlichen Vorabverzichts auf den Beschäftigungsanspruch sprechen, wird man aber auch die Möglichkeit der Regelung von Freistellungsbefugnissen außerhalb des ohnehin zulässigen Bereichs auf Fälle zu beschränken haben, die sich im Grenzbereich zum sachlichen Grund befinden und deren Bewertung durch ein Gericht ungewiss wäre.

18 Dass im Einzelfall noch die **konkrete Ausübung** des Bestimmungsrechts nach § 315 Abs. 1 BGB **überprüfbar** bleibt, steht auf einem anderen Blatt. Dies erfordert eine Abwägung der beiderseitigen Interessen im Einzelfall.[2] Je präziser jedoch die Freistellungsgründe gefasst sind, umso weniger Raum bleibt für die Ausübungskontrolle.

b) Freistellung im gekündigten Arbeitsverhältnis

19 Für den Fall bereits **gekündigter Arbeitsverhältnisse** stellt sich die Rechtslage bei den insoweit verbreiteten Freistellungsklauseln anders dar, weil der Große Senat[3] davon ausgeht, dass sich die Interessenlage beim gekündigten Arbeitsverhältnis verändere. Nur unter den Voraussetzungen der **offensichtlichen Unwirksamkeit der Kündigung** bzw. nach **gewonnener erster Instanz** gesteht der Große Senat einen **vorläufigen Weiterbeschäftigungsanspruch** zu.

20 Dieser vorläufige Weiterbeschäftigungsanspruch des Arbeitnehmers darf aber wiederum nicht durch eine entsprechende Vertragsgestaltung unterlaufen werden. Mit der Zielrichtung der Entscheidung des Großen Senats wäre dies nicht zu vereinbaren. Der vorläufige Weiterbeschäftigungsanspruch während des Kündigungsrechtsstreits ist schließlich gerade dazu entwickelt worden, um die Entfremdung von Mitarbeiter und Betrieb nicht zu groß werden zu lassen. Der allgemeine Weiterbeschäftigungsanspruch ist insoweit Teil des Kündigungsschutzes.[4] Ein **Verzicht** könne **frühestens nach der Kündigung** erfolgen (→ *Verzicht und Ausgleichsquittung*, II V 50). Bei offensichtlich unwirksamer Kündigung oder Obsiegen des Arbeitnehmers in der ersten Instanz ist davon auszugehen, dass sich die Rechtsprechungsgrundsätze gegenüber einer allgemeinen Freistellungsklausel in einem formularmäßigen Arbeitsvertrag durchsetzen. Dies führt zu einer begrenzten Wirkung allgemeiner Freistellungsklauseln.

---

1 Vgl. *Hoß/Lohr*, BB 1998, 2575, nach deren Ansicht bereits die Vereinbarung einer allgemeinen Freistellungsbefugnis – allerdings für den Bereich des gekündigten Arbeitsverhältnisses – den Rahmen erweitert.
2 Vgl. hierzu *Hunold*, NZA-RR 2006, 113 (118); *Kappenhagen*, FA 2007, 167 (170).
3 BAG GS v. 27.2.1985 – GS 1/84, AP Nr. 14 zu § 611 BGB Beschäftigungspflicht.
4 ErfK/*Preis*, § 611 BGB Rz. 569.

Mitunter[1] wird die Ansicht vertreten, dass die Vertragsparteien bereits im Anstellungsvertrag wirksam eine **Freistellungsbefugnis** des Arbeitgebers für den Zeitraum zwischen dem Ausspruch der Kündigung und dem Ablauf der **Kündigungsfrist** vereinbaren könnten, **ohne** dass diese auf Fälle eines **berechtigten Interesses des Arbeitgebers** beschränkt werden müsste. Diese Auffassung ist aber **zweifelhaft** und höchstrichterlich noch nicht geklärt. Zwar trifft es zu, dass der Große Senat des BAG während des Kündigungsschutzprozesses einen Weiterbeschäftigungsanspruch grundsätzlich erst ab einer für den Arbeitnehmer günstigen gerichtlichen Entscheidung erster Instanz anerkennt. Zu berücksichtigen ist indes, dass während des Laufs der Kündigungsfrist das reguläre Arbeitsverhältnis – und damit auch der allgemeine Beschäftigungsanspruch (vgl. Rz. 3) – noch besteht.[2] Es kann daher nicht davon ausgegangen werden, dass sofort nach Ausspruch der Kündigung ein Beschäftigungsinteresse und ein Beschäftigungsanspruch des Arbeitnehmers entfallen. Vielmehr sprechen die besseren Gründe dafür, eine einseitige **Freistellungsbefugnis** nur bei den vom BAG im Rahmen des ungekündigten Arbeitsverhältnisses verlangten **sachlichen Gründen** (vgl. Rz. 11) anzunehmen.[3] Mit diesen Einschränkungen sind Freistellungsklauseln für den Fall einer ausgesprochenen ordentlichen Kündigung – seitens des Arbeitgebers oder des Arbeitnehmers – wirksam, soweit die Bezüge fortgezahlt werden. 21

Bereits bei der Formulierung von Freistellungsklauseln sind die angeführten Einschränkungen zu berücksichtigen. Abgesehen werden sollte daher von Klauseln folgenden Typs: 22

◯ **Nicht geeignet:**
  a) Im Fall einer Kündigung wird der Arbeitnehmer für die Dauer der Kündigungsfrist unter Fortzahlung der Bezüge von der Arbeit freigestellt. Für diese Zeit ist die vereinbarte Vergütung (*oder:* Die Grundvergütung und die Durchschnittsprovision der letzten drei Monate) fortzuzahlen.

---

1 Vgl. ArbG Köln v. 9.5.1996 – 8 Ga 80/96, NZA-RR 1997, 186; LAG Hamm v. 3.2.2004 – 19 Sa 120/04, NZA-RR 2005, 358; ArbG Stralsund v. 11.8.2004 – 3 Ga 7/04, NZA-RR 2005, 23; LAG Rh.-Pf. v. 30.6.2005 – 12 Sa 99/05, n.v.; *Hoß/Lohr*, BB 1998, 2575; *Kappenhagen*, FA 2007, 167; *Küttner/Kreitner*, Personalbuch 2014, Freistellung von der Arbeit, Rz. 16; *Bauer*, NZA 2007, 409 (412) lässt den Fall der Kündigung hingegen als sachlichen bzw. besonderen Grund ausreichen. Die Entscheidung des LAG Köln v. 20.2.2006 – 14 (10) Sa 1394/05, NZA-RR 2006, 342, betrifft hingegen einen Sonderfall, da der Arbeitnehmer selbst die Freistellung wünschte. Infolgedessen wurde auf Wirksamkeitsbedenken bzgl. einer solchen Klausel nicht weiter eingegangen.
2 Vgl. BAG v. 19.8.1976 – 3 AZR 173/75, AP Nr. 4 zu § 611 BGB Beschäftigungspflicht; ArbG Leipzig v. 8.8.1996 – 18 Ga 37/96, BB 1997, 366; *Pallasch*, Der Beschäftigungsanspruch des Arbeitnehmers, S. 108 f.
3 So zu § 307 BGB LAG München v. 7.5.2003 – 5 Sa 297/03, LAGE § 307 BGB 2002 Nr. 2; ArbG Frankfurt a.M. v. 19.11.2003 – 2 Ga 251/03, NZA-RR 2004, 409; ArbG Berlin v. 4.2.2005 – 9 Ga 1155/05, EzA-SD 8/2005, 11; ArbG Stuttgart v. 18.3.2005 – 26 Ga 4/05, EzA-SD 14/2005, 8; auch das ArbG Köln v. 9.5.1996 – 8 Ga 80/96, NZA-RR 1997, 186 hat in der Entscheidung darauf verwiesen, dass die vereinbarte Freistellung sachlich begründet sei. *Hoß/Lohr*, BB 1998, 2575, haben angeführt, dass die Freistellung als solche billigem Ermessen i.S.d. § 315 BGB (jetzt § 106 GewO) entsprechen müsse, doch sei der Rahmen zulässiger Freistellungen weiter als bei Nichtvereinbarung einer Freistellungsbefugnis.

b) Der Arbeitgeber ist berechtigt, den Arbeitnehmer während der Kündigungsfrist von der Arbeit freizustellen. Dasselbe gilt ... Monate vor Beendigung des Arbeitsverhältnisses wegen Fristablaufs. In diesem Fall entfällt eine Verpflichtung der Firma zur tatsächlichen Beschäftigung. § 102 Abs. 5 BetrVG bleibt unberührt.

c) Der Arbeitgeber ist berechtigt, den Mitarbeiter mit Ausspruch der Kündigung – gleichgültig von welcher Seite – unter Fortzahlung der Bezüge von der Arbeitsleistung freizustellen.

23 Juristisch zumindest ungenau sind Klauseln des folgenden Typs, weil sie den allgemeinen Beschäftigungsanspruch, der auch während der Kündigungsfrist zum Tragen kommt (vgl. Rz. 21), nicht explizit erwähnen:

⊃ **Nicht geeignet:**

Die Firma kann den Mitarbeiter nach einer Kündigung unter Fortzahlung des Arbeitsentgelts freistellen, soweit ein Weiterbeschäftigungsanspruch nach Gesetz und Rechtsprechung nicht besteht.

24 Rechtlich unbedenklich, im Streitfall jedoch ohne materielle Bedeutung sind demgegenüber Klauseln des folgenden Typs, da diese letztlich dem Arbeitgeber keine Befugnis zur Freistellung vermitteln, sondern nur klarstellen sollen, dass der Arbeitgeber auf sein etwaiges Recht zur Freistellung nicht im Voraus verzichtet:

⊃ **Nicht geeignet:**

Wir behalten uns vor, Sie nach erfolgter Kündigung unter Fortzahlung der Bezüge und unter Anrechnung auf ihre Urlaubsansprüche von der Arbeit freizustellen.

25 Vorzugswürdig erscheint indes, die Gründe für die Freistellung bereits in der Vertragsklausel zu konkretisieren. Auch durch eine weite Klauselgestaltung kann der Vertragsgestalter der Rechtskontrolle nicht entrinnen. Entweder finden die Rechtsprechungsgrundsätze unmittelbar auf die Klausel Anwendung, oder die Freistellung selbst als einseitige Leistungsbestimmung des Arbeitgebers wird im Rahmen der Ausübungskontrolle auf Billigkeit überprüft.[1]

c) Vereinbarungen zur Anrechnung anderweitigen Verdienstes und Resturlaub

26 Auch bei wirksamer Freistellung müssen die Bezüge regelmäßig fortgezahlt werden, da der Arbeitgeber gemäß § 615 BGB in Annahmeverzug gerät. Durch die Freistellung verzichtet der Arbeitgeber auf das Angebot der Arbeitsleistung. Bei einer vertraglich vereinbarten Freistellung unter Fortzahlung der Vergütung ist zu beachten, dass eine Anwendung von § 615 BGB ausscheidet und damit auch eine Anrechnung anderweitigen Verdienstes gemäß § 615 Satz 2 BGB nicht erfolgen kann. Eine Anrechnung von Zwischenverdienst kommt dann nur in Betracht, wenn dies ausdrücklich vertraglich vorbehalten wurde.[2] Die Rechtsprechung wertet Freistellungsvereinbarung als Erlassvertrag nach § 397 BGB, der auch durch die konklu-

---

[1] In diesem Sinne *Bram*, HAS, § 9 B Rz. 47.
[2] BAG v. 9.3.2002 – 9 AZR 16/01, EzA BGB § 615 Nr. 108; s.a. BAG v. 30.9.1982 – 6 AZR 802/79; LAG Schl.-Holst. v. 22.12.2011 – 5 Sa 297/11, LAGE BGB 2002 § 615 Nr. 15.

dente Annahme der Erklärung des Arbeitgebers im Kündigungsschreiben zustande kommen kann.[1] Eine typische Formulierung lautet: „*Sie werden ab sofort unter Fortzahlung der vertragsgemäßen Vergütung und unter Anrechnung bestehender Urlaubsansprüche bis zum Ablauf der Kündigungsfrist von der Erbringung der Arbeitsleistung unwiderruflich freigestellt*". Das BAG hingegen meint, dass es bei der Vereinbarung einer bloßen Freistellung von der Arbeitspflicht für die Annahme, dass die Vergütung unabhängig von der Arbeitsfähigkeit fortgezahlt würde, einer ausdrücklichen Vereinbarung bedarf.[2]

Wie dem auch sei, ist jedenfalls bei der Vereinbarung einer Freistellung unter Fortzahlung der Vergütung zu entscheiden, ob die Parteien eine Anrechnung entsprechend § 615 Satz 2 BGB gleichwohl sicherstellen wollen. Dann müsste eine entsprechende Klausel ggf. zusätzlich aufgenommen werden (s. Typ 2). Dabei ist es anzuraten, sich auf die Fallgruppe des § 615 Satz 2 BGB zu beschränken, die den tatsächlich anderweitig erzielten Verdienst abschöpft. Die Alternative, dass auch anzurechnen ist, was der Mitarbeiter „zu erwerben böswillig unterlässt" (vgl. § 615 Satz 2 BGB) könnte die gesamte Freistellung, die unter Fortzahlung der Vergütung erfolgt, konterkarieren. Denn der Arbeitgeber könnte dann – entgegen der Intention der Klausel – dem Arbeitnehmer die Weiterarbeit anbieten und bei Ablehnung dem Arbeitnehmer böswilliges Unterlassen vorwerfen.

Gerechtfertigt und empfehlenswert ist es, auch die Zeit der **Freistellung auf den Resturlaub anzurechnen**, der ohnehin gewährt werden müsste.[3] Nach der Rechtsprechung des BAG ist der Urlaub im Rahmen eines gekündigten Arbeitsverhältnisses zudem grundsätzlich innerhalb der Kündigungsfrist zu nehmen.[4] Eine unangemessene Benachteiligung i.S.d. § 307 Abs. 1 Satz 1 BGB bzw. eine überraschende Klausel gemäß § 305c Abs. 1 BGB kann in der Anrechnung somit nicht gesehen werden.[5] Fehlt eine entsprechende Klausel, kann unter Umständen nach Beendigung des Arbeitsverhältnisses Anspruch auf Urlaubsabgeltung (§ 7 Abs. 4 BUrlG) bestehen. Zu beachten ist hingegen, dass eine **bloß widerrufliche Freistellung** nicht ausreicht, um einen Urlaubsanspruch zu erfüllen.[6] Der Arbeitnehmer kann nur dann seine Urlaubszeit nach seinen Vorstellungen frei nutzen und gestalten, wenn er nicht mit einer jederzeit möglichen Abrufung seiner Arbeitspflicht rechnen muss.[7] Nach dem Wegfall der sozialversicherungsrechtlichen Gründe für die Empfehlung einer bloß widerruflichen Freistellung (vgl. Rz. 34) liegt hierin nun ein entscheidender Grund, zukünftig Freistellungen unwiderruflich auszusprechen.[8] Der Arbeitsvertrag muss aber nicht

27

---

1 LAG Berlin-Brandenburg v. 24.8.2012 – 13 Sa 499/12, ZIP 2013, 44.
2 BAG v. 29.9.2004 – 5 AZR 99/04, NZA 2005, 104; v. 23.1.2008 – 5 AZR 393/07, NZA 2008, 1705.
3 *Hoß/Lohr*, BB 1998, 2575 (2579).
4 BAG v. 16.11.1968 – 5 AZR 90/68, AP Nr. 3 zu § 7 BUrlG Abgeltung; ArbG Stralsund v. 11.8.2004 – 3 Ga 7/04, NZA-RR 2005, 23.
5 LAG Köln v. 20.2.2006 – 14 (10) Sa 1394/05, NZA-RR 2006, 342.
6 BAG v. 19.5.2009 – 9 AZR 433/08, AP Nr. 41 zu § 7 BUrlG; *Kramer*, DB 2008, 2538 (2540); *Bauer*, NZA 2007, 409 (409).
7 Das BAG differenziert hier zwischen Urlaubs- und Freizeitausgleichsanspruch. Für die Anrechnung auf Letzteren soll bereits eine widerrufliche Freistellung ausreichen: BAG v. 19.5.2009 – 9 AZR 433/08, AP Nr. 41 zu § 7 BUrlG.
8 So auch *Kramer*, DB 2008, 2538 (2540) und *Bauer*, NZA 2007, 407 (410), der auch ein Kombinationsmodell aus widerruflicher und unwiderruflicher Freistellung als möglich ansieht.

vorab festlegen, ob die Freistellung im konkretem Fall widerruflich oder unwiderruflich erfolgt.

27a Vor dem Hintergrund möglicher **Urlaubsabgeltungsansprüche** ist ebenfalls zu berücksichtigen, dass eine Urlaubsgewährung wegen Krankheit des Arbeitnehmers ausscheidet (§ 9 BUrlG).[1] Der Arbeitnehmer kann zudem auch ausnahmsweise aus anderen persönlichen Gründen – etwa dem Tod eines nahen Angehörigen – zu einer Ablehnung der Urlaubsannahme berechtigt sein.[2] Weiterhin kann die Festlegung des Urlaubs während der Kündigungsfrist im Einzelfall für den Arbeitnehmer unzumutbar sein bzw. schützenswerte Interessen des Arbeitnehmers missachten, weil er etwa eine Urlaubsreise für einen späteren Zeitpunkt fest geplant oder er sich für die Zeit der Freistellung auf einen bereits vorher festgelegten Bildungsurlaub eingerichtet hat.[3] Die Festlegung des Urlaubs würde insoweit nicht mehr billigem Ermessen entsprechen. Jedenfalls aus Gründen der Klarstellung sollte dies aus Transparenzgründen bereits in die Formulierung der Freistellungsklausel eingehen. Dessen ungeachtet empfiehlt es sich, im Zeitpunkt der Freistellung die **Gewährung des Resturlaubs individuell zu vereinbaren**, um insoweit Rechtssicherheit herzustellen. Die Konkretisierung kann aber – denknotwendig – nicht vorweg im vorformulierten Arbeitsvertrag erfolgen.

28 Problematisch ist, ob die obigen Grundsätze für den gesetzlichen bzw. tariflichen und den individualvertraglich vereinbarten Urlaub gleichermaßen gelten. Das BAG[4] hat insoweit in einer Entscheidung zu einer Freistellungsklausel – allerdings nur in einem Randbereich – eine Differenzierung angedeutet. Möglicherweise ergibt sich hiernach beim individualvertraglichen Mehrurlaub ein weitergehender Spielraum zur Anrechnung. Um rechtliche Unwirksamkeitsprobleme auszuschließen, sollte die Klausel indes ohne Differenzierung nach der Rechtsgrundlage des Urlaubsanspruchs eine Berücksichtigung der persönlichen Belange des Arbeitnehmers vorsehen.

29 Zu beachten ist, dass eine Anrechnungspflicht des anderweitigen Verdienstes bzw. eine analoge Anwendung des § 615 Satz 2 BGB auf die Vergütungsfortzahlung ausscheidet, wenn der Arbeitnehmer im Zeitraum der Freistellung mit Vergütungsfortzahlung eine anderweitige Beschäftigung aufnimmt, was ihm grundsätzlich möglich ist.[5] Einzig die Tätigkeit für oder als Wettbewerber im Fall eines bestehenden Wettbewerbsverbots ist problematisch. Obwohl der Arbeitnehmer grundsätzlich

---

1 MünchArbR/*Düwell*, § 78 Rz. 45; laut EuGH v. 20.1.2009 – C 350/06, NZA 2009, 135 darf dem Arbeitnehmer auch bei ganzjähriger bzw. den gesamten Bezugs- und/oder Übertragungszeitraum dauernden Erkrankung einen Abgeltungsanspruch nicht (mehr) abgesprochen werden.
2 LAG Köln v. 20.2.2006 – 14 (10) Sa 1394/05, NZA-RR 2006, 342; MünchArbR/*Leinemann*, 2. Aufl. 2000, § 89 Rz. 47.
3 Küttner/*Röller*, Personalbuch 2014, Urlaubsgewährung, Rz. 17.
4 Vgl. BAG v. 22.9.1992 – 9 AZR 483/91, NZA 1993, 406.
5 BAG v. 30.9.1982 – 6 AZR 802/79, n.v.; v. 19.3.2002 – 9 AZR 16/01, BB 2002, 1703; ErfK/ *Preis*, § 611 BGB Rz. 571; a.A. BAG v. 6.2.1964 – 5 AZR 96/63, AP Nr. 24 zu § 615 BGB. Anders stellt sich dies jedoch bei unberechtigter Suspendierung dar, da diese Annahmeverzug begründet, so dass § 615 Satz 2 BGB mit seiner Anrechnungsverpflichtung Anwendung findet. Zu den rechtlichen Problemen einer Klausel zur Anrechnung anderweitiger Verdienste im Zeitraum der Freistellung vgl. ausf. *Schrader/Schubert*, NZA-RR 2005, 225 (233); *Nägele*, NZA 2008, 1039.

für die Dauer des Arbeitsverhältnisses diese Verbote zu beachten hat,[1] sieht das BAG in einer einseitigen Freistellung regelmäßig einen Verzicht des Arbeitgebers hierauf.[2] Sollte auf das Unterlassen von Wettbewerbstätigkeit auch für die Dauer einer Freistellung Wert gelegt werden, so empfiehlt sich ein Hinweis in der Klauselgestaltung.

Im Ergebnis erscheint somit eine Klausel des folgenden Typs zweckmäßig: 29a

Typ 2: Freistellung im gekündigten Arbeitsverhältnis

Die Firma ist berechtigt, den/die Mitarbeiter/in mit Ausspruch einer Kündigung – gleichgültig von welcher Seite – unter Fortzahlung der Bezüge (unwiderruflich) von der Arbeitsleistung freizustellen, wenn ein sachlicher Grund, insbesondere ein grober Vertragsverstoß, der die Vertrauensgrundlage beeinträchtigt (z.B. Geheimnisverrat, Konkurrenztätigkeit), gegeben ist. Die Freistellung erfolgt unter Anrechnung auf den Erholungsurlaub, soweit dem nicht die Arbeitsunfähigkeit (§ 9 BUrlG) oder sonstige schutzwürdige Belange des/der Mitarbeiter/in entgegenstehen. Während der Dauer der Freistellung hat der/die Mitarbeiter/in Tätigkeiten für und als Wettbewerber zu unterlassen.

(Ggf. zusätzlich: Auf die Fortzahlung der Bezüge ist anzurechnen, was der/die Mitarbeiter/in während der Freistellung durch anderweitige Verwendung seiner Arbeitskraft erwirbt.)

3. Sozialrechtliche Konsequenzen

a) Freistellung im ungekündigten Arbeitsverhältnis

Problematisch erscheint, ob eine Freistellung des Arbeitnehmers den Versicherungsschutz in der Sozialversicherung berührt. Dieser verlangt grundsätzlich eine „Beschäftigung gegen Entgelt" (vgl. § 7 Abs. 1 SGB IV i.V.m. §§ 25 Abs. 1 SGB III, 5 Abs. 1 Nr. 1 SGB V, 1 Abs. 1 Nr. 1 SGB VI, 20 Abs. 1 Satz 2 Nr. 1 SGB XI). § 7 Abs. 3 SGB IV erhält allenfalls für die Dauer eines Monats den Versicherungsschutz auch ohne Entgeltzahlung aufrecht, sofern das Beschäftigungsverhältnis fortdauert. Diese Vorschrift greift arbeitsrechtliche Beendigungstatbestände wie Kündigung oder Ablauf einer Befristung auf[3] und lässt demzufolge Arbeitsunterbrechungen ohne Anspruch auf Entgeltzahlung (z.B. wegen Arbeitskampfes, unbezahlten Urlaubs oder Freistellungsvereinbarung bei flexibler Arbeitszeitgestaltung[4]) für die Dauer eines Monats zu, ohne dass der sozialversicherungsrechtliche Schutz in Frage gestellt wäre. 30

Im Umkehrschluss ergibt sich, dass eine bloße Arbeitsunterbrechung unter Fortzahlung der Bezüge für den Fortbestand des sozialversicherungsrechtlichen Beschäftigungsverhältnisses grundsätzlich unschädlich ist. Das war seit jeher auch für Fälle der bezahlten Freistellung wegen Krankheit, Erholungsurlaub, zu Bildungszwecken oder auch zu vorübergehender unbezahlter Freistellung höchstrichterlich aner- 31

---

1 *Kramer*, DB 2008, 2538 (2540); *Bauer*, NZA 2007, 409 (410).
2 So z.B. BAG v. 6.9.2006 – 5 AZR 703/05, AP Nr. 118 zu § 615 BGB.
3 KassKomm/*Seewald*, § 7 SGB IV Rz. 182.
4 Einzelheiten → *Arbeitszeit*, II A 90 Rz. 178, 181.

kannt.[1] Die Rechtsprechung stellte hierfür neben der Entgeltfortzahlung maßgeblich auf den Willen der Arbeitsvertragsparteien zur Fortsetzung des Arbeitsverhältnisses nach der Freistellung ab.

32 Bereits seit Jahren zeigten sich die Sozialversicherungsträger gegenüber dieser Rechtsprechung ignorant, indem sie Arbeitnehmern bei einer mehr als einmonatigen Freistellung von der Arbeit den Beschäftigtenstatus absprachen.[2] Obwohl das BSG[3] an seiner bisherigen Rechtsprechung festhält und dies auch mit zwei Entscheidungen im Jahr 2008 zu erkennen gibt, halten die Sozialversicherungsträger dennoch an ihrer Ansicht fest. Mit Inkrafttreten des Flexi II-Gesetzes[4] bekehrten sich die Spitzenverbände der Sozialversicherungsträger mit einem Gemeinsamen Rundschreiben[5] vom 31.3.2009 erneut zu ihrer gängigen Auffassung. Danach sei der Fortbestand einer sozialversicherungsrechtlichen Beschäftigung bei einer vollständigen Freistellung von der Arbeit für einen Zeitraum von mehr als einem Monat (§ 7 Abs. 3 SGB IV) nur auf der Grundlage einer Wertguthabenvereinbarung gemäß § 7b SGB IV möglich. Zu Unrecht bringen die Sozialversicherungsträger die zeitlich nach den BSG Urteilen erfolgte Neufassung des § 7 Abs. 1a SGB IV dafür vor.[6] Die Norm hat jedoch lediglich eine klarstellende Funktion und ist somit keine Ausschlussklausel für sonstige Freistellungen.[7]

33 Für Zeiten der Freistellung des Arbeitnehmers ohne Vor- oder Nacharbeit bedeutet dies, dass trotz ruhender Pflicht zur Arbeitsleistung das Sozialversicherungsverhältnis aufrechterhalten bleibt, solange die Arbeitsvertragsparteien am Arbeitsvertrag festhalten und der Arbeitgeber das Arbeitsentgelt (unter Weiterentrichtung der Sozialversicherungsbeiträge) zahlt.[8] Einer tatsächlichen Beschäftigung bedarf es für das Bestehen des Versicherungsschutzes in diesen Fällen nicht.

b) Freistellung im gekündigten Arbeitsverhältnis

34 Im Unterschied zur vorübergehenden Freistellung folgt auf eine solche im gekündigten Arbeitsverhältnis keine Wiederaufnahme der Tätigkeit, sondern der Mitarbeiter scheidet endgültig aus. Sozialrechtlich brisant ist dieser Typus der Freistel-

---

1 BSG v. 21.6.1960 – 3 RK 71/57, BSGE 12, 190 (193 f.); v. 18.9.1973 – 12 RK 15/72, BSGE 36, 161; v. 12.11.1975 – 3/12 RK 8/74, BSGE 41, 24 (25 f.); v. 9.12.1975 – GS 1/75, BSGE 41, 41 (54 f.); v. 31.8.1976 – 12/3/12 RK 20/74, SozR 2200 § 1227 Nr. 4; v. 18.4.1991 – 7 RAr 106/90, BSGE 68, 236 ff.; dem folgend BAG v. 10.2.2004 – 9 AZR 401/02, NZA 2004, 606.
2 Erstmals vertreten im Jahr 2005: Besprechungsergebnis der Spitzenverbände über Fragen des gemeinsamen Beitragseinzugs zur Kranken-, Pflege-, Renten- und Arbeitslosenversicherung vom 5./6.7.2005; *Rolfs/Witschen*, NZS 2012, 241; ErfK/*Rolfs*, § 7 SGB IV Rz. 33.
3 BSG v. 24.9.2008 – B 12 KR 27/07 R, BSGE 101, 273; v. 24.9.2008 – B 12 KR 22/07 R, SozR 4-2400 § 7 Nr. 9.
4 Gesetz zur Verbesserung der Rahmenbedingungen für die Absicherung flexibler Arbeitszeitregelungen und zur Änderung anderer Gesetze vom 21.12.1998, BGBl. I, S. 2940.
5 Rundschreiben der Spitzenverbände „Sozialrechtliche Absicherung flexibler Arbeitszeitregelungen" S. 17 f., abrufbar unter: http://www.deutsche-rentenversicherung.de/Allgemein/de/Inhalt/2_Rente_Reha/01_rente/03_vor_der_rente/05_arbeitnehmer_mit_wertguthaben/03_downloads/03_rundschreiben/rs_sozialrechtliche_absicherung.html.
6 ErfK/*Rolfs*, § 7 SGB IV Rz. 33; *Giesen/Ricken* NZA 2011, 336.
7 *Hanau/Greiner*, FS Gagel, 2011, S.103; *Rolfs/Witschen*, NZA 2011, 881 ff.
8 So auch zum Fall der Untersuchungshaft BSG v. 18.4.1991 – 7 RAr 106/90, BSGE 68, 236 ff.; zu weiteren Fällen *Figge*, Sozialversicherungs-Handbuch Beitragsrecht, 2.2.6.

lung, weil das Arbeitsverhältnis zwar erst mit Ablauf der Freistellungsphase endet, der Arbeitnehmer aber bereits mit Eintritt in dieselbe beschäftigungslos wird. Besonders für den Versicherungszweig des SGB III erwächst hieraus die Problematik, ob diese Freistellung zu einer Sperrzeit nach § 159 Abs. 1 Satz 2 Nr. 1 Alt. 1 SGB III wegen Lösung des Beschäftigungsverhältnisses führt. Mit Urteil vom 25.4.2002 hat das BSG erstmalig Stellung zu der Thematik bezogen, wie sich eine einvernehmliche Freistellung in Bezug auf eine Sperrzeit nach § 159 Abs. 1 Satz 2 Nr. 1 Alt. 1 SGB III für den Arbeitslosengeldbezug auswirkt.[1] Der Senat hat eine Sperrzeit bejaht und den Anknüpfungszeitpunkt auf den Moment des Eintritts in die Freistellungsphase gelegt. Dies basiert auf der Überlegung des Gerichts, dass bei einer Freistellung zwischen dem fortlaufenden Arbeits- und dem beendeten Beschäftigungsverhältnis, welches durch faktische Nichtbeschäftigung gekennzeichnet sei, unterschieden werden müsse. Durch die Entscheidung blieb ungeklärt, ob für den Freistellungszeitraum Beiträge zur Sozialversicherung abzuführen sind. Im Zuge seiner neueren Rechtsprechung hat das BSG[2] diese Frage jedoch dahingehend beantwortet, dass unabhängig von der Widerruflichkeit ein die Sozialversicherungspflicht des Arbeitnehmers begründendes Beschäftigungsverhältnis für die gesamte Dauer der Freistellung aufrechterhalten bleibt. Das BSG unterscheidet insofern zwischen leistungs- und beitragsrechtlichem Beschäftigungsbegriff, indem es ausdrücklich nur für letzteren das faktische Beschäftigungselement zurücktreten lässt.[3] Mithin steht fest, dass in jedem Fall der Freistellung mit dem Beschäftigungsverhältnis im beitragsrechtlichen Sinne auch der Sozialversicherungsschutz des Arbeitnehmers fortbesteht.[4] Die bislang aufgrund bestehender Rechtsunsicherheiten dem Arbeitgeber anzuratende Beschränkung auf widerrufliche Freistellungen zur Umgehung der schwierigen Differenzierung zwischen einvernehmlicher und einseitiger unwiderruflicher Freistellung ist insoweit mithin obsolet geworden.[5]

Einzig mit Blick auf die mögliche Sperrzeit nach § 159 Abs. 1 Satz 2 Nr. 1 Alt. 1 SGB III ergeben sich noch Unterschiede. Für den Fall einer unwiderruflichen einvernehmlichen Freistellung hat das BSG mit Urteil vom 25.4.2002[6] entschieden, dass eine etwaige Sperrzeit zu Lasten des Arbeitnehmers nach § 159 Abs. 1 Nr. 1 Alt. 1 SGB III bereits ab dem Zeitpunkt der tatsächlichen Freistellung und unabhängig davon beginnt, ob dieser in der Freistellungsphase weiterhin Gehalt bezieht.[7] Denn die Beschäftigung im hier maßgeblichen leistungsrechtlichen Sinne sei gerade durch faktische Beschäftigungslosigkeit gekennzeichnet, deren Annahme im Freistellungsfall auch nicht durch das weiterbestehende Arbeitsverhältnis oder das Be-

---

1 BSG v. 25.4.2002 – B 11 AL 65/01 R, BSGE 89, 243 = NZA 2002, 1026; ferner BSG v. 18.12. 2003 – B 11 AL 35/03 R, BSGE 92, 74 = NZA 2004, 661. Dem folgend LSG Rh.-Pf. v. 21.6. 2007 – L 5 KR 231/06.
2 BSG v. 24.9.2008 – B 12 KK 22/07 R, AP Nr. 3 zu § 7 SGB IV = NZA-RR 2009, 272; v. 24.9. 2008 – B 12 KR 27/07 R, NZA-RR 2009, 269.
3 *Bergwitz*, NZA 2010, 518 (520); kritisch bzgl. der Unterscheidung *Greiner*, NZS 2009, 657 (661 ff.).
4 ErfK/*Rolfs*, § 7 SGB IV Rz. 31; *Kock/Fandel*, DB 2009, 2321 (2322); *Panzer*, NJW 2010, 11 (13); dem haben sich auch bereits die Sozialversicherungsträger nach dem Besprechungsergebnis vom 30/31.3.2009 angeschlossen.
5 *Greiner*, NZS 2009, 657 (662); *Bergwitz*, NZA 2010, 518 (520); *Panzer*, NJW 2010, 11 (14).
6 BSG v. 25.4.2002 – B 11 AL 65/01 R, BSGE 89, 243 = NZA 2002, 1026.
7 Eine Ausnahme hiervon wird nur für die Freistellungsphase einer Altersteilzeitvereinbarung als Blockmodell gemacht, BSG v. 21.7.2009 – B 7 AL 6/08 R, NZA-RR 2010, 323.

schäftigungsverhältnis im beitragsrechtlichen Sinne widerlegt werde.[1] Im Falle einer einseitigen unwiderruflichen Freistellung durch den Arbeitgeber fehlt hingegen eine für den Sperrzeittatbestand des § 159 Abs. 1 Satz 2 Nr. 1 Alt. 1 SGB III notwendige aktive Mitwirkungshandlung des Arbeitnehmers.[2] Bei einer bloß widerruflichen Freistellung muss letzterer hingegen stets mit einer erneuten Abrufung seiner Arbeitspflicht durch den Arbeitgeber rechnen, wodurch er nicht als faktisch beschäftigungslos und damit auch nicht als arbeitslos angesehen werden kann. Eine Sperrzeit wird in beiden Fällen nicht verhängt. Je nach gewählter Art der Freistellung muss der Arbeitnehmer also andere sozialrechtliche Verhaltensmuster befolgen. Dementsprechend sollten diese Aspekte bei der Wahl der Variante bedacht und eine Freistellungsklausel hinreichend deutlich formuliert werden.

36 Daneben muss der Arbeitnehmer bereits mit dem Beginn der Freistellungsphase Meldeobliegenheiten nach § 38 Abs. 1 SGB III beachten. § 38 Abs. 1 SGB III sieht eine einheitliche Frist von drei Monaten vor. Dies gilt unabhängig davon, welche individuelle Kündigungsfrist einschlägig ist oder ob ein befristetes Arbeitsverhältnis vorliegt. Nur wenn die Frist faktisch nicht einzuhalten ist, weil bspw. die Kündigungsfrist die drei Monate unterschreitet, gilt die Sonderregelung des § 38 Abs. 1 Satz 2 SGB III. Danach hat sich der Betroffene innerhalb von drei Tagen nach Kenntnis des Beendigungszeitpunktes bei der Agentur für Arbeit zu melden. Da durch die Meldepflicht die frühzeitige Eingliederung des Arbeitsuchenden in den Arbeitsmarkt beschleunigt werden soll, muss nicht das Ende des Arbeits-, sondern des Beschäftigungsverhältnisses im leistungsrechtlichen Sinne maßgeblich sein.[3] Dieses endet unabhängig von der Art der Freistellung bereits mit dem Eintritt in die Freistellungsphase. Die Freistellungsdauer hat damit keinen Einfluss auf den Meldezeitpunkt, womit die verkürzte Frist von drei Tagen nur in den Fällen nicht gelten wird, in welchen der Beschäftigte von seiner Freistellung mehr als drei Monate vor seiner Freistellungsphase erfährt. Mangels des Tatbestandsmerkmals einer „unverzüglichen" Meldung enthält § 38 SGB III kein Verschuldenskriterium. Aus versicherungs- und verfassungsrechtlichen Gründen ist jedoch zu fordern, dass Erwägungen hierzu auch weiterhin innerhalb des „wichtigen Grundes" zur Sperrzeit nach § 159 Abs. 6 SGB III Berücksichtigung finden müssen.[4] Sollte dem säumigen Arbeitnehmer kein wichtiger Grund zur Seite stehen, wird er mit einer Sperrzeit von einer Woche (§ 159 Abs. 6 SGB III) und einer verminderten Anspruchsdauer in selber Höhe (§ 148 Abs. 1 Nr. 3 SGB III) belegt.[5]

37 Auch vor dem sozialversicherungsrechtlichen Hintergrund kann folglich eine an den oben getätigten Klauselvorschlag angelehnte Formulierung verwendet werden:

---

1 BSG v. 25.4.2002; s.a. BSG v. 17.10.2002 – B 7 AL 16/02 R, AuB 2003, 56; v. 18.12.2003 – B 11 AL 35/03 R, BSGE 92, 74 (79) = NZA 2004, 661 (663).
2 Niesel/Brand/*Karmanski*, § 144 SGB III Rz. 9, 37.
3 SG Karlsruhe v. 7.7.2004 – S 15 AL 1096/04; Niesel/*Brand*, § 38 SGB III Rz. 2; *Otto*, NZS 2005, 288 (288).
4 *Preis/Schneider*, NZA 2006, 177 (181).
5 Zum Sperrzeittatbestand durch Freistellung s. ausführlich *Maties*, NZS 2006, 73 ff.

Typ 3: Unwiderrufliche Freistellung

Der Arbeitnehmer wird ab dem ... bis zum Ende des Arbeitsverhältnisses unter Fortzahlung der Vergütung (unwiderruflich) von der Verpflichtung zur Arbeitsleistung freigestellt. Für ihn werden weiterhin Sozialversicherungsbeiträge abgeführt. Die Freistellung erfolgt unter Anrechnung auf den Erholungsurlaub, soweit dem keine schutzwürdigen Belange des Arbeitnehmers entgegenstehen. Während der Dauer der Freistellung hat der/die Mitarbeiter/in Tätigkeiten für und als Wettbewerber zu unterlassen.

G 10 Gehaltsanpassung

	Rz.		Rz.
1. Einführung	1	b) Anpassungsklausel	7
2. Klauseltypen	3	aa) Zulässigkeit von Anpassungsklauseln	8
a) Überprüfungsklausel	3		
aa) Auslegung der Klausel	4	bb) Auslegung und Rechtsfolgen	10
bb) Rechtsfolgen	5		

Schrifttum:

Hromadka, Änderung von Arbeitsbedingungen, RdA 1992, 234; *Kopp*, Arbeitsvertrag für Führungskräfte, 4. Aufl. 2001; *Spitaler/Niemann*, Die Angemessenheit der Bezüge geschäftsführender Gesellschafter einer GmbH, 7. Aufl. 1999; *Wank*, Einvernehmliche Änderung von Arbeitsbedingungen, in Hromadka (Hrsg.), Änderung von Arbeitsbedingungen, 1990.

1. Einführung

1 Arbeitnehmer, deren Arbeit nach **Tarif** bezahlt wird, müssen sich um Gehaltserhöhungen im Allgemeinen nicht kümmern, da ihr Entgelt nach Ablauf des Tarifvertrags von den Tarifparteien neu ausgehandelt wird. Die Problematik der **Gehaltsanpassungsklauseln** betrifft daher vor allem die sog. AT-Angestellten, also die Arbeitnehmer, auf die kein Tarifvertrag angewendet wird, oder die Geschäftsführer des Unternehmens, die noch als Angestellte anzusehen sind. Diese handeln ihre Vergütung mit dem Arbeitgeber selbst aus. Eine Verpflichtung des Arbeitgebers zu einer (jährlichen) Überprüfung und Anpassung der außertariflichen Gehälter besteht nach überwiegender Ansicht[1] nicht. Eine Ausnahme besteht nur, wenn eine Tariflohnerhöhung den Abstand des AT-Angestellten zum höchsten Tarifgehalt beseitigt und der Angestellte dadurch von den tariflichen Regelungen erfasst wird.[2] Das BAG hat es insbesondere abgelehnt, aus einer mehrjährigen Praxis der Gehaltsanpassung bei außertariflichen Angestellten eine Verpflichtung des Arbeitgebers abzuleiten, diese Praxis auch in Zukunft beizubehalten.[3] Die betroffenen Arbeitnehmer sind daher darauf angewiesen, Gehaltsanpassungsklauseln in den Arbeitsvertrag mitaufnehmen zu lassen oder dort zumindest eine jährliche Überprüfungspflicht festzulegen,[4] wenn sie nicht jedes Jahr mit dem Arbeitgeber ein Verhandlungsgespräch führen wollen.

2 Gehaltsanpassungsklauseln sind Klauseln, durch die im Arbeitsvertrag dem Arbeitnehmer entweder eine **Überprüfung** des vereinbarten Arbeitsentgelts in bestimmten Zeitabständen – meist ein Jahr, bei sehr hohen Vergütungen teilweise auch zwei bis drei Jahre – zugesagt oder eine **Erhöhung** seiner Bezüge fest vereinbart wird. Überprüfungsklauseln werfen, solange sie lediglich eine Erhöhung des Arbeitsentgelts zulassen, keine besonderen Probleme auf. Zweifel bestehen jedoch bei Klau-

---

1 *Eich*, BB 1978, 210 ff.; *Weber/Hoß/Burmester*, Handbuch der Managerverträge, 2000, Teil 2 Rz. 124; *Franke*, Der außertarifliche Angestellte, 1991, S. 89 ff.; a.A. *Hunold*, BB 1977, 1654 ff.; differenzierend Schaub/Vogelsang, § 15 Rz. 40.
2 *Senne*, HzA Gruppe 1, Teilbereich 7, Rz. 2538; *Franke*, Der außertarifliche Angestellte, 1991, S. 91.
3 BAG v. 4.9.1985 – 7 AZR 262/83, NZA 1986, 521.
4 Vgl. *Grüll/Janert*, S. 47 f.

seln, die ihrer Formulierung nach auch eine Anpassung des Gehalts nach unten zulassen.

2. Klauseltypen

a) Überprüfungsklausel

Typ 1: Überprüfungsklausel

a) Ihr Gehalt wird jeweils am Jahresende überprüft und ggf. für das Folgejahr neu festgesetzt.
b) Ihr Gehalt wird überprüft, wenn der Lebenshaltungskostenindex des Landes ... für Haushalte mit vier Personen um mehr als ... Punkte gestiegen ist.
c) Ihr Gehalt wird einmal jährlich überprüft. Bei der Überprüfung werden wir darauf achten, dass sich die Bezüge aller außertariflich bezahlten Angestellten im Durchschnitt im gleichen Maße entwickeln wie die unserer übrigen Beschäftigten.

Diese Auswahl an Klauseln zeigt bereits, dass es vielfältige Möglichkeiten gibt, Entgeltveränderungen in Arbeitsverträgen zu regeln. Da der Arbeitnehmer grundsätzlich keinen gesetzlichen Anspruch auf eine Gehaltserhöhung hat, bewegen sich die meisten der verwendeten Klauseln in einem für ihn günstigen Bereich und sind daher wirksam. Anderes kann nur gelten für die Klauseln, die grundsätzlich oder durch ihre Formulierung auch eine Anpassung des Gehalts nach unten zulassen.

➲ **Nicht geeignet:**
Dieses Gehalt wird mindestens einmal jährlich überprüft; wesentliches Kriterium für eine Neufestsetzung ist die persönliche Leistung des Mitarbeiters, daneben sind bestimmend die allgemeine wirtschaftliche Lage, die Situation des Unternehmens und das Einkommensniveau in unserem Wirtschaftszweig.

aa) Auslegung der Klausel

Überprüfungsklauseln, die dem Arbeitnehmer keinen Anspruch auf eine jährliche Erhöhung seiner Bezüge geben sollen, sind meist ähnlich **Klauseltyp 1a** oder der hier als ungeeignet gekennzeichneten Klausel vergleichbar ausgestaltet. Nach ihrem Wortlaut lassen sie bei der jährlichen Überprüfung auch eine Anpassung nach unten zu, also eine **Gehaltskürzung**. Ein Vorbehalt der Gehaltskürzung stößt rechtlich jedoch auf Bedenken[1] (→ *Direktionsrecht und Tätigkeitsbeschreibung*, II D 30 Rz. 147 ff.), da die Vergütung der Arbeitsleistung zu den Hauptpflichten des Arbeitgebers gehört.[2] Hinzu kommt, dass der Arbeitnehmer bei der Einstellung nicht damit rechnen wird, dass eine Klausel wie die in **Klauseltyp 1a** später zu seinen Ungunsten Wirkung entfalten könnte. Es obliegt im Zweifel demjenigen, der den Vertrag entwirft, ihm günstige Ausnahmen ausdrücklich zu vereinbaren. Gehaltskürzungen sind aber in einem Arbeitsverhältnis die Ausnahme, für die es besonderer

---
1 Vgl. *Wank*, S. 69 ff.
2 Vgl. *Wank*, S. 39 ff.

Voraussetzungen bedarf und die nicht in jedem Fall rechtsgültig vereinbar sind.[1] Daher sind die allgemeinen Überprüfungsklauseln so auszulegen, dass sie nur **Abweichungen nach oben** zulassen.

bb) Rechtsfolgen

5 Eine zweite Frage ist, ob diese Klauseln dem Arbeitnehmer überhaupt irgendwelche **durchsetzbaren Ansprüche** geben oder ob sie letztendlich nur eine unverbindliche Ankündigung darstellen, da der Arbeitnehmer bei den Verhandlungen seine Vorstellungen einer echten Anpassungsklausel nicht durchsetzen konnte.

Für eine Klausel mit dem Wortlaut

⊃ **Nicht geeignet:**
   Bei allgemeinen Änderungen der Gehälter der Bundesbeamten können die Beträge ... im gleichen Verhältnis geändert werden.

hat der BGH im Jahre 1973 entschieden,[2] dass eine Anpassung nicht im freien Belieben des Arbeitgebers stehe (da sie ansonsten überflüssig sei) und auf die Entscheidung des Arbeitgebers § 315 BGB Anwendung finde. Dies habe zur Konsequenz, dass über § 315 BGB auch eine **Anpassung durch den Richter** stattfinden könne, wenn sich der Arbeitgeber in Verhandlungen beharrlich den berechtigten Argumenten für eine Erhöhung widersetze.

Allgemein kann gelten: Je mehr den Spielraum des Arbeitgebers einschränkende Umschreibungen der eventuellen Höhe und des Anlasses der Gehaltserhöhung die Überprüfungsklausel enthält, desto eher wird sich ein Anspruch auf eine Erhöhung ergeben. Dabei tritt die Formulierung „Ihr Gehalt wird überprüft", die dem Arbeitgeber freie Hand zu lassen scheint, hinter diesen zusätzlichen Kriterien zurück.

6 Gleichwohl wird sich nur in seltenen Fällen aus den Überprüfungsklauseln eine konkrete Pflicht zur Gehaltserhöhung ableiten lassen, z.B. dann, wenn weitgehend objektive Kriterien, wie z.B. das Geschäftsergebnis, für die Erhöhung angeführt werden. Regelt bspw. ein **Tarifvertrag**, dass die frei zu vereinbarenden Gehälter bestimmter AT-Mitarbeiter „angemessen über den Tarifgehältern" liegen müssen, muss der Arbeitgeber den „angemessenen Abstand" bei Erhöhungen der Tarifgehälter überprüfen. Unterlässt er dies oder lehnt er eine angemessene Anpassung ab, kann der Arbeitnehmer hierüber nach der Rechtsprechung des BAG eine gerichtliche Entscheidung herbeiführen – so dass das Gericht letztlich über die Gehaltserhöhung entscheidet – oder unmittelbar auf Zahlung klagen.[3] Ein Anspruch des Arbeitnehmers auf Überprüfung des Gehalts bzw. Gehaltserhöhungen kann im Einzelfall auch aus dem **Gleichbehandlungsgrundsatz** folgen, wenn z.B. sämtliche Bezüge der mit ihm vergleichbaren Angestellten erhöht, er selbst aber ausgenommen werden soll. Der Gleichbehandlungsgrundsatz gilt auch für höhere leitende Angestellte[4] und sogar für Geschäftsführer.[5] Auch wenn in höheren Positionen der Kreis

---

1 BAG v. 12.12.1984 – 7 AZR 509/83, NZA 1986, 521.
2 BGH v. 8.3.1973 – II ZR 134/71, BB 1973, 723.
3 BAG v. 18.6.1997 – 5 AZR 146/96, NZA 1997, 1352.
4 BGH v. 14.5.1990 – II ZR 122/89, DB 1990, 1810; enger noch BAG v. 17.5.1978 – 5 AZR 132/77, NJW 1979, 181.
5 BGH v. 14.5.1990 – II ZR 122/89, DB 1990, 1810.

der Vergleichspersonen eher klein ist, kann sich ein leitender Angestellter auch mit diesen Personen vergleichen und aus den diesen gewährten Gehaltserhöhungen Ansprüche für sich selbst herleiten, insbesondere wenn die Arbeitsverträge für Angestellte in Führungspositionen ähnliche Regelungen enthalten.[1] Eine **betriebliche Übung** hingegen entsteht auch bei mehrmaligen Gehaltsanpassungen nach der Rechtsprechung nicht, wenn der Arbeitsvertrag lediglich eine jährliche Prüfung der Gehaltsanpassung, wie in **Klauseltyp 1a und c** vorgesehen, enthält.[2]

b) Anpassungsklausel

Typ 2: Anpassungsklausel

a) Das Jahresgehalt wird im zeitlichen Rahmen der jährlichen Tarifverhandlungen neu festgesetzt. Hierbei ist der Steigerungsbetrag der höchsten Tarifgruppe des Gehaltstarifvertrags für den entsprechenden Bereich zugrunde zu legen.

b) Dieses Bruttogehalt erhöht oder ermäßigt sich bei Erhöhungen oder Ermäßigungen des für den Bereich, in dem der Arbeitnehmer eingesetzt ist, einschlägigen Gehaltstarifvertrags um den Prozentsatz, um den sich das höchste Tarifgehalt für Angestellte ändert. Im Übrigen werden Veränderungen der Vergütung gesondert geregelt.

c) Das Gehalt soll angepasst werden, wenn der Gehaltstarif des ... sich ändert. Maßgeblich ist das Verhältnis der Veränderung der höchsten Tarifgruppe. Der Arbeitgeber behält sich aber eine geringere Anpassung vor, auch wenn mehrfach die tarifliche Anpassung voll weitergegeben worden war.[3]

Solche Anpassungsklauseln sind für den Arbeitnehmer günstiger als die bloßen Überprüfungsklauseln. Für die Praxis ist allerdings zu bedenken, dass sie einen einklagbaren Anspruch auf Erhöhungen und eine Bindung an feste Größen schaffen.

aa) Zulässigkeit von Anpassungsklauseln

Neben den beiden aufgeführten Klauseltypen gibt es noch eine Fülle weiterer Ausgestaltungsmöglichkeiten, von denen nicht alle unbedenklich sind. In Abhängigkeit vom Unternehmensergebnis gezahlte Jahresvergütungen bspw. können als verdeckte Gewinnausschüttung gewertet werden, die dann als Einkünfte aus Kapitalvermögen beim Gesellschafter-Geschäftsführer und zu Lasten der Gesellschaft als körperschaftsteuerpflichtiger Gewinn berücksichtigt werden.[4] Unbedenklich hingegen sind die hier vorgestellten Klauseln, die als sog. **Spannungsklauseln** nur den Abstand des außertariflich bezahlten Mitarbeiters zur höchsten Tarifgruppe erhalten sollen. Auch **Klauseltyp 2b** ist zulässig, obwohl er Veränderungen nach unten ermöglicht (→ *Direktionsrecht*, II D 30 Rz. 156 ff.), denn die Anpassung ist hier nicht in das Belieben des Arbeitgebers gelegt und hängt nicht von willkürlich ge-

---
1 Vgl. *Schaub*, EWiR 1990, 789 f.
2 LAG Düsseldorf v. 9.7.1997 – 11 Sa 164/97, LAGE § 242 BGB Betriebliche Übung Nr. 21.
3 Vgl. *Kopp*, Arbeitsvertrag für Führungskräfte, S. 30.
4 Einzelheiten bei *Weber/Hoß/Burmester*, Handbuch der Managerverträge, 2000, Teil 2 Rz. 143 ff.

wählten Voraussetzungen ab. Sind die Tarifpartner wirklich zu einer Herabsetzung des Tarifgehalts bereit, wird es wirtschaftliche Gründe genug für eine geringere Entlohnung geben.[1] Diese Sicht wird seit In-Kraft-Treten des neuen Schuldrechts bestätigt durch § 310 Abs. 4 Satz 1 BGB: Danach unterliegen Tarifverträge keiner Angemessenheits- und Inhaltskontrolle nach AGB-Recht, weil Tarifverträge vom Gesetzgeber per se für angemessen gehalten werden. Demgegenüber wiegt der Einwand, eine einseitige Veränderung des arbeitsvertraglichen Austauschverhältnisses dürfe nicht zugelassen werden, gering, zumal die Abweichungen sich nur in kleinen Sätzen halten werden.

9 **Klauseltyp 2c** ist zulässig, soweit er einen Vorbehalt geringerer Anpassung enthält. Allerdings kann der Arbeitgeber von diesem Vorbehalt nur unter den Voraussetzungen des § 315 BGB und § 106 GewO Gebrauch machen (→ *Vorbehalte und Teilbefristung*, II V 70 Rz. 27 f.). Da der Arbeitgeber grundsätzlich (d.h. ohne entsprechende Klausel) nicht zur Gehaltsanpassung verpflichtet ist, könnte die Anpassungsklausel auch gänzlich unter dem Vorbehalt jederzeitigen Widerrufs stehen, der wiederum nur in den Grenzen des § 315 BGB, § 106 GewO erklärt werden dürfte.

bb) Auslegung und Rechtsfolgen

10 Die Auslegung der Anpassungsklauseln bereitet normalerweise keine Probleme. Zweifelhaft kann in Ausnahmefällen die Frage sein, ab welchem **Zeitpunkt** die Gehaltserhöhung zu zahlen ist. Ist keine eindeutige Regelung vorhanden, so wird nach dem Zweck der Klausel (dieser dürfte es sein, den Gehaltsabstand des außertariflichen Mitarbeiters zu den Tarifgehältern zu wahren) das veränderte Gehalt mit dem Monat auszuzahlen sein, in dem auch der veränderte Tarif wirksam wird, d.h. ggf. auch rückwirkend. Bei Klauseln, die dem **Klauseltyp 2a** vergleichbar sind, wird der Anspruch auf die Erhöhung zum ersten Mal frühestens in dem Monat fällig, in dem die Tarifverhandlungen beendet sind.

---

1 Nach § 87 Abs. 2 AktG soll der Aufsichtsrat die Bezüge der Vorstandsmitglieder auf die angemessene Höhe herabsetzen, wenn sich die Lage der Gesellschaft nach der ursprünglichen Festsetzung der Bezüge so verschlechtert, dass die Weitergewährung der bisherigen Bezüge unbillig für die Gesellschaft wäre.

G 20 Gerichtsstand

	Rz.		Rz.
1. Einführung	1	b) Vereinbarungen zu Erfüllungsort und Gerichtsstand	18
a) Gesetzlicher und gewillkürter Gerichtsstand	1	c) Gerichtsstand bei erschwerter Rechtsverfolgung	23
b) Gerichtsstandsvereinbarungen nach der ZPO und dem ArbGG	5	d) Gerichtsstand bei Auslandsberührung	32
c) Gerichtsstandsvereinbarungen nach der VO (EU) 1215/2012	11	e) Verbundene Rechtswahlklauseln	35
2. Klauseltypen	15	3. Hinweise zur Vertragsgestaltung	38
a) Einfache Gerichtsstandsklauseln	15		

Schrifttum:
Alio, Die Neufassung der Brüssel I-Verordnung, NJW 2014, 2395; *Bergwitz,* Der besondere Gerichtsstand des Arbeitsortes (§ 48 Ia ArbGG), NZA 2008, 443; *Cadet,* Main features of the revised Brussels I Regulation, EuZW 2013, 218; *Däubler,* Die internationale Zuständigkeit der deutschen Arbeitsgerichte, NZA 2003, 1297; *Dauner-Lieb/Langen,* BGB Schuldrecht, 2. Aufl. 2012; *Francken/Natter/Rieker,* Die Novellierung des Arbeitsgerichtsgesetzes und des § 5 KSchG durch das SGGArbGG-Änderungsgesetz, NZA 2008, 377; *Junker,* Internationale Zuständigkeit und anwendbares Recht in Arbeitssachen, NZA 2005, 199; *Kilian,* Die Gerichtsstandsvereinbarungen nach dem Lugano-Übereinkommen, 1993; *Krasshöfer-Pidde/Molkenbur,* Zur örtlichen Zuständigkeit der Gerichte für Arbeitssachen, NZA 1988, 236; *Linke,* Internationales Zivilprozessrecht, 4. Aufl. 2006; *Löwe,* Das neue Recht der Gerichtsstandsvereinbarung, NJW 1974, 473; *Mankowski,* Gerichtsstandsvereinbarungen in Tarifverträgen und Art. 23 EuGVVO, NZA 2009, 584; *Reinhard/Böggemann,* Gesetz zur Änderung des Sozialgerichtsgesetzes und des Arbeitsgerichtsgesetzes – Änderungen des ArbGG, NJW 2008, 1263; *Samtleben,* Internationale Gerichtsstandsvereinbarungen nach EWG-Übereinkommen und nach der Gerichtsstandsnovelle, NJW 1974, 1590; *Stein/Jonas,* ZPO, Bd. 1, 23. Aufl. 2014; *Straube,* AGB-Kontrolle von Entsendungsverträgen, DB 2012, 2808; *Thüsing,* Rechtsfragen grenzüberschreitender Arbeitsverhältnisse, NZA 2003, 1303; *Vollkommer,* Vorprozessuale Gerichtsstandsvereinbarungen im Verfahren vor den Arbeitsgerichten, RdA 1974, 206.

1. Einführung

a) Gesetzlicher und gewillkürter Gerichtsstand

Unter einer Gerichtsstandsvereinbarung (Prorogation) versteht man die Vereinbarung der Zuständigkeit eines an sich unzuständigen Gerichtes. Die Prorogation kann sowohl in der Weise erfolgen, dass der vereinbarte Gerichtsstand *neben* die gesetzlich begründeten Gerichtsstände tritt, als auch so, dass er *ausschließliche* Geltung beanspruchen soll. Dabei spricht eine Vermutung weder für die Ausschließlichkeit des prorogierten Gerichts noch gegen sie.[1] Ob eine ausschließliche Zuständigkeit des vereinbarten Gerichts gewollt ist, muss durch Auslegung des Parteiwillens ermittelt werden.[2] 1

---
1 RG v. 16.2.1939 – IV 201/38, RGZ 159, 254 (256); BGH v. 5.7.1972 – VIII ZR 118/71, BGHZ 59, 116 (119); BAG v. 20.7.1970 – 3 AZR 417/69, AP Nr. 4 zu § 38 ZPO Internationale Zuständigkeit.
2 BGH v. 23.7.1998 – II ZR 286/97, NJW-RR 1999, 137 (138); Thomas/Putzo/*Hüßtege,* § 38 ZPO Rz. 32; GMP/*Germelmann,* § 48 ArbGG Rz. 58.

2 Eine Vereinbarung über den **Rechtsweg** zu den Gerichten für Arbeitssachen lässt § 2 Abs. 4 ArbGG in engen Grenzen zu. Danach können Personen, die kraft Gesetzes allein oder als Mitglieder des Vertretungsorgans einer juristischen Person zu deren Vertretung berufen (Vorstandsmitglieder einer AG, **GmbH-Geschäftsführer**) und daher i.S.v. § 5 Abs. 1 Satz 2 ArbGG keine Arbeitnehmer sind, mit der juristischen Person die Rechtswegzuständigkeit der Gerichte für Arbeitssachen in bürgerlichen Rechtsstreitigkeiten vereinbaren.

3 Hinsichtlich der **örtlichen Zuständigkeit** enthält das ArbGG – abgesehen von § 48 Abs. 2 und § 82 ArbGG – nur eine eigenständige Regelung, nämlich bezüglich des Gerichtsstands des **Arbeitsorts** (§ 48 Abs. 1a ArbGG). In bestimmten Urteilsverfahren (§ 2 Abs. 1 Nr. 3, 4a, 7, 8 und 10 sowie Abs. 2 ArbGG) ist auch das Arbeitsgericht zuständig, *in dessen Bezirk* der Arbeitnehmer gewöhnlich seine Arbeit verrichtet oder zuletzt gewöhnlich verrichtet hat. Ist ein gewöhnlicher Arbeitsort nicht feststellbar, ist das Arbeitsgericht örtlich zuständig, *von dessen Bezirk aus* der Arbeitnehmer gewöhnlich seine Arbeit verrichtet oder zuletzt gewöhnlich verrichtet hat.[1] Im Übrigen finden über die Verweisung des § 46 Abs. 2 ArbGG die §§ 12–40 ZPO im Verfahren vor den Gerichten für Arbeitssachen entsprechende Anwendung. Danach ist das Gericht örtlich zuständig, in dessen Bezirk der maßgebende Gerichtsstand des Beklagten liegt (**allgemeiner Gerichtsstand**).[2] Für das Arbeitsgerichtsverfahren sind zudem die besonderen Gerichtsstände des **Erfüllungsortes** (§ 29 ZPO), der **Niederlassung** (§ 21 ZPO), der unerlaubten Handlung (§ 32 ZPO) und der Widerklage (§ 33 ZPO) von Bedeutung.[3] Im Bereich der **Arbeitnehmerentsendung** eröffnet § 15 AEntG Arbeitnehmern, die nach Deutschland entsandt sind oder waren, die Möglichkeit, eine auf den Zeitraum der Entsendung bezogene Klage auf Erfüllung der Verpflichtungen nach den §§ 2, 8 oder 14 AEntG auch vor einem deutschen Gericht für Arbeitssachen zu erheben.[4]

4 Ein kraft Gesetzes an sich örtlich unzuständiges Gericht kann durch die Vereinbarung eines Gerichtsstandes zuständig werden. Eine solche Vereinbarung ist jedoch nur zulässig, soweit die §§ 38 ff. ZPO oder bei internationalen Streitigkeiten Art. 23 VO (EU) 1215/2012 sie gestatten.

b) Gerichtsstandsvereinbarungen nach der ZPO und dem ArbGG

5 Bei Rechtsstreitigkeiten **ohne Auslandsberührung** bzw. für den Fall, dass der Arbeitnehmer keinen Wohnsitz im Hoheitsgebiet eines EU-Mitgliedstaates hat (Art. 6 Abs. 1 VO [EU] 1512/2012), sind Gerichtsstandsvereinbarungen nur zulässig, wenn

– beide Vertragsparteien Kaufleute, juristische Personen des öffentlichen Rechts oder öffentlich-rechtliche Sondervermögen sind (§ 38 Abs. 1 ZPO);

---

1 ArbG Oldenburg v. 30.9.2009 – 4 Ca 346/09, NZA 2010, 527 (527 f.); *Bergwitz*, NZA 2008, 443 ff.; *Francken/Natter/Rieker*, NZA 2008, 377 ff.; *Reinhard/Böggemann*, NJW 2008, 1263 ff.; Schwab/Weth/*Walker*, § 48 ArbGG Rz. 115 ff.
2 GMP/*Germelmann*, § 48 ArbGG Rz. 32 f.; Schwab/Weth/*Walker* § 48 ArbGG Rz. 114.; *Rolfs* in Tschöpe, Arbeitsrecht, Teil 5 B Rz. 148.
3 *Rolfs* in Tschöpe, Arbeitsrecht, Teil 5 B Rz. 151 ff.
4 Näher ErfK/*Schlachter* § 15 AEntG Rz. 1 ff.; zur Kontrollfähigkeit von Gerichtsstandsvereinbarungen nach §§ 305 ff. BGB vgl. *Straube*, DB 2012, 2808 (2810 f.).

– mindestens eine der Vertragsparteien keinen allgemeinen Gerichtsstand im Inland hat (§ 38 Abs. 2 ZPO);
– sie nach dem Entstehen der Streitigkeit (nicht notwendig nach Anhängigkeit eines Rechtsstreits;[1] § 38 Abs. 3 Nr. 1 ZPO) oder
– sie für den Fall geschlossen werden, dass die im Klageweg in Anspruch zu nehmende Partei (z.B. als Wanderarbeitnehmer) nach Vertragsabschluss ihren Wohnsitz oder gewöhnlichen Aufenthaltsort ins Ausland verlegt oder ihr Wohnsitz oder gewöhnlicher Aufenthalt im Zeitpunkt der Klageerhebung nicht bekannt ist (§ 38 Abs. 3 Nr. 2 ZPO).

Da diese Regelungen kraft der Verweisung des § 46 Abs. 2 ArbGG auch für das Verfahren vor den Gerichten vor Arbeitssachen Geltung beanspruchen,[2] die genannten Fallgruppen für das Arbeitsrecht aber überwiegend bedeutungslos sind, ergibt sich eine grundsätzliche, zwingende und unabdingbare Unzulässigkeit und damit gemäß § 134 BGB die **Unwirksamkeit von Gerichtsstandsvereinbarungen in Arbeitsverträgen**. Dies gilt insbesondere für vorprozessuale Gerichtsstandsvereinbarungen, die in schriftlichen Arbeitsverträgen formularmäßig getroffen werden.[3]

Eine weiter gehende Prorogationsfreiheit besteht lediglich für die **Tarifvertragsparteien**. Diese sind nach § 48 Abs. 2 ArbGG befugt, im Tarifvertrag die Zuständigkeit eines an sich örtlich unzuständigen Arbeitsgerichts für bürgerliche Rechtsstreitigkeiten zwischen Arbeitnehmern und Arbeitgebern aus einem Arbeitsverhältnis und aus Verhandlungen über die Eingehung eines Arbeitsverhältnisses, das sich nach dem Tarifvertrag bestimmt, sowie für bürgerliche Rechtsstreitigkeiten aus dem Verhältnis einer gemeinsamen Einrichtung der Tarifvertragsparteien zu den Arbeitnehmern oder Arbeitgebern festzulegen.[4]

Von der Möglichkeit der Prorogation wird in einigen Tarifverträgen Gebrauch gemacht, um eine einheitliche Rechtsprechung zu gewährleisten. Voraussetzung für die Zulässigkeit einer solchen tarifvertraglichen Zuständigkeitsvereinbarung ist die **Tarifbindung** der Arbeitsvertragsparteien, die entweder durch beiderseitige Tarifbindung (§ 4 Abs. 1 TVG), infolge Allgemeinverbindlichkeitserklärung gemäß § 5 TVG oder ihrer Erstreckung nach § 7 AEntG begründet sein kann.

Sind die Arbeitsvertragsparteien nicht tarifgebunden, ist nach § 48 Abs. 2 Satz 2 ArbGG auch die **einzelvertragliche Übernahme** des gesamten Tarifvertrages durch Arbeitgeber und Arbeitnehmer ausreichend. Dies gilt jedoch nur im Geltungsbereich des jeweiligen Tarifvertrages; der Tarifvertrag muss also – von der Tarifbindung der Vertragspartner abgesehen – in räumlicher und betrieblich-fachlicher Hinsicht Anwendung finden. Wird die Anwendung eines Tarifvertrages aus einem anderen Tarifgebiet oder einem anderen fachlichen Bereich vereinbart, findet dessen Zuständigkeitsregelung keine Anwendung.[5] Erforderlich ist außerdem stets, dass der gesamte Tarifvertrag übernommen wird. Eine Inbezugnahme nur einzelner

---

1 Zöller/*Vollkommer*, § 38 ZPO Rz. 33.
2 BAG v. 15.11.1972 – 5 AZR 276/72, AP Nr. 1 zu § 38 ZPO.
3 GMP/*Germelmann*, § 48 ArbGG Rz. 54; *Stoffels*, AGB-Recht, Rz. 1052.
4 Zum Geltungsbereich des § 48 Abs. 2 ArbGG eingehend GMP/*Germelmann*, § 48 ArbGG Rz. 133 ff.; Schwab/Weth/*Walker*, § 48 ArbGG Rz. 163 ff.; zu grenzüberschreitenden Sachverhalten *Mankowski*, NZA 2009, 584 ff.
5 GMP/*Germelmann*, § 48 ArbGG Rz. 141.

Teile – etwa nur der Prorogation – ist unzulässig. Umgekehrt steht es den Parteien jedoch frei, gerade die Prorogation nicht zu übernehmen.[1]

10 Existiert eine tarifvertragliche Zuständigkeitsregelung, so schließt diese für die der Tarifbindung unterworfenen Arbeitsvertragsparteien eine **anderweitige individualrechtliche Vereinbarung** der Zuständigkeit eines Arbeitsgerichtes aus. Die Vertragsparteien können, wenn im Tarifvertrag eine ausschließliche örtliche Zuständigkeit begründet wird, nicht einmal die Zuständigkeit des ohne diese tarifvertragliche Regelung örtlich zuständigen Arbeitsgerichts vereinbaren.[2]

c) Gerichtsstandsvereinbarungen nach der VO (EU) 1215/2012

11 Bei arbeitsrechtlichen Streitigkeiten mit **Auslandsberührung** findet die VO (EU) 1215/2012 des Rates vom 12.12.2012 über die gerichtliche Zuständigkeit und die Anerkennung und Vollstreckung von Entscheidungen in Zivil- und Handelssachen[3] Anwendung. Deren Art. 20–23 schaffen ein abschließendes Regime für Streitigkeiten aus individuellen Arbeitsverträgen. Mit Verdrängungswirkung zu Lasten aller anderen Gerichtsstände regeln sie die internationale Zuständigkeit, soweit die Verordnung anwendbar ist. Ausgenommen hiervon sind die ausdrücklich zugelassenen Gerichtsstände nach Art. 6, Art. 7 Nr. 5 und Art. 8 Nr. 3 VO (EU) 1215/2012.[4]

12 Nach dieser Verordnung ist für **Klagen des Arbeitnehmers** gegen den Arbeitgeber das Gericht seines Wohnsitzes (Art. 21 Abs. 1 a VO [EU] 1215/2012, das ist bei Gesellschaften und juristischen Personen nach Art. 63 Abs. 1 [VO] EU 1215/2012 der Ort, an dem sich der satzungsmäßige Sitz, die Hauptverwaltung[5] oder die Hauptniederlassung befindet) oder desjenigen Ortes, an dem sich der Betrieb einer Zweigniederlassung, einer Agentur oder einer sonstigen Niederlassung des Arbeitgebers befindet, zuständig, wenn es sich um Streitigkeiten aus dem Betrieb dieser Niederlassung handelt (Art. 20 Abs. 1 i.V.m. Art. 7 Nr. 5 VO [EU] 1215/2012).[6] Ferner kann der Arbeitnehmer bei dem Gericht desjenigen Ortes Klage erheben, an dem oder von dem aus[7] er gewöhnlich seine Arbeit verrichtet[8] oder zuletzt gewöhnlich verrichtet hat, oder,

---

1 GMP/*Germelmann*, § 48 ArbGG Rz. 140.
2 LAG Düsseldorf v. 2.5.1967 – 8 Sa 74/67, AP Nr. 18 zu § 1 TVG.
3 ABl. EU Nr. L 351 v. 20.12.2012, S. 1; dazu *Alio*, NJW 2014, 2395 ff.; *Cadet*, EuZW 2013, 218 ff.
4 Vgl. dazu das noch zur Vorgänger-VO (EG) 44/2001 ergangene Urteil des BAG v. 24.9.2009 – 8 AZR 306/08, AP Nr. 2 zu Verordnung Nr. 44/2001 EG.
5 Vgl. zur wortgleichen Vorgängervorschrift Art. 60 Abs. 1 VO (EG) Nr. 44/2001 BAG v. 23.1.2008 – 5 AZR 60/07, AP Nr. 22 zu § 38 ZPO Internationale Zuständigkeit; v. 20.9.2012 – 6 AZR 253/11, NZA 2013, 797 (799).
6 Zu den Niederlassungen nach Art. 18 Abs. 2 VO (EG) 44/2001 BAG v. 25.6.2013 – 3 AZR 138/11, NZA 2014, 56; zu Botschaften als Niederlassungen i.S.v. Abs. 2 EuGH v. 19.7.2012 – C-154/11, ECLI:EU:C:2012:491 = NZA 2012, 935 (937) – *Mahamdia*.
7 Vgl. zur Vorgänger-Vorschrift des Art. 19 Nr. 2 lit. a VO (EG) 44/2001, der die Formulierung „von dem aus" noch fehlte: BAG v. 27.1.2011 – 2 AZR 646/09, NZA 2011, 1309 (Binnenschiffer); v. 20.12.2012 – 2 AZR 481/11, NZA 2013, 925 (927) (Flugkapitänin).
8 Dazu EuGH v. 9.1.1997 – C-383/95, Slg. 1997, I-57 = AP Nr. 2 Art. 5 Brüsseler Abkommen – *Rutten*; v. 27.2.2002 – C-37/00, Slg. 2002, I-2013 = AP Nr. 4 zu Art. 5 Brüsseler Abkommen – *Weber*; v. 10.4.2003 – C-437/00, Slg. 2003, I-3573 = NZA 2003, 711 – *Pugliese*; BAG v. 29.5.2002 – 5 AZR 141/01, AP Nr. 17 zu § 38 ZPO Internationale Zuständigkeit;

wenn er seine Arbeit gewöhnlich nicht in ein und demselben Staat verrichtet oder verrichtet hat, vor dem Gericht des Ortes, an dem sich die Niederlassung, die ihn eingestellt hat, befindet bzw. befand (Art. 21 Abs. 1 lit. b VO [EU] 1215/2012). Nach Art. 21 Abs. 2 VO (EU) 1215/2012 findet Abs.1 lit. b auf einen Arbeitgeber, dessen Wohnsitz nicht in einem Mitgliedstaat liegt, entsprechende Anwendung.

Die **Klage des Arbeitgebers** gegen den Arbeitnehmer kann dagegen gemäß Art. 22 VO (EU) 1215/2012 nur vor den Gerichten des Mitgliedstaates erhoben werden, in dessen Hoheitsgebiet der Arbeitnehmer seinen Wohnsitz hat (Art. 22 Abs. 1 VO [EU] 1215/2012). Lediglich eine Widerklage kann auch bei dem Gericht anhängig gemacht werden, an dem der Arbeitnehmer selbst zulässigerweise Klage erhoben hat (Art. 22 Abs. 2 VO [EU] 1215/2012).[1]

13

Durch **Gerichtsstandsvereinbarung** kann von diesen Vorschriften gemäß Art. 23 VO (EU) 1215/2012 nur abgewichen werden, wenn die Vereinbarung nach der Entstehung der Streitigkeit getroffen wird oder sie dem Arbeitnehmer die Befugnis einräumt, andere als die in diesem Abschnitt der VO (EU) 1215/2012 angeführten Gerichte anzurufen.[2]

14

2. Klauseltypen

a) Einfache Gerichtsstandsklauseln

➲ Nicht geeignet:
a) Gerichtsstand ist ...
b) Soweit gesetzlich zulässig, vereinbaren die Parteien ... als Gerichtsstand.
c) Für alle zwischen der Gesellschaft und dem Mitarbeiter aus dem Arbeitsverhältnis entstehenden Streitigkeiten gilt als Gerichtsstand das Arbeitsgericht, in dessen Bezirk die Betriebsstätte des Mitarbeiters ihren Sitz hat.

Eine vorprozessuale Vereinbarung des Gerichtsstandes entsprechend diesen Beispielen ist in Arbeitsverträgen gemäß § 46 Abs. 2 ArbGG i.V.m. § 38 ZPO **regelmäßig unwirksam**. Wegen der engen Voraussetzungen des § 38 ZPO können arbeitsvertragliche Gerichtsstandsvereinbarungen bei Arbeitsverhältnissen ohne Auslandsberührung praktisch nur in den Fällen des § 38 Abs. 2 und des § 38 Abs. 3 Nr. 2 ZPO Bedeutung erlangen, und auch dann nur bei fehlender tarifvertraglicher Regelung (vgl. Rz. 10).

15

Es ist auch nicht möglich, eine **geltungserhaltende Reduktion** allgemeiner Gerichtsstandsklauseln entsprechend den vorgenannten Beispielen auf ihren zulässigen Inhalt vorzunehmen,[3] sie also nur dann zur Anwendung gelangen zu lassen,

16

---

v. 20.8.2003 – 5 AZR 45/03, AP Nr. 1 zu Art. 5 Lugano-Übereinkommen; v. 23.1.2008 – 5 AZR 60/07, AP Nr. 22 zu § 38 ZPO Internationale Zuständigkeit; *Däubler*, NZA 2003, 1297 (1299 f.); *Thüsing*, NZA 2003, 1303 (1309 f.).

1 Vgl. zur wortgleichen Vorgänger-Vorschrift des Art. 20 VO (EG) Nr. 44/2001 *Däubler*, NZA 2003, 1297 (1300).
2 Vgl. zur wortgleichen Vorgänger-Vorschrift des Art. 21 VO (EG) 44/2001 EuGH v. 19.7. 2012 – C-154/11, ECLI:EU:C:2012:491 = NZA 2012, 935 (938) – *Mahamdia*; *Junker*, NZA 2005, 199 (201).
3 HR/*Borgmann*, Teil 1 Rz. 2031; UBH/*Schmidt*, Teil 3 (4) Rz. 1.

wenn eine der Vertragsparteien keinen allgemeinen Gerichtsstand im Inland hat (§ 38 Abs. 2 ZPO) oder die Gefahr besteht, dass sie nach Vertragsabschluss ihren Wohnsitz oder gewöhnlichen Aufenthaltsort ins Ausland verlegt oder ihr Wohnsitz oder gewöhnlicher Aufenthalt im Zeitpunkt der Klageerhebung nicht bekannt sein könnte (§ 38 Abs. 3 Nr. 2 ZPO).

17 Für die Sonderfälle des § 38 Abs. 2, Abs. 3 Nr. 2 ZPO kann zwar eine ausdrücklich und schriftlich getroffene Gerichtsstandsvereinbarung auch in einem Formularvertrag formgerecht niedergelegt werden.[1] Es genügt jedoch weder, dass sich ihr eingeschränkter Anwendungsbereich aus dem Gesetz selbst, noch, dass er sich aus der Formulierung „soweit gesetzlich zulässig" (Rz. 15 Beispiel b)) ergibt.[2] Erforderlich ist vielmehr, dass sich die Klausel bereits nach ihrem Wortlaut auf die genannten Ausnahmefälle beschränkt (Rz. 23 **Typ 1**).

b) Vereinbarungen zu Erfüllungsort und Gerichtsstand

⊃ **Nicht geeignet:**
  a) Für Streitigkeiten über bzw. aus dieser Vereinbarung ist das Arbeitsgericht zuständig, an dessen Ort die streitige Verpflichtung zu erfüllen ist.
  b) Erfüllungsort ist Weimar. Gerichtsstand für beide Vertragspartner ist das für den Erfüllungsort zuständige Arbeitsgericht.

18 **Der Gerichtsstand des Erfüllungsortes** ist bereits kraft Gesetzes eröffnet, § 29 ZPO. Am Erfüllungsort, § 269 BGB,[3] können alle Ansprüche aus der Vertragsbeziehung gerichtlich geltend gemacht werden. Der Gerichtsstand ist auch für Rechtsstreitigkeiten aus einem vertragsähnlichen Vertrauensverhältnis (für Ansprüche aus culpa in contrahendo, § 311 Abs. 2, § 241 Abs. 2, § 280 BGB) wie der Anbahnung eines Arbeitsverhältnisses[4] oder für Nachwirkungen aus demselben gegeben. Eine diesbezügliche vertragliche Vereinbarung (Beispiel a)) gibt daher nur die Gesetzeslage wieder, ist also rein deklaratorischer Natur und deshalb **verzichtbar**.

19 Seit dem 1.4.2008 ist durch § 48 Abs. 1a ArbGG auch der **Gerichtsstand des Arbeitsortes** eröffnet (Rz. 3). Dadurch kommt Vereinbarungen über den Erfüllungsort keine besondere prozessuale Bedeutung mehr zu, weil der Arbeitnehmer unabhängig davon, an welchem Ort die ihm geschuldete Gegenleistung gewährt werden sollte, nunmehr stets an dem für seinen Arbeitsort zuständigen Gericht Leistungsklage erheben kann. Eine – materiell-rechtlich weiterhin mögliche – **Erfüllungsortvereinbarung** hatte prozessual gemäß § 29 Abs. 2 ZPO seit jeher ohnehin nur Bedeutung, wenn die (beiden) Vertragsparteien Vollkaufleute, juristische Personen des öffentlichen Rechts oder öffentlich-rechtliche Sondervermögen sind. Da diese Vorausset-

---

1 Thomas/Putzo/*Hüßtege*, § 38 ZPO Rz. 27; UBH/*Schmidt*, Teil 3 (4) Rz. 1.
2 OLG Hamm v. 18.2.1983 – 20 U 174/82, BB 1983, 1304 (1307); *Löwe*, NJW 1974, 473 (476); Thomas/Putzo/*Hüßtege*, § 38 ZPO Rz. 28; UBH/*Schmidt*, Teil 3 (4) Rz. 1.
3 Vgl. BGH v. 20.5.1981 – VIII ZR 270/80, AP Nr. 11 zu § 38 ZPO Internationale Zuständigkeit; BAG v. 9.10.2002 – 5 AZR 307/01, AP Nr. 18 zu § 38 ZPO Internationale Zuständigkeit; v. 20.4.2004 – 3 AZR 301/03, AP Nr. 21 zu § 38 ZPO Internationale Zuständigkeit.
4 ArbG Hanau v. 21.12.1995 – 2 Ca 699/95, NZA-RR 1996, 186; Zöller/*Vollkommer*, § 29 ZPO Rz. 6; vgl. auch EuGH v. 17.9.2002 – C-334/00, Slg. 2002, I-7357 = NJW 2002, 3159 – *Tacconi*.

zungen jedenfalls für den Arbeitnehmer praktisch nie vorliegen, scheidet eine Vereinbarung des Gerichtsstandes im Wege der Erfüllungsortvereinbarung (Beispiel b)) aus.[1]

Maßgebend ist daher allein der sich aus der **Natur des Arbeitsverhältnisses** ergebende Erfüllungsort, also der, an dem der Schwerpunkt des Arbeitsverhältnisses liegt. Jedenfalls in den Fällen, in denen der Arbeitnehmer regelmäßig am Sitz des Betriebes beschäftigt wird, ist dies auch der vertragliche Erfüllungsort.[2] Bei einem **Reisenden**, der für einen größeren Bezirk angestellt ist und seine Reisetätigkeit von seinem Wohnsitz aus ausübt, ist dieser Wohnsitz der Erfüllungsort unabhängig davon, ob er täglich nach Hause zurückkehrt und in welchem Umfang er vom Betrieb Anweisungen für die Gestaltung seiner Reisetätigkeit erhält.[3]   20

Obwohl der Erfüllungsort nach § 269 BGB grundsätzlich für jede vertragliche Verpflichtung selbständig zu ermitteln ist, folgt gerade aus der Natur des Arbeitsverhältnisses, dass ein **einheitlicher Erfüllungsort** für alle vertraglichen Verpflichtungen anzunehmen ist.[4] Daher ist der sich aus den Umständen des Arbeitsverhältnisses ergebende Erfüllungsort für alle Verpflichtungen der Parteien maßgebend, also neben der Arbeitspflicht des Arbeitnehmers namentlich auch für die Lohnzahlungspflicht des Arbeitgebers.[5] Der daraus resultierende Gerichtsstand ist ferner für positive oder negative Feststellungsklagen hinsichtlich des Bestehens des Vertragsverhältnisses oder einzelner Verbindlichkeiten[6] sowie für die **Kündigungsschutzklage**[7] gegeben. Der Erfüllungsort bleibt auch **nach Beendigung** des Vertragsverhältnisses erhalten, so dass der Gerichtsstand des Erfüllungsortes auch z.B. für Klagen auf Rückzahlung überzahlten Arbeitsentgelts oder Ruhegeldstreitigkeiten gegeben ist.[8]   21

Zusammenfassend lässt sich daher festhalten, dass **Erfüllungsortvereinbarungen** zwar materiell-rechtliche Bedeutung erlangen können, dass durch sie jedoch **kein kraft Gesetzes nicht eröffneter Gerichtsstand vereinbart** werden kann.   22

---

1 *Krasshöfer-Pidde/Molkenbur*, NZA 1988, 236 (237); *Vollkommer*, RdA 1974, 206 (208).
2 BAG v. 3.12.1985 – 4 AZR 325/84, AP Nr. 5 zu § 1 TVG Tarifverträge: Großhandel; GMP/*Germelmann*, § 48 ArbGG Rz. 42.
3 BAG v. 12.6.1986 – 2 AZR 398/85, AP Nr. 1 zu Art. 5 Brüsseler Abkommen.
4 BAG v. 8.12.1982 – 4 AZR 134/80, AP Nr. 58 zu § 616 BGB; v. 3.12.1985 – 4 AZR 325/84, AP Nr. 5 zu § 1 TVG Tarifverträge: Großhandel; v. 9.10.2002 – 5 AZR 307/01, AP Nr. 18 zu § 38 ZPO Internationale Zuständigkeit; v. 20.4.2004 – 3 AZR 301/03, AP Nr. 21 zu § 38 ZPO Internationale Zuständigkeit; GMP/*Germelmann*, § 48 ArbGG Rz. 40; Dauner-Lieb/Langen/*Schwab*, § 269 BGB Rz. 17; a.A. *Krasshöfer-Pidde/Molkenbur*, NZA 1988, 236 (237).
5 LAG Hess. v. 14.11.1951 – II La 277/51, BB 1952, 603.
6 BAG v. 18.6.1971 – 5 AZR 13/71, AP Nr. 5 zu § 38 ZPO Internationale Zuständigkeit; v. 9.10.2002 – 5 AZR 307/01, AP Nr. 18 zu § 38 ZPO Internationale Zuständigkeit; BGH v. 17.5.1977 – VI ZR 174/74, BGHZ 69, 37 (44 ff.).
7 EuGH v. 26.5.1982 – C-133/81, Slg. 1982, 1891 – *Ivenel/Schwab*; BAG v. 12.6.1986 – 2 AZR 398/85, AP Nr. 1 zu Art. 5 Brüsseler Abkommen.
8 BAG v. 20.4.2004 – 3 AZR 301/03, AP Nr. 21 zu § 38 ZPO Internationale Zuständigkeit; LAG Berlin v. 19.5.1960 – 2 Sa 14/60, RdA 1961, 40; LAG Düsseldorf v. 19.11.1963 – 8 Ta 32/63, BB 1964, 393.

c) Gerichtsstand bei erschwerter Rechtsverfolgung

Typ 1: Gerichtsstand bei erschwerter Rechtsverfolgung

Für den Fall, dass der Arbeitnehmer keinen Wohnsitz in der Bundesrepublik Deutschland hat, vereinbaren die Parteien ... (den Sitz der Firma oder ihrer Niederlassung) als Gerichtsstand. Gleiches gilt, wenn der Arbeitnehmer seinen Wohnsitz oder gewöhnlichen Aufenthaltsort ins Ausland verlegt oder sein Wohnsitz oder gewöhnlicher Aufenthalt zum Zeitpunkt der Klageerhebung unbekannt ist.

23 Für den Fall, dass eine der Vertragsparteien **keinen allgemeinen Gerichtsstand im Inland** hat (§ 38 Abs. 2 ZPO) oder sie nach Vertragsabschluss ihren Wohnsitz oder **gewöhnlichen Aufenthaltsort ins Ausland verlegt** oder ihr Wohnsitz oder gewöhnlicher Aufenthalt im Zeitpunkt der Klageerhebung **nicht bekannt** ist (§ 38 Abs. 3 Nr. 2 ZPO), ist eine Gerichtsstandsvereinbarung zulässig.

24 Nach **§ 38 Abs. 2 ZPO** kann eine Gerichtsstandsvereinbarung getroffen werden, wenn eine der Parteien (hier: der Arbeitnehmer) **im Inland keinen allgemeinen Gerichtsstand** hat (**Typ 1 Satz 1**). Ob ein besonderer Gerichtsstand gegeben ist, ist unerheblich.[1]

25 Eine Einschränkung in der Wahl des Gerichtes ergibt sich gemäß § 38 Abs. 2 Satz 3 ZPO für den Fall, dass eine der Vertragsparteien einen inländischen Gerichtsstand hat: Dann kann (entweder ein Gericht im Ausland oder) für das Inland nur ein Gericht gewählt werden, bei dem diese Partei ihren allgemeinen oder einen besonderen Gerichtsstand hat. Im Falle von **Typ 1** kann wegen § 17 ZPO demnach durchaus der Sitz der Firma des Arbeitgebers als Gerichtsstand vereinbart werden.

26 Für die Wahrung der in § 38 Abs. 2 ZPO vorgesehenen **Schriftform** reicht es aus, dass die Prorogation unter Verwendung eines vorgedruckten Formulars erfolgt.[2] Dabei darf die Prorogation jedoch nicht im Formularvertrag in einer Fülle von vorgedruckten Bestimmungen versteckt sein, da sie dann möglicherweise nicht vom wahren vertraglichen Willen gedeckt wäre. Gerade das aber will das Formerfordernis sicherstellen.[3] Bei umfangreicheren Formulararbeitsverträgen ist daher zu empfehlen, die **Klausel besonders hervorzuheben**.

27 Allerdings ist in Rechtsprechung und Schrifttum umstritten, welche **weiteren formellen Anforderungen** § 38 ZPO an eine schriftliche Vereinbarung stellt. Teilweise wird angenommen, der Begriff der Schriftlichkeit richte sich nach deutschem materiellen Recht. Maßgeblich sei somit § 126 Abs. 2 BGB, der bei einem Vertrag die Unterzeichnung der Parteien auf derselben Urkunde verlangt.[4] Die Gegenmeinung verweist darauf, der Gesetzgeber habe in § 38 Abs. 2 ZPO bewusst die Regelung des

---
1 BAG v. 27.1.1983 – 2 AZR 188/81, AP Nr. 12 zu § 38 ZPO Internationale Zuständigkeit; Stein/Jonas/*Bork*, § 38 ZPO Rz. 25; GMP/*Germelmann*, § 48 ArbGG Rz. 55; Thomas/Putzo/*Hüßtege*, § 38 ZPO Rz 13.
2 Stein/Jonas/*Bork*, § 38 ZPO Rz. 30; Zöller/*Vollkommer*, § 38 ZPO Rz. 27.
3 Vgl. zu den an die drucktechnische Gestaltung zu stellenden Mindestanforderungen BGH v. 30.5.1983 – II ZR 135/82, NJW 1983, 2772 (2773).
4 *Löwe*, NJW 1974, 473 (475).

Art. 17 Abs. 1 Satz 2 EuGVÜ[1] übernommen und hält infolgedessen auch getrennte Schriftstücke für ausreichend wenn aus ihnen nur hinreichend der Wille, einen Gerichtsstand zu vereinbaren, hervorgehe.[2] Der BGH hat diese Rechtsfrage bislang ausdrücklich offen gelassen,[3] und auch das BAG hat die hierzu vertretenen Auffassungen lediglich referiert.[4] Bei sorgfältiger Vertragsgestaltung ist daher die strengere Auffassung zugrunde zu legen und die **Schriftform des § 126 Abs. 2 BGB zu wahren**. Jedenfalls soll das Formerfordernis des § 38 Abs. 2 ZPO für vorprozessuale Vereinbarungen eines ausländischen Gerichtsstandes auch dann Geltung beanspruchen, wenn für das Vertragsverhältnis auch materiell-rechtlich das ausländische Recht gilt und nach diesem eine Gerichtsstandsvereinbarung formlos wirksam ist.[5]

Diese Klausel hat vor allem **Bedeutung** für die Vereinbarung der Zuständigkeit eines deutschen Gerichtes bei der **Beschäftigung von Wanderarbeitnehmern**. Auch soweit ein deutscher Arbeitnehmer für ausländische Arbeitgeber tätig wird, kann die Zuständigkeit eines ausländischen Gerichtes vereinbart werden. Insoweit sind jedoch die vom BAG aufgestellten Grundsätze zu beachten, nach denen die Vereinbarung eines ausländischen Gerichtsstandes für einen deutschen Arbeitnehmer im Einzelfall unbeachtlich sein kann, wenn es zu dessen Schutz geboten ist, dass der Rechtsstreit vor deutschen Gerichten geführt wird.[6] Zwar richtet sich die Frage, ob im Falle der Vereinbarung ausländischen Rechts durch die Parteien eines Arbeitsvertrages mit Auslandsberührung die Zuständigkeitsvereinbarung wirksam zustande gekommen ist, nach dem vereinbarten ausländischen Recht, doch ist die Wirkung einer solchen Prorogation vor dem angerufenen deutschen Gericht nach deutschem Recht (lex fori) zu beurteilen.[7] 28

Nach **§ 38 Abs. 3 Nr. 2 ZPO** ist eine Gerichtsstandsvereinbarung ferner für den Fall zulässig, dass eine Partei nach Vertragsabschluss ihren Wohnsitz oder **gewöhnlichen Aufenthaltsort ins Ausland verlegt** oder ihr Wohnsitz oder gewöhnlicher Aufenthalt im Zeitpunkt der Klageerhebung **nicht bekannt** ist. 29

Auch eine solche Prorogation muss **schriftlich** vereinbart sein, sollte also die Form des § 126 Abs. 2 BGB (Unterzeichnung der Urkunde durch beide Vertragsparteien) wahren.[8] Sie muss ferner **ausdrücklich** getroffen werden, also so eindeutig formuliert sein, dass ihre Wirkung auch für den Laien erkennbar ist.[9] Dabei ist es für die Zuständigkeitsbestimmung ausreichend, dass das vereinbarte Gericht bei Kla- 30

---

1 Vgl. zur Schriftform nach Art. 17 Abs. 1 Satz 2 EuGVÜ BGH v. 22.2.2001 – IX ZR 19/00, NZA 2001, 1731.
2 Thomas/Putzo/*Hüßtege*, § 38 ZPO Rz. 15; *Samtleben*, NJW 1974, 1590 (1595); Zöller/*Vollkommer*, § 38 ZPO Rz. 27.
3 BGH v. 14.11.1991 – IX ZR 250/90, BGHZ 116, 77 (80).
4 BAG v. 13.11.2007 – 9 AZR 134/07, AP Nr. 8 zu Art 27 EGBGB n.F.
5 BAG v. 27.1.1983 – 2 AZR 188/81, AP Nr. 12 zu § 38 ZPO Internationale Zuständigkeit.
6 BAG v. 20.7.1970 – 3 AZR 417/69, AP Nr. 4 zu § 38 ZPO Internationale Zuständigkeit; v. 5.9.1972 – 3 AZR 212/69, AP Nr. 6 zu § 38 ZPO Internationale Zuständigkeit; v. 29.6.1978 – 2 AZR 973/77, AP Nr. 8 zu § 38 ZPO Internationale Zuständigkeit (hier: Wahl des ausländischen Gerichtsstands käme wegen des dort herrschenden Kriegszustandes einer Rechtsverweigerung gleich).
7 BAG v. 29.6.1978 – 2 AZR 973/77, AP Nr. 8 zu § 38 ZPO Internationale Zuständigkeit.
8 Auch hier str., vgl. Thomas/Putzo/*Hüßtege*, § 38 ZPO Rz. 27.
9 Thomas/Putzo/*Hüßtege*, § 38 ZPO Rz. 27.

geerhebung bestimmbar ist,[1] so dass es genügt, wenn an den Ort des Sitzes oder der Niederlassung des Arbeitgebers angeknüpft wird.

31 Die Aufnahme einer solchen Klausel empfiehlt sich insbesondere bei Vertragsabschlüssen mit ausländischen Arbeitnehmern, da diese später ihren Wohnsitz möglicherweise wieder in ihr Heimatland verlegen. Dem Arbeitgeber wird so die Last genommen, im Ausland zu klagen. Verlegt der ausländische Arbeitnehmer seinen Wohnsitz zunächst in sein Heimatland und dann wieder zurück ins Inland oder wird sein Aufenthaltsort wieder bekannt, so wird die Gerichtsstandsvereinbarung insoweit hinfällig.[2]

d) Gerichtsstand bei Auslandsberührung

Typ 2: Gerichtsstandsvereinbarungen nach Unionsrecht

Gerichtsstand ist ...

32 Wie oben Rz. 11 ff. erläutert, findet für arbeitsrechtliche Streitigkeiten mit Auslandsberührung die **VO (EU) 1215/2012 (EuGVVO)** Anwendung.[3] Ihr Art. 23 bestimmt, dass von den durch diese Verordnung eröffneten Gerichtsständen (zu ihnen Rz. 12 ff.) durch Vereinbarung nur abgewichen werden darf, wenn die Vereinbarung nach der Entstehung der Streitigkeit getroffen wird oder sie dem Arbeitnehmer die Befugnis einräumt, andere als die in diesem Abschnitt angeführten Gerichte anzurufen.[4]

33 Ein im Arbeitsvertrag (also vor Entstehen einer Streitigkeit) vereinbarter Gerichtsstand hat daher nach Unionsrecht **Wirkung ausschließlich zugunsten des Arbeitnehmers**. Ihm eröffnet er die Möglichkeit, außer an den nach der Verordnung 1215/2012 eröffneten Gerichtsständen auch an dem vereinbarten Gerichtsstand Klage zu erheben.[5] Der vereinbarte Gerichtsstand tritt also nicht an die Stelle, sondern lediglich **neben die gesetzlich eröffneten Gerichtsstände**, und auch dies nur für Klagen des Arbeitnehmers. Allerdings kann der Arbeitgeber, wenn der Arbeitnehmer vor dem vereinbarten Gericht Klage erhebt, dort eine **Widerklage** anhängig machen (Art. 22 Abs. 2 VO [EU] 1215/2012).

34 **Voraussetzung** der Gerichtsstandsvereinbarung nach der VO (EU) 1215/2012 ist, dass der Arbeitsvertrag einen **Auslandsbezug** aufweist und die Zuständigkeit eines Gerichts oder der Gerichte eines Mitgliedstaates vereinbart ist. Das noch in der VO (EG) 44/2001 enthaltene Erfordernis, dass zumindest eine der Parteien ihren (Wohn-)Sitz bzw. ihre Niederlassung in einem EU-Mitgliedstaat hat, ist ersatzlos entfallen.[6] Außerdem muss die Vereinbarung **schriftlich** abgeschlossen, oder

---

1 Zöller/*Vollkommer*, § 38 ZPO Rz. 13; vgl. auch EuGH v. 9.11.2000 – C-387/98, Slg. 2000, I-9337 = NJW 2001, 501 – *Coreck Maritime*.
2 Stein/Jonas/*Bork*, § 38 ZPO Rz. 41.
3 Abgedruckt und kommentiert u.a. bei Zöller/*Geimer*, ZPO, Anhang I; Thomas/Putzo/*Hüßtege*, ZPO.
4 So zur wortgleichen Vorgänger-Vorschrift des Art. 21 VO (EG) 44/2001 auch *Junker*, NZA 2005, 199 (201).
5 Zur Vorgänger-Vorschrift des Art. 23 VO (EU) 1215/2012 *Junker*, NZA 2005, 199 (201).
6 *Alio*, NJW 2014, 2395 (2398 ff.); *Cadet*, EuZW 2013, 218 (219).

wenn sie mündlich vereinbart wurde, schriftlich bestätigt worden sein, Art. 25 Abs. 1 Satz 3 Buchst. a) VO (EU) 1215/2012. Wegen der autonomen Auslegung dieses Begriffs durch das Unionsrecht kann insoweit nicht auf § 126 Abs. 2 BGB zurückgegriffen werden. Vielmehr kann die Schriftform auch durch zwei **getrennte Schriftstücke** gewahrt werden, sofern aus ihnen die inhaltliche Übereinstimmung beider Erklärungen hinreichend deutlich hervorgeht.[1] Nach Art. 25 Abs. 2 der Verordnung genügt auch die Übermittlung durch **moderne Kommunikationsmittel**, die keine handschriftlichen Unterzeichnungen ermöglichen.[2] Inwieweit die Unterschrift auch darüber hinaus verzichtbar ist, hat der BGH bislang offen gelassen. Jedenfalls könne nur dann von einer schriftlichen Willenserklärung die Rede sein, wenn sie in einem sichtbaren Text verkörpert sei, der den Urheber erkennen lasse.[3]

e) Verbundene Rechtswahlklauseln

⊃ **Nicht geeignet:**

Für Redakteure, die im Ausland beschäftigt sind, findet deutsches materielles und prozessuales Recht Anwendung.

Bei Arbeitsverhältnissen mit Auslandsberührung können die Vertragsparteien versucht sein, sowohl das **materielle als auch das Prozessrecht** eines bestimmten Staates, etwa des Sitzstaates des Arbeitgebers, zu vereinbaren. Materiell-rechtlich sind solche Vereinbarungen gemäß Art. 3, Art. 8 Abs. 1 VO (EG) 593/2008 grundsätzlich zulässig, doch darf durch sie dem Arbeitnehmer nicht der Schutz entzogen werden, der ihm durch die zwingenden Bestimmungen des nach Art. 8 Abs. 2–4 VO (EG) 593/2008 anwendbaren Rechts gewährt wird.[4] Darüber hinaus ist hinsichtlich der Gerichtsstandsvereinbarung das Formerfordernis des § 38 ZPO selbst dann zu beachten, wenn nach dem vereinbarten materiellen Recht des ausländischen Staates eine Gerichtsstandsvereinbarung formlos wirksam ist.[5]

Die Klausel des o.g. Beispiels will darüber hinaus jedoch bewirken, dass für Streitigkeiten der Parteien – unabhängig vom Gerichtsort – ein bestimmtes Prozessrecht Anwendung findet. Eine solche Vereinbarung ist jedoch irreführend und **unwirksam:** Dem von der ganz h.M. vertretenen **lex-fori-Prinzip** zufolge präjudiziert die internationale Zuständigkeit der Gerichte eines bestimmten Staates weitestgehend die Entscheidung über das anzuwendende Verfahrensrecht, selbst wenn in der Sache nach den Regeln des Internationalen Privatrechts ausländisches Recht anzuwenden ist.[6] Es kann also grundsätzlich nicht von den Parteien festgelegt werden, dass bspw. ein französisches Gericht deutsches Prozessrecht in einem Rechtsstreit

---

1 BGH v. 9.3.1994 – VIII ZR 185/92, NJW 1994, 2699 (2700); v. 22.2.2001 – IX ZR 19/00, NJW 2001, 1731 (1731).
2 BGH v. 6.7.2004 – X ZR 171/02, NJW-RR 2005, 150 (151f.); Zöller/*Geimer*, ZPO, Art. 23 EuGVVO Rz. 14; *Kilian*, Die Gerichtsstandsvereinbarungen nach dem Lugano-Übereinkommen, S. 157f.; vgl. zur Einbeziehung mittels „click-wrapping" AG Geldern v. 20.4.2011 – 4 C 33/11, NJW-RR 2011, 1503.
3 BGH v. 22.2.2001 – IX ZR 19/00, NJW 2001, 1731 (1731).
4 ErfK/*Schlachter*, Art. 3, 8, 9 Rom I-VO Rz. 18ff.; vgl. auch EuGH v. 12.9.2013 – C-64/12, ECLI:EU:C:2013:551 = NZA 2013, 1163 (1165f.) – *Schlecker*.
5 BAG v. 27.1.1983 – 2 AZR 188/81, AP Nr. 12 zu § 38 ZPO Internationale Zuständigkeit.
6 BAG v. 4.10.1974 – 5 AZR 550/73, AP Nr. 7 zu § 38 ZPO Internationale Zuständigkeit.

anzuwenden hat. Andererseits wenden deutsche Gerichte bei einer Streitentscheidung grundsätzlich immer deutsches Prozessrecht an.

37 Allerdings liegt bei der Verwendung einer solchen Klausel die Vermutung nahe, dass die Parteien entgegen deren Wortlaut nicht eine Wahl des anzuwendenden Verfahrensrechtes treffen wollten, sondern vielmehr bestimmen wollten, in welchem Staat ein etwaiger Prozess geführt wird. Bei der Klausel würde es sich dann um eine Festlegung der **internationalen Zuständigkeit** handeln. Diese jedoch kann nur unter den Voraussetzungen des § 38 ZPO bzw. des Art. 23 VO (EU) 1215/2012 wirksam vereinbart werden. Insoweit wird auf die Rz. 23 ff. und 32 ff. verwiesen.

3. Hinweise zur Vertragsgestaltung

38 Soweit das **europäische Zuständigkeitsrecht** der VO (EU) 1215/2012 Anwendung findet, ist wegen der geringeren Anforderungen des Art. 23 VO (EU) 1215/2012 die Aufnahme der Klausel

---

§ ... Gerichtsstand

Gerichtsstand ist ...

---

in den Formulararbeitsvertrag rechtlich unbedenklich. Sie hat allerdings lediglich die Wirkung, dass sie dem Arbeitnehmer das Recht eröffnet, außer an den nach dem Übereinkommen bzw. der Verordnung eröffneten Gerichtsständen auch an dem vereinbarten Gerichtsstand Klage zu erheben. Ihr kommt daher lediglich ergänzender, nicht aber verdrängender Charakter zu. Für Klagen des Arbeitgebers eröffnet sie den gewillkürten Gerichtsstand nur, soweit die geltend gemachten Ansprüche im Wege der Widerklage verfolgt werden.

39 In allen anderen Fällen ist aufgrund des in Rz. 16 erläuterten Verbots der geltungserhaltenden Reduktion zu weit gefasster Klauseln eine möglichst genaue, explizite Bezeichnung der Fälle zu empfehlen, für die die Gerichtsstandsvereinbarung in den Vertrag aufgenommen werden soll. Denn nur so ist gewährleistet, dass die Voraussetzungen der gesetzlichen Ausnahmeregelungen des § 38 Abs. 2, Abs. 3 Nr. 2 ZPO, nach denen eine Gerichtsstandsvereinbarung ausnahmsweise wirksam getroffen werden kann, erfüllt sind. Folgende Formulierung ist anzuraten:

---

§ ... Gerichtsstand

Für den Fall, dass der Arbeitnehmer keinen Wohnsitz in der Bundesrepublik Deutschland hat, vereinbaren die Parteien ... (den Sitz der Firma oder ihrer Niederlassung) als Gerichtsstand. Gleiches gilt, wenn der Arbeitnehmer seinen Wohnsitz oder gewöhnlichen Aufenthaltsort ins Ausland verlegt oder sein Wohnsitz oder gewöhnlicher Aufenthalt zum Zeitpunkt der Klageerhebung unbekannt ist.

G 25 Geschenke und Trinkgelder

	Rz.		Rz.
1. Einführung	1	a) Einführung	12
2. Geschenke	3	b) Klauseln	16
a) Grundlagen	3	4. Hinweise zur zweckmäßigen Vertragsgestaltung	28
b) Klauseln	6		
3. Trinkgelder	12		

Schrifttum:

Birk, Über das Trinkgeld – Einige rechtsvergleichende Bemerkungen, Festschrift für Franz Jürgen Säcker, 2011, S.189; *Dommermuth-Alhäuser/Heup*, Anrechnung von Trinkgeld auf den Mindestlohn, NZA 2015, 406; *Groß/Sträßner*, Das Verbot der Annahme von Belohnungen und Geschenken im Bereich der stationären und ambulanten Pflege, PflR 2000, 406; *Müller*, Belohnungen und Geschenke an Beschäftigte des öffentlichen Dienstes, öAT 2011, 222; *Salje*, Trinkgeld als Lohn, DB 1989, 321; *Schröder*, Geschenke erhalten die Freundschaft, ArbR 2014, 529.

1. Einführung

„Kleine Geschenke erhalten die Freundschaft" („Small presents keep the customers satisfied", Deutsches Sprichwort). Nach dieser Leitmaxime wurde in der Vergangenheit recht freizügig im Arbeitsleben mit der „Kundenpflege" verfahren. Das änderte sich erst mit dem zunehmenden Bewusstsein für die Fragenkomplexe Korruption und Compliance. Die Sensibilisierung für das Thema hat in Unternehmen zu großer Verunsicherung und geradezu calvinistischer Zurückhaltung geführt. 1

Bestimmte Geschenke sind dagegen sozial akzeptiert. So ist in der gesamten Dienstleistungsbranche das „Trinkgeld" verbreitet. Das sonst rigide Steuerrecht zeigt sich hier großzügig. Trinkgelder sind nach § 3 Nr. 51 EStG Zahlungen, *„die anlässlich einer Arbeitsleistung dem Arbeitnehmer von Dritten freiwillig und ohne dass ein Rechtsanspruch auf sie besteht, zusätzlich zu dem Betrag gegeben werden, der für diese Arbeitsleistung zu zahlen ist."* Die Steuerfreiheit ist weder dem Grunde noch der Höhe nach begrenzt. Denkbar ist, dass ein Trinkgeld zwar steuerfrei vereinnahmt werden kann, aber je nach Sachverhalt sich zu einer strafbaren Vorteilsnahme („Schmiergeld") entwickelt. Was nun aus der Sicht des Arbeitgebers und des Arbeitnehmers erlaubt oder verpönt ist, bedarf der Klärung. Hierbei kann die Vertragsgestaltung hilfreich sein. 2

2. Geschenke

a) Grundlagen

Inwieweit der Arbeitnehmer Geschenke der ständigen oder potentiellen Vertragspartner des Arbeitgebers während oder außerhalb der Arbeitszeit annehmen darf, ist unsicher. Im Rahmen des Arbeitsvertragsrechts ist zu fragen, ob und welche Nebenpflichten der Arbeitnehmer durch die Annahme von Geschenken oder Trinkgeldern verletzt. Die vertraglichen und strafrechtlichen Grenzen werden überschritten, wenn die „Aufmerksamkeiten" zu einer unlauteren Einflussnahme zugunsten 3 eines bestimmten Geschäftspartners werden. Insofern besteht insbesondere die Gefahr der Korruption. Es drohen in diesem Fall dem Arbeitnehmer sowohl eine verhaltensbedingte (außerordentliche) Kündigung[1] als auch strafrechtliche Sanktionen.

4 Das BAG sieht sowohl in der Verwendung von Geldbeträgen des Arbeitgebers, um Kundenmitarbeitern **unerlaubt** Vorteile zuzuwenden, als auch in der unerlaubten Annahme von durch Dritte gewährten Vorteile einen „an sich" geeigneten Grund, eine (fristlose) Kündigung des Arbeitsverhältnisses zu rechtfertigen. Dabei kommt es dem BAG nicht entscheidend auf die strafrechtliche Würdigung an. Entscheidend ist, ob und inwieweit der Arbeitnehmer mit solchen Handlungen in erheblichem Maße seine Pflicht zur Rücksichtnahme auf die Interessen seines Arbeitgebers und damit Nebenpflichten gemäß § 241 Abs. 2 BGB verletzt.[2]

5 **Strafrechtliche Grenzen** im Hinblick auf die Vorteilsannahme ziehen vor allem die §§ 299, 331 ff. StGB. Für eine Strafbarkeit nach § 299 StGB wegen Bestechlichkeit und Bestechung im Verkehr kommt es darauf an, ob sich die Aufmerksamkeit noch im Rahmen der Sozialadäquanz bewegt. Entscheidend ist also, ob die Zuwendung der Höflichkeit entspricht und sowohl sozial üblich als auch unter den Gesichtspunkten des Rechtsschutzes allgemein gebilligt ist, so bspw. bei Werbekugelschreibern, Notizbüchern etc.[3] Für Amtsträger gelten regelmäßig noch schärfere Anforderungen, da es ihnen gegenüber aus Gründen der Lauterkeit des öffentlichen Dienstes nicht üblich ist, Geschenke zukommen zu lassen. So liegen hier Geschenke im Bereich von 30 Euro strafrechtlich bereits jenseits des Sozialadäquaten.[4]

b) Klauseln

6 Daher ist es empfehlenswert, vertraglich möglichst genau festzulegen,[5] in welchem Maß die Annahme von Geschenken unschädlich ist und wie sich ein Arbeitnehmer zu verhalten hat, wenn ihm Geschenke angetragen werden, deren Einordnung nicht ohne Weiteres eindeutig ist.

Typ 1: Präventives Verbot der Annahme mit Zustimmungsvorbehalt

Dem/Der Mitarbeiter/in ist es im Zusammenhang mit der geschuldeten Tätigkeit untersagt, Gefälligkeiten, Einladungen oder Geschenke jeglicher Art anzunehmen oder sich versprechen zu lassen. Eine Ausnahme besteht nur, wenn der Arbeitgeber der Annahme zustimmt.

---

1 Schaub/*Linck*, § 127 Rz. 116.
2 BAG v. 21.6.2012 – 2 AZR 694/11, NZA 2013, 199; v. 15.11.2001 – 2 AZR 605/00, AP Nr. 175 zu § 626 BGB.
3 *Schröder*, Geschenke erhalten die Freundschaft, ArbRAktuell 2014, 529.
4 *Schröder*, Geschenke erhalten die Freundschaft, ArbRAktuell 2014, 529.
5 Zu den Klauselalternativen Lunk/*Kiesgen*, § 1a Rz. 924 ff.

Typ 2: Relatives Verbot der Annahme

Dem/Der Mitarbeiter/in ist es im Zusammenhang mit der geschuldeten Tätigkeit untersagt, Gefälligkeiten, Einladungen oder Geschenke jeglicher Art anzunehmen oder sich versprechen zu lassen. Dies gilt nicht für sozialadäquate Gelegenheitsgeschenke, die über den Gegenwert von 10/20/30 Euro pro Jahr nicht hinausgehen.

Typ 3: Anzeige- und Herausgabepflicht

a) Der/Die Mitarbeiter/in ist verpflichtet, dem Arbeitgeber jegliche Angebote von Geschenken, Gefälligkeiten oder Zuwendungen im Rahmen des Arbeitsverhältnisses anzuzeigen und solche an den Arbeitgeber herauszugeben.

b) Der Herausgabepflicht unterliegen nicht sozialadäquate Gelegenheitsgeschenke, deren Wert nicht über 10/20/30 Euro im Jahr hinausgeht. Die Anzeigepflicht bleibt gleichwohl auch in diesem Fall bestehen.

Eine arbeitsvertragliche Regelung in Bezug auf die Annahme von Geschenken durch den Arbeitnehmer ist wegen der unterschiedlichen Gegebenheiten des Einzelfalls ratsam, um beiden Parteien zu verdeutlichen, ab welcher Schwelle die ggf. **kündigungsrelevante Nebenpflichtverletzung** des Arbeitnehmers beginnt. Dabei sind die Vertragsparteien von Rechts wegen weitgehend frei in der Bestimmung, ob man eine strenge oder weniger strenge Handhabung im Unternehmen will.

Ausgangspunkt für die Festlegung des Zulässigen ist das sog. **Schmiergeldverbot**. Gegen dieses verstößt, wer sich als Arbeitnehmer bei der Ausführung von vertraglichen Aufgaben Vorteile versprechen lässt oder entgegennimmt, die dazu bestimmt oder geeignet sind, ihn in seinem geschäftlichen Verkehr zugunsten Dritter und zum Nachteil seines Arbeitgebers zu beeinflussen.[1] Ausreichend ist dabei bereits, dass der gewährte Vorteil die Gefahr begründet, der Arbeitnehmer werde nicht mehr einzig die Interessen des Arbeitgebers wahrnehmen.[2] In jedem Fall unzulässig ist demzufolge die Annahme von Bargeld, Wertpapieren, illegalen Produkten sowie Geschenken, die in einem direkten Zusammenhang mit einer Geschäftsentscheidung zugunsten des Schenkenden stehen.[3] Uneinigkeit besteht dahingehend, ob sich das Schmiergeldverbot nur auf die Fälle bezieht, in denen ein pflichtwidriges Verhalten des Arbeitnehmers belohnt werden soll.[4] Richtigerweise kommt es jedoch auf die Pflichtwidrigkeit der honorierten Handlung nicht an, da gleichwohl eine Beeinträchtigung des Vertrauensverhältnisses gegeben sein kann.[5] Nimmt der Arbeitnehmer entgegen des Schmiergeldverbotes Geschenke an, so hat er diese

---

1 MünchKommBGB/*Müller-Glöge*, § 611 BGB Rz. 1119; Schaub/*Linck*, § 53 Rz. 41.
2 BAG v. 21.6.2001 – 2 AZR 30/00, NZA 2002, 232.
3 *Haas*, Geschenke an Arbeitnehmer: Was ist erlaubt, was ist verboten, BC 2010, 492.
4 Befürwortend: *Zöllner/Loritz/Hergenröder*, Arbeitsrecht, § 14 I 3, S. 155.
5 HWK/*Thüsing*, § 611 BGB Rz. 364.

nach den Regeln der unberechtigten Geschäftsführung ohne Auftrag gemäß §§ 687 Abs. 2 Satz 1, 681 Satz 1, 667 BGB an den Arbeitgeber **herauszugeben**.[1]

9 Regelungsbedürftig ist insbesondere die Abgrenzung des unerheblichen Bagatellbereichs, der die vertragswidrige von der nicht vertragswidrigen Geschenkannahme abgrenzt. Grundsätzlich gilt, dass der Arbeitnehmer Gelegenheitsgeschenke in Anlehnung an § 4 Abs. 5 Nr. 1 EStG annehmen darf, die 35 Euro pro Jahr nicht überschreiten.[2] Darunter fallen regelmäßig Kugelschreiber, Notizblöcke, Feuerzeuge oder auch eine Essenseinladung, die sich im Rahmen des sozial Üblichen bewegt.[3] Lediglich für Bedienstete im öffentlichen Dienst gilt nach § 3 Abs. 2 TVöD/TvL ein absolutes Verbot bezüglich der Annahme von Geschenken.[4]

10 Auch der private Arbeitgeber kann die strenge Linie des öffentlichen Dienstes übernehmen und ein **präventives Verbot mit Zustimmungsvorbehalt** vereinbaren (**Typ 1**). Eine liberalere Handhabung ist gemäß **Typ 2** möglich, ein **relatives Verbot** zu formulieren und betragsmäßig begrenzte Gelegenheitsgeschenke auszunehmen, d.h. als nicht vertragswidrig zu erklären.

11 Alternativ ist es möglich, den Arbeitnehmer dazu zu verpflichten, den Arbeitgeber über ein Geschenkangebot seines Kunden zu informieren.[5] Hierzu gibt es mehrere denkbare Spielarten. **Generelle Anzeigepflicht, relative Anzeigepflicht** (bei Betragsgrenzen übersteigenden Geschenkangeboten), Anzeige und (relative) Herausgabepflicht (**Typ 3**). Mit allen Klauselvorschlägen wird gewährleistet, dass für den Arbeitnehmer Rechtsklarheit in Bezug auf die von ihm erwarteten Verhaltensweisen herrscht und eine klare Grenze zwischen noch erlaubtem und bereits sanktionierbarem Umgang mit Geschenken gezogen wird.

3. Trinkgelder

a) Grundlagen

12 Trinkgelder haben in der Dienstleistungsbranche, insbesondere in der Gastronomie, eine herausragende Bedeutung. Allein im Gastronomiebereich werden pro Jahr 45 Mrd. Euro umgesetzt. Legt man einmal fiktiv 5% Trinkgeldleistungen zu Grunde, fließt allein in diesem Bereich ein Trinkgeldvolumen von ca. 2 Milliarden

---

1 Schaub/*Linck*, § 53 Rz. 42; *Müller/Preis*, Arbeitsrecht im öffentlichen Dienst, Rz. 552; BAG v. 15.4.1970 – 3 AZR 259/69, AP BGB § 687 Nr. 4.
2 Eine Sonderregelung besteht gemäß § 14 Abs. 5 HeimG für Mitarbeiter eines Wohnheimes, wonach es ihnen untersagt ist, sich Geld oder geldwerte Leistungen gewähren zu lassen, soweit es sich nicht um „geringwertige Aufmerksamkeiten" handelt; hierzu *Groß/Sträßner*, PflR 2000, 406.
3 Dies gilt hingegen nicht für Betriebsratsmitglieder, da die Annahme jeglicher Geschenke hier einen Fall der unzulässigen Begünstigung nach § 78 BetrVG darstellt, vgl. DKKW/ *Buschmann*, § 78 Rz. 33.
4 § 3 Abs. 2 TVöD (entsprechend § 3 Abs. 3 TvL) lautet: „Die Beschäftigten dürfen von Dritten Belohnungen, Geschenke, Provisionen oder sonstige Vergünstigungen in Bezug auf ihre Tätigkeit nicht annehmen. Ausnahmen sind nur mit Zustimmung des Arbeitgebers möglich. Werden den Beschäftigten derartige Vergünstigungen angeboten, haben sie dies dem Arbeitgeber unverzüglich anzuzeigen."; s. zu § 10 BAT: LAG Schl.-Holst. v. 27.10.2004 – 3 Sa 314/04, NZA-RR 2005, 330.
5 Moll/*Reinfeld*, Münchener Anwaltsbuch Arbeitsrecht, § 33 Rz. 43.

Euro. Trinkgelder haben in der Vergangenheit insbesondere Bedeutung für eine attraktive Entlohnung entfaltet. Arbeitgeber konnten einen niedrigen Grundlohn vereinbaren, da bei freundlicher Leistungserbringung Arbeitnehmer durch das Trinkgeld ein befriedigendes Auskommen hatten. Mit der Einführung des Mindestlohnes (§ 1 MiLoG) haben Arbeitgeber nunmehr zunehmend das Interesse, Trinkgelder, die den Arbeitnehmern von Dritten zugewandt werden, abzuschöpfen. Prinzipiell schließt die Regelung des § 107 Abs. 3 GewO es aus, Trinkgelder zur Erfüllung des Mindestlohnanspruchs anzurechnen.[1]

Der Gesetzgeber privilegiert die Hingabe von Trinkgeldern steuerrechtlich, sozialversicherungsrechtlich und arbeitsrechtlich. Nach § 3 Nr. 51 EStG sind Zahlungen, *„die anlässlich einer Arbeitsleistung dem Arbeitnehmer von Dritten freiwillig und ohne dass ein Rechtsanspruch auf sie besteht, zusätzlich zu dem Betrag gegeben werden, der für diese Arbeitsleistung zu zahlen ist,"* **steuerfrei**. Der Steuergesetzgeber hat aus Praktikabilitätsgründen auf jegliche Steuerpflicht verzichtet, nachdem aus den Erfahrungen der vor dem 1.1.2002 bestehenden Rechtslage die Erkenntnis wuchs, dass dieser Bereich schwerlich gleichmäßig mangels Kontrollierbarkeit erfasst werden konnte. Die Gleichmäßigkeit der Besteuerung konnte nicht gewährleistet werden.[2] 13

Arbeitsrechtlich bestimmt § 107 Abs. 3 GewO, dass *„die Zahlung eines regelmäßigen Arbeitsentgelts nicht für die Fälle ausgeschlossen werden [kann], in denen der Arbeitnehmer für seine Tätigkeit von Dritten ein Trinkgeld erhält. Trinkgeld ist ein Geldbetrag, den ein Dritter ohne rechtliche Verpflichtung dem Arbeitnehmer zusätzlich zu einer dem Arbeitgeber geschuldeten Leistung zahlt."* Weder die gesetzliche noch die tarifliche Mindestlohnvergütung können danach ganz oder teilweise mit dem erwarteten oder erzielten Trinkgeldaufkommen verrechnet werden. 14

Das **Sozialversicherungsrecht** folgt der steuerrechtlichen Wertung. Gemäß § 1 Abs. 1 Satz 1 Nr. 1 SvEV sind überdies Einnahmen, die zusätzlich zu Löhnen und Gehältern gewährt werden, nicht dem beitragspflichtigen Arbeitsentgelt zuzurechnen, soweit sie lohnsteuerfrei sind. Dies ist bei Trinkgeldern seit dem 1.1.2002 (BGBl. I 2002, 3111) der Fall (vgl. § 3 Nr. 51 EStG). 15

b) Klauseln

Typ 4: Deklaratorische Klarstellung der Mindestlohnregelung mit Trinkgeld 16

a) Der/Die Mitarbeiter/in erhält eine Bruttostundenvergütung in Höhe von zurzeit ... Euro je Zeitstunde (Hinweis: nicht weniger als 8,50 Euro je Zeitstunde), mindestens aber in Höhe des jeweils geltenden gesetzlichen Mindeststundenentgelts.

b) Der/Die Mitarbeiter/in ist berechtigt, Zahlungen, die ihm von Dritten ohne rechtliche Verpflichtung zusätzlich zu einer dem Arbeitgeber geschuldeten Leistung gewährt werden (Trinkgeld), als steuerfreie (§ 3 Nr. 51 EStG) Vergütung zu vereinnahmen.

---

1 BeckOK/*Greiner*, § 1 MiLoG Rz. 61; *Däubler*, NJW 2014, 1924 (1926).
2 S. BT-Drucks. 14/9020.

17 Klauseltyp 4 erfüllt alle Anforderungen der geltenden Rechtslage. Im Unterschied zur früheren Rechtslage muss der Mindestlohn garantiert sein. Trinkgelder können nicht auf den Mindestlohnanspruch angerechnet werden. Nach § 107 Abs. 3 GewO gehören Trinkgelder zu den Sachbezügen, deren Anrechnung die Höhe des pfändbaren Teils des Arbeitsentgelts nicht übersteigen darf. Die frühere Rechtslage, nach der es möglich war, eine Anrechnung der Trinkgelder vorzunehmen, wenn überhaupt ein nicht sittenwidriges Arbeitsentgelt gezahlt wurde, ist wegen § 1 MiLoG obsolet. Wenn nichts anderes vereinbart ist, greift die unter a) dargestellte Rechtslage.

18 Die Erfüllung der Mindestlohnpflicht vorausgesetzt ist zu fragen, ob der Arbeitgeber darüber hinaus gehendes Trinkgeld „abschöpfen" darf. Anerkannt ist, dass im Falle einer ausdrücklichen arbeitsvertraglichen Regelung Trinkgelder Teil des Arbeitsentgelts werden können. Da der Arbeitgeber dem Arbeitnehmer die Gelegenheit zur Erlangung der Geldbeträge verschafft, kann dies als Sachbezug gedeutet werden.[1] Freilich schließt dies aus, dass der Arbeitgeber lediglich das Trinkgeld zur Erhöhung seiner Betriebseinnahmen vom Arbeitnehmer herausverlangt.

⊃ **Nicht geeignet:**

Der/Die Mitarbeiter/in ist verpflichtet, Zahlungen, die ihm/ihr von Dritten ohne rechtliche Verpflichtung zusätzlich zu einer dem Arbeitgeber geschuldeten Leistung gewährt werden (Trinkgeld), an den Arbeitgeber herauszugeben.

19 Das Trinkgeld wird vom Kunden neben dem Rechnungsbetrag freiwillig an den Arbeitnehmer gezahlt; das Geld steht dem Arbeitnehmer unmittelbar zu.[2] Arbeitsrechtlich ist der Arbeitnehmer gegenüber dem Arbeitgeber über die Höhe der erzielten Trinkgeldeinnahmen **nicht zur Auskunft aus vertraglicher Nebenpflicht** verpflichtet. Das ist nur dann anders, wenn er hieran ein **berechtigtes rechtliches Interesse** hat, wenn und soweit vereinbart ist, dass das Trinkgeld vertraglicher Vergütungsbestandteil ist und der Arbeitgeber die Auskunft zur Ermittlung der gesetzlichen Abzüge benötigt.[3] Der Arbeitgeber ist sogar verpflichtet, von Dritten erkennbar mit der Zweckbestimmung des Trinkgelds erlangte Geldbeträge **an die begünstigten Arbeitnehmer** weiterzuleiten. Ist den Arbeitnehmern die genaue Höhe der Trinkgeldeinnahmen unbekannt, ist der Arbeitgeber zur Auskunft verpflichtet.[4] Die oben genannte Klausel stellt diese Rechtslage auf den Kopf. Eine solche **Abschöpfungsklausel** benachteiligt die begünstigten Arbeitnehmer **unangemessen** (§ 307 BGB).[5]

20 **Vermögensrechtlich** ist das von Dritten gegebene Trinkgeld dem Arbeitnehmer zugeordnet. Der Kunde kontrahiert mit dem Arbeitnehmer. Diesen Kontrakt kann der Arbeitgeber selbst dann nicht verhindern, wenn er ausdrücklich ein Bedienungsgeld erhebt. Denn es ist nicht ausgeschlossen, dass der Kunde noch zusätzlich ein per-

---

1 BeckOK/*Greiner*, § 1 MiLoG Rz. 61; ErfK/*Franzen*, § 1 MiLoG Rz. 7.
2 ErfK/*Preis*, § 611 BGB Rz. 511.
3 Küttner/*Griese*, Personalbuch 2014, Trinkgelder, Rz. 5.
4 ArbG Gelsenkirchen v. 21.1.2014 – 1 Ca 1603/13.
5 A.A. *Dommermuth-Alhäuser/Heup*, NZA 2015, 406 für den Fall einer wirkungsgleichen Anrechnungsklausel.

sönliches Trinkgeld darreicht. Der Kunde kann auch nicht erkennen, dass der Arbeitgeber die Trinkgeldgabe für sich abschöpfen will.

Rechtsgeschäftlich ist zu bedenken, dass die Zuwendung eines Trinkgelds regelmäßig auf der Grundlage einer Schenkung i.S.d. § 516 BGB erfolgt[1] oder eines Rechtsgeschäfts „sui generis" mit schenkungsrechtlicher Prägung,[2] das regelmäßig durch konkludentes Handeln zustande kommt. Da das Schenkungsversprechen unmittelbar vollzogen wird, bedarf es gemäß § 518 Abs. 2 BGB keiner besonderen Form. Durchaus erwägenswert ist, das Trinkgeld als eine **Anstandsschenkung** i.S.d. § 534 BGB einzuordnen, was den Vorteil hat, dass dem Schenkenden nicht die Möglichkeiten der Rückforderung oder des Widerrufs zustünden.[3]

21

Dem könnte entgegengehalten werden, dass der Arbeitnehmer als Auftragnehmer dem Arbeitgeber als Auftraggeber alles, was er aus der Geschäftsbesorgung erlangt hat, analog § 667 BGB herauszugeben oder jedenfalls zu ersetzen hat. Der Grund liegt darin, dass derjenige, der fremde Geschäfte besorgt und damit auf die Interessen eines anderen zu achten hat, aus der Ausführung des Auftrags keine Vorteile erhalten soll, die letztlich dem Auftraggeber gebühren.[4] Ein Mitarbeiter in einem Krematorium darf sich selbstverständlich nicht Edelmetallrückstände aus der Krematoriumsasche aneignen.[5] Auch die Bonusmeilen, die eine Fluggesellschaft einer Person gewährt, damit weiterhin ein Anreiz besteht, für dienstliche Zwecke teure Flügen der vorteilsgewährenden Fluggesellschaft zu buchen, grenzt an korrumpierende Schmiergeldzahlungen zu Lasten des Arbeitgebers. Die Interessen des Auftraggebers werden gefährdet, weil der beauftragte Vielflieger möglicherweise bei der Wahl der Fluggesellschaft nicht die für den Auftraggeber günstigste Wahl trifft, sondern sich von den ihm gewährten Vorteilen leiten lässt. Das BAG hat deshalb zu Recht dem Herausgabeverlangen des Arbeitgebers entsprechend § 667 Alt. 2 BGB stattgegeben. Demjenigen, für dessen Rechnung und damit auch auf dessen Kosten ein anderer Geschäfte führt, sollen die gesamten Vorteile aus dem Geschäft gebühren. Der Arbeitgeber darf verlangen, dass der Arbeitnehmer diese Bonusmeilen im Interesse des Arbeitgebers einsetzt.[6]

22

Die Fallkonstellationen sind mit dem Trinkgeld, das ein Dritter dem Arbeitnehmer übereignet, nicht vergleichbar. **Eine Interessengefährdung tritt für den Auftraggeber nicht ein.** Er erhält seinen Rechnungsbetrag. Trinkgeldgaben sind für den Arbeitgeber sogar vorteilhaft, weil der Kunde die Leistung der Arbeitnehmer anerkennt, wozu er nicht verpflichtet ist. Der Arbeitgeber ist nicht einmal berechtigt, einseitig zu bestimmen, dass das Trinkgeld von der Geschäftsleitung vereinnahmt und anschließend unter dem Personal verteilt wird.[7] Aus dieser Rechtslage ist zu schließen, dass die bloße Abschöpfung des dem Arbeitnehmer zugeeigneten Trinkgelds in einer gestellten Vereinbarung unangemessen benachteiligend ist. Denn der Ar-

23

---
1 Palandt/*Weidenkaff*, § 516 BGB Rz. 9 m.w.N.
2 ArbG Gelsenkirchen v. 21.1.2014 – 1 Ca 1603/13, LAGE § 107 GewO 2003 Nr. 1; *Spengler/Milkau*, jurisPR-ArbR 20/2014 Anm. 4, *Salje*, DB 1989, 321.
3 MünchKommBGB/*Koch*, § 534 BGB Rz. 6.
4 Vgl. BGH v. 17.10.1991 – III ZR 352/89, NJW-RR 1992, 560; s.a. den Krematoriumsfall BAG v. 21.8.2014 – 8 AZR 655/13, NZA 2015, 94.
5 BAG v. 21.8.2014 – 8 AZR 655/13, NZA 2015, 94.
6 BAG v. 11.4.2006 – 9 AZR 500/05, NZA 2006, 1089.
7 LAG Rh.-Pf. v. 9.12.2010 – 10 Sa 483/10, DB 2011, 881.

beitgeber versucht sich etwas anzueignen, das ihm zivilrechtlich nicht gebührt. An dieser Rechtslage ändert sich auch dann nichts, wenn ein sog. **Trinkgeldtopf** („Sparschwein") besteht (Typ 5), der allen Arbeitnehmern der jeweiligen Betriebseinheit zusteht und unter ihnen aufgeteilt wird. An dem Inhalt des Trinkgeldtopfes besteht eine **Bruchteilsgemeinschaft** (§§ 741 ff. BGB) der begünstigten Arbeitnehmer. Gemäß § 742 BGB ist im Zweifel anzunehmen, dass den Teilhabern gleiche Anteile zustehen. Die Arbeitnehmer als Teilhaber können untereinander einen anderen Verteilungsmodus vereinbaren. Vielfach erfolgt dies konkludent oder mit Unterstützung des Arbeitgebers.

24 **Typ 5: Verteilung der den Arbeitnehmern zustehenden Trinkgelder**

a) Die vom Bedienungspersonal vereinnahmten Trinkgelder werden von dem Arbeitgeber treuhänderisch verwaltet und täglich an die Belegschaft nach dem Umfang ihrer jeweiligen Arbeitszeit ausgekehrt.

b) Die Trinkgelder gehen mit der Weitergabe durch die einzelnen Arbeitnehmer an den Arbeitgeber in das Gemeinschaftseigentum (§§ 741 ff. BGB) aller Arbeitnehmer über.

25 Denkbar ist freilich auch, dass der Arbeitgeber ein **Bedienungsgeld** vom Kunden erhebt und dieses zur Entlohnung der Arbeitnehmer nutzt. Das Bedienungsgeld wird typischer Weise als **prozentualer Aufschlag auf den Rechnungspreis** erhoben. Der Arbeitnehmer erhält neben einem festen Garantielohn einen Teil des Bedienungsgelds, das unmittelbar beim Kunden erhoben und in der Regel vom Arbeitnehmer kassiert wird. Es ist auf den Garantie- bzw. Mindestlohn anzurechnen. Anders als das Trinkgeld steht das Bedienungsgeld dem Arbeitgeber zu. Es handelt sich um eine Betriebseinnahme, aus der der Arbeitgeber **steuer- und sozialversicherungspflichtig eine (zusätzliche) Arbeitsvergütung** zahlt. Dem Arbeitnehmer steht ein Lohnanspruch gegen seinen Arbeitgeber zu. Das Bedienungsgeld ist eine Form der Umsatzbeteiligung des Arbeitnehmers an den Umsätzen des Betriebes, welche oft im Bereich des Hotel- und Gaststättengewerbes eingesetzt wird.[1] Sollte vereinbart sein, dass der Kellner das Bedienungsgeld behalten darf, den Rest des Rechnungsbetrages aber dem Arbeitgeber abführen muss, liegt eine Tilgung im Wege der vereinbarten Aufrechnung vor.[2] „Trinkgelder", auf die ein Rechtsanspruch in Form eines Bedienungszuschlags besteht, die sich aus arbeitsrechtlichen Vereinbarungen oder aus einer Vereinbarung des Arbeitgebers mit dem Trinkgeldgeber ergeben, sind in voller Höhe steuerpflichtiger Arbeitslohn.[3]

26 Eine Spielart des Bedienungsgeldes ist das sog. Tronc-System in Spielcasinos.[4] Beim Tronc-System wird das gesamte eingenommene Bedienungsgeld in eine gemeinsame Kasse gegeben und dann nach einem im Voraus festgelegten Schlüssel auf

---

1 DFL/*Kamanabrou*, § 611 BGB Rz. 186.
2 *Gotthardt* in Landmann/Rohmer, Gewerbeordnung, 68. Ergänzungslieferung August 2014, § 107 Rz. 53.
3 LStR 19.3 Abs 1 Satz 2 Nr. 5. Dies gilt auch für den Tronc von Spielbankangestellten, BFH v. 18.12.2008 – VI R 49/06.
4 Vgl. z.B. BAG v. 11.3.1998 – 5 AZR 567/97, NZA 1999, 387; HWK/*Thüsing*, § 611 BGB Rz. 145; ErfK/*Preis*, § 611 BGB Rz. 508.

die einzelnen Arbeitnehmer verteilt. Letzteres ist vor allem im Spielbankenbereich anzutreffen, in dem es den Beschäftigten verboten ist, Trinkgelder anzunehmen (vgl. § 15 Abs. 1 SpielbankG NW).

Typ 6: Tronc-Vereinbarung 27

a) Den einzelnen bei der Spielbank beschäftigten Personen ist die Annahme von Geschenken oder ähnlichen Zuwendungen, die ihnen mit Rücksicht auf ihre Tätigkeit gemacht werden, insbesondere die Annahme von sog. Trinkgeldern, verboten.

b) Von diesem Verbot werden solche Zuwendungen nicht betroffen, die von Besuchern der Spielbank den bei der Spielbank beschäftigten Personen für die Gesamtheit oder bestimmte Teile der Belegschaft oder für die Spielbank oder ohne ersichtliche Zweckbestimmung gegeben und von diesen Personen den für solche Spenden besonders aufgestellten Behältern (Tronc) unverzüglich zugeführt werden. Solche Zuwendungen sind ebenso wie die von Besuchern der Spielbank dem Tronc unmittelbar zugeführten Zuwendungen ohne Rücksicht auf einen anderweitigen Willen des Spenders an den Spielbankunternehmer abzuliefern.

4. Hinweise zur Vertragsgestaltung

Im Bereich des **öffentlichen Dienstes** sind sowohl die Annahme von Geschenken und Trinkgeldern **pflichtwidrig**. In Ansehung der diese Frage regelnden Tarifverträge erübrigt sich regelmäßig eine einzelvertragliche Regelung. 28

Für Arbeitsverhältnisse in der **Privatwirtschaft** empfehlen sich aus Gründen der Rechtssicherheit für Arbeitnehmer und Arbeitgeber Regelungen im Arbeitsvertrag entsprechend Typ 1–3. 29

Für die Gewährung von **Trinkgeldern** i.S.d. § 3 Nr. 51 EStG und § 107 Abs. 3 GewO bedarf es **keiner arbeitsvertraglichen Regelung**. Ggf. empfiehlt sich im Niedriglohnsektor eine Klarstellung entsprechend Typ 4. 30

Eine Arbeitsvertragsklausel, die versucht, die den Arbeitnehmern von Kunden gewährten Trinkgeldern **abzuschöpfen**, ist nach hier vertretener Ansicht unzweckmäßig und **unangemessen benachteiligend**. 31

Von Trinkgeldern zu unterscheiden sind **Bedienungsgelder** und Tronc-Systeme, bei denen der Arbeitgeber die Gelder vereinnahmt. Diese Gelder sind Betriebseinnahmen des Arbeitgebers. Ob und inwieweit die Arbeitnehmer als erfolgsbezogene Vergütung von diesen Einnahmen profitieren, hängt von der jeweiligen Vereinbarung ab. Verbreitet sind prozentuale Beteiligungen der Arbeitnehmer, deren Auskehrung freilich der vollen Steuer- und Sozialversicherungspflicht unterliegt. 32

G 30 Gesundheitsuntersuchung

	Rz.		Rz.
1. Einführung	1	c) Allgemeine Verpflichtung zur Durchführung von Gesundheitsuntersuchungen	30
2. Datenschutzrechtliche Schranken	4		
3. Einzelfragen	16	4. Steuerrechtliche Aspekte	40
a) Einstellungsuntersuchungen; Einstellung unter Vorbehalt	17	a) Arbeitgeberveranlasste Untersuchungen	40
b) Begutachtung der Arbeitsunfähigkeit	26	b) Gesundheitsfürsorge	41
		c) Kuren	43
		5. Hinweise zur Vertragsgestaltung	44

Schrifttum:

Behrens, Eignungsuntersuchungen und Datenschutz, NZA 2014, 401; *Erfurth,* Der „neue" Arbeitnehmerdatenschutz im BDSG, NJOZ 2009, 2914; *Genenger,* Das neue Gendiagnostikgesetz, NJW 2010, 113; *Gola,* Die Erhebung und Verarbeitung „besonderer Arten personenbezogener Daten" im Arbeitsverhältnis, RDV 2001, 125; *Keller,* Die ärztliche Untersuchung des Arbeitnehmers im Rahmen des Arbeitsverhältnisses, NZA 1988, 561; *Klak,* AIDS und die Folgen für das Arbeitsrecht, BB 1987, 1382; *Kleinebrink,* Bedeutung von Gesundheitsuntersuchungen für Arbeitgeber nach neuem Recht, DB 2014, 776; *Klement,* Zulässigkeit medizinischer Datenerhebungen vor und zu Beginn von Arbeitsverhältnissen, 2011; *Marburger,* Vertrauensärztliche Untersuchung auf Verlangen des Arbeitgebers, BB 1987, 1310; *Notz,* Zulässigkeit und Grenzen ärztlicher Untersuchungen von Arbeitnehmern, Diss. Frankfurt/Main 1991; *Preis/Greiner,* Anm. zu BAG v. 12.4.2002, SAE 2004, 12 (krankheitsbedingte Kündigung); *Richardi,* Arbeitsrechtliche Probleme bei der Einstellung und Entlassung Aids-infizierter Arbeitnehmer, NZA 1988, 73; *Trümner,* Das Fragerecht des Arbeitgebers, FA 2003, 34; *Wedde,* Schutz der Gesundheitsdaten von Beschäftigten, AiB 2012, 509; *Wiese,* Genetische Analyse bei Arbeitnehmern, RdA 1986, 120.

1. Einführung

1 Verbreitet sind Vertragsklauseln, die die gesundheitliche Eignung für die vereinbarte Tätigkeit feststellen oder sichern wollen.[1] Mit Hilfe der Einstellungsuntersuchung soll festgestellt werden, ob der Bewerber physisch den Anforderungen des Arbeitsplatzes gewachsen ist. Darüber hinaus sind auch vertragliche Regelungen verbreitet, die dem Arbeitgeber das Recht einräumen, eine gesundheitliche Eignungsuntersuchung bei bestimmten Anlässen vom Arbeitnehmer verlangen zu dürfen. Die in der Praxis üblichen Untersuchungen sind durchaus umfänglich und erstrecken sich neben einer allgemeinen ärztlichen Untersuchung auch auf die Erhebung einiger Laborwerte.[2] Die Gesundheitsuntersuchungen greifen – ebenso wie Fragen im → *Personalfragebogen*, II P 10 – teilweise tief in das **Persönlichkeitsrecht** des Bewerbers oder Arbeitnehmers ein.[3] Die Untersuchung und deren Umfang müssen wie das Fragerecht jedenfalls im **berechtigten Interesse** des Arbeitgebers liegen und einen klaren Bezug zur ausgeübten Tätigkeit haben.[4]

---

1 Vgl. etwa *Schröder,* Beck'sches Personalbuch, A II 1, S. 40.
2 *Klement,* S. 12.
3 ErfK/*Schmidt,* Art. 2 GG Rz. 92; *Deutsch,* NZA 1989, 657; *Heilmann,* AuA 1995, 157; *Rehwald,* AiB 2000, 125; *Wiese,* BB 1994, 1209.
4 BAG v. 23.2.1967 – 2 AZR 124/66, AP Nr. 1 zu § 7 BAT.

2 Nicht Gegenstand dieses Beitrages sind die in der Verordnung zur arbeitsmedizinischen Vorsorge (ArbMedVV v. 23.10.2013 BGBl. I, 3862) geregelten Vorsorgeuntersuchungen.[1] Nach neuem Recht erfährt der Arbeitgeber ohne Einwilligung des Arbeitnehmers nur noch, ob der Arbeitnehmer an der Vorsorge teilgenommen hat.

3 Kernmaterie ist, ob der Arbeitgeber Eignungsuntersuchungen eines Bewerbers oder eines Arbeitnehmers **kraft arbeitsvertraglicher Regelung** durchsetzen kann, um die gesundheitliche Eignung des Betreffenden festzustellen. Neuere datenschutzrechtliche Bestimmungen lassen Zweifel aufkommen, ob an der bisherigen Vertragspraxis zu Eignungs- und Gesundheitsuntersuchungen noch sinnvoll festgehalten werden kann. Ursprünglich richtete sich die Zulässigkeit nach den Grundsätzen des Fragerechts des Arbeitgebers (→ *Personalfragebogen*, II P 10). Das BDSG vom 22.5.2001[2] enthielt noch kein Verbot mit Erlaubnisvorbehalt für die Erhebung von Daten, sondern nur für die Verarbeitung und deren Nutzung.

2. Datenschutzrechtliche Schranken

4 Zum 1.9.2009 ist die Grundsatzregelung zum **Arbeitnehmerdatenschutz** in Form des neuen § 32 BDSG in Kraft getreten, der die durch die Rechtsprechung des BAG aus dem allgemeinen Persönlichkeitsrecht abgeleiteten Grundsätze zum Datenschutz im Beschäftigungsverhältnis zusammenfassen[3] und konkretisieren soll.[4] Gemäß § 32 Abs. 1 Satz 1 BDSG dürfen **personenbezogene Daten** eines Beschäftigten, wozu gemäß § 3 Abs. 11 Nr. 7 BDSG **auch Bewerber** zählen, für die Zwecke des Beschäftigungsverhältnisses nur erhoben, verarbeitet oder genutzt werden, wenn dies für die Entscheidung über die Begründung, Durchführung oder Beendigung des Arbeitsverhältnisses **erforderlich** ist. Durch eine gesundheitliche Untersuchung werden Daten über den Betroffenen i.S.d. § 3 Abs. 3 BDSG „beschafft", womit eine solche eine Erhebung von Daten darstellt. Eine relevante Neuerung findet sich in § 32 Abs. 2 BDSG, wonach Abs. 1 auch anzuwenden ist, wenn personenbezogene Daten erhoben, verarbeitet oder genutzt werden, **ohne dass sie automatisiert verarbeitet** oder in oder aus einer nicht automatisierten Datei verarbeitet, genutzt oder für die Verarbeitung oder Nutzung in einer solchen Datei erhoben werden. Im Falle „**besonderer Arten personenbezogener Daten**", wozu nach § 3 Abs. 9 BDSG auch die Gesundheit gehört, sind weiterhin § 28 Abs. 6–8 BDSG und dessen Voraussetzungen zu berücksichtigen.[5]

5 Im Kontext der **Erhebung sog. sensitiver Daten** nach Maßgabe des § 3 Abs. 9 BDSG (rassische und ethnische Herkunft, politische Meinungen, religiöse und philosophische Überzeugungen, Gewerkschaftszugehörigkeit, Gesundheit oder Sexualleben) sind zum Teil mehrere Schutzinstrumente zu berücksichtigen. Es greifen – neben den traditionellen arbeitsrechtlichen Prinzipien des Persönlichkeitsschutzes und der Inhaltskontrolle vorformulierter Erklärungen – nicht nur die besonderen Schutzvorschriften des BDSG, insbesondere nach § 28 Abs. 6–8 BDSG, sondern auch diskriminierungsrechtliche Schutznormen (AGG; hierzu insbesondere → *Per-*

---
1 Hierzu *Kleinebrink*, DB 2014, 776.
2 Gesetz vom 22.5.2001 (BGBl. I, S. 904).
3 BT-Drucks. 16/13657, S. 20.
4 *Erfurth*, NJOZ 2009, 2914 (2914, 2916).
5 BT-Drucks. 16/13657, S. 21.

sonalfragebogen, II P 10). Im Ergebnis muss die Datenerhebung jedenfalls den Erlaubnistatbeständen der §§ 28 und 32 BDSG genügen. Nach diesen Maßgaben kann die Erhebung und weitere Verarbeitung sensitiver Daten durch den Arbeitgeber jedenfalls dann rechtmäßig erfolgen, wenn dies für die „Entscheidung über die Begründung eines Beschäftigungsverhältnisses oder Nachbegründung des Beschäftigungsverhältnisses für dessen Durchführung oder Beendigung erforderlich ist" (**§ 32 Abs. 1 Satz 1 BDSG**). Das bedeutet im Ergebnis, dass die Datenerhebung und Verarbeitung auch zum Schutze des Persönlichkeitsrechts des Arbeitnehmers den **allgemeinen arbeitsrechtlichen Grenzen** genügen muss (hierzu ausführlich → *Personalfragebogen*, II P 10). Außerdem darf kein Grund zu der Annahme bestehen, dass das schutzwürdige Interesse des Betroffenen an dem Ausschluss der Erhebung, Verarbeitung oder Nutzung überwiegt (**§ 28 Abs. 6 Nr. 3 BDSG**). Nach diesen Maßstäben kann man jedenfalls festhalten, dass jegliche Form von Gesundheitsuntersuchung, die unabhängig von dem Tätigkeitsbezug vorgenommen wird, grundsätzlich nicht gerechtfertigt ist. Ferner lässt sich auf dieser Basis gut vertreten, dass Blut- und Urinuntersuchungen regelmäßig ebenso unverhältnismäßig sind wie bislang übliche Familienanamnesen. Im Ergebnis kommt *Klement* in seiner Untersuchung zu dem Resultat, dass **ohne Einwilligung** nach § 4a BDSG eine ärztliche Untersuchung nur in absoluten Ausnahmefällen zulässig ist. Beschäftigtendaten dürfen, auch wenn eine freiwillige Einwilligung vorliegt, überdies nur erhoben werden, soweit das **berechtigte, billigenswerte und schutzwürdige Interesse des Arbeitgebers** reicht.

6 Zu berücksichtigen sind ferner die strengen Anforderungen des Datenschutzrechts an die **Einwilligung nach § 4a BDSG**, die auf der freien Entscheidung des Betroffenen beruhen muss. Da in aller Regel die Einwilligungsklauseln vom Arbeitgeber vorformuliert sind, unterliegen sie einer Inhaltskontrolle nach Maßgabe der §§ 305 ff. BGB. Sieht man einmal über die Frage hinweg, ob eine arbeitgeberseitig vorformulierte Einwilligungserklärung überhaupt auf einer „freien Entscheidung" des Betroffenen beruht, unterliegt die vorgefertigte Einwilligungserklärung jedenfalls der Angemessenheits- und Transparenzkontrolle. Hier kann die vom Arbeitgeber gestellte Einwilligungserklärung aus zwei Gründen unangemessen benachteiligend sein: Zum einen kann sie an der Transparenzkontrolle scheitern, wenn und soweit nicht hinreichend geklärt ist, zu welchem Zweck und in welchem Umfang die Gesundheitsuntersuchung erfolgt. Ferner ist die Einwilligung nur dann nicht unangemessen benachteiligend, wenn der Arbeitgeber an den erhobenen Daten ein objektiv begründbares Interesse hat.[1]

7 Sollte ein Arbeitgeber also einmal die datenschutzrechtlich hohen Anforderungen an eine Einwilligung erfüllen, kann die zulässige Datenerhebung an der Inhaltskontrolle nach Maßgabe des § 307 Abs. 1 BGB scheitern. Der Umstand, dass sich ein Bewerber faktisch nicht gegen eine Gesundheitsuntersuchung vor Aufnahme der Tätigkeit wehren kann, weil er sonst die angestrebte Stelle nicht erhält, hat zu rechtspolitischen Forderungen geführt, die Gesundheitsuntersuchung im Arbeitsverhältnis unter ein stärkeres Verbot mit Erlaubnisvorbehalt zu stellen. Dabei sollten die Erlaubnistatbestände durch restriktive kasuistische Regelungen begrenzt werden.[2]

---

1 *Klement*, S. 197.
2 *Klement*, S. 265 ff.

Mangels spezialgesetzlicher Regelung kann damit der Arbeitgeber die Gesundheitsuntersuchung ohne **Einwilligung des Arbeitnehmers** aus datenschutzrechtlichen Gründen nur schwer durchsetzen. Die bisherige Rechtsprechung des BAG hatte noch keine Gelegenheit, die Frage zu entscheiden, ob eine vorformulierte Vertragsklausel den strengen Einwilligungsvoraussetzungen genügt. Dagegen spricht, dass die Einwilligung auf der „**freien Entscheidung**" des Arbeitnehmers beruhen muss (§ 4a Abs. 1 und 3 BDSG). Das dürfte bei einer arbeitgeberseitig gestellten Vertragsklausel schwerlich der Fall sein. Freilich könnte § 4a Abs. 1 Satz 4 BDSG eine Möglichkeit eröffnen. Soll die Einwilligung zusammen mit anderen Erklärungen schriftlich erteilt werden, „**ist sie besonders hervorzuheben**". Fraglich ist, ob „die freie Entscheidung" i.S.d. § 4a Abs. 1 Satz 1 BDSG zu bejahen ist, wenn eine drucktechnische Hervorhebung im gestellten Arbeitsvertrag erfolgt. Das dürfte zu verneinen sein. Die Hervorhebung sagt noch nichts über die Freiwilligkeit, sondern ist eine zusätzliche Voraussetzung, wenn das Vertragswerk komplexer ist.[1] Dadurch soll allein verhindert werden, dass die Einwilligung bei Formularverträgen im sog. Kleingedruckten versteckt wird und der Betroffene sie durch seine Unterschrift erteilt, ohne sich ihrer bewusst zu sein, weil er sie übersieht.[2] Die besondere Hervorhebung dient also zur Unterstützung der Warnfunktion der Schriftform.[3]

Zieht man die wohl herrschenden datenschutzrechtlichen Grundsätze heran, bestehen grundsätzliche **Zweifel**, ob eine Regelung im Arbeitsvertrag überhaupt möglich ist. Insoweit kann auf die Ausführungen zu → *Internet und Telekommunikation*, II I 10 verwiesen werden. In der Literatur wird überwiegend bei einer Regelung in einem vorformulierten Arbeitsvertrag die Freiwilligkeit angezweifelt,[4] weil der Arbeitnehmer bei Nichtunterzeichnung das Scheitern des Arbeitsvertragsschlusses befürchten muss. Dieser Aspekt spricht grundsätzlich gegen eine Einwilligungsklausel im Arbeitsvertrag. Da die Voraussetzung der „Freiwilligkeit" enorme Konsequenzen hat, ist der Begriff genauer zu untersuchen. Nach der Sicht des BVerfG[5] ist die Freiwilligkeit im Zivilrecht jedenfalls dann abzulehnen, wenn ersichtlich sei, dass in einem Vertragsverhältnis einer der Partner ein solches Gewicht habe, dass er den Inhalt des Vertrages faktisch einseitig bestimmen könne. Für den unterlegenen Bewerber kehre sich die Selbstbestimmung in diesem Fall in eine Fremdbestimmung. Zwar ist die Einwilligung in eine Gesundheitsuntersuchung nicht auf die Herbeiführung eines Vertrages gerichtet, die Grundsätze können dennoch angewendet werden. Denn lehnt der Bewerber die Einwilligung ab, folgt mit einiger Sicherheit die Absage für die begehrte Stelle. Auch ein schon eingestellter Arbeitnehmer befindet sich meist in derselben Situation, da auch ihm negative Konsequenzen auf die negative Ausübung der Einwilligungserklärung drohen. Auf Grund der im Arbeitsrecht herrschenden typisierenden Betrachtung herrscht somit

---
1 Vgl. ErfK/*Franzen*, § 4a BDSG Rz. 2.
2 BGH v. 27.1.2000 – I ZR 241/97, NJW 2000, 2677; v. 11.11.2009 – VIII ZR 12/08, NJW 2010, 864.
3 Simitis/*Simitis*, § 4a BDSG Rz. 40.
4 DKWW/*Däubler*, § 4a BDSG Rz. 23; *Vogel/Glas*, DB 2009, 1747 (1748); *Maties*, NJW 2008, 2219 (2220); kritisch hingegen HWK/*Lembke*, BDSG Vorb. Rz. 60; für die Vermutung der Freiwilligkeit *Kleinebrink*, DB 2014, 776 (778) unter Verweis auf *Riesenhuber*, RdA 2011, 257 (260).
5 BVerfG v. 7.2.1990 – 1 BvR 26/84, NZA 1990, 389; v. 23.10.2006 – 1 BvR 2027/02, RDV 2007, 20.

ein strukturelles Ungleichgewicht zwischen Arbeitnehmer und Arbeitgeber. Zwar ist die Voraussetzung der „Freiwilligkeit" i.S.d. § 4a Abs. 1 BDSG ein Einfallstor, um eine Einzelfallprüfung vorzunehmen, jedoch ist selbst bei einer solchen Prüfung die Freiwilligkeit zweifelhaft. Denn Abgrenzungskriterium innerhalb einer Einzelfallprüfung könnte allein die Stellung des einzelnen Arbeitnehmers (z.B. Führungskraft) sein. Aber auch die Führungskraft befindet sich hinsichtlich der Einwilligung in eine Gesundheitsuntersuchung in der gleichen Drucksituation. Auch sie muss von negativen Konsequenzen bei Ablehnung einer solchen Einwilligungserklärung ausgehen. Die strengen Anforderungen an die Freiwilligkeit i.S.d. § 4a Abs. 1 BDSG rechtfertigen sich auch aus den Folgen einer einmal abgegebenen Einwilligung. Die Einwilligung ist zwar widerruflich, jedoch sind die Ergebnisse der Untersuchung nun einmal in der Welt. Der Arbeitgeber hat sie schon zur Kenntnis genommen, so dass es sich um eine einschneidende Rechtsfolge handelt. Aus diesen Gründen hilft auch eine Einzelfallbetrachtung in der Regel nicht, die Zweifel an einer „freiwilligen" Einwilligungserklärung auszuräumen.[1]

10 Jedenfalls sollte die Einwilligung in einem gesonderten Schriftstück erteilt werden, die unabhängig vom Abschluss des Arbeitsvertrages erteilt, aber auch abgelehnt werden kann. In formaler Hinsicht bedarf die Einwilligung nach § 4a Abs. 1 Satz 3 BDSG der **Schriftform** (§ 126 BGB). Erfolgt sie zusammen mit anderen Erklärungen, so ist sie nach § 4a Abs. 1 Satz 4 BDSG „besonders hervorzuheben". Hierzu bietet sich eine durch einen Absatz getrennte Darstellung mit drucktechnischer **Hervorhebung in Fettschrift** an.[2] Der Arbeitnehmer ist zudem gemäß § 4a Abs. 1 Satz 2 BDSG vor Erteilung der Einwilligung über den vorgesehenen Zweck der Erhebung, Verarbeitung oder Nutzung zu unterrichten (**Grundsatz der informierten Einwilligung**). Der Betroffene muss erkennen können, auf welche personenbezogenen Daten sich die Einwilligung bezieht und was mit den Daten geschehen soll.[3] Schließlich unterliegt jede vom Arbeitgeber gestellte Einwilligungserklärung der Inhaltskontrolle gemäß §§ 305 ff. BGB.[4] Ferner erweist sich die Einwilligung, selbst wenn sie wirksam wäre, als ungeeignet, weil aufgrund des persönlichkeitsrechtlichen Bezugs der **Arbeitnehmer das Recht hat, die Einwilligung jederzeit zu widerrufen.**[5] Der Arbeitsvertrag ist schließlich keine „Rechtsvorschrift" i.S.d. § 4 Abs. 1 BDSG, die eine Datenerhebung ohne Mitwirkung des Betroffenen erlaubt.

11 Als Ergebnis lässt sich deshalb festhalten, dass die Einwilligung zur Gesundheitsuntersuchung insbesondere aufgrund von § 4a Abs. 1 Satz 1 und 4 BDSG **rechtssicher nicht im Arbeitsvertrag** geregelt werden kann. Es bedarf zumindest einer besonderen eigenständigen Erklärung, die aus freier Entscheidung und ohne arbeitgeberseitigen Druck erfolgt. Es empfiehlt sich also die Aufnahme der Einwilligungserklärung in ein getrenntes und besonders zu unterschreibendes Formular. Dieses könnte wie folgt formuliert werden:

---

[1] A.A. *Klement*, S. 189.
[2] Vgl. auch *Gola/Schomerus*, § 4a BDSG Rz. 31.
[3] *Gola/Schomerus*, § 4a BDSG Rz. 26.
[4] Wohl nicht zutreffend ist die Ansicht von *Kleinebrink*, welcher die AGB-Kontrolle im Falle der Einwilligung für bedeutungslos erklärt, s. DB 2014, 776 (778).
[5] DKWW/*Däubler*, § 4a BDSG Rz. 35 ff.; Simitis/*Simitis*, § 4a BDSG Rz. 94 ff.; *Gola/Schomerus*, § 4a BDSG Rz. 38; *Schimmelpfennig/Wenning*, DB 2006, 2290 (2292); *Vogel/Glas*, DB 2009, 1747 (1748).

Einwilligung in die Gesundheitsuntersuchung zur Feststellung der Eignung der nach dem Arbeitsvertrag geschuldeten Tätigkeit

Der Arbeitnehmer erklärt sich bereit, sich hinsichtlich der gesundheitlichen Eignung für die nach dem Arbeitsvertrag geschuldete Tätigkeit ärztlich untersuchen zu lassen. Die hierdurch anfallenden Kosten trägt der Arbeitgeber. Den untersuchenden Arzt bestimmt der Arbeitgeber nach billigem Ermessen. Der Arbeitnehmer entbindet den untersuchenden Arzt insoweit von der ärztlichen Schweigepflicht, als das Untersuchungsergebnis Einfluss auf die Erfüllung der arbeitsvertraglich vorausgesetzten Einsatzfähigkeit des Arbeitnehmers haben kann. Der untersuchende Arzt übermittelt dem Arbeitgeber nur das Ergebnis der Untersuchung (Eignung oder Nichteignung für die geschuldete Tätigkeit).

Überwindbar scheinen die Schranken der wirksamen Einwilligung nur nach Maßgabe des § 28 Abs. 6 Nr. 3 BDSG.[1] Hiernach ist das Erheben, Verarbeiten und Nutzen von besonderen Arten personenbezogener Daten (§ 3 Abs. 9 BDSG) für eigene Geschäftszwecke auch ohne Einwilligung des Betroffenen zulässig, wenn dies zur Geltendmachung, Ausübung oder Verteidigung rechtlicher Ansprüche erforderlich ist und kein Grund zu der Annahme besteht, dass das schutzwürdige Interesse des Betroffenen an dem Ausschluss der Erhebung, Verarbeitung oder Nutzung überwiegt. In diesem Kontext hat das BAG entschieden, dass das Erheben von Daten über die krankheitsbedingten Fehlzeiten durch den Arbeitgeber und ihre Übermittlung an den Betriebsrat auch bei fehlender Zustimmung der betroffenen Arbeitnehmer zulässig sei.[2] Freilich bestehen auch insoweit Zweifel. Denn das BAG hat diese Frage zum sog. betrieblichen Eingliederungsmanagement entschieden und ausdrücklich darauf abgestellt, dass eine Erhebung nach Maßgabe des § 28 Abs. 6 Nr. 3 BDSG **nur zulässig ist, wenn die Datenerhebung in Erfüllung der dem Arbeitgeber obliegenden gesetzlichen Pflichtenstellung** erfolgt. Diese einschränkende Interpretation folgert der 1. Senat aus der unionsrechtskonformen Auslegung im Lichte der Richtlinie 95/46/EG und der hierzu ergangenen Rechtsprechung des EuGH.[3]

Damit kann festgehalten werden, dass entgegen der bislang verbreiteten, überkommenen Auffassung, eine Rechtsgrundlage für Gesundheitsuntersuchungen könne aus dem Arbeitsvertrag oder der arbeitsvertraglichen Nebenpflicht des § 241 Abs. 2 BGB folgen, zweifelhaft ist, es sei denn, das BAG geht so weit, dass es auch die Begründung einer vertraglichen Nebenpflicht aus § 241 Abs. 2 BGB als eine dem Arbeitgeber obliegende gesetzliche Pflichtenstellung interpretiert. Das wäre freilich eine Verkehrung der Worte, weil der Datenschutz dem Schutz des Arbeitnehmers dient und die Pflicht, eine Gesundheitsuntersuchung zu dulden, eine dem Arbeitnehmer obliegende Pflicht wäre.

Dennoch bleibt zu diskutieren, ob nicht in Extremfällen eines arbeitgeberseitig berechtigten Interesses (lange Arbeitsunfähigkeit bei weit über sechs Wochen hinausgehender, ggf. unbefristeter Entgeltfortzahlungspflicht) die Bejahung einer Neben-

---
1 BAG v. 16.2.2012 – 6 AZR 553/10, NZA 2012, 555 Rz. 40.
2 BAG v. 7.2.2012 – 1 ABR 46/10, NZA 2012, 744.
3 BAG v. 7.2.2012 – 1 ABR 46/10, NZA 2012, 744 Rz. 32 unter Bezugnahme auf EuGH v. 24.11.2011 – C-468/10.

pflicht aus § 241 Abs. 2 BGB das Verlangen einer Gesundheitsuntersuchung rechtfertigt. So kann ggf. eine Auskunftspflicht des Arbeitnehmers als Nebenpflicht unter strenger Abwägung der datenschutzrechtlichen und persönlichkeitsrechtlichen Belange aus § 241 Abs. 2 BGB folgen. Unter engen Voraussetzungen kann es eine über die gesetzlichen Nebenpflichten konstruierte arbeitsrechtliche Pflicht geben, in eine verhältnismäßige Gesundheitsuntersuchung einzuwilligen. Umgekehrt gilt freilich auch, dass eine datenschutzrechtlich berechtigte Weigerung, eine Gesundheitsuntersuchung durchführen zu lassen, keine arbeitsrechtlichen Konsequenzen nach sich ziehen kann.

14 Der 6. Senat des BAG[1] hat eine Datenerhebung im Vorfeld der Erfüllung gesetzlicher Pflichten des Arbeitgebers für datenschutzrechtlich zulässig angesehen, wenn sie dazu dient, dem Arbeitgeber „die Kenntnis zu verschaffen, die erforderlich ist, um ihm anschließend ein gesetzeskonformes Handeln zu ermöglichen". Eine solche Datenerhebung zur Klärung von gegen den Arbeitgeber gerichteten Ansprüchen, die sich für diesen spiegelbildlich als Pflichten darstellen, sei jedoch unter Berücksichtigung der RL 95/46/EG von § 28 Abs. 6 Nr. 3 BDSG gedeckt (zur Frage der Schwerbehinderteneigenschaft).[2] Eine „**Geltendmachung, Ausübung oder Verteidigung rechtlicher Ansprüche**" als Voraussetzung einer Datenerhebung nach § 28 Abs. 6 Nr. 3 BDSG liege auch vor, wenn die Datenerhebung erforderlich ist, um den Rechten und Pflichten des Arbeitgebers Rechnung zu tragen. Letztlich seien die Anforderungen an das rechtmäßige Interesse bei der Frage nach einer Schwerbehinderung des Arbeitnehmers durch den Arbeitgeber und die Anforderungen des Datenschutzes deckungsgleich.[3] Freilich ist stets zu prüfen, ob ein überwiegendes Interesse des Arbeitnehmers an der Wahrung seiner Privatsphäre besteht. Das ist freilich bei dem tiefen Eingriff in das Persönlichkeitsrecht durch erzwungene Gesundheitsuntersuchungen regelmäßig zu bejahen.

15 Rechtssicherer und datenschutzrechtlich einwandfreier kann eine Pflicht des Arbeitnehmers, sich gesundheitlich untersuchen zu lassen, durch eine „**Rechtsvorschrift**" gemäß § 4 Abs. 1 BDSG geregelt werden. Eine solche Rechtsvorschrift ist sicher **nicht der Arbeitsvertrag**.

Rechtsvorschriften sind indes **spezialgesetzliche Normen** wie § 275 Abs. 1 Nr. 3b) SGB V oder – wie entschieden – das betriebliche **Eingliederungsmanagement** nach § 84 Abs. 2 SGB IX.[4] Schließlich hat das BAG jüngst noch einmal bestätigt, dass **Betriebs- bzw. Dienstvereinbarungen** und der **Tarifvertrag**[5] (Art. 2 EGBGB) Rechtsvorschriften i.S.d. § 4 Abs. 1 BDSG sind und es in diesem Fall für die Datenerhebung keiner Zustimmung des Arbeitnehmers nach § 4a BDSG bedarf. Diese Rechtslage kann nur zur Konsequenz haben, den Betriebspartnern dringend zu empfehlen, die Pflicht zur **Gesundheitsuntersuchung in einer Betriebsvereinbarung** zu regeln. Zwar kann der Arbeitnehmer die Untersuchung trotzdem verweigern, jedoch muss er dann auch mit arbeitsrechtlichen Konsequenzen rechnen. Insoweit ist ggf. ein Mitbestimmungsrecht des Betriebsrats nach § 87 Abs. 1 Nr. 1 BetrVG zu beachten. In jedem Falle unterliegt die konkrete Klausel in einer Betriebsverein-

---

1 BAG v. 16.2.2012 – 6 AZR 553/10, NZA 2012, 555 Rz. 25 ff.
2 S. *Gola*, RDV 2001, 125 (127).
3 BAG v. 16.2.2012 – 6 AZR 553/10, NZA 2012, 555 Rz. 33.
4 BAG v. 7.2.2012 – 1 ABR 46/10, NZA 2012, 744 Rz. 32.
5 BAG v. 25.9.2013 – 10 AZR 270/12, NZA 2014, 41.

barung der **Rechts- und Verhältnismäßigkeitskontrolle nach Maßgabe des § 75 Abs. 1 BetrVG**.

3. Einzelfragen

Bei der Behandlung der nachfolgenden Fragen sind die unter 2. formulierten Maßgaben zu beachten. Im Zweifel haben die Ausführungen zur Reichweite der jeweiligen Pflicht zur Gesundheitsuntersuchung sowohl für die Rechtskontrolle nach Maßgabe der § 307 ff. BGB oder des § 75 BetrVG Gültigkeit. Denn auch wenn eine Untersuchung datenschutzrechtlich prinzipiell möglich ist, müssen der Eingriff und der Umfang der Untersuchung stets im Lichte des Persönlichkeitsrechts des Arbeitnehmers gerechtfertigt und verhältnismäßig sein.

a) Einstellungsuntersuchungen; Einstellung unter Vorbehalt

Im Bereich der Einstellungsuntersuchung sind bisher zur Reichweite der Untersuchungspflicht noch die Grundsätze des Fragerechts des Arbeitgebers bezüglich einer Krankheit oder Körperbehinderung heranzuziehen. Die Untersuchung muss sich auf die gegenwärtige Eignung des Bewerbers für den zu besetzenden Arbeitsplatz beziehen.[1] Der Bezug besteht jedenfalls, wenn die Untersuchung ergeben soll, ob die Krankheit die Eignung des Bewerbers **für die angestrebte Tätigkeit auf Dauer oder in periodisch wiederkehrenden Abständen erheblich beeinträchtigt oder aufhebt**.[2] Im Ergebnis besteht bislang Konsens dahingehend, dass die Begründung eines Beschäftigungsverhältnisses nur von einer ärztlichen Untersuchung abhängig gemacht werden kann, wenn und soweit die Erfüllung bestimmter gesundheitlicher Voraussetzungen wegen der Art der auszuübenden Tätigkeit oder der Bedingungen ihrer Ausübung eine wesentliche und entscheidende berufliche Anforderung zum Zeitpunkt der Arbeitsaufnahme darstellt. Der Bewerber ist jedoch **nicht verpflichtet**, die Untersuchung durchführen zu lassen.[3] Die Untersuchung kann nur auf **freiwilliger** Basis durchgeführt werden. Mit der Verweigerung der Einwilligung riskiert der Bewerber freilich seine sofortige Ablehnung.

Heimliche HIV-Antikörpertests sind in jedem Fall unzulässig, wobei eine konkludente Einwilligung auch nicht bei Zustimmung zu einer allgemeinen Untersuchung angenommen werden kann.[4] Sie müssen jedenfalls eine wesentliche Bedeutung für das angestrebte Beschäftigungsverhältnis haben.[5] Eine AIDS-Untersuchung ist jedoch immer zulässig, soweit der Betroffene zustimmt.[6] Der Klarheit und Rechtssicherheit halber empfiehlt es sich für den Arbeitgeber, im Einzelfall die Art und den Umfang der durchzuführenden Gesundheitsuntersuchung zumindest dann vorher schriftlich festzulegen und die ausdrückliche Zustimmung des Bewerbers einzuholen, wenn es sich um sensible Untersuchungen wie z.B. einen HIV-Antikörpertest handelt.

---

1 *Däubler*, CR 1994, 101 (104); *Wiese*, RdA 1988, 217 (219); BAG v. 5.10.1995 – 2 AZR 923/94, NJW 1996, 2323.
2 BAG v. 7.6.1984 – 2 AZR 270/83, AP Nr. 26 zu § 123 BGB.
3 ArbG Stuttgart v. 21.1.1983 – 7 Ca 381/82, BB 1983, 1162; *Zeller*, BB 1987, 2439 (2442).
4 *Gola/Wronka*, AN-Datenschutz, Rz. 551.
5 *Wedde*, AiB 2012, 509 (510).
6 *Klak*, NZA 1987, 1382 (1384).

19 Ausnahmen von dem Freiwilligkeitsgrundsatz einer Untersuchung bestehen in den **gesetzlich angeordneten Untersuchungen** nach §§ 32ff. JArbSchG und § 43 Abs. 1 IfSG. Diese sind Rechtsvorschriften i.S.d. § 4 Abs. 1 BDSG. § 43 Abs. 1 IfSG schreibt zum **Schutz der Allgemeinheit** für Personen, die erstmalig im Lebensmittelbereich beschäftigt werden sollen, die Vorlage eines nicht mehr als drei Monate alten Gesundheitszeugnisses vor, sofern Anhaltspunkte einer die Beschäftigung gefährdenden Krankheit i. S.v. § 42 Abs. 1 IfSG vorliegen. Dem Schutz der Arbeitnehmer dienen des Weiteren u.a. die Untersuchungsanordnungen im Seearbeitsgesetz (§§ 11 f.), in der Röntgen- (§§ 37ff.) und Strahlenschutzverordnung (§§ 60ff.) und den Unfallverhütungsvorschriften der Berufsgenossenschaften. Auch diese Untersuchungen sind freiwillig,[1] doch wird die Verweigerung unausweichlich die Nichteinstellung zur Folge haben, da die fehlende Untersuchung ein **Beschäftigungsverbot** nach sich ziehen kann.[2] Die Einstellungsuntersuchung kann auch **tarifvertraglich** geregelt sein. Im Gegensatz zum früheren § 7 BAT, wonach eine Einstellungsuntersuchung auf Verlangen des Arbeitgebers durchzuführen war, ist nach § 3 Abs. 4 TVöD der Arbeitgeber nur bei begründeter Veranlassung berechtigt, den Beschäftigten zu verpflichten, durch ärztliche Bescheinigung den Nachweis seiner Leistungsfähigkeit zu erbringen. Eine allgemeine Einstellungsuntersuchung ist demgegenüber im TVöD nicht mehr geregelt.

20 Mit der Einstellungsuntersuchung wird regelmäßig ein nach § 2 ASiG, unter Zustimmung des Betriebsrates nach § 9 Abs. 3 ASiG berufener **Betriebsarzt** beauftragt. Fehlt dieser, können auch Vertrauens-, Amts- oder frei praktizierende Ärzte beauftragt werden.[3] Hat der Bewerber Zweifel an der Unparteilichkeit des Arztes, kann er diese geltend machen.[4] Der Arzt hat die ärztliche **Schweigepflicht** (§ 203 Abs. 1 StGB, § 8 Abs. 1 ASiG) zu beachten, auch wenn er auf Veranlassung und im Interesse des Arbeitgebers die Untersuchung vornimmt. Die Weitergabe des Untersuchungsergebnisses darf somit nur mit **Einwilligung des Bewerbers** erfolgen. Allerdings kann von einer stillschweigenden Einwilligung ausgegangen werden, wenn er sich zur Untersuchung bereit erklärt hat, da der Bewerber den Zweck der Untersuchung kennt.[5] Das Auskunftsrecht nach Einwilligung erstreckt sich nur auf das **Untersuchungsergebnis, soweit** es für den in Aussicht stehenden Arbeitsplatz **von Bedeutung ist**, also die Geeignetheit beschreibt. Die einzelnen Befunde dürfen dem Arbeitgeber nicht mitgeteilt werden.[6] Diese Grundsätze sind auch bei der Formulierung einer Einwilligungserklärung (Formulierungsbeispiel unter Rz. 11) zu beachten.[7] *Katzenmeier*[8] vertritt aus medizinrechtlicher Sicht, dass Einwilligungen zur Entbindung von der Schweigepflicht, die über dieses Maß hinausgehen, nach

---

1 Eine Ausnahme zur Duldung arbeitsmedizinischer Vorsorgeuntersuchungen besteht dagegen lediglich im Atomrecht nach §§ 37 Abs. 6, 40 Abs. 4 Röntgenverordnung (RöV), § 111 Abs. 4 Nr. 3, 4 Strahlenschutzverordnung (StrlSchV).
2 *Heilmann*, AuA 1995, 157 (159).
3 *Heilmann*, AuA 1995, 157.
4 *Keller*, NZA 1988, 561 (565); LAG Berlin-Brandenburg v. 8.7.2013 – 18 Sa 437/13.
5 *Zeller*, BB 1987, 2439 (2442).
6 *Heilmann*, AuA 1995, 157 (158); *Keller*, NZA 1988, 561 (563); *Zeller*, BB 1987, 2439 (2442); *Wedde*, AiB 2012, 509 (511).
7 Insoweit m.E. zu weitgehend die Empfehlung von SSSV/*Schrader/Klagges*, A 1. Teil Rz. 32, weil die Entbindung von der Schweigepflicht sich nicht lediglich auf die Mitteilung des Ergebnisses beschränkt, sondern auch die Befunde mitgeteilt werden können.
8 *Katzenmeier* in Laufs/Katzenmeier/Lipp, Arztrecht, 7. Aufl. 2015, Kap. IX, Rz. 39f.

§ 138 BGB sittenwidrig und unwirksam seien, da der Arbeitgeber sie in der Regel unter Ausnutzung seiner Machtstellung erlange. Auch wenn man so weit nicht gehen will, scheitern die arbeitgeberseitig vorformulierten weitgehenden Entbindungen von der Schweigepflicht jedenfalls an § 307 Abs. 1 Satz 1 BGB (s. Rz. 6).

Zu beachten ist schließlich, dass der Arbeitgeber die Kosten zu tragen hat, wenn er einen Bewerber dazu veranlasst, sich ärztlich untersuchen zu lassen. 21

Typ 1: Einstellungsuntersuchung

a) Die Einstellung erfolgt unter der Bedingung, dass der/die Mitarbeiter/in nach dem Ergebnis der Einstellungsuntersuchung durch den Vertrauens-/Betriebsarzt für die geschuldete Tätigkeit geeignet ist.

b) Das Arbeitsverhältnis steht unter dem Vorbehalt der gesundheitlichen Eignung des Mitarbeiters für die vertraglich vorgesehene Arbeitsaufgabe. Sollte eine bis spätestens zum Ablauf der Probezeit durchgeführte amtsärztliche Untersuchung die Nichteignung des Mitarbeiters ergeben, so endet das Arbeitsverhältnis mit dieser Feststellung, ohne dass es einer Kündigung bedarf.

Klauseln, die die Einstellung eines Arbeitnehmers von dem Ergebnis einer Gesundheitsuntersuchung abhängig machen, sind grundsätzlich in den Grenzen des berechtigten Interesses des Arbeitgebers zulässig; der Arbeitgeber darf auch die Einstellung eines Bewerbers wegen des Untersuchungsergebnisses verweigern. Die verbreiteten Klauseln können weiter verwendet werden. Freilich bedarf die Untersuchung selbst der arbeitnehmerseitigen Einwilligung und ist, gemäß der oben ausgesprochenen Empfehlung (Rz. 11), in einer gesonderten Erklärung zu erteilen. 22

Der Arbeitnehmer kann schon vor Durchführung der Einstellungsuntersuchung unter der **auflösenden Bedingung** nach § 158 Abs. 2 BGB eingestellt werden, dass das Ergebnis der Untersuchung die gesundheitliche Nichteignung für den Arbeitsplatz ergibt.[1] Entsprechende Regelungen enthalten die Klauseln Typ 1, wobei die Klausel 1b wegen ihrer präziseren Fassung empfohlen wird. 23

Von den Klauseln nicht umfasst wird die sog. **Genomanalyse**. Diesbezüglich findet das am 1.2.2010 in Kraft getretene Gendiagnostikgesetz (GenDG) Anwendung. Unabhängig vom Arbeitsleben bestimmt das GenDG, dass zur Wahrung des informationellen Selbstbestimmungsrechts eine genetische Untersuchung oder Analyse nur vorgenommen und eine genetische Probe nur gewonnen werden darf, wenn der Betroffene in die Untersuchung und Gewinnung der genetischen Probe ausdrücklich und schriftlich einwilligt (§ 8 Abs. 1 Nr. 1 GenDG).[2] Der besonderen Brisanz der genetischen Untersuchung, nicht nur die mutmaßliche Eignung für das in Aussicht genommene Arbeitsverhältnis, sondern ein komplettes Gesundheitsprofil erstellen zu können, ist es geschuldet, dass die §§ 19 und 20 Abs. 1 GenDG ein grundsätzliches Verbot genetischer Untersuchungen und Analysen vor Beginn und während des Beschäftigungsverhältnisses und im Rahmen arbeitsmedizi- 24

---
1 LAG Nds. v. 26.2.1980 – 1 Sa 12/79, DB 1980, 1799; LAG Köln v. 12.3.1991 – 4 Sa 1057/90, LAGE § 620 BGB Bedingung Nr. 8; LAG Berlin v. 16.7.1990 – 9 Sa 43/90, LAGE § 620 BGB Bedingung Nr. 2; *Zeller*, BB 1987, 2439 (2441).
2 *Genenger*, NJW 2010, 113 (114).

nischer Vorsorgeuntersuchungen vorsehen. Durch das Entgegennahme- und Verwendungsverbot wird dem Arbeitgeber nicht nur untersagt, Ergebnisse vorgehender genetischer Untersuchungen vom Arbeitnehmer zu verlangen, ihm wird schon die schlichte Entgegennahme verboten. Ausnahmen von diesem Grundsatz sind lediglich in Bezug auf arbeitsmedizinische Vorsorgeuntersuchungen (§ 20 Abs. 2 und Abs. 3 GenDG) vorhanden.

25 Ein **Mitbestimmungsrecht** des Betriebsrats, etwa nach § 87 Abs. 1 Nr. 7 BetrVG oder § 9 ASiG, besteht nicht.[1] Die Einstellungsuntersuchung dient in erster Linie dem Interesse des Arbeitgebers und der Personalauslese, steht also nicht im Zusammenhang mit arbeitsschutzrechtlichen Vorschriften.

b) Begutachtung der Arbeitsunfähigkeit

26 Ergeben sich Zweifel an der Arbeitsunfähigkeit des krankgemeldeten Arbeitnehmers, kann der Arbeitgeber gem. § 275 Abs. 1 Nr. 3b), Abs. 1a Satz 3 SGB V von der Krankenkasse eine Begutachtung der Arbeitsunfähigkeit durch den Medizinischen Dienst der Krankenversicherung verlangen. Ein Leistungsverweigerungsrecht hat der Arbeitgeber jedoch nicht, die Bestimmung des § 7 Satz 1 Nr. 1 EFZG ist insoweit abschließend.[2]

27 In Arbeitsverträgen finden sich zum Teil aber auch Klauseln, die den Arbeitnehmer darüber hinaus im Krankheitsfall zu einer Untersuchung durch einen vom Arbeitgeber bestimmten Arzt verpflichten.

⊃ **Nicht geeignet:**
   a) Im Falle der Erkrankung ist der Arbeitnehmer verpflichtet, diese unverzüglich mitzuteilen und durch ein Attest nachzuweisen. Auf Verlangen des Arbeitgebers ist der Arbeitnehmer verpflichtet, sich einem Vertrauensarzt, der vom Arbeitgeber benannt wird, vorzustellen. Der Arbeitnehmer entbindet den Arzt von der ärztlichen Schweigepflicht, soweit es zur Beurteilung der Arbeitsunfähigkeit notwendig ist.
   b) Dauert die durch Krankheit bedingte Arbeitsunfähigkeit länger als zwei Wochen oder war der Mitarbeiter innerhalb des letzten Jahres vor Beginn der Arbeitsunfähigkeit bereits arbeitsunfähig erkrankt, so ist der Arbeitgeber berechtigt, den Mitarbeiter durch einen Vertrauensarzt des Arbeitgebers untersuchen zu lassen. Der Mitarbeiter entbindet den Vertrauensarzt des Arbeitgebers bereits jetzt von seiner Schweigepflicht. Die Kosten dieser Untersuchung trägt der Arbeitgeber.

28 Diese Klauseln sind in mehrfacher Hinsicht problematisch. Zunächst einmal verstößt jedenfalls die Klausel b) gegen die oben (Rz. 20) wiedergegebenen Grundsätze zur **Schweigepflicht** des Arztes. Ferner ist zu beachten, dass die vertragliche Nebenpflicht nicht als Anspruchsvoraussetzung für die Entgeltfortzahlung ausgestaltet werden kann, da der Entgeltfortzahlungsanspruch gemäß **§ 12 EFZG unabdingbar** ist und somit auch nicht durch Vertrag an weitere Bedingungen geknüpft werden kann. Der Vereinbarung könnte jedoch insoweit Rechtswirkung zukommen, als

---

1 *Zeller*, BB 1987, 2439 (2443).
2 MünchArbR/*Schlachter*, § 75 Rz. 29.

eine Weigerung des Arbeitnehmers, sich der vereinbarten Untersuchung zu unterziehen, im Streitfalle bei der Beweiswürdigung zu seinen Ungunsten berücksichtigt werden könnte. Voraussetzung dafür wäre, dass eine derartige Vereinbarung überhaupt rechtswirksam ist.[1] Dagegen bestehen jedoch Bedenken im Hinblick auf das **Recht auf freie Arztwahl**, das durch § 76 Abs. 1 Satz 1 SGB V statuiert wird und von dem auch § 5 EFZG ausgeht. Wie der Gesetzgeber durch das Regelungsgefüge der §§ 76 Abs. 1 Satz 1 SGB V, 5 EFZG einerseits und § 275 Abs. 1 Nr. 3b) SGB V andererseits zum Ausdruck gebracht hat, soll eine Ausnahme von diesem Grundsatz nur zur Beseitigung von Zweifeln an der Arbeitsunfähigkeit und auch dann nur in Form einer Untersuchung durch den Medizinischen Dienst der Krankenversicherung zulässig sein. § 275 Abs. 1 SGB V stellt also hinsichtlich der ärztlichen Untersuchung durch einen anderen als den vom Arbeitnehmer ausgewählten Arzt eine abschließende Sonderregelung dar, von der im Arbeitsvertrag auch im Interesse des Persönlichkeitsschutzes des Arbeitnehmers nicht abgewichen werden kann. Deshalb kann auch der Arbeitnehmer vertraglich nicht wirksam zu einer Untersuchung durch einen vom Arbeitgeber benannten Arzt verpflichtet werden.

Etwas anderes gilt freilich, wenn der Arbeitnehmer sich weigert, einer Vorladung zum Medizinischen Dienst zur Untersuchung gemäß § 275 Abs. 1 SGB V nachzukommen. Zwar berechtigt dies den Arbeitgeber nicht automatisch zur Verweigerung der Lohnfortzahlung, es kann aber der Beweiswert einer Arbeitsunfähigkeitsbescheinigung in Frage gestellt werden. 29

c) Allgemeine Verpflichtung zur Durchführung von Gesundheitsuntersuchungen

Typ 2: Untersuchung der gesundheitlichen Eignung

Der Arbeitnehmer erklärt sich bereit, bei Vorliegen der Voraussetzungen des betrieblichen Eingliederungsmanagements (§ 84 Abs. 2 SGB IX) sich auf Verlangen des Arbeitgebers hinsichtlich der gesundheitlichen Eignung für die übernommene Arbeitsaufgabe ärztlich untersuchen zu lassen. Die hierdurch anfallenden Kosten trägt der Arbeitgeber. Der Arbeitnehmer entbindet den untersuchenden Arzt insoweit von der ärztlichen Schweigepflicht, als das Untersuchungsergebnis Einfluss auf die Erfüllung der arbeitsvertraglich vorausgesetzten Einsatzfähigkeit des Arbeitnehmers haben kann. Der untersuchende Arzt übermittelt dem Arbeitgeber nur das Ergebnis der Untersuchung (Eignung oder Nichteignung für die geschuldete Tätigkeit).

Die Pflicht zur regelmäßigen Untersuchung durch einen Arzt zur Prüfung der gesundheitlichen Eignung für die übernommene Arbeitsaufgabe im Arbeitsvertrag zu verankern, ist verbreitet. Verlangt der Arbeitgeber über die gesetzlich oder in anderer Weise vorgeschriebene Gesundheitsuntersuchung hinaus eine regelmäßige ärztliche Untersuchung des Arbeitnehmers, so ergeben sich die Grenzen im Hinblick auf den Umfang der Untersuchung des Arbeitnehmers und auf den Auskunftsanspruch des Arbeitgebers gegen den untersuchenden Arzt wiederum arbeitsrechtlich und datenschutzrechtlich aus dem Zweck der Untersuchung. Wie im Falle 30

---
1 BAG v. 4.10.1978 – 5 AZR 326/77, AP Nr. 3 zu § 3 LohnFG.

einer Gesundheitsuntersuchung vor Einstellung eines Arbeitnehmers, sind bei Untersuchungen bei **bestehendem Arbeitsverhältnis** sowohl die Untersuchung selbst als auch der Auskunftsanspruch des Arbeitgebers auf die Prüfung der gesundheitlichen Eignung des Arbeitnehmers für seinen konkreten Arbeitsplatz beschränkt.

31 Soweit der Arbeitnehmer kraft Gesetzes oder Tarifvertrags verpflichtet ist, sich zur Erbringung der geschuldeten Arbeitsleistung einer **Gesundheitsuntersuchung** zu unterziehen (z.B. §§ 32 f. JArbSchG und für die Beförderung von Fahrgästen z.B. Anlage 5 zu § 48 Abs. 4 und 5 FeV [Verordnung über die Zulassung von Personen zum Straßenverkehr – Fahrerlaubnis-Verordnung]),[1] obliegt diese Pflicht zur Untersuchung dem Arbeitnehmer ohnehin als vertragliche Nebenpflicht, deren beharrliche Verletzung unter Umständen zur Kündigung führen kann.[2] Entsprechende Pflichten können auch in Unfallverhütungsvorschriften und sonstigen Arbeitsschutzbestimmungen enthalten sein.

32 Darüber hinausgehend ist eine allgemeine Pflicht zur Gesundheitsuntersuchung als vertragliche Nebenpflicht nicht anzuerkennen.[3] Allerdings vertrat der 2. Senat des BAG demgegenüber sehr weitgehend, aus der allgemeinen Treuepflicht des Arbeitnehmers folge die Verpflichtung, bei Vorliegen eines berechtigten Interesses des Arbeitgebers eine ärztliche Untersuchung seines Gesundheitszustandes zu dulden.[4] Ein Arbeitnehmer, der die notwendige ärztliche Begutachtung über Gebühr erschwere oder unmöglich mache, verstoße gegen seine Treuepflicht und könne ggf. gekündigt werden.[5] Ein derartiger Rechtssatz geht zu weit und verletzt das allgemeine Persönlichkeitsrecht des Arbeitnehmers.[6] Er kollidiert überdies mit der Rechtsprechung desselben Senats zur krankheitsbedingten Kündigung, wo eine außerprozessuale Auskunftspflicht des Arbeitnehmers über seinen allgemeinen Gesundheitszustand ausdrücklich abgelehnt wird.[7] Dies hat auch der 2. Senat in einer weiteren Entscheidung erkannt.[8] Keineswegs kann der Arbeitgeber verlangen, dass der Arzt ohne jede Einschränkung alle Untersuchungen vornehmen darf, die der Arbeitgeber oder der Arzt für sachdienlich halten. Das Interesse des Arbeitgebers an der geforderten Untersuchung ist vielmehr abzuwägen gegen das Interesse des Arbeitnehmers an der Wahrung seiner Intimsphäre und körperlichen Unversehrtheit. Zur Duldung einer Blutentnahme ist der Arbeitnehmer regelmäßig nicht verpflichtet.[9] Jedenfalls hat der Arbeitgeber nur ein **berechtigtes Interesse**, die gesundheitliche Eignung konkret bezogen auf die ausgeübte Tätigkeit feststellen zu lassen.

---

1 BGBl. I 1998, S. 2214.
2 LAG Düsseldorf v. 31.5.1996 – 15 Sa 180/95, NZA-RR 1997, 88.
3 BAG v. 16.9.1997 – 9 AZR 538/96, AP Nr. 30 zu § 9 BergmannsVersorgScheinG; dazu auch *Preis/Greiner*, Anm. zu BAG v. 12.4.2002 – 2 AZR 148/01, SAE 2004, 12 ff.
4 BAG v. 6.11.1997 – 2 AZR 801/96, AP Nr. 142 zu § 626 BGB.
5 S.a. *Notz*, Zulässigkeit und Grenzen ärztlicher Untersuchungen von Arbeitnehmern, S. 58 ff.
6 So ErfK/*Preis*, § 611 BGB Rz. 746.
7 BAG v. 25.11.1982 – 2 AZR 140/81 AP Nr. 7 zu 1 KSchG 1969 Krankheit; hierzu ErfK/*Oetker*, § 1 KSchG Rz. 121 ff.; vgl. auch BAG v. 12.4.2002 – 2 AZR 148/01, SAE 2004, 7.
8 BAG v. 12.8.1999 – 2 AZR 55/99, NZA 1999, 1209.
9 BAG v. 12.8.1999 – 2 AZR 55/99, NZA 1999, 1209.

33 Das BAG hat in einer Entscheidung vom 27.9.2012[1] bestätigt, dass ein Verstoß gegen eine tarif- oder einzelvertraglich geregelte Pflicht des Arbeitnehmers, bei gegebener Veranlassung auf Wunsch des Arbeitgebers an einer ärztlichen Untersuchung zur Feststellung der Arbeitsunfähigkeit mitzuwirken, je nach den Umständen geeignet sein kann, eine Kündigung zu rechtfertigen. Im konkreten Falle war der Kläger seit sechs Jahren wiederholt arbeitsunfähig erkrankt und seit 1,5 Jahren überhaupt nicht mehr tätig. Der Untersuchung durch den Betriebsarzt entzog sich der Kläger. Nach dieser tariflichen Bestimmung war der Arbeitgeber bei gegebener Veranlassung berechtigt, den Arbeitnehmer durch den Betriebsarzt oder den Vertrauensarzt dahingehend untersuchen zu lassen, ob er zur Leistung der arbeitsvertraglich geschuldeten Tätigkeit in der Lage ist.

34 Die Klausel des Tarifvertrages, die die Pflicht des Arbeitnehmers zur Mitwirkung an einer vom Arbeitgeber verlangten ärztlichen Untersuchung regelt, beeinträchtige nicht übermäßig das allgemeine Persönlichkeitsrecht des Arbeitnehmers. Dieses schließe zwar die Freiheit der Arztwahl ein. Der Arbeitgeber könne die Mitwirkung des Arbeitnehmers aber zum einen nur aus gegebener Veranlassung, also nur bei berechtigten Zweifeln an der Arbeitsfähigkeit des Mitarbeiters verlangen. Zum anderen stehe es mit Blick auf die schutzwürdigen Belange des Arbeitnehmers trotz des Wahlrechts des Arbeitgebers nicht etwa in dessen Belieben, wer die Begutachtung durchführt. Die Auswahl habe vielmehr nach billigem Ermessen (§ 315 Abs. 1 BGB) zu erfolgen. Der Arbeitnehmer könne rechtzeitig vor oder während der Begutachtung begründete Bedenken etwa gegen die Fachkunde oder Unvoreingenommenheit des begutachtenden Arztes geltend machen. Mit dieser Einschränkung ist es zur Gewährleistung gleichmäßiger Untersuchungsstandards grundsätzlich interessengerecht, das Bestimmungsrecht dem Arbeitgeber einzuräumen. Der Arbeitnehmer müsse substantielle Einwendungen geltend machen. „Aus der Luft gegriffene" Bedenken, wie etwa, der arbeitgeberseitig bestimmte Arzt stünde „im Lager" des Arbeitgebers, genügten nicht. Eine übermäßige Beeinträchtigung berechtigter Belange des Arbeitnehmers liege darin nicht, zumal die Bestimmung gerichtlicher Kontrolle unterliege. Diese Sichtweise des BAG spricht gegen die oben vertretene These (Rz. 28), dass die freie Arztwahl nicht eingeschränkt werden kann.

35 Mit diesen Grundsätzen schafft das BAG auch Klarheit hinsichtlich der Zulässigkeit entsprechender Vertragsklauseln. Entsprechende Klauseln sind weder überraschend noch unangemessen benachteiligend i.S.d. §§ 305c Abs. 1 und 307 BGB.

36 Um allerdings datenschutzrechtliche Restrisiken auszuschließen, die aus der Rechtsprechung herrühren, dass die Datenerhebung nur auf der Basis einer dem Arbeitgeber obliegenden Rechtspflicht erfolgen darf,[2] ist als Rechtspflicht das „Betriebliche Eingliederungsmanagement nach § 84 Abs. 2 SGB IX" aufzunehmen, zumal das BAG diesen Ansatz ausdrücklich gebilligt hat. Dies bedeutet keine sonderlich große Einschränkung des Arbeitgebers in den meisten Fällen, da das Eingliederungsmanagement schon bei insgesamt sechswöchiger Arbeitsunfähigkeit greift. Freilich ist die Mitwirkung an dem Eingliederungsmanagement eine bloße Obliegenheit des Arbeitnehmers und keine Rechtspflicht. Der Arbeitgeber kann

---
1 BAG v. 27.9.2012 – 2 AZR 811/11, AP Nr. 68 zu § 1 KSchG 1969 Verhaltensbedingte Kündigung.
2 BAG v. 7.2.2012 – 1 ABR 46/10, NZA 2012, 744.

also eine Gesundheitsuntersuchung auch im Rahmen des Eingliederungsmanagements nicht durchsetzen. Der Arbeitnehmer kann sie verweigern. Der Arbeitnehmer bleibt Herr seiner Daten![1] Es sollte insoweit bei der restriktiven Interpretation bleiben, für die letztlich auch § 84 Abs. 2 SGB IX spricht, dass nur in Extremfällen eines evidenten berechtigten Interesses auf der Basis des § 241 Abs. 2 BGB eine Pflicht zur Duldung der Gesundheitsuntersuchung zu bejahen ist (vgl. Rz. 13).

37 Überdies sind stets nach Maßgabe des § 32 Abs. 1 Satz 1 und § 28 Abs. 6 Nr. 3 BDSG die berechtigten Interessen des Arbeitgebers an der Gesundheitsuntersuchung zu prüfen. Diese sind zu bejahen, wenn es sich um **ansteckende Krankheiten** handelt oder um Krankheiten, die die **Arbeitssicherheit in anderer Weise gefährden**. Auch im Fall einer erheblichen **krankheitsbedingten Leistungsminderung** – das BAG sieht im Zusammenhang mit einer ordentlichen Kündigung eine Leistungsminderung auf ⅔ als erheblich an[2] – kann der Arbeitgeber eine ärztliche Untersuchung darüber verlangen, ob die Leistungsminderung auf der Basis der vorliegenden Erkrankungen von Dauer sein wird oder ob eine Besserung zu erwarten ist.[3] **Nicht ausreichend** ist hingegen das allgemeine Interesse des Arbeitgebers daran, vor dem Ausspruch einer (krankheitsbedingten) Kündigung die Art der Krankheit zu erfahren, um dadurch das **Prozessrisiko** besser abschätzen zu können.[4]

38 Festzuhalten ist somit, dass eine Pflicht zur Gesundheitsuntersuchung nur für Fälle begründet werden darf, in denen das Interesse des Arbeitgebers an der Information das Interesse des Arbeitnehmers am Schutz seines Persönlichkeitsrechts und seiner körperlichen Unversehrtheit überwiegt. Zu differenzieren ist bei dieser Interessenabwägung nach der **Art des Eingriffs** in die Grundrechte des Arbeitnehmers und nach dem **Eingriffsziel**.[5]

39 Der Arbeitgeber kann weder verlangen noch in einer Vereinbarung durchsetzen, dass der untersuchende Arzt **vollständig von der Schweigepflicht** entbunden wird (s. Rz. 20). Dies stellt einen **zu weit gehenden Eingriff** dar. Aus diesem Grund ist eine Entbindung von der Schweigepflicht stets einzugrenzen auf einen konkreten Gegenstand. Des Weiteren sind Untersuchungen, die die Intimsphäre des Arbeitnehmers betreffen, grundsätzlich unzulässig, denn diese ist eng mit der Menschenwürde verknüpft und damit „unantastbar".[6]

4. Steuerrechtliche Aspekte

a) Arbeitgeberveranlasste Untersuchungen

40 Verlangt der Arbeitgeber von einem Bewerber eine Einstellungsuntersuchung zur Beurteilung, ob die gesundheitliche Eignung für die angestrebte Tätigkeit besteht oder ist die Untersuchung gesetzlich vorgeschrieben (s. Rz. 2 ff.), ist die Übernahme der dadurch entstehenden Kosten **steuerfrei**, da die Durchführung der Untersuchung im überwiegenden **eigenbetrieblichen Interesse des Arbeitgebers** liegt.

---

1 Vgl. ErfK/*Rolfs*, § 84 SGB IX Rz. 5 m.w.N.
2 BAG v. 26.9.1991 – 2 AZR 132/91, EzA § 1 KSchG Personenbedingte Kündigung Nr. 10.
3 *Preis/Greiner*, Anm. zu BAG v. 12.4.2002 – 2 AZR 148/01, SAE 2004, 12 (17).
4 Vgl. dazu BAG v. 12.4.2002 – 2 AZR 148/01, SAE 2004, 7 m. Anm. *Preis/Greiner*.
5 *Preis/Greiner*, Anm. zu BAG v. 12.4.2002 – 2 AZR 148/01, SAE 2004, 12 (15 ff.).
6 *Preis/Greiner*, Anm. zu BAG v. 12.4.2002 – 2 AZR 148/01, SAE 2004, 12 (15) m.w.N.

Gleiches gilt für eine Untersuchung, die während eines bestehenden Arbeitsverhältnisses der Begutachtung der Arbeitsunfähigkeit (s. Rz. 13 ff.) dient oder wenn eine gesetzliche oder (tarif-)vertragliche Verpflichtung des Arbeitnehmers zur Durchführung einer Untersuchung besteht (s. Rz. 19 ff.), wie z.B. bei Piloten oder Berufstauchern.

b) Gesundheitsfürsorge

Trägt der Arbeitgeber Aufwendungen für Gesundheitsförderungsmaßnahmen, deren Inanspruchnahme für den Arbeitnehmer freiwillig ist, kann ein die Steuerpflicht ausschließendes eigenbetriebliches Interesse in der Regel dann anzunehmen sein, wenn die Maßnahmen der Erhaltung der Arbeitskraft dienen. Dies wird bei einer regelmäßigen Betreuung durch Werks- oder Betriebsärzte ebenso anzunehmen sein wie bei Vorsorgeuntersuchungen im Hinblick auf spezielle berufstypische Gesundheitsrisiken. Auch die Übernahme der Aufwendungen für die Behandlung einer Berufskrankheit oder eines Arbeitsunfalls führt nicht zu Arbeitslohn. Dies gilt gleichermaßen für die Behandlungskosten (Arzt, Medikamente und Hilfsmittel) wie für die Übernahme von Aufwendungen für die Rehabilitation des Arbeitnehmers. 41

Ob andere Aufwendungen des Arbeitgebers für die Gesundheitsfürsorge Arbeitslohn darstellen, hängt im Wesentlichen von den Umständen des Einzelfalles ab. Im Grundsatz wird ein der Annahme von Arbeitslohn entgegenstehendes eigenbetriebliches Interesse des Arbeitgebers vor allem bei gesundheitsfördernden Maßnahmen anzunehmen sein, die im Zusammenhang mit typischen berufsbedingten Belastungen stehen. Dies kann z.B. bei Massagebehandlungen bei Bildschirmarbeitsplätzen der Fall sein,[1] aber auch bei Kreislauftraining unter Anleitung von Betriebsärzten, Trainingstherapien der Wirbelsäule oder (berufsspezifischen) Vorsorgeuntersuchungen.[2] Ist die Teilnahme an den Maßnahmen für die Arbeitnehmer verpflichtend, liegt regelmäßig ein starkes Indiz für das eigenbetriebliche Interesse des Arbeitgebers vor. Aufwendungen für Beiträge des Arbeitnehmers für Sportvereine oder Fitnessstudios, einschließlich der dort angebotenen Sportkurse, führen regelmäßig zu Arbeitslohn.[3] 42

Auch ohne eigenbetriebliches Interesse sind Aufwendungen des Arbeitgebers zur Verbesserung des allgemeinen Gesundheitszustandes und der betrieblichen Gesundheitsförderung bis zu einem Betrag von 500 Euro im Kalenderjahr steuerfrei, § 3 Nr. 34 EStG. Voraussetzung ist aber, dass die Leistungen hinsichtlich der Qualität, Zweckbindung und Zielgerichtetheit den Anforderungen der §§ 20 und 20a SGB V genügen. Über den Freibetrag hinausgehende Aufwendungen gehören zum Arbeitslohn.

c) Kuren

Anders als bei Vorsorgeuntersuchungen tritt bei Kuraufenthalten, die vorbeugend der Erhaltung der Arbeitskraft dienen, das eigenbetriebliche Interesse des Arbeit- 43

---
1 Vgl. z.B. BFH v. 30.5.2001 – VI R 177/99, BStBl. II 2001, 671.
2 BFH v. 24.1.1975 – VI R 242/71, BStBl. II 1975, 340; v. 17.9.1982 – VI R 45/79, BStBl. II 1983, 39; FG Köln v. 24.9.2003 – 12 K 428/03, INF 2004, 205.
3 FG Bremen v. 23.3.2011 – 1 K 150/09 (6), EFG 2013, 158, rkr.

nehmers in den Hintergrund, so dass die Übernahme der Aufwendungen durch den Arbeitgeber zu Arbeitslohn führt; dabei soll eine Aufteilung der Aufwendungen selbst dann nicht möglich sein, wenn sich der Arbeitnehmer gegenüber dem Arbeitnehmer zur Durchführung der Maßnahme verpflichtet hat.[1] Das ist jedenfalls dann zweifelhaft, wenn sich einzelne Maßnahmen abgrenzen lassen, die ohne auswärtigen Aufenthalt als durch überwiegendes betriebliches Interesse veranlasst anzuerkennen wären. Gegen Arbeitslohn spricht, wenn die Kur der Ausheilung einer typischen Berufserkrankung dient oder ausnahmsweise dann, wenn die Kur in einer Einrichtung des Arbeitgebers durchgeführt wird, er die Auswahl der Teilnehmer vornimmt und die persönliche Freiheit des Arbeitnehmers durch organisatorische Maßnahmen in erheblicher Weise eingeschränkt ist.[2]

Bei anderen Maßnahmen (Kurlaub, Gesundheitswochen), die ebenfalls mit auswärtiger Unterbringung verbunden sind, kommt es ebenfalls auf die Umstände des Einzelfalles an. Im Regelfall dürfte aber bei weit überwiegend freizeitmitbestimmten gesundheitsfördernden Aktivitäten die private Mitveranlassung so weit überwiegen, dass auch eine Aufteilung allenfalls für Einzelmaßnahmen in Betracht kommt.[3]

5. Hinweise zur Vertragsgestaltung

44 Nach bisheriger Rechtserkenntnis ist gegen eine Klausel im Arbeitsvertrag, die die Beendigung des Arbeitsverhältnisses regelt, falls sich der Arbeitnehmer als für die geschuldete Tätigkeit gesundheitlich ungeeignet erweist, nichts einzuwenden. Es werden die Klauseln entsprechend Typ 1 (Rz. 20) empfohlen. Freilich ist **die datenschutzrechtlich notwendige Einwilligung** zur Gesundheitsuntersuchung insbesondere aufgrund von § 4a Abs. 1 Satz 1 und 4 BDSG **rechtssicher nicht im Arbeitsvertrag** zu regeln.

45 Weitreichenden Einschränkungen, insbesondere aus datenschutzrechtlicher Sicht unterliegt die Möglichkeit, den Arbeitnehmer zu einer Gesundheitsuntersuchung zu zwingen. Denkbar ist eine gegenständlich beschränkte, auf freier Entscheidung beruhende Einwilligung des Arbeitnehmers, die stets in einer gesonderten Erklärung außerhalb des Arbeitsvertrages aus freier Entscheidung und ohne arbeitgeberseitigen Druck erfolgen sollte. Die Schlüsselfrage ist, ob und unter welchen Voraussetzungen der Arbeitgeber die Gesundheitsuntersuchung als selbständig einklagbare Nebenpflicht durchsetzen könnte. Eine Verpflichtung des Arbeitnehmers zur Einwilligung kann es prinzipiell nicht geben, denn datenschutzrechtlich ist die „freie Entscheidung" des Betroffenen garantiert. Nur in Extremfällen kann es eine arbeitsvertragliche Nebenpflicht zur Duldung der Gesundheitsuntersuchung geben.

46 Was bleibt, ist eine gesetzlich angeordnete Pflicht, eine Gesundheitsuntersuchung zu dulden. Davon gibt es im geltenden Recht einzelne Spezialnormen. Die wichtigste für den Arbeitgeber ist § 275 SGB V, die bei Zweifeln an der Arbeitsunfähigkeit des Arbeitnehmers die unverzügliche Untersuchungsmöglichkeit durch den

---

1 BFH v. 31.10.1986 – VI R 73/83, BStBl. II 1987, 142; v. 11.3.2010 – VI R 7/08, BStBl. II 2010, 763.
2 BFH v. 24.1.1975 – VI R 242/71, BStBl. II 1975, 340.
3 FG Düsseldorf v. 18.4.2013 – 16 K 922/12 L, EFG 2013, 1358, rkr.

Medizinischen Dienst der Krankenkassen regelt. Insoweit besteht kein vertraglicher Regelungsbedarf.

Sollte darüber hinausgehend der Arbeitgeber ein Interesse an kontinuierlicher Überprüfung des Gesundheitszustandes des Arbeitnehmers im Hinblick auf seine vertragliche Verwendungsfähigkeit haben, kann die Klauselgestaltung entsprechend Typ 2 (Rz. 17) empfohlen werden, sofern die dort genannten Einschränkungen beachtet werden. Ohne wirksame Einwilligung kann der Arbeitgeber hier nur auf der Basis einer Rechtsvorschrift, die auch in Tarifverträgen und Betriebsvereinbarungen enthalten sein kann, eine Gesundheitsuntersuchung mit arbeitsrechtlichen Konsequenzen durchsetzen. Im Grundsatz ist allerdings zu beachten, dass die Wertungen des Datenschutzrechts als spezialgesetzliche Regelung des Persönlichkeitsrechtsschutzes vorrangig sind. Eine präsumtive arbeitsvertragliche Pflicht zur Gesundheitsuntersuchung kann nicht bestehen, wenn sie datenschutzrechtlich nicht durchgesetzt werden kann. Das bedeutet, dass eine datenschutzrechtlich berechtigte Weigerung des Arbeitnehmers, sich untersuchen zu lassen, weder eine Abmahnung noch eine verhaltensbedingte Kündigung rechtfertigen kann. 47

Erlaubt eine Rechtsvorschrift wie eine Tarif- oder Betriebsvereinbarung die gesundheitliche Untersuchung, ist zwar eine Einwilligung des Arbeitnehmers zur Begründung der Rechtspflicht nicht erforderlich. Freilich gibt es keine „Zwangsuntersuchungen". Überdies kann eine Rechtspflicht nur bejaht werden, wenn Untersuchungsanlass, die Untersuchungstiefe und die Information Dritter (Schweigepflicht des Arztes) über das Untersuchungsergebnis einer strengen Verhältnismäßigkeitskontrolle nach Maßgabe der §§ 32 Abs. 1 Satz 1 und 28 Abs. 6 Nr. 3 BDSG genügen. 48

H 10 Haftung des Arbeitgebers

	Rz.
1. Einführung	1
a) Vielgestaltigkeit möglicher Haftungsfälle	1
b) Haftung für eingebrachte Sachen als bevorzugter Gegenstand vertraglicher Vereinbarungen	3
2. Klauseltypen	4
a) Generelle Haftungsklauseln	4
aa) Allgemeine Verschuldenshaftung	4
bb) Verschuldensunabhängige Haftung	7
b) Konkrete Haftungsklauseln	9
c) Summenmäßige Haftungsbegrenzungsklauseln	12
d) Ausschlussfristen	12a
3. Steuerrechtliche Aspekte	13
a) Schadensersatzleistungen des Arbeitgebers	14
b) Steuerrechtliche Haftung	17
aa) Lohnsteuerhaftung des Arbeitgebers	17
(1) Haftungstatbestände	18
(2) Ermessensentscheidung des Finanzamts	21
(3) Haftungsausschlüsse zugunsten des Arbeitgebers	24
(4) Inanspruchnahme durch Haftungsbescheid	27
bb) Vertreterhaftung	31
cc) Haftung Dritter bei Lohnsteuerabzug	35
4. Hinweise zur Vertragsgestaltung; Zusammenfassung	36

Schrifttum:

Becker-Schaffner, Die Haftung des Arbeitgebers bei schuldlos erlittenen Eigenschäden des Arbeitnehmers, VersR 1970, 100; *Becker-Schaffner*, Ist der Arbeitgeber verpflichtet, die vom Arbeitnehmer in den Betrieb eingebrachten Sachen zu versichern?, VersR 1972, 332; *Blomeyer*, Der Eigenschaden des Arbeitnehmers, in Festschrift für Kissel, 1994, S. 77; *Bydlinski*, Die Risikohaftung des Arbeitgebers, 1986; *Canaris*, Risikohaftung bei schadensgeneigter Tätigkeit in fremdem Interesse, RdA 1966, 41; *Däubler*, Haftung im Arbeitsverhältnis – der geschädigte Arbeitnehmer, JuS 1986, 425; *Deinert*, Anwendungsprobleme der arbeitsrechtlichen Schadensersatzvorschriften im neuen AGG, DB 2007, 398; *Falkenberg*, Erstattung von Aufwendungen des Arbeitnehmers durch den Arbeitgeber, DB 1974, 1382; *Frieges*, Der Anspruch des Arbeitnehmers auf Ersatz selbstverschuldeter Eigen-Sachschäden, NZA 1995, 403; *Genius*, Risikohaftung des Geschäftsherrn, AcP 173 (1973), 481; *Griese*, Haftung und Schmerzensgeld im Arbeitsverhältnis – rechtlich und rechtspolitisch, Festschrift für Küttner, 2006, S. 165; *Holly/Friedhofen*, Die Abwälzung von Geldstrafen und Geldbußen auf den Arbeitgeber, NZA 1992, 145; *Joachim*, Haftung des Arbeitgebers für eingebrachte Sachen des Arbeitnehmers, AR-Blattei; *Koch*, Der Eigenschaden des Arbeitnehmers, 1982; *Langenbucher*, Risikohaftung und Schutzpflichten im innerbetrieblichen Schadensausgleich, ZfA 1997, 523; *Mayer-Maly*, Die Risikohaftung des Arbeitgebers für Eigenschäden des Arbeitnehmers, NZA Beilage 3/1991; *Monjau*, Die Sorgepflicht des Arbeitgebers für das Eigentum des Arbeitnehmers, DB 1972, 1435; *Müller-Glöge*, „Die Gefährdungshaftung des Arbeitgebers" – Entwicklung und Stand der Rechtsprechung, in Festschrift für Dieterich, 1999, S. 387; *Reichold*, Geschäftsbesorgung im Arbeitsverhältnis, NZA 1994, 488; *Salamon/Koch*, Die Darlegungs- und Beweislast des Arbeitnehmers bei der Gefährdungshaftung des Arbeitgebers, NZA 2012, 658; *Schumacher*, Die vom Verschulden unabhängige Haftung des Arbeitgebers für arbeitsbedingte Sachschäden des Arbeitnehmers, 1975; *Schwab*, Die Haftung des Arbeitgebers, AiB 2007, 233; *Schwab*, Die Haftung des Arbeitgebers, AiB 2012, 446; *Schwarze*, Das Fehlverhalten des Arbeitnehmers beim Ersatz von Eigenschäden, RdA 2013, 140; *Simon/Greßlin*, AGG – Haftung des Arbeitgebers bei Benachteiligungen durch Beschäftigte und Dritte, BB 2007, 1782; *Steindorf*, Wertersatz für Schäden als Aufwendungsersatz im Arbeits- und Handelsrecht, in Festschrift für Dölle Bd. I, 1963, S. 273; *Stoffels*, AR-Blattei SD 860.1 „Haftung des Arbeitgebers I, Grundlagen", dort auch Hinweise auf das ältere Schrifttum; *Stoffels*, Grundprobleme der Schadensersatzverpflichtung nach § 15 Abs. 1 AGG, RdA 2009, 204; *Walker/Lohkemper*, Die vorgeschlagene EG-Richtlinie über die Haftung bei Dienstleistungen und ihre Bedeutung für Haftungsfragen im Arbeitsrecht, RdA 1994, 105.

1. Einführung

a) Vielgestaltigkeit möglicher Haftungsfälle

Im Rahmen eines Arbeitsverhältnisses als einem komplexen, auf Dauer angelegten Geflecht gegenseitiger Rechte und Pflichten können die **verschiedenartigsten Störungstatbestände** eintreten. Das gilt auch für die Haftung des Arbeitgebers gegenüber seinen Arbeitnehmern. Sie gründet sich entweder auf Vertrag oder Gesetz – dann insbesondere auf Delikt – und reicht von der Begründung des Arbeitsverhältnisses (§ 280 i.V.m. § 311 Abs. 2 BGB)[1] bis hin zu seiner Beendigung (z.B. Ersatz für Schäden infolge vorzeitiger, durch vertragswidriges Verhalten des Arbeitgebers veranlasster Auflösung des Arbeitsverhältnisses gemäß § 628 Abs. 2 BGB).[2] Auch die sich im laufenden Arbeitsverhältnis ereignenden Haftungsfälle sind sehr unterschiedlicher Natur (z.B. Beschädigung vom Arbeitnehmer mitgeführter Gegenstände oder aber auch Vermögensnachteile des Arbeitnehmers infolge der Verletzung von Aufklärungspflichten durch den Arbeitgeber[3] oder der nicht ordnungsgemäßen Zahlung von Sozialversicherungsbeiträgen).[4] Besondere Bedeutung kommt auch der Haftung des Arbeitgebers für Verstöße gegen das AGG (§ 15 AGG) zu.[5]

Besonderheiten ergeben sich für **Personenschäden des Arbeitnehmers**. Erleidet der Arbeitnehmer infolge eines Arbeitsunfalles eine Verletzung oder wird er gar durch einen Arbeitsunfall getötet, so stellt § 104 SGB VII den Arbeitgeber grundsätzlich

---

1 Vgl. ausführlich *Stoffels*, AR-Blattei SD 860.1 Rz. 92 ff.; ferner zu § 611a BGB LAG Nds. v. 4.7.2005 – 12 Sa 1244/05, AE 2007, 55.
2 Hierzu Erman/*Belling*, § 628 BGB Rz. 16 ff.; s. ferner zur Haftung für Falschauskünfte gegenüber dem neuen Arbeitgeber LAG Nds. v. 29.5.2007 – 9 Sa 1641/06, n.v.
3 Vgl. zu einzelnen Aufklärungspflichten des Arbeitgebers BAG v. 22.1.2009 – 8 AZR 161/08, NZA 2009, 608; v. 24.7.2008 – 8 AZR 109/07, AP Nr. 350 zu § 613a BGB (fehlerhafte Unterrichtung über Betriebsübergang); v. 4.10.2005 – 9 AZR 598/04, NZA 2006, 877; v. 14.12.2006 – 8 AZR 628/05, NZA 2007, 262; v. 16.11.2005 – 7 AZR 86/05, NZA 2006, 535. Nicht zum Schadensersatz verpflichtet ist jedoch der Arbeitgeber, der den Arbeitnehmer nicht auf die Obliegenheit, sich frühzeitig arbeitssuchend zu melden, hinweist, s. BAG v. 29.9.2005 – 8 AZR 571/04, NZA 2005, 1406.
4 Hierzu *Marschner*, AR-Blattei SD 860.4, Haftung des Arbeitgebers, IV Nichtordnungsgemäße Zahlung von Sozialversicherungsbeiträgen. Zur Schadensersatzpflicht des Arbeitgebers für Mobbinghandlungen seiner Arbeitnehmer s. BAG v. 16.5.2007 – 8 AZR 709/06, NZA 2007, 1154 (1158 ff.); v. 24.4.2008 – 8 AZR 347/07, NZA 2009, 38, sowie zur Verteilung der Darlegungs- und Beweislast LAG Schl.-Holst. v. 28.3.2006 – 5 Sa 595/05, NZA-RR 2006, 402 (403 f.); ferner zur Schadensersatzpflicht wegen unterbliebener Insolvenzsicherung des Wertguthabens bei in Altersteilzeit Beschäftigten BAG v. 13.2.2007 – 9 AZR 106/06, NZA 2008, 121; zu den unterschiedlichen Haftungsfällen *Schwab*, AiB 2012, 446.
5 Hierzu BAG v. 22.1.2009 – 8 AZR 906/07, NZA 2009, 945; v. 22.10.2009 – 8 AZR 642/08, NZA 2010, 280; *Stoffels*, RdA 2009, 204 ff.

von jeglicher[1] Haftung gegenüber dem Arbeitnehmer bzw. seinen Angehörigen frei (beachte aber die Regresshaftung des Arbeitgebers gegenüber dem Sozialversicherungsträger gemäß § 110 SGB VII). Dafür finanzieren die Arbeitgeber die gesetzliche Unfallversicherung, die die Opfer solcher Arbeitsunfälle versorgt. Die Haftungsfreistellung nach § 104 SGB VII setzt neben dem Vorliegen eines Versicherungsfalles in der gesetzlichen Unfallversicherung (§ 7 SGB VII) voraus, dass dieser Versicherungsfall vom Arbeitgeber nicht vorsätzlich oder auf einem nach § 8 Abs. 2 Nr. 1–4 SGB VII versicherten Weg herbeigeführt worden ist.[2]

b) Haftung für eingebrachte Sachen als bevorzugter Gegenstand vertraglicher Vereinbarungen

3   § 104 SGB VII beschränkt nur die Haftung des Arbeitgebers für Personenschäden, nicht hingegen für **Sachschäden**, die dem Arbeitnehmer im Zusammenhang mit seiner Arbeit entstehen. Diesem Ausschnitt der Arbeitgeberhaftung kommt somit erhebliche praktische Bedeutung zu. An die Stelle der fehlenden gesetzlichen Haftungsfreistellung treten hier in der Praxis freilich nicht selten entsprechende vertragliche Haftungsbegrenzungen. Diese beziehen sich zumeist auf die Aufbewahrung und den Verlust von Privatgegenständen des Arbeitnehmers während der Arbeitszeit sowie auf die Ersatzpflicht für mögliche Schäden am arbeitnehmereigenen Kfz. Zur letztgenannten Fallgruppe existiert eine umfangreiche Rechtsprechung, so dass es angezeigt erscheint, diese Problematik unter Einbeziehung auch einiger Aspekte der Arbeitnehmerhaftung unter einem eigenen Stichwort (→ *Haftung für Kfz-Schäden*, II H 30) zu behandeln. Die folgenden Ausführungen beschränken sich somit allein auf die Haftung des Arbeitgebers für die sonstigen vom Arbeitnehmer in den Gefahrenbereich des Arbeitgebers verbrachten oder zur Verrichtung seiner Tätigkeit benötigten Privatgegenstände.[3]

---

1   Auch von Schmerzensgeldansprüchen (§ 253 Abs. 2 BGB), obwohl der gesetzliche Unfallversicherungsschutz keinen Ersatz immaterieller Schäden gewährt. So BAG v. 8.12.1970 – 1 AZR 81/70, AP Nr. 4 zu § 636 RVO; LAG Köln v. 30.10.2000 – 8 Sa 496/00, LAGE § 105 SGB VII Nr. 4; nicht verfassungswidrig, BVerfG v. 7.11.1972 – 1 BvL 4/71, 1 BvL 17/71, 1 BvL 10/72, 1 BvR 355/71, NJW 1973, 502 und v. 8.2.1995 – 1 BvR 753/94, NJW 1995, 1607; abweichend jedoch für Schockschäden Dritter BGH v. 6.2.2007 – VI ZR 55/06, NJW-RR 2007, 1395. Zum Ganzen *Zöllner/Loritz/Hergenröder*, Arbeitsrecht, S. 234 f.; *Griese*, FS Küttner, 2006, S. 165 ff. sowie zu Sonderfällen, wie etwa Personenschäden, die keine Berufskrankheiten im sozialversicherungsrechtlichen Sinne darstellen, HR/*Borgmann*, Gestaltung von Arbeitsverträgen, Kap. 1 Rz. 2245; greift der Ausschluss des § 104 SGB VII nicht, ist bei Verwendung Allgemeiner Geschäftsbedingungen § 309 Nr. 7 lit. a BGB zu beachten, wonach die Haftung für Personenschäden nicht ausgeschlossen werden kann.
2   Ausführlich zum Personenschaden des Arbeitnehmers *Rolfs*, AR-Blattei SD 860.2; zur Haftung bei Vorsatz des Arbeitgebers LAG Hamm v. 18.3.2005 – 10 Sa 482/04, n.v.; v. 13.6.2008 – 12 Sa 1851/07, n.v.
3   S. z.B. BAG v. 27.1.2000 – 8 AZR 876/98, NZA 2000, 727: Ersatzanspruch eines Musikers wegen Beschädigung seines Violabogens.

2. Klauseltypen

a) Generelle Haftungsklauseln

↻ **Nicht geeignet:**

a) Für die Beschädigung oder den Verlust von Gegenständen des Mitarbeiters kann das Unternehmen keine Haftung übernehmen, auch besteht hierfür kein Versicherungsschutz.

b) Für Schäden an Privateigentum der Mitarbeiter haftet der Betrieb im Rahmen der gesetzlichen Bestimmungen nur dann, wenn ihn ein Verschulden trifft.

c) Im Rahmen unserer Sorgfaltspflichten werden alle zumutbaren Maßnahmen getroffen, die zur Sicherung Ihres Eigentums notwendig sind. Eine Haftung besteht unsererseits nur im Rahmen der gesetzlichen Bestimmungen.

aa) Allgemeine Verschuldenshaftung

Bringt der Arbeitnehmer mit ausdrücklicher oder stillschweigender Zustimmung seines Arbeitgebers **private Gegenstände** (z.B. Straßenkleidung, Tasche, Uhr, Portmonee, eigenes Werkzeug) mit in den Betrieb, so trifft den Arbeitgeber hierfür grundsätzlich eine **Obhuts- und Verwahrungspflicht**.[1] Diese verpflichtet den Arbeitgeber, diejenigen Maßnahmen zu ergreifen, die ihm nach den konkreten Verhältnissen zumutbar sind und die den Arbeitnehmer bei eigenem Zutun in die Lage versetzen, sein eingebrachtes Eigentum entsprechend der betrieblichen Situation möglichst vor Verlust oder Beschädigung zu bewahren.[2] Schuldhafte Verstöße gegen diese Pflichten begründen eine Ersatzpflicht nach den Grundsätzen der allgemeinen Schadensersatzhaftung (**§ 280 BGB**).[3] Es gilt der Verschuldensmaßstab des § 276 Abs. 1 Satz 1 BGB (Vorsatz und Fahrlässigkeit). Für das Verschulden seiner Erfüllungsgehilfen hat der Arbeitgeber gemäß § 278 BGB ebenfalls einzustehen.[4] Werkunternehmer, die im Auftrag des Arbeitgebers auf dessen Betriebsgelände arbeiten (z.B. Malerarbeiten ausführen) und nur aufgrund besonderer Umstände mit dem Eigentum des Arbeitnehmers (z.B. auf dem Firmenparkplatz abgestelltes Kfz) in Berührung kommen, sind regelmäßig keine Erfüllungsgehilfen des Arbeitgebers.[5] Die Schadensersatzpflicht kann sich infolge mitwirkenden Verschuldens des Arbeitnehmers mindern oder sogar ganz entfallen (§ 254 Abs. 1 BGB), etwa dann, wenn der Arbeitnehmer von vorhandenen Schutzeinrichtungen keinen Gebrauch macht.[6] Im Haftungsprozess obliegt es dem Arbeitnehmer, darzulegen und zu beweisen, dass ein zur Herbeiführung des Schadens geeigneter ordnungswid-

---

1 BAG v. 5.3.1959 – 2 AZR 268/56, NJW 1959, 1555 und v. 1.7.1965 – 5 AZR 264/64, NJW 1965, 2173; a.A. *Schwab*, AiB 2001, 19 (25).
2 BAG v. 1.7.1965 – 5 AZR 264/64, NJW 1965, 2173; v. 25.5.2000 – 8 AZR 518/99, NZA 2000, 1052 f.; CKK/*Schlewing*, § 309 BGB Rz. 102.
3 BAG v. 25.5.2000 – 8 AZR 518/99, NZA 2000, 1052 (1053).
4 BAG v. 25.5.2000 – 8 AZR 518/99, NZA 2000, 1052.
5 BAG v. 25.5.2000 – 8 AZR 518/99, NZA 2000, 1052; zust. *Stoffels*, Anm. AR-Blattei ES 860.3 Nr. 1.
6 Schaub/*Koch*, § 106 Rz. 29; LAG Düsseldorf v. 10.4.1953 – 2 Sa 298/52, BB 1953, 859; LAG Hamm v. 6.12.1989 – 15 (16) Sa 509/89, LAGE § 611 BGB Fürsorgepflicht Nr. 19.

riger Zustand vorlag, während der Arbeitgeber nach § 280 Abs. 1 Satz 2 BGB seine Schuldlosigkeit oder das Vorliegen besonderer Umstände zu beweisen hat.[1]

5 Daneben kann eine **Haftung auf deliktischer Grundlage** (§§ 823 Abs. 1 und 2, 831 BGB) treten.[2] Auch diese setzt Verschulden des Arbeitgebers voraus, das im Falle des § 831 BGB (Haftung für Verrichtungsgehilfen) widerleglich vermutet wird.

6 Fraglich ist, ob und ggf. in welchem Umfang sich der Arbeitgeber von der oben beschriebenen Haftung freizeichnen kann.

Hierfür bedürfte es zunächst einer wirksamen Einbeziehung in den Arbeitsvertrag, die grundsätzlich eine dahin gehende Einigung beider Parteien voraussetzt. **Nicht ausreichend** wäre daher bspw. eine einseitige Haftungsfreizeichnung, etwa durch **Aushang am schwarzen Brett**.[3]

Eine äußerste inhaltliche Grenze markiert dann § 276 Abs. 3 BGB.[4] Hiernach kann die Haftung für **Vorsatz** nicht im Voraus erlassen werden. Ein totaler Haftungsausschluss nach Art des obigen Beispiels a) ist somit nicht möglich.

Das BAG hat es dabei allerdings nicht belassen. Bereits in einigen sehr frühen Entscheidungen hat es die Grenzen wesentlich enger gezogen. Zwar greife das in § 619 BGB normierte Verbot einer Haftungsbeschränkung hier nicht ein, da dieses auf den nicht einschlägigen § 618 BGB bezogen sei.[5] Gleichwohl gelangt das BAG[6] zur **Unzulässigkeit eines Haftungsausschlusses für grobe Fahrlässigkeit**. Zur Begründung hat es angeführt, ein solcher Haftungsausschluss würde zu einer Abwertung der Fürsorgepflicht des Arbeitgebers zulasten des Arbeitnehmers führen, die mit den Grundsätzen der Fürsorgepflicht des Arbeitgebers im Arbeitsverhältnis nicht zu vereinbaren wäre. Die personale Struktur des Arbeitsverhältnisses würde mit der Anerkennung eines Haftungsausschlusses für grobe Fahrlässigkeit des Arbeitgebers entschieden getroffen. Letztlich liefe ein derartiger Ausschluss auf eine gewisse Abwertung der Menschenwürde des Arbeitnehmers hinaus. Das Verbot des Haftungsausschlusses für grobe Fahrlässigkeit gelte dabei in gleicher Weise für den auf Vertrag wie für den auf unerlaubte Handlung gestützten Anspruch.

Für in **Formulararbeitsbedingungen** enthaltene Haftungsbeschränkungen bietet sich als überzeugendere Begründung nunmehr eine Heranziehung des in § 309 Nr. 7 lit. b BGB verankerten **Verbots des Ausschlusses der Haftung für grobe Fahrlässigkeit an**. Dieses bringt eine ganz allgemeine, für jeden privatrechtlichen Vertrag – und darüber hinaus für den deliktischen Bereich[7] – relevante Wertung zum Ausdruck, die gerade auch bei vorformulierten Arbeitsbedingungen zu beachten

---

1 BAG v. 8.6.1955 – 2 AZR 200/54 u. 27.2.1970 – 1 AZR 258/69, AP Nrn. 1, 16 zu § 618 BGB; v. 10.11.1961 – GS 1/60, NJW 1962, 411.
2 BAG v. 25.5.2000 – 8 AZR 518/99, NZA 2000, 1052 (1053); *Hanau/Adomeit*, Rz. 694; *Zöllner/Loritz/Hergenröder*, S. 235.
3 BAG v. 5.3.1959 – 2 AZR 268/56, NJW 1959, 1555; Schaub/*Koch*, § 106 Rz. 30; ErfK/*Preis*, § 619a BGB Rz. 68; *Schwab*, AiB 2001, 19 (23).
4 *Joachim*, AR-Blattei, Haftung des Arbeitgebers für eingebrachte Sachen.
5 BAG v. 5.3.1959 – 2 AZR 268/56, NJW 1959, 1555.
6 BAG v. 5.3.1959 – 2 AZR 268/56, NJW 1959, 1555; so auch *Schwab*, AiB 2012, 446 (447).
7 Zur entsprechenden Anwendung von § 11 Nr. 7 AGBG auf deliktische Ansprüche BGH v. 12.3.1987 – VII ZR 37/86, BGHZ 100, 158 (183f.); v. 15.2.1995 – VIII ZR 93/94, NJW 1995, 1488 (1489); Palandt/*Grüneberg*, § 309 BGB Rz. 40; DBD/*Däubler*, § 309 Nr. 7 BGB Rz. 8; CKK/*Schlewing*, § 309 BGB Rz. 91.

ist.¹ Zu weit ausgreifende Haftungsausschlüsse (Beispiel a) lassen sich, jedenfalls wenn sie in Formulararbeitsverträgen stehen, auch nicht in beschränktem Umfang aufrechterhalten, sondern sind – ebenfalls in Anlehnung an AGB-rechtliche Maßstäbe² – insgesamt für unwirksam zu erachten (beachte aber zu den globalen Ausschlussklauseln Rz. 12b). Auch das BAG billigte schon nach altem Recht dem Umstand, dass ein Haftungsausschluss Bestandteil einer „einseitig festgesetzten" vertraglichen Einheitsregelung ist, einen Einfluss auf die Wirksamkeit dergestalt zu, dass der Arbeitgeber nicht nur seine Interessen verfolgen dürfe, sondern seinerseits auch den Interessen der Arbeitnehmer angemessen Rechnung tragen müsse.³

Damit verbleibt der Bereich der **einfachen Fahrlässigkeit**. Allerdings sind hinsichtlich eines Haftungsausschlusses auch insoweit Bedenken erhoben worden. Eine Abbedingung der Haftung wird auch hier nur in begrenztem Umfange zugelassen, nämlich wenn sie auf bestimmte Umstände und Sachverhalte begrenzt sei und überdies für einen solchen Ausschluss gewichtige Gründe vorlägen.⁴ Auch im AGB-Recht ist anerkannt, dass der Haftungsausschluss für einfache Fahrlässigkeit je nach der abbedungenen Pflicht eine unangemessene Benachteiligung i.S.d. § 307 BGB darstellen kann.⁵ Weiter gehend wird dort allgemein die Auffassung vertreten, dass eine Freizeichnung dann nicht wirksam erfolgen könne, wenn der Verwender die ihn treffende Schadensersatzhaftung durch eine ihm zumutbare Versicherung hätte abdecken können.⁶ Dazu passt es, dass die Rechtsprechung der Versicherbarkeit eines Risikos erhebliche Bedeutung für den Umfang der Arbeitnehmerhaftung zukommen lässt.⁷ Besteht mithin im Einzelfall für den Arbeitgeber eine zumutbare Möglichkeit einer auch die eingebrachten Sachen des Arbeitnehmers umfassenden Versicherung, so ist er gehalten, diese zu ergreifen.⁸ Eine Abwälzung des Risikos der leichten Fahrlässigkeit auf den Arbeitnehmer wäre unter diesen Umständen unangemessen. Auch aus diesem Grunde ist eine Klausel wie in Beispiel a) rechtlich nicht zu halten.

---

1 *Brox*, Anm. AP Nr. 5 zu § 611 BGB Parkplatz und *Preis*, Vertragsgestaltung, § 16 I.
2 Speziell für Verstöße gegen § 11 Nr. 7 AGBG, BGH v. 20.1.1983 – VII ZR 105/81, BGHZ 86, 284 (297); v. 24.9.1985 – VII ZR 105/81, BGHZ 96, 18 (25); v. 6.2.1991 – VIII ZR 26/90, NJW-RR 1991, 661; Palandt/*Grüneberg*, § 309 Rz. 54; UBH/*Fuchs*, § 309 Nr. 7 BGB Rz. 40.
3 Vgl. BAG v. 28.9.1989 – 8 AZR 120/88, NZA 1990, 345 (Schaden an arbeitnehmereigenen Kfz auf Betriebshof).
4 *Joachim*, AR-Blattei, Haftung des Arbeitgebers für eingebrachte Sachen; MünchArbR/*Reichold*, § 83 Rz. 15.
5 BGH v. 19.4.1978 – VIII ZR 39/77, BGHZ 71, 226 (228); *Löwe/von Westphalen/Trinkner*, § 11 Nr. 7 AGBG Rz. 49; WLP/*Stoffels*, Anh. zu § 310 BGB, Rz. 160; CKK/*Schlewing*, § 309 BGB Rz. 92.
6 WLP/*Stoffels*, Anh. zu § 310 BGB Rz. 160; *Lakies*, Inhaltskontrolle von Arbeitsverträgen, Rz. 706; zurückhaltender allerdings HR/*Borgmann*, Kap. 1 Rz. 2256.
7 BAG v. 24.11.1987 – 8 AZR 66/82, NZA 1988, 584; hierzu *Sommer*, NZA 1990, 837.
8 Das LAG Hamm v. 2.11.1956 – 5 Sa 244/56, AP Nr. 5 zu § 618 BGB nahm eine Obliegenheit zum Abschluss einer Diebstahlversicherung an. Eine Obliegenheit zum Abschluss einer Feuerversicherung wird bejaht vom ArbG Berlin v. 17.8.1971, DB 1971, 1772 bei Gefahrerhöhung durch Kohleofen in einer Baubude, vom ArbG Karlsruhe v. 16.8.1984 – 6 Ca 230/84, BB 1985, 1070 bei Üblichkeit im betreffenden Gewerbezweig; verneint hingegen vom LAG Düsseldorf v. 19.10.1989 – 5 (2) Sa 888/89, DB 1990, 1468 mangels besonderer gefahrerhöhender Umstände; ebenso auch Schaub/*Koch*, § 106 Rz. 29. Zum Ganzen auch *Becker-Schaffner*, VersR 1972, 322 und DBD/*Däubler* § 309 Nr. 7 BGB Rz. 9.

bb) Verschuldensunabhängige Haftung

7   Für bestimmte, dem Arbeitnehmer im Zusammenhang mit seiner betrieblichen Tätigkeit entstehende Sach- und Vermögensschäden ist darüber hinaus seit der grundlegenden Entscheidung des Großen Senats des BAG vom 10.11.1961[1] im Grundsatz eine verschuldensunabhängige Haftung des Arbeitgebers anerkannt, die damit zu begründen ist, dass der Arbeitgeber das Betriebsrisiko seines Unternehmens zu tragen hat (vgl. zur Begründung → *Haftung des Arbeitnehmers*, II H 20). Der Große Senat hat die Einstandspflicht des Arbeitgebers in dieser Entscheidung auf eine Analogie zu § 670 BGB gestützt. An dieser Begründung hat das BAG[2] in der Folgezeit trotz vielfacher Kritik[3] festgehalten. Modifiziert wurden allerdings im Urteil vom 8.5.1980[4] die überwiegend als zu eng empfundenen Voraussetzungen dieses Aufwendungsersatzanspruchs (nämlich Eintritt eines außergewöhnlichen Schadens in Vollzug einer gefährlichen Arbeit). Das BAG unterscheidet nunmehr zwischen Schäden im persönlichen Lebensbereich des Arbeitnehmers und solchen im Betätigungsbereich des Arbeitgebers; letztere habe der Arbeitgeber zu tragen. Dem **persönlichen Lebensbereich** ordnet es insbesondere solche Schäden zu, die zu tragen dem Arbeitnehmer herkömmlicherweise angesonnen werden kann und bei denen sich lediglich das allgemeine Lebensrisiko realisiert, auch wenn sie zwar auf betrieblicher Tätigkeit beruhen, der Arbeitnehmer sie aber ohnehin erlitten hätte (z.B. Laufmasche der Sekretärin beim Bücken, normale Abnutzung der Kleider). Ferner sollen dazu aber auch solche zählen, für deren Hinnahme er – ausdrücklich oder erkennbar – bezahlt wird (Schmutzzulage, Gefahrenzulage). Von der Erstattungspflicht erfasst werden hingegen die **arbeitstypischen, unabgegoltenen Sachschäden** des Arbeitnehmers (also entgegen der überholten Entscheidung des Großen Senats auch die Beschädigung der Privatkleidung durch entweichende Säure). Er muss diese bei Ausführung einer betrieblichen Tätigkeit erlitten haben, so dass ein Anschluss an die Grundsätze der privilegierten Arbeitnehmerhaftung hergestellt wird.[5] Eine Anspruchsminderung bis hin zum völligen Ausschluss kann sich allerdings in entsprechender Anwendung des § 254 BGB und der Grundsätze des innerbetrieblichen Schadensausgleichs als Folge eines mitwirkenden Verschuldens ergeben.[6] So ist z.B. von grober Fahrlässigkeit auszugehen, wenn ein Arbeitnehmer persönliche Gegenstände im auf dem Betriebsgelände geparkten Firmenfahrzeug zurücklässt und diese Gegenstände sodann gestohlen werden.[7] Insgesamt hat sich das BAG damit dem vom überwiegenden Schrifttum favorisierten Gedan-

---

[1] BAG v. 10.11.1961 – GS 1/60, NJW 1962, 411 (sog. Ameisensäurefall).
[2] BAG v. 25.5.2000 – 8 AZR 518/99, NZA 2000, 1052; näher dazu Otto/*Schwarze*/Krause, Haftung des Arbeitnehmers, § 27 Rz. 5.
[3] *Genius*, AcP 173 (1973), 499 ff.; *Brox*, Anm. AP Nr. 6 zu § 611 BGB Gefährdungshaftung des Arbeitgebers; *Koch*, Eigenschaden, S. 56 f.; *Canaris*, RdA 1966, 42.
[4] BAG v. 8.5.1980 – 3 AZR 82/79, NJW 1981, 702; v. 17.7.1997 – 8 AZR 480/95, NZA 1997, 1346; vgl. auch BAG v. 22.6.2011 – 8 AZR 102/10, NZA 2012, 91.
[5] ErfK/*Preis*, § 619a BGB Rz. 81; HWK/*Krause*, § 619a BGB Rz. 77; ähnlich auch Otto/*Schwarze*/Krause, Haftung des Arbeitnehmers, § 27 Rz. 9.
[6] BAG GS v. 27.9.1994 – GS 1/89 (A), NZA 1994, 1083; BAG v. 28.10.2010 – 8 AZR 647/09, NZA 2011, 406; kritisch *Schwarze*, RdA 2013, 140; *Salamon*/Koch, NZA 2012, 658.
[7] LAG BW v. 8.12.2000 – 5 Sa 36/00, n.v. Im konkreten Fall kam freilich hinzu, dass der Betrieb in einem osteuropäischen Land lag, wo die Diebstahlsgefahr besonders hoch ist, und dass es sich um einen Pkw der gehobenen Klasse handelte.

ken der Risikozurechnung stark angenähert. Der Arbeitgeber hat nach Ansicht der Rechtsprechung nicht Schadensersatz, sondern lediglich Wertersatz zu leisten.[1]

Das BAG legt dem Arbeitnehmer die Darlegungs- und Beweislast für sämtliche anspruchsbegründenden Haftungsvoraussetzungen auf. Insbesondere hat er darzulegen, dass der Anspruch nicht nach § 254 BGB ausgeschlossen oder begrenzt ist, er mithin allenfalls leicht fahrlässig gehandelt hat.[2]

7a

Vor diesem Hintergrund stellen Klauseln nach Art des Beispiels b) (Haftung nur bei Verschulden) eine Haftungsbeschränkung insoweit dar, als die über § 670 BGB analog an sich erstattungsfähigen Vermögenseinbußen von der Einstandspflicht ausgenommen werden. Die Frage der **Abdingbarkeit der verschuldensunabhängigen Haftungsgrundsätze** ist bislang kaum erörtert worden.[3] Im Schrifttum ist sie von *Joachim*[4] ohne Weiteres mit der Begründung bejaht worden, es handele sich um einen ohne jedes Zutun des Arbeitgebers entstehenden Haftungsfall. Deutlich zurückhaltender hat sich hingegen *Mayer-Maly*[5] geäußert. Abreden über eine Veränderung der Grundsätze über den Ersatz der Eigenschäden von Arbeitnehmern will er einer qualifizierten Inhaltskontrolle unterwerfen, ohne dass sie allerdings von vornherein ausgeschlossen wären. Auszugehen ist von der Erkenntnis, dass sich diese Haftungsgrundsätze ebenso wie diejenigen des innerbetrieblichen Schadensausgleichs als Ergebnis einer Risikozurechnung darstellen.[6] Für die Einschränkungen der Arbeitnehmerhaftung entspricht es allgemeiner Ansicht, dass die Gewichte nicht einseitig zulasten des Arbeitnehmers verschoben werden können.[7] Für die letztlich auf demselben Gedanken beruhende Arbeitgeberhaftung wird nichts anderes gelten können.[8] Für die Klausel im Beispiel b) bleibt freilich zu überlegen, sie eng, auf die Schadensersatzhaftung bezogen, auszulegen, ihr mithin keine weiter gehende Ausschlussintention zu unterstellen (vgl. § 305c BGB). Im Ergebnis erschöpfte sich die Klausel damit ebenso wie Beispiel c) in der deklaratorischen Wiedergabe der Gesetzeslage. Möglich erscheint jedoch eine Begrenzung der Haftung indirekt durch die Zahlung einer zweckgebundenen Risikovergütung, da in diesem Fall der Abgeltung des Verlust- oder Beschädigungsrisikos die Voraussetzungen des

8

---

1 BAG v. 20.4.1989 – 8 AZR 632/87, NZA 1990, 27; MünchArbR/*Reichold*, § 85 Rz. 33; anders die vorherrschende Ansicht in der Literatur: Otto/*Schwarze*/Krause, Haftung des Arbeitnehmers, § 27 Rz. 41; *Larenz*, JuS 1965, 373 (375); *Franzen*, ZTR 1996, 305 (307).
2 BAG v. 28.10.2010 – 8 AZR 647/09, NZA 2011, 406; kritisch *Salamon/Koch*, NZA 2012, 658, die an die Erforderlichkeit nach § 670 BGB anknüpfen und § 254 BGB unangewendet lassen; Otto/*Schwarze*/Krause, Haftung des Arbeitnehmers, § 27 Rz. 47 legen die Beweislast für fehlendes Mitverschulden dem Arbeitgeber auf.
3 Das BAG ging in der Entscheidung v. 16.11.1978 – 3 AZR 258/77 (NJW 1979, 1424) auf den im Tatbestand mitgeteilten Haftungsausschluss nicht näher ein; offen gelassen auch in BAG v. 27.1.2000 – 8 AZR 876/98, NZA 2000, 727.
4 *Joachim*, AR-Blattei, Haftung des Arbeitgebers für eingebrachte Sachen.
5 *Mayer-Maly*, NZA Beilage 3/1991, 16.
6 So zutreffend *Brox*, Anm. AP Nr. 6 zu § 611 BGB Gefährdungshaftung des Arbeitgebers und *Gamillscheg*, Arbeitsrecht I, S. 396 Nr. 203; vgl. auch ErfK/*Preis*, § 619a BGB Rz. 94.
7 BAG v. 17.9.1998 – 8 AZR 175/97, NZA 1999, 141; *Söllner*, ArbuR 1981, 104; *Schwerdtner*, FS Hilger/Stumpf, 1983, S. 644.
8 Wie hier Otto/*Schwarze*/Krause, Haftung des Arbeitnehmers, § 27 Rz. 30; *Müller-Glöge*, FS Dieterich, S. 411; ErfK/*Preis*, § 619a BGB Rz. 94; DBD/*Däubler*, § 309 Nr. 7 BGB Rz. 11; HWK/*Krause*, § 619a BGB Rz. 83; für die Zulässigkeit vertraglicher Modifikationen HR/*Borgmann*, Kap. 1 Rz. 2248 ff.

§ 670 BGB analog nicht mehr gegeben sind. Diese Vergütung muss zwar nicht den tatsächlich eingetretenen Schaden decken, der Höhe nach aber zur Versicherung des entsprechenden Risikos ausreichen.[1]

b) Konkrete Haftungsklauseln

⊃ **Nicht geeignet:**

a) Privatgegenstände, wie Taschen und Sturzhelme, nehmen Sie bitte mit an den Arbeitsplatz. Sie müssen aber bitte dort so deponiert werden, dass Beschädigungen durch Arbeitsgeräte, Stapler etc. ausgeschlossen sind. Eine Haftung für eventuelle Schäden kann nicht übernommen werden. Außerdem sollten persönliche Wertgegenstände, wie Portmonee, Uhr, Ring etc. immer am Mann sein. Für den Verlust eines dieser Gegenstände kann ebenfalls keine Haftung übernommen werden.

b) Soweit Mitarbeitern zur Verwahrung ihrer Privatsachen ein Spind zur Verfügung gestellt ist, haben diese ihre bei der Arbeit nicht benötigten Privatsachen verschlossen in dem Spind aufzubewahren. Uhren, Geld und andere Wertsachen dürfen nicht in den abgelegten Kleidern in der offenen Kleiderablage verbleiben. Der Betrieb übernimmt für Privateigentum keinerlei Haftung.

9 Auch diese Klauseln schließen die Haftung des Betriebes für das eingebrachte Privateigentum des Arbeitnehmers aus. Sie unterscheiden sich von den vorgenannten aber dadurch, dass sie den Mitarbeitern darüber hinaus bestimmte Verhaltenspflichten hinsichtlich der Sicherung ganz konkret benannter Privatgegenstände auferlegen.

10 Aus der **ersten Beispielsklausel** geht hervor, dass der Arbeitgeber es hier offensichtlich versäumt hat, für geeignete Aufbewahrungsmöglichkeiten zu sorgen. Gerade hinsichtlich der persönlich unentbehrlichen Sachen des Arbeitnehmers (Straßenkleidung,[2] Uhr,[3] angemessener Bargeldbetrag) wäre er jedoch verpflichtet gewesen, einen Schrank,[4] in Großbetrieben eine gesicherte Kleiderablage oder einen Spind zur Verfügung zu stellen.[5] Abgesehen von allen sonstigen Bedenken gegen einen umfassenden Haftungsausschluss steht hier schon die gröbliche Verletzung der Obhuts- und Aufbewahrungspflichten durch den Arbeitgeber einer Freizeichnung von der Haftung entgegen.

11 Die **zweite Beispielsklausel** lässt immerhin erkennen, dass der Arbeitgeber hier geeignete Verwahrungsmöglichkeiten geschaffen hat. Macht der Arbeitnehmer von ihnen keinen Gebrauch oder schließt er den zur Verfügung gestellten Spind nicht ab, so muss er sich im Falle des Verlustes oder der Beschädigung seiner Sachen ein mitwirkendes Verschulden zurechnen lassen,[6] das regelmäßig sogar zum An-

---

1 BAG v. 27.1.2000 – 8 AZR 876/98, NZA 2000, 727; MSG/*Jochums*, 390 Rz. 13; Kittner/Zwanziger/*Deinert*/*Lakies*, Arbeitsrecht, § 62 Rz. 21.
2 LAG Düsseldorf v. 19.10.1989 – 5 (2) Sa 888/89, DB 1990, 1468.
3 LAG Düsseldorf v. 10.4.1953 – 2 Sa 298/52, BB 1953, 859.
4 LAG Hamm v. 6.12.1989 – 15 (16) Sa 509/89, LAGE § 611 BGB Fürsorgepflicht Nr. 19.
5 Schaub/*Koch*, § 106 Rz. 29; vgl. auch Nr. 4.1 Abs. 3 lit. b des Anhangs „Anforderungen an Arbeitsstätten" nach § 3 Abs. 1 der Verordnung über Arbeitsstätten (ArbStättV).
6 BAG v. 17.12.1968 – 5 AZR 149/68, NJW 1969, 766; LAG Hamm v. 6.12.1989 – 15 (16) Sa 509/89, LAGE § 611 BGB Fürsorgepflicht Nr. 19; Schaub/*Koch*, § 106 Rz. 29.

spruchsverlust führen wird. Daneben bleiben aber Fälle denkbar, in denen die Verletzung des Privateigentums auf ein Verschulden des Arbeitgebers zurückzuführen ist (z.B. Brandverursachung). Der völlige Ausschluss der Haftung ist insoweit aus den o.a. Gründen nicht zulässig.

c) Summenmäßige Haftungsbegrenzungsklauseln

⊃ **Nicht geeignet:**

Jeder Werksangehörige muss zur Sicherung seines Eigentums mit größtmöglicher Sorgfalt beitragen. ... Für den üblichen Tascheninhalt und sonstige Gegenstände des täglichen Bedarfs – außer Schmuck und Bargeld –, die aus verschlossenen Behältnissen entwendet wurden, leistet die ... Ersatz bis zu einem Betrag von 200 Euro, sofern der Geschädigte die erforderlichen und zumutbaren Sicherheitsvorkehrungen getroffen hat. Soweit anderweitiger Versicherungsschutz besteht (z.B. Hausratsversicherung) und Ersatz geleistet wird, entfällt die werksseitige Haftung.

Eine Obhuts- und Verwahrungspflicht trifft den Arbeitgeber grundsätzlich nicht für Schäden, die in keinerlei Zusammenhang mit dem Arbeitsverhältnis stehen.[1] Bringt der Arbeitnehmer mithin eine wertvolle Fotoausrüstung, einen größeren Bargeldbetrag oder wertvollen Schmuck mit in den Betrieb, so trägt er hierfür auch das Verlust- und Beschädigungsrisiko.[2] Die Statuierung einer Haftungsgrenze für Privatgegenstände des Arbeitnehmers in Höhe von 200 Euro gibt diesen Gedanken in pauschalierter Form wieder.[3] Die Ausklammerung von Schmuck und Bargeld dürfte freilich in dieser Allgemeinheit zu weit gehen, da erfahrungsgemäß viele Arbeitnehmer/innen einen üblichen Bargeldbetrag sowie Gebrauchsschmuck mit sich führen. Nicht zu beanstanden ist hingegen der Ausschluss der Haftung für den Fall, dass für den Schaden eine Versicherung aufkommt.

d) Ausschlussfristen

Ebenfalls nicht zu beanstanden sind vertraglich oder tariflich geregelte Ausschlussfristen, denen ebenfalls eine haftungsbeschränkende Wirkung zukommen kann, solange die Fristen ausreichend lange bemessen sind.[4]

Sofern derartige Regelungen für alle aus dem Arbeitsverhältnis resultierenden Ansprüche Anwendung finden sollen, erfassen sie auch Schadensersatzansprüche aus unerlaubter Handlung.[5] Für die Gestaltung ist vor allem § 202 Abs. 1 BGB zu beach-

---

1 Schaub/*Koch*, § 106 Rz. 27f.
2 So schon LAG Düsseldorf v. 10.4.1953 – 2 Sa 298/52, BB 1953, 859: „Für einen Mehrwert, der über den Wert einer Gebrauchsuhr ersichtlich hinausgeht (z.B. Luxusuhr), braucht der Arbeitgeber freilich nicht zu haften." Ebenso *Schwab*, AiB 2012, 446, (448).
3 Für die Zulässigkeit von Pauschalabgeltungen, die den Arbeitnehmer im Ergebnis jedenfalls nicht schlechter stellen, *Mayer-Maly*, NZA Beilage 3/1991, 16.
4 BAG v. 16.5.2007 – 8 AZR 709/06, NZA 2007, 1154 (1157ff.); vgl. ferner BAG v. 19.3.2008, NZA 2008, 757.
5 BAG v. 30.10.2008 – 8 AZR 886/07, EzA § 4 TVG – Ausschlussfristen Nr. 192.

ten, wonach eine Ausschlussklausel, die auch die Haftung wegen Vorsatzes umfasst, unwirksam ist.[1]

12c Global gefasste Ausschlussklauseln sind dahingehend zu prüfen, ob sie auch die in § 309 Nr. 7 lit. a BGB aufgeführten besonderen Ansprüche erfassen sollen, was ggf. zu ihrer Unwirksamkeit führen könnte. Nach der nicht unumstrittenen Rechtsprechung des BAG ergibt sich aber oftmals schon aus der weitgehenden Haftungsbeschränkung des § 104 SGB VII, dass derartige Ansprüche nur einen Ausnahmefall darstellen, der von den Parteien erkennbar nicht bedacht und nicht für regelungsbedürftig gehalten wurde, so dass die Anwendung auf Fälle, die durch zwingende gesetzliche Verbote geregelt sind, gerade nicht gewollt ist.[2] So ist nicht zwingend zu einer Unwirksamkeit der gesamten Klausel zu gelangen. Um sicher zu gehen, sollte eine entsprechende Klausel die Fälle des § 309 Nr. 7 BGB und insbesondere die Ansprüche aus Haftung wegen Vorsatzes aber ausdrücklich von der Ausschlussfrist ausnehmen.

3. Steuerrechtliche Aspekte

13 Von der zivilrechtlichen Haftung des Arbeitgebers ist die steuerrechtliche Haftung zu unterscheiden. Während sich bei Ersterer die Frage stellt, ob Schadensersatzzahlungen, die der Arbeitgeber aufgrund einer zivilrechtlich begründeten Haftung leistet, zu steuerpflichtigem Arbeitslohn führen, betrifft die steuerrechtliche Haftung das Einstehen des Arbeitgebers für die von ihm einzubehaltenden und an das Finanzamt abzuführenden Lohnsteuerbeträge.

a) Schadensersatzleistungen des Arbeitgebers

14 **Schadensersatzleistungen** des Arbeitgebers erfüllen den Arbeitslohntatbestand nicht und sind daher nicht steuerbar, sofern sie lediglich den dem Arbeitnehmer entstandenen Schaden ausgleichen. Die Zahlungen des Arbeitgebers sind keine Gegenleistung für die Arbeitsleistung des Arbeitnehmers. Gehen die Ersatzleistungen über einen dem Arbeitnehmer zustehenden (zivilrechtlichen) Ausgleichsanspruch hinaus, liegt Arbeitslohn vor, der vom Arbeitgeber als sonstiger Bezug dem Lohnsteuerabzug zu unterwerfen ist.[3]

15 **Schmerzensgeldzahlungen** gehören ebenfalls nicht zum Arbeitslohn, auch wenn sie nicht dem Ausgleich materieller Schäden des Arbeitnehmers dienen. Dies gilt auch für den Ersatz von Ansprüchen wegen Verletzung des allgemeinen Persönlichkeitsrechts.

16 Von Schadensersatzleistungen zu unterscheiden ist der **Ausgleich entgangener Einnahmen**. Solche Zahlungen, zu denen z.B. auch Abfindungen im Zusammenhang

---

1 BAG v. 20.6.2013 – 8 AZR 280/12, NZA 2013, 1265; nach BAG v. 16.5.2007 – 8 AZR 709/06, NZA 2007, 1154 (1157), dürfen deliktische Ansprüche wegen der vorsätzlichen Schädigung durch Dritte jedoch in die Ausschlussklausel einbezogen werden.
2 BAG v. 20.6.2013 – 8 AZR 280/12, NZA 2013, 1265; v. 25.5.2005 – 8 AZR 518/99, NZA 2005, 1111; v. 13.12.2011 – 3 AZR 791/09, NZA 2012, 738; dazu CKK/*Schlewing*, § 309 BGB Rz. 105 ff.; anders aber LAG Hamm v. 1.8.2014 – 14 Ta 344/14; v. 11.10.2011 – 14 Sa 543/11, SpuRt 2012, 163.
3 BFH v. 20.9.1996 – VI R 57/95, BStBl. II 1997, 144.

mit der Beendigung eines Dienstverhältnisses gehören, gehören stets zum Arbeitslohn. Gleiches gilt für Schadensersatzleistungen, die im Zusammenhang mit der Nichterfüllung einer Wiedereinstellungszusage gegeben werden.[1]

b) **Steuerrechtliche Haftung**

aa) **Lohnsteuerhaftung des Arbeitgebers**

In der Praxis von besonderer Bedeutung ist die in § 42d EStG normierte Haftung des Arbeitgebers für die Lohnsteuer des Arbeitnehmers. Sie ist Folge des Umstandes, dass der Arbeitgeber in die Erhebung der Lohnsteuer, deren Schuldner materiellrechtlich der Arbeitnehmer ist, eingeschaltet ist, indem er zur Einbehaltung und Abführung der Lohnsteuer verpflichtet ist (§ 38 EStG). Damit dient die Lohnsteuerhaftung der Sicherstellung des Steueraufkommens.

(1) **Haftungstatbestände**

Die Haftungstatbestände sind in § 42d Abs. 1 EStG normiert. Danach haftet der Arbeitgeber in vier Fällen, nämlich
– für die Lohnsteuer, die er einzubehalten und abzuführen hat (Nr. 1),
– für die Lohnsteuer, die er beim Lohnsteuer-Jahresausgleich zu Unrecht erstattet hat (Nr. 2),
– für die Einkommensteuer (Lohnsteuer), die aufgrund fehlerhafter Angaben im Lohnkonto oder in der Lohnsteuerbescheinigung verkürzt wird (Nr. 3),
– für die Lohnsteuer, die in den Fällen des § 38 Abs. 3a EStG der Dritte zu übernehmen hat (Nr. 4).

Damit sind die Haftungsfälle **abschließend geregelt**. Ausgeschlossen ist eine Haftung in den Fällen der Pauschalierung der Lohnsteuer (§§ 40, 40a und 40b EStG) und der Einkommensteuer (§§ 37a und 37b EStG), da der Arbeitgeber in diesen Fällen selbst Schuldner der pauschalen Lohnsteuer wird und eine Haftung für fremde Schuld nicht in Betracht kommt.

Die Lohnsteuerhaftung ist im Rahmen der gesetzlichen Tatbestände umfassend. Als reine **Risikohaftung** setzt sie allein einen Verstoß gegen die Arbeitgeberpflichten voraus. Ein Verschulden ist nicht erforderlich, sondern allenfalls bei der Prüfung zu berücksichtigen, ob die Inanspruchnahme des Arbeitgebers ermessensgerecht ist.

(2) **Ermessensentscheidung des Finanzamts**

Die Inanspruchnahme des Arbeitgebers steht im Ermessen des Finanzamts. Sie kann ermessensfehlerhaft sein, wenn das Finanzamt die Ursache für die fehlerhafte Einbehaltung und Abführung der Lohnsteuer gesetzt hat oder sich bei objektiver Betrachtung eine Pflichtverletzung durch den Arbeitgeber nicht feststellen lässt. So kann eine **Haftung ausscheiden**, wenn (vgl. auch LStH 42d.1 „Ermessensausübung")

---
1 BFH v. 6.7.2005 – XI R 46/04, BStBl. II 2006, 55.

- der Arbeitgeber eine bestimmte Methode der Steuerberechnung anwendet, die dem Finanzamt aufgrund der Vorlage der Berechnungen bekannt ist und nicht beanstandet wurde,
- der Arbeitgeber durch das Finanzamt in einer von ihm vorgenommenen unrichtigen Rechtsauslegung bestärkt wurde,
- der Arbeitgeber infolge einer unklaren oder falschen Auskunft oder unklarer und uneinheitlicher Verwaltungspraxis des Finanzamts einem entschuldbaren Rechtsirrtum unterliegt,
- der Arbeitgeber Angaben in einem Manteltarifvertrag über die Steuerfreiheit von Zuwendungen vertraut hat,
- sich der Arbeitgeber bei der Durchführung des Lohnsteuerabzugs an den Rechtsansichten der Oberfinanzdirektion orientiert, es sei denn, dem Arbeitgeber ist eine gegenteilige Ansicht des Betriebsstättenfinanzamts bekannt,
- der Arbeitgeber die Lohnsteuer entsprechend einer Billigkeitsregelung der Finanzverwaltung materiell unzutreffend einbehält,[1]
- der Arbeitgeber bei der Einbehaltung und Abführung der Lohnsteuer aktuelle Gesetzesänderungen nicht berücksichtigt hat, sofern es ihm im Hinblick auf die Kürze der Zeit zwischen Verkündung der Neuregelungen und den Lohnabrechnungen bei Anwendung eines strengen Sorgfaltsmaßstabs nicht möglich war, die Gesetzesänderungen zu berücksichtigen,
- die Lohnsteuer beim Arbeitnehmer schneller und einfacher nacherhoben werden kann,[2]
- der Arbeitnehmer, hinsichtlich dessen die Lohnsteuer fehlerhaft einbehalten oder abgeführt wurde, im Betrieb des Arbeitgebers für die Erfüllung der steuerlichen Pflichten verantwortlich war,
- damit zu rechnen ist, dass die Einkünfte des Arbeitnehmers nicht zu einer Steuerpflicht führen, z.B. weil der Grundfreibetrag nicht überschritten wird.

22 **Ermessensfehlerfrei** ist die Inanspruchnahme hingegen u.a., wenn
- der Arbeitgeber die Einbehaltung und Abführung der Lohnsteuer bewusst oder leichtfertig unterlassen hat,
- der Arbeitgeber die für die Einbehaltung und Abführung der Steuer maßgeblichen Vorschriften nicht kannte,
- die Steuer, z.B. wegen unbekannten Aufenthalts des Arbeitnehmers, von diesem nicht nachgefordert werden kann,
- eine Vielzahl kleinerer Beträge bei verschiedenen Arbeitnehmern bei vergleichbaren Sachverhalten nachzuerheben ist.

23 Obwohl der Arbeitnehmer als Schuldner der Lohnsteuer und der Arbeitgeber als Haftungsschuldner **Gesamtschuldner** der Lohnsteuer sind, kommt eine Inanspruchnahme des Arbeitnehmers anstelle des Arbeitgebers nur selten in Betracht. Denn – auch wenn diese Möglichkeit im Rahmen der Ermessensentscheidung zu prüfen ist – die Steuer kann vom Arbeitnehmer nach § 42d Abs. 3 Satz 4 EStG nur unter zwei Voraussetzungen nacherhoben werden. Zum Einen ist eine Inanspruchnahme möglich, wenn der Arbeitgeber die Lohnsteuer nicht ordnungsgemäß einbehalten hatte. Das Gesetz geht also davon aus, dass der Arbeitnehmer keines

---

[1] BFH v. 13.6.2013 – VI R 17/12, DB 2013, 2427.
[2] BFH v. 19.7.1995 – VI B 28/95, BFH/NV 1996, 32.

erhöhten Schutzes bedarf, da ihm zu Unrecht der ungekürzte Arbeitslohn ausgezahlt wurde. Trotz materiell-rechtlich fehlerhafter Einbehaltung der Lohnsteuer kann aber eine Inanspruchnahme des Arbeitnehmers ausscheiden, wenn die fehlerhafte Einbehaltung auf einer unrichtigen Lohnsteueranrufungsauskunft beruht.[1] Zum Anderen kann der Arbeitnehmer in Anspruch genommen werden, wenn er weiß, dass der Arbeitgeber die Lohnsteuer nicht vorschriftsmäßig angemeldet hat. Denn auch insoweit bedarf es eines Schutzes des Arbeitnehmers nicht. Dementsprechend ist im letzten Fall die Inanspruchnahme ausgeschlossen, sofern der Arbeitnehmer dem Finanzamt die nicht vorschriftsmäßige Einbehaltung der Steuer mitgeteilt hat.

(3) Haftungsausschlüsse zugunsten des Arbeitgebers

Für nur wenige Einzelfälle sieht § 42d Abs. 2 EStG zugunsten des Arbeitgebers Haftungsausschlüsse vor. Die Ausschlusstatbestände sind vorrangig vor der Ermessensprüfung zu prüfen, da sie bereits den haftungsbegründenden Tatbestand ausschließen. 24

Von in der Praxis großer Bedeutung ist der Haftungsausschluss bei **unrichtiger** **Übermittlung** der für den Lohnsteuerabzug maßgeblichen **Lohnsteuerabzugsmerkmale**. Hier scheidet die Haftung sowohl aus, wenn der Arbeitnehmer seiner Verpflichtung nicht nachgekommen ist, Änderungen bei den Lohnsteuerabzugsmerkmalen vornehmen zu lassen, als auch dann, wenn der auf der übermittelte Freibetrag unzutreffend war. Der Haftungsausschluss greift auch, wenn der Arbeitgeber die Unrichtigkeit der Abzugsmerkmale kannte. Dies korrespondiert mit der Verpflichtung des Arbeitgebers, die Einbehaltung und Abführung der Lohnsteuer stets aufgrund der übermittelten Lohnsteuerabzugsmerkmale vorzunehmen. Es gilt der sog. Grundsatz der Maßgeblichkeit der abgerufenen Lohnsteuerabzugsmerkmale.[2] 25

Die Haftung des Arbeitgebers ist ferner ausgeschlossen, wenn die Lohnsteuer aus dem von ihm geschuldeten Barlohn nicht mehr gedeckt werden kann, der Arbeitnehmer den Fehlbetrag nicht zur Verfügung stellt oder der Arbeitgeber ihn nicht anderweitig verrechnen kann. Gleiches gilt, wenn eine nachträgliche Einbehaltung der Lohnsteuer durch den Arbeitgeber in den Fällen des § 41c Abs. 4 EStG nicht mehr möglich ist. In beiden Fällen setzt der Haftungsausschluss aber voraus, dass der Arbeitgeber den die Haftung ausschließenden Tatbestand dem Betriebsstättenfinanzamt unverzüglich, d.h. ohne schuldhaftes Zögern, anzeigt. 26

(4) Inanspruchnahme durch Haftungsbescheid

Sofern das Finanzamt die Voraussetzungen einer Haftungsinanspruchnahme als gegeben ansieht, bedarf es zur Durchsetzung des Haftungsanspruches grundsätzlich eines Haftungsbescheids (§ 191 AO). Der Haftungsbescheid ist Verwaltungsakt, den der Arbeitgeber mit dem Einspruch und ggf. anschließender Anfechtungsklage vor dem Finanzgericht anfechten kann. 27

---

1 BFH v. 17.10.2013 – VI R 44/12, DB 2014, 892.
2 *Wagner* in Heuermann/Wagner, LohnSt, Teil G Rz. 64.

28 Der Haftungsbescheid muss die Steuerbeträge, für die der Arbeitgeber in Anspruch genommen werden soll, im Einzelnen angeben. Dabei hält der BFH[1] – m.E. zu Unrecht – zunehmend die genaue Angabe der Erhebungszeiträume und der auf die einzelnen Arbeitnehmer entfallenden Steuerbeträge für entbehrlich. Aus dem Haftungsbescheid muss für den Arbeitgeber eindeutig zu erkennen sein, dass er als Haftungs- und nicht als Steuerschuldner in Anspruch genommen wird. Dies ergibt sich in der Praxis zumeist schon aus der Bezeichnung des Bescheids als „Haftungsbescheid". Da es sich bei Haftungsinanspruchnahme um eine Ermessensentscheidung handelt, muss das Finanzamt auch im Haftungsbescheid die für seine Entscheidung wesentlichen Ermessenserwägungen darlegen. Deshalb reichen floskelhafte und nicht auf den Einzelfall bezogene Angaben über die Zweckmäßigkeit und Billigkeit der Inanspruchnahme nicht aus. Ein an solchen Mängeln leidender Haftungsbescheid ist rechtswidrig. Indes führt dies nur selten zu einer Aufhebung des Haftungsbescheides, da das Finanzamt die Ermessenserwägungen noch in der das Einspruchsverfahren abschließenden Einspruchsentscheidung nachholen kann. Zudem kann das Finanzamt die Ermessenserwägungen noch bis zum Abschluss des finanzgerichtlichen Verfahrens ergänzen (§ 102 Satz 2 FGO). Dies setzt aber voraus, dass ergänzungsfähige Ermessenserwägungen vorliegen. Ein Austausch oder ein Nachholen von Ermessenserwägungen ist daher nicht möglich. Nach einer Aufhebung kann das Finanzamt indes einen neuen Haftungsbescheid erlassen, sofern nicht bereits die Festsetzungsfrist abgelaufen ist.

29 Da der Haftungsbescheid kein Steuerbescheid ist, gelten für die Aufhebung oder Änderung von Haftungsbescheiden die Vorschriften der §§ 130 ff. AO.

30 Eines Haftungsbescheides bedarf es nicht, wenn der Arbeitgeber die zutreffend ermittelte Steuer angemeldet hat, da die Steueranmeldung als Steuerfestsetzung unter dem Vorbehalt der Nachprüfung gilt, auch wenn der Arbeitgeber nicht Schuldner der Steuer ist.[2] Ferner ist ein Haftungsbescheid entbehrlich, wenn der Arbeitgeber eine Zahlungsverpflichtung nach Abschluss einer Lohnsteueraußenprüfung schriftlich anerkennt (§ 42d Abs. 4 EStG).

bb) Vertreterhaftung

31 Während die Lohnsteuerhaftung nach § 42d EStG grundsätzlich verschuldensunabhängig allein an die Arbeitgeberstellung geknüpft ist, erfasst die sog. Vertreterhaftung einen weiteren Personenkreis. Nach §§ 69, 34, 35 AO können für Ansprüche aus dem Steuerschuldverhältnis u.a. in Anspruch genommen werden die gesetzlichen Vertreter natürlicher oder juristischer Personen, die Geschäftsführer nicht rechtsfähiger Personenvereinigungen oder Vermögensmassen sowie Liquidatoren und Verfügungsberechtigte. Wichtigster Anwendungsfall dieses Haftungstatbestandes ist die Haftung des **GmbH-Geschäftsführers**, die unabhängig von der Haftungsbeschränkung der Gesellschaft den Geschäftsführer persönlich trifft.

32 Die Haftung des Vertreters tritt neben die Haftungsschuld des Arbeitgebers und die Steuerschuld des Arbeitnehmers. Auch der Vertreter wird also **Gesamtschuldner**

---

1 BFH v. 3.12.1996 – I B 44/96, BStBl. II 1997, 306; v. 8.3.1988 – VII R 6/87, BStBl. II 1988, 480; v. 27.8.2009 – V B 76/08, BFH/NV 2010, 8.
2 Vgl. Schmidt/*Krüger*, § 41a EStG Rz. 1 ff.

des Steueranspruchs. Allerdings steht auch die Haftung des Vertreters im Ermessen des Finanzamts, das daher prüfen muss, ob nicht vorrangig ein anderer der Gesamtschuldner in Anspruch genommen werden soll.

Während die Steuerschuld des Arbeitnehmers allein durch Verwirklichung des Tatbestandes entsteht, an den das Gesetz den Steueranspruch knüpft, also in der Regel an den Zufluss des Arbeitslohns, und die Arbeitgeberhaftung verschuldensunabhängige Risikohaftung ist, setzt die Vertreterhaftung eine vorsätzliche oder grob fahrlässige Verletzung der dem Vertreter im Rahmen des Besteuerungsverfahrens obliegenden Pflichten voraus. Dabei stellt die Rechtsprechung an die Sorgfaltspflicht der Vertreter hohe Anforderungen.[1] So liegt ein zur Haftung führendes grob fahrlässiges Verhalten bereits dann vor, wenn dem Verantwortlichen die tatsächlichen Umstände bekannt sind, die zur Lohnsteuereinbehaltungspflicht führen. Dies ist schon dann der Fall, wenn ihm die Tätigkeit des Arbeitnehmers im von ihm vertretenen Unternehmen bekannt ist. Es ist nicht erforderlich, dass dem Vertreter bewusst ist, dass die Voraussetzungen einer nicht selbständigen Tätigkeit i.S.d. § 19 EStG erfüllt sind, so dass auch ein Irrtum über die Arbeitnehmereigenschaft die grobe Fahrlässigkeit in der Regel nicht entfallen lässt. Führt der Vertreter die entstandenen Steuerbeträge bewusst nicht ab, liegt stets ein vorsätzliches Verhalten vor, das die Haftung auslöst.

Ein besonderes Haftungsrisiko entsteht, sofern sich der Vertretene in **Liquiditätsschwierigkeiten** befindet. Führt nämlich der Vertreter in der Krisensituation die Lohnsteuer nicht ab, ändert dies nichts an der Annahme einer vorsätzlichen Pflichtverletzung. Dies gilt ungeachtet dessen, ob der Vertreter darauf vertraut hat, die entstehenden Rückstände kurzfristig wieder ausgleichen zu können.[2] Denn der Vertreter ist im Fall der Zahlungsschwierigkeiten verpflichtet, die Löhne nur gekürzt oder anteilig auszuzahlen, um die darauf entfallende Steuer entrichten zu können. Der im Übrigen bei der Geschäftsführerhaftung geltende Grundsatz zur anteiligen Tilgung bei nicht ausreichenden Mitteln gelten im Bereich der Lohnsteuerhaftung nicht.[3] Nur in einer seltenen Ausnahmesituation entfällt die Haftung des Vertreters, sofern nämlich die Verschlechterung unerwartet nach dem Zeitpunkt der Lohnzahlung eintritt. Die Geschäftsführerhaftung besteht auch in insolvenzreifer Zeit fort; sie endet erst, sobald ihm durch die Bestellung eines (starken) Insolvenzverwalters oder der Eröffnung des Insolvenzverfahrens die Verfügungsbefugnis entzogen wird.[4]

cc) Haftung Dritter bei Lohnsteuerabzug

Nach § 38 Abs. 3a EStG kann auch ein **Dritter** Pflichten des Arbeitgebers im Lohnsteuerabzugsverfahren zu erfüllen haben. Soweit diese Verpflichtung besteht, haftet der Dritte neben dem Arbeitgeber als Gesamtschuldner (§ 42d Abs. 9 EStG). Die Einbeziehung des Dritten in die Lohnsteuerhaftung beruht auf dem Umstand, dass sich Lohnsteuerfehlbeträge auch aus dem Handeln des Dritten ergeben kön-

---

1 BFH v. 20.1.1998 – VII R 80/97, BFH/NV 1998, 814; v. 11.8.2005 – VII B 312/04, StE 2005, 2153.
2 BFH v. 20.4.1993 – VII R 67/92, BFH/NV 1994, 142.
3 Blümich/*Wagner*, § 42d EStG Rz. 67.
4 BFH v. 23.9.2008 – VII R 27/07, BStBl. II 2009, 129.

nen. Dass zugleich die Gesamtschuld des Arbeitgebers fortbesteht, findet seine Grundlage in der Annahme, dass die entstehenden Fehlbeträge auch auf fehlerhafte Angaben des Arbeitgebers gegenüber dem Dritten zurück zu führen sein können. Bei der auch für die Inanspruchnahme eines Dritten erforderlichen **Ermessensentscheidung** (§ 42d Abs. 9 Satz 4 i.V.m. Abs. 3 Satz 2–4 EStG), welcher der Gesamtschuldner in Anspruch genommen werden soll, ist auch zu berücksichtigen, wer die fehlerhafte Lohnsteuereinbehaltung zu vertreten hat. Die Haftung des Dritten ist im Fall des § 38 Abs. 3a Satz 2 EStG auf die Lohnsteuerbeträge beschränkt, die er für die Zeit zu erheben hat, für die er sich gegenüber zur Vornahme des Lohnsteuerabzugs verpflichtet hat. Diese Verpflichtung endet jedoch nicht, bevor der Dritte seinem Betriebsstättenfinanzamt mitgeteilt hat, dass er die Beendigung der Verpflichtung dem Arbeitgeber mitgeteilt hat.

Kein Fall der Haftung liegt vor, wenn der Arbeitgeber gegenüber dem Finanzamt die Lohnsteuer anmeldet oder er die Verpflichtung nach Abschluss einer Lohnsteueraußenprüfung schriftlich anerkennt. Eines Haftungsbescheides bedarf es insoweit nicht. Hier bilden die Steueranmeldung bzw. das Anerkenntnis die Rechtsgrundlage für die Erhebung der Lohnsteuer.

Zuständig für die Inanspruchnahme ist das Betriebsstättenfinanzamt des Dritten.

4. Hinweise zur Vertragsgestaltung; Zusammenfassung

36 Haftungsausschlussklauseln im Bereich der Arbeitgeberhaftung sind nur in sehr **begrenztem Umfang** möglich. Sinnvoll sind Vertragsklauseln, die den Mitarbeiter zur Benutzung der vorhandenen Sicherungseinrichtungen anhalten und ihn auf die Konsequenzen mangelnder Sorgfalt in eigenen Angelegenheiten hinweisen. Die Verschuldenshaftung des Arbeitgebers für Privatgegenstände kann der Höhe nach auf einen Betrag von etwa 200 Euro beschränkt werden. In jedem Fall ist der Arbeitgeber gehalten, von einer zumutbaren Versicherungsmöglichkeit Gebrauch zu machen.

Jeder Arbeitnehmer ist gehalten, zur Sicherung seines Eigentums mit größtmöglicher Sorgfalt beizutragen und insbesondere die dafür vorgesehenen Sicherungseinrichtungen zu benutzen. Für den Verlust oder die Beschädigung von Privatgegenständen leistet die Fa. Schadensersatz bis zu einem Betrag von 200 Euro, sofern der Geschädigte die erforderlichen und zumutbaren Sicherheitsvorkehrungen getroffen hat. Soweit anderweitiger Versicherungsschutz besteht, entfällt die arbeitgeberseitige Haftung.

H 20 Haftung des Arbeitnehmers

	Rz.		Rz.
1. Einführung	1	b) Haftung bei Nichterfüllung	40
2. Klauseltypen	5	aa) Haftungsabreden für den Fall des Vertragsbruchs	41
a) Haftung bei Schlechterfüllung	5	bb) Haftungsabreden bei zeitweiser Nichterfüllung	45
aa) Deklaratorische Hinweisklauseln	5	c) Haftung bei Nebenpflichtverletzung	46
bb) Haftungsverschärfende Klauseln	18	aa) Haftungsabreden für den Fall des Verstoßes gegen Verschwiegenheits-, Rückgabe- und Sorgfaltspflichten	46
cc) Haftungsmildernde Klauseln	22	bb) Haftungsabrede für den Fall der Nichtanzeige einer Nebentätigkeit	49
dd) Haftungsvereinbarungen für leitende Angestellte	26	3. Hinweise zur Vertragsgestaltung; Zusammenfassung	50
ee) Parteivereinbarungen für den Fall qualitativer Schlechtleistung	29		
(1) Lohnminderungsvereinbarung	29		
(2) Haftungsvereinbarungen	29		

Schrifttum

I. Haftung bei Schlechterfüllung (nach 1990)

Ahrens, Arbeitnehmerhaftung bei betrieblich veranlasster Tätigkeit, DB 1996, 934; *Annuß*, Die Haftung des Arbeitnehmers unter besonderer Berücksichtigung der Haftung des angestellten Arztes, 1998; *Annuß*, (Nichts) Neues zur Arbeitnehmerhaftung?, NZA 1998, 1089; *Bauer*, Haftungsrisiken in schwierigen Unternehmenszeiten, AuA 2002, 108; *Beckers*, Die Außenhaftung des Arbeitnehmers, 1996; *Bieder*, Einschränkungen der privilegierten Arbeitnehmerhaftung für leitende Angestellte, DB 2008, 638; *Blomeyer*, Beschränkungen der Arbeitnehmerhaftung bei nicht gefahrgeneigter Arbeit, JuS 1993, 903; *Bröckner*, Nebenpflichten und Haftung von Arbeitnehmern in Führungspositionen, 2012; Brose, Haftung und Risiken nach den arbeitsrechtlichen Grundsätzen und dem SGB VII, RdA 2011, 205; *Burkard/Lambrecht*, Haftung von Arbeitnehmern bei Firmenkreditkarten, NZI 2011, 96; *Busemann*, Die Haftung des Arbeitnehmers gegenüber dem Arbeitgeber und Dritten, 1999; *Dedek*, Die Beweislastverteilung nach § 619a BGB, ZGS 2002, 320; *Deutsch*, Das Verschulden als Merkmal der Arbeitnehmerhaftung, RdA 1996, 1; *Dittmann*, Grundsätze der Arbeitnehmerhaftung, AuA 2002, 443; *Fornasier/Werner*, Formularmäßige Anerkenntnisse und Schuldversprechen nach Haftpflichtfällen: AGB-rechtliche und arbeitsrechtsspezifische Wirksamkeitsschranken, RdA 2007, 235; *Gamillscheg*, Haftung des Arbeitnehmers, ArbuR 1993, 262; *Gross/Wesch*, Änderungen des Haftungsrechts im Arbeitsverhältnis?, NZA 2008, 849; *Hanau*, Die Rechtsprechung des Bundesgerichtshofs zur Haftung im Arbeitsverhältnis, in Festschrift für Steffen, 1996, S. 177; *Hanau/Rolfs*, Abschied von der gefahrgeneigten Arbeit, NJW 1994, 1439; *Hübsch*, Arbeitnehmerhaftung bei Versicherbarkeit des Schadensrisikos und bei grober Fahrlässigkeit, BB 1998, 690; *Hübsch*, Die neueste Rechtsprechung des BAG zur Fahrlässigkeit bei der Arbeitnehmerhaftung, NZA-RR 1999, 393; *Jacklofsky*, Tarifdispositivität der richterrechtlichen Grundsätze des BAG zur Beschränkung der Arbeitnehmerhaftung, NZA 2001, 644; *Joussen*, Die Berücksichtigung persönlicher Lebensumstände in der Arbeitnehmerhaftung, ArbuR 2005, 432; *Joussen*, Der persönliche Anwendungsbereich der Arbeitnehmerhaftung, RdA 2006, 129; *Krause*, Haftungsbegrenzung kraft Verfassungsrechts?, JR 1994, 494; *Langenbucher*, Risikohaftung und Schutzpflichten im innerbetrieblichen Schadensausgleich, ZfA 1997, 523; *Marhold*, Zur Geltung des Kriteriums der Gefahrgeneigtheit bei der Beschränkung der Arbeitnehmerhaftung, JZ 1993, 910; *Mar-*

hold, Schadensteilung im Arbeitsverhältnis, JuS 1991, 921; *Meißner*, Arbeitnehmerhaftung – Haftungsbegrenzung durch Betriebsvereinbarung, BetrR 1992, 53; *Oetker*, Neues zur Arbeitnehmerhaftung durch § 619a BGB?, BB 2002, 43; *Otten*, Rechtsstellung des Arbeitnehmers bei Beschädigung von Dritteigentum, DB 1997, 1618; *Otto/Schwarze/Krause*, Die Haftung des Arbeitnehmers, 4. Aufl. 2014; *Pacic*, Die Haftung des Arbeitnehmers im Europäischen Rechtsvergleich, EuZA 2009, 47 und 218; *Pallasch*, Einschränkung der Arbeitnehmerhaftung für betriebliche Tätigkeiten, RdA 2013, 338; *Peifer*, Neueste Entwicklungen zu Fragen der Arbeitnehmerhaftung im Betrieb, ZfA 1996, 69; *Peifer*, Haftung des Arbeitnehmers, AR-Blattei SD Nr. 870; *Reichenbach*, Konventionalstrafe für den vertragsbrüchigen Arbeitnehmer, NZA 2003, 309; *Richardi*, Abschied von der gefahrgeneigten Arbeit als Voraussetzung für die Beschränkung der Arbeitnehmerhaftung, NZA 1994, 241; *Rolfs*, Die Haftung unter Arbeitskollegen und verwandte Tatbestände, 1995; *Schaub*, Der Entwurf eines Gesetzes zur Arbeitnehmerhaftung, ZRP 1995, 447; *Schlachter*, Das Recht der Arbeitnehmerhaftung bei Verzicht auf die „Gefahrgeneigtheit" der Beschäftigung, in Festschrift zur Wiedererrichtung des OLG Jena, 1994, S. 253; *Schnauder*, Die Grundsätze der gefahrgeneigten Arbeit, JuS 1995, 594; *Schnorbus*, Entwicklungen und aktuelle Probleme der Arbeitnehmerhaftung, MDR 1994, 961; *Schumacher*, Die privilegierte Haftung des Arbeitnehmers, 2012; *Schwab*, Die Haftung des Arbeitnehmers, AiB 2007, 85; *Schwab*, Die Haftung des Arbeitnehmers, AiB 2012, 391; *Servatius*, Die Haftung des Arbeitnehmers für Nicht- und Schlechtleistung, Jura 2005, 838; *Slapnicar/Reuter*, Zum Kodifikationsbedarf der Arbeitnehmerhaftung, ArbuR 1992, 33; *Taube*, Die Haftung des Arbeitnehmers nach der Schuldrechtsreform, 2005; *Walker*, Die eingeschränkte Haftung des Arbeitnehmers unter Berücksichtigung der Schuldrechtsmodernisierung, JuS 2002, 736; *Walker*, Haftungsvereinbarungen im Arbeitsrecht unter besonderer Berücksichtigung der Schuldrechtsreform, in Festschrift für Canaris, 2007, S. 1503; *Walker/Lohkemper*, Die vorgeschlagene EG-Richtlinie über die Haftung bei Dienstleistungen und ihre Bedeutung für Haftungsfragen im Arbeitsrecht, RdA 1994, 105; *Waltermann*, Risikozuweisung nach den Grundsätzen der beschränkten Arbeitnehmerhaftung, RdA 2005, 98; *Waltermann*, Besonderheiten der Haftung im Arbeitsverhältnis, JuS 2009, 193; *Wohlgemuth*, Die Arbeitnehmerhaftung im Wandel, DB 1991, 910.

II. Haftung und Lohnminderung bei qualitativer Schlechtleistung

Beuthien, Lohnminderung bei Schlechtarbeit oder Arbeitsunlust?, ZfA 1972, 73; *Dietz/Wiedemann*, Schlechterfüllung des Arbeitsvertrages: Lohnminderung oder Schadensersatz, JuS 1961, 116; *Frey*, Der Lohnanspruch bei schlechter Leistung des Arbeitnehmers, ArbuR 1959, 177; *Lessmann*, Schlechte Dienstleistungen und Vergütung, in Festschrift für E. Wolf, 1985, S. 395; *Motzer*, Die „positive Vertragsverletzung" des Arbeitnehmers, 1982; *Rabe*, Lohnminderung bei Schlecht- und Minderleistung des Arbeitnehmers?, Diss. Köln, 1977; *Ullrich*, Lohngewähr oder Mängelgewährleistung, NJW 1984, 585; *Vogt*, Der Umgang mit leistungsschwachen Mitarbeitern, StBW 2012, 235.

III. Haftung bei Nichterfüllung und Verletzung von Nebenpflichten

Becker-Schaffner, Zum Haftungsumfang des Arbeitnehmers bei Vertragsbruch, BlStSozArbR 1982, 97; *Bengelsdorf*, Schadensersatz bei Nichtantritt der Arbeit, BB 1989, 2390; *Berger-Delhey*, Der Vertragsbruch des Arbeitnehmers – Tatbestand und Rechtsfolgen, DB 1989, 2171; *Berninger*, Der Vertragsbruch des Arbeitnehmers, 1993; *Fabricius*, Leistungsstörungen im Arbeitsverhältnis, 1970; *Heinze*, Konventionalstrafe und andere Sanktionsmöglichkeiten in der arbeitsrechtlichen Praxis, NZA 1994, 244; *Kraft*, Sanktionen im Arbeitsverhältnis, NZA 1989, 777; *Popp*, Schadensersatz und Vertragsstrafe bei Arbeitsvertragsbruch, NZA 1988, 455; *Preis/Hamacher*, Das Recht der Leistungsstörungen im Arbeitsverhältnis, Jura 1998, 11 und 116; *Stebut*, Leistungsstörungen im Arbeitsverhältnis, RdA 1985, 66; *Stoffels*, Der Vertragsbruch des Arbeitnehmers, 1994; *Stoffels*, Arbeitsvertragsbruch, AR-Blattei SD 230.

1. Einführung

Fragen der Haftung des Arbeitnehmers spielen im Arbeitsleben eine bedeutende Rolle. Im Mittelpunkt der Diskussion stehen hier seit jeher die haftungsrechtlichen Folgen der sog. **Schlechtleistung des Arbeitnehmers**. Hierunter versteht man allgemein die Verletzung der Arbeitspflicht durch Erbringung nicht vertragsmäßiger, mangelhafter Arbeit. Zu denken ist in diesem Zusammenhang an so unterschiedliche Sachverhalte wie die Produktion von Ausschuss, die Herstellung minderwertiger Ware, die Beschädigung von Werkzeug und Maschinen, die Verursachung eines Unfalls, die Erstellung unrichtiger Entscheidungsgrundlagen (Bilanzen, Buchführung) etc.

Großen Anteil an der noch darzustellenden Entwicklung der Haftungsgrundsätze durch die Rechtsprechung hatte vor allem die aufkommende Motorisierung und damit einhergehend die Herausbildung des Berufsbildes des Kraftfahrers.[1] Haftungsfragen im Zusammenhang mit dieser erfahrungsgemäß sehr unfallträchtigen Tätigkeit werden bemerkenswert häufig durch eingehende Parteivereinbarungen zu regeln versucht. Die Problematik kann nicht ohne Berücksichtigung der versicherungsrechtlichen Bezüge und einiger Seitenblicke auf die umgekehrte Situation beim Einsatz eines Privatfahrzeuges des Arbeitnehmers erörtert werden. Von daher erscheint es geboten, diesen Themenbereich unter einem eigenen Stichwort (→ *Haftung für Kfz-Schäden*, II H 30) zu behandeln.

Weitgehend verselbständigt hat sich ferner die Diskussion um die sog. Mankohaftung. Die Erörterung dieser Sondermaterie soll daher ebenfalls einem eigenen Stichwort (→ *Mankohaftung*, II M 10) vorbehalten bleiben.

Als haftungsauslösende Tatbestände kommen weiterhin die schuldhafte **Nichterfüllung der Arbeitspflicht** (Vertragsbruch, zeitweises unentschuldigtes Fernbleiben von der Arbeit) sowie die **Verletzung von Nebenpflichten** (z.B. Verstoß gegen ein Wettbewerbsverbot oder gegen Verschwiegenheitspflichten) in Betracht. Haftungsvereinbarungen sind in diesem Bereich eher selten (hierzu noch später unter Rz. 40 ff. und 46 ff.) und kommen dann zumeist in Form von → *Schadenspauschalierungsabreden*, II S 20 vor. In der Vertragspraxis sucht man derartigen Pflichtverletzungen oftmals auch durch Vereinbarungen von → *Vertragsstrafen*, II V 30 beizukommen.

2. Klauseltypen

a) Haftung bei Schlechterfüllung[2]

aa) Deklaratorische Hinweisklauseln

⊃ **Nicht geeignet:**
   a) Der Angestellte hat für von ihm schuldhaft verursachte Schäden einzustehen.

---
[1] Die Entwicklung wird im Einzelnen nachgezeichnet bei *Gamillscheg/Hanau*, Haftung des Arbeitnehmers, 2. Aufl. 1974, S. 7 ff.
[2] Auf die Besonderheiten der Haftung im öffentlichen Dienst – die Haftung wird hier durch besondere Vorschriften geregelt – soll im Folgenden nicht näher eingegangen werden. Ausführlich hierzu *Hofmann*, ZTR 1995, 99 und *Schnupp*, PersV 1994, 66.

b) Die Haftung des ... für das ihm zur Verfügung gestellte Fahrzeug und die Unversehrtheit der übernommenen Ware bei deren Transport richtet sich nach den Haftungsgrundsätzen bei so genannter gefahrgeneigter Arbeit. Der Mitarbeiter:
- hat den ganzen Schaden zu ersetzen, wenn ihm Vorsatz und grobe Fahrlässigkeit zur Last gelegt und nachgewiesen wird,
- hat den Schaden in angemessenem Umfang an ... zu erstatten bei einfacher bzw. mittlerer Fahrlässigkeit;
- bleibt haftungsfrei bei nur geringfügiger Fahrlässigkeit.

c) Im Rahmen seiner betrieblichen Tätigkeit als Kranführer haftet Herr ... nach den Haftungsmaßstäben bei so genannter gefahrgeneigter Arbeit.

5 Die vorgenannten Klauseln befassen sich allesamt ausschließlich mit der Schlechterfüllungshaftung des Arbeitnehmers gegenüber dem **Arbeitgeber**. Die internen Absprachen der Arbeitsvertragsparteien lassen dagegen die Rechtsbeziehungen des Arbeitnehmers zu **Dritten**, also zu Personen, die außerhalb des konkreten Arbeitsverhältnisses stehen, grundsätzlich unberührt. Ihnen gegenüber haftet der Arbeitnehmer nach den allgemeinen Vorschriften (insbesondere §§ 823 ff. BGB und § 7 Abs. 1 StVG). Ist der geschädigte Dritte ein im selben Betrieb beschäftigter **Arbeitskollege**, so sind Schadensersatzansprüche wegen Personenschäden mit Rücksicht auf die Eintrittspflicht der gesetzlichen Unfallversicherung grundsätzlich nach § 105 SGB VII ausgeschlossen.[1] Hiervon abgesehen gelten im Außenverhältnis keine besonderen Haftungserleichterungen.

6 Für Schäden als Folge schuldhafter Schlechtleistungen ist der Arbeitnehmer dem geschädigten Arbeitgeber gegenüber unter dem Gesichtspunkt der Verletzung von Pflichten aus dem Arbeitsverhältnis (**§ 280 BGB**) ersatzpflichtig. Neben der vertraglichen Haftung kommen auch **deliktische Ansprüche** des Arbeitgebers in Betracht (§§ 823 ff. BGB, beachte auch § 840 Abs. 2 BGB). Die objektiven Voraussetzungen des Haftungstatbestandes hat der Arbeitgeber darzulegen und zu beweisen. **§ 619a BGB** erstreckt – abweichend von der allgemeinen Vorschrift des § 280 Abs. 1 Satz 2 BGB – die Darlegungs- und Beweislast des Arbeitgebers auch auf das Vertretenmüssen des Arbeitnehmers.[2] Diese Vorschrift bestätigt die frühere gleichlautende Rechtsprechung des BAG.[3]

7 Geht man vom **Verschuldensmaßstab des BGB** aus – gemäß **§ 276 Abs. 1 Satz 1 BGB** hat der Schuldner Vorsatz und jede Form von Fahrlässigkeit zu vertreten –, müsste der Arbeitnehmer selbst für nur leicht fahrlässig herbeigeführte Vermögensschäden in voller Höhe Ersatz leisten. In (Muster-)Verträgen – siehe die Beispielsklausel a) – finden sich mitunter Regelungen, die sich darauf beschränken, diese gesetzlichen Vorgaben zu wiederholen. Dies ist zwar grundsätzlich nicht zu beanstanden. Entspricht jedoch die Rechtslage aufgrund richterlicher Rechtsfortbildung nicht mehr der Gesetzeslage, so wird durch solche Klauseln ein schiefes Bild gezeichnet. Dies gilt vor allem für das Recht der Arbeitnehmerhaftung, das in beson-

---

1 Einzelheiten zu § 105 SGB VII bei *Rolfs*, NJW 1996, 3179 ff.; vgl. auch BGH v. 6.2.2007 – VI ZR 55/06, NJW-RR 2007, 1395, wonach Schmerzensgeldansprüche für Schockschäden von Angehörigen nicht von dem Haftungsausschluss erfasst werden.
2 BAG v. 21.6.2012 – 2 AZR 694/11, NZA 2013, 199 (203).
3 BAG v. 22.2.1972 – 1 AZR 223/71, NJW 1972, 1388; wie hier auch *Walker*, JuS 2002, 736.

derem Maße durch die Rechtsprechung geformt und hinsichtlich des Haftungsmaßstabes erheblichen Modifikationen unterzogen wurde. Freilich wird man nicht annehmen können, dass die Parteien mit der Vereinbarung von Klauseln nach Art der erstgenannten die Modifikationen für sich außer Kraft setzen wollten und damit zulasten des Arbeitnehmers zum Haftungsmaßstab des § 276 Abs. 1 Satz 1 BGB zurückkehren wollten. Abgesehen von der Frage der rechtlichen Zulässigkeit hätte es hierfür einer eindeutigen Klarstellung im Klauseltext bedurft. Bei vorformulierten Verträgen wird eine solche Inhaltsbestimmung zudem durch die AGB-rechtliche Unklarheitenregel (§ 305c Abs. 2 BGB) nahe gelegt. Der o.g. Klausel wird man daher keinen konstitutiven Charakter beimessen können. Ihr kommt mithin nur Hinweisfunktion insofern zu, als der Arbeitnehmer erfährt, dass er sich ggf. schadensersatzpflichtig machen kann.

Lediglich deklaratorische Bedeutung hatten früher auch die Beispielsklauseln b) und c). Ihrer Hinweisfunktion wurden sie jedoch besser gerecht, da sie die **Haftungsgrundsätze der Rechtsprechung** nicht ignorierten, sondern sie der Sache nach rezipierten – Beispielsklausel b) – oder doch zumindest auf sie Bezug nahmen – Beispielsklausel c). Der **Grundgedanke** dieser richterrechtlich entwickelten Haftungserleichterungen, dem sog. Innerbetrieblichen Schadensausgleich, liegt unabhängig von der Ausgestaltung des Haftungssystems im Einzelnen in der Erkenntnis, dass die „Arbeitssituation des Arbeitnehmers" generell nicht (mehr) dem vom BGB geprägten „Grundmodell des zivilrechtlichen Fahrlässigkeitsmaßstabs" entspricht.[1] Bei den heutigen Arbeitsverhältnissen, den hohen Vermögenswerten, mit denen die Arbeitnehmer zu tun haben, kann bereits ein geringfügiger Sorgfaltsverstoß einen Schaden herbeiführen, der die Leistungsfähigkeit des Arbeitnehmers um ein Vielfaches übersteigt, ja geradezu existenzbedrohende Ausmaße annehmen kann.[2] Die Rechtsprechung hat vor diesem Hintergrund unter Hinweis auf das vom Arbeitgeber zu tragende Betriebsrisiko in entsprechender Anwendung des § 254 BGB spezielle Haftungsmilderungen entwickelt.[3] Der Gesetzgeber hat diese Rechtsprechung durch den zum 1.1.2002 neu gefassten § 276 Abs. 1 Satz 1 BGB, wonach der Schuldner Vorsatz und Fahrlässigkeit nur dann zu vertreten hat, wenn eine mildere Haftung weder bestimmt noch aus dem sonstigen Inhalt des Schuldverhältnisses zu entnehmen ist, bestätigt. Rechtsgrundlage für die Beschränkung der Arbeitnehmerhaftung ist seitdem § 276 Abs. 1 Satz 1 i.V.m. § 254 BGB analog.[4] Diese Rechtsgrundsätze gelten gemäß § 10 Abs. 2 BBiG auch im Berufsausbildungsverhältnis.[5]

Voraussetzung für ihr Eingreifen ist zunächst, dass die **Arbeit durch den Betrieb veranlasst** war und **aufgrund eines Arbeitsverhältnisses geleistet** wurde.[6] Denn nur dann kann es geboten sein, den Schaden dem vom Arbeitgeber zu tragenden Be-

---

1 Vgl. *Reinhardt*, Die dogmatische Begründung der Haftungsbeschränkung des Arbeitnehmers, 1977, S. 210.
2 Sehr plastisch BAG v. 28.10.2010 – 8 AZR 418/09, NZA 2011, 345.
3 Zu dieser Begründung der Haftungsbeschränkung vgl. vor allem BAG GS v. 27.9.1994 – GS 1/89 (A), NZA 1994, 1083.
4 *Walker*, JuS 2002, 736 (737).
5 BAG v. 18.4.2002 – 8 AZR 348/01, NZA 2003, 37 zu § 3 Abs. 2 BBiG a.F.
6 BAG GS v. 27.9.1994 – GS 1/89 (A), NZA 1994, 1083; v. 16.2.1995 – 8 AZR 493/93, NZA 1995, 565.

triebsrisiko tatsächlich zuzuordnen. Für diese Grundvoraussetzung der Haftungsreduktion ist der Arbeitnehmer darlegungs- und beweisbelastet.[1]

10 Darüber hinausgehend sollte eine Einschränkung der Haftung nach früherer Rechtsprechung nur dann in Betracht kommen, wenn der Arbeitnehmer in Ausübung einer sog. **gefahrgeneigten Arbeit** gehandelt hat.[2] Eine Tätigkeit galt dann als gefahrgeneigt, wenn die Eigenart der vom Arbeitnehmer zu leistenden Arbeit es mit großer Wahrscheinlichkeit mit sich bringt, dass auch dem sorgfältigen Arbeitnehmer gelegentlich Fehler unterlaufen, die für sich betrachtet zwar jedes Mal vermeidbar wären, mit denen aber angesichts der menschlichen Unzulänglichkeit erfahrungsgemäß zu rechnen ist.[3] Der Rechtsprechung ist es jedoch über Jahrzehnte hinweg nicht gelungen, in den praktischen Zweifelsfragen zur Abgrenzung der gefahrgeneigten Arbeit Klarheit zu schaffen. Auch war im Hinblick auf den zur Begründung der Haftungsprivilegierung herangezogenen Betriebsrisikogedanken nicht einzusehen, dass ein Arbeitnehmer im Falle nicht gefahrgeneigter Arbeit den Schaden, der möglicherweise sehr hoch war, ganz sollte ersetzen müssen, während er bei gefahrgeneigter Arbeit überhaupt nicht oder nur anteilig haften sollte. Hinzu kam, dass die im Bereich der mittleren Fahrlässigkeit zur Bestimmung der Haftungsquote herangezogenen Abwägungsmerkmale nichts mit der Frage der Gefahrgeneigtheit zu tun hatten. Diese Kritik machte sich der 8. Senat des BAG zu Eigen und rief in dieser Frage den Großen Senat des BAG an.[4] Dieser sprach sich ebenfalls für die Aufgabe des Kriteriums der Gefahrgeneigtheit aus und berief sich hierfür vor allem auf die Grundrechte des Arbeitnehmers aus Art. 2 Abs. 1 und 12 Abs. 1 GG, die über § 254 BGB Eingang in das Zivilrecht fänden.[5] Da sich der BGH bislang noch nicht vom Kriterium der Gefahrgeneigtheit gelöst hatte, erschien dem Großen Senat die Anrufung des Gemeinsamen Senats der obersten Gerichtshöfe geboten. Dieser stellte, nachdem sich der 6. Zivilsenat des BGH der Rechtsauffassung des Großen Senats im Ergebnis angeschlossen hatte, das Verfahren ein. Das Merkmal der Gefahrgeneigtheit gehört damit der Vergangenheit an.[6]

Damit stellt sich die Frage, wie Klauseln zu bewerten sind, in denen explizit auf die Haftungsgrundsätze der Rechtsprechung zur gefahrgeneigten Arbeit Bezug genommen wird. Im Allgemeinen dürften solche Klauseln von den Parteien in dem Bestreben in den Arbeitsvertrag aufgenommen worden sein, den Grundsätzen der Rechtsprechung zur privilegierten Arbeitnehmerhaftung Rechnung zu tragen. Es ist im Regelfall nicht anzunehmen, dass die Parteien eine eigenständige konstitutive Regelung schaffen wollten, die gegenüber den sich seit langem abzeichnenden Änderungsbestrebungen in der Rechtsprechung Bestand haben soll. Die Frage, ob Letzteres überhaupt zulässig wäre, stellt sich mithin in der Vertragspraxis nicht. Meist ergibt eine Auslegung der betreffenden Klauseln, dass es den Parteien lediglich um die Einführung des milderen Haftungsmaßstabs geht, das Kriterium der Gefahrgeneigtheit aber nicht als begrenzende Voraussetzung verstanden wird. So verhält

---

1 HWK/*Krause*, § 619a BGB Rz. 43.
2 BAG v. 25.9.1957 – GS 4/56, GS 5/56, NJW 1959, 2194; seitdem ständige Rechtsprechung, vgl. z.B. BAG v. 11.11.1976 – 3 AZR 266/75, NJW 1977, 598.
3 Vgl. BAG v. 25.9.1957 – GS 4/56, GS 5/56, NJW 1959, 2194; ferner BAG v. 11.9.1975 – 3 AZR 561/74, NJW 1976, 1229.
4 BAG v. 12.10.1989 – 8 AZR 741/87, NZA 1990, 95.
5 BAG GS v. 12.6.1992 – GS 1/89, NZA 1993, 547.
6 Vgl. BAG GS v. 27.9.1994 – GS 1/89 (A), NZA 1994, 1083.

es sich wohl bei den beiden letztgenannten Beispielsklauseln. Aus Gründen der Klarstellung ist jedoch im Hinblick auf die jetzige Haftungslage eine Anpassung des Klauseltextes – insbesondere durch die Streichung des Wortes „gefahrgeneigt" – anzuraten.

Die Grundsätze über die Beschränkung der Arbeitnehmerhaftung kommen auch dann zur Anwendung, wenn der Arbeitnehmer Deckungsschutz durch eine Versicherung – z.B. eine freiwillig abgeschlossene Berufshaftpflichtversicherung[1] – beanspruchen kann. Etwas anderes gilt nur, wenn es sich um eine Pflichtversicherung handelt.[2] **11**

Liegen die soeben dargestellten Voraussetzungen der privilegierten Arbeitnehmerhaftung vor,[3] so ist die **Haftung des Arbeitnehmers entsprechend dem Ausmaß seiner Schuld dreifach abgestuft**.[4] **12**

Bei **leichtester Fahrlässigkeit** haftet der Arbeitnehmer nicht. **13**

Schäden, die ein Arbeitnehmer nicht grob fahrlässig verursacht, sind bei **normaler Schuld** (auch normale, leichte oder mittlere Fahrlässigkeit oder mittleres Verschulden genannt) in aller Regel zwischen Arbeitgeber und Arbeitnehmer zu teilen, wobei die Gesamtumstände von Schadensanlass und Schadensfolgen nach Billigkeitsgrundsätzen und Zumutbarkeitsgesichtspunkten gegeneinander abzuwägen sind.[5] Zu den Umständen, denen je nach Lage des Einzelfalles ein unterschiedliches Gewicht beizumessen ist und die im Hinblick auf die Vielfalt möglicher Schadensursachen auch nicht abschließend bezeichnet werden können, gehören der Grad des dem Arbeitnehmer zur Last fallenden Verschuldens, die Gefahrgeneigtheit der Arbeit, die Höhe des Schadens, ein vom Arbeitgeber einkalkuliertes oder durch Versicherung deckbares Risiko,[6] die Stellung des Arbeitnehmers im Betrieb und die Höhe des Arbeitsentgelts, in dem möglicherweise eine Risikoprämie enthalten ist. Auch können u.U. die persönlichen Verhältnisse des Arbeitnehmers, wie die **14**

---

1 Anders aber wenn für eine Versicherung zusätzliche Vergütungsbestandteile vereinbart wurden, vgl. BAG v. 28.10.2010 – 8 AZR 418/09, NZA 2011, 345.
2 BGH v. 8.12.1971 – IV ZR 102/70, NJW 1972, 440; BAG v. 25.9.1997 – 8 AZR 288/96, NZA 1998, 310 (311f.); ausführlich zu Versicherungsfragen im Zusammenhang mit der Haftung des Arbeitnehmers im Übrigen *Otto/Schwarze/Krause*, Haftung des Arbeitnehmers, § 11 Rz. 6ff.
3 Nicht auf die Grundsätze der privilegierten Arbeitnehmerhaftung sollen sich nach BAG v. 25.10.2007 – 8 AZR 593/06, NZA 2008, 223 (227f.) jedoch leitende Angestellte berufen können, wenn sie anlässlich der Ausübung des vom Arbeitgeber abgeleiteten Direktionsrechts das Persönlichkeitsrecht der ihnen unterstellten Arbeitnehmer verletzen.
4 BAG GS v. 27.9.1994 – GS 1/89 (A), NZA 1994, 1083; BAG v. 16.2.1995 – 8 AZR 493/93, NZA 1995, 565; vgl. zur Entwicklung auch Schaub/*Linck*, § 59 Rz. 32ff. und *Schwab*, AiB 2012, 391f.
5 BAG v. 24.11.1987 – 8 AZR 524/82, NZA 1988, 579; BAG GS v. 27.9.1994 – GS 1/89 (A), NZA 1994, 1083; vgl. zu den zu berücksichtigenden Gesichtspunkten *Schwab*, AiB 2012, 391 (393).
6 Irrelevant für die Abwägung ist aber eine vom Arbeitnehmer finanzierte Haftpflichtversicherung, LAG Nds. v. 24.4.2009 – 10 Sa 1402/08, n.v. Vgl. zu den Auswirkungen des Gesetzes zur Reform des Versicherungsvertragsrechts v. 23.11.2007 (BGBl. I, S. 2631) auf die Arbeitnehmerhaftung *Gross/Wesch*, NZA 2008, 849 (850f.) sowie zur Übertragung der Grundsätze der privilegierten Arbeitnehmerhaftung auf den Regress des Kaskoversicherers LG Potsdam v. 8.2.2008 – 6 O 170/07, ZfSch 2010, 97f.

Dauer seiner Betriebszugehörigkeit, sein Lebensalter, seine Familienverhältnisse und sein bisheriges Verhalten zu berücksichtigen sein.[1] Keineswegs stellt dabei die hälftige Teilung der Schadenstragung die Regel dar, zumeist haftet der Arbeitnehmer in geringerem Umfang.[2]

15 Bei **Vorsatz** haftet der Arbeitnehmer stets und bei **grober Fahrlässigkeit** in der Regel in vollem Umfang. Insbesondere sind grundsätzlich auch die zur Aufdeckung der Pflichtverletzung notwendigen Aufwendungen ersatzfähig.[3] An beide Verschuldensformen werden hohe Anforderungen gestellt. So muss sich der Vorsatz auf den schädigenden Erfolg, die Rechtsgutsverletzung, und nicht bloß auf den Pflichtverstoß, d.h. nicht nur auf die haftungsbegründende, sondern auch auf die haftungsausfüllende Kausalität beziehen.[4] Auch muss, abweichend von den allgemeinen Grundsätzen, der Schaden selbst vom Verschulden erfasst sein.[5] Aus § 619a BGB, wonach der Arbeitnehmer nur schadensersatzpflichtig ist, wenn er die Pflichtverletzung zu vertreten hat, folgt nichts anderes, da durch § 619a BGB die frühere Rechtsprechung zur beschränkten Arbeitnehmerhaftung gerade bestätigt und nicht eingeschränkt werden sollte.[6] Grob fahrlässig handelt, wer die im Verkehr erforderliche Sorgfalt in ungewöhnlich hohem Maße verletzt und unbeachtet lässt, was im gegebenen Fall jedem hätte einleuchten müssen.[7] Dies ist z.B. der Fall, wenn ein Zugrestaurantleiter die Kellnerbrieftasche mit Einnahmen von mehr als 3 000 Euro in einem unverschlossenen Schrank im frei zugänglichen Küchenabteil des Restaurantwagens deponiert und den Restaurantwagen für ein fünfminütiges Telefonat verlässt.[8] Ein Augenblicksversagen stellt noch keine grobe Fahrlässigkeit dar.[9] Für die Annahme grober Fahrlässigkeit muss der Arbeitgeber eine auch subjektiv unentschuldbare Fehlleistung des Arbeitnehmers darlegen und im Streitfalle beweisen.[10] Der An-

---

1 BAG GS v. 27.9.1994 – GS 1/89 (A), NZA 1994, 1083; BAG v. 18.4.2002 – 8 AZR 348/01, NZA 2003, 37; LAG Rh.-Pf. v. 19.6.2001 – 5 Sa 391/01, EzA-SD 2001, Nr. 16; *Hümmerich*, Arbeitsrecht, § 2 Rz. 125.
2 Küttner/*Griese*, Personalbuch 2014, Arbeitnehmerhaftung, Rz. 13.
3 S. dazu und zu den Grenzen der Ersatzfähigkeit BAG v. 28.5.2009 – 8 AZR 226/08, NZA 2009, 1300; LAG Rh.-Pf. v. 10.5.2007 – 11 Sa 167/07, n.v. (Kosten der Videoüberwachung).
4 BAG v. 9.11.1967 – 5 AZR 147/67, NJW 1968, 717; v. 18.6.1970 – 1 AZR 520/69, NJW 1970, 1861; v. 18.4.2002 – 8 AZR 348/01, NZA 2003, 37; LAG Thür. v. 18.1.2001 – 3 Sa 289/00, n.v.; *Gamillscheg/Hanau*, Haftung des Arbeitnehmers, 2. Aufl. 1974, S. 64 f.; vgl. zum vorsätzlich weisungswidrigen Verhalten eines Arbeitnehmers BAG v. 7.7.1970 – 1 AZR 507/69, AP Nr. 59 zu § 611 BGB Haftung des Arbeitnehmers.
5 BAG v. 18.4.2002 – 8 AZR 348/01, NZA 2003, 37; v. 18.1.2007 – 8 AZR 250/06, NZA 2007, 1230.
6 *Oetker*, BB 2002, 43 (45); vgl. auch *Dedek*, ZGS 2002, 320 ff.; *Dittmann*, AuA 2002, 442 ff.
7 BGH v. 18.12.1996 – IV ZR 321/95, NJW 1997, 1012; *Schwab*, AiB 2012, 391 (392).
8 BAG v. 15.11.2001 – 8 AZR 95/01, NZA 2002, 612; LAG Hamm v. 8.12.2000 – 15 Sa 937/00, n.v. Vgl. auch LAG Hess. 11.2.2000 – 2 Sa 979/98, n.v. (Haftung eines Filialleiters eines Lebensmittelhandels für abhanden gekommene Safebags beim Geldtransport durch Kurierdienst) sowie LAG Rh.-Pf. 12.2.2010 – 6 Sa 251/09, n.v.; BAG v. 15.11.2012 – 8 AZR 705/11, AP Nr. 137 zu § 611 BGB Haftung des Arbeitnehmers – zur groben Fahrlässigkeit beim Unfall unter Alkoholeinfluss.
9 BGH v. 8.2.1989 – IVa ZR 57/88, NJW 1989, 1354.
10 BAG v. 20.3.1973 – 1 AZR 337/72, AP Nr. 72 zu § 611 BGB Haftung des Arbeitnehmers; v. 4.5.2006 – 8 AZR 311/05, NZA 2006, 1428 (1430).

scheinsbeweis kommt ihm hierbei nicht zugute.[1] Auch die Beweislastumkehr des § 280 Abs. 1 Satz 2 BGB ist im Bereich der Arbeitnehmerhaftung nicht anzuwenden (§ 619a BGB).[2] Und selbst bei grober Fahrlässigkeit trifft den Arbeitnehmer nach neuer Rechtsprechung nicht mehr stets die volle Haftung.[3] Haftungserleichterungen können aufgrund einer Abwägung aller Umstände des Einzelfalles auch hier Platz greifen, insbesondere wenn der Verdienst des Arbeitnehmers in einem deutlichen Missverhältnis zum Schadensrisiko seiner Tätigkeit steht. Eine allgemeine Haftungsbeschränkung auf maximal drei Bruttomonatsvergütungen kommt aber nicht in Betracht, eine derartige Verallgemeinerung ist laut BAG-Rechtsprechung dem Gesetzgeber überlassen.[4]

Trifft den Arbeitgeber ein **Mitverschulden** an der Entstehung des Schadens, so kann dies zu einer weiteren Minderung seines Schadensersatzanspruchs führen. Ein Mitverschulden des Arbeitgebers kann insbesondere in der Überforderung des Arbeitnehmers, in Fehlern der Organisation, in unzureichender Überwachung der Arbeitnehmer oder in der unterlassenen Versicherung versicherbarer Risiken[5] oder darin liegen, dass der Arbeitgeber einen möglichen Regress bei einem Dritten unterlässt.[6] Die diesbezügliche Beweislast trägt der Arbeitnehmer.[7]

16

Weitere Einschränkungen der Ersatzpflicht können, wenn mehrere Arbeitnehmer für den Schaden verantwortlich sind, aus der Fürsorgepflicht des Arbeitgebers resultieren. Diese kann im Einzelfall das grundsätzlich nach § 421 Satz 1 BGB bestehende Wahlrecht des Arbeitgebers, nach seinem Belieben von einem der Gesamtschuldner die gesamte Leistung zu verlangen, dahingehend beschränken, dass der Schaden nach den Verursachungsbeiträgen und dem Maß des Verschuldens der einzelnen Schädiger angemessen zu verteilen ist.[8]

16a

Wird der Arbeitnehmer von einem Dritten auf Schadensersatz in Anspruch genommen, so hat er gegen den Arbeitgeber einen **Freistellungsanspruch**, der sich in Be-

17

---

1 BAG v. 20.3.1973 – 1 AZR 337/72, AP Nr. 72 zu § 611 BGB Haftung des Arbeitnehmers.
2 So schon zum alten Recht BAG v. 30.8.1966 – 1 AZR 456/65, NJW 1967, 269; v. 13.3.1968 – 1 AZR 362/67, v. 7.7.1970 – 1 AZR 507/69, AP Nrn. 42, 58, 59 zu § 611 BGB Haftung des Arbeitnehmers.
3 BAG v. 12.10.1989 – 8 AZR 276/88, NZA 1990, 97; v. 12.11.1998 – 8 AZR 221/97, NZA 1999, 263; v. 18.1.2007 – 8 AZR 250/06, AP Nr. 15 zu § 254 BGB m. Anm. *Möller*, AuA 2007, 630; v. 15.11.2012 – 8 AZR 705/11, AP Nr. 137 zu § 611 BGB Haftung des Arbeitnehmers.
4 BAG v. 15.11.2012 – 8 AZR 705/11, AP Nr. 137 zu § 611 BGB Haftung des Arbeitnehmers mit abweichender Anmerkung *Chipkovenska*, ZBVR online 2014, Nr. 2, 21; a.A. noch die Vorinstanz LAG München v. 27.7.2011 – 11 Sa 319/11.
5 Vgl. etwa BAG v. 18.6.1970 – 1 AZR 520/69, NJW 1970, 1861, v. 7.7.1970 – 1 AZR 507/69, AP Nrn. 57, 59 zu § 611 BGB Haftung des Arbeitnehmers; v. 16.2.1995 – 8 AZR 493/93, NZA 1995, 565 zur Frage der Obliegenheit des Arbeitgebers; für eine angemessene Versicherung versicherbarer Risiken vgl. Schaub/*Linck*, § 59 Rz. 63 und ausführlich im Zusammenhang mit Kfz-Schäden → *Haftung für Kfz-Schäden*, II H 30.
6 LAG Köln v. 19.9.2006 – 9 Sa 481/06, PersV 2007, 412; einschränkend jedoch LAG Köln v. 3.8.2005 – 7 Sa 1459/04, EzA-SD 2006, Nr. 6, 7.
7 Kittner/Zwanziger/Deinert/*Lakies*, Arbeitsrecht, § 62 Rz. 54.
8 LAG München v. 22.5.2006 – 2 Sa 1110/05, AuA 2006, 615.

stand und Höhe nach denselben Grundsätzen richtet.[1] Haftungsfreizeichnungen, die der Arbeitgeber mit einem Vertragspartner vereinbart hat, greifen im Zweifel auch für den Arbeitnehmer.[2]

bb) Haftungsverschärfende Klauseln

⊃ **Nicht geeignet:**

a) Der Arbeitnehmer haftet für alle von ihm schuldhaft verursachten Schäden. Für die Übernahme dieses Risikos wird eine monatliche Prämie von ... % des durchschnittlichen Bruttomonatslohnes der letzten drei Monate gewährt, die mit dem Gehalt zur Auszahlung kommt.

b) Der Arbeitnehmer haftet – unabhängig vom Grad seines Verschuldens – für sämtliche von ihm in Ausführung seiner betrieblichen Tätigkeit angerichteten Schäden bis zur Höhe von ... Euro.

18 Im Gegensatz zu den zuvor behandelten deklaratorischen Hinweisklauseln lässt der Wortlaut der beiden vorliegenden Klauseln („für alle", „unabhängig vom Grad seines Verschuldens") auf den Willen der Vertragsparteien schließen, das Prinzip der vollen Verschuldenshaftung (§ 276 Abs. 1 BGB) als verbindlichen Haftungsmaßstab festzuschreiben.

19 Es stellt sich daher die **Frage nach der Dispositivität der Haftungsgrundsätze des BAG**. Jedenfalls soweit es um anerkannte Kernpunkte der Haftungsprivilegierung geht – wie z.B. die Haftungsfreistellung bei leichtester Fahrlässigkeit – wird die Rechtsprechung in der Literatur für zwingend erachtet.[3] Nach der BAG-Rechtsprechung sind die aus einer entsprechenden Anwendung des § 254 BGB folgenden Regeln über die Haftung im Arbeitsverhältnis einseitig zwingendes Arbeitnehmerschutzrecht. Von ihnen soll weder einzel- noch kollektivvertraglich zulasten der Arbeitnehmer abgewichen werden können.[4] Eine unzulässige Abweichung wäre offensichtlich, wenn eine Haftung des Arbeitnehmers für jede Fahrlässigkeit oder sogar ohne Verschulden vereinbart würde. Eine Abweichung zulasten des Arbeitnehmers läge aber auch vor, wenn dem Arbeitnehmer Verhaltenspflichten auferlegt

---

1 Zur Fälligkeit des Freistellungsanspruchs und deren Bedeutung für (tarif-)vertragliche Ausschlussfristen BAG v. 25.6.2009 – 8 AZR 236/08, AP Nr. 40 zu § 70 BAT; zum Freistellungsanspruch im Allgemeinen vgl. Otto/*Schwarze*/Krause, Haftung des Arbeitnehmers, § 16 Rz. 21 ff.; *Gross/Wesch*, NZA 2008, 849 (850 f.).
2 Vgl. LAG Schl.-Holst. v. 6.3.2014 – 4 Sa 295/13.
3 *Walker*, FS Canaris, 2007, S. 1503 (1511 ff.); *Schwerdtner*, FS Hilger/Stumpf, 1983, S. 644; Schaub/*Linck*, § 59 Rz. 67; CKK/*Krause*, vor § 307 BGB Rz. 9; *Hümmerich*, Arbeitsrecht, § 1 Rz. 109. A. A. mit beachtlichen Gründen *Preis*, Vertragsgestaltung, 1993, S. 464 f. und *Gotthardt*, Arbeitsrecht nach der Schuldrechtsreform, 2. Aufl. 2003, Rz. 195. Ihrer Ansicht nach handelt es sich bei der Haftungsprivilegierung um eine vom Gesetzgeber anerkannte Fortbildung des dispositiven privatrechtlichen Haftungsrechts. Die Folge wäre, dass die Frage der zulässigen Abweichung im Rahmen des § 307 BGB beantwortet werden müsste. Die Unterschiede beider Standpunkte in den praktischen Ergebnissen dürften eher gering sein (vgl. *Lakies*, AR-Blattei SD 35 Rz. 327: „marginal").
4 BAG v. 17.9.1998 – 8 AZR 175/97, NZA 1999, 141 (144); v. 2.12.1999 – 8 AZR 386/98, NZA 2000, 715 (716); v. 5.2.2004 – 8 AZR 91/03, NZA 2004, 649; abw. *Jacklofsky*, NZA 2001, 644 ff., die von der Tarifdispositivität der richterrechtlichen Grundsätze zur Beschränkung der Arbeitnehmerhaftung ausgeht.

würden, die dazu führten, dass der für eine Haftung erforderliche Verschuldensgrad sich nur noch auf die Verletzung der Verhaltenspflicht und nicht mehr auf die Schädigung und damit den Handlungserfolg bezöge. Generell wird man auch individualvertragliche Gestaltungen, die die Beweislast abweichend von § 619a BGB verteilen, für unzulässig halten müssen. Für Formularverträge folgt Gleiches bereits aus § 309 Nr. 12 BGB.[1]

Allerdings wird man das BAG nicht so verstehen dürfen, dass Modifikationen der Haftungslage des Arbeitnehmers a priori ausgeschlossen sein sollen. Vielmehr kommt es – wie die neuere Rechtsprechung zur Mankohaftung zeigt – darauf an, ob die jeweilige Haftungsregelung das **generelle Schutzniveau** des innerbetrieblichen Schadensausgleichs nicht unterschreitet.[2] Der Blick darf also nicht auf punktuelle, für den Arbeitnehmer nachteilige Abweichungen von den Grundsätzen des innerbetrieblichen Schadensausgleichs verengt werden. Vielmehr bedarf es einer Gesamtbetrachtung, die auch etwaige **kompensatorische Elemente** der Regelung einbezieht. Entscheidend ist, dass im wirtschaftlichen Ergebnis keine Verschärfung der beschränkten Arbeitnehmerhaftung eintritt.[3] Auch die Rechtsprechung zur → *Haftung des Arbeitgebers*, II H 10 legt ein solches Verständnis nahe. Das BAG hat hier den Rechtssatz aufgestellt, dass eine Verschiebung des Haftungsrisikos zulasten des Arbeitnehmers dann zulässig ist, wenn dem Arbeitnehmer im Gegenzug ein entsprechender und als solcher klar ausgewiesener **Risikoausgleich** gewährt wird.[4] Nicht konnexe Vergünstigungen – z.B. zusätzliche Urlaubstage – bleiben hierbei jedoch außen vor. Die Möglichkeit, einen Dienstwagen im Rahmen des Arbeitsverhältnisses auch für Privatfahrten nutzen zu können, rechtfertigt es nach einer Entscheidung des BAG nicht, den Arbeitnehmer bei Beschädigung des Wagens im Rahmen betrieblich veranlasster Fahrten für jede Form der Fahrlässigkeit haften zu lassen.[5] Die private Nutzungsmöglichkeit sei vielmehr grundsätzlich eine zusätzliche Gegenleistung für die geschuldete Arbeitsleistung. Erhebliche Schwierigkeiten dürfte in der Praxis die Bestimmung der angemessenen Höhe des Risikozuschlages bereiten. Ob bspw. die prozentuale Risikoprämie der ersten Beispielsklausel das erhöhte Haftungsrisiko in etwa ausgleicht, kann nur im Wege einer ein-

20

---

1 *Lakies*, Inhaltskontrolle von Arbeitsverträgen, Rz. 669; MSG/*Künzl*, 230 Rz. 25; differenzierend *Henssler/Moll*, AGB-Kontrolle, S. 95, die eine solche Beweislastverschärfung nur in AGB für unzulässig halten.
2 Zustimmend *Lakies*, Inhaltskontrolle von Arbeitsverträgen, Rz. 709; BLDH/*Lingemann*, Kap. 2 Rz. 108; MüKo/*Henssler*, § 619a BGB Rz. 13; ausführlich *Schumacher*, Haftung des Arbeitnehmers, S. 176; in diesem Sinne auch *Krause*, Anm. AP Nr. 3 zu § 611 BGB Mankohaftung und *Deinert*, RdA 2000, 33; vgl. auch, allerdings zu einer nach dem Schadensfall geschlossenen Vereinbarung, LAG Rh.-Pf. v. 15.12.2006 – 3 Sa 708/06, n.v.; a.A. v. 16.11.2006 – 11 Sa 665/06, n.v.
3 HR/*Borgmann*, Kap. 1 Rz. 2268; *Krause*, Anm. AP Nr. 3 zu § 611 BGB Mankohaftung; *Lakies*, AR-Blattei SD 35 Rz. 328; HWK/*Gotthardt*, Anh. §§ 305–310 BGB Rz. 1; strenger hingegen DBD/*Däubler*, Einl. Rz. 106f.
4 BAG v. 8.5.1980 – 3 AZR 82/79, EzA § 670 BGB Nr. 14; v. 17.7.1997 – 8 AZR 480/95, NZA 1997, 1346. Ebenso für die Arbeitnehmerhaftung LAG Hess. v. 5.9.1969 – 7 TaBV 2/69 N, DB 1970, 888 und ArbG Marburg v. 1.7.1969 – Ca 4/69, ArbuSozR 1970, 158 sowie aus der Literatur *Klimke*, DB 1986, 117; *Preis*, Vertragsgestaltung, § 16 III., 80 und zur Mankohaftung des Arbeitnehmers MünchArbR/*Reichold*, § 51 Rz. 75.
5 BAG v. 5.2.2004 – 8 AZR 91/03, NZA 2004, 649f.; vgl. dazu auch *Schumacher*, Haftung des Arbeitnehmers, S. 174f.

gehenden Analyse des Schadensrisikos der betreffenden Tätigkeit ermittelt werden. Im Regelfall dürfte eine derartige Regelung der Inhaltskontrolle kaum standhalten, da in den wenigsten Unternehmen die Auswirkungen von Pflichtverletzungen auf einzelne Arbeitsplätze beschränkt sind und das Schadensrisiko daher kaum hinreichend genau kalkulierbar ist. Auf die sichere Seite begibt sich, wer in Anlehnung an die Rechtsprechung zur Mankohaftung einen Risikoausgleich gewährt und die Haftung in dieser Höhe begrenzt.[1] Ob das aus Arbeitgebersicht attraktiv ist, mag man bezweifeln. Im Ergebnis läuft diese Gestaltung darauf hinaus, dass der Arbeitnehmer eine Chance erhält, durch sorgfältige Arbeit eine zusätzliche Vergütung zu erhalten.[2]

21 Will der Arbeitgeber die Haftung verschärfen, so kann er sich nach Ansicht des LAG Düsseldorf[3] auch dadurch einen gewissen Spielraum eröffnen, dass die **Haftungssumme** von vornherein unabhängig vom Verschuldensgrad **der Höhe nach begrenzt** wird. Eine solche summenmäßige Beschränkung der Haftung sieht z.B. die zweite der beiden o.g. Klauseln vor. Ob diese Haftungsbeschränkung auch vorsätzliche Schädigungen des Arbeitgebers erfasst, erscheint angesichts der AGB-rechtlichen Unklarheitenregelung (§ 305c Abs. 2 BGB) zweifelhaft, dürfte im Ergebnis jedoch wegen § 276 Abs. 3 BGB zu verneinen sein. Gleichwohl sollte den Unsicherheiten durch eine Regelung Rechnung getragen werden, die vorsätzliche Schädigungen ausdrücklich ausnimmt. Im Übrigen gilt die Höchstsummenbegrenzung für alle Formen der Fahrlässigkeit. Im Bereich der groben, u.U. aber auch im Bereich der mittleren Fahrlässigkeit geht diese Haftungsbegrenzung sogar über die richterrechtliche Haftungsprivilegierung hinaus. Andererseits haftet der Arbeitnehmer nach dem insoweit eindeutigen Wortlaut der Klausel schon bei leichtester Fahrlässigkeit. Ob der Vorteil einer summenmäßigen Begrenzung die Erstreckung der Haftung auch auf leichteste Fahrlässigkeit aufwiegt, hängt wiederum von den Umständen des Einzelfalles ab. Auch hier werden oftmals erhebliche Unsicherheiten hinsichtlich der Angemessenheit des Maximalhaftungsbetrages verbleiben. Insofern ist eine Haftungsvereinbarung für leichteste Fahrlässigkeit eher nicht zu empfehlen.

cc) Haftungsmildernde Klauseln

Typ 1: Haftungsmildernde Klauseln

a) Der Arbeitnehmer verpflichtet sich in sinngemäßer Durchführung des Arbeitsvertrages

(1) ...

(2) zur pfleglichen Behandlung der Betriebseinrichtung,

(3) ...

Für Schäden und Nachteile, die sich aus einer grob fahrlässigen oder vorsätzlichen Verletzung der obigen Pflichten ergeben, haftet der Arbeitnehmer.

---

1 MSG/*Jochums*, 400 Rz. 18.
2 Dies konzediert auch MSG/*Jochums*, 400 Rz. 18.
3 LAG Düsseldorf v. 24.11.1965 – 3 Sa 346/65, BB 1966, 80; vgl. auch WLP/*Stoffels*, Anh. zu § 310 Rz. 156 und HWK/*Gotthardt*, Anh. §§ 305–310 Rz. 1; strenger offenbar LAG Köln v. 25.1.2011 – 5 Sa 1291/10, BeckRS 2011, 70015.

b) Der Arbeitnehmer haftet für die von ihm im Rahmen gefahrgeneigter Arbeit verursachten Schäden gemäß den jeweiligen Grundsätzen der Rechtsprechung. Die Haftung ist bei normaler Fahrlässigkeit auf ein Bruttomonatsgehalt, bei grober Fahrlässigkeit auf drei Bruttomonatsgehälter beschränkt.

c) Der Arbeitnehmer haftet dem Arbeitgeber für die von ihm bei betrieblichen Tätigkeiten vorsätzlich oder grob fahrlässig verursachten Schäden. Die Haftung des Arbeitnehmers bei grober Fahrlässigkeit ist auf drei Bruttomonatsgehälter beschränkt.

In der Praxis ist oftmals zu beobachten, dass Arbeitgeber etwa mit Rücksicht auf den Betriebsfrieden oder aus sozialen Gesichtspunkten **von einer Inanspruchnahme des ersatzpflichtigen Arbeitnehmers ganz oder teilweise absehen**. Das oben beschriebene Haftungsmodell gibt mithin nur die mögliche, nicht jedoch die im Arbeitsleben tatsächlich praktizierte Haftungsverteilung wieder. Freilich hat der Arbeitnehmer im Regelfall keine Gewissheit, dass der Arbeitgeber auch in seinem Fall Zurückhaltung üben wird; Ausnahmen sind allenfalls denkbar aufgrund des Gleichbehandlungsgrundsatzes. Mitunter kommt es aber auch vor, dass der Verzicht auf die Ausschöpfung des rechtlichen Haftungsrahmens bereits im Arbeitsvertrag ausgesprochen wird, der Arbeitgeber sich mithin eine entsprechende vertragliche Selbstbindung auferlegt. Solche **vertraglichen Haftungsbeschränkungen** sind in verschiedener Hinsicht denkbar. 22

Zum einen kann der **Haftungsmaßstab zugunsten des Arbeitnehmers verändert** werden. Hierfür steht beispielhaft Klauseltyp 1a. Diese Klausel orientiert sich dabei augenscheinlich an der Rechtsprechung des BAG aus dem Jahre 1983. Der damals für Fragen der Arbeitnehmerhaftung zuständige 7. Senat war in mehreren Urteilen[1] von der zuvor praktizierten Haftungsdreiteilung abgegangen und hatte einer Zweiteilung in der Form den Vorzug gegeben, dass den mit gefahrgeneigten Tätigkeiten beschäftigten Arbeitnehmer eine Haftung nur bei Vorsatz und grober Fahrlässigkeit treffe. Diese Rechtsprechung wurde zwar bereits wenige Jahre später durch den nunmehr zuständigen 8. Senat[2] wieder auf den alten Stand zurückgeführt. In der Kautelarpraxis ist – wie Klauseltyp 1a zeigt – der günstigere Haftungsmaßstab des 7. Senats in nicht wenigen Fällen gleichwohl beibehalten worden. Hiergegen bestehen allenfalls insoweit Bedenken, als der Arbeitnehmer bei grober Fahrlässigkeit nicht – wie nach den in Rz. 15 mitgeteilten Grundsätzen der Rechtsprechung – nur in aller Regel, sondern immer haften soll. Diese geringfügige Haftungsverschärfung dürfte jedoch angesichts des in der Klausel zum Ausdruck kommenden Verzichts auf eine Inanspruchnahme bei (leicht) fahrlässiger Schadenszufügung angemessen kompensiert sein. Im Übrigen spricht dieser Befund für eine hohe Akzeptanz der Haftungszweiteilung und/oder für eine Unsicherheit der Arbeitgeber hinsichtlich des dauerhaften Bestandes der Haftungsdreiteilung. 23

Eine weitere Möglichkeit, die Haftung des Arbeitnehmers im Vorhinein zu begrenzen, liegt in der Festlegung von **Haftungshöchstsummen** nach Art des Klauseltyps 1b. Summenmäßige Begrenzungen sind vor allem für solche Arbeitnehmer wichtig, 24

---

1 BAG v. 23.3.1983 – 7 AZR 391/79, NJW 1983, 1693; v. 21.10.1983 – 7 AZR 488/80, NZA 1984, 83; vgl. auch § 26 Abs. 1 des Kommissionsentwurfes für ein Arbeitsgesetzbuch – Allgemeines Arbeitsvertragsrecht.
2 BAG v. 24.11.1987 – 8 AZR 524/82, NZA 1988, 579.

die es im Rahmen ihrer betrieblichen Tätigkeit mit erheblichen Werten zu tun haben, sich mithin dem Risiko existenzbedrohender Schadensersatzforderungen ausgesetzt sehen. Die Beschränkung hat zwar zur Folge, dass ein vollständiger Schadensausgleich mitunter nicht stattfinden wird. Eine zu starke Vernachlässigung der Präventionsfunktion[1] dürfte gleichwohl nicht zu befürchten sein, jedenfalls dann nicht, wenn – wie in Klauseltyp 1b – den Arbeitnehmer immerhin noch eine Maximalhaftung von einem Bruttomonatsgehalt bei normaler bzw. drei Bruttomonatsgehältern bei grober Fahrlässigkeit trifft und vorsätzliche Schadenszufügungen weiterhin die volle Haftung auslösen.

25 Der Arbeitgeber kann auch hinsichtlich aller betrieblichen Tätigkeiten die **Milderung des Haftungsmaßstabes und eine Haftungssummenbeschränkung kombinieren** (vgl. Klauseltyp 1c). Dies wäre die für den Arbeitnehmer günstigste und für den Arbeitgeber risikoloseste Regelung.

dd) Haftungsvereinbarungen für leitende Angestellte

⊃ **Nicht geeignet:**
 Herr Dr. ... leistet Ersatz in voller Höhe für alle Schäden, die der Firma aufgrund eines von ihm zu verantwortenden Missstandes in der von ihm geführten Abteilung X entstehen.

26 Teilweise eigenen Regeln folgt die Haftung von Personen, die in der betrieblichen Hierarchie in herausgehobener Stellung Leitungsaufgaben wahrnehmen (**Führungskräfte**).

27 Soweit solche Personen als **Organmitglieder einer Kapitalgesellschaft** oder als **persönlich haftende Gesellschafter einer Personengesellschaft** unternehmerische Funktionen ausüben, stehen sie außerhalb des Arbeitsrechts.[2] Ihre Haftung richtet sich in erster Linie nach gesellschaftsrechtlichen Sondervorschriften.[3] Zu nennen sind vor allem § 93 AktG für die Vorstandsmitglieder einer AG und § 43 GmbHG für den GmbH-Geschäftsführer. Diese organisationsrechtlichen Haftungstatbestände können weder durch Satzung noch durch Vertrag geändert werden.[4] Wohl aber kann sich aus dem Anstellungsverhältnis eine weitere Haftungsgrundlage ergeben, da dem Unternehmensleiter dort nicht selten über die Organpflichten hinausgehende zusätzliche Verantwortung auferlegt wird.[5] Insgesamt unterliegen Organmitglieder einem nicht unerheblichen Haftungsrisiko, und zwar nicht nur gegenüber der Gesellschaft, sondern auch gegenüber einzelnen Gesellschaftern und Gesellschaftsgläubigern.[6]

28 Anders stellt sich hingegen die Haftungssituation **leitender Angestellter** dar, die zwar ebenfalls unternehmerische (Teil-)Aufgaben wahrnehmen, in ihrer Stellung

---

1 Zur Präventionsfunktion der Arbeitnehmerhaftung vgl. *Otto*, Gutachten E zum 56. DJT, S. E 43 ff.
2 MünchArbR/*Richardi*, § 17 Rz. 52 f.
3 Ausführlich zu praktisch relevanten Haftungsgrundlagen *Hübner*, Managerhaftung, 1992; *Bauer*, AuA 2002, 108.
4 *Weber*, Der Anstellungsvertrag des Managers, 1991, S. 51.
5 *Hübner*, Managerhaftung, 1992, S. 2.
6 *Hübner*, Managerhaftung, 1992, S. 2.

jedoch unterhalb der Geschäftsleitungsebene rangieren und von dort aus auch Weisungen entgegennehmen (zum Begriff des leitenden Angestellten vgl. § 5 Abs. 3 BetrVG). Als Arbeitnehmer sind sie grundsätzlich in die soziale Schutzgesetzgebung des Arbeitsrechts einbezogen. Lange Zeit umstritten war allerdings die Frage, ob sich dieser Personenkreis auch auf die Grundsätze der privilegierten Arbeitnehmerhaftung berufen kann. Hier ist zunächst zu beachten, dass leitende Angestellte bei der Ausübung ihrer betrieblichen Leitungsfunktionen im Regelfall einen **selbständigen Beurteilungsspielraum** in Anspruch nehmen können, mithin nicht jede Fehlentscheidung zugleich eine Vertragsverletzung darstellt.[1] Nur wenn dieser Spielraum überschritten ist, stellt sich das Haftungsproblem. Der BGH lehnte zunächst die Erstreckung der Haftungsmilderung auf leitende Angestellte apodiktisch ab.[2] § 26i des Entwurfs eines Arbeitsgesetzbuchs von 1977 ging dagegen immerhin schon von der Geltung der privilegierten Haftung auch für leitende Angestellte aus, sah aber die Möglichkeit einzelvertraglicher Abbedingung vor.[3] Die heute h.M.,[4] der sich auch das BAG[5] angeschlossen hat, sieht im **Ausschluss der leitenden Angestellten von der Haftungserleichterung** eine unzulässige Verallgemeinerung, die auch sachlich **nicht gerechtfertigt** sei. Zu beachten ist in der Tat, dass sich auch leitende Angestellte mitunter in Drucksituationen befinden, von ihnen schnelle Entschlüsse verlangt werden und die Gefahr eines übermäßigen Schadens bestehen kann. Auch die von der neueren Rechtsprechung des BAG favorisierte dogmatische Ableitung der Einschränkungen der Arbeitnehmerhaftung aus den Grundrechten der Arbeitnehmer erlaubt nur schwer eine scharfe Differenzierung zwischen leitenden Angestellten und sonstigen Arbeitnehmern. All dies sind Umstände, die auch bei leitenden Angestellten zulasten des Arbeitsgebers gehen müssen.[6]

Eine **generelle vertragliche Überwälzung der Haftung** auch für Fehler unterhalb der Ebene der groben Fahrlässigkeit auf den leitenden Angestellten (s. die obige Klausel) ist daher rechtlich bedenklich. Auch bei leitenden Angestellten sollte von dem Grundsatz ausgegangen werden, dass eine Haftungsverlagerung auf den Angestellten **nur gegen einen entsprechenden Risikoausgleich** möglich ist. Überspannte Anforderungen an diesen Ausgleich sollten jedoch vermieden werden, denn strengere Haftungsvereinbarungen tragen hier immerhin dem Umstand Rechnung, dass leitende Angestellte im Hinblick auf die hohe Verantwortung ihrer Tätigkeit und die ihnen eingeräumten Kompetenzen auch gesteigerten Sorgfaltspflichten unterliegen. Zwar wird man nicht alleine in dem höheren Gehalt eines leitenden Angestellten einen angemessenen Risikoausgleich erblicken können, da sich häufig

---

[1] Vgl. Schaub/*Linck*, § 59 Rz. 3.
[2] BGH v. 25.2.1969 – VI ZR 225/67, VersR 1969, 474; v. 7.10.1969 – VI ZR 223/67, NJW 1970, 34; ebenso *Monjau*, DB 1969, 84.
[3] „Die Haftung von Arbeitnehmern, die ... (es folgt eine Umschreibung des Kreises der leitenden Angestellten) kann auch durch Einzelvertrag verschärft werden. Bei leichter Fahrlässigkeit kann der Richter ausnahmsweise die Ersatzpflicht ermäßigen, soweit sie im Einzelfall wegen der Höhe der Schadenshaftung billigem Ermessen widersprechen würde."
[4] HR/*Borgmann*, Kap. 1 Rz. 2269; *Joussen*, RdA 2006, 129 (131 f.); *Otto/Schwarze/Krause*, Haftung des Arbeitnehmers, § 7 Rz. 1; differenzierend *Pallasch*, RdA 2013, 338; ausführlich *Bröckner*, Nebenpflichten und Haftung von Arbeitnehmern in Führungspositionen, S. 215 ff.
[5] BAG v. 11.11.1976 – 3 AZR 266/75, NJW 1977, 598.
[6] *Gamillscheg/Hanau*, Haftung des Arbeitnehmers, 2. Aufl. 1974, S. 20.

auch der mögliche Schaden auf einer höheren Ebene bewegt. **Ausreichend** dürfte jedoch die **Risikobegrenzung durch eine angemessene Haftungshöchstsumme** sein. Da die oben mitgeteilte Klausel weder eine summenmäßige Haftungsbegrenzung enthält noch einen gesondert ausgewiesenen Risikoausgleich vorsieht, muss ihr letztlich die Anerkennung versagt bleiben.[1]

ee) Parteivereinbarungen für den Fall qualitativer Schlechtleistung

(1) Lohnminderungsvereinbarung

↻ **Nicht geeignet:**

Nicht einwandfreie Arbeitsleistung, die nachweislich auf Verschulden des ...-Angehörigen zurückzuführen ist, wird nicht bezahlt. Hierfür kann unabhängig von der Geltendmachung etwaiger Ersatzansprüche unentgeltlich Ersatzleistung verlangt werden.

Typ 2: Lohnminderungsklausel

Eine Bezahlung der Arbeiten erfolgt nur für fach-, lot- und fluchtgerechte, abnahmefähige Arbeiten. Regelwidrige Arbeit ist durch einwandfreie Nacharbeit auf Kosten des Arbeitnehmers bzw. der Kolonne zu beheben.[2]

(2) Haftungsvereinbarungen

Typ 3: Haftungsvereinbarung

a) Der Arbeitnehmer verpflichtet sich zur korrekten Ausführung seiner ihm aufgetragenen Arbeiten. Bei Nichteinhaltung bzw. bei fahrlässigem Verhalten ist der Arbeitgeber berechtigt, den ihm durch das Arbeitsverhalten begründeten Schaden dem Arbeitnehmer in Rechnung zu stellen und in der darauf folgenden Lohnabrechnung in Abzug zu bringen. Beispiele für Nichteinhaltung und Fahrlässigkeit:

– Lunkerstellen beim Formenbau und Teileproduktion,
– sog. Materialschrumpfungen,
– schlechtes Auftragen und Polieren von Trennmitteln,
– Beschädigung der Formen und Teile durch unsachgemäßes Herstellen der Teile (so genanntes Hängenbleiben), die auf keinem Rohstofffehler basieren.

b) Der Arbeitnehmer verpflichtet sich ...
   (1) ...

---

[1] Vorschlag einer angemessenen Haftungsvereinbarung s. unter Rz. 53.
[2] BAG v. 15.3.1960 – 1 AZR 301/57, AP Nr. 13 zu § 611 BGB Akkordlohn.

(2) zur sorgfältigen Ausführung der übertragenen Arbeiten in einer angemessenen Zeit. Für Schäden und Nachteile, die sich aus einer grob fahrlässigen oder vorsätzlichen Verletzung der obigen Pflichten ergeben, haftet der Arbeitnehmer ...

Neben den zuvor dargestellten allgemeinen Haftungsvereinbarungen für den Fall der Schlechterfüllung finden sich in der betrieblichen Praxis auch **Klauseln, die speziell die sog. qualitative Schlechtleistung des Arbeitnehmers mit einer Sanktionsregelung versehen**. Die qualitative Schlechtleistung des Arbeitnehmers stellt einen **Unterfall der allgemeinen Schlechterfüllung der Arbeitspflicht** dar.[1] Sie ist dadurch gekennzeichnet, dass die Arbeitsleistung in qualitativer Hinsicht hinter dem vertraglich geschuldeten Standard zurückbleibt, insbesondere also das Arbeitsergebnis mit Mängeln behaftet ist. Hierunter fällt **nicht die Verletzung vertraglicher Nebenpflichten bei Erbringung der Arbeitsleistung** (z.B. Beschädigung einer Maschine), denn hierbei ist die eigentliche Arbeitsleistung oftmals nicht zu beanstanden; diese Situation wird von den allgemeinen Haftungsvereinbarungen miterfasst. Abzugrenzen ist die qualitative Schlechtleistung ferner von der **Mangelhaftigkeit der Arbeitsleistung in quantitativer Hinsicht**. Arbeitet der Arbeitnehmer zu langsam, handelt es sich richtiger Ansicht nach schon gar nicht um einen Fall der Schlechtleistung, sondern ebenso wie bei den hiervon nicht zu unterscheidenden eigenmächtigen Arbeitsunterbrechungen um einen solchen der (teilweisen) Nichterfüllung.[2]

Aufgrund des Arbeitsverhältnisses **schuldet der Arbeitnehmer keinen bestimmten Leistungserfolg**, wohl aber eine bestimmte Qualität der Arbeitsleistung.[3] Die spezifischen Anforderungen werden oftmals im Arbeitsvertrag umrissen. Ganz allgemein gilt, dass jeder **Arbeitnehmer verpflichtet** ist, die **Arbeit unter Anspannung der ihm möglichen Fähigkeiten ordnungsgemäß zu verrichten**, d.h. konzentriert und sorgfältig zu arbeiten.[4] Die Rechtsfolgen einer qualitativen Minderleistung ergeben sich auch hier aus den §§ 320 ff. BGB. Die Rechtslage kann freilich nur dann zutreffend erfasst werden, wenn neben der schadensersatzrechtlichen Seite auch die Konsequenzen in vergütungsrechtlicher Hinsicht mit in den Blick genommen werden, zumal sich auch die Sanktionsvereinbarungen der Vertragspraxis in diesem Falle keineswegs auf Schadensersatzregelungen beschränken.

---

1 Von MünchArbR/*Reichold*, § 39 Rz. 25, „Schlechtleistung i.e.S." genannt. Dort auch eingehende Kategorisierung der unterschiedlichen Arten der Schlechterfüllung.
2 Für Qualifizierung als Schlechtleistung: *Hueck/Nipperdey*, Arbeitsrecht I, S. 227; *Dietz/Wiedemann*, JuS 1961, 116. Für die Qualifizierung als Nichtleistung dagegen: *Beuthien*, ZfA 1972, 80; *Fenn*, Anm. AP Nr. 3 zu § 11 MuSchG 1968; Staudinger/*Richardi*, § 611 BGB Rz. 707; einschränkend Schaub/*Linck*, § 52 Rz. 1 f. Auch das BAG hat in seinem Urt. v. 17.7.1970 (3 AZR 423/69, NJW 1971, 111) erhebliche Sympathie für den Gedanken der Teilnichterfüllung erkennen lassen und sich zumindest bei bewusster Zurückhaltung der Arbeitskraft für eine teilweise Versagung des Lohnanspruchs unter dem Gesichtspunkt der unzulässigen Rechtsausübung ausgesprochen.
3 *Motzer*, pVV des Arbeitnehmers, S. 115 ff.
4 BAG v. 14.1.1986 – 1 ABR 75/83, NZA 1986, 435; MünchArbR/*Reichold*, § 39 Rz. 26 f.

32 Nach weit überwiegender Meinung,[1] der sich auch das BAG[2] angeschlossen hat, hat die schuldhafte Schlechtleistung im Gegensatz zur Nichtleistung **keine Minderung des Vergütungsanspruchs** zur Folge. Hierfür spricht vor allem, dass das Dienst- und Arbeitsvertragsrecht keine Gewährleistungshaftung und insbesondere kein Minderungsrecht vorsieht, wie es das Gesetz in anderen Fällen dem Empfänger einer mangelhaften Leistung einräumt (Kauf, Miete, Werkvertrag). Mangels Erfolgsbezogenheit der geschuldeten Leistung kann es sich auch um keinen Fall der Unmöglichkeit handeln.[3]

33 Ob ein **Lohnminderungsrecht des Arbeitgebers** wirksam **arbeitsvertraglich vereinbart** werden kann, erscheint zweifelhaft. Das BAG[4] scheint eine solche Abrede grundsätzlich für zulässig zu erachten, stellt es doch das aus der gesetzlichen Systematik fließende Lohnminderungsverbot unter den Vorbehalt „sofern nichts Abweichendes vereinbart ist". Eine solche Vereinbarung würde jedoch von einem wesentlichen Grundgedanken der gesetzlichen Regelung des Dienst- und Arbeitsvertragsrechts – Erhaltung des Vergütungsanspruchs auch bei nicht vertragsgerechter Leistung – abweichen und damit auch die Schutzfunktion des Arbeitsrechts in einem wichtigen Punkt aushöhlen. Nach § 307 Abs. 2 Nr. 1 BGB wird der Widerspruch zu wesentlichen Grundgedanken der gesetzlichen Regelung, wenn diese einem wesentlichen Schutzbedürfnis des Vertragspartners dienen, im Zweifel als unangemessene Benachteiligung qualifiziert. Hiernach dürfte zumindest die **formularmäßige Festschreibung eines Lohnminderungsanspruchs nicht wirksam** erfolgen können. Unwirksam sind hiernach auf jeden Fall Abreden nach Art der erstgenannten Lohnminderungsklausel, wenn zusätzlich zur Lohnminderung („wird nicht bezahlt") eine Pflicht zur unentgeltlichen Ersatzleistung begründet werden soll und darüber hinaus auch noch Schadensersatzansprüche vorbehalten werden.

34 Dagegen werden Vereinbarungen, nach denen nur mängelfreie Arbeit bezahlt wird, im Bereich der Akkord- und Prämienentlohnung grundsätzlich für zulässig erachtet (vgl. Klauseltyp 2).[5] Dem Arbeitgeber wird das Recht eingeräumt, die geforderte Qualität der Arbeit verbindlich vorzugeben und sich vorzubehalten, nur die diesem Qualitätsmaßstab genügende Arbeit zu entlohnen. Solche Abreden sind in der Tat weniger problematisch, denn anders als beim Zeitlohn ist hier bereits die Art der Vergütung wesentlich stärker am Arbeitsergebnis ausgerichtet. Im Wege der Auslegung der Parteivereinbarung wird sich allerdings im Regelfall kein – im Übrigen rechtlich bedenkliches –[6] verschuldensunabhängiges Lohnminderungsrecht erge-

---

1 *Hueck/Nipperdey*, Arbeitsrecht I, S. 227; *Brox/Rüthers/Henssler*, Arbeitsrecht, 18. Aufl. 2011, Rz. 238; Schaub/*Linck*, § 52 Rz. 5; ErfK/*Preis*, § 619a BGB Rz. 7; *Vogt*, StBW 2012, 235 (236); im Grundsatz auch MünchArbR/*Reichold*, § 39 Rz. 31f., 60; a.A. *Motzer*, pVV des Arbeitnehmers, S. 157ff.; zweifelnd, aber i. E. zustimmend auch *Zöllner/Loritz/Hergenröder*, Arbeitsrecht, S. 220f. und für den Dienstvertrag *Lessmann*, FS E. Wolf, S. 409f.
2 BAG v. 17.7.1970 – 3 AZR 423/69, NJW 1971, 111; v. 6.6.1972 – 1 AZR 438/71, AP Nr. 71 zu § 611 BGB Haftung des Arbeitnehmers; v. 18.7.2007 – 5 AZN 610/07, NZA 2007, 1015.
3 Abweichend von der h.M. jedoch *Motzer*, pVV des Arbeitnehmers, S. 141ff. und *Beuthien*, ZfA 1972, 73ff.
4 BAG v. 17.7.1970 – 3 AZR 423/69, NJW 1971, 111.
5 BAG v. 15.3.1960 – 1 AZR 301/57, AP Nr. 13 zu § 611 BGB Akkordlohn. Ebenso *Brox/Rüthers/Henssler*, Arbeitsrecht, 18. Aufl. 2011, Rz. 238; Schaub/*Linck*, § 52 Rz. 6.
6 Vgl. MünchArbR/*Reichold*, § 39 Rz. 31f.

ben.[1] In manchen Arbeitsverträgen wird das Verschuldensprinzip sogar ausdrücklich festgeschrieben, so in der ersten Lohnminderungsklausel. Dem Arbeitnehmer obliegt dann im Streitfall der Nachweis, dass seine Arbeitsergebnisse der geforderten Qualität entsprechen bzw. ihn an der Mangelhaftigkeit keine Schuld trifft.[2] Die aus § 619a BGB zu Gunsten des Arbeitnehmers resultierenden Beweiserleichterungen finden insoweit keine Anwendung, da nicht über Schadensersatzansprüche, sondern über die Erfüllung der arbeitsvertraglichen Pflichten gestritten wird. Vom Gericht zu klären ist ferner, ob die vorgegebenen Standards realistischen Maßstäben entsprachen und ob Umstände aus der Risikosphäre des Arbeitgebers für das Misslingen des Arbeitsergebnisses mitursächlich geworden sind. Weiterhin ist stets zu prüfen, ob sich der Arbeitnehmer gegenüber einem Schadensersatzbegehren auf die richterrechtlich entwickelten Haftungsmilderungen berufen könnte. Ist dies der Fall, so ist der Arbeitgeber in diesem Umfang an der Ausübung seines Lohnminderungsrechts gehindert. Eine Kumulation von Lohnkürzung und Pflicht zur unentgeltlichen Nacharbeit bzw. zur Übernahme der Kosten der Nacharbeit durch andere Arbeitnehmer (so Klauseltyp 2) ist aber vom BAG[3] nicht beanstandet worden.

Dagegen rechtfertigt der im Verzicht des Gesetzgebers auf eine Gewährleistungshaftung zum Ausdruck kommende Arbeitnehmerschutz nach ganz überwiegender und zutreffender Ansicht[4] keine völlige Freistellung auch von **Schadensersatzansprüchen des Arbeitgebers**. D. h. der Arbeitnehmer hat grundsätzlich für alle durch seine schuldhafte Minderleistung verursachten Schäden nach § 280 BGB – im Einzelfall je nach Art des eingetretenen Schadens auch nach § 281 BGB – aufzukommen. Der zu ersetzende **Schaden** kann sich aus einer Vielzahl von Einzelpositionen zusammensetzen (Materialverluste, Produktionsverzögerungen etc.) und liegt im Allgemeinen gesagt in der Differenz zwischen dem wirtschaftlichen Nutzen pflichtgemäßer und fehlerhafter Arbeitsleistung. Eine sachangemessene Begrenzung der Haftung für den bloßen Minderwert der Arbeitsleistung dürfte sich durch die **analoge Heranziehung der Grundsätze der privilegierten Arbeitnehmerhaftung** erzielen lassen, die ja für Schäden an den sonstigen geschützten Rechtsgütern des Arbeitgebers ohnehin gelten.[5] Ein genereller Haftungsausschluss mit der Folge, dass sich der Arbeitnehmer selbst bei vorsätzlicher und grob fahrlässiger Minderleistung keiner Regresspflicht ausgesetzt sähe, ließe sich nicht rechtfertigen.[6]

35

Der Arbeitgeber kann mit seinem Schadensersatzanspruch gegen Vergütungsansprüche **im Rahmen der Pfändungsgrenzen (§ 394 Satz 1 BGB i.V.m. §§ 850 ff.**

36

---

1 Auch das BAG (v. 15.3.1960 – 1 AZR 301/57, AP Nr. 13 zu § 611 BGB Akkordlohn) geht offensichtlich davon aus, dass nur schuldhaftes Misslingen zur Lohnkürzung führen soll.
2 Schaub/*Linck*, § 52 Rz. 6; *Rinck* in Tschöpe, Arbeitsrecht, Teil 2 A Rz. 174.
3 BAG v. 15.3.1960 – 1 AZR 301/57, AP Nr. 13 zu § 611 BGB Akkordlohn; dem folgend HR/*Borgmann*, Kap. 1 Rz. 2272.
4 BAG v. 17.7.1970 – 3 AZR 423/69, NJW 1971, 111; BGH v. 7.12.1987 – II ZR 206/87, ZIP 1988, 568; *Ullrich*, NJW 1984, 585 ff.; *Lieb/Jacobs*, Arbeitsrecht, Rz. 198 ff.; vgl. Schaub/ *Linck*, § 52 Rz. 8.
5 *Lieb/Jacobs*, Arbeitsrecht, Rz. 198 (219); ähnlich auch *Beuthien*, ZfA 1972, 73 ff., der zwischen arbeitstypischen und arbeitsatypischen Fehlleistungen unterscheiden will.
6 *Beuthien*, ZfA 1972, 76.

ZPO) aufrechnen.[1] Der Aufrechnungsausschluss des § 394 Satz 1 BGB greift nur dann nicht ein, wenn die Gegenforderung des Arbeitgebers auf einer vorsätzlichen Schadenszufügung beruht, da dann die Berufung des Arbeitnehmers auf diese Schutzvorschrift rechtsmissbräuchlich ist.[2]

37 Im Ergebnis läuft die Aufrechnung mit Schadensersatzansprüchen ebenfalls auf eine Vergütungsminderung hinaus. Der wesentliche **Unterschied zum abgelehnten Vergütungsminderungsrecht** besteht jedoch in dreierlei: Erstens zwingt die schadensersatzrechtliche Lösung zur Beachtung der Pfändungsgrenzen; es gelten zweitens die Grundsätze der privilegierten Arbeitnehmerhaftung; und drittens haftet der Arbeitnehmer nur, wenn seine mangelhafte Leistung auch tatsächlich zu einem Schaden geführt hat. Vor diesem Hintergrund sind die beiden beispielhaft aufgeführten Haftungsvereinbarungen wie folgt zu beurteilen:

38 Klauseltyp 3a dürfte vor allem die Aufgabe zugedacht sein, den Arbeitnehmer zu sorgfältigem Arbeiten anzuhalten. Dazu wird vorab noch einmal ausdrücklich auf die jedem Arbeitnehmer obliegende allgemeine Pflicht hingewiesen, die übertragenen Aufgaben korrekt auszuführen. Sodann folgt der Hinweis auf mögliche haftungsrechtliche Konsequenzen bei Verletzung dieser allgemeinen Sorgfaltspflicht, wobei dem Arbeitnehmer die haftungsauslösenden Tatbestände durch mehrere speziell auf seine Tätigkeit bezogene Beispiele veranschaulicht werden. Mangels einer eindeutigen Klarstellung wird man hier nicht davon ausgehen können, dass eine Abbedingung der richterrechtlich entwickelten Haftungserleichterungen von den Parteien gewollt war. Angesichts der im Vordergrund stehenden **Hinweisfunktion** der Klausel hätte ein solches konstitutives Element deutlicher herausgestellt werden müssen (dazu Rz. 5ff.). Folglich ist auch hier im Einzelfall zu prüfen, ob und wieweit zugunsten des Arbeitnehmers **Haftungsmilderungen** Platz greifen. Ferner ist im Rahmen der vorbehaltenen Aufrechnung („in der darauf folgenden Lohnabrechnung in Abzug bringen") – wenngleich ebenfalls nicht ausdrücklich genannt – die **Aufrechnungsschranke des § 394 Satz 1 BGB** zu beachten. Eine Abbedingung dieser Schuldnerschutzbestimmung wäre im Übrigen auch nicht zulässig.[3]

39 Ein für den Arbeitnehmer günstigerer Haftungsmaßstab findet sich in Klauseltyp 3b. Die **Beschränkung der Haftung auf Vorsatz und grobe Fahrlässigkeit** entspricht der ehemaligen Rechtsprechung des 7. Senats des BAG[4] und wird hier sogar ohne Rücksicht auf die Gefahrgeneigtheit der zum Schaden führenden Tätigkeit zum generellen Maßstab erhoben.

b) Haftung bei Nichterfüllung

40 Von der Schlechtleistung zu unterscheiden ist der Fall, dass der **Arbeitnehmer seiner Arbeitspflicht zeitweise oder dauernd überhaupt nicht nachkommt** (sog. Nicht-

---

1 BAG v. 17.7.1970 – 3 AZR 423/69, NJW 1971, 111; Schaub/*Linck*, § 52 Rz. 8. Auch Befürworter eines Lohnminderungsrechts wie *Beuthien*, ZfA 1972, 74 und *Motzer*, pVV des Arbeitnehmers, S. 217ff., wollen die Pfändungsgrenzen als Schranke der Lohnminderung heranziehen.
2 Palandt/*Grüneberg*, § 394 BGB Rz. 2.
3 Palandt/*Grüneberg*, § 394 BGB Rz. 1.
4 BAG v. 23.3.1983 – 7 AZR 391/79, NJW 1983, 1693; v. 21.10.1983 – 7 AZR 488/80, NZA 1984, 83.

leistung).¹ Die Rechtsfolgen richten sich hier nach den allgemeinen Vorschriften, also §§ 275 Abs. 4, 280 und 283 BGB, sowie nach den Vorschriften über die Nichterfüllung gegenseitiger Verträge (§§ 320ff. BGB).² Dabei ist zu beachten, dass bei allen zeit- und betriebsgebundenen Arbeitsleistungen die Erbringung zu bestimmter Zeit grundsätzlich so wesentlich ist, dass die Verzögerung der **Unmöglichkeit** (§ 275 Abs. 1 BGB) gleichzusetzen ist.³ Hat der Arbeitnehmer die Nichtleistung zu vertreten, so steht dem Arbeitgeber zunächst das Recht zu, nach § 326 Abs. 1 BGB die Zahlung der Vergütung im Umfang der versäumten Arbeitsleistung zu verweigern. Darüber hinaus werden dem Arbeitgeber durch den Ausfall der Arbeitskraft vielfach weitere Schäden entstehen, für die er den Arbeitnehmer grundsätzlich nach §§ 280 Abs. 1, 3, 283 BGB haftbar machen kann.

aa) Haftungsabreden für den Fall des Vertragsbruchs

Typ 4: Vertragsbruchsklauseln

Schadensersatz bei vorzeitiger Beendigung

Wird das Ausbildungsverhältnis nach Ablauf der Probezeit vorzeitig gelöst, so kann die Firma oder der/die Auszubildende Schadensersatz verlangen, wenn der andere den Grund für die Auflösung zu vertreten hat. Das gilt nicht bei der Kündigung wegen Aufgabe oder Wechsels der Ausbildung.

⊃ **Nicht geeignet:**
(1) Das Verlassen oder Nichtantreten der Arbeit ohne Einhaltung der gesetzlichen, tariflichen oder einzelvertraglichen Kündigungsfrist oder ohne wichtigen Grund verpflichtet zum Ersatz des durch den Arbeitsvertragsbruch entstandenen Schadens.
(2) Anstelle des vollen Schadensersatzes kann der Arbeitgeber ohne Nachweis eines konkreten Schadens eine Entschädigung in Höhe von 25 % der Bruttomonatsbezüge verlangen. Weiter gehende Ansprüche sind dann ausgeschlossen.

Die beiden Klauseln behandeln einen Unterfall der Nichtleistung, den sog. **Arbeitsvertragsbruch**. Hier erfolgt die rechtswidrige und schuldhafte Nichtbringung der versprochenen Dienste in der Absicht, das Arbeitsverhältnis endgültig zu lösen.⁴ 41

In diesem Falle kann der Arbeitgeber Ersatz aller infolge des Ausfalls erlittenen Schäden verlangen. Er kann den vertragsbrüchigen Arbeitnehmer aber auch ohne Weiteres fristlos entlassen, ohne sich dabei in schadensersatzrechtlicher Hinsicht 42

---

1 Hierzu ausführlich *Otto/Schwarze/Krause*, Haftung des Arbeitnehmers, § 6 Rz. 3ff.
2 *Hueck/Nipperdey*, Arbeitsrecht I, S. 133; *Zöllner/Loritz/Hergenröder*, Arbeitsrecht, S. 132; MünchKommBGB/*Ernst*, § 323 Rz. 13f. i.V.m. *Emmerich*, ebenda § 320 BGB Rz. 23f.
3 *Zöllner/Loritz/Hergenröder*, Arbeitsrecht, S. 211f.; *Vogt*, StBW 2012, 235; Zum Fixschuldcharakter vgl. auch BAG v. 17.3.1988 – 2 AZR 576/87, NZA 1989, 261 sowie *Motzer*, pVV des Arbeitnehmers, S. 125, *Beuthien*, RdA 1972, 22f. und *Stoffels*, Vertragsbruch des Arbeitnehmers, 1994, S. 107ff.; kritisch *Nierwetberg*, BB 1982, 995 und *von Stebut*, RdA 1985, 69.
4 Zum Begriff des Arbeitsvertragsbruchs *Stoffels*, Vertragsbruch des Arbeitnehmers, Erster Teil.

etwas zu vergeben (vgl. § 628 Abs. 2 BGB und § 23 Abs. 1 Satz 1 BBiG).[1] In beiden Fällen richtet sich das **Maß des Schadensersatzes** nach § 249 BGB. Zu beachten ist, dass die Einstandspflicht des Arbeitnehmers nach nahezu einhelliger Meinung[2] in zeitlicher Hinsicht von vornherein mit Rücksicht auf die Möglichkeit einer regulären Beendigung des Arbeitsverhältnisses eingeschränkt ist. Auch der Gesichtspunkt des rechtmäßigen Alternativverhaltens ist zu berücksichtigen. So kann der vertragsuntreue Arbeitnehmer auf Ersatz entstandener Inseratskosten für die Suche eines Nachfolgers nur in Anspruch genommen werden, wenn der Arbeitgeber nachzuweisen vermag, dass die Kosten im Falle eines regulären Ausscheidens hätten vermieden werden können.[3] Wird die ausgefallene Arbeit von höher bezahlten Arbeitskollegen oder vom Arbeitgeber selbst übernommen, gilt die Differenz zum Gehalt des Vertragsbrüchigen als Schaden.[4] Der Arbeitgeber kann ferner das Fehlschlagen aufgewendeter Aus- oder Fortbildungskosten[5] sowie den Verlust des Konkurrenzschutzes[6] in Ansatz bringen. Im Einzelnen ist die Berücksichtigungsfähigkeit der verschiedenen Schadensposten sowie die genaue Berechnung der Schadenshöhe umstritten.[7]

43 Große Schwierigkeiten bereitet auch der Schadensnachweis. Aus diesem Grunde begegnet man in der Vertragspraxis besonders häufig Klauseln, die auf eine Vereinfachung im Sinne einer **Pauschalierung** zielen. Um eine solche Schadenspauschalierungsabrede handelt es sich bei der zweiten Klausel, der aufgrund der fehlenden Möglichkeit des Gegenbeweises die Wirksamkeit nach § 309 Nr. 5 lit. b BGB abzusprechen ist. Ähnliche Wirkungen lassen sich aber durch die Vereinbarung von Vertragsstrafen erzielen. All diese Klauseln werden hier im Hinblick auf ihre besondere rechtliche Problematik jeweils unter einem eigenen Stichwort behandelt (→ Schadenspauschalierungsabreden, II S 20; → Vertragsstrafen, II V 30).

44 Ansonsten finden sich in Arbeitsverträgen allenfalls **deklaratorische Haftungsabreden** nach Art des Klauseltyps 4. Hervorzuheben ist, dass in Berufsausbildungsverhältnissen gemäß § 12 Abs. 2 Nr. 2 und 4 BBiG Vereinbarungen über Vertragsstrafen und Schadensersatzpauschalen unzulässig sind. Die Arbeitsvertragsparteien haben hier mithin gar keine andere Wahl, als eine am gesetzlichen Verschuldensmaßstab des § 276 Abs. 1 BGB orientierte Schadensersatzregelung zu treffen. Durch solche Klauseln wird dem Auszubildenden bzw. dem Arbeitnehmer immerhin vor Augen geführt, dass er im Falle eines Vertragsbruchs u.a. mit schadensersatzrechtlichen Konsequenzen zu rechnen hat.

---

1 Ausführlich zu diesen Vorschriften *Gessert*, Schadensersatz nach Kündigung, 1987.
2 BAG v. 14.9.1984 – 7 AZR 11/82, NZA 1985, 25; v. 18.12.2008 – 8 AZR 81/08, NZA-RR 2009, 519; MünchKommBGB/*Henssler*, § 628 Rz. 83f.; *Hanau*, Kausalität der Pflichtwidrigkeit, 1971, S. 159f.; *Stoffels*, Vertragsbruch des Arbeitnehmers, S. 133ff.; Staudinger/*Preis*, § 628 BGB Rz. 46.
3 So nach langer und kontroverser Diskussion BAG v. 26.3.1981 – 3 AZR 485/78, NJW 1981, 2430 und v. 23.3.1984 – 7 AZR 37/81, NZA 1984, 122, jeweils auch mit Angaben zum Schrifttum.
4 Erman/*Edenfeld*, § 611 BGB Rz. 334.
5 *Stoffels*, Vertragsbruch des Arbeitnehmers, S. 142ff.
6 BAG v. 9.5.1975 – 3 AZR 352/74, NJW 1975, 1987.
7 Hierzu vor allem *Lieb*, JZ 1971, 361f. und *Berkowsky*, DB 1982, 1772 sowie, eine generelle Höchstgrenze für Vertragsstrafen in diesem Bereich verneinend, BAG v. 25.9.2008 – 8 AZR 717/07, NZA 2009, 370.

bb) Haftungsabreden bei zeitweiser Nichterfüllung

Typ 5: Nichterfüllungsklauseln

Der Mitarbeiter hat für alle Schäden aufzukommen, die der Firma infolge unentschuldigten Fehlens entstehen.

Probleme bereitet in der Praxis nicht nur die eklatante Verletzung der Arbeitspflicht durch Vertragsbruch, sondern darüber hinaus in besonderem Maße auch die **zeitweise Nichterfüllung der Arbeitspflicht**. Zu denken ist dabei u.a. an die Tatbestände des unentschuldigten Fehlens (Blaumachen), der unberechtigten Arbeitsunterbrechung, der eigenmächtigen Beurlaubung sowie der unberechtigten Arbeitsverweigerung. Auch hier können dem Arbeitgeber jeweils nicht unerhebliche Schäden entstehen. Für diese kann er den Arbeitnehmer ersatzpflichtig machen, wenn sie sich im konkreten Falle belegen lassen und der Arbeitnehmer die Nichterbringung der Arbeitsleistung **zu vertreten** hat. Letzteres ist nicht der Fall, wenn der Arbeitnehmer urlaubs- oder krankheitsbedingt fehlt. Auch macht sich der Arbeitnehmer nicht ohne Weiteres schadensersatzpflichtig, wenn er infolge eigenen Verschuldens arbeitsunfähig wird.[1] Freilich begegnet man solchen Verfehlungen im Ordnungsbereich in der Praxis zumeist auf andere Weise, nämlich mit den Instrumenten der Abmahnung, der Kündigung und ggf. der Betriebsbuße. Auf die zeitweise unberechtigte Nichterfüllung bezogene Sanktionsvereinbarungen sind eher selten. Meist handelt es sich dann um Vertragsstrafenversprechen (→ *Vertragsstrafen*, II V 30). Haftungsabreden nach Art der o.g. Klausel Typ 5 sind die Ausnahme. Sie gehen dann – wie Klauseltyp 5 – vom gesetzlichen Haftungsmaßstab aus, haben also wiederum für den Arbeitnehmer nur **Hinweischarakter**. Haftungsmilderungen in Anlehnung an die Rechtsprechung zur gefahrgeneigten Arbeit sind im Bereich der Nichterfüllungshaftung in der Vergangenheit generell nicht diskutiert worden und bislang auch in der Vertragspraxis nicht zu Tage getreten. Ein vom Normalen abweichender Haftungsmaßstab wird hier offensichtlich nicht für notwendig erachtet, zumal ein gewisser Schutz aus § 254 Abs. 2 Satz 1 BGB resultiert, wenn der Arbeitnehmer außergewöhnlich hohe Schäden ausgleichen soll. Daher dürfte auch die Aufgabe des Kriteriums der Gefahrgeneigtheit der Arbeit auf diesem Gebiet keine Konsequenzen zeitigen. 45

c) Haftung bei Nebenpflichtverletzung

aa) Haftungsabreden für den Fall des Verstoßes gegen Verschwiegenheits-, Rückgabe- und Sorgfaltspflichten

Typ 6: Nebenpflichtverletzung

a) Verschwiegenheit, Rückgabe von Unterlagen
   … Die aus Nichtbeachten dieser Pflichten entstehenden Schäden gehen zulasten der Mitarbeiter.[2]

---

1 *Hanau/Adomeit*, Arbeitsrecht, Rz. 687.
2 *Hunold*, Fach 28, 7/3. 8., Hoteldirektor.

b) Die Kleidungs- und Ausrüstungsgegenstände sind Eigentum des Arbeitgebers. Wer Kleidungsstücke oder Ausrüstungsgegenstände schuldhaft verliert oder beschädigt, hat dem Arbeitgeber den entstandenen Schaden zu ersetzen. Als Verschulden gelten grobe Fahrlässigkeit und Vorsatz ...

46 Auch die Einhaltung vertraglicher Nebenpflichten des Arbeitnehmers (z.B. Wettbewerbsverbote, Verschwiegenheits-, Mitteilungs- und Rückgabepflichten, Pflicht zur pfleglichen Behandlung der zur Verfügung gestellten Arbeitsmittel) wird oftmals mit der Vereinbarung einer Vertragsstrafe oder einer wirkungsähnlichen Klausel gesichert (→ *Vertragsstrafen*, II V 30; → *Schadenspauschalierungsabreden*, II S 20). Aber auch ohne besondere Sanktionsvereinbarung haftet der Arbeitnehmer bei schuldhafter Verletzung dieser Pflichten nach den allgemeinen Grundsätzen.

47 Besteht eine Haftungsvereinbarung, so bedarf die Veränderung des gesetzlichen Haftungsmaßstabs einer eindeutigen Absprache. Da der Begriff „Nichtbeachten" nicht mit der notwendigen Eindeutigkeit das Erfordernis einer auch subjektiv vorwerfbaren Pflichtverletzung ausschließt, ist der Verschuldensgrundsatz des § 276 Abs. 1 BGB in die Klausel 6a ohne Weiteres hineinzulesen.

48 In der zweiten, im Bewachungsgewerbe nicht unüblichen Klausel (Typ 6b) wird der Verschuldensmaßstab zugunsten des Arbeitnehmers auf **grobe Fahrlässigkeit und Vorsatz** beschränkt. Diese Beschränkung orientiert sich an der Rechtsprechung des 7. Senats des BAG zur Haftung bei gefahrgeneigter Arbeit aus dem Jahre 1983 (hierzu bereits Rz. 23) und wurde zugunsten der Arbeitnehmer trotz der zwischenzeitlichen Wiederherstellung der alten Haftungstrias durch die Rechtsprechung im Jahre 1987 beibehalten. Die Schadensersatzregelung ist ohne Weiteres gültig.

bb) Haftungsabrede für den Fall der Nichtanzeige einer Nebentätigkeit

⊃ **Nicht geeignet:**

Die Vertragsschließenden sind sich dahingehend einig, dass für dieses Arbeitsverhältnis Versicherungsfreiheit in allen Zweigen der Sozialversicherung besteht. Der Arbeitnehmer verpflichtet sich, die Aufnahme einer weiteren Nebenbeschäftigung unverzüglich anzuzeigen. Für den Fall der Verletzung der Anzeigepflicht entsteht ein Schadensersatzanspruch gegen den Arbeitnehmer bzw. der Finanzverwaltung in voller Höhe der vom Sozialversicherungsträger nachgeforderten Beträge einschl. Kosten, Strafe usw.

49 Die vorstehende, im Arbeitsvertrag einer geringfügig beschäftigten Arbeitnehmerin enthaltene Klausel war Gegenstand einer Entscheidung des BAG.[1] Hier wird die Nebenpflicht des Arbeitnehmers zur Angabe von (weiteren) Nebenbeschäftigungen mit einer Schadensersatzregelung für den Fall der Nichtbefolgung versehen. Der Arbeitgeber hat auch ohne besondere Vereinbarung einen sich auf § 242 BGB gründenden Anspruch auf eine entsprechende Mitteilung.[2] Das BAG hat aber die Vereinbarung wegen eines Verstoßes gegen § 32 SGB I für nichtig erklärt, soweit sie den (pauschalierten) Schadensersatzanspruch des Arbeitgebers bzgl. der nachzuentrich-

---

1 BAG v. 18.11.1988 – 8 AZR 12/86, NZA 1989, 389.
2 BAG v. 18.11.1988 – 8 AZR 12/86, NZA 1989, 389.

tenden Sozialversicherungsbeiträge betraf.[1] § 32 SGB I verbietet privatrechtliche Vereinbarungen, die zum Nachteil des Sozialleistungsberechtigten von Vorschriften des SGB abweichen. Wäre die o.g. Klausel gültig, so müsste der Arbeitnehmer nach Ansicht des BAG im Ergebnis gesetzeswidrig die Zahlung der Arbeitgeberanteile zur Sozialversicherung übernehmen. Diese Beiträge habe der Arbeitgeber im Übrigen von Gesetzes wegen auch dann zu entrichten, wenn der Arbeitnehmer die Nebenbeschäftigung ordnungsgemäß angezeigt habe, weshalb der Aufwand, der dem Arbeitgeber insoweit entstehe, nicht der Schaden sein könne, für den der Arbeitnehmer einstehen solle. Anderes könnte gelten, wenn der Arbeitgeber in zulässiger Weise die Aufnahme einer weiteren Nebenbeschäftigung verbieten und an die Verletzung dieser Pflicht einen entsprechenden Schadensersatzanspruch knüpfen könnte. Ein entsprechendes Nebentätigkeitsverbot würde ein berechtigtes Interesse des Arbeitgebers hieran voraussetzen (→ *Nebentätigkeit*, II N 10), das im konkreten Fall nicht in der Aufrechterhaltung der Versicherungsfreiheit des Arbeitnehmers gesehen werden könne.[2] Eine weitere Nebentätigkeit sei mit den Pflichten aus dem Arbeitsverhältnis vereinbar und treffe zeitlich nicht mit der geschuldeten Arbeitsleistung zusammen. Da demnach ein Nebentätigkeitsverbot insoweit unwirksam wäre, sei eine Verletzung und eine daraus resultierende Schadensersatzpflicht nicht denkbar.

3. Hinweise zur Vertragsgestaltung; Zusammenfassung

Haftungsabreden für den Fall der Schlechtleistung sind grundsätzlich zu **empfehlen**. Sinnvoll erscheint insbesondere die Vereinbarung von **Haftungshöchstsummen**, da diese in besonderem Maße geeignet sind, das Haftungsrisiko des Arbeitnehmers in überschaubaren Grenzen zu halten. Es bietet sich bspw. eine Vereinbarung nach Art der folgenden Musterklausel an:

Typ 7: Haftungsklausel

Verursacht der/die Mitarbeiter/in durch eine schuldhafte Pflichtverletzung einen Schaden, so hat er/sie im Falle einfacher Fahrlässigkeit den Schaden anteilig, höchstens jedoch bis zum Betrag einer gewöhnlichen Monatsnettovergütung zu ersetzen. Bei grober Fahrlässigkeit hat der/die Mitarbeiter/in den Schaden voll zu tragen, jedoch der Höhe nach beschränkt auf den dreifachen Betrag der gewöhnlichen Monatsnettovergütung. Die Haftung für Fahrlässigkeit besteht nur für solche Schäden, die nicht durch eine – von dem Unternehmen abzuschließende – Betriebshaftpflichtversicherung gedeckt werden können. Diese Grundsätze gelten entsprechend bei Freistellungsansprüchen wegen der Inanspruchnahme durch Dritte. Bei Vorsatz haftet der/die Mitarbeiter/in unbeschränkt.

Ein weiteres Entgegenkommen des Arbeitgebers würde der **Verzicht auf die Inanspruchnahme bei normaler Fahrlässigkeit** bedeuten. Für den Arbeitgeber hätte dies immerhin den Vorteil der Vereinfachung, da im Falle des Eingreifens der Grundsätze der beschränkten Arbeitnehmerhaftung die häufig umstrittene Quote-

---
1 BAG v. 18.11.1988 – 8 AZR 12/86, NZA 1989, 389.
2 BAG v. 18.11.1988 – 8 AZR 12/86, NZA 1989, 389.

lung entfiele. Außerdem dürfte diese Haftungsverteilung oftmals auch der tatsächlichen Handhabung in der Praxis entsprechen.

52 Von der **Vereinbarung eines Lohnminderungsrechts** anstelle oder gar neben einer Haftungsabrede sollte abgesehen werden. Auf einen entsprechenden Klauselvorschlag wird hier daher verzichtet.

53 Eine angemessene Haftungsvereinbarung für Führungskräfte bzw. leitende Angestellte könnte etwa wie folgt aussehen:

Typ 8: Haftungsklausel für Führungskräfte/leitende Angestellte

Herr/Frau … hat für alle Schäden aufzukommen, die der Firma durch sein/ihr schuldhaftes Verhalten, insbesondere durch

- sein/ihr kompetenzwidriges Verhalten
- nicht vertretbare Fehlentscheidungen
- Organisations- bzw. Überwachungsmängel in der von Herrn/Frau … geführten Abteilung entstehen.

Unterhalb der Schwelle der groben Fahrlässigkeit beschränkt sich die Haftung auf ein Bruttojahresgehalt.

---

54 Die Sanktionierung schuldhafter **Nichtleistungen** des Arbeitnehmers sollte zweckmäßigerweise durch die Vereinbarung von Vertragsstrafen geschehen. Dies gilt mit Einschränkungen auch für den Fall von **Nebenpflichtverletzungen**; hier genügt freilich oftmals auch ein bloßer Hinweis auf eine mögliche Schadensersatzpflicht.

H 30 Haftung für Kfz-Schäden

	Rz.		Rz.
1. Einführung	1	dd) Abreden über die Haftung bei unbefugter Gebrauchsüberlassung	25
2. Klauseltypen	5	b) Haftung des Arbeitgebers für Schäden am arbeitnehmereigenen Privatfahrzeug	27
a) Haftung des Arbeitnehmers für Schäden am Dienstfahrzeug	5	aa) Haftungsfreizeichnungen für Unfallschäden	28
aa) Abreden über die Haftung für Unfallschäden bei Dienstfahrten	6	bb) Haftungsfreizeichnung für Schäden am geparkten Kfz	32
bb) Abreden über die Haftung bei privater Nutzung des Kfz	20	3. Hinweise zur Vertragsgestaltung; Zusammenfassung	42
cc) Abreden über die Haftung bei sonstigen Wertminderungen	24		

Schrifttum:

Abeln/Steinkühler, Wie man als Arbeitgeber gut fährt, AuA 2002, 116; *Frank*, Die Haftung des Arbeitnehmers und Arbeitgebers bei Kfz-Unfällen, DB 1982, 853; *Jung*, Die private Nutzung des Firmenwagens – Haftung Bewertung, DAR 1991, 8; *Klimke*, Haftungsrechtliche Probleme in Verbindung mit dem Arbeitsvertrag unter besonderer Berücksichtigung der Ersatzpflicht aus Anlass von Kfz-Unfällen, DB 1986, 114; *Kreßel*, Parkplätze für Betriebsangehörige, RdA 1992, 169; *Löhr-Müller*, Der Dienstwagenüberlassungsvertrag, DAR 2007, 133; *Loritz*, Die Dienstreise des Arbeitnehmers, NZA 1997, 1188; *Nägele*, Der Dienstwagen, 2. Aufl. 2010; *Nägele*, Probleme beim Einsatz von Dienstfahrzeugen, NZA 1997, 1196; *Nägele*, Der Dienstwagenüberlassungsvertrag, ArbRB 2002, 346; *Neuhausen*, Ersatzansprüche des Arbeitnehmers bei Kraftfahrzeugschäden durch Industrieemissionen, NZA 1991, 372; *Otto/Schwarze/Krause*, Die Haftung des Arbeitnehmers, 4. Aufl. 2014; *Schiefer*, Ausschluss und Grenzen der Arbeitgeberhaftung für unfallbedingte Schäden des Arbeitnehmers bei Dienstfahrten mit Privat-Pkw, NJW 1993, 966; *Schwab*, Haftung des Arbeitgebers, AiB 2001, 19; *Stoffels*, Die Überlassung von Dienstwagen, FA 2009, 329; *Worzalla*, Arbeitnehmerhaftung nach Verkehrsunfall, NZA 1991, 166; *Zeranski*, Arbeitgeberhaftung für Arbeitnehmerschäden an mietweise überlassenen Nutzfahrzeugen, NJW 1999, 1085.

1. Einführung

Ausführliche **Vereinbarungen zu den Voraussetzungen und Grenzen der Haftung** im Arbeitsverhältnis finden sich – abgesehen von den sog. Mankoabreden (→ *Mankohaftung*, II M 10) – **insbesondere im Zusammenhang mit der Gestellung eines Kfz**. Stellt der Arbeitgeber seinen Mitarbeitern einen **Dienst- oder Firmenwagen** zu dienstlichen oder auch privaten Zwecken zur Verfügung, so sind im Falle einer Beschädigung des Fahrzeugs Fragen der → *Haftung des Arbeitnehmers*, II H 20 angesprochen. Umgekehrt stellt sich bei der Benutzung des **arbeitnehmereigenen Privatfahrzeugs** zu dienstlichen Zwecken die Frage, ob und ggf. unter welchen Voraussetzungen dem Arbeitnehmer Ausgleichsansprüche gegen seinen Arbeitgeber zustehen (→ *Haftung des Arbeitgebers*, II H 10). 1

Die folgenden Ausführungen beschränken sich auf das Verhältnis der Arbeitsvertragsparteien zueinander. In die Rechte Dritter kann durch Vertrag nicht eingegriffen werden.[1] 2

---

1 Palandt/*Grüneberg*, Einf. v. § 328 BGB Rz. 10.

3   Die **Haftung gegenüber betriebsfremden Dritten** richtet sich nach allgemeinen Grundsätzen. Im Außenverhältnis haften Arbeitgeber und Arbeitnehmer ggf. als Gesamtschuldner.[1] Liegen die Voraussetzungen der privilegierten Arbeitnehmerhaftung vor, so erlangt der Arbeitnehmer im Innenverhältnis einen Freistellungsanspruch.[2] Dieser verwandelt sich bei Inanspruchnahme durch den Dritten in einen Zahlungsanspruch.[3] Dies hilft jedoch nicht, wenn der Arbeitgeber zahlungsunfähig ist. Dann haftet der Arbeitnehmer dem Dritten letztlich allein, und zwar nach der Rechtsprechung[4] auch dann, wenn dieser als Leasinggeber das später beschädigte Kfz freiwillig in den betrieblichen Gefahrenbereich gebracht hat. Vor diesem Hintergrund sollte sich der Arbeitgeber von vornherein darum bemühen, seine Betriebsmittellieferanten zu einer vertraglichen Haftungsfreistellung zugunsten seiner Arbeitnehmer zu bewegen. Dies könnte dann im Arbeitsvertrag festgehalten werden.

4   Hat der Arbeitnehmer im Rahmen seiner betrieblichen Tätigkeit einen im selben Betrieb beschäftigten **Arbeitskollegen** (z.B. den Beifahrer in dem von ihm gesteuerten Dienstfahrzeug) geschädigt, so ist er gemäß §§ 104, 105 SGB VII ihm gegenüber von der Haftung für Personenschäden freigestellt.[5]

2. Klauseltypen

a) Haftung des Arbeitnehmers für Schäden am Dienstfahrzeug

5   Beschädigt der Arbeitnehmer das ihm vom Arbeitgeber überlassene Fahrzeug, so kann sich eine Ersatzpflicht gegenüber seinem Arbeitgeber aus dem Gesichtspunkt der Verletzung vertraglicher Pflichten aus dem Arbeitsverhältnis (**§ 280 BGB**), darüber hinaus aber auch aus dem der **unerlaubten Handlung** (§ 823 Abs. 1 BGB – Eigentumsverletzung) ergeben. Die Haftung des Arbeitnehmers setzt somit stets ein **Verschulden** im Hinblick auf die Beschädigung des Kfz voraus. Kann ihm insoweit weder Vorsatz noch Fahrlässigkeit zur Last gelegt werden, kommt eine Haftung per se nicht in Betracht. Des Weiteren ist dem Verschulden des Arbeitnehmers stets auch ein mögliches **Mitverschulden des Arbeitgebers** und seiner Erfüllungsgehilfen gegenüberzustellen.[6] Ein solches liegt bspw. nahe, wenn der Arbeitgeber es zulässt, dass sein angestellter Fahrer die Fahrt unter Verstoß gegen die Arbeitszeitvorschriften trotz großer Ermüdung fortsetzt,[7] oder er sonst die Fähigkeit des Arbeitnehmers überfordert.[8]

---

1   Schaub/*Linck*, § 59 Rz. 71.
2   Grundlegend BAG v. 25.9.1957 – GS 4/56 (GS 5/56), AP Nr. 4 zu §§ 898, 899 RVO, seitdem ständige Rechtsprechung (Nachweise bei Schaub/*Linck*, § 59 Fn. 176).
3   BAG v. 18.1.1966 – 1 AZR 247/63, v. 11.2.1969 – 1 AZR 280/68, AP Nrn. 37, 45 zu § 611 BGB Haftung des Arbeitnehmers.
4   BGH v. 19.9.1989 – VI ZR 349/88, NJW 1989, 3273; bestätigt durch Urt. v. 21.12.1993, NJW 1994, 852.
5   Einzelheiten zu § 105 SGB VII bei *Rolfs*, NJW 1996, 3177 ff.
6   Palandt/*Weidenkaff*, § 611 BGB Rz. 157; Schaub/*Linck*, § 59 Rz. 57 ff. Ausführlich *Gamillscheg/Hanau*, Die Haftung des Arbeitnehmers, 2. Aufl. 1974, S. 63 ff.
7   BAG v. 18.1.1972 – 1 AZR 125/71, AP Nr. 69 zu § 611 BGB Haftung des Arbeitnehmers.
8   MünchArbR/*Reichold*, § 51 Rz. 56.

aa) Abreden über die Haftung für Unfallschäden bei Dienstfahrten

⊃ **Nicht geeignet:**
> Entsteht ein Fahrzeugschaden im dienstlichen Einsatz, so hat der Mitarbeiter der Firma bei Vorsatz und grober Fahrlässigkeit vollen, bei jeder einfachen Fahrlässigkeit hälftigen Ersatz zu leisten. Bei ganz leichter Fahrlässigkeit ist die Ersatzpflicht des Mitarbeiters zusätzlich der Höhe nach auf die Hälfte seines gewöhnlichen Monatsnettoverdienstes beschränkt.

Im Zentrum der Abreden über den Ausgleich unfallbedingter Schäden an Kfz des Arbeitgebers steht die Frage, unter welchen Voraussetzungen und in welchem Umfang zugunsten des Arbeitnehmers **Haftungserleichterungen** eintreten sollen. Die betriebliche Praxis hat hier durchaus unterschiedliche Regelungsmodelle hervorgebracht, die sich zwar im Grundsatz an die Rechtsprechung zur privilegierten Arbeitnehmerhaftung anlehnen, in Einzelpunkten jedoch nicht selten eigene Wege beschreiten.

Gemein ist allen gebräuchlichen Klauseln, dass die dienstliche Nutzung arbeitgebereigener Fahrzeuge zum Anlass mehr oder weniger weit gehender Haftungserleichterungen genommen wird. Auch die frühere Rechtsprechung hatte die Tätigkeit eines Kraftfahrers im Allgemeinen als gefahrgeneigt angesehen[1] und hieran einschneidende Haftungsmilderungen geknüpft.

Für die Höhe der Haftung kommt es nach dem BAG auf den **Grad des Schuldvorwurfs** an. Nach der Rückkehr zur früheren Haftungstrias im Urteil vom 24.11.1987[2] hat der Arbeitnehmer bei Vorsatz stets und bei grober Fahrlässigkeit[3] in der Regel[4] den vollen Schaden zu ersetzen. Das BAG hat sich dafür ausgesprochen, dass ein vorsätzlicher Pflichtverstoß nur dann zur vollen Haftung des Arbeitnehmers führt, wenn auch der Schaden vom Vorsatz erfasst ist.[5] Bei sog. mittlerer Fahrlässigkeit

---

[1] BAG v. 13.3.1968 – 1 AZR 362/67, v. 7.7.1970 – 1 AZR 507/69, v. 18.12.1970 – 1 AZR 171/70, AP Nrn. 42, 59, 62 zu § 611 BGB Haftung des Arbeitnehmers.

[2] BAG v. 24.11.1987 – 8 AZR 66/82, NZA 1988, 584.

[3] Grob fahrlässiges Verhalten kann beim Führen eines Kfz insbesondere vorliegen bei: Fahruntüchtigkeit infolge Alkoholgenusses (BAG v. 13.3.1961 – 1 AZR 403/59, AP Nr. 24 zu § 611 BGB Haftung des Arbeitnehmers), unangepasster Geschwindigkeit (BAG v. 7.7.1970 – 1 AZR 507/69, v. 18.1.1972 – 1 AZR 125/71, AP Nrn. 59, 69 zu § 611 BGB Haftung des Arbeitnehmers; v. 22.2.1972 – 1 AZR 223/71, NJW 1972, 1388), Nichtbeachtung einer auf „Rot" geschalteten Lichtzeichenanlage (BAG v. 12.11.1998 – 8 AZR 221/97, NZA 1999, 263), Übermüdung (BAG v. 13.3.1968 – 1 AZR 362/67, NJW 1968, 1799), Vorfahrtsverletzung (BAG v. 30.10.1963 – 1 AZR 463/62, AP Nr. 30 zu § 611 BGB Haftung des Arbeitnehmers), mangelnde Fahrpraxis, wenn dies dem Arbeitgeber gegenüber verschwiegen wird (BAG v. 24.1.1974 – 3 AZR 488/72, AP Nr. 74 zu § 611 BGB Haftung des Arbeitnehmers). Grob fahrlässig handelt auch, wer ein Dieselfahrzeug zunächst versehentlich mit Superbenzin betankt, nach Entdeckung des Fehlers den Tank mit Dieselkraftstoff auffüllt und schließlich weiterfährt (ArbG Köln v. 22.5.2002 – 9 Ca 12433/01, MDR 2002, 1258; einschränkend jedoch ArbG Kassel v. 8.2.2006 – 5 Ca 536/05, AE 2006, 171).

[4] BAG v. 12.10.1989 – 8 AZR 276/88, NZA 1990, 66 lässt nunmehr auch in diesem Bereich Ausnahmen zu; hierzu BAG v. 12.11.1998 – 8 AZR 221/97, NZA 1999, 263, sowie *Abeln/Steinkühler*, AuA 2002, 116 (118); LAG Schl.-Holst. v. 14.9.2011 – 3 Sa 241/11, juris, begrenzt beim Kfz-Unfall die Haftung auf vier Monatsgehälter.

[5] BAG v. 18.4.2002 – 8 AZR 348/01, NZA 2003, 37.

findet eine Haftungsquotelung unter Berücksichtigung aller Umstände des Einzelfalles statt, während im Falle nur leichter Fahrlässigkeit[1] der Arbeitgeber seinen Schaden selbst tragen muss.[2] Gesetzliche Grundlage für die privilegierte Arbeitnehmerhaftung ist nunmehr § 276 Abs. 1 Satz 1 BGB i.V.m. § 254 BGB analog.

9 Zu beachten ist, dass nach der Rechtsprechung[3] für eine Haftungsprivilegierung kein Raum ist, wenn und soweit der Arbeitnehmer in den Schutzbereich einer Pflichtversicherung einbezogen und ihm damit die Last der Haftung abgenommen ist. Das ist bei der **Kfz-Haftpflichtversicherung**, zu deren Abschluss – auch zugunsten des Fahrers – eine gesetzliche Pflicht besteht (§ 1 PflVG), der Fall.

10 Auch die obige Klausel macht den Umfang der Ersatzpflicht vom Verschuldensgrad abhängig. Jedoch verpflichtet sie den Mitarbeiter sowohl bei einfacher (= mittlerer) als auch bei leichtester Fahrlässigkeit entgegen den Haftungsgrundsätzen des BAG zu hälftigem Ersatz. Schon für den Bereich der einfachen Fahrlässigkeit ist es sehr fraglich, ob in dieser Festsetzung noch eine zulässige Pauschalierung gesehen werden kann, da die hälftige Verteilung kaum der durchschnittlichen Haftungsquote in diesem Bereich entsprechen dürfte. Noch größeren Bedenken unterliegt die Klausel, soweit sie – wohl aus Gründen der Prävention – auch im Bereich der leichtesten Fahrlässigkeit eine Ersatzpflicht zu statuieren versucht.[4] Darin liegt eine eindeutige Abweichung von der insoweit allgemein anerkannten Rechtsprechung des BAG, die das Schadensrisiko derart gering zu bewertender Sorgfaltsverstöße dem Arbeitgeber zuweist. Die von der Rechtsprechung in entsprechender Anwendung des § 254 BGB formulierten Haftungsgrundsätze sind jedoch einseitig zwingendes Arbeitnehmerschutzrecht. Von ihnen kann einzelvertraglich zulasten des Arbeitnehmers nicht abgewichen werden.[5] Die Klausel kann daher keinen Bestand haben.

11 Anders sind hingegen Haftungsverschiebungen zugunsten des Arbeitnehmers zu beurteilen:

Hat der Arbeitnehmer einen Unfall ... vorsätzlich oder grob fahrlässig herbeigeführt bzw. verursacht, so haftet er auf Ersatz des entstandenen Schadens. (...)

---

1 Leichte Fahrlässigkeit wurde bspw. zugunsten eines Tankwarts angenommen, der nach dem Waschen eines Fahrzeugs mit nasser Schuhsohle vom Kupplungspedal abrutschte und aufgrund dessen mit einem anderen Fahrzeug kollidierte (BGH v. 8.12.1971 – IV ZR 102/70, NJW 1972, 440).
2 *Abeln/Steinkühler*, AuA 2002, 116 (117f.).
3 BGH v. 3.12.1991 – VI ZR 378/90, NJW 1992, 900; früher schon BGH v. 8.12.1971 – IV ZR 102/70, NJW 1972, 440 und für den Fall der Kameradenhaftung BAG v. 14.2.1958 – 1 AZR 576/55, AP Nr. 18 zu §§ 898, 899 RVO; v. 30.10.1963 – 1 AZR 463/62, v. 11.1.1966 – 1 AZR 361/65 und v. 16.3.1966 – 1 AZR 414/65, AP Nrn. 30, 36, 38 zu § 611 BGB Haftung des Arbeitnehmers; a.A. *Annuß*, NZA 1998, 1089 (1095); differenzierend HWK/*Krause*, § 619a BGB Rz. 39.
4 Im Ergebnis zustimmend *Löhr-Müller*, DAR 2007, 133 (136f.). Vgl. auch LAG Köln v. 25.1.2011 – 5 Sa 1291/10, BeckRS 2011, 70015.
5 BAG v. 17.9.1998 – 8 AZR 175/97, NZA 1999, 141; v. 2.12.1999 – 8 AZR 386/98, NZA 2000, 715 (716); *Stoffels*, FA 2009, 329 (331); CKK/*Klumpp*, § 307 BGB Rz. 174b. Vgl. im Übrigen die Ausführungen unter → *Haftung des Arbeitnehmers*, II H 20 Rz. 19f.

Diese Regelung orientiert sich am Urteil des BAG vom 23.3.1983,[1] das zugunsten des Arbeitnehmers eine Haftungsfreistellung auch im Bereich der mittleren Fahrlässigkeit zu begründen versuchte, sich in diesem Punkt jedoch in der Folgezeit nicht durchzusetzen vermochte.[2] Der vertraglichen Übernahme dieser Haftungsverteilung stehen keinerlei Bedenken entgegen.

Eine sinnvolle Haftungsbegrenzung lässt sich des Weiteren durch die vertragliche Statuierung sog. **Haftungshöchstsummen** erzielen (→ *Haftung des Arbeitnehmers*, II H 20 Rz. 21). Dabei bietet sich eine am Grad des Verschuldens ausgerichtete Staffelung der Höchstbeträge an, etwa drei Monatsvergütungen bei grober Fahrlässigkeit und im Übrigen eine Monatsnettovergütung (vgl. → *Haftung des Arbeitnehmers*, II H 20, Klauseltyp 7). Angemessene Haftungshöchstsummen können – und darin liegt ein weiterer wichtiger Vorteil für den Arbeitnehmer – auch dem Haftpflichtversicherer im Regressfall (§ 86 VVG) entgegengehalten werden, da man insoweit nicht von „ungewöhnlichen, die Interessen des Versicherers gegen Treu und Glauben übermäßig beeinträchtigenden Abreden" sprechen kann.[3]

12

Die Firma kann vom Mitarbeiter Ersatz nur verlangen, soweit sie keinen Ersatz durch Versicherungsleistungen erhält.

Die Klausel stellt klar, dass im Falle des **Eintritts einer Versicherung** (z.B. einer vom Arbeitgeber abgeschlossenen Vollkaskoversicherung) der Schadensausgleich primär durch Inanspruchnahme der Versicherungsleistungen zu erfolgen hat. Das Gebot, den Arbeitnehmer in diesem Umfang von der Haftung freizustellen, dürfte sich freilich bereits aus der arbeitgeberseitigen Fürsorgepflicht ergeben.[4]

13

Zu der eigentlichen problematischen Frage, ob und in welchem Umfang der Arbeitgeber gehalten ist, das Haftungsrisiko durch Versicherung zu decken oder zumindest zu begrenzen, verhält sich die obige Klausel jedoch nicht.

14

Kraft Gesetzes ist der Arbeitgeber als Halter des Dienstfahrzeuges lediglich zum Abschluss einer Kfz-Haftpflichtversicherung verpflichtet (§ 1 PflVG). Diese schützt den Arbeitnehmer nur vor der Inanspruchnahme durch Dritte, deckt aber nicht den Eigenschaden des Arbeitgebers. Zu einer Haftungsfreistellung im Innenverhältnis könnte hier allein der **Abschluss einer Kfz-Vollkaskoversicherung** führen. Dabei handelt es sich um eine freiwillige Versicherung, die der Deckung von Eigenschäden des Versicherungsnehmers dient. Der vom Arbeitnehmer verschuldete Kfz-Schaden würde von einer solchen Versicherung als Eigenschaden des Arbeitgebers umfasst. Wegen der Beschränkung der Regresshaftung (vgl. § 86 VVG) durch §§ 5, 6 KfzPflVV, 15 Abs. 2 AKB auf Fälle von Vorsatz und grober Fahrlässigkeit hätte der Arbeitnehmer dann im Regelfall auch keine Inanspruchnahme durch den Versicherer zu befürchten. Abgesehen davon haben die Versicherer bereits vor der Einführung des § 15 Abs. 2 AKB im Jahre 1971 von der Regressmöglichkeit nur sehr zurückhaltend Gebrauch gemacht. Für den Normalfall nicht grobfahrlässiger Schadensverursachung führt der

---
1 BAG v. 23.3.1983 – 7 AZR 391/79, AP Nr. 82 zu § 611 BGB Haftung des Arbeitnehmers.
2 BAG v. 24.11.1987 – 8 AZR 66/82, NZA 1988, 584.
3 Vgl. auch LG Potsdam v. 8.2.2008 – 6 O 179/07, ZfSch 2010, 97 f.
4 LAG Köln v. 27.1.2011 – 7 Sa 802/10, BeckRS 2011, 70015; *Otto/Schwarze/Krause*, Haftung des Arbeitnehmers, § 11 Rz. 38.

Abschluss einer Kfz-Vollkaskoversicherung mithin zu einer weitgehenden Haftungsfreistellung des Arbeitnehmers. Es bleibt als ersatzfähiger Schaden des Arbeitgebers lediglich die vereinbarte **Selbstbeteiligung** und ggf. eine Prämienerhöhung infolge einer **Rückstufung**. Insoweit ist umstritten, ob im Hinblick auf diese Schadenspositionen noch in einem zweiten Schritt die Grundsätze der privilegierten Arbeitnehmerhaftung zur Anwendung gelangen, etwa mit der Folge, dass im Falle leichtester Fahrlässigkeit eine Haftung des Arbeitnehmers gänzlich entfiele.[1]

Nach Ansicht des BAG ist jedoch der Arbeitgeber gegenüber einem Arbeitnehmer, der ein betriebseigenes Kfz zu führen hat, mangels abweichender arbeits- oder tarifvertraglicher Bestimmungen grundsätzlich **nicht verpflichtet, eine Kfz-Kaskoversicherung abzuschließen**.[2] Im Schadensfall könne dem Arbeitgeber ein solches Versäumnis auch nicht ohne Weiteres als Mitverschulden angelastet werden.[3] Hafte der Arbeitnehmer, der als Fahrer eines Kfz seines Arbeitgebers einen Unfall verschuldet hat, nach den Grundsätzen über den innerbetrieblichen Schadensausgleich für den an dem Kfz des Arbeitgebers entstandenen Schaden anteilig, so **könne allerdings bei Abwägung aller für den Haftungsumfang maßgebenden Umstände zulasten des Arbeitgebers ins Gewicht fallen**, dass dieser für das Unfallfahrzeug keine Kaskoversicherung abgeschlossen habe.[4] Dies könne dazu führen, dass der Arbeitnehmer nur in Höhe einer Selbstbeteiligung hafte, die bei Abschluss einer Kaskoversicherung zu vereinbaren gewesen wäre.[5] Dem Arbeitgeber wird dabei zumeist das Recht zugestanden, eine Kfz-Vollkaskoversicherung mit der höchstmöglichen

---

1 Dafür *Arens*, BB 1988, 1600; dagegen *Otto/Schwarze/Krause*, Haftung des Arbeitnehmers, § 11 Rz. 42; *Hübsch*, BB 1998, 691; *Sommer*, NZA 1990, 840. Zum Verlust des Schadensfreiheitsrabatts als sog. Sachfolgeschaden in der Kaskoversicherung BGH v. 18.1.1966 – VI ZR 147/64, BGHZ 44, 387 und Palandt/*Grüneberg*, § 249 BGB Rz. 55; dasselbe gilt für den Verlust des Anspruchs auf Beitragsrückerstattung (OLG Köln v. 7.6.1990 – 7 U 32/90, NJW-RR 1990, 1179); zum Ersatz des Rabattschadens LAG Rh.-Pf. v. 18.1.2014 – 7 Sa 84/13; BeckRS 2014, 68454.
2 BAG v. 24.11.1987 – 8 AZR 66/82, NZA 1988, 584 unter Hinweis auf BGH v. 10.1.1955 – III ZR 153/53, NJW 1955, 458 und BAG v. 18.2.1966 – 5 AZR 147/67, AP Nr. 1 zu § 67 VVG; LAG Schl.-Holst. v. 14.9.2011 – 3 Sa 241/11, juris. Zust. *Brox*, Anm. AP Nr. 93 zu § 611 BGB Haftung des Arbeitnehmers; *Sommer*, NZA 1990, 838; *Otto/Schwarze/Krause*, Haftung des Arbeitnehmers, § 11 Rz. 39f. und *Schwerdtner*, DB 1988, 1801. A.A. LAG Bremen v. 31.1.1979 – 2 Sa 194/78 und 2 Sa 203/78, DB 1979, 1235; *Wichmann*, ArbuR 1973, 106.
3 BGH v. 10.1.1955 – III ZR 153/53 NJW 1955, 458; BAG v. 22.3.1968 – 1 AZR 392/67, NJW 1968, 1846. Dem widersprechen einige Instanzgerichte: ArbG Münster v. 23.8.1973 – 2 Ca 366/73, DB 1973, 2200; LAG Bremen v. 31.1.1979 – 2 Sa 194/78 und 2 Sa 203/78, DB 1979, 1239; OLG Stuttgart v. 19.12.1979 – 1 U 88/79, EzA § 611 BGB Fürsorgepflicht Nr. 26; LAG Rh.-Pf. v. 17.10.1980 – 6 Sa 452/80, DB 1981, 223. Für Annahme einer im Rahmen des § 254 BGB zu berücksichtigenden „Schadensfernhaltungspflicht" auch *Brox*, Anm. AP Nr. 93 zu § 611 BGB Haftung des Arbeitnehmers; vgl. auch *Hanau/Preis*, JZ 1988, 1075.
4 BAG v. 24.11.1987 – 8 AZR 66/82, NZA 1988, 584; LAG Bremen v. 26.7.1999 – 4 Sa 116/99, NZA-RR 2000, 126 (127); ArbG Köln v. 22.5.2002 – 9 Ca 12433/01, MDR 2002, 1258; LAG Köln v. 5.4.2012 – 7 Sa 1334/11, BeckRS 2013, 67657; ErfK/*Preis*, § 619a BGB Rz. 16; HR/*Borgmann*, Gestaltung von Arbeitsverträgen, Kap. 1 Rz. 2292; Staudinger/*Richardi/Fischinger*, § 619a BGB Rz. 79.
5 BAG v. 24.11.1987 – 8 AZR 66/82, NZA 1988, 584; LAG Bremen v. 26.7.1999 – 4 Sa 116/99, NZA-RR 2000, 126 (127); ArbG Köln v. 22.5.2002 – 9 Ca 12433/01, MDR 2002, 1258; *Abeln/Steinkühler*, AuA 2002, 116 (118).

Selbstbeteiligung zu vereinbaren.[1] Das BAG hat eine Selbstbeteiligung von 2000 DM noch für gerechtfertigt erachtet, da sie eine durchschnittliche Monatsvergütung nicht übersteige und deshalb eine zumutbare Belastung darstelle.[2]

Eine andere Frage ist, wie sich das Bestehen einer vom Arbeitnehmer abgeschlossenen **Berufshaftpflichtversicherung** auf seine Schadensersatzhaftung gegenüber dem Arbeitgeber auswirkt. Hier gilt die Regel, dass der Versicherungsschutz nicht zulasten des Arbeitnehmers berücksichtigt werden darf, die allgemeinen Grundsätze der privilegierten Arbeitnehmerhaftung also uneingeschränkt Anwendung finden.[3]

15

a) Von etwaigen Ansprüchen dritter Personen hat der Mitarbeiter die Firma freizustellen.

b) Ferner hat der Mitarbeiter die Firma von allen Haftpflichtansprüchen Dritter freizustellen, die wegen seines Verhaltens durch die Kfz-Haftpflichtversicherung nicht gedeckt sind. Dies kommt insbesondere in Betracht, wenn eine Obliegenheit verletzt wird, die bei Eintritt des Versicherungsfalles vom Lenker des Fahrzeuges zu erfüllen gewesen wäre.[4]

Verursacht der Arbeitnehmer mit einem auf seine Firma zugelassenen Dienstfahrzeug einen Verkehrsunfall, können Schadensersatzansprüche nicht nur gegen ihn, sondern gemäß § 7 Abs. 1 StVG auch gegen seinen Arbeitgeber gerichtet werden. Freilich wird das Haftungsrisiko im Außenverhältnis im Regelfall durch die vom Arbeitgeber für das benutzte Kfz abgeschlossene **Haftpflichtversicherung** gedeckt.

16

Haftungsfragen im Innenverhältnis können sich mithin nur stellen, wenn der **Versicherungsschutz** ausnahmsweise einmal **nicht greift**. Dies ist zunächst dann der Fall, wenn der Versicherte – bzw. hier der mitversicherte Fahrer – den Versicherungsfall vorsätzlich herbeiführt (§ 103 VVG). Des Weiteren wird der Versicherer gegenüber dem Versicherungsnehmer gemäß § 7 AKB von seiner Leistungspflicht ganz oder teilweise frei, wenn der Versicherte vorsätzlich oder grob fahrlässig die ihm im Versicherungsfall obliegenden Maßnahmen unterlässt; § 7 AKB erwähnt in diesem Zusammenhang vor allem die Verletzung der Aufklärungs- und Schadensminderungspflicht (z.B. durch unerlaubtes Entfernen vom Unfallort, unterlassene Hilfeleistung, Abgabe wahrheitswidriger Angaben gegenüber dem Versicherer). Verschweigt der Arbeitnehmer den Verkehrsunfall gegenüber seinem Arbeitgeber und kann dieser daher der ihm obliegenden Anzeigepflicht (§ 7 Abs. 1 AKB) nicht nachkommen, so kann ebenfalls Leistungsfreiheit des Versicherers eintreten.

17

---

1 LAG Bremen v. 31.1.1979 – 2 Sa 194/78 und 2 Sa 203/78, DB 1979, 1235; OLG Stuttgart v. 19.12.1979 – 1 U 88/79, EzA § 611 BGB Fürsorgepflicht Nr. 26; LAG Nds. v. 6.9.1982 – 14 Sa 65/82, DB 1982, 2628; *Däubler*, NJW 1986, 871; *Walker*, NZA 1988, 759; *Otto*/Schwarze/Krause, Haftung des Arbeitnehmers, § 11 Rz. 42.
2 BAG v. 24.11.1987 – 8 AZR 524/82, NZA 1988, 579; noch restriktiver *Löhr-Müller*, DAR 2007, 133 (137): maximal 500 Euro.
3 BAG v. 14.10.1993 – 8 AZR 242/92, EzA § 611 BGB Gefahrgeneigte Arbeit Nr. 28; LAG Nds. v. 24.4.2009 – 10 Sa 1402/08, BeckRS 2009, 72822; *Otto*/Schwarze/Krause, Haftung des Arbeitnehmers, § 11 Rz. 7 m.w.N.
4 Vgl. *Hunold*, Fach 28; 5/3.3.13 (Angestellter Reisender); 5/3.3.16 (Kundendienstingenieur); 5/4.4.18 (Anwendungstechnischer Berater); 7/3.12 (Vertriebsleiter als leitender Angestellter).

18 Versagt der Versicherungsschutz aufgrund eines vorwerfbaren Fehlverhaltens des Arbeitnehmers und erleidet der Arbeitgeber durch die persönliche Inanspruchnahme durch den geschädigten Dritten oder durch Rückgriff des Versicherers unter Berufung auf die Leistungsfreiheit im Innenverhältnis einen Vermögensschaden, so **hat der Arbeitnehmer hierfür grundsätzlich einzustehen.** Da die Leistungspflicht des Versicherers nach den AKB erst bei grob fahrlässiger Obliegenheitsverletzung bzw. bei vorsätzlicher Herbeiführung des Versicherungsfalles entfällt, kann sich der Arbeitnehmer im Regelfall auch nicht auf die Grundsätze der privilegierten Arbeitnehmerhaftung berufen. Eine volle Haftungstragung durch den Arbeitnehmer ist hier nicht nur im Hinblick auf den hohen Verschuldensgrad, sondern deswegen angemessen, weil der Arbeitgeber meist keinen Einfluss auf den mit dem Kfz auf der Straße befindlichen Arbeitnehmer hat.

19 Besteht also eine Einstandspflicht des Arbeitnehmers, so kann sich der Arbeitgeber für diesen Fall auch von vornherein **durch besondere vertragliche Abrede von der Haftung im Außenverhältnis durch seinen Arbeitnehmer freistellen** lassen. Mit Blick auf diese Fallkonstellation sind die beiden o.g. Klauseln a) und b) offensichtlich konzipiert worden. Im Übrigen kann der Freistellungsanspruch nicht weiter reichen als die Haftungsquote infolge Mitverschuldens des Arbeitnehmers im Innenverhältnis (wichtig z.B. bei Minderung infolge Mitverschuldens des Arbeitgebers). Insoweit bedarf insbesondere die erste Beispielsklausel der einschränkenden Auslegung.

⊃ **Nicht geeignet:**

> Der Arbeitnehmer ist darüber belehrt, dass die Fahrzeuge des Arbeitgebers mit einem Selbstbehalt von (...) Euro pro Schadensfall in der Haftpflicht- sowie der Fahrzeugvollversicherung versichert sind. Je nach Verschuldensgrad und Schadenshöhe muss der Arbeitnehmer damit rechnen, für jeden von ihm verursachten Schaden in Höhe bis zu (...) Euro Schadensersatz leisten zu müssen.[1]

19a Vereinbart der Arbeitgeber im Rahmen der Haftpflichtversicherung einen Selbstbehalt, kann er diesen nicht gegenüber dem mitversicherten Arbeitnehmer, der einen Unfall verschuldet hat, geltend machen. Dies ergibt sich schon aus § 114 Abs. 2 Satz 2 VVG, doch auch unabhängig davon benachteiligt eine Abwälzung in Allgemeinen Geschäftsbedingungen den Arbeitnehmer unangemessen, da der Arbeitgeber grundsätzlich dafür einzustehen hat, das Kfz mit ausreichender Haftpflicht zu versichern. Wirtschaftliche Risiken zum Zwecke der Kostenersparnis kann er mithin nicht auf den Arbeitnehmer überwälzen.[2] Insofern überlagern die Regeln zur gesetzlichen Pflichtversicherung diejenigen zum innerbetrieblichen Schadensausgleich.[3]

---

1 Dazu BAG v. 13.12.2012 – 8 AZR 432/11, NZA 2013, 622.
2 BAG v. 13.12.2012 – 8 AZR 432/11, NZA 2013, 622; Schaub/*Linck*, § 59 Rz. 62; HWK/*Krause*, § 619a BGB Rz. 38; *Zundel*, NJW 2014, 195 (199); Anm. zu BAG v. 13.12.2012 – 8 AZR 432/11 *Schwab*, AiB 2013, 733; vgl. auch *Otto*/Schwarze/Krause, Haftung des Arbeitnehmers, § 11 Rz. 17.
3 Dagegen betrifft die Regelung des § 81 Abs. 2 VVG die Arbeitnehmerhaftung keinesfalls – BAG v. 15.11.2012 – 8 AZR 705/11, AP Nr. 137 zu § 611 BGB Haftung des Arbeitnehmers; LAG München v. 27.7.2011 – 11 Sa 319/11, BeckRS 2013, 67136; a.A. *Gross/Wesch*, NZA 2008, 849.

bb) Abreden über die Haftung bei privater Nutzung des Kfz

Der Mitarbeiter haftet bei Privatfahrzeugen für jede Beschädigung, Wertminderung und den Verlust des Kfz ohne Rücksicht auf eigenes Verschulden, also auch bei Zufall und höherer Gewalt. Er stellt die Firma von allen Schadensersatzansprüchen Dritter unverzüglich frei. Seine Haftung wird eingeschränkt oder entfällt, soweit ein Versicherer für den Schaden aufkommt und nicht auf die Firma Rückgriff genommen wird. In diesen Fällen hat der Mitarbeiter lediglich einzustehen für den Verlust des Schadenfreiheitsrabatts und für die Selbstbeteiligung bei der Kaskoversicherung.[1]

Häufig werden Fahrzeuge des Arbeitgebers kraft ausdrücklicher Erlaubnis im Einzelfall oder – insbesondere bei leitenden Mitarbeitern – auf der Grundlage eines eingehenden Überlassungsvertrages (Firmenwagen)[2] vom Arbeitnehmer auch **privat genutzt**. Mit der privaten Nutzung geht allerdings ein **gesteigertes Haftungsrisiko** einher, da der Arbeitnehmer in diesem Bereich – auch nach der Aufgabe des Merkmals der Gefahrgeneigtheit durch die Rechtsprechung – nicht in den Genuss einer Haftungserleichterung kommt. Verlangt wird nämlich allemal, dass der Schaden bei einer Tätigkeit entstanden ist, die durch den Betrieb veranlasst und aufgrund des Arbeitsverhältnisses geleistet worden ist.[3] Anderenfalls kann der Schaden nicht dem Betriebsrisiko des Arbeitgebers zugerechnet werden. Dies spiegelt sich auch in der Vertragspraxis wider (s. die o.g. Klausel).

Die **Abgrenzung zwischen privater und dienstlicher Nutzung** bereitet allerdings oftmals erhebliche Schwierigkeiten.[4] Hervorzuheben ist, dass Sachschäden am Firmenwagen bei Fahrten zwischen Wohnung und Arbeitsplatz nach einhelliger Meinung[5] in die Privatsphäre des Arbeitnehmers fallen. Dasselbe gilt für ungenehmigte Schwarzfahrten mit dem Wagen des Arbeitgebers. Sie erfolgen nur bei Gelegenheit dienstlicher Verrichtungen. Dagegen wird eine im betrieblichen Interesse durchgeführte Fahrt nicht schon dadurch ihres betrieblichen Charakters entkleidet, dass ein unbedeutender Abstecher, der mit dem Betriebsgeschehen nicht im Zusammenhang steht, unternommen wird.[6]

Die Abgrenzungsproblematik verliert an Bedeutung, wenn für das beschädigte Kfz eine **Kaskoversicherung** besteht. Denn diese kommt auch für Unfallschäden im Rahmen privater Nutzung auf, weshalb dem Arbeitnehmer dann besonders am Abschluss einer solchen Versicherung gelegen sein sollte, wenn das Fahrzeug auch

---

1 *Hohn/Romanovszky*, 3.13., S. 214.
2 Beispiel einer solchen Absprache bei SKNSV/*Schrader*, 9. Aufl., § 23 Rz. 7 ff.; vertiefend *Löhr-Müller*, DAR 2007, 133 ff.; vgl. zur Kontrolle derartiger Absprachen BAG v. 19.12. 2006 – 9 AZR 294/06, NZA 2007, 809 (810 ff.).
3 BAG GS v. 27.9.1994 – GS 1/89 (A), NZA 1994, 1083.
4 Ausführlich hierzu mit vielen Beispielen aus der Rechtsprechung Otto/*Schwarze*/Krause, Haftung des Arbeitnehmers, § 8 Rz. 1 ff.
5 LAG Thür. v. 25.4.2006 – 7/8 Sa 40/05, LAGE § 670 BGB 2002 Nr. 1; *Gamillscheg/Hanau*, Haftung des Arbeitnehmers, 2. Aufl. 1974, S. 13; anders jedoch bei betrieblich angeordneten Fahrten (Fahrgemeinschaft) *Frank*, DB 1982, 854.
6 So BAG v. 23.9.1969 – 1 AZR 493/68, NJW 1970, 442 zum Parallelproblem im Rahmen der §§ 636, 637 RVO.

oder überwiegend im Privatbereich eingesetzt werden soll. In der Praxis werden die Mehrkosten einer Vollkaskoversicherung oftmals dem Arbeitnehmer aufgebürdet, sei es, dass er die Prämienzahlung übernimmt, sei es, dass er die Versicherung im eigenen Namen abschließt. Dies ist ohne Weiteres zulässig, da dem Arbeitnehmer auf der anderen Seite der Vorteil der kosten- und risikolosen Nutzung des Fahrzeugs zufließt.

23 Schadensersatzansprüche des Arbeitgebers gegen den Arbeitnehmer wegen Verschlechterung eines zum privaten Gebrauch überlassenen Kfz verjähren nach §§ 548, 606 BGB, welche einen allgemeinen Rechtsgedanken enthalten und daher auch auf Gebrauchsüberlassungen im Rahmen eines Arbeitsverhältnisses Anwendung finden, innerhalb von sechs Monaten seit Rückgabe des Kfz.[1]

cc) Abreden über die Haftung bei sonstigen Wertminderungen

⇨ Nicht geeignet:
a) Der Mitarbeiter haftet auch für Schäden am Fahrzeug, die durch unsachgemäße Behandlung entstehen und als sog. Betriebsschäden von der Kaskoversicherung grundsätzlich ausgenommen sind, z.B. einen Motorschaden wegen ungenügenden Ölstandes.
b) Der Arbeitnehmer haftet für die von ihm – einschließlich mangelhafter Pflege und Wartung – verursachten Beschädigungen, Verluste oder Wertminderungen des Fahrzeuges, sofern vorsätzliches oder grob fahrlässiges Verschulden vorliegt, in vollem Umfang. Bei nur leicht fahrlässigem Verschulden ist der Arbeitnehmer zu einer angemessenen Schadensbeteiligung verpflichtet. Die Haftung tritt nur insoweit ein, als dafür kein Versicherungsschutz besteht.

24 Die aufgeführten Klauseln betreffen sämtliche **Wertminderungen des Kraftfahrzeugs**, die nicht nur durch den eigentlichen Fahrvorgang (Verkehrsunfall), sondern durch sonstige **vorwerfbare Versäumnisse** entstehen können. Derartige Nebentätigkeiten des Kraftfahrers wurden in der Vergangenheit durchweg nicht als gefahrgeneigt angesehen,[2] wenngleich die Abgrenzung oftmals nicht eindeutig ist, da der Arbeitnehmer auch hierbei durchaus in eine dem eigentlichen Fahrvorgang vergleichbare Drucksituation geraten kann. So wurde bspw. eine Haftungserleichterung für Fehler bei der Ölkontrolle eines Lkw abgelehnt, da diese Verrichtung nicht mit den typischen Gefahren eines Kfz zusammenhänge.[3] Aus den gleichen Gründen wurde eine Haftungserleichterung für Schäden beim Absichern eines bereits vollständig zum Halten gebrachten Lastzuges verneint.[4] Auf der Linie dieser überkommenen Rechtsprechung liegt auch die **erste Beispielsklausel**, die eine uneingeschränkte Haftung des Arbeitnehmers unabhängig vom Grad des Verschuldens vorsieht. Bei derartigen Tätigkeiten traf den Arbeitnehmer daher ein **nicht unerhebli-**

---
1 ArbG Eisenach v. 15.8.2002 – 2 Ca 1563/01, AuR 2003, 124, gegen BAG v. 11.4.1984 – 7 AZR 115/81, NZA 1984, 353.
2 Übersicht über die Rechtsprechung bei *Gamillscheg/Hanau*, Haftung des Arbeitnehmers, 2. Aufl. 1974, S. 9 ff.
3 LAG Berlin v. 28.10.1975, BerlEntschKal. 1966, 4 (82); ArbG Ludwigshafen v. 23.6.1966 – 2 Ca 124/66, ARST 1967, Nr. 1013.
4 ArbG Berlin v. 6.6.1969 – 42 Ca 160/68, BerlEntschKal. 1969, 3 (742).

ches Haftungsrisiko, zumal sog. Betriebsschäden gemäß § 12 Abs. 1 II f AKB von der Kaskoversicherung ausgenommen sind. Nach der Abkehr der Rechtsprechung von dem Merkmal der Gefahrgeneigtheit der Arbeit können jedoch nunmehr auch für die hier in Rede stehenden Nebentätigkeiten des Kraftfahrers die Grundsätze der privilegierten Arbeitnehmerhaftung eingreifen. Die Wirksamkeit von Abreden nach Art der ersten Beispielsklausel ist damit zweifelhaft geworden. Interessengerechter erscheint jedenfalls die **zweite Beispielsklausel**, die zu einer nach Verschuldensgraden abgestuften Haftung gelangt. Nicht sicher ist hier allerdings, ob die Haftungsmilderung auch für den Bereich privater Nutzung gelten soll. Dies wird man nicht ohne Weiteres annehmen können.

dd) Abreden über die Haftung bei unbefugter Gebrauchsüberlassung

Die Überlassung des Fahrzeugs an Dritte ist unzulässig. Herr/Frau ... haftet für jeden Schaden, der bei Überlassung am Kraftfahrzeug entsteht.

Klauseln dieser Art[1] sind häufig Bestandteil besonderer Absprachen betreffend die Rechte und Pflichten des Arbeitnehmers bei **Überlassung eines Pkw als Dienst- oder Firmenwagen**. In der näheren Ausgestaltung der Modalitäten sind die Arbeitsvertragsparteien hier grundsätzlich frei. Insbesondere kann der Arbeitgeber ein Interesse an der Eingrenzung des Kreises der berechtigten Fahrzeugführer haben. Auch ein **Verbot der Überlassung** an Dritte einschließlich der Familienangehörigen des Arbeitnehmers kann vereinbart werden. 25

Überlässt der Arbeitnehmer abredewidrig das Kfz dennoch einem Dritten und kommt es hierbei zu Schaden, so begründet Satz 2 der obigen Klausel eine **unbedingte Einstandspflicht des Arbeitnehmers** („jeden Schaden"). D.h. der Arbeitnehmer haftet dann auch für Schäden, die der Dritte nicht zu vertreten hat (z.B. unverschuldeter Verkehrsunfall oder mutwillige Beschädigung durch Randalierer). Diese Haftungserweiterung wird man für zulässig erachten müssen. Die vorwerfbare Pflichtverletzung des Arbeitnehmers liegt hier bereits darin, dass er das Fahrzeug entgegen seinen vertraglichen Pflichten aus der Hand gegeben und damit auch dem Einflussbereich des Arbeitgebers entzogen hat. Der Arbeitgeber hat hier ein **berechtigtes Interesse, sich nicht mit dem unbefugten Fahrer oder dem Unfallverursacher auseinander setzen zu müssen**. Allerdings gilt auch hier der **Grundsatz vorrangiger Inanspruchnahme von Versicherungsleistungen**. Im Übrigen wird man den Arbeitgeber für verpflichtet halten müssen, seinem Arbeitnehmer **im Gegenzug eventuelle Ersatzansprüche gegen den Schädiger abzutreten**. Das Risiko der Realisierung dieser Forderung trägt dann der Arbeitnehmer. 26

b) Haftung des Arbeitgebers für Schäden am arbeitnehmereigenen Privatfahrzeug

Der Pkw ist dienstlich und privat nach wie vor das wichtigste Verkehrsmittel der Arbeitnehmer. Der eigene Pkw wird dabei häufig nicht nur für die täglichen Fahrten zwischen dem Wohnort und der Arbeitsstätte genutzt. Vielmehr sind vor allem solche Betriebe, die keinen (umfangreichen) eigenen Fahrzeugpark unterhalten wollen 27

---

1 Ähnlich auch die Klausel bei SSSV/*Schrader*, § 23 Rz. 14.

oder können, darauf angewiesen, dass Arbeitnehmer mit ihrem eigenen Pkw auch dienstliche Fahrten unternehmen. Kommt der Privatwagen des Arbeitnehmers bei solchen Fahrten oder doch zumindest in der räumlichen Sphäre des Arbeitgebers (Betriebsparkplatz) zu Schaden, so ergeben sich vielseitige **Haftungsfragen, die häufig auch zum Gegenstand** – meist vorformulierter – **vertraglicher Abreden gemacht werden.**

aa) Haftungsfreizeichnungen für Unfallschäden

↻ **Nicht geeignet:**

Die Haftung des Arbeitgebers für Schäden, die an dem privaten Kfz während der Dienstreise entstehen, ist ausgeschlossen.[1]

28 Eine Haftung des Arbeitgebers für Unfallschäden am arbeitnehmereigenen Kfz kann sich zunächst **nach den allgemeinen Grundsätzen der Verschuldenshaftung** (positive Vertragsverletzung, Delikt) ergeben. Auf dieser Grundlage lässt sich freilich für unfallbedingte Kfz-Schäden **in den meisten Fällen kein Ersatzanspruch** begründen, da der Arbeitgeber regelmäßig keinen Einfluss auf den Geschehensablauf während einer Dienstfahrt nehmen kann, mithin ein Ansatzpunkt für eine mögliche Pflichtverletzung nicht vorliegen wird.

29 Nach ständiger Rechtsprechung[2] haftet der Arbeitgeber jedoch darüber hinaus auch **ohne Verschulden analog § 670 BGB** (→ *Haftung des Arbeitgebers*, II H 10), wenn das Fahrzeug mit seiner Billigung oder gar auf seine Anordnung ohne besondere Vergütung in seinem Betätigungsbereich eingesetzt war. Ein Einsatz im Betätigungsbereich des Arbeitgebers sei dann anzunehmen, wenn ohne Einsatz des Fahrzeuges des Arbeitnehmers der Arbeitgeber ein eigenes Fahrzeug einsetzen und damit dessen Unfallgefahr hätte tragen müssen.[3] Anderes gilt, wenn der Arbeitnehmer seinen Pkw nur aus Gründen der persönlichen Erleichterung oder Bequemlichkeit einsetzt.[4] Der Weg zur Arbeit ist Sache des Arbeitnehmers und fällt nicht in den Betätigungsbereich des Arbeitgebers.[5] Eine Ausnahme soll insofern der Weg zur Arbeit bei Rufbereitschaft darstellen, wo es regelmäßig zur Pflicht des Arbeitnehmers gehört, auf schnellstmöglichem Wege zur Arbeitsstelle zu gelangen.[6] Durfte es in diesem Falle der Arbeitnehmer für erforderlich halten, mit dem privaten Kfz zum Arbeitsort zu fahren, weil dies die schnellste Möglichkeit darstellt, handelt er in der Regel im Interesse des Arbeitgebers, so dass die Grundsätze zu § 670 BGB analog greifen können. Erfasst werden sämtliche Schäden, die sich als Verwirklichung

---

1 BAG v. 16.11.1978 – 3 AZR 258/77, NJW 1979, 1424.
2 Grundlegend BAG v. 8.5.1980 – 3 AZR 82/79, EzA § 670 BGB Nr. 14; v. 25.5.2000 – 8 AZR 518/99, NZA 2000, 1052 (1053); v. 22.6.2011 – 8 AZR 102/10, NZA 2012, 91.
3 BAG v. 28.10.2010 – 8 AZR 647/09, NZA 2011, 406; v. 23.11.2006 – 8 AZR 701/05, NZA 2007, 1486; ErfK/*Preis*, § 619a BGB Rz. 85; HWK/*Krause*, § 619a BGB Rz. 80.
4 BAG v. 23.11.2006 – 8 AZR 701/05, NZA 2007, 870; Anm. *Brox*, AP Nr. 6 zu § 611 BGB Gefährdungshaftung des Arbeitgebers.
5 BAG v. 25.5.2000 – 8 AZR 518/99, NZA 2000, 1052 (1053).
6 BAG v. 22.6.2011 – 8 AZR 102/10, NZA 2012, 91 zur Rufbereitschaft eines Arztes; so nun auch für den Rückweg vom Einsatzort im Fall eines Fernmeldemechanikers zur Beseitigung einer Störung einer Tunnel-Notrufanlage LAG Rh.-Pf. v. 23.4.2013 – 6 Sa 559/12, ZTR 2013, 463.

der Betriebsgefahr des Fahrzeugs darstellen. Ein **Mitverschulden des Arbeitnehmers** schließt nach Ansicht des BAG den Ersatzanspruch nicht von vornherein aus, sei aber in entsprechender Anwendung des § 254 BGB zu berücksichtigen.[1] Im Rahmen der nach § 254 BGB vorzunehmenden umfassenden Interessen- und Schadensabwägungen wird man ergänzend die **Grundsätze der privilegierten Arbeitnehmerhaftung** heranziehen können, so dass bei nur leicht fahrlässiger Unfallverursachung eine Minderung des Ersatzanspruchs regelmäßig nicht eintritt.[2] Die Darlegungs- und Beweislast dafür, dass kein Vorsatz, grobe oder einfache Fahrlässigkeit vorliegt, trifft nach der Rechtsprechung den Arbeitnehmer.[3] Die vorstehenden Grundsätze gelten entsprechend, wenn ein **Mitglied eines Betriebsverfassungsorgans** bei oder im Zusammenhang mit seiner Amtsausübung einen Schaden an seinem Kfz erleidet.[4] Für die Arbeitsverhältnisse des **öffentlichen Dienstes** bestehen vielfach Erlasse, die die Erstattung in ähnlicher Form regeln.[5]

Insgesamt wird man in der Rechtsprechung des BAG zum innerbetrieblichen Schadensausgleich – dieser umfasst die verschuldensunabhängige Haftung des Arbeitgebers auf der einen und die privilegierte Haftung des Arbeitnehmers auf der anderen Seite – eine angemessene Verteilung des Schadensrisikos sehen können. Vor diesem Hintergrund erscheint eine **völlige Haftungsfreizeichnung** nach dem Muster der o.g. Klausel bedenklich. Die Angemessenheit bleibt hier nur dann gewahrt, wenn dem Arbeitnehmer im Gegenzug ein das erhöhte Haftungsrisiko kompensierender Vorteil zukommt. Andernfalls ist von der **Unwirksamkeit** der mitgeteilten Klausel auszugehen. Das BAG konnte die Abrede nur deswegen unbeanstandet lassen, weil der Arbeitnehmer im entschiedenen Fall lediglich die Genehmigung zum Einsatz des Privat-Pkw erhalten hatte, ohne dass dieser erforderlich oder sonst wie vom Arbeitgeber gewünscht wurde, d.h. in seinem Interesse stand. 30

In der Vertragspraxis finden sich demgegenüber auch differenziertere Regelungen:

◯ **Nicht geeignet:**

Der Mitarbeiter benutzt für Fahrten im Rahmen seiner vertraglichen Tätigkeit seinen eigenen Pkw. Für jeden gefahrenen Kilometer gemäß Nachweis im Fahrtenbuch im Rahmen der arbeitsvertraglichen Tätigkeit wird eine Vergütung in Höhe von 0,30 Euro gewährt. Hierunter fallen nicht die Fahrten von und zur Arbeit.

Der Mitarbeiter verpflichtet sich, für sein Fahrzeug eine Vollkaskoversicherung mit einer Selbstbeteiligung von max. ... Euro abzuschließen. Im Falle eines Verkehrsunfalles wird die Beteiligung des Arbeitgebers auf einen vom Mitarbeiter

---
1 BAG v. 23.11.2006 – 8 AZR 701/05, NZA 2007, 870 (871).
2 BAG v. 11.8.1988 – 8 AZR 721/85, NZA 1989, 54; v. 20.4.1989 – 8 AZR 632/87, NZA 1990, 27; *Brox*, Anm. AP Nr. 6 zu § 611 BGB Gefährdungshaftung des Arbeitgebers; *von Hoyningen-Huene*, SAE 1982, 49 (53).
3 BAG v. 28.10.2010 – 8 AZR 647/09, AP Nr. 43 zu § 611 BGB Haftung des Arbeitgebers (mit kritischer Anmerkung *Boemke*); Schaub/*Linck*, § 60 Rz. 4a.
4 BAG v. 3.3.1983 – 6 ABR 4/80, NJW 1984, 198; LAG Hamm v. 16.4.1997 – 3 TaBV 112/96, BB 1997, 2007 (auf der Grundlage von § 40 Abs. 1 BetrVG); kritisch *Mayer-Maly*, NZA Beilage 3/1991, 7.
5 Hierzu näher *Steiner/Schäuble*, Die verschuldensunabhängige Haftung des Bundes für arbeitsbedingte Sachschäden seiner Beschäftigten, ZBR 1984, 312.

zu tragenden Schaden auf ... Euro begrenzt. Hat der Mitarbeiter den Verkehrsunfall vorsätzlich oder grob fahrlässig verursacht, entfällt eine Beteiligung.[1]

31 Durch diese Klausel wird der Mitarbeiter zum Einsatz seines privaten Pkw zu dienstlichen Zwecken verpflichtet, ein Tatbestand, der nach der soeben dargestellten Rechtsprechung des BAG im Falle eines Unfallschadens die verschuldensunabhängige Einstandspflicht des Arbeitgebers analog § 670 BGB auslösen würde. Absatz 2 der Klausel enthält jedoch insoweit eine weit reichende Haftungsbegrenzung. Mit Rücksicht auf die vom Arbeitnehmer abzuschließende Vollkaskoversicherung soll die Haftung der Höhe nach auf einen bestimmten Betrag begrenzt werden. Diese Höchstsumme hat Bedeutung, soweit die Vollkaskoversicherung den Schaden nicht übernimmt (Selbstbeteiligung, Betriebsschäden, s. im Einzelnen Rz. 14). Der Haftungsausschluss für grobe Fahrlässigkeit und Vorsatz entspricht der Rechtsprechung, die im Rahmen des § 254 BGB die Grundsätze der privilegierten Arbeitnehmerhaftung berücksichtigt. Die eigentlich problematische Frage ist hier allerdings, ob die Verlagerung der Haftpflichtrisiken bzw. der Obliegenheit zur Risikovorsorge auf den Arbeitnehmer noch eine angemessene Vertragsgestaltung darstellt. Hierfür kommt es nach der Rechtsprechung entscheidend darauf an, ob dem Arbeitnehmer im Gegenzug ein angemessener Ausgleich für die übernommen Verpflichtungen zuteil wird. Die Wegstreckenentschädigung in Höhe des steuerrechtlich üblichen Satzes von 0,30 Euro pro gefahrenem Kilometer soll nur die laufenden Betriebs- und Unterhaltskosten einschließlich des Risikos einer eventuellen Rückstufung in der Haftpflichtversicherung bei Schädigung Dritter abgelten.[2] Dagegen wird der Arbeitnehmer aus diesem Betrag regelmäßig nicht auch noch die Prämienzahlung für eine Vollkaskoversicherung bestreiten können. Das Unfallrisiko als solches wird daher durch die steuerübliche Entfernungspauschale von derzeit 0,30 Euro pro gefahrenem Kilometer (§ 9 Abs. 1 Satz 3 Nr. 4 EStG) nicht abgegolten.[3] Mangels ausreichender Kompensationsleistung kann mithin die o.g. Klausel keinen Bestand haben. Eine wirksame Haftungsfreizeichnung wird man nur annehmen können, wenn

– der Arbeitgeber ein deutlich erhöhtes Kilometergeld zahlt und sich darüber hinaus an der vom Arbeitnehmer abzuschließenden Vollkaskoversicherung beteiligt,[4]

– oder das steuerübliche Kilometergeld zahlt und die Kaskoversicherung voll übernimmt,

– oder das steuerübliche Kilometergeld zahlt und dazu eine Kilometerpauschale zahlt.[5]

---

1 *Schachner*, Rechtsformularbuch, 2. Aufl. 1991, S. 169.
2 BAG v. 30.4.1992 – 8 AZR 409/91, DB 1992, 2555; vgl. auch HWK/*Krause*, § 619a BGB Rz. 82.
3 LAG BW v. 17.9.1991 – 7 Sa 44/91, NZA 1992, 458; Otto/*Schwarze*/Krause, Haftung des Arbeitnehmers, § 27 Rz. 36; *Berndt*, NJW 1997, 2215; *Schwab*, AiB 2012, 446 (450); a.A. LAG Bremen v. 20.8.1985 – 4 Sa 57/85, 4 Sa 128/85, BB 1985, 2325; Küttner/*Griese*, Personalbuch 2014, Aufwendungsersatz, Rz. 12.
4 In „b + p" fordert *Bleistein* (26, 4. Kap., S. 5) einen Betrag von 0,60 DM/km und die Übernahme eines Anteils der vom Arbeitnehmer abzuschließenden Kaskoversicherung.
5 Nach LAG BW v. 17.9.1991 – 7 Sa 44/91, NZA 1992, 458 gilt der Haftungsausschluss bei einer Kfz-Pauschale von 400 DM monatlich nicht nur für das üblicherweise benutzte Kfz, sondern auch für evtl. benutzte Zweit- oder Drittwagen.

In allen drei Fällen kann es dem Arbeitnehmer dann zugemutet werden, im Kaskofall den Selbstbeteiligungsbetrag selbst zu tragen.

bb) Haftungsfreizeichnung für Schäden am geparkten Kfz

➲ **Nicht geeignet:**

a) Die Haftung für Fahrzeuge der Mitarbeiter richtet sich nach den allgemeinen Rechtsgrundsätzen.

b) Für Schäden und Nachteile haftet die Firma nur, wenn sie ein Verschulden trifft.

Kommt ein Großteil der Belegschaft üblicherweise mit dem eigenen Pkw zur Arbeit, so hat der Arbeitgeber **für** eine **geeignete Parkgelegenheit** zu **sorgen**, wenn er dadurch nicht unverhältnismäßig belastet wird.[1] Stellt der Arbeitgeber einen Parkplatz zur Verfügung, so hat er das **Gelände in einen verkehrssicheren Zustand zu versetzen und zu erhalten**.[2] Welche Sicherungsmaßnahmen von seiner Seite zu treffen sind, richtet sich nach den **Umständen des Einzelfalles**.[3] Im Regelfall wird er z.B. für ausreichende Beleuchtung,[4] hinreichende Weite der Abstellfläche,[5] Sicherung gegen vorbeifließenden Verkehr[6] sowie ggf. Schutz vor Industrieemissionen durch Überdachung des Parkplatzes[7] sorgen müssen. Eine Streupflicht[8] besteht nur für die Fahrbahnen, nicht für die Parkbuchten.[9] Dagegen ist der Arbeitgeber grundsätzlich nicht gehalten, die auf seinem Parkplatz abgestellten Fahrzeuge der Arbeitnehmer schlechthin auch vor solchen Schäden zu bewahren, vor denen der Eigentümer eines Wagens sich auch sonst im Straßenverkehr kaum wirksam schützen kann.[10] Insbesondere muss er die Kraftfahrzeuge seiner Beschäftigten nicht vor Beschädigungen durch Dritte (z.B. andere Verkehrsteilnehmer oder spielende Kinder) schützen.[11] Auch die Bewachung des Parkplatzes ist regelmäßig nicht erforderlich. Auch bei bezahlter Überlassung eines Parkplatzes übernimmt der Arbeitgeber keine Verpflichtung für eine zusätzliche Sicherung. Besondere Umstände begründen eine gesteigerte Fürsorgepflicht. Sie können in einer das Übliche übersteigenden Gefährdung durch Umgebung oder Nachbarschaft liegen, insbesondere

32

---

1 BAG v. 4.2.1960 – 2 AZR 290/57, NJW 1960, 1318; abl. *Adam*, Anm. EzA § 611 BGB Arbeitgeberhaftung Nr. 8 S. 21; wohl auch *Schwab*, AiB 2001, 19 (25).
2 BAG v. 10.11.1960 – 2 AZR 226/59, AP Nr. 58 zu § 611 BGB Fürsorgepflicht; v. 16.3.1966 – 1 AZR 340/65, NJW 1966, 1534; v. 25.5.2000 – 8 AZR 518/99, NZA 2000, 1052 (1053); Schaub/*Linck*, § 60 Rz. 7; teilweise abw. *Kreßel*, RdA 1992, 169 (172 ff.).
3 BAG v. 16.3.1966 – 1 AZR 340/65, NJW 1966, 1534; zum Folgenden auch Schaub/*Koch*, § 106 Rz. 34.
4 BGH v. 29.1.1968 – III ZR 127/65, VersR 1968, 399.
5 BAG v. 25.6.1975 – 5 AZR 260/74, AP Nr. 4 zu § 611 BGB Parkplatz.
6 BAG v. 5.3.1959 – 2 AZR 268/56, NJW 1959, 1555.
7 LAG Hamm v. 23.6.1971 – 5 Sa 489/70, DB 1971, 1823; BAG v. 5.3.1959 – 2 AZR 268/56, NJW 1959, 1555; v. 18.5.1965 – 5 AZR 260/74, AP Nr. 4 zu § 611 BGB Gefährdungshaftung; *Neuhausen*, NZA 1991, 372.
8 BGH v. 22.11.1965 – III ZR 32/65, NJW 1966, 202.
9 LAG Hess. v. 21.7.2000 – 2 Sa 1032/99, n.v.
10 BAG v. 25.6.1975 – 5 AZR 260/74, AP Nr. 4 zu § 611 BGB Parkplatz; Tschöpe/*Heiden*, Arbeitnehmerhaftung, Rz. 798.
11 *Adam*, Anm. EzA § 611 BGB Arbeitgeberhaftung Nr. 8 S. 16 f.

wenn Schädigungen voraussehbar und durch zumutbare Maßnahmen zu vermeiden sind.[1]

33 Kommt es in **schuldhafter Vernachlässigung** der oben skizzierten Verkehrssicherungspflichten zu einer Beschädigung des arbeitnehmereigenen Kfz, hat der Arbeitgeber für dessen Schaden sowohl auf vertraglicher als auch deliktischer Grundlage aufzukommen. Ein **mitwirkendes Verschulden des Arbeitnehmers** ist allerdings anzurechnen.

34 Eine verschuldensunabhängige Haftung des Arbeitgebers – etwa gemäß § 670 BGB analog – greift hingegen in Fällen dieser Art regelmäßig nicht ein, da es sich um keine arbeitstypischen, unabgegoltenen Schäden handeln dürfte.

35 Recht häufig werden Fragen im Zusammenhang mit der Bereitstellung einer Parkgelegenheit zum Gegenstand von **Parteivereinbarungen** gemacht.

36 Soweit sie die Haftung betreffen, begnügen sich solche Abreden zuweilen mit einem kurzen **Hinweis auf die Rechtslage** (Beispiel a). Ebenso verhält es sich mit Klauseln, die eine Haftung des Arbeitgebers „nur" für den Fall des Verschuldens (§§ 276, 278 BGB) vorsehen (Beispiel b). Nach dem oben Gesagten liegt auch in dieser Abrede keine Haftungsverschiebung. Klauseln dieser Art unterliegen somit zwar keinerlei rechtlichen Bedenken, dürften jedoch regelmäßig entbehrlich sein.

37 Problematischer sind hingegen die weit verbreiteten Haftungsfreizeichnungsklauseln:

↪ **Nicht geeignet:**
    a) Die Gesellschaft stellt ihren Mitarbeitern (...) Plätze als Abstellplätze für Pkw zur Verfügung. (...) Die Gesellschaft schließt ausdrücklich die Haftung für alle Schäden aus, die im Zusammenhang mit dem Befahren des Betriebsgeländes und der Benutzung des Abstellplatzes gegen sie oder ihre Beschäftigten bei einer Tätigkeit für sie entstehen.[2]
    b) Die Benutzung der betrieblichen Parkplätze geschieht auf eigene Gefahr.

38 Mit der erstgenannten Klausel hatte sich das BAG[3] anlässlich der Klage eines Arbeitnehmers zu befassen, mit der dieser Ersatz für die Beschädigung seines auf dem Betriebsgelände geparkten Pkw begehrte. Zu diesem Schaden war es durch den Fahrfehler eines Arbeitskollegen beim Rangieren mit einem Omnibus, also in Ausführung seiner dienstlichen Aufgaben, gekommen. Der Arbeitgeber berief sich auf den vertraglichen Haftungsausschluss; nach Ansicht des BAG jedoch zu Unrecht, da er sich seiner Haftung durch eine solche Freizeichnungsklausel nicht wirksam habe entledigen können. Besonderen Wert legte das BAG im Rahmen der Wirksamkeitskontrolle auf die Feststellung, dass es sich um eine **vertragliche Einheitsregelung** handelte, die nicht zwischen den Parteien abgesprochen, sondern vom Arbeitgeber „einseitig festgesetzt" worden sei. Wer einen Parkplatz haben wolle, müsse die Bedingungen des Arbeitgebers annehmen oder ganz darauf verzichten, sein Fahrzeug auf dem Betriebsgelände abzustellen. Da in einem solchen Fall „die

---
1 BAG v. 25.5.2000 – 8 AZR 518/99, NZA 2000, 1052 (1053).
2 BAG v. 28.9.1989 – 8 AZR 120/88, NZA 1990, 345.
3 BAG v. 28.9.1989 – 8 AZR 120/88, NZA 1990, 345.

Vertragsparität einen Interessenausgleich nicht gewährleisten kann", dürfe der Arbeitgeber nicht nur seine Interessen verfolgen; vielmehr müsse er seinerseits auch den Interessen der Arbeitnehmer angemessen Rechnung tragen. Dies **verwehre es ihm, die Folgen der Betriebsgefahr der firmeneigenen Fahrzeuge auf die Arbeitnehmer abzuwälzen** und damit deren Belange bei der Regelung der Haftung unberücksichtigt zu lassen, zumal nicht davon auszugehen sei, dass die Zurverfügungstellung des Parkplatzes allein im Interesse der Arbeitnehmer erfolge. Der Haftungsausschluss sei im Übrigen weder ein funktionsgerechtes Mittel, um Betriebsstörungen zu vermeiden, noch könne der Arbeitgeber darauf verweisen, der Betrieb seines Unternehmens werde sonst durch eine übermäßige finanzielle Belastung gestört, da diese sich in überschaubaren Grenzen halte.

Dieses Ergebnis wird bestätigt durch einen **Blick auf das allgemeine Privatrecht, insbesondere das AGB-Recht**.[1] Während die Haftung für Vorsatz gemäß § 276 Abs. 3 BGB ohnehin nicht ausgeschlossen werden kann, ist nach **§ 309 Nr. 7 lit. b BGB** in Allgemeinen Geschäftsbedingungen ein Haftungsausschluss unwirksam, der auch die grobe Fahrlässigkeit einschließt. Dabei handelt es sich um eine allgemeine, für jeden privatrechtlichen Vertrag relevante Wertung, die es nach der Streichung der Bereichsausnahme (§ 310 Abs. 4 BGB) auch bei allgemeinen Arbeitsbedingungen zu beachten gilt.[2] Selbst die Haftung für einfache Fahrlässigkeit kann in Allgemeinen Geschäftsbedingungen nicht ohne Weiteres ausgeschlossen werden. Eine unangemessene Benachteiligung des Vertragspartners i.S.d. § 307 BGB kann in diesem Falle insbesondere dann vorliegen, wenn der Verwender die ihn treffende Haftung durch eine ihm zumutbare Versicherung hätte abdecken können.[3] Auch dies war im Fall des BAG nicht geschehen. 39

Eine völlige Freizeichnung von der Haftung für schuldhafte Pflichtverletzung in Bezug auf die geparkten Kfz der Arbeitnehmer kann somit unter Zugrundelegung AGB-rechtlicher Maßstäbe grundsätzlich nicht anerkannt werden. 40

Unwirksam ist aus diesem Grunde auch die zweite Beispielsklausel („auf eigene Gefahr"), da nicht anzunehmen ist, dass sich der Arbeitgeber lediglich von der Haftung für zufällig eintretende, also von keiner Partei zu vertretende Schäden (z.B. Orkan- oder Hagelschäden), freizeichnen wollte. 41

3. Hinweise zur Vertragsgestaltung; Zusammenfassung

Entsprechend den vorstehenden Ausführungen ergeben sich folgende Klauselvorschläge:[4] 42

---

1 Auch *Misera* (SAE 1990, 365) und *Brox* (AP Nr. 5 zu § 611 BGB Parkplatz) verweisen in ihren Anmerkungen auf die Maßstäbe zur Inhaltskontrolle bei vorformulierten Vertragsbedingungen.
2 Ebenso *Brox*, Anm. BAG AP Nr. 5 zu § 611 BGB Parkplatz; siehe bereits → *Haftung des Arbeitgebers*, II H 10.
3 *Wolf/Horn/Lindacher*, 4. Aufl., § 11 Nr. 7 AGBG Rz. 33; weniger restriktiv und vielfältig, z.B. nach der Branchenüblichkeit der Versicherung sowie nach Effizienzgesichtspunkten differenzierend, nunmehr WLP/*Dammann*, § 309 BGB Nr. 7 Rz. 103 ff.
4 Ein Muster eines Dienstwagenüberlassungsvertrages findet sich bei *Abeln/Steinkühler*, AuA 2002, 116 (120).

Haftungsvereinbarung bei Benutzung von Dienstfahrzeugen

Der Mitarbeiter haftet für alle vorsätzlich oder grob fahrlässig verursachten Schäden, Verluste oder Wertminderungen des Fahrzeugs in vollem Umfang, bei grober Fahrlässigkeit höchstens jedoch bis zu einem Betrag von drei Monatsnettovergütungen. Fällt ihm nur leichte Fahrlässigkeit zur Last, haftet er nicht. In den verbleibenden Fällen mittlerer Fahrlässigkeit ist der Arbeitnehmer zu anteiligem Ersatz verpflichtet, höchstens jedoch bis zu einem Betrag von einer Monatsnettovergütung.

Entsteht ein Fahrzeugschaden bei privater Nutzung, hat der Mitarbeiter stets und unabhängig vom eigenen Verschulden vollen Ersatz zu leisten. Soweit der Schaden von der Vollkaskoversicherung übernommen wird, beschränkt sich die Haftung des Mitarbeiters auf den Selbstbeteiligungsbetrag in Höhe von ... Euro.

Haftungsausschlussvereinbarung bei Benutzung eines privaten Pkw zu dienstlichen Zwecken

Der Mitarbeiter benutzt für Fahrten im Rahmen seiner vertraglichen Tätigkeit seinen eigenen Pkw. Für jeden gefahrenen Kilometer gemäß Nachweis im Fahrtenbuch im Rahmen der arbeitsvertraglichen Tätigkeit wird eine Vergütung in Höhe von 0,30 Euro gewährt. Hierunter fallen nicht die Fahrten von und zur Arbeit. Ferner erhält der Mitarbeiter eine monatliche Kfz-Pauschale in Höhe von ... Euro. Der Mitarbeiter verpflichtet sich, diesen Betrag für eine Kfz-Vollkaskoversicherung zu verwenden. Etwaige Ersatzansprüche aus Anlass eines Verkehrsunfalles oder aufgrund anderer Schadensereignisse gelten damit als abgegolten. Die Firma haftet weder in Höhe des Selbstbeteiligungsbetrages noch ersetzt sie dem Mitarbeiter einen möglichen Rückstufungsschaden.

H 40 Herausgabeansprüche

	Rz.		Rz.
1. Einführung	1	dd) Anspruch auf Auskunftserteilung; Schadensersatz	14
2. Klauseln	3	b) Herausgabeklauseln bezüglich überlassenen Wohnraumes	15
a) Herausgabeklauseln bezüglich der Arbeitsmittel	3	c) Herausgabeklauseln bezüglich etwaiger Geschenke	16
aa) Gegenstand der Herausgabe	4	d) Herausgabeklauseln bezüglich dienstlich erworbener Flugmeilen	19
bb) Kraft Gesetzes bestehende Herausgabeansprüche	6	e) Herausgabeklauseln bezüglich der Arbeitspapiere	22
(1) Herausgabe von Arbeitsmitteln	6	3. Hinweise zur Vertragsgestaltung; Zusammenfassung	23
(2) Herausgabe von Arbeitsergebnissen bzw. Geschäftsunterlagen	10		
cc) Zurückbehaltungsrechte	13		

Schrifttum:

Aschmoneit, Herausgabeansprüche und Zurückbehaltungsrechte während und nach Beendigung des Arbeitsverhältnisses, 2010; *Bürck/Nussbaum*, Herausgabe des Dienstfahrzeugs während der Freistellung des Arbeitnehmers: Vertragliche Gestaltungsmöglichkeiten für die Praxis, BB 2002, 2278; *Göpfert/Wilke*, Nutzung privater Smartphones für dienstliche Zwecke, NZA 2012, 765; *Hergenröder*, in AR-Blattei SD, Das Recht der Arbeitspapiere, 2001; *Marschner*, in AR-Blattei SD, Sachbezüge, 2000; *Schmiedl*, Die Sicherung des Herausgabeanspruchs am Dienstwagen nach Beendigung des Arbeitsverhältnisses mittels einstweiliger Verfügung, BB 2002, 992.

1. Einführung

Mitunter hat der Arbeitgeber im Verlaufe des Arbeitsverhältnisses, vor allem aber bei dessen Beendigung, ein Interesse daran, vom Arbeitnehmer diesem zuvor zur Durchführung der Arbeit **überlassene Arbeitsgeräte**, → *Dienstwagen*, II D 20 etc.[1] herauszuverlangen. Dabei hat der Arbeitnehmer die Herausgabeverpflichtung grundsätzlich an dem Ort zu erbringen, wo die Arbeitsleistung zu erbringen ist.[2] Das ist im Arbeitsverhältnis üblicherweise der Betriebssitz.[3] Das Herausgabebegehren kann die unterschiedlichsten Gründe haben. Bspw. kann der Arbeitgeber die Gegenstände im Arbeitsablauf anderweitig einsetzen wollen. Gerade im Hinblick auf **Geschäftsunterlagen** spielt oftmals auch das Bedürfnis nach Geheimhaltung eine Rolle (→ *Verschwiegenheitspflicht*, II V 20). Beim Ausscheiden des Arbeitneh-

1

---

[1] Vgl. zum Anspruch des Insolvenzverwalters auf Herausgabe von Versicherungsscheinen für die betriebliche Altersversorgung LAG Köln v. 13.11.2002 – 8 (3) Sa 423/02, NZA-RR 2003, 550; zum Anspruch auf Herausgabe eines Dienstwagens bei Streit über die Beendigung des Arbeitsverhältnisses LAG München v. 11.9.2002 – 9 Sa 315/02, NZA-RR 2002, 636.
[2] LAG Nds. v. 4.11.2003 – 13 Sa 423/03, LAGE § 611 BGB Nr. 9; v. 8.7.2005 – 16 Sa 331/05, NZA-RR 2006, 40 (40); Schaub/Linck, § 150 Rz. 3.
[3] Bei dem Anspruch auf Herausgabe eines umfangreicheren Warenbestandes, den der Außendienstmitarbeiter an seinem Wohnort gelagert hat, handelt es sich hingegen um eine Holschuld, vgl. LAG Nds. v. 4.11.2003 – 13 Sa 423/03, LAGE § 611 BGB Nr. 9.

mers aus dem Betrieb schließlich hat der Arbeitgeber selbstverständlich ein Interesse daran, alle in seinem Eigentum stehenden Gegenstände zurückzuerlangen.

2   Andererseits besitzt in der Regel der Arbeitgeber Sachen, deren Rückerlangung für den Arbeitnehmer – etwa zur Stellensuche – von Bedeutung sein können. Hierzu zählen Zeugnisse, Lohnsteuerkarte, Sozialversicherungspapiere und sonstige **Arbeitspapiere**.

Zur Sicherstellung der Herausgabe dieser Gegenstände finden sich in Formulararbeitsverträgen eine Vielzahl unterschiedlich formulierter Herausgabeklauseln. Hiervon zu unterscheiden sind etwaige Ansprüche auf Rückzahlung von Arbeitgeberdarlehen, Jahressonderzahlungen (→ *Sonderzahlungen*, II S 40) und Ausbildungskosten, die einer expliziten Regelung bedürfen.

2. Klauseln

a) Herausgabeklauseln bezüglich der Arbeitsmittel

Typ 1: Herausgabe von Arbeitsmitteln und Unterlagen

a) Alle das Unternehmen und seine Interessen berührenden Briefe sind ohne Rücksicht auf den Adressaten ebenso wie alle sonstigen Geschäftssachen, Zeichnungen, Notizen, Bücher, Muster, Modelle, Werkzeuge, Material usw. dessen alleiniges Eigentum und sind auch bei Bestehen eines etwaigen Besitzrechtes des Mitarbeiters nach erfolgter Aufforderung bzw. nach Beendigung des Arbeitsverhältnisses unverzüglich zurückzugeben. Zurückbehaltungsrechte sind ausgeschlossen.

b) Bei Beendigung dieses Vertragsverhältnisses oder nach Aufforderung durch den Arbeitgeber wird der/die Mitarbeiter/in die übertragenen oder übernommenen geschäftlichen Aufzeichnungen und Unterlagen einschließlich etwaiger eigener Entwürfe unverzüglich an das Unternehmen zurückgeben. Ein Zurückbehaltungsrecht ist ausgeschlossen.

⊃ **Nicht geeignet:**

c) Im Falle der Beendigung des Arbeitsverhältnisses hat Herr/Frau ... sämtliche im Eigentum der Firma stehende Gegenstände an sie herauszugeben.

d) Der Arbeitgeber kann das Recht zur privaten Nutzung des Arbeitsmittels ... und dessen Überlassung jederzeit, gleich aus welchen Gründen, widerrufen.[1]

3   Während nach dem Inhalt der Klauseltypen 1a und 1b die **jederzeitige Rückgabe** bestimmter Gegenstände vom Arbeitnehmer verlangt werden kann, ist auch nach dem Vorbild des Klauselbeispiels eine nur auf den Fall der Beendigung des Arbeitsverhältnisses ausgerichtete Formulierung denkbar, die sich aber für den Arbeitgeber im Einzelfall als nachteilig herausstellen kann (s. Rz. 9).

---

1 Angelehnt an BAG v. 19.12.2006 – 9 AZR 294/06, NZA 2007, 809.

aa) Gegenstand der Herausgabe

Die vorstehenden Klauseln regeln die Herausgabe ganz unterschiedlicher Gegenstände:

Zur Durchführung der Arbeit werden dem Arbeitnehmer je nach dessen Tätigkeitsbereich im Rahmen des Arbeitsvertrages häufig unterschiedlichste **Arbeitsmittel** vom Arbeitgeber zur Verfügung gestellt. Für Handelsvertreter ergibt sich aus § 86a Abs. 1 HGB sogar die gesetzliche Verpflichtung des Unternehmers, dessen Tätigkeit durch die Überlassung der erforderlichen Unterlagen zu unterstützen. Zu diesen überlassenen Arbeitsmitteln können Werkzeuge, Geschäftsunterlagen wie z.B. Kundenkarteien, Schriftstücke und Zeichnungen, Taschenrechner, Prospektmaterial, Arbeitskleidung, Werkausweis, Schlüssel, werkseigene Bücher, Mobiltelefone, Notebooks etc. gehören. Da der Arbeitgeber bei eventuellen Herausgabestreitigkeiten die von ihm herausverlangten Gegenstände im Einzelnen genau bezeichnen und die Übergabe an den Arbeitnehmer ggf. nachweisen muss, empfiehlt sich, die dem Arbeitnehmer überlassenen Arbeitsmittel in einer Bestandsliste zu erfassen und beim Empfang vom Arbeitnehmer quittieren zu lassen.

Neben der Herausgabe von Arbeitsmitteln im eigentlichen Sinne wird auch die Herausgabe solcher, hiervon zu unterscheidender Sachen geregelt, die dem Arbeitnehmer nicht originär vom Arbeitgeber überlassen wurden, sondern vom Arbeitnehmer im Zusammenhang mit seiner dienstlichen Tätigkeit selbst hergestellt worden sind, sog. **Arbeitsergebnisse** bzw. **Geschäftsunterlagen**. Als Beispiel seien genannt: Entwürfe, Skizzen, Notizen, Versuchsergebnisse, Berechnungen, Zeichnungen, Kopien, Durchschriften, Nachweise über die dienstliche Tätigkeit sowie sonstige eigene Aufzeichnungen.

bb) Kraft Gesetzes bestehende Herausgabeansprüche

(1) Herausgabe von Arbeitsmitteln

Grundsätzlich ist der Arbeitnehmer hinsichtlich der ihm zur Verfügung gestellten Sachen nur **Besitzdiener**:[1] Hierunter versteht man eine Person, die in einem nach außen erkennbaren sozialen Abhängigkeitsverhältnis für einen anderen, den Besitzer, die tatsächliche Gewalt über eine Sache in der Weise ausübt, dass sie dessen Weisungen schlechthin Folge zu leisten hat.[2] Schon aus der Begriffsbestimmung des Arbeitnehmers folgt, dass er nach den Weisungen des Arbeitgebers Dienste zu leisten hat.[3] Dass der Arbeitnehmer auf Weisung des Arbeitgebers grundsätzlich arbeitgebereigene Gegenstände herauszugeben hat und zwar zu jeder Zeit,[4] ergibt sich folglich bereits zwanglos aus dem Wesen des Arbeitsvertrages, ohne dass es dazu

---

1 BAG v. 17.9.1998 – 8 AZR 175/97, AP Nr. 2 zu § 611 BGB Mankohaftung; v. 2.12.1999 – 8 AZR 386/98, AP Nr. 3 zu § 611 BGB Mankohaftung; vgl. jüngst LAG Berlin-Brandenburg v. 17.12.2009 – 25 Sa 1571/09, n.v.
2 BGH v. 24.4.1952 – IV ZR 107/51, LM § 1006 BGB Nr. 2; Palandt/*Bassenge*, § 855 BGB Rz. 2.
3 Schaub/*Koch*, § 113 Rz. 5; auch Palandt/*Weidenkaff*, Einf. vor § 611 BGB Rz. 7; ErfK/*Preis*, § 611 BGB Rz. 51.
4 Vgl. den durch die Klauseltypen 1a und 1b einerseits und durch das nicht geeignete Beispiel andererseits vorgesehenen unterschiedlichen Anwendungszeitraum.

eigens einer ausdrücklichen Abrede bedürfte.¹ Dies gilt ebenso für den Zeitraum zwischen einer etwaigen Freistellung des Arbeitnehmers und dem Ende des Arbeitsverhältnisses.²

7 Verweigert der Arbeitnehmer die Herausgabe, so liegt hierin ein Besitzentzug durch **verbotene Eigenmacht** (§ 858 Abs. 1 BGB). Die rechtliche Stellung eines Besitzdieners entfällt. Stattdessen begründet der Arbeitnehmer Eigenbesitz. Für diesen Fall besteht ein **Herausgabeanspruch** des Arbeitgebers gegen den Arbeitnehmer aus §§ 861, 862 BGB und ggf. aus § 985 BGB,³ wenn der Arbeitnehmer tatsächlich eigenen Besitz begründet hat. Daneben kann sich ein Rückforderungsanspruch des Arbeitgebers aus den auch auf das Arbeitsverhältnis anzuwendenden §§ 675, 667 BGB ergeben.⁴

8 Ausnahmsweise können dem Arbeitnehmer Arbeitsmittel **zur eigenverantwortlichen Entscheidung** überlassen sein, so dass er nicht nur Besitzdiener, sondern **selbst Besitzer** ist. Dies kann bei einem leitenden Angestellten, gelegentlich aber auch bei einem „normalen" Arbeitnehmer der Fall sein, bspw. wenn ein → *Dienstwagen*, II D 20 laut Arbeitsvertrag auch privat genutzt werden darf⁵ oder eine Mankoabrede bezüglich eines korrekten Kassen- oder Warenbestandes getroffen wurde⁶ (→ *Mankohaftung*, II M 10). Abhängig vom Vertragsinhalt kann dem Arbeitnehmer dann während der Dauer des Arbeitsvertrages – u.U. sogar darüber hinaus⁷ – ein Herausgabeansprüche ausschließendes **Besitzrecht** zustehen.

9 Daher wird nur für Zweifelsfälle bei der Abgrenzung zwischen Besitzdiener und Besitzer die Existenz einer Herausgabeklausel im Arbeitsvertrag relevant: Durch deren Aufnahme ist bei Besitzdienerschaft nur klargestellt, dass dem Arbeitnehmer kein Besitzrecht zusteht, er mithin als Besitzdiener den Weisungen des Arbeitgebers Folge zu leisten hat. Ist der Arbeitnehmer aber im Einzelfall Besitzer, sind Klauseln wie Typ 1a empfehlenswert, da sie die jederzeitige Rückgabemöglichkeit eröffnen. Bezüglich eines Dienstwagens ist allerdings zu berücksichtigen, dass die Möglichkeit **privater Nutzung** Entgeltcharakter i.S.d. § 611 Abs. 1 BGB hat und daher die Abberufung des Wagens – verbunden mit der Nichtweitergewährung des privaten Nutzungsrechts – ohne Änderungskündigung nur unter gesonderten Voraussetzungen möglich ist (zu den sich ergebenden Schwierigkeiten → *Dienstwagen*, II D 20). Ähnliches gilt für die Dienstwohnung (→ *Direktionsrecht und Tätigkeitsbeschreibung*, II D 30 Rz. 257 ff.). Es ist denkbar, dass auch die private Nutzungs-

---

1 LAG Berlin v. 26.5.1986 – 9 Sa 24/86, DB 1987, 542; Schaub/*Linck*, § 150 Rz. 1.
2 Eine auf diesen Sonderfall zugeschnittene Klausel, wie sie etwa *Kopp*, Arbeitsvertrag für Führungskräfte, S. 117, vorschlägt, ist daher entbehrlich.
3 ArbG Marburg v. 5.2.1969 – Ca 600/68, DB 1969, 2041; LAG Berlin v. 26.5.1986 – 9 Sa 24/86, DB 1987, 542; LAG Berlin-Brandenburg v. 17.12.2009 – 25 Sa 1571/09, n.v.; Schaub/*Linck*, § 150 Rz. 1; *Haase*, Zurückbehaltungsrecht des Arbeitnehmers, Diss. 1967, S. 44.
4 BAG v. 10.11.1961 – GS 1/60, AP Nr. 2 zu § 611 BGB Gefährdungshaftung; v. 1.2.1963 – 5 AZR 74/62, AP Nr. 10 zu § 670 BGB; v. 21.9.1966 – 1 AZR 504/65, AP Nr. 2 zu § 675 BGB; ErfK/*Preis*, § 611 BGB Rz. 22 f.
5 LAG Düsseldorf v. 4.7.1975 – 11 Sa 689/75, DB 1975, 1849; OLG Düsseldorf v. 12.2.1986 – 11 U 76/85, NJW 1986, 2513; Schaub/*Koch*, § 113 Rz. 8.
6 Vgl. BAG v. 17.9.1998 – 8 AZR 175/97, BB 1999, 264; v. 2.12.1999 – 8 AZR 386/98, BB 2000, 1146.
7 Vgl. OLG Düsseldorf v. 12.2.1986 – 11 U 76/85, NJW 1986, 2513.

möglichkeit anderer Arbeitsmittel einen Vermögenswert für den Arbeitnehmer haben kann. In solchen Fällen ist sie Entgeltbestandteil. Aufgrund der Grundsätze des BAG bezüglich Widerrufsvorbehalten bei Entgeltbestandteilen[1] (→ *Vorbehalte und Teilbefristung*, II V 70 Rz. 14 ff.) und parallel zu dessen Rechtsprechung bei Dienstwagen[2] ist von einer Widerrufsklausel nach Beispiel 1 d abzuraten. Ein jederzeitiges Widerrufsrecht ohne Bindung an Sachgründe verstößt gegen § 308 Nr. 4 BGB.[3] Zudem darf der widerrufliche geldwerte Vorteil für die Privatnutzung der Arbeitsmittel nicht über 25 % des regelmäßigen Gesamteinkommens liegen.[4] Letztlich muss eine Widerrufsklausel aufgrund des Transparenzgebots so gefasst sein, dass Widerrufsgründe ausdrücklich benannt werden.[5]

(2) Herausgabe von Arbeitsergebnissen bzw. Geschäftsunterlagen

Fraglich erscheint, ob für Geschäftsunterlagen, die der Arbeitnehmer selbst gefertigt hat, das oben zur Herausgabe Ausgeführte entsprechend gilt. Eine unterschiedliche Behandlung könnte sich daraus herleiten, dass bei solchen Geschäftsunterlagen nicht auf den ersten Blick feststeht, dass sie dem Eigentum des Arbeitgebers zuzurechnen sind. Auszugehen ist aber immer von dem Grundsatz, dass das Ergebnis der Arbeit dem Empfänger der Dienstleistung, also dem Arbeitgeber, zusteht.[6]

Für Entwürfe, Skizzen und Zeichnungen des Arbeitnehmers kann hier die Vorschrift des § 950 BGB relevant werden: Gemäß § 950 BGB ist unter bestimmten Voraussetzungen ein **Eigentumserwerb durch die Verarbeitung** eines Stoffes denkbar. Als Verarbeitung in diesem Sinne gilt nach § 950 Abs. 1 Satz 2 BGB auch das Schreiben, Zeichnen, Malen etc. Es ist im Wesentlichen allerdings unstreitig, dass bei einer solchen Verarbeitung durch den Arbeitnehmer das **Eigentum unmittelbar dem Arbeitgeber zufällt**.[7] Dies wird man selbst für Urkunden, Karteien, Akten, Computerdaten und sonstige Dokumente, etwa Aufzeichnungen eines Chefarztes, wenn sie für weitere wissenschaftliche Forschungen dienen sollen, anneh-

---

1 BAG v. 12.1.2005 – 5 AZR 364/04, NZA 2005, 465; v. 11.10.2006 – 5 AZR 721/05, NZA 2007, 87.
2 BAG v. 19.12.2006 – 9 AZR 294/06, NZA 2007, 809; v. 13.4.2010 – 9 AZR 113/09, NZA-RR 2010, 457; v. 21.3.2012 – 5 AZR 651/10; vgl. hierzu *Lembke*, BB 2007, 1627.
3 BAG v. 19.12.2006 – 9 AZR 294/06, NZA 2007, 809; v. 13.4.2010 – 9 AZR 113/09, NZA-RR 2010, 457.
4 So bzgl. Dienstwagen BAG v. 19.12.2006 – 9 AZR 294/06, NZA 2007, 809 (810); v. 13.4. 2010 – 9 AZR 113/09, NZA-RR 2010, 457 (459); mit Verweis auf die Rechtsprechung bei Widerrufsvorbehalten, vgl. BAG v. 11.10.2006 – 5 AZR 721/05, NZA 2007, 87; v. 7.12. 2005 – 5 AZR 535/04, NZA 2006, 423.
5 Vgl. zuletzt BAG v. 13.4.2010 – 9 AZR 113/09, NZA-RR 2010, 457 (459); für eine denkbare Gestaltung einer Widerrufsklausel bei privater Nutzungsmöglichkeit bzgl. Dienstwagen *Lakies*, Rz. 678; *Lembke*, BB 2007, 1627 (1628).
6 Hierzu MünchKommBGB/*Müller-Glöge*, § 611 Rz. 1073 m.w.N.
7 *Hueck/Nipperdey*, Bd. 1, S. 497; Schaub/*Koch*, § 113 Rz. 10; MünchKommBGB/*Füller*, § 950 Rz. 23; Palandt/*Bassenge*, § 950 BGB Rz. 7. Die Begründung hierfür ist allerdings streitig: Überwiegend wird angenommen, der Arbeitgeber sei aufgrund seines Weisungsrechtes, seiner Stellung als Geschäftsherr und nach der Verkehrsauffassung als Hersteller i.S.d. § 950 BGB anzusehen.

men müssen.[1] Insoweit gelten deshalb hinsichtlich der Herausgabe die Ausführungen bei Rz. 6 ff. entsprechend: Neben den §§ 861, 862, 985 BGB kann sich eine Herausgabeverpflichtung in Bezug auf die vom Arbeitnehmer selbst für den Dienst gefertigten Geschäftsunterlagen etc., wie z.B. Akten oder Belege, auch aus den §§ 675, 666, 667 BGB ergeben, sofern die Dienstverpflichtung in einer Geschäftsbesorgung bestand.[2]

12   Von der Eigentumsfrage zu unterscheiden ist die Frage nach der **Zugriffsberechtigung bzw. Verwertungsbefugnis** einschließlich der Berechtigung, Kopien zu fertigen.[3] Diese Problematik ist bislang kaum erörtert und wurde nur in einigen wenigen untergerichtlichen Entscheidungen am Rande angesprochen. Der vereinzelt anzutreffende Hinweis allein, das sachenrechtliche Instrumentarium reiche zur Lösung nicht aus,[4] trägt wenig zur Klärung bei. Vielfach werden sich in diesem Zusammenhang Rechtsgrundlagen im ArbNErfG (vor allem §§ 6 ff., 18, 19 ArbNErfG), UrhG sowie im GeschmMG finden. Um Unklarheiten vorzubeugen, kann es im Arbeitgeberinteresse liegen, eine Klärung des Schicksals von Kopien, Durchschriften etc. im Arbeitsvertrag herbeizuführen. Da allerdings eine Überregulierung des Arbeitsvertrages dem bestehenden Arbeitsverhältnis nicht immer förderlich ist, sollte dem Arbeitnehmer (ggf. gegen Entgelt) das Recht zur Vervielfältigung zugestanden werden, sofern nicht Betriebs- oder Geschäftsgeheimnisse (→ *Verschwiegenheitspflicht*, II V 20) berührt sind.

12a Eine Sonderproblematik stellt der Zugriff auf den betrieblichen E-Mail-Account dar. Soweit der E-Mail-Account ausschließlich für betriebliche Zwecke genutzt werden darf, ist ein Zugriffsrecht des Arbeitgebers zu bejahen (hierzu ausführlich → *Internet und Telekommunikation*, II I 10). Zur Erleichterung des Zugriffs kann der Mitarbeiter in diesen Fällen verpflichtet werden, Passwörter an den Arbeitgeber herauszugeben. Ergänzend zu Klausel Typ 1a) könnte dies ausdrücklich geregelt werden, etwa wie folgt:

„Auf Verlangen des Arbeitgebers und bei Beendigung des Arbeitsverhältnisses hat der/die Mitarbeiter/in die Zugangsdaten zu den ausschließlich zur betrieblichen Nutzung zur Verfügung gestellten E-Mail-Accounts herauszugeben. Zurückbehaltungsrechte sind ausgeschlossen."

---

1 Schaub/*Koch*, § 113 Rz. 10; nach LAG Sachsen v. 17.1.2007 – 2 Sa 808/05, LAGE § 1 KSchG Verhaltensbedingte Kündigung Nr. 96, führt sogar das Aufspielen eines Computerprogramms auf einen Computer, der im Eigentum des Arbeitgebers steht, zum Eigentumserwerb gemäß § 950 Abs. 1 BGB; ablehnend *Redeker*, CR 2008, 554 ff.
2 Ähnlich gelagert ist auch der Fall, dass der Arbeitnehmer dienstliche Kontakte oder im Rahmen seiner beruflichen Tätigkeit erlangte Daten auf seinem privaten Smartphone gespeichert hat. Auch in diesem Fall ist er nach § 667 BGB zur Herausgabe an den Arbeitgeber verpflichtet. Begehrt der Arbeitgeber die Herausgabe des Smartphones an sich, so hat er dem Arbeitnehmer eine angemessene Gegenleistung zur Verfügung zu stellen, die etwa im Austausch durch ein Ersatzgerät bestehen kann, vgl. *Göpfert/Wilke*, NZA 2012, 765.
3 Schaub/*Koch*, § 113 Rz. 10.
4 So ohne nähere Erläuterung Schaub/*Koch*, § 113 Rz. 10.

cc) Zurückbehaltungsrechte

Zurückbehaltungsrechte an Sachen des Arbeitgebers **stehen dem Arbeitnehmer** – sofern sie ihm nicht zur eigenverantwortlichen Verfügung überlassen sind und keine Klausel wie Typ 1a oder 1b vereinbart wurde – in aller Regel **nicht zu** (→ *Zurückbehaltungsrechte*, II Z 20). Die Hinzufügung einer Klausel „Zurückbehaltungsrechte sind ausgeschlossen" o.Ä. dürfte sich daher bis auf gesondert gelagerte Konstellationen, in denen ein eigenes Besitzrecht besteht (s. Rz. 9 f.; → *Zurückbehaltungsrechte*, II Z 20 Rz. 25, Typ 1), in der Regel erübrigen. Insbesondere steht dem Arbeitnehmer auch kein Zurückbehaltungsrecht an Geschäftsunterlagen gemäß § 273 BGB zu, um sich mit ihrer Hilfe in einem späteren Zivil- oder Strafverfahren zu verteidigen. Dies ergibt vor allem auch daraus, dass er in einem solchen Fall einen Anspruch auf Akteneinsicht hätte, wenn sich darin ihn entlastendes Material befinde.[1]

dd) Anspruch auf Auskunftserteilung; Schadensersatz

Kommt der Arbeitnehmer seiner Rückgabepflicht nicht nach und bestehen Zweifel über das Ausmaß der in seinem Besitz befindlichen Arbeitsmittel und Geschäftsunterlagen, so hat der Arbeitgeber neben den Herausgabeansprüchen einen klagbaren **Anspruch auf Auskunftserteilung** und auf Abgabe einer die Richtigkeit der Auskunft betreffenden eidesstattlichen Versicherung in entsprechender Anwendung des § 666 BGB.[2] Daneben drohen bei **verspäteter Rückgabe** von Arbeitsmitteln und Geschäftsunterlagen Ansprüche auf Schadensersatz und Nutzungsentschädigung aus §§ 987 ff. BGB oder der Verletzung einer nachvertraglichen Pflicht des Arbeitsvertrages.[3] Im Übrigen stellt die hartnäckige Nichtherausgabe von Arbeitsmitteln einen Kündigungsgrund dar, der je nach den Umständen des Einzelfalls auch ohne vorangegangene Abmahnung eine außerordentliche Kündigung rechtfertigen kann.[4]

b) Herausgabeklauseln bezüglich überlassenen Wohnraumes

Auch die **Überlassung von Wohnraum** im Rahmen des Arbeitsverhältnisses[5] kann, indem der Arbeitnehmer hierfür keine besondere Vergütung zu entrichten hat, in der Weise vertraglich ausgestaltet sein, dass sie einen Teil der Bezüge des Arbeitnehmers darstellt[6] (s. Rz. 9). Die Ausführungen zu den → *Dienstwagen*, II D 20 gel-

---

1 BAG v. 14.12.2011 – 10 AZR 283/10, NZA 2012, 501.
2 Hierzu ArbG Marburg v. 5.2.1969 – Ca 600/68, DB 1969, 2041; Schaub/*Linck*, § 150 Rz. 2.
3 Vgl. hierzu LAG Berlin v. 26.5.1986 – 9 Sa 24/86, DB 1987, 542; Schaub/*Linck*, § 150 Rz. 3.
4 Vgl. LAG Köln v. 21.7.2001 – 7 Sa 312/11, ArbuR 2012, 177.
5 Hierbei handelt es sich um eine sog. Werkdienstwohnung: Mit dem Ende des Arbeitsverhältnisses etwa ist auch das Nutzungsrecht an der Wohnung anders als bei einem eigenständigen Mietvertrag erloschen. Eine Wohnraumkündigung kann daher überflüssig sein, wenn nicht die allerdings in der Praxis häufig vorkommenden normierten Ausnahmen gemäß § 576b BGB greifen.
6 Vgl. hierzu Schaub/*Linck*, § 68 Rz. 5. Für nur aus Anlass des Arbeitsverhältnisses abgeschlossene gesonderte Mietverträge gilt uneingeschränkt und ausschließlich Mietrecht, §§ 576 ff. BGB, sog. Werkmietwohnung, vgl. BAG v. 23.8.1989 – 5 AZR 569/88, NZA 1990, 191 und v. 15.12.1992 – 1 AZR 308/92, WuM 1993, 353.

ten daher für die Zulässigkeit von Herausgabeklauseln in Bezug auf **Werkdienstwohnungen**[1] entsprechend.[2]

c) Herausgabeklauseln bezüglich etwaiger Geschenke

Typ 2: Geschenke

a) Übersandte Geschenke oder eingeräumte Vergünstigungen sind an den Arbeitgeber herauszugeben.

b) Es ist Ihnen untersagt, irgendwelche Geschenke oder Vergünstigungen von Lieferanten und Kunden des Arbeitgebers entgegenzunehmen. Gewährte Geschenke oder andere eingeräumte Vergünstigungen sind an uns herauszugeben. Sie sind verpflichtet, uns unverzüglich zu benachrichtigen, wenn ihnen Geschenke oder Vergünstigungen angeboten werden. Von diesem Verbot nicht erfasst werden gebräuchliche Gelegenheitsgeschenke wie z.B. Taschenkalender, Kugelschreiber usw. im Werte von unter 10 Euro.

16 Nimmt der Arbeitnehmer entgegen einem arbeitsvertraglichen Verbot des Arbeitgebers Geschenke oder Schmiergelder an, die über gebräuchliche Gelegenheitsgeschenke hinausgehen, kann dies eine **Kündigung** des Arbeitsverhältnisses rechtfertigen[3] oder eine **Schadensersatzpflicht** begründen.[4]

17 Zweifelhaft ist, ob der Arbeitnehmer ohne diesbezügliche Vereinbarung (Typ 2b) Schmiergeldangebote auch anzeigen muss.[5] Nach hier vertretener Ansicht ist der Arbeitnehmer aufgrund seiner Treuepflicht dazu gehalten, hierüber zu informieren, da der Arbeitgeber ein gewichtiges Interesse daran hat, zu wissen, welcher potenzielle Vertragspartner bereit ist, mit unlauteren Mitteln Geschäftsabschlüsse herbeizuführen. Auch aufgrund eigener Rufpflege, nur mit seriösen Unternehmen Kontrakte abzuschließen, ist der Arbeitgeber zwingend auf die Auskunft seines Arbeitnehmers angewiesen. Da allerdings hierüber die Literatur geteilter Ansicht ist, ist eine Klausel bezüglich einer Anzeigepflicht zu empfehlen.

18 Fraglich erscheint aber, ob nicht die mitunter im Zusammenhang mit einem Geschenkeannahmeverbot anzutreffende Klausel, die zur Herausgabe der vertragswid-

---

1 Für Streitigkeiten bzgl. der Werkdienstwohnungen ist gemäß § 2 Abs. 1 Nr. 3a) ArbGG das Arbeitsgericht zuständig, vgl. BAG v. 2.11.1999 – 5 AZB 18/99, AP Nr. 68 zu § 2 ArbGG.
2 Eingehend zu den Werkdienstwohnungen im Vergleich zu den Werkmietwohnungen Schaub/*Koch*, § 81 Rz. 4.
3 Vgl. BAG v. 17.8.1972 – 2 AZR 415/71, AP Nr. 65 zu § 626 BGB; v. 15.11.2001 – 2 AZR 605/00, AP Nr. 175 zu § 626 BGB, wobei im Einzelfall eine Abmahnung überflüssig ist, wenn durch die Annahme kostspieliger Geschenke die Vertrauensgrundlage des Arbeitsvertrages zerstört ist, ErfK/*Müller-Glöge*, § 626 BGB Rz. 29c; vgl. jüngst zur außerordentlichen Kündigung wegen der Entgegennahme von Schmiergeldzahlungen, LAG Köln v. 25.9.2008 – 7 Sa 313/08, n.v.
4 LAG Hamburg, Westdt. Arbeitsrecht 63, Nr. 16; Schaub/*Linck*, § 127 Rz. 116.
5 Dafür Schaub/*Linck*, § 53 Rz. 41; dagegen MünchArbR/*Reichold*, § 48 BGB Rz. 52; Soergel/*Kraft*, § 611 BGB Rz. 151.

rig erlangten Geschenke verpflichtet, überflüssig ist. Das BAG[1] hat auf der Grundlage des § 687 Abs. 2 i.V.m. §§ 681 Satz 2, 667 BGB einen solchen Herausgabeanspruch in sehr engen Grenzen auch dann bejaht, wenn eine diesbezügliche arbeitsvertragliche Vereinbarung nicht getroffen wurde. Alles, was der Arbeitnehmer erhalte, hätte seine wirtschaftliche Rechtfertigung im Arbeitsverhältnis und müsse daher herausgegeben werden. Auch der BGH[2] erkennt den Herausgabeanspruch des Arbeitgebers an, stützt diesen jedoch auf §§ 675, 667 BGB, so dass der BGH jedenfalls in der Sache keine von der Rechtsprechung des BAG abweichenden Ergebnisse erzielt.[3] Die genannten Entscheidungen betrafen allerdings nur den Fall, dass der Arbeitnehmer Schmiergelder von Dritten angenommen hat. Problematisch ist in diesem Zusammenhang, dass die Entgegennahme verbotener Geschenke nur **anlässlich der Geschäftsbesorgung** erfolgt. Allerdings ist in solchen Fallgruppen wegen der vergleichbaren Interessenlage § 667 BGB im Ergebnis analog anzuwenden.[4] Da eine Gegenmeinung[5] einen Herausgabeanspruch mangels Anspruchsgrundlage sogar gänzlich ablehnt, ist aber das Bestehen eines Herausgabeanspruchs des Arbeitgebers in der Praxis nicht unzweifelhaft, weshalb sich aus der Perspektive des Arbeitgebers empfiehlt, **im Zusammenhang mit einem Geschenkeannahmeverbot gleich eine Herausgabepflicht** des Arbeitnehmers in Bezug auf das verbotswidrig Erhaltene vertraglich **zu regeln** (s. Typ 2).

d) Herausgabeklauseln bezüglich dienstlich erworbener Flugmeilen

Typ 3: Flugmeilen

Flugmeilen, die der Arbeitnehmer für dienstlich veranlasste und vom Arbeitgeber bezahlte Flüge erhält, sind an den Arbeitgeber durch Abtretung zu übertragen. Ist die Abtretung aufgrund eines Abtretungsverbots zwischen Flugunternehmen und Arbeitnehmer ausgeschlossen, so kann der Arbeitgeber den Arbeitnehmer anweisen, die dienstlich erworbenen Flugmeilen für dienstliche Zwecke bei der ersten Nutzungsmöglichkeit einzusetzen. Im Falle der Beendigung des Arbeitsverhältnisses kann der Arbeitnehmer im Einvernehmen mit dem Arbeitgeber eine Vereinbarung über die private Nutzbarkeit der dienstlich erworbenen Bonusmeilen für

---

1 BAG v. 14.7.1961 – 1 AZR 288/60, EzA § 687 BGB Nr. 1; bestätigt durch BAG v. 15.4. 1970 – 3 AZR 259/69, AP Nr. 4 zu § 687 BGB mit zust. Anm. *Isele*; BAG v. 26.2.1971 – 3 AZR 97/90, AP Nr. 5 zu § 687 BGB; vgl. auch LAG Chemnitz v. 19.9.1995 – 5 Sa 322/95, n.v.; LAG Hess. v. 25.1.2008 – 10 Sa 1195/06, n.v.
2 BGH v. 7.1.1963 – VII ZR 149/61, AP Nr. 2 zu § 687 BGB; kritisch *Boemke*, AR-Blattei, Nebenpflichten des Arbeitnehmers, Rz. 378.
3 MünchArbR/*Reichold*, § 48 BGB Rz. 56; vgl. ausf. zum zwangsvollstreckungsrechtlichen Zugriff des Arbeitgebers auf vom Arbeitnehmer angenommene Schmiergelder, *Straub*, DB 2008, 1744 ff.
4 S.a. ErfK/*Preis*, § 611 BGB Rz. 22; *Rinck* in Tschöpe, Arbeitsrecht, Teil 2 A Rz. 242.
5 *Boemke*, AR-Blattei, Nebenpflichten des Arbeitnehmers, Rz. 381, der deshalb bei erfolgten Schmiergeldzahlungen dem Arbeitgeber nur den sowieso bestehenden Schadensersatzanspruch in Höhe einer etwaigen Differenz zwischen erfolgtem Vertragsabschluss und billigerem Angebot eines Mitbewerbers zugestehen will. Vgl. daneben die Nachweise in BAG v. 14.7.1961 – 1 AZR 288/60, EzA § 687 BGB Nr. 1.

den Arbeitnehmer, etwa durch finanzielle Abgeltung, treffen. Kann eine Einigung nicht erzielt werden, so hat der Arbeitnehmer schriftlich auf die private Verwendung der Bonusmeilen zu verzichten.

19 Die analoge Anwendung des § 667 BGB verpflichtet den Arbeitnehmer zur Herausgabe des zur Ausführung und durch das Arbeitsverhältnis Erlangten.[1] Neben den genannten Schmiergeldern gilt dies auch für **alle anderen Vorteile**, die dem Arbeitnehmer von Dritten aufgrund eines inneren Zusammenhangs mit dem geführten Geschäft gewährt worden sind.[2] So hat das BAG[3] entschieden, dass auch **Bonusmeilen für Vielflieger**, die der Arbeitnehmer für dienstlich veranlasste und vom Arbeitgeber bezahlte Flüge erhält, herauszugeben sind.[4] Diese Rechtsprechung ist auch auf weitere Bonussysteme (bspw. Payback-Punkte, die der Arbeitnehmer beim Betanken des Dienstfahrzeugs erwirbt, etc.) übertragbar.[5] Ob der Arbeitgeber für solche Systeme eine arbeitsvertragliche Regelung nach dem Vorbild des Klauseltyps 3 schaffen sollte, muss nach den jeweiligen betrieblichen Erfordernissen entschieden werden. Teilweise wird der administrative Aufwand der Erfassung solcher Vorteile den finanziellen Vorteil für den Arbeitgeber wohl überschreiten.[6] Eine arbeitsvertragliche Regelung bezüglich erlangter Flugmeilen ist jedenfalls für viele Arbeitnehmer überflüssig und sollte daher nur bei einem tatsächlichen Bedürfnis (etwa für einen Verkaufsleiter, der für das Ausland zuständig ist) aufgenommen werden. Eine ausdrückliche Regelung würde allerdings die Entstehung eines Anspruchs der Arbeitnehmer auf private Nutzung der Vorteile aus betrieblicher Übung gegen den Willen des Arbeitgebers verhindern.[7]

20 Ein praktisches Problem stellt sich dadurch, dass bei Forderungsrechten wie Flugmeilen eine Herausgabe nur durch Abtretung gemäß § 398 BGB möglich ist.[8] Diese scheitert allerdings häufig daran, dass in den AGB des Flugunternehmens ein wirksames Abtretungsverbot vereinbart worden ist. Da in solchen Fällen die Herausgabe der Flugmeilen ungeklärt wäre, ist zu empfehlen, als Ersatz für die Herausgabe die Verwendung der Flugmeilen durch den Arbeitnehmer zu regeln. Hierzu kann der Arbeitgeber den Arbeitnehmer kraft seines Direktionsrechts verpflichten, die erworbenen Flugmeilen für dienstliche Zwecke zu verwenden. Damit der Anfall eines großen Kontingents an Bonusmeilen bis zu einer etwaigen Beendigung des Arbeitsverhältnisses verhindert wird, sollte der Arbeitnehmer dazu verpflichtet werden, die dienstlichen Flugmeilen zum erstmöglichen Zeitpunkt für dienstliche Zwecke einzulösen. Denn das Abtretungsverbot verhindert auch, dass im Falle der Beendigung des Arbeitsverhältnisses das gesamte dienstliche Meilenkonto einer

---

1 BAG v. 14.12.2011 – 10 AZR 283/10, NZA 2012, 501.
2 BGH v. 17.10.1991 – III ZR 352/89, NJW-RR 1992, 560; ErfK/*Preis*, § 611 BGB Rz. 23.
3 BAG v. 11.4.2006 – 9 AZR 500/05, NZA 2006, 1089; vgl. hierzu *Boemke*, JuS 2007, 194; *Gragert*, NJW 2006, 3762.
4 A.A. *Heinze*, DB 1996, 1490 (2493) m.w.N.
5 So auch *Boemke*, JuS 2007, 194 (196); *Gragert*, NJW 2006, 3762; *Kock*, DB 2007, 462 (463) mit weiteren Beispielen in Fn. 6; ein Klauselbeispiel, das alle Kundenbindungsprogramme erfasst, enthält *Kock*, LAG-Report 2005, 353 (354f.).
6 Diesen Aspekt für Flugmeilen betonend *Bartz*, EWiR 2006, 677 (678).
7 Vgl. hierzu *Raif*, SAE 2007, 166 (168f.); *Schneider*, AiB 2007, 60 (62f.).
8 *Boemke*, JuS 2007, 194 (196).

anderen Person zugewendet werden kann.[1] Für die dann im Zeitpunkt der Beendigung noch verbleibenden Bonuspunkte sollten Arbeitgeber und Arbeitnehmer eine gemeinsame Lösung, etwa eine finanzielle Abgeltung, finden, die dem Arbeitnehmer offen lässt, ob er die Bonuspunkte für sich verwenden möchte.[2] Denn eine unbedingte Pflicht des Arbeitnehmers, den Wert der Bonusmeilen vollumfänglich abzugelten, könnte zu einer erheblichen finanziellen Belastung für dienstlich verpflichtete Vielflieger führen.[3] Letztlich sollte dem Arbeitnehmer zumindest die Möglichkeit eingeräumt werden, durch Verzicht auf die private Nutzung der Bonusmeilen eine Klärung der Rechtslage herbeiführen zu können. Hat der Arbeitnehmer entgegen der Anweisung bzw. nach Beendigung des Arbeitsverhältnisses entgegen dem Verzicht die Bonuspunkte dennoch für private Zwecke verwendet, so stehen dem Arbeitgeber Schadensersatzansprüche (§§ 280 ff. BGB) gegen den Arbeitnehmer zu.

Einem Mitbestimmungsrecht des Betriebsrats gemäß § 87 Abs. 1 Nr. 1 BetrVG unterliegt die arbeitsvertragliche Anordnung, dass dienstlich erlangte Bonuspunkte dienstlich einzusetzen sind, nicht.[4] Sollte sich der Arbeitgeber jedoch entscheiden, die private Nutzung zuzulassen, so ist zwar nicht die Frage des „Ob", doch aber die Frage der Ausgestaltung („Wie") gemäß § 87 Abs. 1 Nr. 10 BetrVG mitbestimmungspflichtig.[5] Bezüglich der leitenden Angestellten, für welche die Flugmeilenproblematik besondere Bedeutung haben dürfte, findet das BetrVG gemäß § 5 Abs. 3 Satz 1 BetrVG keine Anwendung. Hier kann der Arbeitgeber mit dem eventuell bestehenden Sprecherausschuss gemäß § 28 Abs. 1 SprAuG eine Richtlinie erlassen oder eine einzelvertragliche Regelung abschließen. 21

e) Herausgabeklauseln bezüglich der Arbeitspapiere

⊃ **Nicht geeignet:**

> Der Arbeitgeber ist verpflichtet, Herrn/Frau ... die Arbeitspapiere sowie im Original überlassene Urkunden, insbesondere Zeugnisse, herauszugeben.

Bei der Beendigung des Arbeitsverhältnisses hat der Arbeitgeber die in seinem Besitz befindlichen Arbeitspapiere an den ausscheidenden Arbeitnehmer herauszugeben.[6] Dieser **Herausgabeanspruch** ist teils **gesetzlich verankert** (so bspw. hinsichtlich der Lohnsteuerkarte in §§ 39b Abs. 1 Satz 3, 41b Abs. 1 Satz 4 EStG), teils unmittelbarer **Ausfluss des Arbeitsvertrages** und der daraus resultierenden Fürsorgepflicht.[7] Soweit die Arbeitspapiere im Eigentum des Arbeitnehmers stehen (z.B. dem Arbeitgeber überlassene Urkunden, Zeugnisse etc.), kann daneben ein Heraus- 22

---

1 *Bauer/Krets*, BB 2002, 2066 (2066); *Kock*, LAG-Report 2005, 353 (355); *Kock*, DB 2007, 462 (463).
2 *Kock*, LAG-Report 2005, 353 (355); *Kock*, DB 2007, 462 (463).
3 In der Entscheidung BAG v. 11.4.2006 – 9 AZR 500/05, NZA 2006, 1089 betrug der Wert der dienstlich erflogenen Bonusmeilen bspw. 9 700 Euro.
4 *Bauer/Krets*, BB 2002, 2066 (2068); *Kock*, LAG-Report 2005, 353 (355); *Kock*, DB 2007, 462 (464).
5 *Fitting*, BetrVG, § 87 Rz. 447 ff.
6 *Hergenröder*, AR-Blattei, Das Recht der Arbeitspapiere, Rz. 96; *Schaub/Linck*, § 149 Rz. 1; *Kopp*, Arbeitsvertrag für Führungskräfte, S. 144.
7 *Hergenröder*, AR-Blattei, Das Recht der Arbeitspapiere, Rz. 97.

gabeanspruch nach § 985 BGB gegeben sein.[1] Eine im Arbeitsvertrag enthaltene Klausel des vorgestellten Beispiels ist folglich **rein deklaratorischer Natur** und überflüssig.

Durch § 2 Abs. 1 Nr. 3e ArbGG wird klargestellt, dass der Arbeitnehmer auf Herausgabe und Ausfüllung der Arbeitspapiere klagen kann.[2] Die Vollstreckung einer einstweiligen Verfügung eines Urteils oder eines vollstreckungsfähigen Vergleichs auf Herausgabe der Arbeitspapiere erfolgt nach § 883 ZPO. Hat der Arbeitgeber die Arbeitspapiere noch auszufüllen, so kann das Ausfüllen der Papiere als eine unvertretbare Handlung nach § 888 ZPO erzwungen werden[3] (vgl. zur Unzulässigkeit der Geltendmachung von Zurückbehaltungsrechten in Bezug auf Arbeitspapiere → Zurückbehaltungsrechte, II Z 20 Rz. 23, 29).

3. Hinweise zur Vertragsgestaltung; Zusammenfassung

23 Als **Ergebnis** festzuhalten bleibt, dass – bereits ohne vertragliche Regelung nach dem Vorbild des Klauseltyps 1 – der Arbeitgeber hinsichtlich der in seinem Eigentum stehenden Gegenstände aus unterschiedlichen Rechtsgründen grundsätzlich jederzeit realisierbare Rückforderungsansprüche gegen den Arbeitnehmer hat. Spätestens mit der Beendigung des Arbeitsverhältnisses ist jeder Arbeitnehmer verpflichtet, die im Eigentum des Arbeitgebers stehenden Gegenstände zurückzugeben. Hierzu zählen neben den vom Arbeitgeber überlassenen Arbeitsmitteln auch die vom Arbeitnehmer selbst gefertigten Geschäftsunterlagen und deren Vervielfältigungen. Zur **Vermeidung von Missverständnissen** sollte gleichwohl im Arbeitsvertrag festgelegt werden, dass der Arbeitnehmer auf Weisung des Arbeitgebers, spätestens jedoch bei Beendigung des Arbeitsverhältnisses, alle ihm überlassenen Arbeitsmittel und im Verlaufe des Dienstverhältnisses erlangten und angefertigten Geschäftsunterlagen herauszugeben hat. Gleiches gilt grundsätzlich auch für → *Dienstwagen*, II D 20. Ist dem Arbeitnehmer allerdings die private Benutzung eines Arbeitsmittels, insbesondere eines → *Dienstwagens*, II D 20 gestattet, ist aus Arbeitgebersicht eine einen Herausgabeanspruch begründende Klausel empfehlenswert. Diese kann konstitutiv wirken (zu den Voraussetzungen → *Dienstwagen*, II D 20) und sollte zweckmäßigerweise mit dem Ausschluss eines Zurückbehaltungsrechts sowie einer Regelung über den Ausgleich des geldwerten Vorteils, den die Nutzung des Dienstwagens mit sich bringt, verbunden sein.

24 Beinhaltet der Arbeitsvertrag an anderer Stelle ein Verbot, **Geschenke** und Schmiergelder anzunehmen, sollte ergänzend eine Herausgabepflicht des Arbeitnehmers formuliert werden (Typ 2). Ob die Aufnahme einer Klausel, die das dienstlich im Rahmen eines Bonussystems Erlangte, insbesondere Flugmeilen (Typ 3), regelt, notwendig ist, richtet sich nach den jeweiligen Bedürfnissen im Betrieb und nach der Tätigkeit des Arbeitnehmers.

---

1 Vgl. zum Gegenstandswert eines Antrags auf Herausgabe von Arbeitspapieren LAG Rh.-Pf. v. 22.5.2009 – 1 Ta 105/09, Rz. 25, n.v.
2 Hierzu *Grunsky*, § 2 ArbGG Rz. 104; GMP/*Schlewing*, § 2 ArbGG Rz. 77 ff.; zur Arbeitsbescheinigung nach § 312 SGB III und ihrem Rechtsweg *Hoehl*, NZS 2005, 631.
3 LAG Hess. v. 25.6.1980 – 8 Ta 75/80, DB 1981, 534; vgl. allgemein zu prozessualen Fragen bei Arbeitspapieren *Hergenröder*, AR-Blattei, Das Recht der Arbeitspapiere, Rz. 120 ff.

Der Vereinbarung einer speziellen Herausgabepflicht des Arbeitgebers in Bezug auf die **Arbeitspapiere** des Arbeitnehmers bedarf es nicht.

Folgende Regelung wird empfohlen:

§ X: Herausgabeansprüche

(1) Alle das Unternehmen und seine Interessen berührenden Briefe sind ohne Rücksicht auf den Adressaten ebenso wie alle sonstigen Geschäftssachen, Zeichnungen, Notizen, Bücher, Muster, Modelle, Werkzeuge, Material usw. dessen alleiniges Eigentum und sind auch bei Bestehen eines etwaigen Besitzrechtes des Mitarbeiters nach erfolgter Aufforderung bzw. nach Beendigung des Arbeitsverhältnisses unverzüglich zurückzugeben. Zurückbehaltungsrechte sind ausgeschlossen.

(2) Es ist untersagt, irgendwelche Geschenke oder Vergünstigungen von Lieferanten und Kunden des Arbeitgebers entgegenzunehmen. Gewährte Geschenke oder andere eingeräumte Vergünstigungen sind an uns herauszugeben. Sie sind verpflichtet, uns unverzüglich zu benachrichtigen, wenn Ihnen Geschenke oder Vergünstigungen angeboten werden. Von diesem Verbot nicht erfasst werden gebräuchliche Gelegenheitsgeschenke wie z.B. Taschenkalender, Kugelschreiber usw. im Werte von unter 10 Euro.

I 10 Internet und Telekommunikation

	Rz.
1. Einführung	1
a) Telekommunikationsanlagen als Betriebsmittel	2
b) Abgrenzung der privaten zur dienstlichen Nutzung	5
2. Klauselbeispiele	6
a) Verbot der privaten Nutzung der Telekommunikationsanlagen	6
b) (Eingeschränkte) Erlaubnis der privaten Nutzung der Telekommunikationsanlagen	10
c) Kontrolle und Überwachung der Telekommunikation	18
aa) Allgemeines; grundrechtliches Spannungsverhältnis	18
bb) Kontrolle und Überwachung der Telekommunikation bei Verbot privater Nutzung	21
cc) Kontrolle und Überwachung der Telekommunikation bei zugelassener privater Nutzung	27

	Rz.
dd) Einwilligung der betroffenen Arbeitnehmer	34
ee) Regelung der Kontrolle und Überwachung durch Kollektivvereinbarung	44
ff) Rechtsfolgen rechtswidriger Überwachung durch den Arbeitgeber	49
d) EDV-Nutzung und Weiterleitung von E-Mails bei betrieblicher Abwesenheit	50
aa) Nutzungsvorgaben für die Telekommunikationsanlagen	50
bb) Bearbeitung von E-Mails bei betrieblicher Abwesenheit des Arbeitnehmers	53
e) Sanktionierung unerlaubter oder übermäßiger Nutzung	55
3. Hinweise zur Vertragsgestaltung; Zusammenfassung	58

Schrifttum:

Barton, E-Mail-Kontrolle durch Arbeitgeber, CR 2003, 839; *Barton*, Betriebliche Übung und private Nutzung des Internetarbeitsplatzes – „Arbeitsrechtliche Alternativen" zur Wiedereinführung der alleinigen dienstlichen Verwendung, NZA 2006, 460; *Beckschulze*, Internet-, Intranet- und E-Mail-Einsatz am Arbeitsplatz, DB 2007, 1526; *Beckschulze/Henkel*, Der Einfluss des Internets auf das Arbeitsrecht, DB 2001, 1491; *Beckschulze/Natzel*, Das neue Beschäftigtendatenschutzgesetz, BB 2010, 2368; *Besgen/Prinz*, Handbuch Internet.Arbeitsrecht, 3. Aufl. 2013; *Bloesinger*, Grundlagen und Grenzen privater Internetnutzung am Arbeitsplatz, BB 2007, 2177; *Däubler*, Internet und Arbeitsrecht, 4. Aufl. 2013; *Däubler*, Das Fernsprechgeheimnis des Arbeitnehmers, AiB 1995, 149; *Däubler*, Arbeitsrecht und Informationstechnologien, CR 2005, 767; *Deutsch/Diller*, Die geplante Neuregelung des Arbeitnehmerdatenschutzes in § 32 BDSG, DB 2009, 1462; *Dickmann*, Inhaltliche Ausgestaltung von Regelungen zur privaten Internetnutzung im Betrieb, NZA 2003, 1009; *Elschner*, Rechtsfragen der Internet- und E-Mail-Nutzung am Arbeitsplatz, 2004; *Elschner*, Elektronische Arbeitnehmerüberwachung, in Hoeren/Sieber/Holznagel, Handbuch Multimedia Recht, Loseblatt, Stand: Juli 2014; *Erler*, Die private Nutzung neuer Medien am Arbeitsplatz, 2003; *Ernst*, Der Arbeitgeber, die E-Mail und das Internet, NZA 2002, 585; *Forst*, Der Regierungsentwurf zur Regelung des Beschäftigtendatenschutzes, NZA 2010, 1043; *Geppert/Schütz*, Beck'scher TKG Kommentar, 4. Aufl. 2013; *Gola*, Datenschutz und Multimedia am Arbeitsplatz, 5. Aufl. 2014; *Hanau/Hoeren*, Private Internetnutzung durch Arbeitnehmer, 2003; *Härting*, E-Mail und Telekommunikationsgeheimnis, CR 2007, 311; *Härting*, Internetsurfen am Arbeitsplatz, ITRB 2008, 88; *Haußmann/Krets*, EDV-Betriebsvereinbarungen im Praxistest, NZA 2005, 259; *Heldmann*, Betrugs- und Korruptionsbekämpfung zur Herstellung von Compliance, DB 2010, 1235; *Hilber/Frik*, Rechtliche Aspekte der Nutzung von Netzwerken durch Arbeitnehmer und den Betriebsrat, RdA 2002, 89; *Kliemt*, Vertrauen ist gut, Kontrolle ist besser?, AuA 2001, 532; *Koch*, Rechtsprobleme privater Nutzung betrieblicher elektronischer Kommunikationsmittel, NZA 2008, 911; *Kock*/

Francke, Mitarbeiterkontrolle durch systematischen Datenabgleich zur Korruptionsbekämpfung, NZA 2009, 646; *Kömpf/Kunz*, Kontrolle der Nutzung von Internet und E-Mail am Arbeitsplatz in Frankreich und in Deutschland, NZA 2007, 1341; *Körner*, Regierungsentwurf zum Arbeitnehmerdatenschutz, AuR 2010, 416; *Kramer*, Internetnutzung als Kündigungsgrund, NZA 2004, 457; *Kramer*, Kündigung wegen privater Internetnutzung, NZA 2006, 194; *Kratz/Gubbels*, Beweisverwertungsverbote bei privater Internetnutzung am Arbeitsplatz, NZA 2009, 652; *Kruchen*, Telekommunikationskontrolle zur Prävention und Aufdeckung von Straftaten im Arbeitsverhältnis, 2012; *Lensdorf/Born*, Die Nutzung und Kontrolle des dienstlichen E-Mail-Accounts und Internetzugangs, CR 2013, 30; *Löwisch*, Fernmeldegeheimnis und Datenschutz bei der Mitarbeiterkontrolle, DB 2009, 2782; *Mengel*, Kontrolle der Telekommunikation am Arbeitsplatz, BB 2004, 1445, 2014; *Mengel*, Alte arbeitsrechtliche Realitäten im Umgang mit der neuen virtuellen Welt, NZA 2005, 752; *Panzer*, Mitarbeiterkontrolle und neue Medien, 2004; *Raffler/Hellich*, Unter welchen Voraussetzungen ist die Überwachung von Arbeitnehmer-e-mails zulässig?, NZA 1997, 862; *Schimmelpfennig/Wenning*, Arbeitgeber als Telekommunikationsdienste-Anbieter, DB 2006, 2290; *Schmidt*, Arbeitnehmerdatenschutz gemäß § 32 BDSG – Eine Neuregelung (fast) ohne Veränderung der Rechtslage, RDV 2009, 193; *Schmidt*, Vertrauen ist gut, Compliance ist besser!, BB 2009, 1295; *Schulin/Babl*, Rechtsfragen der Telefondatenverarbeitung, NZA 1986, 46; *Versteyl*, Telefondatenerfassung im Betrieb – Kein Grund zu Orwell'scher Beschwörung, NZA 1987, 7; *Thüsing*, Verbesserungsbedarf beim Beschäftigtendatenschutz, NZA 2011, 16; *Vehslage*, Privates Surfen am Arbeitsplatz, AnwBl. 2001, 145; *Vogel/Glas*, Datenschutzrechtliche Probleme unternehmensinterner Ermittlungen, DB 2009, 1747.

1. Einführung

Der Einsatz von Telekommunikationsmitteln[1] ist ein wesentlicher Bestandteil der Arbeitswirklichkeit in den meisten Unternehmen. So ist die Nutzung von Internet und E-Mail für viele Arbeitnehmer zur Normalität geworden. Damit verbunden ist eine solche Vielzahl von arbeits- und datenschutzrechtlichen Problemen, dass sich die Frage nach einer arbeitsvertraglichen Regelung stellt.[2]

a) Telekommunikationsanlagen als Betriebsmittel

Die am Arbeitsplatz installierten Telekommunikationsanlagen stellen **Betriebsmittel** dar, welche der Arbeitgeber dem Arbeitnehmer zur Erfüllung seiner Dienstpflichten zur Verfügung stellt.[3] Er kann vom Arbeitnehmer die Verwendung bestimmter Telekommunikationsanlagen kraft seines **Direktions- bzw. Weisungsrechts** verlangen, sofern dies nicht bereits im Arbeitsvertrag vorgesehen ist.[4] So ist der Arbeitnehmer bspw. verpflichtet, den am Arbeitsplatz eingerichteten Internetanschluss tatsächlich dienstlich einzusetzen.[5] Daran ändert auch eine langjäh-

---

1 Eine einfachgesetzliche Definition der Telekommunikation findet sich in § 3 Nr. 22 TKG. Telekommunikationsanlagen sind in § 3 Nr. 23 TKG definiert. Hierzu zählen nicht nur Internet und E-Mail, sondern bspw. auch Festnetz- und Mobiltelefone sowie Faxgeräte, etc.
2 Es können auch arbeitsvertragliche Regelungen zur Überlassung und Nutzung von Handy, Palm und Blackberry notwendig sein, vgl. hierzu ausführlich mit Vertragsmustern Besgen/Prinz/*Pauly*/Osnabrügge, § 4 Rz. 1 ff.
3 *Mengel*, BB 2004, 2014 (2014); so bzgl. Internetzugängen *Kramer*, NZA 2004, 457 (458).
4 Die Leistungsbestimmung darf freilich nicht das billige Ermessen des Arbeitgebers nach § 106 GewO überschreiten. Als Beispiel wird auf ältere Arbeitnehmer mit extremen „Berührungsängsten" verwiesen, vgl. Küttner/*Kreitner*, Personalbuch 2014, Internet-/Telefonnutzung, Rz. 3.
5 *Däubler*, Internet und Arbeitsrecht, Rz. 87; *Ernst*, NZA 2002, 585 (585); *Kramer*, NZA 2004, 457 (458).

rige anderweitige Betriebspraxis nichts.[1] Bei der Einführung von Telekommunikationseinrichtungen sind allerdings Mitbestimmungsrechte des Betriebsrats zu beachten. Zunächst hat der Arbeitgeber den bestehenden Betriebsrat, ebenso wie den Arbeitnehmer selbst gemäß §§ 80 Abs. 2, 90 Abs. 1 BetrVG bzw. § 81 Abs. 4 BetrVG von der Einführung zu unterrichten.[2] Aufgrund der Überwachungsmöglichkeiten, die sich bei neuen Kommunikationssystemen bieten, ist zudem das zwingende Mitbestimmungsrecht nach § 87 Abs. 1 Nr. 6 BetrVG zu beachten.[3]

3 Telekommunikationsanlagen stehen als Betriebsmittel vorbehaltlich etwaiger Pacht-, Miet- oder Leasingverhältnisse im **Eigentum des Arbeitgebers**. Grundsätzlich ist der Arbeitnehmer hinsichtlich der ihm zur Verfügung gestellten Betriebsmittel lediglich **Besitzdiener** des Arbeitgebers, § 855 BGB (→ *Herausgabeansprüche*, II H 40 Rz. 6 ff.). Als Ausfluss des Eigentumsrechts ist der Arbeitgeber auch berechtigt, zu bestimmen, ob und in welchem Umfang er deren Nutzung durch die Arbeitnehmer gestattet.[4] Die private Nutzung bedarf somit **grundsätzlich einer Genehmigung** durch den Arbeitgeber.

4 Dieser Grundsatz ist allerdings für die **private Nutzung von E-Mail- und Internetdiensten** umstritten. Nach Ansicht mehrerer Instanzgerichte[5] ist die Privatnutzung des Internets eine sozialtypische Erscheinung. Der Arbeitnehmer könne deshalb davon ausgehen, dass ohne ein ausdrückliches Verbot durch den Arbeitgeber dessen Einverständnis, zumindest aber seine Duldung angenommen werde. Dieser Sichtweise widersprach das BAG in seiner Entscheidung vom 7.7.2005.[6] Es sei nicht er-

---

1 *Däubler*, Internet und Arbeitsrecht, Rz. 86; insofern werden einzelne Arbeitsbedingungen nicht allein durch einen längeren Zeitraum hin zu einem unabänderlichen Vertragsbestandteil konkretisiert; so zur Arbeitszeit BAG v. 23.6.1992 – 1 AZR 57/92, NZA 1993, 89 (91); zur nebenvertraglichen Pflicht des Arbeitgebers, die betroffenen Arbeitnehmer, welche nicht die notwendigen Kenntnisse haben, fortzubilden *Kramer*, NZA 2004, 457 (458).
2 Ausführlich auch zu weiteren Mitbestimmungstatbeständen bei Telefon-, Internet- und E-Mail-Kommunikation Küttner/*Kreitner*, Personalbuch 2014, Internet-/Telefonnutzung, Rz. 17 ff.
3 *Ernst*, NZA 2002, 585 (586); Beispiele für das Überwachungspotenzial neuer Medien sind etwa Login-Files bei der WWW-Nutzung, Firewalls oder der Zugriff auf E-Mail-Ordner.
4 Bzgl. Internet- und E-Mail-Nutzung LAG Hamm v. 7.4.2006 – 10 TaBV 1/06, NZA-RR 2007, 20 (21); *Bloesinger*, BB 2007, 2177 (2177 f.); *Däubler*, Internet und Arbeitsrecht, Rz. 180; *Elschner*, Rechtsfragen der Internet- und E-Mail-Nutzung am Arbeitsplatz, S. 39 f.; *Ernst*, NZA 2002, 585 (585); *Hanau/Hoeren*, Private Internetnutzung durch Arbeitnehmer, S. 20; *Kömpf/Kunz*, NZA 2007, 1341 (1344); *Kramer*, NZA 2004, 457 (458); Schaub/*Linck*, § 53 Rz. 18; bzgl. Telefonanlagen LAG Nürnberg v. 29.1.1987 – 5 Ta BV 4/86, LAGE § 87 BetrVG Kontrolleinrichtung Nr. 9; *Däubler*, AiB 1995, 149 (152); Schaub/*Linck*, § 53 Rz. 45.
5 LAG Köln v. 11.2.2005 – VI ZR 36/05, MDR 2006, 36 (36), sanktionsloses Surfen bis zu 100 Stunden jährlich; LAG Rh.-Pf. v. 12.7.2004 – 7 Sa 1243/03, NZA-RR 2005, 303; ArbG Frankfurt am Main v. 2.1.2002 – 2 Ca 5340/01, NZA 2002, 1093; ArbG Wesel v. 21.3.2001 – 5 Ca 4021/00, NZA 2001, 786; einschränkender LAG Rh.-Pf. v. 2.3.2006 – 4 Sa 958/05, MDR 2006, 1355 (1355), wonach die private Nutzung im Rahmen von einer Stunde pro Monat sozialadäquat sei.
6 BAG v. 7.7.2005 – 2 AZR 581/04, NZA 2006, 98; ebenso LAG Hamm v. 7.4.2006 – 10 TaBV 1/06, NZA-RR 2007, 20 (21); zustimmend *Beckschulze*, DB 2007, 1526 (1527); *Bloesinger*, BB 2007, 2177 (2178); *Kramer*, NZA 2006, 194 (196).

sichtlich, woraus sich eine „Sozialadäquanz" der privaten Internetnutzung ergäbe.[1] Tatsächlich bestätigt dies ein Vergleich mit anderen Betriebsmitteln, wie Dienstwagen, deren private Nutzung ebenfalls die Erlaubnis des Arbeitgebers erfordert. Ohne ausdrückliche Gestattung ist die private Nutzung von Internet und E-Mail somit grundsätzlich nicht erlaubt.

b) Abgrenzung der privaten zur dienstlichen Nutzung

Von zentraler Bedeutung für die Frage, ob ein Arbeitnehmer den Rahmen der Nutzungsvorgaben einhält, sowie für die Beurteilung der datenschutzrechtlichen Lage, ist die Abgrenzung zwischen dienstlicher und privater Nutzung der Telekommunikationsanlagen. Abgrenzungskriterium ist dabei der **spezifische Bezug zur geschuldeten Arbeitsleistung** des Arbeitnehmers. Nur wenn ein solcher vorliegt, ist von einer dienstlichen Nutzung auszugehen.[2] Nach den für Telefongespräche aufgestellten Grundsätzen des BAG,[3] welche auf andere Kommunikationsformen wie Internet und E-Mail übertragbar sind, steht die Privatnutzung im Falle einer **„Privatnutzung aus dienstlichem Anlass"** jedoch ausnahmsweise einer dienstlichen Nutzung gleich.[4] Hierzu zählt etwa der Anruf bzw. die E-Mail des Arbeitnehmers an Familienangehörige, um mitzuteilen, dass sich die Heimkehr aus dienstlichen Gründen verspätet.[5]

2. Klauselbeispiele

a) Verbot der privaten Nutzung der Telekommunikationsanlagen

Typ 1: Verbot der privaten Nutzung

a) Die Nutzung des [Nennung des konkreten Telekommunikationsmittels] ist ausschließlich für dienstliche Zwecke erlaubt. Eine private Nutzung durch den Arbeitnehmer ist grundsätzlich nicht gestattet.[6]

b) Die Nutzung der betrieblichen Telekommunikationsanlagen (Telefon, Fax, Internet und E-Mail ...) darf ausschließlich zu dienstlichen Zwecken erfol-

---

1 BAG v. 7.7.2005 – 2 AZR 581/04, NZA 2006, 98 (100); ebenso ArbG Hannover v. 28.4. 2005 – 10 Ca 791/04, NZA-RR 2005, 420 (422f.).
2 Bzgl. Internetnutzung *Däubler*, Internet und Arbeitsrecht, Rz. 177ff.; *Elschner*, Rechtsfragen der Internet- und E-Mail-Nutzung am Arbeitsplatz, S. 85; *Hanau/Hoeren*, Private Internetnutzung durch Arbeitnehmer, S. 19; *Kramer*, NZA 2004, 457 (458); bezüglich Telefonanlagen MünchArbR/*Blomeyer*, § 97 Rz. 12.
3 Vgl. hierzu BAG v. 27.5.1986 – 1 ABR 48/84, AP Nr. 15 zu § 87 BetrVG 1972 Überwachung.
4 Strittig ist, ob auch der private soziale Kontakt zwischen Arbeitnehmern, etwa eine Verabredung zum Mittagessen in der Kantine, als integraler Bestandteil der dienstlichen Kommunikation anzusehen ist. In diese Richtung gehend *Ernst*, NZA 2002, 586 (588); *Mengel*, BB 2004, 1445 (1446); kritisch *Hanau/Hoeren*, Private Internetnutzung durch Arbeitnehmer, S. 20; offen lassend *Däubler*, Internet und Arbeitsrecht, Rz. 179; dagegen *Elschner*, Rechtsfragen der Internet- und E-Mail-Nutzung am Arbeitsplatz, S. 87.
5 *Ernst*, NZA 2002, 586 (588); *Dickmann*, NZA 2003, 1009 (1009f.).
6 Ähnlich Besgen/Prinz/*Schumacher*, § 1 Rz. 31; *Hümmerich*, Gestaltung von Arbeitsverträgen, Rz. 2389; *von Steinau-Steinrück/Vernunft*, Arbeitsvertragsgestaltung, S. 115ff.; *Beckschulze/Henkel*, DB 2001, 1491 (1491).

gen. Eine private Nutzung durch den Arbeitnehmer ist grundsätzlich nicht gestattet.

6   Zwar hat der Arbeitnehmer grundsätzlich keinen Anspruch auf die private Nutzung der betrieblichen Telekommunikationseinrichtungen.[1] Bei fehlender Gestattung der Privatnutzung durch den Arbeitgeber ist in der Regel von einem Verbot der privaten Nutzung der Telekommunikationsanlagen auszugehen.[2] Nichtsdestotrotz empfiehlt es sich auch dann eine ausdrückliche Regelung zu treffen, um die Probleme einer „Nichtregelung" – insbesondere die umstrittene Etablierung einer konkludenten Erlaubnis auf dem Wege der betrieblichen Übung (vgl. Rz. 10) – von vornherein auszuschließen.[3] Hierfür bieten sich Regelungen auf der arbeitsvertraglichen Ebene (im Arbeitsvertrag selbst oder als allgemeine Arbeitsbedingung), aber auch eine Betriebsvereinbarung an.

7   Da eine formulararbeitsvertragliche Klausel, welche die Nutzung von Telekommunikationsanlagen betrifft, vom allgemeinen Weisungsrecht des Arbeitgebers umfasst wird (§ 106 GewO), ist sie grundsätzlich gemäß § 307 Abs. 3 Satz 1 BGB als deklaratorische Klausel inhaltskontrollfrei (vgl. hierzu → *Direktionsrecht und Tätigkeitsbeschreibung*, II D 30 Rz. 4).[4] Etwas anderes gilt jedoch, wenn der Formulararbeitsvertrag zudem eine Einwilligung in die Kontrolle und Überwachung der Nutzung enthält (vgl. Rz. 34). Mithin ist es für den Arbeitgeber unproblematisch zulässig, die private Nutzung arbeitsvertraglich ausdrücklich zu untersagen.[5] Der Klauseltyp 1a ermöglicht eine Einzelregelung für konkret zu nennende Kommunikationsmittel. Möchte der Arbeitgeber hingegen eine einheitliche Verbotsregelung für alle Arten der Telekommunikation am Arbeitsplatz schaffen, kann auf Klauseltyp 1b zurückgegriffen werden.

8   Zu beachten ist, dass trotz eines Verbots der privaten Nutzung neben den Fällen der erläuterten „dienstlich veranlassten Privatnutzung" der Arbeitnehmer ausnahmsweise ein Recht auf Privatnutzung in **dringenden Fällen** hat.[6] Hierzu zählen Notsituationen, Pflichtenkollisionen und besondere Eilfälle, etwa die Kontaktaufnahme mit einem erkrankten nahen Angehörigen oder die zwingend erforderliche Erledigung einer Behördenangelegenheit. Dies folgt aus der arbeitsvertraglichen Nebenpflicht des Arbeitgebers, auf wesentliche Interessen des Arbeitnehmers Rücksicht zu nehmen, und hat als gesetzgeberischer Grundgedanke auch normativ Niederschlag gefunden (§ 14 Abs. 1 ArbZG, § 616 BGB).[7] Voraussetzung ist allerdings,

---

1 *Kruchen*, Telekommunikationskontrolle zur Prävention und Aufdeckung von Straftaten im Arbeitsverhältnis, S. 82.
2 BAG v. 7.7.2005 – 2 AZR 581/04, NZA 2006, 98 (100).
3 Bzgl. Internet- und E-Mail-Nutzung *Beckschulze*, DB 2003, 2777 (2777); Besgen/Prinz/ *Schumacher*, § 1 Rz. 7.
4 Bzgl. Internet- und E-Mail-Nutzung *Beckschulze*, DB 2003, 2777 (2777); Besgen/Prinz/ *Schumacher*, § 1 Rz. 8.
5 *Mengel*, BB 2004, 1445 (1446); *Raffler/Hellich*, NZA 1997, 862 (862); bzgl. Telefonkommunikation LAG Nürnberg v. 29.1.1987 – Ta BV 4/86, LAGE § 87 BetrVG Kontrolleinrichtung Nr. 9.
6 *Däubler*, AiB 1995, 149 (152 f.); bzgl. Internet- und E-Mail-Nutzung *Ernst*, NZA 2002, 585 (588 f.); *Hanau/Hoeren*, Private Internetnutzung durch Arbeitnehmer, S. 20 f.; *Kramer*, NZA 2004, 457 (458).
7 *Däubler*, AiB 1995, 149 (153); *Däubler*, Internet und Arbeitsrecht, Rz. 181 f.

Internet und Telekommunikation   Rz. 9 II I 10

dass sich die Nutzung nicht auf die Freizeit verschieben lässt oder die Inanspruchnahme eines anderen Kommunikationsmittels weniger effektiv wäre.[1] Daraus resultiert die folgende Ergänzungsmöglichkeit zu den Klauseltypen 1a und 1b:

Mögliche Ergänzung:

Die dienstlich veranlasste Privatnutzung sowie die Privatnutzung der Telekommunikationsanlagen[2] in dringenden Fällen (Notsituationen, Pflichtenkollisionen und besondere Eilfälle) sind hingegen zulässig, jedoch auf das unbedingt erforderliche Maß zu beschränken.

Eine solche Ergänzung der Verbotsregelung ist rein deklaratorisch und hat keine Befugniserweiterung der Belegschaft zur Folge. Sie bietet sich jedoch an, um dem Arbeitnehmer vor Augen zu führen, welche Nutzung sanktionslos bleibt und vom Arbeitgeber geduldet werden muss.

Anders als die Einführung von Telekommunikationsanlagen (vgl. Rz. 2) unterliegt die Anordnung des Arbeitgebers, die vorhandenen Telekommunikationssysteme ausschließlich dienstlich zu nutzen, keinem Mitbestimmungsrecht des Betriebsrats.[3] Insofern ist nicht die Ordnung des Betriebs nach § 87 Abs. 1 Nr. 1 BetrVG, sondern nur das mitbestimmungsfreie Arbeitsverhalten der einzelnen Arbeitnehmer betroffen. Auch ein Mitbestimmungsrecht aus § 87 Abs. 1 Nr. 10 BetrVG kann nicht dadurch begründet werden, dass ein Verbot der Privatnutzung den Entzug eines geldwerten Vorteils darstellt, da ihre Gestattung lediglich eine freiwillige Leistung ist.[4]   9

b) (Eingeschränkte) Erlaubnis der privaten Nutzung der Telekommunikationsanlagen

Typ 2: (Eingeschränkte) Gestattung der privaten Nutzung

a) Der Arbeitnehmer ist befugt, die im Betrieb vorhandenen Telekommunikationsmittel (Telefon, Internet und E-Mail ... [alternativ ist eine differenzierte Behandlung der einzelnen Kommunikationsmittel in allen nachstehenden Klauseln möglich]) zu privaten Zwecken zu nutzen.[5]

b) Die im Betrieb vorhandenen Telekommunikationsmittel (Telefon, Internet und E-Mail ...) dürfen grundsätzlich nur zu dienstlichen Zwecken genutzt werden. Eine private Nutzung durch den Arbeitnehmer ist nur in angemessenem Um-

---

1 *Däubler*, Internet und Arbeitsrecht, Rz. 182; *Kramer*, NZA 2004, 457 (458).
2 Alternativ ist eine differenzierte Behandlung der einzelnen Kommunikationsmittel möglich, bspw. „des betrieblichen Telefons und Faxgeräts" und „des betrieblichen Internetzugangs sowie E-Mail-Systems".
3 LAG Hamm v. 7.4.2006 – 10 TaBV 1/06, NZA-RR 2007, 20; *Ernst*, NZA 2002, 585 (586).
4 LAG Hamm v. 7.4.2006 – 10 TaBV 1/06, NZA-RR 2007, 20 (22); a.A. ErfK/*Kania*, § 87 BetrVG Rz. 97.
5 Ähnlich bzgl. Internetnutzung *Hanau/Hoeren*, Private Internetnutzung durch Arbeitnehmer, S. 123.

fang und nur außerhalb der Arbeitszeit, etwa in Pausen und nach Ende der täglichen Arbeitszeit, erlaubt.[1]

c) Der Arbeitnehmer ist befugt, die im Betrieb vorhandenen Telekommunikationsmittel (Telefon, Internet und E-Mail ...) zu privaten Zwecken zu nutzen. Die private Nutzung darf ... Minuten pro Tag nicht überschreiten.[2]

d) Der Arbeitnehmer ist befugt, die im Betrieb vorhandenen Telekommunikationsmittel (Telefon, Internet und E-Mail ...) zu privaten Zwecken zu nutzen. Eine private Nutzung durch den Arbeitnehmer ist nur in angemessenem Umfang und nur außerhalb der Arbeitszeit, etwa in Pausen und nach Ende der täglichen Arbeitszeit, erlaubt. Die private Nutzung darf dabei ... Minuten pro Tag nicht überschreiten.[3]

e) Die Erlaubnis zur privaten Nutzung erfolgt unter dem ausdrücklichen Vorbehalt eines jederzeitigen Widerrufs. Das Recht auf private Nutzung kann widerrufen werden, wenn eine missbräuchliche Nutzung (Abruf von Seiten mit pornografischem Inhalt, Überschreitung des Nutzungsumfangs, Herunterladen urheberrechtlich geschützter Dateien, Eröffnung von Sicherheitsrisiken für die Firma, etwa durch Herunterladen von virenverseuchten Dateien, u.Ä.) festgestellt wurde.[4]

○ **Nicht empfehlenswert:**

f) Die Erlaubnis zur privaten Nutzung erfolgt freiwillig und begründet auch bei längerer Gewährung keinen Rechtsanspruch für die Zukunft. Diese Leistung wird im Falle einer missbräuchlichen Nutzung (Abruf von Seiten mit pornografischem Inhalt, Herunterladen urheberrechtlich geschützter Dateien, Überschreitung des Nutzungsumfangs, Eröffnung von Sicherheitsrisiken für die Firma, etwa durch Herunterladen von virenverseuchten Dateien, u.Ä.) eingestellt werden.

○ **Nicht geeignet:**

g) Der Arbeitgeber kann das Recht zur privaten Nutzung der Telekommunikationsanlagen jederzeit, gleich aus welchen Gründen, widerrufen.

h) Vertragsänderungen bedürfen der Schriftform. Mündliche Vereinbarungen der Änderung der Schriftform sind nichtig.[5]

10 Will der Arbeitgeber die private Nutzung von Telekommunikationsanlagen erlauben, kann dies **ausdrücklich im Arbeitsvertrag, mittels Betriebsvereinbarung oder Tarifvertrag** erfolgen. Für Fälle, in denen keine ausdrückliche Regelung existiert, ist umstritten, ob aus einer stillschweigenden Duldung der privaten Nutzung in der

---

1 Ähnlich bzgl. Internetnutzung *von Steinau-Steinrück/Vernunft*, Arbeitsvertragsgestaltung, S. 121.
2 Ähnlich bzgl. Internetnutzung *Hanau/Hoeren*, Private Internetnutzung durch Arbeitnehmer, S. 123.
3 Ähnlich bzgl. elektronischer Kommunikationsmittel Besgen/Prinz/*Schumacher*, § 1 Rz. 32.
4 Ähnlich bzgl. Internetnutzung *Hümmerich*, Gestaltung von Arbeitsverträgen, Rz. 2393.
5 *Beckschulze*, DB 2003, 2777 (2778).

Vergangenheit eine **betriebliche Übung** entstehen kann. Während dies teilweise[1] bei einem rein passiv durch den Arbeitgeber geduldeten Arbeitnehmerverhalten verneint wird, geht die überwiegende Auffassung[2] davon aus, dass eine betriebliche Übung begründet werden kann. Dabei ist neben der Frage, ob und in welchem Umfang diese entsteht,[3] bereits problematisch, wie lange eine entsprechende Praxis bestanden haben müsste, um eine Betriebsübung zu begründen.[4] Jedenfalls ist davon auszugehen, dass an das Entstehen einer betrieblichen Übung für die private Nutzbarkeit des Telekommunikationssystems hohe Anforderungen zu stellen sind.[5] Eine konkludente Gestattung der E-Mail- und Internetnutzung kann im Übrigen nicht daraus hergeleitet werden, dass der Arbeitgeber private Telefonate erlaubt hat.[6] Ebenso kann sich eine konkludente Gestattung nicht daraus ableiten, dass in den Voreinstellungen des Internet-Browsers des Arbeitnehmers unter der Rubrik Lesezeichen bzw. Favoriten außerdienstliche Internetadressen aufgeführt sind.[7]

Unabhängig davon, ob die Duldung der Privatnutzung der technischen Einrichtungen im Betrieb tatsächlich zu einer betrieblichen Übung führen kann, sollte deren Etablierung mit einer ausdrücklichen Nutzungsregelung bereits im Ansatz verhindert werden. Die Entscheidung des Arbeitgebers über die Erlaubnis der Privatnutzung hat weitreichende Auswirkungen, insbesondere hinsichtlich der für Mitarbeiterkontrollen anwendbaren gesetzlichen Regelungen (vgl. Rz. 21 ff.), und sollte deshalb wohl bedacht sein. Spätestens seit der Aufgabe der Rechtsprechung des BAG zur gegenläufigen betrieblichen Übung[8] ist eine Abkehr von einer verfestigten betrieblichen Übung nur noch schwer möglich. Aufgrund der hohen Anforderungen an Freiwilligkeitsvorbehalte zu deren Verhinderung (vgl. → *Vorbehalte und Teilbefristung*, II V 70 Rz. 73 ff.) bleiben regelmäßig nur schwierig zu erreichende individuelle Vereinbarungen mit der gesamten Belegschaft oder der Ausspruch von Änderungskündigungen ein gangbarer Ausweg.[9] 11

Mit einer ausdrücklichen Regelung der Telekommunikationsmittelnutzung entfällt darüber hinaus nicht nur die Problematik der betrieblichen Übung. Durch sie lässt sich auch die **Missbrauchsgrenze eindeutig festlegen**, welche im Fall etwaiger Gerichtsverfahren den Maßstab für die arbeitsrechtliche Sanktionierung von Pflichtverletzungen determiniert.[10] Somit sollte aus Gründen der Rechtssicherheit 12

---

1 *Bloesinger*, BB 2007, 2177 (2179 ff.); *Mengel*, BB 2004, 1445 (1446); *Mengel*, BB 2004, 2014 (2015); demgegenüber hält *Koch*, NZA 2008, 911 (912) die Entstehung einer betrieblichen Übung hier nicht für möglich, da der Arbeitgeber bei deren Befolgung gegen gesetzliche Pflichten des TKG verstieße.
2 Besgen/Prinz/*Schumacher*, § 1 Rz. 9 ff.; *Däubler*, Internet und Arbeitsrecht, Rz. 185; Hanau/*Hoeren*, Private Internetnutzung durch Arbeitnehmer, S. 22; Küttner/*Kreitner*, Personalbuch 2014, Internet-/Telefonnutzung, Rz. 4.
3 Vgl. hierzu ausführlich *Beckschulze*, DB 2007, 1526 (1526) m.w.N.
4 Häufig wird auf einem Zeitraum von einem halben bis zu einem Jahr verwiesen, vgl. *Barton*, NZA 2006, 460 (461); *Däubler*, Internet und Arbeitsrecht, Rz. 185 m.w.N.
5 So auch *Beckschulze*, DB 2003, 2777 (2779); Besgen/Prinz/*Schumacher* § 1 Rz. 9 ff.
6 *Beckschulze/Henkel*, DB 2001, 1491 (1492); *Kratz/Gubbels*, NZA 2009, 652 (652); a.A. Hanau/*Hoeren*, Private Internetnutzung durch Arbeitnehmer, S. 22; *Ernst*, NZA 2002, 585 (586).
7 So aber *Däubler*, Internet und Arbeitsrecht, Rz. 184.
8 BAG v. 18.3.2009 – 10 AZR 281/08, NZA 2009, 601 (601 f.).
9 Kittner/Zwanziger/*Becker*, § 53 Rz. 79d.
10 *Bloesinger*, BB 2007, 2177 (2181).

im Falle einer Erlaubnis der Privatnutzung auch ihr Umfang möglichst detailliert geregelt werden.[1] Dies gilt unabhängig davon, dass dem Arbeitnehmer auch ohne eine ausdrückliche Begrenzung der privaten Nutzung der Telekommunikationsanlagen, wie bei Klauseltyp 2a, nach dem **Übermaßverbot** lediglich eine Nutzung im „normalen Umfang" gestattet ist.[2] Er kann nicht davon ausgehen, dass der Arbeitgeber jeglichen Nutzungsumfang billigt, sondern nur in dem Maße, welches die vertraglich vereinbarte Arbeitsleistung zumindest nicht wesentlich beeinträchtigt.[3] Fehlt eine ausdrückliche Regelung des Nutzungsumfangs, so beschränkt sich eine Gestattung der Privatnutzung nach Auslegung gemäß §§ 133, 157 BGB folglich auf die Pausen- und Freiraumzeiten ohne Arbeitsanfall.[4] Entsprechendes gilt auch für die Art der erlaubten Nutzung, ein Abruf pornographischer Internetseiten bspw. kann sich rufschädigend auf das Unternehmen auswirken, die Nutzung von Filesharingdiensten kann urheberrechtliche Konsequenzen nach sich ziehen und die Sicherheit des betrieblichen Datensystems gefährden. Eine solche Nutzung ist nach deren Auslegung regelmäßig nicht von einer pauschalen Erlaubnis umfasst.[5]

13 Um den **Umfang** der privaten Nutzung festzulegen, bieten sich verschiedene Arten der Begrenzung an. So finden sich in Arbeitsverträgen Beschränkungen der Privatnutzung auf die Zeiten außerhalb der Arbeitszeit, d.h. vor und nach Dienstschluss bzw. in den Pausen, Klauseltyp 2b. Auch eine Befugnis, lediglich in der Pausenzeit privat zu kommunizieren, ist denkbar. Eine solche Klausel enthält gleichzeitig die Vorgabe für ein maximales Zeitvolumen (Länge der Pause), in welcher der Arbeitnehmer die Ressourcen, wie die Internet-Bandbreite, beanspruchen kann. Klauseltyp 2c begnügt sich ohne Äußerung zur zeitlichen Lage mit einem vorgegebenen maximalen Zeitvolumen in Minuten. Letztlich ist auch die Kombination von vorgegebenen maximalen Zeitvolumen und zeitlicher Lage möglich, wie es Klauseltyp 2d vorsieht.

14 Die Nichtweitergewährung des privaten Nutzungsrechts ist, wie jede zusätzliche Leistungsgewährung an den Arbeitnehmer, ohne Änderungskündigung nur unter gesonderten Voraussetzungen möglich. Insofern genießt die Erlaubnis **Bestandsschutz**. Aus diesem Grund enthalten solche Arbeitsverträge, die eine private Nutzung der Telekommunikationsmittel erlauben, zum einen Freiwilligkeitsvorbehalte, die eine Bindung des Arbeitgebers für die Zukunft ausschließen sollen. Zum anderen wird die Erlaubnis zur privaten Nutzung mitunter durch Widerrufsvorbehalte modifiziert.

15 Aufgrund der Grundsätze des BAG bezüglich **Widerrufsvorbehalten**[6] und parallel zu dessen Rechtsprechung bei Dienstwagen[7] ist jedoch von einer Widerrufsklausel

---

1 So zur E-Mail- und Internetnutzung Besgen/Prinz/*Schumacher*, § 1 Rz. 15.
2 So zur Internetnutzung *Hanau/Hoeren*, Private Internetnutzung durch Arbeitnehmer, S. 24.
3 BAG v. 7.7.2005 – 2 AZR 581/04, NZA 2006, 98 (100); Besgen/Prinz/*Schumacher*, § 1 Rz. 10; *Beckschulze*, DB 2003, 2777 (2278); *Ernst*, NZA 2002, 585 (586).
4 Besgen/Prinz/*Schumacher*, § 1 Rz. 20; *Kratz/Gubbels*, NZA 2009, 652 (653).
5 Vgl. *Hanau/Hoeren*, Private Internetnutzung durch Arbeitnehmer, S. 30.
6 BAG v. 12.1.2005 – 5 AZR 364/04, NZA 2005, 465; v. 11.10.2006 – 5 AZR 721/05, NZA 2007, 87; ausführlich hierzu ErfK/*Preis*, § 305–310 BGB Rz. 57 ff.
7 BAG v. 19.12.2006 – 9 AZR 294/06, NZA 2007, 809.

nach Typ 2g abzuraten (→ *Herausgabeansprüche*, II H 40 Rz. 9). Ein jederzeitiges Widerrufsrecht ohne Bindung an Sachgründe verstößt gegen § 308 Nr. 4 BGB.[1] Zudem muss eine Widerrufsklausel aufgrund des Transparenzgebots gemäß § 307 Abs. 1 Satz 2 BGB so gefasst sein, dass die Widerrufsgründe ausdrücklich benannt werden. Eine Bindung des Widerrufs an die Fälle des Missbrauchs (etwa Überschreitung des Nutzungsumfangs, Bezug nicht geduldeter Inhalte) entsprechend dem zu empfehlenden Klauseltyp 2e erscheint hierbei sachnäher als das Abstellen auf wirtschaftliche Gründe. So kann gerade der Missbrauch der Nutzungsmöglichkeiten verhütet werden, während der Kostenbelastung in Zeiten von Flatrates ohnehin nur marginale Bedeutung zukommen dürfte.

Bezüglich **Freiwilligkeitsvorbehalten** in Formular-Arbeitsverträgen ergeben sich nach der jüngeren Rechtsprechung des BAG Wirksamkeitsbedenken, wenn diese im Synallagma stehende Leistungen betreffen (vgl. hierzu ausführlich → *Vorbehalte und Teilbefristung*, II V 70 Rz. 43 ff.). In diesem Zusammenhang ist zu beachten, dass das BAG in seiner Entscheidung vom 19.12.2006[2] der Möglichkeit zur privaten Nutzung eines Dienstwagens Entgeltcharakter i.S.d. § 611 Abs. 1 BGB zugesprochen hat. Dies ist grundsätzlich auch für die private Nutzungsmöglichkeit anderer Arbeitsmittel denkbar. Das Recht zur privaten Nutzung von betrieblichen Telekommunikationsanlagen im Arbeitsverhältnis wird zwar als „geldwerter Vorteil" angesehen,[3] doch wird diesem kaum die Bedeutung einer synallagmatischen Leistung zukommen.[4] So wird insbesondere die Gestattung der Privatnutzung von Diensttelefon, Internet und E-Mail in der Rechtsprechung als **freiwillige Leistung** seitens des Arbeitgebers eingestuft.[5] Solche echte freiwillige Leistungen werden bei transparenter Gestaltung des Freiwilligkeitsvorbehalts jedoch entweder bereits als nicht kontrollfähig[6] angesehen, oder sie gelten nicht als unangemessen benachteiligend.[7] Richtigerweise müssen Freiwilligkeitsvorbehalte, um dem Transparenzgebot zu genügen, aber ebenso wie Widerrufsvorbehalte präzisieren, aus welchen Gründen der Freiwilligkeitsvorbehalt ausgeübt wird,[8] vgl. Klauseltyp 2f. Die jüngere Rechtsprechungsentwicklung zu Freiwilligkeitsvorbehalten im Allgemeinen offenbart erhebliche Bedenken (vgl. ausführlich → *Vorbehalte und Teilbefristung*, II V 70 Rz. 43 ff., 70 ff.) und lässt demgegenüber Widerrufsvorbehalte nicht nur klarer, sondern auch rechtssicherer erscheinen. Insofern ist ein Widerrufsvorbehalt entsprechend Klauseltyp 2e empfehlenswerter.

Der Empfehlung, die Entstehung einer betrieblichen Übung hinsichtlich der privaten Nutzung durch die Aufnahme einer **doppelten Schriftformklausel** nach Typ 2h zu verhindern,[9] kann nicht gefolgt werden. Entgegen der Rechtsprechung des

---

1 BAG v. 19.12.2006 – 9 AZR 294/06, NZA 2007, 809; LAG Nds. v. 17.1.2006 – 13 Sa 1176/05, NZA-RR 2006, 289.
2 BAG v. 19.12.2006 – 9 AZR 294/06, NZA 2007, 809; vgl. hierzu *Lembke*, BB 2007, 1627.
3 *Barton*, NZA 2006, 460 (464).
4 So auch *Bloesinger*, BB 2007, 2177 (2179).
5 LAG Nürnberg v. 29.1.1987 – NZA 1987, 572, NZA 1987, 572; LAG Hamm v. 7.4.2006 – 10 TaBV 1/06, NZA-RR 2007, 20 (21).
6 Vgl. Staudinger/*Coester* § 310 BGB Rz. 114.
7 LAG Hamm v. 9.6.2005 – 8 Sa 2403/04, NZA-RR 2005, 624; *Hanau/Hromadka*, NZA 2005, 73 (75).
8 Schaub/*Linck*, § 35 Rz. 66.
9 Vgl. etwa *Beckschulze*, DB 2003, 2777 (2778).

BAG vom 24.6.2003[1] kann eine betriebliche Übung auch gegenüber einem einzelnen Arbeitnehmer entstehen und daher eine Individualabrede sein, welche nach § 305b BGB der Schriftformklausel vorgeht (vgl. ausführlich → *Schriftformklauseln*, II S 30 Rz. 11 ff.).

c) Kontrolle und Überwachung der Telekommunikation[2]

aa) Allgemeines; grundrechtliches Spannungsverhältnis

18 Will der Arbeitgeber aus einer verbotswidrigen bzw. übermäßigen Nutzung der Telekommunikationsanlagen arbeitsrechtliche Konsequenzen ziehen, so ist er darauf angewiesen, den Einsatz der Telekommunikationseinrichtungen zu überwachen und zu kontrollieren.[3] Der Arbeitgeber ist nicht nur grundsätzlich dazu berechtigt, die Erfüllung der von seinen Arbeitnehmern übernommenen Arbeitsaufgaben zu kontrollieren.[4] Im Rahmen seiner Compliance-Verpflichtung[5] hat er in gewissem Umfang sogar die Pflicht, durch geeignete Kontrollmaßnahmen ein rechtskonformes Verhalten seiner Angestellten sicherzustellen.[6] Andernfalls drohen ihm empfindliche Bußgelder und Schadensersatzansprüche.[7] Fraglich ist jedoch, ob und welche technischen Hilfsmittel hierfür eingesetzt werden dürfen. Die Kontrollbefugnis des Arbeitgebers hängt dabei maßgeblich davon ab, ob die private Nutzung der Telekommunikationsanlagen verboten oder erlaubt ist (vgl. hierzu bereits Rz. 5).

19 Um eine Kontrolle des Umfangs und des Inhalts der Benutzung der Online-Medien zu ermöglichen, sollte der Arbeitgeber den Arbeitnehmern in jedem Fall eine **persönliche Zugangsberechtigung** zuteilen, wie es nachstehende Ergänzung vorsieht.[8]

Geeignete Ergänzung:

a) Die Online-Medien dürfen nur mit der vom Arbeitgeber zugeteilten persönlichen Zugangsberechtigung (User-ID) genutzt werden.

---

1 BAG v. 24.6.2003 – 9 AZR 302/02, AP Nr. 63 zu § 242 BGB Betriebliche Übung; s. jetzt auch wie hier BAG 20.5.2008 – 9 AZR 382/07, AP Nr. 35 zu § 307 BGB.
2 Zu den technischen Möglichkeiten der Telefonüberwachung s. *Däubler*, AiB 1995, 149; und zu Internet und Intranet *Hanau/Hoeren*, Private Internetnutzung durch Arbeitnehmer, S. 14 ff.; *Hilber/Frik*, RdA 2002, 89 (90).
3 Eine Gegenüberstellung von Vor- und Nachteilen einer technisierten Kontrolle der Internet- und E-Mail-Nutzung findet sich bei *Däubler*, Internet und Arbeitsrecht, Rz. 217 ff.
4 *Däubler*, Internet und Arbeitsrecht, Rz. 217; *Küttner/Kreitner*, Personalbuch 2014, Internet-/Telefonnutzung, Rz. 8; so auch Besgen/Prinz/*Schumacher*, § 1 Rz. 31.
5 Unter Compliance versteht man „die Gesamtheit der Maßnahmen, die das rechtmäßige Verhalten eines Unternehmens, seiner Organe und Mitarbeiter im Hinblick auf alle gesetzlichen und unternehmenseigenen Gebote und Verbote gewährleisten sollen", *Thüsing*, Compliance, § 2 Rz. 2.
6 *Thüsing*, Compliance, § 2 Rz. 10 ff.; *Mengel*, Compliance und Arbeitsrecht, S. 8 f.; *Jacobs*, ZfA 2012, 215 (217); *Schmidt*, BB 2009, 1295 (1295 f.).
7 § 130 Abs. 1 OWiG deklariert etwa die Nichteinhaltung erforderlicher Überwachungsmaßnahmen als bußgeldbewehrte Ordnungswidrigkeit. Zu weiteren Rechtsfolgen ausführlich *Thüsing*, Compliance, § 2 Rz. 20 ff.; *Kock/Francke*, NZA 2009, 646 (651).
8 *Ernst*, NZA 2002, 585 (587).

b) Diese und das zugehörige Passwort dürfen nicht an Dritte weitergegeben werden, es sei denn der Arbeitgeber ordnet Gegenteiliges an.

Damit wird der für die Verwertung rechtmäßig erhobener Daten vielfach erforderliche Personenbezug sichergestellt. Daneben empfiehlt es sich, unterstützend auch ein Verbot entsprechend Typ b aufzunehmen, das die Weitergabe dieser Daten an Dritte untersagt und Umgehungsmöglichkeiten ausschließt. Schon die Einführung eines Zwangs zur Nutzung von Passwörtern soll dabei als Ordnungsverhalten der Mitbestimmung des Betriebsrats nach § 87 Abs. 1 Nr. 1 BetrVG unterliegen.[1] Dieser Fall ist nach hier vertretener Ansicht aber eher als mitbestimmungsfreies Arbeitsverhalten einzuordnen. Dem mitbestimmungspflichtigen Ordnungsverhalten ist dagegen die Festlegung anderer konkreter Nutzungsregelungen für Telekommunikationseinrichtungen zuzuordnen.[2] Die Überwachung von Arbeitnehmern ist hingegen nach § 87 Abs. 1 Nr. 6 BetrVG mitbestimmungspflichtig.[3]

Jegliche Kontrolle der Telekommunikation steht in demselben **grundrechtlichen Spannungsverhältnis**. Die Interessenlage des Arbeitnehmers stützt zunächst sein allgemeines Persönlichkeitsrecht nach Art. 2 Abs. 1 i.V.m. Art. 1 Abs. 1 GG bzw. das in Art. 10 Abs. 1 GG verankerte Fernmeldegeheimnis. Ausfluss des allgemeinen Persönlichkeitsrechts ist nicht nur das Recht auf informationelle Selbstbestimmung[4] und Datenschutz.[5] Insbesondere hinsichtlich der Online-Medien ist nach der jüngsten Rechtsprechung des Bundesverfassungsgerichts zu sog. „Online-Durchsuchungen" auch das „Recht auf Gewährleistung der Vertraulichkeit und Integrität informationstechnischer Systeme" zu beachten.[6] Für eine Kontrollmöglichkeit des Arbeitgebers sprechen das aus Art. 14 Abs. 1 GG gewährte Eigentumsgrundrecht[7] – auch in seiner Ausprägung als Recht am eingerichteten und ausgeübten Gewerbebetrieb – und das Recht auf freie Berufsausübung aus Art. 12 Abs. 1 GG.[8] 20

---

1 *Ernst*, NZA 2002, 585 (587); so bei gestatteter Privatnutzung *Beckschulze/Henkel*, DB 2001, 1491 (1500).
2 Für betriebliche Telefonanlagen/Mobiltelefone LAG Nürnberg v. 29.1.1987 – 5 TaBV 4/86, LAGE § 87 BetrVG Kontrolleinrichtung Nr. 9; *Fitting*, BetrVG, § 87 Rz. 71; für Internet- und E-Mail-Nutzung LAG Hamm v. 7.4.2006 – 10 TaBV 1/06, NZA-RR 2007, 20 (21); *Beckschulze/Henkel*, DB 2001, 1491 (1500).
3 *Ernst*, NZA 2002, 585 (590 f.); *Küttner/Kreitner*, Personalbuch 2014, Internet-/Telefonnutzung, Rz. 19; zur Frage, ob dem Betriebsrat nach § 87 Abs. 1 Nr. 6 BetrVG ein Mitbestimmungsrecht bei der Auswahl der technischen Überwachungseinrichtung zusteht *Bachner*, DB 2006, 2518; a.A. *Beckschulze*, DB 2007, 1526 (1534).
4 BVerfG v. 15.12.1983 – 1 BvR 209/83; 1 BvR 269/83; 1 BvR 362/83; 1 BvR 420/83; 1 BvR 440/83; 1 BvR 484/83, BVerfGE 65, 1 (41 ff.).
5 BVerfG v. 27.6.1991 – 2 BvR 1493/89, BVerfGE 84, 239 (279 f.).
6 BVerfG v. 27.2.2008 – 1 BvR 370/07 und 1 BvR 595/07, NJW 2008, 822; vgl. hierzu ausführlich *Kutscha*, NJW 2008, 1042.
7 *Küttner/Kreitner*, Personalbuch 2014, Internet-/Telefonnutzung, Rz. 9; bzgl. Internet- und E-Mail-Nutzung Besgen/Prinz/*Schumacher*, § 1 Rz. 34.
8 Vgl. *Raffler/Hellich*, NZA 1997, 862 (862).

bb) Kontrolle und Überwachung der Telekommunikation bei Verbot privater Nutzung

21 Neben den grundrechtlichen Grenzen, welche mittelbar im Arbeitsverhältnis Geltung finden, sind vor allem **datenschutzrechtliche Vorschriften** maßgeblich. Ist dem Arbeitnehmer lediglich die **dienstliche Nutzung** der Telekommunikationsanlagen erlaubt, so richtet sich die Zulässigkeit von Überwachungsmaßnahmen bei nicht anonymisierten Arbeitnehmerdaten[1] zusätzlich nach dem **Bundesdatenschutzgesetz (BDSG)**.[2] Gemäß §§ 1 Abs. 2 Nr. 3, 3 Abs. 2 BDSG findet das BDSG zum Schutz der personenbezogenen Daten bei der automatisierten Verarbeitung von Daten auf alle nicht-öffentlichen Stellen Anwendung, zu denen auch der private Arbeitgeber zählt.[3] Speziell für Daten im Zusammenhang mit dem Beschäftigungsverhältnis erstreckt § 32 Abs. 2 BDSG den Anwendungsbereich des maßgeblichen § 32 Abs. 1 BDSG auch auf solche ohne Bezug zu einer automatisierten Verarbeitung.[4] Die Erhebung, Verarbeitung und Nutzung personenbezogener Daten ist nach dem Rechtfertigungserfordernis des § 4 Abs. 1 BDSG nur ausnahmsweise zulässig, soweit das BDSG oder eine andere Rechtsvorschrift dies erlaubt oder anordnet oder der Betroffene eine an die strenge Form des § 4a BDSG gebundene Einwilligung erklärt hat (sog. präventives Verbot mit Erlaubnisvorbehalt).[5]

22 Mangels Anwendbarkeit der telekommunikationsrechtlichen Spezialgesetze im Falle der nicht erlaubten Privatnutzung der betrieblichen Kommunikationsmittel (vgl. Rz. 27 ff.) finden sich keine Rechtfertigungsvorschriften i.S.d. § 4 Abs. 1 BDSG außerhalb des BDSG. Zentrale Rechtfertigungsnorm für die Erhebung, Nutzung und Verarbeitung personenbezogener Daten mit Bezug zu einem Beschäftigungsverhältnis ist der bereits erwähnte § 32 Abs. 1 Satz 1 BDSG.[6] Dieser unterwirft jeglichen Umgang mit Mitarbeiterdaten sowohl einer offen formulierten Bindung an „Zwecke des Beschäftigungsverhältnisses"[7] als auch einer Verhältnismäßigkeitsabwägung.[8] Die Erhebung, Verarbeitung oder Nutzung muss erforderlich sein für die Durchführung, die Entscheidung über die Begründung oder die Beendigung eines Beschäftigungsverhältnisses. Dem Arbeitgeber dürfen keine gleich geeigneten Mittel zur Zweckerreichung zur Verfügung stehen, welche die berechtigten Interessen der Belegschaft weniger beeinträchtigen. Das Informationsinte-

---

1 Werden ausschließlich anonyme Kontrollen i.S.d. § 3 Abs. 6 BDSG durchgeführt, bestehen datenschutzrechtlich keine Bedenken, vgl. Besgen/Prinz/*Schumacher*, § 1 Rz. 39; *Beckschulze*, DB 2003, 2777 (2779).
2 Besgen/Prinz/*Schumacher*, § 1 Rz. 39; *Sander*, CR 2014, 176 (182 f.); vgl. m.w.N. zur Mindermeinung, welche auch die Sondervorschriften des Telekommunikationsgesetzes (TKG) für einschlägig hält *Gola*, NJW 1999, 3753 (3756, Fn. 81).
3 Vgl. hierzu ErfK/*Franzen*, Einl. BDSG Rz. 3; DKWW/*Weichert*, § 1 BDSG Rz. 9 f.
4 *Gola/Schomerus*, § 32 BDSG Rz. 7; DKWW/*Wedde*, § 32 BDSG Rz. 175 f.; kritisch zur Ausweitung des Anwendungsbereiches *Deutsch/Diller*, DB 2009, (1462); begrüßend hingegen *Schmidt*, RDV 2009, 193 (195).
5 M.w.N.: DKWW/*Weichert*, § 4 BDSG Rz. 1; Simitis/Scholz/*Sokol*, § 4 BDSG Rz. 3.
6 Umstritten ist, inwieweit die weiteren Rechtfertigungsmöglichkeiten des BDSG, insbesondere die verschiedenen Tatbestände des § 28 BDSG, neben § 32 BDSG zur Anwendung kommen können. Diese sind für den Bereich der Telekommunikationskontrolle jedoch ohne Anwendungsfall. Vgl. dazu ausführlich DKWW/*Wedde*, § 32 BDSG Rz. 7 ff.; *Gola/Schomerus*, § 32 BDSG Rz. 31 ff.
7 Vgl. DKWW/*Wedde*, § 32 BDSG Rz. 13.
8 Vgl. ErfK/*Franzen*, § 32 BDSG Rz. 6 f.

resse des Arbeitgebers muss insofern die Arbeitnehmerinteressen überwiegen. Letztlich kommt an dieser Stelle das dargestellte grundrechtliche Spannungsverhältnis zum Tragen (hierzu Rz. 20). Dabei stellt sich eine Vielzahl von Einzelfragen bezüglich der Überwachung der verschiedenen Kommunikationsformen.

Ausweislich der Gesetzesbegründung[1] stellt § 32 BDSG zwar eine neue Rechtfertigungsgrundlage für Kontrollmaßnahmen im Arbeitsverhältnis dar, welche jedoch die bisher in Rechtsprechung und Literatur etablierten Grundsätze nicht antastet.[2] Mithin können die zu § 28 BDSG a.F. entwickelten Leitlinien weiterhin herangezogen werden. Weitgehende Einigkeit besteht nach wie vor insoweit, dass eine Kontrolle der **Verbindungsdaten**, wie bspw. Datum, Beginn und Ende eines Telefonats oder auch der Betreff einer E-Mail oder die Adresse einer besuchten Web-Seite, bei verbotener privater Nutzung der Telekommunikationsanlagen zulässig ist,[3] sofern die Grenze der lückenlosen Totalüberwachung nicht erreicht wird.[4] Strittig diskutiert, aber von der Rechtsprechung[5] zugelassen wurde die Erfassung der Zielrufnummer bei der Überwachung von Telefongesprächen durch den Arbeitgeber.[6] Als problematisch wird teilweise[7] das Speichern der E-Mail-Adresse des Empfängers angesehen, insbesondere wenn diese den Namen oder den Arbeitgeber des Empfängers enthält. Richtigerweise kann diesbezüglich nichts anderes gelten als bei der schriftlichen oder telefonischen dienstlichen Kommunikation. Zu beachten ist auch das in § 3a Satz 1 BDSG normierte **Prinzip der Datenvermeidung und Datensparsamkeit**. Der Arbeitgeber ist dazu angehalten, die insgesamt erhobene Datenmenge zweckorientiert so gering wie möglich zu halten; im Falle einer Nichtbeachtung werden daran jedoch keine Rechtsfolgen geknüpft.[8] Durch die Begrenzung des zeitlichen Umfangs oder des erfassten Personenkreises kann er Einfluss nehmen auf die Eingriffsintensität einer Kontrollmaßnahme.[9] Durch eine gemäß § 3a Satz 2 BDSG unter dem Vorbehalt der Zweckeignung angeordnete Anonymisierung oder Pseudonymisierung der erhobenen Daten kann er ebenfalls das Abwägungsergebnis positiv

---

1 Der Gesetzgeber geht von einer rein deklaratorischen Änderung aus, BT-Drucks. 16/13657, S. 21, 35; als positiven Schritt in Richtung eines Beschäftigtendatenschutzgesetzes begrüßt dies *Gola/Jaspers*, RDV 2009, (214); als misslungen und überflüssig sehen dies *Deutsch/Diller*, DB 2009, 1462 (1465) und *Thüsing*, NZA 2009, 865 (870).
2 Vgl. ErfK/*Franzen*, § 32 Rz. 6; DKWW/*Däubler*, § 32 BDSG Rz. 1; *Schmidt*, RDV 2009, 193 (200); *Thüsing*, NZA 2009, 865 (870).
3 Grundlegend zur Telefonkommunikation BAG v. 27.5.1986 – 1 ABR 48/84, NZA 1986, 643; bzgl. E-Mails *Däubler*, Internet und Arbeitsrecht, Rz. 252 m.w.N.; *Lensdorf/Born*, CR 2013, 30 (33); zur Internetüberwachung *Mengel*, BB 2004, 2014 (2020).
4 Der dadurch erzeugte Überwachungsdruck ist ein nicht zu rechtfertigender Eingriff in das allgemeine Persönlichkeitsrecht des Arbeitnehmers, BAG v. 7.10.1987 – 5 AZR 116/86, DB 1988, 403 (403); v. 27.3.2003 – 2 AZR 51/02, NZA 2003, 1193 (1194); *Kock/Francke*, NZA 2009, 646 (648).
5 BAG v. 27.5.1986 – 1 ABR 48/84, NJW 1987, 674.
6 Vgl. hierzu *Mengel*, BB 2004, 1445 (1449) m.w.N.; zur veränderten Rechtslage Besgen/Prinz/*Pauly*/Osnabrügge, § 4 Rz. 42.
7 Einschränkend etwa *Ernst*, NZA 2002, 585 (590); vgl. zur herrschenden Gegenauffassung *Lindemann/Simon*, BB 2001, 1950 (1952); *Mengel*, BB 2004, 2014 (2016).
8 DKWW/*Weichert*, § 3a BDSG Rz. 4; *Gola/Schomerus*, § 3a BDSG Rz. 2.
9 Am Beispiel der Videoüberwachung BAG v. 26.8.2008 – 1 ABR 16/07, NZA 2008, 1187 (1191 f.); *Kruchen*, Telekommunikationskontrolle zur Prävention und Aufdeckung von Straftaten im Arbeitsverhältnis, S. 173; vgl. auch *Kock/Francke*, NZA 2009, 646 (648).

zu seinen Gunsten beeinflussen.[1] Beispielhaft sei hier die empfehlenswerte verkürzte Zielnummernspeicherung bei der Telefonie erwähnt, womit die grundsätzlich in die Abwägung mit einzubeziehenden Interessen des Kommunikationspartners durch dessen Verschleierung ausgeblendet werden können.[2]

24 Hinsichtlich der **inhaltlichen Kontrolle** der Telekommunikation von Arbeitnehmern ist Folgendes zu beachten: Die Kontrolle des Gesprächsinhalts von Telefonaten ist grundsätzlich als unzulässiger Eingriff in das Recht des Arbeitnehmers am eigenen Wort und in das Fernmeldegeheimnis anzusehen.[3] Umstritten ist indes, ob auch das Erfassen, Speichern und Nutzen des E-Mail-Inhalts über § 32 Abs. 1 Satz 1 BDSG gerechtfertigt sein kann. Wird die E-Mail-Kommunikation mit einem Telefonat verglichen, so muss eine inhaltliche Kontrolle ausscheiden.[4] Werden E-Mails hingegen der Eingriffsintensität nach der Geschäftspost gleichgesetzt, dann ist auch eine Inhaltskontrolle der dienstlichen E-Mails zulässig.[5] Einer inhaltlichen Kontrolle der dienstlichen Internetnutzung stehen grundsätzlich keine Bedenken entgegen.[6] Freilich ist die Grenze einer zulässigen Überwachung immer dann erreicht, wenn das Nutzungsverhalten des Arbeitnehmers lückenlos über die gesamte Dauer der Arbeitszeit aufgezeichnet wird.[7] Zudem ist eine Überwachung des dienstlichen Kommunikationsverkehrs von sog. **Arbeitnehmern mit Sonderstatusrechten** – darunter fallen insbesondere die im Katalog des § 203 StGB genannten Berufsgruppen (z.B. Ärzte, Rechtsanwälte, usw.) – unzulässig.[8]

25 An Kontrollmaßnahmen zum Zweck der **Aufdeckung von Straftaten** im Arbeitsverhältnis stellt § 32 Abs. 1 Satz 2 BDSG als zusätzliche Anforderung die Dokumentation von konkreten Verdachtsmomenten. Diese müssen die hohe Wahrscheinlichkeit einer Straftatbegehung im Arbeitsverhältnis durch den betroffenen Arbeit-

---

1 ErfK/*Franzen*, § 3a BDSG Rz. 1; *Kock/Francke*, NZA 2009, 646 (648); Legaldefinitionen für Anonymisierung und Pseudonymisierung finden sich in § 3 Abs. 6 und 6a BDSG.
2 BAG v. 27.5.1986 – 1 ABR 48/84, DB 1986, 2080 (2085); *Mengel*, BB 2004, 1445 (1449); als zwingende Voraussetzung einer zulässigen Kontrollmaßnahme sieht dies *Vehslage*, AnwBl. 2001, 145 (148).
3 BVerfG v. 19.12.1991 – 1 BvR 382/85, NZA 1992, 307; BVerfG v. 9.10.2002 – 1 BvR 1611/96 und 1 BvR 805/98, NJW 2002, 3619; eine Inhaltskontrolle in Ausnahmefällen anerkennend Kittner/Zwanziger/*Becker*, § 53 Rz. 76.
4 *Däubler*, Internet und Arbeitsrecht, Rz. 249f.; *Kruchen*, Telekommunikationskontrolle zur Prävention und Aufdeckung von Straftaten im Arbeitsverhältnis, S. 197f.; *Ernst*, NZA 2002, 585 (589f.), ordnen nur persönliche Firmenadressen dem Kontrollverbot zu; *Raffler/Hellich*, NZA 1997, 862 (863f.).
5 HWK/*Lembke*, BDSG Einf. Rz. 92; *Buschbaum/Rosak*, DB 2014, 2530 (2531); *Lensdorf/ Born*, CR 2013, 30 (33); *Beckschulze*, DB 2007, 1516 (1526); *Lindemann/Simon*, BB 2001, 1950 (1952); *Mengel*, BB 2004, 2014 (2016f.); *Lunk*, NZA 2009, 457 (460).
6 Vgl. etwa HWK/*Lembke*, BDSG Einf. Rz. 92.
7 Besgen/Prinz/*Schumacher*, § 1 Rz. 33.
8 Vgl. hierzu und zu weiteren, nicht in § 203 StGB aufgeführten Berufsgruppen (etwa Journalisten, Geistliche, Wissenschaftler, Richter) ausführlich Hoeren/Sieber/Holznagel/ *Elschner*, Handbuch Multimedia-Recht, 22.1 Rz. 179ff. Zur differenziert zu betrachtenden Überwachung der Kommunikation des Betriebsrats ausführlich ebenda, Rz. 194ff. Zum etwaigen Anspruch des Betriebsrats auf Nutzung von Telekommunikationsmitteln des Unternehmens ausführlich Küttner/*Kreitner*, Personalbuch 2014, Internet-/Telefonnutzung, Rz. 24ff.

nehmer begründen;[1] ergriffene Maßnahmen sind folglich auf den Verdächtigen zu beschränken.[2] Trotz der unterschiedlichen Formulierungen ist weiterhin eine Verhältnismäßigkeitsabwägung in einem § 32 Abs. 1 Satz 1 BDSG entsprechenden Umfang das zentrale Prüfungselement.[3] In der Literatur wird die Vorschrift teilweise harsch kritisiert,[4] da sie weder Maßnahmen zur Aufdeckung von Pflichtverletzungen unterhalb der Strafbarkeitsschwelle, wie etwa Ordnungswidrigkeiten, noch solche zu Präventionszwecken erfasst, welche weiterhin allein den Anforderungen des § 32 Abs. 1 Satz 1 BDSG unterliegen.[5]

Eine Neuregelung des Beschäftigtendatenschutzes war zwar politisch angestrebt; der letzte Gesetzesentwurf[6] ist jedoch gescheitert. Eine Neuregelung ist derzeit – auch wegen ausstehender unionsrechtlicher Vorgaben – nicht abzusehen.   26

cc) Kontrolle und Überwachung der Telekommunikation bei zugelassener privater Nutzung

Wurde die **private Nutzung** der Telekommunikationsanlagen zugelassen, so stellt sich die datenschutzrechtliche Lage aufgrund zahlreicher Sonderregelungen nicht minder komplex dar. Nach herrschender Ansicht unterliegt der Arbeitgeber in diesem Fall den telekommunikationsrechtlichen Sonderregelungen des **Telekommunikationsgesetzes (TKG)**[7] **und des Telemediengesetzes**[8] **(TMG)**,[9] so dass das BDSG nach § 1 Abs. 3 Satz 1 BDSG subsidiär ist. Die Anwendungsbereiche der beiden Gesetze erfassen jeweils spezielle Teile des Datenübermittlungsvorgangs.[10] Während die technische Seite des Übertragungsvorgangs, also die reine und inhaltlich unberührte Verbindungs- und Übertragungsleistung, dem TKG unterfällt,[11] erfasst das TMG die interaktive Ebene, also alle Bereiche der Telekommunikation,   27

---

1 *Schmidt*, RDV 2009, 193 (195); DKWW/*Wedde*, § 32 BDSG Rz. 126 f.
2 *Gola/Schomerus*, § 32 BDSG Rz. 43.
3 DKWW/*Wedde*, § 32 BDSG Rz. 127 sieht hier eine Präzisierung; *Schmidt*, RDV 2009, 193 (198); *Abel*, RDV 2009, 147 (153).
4 *Thüsing*, NZA 2009, 865 (868 f.); *Barton*, RDV 2009, 200 (202); *Löwisch*, DB 2009, 2782 (2785); zu einem Vorentwurf ähnlichen Inhalts bereits *Deutsch/Diller*, DB 2009, 1462 (1463).
5 DKWW/*Wedde*, § 32 BDSG Rz. 130 ff.; *Gola/Schomerus*, § 32 BDSG Rz. 39 ff.
6 Vgl. Gesetzentwurf zum Beschäftigtendatenschutzgesetz vom 15.12.2010, BT-Drucks. 17/4230, zugleich Gegenäußerung zur Stellungnahme des Bundesrates vom 5.11.2010.
7 *Ernst*, NZA 2002, 585 (587); *Gola/Schomerus*, § 32 BDSG Rz. 18; *Kruchen*, Telekommunikationskontrolle zur Prävention und Aufdeckung von Straftaten im Arbeitsverhältnis, S. 64; *Hilber/Frik*, RdA 2002, 89 (93); *Hanau/Hoeren*, Private Internetnutzung durch Arbeitnehmer, S. 41; *Kömpf/Kunz*, NZA 2007, 1341 (1345); *Küttner/Kreitner*, Personalbuch 2014, Internet/Telefonnutzung, Rz. 7; *Schaub/Linck*, § 55 Rz. 20; a.A. *Thüsing*, Compliance, § 4 Rz. 16; *Buschbaum/Rosak*, DB 2014, 2530; *Schimmelpfennig/Wennig*, DB 2006, 2290 (2292 ff.); *Haußmann/Krets*, NZA 2005, 259 (260 f.).
8 BGBl. I 2007, S. 179, gültig seit dem 1.3.2007, das TMG vereint weitgehend das TDG, TDDSG und den MDStV.
9 A.A. bzgl. des TDG und TDDSG a.F. *Hanau/Hoeren*, Private Internetnutzung durch Arbeitnehmer, S. 43 f.; *Mengel*, BB 2004, 1445 (1450); *Mengel*, BB 2004, 2014 (2017 f.).
10 Zur Verdeutlichung der Gesetzessystematik kann das 1983 von der International Standard Organisation (ISO) entwickelte ISO-Schichtenmodell herangezogen werden, ausführlich bei Hoeren/Sieber/Holznagel/*Sieber*, Teil 1 Rz. 31 ff.
11 *Däubler*, Gläserne Belegschaften, § 6 Rz. 327.

die über die bloße Übermittlung hinaus inhaltliche Ausgestaltung erfahren haben.[1] Der Arbeitgeber wird im Falle der Erlaubnis der Privatnutzung als Anbieter von Telekommunikations- und Telemediendiensten i.S.d. § 3 Nr. 6 TKG bzw. § 2 Nr. 1 TMG angesehen.[2] Praktisch bedeutet dies, dass der Arbeitgeber schon mit der Bereitstellung eines Internet- oder Telefonanschlusses zumindest teilweise zur privaten Benutzung dem Anwendungsbereich des TKG unterfällt. Eine inhaltliche Einflussnahme, die zur parallelen Anwendbarkeit der beiden Gesetze gemäß § 1 Abs. 3 TMG führt,[3] kann im Falle des Internets etwa in Form eines betriebseigenen „Portals" oder durch die Vorinstallation eines Internet-Browsers vorliegen. Im Bereich der E-Mail-Kommunikation wird eine vorinstallierte Software auf der Festplatte des Arbeitsplatzcomputers in aller Regel aufgrund ihres meist umfangreichen Funktionsangebots zur Anwendbarkeit des TMG führen.[4] Einzig bei der Telefonie ist eine inhaltliche Einflussnahme zumindest derzeit kaum denkbar.[5]

28 Der Arbeitgeber ist folglich bereits mit der Bereitstellung eines Telekommunikationsanschlusses unter Erlaubnis der Privatnutzung an das **Fernmeldegeheimnis aus § 88 TKG** gebunden. Diesem unterliegt nicht nur der Inhalt der Telekommunikation, sondern auch die Tatsache, dass jemand an einem Vorgang der Telekommunikation beteiligt war.[6] Dementsprechend verfügt ein Arbeitgeber ohne ausdrückliche Einwilligung des Arbeitnehmers über eine nur sehr eingeschränkte Kontrollbefugnis. § 88 Abs. 3 Satz 1 TKG erlaubt eine Kenntnisnahme von dem Fernmeldegeheimnis unterliegenden Daten nur zum Zwecke der geschäftsmäßigen Erbringung und zum Schutz der technischen Systeme. Für darüber hinausgehende Zwecke ordnet § 88 Abs. 3 Satz 3 TKG ein Verbot mit Erlaubnisvorbehalt an. Nach § 96 Abs. 1 i.V.m. § 88 Abs. 3 TKG darf der Arbeitgeber die beispielhaft aufgezählten Verkehrsdaten[7] ausnahmsweise erheben und verwenden, sofern dies zum Zwecke der Bereitstellung, Abrechnung und Sicherstellung eines geregelten Kommunikationsablaufs erforderlich ist. Insbesondere wenn der Arbeitnehmer dem Arbeitgeber zur Kostenerstattung verpflichtet sein sollte, könnten gemäß § 97 TKG die Abrechnungsdaten festgehalten werden.[8] Allerdings besteht aufgrund der mittlerweile in der betrieblichen Praxis verbreiteten Standleitungen und Flatrates zumeist keine Kostenpflicht des Arbeitnehmers, so dass mangels eines Erlaubnistatbestands

---

1 *Däubler*, Gläserne Belegschaften, § 6 Rz. 327; *Mengel*, BB 2004, 1445 (1450).
2 *Däubler*, Gläserne Belegschaften, § 6 Rz. 338; *Lensdorf/Born*, CR 2013, 30 (32); *Kratz/Gubbels*, NZA 2009, 652 (655); *Wolf/Mulert*, BB 2008, 442 (445); *Mengel*, BB 2004, 1445 (1450); *Ernst*, NZA 2002, 585 (587); a.A. *Thüsing*, Compliance, § 3 Rz. 74 ff.; *Schimmelpfennig/Wenning*, DB 2006, 2290 (2294).
3 Sollte die Übertragungsleistung im Sinne des TKG bei den angebotenen Diensten überwiegen, so ordnet § 11 Abs. 3 TMG eine nur partielle Anwendbarkeit des TMG an.
4 Zum Begriff der Telemedien *Hoeren*, NJW 2007, 801 (802 f.).
5 *Mengel*, BB 2004, 1445 (1450).
6 Vgl. ausführlich zum Schutzbereich des § 88 TKG BerlKommTKG/*Klesczewski*, § 88 TKG Rz. 10 ff.; Scheurle/Mayen/*Zerres*, § 88 TKG Rz. 11 ff.
7 Eine Legaldefinition von Verbindungsdaten findet sich in § 3 Nr. 30 TKG. Beispiele solcher Verkehrsdaten sind nach § 96 Abs. 1 TKG Beginn, Ende und Dauer einer Telefonverbindung, die Nummer des anrufenden und angerufenen Telefonanschlusses bzw. die E-Mail-Adresse, etc.
8 Der Erlaubnistatbestand des § 100 TKG betreffend die Erkennung und Beseitigung von Störungen der Telekommunikationsanlagen ist aufgrund seiner Zweckbindung zur arbeitsrechtlichen Kontrolle ungeeignet, vgl. *Mengel*, BB 2004, 2014 (2018).

die Erfassung der Verkehrsdaten der gestatteten Privatnutzung nach dem TKG regelmäßig ausscheiden muss.[1] Eine Datenerfassung zur Sicherung des Kommunikationsablaufs bzw. der Anlagen scheitert meist daran, dass entweder dem Medium durch die Nutzung keine Gefahr droht (wie bspw. der Telefonanlage) oder dass dem Arbeitgeber gleich geeignete, aber mildere Mittel zur Verfügung stehen, etwa in Form von Schutzsoftware oder der Sperrung bestimmter Inhalte und Vorgänge.[2]

Trotz dieser normativen Vorgaben wird teilweise vertreten, dass eine Kontrolle der **Bestands- und Verkehrsdaten** zulässig ist, wenn ein **berechtigtes Interesse** des Arbeitgebers vorliegt.[3] Ein solches berechtigtes Interesse wird mitunter schon in der Kontrolle des Arbeitsverhaltens des Arbeitnehmers gesehen.[4] Dem wird entgegengehalten, dass den Erlaubnistatbeständen der §§ 91 ff. TKG abschließender Charakter zukommt und diese gerade keine Interessenabwägung nach dem überwiegenden, berechtigten Interesse des Arbeitgebers ausreichen lassen, wie es etwa § 32 Abs. 1 BDSG vorsieht.[5] Eine Kontrolle der Bestands- und Verkehrsdaten wäre danach außer zur Abrechnung lediglich in den Fällen missbräuchlicher Nutzung zulässig. Dies setzt nach § 100 Abs. 3 Satz 1 TKG allerdings voraus, dass „zu dokumentierende tatsächliche Anhaltspunkte" einen Missbrauch möglich erscheinen lassen. Ein solcher Missbrauch liegt nach der Novelle des TKG ausschließlich dann vor, wenn es sich um Betrug, Leistungserschleichung oder eine Handlung mit vergleichbarem Unrechtsgehalt handelt.[6] Weiter schränkt der Gesetzgeber die Kontrolle nach Maßgabe des § 100 Abs. 3 Satz 1 TKG ein, indem er dem Diensteanbieter die Erhebung der Verkehrsdaten nur noch zur „Sicherung seines Entgeltanspruchs" erlaubt.

29

Eine **inhaltliche Kontrolle** der Telekommunikation des Arbeitnehmers ist bei zugelassener Privatnutzung mangels entsprechender Erlaubnistatbestände grundsätzlich ausgeschlossen. Diskutiert werden jedoch Ausnahmen bei begründetem Verdacht einer Straftat oder schweren Vertragsverletzungen (z.B. Verrat von Geschäftsgeheimnissen, Mobbing, sexuelle Belästigung, etc.).[7] Nach strengerer Ansicht[8] ist eine Ausnahme einzig für Fälle denkbar, bei denen eine Anzeigepflicht nach § 138 StGB besteht. Insofern wird auf § 100 Abs. 4 Satz 2 TKG verwiesen, welcher klarstelle, dass in Missbrauchsfällen gerade keine „Nachrichteninhalte" erhoben und verwendet werden dürften, sondern lediglich die Erhebung der Verkehrsdaten durch § 100 Abs. 4 Satz 1 legitimiert sei.

30

---

1 Hoeren/Sieber/Holznagel/*Elschner*, Handbuch Multimedia-Recht, 22.1 Rz. 97.
2 Vgl. Besgen/Prinz/*Schumacher*, § 1 Rz. 34.
3 So *Hanau/Hoeren*, Private Internetnutzung durch Arbeitnehmer, S. 64f. hinsichtlich E-Mail-Kommunikation; *Beckschulze/Henkel*, DB 2001, 1491 (1494) lassen für eine Kontrolle der Verbindungsdaten bereits ausreichen, dass die Privatnutzung eingeschränkt zugelassen wurde.
4 *Hanau/Hoeren*, Private Internetnutzung durch Arbeitnehmer, S. 64f.
5 Ähnlich am Beispiel der Kontrolle des physischen Zutritts zu Betriebsräumen: Besgen/Prinz/*Witt*, § 5 Rz. 25f.
6 Vgl. ausführlich Geppert/Schütz, BeckTKG-Komm/*Braun*, § 100 Rz. 25.
7 *Beckschulze/Henkel*, DB 2001, 1491 (1494); *Lindemann/Simon*, BB 2001, 1950 (1953, Fn. 28); Küttner/*Kreitner*, Personalbuch 2014, Internet-/Telefonnutzung, Rz. 9; *Raffler/Hellich*, NZA 1997, 862 (863f.).
8 Geppert/Schütz, BeckTKG-Komm/*Bock*, § 88 Rz. 47; Hoeren/Sieber/Holznagel/*Elschner*, Handbuch Multimedia-Recht, 22.1 Rz. 110.

31 Auch im **Anwendungsbereich des TMG** bestehen keine weitergehenden Kontrollbefugnisse. § 12 Abs. 1 TMG stellt eine Datenerhebung ebenfalls unter ein Verbot mit Erlaubnisvorbehalt. Aus § 11 Abs. 1 Nr. 1 TMG ergibt sich, dass die datenschutzrechtlichen Beschränkungen der §§ 11–15 TMG zu beachten sind. Gemäß § 15 Abs. 1 TMG ist es dem Arbeitgeber nur dann erlaubt, Nutzungsdaten zu erheben und zu verwenden, soweit dies erforderlich ist, um die Inanspruchnahme der Telemedien zu ermöglichen und abzurechnen. Aufgrund der regelmäßig fehlenden Kostenpflicht des Arbeitnehmers scheidet eine Rechtfertigung der Erhebung von Nutzungsdaten zu Abrechnungszwecken jedoch zumeist aus. Wiederum findet sich für die Inhaltskontrolle keinerlei Erlaubnistatbestand.

31a Eine Sonderstellung nehmen **gelesene** und vom Arbeitnehmer lokal oder auf dem betrieblichen Server **gespeicherte E-Mails** ein, welche nach Ansicht des BVerfG nicht mehr vom Schutzbereich des Fernmeldegeheimnisses erfasst werden.[1] Dementsprechend entfaltet auch § 88 TKG für solche E-Mails und deren Inhalte keine Schutzwirkung mehr.[2] Sofern ein auf den betrieblichen Rechnern vorinstalliertes E-Mail-System nicht die Voraussetzungen eines Telemediums erfüllt,[3] wird der Umgang mit entsprechenden Daten allein an den Regelungen des subsidiären BDSG zu messen sein (s. hierzu Rz. 21 ff.).[4]

32 Im Falle der Erlaubnis der Privatnutzung der betrieblichen Kommunikationsmittel bestehen für den Arbeitgeber gesetzlich bestenfalls stark eingeschränkte Kontrollmöglichkeiten. Vor diesem Hintergrund ist eine solche **Erlaubnis nicht zu empfehlen**. Darüber hinaus erstreckt sich nach umstrittener, aber zustimmungswürdiger Ansicht[5] das Schutzniveau von TKG und TMG in den Fällen der sog. **Mischnutzung** mittelbar auch auf die dienstliche Telekommunikation, wenn der Arbeitgeber die private und dienstliche Nutzung der Telekommunikationsanlagen nicht strikt voneinander trennt. § 32 BDSG, der über die anzustellende Verhältnismäßigkeitsprüfung einen ausgewogeneren Interessenausgleich ermöglicht, ist folglich nur auf die eindeutig von jeglicher privater Kommunikation getrennte dienstliche Nutzung anwendbar.

---

1 Dessen Schutzbereich ende grundsätzlich mit dem Ende des Übertragungsvorgangs, denn mit dem Eingang der Nachricht beim Empfänger treffen diesen nicht mehr die spezifischen Gefahren eines Datenübermittlungsvorgangs BVerfG v. 2.3.2006 – 2 BvR 2099/04, BVerfGE 115, 166 (186f.); dem folgend Hessischer VGH v. 19.5.2009 – 6 AZR 2672/08.Z, NJW 2009, 2470 (2471); vgl. auch BGH v. 31.3.2009 – 1 StR 76/09, NJW 2009, 1828; zum Herrschaftsbereich des E-Mail-Empfängers: DKWW/*Wedde*, § 32 BDSG Rz. 115c; *Däubler*, Internet und Arbeitsrecht, Rz. 237d.
2 BerlKommTKG/*Klesczewski*, § 88 TKG Rz. 13; *Vogel/Glas*, DB 2009, 1747 (1753); kritisch Scheurle/Mayen/*Zerres*, § 88 TKG Rz. 9.
3 Dazu *Kruchen*, Telekommunikationskontrolle zur Prävention und Aufdeckung von Straftaten im Arbeitsverhältnis, S. 127.
4 Vgl. *Vogel/Glas*, DB 2009, 1747 (1753); *Schimmelpfennig/Wenning*, DB 2006, 2290 (2294) sehen hierin ein Argument, das TKG überhaupt nicht auf Arbeitsverhältnisse anzuwenden.
5 Bzgl. Telefonkommunikation *Däubler*, AiB 1995, 149 (153); bzgl. Internet- und E-Mail-Nutzung *Gola/Schomerus*, § 32 BDSG Rz. 23; *Mengel*, BB 2004, 2014 (2018); a.A. *Hanau/Hoeren*, Private Internetnutzung durch Arbeitnehmer, S. 54, die für die E-Mail-Nutzung ein beschränktes Kontrollrecht bis zur Zuordnung der Kommunikation zum privaten Bereich annehmen.

Geeignete Ergänzung:

a) Der dienstliche E-Mail-Account darf nicht für private Zwecke genutzt werden.[1]
b) Private E-Mails, die über den dienstlichen Account versendet werden, sind als solche ausdrücklich zu kennzeichnen.[2]
c) Private E-Mails dürfen ausschließlich über den dafür bereitgestellten E-Mail-Account versendet werden.

Diese Trennung ist etwa möglich, indem der Arbeitnehmer verpflichtet wird, private E-Mails durch einen Vermerk im Betreff als privat zu kennzeichnen,[3] wie dies Ergänzungstyp b) vorsieht, oder separate E-Mail-Accounts für private und dienstliche Kommunikation[4] eingerichtet werden, wie es Klauseltyp c) vorsieht. Eine technische Differenzierung an der Telefonanlage ist bspw. mittels eines individuellen Pin-Codes für Privatgespräche möglich.[5] In der Praxis haben sich solche Vorgehensweisen bei den Arbeitgebern aufgrund ihres (Kosten-)Aufwands allerdings bislang nicht durchsetzen können. Früher wurde die Kennzeichnungspflicht privater E-Mails im Betreff häufig als impraktikabel angesehen, da sie gerade keine automatische Erfassung, sondern lediglich eine aufwendigere Einzelkontrolle ermögliche.[6] Angesichts der technischen Entwicklung ist diese Ansicht heute kaum noch haltbar.

Mit einer Änderung der dargestellten – unbefriedigenden – Rechtslage ist nicht zu rechnen. Die aktuelle Bundesregierung möchte den Ausgang der Verhandlungen über die Europäische Datenschutzgrundverordnung abwarten.[7] 33

dd) Einwilligung der betroffenen Arbeitnehmer

Typ 3: Einwilligung in Datenerhebung, -verarbeitung und -nutzung

Nur bedingt empfehlenswert:

Der Arbeitgeber ist berechtigt, die Nutzung der Telekommunikationsanlagen (Telefon, Internet und E-Mail)/des Internets und E-Mail-Systems (bei gewollter Differenzierung) für die Dauer von maximal drei Monaten zu speichern, um die Einhaltung der obigen Bestimmungen zu überprüfen.

Der Arbeitnehmer erteilt insoweit seine Einwilligung gemäß § 4a BDSG in die hiermit verbundene Verarbeitung persönlicher Daten. Der Arbeitnehmer kann die Einwilligung jederzeit widerrufen.

---

1 Ähnlich *von Steinau-Steinrück/Vernunft*, Arbeitsvertragsgestaltung, S. 121.
2 *Hümmerich*, Gestaltung von Arbeitsverträgen, Rz. 2393.
3 Besgen/Prinz/*Schumacher*, § 1 Rz. 42.
4 Dies empfehlen Besgen/Prinz, § 1 Rz. 50 und *von Steinau-Steinrück/Vernunft*, Arbeitsvertragsgestaltung, S. 121.
5 BAG v. 27.5.1986 – 1 ABR 48/84, NZA 1986, 643.
6 *Mengel*, BB 2004, 2014 (2018) m.w.N.
7 Deutschlands Zukunft gestalten, Koalitionsvertrag zwischen CDU, CSU und SPD, S. 50.

34 Wenn der Arbeitnehmer seine Einwilligung[1] in die Erhebung, Verwendung und Nutzung der Arbeitnehmerdaten erklärt hat, so sind grundsätzlich über die bereits dargelegten gesetzlichen Grenzen hinaus Kontrollen der dienstlichen und privaten Telekommunikation am Arbeitsplatz zulässig.[2] Im Arbeitsvertrag kann daher aus Gründen der Klarheit und Rechtssicherheit eine Einwilligungsklausel entsprechend Klauseltyp 3 aufgenommen werden.[3] Deren Eignung zur tatsächlichen Befugniserweiterung für den Arbeitgeber hinsichtlich möglicher Kontrollmaßnahmen stehen jedoch erhebliche Bedenken entgegen. Diese ergeben sich nicht nur aus den hohen rechtlichen Anforderungen des maßgeblichen § 4a Abs. 1 BDSG, insbesondere dem Merkmal der „freien Entscheidung", sondern auch aus der jederzeitigen Widerruflichkeit. Immerhin muss bei erlaubter Privatnutzung die Einwilligung nur den – im Vergleich zu § 4a BDSG weniger strengen – wortlautgleichen §§ 94 TKG, 13 Abs. 2 TMG genügen.

35 Doch unabhängig von der anzuwendenden Norm ist es bereits bedenklich, die Überwachung eines Telekommunikationsvorgangs allein über die Einwilligung eines der Kommunikationspartner zu legitimieren. Der Arbeitnehmer hat nämlich nicht die Befugnis, über die schützenswerten Grundrechtspositionen der am Kommunikationsvorgang beteiligten betriebsfremden Dritten zu disponieren.[4] Das Einholen von Einwilligungserklärungen aller Beteiligten wird hingegen kaum zu bewerkstelligen sein.[5] Somit sind auch im Falle einer Einwilligung des betroffenen Arbeitnehmers die schutzwürdigen Interessen der Kommunikationspartner zu berücksichtigen, die auch im Falle einer Legitimation über die gesetzlichen Erlaubnistatbestände in eine Verhältnismäßigkeitsabwägung einzubeziehen wären. Dies spricht bereits gegen eine Befugniserweiterung für den Arbeitgeber durch die Einwilligung.

36 Sollte die Privatnutzung der Telekommunikationsmittel im Betrieb nicht erlaubt sein, stellt § 4a BDSG hohe Anforderungen an eine wirksame Einwilligung. Problematisch ist im Falle der Erlaubniserteilung im Rahmen des Arbeitsvertrags die gemäß § 4a Abs. 1 Satz 1 BDSG erforderliche **Freiheit der Entscheidung** des Arbeitnehmers. Vielfach wird diese generell aufgrund der besonderen Drucksituation bei der Unterzeichnung des Arbeitsvertrages angezweifelt.[6] Insbesondere muss der Arbeitnehmer befürchten, dass der Arbeitgeber bei Nichtunterzeichnung die Be-

---

1 Eine nachträgliche Genehmigung nach § 184 BGB reicht nicht aus, so auch ErfK/*Franzen*, § 4a BDSG Rz. 1.
2 Simitis/*Simitis*, § 4a BDSG Rz. 4; vgl. auch DKWW/*Däubler*, § 4a BDSG Rz. 29 ff. zu den gesetzlichen Schranken; a.A. etwa *Jordan/Bissels/Löw*, BB 2008, 2626 (2627).
3 *Beckschulze/Henkel*, DB 2001, 1491 (1493); *Haußmann/Krets*, NZA 2005, 259 (261); Küttner/*Kreitner*, Personalbuch 2014, Internet-/Telefonnutzung, Rz. 9; *Mengel*, BB 2004, 1445 (1452); *Mengel*, BB 2004, 2014 (2021); a.A. *Schimmelpfennig/Wenning*, DB 2006, 2290 (2292).
4 *Haußmann/Krets*, NZA 2005, 259 (261); *Schimmelpfennig/Wenning*, DB 2006, 2290 (2292).
5 So *Hilber/Frik*, RdA 2002, 89 (94); *Schimmelpfennig/Wenning*, DB 2006, 2290 (2292); *Kock/Francke*, NZA 2009, 646 (647). Der Anbieter einer Internetseite fällt jedoch nicht in den Schutzbereich des Fernmeldegeheimnisses, vgl. *Elschner*, Rechtsfragen der Internet- und E-Mail-Nutzung am Arbeitsplatz, S. 144.
6 Insoweit für eine Vermutung der Unfreiwilligkeit DKWW/*Däubler*, § 4a BDSG Rz. 23; *Vogel/Glas*, DB 2009, 1747 (1748); *Maties*, NJW 2008, 2219 (2220); kritisch hingegen HWK/*Lembke*, BDSG Vorb. Rz. 60.

gründung des Arbeitsverhältnisses ablehnt. Auch dieser Aspekt spricht gegen eine Aufnahme der Einwilligungsklausel in den Arbeitsvertrag. Die Einwilligung sollte daher stets in einem gesonderten Schriftstück erteilt werden, die unabhängig vom Abschluss des Arbeitsvertrages erteilt, aber auch abgelehnt werden kann. Damit ist die Entscheidungsfreiheit des Arbeitnehmers gewährleistet. Eine solchermaßen vereinbarte Klausel ist allerdings nicht schon deshalb unzulässig, weil sie die Gestattung der privaten Nutzung nur bei gleichzeitiger Einwilligung von Kontrollmaßnahmen verlangt.[1]

In formaler Hinsicht bedarf die Einwilligung nach § 4a Abs. 1 Satz 3 BDSG der Schriftform (§ 126 BGB).[2] Die elektronische Form ist nicht ausgeschlossen, wobei die besondere Voraussetzung des § 126a BGB in Gestalt der digitalen Signatur nach § 2 SigG zu beachten ist.[3] Ein lediglich per E-Mail erklärtes Einverständnis genügt keinesfalls.[4]

37

Erfolgt die Einwilligung in einem Formulararbeitsvertrag zusammen mit anderen Erklärungen, so ist sie nach § 4a Abs. 1 Satz 4 BDSG „besonders hervorzuheben". Hierzu bietet sich eine durch einen Absatz getrennte Darstellung mit drucktechnischer **Hervorhebung in Fettschrift** an.[5] Der Arbeitnehmer ist zudem gemäß § 4a Abs. 1 Satz 2 BDSG über den vorgesehen Zweck der Erhebung, Verarbeitung oder Nutzung zu unterrichten (**Grundsatz der informierten Einwilligung**).[6] Der Betroffene muss erkennen können, auf welche personenbezogenen Daten sich die Einwilligung bezieht und was mit den Daten geschehen soll.[7] Eine lapidare Erklärung, der Betroffene willige in die Übertragung der Daten an nicht näher genannte andere Unternehmen ein, kann hier nicht ausreichen.[8] Auf Verlangen oder soweit nach den Umständen des Einzelfalles erforderlich, hat der Arbeitgeber auf die Folgen der Verweigerung der Einwilligung hinzuweisen.

38

Wird die Einwilligung im Rahmen eines Formulararbeitsvertrages erteilt, unterliegen die Regeln zur Nutzung der Telekommunikationsanlagen der Inhaltskontrolle gemäß §§ 305 ff. BGB.[9] So verstoßen ohne sachlichen Zusammenhang in AGB eingebaute Einwilligungsklauseln[10] ebenso wie pauschale Einwilligungserklärungen[11] gegen das Transparenzgebot des § 307 Abs. 1 Satz 2 BGB.

39

---

1 *Beckschulze*, DB 2003, 2777 (2777); auch in diesem Fall zweifelnd *Schimmelpfennig/Wenning*, DB 2006, 2290 (2292).
2 Schriftform erfordert nach § 126 BGB die Unterschrift des Betroffenen unter der Erklärung; ausführlich zur Einwilligung *Däubler*, Internet und Arbeitsrecht, Rz. 326 ff.; Simitis/*Simitis*, § 4a BDSG Rz. 30 ff.
3 DKWW/*Däubler*, § 4a BDSG Rz. 11; Simitis/*Simitis*, § 4a BDSG Rz. 36 ff.; *Gola/Schomerus*, § 4a BDSG Rz. 29.
4 DKWW/*Däubler*, § 4a BDSG Rz. 12; Simitis/*Simitis*, § 4a BDSG Rz. 38.
5 Vgl. auch *Gola/Schomerus*, § 4a BDSG Rz. 31.
6 Nicht ausreichend ist es, allgemein auf das Arbeitsverhältnis als Zweck der Datenerhebung zu verweisen, *Kömpf/Kunz*, NZA 2007, 1341 (1344).
7 *Gola/Schomerus*, § 4a BDSG Rz. 26.
8 Simitis/*Simitis*, § 4a BDSG Rz. 81 f.
9 *Beckschulze*, DB 2003, 2777 (2777); *Besgen/Prinz*, § 1 Rz. 8; Schaub/*Linck*, § 53 Rz. 19; ErfK/*Franzen*, § 4a BDSG Rz. 2.
10 LG Bonn v. 31.10.2006 – 11 O 66/06, MMR 2007, 124.
11 DKWW/*Däubler*, § 4a BDSG Rz. 33.

40 Ein weiterer wesentlicher Kritikpunkt an der Eignung der Einwilligung zur Befugniserweiterung ist ihre Rechtsunsicherheit. Aufgrund des persönlichkeitsrechtlichen Bezugs hat der **Arbeitnehmer das Recht, die Einwilligung jederzeit zu widerrufen**.[1] Eine transparente Formulierung – ähnlich Klauseltyp 3 – ist bereits dem Transparenzgebot und der Sicherstellung der Freiwilligkeit der Einwilligung geschuldet. Der Charme einer dauerhaften und rechtssicheren Planungsmöglichkeit wird durch die Möglichkeit der jederzeitigen Distanzierung allerdings konterkariert. Eine Einwilligung darf daneben keinesfalls den **Kernbereich des Persönlichkeitsrechts** des Arbeitnehmers aushöhlen.[2] Dies betrifft bspw. Fälle einer unzulässigen inhaltlichen Daueruberwachung der Privatkommunikation.

41 Aus den dargestellten Gründen empfiehlt es sich sowohl für einen sensiblen Umgang mit dem Persönlichkeitsrecht des Arbeitnehmers als auch für eine rechtssichere Lösung, die Überwachung der Telekommunikation insgesamt auf die bei § 32 Abs. 1 BDSG genannten Grundsätze zu beschränken (vgl. Rz. 22 ff.). Diesen für die dienstliche Telekommunikation geltenden Grundsätzen liegt eine grundrechtliche Interessenabwägung zugrunde, die etwa die schützenswerten Interessen der Kommunikationspartner berücksichtigt und auch eine Aushöhlung des Persönlichkeitsrechtsschutzes verhindert. Freilich ist es bei einer solchen Beschränkung möglich, dass der Arbeitgeber mitunter nicht den vollständigen Umfang der Überwachungsmöglichkeiten „ausschöpft". Im Gegenzug kann er sich jedoch einer rechtssicheren und konkreten Handhabung der betrieblichen Telekommunikation sicher sein. Dies hat jedoch zur Folge, dass eine im Arbeitsvertrag verankerte Einwilligung zumindest im Falle des Verbots der Privatnutzung der betrieblichen Telekommunikationsmittel mit Ausnahme der Transparenzwirkung jegliche eigenständige Bedeutung verliert. Nachteile erwachsen zwar aus der Aufnahme einer den Anforderungen nicht genügenden und deswegen unwirksamen Einwilligungsklausel im Sinne des Typs 3 nicht, da lediglich auf die gesetzlichen Erlaubnistatbestände zurückgegriffen werden muss. Allerdings suggeriert die Klausel eine trügerische, weil faktisch nicht vorliegende Rechtsklarheit und ist deswegen nur bedingt empfehlenswert. Zu bedenken ist auch, dass der Gesetzgeber im Rahmen des Beschäftigtendatenschutzgesetzes plant, die Einwilligung zu Datenerhebungen und -verarbeitungen im Arbeitsverhältnis nicht mehr generell als Rechtfertigungsmöglichkeit, sondern nur noch in ausdrücklich genannten Fällen zuzulassen.[3]

42 Nur im Falle der – grundsätzlich nicht empfehlenswerten – Erlaubnis der Privatnutzung betrieblicher Telekommunikationsmittel kann eine Einwilligungsklausel dem Missstand der praktisch nicht bestehenden Kontrollmöglichkeiten entgegenwirken. Insoweit kann ihr eigenständige Bedeutung als eine gesetzlich nicht vorhandene Rechtfertigungsmöglichkeit für Kontrollmaßnahmen zukommen. Die §§ 94 TKG, 13 Abs. 2 TMG stellen zwar grundsätzlich keine höheren Anforderungen an eine Einwilligung als § 4a BDSG, die geschilderten praktischen Probleme

---

1 DKWW/*Däubler*, § 4a BDSG Rz. 35 ff.; Simitis/*Simitis*, § 4a BDSG Rz. 94 ff.; *Gola/Schomerus*, § 4a BDSG Rz. 38; *Schimmelpfennig/Wenning*, DB 2006, 2290 (2292); *Vogel/Glas*, DB 2009, 1747 (1748).
2 MünchArbR/*Reichold*, § 86 Rz. 6; DKWW/*Däubler*, § 4a BDSG Rz. 30; *Mengel*, BB 2004, 1445 (1452).
3 Kritisch zu diesem Vorhaben unter Hinweis auf zwingende europarechtliche Vorgaben *Thüsing*, RDV 2010, 147 (148); *Forst*, RDV 2010, 150 (151).

bleiben jedoch bestehen. Empfehlenswert ist im Falle der Aufnahme einer Einwilligungsklausel nachfolgende Ergänzung:

Geeignete Ergänzung:

Die betroffenen personenbezogenen Daten sind zum einen die Verbindungsdaten der Telefon-, E-Mail- und Internetnutzung. Zum anderen werden Inhaltsdaten der Internetnutzung verarbeitet.

Für den Fall der Aufnahme einer Einwilligungsklausel in den Arbeitsvertrag ist empfehlenswert, die Überwachungsmaßnahmen nach Art und Umfang vertraglich festzulegen. Die dargestellte Ergänzung orientiert sich dabei an den zu § 32 BDSG entwickelten Leitlinien (vgl. Rz. 22 ff.). Sie dient insbesondere dem Grundsatz der Datentransparenz bei datenschutzrechtlichen Einwilligungen, welcher verlangt, dass die Verarbeitungsmöglichkeiten umso präziser zu umschreiben sind, je stärker der Schutz der Persönlichkeit des Betroffen tangiert ist.[1] Zudem trägt dies dem Transparenzgebot des § 307 Abs. 1 Satz 2 BGB Rechnung.

ee) Regelung der Kontrolle und Überwachung durch Kollektivvereinbarung[2]

Fraglich ist, ob eine Erhebung oder Verarbeitung von Arbeitnehmerdaten über die genannten Grenzen des BDSG, TKG und TMG hinaus nicht nur aufgrund einer individuellen Einwilligung, sondern auch auf **Grundlage einer Ermächtigung in einem Tarifvertrag oder in einer Betriebsvereinbarung** zulässig ist.[3] Da bei einem bestehenden Betriebsrat ohnehin dessen Mitbestimmungsrechte aus § 87 Abs. 1 Nr. 1, Nr. 6 BetrVG zu beachten sind, kommt für viele Arbeitgeber eine umfassende Regelung mittels Betriebsvereinbarung, die auch die Kontrolle und Überwachung der betrieblichen Kommunikationsanlagen betrifft, in Betracht.[4]

Doch schon für den Bereich der **dienstlichen Telekommunikation** ist strittig, ob die Kontrollgrenzen des BDSG durch Kollektivvereinbarungen erweitert werden können.[5] In seiner Rechtsprechung zur Telefonkommunikation geht das BAG[6] jedoch davon aus, dass Tarifverträge und Betriebsvereinbarungen „**andere Rechtsvorschriften**" i.S.d. § 4 Abs. 1 BDSG darstellen.[7] Die Verarbeitung personenbezogener Daten aufgrund kollektivrechtlicher Regelung sei selbst dann gerechtfertigt, wenn die

---

1 DKWW/*Däubler*, § 4a BDSG Rz. 18.
2 Vgl. ausführlich zu Betriebs- und Dienstvereinbarungen bezüglich Internet- und E-Mail-Nutzung *Böker*, E-Mail-Nutzung und Internetdienste, 2. Aufl. 2008.
3 So BAG v. 27.5.1986 – 1 ABR 48/84, NJW 1987, 674 (677); die Möglichkeit einer Befugniserweiterung über Betriebsvereinbarungen ablehnend Simitis/*Scholz/Sokol*, § 4 BDSG Rz. 17.
4 *Gola*, Datenschutz am Arbeitsplatz, S. 193 ff.
5 A.A. *Ernst*, NZA 2002, 585 (591); *Däubler*, Internet und Arbeitsrecht, Rz. 301, nach denen der Schutzstandard des BDSG aufgrund von § 75 Abs. 2 BetrVG nicht durch Betriebsvereinbarungen unterschritten werden darf.
6 BAG v. 25.9.2013 – 10 AZR 270/12, NZA 2014, 41; s. ferner BAG v. 27.5.1986– 1 ABR 48/84, NJW 1987, 674; v. 25.6.2002 – 9 AZR 405/00, NZA 2003, 275.
7 *Gola/Schomerus*, § 4 BDSG Rz. 7; *Löwisch*, DB 2009, 2782 (2784); a.A. DKWW/*Weichert*, § 4 BDSG Rz. 2.

Vereinbarung zu Lasten der betroffenen Arbeitnehmer wirke. Daraus folgt freilich nicht, dass datenschutzrechtliche Regelungen in Tarifverträgen oder Betriebsvereinbarungen einen beliebigen Inhalt aufweisen können. Auch nach Auffassung des BAG müssen der Rahmen der Regelungsautonomie der Tarifvertragsparteien bzw. der Betriebspartner eingehalten werden und die für diese Autonomie geltenden, sich aus grundgesetzlichen Wertungen, zwingendem Gesetzesrecht und aus allgemeinen Grundsätzen des Arbeitsrechts ergebenden Beschränkungen beachtet werden.[1]

46 Ist auch die **Privatnutzung** der Telekommunikationsanlagen durch den Arbeitgeber zugelassen, so wird teilweise[2] die Einführung von erweiterten Kontrollrechten kraft Kollektivvereinbarung auch in diesem Fall für zulässig gehalten. § 88 Abs. 3 Satz 3 TKG steht jedoch unter dem Vorbehalt, dass „eine andere *gesetzliche* Vorschrift" die Datenverarbeitung vorsieht. Wenngleich Betriebsvereinbarungen und Tarifverträge eine unmittelbare und zwingende Wirkung zukommt, handelt es sich dabei nicht um gesetzliche Vorschriften i.S.d. § 88 Abs. 3 TKG. Mithin ist eine Erweiterung des Verarbeitungsrahmens bei erlaubter Privatnutzung durch Kollektivvereinbarung nicht möglich.[3]

47 Lediglich im **Anwendungsbereich des TMG** verlangt § 12 Abs. 1, 2 TMG als Erlaubnistatbestand für die Erhebung und Verwendung personenbezogener Daten bei erlaubter Privatnutzung ebenso wie § 4 Abs. 1 BDSG eine „andere Rechtsvorschrift", sofern diese sich ausdrücklich auf Telemedien bezieht. Einer Übertragung der Rechtsprechung zu § 4 Abs. 1 BDSG, welche Betriebsvereinbarungen und Tarifverträge als andere Rechtsvorschrift ansieht, stehen bei erlaubter Privatnutzung für das TMG somit keine Bedenken entgegen.[4] Zu beachten ist jedoch, dass sich die Anwendungsbereiche von TKG und TMG vielfach überschneiden, was eine Befugniserweiterung via Betriebsvereinbarung oder Tarifvertrag häufig blockiert.

48 Für eine Erweiterung der Kontrollbefugnisse eignet sich eine Kollektivvereinbarung folglich nur für die dienstliche Telekommunikation. In den übrigen Fällen der nicht empfehlenswerten erlaubten Privatnutzung der Telekommunikationsanlagen ist die individuelle Einwilligung des Arbeitnehmers der einzig gangbare Weg.

ff) Rechtsfolgen rechtswidriger Überwachung durch den Arbeitgeber

49 Im Falle der rechtswidrigen Erhebung oder Verwendung von personenbezogenen Arbeitnehmerdaten drohen Arbeitgebern empfindliche Sanktionen. So hat der Arbeitnehmer nicht nur Beseitigungs-, Unterlassungs- (§§ 823 Abs. 1, 2 i.V.m. § 1004 Abs. 1 Satz 2 BGB bzw. analog) und Löschungsansprüche (§ 35 Abs. 2 Nr. 1, 3 BDSG) gegen den Arbeitgeber. Ihm können auch Schadensersatzansprüche aus § 823 Abs. 1, 2 und § 280 Abs. 1 BGB zustehen. Letztlich kommt auch eine Straf-

---

1 BAG v. 27.5.1986 – 1 ABR 48/84, NJW 1987, 674 (677).
2 *Beckschulze/Henkel*, DB 2001, 1491 (1496); *Beckschulze*, DB 2003, 2777 (2785); differenzierend *Löwisch*, DB 2009, 2782 (2783), der den normativen Teil von Tarifverträgen als gesetzliche Vorschrift i.S.d. § 88 Abs. 3 TKG einstuft.
3 *Hanau/Hoeren*, Private Internetnutzung durch Arbeitnehmer, S. 51; Hoeren/Sieber/Holznagel/*Elschner*, 22.1 Rz. 91 f.; *Hilber/Frik*, RdA 2002, 89 (94); *Mengel*, BB 2004, 2014 (2021); *Haussmann/Krets*, NZA 2005, 259 (263).
4 So auch *Beckschulze*, DB 2007, 1526 (1529); *Haussmann/Krets*, NZA 2005, 259 (263).

barkeit des Arbeitgebers in Betracht (z.B. §§ 201, 202a, 206, 303a StGB und § 44 Abs. 1 i.V.m. § 43 Abs. 2 BDSG).[1]

d) EDV-Nutzung und Weiterleitung von E-Mails bei betrieblicher Abwesenheit

aa) Nutzungsvorgaben für die Telekommunikationsanlagen

Typ 4: Nutzung der EDV und Telekommunikationsanlagen

a) Es dürfen keine betriebsfremden Programme und Dateien über externe Datenträger oder das Internet auf die Festplatte des Computers kopiert bzw. auf den PC installiert werden. Auf Virenkontrolle ist zu achten. Das Auftreten einer Störung, insbesondere eines Computervirus ist unverzüglich dem Systemadministrator mitzuteilen.

b) Das Abrufen, Anbieten oder Verbreiten von rechtswidrigen Inhalten, insbesondere solchen, die gegen strafrechtliche, persönlichkeitsrechtliche, lizenz- oder urheberrechtliche Bestimmungen verstoßen, ist für alle Telekommunikationsanlagen streng verboten.[2]

c) Das Abrufen, Anbieten oder Verbreiten von politischen, diskriminierenden, herabwürdigenden oder verfassungsfeindlichen Inhalten, insbesondere rassistischer oder pornografischer Art ist für alle Telekommunikationsanlagen streng verboten.

Unabhängig davon, ob die private Nutzung verboten oder erlaubt wird, ist es aufgrund des bestehenden Risikos eines Virenbefalls oder Systemfehlers zu empfehlen, eine Klausel entsprechend Klauseltyp 4a aufzunehmen, die das Speichern betriebsfremder Daten auf die betrieblichen EDV-Systeme grundsätzlich verbietet. Zudem sollte das betriebliche Computersystem dadurch geschützt werden, dass der Arbeitnehmer zur Virenkontrolle angehalten und darüber hinaus dazu verpflichtet wird, etwaige Störungen unverzüglich dem Systemadministrator mitzuteilen.[3]

Eingefügt werden sollten darüber hinaus im Falle der erlaubten Privatnutzung arbeitsvertragliche Klauseln nach Typ 4b und 4c, die eine Nutzung der Telekommunikationseinrichtungen für den Abruf, das Anbieten oder Verbreiten von Inhalten verbieten, welche der Arbeitgeber keinesfalls dulden will. Diese Klauseln untersagen insbesondere das nicht lizensierte Herunterladen von Dateien (wie Musik- oder Videodaten) oder den Besuch von nicht gewünschten Internetseiten. Ein solches Verbot bietet gegenüber dem Weg über die Auslegung der Erlaubnis ein erhöhtes Maß an Rechtssicherheit durch die eindeutige Festlegung der Missbrauchsgrenze. In diesem Zusammenhang kann auch die technische Möglichkeit, bestimmte Internetseiten für die Nutzung durch die Arbeitnehmer von vornherein zu sperren, genutzt werden.[4]

---

1 *Gola/Wronka*, Rz. 1386 ff.
2 Ähnlich Besgen/Prinz/*Besgen/Prinz*, § 2 Rz. 32.
3 Der erstmalige Einsatz von Virenfiltern unterfällt nicht dem Mitbestimmungsrecht des § 87 Abs. 1 Nr. 6 BetrVG, da der Arbeitgeber seiner Verpflichtung zur Datensicherheit gemäß § 9 BDSG nachkommt, *Beckschulze*, DB 2007, 1526 (1534).
4 Besgen/Prinz/*Fausten*, § 1 Rz. 132; *Däubler*, Internet und Arbeitsrecht, Rz. 259.

52 Zu beachten ist jedoch, dass im Falle einer Erlaubnis der Privatnutzung nach vorherrschender Ansicht die darüber hinausgehende Ausgestaltung der Nutzungsmodalitäten dem Mitbestimmungsrecht des § 87 Abs. 1 Nr. 1 BetrVG unterfällt.[1]

bb) Bearbeitung von E-Mails bei betrieblicher Abwesenheit des Arbeitnehmers

Typ 5: Bearbeitung von E-Mails bei betrieblicher Abwesenheit des Arbeitnehmers

a) Für den Fall der betrieblichen Abwesenheit hat der Arbeitnehmer eigenverantwortlich eine automatisierte Antwort (Auto-Reply) an den Absender eingehender E-Mails einzurichten, die den Absender über die Abwesenheit des Arbeitnehmers informiert und einen Hinweis auf den zuständigen Vertreter und dessen Telefonnummer enthält. Bei unvorhersehbarer Abwesenheit (z.B. Krankheit) ist der Systemadministrator durch den Vorgesetzten zu informieren, der die Funktion Auto-Reply für den betroffenen E-Mail-Account mit den entsprechenden Informationen für die Absender eingehender E-Mails aktiviert.[2]

b) Für den Fall der betrieblichen Abwesenheit bestimmt der Arbeitnehmer in Abstimmung mit seinem Vorgesetzten einen geeigneten Vertreter seines Vertrauens, an den die eingehenden E-Mails über die zu aktivierende Weiterleitungsfunktion (Auto-Forward) zu richten sind. Bei unvorhersehbarer Abwesenheit (z.B. Krankheit) ist der Systemadministrator durch den Vorgesetzten zu informieren, der die Funktion Auto-Forward für den betroffenen E-Mail-Account aktiviert. Der Mitarbeiter muss damit rechnen, dass auch private E-Mails von dem Vertreter gelesen werden könnten.

c) Das E-Mail-System verfügt über die Funktionen Auto-Forward und Auto-Reply. Über die Aktivierung dieser Funktionen für den Fall der betrieblichen Abwesenheit entscheidet der Benutzer eigenverantwortlich unter Beachtung der betrieblichen Anforderungen. Bei der automatischen Weiterleitung an einen Stellvertreter des Vertrauens muss der Mitarbeiter damit rechnen, dass dieser auch private E-Mails lesen kann.[3]

53 Ein reibungsloser Betriebsablauf setzt voraus, dass dienstliche E-Mails auch im Falle der betrieblichen Abwesenheit des Arbeitnehmers bearbeitet, zumindest aber nicht unbeantwortet bleiben. Auch wenn vertreten wird, dass selbst ohne ausdrückliche Formulierung eine Weiterleitung der E-Mails zulässig sei,[4] besteht ein Regelungsbedarf für die E-Mail-Bearbeitung während der betrieblichen Abwesenheit des Arbeitnehmers unabhängig davon, ob die private Nutzung des E-Mail-Systems gestattet oder verboten ist. E-Mail-Programme verfügen dabei über die Funktion einer automatischen Weiterleitung der E-Mails (Auto-Forward) und über den sog. Abwesenheitsassistenten (Auto-Reply), welcher dem Absender der eingehenden E-Mail automatisch eine Rückmeldung zukommen lässt.

---

[1] LAG Nürnberg v. 29.1.1987 – 5 TaBV 4/86, NZA 1987, 572; ErfK/*Kania*, § 87 BetrVG Rz. 19; GK-BetrVG/*Wiese*, § 87 Rz. 190; a.A. HWGNRH/*Worzalla*, § 87 BetrVG Rz. 115.
[2] Leupold/Glossner/*Hegewald*, MAH IT-Recht, Teil 8 Rz. 30; ähnlich *Beckschulze*, DB 2003, 2777 (2780).
[3] Besgen/Prinz/*Schumacher*, § 1 Rz. 29.
[4] *Beckschulze*, DB 2003, 2777 (2777); *Kliemt*, AuA 2001, 532 (536).

Denkbare Regelungen enthalten die Klauseltypen 5b, welcher die Verwendung der 54
automatischen Weiterleitung anordnet, und 5c, nach dem die Aktivierung einer der
Funktionen ins Ermessen des Arbeitnehmers gestellt wird. Zu empfehlen ist die
Verpflichtung zur Aktivierung der **Auto-Reply-Funktion** entsprechend Klauseltyp
5a, durch die dem Absender mittels der Rückmeldung die notwendigen Informationen, etwa zur Dauer der Abwesenheit und dem zuständigen Vertreter, zukommen.
Hierdurch können die Arbeitnehmerinteressen, etwa der Schutz seiner personenbezogenen Daten, insbesondere bei etwaig zugelassener privater E-Mail-Kommunikation, in größtmöglichem Umfang gewährleistet werden.[1] Problematischer erscheint
insofern, ob bei Abwesenheit des Arbeitnehmers die interne Weiterleitung eingehender E-Mails durch den Arbeitgeber erfolgen darf, insbesondere wenn zugleich
die private Nutzung gestattet ist. Diese Weiterleitung darf dann **nicht zwingend
an den Vorgesetzten** erfolgen, sondern sollte an einen Stellvertreter des Vertrauens
geschehen.[2] In jedem Fall ist auch die **unvorhergesehene, bspw. krankheitsbedingte
Abwesenheit** zu berücksichtigen, welche dem einzelnen Arbeitnehmer eine Organisation des Verfahrens mit seinen E-Mails unmöglich macht. Die Klauseltypen 5a
und 5b tragen dem Rechnung, indem bei einer unvorhersehbaren Abwesenheit der
Systemadministrator nach Unterrichtung durch den Arbeitgeber die **Einrichtung**
der Auto-Reply- bzw. -Forward-Funktion für den Arbeitnehmer übernimmt.[3]

e) Sanktionierung unerlaubter oder übermäßiger Nutzung

Typ 6: Folgen eines Regelverstoßes

Verstöße gegen diese Vorschriften können arbeitsrechtliche Konsequenzen haben.

Rein klarstellender Charakter kommt Klausel 6 zu, welche auf die möglichen ar- 55
beitsrechtlichen Konsequenzen einer unerlaubten oder übermäßigen Privatnutzung
der Telekommunikationsmittel hinweist. Der Frage der Sanktionierung eines Arbeitnehmers wegen missbräuchlicher oder übermäßiger Nutzung dienstlicher
Kommunikationsgeräte für private Zwecke kommt kündigungsrechtlich zunehmend größere Bedeutung zu. Besondere Relevanz hat hierbei die Frage erlangt, ob
bzw. wann die **private Nutzung des Internets** eine Kündigung rechtfertigen kann.[4]
Hierzu hat das BAG in vier aufeinander aufbauenden Entscheidungen Stellung bezogen.[5]

---

1 Eine vergleichbare Problematik besteht im Fall ausgeschiedener Arbeitnehmer. Insofern
   bietet sich ebenfalls an, den Abwesenheitsassistenten mit entsprechenden Informationen für den betroffenen E-Mail-Account zu aktivieren. Vgl. ausführlich zur Handhabung
   von E-Mail und Internet nach dem Tod des Inhabers *Hoeren*, NJW 2005, 2113.
2 *Beckschulze*, DB 2003, 2777 (2777).
3 Kritisch: *Buschbaum/Rosak*, DB 2014, 2530 (2532).
4 Vgl. ausführlich zur Kündigung wegen privater Internetnutzung *Beckschulze*, DB 2007,
   1526 (1529 ff.); *Bloesinger*, BB 2007, 2177 (2182 f.); *Kramer*, NZA 2004, 457; *Kramer*,
   NZA 2006, 194; *Mengel*, NZA 2005, 752.
5 BAG v. 7.7.2005 – 2 AZR 581/04, AP Nr. 192 zu § 626 BGB; v. 12.1.2006 – 2 AZR 179/05
   R, AP Nr. 54 zu § 1 KSchG 1969 Verhaltensbedingte Kündigung; v. 27.4.2006 – 2 AZR
   386/05, AP Nr. 202 zu § 626 BGB; v. 31.5.2007 – 2 AZR 200/06, AP Nr. 57 zu § 1 KSchG
   1969 Verhaltensbedingte Kündigung.

56 Hat der Arbeitnehmer an seinem Arbeitsplatz das Internet privat genutzt, muss dies zu einer Haupt- oder Nebenpflichtverletzung geführt haben, damit eine Abmahnung bzw. eine ordentliche verhaltensbedingte oder ggf. außerordentliche Kündigung ausgesprochen werden kann. In diesem Zusammenhang vereinfacht das ausdrückliche Verbot der Privatnutzung oder eine Regelung des erlaubten Nutzungsumfangs den Nachweis einer solchen Pflichtverletzung im Streitfall. Ist die Privatnutzung ausdrücklich verboten, so hat der Arbeitnehmer jedenfalls aufgrund des **Verstoßes gegen dieses Verbot** eine Pflichtverletzung begangen. Das BAG hat darüber hinaus in seinen Entscheidungen beispielhaft weitere mögliche Pflichtverletzungen auch im Fall des Fehlens spezieller Regelungen aufgeführt. Wenn der Arbeitnehmer **während der Arbeitszeit** das Internet privat nutzt, erbringt er die geschuldete Arbeitsleistung nicht und verstößt somit gegen seine Hauptleistungspflicht. Als weitere Pflichtverletzung kommt in Betracht, dass dem Arbeitgeber durch die Internetnutzung Kosten entstanden sind. Der unbefugte Download von Dateien kann ebenfalls eine Pflichtverletzung sein, wenn damit die Gefahr der Vireninfizierung einhergeht. Das BAG hält ferner eine mögliche Rufschädigung des Unternehmens (etwa, wenn kinderpornografische Dateien heruntergeladen wurden) für geeignet, eine Pflichtverletzung darzustellen.

57 Der eigentliche Schwerpunkt der Prüfung, ob die Pflichtverletzung des Arbeitnehmers eine Kündigung rechtfertigt, liegt jedoch in den Fragen, ob nach dem Prognoseprinzip zukünftig weiter Pflichtverletzungen zu erwarten sind, und ob eine Kündigung tatsächlich ultima ratio, d.h. das mildeste Mittel ist. Hier ist insbesondere an den Vorrang der Abmahnung zu denken. Ferner muss bei der ordentlichen Kündigung eine Interessenabwägung ergeben, dass die berechtigten Interessen des Arbeitgebers an der Beendigung des Arbeitsverhältnisses die Auswirkungen des Arbeitsplatzverlusts auf Seiten des Arbeitnehmers überwiegen. Bei der außerordentlichen Kündigung muss das arbeitgeberseitige Interesse an einer sofortigen Beendigung des Arbeitsverhältnisses nach umfassender Abwägung das Interesse des Arbeitnehmers an der Gewährung der gesetzlichen Kündigungsfrist überwiegen.

3. Hinweise zur Vertragsgestaltung; Zusammenfassung

58 Wenngleich in der betrieblichen Praxis häufig eine eingeschränkte Erlaubnis zur Privatnutzung der Telekommunikationsanlagen im Arbeitsverhältnis besteht, ist aus rechtlicher Sicht ein Verbot der privaten Nutzung anzuraten.[1] Wurde die private Nutzung zugelassen, so bestehen aufgrund der datenschutzrechtlichen Lage lediglich sehr eingeschränkte Kontrollrechte des Arbeitgebers. Dieser hat ein besonderes Interesse daran, sein Eigentum und Geschäftsgeheimnisse zu schützen oder Missbrauch festzustellen und ggf. zu sanktionieren. Die Aufnahme einer Einwilligungsklausel entsprechend Typ 3 hat aufgrund rechtlicher und praktischer Schwierigkeiten nur vordergründig den Charme einer rechtssicheren Lösung und ist nur im Fall der nicht empfehlenswerten Erlaubnis der Privatnutzung sinnvoll (vgl. Rz. 34 ff.).

59 Empfehlenswert ist es, Nutzungsvorgaben ausdrücklich arbeitsvertraglich zu regeln, insbesondere über die Verpflichtung zum Benutzen einer persönlichen Zugangsberechtigung und das Verbot, betriebsfremde Dateien auf die Festplatte zu spielen. Darüber hinaus können unerwünschte Inhalte festgelegt und die Bearbei-

---

1 So auch *Beckschulze*, DB 2003, 2777 (2777).

tung von E-Mails während der betrieblichen Abwesenheit des Arbeitnehmers geregelt werden. Freilich handelt es sich bei der Festlegung unerwünschter Inhalte im Falle eines Verbots der Privatnutzung um eine rein klarstellende Regelung. Aufgrund der komplexen Rechtslage in Bezug auf kündigungsrechtliche Sachverhalte kann einem Arbeitnehmer durch die Klarstellung jedoch vor Augen geführt werden, dass in einem solchen Verhalten eine besonders streng zu ahndende Pflichtverletzung gesehen wird, welche über den bloßen Verstoß gegen das Privatnutzungsverbot hinausgeht. Wegen der Komplexität der Inhalte und möglicherweise erforderlich werdenden Änderungen könnte sich empfehlen, die Regelungen zu Internet und Telekommunikation in einer Allgemeinen Arbeitsbedingung zu regeln und mit einer „Jeweiligkeitsklausel" (→ *Jeweiligkeitsklauseln*, II J 10) zu versehen. Aus Transparenzgründen sollte die Jeweiligkeitsklausel auf allgemeine Arbeitsbedingungen zur Internet- und Telekommunikationsordnung beschränkt sein. Da die Jeweiligkeitsklausel wie ein Widerrufsvorbehalt wirkt, sollte der Klausel hinzugefügt werden, dass die allgemeinen Arbeitsbedingungen nur geändert werden, wenn die Bedingungen an eine veränderte Rechtslage angepasst werden müssen.

§ X: Internet und Telekommunikation

(1) Die Nutzung der betrieblichen Telekommunikationsanlagen (Telefon, Fax, Internet und E-Mail ...)[1] darf ausschließlich zu dienstlichen Zwecken erfolgen. Eine private Nutzung durch den Arbeitnehmer ist grundsätzlich nicht gestattet. Die dienstlich veranlasste Privatnutzung sowie die Privatnutzung der Telekommunikationsanlagen in dringenden Fällen (Notsituationen, Pflichtenkollisionen und besondere Eilfälle) sind hingegen zulässig, jedoch auf das unbedingt erforderliche Maß zu beschränken.

(2) Die Online-Medien dürfen nur mit der vom Arbeitgeber zugeteilten persönlichen Zugangsberechtigung (User-ID) genutzt werden. Diese und das zugehörige Passwort dürfen nicht an Dritte weitergegeben werden, es sei denn der Arbeitgeber ordnet Gegenteiliges an.

(3) Es dürfen keine betriebsfremden Programme und Dateien über externe Datenträger oder das Internet auf die Festplatte des Computers kopiert bzw. auf den PC installiert werden. Auf Virenkontrolle ist zu achten. Das Auftreten einer Störung, insbesondere eines Computervirus ist unverzüglich dem Systemadministrator mitzuteilen.

(4) Das Abrufen, Anbieten oder Verbreiten von rechtswidrigen Inhalten, insbesondere solchen, die gegen strafrechtliche, persönlichkeitsrechtliche, lizenz- oder urheberrechtliche Bestimmungen verstoßen, ist für alle Telekommunikationsanlagen streng verboten.

(5) Das Abrufen, Anbieten oder Verbreiten von politischen, diskriminierenden, herabwürdigenden oder verfassungsfeindlichen Inhalten, insbesondere rassistischer oder pornografischer Art, ist für alle Telekommunikationsanlagen streng verboten.

---

1 Alternativ ist eine differenzierte Behandlung der einzelnen Kommunikationsmittel in den Klauseln möglich.

(6) Für den Fall der betrieblichen Abwesenheit hat der Arbeitnehmer eigenverantwortlich eine automatisierte Antwort (Auto-Reply) an den Absender eingehender E-Mails einzurichten, die den Absender über die Abwesenheit des Arbeitnehmers informiert und einen Hinweis auf den zuständigen Vertreter und dessen Telefonnummer enthält. Bei unvorhersehbarer Abwesenheit (z.B. Krankheit) ist der Systemadministrator durch den Vorgesetzten zu informieren, der die Funktion Auto-Reply für den betroffenen E-Mail-Account mit den entsprechenden Informationen für die Absender eingehender E-Mails aktiviert.

(7) Verstöße gegen diese Vorschriften können arbeitsrechtliche Konsequenzen haben.

J 10 Jeweiligkeitsklauseln

Schrifttum:

Gaul/Ludwig, Uneingeschränkte AGB-Kontrolle bei dynamischer Bezugnahme im Arbeitsvertrag bei arbeitgeberseitigen Regelungswerken, BB 2010, 55; *Preis*, Probleme der Bezugnahme auf Allgemeine Arbeitsbedingungen und Betriebsvereinbarungen, NZA 2010, 361.

In der arbeitsvertraglichen Praxis weit verbreitet sind sog. Jeweiligkeitsklauseln. 1 Dies sind dynamische Verweisungsklauseln, wobei sich zwei Arten – nachfolgend exemplarisch anhand eines Tarifvertrags als Bezugsobjekt – unterscheiden lassen: die **kleine dynamische Verweisung** und die **große dynamische Verweisung**. Erstere bewirkt eine Flexibilisierung in zeitlicher Hinsicht, indem sie auf einen genau bezeichneten Tarifvertrag in seiner jeweils geltenden Fassung verweist. Letztere hat eine Flexibilisierung sowohl in zeitlicher als auch in sachlicher Hinsicht zu Folge, denn sie nimmt den jeweils anwendbaren Tarifvertrag in seiner jeweils geltenden Fassung in Bezug. Verwiesen werden kann nicht nur auf Tarifverträge, sondern auch auf Versorgungsordnungen und betriebliche Regelungen.

Zweck dieser Klauseln ist – soweit sie in Bezug auf **Tarifverträge** verwendet werden 2 – im Wesentlichen eine **Vereinheitlichung** der Arbeitsbedingungen durch die **Gleichstellung** von tarifgebundenen und nicht tarifgebundenen Arbeitnehmern. Durch die Jeweiligkeitsklauseln finden nämlich für alle Arbeitnehmer die gleichen im Tarifvertrag geregelten Arbeitsbedingungen Anwendung, ohne dass der Arbeitgeber ständig nachprüfen muss, welche Arbeitnehmer tarifgebunden sind → *Verweisungsklauseln*, II V 40 Rz. 11 ff.

Verweisungen auf **Betriebsvereinbarungen** (→ *Verweisungsklauseln*, II V 40 Rz. 66 ff.) 3 mittels Jeweiligkeitsklauseln können auch als → *Öffnungsklauseln*, II O 10 wirken. Einzelvertragliche vorbehaltlose Zusagen können durch generelle Regelungen grundsätzlich nicht durch den Arbeitgeber einseitig geändert werden. Um in einem Unternehmen Einheitlichkeit zu gewährleisten, werden Zusagen vielfach nur nach Maßgabe der jeweils im Betrieb geltenden generellen Regeln gewährt. Solche Jeweiligkeitsklauseln wirken – ohne dass es eines Widerrufs bedarf – **wie** Widerrufsklauseln, wenn die neue Regelung die bisherige verschlechtert. Erforderlich ist im Hinblick auf § 305c Abs. 2 BGB für eine wirksame betriebsoffene Ausgestaltung, also für die Möglichkeit eines Eingriffs in die Vertragsabrede, ein Verweis auf künftige generelle Änderungen unter Klarstellung der Ablösungswirkung der Betriebsvereinbarung. Vgl. zu der in diesem Zusammenhang abzulehnenden Rechtsprechung des LAG Köln[1] und weiteren AGB-rechtlichen Erfordernissen ausführlich → *Öffnungsklauseln*, II O 10.[2]

⊃ **Nicht geeignet:**

    a) Im Übrigen gelten die als Anlage zu diesem Vertrag beigefügten Allgemeinen Arbeitsbedingungen des Unternehmens in ihrer jeweils gültigen Fassung.

---

1 Nach dem LAG Köln v. 22.4.2008 – 9 Sa 1445/07 verstößt eine Öffnungsklausel, wonach Betriebsvereinbarungen oder (Haus-)Tarifverträge den Regelungen des Arbeitsvertrags auch dann vorgehen, wenn die einzelvertragliche Regelung günstiger ist, gegen das Transparenzgebot des § 307 Abs. 1 Satz 2 BGB; vgl. ablehnend ErfK/*Preis*, §§ 305–310 BGB Rz. 19a; *Preis*, NZA 2010, 361 (366).
2 S. zudem ausf. *Preis*, NZA 2010, 361 (366).

b) Bestandteil des Arbeitsvertrags ist die Arbeits-/Sozialordnung in der jeweils gültigen Fassung.[1]

c) Im Übrigen wird auf die jeweilige Fassung der Allgemeinen Arbeitsbedingungen Bezug genommen.

4 AGB-rechtlich unzulässig sind **pauschale** dynamische Verweisungen auf **Allgemeine Arbeitsbedingungen** entsprechend den vorstehenden Beispielsklauseln. Solche Verweisungsklauseln statuieren ein uneingeschränktes einseitiges Änderungsrecht des Verwenders und setzen damit das rechtsgeschäftliche Konsensprinzip außer Kraft. *Stoffels*[2] hat zu Recht darauf hingewiesen, dass eine solche Vertragsgestaltung im allgemeinen Zivilrecht unstreitig für unzulässig gehalten wird.[3] In der Tat handelt es sich bei diesen Verweisungsklauseln um die Befugnis, die AGB jederzeit neu zu fassen. Solche Jeweiligkeitsklauseln wirken dabei zwar zu Gunsten des Arbeitnehmers dynamisch, zu Lasten des Arbeitnehmers jedoch wie „Mega"-Widerrufsvorbehalte ohne transparente Widerrufsgründe.[4] Wie der 10. Senat des BAG jüngst zutreffend festgestellt hat, ist eine Klausel mit einer solchen Wirkung unzulässig.[5]

5 Jeweiligkeitsklauseln unterliegen, wie andere AGB auch, der **Kontrolle nach §§ 305 ff. BGB**. Es gilt der **Überraschungsschutz** nach § 305c Abs. 1 BGB, das **Transparenzgebot** nach § 307 Abs. 1 Satz 2 BGB sowie das Gebot der inhaltlichen **Angemessenheit** der Klausel.[6] Wenngleich die in Jeweiligkeitsklauseln enthaltene Bezugnahme in aller Regel nicht schon als überraschend i.S.d. § 305c Abs. 1 BGB anzusehen sind,[7] begegnen sie durchgreifenden rechtlichen Bedenken. Zu Recht hat der 10. Senat des BAG betont, dass Jeweiligkeitsklauseln den strengen Anforderungen von Änderungsvorbehalten unterliegen, da mit ihnen letztlich das gleiche Ziel wie mit anderen Bestimmungsrechten, etwa der Befristung einzelner Arbeitsbedingungen und Widerrufsvorbehalten, verfolgt wird,[8] vgl. ausführlich für die AGB-rechtlichen Anforderungen an Änderungsvorbehalten → *Vorbehalte und Teilbefristung*, II V 70. Auf Allgemeine Arbeitsbedingungen verweisende Jeweiligkeitsklauseln sind daher insbesondere an der Wertung der §§ 308 Nr. 4, 307 BGB zu messen[9] und damit regelmäßig unter dem Gesichtspunkt der unangemessenen Benachteiligung unwirksam.[10] So benachteiligt es Arbeitnehmer unangemessen,

---

1 Nach BAG v. 11.2.2009 – 10 AZR 222/08, NZA 2009, 428.
2 WLP/*Stoffels*, Anhang zu § 310 BGB Rz. 45.
3 Palandt/*Grüneberg*, § 305 BGB Rz. 47; BGH v. 8.10.1997 – IV ZR 220/96, BGHZ 136, 394 (402); v. 17.3.1999 – IV ZR 218/97, NJW 1999, 1865.
4 *Preis*, NZA 2010, 361 (362).
5 BAG v. 11.2.2009 – 10 AZR 222/08, NZA 2009, 428 (430); zustimmend *Gaul/Ludwig*, BB 2010, 55 (57 ff.); *Preis*, NZA 2010, 361 (362); ErfK/*Preis*, §§ 305–310 BGB Rz. 27.
6 Ebenso DBD/*Deinert*, § 305 Rz. 45; ErfK/*Preis*, §§ 305–310 BGB Rz. 27; WLP/*Stoffels*, Anhang zu § 310 BGB Rz. 45.
7 *Preis*, NZA 2010, 361 (362).
8 BAG v. 11.2.2009 – 10 AZR 222/08, NZA 2009, 428 (430); vgl. auch BAG v. 22.7.2010 – 6 AZR 170/08, n.v.
9 BAG v. 11.2.2009 – 10 AZR 222/08, NZA 2009, 428 (430); DBD/*Deinert*, § 305 Rz. 45; *Preis*, NZA 2010, 361 (362); ErfK/*Preis*, §§ 305–310 BGB Rz. 27.
10 *Preis*, NZA 2010, 361 (362). Keine unangemessene Benachteiligung liegt aber nach BAG v. 14.3.2007 – 5 AZR 630/06, NZA 2008, 45 vor, wenn in einem Arbeitsvertrag dynamisch auf die jeweiligen Arbeitszeitbestimmungen für Beamte verwiesen wird, da es

wenn aufgrund einer Jeweiligkeitsklausel nahezu sämtliche Arbeitsbedingungen einseitig abänderbar sind und keinerlei Gründe für eine Verschlechterung genannt oder erkennbar sind.[1] Pauschale Jeweiligkeitsklauseln entsprechend der o.g. Beispiele sind allerdings auch dann als unangemessen anzusehen, wenn sie auf den Änderungsgrund der Verschlechterung der wirtschaftlichen Verhältnisse abstellen, da der Arbeitnehmer auch in diesem Fall nicht weiß, „was auf ihn zukommt".[2] Denn weder Umfang noch Reichweite der möglichen Änderungen sind für ihn vorhersehbar. Schon aus diesem Grund ist es hinsichtlich pauschaler Jeweiligkeitsklauseln für die Beurteilung der Angemessenheit der Vertragsklausel unerheblich, ob die vergütungsrelevanten Teile der abzuändernden Leistungen das bei Widerrufsvorbehalten nicht zu überschreitende Maß von 25 % (vgl. dazu → *Vorbehalte und Teilbefristung*, II V 70 Rz. 19) der Gesamtvergütung erreichen.[3] Darüber hinaus ist eine Jeweiligkeitsklausel auch vor dem Hintergrund des Transparenzgebots des § 307 Abs. 1 Satz 2 BGB unzulässig, wenn sie eine Änderung der Arbeitsbedingungen durch den Arbeitgeber voraussetzungslos zulässt.[4] Eine Bezugnahmeklausel genügt zudem nur dann den Anforderungen des Transparenzgebots, wenn sie eindeutig formuliert und das Bezugnahmeobjekt zum Zeitpunkt der jeweiligen „Anwendung" der Bezugnahmeklausel bestimmbar ist.[5]

In Übereinstimmung mit diesen Grundsätzen kann eine dynamische Bezugnahmeklausel auf ein einseitig vom Arbeitgeber abänderbares Regelungswerk im Umkehrschluss nur wirksam sein, wenn sichergestellt ist, dass der Arbeitgeber eine Änderung der Arbeitsbedingungen nicht voraussetzungslos herbeiführen kann und die Klausel derart hinreichend konkret ist, dass Umfang und Reichweite der möglichen Änderungen für den Arbeitnehmer vorhersehbar sind.[6] Derart hinreichend konkrete Jeweiligkeitsklauseln, die die Bezugnahme auf eine Allgemeine Arbeitsbedingung vermitteln, sind jedoch kaum denkbar bzw. müssten so spezifisch sein, dass eine Ausgestaltung als Verweisungsklausel wenig Sinn macht.[7]

Verstößt die Jeweiligkeitsklausel gegen die Anforderungen des §§ 308 Nr. 4, 307 BGB und des § 307 Abs. 1 Satz 2 BGB, ist sie unwirksam. Ihr kann weder im Wege einer geltungserhaltenden Reduktion noch mittels einer ergänzenden Ver-

---

sich insoweit um eine hinreichend transparente Hauptabrede (§§ 307 Abs. 3, 307 Abs. 1 Satz 2 BGB) handele, vgl. ErfK/*Preis*, §§ 305–310 BGB Rz. 27.
1 BAG v. 11.2.2009 – 10 AZR 222/08, NZA 2009, 428 (430); *Preis*, NZA 2010, 361 (362). Nach BAG v. 22.7.2010 – 6 AZR 170/08, n.v., ist daher eine Jeweiligkeitsklausel, welche sich auf die für das Arbeitsverhältnis einschlägige kirchlich-diakonische Arbeitsvertragsregelungen bezieht, die auf dem Dritten Weg entstehen und von einer paritätisch mit weisungsunabhängigen Mitgliedern besetzten Arbeitsrechtlichen Kommission beschlossen werden, nicht unangemessen benachteiligend, da keine einseitige Änderung einer Arbeitsordnung durch den Arbeitgeber möglich sei.
2 BAG v. 11.2.2009 – 10 AZR 222/08, NZA 2009, 428 (432).
3 BAG v. 11.2.2009 – 10 AZR 222/08, NZA 2009, 428 (432).
4 *Preis*, NZA 2010, 361 (362 f.) m.w.N.; a.A. allerdings BAG v. 22.7.2010 – 6 AZR 170/08, Rz. 42, n.v.
5 *Preis*, NZA 2010, 361 (362 f.).
6 *Preis*, NZA 2010, 361 (363); vgl. auch *Lembke*, NJW 2010, 321 (322).
7 *Preis*, NZA 2010, 361 (363); vgl. auch *Lembke*, NJW 2010, 321 (322); a.A. und den Verweis auf konkrete Gegenstände in einzelne Richtlinien empfehlend *Gaul/Ludwig*, BB 2010, 55 (58).

tragsauslegung zur weiteren Geltung verholfen werden.[1] Möglich ist im Fall einer teilbaren Klausel – eine solche erfordert, dass nach Teilung eine verständliche Regelung verbleibt – indes die Anwendung des sog. „Blue-pencil"-Prinzips[2] zur Aufrechterhaltung des wirksamen Klauselteils der Jeweiligkeitsklausel. Nach dieser Maßgabe können die die dynamische Wirkung der Klausel enthaltenden Formulierungen der o.g. Beispielsklauseln („jeweils gültigen Fassung" bzw. „jeweilige Fassung der") als unangemessene Teile aus der Klausel gestrichen werden. Es verbleibt sodann nur eine statisch wirkende Verweisung auf die Allgemeinen Arbeitsbedingungen, welche – bezogen auf einzelne Gesichtspunkte – ihrerseits nach den allgemeinen Grundsätzen zu überprüfende Änderungsvorbehalte enthalten können.[3] Will der Arbeitgeber die statisch in Bezug genommenen Allgemeinen Arbeitsbedingungen ändern, bleiben ihm nur zwei Möglichkeiten: Entweder enthält die Änderung für den Arbeitnehmer günstige Regelungen, welche der Arbeitnehmer konkludent annehmen kann.[4] Nach der Rechtsprechung muss er dann auch ggf. die ungünstigen Regelungen gegen sich gelten lassen. Oder der Arbeitgeber hat sich unter den Voraussetzungen des § 308 Nr. 5 BGB ein Änderungsverfahren für neue Allgemeine Arbeitsbedingungen vorbehalten → *Vertragsänderungsabreden*, II V 25.[5] Da Jeweiligkeitsklauseln ein spezieller Anwendungsfall der → *Verweisungsklauseln*, II V 40 sind, werden weitere damit im Zusammenhang stehende Fragen, insbesondere die Verweisung auf Tarifverträge, dort erörtert (→ *Verweisungsklauseln*, II V 40 Rz. 11 ff.).

---

1 BAG v. 11.2.2009 – 10 AZR 222/08, NZA 2009, 428 (431); *Preis*, NZA 2010, 361 (363).
2 BAG v. 21.4.2005 – 8 AZR 425/04, NZA 2005, 1053; v. 19.12.2006 – 9 AZR 294/06, NZA 2007, 809; v. 12.3.2008 – 10 AZR 152/07, NZA 2008, 699.
3 *Preis*, NZA 2010, 361 (363).
4 BAG v. 1.8.2001 – 4 AZR 129/00, NZA 2003, 924.
5 *Preis*, NZA 2010, 361 (363).

K 10 Kündigungsvereinbarungen

	Rz.		Rz.
1. Einführung	1	c) Vereinbarung besonderen Kündigungsschutzes	32
2. Umdeutung von Kündigungserklärungen	3	d) Vereinbarung einer „Lebens- oder Dauerstellung"	34
a) Fristlose in fristgerechte Kündigung	4	7. Kündigung vor Dienstantritt	38
b) Umdeutung verspätet zugegangener Kündigung für den nächst zulässigen Zeitpunkt	7	a) Ausschluss der ordentlichen Kündigung	41
		b) Genereller Kündigungsausschluss	42
3. Formerfordernisse	9	c) Einseitiger Kündigungsausschluss	43
4. Angabe von Kündigungsgründen	11	d) Regelung der Kündigungsfrist	44
5. Kündigungsgründe	15	e) Hinweise zur Vertragsgestaltung	48
a) Einführung	15	8. Kündigungsfristen	49
b) Ausschluss des außerordentlichen Kündigungsrechts	16	a) Einführung	49
c) Beschränkung des außerordentlichen Kündigungsrechts	17	b) Probezeit	52
		c) Arbeitsverträge mit Aushilfen	54
d) Erweiterung des außerordentlichen Kündigungsrechts	20	d) Verzicht auf Kündigungstermin in Kleinbetrieben	58
e) Hinweise zur Vertragsgestaltung	25	e) Verlängerung der gesetzlichen Kündigungsfristen	59
6. Vertragliche Erweiterung des Kündigungsschutzes	26	aa) Grundlagen	59
a) Beiderseitiger Ausschluss der ordentlichen Kündigung	27	bb) Regelungen in Altverträgen	62
		cc) Anrechnungsklauseln	64
b) Ausschluss der ordentlichen Kündigung zugunsten des Arbeitnehmers	30	f) Bezugnahme auf tarifliche Kündigungsfristen	65
		g) Gleichbehandlungsklauseln	72

Schrifttum:

Berger-Delhey, Die Kündigung vor Arbeitsantritt, DB 1989, 380; *Caesar*, Die Kündigung vor Arbeitsantritt, NZA 1989, 251; *Gamillscheg*, Der zweiseitig-zwingende Charakter des § 626 BGB, ArbuR 1981, 105; *Kania/Kramer*, Unkündbarkeitsvereinbarungen in Arbeitsverträgen, Betriebsvereinbarungen und Tarifverträgen, RdA 1995, 287; *Kramer*, Kündigungsvereinbarungen im Arbeitsvertrag, 1994; *Neumann*, Lebens- und Dauerstellung, DB 1956, 571; *Schmidt*, Die rechtliche Problematik der Kündigung eines Arbeitsverhältnisses vor Dienstantritt, 1966; *Willms*, Die Kündigung des Arbeitsverhältnisses vor dem vereinbarten Zeitpunkt der Arbeitsaufnahme, 1966; *Wolf*, Kündigung vor Arbeitsantritt und Schadensersatz, JuS 1968, 65.

1. Einführung

In der Vertragspraxis finden sich häufig Vereinbarungen zur Kündigung des Arbeitsverhältnisses. Dies überrascht, weil sowohl das Kündigungsschutzrecht als auch das Recht zur außerordentlichen Kündigung weithin zwingender Natur ist. Kündigungsvereinbarungen müssen daher recht sorgfältig daraufhin untersucht werden, ob und inwieweit sie mit zwingenden Rechtsgrundsätzen kollidieren. 1

Durchaus verbreitet sind Vertragsbestimmungen zur **Kündigung vor Dienstantritt**. Am häufigsten werden **Kündigungsfristen** vereinbart. Das überrascht, weil § 622 2

BGB eine ausgewogene Staffelung der Kündigungsfristen je nach Dauer der Betriebszugehörigkeit enthält, der einzelvertragliche Gestaltungsspielraum äußerst gering ist (§ 622 Abs. 5 BGB) und die Kündigungsfristen eine Domäne tarifvertraglicher Vereinbarung sind (§ 622 Abs. 4 BGB). Die Gefahr, dass vertragliche Regelungen gegen Gesetz oder Tarifvertrag verstoßen, ist daher äußerst hoch. In Arbeitsverträgen verbreitet sind ferner **Formvorschriften** für die Kündigung, insbesondere Schriftformklauseln, die in Ansehung des seit 1.5.2000 geltenden § 623 BGB in einem neuen Licht gesehen werden müssen. Es handelt sich bei der Norm um ein zwingendes, konstitutives Schriftformerfordernis, das im praktischen Ergebnis wohl zweiseitig zwingenden Charakter haben dürfte und damit jegliche abweichende Vereinbarung ausschließt.[1] Aber es gibt auch zahlreiche Klauseln zu weiteren Spezialfragen, die sich gewisser Verbreitung erfreuen: Umdeutungsklauseln, Vereinbarung von Kündigungsgründen oder Vereinbarungen zur Erweiterung des Kündigungsschutzes. Mittelbar zu den Kündigungsvereinbarungen gehören die Klauseln zur → *Freistellung des Arbeitnehmers*, II F 10 und die sog. Ausgleichsquittung, (→ *Verzicht und Ausgleichsquittung*, II V 50), die in der Regel mit einem Verzicht auf den Kündigungsschutz einhergehen. Der mit → *Aufhebungsverträgen*, II A 100 einhergehende Verzicht auf den Kündigungsschutz bedarf ebenso besonderer Behandlung wie die Vereinbarungen zu → *Vorbehalten*, II V 70, die den Änderungskündigungsschutz des Arbeitnehmers berühren. Fragen des Bestandsschutzes sind überdies bei → *Altersgrenzenregelungen*, II A 20 und bei der → *Befristung des Arbeitsverhältnisses*, II B 10 berührt. Kündigungsrechtliche Folgewirkungen haben auch Vereinbarungen über die Reichweite des → *Direktionsrechts*, II D 30 Rz. 3 ff.

2. Umdeutung von Kündigungserklärungen

3 Die Kündigung muss **so hinreichend bestimmt und deutlich sein**, dass der Gekündigte Klarheit über die Auflösung des Arbeitsverhältnisses erhält. Die Kündigung muss also **zweifelsfrei** erklärt werden. Unter Umständen kann jedoch eine bestimmt erklärte Kündigung unwirksam sein. Dann stellt sich die Frage, ob eine unwirksame Kündigung in eine andere Erklärung umgedeutet werden kann. Die Umdeutung einer Kündigung in eine Anfechtung kommt in der Regel nicht in Betracht.[2] Die früher denkbare Umdeutung einer Kündigungserklärung in einen Antrag auf Abschluss eines Aufhebungsvertrages kommt schon wegen des Formerfordernisses auch für Aufhebungsverträge nach § 623 BGB im Ergebnis nicht in Betracht.[3] Hauptanwendungsfall der Umdeutung in der Praxis ist der der Umdeutung einer (unwirksamen) außerordentlichen Kündigung in eine ordentliche Kündigung. Dies gilt aber nur dann, wenn die außerordentliche Kündigung schriftlich gemäß § 623 BGB erklärt worden ist und nur aus einem anderen Grund unwirksam ist. Die Umdeutung scheitert dann nicht an der Form für die ordentliche Kündigung, denn die Kündigung an sich ist formwirksam erklärt. Die Angabe, ob es sich um eine außerordentliche oder eine ordentliche Kündigung handelt, ist zur Formwahrung nicht erforderlich.[4] Vor diesem Hintergrund haben Vertragsgestaltungen, die „vorsorglich" eine Umdeutung regeln, nur eine begrenzte Bedeutung.

---

1 Hierzu näher APS/*Greiner*, § 623 BGB Rz. 11.
2 SPV/*Preis*, Rz. 416.
3 APS/*Greiner*, § 623 BGB Rz. 37.
4 APS/*Greiner*, § 623 BGB Rz. 37, 21.

a) Fristlose in fristgerechte Kündigung

Typ 1: Umdeutung unwirksamer fristloser in fristgerechte Kündigung

a) Eine fristlose Kündigung gilt für den Fall ihrer Unwirksamkeit zugleich als fristgemäße Kündigung zum nächst zulässigen Termin.

b) Eine fristlose Kündigung gilt vorsorglich als fristgemäße Kündigung zum nächst zulässigen Zeitpunkt.

Umdeutungsklauseln finden sich in Arbeitsverträgen hauptsächlich für den Fall, dass eine fristlose Kündigung vorsorglich auch als fristgemäße Kündigung gelten soll (Typ 1). Mithilfe dieser Klauseln soll eine eventuell unwirksame fristlose Kündigung „gerettet" werden, also zumindest als fristgemäße Kündigung Bestand haben.

Die rechtliche Zulässigkeit derartiger Umdeutungsklauseln richtet sich nach § 140 BGB. Objektiv ist Voraussetzung, dass das umgedeutete Rechtsgeschäft nicht weitreichender ist als das nichtige.[1] Wird eine fristlose (außerordentliche) in eine fristgerechte (ordentliche) Kündigung umgedeutet, so liegt diese objektive Voraussetzung vor. Subjektiv erfordert § 140 BGB, dass das umgedeutete Rechtsgeschäft dem mutmaßlichen Parteiwillen bei Kenntnis der Nichtigkeit des ursprünglichen Rechtsgeschäftes entspricht. Um einer Ermittlung dieses mutmaßlichen Parteiwillens aus dem Wege zu gehen, kann es sich im Sinne der Klausel Typ 1 empfehlen, diesen Willen auch tatsächlich zu äußern. Allerdings ersetzt diese vertragliche Abrede nicht die vorsorgliche **Erklärung** einer fristgemäßen (ordentlichen) Kündigung.[2] Eine solche Vereinbarung hat daher (nur) den Sinn, den mutmaßlichen Willen des Kündigenden und dessen Erkennbarkeit beim Kündigungsempfänger für eine Umdeutung deutlich werden zu lassen. Daher muss **das Kündigungsschreiben**, mit dem die fristlose (außerordentliche) Kündigung erklärt wird, zugleich die hilfsweise ordentliche Kündigung beinhalten, z.B.:

Das mit Ihnen bestehende Arbeitsverhältnis kündigen wir hiermit außerordentlich und fristlos, hilfsweise ordentlich und fristgemäß zum …

Die Vereinbarung einer Umdeutungsklausel bezüglich der Umdeutung einer fristlosen in eine fristgerechte Kündigung ist – da diese vertragliche Abrede nicht die Erklärung einer fristgemäßen (ordentlichen) Kündigung ersetzt – mithin nur dann sinnvoll und zweckmäßig, wenn mit der Erklärung der fristlosen zugleich vorsorglich die fristgemäße Kündigung erklärt wird. Im Übrigen ist darauf hinzuweisen, dass der Betriebsrat im Rahmen des § 102 Abs. 1 BetrVG sowohl hinsichtlich der beabsichtigten fristlosen (außerordentlichen) als auch zu einer vorsorglichen fristgemäßen (ordentlichen) Kündigung zu hören ist.[3]

---
1 BGH v. 14.5.1956 – II ZR 229/54, BGHZ 20, 363 (370); v. 15.12.1955 – II ZR 204/54, BGHZ 19, 269 (275).
2 BAG v. 12.8.1976 – 2 AZR 311/75, NJW 1976, 2366.
3 BAG v. 12.8.1976 – 2 AZR 311/75, NJW 1976, 2366.

b) Umdeutung verspätet zugegangener Kündigung für den nächst zulässigen Zeitpunkt

7   Bisweilen wird klargestellt, dass eine verspätet zugegangene Kündigung als Kündigung für den nächst zulässigen Zeitpunkt gilt.

↻ **Nicht geeignet:**

Eine verspätet zugegangene Kündigung gilt als Kündigung für den nächst zulässigen Zeitpunkt.

8   Derartige Umdeutungsklauseln sind **überflüssig**, denn die nicht rechtzeitige – aber an sich wirksame – Kündigung beendet schlechthin das Arbeitsverhältnis zum nächst zulässigen Termin.[1]

3. Formerfordernisse

9   Noch verbreitet sind Schriftformklauseln in unterschiedlicher Ausgestaltung in zahlreichen Arbeitsverträgen.

a) Die Kündigung bedarf der Schriftform.

b) Die Kündigung des Arbeitsverhältnisses muss schriftlich erfolgen.

c) Die Kündigung kann nur durch eingeschriebenen Brief erfolgen.

10 Solche Klauseln sind seit der Einführung des § 623 BGB weithin wirkungs- und nutzlos. Bei der von § 623 BGB verlangten Schriftform handelt es sich um ein konstitutives Wirksamkeitserfordernis. Gesetzliche Formerfordernisse können weder durch die Arbeitsvertragsparteien noch durch Betriebsvereinbarung oder Tarifvertrag abbedungen werden. Dies folgt aus dem Grundsatz, dass gesetzliche Formvorschriften zwingend sind. Fraglich ist, ob die Vertragsparteien nach dem Grundsatz der Privatautonomie neben ohnehin geltenden gesetzlichen Formvorschriften ihrerseits strengere Anforderungen als in § 623 BGB vorsehen können. Dies ist zweifelhaft, zumal eine vergleichbare Norm (§ 568 BGB) im Mietrecht als zweiseitig zwingende Norm interpretiert wird.[2] Insofern kann nur davon abgeraten werden, in Arbeitsverträgen das gesetzliche Schriftformerfordernis zu modifizieren (z.B. durch besondere Zugangserfordernisse). Soweit die strengeren Formerfordernisse auch zulasten des Arbeitnehmers gelten, ist in Formulararbeitsverträgen der in § 309 Nr. 13 BGB zum Ausdruck kommende allgemeine Rechtsgedanke zu berücksichtigen. Danach ist die Vereinbarung einer strengeren Form als der Schriftform oder das Aufstellen besonderer Zugangserfordernisse unzulässig.[3] Für die Kündigung gilt darüber hinaus, dem Rechtsgedanken des § 622 Abs. 6 BGB entsprechend, dass einseitige Kündigungserschwerungen für den Arbeitnehmer unwirksam sind[4] und damit auch jegliche Vereinbarung einer strengeren Form nur für die arbeitnehmerseitige Kündigung.

---

1 BAG v. 18.4.1985 – 2 AZR 197/84, NZA 1986, 229; APS/*Linck*, § 622 BGB Rz. 66.
2 Palandt/*Weidenkaff*, § 568 BGB Rz. 3; Staudinger/*Rolfs*, § 568 BGB Rz. 33.
3 APS/*Greiner*, § 623 BGB Rz. 11; *Preis*, Vertragsgestaltung, S. 412 f.; *Kliemt*, S. 431 f.
4 BAG v. 6.9.1989 – 5 AZR 586/88, NZA 1990, 147; SPV/*Preis*, Rz. 82.

4. Angabe von Kündigungsgründen

Typ 2: Angabe von Kündigungsgründen

a) Die Kündigung hat die Kündigungsgründe zu enthalten.

b) Dem gekündigten Arbeitnehmer sind die Gründe für die Beendigung des Arbeitsverhältnisses mitzuteilen. Eine Kündigung ohne Angabe der Kündigungsgründe ist unwirksam.

Grundsätzlich ist sowohl eine ordentliche als auch eine außerordentliche Kündigung ohne Angabe der Kündigungsgründe wirksam.[1] Die vertragliche Vereinbarung zur Mitteilung der Kündigungsgründe kann aber in zweierlei Hinsicht (**prozess-)ökonomische Wirkungen** entfalten. Zum einen kann der Arbeitnehmer bei Kündigung durch den Arbeitgeber besser abschätzen, ob ein Kündigungsschutzprozess Aussicht auf Erfolg hat mit der Folge, dass weniger unnötige Prozesse betrieben werden.

Zum anderen entfällt bei außerordentlichen Kündigungen die sonst eigens nach der Kündigung notwendige Bitte um Mitteilung des Kündigungsgrundes (vgl. § 626 Abs. 2 Satz 3 BGB). Verstößt der Kündigende gegen die Begründungspflicht, so kann er **schadensersatzpflichtig** werden. Wenn bspw. der Gekündigte einen Kündigungsschutzprozess verliert, weil er ohne Kenntnis des Kündigungsgrundes einen Arbeitsprozess anstrengt, dann muss der Kündigende u.U. für die Verfahrenskosten aufkommen.

Jedoch hat ein **Verstoß gegen die Begründungspflicht im Zweifel nicht die Rechtsunwirksamkeit der Kündigung zur Folge,** solange dies nicht ausdrücklich vereinbart ist,[2] denn eine derartig strenge Rechtsfolge ist der bloßen Vereinbarung einer Begründungspflicht nicht konkludent zu entnehmen.[3] Will man also eine echte Wirksamkeitsvoraussetzung für die Kündigung aufstellen, so muss eine Klauseltyp 2b entsprechende Vereinbarung getroffen werden; die in Typ 2a gewählte Formulierung genügt dafür nicht.

Dennoch sollte die Aufnahme einer entsprechenden Klausel in den Arbeitsvertrag sehr kritisch betrachtet werden, jedenfalls soweit die Grundangabe Wirksamkeitsvoraussetzung ist. Das BAG hat zu einer entsprechenden, tariflichen qualifizierten Schriftformklausel entschieden, dass bei diesen die Kündigungsgründe im Kündigungsschreiben so genau bezeichnet sein müssten, dass im Prozess nicht ernsthaft streitig werden kann, auf welchen Lebenssachverhalt die Kündigung gestützt war; allein die Bezugnahme auf ein inhaltlich nicht näher umschriebenes Gespräch reiche dafür nicht.[4] Entsprechend hat das BAG zu § 22 Abs. 3 BBiG entschieden[5] und

---

1 BAG v. 30.6.1959 – 3 AZR 111/58, AP Nr. 56 zu § 1 KSchG; v. 21.3.1959 – 2 AZR 375/56, NJW 1959, 1844; v. 15.12.1955 – 2 AZR 228/54, AP Nr. 1 zu § 67 HGB.
2 SPV/*Preis*, Rz. 88 ff.
3 Eine gesetzliche Begründungspflicht als Wirksamkeitsvoraussetzung existiert in § 22 Abs. 3 BBiG und § 9 Abs. 3 Satz 2 MuSchG.
4 BAG v. 10.2.1999 – 2 AZR 176/98, NZA 1999, 602.
5 BAG v. 25.11.1976 – 2 AZR 751/75, AP Nr. 4 zu § 15 BBiG.

das Arbeitsgericht Nürnberg zu § 9 Abs. 3 Satz 2 MuSchG.[1] Grundsätzlich sind überdies die für die Kündigung maßgebenden Tatsachen anzugeben, pauschale Schlagworte und Werturteile genügen nicht. Über diese weit reichenden Konsequenzen muss sich der Vertragsgestalter bewusst sein.

5. Kündigungsgründe

a) Einführung

15 Die bloße formale Angabe von Kündigungsgründen verändert noch nicht den materiellen Kündigungsgrund. Das materielle Kündigungsschutzrecht ist weithin zwingend. Fraglich ist, inwieweit insbesondere das Recht zur außerordentlichen Kündigung (§ 626 BGB) ausgeschlossen, beschränkt oder erweitert werden kann.

b) Ausschluss des außerordentlichen Kündigungsrechts

16 Das Recht zur außerordentlichen Kündigung nach § 626 BGB ist für beide Vertragsteile **zwingendes Recht**,[2] denn es garantiert den Vertragspartnern ein unverzichtbares Freiheitsrecht des Inhalts, dass sie unzumutbare Belastungen im Arbeitsverhältnis nicht zu dulden brauchen, sondern sich dann vielmehr von dem Vertrag lösen können.[3] Daher **kann** das Recht zur außerordentlichen Kündigung **nicht ausgeschlossen werden**; eine dahingehende Vereinbarung entsprechend nachfolgendem Beispiel ist unwirksam.

⊃ Nicht geeignet:

> Die ordentliche und außerordentliche Kündigung des Arbeitsverhältnisses ist ausgeschlossen.

c) Beschränkung des außerordentlichen Kündigungsrechts

17 Nicht nur der völlige Ausschluss, sondern auch eine **Beschränkung** des Rechts zur außerordentlichen Kündigung ist **unzulässig**.[4] Eine derartige Einschränkung läge bspw. vor, wenn in Arbeitsverträgen abschließend festgelegt wird, welche bestimmten Gründe zur außerordentlichen Kündigung berechtigen sollen.

⊃ Nicht geeignet:

> Zur außerordentlichen Kündigung berechtigen ausschließlich die folgenden Gründe: ...

Denn damit soll eine außerordentliche Kündigung in anderen als den vorgesehenen Fallgruppen ausgeschlossen werden.

---

1 ArbG Nürnberg v. 22.2.2010 – 8 Ca 2123/09.
2 SPV/*Preis*, Rz. 789 ff.
3 APS/*Dörner/Vossen*, § 626 BGB Rz. 7; SPV/*Preis*, Rz. 789.
4 APS/*Dörner/Vossen*, § 626 BGB Rz. 7; dagegen hält *Gamillscheg*, ArbuR 1981, 105 ff., Kündigungserschwerungen zulasten des Arbeitgebers für zulässig, da § 626 BGB insoweit nur einseitig zwingendes Recht sei.

Daneben wird das Recht zur außerordentlichen Kündigung auch dadurch in unzulässiger Weise beschränkt, dass es **unzumutbar erschwert** wird.[1] Die entscheidende Frage lautet hier also immer, ob die (faktische) Kündigungserschwerung unzumutbar ist.[2] Nach überkommener, aber weitestgehend unbestrittener Auffassung wird für den Arbeitgeber das Recht zur außerordentlichen Kündigung unzumutbar erschwert, wenn er durch eine Vereinbarung verpflichtet wird, während des anschließenden Kündigungsschutzprozesses die Vergütung des gekündigten Arbeitnehmers – unabhängig vom Ausgang des Rechtsstreites – weiter zu zahlen,[3] da die außerordentliche Kündigung das vom Gesetz anerkannte Mittel sei, um sich von einem untragbar gewordenen Arbeitsverhältnis sofort zu lösen.

18

⊃ **Nicht geeignet:**

Der Arbeitgeber verpflichtet sich für die Dauer eines etwaigen Kündigungsschutzprozesses, dem Arbeitnehmer – unabhängig vom Ausgang des Rechtsstreits – die Bezüge weiter zu zahlen.

Daher könne es nicht gestattet sein, denjenigen, der nach dem Gesetz aus wichtigem Grund kündigen und sich damit aus einer unzumutbaren Situation befreien darf, aus Anlass einer solchen Kündigung noch mit besonderen Folgen zu belasten und ihm damit die außerordentliche Kündigung zu erschweren.[4] Diese Auffassung ist aber mehr als fraglich. Dem Arbeitgeber steht es frei, dem Arbeitnehmer die Vergütung auch ohne Arbeitsleistung fortzuzahlen. Wenn er sich hierzu in einer Individualvereinbarung verpflichtet, besteht kein verständiger Grund, diese Vereinbarung in Frage zu stellen. Dies gilt selbstredend auch, wenn die Verpflichtung zur Vergütungsfortzahlung in einem vom Arbeitgeber erstellten vorformulierten Vertrag begründet worden ist. Denn dann hat sich der Arbeitgeber gleichsam (faktisch) einseitig und freiwillig gebunden, dieses finanzielle Risiko zu übernehmen; zudem bleibt die Kündigungsmöglichkeit als solche unberührt.

Für den Arbeitgeber oder den Arbeitnehmer wird die außerordentliche Kündigung unzumutbar erschwert, wenn der jeweils Kündigende trotz eines vom Gekündigten gesetzten wichtigen Grundes zur Zahlung einer Vertragsstrafe oder einer Abfindung verpflichtet sein soll.[5]

19

⊃ **Nicht geeignet:**

Kündigt eine Partei das Arbeitsverhältnis außerordentlich, so ist sie verpflichtet, der anderen Partei einen Betrag von … Euro zu zahlen.

---

1 APS/*Dörner/Vossen*, § 626 BGB Rz. 12 f.
2 BAG v. 8.8.1963 – 5 AZR 395/62, AP Nr. 2 zu § 626 BGB Kündigungserschwerung.
3 Vgl. BAG v. 18.12.1961 – 5 AZR 104/61, AP Nr. 1 zu § 626 BGB Kündigungserschwerung; APS/*Dörner/Vossen*, § 626 BGB Rz. 12; kritisch hingegen *Gamillscheg*, ArbuR 1981, 105 (108).
4 BAG v. 18.12.1961 – 5 AZR 104/61, AP Nr. 1 zu § 626 BGB Kündigungserschwerung; für Arbeitnehmer ist dieser Rechtsgedanke auch in § 612a BGB normiert; für Arbeitgeber bezweifelt *Gamillscheg*, ArbuR 1981, 105 ff. diesen Rechtsgrundsatz.
5 BAG v. 8.8.1963 – 5 AZR 395/62, AP Nr. 2 zu § 626 BGB Kündigungserschwerung; APS/*Dörner/Vossen*, § 626 BGB Rz. 12; vgl. zu faktischen Kündigungsbeschränkungen KR/*Spilger*, § 622 BGB Rz. 119.

Eine dem Beispiel entsprechende Klausel ist daher unwirksam und unbeachtlich.[1]

d) Erweiterung des außerordentlichen Kündigungsrechts

20 In zahlreichen Arbeitsverträgen werden Klauseln oder ganze Klauselkataloge vereinbart, um das **außerordentliche Kündigungsrecht** des § 626 BGB **zu erweitern**, indem bestimmte Sachverhalte/Tatbestände als wichtige Gründe i.S.d. § 626 Abs. 1 BGB **deklariert werden.**

⊃ Nicht geeignet:
- a) Ein Bruch der Verschwiegenheit gilt als eine erhebliche Vertragsverletzung, die zur außerordentlichen Kündigung berechtigt.
- b) Ist der Arbeitnehmer für längere Zeit als sechs Monate nicht in der Lage, seinen vertraglichen Pflichten nachzukommen, liegt ein Grund zur außerordentlichen Beendigung des Vertragsverhältnisses vor.
- c) Als wichtige Gründe zur außerordentlichen Kündigung werden insbesondere folgende Verstöße vereinbart:
  - jeglicher Genuss alkoholischer Getränke während der Arbeitszeit (einschließlich der Pausen) und/oder in der Betriebsräumen bzw. auf dem Betriebsgelände. Dem steht der Dienstantritt unter Einfluss von Alkohol gleich.
  - jede Entwendung, auch kleinster Mengen von den in unserem Besitze befindlichen Gütern,
  - das Unterlassen der entsprechenden Mitteilung an uns, wenn Sie davon Kenntnis haben, dass ein(e) andere(r) Angestellte(r) Ware oder Geld entwendet hat.
- d) Ein wichtiger Grund zur fristlosen Entlassung ist insbesondere gegeben:
  - bei groben Verstößen anderen Belegschaftsmitgliedern gegenüber,
  - bei falschen Angaben über die eigenen Personalien,
  - bei wiederholten Verstößen gegen die Arbeitsordnung und betrieblichen Bestimmungen trotz Verwarnung oder Verweis,
  - bei einem Verstoß gegen Ziffer ... dieser Arbeitsordnung,
  - bei wiederholtem oder längerem unentschuldigten Fehlen,
  - bei groben Verstößen gegen Unfallverhütungsvorschriften sowie bei vorsätzlicher oder grob fahrlässiger Gefährdung von Menschen, Material oder Anlagen,
  - bei Hereinbringen oder Genuss alkoholischer Getränke innerhalb des Werkes,
  - bei Weigerung, sich der Kontrolle über etwaiges Vorhandensein von Werkseigentum oder sonstiger unrechtmäßig mitgeführter Gegenstände zu unterwerfen,
  - bei unbefugter Mitteilung oder Aushändigung von Patenten, Geschäftsgeheimnissen, sonstigen Geschäftsunterlagen und ähnlichem an Dritte.

---

[1] BAG v. 6.9.1989 – 1 ABR 61/88, BB 1989, 2403 hält sogar eine solche Klausel (falls der Arbeitnehmer kündigt) im Rahmen einer vertraglich zulässigen ordentlichen Kündigung für unwirksam.

Solche Klauseln sind aber schon deswegen **unwirksam**, weil sonst die in § 622 BGB 21
festgelegten Mindestkündigungsfristen umgangen würden.[1]

Andererseits sind sie **nicht ganz ohne rechtliche Bedeutung**. Denn die Klauseln 22
können verdeutlichen, worauf die Parteien besonderen Wert gelegt haben, welche
Gründe also den Vertragspartnern für die vorzeitige Beendigung besonders wichtig
erschienen.[2] Denn diese Wertungen sind u.U. für die Frage der Unzumutbarkeit der
Fortsetzung des Arbeitsverhältnisses (vgl. § 626 Abs. 1 BGB) von Bedeutung. Die
Interessenabwägung ist das Einfallstor für die mögliche Berücksichtigung der vertraglichen Vereinbarung von Kündigungsgründen; denn eine solche Regelung lässt
bei hinreichender Bestimmtheit erkennen, unter welchen Umständen die Arbeitsvertragsparteien bei der Eigenart ihres Arbeitsverhältnisses solche Gründe für die
sofortige Lösung des Arbeitsverhältnisses als besonders bedeutsam ansehen.[3]

Die vereinbarten Kündigungsgründe enthalten immanent Verhaltensgebote. Erwä- 23
genswert scheint deshalb die Überlegung, ob durch die vereinbarten Tatbestände/
Sachverhalte als wichtiger Grund das **grundsätzliche Abmahnungserfordernis** vor
einer verhaltensbedingten (ordentlichen oder außerordentlichen) Kündigung entfallen kann. Dies ist nur dann denkbar, wenn die Funktionen der Abmahnung durch
eine solche antizipierte Vereinbarung erfüllt wären. Die wichtigsten Funktionen
der Abmahnung sind die Warn- und Androhungsfunktion. Die Warnfunktion
wird erfüllt, wenn dem Arbeitnehmer eindringlich vor Augen geführt wird, dass
der Arbeitgeber nicht mehr bereit ist, ein bestimmtes Verhalten hinzunehmen.
Der Androhungsfunktion wird genüge getan, wenn die Beendigung des Arbeitsverhältnisses oder sonstige kündigungsrechtliche Konsequenzen angedroht werden.[4]
Doch wird man in der Vereinbarung von Kündigungsgründen im Arbeitsvertrag
keine antizipierte Abmahnung erblicken können, da die notwendigerweise allgemein gehaltenen Klauseln nicht geeignet sind, den Arbeitnehmer auf ein ganz bestimmtes Verhalten hinzuweisen (fehlende Warnfunktion). Kündigungsgrundvereinbarungen können daher nicht als „antizipierte" Abmahnungen Wirkung entfalten.[5]

Einige in der Praxis anzutreffende Klauseln könnten sogar kontraproduktiv wirken: 24

⊃ **Nicht geeignet:**
   a) Der anlässlich Ihrer Bewerbung eingereichte Fragebogen ist wesentliche
      Grundlage dieses Vertrages. Unrichtige Angaben berechtigen uns, den Vertrag fristlos zu kündigen.
   b) Tatsachen, die der neue Mitarbeiter vor der Einstellung im Bewerbungsbogen
      verschwiegen oder unrichtig angegeben hat, obwohl sie für das Zustande-

---

1 BAG v. 22.11.1973 – 2 AZR 580/72, EzA § 626 BGB Nr. 33; APS/*Dörner/Vossen*, § 626
  BGB Rz. 17.
2 BAG v. 22.11.1973 – 2 AZR 580/72, EzA § 626 BGB Nr. 33; LAG Düsseldorf v. 22.12.1970
  – 8 Sa 250/70, DB 1971, 150 (151).
3 LAG Düsseldorf v. 22.12.1970 – 8 Sa 250/70, DB 1971, 150 (151).
4 Vgl. ErfK/*Müller-Glöge*, § 626 BGB Rz. 29a.
5 Schaub/*Linck*, § 132 Rz. 18; differenzierend Küttner/*Eisemann*, Personalbuch 2014, § 2
  Rz. 19; eine antizipierte Abmahnung zumindest auf dem Wege der innerbetrieblichen
  Bekanntgabe für möglich hält hingegen LAG Hamm v. 16.12.1982 – 10 Sa 965/82, BB
  1983, 1601.

kommen des Arbeitsverhältnisses wichtig sind, berechtigen uns zur sofortigen Beendigung des Arbeitsverhältnisses.

Die Klauseln versuchen das Kündigungsrecht zu erweitern, was mit Blick auf die Kündigungsgründe nicht nur unwirksam ist, sondern daneben sogar die Gefahr birgt, dass der Arbeitgeber seine Rechte beschneidet. Die Vereinbarung eines Kündigungsrechts für die zitierten Fälle könnte zugleich ein Verzicht auf das Recht zur **Anfechtung** sein, was das Gegenteil des Beabsichtigten, nämlich eine Verengung des Rechtes, das Arbeitsverhältnis zu lösen, zur Folge hätte. Für die Annahme eines ausdrücklichen Anfechtungsverzichtes müsste der Wortlaut jedoch eindeutiger sein, d.h. die Klauseln müssten ausschließenden Charakter haben. Zwar ist ein Anfechtungsverzicht auch konkludent möglich, aber eine derart einschneidende Regelung kann nicht ohne das Vorliegen besonderer Umstände angenommen werden.

e) Hinweise zur Vertragsgestaltung

25 Abschließend sei bemerkt, dass man die unwirksamen Erweiterungsversuche des Rechtes zur außerordentlichen Kündigung vermeiden und stattdessen bei der **Festlegung der vertraglichen Pflichten aus dem Arbeitsverhältnis genau regeln** sollte, was als besonders wichtige Vertragspflicht angesehen wird. Eine derartige Festlegung vertraglicher Pflichten verdeutlicht die Bewertung der Vertragsparteien. Die genaue Festlegung der vertraglichen Pflichten erscheint wichtiger als die Vereinbarung eines Kündigungstatbestandes, der den Charakter eines Druckmittels hat, das rechtlich in der Regel nicht trägt.

6. Vertragliche Erweiterung des Kündigungsschutzes

26 Die Arbeitsvertragsparteien können sich durch Vereinbarung zur Unterlassung einer ordentlichen Kündigung verpflichten (schuldrechtliche Kündigungsbeschränkung).[1] Die Vereinbarung kann ausdrücklich oder konkludent erfolgen. Der Vertrag ist dann nur durch eine außerordentliche Kündigung aufzulösen.

a) Beiderseitiger Ausschluss der ordentlichen Kündigung

Typ 3: Beiderseitiger Ausschluss der ordentlichen Kündigung

a) Die ordentliche Kündigung des Arbeitsverhältnisses ist beiderseits ausgeschlossen.

b) Die ordentliche Kündigung des Arbeitsverhältnisses ist für beide Vertragsparteien bis zum Ablauf des dritten Jahres nach seinem Beginn ausgeschlossen.

c) In der Zeit vom ... bis ... ist die ordentliche Kündigung des Arbeitsverhältnisses ausgeschlossen.

d) Nach einer Beschäftigungsdauer von zwei Jahren kann das Arbeitsverhältnis beiderseits nur noch aus wichtigem Grund fristlos gekündigt werden.

---

1 APS/*Preis*, Grundlagen J Rz. 4; *Kania/Kramer*, RdA 1995, 287; *Pauly*, ArbuR 1997, 94 ff.; *Schwerdtner*, FS Kissel, 1994, S. 1077 ff.

Den Arbeitsvertragsparteien steht es frei, den Ausschluss der ordentlichen Kündigung entsprechend der vorstehenden Klauseltypen zu vereinbaren. Neben dem allgemeinen Ausschluss (Typ 3a) kommt auch der Ausschluss für eine begrenzte Zeit ab Vertragsbeginn (Typ 3b), für eine bestimmte Zeitspanne (Typ 3c) oder erst ab einem bestimmten Zeitpunkt nach Vertragsbeginn in Betracht (Typ 3d). 27

Durch den Ausschluss der ordentlichen Kündigung kann eine sittenwidrige Knebelung des Arbeitnehmers i.S.d. § 138 Abs. 1 BGB nicht eintreten. Denn § 624 Satz 1 BGB räumt dem Arbeitnehmer – neben dem nicht abdingbaren Recht zur außerordentlichen Kündigung nach § 626 Abs. 1 BGB – die Möglichkeit zur Beendigung langfristiger Arbeitsverhältnisse nach Ablauf einer bestimmten Frist ein, damit dieser vor einer übermäßigen Beschränkung seiner persönlichen und beruflichen Freiheit geschützt wird.[1] Auf diesen Schutz kann der Arbeitnehmer nicht verzichten, denn § 624 Satz 1 BGB ist zwingendes Recht.[2] Unter Berücksichtigung dieser Prämisse bestehen gegen die genannten Klauseln keine Bedenken. 28

Vor der Schuldrechtsreform wurde aus § 622 Abs. 6 BGB der Rechtsgedanke entnommen, dass die ordentliche Kündigung nicht einseitig zulasten des Arbeitnehmers ausgeschlossen werden kann, da Kündigungsbedingungen nicht zu seinen Ungunsten verschärft werden dürfen.[3] Die Angemessenheit derartiger Vereinbarungen ist nunmehr nach den §§ 307 ff. BGB zu beurteilen, wobei § 622 Abs. 6 BGB als gesetzliches Leitbild heranzuziehen ist.[4] Der Kündigungsausschluss entfaltet also nur dann Wirksamkeit, wenn er nicht ausschließlich zuungunsten des Arbeitnehmers vereinbart worden ist. Die Klausel 29

⊃ **Nicht geeignet:**
> Die ordentliche Kündigung des Arbeitsverhältnisses durch den Arbeitnehmer ist ausgeschlossen.

ist daher unwirksam.

b) Ausschluss der ordentlichen Kündigung zugunsten des Arbeitnehmers

Ein Ausschluss der ordentlichen Kündigung lediglich zugunsten des Arbeitnehmers ist dagegen grundsätzlich zulässig. Dies folgt mittelbar – im Wege eines Umkehrschlusses – aus dem in § 622 Abs. 6 BGB normierten Rechtsgedanken. 30

Typ 4: Ausschluss der ordentlichen Kündigung zugunsten des Arbeitnehmers

a) Nach einer Beschäftigungsdauer von 15 Jahren, frühestens jedoch nach Vollendung des vierzigsten Lebensjahres, kann dem Arbeitnehmer nur noch aus wichtigem Grund gekündigt werden.

---

1 Zu Sinn und Zweck des § 624 BGB: BAG v. 24.10.1996 – 2 AZR 845/95, NZA 1997, 597.
2 Vgl. statt aller: SPV/*Preis*, Rz. 453.
3 LAG Hamm v. 15.3.1989 – 15 (17) Sa 1127/88, DB 1989, 1191 (1192).
4 ErfK/*Müller-Glöge*, § 622 BGB Rz. 43 f.; die Anwendbarkeit der Norm auf Dienstverträge von Geschäftsführern bezweifelt jedoch OLG Hamm v. 11.2.2008 – 8 U 155/07, GmbHR 2008, 542.

b) Die ordentliche Kündigung des Arbeitsverhältnisses gegenüber dem Arbeitnehmer ist (ggf. in der Zeit vom ... bis ...) ausgeschlossen.

31 In der Literatur ist noch immer umstritten, ob entsprechende einzelvertragliche Regelungen nicht möglicherweise deshalb (teilweise) unwirksam sind, weil über den Ausschluss der ordentlichen Kündbarkeit im Falle der betriebsbedingten Kündigung die Grundsätze der Sozialauswahl umgangen werden könnten.[1] Diese Auffassung verkennt, dass das Kündigungsschutzgesetz einseitig zwingendes Gesetzesrecht ist und zugunsten des Arbeitnehmers verbessert werden kann.[2] Der herrschenden Auffassung, wonach der einzelvertragliche Ausschluss der ordentlichen Kündigung auch dazu führt, dass die so gesicherten Arbeitnehmer nicht in die Sozialauswahl einzubeziehen sind, ist daher zu folgen.[3] Unwirksam kann eine solche Vereinbarung nur sein, wenn mit ihr die Umgehung der Grundsätze zur Sozialauswahl bezweckt wird oder sie schlicht ohne sachlichen Grund erfolgt.[4] Problematisch können insoweit Vereinbarungen in einem zeitlichen Zusammenhang mit betriebsbedingten Kündigungen sein. Der Zeitpunkt allein ist aber nicht entscheidend. Vielmehr kann der Arbeitgeber auch in diesem Fall sachliche Gründe für die Vereinbarung eines besonderen Kündigungsrechts nachweisen (Angebot eines Konkurrenzunternehmens, Verzicht auf Gehaltserhöhungen). Willkürliche Differenzierungen in zeitlichem Zusammenhang mit betriebsbedingten Kündigungen sind daher bei einzelvertraglichen Vereinbarungen zu vermeiden.

c) **Vereinbarung besonderen Kündigungsschutzes**

32 Die Vereinbarung eines besonderen Kündigungsschutzes erfolgt in der Praxis bisweilen in den Fällen, in denen nach §§ 1, 23 KSchG ein Kündigungsschutz noch nicht greift, also in Kleinbetrieben oder während der ersten sechs Monate des Arbeitsverhältnisses. Freilich ist eine derartige Vereinbarung außergewöhnlich, so dass ein eindeutiger Vertragswille erkennbar sein muss. Deshalb empfehlen sich klare Vereinbarungen.

Typ 5: Vereinbarung besonderen Kündigungsschutzes

a) Auf das Arbeitsverhältnis findet das Kündigungsschutzgesetz mit Abschluss des Vertrages/mit dem Tag der Arbeitsaufnahme/einen Monat nach Arbeitsaufnahme Anwendung.

---

[1] MünchArbR/*Berkowsky*, § 113 Rz. 110f.; *Kania/Kramer*, RdA 1995, 287 (288); *Künzl*, ZTR 1996, 385 (389); *Linck*, AR-Blattei SD 1020.1.2 Rz. 39; LSW/*Löwisch*, KSchG, § 1 Rz. 444ff.

[2] APS/*Preis*, Grundlagen J Rz. 12.

[3] APS/*Kiel*, § 1 KSchG Rz. 708.; *Bütefisch*, S. 147f.; ErfK/*Oetker*, § 1 KSchG Rz. 313; HK-KSchG/*Dorndorf*, § 1 Rz. 1055; *Kittner/Däubler/Zwanziger*, § 1 KSchG Rz. 601; KR/*Griebeling*, § 1 KSchG Rz. 666; SPV/*Preis*, Rz. 1065ff.; vgl. auch BAG v. 5.6.2008 – 2 AZR 907/06, NZA 2008, 1120 zur Einbeziehung von Beschäftigten mit tariflicher Unkündbarkeit.

[4] BAG v. 2.6.2005 – 2 AZR 480/04, NZA 2006, 207.

b) Für den Fall, dass der Betrieb nach § 23 KSchG nicht mehr unter den Geltungsbereich des Gesetzes fällt, vereinbaren die Parteien die Geltung des Kündigungsschutzgesetzes auf das Arbeitsverhältnis.

Der **einseitig zwingende Charakter des allgemeinen Kündigungsschutzes** erlaubt ohne Weiteres, mit dem Arbeitnehmer **günstigere** als die gesetzlichen Vereinbarungen abzuschließen. Deshalb kann über die Geltungsvoraussetzungen der §§ 1, 23 KSchG hinaus durch Parteivereinbarung die Anwendung des KSchG sichergestellt werden.[1] 33

d) Vereinbarung einer „Lebens- oder Dauerstellung"

In der Vertragspraxis kommt es (selten) vor, dass dem Arbeitnehmer eine Lebens- oder Dauerstellung zugesagt wird. Geschieht dies, so ist fraglich, welche Rechtswirkungen mit einer solchen Zusage verbunden sind. Die Zusage einer Lebens- oder Dauerstellung ist abzugrenzen von einem Arbeitsverhältnis auf Lebenszeit (§ 624 BGB). Durch Letzteres wird nach allgemeiner Ansicht die Möglichkeit der ordentlichen Kündigung ausgeschlossen, weshalb an die Annahme eines Arbeitsverhältnisses auf Lebenszeit strenge Anforderungen zu stellen sind.[2] 34

Vereinbarungen, wie in den nachfolgenden Beispielen aufgezeigt, empfehlen sich nicht. 35

⊃ **Nicht geeignet:**
   a) Dem Arbeitnehmer wird eine Lebensstellung gewährt.
   b) Dem Arbeitnehmer wird eine Dauerstellung gewährt.

Zwar kann eine entsprechende Zusage unter Umständen Auswirkungen auf die Kündigungsmöglichkeiten des Arbeitgebers haben, wobei entscheidend der Umfang des erzeugten Vertrauensschutzes sein dürfte.[3] Im Allgemeinen wird man nur bei Vorliegen besonderer Umstände annehmen können, dass bei einem auf Dauer angelegten Arbeitsverhältnis ein Ausschluss oder eine Beschränkung des Kündigungsrechts stillschweigend vereinbart ist. Zu verlangen ist von den Parteien, dass entsprechende **Zusagen eindeutig** getroffen werden. Prinzipiell ist der Arbeitnehmer nicht von dem Risiko befreit, das mit dem Neuantritt einer Stelle verbunden ist.[4] Viel spricht jedoch dafür, dass eine Zusage – wie im obigen Beispiel – nicht sanktionslos bleibt, insbesondere wenn der Arbeitgeber das Arbeitsverhältnis während der ersten sechs Monate trotz Bewährung grundlos kündigt. Im Anwendungsbereich materieller Kündigungsgründe (§ 1 KSchG, § 626 BGB) kann die Zusage unter Umständen bei der Gewichtung des Kündigungsgrundes Berücksichtigung finden.[5] Durch eine unvermittelte Kündigung nach vorangegangener Zusage einer Dauerstellung kann schuldhaft das schutzwürdige Vertrauen des Arbeitnehmers 36

---
1 ErfK/*Kiel*, § 23 KSchG Rz. 12.
2 Staudinger/*Preis*, § 624 BGB Rz. 11.
3 Staudinger/*Preis*, § 624 BGB Rz. 14.
4 Staudinger/*Preis*, § 624 BGB Rz. 16 m.w.N.
5 Vgl. auch BAG v. 21.10.1971 – 2 AZR 17/71, AP Nr. 1 zu § 611 BGB Gruppenarbeitsverhältnis.

verletzt werden und ein Schadensersatzanspruch aus dem Gesichtspunkt der culpa in contrahendo (§ 311 Abs. 2 i.V.m. § 280 Abs. 1 BGB) gerechtfertigt sein.[1]

37 Aus der Vereinbarung einer Dauerstellung kann u.U. gefolgert werden, dass der gesetzliche Kündigungsschutz, der erst nach sechs Monaten eingreift, schon zu Beginn der Beschäftigung einsetzen soll.[2] Nur wenn im Arbeitsvertrag schriftlich die Zusage einer Dauer- oder Lebensstellung erfolgt, können hieraus kündigungsrechtliche Konsequenzen gezogen werden (ggf. Ausschluss der Kündigung vor Dienstantritt, sofortiges Eingreifen des KSchG).[3] Angesichts der Unsicherheit der Auslegung empfiehlt es sich jedoch dringend, das Gewollte entsprechend der oben unter Rz. 26 ff. wiedergebenenen Klauseln zu vereinbaren.

7. Kündigung vor Dienstantritt

38 Da die Kündigung jederzeit erklärt werden kann, ist es grundsätzlich zulässig, sowohl die außerordentliche als auch die ordentliche Kündigung nach Vertragsschluss, aber vor Dienstantritt zu erklären.[4] Eine vor Dienstantritt erfolgte – ordentliche – Kündigung bedarf auch keines Kündigungsgrundes, da der Kündigungsschutz i.d.R. erst nach sechsmonatigem Bestand des Arbeitsverhältnisses eingreift (§ 1 Abs. 1 KSchG).

39 Die **Kündigungsmöglichkeit** vor Dienstantritt kann jedoch konkludent oder durch **ausdrückliche vertragliche Vereinbarung ausgeschlossen sein**. Es existiert **keine Erfahrungsregel**, wonach die Parteien eine Kündigung vor Dienstantritt stets ausschließen. Daher müssen besondere Umstände hinzutreten, aus denen die Annahme eines Kündigungsausschlusses vor Dienstantritt folgt. Solche besonderen Umstände sind insbesondere dann anzunehmen, wenn eine Lebens- oder Dauerstellung zugesagt wird,[5] bei der Abwerbung aus einer sicheren Arbeitsstelle[6] oder der Vereinbarung einer → *Vertragsstrafe*, II V 30 für den Fall der Nichtaufnahme der Arbeit.[7] Dagegen sind besondere Umstände nicht anzunehmen wegen der bloßen Aufgabe eines anderen Arbeitsplatzes und gesteigerter Verdienstmöglichkeiten[8] oder bei Vereinbarung einer Probezeit.[9]

40 Liegen keine besonderen Umstände für die Annahme eines Kündigungsausschlusses vor Arbeitsantritt vor, so bedarf der Ausschluss der ordentlichen Kündigung einer **ausdrücklichen Vereinbarung**. Aber selbst bei Vorliegen besonderer Um-

---

1 Vgl. KR/*Fischermeier*, § 624 BGB Rz. 19 ff.; Staudinger/*Preis*, § 624 BGB Rz. 17; vgl. auch BAG v. 12.12.1957 – 2 AZR 574/55, EzA § 276 BGB Nr. 1; LAG Nürnberg v. 25.7.1994 – 7 Sa 1217/93, LAGE § 276 BGB Verschulden bei Vertragsschluss Nr. 3.
2 BAG v. 16.2.1967 – 2 AZR 114/66, NJW 1967, 1152; v. 8.6.1972 – 2 AZR 285/71, AP Nr. 1 zu § 1 KSchG 1969.
3 Ausf. *Kramer*, S. 41 ff.
4 BAG v. 9.5.1985 – 2 AZR 372/84, NZA 1986, 671; v. 2.11.1978 – 2 AZR 74/77, NJW 1980, 1015.
5 BAG v. 2.11.1978 – 2 AZR 74/77, NJW 1980, 1015; *Berger-Delhey*, DB 1989, 380; *Neumann*, DB 1956, 571.
6 BAG v. 2.11.1978 – 2 AZR 74/77, NJW 1980, 1015; *Berger-Delhey*, DB 1989, 380; *Neumann*, DB 1956, 571 (572).
7 LAG Hess. v. 18.6.1980 – 10 Sa 1030/79, DB 1981, 532; *Berger-Delhey*, DB 1989, 380.
8 BAG v. 9.5.1985 – 2 AZR 372/84, NZA 1986, 671; *Berger-Delhey*, DB 1989, 380.
9 LAG BW v. 8.12.1976 – 8 Sa 184/76, DB 1977, 918 (919); *Berger-Delhey*, DB 1989, 380.

Kündigungsvereinbarungen

stände im obigen Sinne empfiehlt es sich schon aus Gründen der Rechtsklarheit und Transparenz, eine ausdrückliche Vertragsabrede zu treffen.

a) Ausschluss der ordentlichen Kündigung

Typ 6: Ausschluss der ordentlichen Kündigung

a) Vor Beginn des Arbeitsverhältnisses ist die ordentliche Kündigung ausgeschlossen.
b) Das Arbeitsverhältnis ist vor seinem Beginn nicht ordentlich kündbar.

Durch die Vereinbarung einer solchen Klausel wird den Vertragspartnern die Möglichkeit genommen, ihr Arbeitsverhältnis vor Dienstantritt im Wege der ordentlichen Kündigung zu beenden. Gegen die Wirksamkeit dieser Klauseln bestehen keine Bedenken. 41

b) Genereller Kündigungsausschluss

➲ Nicht geeignet:
  a) Eine Kündigung vor Arbeitsantritt ist ausgeschlossen.
  b) Das Arbeitsverhältnis ist vor seinem Beginn nicht kündbar.

Ihrem Wortlaut nach umfassen diese Vereinbarungen auch den Ausschluss der außerordentlichen Kündigung gemäß § 626 Abs. 1 BGB. Insoweit ist die Klausel jedenfalls unzulässig, denn das Recht zur außerordentlichen Kündigung nach Maßgabe des § 626 Abs. 1 BGB kann nicht abbedungen werden.[1] Man könnte erwägen, diese Klauseln geltungserhaltend auszulegen und nur bezüglich der ordentlichen Kündigung wirken zu lassen.[2] Angesichts der grundsätzlichen Bedenken gegen die geltungserhaltende Reduktion und dem klar unwirksamen Teilinhalt der Klausel wird hier von einer entsprechenden überschießenden Formulierung abgeraten. 42

c) Einseitiger Kündigungsausschluss

➲ Nicht geeignet:
  a) Vor Arbeitsantritt ist die ordentliche Kündigung durch den Arbeitnehmer ausgeschlossen.
  b) Der Arbeitnehmer darf das Arbeitsverhältnis vor seinem Beginn nicht ordentlich kündigen.

Im Wege dieser Klauseln soll lediglich die arbeitnehmerseitige Kündigung vor Dienstantritt ausgeschlossen werden. Entsprechende Klauseln sind unwirksam. Bei Vereinbarung einer derartigen Kündigungsausschlussklausel vor Arbeitsantritt ist der in § 622 Abs. 6 BGB normierte Rechtsgedanke zu beachten, wonach – neben dem ausdrücklichen Benachteiligungsverbot des Arbeitnehmers bezüglich der Kündigungsfristen – Kündigungsbedingungen nicht zulasten des Arbeitnehmers ver- 43

---
1 APS/*Dörner*/*Vossen*, § 626 BGB Rz. 7 ff.
2 So *Kramer*, S. 47.

schärft werden dürfen, es also unzulässig ist, ungünstigere Regelungen für die Kündigung durch den Arbeitnehmer zu vereinbaren.[1]

d) Regelung der Kündigungsfrist

Typ 7: Regelung der Kündigungsfrist

a) Im Falle der ordentlichen Kündigung vor Dienstantritt beginnt der Lauf der Kündigungsfrist mit Zugang der Kündigung.

b) Im Falle der ordentlichen Kündigung vor Dienstantritt beginnt der Lauf der Kündigungsfrist mit dem Tag, der vertraglich für die Arbeitsaufnahme bestimmt ist.

44 Liegt kein wirksamer vertraglicher Ausschluss der ordentlichen Kündigung vor Dienstantritt vor und ergibt sich ein solcher auch nicht aus den Umständen des Einzelfalls, so ist die Abgabe der Kündigungserklärung vor Arbeitsantritt grundsätzlich wirksam. Die Frage, zu welchem Zeitpunkt die Rechtswirkungen der Kündigung eintreten, ist damit jedoch noch nicht beantwortet, denn § 130 BGB regelt nur den Zugang als Voraussetzung der Wirksamkeit der Kündigungserklärung, nicht aber deren Wirkung. Die Rechtswirkung der Kündigung hängt vielmehr vom Ablauf der Kündigungsfrist ab. So ist fraglich, ob die Kündigungsfrist schon mit Zugang der Kündigungserklärung (also bereits vor Arbeitsantritt) oder erst im Zeitpunkt des Arbeitsantritts zu laufen beginnt.[2]

45 Die höchstrichterliche Rechtsprechung stützt sich bei der Beantwortung dieser Frage primär auf die **Vertragsabrede**. Es hängt also in erster Linie von den zwischen den Parteien getroffenen Vereinbarungen ab, ob für eine vor dem vereinbarten Vertragsbeginn ausgesprochene ordentliche Kündigung die Frist bereits mit Zugang der Kündigung oder erst mit dem vereinbarten Tag des Beginns des Arbeitsverhältnisses zu laufen beginnt.[3] Fehlt es an einer eindeutigen Vereinbarung, so liegt eine Vertragslücke vor, die im Wege der ergänzenden Vertragsauslegung zu schließen ist.[4] Bei dieser ergänzenden Vertragsauslegung ist der mutmaßliche Parteiwille unter Würdigung der beiderseitigen Interessenlage unter Berücksichtigung der konkreten Umstände des Einzelfalles zu ermitteln. So können insbesondere die Länge der Kündigungsfrist oder die Art der vorgesehenen Beschäftigung Anhaltspunkte dafür sein, ob ein Interesse an einer zumindest vorübergehenden Realisierung des Arbeitsverhältnisses besteht und deswegen die Annahme berechtigt ist, die Parteien hätten dann, wenn sie diese Frage bedacht hätten, die Kündigungsfrist nicht vor Vertragsbeginn in Lauf setzen wollen. Dagegen fehlt ein solches Interesse regelmäßig dann, wenn die Parteien eine kürzere als die gesetzliche Kündigungsfrist vereinbart haben oder wenn das Arbeitsverhältnis zunächst der Erprobung dienen soll.[5]

---

1 LAG Hamm v. 15.3.1989 – 17 Sa 1127/88, DB 1989, 1191 (1192); APS/*Preis*, Grundlagen E Rz. 22.
2 ErfK/*Müller-Glöge*, § 620 BGB Rz. 71.
3 BAG v. 9.5.1985 – 2 AZR 372/84, NZA 1986, 671.
4 BAG v. 9.5.1985 – 2 AZR 372/84, NZA 1986, 671; ErfK/*Müller-Glöge*, § 620 BGB Rz. 71.
5 BAG v. 9.5.1985 – 2 AZR 372/84, NZA 1986, 671; APS/*Preis*, Grundlagen E Rz. 24.

Will man dieser unsicheren Einzelfallbeurteilung entgehen, empfiehlt sich eine vertragliche Vereinbarung. Besteht das Interesse an einer zumindest vorübergehenden Realisierung des Arbeitsverhältnisses, so sollte eine Klauseltyp 7b entsprechende Formulierung gewählt werden und bei umgekehrter Intention eine Typ 7a entsprechende Vertragsklausel. 46

Ist aufgrund der Auslegung des Vertrages oder kraft ausdrücklicher Vereinbarung davon auszugehen, dass die Kündigungsfrist erst mit dem Zeitpunkt des **Arbeitsantritts** beginnen soll, dann ist der Beginn des Tages, an dem vertragsgemäß die Arbeit aufgenommen werden sollte, der für den Anfang der Kündigungsfrist maßgebende Zeitpunkt i.S.d. § 187 Abs. 2 BGB, d.h. es ist unerheblich, ob und wann das Arbeitsverhältnis tatsächlich aktualisiert worden ist, denn ein Arbeitsverhältnis tritt auch ohne tatsächliche Beschäftigung mit dem vereinbarten Anfangstermin in Kraft.[1] 47

e) Hinweise zur Vertragsgestaltung

Eine Vereinbarung, die die ordentliche Kündigungsmöglichkeit vor Dienstantritt ausschließt, empfiehlt sich insbesondere, wenn die Vertragspartner eine **Verstärkung der Vertragsbindung** erstreben und für sie auch eine zeitweilige Nutzung der Arbeitsleistung wichtig ist. Wird ein derartiger Kündigungsausschluss nicht vereinbart (und ergibt er sich auch nicht aus den Umständen des Einzelfalls), so ist die vertragliche Bindung vor Dienstantritt sehr schwach: Sowohl der Arbeitnehmer als auch der Arbeitgeber können jederzeit und ohne Angabe von Gründen ordentlich kündigen. Das KSchG greift regelmäßig noch nicht. Soll die ordentliche Kündigung vor Dienstantritt ausgeschlossen werden, so empfiehlt sich eine Klauseltyp 6 entsprechende Regelung. D.h., die Klausel sollte sich ausdrücklich auf die ordentliche Kündigung beschränken und sie sollte nicht lediglich die arbeitnehmerseitige Kündigung vor Dienstantritt ausschließen. 48

8. Kündigungsfristen

a) Einführung

Die gesetzliche Regelung der Kündigungsfristen in § 622 BGB sieht nur geringe Gestaltungsspielräume für die Vertragsparteien vor. Insbesondere können Kündigungsfristen nicht generell verkürzt werden. 49

⊃ **Nicht geeignet:**

> Das Arbeitsverhältnis kann mit einer Kündigungsfrist von drei Wochen gekündigt werden.

§ 622 Abs. 1 BGB sieht eine einheitliche Grundkündigungsfrist von vier Wochen zum 15. oder zum Ende eines Kalendermonats für alle Arbeitnehmer vor. Die gesetzliche Grundkündigungsfrist von vier Wochen zum 15. oder zum Ende eines Kalendermonats ist grundsätzlich **nicht abdingbar**. Dies folgt aus § 622 Abs. 5 BGB, der eine einzelvertragliche Verkürzung nur in zwei enumerativ gefassten Ausnahmen zulässt: Nr. 1 regelt den Fall einer vorübergehenden Aushilfstätigkeit; Nr. 2 enthält eine einzelvertragliche Verzichtsmöglichkeit für die Kündigungstermine

---
1 BAG v. 2.11.1978 – 2 AZR 74/77, NJW 1980, 1015.

bei Arbeitgebern, die in der Regel nicht mehr als 20 Arbeitnehmer beschäftigen. Weitere Möglichkeiten verkürzter Kündigungsfristen eröffnen sich nur für die gesetzlichen Sonderfälle nach § 622 Abs. 3 BGB bei vereinbarter Probezeit sowie nach § 622 Abs. 4 Satz 2 BGB bei einzelvertraglicher Bezugnahme auf einen Tarifvertrag. Daher ist eine **einzelvertragliche Abkürzung** grundsätzlich wie im Beispiel **unwirksam**.

50 Von der Grundkündigungsfrist kann **tarifvertraglich** – entsprechend dem alten Recht – auch zuungunsten des Arbeitnehmers abgewichen werden (§ 622 Abs. 4 Satz 1 BGB). Die Tarifdispositivität umfasst sowohl eine Verlängerung als auch eine Verkürzung der gesetzlichen Grundkündigungsfrist.

51 § 622 Abs. 2 Satz 1 BGB enthält die vom Arbeitgeber **ebenfalls zwingend einzuhaltenden** Kündigungsfristen, wenn das Arbeitsverhältnis längere Zeit bestanden hat. Kündigungstermin ist danach jeweils das Monatsende.

b) Probezeit

52 § 622 Abs. 3 BGB trifft eine ausdrückliche gesetzliche Regelung der Kündigungsfrist während einer vereinbarten Probezeit, soweit diese sechs Monate nicht übersteigt. Die Kündigungsfrist beträgt hiernach zwei Wochen. Längere Kündigungsfristen können – wie stets – einzelvertraglich vereinbart werden. Die Vereinbarung einer Kündigungsfrist, die kürzer als zwei Wochen ist, ist gemäß § 622 Abs. 3 i.V.m. § 622 Abs. 5 BGB unwirksam.[1] An deren Stelle tritt dann die gesetzliche Regelung, es gilt also nach § 622 Abs. 3 BGB eine zweiwöchige Kündigungsfrist während der Probezeit.[2] Folgende Vereinbarungen sind denkbar:

Typ 8: Unbefristetes Arbeitsverhältnis mit Probezeit

Die ersten sechs Monate des Arbeitsverhältnisses gelten als Probezeit. Während dieser Zeit kann das Arbeitsverhältnis mit einer Frist von zwei Wochen gekündigt werden.

53 Die **Zwei-Wochen-Frist** gilt ipso iure, falls eine Probezeit vereinbart ist. Die gesetzlich verkürzte Kündigungsfrist **knüpft** mit anderen Worten **an den Begriff der Probezeit an**. Das Probearbeitsverhältnis kann aber auch als echtes befristetes Arbeitsverhältnis, das nach Ablauf der Probezeit endet, vereinbart werden, hierzu → *Befristung des Arbeitsverhältnisses*, II B 10 Rz. 55 ff.

53a Zu beachten ist, dass für die Kündigung eines Probearbeitsverhältnisses (ebenso eines Aushilfsarbeitsverhältnisses) im Rahmen einer Massenentlassung aufgrund der Sperrfrist des § 18 KSchG eine verlängerte Mindestkündigungsfrist gelten kann, abhängig von der Zustimmung der Agentur für Arbeit.[3]

---

[1] Vgl. LAG Rh.-Pf. v. 6.12.2006 – 9 Sa 742/06, AuA 2007, 369; ErfK/*Müller-Glöge*, § 622 BGB Rz. 15.
[2] Vgl. auch BAG v. 10.7.1973 – 2 AZR 209/73, AP Nr. 13 zu § 622 BGB.
[3] BAG v. 6.11.2008 – 2 AZR 935/07, NZA 2009, 1013.

c) Arbeitsverträge mit Aushilfen

Typ 9: Arbeitsverträge mit Aushilfen

a) Das Aushilfsarbeitsverhältnis kann beiderseits mit einer Kündigungsfrist von drei Tagen gekündigt werden. Wird das Arbeitsverhältnis über die Dauer von drei Monaten fortgesetzt, gelten die gesetzlichen Kündigungsfristen.

b) Das Aushilfsarbeitsverhältnis kann in den ersten drei Monaten durch eine fristlose ordentliche Kündigung aufgelöst werden.

c) Das Aushilfsarbeitsverhältnis ist ordentlich ohne Einhaltung einer Kündigungsfrist kündbar.

Nach § 622 Abs. 5 Nr. 1 BGB kann die gesetzliche Kündigungsfrist im Rahmen eines Aushilfsarbeitsverhältnisses während der ersten drei Monate verkürzt werden. Diese Möglichkeit der Fristverkürzung gilt unbeschränkt, es kann also auch eine fristlose ordentliche Kündigung vereinbart werden (Typ 9b).[1] Gegen die vorstehenden Klauseln bestehen deshalb insoweit keine Wirksamkeitsbedenken. — 54

Wird das Aushilfsarbeitsverhältnis über die Dauer von drei Monaten hinaus fortgesetzt, setzen sich ipso iure die gesetzlichen unabdingbaren Kündigungsfristen durch. Auch können denknotwendig nicht die verlängerten Kündigungsfristen nach § 622 Abs. 2 BGB für ein Aushilfsarbeitsverhältnis verkürzt werden.[2] Es ist daher nicht notwendig, die Klauseln, welche eine verkürzte Kündigungsfrist vorsehen, ausdrücklich auf den Zeitraum von drei Monaten zu beschränken. — 55

Zum Teil wurde zur früheren Rechtslage angenommen, dass schon das bloße Vorhandensein eines Aushilfsarbeitsverhältnisses in Verbindung mit einer Aushilfsklausel genügt, um eine sofortige entfristete Kündigungsmöglichkeit anzunehmen. — 56

◯ **Nicht geeignet:**

Die Parteien schließen folgenden Aushilfsarbeitsvertrag ...

Richtig ist dagegen, dass schon der bloße Aushilfscharakter des Arbeitsverhältnisses ausdrücklich zum Inhalt des Arbeitsvertrages gemacht werden muss.[3] Dies geschieht zweckmäßigerweise durch eine sog. **Aushilfsklausel**. Doch kann aus der Vereinbarung einer Aushilfsklausel noch nicht geschlossen werden, dass auch die Kündigungsfristen „auf Null" verkürzt werden. Die Beweislast dafür, dass objektiv ein Aushilfszweck verfolgt wird und dies im Arbeitsvertrag auch deutlich zum Ausdruck kommt, trägt derjenige, der sich auf die kürzere Kündigungsfrist beruft – in der Regel der Arbeitgeber.[4] Zwar eröffnet § 622 Abs. 5 Satz 1 Nr. 1 BGB eine ver- — 57

---

1 Allgemeine Meinung: BAG v. 22.5.1986 – 2 AZR 392/85, NZA 1987, 60; APS/*Linck*, § 622 BGB Rz. 153.
2 APS/*Linck*, § 622 BGB Rz. 147, 158.
3 BAG v. 22.5.1986 – 2 AZR 392/85, NZA 1987, 60.
4 APS/*Linck*, § 622 BGB Rz. 151.

tragliche Abkürzungsmöglichkeit;[1] diese muss aber auch eindeutig vereinbart werden.[2]

d) Verzicht auf Kündigungstermin in Kleinbetrieben

Typ 10: Verzicht auf Kündigungstermin in Kleinunternehmen

Die Grundkündigungsfrist beträgt vier Wochen.

58 § 622 Abs. 5 Satz 1 Nr. 2 BGB regelt die Möglichkeit, in Kleinunternehmen auf die Kündigungstermine zu verzichten. Diese Vorschrift privilegiert Kleinunternehmen mit in der Regel nicht mehr als 20 Beschäftigten. Der Vorteil ist aber marginal, da nur die Grundkündigungsfrist in diesem Umfang disponibel ist.[3]

e) Verlängerung der gesetzlichen Kündigungsfristen

aa) Grundlagen

59 Weil die Kündigungsfristen auch das Ausmaß des Bestandsschutzes des Arbeitsverhältnisses bestimmen, können längere Kündigungsfristen ebenso vereinbart werden wie weitergehende Kündigungstermine. § 622 Abs. 5 Satz 3 BGB stellt ausdrücklich klar, dass eine einzelvertragliche **Verlängerung** der gesetzlichen Kündigungsfristen **möglich** ist. Auch in vom Arbeitgeber gestellten AGB ist eine solche Verlängerung prinzipiell möglich.[4] Zu beachten ist insoweit allerdings § 622 Abs. 6 BGB, wonach die Verlängerung der Kündigungsfrist nicht einseitig zulasten des Arbeitnehmers ausgestaltet werden darf. Vertraglich sollte stets ausdrücklich klargestellt werden, ob die Verlängerung der Kündigungsfrist für beide Seiten oder nur für Arbeitgeberkündigungen gelten soll.[5]

Typ 11: Einzelvertragliche Verlängerung der Kündigungsfristen

a) Das Arbeitsverhältnis kann mit einer Kündigungsfrist von zwei Jahren zum Halbjahresende gekündigt werden.

b) Das Arbeitsverhältnis kann mit einer Kündigungsfrist von fünf Jahren zum Halbjahresende gekündigt werden.

60 Die grundsätzliche Zulässigkeit der Verlängerung der gesetzlichen Kündigungsfristen gilt für die **Kündigung des Arbeitsverhältnisses durch den Arbeitgeber grenzenlos**. Dies folgt – im Wege eines Erst-Recht-Schlusses – aus der grundsätzlichen Zulässigkeit eines einzelvertraglichen Kündigungsausschlusses, der zu einer wesent-

---

1 Für die Kündigung im Rahmen einer Massenentlassung kann sich ebenfalls eine verlängerte Mindestkündigungsfrist aus § 18 KSchG ergeben, vgl. Rz. 53a.
2 APS/*Linck*, § 622 BGB Rz. 155; ErfK/*Müller-Glöge*, § 622 BGB Rz. 17; KR/*Spilger*, § 622 BGB Rz. 165.
3 ErfK/*Müller-Glöge*, § 622 BGB Rz. 18.
4 BAG v. 25.9.2008 – 8 AZR 717/07, NZA 2009, 370; v. 28.5.2009 – 8 AZR 896/07, NJW-Spezial 2009, 738.
5 SPV/*Preis*, Rz. 452 ff.

lich stärkeren Vertragsbindung führt. Zudem bleibt das nicht abdingbare Recht zur außerordentlichen Kündigung bestehen. Hingegen kann für die **Kündigung des Arbeitsverhältnisses durch den Arbeitnehmer keine beliebig lange Frist** vereinbart werden.[1]

Eine gesetzlich verankerte Grenze ergibt sich aus einer Zusammenschau der Sätze 1 und 2 des § 624 BGB. Hieraus ergibt sich für den Arbeitnehmer als Dienstverpflichtetem eine höchstzulässige Bindungsdauer an den Arbeitsvertrag von **fünfeinhalb Jahren**.[2] In diesem gesetzlich mittelbar vorgegebenen Rahmen halten sich zwar die Klauseln 11a und 11b.[3] Vereinbaren die Vertragsparteien zum Nachteil des Arbeitnehmers längere Kündigungsfristen, die gegen § 624 BGB verstoßen, findet die in § 622 Abs. 1 und 2 BGB verankerte **gesetzliche Kündigungsfrist** Anwendung. Wird hingegen im Rahmen der zulässigen Höchstgrenze für den Arbeitnehmer eine längere Kündigungsfrist vereinbart als für den Arbeitgeber, so wird nach überwiegender Ansicht die unwirksame Vereinbarung im Zweifel nicht durch die gesetzlichen Fristen ersetzt, sondern die Geltung der für den Arbeitnehmer vorgesehenen längeren Kündigungsfrist auch auf den Arbeitgeber erstreckt.[4]

bb) Regelungen in Altverträgen

In zahlreichen Altverträgen, also solchen Arbeitsverträgen, die vor In-Kraft-Treten des Kündigungsfristengesetzes 1993 abgeschlossen worden sind, findet sich hinsichtlich der Kündigungsfristen lediglich eine Verweisung auf die früher geltenden Kündigungsfristen.

◯ **Nicht geeignet:**
   a) Die Kündigungsfristen richten sich nach den gesetzlichen Vorschriften.
   b) Das Arbeitsverhältnis kann mit einer Kündigungsfrist von sechs Wochen zum Schluss eines Kalendervierteljahres gekündigt werden.
   c) Es gilt die gesetzliche Kündigungsfrist von sechs Wochen zum Quartalsende.

Die in den Beispielen aufgezeigten Verweisungsklauseln sind unterschiedlich ausgestaltet. Bei jeder dieser Klauseln stellt sich die Frage, ob nunmehr die alte, längere gesetzliche Kündigungsfrist von sechs Wochen zum Quartalsende oder die neuere, kürzere gesetzliche Frist von vier Wochen maßgeblich ist. Dies hängt davon ab, ob man die Klauseln als konstitutive oder deklaratorische Verweisungen interpretiert.[5] Es wird empfohlen, künftig auf Quartalstermine bei den Kündigungsfristen in Arbeitsverträgen zu verzichten, weil hier in Einzelfällen schwierige Günstigkeitsvergleiche anzustellen sind.[6]

---

1 ErfK/*Müller-Glöge*, § 622 BGB Rz. 42.
2 KR/*Spilger*, § 622 BGB Rz. 200.
3 Näher *Kramer*, S. 110 ff.
4 SPV/*Preis*, Rz. 459; KR/*Spilger*, § 622 BGB Rz. 202; Schaub/*Linck*, § 126 Rz. 44.
5 Hierzu ausf. *Kramer*, S. 119 f.
6 Vgl. APS/*Linck*, § 622 BGB Rz. 180 ff.; *Kramer*, BB 1997, 731 ff.

cc) Anrechnungsklauseln

Typ 12: Anrechnung früherer Beschäftigungszeiten

a) Beschäftigungszeiten des Arbeitnehmers aus Arbeitsverhältnissen zum selben Arbeitgeber werden auf die Dauer der Betriebszugehörigkeit angerechnet.

b) Beschäftigungszeiten des Arbeitnehmers aus dem Arbeitsverhältnis zu der X-AG werden auf die Dauer der Betriebszugehörigkeit angerechnet.

c) Beschäftigungszeiten, die der Arbeitnehmer in einem Unternehmen des ...-Konzern erbracht hat, werden auf die Betriebszugehörigkeit angerechnet.

64 Die verlängerten Kündigungsfristen nach § 622 Abs. 2 Satz 1 BGB setzen den Bestand des Arbeitsverhältnisses für die angegebene Dauer voraus. Das Arbeitsverhältnis muss zum Arbeitgeber oder dessen Rechtsvorgänger bestanden haben, und zwar zu demselben Betrieb oder Unternehmen. Unerheblich sind zwischenzeitliche Betriebsinhaberwechsel (§ 613a Abs. 1 Satz 1 BGB).[1] Obwohl § 622 Abs. 2 Satz 2 BGB von Beschäftigungsdauer spricht, sind auch Zeiten vorübergehender Nichtbeschäftigung wie Annahmeverzug des Arbeitgebers, Urlaub, Krankheit oder Arbeitskampf einzubeziehen. Mehrere rechtlich selbständige Arbeitsverhältnisse zum selben Arbeitgeber werden zusammengezählt, wenn sie **ohne zeitliche Unterbrechung** hintereinander geschaltet sind; liegt eine zeitliche Unterbrechung vor, dann gilt dies nur, wenn zwischen beiden Arbeitsverhältnissen ein **enger sachlicher Zusammenhang** besteht.[2] Andernfalls beginnt die Beschäftigungszeit ebenso neu zu laufen wie bei dem Antritt einer neuen Arbeitsstelle bei einem anderen Arbeitgeber. Eine entsprechende Anrechnungsvereinbarung kann sich insbesondere anbieten, wenn verschiedene Beschäftigungsverhältnisse zu mehreren Arbeitgebern im Konzernverbund eingegangen werden.

64a Auffassungen in der Literatur, die generell Vorbeschäftigungszeiten in konzernangehörigen Unternehmen anrechnen wollen,[3] haben sich nicht durchsetzen können. Deshalb wird eine konkrete Anrechnungsvereinbarung für erforderlich gehalten.[4] Zwar ist auch eine konkludente Vereinbarung über die Anrechnung vorangegangener Beschäftigungszeiten möglich. Das BAG erkennt dies aber nur in Sondersituationen an.[5] Es empfiehlt sich daher eine rechtssichere Vereinbarung entsprechend Klausel Typ 12 (→ *Arbeitsaufnahme, Beginn des Arbeitsverhältnisses*, II A 60 Rz. 6a).

---

1 Zur Anrechnung bei Betriebsübergang: BAG v. 27.6.2002 – 2 AZR 270/01, NZA 2003, 145.
2 APS/*Linck*, § 622 BGB Rz. 56 ff. m.w.N.
3 HHL/*Krause*, § 1 Rz. 115; APS/*Dörner/Vossen*, § 1 KSchG Rz. 45; HaKo-KSchR/*Mayer*, § 1 KSchG Rz. 63.
4 KR/*Griebeling*, § 1 KSchG Rz. 118; MüKoBGB/*Hergenröder*, § 1 KSchG Rz. 25; *Windbichler*, Arbeitsrecht im Konzern 1989, S. 223 f.
5 BAG 20.2.2014 – 2 AZR 859/11, NZA 2014, 1083 Rz. 46.

f) Bezugnahme auf tarifliche Kündigungsfristen

Typ 13: Einzelvertragliche Bezugnahme tariflicher Kündigungsbestimmungen

a) Bezüglich der Kündigung des Arbeitsverhältnisses gelten die tariflichen Bestimmungen des Manteltarifvertrages für Arbeiter und Angestellte in der Metallindustrie in Nordwürttemberg/Nordbaden in der Fassung vom ...

b) Bezüglich der Kündigung des Arbeitsverhältnisses gelten die tariflichen Bestimmungen des Manteltarifvertrages für Arbeiter und Angestellte in der Metallindustrie in Nordwürttemberg/Nordbaden in ihrer jeweils gültigen Fassung.

c) Bezüglich der Kündigung des Arbeitsverhältnisses gelten die tariflichen Bestimmungen des Manteltarifvertrages für Arbeiter und Angestellte in der Metallindustrie in Nordwürttemberg/Nordbaden. Ein Exemplar des genannten Tarifvertrages erhält der Mitarbeiter gegen Empfangsbescheinigung ausgehändigt. Der Tarifvertrag kann außerdem in der Personalabteilung oder beim Betriebsrat eingesehen werden.

Tarifvertragliche Abkürzungen der gesetzlichen Kündigungsfrist erfassen gemäß § 4 Abs. 1 Satz 1 TVG i.V.m. § 622 Abs. 4 Satz 1 BGB nur die Tarifgebundenen. Das sind gemäß § 3 Abs. 1 TVG auf Arbeitnehmerseite die Mitglieder der tarifvertragsschließenden Gewerkschaft, auf Arbeitgeberseite beim Firmentarifvertrag der einzelne Arbeitgeber, beim Verbandstarifvertrag die Mitglieder des tarifvertragsschließenden Arbeitgeberverbandes. Nur der für allgemeinverbindlich erklärte Tarifvertrag gilt gemäß § 5 Abs. 4 TVG für sämtliche Arbeitsverhältnisse. Fehlt den Arbeitsvertragsparteien die Tarifgebundenheit, gelten – unter Außerachtlassung von § 622 Abs. 4 Satz 2 BGB – die gesetzlichen Kündigungsfristen. Um unterschiedliche Kündigungsfristen zu vermeiden und unabhängig von der Tarifgebundenheit einheitliche Regelungen zu ermöglichen, lässt § 622 Abs. 4 Satz 2 BGB ausnahmsweise einzelvertragliche Unterschreitungen der gesetzlichen Kündigungsfrist zu. Die Vereinbarung tariflicher Kündigungsfristen ist – entgegen dem Wortlaut der Norm – nicht nur dann möglich, wenn **Arbeitgeber und Arbeitnehmer nicht tarifgebunden** sind. Nach ihrem Zweck – eine dem einschlägigen Tarifvertrag entsprechende einheitliche Gestaltung der Kündigungsvorschriften zu gewährleisten[1] – ist die Zulassungsnorm vielmehr auch dann anwendbar, wenn **nur eine Partei des Arbeitsvertrages nicht tarifgebunden** ist. 65

Nach dem Regelungszweck reicht die Autonomie der Arbeitsvertragsparteien nicht weiter, als es zur Gleichstellung der Tarifgebundenen und der Außenseiter erforderlich ist. Die Bezugnahme (→ *Verweisungsklauseln*, II V 40) ist deshalb nur im Geltungsbereich eines Tarifvertrages mit Kündigungsfristen zulässig, und dessen Anwendbarkeit darf nur an der fehlenden Tarifgebundenheit scheitern. Das bedeutet, dass der Tarifvertrag, auf den verwiesen wird, im Übrigen alle für den Geltungsbereich wesentlichen Kriterien (räumlicher, betrieblicher, fachlicher, persönlicher und zeitlicher Geltungsbereich) erfüllen muss, **also bei einer beiderseitigen Tarifgebundenheit einschlägig und anwendbar wäre**.[2] Demgemäß kann die Anwendung fremder Tarifverträge nicht vereinbart werden, mögen sie auch günstiger sein als 66

---
1 Vgl. SPV/*Preis*, Rz. 466.
2 APS/*Linck*, § 622 BGB Rz. 139.

der einschlägige Tarifvertrag.[1] Andernfalls wären auch die gesetzlichen Kündigungsfristen ohne Rücksicht auf branchenübliche Besonderheiten leicht zu umgehen.

67 Umstritten war vor Inkrafttreten der Schuldrechtsreform, ob die Bezugnahme auf einen Tarifvertrag einer bestimmten Form bedarf. Grundsätzlich kann die Bezugnahme auf tarifliche Vorschriften auch stillschweigend erfolgen.[2] Dies wird nunmehr bestätigt durch § 310 Abs. 4 Satz 2 BGB, wonach eine Einbeziehungskontrolle nach § 305 Abs. 2 BGB im Arbeitsrecht nicht stattfindet und ein ausdrücklicher Hinweis oder die Verschaffung der Kenntnisnahmemöglichkeit durch den Arbeitgeber bei Vertragsschluss nicht erforderlich ist. Ob jedoch eine Einbeziehung der tariflichen Vorschriften durch betriebliche Übung möglich ist, ist umstritten. Das BAG hat eine konkludente Bezugnahme auf die in einem Tarifvertrag geregelte Ausschlussfrist für möglich gehalten.[3] Dem steht eine andere Entscheidung gegenüber, wonach bei fehlender Tarifbindung tarifliche Ausschlussfristen ausdrücklich durch Verweisung vereinbart werden müssten.[4] Im Lichte des Nachweisgesetzes wird ebenfalls vertreten, dass Ausschlussfristen ausdrücklich in den Arbeitsvertrag bzw. Nachweis aufgenommen werden müssten, um wirken zu können.[5] Auch wenn der Nachweis keine Wirksamkeitsvoraussetzung ist, erscheint es angesichts des Zusammenwirkens von § 310 Abs. 4 Satz 2 BGB und des NachwG dringend geboten, **ausdrückliche Bezugnahmeklauseln** aufzunehmen.

68 Fraglich ist aber, wie konkret die Bezugnahmeklauseln ausgestaltet sein müssen. Auch in dieser Frage überlagert das NachwG die gebotene Betrachtung. Problematisch ist dort die Frage, ob im Bereich des § 2 Abs. 1 Satz 2 Nr. 6–9 NachwG die allgemeine Verweisung auf Bezugnahmeobjekte, also der ohnehin erforderliche Hinweis nach § 2 Abs. 1 Satz 2 Nr. 10 NachwG ausreicht oder eine **konkrete Verweisung** auf die jeweiligen Teilbereiche notwendig ist. Die unterschiedliche Normfassung legt nahe, dass beim jeweiligen Sachzusammenhang (Entgelt, Arbeitszeit, Urlaub, Kündigungsfristen) die Verweisung erfolgen muss. Damit eine gewisse Transparenz erreicht wird, ist der Begriff „einschlägig" dahingehend zu interpretieren, dass im Arbeitsvertrag der einschlägige Kollektivvertrag auch benannt werden muss.[6] Verzichtbar erscheint allerdings, dass der Arbeitgeber die konkrete Vorschrift, in die jeweilige Materie geregelt ist, benennen muss.

69 Vor diesem Hintergrund sind allgemeine Hinweis auf die „tariflichen Bestimmungen", da nicht genügend transparent, problematisch und zu vermeiden.

⊃ **Nicht geeignet:**
   a) Es gelten die tariflichen Bestimmungen.
   b) Bezüglich der Kündigung des Arbeitsverhältnisses gelten die tariflichen Bestimmungen.

---

1 Staudinger/*Preis*, § 622 BGB Rz. 44; SPV/*Preis*, Rz. 468; KR/*Spilger*, § 622 BGB Rz. 181.
2 Staudinger/*Preis*, § 622 BGB Rz. 47; KR/*Spilger*, § 622 Rz. 189; a.A. *Kramer*, S. 134 ff.
3 BAG v. 19.1.1999 – 1 AZR 606/98, NZA 1999, 879.
4 BAG v. 26.9.1990 – 5 AZR 112/90, NZA 1991, 247.
5 *Koch*, FS Schaub, 1998, S. 421, 439; LAG Schl.-Holst. v. 8.2.2000 – 1 Sa 563/99, NZA-RR 2000, 196.
6 ErfK/*Preis*, § 2 NachwG Rz. 30; wohl auch *Wank*, RdA 1996, 23.

Problematisch ist aber auch eine zu enge Fassung, z.B. nur die tariflichen Vorschriften für bestimmte Fristen (z.B. für die Probezeit) oder ausschließlich die Fristen, aber nicht die Kündigungstermine in Bezug zu nehmen. Vielmehr sollte zumindest der gesamte **Regelungskomplex „Kündigungsregelungen"** in Bezug genommen werden (vgl. Klauseltyp 13).[1] Es ist einerseits erforderlich, andererseits aber auch ausreichend, wenn umfassend auf die Kündigungsregelung (Kündigungsfristen und -termine) des Tarifvertrages verwiesen wird. Der Tarifvertrag braucht nicht insgesamt übernommen zu werden, er kann es aber. 70

Die Vor- und Nachteile **statischer** und **dynamischer Verweisungen** (vgl. Klausel 13b und c) werden beim Stichwort → *Verweisungsklausel*, II V 40 behandelt. Wird weder ausdrücklich eine statische noch ausdrücklich eine dynamische Verweisung vereinbart, sondern schlicht auf die Bestimmungen eines bestimmten Tarifvertrages verwiesen (vgl. Klausel 13d), so ist die Klausel auslegungsbedürftig hinsichtlich der Frage, ob auf den Tarifvertrag in einer bestimmten Fassung oder in der jeweils gültigen Fassung verwiesen wird. Hier ist im Zweifel davon auszugehen, dass der Tarifvertrag in seiner jeweils gültigen Fassung in Bezug genommen worden ist. Dies ergibt sich zum einen aus der beabsichtigten Zukunftswirkung des Arbeitsverhältnisses,[2] zum anderen daraus, dass die Parteien mit einer solchen Vereinbarung den nicht tarifgebundenen Arbeitnehmer ersichtlich den tarifgebundenen Arbeitnehmern gleichstellen wollten.[3] **Im Zweifel** sind daher entsprechende **Verweisungen als dynamisch auszulegen**. 71

g) Gleichbehandlungsklauseln

Typ 14: Gleichbehandlungsklauseln

a) Gesetzliche Verlängerungen der Kündigungsfrist hat auch der Arbeitnehmer bei Kündigungen gegenüber dem Arbeitgeber einzuhalten.

b) Die Anwendung der Kündigungsfristen und -termine des § 622 Abs. 2 BGB wird für beide Vertragsteile vereinbart.

c) Das Arbeitsverhältnis kann beiderseits ordentlich unter Einhaltung der für den Arbeitgeber nach § 622 BGB gesetzlich geltenden Kündigungsfristen gekündigt werden.

Gemäß § 622 Abs. 2 BGB gelten für länger beschäftigte Arbeitnehmer verlängerte Kündigungsfristen. Diese längeren Fristen gelten kraft Gesetzes aber nur für die Kündigung des Arbeitsverhältnisses durch den Arbeitgeber. Der Arbeitnehmer ist also befugt, das Arbeitsverhältnis mit der gesetzlichen oder einzelvertraglich vereinbarten Kündigungsfrist zu lösen. 72

Aber auch der Arbeitgeber kann ein berechtigtes Interesse daran haben, im Falle der arbeitnehmerseitigen Kündigung eines langjährig beschäftigten Mitarbeiters genügend Zeit zu erhalten, um die Nachfolge zu regeln. Der gesetzlichen Konsequenz 73

---

1 ErfK/*Müller-Glöge*, § 622 BGB Rz. 35; KR/*Spilger*, § 622 BGB Rz. 185; APS/*Linck*, § 622 BGB Rz. 142.
2 BAG v. 20.3.1990 – 1 ABR 20/89, NZA 1990, 699.
3 BAG v. 20.3.1990 – 1 ABR 20/89, NZA 1990, 699; *Etzel*, NZA Beilage 1/1987, 19 (27).

einer lediglich einseitigen Verlängerung der Kündigungsfristen kann der Arbeitgeber entgehen, wenn er mit dem betreffenden Arbeitnehmer eine hier sog. Gleichbehandlungsabrede vereinbart (vgl. Typ 14). Klauseln, die die kraft Gesetzes (§ 622 Abs. 2 BGB) einzuhaltenden verlängerten Kündigungsfristen gegenüber länger beschäftigten Arbeitnehmern auch auf die Kündigung des Arbeitsverhältnisses durch den Arbeitnehmer erstrecken, sind daher **zulässig und wirksam**.[1]

73a Grundsätzlich können auch vom Arbeitgeber gestellte AGB eine Gleichstellungsklausel enthalten. Diesbezüglich hält nach Ansicht des BAG zumindest eine Klausel des Typs 14c einer AGB-Kontrolle, insbesondere den Anforderungen des Transparenzgebots gemäß § 307 Abs. 1 Satz 2 BGB, stand.[2]

74 Gemäß § 622 Abs. 6 BGB darf für die Kündigung des Arbeitsverhältnisses durch den Arbeitnehmer keine längere Frist vereinbart werden als für die Kündigung durch den Arbeitgeber.

⊃ **Nicht geeignet:**
   a) Bei einer Kündigung durch den Arbeitgeber gegenüber dem Arbeitnehmer ist eine Kündigungsfrist von einem Monat zum Monatsende einzuhalten. Im Falle einer Kündigung des Arbeitsverhältnisses durch den Arbeitnehmer beträgt die Kündigungsfrist zwei Monate zum Monatsende.
   b) Wird das Arbeitsverhältnis durch den Arbeitgeber gekündigt, beträgt die Kündigungsfrist einen Monat zum Monatsende. Der Arbeitnehmer ist berechtigt, mit Monatsfrist zum Quartalsende zu kündigen.

75 Beispiel a) verstößt deshalb gegen § 622 Abs. 6 BGB. Fraglich ist, ob das auch für Beispiel b) gilt, das zwar gleiche Fristen, aber für die arbeitnehmerseitige Kündigung weniger Kündigungstermine (nur vier pro Jahr, während dem Arbeitgeber zwölf Termine zur Verfügung stehen) vorsieht. Zwar regelt § 622 Abs. 6 BGB ausdrücklich nur, dass für den Arbeitnehmer keine längeren Kündigungsfristen gelten dürfen als für den Arbeitgeber. Es besteht jedoch Einigkeit darüber, dass über den zu engen Wortlaut der Vorschrift hinaus **auch die Kündigungstermine** erfasst werden.[3] Dem ist zuzustimmen. Wenn nach § 622 Abs. 6 BGB für die Kündigung durch den Arbeitgeber die Vereinbarung kürzerer Kündigungsfristen als für die Kündigung durch den Arbeitnehmer unzulässig ist, müssen weniger Kündigungstermine für die Kündigung durch den Arbeitnehmer konsequenterweise ebenso ausgeschlossen sein. Andernfalls würde die Norm einen Großteil ihres Sinnes verlieren und liefe weitgehend leer.

76 Die ganz überwiegende Auffassung steht auf dem Standpunkt, dass bei Vereinbarung längerer Kündigungsfristen zulasten des Arbeitnehmers an die Stelle dieser unwirksamen Kündigungsfristvereinbarung regelmäßig nicht die gesetzliche Frist trete. Vielmehr sei im Zweifel davon auszugehen, dass die längere – an sich nur für die Kündigung durch den Arbeitnehmer gedachte – Kündigungsfrist dann für die

---

1 BAG v. 29.8.2001 – 4 AZR 337/00, NZA 2002, 1346; ErfK/*Müller-Glöge*, § 622 BGB Rz. 40; SPV/*Preis*, Rz. 458; Schaub/*Linck*, § 126 Rz. 43.
2 BAG v. 28.5.2009 – 8 AZR 896/07, AP Nr. 6 zu § 306 BGB.
3 APS/*Linck*, § 622 BGB Rz. 171f.

Kündigung beider Parteien maßgebend ist.¹ Dieses Resultat folgt aus einer **Analogie zu § 89 Abs. 2 Satz 2 HGB**.²

§ 622 Abs. 6 BGB gebietet ausdrücklich keine zweiseitige Geltung des Grundsatzes der Gleichheit der Kündigungsfristen. Mittelbar – nämlich im Umkehrschluss – folgt aus dieser Vorschrift vielmehr, dass es zulässig ist, für die Kündigung durch den Arbeitgeber eine längere Kündigungsfrist zu vereinbaren als bei einer Kündigung durch den Arbeitnehmer. Ebenso muss es zulässig sein, bei gleicher Fristlänge für die Kündigung durch den Arbeitgeber weniger Kündigungstermine vorzusehen. Entsprechende Klauseln unterliegen deshalb keinen Wirksamkeitsbedenken. 77

---

1 SPV/*Preis*, Rz. 459; KR/*Spilger*, § 622 BGB Rz. 202; Schaub/*Linck*, § 126 Rz. 44.
2 Staudinger/*Preis*, § 622 BGB Rz. 57; APS/*Linck*, § 622 BGB Rz. 185; so auch BAG v. 2.6.2005 – 2 AZR 296/04, NZA 2005, 1176.

M 10 Mankohaftung

	Rz.		Rz.
1. Einführung	1	bb) Verschuldensabhängige Haftung	14
a) Begriff der Mankohaftung	1	cc) Haftung für das Verhalten Dritter	18
b) Haftungsgrundlagen	2	b) Beweislastvereinbarungen über das Manko	19
aa) Allgemeine Mankohaftung	2	c) Abreden zum Haftungsumfang	20
bb) Haftung aufgrund einer besonderen Mankoabrede	8	d) Mankoabzugsabreden	22
2. Klauseltypen	10	3. Hinweise zur Vertragsgestaltung; Zusammenfassung	23
a) Abreden über die Haftungsübernahme	10		
aa) Verschuldensunabhängige Einstandspflicht	10		

Schrifttum:

Bleistein, Die Mankohaftung des Arbeitnehmers, DB 1971, 2213; *Deinert*, Mankohaftung, RdA 2000, 22; *Hanel*, Die Mankohaftung, Personal 1990, 386; *Jung*, Mankohaftung aus dem Arbeitsvertrag, 1985; *Jung*, Arbeitsrechtliche Haftungseinschränkung im Mankohaftungsfall, BlStSozArbR 1985, 289; *Krause*, Die Haftung des Arbeitnehmers für Mankoschäden – Bilanz und Perspektiven, RdA 2013, 129; *Langer*, Die Mankohaftung des Arbeitnehmers, 1957; *Lansnicker/Schwirtzek*, Neuordnung der Mankohaftung, BB 1999, 259; *Otto/Schwarze/Krause*, Die Haftung des Arbeitnehmers, 4. Aufl. 2014; *Pauly*, Haftung für Mankoschäden und innerbetrieblicher Schadensausgleich, JR 1995, 228; *Pauly*, Grundfragen der Mankohaftung, BB 1996, 2038; *Reinecke*, Die Mankohaftung des Arbeitnehmers, ZfA 1976, 215; *Schumacher*, Die privilegierte Haftung des Arbeitnehmers, 2012; *Schwab*, Die Schadenshaftung im Arbeitsverhältnis – Eine Übersicht, VI. Mankohaftung, NZA-RR 2006, 449; *Schwab*, Die Haftung des Arbeitnehmers, AiB 2012, 391; *Schwirtzek*, Mankoabreden nach der Schuldrechtsreform – Zurück in die Zukunft, NZA 2005, 437; *Stoffels*, AR-Blattei SD 870.2 Haftung des Arbeitnehmers, II. Mankohaftung; *Walker*, Die eingeschränkte Haftung des Arbeitnehmers unter Berücksichtigung der Schuldrechtsmodernisierung, JuS 2002, 736; *Woltereck*, Mankohaftung im Arbeitsverhältnis, 1966; *Woltereck*, Probleme der Schadensberechnung in Mankofällen, BB 1963, 901.

1. Einführung

a) Begriff der Mankohaftung

1   Unter Manko versteht man im Arbeitsrecht üblicherweise den Schaden, den ein Arbeitgeber dadurch erleidet, dass ein seinem Arbeitnehmer anvertrauter Warenbestand eine Fehlmenge aufweist oder sich in einer von seinem Arbeitnehmer geführten Kasse ein Fehlbetrag ergibt.[1] Hier stellt sich dann die Frage, ob und ggf. unter welchen Voraussetzungen der Arbeitnehmer für die Differenz aufkommen muss.

---

1 *Jung*, Mankohaftung, S. 7; *Otto/Schwarze/Krause*, Haftung des Arbeitnehmers, § 13 Rz. 2; *Schaub/Linck*, § 53 Rz. 79; *Reinecke*, ZfA 1976, 216; *Deinert*, RdA 2000, 23.

b) Haftungsgrundlagen

aa) Allgemeine Mankohaftung

Für diesen Fehlbestand bzw. -betrag haftet der Arbeitnehmer zunächst – nach Ansicht des BAG auch neben einer besonderen Mankovereinbarung[1] – nach den **allgemeinen Haftungsbestimmungen** des BGB.[2]

Für die **Haftung nach dem allgemeinen Vertragsrecht** kommt es nach der Rechtsprechung[3] auf den Grad der Selbständigkeit des Arbeitnehmers im Hinblick auf seine Aufgabenerfüllung und seine besitzrechtliche Stellung im Hinblick auf die überlassenen Sachen an.

Hat der Arbeitgeber eine Tatsachenlage geschaffen, nach der er nicht mehr Besitzer der Sache ist, so sollen neben den arbeitsvertraglichen Bestimmungen die **Vorschriften über die Verwahrung (§ 688 BGB) und den Auftrag (§§ 675, 663, 665–670, 672–674 BGB)** Anwendung finden. Das BAG lässt in seiner neueren Rechtsprechung erkennen, dass es diese Situation als **Ausnahmefall** betrachtet.[4] Denn in der Regel sei der Arbeitnehmer nach der ausdrücklichen gesetzlichen Wertung nicht Besitzer der ihm zur Erfüllung seiner Arbeitsleistung überlassenen Sachen, sondern nur Besitzdiener (§ 855 BGB). Unmittelbarer Besitz des Arbeitnehmers setze zumindest den alleinigen Zugang zu der Sache und deren selbständige Verwaltung voraus. Dazu gehöre – insoweit ist eine Kontinuität in der Rechtsprechung erkennbar –, dass der Arbeitnehmer wirtschaftliche Überlegungen anzustellen und Entscheidungen über die Verwendung der Sache zu treffen habe.[5] Wirtschaftliche Selbständigkeit soll vorliegen, wenn die Tätigkeit des Arbeitnehmers von kaufmännischen Aufgaben geprägt ist, ihm z.B. eigene Vertriebsbemühungen obliegen oder er Preise – über deren bloße Berechnung hinaus – auch selbständig kalkulieren muss. Der (selbständige) Arbeitnehmer ist bei der Abrechnung zur Herausgabe der erhaltenen Gegenstände oder ihres wirtschaftlichen Surrogats nach § 667 BGB verpflichtet. Ist er hierzu nicht in der Lage, ist ihm die Leistung also **unmög-**

---

1 BAG v. 2.12.1999 – 8 AZR 386/98, NZA 2000, 715 (717): „Anspruch aus schuldhafter Vertragsverletzung steht selbständig neben einer möglichen Garantiehaftung aus Vertrag." Zustimmend *Krause*, Anm. AP Nr. 3 zu § 611 BGB Mankohaftung. Dies ist aber zweifelhaft. A.A. offenbar *Lansnicker/Schwirtzek*, BB 1999, 259 (261).
2 Vgl. zu den Anspruchsgrundlagen bei Mankohaftung *Jung*, Mankohaftung, S. 51–73; *Schwab*, NZA-RR 2006, 449 (454f.).
3 Ständige Rechtsprechung seit BAG v. 13.3.1964 – 1 AZR 100/63, AP Nr. 32 zu § 611 BGB Haftung des Arbeitnehmers. Fortgeführt wird das zweigeteilte Haftungskonzept durch BAG v. 22.5.1997 – 8 AZR 562/95, AP Nr. 1 zu § 611 BGB Mankohaftung mit Anm. *Krause*; BAG v. 17.9.1998 – 8 AZR 175/97, NZA 1999, 141. Im Schrifttum überwiegen die kritischen Stimmen: *Boemke/Müller*, Anm. SAE 2000, 7f.; *Stoffels*, AR-Blattei SD 870.2 Rz. 17ff.; *Preis/Kellermann*, Anm. SAE 1998, 134f.; *Schwab*, AiB 2012, 391 (395); *Otto/Schwarze/Krause*, Haftung des Arbeitnehmers, § 13 Rz. 6ff. und *Krause*, Anm. AP Nr. 1 zu § 611 BGB Mankohaftung; *Schumacher*, Haftung des Arbeitnehmers, S. 40; zustimmend hingegen *Lakies*, Inhaltskontrolle von Arbeitsverträgen, Rz. 730f.
4 BAG v. 17.9.1998 – 8 AZR 175/97, NZA 1999, 141; v. 2.12.1999 – 8 AZR 386/98, NZA 2000, 715 (716); zustimmend *Lakies*, Inhaltskontrolle von Arbeitsverträgen, Rz. 730f.; *Henssler/Moll*, AGB-Kontrolle, S. 95; *Tschöpe/von Steinau-Steinrück*, II Mankohaftung, Rz. 62; vgl. auch OLG Koblenz v. 30.1.2006 – 12 U 127/01, WM 2006, 1452 (1453ff.); mit strengeren Anforderungen HWK/*Krause*, § 619a BGB Rz. 48.
5 Vertiefend *Krause*, RdA 2013, 129 (132).

lich, so hat er sich zu entlasten (§ 280 Abs. 1 Satz 2 BGB). Der Arbeitnehmer muss darlegen, dass ihn an der Entstehung des Mankos kein Verschulden trifft. Der Arbeitgeber hingegen muss lediglich nachweisen, dass er dem Arbeitnehmer bestimmte Bestände zur eigenen Verwaltung übertragen hat und dass in diesem Bereich ein vom Arbeitnehmer adäquat kausal und pflichtwidrig[1] verursachtes Manko eingetreten ist.

5 Ist der Arbeitnehmer hingegen in Bezug auf den Waren- oder Geldbestand nur als Besitzdiener (§ 855 BGB) anzusehen, seine Stellung insoweit als unselbständig zu qualifizieren, so richtet sich die Haftung nur nach den **Grundsätzen der allgemeinen Schadensersatzhaftung (§ 280 BGB)**.[2] Die Haftung des Arbeitnehmers setzt eine schuldhafte Pflichtverletzung voraus, die zu einem Schaden des Arbeitgebers führt. § 280 Abs. 1 Satz 2 BGB findet auf die allgemeine Schadensersatzhaftung des Arbeitnehmers nach § 619a BGB[3] keine Anwendung.[4] Allerdings dürfen an die Darlegungslast des Arbeitgebers auch keine allzu hohen Anforderungen gestellt werden. Der Arbeitnehmer hat sich im Sinne einer abgestuften Darlegungslast substanziiert zu äußern.[5] Gleichwohl wird die beweisrechtliche Lage des Arbeitgebers hier im Ergebnis allgemein für ungünstiger gehalten.

6 Eine Haftung des Arbeitnehmers kann sich darüber hinaus **aus unerlaubter Handlung** ergeben. Der Arbeitgeber trägt hier jedoch die volle Beweislast für alle Anspruchsvoraussetzungen (Schaden, Kausalität, Verschulden).[6] Praktische Bedeutung hat diese Haftungsgrundlage mithin allenfalls dann, wenn die schadensstiftende Verrichtung nicht vom Arbeitsvertrag erfasst wird oder vertragliche Erstattungsansprüche aufgrund einer tariflichen Ausschlussklausel nicht mehr geltend gemacht werden können.[7]

7 Das Verhältnis der allgemeinen Mankohaftung zu den **Grundsätzen der privilegierten Arbeitnehmerhaftung** war lange Zeit unsicher. Inzwischen hat das BAG die nach der Aufgabe des Merkmals der Gefahrneigung unabweislichen Konsequenzen gezogen und die Mankohaftung dem arbeitsrechtlichen Haftungsprivileg unterstellt.[8] Künftig hat mithin das Hauptaugenmerk der Verschuldens-

---

1 BAG v. 29.1.1985 – 3 AZR 570/82, NZA 1986, 23. Allerdings können insoweit die Grundsätze des Anscheinsbeweises eingreifen; vgl. *Baumgärtel*, Anm. AP Nr. 87 zu § 611 BGB Haftung des Arbeitnehmers; vertiefend zur Problematik der Anwendbarkeit von § 619a BGB *Krause*, RdA 2013, 129 (135f.).
2 BAG v. 2.12.1999 – 8 AZR 386/98, NZA 2000, 715 (717).
3 Zu § 619a BGB im Zusammenhang mit der Mankohaftung s. *Dedek*, ZGS 2002, 320 (322f.); *Walker*, JuS 2002, 736 (740).
4 BAG v. 2.12.1999 – 8 AZR 386/98, NZA 2000, 715 (717); vgl. auch *Lakies*, Inhaltskontrolle von Arbeitsverträgen, Rz. 735.
5 BAG v. 2.12.1999 – 8 AZR 386/98, NZA 2000, 715 (717); vgl. auch LAG Nds. v. 5.9.2005 – 11 Sa 189/05, LAGE § 280 BGB 2002 Nr. 3.
6 BAG v. 11.11.1969 – 1 AZR 216/69, EzA § 276 BGB Nr. 21.
7 ErfK/*Preis*, § 619a BGB Rz. 31.
8 BAG v. 22.5.1997 – 8 AZR 562/95, AP Nr. 1 zu § 611 BGB Mankohaftung mit Anm. *Krause*; BAG v. 17.9.1998 – 8 AZR 175/97, NZA 1999, 141; besonders deutlich BAG v. 2.12.1999 – 8 AZR 386/98, NZA 2000, 715 (716f.). Zur Beschränkung dieser Grundsätze auf Arbeitnehmer LAG Köln v. 17.1.2006 – 9 (11) Sa 891/05, BeckRS 2006, 41816; vertiefend *Schumacher*, Haftung des Arbeitnehmers, S. 40f.; differenzierend nach der besitzrechtlichen Position MünchArbR/*Blomeyer*, 2. Aufl. 2000, § 59 Rz. 86.

beurteilung zu gelten. Bei einer quotalen Schadensteilung ist im Rahmen der Abwägung auch die Gewährung eines besonderen Mankogeldes als Risikoausgleich zu berücksichtigen.

bb) Haftung aufgrund einer besonderen Mankoabrede

Die Mankohaftung des Arbeitnehmers wird in der betrieblichen Praxis oftmals zum Gegenstand besonderer arbeitsvertraglicher Absprachen gemacht. Mit dem Abschluss solcher **Mankovereinbarungen** will der Arbeitgeber die Nachteile beseitigen, die ihm die allgemeine Mankohaftung insbesondere in beweisrechtlicher Hinsicht bringt. Derartige Abreden sind nicht unbedenklich, da sie in einschneidender Weise die Existenzgrundlage des Arbeitnehmers berühren können. Die neuere Rechtsprechung steht derartigen Mankoabreden deshalb sehr zurückhaltend gegenüber.[1] Sollten sie – so das BAG – mit den Grundsätzen der privilegierten Arbeitnehmerhaftung vereinbar sein, müssten sie berechtigte Rechtspositionen der Arbeitgeberseite sichern und dürften nicht zu einer ungerechtfertigten Verlagerung des dem Arbeitgeber zuzurechnenden Risikos führen. Ein berechtigtes Interesse des Arbeitgebers sei in den Bereichen anzuerkennen, wo der Arbeitnehmer unbeobachteten Zugriff auf Geld oder andere Wertgegenstände des Arbeitgebers habe und dem Arbeitgeber daher besonders an der Vermeidung von Fehlbeträgen gelegen ist.[2] Es lässt sich hier folglich eher von Schadensprävention als von Schadensersatz sprechen.[3] Eine unzulässige Verlagerung des Arbeitgeberrisikos liege aber vor, wenn entweder eine Mankovereinbarung für Bereiche getroffen werde, auf die neben dem Arbeitnehmer noch andere Personen Zugriff hätten, oder keine angemessene Ausgleichszahlung gewährleistet werde.[4]

Maßstab der inhaltlichen Kontrolle sollte im Allgemeinen § 242 BGB bzw. § 307 BGB und im Besonderen das zwingende Arbeitnehmerschutzrecht in Gestalt der privilegierten Arbeitnehmerhaftung[5] sein.[6] Die Rechtsprechung ist hier uneinheitlich. Auf § 138 BGB sollte nur ausnahmsweise zurückgegriffen werden, etwa wenn die Vertragsgestaltung offensichtlich auf eine Benachteiligung Dritter hinausläuft. Beispiel: Eine Mankovereinbarung, der zufolge ein bei der Inventur auftretendes Manko durch einen nachfolgenden Überschuss ausgeglichen werden soll.[7]

---

1 BAG v. 2.12.1999 – 8 AZR 386/98, NZA 200, 715.
2 Zu denken ist hier etwa an den Fall des Zugrestaurantleiters, der die Kellnerbrieftasche mit den Einnahmen in einem unverschlossenen Schrank im Küchenbereich des Restaurantwagens zurückließ, um zu telefonieren; s. BAG v. 15.11.2001 – 8 AZR 95/01, NZA 2002, 612. Vgl. auch LAG Hess. v. 11.2.2000 – 2 Sa 979/98, n.v.: Haftung eines Filialleiters eines Lebensmittelhandels für beim Geldabtransport durch einen Kurierdienst abhanden gekommene Safebags.
3 CKK/*Klumpp*, § 307 BGB Rz. 197.
4 BAG v. 17.9.1998 – 8 AZR 175/97, NZA 1999, 141; HR/*Borgmann*, Kap. 1 Rz. 2282.
5 So jetzt die neuere Rechtsprechung, vgl. zuletzt BAG v. 2.12.1999 – 8 AZR 386/98, NZA 2000, 715 (716); zustimmend HWK/*Krause*, § 619a Rz. 49; *Lakies*, Inhaltskontrolle von Arbeitsverträgen, Rz. 726.
6 Näheres zum Kontrollmaßstab bei *Deinert*, RdA 2000, 33; MünchArbR/*Reichold*, § 51 Rz. 74.
7 ErfK/*Preis*, § 619a BGB Rz. 37; s.a. HWK/*Krause*, § 619a BGB Rz. 54.

9a Die Vereinbarung einer Mankoabrede ist regelmäßig dahingehend auszulegen, dass sie die Haftung des Arbeitnehmers erweitern soll, so dass es dem Arbeitgeber unbenommen bleibt, sich auf die gesetzliche Mankohaftung zu berufen.[1]

2. Klauseltypen

a) Abreden über die Haftungsübernahme

aa) Verschuldensunabhängige Einstandspflicht

⊃ **Nicht geeignet:**
  a) Der Arbeitnehmer erhält ein Mankogeld in Höhe von ... Euro monatlich. Er haftet für jeden im Rahmen seiner Inkassotätigkeit entstandenen Fehlbetrag.[2]
  b) Als Entgelt erhält die Ladenverwalterin 5 % des in dem Laden im Vormonat erzielten Umsatzes. Außerdem erhält die Ladenverwalterin 0,25 % vom Umsatz als Reinigungskosten, 0,50 % vom Umsatz als Mankovergütung. Der Empfang der Mankovergütung in Höhe von 0,50 % des Umsatzes verpflichtet die Ladenverwalterin zum vollen Ersatz evtl. festgestellter Inventurfehlbeträge.[3]

10 Die einschneidendste Form einer vertraglichen Haftungsverlagerung ist die Begründung einer **verschuldensunabhängigen Einstandspflicht des Arbeitnehmers**. An die Stelle der allgemeinen Schadensersatzhaftung bei nachgewiesenem verschuldetem Manko tritt hier eine umfassende Einstandspflicht im Sinne einer Garantiehaftung. Bei der Annahme einer solchen Garantieübernahme ist jedoch Zurückhaltung geboten. Hierfür bedarf es grundsätzlich einer **ausdrücklichen und klaren Vereinbarung**.[4] So lässt bspw. die bloße Tätigkeit als Filialleiter noch keinen Schluss auf die Vereinbarung einer vom Verschulden unabhängigen Mankohaftung zu. Auch die Erklärung des Arbeitnehmers, die „volle Verantwortung" zu übernehmen, reichte dem BAG insoweit nicht aus.[5] Die beiden Beispielsklauseln lassen es hingegen nicht an der gebotenen Deutlichkeit fehlen. Zur zweiten Beispielsklausel führte das BAG aus, die Parteien hätten damit eine Haftung unabhängig von einer festgestellten Vertragspflichtverletzung und unabhängig von einem Verschulden der Ladenverwalterin begründen wollen.[6]

11 Das BAG hält Mankoabreden, die eine vom Verschulden des Arbeitnehmers unabhängige Haftung für Fehlbeträge in seinem Arbeits- und Kontrollbereich statuieren, im Hinblick auf den Grundsatz der Vertragsfreiheit **prinzipiell** für **zulässig**.[7] Aller-

---

1 HWK/*Krause*, § 619a BGB Rz. 55.
2 Musterarbeitsvertrag eines Wirtschaftsverbandes; zitiert nach *Bleistein*, DB 1971, 2213. Vgl. auch *Lakies*, Inhaltskontrolle von Arbeitsverträgen, Rz. 734.
3 BAG v. 2.12.1999 – 8 AZR 386/98, NZA 2000, 715.
4 BAG v. 27.2.1970 – 1 AZR 150/69, EzA § 276 BGB Nr. 23; v. 13.2.1974 – 4 AZR 13/73, AP Nr. 77 zu § 611 BGB Haftung des Arbeitnehmers.
5 BAG v. 12.8.1959 – 2 AZR 75/59, AP Nr. 1 zu § 305 BGB.
6 BAG v. 2.12.1999 – 8 AZR 386/98, NZA 2000, 715 (716).
7 BAG v. 9.4.1957 – 2 AZR 532/54, AP Nr. 4 zu § 611 BGB Haftung des Arbeitnehmers; v. 22.11.1973 – 2 AZR 580/72, AP Nr. 67 zu § 626 BGB; v. 29.1.1985 – 3 AZR 570/82, NZA 1986, 23; a.A. *Lakies*, Inhaltskontrolle von Arbeitsverträgen, Rz. 734: Verstoß gegen § 307 Abs. 1 BGB.

dings verlangt das BAG, dass dem erhöhten Risiko ein **angemessener wirtschaftlicher Ausgleich**, etwa durch eine erhöhte Vergütung (Mankogeld), gegenüberstehen müsse.[1] Die Rechtsprechung zu den Mankoabreden ist damit ein Beispiel für die Möglichkeit **kompensatorischer Vertragsgestaltung**, bei der ein Nachteil (strengere Haftung) durch einen Vorteil (besonderes Mankogeld) aufgewogen werden kann. Die **Angemessenheit des Mankogeldes** steht im Spannungsfeld zwischen Arbeitgeber- und Arbeitnehmerinteressen: Der Arbeitgeber ist daran interessiert, Fehlbeträge möglichst gering zu halten. Auf der anderen Seite hat der Arbeitnehmer ein Interesse daran, aus seinen Anstrengungen, die über die haftungsrechtliche Verantwortlichkeit hinausgehen, Nutzen zu ziehen. Er muss deshalb die Chance erhalten, durch Aufmerksamkeit einen Überschuss zu erzielen.[2] Damit dürfte die verbreitete Formulierung im Schrifttum in Einklang stehen, nach der die Angemessenheit des wirtschaftlichen Ausgleichs dann angenommen werden kann, wenn das zusätzliche Entgelt mindestens den Durchschnitt der erfahrungsgemäß zu erwartenden Fehlbeträge bzw. -bestände erreicht.[3]

Eine weitere wesentliche Grenze hat das BAG in seinen jüngeren Entscheidungen zur Mankohaftung statuiert.[4] Eine Mankoabrede darf, auch wenn sie ein angemessenes Mankogeld vorsieht, eine Erfolgshaftung des Arbeitnehmers nur begründen, wenn der Arbeitnehmer hiernach **nur bis zur Höhe einer vereinbarten Mankovergütung** haften soll, selbst wenn der eingetretene Schaden höher ist. Diese Restriktion hat im Ergebnis zur Folge, dass der Arbeitnehmer für Fehlbestände nicht weiter gehend zur Verantwortung gezogen werden kann, als er ohnehin Ausgleich über die Mankovereinbarung erlangt. Damit sichert das BAG zugleich seinen Ansatz, dass die Haftungsprivilegierung einseitig zwingendes Arbeitnehmerschutzrecht ist.[5] Dabei ergebe sich – so das BAG – aus den gesetzlichen Vorschriften kein Hinderungsgrund für die Vereinbarung mittel- oder langfristiger Ausgleichszeiträume von z.B. einem Kalenderjahr, so dass der Arbeitnehmer anschließend sicher sein kann, die erhaltenen Mankogelder behalten zu dürfen.[6] Auch dürfe vereinbart werden, dass der Arbeitnehmer bei vorsätzlichem Verhalten nicht in den Genuss der Haftungshöchstgrenze komme.[7] Diese Rechtsprechung lässt freilich mehrere Fragen offen.[8] Kann der Arbeitgeber durch jährliche Auszahlung des Mankogeldes den Haftungsrahmen erweitern oder kommt es immer auf das monatlich gezahlte Mankogeld an, so dass das Jahresmankogeld durch zwölf zu dividieren wäre? Wie steht es um die Haftung von Arbeitnehmern, die während des Ausgleichszeitraums aus dem Ar-

12

---

1 BAG v. 17.4.1956 – 2 AZR 340/55, AP Nr. 8 zu § 626 BGB; v. 9.4.1957 – 2 AZR 532/54, AP Nr. 4 zu § 611 BGB Haftung des Arbeitnehmers; v. 27.2.1970 – 1 AZR 150/69, EzA § 276 BGB Nr. 23; näher dazu *Krause*, RdA 2013, 129 (138 f.).
2 BAG v. 17.9.1998 – 8 AZR 175/97, NZA 1999, 141; zum daraus resultierenden Motivationseffekt *Krause*, Anm. AP Nr. 3 zu § 611 BGB Mankohaftung; WLP/*Stoffels*, Anhang zu § 310 BGB Rz. 157; CKK/*Klumpp*, § 307 BGB Rz. 54, 197.
3 Staudinger/*Richardi*, § 619a BGB Rz. 97; MünchArbR/*Reichold*, § 51 Rz. 75; HWK/*Gotthard*, Anhang §§ 305–310 Rz. 2; ErfK/*Preis*, § 310 BGB Rz. 89.
4 BAG v. 17.9.1998 – 8 AZR 175/97, NZA 1999, 141; zur Entwicklung *Schumacher*, Haftung des Arbeitnehmers, S. 42.
5 ErfK/*Preis*, § 619a BGB Rz. 36.
6 *Krause*, RdA 2013, 129 (139); vertiefend *Otto/Schwarze/Krause*, Haftung des Arbeitnehmers, § 13 Rz. 48 f.
7 BAG v. 17.9.1998 – 8 AZR 175/97, NZA 1999, 141.
8 Weiterführende Überlegungen bei *Krause*, Anm. AP Nr. 3 zu § 611 BGB Mankohaftung.

beitsverhältnis ausscheiden?[1] Muss die Haftungshöchstgrenze im Vertrag ausdrücklich genannt werden? Falls ja, sind damit alle in der Praxis gebräuchlichen, bisher vom BAG gebilligten Klauseln in toto unwirksam?[2] Jedenfalls dürften Mankoabreden nach dieser Entscheidung erheblich an Attraktivität einbüßen,[3] gilt doch für die allgemeine Mankohaftung – noch? – keine derartige summenmäßige Obergrenze.[4] Die oben zitierte zweite Beispielsklausel b) hat das BAG mangels einer ausreichenden Mankovergütung für unwirksam erklärt.[5] In einem solchen Fall gerät die beanstandete Klausel in toto in Wegfall, d.h. es gilt ausschließlich die oben skizzierte allgemeine Mankohaftung, eine geltungserhaltende Reduktion scheidet aus.[6] Ob bereits ausgezahlte Mankogelder dann nach § 812 Abs. 1 Satz 1 BGB zurückgefordert werden können, ist noch nicht abschließend geklärt. Schutzzweckerwägungen sprechen aber gegen ein Rückforderungsrecht, da andernfalls dem Arbeitgeber kein Anreiz verbleiben würde, sich um eine wirksame Klausel zu bemühen.[7]

12a Zu beachten bleibt, dass eine Mankovereinbarung nicht zu einer Tarifunterschreitung führen darf. So vergütet der Tariflohn i.d.R. nur die üblichen Arbeitsleistungen und Haftungsrisiken und enthält gerade keine besondere Risikovergütung. Eine unzulässige Tarifunterschreitung liegt mithin vor, wenn der Arbeitgeber im Mankofall gegen den Tariflohn aufrechnen und ihn so mindern kann.[8] Das Mankogeld muss somit immer als übertarifliche Leistung gezahlt werden. Ferner ist darauf hinzuweisen, dass das Mankogeld nicht zur Erfüllung der gesetzlichen Verpflichtung zur Zahlung des Mindestlohnes eingesetzt werden kann. Mit ihm wird das besondere Kassierrisiko abgegolten, nicht hingegen die Arbeitsleistung entgolten. Es ist daher nicht anrechenbar.

13 Beschränkt sich der Regelungsgehalt einer Mankoabrede auf die Begründung einer Garantiehaftung gegen Gewährung eines Mankogeldes – typisch insoweit die o.g. Klausel – so richtet sich die **Beweislastverteilung** nach folgenden Regeln: Der Arbeitgeber hat zunächst den behaupteten Fehlbetrag oder -bestand substanziiert darzulegen und zu beweisen.[9] Weiter obliegen ihm die Darlegungs- und Beweislast für die haftungsbegründende Kausalität, d.h. für die Verursachung des Mankos durch den Arbeitnehmer. Letzteres schließt regelmäßig den zu beweisenden Vortrag ein, dass der Arbeitnehmer, in dessen Bereich das Manko aufgetreten ist, während dieser Zeit die Kasse oder den Warenbestand allein beherrschte.

---

1 Angesprochen, aber offen gelassen in BAG v. 2.12.1999 – 8 AZR 386/98, NZA 2000, 715 (716).
2 Bejahend *Otto/Schwarze/Krause*, Haftung des Arbeitnehmers, § 13 Rz. 53.
3 Kritisch auch *Schwirtzek*, NZA 2005, 437 (438 f.).
4 So offenbar auch die Einschätzung von *Lansnicker/Schwirtzek*, BB 1999, 261.
5 BAG v. 2.12.1999 – 8 AZR 386/98, NZA 2000, 715.
6 MünchArbR/*Reichold*, § 51 Rz. 77; *Stoffels*, AR-Blattei ES 870.2 Rz. 105 ff.
7 *Otto/Schwarze/Krause*, Haftung des Arbeitnehmers, § 13 Rz. 56.
8 ErfK/*Preis*, § 619a BGB Rz. 38; *Otto/Schwarze/Krause*, Haftung des Arbeitnehmers, § 13 Rz. 50.
9 BAG v. 6.6.1984 – 7 AZR 292/81, NZA 1985, 183.

bb) Verschuldensabhängige Haftung

Typ 1: Beweislastvereinbarungen bei verschuldensabhängiger Haftung

a) Der Arbeitnehmer übernimmt den in der Inventur vom ... gemeinsam mit ihm ermittelten Warenbestand des Lagers in ... von ... Euro. Ergibt sich bei einer späteren in seiner Anwesenheit durchgeführten Inventur ein Manko, so haftet er dafür, sofern er sich nicht von jeglichem Verschulden entlasten kann.

b) Herrn/Frau ... werden für Schwund und sonstige zu vermeidende Verluste ... % des Warenbestandes gutgeschrieben. Im Übrigen haftet Herr/Frau ... für jedes Manko, sofern er/sie nicht beweist, dass das Manko auch bei der Anwendung größter Sorgfalt nicht zu vermeiden war. Zum Ausgleich für die Übernahme der Mankohaftung zahlt die Firma ...[1]

Mitunter verzichten Mankovereinbarungen auch auf eine generelle Haftungsüberwälzung, unterwerfen den Arbeitnehmer dafür aber hohen Beweislastanforderungen. Das BAG hielt bis jetzt solche Abreden **prinzipiell** für **zulässig**, wenn sie eine sinnvolle, den Eigenarten des Betriebes und der Beschäftigung angepasste Beweislastverteilung enthalten.[2] Diese Rechtsprechung bedarf jedoch der Überprüfung im Lichte des AGB-Rechts. Führt man sich vor Augen, dass die zivilprozessualen Beweislastgrundsätze nicht lediglich eine Entscheidungsmaxime für den Fall des non liquet darstellen, sondern weiter gehend auch einen wesentlichen materiellen Gerechtigkeitsgehalt aufweisen,[3] so muss das in **§ 309 Nr. 12 BGB** enthaltene **Verbot nachteiliger Beweislastveränderungen** auch für die Kontrolle vorformulierter Arbeitsvertragsbedingungen Geltung beanspruchen.[4]

Mankoabreden, die die Beweislast in Abweichung zu § 619a BGB zuungunsten des Arbeitnehmers verschieben, sind selbst dann **unwirksam**, wenn sie ihm auf der anderen Seite einen wirtschaftlichen Ausgleich bieten. Dass damit die gänzliche Haftungsüberwälzung, nicht aber die Beweislastverschlechterung Bestand hat, mag als Widerspruch empfunden werden.[5] Zu bedenken ist jedoch, dass in diesem Bereich klaren Regelungen der Vorzug gebührt, während sich die Auswirkungen von → *Beweislastvereinbarungen*, II B 30 für den Arbeitnehmer oftmals nur schwer beurtei-

---

1 Ähnlich auch das Muster bei SKNSV/*Schrader*, 9. Aufl., § 20 Rz. 22.
2 So BAG v. 29.1.1985 – 3 AZR 570/82, NZA 1986, 23.
3 Palandt/*Grüneberg*, § 309 BGB Rz. 106; *Preis*, Vertragsgestaltung, S. 462.
4 *Preis*, Vertragsgestaltung, S. 462 f.; CKK/*Schlewing*, § 309 BGB Rz. 150; in diese Richtung weisend auch BAG v. 16.3.1994 – 5 AZR 339/92, NZA 1994, 1726; wie hier jetzt auch *Boemke/Müller*, Anm. SAE 2000, 13 und *Deinert*, RdA 2000, 35; a.A. *Schwirtzek*, NZA 2005, 437 (442); MünchArbR/*Reichold*, § 51 Rz. 81; *Henssler/Moll*, AGB-Kontrolle, S. 96; Tschöpe/*von Steinau-Steinrück*, II. Mankohaftung, Rz. 52.
5 Hierzu aus der AGB-rechtlichen Diskussion *Locher*, Das Recht der Allgemeinen Geschäftsbedingungen, 3. Aufl. 1997, S. 122 f.; Palandt/*Grüneberg*, § 309 BGB Rz. 107; näher dazu WLP/*Dammann*, § 309 Nr. 12 Rz. 21, 83.

len lassen.¹ So wird sich der Vertragspartner hier eher dem Risiko eines erfolglosen und daher kostspieligen Rechtsstreits ausgesetzt sehen.²

16 Klauseln, die lediglich die nach dem Gesetz ohnehin geltende Beweislastverteilung wiederholen, werden von diesem Verbot dagegen nicht erfasst. Um eine solche **deklaratorische Beweislastvereinbarung** handelt es sich bei den beiden oben aufgeführten Beispielsklauseln – aber wohl nur dann, wenn dem betreffenden Arbeitnehmer ein eigenverantwortlicher Wirkungskreis übertragen worden ist. Da hier keine Haftungsverschärfung gegenüber der **allgemeinen Mankohaftung** eintritt, kann streng genommen auch auf eine Ausgleichsregelung verzichtet werden, wenngleich dies nicht unbedingt empfohlen werden kann. Das Fehlen einer Mankogeldzusage macht die Klausel Typ 1a daher nicht unwirksam.

17 Hinsichtlich der Klausel Typ 1b ist noch anzumerken, dass der Arbeitnehmer nicht für den **natürlichen Schwund** der eingelagerten Waren – etwa den Gewichtsverlust infolge längerer Aufbewahrung oder das Verderben einzelner Lebensmittel – verantwortlich gemacht werden kann.³ Soweit dieser Umstand als Ursache von Fehlmengen nicht ausgeschlossen werden kann, empfiehlt es sich – wie in der Klausel Typ 1b geschehen –, diesem Faktor von vornherein auch in der Mankoabrede durch sog. **Mankospannen**⁴ Rechnung zu tragen. Der Arbeitnehmer muss ein Manko im Rahmen dieser Spanne in einem solchen Fall selbst dann nicht ersetzen, wenn es im Einzelfall nicht auf natürlichem Schwund beruht.⁵

cc) Haftung für das Verhalten Dritter

⊃ **Nicht geeignet: Mithaftung für (nachgeordnete) Mitarbeiter**

a) Die Mitarbeiter einer Verkaufsstelle haften gemeinsam im Verhältnis des Lohnes für alle Fehlbeträge in der Geschäftskasse oder am Warenbestand, solange der Schuldige nicht zweifelsfrei ermittelt ist.⁶

b) Das Verkaufspersonal erhält ein vom Umsatz abhängiges Mankogeld, das mit den Gehaltsbezügen für den Folgemonat auszuzahlen ist. Von dem auf die jeweilige Filiale entfallenden Betrag erhält die Angestellte als Verkaufsstellenverwalterin die Hälfte; die andere Hälfte wird auf die Verkäuferinnen zu gleichen Teilen aufgeteilt. Für etwa entstehende Kassen- und Warenfehlbestände haftet die Verkaufsstellenverwalterin mit 50 v.H. Für die restlichen 50 v.H. haften die Verkäuferinnen zu gleichen Teilen. Für die Berechnung der auf die

---

1 Anders *Otto/Schwarze/Krause*, Haftung des Arbeitnehmers, § 13 Rz. 60, die einen Verstoß gegen den intendierten Regelungsgehalt des 309 Nr. 12 BGB verneinen, wenn die vorformulierte Beweislastverschiebung zum Nachteil des Arbeitnehmers an die Voraussetzung knüpft, dass der Arbeitnehmer für das zusätzliche Risiko Mankogelder erhält und sichergestellt ist, dass sein Haftungsrisiko auf diese Summe begrenzt ist – insoweit greife § 310 Abs. 4 Satz 2 BGB; anders auch HWK/*Krause*, § 619a BGB Rz. 53.
2 CKK/*Schlewing*, § 309 BGB Rz. 150.
3 *Stoffels*, AR-Blattei SD 870.2 Rz. 159; *Deinert*, RdA 2000, 28; vgl. auch *Henssler/Moll*, AGB-Kontrolle, S. 97.
4 Zu ihnen ausführlich *Deinert*, RdA 2000, 35.
5 ErfK/*Preis*, § 619a BGB Rz. 43.
6 BAG v. 22.11.1973 – 2 AZR 580/72, EzA § 626 n.F. BGB Nr. 33.

einzelne Verkaufkraft entfallenden Beträge sind die effektiv geleisteten Arbeitstage maßgebend.[1]

Nicht selten wird vereinbart, dass der Arbeitnehmer auch für Schäden einzustehen hat, die von anderen Mitarbeitern verursacht werden. Auch hier gilt es zunächst festzustellen, ob die Abrede auf eine verschuldensunabhängige Haftung des Arbeitnehmers zielt, oder ob lediglich eine Beweislastvereinbarung getroffen werden soll. Das BAG tendiert in diesen Fällen zu einer restriktiven Auslegung. So maß es der Klausel im Beispiel b) im Hinblick auf den Gesamtzusammenhang sowie den Sinn und Zweck der Abrede lediglich die Bedeutung einer vertraglichen Beweislastregelung bei, obwohl sich dies – wie auch das BAG einräumt – nicht unmittelbar aus dem Wortlaut erschließt. Nach dieser Klausel obliege es dem Arbeitnehmer, sich bei Auftreten von Fehlbeständen aus dem Einfluss- und Wirkungsbereich des Filialpersonals nach § 282 BGB a.F. zu entlasten. Im Hinblick auf die Klausel im Beispiel a) ging auch das BAG vom Vorliegen einer Garantieübernahme aus. In beiden Fällen wird der Arbeitnehmer einem **erhöhten Haftungsrisiko** ausgesetzt. Die Ausgewogenheit der Vertragsgestaltung ist hier nur gewahrt, wenn die Haftungsverschärfung durch ein **deutlich erhöhtes Mankogeld** kompensiert wird. Abgesehen davon sind derartige Haftungserstreckungen dann **unwirksam, wenn der Arbeitnehmer keinerlei Kontrollmöglichkeiten über seine mithaftenden Kollegen hat**,[2] z.B. weil Arbeitnehmer verschiedener Schichten zusammengefasst werden. Die Möglichkeit, Mankoschäden wirksam zu bekämpfen, fehlt des Weiteren während urlaubs- oder krankheitsbedingter Abwesenheiten des Arbeitnehmers, so dass eine Fortdauer der Mithaftung für diese Zeiträume ebenfalls nicht wirksam vereinbart werden kann. Im Beispiel b) stellt sich überdies die Frage, ob die Verkaufsstellenverwalterin auch die **Mithaftung für** sämtliche **neu hinzukommenden Hilfskräfte** übernommen hat. Dies wird man jedenfalls dann verneinen müssen, wenn sie der Zuweisung eines neuen Mitarbeiters ausdrücklich und aus nachvollziehbaren Gründen widerspricht. Mit dieser Einschränkung erstrecken sich derartige Klauseln – ihre Wirksamkeit im Übrigen vorausgesetzt – grundsätzlich aber auch auf neu eingestelltes Personal. 18

b) Beweislastvereinbarungen über das Manko

⊃ **Nicht geeignet:**

> Auf die Unrichtigkeiten von in seiner Gegenwart durchgeführten Inventuren kann sich der Arbeitnehmer nicht berufen.

Bei dieser Klausel handelt es sich um keine Mankoabrede im engeren Sinne, sondern um eine **Beweisvereinbarung über ein Manko**, die an der Haftung an sich nichts ändert. Solche Beweisvereinbarungen, nach denen der Arbeitnehmer das Recht verliert, sich auf Unrichtigkeiten von Inventuren zu berufen, sind nach der Rechtsprechung wirksam,[3] soweit der Anspruchsverlust an die Anwesenheit des 19

---

1 BAG v. 13.2.1974 – 4 AZR 13/73, EzA § 611 BGB Arbeitnehmerhaftung Nr. 21.
2 BAG v. 22.11.1973 – 2 AZR 580/72, EzA § 626 n.F. BGB Nr. 33; v. 13.2.1974 – 4 AZR 13/73, EzA § 611 BGB Arbeitnehmerhaftung Nr. 21; MünchArbR/*Reichold*, § 51 Rz. 76; CKK/*Klumpp*, § 307 BGB Rz. 197; beachte aber BAG v. 2.12.1999 – 8 AZR 386/98, NZA 2000, 715.
3 BAG v. 13.2.1974 – 4 AZR 13/73, EzA § 611 BGB Arbeitnehmerhaftung Nr. 21.

Mitarbeiters während der Inventur oder an seine Weigerung, an der Inventur mitzuwirken, geknüpft ist. Nach der hier vertretenen Ansicht gilt für vorformulierte Vertragsbedingungen jedoch das **allgemeine Verbot nachteiliger Beweislastveränderungen**, wie es in § 309 Nr. 12 BGB zum Ausdruck kommt. **Unwirksam** sind hiernach auch Klauseln, die die beweisrechtliche Situation des Vertragspartners in der Weise verschlechtern, dass dieser **mit der Behauptung bestimmter Tatsachen von vornherein ausgeschlossen** wird.[1] Für eine angemessene Interessenwahrung des Arbeitgebers bedarf es einer Klausel wie der o.g. auch gar nicht. Lässt sich der Arbeitgeber das in Anwesenheit des Arbeitnehmers erstellte Inventarverzeichnis von diesem unterschreiben, so obliegt es im Streitfall schon nach allgemeinen Beweislastregeln dem Arbeitnehmer, die Richtigkeit dieser Aufzeichnung zu widerlegen. Ein völliger Ausschluss dieses Vorbringens benachteiligt den Arbeitnehmer jedoch unangemessen.

c) **Abreden zum Haftungsumfang**

⊃ **Nicht geeignet:**

a) Auf ein mitwirkendes Verschulden der Betriebsleitung kann sich der Mitarbeiter grundsätzlich nicht berufen.

b) Etwaige Manko-Beträge werden Herrn/Frau ... zum Wareneinkaufspreis in Rechnung gestellt.

c) Der Mitarbeiter verpflichtet sich im Falle eines Fehlbestandes zum Ersatz des Verkaufswerts der Ware.

20   In **jedem Mankohaftungsfall** ist grundsätzlich von Amts wegen zu prüfen, ob dem Arbeitgeber ein **mitwirkendes Verschulden** am Eintritt des Mankos zur Last fällt (§ 254 BGB).[2] Der Einwand des Mitverschuldens kann auch dem auf vertraglicher Garantieübernahme beruhenden Erfüllungsanspruch (vgl. Rz. 10) entgegengehalten werden.[3] Die Haftung mindert sich je nach Schwere des Mitverschuldens und kann insbesondere bei schwer wiegenden Organisations- oder Überwachungsmängeln sogar ganz entfallen.[4] Die Zulässigkeit von **Mankovereinbarungen, die dem Arbeitnehmer die Berufung auf ein mitwirkendes Verschulden versagen** (Beispiel a), ist überaus **zweifelhaft**, denn bei § 254 BGB geht es im Kern um das vom Grundsatz von Treu und Glauben umfasste Verbot des widersprüchlichen Verhaltens,[5] dessen Suspendierung schwerlich hingenommen werden kann.[6] **Keinesfalls** kann der Ausschluss auch für **vorsätzliches Verhalten des Arbeitgebers** gelten.[7]

---

[1] UBH/*Habersack*, § 309 Nr. 12 BGB Rz. 18 a.E.
[2] BAG v. 27.2.1970 – 1 AZR 150/69, EzA § 276 BGB Nr. 23; v. 26.1.1971 – 1 AZR 252/70, EzA § 611 BGB Arbeitnehmerhaftung Nr. 4; *Künzl* in HzA Gruppe 1/5 Rz. 1223.
[3] BAG v. 26.1.1971 – 1 AZR 252/70, AP Nr. 64 zu § 611 BGB Haftung des Arbeitnehmers; *Reinecke*, ZfA 1976, 236 ff.; a.A. für die Mankohaftung des Handelsvertreters OLG Koblenz v. 30.1.2006 – 12 U 127/01, WM 2006, 1452 (1455).
[4] Vgl. zu letzterem LAG Thür. v. 25.4.2002 – 1 Sa 107/2001, BKR 2003, 309 (311 f.).
[5] Palandt/*Grüneberg*, § 254 BGB Rz. 1; *Henke*, JuS 1988, 752 f.; BGH v. 9.5.1978 – VI ZR 212/76, NJW 1978, 2024 (2025); v. 18.4.1997 – V ZR 28/96, NJW 1997, 2234 (2235).
[6] Für unzulässig hält solche Abreden MünchArbR/*Blomeyer*, 2. Aufl., § 59 Rz. 79.
[7] So auch *Woltereck*, DB Beilage 2/1964, 8.

Die sonstigen in der Praxis zuweilen anzutreffenden Abreden zum Haftungsumfang befassen sich nahezu ausschließlich mit der **schadensrechtlichen Bewertung eines evtl. auftretenden Warenmankos**. Denn anders als bei einem Kassenmanko ergeben sich im Falle eines Warenmankos einige Zweifelsfragen,[1] um deren Klärung sich die Arbeitsvertragsparteien bereits bei Abschluss der Mankovereinbarung bemühen sollten. Nach §§ 249 ff. BGB bemisst sich die Einstandspflicht zunächst nach dem Wiederbeschaffungspreis der fehlenden Stücke, also regelmäßig nach ihrem Einkaufspreis.[2] Bestimmt eine Klausel (vgl. Beispiel b) ausdrücklich, dass im Falle eines Warenmankos der Einkaufspreis zu ersetzen sei, so liegt hier zugleich ein Verzicht auf mögliche weiter gehende Ersatzansprüche, und zwar insbesondere unter dem Gesichtspunkt des entgangenen Gewinns (§ 252 BGB[3]). Gerade bei kaufmännischen Betrieben ist nämlich grundsätzlich anzunehmen, dass die Waren zu einem nicht unwesentlich höheren Preis hätten abgesetzt werden können.[4] Dementsprechend ist es in diesem Falle nicht unzulässig, den **Verkaufspreis** in pauschaler Form im Rahmen der Mankoabrede in Ansatz zu bringen (Beispiel c), jedenfalls dann, wenn Geschäfte deshalb nicht geschlossen werden können, weil keine ausreichende Ware mehr zur Verfügung steht.[5] Dem Arbeitnehmer steht jedoch auch dann der Nachweis offen, dass der in Rechnung gestellte Verkaufspreis aus bestimmten Gründen in concreto nicht hätte erzielt werden können oder aufgrund des ausreichenden Warenbestandes auf andere Stücke zugegriffen werden konnte. Dagegen kann der Arbeitnehmer nicht die üblichen **Rabattsätze** abziehen, da es sich nicht um zulässigen Eigenverbrauch handelt.[6]

21

Es spricht viel dafür, dass sich Abreden zum Haftungsumfang an § 309 Nr. 5 BGB messen lassen müssen. Dies wird etwa dann relevant, wenn eine auf ein festes Mankogeld begrenzte Abrede vorsieht, dass ein Fehlbetrag mit einem bestimmten Prozentsatz verzinst werden soll.[7]

21a

d) Mankoabzugsabreden

Typ 2: Mankoabzugsabreden

a) Mit der Unterschrift unter diesen Vertrag erklärt sich der ... ausdrücklich damit einverstanden, dass der ... (Firma) entstandene Schadensersatzanspruch aus Differenzen an Geldern und Waren gegenüber sämtlichen Gehaltsansprüchen des ... monatlich unter voller Ausschöpfung der gesetzlich zulässigen Grenzen aufgerechnet wird.

b) Ein etwaiges Manko kann im Rahmen der Pfändungsfreigrenzen von dem Entgelt des Arbeitnehmers abgezogen werden. Das tarifliche Entgelt bleibt dem

---

1 Hierzu ausführlich *Woltereck*, BB 1963, 902.
2 *Deinert*, Anm. AuR 2001, 26 (27).
3 Vgl. LAG Hamm v. 26.10.2000 – 17 Sa 1109/00, ZTR 2001, 138: Nach § 252 BGB braucht der Arbeitgeber grundsätzlich nicht nachzuweisen, dass er die dem Arbeitnehmer gestohlenen Waren ansonsten zum marktüblichen Preis verkauft hätte.
4 *Stoffels*, AR-Blattei SD 870.2 Rz. 168.
5 *Deinert*, Anm. AuR 2001, 26 (27).
6 *Stoffels*, AR-Blattei SD 870.2 Rz. 92; *Woltereck*, BB 1963, 902; MünchArbR/*Reichold*, § 51 Rz. 78.
7 CKK/*Schlewing*, § 309 BGB Rz. 68; DBD/*Däubler*, § 309 Nr. 5 BGB Rz. 7.

Arbeitnehmer trotz eines zu zahlenden Ersatzes für ein entstehendes Manko in jedem Fall erhalten.[1]

22 Soweit sich Mankoabreden der Haftungsrealisierung in Form der Aufrechnung gegen Entgeltforderungen des Arbeitnehmers annehmen, kommt ihnen zumeist nur **Hinweischarakter** zu. Die Aufrechnungsbefugnis steht dem Arbeitgeber schon kraft Gesetzes (§§ 387 ff. BGB) zu. Werden Regelungen über den Mankoabzug dennoch für erforderlich gehalten, so sollten sie auch auf die Grenzen hinweisen – vorbildlich insoweit die Klausel Typ 2b. Insbesondere ist eine Aufrechnung gegen Arbeitsvergütung nach § 394 BGB grundsätzlich **nur im Rahmen der Pfändungsfreigrenzen** (§§ 850a–i ZPO) möglich.[2]

3. Hinweise zur Vertragsgestaltung; Zusammenfassung

23 Ist dem Arbeitnehmer im Rahmen seines Arbeitsverhältnisses die Verwaltung einer Kasse oder eines Warenbestandes übertragen, stellt sich das Problem der Mankohaftung. Um das Haftungsrisiko angemessen zu verteilen, sollten die Parteien bereits im Arbeitsvertrag eine Regelung für diesen Fall treffen. Die Grenzen einer solchen Mankoabrede ergeben sich aus § 242 BGB bzw. §§ 307 ff. BGB und in seltenen Fällen aus § 138 BGB. Schon im Interesse der Transparenz sollte auf komplizierte Beweislastvereinbarungen verzichtet und stattdessen eine verschuldensunabhängige Einstandspflicht vereinbart werden. Dem erhöhten Haftungsrisiko ist dann durch einen zusätzlichen Vergütungsbestandteil, ein Mankogeld, Rechnung zu tragen. Um den Arbeitnehmer nicht der Gefahr ruinöser Ersatzforderungen auszusetzen, empfiehlt sich darüber hinaus eine Begrenzung der Haftung auf die Höhe dieses Mankogeldes.

Als Orientierung mag die nachfolgende Klausel dienen:

> Der Mitarbeiter ist in seiner Abteilung für den Warenbestand/die Kassenführung verantwortlich. Der Warenbestand/Kassenbestand wird betriebsüblich regelmäßig in Anwesenheit des Mitarbeiters festgestellt. Ergibt sich hierbei eine Fehlmenge oder ein Fehlbetrag, so hat der Mitarbeiter hierfür einzustehen. Zum Ausgleich für die Haftung zahlt die Firma dem Mitarbeiter zusätzlich ein Mankogeld in Höhe von ... Euro monatlich. Die Haftung ist kalenderjährlich begrenzt auf die Summe der im jeweiligen Kalenderjahr gezahlten Mankogeldbeträge, die der Mitarbeiter zum Zeitpunkt des Eintritts des Mankos erhält; die Begrenzung gilt nicht bei vorsätzlichem Verhalten.

---

[1] Vgl. *Kallmann* in Münchener Vertragshandbuch, 7. Aufl. 2013, Bd. 5, S. 1075.; *Schwab*, NZA-RR 2006, 449 (455).

[2] *Kallmann* in Münchener Vertragshandbuch, 7. Aufl. 2013, Bd. 5, S. 1076; speziell für den Mankohaftungsanspruch ArbG Wetzlar 28.11.1995 – 1 Ca 401/95, ARST 1996, 105 f.

M 20 Mehrarbeits- und Überstundenvergütung

	Rz.		Rz.
1. Einführung	1	3. Steuerrechtliche Aspekte	54
2. Klauselbeispiele	17	4. Hinweise zur Vertragsgestaltung	64
a) Pauschalierungsabreden	23		
b) Rechtsfolgen bei unzulässig pauschalierter Mehrarbeits- und Überstundenvergütung	51		

Schrifttum:

Bauer/Arnold/Willemsen, Überstunden und ihre Tücken, DB 2012, 1986; *Hohenstatt/Schramm*, Neue Gestaltungsmöglichkeiten zur Flexibilisierung der Arbeitszeit, NZA 2007, 238; *Hümmerich/Rech*, Antizipierte Einwilligung in Überstunden durch arbeitsvertragliche Mehrarbeitsabgeltungsklauseln?, NZA 1999, 1132; *Hunold*, Überstunden – Überblick und aktuelle Fragen, DB 2014, 361; *Kerger*, Die Vereinbarung einer pauschalen Mehrarbeitsabgeltung, RdA 1971, 275; *Lakies*, Die Vergütung von Überstunden und Mehrarbeit – materielle und prozessuale Probleme, ArbR 2013, 541; *Preis/Roloff*, Die neueste Entwicklung der Vertragsinhaltskontrolle im Arbeitsrecht – Zwischenbilanz und Ausblick, ZfA 2007, 43; *Schmid*, Ausgleich von Überstunden und Mehrarbeit durch bezahlte Freizeit, BB 1966, 1314; *Schramm/Kuhnke*, Neue Grundsätze des BAG zur Überstundenvergütung, NZA 2012, 127; *Worzalla*, Die Wirksamkeit einzelner Arbeitsvertragsklauseln nach der Schuldrechtsreform, NZA-Beilage 3/2006, 122.

1. Einführung

Ausdrückliche materielle gesetzliche Regelungen für die **Vergütung von Überstunden** (Überschreitung der regelmäßigen Arbeitszeit) und **Mehrarbeit** (Überschreitung der gesetzlichen Höchstarbeitszeit) sowie über Zuschläge für Über- und Mehrarbeit gibt es nicht mehr. Regelungen existieren nur in Normen der Entgeltfortzahlung (§ 4 EFZG, § 11 BUrlG) oder im Mindestlohnbereich (s. nur § 2 Nr. 1 AEntG). Unter Geltung der am 30.6.1994 außer Kraft getretenen Arbeitszeitordnung (AZO) war **Mehrarbeit** unter den Voraussetzungen des § 15 AZO vergütungspflichtig. Das Arbeitszeitgesetz (ArbZG), das die AZO mit Wirkung vom 1.7.1994 an abgelöst hat, enthält eine entsprechende Bestimmung nicht mehr, sondern überlässt, mit Ausnahme der Nacharbeitszuschläge (§ 6 Abs. 5 ArbZG), die Regelung der Mehrarbeitsvergütung den (Tarif-)Vertragsparteien. Für die Vergütung von **Überstunden** bestehen ebenfalls keine besonderen gesetzlichen Vorschriften. Lediglich § 17 Abs. 3 BBiG enthält für Berufsausbildungsverhältnisse die Sondervorschrift, dass eine über die vereinbarte regelmäßige tägliche Ausbildungszeit hinausgehende Beschäftigung besonders zu vergüten oder durch entsprechende Freizeit auszugleichen ist.

1

Nach der Rechtsprechung des BAG existiert kein allgemeiner Rechtsgrundsatz, dass jede Mehrarbeitszeit oder jede dienstliche Anwesenheit eines Angestellten über die vereinbarten oder betriebsüblichen Wochenarbeitszeiten hinaus zu vergüten wäre. Anspruchsgrundlage kann nur § 612 Abs. 1 BGB sein, wonach eine Vergütung als stillschweigend vereinbart gilt, „wenn die Dienstleistung den Umständen nach nur gegen eine Vergütung zu erwarten ist". Die Erwartung muss nach den

2

Gesamtumständen berechtigt sein.[1] Prinzipiell kann danach auch ohne vertragliche Regelung eine Grundvergütung für die Überstunden (üblicher Stundenverdienst; Anteil des Monatslohns) als stillschweigend vereinbart gelten, da der Arbeitnehmer eine quantitative Mehrleistung erbringt.[2] Dies gilt jedenfalls in einem „Normalarbeitsverhältnis" mit arbeitszeitbezogener Vergütung.[3] Etwas anderes gilt nach ständiger Rechtsprechung bei „Diensten höherer Art", wie sie bspw. leitende Angestellte, Rechtsanwälte oder Chefärzte leisten. Ihre Mehrarbeit ist grundsätzlich mit der vereinbarten Vergütung abgegolten.[4] Das BAG hat diese Rechtsprechung jetzt mutig fortgeschrieben und gemeint, dass dieser Fall regelmäßig dann gegeben sei, wenn die Arbeitsvergütung die Beitragsbemessungsgrenze in der gesetzlichen Rentenversicherung überschreitet. Wer über dieser Grenze liege, gehöre zu den „Besserverdienern", die aus der Sicht der beteiligten Kreise nach der Erfüllung ihrer Arbeitsaufgaben und nicht eines Stundensolls beurteilt werden. Ihnen und ihren Arbeitgebern fehle regelmäßig die objektive Vergütungserwartung für ein besonderes Entgelt als Gegenleistung für die über die regelmäßige Arbeitszeit hinaus geleistete Arbeit.[5] Ob diese Rechtsprechung überzeugt, mag dahinstehen. Jedenfalls hat sie den Vorteil der Rechtsklarheit.

3 Zu folgen ist der Rechtsprechung des 5. Senats insoweit, als sie eine Vergütungserwartung verneint, wenn der Arbeitnehmer zusätzlich zur **arbeitszeitbezogenen Vergütung** Provisionen erhält, z.B. bei einem Büroleiter eines Versicherungsmaklers.[6] Ebenfalls keine Vergütungserwartung besteht, wenn es dem Arbeitnehmer nach der vertraglichen Vereinbarung obliegt, Überstunden durch Freizeit selbst auszugleichen.[7]

4 Erhebliche **prozessuale Fragestellungen** sind mit der Geltendmachung von Überstundenvergütung für Arbeitgeber und Arbeitnehmer verbunden. Vor diesem Hintergrund bieten sich insbesondere in den neuralgischen Punkten **klare vertragliche Absprachen** an. Der Arbeitnehmer, der im Prozess von seinem Arbeitgeber die Bezahlung von Überstunden fordert, muss **im Einzelnen** darlegen, an welchen Tagen und zu welchen Tageszeiten er über die übliche Arbeitszeit hinaus tätig geworden ist. Er muss ferner eindeutig vortragen, ob die Überstunden vom Arbeitgeber **angeordnet** oder zur Erledigung der ihm obliegenden Arbeit **notwendig** oder vom Arbeitgeber gebilligt oder geduldet worden sind. Auf diesen Vortrag hin muss der Arbeitgeber substantiiert erwidern.[8]

5 Bei der **Darlegungslast** sind nach der Rechtsprechung des BAG drei Fallgruppen zu unterscheiden:

---

1 BAG v. 3.9.1997 – 5 AZR 428/96, AP BGB § 611 Dienstreise Nr. 1.
2 BAG v. 17.3.1982 – 5 AZR 1074/79, AP BGB § 612 Nr. 33.
3 BAG v. 22.2.2012 – 5 AZR 765/10, NZA 2012, 861.
4 BAG v. 17.11.1966 – 5 AZR 225/66, AP BGB § 611 Leitende Angestellte Nr. 1; v. 17.3. 1982 – 5 AZR 1074/79, AP BGB § 612 Nr. 33; v. 1.9.2010 – 5 AZR 517/09, NZA 2011, 575; LAG Köln v. 7.9.1989 – 10 Sa 488/89, NZA 1990, 349.
5 BAG v. 22.2.2012 – 5 AZR 765/10, NZA 2012, 861 Rz. 21.
6 BAG v. 21.9.2011 – 5 AZR 629/10, NZA 2012, 145; v. 27.6.2012 – 5 AZR 530/11, NZA 2012, 1147.
7 BAG v. 4.5.1994 – 4 AZR 445/93, NZA 1994, 1035.
8 BAG v. 17.4.2002 – 5 AZR 644/00, NZA 2002, 1340; v. 16.5.2012 – 5 AZR 347/11, NZA 2012, 939.

(1) Anordnung von Überstunden

Zum Nachweis der **ausdrücklichen Anordnung** muss der Arbeitnehmer vortragen, „wer wann auf welche Weise wie viele Überstunden angeordnet hat". Eine **konkludente Anordnung** von Überstunden liegt vor, wenn dem Arbeitnehmer Arbeit in einem Umfang zugewiesen wird, die unter Ausschöpfung der persönlichen Leistungsfähigkeit des Arbeitnehmers nur durch die Leistung von Überstunden zu bewältigen ist. Dazu muss der Arbeitnehmer darlegen, dass eine bestimmte angewiesene Arbeit innerhalb der Normalarbeitszeit nicht zu leisten war. Die bloße Anwesenheit des Arbeitnehmers begründet keine Vermutung dafür, Überstunden seien erforderlich gewesen.[1]

(2) Billigung

Durch eine „**Billigung**" der Überstunden genehmigt der Arbeitgeber diese nachträglich. Die Billigung kann konkludent erfolgen, etwa durch Abzeichnung eines Stundenzettels.

(3) Duldung

Die bloße **Duldung** von Überstunden bedeutet, dass der Arbeitgeber die Überstundenleistung erkennt, diese hinnimmt und nicht unterbindet. In diesen Fällen muss der Arbeitnehmer darlegen, „von welchen wann geleisteten Überstunden der Arbeitgeber auf welche Weise wann Kenntnis erlangt haben soll und dass es im Anschluss daran zu einer weiteren Überstundenleistung gekommen ist".[2]

Die Regelung von Mehrarbeits- und Überstundenvergütungen ist eine Domäne des **Tarifrechts** (vgl. etwa § 8 TVöD) und der **Mitbestimmung** des Betriebsrats nach § 87 Abs. 1 Nr. 3 und 10 BetrVG. In der Rechtsprechung der Arbeitsgerichte dominieren Rechtsstreite um die Interpretation tariflicher Überstundenregelungen. Eine einzelvertragliche Abweichung von zwingend geltenden kollektivvertraglichen Regelungen ist unwirksam.[3] Vorrangig ist folglich auf die kollektivarbeitsrechtlichen Regelungen zu achten.

Dennoch finden sich in Arbeitsverträgen oftmals Regelungen über den Ausschluss oder die Gewährung von Mehrarbeits- und Überstundenvergütungen. Dies gilt auch für die Verträge der außertariflichen Führungskräfte (I B Rz. 44). Streitpunkt im Arbeitsverhältnis ist häufig, ob und inwieweit der Arbeitnehmer für geleistete Mehr- bzw. Überarbeit eine Vergütung verlangen kann. Nach früherer – in Teilen des Schrifttums[4] kritisierter – Rechtsprechung des BAG,[5] das insoweit letztlich den **Grundsatz der Vertragsfreiheit** heranzieht, war die Vereinbarung zulässig, dass etwaige Mehr- bzw. Überarbeit nicht besonders bezahlt, sondern durch das zugesagte Entgelt mit abgegolten wird, auch wenn nicht im Einzelnen geregelt ist, welcher Teil der Vergütung als Pauschalabgeltung für die Mehr- bzw. Überarbeit anzusehen ist.

---

1 BAG v. 10.4.2013 – 5 AZR 122/12, NZA 2013, 1100 Rz. 17; **a.A.** LAG Berlin-Brandenburg v. 23.12.2012 – 6 Sa 1941/11 – EzA BGB 2002 § 611 Überarbeit Nr. 3.
2 BAG v. 10.4.2013 – 5 AZR 122/12, NZA 2013, 1100 Rz. 18.
3 Vgl. etwa BAG v. 24.10.1990 – 6 AZR 37/89, NZA 1991, 378.
4 *Herschel*, Anm. zu BAG AP Nr. 1 zu § 15 AZO; *Kerger*, RdA 1971, 275 (276ff.).
5 BAG v. 26.1.1956 – 2 AZR 98/54, AP Nr. 1 zu § 15 AZO; v. 24.2.1960 – 4 AZR 475/57, AP Nr. 11 zu § 611 BGB Dienstordnungs-Angestellte; v. 16.1.1965 – 5 AZR 154/64, NJW 1965, 1549.

8 Diese großzügige Rechtsprechung hat das BAG zunächst hinsichtlich der Überstunden, die die gesetzliche Höchstarbeitszeit überschreiten,[1] und jüngst auch für Überstunden, die unterhalb dieser Grenze liegen,[2] geändert. Die neuen Anforderungen sind zukünftig auch bei der Vertragsgestaltung zu berücksichtigen. Das BAG entschied im ersten Fall, dass eine arbeitsvertragliche Regelung, dass Überstunden durch das gezahlte Bruttogehalt abgegolten seien, **nur die im Rahmen des § 3 ArbZG zulässigen Überstunden erfasse**. Diejenigen Arbeitsstunden hingegen, die über die gesetzliche Höchstarbeitszeit (→ *Arbeitszeit*, II A 90 Rz. 8) hinausgehen, sind zu bezahlen, wobei auch dieser Vergütungsanspruch innerhalb etwaiger arbeits- und tarifvertraglicher Ausschlussfristen geltend gemacht werden muss, damit er nicht verfällt. Das BAG hat im Wesentlichen argumentiert, der Arbeitgeber müsse davon ausgehen, dass der Arbeitnehmer die (an sich gesetzlich unzulässige) Arbeit nur gegen eine Vergütung leisten werde. Zwar hätte der Arbeitgeber die nach § 3 ArbZG unzulässige Arbeitsleistung weder anordnen noch entgegennehmen dürfen. Da er dies aber getan hat, hat der Arbeitnehmer Anspruch auf Bezahlung der geleisteten Arbeit. Ist eine Vergütung vereinbart, gilt sie anteilig für die geleisteten Überstunden, fehlt eine Vergütungsabrede, gilt § 612 BGB.

9 Inzwischen hat das BAG auch über die lang umstrittene Frage, ob **Pauschalierungsabreden für Überstunden** zulässig sind, entschieden.[3]

⊃ **Nicht geeignet:**

Erforderliche Überstunden sind mit dem Monatsgehalt abgegolten.

Bei betrieblichen Erfordernissen hat der Arbeitnehmer Überstunden zu leisten. Eine gesonderte Vergütung der Überstunden erfolgt nicht.

Mit der vereinbarten Bruttovergütung sind erforderlich werdende Überstunden abgegolten.

Die vorstehenden Klauseln genügen **nicht dem Transparenzgebot**, weil sich der Umfang der danach ohne zusätzliche Vergütung zu leistenden Überstunden nicht hinreichend deutlich aus dem Arbeitsvertrag ergibt. Der Umfang der Leistungspflicht muss so bestimmt oder zumindest durch die konkrete Begrenzung der Anordnungsbefugnis hinsichtlich des Umfangs der zu leistenden Überstunden so bestimmbar sein, dass der Arbeitnehmer bereits bei Vertragsschluss erkennen kann, was ggf. „auf ihn zukommt" und welche Leistung er für die vereinbarte Vergütung maximal erbringen muss.[4]

10 Die aus § 3 ArbZG folgende Höchstarbeitszeit genügt als transparente Grenze nicht. Die Begrenzung muss sich aus der Vertragsgestaltung selbst ergeben. Entscheidend ist, dass der Arbeitnehmer erkennen kann, wieviel Arbeitsleistung er für wieviel Entgelt erbringen muss.[5] Ferner verstößt es gegen das Transparenzgebot, wenn der Arbeitnehmer nicht erkennen kann, in welcher Höhe ein Anspruch auf

---

[1] BAG v. 28.9.2005 – 5 AZR 52/05, NZA 2006, 149.
[2] BAG v. 1.9.2010 – 5 AZR 517/09, NZA 2011, 575.
[3] BAG v. 1.9.2010 – 5 AZR 517/09, NZA 2011, 575.
[4] BAG v. 1.9.2010 – 5 AZR 517/09, NZA 2011, 575.
[5] Vgl. zu Arbeitszeitabreden BAG v. 18.4.2012 – 5 AZR 195/11, NZA 2012, 796.

Mehrarbeitsvergütung besteht bzw. wenn sich der Umfang der ohne zusätzliche Vergütung zu leistenden Überstunden nicht hinreichend deutlich aus dem Arbeitsvertrag ergibt.[1]

Vorformulierte Nebenabreden zur Hauptleistungspflicht der Arbeitszeit (arbeitszeitmodifizierende Nebenabreden) unterliegen aber nicht nur einer Transparenzkontrolle, sondern auch einer materiellen Inhaltskontrolle.[2] In der Regel liegt eine nach § 307 Abs. 1 BGB zu verwerfende **krasse Beeinträchtigung des Äquivalenzverhältnisses** und damit eine unangemessene Benachteiligung vor, wenn vorformuliert die Verpflichtung zur Ableistung von Mehr- und Überarbeit mit einer Pauschalabgeltung verbunden wird. Ohne Begrenzung der Anordnung von Mehr- bzw. Überarbeit wird dem AG damit das Recht zum einseitigen, zum Teil erheblichen Einbruch in das Synallagma eröffnet.[3]

11

Der notwendigen Kontrolle der mit der Befugnis zur Überstundenanordnung kombinierten Pauschalabgeltungsabrede kann regelmäßig nicht entgegengehalten werden, es finde eine unzulässige **Kontrolle der Hauptleistungspflichten** statt (vgl. § 307 Abs. 3 BGB). Die Befugnis zur Überstundenanordnung, die das Preis-Leistungs-Verhältnis wesentlich verschieben kann, ist eine kontrollfähige „**Preisnebenabrede**".[4] Selbst wenn es sich bei Pauschallohnabreden im Einzelfall um als solche nicht kontrollfähige Hauptleistungsabreden handeln sollte, spricht dies nicht dagegen, eine isolierte Abgeltungsklausel, nach der Über- und Mehrstundenvergütung durch das gezahlte Gehalt abgegolten sein sollen, der AGB-Kontrolle zu unterwerfen (s. dazu Rz. 25 ff.).[5] Jedenfalls findet das **Transparenzgebot** auch auf Vereinbarungen über die Hauptleistungspflichten Anwendung (§ 307 Abs. 3 Satz 2 BGB).[6] Zutreffend hat das BAG[7] schon früher entschieden, dass dann, wenn sich aus einer an sich zulässigen Bezugnahme auf beamtenrechtliche Bestimmungen ergibt, dass ein Arbeitnehmer des öffentlichen Dienstes bei Beendigung des Arbeitsverhältnisses einen Anspruch auf Mehrarbeitsvergütung verliert, die entsprechende, vom Arbeitgeber des öffentlichen Dienstes einseitig vorformulierte Vertragsklausel der richterlichen Inhaltskontrolle mit der Folge unterliegt, dass sie als unbillig und damit unwirksam anzusehen ist, weil sie zu einer unangemessenen und sachlich nicht gerechtfertigten Benachteiligung des Arbeitnehmers führt.

12

---

1 BAG v. 1.9.2010 – 5 AZR 517/09, NZA 2011, 575; v. 22.2.2012 – 5 AZR 765/10, NZA 2012, 861.
2 Bislang durch das BAG offen gelassen, vgl. BAG v.16.5.2012 – 5 AZR 331/11, NZA 2012, 908.
3 LAG Köln v. 20.12.2001 – 6 Sa 965/01, AuR 2002, 193; LAG Schl.-Holst. v. 22.9.2004 – 3 Sa 245/04, LAGE § 307 BGB 2002 Nr. 5; LAG Hamm v. 18.3.2009 – 2 Sa 1108/08, LAGE BGB § 307 Nr. 18; i.E. bestätigt durch BAG v. 8.12.2010 – 10 AZR 671/09, NZA 2011, 628.
4 LAG Düsseldorf v. 11.7.2008 – 9 Sa 1958/07, AuA 2009, 442; LAG Hamm v. 11.7.2007 – 6 Sa 410/07, AE 2007, 312; vgl. hierzu auch DBD/*Bonin*, § 307 Rz. 182; *Preis*, Vertragsgestaltung, § 10 V 3; ErfK/*Preis*, §§ 305–310 Rz. 91; *Hümmerich/Rech*, NZA 1999, 1132.
5 ErfK/*Preis*, §§ 305–310 BGB Rz. 91; offen gelassen in BAG v. 28.9.2005 – 5 AZR 52/05, NZA 2006, 149, s.a. BAG v. 31.8.2005 – 5 AZR 545/04, NZA 2006, 324.
6 *Gotthardt*, Rz. 303; ErfK/*Preis*, §§ 305–310 BGB Rz. 91; zur Anwendung des Transparenzgebotes BAG v. 31.8.2005 – 5 AZR 545/04, NZA 2006, 324.
7 Vgl. BAG v. 24.11.1993 – 5 AZR 153/93, NZA 1994, 759.

13 Das BAG hat die Klausel, „Mit der Monatsvergütung sind 20 Überstunden pro Monat mit abgegolten" (konkrete Formulierung: In der vereinbarten Vergütung sind die ersten 20 Überstunden im Monat „mit drin") als **transparente Hauptabrede** angesehen.[1] Das BAG meint, die Klausel sei klar und verständlich. Der Arbeitnehmer wisse danach, was auf ihn zukomme. Er müsse für die vereinbarte Vergütung ggf. bis zu 20 Überstunden monatlich ohne zusätzliche Vergütung leisten. Dass die Klausel sich nicht zu den Voraussetzungen verhalte, unter denen der Arbeitgeber die Leistung von Überstunden soll anordnen dürfen, stehe ihrer Transparenz nicht entgegen. Einer weitergehenden Kontrolle unterliege die Klausel nicht, weil es nicht Aufgabe des Gerichts sei, über die §§ 305 ff. BGB den „gerechten Preis" zu ermitteln. Bei einer – nur auf Transparenz hin kontrollierbaren – Hauptabrede zur Vergütung von Überstunden finde eine Kontrolle der Vergütungshöhe nur im Rahmen des § 138 BGB statt.[2] Die Vergütungsabrede dieser Überstunden, ohne zugleich die Anordnungsbefugnis des Arbeitgebers zur Ableistung von Überstunden zu regeln, sei eine Hauptleistungsabrede, die nur die Gegenleistung des Arbeitgebers für die vom Arbeitnehmer erbrachte Arbeitsleistung betrifft.

14 Es kann angezweifelt werden, ob diese Position richtig ist. Denn der Arbeitnehmer weiß insoweit nicht, was auf ihn zukommt, weil er mal ohne Überstunden und mal bis zu 20 Überstunden im Monat zu leisten hat, wodurch sich das Gegenleistungsverhältnis verschiebt. Es kommt dann auf das Stundenmaß an, wie stark sich das Austauschverhältnis verschiebt. Man nehme den Fall an, dass der Arbeitnehmer teilzeitbeschäftigt 100 Stunden im Monat zu leisten hat, für die er 1 000 Euro brutto erhält, also zehn Euro die Stunde. Die Klausel, „20 Überstunden sind mit drin" führt zu einer Verschiebung, denn der Stundenlohn beträgt, wenn der Arbeitnehmer 120 Stunden leistet, nur noch 8,33 Euro. Das ist eine Verschiebung von knapp 17 % der Gegenleistung. Damit bewegt sich die Klausel im kritischen Bereich.[3] Dies zeigt, dass die Klausel sowohl intransparent ist als auch Bedenken hinsichtlich der Angemessenheit bestehen (§ 307 Abs. 1 BGB). Rechtsfolge wäre, dass die Klausel gestrichen wird und der Arbeitnehmer einen Anspruch auf Zahlung von zehn Euro je geleisteter Überstunde hat.

15 Unterstellt man, die Klausel sei Hauptabrede, erfolgt zum einen weiterhin eine Kontrolle der Gesamtvergütung nach Maßgabe des § 138 BGB.[4] Darüber hinaus ist zu beachten, dass Pauschalierungsklauseln gegen den seit 1.1.2015 geltenden **Mindestlohn** in Höhe von 8,50 Euro verstoßen können (§§ 1, 3 MiLoG). Nach dem Gesetz hat jeder Arbeitnehmer Anspruch auf **Zahlung** eines Arbeitsentgelts mindestens in Höhe des Mindestlohns. § 1 Abs. 2 MiLoG verdeutlicht, dass der Mindestlohns brutto **8,50 Euro je Zeitstunde** beträgt. Weitergehender Konsens in der Literatur ist, dass das Gesetz auch Arbeitsverhältnisse erfasst, deren Vergütung über dem Mindestlohn liegt (vgl. im Umkehrschluss aus § 2 Abs. 2 Satz 1 MiLoG und der Rechtslage zu Ausschlussfristen [§ 3 MiLoG]).

16 Da der Mindestlohn „je Arbeitsstunde" zu leisten ist, kann eine Pauschalierungsabrede gegen das MiLoG verstoßen, wie auch der in Rz. 14 konstruierte Fall zeigt.

---

1 BAG v. 16.5.2012 – 5 AZR 331/11, NZA 2012, 908.
2 BAG v. 16.5.2012 – 5 AZR 331/11, NZA 2012, 908.
3 S. hierzu großzügig *Bauer/Arnold/Willemsen*, DB 2012, 1986 (1988).
4 *Bauer/Arnold/Willemsen*, DB 2012, 1986 (1988).

Das Erreichen der Mindestlohnhöhe sollte – auch bei Überstunden – durch eine **arbeitsstundenbezogene Garantieklausel** (→ *Arbeitsentgelt*, II A 70 Rz. 13 ff.) gesichert werden. Beispiel: Bei einem Grundlohn von 8,50 Euro ist eine Pauschalierungsabrede, die für 20 Überstunden eine Pauschale von 150 Euro regelt, wegen Verstoßes gegen §§ 1, 3 MiLoG unwirksam. Für 20 Überstunden müssen 8,50 Euro je Stunde gezahlt werden, also 170 Euro. Dies gilt wohl auch für einen „Besserverdienenden". Wird bei einem Arbeitnehmer, der 3000 Euro brutto verdient, eine Überstundenpauschale von 100 Euro für bis zu 20 Überstunden gezahlt, verstößt die Vereinbarung gegen § 1, 3 MiLoG. Es sind auch hier je Arbeitsstunde mindestens 8,50 Euro zu zahlen.[1]

2. Klauselbeispiele

In Arbeitsverträgen ist eine Vielfalt von Klauseln zur Mehrarbeits- und Überstundenvergütung anzutreffen. Sofern nicht die Überstundenvergütung generell ausgeschlossen oder pauschaliert wird, finden sich bisweilen Regelungen, unter welchen (Mindest-)Voraussetzungen überhaupt eine Vergütung möglich ist.

Typ 1: Voraussetzungen der Überstundenvergütung

a) Ein Anspruch auf Über- oder Mehrarbeitsstundenabgeltung besteht nur,
   aa) wenn die Über- oder Mehrarbeitsstunden angeordnet oder vereinbart worden sind oder
   bb) wenn sie aus dringenden betrieblichen Interessen erforderlich waren und der Arbeitnehmer Beginn und Ende der Über-/Mehrarbeit spätestens am folgenden Tag der Geschäftsleitung schriftlich anzeigt und die Über- oder Mehrarbeitsstunden vertraglich genehmigt werden.
b) Die Überstundenvergütung kann nur aufgrund vorgelegter und bestätigter Stundenzettel erfolgen. Die Stundenzettel sind zum Monatsende vorzulegen, die Vergütung erfolgt zusammen mit der Vergütung des Folgemonats.
c) Zuschläge für Überstunden werden für Arbeitsstunden bezahlt, die über eine wöchentliche Arbeitszeit von 40 Stunden hinaus geleistet werden, wobei die Zeit bis zu 40 Stunden zuschlagsfrei bleibt.
d) Arbeitszeiten innerhalb des Flex-Rahmens für die flexible Arbeitszeit stellen keine Überstunden dar.
e) Die Vergütung für angeordnete oder nachträglich genehmigte Überstunden, für die kein Freizeitausgleich gewährt wird, richtet sich nach den betrieblichen Regelungen in ihrer jeweils gültigen Fassung.

Mit dem **Typ 1a** versucht sich der Arbeitgeber vor einer einseitigen Verteuerung der Arbeit durch Ausweitung der Leistung zu schützen. Nur angeordnete – besondere Formvorschriften sollten für die Anordnung von Überstunden nicht vorgesehen werden[2] – bzw. vereinbarte Mehr- und Überarbeit sollen Ansprüche auf Vergütung

---
1 S. *Bepler*, FS Wank, 2014, S. 41, 52; *Lembke*, NZA 2015, 70 (78).
2 Vgl. LAG Hamm v. 31.5.1990 – 17 Sa 1908/89, DB 1990, 1623, wonach ein Anspruch auf Vergütung geleisteter Überstunden auch bei Verstoß gegen eine entsprechende Formvorschrift (hier: § 17 Abs. 4 Satz 2 BAT) bestehe.

auslösen. Dies ist legitim (s. zur Darlegungslast Rz. 4f.), weil Veränderungen im Bereich der Gegenleistung prinzipiell vom beiderseitigen Vertragswillen getragen sein müssen. Auch personalwirtschaftlich ist ein steter Überblick über zu vergütende Überstunden unentbehrlich. Dieses Bedürfnis wird aus dem Unterpunkt bb) der Klausel deutlich, der Überstundenvergütung auch bei dringendem Betriebsinteresse gewährt, wenn die Über- bzw. Mehrarbeit am Folgetag angezeigt wird. Entsprechendes gilt für **Typ 1b**.

19 **Typ 1c** konkretisiert die zuschlagspflichtige und die zuschlagsfreie Überarbeit dahingehend, dass erst ab einer Wochenarbeitszeit von mehr als 40 Stunden Zuschläge gezahlt werden. Bei **flexiblen Arbeitszeitmodellen** kann die Arbeitszeit innerhalb eines vereinbarten Arbeitszeitrahmens in manchen Wochen deutlich über der regelmäßigen Arbeitszeit liegen, in anderen Wochen dagegen darunter, so dass am Ende des Ausgleichszeitraums die durchschnittliche regelmäßige Arbeitszeit erreicht wird. Die tatsächlichen Arbeitszeiten werden in solchen Fällen in der Regel auf einem Arbeitszeitkonto erfasst. Wären auch bei diesen Flexi-Modellen immer bei Überschreiten einer bestimmten Stundengrenze pro Woche Überstundenzuschläge zu zahlen, könnte das Arbeitszeitmodell u.U. nicht wie geplant umgesetzt werden. Manche Tarifverträge sehen zwar solche starren Grenzen vor, ab denen auch bei flexiblen Arbeitszeitmodellen Überstundenzuschläge zu zahlen sind. Wo dies jedoch nicht der Fall ist, sollte klargestellt werden, dass Arbeitszeiten innerhalb des Flex-Rahmens keine Überstunden darstellen, wie z.B. in **Typ 1d**. Auch das BAG hat deutlich gemacht, dass der jeweilige **Stundensaldo auf dem Arbeitszeitkonto während des Ausgleichszeitraumes keine Mehr- oder Minderarbeit** darstellt, sondern nur ein Zeitguthaben bzw. eine Zeitschuld.[1] Im Übrigen sind insbesondere tarifliche Vorgaben für das Entstehen und die Vergütung von Überstunden zu beachten. In dem vom BAG[2] entschiedenen Fall sah der Tarifvertrag bspw. vor, dass Überstunden auch bei flexibler Arbeitszeit anfallen können, nämlich wenn die im Rahmen der flexiblen Arbeitszeit für den jeweiligen Arbeitstag durch Betriebsvereinbarung festgelegte Arbeitszeit aufgrund einer Anordnung überschritten wird.

20 Konkrete Regelungen über die Vergütung von Überstunden finden sich vielfach nicht in den Arbeitsverträgen, sondern in Tarifverträgen oder – auf Betriebsebene – in Betriebsvereinbarungen. Insoweit ist der Verweis auf betriebliche Regelungen durchaus üblich (**Typ 1e**).

21 Es sind jedoch auch arbeitsvertragliche Regelungen über den Umfang der Mehr- bzw. Überstundenvergütung denkbar. Die Untergrenzen des § 1 MiLoG in Höhe von zur Zeit 8,50 Euro ist zu beachten.

Typ 2: Konkrete Überstundenvergütung

a) Jede geleistete Über- oder Mehrarbeitsstunde wird mit einem Zuschlag von ... % auf die übliche Vergütung bezahlt.

---

1 BAG v. 25.10.2000 – 4 AZR 596/99, AP Nr. 174 zu § 1 TVG Tarifverträge: Metallindustrie.
2 BAG v. 25.10.2000 – 4 AZR 596/99, AP Nr. 174 zu § 1 TVG Tarifverträge: Metallindustrie.

b) Herr/Frau ... erhält für jede Überstunde ... % des monatlichen Bruttogehaltes sowie einen Zuschlag von ...
c) Es werden folgende Zuschläge zum Gehalt gezahlt für:
   1. Nachtarbeit ... Euro
   2. Wechselschicht ... Euro
   3. Sonn- und Feiertagsschicht ... Euro
   4. Arbeit an Sonnabenden ... Euro
   5. Überstunden ... Euro.
d) Für die Vergütung von Über-/Mehrarbeit gelten die gesetzlichen Bestimmungen sowie die betrieblichen Vereinbarungen. Soweit eine Vergütung angeordneter Überstunden vorgenommen wird, erhalten Angestellte 1/3 des Monatsgehaltes (Stundensatz) zuzüglich 25 % Zuschlag. Gewerbliche Mitarbeiter erhalten einen Zuschlag von 25 % zum Stundenlohn, ist Monatslohn vereinbart, geschieht die Berechnung wie bei den Angestellten. Fallen die Überstunden in die Zeit zwischen 21.00 und 6.00 Uhr, wird ein Nachtzuschlag von 50 % gewährt. An Sonntagen beträgt der Zuschlag 50 %, an Feiertagen 100 %. Treffen mehrere Zuschläge zusammen, wird nur der jeweils höchste Zuschlagssatz gewährt.

Eine zwingende Regelung, Über- bzw. Mehrarbeitsstunden mit einem bestimmten Zuschlag zu honorieren, besteht nicht. Die Höhe des Zuschlags und die Berechnungsart werden daher grundsätzlich der Parteivereinbarung überlassen.[1] Nach § 15 Abs. 2 AZO a.F. galt für die übergesetzliche Mehrarbeit ein Zuschlag von 25 % als angemessene Vergütung. Hiervon konnte freilich auch nach unten abgewichen werden; ein geringerer Zuschlag unterlag der Billigkeitskontrolle i.S.v. § 15 Abs. 1 AZO a.F. Die äußerste Grenze der Dispositionsfreiheit der Vertragsparteien sollte allerdings dann erreicht sein, wenn die Zuschlagshöhe auf „Null" reduziert wurde.[2]

a) Pauschalierungsabreden

In der Praxis sehr verbreitet sind Klauseln, wonach etwaige Über- oder Mehrarbeit bereits mit dem vereinbarten Gehalt abgegolten sein soll. Die Klauseln waren schon immer in ihrer Wirkung problematisch. Schon *Herschel*[3] hat darauf hingewiesen, dass es bei Vereinbarung einer **Pauschalabgeltung** und erst recht bei **Ausschluss jeder Überstundenvergütung** vorkomme, dass im selben Betrieb ein Angestellter der gleichen Tarifgruppe für 240 Monatsstunden dasselbe Gehalt wie sein Kollege für 190 Stunden erhalte. Diese und ähnliche Klauseln unterliegen jetzt einer weitgehenden Transparenz- und Inhaltskontrolle nach Maßgabe des § 307 BGB.

In welch eklatanter Weise sich das Verhältnis von Leistung und Gegenleistung verschieben kann, hat *Franke*[4] für den Fall der außertariflichen Angestellten dargetan. In seinem Beispiel vergleicht er einen Tarifangestellten mit einem Monatsgehalt

---
1 Vgl. BAG v. 26.1.1956 – 2 AZR 98/54, AP Nr. 1 zu § 15 AZO; ArbG Berlin v. 31.10.1988 – 30 Ca 214/88, DB 1989, 1423.
2 Vgl. BAG v. 3.10.1969 – 3 AZR 400/68, AP Nr. 12 zu § 15 AZO.
3 Anm. zu BAG AP Nr. 1 zu § 15 AZO.
4 *Franke*, Der außertarifliche Angestellte, S. 99.

von 4500 DM (entspricht 2301 Euro; letzte Tarifgruppe) und einen um 20 % höher verdienenden AT-Angestellten (5400 DM; entspricht 2761 Euro) bei einer tariflichen Arbeitszeit von 37 Stunden. Der Tarifangestellte erhält Überstundenvergütung mit 25 % Zuschlag, für den AT-Angestellten ist – wie üblich – ein Anspruch auf Mehrarbeitsvergütung ausgeschlossen. In *Frankes* Extrembeispiel leisten beide über einen Monat Überarbeit von 10 Stunden bei sechs Arbeitstagen pro Woche. Resultat: Der an sich mit seinem Gehalt um 20 % über dem Tarifangestellten verdienende AT-Angestellte wird nunmehr vom Tarifangestellten um 48 % (= 2596 DM; entspricht 1327 Euro) übertroffen.

Typ 3: Pauschalabgeltung bei Führungskräften

bedingt geeignet

a) Das monatliche/jährliche Bruttogehalt beträgt ... Euro. Damit sind auch Überstunden, die im gesetzlich zulässigen Rahmen liegen, in dem für außertarifliche Angestellte üblichen Umfang (max. ... Stunden pro Monat) abgegolten.

b) Mit diesem außertariflichen Gehalt sind alle Überstunden, die im gesetzlich zulässigen Rahmen liegen und normalerweise durch Ihre Tätigkeit anfallen (max. ... Stunden pro Monat), abgegolten.

c) Nach den Gepflogenheiten des Unternehmens ist bei Angestellten des mittleren Führungskreises Überarbeit, die im gesetzlich zulässigen Rahmen liegt und im Rahmen der übertragenen Aufgaben notwendig ist und geleistet wird, mit dem vereinbarten Gehalt abgegolten (max. ... Stunden pro Monat). Wird im Sonderfall Überarbeit darüber hinaus vom Arbeitgeber angeordnet bzw. genehmigt und geleistet, insbesondere auch nachts, samstags oder an Sonn- und Feiertagen, wird diese Mehrarbeit mit ... Euro pro Stunde vergütet.

d) In dem vereinbarten Bruttogehalt sind Vergütungen für eventuelle Über-, Nacht-, Sonntags- und Feiertagsarbeit, die im gesetzlich zulässigen Rahmen liegt, abgegolten (max. ... Stunden pro Monat), soweit ein ständiger Einsatz im Außendienst erfolgt oder das Gehalt mehr als 20 % über der letzten Tarifgruppe X liegt.

e) Wenn das Gehalt um mehr als 25 % bis zu 50 % das Gehalt der letzten Tarifgruppe übersteigt, sind hiermit bis zu 10, wenn es um mehr als 50 % über der letzten Tarifgruppe liegt, bis zu 20 eventuell im Kalendermonat anfallende Überstunden abgegolten.

25 Auch vorstehende Klauseln in Arbeitsverträgen von Führungskräften unterliegen der Transparenz- und Inhaltskontrolle. Freilich ist bei der Beurteilung von Vertragsklauseln zur Leistung von Überstunden und Mehrarbeit die Einschätzung des BAG[1] zu beachten, dass von einem hoch bezahlten Angestellten ein **besonderes Maß an Arbeitsleistung** verlangt werden kann, auch wenn dadurch die im Betrieb übliche Arbeitszeit überschritten wird. Hiermit geht eine Entscheidung des BAG[2] einher, in der eine Überstundenvergütung mangels ausdrücklicher Vereinbarung bei einem **leitenden Angestellten** verneint, aber für möglich gehalten wird, wenn die vertraglichen Bezüge lediglich eine bestimmte zeitliche Normalleistung abgelten sollen

---

1 BAG v. 13.3.1967 – 2 AZR 133/66, AP Nr. 15 zu § 618 BGB.
2 BAG v. 17.11.1966 – 5 AZR 225/66, NJW 1967, 413.

oder dem leitenden Angestellten zusätzliche Arbeiten außerhalb seines eigentlichen Aufgabenkreises übertragen werden. Inzident billigte das BAG die verbreitete Klausel in Verträgen leitender Angestellter, die bestimmt, dass der Mitarbeiter seine ganze Arbeitskraft dem Arbeitgeber zur Verfügung zu stellen habe. Der Entscheidung ist prinzipiell zuzustimmen; sie findet eine gewisse Bestätigung in der Herausnahme leitender Angestellter i.S.v. § 5 Abs. 3 BetrVG aus dem Anwendungsbereich des Arbeitszeitgesetzes (§ 18 Abs. 1 Nr. 1 ArbZG).[1] Die Vorschrift erklärt sich aus der Annahme, dass leitende Angestellte meist keine feste Arbeitszeit haben und durch ihre Vergütung eine etwaige Mehr- bzw. Überarbeit bereits als abgegolten gilt. Für leitende Angestellte im Sinne des ArbZG kann sich ein Anspruch auf zusätzliche Vergütung aus § 612 BGB nur ergeben, wenn dies besonders vereinbart ist oder mit der Vergütung lediglich eine zeitlich oder sachlich genau bestimmte Leistung abgegolten werden sollte.[2]

Als alternative Vertragsgestaltung bietet sich an, auf die mit Unsicherheiten verbundenen **Pauschalierungsabreden zu verzichten** und stattdessen eine **Arbeitszeitabrede** zu treffen, die eine Arbeitszeit – für nicht leitende Angestellte – in den Grenzen des Arbeitszeitrechts vorsieht. Das BAG hält die arbeitsvertragliche Vereinbarung, wonach ein Arbeitnehmer die Arbeitsleistung schulde, die arbeitszeitrechtlich erlaubt sei, für eine hinreichende Konkretisierung der Hauptleistungspflichten des Arbeitnehmers dahingehend, dass zeitdynamisch das jeweils geltende Arbeitszeitrecht den Umfang der Arbeitspflicht bestimmen soll. Überstunden würden danach erst dann geleistet, wenn der Rahmen überschritten ist.[3] Für die echten leitenden Angestellten (§ 18 Abs. 1 Nr. 1 ArbZG) gelten keine arbeitszeitrechtlichen Schranken und können dementsprechend weitergehende Formulierungen empfohlen werden (→ *Besondere Vertragsmuster Führungsmitarbeiter*, III B Rz. 6 unter I. § 5) 26

Da allerdings längst nicht alle Führungskräfte als leitende Angestellte i.S.v. § 5 Abs. 3 BetrVG anzusehen sind, sollte angesichts der neuen Rechtsprechung des BAG[4] die Pauschalierungsabrede auf Überstunden begrenzt werden, die im gesetzlich zulässigen Rahmen liegen, und sollte hinreichend konkretisiert werden, wie viele Überstunden maximal mit dem Gehalt abgegolten sind. Hier ist die neue Rechtsprechung des BAG zu beachten, die die bisherigen Linien fortentwickelt. Danach (vgl. Rz. 3) ist bei „**Diensten höherer Art**" die eventuelle Mehrarbeit **grundsätzlich mit der vereinbarten Vergütung abgegolten**.[5] Dieser Fall sei regelmäßig dann gegeben, wenn die Arbeitsvergütung die Beitragsbemessungsgrenze in der gesetzlichen Rentenversicherung überschreitet (sog. „**Besserverdiener**").[6] Schließlich ist zu gewärtigen, dass gemäß § 1, 3 MiLoG nach noch nicht gesicherter Rechtsauffassung jede Überstunde – auch bei Führungskräften – wenigstens mit dem Mindestlohn von zur Zeit 8,50 Euro zu vergüten sind.[7] 27

---

1 Vgl. *Worzalla*, NZA-Beilage 3/2006, 122 (128).
2 BAG v. 17.11.1966 – 5 AZR 225/66, NJW 1967, 413.
3 BAG v. 18.4.2012 – 5 AZR 195/11, NZA 2012, 796.
4 BAG v. 1.9.2010 – 5 AZR 517/09, NZA 2011, 575.
5 BAG v. 17.11.1966 – 5 AZR 225/66, AP BGB § 611 Leitende Angestellte Nr. 1; v. 17.3.1982 – 5 AZR 1074/79, AP BGB § 612 Nr. 33; v. 1.9.2010 – 5 AZR 517/09, NZA 2011, 575; LAG Köln v. 7.9.1989 – 10 Sa 488/89, NZA 1990, 349.
6 BAG v. 22.2.2012 – 5 AZR 765/10, NZA 2012, 861 Rz. 21.
7 S. *Bepler*, FS Wank, 2014, S. 41, 52.

Typ 4: Pauschalabgeltung durch das vereinbarte Gehalt

Bedingt geeignet:

a) Mit der unter ... genannten Vergütung sind Überstunden, soweit sie ... Stunden pro Monat nicht überschreiten, abgegolten.

b) Bei Angestellten sind gelegentliche geringfügige Überschreitungen der regelmäßigen täglichen Arbeitszeit (max. ... Stunden pro Monat) mit dem Monatsgehalt abgegolten.[1]

c) Überschreitungen der regelmäßigen täglichen Arbeitszeit bis zu 15 Minuten gelten nicht als Überarbeit und werden – abgesehen vom vollkontinuierlichen Schichtbetrieb – nicht gesondert vergütet.

d) Mit dem vereinbarten Bruttolohn sind bis zu ... Überstunden monatlich abgegolten. Darüber hinausgehende Überstunden werden durch Freizeit abgegolten. Soweit dies aus betrieblichen Gründen nicht möglich ist, beträgt die Überstundenvergütung ... Euro pro Stunde (oder: den jeweiligen durchschnittlichen Stundenlohn zuzüglich 25 %).

28 Nach überkommener Rechtsprechung[2] fanden Pauschalierungsabreden ihre Grenze in § 138 BGB. Wenn ein Vergleich zwischen pauschalierter Lohnabrede (bzw. Grundlohn und Pauschale) und dem üblichen Lohn (insbesondere dem Tariflohn) ergebe, dass ein erhebliches **Missverhältnis** bestand, sollte die Vereinbarung einer **Pauschalabgeltung unwirksam** sein. Darüber hinaus sollte es genügen, wenn ein Arbeitgeber bei der Einstellung eines Arbeitnehmers diesen ausdrücklich darauf hinweist, dass etwaige Mehr- bzw. Überarbeit nicht besonders vergütet wird, sondern das zugesagte Entgelt mit abgegolten ist, auch wenn nicht im Einzelnen festgelegt wurde, welcher Teil des Gehalts Pauschalabgeltung für Mehrarbeit sein sollte.[3]

29 Jedenfalls für **vorformulierte Vertragsklauseln**, in denen die Verpflichtung zu Mehr- bzw. Überarbeit mit dem **Ausschluss jeder Mehrarbeits- und Überstundenvergütung** kombiniert wird, können diese Grundsätze nicht mehr gelten; entsprechende Pauschalierungsabreden wurden in der instanzgerichtlichen Rechtsprechung bereits mehrfach für unwirksam erachtet.[4] Inzwischen hat auch das BAG klargestellt, dass zumindest konkrete Regelungen über die Anzahl der abgegoltenen Überstunden erforderlich sind.[5] Hier kann es zu **unangemessenen Benachteiligungen** des Arbeitnehmers kommen (§ 307 BGB). Problematisch sind insbesondere Klauseln, die generell vorsehen, dass mit dem vereinbarten – zumeist tariflichen – Grundgehalt eventuell anfallende Mehr- bzw. Überarbeit abgegolten sei. Diese sind nach der neuesten BAG-Rechtsprechung nicht mehr zulässig.

30 In besonders krasser Weise wird das **Äquivalenzverhältnis beeinträchtigt**, wenn – was durchaus verbreitet ist – eine **vorformulierte Kombination** der **Verpflichtung**

---

1 MTV-Chemie i.d.F. vom 16.4.2008, § 3.
2 BAG v. 26.1.1956 – 2 AZR 98/54, AP Nr. 1 zu § 15 AZO; ArbG Berlin v. 31.10.1988 – 30 Ca 214/88, DB 1989, 1423; LAG Kiel v. 5.11.2002 – 5 Sa 147c/02, LAGReport 2003, 93.
3 BAG v. 26.1.1956 – 2 AZR 98/54, AP Nr. 1 zu § 15 AZO.
4 Vgl. die Rechtsprechungsnachweise in Rz. 11 Fn. 3.
5 BAG v. 1.9.2010 – 5 AZR 517/09, NZA 2011, 575.

zur Leistung von Überstunden mit einer **Pauschalierungsabrede** erfolgt.[1] Diese Vertragsgestaltung gibt dem Arbeitgeber das Recht zum einseitigen, zum Teil erheblichen Einbruch in das Synallagma, was insbesondere der Fall ist, wenn die Klausel bezüglich der zu leistenden Überstunden keine Grenze nach oben enthält. Ein solches Recht des Arbeitgebers widerspricht dem Austauschcharakter des Arbeitsvertrages, in dem die Arbeitsleistung um der geschuldeten Gegenleistung Willen erbracht wird.[2] Bei einer nicht weiter begrenzten Klausel in einem Arbeitsverhältnis mit einer betriebsüblichen Arbeitszeit von z.B. 38 Wochenstunden könnte der Arbeitgeber eine Leistung von durchschnittlich bis zu 48 Wochenstunden (§ 3 ArbZG) verlangen und damit das Gegenleistungsverhältnis um mehr als 25 % verschieben. Dieser Einbruch in das synallagmatische Verhältnis, dem eine feste oder die betriebsübliche Arbeitszeit zugrunde gelegt worden ist, benachteiligt den Arbeitnehmer unangemessen. Solche Klauseln können nicht mehr empfohlen werden.

Anders kann die Beurteilung ausfallen, wenn der Arbeitsvertrag **erkennbar** eine **Überstundenpauschale** enthält. Danach wird der Nachteil der Überstundenanordnung durch eine Pauschalabgeltung **kompensiert**. Hier kann es problematisch werden, wenn der Umfang der tatsächlich geleisteten Mehrarbeit in keinem angemessenen Verhältnis zur geleisteten Pauschale steht.

Eine relevante Grenze dieser Vertragsgestaltung bildet hier das Mindestlohnrecht. Zu beachten ist, dass trotz der AGB-rechtlichen Zulässigkeit entsprechender Vertragsgestaltungen voraussichtlich nach Maßgabe der §§ 1, 3 MiLoG der jeweilige **Mindestlohn** für jede geleistete Überstunde zu vergüten ist (vgl. Rz. 16).

Typ 5: Abgeltung durch konkrete Überstundenpauschale

a) Herr/Frau … erhält als Grundgehalt monatlich 1 500 Euro brutto. Zur Abgeltung etwaiger Überstunden erhält Herr/Frau … zusätzlich eine Pauschale von …. Euro, die ausgehend vom Grundgehalt monatlich bis zu …. Überstunden abgelten soll. Die einzelne Überstunde wird mindestens in Höhe des jeweiligen gesetzlichen Mindestlohns nach Maßgabe des § 1 MiLoG geleistet.

b) Herr/Frau … erhält als Grundgehalt monatlich 3 000 Euro brutto. Zur Abgeltung etwaiger Überstunden erhält Herr/Frau … zusätzlich eine Pauschale von … Euro, die ausgehend vom Grundgehalt monatlich bis zu … Überstunden abgelten soll.

Die Vereinbarung eines Pauschalbetrags zur Abgeltung geleisteter Mehr- bzw. Überarbeit wird nach dem Grundsatz der Vertragsfreiheit prinzipiell als zulässig anerkannt.[3] Allein aus der Tatsache, dass die Pauschale niedriger ist, als die Mehr-

---

1 Dies verkennen *Bauer/Arnold/Willemsen*, DB 2012, 1986 (1989).
2 LAG Köln v. 20.12.2001 – 6 Sa 965/01, ArbuR 2002, 193; LAG Schl.-Holst. v. 22.9.2004 – 3 Sa 245/04, LAGReport 2005, 33; DBD/*Bonin*, § 307 Rz. 182; ErfK/*Preis*, §§ 305–310 BGB Rz. 92; *Schwerdtner*, Brennpunkte des Arbeitsrechts, 2003, 305 (316).
3 BAG v. 26.1.1956 – 2 AZR 98/54, AP Nr. 1 zu § 15 AZO; vgl. BAG v. 16.1.1965 – 5 AZR 154/64, NJW 1965, 1549; ArbG Berlin v. 31.10.1988 – 30 Ca 214/88, DB 1989, 1423; ArbG Regensburg v. 7.3.1990 – 6 Ca 2/90, EzA § 15 AZO Nr. 13.

arbeits- und Überstundenvergütung bei Einzelberechnung gewesen wäre, lässt sich noch kein Schluss auf die Wirksamkeit oder Unwirksamkeit der Pauschalvereinbarung herleiten.[1]

34 Nach der aufgezeigten Rechtsprechung dürften die Klauseln **Typ 5a** und **5b** wirksam und angemessen sein, obwohl die vollständige Wirksamkeit abhängig ist von der Höhe der Pauschale. Denn nach neuester Rechtslage darf jede Arbeitsstunde nicht geringer als zum Mindestlohnsatz vergütet werden (vgl. Rz. 16). Diese geänderte Rechtslage nimmt die Klausel **Typ 5a** auf. Bei Wahrung des Mindestlohns dürften auch Bedenken gegen die Angemessenheit der Pauschalvergütung geklärt sein. Denkbare Nachteile der Pauschalierungsabrede, die für beide Seiten denkbar sind, könnten durch ein beiderseitiges Teilkündigungsrecht der Pauschalierungsabrede gemildert werden (vgl. Typ 6, s. Rz. 41).

⊃ **Nicht geeignet:**

Ferner erhält der Mitarbeiter zur Abgeltung der Vergütung für Über- und Mehrarbeit, Nachtarbeit, Sonn- und Feiertagsarbeit eine monatliche Pauschale von ... Euro.

35 Bedenken bestehen gegenüber einer diesem Beispiel entsprechenden Klausel wegen der fehlenden Eingrenzung der Über- und Mehrarbeit, die der Berechnung der Pauschale zugrunde liegt. Eine solche Vertragsgestaltung ist intransparent und kann bei zunehmend verkürzter Regelwochenarbeitszeit zu einer erheblichen Verschiebung des Gegenleistungsverhältnisses führen, wenn die gewährte Pauschale gering ist, von der Befugnis zur Anordnung von Überarbeit jedoch extensiv Gebrauch gemacht wird.

36 Die Hauptkritik[2] an der Pauschalabrede liegt daher auch in der **Intransparenz** der Regelung, weil nicht von vornherein deutlich sichtbar gemacht werde, welcher Teil des vereinbarten Gehaltes als Überstundenvergütung anzusehen sei. Es ließe sich deshalb kaum beurteilen, ob die vereinbarte Pauschale eine angemessene Vergütung der verlangten Mehrarbeit darstelle bzw. ob tatsächlich eine besondere Mehrarbeits- und Überstundenvergütung berücksichtigt worden sei.

37 Problematisch ist, inwieweit Pauschallohn- und Abgeltungsabreden der Inhaltskontrolle unterliegen. Grundsätzlich schließt § 307 Abs. 3 Satz 1 BGB eine Kontrolle solcher Vertragsbedingungen aus, die von den Vertragsparteien festgelegt werden müssen. Hierunter fallen vorrangig Abreden über den unmittelbaren Gegenstand der (Haupt)Arbeitsleistung und des ihr entsprechenden Arbeitsentgelts, aber auch Klauseln, die (bei fehlender rechtlicher Regelung) das Entgelt für eine zusätzlich angebotene Sonderleistung festlegen. Sofern sich eine Abrede demgegenüber nicht unmittelbar, sondern nur mittelbar auf die Preisbestimmung auswirkt, unterliegt sie der Inhaltskontrolle nach § 307 Abs. 1 Satz 1 BGB.

38 Nach Ansicht des BAG[3] ist eine Abrede, nach der Mehrarbeitsstunden extra vergütet werden und Zuschläge für Nacht-, Sonntags- und Feiertagsarbeiten in der vereinbarten Bruttovergütung enthalten sein sollen, als nicht kontrollfähige Preis-

---
1 ArbG Berlin v. 31.10.1988 – 30 Ca 214/88, DB 1989, 1423.
2 *Herschel*, Anm. zu BAG AP Nr. 1 zu § 15 AZO.
3 BAG v. 31.8.2005 – 5 AZR 545/04, NZA 2006, 324, m. Anm. *Krause*.

abrede allein der Kontrolle nach § 307 Abs. 3 Satz 2 BGB i.V.m. §§ 307 Abs. 1 Satz 2, 310 Abs. 3 Nr. 3 BGB unterworfen. Bei der Pauschalabgeltung der Zuschläge für Nachtarbeit handele es sich um die Regelung der Gegenleistung des Arbeitgebers entsprechend der vom Arbeitnehmer erbrachten Arbeitsleistung. Der Entscheidung liegt freilich eine Sonderkonstellation einer ausdrücklich einzelfallbezogenen Vereinbarung zugrunde.

Hinsichtlich der Höhe der Pauschalabgeltung betreffend die **Nachtarbeit** ist die gesetzliche Regelung des § 6 Abs. 5 ArbZG zu beachten.[1] Abhängig von den Umständen und der Belastung der auszuübenden Nachtarbeit kann schon ein Zuschlag in Höhe von 10 % genügen.[2] Zur Ermittlung der nicht ausdrücklich geregelten Höhe einer Pauschale ist vor Anwendung von § 307 Abs. 1 Satz 2 BGB zu prüfen, ob die Höhe im Wege der objektiven Vertragsauslegung ermittelt werden kann.[3]

39

Vergleichbare Fragen ergeben sich bei **vorformulierten isolierten Abgeltungsklauseln**, nach denen Über- und Mehrarbeitsstunden als durch das gezahlte Bruttogehalt abgegolten gelten. Für die Kontrollfähigkeit nach § 307 Abs. 1 Satz 1 BGB spricht, dass die Klauseln die Vergütung der Arbeitsleistung nur mittelbar bestimmen, da sie dem Verwender die Möglichkeit eröffnen, angeordnete und geleistete (Mehr-)Arbeit nicht zu bezahlen.[4] Angesichts der schwierigen Abgrenzung zwischen Pauschallohnabreden und (isolierten) Abgeltungsklauseln erscheint es problematisch, erstere Klauseln nicht als kontrollbedürftige und -fähige Nebenabreden einzuordnen.[5] Allerdings hat das BAG in seiner Entscheidung vom 1.9.2010 eine Abgeltungsklausel lediglich der Transparenzkontrolle unterzogen.[6]

40

Gegen überkommene Vertragsgestaltungen zur Pauschalabgeltung ist geltend gemacht worden, dass eine unangemessene Benachteiligung darin liegen könne, wenn diese zu einem unangemessen niedrigen Stundenlohn führe (Beispiel: 50 Euro Pauschalabgeltung für bis zu 20 Überstunden).[7] Diese brisante Frage dürfte durch die nicht minder brisante Fragestellung erledigt sein, dass eine allgemeine gesetzliche Untergrenze für die Stundenvergütung das MiLoG setzt (Rz. 16).

41

---

1 *Preis/Roloff*, ZfA 2007, 43 (54); s. aber *Krause*, Anm. zu BAG v. 31.8.2005 – 5 AZR 545/04, NZA 2006, 324.
2 BAG v. 31.8.2005 – 5 AZR 545/04, NZA 2006, 324; die bisherige Rechtsprechung hielt einen Zuschlag in Höhe von 25–30 % des dem Arbeitnehmer für die Nachtarbeit zustehenden Bruttoarbeitsentgelts für erforderlich, BAG v. 5.9.2002 – 9 AZR 202/01, NZA 2003, 563; v. 27.5.2003 – 9 AZR 180/02, AP Nr. 5 zu § 6 ArbZG.
3 BAG v. 31.8.2005 – 5 AZR 545/04, NZA 2006, 324 (328 f.); s.a. *Thüsing*, ABG-Kontrolle im Arbeitsrecht, Rz. 298.
4 Dazu *Preis/Roloff*, ZfA 2007, 43 (54); LAG Düsseldorf v. 11.7.2008 – 9 Sa 1958/07, AuA 2009, 442; LAG Hamm v. 11.7.2007 – 6 Sa 410/07, AE 2007, 312; offen gelassen in BAG v. 29.8.2005 – 5 AZR 52/05, NZA 2006, 149.
5 *Preis/Roloff*, ZfA 2007, 43 (54).
6 BAG v. 1.9.2010 – 5 AZR 517/09, NZA 2011, 575.
7 Vgl. zur möglichen Unangemessenheit von Pauschalabreden auch ArbG Regensburg v. 7.3.1990 – 6 Ca 2/90, EzA § 15 AZO Nr. 13. Im konkreten Fall erlangte eine Erzieherin aufgrund der Pauschalabrede nur noch ein Nettogehalt von 4 DM pro Stunde.

Typ 6: Widerruf/Kündigung der Pauschalierungsabrede

Die Pauschalvereinbarung für die Vergütung von Über- und Mehrarbeit kann von beiden Parteien mit einer Kündigungsfrist von einem Monat zum Monatsende gekündigt und der Übergang zur Einzelabrechnung verlangt werden.

42 Bei Pauschalierungsabreden empfiehlt sich – wie in **Typ 6** – die Vereinbarung einer Möglichkeit zur Teilkündigung (→ *Vorbehalte und Teilbefristung*, II V 70) für beide Seiten.

⊃ **Nicht geeignet:**

Der Arbeitgeber behält sich vor, mit einmonatiger Ankündigungsfrist die Pauschalvereinbarung für die Über- und Mehrarbeit durch Einzelabrechnung abzulösen.

43 Die einseitige Teilkündigungsmöglichkeit nur zugunsten des Arbeitgebers, wie in diesem Beispiel, ist demgegenüber weniger empfehlenswert. Die beiderseitige Möglichkeit zur Kündigung der Pauschalvereinbarung mit Übergang zur Einzelabrechnung kann gerade zur Angemessenheit der Vertragsgestaltung insgesamt führen. Der Arbeitnehmer, der den Eindruck hat, die Pauschalierungsabrede benachteilige ihn, weil er zu viele Überstunden leiste, hat jederzeit die Möglichkeit, die Einzelabrechnung zu verlangen. Es ist gerade die durch diese Vertragsgestaltung eingeräumte **Wahlmöglichkeit**, die die Unbedenklichkeit dieser Gestaltung begründet.

44 Die Regelung einer Befugnis zur ersatzlosen Teilkündigung der Überstundenpauschale wäre als Eingriff in das Gegenleistungsverhältnis nicht möglich. Sofern keine vertragliche Ersatzregelung eingreift, können Überstunden nach ihrem tatsächlichen Anfall nach Kündigung der Pauschalabrede abgerechnet werden. Insofern kann nichts anderes gelten als bei der Kündigung einer Nebenabrede über Bereitschaftsdienste.[1]

Typ 7: Abgeltung von Überstunden durch Freizeitgewährung

a) Mit dem vereinbarten Bruttolohn sind bis zu … Überstunden monatlich abgegolten. Darüber hinausgehende Überstunden werden durch Freizeit abgegolten. Soweit dies aus betrieblichen Gründen nicht möglich ist, werden die Überstunden vergütet … Euro/Stunde.

b) Überarbeit, für die eine Vergütungspflicht besteht, kann auch im Verhältnis 1:1 durch Freizeitgewährung abgegolten werden, wenn dies vom Arbeitsanfall und -ablauf her sinnvoll erscheint und von den Mitarbeitern gewünscht wird. Überarbeitszuschläge werden auch bei Freizeitnahme gezahlt.

45 Neben der finanziellen Pauschalvergütung gibt es auch die Möglichkeit, etwaige Mehrarbeit durch Freizeitgewährung auszugleichen.[2]

---

[1] Vgl. hierzu BAG v. 15.2.1990 – 6 AZR 386/88, NZA 1990, 848.
[2] *Schmid*, BB 1966, 1314 m.w.N.

Arbeitsverträge und Tarifverträge sehen oftmals vor, dass anfallende Überstunden durch **Freizeitgewährung** abzugelten sind. Auch eine arbeitsvertragliche Vereinbarung, nach der Mehrarbeit durch Freizeit abgegolten werden soll, ist grundsätzlich zulässig. Dies entspricht dem gesetzlichen Leitbild des § 3 ArbZG; auch tarifliche Beschränkungen stehen dem nicht entgegen.[1]

46

Der Freizeitausgleich erfordert grundsätzlich eine diesbezügliche Vereinbarung, d.h. einseitig kann der Arbeitgeber – vergleichbar der Problematik zur Anordnung von Überstunden – keine Freizeit aufdrängen. Andererseits kann wiederum bei Geltung eines entsprechenden Tarifvertrages der Ausgleich von Mehrarbeit durch bezahlte Freizeit tariflich vorgeschrieben sein.[2]

47

Das BAG[3] hat zu § 17 Abs. 5 BAT, wonach Überstunden grundsätzlich bis zum Ende des nächsten Kalendermonats in Freizeit abzugelten sind, die Ansicht vertreten, dass der Angestellte anschließend Anspruch auf Überstundenvergütung habe. Allerdings könne der Arbeitgeber mit Einverständnis des Angestellten auch nach Ablauf des Ausgleichszeitraums mit befreiender Wirkung bezahlte Freizeit gewähren.

48

Dieser Art des „Abfeierns" liegt die Intention zugrunde, dass dem Arbeitnehmer derjenige Ausgleich für die Mehrbeanspruchung seiner Arbeitskraft gegeben werden soll, der am besten geeignet ist, seine Arbeitskraft wieder aufzufrischen.[4] Vertragsrechtlich kommt hinzu, dass durch den Freizeitausgleich insgesamt das Gegenleistungsverhältnis von Entgelt und Arbeitszeit gewahrt wird.

49

Freilich kann es auch bei der prinzipiell nicht zu beanstandenden Freizeitabgeltung zu unangemessenen Vertragsgestaltungen kommen. So hat das LAG München[5] ausdrücklich den in einem formularmäßigen Arbeitsvertrag vereinbarten Ausschluss der Abgeltung bei Beendigung des Arbeitsverhältnisses nicht durch Freizeit abgegoltener Überarbeit für unwirksam erachtet, soweit der Freizeitausgleich aus Gründen unterblieben ist, die in der Sphäre des Arbeitgebers liegen.

50

b) Rechtsfolgen bei unzulässig pauschalierter Mehrarbeits- und Überstundenvergütung

Ist die Verpflichtung zu Überarbeit in Kombination mit dem Ausschluss oder der unzureichenden Abgeltung von Überarbeit unwirksam, stellt sich die Frage der Lückenfüllung.

51

Entscheidend ist zunächst der erste Schritt einer klaren Feststellung, inwieweit der Ausschluss oder die Beschränkung von Mehrarbeits- und Überstundenvergütung unwirksam ist. Je nach Vertragsgestaltung kann dies differieren. Im Tarifbereich kann jede Überbeanspruchung ohne Mehrarbeitsausgleich, die zu einer Verschiebung im Tarifgefüge führt, ausgleichspflichtig sein. Bei Pauschalierungen führt erst das unangemessene Missverhältnis von Ausgleich und tatsächlicher Beanspru-

52

---
1 BAG v. 16.4.2014 – 5 AZR 483/12, NZA 2014, 1262.
2 Vgl. BAG v. 7.12.1982 – 3 AZR 1218/79, AP Nr. 8 zu § 17 BAT.
3 Vgl. BAG v. 7.12.1982 – 3 AZR 1218/79, AP Nr. 8 zu § 17 BAT.
4 LAG Düsseldorf v. 21.3.1957 – 2 Sa 28/57, BB 1957, 613.
5 LAG München v. 22.11.1988 – 2 Sa 394/88, ZTR 1989, 118; insoweit bestätigt durch BAG v. 24.10.1990 – 6 AZR 35/89, n.v.

chung zur Unwirksamkeit. Bei AT-Angestellten ist die Unwirksamkeitsgrenze erst erreicht, wenn die übertarifliche Vergütung durch die faktische Inanspruchnahme derart aufgesogen wird, dass der nominelle AT-Angestellte nur das Tarifstundenniveau erreicht.

53 Die Lückenfüllung erfolgt in diesen Fällen durch die Vorschrift des § 612 Abs. 2 BGB als Grundnorm des dispositiven Rechts.[1] Zu vergüten ist hiernach das „Übliche". Für Arbeitnehmer ist die tarifvertragliche Vergütung üblich, sofern ein die gleiche Arbeit regelnder Tarifvertrag vorhanden ist.[2] Auch für die Vergütung für Über- und Mehrarbeit ist dann auf den Stundensatz für die regelmäßige Arbeitszeit zurückzugreifen. Das Gleiche gilt im Grundsatz für AT-Angestellte. Bei ihnen lässt sich die übliche Vergütung aus der prozentualen Differenz zur letzten Tarifgruppe entnehmen. Eine **übliche Vergütung** ist damit im Regelfall feststellbar, so dass es eines Rückgriffs auf die Instrumente der ergänzenden Vertragsauslegung (§§ 133, 157 BGB) oder der einseitigen Leistungsbestimmung (§ 315 BGB) i.d.R. nicht bedarf.[3]

3. Steuerrechtliche Aspekte

54 Überstunden- und Mehrarbeitsvergütungen sind ungeachtet der zivilrechtlichen Grundlage, auf der sie beruhen, Arbeitslohn. Steuerfreiheit besteht nur, soweit dies gesetzlich vorgesehen ist. Maßgeblich für die Beurteilung ist § 3b EStG. Unter den in der Vorschrift genannten Voraussetzungen sind bis zu den dort genannten Höchstsätzen steuerfrei die Zuschläge, die für tatsächlich geleistete **Sonntags-, Feiertags- und Nachtarbeit** neben dem Grundlohn gezahlt werden. Es handelt sich um eine systemwidrige echte Befreiung an sich steuerbarer Einnahmen des Arbeitnehmers und um ein typisches Beispiel einer Sozialzwecknorm. Für andere Einkunftsarten gilt die Steuerbefreiung nicht, so dass z.B. Zahlungen an „Freie Mitarbeiter" nicht nach § 3b EStG begünstigt sind. Bei Gesellschafter-Geschäftsführern ist eine Vereinbarung, dass Zuschläge für Tätigkeiten zu nach § 3b EStG begünstigten Zeiten gezahlt werden, regelmäßig steuerlich nicht anzuerkennen. Gleichwohl steuerfrei ausgezahlte Beträge sind als verdeckte Gewinnausschüttungen zu qualifizieren.[4] Zur Vermeidung „übermäßiger" Steuervorteile bei sog. „besser verdienenden" Arbeitnehmern ist die Höhe des steuerfreien Zuschlags beschränkt. Als Grundlohn, der für die Berechnung des steuerfreien Zuschlags maßgeblich ist, können nur maximal 50 Euro angesetzt werden. Dies bedeutet, dass z.B. Zuschläge mit einem steuerfreien Satz von 50 v.H. (Sonntagsarbeit), nur noch bis zu einem Betrag von 25 Euro (50 v.H. von 50 Euro) steuerfrei gezahlt werden können.

55 Steuerfrei sind nur Zahlungen, die **neben dem Grundlohn** gezahlt werden. Grundlohn ist der laufende Arbeitslohn, der dem Arbeitnehmer bei der für ihn maßgebenden regelmäßigen Arbeitszeit für den jeweiligen Lohnzahlungszeitraum zusteht (§ 3b Abs. 2 Satz 1 EStG). Zum Grundlohn gehören deshalb auch regelmäßig gezahlte Schicht- und Erschwerniszuschläge. Nicht zum Grundlohn gehören und damit unberücksichtigt bleiben einmalige Bezüge (Gratifikationen,

---

1 Vgl. DBD/*Bonin*, § 307 Rz. 182d; Schaub/*Schaub*, § 69 Rz. 9.
2 Vgl. statt anderer ErfK/*Preis*, § 612 BGB Rz. 38 m.w.N.
3 Zum Rückgriff hierauf als „letztes Mittel" ErfK/*Preis*, § 612 BGB Rz. 38.
4 BFH v. 27.3.2012 – VIII R 27/09, BFH/NV 2012, 1122.

Weihnachtsgeld, 13. Monatsgehalt, Urlaubsgeld, Jubiläumszuwendungen, Umsatzbeteiligungen) sowie steuerfreie Bezüge und pauschalbesteuerte Bezüge. Die Steuerfreiheit entfällt auch, wenn wegen **regelmäßig zu verrichtender Nachtarbeit** (Pförtner, Nachtwächter) ein höherer Grundlohn gezahlt wird. Gleiches gilt z.B. bei Schreibkräften, die erst am späten Nachmittag oder in den Abendstunden ihre Arbeit aufnehmen, um dafür Sorge zu tragen, dass Büros noch nach 20.00 Uhr besetzt sind, oder für Geschäftsführer, die regelmäßig auch zu nach § 3b EStG begünstigten Zeiten tätig sind.[1]

Zuschläge sind Zahlungen, die gesondert und zusätzlich zum Grundlohn geleistet werden. Das nachträgliche Herausrechnen aus einem einheitlich vereinbarten und gezahlten Gehalt ist unzulässig; dementsprechend ist auch eine nachträgliche Abrede zwischen Arbeitgeber und Arbeitnehmer ohne Belang.[2]

56

Problematisch sind Gestaltungen, bei denen arbeitsrechtlich ein Anspruch auf Zuschläge für Mehrarbeit, also auf Zahlung von Überstundenvergütungen, besteht und die Mehrarbeit als Sonntags-, Feiertags- oder Nachtarbeit geleistet wird. Hier gelten folgende Regelungen (R 3b Abs. 5 LStR):

57

– Werden sowohl Zuschläge für Sonntags-, Feiertags- oder Nachtarbeit als auch für Mehrarbeit gezahlt, unterliegt nur der arbeitsrechtlich auf Sonntags-, Feiertags- oder Nachtarbeit entfallende Zuschlag der Regelung des § 3b EStG.

– Wird nur der Zuschlag für Sonntags-, Feiertags- oder Nachtarbeit gezahlt, der aber genauso hoch oder höher als der Zuschlag für Mehrarbeit ist, fällt ebenfalls nur der arbeitsrechtlich auf Sonntags-, Feiertags- oder Nachtarbeit entfallende Zuschlag unter die Regelung des § 3b EStG.

– Wird nur der Zuschlag für Mehrarbeit gezahlt, findet § 3b EStG keine Anwendung.

– Wird ein Mischzuschlag gezahlt, ist dieser im Verhältnis der in Betracht kommenden Einzelzuschläge in einen nach § 3b EStG begünstigten Anteil und einen nicht begünstigten Anteil aufzuteilen, und zwar unabhängig davon, ob der einheitliche Zuschlag (Mischzuschlag) niedriger oder höher ist als die Summe der jeweils in Betracht kommenden Zuschläge.

Pauschale Zuschläge sind **steuerpflichtig**, wenn sie mit festen Monatsbeträgen ohne Rücksicht auf die tatsächlich geleisteten Arbeitsstunden gezahlt werden. Sie fallen dann unter die Steuerbefreiung, wenn sie als Abschlagszahlungen oder Vorschüsse auf Zuschläge für tatsächlich geleistete Sonntags-, Feiertags- oder Nachtarbeit gezahlt werden.[3] Dies setzt grundsätzlich voraus, dass die Zuschläge mit den an diesen Tagen tatsächlich erbrachten Arbeitsstunden jeweils vor Erstel-

58

---

1 BFH v. 27.6.1997 – VI R 12/97, BFH/NV 1997, 849; v. 9.4.2003 – VIII B 124/02, BFH/NV 2003, 1309; zu Einzelheiten R 3b LStR; zur Abgrenzung zu verdeckten Gewinnausschüttungen BFH v. 13.12.2006 – VIII R 31/05, BStBl. II 2007, 393.
2 BFH v. 28.11.1990 – VI R 144/87, BStBl. II 1991, 296; v. 29.3.2000 – VI B 399/98, BFH/NV 2000, 1093.
3 BFH v. 16.12.2010 – VI R 27/10, BStBl. II 2012, 288; v. 8.12.2011 – VI R 18/11, DB 2012, 378.

lung der Lohnsteuerbescheinigung verrechnet werden.[1] Erforderlich ist in der Regel, dass die Zuschläge im Einzelfall gesondert vereinbart und ausgewiesen werden. Eine Modellrechnung reicht als Nachweis nicht aus.[2]

59 **Sonntagsarbeit** ist nur die Arbeit, die in der Zeit zwischen 0 und 24 Uhr des jeweiligen Tages geleistet wird (§ 3b Abs. 2 Satz 3 EStG). Bei Arbeitsaufnahme am Sonntag vor 24 Uhr erstreckt sich die begünstigte Sonntagsarbeit bis Montag 4 Uhr (§ 3b Abs. 3 Nr. 2 EStG). Für Sonntage, die zugleich Feiertage sind (Pfingsten, Ostern), gelten die Regelungen für Feiertage (§ 3b Abs. 1 Nr. 2 EStG „vorbehaltlich"; R 3b Abs. 4 LStR). Zuschläge für die Arbeit am Samstag sind auch in Ausnahmefällen nicht begünstigt.

60 **Feiertagsarbeit** ist die Arbeit zwischen 0 und 24 Uhr des jeweiligen Tages (§ 3b Abs. 2 Satz 3 EStG). Welche Tage begünstigt sind, bestimmt sich nach den Landesfeiertagsgesetzen am Ort der Tätigkeitsstätte (§ 3b Abs. 2 Satz 4 EStG). Zusätzlich begünstigt sind der 24.12. und der 31.12. (§ 3b Abs. 1 Nr. 3 und Nr. 4 EStG) für die Zeit ab 14 Uhr; handelt es sich bei diesen Tagen um einen Sonntag, gilt für die Zeit bis 14 Uhr nur die Begünstigung für Sonntagsarbeit.

61 **Nachtarbeit** ist die Arbeit zwischen 20 Uhr und 6 Uhr (§ 3b Abs. 2 Satz 2 EStG), wobei für die Zeit zwischen 0 und 4 Uhr die besonderen Regelungen des § 3b Abs. 3 EStG gelten.

62 Die **Höhe der begünstigten Zuschläge** ist gesetzlich bestimmt und unabhängig davon, ob die Zahlungen auf Gesetz, Tarifvertrag, Betriebsvereinbarung oder Einzelarbeitsvertrag beruhen. Im Einzelnen sind nach § 3b Abs. 1 EStG der Höhe nach Zuschläge steuerfrei, soweit sie

- für Nachtarbeit 25 v.H. (§ 3b Abs. 1 Nr. 1 EStG),
- vorbehaltlich der Nrn. 3 und 4 für Sonntagsarbeit 50 v.H. (§ 3b Abs. 1 Nr. 2 EStG),
- vorbehaltlich der Nr. 4 für Arbeit am 31.12. ab 14 Uhr und an den gesetzlichen Feiertagen 125 v.H. (§ 3b Abs. 1 Nr. 3 EStG),
- für Arbeit am 24.12. ab 14 Uhr, am 25. und 26.12. sowie am 1.5. 150 v.H. (§ 3b Abs. 1 Nr. 4 EStG)

des Grundlohns nicht übersteigen. Als Grundlohn darf höchstens ein Betrag von 50 Euro angesetzt werden.

---

1 BFH v. 22.10.2009 – VI R 16/08, BFH/NV 2010, 201; v. 8.12.2011 – VI 18/11, DB 2012, 378 m.w.N.
2 In R 3b Abs. 7 LStR hat die Finanzverwaltung die Voraussetzungen zusammengefasst, nach denen eine (monatliche) pauschale Abschlagszahlung steuerfrei belassen werden kann; vgl. auch BFH v. 25.5.2005 – IX R 72/02, BStBl. II 2005, 725; v. 24.9.2013 – VI R 48/12, BFH/NV 2014, 341.

Tabellarischer Überblick: 63

Begünstigte Arbeitszeit	Höchstmöglicher Zuschlagssatz/steuerfreier Höchstbetrag	Besonderheiten
– Nachtarbeit 20–6 Uhr	25 v.H./12,50 Euro	bei Aufnahme vor 0 Uhr; 40 v.H. von 0–4 Uhr, zusätzlich Zuschlag für Sonntags- und Feiertagsarbeit von 0–4 Uhr des auf den Sonn- oder Feiertag folgenden Tages
– Sonntagsarbeit 0–24 Uhr	50 v.H./25,00 Euro	nicht neben Feiertagszuschlägen
– Feiertagsarbeit 0–24 Uhr und Silvester ab 14 Uhr	125 v.H./62,50 Euro	daneben kein Zuschlag für Sonntagsarbeit
– Weihnachten 24.12. bis 26.12., 24 Uhr sowie 1. Mai	150 v.H./75,00 Euro	daneben kein Zuschlag für Sonntagsarbeit

4. Hinweise zur Vertragsgestaltung

Die Frage der Überstunden- und Mehrarbeitsvergütung sollte nach Voraussetzungen und Umfang möglichst klar geregelt werden, um Streit der Parteien zu vermeiden. 64

Soweit keine anderen kollektivvertraglichen Regelungen bestehen, empfiehlt sich zur Abgeltung von stets möglicher Über- und Mehrarbeit eine Pauschalierungsabrede, schon um den mit einer Einzelabrechnung verbundenen Personalaufwand möglichst zu vermeiden. Die Pauschalierungsabrede sollte einen bestimmten Überstundenumfang abgelten, um Benachteiligungen zu vermeiden. Beiden Parteien sollte die Möglichkeit offen stehen, die Pauschalierungsabrede zu kündigen: Der Arbeitgeber kann hiermit überflüssige Personalkosten reduzieren, wenn die Arbeitsbelastung nicht zu Überstunden führt. Der Arbeitnehmer kann bei übermäßiger Überstundenbelastung die Pauschalierungsabrede kündigen, wenn nur die Einzelabrechnung zu adäquater Entlohnung führt. Folgende Klausel wird empfohlen: 65

Typ 8: Überstundenpauschale

a) Ansprüche auf Freizeitausgleich, Vergütung und Zuschläge für etwaige Mehrarbeit sowie Nacht-, Sonn- und Feiertagsarbeit bestehen nur, wenn die Tätigkeit vom Arbeitgeber angeordnet oder genehmigt worden ist.

b) Zur Abgeltung etwaiger Mehrarbeit erhält der/die Mitarbeiter/in eine monatliche Pauschale in Höhe von … Euro. Mit dieser Pauschale werden bis zu … Überstunden im Monat abgegolten.[1] Darüber hinausgehende genehmigte Über-

---
1 Hinweis: Der jeweils gültige Stundensatz nach § 1 MiLoG darf nicht unterschritten werden.

stunden werden durch Freizeitgewährung ausgeglichen. Die Pauschalabgeltung kann von beiden Parteien mit einmonatiger Kündigungsfrist gekündigt und die Ablösung durch eine Einzelabrechnung oder die Anpassung der Pauschale verlangt werden, sofern die tatsächlichen Grundlagen der Pauschalabgeltung sich nicht nur geringfügig verändert haben.

N 10 Nebentätigkeit

	Rz.		Rz.
1. Einführung	1	d) Widerrufsvorbehalte	38
2. Klauseltypen	6	e) Anzeigepflichten	41
a) Deklaratorische Klauseln	6	f) Rechtsfolgen-Regelungen	48
b) Absolute Nebentätigkeitsverbote	26	3. Hinweise zur Vertragsgestaltung	56
c) Erlaubnisvorbehalte	29		

Schrifttum:

Becker-Schaffner, Die Nebenbeschäftigung in der Rechtsprechung, BlStSozArbR 1980, 321; *Braun*, Zulässigkeit, Grenzen und Probleme der Nebentätigkeit, DB 2003, 2282; *Gift*, Die Zulässigkeit einer Nebenbeschäftigung im Arbeitsrecht, BB 1959, 43; *Glöckner*, Nebentätigkeitsverbote im Individualarbeitsrecht, 1993; *Hohmann*, Arbeitsrechtliche Probleme der Nebentätigkeit: Eine vergleichende Untersuchung am Beispiel der Bundesrepublik Deutschland, Österreichs und der Schweiz, 1989; *Hunold*, Rechtsprechung zur Nebentätigkeit des Arbeitnehmers, NZA-RR 2002, 505; *Keymer*, Das Nebentätigkeitsrecht der Arbeitnehmer im öffentlichen Dienst, ZTR 1988, 193; *Lepke*, Pflichtverletzungen des Arbeitnehmers bei Krankheit als Kündigungsgrund, NZA 1995, 1084; *Neumann-Duesberg*, Das vertragswidrige Doppelarbeitsverhältnis, DB 1971, 382; *Säcker/Oetker*, Das Dienstordnungsrecht der Sozialversicherungsangestellten im Spannungsfeld zwischen Arbeits- und Beamtenrecht – dargestellt am Beispiel des Nebentätigkeitsrechts, ZfA 1987, 95; *Schäfer*, Pflicht zu gesundheitsförderndem Verhalten?, NZA 1992, 529; *Schrader/Schubert*, AGB-Kontrolle von Arbeitsverträgen – Grundsätze der Inhaltskontrolle arbeitsvertraglicher Vereinbarungen (Teil 2), NZA-RR 2005, 225; *Schulte Westenberg*, Die außerordentliche Kündigung im Spiegel der neueren Rechtsprechung, NZA-RR 2005, 617; *Stoffels*, Der Vertragsbruch des Arbeitnehmers, 1994; *Wiebauer*, Arbeitszeitgrenzen für selbständige Kraftfahrer, NZA 2012, 1331.

1. Einführung

Unter Nebentätigkeit wird gemeinhin jede Tätigkeit verstanden, in der der Arbeitnehmer außerhalb seines Hauptarbeitsverhältnisses seine Arbeitskraft zur Verfügung stellt, gleichgültig, ob dies im Rahmen eines Werk-, Dienst- oder weiteren Arbeitsvertrages oder sogar unentgeltlich oder im Rahmen eines Ehrenamtes erfolgt.[1] Daran ist zutreffend, dass es für die Qualifikation einer Beschäftigung als Nebentätigkeit nicht auf ihre rechtliche Einordnung ankommt.[2] Allerdings ist die Beschränkung auf Tätigkeiten außerhalb der Hauptbeschäftigung für den hiesigen Zusammenhang zu eng. Auch die den Arbeitnehmer nach Zeit und Umfang am meisten in Anspruch nehmende „Hauptbeschäftigung" ist im Verhältnis zu seinen sonstigen Verpflichtungen eine „Nebentätigkeit".[3] Sie muss daher mit diesen ebenso vereinbar sein wie diese mit jener. Das gilt insbesondere in den Fällen, in denen der Arbeitnehmer mehrere Teilzeitbeschäftigungen nebeneinander ausübt. 1

Eine **tarifliche Regelung** über die Zulässigkeit von Nebenbeschäftigungen findet sich bspw. im Tarifvertrag für den **öffentlichen Dienst**. § 3 Abs. 3 TVöD normiert eine Pflicht der Beschäftigten, Nebentätigkeiten rechtzeitig vor deren Aufnahme 2

---

1 BAG v. 14.1.1982 – 2 AZR 245/80, AP Nr. 64 zu § 620 BGB Befristeter Arbeitsvertrag; Küttner/*Röller*, Personalbuch 2014, Nebentätigkeit Rz. 1.
2 Schaub/*Linck*, § 42 Rz. 1.
3 *Braun*, DB 2003, 2282 (2282).

schriftlich dem Arbeitgeber anzuzeigen. Eine gleich lautende Regelung findet sich in § 3 Abs. 4 TV-L für die Beschäftigten der Länder. Der Arbeitgeber kann gemäß § 3 Abs. 3 Satz 2 TVöD/§ 3 Abs 4 Satz 2 TV-L die Nebentätigkeit untersagen oder mit Auflagen versehen, wenn sie geeignet ist, die Erfüllung der arbeitsvertraglichen Pflichten der Beschäftigten oder berechtigte Interessen des Arbeitgebers zu beeinträchtigen. Wegen der Gefahr eines Zielkonfliktes hat der öffentliche Arbeitgeber grundsätzlich ein berechtigtes Interesse daran, dass ein Angestellter eine Nebentätigkeit nicht in Angelegenheiten ausübt, die unmittelbar den Zuständigkeitsbereich seiner Dienststelle betreffen.[1] Zeitlich wird bei einer Beanspruchung durch eine oder mehrere Nebentätigkeiten, die in der Woche 20 % der regelmäßigen wöchentlichen Arbeitszeit überschreitet, regelmäßig vermutet, dass die ordnungsgemäße Erfüllung der dienstlichen Pflichten behindert werden kann.[2] Ist eine Beeinträchtigung dienstlicher Belange nach Art und Umfang der Nebentätigkeit jedoch nicht zu besorgen, darf sie auch nicht versagt werden.[3]

3   In der **Privatwirtschaft** sind **Nebenbeschäftigungen** dagegen **grundsätzlich zulässig**. Mit dem Abschluss eines Arbeitsvertrages stellt der Arbeitnehmer dem Arbeitgeber nicht seine gesamte Arbeitskraft, sondern diese nur für eine bestimmte Zeitspanne zur Verfügung.[4] Daher steht es jedem Arbeitnehmer grundsätzlich frei, ohne Benachrichtigung seines Arbeitgebers eine Nebenbeschäftigung aufzunehmen. Dieser ist nicht berechtigt, sie zum Anlass für Sanktionen (etwa einer Kündigung) zu nehmen, solange die vertraglich geschuldete Leistung durch die Nebentätigkeit nicht beeinträchtigt wird.[5] Soweit die Nebentätigkeit beruflicher Natur ist, kann sich der Arbeitnehmer auf das Grundrecht der freien Berufswahl berufen (Art. 12 Abs. 1 Satz 1 GG);[6] nichtberufliche Tätigkeiten sind durch das Recht auf freie Entfaltung der Persönlichkeit (Art. 2 Abs. 1 GG) geschützt und stehen daher dem Arbeitnehmer ebenfalls als Nebentätigkeiten frei.[7]

4   **Nebentätigkeitsbeschränkungen** ergeben sich jedoch schon aus dem zwingenden Gesetzesrecht. Zu nennen sind insbesondere
   – das aus § 60 HGB (bzw. seiner sinngemäßen Anwendung über § 241 Abs. 2 BGB auf Arbeitnehmer, die keine kaufmännischen Angestellten sind) resultierende Verbot, im Rahmen einer Nebenbeschäftigung eine **Konkurrenztätigkeit** auszuüben;

---

1   Näher BAG v. 13.3.2003 – 6 AZR 585/01, AP Nr. 7 zu § 11 BAT; v. 18.9.2008 – 2 AZR 827/06, NZA-RR 2009, 393 (395 f.).
2   LAG Rh.-Pf. v. 18.8.2005 – 4 Sa 553/05, NZA-RR 2006, 217 (218).
3   BAG v. 11.12.1974 – 4 AZR 158/74, AP Nr. 1 zu § 11 BAT; *Keymer*, ZTR 1988, 193 (198); zu den „berechtigten Interessen" vgl. LAG Düsseldorf v. 14.2.1995 – 8 Sa 1894/94, AP Nr. 1 zu § 611 BGB Nebentätigkeit; LAG Hamm v. 28.9.1995 – 17 Sa 2267/94, NZA 1996, 723 (725 ff.).
4   BAG v. 14.8.1969 – 2 AZR 134/68, AP Nr. 45 zu § 1 ArbKrankhG.
5   BAG v. 18.1.1996 – 6 AZR 314/95, AP Nr. 25 zu § 242 BGB Auskunftspflicht; v. 24.3.2010 – 10 AZR 66/09, AP Nr. 141 zu Art. 12 GG; Schaub/*Linck*, § 42 Rz. 3; vgl. aber auch LAG Hess. v. 19.8.2003 – 13/12 Sa 1476/02, LAGReport 2004, 97 f.
6   BAG v. 24.3.2010 – 10 AZR 66/09, AP Nr. 141 zu Art. 12 GG.
7   BAG v. 18.1.1996 – 6 AZR 314/95, AP Nr. 25 zu § 242 BGB Auskunftspflicht; v. 21.9.1999 – 9 AZR 759/98, AP Nr. 6 zu § 611 BGB Nebentätigkeit; v. 26.6.2001 – 9 AZR 343/00, AP Nr. 8 zu § 1 TVG Tarifverträge: Verkehrsgewerbe; *Hunold*, NZA-RR 2002, 505 (505).

– das Verbot, durch mehrere nebeneinander ausgeübte Arbeitsverhältnisse die **gesetzliche Höchstarbeitszeit** zu überschreiten (§ 3 Satz 1 ArbZG; § 1 FPersV u.a.);
– das Verbot, während des gesetzlichen Mindesturlaubs eine **dem Urlaubszweck widersprechende Erwerbstätigkeit** auszuüben (§ 8 BUrlG).

Ferner können sich Nebentätigkeitsbeschränkungen daraus ergeben, dass der Arbeitnehmer anderenfalls seine vertraglichen Pflichten aus dem Arbeitsverhältnis mit dem anderen Arbeitgeber verletzen würde. Hierher gehören – auch ohne ausdrückliche Vereinbarung eines Nebentätigkeitsverbots – der Fall, dass durch die Nebentätigkeit **die Arbeitskraft erheblich beeinträchtigt wird** (insbesondere, wenn die Nebentätigkeit während der Arbeitszeit im Hauptarbeitsverhältnis ausgeübt wird)[1] oder dass die Nebentätigkeit während einer zur Arbeitsunfähigkeit führenden Erkrankung mit der Folge ausgeübt wird, dass durch sie die Genesung nachhaltig verzögert wird.[2] **Sonderform** einer Nebentätigkeitsbeschränkung ist das → *Wettbewerbsverbot*, II W 10. Nebentätigkeiten können überdies mit dem besonderes sensiblen Gebiet der → *Verschwiegenheitspflicht*, II V 20 in Berührung kommen, insbesondere wenn es um die unerlaubte Verwertung von Betriebs- und Geschäftsgeheimnissen geht.[3]

2. Klauseltypen

a) Deklaratorische Klauseln

Typ 1: Deklaratorische Klauseln

a) Die §§ 60, 61 HGB bleiben unberührt.

Einige Nebentätigkeitsbeschränkungen haben gesetzliche Grundlagen. Zu ihrer Geltung bedürfen sie daher keiner gesonderten Vereinbarung. So beschränken sich Klauseln vom **Typ 1** lediglich auf die Wiederholung einschlägiger Gesetzestexte bzw. verweisen hierauf. Sie sind deshalb rein **deklaratorischer Natur** und rechtlich ebenso unbedenklich wie überflüssig.

§ 60 HGB normiert das gesetzliche Wettbewerbsverbot für Handlungsgehilfen. Es gilt jedenfalls über § 241 Abs. 2 BGB für alle Arbeitnehmer[4], ferner für Freiberufler[5] und – über § 10 Abs. 2 BBiG – die Auszubildenden.[6] Beim **Konkurrenzverbot** han-

---

1 ArbG Passau v. 16.1.1992 – 4 Ca 654/91, BB 1992, 567 f.
2 BAG v. 11.11.1965 – 2 AZR 69/65, AP Nr. 40 zu § 1 ArbKrankhG; v. 13.11.1979 – 6 AZR 934/77, AP Nr. 5 zu § 1 KSchG 1969 Krankheit; v. 26.8.1993 – 2 AZR 154/93, AP Nr. 112 zu § 626 BGB.
3 Vgl. BGH v. 24.11.1959 – 1 StR 439/59, BGHSt 13, 333 (334 ff.).
4 BAG v. 26.9.2007 – 10 AZR 511/06, AP Nr. 4 zu § 61 HGB; v. 26.6.2008 – 2 AZR 190/07, AP Nr. 213 zu § 626 BGB; v. 28.1.2010 – 2 AZR 1008/08, NZA-RR 2010, 461 (462); v. 24.3.2010 – 10 AZR 66/09, AP Nr. 141 zu Art. 12 GG; v. 17.10.2012 – 10 AZR 809/11, NZA-RR 2013, 207 (208); *Hunold*, NZA-RR 2002, 505 (508); ErfK/*Oetker*, § 60 HGB Rz. 2; vgl. auch BAG v. 11.4.2000 – 9 AZR 131/99, AP Nr. 3 zu § 61 HGB.
5 BAG v. 16.8.1990 – 2 AZR 113/90, NZA 1991, 141 (142); v. 26.9.2007 – 10 AZR 511/06, NZA 2007, 1436 (1437).
6 BAG v. 20.9.2006 – 10 AZR 439/05, AP Nr. 13 zu § 60 HGB.

delt es sich um einen Sonderfall einer Nebentätigkeitsbeschränkung, deren Nichteinhaltung besonders einschneidende Folgen für den Arbeitgeber haben kann. Wegen der Einzelheiten wird auf die gesonderte Darstellung zum → *Wettbewerbsverbot*, II W 10 verwiesen.

8   Häufig verstoßen **Schwarzarbeiten**, also Tätigkeiten, bei denen Auftraggeber und Auftragnehmer in kollusivem Zusammenwirken ihre gesetzlichen Verpflichtungen zur Abführung von Steuern und Sozialabgaben verletzen,[1] nicht nur gegen das Gesetz zur Bekämpfung der Schwarzarbeit und illegalen Beschäftigung, sondern zugleich gegen Vertragspflichten des Arbeitnehmers. Dies gilt insbesondere in denjenigen Fällen, in denen der Arbeitnehmer eine seiner arbeitsvertraglich geschuldeten Tätigkeit ähnliche Beschäftigung als Schwarzarbeit ausübt und damit gegen das Wettbewerbsverbot des § 60 HGB verstößt oder er gar der Schwarzarbeit während der Arbeitszeit nachgeht.

9   Aber auch in den Fällen, in denen die **Schwarzarbeit keinen Vertrags- oder Wettbewerbsverstoß** darstellt, ist sie **generell verboten**. Über die Androhung von Geldbußen sowohl gegenüber dem Auftragnehmer (§ 8 Abs. 1 Nr. 1 SchwarzArbG) als auch gegenüber dem Auftraggeber (§ 8 Abs. 1 Nr. 2 SchwarzArbG) soll Schwarzarbeit als verbreitete Form des Zusatzverdienstes schlechthin verboten und der Leistungsaustausch zwischen den „Vertragspartnern" verhindert werden.[2] Zivilrechtlich ist zu bedenken, dass Schwarzarbeitsverträge wegen Verstoßes gegen § 1 Abs. 2 Nr. 2 SchwarzArbG, § 134 BGB nichtig sind. Weder hat der Auftraggeber einen Erfüllungs- oder (im Falle der Schlechtleistung) Gewährleistungsanspruch noch kann der Auftragnehmer aus Vertrag oder Bereicherungsrecht Vergütung verlangen.[3]

10   Allerdings steht dem Arbeitgeber des Arbeitnehmers, der eine Nebentätigkeit als Schwarzarbeit ausübt, **weder ein Unterlassungs- noch ein Schadensersatzanspruch** zu, wenn mit der Tätigkeit nicht zugleich gegen weitere Vorschriften (§ 60 HGB,[4] ArbZG, BUrlG) verstoßen wird oder Pflichten aus dem Hauptarbeitsverhältnis verletzt werden; auch eine **Kündigung** kommt nicht in Betracht.[5] Das SchwarzArbG dient nämlich insoweit ausschließlich dem Schutz der Allgemeinheit vor der Hinterziehung von Steuern und Sozialabgaben, nicht aber dem individuellen Schutz des Arbeitgebers.

Typ 1: Deklaratorische Klauseln

b) Frau/Herr ... wird keine Nebentätigkeit ausüben, die zu einer Überschreitung der Höchstarbeitszeit des ArbZG führt.

---

1   Vgl. BAG v. 26.2.2003 – 5 AZR 690/01, AP Nr. 24 zu § 134 BGB; Küttner/*Kania*, Personalbuch 2014, Schwarzarbeit Rz. 1.
2   BGH v. 23.9.1982 – VII ZR 183/80, BGHZ 85, 39 (43f.); v. 31.5.1990 – VII ZR 336/89, BGHZ 111, 308 (311); Palandt/*Ellenberger*, § 134 BGB Rz. 22.
3   BGH v. 1.8.2013 – VII ZR 6/13, BGHZ 198, 141 (145ff.) = NJW 2013, 3167; v. 10.4.2014 – VII ZR 241/13, NJW 2014, 1805 (1805ff.).
4   Vgl. LAG Köln v. 7.1.1993 – 10 Sa 632/92, DB 1993, 941 (941).
5   *Hunold*, NZA-RR 2002, 505 (506); Küttner/*Kania*, Personalbuch 2014, Schwarzarbeit Rz. 4; ErfK/*Müller-Glöge*, § 626 BGB Rz. 129.

Nach § 3 Satz 1 ArbZG, der materiellen Grundnorm des Arbeitszeitrechts, darf die regelmäßige werktägliche **Arbeitszeit** die Dauer von acht Stunden, die Wochenarbeitszeit also in Einklang mit Art. 6 lit. b RL 2003/88/EG 48 Stunden nicht überschreiten.[1] Adressat dieses öffentlich-rechtlichen Arbeitsschutzes ist der Arbeitgeber. Er hat die Einhaltung der im Gesetz bestimmten Höchstfristen zu überwachen. Da nach § 2 Abs. 1 Satz 2 ArbZG Arbeitszeiten bei mehreren Arbeitgebern zusammengerechnet werden, darf er eine Nebentätigkeit untersagen, durch die der Arbeitnehmer in einem größeren als durch das ArbZG gestatteten Umfang abhängig tätig wäre.[2]

Das BAG hat hinsichtlich der Wirksamkeit des zweiten Arbeitsverhältnisses bislang wie folgt differenziert: Kommt es durch die Aufnahme eines weiteren Arbeitsverhältnisses zu einer erheblichen Überschreitung der gesetzlich zulässigen Höchstarbeitszeit, soll dieses Arbeitsverhältnis in vollem Umfang nichtig sein,[3] wobei eine Beschränkung der Nichtigkeitsfolge auf die Arbeitszeitregelung eher zutreffend erscheint.[4] Die Verpflichtung zu einer nur vorübergehenden Überschreitung um wenige Stunden soll indes wirksam begründet, aber nicht erfüllt werden dürfen. In diesem Fall ist also nicht schon das Verpflichtungsgeschäft unwirksam, sondern besteht lediglich ein Erfüllungshindernis in Form eines Leistungsverweigerungsrechts des Arbeitnehmers und eines Beschäftigungsverbots des Arbeitgebers.[5] Führt die von dem Arbeitnehmer aufgenommene Nebentätigkeit dazu, dass der Arbeitgeber seine arbeitszeitrechtlichen Verpflichtungen (im konkreten Fall: Gewährung eines Ersatzruhetages gemäß § 11 Abs. 3 ArbZG durch einen Arbeitgeber, bei dem die Arbeitnehmerin zum sonntäglichen Verteilen eines Anzeigenblattes beschäftigt war) nicht nachkommen kann (hier: weil die Arbeitnehmerin an allen anderen Tagen in der Woche einer Beschäftigung bei einem anderen Arbeitgeber nachging), ist er berechtigt, das Arbeitsverhältnis gemäß § 1 Abs. 2 KSchG personenbedingt zu kündigen.[6]

Arbeitszeit-Schutzvorschriften für besondere Personengruppen enthalten **das Jugendarbeitsschutzgesetz** (insbes. §§ 8 ff. JArbSchG), das **Mutterschutzgesetz** (insbesondere § 8 MuSchG), das **Selbstständige Kraftfahrer-Gesetz** (insbesondere § 3 SKrfG)[7] sowie die FPersV. Wegen weiterer Einzelheiten → *Arbeitszeit*, II A 90.

Typ 1: Deklaratorische Klauseln

c) Frau/Herr … wird während ihres/seines Urlaubs keine dem Urlaubszweck widersprechende Erwerbstätigkeit übernehmen.

---

1 Küttner/*Poeche*, Personalbuch 2014, Arbeitszeit Rz. 9; ErfK/*Wank*, § 3 ArbZG Rz. 5.
2 BAG v. 26.6.2001 – 9 AZR 343/00, AP Nr. 8 zu § 1 TVG Tarifverträge: Verkehrsgewerbe; v. 11.12.2001 – 9 AZR 464/00, AP Nr. 8 zu § 611 BGB Nebentätigkeit.
3 BAG v. 19.6.1959 – 1 AZR 565/57, AP Nr. 1 zu § 611 BGB Doppelarbeitsverhältnis; BGH v. 28.1.1986 – VI ZR 151/84, NJW 1986, 1486 (1487); LAG Nürnberg v. 29.8.1995 – 2 Sa 429/94, AP Nr. 9 zu § 134 BGB; vgl. auch BAG v. 24.2.2005 – 2 AZR 211/04, AP Nr. 51 zu § 1 KSchG 1969 Verhaltensbedingte Kündigung.
4 Palandt/*Ellenberger*, § 134 BGB Rz. 15.
5 BAG v. 14.12.1967 – 5 AZR 74/67, AP Nr. 2 zu § 1 AZO.
6 BAG v. 24.2.2005 – 2 AZR 211/04, AP Nr. 51 zu § 1 KSchG 1969 Verhaltensbedingte Kündigung.
7 Hierzu *Wiebauer*, NZA 2012, 1331 ff.

14 Wenn § 8 BUrlG dem Arbeitnehmer während seines Urlaubs jede dem **Urlaubszweck** widersprechende Erwerbstätigkeit verbietet, sind hiervon religiöse, karitative, familien- oder vereinsrechtlich begründete Dienstleistungspflichten ebenso wenig erfasst wie sinnvolle Ausgleichstätigkeiten.[1] Auch Nebentätigkeiten, die **zulässigerweise neben der Haupttätigkeit** ausgeübt werden, dürfen während des Urlaubs in der Hauptbeschäftigung weiter ausgeübt werden; der Arbeitnehmer ist nicht verpflichtet, in beiden Arbeitsverhältnissen gleichzeitig Urlaub zu nehmen.

15 Dagegen kommt es für die Beurteilung der Rechtmäßigkeit der Tätigkeit eines im Urlaub befindlichen Arbeitnehmers weder auf die Art der Tätigkeit noch auf die **Ausgestaltung des Rechtsverhältnisses** an (s. schon Rz. 1). Ebenso ist ohne Belang, ob die Tätigkeit gegen Entgelt erfolgt. Zweckwidrigkeit ist desto eher zu bejahen, je ähnlicher die Urlaubsarbeit der Haupttätigkeit in Bezug auf Art, Umfang und zeitliche Lage der Beschäftigung ist. Ansonsten sind Abmahnung oder gar Kündigung, gegebenenfalls auch Schadensersatzansprüche denkbar (vgl. Rz. 48 f.). Allerdings steht dem Arbeitgeber bei verbotener Urlaubsarbeit kein Anspruch auf Rückzahlung des gezahlten Urlaubsentgelts zu.[2] Diese Rechtsprechung muss den Maßstab für eine zweckgerechte Vertragsgestaltung bilden. Ins Blickfeld rücken deshalb solche Klauseln wie die in Rz. 48 Beispiel d) aufgeführte, durch die versucht wird, das Recht zur Rückforderung einzelvertraglich festzulegen.

16 Typ 1: Deklaratorische Klauseln

d) Nebentätigkeiten sind verboten, soweit sie die geschuldete Arbeitsleistung mehr als nur unwesentlich beeinträchtigen.

e) Während der Dauer des Arbeitsverhältnisses ist jede entgeltliche oder unentgeltliche Nebenbeschäftigung, die gegen Ihre arbeitsvertraglichen Pflichten (Arbeit bei der Konkurrenz, Beeinträchtigung der Leistungsfähigkeit oder der zeitlichen Verfügbarkeit usw.) verstößt, unzulässig.

f) Während der Dauer des Arbeitsverhältnisses sind alle Nebenbeschäftigungen, durch die die Arbeitsleistung des Arbeitnehmers beeinträchtigt oder schützenswerte Interessen der Firma in sonstiger Weise nachteilig berührt werden können, unzulässig.

17 Bei einem Verstoß gegen die bisher genannten gesetzlichen Regelungen ist die Nebentätigkeit schlechthin unzulässig. Darauf, ob mit ihr eine konkrete Beeinträchtigung der Arbeitsleistung beim Arbeitnehmer im Hauptbeschäftigungsverhältnis einhergeht, kommt es nicht an. Gleichwohl kommt einer Klausel vom **Typ 1d** keine konstitutive, sondern ebenfalls nur deklaratorische Wirkung zu. Dass die geschuldete Arbeitsleistung des Arbeitnehmers durch eine Nebentätigkeit nicht erheblich beeinträchtigt werden darf, ergibt sich nämlich schon aus der allgemeinen vertraglichen Pflicht, die geschuldete Leistung ordnungsgemäß zu erbringen. Insoweit besteht auch ohne vertragliche Regelung eine Einschränkung von Nebentätigkeiten.[3] Selbstverständlich sollte sein, dass sich der Arbeitnehmer nicht zu ver-

---

1 Vgl. auch BAG v. 10.5.2005 – 9 AZR 251/04, AP Nr. 4 zu § 8 BUrlG.
2 BAG v. 25.2.1988 – 8 AZR 596/85, AP Nr. 3 zu § 8 BUrlG unter Aufgabe von BAG v. 19.7.1973 – 5 AZR 73/73, AP Nr. 1 zu § 8 BUrlG.
3 *Gift*, BB 1959, 43 (45); *Hunold*, NZA-RR 2002, 505 (507).

schiedenen Beschäftigungen verpflichtet, die aufgrund ihrer zeitlichen Lage nicht miteinander zu vereinbaren sind.[1]

Als **vertragliche Nebenpflicht** obliegt dem Arbeitnehmer – auch ohne ausdrückliche Vereinbarung – die Pflicht, alle Nebenbeschäftigungen zu unterlassen, die dem Arbeitgeber oder dem Betrieb abträglich sind oder Arbeitgeberinteressen beeinträchtigen.[2] Eine Klausel vom **Typ 1e** konkretisiert durch Beispiele praktisch besonders bedeutsame Fälle der Beeinträchtigung berechtigter Interessen und dient damit der Transparenz der vertraglichen Vereinbarung, ist aber gleichfalls nur deklaratorischer Natur. 18

Wann eine Beeinträchtigung der Arbeitsleistung vorliegen kann, bemisst sich nach **Art und Umfang des Arbeitsverhältnisses**.[3] Leitende Angestellte und sonstige Führungskräfte stehen in einer anderen Beziehung zum Arbeitgeber als etwa geringfügig oder sonstige Teilzeitbeschäftigte sowie befristet eingestellte Aushilfskräfte.[4] Das BAG hat dementsprechend festgestellt, dass die Stellung des Arbeitnehmers nicht ohne Einfluss auf das Ausmaß seiner Sorgfaltspflicht und seines Pflichtenkreises ist.[5] Je mehr weitergehende Pflichten bestehen, desto eher kommt auch eine Beeinträchtigung der Arbeitsleistung in Betracht. Allgemeine sozialpolitische Gründe begründen jedoch ebenso wenig ein berechtigtes Interesse des Arbeitgebers an der Unterlassung der Nebentätigkeit wie arbeitsmarktpolitische Erwägungen.[6] 19

Klauselbeispiel **Typ 1f** macht zunächst deutlich, dass schützenswerte Belange des Arbeitgebers auch dann in Rede stehen können, wenn keine unmittelbare Beeinträchtigung der Arbeitsleistung des Arbeitnehmers feststellbar ist. Fraglich ist indes, ob hiermit wirklich sämtliche berechtigten Arbeitgeberinteressen in das Verbot einbezogen oder ob betriebliche Belange erst bei Erreichen einer bestimmten **Erheblichkeitsschwelle** geschützt sein können. 20

Umstritten ist nämlich, ob der Arbeitgeber **überhaupt keine** oder lediglich **keine wesentliche Beeinträchtigung** der ihm seitens des Arbeitnehmers zur Verfügung gestellten Arbeitskraft hinzunehmen braucht. Das BAG hat bislang stets formuliert, dass der Arbeitgeber „keine Beeinträchtigung seiner Interessen" hinzunehmen brauche,[7] wobei es für ein Nebentätigkeitsverbot ausreiche, dass bei verständiger Würdigung der erfahrungsgemäß zu erwartenden Entwicklung eine Beeinträchti- 21

---

1 Zu derartigen Fällen *Neumann-Duesberg*, DB 1971, 382 ff.
2 BAG v. 26.8.1978 – 2 AZR 377/75, AP Nr. 68 zu § 626 BGB; v. 28.1.2010 – 2 AZR 1008/08, NZA-RR 2010, 461 (462); *Becker-Schaffner*, BlStSozArbR 1980, 321 (321); *Braun*, DB 2003, 2282 (2283).
3 *Preis*, Vertragsgestaltung, § 18 I.
4 Die Besonderheiten von Teilzeitarbeitnehmern betonend BAG v. 24.3.2010 – 10 AZR 66/09, AP Nr. 141 zu Art. 12 GG.
5 BAG v. 25.5.1962 – 2 AZR 430/60, AP Nr. 1 zu § 628 BGB; v. 14.10.1970 – 1 AZR 58/70, AP Nr. 60 zu § 611 BGB Haftung des Arbeitnehmers.
6 LAG Düsseldorf v. 14.2.1995 – 8 Sa 1894/94, AP Nr. 1 zu § 611 BGB Nebentätigkeit; LAG Hamm v. 28.9.1995 – 17 Sa 2267/94, NZA 1996, 723 (725 ff.).
7 BAG v. 6.9.1990 – 2 AZR 165/90, AP Nr. 47 zu § 615 BGB; v. 18.1.1996 – 6 AZR 314/95, AP Nr. 25 zu § 242 BGB Auskunftspflicht; v. 24.6.1999 – 6 AZR 605/97, AP Nr. 5 zu § 611 BGB Nebentätigkeit; v. 21.9.1999 – 9 AZR 759/98, AP Nr. 6 zu § 611 BGB Nebentätigkeit; v. 26.6.2001 – 9 AZR 343/00, AP Nr. 8 zu § 1 TVG Tarifverträge: Verkehrsgewerbe.

gung betrieblicher Interessen wahrscheinlich sei.[1] Dagegen wird in der Literatur formuliert, Nebentätigkeiten seien lediglich dann unzulässig, wenn mit ihnen eine *erhebliche* Beeinträchtigung der Arbeitskraft verbunden sei.[2] Dem entspricht es, dass das BAG angedeutet hat, selbst bei Konkurrenztätigkeiten zukünftig eine großzügigere Linie einschlagen und diese gestatten zu wollen, wenn es sich lediglich um einfache Tätigkeiten handelt, die allenfalls zu einer untergeordneten wirtschaftlichen Unterstützung des Konkurrenzunternehmens führen können, und im Übrigen schutzwürdige Interessen des Arbeitgebers nicht berührt werden.[3] Dieser Auffassung gebührt angesichts des Umstandes, dass die Leistungspflicht des Arbeitnehmers nach dessen individueller Leistungsfähigkeit zu bestimmen ist[4] und diese vielerlei heteronomen Faktoren unterliegt, der Vorzug, so dass die Vertragsklausel entsprechend flexibel gefasst werden sollte.

22 Zwar dürfte allein die Tatsache, dass unwesentliche Beeinträchtigungen nicht ausdrücklich ausgenommen sind, die Wirksamkeit einer Klausel nicht in Frage stellen.[5] Zu empfehlen ist jedoch eine möglichst eingehende Konkretisierung der maßgeblichen Arbeitgeberinteressen.

23 Wird die **Arbeitsleistung** durch die Nebentätigkeit allerdings **mehr als nur unerheblich beeinträchtigt**, liegt darin eine Verletzung der Hauptleistungspflicht des Arbeitnehmers, die nach allgemeinen Grundsätzen eine Kündigung rechtfertigen kann.[6] Hierfür ist dann unerheblich, aufgrund welcher Art von Nebentätigkeit (z.B. ehrenamtliche, entgeltliche) die Arbeitsleistung beeinträchtigt wird.

Typ 1: Deklaratorische Klauseln

g) Dasselbe gilt für Nebenbeschäftigungen, die im Falle einer zur Arbeitsunfähigkeit führenden Erkrankung die Genesung zu verzögern geeignet sind.

24 Ob und in welchem Umfang der Arbeitnehmer während einer zur **Arbeitsunfähigkeit führenden Erkrankung** einer Nebentätigkeit nachzugehen berechtigt ist, hängt sowohl von der Art der Erkrankung als auch der Art der Nebentätigkeit ab. Keinesfalls begründet eine Erkrankung für sich allein bereits das generelle Verbot jedweder anderen Erwerbstätigkeit.[7] Vielmehr sind dem Arbeitnehmer während der Erkrankung (zusätzlich zu den ihm aus den zuvor genannten Gründen ohnehin verbotenen Wettbewerbshandlungen, Schwarzarbeiten etc.) lediglich solche Beschäftigungen

---

1 BAG v. 26.6.2001 – 9 AZR 343/00, AP Nr. 8 zu § 1 TVG Tarifverträge: Verkehrsgewerbe; v. 28.2.2002 – 6 AZR 33/01, NZA 2002, 928; v. 13.3.2003 – 6 AZR 585/01, AP Nr. 7 zu § 11 BAT.
2 Schaub/*Linck*, § 42 Rz. 5; ErfK/*Preis*, § 611 BGB Rz. 727.
3 BAG v. 24.3.2010 – 10 AZR 66/09, AP Nr. 141 zu Art. 12 GG.
4 BAG v. 17.7.1970 – 3 AZR 423/69, AP Nr. 3 zu § 11 MuSchG 1968; v. 17.3.1988 – 2 AZR 576/87, AP Nr. 99 zu § 626 BGB.
5 Vgl. BAG v. 19.2.1959 – 2 AZR 341/56, AP Nr. 10 zu § 74 HGB.
6 BAG v. 26.8.1978 – 2 AZR 377/75, AP Nr. 68 zu § 626 BGB; v. 26.8.1993 – 2 AZR 154/93, AP Nr. 112 zu § 626 BGB; KR/*Griebeling*, § 1 KSchG Rz. 491; ErfK/*Preis*, § 611 BGB Rz. 729.
7 Vgl. BAG v. 29.1.1992 – 5 AZR 37/91, AP Nr. 1 zu § 74 SGB V.

untersagt, die seiner Genesung abträglich sind.[1] Ein Arbeitnehmer, der sich während der Zeit der ärztlich bescheinigten Arbeitsunfähigkeit **genesungswidrig** verhält, begeht – auch ohne ausdrückliche Vereinbarung einer Klausel vom **Typ 1g** – eine Vertragspflichtverletzung,[2] die den Arbeitgeber zur außerordentlichen Kündigung des Arbeitsverhältnisses berechtigt.[3]

Im Übrigen kann die Ausübung einer **der Hauptbeschäftigung ähnlichen Nebentätigkeit** während der angezeigten Arbeitsunfähigkeit auch ernstliche Zweifel an der Erkrankung des Arbeitnehmers begründen und damit den Beweiswert des ärztlichen Zeugnisses erschüttern.[4] Der Arbeitnehmer muss dann den vollen Beweis seiner Arbeitsunfähigkeit mit anderen Beweismitteln führen.[5] Gelingt ihm dies nicht, verliert er nicht nur den Entgeltfortzahlungsanspruch, sondern ist darüber hinaus dem Arbeitgeber wegen der Vertragsverletzung auch zum Ersatz des durch sie adäquat kausal verursachten Schadens verpflichtet.[6] Außerdem kann der Arbeitgeber mit einer Abmahnung oder ggf. einer Kündigung reagieren.[7]

25

b) Absolute Nebentätigkeitsverbote

⊃ **Nicht geeignet:**

a) Die Aufnahme von Nebentätigkeiten ist verboten.

b) Sie verpflichten sich, Ihre ganze Arbeitskraft – unter Ausschluss jeder nebenberuflichen Tätigkeit – dem Unternehmen gewissenhaft zu widmen.

---

1 BAG v. 26.8.1993 – 2 AZR 154/93, AP Nr. 112 zu § 626 BGB; v. 17.9.1998 – 8 AZR 5/97, AP Nr. 113 zu § 611 BGB Haftung des Arbeitnehmers; LAG Rh.-Pf. v. 15.6.1999 – 5 Sa 540/99, NZA 2000, 260 (261); *Hunold*, NZA-RR 2002, 505 (507) mit Beispielen aus der Rechtsprechung.
2 LAG Rh.-Pf. v. 15.6.1999 – 5 Sa 540/99, NZA 2000, 260 (261); *Schäfer*, NZA 1992, 529 (529 ff.).
3 LAG Nürnberg v. 7.9.2004 – 6 Sa 116/04, LAGE § 626 BGB 2002 Unkündbarkeit Nr. 1; *Schulte Westenberg*, NZA-RR 2005, 617 (618).
4 BAG v. 26.8.1993 – 2 AZR 154/93, AP Nr. 112 zu § 626 BGB; vgl. zur Erschütterung des Beweiswerts ärztlicher Arbeitsunfähigkeitsbescheinigungen auch BAG v. 15.7.1992 – 5 AZR 312/91, AP Nr. 98 zu § 1 LohnFG; v. 21.3.1996 – 2 AZR 543/95, AP Nr. 42 zu § 123 BGB; ArbG München v. 18.9.2014 – 22 Ca 11325/13, NZA-RR 2014, 635; zu ausländischen Arbeitsunfähigkeitsbescheinigungen vgl. BAG v. 19.2.1997 – 5 AZR 747/93, AP Nr. 3 zu Art. 18 EWG-Verordnung Nr. 574/72 (EU, hier: Italien); v. 19.2.1997 – 5 AZR 83/96, AP Nr. 4 zu 3 EntgeltFG (nicht EU, hier: Türkei).
5 BAG v. 15.7.1992 – 5 AZR 312/91, AP Nr. 98 zu § 1 LohnFG; v. 1.10.1997 – 5 AZR 499/96, AP Nr. 4 zu § 5 EntgeltFG; v. 1.10.1997 – 5 AZR 726/96, AP Nr. 5 zu § 5 EntgeltFG; ErfK/*Reinhard*, § 5 EFZG Rz. 14.
6 BAG v. 17.9.1998 – 8 AZR 5/97, AP Nr. 113 zu § 611 BGB Haftung des Arbeitnehmers; v. 28.10.2010 – 8 AZR 547/09, NZA-RR 2011, 231 (232); LAG Rh.-Pf. v. 15.6.1999 – 5 Sa 540/99, NZA 2000, 260 (261); jeweils Detektivkosten des Arbeitgebers; für Detektivkosten bei vorgetäuschter Arbeitsunfähigkeit vgl. BAG v. 26.9.2013 – 8 AZR 1026/12, NZA 2014, 301 (302 f.).
7 BAG v. 15.1.1986 – 7 AZR 128/83, AP Nr. 93 zu § 626 BGB; v. 31.8.1989 – 2 AZR 13/89, AP Nr. 23 zu § 1 KSchG 1969 Verhaltensbedingte Kündigung; *Lepke*, NZA 1995, 1084 (1090); für den öffentlichen Dienst BAG v. 18.9.2008 – 2 AZR 827/06, NZA-RR 2009, 393 (394 ff.).

26 Die bis hierhin festgestellten Grenzen für Nebentätigkeiten des Arbeitnehmers ergeben sich unabhängig von einer vertraglichen Festlegung bereits aus dem Gesetz. Soweit darüber hinaus nichts vereinbart ist, ist der Arbeitnehmer bei der Aufnahme einer Nebentätigkeit frei. Von diesem Grundsatz kann aber – in den sogleich zu erörternden Grenzen – vertraglich abgewichen werden.

27 Die höchste Intensität erreichen **absolute Nebentätigkeitsverbote**, wie sie in den aufgeführten Beispielen enthalten sind. Hierbei handelt es sich um den Versuch, ein Verbot unabhängig davon zu vereinbaren, ob es durch die Nebentätigkeit zu einer Beeinträchtigung der Arbeitsleistung des Arbeitnehmers kommt.

28 Dieser Versuch ist zum Scheitern verurteilt, weil die entsprechenden Vertragsklauseln den Arbeitnehmer i.S.v. § 307 Abs. 1 BGB **unangemessen benachteiligen** und sowohl zu seiner durch Art. 12 Abs. 1 GG geschützten Berufsfreiheit als auch zum allgemeinen Persönlichkeitsrecht des Art. 2 Abs. 1 GG im Widerspruch stehen. Diese Grundrechte setzen der Vertragsfreiheit nämlich dort Grenzen, wo es an einem berechtigten Interesse des Arbeitgebers fehlt.[1] Eine geltungserhaltende Reduktion zu weit gefasster Klauseln auf diejenigen Fälle, in denen ein derartiges berechtigtes Interesse des Arbeitgebers an der Unterlassung der Nebentätigkeit besteht, ist nicht möglich.[2] Auf solche und ähnliche Formulierungen sollte daher verzichtet werden.

c) Erlaubnisvorbehalte

Typ 2: Absolute Nebentätigkeitsverbote mit Erlaubnisvorbehalt

Nebentätigkeiten sind zustimmungspflichtig. Die Einwilligung wird erteilt, wenn die Nebentätigkeit die Wahrnehmung der dienstlichen Aufgaben nicht oder allenfalls unwesentlich behindert und sonstige berechtigte Interessen des Unternehmens nicht beeinträchtigt werden.

29 Im Gegensatz zu absoluten Nebentätigkeitsverboten ohne Erlaubnisvorbehalt benachteiligen solche **Verbote mit Erlaubnisvorbehalt** den Arbeitnehmer nicht i.S.v. § 307 Abs. 1 BGB unangemessen. Denn ein Erlaubnisvorbehalt kann einem Nebentätigkeitsverbot nicht gleichgesetzt werden. Es dient nur dazu, dem Arbeitgeber bereits vor Aufnahme der Nebentätigkeit die Überprüfung zu ermöglichen, ob betriebliche Interessen beeinträchtigt werden.[3]

---

1 BAG v. 3.12.1970 – 2 AZR 110/70, AP Nr. 60 zu § 626 BGB; v. 18.11.1988 – 8 AZR 12/86, AP Nr. 3 zu § 611 BGB Doppelarbeitsverhältnis; v. 6.9.1990 – 2 AZR 165/90, AP Nr. 47 zu § 615 BGB; *Rinck* in Tschöpe, Arbeitsrecht, Teil 2 A Rz. 224.
2 Vgl. BAG v. 4.3.2004 – 8 AZR 196/03, AP Nr. 3 zu § 309 BGB; v. 25.5.2005 – 5 AZR 572/04, NZA 2005, 1111 (1114f.); v. 28.9.2005 – 5 AZR 52/05, NZA 2006, 149 (153); v. 24.10.2007 – 10 AZR 825/06, NZA 2008, 40 (44); Palandt/*Ellenberger*, § 306 BGB Rz. 6.
3 BAG v. 18.11.1988 – 8 AZR 12/86, AP Nr. 3 zu § 611 BGB Doppelarbeitsverhältnis; v. 21.9.1999 – 9 AZR 759/98, AP Nr. 6 zu § 611 BGB Nebentätigkeit; v. 26.6.2001 – 9 AZR 343/00, AP Nr. 8 zu § 1 TVG Tarifverträge: Verkehrsgewerbe; v. 11.12.2001 – 9 AZR 464/00, AP Nr. 8 zu § 611 BGB Nebentätigkeit.

Eine Vereinbarung vom **Typ 2**, die ausdrücklich klarstellt, dass der Arbeitnehmer 30
Anspruch auf Erteilung der Einwilligung hat, ist daher in keinem Falle zu beanstanden. Dabei dient es der Rechtsklarheit, wenn anstelle des gebräuchlichen Begriffs der „Genehmigung" derjenige der „Einwilligung" verwandt wird, weil nach der Terminologie der §§ 183, 184 BGB die Einwilligung die vorherige, die Genehmigung dagegen lediglich die nachträgliche Zustimmung bedeutet.

◌ **Nicht geeignet:**
   Der Arbeitnehmer darf Nebenbeschäftigungen nur mit ausdrücklicher vorheriger Einwilligung der Firma übernehmen.

Dagegen ist eine Klausel, die die Maßstäbe zur Erteilung der Erlaubnis völlig offen 31
lässt, nicht zu empfehlen. Zwar hat das BAG gegen derartige Vereinbarungen früher keine Bedenken erhoben.[1] Daran kann jedoch seit der Schuldrechtsreform nicht festgehalten werden. Die Klausel ist **intransparent** (§ 307 Abs. 1 Satz 2 BGB). Sie lässt nicht erkennen, dass der Arbeitgeber nicht frei über den Antrag des Arbeitnehmers auf Erteilung der Erlaubnis entscheiden kann, sondern nur aus berechtigten Gründen eine Versagung aussprechen darf. Ähnlich wie in den Fällen des § 308 Nr. 4 BGB müssen sich auch hier schon aus der Vertragsklausel selbst die Maßstäbe für die Entscheidung des Arbeitgebers ergeben; es genügt nicht, dass die Versagung der Genehmigung im Einzelfall billigem Ermessen entspricht.[2]

Typ 3: Relative Nebentätigkeitsverbote mit Erlaubnisvorbehalt

a) Während der Dauer des Arbeitsverhältnisses ist jede entgeltliche oder das Arbeitsverhältnis beeinträchtigende Nebenbeschäftigung nur mit Zustimmung des Arbeitgebers zulässig. Die Zustimmung wird erteilt, wenn die Nebentätigkeit die Wahrnehmung der dienstlichen Aufgaben nicht oder allenfalls unwesentlich behindert und sonstige berechtigte Interessen des Unternehmens nicht beeinträchtigt werden.

b) Soweit eine Nebentätigkeit oder die für sie erforderlichen Vorarbeiten Ihre betriebliche Tätigkeit oder Leistung beeinträchtigen, die Arbeitsgebiete der Firma maßgeblich berühren, betriebliche Einrichtungen der Firma beanspruchen oder Sie besondere betriebliche Erfahrungen verwerten, sind Sie verpflichtet, die vorherige Zustimmung der Firmenleitung einzuholen. Die Zustimmung wird erteilt, wenn die Nebentätigkeit die Wahrnehmung der dienstlichen Aufgaben nicht oder allenfalls unwesentlich behindert und sonstige berechtigte Interessen des Unternehmens nicht beeinträchtigt werden.

Im Gegensatz zu absoluten Nebentätigkeitsverboten mit Zustimmungsvorbehalt 32
zeichnen sich **relative Verbote vom Typ 3** dadurch aus, dass sie dem Arbeitnehmer einen Freiraum offen lassen, innerhalb dessen er geplante bzw. bereits angetretene

---
1 BAG v. 3.12.1970 – 2 AZR 110/70, AP Nr. 60 zu § 626 BGB; v. 26.8.1976 – 2 AZR 377/75, AP Nr. 68 zu § 626 BGB; v. 24.6.1999 – 6 AZR 605/97, AP Nr. 5 zu § 611 BGB Nebentätigkeit; v. 21.9.1999 – 9 AZR 759/98, AP Nr. 6 zu § 611 BGB Nebentätigkeit; v. 11.12.2001 – 9 AZR 464/00, AP Nr. 8 zu § 611 BGB Nebentätigkeit; v. 28.2.2002 – 6 AZR 33/01, NZA 2002, 928 (928); v. 13.3.2003 – 6 AZR 585/01, NZA 2003, 976 (977 f.).
2 Vgl. BAG v. 12.1.2005 – 5 AZR 364/04, AP Nr. 1 zu § 308 BGB.

Nebentätigkeiten nicht mit dem Arbeitgeber abzustimmen hat. Eine Offenbarungspflicht trifft ihn nur insoweit, als eine Beeinträchtigung seiner Arbeitsleistung in Rede steht. Zwar trägt der Arbeitnehmer hier das Risiko, selbst beurteilen zu müssen, ob eine Nebentätigkeit eine solche Beeinträchtigung beinhaltet oder nicht. Die Klauseln entlasten aber den Arbeitgeber von zahllosen überflüssigen Zustimmungsverfahren, bei denen eine Kollision der Nebenbeschäftigung mit seinen Interessen offensichtlich nicht in Betracht kommt. Dabei hat **Klausel 3b** den Vorteil, dass sie die schützenswerten Interessen des Arbeitgebers konkretisiert und daher den Vertragsparteien im Einzelfall eine sicherere Beurteilung zu gewährleisten in der Lage ist, als **Klausel 3a** dies ermöglicht.

Typ 4: Zustimmungsvorbehalt mit Zustimmungsfiktion

Jede Nebentätigkeit, gleichgültig, ob sie entgeltlich oder unentgeltlich ausgeübt wird, bedarf der vorherigen Zustimmung des Unternehmens. Die Zustimmung ist zu erteilen, wenn die Nebentätigkeit die Wahrnehmung der dienstlichen Aufgaben zeitlich nicht oder allenfalls unwesentlich behindert und sonstige berechtigte Interessen des Unternehmens nicht beeinträchtigt werden. Das Unternehmen hat die Entscheidung über den Antrag der/des Mitarbeiterin/Mitarbeiters auf Zustimmung innerhalb von vier Wochen nach Eingang des Antrages zu treffen. Wird innerhalb dieser Frist eine Entscheidung nicht gefällt, gilt die Zustimmung als erteilt.

33 Für den Arbeitnehmer, der eine beabsichtigte Nebentätigkeit angezeigt hat und fortan auf eine Entscheidung des Arbeitgebers wartet, besteht eine erhebliche **Ungewissheit**. Da dem bloßen Schweigen des Arbeitgebers auf die beantragte Einwilligung noch kein Erklärungswert beigemessen werden kann, darf der Arbeitnehmer aus der Nichtäußerung des Arbeitgebers noch nicht auf dessen Einverständnis schließen. Vor allem in größeren Unternehmen mit einem entsprechenden Verwaltungsapparat können bereits rein organisatorische Gründe dazu führen, dass der Antrag nicht unverzüglich beschieden wird. Kann der Arbeitnehmer mithin das **Schweigen** nicht als Zustimmung auffassen, muss er – um kein Risiko einzugehen – zunächst mit der Aufnahme seiner Nebenbeschäftigung warten.

34 Um zu vermeiden, dass der so beschriebene „Schwebezustand" unzumutbare Ausmaße annimmt und der Arbeitnehmer allzu lange über den Standpunkt des Arbeitgebers im Ungewissen ist, empfiehlt sich die Aufnahme einer **Zustimmungsfiktion** in die nach den bisher ermittelten Maßstäben wirksame Nebentätigkeitsklausel. Eine solche Vertragsklausel trägt erheblich zur **Rechtssicherheit** bei.

35 Die **Länge der vereinbarten Frist** muss den berechtigten Interessen beider Vertragsparteien angemessen Rechnung tragen. Da der Arbeitgeber den Antrag prüfen und ggf. vor Erteilung oder Versagung der Einwilligung weitere Informationen über die Art der beabsichtigten Beschäftigung und die Geschäftsfelder des anderen Arbeitgebers einholen muss, ist eine Frist von **zwei bis vier Wochen** sicher nicht zu beanstanden.[1] Die Vereinbarung einer mehr als einmonatigen Frist dürfte dagegen unzulässig sein. Hat der Arbeitnehmer derart lange vergeblich auf eine Nachricht gewar-

---

1 Ebenso *Schrader/Schubert*, NZA-RR 2005, 225 (230).

tet, überwiegt nach objektiven Maßstäben sein Interesse an der Ausübung der mitgeteilten Tätigkeit.

Typ 5: Ergänzende Abreden über Modalitäten der Zustimmung

a) Die Einwilligung wird versagt, wenn die gemeldete Tätigkeit den Interessen der Firma zuwiderlaufen kann.
b) Die Erlaubnis wird erteilt, wenn die gesetzlich zulässige Höchstarbeitszeit nicht überschritten wird und auch sonst keine schutzwerten Interessen des Arbeitgebers entgegenstehen.
c) Die Zustimmung bedarf der Schriftform.

Vereinbarungen vom **Typ 5a und b** enthalten **keine selbständige Regelung** über die Zulässigkeit von Nebentätigkeiten, sondern ergänzen lediglich entsprechende Klauseln. Sie sind, insbesondere bei Vereinbarung eines relativen Nebentätigkeitsverbots vom **Typ 3a** nützlich, um den Maßstab des billigen Ermessens i.S.v. § 106 GewO zu konkretisieren.[1] Dadurch wird der – unzutreffende (Rz. 30f.) – Eindruck vermieden, der Arbeitgeber könne willkürlich über die Versagung oder Erteilung der Einwilligung entscheiden.

Keine Bedenken bestehen schließlich auch dagegen, für die Wirksamkeit der Zustimmung eine bestimmte Form – wie hier in Klauselbeispiel **Typ 5c** – zu fordern. Üblicherweise ist Schriftform vorgesehen. Eine Klarstellung dient der Rechtssicherheit.

d) Widerrufsvorbehalte

Typ 6: Widerrufvorbehalte

Die Zustimmung kann jederzeit widerrufen werden, wenn das Interesse des Unternehmens dies auch unter Berücksichtigung der Belange des Mitarbeiters rechtfertigt.

Ohne ausdrücklichen Widerrufsvorbehalt entfällt die erteilte Zustimmung nur dann, wenn sich die tatsächlichen Umstände, aufgrund derer der Arbeitgeber zunächst die Zustimmung gegeben hat, **signifikant geändert** haben.[2] Die Einwilligung bezieht sich jeweils nur auf die im Zeitpunkt ihrer Abgabe gegebenen Umstände, erfasst die angefragte Nebentätigkeit also nur so lange, wie sich weder das Aufgabenfeld des Arbeitnehmers noch die wirtschaftlichen Aktivitäten des Arbeitgebers (Erschließung neuer Absatzmärkte, Ausbau der Produktionspalette u.Ä.) in erheblicher Weise ändern. Dabei besteht jedoch keine Automatik dahingehend, dass etwa jeder Grund, der der Aufnahme einer Nebentätigkeit berechtigt entgegengehalten werden kann, auch für den Widerruf einer einmal erteilten Zustimmung ausreicht. Denn dies ließe Rechtspositionen, die der Arbeitnehmer im Rahmen seiner Nebentätigkeit legitim erworben hat, ohne Schutz.

---
1 BAG v. 3.12.1970 – 2 AZR 110/70, AP Nr. 60 zu § 626 BGB.
2 Beispiele nennt *Glöckner*, Nebentätigkeitsverbote im Individualarbeitsrecht, § 8 II.

39 Daher ist bspw. anerkannt, dass der Arbeitgeber eine von ihm ausdrücklich **erlaubte Konkurrenztätigkeit** (als Sonderform einer Nebenbeschäftigung) nicht wieder untersagen kann, wenn er sich den Widerruf der Zustimmung nicht ausdrücklich vorbehalten hat (s.a. → *Wettbewerbsverbot*, II W 10). Denn wenn das Wettbewerbsverhältnis bereits bei Erteilung der Einwilligung bestand, kann es später nicht als Widerrufsgrund anerkannt werden.

40 Aber auch ein **ausdrücklich vereinbarter Widerrufsvorbehalt** berechtigt den Arbeitgeber nicht, von diesem Vorbehalt nach freiem Ermessen Gebrauch zu machen. Vielmehr prüft das BAG stets, ob die konkrete Ausübung des Widerrufs nicht in den Kernbereich des Arbeitsverhältnisses eingreift[1] und **billigem Ermessen** i.S.d. § 106 GewO entspricht.[2] Dies sollte (entsprechend § 308 Nr. 4 BGB) schon in der Vertragsklausel selbst zum Ausdruck kommen, damit keine Unklarheit über die Voraussetzungen des Widerrufsrechts entsteht. Insoweit empfiehlt es sich, das Widerrufsrecht schon vertraglich an eine Abwägung der berechtigten Interessen des Unternehmens mit denjenigen des Arbeitnehmers zu knüpfen.

e) Anzeigepflichten

Typ 7: Anzeigepflichten

a) Die Aufnahme oder Beendigung einer weiteren Beschäftigung, gleichgültig welchen Umfangs oder welcher Dauer, hat der Arbeitnehmer unverzüglich schriftlich anzuzeigen. Ebenso ist jede Veränderung des Umfangs oder des vereinbarten Entgelts einer anderweitigen Beschäftigung anzuzeigen.

b) Der Arbeitnehmer ist verpflichtet, die Vorbereitung eines eigenen Unternehmens dem Arbeitgeber unverzüglich anzuzeigen.

41 Die bloße **Anzeigepflicht** hat gegenüber dem Erlaubnisvorbehalt eine geringere Intensität, zumal jedem Zustimmungsvorbehalt sachlogisch eine Anzeigepflicht immanent ist. **Tarifliche Regelungen** enthalten z.B. § 3 Abs. 3 Satz 1 TVöD bzw. § 3 Abs. 4 Satz 1 TV-L für die Beschäftigten des Bundes und der Gemeinden bzw. der Länder.[3]

42 Auch **ohne ausdrückliche vertragliche Vereinbarung** kann der Arbeitnehmer aus dem Gebot der Rücksichtnahme (§ 241 Abs. 2 BGB) verpflichtet sein, dem Arbeitgeber eine Nebentätigkeit anzuzeigen, wenn für diesen hieran ein berechtigtes Interesse besteht.[4] Dies gilt insbesondere für **geringfügig Beschäftigte**, die eine weitere

---

[1] Dazu BAG v. 7.10.1982 – 2 AZR 455/80, AP Nr. 5 zu § 620 BGB Teilkündigung; v. 12.1.2005 – 5 AZR 364/04, AP Nr. 1 zu § 308 BGB; ErfK/*Preis*, §§ 305–310 BGB Rz. 57 ff.

[2] BAG v. 9.6.1967 – 3 AZR 352/66, AP Nr. 5 zu § 611 BGB Lohnzuschläge; v. 30.8.1972 – 5 AZR 140/72, AP Nr. 6 zu § 611 BGB Lohnzuschläge; v. 13.5.1987 – 5 AZR 125/86, AP Nr. 4 zu § 305 BGB Billigkeitskontrolle.

[3] Vgl. zum früheren BAT BAG v. 16.11.1989 – 6 AZR 168/89, AP Nr. 3 zu § 11 BAT; v. 18.1.1996 – 6 AZR 314/95, AP Nr. 25 zu § 242 BGB Auskunftspflicht; v. 22.2.2001 – 6 AZR 398/99, NZA 2002, 288; v. 28.2.2002 – 6 AZR 33/01, NZA 2002, 928; v. 13.3.2003 – 6 AZR 585/01, AP Nr. 7 zu § 11 BAT.

[4] Vgl. BAG v. 18.11.1988 – 8 AZR 12/86, AP Nr. 3 zu § 611 BGB Doppelarbeitsverhältnis; v. 18.1.1996 – 6 AZR 314/95, AP Nr. 25 zu § 242 BGB Auskunftspflicht; v. 11.12.2001 – 9 AZR 464/00, AP Nr. 8 zu § 611 BGB Nebentätigkeit.

Tätigkeit aufnehmen und dadurch infolge der in § 8 Abs. 2 SGB IV angeordneten Zusammenrechnung u.U. ihre Versicherungsfreiheit in der Sozialversicherung verlieren. S. dazu näher → *Beschäftigung, geringfügige*, II B 20 Rz. 38 ff.

Gleichwohl kann es sich empfehlen, eine Anzeigepflicht vertraglich zu vereinbaren. Eine Anzeigepflicht gibt dem Arbeitgeber zwar **kein unmittelbares Verhinderungsinstrument** an die Hand, mit dem er die Möglichkeit hätte, die Aufnahme der ihm angezeigten Nebentätigkeit zu verhindern. Verboten ist und bleibt diese lediglich in denjenigen Fällen, in denen sie gegen das Gesetz oder die Vertragspflichten des Arbeitnehmers (Rz. 4, 6 ff.) verstieße. Die Anzeigepflicht versetzt den Arbeitgeber jedoch in die Lage, zu beurteilen, ob der Ausübung der beabsichtigten Nebentätigkeit betriebliche Interessen entgegenstehen oder vertragliche Pflichten verletzt werden. Er ist dann z.B. in der Lage, den ihm zustehenden **Unterlassungsanspruch**[1] geltend zu machen. Im Übrigen ist der Arbeitnehmer verpflichtet, auf entsprechende Aufforderung **nähere Angaben** über Art und Umfang der Nebentätigkeit zu machen.[2] Schließlich ändert eine Anzeigepflicht auch nichts an den möglichen **Sanktionen** bei einem Verstoß des Arbeitnehmers gegen die ihm obliegenden Pflichten (Rz. 48 ff.). 43

Vertragliche Anzeigepflichten können **isoliert**, aber auch **in Kombination** mit Erlaubnisvorbehalten vereinbart werden. So ist es z.B. möglich, eine Zustimmungspflicht entsprechend **Typ 3b** nur für bestimmte Nebentätigkeiten zu statuieren, ihr aber eine Anzeigepflicht zur Seite zu stellen, die jede Nebenbeschäftigung erfasst. 44

Die rechtliche Beurteilung einer umfassenden **vertraglichen Anzeigepflicht**, wie es das Klauselbeispiel **Typ 7a** vorsieht, hat davon auszugehen, dass der durch sie bewirkte Eingriff in die Persönlichkeitssphäre des Arbeitnehmers nicht die Qualität eines umfassend formulierten Zustimmungsvorbehalts erreicht. Zum anderen ist dem Arbeitgeber ein Interesse daran zuzugestehen, sich im Vorhinein über beabsichtigte Nebentätigkeiten informieren zu lassen, um überprüfen zu können, ob seine berechtigten Belange durch die Nebenbeschäftigung beeinträchtigt werden können.[3] Vielfach hat der einzelne Arbeitnehmer nämlich keinen genauen Überblick über die Wettbewerbssituation des Unternehmens. Insoweit sind weit gehende Auskunftspflichten und deren Befolgung auch geeignet, unerwünschten Störungen im Vertrauensverhältnis vorzubeugen. Daher werden selbst weit reichende vertragliche Anzeigepflichten ganz überwiegend für zulässig gehalten.[4] 45

Unter Zugrundelegung dieser Grundsätze ist auch eine Vertragsklausel wie die zu **Typ 7b** anzuerkennen, wonach der Arbeitnehmer die **Vorbereitung eines eigenen Unternehmens** anzuzeigen hat. Dem Arbeitnehmer ist es nämlich durchaus gestat- 46

---

1 BAG v. 17.10.1969 – 3 AZR 442/68, AP Nr. 7 zu § 611 BGB Treuepflicht; Schaub/*Vogelsang*, § 54 Rz. 21.
2 BAG v. 18.1.1996 – 6 AZR 314/95, AP Nr. 25 zu § 242 BGB Auskunftspflicht.
3 Vgl. auch *Gift*, BB 1959, 43 (45); *Säcker/Oetker*, ZfA 1987, 95 (123 f.).
4 *Hohmann*, Arbeitsrechtliche Probleme der Nebentätigkeit, S. 186 f.; *Säcker/Oetker*, ZfA 1987, 95 (123 f.); vgl. auch *Glöckner*, Nebentätigkeitsverbote im Individualarbeitsrecht, § 8 II 1.

tet, bereits während des laufenden Arbeitsverhältnisses Vorbereitungsmaßnahmen für die Gründung eines eigenen (auch: Konkurrenz-)Unternehmens zu treffen.[1]

47 Das berechtigte Arbeitgeberinteresse umfasst jedoch nicht gleich gelagerte Aktivitäten des **Ehepartners** des Mitarbeiters (es sei denn, dass dieser nur als Strohmann auftritt). Eine dem nachfolgenden Beispiel entsprechende Klausel ist daher unwirksam.

◌ **Nicht geeignet:**

Herr ... verpflichtet sich, die Personalleitung unverzüglich zu unterrichten, falls seine Ehefrau ein eigenes Handelsgewerbe betreibt oder in einem solchen Betrieb als leitende Angestellte tätig ist oder eine dieser Tätigkeiten in Zukunft aufnehmen wird.

f) Rechtsfolgen-Regelungen

◌ **Nicht geeignet:**

a) Ein Verstoß gegen dieses Nebentätigkeitsverbot berechtigt uns zur Kündigung.
b) Beim Verstoß gegen dieses Nebentätigkeitsverbot ist die Firma berechtigt, eine bereits erteilte Versorgungszusage zu widerrufen.
c) Erkrankt der Arbeitnehmer während der Ausübung der Nebentätigkeit, entfällt für den Arbeitgeber die Pflicht zur Entgeltfortzahlung.
d) Übt der Arbeitnehmer während des Urlaubs eine Erwerbstätigkeit aus, ist er verpflichtet, das erhaltene Urlaubsentgelt zurückzuerstatten.
e) Einkünfte aus anderweitiger Tätigkeit jeder Art gelten als Einkünfte der Firma, soweit sie einen Betrag von ... Euro übersteigen.

48 Verstöße gegen gesetzliche oder vertragliche Nebentätigkeitsverbote können erhebliche Sanktionen zur Folge haben[2] (s. auch hier Rz. 10, 23 und 25). Zunächst steht dem Arbeitgeber regelmäßig (zu Ausnahmen bei bloßen Verstößen gegen das SchwarzArbG Rz. 10) ein **Unterlassungsanspruch** zu,[3] der ggf. auch durch **einstweilige Verfügung** durchgesetzt werden kann.[4] Entsteht dem Arbeitgeber durch die Nebenbeschäftigung (oder die Verletzung der Anzeigepflicht) ein konkreter Schaden, kann er vom Arbeitnehmer **Schadensersatz** beanspruchen;[5] das gilt insbesondere in den Fällen unerlaubter Konkurrenztätigkeit. Hier ist der Handlungsgehilfe, der unter Verstoß gegen § 60 HGB das gesetzliche Wettbewerbsverbot verletzt, nach Wahl des Prinzipals entweder zum Schadensersatz oder zur Herausgabe der im an-

---

1 BAG v. 30.1.1963 – 2 AZR 319/62, AP Nr. 3 zu § 60 HGB; v. 7.9.1972 – 2 AZR 486/71, AP Nr. 7 zu § 60 HGB; v. 30.5.1978 – 2 AZR 598/76, AP Nr. 9 zu § 60 HGB; v. 26.6.2008 – 2 AZR 190/07, AP Nr. 213 zu § 626 BGB; v. 28.1.2010 – 2 AZR 1008/08, NZA-RR 2010, 461 (462).
2 Übersicht bei *Glöckner*, Nebentätigkeitsverbote im Individualarbeitsrecht, § 10.
3 BAG v. 17.10.1969 – 3 AZR 442/68, AP Nr. 7 zu § 611 BGB Treuepflicht; Schaub/*Vogelsang*, § 54 Rz. 21; einschränkend *Braun*, DB 2003, 2282 (2285).
4 *Becker-Schaffner*, BlStSozArbR 1980, 321 (328).
5 Vgl. BAG v. 18.11.1988 – 8 AZR 12/86, AP Nr. 3 zu § 611 BGB Doppelarbeitsverhältnis; v. 17.9.1998 – 8 AZR 5/97, AP Nr. 113 zu § 611 BGB Haftung des Arbeitnehmers; LAG Rh.-Pf. v. 15.6.1999 – 5 Sa 540/99, NZA 2000, 260 (261).

deren Arbeitsverhältnis empfangenen Vergütung bzw. der Abtretung der Vergütungsansprüche verpflichtet, § 61 Abs. 1 HGB. Hat er die Konkurrenztätigkeit selbständig ausgeübt, kann der Prinzipal auch in die Geschäfte des Handlungsgehilfen eintreten.[1] Diese Rechte bestehen auch gegenüber Arbeitnehmern, die keine Handlungsgehilfen sind.[2]

Außerdem kann der Arbeitgeber mit einer **Abmahnung**[3] und ggf. einer **Kündigung** des Arbeitsverhältnisses reagieren. Letztere ist allerdings nur gerechtfertigt, wenn die vertraglich geschuldete Arbeitsleistung durch die Nebentätigkeit beeinträchtigt wird oder der Arbeitnehmer seinem Arbeitgeber in dessen Handelszweig unerlaubte Konkurrenz macht.[4] Eine **fristlose Kündigung** setzt einen ganz erheblichen Verstoß des Arbeitnehmers gegen seine gesetzlichen oder vertraglichen Pflichten voraus und kommt z.B. in Betracht, wenn er trotz einer ärztlich attestierten Arbeitsunfähigkeit einer genesungswidrigen Nebenbeschäftigung nachgeht[5] oder sich zum Nachteil seines Arbeitgebers selbst Aufträge für seine Nebentätigkeit zuschanzt.[6] Liegt der Pflichtverstoß des Arbeitnehmers lediglich darin, dass er einer Anzeigepflicht (**Typ 7**) nicht nachgekommen ist, rechtfertigt dies regelmäßig allein eine Abmahnung, aber keine Kündigung. Zulässig ist, jedenfalls bei Nebentätigkeiten, mit denen der Arbeitnehmer in Wettbewerb zu seinem Arbeitgeber tritt, auch die Vereinbarung einer → *Vertragsstrafe*, II V 30. Dabei ist auf eine transparente und den Arbeitnehmer nicht i.S.v. § 307 Abs. 1 BGB unangemessen benachteiligende Gestaltung[7] besonderer Wert zu legen.

49

Vertragliche Rechtsfolgen-Regelungen, die über diese Konsequenzen hinauszugehen versuchen, sind in aller Regel **unwirksam**. Das gilt zunächst für eine Klausel entsprechend Rz. 48 Beispiel a), durch die das Nebentätigkeitsverbot zum absoluten **Kündigungsgrund** gemacht werden soll. Der allgemeine Kündigungsschutz ist seiner Rechtsnatur nach nämlich insofern zwingendes Recht, als vorherige abweichende Vereinbarungen zum Nachteil des Arbeitnehmers unwirksam sind.[8] Aus diesem Grunde ist es den Arbeitsvertragsparteien nicht möglich, bestimmte Tat-

50

---

1 Dazu ErfK/*Oetker*, § 61 HGB Rz. 5 ff.
2 BAG v. 26.9.2007 – 10 AZR 511/06, AP Nr. 4 zu § 61 HGB; v.16.1.2013 – 10 AZR 560/11, NZA 2013, 748 (749); Schaub/*Vogelsang*, § 54 Rz. 4.
3 BAG v. 30.5.1996 – 6 AZR 537/95, AP Nr. 2 zu § 611 BGB Nebentätigkeit; v. 22.2.2001 – 6 AZR 398/99, NZA 2002, 288; v. 11.12.2001 – 9 AZR 464/00, AP Nr. 8 zu § 611 BGB Nebentätigkeit; *Becker-Schaffner*, BlStSozArbR 1980, 321 (325).
4 BAG v. 26.8.1976 – 2 AZR 377/75, AP Nr. 68 zu § 626 BGB; v. 13.11.1979 – 6 AZR 934/77, AP Nr. 5 zu § 1 KSchG 1969 Krankheit; v. 6.8.1987 – 2 AZR 226/87, AP Nr. 97 zu § 626 BGB; v. 16.8.1990 – 2 AZR 113/90, AP Nr. 10 zu § 611 BGB Treuepflicht; v. 28.1.2010 – 2 AZR 1008/08, NZA-RR 2010, 461 (463 f.); zur Wettbewerbstätigkeit nach Kündigung LAG Schl.-Holst. v. 26.6.2012 – 1 Sa 443/11, NZA-RR 2012, 515 (517 f.).
5 BAG v. 26.8.1993 – 2 AZR 154/93, AP Nr. 112 zu § 626 BGB; vgl. auch BAG v. 13.11.1979 – 6 AZR 934/77, AP Nr. 5 zu § 1 KSchG 1969 Krankheit; v. 19.4.2007 – 2 AZR 180/06, AP Nr. 20 zu § 174 BGB; *Schulte Westenberg*, NZA-RR 2005, 617 (618).
6 BAG v. 18.9.2008 – 2 AZR 827/06, NZA-RR 2009, 393 (394 ff.).
7 Vgl. BAG v. 14.8.2007 – 8 AZR 973/06, AP Nr. 28 zu § 307 BGB.
8 APS/*Dörner*/*Vossen*, § 1 KSchG Rz. 5; KR/*Griebeling*, § 1 KSchG Rz. 31; von Hoyningen-Huene/Linck/*Krause*, § 1 KSchG Rz. 22 ff.

bestände zu absoluten Kündigungsgründen zu erklären.[1] Erst recht ist es unmöglich, bestimmte Verstöße zu außerordentlichen Kündigungsgründen kraft Vereinbarung zu machen, weil § 626 BGB zweiseitig zwingendes Recht ist.[2] Allenfalls kann einer derartigen Vereinbarung entnommen werden, dass die Vertragsparteien dem Nebentätigkeitsverbot besondere Bedeutung beigemessen haben und dies im Rahmen der Interessenabwägung berücksichtigt werden.[3]

51 Ähnliches gilt für den **Widerruf einer Versorgungszusage** entsprechend Beispiel b). Die durch das BetrAVG bewirkte rechtliche Verfestigung von Versorgungsansprüchen und -anwartschaften hat zur Folge, dass Treuepflichtverletzungen des Arbeitnehmers nur unter ganz besonders engen Voraussetzungen zu einem Widerruf berechtigen. Da der Arbeitnehmer seine Arbeitsleistung und Betriebstreue als Gegenleistung für das Ruhegeld erbracht hat, darf der Arbeitgeber die Leistung nur verweigern, wenn die Forderung des Arbeitnehmers nach betrieblichem Ruhegeld als **Rechtsmissbrauch** erscheint.[4] Daher kann der Arbeitgeber bei nachträglich entdeckten Verfehlungen während des Arbeitsverhältnisses die Aufrechterhaltung des Versorgungsanspruchs bzw. der Versorgungsanwartschaft nur verweigern, wenn der Arbeitnehmer seine Stellung über lange Zeit hinweg dazu missbraucht hat, dem Arbeitgeber Schaden zuzufügen und sich die von ihm erbrachte Betriebstreue deshalb rückschauend als wertlos herausstellt, oder das grobe Fehlverhalten des Arbeitnehmers zu einem nicht behebbaren, anders nicht wiedergutzumachenden Schaden geführt hat.[5] Dazu ist jedoch erforderlich, dass der Arbeitnehmer dem Arbeitgeber durch die (Konkurrenz-)Nebentätigkeit zum eigenen Vorteil einen **existenzgefährdenden Schaden** beigebracht bzw. **ruinösen Wettbewerb** betrieben hat.[6]

52 Diese restriktive Rechtslage kann nicht durch vertraglich eingeräumte Widerrufs- oder Leistungsverweigerungsrechte erweitert werden. Auch dies entspricht ständiger Rechtsprechung,[7] die an diesen engen Grenzen für einen Widerruf der Versorgungszusage bereits wegen des Grundsatzes der Unverfallbarkeit (§ 1b Abs. 1 BetrAVG) festhält. Entsprechende Vertragsklauseln – mithin auch Beispiel b) aus Rz. 48 – sind also unwirksam.

---

1 APS/*Dörner/Vossen*, § 1 KSchG Rz. 5f.; KR/*Griebeling*, § 1 KSchG Rz. 31; von Hoyningen-Huene/Linck/*Krause*, § 1 KSchG Rz. 23; vgl. auch BAG v. 11.3.1976 – 2 AZR 43/75, AP Nr. 1 zu § 95 BetrVG 1972.
2 BAG v. 6.11.1956 – 3 AZR 42/55, AP Nr. 14 zu § 626 BGB; v. 8.8.1963 – 5 AZR 395/62, AP Nr. 2 zu § 626 BGB Kündigungserschwerung; APS/*Dörner/Vossen*, § 626 BGB Rz. 7.
3 APS/*Dörner/Vossen*, § 1 KSchG Rz. 5; KR/*Griebeling*, § 1 KSchG Rz. 31; Staudinger/*Preis*, § 626 BGB Rz. 45.
4 BAG v. 3.4.1990 – 3 AZR 211/89, AP Nr. 9 zu § 1 BetrAVG Treuebruch; v. 8.5.1990 – 3 AZR 152/88, AP Nr. 10 zu § 1 BetrAVG Treuebruch; v. 13.11.2012 – 3 AZR 444/10, NZA 2013, 1279 (1282); v. 12.11.2013 – 3 AZR 274/12, NZA 2014, 780 (782).
5 BGH v. 25.11.1996 – II ZR 118/95, AP Nr. 12 zu § 1 BetrAVG Treuebruch; v. 13.12.1999 – II ZR 152/98, NJW 2000, 1197 (1198); BAG v. 8.5.1990 – 3 AZR 152/88, AP Nr. 10 zu § 1 BetrAVG Treuebruch; v. 13.11.2012 – 3 AZR 444/10, NZA 2013, 1279 (1282f.); v. 12.11.2013 – 3 AZR 274/12, NZA 2014, 780 (782); Blomeyer/Rolfs/Otto/*Rolfs*, Anh. § 1 BetrAVG Rz. 527ff.
6 BAG v. 19.6.1980 – 3 AZR 137/79, AP Nr. 2 zu § 1 BetrAVG Treuebruch; v. 11.5.1982 – 3 AZR 1239/79, AP Nr. 4 zu § 1 BetrAVG Treuebruch.
7 BAG v. 11.5.1982 – 3 AZR 1239/79, AP Nr. 4 zu § 1 BetrAVG Treuebruch; v. 8.2.1983 – 3 AZR 463/80, AP Nr. 7 zu § 1 BetrAVG Treuebruch.

Von den gesetzlichen Vorschriften betreffend die **Entgeltfortzahlung im Krank-** 53
heitsfall kann gemäß § 12 EFZG nicht zu Ungunsten des Arbeitnehmers abgewichen werden. Ein einzelvertraglicher Ausschluss des Entgeltfortzahlungsanspruchs entsprechend Rz. 48 Beispiel c) ist daher unmöglich.[1] Vielmehr steht dem Arbeitnehmer Entgeltfortzahlung immer dann zu, wenn er infolge Krankheit an seiner Arbeitsleistung verhindert ist, ohne dass ihn ein Verschulden trifft (§ 3 Abs. 1 EFZG). Während erlaubte Nebentätigkeiten sicher keinen Verschuldensvorwurf begründen,[2] kann ein Verschulden bspw. vorliegen, wenn die Nebentätigkeit unter Verstoß gegen die Bestimmungen des Arbeitszeitrechts ausgeübt worden und die Überarbeit für die Arbeitsunfähigkeit kausal geworden ist.[3] Dagegen kann ein Verschulden nicht bereits dann angenommen werden, wenn der Arbeitnehmer während einer nicht genehmigten bzw. vertraglich oder gesetzlich **verbotenen Nebentätigkeit** einen **Unfall** erleidet.[4]

Auch von den gesetzlichen Bestimmungen des **Urlaubsrechts** kann durch vertragliche Vereinbarung nicht zu Ungunsten des Arbeitnehmers abgewichen werden, § 13 54
Abs. 1 Satz 3 BUrlG. Das schließt eine Vereinbarung aus, nach der das Urlaubsentgelt zurückgefordert werden kann, wenn der Arbeitnehmer während des Urlaubs eine dem Urlaubszweck widersprechende und daher nach § 8 BUrlG verbotene Erwerbstätigkeit ausgeübt hat[5] (s. auch Rz. 15). Allerdings ist die Reichweite des § 13 BUrlG auf den gesetzlichen Mindesturlaub von 24 Werktagen und den Anspruch auf das Urlaubsentgelt (§ 11 BUrlG) beschränkt. Daher dürfte es möglich sein, für die Dauer eines **einzelvertraglich vereinbarten längeren Urlaubs** oder für ein **einzelvertraglich vereinbartes Urlaubsgeld** eine Rückzahlung vorzusehen.[6] Beruht der Anspruch auf den längeren Urlaub bzw. das Urlaubsgeld dagegen auf **Tarifvertrag**, kommt wegen der unmittelbaren und zwingenden Wirkung der Tarifnormen (§ 4 Abs. 1 TVG) eine einzelvertragliche Rückzahlungsklausel nicht in Betracht.

Da Schadensersatzansprüche des Arbeitgebers wegen unerlaubter Nebentätigkeit 55
die Schwierigkeit in sich bergen, den entstandenen Schaden hinreichend darzulegen und im Streitfall zu beweisen[7], könnten die Vertragsparteien versucht sein, eine **Anrechnung der Nebeneinkünfte** zu vereinbaren. Sie ähneln in ihrer Wirkung dem Herausgabeanspruch des Prinzipals aus § 61 Abs. 1 HGB. Es wäre mit der verfassungsrechtlich geschützten Freiheit des Arbeitnehmers, seine Arbeitskraft – wenngleich in Grenzen – auch außerhalb des Hauptarbeitsverhältnisses einzusetzen, unvereinbar, wenn er sich verpflichtete, sich die daraus erzielten Einkünfte auf die Haupttätigkeit anrechnen lassen zu müssen.[8] Eine Klausel entsprechend

---

1 Vgl. ErfK/*Reinhard*, § 12 EFZG Rz. 1 ff.
2 BAG v. 21.1.1960 – 2 AZR 523/58, AP Nr. 13 zu § 1 ArbKrankhG; v. 19.12.1967 – 1 AZR 292/67, AP Nr. 43 zu § 1 ArbKrankhG; *Glöckner*, Nebentätigkeitsverbote im Individualarbeitsrecht, § 10 II 2.
3 BAG v. 21.4.1982 – 5 AZR 1019/79, AP Nr. 49 zu § 1 LohnFG.
4 BAG v. 7.11.1975 – 5 AZR 459/74, AP Nr. 38 zu § 1 LohnFG; v. 21.4.1982 – 5 AZR 1019/79, AP Nr. 49 zu § 1 LohnFG.
5 BAG v. 25.2.1988 – 8 AZR 596/85, AP Nr. 3 zu § 8 BUrlG.
6 So für § 47 Abs. 8 BAT auch BAG v. 25.2.1988 – 8 AZR 596/85, AP Nr. 3 zu § 8 BUrlG.
7 Zur Darlegungs- und Beweislast bei Konkurrenztätigkeit des Arbeitnehmers BAG v. 16.1.2013 – 10 AZR 560/11, NZA 2013, 748 (749 f.).
8 Vgl. BGH v. 12.7.1962 – II ZR 13/61, BGHZ 37, 381 (383 ff.); *Säcker/Oetker*, ZfA 1987, 95 (124 f.).

Rz. 48 Beispiel e) ist daher grundsätzlich unwirksam. Etwas anderes könnte lediglich dann gelten, wenn der Arbeitgeber betriebliche Einrichtungen zur Ausübung der Nebentätigkeit zur Verfügung stellte oder ansonsten eine angemessene Gegenleistung erbrächte.[1]

3. Hinweise zur Vertragsgestaltung

56 Auch bei fehlender Nebentätigkeitsklausel im Arbeitsvertrag darf der Arbeitnehmer nicht jeder beliebigen Nebenbeschäftigung nachgehen. Gleichwohl sollten die Arbeitsvertragsparteien deshalb nicht ohne Weiteres auf die Aufnahme einer entsprechenden Abrede in den Arbeitsvertrag verzichten. Einen guten Interessenausgleich kann im Einzelfall die Vereinbarung einer Nebentätigkeitsklausel mit Erlaubnisvorbehalt und gleichzeitiger Festlegung einer Erlaubnisfiktion (s. Typ 4) liefern. Die Erlaubnisfiktion erleichtert das Zustimmungsverfahren erheblich. Der Arbeitgeber muss nicht reagieren, wenn er keine Einwände gegen die Nebentätigkeit hat, und für den Arbeitnehmer steht nach Ablauf der Frist fest, dass er die Nebentätigkeit aufnehmen darf, ohne arbeitsrechtliche Sanktionen befürchten zu müssen. Reagiert der Arbeitgeber aus organisatorischen oder anderen Gründen, die in seine Sphäre fallen, nicht auf den Antrag des Arbeitnehmers, muss er die Konsequenzen tragen.

57 Eine interessengerechte Vertragsklausel könnte etwa lauten:

§ ... Nebentätigkeit

Jede Nebentätigkeit, gleichgültig, ob sie entgeltlich oder unentgeltlich ausgeübt wird, bedarf der vorherigen Zustimmung des Unternehmens. Die Zustimmung wird erteilt, wenn die Nebentätigkeit die Wahrnehmung der dienstlichen Aufgaben zeitlich nicht oder allenfalls unwesentlich behindert und sonstige berechtigte Interessen des Unternehmens nicht beeinträchtigt werden.

Das Unternehmen hat die Entscheidung über den Antrag des/der Mitarbeiters/in auf Zustimmung zur Nebentätigkeit innerhalb von vier Wochen nach Eingang des Antrages zu treffen. Wird innerhalb dieser Frist eine Entscheidung nicht gefällt, gilt die Zustimmung als erteilt.

---

1 *Glöckner*, Nebentätigkeitsverbote im Individualarbeitsrecht, § 10 IV.

O 10 Öffnungsklauseln (für kollektivrechtliche Vereinbarungen)

	Rz.		Rz.
1. Einführung	1	b) Öffnungsklauseln für Tarifverträge	13
2. Kollektivvertragliche Öffnungsklauseln	4	3. Hinweise zur Vertragsgestaltung	18
a) Öffnungsklauseln für Betriebsvereinbarungen	4		

Schrifttum:

Däubler, Verschlechternde Ablösung einer Gesamtzusage durch Betriebsvereinbarung, RdA 2004, 304; *Eich*, Abändernde Betriebsvereinbarung – Jubiläumszuwendung, SAE 1988, 315; *Hanau/Preis*, Betriebsvereinbarungsoffene betriebliche Altersversorgung, in Festschrift für Peter Ahrend, 1992, S. 235; *Hromadka*, Die ablösende Betriebsvereinbarung ist wieder da!, NZA 2013, 1061; *Hromadka*, Entgeltänderung durch Betriebsvereinbarung?, NZA-Beilage 4/2014, S. 136; *Joost*, Ablösende Betriebsvereinbarungen und Allgemeine Arbeitsbedingungen, RdA 1989, 7; *Linsenmaier*, Arbeitsvertrag und Betriebsvereinbarung – Kompetenz und Konkurrenz, RdA 2014, 336; *Preis*, Probleme der Bezugnahme auf Allgemeine Arbeitsbedingungen und Betriebsvereinbarungen, NZA 2010, 361; *Preis/Greiner*, Vertragsgestaltung bei Bezugnahmeklauseln nach der Rechtsprechung des BAG, NZA 2007, 1073; *Preis/Ulber*, Die Rechtskontrolle von Betriebsvereinbarungen, RdA 2013, 211; *Preis/Ulber*, Die Wiederbelebung des Ablösungs- und Ordnungsprinzips?, NZA 2014, 6; *Rieble/Schul*, Arbeitsvertragliche Bezugnahme auf Betriebsvereinbarungen, RdA 2006, 339; *Säcker*, Die stillschweigende Willenserklärung als Mittel zur Schaffung neuen und zur Wiederentdeckung alten Rechts, BB 2013, 2677.

1. Einführung

Eine große Bedeutung für die Vertragsgestaltung hat die Frage erlangt, ob und inwieweit vertragliche Regelungen zur Disposition der Betriebsparteien gestellt werden können. Die Anerkennung und Verfestigung des **Günstigkeitsprinzips** durch den Großen Senat des BAG[1] im Verhältnis von Betriebsvereinbarungen und individualarbeitsrechtlichen Vereinbarungen hat die **betriebsvereinbarungsoffene Vertragsgestaltung** zu dem Ansatzpunkt werden lassen, die oftmals als unpraktikabel empfundenen Grundsätze des Großen Senats, zum kollektiven Günstigkeitsvergleich zu umgehen. Es lässt sich eine verbreitete Tendenz ausmachen, individualrechtliche Ansprüche aus allgemeinen Arbeitsbedingungen weitgehend als betriebsvereinbarungsoffen zu bezeichnen; ohne ausdrücklichen – in diesem Sinne auslegbaren – vertraglichen Vorbehalt stehen vertragliche Ansprüche jedoch nicht zur Disposition durch Betriebsvereinbarungen.[2] Das gilt auch für Ansprüche, die aus betrieblicher Übung oder einer Gesamtzusage entstanden sind.

Betriebsvereinbarungen vermögen den Arbeitsvertragsinhalt – selbst wenn er durch betriebliche Übung entstanden ist – nicht in einer für den Arbeitnehmer ungüns-

---

1 BAG GS v. 16.8.1986 – GS 1/82, NZA 1987, 168.
2 Vgl. BAG v. 20.11.1990 – 3 AZR 573/89, NZA 1991, 477; v. 3.11.1987 – 8 AZR 316/81, NZA 1988, 509; hierzu *Otto*, Anm. zu BAG, EzA § 77 BetrVG Nr. 17 unter III; *Eich*, SAE 1988, 315; *Hromadka*, Anm. zu BAG, AP Nr. 25 zu § 77 BetrVG; *Joost*, RdA 1989, 7 (22).

tigen Art und Weise verändern. Dies hat der 10. Senat des BAG in einer deutlichen jüngeren Entscheidung klargestellt.[1] Will ein Arbeitgeber verhindern, dass im Verhältnis zu einer Betriebsvereinbarung das Günstigkeitsprinzip gilt und im Hinblick auf den Arbeitnehmer günstigere einzelvertragliche Abreden über eine Sonderzahlung gegenüber den in einer Betriebsvereinbarung getroffenen Regelungen Vorrang haben, muss er die Sonderzahlung unter dem Vorbehalt einer ablösenden Betriebsvereinbarung leisten. Dieser Vorbehalt muss ebenso wie ein Widerrufs- oder Freiwilligkeitsvorbehalt dem Transparenzgebot des § 307 Abs. 1 Satz 2 BGB genügen. Der Arbeitgeber muss etwa hinreichend klar und verständlich zum Ausdruck bringen, dass er z.B. eine Sonderzahlung „betriebsvereinbarungsoffen" leisten will.[2] Diese Rechtsprechung wurde jetzt überraschender Weise durch eine Entscheidung des BAG in Frage gestellt.[3]

3 Wie dem auch sei. **Änderungsvorbehalte** zugunsten von Betriebsvereinbarungen können ein probates Mittel zur Auflockerung der Starrheit von Regelungen des Einzelvertrages sein. In vergleichbarer Weise kann es sich anbieten, vertragliche Regelungen nicht nur betriebsvereinbarungs-, sondern auch tarifoffen zu gestalten. Auf diesem Wege ist es dem Arbeitgeber möglich, auch solche tariflichen Bestimmungen den arbeitsvertraglichen Regelungen vorgehen zu lassen, die für die Arbeitnehmer ungünstiger sind. Sowohl im Falle der Tarifvertrags- als auch der Betriebsvereinbarungsoffenheit müssen die Vertragsklauseln den Grundsätzen der AGB-Kontrolle entsprechen, insbesondere also bestimmt und transparent formuliert sein.

2. Kollektivvertragliche Öffnungsklauseln

a) Öffnungsklauseln für Betriebsvereinbarungen

Typ 1: Öffnungsklauseln für Betriebsvereinbarungen

a) Die Parteien sind sich darüber einig, dass die mit dem Betriebsrat bereits abgeschlossenen und noch abzuschließenden Betriebsvereinbarungen den Regelungen in diesem Vertrag oder anderen einzelvertraglichen Absprachen auch dann vorgehen, wenn die vertragliche Regelung im Einzelfall günstiger ist.

b) Die Parteien sind sich darüber einig, dass spätere normativ geltende Betriebsvereinbarungen in ihrer jeweils gültigen Fassung den Regelungen in diesem Vertrag oder anderen einzelvertraglichen Absprachen (ggf. mit Ausnahme von ...) auch dann vorgehen, wenn die vertragliche Regelung günstiger ist.

c) Die Parteien sind sich darüber einig, dass spätere normativ geltende Betriebsvereinbarungen in ihrer jeweils gültigen Fassung den Regelungen in § X (oder: „den Vereinbarungen zu Sonderzahlungen") auch dann vorgehen, wenn die vertragliche Regelung günstiger ist.

---

[1] BAG v. 5.8.2009 – 10 AZR 483/08, NZA 2009, 1105.
[2] *Preis*, NZA 2010, 361 (365).
[3] BAG v. 5.3.2013 – 1 AZR 417/12, NZA 2013, 916.

Öffnungsklauseln (für kollektivrechtliche Vereinbarungen) Rz. 5 **II O 10**

d) Sofern Leistungsansprüche des Arbeitnehmers durch Gesamtzusage oder betriebliche Übung begründet worden sind, können diese durch nachfolgende Betriebsvereinbarung auch zu Lasten des Arbeitnehmers geändert werden.[1]

⊃ **Nicht geeignet:**

Die allgemeinen Arbeitsbedingungen und -vergütungen unterliegen den gesetzlichen Bestimmungen sowie Betriebsvereinbarungen.

In der Entscheidung des 2. Senats vom 20.11.1987[2] wurde die Betriebsvereinbarungsoffenheit des Arbeitsvertrages auf folgende Klausel gestützt: „Die allgemeinen Arbeitsbedingungen und -vergütungen unterliegen den gesetzlichen Bestimmungen sowie Betriebsvereinbarungen". Der 2. Senat billigte die Auffassung, dass durch diese Klausel **allgemein alle abgeschlossenen Betriebsvereinbarungen** zum **Gegenstand des Arbeitsvertrages** gemacht werden sollten. Insoweit hat der 2. Senat in der Sache eine → *Jeweiligkeitsklausel*, II J 10 angenommen, die eine dynamische Verweisung auf die jeweils geltenden Betriebsvereinbarungen vorsieht. Schon früher hatte der 6. Senat darauf hingewiesen, Einzelarbeitsverträge könnten „**betriebsvereinbarungsoffen**" sein. Solche Einzelarbeitsverträge **erweiterten** die **Kompetenzen des Betriebsrats** zum Abschluss von Betriebsvereinbarungen.[3] Der Große Senat sowie der 3. und 8. Senat[4] haben die Möglichkeit betriebsvereinbarungsoffener Vertragsgestaltung ebenfalls bejaht. In der Literatur wurde darauf hingewiesen, dass in der Öffnung des Arbeitsvertrages für verschlechternde Betriebsvereinbarungen die einzige und sogar die wichtigste Bedeutung entsprechender Vertragsklauseln liege, da sich die grundsätzliche Geltung der im Betrieb bestehenden Betriebsvereinbarung von selbst verstehe und keiner arbeitsvertraglichen Regelung bedürfe.[5] 4

Freilich ist hier auch eine genau entgegengesetzte Wertung möglich. Entsprechende Vertragsklauseln, zumeist in der Vergangenheit als **Hinweisklauseln** verstanden, finden sich in nahezu jedem Formulararbeitsvertrag größerer Unternehmen. Es ist kaum anzunehmen, dass der Vertragsverwender sich der Frage der Öffnung des Arbeitsvertrages für Betriebsvereinbarungen bewusst war, noch wird ein verständiger Arbeitnehmer eine Klausel diesen Inhalts so verstanden haben. Bedenkt man, dass die Annahme der Betriebsvereinbarungsoffenheit auch Eingriffe in vertragliche Positionen zur Folge haben kann, wäre schon nach allgemeinen Grundsätzen eine **hinreichend klare Regelung** zu fordern. In jedem Fall gehen bei vorformulierten Abreden Unklarheiten zu Lasten des Arbeitgebers. Schon die Entscheidung des BAG v. 5

---

1 Vgl. den Formulierungsvorschlag in Bundesarbeitgeberverband Chemie e.V., Arbeitsvertragsgestaltung, 3. Aufl. 2011, S. 74.
2 BAG v. 20.11.1987 – 2 AZR 284/86, NZA 1988, 617 = AP Nr. 2 zu § 620 BGB Altersgrenze (*Joost*) = EzA § 620 BGB Altersgrenze Nr. 1 (*Belling*) = AR-Blattei, Betriebsvereinbarung, Entscheidung 43 (*Hanau*) = SAE 1989, 84 (*Weber*).
3 BAG v. 12.8.1982 – 6 AZR 1117/79, NJW 1983, 68 = AP Nr. 4 zu § 77 BetrVG 1972 mit Anm. *Hanau*.
4 BAG v. 17.3.1987 – 3 AZR 64/84, NZA 1987, 855; v. 3.11.1987 – 8 AZR 316/81, NZA 1988, 509; v. 10.12.2002 – 3 AZR 671/01, AP Nr. 252 zu § 611 BGB Gratifikation; so auch BAG v. 24.9.2003 – 10 AZR 34/03, NZA 2004, 149; LAG Hess. v. 17.3.2003 – 16 Sa 678/02.
5 *Hanau*, AR-Blattei, Betriebsverfassung, Entscheidung 43.

20.11.1990[1] zeigte, dass es auch **Grenzen** bei der Annahme betriebsvereinbarungsoffener Vertragsgestaltungen gibt. Auch großzügigen Auslegungen sind im Hinblick auf den **Vertrauensschutz** der Mitarbeiter Grenzen gesetzt. Auch für sie muss erkennbar sein, dass ihre vertraglichen Ansprüche der Disposition durch die Betriebsparteien unterworfen sein können.

Beispiel:

Fraglich ist, ob eine Klausel des Inhalts „Die Betriebsvereinbarungen sind Bestandteil des Arbeitsvertrages" heute noch als Öffnungsklausel anerkannt würde. Eine derartige Vertragsgestaltung ist überdies auch deshalb nicht zu empfehlen, weil unklar bleibt, was bei Beendigung und Ablauf einer derart einzelvertraglich einbezogenen Betriebsvereinbarung gilt.

6   Im Ergebnis hat zwar die Auslegung des BAG zunächst breite Zustimmung erfahren,[2] wobei vermerkt wird, dass allen Entscheidungen zur Betriebsvereinbarungsoffenheit eine großzügige Tendenz bei der Feststellung von Ablösungsvorbehalten zu entnehmen sei, um die Anwendung der Grundsätze des Großen Senats zu vermeiden. Doch ist zu bedenken, dass es sich um Stellungnahmen weit vor der Geltung des AGB-Rechts handelt.

7   Nach der Schuldrechtsreform wird die Auslegung des BAG nunmehr unter AGB-Gesichtspunkten zunehmend zu Recht kritisiert.[3] Insbesondere ist eine Vereinbarkeit mit der Unklarheitenregelung gemäß § 305c Abs. 2 BGB fraglich, wonach Zweifel bei der Auslegung allgemeiner Geschäftsbedingungen zu Lasten des Verwenders gehen. Die Klausel, nach der allgemeine Arbeitsbedingungen und -vergütungen den Betriebsvereinbarungen unterliegen, lässt nämlich nicht allein die (vom BAG getroffene) Wertung zu, dass alle Betriebsvereinbarungen zum Gegenstand des Arbeitsvertrages gemacht werden sollen, sondern kann ebenso dahingehend ausgelegt werden, dass Betriebsvereinbarungen in Bezug genommen werden oder zwingende Normen von Betriebsvereinbarungen beachtet werden sollen, ohne damit gleichzeitig das Verhältnis zu künftigen Änderungen festlegen zu wollen.[4] Ob bei verständiger Vertragsauslegung – unter Berücksichtigung der Unklarheitenregel – aus solchen Klauseln, die im Kern Hinweisklauseln mit deklaratorischem Charakter sind, der Arbeitnehmer (aber auch der Vertragsverwender selbst) erkennen konnte, dass aus solchen Formulierungen schon die Betriebsvereinbarungsoffenheit zu folgern ist mit der Folge, dass durch die Betriebsparteien auch in vertragliche Positionen eingegriffen werden kann, ist mehr als zweifelhaft. Die Verwendung einer solch mehrdeutigen Klausel kann daher nicht empfohlen werden.

---

1 BAG v. 20.11.1990 – 3 AZR 573/89, NZA 1991, 477.
2 *Belling*, Anm. EzA § 620 BGB Altersgrenze Nr. 1; *Joost*, Anm. BAG, AP Nr. 2 zu § 620 BGB Altersgrenze.
3 DBD/*Däubler*, § 305c BGB, Rz. 56; *Däubler*, RdA 2004, 304 (306); *Rieble/Schul*, RdA 2006, 339 (340); *Thüsing*, AGB-Kontrolle, Rz. 332.
4 DBD/*Däubler*, § 305c BGB, Rz. 56; *Däubler*, RdA 2004, 304 (306); kritisch bezüglich der Vereinbarkeit mit § 305c Abs. 2 BGB auch *Rieble/Schul*, RdA 2006, 339 (340); *Thüsing*, AGB-Kontrolle im Arbeitsrecht, Rz. 332; s. aber zur Betriebsvereinbarungsoffenheit unter AGB-Gesichtspunkten *Hromadka/Schmitt-Rolfes*, Rz. 132 f.

Aus diesem Grunde werden klarere Klauseln entsprechend **Typ 1a bis c** empfohlen. 8
Das LAG Köln[1] hat jetzt allerdings eine **Typ 1a** entsprechende Öffnungsklausel, wonach Betriebsvereinbarungen oder (Haus-)Tarifverträge den Regelungen des Arbeitsvertrages auch dann vorgehen, wenn die einzelvertragliche Regelung günstiger ist, wegen Verstoßes gegen das Transparenzgebot für unwirksam gehalten. Dem ist nicht zuzustimmen.[2] Hinter der Klausel steckt der Gedanke, dass das Arbeitsverhältnis – im Rahmen der allgemeinen gesetzlichen Grenzen – stets angemessen durch einschlägige Kollektivverträge gestaltet werden kann. Deshalb spricht auch prinzipiell erst recht nichts dagegen, den Arbeitsvertrag für nachfolgende Tarifverträge zu öffnen. Die Argumentation, die Klausel sei unklar, weil sie nicht in der erforderlichen Weise klarstelle, welchen Regelungsinhalt die späteren Kollektivverträge haben, kann nicht überzeugen. Entscheidend ist, dass klar ist, welcher Kollektivvertrag an die Stelle tritt. Bei einer Betriebsvereinbarung kann dies nur eine Regelung der zuständigen Betriebspartner im Rahmen ihrer gesetzlichen Kompetenzen sein. Auch der Verweis auf einen – ggf. nachfolgenden – Haustarifvertrag ist hinreichend klar. Ergeben sich allerdings Zweifel an der Auslegung der Klausel, weil etwa nicht ersichtlich ist, welche tarifvertraglichen Bestimmungen den arbeitsvertraglichen Regelungen vorgehen sollen, gehen diese Zweifel gemäß § 305c Abs. 2 BGB zu Lasten des Arbeitgebers als Verwender.

Aus Gründen äußerster Vorsicht ist eine gegenständlich beschränkte Öffnungsklausel im Sinne des **Typs 1c** zu empfehlen. Denn zum einen steht das AGB-Recht jeglicher Pauschalklausel skeptisch gegenüber. Ferner kommen ernsthaft ohnehin nur wenige Klauselbereiche für eine Ablösung durch Betriebsvereinbarung in Betracht. Eingriffe in die genuin den Arbeitsvertrag prägenden Vertragsbestimmungen sind fernliegend. Legt man einmal die Regelungsbereiche des hier empfohlenen Vertragsmusters zugrunde, kommen allenfalls die Regelungen des § 7 (Überstunden und Mehrarbeitsvergütung) und § 8 (Gratifikation) für eine Ablösung realistischerweise in Betracht. Soweit der Arbeitsvertrag keine Regelungen enthält, kann sich die Betriebsvereinbarung dieser Bereiche bemächtigen. 9

Ist also die Öffnungsklausel hinreichend klar formuliert, führt diese auch nicht zu dem – problematischen – Effekt einer „voraussetzungslosen" Jeweiligkeitsklausel bzw. eines unbestimmten Änderungsvorbehalts. Die „Richtigkeitsgewähr" wird durch die Notwendigkeit einer Vereinbarung zwischen Tarifparteien bzw. Betriebsparteien gewährleistet. Die Fairness der gefundenen Regelungen wird durch eine Rechtskontrolle, im Falle der Betriebsvereinbarung unter den strengeren Maßstäben des § 75 BetrVG gewährleistet. 10

Vor diesem Hintergrund kann der Grundsatzstreit um die Frage, unter welchen Voraussetzungen ein Arbeitsvertrag betriebsvereinbarungsoffen ist, ein wenig relativiert werden. Das BAG entschied: 11

„Die Arbeitsvertragsparteien können ihre vertraglichen Absprachen dahingehend gestalten, dass sie einer Abänderung durch betriebliche Normen unterliegen. Das kann ausdrücklich oder bei entsprechenden Begleitumständen konkludent erfolgen und ist nicht nur bei betrieblichen Einheitsregelungen und Gesamtzusagen möglich, sondern auch bei einzelvertraglichen Abreden. Eine solche konkludente Vereinbarung ist regelmäßig anzunehmen, wenn der Vertragsgegenstand in Allgemeinen Geschäftsbedingungen enthal-

---
1 LAG Köln v. 22.4.2008 – 9 Sa 1445/07, AE 2009, 111 (Ls.).
2 S. *Preis*, NZA 2010, 361 (366).

ten ist und einen kollektiven Bezug hat. Mit der Verwendung von Allgemeinen Geschäftsbedingungen macht der Arbeitgeber für den Arbeitnehmer erkennbar deutlich, dass im Betrieb einheitliche Vertragsbedingungen gelten sollen. Eine betriebsvereinbarungsfeste Gestaltung der Arbeitsbedingungen stünde dem entgegen. ... Da Allgemeine Geschäftsbedingungen ebenso wie Bestimmungen in einer Betriebsvereinbarung auf eine Vereinheitlichung der Regelungsgegenstände gerichtet sind, kann aus Sicht eines verständigen und redlichen Arbeitnehmers nicht zweifelhaft sein, dass es sich bei den vom Arbeitgeber gestellten Arbeitsbedingungen um solche handelt, die einer Änderung durch Betriebsvereinbarung zugänglich sind. Etwas anderes gilt nur dann, wenn Arbeitgeber und Arbeitnehmer ausdrücklich Vertragsbedingungen vereinbaren, die unabhängig von einer für den Betrieb geltenden normativen Regelung Anwendung finden sollen."[1]

12 Die Entscheidung wirft manche Fragen auf. Die erfolgte intensive Diskussion[2] dürfte jedoch klar gemacht haben, dass das BAG nicht faktisch das Günstigkeitsprinzip verabschieden will. Die Missverständnisse zu der Entscheidung können auch daher rühren, dass der 1. Senat des BAG über eine Altersgrenzenregelung in einer Betriebsvereinbarung zu entscheiden hatte und es im Arbeitsvertrag keine (außer dem Schweigen des Arbeitsvertrags zum Thema) günstigere Regelung gab. Schließlich besteht Aufklärungsbedarf, welche Anforderungen der 1. Senat an eine konkludente Vereinbarung der Betriebsvereinbarungsoffenheit stellen will. Wann hat eine vertragliche Regelung einen „kollektiven Bezug"? Möglicherweise will das BAG mit dieser Formulierung in erster Linie an Gesamtzusagen und betriebliche Übungen ankoppeln. Jedenfalls sollte man sich für die Vertragspraxis an die insoweit strenge und AGB-rechtlich richtige Position halten, nach der der 10. Senat es sogar für unzulässig hält, in eine konkludente Zusage einer Sonderleistung eine Öffnungsklausel für Betriebsvereinbarungen hineinzuinterpretieren.[3] *Linsenmaier*,[4] der die Rechtsprechung des 1. Senats verteidigt, gesteht ein „gewisses Spannungsverhältnis" zu der kritisierten Passage im Urteil des 1. Senats vom 5.3. 2013 zu. Dieses Spannungsverhältnis kann man durch drei Hinweise auflösen. Im Falle der Entscheidung des 1. Senats handelte es sich (a) um ein obiter dictum, (b) um eine Regelung, die keine eindeutig günstigere Vertragsbasis hatte und (c) um eine typischerweise nicht im Günstigkeitsvergleich stehende Regelung (Altersgrenze). Schließlich zeigen andere Entscheidungen des 1. Senats, dass er den erdienten Vertragsrechten mit einem strengen Kontrollmaßstab Rechnung trägt.[5] Auch *Hromadka*[6] differenziert zwischen vertragsergänzenden Regelungen (insoweit ist die Offenheit für die Betriebsvereinbarung stets gegeben) und Regelungen, die durch Betriebsvereinbarung „abgelöst" werden sollen. Für letztere Fälle bedarf es eines transparenten Vorbehalts im hier vorgeschlagenen Sinne. Ohne ausdrücklichen Vorbehalt wird etwa eine im Arbeitsvertrag vereinbarte Sonderzahlung nicht abgelöst werden können. Mit *Hromadka*:[7] „Schlechte Karten hat, wer nicht vorsorgt."

---

1 BAG v. 5.3.2013 – 1 AZR 417/12, NZA 2013, 916 Rz. 60.
2 *Hromadka*, NZA 2013, 1061; *Hromadka*, NZA-Beilage 4/2014, S. 136; *Linsenmaier*, RdA 2014, 336; *Preis*, NZA 2010, 361; *Preis/Ulber*, RdA 2013, 211; *Preis/Ulber*, Die Wiederbelebung des Ablösungs- und Ordnungsprinzips?, NZA 2014, 6; *Säcker*, BB 2013, 2677; DBD/*Däubler*, § 305c Rz.56ff.
3 BAG v. 5.8.2009 – 10 AZR 483/08, NZA 2009, 1105 (1106f.).
4 RdA 2014, 336 (343).
5 BAG v. 5.7.2011 – 1 AZR 94/10, AP BetrVG 1972 § 87 Lohngestaltung Nr. 139.
6 NZA-Beilage 4/2014, S. 136 (142).
7 NZA-Beilage 4/2014, S. 136 (143).

b) Öffnungsklauseln für Tarifverträge

Typ 2: Öffnungsklauseln für Tarifverträge

a) Im Falle einer Tarifbindung des Arbeitgebers, sei es durch den Beitritt zu einem Arbeitgeberverband, sei es durch den Abschluss eines Firmentarifvertrages, finden die Bestimmungen des Tarifvertrages in der jeweils gültigen Fassung auf alle (tarifgebundenen und tarifungebundenen) Arbeitnehmer Anwendung, die von dem persönlichen Geltungsbereich dieses Tarifvertrages erfasst werden.

b) Die Parteien sind sich darüber einig, dass spätere tarifvertragliche Regelungen (*evtl. Zusatz:* an die der Arbeitgeber normativ gebunden ist) in ihrer jeweils gültigen Fassung den Regelungen im Arbeitsvertrag oder anderen einzelvertraglichen Absprachen auch dann vorgehen, wenn die vertragliche Regelung im Einzelfall günstiger ist.

c) Sofern auf den Betrieb mehrere Tarifverträge Anwendung finden, gehen den vertraglichen Regelungen die Bestimmungen des Tarifvertrages in seiner jeweils gültigen Fassung vor, der jeweils für eine relative Mehrheit der im jeweiligen Beschäftigungsbetrieb tätigen tarifgebundenen Arbeitnehmer anwendbar ist.

↻ **Nicht geeignet:**

Finden auf den Betrieb mehrere Tarifverträge Anwendung, legt der Arbeitgeber nach § 315 BGB durch Leistungsbestimmung fest, welcher Tarifvertrag auf das Arbeitsverhältnis Anwendung finden soll.

Sofern aufgrund einer beiderseitigen Tarifgebundenheit von Arbeitgeber und Arbeitnehmer ein Arbeitsverhältnis vom Geltungsbereich eines Tarifvertrages erfasst wird, gehen die tarifvertraglichen Bestimmungen den arbeitsvertraglichen Regelungen vor (§ 4 Abs. 1 TVG), sofern nicht der Tarifvertrag abweichende Änderungen gestattet oder diese Änderungen Regelungen zugunsten des Arbeitnehmers enthalten (§ 4 Abs. 3 TVG, Günstigkeitsprinzip). Enthält der Tarifvertrag **ungünstigere Regelungen** als der Arbeitsvertrag, so kann es sich für den Arbeitgeber anbieten, das Günstigkeitsprinzip dadurch auszuschalten, dass er den Arbeitsvertrag **tarifvertragsoffen** gestaltet. In diesem Falle gehen die tarifvertraglichen Änderungen den vertraglichen Abreden entgegen § 4 Abs. 3 TVG auch dann vor, wenn die vertragliche Regelung für den Arbeitnehmer günstiger ist (Typ 2c).

Vergleichbar den Verweisungsklauseln (vgl. → *Verweisungsklauseln*, II V 40) gilt es, auch bei tarifvertraglichen Öffnungsklauseln das **Bestimmtheits- und Transparenzgebot** zu beachten. Ergeben sich Zweifel an der Auslegung der Klausel, ist aus ihr etwa nicht ersichtlich, welche tarifvertraglichen Bestimmungen den arbeitsvertraglichen Regelungen vorgehen sollen, gehen diese Zweifel gemäß § 305c Abs. 2 BGB zu Lasten des Arbeitgebers als Verwender. Zudem können intransparente Klauseln unangemessen benachteiligend und damit gemäß § 307 Abs. 1 Satz 2, 1 BGB unwirksam sein. Entscheidet sich der Arbeitgeber für eine dynamische Öffnungsklausel (Typ 2b), so ist es nach der Rechtsprechung des BAG zu dynamischen Verweisungsklauseln ausreichend, wenn die in Bezug genommene

Regelung im Zeitpunkt der jeweiligen Anwendung eindeutig bestimmbar ist.[1] Diese Grundsätze müssen auch für die den Verweisungsklauseln vergleichbaren Öffnungsklauseln gelten, so dass der Arbeitgeber insbesondere vertraglich die Tarifoffenheit bezüglich künftig entstehender tariflicher Regelungen festlegen kann.

15 In der arbeitsrechtlichen Literatur wird teilweise vorgeschlagen, dem Arbeitgeber ein Bestimmungsrecht dergestalt einzuräumen, dass er festlegen kann, ob bzw. in welchem Umfang Änderungen eines Tarifvertrages künftig nicht mehr Inhalt des Arbeitsvertrages werden sollen. Alternativ wird dem Arbeitgeber die Möglichkeit eingeräumt, aufgrund eines befristeten Widerrufsrechts darüber zu entscheiden, ob der Arbeitsvertrag geänderte Bestimmungen eines Tarifvertrages zum Inhalt haben soll oder nicht.[2] Diese und vergleichbare Klauseln ermöglichen es dem Arbeitgeber im Gegensatz zu dynamischen Öffnungsklauseln, bei jeder Änderung eines Tarifvertrages darüber zu entscheiden, ob auch die neuen (ggf. für den Arbeitnehmer günstigeren) tariflichen Bestimmungen den arbeitsvertraglichen Regelungen vorgehen sollen. Intransparent und unangemessen benachteiligend gemäß § 307 Abs. 1 Satz 2 BGB sind Vertragsgestaltungen, die dem Arbeitgeber ein Bestimmungsrecht hinsichtlich des geltenden Kollektivvertrags einräumen.[3] Solche Klauseln sind angesichts der strengen Anforderungen der Rechtsprechung an Widerrufsvorbehalte (§§ 308 Nr. 4, 307 Abs. 1 Satz 1 BGB) kritisch zu betrachten und dürften als unangemessene Benachteiligung nach § 307 Abs. 1 Satz 1 BGB unwirksam sein, da sie es dem Arbeitgeber ermöglichen, das Günstigkeitsprinzip des § 4 Abs. 3 TVG zu Ungunsten des Arbeitnehmers auszuhöhlen. Die Unangemessenheit der Klausel liegt darin, dass der zunächst nicht tarifgebundene Arbeitgeber sich des Tarifvertrages gegenüber nicht tarifgebundenen Arbeitnehmern bedient, wenn der Tarifvertrag für ihn günstiger als der Arbeitsvertrag ist. Sollte sich der Tarifvertrag aber (teilweise) günstiger entwickeln, möchte er auch dies abwehren. Das ist eine zu einseitige Vertragsgestaltung. Sie ist überdies nicht zweckmäßig, weil der Arbeitnehmer durch Gewerkschaftsbeitritt – im Falle der Tarifbindung des Arbeitgebers – jederzeit die Vorteile des Tarifvertrages erlangen kann.

16 Zu beachten ist ferner, dass im Arbeitsvertrag selbst eine Vergütungsabrede ersichtlich individuell getroffen worden ist, die nicht durch einen nachfolgenden Tarifvertrag (Betriebsvereinbarungen kommen wegen § 77 Abs. 3 BetrVG ohnehin nicht in Betracht) entwertet werden kann. Die individuelle Zusage im Arbeitsvertrag kann sich insoweit im Wege der Auslegung gegenüber der Öffnungsklausel durchsetzen. Schließlich ist der Klausel immanent, dass nur Tarifverträge, an die jedenfalls der Arbeitgeber normativ gebunden ist, gemeint sein können.

17 Die Möglichkeit, arbeitsvertragliche Regelungen durch ungünstigere tarifvertragliche Bestimmungen zu ersetzen, steht dem Arbeitgeber künftig grundsätzlich nicht mehr offen, wenn auf den Betrieb mehrere Tarifverträge Anwendung finden und der Grundsatz der Tarifeinheit zugunsten der **Zulassung von Tarifpluralitäten** aufgegeben wird (ausführlich → *Verweisungsklauseln*, II V 40 Rz. 61 ff.). Ein einseitiges Bestimmungsrecht des Arbeitgebers, aufgrund dessen er nach § 315 BGB festlegen könnte, welcher (ungünstige) Tarifvertrag Anwendung findet, verstößt gegen

---
[1] BAG v. 9.7.1980 – 4 AZR 564/78, NJW 1981, 1574.
[2] *Hromadka/Schmitt-Rolfes*, S. 131.
[3] *Preis*, NZA 2010, 361 (366); a.A. *Hromadka/Schmitt-Rolfes*, S. 131.

§ 308 Nr. 4 BGB und § 307 Abs. 1 Satz 2 BGB (→ *Verweisungsklauseln*, II V 40 Rz. 63).[1]

3. Hinweise zur Vertragsgestaltung

Trotz der großzügigen Tendenz der Rechtsprechung bei der Annahme einer Betriebsvereinbarungsoffenheit empfiehlt es sich für tarifvertrags- wie betriebsvereinbarungsoffene Klauseln, diese vor allem im Hinblick auf § 305c Abs. 2 BGB transparent und konkret zu gestalten. 18

Klauselvorschlag:

§ X Öffnungsklausel für Tarifverträge

Die Parteien sind sich darüber einig, dass spätere tarifvertragliche Regelungen (*evtl. Zusatz*: an die der Arbeitgeber normativ gebunden ist) in ihrer jeweils gültigen Fassung den Regelungen in diesem Vertrag oder anderen einzelvertraglichen Absprachen (ggf. mit Ausnahme von ...) auch dann vorgehen, wenn die vertragliche Regelung günstiger ist.

§ X Öffnungsklausel für Betriebsvereinbarungen

Die Parteien sind sich darüber einig, dass spätere normativ geltende Betriebsvereinbarungen in ihrer jeweils gültigen Fassung den Regelungen in § X (oder: „den Vereinbarungen zu Sonderzahlungen") auch dann vorgehen, wenn die vertragliche Regelung günstiger ist.

---

1 *Preis/Greiner*, NZA 2007, 1073 (1076).

P 10 Personalfragebogen

	Rz.		Rz.
1. Überblick	1	5. Folgen der Falschbeantwortung einer Frage	47
2. Fragen zur Person des Bewerbers	8		
3. Fragen zu persönlichen Verhältnissen des Bewerbers	10	6. Mitbestimmungsrecht des Betriebsrats	51
4. Fragen zum beruflichen Werdegang und zur fachlichen Eignung	35		

Schrifttum:

Bauer/Göpfert/Krieger, Allgemeines Gleichbehandlungsgesetz, 3. Aufl. 2011; *Bauer/v. Medem*, Aktuelle Entwicklungen im Antidiskriminierungsrecht, ArbR 2012, 389; *Bayreuther*, Einstellungsuntersuchungen, Fragerecht und geplantes Beschäftigtendatenschutzgesetz, NZA 2010, 679; *Bezani/Richter*, Das Allgemeine Gleichbehandlungsgesetz im Arbeitsrecht, 2006; *Boemke*, Die Zulässigkeit der Frage nach Grundwehrdienst und Zivildienst, RdA 2008, 129; *Buchner*, Freiheit und Bindung des Arbeitgebers bei Einstellungsentscheidungen, NZA 1991, 577; *Burger*, Der Schutz gesundheitsbezogener Beschäftigtendaten, 2013; *Däubler*, Erhebung von Arbeitnehmerdaten, CR 1994, 101; *Däubler/Bertzbach*, Allgemeines Gleichbehandlungsgesetz, 3. Aufl. 2013; *Ehrich*, Fragerecht des Arbeitgebers bei Einstellungen und Folgen der Falschbeantwortung, DB 2000, 421; *Giesen*, Frage nach der Schwerbehinderung, RdA 2013, 48; *Gola*, Mitarbeiterbefragungen – datenschutzrechtliche Vorgaben und Grenzen, ZD 2013, 379; *Hanau*, Neues vom Alter im Arbeitsverhältnis, ZIP 2007, 2381; *Herbert/Oberrath*, Beherrschung und Verwendung der deutschen Sprache bei Begründung des Arbeitsverhältnisses, DB 2009, 2434; *Hergenröder*, Fragerecht des Arbeitgebers und Offenbarungspflicht des Arbeitnehmers, AR-Blattei SD 715; *Husemann*, Die Information über die Schwerbehinderung im Arbeitsverhältnis, RdA 2014, 16; *Hützen*, Facebook & die Folgen – Arbeitsrechtliche Probleme bei der Nutzung sozialer Netzwerke, AE 2013, 39; *Joussen*, Schwerbehinderung, Fragerecht und positive Diskriminierung nach dem AGG, NZA 2007, 174; *Kania/Merten*, Auswahl und Einstellung von Arbeitnehmern unter Geltung des AGG, ZIP 2007, 8; *Kania/Sansone*, Möglichkeiten und Grenzen des Pre-Employment-Screenings, NZA 2012, 360; *Klement*, Zulässigkeit medizinischer Datenerhebungen vor und zu Beginn von Arbeitsverhältnissen, 2011; *Künzl*, Das Fragerecht des Arbeitgebers bei der Einstellung, ArbR 2012, 235; *Laber/Römer*, Alkohol im Betrieb, ArbRB 2013, 378; *Messingschlager*, „Sind Sie schwerbehindert?" – Das Ende einer (un)beliebten Frage, NZA 2003, 301; *Pallasch*, Diskriminierungsverbot wegen Schwangerschaft bei der Einstellung, NZA 2007, 306; *Pallasch*, Fragen nach Schwangerschaft auch bei befristeter Beschäftigung zulässig, NZA-RR 2013, 232; *Reimers/Wiesinger*, Lügerecht bei Frage nach Schwangerschaft – Keine Ausnahmen mehr?, AuA Nr. 5/2003, 25; *Riesenhuber*, Die Einwilligung des Arbeitnehmers im Datenschutzrecht, RdA 2011, 257; *Riesenhuber*, Kein Fragerecht des Arbeitgebers, NZA 2012, 771; *Rolfs/Feldhaus*, Die Frage nach der Schwerbehinderung im bestehenden Arbeitsverhältnis, SAE 2012, 85; *Scheuring*, Das Bundesgleichstellungsgesetz (BGleiG), ZTR 2002, 314; *Schaub*, Ist die Frage nach der Schwerbehinderung zulässig?, NZA 2003, 299; *Szech*, Die Anfechtung des Arbeitsvertrages durch den Arbeitgeber und das Allgemeine Gleichbehandlungsgesetz, 2011; *Wedde*, Fragen privater Arbeitgeber nach MfS-Tätigkeiten, CR 1992, 679; *Wedde*, Schutz von Gesundheitsdaten der Beschäftigten, PersR 2012, 344; *Wisskirchen/Bissels*, Das Fragerecht des Arbeitgebers bei Einstellung unter Berücksichtigung des AGG, NZA 2007, 169; *Wybitul*, Frage an Stellenbewerber nach eingestelltem Ermittlungsverfahren, ZD 2013, 238.

Personalfragebogen | II P 10

Personalfragebogen

Bewerbung um die Anstellung als ...

Fragen zur Person des Bewerbers

Name: ...

Vorname: ...

ggf. Geburtsname: ...

Straße, Hausnummer: ...

Postleitzahl, Wohnort: ...

Telefonnummer: ...

Geburtsdatum: ...[1]

Geburtsort: ...

Familienstand (ggf. Datum angeben): ...

Zahl der Kinder: ...

Staatsangehörigkeit: ...[2]

Falls ausländische Staatsangehörigkeit besteht:

Gültigkeit der Aufenthaltserlaubnis bis ...

Gültigkeit der Arbeitsgenehmigung bis ...

Fragen zu persönlichen Verhältnissen des Bewerbers

Haben Sie Behinderungen oder chronische Erkrankungen, die die Ausübung der Tätigkeit als ... einschränken oder verhindern? Falls ja, welche?[3]

Ist eine Operation geplant oder haben Sie eine Kur bewilligt bekommen? Falls ja, wann wird die Operation/Kur stattfinden?

Bei welcher Krankenversicherung sind Sie versichert?

Leiden Sie an AIDS, d.h. ist die Krankheit ausgebrochen?

Sind Sie HIV-infiziert?[4]

Sind Sie alkohol- und/oder drogenabhängig?[5]

Sind Sie vorbestraft? Falls ja: Zu welcher Strafe wurden Sie verurteilt? Aus welchem Grund?[6]

Läuft gegen Sie zurzeit ein Ermittlungsverfahren?[7]

---

1 Beachte Rz. 8.
2 Beachte Rz. 9.
3 Diese Frage bezieht sich auf alle Arten von Behinderungen, auch auf die Schwerbehinderteneigenschaft, und ist nur eingeschränkt zulässig, beachte Rz. 10 ff.
4 Beachte Rz. 18.
5 Beachte Rz. 19.
6 Beachte Rz. 28.
7 Beachte Rz. 29.

Waren Sie in der Zeit nach 1970 für das Ministerium für Staatssicherheit als Mitarbeiter oder Informant tätig?[1]

Liegen Lohnpfändungen und/oder Lohnabtretungen vor? Falls ja: Durch wen? In welcher Höhe?[2]

Haben Sie den Wehrdienst abgeleistet?[3]

Sind Sie Mitglied in der Scientology-Organisation?[4]

Fragen zum beruflichen Werdegang und zur fachlichen Eignung

Schulbildung: …

Schulabschluss (Art, Datum): …

Berufsausbildung zum/zur … bei …

Abschluss der Berufsausbildung am …

Studium an einer Hochschule/Fachhochschule: …

Studienabschluss (Art, Datum): …

Tätigkeit(en) seit Abschluss der Ausbildung als … von … bis … bei …

Sind Sie in ungekündigter/gekündigter Anstellung/arbeitslos? Falls Sie arbeitslos sind, seit wann?

Haben Sie an Weiterbildungsveranstaltungen teilgenommen? Falls ja, an welchen und mit welchem Abschluss?

Welche Fremdsprachen sprechen Sie?

Über welche sonstigen besonderen Fähigkeiten und Kenntnisse verfügen Sie?

Haben Sie mit Ihrem früheren Arbeitgeber ein Wettbewerbsverbot vereinbart? Falls ja, mit welchem Inhalt?

Üben Sie eine weitere Beschäftigung aus? Falls ja, für welchen Arbeitgeber, mit welchem Inhalt und zu welcher Zeit?

Wie hoch war Ihr Gehalt beim bisherigen Arbeitgeber?[5]

Haben Sie eine gültige Fahrerlaubnis? Falls ja, in welcher Klasse?[6]

Bestand in der Vergangenheit ein befristetes oder unbefristetes Arbeitsverhältnis zwischen Ihnen und uns?[7]

Hinweis für den Bewerber:

Dieser Personalfragebogen wird bei Abschluss eines Arbeitsvertrags Bestandteil desselben. Beantworten Sie Fragen bewusst falsch, hat der Arbeitgeber ein Recht zur Anfechtung des Arbeitsvertrags wegen arglistiger Täuschung, § 123 Abs. 1 BGB. Folge einer solchen Anfechtung ist die Nichtigkeit des Arbeitsvertrags.

---

1 Beachte Rz. 31 ff.
2 Beachte Rz. 34.
3 Beachte Rz. 45 f.
4 Beachte Rz. 30.
5 Beachte Rz. 44.
6 Beachte Rz. 36.
7 Beachte Rz. 37.

1. Überblick

Vor der Einstellung eines Arbeitnehmers hat der **Arbeitgeber** ein Interesse daran, zu erfahren, **wer sein zukünftiger Vertragspartner** ist. Er möchte daher Informationen über dessen berufliche und teilweise auch private Vergangenheit und aktuelle Situation erlangen. Zu diesem Zweck wird – insbesondere bei größeren Betrieben mit vielen Bewerbungen – dem Bewerber häufig ein **Personalfragebogen** mit formularmäßig zusammengefassten Fragen vorgelegt.

Andererseits möchte der **Bewerber**, der nicht weiß, ob er die Stelle letztendlich bekommt, **nicht zu viele persönliche Informationen preisgeben**. Es wird nicht in seinem Interesse liegen, dem Arbeitgeber solche Informationen zukommen zu lassen, die keinen Bezug zur Einstellungsentscheidung oder zum späteren Beschäftigungsverhältnis haben oder haben dürfen. Insoweit ist der Schutzbereich des allgemeinen Persönlichkeitsrechts des Bewerbers aus Art. 2 Abs. 1, 1 Abs. 1 GG betroffen.

Aufgrund der schützenswerten Position des Arbeitnehmers und des Bewerbers ist anerkannt, dass **Beschränkungen der Informationsfreiheit** des Arbeitgebers erforderlich sind.[1] Gesetzlich geregelt sind diese Grenzen bspw. in **Art. 33 GG**, nach dem bei einer Einstellung im öffentlichen Dienst nur auf Eignung, Befähigung und fachliche Leistung abgestellt werden darf. Für die Arbeitnehmer in der **unmittelbaren und mittelbaren Bundesverwaltung** normiert § 7 Abs. 2 BGleiG (Bundesgleichstellungsgesetz) einen **Katalog unzulässiger Fragen**. Danach darf in Vorstellungs- oder Auswahlgesprächen nicht nach dem Familienstand, einer bestehenden oder geplanten Schwangerschaft sowie der Sicherstellung der Betreuung von Kindern, behinderten oder pflegebedürftigen Angehörigen neben der Berufstätigkeit gefragt werden.[2] Für Fragen mit direktem oder mittelbarem Bezug zu einem Merkmal aus dem Katalog des § 1 AGG gilt das Diskriminierungsverbot der **§§ 7, 2, 1 AGG**. Nur unter den zusätzlichen Voraussetzungen der §§ 8 ff. AGG darf nach solchen Merkmalen überhaupt unterschieden werden.

Hinsichtlich der Zulässigkeit einer Frage ist aber auch ohne ausdrückliche gesetzliche Regelung **abzuwägen** zwischen dem **Persönlichkeitsrecht des Bewerbers** und dessen Interesse am Schutz der Privat- und Intimsphäre und dem Interesse des **Arbeitgebers, einen möglichst geeigneten Arbeitnehmer** einzustellen und so das Risiko einer späteren Störung des Arbeitsverhältnisses zu minimieren.[3]

Welche Fragen zulässig sind, kann nicht generalisierend gesagt werden. Vielmehr kommt es auf die **Umstände des Einzelfalls** an. Seit Inkrafttreten des AGG am 1.8.2006 ist vor jeder Prüfung zu überlegen, ob die Frage eines der Merkmale des § 1 AGG berührt und deswegen nur nach den besonderen Voraussetzungen der §§ 8–10 AGG gerechtfertigt werden kann. Außerhalb des Geltungsbereichs des AGG gilt grundsätzlich: Hat der Arbeitgeber aufgrund der betrieblichen Situation oder der persönlichen Verhältnisse des Bewerbers ein **berechtigtes, billigenswertes**

---
1 BAG v. 5.12.1957 – 1 AZR 594/56, AP Nr. 2 zu § 123 BGB; v. 5.10.1995 – 2 AZR 923/94, AP Nr. 40 zu § 123 BGB; *Buchner*, NZA 1991, 577 (679); *Moritz*, NZA 1987, 329 (331).
2 Hierzu *Scheuring*, ZTR 2002, 314 (317).
3 St. Rspr.: BAG v. 5.12.1957 – 1 AZR 594/56, DB 1958, 282; v. 6.7.2000 – 2 AZR 543/99, NZA 2001, 317; vgl. auch BVerfG v. 8.7.1997 – 1 BvR 2111/94, 1 BvR 195/95, 1 BvR 2189/95, AP Nr. 39 zu Art. 2 GG; *Küttner/Kania*, Personalbuch 2014, Personalauswahl, Rz. 10.

und **schutzwürdiges Interesse** an der Information, ist die Frage zulässig und der Bewerber muss sie wahrheitsgemäß beantworten.[1]

6 Ein solches legitimes Interesse ist nur anzunehmen, wenn die Beantwortung der Frage für den angestrebten Arbeitsplatz und die auszuübende Tätigkeit selbst von Bedeutung ist.[2] Je mehr also die Frage ohne Zusammenhang mit dem angestrebten Arbeitsplatz die **Person selbst ausforscht**, desto eher wird sie als **unzulässig** einzustufen sein. Die Personalfragebögen bleiben Eigentum des Arbeitgebers. Ein abgelehnter Bewerber hat, abgesehen von den Schutznormen des BDSG, einen Anspruch auf Vernichtung des Fragebogens analog § 1004 BGB.[3]

7 Nach früherem Recht stellten sich datenschutzrechtliche Probleme im Zusammenhang mit Personalfragebögen nur, wenn die Daten verarbeitet, bspw. gespeichert werden, werden sollten. Mit Änderung des Bundesdatenschutzgesetzes (BDSG) zum 1.9.2009 und Schaffung des § 32 Abs. 1 Satz 1 BDSG dürfen personenbezogene Daten eines Beschäftigten für Zwecke des Beschäftigungsverhältnisses unter anderem dann erhoben werden, wenn dies für die Entscheidung über die Begründung eines Beschäftigungsverhältnisses erforderlich ist. Hierbei sind die Begriffe der personenbezogenen Datenerhebung nach den Legaldefinitionen in § 3 BDSG weit auszulegen, da unter personenbezogenen Daten alle Einzelangaben über persönliche oder sachliche Verhältnisse einer bestimmten oder bestimmbaren natürlichen Person verstanden werden (§ 3 Abs. 1 BDSG) und das Erheben die Datenbeschaffung über den Beschäftigten (§ 3 Abs. 3 BDSG) insgesamt beinhaltet. Auch der Beschäftigtenbegriff ist nach § 3 Abs. 11 BDSG nicht auf Arbeitnehmerinnen und Arbeitnehmer begrenzt, sondern umfasst insbesondere auch die im Rahmen des Fragerechts relevanten Bewerberinnen und Bewerber für ein Beschäftigungsverhältnis (§ 3 Abs. 11 Nr. 7 BDSG).

7a Da § 32 Abs. 1 Satz 1 BDSG damit von seinem Wortlaut nahezu alle Tätigkeiten erfasst, die mit der Informationsgewinnung des Arbeitgebers für Zwecke des Beschäftigungsverhältnisses zusammenhängen, bleibt für die Bewertung der Zulässigkeit der jeweiligen Arbeitgeberfrage zu prüfen, ob die Datenerhebung für die Entscheidung über die Begründung eines Beschäftigungsverhältnisses erforderlich ist. Stellt man auch hier wiederum allein auf den Wortlaut von § 32 Abs. 1 Satz 1 BDSG ab, bleibt allerdings unklar, wie das Merkmal der Erforderlichkeit auszulegen ist. Der offene Wortlaut der Norm ist allerdings vor dem Hintergrund zu lesen, dass der Gesetzgeber mit der Einführung des § 32 Abs. 1 Satz 1 BDSG keinen neuen Arbeitnehmerdatenschutz kodifizieren, sondern lediglich die bisherige Rechtslage konkretisieren und die von der Rechtsprechung erarbeiteten Grundsätze kodifizieren wollte. Für die Zukunft ist damit davon auszugehen, dass die Rechtsprechung im Rahmen der Erforderlichkeit – als einem Aspekt der Verhältnismäßigkeit – die Frage der Zulässigkeit einer Datenerhebung nach wie vor anhand einer Interessenabwägung bestimmen wird. Damit bleibt es für das Fragerecht dabei, dass nur die-

---

1 BAG v. 7.6.1984 – 2 AZR 270/83, AP Nr. 26 zu § 123 BGB; v. 6.2.2003 – 2 AZR 621/01, NZA 2003, 848 (848); v. 16.12.2004 – 2 AZR 148/04, ZTR 2005, 379 (380); ErfK/*Preis*, § 611 BGB Rz. 271; *Buchner*, NZA 1991, 577 (578).
2 BAG v. 5.12.1957 – 1 AZR 594/56, AP Nr. 2 zu § 123 BGB; v. 16.12.2004 – 2 AZR 148/04, ZTR 2005, 379 (380); v. 15.11.2012 – 6 AZR 339/11, NZA 2013, 429 (432); *Wank*, Anm. zu BAG v. 19.3.1983, EzA § 123 BGB Nr. 23; *Wohlgemuth*, ArbuR 1992, 46 (47).
3 BAG v. 6.6.1984 – 5 AZR 286/81, AP Nr. 7 zu § 611 BGB Persönlichkeitsrecht.

jenigen Fragen zulässig sind, deren Beantwortung für die Beurteilung der Fähigkeit, die Arbeit zu verrichten, erheblich sind, wobei selbst Arbeitsplatzrelevantes nicht gefragt werden darf, soweit dies mit einem unverhältnismäßigen Eingriff in die Privatsphäre verbunden ist.

Hierbei ist der dem gesamten Datenschutzrecht immanente Grundsatz zu beachten, dass Informationen, die dem Arbeitgeber nach den für das Arbeitsrecht geltenden Prinzipien des Fragerechts unzugänglich sind, selbst über eine datenschutzrechtliche Einwilligung (§ 4a BDSG) nicht erhoben, verarbeitet oder genutzt werden dürfen. Um das richterrechtlich entwickelte „Recht zur Lüge" und eine nicht hinzunehmende Wettbewerbsverzerrung im Verhältnis zu denjenigen Bewerbern, die zulässigerweise von diesem Recht Gebrauch machen, nicht zu konterkarieren, können damit selbst durch vorherige Einholung einer Einwilligung nicht die von der Rechtsprechung gezogenen Grenzen der Fragerechts erweitert werden. Das bedeutet im Ergebnis, dass eine arbeitsrechtlich unzulässige Datenerhebung datenschutzrechtlich niemals erforderlich sein kann. In der Sache bleibt es damit bei den bisherigen Grundsätzen zur Beurteilung der Zulässigkeit der Fragen an einen Bewerber. 7b

2. Fragen zur Person des Bewerbers

Die Frage nach **Angaben zur Person** – Name, Adresse u.Ä. – ist zulässig. Der Bewerber hat diese Angaben in aller Regel schon in seinem Bewerbungsschreiben oder Lebenslauf gemacht. Die erneute Frage dient daher allein dazu, den Fragebogen einer bestimmten Person zuzuordnen. 8

Seit Inkrafttreten des AGG ist die Frage nach dem Geburtsdatum jedoch durchaus problematisch. § 1 AGG zählt auch das **Lebensalter** zu den Merkmalen, aufgrund deren eine Person nicht benachteiligt werden darf. Deswegen wird teilweise die Frage nach dem Alter für unzulässig gehalten,[1] zumindest aber geraten, auf sie zu verzichten, da sich diese Angabe in der Regel bereits aus den Bewerbungsunterlagen ergebe.[2] Eine Ausnahme soll dann gelten, wenn der Arbeitgeber ein berechtigtes Interesse daran hat, das Alter des Bewerbers zu erfragen, z.B. bei der Besetzung einer Filmrolle mit einem Kinderstar.[3] Das LAG Hamburg sah die Frage nach Alter, Geschlecht und Sprache der Bewerber in einem Online-Bewerbungsformular hingegen nicht als problematisch an. Es handele sich um Eigenschaften, durch die jede Person gekennzeichnet sei und die damit deren Individualisierung diene. Das Alter könne für ein Unternehmen wegen der Personalstruktur wichtig sein.[4] Ergibt sich die Frage nach dem Alter mittelbar durch die Frage nach Ausbildung, beruflichem Werdegang oder Wehr- bzw. Ersatzdienst, ist sie ebenfalls von einem legitimen Interesse des Arbeitgebers getragen (§ 3 Abs. 2 AGG), da sie unmittelbar auf die Erbringung der Arbeitsleistung bezogen ist. Wird in der Stellenausschreibung auf eine be-

---

1 *Hergenröder*, AR-Blattei SD 715 Rz. 39.
2 *Wisskirchen/Bissels*, NZA 2007, 169 (172); *Hanau*, ZIP 2007, 2381 (2384).
3 *Hergenröder*, AR-Blattei SD 715 Rz. 39; jüngst sah der EuGH in seinem Urteil v. 12.1. 2010 – Rs. C-229/08, NVwZ 2010, 244 eine Altersgrenze von 30 Jahren für die Einstellung im Feuerwehrdienst als gerechtfertigt an, um das ordnungsgemäße Funktionieren der Berufsfeuerwehr zu gewährleisten. In einem solchen Fall einer gerechtfertigten Altersgrenze muss auch die Frage nach dem Alter zulässig sein.
4 LAG Hamburg v. 19.2.2014 – 3 Sa 39/13, Rz. 47.

stimmte Anzahl an Jahren von Berufserfahrung angeknüpft, kann sich hieraus indes eine Benachteiligung wegen des Alters ergeben.[1]

Die Frage nach der **Körpergröße** eines Bewerbers kann sich unter dem Gesichtspunkt der mittelbaren Geschlechtsdiskriminierung als problematisch erweisen. Wird das Erreichen einer bestimmten Mindestgröße zur Voraussetzung für die Ausübung eines Berufes (Pilot) gemacht, kann dieses dem Anschein nach neutrale Kriterium eine mittelbare Diskriminierung von Frauen darstellen, da diese im statistischen Durchschnitt eher als Männer die Mindestgröße unterschreiten.[2] Im Fall konnte die pauschale Forderung einer Mindestgröße von 1,65m nicht mit dem Verweis auf die Flugsicherheit gerechtfertigt werden, da zwar gewährleistet sein müsse, dass der Pilot groß genug ist, um die Cockpit-Instrumente zu bedienen, es jedoch nicht erwiesen sei, dass hierfür eine Größe von 1,65 m erforderlich ist. Die Klägerin hatte im Rahmen einer ärztlichen Untersuchung eine Flugtauglichkeitsbescheinigung erhalten.[3]

9   Die Frage nach der **Arbeits- und Aufenthaltsgenehmigung** eines **ausländischen Arbeitnehmers** ist auch nach Inkrafttreten des AGG noch zulässig.[4] Eine solche Frage stellt keine Benachteiligung wegen der Rasse oder ethnischen Herkunft nach §§ 1, 7 AGG dar. Sie ist Voraussetzung für die legale Beschäftigung des Arbeitnehmers.[5] Gemäß § 284 Abs. 1 SGB III dürfen EU-Ausländer derjenigen Mitgliedstaaten, die im Jahr 2005 der EU beigetreten sind, eine Beschäftigung nur mit Genehmigung der Arbeitsagentur ausüben und von Arbeitgebern nur beschäftigt werden, wenn sie eine solche Genehmigung besitzen. Gemäß § 404 Abs. 1 Nr. 2 SGB III handelt der Arbeitgeber ordnungswidrig, wenn er einen Ausländer ohne eine entsprechende Genehmigung der Arbeitsagentur beschäftigt. Darüber hinaus sind die Vorgaben des Ausländergesetzes, des Unionsrechts und ggf. bestehender zwischenstaatlicher Vereinbarungen zu beachten. Um nicht gegen diese gesetzlichen Vorschriften zu verstoßen, muss der Arbeitgeber sich also vergewissern, dass der ausländische Bewerber beschäftigt werden darf. Auf die Frage nach der **Staatsangehörigkeit** sollte jedoch verzichtet werden, da sie eine mittelbare Benachteiligung wegen Rasse oder ethnischer Herkunft darstellen kann, die regelmäßig nicht nach den Anforderungen des § 3 Abs. 2 AGG gerechtfertigt werden kann.[6]

9a Zurückhaltung ist ebenfalls anzuraten in Bezug auf die Erkundigung nach Deutschkenntnissen oder gar nach der Muttersprache Deutsch. Auch in diesbezüglichen Fragen kann nach Ansicht der jüngeren Instanzrechtsprechung[7] und Teilen der Literatur[8] eine mittelbare Benachteiligung wegen der ethnischen Herkunft gesehen werden, die wiederum der Rechtfertigung gemäß § 3 Abs. 2 AGG bedarf. Die beson-

---

1 LAG Köln v. 20.11.2013 – 5 Sa 317/13, Rz. 49.
2 LAG Köln v. 25.6.2014 – 5 Sa 75/14 [Revision eingelegt unter 8 AZR 638/14].
3 LAG Köln v. 25.6.2014 – 5 Sa 75/14 [Revision eingelegt unter 8 AZR 638/14].
4 Däubler/Bertzbach/*Däubler*, § 7 Rz. 22; *Wisskirchen/Bissels*, NZA 2007, 169 (171); vgl. zur Rechtslage vor Inkrafttreten des AGG die 2. Aufl., II P 10 Rz. 9.
5 ErfK/*Preis*, § 611 BGB Rz. 273; *Wisskirchen/Bissels*, NZA 2007, 169 (171).
6 BAG v. 21.6.2012 – 8 AZR 364/11, NZA 2012, 1345 (1347).
7 BAG v. 7.7.2011 – 2 AZR 369/10, NZA 2012, 34 (36); ArbG Hamburg v. 26.1.2010 – 25 Ca 282/09, juris; noch weitergehend ArbG Berlin v. 11.2.2009 – 55 Ca 16952/08, NZA-RR 2010, 16.
8 So etwa *Gruber*, NZA 2009, 1247 (1248) und *Herbert/Oberrath*, DB 2009, 2434 (2434).

deren Anforderungen und Inhalte der Stelle rechtfertigen es indes ohne Weiteres, bestimmte Sprachkenntnisse vorauszusetzen.[1] Problematisch ist es dagegen, Deutsch oder eine andere Sprache als Muttersprache zu einer besonderen beruflichen Anforderung zu deklarieren, da dies den in Betracht kommenden Personenkreis unzulässig einschränkt. Da prinzipiell jeder Bewerber die Möglichkeit hat, perfekte Sprachkenntnisse in einer anderen als der Muttersprache zu erlernen, erscheint es nicht gerechtfertigt, diese Bewerber per se von dem Verfahren auszuschließen. Insofern ist allein auf die tatsächliche Sprachkenntnis abzustellen.

3. Fragen zu persönlichen Verhältnissen des Bewerbers

Die Frage nach einer **Behinderung oder Schwerbehinderung** ist grundsätzlich unzulässig, §§ 1, 3 Abs. 1 Satz 1 AGG, § 81 Abs. 2 SGB IX.[2]

Nach der früheren Rechtsprechung des BAG war die Frage nach einer Schwerbehinderung grundsätzlich zulässig,[3] sofern die Schwerbehinderung für den Arbeitgeber nicht offensichtlich war.[4] Begründet wurde das Fragerecht mit den besonderen gesetzlichen Pflichten, die den Arbeitgeber eines Schwerbehinderten treffen, z.B. die Pflicht zur Gewährung von Zusatzurlaub gemäß § 125 SGB IX sowie der besondere Kündigungsschutz gemäß § 85 SGB IX. Aufgrund der rechtlichen und wirtschaftlichen Tragweite sowie der betrieblichen Auswirkungen bei der Einstellung eines Schwerbehinderten habe der Arbeitgeber ein berechtigtes Interesse an der Kenntnis der Schwerbehinderung, selbst wenn diese die Tätigkeitsausübung nicht beeinträchtige.

Problematisch an dieser Zubilligung eines Fragerechts war jedoch, dass der Arbeitgeber möglicherweise den Arbeitnehmer allein deswegen nicht einstellte, weil dieser schwerbehindert war und der Arbeitgeber den Pflichten des SGB IX entgehen wollte.

Dieser Rechtsprechung, die dem Arbeitgeber ein weitgehendes Fragerecht zubilligte, wurde bereits durch § 81 SGB IX die Grundlage entzogen.[5] § 81 Abs. 2 Nr. 1 SGB

---

1 BAG v. 28.1.2010 – 2 AZR 764/08, NZA 2010, 625 (626f.); LAG Nürnberg v. 5.10.2011 – 2 Sa 171/11, LAGE § 11 AGG Nr. 1; LAG Hamburg v. 19.2.2014 – 3 Sa 39/13, Rz. 48.
2 LAG Hamm v. 19.10.2006 – 15 Sa 740/06; ErfK/*Preis*, § 611 BGB Rz. 274 m.w.N.; *Kania/Merten*, ZIP 2007, 8 (11); Schaub/*Koch*, § 179 Rz. 18a; differenzierend *Joussen*, NZA 2007, 174 (178), der in der Frage selbst noch keine Benachteiligung sondern erst die Vorbereitung zu einer späteren nachfolgenden Benachteiligung sieht.
3 BAG v. 25.3.1976 – 2 AZR 136/75, AP Nr. 19 zu § 123 BGB; v. 1.8.1985 – 2 AZR 101/83, AP Nr. 30 zu § 123 BGB; v. 5.10.1995 – 2 AZR 923/94, AP Nr. 40 zu § 123 BGB; v. 3.12.1998 – 2 AZR 754/97, AP Nr. 49 zu § 123 BGB; zwischenzeitlich **anders** jedoch BAG v. 11.11.1993 – 2 AZR 467/93, AP Nr. 38 zu § 123 BGB, wonach die Frage nur zulässig ist, wenn die Beeinträchtigung aufgrund der Schwerbehinderung für die konkrete Tätigkeit von Bedeutung ist.
4 Vgl. BAG v. 18.10.2000 – 2 AZR 380/99, AP Nr. 59 zu § 123 BGB, wonach die Falschbeantwortung der Frage nach einer Schwerbehinderung des Arbeitnehmers in diesen Fällen den Arbeitgeber nicht zur Anfechtung des Arbeitsvertrages – und damit auch nicht zur Frage beim Einstellungsgespräch – berechtigt.
5 Hauck/Noftz/*Griebeling*, SGB IX § 85 Rz. 29; LPK-SGB IX/*Düwell*, § 85 Rz. 16f.; KR/*Etzel*, §§ 85–90 SGB IX Rz. 32; *Rolfs/Paschke*, BB 2002, 1260 (1261); *Thüsing/Lambrich*, BB 2002, 1146 (1149).

IX a.F. sah nämlich das ausdrückliche, an § 611a BGB a.F. angelehnte Benachteiligungsverbot vor. Die Art. 3 Abs. 3 Satz 2 und Art. 5 der GleichbehandlungsRL[1] sowie das u.a. aufgrund dieser RL ergangene AGG treffen nun eine gesetzliche Entscheidung gegen die grundsätzliche Zulässigkeit der Frage nach der Behinderung und der Schwerbehinderung. § 81 Abs. 2 Satz 2 SGB IX verweist jetzt für das Benachteiligungsverbot wegen einer Behinderung im Arbeitsverhältnis auf das AGG.

13 Das AGG verbietet in den §§ 1, 7 AGG die Benachteiligung wegen einer Behinderung. Doch wie es zuvor ähnlich in § 81 Abs. 2 Nr. 1 Satz 4 SGB IX a.F. für Schwerbehinderte geregelt war, lässt es eine unterschiedliche Behandlung (und damit die Frage nach der Behinderung) zu, soweit bestimmte körperliche Funktionen, geistige Fähigkeiten oder seelische Gesundheit wesentliche und entscheidende Voraussetzung für die Tätigkeit sind. § 8 Abs. 1 AGG verlangt für die Zulässigkeit der Benachteiligung, dass die unterschiedliche Behandlung wegen der Behinderung wegen der Art der auszuübenden Tätigkeit oder der Bedingungen ihrer Ausübung eine wesentliche und entscheidende berufliche Anforderung darstellt, sofern der Zweck rechtmäßig und die Anforderung angemessen ist. Daher darf die Frage nach der Schwerbehinderung wie auch nach der Behinderung **nur dann** gestellt werden, wenn eine solche Behinderung die Ausübung der konkreten Tätigkeit dauerhaft **erheblich erschweren oder unmöglich machen** würde. Ihr Nichtvorliegen muss eine „wesentliche und entscheidende berufliche Anforderung" darstellen.[2] Anderenfalls hat die Schwerbehinderung bzw. Behinderung für die auszuübende Tätigkeit keine Bedeutung und der Vertragszweck wird nicht gefährdet, der Arbeitnehmer kann seine Arbeit vertragsgemäß verrichten.[3] Zulässig kann allein eine tätigkeitsbezogene Frage sein und nicht etwa eine Frage nach der Schwerbehinderteneigenschaft. Es geht um die Eignung des Arbeitnehmers für die geschuldete Tätigkeit. Darauf sollte auch die Frage des Arbeitgebers zielen.[4]

Zu Kollisionen kann es kommen, wenn öffentliche Arbeitgeber nach § 82 Satz 2, 3 SGB IX dazu verpflichtet sind, schwerbehinderte Bewerber, die für die Stelle nicht offensichtlich fachlich ungeeignet sind, zum **Bewerbungsgespräch** einzuladen, es jedoch keine Offenlegungspflicht gibt. Hier besteht keine Erkundigungspflicht des Arbeitgebers, sofern die von dem Bewerber zu einer etwaig vorhandenen Behinderung vorgetragenen Umstände kein abschließendes Bild zu geben vermögen.[5]

14 Die Frage nach **anderen körperlichen Behinderungen**, bei denen der Bewerber nicht schwerbehindert oder einem Schwerbehinderten gleichgestellt ist, war nach alter Rechtslage nicht von § 81 Abs. 2 Nr. 1 SGB IX a.F. erfasst, aber ebenfalls nur insoweit zulässig, als sie auf eine durch die Körperbehinderung mögliche Beeinträchtigung der zu verrichtenden Tätigkeit gerichtet war.[6] Das AGG differenziert nun

---

1 RL 2000/78/EG v. 27.11.2000, ABl. EG Nr. L 303 v. 2.12.2000, S. 21.
2 Vgl. Darstellung zur alten Rechtslage *Joussen*, NZA 2007, 174 (177); *Thüsing/Lambrich*, BB 2002, 1146 (1149); *Bayreuther*, NZA 2010, 679 (680).
3 Dazu *Großmann*, NZA 1989, 702 (707f.).
4 Zutreffend *Husemann*, RdA 2014, 15 (18).
5 BAG v. 13.10.2011 – 8 AZR 608/10, Rz. 43, EzA § 15 AGG Nr. 16.
6 BAG v. 7.6.1984 – 2 AZR 270/83, AP Nr. 26 zu § 123 BGB; v. 29.8.1984 – 7 AZR 34/83, AP Nr. 27 zu § 123 BGB.

nicht mehr zwischen Behinderung und Schwerbehinderung, sondern verbietet umfassend die „Behinderung".[1] Beide Fragen werden einheitlich beurteilt.

Die Frage nach **Krankheiten** unterfällt nicht ohne Weiteres dem AGG. Hier war nach früherer Rechtsprechung eine **Abgrenzung von der Behinderung**[2] notwendig, da nur letztere vom AGG erfasst wird. Der EuGH urteilte, damit eine gesundheitliche Einschränkung unter den Begriff der Behinderung falle, müsse „wahrscheinlich sein, dass sie von langer Dauer ist".[3] Erfüllte eine Einschränkung diese Kriterien nicht, war die Zulässigkeit der Frage an den allgemeinen Anforderungen zu messen. Dabei war ein **strenger Maßstab** anzulegen, da solche Fragen stark in die Intimsphäre des Arbeitnehmers eingreifen. Die Frage war zulässig, wenn die Krankheit die **Eignung des Bewerbers** für die angestrebte Tätigkeit auf Dauer oder in regelmäßig wiederkehrenden Abständen **erheblich beeinträchtigt oder ganz aufhebt**[4] oder wenn **Kollegen oder Kunden angesteckt** werden könnten. Der Begriff der Behinderung i.S.d. Richtlinie wurde jedoch jüngst durch den EuGH erweitert und erfasst nun auch **heilbare oder unheilbare Krankheiten**, sofern mit ihnen Einschränkungen einhergehen, „die insbesondere auf **langfristige physische, geistige oder psychische Beeinträchtigungen** zurückzuführen sind, die in Wechselwirkung mit verschiedenen Barrieren den Betreffenden an der vollen und **wirksamen Teilhabe am Berufsleben**, gleichberechtigt mit anderen Arbeitnehmern, hindern können."[5] Hierdurch wird zum einen nicht länger auf das Merkmal der Heilbarkeit abgestellt.[6] Zum anderen wird klargestellt, dass sich die Beurteilung einer Einschränkung als Behinderung nicht lediglich nach der objektiven Leistungsfähigkeit des Betreffenden bemisst, sondern auch nach ihm im Arbeitsleben begegnenden Hürden, die eine gleichberechtigte Teilhabe verhindern.[7] Danach stellt auch die symptomlose HIV-Infektion eine Behinderung dar,[8] nach deren Vorliegen demnach nicht ohne weitere Voraussetzungen gefragt werden kann (beachte ebenfalls Rz. 17 f.).

Unzulässig ist eine allgemein gehaltene Frage nach dem Gesundheitszustand.

Jüngere Bestrebungen des Gesetzgebers sprechen ebenfalls dafür, dass die nach der aktuellen Gesetzeslage zwingende Differenzierung zwischen Fragen nach Behinderungen und solchen nach Krankheiten zukünftig praktisch obsolet wird (vgl. § 2 Abs. 1 SGB IX). Die Entwürfe zum Beschäftigtendatenschutzgesetz,[9] welches spezielle Grundlagen für die Datenerhebung nicht nur im Beschäftigungsverhältnis, sondern auch in dessen Begründungsphase schaffen soll, enthalten sämtlich einen Verweis auf § 8 Abs. 1 AGG auch für die Frage nach der Gesundheit. Demnach würde zukünftig die Rechtfertigung beider Fallgruppen an den Voraussetzungen des § 8 Abs. 1 AGG zu messen sein.

---

1 *Hergenröder*, AR-Blattei SD 715 Rz. 53; *Wisskirchen/Bissels*, NZA 2007, 169 (173).
2 Hierzu zuletzt BAG v. 17.12.2009 – 8 AZR 670/08, NZA 2010, 383.
3 EuGH v. 11.7.2006 – Rs. 13/05, „Chacón Navas", Slg. 2006, I-6467.
4 BAG v. 7.6.1984 – 2 AZR 270/83, AP Nr. 26 zu § 123 BGB.
5 EuGH v. 11.4.2013 – Rs. C-335/11, „HK Danmark", NZA 2013, 553 (556).
6 Vgl. hierzu noch *Preis/Wolf*, Anm. EzA EG-Vertrag 1999 RL 2000/78 Nr. 1.
7 So jetzt auch BAG v. 19.12.2013 – 6 AZR 190/12, NZA 2014, 372 (380).
8 Hierzu BAG v. 19.12.2013 – 6 AZR 190/12, NZA 2014, 372.
9 Vgl. § 32 Abs. 2 BDSG n.F. des Entwurfs v. 15.12.2010, BT-Drucks. 17/4230.

16 Die Frage nach einer in absehbarer Zeit eintretenden Arbeitsunfähigkeit, z.B. durch eine bei Dienstantritt geplante oder bereits bewilligte **Operation oder Kur**, ist zulässig.[1]

17 Der Arbeitgeber darf grundsätzlich auch nach einer **AIDS-Erkrankung**, also nach dem Ausbruch der Krankheit, fragen. Da die Krankheit nach ihrem Ausbruch unheilbar ist, stellte sie bereits nach früherer Definition eine Behinderung i.S.d. AGG dar. Eine Frage danach stellt damit zwar eine Benachteiligung wegen einer Behinderung dar. Für diese Fälle droht indes eine unabsehbare Arbeitsunfähigkeit, weshalb die Frage überwiegend als nach § 8 Abs. 1 AGG gerechtfertigt angesehen wird.[2]

18 Anders ist es jedoch bei der Frage nach einer **HIV-Infektion**, also vor Ausbruch der Krankheit. Diese stellt nun auch bei symptomlosem Verlauf eine Behinderung i.S.d. AGG da. Damit stellt eine Frage hiernach eine Benachteiligung i.S.d. AGG dar,[3] die **nur gerechtfertigt** ist, wenn aufgrund der angestrebten Tätigkeit ein **erhöhtes Ansteckungsrisiko** bei Kunden oder Kollegen besteht.[4] Dies ist bspw. anzunehmen bei Berufen im Gesundheitsdienst, bei Küchenpersonal und bei Berufsgruppen, die mit der Lebensmittelherstellung befasst sind.[5]

19 Umstritten und noch nicht letztinstanzlich geklärt ist die Frage, ob der Bewerber eine **Alkohol- oder Drogenabhängigkeit** offenlegen muss. Hier wurde zum Teil danach differenziert, ob die entsprechende Abhängigkeit therapierbar ist oder nicht. Regelmäßig wurde sie als therapierbar und deswegen nicht als Behinderung i.S.d. AGG angesehen.[6] Nach ihr sollte daher nach allgemeinen Grundsätzen gefragt werden dürfen, da der Arbeitgeber in einem solchen Fall damit rechnen müsse, dass der Arbeitnehmer seine Tätigkeit gar nicht oder nicht ordnungsgemäß verrichten kann. Sollte die Abhängigkeit nicht mehr therapierbar sein, sollte sie dagegen eine Behinderung nach § 1 AGG darstellen. Aber auch dann sollte eine Frage i.d.R. nach § 8 Abs. 1 AGG gerechtfertigt sein, da die Erfüllung der Arbeitspflicht beeinträchtigt wird. Ob an dieser Differenzierung angesichts des erweiterten Behindertenbegriffs von EuGH und BAG festgehalten werden kann, muss bezweifelt werden. Da nun auch heilbare Krankheiten unter den Begriff der Behinderung fallen, sofern sie insbesondere auf physischen, geistigen und psychischen Beeinträchtigungen beruhen und die gleichberechtigte Teilhabe des Betroffenen am Arbeitsleben verhindern,[7] kann hiervon grundsätzlich auch eine Suchterkrankung erfasst sein. Darüber hinaus bereitet die Abgrenzung zwischen den Kriterien „therapierbar" und „nicht therapierbar" insofern Schwierigkeiten als eine vollständige Heilung bei einer Suchtkrankheit nicht eintreten kann, da die Abhängigkeit an sich bestehen bleibt. Damit besteht auch nach einer erfolgreich absolvierten Therapie die Gefahr eines

---

1 BAG v. 7.6.1984 – 2 AZR 270/83, AP Nr. 26 zu § 123 BGB; *Hergenröder*, AR-Blattei SD 715 Rz. 41 ff.
2 Erfk/*Preis*, § 611 BGB Rz. 274; *Heilmann*, BB 1989, 1413 (1414); *Richardi*, NZA 1988, 73 (74); *Wisskirchen/Bissels*, NZA 2007, 169 (172).
3 BAG v. 19.12.2013 – 6 AZR 190/12, NZA 2014, 372.
4 BAG v. 19.12.2013 – 6 AZR 190/12, NZA 2014, 372 (380); *Hergenröder*, AR-Blattei SD 715 Rz. 48.
5 *Keller*, NZA 1988, 561 (563); *Richardi*, NZA 1988, 73 (74).
6 A.A. *Wisskirchen/Bissels*, NZA 2007, 169 (171).
7 EuGH v. 11.4.2013 – Rs. C-335/11, „HK Danmark", NZA 2013, 553 (556).

Rückfalls latent fort.[1] Dies spricht dafür, die Suchterkrankung stets unter den Begriff der Behinderung i.S.d. AGG zu subsumieren, so dass eine Frage hiernach grundsätzlich unzulässig ist. Eine Rechtfertigung ist nach § 8 Abs. 1 AGG möglich, allerdings nur insoweit das Fehlen einer Alkohol- oder Drogenabhängigkeit eine zwingende Anforderung an die Tätigkeit darstellt.[2] Hieran werden angesichts des erheblichen Eingriffs in das Persönlichkeitsrecht des Bewerbers hohe Anforderungen zu stellen sein. Insbesondere bis zur letztinstanzlichen Klärung der Problematik ist hier also Zurückhaltung bei dem Gebrauch des Fragerechts geboten.

Grundsätzlich unzulässig ist die Frage nach einer **genetischen Veranlagung**[3] oder danach, ob der Arbeitnehmer **Raucher** oder Nichtraucher[4] ist. 19a

Der Arbeitgeber muss die Krankenversicherungsbeiträge gemäß § 253 SGB V i.V.m. §§ 28e Abs. 1 Satz 1, 28h Abs. 1 Satz 1, 28i Abs. 1 Satz 1 SGB IV im Rahmen des Gesamtsozialversicherungsbeitrags an die Krankenkasse des Arbeitnehmers zahlen. Daher ist die Frage an den Bewerber, bei welcher **Krankenversicherung** er versichert ist, nicht nur zulässig, sondern sogar erforderlich. Die Ermöglichung einer ordnungsgemäßen Zahlung des Gesamtsozialversicherungsbeitrags liegt darüber hinaus auch im Interesse des Arbeitnehmers. 20

Die Zulässigkeit der Frage nach der **Schwangerschaft** wurde in der Literatur ausführlich diskutiert[5] und hat in der Rechtsprechung eine Entwicklung durchgemacht von uneingeschränkter Zulässigkeit[6] über die teilweise Zulässigkeit, wenn sich nur Frauen bewerben[7] oder wenn die Beschäftigung dem gesundheitlichen Schutz der Mutter oder des ungeborenen Kindes zuwiderläuft,[8] bis hin zur grundsätzlichen Unzulässigkeit wegen geschlechtsspezifischer Diskriminierung.[9] 21

Nach der Rechtsprechung des **EuGH** ist die Frage **sogar dann unzulässig**, wenn die Bewerberin wegen eines **Beschäftigungsverbots** im MuSchG die Tätigkeit nicht ausüben darf.[10] Begründet wird dies zutreffenderweise damit, dass die Schwangerschaft und das daraus folgende Beschäftigungsverbot nur vorübergehend sind. Das BAG hat sich der Auffassung des EuGH angeschlossen und sieht in der Frage nach der Schwangerschaft auch dann eine unzulässige Diskriminierung, wenn eine un- 22

---

1 Vgl. *Szech*, S. 255 f.
2 *Wisskirchen/Bissels*, NZA 2007, 169 (171).
3 *Wiese*, RdA 1988, 217 (218).
4 Vgl. BVerwG v. 13.9.1984 – 2 C 33/82, NJW 1985, 876 f.; MünchArbR/*Buchner*, § 30 Rz. 313.
5 Vgl. etwa *Coester*, Anm. zu BAG v. 15.10.1992 – 2 AZR 227/92, AP Nr. 8 zu § 611a BGB; *Schatzschneider*, NJW 1993, 1115; *Sowka*, NZA 1994, 967; *Schulte Westenberg*, NJW 1994, 1573; *Walker*, DB 1987, 273; *Zeller*, BB 1993, 219.
6 BAG v. 22.9.1961 – 1 AZR 241/60, AP Nr. 15 zu § 123 BGB.
7 BAG v. 20.2.1986 – 2 AZR 244/85, AP Nr. 31 zu § 123 BGB; LAG Hess. v. 8.2.1985 – 13 Sa 864/84, LAGE § 123 BGB Nr. 6.
8 BAG v. 1.7.1993 – 2 AZR 25/93, AP Nr. 36 zu § 123 BGB.
9 EuGH v. 8.11.1990 – Rs. C-177/88, „Dekker", AP Nr. 23 zu EWG-Vertrag Art. 119; BAG v. 6.2.2003 – 2 AZR 621/01, AP Nr. 21 zu § 611a BGB; v. 15.10.1992 – 2 AZR 227/92, AP Nr. 8 zu § 611a BGB; LAG Düsseldorf v. 1.4.1992 – 4 Sa 157/92, NZA 1992, 695; *Coester*, Anm. zu BAG v. 15.10.1992 – 2 AZR 227/92, AP Nr. 8 zu § 611a BGB; *Schatzschneider*, NJW 1993, 1115 (1116).
10 EuGH v. 5.5.1994 – Rs. C-421/92, „*Habermann-Beltermann*", AP Nr. 3 zu EWG/Richtlinie 76/207 Art. 2; v. 3.2.2000 – Rs. C-207/98, „*Mahlburg*", AP Nr. 18 zu § 611a BGB.

befristet eingestellte Arbeitnehmerin ihre Tätigkeit wegen eines mutterschutzrechtlichen Beschäftigungsverbots zunächst nicht ausüben kann.[1] Nach jüngerer Rechtsprechung des EuGH ist die Frage nach der Schwangerschaft nicht einmal mehr dann zulässig, wenn die Arbeitnehmerin auf bestimmte Zeit eingestellt wurde und feststeht, dass sie während eines wesentlichen Teils der Vertragszeit nicht arbeiten kann.[2]

23 Die bisher verbreitet vertretene Auffassung, dass die Frage nach der Schwangerschaft jedenfalls dann zulässig sei, wenn die Bewerberin **befristet** eingestellt werden soll und für die **gesamte vorgesehene Vertragsdauer eine Beschäftigung aus Gründen des Mutterschutzes ausscheidet**,[3] ist daher mit der Rechtsprechung des EuGH **nicht vereinbar**. Es ist anzunehmen, dass das BAG dem – insbesondere vor dem Hintergrund des AGG – folgen wird.[4] Dasselbe gilt für den Fall, dass die Bewerberin nur für einen Teil der befristeten Vertragsdauer wegen eines Beschäftigungsverbotes ausfällt.[5] In der Literatur gibt es aber nach wie vor Stimmen, die die Frage in dieser Situation auch unter Geltung des AGG gemäß § 8 Abs. 1 AGG für zulässig halten wollen.[6] *Pallasch* sieht in der fehlenden Schwangerschaft eine wesentliche und entscheidende berufliche Anforderung i.S.d. § 8 Abs. 1 AGG, wenn die Schwangerschaft der Bewerberin dazu führt, dass die vereinbarte Tätigkeit (1) schon am ersten Arbeitstag oder (2) relativ kurze Zeit nach Tätigkeitsbeginn („alsbald") nicht (mehr) ausgeübt werden darf. Dies solle für befristete und unbefristete Arbeitsverhältnisse gleichermaßen gelten.[7]

24 Es sollte dennoch im Hinblick auf die verschärfte EuGH-Rechtsprechung und das AGG auf die Frage nach der Schwangerschaft generell verzichtet werden. **§ 3 Abs. 1 Satz 2 AGG** definiert nun eine unmittelbare Benachteiligung wegen des Geschlechts auch für den Fall einer ungünstigeren Behandlung einer Frau wegen Schwangerschaft oder Mutterschaft. Damit fällt vor allem die Frage nach der Schwangerschaft unter das Benachteiligungsverbot und zwar unabhängig von der Beschäftigungsdauer. Selbst wenn bspw. eine im zweiten Monat schwangere Arbeitnehmerin befristet auf sechs Monate für eine Arbeit eingestellt werden soll, die nach dem MuSchG verboten ist, darf der Arbeitgeber also nicht nach einer Schwangerschaft fragen. Im Anwendungsbereich des BGleiG (Rz. 3) enthält § 7 Abs. 2 BGleiG ohnehin ein totales Verbot,[8] in Vorstellungs- oder Auswahlgesprächen nach einer bestehenden oder geplanten Schwangerschaft zu fragen.

---

1 BAG v. 6.2.2003 – 2 AZR 621/01, NZA 2003, 848.
2 EuGH v. 4.10.2001 – Rs. C-109/00, „Tele Danmark", EAS RL 76/207/EWG Art. 5 Nr. 16 mit abl. Anm. *Stahlhacke*; zur Verkürzung der Elternzeit bei erneuter Schwangerschaft s. EuGH v. 27.2.2003 – Rs. C-320/01, „Busch", EAS RL 76/207/EWG Art. 2 Nr. 23.
3 APS/*Rolfs*, 2. Aufl. 2004, § 9 MuSchG Rz. 48; *Paul*, DB 2000, 974; *Coester*, Anm EAS RL 76/207/EWG Art. 2 Nr. 9 und 10; KR/*Pfeiffer*, 7. Aufl. 2004, § 611a BGB Rz. 33.
4 *Thüsing/Lambrich*, BB 2002, 1146 (1147 f.) wollen allerdings den Einwand des Rechtsmissbrauchs zulassen.
5 LAG Köln v. 11.10.2012 – 6 Sa 641/12, NZA-RR 2013, 232 (232).
6 APS/*Rolfs*, § 9 MuSchG Rz. 48; Däubler/Bertzbach/*Däubler*, § 7 Rz. 28; *Pallasch*, NZA 2007, 306 (310).
7 *Pallasch*, NZA 2007, 306 (310).
8 *Scheuring*, ZTR 2002, 314 (317).

Die Frage nach der **zukünftigen Familienplanung** sowie nach **Heiratsabsichten** ist unzulässig, da solche Veränderungen im Privatleben für die angestrebte Tätigkeit nicht von Bedeutung sind. Außerdem könnte sie eine mittelbare Benachteiligung (§ 3 Abs. 2 AGG) wegen des Geschlechts oder der sexuellen Identität darstellen. Die Frage nach **vorhandenen Kindern** ist ebenfalls geeignet, eine mittelbare Diskriminierung wegen des weiblichen Geschlechts darzustellen, weil hieran Fragen der Vereinbarkeit von Familie und Beruf anknüpfen und die **Kinderbetreuung** überwiegend nach wie vor als Aufgabe der Mutter angesehen wird.[1] Die Anforderungen an die Rechtfertigung einer solchen Frage nach § 3 Abs. 2 AGG werden im Rahmen eines Einstellungsverfahrens regelmäßig nicht erfüllt.[2] Gleiches gilt für die Frage nach dem **Familienstand**, die eine mittelbare Benachteiligung wegen der sexuellen Identität darstellen kann.

25

Nach der **Gewerkschaftszugehörigkeit** darf der Arbeitgeber grundsätzlich wegen der in Art. 9 Abs. 3 GG verfassungsrechtlich garantierten Koalitionsfreiheit nicht fragen.[3] Die Einstellung darf auch nicht vom Austritt aus der Gewerkschaft abhängig gemacht werden.

26

Grundsätzlich unzulässig sind auch Fragen nach der **Religion, Konfession** oder der Mitgliedschaft in **politischen Parteien**.[4] Eine Benachteiligung wegen der Religionszugehörigkeit kann auch darin bestehen, dass eine Kopftuch tragende Frau im Bewerbungsverfahren gefragt wird, ob sie bereit sei, das Kopftuch während der Arbeitszeit abzulegen.[5] Etwas anderes kann für bestimmte Tendenzbetriebe (z.B. Verlage, Parteien, kirchliche Einrichtungen) gelten. Ein unter kirchlicher Trägerschaft stehendes Krankenhaus kann einen Krankenpfleger indes nicht allein unter Verweis auf das Fehlen einer Religionszugehörigkeit ablehnen. Bei nicht pastoralen, katechetischen oder erzieherischen Tätigkeiten genüge es, wenn sichergestellt sei, dass der Bewerber den besonderen Auftrag glaubhaft erfülle.[6] Im öffentlichen Dienst ist die Frage nach der Mitgliedschaft in einer verfassungsfeindlichen Partei hingegen wegen der politischen Treuepflicht des Bewerbers zulässig.[7]

27

Vorstrafen dürfen verschwiegen werden, wenn sie gemäß § 51 BZRG nicht (mehr) in ein polizeiliches Führungszeugnis aufzunehmen sind. Das gilt auch in Fällen der Einstellung in den öffentlichen Dienst, selbst bei einer Stelle im Justizvollzug.[8] Im Übrigen darf nach Vorstrafen nur gefragt werden, wenn und soweit die Art des angestrebten Arbeitsplatzes dies erfordert,[9] d.h. wenn die Strafe einschlägig ist.[10] Ei-

28

---

1 LAG Hamm v. 6.6.2013 – 11 Sa 335/13, NZA-RR 2013, 570 (573).
2 ErfK/*Preis*, § 611 BGB Rz. 275; HWK/*Thüsing*, § 123 BGB Rz. 18.
3 BAG v. 26.9.2001 – 4 AZR 544/00, AP Nr. 21 zu § 1 TVG Bezugnahme auf Tarifvertrag; v. 28.3.2000 – 1 ABR 16/99, AP Nr. 27 zu § 99 BetrVG 1972 Einstellung; ArbG Duisburg v. 9.1.2000 – 4 Ca 3028/02.
4 Däubler/Bertzbach/*Däubler*, § 7 Rz. 32; *Hergenröder*, AR-Blattei SD 715 Rz. 29 f.; *Wohlgemuth*, ArbuR 1992, 46 (47).
5 ArbG Berlin v. 28.3.2012 – 55 Ca 2426/12.
6 ArbG Aachen v. 13.12.2012 – 2 Ca 4226/11.
7 BAG v. 12.5.2011 – 2 AZR 479/09, NZA-RR 2012, 43; OVG NRW v. 26.9.1983 – CL 22/82, BB 1984, 1490.
8 BAG 20.3.2014 – 2 AZR 1071/12, NZA 2014, 1131.
9 BAG v. 6.9.2012 – 2 AZR 270/11, NZA 2013, 1087 (1089); v. 20.5.1999 – 2 AZR 320/98, AP Nr. 50 zu § 123 BGB.
10 BAG v. 5.12.1957 – 1 AZR 594/56, AP Nr. 2 zu § 123 BGB; v. 15.1.1970 – 2 AZR 64/69, AP Nr. 7 zu § 1 KSchG Verhaltensbedingte Kündigung; LAG Düsseldorf v. 24.6.1988 – 2 Sa 431/88, ArbuR 1989, 185.

nen Bewerber für eine Stelle als Kraftfahrer bspw. darf der Arbeitgeber nach Verkehrsdelikten fragen.

29 Liegt zwar noch keine Vorstrafe vor, würde eine solche den Bewerber aber für das konkrete Arbeitsverhältnis ungeeignet erscheinen lassen, darf der Arbeitgeber auch nach einem einschlägigen **laufenden Ermittlungsverfahren** fragen.[1] Dies ist auch unter dem Aspekt nachvollziehbar, dass der Arbeitnehmer u.U. im Zuge des Ermittlungsverfahrens dem Arbeitgeber teilweise oder gar nicht – bspw. bei Untersuchungshaft – zur Verfügung steht.[2] Eine unspezifizierte Frage nach **eingestellten Ermittlungsverfahren** genügt diesen Voraussetzungen in der Regel nicht.[3]

30 Bei der Zulässigkeit der Frage nach einer **Scientology-Mitgliedschaft** ist zu differenzieren. Nach der Rechtsprechung des BAG und anderer Instanzgerichte ist die Scientology-Organisation keine Religions- und Weltanschauungsgemeinschaft, auch wenn sie sich selbst als Kirche bezeichnet.[4] Daher ist die Frage nicht schon allein wegen Verletzung der Religionsfreiheit und einer Benachteiligung wegen der Religion gemäß §§ 1, 7 AGG unzulässig. Dennoch sind Fragen nach inneren Überzeugungen in der Regel nur im **öffentlichen Dienst** und in Tendenzbetrieben zulässig. Im **privaten Arbeitsverhältnis** wurde bisher die Frage nach der Scientology-Mitgliedschaft allerdings bei der Vergabe von Vertrauensstellungen für zulässig erachtet.[5] Dort besteht die Gefahr, dass der Arbeitnehmer einerseits vertrauliche Informationen an die Scientology-Organisation weitergibt und andererseits seine Position zur Mitgliederwerbung im Unternehmen benutzt. Dennoch ist bisher noch nicht geklärt, ob und inwieweit das AGG die Scientology-Mitgliedschaft unter das Merkmal der Weltanschauung subsumieren könnte. Deswegen wird dazu geraten, bis zu einer gerichtlichen Klärung auf die Frage zu verzichten.[6]

31 Hinsichtlich der Zulässigkeit der Frage nach einer Tätigkeit für das **Ministerium für Staatssicherheit** ist ebenfalls zu unterscheiden, ob es sich um ein Arbeitsverhältnis bei einem privaten Arbeitgeber oder im öffentlichen Dienst handelt.

32 Bewirbt sich ein Arbeitnehmer auf eine Stelle in einem **privaten Unternehmen**, ist die Zulässigkeit der Frage nach der MfS-Tätigkeit gerichtlich noch nicht abschließend geklärt. Das BAG hält die Frage nach der MfS-Tätigkeit bei einem privaten Arbeitgeber jedenfalls dann für zulässig, wenn der Arbeitnehmer dort Aufgaben ausführt, die der öffentlichen Verwaltung zuzurechnen sind oder mit öffentlich-rechtlichen Aufgaben eng verbunden sind. Es hat die Zulässigkeit der Frage deshalb sogar bei dem Mitarbeiter eines privatrechtlich organisierten Verkehrsflughafens bejaht,

---

1 BAG v. 20.5.1999 – 2 AZR 320/98, AP Nr. 50 zu § 123 BGB; *Ehrich*, DB 2000, 421 (423); a.A. ArbG Münster v. 20.11.1992, NZA 1993, 421, nach dessen Ansicht eine solche Frage gegen die Unschuldsvermutung des Art. 6 Abs. 2 EMRK verstößt; *Linnenkohl*, ArbuR 1983, 129; zur Sicherheitsüberprüfung eines Bewerbers *Buchner*, NZA 1991, 577.
2 *Raab*, RdA 1995, 36 (42).
3 BAG v. 15.11.2012 – 6 AZR 339/11, NZA 2013, 429 (431).
4 BAG v. 22.3.1995 – 5 AZB 21/94, AP Nr. 21 zu § 5 ArbGG 1979; LAG Berlin v. 11.6.1997 – 13 Sa 19/97, DB 1997, 2542f.; LAG Rh.-Pf. v. 12.7.1995 – 9 Sa 890/93, KirchE 33, 250.
5 *Bauer/Baeck/Merten*, DB 1997, 2534 (2535f.); *Ehrich*, DB 2000, 421 (426).
6 *Bauer/Göpfert/Krieger*, § 2 Rz. 23; zweifelnd *Bezani/Richter*, AGG im ArbR, Rz. 368; *Wisskirchen/Bissels*, NZA 2007, 169 (173).

der im Bereich der Flugsicherung und der Flugplankoordinierung eingesetzt war.[1] Im Übrigen bietet sich der Vergleich mit der Frage nach Vorstrafen an, da in beiden Fällen das Verhalten auf einer bewussten und vorwerfbaren Entscheidung beruht.[2] Bei der Vorstrafe ist ein Fragerecht des Arbeitgebers nur gegeben, soweit ein Bezug zur angestrebten Tätigkeit besteht (dazu Rz. 28).[3] Dies ist jedoch nur in Ausnahmefällen anzunehmen, bspw. in Tendenzbetrieben, in denen der ehemalige MfS-Mitarbeiter oder -Informant nach außen in Erscheinung tritt.[4] Darüber hinaus ist die Gefahr eines „Rückfalls" zur MfS-Tätigkeit nach der Natur der Sache ausgeschlossen.

Bei der Bewerbung auf eine Stelle im **öffentlichen Dienst** dagegen ist die Frage nach einer MfS-Tätigkeit nach der Rechtsprechung des BVerfG[5] wegen der Verletzung des allgemeinen Persönlichkeitsrechts lediglich dann unzulässig, wenn es sich um Vorgänge handelt, die vor dem Jahr 1970 abgeschlossen waren. Im Übrigen darf der Arbeitgeber nach Tätigkeiten in SED und MfS fragen,[6] da derartige Tätigkeiten die Eignung des Bewerbers ausschließen können. Diese Differenzierung findet sich nicht in einer Entscheidung über die Zulässigkeit einer entsprechenden Frage an eine Lehrerin mit den Fächern Sport und Biologie. Hier wurde eine Eignung der Kandidatin ausgeschlossen.[7] Dasselbe gilt vor allem für Bewerber, die in Bereichen eingesetzt werden sollen, die eine besondere Sensibilität für das Thema aufweisen. Daher ist eine entsprechende Frage an einen Bewerber zulässig, der an einem mit der Aufarbeitung und Dokumentation totalitärer System beschäftigten Institut mit dem Aufgabenschwerpunkt „Friedliche Revolution und deutsche Einheit" eingestellt werden soll.[8] 33

Die Frage nach **Lohnpfändungen oder Lohnabtretungen** ist nur bei Bewerbern für besondere Vertrauenspositionen zulässig.[9] Bei solchen Arbeitnehmern besteht stets die Befürchtung, dass sie ihre Position und die damit verbundenen weit reichenden Möglichkeiten in finanziellen Engpässen zu ihrem eigenen Vorteil ausnutzen und dem Arbeitgeber dadurch großen Schaden zufügen könnten. Des Weiteren soll die 34

---

1 BAG v. 25.10.2001 – 2 AZR 559/00, EzA § 626 BGB n.F. Nr. 191; das ArbG Berlin sieht hingegen bereits in der Nichteinstellung eines MfS-Mitarbeiters wegen drohender Konflikte mit anderen Beschäftigten keine unerlaubte Benachteiligung, fordert also keinen Bezug zu öffentlich-rechtlichen Aufgaben, ArbG Berlin v. 30.7.2009 – 33 Ca 5772/09, NZA-RR 2010, 70.
2 Kittner/Zwanziger/*Becker*, § 19 Rz. 44; *Wedde*, CR 1992, 679 (681).
3 S. insoweit auch LAG Sa.-Anh. v. 13.10.2010 – 5 Sa 160/10, das bzgl. eines Rechts zur Lüge auf die Relevanz für die Beurteilung der persönlichen Eignung des Bewerbers abstellt.
4 *Fitting*, § 94 BetrVG Rz. 18; *Wedde*, CR 1992, 679 (682); *Wohlgemuth*, ArbuR 1992, 46 (48 f.).
5 BVerfG v. 8.7.1997 – 1 BvR 2111/94, 1 BvR 195/95, 1 BvR 2189/95, NJW 1997, 2307; vgl. auch BerlVerfGH v. 17.12.1997 – 2/96, NZA 1998, 591.
6 BAG v. 6.7.2000 – 2 AZR 543/99, NZA 2001, 317 (für eine verschwiegene, besonders schwerwiegende Mitarbeit für das MfS auch für Tätigkeiten vor 1970); v. 28.5.1998 – 2 AZR 549/97, AP Nr. 46 zu § 123 BGB; v. 26.8.1993 – 8 AZR 561/92, AP Nr. 8 zu Art. 20 Einigungsvertrag; v. 14.12.1995 – 8 AZR 356/94, AP Nr. 56 zu Anlage I Kap. XIX Einigungsvertrag.
7 BVerfG v. 9.11.2006 – 1 BvR 2337/06.
8 LAG Sachsen v. 8.12.2011 – 6 Sa 468/11, Rz. 48.
9 ArbG Berlin v. 16.7.1986 – 8 Ca 141/86, BB 1986, 1853; *Hergenröder*, AR-Blattei SD 715 Rz. 24; *Zeller*, BB 1987, 1522 (1523); a.A. *Moritz*, NZA 1987, 329 (333).

Frage zulässig sein, wenn wegen besonderer betrieblicher Umstände, z.B. in einem Kleinbetrieb, die Bearbeitung von Lohnpfändungen einen nicht zumutbaren Aufwand erfordert.[1] Da die Bearbeitung derartiger Fälle jedoch stets aus dem schematischen Ablauf herausfällt und besondere Umstände verursacht, ist eine Ungleichbehandlung aus diesen Gründen nicht zu vertreten. Das Interesse des Arbeitnehmers an der Erlangung eines Arbeitsplatzes trotz der Lohnpfändung oder -abtretung ist hier vorrangig.

34a Obwohl die Diskussion um das Beschäftigtendatenschutzgesetz unlängst vorerst zum Erliegen gekommen ist, besteht weiterhin das Bestreben des Gesetzgebers, eine einheitliche Rechtsgrundlage auf diesem Gebiet zu schaffen.[2] Die bisherigen Entwürfe waren davon gekennzeichnet, die von der Rechtsprechung zum Fragerecht des Arbeitgebers entwickelten Grundsätze einer speziellen gesetzlichen Grundlage zuzuführen, ohne jedoch deren Kerngehalt antasten zu wollen.[3] Wie sich das Verfahren insbesondere in anderer Regierungskonstellation weiter entwickelt, wird daher zu beobachten sein.

4. Fragen zum beruflichen Werdegang und zur fachlichen Eignung

35 Die Frage nach dem **beruflichen Werdegang einschließlich Aus- und Weiterbildungszeiten sowie der Qualifikation** ist zulässig.[4] Bei einer entsprechenden Frage muss der Bewerber seine früheren Arbeitgeber und die jeweilige Beschäftigungszeit wahrheitsgemäß nennen.[5] Dazu gehört auch die Information über längere Arbeitsfreistellungen bei einem früheren Arbeitgeber.[6] Fremdsprachen- und sonstige besondere Kenntnisse können vom Arbeitgeber ebenfalls erfragt werden. Diese Angaben sind jedoch ohnehin meist schon bei der Bewerbung durch entsprechende Zeugnisse nachgewiesen worden. Darüber hinaus hat der Bewerber in der Regel ein Interesse daran, dem neuen Arbeitgeber seine beruflichen Kenntnisse mitzuteilen.

36 Die Frage nach einer **gültigen Fahrerlaubnis** ist nur zulässig, soweit diese für die angestrebte Tätigkeit von Bedeutung ist. So muss bspw. ein Kraftfahrer im Besitz einer gültigen Fahrerlaubnis sein. Bei einem Angestellten im Innendienst dagegen ist die Fahrerlaubnis unerheblich, er allein entscheidet, mit welchem Verkehrsmittel er (pünktlich) zur Arbeitsstelle kommt.

37 Soll eine Stelle nach § 14 Abs. 2 Satz 1 TzBfG **kalendermäßig befristet** besetzt werden, also ohne Vorliegen eines sachlichen Grundes, ist dies nur möglich, wenn zwischen den Parteien zuvor noch kein Arbeitsverhältnis bestanden hat, § 14 Abs. 2 Satz 2 TzBfG. War der Bewerber schon irgendwann einmal bei diesem Arbeitgeber angestellt, ist dem Wortlaut nach eine weitere sachgrundlose Befristung unzuläs-

---

1 BAG v. 4.11.1981 – 7 AZR 264/79, AP Nr. 4 zu § 1 KSchG Verhaltensbedingte Kündigung; *Hergenröder*, AR-Blattei SD 60 Rz. 26.
2 Vgl. die Entschließung des Bundesrats v. 5.7.2013, BR-Drucks. 552/13.
3 Vgl. etwa BT-Drucks. 535/10, S. 27 f.
4 BAG v. 12.2.1970 – 2 AZR 184/69, AP Nr. 17 zu § 123 BGB.
5 LAG Hamm v. 8.2.1995 – 18 Sa 2136/93, LAGE § 123 BGB Nr. 21; LAG Hess. v. 1.12.2010 – 2 Sa 687/10.
6 LAG Hess. v. 29.10.1980 – 8 Sa 99/80, AR-Blattei ES 640 Nr. 10.

sig.¹ Da hierunter auch sehr weit in der Vergangenheit liegende Tätigkeiten, auch Aushilfstätigkeiten, zu fassen sind, war lange umstritten, ob eine derartige Auslegung des Tatbestandsmerkmals „zuvor" dem Schutzgedanken der Norm gerecht wird. Das sog. Vorbeschäftigungsverbot soll den Arbeitnehmer davor schützen, in einer Kette von befristeten Arbeitsverhältnissen beschäftigt zu werden, ohne dass es hierfür eines Grundes bedarf. In diesem Zusammenhang wurde vertreten, dass dieser Zweck auch durch die Wahrung eines bestimmten zeitlichen Abstandes erreicht werde.² Diese Einwände aus der Literatur hat das BAG zum Anlass genommen, das Tatbestandsmerkmal „zuvor" einer eingehenden Auslegung zu unterziehen, an deren Ende das Ergebnis stand, dass „zuvor" nicht als „jemals zuvor", sondern „drei Jahre zuvor" zu verstehen sei.³ Wenngleich das Ergebnis der Auslegung teilweise Zuspruch fand, wurde die Entscheidung wegen des Vorwurfs der Überschreitung der Grenzen richterlicher Rechtsfortbildung kritisiert.⁴ Die Entscheidung wurde zwischenzeitlich vom BAG bestätigt,⁵ während einige Instanzgerichte der Anwendung der neuen Rechtsprechung mit Vorbehalten gegenüberstehen.⁶ Eine Vorlage an das BVerfG ist erfolgt.⁷

Folge dieser unwirksamen Befristung ist, dass der Arbeitsvertrag als auf unbestimmte Zeit geschlossen gilt, § 16 TzBfG. Dies mag zwar für den Arbeitnehmer vorteilhaft sein, ist jedoch vom Arbeitgeber gerade nicht gewollt und könnte auch zu einem Missbrauch durch den Bewerber führen, der seine frühere Anstellung verschweigt und so ein unbefristetes Arbeitsverhältnis herbeiführt. Daher hat der Arbeitgeber ein berechtigtes Interesse daran zu erfahren, ob der Bewerber schon früher bei ihm angestellt war. Insbesondere bei größeren Unternehmen ist es jedoch nicht zweckmäßig und kaum durchführbar, bei jedem Einstellungsgespräch eine Liste aller ehemaligen Angestellten durchzugehen, um festzustellen, ob mit dem jeweiligen Bewerber schon früher ein Arbeitsverhältnis bestanden hat. Aus diesem Grund ist die Frage nach einer **früheren Anstellung des Bewerbers beim Arbeitgeber zulässig**.⁸

Die Frage nach **Wettbewerbsverboten** aus früheren Arbeitsverhältnissen ist **zulässig**, wenn sie sich auf das einzugehende Arbeitsverhältnis bezieht.⁹ Zwar steht

38

---

1 So die bisher ganz hM: APS/*Backhaus*, 3. Aufl. 2007, § 14 TzBfG Rz. 381; *Boewer*, § 14 TzBfG Rz. 231; *Dörner*, Rz. 431; KR/*Lipke*, 9. Aufl. 2009, § 14 TzBfG Rz. 416; *Laux/Schlachter*, § 14 TzBfG Rz. 112; *Meinel/Heyn/Herms*, 3. Aufl. 2009, § 14 TzBfG Rz. 76; MünchKommBGB/*Hesse*, § 14 TzBfG Rz. 79; *Rolfs*, § 14 TzBfG Rz. 75; kritisch AT/*Maschmann*, § 14 TzBfG Rz. 78; *Löwisch*, BB 2001, 254; *Preis/Gotthardt*, DB 2000, 2065 (2072); *Schmalenberg*, NZA 2001, 938.
2 Dazu *Preis/Gotthardt*, DB 2000, 2065 (2072).
3 S. dazu BAG v. 6.4.2011 – 7 AZR 716/09, NZA 2011, 905 (906 ff.).
4 Vgl. Staudinger/*Preis*, § 620 BGB Rz. 184; *Däubler/Stoye*, AiB 2012, 14; *Höpfner*, NZA 2011, 893; *Lakies*, ArbuR 2011, 190; *Wendeling-Schröder*, AuR 2012, 92; zustimmend *Bauer*, SAE-Editorial 4/2011; *Persch*, ZTR 2011, 404.
5 BAG v. 21.2.2011 – 7 AZR 375/10, NZA 2012, 255.
6 Vgl. LAG BW v. 26.9.2013 – 6 Sa 28/13, ZIP 2013, 2481; v. 21.2.2014 – 7 Sa 64/13, LAGE § 14 TzBfG Nr. 82; ArbG Gelsenkirchen v. 26.2.2013 – 5 Ca 2133/12, ArbuR 2013, 267.
7 ArbG Braunschweig 3.4.2014 – 5 Ca 463/13, LAGE § 14 TzBfG Nr. 83.
8 S. hierzu BT-Drucks. 14/4374, S. 19; BAG v. 6.4.2011 – 7 AZR 716/09, NZA 2011, 905 (908); ArbG Frankfurt/Main v. 9.4.2008 – 7 Ca 8061/07; ArbG Gelsenkirchen v. 26.2. 2013 – 5 Ca 2133/12, ArbuR 2013, 267.
9 MünchArbR/*Buchner*, § 30 Rz. 317; *Ehrich*, DB 2000, 421 (422).

ein Wettbewerbsverbot der Wirksamkeit des neuen Arbeitsvertrags nicht entgegen, der Arbeitgeber trägt jedoch das Risiko, dass der Arbeitnehmer sich nach Beginn des neuen Arbeitsverhältnisses doch an das Wettbewerbsverbot hält und entweder gar nicht tätig wird oder die Tätigkeit wieder beendet.

39 Übt der Bewerber eine **Nebentätigkeit** aus, können ebenfalls betriebliche Interessen des neuen Arbeitgebers beeinträchtigt werden. Eine Nebentätigkeit ist zwar grundsätzlich zulässig, der Arbeitnehmer ist nicht verpflichtet, seine Arbeitskraft nur einem einzigen Arbeitgeber zur Verfügung zu stellen, sofern dadurch keine arbeitsschutzrechtlichen Vorschriften (z.B. § 3 ArbZG)[1] verletzt werden. Es kann allerdings im ersten Arbeitsverhältnis ein Nebentätigkeitsverbot bestehen, das der Arbeitnehmer mit der Aufnahme der zusätzlichen Arbeit zunächst verletzt, an das er sich später aber möglicherweise doch hält und die neue Tätigkeit nicht mehr ausübt. Darüber hinaus können zeitliche Kollisionen auftreten. Diese hat der Arbeitnehmer zwar grundsätzlich selbst zu lösen, für den Arbeitgeber besteht dennoch die Gefahr, dass der Arbeitnehmer aus zeitlichen Gründen nicht zur Arbeit erscheint. Auch ist für den Arbeitgeber von Interesse zu wissen, ob der Arbeitnehmer eine Nebentätigkeit in einem Konkurrenzunternehmen ausübt und so möglicherweise Betriebsgeheimnisse verrät. Daher ist die Frage nach der Nebentätigkeit zulässig.[2]

40 Soll ein Arbeitnehmer als **geringfügig Beschäftigter** (sog. **Minijob**) eingestellt werden, ergeben sich im Hinblick auf die Sozialversicherungspflicht sowie auf die Besteuerung des Arbeitsentgelts Besonderheiten, die ein legitimes Interesse des Arbeitgebers begründen, von Nebentätigkeiten Kenntnis zu erlangen.

41 Eine Beschäftigung ist (nur) dann geringfügig und damit grundsätzlich sozialversicherungsfrei,[3] wenn das **Arbeitsentgelt** aus dieser Beschäftigung regelmäßig **450 Euro monatlich** nicht übersteigt, § 8 Abs. 1 Nr. 1 SGB IV (Entgeltgeringfügigkeit), oder wenn die Beschäftigung innerhalb eines Jahres seit ihrem Beginn auf längstens **zwei Monate oder 50 Arbeitstage begrenzt** ist, § 8 Abs. 1 Nr. 2 SGB IV (Zeitgeringfügigkeit). Letzteres gilt jedoch nicht, wenn die Beschäftigung berufsmäßig ausgeübt wird und das Entgelt 450 Euro im Monat übersteigt. In diesem Fall liegt keine geringfügige Beschäftigung vor.

42 Übt ein Arbeitnehmer eine sozialversicherungspflichtige und eine geringfügige Tätigkeit aus, werden die beiden Tätigkeiten nicht zusammengerechnet, § 8 Abs. 2 Satz 1 SGB IV. Der Minijob bleibt weiterhin sozialversicherungsfrei. Mehrere geringfügige Tätigkeiten i.S.v. § 8 Abs. 1 SGB IV werden gemäß § 8 Abs. 2 Satz 1 SGB IV **zusammengerechnet**. Eine sozialversicherungspflichtige Tätigkeit und mehrere Minijobs werden ebenfalls zusammengerechnet, § 8 Abs. 2 Satz 1 SGB IV. Als Folge tritt grundsätzlich **Sozialversicherungspflicht** ein, wenn sie insgesamt die Grenze von 450 Euro überschreiten, und zwar – anders als vor dem 1.4.2003 – nicht kraft Gesetzes, sondern erst ab dem Tag der Bekanntgabe der Feststellung (der fehlenden Geringfügigkeit) durch die Einzugsstelle oder einen Träger der Rentenversicherung, § 8 Abs. 2 Satz 3 SGB IV.[4] Dennoch hat der Arbeitgeber – auch we-

---

1 Dazu → *Arbeitszeit*, II A 90 Rz. 6 ff.
2 BAG v. 6.9.1990 – 2 AZR 165/90, NZA 1991, 221 (224).
3 Mit Ausnahme der Unfallversicherung, § 2 SGB VII.
4 Zu den Ausnahmen und der differenzierten Rechtslage bei den einzelnen Versicherungsarten s. → *Beschäftigung, geringfügige*, II B 20 Rz. 20 ff.

gen der Möglichkeit einer rückwirkenden Zahlungsverpflichtung (vgl. § 8 Abs. 2 Satz 4 SGB IV) – ein legitimes Interesse daran zu wissen, ob der Arbeitnehmer, den er als geringfügig Beschäftigten einstellt, auch tatsächlich unter § 8 Abs. 1 SGB IV und die Sozialversicherungsfreiheit fällt.

Die Steuerfreiheit für geringfügige Beschäftigungen nach § 3 Nr. 39 EStG ist seit dem 1.4.2003 weggefallen.[1] Das Arbeitsentgelt für Lohnzahlungszeiträume ab dem 1.4.2003 ist damit stets steuerpflichtig. Es ist jedoch möglich, eine Pauschalierung zu vereinbaren. Diese geschieht durch eine einheitliche **Pauschsteuer i.H.v. 2 %** (§ 40a Abs. 2 EStG)[2] bzw. durch eine **pauschale Lohnsteuer i.H.v. 20 %** des Arbeitsentgelts (§ 40a Abs. 2a EStG).[3] Da eine Pauschalierung nur bei Vorliegen der Voraussetzungen des § 8 SGB IV möglich ist, hat der Arbeitgeber auch aus steuerrechtlichen Gründen ein berechtigtes Interesse daran zu erfahren, ob der Arbeitnehmer in mehreren Arbeitsverhältnissen steht.

43

Die Frage nach dem **bisherigen Gehalt** ist nur ausnahmsweise zulässig. Dies ist bspw. der Fall, wenn die bisherige Vergütung für die angestrebte Stelle Aussagekraft hinsichtlich der Eignung des Bewerbers hat, wenn also der bisherige und der angestrebte Posten zumindest vergleichbare Kenntnisse und Fähigkeiten erfordern oder wenn der Bewerber am vorigen Arbeitsplatz eine leistungsabhängige Vergütung erhalten hat, deren Höhe die Einsatzbereitschaft widerspiegelt.[4] Zulässig ist die Frage auch, wenn der Bewerber seine bisherige Vergütung von sich aus als Mindestvergütung für die neue Stelle gefordert hat.[5] Abgesehen von diesen Ausnahmen ist die Frage nach der bisherigen Vergütung unzulässig, weil sich die Verhandlungsposition des Bewerbers durch die Kenntnis des Arbeitgebers verschlechtern kann.[6]

44

Die Frage nach dem **zukünftigen Wehr- bzw. Zivildienst** wird zwar teilweise für zulässig gehalten,[7] da sie die Verfügbarkeit des Bewerbers für einen längeren Zeitraum und damit betriebliche Interessen des Arbeitgebers betrifft. Vor dem Hintergrund, dass bisher nur Männer zum Wehr- bzw. Ersatzdienst herangezogen werden können, ist sie jedoch ebenfalls als problematisch anzusehen.[8]

45

Sie wird **allein männlichen Bewerbern** gestellt, so dass an eine unzulässige mittelbare **Diskriminierung wegen des Geschlechts** nach §§ 1, 3 Abs. 2, 7 AGG zu denken

46

---

1 BGBl. I 2002, S. 4621.
2 Der Arbeitgeber kann die Pauschsteuer erheben für das Entgelt aus einer geringfügigen Beschäftigung, für das er **Rentenversicherungsbeiträge** i.H.v. 15 % – bzw. 5 % im Falle der geringfügigen Beschäftigung in Privathaushalten – nach § 168 Abs. 1 Nr. 1b oder 1c SGB VI (versicherungspflichtig geringfügig Beschäftigte) oder nach § 172 Abs. 3 oder 3a SGB VI (versicherungsfrei geringfügig Beschäftigte) zu entrichten hat. In der Pauschsteuer sind außer der Lohnsteuer auch der Solidaritätszuschlag und die Kirchensteuer enthalten.
3 Der pauschale Lohnsteuersatz von 20 % kann (ohne Vorlage der Lohnsteuerkarte) erhoben werden, wenn der Arbeitgeber **keine Rentenversicherungsbeiträge** entrichten muss. Hinzu kommen in diesem Fall der Solidaritätszuschlag und ggf. die Kirchensteuer.
4 BAG v. 19.5.1983 – 2 AZR 171/81, EzA § 123 BGB Nr. 23.
5 BAG v. 19.5.1983 – 2 AZR 171/81, EzA § 123 BGB Nr. 23.
6 *Moritz*, NZA 1987, 329 (333).
7 RGRK/*Schliemann*, § 611 BGB Rz. 1218.
8 So auch *Szech*, S. 206; *Wisskirchen/Bissels*, NZA 2007, 169 (174).

ist.¹ Daher sollte diese Frage nur bei der Einstellung für ein befristetes Arbeitsverhältnis gestellt werden, in dem der Wehr- oder Zivildienst der Vertragsdurchführung insgesamt im Weg steht. Für diesen Fall lässt sich ein berechtigtes Interesse des Arbeitgebers gemäß § 8 Abs. 1 AGG begründen oder auch schon die mittelbare Diskriminierung gemäß § 3 Abs. 2 AGG verneinen.² Ob in der **Vergangenheit Wehr- oder Zivildienst** geleistet wurde, unterliegt der grundrechtlich geschützten Gewissensfreiheit des Bewerbers und darf nicht erfragt werden.³

5. Folgen der Falschbeantwortung einer Frage

47 In Bezug auf die Folgen der Falschbeantwortung einer Frage oder dem Verschweigen einer Information ist zu differenzieren. Hatte der Arbeitgeber ein berechtigtes, billigenswertes und schutzwürdiges Interesse an der Beantwortung der Frage, muss der Arbeitnehmer diese wahrheitsgemäß beantworten. Beantwortet der Arbeitnehmer eine **zulässige Frage** bewusst **falsch** oder verschweigt er eine Information, an deren Kenntnis der Arbeitgeber ein berechtigtes Interesse hatte und wird daraufhin eingestellt, hat der Arbeitgeber ein **Recht zur Anfechtung** des Arbeitsvertrags wegen arglistiger Täuschung gemäß § 123 BGB. Folge einer solchen Anfechtung ist die Nichtigkeit des Arbeitsvertrags.

48 Auf eine **unzulässige Frage** muss der Bewerber **nicht antworten**. Schweigt er jedoch, erregt er damit beim Arbeitgeber den Verdacht, er habe etwas zu verbergen und läuft damit Gefahr, nicht eingestellt zu werden. Aus diesem Grund hat der Bewerber nicht nur die Möglichkeit zu schweigen, sondern sogar ein **Recht zur Lüge**.

49 Hatte der Arbeitgeber kein Recht, die betreffende Information zu erfragen, sind die Voraussetzungen für eine Täuschungsanfechtung nach § 123 BGB nicht gegeben. Es liegt **keine arglistige Täuschung** vor.⁴ Der Ausschluss der Anfechtung ist die in der Rechtsprechung vorwiegend verwendete Rechtsfolge.

50 In den Fällen, in denen wegen der unzulässigerweise eingeholten Information ein Arbeitsvertrag nicht zu Stande kommt, ist auch ein **Schadensersatzanspruch** des Bewerbers wegen Verletzung des Persönlichkeitsrechts aus **§§ 823 Abs. 1, 253 Abs. 2 BGB** oder nach den Grundsätzen der **§§ 241 Abs. 2, 311 Abs. 2 BGB**⁵ denkbar. Im Falle eines Verstoßes gegen das Benachteiligungsverbot des § 7 Abs. 1 AGG kommt ein Schadensersatzanspruch nach § 15 Abs. 1 AGG in Betracht.

6. Mitbestimmungsrecht des Betriebsrats

51 Die **Einführung und Änderung von Personalfragebögen** sowie die Verarbeitung der gewonnenen Daten in automatisierten Verfahren unterliegen gemäß § 94 Abs. 1

---

1 Dazu *Coester*, Anm. zu BAG v. 20.6.1986, AP Nr. 31 zu § 123 BGB; *Ehrich*, DB 2000, 421 (426); *Moritz*, NZA 1987, 329 (335); MünchArbR/*Buchner*, § 30 Rz. 315; *Szech*, S. 203.
2 Anders *Boemke*, RdA 2008, 129 (133), der eine Parallele zur Rechtsprechung des EuGH im Bezug auf die Frage nach einer Schwangerschaft ziehen will (vgl. Fn. 57).
3 *Boemke*, RdA 2008, 129 (132); *Wisskirchen/Bissels*, NZA 2007, 169 (174); differenzierend *Szech*, S. 208f.
4 BAG v. 5.12.1957 – 1 AZR 594/56, AP Nr. 2 zu § 123 BGB; v. 21.2.1991 – 2 AZR 449/90, AP Nr. 35 zu § 123 BGB.
5 Zum Rechtsinstitut der c.i.c. *Wiedemann*, FS Herschel, 1982, S. 463.

BetrVG der **erzwingbaren Mitbestimmung**.[1] Dasselbe gilt nach § 94 Abs. 2 BetrVG für persönliche Angaben in schriftlichen Arbeitsverträgen und die Aufstellung allgemeiner Beurteilungsgrundsätze. Wird vom Arbeitgeber im Fragebogen eine Frage gestellt, die nicht die Zustimmung des Betriebsrats gefunden hat, darf der Bewerber diese dennoch nicht wahrheitswidrig beantworten, wenn die Frage individualrechtlich zulässig ist.[2]

---

[1] Richardi/*Thüsing*, § 94 BetrVG Rz. 31.
[2] BAG v. 2.12.1999 – 2 AZR 724/98, AP Nr. 16 zu § 79 BPersVG; vgl. auch BVerwG v. 28.1.1998 – 6 P 2/97, ZfPR 1998, 113; Kittner/Zwanziger/*Becker*, § 19 Rz. 61 ff.

§ 10 Salvatorische Klauseln

	Rz.		Rz.
1. Einführung	1	cc) Konkrete Ersetzungsklauseln (Beispiel f))	17
a) Begriff; Zweck	1	dd) Hintereinander geschaltete Formularverträge	20
b) Grundsätzliche Unwirksamkeit im Geltungsbereich des AGB-Rechts	4	ee) Ausnahme bei unsicherer Rechtslage?	22
aa) Ausgehandelte Individualverträge	4	c) Reduktionsklauseln	25
bb) Formularverträge	5	d) Gesetzesverweisende Klauseln	26
2. Klauseln	9	aa) Grundsätzliche Unwirksamkeit	27
a) Teilnichtigkeits- oder Erhaltungsklausel	9	bb) Ausnahme bei unsicherer Rechtslage?	29
b) Ersetzungsklausel	12	cc) Resümee	33
aa) Ersetzungsklausel mit Verpflichtung zur Vereinbarung von Ersatzbestimmungen (Beispiele a), b), c), d))	14	3. Hinweise zur Vertragsgestaltung; Zusammenfassung	35
		a) Teilnichtigkeitsklauseln	35
bb) Einseitige Ersetzungsklauseln (Beispiel e))	16	b) Ersetzungs-, Reduktions-, gesetzesverweisende Klauseln	36

Schrifttum:

Baumann, Salvatorische Klauseln in Allgemeinen Geschäftsbedingungen, NJW 1978, 1953; *Baur,* Salvatorische Klauseln, in Festschrift für Vieregge, 1995, S. 31; *Bayreuther,* Das Verbot der geltungserhaltenden Reduktion im Arbeitsrecht – Zur Kehrtwende des BAG vom 4.3. 2004, NZA 2004, 953; *Fell,* Hintereinandergeschaltete Allgemeine Geschäftsbedingungen, ZIP 1987, 690; *Garrn,* Die Zulässigkeit salvatorischer Klauseln bei der Vereinbarung Allgemeiner Geschäftsbedingungen, JA 1981, 151; *Hager,* Gesetzes- und sittenkonforme Auslegung und Aufrechterhaltung von Rechtsgeschäften, Diss. 1983; *von Hoyningen-Huene,* Die Inhaltskontrolle nach § 9 AGBG, 1991; *Hromadka,* Schuldrechtsmodernisierung und Vertragskontrolle im Arbeitsrecht, NJW 2002, 2523; *Kasselmann,* Salvatorische Klauseln in allgemeinen Geschäftsbedingungen, Diss. 1986; *Lakies,* in AR-Blattei: AGB-Kontrolle, 2007; *Lindacher,* Reduktion oder Kassation übermäßiger AGB-Klauseln?, BB 1983, 154; *Matusche-Beckmann,* Die Bedingungsanpassungsklausel – Zulässiges Instrument für den Fall der Unwirksamkeit Allgemeiner Versicherungsbedingungen?, NJW 1998, 112; *Michalski/ Römermann,* Die Wirksamkeit der salvatorischen Klausel, NJW 1994, 886; *Neumann,* Geltungserhaltende Reduktion und ergänzende Auslegung von Allgemeinen Geschäftsbedingungen, 1988; *Nordhues,* Salvatorische Klauseln – Funktionsweise und Gestaltung, JA 2011, 211; *Ohlendorf/Salamon,* Die Aufrechterhaltung unwirksamer Formulararbeitsbedingungen – das Verhältnis des Verbots geltungserhaltender Reduktion zur ergänzenden Vertragsauslegung im Arbeitsrecht, RdA 2006, 281; *Reuter,* Inhaltskontrolle im Arbeitsrecht (§ 310 Abs. 4 BGB), in Festschrift 50 Jahre Bundesarbeitsgericht, 2004, S. 177; *Schröder,* Der sichere Weg bei der Vertragsgestaltung, Diss. 1990; *Thümmel/Oldenburg,* Fällt die AGB-Klausel „Soweit gesetzlich zulässig" unter die Unklarheitenregelung des AGBG?, BB 1979, 1067; *Westermann,* Zur Problematik der „salvatorischen" Klausel, in Festschrift für Möhring, 1975, S. 135; *Willenbruch,* Fällt die AGB-Klausel „Soweit gesetzlich zulässig" unter die Unklarheitenregelung des AGBG?, BB 1981, 1976; *Wisskirchen/Stühm,* Anspruch des Arbeitgebers auf Änderung von unwirksamen Klauseln in alten Arbeitsverträgen?, DB 2003, 2225; *Witte,* Inhaltskontrolle und deren Rechtsfolgen im System der Überprüfung Allgemeiner Geschäftsbedingungen, Diss. 1983.

1. Einführung

a) Begriff; Zweck

Die **rechtliche Bestandskraft** einzelner Vertragsbestimmungen oder gar des gesamten Arbeitsvertrages ist vielfach gefährdet. Dies kann zum einen daraus resultieren, dass der Verwender des Formulararbeitsvertrages bewusst die Grenzen zulässiger rechtlicher Gestaltung überschreitet. Des Weiteren wird häufig versucht, die sich bietenden rechtlichen Gestaltungsmöglichkeiten zur Realisierung der Ziele des Vertragsverwenders in möglichst weit gehender Weise auszuschöpfen, wobei unsicher sein kann, ob diese Vertragsgestaltung rechtlich Anerkennung finden wird. Schließlich kann sich auch die Rechtsprechung oder die Gesetzgebung nachträglich derart ändern, dass das ursprünglich Vereinbarte keine rechtliche Anerkennung mehr findet.

Den hiermit verbundenen **rechtlichen Unsicherheiten** sucht die Kautelarjurisprudenz mit der Aufnahme sog. „**Salvatorischer Klauseln**" in den Vertrag zu begegnen. Im weiteren Sinne werden unter dem Oberbegriff „Salvatorische Klauseln" solche Bestimmungen verstanden, die die Vertragsbeteiligten vor den Rechtsnachteilen schützen sollen, dass bestimmte Regelungen wegen rechtlicher Mängel keinen Bestand haben, wobei anstelle dieser unwirksamen Bestimmungen andere Regelungen treten sollen oder zumindest der übrige Vertragsinhalt weiterhin gelten soll. Der **Zweck** salvatorischer Klauseln ist dabei unterschiedlich und kann darin liegen, entgegen § 139 BGB bei einer Teilnichtigkeit den Vertrag im Übrigen aufrechtzuerhalten (sog. Teilnichtigkeits- oder Erhaltungsklausel, Rz. 9 ff.), die Geltung einer Ersatzregelung anzuordnen (sog. Ersetzungsklausel, Rz. 12 ff.) oder auch schlicht das Eingreifen gesetzlicher Vorschriften zu vermeiden (sog. Reduktionsklausel, Rz. 25 ff.). Vornehmlich in Klauselverträgen bezwecken sie, das Risiko der Nichtigkeit oder der Nichteinbeziehung der vorformulierten Bedingungen zum Nachteil der anderen Vertragspartei zu verringern bzw. zu beseitigen.[1] Solche salvatorischen Klauseln sind zunehmend auch in Arbeitsverträgen anzutreffen. Sie sind entweder am Schluss des Arbeitsvertrages in einer gesonderten Klausel („Schlussbestimmungen", etc.) aufgeführt oder einem Passus des Vertrages unmittelbar ergänzend beigefügt. Bei der letzteren Konstellation demonstriert der Verwender der Klausel schon, dass ihm die Gefahr der Unwirksamkeit in Rede stehender Vereinbarung augenscheinlich ist.

Da salvatorische Klauseln jedenfalls in Formulararbeitsverträgen in aller Regel gegen das in § 306 Abs. 2 BGB verankerte Verbot geltungserhaltender Reduktion (Rz. 7 ff.; vgl. dazu auch I C Rz. 116 f.) verstoßen, oftmals intransparent sind[2] und zudem dem Arbeitgeber als Klauselverwender das Risiko der Unwirksamkeit seiner Bestimmungen abnehmen, sind sie bis auf wenige Ausnahmen (hierzu Rz. 29 ff.) für die Vertragsgestaltung nicht zu empfehlen. Allerdings erfreuen sich solche Klauseln großer Beliebtheit in der Vertragspraxis und wurden vor der Schuldrechtsreform auch von der arbeitsgerichtlichen Rechtsprechung – im Unterschied zur Rechtspre-

---
1 *Kasselmann*, Salvatorische Klauseln, S. 41.
2 *Stoffels*, AGB-Recht, Rz. 626; *von Westphalen*, Vertragsrecht und AGB-Klauselwerke, „Salvatorische Klausel" Rz. 3.

chung des BGH – in großem Umfang akzeptiert.¹ Deshalb werden im Folgenden die verschiedenen Arten salvatorischer Klauseln dargestellt und gezeigt, aus welchem Grund sie dennoch nicht verwendet werden sollten.

b) Grundsätzliche Unwirksamkeit im Geltungsbereich des AGB-Rechts

aa) Ausgehandelte Individualverträge

4 Salvatorische Klauseln in **ausgehandelten Individualverträgen** (zum Begriff des Aushandelns vgl. I C Rz. 55) werden von der ganz h.M. grundsätzlich als zulässig und wirksam erachtet.² Auch die Tarifvertragsparteien haben diesbezüglich einen größeren Spielraum zur Vertragsgestaltung. Dem ist im Hinblick auf den Grundsatz der Vertragsfreiheit zuzustimmen, weil bei ausgehandelten Individualverträgen davon ausgegangen werden kann, dass die salvatorischen Klauseln Ausdruck des Parteiwillens beider Seiten sind, den Vertrag mit dem geschlossenen Inhalt möglichst weit gehend zu sichern. Dieser Parteiwille kann nur dann unbeachtlich sein, wenn er Grundsätzen der Privatautonomie widerspricht. Obwohl salvatorische Klauseln auch bei Individualvereinbarungen Einzelfragen hervorrufen,³ werden Grenzen der Privatautonomie durch eine entsprechende Vereinbarung grundsätzlich nicht überschritten. Denn der Wunsch der Parteien, im Falle der Unwirksamkeit einer Vertragsbestimmung eine gesetzeskonforme Regelung in ihrem Sinne zu finden, kann schwerlich als sittenwidrig bezeichnet werden.⁴

bb) Formularverträge

5 Problematisch hingegen und Gegenstand kontroverser Diskussion ist die Frage der Wirksamkeit salvatorischer Klauseln in **Formularverträgen**.

---

1 Vgl. nur BAG v. 6.9.1995 – 5 AZR 241/94, AP Nr. 23 zu § 611 BGB Ausbildungsbeihilfe; v. 5.12.2002 – 6 AZR 539/01, AP Nr. 32 zu § 611 BGB Ausbildungsbeihilfe; LAG Köln v. 17.7.2003 – 10 Sa 329/03, LAGE § 611 BGB 2002 Ausbildungsbeihilfe Nr. 2; a.A. aber LAG BW v. 10.4.2003 – 11 Sa 17/03; LAG Düsseldorf v. 8.1.2003 – 12 Sa 1301/02; vgl. auch BAG v. 25.7.2002 – 6 AZR 311/00, AP Nr. 11 zu § 10 BBiG (seit 1.4.2005: § 17 BBiG), wonach eine geltungserhaltende Reduktion der Höhe der Ausbildungsvergütung bis zur Grenze dessen, was noch als angemessen anzusehen ist, nicht in Betracht kommt, da dies zu einer mit dem Schutzzweck des § 10 BBiG nicht zu vereinbarenden Begünstigung des Ausbildenden führen würde.

2 *Schröder*, Der sichere Weg bei der Vertragsgestaltung, S. 190 ff.; *Baumann*, NJW 1978, 1953 (1955); *Garrn*, JA 1981, 151 (152 ff.); *Michalski/Römermann*, NJW 1994, 886 (887 f.); Erman/ *Roloff*, § 306 BGB Rz. 20; Staudinger/*Roth*, § 139 BGB Rz. 22; differenzierend *Lindacher*, BB 1983, 154 (159); UBH/*Schmidt*, § 306 BGB Rz. 41; a.A. *Hager*, Gesetzes- und sittenkonforme Auslegung und Aufrechterhaltung von Rechtsgeschäften, S. 209, sofern keine konkrete Ersetzungsklausel vorliegt.

3 So etwa für den Fall einseitiger Leistungsbestimmungen zur Ersetzung der unwirksamen Formulierung mit Verweis auf § 315 Abs. 3 Satz 2 BGB, vgl. hierzu UBH/*Schmidt*, § 306 BGB Rz. 41. Verpflichten sich Parteien, eine ersetzende Regelung zu vereinbaren, scheitert eine spätere Einigung aber, sind die Gerichte durch eine solche Gestaltung ermächtigt worden, eine angemessene Regel zu finden. Dies kann zu einer Verfahrensdopplung führen, vgl. *Baur*, FS Vieregge, S. 35.

4 Ausführlich *Schröder*, Der sichere Weg bei der Vertragsgestaltung, S. 222 ff.

Zum AGB-Recht geht der BGH – in ständiger Rechtsprechung[1] – grundsätzlich von 6
einer **Unwirksamkeit** solcher salvatorischer Klauseln aus, deren Ziel es ist, unwirksame Vertragsbestimmungen möglichst weit gehend aufrechtzuerhalten (hierzu und zu Ausnahmen näher Rz. 12 ff., 29 ff.). Auch in untergerichtlichen Entscheidungen[2] wird die Frage nach der Wirksamkeit solcher salvatorischer Klauseln negiert.

Vor der Schuldrechtsreform hatte das BAG die Wirksamkeit salvatorischer Klauseln 7
in Formulararbeitsverträgen nicht in Frage gestellt und befand sich damit in krassem **Gegensatz zur vorstehend angesprochenen Rechtsprechung des BGH** und zu den zum AGB-Gesetz für die Wirksamkeit salvatorischer Klauseln entwickelten Grundsätzen. Diese Diskrepanz wurde noch dadurch verstärkt, dass nach h.M. auch schon vor der Schuldrechtsreform und der ausdrücklichen Geltung der AGB-Vorschriften im Arbeitsrecht die im AGB-Recht enthaltenen Rechtsgedanken, die von allgemeiner Bedeutung sind, im Rahmen der arbeitsgerichtlichen Inhaltskontrolle auch für Formulararbeitsverträge und allgemeine Arbeitsbedingungen Berücksichtigung finden sollten.[3] Nach der Schuldrechtsreform vollzog das BAG einen Rechtsprechungswandel und erkennt nunmehr an, dass im Grundsatz im Recht der Allgemeinen Geschäftsbedingungen eine geltungserhaltende Reduktion nach § 306 Abs. 2 BGB nicht vorgesehen ist. Vergleichbar dem BGH betont das BAG, dass das Ziel der §§ 305 ff. BGB, nämlich dem Verwendungsgegner die Möglichkeit sachgerechter Information über die ihm aus dem Formularvertrag erwachsenden Rechte und Pflichten zu verschaffen, nicht erreicht würde, wenn jeder Klauselverwender zunächst einmal ungefährdet bis zur Grenze dessen gehen könnte, was zu seinen Gunsten in gerade noch vertretbarer Weise angeführt werden kann. Das BAG erkennt, dass mit salvatorischen Klauseln die Rechtsfolge einer Unwirksamkeit nach dem Recht der Allgemeinen Geschäftsbedingungen nicht nur abweichend von dem in § 306 BGB geregelten Rechtsfolgensystem gestaltet würde, sondern dass zudem die Rechte und Pflichten des Vertragspartners entgegen § 307 Abs. 1 Satz 2 BGB nicht klar und durchschaubar dargestellt würden.[4] Wer die Vertragsfreiheit durch Aufstellung von AGB nutzt, muss auch das Risiko einer möglichen Klauselunwirksamkeit tragen.[5] Das BAG ließ jedoch bislang offen, ob es Fälle

---
1 BGH v. 14.11.1979 – VIII ZR 241/78, BB 1980, 336 f.; v. 6.10.1982 – VIII ZR 201/81, NJW 1983, 159 (162); v. 4.3.1987 – IV a ZR 122/85, NJW 1987, 1815 (1818); v. 29.11.1989 – VIII ZR 228/88, NJW 1990, 716 (718); v. 8.5.2007 – KZR 16/04; v. 5.3.2013 – VIII ZR 137/12, NJW 2013, 1668; anders aber, wenn Gegenstand eine Individualabrede i.S.d. § 305 Abs. 1 BGB ist, wobei ein tatsächliches Aushandeln einer salvatorischen Klausel in der Praxis wohl nicht vorkommt, vgl. *Baur*, FS Vieregge, S. 41.
2 Vgl. etwa LG München v. 10.4.1979 – 7 O 431/79, BB 1979, 702; LG Dortmund v. 21.3. 1980, bei *Bunte*, AGB E I, § 6 Nr. 11; LG Bielefeld v. 25.5.1982, bei *Bunte*, AGB E III, § 9 Nr. 17; LG Dortmund v. 14.6.1982, bei *Bunte*, AGB E III, § 6 Nr. 10; LG Hamburg v. 7.1. 1983, bei *Bunte*, AGB E IV, § 6 Nr. 24; LG Dortmund v. 28.4.1983, bei *Bunte*, AGB E IV, § 11 Nr. 4; LG Köln v. 28.1.1987 – 26 O 120/86, NJW-RR 1987, 885 (886).
3 UBH/*Ulmer*/*Schäfer*, § 310 BGB Rz. 110; WLP/*Stoffels*, Anhang zu § 310 BGB Rz. 3; *Walchshöfer*, Grenzen des Anwendungsbereichs des AGB-Gesetzes – Individualverträge, Ausnahmebereiche, in 10 Jahre AGB-Gesetz, RWS-Forum 2, 1987, S. 155 (159); *Wolf*, RdA 1988, 276; *Zöller*, RdA 1989, 157.
4 BAG v. 28.5.2013 – 3 AZR 103/12, NZA 2013, 1419 Rz. 20.
5 BAG v. 4.3.2004 – 8 AZR 196/03, AP Nr. 3 zu § 309 BGB; v. 28.9.2005 – 5 AZR 52/05, AP Nr. 7 zu § 307 BGB; v. 24.10.2007 – 10 AZR 825/06, NZA 2008, 40 (44); v. 13.12.2011 – 3 AZR 791/09, NZA 2012, 738 (741); *Lakies*, AR-Blattei SD, AGB-Kontrolle, Rz. 523; *Thü-*

gibt, in denen das „Alles-oder-Nichts-Prinzip" dem Charakter des Arbeitsverhältnisses als einem auf Dauer angelegten Schuldverhältnis mit für den Klauselverwender eingeschränkter Kündigungsmöglichkeit nicht gerecht wird.[1]

8 Letztlich erscheint es daher naheliegend, bei der Untersuchung der unterschiedlichen Klauseltypen zu erwägen, inwieweit die im allgemeinen Zivilrecht für formularmäßige salvatorische Klauseln entwickelten Grundsätze auch auf das Arbeitsrecht zu übertragen sind oder ob insoweit „Besonderheiten im Arbeitsrecht" (§ 310 Abs. 4 Satz 2 BGB) die (teilweise) Nichtanwendbarkeit des „Alles-oder-Nichts-Prinzips" begründen können.[2]

2. Klauseln

a) Teilnichtigkeits- oder Erhaltungsklausel

⊃ Nicht geeignet:

a) Die etwaige Unwirksamkeit einzelner Bestimmungen dieses Vertrages lässt die Wirksamkeit der übrigen Vertragsbestimmungen unberührt.

b) Sollte infolge einer Änderung der Gesetzgebung oder durch höchstrichterliche Rechtsprechung eine Bestimmung dieses Vertrages ungültig werden, wird die Gültigkeit der übrigen Bestimmungen hierdurch nicht berührt.

c) Soweit einzelne Bestimmungen dieses Vertrages ganz oder teilweise unwirksam sein sollten, bleibt die Wirksamkeit des Vertrages im Übrigen hiervon unberührt.

9 Nach der gesetzlichen Konzeption des **§ 139 BGB**[3] ist ein Rechtsgeschäft im Grundsatz insgesamt nichtig, wenn sich herausstellt, dass ein Teil davon nichtig ist. Die Unwirksamkeitsvermutung des § 139 BGB findet bei Teilnichtigkeits- oder Erhaltungsklauseln Anwendung, sofern es sich bei diesen um ausgehandelte Individualvereinbarungen handelt. Ungeachtet der ohnehin mit dem Hinweis auf den Zweck der jeweiligen Verbotsnorm entwickelten zahlreichen **Durchbrechungen** des § 139 BGB gilt diese Unwirksamkeitsvermutung nach dessen zweiten Halbsatz dann nicht, wenn sich feststellen lässt, dass das Rechtsgeschäft auch trotz des nichtigen Teils so abgeschlossen werden sollte. An diese Ausnahme anknüpfend bezweckt

---

sing, AGB-Kontrolle, Rz. 115 ff.; kritisch zur neuen Rechtsprechung des BAG *Bayreuther*, NZA 2004, 953; *Reuter*, FS 50 Jahre Bundesarbeitsgericht, S. 177 (192).

1 BAG v. 4.3.2004 – 8 AZR 196/03, AP Nr. 3 zu § 309 BGB; v. 14.8.2007 – 8 AZR 973/06, NZA 2008, 170 (172); so schon *Hromadka*, NJW 2002, 2523 (2529); anders BAG v. 25.5.2005 – 5 AZR 572/04, AP Nr. 1 zu § 310 BGB unter Hinweis darauf, dass langfristig angelegte Formularverträge regelmäßig im gesamten Vertragsrecht vorkommen; ebenso LAG Rh.-Pf. v. 28.6.2007 – 2 Sa 62/07.

2 Ausf. dazu *Gotthardt*, Arbeitsrecht nach der Schuldrechtsreform, Rz. 328 ff.; grundsätzlich gegen eine geltungserhaltende Reduktion *Gotthardt*, ZIP 2002, 277 (289); ErfK/*Preis*, §§ 305–310 BGB Rz. 104 m.w.N.; *Lingemann*, NZA 2002, 181 (187); für eine geltungserhaltende Reduktion auch nach neuem Schuldrecht hingegen *Hromadka*, NJW 2002, 2523 (2529); *Reinecke*, DB 2002, 583 (586); *Thüsing*, NZA 2002, 591 (594); *Thüsing*, BB 2002, 2666 (2674); wohl auch *Schnitker/Grau*, BB 2002, 2120 (2126); offen lassend LAG Köln v. 1.2.2002 – 10 Sa 625/00, NZA-RR 2001, 461.

3 S. hierzu nur Palandt/*Ellenberger*, § 139 BGB Rz. 14 f.; *Ulmer*, FS Steindorff, 1990, S. 799 (804); *Damm*, JZ 1986, 913 ff.

eine Teilnichtigkeitsklausel vorstehender Art, den Arbeitsvertrag im Übrigen aufrechtzuerhalten. Denn bei einem länger andauernden Arbeitsverhältnis ist es denkbar, dass durch die Änderung gesetzlicher Vorschriften oder der Rechtsprechung einzelne Punkte des Vertrages überholt oder unwirksam werden oder sogar von Anfang an bereits unwirksam waren. Für diesen Fall soll durch die Vereinbarung sichergestellt werden, dass der Bestand des Vertrages und mit diesem zusammenhängende Vereinbarungen dadurch nicht berührt werden.

Derartige **Teilnichtigkeitsklauseln sind unproblematisch wirksam, aber überflüssig** (s. noch Rz. 35): Im Arbeitsrecht ist nach ständiger Rechtsprechung[1] und h.L.[2] bei einem Verstoß gegen Schutzbestimmungen zu Gunsten des Arbeitnehmers § 139 BGB teleologisch zu reduzieren, was im Ergebnis zu dessen Unanwendbarkeit führt. Denn der beabsichtigte Arbeitnehmerschutz würde ad absurdum geführt, wenn die Unwirksamkeit einzelner Vereinbarungen zur Nichtigkeit des gesamten Arbeitsvertrages führen würde. Für Arbeitsverträge ist daher auch ohne eine entsprechende Klausel bei einer Teilnichtigkeit in aller Regel von einem Fortbestand des Arbeitsvertrages im Übrigen auszugehen.[3] Allenfalls kann in derartigen Klauseln noch eine den Fortbestand des Arbeitsvertrages weiter gehend klarstellende Zuweisung der Darlegungs- und Beweislast an denjenigen gesehen werden, der sich der Vermutungsregelung des § 139 BGB entsprechend auf die Gesamtunwirksamkeit des Rechtsgeschäfts beruft.[4]

10

Wirksamkeitsbedenken ergeben sich auch nicht im Hinblick auf § 306 BGB. Handelt es sich bei den Teilnichtigkeits- oder Erhaltungsklauseln um vorformulierte Bestimmungen, so geht § 306 BGB als Sonderregelung dem § 139 BGB vor. Im Gegensatz zu § 139 BGB, der eine Unwirksamkeitsvermutung für die übrigen Bestimmungen des Rechtsgeschäfts enthält, bestimmt § 306 Abs. 1 BGB, dass bei Formularverträgen, die unwirksame Bestimmungen enthalten, das Rechtsgeschäft unabhängig vom Parteiwillen im Übrigen gleichwohl wirksam bleibt.[5] Betrifft die Unwirksamkeit demgegenüber eine Individualabrede, bleibt es bei der allgemeinen Vermutungsregelung des § 139 BGB.

10a

Die Beispiele sind **verzichtbar**, da die geltende Rechtslage nur wiedergegeben wird, dienen aber der Transparenz, dass der Arbeitnehmer subjektiv um den Bestand des Arbeitsverhältnisses nicht fürchten muss.

11

---

1 Vgl. nur BAG v. 28.3.1963 – 5 AZR 472/62, AP Nr. 24 zu § 1 HausarbeitstagsG NRW; v. 9.9.1981 – 5 AZR 1182/79, AP Nr. 117 zu Art. 3 GG; v. 14.10.1986 – 3 AZR 66/83, 14.3. 1989 – 3 AZR 490/87, 23.1.1990 – 3 AZR 58/88, EzA § 1 BetrAVG Gleichberechtigung Nrn. 1, 4, 6.
2 *Lakies*, Rz. 810; *Nikisch*, S. 192; *Zöllner/Loritz/Hergenröder*, § 12 II 1c); Erman/*Arnold*, § 139 BGB Rz. 6; *Gamillscheg*, AcP 176 (1976), 197 (218).
3 Dies wohl verkennend *Schachner/Wetter*, S. 159; *Marienhagen*, Dauerarbeitsverträge mit Angestellten, 13. Aufl. 1992, S. 12 (31).
4 BGH v. 24.9.2002 – KZR 10/01, NJW 2003, 347.
5 WLP/*Lindacher/Hau*, § 306 BGB Rz. 1 ff.; UBH/*Schmidt*, § 306 BGB Rz. 5; *Kasselmann*, Salvatorische Klauseln, S. 46. Dies entspricht freilich auch der höchstrichterlichen Rechtsprechung und der im Grundsatz unbestrittenen Meinung im Schrifttum schon vor Inkrafttreten des AGBG, vgl. die Nachweise bei UBH/*H. Schmidt*, § 306 BGB Rz. 4 in Fn. 9.

b) Ersetzungsklausel

🗢 **Nicht geeignet:**

a) Rechtsunwirksame Bestimmungen sind durch solche Bestimmungen zu ersetzen, die dem von den Vertragsschließenden mit der unwirksamen Bestimmung verfolgten wirtschaftlichen Zweck am ehesten entsprechen.

b) Arbeitgeber und Mitarbeiter sind im Falle einer rechtsunwirksamen Bestimmung dieses Vertrages verpflichtet, einander so zu stellen, als sei eine Ersatzregelung vereinbart, die den wirtschaftlichen Zweck der unwirksamen Klausel möglichst weit gehend in wirksamer Weise erfüllt.

c) Die unwirksame Bestimmung ist so auszulegen oder umzudeuten, dass der mit ihr beabsichtigte insbesondere wirtschaftliche Zweck, soweit gesetzlich zulässig, weitestgehend erreicht wird.

d) Sollten einzelne Bestimmungen dieses Vertrages unwirksam sein oder werden, verpflichten sich die Arbeitsvertragsparteien, die unwirksame durch eine Regelung zu ersetzen, die dem wirtschaftlichen Sinn der unwirksamen Klausel möglichst nahe kommt.

e) Der Arbeitgeber ist berechtigt, rechtsunwirksame Regelungen durch solche zu ersetzen, die dem wirtschaftlichen Erfolg der unwirksamen Bestimmung am Nächsten kommen.

f) Falls die Bestimmung X durch die Rechtsprechung als unangemessen angesehen wird, tritt an deren Stelle folgende Bestimmung: ...

12 Auch in Formulararbeitsverträgen weit verbreitet sind diese, zumeist im Zusammenhang mit einer Teilnichtigkeitsklausel anzutreffenden sog. **Ersetzungsklauseln**. Ungeachtet der im Einzelnen unterschiedlichen Ausgestaltung verfolgen sie das gemeinsame **Ziel, das Eingreifen dispositiven Gesetzesrechts zu verhindern**. Dies soll erreicht werden, indem für den Fall der Unwirksamkeit einer Bestimmung an deren Stelle eine andere, möglichst weit an die unwirksame Bestimmung angelehnte spezielle Ersatzregelung treten soll.[1]

13 Eine solche „Ersetzung" geschieht oftmals in der Weise, dass dem Arbeitgeber ein einseitiges Leistungsbestimmungsrecht eingeräumt wird (Beispiel d)) oder dass beide Parteien verpflichtet werden, eine wirksame Ersatzbestimmung zu vereinbaren (Beispiele a), b), c)), wobei zumeist Richtlinien festgelegt sind, wie die Ersatzregelung inhaltlich zu gestalten ist. Typisch ist in diesem Zusammenhang ein Zusatz, wonach an die Stelle unwirksamer Bestimmungen eine Regelung treten soll, die dem Inhalt oder dem wirtschaftlichen Erfolg der ursprünglichen Bestimmung möglichst nahe kommt. Auch enthalten Ersetzungsklauseln schließlich bereits konkrete Ersatzbestimmungen, welche automatisch an die Stelle der nicht Vertragsbestandteil gewordenen Regelung treten sollen (Beispiel f)).

aa) Ersetzungsklausel mit Verpflichtung zur Vereinbarung von Ersatzbestimmungen (Beispiele a), b), c), d))

14 Schon inhaltlich bestehen Bedenken gegen die **Sinnhaftigkeit** einer solchen Klausel, da sie nicht rechtsgestaltend wirkt: Ihre Existenz im Arbeitsvertrag führt nicht au-

---

[1] Vgl. UBH/*H. Schmidt*, § 306 BGB Rz. 39.

tomatisch zur Geltung einer entsprechend reduzierten Ersatzregelung anstelle der unwirksamen Bestimmung. Vielmehr wird **lediglich eine vorvertragliche Verpflichtung** der Arbeitsvertragsparteien zur Schaffung einer entsprechenden Ersatzregelung begründet. Verletzt der Arbeitnehmer seine diesbezügliche Pflicht, so könnten dem Arbeitgeber allenfalls Schadensersatzansprüche gegen den Arbeitnehmer zustehen. Der Arbeitgeber bleibt also für die Schaffung einer Ersatzregelung auf die Mitwirkung des Arbeitnehmers angewiesen.

Hinzu kommt, dass Klauseln der Beispiele a), b), c) ganz überwiegend als unangemessen benachteiligend und damit **unwirksam** nach § 307 BGB erachtet werden.[1] Teils wird dieses Ergebnis auf das **Umgehungsverbot** des § 306a BGB gestützt. Überwiegend wird zur Begründung angeführt, dass solche Ersetzungsklauseln die Regelung des **§ 306 Abs. 2 BGB** verdrängen, indem sie die Geltung einer anderen, der ursprünglichen Klausel möglichst nahe kommenden Regelung an die Stelle des dispositiven Gesetzesrechts setzen wollen. Dadurch würde dem Verwender das Risiko des Eingreifens des dispositiven Rechts genommen und die Möglichkeit eröffnet, sich sanktionslos auf eine gerade noch zulässige Ersatzregelung berufen zu können. Darüber hinaus sei aber gerade der Verwender eines vorformulierten Vertragswerks gehalten, eine von Anfang an wirksame Klausel zu formulieren und nicht der Rechtsprechung die Aufgabe zuzuweisen, nach einer für den Verwender möglichst günstigen Klausel zu suchen,[2] zumal ansonsten der Anreiz zur Bereinigung der AGB von überzogenen Klauseln entscheidend gemindert[3] und letztlich der Richter für den Klauselverwender Vertragshilfe leisten würde. Aus diesem Grunde sei von einem grundsätzlichen **Verbot der geltungserhaltenden Reduktion**[4] unwirksamer Klauseln auszugehen, um die „Ermunterung" zur unangemessenen Vertragsgestaltung zu verhindern. Zudem ginge die Zurückführung der zu weit gehenden Klauseln erst im Prozess durch die Gerichte vonstatten, so dass der Arbeitnehmer erst dort zuverlässig und mit der gebotenen Klarheit über den Umfang seiner Rechte und Pflichten aufgeklärt würde.[5] Zusätzlich träfe den Arbeitnehmer das Prozessrisiko. Dies alles widerspricht dem Transparenzgebot (§ 307 Abs. 1 Satz 2 BGB).[6]

bb) Einseitige Ersetzungsklauseln (Beispiel e))

Vorstehendes muss erst recht gelten, soweit salvatorische Klauseln dem Vertragsverwender ein einseitiges Bestimmungsrecht dahin gehend einräumen, unwirk-

---

1 BGH v. 22.11.2001 – VII ZR 208/00, NJW 2002, 894; BAG v. 25.5.2005 – 5 AZR 572/04, AP Nr. 1 zu § 310 BGB; v. 13.12.2011 – 3 AZR 791/09, NZA 2012, 738; v. 28.5.2013 – 3 AZR 103/12, NZA 2013, 1419 Rz. 20; *Bunte*, NJW 1982, 2298 (2299); UBH/*H. Schmidt*, § 306 BGB Rz. 39; Palandt/*Grüneberg*, § 306 BGB Rz. 15; *Neumann*, Geltungserhaltende Reduktion, S. 105 f.; *Schröder*, Der sichere Weg bei der Vertragsgestaltung, S. 243 f.; differenzierend *Garrn*, JA 1981, 151 (154 f.); a.A. *Baumann*, NJW 1978, 1953 (1955). Umfassend zum Meinungsstand in Literatur und Rechtsprechung *Michalski/Römermann*, NJW 1994, 886 (888 ff.); vgl. auch KG v. 28.5.1997 – Kart U 5068/96, NJW 1998, 829 (831).
2 Sog. Verwenderrisiko, vgl. BGH v. 17.5.1982 – VII ZR 316/81, BGHZ 84, 109 (117); v. 6.10.1982 – VIII ZR 201/81, NJW 1983, 159 (162).
3 *Bunte*, NJW 1982, 2298; *von Hoyningen-Huene*, Anm. zu BAG v. 6.9.1995 – 5 AZR 241/94, AP Nr. 23 zu § 611 BGB Ausbildungsbeihilfe.
4 Ausführlich zum grundsätzlichen Verbot zuletzt BAG v. 4.3.2004 – 8 AZR 196/03, NZA 2004, 727 (734); kritisch hinterfragt von *Ohlendorf/Salamon*, RdA 2006, 281.
5 *Bunte*, NJW 1982, 2298.
6 BAG v. 13.12.2011 – 3 AZR 791/09, NZA 2012, 738 (741).

same Bestimmungen durch Regelungen zu ersetzen, deren Zweck der unwirksamen Regelung möglichst nahe kommt. Derartige Klauseln stehen in noch stärkerem Maße als die zuvor diskutierten im Widerspruch zum Sinn und Zweck des § 306 Abs. 2 BGB. Zudem bestehen nach **§ 308 Nr. 4 BGB** Bedenken, wenn die Klauseln eine Beteiligung des Vertragspartners nicht vorsehen.[1] Nach dieser Vorschrift sind Klauseln unwirksam, die dem Verwender das Recht einräumen, die versprochene Leistung zu ändern oder von ihr abzuweichen, wenn die Vereinbarung der Änderung oder Abweichung für den anderen Vertragsteil unzumutbar ist. Zwar beziehen sich salvatorische Klauseln häufig auch auf andere Vertragsbestandteile als die Leistung des Verwenders – also die Vergütung. An § 308 Nr. 4 BGB wird jedoch der Grundsatz deutlich, dass der Verwender sich selbst kein einseitiges Änderungsrecht einräumen darf. Genau dies tut er aber, wenn er eine salvatorische Klausel aufnimmt, nach der er bei Unwirksamkeit anderer Vertragsbestandteile ohne Beteiligung des Vertragspartners neue, wirksame Regeln bestimmen darf. Demnach ist von der Unwirksamkeit einseitiger Ersetzungsklauseln auszugehen.[2] Dies entspricht auch der durch die ständige Rechtsprechung zur Unwirksamkeit einseitiger Preisänderungsvorbehalte getroffenen Wertung.[3] Wer als Arbeitgeber das Risiko unangemessener Vertragsgestaltung sehenden Auges (Indiz: einseitige Ersetzungsklausel) eingeht, muss folglich die Konsequenz einer Nichtigkeit in Rede stehender Klausel tragen.

cc) Konkrete Ersetzungsklauseln (Beispiel f))

17 Mitunter beinhalten Vertragsbestimmungen – insbesondere, soweit es in ihnen um Maße, Zahlen oder Fristen geht – bereits konkrete Ersatzbestimmungen für möglicherweise unwirksame Regelungen. Kennzeichnend hierfür ist die **automatische Anpassungsfolge**, d.h. die Ersetzung erfordert nicht die Tätigkeit der Parteien oder eines Dritten.[4]

18 Umstritten ist, ob salvatorische Klauseln in Form sog. „**konkreter Ersetzungsklauseln**" Bestand haben können. Ein Teil der Literatur[5] befürwortet die Wirksamkeit

---

1 *Stoffels*, AGB-Recht, Rz. 629.
2 Vgl. Erman/*Roloff*, § 306 BGB Rz. 20; *Neumann*, Geltungserhaltende Reduktion, S. 105 f.; *Hager*, Gesetzes- und sittenkonforme Auslegung und Aufrechterhaltung von Rechtsgeschäften, S. 202; Palandt/*Grüneberg*, § 306 BGB Rz. 15; *H. Schmidt*, Vertragsfolgen der Nichteinbeziehung und Unwirksamkeit von AGB, Diss. 1986, S. 230; *Stoffels*, AGB-Recht, Rz. 629; UBH/*Schmidt*, § 306 BGB Rz. 29 m.w.N.; a.A. *Baumann*, NJW 1978, 1953 (1955); *Michalski*/*Römermann*, NJW 1994, 886 (890); WLP/*Lindacher*/*Hau*, § 306 BGB Rz. 48; vgl. auch BGH v. 17.3.1999 – IV ZR 218/97, NJW 1999, 1865, wonach eine Vertragsklausel, nach der der Verwender „einzelne Bedingungen" ergänzen oder ersetzen darf, nur dann wirksam ist, wenn der Vertragspartner daraus ersehen kann, in welchen Bereichen er mit welchen Änderungen zu rechnen hat.
3 Vgl. etwa BGH v. 17.12.2002 – X ZR 220/01, NJW 2003, 886; v. 16.1.1985 – VIII ZR 153/83, NJW 1985, 853 (855); v. 20.5.1985 – VII ZR 198/84, DB 1985, 1885; OLG Celle v. 31.1.2001 – 2 U 131/00.
4 *Kasselmann*, Salvatorische Klauseln, S. 67.
5 Staudinger/*Schlosser*, § 306 BGB Rz. 17; *Hager*, Gesetzes- und sittenkonforme Auslegung und Aufrechterhaltung von Rechtsgeschäften, S. 202; *Witte*, Inhaltskontrolle, S. 288 ff.; *Neumann*, Geltungserhaltende Reduktion, S. 106 f.; *Fehl*, Systematik des Rechts der AGB, 1979, S. 103 f.; *von Olshausen*, ZHR 1987, 640 f.; *Michalski*/*Römermann*, NJW 1994, 886 (890).

solcher Ersatzklauseln mit einem konkreten, wirksamen Regelungsgehalt mit der Begründung, es liege keine intransparente Vertragsgestaltung vor. Denn der Verwender weise mit der Klausel selbst darauf hin, dass die primär ins Auge gefasste Regelung problematisch sei. Dieser Hinweis sei klarer als ein allgemein gehaltener salvatorischer Zusatz. Demgegenüber geht die überwiegende Meinung[1] von einer Unwirksamkeit konkret vorformulierter Ersatzklauseln aus. Dies ergebe sich – selbst wenn sie mit §§ 307–309 BGB vereinbar und hinreichend verständlich ausgestaltet sind – daraus, dass sie die Rechtsfolge des § 306 Abs. 2 BGB modifizieren und auf diese Weise das Unwirksamkeitsrisiko des Verwenders zulasten des Vertragspartners einschränken.

Richtigerweise verdient **letztere Auffassung den Vorzug.** Die Frage nach der Wirksamkeit konkreter Ersetzungsklauseln wird man nicht anders als nach den oben (Rz. 12 ff.) dargestellten Grundsätzen lösen können: In Einzelfällen kann es nämlich ausgesprochen unsicher sein, in welchem Maße eine prinzipiell zulässige Vertragsbestimmung noch angemessen oder schon unangemessen ist. Aus dem arbeitsrechtlichen Bereich seien hier insbesondere die Vertragsklauseln zur Vertragsstrafe, zur quotalen Schadensteilung, zu Rückzahlungsklauseln für Ausbildungskosten oder bezüglich Gratifikationen wegen bestimmter Umstände (z.B. unberechtigter Fehlzeiten) genannt. In all diesen Fällen lassen sich aber aus der Rechtsprechung Anhaltspunkte für den Umfang einer noch angemessenen Vertragsgestaltung erschließen. Es wäre eine unangemessen benachteiligende Vertragsgestaltung, wenn sich der Vertragsverwender unangemessen benachteiligende, weil übermäßig belastende Vertragsstrafen oder Rückzahlungsklauseln ausbedingt, hilfsweise aber über konkrete Ersetzungsklauseln das Maß auf einen gerade noch zulässigen Inhalt herabzusetzen versucht. Als Beispiel sei die Ausbedingung einer Rückzahlungsklausel genannt, die eine unangemessene Bindungsdauer von z.B. zehn Jahren aufstellt und zusätzlich „hilfsweise" Bindungsdauern von neun, acht oder sieben bis hin zu drei Jahren vorsieht. Entsprechendes gilt für formularmäßige Vertragsstrafenabreden, die übermäßig hohe Sanktionen vorsehen, die dann ersatzweise in ihrer Höhe gestaffelt werden. Aus diesen Beispielen ist ersichtlich, dass konkrete Ersatzklauseln entgegen der vordergründigen Argumentation des ihre Wirksamkeit bejahenden Teils der Literatur keinesfalls zwingend ein gegenüber anderen salvatorischen Klauseln erhöhtes Maß an Transparenz mit sich bringen, das eine abweichende Beurteilung der Wirksamkeit rechtfertigen würde. Schon unter generalpräventiven Gesichtspunkten ist auf eine eher zurückhaltende Formulierung von Formularbedingungen hinzuwirken.[2]

---

[1] BGH v. 29.11.1989 – VIII ZR 228/88, BGHZ 109, 240 (248); OLG München v. 15.4.1988 – 23 U 6557/88, NJW-RR 1988, 786; Erman/*Roloff*, § 306 BGB Rz. 20; UBH/*H. Schmidt*, AGB-Recht, § 306 BGB Rz. 40; *H. Schmidt*, Vertragsfolgen der Nichteinbeziehung und Unwirksamkeit von AGB, Diss. 1986, S. 228 ff.; ausführlich *Schröder*, Der sichere Weg bei der Vertragsgestaltung, S. 245 ff. m.w.N.; differenzierend *Garrn*, JA 1981, 151 (155); *Stoffels*, AGB-Recht, Rz. 627; *von Westphalen*, Vertragsrecht und AGB-Klauselwerke, „Salvatorische Klausel" Rz. 23; offen lassend BGH v. 29.11.1989 – VIII ZR 228/88, NJW 1990, 716 (718).

[2] Vgl. etwa BGH v. 12.3.1981 – VII ZR 293/79, NJW 1981, 1509; v. 17.5.1982 – VII ZR 316/81, BGHZ 84, 109 (114 ff.); v. 18.11.1982 – VII ZR 305/81, NJW 1983, 385 (387 f.); LG Hamburg v. 7.1.1983, bei *Bunte*, AGB E IV § 6 Nr. 24.

dd) Hintereinander geschaltete Formularverträge

20 Eine extreme Ausformung derartiger konkreter Ersatzbestimmungen bilden die theoretisch auch im Arbeitsrecht denkbaren sog. **„hintereinander geschalteten" oder „gestaffelten" Formularverträge**.[1] Hiermit werden diejenigen Vertragskonstruktionen bezeichnet, bei denen in einem Grundvertrag Klauseln zulässigen Inhalts vereinbart werden und zusätzlich in einem zweiten vorrangig geltenden, formularmäßigen Vertragskomplex über das gesetzlich zulässige Maß hinausgehende Klauseln festgeschrieben werden. Hinter einer derartigen Staffelung verbirgt sich der Zweck, dass für den Fall der Nichtigkeit einer Klausel im vorrangigen Vertragskomplex eine **Auffangklausel** bereitgehalten wird, die für den Vertragspartner des Verwenders (hier: für den Arbeitnehmer) immer noch ungünstiger als die gesetzliche Regelung ist.

21 Die hinsichtlich „einfacher" konkreter Ersatzklauseln vorstehend aufgezeigten Wirksamkeitsbedenken (Rz. 18f.) bestehen aufgrund eines Erst-Recht-Schlusses in verstärktem Maße gegenüber Klauseln, die zur Lückenfüllung nicht nur auf einzelne Ersatzbestimmungen, sondern auf subsidiär geltende vorformulierte Vertragswerke weiterverweisen.[2] Darüber hinausgehend ist bei der Weiterverweisung auf andere Klauselwerke im allgemeinen Vertragsrecht wegen § 305 Abs. 2 BGB schon die wirksame Einbeziehung in den Vertrag sehr fraglich.[3]

ee) Ausnahme bei unsicherer Rechtslage?

22 Von diesem sich entsprechend der vorangegangenen Ausführungen ergebenden **Grundsatz der generellen Unwirksamkeit** wird jedoch eine – auch für arbeitsrechtliche Gestaltungen relevante – Ausnahme erwogen:

23 Vereinzelt werden in der Literatur[4] und auch in der Rechtsprechung[5] Wirksamkeitsbedenken gegen Ersetzungsklauseln dann nicht erhoben, **wenn die Unwirksamkeit der zu ersetzenden Klausel nicht vorhersehbar** oder zumindest unsicher war. Hierfür kommen bspw. die Fälle in Betracht, in denen der Klauselverwender unter Anspannung seiner Erkenntnismöglichkeiten den Stand der Rechtsprechung und der Literatur nicht mehr ohne Weiteres erkennen kann oder Divergenzen in der höchstrichterlichen Rechtsprechung auftreten. In die gleiche Richtung geht der Ansatz *Lindachers*,[6] wenn er für ein Leistungsbestimmungsrecht des Verwenders beinhaltende salvatorische Klauseln (Beispiel e)) vorschlägt, die ausnahmsweise inso-

---

1 Zu der parallel gelagerten Problematik der hintereinander geschalteten Allgemeinen Geschäftsbedingungen ausführlich *Fell*, ZIP 1987, 690.
2 In diesem Sinne auch OLG München v. 15.4.1988 – 23 U 6557/88, NJW-RR 1988, 786; UBH/*H. Schmidt*, § 306 BGB Rz. 40; UBH/*Ulmer/Habersack*, § 305 BGB Rz. 152a; *Fell*, ZIP 1987, 690 (692f.); *H. Schmidt*, Vertragsfolgen der Nichteinbeziehung und Unwirksamkeit von AGB, Diss. 1986, S. 228; *Schröder*, Der sichere Weg bei der Vertragsgestaltung, S. 248 in Fn. 544; a.A. Staudinger/*Schlosser*, § 306 BGB Rz. 17; *Heiermann*, DB 1977, 1737; differenzierend WLP/*Lindacher/Hau*, § 306 BGB Rz. 23.
3 Mit eingehender Begründung und unter Bezugnahme auch auf die §§ 5, 7 AGBG (jetzt §§ 305c Abs. 2, 306a BGB) *Fell*, ZIP 1987, 690 (692f.).
4 *Garrn*, JA 1981, 151 (152f.); UBH/*Schmidt*, § 306 BGB Rz. 40; WLP/*Lindacher/Hau*, § 306 BGB Rz. 46; *Bunte*, AcP 181 (1981), 31 (42); einschränkend *Stoffels*, AGB-Recht, Rz. 627; offen lassend *Schröder*, Der sichere Weg bei der Vertragsgestaltung, S. 244f.
5 Vgl. LG Hamburg v. 16.10.1985 – 17 S 277/84, NJW 1986, 262f.
6 WLP/*Lindacher/Hau*, § 306 BGB Rz. 49.

weit für zulässig zu erachten seien, als sie das Risiko der Nichtvalidierung bislang nicht ernsthaft beanstandeter Konditionen vermeiden sollen.

Zu Recht weist *Garrn*[1] mit Blick auf die anderenfalls entstehenden Beweisschwierigkeiten darauf hin, dass es in jedem Fall nicht auf die subjektive Gutgläubigkeit des Verwenders in Bezug auf die Wirksamkeit von Klauselwerken ankommen kann. Denn derjenige, der mit der Verwendung eine einseitige Vertragsrechtsgestaltungsbefugnis für sich in Anspruch nimmt, muss auch die Verantwortung dafür tragen, dass die von ihm verwendeten Formulare nicht unwirksame Bestimmungen enthalten. Im Übrigen wird die Frage der Anerkennung von Ausnahmetatbeständen bei unsicherer Rechtslage und der sich hieraus für die Vertragsgestaltung ergebenden Konsequenzen im Zusammenhang mit der parallel gelagerten Problematik bei gesetzesverweisenden Klauseln behandelt (Rz. 29 ff.). 24

c) Reduktionsklauseln

⊃ **Nicht geeignet:**
Falls die Frist von X/die Schadenspauschale in Höhe von Y/die Vertragsstrafe in Höhe von Z als unangemessen lang/hoch von der Rechtsprechung angesehen wird, tritt an die Stelle dieser Regelung eine angemessene.

Sog. Reduktionsklauseln enthalten im Gegensatz zu Klauseln des Beispiels e) vor Rz. 12 keine konkrete Ersatzregelung, sondern nur einen **Maßstab, anhand dessen die Ersetzung vorgenommen werden soll**, sei es die „Angemessenheit", der „wirtschaftliche Zweck der unwirksamen Bestimmung" oder das rechtlich „noch Zulässige". Von den Ersetzungsklauseln der Beispiele a), b), c) vor Rz. 12 unterscheiden sie sich dadurch, dass die Angabe der Person des Bestimmungsberechtigten fehlt. Durch Reduktionsklauseln wird versucht, z.B. übermäßig lange Fristen, überhöhte Schadenspauschalen und Vertragsstrafen oder uneingeschränkte Freizeichnungsklauseln auf einen rechtlich nicht zu beanstandenden Inhalt geltungserhaltend zu reduzieren. In ständiger Rechtsprechung[2] und von der ganz überwiegenden Meinung im Schrifttum[3] wird allerdings eine geltungserhaltende Reduktion einzelner unwirksamer Bestimmungen in vorformulierten Vertragsbedingungen abgelehnt (s. Rz. 7). 25

d) Gesetzesverweisende Klauseln

⊃ **Nicht geeignet:**
a) Herr/Frau … ist verpflichtet, Nacht-/Wechselschicht-/Sonntags-/Mehr- und Überarbeit zu leisten, soweit dies gesetzlich zulässig ist.

---

1 JA 1981, 151 (152); vgl. auch *E. Schmidt*, JA 1980, 401 (406); *H. Schmidt*, Vertragsfolgen der Nichteinbeziehung und Unwirksamkeit von AGB, Diss. 1986, S. 231; missverständlich insoweit *Schröder*, Der sichere Weg bei der Vertragsgestaltung, S. 244 f.
2 Vgl. nur BGH v. 24.9.1985 – VI ZR 4/84, BGHZ 96, 18 (25 f.); v. 17.5.1982 – VII ZR 316/81, BGHZ 84, 109 (116); sowie die weiteren Nachweise bei *Schröder*, Der sichere Weg bei der Vertragsgestaltung, S. 248 in Fn. 548.
3 S. nur *Lakies*, Rz. 813; Staudinger/*Schlosser*, § 306 BGB Rz. 22 ff.; UBH/*Schmidt*, § 306 BGB Rz. 14; *Schröder*, Der sichere Weg bei der Vertragsgestaltung, S. 249 ff. m.w.N. in Fn. 549.

b) Gegenüber Ansprüchen der Gesellschaft ist die Geltendmachung von Zurückbehaltungsrechten, Leistungsverweigerungsrechten und Aufrechnung, soweit rechtlich zulässig, ausgeschlossen.
c) ... im Rahmen des rechtlich Zulässigen ...
d) ... soweit gesetzliche Vorschriften nicht entgegenstehen ...

26 Im Gegensatz zu oben erwähnten sog. Ersetzungs- und Reduktionsklauseln, die für den Fall der Unwirksamkeit einer Vertragsbestimmung diese durch eine vom dispositiven Recht abweichende Bestimmung ersetzen wollen, wird mit gesetzesverweisenden Klauseln das Ziel verfolgt, **von vornherein eine Unwirksamkeit** der formularvertraglichen Bestimmungen **zu vermeiden** und doch im Rahmen der rechtlichen Möglichkeiten eine für den Formularverwender möglichst günstige Gestaltung des Vertrages zu erreichen.[1]

aa) Grundsätzliche Unwirksamkeit

27 Im Grundsatz besteht weit gehende Einigkeit darüber, dass **im Regelfall** gesetzesverweisende Klauseln **unwirksam** sind.[2] Generelle Einwände gegen die Wirksamkeit gesetzesverweisender Klauseln ergeben sich außerhalb des Arbeitsrechts (vgl. § 310 Abs. 4 Satz 2 Halbs. 2 BGB) schon aus § 305 Abs. 1 Nr. 2 BGB, der vorsieht, dass AGB nur dann Vertragsbestandteil werden, wenn der Vertragspartner die Möglichkeit hat, in zumutbarer Weise von ihrem Inhalt Kenntnis zu nehmen. Dazu genügt nicht, dass der AGB-Text zugänglich gemacht wird, sondern die Klauseln müssen inhaltlich auch so verständlich sein, dass es möglich ist, die Rechte und Pflichten aus den Klauseln selbst zu entnehmen.[3] Dieses sog. materielle Verständlichkeitsgebot erfordert eine **klare Ausformulierung**. Gesetzesverweisende Klauseln hingegen lassen den im Regelfall rechtsunkundigen Vertragspartner über dessen Rechte fast vollständig im Unklaren, so dass sie bereits nicht Vertragsbestandteil werden.

28 Daneben begründet die vermeidbare, in den Verantwortungsbereich des Verwenders fallende **Intransparenz** der Klausel zugleich deren inhaltliche Unangemessenheit und damit einen Verstoß gegen § 307 BGB.[4] Da der Vertragsverwender unter einseitiger Inanspruchnahme der Vertragsgestaltungsfreiheit systematisch und gezielt das dispositive Recht abbedingt, ist es als Korrelat dieses Vorteils andererseits

---

1 Vgl. *Kasselmann*, Salvatorische Klauseln, S. 67f.
2 BGH v. 26.11.1984 – VIII ZR 214/83, BGHZ 93, 29 (48); v. 4.3.1987 – IV a ZR 122/85, NJW 1987, 1815 (1818); v. 29.11.1989 – VIII ZR 228/88, NJW 1990, 716 (718); v. 26.6.1991 – VIII ZR 231/90, NJW 1991, 2630 (2632); v. 5.12.1995 – X ZR 14/93, NJW-RR 1996, 783 (789); v. 5.3.2013 – VIII ZR 137/12, NJW 2013, 1668; BAG 28.5.2013 – 3 AZR 103/12, NZA 2013, 1419 Rz. 20; *Lakies*, Rz. 811; UBH/*Ulmer/Habersack*, § 305 BGB Rz. 153; *Neumann*, Geltungserhaltende Reduktion, S. 109ff.; *Schröder*, Der sichere Weg bei der Vertragsgestaltung, S. 254ff.; *Hensen*, JA 1981, 133 (136); *Schlosser*, WM 1978, 562 (569); *Löwe*, BB 1979, 1318 (1319); *Horn*, WM 1984, 449 (452); *Garrn*, JA 1981, 151 (156); *Witte*, Inhaltskontrolle, S. 305ff.; a.A. lediglich *Thümmel/Oldenburg*, BB 1979, 1067; *Willenbruch*, BB 1981, 1976 (1978f.).
3 BGH v. 16.11.1982 – VII ZR 92/82, BGHZ 86, 135 (137f.); *Garrn*, JA 1981, 151 (156); *Schröder*, Der sichere Weg bei der Vertragsgestaltung, S. 254f. m.w.N.
4 *Lakies*, Rz. 811; WLP/*Lindacher/Hau*, § 306 BGB Rz. 45; *Lindacher*, BB 1983, 154 (157); WLP/*Pfeiffer*, § 307 BGB Rz. 234f.

auch primär seine Sache, über die Grenzen rechtlich zulässiger Vertragsgestaltung Bescheid zu wissen. Er kann nicht die Ermittlung der Grenze des gerade noch Zulässigen auf den Vertragspartner, der das Klauselwerk nicht aufgestellt hat, übertragen.[1] Die Unzulässigkeit einer solchen salvatorischen Klausel folgt daneben aus dem Verbot der geltungserhaltenden Reduktion.

bb) Ausnahme bei unsicherer Rechtslage?

Umstritten ist allerdings, ob und inwieweit Klauseln mit gesetzesverweisenden salvatorischen Zusätzen in Abweichung vom vorstehenden Grundsatz ausnahmsweise doch wirksam sein können. 29

Während zum Teil[2] eine solche Ausnahmeregelung kategorisch abgelehnt wird, soll nach wohl überwiegender Auffassung[3] der gesetzesverweisende Zusatz dann wirksam sein, wenn Zweifel an der Wirksamkeit einer Klausel bestehen und ihr **rechtlicher Bestand** in Literatur und Rechtsprechung **ungeklärt ist**. 30

Gegen die Zulassung einer Ausnahme für den Fall, dass bei der Verwendung einer Klausel die Grenzen zulässiger Abweichung vom dispositiven Recht zweifelhaft sind, wird eingewandt, dass auch in derartigen Fällen die Unklarheit nicht zulasten des Vertragspartners gehen dürfe, indem er entweder eine möglicherweise unangemessene Klausel hinnimmt oder er jedenfalls das Prozessrisiko bei einer gerichtlichen Überprüfung tragen muss. Vielmehr müsse das Risiko der Fehleinschätzung auch hier beim Verwender verbleiben.[4] Selbst ein gutgläubiger Verwender sei nicht schützenswert.[5] 31

Soweit hingegen eine Einschränkung der Unwirksamkeit solcher Klauseln bei unsicherer Rechtslage befürwortet wird, wird dies aus der Begründung der grundsätzlichen Unzulässigkeit gesetzesverweisender Klauseln abgeleitet. Sofern die Unklarheit, die in einer entsprechenden Klausel liegt, vom Verwender nicht zu verantworten sei, könnten entsprechende salvierende Klauseln ausnahmsweise zulässig sein. Wo es nicht möglich sei, eine Vertragsklausel präziser zu fassen, sei es nicht vertretbar, den **Vertragsverwender** gewissermaßen auf einen Verzicht zur **Vertragsgestaltung** zu zwingen. Für diese Auffassung spricht außerdem – und hierauf weist *Lindacher*[6] zu Recht hin –, dass die Relativierung einer Klausel durch den Zusatz „soweit gesetzlich zulässig" wenigstens insoweit für den Vertragspartner Transparenz herstellt, dass die uneingeschränkte Geltung der Klausel **erkennbar als rechtlich zweifelhaft dargestellt wird**. Unter der weiteren Voraussetzung, dass für den Arbeitgeber 32

---

1 Ausführlich hierzu WLP/*Lindacher/Hau*, § 306 BGB Rz. 45; *Lindacher*, BB 1983, 154 (157).
2 *Thümmel/Oldenburg*, BB 1979, 1067; *Garrn*, JA 1981, 151 (156); UBH/*Ulmer/Habersack*, § 305 BGB Rz. 153; *Neumann*, Geltungserhaltende Reduktion, S. 109 ff.; *Kasselmann*, Salvatorische Klauseln, S. 79 ff.
3 OLG Stuttgart v. 19.12.1980 – 2 U 122/80, NJW 1981, 1105 (1106); OLG Hamm v. 18.2.1983 – 14 W 10/83, BB 1982, 1304 (1307); WLP/*Lindacher/Hau*, § 306 BGB Rz. 46; *Bunte*, NJW 1983, 1326; *Schlosser*, WM 1978, 562 (568 f.).
4 Vgl. vor allem *Schröder*, Der sichere Weg bei der Vertragsgestaltung, S. 256 f.; *H. Schmidt*, Vertragsfolgen der Nichteinbeziehung und Unwirksamkeit von AGB, Diss. 1986, S. 100; *Garrn*, JA 1981, 151 (156).
5 UBH/*Schmidt*, § 306 BGB Rz. 15.
6 WLP/*Lindacher/Hau*, § 306 BGB Rz. 46; *Lindacher*, BB 1983, 154 (157). Er spricht in diesem Zusammenhang von einem „verräterischen Zusatz".

ein konkreter Anlass, – z.B. überwiegende Rechtsprechung und Literatur –, fehlt, von einer unwirksamen Klausel ausgehen zu müssen, so dass ihm keine grobe Fahrlässigkeit bei der Klauselverwendung vorzuwerfen ist, ist eine Ausnahme für salvatorische Klauseln bei zweifelhafter Rechtslage hier anzuerkennen.[1]

cc) Resümee

33 Selbst wenn man der ausnahmsweisen Zulässigkeit gesetzesverweisender salvatorischer Klauseln bei einer erkennbar unklaren und unübersichtlichen Rechtslage zustimmt, ist von ihrer **Verwendung abzuraten**:

Auch bei Zugrundelegung der Ausnahmen zulassenden Auffassung **hängt die Wirksamkeit der Klausel von Zufällen ab**, namentlich von der Beurteilung der Frage, ob die konkret geregelte Rechtsfrage in ihrer rechtlichen Beurteilung unsicher und unüberschaubar ist oder nicht. Dies wird oft nicht eindeutig feststehen; denn zwei unterschiedliche Rechtsansichten zu finden, wird bei fast jeder Rechtsfrage möglich sein.[2] Im Ergebnis wird damit nur die eine schwer prognostizierbare Frage nach der Rechtslage durch die mindestens ebenso ungenau zu beantwortende Frage danach ersetzt, ob das bei einem etwaigen Rechtsstreit erkennende Gericht die hinsichtlich der jeweiligen Klausel bestehende Rechtslage für unsicher hält.

Hinzu kommt, dass, soweit in Arbeitsverträgen die Verwendung entsprechender salvatorischer Zusätze feststellbar war, in der Regel die Ausnahmesituation einer zweifelsfrei unsicheren Rechtslage nicht vorlag. Dies gilt insbesondere für die relativ weit verbreiteten Gratifikationsrückzahlungsklauseln. Schließlich muss bedacht werden, dass angesichts des grundsätzlichen Prinzips unzulässiger Salvierung die Ausnahmeregelung ohnehin nur im Zusammenhang mit einer ganz konkreten (rechtlich zweifelhaften) Vertragsbestimmung eingreifen kann. Deshalb können von vornherein solche **allgemeinen salvatorischen Klauseln nicht gerechtfertigt** werden, die sich in den Schlussbestimmungen des Vertrages befinden.

34 Im Ergebnis vermag ein bloßer gesetzesverweisender Zusatz daher trotz seiner weiten Verbreitung und Beliebtheit dem Verwender keinesfalls die berechtigte Gewissheit zu verschaffen, ausreichend Vorsorge getroffen zu haben.[3] Schließlich kann das im Falle der Unwirksamkeit der salvatorischen Klausel eingreifende dispositive Recht für den Arbeitgeber u.U. viel ungünstiger sein als eine von vornherein klar formulierte, sicher zulässige Regelung. Auch bei einer zweifelhaften Rechtslage sollte der Arbeitgeber es deshalb nicht mit Aufnahme des Zusatzes „soweit gesetzlich zulässig" bewenden lassen, sondern **im eigenen Interesse eine Regelung** vorsehen, die einer rechtlichen **Überprüfung mit Sicherheit standhält**.[4] Nur so können später gleichermaßen unvorhersehbare wie unangenehme Überraschungen vermieden werden.

---

1 So auch WLP/*Lindacher/Hau*, § 306 BGB Rz. 46.
2 In diesem Sinne auch *Neumann*, Geltungserhaltende Reduktion, S. 111.
3 So auch *Schröder*, Der sichere Weg bei der Vertragsgestaltung, S. 257.
4 Dies empfiehlt selbst *Willenbruch*, BB 1981, 1976 (1979), obwohl er gesetzesverweisende Klauseln hinsichtlich ihres rechtlichen Bestandes für „nicht angreifbar" hält.

3. Hinweise zur Vertragsgestaltung; Zusammenfassung

a) Teilnichtigkeitsklauseln

Ein Bedürfnis zur Aufnahme einer Teilnichtigkeitsklausel besteht aufgrund der Tatsache, dass im Arbeitsrecht ohnehin entgegen der Auslegungsregel des § 139 BGB die Teilunwirksamkeit arbeitsvertraglicher Regelungen nur in Ausnahmefällen zur Gesamtunwirksamkeit führt (vgl. Rz. 9 ff.), nur sehr eingeschränkt. Zu beachten ist, dass im Anwendungsbereich der §§ 305 ff. BGB die Unwirksamkeitsvermutung des § 139 BGB durch die Sonderregelung des § 306 BGB verdrängt wird. Folgende Klausel wäre jedoch unschädlich, entspricht sie doch § 306 Abs. 1 BGB: 35

Typ 1: Teilnichtigkeitsklausel

Die etwaige Unwirksamkeit einzelner Bestimmungen dieses Vertrages lässt die Wirksamkeit der übrigen Vertragsbestimmungen unberührt.

b) Ersetzungs-, Reduktions-, gesetzesverweisende Klauseln

In Allgemeinen Geschäftsbedingungen sind Ersetzungs-, Reduktions- und gesetzesverweisende Klauseln **grundsätzlich unwirksam**, ihre Verwendung in Formularverträgen daher untauglich.[1] 36

Die Schutzgedanken des AGB-Rechts sind auch auf das Arbeitsrecht anzuwenden (§ 310 Abs. 4 BGB). Besonderheiten des Arbeitsrechts, die eine abweichende Beurteilung rechtfertigen könnten, sind nicht ersichtlich. Vielmehr spricht die im Arbeitsrecht fehlende Möglichkeit, Formulararbeitsverträge einer abstrakten Kontrolle zu unterwerfen (§ 15 UKlaG, wonach das UKlaG auf das Arbeitsrecht insgesamt keine Anwendung findet) dafür, dem Klauselverwender das vollständige Risiko der Unwirksamkeit unangemessener Klauseln aufzubürden. Entsprechend anerkennt auch das BAG die **Unwirksamkeit salvatorischer Klauseln** aufgrundlage von § 306 Abs. 2 i.V.m. § 307 BGB und das daraus folgende **Verbot der geltungserhaltenden Reduktion** unwirksamer Klauseln (s. Rz. 7). Die Entwicklungen im AGB-Recht hinsichtlich der Wirksamkeit salvatorischer Klauseln gelten demgemäß auch für Formulararbeitsverträge. 37

---

1 Dennoch empfohlen durch SSSV/*Schrader/Klagges*, A 2. Teil Rz. 263.

§ 20 Schadenspauschalierungsabreden

	Rz.		Rz.
1. Einführung	1	c) Grenzen der Vereinbarungsfreiheit	14
2. Klauseltypen	2	aa) § 12 Abs. 2 Nr. 4 BBiG als gesetzliche Schranke	15
a) Beispiele	2	bb) Das Klauselverbot des § 309 Nr. 5 BGB	16
aa) Vertragsbruch	2	cc) Die Grundsätze der eingeschränkten Arbeitnehmerhaftung	21
bb) Veranlassung der fristlosen Kündigung	3		
cc) Verletzung von Geheimhaltungspflichten	4		
b) Abgrenzung von Vertragsstrafenversprechen	6	3. Hinweise zur Vertragsgestaltung; Zusammenfassung	22

Schrifttum:

Bengelsdorf, Schadensersatz bei Nichtantritt der Arbeit, BB 1989, 2390; *Beuthien*, Pauschalierter Schadensersatz beim Vertragsbruch des Arbeitnehmers, BB 1973, 92; *Beuthien*, Pauschalierter Schadensersatz und Vertragsstrafe, in Festschrift für Karl Larenz, 1973, S. 495; *Birkenfeld-Pfeiffer*, Schadensersatzpauschalen zwischen legitimer Rationalisierung des Geschäftsverkehrs und einseitiger Selbstbevorzugung des Verwenders, 1991; *Engel*, Konventionalstrafen im Arbeitsvertrag, Diss. 1990, S. 12; *Fischer*, Vertragsstrafe und vertragliche Schadenspauschalierung, 1981; *Popp*, Schadensersatz und Vertragsstrafe bei Arbeitsvertragsbruch, NZA 1988, 455; *Rüthers/Loritz*, Zur Schadenspauschalierung des § 124 GewO im System der Rechtsordnung, ArbuR 1983, 265; *Stoffels*, Der Vertragsbruch des Arbeitnehmers, Diss. 1994, S. 235; *Ullrich*, Die fixierte, pauschalierte Entschädigung des Arbeitgebers bei Vertragsbruch des Arbeitnehmers nach der Gewerbeordnung, DB 1980, 1216.

1. Einführung

1 Das erklärte Ziel von Schadenspauschalierungsabreden ist es, dem Gläubiger zu einer erleichterten Durchsetzung seiner Ersatzforderung zu verhelfen. Um dies zu erreichen, wird der im Schadensfall zu leistende **Ersatzbetrag** bereits **im Voraus auf eine bestimmte Höhe festgelegt**. Der Gläubiger ist damit der Pflicht enthoben, den erlittenen Schaden gemäß §§ 249 ff. BGB konkret zu berechnen und im Einzelnen nachzuweisen. Nicht entbunden ist er allerdings von der Pflicht nachzuweisen, dass ein Schadensersatzanspruch überhaupt dem Grunde nach besteht.[1]

Der Begriff der Schadenspauschalierung deckt sowohl Pauschalierungen, die dem Anspruchsgegner den Nachweis offen halten, dass ein Schaden nicht oder nicht in der festgelegten Höhe entstanden ist, und/oder dem Berechtigten die Geltendmachung eines höheren Effektivschadens erlauben, als auch solche Pauschalierungen, die die Frage der Schadenshöhe gänzlich außer Streit zu stellen trachten.[2] Stets bedarf es einer besonderen rechtfertigenden Grundlage. Eine solche existierte bis 1990 in Gestalt des § 124b GewO.[3] Diese Vorschrift eröffnete den unter ihren Geltungsbereich fallenden Arbeitsvertragsparteien die Möglichkeit, bei Bruch des Vertrages durch die Gegenseite statt einer konkret berechneten Schadensersatzsumme die

---

[1] BGH v. 8.3.2005 – XI ZR 154/04, NJW 2005, 1645 (1647); Erman/*Roloff*, § 309 BGB Rz. 44.
[2] Soergel/*Lindacher*, Vor § 339 BGB Rz. 23.
[3] Näher zu dieser Vorschrift *Ullrich*, DB 1980, 1216; *Rüthers/Loritz*, ArbuR 1983, 266.

dort ausgewiesene Pauschale einzufordern. Nach dem Wegfall dieser gesetzlichen Pauschalierungsregelung[1] kann sich ein solches Recht des Arbeitgebers **nur** noch **aus einer besonderen arbeitsvertraglichen Abrede** ergeben.[2] Für eine solche Vereinbarung spricht aus der Sicht des Arbeitgebers vor allem der **Rationalisierungsvorteil** (effektive und einfache Rechtsverwirklichung), daneben aber auch die aus der ausdrücklichen Hervorhebung der zu gewärtigenden Sanktion resultierende **Präventionswirkung**.[3] Auf der anderen Seite bergen gerade vertragliche Schadenspauschalen stets die Gefahr einer einseitigen, vom Vertragspartner nicht ohne Weiteres erkennbaren Selbstbevorzugung ihres Verwenders.[4] Das wirft die Frage der Zulässigkeit solcher Abreden auf. Hierfür kommt es zunächst darauf an, wie vertragliche Schadenspauschalierungen rechtlich zu qualifizieren sind, welchem Rechtsregime sie mithin unterfallen.

2. Klauseltypen

a) Beispiele

aa) Vertragsbruch

⊃ **Nicht geeignet:** 2

  a) Löst der Arbeitgeber oder der Arbeitnehmer unter Bruch des Vertrages das Arbeitsverhältnis, so entsteht ohne Nachweis des entstandenen Schadens ein Rechtsanspruch auf Ersatz des Schadens. Die Höhe des Anspruchs entspricht den Nettobezügen des Arbeitnehmers, auf die er bei Fortsetzung des Arbeitsverhältnisses für drei Monate Anspruch gehabt hätte. Bei Provisionsabrechnung, Durchschnitt der letzten drei Monate.[5]

  b) Im Falle der schuldhaften Nichtaufnahme oder der vertragswidrigen Beendigung der Tätigkeit ist der Arbeitnehmer verpflichtet, der Firma eine Entschädigung in Höhe des vereinbarten bzw. zuletzt gezahlten Bruttolohnes von zwei Wochenlöhnen bzw. eines halben Monatslohnes zu zahlen, vorbehaltlich weiter gehender Schadensersatzansprüche.[6]

  c) Bei rechtswidriger Beendigung des Arbeitsverhältnisses durch den Mitarbeiter ist ein pauschaler Schadensersatz in Höhe des Verdienstes der letzten sechs voll gearbeiteten Tage fällig. Die Firma behält sich vor, darüber hinausgehende Schadensersatzansprüche geltend zu machen.[7]

  d) Das Verlassen oder Nichtantreten der Arbeit ohne Einhaltung der gesetzlichen, tariflichen oder einzelvertraglichen Kündigungsfrist oder ohne wichtigen Grund verpflichtet zum Ersatz des durch den Arbeitsvertragsbruch entstandenen Schadens. Anstelle des vollen Schadensersatzes kann der Arbeitgeber ohne Nachweis eines konkreten Schadens eine Entschädigung in Höhe von 25 % der Bruttomonatsbezüge verlangen. Weitergehende Ansprüche sind dann ausgeschlossen.

---

1 Aufhebung des § 124b GewO durch Gesetz v. 28.6.1990 (BGBl. I, S. 1221).
2 MünchArbR/*Reichold*, § 39 Rz. 57.
3 *Rüthers/Loritz*, ArbuR 1983, 266; *Birkenfeld-Pfeiffer*, Schadensersatzpauschalen, S. 61.
4 Ausführlich hierzu *Birkenfeld-Pfeiffer*, Schadensersatzpauschalen, S. 70 ff.
5 BAG v. 16.5.1984 – 7 AZR 162/81, n.v.
6 ArbG Herford v. 2.7.1981 – 1 Ca 217/81, NJW 1982, 1550.
7 *Hunold*, Teil 4, Kapitel 3.3.10, S. 2 Bauarbeiter, § 8.

bb) Veranlassung der fristlosen Kündigung

3 ⊃ **Nicht geeignet:**
> Wird aus einem wichtigen Grund, den der Arbeitnehmer zu vertreten hat, von Seiten der Firma gekündigt, so steht dieser ein pauschalierter Schadensersatz von 25 Euro zu, unbeschadet weiterer Schadensersatzansprüche, die der Auftraggeber gegenüber der Firma erhebt. ...

cc) Verletzung von Geheimhaltungspflichten

4 ⊃ **Nicht geeignet:**
> a) Die Zahlung der Entschädigung gem. Ziff. 2 kann – unbeschadet weiter gehender Schadensersatzansprüche – auch bei Verrat von Betriebsgeheimnissen verlangt werden.
>
> b) Bei einem schuldhaften Verstoß gegen die Verpflichtung aus Ziff. 3 (Geheimhalten von Kundenanschriften) verpflichtet sich der Mitarbeiter zur Zahlung eines Betrages mindestens in der Höhe von 100 Euro pro zurückbehaltener Kundenanschrift ...

5 In der arbeitsvertraglichen Praxis begegnet man Schadenspauschalierungsvereinbarungen eher **selten**. Sie werden dann vor allem bezüglich der folgenden Vertragspflichtverletzungen vereinbart:
- Nichtantritt bzw. verspäteter Antritt der Arbeit,
- Nichteinhaltung der maßgeblichen Kündigungsfrist,
- Veranlassung der außerordentlichen Kündigung,
- Verstoß gegen Geheimhaltungspflichten,
- (selten) Verstoß gegen Wettbewerbsverbot.

Klauseln, die an die schuldhafte Schlechterfüllung der Arbeitnehmerpflichten knüpfen, sind bislang nicht bekannt geworden. In der Kautelarpraxis steht der **Tatbestand des Arbeitsvertragsbruchs** an erster Stelle. Damit sind die Fälle des Nichtantretens der Arbeit und das Ausscheiden ohne Beachtung der Kündigungsfristen gemeint.[1] Hier besteht wegen der Schwierigkeiten der Schadensberechnung und des Schadensnachweises (→ *Haftung des Arbeitnehmers*, II H 20) offenkundig ein außerordentliches Bedürfnis nach einer vereinfachten Form des Schadensausgleichs.

b) Abgrenzung von Vertragsstrafenversprechen

6 Schadenspauschalierungsvereinbarungen **überschneiden sich** in ihren wirtschaftlichen Zielen **mit Vertragsstrafenversprechen**. Ihre nahe Verwandtschaft ergibt sich schon daraus, dass beide Klauselarten an ein pflichtwidriges Verhalten des Schuldners anknüpfen[2] und ihn für diesen Fall mit einer im Vorhinein der Höhe nach festgesetzten Zahlungspflicht belegen. Für den Gläubiger verbindet sich damit stets der Vorteil, seinen Schaden nicht im Einzelnen darlegen und beweisen zu müssen.[3] Zu-

---

[1] Zum Begriff des Arbeitsvertragsbruchs BAG v. 18.9.1991 – 5 AZR 650/90, NZA 1992, 215 und zu seinen Voraussetzungen und Rechtsfolgen *Stoffels*, Vertragsbruch des Arbeitnehmers, S. 7 ff. sowie *Berger-Delhey*, DB 1989, 2171.
[2] *Beuthien*, FS Larenz, S. 498; *Engel*, Konventionalstrafen, S. 13.
[3] *Beuthien*, FS Larenz, S. 499; *Engel*, Konventionalstrafen, S. 14.

dem weist die → *Vertragsstrafe*, II V 30 aufgrund der Konkurrenzregelungen der §§ 340 Abs. 2, 341 Abs. 2 BGB starke schadensersatzrechtliche Bezüge auf.[1] Die verwirkte Vertragsstrafe ist hiernach auf einen etwaigen Schadensersatzanspruch wegen Nichterfüllung anzurechnen. Die Vertragsstrafe kann der Gläubiger als Mindestschaden ohne Nachweis verlangen. Will er einen die Vertragsstrafe übersteigenden Schaden geltend machen, muss er die Voraussetzungen des Ersatzanspruchs, insbesondere die Höhe des Schadens, behaupten und beweisen. Die Vertragsstrafe wirkt dann im Ergebnis ebenso wie eine Schadenspauschale, bei der sich der Gläubiger das Recht vorbehalten hat, einen höheren Effektivschaden nachzuweisen. Die somit zu konstatierende partielle Funktionsidentität führt in der arbeitsgerichtlichen Praxis immer wieder zu Abgrenzungsschwierigkeiten.

Dabei ist mit dem Bundesarbeitsgericht[2] und der nunmehr einhelligen Ansicht[3] davon auszugehen, dass es sich bei der vertraglichen Schadenspauschalierung um ein **eigenständiges, wenngleich „der Vertragsstrafe ähnliches Rechtsinstitut"** handelt. 7

Für die im Hinblick auf § 309 Nr. 5 und 6 BGB gebotene Abgrenzung ist darauf abzustellen, welcher Art der Anspruch ist, aus dem das Zahlungsbegehren hergeleitet wird.[4] Im Wege der **Auslegung** gilt es den mit der Vereinbarung verfolgten **Zweck** zu ermitteln.[5] Soll sie in erster Linie die Erfüllung des Hauptanspruchs sichern und auf den Vertragsgegner einen möglichst wirkungsvollen Druck ausüben, so liegt der Sache nach eine Vertragsstrafenvereinbarung vor. Um eine Schadenspauschalabrede handelt es sich dagegen, wenn sie der vereinfachenden Durchsetzung eines als bestehend vorausgesetzten Vertragsanspruchs dienen soll. Etwaige Schwierigkeiten des Arbeitgebers, einen ihm durch Nichtantritt der Arbeit entstandenen Schaden darzulegen und zu beweisen, legitimieren nicht die Vereinbarung einer Vertragsstrafe.[6] Die Pauschalierung eines Schadensersatzanspruchs stellt den Versuch einer antizipierten Schadensschätzung dar.[7] Wichtig ist daher u.a. das Verhältnis der Höhe des zu zahlenden Betrages zur Länge der Kündigungsfrist. Für den Vertragsstrafencharakter einer Zahlungsverpflichtung spricht es nach h.M., wenn der aus-

---

1 *Beuthien*, FS Larenz, S. 499.
2 BAG v. 14.12.1966 – 5 AZR 168/66, NJW 1967, 751. Aus der Rechtsprechung des BGH vgl. BGH v. 6.11.1967 – VIII ZR 81/65, BGHZ 49, 84 (89); v. 8.10.1969 – VIII ZR 20/68, NJW 1970, 29.
3 ErfK/*Müller-Glöge*, §§ 339–345 BGB Rz. 4; *Bötticher*, ZfA 1970, 35 ff.; *Beuthien*, FS Larenz, S. 495 ff.; *Lakies*, Inhaltskontrolle von Arbeitsverträgen, Rz. 816; *Gessert*, Schadensersatz nach Kündigung, 1991, S. 110 ff.; Soergel/*Lindacher*, Vor § 339 BGB Rz. 21; *Birkenfeld-Pfeiffer*, Schadensersatzpauschalen, S. 24; *Engel*, Konventionalstrafen, S. 12 f.; CKK/*Schlewing*, § 309 BGB Rz. 57, jeweils unter Hinweis auf § 309 Nr. 5 und 6 BGB (= § 11 Nr. 5 und 6 AGBG).
4 BGH v. 6.11.1967 – VIII ZR 81/65, BGHZ 49, 84; v. 8.10.1969 – VIII ZR 20/68, NJW 1970, 29; v. 30.6.1976 – VIII ZR 267/75, NJW 1976, 1886.
5 BGH v. 8.10.1969 – VIII ZR 20/68, NJW 1970, 29; v. 30.6.1976 – VIII ZR 267/75, NJW 1976, 1886; v. 6.11.1967 – VIII ZR 81/65, BGHZ 49, 84; BAG v. 14.12.1966 – 5 AZR 168/66, AP Nr. 26 zu § 138 BGB; v. 16.5.1984 – 7 AZR 162/81, n.v.; LAG Berlin v. 19.5.1980 – 8 Sa 19/80, NJW 1981, 480; Staudinger/*Rieble*, Vorbem. zu §§ 339 ff. BGB Rz. 57; *Thüsing*, AGB-Kontrolle, Rz. 366; *Schwerdtner*, FS Hilger/Stumpf, 1983, S. 634; *Beuthien*, FS Larenz, S. 498 ff.; *Bötticher*, ZfA 1970, 1 ff., 29 ff., 36; *Becker-Schaffner*, BlStSozArbR 1979, 321 f.; CKK/*Schlewing*, § 309 BGB Rz. 58; alle m.w.N.
6 LAG Düsseldorf v. 8.1.2003 – 12 Sa 1301/02, NZA 2003, 382.
7 Soergel/*Lindacher*, Vor § 339 BGB Rz. 19.

bedungene Geldbetrag unabhängig von einem tatsächlichen Schadenseintritt verwirkt sein soll und des Weiteren, wenn dem Gläubiger das Recht eingeräumt wird, einen weiter gehenden Schaden nachzuweisen.[1] Den von den Vertragsschließenden gewählten Bezeichnungen kommt allenfalls ein schwacher Indizwert zu.[2] Aus der arbeitsgerichtlichen Rechtsprechung lässt sich eine Reihe von Beispielen nachweisen, die zeigen, dass im Klauseltext enthaltene Formulierungen wie „Entschädigung" oder „Schadensersatz" das Auslegungsergebnis in keiner Weise präjudizieren.

Als Vertragsstrafenversprechen sind auch die Beispiele a) und b) oben Rz. 2 qualifiziert worden.

8 In seiner zu **Beispiel a)** ergangenen Entscheidung vom 16.5.1984[3] hob das BAG auf das für die Vertragsstrafe als einem bifunktionalen Rechtsinstitut – neben der Ersatzfunktion – in besonderem Maße charakteristische Präventionselement ab. Die vereinbarte Zahlung eines Betrages von drei Netto-Monatsvergütungen stelle ein Druckmittel dar, mit dem die Einhaltung der beiderseitigen Hauptpflichten für die Dauer des rechtlichen Bestandes des Arbeitsverhältnisses gesichert werden sollte. Die Auslegung im Sinne eines unselbständigen Strafversprechens entspreche daher am ehesten dem objektiven Regelungsgehalt der vertraglichen Abrede.

9 Bei **Beispiel b)** vermisste das Arbeitsgericht Herford[4] die für eine Schadenspauschalierung notwendige Orientierung am mutmaßlichen (typischen) Schaden. Ein Betrag in Höhe von zwei Wochenlöhnen überschreite ersichtlich die Vorstellungen des Arbeitgebers vom zu erwartenden Schaden. Dies werde besonders deutlich angesichts der kurzen vertraglichen Kündigungsfrist von einem Tag.

10 Dass man in der arbeitsvertraglichen Praxis durchaus auch „echten" Schadenspauschalierungsabreden für den Fall des Vertragsbruchs begegnen kann, zeigen die **Beispiele c) und d)** oben Rz. 2. Hier haben die Parteien nicht nur durch die Begriffswahl („pauschaler Schadensersatz" bzw. „Schadensersatz/Entschädigung"), sondern auch durch die maßvolle Höhe des zu zahlenden Geldbetrages zum Ausdruck gebracht, dass es ihnen um eine Schadensersatzpauschale und nicht um eine Vertragsstrafe ging.

11 In der im Bewachungsgewerbe verwendeten Klausel (Beispiel Rz. 3) liegt eine klare Schadenspauschalierung, die schon aufgrund der niedrigen Summe keinesfalls als versteckte Vertragsstrafe angesehen werden kann. Die niedrige Summe soll ersichtlich der Schadensdeckung dienen, die dem Bewachungsunternehmen durch den Ausfall des Mitarbeiters entsteht. Zu denken ist an die Kosten, die der Arbeitgeber dazu aufzuwenden hat, einen anderen Wachmann mit der Bewachung des Objektes zu beauftragen und ihn einzuweisen.

---

1 Nachweise bei *Engel*, Konventionalstrafen, S. 16 ff.
2 Palandt/*Grüneberg*, § 276 BGB Rz. 26; *Schwerdtner*, FS Hilger/Stumpf, 1983, S. 634; nach LG Koblenz v. 20.5.2003 – 1 O 315/02, VuR 2003, 432 (434) kann die Falschbezeichnung jedoch zu einer Unwirksamkeit der Klausel nach § 307 Abs. 1 BGB führen.
3 BAG v. 16.5.1984 – 7 AZR 162/81, n.v.
4 ArbG Herford v. 2.7.1981 – 1 Ca 217/81, NJW 1982, 1550; ähnlich auch LAG Rh.-Pf. v. 28.6.2007 – 2 Sa 62/07, n.v.

Bei den beiden **Beispielen** unter Rz. 4 dürfte sich die Einordnungsfrage ohne Kenntnis der näheren Umstände des Einzelfalles kaum beantworten lassen.

Verbleiben nach der Auslegung Zweifel, so ist gemäß § 305c Abs. 2 BGB dasjenige Ergebnis anzunehmen, nach dem die Klausel unwirksam ist. Wenn sowohl die Vereinbarung einer Schadenspauschalierungsabrede als auch einer Vertragsstrafe wirksam ist, wird nach § 305c Abs. 2 BGB eine Auslegung als Schadenspauschale zu bevorzugen sein; diese begründet im Gegensatz zur Vertragsstrafe keinen eigenen Anspruchsgrund.[1]

c) Grenzen der Vereinbarungsfreiheit

Schadenspauschalierungsabreden sind entsprechend dem Grundsatz der Vertragsfreiheit in den sogleich näher zu beschreibenden Grenzen grundsätzlich zulässig.

aa) § 12 Abs. 2 Nr. 4 BBiG als gesetzliche Schranke

Ein gesetzliches Verbot vertraglicher Schadensersatzpauschalen findet sich in § 12 Abs. 2 Nr. 4 BBiG. Nichtig sind hiernach im Rahmen von Berufsausbildungsverhältnissen getroffene Vereinbarungen über die Festsetzung der Höhe eines Schadensersatzes in Pauschbeträgen, wie sie z.B. in § 7 des Einheitslehrvertrages der Industrie- und Handelskammern für den Fall der schuldhaften vorzeitigen Lösung des Lehrverhältnisses vorgesehen war.[2] Der Gesetzgeber wollte mit dieser Verbotsvorschrift der besonderen Schutzbedürftigkeit des Auszubildenden Rechnung tragen; eine verallgemeinernde Anwendung über Berufsausbildungsverhältnisse hinaus kommt von daher nicht in Betracht.[3]

bb) Das Klauselverbot des § 309 Nr. 5 BGB

Angesichts der zu konstatierenden Neigung der arbeitsgerichtlichen Rechtsprechung, die vertraglichen Festsetzungen eines im Schadensfall zu zahlenden Geldbetrages als Vertragsstrafe zu qualifizieren,[4] brauchte sich die arbeitsgerichtliche Rechtsprechung bislang nicht mit den Zulässigkeitsgrenzen vertraglicher Schadenspauschalen zu befassen. Erwähnenswert ist lediglich ein obiter dictum des Landesarbeitsgerichts Düsseldorf, demzufolge die Vorschriften der §§ 339 ff. BGB zumindest entsprechend angewendet werden müssten.[5]

---

1 So richtigerweise WLP/*Dammann*, § 309 Nr. 5 BGB Rz. 38; im Ergebnis ähnlich auch Staudinger/*Coester-Waltjen*, § 309 Nr. 5 BGB Rz. 3 a.E.; a.A. OLG Nürnberg v. 5.2.2002 – 1 U 2315/01, NJW-RR 2002, 917, das im Zweifel von einer Vertragsstrafe ausgeht; zur Problematik auch UBH/*Fuchs*, § 309 Nr. 5 BGB Rz. 12.
2 Abgedruckt und erläutert in *Diercks/Dinter/Stemme*, Erläuterungen zum Einheitslehrvertrag (ELV) der Industrie- und Handelskammern, 1963.
3 MünchArbR/*Reichold*, § 39 Rz. 57.
4 Vgl. auch *Lakies*, Inhaltskontrolle von Arbeitsverträgen, Rz. 816 a.E., wonach Abreden für den Fall des Vertragsbruchs des Arbeitnehmers im Regelfall als Vertragsstrafen zu qualifizieren seien; ebenso DBD/*Däubler*, § 309 Nr. 5 BGB Rz. 5 und CKK/*Schlewing*, § 309 BGB Rz. 66 in Ermangelung eines konkret greifbaren Schadens bei Nichterbringen der geschuldeten Arbeitsleistung; ferner *Hromadka/Schmitt-Rolfes*, Der unbefristete Arbeitsvertrag, 2006, S. 126 f.
5 LAG Düsseldorf v. 15.11.1972 – 2 Sa 200/72, DB 1973, 84.

Nach der Erstreckung des AGB-Rechts auf vorformulierte Arbeitsvertragsbedingungen steht nunmehr als Zulässigkeitsschranke **§ 309 Nr. 5 BGB im Mittelpunkt**.[1] In der Tat geht mit vorformulierten Schadenspauschalen ganz allgemein eine erhöhte Gefahr unausgewogener Vertragsgestaltung – sprich einseitiger Selbstbevorzugung des Klauselverwenders durch überhöhte Pauschalen – einher. Dies spricht dafür, § 309 Nr. 5 AGBG auch im Arbeitsrecht uneingeschränkt zur Geltung zu bringen; arbeitsrechtliche Besonderheiten, die der Anwendung dieses Klauselverbots entgegenstehen könnten, sind nicht ersichtlich.[2]

17 Eine unangemessene Benachteiligung des Arbeitnehmers geht von Schadenspauschalierungsabreden gemäß **§ 309 Nr. 5a BGB** somit dann aus, wenn die Pauschale den nach dem gewöhnlichen Lauf der Dinge zu erwartenden Schaden übersteigt.[3] Die im Arbeitsvertrag festgesetzte Pauschale ist mithin zu vergleichen mit dem durchschnittlichen Schaden, der nach Schätzung eines informierten Beobachters in der betreffenden Branche normalerweise entsteht.[4] Eine verlässliche Feststellung eines Durchschnittsschadens dürfte in dem typischen Fall des Arbeitsvertragsbruchs angesichts der Vielgestaltigkeit denkbarer Schadenspositionen kaum möglich sein. Der Arbeitgeber läuft daher Gefahr, dass seine Festsetzung über dem vom Gericht angenommenen Durchschnittsschaden liegt und die Klausel damit verworfen wird. Dieses Risiko lässt sich nur ausschalten, indem man die Schadenspauschale sehr niedrig ansetzt. Damit schwindet dann allerdings auch der Nutzen solcher Schadenspauschalen. Im Übrigen trägt der Arbeitgeber als Verwender die Beweislast dafür, dass die Schadenspauschalierungsabrede angemessen ist.[5]

18 Davon abgesehen sind Schadenspauschalierungen in Arbeitsverträgen nach **§ 309 Nr. 5b BGB** dann unwirksam, wenn dem Arbeitnehmer nicht ausdrücklich der Nachweis gestattet wird, ein Schaden sei überhaupt nicht entstanden oder wesentlich niedriger als die Pauschale.[6] Davon zu unterscheiden ist der Vorbehalt des Klauselverwenders, einen höheren Schaden geltend zu machen. Ein derartiger „Ge-

---

1 Bereits vor der Aufhebung der Bereichsausnahme für Verträge auf dem Gebiete des Arbeitsrecht plädierte das Schrifttum mehrheitlich für eine Orientierung der arbeitsgerichtlichen Inhaltskontrolle an § 11 Nr. 5 AGBG *Koch/Stübing*, 1977, § 23 AGBG Rz 2; *Hildebrandt*, Disparität und Inhaltskontrolle im Arbeitsrecht, 1987, S. 60; *Stein*, Anm. AP Nr. 8 zu § 339 BGB; *Corts* in ArbR BGB, 2. Aufl. 2002, § 628 BGB Rz 53; dagegen Wolf/Horn/*Lindacher*, 4. Aufl. 1999, § 23 AGBG Rz. 43; ausführlich zum Meinungsstand *Stoffels*, Vertragsbruch des Arbeitnehmers, S. 252 ff.
2 DBD/*Däubler*, § 309 Nr. 5 BGB Rz. 3; *Reichold*, ZTR 2002, 207; *Lakies*, Inhaltskontrolle von Arbeitsverträgen, Rz. 817; CKK/*Schlewing*, § 309 BGB Rz. 65.
3 Einzelheiten zur Durchführung dieser Vertretbarkeitskontrolle bei Soergel/*Lindacher*, Vor § 339 BGB Rz. 32 und 34 und speziell mit Blick auf den Arbeitsvertragsbruch bei *Corts* in ArbR BGB, 2. Aufl. 2002, § 628 BGB Rz. 53 (Obergrenze: Monatseinkommen bzw. bei kürzerer Kündigungsfrist das in dieser Zeit erzielbare Einkommen).
4 Vgl. MünchKommBGB/*Wurmnest*, § 309 Nr. 5 Rz. 11; ähnlich CKK/*Schlewing*, § 309 BGB Rz. 61 („branchenüblicher Durchschnittsschaden").
5 Einzelheiten zur Beweislast bei Staudinger/*Coester-Waltjen*, § 309 Nr. 5 BGB Rz. 18 m.w.N.; ferner CKK/*Schlewing*, § 309 BGB Rz. 62 und UBH/*Fuchs*, § 309 Nr. 5 BGB Rz. 22.
6 Nach BGH v. 14.4.2010 – VIII ZR 123/09, NJW 2010, 2122 (2123) reicht es aus, dass eine Klausel den Nachweis eines wesentlich geringeren Schadens zulässt. Es bedarf nicht des Zusatzes, dass auch der Nachweis eines fehlenden Schadens gestattet ist.

genbeweis" ist nach überwiegender Auffassung zulässig.[1] Anzudenken ist jedoch, ob nicht eine unangemessene Benachteiligung i.S.d. § 307 BGB vorliegt. Eine Pauschale ruft auf der Verwendergegenseite die begründete Erwartung hervor, einer höheren Haftung nicht ausgesetzt zu sein. Es handelt sich in einem solchen Fall um einen zweckfremden Einsatz des Instruments der Schadenspauschalierung.[2] Auch aus diesem Grund empfiehlt es sich, von Klauseln nach Art von Beispiel c) oben Rz. 2 Abstand zu nehmen.

Die Überschreitung der aufgezeigten Zulässigkeitsschranken hat zur Folge, dass die vorformulierte Pauschale **in toto** in Wegfall kommt.[3] Eine geltungserhaltende Reduktion etwa dergestalt, dass die Pauschale mit einem niedrigeren Satz aufrechterhalten oder die Unwirksamkeit auf den Gegenbeweisausschluss beschränkt wird, findet also nicht statt. Der Arbeitgeber muss vielmehr in diesem Falle seinen Schaden nach den gesetzlichen Vorschriften (§§ 249 ff. BGB) konkret berechnen und nachweisen. Ist eine Klausel allein wegen der nicht offen gehaltenen Möglichkeit eines „Gegenbeweises" unwirksam, muss folgerichtig die vereinbarte Pauschalierung zu Gunsten des Verwendungsgegners aufrechterhalten werden.[4] Fiele die Pauschalierung vollständig weg, eröffnete dies dem Verwender sinnwidrig den Weg, nun doch einen höheren Schaden nachweisen zu können. 19

Für die seltenen Fälle individuell vereinbarter Pauschalierungsregelungen wird man es dagegen beim Maßstab des § 138 BGB[5] sowie einer entsprechenden Anwendung des § 343 BGB – jedenfalls bei deutlich überhöhten Schadenspauschalen[6] – belassen können. 20

cc) Die Grundsätze der eingeschränkten Arbeitnehmerhaftung

Als Grenze der vertraglichen Gestaltungsfreiheit sind schließlich die Grundsätze der eingeschränkten → *Haftung des Arbeitnehmers*, II H 20 zu beachten, die nach h.M. grundsätzlich zwingendes Recht darstellen. Um eine Aushöhlung des Haftungsprivilegs zu vermeiden, sind deshalb Schadenspauschalierungen unzulässig, soweit der Arbeitnehmer nur eingeschränkt haftet.[7] Soweit eine Klausel also nicht (nur) an den Vertragsbruch, sondern auch an sonstige, betrieblich veranlasste Pflichtverletzungen anknüpft, sollte dieser richterrechtlich entwickelten Schranke ausdrücklich Rechnung getragen werden. 21

---

1 BGH v. 14.4.2010 – VIII ZR 123/09, NJW 2010, 2122 (2123) Rz. 13; v. 16.6.1982 – VIII ZR 89/81, NJW 1982, 2316 (2317); OLG München v. 29.9.1994 – U (K) 7111/93, NJW 1995, 733 (734); Wolf/*Dammann*, § 309 Nr. 5 BGB Rz. 100; Staudinger/*Coester-Waltjen*, § 309 Nr. 5 BGB Rz. 21 m.w.N.
2 Wie hier UBH/*Fuchs*, § 309 Nr. 5 BGB Rz. 31 („Wer pauschaliert, bindet sich.").
3 BGH v. 8.11.1984 – VII ZR 256/83, NJW 1985, 632; OLG Frankfurt v. 15.6.1982 – 11 U 1/82, NJW 1982, 2564; *Lakies*, Inhaltskontrolle von Arbeitsverträgen, Rz. 820; Palandt/*Grüneberg*, § 309 BGB Rz. 26; UBH/*Fuchs*, § 309 Nr. 5 BGB Rz. 32; CKK/*Schlewing*, § 309 BGB Rz. 70.
4 Vgl. auch OLG Koblenz v. 16.11.1999 – 3 U 45/99, NJW-RR 2000, 872; Staudinger/*Coester-Waltjen*, § 309 Nr. 5 BGB Rz. 22.
5 *Beuthien*, FS Larenz, S. 50; MünchArbR/*Reichold*, § 39 Rz. 57.
6 Ähnlich *Bötticher*, ZfA 1970, 37 und Soergel/*Lindacher*, Vor § 339 BGB Rz. 27; vgl. auch Palandt/*Grüneberg*, § 276 BGB Rz. 26.
7 Näher DBD/*Däubler*, § 309 Nr. 5 BGB Rz. 6 f.; CKK/*Schlewing*, § 309 BGB Rz. 67.

3. Hinweise zur Vertragsgestaltung; Zusammenfassung

22 Die Kenntnis um die soeben skizzierten Wirksamkeitsschranken vertraglicher Schadenspauschalen ermöglicht nunmehr auch eine abschließende Bewertung dieses Instituts aus kautelarjuristischer Sicht. Zu berücksichtigen ist, dass sich die Anbindung des ggf. zu zahlenden Geldbetrages an den gewöhnlich aus der sanktionierten Vertragsverletzung resultierenden Schaden nach dem soeben Gesagten in den Wirksamkeitsanforderungen widerspiegelt. Angesichts der Schwierigkeiten, einen typischen Durchschnittsschaden anzugeben, läuft der Arbeitgeber **Gefahr**, dass seine Schätzung vor dem Arbeitsgericht **keinen Bestand hat**, was bei formularmäßiger Vereinbarung zur Unwirksamkeit der Klausel führt. Vorteilhafter ist es für den Arbeitgeber daher, den Geldbetrag vom Schaden abzukoppeln – und das heißt „**Vereinbarung einer Vertragsstrafe**".[1]

Man wird dem Arbeitgeber nach alledem insgesamt – insbesondere aber von einer formularmäßigen – Schadenspauschalierung **abraten** müssen.[2] Auf einen Klauselvorschlag wird hier daher verzichtet.

---

[1] *Bengelsdorf*, BB 1989, 2392; für die Bevorzugung der Vertragsstrafe auch *Popp*, NZA 1988, 455 ff.
[2] Wie hier *Thüsing*, AGB-Kontrolle, Rz. 367; *Beuthien*, BB 1973, 93 und *Bengelsdorf*, BB 1989, 2392; im gegenteiligen Sinne allerdings *Hildebrandt*, Disparität und Inhaltskontrolle im Arbeitsrecht, 1987, S. 62; positiver auch die Einschätzung von *Rüthers/Loritz*, ArbuR 1983, 269.

S 30 Schriftformklauseln

	Rz.		Rz.
1. Einführung	1	3. Schriftformklauseln und Vorrang der Individualabrede	8
2. Arten von Schriftformklauseln	3	a) Individualabrede	8
a) Einfache Schriftformklausel	5	b) Sonderfall: Betriebliche Übung	11
b) Doppelte (qualifizierte) Schriftformklausel	7	4. Inhaltskontrolle	17
		5. Hinweise zur Vertragsgestaltung	20

Schrifttum:

Bieder, Zur Verwendung „qualifizierter" Schriftformklauseln in Formulararbeitsverträgen, SAE 2007, 379; *Bloching/Ortlof*, Schriftformklauseln in der Rechtsprechung von BGH und BAG, NJW 2009, 3393; *Däubler*, Der Änderungsvertrag – das vergessene Problem, in Festschrift für Reinhard Richardi, 2007, S. 205; *Franzen*, Doppelte Schriftformklausel – Vorrang der Individualabrede nach § 305b BGB und betriebliche Übung, SAE 2009, 89; *Hromadka*, Schriftformklauseln in Arbeitsverträgen, DB 2004, 1261; *Kliemt*, Formerfordernisse im Arbeitsverhältnis, 1995; *Lakies*, AR-Blattei SD, AGB-Kontrolle, 2007; *Lingemann/Gotham*, Doppelte Schriftformklausel – gar nicht einfach!, NJW 2009, 268; *Melot de Beauregard*, Doppelte Schriftformklausel im Arbeitsvertrag contra betriebliche Übung, BB 2003, 2467; *Michalski*, Schriftformklauseln in Individual- und Formularverträgen, DStR 1998, 771; *Preis/Genenger*, Anm. zu BAG v. 30.7.2008, EzA § 307 BGB 2002 Nr. 38; *Reiling*, Vorkehrungen gegen Vertragsänderungen durch den Vertragspartner: Schriftformklauseln, JA 2000, 866; *Roloff*, Vertragsänderungen und Schriftformklauseln, NZA 2004, 1191; *Salamon*, Individuelle Zusagen durch konkludentes Handeln – Abgrenzung zur betrieblichen Übung und Vermeidestrategien, FA 2013, 194; *Schulz*, Schriftformklauseln in allgemeinen Geschäftsbedingungen, Jura 1995, 71; *Teske*, Schriftformklauseln in allgemeinen Geschäftsbedingungen, 1990; *Ulrici*, Betriebliche Übung und AGB-Kontrolle, BB 2005, 1902; *Ulrici*, Doppelte Schriftformklausel – AGB Kontrolle, AP § 307 BGB Nr. 35.

1. Einführung

In der Praxis gehören sog. Schriftformklauseln zum Standardrepertoire der Vertragsgestaltung sowohl im Wirtschaftsrecht als auch im Arbeitsvertragsrecht. In Arbeitsverträgen sind Schriftformklauseln ebenso verbreitet wie in Allgemeinen Geschäftsbedingungen.[1] Nach dem Grundsatz der Privatautonomie steht es den Arbeitsvertragsparteien prinzipiell frei, neben den ohnehin geltenden gesetzlichen oder kollektivvertraglichen Formvorschriften für die Vornahme bestimmter Rechtsgeschäfte oder rechtsgeschäftsähnlicher Handlungen eine bestimmte Form vorzuschreiben.[2] Die üblichen Schriftformklauseln in Arbeitsverträgen, die sich insbesondere auch auf die Gestaltungserklärung der Kündigung erstrecken, haben in Ansehung des seit 1.5.2000 geltenden § 623 BGB und für Befristungen des § 14 Abs. 4 TzBfG nur noch geringe Bedeutung (→ *Kündigungsvereinbarungen*, II K 10 Rz. 2). Hier stellt sich – auch unter Berücksichtigung des § 309 Nr. 13 BGB – ggf. die Frage, ob weiter gehende Formerfordernisse mit diesen zwingenden gesetzlichen Schriftformerfordernissen vereinbar sind. Die Entscheidung dieser Frage hängt davon ab, ob man § 623 BGB und § 14 Abs. 4 TzBfG nur als einseitig zwingendes

1

---

1 Hierzu *Teske*, Schriftformklauseln in AGB, S. 49; s. oben I B Rz. 10.
2 *Kliemt*, S. 343 ff.

oder als zweiseitig zwingendes Gesetzesrecht ansieht. An dieser Stelle sind die Formerfordernisse im Zusammenhang mit der Beendigung des Arbeitsverhältnisses nicht zu behandeln. Vielmehr sollen die gängigen Klauseln, die für Änderungen und Ergänzungen des Vertrages ein Schriftformerfordernis vorsehen, diskutiert werden.

2 Dabei stellt sich die Frage, ob die intendierten Ziele durch eine entsprechende Klausel erreicht werden. In Formularbüchern wurden entsprechende Schriftformklauseln gepriesen. Durch sie sei ein Berufen auf mündliche Vereinbarungen außerhalb des Vertrages nicht „ohne Weiteres" möglich.[1] Allgemein wurde angenommen, dass durch solche Klauseln unerfreuliche Streitigkeiten zwischen Arbeitnehmer und Arbeitgeber über behauptete oder bestrittene formlose Zusagen ausgeschlossen werden könnten.[2] Dies erscheint jedoch angesichts des auch im Arbeitsrecht bezüglich eines Formularvertrags geltenden Vorrangs der Individualabrede nach § 305b BGB (hierzu Rz. 8 ff.) zweifelhaft.[3] Auch die Frage der Inhaltskontrolle von Schriftformklauseln nach §§ 307 ff. BGB ist, soweit ersichtlich, im Arbeitsrecht nicht vollends geklärt (hierzu Rz. 14).

2. Arten von Schriftformklauseln

3 Schriftformerfordernisse können **deklaratorisch** oder **konstitutiv** vereinbart werden.[4] Welche Art im Einzelfall vorliegt, ist im Wege der **Vertragsauslegung** anhand aller Umstände des Einzelfalls zu ermitteln. Ausschlaggebend ist, ob die Einhaltung der Form als Wirksamkeitserfordernis gewollt ist (dann konstitutiv) oder ob den Vertragsparteien lediglich zu Beweiszwecken ein Anspruch auf Formwahrung eingeräumt werden soll (dann deklaratorisch).[5] Ist nur ein deklaratorisches Formerfordernis gewollt, so lässt seine Verletzung die Wirksamkeit der formlos getroffenen Vereinbarung unberührt. Soll die Einhaltung der Form Wirksamkeitsvoraussetzung sein, führt die Nichteinhaltung der Form nach § 125 Satz 2 BGB grundsätzlich zur Nichtigkeit des Rechtsgeschäfts, sofern nicht der Grundsatz des Vorrangs der Individualabrede eingreift (hierzu Rz. 8 ff.).

4 Sieht man einmal von dem Fall der einzelvertraglichen Schriftformvereinbarung für den Abschluss eines Arbeitsvertrages in einem Vorvertrag ab (ein Fall, der selten vorkommen wird),[6] bleiben als praxisrelevante Schriftformklauseln Abreden über die Beschränkung von Nebenabreden bzw. die Bindung an Formerfordernisse für Vertragsänderungen und -ergänzungen. Darüber hinaus sind ggf. wirkungsgleiche Bestätigungsklauseln[7] und die Beweislast regelnden → *Vollständigkeitsklauseln*, II V 60 zu bedenken. Denkbar sind sowohl einfache als auch qualifizierte (doppelte) Schriftformklauseln. Nicht zu den hier erläuterten Schriftformklauseln gehören dagegen vorformulierte Klauseln über die Form von Anzeigen und Erklä-

---

1 So etwa *Kallmann*, in Münchener Vertragshandbuch, Band 5, IV 6 Nr. 20, S. 751.
2 Z.B. *Böckel*, Moderne Arbeitsverträge, S. 14; *Grüll/Janert*, Der Anstellungsvertrag mit leitenden Angestellten, S. 98; *Frey*, Arbeitsrechtliche Fehler, S. 126.
3 Vgl. *Hromadka*, DB 2004, 1261.
4 *Hromadka*, DB 2004, 1261 (1262).
5 LAG Düsseldorf v. 29.9.1966 – 7 Sa 245/66, DB 1966, 1695; ErfK/*Preis*, §§ 125–127 BGB Rz. 39; *Roloff*, NZA 2004, 1191 (1192).
6 Hierzu *Kliemt*, S. 384 ff.
7 Hierzu *Kliemt*, S. 423 ff.

rungen, die strengere Formerfordernisse vorschreiben und an § 309 Nr. 13 BGB zu messen sind.

a) Einfache Schriftformklausel

Typ 1: Nebenabreden und Vertragsänderungen

a) Nebenabreden zu diesem Vertrag bedürfen zu ihrer Wirksamkeit der Schriftform, es sei denn, sie beruhen auf einer ausdrücklichen oder individuellen Vertragsabrede.

b) Änderungen und Ergänzungen dieses Vertrags bedürfen zu ihrer Wirksamkeit der Schriftform, es sei denn, sie beruhen auf einer ausdrücklichen oder individuellen Vertragsabrede.

Typ 1a ist angelehnt an die entsprechende Vorschrift des § 2 Abs. 3 Satz 1 TVöD. Die Schwäche dieser Klausel liegt schon im Begriff der Nebenabrede. Hier bedarf es schwieriger Abgrenzungen, was bloße Nebenabrede ist und was auf den Bereich der sog. Hauptabreden entfällt. Nach wohl überwiegender Meinung fallen unter Nebenabreden solche Vereinbarungen, die sich nicht unmittelbar auf gegenseitige Hauptpflichten aus dem Arbeitsvertrag, d.h. auf die Erbringung von Arbeitsleistung und Arbeitsentgelt beziehen.[1] Diese Unterscheidung ist von anderen Senaten des BAG kritisiert worden.[2] Der Auslegungsstreit bezieht sich jedoch auf die Interpretation der entsprechenden Tarifnorm. Wird eine entsprechende Klausel in einem Arbeitsvertrag verwendet, dann dürfte es wohl richtig sein, unter **Nebenabreden alle solche Abreden zu verstehen, die von den Vertragsparteien nicht schriftlich niedergelegt werden** (sollen). Die Klausel Typ 1a ist daher in der Weise zu interpretieren, dass alle (zusätzlichen) arbeitsvertraglichen Abreden der Schriftform bedürfen.[3] Wenn Zweck der Schriftformklausel für Nebenabreden ist, die Beweissicherungsfunktion des schriftlichen Arbeitsvertrages so weit wie möglich zu gewährleisten, wird dieser Zweck nur erreicht, indem alle Abreden, also auch vermeintlich nachrangige, erst recht aber die Hauptleistungspflichten berührende Vereinbarungen schriftlich niedergelegt werden.

Das gleiche Regelungsziel, freilich mit einer präziseren Diktion, verfolgt die Klausel 1b. Auch sie dient dazu, formlose, unter Umständen tief greifende Veränderungen des Arbeitsverhältnisses zu verhindern. Die Klausel dient der Beweissicherung und verfolgt überdies das Ziel, konkludente Änderungen mittels des arbeitgeberseitigen Direktionsrechts zu vermeiden.[4]

---

1 BAG v. 18.5.1977 – 4 AZR 47/76, AP Nr. 4 zu § 4 BAT; v. 7.12.1977 – 4 AZR 383/76, AP Nr. 5 zu § 4 BAT; v. 7.5.1986 – 4 AZR 556/83, AP Nr. 12 zu § 4 BAT; v. 15.3.1989 – 7 AZR 264/88, AP Nr. 126 zu § 620 BGB Befristeter Arbeitsvertrag.
2 BAG v. 3.8.1982 – 3 AZR 503/79, AP Nr. 12 zu § 242 BGB Betriebliche Übung; v. 12.7.1983 – 3 AZR 129/81, AP Nr. 9 zu § 17 BAT.
3 So zutreffend *Kliemt*, S. 389.
4 Dieses Ziel wird zumeist nicht erreicht, da trotz Verwendung der einfachen Schriftformklausel auch konkludente Vertragsänderungen ohne Beachtung des Schriftformerfordernisses möglich sind; *Hromadka*, DB 2004, 1261 (1262).

b) Doppelte (qualifizierte) Schriftformklausel

◯ Nicht geeignet:

Änderungen und Ergänzungen dieses Vertrages bedürfen der Schriftform. Dieses Formerfordernis kann nicht durch mündliche Vereinbarung aufgehoben werden.

7 Solche doppelten (qualifizierten) Schriftformklauseln wurden häufig in Formularbüchern empfohlen, um die Wirkung zu erreichen, dass die Aufhebung des Schriftformerfordernisses selbst nur in schriftlicher Form erfolgen kann. Damit sollte dem rechtsgeschäftlich begründeten Formzwang ein erhöhter Bestandsschutz verliehen werden. Solche Klauseln erreichen dieses Ziel allerdings nicht, da die Parteien auch hier stets die Schriftform auch konkludent durch Individualabrede verdrängen können (hierzu Rz. 8 ff.).[1]

3. Schriftformklauseln und Vorrang der Individualabrede

a) Individualabrede

8 Sowohl einfache wie auch qualifizierte Schriftformklauseln bieten angesichts des **Vorrangs der Individualabrede keine sichere Garantie vor später getroffenen formlosen Vertragsänderungen.** Denn die Vertragsparteien können im Rahmen der Parteiautonomie ein ursprünglich vereinbartes Schriftformerfordernis durch mündliche Abrede ergänzen, ändern oder aufheben.[2] Der **Vorrang der Individualabrede** ergibt sich im Bereich vorformulierter Schriftformklauseln nunmehr eindeutig aus § 305b BGB. Solche Klauseln können also die höherrangige individuelle Abrede nicht außer Kraft setzen.[3] Entsprechende Entscheidungen hatte das BAG auch schon vor der Schuldrechtsreform für die nachfolgende mündliche Aufhebung eines Wettbewerbsverbotes,[4] die formlose Änderung der Bezugsberechtigten der Hinterbliebenenversorgung,[5] die formlose Änderung der wöchentlichen Arbeitszeit[6] getroffen und entschieden, dass es sich bei dem Vorrang der Individualabrede um einen allgemeinen, auch im Arbeitsrecht geltenden Rechtsgrundsatz handele.[7] Werden einem Arbeitnehmer zusätzlich zu dem im Arbeitsvertrag vereinbarten Umfang der Arbeitszeit Arbeitsleistungen übertragen, die auch absprachegemäß zusätzlich vergütet werden, kann sich keine Partei auf die Schriftformklausel im Arbeitsvertrag berufen. Das konkludente Verhalten der Parteien bedeutet eine Ver-

---

1 A.A. *Hromadka*, DB 2004, 1261 (1263) unter Hinweis auf BAG v. 24.6.2003 – 9 AZR 302/02, DB 2003, 2339 f., die allerdings nur die betriebliche Übung betrifft. S. aber bzgl. eines Formularvertrags wie hier BAG v. 20.5.2008 – 9 AZR 382/07, AP Nr. 35 zu § 307 BGB.
2 BAG v. 4.6.1963 – 5 AZR 16/63, AP Nr. 1 zu § 127 BGB; BGH v. 26.11.1964 – VII ZR 111/63, AP Nr. 2 zu § 127 BGB; BAG v. 10.1.1989 – 3 AZR 460/87, AP Nr. 57 zu § 74 HGB.
3 BGH v. 20.10.1994 – III ZR 76/94, NJW-RR 1995, 179; BAG v. 25.4.2007 – 5 AZR 504/06, AP Nr. 121 zu § 615 BGB; v. 20.5.2008 – 9 AZR 382/07, AP Nr. 35 zu § 307 BGB; *Fenn*, FS Söllner, 2000, S. 333 (359); ErfK/*Preis*, §§ 305–310 BGB Rz. 25; *Roloff*, NZA 2004, 1191 (1193, 1196); a.A. noch BGH v. 24.10.1979 – VIII ZR 235/78, NJW 1980, 234 (235).
4 BAG v. 10.1.1989 – 3 AZR 460/87, AP Nr. 57 zu § 74 HGB.
5 BAG v. 16.8.1983 – 3 AZR 34/81, AP Nr. 2 zu § 1 BetrAVG Hinterbliebenenversorgung.
6 BAG v. 31.1.1985 – 2 AZR 393/83, EzBAT § 8 BAT Direktionsrecht Nr. 3.
7 BAG v. 30.11.1994 – 5 AZR 702/93, AP Nr. 16 zu § 4 TVG.

tragsänderung und zugleich eine einverständliche Durchbrechung des vereinbarten Formerfordernisses.

Das konkludente Aufheben einer Formabrede durch Individualvereinbarung ist **selbst dann wirksam**, wenn der Vertrag für ihre Aufhebung ausdrücklich Formzwang vorsieht, also im Falle einer **qualifizierten Schriftformklausel**.[1] Der BGH hat zwar in einer Entscheidung die erhöhte Bestandskraft einer doppelten Schriftformklausel unter Kaufleuten bejaht.[2] Das BAG vertritt aber die Auffassung, dass eine konkludente Aufhebung des rechtsgeschäftlich vereinbarten Formzwanges selbst bei qualifizierten Schriftformklauseln möglich sei.[3] Begründet wird dies mit dem Argument, dass die Parteien nicht in der Lage seien, für die Zukunft auf ihre Vertragsfreiheit zu verzichten.[4] Insofern bestehe kein Unterschied zwischen einer einfachen und einer verstärkten Schriftformklausel. Nur das zuletzt Vereinbarte gelte und habe Vorrang gegenüber früheren Abreden.[5] Dieser Ansicht ist auch der überwiegende Teil der arbeitsrechtlichen Literatur gefolgt.[6]

9

Schon diese Fälle machen deutlich, dass entsprechende Schriftformklauseln zwar als Erinnerung an die Parteien sinnvoll sein mögen, insbesondere auch der **Vertragsdisziplin** im Unternehmen dienen, sie sich bei einer entsprechenden konkludenten nicht schriftlichen Vertragsänderung im Ergebnis jedoch nicht durchsetzen. Dabei kann dahingestellt bleiben, auf welchem konstruktiven Weg dieses Ergebnis erzielt wird. Nach ganz herrschender Meinung in Rechtsprechung und Schrifttum kann die stillschweigende Aufhebung einer Schriftformklausel durch formlosen Abschluss oder anstandslose Erfüllung des Rechtsgeschäftes erfolgen. Es kommt nach der herrschenden Meinung nicht darauf an, ob die Parteien beim Abschluss ihrer vertragsändernden Absprache sich aktuell des Formzwangs bewusst sind.[7] Selbst wenn man der einschränkenderen Auffassung folgt, dass ein ausdrücklicher Aufhebungswille erforderlich ist,[8] ergibt sich im Ergebnis keine unterschiedliche Auffassung, weil bei der beiderseitigen Beachtung einer formlosen vertragsändernden Abrede in der Regel eine nachfolgende Berufung auf die Formvereinbarung als

10

---

1 BAG v. 25.6.1985 – 3 AZR 305/83, AP Nr. 11 zu § 74c HGB; *Brox*, Anm. zu BAG v. 9.12. 1981 – 4 AZR 312/79, AP Nr. 8 zu § 4 BAT; Erman/*Palm*, § 125 BGB Rz. 9; ErfK/*Preis*, §§ 125–127 BGB Rz. 41, §§ 305–310 BGB Rz. 25; *Roloff*, NZA 2004, 1191 (1196); a.A. für betriebliche Übung BAG v. 24.6.2003 – 9 AZR 302/02, AP Nr. 63 zu § 242 BGB Betriebliche Übung; BGH v. 2.6.1976 – VIII ZR 97/74, BGHZ 66, 378 für Kaufleute; offen gelassen in BGH v. 17.4.1991 – XII ZR 15/90, NJW-RR 1991, 1289 (1290).
2 BGH v. 2.6.1976 – VIII ZR 97/74, BGHZ 66, 378 (382); offen gelassen von BGH v. 17.4. 1991 – XII ZR 15/90, NJW-RR 1991, 1289 (1290).
3 BAG v. 25.6.1985 – 3 AZR 305/83, AP Nr. 11 zu § 74c HGB.
4 Vgl. *Brox*, Anm. zu BAG v. 9.12.1981 – 4 AZR 312/79, AP Nr. 8 zu § 4 BAT.
5 BAG v. 25.6.1985 – 3 AZR 305/83, AP Nr. 11 zu § 74c HGB.
6 *Lakies*, Rz. 93 ff.; Erman/*Palm*, § 125 BGB Rz. 9; *Kliemt*, S. 474 f.; *Preis*, Vertragsgestaltung, S. 409; vgl. auch *Hromadka*, DB 2004, 126; a.A. Palandt/*Ellenberger*, § 125 BGB Rz. 19.
7 BGH v. 26.11.1964 – VII ZR 111/63, AP Nr. 2 zu § 127 BGB; BAG v. 25.4.2007 – 5 AZR 504/06, AP Nr. 121 zu § 615 BGB; v. 20.5.2008 – 9 AZR 382/07, AP Nr. 35 zu § 307 BGB; v. 14.9.2011 – 10 AZR 526/10, NZA 2012, 81 (85); *Kliemt*, S. 456 m.w.N.; Palandt/*Ellenberger*, § 125 BGB Rz. 19; *Roloff*, NZA 2004, 1191 (1193); *Thüsing*, AGB-Kontrolle, Rz. 377.
8 Z.B. LAG Düsseldorf v. 25.11.1980 – 8 Sa 461/80, EzA § 125 BGB Nr. 6; v. 14.8.2002 – 12 Sa 523/02, n.v.; MünchKommBGB/*Einsele*, § 125 Rz. 70.

Verstoß gegen Treu und Glauben bewertet wird. Sich auf zweiseitige Rechtsgeschäfte der Arbeitsvertragsparteien beziehende Formerfordernisse sind damit weitgehend entwertet.

b) Sonderfall: Betriebliche Übung

11 Fraglich ist, ob auch eine **betriebliche Übung** Schriftformklauseln übertrumpfen kann. Das BAG unterscheidet hier zwischen einfachen und qualifizierten Schriftformklauseln. Bei einem **einfachen Schriftformerfordernis** geht es nach früherer Rechtsprechung im Grundsatz davon aus, dass dieses durch eine betriebliche Übung **formfrei abbedungen** werden kann.[1] Allerdings nimmt das BAG für den Bereich des **öffentlichen Dienstes** an, dass ein einzelvertraglich übernommenes tarifliches Schriftformerfordernis selbst für tarifungebundene Arbeitnehmer nicht durch formlose betriebliche Übung aufgehoben werden kann.[2] Das BAG sieht geradezu den Sinn eines konstitutiven Schriftformerfordernisses darin, das Eintreten betrieblicher Übungen zu verhindern.[3] Auch eine Schriftformklausel im **unmittelbar und zwingend geltenden Tarifvertrag** soll dem Entstehen der betrieblichen Übung grundsätzlich entgegen stehen,[4] sofern kein Rechtsmissbrauch vorliegt.[5]

12 Erkennbar wird in diesen Ausführungen, dass eine Parallele zur Diskussion um die Freiwilligkeitsvorbehalte bei betrieblicher Übung besteht. *Leder/Scheuermann*[6] haben insoweit zu Recht hervorgehoben, dass an der Harmonisierung der Behandlung von Schriftformklauseln und Freiwilligkeitsvorbehalten bei vorformulierten Vertragsgestaltungen kein Weg vorbeiführt. Denn sowohl der Freiwilligkeitsvorbehalt als auch die Schriftformklausel wollen Bindungen kraft faktischem Verhalten oder mündlicher Erklärung verhindern. Hier gibt es eine gedankliche Parallele zur Entscheidung des 9. Senats vom 20.5.2008,[7] die weitgehend doppelte Schriftformklauseln in Arbeitsverträgen für unwirksam erklärt, soweit diese Klauseln sich nicht auf den Fall der betrieblichen Übung beschränken. Es scheint noch einen brüchigen Konsens im BAG zu geben, dass eine Schriftformklausel jedenfalls geeignet ist, die Entstehung einer betrieblichen Übung zu verhindern.[8]

13 Die Wirkkraft einer Schriftformklausel hängt damit davon ab, wie man die **betriebliche Übung rechtsgeschäftlich** einordnet. Legt man die herrschende Vertragstheorie zugrunde, besteht kein Anlass, die betriebliche Übung anders als konkludente

---

1 BAG v. 7.9.1982 – 3 AZR 5/80, AP Nr. 1 zu § 3 TVArb Bundespost; v. 16.7.1996 – 3 AZR 352/95, AP Nr. 7 zu § 1 BetrAVG Betriebliche Übung; v. 18.9.2002 – 1 AZR 477/01, AP Nr. 59 zu § 242 BGB Betriebliche Übung (für den öffentlichen Dienst); v. 24.6.2003 – 9 AZR 302/02, AP Nr. 63 zu § 242 BGB Betriebliche Übung; v. 20.1.2004 – 9 AZR 43/03, AP Nr. 65 zu § 242 BGB Betriebliche Übung; v. 20.5.2008 – 9 AZR 382/07, AP Nr. 35 zu § 307 BGB; v. 15.5.2012 – 3 AZR 610/11, NZA 2012, 1279 (1289); LAG Nürnberg v. 29.4.2003 – 6 Sa 284/02, LAGReport 2003, 259; so auch *Roloff*, NZA 2004, 1191 (1194).
2 BAG v. 28.1.1981 – 4 AZR 869/78, AP Nr. 3 zu § 19 TVArb Bundespost; v. 9.12.1981 – 4 AZR 312/79, AP Nr. 8 zu § 4 BAT; v. 27.3.1987 – 7 AZR 527/85, AP Nr. 29 zu § 242 BGB Betriebliche Übung; so auch LAG Hess. v. 2.10.2001 – 2/9 Sa 2073/00, n.v.
3 BAG v. 17.7.2003 – 8 AZR 376/02, ZTR 2004, 28.
4 BAG v. 8.12.1981 – 4 AZR 312/79, AP Nr. 8 zu § 4 BAT; v. 18.9.2002 – 1 AZR 477/01, NZA 2003, 337 (338).
5 BAG v. 7.9.1982 – 3 AZR 5/80, AP Nr. 1 zu § 3 TVArb Bundespost.
6 *Leder/Scheuermann*, NZA 2008, 1222.
7 BAG v. 20.5.2008 – 9 AZR 382/07, NZA 2008, 1233.
8 S. etwa BAG v. 29.9.2011 – 2 AZR 523/10, NZA 2012, 628 Rz. 41.

Vertragsabreden zu behandeln. Das BAG meint jedoch, ein tragender Unterschied sei der **kollektive Bezug** einer betrieblichen Übung. Denn hier zeige sich, dass es bei der betrieblichen Übung nicht um den Vorrang der Individualabrede gehen könne.[1] Dazu steht in einem Spannungsverhältnis, dass die Begründung der betrieblichen Übung den allgemeinen Grundsätzen vertraglicher Abreden folgt, so dass für die Aufhebung des einfachen Schriftformerfordernisses die gleichen Regeln gelten wie für andere vertragliche Abreden.[2]

Früherer Rechtsprechung entsprach der Sonderweg der betrieblichen Übung.[3] Dieser Ansicht konnte schon deshalb nicht gefolgt werden, weil eine betriebliche Übung entsteht – wie das BAG in der Entscheidung vom 24.6.2003 selbst ausführt – durch ein als **Vertragsangebot** zu wertendes Verhalten des Arbeitgebers, das von den Arbeitnehmern in der Regel stillschweigend angenommen wird (§ 151 BGB). Es findet also eine Änderung des einzelnen Arbeitsvertrags statt. Ein kollektiver Tatbestand ist für die Annahme einer betrieblichen Übung nach hier vertretener Ansicht nicht erforderlich. Vielmehr kann eine betriebliche Übung auch gegenüber einem einzelnen Arbeitnehmer entstehen und daher durchaus eine **Individualabrede sein**. Ist das der Fall, folgt daraus konsequenterweise, dass diese Individualabrede nach § 305b BGB der Schriftformklausel vorgeht.[4] Selbst eine qualifizierte Schriftformklausel kann danach also die Entstehung einer betrieblichen Übung nicht von vornherein verhindern.[5]

14

Lässt man sich aber einmal auf den Gedankengang des BAG ein, dann bleibt noch ein enger Raum für Vertragsgestaltungen. So werden folgende Klauseln vorgeschlagen:

15

„Ergänzungen und Änderungen dieses Arbeitsvertrages bedürfen der Schriftform, es sei denn, sie beruhen auf einer ausdrücklichen oder individuellen Vertragsabrede. Auch die Aufhebung dieses Schriftformerfordernisses bedarf der Schriftform. Eine betriebliche Übung ist keine ausdrückliche bzw. individuelle Vertragsabrede. Auch wiederholte Leistungen oder Vergünstigungen ohne ausdrückliche Vertragsabrede begründen keinen Anspruch für die Zukunft."[6]

„Änderungen des Vertrages durch individuelle Vertragsabreden sind formlos wirksam. Im Übrigen bedürfen Vertragsänderungen der Schriftform; das gilt auch für Änderungen der Schriftformabrede. Das bedeutet, dass keine Ansprüche aus betrieblicher Übung bestehen."[7]

---

1 BAG v. 20.5.2008 – 9 AZR 382/07, AP Nr. 35 zu § 307 BGB.
2 *Däubler*, FS Richardi, 2007, S. 205 (214); *Kliemt*, S. 502; *Roloff*, NZA 2004, 1191 (1194).
3 BAG v. 24.6.2003 – 9 AZR 302/02, AP Nr. 63 zu § 242 BGB Betriebliche Übung; so auch LAG Schl.-Holst. v. 7.1.2004 – 3 Sa 426/03, n.v.; *Lingemann*, Anm. zu BAG v. 24.6.2003 – 9 AZR 302/02, SAE 2005, 40 (41); *Ulrici*, BB 2005, 1902.
4 Vgl. LAG Nürnberg v. 29.4.2003 – 6 Sa 284/02, LAGReport 2003, 259; *Däubler*, FS Richardi, 2007, S. 205 (215).
5 So auch LAG Nürnberg v. 29.4.2003 – 6 Sa 284/02, LAGReport 2003, 259; *Brox*, Anm. zu BAG v. 9.12.1981 – 4 AZR 312/79, AP Nr. 8 zu § 4 BAT; Erman/*Palm*, § 125 BGB Rz. 9; *Kliemt*, S. 474; *Roloff*, NZA 2004, 1191 (1194).
6 Vgl. *Preis/Genenger*, Anm. zu BAG EzA BGB 2002 § 307 Nr. 38.
7 BLDH/*Lingemann*, M 2.1a.

Das ist viel konstruktivistischer Aufwand für fast nichts. Denn es ist unsicher, ob diese Klausel Sicherheit schafft. Ist diese Klausel geeignet, über Jahre betätigtes rechtsgeschäftliches Vertrauen zu zerstören?[1]

16 Es zeigt sich schon jetzt, dass das nicht gelingen wird, wenn etwa der 10. Senat sich mit seiner Rechtsprechungslinie durchsetzt. Solche „betriebliche Übungen", die ein gleichmäßiges Vertrauen gegenüber dem Arbeitnehmer erzeugen und damit nach richtiger Auffassung konkludente Vertragsabreden darstellen, können entsprechende Klauseln das mehrfache tatsächliche Erklärungsverhalten des Arbeitgebers nicht entwerten.[2] Der 10. Senat hält eine betriebliche Übung ebenfalls nur für einschlägig, wenn der Arbeitgeber eine kollektive Handlung vornimmt. Wird dies verneint, kann aber der gleiche individuelle Vertrauenstatbestand zu einer konkludenten Abrede führen und eine Vertragsänderung bewirken.[3] Und in dem Klassiker einer über 20 Jahre lang gewährten Weihnachtsgratifikation sah der Senat – gegenüber einem Freiwilligkeitsvorbehalt – nicht den Tatbestand der betrieblichen Übung als gegeben an, sondern begründete den Anspruch des Arbeitnehmers aus konkludenter Vertragsabrede.[4] Schließlich hat das BAG dahinstehen lassen, ob der Anspruch aus betrieblicher Übung oder einer konkludenten Vertragszusage folgt. In beiden Fällen hat der 10. Senat eine Schriftformklausel nicht für geeignet gehalten, den Anspruch zu verhindern: *„Dem Anspruch steht die arbeitsvertraglich vereinbarte Schriftformklausel nicht entgegen. Eine einfache Schriftformklausel, nach der Änderungen und Ergänzungen des Vertrags der Schriftform bedürfen, verhindert eine konkludente Vertragsänderung oder das Entstehen einer betrieblichen Übung nicht. Die Vertragsparteien können das für eine Vertragsänderung vereinbarte Schriftformerfordernis jederzeit schlüssig und formlos aufheben. Das ist sogar dann möglich, wenn die Vertragsparteien bei ihrer mündlichen Abrede an die Schriftform überhaupt nicht gedacht haben."*[5]

4. Inhaltskontrolle

17 Selbstverständlich unterliegen Schriftformklauseln auch einer **Inhalts- und Angemessenheitskontrolle** nach §§ 307 ff. BGB.[6] In der arbeitsrechtlichen Rechtsprechung und Literatur ist die Frage, wann Schriftformklauseln den Arbeitnehmer unangemessen benachteiligen, nicht vollends geklärt. Es kann aber auf die im allgemeinen Zivilrecht entwickelten Grundsätze zurückgegriffen werden. Nach der Rechtsprechung sind Schriftformklauseln nicht generell wegen unangemessener Benachteiligung unwirksam, ihre Wirksamkeit hängt von der Ausgestaltung und dem Anwendungsbereich der jeweiligen Klausel ab.[7]

18 Klauselgestaltungen, die dem Verwender die Gelegenheit eröffnen, begründete Ansprüche unter Hinweis auf eine in der Sache nicht – stets – zutreffende Darstellung

---

1 S. DBD/*Däubler*, § 305b Rz. 14.
2 S. BAG v. 8.12.2010 – 10 AZR 671/09, AP Nr. 91 zu § 242 BGB Betriebliche Übung.
3 BAG v. 17.4.2013 – 10 AZR 251/12.
4 BAG v. 14.9.2011 – 10 AZR 526/10, NZA 2012, 81.
5 BAG v. 14.9.2011 – 10 AZR 526/10, NZA 2012, 81 Rz. 17.
6 Vgl. ErfK/*Preis*, §§ 305–310 BGB Rz. 96; vgl. auch BAG v. 20.5.2008 – 9 AZR 382/07, AP Nr. 35 zu § 307 BGB.
7 BGH v. 15.2.1995 – VIII ZR 93/94, NJW 1995, 1488 (1489); BAG v. 20.5.2008 – 9 AZR 382/07, AP Nr. 35 zu § 307 BGB.

der Rechtslage in seinen AGB abzuwehren, benachteiligen den Vertragspartner entgegen den Geboten von Treu und Glauben unangemessen und sind nach § 307 Abs. 1 BGB unwirksam.[1] Das BAG hat bei Bezweiflung eines generellen Verbots von Schriftformklauseln die Unwirksamkeit nach § 307 BGB nun bezüglich solcher Klauseln bestätigt, die dazu dienen, nach Vertragsschluss getroffene Individualvereinbarungen zu unterlaufen, indem sie den Eindruck erwecken, eine mündliche Abrede sei entgegen § 305b BGB unwirksam.[2] So sollten nach der Rechtsprechung des BGH auch schon zuvor Schriftformklauseln, die individuelle Zusagen des Verwenders oder von einem Vertreter mit umfassender Vertretungsmacht generell ausschließen oder von der schriftlichen Bestätigung abhängig machen, unwirksam sein.[3] Das Gleiche gilt für Klauseln, die Vertragsänderungen durch den Verwender oder vertretungsberechtigte Personen nach Vertragsschluss der Schriftform unterwerfen.[4] Qualifizierte Schriftformklauseln sind damit regelmäßig nach § 307 Abs. 1 BGB unwirksam, sofern sie nicht die Vertretungsmacht für den Verwender handelnder Repräsentanten wirksam beschränken.[5] Benachteiligt eine Schriftformklausel eine Vertragspartei unangemessen, kommt es auf den Vorrang der Individualabrede nicht mehr an, § 307 BGB genießt dann logischen Vorrang gegenüber § 305b BGB.[6]

5. Hinweise zur Vertragsgestaltung

Obwohl, wie dargelegt, Schriftformklauseln in der Regel im Ergebnis ihr Ziel, vor mündlichen Vertragsänderungen zu schützen, nicht erreichen, kann die Aufnahme von einfachen Schriftformklauseln in den Arbeitsvertrag allenfalls unter dem Aspekt sinnvoll sein, die Vertragsparteien daran zu erinnern, alle Änderungsvereinbarungen schriftlich niederzulegen. Einen Anspruch auf die schriftliche Niederlegung der Vertragsänderungen hat der Arbeitnehmer nach § 3 NachwG ohnehin.[7] Nach den vorstehenden Ausführungen sind viele Schriftformklauseln wegen Verstoßes gegen § 307 Abs. 1 BGB unwirksam oder sind wegen des Vorrangs individueller, auch konkludenter Zusagen wirkungslos. Ob gegenständlich beschränkte Klauseln wenigstens betriebliche Übungen hindern können, ist nach der Rechtsprechung des BAG zweifelhaft.

20

---

1 BGH v. 15.2.1995, NJW 1995, 1488 (1489).
2 BAG v. 20.5.2008 – 9 AZR 382/07, AP Nr. 35 zu § 307 BGB.
3 BGH v. 9.7.1991 – XI ZR 72/90 (KG), NJW 1991, 2559.
4 BGH v. 9.7.1991 – XI ZR 72/90 (KG), NJW 1991, 2559; v. 27.9.2000 – VIII ZR 155/99, NJW 2001, 292; LAG Düsseldorf v. 13.4.2007 – 9 Sa 143/07, NZA-RR 2007, 455 (456); UBH/*Ulmer/Schäfer*, § 305b BGB Rz. 32f.; kritisch *Bieder*, SAE 2007, 379.
5 ErfK/*Preis*, §§ 305–310 BGB Rz. 96; *Roloff*, NZA 2004, 1191 (1197); UBH/*Ulmer/Schäfer*, § 305b BGB Rz. 38.
6 UBH/*Ulmer/Schäfer*, § 305b BGB Rz. 2a; für eine vorrangige Prüfung von § 305b BGB Staudinger/*Schlosser*, Vorbem. zu §§ 305ff. BGB Rz. 19f., da nur solche Klauseln unwirksam sein können, die vereinbart worden sind; vergleichbar BGH v. 19.9.1983 – VIII ZR 84/82 (KG), NJW 1984, 48 (49) („mag diese Frage in logischer Hinsicht auch möglicherweise vorrangig sein").
7 Vgl. ErfK/*Preis*, Einf. NachwG Rz. 12.

S 40 Sonderzahlungen (Boni)

	Rz.
1. Einführung	1
2. Grundtypen von Sonderzahlungen	3
3. Auslegung und Inhaltskontrolle von Entgeltabreden	5
4. Sonderzahlungen ohne Vertragsgestaltung – der bessere Weg?	13
5. Sonderzahlung im Ermessen des Arbeitgebers – eine Gestaltungsalternative?	19a
6. Arbeitsleistungsbezogene Sonderzahlungen und Zahlungen zur Belohnung der Betriebstreue	20
a) Sonderzahlungen mit reinem Entgeltcharakter (arbeitsleistungsbezogene Sonderzahlungen)	23
b) Sonderzahlungen zur Belohnung von Betriebstreue	29
c) Sonderzahlungen mit Mischcharakter	30
d) Zwischenergebnis zur Auslegung von Sonderzahlungsabreden	31
7. Wartezeitklauseln und Staffelung nach Betriebszugehörigkeit	35
8. Stichtagsklauseln	39
a) Begriff und Grundsätze	39
b) Zulässigkeit von Stichtagsklauseln	42
c) Insbesondere: Das „ungekündigte" Arbeitsverhältnis	48
aa) Schwankende Rechtsprechung des BAG und Konsequenzen für die Vertragsgestaltung	49
bb) Betriebstreue	53
d) Über den Bezugszeitraum hinausgehende Stichtags- bzw. Bindungsklauseln	57
9. Kürzung der Sonderzahlungen bei Fehlzeiten	64

	Rz.
a) Arbeitsunfähigkeit	67
aa) Proportionale Kürzung	68
bb) Überproportionale Kürzung	73
b) Ruhen des Arbeitsverhältnisses	81
c) Anteilige Zahlung im Ein- und Austrittsjahr	85
10. Rückzahlungsklauseln	89
a) Abgrenzung zu Stichtagsklauseln	89
b) Auslegung	91
c) Zulässigkeit	92
aa) Sonderzahlungen mit reinem Entgeltcharakter	92
bb) Sonderzahlungen zur Belohnung von Betriebstreue	93
cc) Sonderzahlungen mit Mischcharakter	94
d) Zulässige Bindungsfrist	95
aa) Höchstdauer	96
bb) Berechnung des maßgeblichen Gehalts	103
cc) Lauf der Bindungsfrist	104
e) Die Rückzahlung auslösende Beendigungstatbestände	107
f) Rechtsfolgen unzulässiger Rückzahlungsklauseln	110
11. Sozialrechtliche Behandlung von Sonderzahlungen	112
12. Steuerrechtliche Aspekte	113
a) Abgrenzung von sonstigen Bezügen und laufendem Arbeitslohn	113
b) Die Besteuerung sonstiger Bezüge	115
c) Sonderfälle	116
13. Hinweise zur Vertragsgestaltung	118
a) Arbeitsleistungsbezogene Sonderzahlungen (Zusagen)	119
b) Sonderzahlungen zur Belohnung von Betriebstreue	121

Schrifttum:

Bauer/Lingemann, Probleme der Entgeltfortzahlung nach neuem Recht, BB Beilage 17/1996, 8; *Blomeyer/Buchner*, Rückzahlungsklauseln im Arbeitsrecht, 1969; *Buchner*, Die Berücksichtigung von Fehlzeiten bei der Bemessung von Jahressonderzahlungen, in Festschrift für Hilger/Stumpf, 1983, S. 61; *Ebsen*, Sozialversicherungsrechtliche Behandlung einmaligen Arbeitsentgelts, NZS 1997, 441; *Gagel*, Sozialrechtliche Behandlung von Urlaubsabgeltungen, insbesondere ihre Berücksichtigung beim Insolvenzgeld, ZIP 2000, 257; *Gaul*, Sonderleistungen und Fehlzeiten, 1994; *Hanau/Vossen*, Die Kürzung von Jahressonderzahlungen aufgrund fehlender Arbeitsleistung, DB 1992, 213; *Hauck*, Die Entwicklung des Gratifikationsrechts in der Rechtsprechung des Bundesarbeitsgerichts seit 1992, RdA 1994, 358; *Hesse/Lessenich/Merten*, Kürzung von Sondervergütungen, Arbeitgeber 1997, 212; *Heins/Leder*, Stichtagsklauseln und Bonuszusagen – unvereinbar?, NZA 2014, 520; *Hromadka*, Änderung von Arbeitsbedingungen, RdA 1992, 234; *Hromadka/Schmitt-Rolfes*, Der unbefristete Arbeitsvertrag, 2006; *Knevels/Wagner*, Gratifikationen, Anwesenheits- und Treueprämien, Tantiemen, 4. Aufl. 1998; *Lembke*, Die Gestaltung von Vergütungsvereinbarungen, NJW 2010, 257, 321; *Lingemann/Gotham*, Freiwilligkeits-, Stichtags- und Rückzahlungsregelungen bei Bonusvereinbarungen – was geht noch?, NZA 2008, 509; *Lingemann/Otte*, Bonuszahlungen und Freiwilligkeitsvorbehalt – Die Gewichte verschieben sich, NJW 2014, 2400; *Lipke/Vogt/Steinmeyer*, Sonderleistungen im Arbeitsverhältnis, 2. Aufl. 1995; *Marschner*, Entscheidung des Bundesverfassungsgerichts zur sozialversicherungsrechtlichen Behandlung von sog. Einmalzahlungen, ZTR 2000, 399; *Matthes*, Rechtsfragen zur Sondervergütung, in *Hromadka*, Die Mitarbeitervergütung, 1995; *Preis*, Das Arbeitsrechtliche Beschäftigungsförderungsgesetz 1996, NJW 1996, 3369; *Preis* (Hrsg.), Innovative Arbeitsformen, 2005; *Preis/Genenger*, Betriebliche Übung, freiwillige Leistung und rechtsgeschäftliche Bindung, JbArbR 2010, 93; *Preis*, Sonderzahlungen im Wandel von Praxis und Dogmatik, SR 2012, 108; *Preis/Ulber*, Die Rechtskontrolle von Betriebsvereinbarungen, RdA 2013, 211; *Reinecke*, Neue Regeln für Sonderzahlungen, BB 2013, 437; *Reiserer*, Ausschluss- und Rückzahlungsklauseln für Gratifikationen bei betriebsbedingter Kündigung, NZA 1992, 436; *Salamon*, Umgehung der Voraussetzungen einer betrieblichen Übung durch Anerkennung schlüssiger Individualzusagen?, NZA 2010, 1272; *Schaub*, Aktuelle Rechtsfragen der Sonderzuwendungen des Arbeitgebers, ZIP 1994, 921; *Schiefer*, Die schwierige Handhabung der Jahressonderzahlungen, NZA 1993, 1015; *Schlegel*, Verfassungsmäßigkeit der Beitragserhebung auf Einmalzahlungen ab 1. Januar 1997, NZS 1997, 202; *Schlegel*, Konsequenzen aus der Entscheidung des Bundesverfassungsgerichts zu den „Einmalzahlungen", DStR 2000, 1353; *Simon/Hidalgo/Koschker*, Flexibilisierung von Bonusregelungen – eine unlösbare Aufgabe?, NZA 2012, 1071 *Vossen*, Das 13. Monatsgehalt, in Festschrift für Stahlhacke, 1995, S. 617; *Vossen*, Die Jahressondervergütung – Ein aktueller Rechtsprechungsüberblick, NZA 2005, 734; *Wackerbarth*, Entgelt für Betriebstreue, 1996; *Weber/Ehrich*, Der Gleichbehandlungsgrundsatz bei freiwilligen Leistungen des Arbeitgebers, ZIP 1997, 1681; *Wensing/Boensch*: § 315 BGB – Das Instrument zur Flexibilisierung arbeitsvertraglicher Sonderzahlungen, BB 2014, 2358.

1. Einführung

Neben dem laufenden Arbeitsentgelt erhalten viele Arbeitnehmer Sonderzahlungen, die teils vertraglich fest zugesagt sind, teils von Jahr zu Jahr neu festgelegt werden. Die Bandbreite dieser Zahlungen ist groß; deren Bezeichnung ist unterschiedlich, bisweilen schillernd. Traditionelle Begriffe wie Gratifikation, 13. Monatsgehalt, Jahresabschlussvergütung, Sondervergütung, Weihnachtsgeld und v.a. Sonderzahlungen sind noch geläufig. Längst ist eine kaum überschaubare Fülle von Begrifflichkeiten hinzugekommen. Will man eine einigermaßen stimmige Rechtsfindung in diesem Bereich betreiben, die auch die Vertragsgestaltung zu leiten imstande ist, muss eine klare Dogmatik vorausgehen. Der landläufige Hinweis, Boni oder Sonderzahlungen erfolgten grundsätzlich **„freiwillig"**, löst kein einziges Rechtsproblem und ist nicht geeignet einen Anspruch auszuschließen.[1] Banal ist die Aussage, der Arbeitgeber sei grundsätzlich nicht verpflichtet, seinen Arbeitneh-

1

---

1 BAG v. 17.4.2013 – 10 AZR 281/12, NZA 2013, 787 Rz. 16; v. 20.2.2013 – 10 AZR 177/12, NZA 2013, 1015 Rz. 17.

mern Sonderzahlungen zu gewähren. Jeder Schuldner muss nur das gewähren, wozu er sich rechtsgeschäftlich verpflichtet hat, es sei denn, es besteht ein anderer (normativer) Verpflichtungstatbestand. Insoweit kann der Arbeitgeber zur Leistung von Sonderzahlungen kraft **arbeitsvertraglicher** (ausdrücklicher oder konkludenter) **Vereinbarung**[1], **Tarifvertrag** (ggf. kraft arbeitsvertraglicher Bezugnahme) oder **Betriebsvereinbarung** verpflichtet sein. Besonders heikel sind die praktisch hoch bedeutenden Fälle, in denen der Arbeitgeber ohne präzise Vertragsgestaltung oder normative Bindung zahlt, weil er eine Rechtsbindung durch bloß faktische Zahlung vermeiden will, sich dann aber mit Ansprüchen aus **betrieblicher Übung**[2]. oder dem **Gleichbehandlungsgrundsatz**[3] konfrontiert sieht. Sich durch einen schlichten Freiwilligkeitsvorbehalt schützen zu wollen, gelingt aus Gründen einer geschärften Inhaltskontrolle von vorformulierten Vertragsbedingungen ebenfalls nicht mehr (hierzu → *Vorbehalte und Teilbefristung*, II V 70 Rz. 41 ff.).

2 **Freiwilligkeit bedeutet überdies nicht Unentgeltlichkeit**. Bei den Sonderzahlungen handelt es sich nicht um Geschenke des Arbeitgebers, sondern sie sind rechtlich **Entgelt**.[4] Sonderzahlungen sind aber nicht in allen Fällen eine Gegenleistung für die Tätigkeit des Arbeitnehmers. Vielmehr kann der Arbeitgeber ihnen **durch entsprechende Vertragsgestaltung einen besonderen Charakter** geben. So kann er bspw. die Zugehörigkeit des Arbeitnehmers zum Betrieb belohnen oder einen Anreiz geben wollen, auch zukünftig betriebstreu zu sein.[5] Denkbar sind auch – wenn auch nicht empfehlenswert – Verbindungen dieser Zwecke.[6] Der Zwecksetzung sind kaum Grenzen gesetzt. Insbesondere sog. „Boni" dienen häufig dazu, bestimmte Erfolge zu honorieren. Sonderzahlungen beruhen darüber hinaus vielfach auf Zielvereinbarungen (→ *Zielvereinbarungen*, II Z 5).

2. Grundtypen von Sonderzahlungen

3 Will man eine gewisse Kategorisierung von Sonderzahlungen leisten, so mögen fünf Grundtypen unterschieden werden:
– **Arbeitsleistungsbezogene Zahlungen** (z.B. Übertarifliche Zulagen, Zweckgebundene Zulagen, 13. Gehalt, Weihnachts- und Urlaubsgeld, Anerkennungsprämien (appreciation awards), Zielvereinbarung, Gainsharing, Garantiebonus).

---

1 BAG v. 21.4.2010 – 10 AZR 163/09, NZA 2010, 808.
2 *Preis/Genenger*, JbArbR 2010, 93 ff.; zuletzt etwa BAG v. 8.12.2010 – 10 AZR 671/09, AP Nr. 91 zu § 242 BGB Betriebliche Übung; v. 1.4.2009 – 10 AZR 393/08, AP Nr. 84 zu § 242 BGB Betriebliche Übung.
3 Vgl. dazu BAG v. 28.3.2007 – 10 AZR 261/06, AP Nr. 265 zu § 611 BGB Gratifikation; v. 17.11.1998 – 1 AZR 147/98, NZA 1999, 606; v. 27.10.1998 – 9 AZR 299/97, NZA 1999, 700; *Weber/Ehrich*, ZIP 1997, 1681 sowie BAG v. 18.11.2003 – 1 AZR 604/02, NZA 2004, 803 zur Zulässigkeit unterschiedlicher Sonderzahlungen aufgrund eines Betriebsübergangs.
4 BAG v. 5.8.1992 – 10 AZR 88/90, AP Nr. 143 zu § 611 BGB Gratifikation; v. 28.9.1994 – 10 AZR 697/93, EzA § 611 BGB Gratifikation, Prämie Nr. 114; vgl. auch BAG v. 10.5.1995 – 10 AZR 648/94, EzA § 611 BGB Gratifikation, Prämie Nr. 125; v. 17.4.1996 – 10 AZR 558/95, AP Nr. 24 zu § 611 BGB Kirchendienst; *Hanau/Vossen*, DB 1992, 213; *Lipke/Vogt/Steinmeyer*, Rz. 31; *Schaub*, ZIP 1994, 923; *Knevels/Wagner*, S. 16, sprechen von „geschenkähnlichen" Leistungen.
5 Ausführlich *Hanau/Vossen*, DB 1992, 213 ff.
6 Näher *Hanau/Vossen*, DB 1992, 213 ff.; *Gaul*, S. 18 ff., 43.

- **Treue** (z.B. Treueprämie, Jubiläumsgeld, Anwesenheits-/Halteprämie, Antrittsprämie, Sozialzulagen (etwa nach Familienstand), Pünktlichkeitsprämie).
- **Absatz- und Umsatzförderung** (z.B. Provisionen, Umsatzbeteiligung, Vertriebsboni, Maklerprämie, Akkordprämie).
- **Gewinn- und Erfolgsbeteiligung** (z.B. Tantieme, Aktienoptionen, Performance cash, Performance Shares, Shareholder Wealth Approach, Stock Plans).
- **Soziale Leistungen** (z.B. Kindergeld, Arbeitgeberdarlehen, Personalrabatte, Versicherungsprämien).

Diese groben Kategorien sagen noch nichts darüber aus, mit welcher rechtsgeschäftlichen Verbindlichkeit diese Sonderzahlungen versehen sind. Eine soziale Leistung wie die Vereinbarung über die Zahlung von Versicherungsprämien für den Arbeitnehmer (was übrigens primär in Vorstandsverträgen vorkommt) kann mit dem gleichen Anspruchscharakter versehen sein wie eine Treueprämie oder ein 13. Gehalt. Eine rechtliche Relevanz gewinnen diese Leistungen mit unterschiedlichen Zwecksetzungen jedoch bei der Frage, welche **Vorbehalte** (insbesondere Freiwilligkeits- und Widerrufsvorbehalte) zulässigerweise vereinbart werden können. Generell lässt sich an dieser Stelle schon einmal festhalten, dass verbindliche Zusagen mit gleichzeitig erklärtem Freiwilligkeitsvorbehalt in der Regel unzulässig sind (hierzu → *Vorbehalte und Teilbefristung*, II V 70). Nach früherer Rechtsprechung bestand ein Anspruch auf eine Sonderzahlung nicht, wenn der Arbeitgeber im Arbeitsvertrag einen Freiwilligkeitsvorbehalt platziert hat.[1] Diese Rechtsprechung ist obsolet. Denn die Zusage einer freiwilligen Leistung mit einem gleichzeitigen Freiwilligkeitsvorbehalt zu versehen, ist widersprüchlich, intransparent und i.d.R. unangemessen benachteiligend gemäß § 307 BGB.[2]

4

3. Auslegung und Inhaltskontrolle von Entgeltabreden

Angesichts der Vielgestaltigkeit der möglichen Zwecke verschiedenster Sonderzahlungen sind die Vertragsparteien dazu aufgerufen, Ziele und Zwecksetzungen der Sonderzahlungen möglichst präzise zu vereinbaren. Die Rechtsprechung hat zwar, um die mit traditionellen Sonderzahlungen verbundenen Probleme anteiliger Zahlungen, Ruhen des Arbeitsverhältnisses sowie Kürzungen bei Fehlzeiten zu lösen, ein komplexes Interpretationsgebäude errichtet, das auf die Zwecke der jeweiligen Sonderzahlung abstellt. Aber schon die Begrenzung der Rechtsprechung auf das Begriffspaar „Arbeitsleistung und/oder Betriebstreue" vermag die vielgestaltige Wirklichkeit der Sonderzahlungen nicht zu erfassen.[3]

5

Zu wenig beachtet wurde, dass das BAG die Zweckbetrachtung für tarifliche Sonderzahlungen längst so modifiziert hat, dass sich die Zwecke klar aus der gewählten Formulierung ergeben müssen.[4] Welche Zwecke eine Sonderzahlung verfolgt und

6

---

1 BAG v. 10.5.1995 – 10 AZR 648/94, AP Nr. 174 zu § 611 BGB Gratifikation; *Freitag*, NZA 2002, 294 (295).
2 S. näher ErfK/*Preis*, §§ 305–310 Rz. 68 ff.; BAG v. 30.7.2008 – 10 AZR 606/07, NZA 2008, 1173; v. 8.12.2011 – 10 AZR 671/09, NZA 2011, 628; v. 14.9.2011 – 10 AZR 526/10, NZA 2012, 81.
3 *Preis*, SR 2012, 101 (108).
4 Vgl. BAG v. 16.3.1994 – 10 AZR 669/92, NZA 1994, 747; v. 5.8.1992 – 10 AZR 88/90, NZA 1993, 130 unter Aufgabe der früheren Rspr.

welche Rechtsqualität ihr im Einzelfall zukommt, ist durch Auslegung zu ermitteln. Das BAG hat es bei tariflichen Regelungen über die Gewährung einer jährlichen Sonderzahlung abgelehnt, Zwecksetzungen in unklare Klauseln hineinzuinterpretieren. Vielmehr könnten – und müssten – die Vertragspartner im Einzelnen bestimmen, welche Zeiten ohne tatsächliche Arbeitsleistung sich anspruchsmindernd oder anspruchsausschließend auf die Sonderzahlung auswirken sollen. Auch bei der arbeitsvertraglichen Betrachtung von Sonderzahlungen ist es in dieser Hinsicht zu einem Paradigmenwechsel gekommen. Sinnbildlich hierfür steht eine zuerst wenig beachtete Entscheidung des 10. Senats. Darin heißt es unter Rz. 19: „Darauf, ob es sich um eine Sonderleistung mit Mischcharakter oder Arbeitsentgelt im engeren Sinn oder im weiteren Sinn gehandelt hat, kommt es für die Frage einer übertariflichen Vergütung nicht an. Von den früher vielfach verwendeten Formulierungen „Sonderleistung mit Mischcharakter" oder „Arbeitsentgelt im engeren Sinn" oder „Arbeitsentgelt im weiteren Sinn" hat der Senat in seiner jüngeren Rechtsprechung bewusst abgesehen. Dem liegt die Erwägung zugrunde, dass ein Arbeitgeber in aller Regel jede Sondervergütung im Hinblick auf das Arbeitsverhältnis und die Verpflichtung des Arbeitnehmers zur Leistung der versprochenen Dienste erbringt."[1] Für eine undurchsichtige Zweckbetrachtungslehre ist damit neben den §§ 305 ff. BGB kein Raum mehr.

7 Viele Regelungen über Sonderzahlungen in bestehenden Arbeitsverträgen sind unklar formuliert. Sie unterfallen aber seit 2002 dem Regime der Auslegung nach Maßgabe der §§ 305 ff. BGB. Das bedeutet: Es ist eine **objektive Auslegung nach den Verständnismöglichkeiten des durchschnittlichen Vertragspartners** vorzunehmen sowie die **Unklarheitenregel** (§ 305c Abs. 2 BGB) anzuwenden.[2] Darüber hinaus unterliegen Hauptabreden, wie sie Vergütungsabreden darstellen, der Transparenzkontrolle (§§ 307 Abs. 1 Satz 2 i.V.m. § 307 Abs. 3 Satz 2 BGB). Klauseln, die die Sonderzahlungszusage ausschließen oder relativieren, unterliegen zusätzlich der Angemessenheitskontrolle nach Maßgabe der §§ 307 ff. BGB (hierzu im Einzelnen → *Vorbehalte und Teilbefristung*, II V 70). In den letzten Jahren hat die Diskussion um die Freiwilligkeits- und Widerrufsvorbehalte ganz im Vordergrund des Interesses gestanden. Dem BAG ist es hierbei gelungen, die neuen rechtlichen Maßstäbe umzusetzen und insbesondere auf Transparenz, Widerspruchsfreiheit und Fairness der Vertragsgestaltung zu achten. Schon beeinflusst durch das neue AGB-Recht hat das BAG bereits im Jahre 2003 erkannt, dass etwa ein vertraglich zugesagtes Weihnachtsgeld, das keinerlei einschränkende Voraussetzungen enthält, ausschließlich als Gegenleistung für die geschuldete Arbeitsleistung zu betrachten ist.[3]

8 Schließlich zeichnet sich ab, dass auch weitere Klauseln in Sonderzahlungsvereinbarungen der Überprüfung bedürfen. Die traditionelle Vertragsgestaltung hat bei Sonderzahlungen vielfach unkoordiniert verschiedenste Klauseln miteinander kombiniert. So wurden eindeutig zweckgebundene Sonderzahlungen mit Freiwilligkeits- und Widerrufsvorbehalten, Stichtagsklauseln, Rückzahlungsklauseln u.a.m. kombiniert, ohne dass sich der Vertragsgestalter Gedanken darüber machte, ob diese Klauseln überhaupt miteinander kompatibel sind. Die frühere Rechtspre-

---

1 BAG v. 1.4.2009 – 10 AZR 393/08, AP Nr. 84 zu § 242 BGB Betriebliche Übung.
2 Hierzu für Sonderzahlungen BAG v. 20.1.2010 – 10 AZR 914/08, NZA 2010, 445.
3 BAG v. 21.5.2003 – 10 AZR 408/02, EzA § 611 BGB 2002 Gratifikation, Prämie Nr. 8.

chung des 10. Senats war für die Problematik auch nicht empfänglich. Sie interpretierte auch widersprüchliche und intransparente Vertragsgestaltungen „zurecht".[1]

Gegenwärtig kann nur empfohlen werden, die Zwecke und die einschränkenden Bedingungen für eine Sonderzahlung so transparent und widerspruchsfrei wie möglich zu gestalten. Ein hervorragendes Beispiel für die – zu Recht – geänderte Sichtweise bildet das Urteil des LAG Düsseldorf vom 10.5.2010,[2] in der folgende Sonderzahlung/Anwesenheitsprämie zur Überprüfung stand:

⊃ **Nicht geeignet:**

Mit dem Novembergehalt eines jeden Jahres [zahlt der Arbeitgeber] eine Sonderzahlung (Anwesenheitsprämie) in Höhe eines weiteren Monatsgehalts bei Bestehen eines zu diesem Zeitpunkt ungekündigten Arbeitsvertrags, bei Rumpfjahren jedoch nur zeitanteilig.

Die Sonderzahlung reduziert sich, wenn die krankheitsbedingten Fehlzeiten 1 Woche (5 Arbeitstage) im Kalenderjahr überschreiten, um jeweils $\frac{1}{2}$ pro angefangener Woche der Fehlzeit. Die Sonderzahlung ist zurück zu gewähren, wenn die Arbeitnehmerin das Arbeitsverhältnis bis zum 30.6. des darauf folgenden Kalenderjahres kündigt. ...

Der Klägerin wurde durch den Arbeitgeber zum 31.8. gekündigt und sie verlangt die zeitanteilige Anwesenheitsprämie. Mit Recht führt das LAG aus, dass die Klausel, die eine Sonderzahlung (Anwesenheitsprämie) vorsieht und in ihrer konkreten Ausformulierung die Zwecke einer Sonderzahlung und einer zeitanteilig zu gewährenden Anwesenheitsprämie vermischt, ohne hinreichend deutlich zu machen, was wirklich gewollt ist, intransparent sei. Unangemessen benachteiligend sei darüber hinaus eine Stichtagsregelung, die zur Voraussetzung für eine „Anwesenheitsprämie" das Bestehen eines ungekündigten Arbeitsverhältnisses mache. Hierdurch würden die Zwecke, Anwesenheit in der Vergangenheit zu honorieren, andererseits aber auch Betriebstreue für die Zukunft zu verlangen, vermengt. Überdies könne der Arbeitgeber, nachdem er die Verhaltenssteuerung durch die Anwesenheitsprämie erreicht hat, bei dieser Vertragsgestaltung die zeitanteilig versprochene Anwe-

---

1 Vgl. etwa die Entscheidung des BAG 5.6.1996 – 10 AZR 883/95, AP Nr. 193 zu § 611 BGB Gratifikation mit folgender Klausel:
„§ 3 Arbeitsentgelt:
1. Der Arbeitnehmer erhält folgendes Arbeitsentgelt: Bruttogehaltsbezüge ab 1.3.1989 monatl. 3 950,– DM.
2. ... 3. Eine außervertragliche Zulage erfolgt auf freiwilliger Basis und kann jederzeit widerrufen werden ...
§ 4 Besondere Bezüge:
1. Neben dem im vorstehenden Paragraphen festgelegten Arbeitsentgelt werden folgende Leistungen bzw. Sachbezüge vereinbart:
13. Gehalt
Vermögenswirksame Leistungen DM 52,–
50 % Urlaubsgeld/Fahrtkostenerstattung ...
2. Betriebliche Sonderzuwendungen an den Arbeitnehmer aus besonderem Anlass (z.B. Weihnachtsgeld, Urlaubsgeld) – Gratifikationen – erfolgen auf freiwilliger Grundlage. Ein Anspruch kann daraus nicht hergeleitet werden.
3. Ein 13. Monatsgehalt gilt als Gratifikation.".
2 LAG Düsseldorf v. 10.5.2010 – 16 Sa 235/10. Teilweise Verwerfung in der Revision nur aus prozessualen Gründen, BAG v. 27.7.2011 – 10 AZR 454/10, NZA 2011, 998.

senheitsprämie dem Arbeitnehmer einseitig wieder durch Kündigung entziehen. Schließlich sei die Klausel auch insoweit widersprüchlich, weil sie hinsichtlich der „Rumpfjahre" eine zeitanteilige Vergütung vorsehe. Schließlich stellt das LAG klar, dass § 4a EFZG nicht von einer Transparenzkontrolle dispensiere. An diesem Fall wird deutlich, dass es mit spezifisch zweckgebundenen Sonderzahlungen unvereinbar ist, unspezifische Freiwilligkeits-, Widerrufs- und Rückzahlungsklauseln zu kombinieren. Hoch problematisch sind daher Empfehlungen in der Literatur zu einer Anwesenheitsprämie, in der alle denkbaren Kürzungsmöglichkeiten miteinander kombiniert werden.[1]

11 Ebenso problematisch ist es, wie etwa *Lingemann*[2] empfiehlt, eindeutig zielorientierte Vergütungen, die feste Tatbestandsvoraussetzungen für Anwesenheitsprämien oder Leistungsprämien haben, durch das Wörtchen „kann" entwerten zu wollen.

⊃ **Nicht geeignet:**
1. Anwesenheitsprämie
   Zusätzlich zu seinem monatlichen Grundgehalt kann dem Mitarbeiter eine Anwesenheitsprämie in Höhe von × Euro gewährt werden.
   Leistungsprämie
   Dem Mitarbeiter/der Mitarbeiterin kann zu seinem/ihrem monatlichen Grundgehalt eine Leistungsprämie in Höhe von × Euro pro Tag gewährt werden, wenn seine/ihre Tagesleistung y Stücke überschreitet.[3]

12 Mit dieser Vertragsgestaltung versucht sich der Verwender der Rechtsprechung zum Freiwilligkeitsvorbehalt zu entziehen, indem er einerseits eine präzise zweckgebundene Zusage gibt, diese aber durch das Wörtchen „kann" zu relativieren sucht. Das Beanstandungswürdige an dieser Form der Klauselgestaltung ist, dass ein möglichst präziser Leistungsanreiz, sei es die schlichte Anwesenheit oder ein bestimmter Leistungsumfang, mit einem bezifferten Betrag gegeben wird, letztlich aber der Verwender durch das Wort „kann" eben diese Zusage wiederum voraussetzungslos einstellen bzw. entziehen können will. Eine solche Klauselgestaltung, die in der präzisierten Zusage eine Nichtzusage versteckt, ist auch als Hauptleistungsabrede intransparent und scheitert an §§ 307 Abs. 3 Satz 2 i.V.m. § 307 Abs. 1 Satz 2 BGB. Der 10. Senat hat in seiner Entscheidung vom 18.1.2012 gerade die Abgabe eines nahezu inhaltsleeren Leistungsversprechens als nur scheinbare Gewährung eines Rechtsanspruchs zutreffend auch unter § 307 Abs. 2 Nr. 2 BGB geprüft.[4] Die gewählte Klauselgestaltung ist im Übrigen nichts anderes als der Versuch einer Variation auf den durch den 5. und 10. Senat verworfenen Freiwilligkeitsvorbehalt.[5] An die Stelle des Freiwilligkeitsvorbehalts tritt in der Klausel das Wörtchen „kann". Zu den Freiwilligkeitsvorbehalten hat der 5. Senat des BAG entschieden:[6]

---
1 HR/*Mengel*, 6. Anwesenheitsprämien, Rz. 559.
2 BLDH/*Lingemann*, M 12.14.1.
3 So BLDH/*Lingemann*, M 12.14.2 in der 3. Auflage. In der 5. Auflage formuliert er: „Dem Mitarbeiter/der Mitarbeiterin *wird* zu seinem/ihrem monatlichen Grundgehalt eine Leistungsprämie in Höhe von × Euro pro Tag *freiwillig* gewährt werden, wenn seine/ihre Tagesleistung y Stücke überschreitet."
4 BAG v. 18.1.2012 – 10 AZR 612/10, NZA 2012, 561 Rz. 26.
5 BAG v. 30.7.2008 – 10 AZR 606/07, NZA 2008, 1173.
6 BAG v. 25.4.2007 – 5 AZR 626/06, NZA 2007, 853.

"Sieht ein vom Arbeitgeber vorformulierter Arbeitsvertrag eine monatlich zu zahlende Leistungszulage unter Ausschluss jeden Rechtsanspruchs vor, benachteiligt dies den Arbeitnehmer unangemessen. Die Klausel ist unwirksam." ... „Dies gilt nicht nur für die Grundvergütung, sondern auch für zusätzliche regelmäßige Zahlungen, die von den Parteien als Teil der Arbeitsvergütung und damit als unmittelbare Gegenleistung für die vom Arbeitnehmer zu erbringende Arbeitsleistung vereinbart werden."

4. Sonderzahlungen ohne Vertragsgestaltung – der bessere Weg?

Angesichts der Transparenzerfordernisse bei der Gestaltung von Sonderzahlungsvereinbarungen stellt sich nunmehr die Frage, ob nicht die beste Vertragsgestaltung keine Vertragsgestaltung ist. Das will sagen: Der Arbeitgeber solle sich hinsichtlich der Sonderzahlungen überhaupt nicht vertraglich erklären, sondern lediglich „aus der freien Hand" Sonderzahlungen leisten. Bei der Zahlung solle er deutlich machen, dass es sich um eine freiwillige Leistung ohne Rechtsanspruch handelt.

Ein solcher Ratschlag wird vielfach schon personalpolitisch in der Regel nicht opportun sein. In größeren Unternehmen werden größere freiwillige Zahlungen ohne Regularien nur selten möglich sein. In aller Regel werden Betriebsräte ihr Beteiligungsrecht nach § 87 Abs. 1 Nr. 10 BetrVG gelten machen. Denkbar sind zwar solche Zahlungen als einmalige „Belohnungszahlungen", etwa für ein gutes Geschäftsjahr. Aber in aller Regel will der Arbeitgeber mit seinen Zahlungen bestimmte Zwecke verfolgen. Wenn er also das Verhalten der Arbeitnehmer in eine bestimmte Richtung steuern will, dann kommen nur zuvor definierte, zweckbezogene Zahlungen in Betracht, die in der Regel heute auf der Basis von Zielvereinbarungen beruhen.

„Echte" freiwillige Leistungen, bezüglich derer der Arbeitgeber sich nicht bindet, gibt es anderslautenden Vermutungen zum Trotz auch heute noch. Entscheidend ist jedoch, dass der Arbeitgeber bei seiner freiwilligen Zahlung wirklich keine rechtsgeschäftliche Bindung eingeht und sich nicht widersprüchlich verhält (hierzu noch → *Vorbehalte und Teilbefristung*, II V 70). Eine rechtsgeschäftliche Bindung kann aber eintreten, wenn der Arbeitgeber die Voraussetzungen einer sog. **betrieblichen Übung** erfüllt.[1] Begrifflich wird unter einer betrieblichen Übung die regelmäßige (gleichförmige) Wiederholung bestimmter Verhaltensweisen des Arbeitgebers verstanden, aus der Arbeitnehmer einen konkreten Verpflichtungswillen des Arbeitgebers ableiten können, ihnen solle eine Leistung oder Vergünstigung auf Dauer gewährt werden. Ohne hier auf die dogmatischen Streitigkeiten im Einzelnen eingehen zu können, stützt sich die Rechtsprechung klar auf die Vertragstheorie. Die betriebliche Übung ist m.E. ein Anwendungsfall **konkludenter Vertragsbindung**.[2] Entscheidend für die Entstehung eines Anspruchs ist nicht der Verpflichtungswille, sondern wie der Erklärungsempfänger die Erklärung oder das Verhalten des Arbeitgebers nach Treu und Glauben unter Berücksichtigung aller Begleitumstände (§§ 133, 157 BGB) verstehen musste und durfte.[3] Daraus wird er-

---
1 Hierzu ErfK/*Preis*, § 611 BGB Rz. 220 m.w.N.
2 Zum Ganzen *Preis/Genenger*, JbArbR 2010, 93 ff.; *Waltermann*, RdA 2006, 257 ff.
3 BAG v. 20.5.2008 – 9 AZR 382/07, NZA 2008, 1233; v. 8.12.2010 – 10 AZR 671/09, NZA 2011, 628.

kennbar, dass es für den Arbeitgeber gefährlich wird, wenn er sich unklar verhält. Aber selbst wenn er bei der Zahlung erklärt, die Zahlung erfolge freiwillig, kann dies widersprüchlich sein, wenn nach den Umständen doch eine Zusage vorliegt.

16 Kurz gesagt sind freiwillige Leistungen ohne Bindung für die Zukunft möglich, wenn der Arbeitgeber niemals die in Rede stehende Leistung zugesagt hat und bei der tatsächlichen Zahlung deutlich macht, dass aus der Zahlung für die Zukunft kein Anspruch entsteht.[1] Auch durch eine – transparente – Formulierung im Arbeitsvertrag, die letztlich keine Zusage enthält, kann die Freiwilligkeit verdeutlicht werden.

Wichtig ist aber zu erwähnen, dass all diese Klauseln prinzipiell kontrollfähig sind. **Pauschale Freiwilligkeitsvorbehalte** in Arbeitsverträgen sind nicht geeignet, das nachfolgende tatsächliche Erklärungsverhalten des Arbeitgebers zu entwerten. Nicht geeignet ist daher eine pauschale Klausel in einem Arbeitsvertrag, die versucht, ausdrückliche und konkludente, bzw. durch betriebliche Übung entstehende Vertragsansprüche für alle Zukunft auszuschließen → *Vorbehalte und Teilbefristung*, II V 70 Rz. 46).[2] Das gilt gerade auch für die Fälle, in denen Freiwilligkeits- und Widerrufsvorbehalte miteinander kombiniert werden; eine solche Vertragsgestaltung genügt nicht dem Transparenzgebot des § 307 Abs. 1 Satz 2 BGB.[3]

⊃ **Nicht geeignet:**

Soweit der Arbeitgeber gesetzlich oder durch Tarifvertrag nicht vorgeschriebene Leistungen wie Prämien, Zulagen, Urlaubsgeld, Gratifikationen, Weihnachtsgratifikationen gewährt, erfolgen sie freiwillig und ohne jede rechtliche Verpflichtung. Sie sind daher jederzeit ohne Wahrung einer besonderen Frist widerrufbar.

Erbringt der Arbeitgeber eine Sonderzuwendung, geschieht dies freiwillig, ein Rechtsanspruch besteht nicht. Die Sonderzuwendung dient ausschließlich als Honorierung von Betriebstreue und als Anreiz für die künftige Betriebstreue. Der Arbeitgeber entscheidet jedes Jahr neu, ob und in welcher Höhe er eine Sonderzuwendung erbringt. Aus der Erbringung einer Sonderzuwendung kann für die Zukunft kein Anspruch abgeleitet werden. Das gilt auch, wenn die Sonderzuwendung wiederholt erbracht wird. Der Vorrang individueller Vertragsabreden i.S.d. § 305b BGB bleibt hiervon unberührt.

Sonstige, in diesem Vertrag nicht vereinbarte Leistungen des Arbeitgebers an den Arbeitnehmer sind freiwillig und jederzeit widerruflich. Auch wenn der Arbeitgeber sie mehrmals und regelmäßig erbringen sollte, erwirbt der Arbeitnehmer dadurch keinen Rechtsanspruch für die Zukunft.[4]

17 Mögen auch echte freiwillige Leistungen, die nicht „versprochen" i.S.d. § 308 Nr. 4 BGB sind, d.h. bezüglich derer sich der Arbeitgeber rechtsgeschäftlich nicht gebunden hat, als solche weder – außer auf Transparenz – kontrollfähig sein noch gar unangemessen benachteiligen, ist aber das gestalterische Problem damit noch nicht

---

1 BAG v. 18.3.2009 – 10 AZR 289/09, NZA 2009, 535; v. 8.12.2010 – 10 AZR 671/09, NZA 2011, 628.
2 BAG v. 8.12.2010 – 10 AZR 671/09, NZA 2011, 628 Rz. 19; BAG v. 14.9.2011 – 10 AZR 526/10, NZA 2012, 81 Rz. 29ff.
3 BAG v. 14.9.2011 – 10 AZR 526/10, NZA 2012, 81 Rz. 24.
4 Klausel aus BAG v. 14.9.2011 – 10 AZR 526/10, NZA 2012, 81.

gelöst. Das gilt insbesondere, wenn sog. freiwillige Sonderzahlungen zum üblichen Vergütungsspektrum des Unternehmens gehören. Zwar ist die Höhe der freiwilligen Leistung für die Frage, ob eine rechtsgeschäftliche Bindung vorliegt oder nicht, unerheblich.[1] Naheliegend ist aber, dass hohe Bonuszahlungen nicht „einfach so" gezahlt werden, sondern im Hintergrund eine Vergütung von Arbeitsleistung oder die Honorierung eines besonderen Erfolges (Gewinn, Umsatz etc.) steht. Der Rechtsprechung wird schwer plausibel machen zu sein, dass der Arbeitgeber flexible Gehaltsbestandteile, die zum Teil mehr als die Hälfte der Bruttovergütung ausmachen, „willkürlich verschenkt".

Insoweit ist auf eine Entscheidung des BAG vom 21.4.2010[2] hinzuweisen: Dort führt das BAG zu Recht aus, dass ein Anspruch auf einen Jahresbonus aufgrund einer individuellen, arbeitsvertraglichen und konkludenten Abrede sich aus den jährlichen Zahlungen eines Bonus in Verbindung mit dem tatsächlichen Verhalten des Arbeitgebers ergeben kann. Eine konkludente Zusage künftiger Bonuszahlungen sei nicht bereits deshalb zu verneinen, weil die Zahlung nicht in einer bestimmten Höhe zugesagt worden sei. Im konkreten Fall wurden der Klägerin neben ihrem Gehalt zwischen dem Jahre 2000 und 2006 Jahresboni zwischen 26 000 und 57 000 Euro bei einem Grundgehalt von 5 040 Euro monatlich ausgezahlt. Die Klägerin machte geltend, der Jahresbonus sei konkludent vereinbart worden und habe zuletzt 45 % des Jahresgehalts betragen. Das BAG weist in dem Fall darauf hin, dass aus dem tatsächlichen Verhalten ein Angebot des Arbeitgebers gefolgert werden könne, das die Arbeitnehmerin durch schlüssiges Verhalten angenommen hat. Das LAG habe rechtsfehlerhaft einen individualrechtlichen Anspruch schon deshalb verneint, weil die Zahlung nicht in einer bestimmten Höhe zugesagt worden sei. Es sei gerade typisch für einen Bonusanspruch, dass dieser abhängig von verschiedenen Komponenten sei, wie z.B. dem Betriebsergebnis und/oder einer persönlichen Leistung. Wenn über den Grund des Anspruchs tatsächlich jedes Jahr neu entschieden werde, hätte der Arbeitgeber auf die Einmaligkeit der Zahlung besonders hinweisen müssen. 18

Aus dieser Entscheidung wird nicht nur deutlich, dass der scheinbare Schematismus der Voraussetzungen einer betrieblichen Übung ein Irrweg war, sondern dass allein das Ausmaß der rechtsgeschäftlichen Bindung entscheidend ist. Diese Erkenntnis hat auch die instanzgerichtliche Rechtsprechung mittlerweile zur Anerkennung von Ansprüchen auf Sonderzahlungen aus konkludenten Abreden bewogen.[3] Schlichte Zahlungen sind ebenso gefährlich wie eine widersprüchliche Gestaltung, bei der etwa eine Leistung zugesagt und im nächsten Atemzug wieder relativiert wird. Vor diesem Hintergrund ist eine flexible, aber in sich widerspruchsfreie Vertragsgestaltung zu empfehlen. 19

5. Sonderzahlungen im Ermessen des Arbeitgebers – eine Gestaltungsalternative?

Angesichts der von der Rechtsprechung deutlicher akzentuierten Grenzen freiwilliger Sonderzahlungen und des sich abzeichnenden „Todes" pauschaler, vorformulierter Freiwilligkeitsvorbehalte[4] in Arbeitsverträgen wird in der Literatur zum Teil 19a

---
1 So BAG v. 18.3.2009 – 10 AZR 289/09, NZA 2009, 535.
2 BAG v. 21.4.2010 – 10 AZR 163/09, AP Nr. 5 zu § 151 BGB = NZA 2010, 808; bestätigt durch BAG v. 17.4.2013 – 10 AZR 251/12, DB 2015, 2568.
3 LAG Hamm v. 21.11.2013 – 15 Sa 1092/13, n.v.
4 Dazu *Preis/Sagan*, NZA 2012, 697.

erwogen, statt der althergebrachten Freiwilligkeitsvorbehalte auf sog. Ermessengratifikationen auszuweichen.[1] Den Boni nach Ermessen wird größte Flexibilität für Arbeitgeber zugesprochen.[2] Solche Regelungen in Arbeitsverträgen waren seit dem Jahr 2011 häufiger Gegenstand höchstrichterlicher Entscheidungen[3] und sind damit stärker als bisher in den Fokus der Gestaltungspraxis getreten. Die meisten Fälle hatten jedoch spezielle Fallgestaltungen im Bankensektor zum Gegenstand,[4] die nicht als verallgemeinerungsfähig erachtet werden können.[5] Aus der reichhaltigen Judikatur der letzten Jahre kann folgende allgemeine Klausel zur Verdeutlichung der Problematik des Ermessensbonus herangezogen werden:

Klauselbeispiel:

Sie erhalten eine Weihnachtsgratifikation in Höhe von 50 % bei einer Betriebszugehörigkeit von mindestens 6 Monaten bzw. von 100 % bei einer Betriebszugehörigkeit von 12 Monaten von der vom Arbeitgeber jeweils pro Jahr festgelegten Höhe. Endet das Arbeitsverhältnis vor dem 31.3. des Folgejahres durch Kündigung seitens des Arbeitnehmers sind jegliche – auch anteilige – Ansprüche auf die Weihnachtsgratifikation ausgeschlossen.[6]

19b Alle Fallgestaltungen des BAG zu Boni nach Ermessen verbindendes Merkmal ist, dass sich der Arbeitgeber **dem Grunde nach zur Zahlung einer Sonderzahlung verpflichtet**, deren Höhe aber nicht von vornherein feststeht. Vielmehr behält sich der Arbeitgeber über die Höhe des Anspruchs ein einseitiges Leistungsbestimmungsrecht vor. Dessen Ausübung richtet sich – wenn abweichende Anhaltspunkte im Vertrag nicht gegeben sind – nach der gesetzlichen Regelung des § 315 BGB, die Leistungsbestimmung muss daher nach billigem Ermessen erfolgen.[7] Problematisch werden solche Leistungsbestimmungsrechte vor allem dann, wenn sich der Arbeitgeber entschließt, einen äußerst gering bemessenen oder gar bei Null liegenden Bonus zur Verfügung zu stellen und der Arbeitnehmer dann im Ergebnis wenig bis gar nichts erhält.[8]

---

1 BLDH/*Lingemann*, Kap. 2 Rz. 101 sowie M. 12.16; *Lingemann/Otte*, NZA 2014, 2000; *Wensing/Boensch*, BB 2014, 2358.
2 *Simon/Hidalgo/Koschker*, NZA 2012, 1071 (1072).
3 Vgl. nur BAG v. 19.3.2014 – 10 AZR 622/13, DB 2014, 1203; v. 15.5.2013 – 10 AZR 679/12, juris; v. 20.3.2013 – 10 AZR 8/12, NZA 2013, 970; v. 20.3.2013 – 10 AZR 636/11, juris; v. 16.1.2013 – 10 AZR 26/12, NZA 2013, 1013; v. 14.11.2012 – 10 AZR 783/11, AP Nr. 107 zu § 315 BGB; v. 29.8.2012 – 10 AZR 385/11, NZA 2013, 148; v. 12.10.2011 – 10 AZR 746/10, NZA 2012, 450.
4 Vgl. BAG v. 19.3.2014 – 10 AZR 622/13, NZA 2014, 595; v. 15.5.2013 – 10 AZR 679/12, juris; v. 20.3.2013 – 10 AZR 636/11, juris; v. 20.3.2013 – 10 AZR 8/12, NZA 2013, 970; v. 17.10.2012 – 10 AZR 620/11, juris; v. 29.8.2012 – 10 AZR 385/11, NZA 2013, 148; v. 12.10.2011 – 10 AZR 746/10, NZA 2012, 450.
5 In der Tendenz ebenso *Simon/Hidalgo/Koschker*, NZA 2012, 1071 (1072).
6 Vgl. BAG v. 16.1.2013 – 10 AZR 26/12, NZA 2013, 1013.
7 BAG v. 19.3.2014 – 10 AZR 622/13, NZA 2014, 595 Rz. 35; v. 12.10.2011 – 10 AZR 649/10, NZA 2012, 464 Rz. 26.
8 S. insoweit die weitreichende Kontrolle in BAG v. 19.3.2014 – 10 AZR 622/13, NZA 2014, 595 Rz. 59 ff.

Eine Klauselgestaltung nach Maßgabe des oben genannten Beispiels hält das BAG im Grundsatz nach den §§ 305 ff. BGB für zulässig: Ein Verstoß gegen § 308 Nr. 4 BGB liege nicht vor. Einseitige Leistungsbestimmungsrechte i.S.v. §§ 315 ff. BGB fielen nicht unter § 308 Nr. 4 BGB, wenn sie darauf beschränkt seien, dem Verwender die erstmalige Festlegung seiner Leistung zu ermöglichen.[1] Ein Verstoß gegen das Transparenzgebot nach § 307 Abs. 1 Satz 2 BGB sei ebenfalls nicht gegeben. Sinn des Transparenzgebots sei es, der Gefahr vorzubeugen, dass der Vertragspartner des Klauselverwenders von der Durchsetzung bestehender Rechte abgehalten wird. Diese Gefahr bestehe aber nicht. Der mögliche Anspruch sei durch den Arbeitsvertrag ausreichend beschrieben. Der Arbeitnehmer habe erkennen können, dass die Beklagte über die Festsetzung der Höhe der Gratifikation zu entscheiden gehabt habe und dass diese Entscheidung eine Abwägung der maßgeblichen Interessen beider Parteien erforderte. Richtig sei zwar, dass die Vertragsklausel selbst keine Maßstäbe für die von der Arbeitgeberin zu treffenden Entscheidung festlege. Insoweit sei die Auffassung des Arbeitnehmers zwar nachvollziehbar, aus der Klausel sei nicht zu erkennen, wie hoch letztendlich die vertraglichen Zahlungen sind. Indes betreffe das Leistungsbestimmungsrecht im Streitfall noch nicht einmal das im unmittelbaren Gegenseitigkeitsverhältnis stehende Entgelt, sondern lediglich eine – der Höhe nach unbestimmte – Zusatzleistung, zu welcher der Arbeitgeber an sich nicht verpflichtet wäre. Insbesondere hätte der Arbeitgeber auch die Möglichkeit, Leistungen der hier betroffenen Art jeweils mit einem Freiwilligkeitsvorbehalt zu verbinden und dadurch einen Rechtsanspruch für die Zukunft auszuschließen.[2] Gegenüber der Verwendung eines Freiwilligkeitsvorbehalts erhalte der Arbeitnehmer mit der hiesigen Klausel immerhin einen klagbaren Anspruch. Die Ausübung des Leistungsbestimmungsrechts könne er zudem vom Gericht überprüfen lassen. Damit sei die mit der Regelung verbundene Ungewissheit regelmäßig hinnehmbar, insbesondere in Fällen, in denen eine Sonderzahlung nicht von der Erbringung der Gegenleistung abhängig sei.[3] Auch liege kein Verstoß gegen § 307 Abs. 1 Nr. 1, Abs. 2 Nr. 1 BGB vor. Die Klausel weiche nicht vom Gesetz ab. Dieses sehe selbst einseitige Leistungsbestimmungsrechte vor (§ 315 BGB). Es gehe davon aus, dass vertragliche Regelungen dieses Inhalts einem berechtigten Bedürfnis des Wirtschaftslebens entsprechen könnten und nicht von vornherein unangemessen seien. Das Gesetz ordne ausdrücklich an, dass die Bestimmung mangels abweichender Vereinbarung nach billigem Ermessen zu geschehen habe und dass der Gläubiger die Entscheidung des Schuldners gerichtlich überprüfen und ggf. durch Urteil treffen lassen könne. Damit habe der Gesetzgeber Vorkehrungen gegen die mit dem einseitigen Leistungsbestimmungsrecht verbundene Gefährdung des Gläubigers getroffen, bei denen Anhaltspunkte für eine unzureichende Sicherung nicht bestünden.[4] Auch ein Verstoß gegen ungeschriebene Rechtsgrundsätze liege nicht vor, insbesondere bestehe nicht die Gefahr, dass der Arbeitgeber einerseits die leistungssteuernde Wirkung seines Versprechens für die Zukunft in Anspruch nehme, andererseits aber die Entscheidung über den Eintritt der Bedingung allein vom eigenen Willen abhängig macht. Die vertragliche Regelung setze keine Leistungsanreize, vielmehr sei einzige Anspruchsvoraussetzung der Bestand des Arbeitsver-

---

1 BAG v. 16.1.2013 – 10 AZR 26/12, NZA 2013, 1013 Rz. 17.
2 BAG v. 16.1.2013 – 10 AZR 26/12, NZA 2013, 1013 Rz. 20, 21.
3 BAG v. 16.1.2013 – 10 AZR 26/12, NZA 2013, 1013 Rz. 23.
4 BAG v. 16.1.2013 – 10 AZR 26/12, NZA 2013, 1013 Rz. 29.

hältnisses am 31.3. des Folgejahres. Deshalb ändere die Gratifikation auch nicht das Äquivalenzverhältnis zwischen Arbeitsleistung und Entgelt.[1]

19d Konstatieren lässt sich damit, dass das BAG in der Entscheidung vom 16.1.2013 großzügig mit den Boni nach Ermessen verfährt. Den Bedenken des Arbeitnehmers, der im Unklaren über die Höhe der Sonderzahlung gelassen wird, schenkt das BAG trotz Erwähnung in den Entscheidungsgründen im Ergebnis wenig Beachtung. Der Vereinnahmung dieser Rechtsprechung als Alternative zum unwirksamen pauschalen Freiwilligkeitsvorbehalt muss jedoch deutlich widersprochen werden: Solche Empfehlungen verkennen den vom BAG gezogenen Anwendungsbereich der Ermessensgratifikationen. Das BAG hat in der Entscheidung vom 16.1.2013 darauf hingewiesen, dass die mit einer Ermessensgratifikation einhergehende Ungewissheit über die Höhe der Zuwendung hinnehmbar ist, insbesondere in den Fällen, in denen eine Sonderzahlung nicht von der Erbringung der Gegenleistung abhängig ist. Die Rechtsprechung zielt damit aber eigentlich auf Betriebstreueregelungen ab, im Synallagma stehende Leistungen sollen gerade nicht erfasst werden. Diese Stoßrichtung findet sich auch in einer weiteren Entscheidung wieder, in der das BAG darauf abstellt, dass der Bonus nach Ermessen nur so verstanden werden könne, dass die Arbeitgeberin sich nicht das Recht vorbehalten habe, dem Arbeitnehmer Vergütungschancen zu entziehen.[2] Nur über diese Lesart, die Vergütung für bereits erbrachte Arbeitsleistung bei Boni nach Ermessen nicht als Anknüpfungspunkt anerkennt, lässt sich zudem ein Wertungswiderspruch zu neueren Entwicklungen der Rechtsprechung des 10. Senats bei Stichtagsklauseln vermeiden (s. dazu näher Rz. 42 ff.).

19e Entgegen der Auffassung des BAG kann im Übrigen nicht davon ausgegangen werden, dass über AGB eine Sonderzahlung einfach in das Ermessen des Arbeitgebers gestellt werden kann, ohne die für die Ermessensausübung maßgeblichen Maßstäbe näher zu konkretisieren. Der Bewertung des BAG, dass die streitgegenständliche Klausel ohne nähere Konkretisierung der für die Arbeitgeberentscheidung ausschlaggebenden Maßstäbe den Transparenzerfordernissen des § 307 Abs. 1 Satz 2 BGB genügt, kann damit nicht zugestimmt werden. Das Transparenzgebot des § 307 Abs. 1 Satz 2 BGB erfordert, dass die Klausel die Angemessenheit und Zumutbarkeit erkennen lässt und die tatbestandlichen Voraussetzungen und Rechtsfolgen so genau beschrieben sind, dass für den Arbeitgeber keine ungerechtfertigten Beurteilungsspielräume entstehen.[3] Vermeidbare Unklarheiten und Spielräume lassen das Pendel in der Prüfung des Bestimmtheitsgebots zu Lasten des Verwenders ausschlagen.[4] Maßstab der Transparenzkontrolle ist das Verständnis eines durchschnittlichen Arbeitnehmers.[5] Bei Abstellen auf den durchschnittlichen Arbeitnehmer ist nicht davon auszugehen, dass dieser ohne Weiteres die Gesichtspunkte erkennt, die für die Entscheidung des Arbeitgebers ausschlaggebend sein sollen. Im Übrigen setzt sich der 10. Senat mit seiner Annahme, dass selbst ohne Konkretisierung der für die Abwägungsentscheidung zu Grunde zu legenden

---

1 BAG v. 16.1.2013 – 10 AZR 26/12, NZA 2013, 1013 Rz. 30.
2 BAG v. 20.3.2013 – 10 AZR 636/11, juris.
3 BAG v. 31.8.2005 – 5 AZR 545/04, NZA 2006, 324 Rz. 45.
4 Vgl. BAG v. 1.9.2010 – 5 AZR 517/09, NZA 2011, 575 Rz. 14 zu Überstundenabgeltungspauschalierungen.
5 BAG v. 25.5.2005 – 5 AZR 572/04, NZA 2005, 1111 (1113).

Maßstäbe keine Intransparenz vorliege, in Widerspruch zur Rechtsprechung des 5. Senats zur Kontrolle formularmäßiger Widerrufsvorbehalte. Diesen versagt der 5. Senat gerade auch mit Verweis auf 307 Abs. 1 Satz 2 BGB zu Recht die Anerkennung, wenn die Widerrufsgründe nicht in der Klausel selbst spezifiziert werden.[1] Zudem ist bei ins Ermessen des Arbeitgebers gestellten Sonderzahlungen unklar, in welchem Verhältnis das dem Arbeitnehmer zugesagte Grundgehalt zu der möglichen Sondervergütung zur Honorierung der Betriebstreue steht. Vielmehr ist für den durchschnittlichen Arbeitnehmer nicht zu ermitteln, ob er am Ende des Jahres überhaupt etwas erhält oder ob der Arbeitgeber die erbrachte Betriebstreue durch Ansetzung des Bonus auf null gar nicht honoriert. Hier zeigt sich plastisch der Gegensatz zu Führungskräften im Bankgewerbe, welchen der 10. Senat dort zwar bei Prüfung des § 305c Abs. 2 BGB sieht,[2] jedoch hier bei Prüfung des § 307 Abs. 1 Satz 2 BGB zu Unrecht ignoriert. Auch der Hinweis des 10. Senats, dass der Arbeitnehmer die Ausübung des Leistungsbestimmungsrechts gerichtlich überprüfen lassen könne, verfängt nicht. Der Senat vermengt hier systemwidrig die Kontrolle der Klausel nach § 307 Abs. 1 Satz 2 BGB mit der Kontrolle der Ausübung des Leistungsbestimmungsrechts nach § 315 BGB. Angemessenheits- und Ausübungskontrolle sind aber gerade voneinander zu scheiden, die Ausübung des Leistungsbestimmungsrechts im konkreten Einzelfall ist der nur typisierenden und generalisierenden Wertungen zugänglichen Angemessenheitskontrolle nachgelagert. Vor diesem Hintergrund kann von der Verwendung der Boni nach Ermessen ohne Spezifizierung, welche Parameter der Ermessensausübung zugrunde liegen, nur abgeraten werden.

Die jüngste Entscheidung des 10. Senats des BAG zeigt jedoch, in welche Richtung die Rechtsprechung gehen könnte. Typisch sind Ermessensboni, die sich nach dem wirtschaftlichen Erfolg des Arbeitgebers und nach der Leistung des Arbeitnehmers richten. Solche allgemeinen Parameter genügen der Rechtsprechung, obwohl in der Praxis viel detailliertere – auf Zielvereinbarungen beruhende Bonuszahlungen (→ *Zielvereinbarungen*, II Z 5) anzutreffen sind. 19f

---

Klauselbeispiele:

2. Der Mitarbeiter kann als freiwillige Leistung eine variable Vergütung erhalten, mit der die individuelle Leistung und sein Beitrag zum Ergebnis für ein Geschäftsjahr honoriert und seine Betriebsbindung gefestigt werden sollen. Die variable Vergütung ergibt sich aus dem vom Vorstand bewilligten Budget und der Vergabeentscheidung auf der Grundlage der jeweiligen individuellen Leistungs- und Verhaltensbeurteilung. Es besteht kein individueller Rechtsanspruch auf Bewilligung eines Budgets und auf Gewährung einer individuellen Zahlung.[3]

3. Sie erhalten darüber hinaus einen Leistungsbonus. Dieser richtet sich nach der individuellen Zielerreichung, dem Teamverhalten sowie dem Erfolg der Bank. Er wird jedes Jahr neu für das abgelaufene Jahr festgesetzt. Der Leistungsbonus wird derzeit mit dem Maigehalt eines Jahres für das zurückliegende Kalender-

---

1 BAG v. 12.1.2005 – 5 AZR 364/04, NZA 2005, 465 (468).
2 BAG v. 29.8.2012 – 10 AZR 385/11, NZA 2013, 148 Rz. 29.
3 Klausel in Anlehnung an BAG v. 19.3.2014 – 10 AZR 622/13, NZA 2014, 595.

jahr gezahlt. Er kann zwischen 0–200 % des Basiswertes betragen, der zurzeit bei 5400 Euro brutto liegt.[1]

19g Solche und ähnliche Klauseln hat die Rechtsprechung prinzipiell akzeptiert. Sie enthalten nach hier vertretener Auffassung das Untermaß an notwendiger Konkretisierung. Es ist daran zu erinnern, dass der BGH in ständiger Rechtsprechung es bei Leistungsbestimmungsklauseln in AGB nicht ausreichen lässt, alles offen zu lassen oder lediglich auf § 315 BGB zu verweisen. Ein Verstoß gegen das Transparenzgebot (§ 307 Abs. 1 Satz 1, 2 BGB) liegt bereits dann vor, wenn eine Formularbestimmung – hier durch die nicht hinreichend deutlich herausgestellte Möglichkeit einer Billigkeitskontrolle gemäß § 315 Abs. 3 BGB – die Rechtslage irreführend darstellt und es dem Verwender dadurch ermöglicht, begründete Ansprüche unter Hinweis auf die in ihr getroffene Regelung abzuwehren.[2] Leistungsbestimmungsrechte sind unwirksam, wenn sie nicht das notwendige Mindestmaß an Kalkulierbarkeit aufweisen[3] und der Vertragspartner nicht ermessen kann, was auf ihn zukommt. Auf dieser Basis ruht die Rechtsprechung zu Widerrufsvorbehalten (hierzu → *Vorbehalte und Teilbefristung*, II V 70). Man sollte deshalb nicht zu früh darüber aus Arbeitgebersicht jubeln, dass die Arbeitsvertragsparteien „keinesfalls gezwungen [seien], Kriterien zu vereinbaren, von denen die Höhe der Zusatzvergütung abhängt".[4] Gerade wenn es um leistungsbezogene, im Austauschverhältnis stehende Zahlungen geht, lässt sich dies aus den Entscheidungen des BAG gerade nicht ablesen.[5]

19h Überdies ist festzuhalten, dass – je geringer die Parameter festgelegt sind – die Rechtsprechung zu einer intensiven Billigkeitskontrolle neigt. In seiner jüngsten Entscheidung[6] vollzieht das BAG eine intensive Billigkeitskontrolle. Seien bei einer Leistungsbestimmung nach einer Dienstvereinbarung sowohl die Leistung des Arbeitnehmers als auch die Ertragslage des Unternehmens bei der Leistungsbestimmung zu berücksichtigen, müsse das vom Vorstand festzusetzende Budget in Abhängigkeit von der Ertragslage eine Größenordnung erreichen, die den Leistungsbezug des Bonussystems beachtet und ausreicht, die durch Abschluss von Zielvereinbarungen angestrebten und tatsächlich erbrachten Leistungen angemessen zu honorieren. Die Leistungsbestimmung entspreche in einem solchen Fall regelmäßig nur dann billigem Ermessen, wenn vereinbarte und erreichte persönliche Ziele ihren angemessenen Ausdruck in dem festgelegten Leistungsbonus finden. Regelmäßig komme eine Festsetzung des Bonus auf „Null" nicht in Betracht. Kurzum: Ermessensboni beinhalten eine Bonuszusage dem Grunde nach. Das ist nicht mit einer freiwilligen Leistung zu vergleichen. Die billige Leistungsbestimmung der Höhe nach unterliegt einer intensiven Billigkeitskontrolle, wie aus der ständigen Rechtsprechung des BAG folgt.[7]

---

1 Klausel aus BAG v. 15.5.2013 – 10 AZR 679/12.
2 BGH v. 31.7.2013 – VIII ZR 162/09 Rz. 44, NJW 2013, 2647.
3 BGH v. 13.4.2010 – IX ZR 197/09, NJW 2010, 1742 Rz. 15.
4 So *Lingemann/Otte*, NJW 2014, 2401 (2403).
5 BAG v. 16.1.2013 – 10 AZR 26/12, NZA 2013, 1013 Rz. 21.
6 BAG v. 19.3.2014 – 10 AZR 622/13, NZA 2014, 595 Rz. 59 ff.
7 BAG v. 19.3.2014 – 10 AZR 622/13, NZA 2014, 595 Rz. 59 ff. und bereits BAG v. 21.4.2010 – 10 AZR 163/09, AP Nr. 5 zu § 151 BGB = NZA 2010, 808; bestätigt durch BAG v. 17.4.2013 – 10 AZR 251/12.

6. Arbeitsleistungsbezogene Sonderzahlungen und Zahlungen zur Belohnung der Betriebstreue

In diesem Kapitel des Vertragshandbuchs werden – mit Rücksicht auf die traditionelle Rechtsprechung – **arbeitsleistungsbezogene Sonderzahlungen** sowie Zahlungen zur Honorierung der **Betriebstreue** behandelt.

- **Zielvereinbarungen** werden in einem besonderen Kapitel erörtert (→ *Zielvereinbarungen*, II Z 5).
- **Leistungs- und Erfolgsvergütungen** (Provisionen, Umsatzbeteiligung, Tantieme, Aktienoptionen) werden mit einigen Klauselvorschlägen im Kapitel → *Arbeitsentgelt*, II A 70 behandelt.
- Wegen zahlreicher Besonderheiten wird ebenfalls das **Arbeitgeberdarlehen** gesondert diskutiert (→ *Darlehen*, II D 10).
- **Soziale Leistungen** werden heute nur noch selten in Arbeitsverträgen, sondern eher in Betriebsvereinbarungen geregelt. Im Zentrum des Interesses steht, ob diese Leistungen freiwillig oder jedenfalls erleichtert widerruflich gestaltet werden können (hierzu → *Vorbehalte und Teilbefristung*, II V 70).

Bedeutung hat der Entgelt- bzw. Betriebstreuecharakter vor allem für die Frage, ob die Sonderzahlung bei **Fehlzeiten** des Arbeitnehmers gekürzt werden kann (Rz. 64 ff.) und ob sie auch dann gezahlt werden muss, wenn der Arbeitnehmer an einem bestimmten Stichtag nicht mehr zum Betrieb gehört oder das Arbeitsverhältnis gekündigt wurde (Rz. 39 ff.), sowie für die Zulässigkeit von Rückzahlungsklauseln (Rz. 89 ff.). In der Rechtsprechung werden Sonderzahlungen seit langem in drei Kategorien eingeteilt, je nachdem, ob damit ausschließlich die Arbeitsleistung vergütet, ausschließlich die Betriebstreue des Arbeitnehmers honoriert oder beide Zwecke verfolgt werden sollen:

- Sonderzahlungen mit reinem Entgeltcharakter (sog. arbeitsleistungsbezogene Sonderzahlungen),
- Sonderzahlungen zur Belohnung von Betriebstreue und
- Sonderzahlungen mit Mischcharakter.

Freilich ist an dieser Stelle nochmals klarzustellen, dass die Rechtsprechung im Begriff ist, diese zwanghafte Kategorisierung aufzugeben. Es wird, wenn man diese weiterhin zulässigen Zwecke verfolgen will, auf eine **klare und widerspruchsfreie Formulierung** ankommen. Verfolgt die Sonderzahlung nicht erkennbar einen abweichenden Zweck, ist mit der neueren Rechtsprechung des BAG davon auszugehen, dass „ein Arbeitgeber in aller Regel jede Sondervergütung im Hinblick auf das Arbeitsverhältnis und die Verpflichtung des Arbeitnehmers zur Leistung der versprochenen Dienste erbringt."[1]

---

1 BAG v. 1.4.2009 – 10 AZR 393/08, AP Nr. 84 zu § 242 BGB Betriebliche Übung.

a) Sonderzahlungen mit reinem Entgeltcharakter (arbeitsleistungsbezogene Sonderzahlungen)

Typ 1: Arbeitsleistungsbezogene Sonderzahlungen

a) Am 20.12. des Jahres erhalten Sie als zusätzliches Arbeitsentgelt ein 13. Monatsgehalt.

b) Als zusätzliches Arbeitsentgelt gewähren wir Ihnen zum ... eine Jahresleistung in Höhe von ...

c) Zusätzlich wird mit dem Dezembergehalt ein 13. Monatsgehalt ausbezahlt. Im Eintrittsjahr und im Jahr des Ausscheidens wird das 13. Gehalt anteilig nach der auf das Jahr entfallenden Anstellungszeit berechnet.

d) Der Arbeitnehmer erhält zusätzlich eine Weihnachtsgratifikation in Höhe eines Monatsgehalts, auszuzahlen mit dem Novembergehalt.

23 Die Bezeichnung allein kann der Sonderzahlung nach ständiger Rechtsprechung des BAG keinen besonderen Charakter oder Inhalt geben.[1] Insbesondere die Bezeichnung als „Weihnachtsgeld" wird allenfalls als **Indiz**, nicht jedoch als ausschlaggebendes oder gar alleiniges Merkmal für den reinen Entgeltcharakter der Sonderzahlung herangezogen.[2] Ein vertraglich zugesagtes Weihnachtsgeld bzw. eine Weihnachtsgratifikation, die keinerlei einschränkende Voraussetzungen enthält, ist ausschließlich als Arbeitsentgelt zu betrachten, welches als Gegenleistung für die Arbeitsleistung geschuldet wird.[3]

24 Wenn für eine Sonderleistung wie in den unter **Typ 1a** und **1b** aufgeführten Beispielsfällen lediglich die Höhe der Jahreszahlung festgelegt und der Termin der Auszahlung genannt wird, ansonsten aber keine besonderen Voraussetzungen festgelegt werden, so ist nach der ständigen Rechtsprechung des BAG von einer Sonderzahlung mit sog. **reinem Entgeltcharakter** auszugehen.[4] Das bedeutet, die Sonder-

---

[1] BAG v. 11.11.1971 – 5 AZR 277/71, EzA § 611 BGB Gratifikation, Prämie Nr. 29; v. 26.6.1975 – 5 AZR 358/77, AP Nr. 100 zu § 611 BGB Gratifikation; v. 24.10.1990 – 6 AZR 156/89, AP Nr. 135 zu § 611 BGB Gratifikation; v. 25.4.1991 – 6 AZR 532/89, AP Nr. 137 zu § 611 BGB Gratifikation; v. 13.6.1991 – 6 AZR 421/89, EzA § 611 BGB Gratifikation, Prämie Nr. 86.

[2] Vgl. schon BAG v. 10.7.1974 – 5 AZR 494/73, AP Nr. 83 zu § 611 BGB Gratifikation; v. 13.6.1991 – 6 AZR 421/89, EzA § 611 BGB Gratifikation, Prämie Nr. 86; v. 21.5.2003 – 10 AZR 408/02, EzA § 611 BGB 2002 Gratifikation, Prämie Nr. 8; vgl. auch BAG v. 24.10.1990 – 6 AZR 156/89, AP Nr. 135 zu § 611 BGB Gratifikation unter II. 2. e).

[3] BAG v. 21.5.2003 – 10 AZR 408/02, EzA § 611 BGB 2002 Gratifikation, Prämie Nr. 8.

[4] Dies wurde bereits in BAG v. 29.6.1954 – 2 AZR 13/53, AP Nr. 1 zu § 611 BGB Gratifikation angedeutet, wo das BAG verlangte, dass sich der über die bloße Vergütung geleisteter Dienste hinausgehende Zweck zumindest schlüssig aus dem Verhalten des Arbeitgebers ergeben muss (und demnach nicht automatisch bei jeder Sonderzuwendung anzunehmen ist); vgl. dann BAG v. 13.9.1956 – 2 AZR 201/54, AP Nr. 3 zu § 242 BGB Gleichbehandlung, wo auf eine Auslegungsregel noch verzichtet wird. Ausdrücklich stellt das BAG in seiner Entscheidung v. 20.9.1972 – 5 AZR 239/72, AP Nr. 76 zu § 611 BGB Gratifikation die Auslegungsregel auf, dass mangels ausdrücklicher Zwecksetzung durch den Arbeitgeber jede Zahlung als Teil des zur unmittelbaren Abgeltung der Arbeitsleistung bestimmten Lohns anzusehen ist. In der Entscheidung v. 26.6.1975 – 5 AZR 412/75, AP Nr. 86 zu § 611 BGB Gratifikation schließlich wird erstmals festgelegt, dass ohne

zahlung wird als 13. Gehalt verstanden und vergütet zusätzlich die während des Jahres geleistete Arbeit des Arbeitnehmers (arbeitsleistungsbezogene Sonderzahlung). Ohne eine besondere Bestimmung ist die Sonderzahlung also **normales Entgelt**, die im Austauschverhältnis zur Arbeitsleistung steht und nicht durch das Bestehen eines Arbeitsverhältnisses am Auszahlungstag bedingt ist. Der Anspruch auf eine solche Sonderzuwendung entsteht regelmäßig während des Bezugszeitraums entsprechend der zurückgelegten Dauer („pro rata temporis") und wird nur zu einem anderen Zeitpunkt insgesamt fällig. Insolvenzrechtlich sind solche arbeitsleistungsbezogenen Sonderzuwendungen dem Zeitraum zuzuordnen, für den sie als Gegenleistung geschuldet sind.[1]

In einem Fall aus dem Jahr 1994[2] bspw. war eine Klausel des **Typs 1d** unmittelbar zusammen mit dem monatlichen Arbeitsentgelt unter der Überschrift „Bezüge" vereinbart worden. Hier billigte das BAG die Auslegung des LAG, nach der eine solche Zahlung im Zweifel nur als **Entgelt im engeren Sinne** anzusehen sei, für das ein Bestand des Arbeitsverhältnisses zu Weihnachten keine Voraussetzung sei. 25

Dieser Typus der Sonderzahlung ist nach der Rechtsprechung **im Zweifel**, d.h. immer dann anzunehmen, wenn die Zusage keine besonderen Voraussetzungen enthält.[3] Das BAG begründet dieses Ergebnis damit, dass die Sonderzahlung in erster Linie eine zusätzliche Vergütung für die im Bezugsjahr geleistete Arbeit sei. Wolle der Arbeitgeber auch oder allein die Betriebstreue vergüten, so müsse er das deutlich machen. Ein dahin gehender Wille komme vor allem in der Stichtagsklausel (vgl. Rz. 39 ff.) zum Ausdruck.[4] Aus dem Wesen einer „Gratifikation" allein ergebe sich noch keine Beschränkung auf die Arbeitnehmer, die noch am Auszahlungstag betriebstreu sind.[5] 26

Auch die Bestimmung anteiliger Berechnung im Ein- und Austrittsjahr (Typ 1c) stellt eine Abhängigkeit zwischen der Höhe der Zahlung und der Zeit her, in der der Arbeitnehmer gearbeitet hat. Damit wird nach früherer Rechtsprechung der reine Entgeltcharakter der Sonderleistung verdeutlicht.[6] Diese Rechtsprechung schien durch die Entscheidung vom 16.3.1994[7] ins Wanken geraten. Das BAG betonte dort zwar, dass Leistungen des Arbeitgebers „reinen" Entgeltcharakter im Sinne der Einbindung in das Synallagma haben könnten, etwa bei einem „13. Gehalt". Im konkreten Fall hatten die Parteien eine Klausel des **Typs 1c** vereinbart. Die Schlussfolgerung des BAG, durch die anteilige Sonderzahlung im Ein- und Austrittsjahr hätten die Parteien zum Ausdruck gebracht, dass es sich gerade nicht um 27

---

ausdrückliche Stichtagsklausel der Anspruch auf die Sonderleistung nicht (mehr) durch das Bestehen des Arbeitsverhältnisses zum Ende des Bezugszeitraums bedingt ist; vgl. auch *Vossen*, FS Stahlhacke, S. 620f.
1 BAG v. 14.11.2012 – 10 AZR 3/12, NZA 2013, 327.
2 BAG v. 21.12.1994 – 10 AZR 832/93, EzA § 611 BGB Gratifikation, Prämie Nr. 119.
3 BAG v. 8.11.1978 – 5 AZR 358/77, EzA § 611 BGB Gratifikation, Prämie Nr. 60; v. 24.10.1990 – 6 AZR 156/89, EzA § 611 BGB Gratifikation, Prämie Nr. 81; v. 13.6.1991 – 6 AZR 421/89, EzA § 611 BGB Gratifikation, Prämie Nr. 86; v. 19.4.1995 – 10 AZR 49/94, DB 1995, 2272; v. 17.4.1996 – 10 AZR 558/95, AP Nr. 24 zu § 611 BGB Kirchendienst.
4 BAG v. 8.11.1978 – 5 AZR 358/77, AP Nr. 100 zu § 611 BGB Gratifikation.
5 BAG v. 26.6.1975 – 5 AZR 412/74, AP Nr. 86 zu § 611 BGB Gratifikation.
6 BAG v. 24.10.1990 – 6 AZR 156/89, AP Nr. 135 zu § 611 BGB Gratifikation; v. 20.9.1972 – 5 AZR 239/72, AP Nr. 76 zu § 611 BGB Gratifikation.
7 BAG v. 16.3.1994 – 10 AZR 669/92, AP Nr. 162 zu § 611 BGB Gratifikation.

reines Arbeitsentgelt handele, ist indes unverständlich.[1] Kurze Zeit später hat der 10. Senat[2] entschieden, dass eine Regelung, nach der die Sonderzahlung im Eintrittsjahr anteilig gezahlt werden solle, für eine Sonderzahlung spreche, die in das arbeitsvertragliche Gegenseitigkeitsverhältnis von Arbeitsleistung und Entgelt eingebunden sei. Daran hält der 10. Senat zu Recht auch heute noch fest.[3] Neben der anteiligen Berechnung der Leistung spricht auch ein Einsatz der Sonderzahlung zur Abgeltung etwaiger Überstunden für einen Entgeltcharakter.[4] Zu beachten gilt es außerdem, dass die Abhängigkeit der Zahlung von einem Unternehmensergebnis dieser nicht den Entgeltbezug nimmt.[5]

28 Wie fundamental sich die aktuelle Rechtsprechung unter der Geltung der §§ 305 ff. BGB von der früheren Sichtweise[6] unterscheidet, zeigt sich auch an folgender Entscheidung: Noch im Jahre 1995 wurde einem vertraglich zugesagten Weihnachtsgeld nur deshalb der Charakter einer arbeitsleistungsbezogenen Sonderzahlung abgesprochen, weil die Sonderzahlung unter einem Freiwilligkeitsvorbehalt zugesagt wurde, da die Sonderzahlung damit der synallagmatischen Verknüpfung mit der Arbeitsleistung entzogen werde.[7] Heute ist klar: Eine solche Vertragsgestaltung ist widersprüchlich, intransparent und unangemessen benachteiligend.[8] Unzulässige Vorbehalte können nicht den Charakter einer arbeitsleistungsbezogenen Sonderzahlung in ihr Gegenteil verkehren (s.a. → *Vorbehalte und Teilbefristung*, II V 70 Rz. 41 ff.).

b) **Sonderzahlungen zur Belohnung von Betriebstreue**

Typ 2: Sonderzahlung zur Belohnung von Betriebstreue/Treueprämie

a) Es wird an die Arbeitnehmer, deren Arbeitsverhältnis am 1.12. des Jahres noch besteht, eine Sonderzahlung in Höhe eines Monatsgehalts gezahlt. Die Jahressonderzahlung soll ausschließlich die vom Arbeitnehmer erbrachte und zukünftige Betriebstreue honorieren.

b) Der Arbeitnehmer erhält, wenn das Arbeitsverhältnis am 1.12. des Jahres noch besteht, ab dem fünften Jahr ununterbrochener Betriebszugehörigkeit eine Treueprämie in Höhe eines Monatsgehalts. Die Treueprämie erhöht sich mit jedem weiteren Jahr der Betriebszugehörigkeit um 5 % bis zur Höchstgrenze von zwei Monatsgehältern.

c) Der Arbeitnehmer erhält am 31.5. und am 30.9. jeweils einen einmaligen Betrag in Höhe von … Euro. Die Auszahlung des jeweiligen Betrages setzt voraus, dass

---

1 Zu Recht kritisch *Herrmann*, Anm. zu BAG v. 16.3.1994, AP Nr. 162 zu § 611 BGB Gratifikation.
2 BAG v. 19.4.1995 – 10 AZR 558/95, DB 1995, 2272.
3 BAG v. 13.11.2013 – 10 AZR 848/12, NZA 2014, 368 Rz. 32.
4 *Reinecke*, BB 2013, 437.
5 BAG v. 18.1.2012 – 10 AZR 670/10, NZA 2012, 499 Rz. 16; v. 7.6.2011 – 1 AZR 807/09, NZA 2011, 1234 Rz. 41; v. 12.4.2011 – 1 AZR 412/09, NZA 2011, 989 Rz. 25.
6 Vgl. auch *Vossen*, FS Stahlhacke, S. 624.
7 BAG v. 10.5.1995 – 10 AZR 648/94, EzA § 611 BGB Gratifikation, Prämie Nr. 125; vgl. auch *Preis*, Vertragsgestaltung im Arbeitsrecht, S. 415.
8 BAG v. 30.7.2008 – 10 AZR 606/07, NZA 2008, 1173.

Sie zu dem jeweiligen Zeitpunkt Ihr Arbeitsverhältnis nicht von sich aus gekündigt haben.

Soll mit der Sonderzahlung ausschließlich die Betriebstreue honoriert werden, muss dies in der Klausel ausdrücklich klargestellt werden. Damit verdeutlicht der Arbeitgeber, dass es auf die Arbeitsleistung in dem fraglichen Zeitraum nicht ankommt und daher die Zahlungspflicht ausschließlich davon abhängt, ob das Arbeitsverhältnis **am Stichtag noch besteht**. Bei den in **Typ 2** verwendeten Klauseln besteht der Anspruch immer dann, wenn das Arbeitsverhältnis am Stichtag noch rechtlichen Bestand hat, d.h. auch dann, wenn es bereits gekündigt ist, die Kündigungsfrist aber noch nicht abgelaufen ist. Das BAG hat sogar hohe, sog. Halteprämien für besonders qualifizierte Mitarbeiter akzeptiert.[1]

Die klare Unterscheidung zwischen arbeitsleistungsbezogener Sondervergütung und Zahlung zur Honorierung der Betriebstreue ist essentiell für eine valide Vertragsgestaltung. Mit einer Sonderzuwendung kann der Arbeitgeber die vom Arbeitnehmer im Bezugzeitraum erbrachte Arbeitsleistung zusätzlich honorieren wollen. Das ist der Regelfall.[2] Sonderzuwendungen können auch anderen Zwecken als der Vergütung erbrachter Arbeitsleistung dienen. Sie können als „Treueprämie" langfristige oder als „Halteprämie" kurzfristige bzw. künftige Betriebstreue honorieren. Die Zahlung solcher Sonderzuwendungen hängt nicht von einer bestimmten Arbeitsleistung, sondern regelmäßig nur vom Bestand des Arbeitsverhältnisses ab.[3] Insolvenzrechtlich sind derartige stichtags- oder anlassbezogene Sonderzuwendungen dem Zeitraum zuzurechnen, in den der Stichtag fällt.[4] Damit hat das BAG eine klare, differenzierende Dogmatik erarbeitet. Ob nun der Arbeitgeber erbrachte Arbeitsleistung zusätzlich vergütet oder sonstige Zwecke, insbesondere die Honorierung von Betriebstreue, verfolgt, ist durch Auslegung zu ermitteln. Eindeutig ist der Vergütungscharakter, wenn die Sonderzahlung an das Erreichen quantitativer oder qualitativer Ziele geknüpft ist.[5]

c) Sonderzahlungen mit Mischcharakter

Typ 3: Sonderzahlung mit Mischcharakter

Mit dem Dezembergehalt wird eine Jahressonderzahlung in Höhe von ... Euro gezahlt. Damit sollen zu gleichen Teilen die Leistungen des Arbeitnehmers und die erbrachte und zukünftige Betriebstreue honoriert werden.

Sonderzahlungen mit Mischcharakter sind dadurch gekennzeichnet, dass sie sowohl Teil des Arbeitsentgelts als auch Belohnung für Betriebstreue darstellen bzw. einen Anreiz geben, auch weiterhin dem Betrieb anzugehören. Solche Sonderzahlungen sollen also nicht die Betriebstreue an sich und ohne Weiteres honorieren,

---

1 BAG v. 14.11.2012 – 10 AZR 3/12, NZA 2013, 327.
2 BAG v. 18.1.2012 – 10 AZR 667/10, NZA 2012, 620.
3 BAG v. 18.1.2012 – 10 AZR 667/10, NZA 2012, 620.
4 BAG v. 11.12. 2001 – 9 AZR 459/00, NZA 2002, 975.
5 BAG v. 14.11.2012 – 10 AZR 3/12, NZA 2013, 327.

sondern nur im Hinblick auf die während des Jahres geleistete Arbeit.[1] Häufig werden solche Sonderzahlungen mit Stichtagsklauseln (hierzu Rz. 39 ff.) versehen, die den Anspruch vom Bestehen des (ggf. ungekündigten) Arbeitsverhältnisses abhängig machen. Auswirkungen hat die Tatsache, dass diese Art von Sonderzahlungen jedenfalls auch Gegenleistung für die Arbeitsleistung ist neben der Frage nach einer Kombination mit Stichtagsklauseln (hierzu Rz. 39 ff.) z.B. für die Frage von Kürzungsmöglichkeiten bei Fehlzeiten (hierzu Rz. 64 ff.).

d) Zwischenergebnis zur Auslegung von Sonderzahlungsabreden

31 Welche Art von Sonderleistung vorliegt, ist durch Auslegung zu ermitteln. Da es sich in aller Regel um vorformulierte Klauseln des Arbeitgebers handelt, sind die Auslegungsgrundsätze der §§ 305 ff. BGB anzuwenden. Auch heute noch zustimmen kann man der Aussage des BAG, dass **nicht die Bezeichnung** der Sonderleistung allein ausschlaggebend für den Charakter der Sonderleistung ist,[2] sondern der **Inhalt der Zusage**.[3] Doch kann an der Ansicht, bei uneindeutigem Auslegungsergebnis sei der Zweck der Sonderleistung entscheidend, heute nicht mehr festgehalten werden. Vorformulierte Vertragsbedingungen (AGB) sind nach ihrem objektiven Inhalt und typischen Sinn einheitlich so auszulegen, wie sie von verständigen und redlichen Vertragspartnern unter Abwägung der Interessen der normalerweise beteiligten Verkehrskreise verstanden werden, wobei die Verständnismöglichkeiten des durchschnittlichen Vertragspartners des Verwenders zugrunde zu legen sind. Ansatzpunkt für die Auslegung von AGB ist in erster Linie der Vertragswortlaut und nicht der Wille des vorformulierenden Vertragspartners.[4] Ist der Wortlaut eines Formularvertrags nicht eindeutig, kommt es für die Auslegung entscheidend darauf an, wie der Vertragstext aus der Sicht der typischerweise an Geschäften dieser Art beteiligten Verkehrskreise zu verstehen ist, wobei der Vertragswille verständiger und redlicher Vertragspartner beachtet werden muss.[5] Diesen formuliert das BAG heute so, und dies ist auch das Verständnis des verständigen Vertragspartners, dass „ein Arbeitgeber in aller Regel jede Sondervergütung im Hinblick auf das Arbeitsverhältnis und die Verpflichtung des Arbeitnehmers zur Leistung der versprochenen Dienste erbringt."[6]

32 Ganz eindeutige Indizien für eine **Sonderzahlung mit Entgeltcharakter** sind die Bezeichnung der Sonderzahlung als Provision, Tantieme, 13. Monatsgehalt, Prämie, die Zahlung „wegen besonderer Erfolge oder Leistungen" sowie die anteilige Zahlung im Ein- und Austrittsjahr.[7] Gleiches gilt, wenn die Sonderzahlung aufgrund

---

1 BAG v. 18.1.1978 – 5 AZR 685/77, AP Nr. 93 zu § 611 BGB, Gratifikation; v. 5.8.1992 – 10 AZR 88/90, EzA § 611 BGB Gratifikation, Prämie Nr. 90; v. 24.3.1993 – 10 AZR 487/92, EzA § 611 BGB, Gratifikation, Prämie Nr. 97; v. 11.1.1995 – 10 AZR 32/94, EzA § 611 BGB, Gratifikation, Prämie Nr. 120.
2 BAG v. 7.11.1991 – 6 AZR 489/89, EzA § 611 BGB Gratifikation, Prämie Nr. 87.
3 Vgl. BAG v. 16.3.1994 – 10 AZR 669/92, AP Nr. 162 zu § 611 BGB Gratifikation; v. 17.4.1996 – 10 AZR 558/95, AP Nr. 24 zu § 611 BGB Kirchendienst.
4 BAG v. 14.9.2011 – 10 AZR 526/10, NZA 2012, 81 Rz. 19; v. 8.12.2010 – 10 AZR 671/09, NZA 2011, 628 Rz. 15; v. 20.1.2010 – 10 AZR 914/08, NZA 2010, 445 Rz. 12.
5 BAG v. 20.1.2010 – 10 AZR 914/08, NZA 2010, 445 Rz. 12; v. 31.8.2005 – 5 AZR 545/04, NZA 2006, 324.
6 BAG v. 1.4.2009 – 10 AZR 393/08, AP Nr. 84 zu § 242 BGB Betriebliche Übung.
7 Preis/*Deich*, Innovative Arbeitsformen, S. 515.

des vom Arbeitnehmer geleisteten Beitrags für den Erfolg des Unternehmens oder als Dank für bisherigen besonderen persönlichen Einsatz gezahlt wird.[1] Auch die unklaren Formulierungen wie „Weihnachtsgeld" oder „Weihnachtsgratifikation" lassen weder auf ein Geschenk noch auf den Zweck der bloßen Honorierung von Betriebstreue schließen und sind daher arbeitsleistungsbezogene Sonderzahlungen mit Entgeltcharakter.[2] Es gibt zwar Anhaltspunkte dafür, dass eine **Sonderzahlung (auch) zur Belohnung von Betriebstreue** gezahlt werden kann (z.B. Wartezeitklauseln, hierzu Rz. 35 ff., Stichtagsklauseln, hierzu Rz. 39 ff. sowie eine Staffelung der Höhe der Sonderzuwendung nach der Dauer der Betriebszugehörigkeit, hierzu Rz. 35 ff.).[3] Diese Zusatzkomponente sagt aber noch nichts über die rechtlichen Konsequenzen aus.

Fehlt jegliche vertragliche Zwecksetzung, ist das BAG in einer Entscheidung davon ausgegangen, dass eine Sonderzahlung mit Entgeltcharakter vorliege.[4] In einer anderen Entscheidung meinte das Gericht, es solle ausschließlich die Betriebstreue belohnt werden,[5] nach einer dritten Entscheidung sollen beide Zwecke verfolgt werden.[6] Das zeigt das ganze Chaos der nicht zielführenden Zwecksetzungstheorie. Zutreffend ist, dass der Arbeitgeber auch mit einer Sonderzahlung allein die Arbeitsleistung vergüten will, wenn er nicht ausdrücklich klarstellt, dass die Zahlung allein oder zumindest auch der Belohnung von Betriebstreue dient. Um solche Auslegungsprobleme zu vermeiden, empfiehlt sich jedoch die vertragliche Festlegung des Zwecks der Sonderzahlung. Bleiben **Unklarheiten**, geht dies **gemäß § 305c Abs. 2 BGB zu Lasten des Verwenders**. Dabei ist die Annahme einer arbeitsleistungsbezogenen Sonderzahlung mit Entgeltcharakter insgesamt günstiger, weil hier der Arbeitnehmer eine zeitanteilige Vergütung für geleistete Arbeit beanspruchen kann. Ferner ist mit dieser Kategorisierung eine bessere Rechtsstellung verbunden als bei Annahme einer Sonderzahlung, die Betriebstreue entlohnt. Das gilt im Hinblick auf Bindungs-, Stichtags- und Rückzahlungsklauseln. 33

Darüber hinaus erweist sich, dass die Zweckbetrachtungslehre des BAG der vergangenen Jahrzehnte an ihre Grenzen gestoßen ist. Sie wird in der Rechtsprechungspraxis de facto seit einigen Jahren auch nicht mehr praktiziert. Unter der Herrschaft der Grundsätze des AGB-Rechts gelten andere Maximen als das wenig nachvollziehbare Hineininterpretieren irgendwelcher Zwecke in Sonderzahlungsabreden. Entscheidend ist die objektive Interpretation des jeweils Vereinbarten. An dieser aus dem Wortlaut folgenden Zwecksetzung und Zielrichtung der Sonderzahlungsabrede sind auch einschränkende Klauseln wie Stichtags-, Bindungs- und Rückzahlungsklauseln zu messen (Rz. 39 ff.). 34

---

1 BAG v. 18.1.2012 – 10 AZR 612/10, NZA 2012, 561 Rz. 16; v. 13.11.2013 – 10 AZR 848/12, NZA 2014, 368 Rz. 20.
2 Anders jüngst zu einer besonderen Form des Urlaubsgeldes BAG v. 22.7.2014 – 9 AZR 981/12, NZA 2014, 1136.
3 Preis/*Deich*, Innovative Arbeitsformen, S. 516.
4 BAG v. 8.11.1978 – 5 AZR 358/77, BB 1979, 423.
5 BAG v. 8.2.1978 – 5 AZR 756/76, AP Nr. 94 zu § 611 BGB Gratifikation.
6 BAG v. 18.1.1978 – 5 AZR 658/77, AP Nr. 93 zu § 611 BGB Gratifikation.

Schaubild

13. Gehalt; erfolgsabhängige Vergütung; arbeitsleistungsbezogene Sonderzahlung	Gewinn- oder Ergebnisbeteiligung; Zielvereinbarung; Leistungsjahresbonus	Treueprämie, Halteprämie, Retentionbonus Soziale Leistungen
wird zeitanteilig erdient	eindeutig Gegenleistung für die Arbeitsleistung	wird **nicht** zeitanteilig erdient
Keine Freiwilligkeitsvorbehalte	Keine Freiwilligkeitsvorbehalte	**Betriebstreue wird honoriert**
Ist bei vorzeitigem Ausscheiden pro rata temporis zu zahlen	Zulässige Gestaltung, die Auszahlung an das Bestehen des Arbeitsverhältnisses im Kalender/oder Geschäftsjahr zu koppeln.	Keine Freiwilligkeitsvorbehalte
Eine Bindungsklausel, die die vollständige Auszahlung des 13. Gehalts zusätzlich an das Bestehen eines (ungekündigten) Arbeitsverhältnisses bindet, ist unwirksam.	Keine pro rata temporis Gewährung	Ist bei vorzeitigem Ausscheiden **nicht** pro rata temporis zu zahlen.
Rechtsfolge: Auszahlung pro rata temporis	Auszahlung erfolgt nach Feststellung des Ergebnisses.	Bei nichtleistungsbezogenen Treueprämien sind auch Rückzahlungsklauseln zulässig
	Unwirksam ist die Klausel, die (zusätzlich) die Auszahlung an das (ungekündigte) Bestehen des Arbeitsverhältnisses im Auszahlungszeitpunkt koppelt (unzulässiger Mischcharakter, da erdientes Entgelt).	

7. Wartezeitklauseln und Staffelung nach Betriebszugehörigkeit

Typ 4: Wartezeitklauseln

a) Anspruch auf die Sonderzahlung haben nur diejenigen Arbeitnehmer, deren Arbeitsverhältnis am ... mindestens ... Monate besteht.

b) Der Anspruch besteht nur für Arbeitnehmer, die vor dem ... eingestellt worden sind.

Typ 5: Staffelungsregelung

a) Die Sonderleistung wird nach folgender Staffel gezahlt:
   - nach 6 Monaten Betriebszugehörigkeit 20 %
   - nach 12 Monaten Betriebszugehörigkeit 40 %
   - ...

   einer Monatsvergütung.

b) Die Jahressonderzahlung beträgt im ersten Jahr der Betriebszugehörigkeit ⅓, im zweiten Jahr ⅔ und ab dem dritten Jahr ³⁄₃ eines Monatsgehalts.

Zulässig ist es, Sonderzahlungen mit Klauseln über **Wartezeiten** oder einer **Staffelung der Höhe** in Abhängigkeit von der Betriebszugehörigkeit[1] zu verbinden. Ähnlich wie beim Urlaub entsteht der Anspruch auf die Sonderzahlung erst dann, wenn der Arbeitnehmer die Wartezeit erfüllt hat. Solche Klauseln sind von den Stichtagsregelungen zu unterscheiden, denn sie knüpfen die Zahlung nicht an das Bestehen eines Arbeitsverhältnisses zum Stichtag, sondern regeln lediglich die Höhe der Zahlung (Staffelungsregelung) bzw. den Kreis der Arbeitnehmer, der grundsätzlich für die Zahlung in Betracht kommt (Wartezeitklausel).

Soweit eine **Wartezeit zusammen mit einer Stichtagsklausel** vereinbart ist, reicht die alleinige Erfüllung der Wartezeit durch den Arbeitnehmer nicht aus, um ihm den Anspruch auf die Sonderzahlung zu sichern. Ist z.B. eine Kombination aus einer Klausel des **Typs 6a** und des **Typs 4** vereinbart, so erhält der Arbeitnehmer, der am Auszahlungstag in gekündigter Stellung steht, keine Zahlung, wenn Stichtag und Auszahlungstag identisch sind.[2]

Eine Wartezeit des **Typs 4a** übernimmt im Ergebnis die Funktion einer Stichtagsklausel, wenn sie zusätzlich zu einer Sonderzahlung des **Typs 1** vereinbart wird.[3] Denn sie verlangt, dass das Arbeitsverhältnis an einem bestimmten Tag bereits eine gewisse Zeit besteht. Für eine tarifvertragliche Zusage der folgenden Art

---

(1) Es wird alljährlich mit dem Dezembergehalt eine Jahresleistung in Höhe eines Monatsgehalts gezahlt.
(2) Anspruchsberechtigt sind die Arbeitnehmer, die am 1.12. des Kalenderjahres dem Betrieb ununterbrochen 12 Monate angehört haben.
(3) Aus dem Beschäftigungsverhältnis ausscheidende Mitarbeiter haben nach Erfüllung der Wartezeit des Satzes 2 Anspruch auf so viele Zwölftel der Jahresleistung, wie sie im Kalenderjahr volle Monate beschäftigt waren.

---

hat das BAG angenommen, dass die zwölfmonatige Wartezeit auch nach dem 1.12. eines Kalenderjahres erfüllt werden kann, um im Folgejahr einen anteiligen Anspruch nach Satz 3 der Vereinbarung zu haben. Der Arbeitgeber hatte gemeint, in Satz 3 sei durch die Bezugnahme auf Satz 2 zum Ausdruck gebracht worden, dass anteilige Ansprüche erst dann in Betracht kommen, wenn das Arbeitsverhältnis einmal an einem 1.12. über 12 Monate bestanden habe. Nach der Entscheidung des BAG hätte das jedoch in Satz 3 ausdrücklich kenntlich gemacht werden müssen. Denn Satz 2 enthalte mit der Erwähnung des 1.12. zusätzlich zur Vereinbarung der zwölfmonatigen Wartezeit eine Stichtagsregelung; Satz 3 nehme jedoch ausdrücklich nur auf die Wartezeit Bezug.[4] Diese Auslegung führt im Beispielsfall zu einem merkwürdigen Ergebnis: Nur während des ersten Jahres der Betriebszugehörigkeit wirkt Satz 2 tatsächlich als Stichtagsklausel. Im zweiten Jahr, nach Erfüllung der Wartezeit, besteht auch für Arbeitnehmer, die die Stichtagsbedingung nicht erfüllen, ein (anteiliger) Anspruch nach Satz 3.

---

1 BAG v. 27.10.2004 – 10 AZR 171/04; v. 30.3.1967 – 5 AZR 359/66, AP Nr. 58 zu § 611 BGB Gratifikation.
2 BAG v. 12.1.1989 – 6 AZR 647/85; LAG Hamm v. 1.8.1985 – 10 Sa 430/85, n.v.; LAG Düsseldorf v. 6.8.1987 – 5 Sa 719/87, n.v.
3 Vgl. BAG v. 8.12.1993 – 10 AZR 638/92, EzA § 4 TVG Einzelhandel Nr. 24.
4 Vgl. BAG v. 8.12.1993 – 10 AZR 638/92, EzA § 4 TVG Einzelhandel Nr. 24.

38 Staffelungsregelungen sind im Grundsatz nicht zu beanstanden. Sie legen die anspruchsbegründenden Voraussetzungen einer Sonderzahlung fest. Sie stellen nicht in Frage, dass die Sonderzahlung sicher auch einen arbeitsleistungsbezogenen Entgeltcharakter hat, zu dem aber ein Betriebstreuefaktor hinzukommt. Staffelungsregelungen nach Betriebszugehörigkeit sind – auch diskriminierungsrechtlich – nicht zu beanstanden. Anders stellt sich die Situation mittlerweile bei Stichtagsregelungen dar. Für diese konnte man früher davon ausgehen, dass sie dann unproblematisch sind, wenn sie innerhalb des zu vergütenden Bemessungszeitraums bleiben. So konnte eine Bonuszahlung an das **„Bestehen eines Arbeitsverhältnisses" im Bezugszeitraum** (z.B. Kalenderjahr) geknüpft werden.[1] Problematisch waren jedoch Klauseln, die den Arbeitnehmer über den Bezugszeitraum hinaus binden wollten. Insofern war der von der Stichtagsregelung ausgehende Bindungszeitraum maßgeblich.

38a In diesem Bereich der Vertragsgestaltung ist es unter dem Einfluss neuer Rechtsprechung des 10. Senats des BAG zu einer Revision der früheren Position gekommen. Nach einer ersten Entscheidung des BAG ist eine **Stichtagsregelung**, die unabhängig von der Höhe der Bonuszahlung den Arbeitnehmer bis zum 30.9. des Folgejahres bindet, zu weit gefasst, benachteiligt den Arbeitnehmer entgegen den Geboten von Treu und Glauben unangemessen i.S.v. § 307 BGB und ist deshalb unwirksam.[2] In einer zweiten Entscheidung hat der 10. Senat eine Stichtagsregelung außerhalb des Bezugszeitraums bei Sonderzahlungen, die jedenfalls auch Vergütung für die bereits erbrachte Arbeitsleistung darstellen, als nicht mit §§ 307 Abs. 1 Satz 1, Abs. 2 Nr. 1 BGB vereinbar angesehen.[3] Noch darüber hinaus gehend hat das BAG in einer dritten Entscheidung eine Stichtagsregelung, die das Bestehen eines Anspruchs vom Bestand des Arbeitsverhältnisses am 31.12. des Bezugsjahres abhängig machte, als regelmäßig nicht mit § 307 Abs. 1 BGB vereinbar angesehen.[4] Nicht mehr die Unterscheidung zwischen der Bindung innerhalb und außerhalb des Bezugszeitraums stellt die maßgebliche Abgrenzung dar, sondern auch hier kommt es für Stichtagsklauseln nur darauf an, ob – wie regelmäßig – der Arbeitgeber die Sonderzahlung als zusätzliche Vergütung zahlt oder – wie nur in Ausnahmefällen annehmbar – eine reine Betriebstreueregelung vorliegt. Bei auch nur teilweise bestehendem Arbeitsentgeltbezug sind Stichtagsklauseln nun grundsätzlich unzulässig.

8. Stichtagsklauseln

a) Begriff und Grundsätze

39 Stichtagsklauseln (auch Ausschluss- oder Bindungsklauseln genannt), die nach den vorstehenden Ausführungen nur bei Sondervergütungen zulässig sind, die ausschließlich die Betriebstreue vergüten, lassen den Anspruch auf eine Sonderzahlung gleich welcher Art erst entstehen, wenn der Arbeitnehmer den Stichtag erreicht. Diese Klauseln werden oftmals noch mit zusätzlichen Voraussetzungen versehen. Das bekannteste Beispiel ist die Anknüpfung an das „bestehende" oder – problematischer – das „ungekündigte" Arbeitsverhältnis.

---

1 BAG v. 6.5.2009 – 10 AZR 433/08, NZA 2009, 783.
2 BAG v. 24.10.2007 – 10 AZR 825/06, NZA 2008, 40.
3 BAG v. 18.1.2012 – 10 AZR 612/10, AP BGB § 611 BGB Gratifikation Nr. 292.
4 BAG v. 13.11.2013 – 10 AZR 848/12, NZA 2014, 368 Rz. 28.

Typ 6: Stichtagsklauseln

a) Der Anspruch auf die Weihnachtsgratifikation, die ausschließlich der Belohnung für erwiesene Betriebstreue dient, besteht nur, wenn sich der Arbeitnehmer am 1.12. des Jahres (Stichtag) in einem [ungekündigten] Arbeitsverhältnis befindet. Die Auszahlung erfolgt mit dem Dezembergehalt [oder: zum ...].

b) Voraussetzung für die Auszahlung des Bonus ist ein bestehendes Arbeitsverhältnis zum Abschluss des Geschäftsjahres.

Ein Stichtag ergibt sich nicht von selbst. Zwar hat das BAG bisweilen eine als „Weihnachtsgeld" bezeichnete Sonderzahlung so ausgelegt, dass sie im Zweifel nur an diejenigen Arbeitnehmer ausbezahlt werden soll, die zu Weihnachten noch in den Diensten des Arbeitgebers stehen.[1] Es hat damit aus der Bezeichnung als Weihnachtsgeld die schlüssige Vereinbarung einer Stichtagsklausel abgeleitet. Daran kann schon deshalb nicht festgehalten werden, weil sich diese einschränkende Voraussetzung aus der Vertragsgestaltung deutlich ergeben muss. Eine andere Sichtweise ist mit dem Transparenzgebot des § 307 Abs. 1 Satz 2 BGB schlicht unvereinbar. Zulässig soll es dagegen sein, den Stichtag nicht durch ein Datum, sondern durch das Wort „Auszahlungstag" festzulegen;[2] dies gilt zumindest dann, wenn sich aus anderen Vertragsklauseln ergibt, welches Datum (spätestens) Auszahlungstag ist.

Der **Stichtag** entscheidet – bei zulässiger Vereinbarung – über das „Ob" der Sonderzahlung. Die Voraussetzungen der Sonderzahlung sind erst am Stichtag vollständig gegeben; der Anspruch auf sie entsteht erst dann. Vor dem Stichtag kann daher kein – auch kein anteiliger – Anspruch entstehen, es sei denn, die Parteien hätten dies ausdrücklich vereinbart. Das hat zur Folge, dass nach Insolvenz des Arbeitgebers ein Betriebserwerber die gesamte Sonderzahlung auszuzahlen hat und nicht lediglich eine anteilige für die Zeit nach Eröffnung des Insolvenzverfahrens.[3]

b) Zulässigkeit von Stichtagsklauseln

Stichtagsklauseln bei **Sonderzahlungen mit reinem Entgeltcharakter** hat die Rechtsprechung bislang vielfach für unzulässig erklärt. Richtig ist sicher, dass die Auszahlung einer (anteiligen) Sonderzahlung mit reinem Entgeltcharakter nicht deshalb verweigert werden kann, weil der Arbeitnehmer am Auszahlungstermin nicht mehr zum Betrieb gehört oder sich in gekündigter Stellung befindet.[4] Eine gleichwohl vereinbarte Stichtagsklausel

⊃ **Nicht geeignet:**

Das 13. Monatsgehalt wird nur an die Arbeitnehmer ausgezahlt, deren Arbeitsverhältnis am Auszahlungstag noch besteht.

---
1 BAG v. 30.3.1994 – 10 AZR 134/09, EzA § 611 BGB Gratifikation, Prämie Nr. 109; vgl. auch BAG v. 10.5.1995 – 10 AZR 648/94, EzA § 611 BGB Gratifikation, Prämie Nr. 125.
2 BAG v. 8.2.1984 – 5 AZR 185/82, NZA 1984, 203.
3 BAG v. 11.10.1995 – 10 AZR 948/94, AP Nr. 132 zu § 613a BGB.
4 *Hanau/Vossen*, DB 1992, 213 (215); *Vossen*, FS Stahlhacke, S. 625 f.; vgl. auch BAG v. 13.6.1991 – 6 AZR 421/89, EzA § 611 BGB Gratifikation, Prämie Nr. 86.

ist deshalb **unwirksam**.[1] Die Rechtsprechung hat in diesem Sinne auch schon vor Inkrafttreten der §§ 305 ff. BGB entschieden, gestützt auf § 138 Abs. 1 BGB[2] oder einen Verstoß gegen Art. 12 GG,[3] § 622 Abs. 6 BGB[4] oder gegen den Gleichbehandlungsgrundsatz.[5] Hat der Arbeitnehmer seine Arbeitsleistung, die mit der versprochenen Sonderzahlung vergütet werden sollte, bereits (teilweise) erbracht, so würde der völlige Wegfall der zugesagten Leistung aufgrund der bloßen Tatsache, dass etwa das Arbeitsverhältnis gekündigt wurde, dazu führen, dass dem Arbeitnehmer die ihm **zugesicherte Gegenleistung wieder entzogen** würde.[6] Diese Rechtsprechung wandte sich frühzeitig gegen Klauseln, die erdiente Sondervergütungen aufgrund von Freiwilligkeits- oder Widerrufsvorbehalten jederzeit entziehen konnten.

43 Für **Sonderzahlungen zur Belohnung von Betriebstreue**[7] und **Sonderzahlungen mit Mischcharakter** ging die Rechtsprechung in der Vergangenheit davon aus, dass Stichtagsklauseln zulässigerweise vereinbart werden konnten.[8] Wesentlicher Hintergrund war in beiden Fällen, dass der Arbeitnehmer bei einer Beendigung bzw. Kündigung des Arbeitsverhältnisses vor dem Stichtag die Betriebstreue nicht erbracht hat und daher jedenfalls teilweise die Voraussetzungen für die Zahlung der Sonderleistung nicht erfüllt. Diese Rechtsprechungslinie ist für Sonderzahlungen mit Mischcharakter durch neue Entscheidungen des 1. und 10. Senats des BAG hinfällig geworden. Den Richtungswechsel leitete eine Entscheidung des 1. Senats zu einer Stichtagsklausel des folgenden Typs in einer Betriebsvereinbarung ein:

„Die Sonderzahlung kommt nicht zur Auszahlung, wenn der Mitarbeiter unterjährig durch Kündigung ausscheidet oder bis zum Auszahlungstag das Arbeitsverhältnis gekündigt wird."

44 Mangels Anwendbarkeit des AGB-Rechts auf Betriebsvereinbarungen nach § 310 Abs. 4 Satz 1 BGB bemaß sich die Wirksamkeit der Regelung nach dem Prüfungs-

---

1 Vgl. auch *Vossen*, FS Stahlhacke, S. 626 m.w.N.
2 So ausdrücklich nur BAG v. 7.11.1984 – 5 AZR 278/83, n.v., zu einem Widerrufsvorbehalt; RAG v. 15.1.1930, ARS Bd. 8, S. 163.
3 BAG v. 12.1.1973 – 3 AZR 211/72, AP Nr. 4 zu § 87a HGB; v. 13.9.1974 – 5 AZR 48/74, AP Nr. 84 zu § 611 BGB Gratifikation. Der 1. Senat des BAG v. 7.12.1962 – 1 AZR 245/61, AP Nr. 28 zu Art. 12 GG folgert die Unzulässigkeit der Klausel aus der Ungleichbehandlung der vor dem Stichtag ausscheidenden Arbeitnehmer mit den die Voraussetzung der Verbleibebedingung erfüllenden Arbeitnehmern.
4 BAG v. 12.1.1973 – 3 AZR 211/72, AP Nr. 4 zu § 87a HGB; v. 27.7.1972 – 5 AZR 141/72, AP Nr. 75 zu § 611 BGB Gratifikation; v. 27.4.1982 – 3 AZR 814/79, AP Nr. 16 zu § 620 BGB Probearbeitsverhältnis; LAG Düsseldorf v. 18.2.1966 – 4 Sa 712/65, BB 1966, 371; gegen die Anwendung des § 622 Abs. 6 BGB *Preis*, Vertragsgestaltung, S. 169 f.; vgl. auch zur Vertragsstrafe und § 622 Abs. 6 BGB BAG v. 11.3.1971 – 5 AZR 349/70, AP Nr. 9 zu § 622 BGB und v. 9.3.1972 – 5 AZR 246/71, AP Nr. 12 zu § 622 BGB.
5 BAG v. 4.2.1976 – 5 AZR 83/75, AP Nr. 40 zu § 242 BGB Gleichbehandlung.
6 BAG v. 7.11.1984 – 5 AZR 278/83, n.v.; vgl. auch BAG v. 24.10.1990 – 6 AZR 156/89, AP Nr. 135 zu § 611 BGB Gratifikation.
7 BAG v. 29.3.1965 – 5 AZR 6/65, AP Nr. 52 zu § 611 BGB Gratifikation; v. 22.6.1983 – 5 AZR 252/81, n.v.; v. 23.5.1984 – 5 AZR 398/82, n.v.; hierzu auch *Hromadka/Schmitt-Rolfes*, Der unbefristete Arbeitsvertrag, S. 99.
8 BAG v. 29.3.1965 – 5 AZR 6/65, AP Nr. 52 zu § 611 BGB Gratifikation; v. 22.6.1983 – 5 AZR 252/81, n.v.; v. 23.5.1984 – 5 AZR 398/82, n.v.; hierzu auch *Hromadka/Schmitt-Rolfes*, Der unbefristete Arbeitsvertrag, S. 99.

maßstab des § 75 Abs. 1, Abs. 2 Satz 1 BetrVG. Mit Hinweis auf die hiernach auch von den Betriebsparteien zu wahrenden Grundsätze des Rechts rekurrierte der 1. Senat auf vertragsrechtliche Argumentationsmuster und erklärte die Regelung für unwirksam. Neben Art. 12 Abs. 1 GG ist maßgeblicher Gesichtspunkt § 611 Abs. 1 BGB. Die Norm verpflichte den Arbeitgeber zur Erbringung der vereinbarten Gegenleistung ohne Rücksicht auf die Erfüllung weiterer denkbarer Zwecke, es existiere kein gesetzlicher Ausnahmetatbestand, der vorsehe, dass der Arbeitnehmer die durch seine Arbeit verdiente Gegenleistung nur behalten dürfe, wenn er über den Zeitraum hinaus, in dem das Arbeitsentgelt verdient worden ist, dem Unternehmen angehört.[1] Damit ist davon auszugehen, dass bei jeglichen **Sonderzahlungen, die Entgeltbezug aufweisen, Stichtagsklauseln unzulässig** sind.

Diese Erwägungen zur Unwirksamkeit von Stichtagsklauseln in Betriebsvereinbarungen, die vom 1. Senat kurz darauf nochmals bestätigt wurden,[2] übernahm der 10. Senat unter der Maßgabe des AGB-Rechts inhaltsgleich zuerst auch für formularvertragliche Stichtagsklauseln außerhalb des Bezugszeitraums.[3] Eine Klausel des folgenden Typs 44a

⊃ **Nicht geeignet:**

Der Arbeitnehmer erhält aufgrund seines Beitrages zum Erfolg im Unternehmen und zur Honorierung der Betriebstreue eine Sonderzahlung, wenn das Arbeitsverhältnis am 15.4. des Folgejahres ungekündigt fortbesteht.

ist danach gemäß § 307 Abs. 1 Satz 1, Abs. 2 Nr. 1 BGB unwirksam.[4] Maßgeblich auch hier: die Einschränkung der (als Ausfluss der Berufsfreiheit nach Art. 12 Abs. 1 GG geschützten) Kündigungsfreiheit des Arbeitnehmers und der Widerspruch zum Grundgedanken des § 611 Abs. 1 BGB, dass bereits erdienter Lohn nicht nachträglich entzogen werden darf. So wird eine Ergebniskonkordanz zwischen den Entscheidungen des 1. und des 10. Senats des BAG hergestellt.[5]

Abgerundet hat der 10. Senat den Rechtsprechungswandel mit Urteil vom 13.11. 2013. Für eine Sonderzahlung, die sowohl die Arbeitsleistung als auch die Betriebstreue honorieren sollte und die mit einer Stichtagsklausel des folgenden Typs versehen war 44b

⊃ **Nicht geeignet:**

Die Zahlung erfolgt an Arbeitnehmer, die sich am 31.12. des Bezugsjahres in einem ungekündigten Arbeitsverhältnis befinden.

entschied der Senat auf eine regelmäßig anzunehmende unangemessene Benachteiligung nach § 307 Abs. 1 Satz 1 BGB.[6] Auch ein Stichtag im Bezugszeitraum ent-

---
1 BAG v. 12.4.2011 – 1 AZR 412/09, NZA 2011, 989 Rz. 27; dazu *Preis/Ulber*, RdA 2013, 211.
2 BAG v. 7.6.2011 – 1 AZR 412/09, NZA 2011, 1234 Rz. 34.
3 BAG v. 18.1.2012 – 10 AZR 612/10, NZA 2012, 561 Rz. 22, dazu *Preis/Ulber*, RdA 2013, 211.
4 BAG v. 18.1.2012 – 10 AZR 612/10, NZA 2012, 561 Rz. 22.
5 *Preis/Ulber*, RdA 2013, 211 (221).
6 BAG v. 13.11.2013 – 10 AZR 848/12, NZA 2014, 368 Rz. 28.

ziehe dem Arbeitnehmer für bereits erbrachte Leistung nachträglich den Lohn und erschwere ihm gleichzeitig die Ausübung seines Kündigungsrechts.[1]

44c **Ausnahmen** erkennt der Senat nur für Fälle an, in denen die Arbeitsleistung gerade in einem bestimmten Zeitraum vor dem Stichtag besonderen Wert hat. Das kann nach Ansicht des Senats bei Saisonbetrieben der Fall sein, aber auch auf anderen branchen- oder betriebsbezogenen Besonderheiten beruhen. Möglich ist auch, dass eine Sonderzahlung an bis zu bestimmten Zeitpunkten eintretende **Unternehmenserfolge** anknüpft.[2]

44d Letzteres leuchtet für erst zu Ende des Jahres feststellbare Jahresziele oder Geschäftsergebnisse auch unmittelbar ein. Verfehlt sind jedoch darüber hinaus gehende Folgerungen aus der Literatur, die eine neue Kategorie der individuellen, über die Arbeitsleistung hinausgehenden Ziele als Bezugspunkt der Sonderzahlungen ausmachen und bei diesen besonderen Zielen Stichtagsklauseln weitgehend für zulässig erachten.[3] Diese Versuche der Umgehung des vom 10. Senat aufgestellten Regel-Ausnahmeverhältnisses zur grundsätzlichen Unzulässigkeit von Stichtagsklauseln bei nur ausnahmsweise gegebener Zulässigkeit zeigen nochmals plastisch die konzeptionellen Schwächen der überholten Zweckbetrachtungslehre, die hier nur um eine weitere untaugliche Kategorie erweitert wird. Die weitere vom Senat ins Spiel gebrachte Ausnahme der Saisonbetriebe sowie der branchen- oder betriebsbezogenen Besonderheiten ist in ihrer Reichweite ungeklärt. Für die Vertragspraxis bestehen hier weitgehende Unklarheiten. Klar ist nur, dass der 10. Senat regelmäßig von der Unwirksamkeit von Stichtagsklauseln bei zumindest auch arbeitsleistungsbezogenen Sonderzahlungen ausgeht und nur in Ausnahmefällen branchen- oder betriebsbezogene Besonderheiten für möglich erachtet. Von einem extensiven Gebrauch dieser Ausnahme kann daher nur abgeraten werden. Vielmehr bleibt hier die weitere Entwicklung abzuwarten.

44e Der einzige Fall, in dem der 10. Senat nach seiner neuen Rechtsprechung Stichtagsklauseln noch für zulässig erachtet, **sind Sonderzahlungen zur Belohnung der Betriebstreue**.[4] Soll mit der Sonderzahlung ausschließlich die Betriebstreue honoriert werden, muss dies in der Klausel aber ausdrücklich ausgewiesen werden.

45 Für all diese Fragestellungen ist damit ebenfalls die Zweckbetrachtungslehre überflüssig. Der durch die Entscheidung des BAG vom 13.11.2013 abgeschlossene Rechtsprechungswandel deutete sich auch schon in einer früheren Entscheidung des BAG an. Das BAG hat in dieser Entscheidung eine Bonusvereinbarung – wie in **Typ 6b** wiedergegeben – für zulässig erklärt. Es stellt zu Recht heraus, dass mit Sonderzahlungen verbundene einzelvertragliche Stichtags- und Rückzahlungsklauseln einen Arbeitnehmer nicht in unzulässiger Weise in seiner durch Art. 12 GG garantierten Berufsfreiheit behindern dürfen und insoweit einer Inhaltskontrolle durch die Arbeitsgerichte gemäß § 307 BGB unterliegen.[5] Hierzu meint das BAG, dass bei wechselseitiger Berücksichtigung und Bewertung der rechtlich anzuerkennenden Interessen die Bindung des Anspruchs auf die Bonuszahlung an das Beste-

---

1 BAG v. 13.11.2013 – 10 AZR 848/12, NZA 2014, 368 Rz. 30, 31.
2 BAG v. 13.11.2013 – 10 AZR 848/12, NZA 2014, 368 Rz. 32.
3 *Heins/Leder*, NZA 2014, 520.
4 BAG v. 18.1.2012 – 10 AZR 667/10, NZA 2012, 620.
5 BAG v. 24.10.2007 – 10 AZR 825/06, NZA 2008, 40.

hen eines Arbeitsverhältnisses im gesamten Geschäftsjahr nicht generell unzulässig ist. Dabei ist herauszustellen, dass der Bonus, dessen Höhe von der Zielerreichung des Mitarbeiters, der individuellen Beurteilung sowie vom wirtschaftlichen Ergebnis abhängt, eindeutig arbeitsleistungsbezogenen Entgeltcharakter hat. **Entgeltrelevante Zielvereinbarungen für ein Geschäftsjahr zu bilden, sei interessengerecht.** Der Wille der Arbeitsvertragsparteien, für den Anspruch auf den Bonus Jahresziele festzulegen, sei zu achten. Freilich kam hinzu, dass die Sachgerechtigkeit dieser Stichtagsregelung sich daraus ergab, dass die Erreichung der Jahresziele und das Geschäftsergebnis auch erst am Jahresende festgestellt werden können. Damit lässt sich die Entscheidung vom 24.10.2007 als Fall einer ausnahmsweise zulässigen Stichtagsklausel bei an Unternehmenserfolgen anknüpfenden Sonderzahlungen deuten.

Diese Erwägungen lenken noch einmal den Blick darauf, dass jede Sonderzahlung und jede einschränkende Bedingung in ihrer Wirksamkeit nach §§ 305 ff. BGB von der Kohärenz, Transparenz und Angemessenheit abhängen und nicht von irgendwelchen schematisierenden Zweckbetrachtungen. 46

Ergebnis: Nach der neuen Rechtsprechung des BAG kann nur zur Belohnung der Betriebstreue der Anspruch auf eine Sonderzahlung davon abhängig gemacht werden, dass das Arbeitsverhältnis im Bezugszeitraum bestanden hat. Problematisch sind alle über diesen ausdrücklich in der Vertragsgestaltung zu regelnden Fall hinausgehenden Klauseln. Insbesondere sind alle Freiwilligkeits-, Rückzahlungs- und bezugszeitüberschreitenden Bindungsklauseln unter dem Blickwinkel der §§ 305 ff. BGB, ggf. i.V.m. Art. 12 GG, problematisch. 47

c) Insbesondere: Das „ungekündigte" Arbeitsverhältnis

Eine weitere spezifische Frage der Inhaltskontrolle ist nunmehr, ob eine Stichtagsklausel – wie in **Typ 6a** – das Merkmal „ungekündigt" beinhalten darf. Bei dieser Formulierung würde der Arbeitnehmer seines Anspruchs verlustig gehen, gleich aus welchem Grund und ob er selber gekündigt hat oder ihm durch den Arbeitgeber gekündigt wurde. Der Arbeitgeber kann mit Hilfe dieser Klausel eine arbeitsleistungsbezogene Sonderzahlung, deren Voraussetzungen der Arbeitnehmer erfüllt hat, durch schlichte Kündigungserklärung vereiteln.[1] Da die Kündigung erst nach dem Stichtag ausgesprochen werden kann, bleibt umgekehrt der Arbeitnehmer, um den Anspruch auf die Sonderzahlung nicht zu verlieren, noch während der Kündigungsfrist an den Betrieb gebunden. Diese Wirkung ist allerdings weniger stark als die von Rückzahlungsklauseln ausgehende,[2] die Bindung nach Empfang der Sonderzahlung über eine Rückzahlungsklausel ist etwas anderes als eine Bindung vor Empfang im Wege einer Stichtagsklausel.[3] Bei der Beantwortung der durch das Merkmal „ungekündigt" aufgeworfenen Fragen sind drei Komplexe zu unterscheiden: 48

---

1 Hierzu LAG Düsseldorf v. 10.5.2010 – 16 Sa 235/10; Teilweise Verwerfung in der Revision nur aus prozessualen Gründen, BAG v. 27.7.2011 – 10 AZR 454/10, NZA 2011, 998.
2 BAG v. 23.5.1984 – 5 AZR 398/82, n.v.
3 LAG Köln v. 14.5.1993 – 14 Sa 119/93, LAGE BGB § 611 Gratifikation Nr. 19.

- Hält das undifferenzierte Merkmal „ungekündigt" der Inhaltskontrolle bei einer Sondervergütung stand, obwohl das Arbeitsverhältnis im ganzen Bezugszeitraum bestand, jedoch lediglich innerhalb des Bezugszeitraums gekündigt wurde?
- Unterstellt, der Arbeitgeber will ausschließlich die Betriebstreue honorieren: Kann dann auch die rechtzeitige, arbeitgeberseitige betriebsbedingte Kündigung den Anspruch auf die Sonderzahlung zu Fall bringen?
- Unterstellt, die Anknüpfung an das Merkmal der Kündigung wäre (eingeschränkt) möglich: Wie lange kann der Arbeitnehmer im Folgejahr durch eine Stichtagsklausel jenseits des Bezugszeitraums (Bindungsklausel, Rückzahlungsklausel) gebunden werden?

aa) Schwankende Rechtsprechung des BAG und Konsequenzen für die Vertragsgestaltung

49 Noch in seiner Entscheidung vom 28.3.2007[1] trifft der 10. Senat folgende Aussage: „In der Rechtsprechung des BAG ist anerkannt, dass bei Sonderzahlungen die Zahlung davon abhängig gemacht werden darf, dass das Arbeitsverhältnis am Auszahlungstag überhaupt noch oder noch ungekündigt besteht (...). Solche Klauseln sind selbst dann zulässig, wenn der Grund für die Beendigung des Arbeitsverhältnisses vor Ablauf der Bindungsfrist nicht in der Sphäre des Arbeitnehmers liegt. Sie gelten damit grundsätzlich auch bei einer betriebsbedingten Kündigung des Arbeitgebers (...). Eine Sonderzahlung kann ihren Zweck, künftige Betriebstreue zu belohnen und den Arbeitnehmer zu reger und engagierter Mitarbeit zu motivieren, bei bereits ausgeschiedenen oder alsbald ausscheidenden Arbeitnehmern nicht erfüllen."

50 In der Entscheidung vom 24.10.2007[2] jedoch deutet derselbe Senat des BAG mit vagen Worten eine mögliche Rechtsprechungsänderung an. Er unterwirft eine vom Arbeitgeber vorformulierte Klausel, die den Anspruch des Arbeitnehmers auf eine gewinn- und leistungsabhängige Bonuszahlung an ein zu einem bestimmten Stichtag ungekündigtes Arbeitsverhältnis knüpft, der Inhaltskontrolle nach § 307 BGB. Vorsichtig tastet sich der Senat an die Kernfrage heran, ob „nach dem insoweit eindeutigen Wortlaut der Stichtagsregelung" die Bonuszahlung auch bei einer nicht vom Arbeitnehmer veranlassten, z.B. auf das Vorliegen dringender betrieblicher Erfordernisse gestützten Kündigung des Arbeitgebers entfalle. Selbstzweiflerisch führt der Senat aus, dass er bisher Klauseln, die den Anspruch auf die Sonderzahlung daran knüpfen, dass das Arbeitsverhältnis über den Auszahlungszeitpunkt hinaus innerhalb eines bestimmten Zeitraums fortbesteht, auch dann für zulässig hielt, wenn der Grund für die Beendigung des Arbeitsverhältnisses vor Ablauf der Bindungsfrist nicht im Verantwortungsbereich des Arbeitnehmers liegt, wie das bei einer betriebsbedingten Kündigung der Fall ist.[3] Eine Sonderzahlung, die wie der – dem Kläger in Aussicht gestellte – Bonus auch in Erwartung weiterer engagierter Tätigkeit und Betriebstreue gezahlt wird, kann ihren Zweck, künftige Betriebstreue zu belohnen und den Arbeitnehmer zu reger und engagierter Mitarbeit zu motivieren, bei bereits ausgeschiedenen oder alsbald ausscheidenden Arbeitnehmern nicht

---
1 BAG v. 28.3.2007 – 10 AZR 261/06, AP Nr. 265 zu § 611 BGB Gratifikation.
2 BAG v. 24.10.2007 – 10 AZR 825/06, AP Nr. 32 zu § 307 BGB.
3 BAG v. 28.3.2007 – 10 AZR 261/06, AP Nr. 265 zu § 611 BGB Gratifikation; v. 4.5.1999 – 10 AZR 417/98, AP Nr. 214 zu § 611 BGB Gratifikation = EzA § 611 BGB Gratifikation, Prämie Nr. 155.

erfüllen. Alsdann stellt er in Frage, ob an diesen Grundsätzen, gerade vor dem Hintergrund hoher Sonderzahlungen, festgehalten werden kann. Er führt aus: „Wenn allerdings die Frage, ob eine gegen Treu und Glauben verstoßende unangemessene Benachteiligung des Vertragspartners des Klauselverwenders vorliegt, auf der Grundlage einer Abwägung der berechtigten Interessen der Beteiligten zu beantworten ist, erscheint es bei typisierender Betrachtung kaum interessengerecht, dem Arbeitnehmer im Falle einer nicht in seinen Verantwortungsbereich fallenden, z.B. betriebsbedingten Kündigung des Arbeitgebers einen ganz wesentlichen Teil seiner Vergütung vorzuenthalten, mag auch das Ziel, künftige Betriebstreue zu belohnen und den Arbeitnehmer zu reger und engagierter Mitarbeit zu motivieren, nicht mehr zu erreichen sein, wenn dieser seinen Arbeitsplatz verloren hat. Es spricht auch viel dafür, dass in Fällen, in denen die Sonderzahlung mindestens 25 % der Gesamtvergütung ausmacht, der mit der Sonderzahlung verfolgte Zweck einer zusätzlichen Vergütung bei der Abwägung der Interessen der Arbeitsvertragsparteien und damit bei der Beurteilung der Wirksamkeit einer Bindungsklausel maßgebend ist und die Zielsetzung, künftige Betriebstreue zu belohnen und den Arbeitnehmer zu reger und engagierter Mitarbeit zu motivieren, dahinter zurückzutreten hat."

Auch wenn der Hinweis auf die Höhe der Sonderzahlungen dogmatisch nicht tragfähig ist, bedeuten diese Aussagen für die Vertragsgestaltung, dass an den überkommenen Formulierungen nicht mehr festgehalten werden sollte. Zu bedenken ist, dass die Rechtsprechung früher – auch ohne die Rechtsgrundlagen der AGB-Kontrolle – mit den Rechtsgedanken des § 162 BGB die Unzulässigkeit solch weitreichender Stichtagsklauseln entschieden hat.[1] Dann folgte die Rechtsprechung, wonach es ohne Weiteres möglich war, den Verfall der Sonderzahlung auch für die Beendigung des Arbeitsverhältnisses aufgrund betriebsbedingter Kündigung vorzusehen.[2] Die Rechtsprechung hat auch Klauseln, nach denen der Grund der Kündigung ohne jede Bedeutung ist, stets für zulässig gehalten.[3] Maßgebliche Begründung dieser Rechtsprechungsänderung war, soweit es um die einzelvertragliche Vereinbarung von Stichtagsklauseln geht, die Vertragsfreiheit. Dies ist – im Lichte des geschärften Blicks auf die Grundsätze der AGB-Kontrolle – kaum noch ein tragendes Argument. 51

Dass das BAG zu den Ergebnissen seiner früheren Rechtsprechung zurückkehren und den Anspruchsausschluss durch betriebsbedingte Kündigung jedenfalls für hohe Sonderzahlungen für problematisch halten würde, war aufgrund der Entscheidung vom 24.10.2007[4] wahrscheinlich. Umso überraschender entschied das BAG dann am 18.1.2012, dass eine Weihnachtsgratifikation mit einer Klausel des folgenden Typs 52

---

1 BAG v. 13.9.1974 – 5 AZR 48/74; v. 26.6.1975 – 5 AZR 412/74; v. 27.10.1978 – 5 AZR 287/77, AP Nr. 84, 86, 98 zu § 611 BGB Gratifikation, Prämie.
2 So zunächst für tarifliche Regelungen BAG v. 4.9.1985 – 5 AZR 655/84, AP Nr. 123 zu § 611 BGB Gratifikation; v. 25.4.1991 – 6 AZR 532/89, AP Nr. 137 zu § 611 BGB Gratifikation für Betriebsvereinbarungen und schließlich BAG v. 19.11.1992 – 10 AZR 264/91, DB 1993, 688 = NZA 1993, 353 für eine einzelvertragliche Zusage.
3 BAG v. 13.9.1974 – 5 AZR 48/74, EzA § 611 BGB, Gratifikation, Prämie Nr. 43; v. 26.6.1975 – 5 AZR 412/74, EzA § 611 BGB, Gratifikation, Prämie Nr. 47; v. 27.10.1978 – 5 AZR 278/77, EzA § 611 BGB Gratifikation, Prämie Nr. 59; v. 25.4.1991 – 6 AZR 532/89, EzA § 611 BGB Gratifikation, Prämie Nr. 85; v. 4.9.1985 – 5 AZR 655/84, AP Nr. 123 zu § 611 BGB Gratifikation; v. 19.11.1992 – 10 AZR 264/91, NZA 1993, 353.
4 BAG v. 24.10.2007 – 10 AZR 825/06, AP Nr. 32 zu § 307 BGB.

Der Anspruch auf Gratifikation ist ausgeschlossen, wenn sich das Anstellungsverhältnis im Zeitpunkt der Auszahlung in gekündigtem Zustand befindet wirksam ausgeschlossen werden kann. Es sei nicht nach § 307 Abs. 1 Satz 1 BGB unangemessen benachteiligend, dass die Weihnachtsgratifikation nicht zur Auszahlung komme, wenn das Arbeitsverhältnis zum Auszahlungstag durch den Arbeitgeber gekündigt wurde und die Beendigung damit nicht auf Gründen beruhe, die in der Sphäre des Arbeitnehmers liegen.[1]

52a Diese jüngste Rechtsprechung vermag jedoch nicht zu überzeugen: Wird die Sonderzahlung ausnahmsweise nur zur Honorierung der Betriebstreue gezahlt, so ist deren Ausschluss selbstredend gerechtfertigt, wenn der Arbeitnehmer selbst aus freien Stücken kündigt oder ihm wegen einer Vertragsverletzung berechtigt verhaltensbedingt gekündigt wurde. Wenn hingegen der Arbeitnehmer durch betriebsbedingte oder arbeitgeberseitig veranlasste Kündigung seinen Anspruch auf die Sonderzahlung verlieren würde, stellt sich die **Klausel** als **grob unfair** dar, da der Arbeitnehmer schließlich betriebstreu geblieben ist.[2] Für die anstehende Problemlösung gilt damit wiederum, dass die Zweckbetrachtungslehre nicht hilfreich ist. Auch für Sonderzahlungen zur Belohnung der Betriebstreue kann nicht dem Arbeitnehmer im Fall der arbeitgeberseitigen betriebsbedingten Kündigung der Verlust der Sonderzahlung angenommen werden. Der dieses unfaire Resultat nicht akzeptieren wollenden Instanzrechtsprechung ist zu folgen.[3]

bb) Betriebstreue

53 Aus all dem folgt, dass allenfalls bei Gratifikationen, die ausschließlich die Betriebstreue honorieren wollen (wenn es solche Sonderzahlungsabreden in der Realität überhaupt noch gibt), daran gedacht werden kann, im Wege der Stichtagsklausel den Anspruch auszuschließen, wenn der Arbeitnehmer selbst aus freien Stücken kündigt oder ihm berechtigt wegen einer Vertragspflichtverletzung gekündigt wird. Eine solche Klauselgestaltung ist in sich schlüssig und fair. Denn wer sich selbst als (vertrags)untreu erweist, kann nicht die Honorierung von Betriebstreue erwarten. So einfach kann faire Vertragsgestaltung sein!

54 Wer sich in dieser Hinsicht weitergehend vertragsgestalterisch betätigen möchte, der sei darauf hingewiesen, dass ggf. noch die Situation des Aufhebungsvertrages[4] und des befristeten Arbeitsverhältnisses[5] als Beendigungstatbestände bedacht werden müssen.

---

1 BAG v. 18.1.2012 – 10 AZR 667/12, NZA 2012, 620 Rz. 25.
2 Differenzierend *Reiserer*, NZA 1992, 436.
3 LAG Düsseldorf v. 19.7.2011 – 16 Sa 607/11, NZA-RR 2011, 630; LAG München v. 10.2.2011 – 2 Sa 718/10, AA 2011, 126; v. 26.5.2009 – 6 Sa 1135/08, AA 2009, 144; LAG Hamm v. 5.2.2009 – 8 Sa 1665/08, LAGE § 611 BGB Gratifikation Nr. 14.
4 BAG v. 7.10.1992 – 10 AZR 186/91, EzA § 611 BGB Gratifikation, Prämie Nr. 92.
5 BAG v. 28.3.2007 – 10 AZR 261/06, AP Nr. 265 zu § 611 BGB Gratifikation, wonach die Beendigung des Arbeitsverhältnisses aufgrund Befristung nicht mit der Beendigung durch Kündigung gleichzusetzen ist – dies soll selbst dann gelten, wenn der Arbeitnehmer ein Angebot des Arbeitgebers zur Fortsetzung des Arbeitsverhältnisses nicht angenommen hat.

Da die heute vorherrschenden Sonderzahlungsabreden in der Praxis nahezu ausschließlich auch arbeitsleistungsbezogenen Charakter haben und der Gedanke der ausschließlichen Honorierung der Betriebstreue in den Hintergrund tritt, kann jedoch nur davon abgeraten werden, künftig das Merkmal „ungekündigt" als Anspruchsvoraussetzung in Sonderzahlungsabreden zu implantieren. Insoweit mag abschließend darauf hingewiesen werden, dass die großzügige Entscheidung des 10. Senats vom 6.5.2009[1] nach der das Wort „ungekündigt" im Wege des „Blue-Pencil-Tests" schlicht aus der Klausel herausgestrichen wird, so dass es nur auf das „Bestehen des Arbeitsverhältnisses" zu einem bestimmten Stichtag ankommt, mit der Entscheidung des 10. Senats vom 13.11.2013 ebenfalls hinfällig geworden ist. Der 10. Senat hatte sich mit seiner Entscheidung vom 6.5.2009 gerade über den Sinngehalt der ursprünglichen Klausel hinweggesetzt und eine unzulässige Veränderung der Anspruchsvoraussetzungen herbeigeführt.[2] Der neubesetzte 10. Senat geht jetzt vielmehr zu Recht davon aus, dass die isolierte Streichung von „ungekündigt" auf eine unzulässige Neubestimmung des Vertragsinhalts hinauslaufen würde.[3] Auch hier wird einer AGB-rechtlichen Prämisse – dem Verbot geltungserhaltender Reduktion – zu Recht auch bei Stichtagsklauseln Geltung verschafft.

55

Einstweilen frei.

56

d) Über den Bezugszeitraum hinausgehende Stichtags- bzw. Bindungsklauseln

Zweifelhaft war es in der Vergangenheit, ob als Stichtag auch ein Termin gewählt werden darf, der **außerhalb des Bezugszeitraums** liegt.

57

Beispiele:

⊃ **Nicht geeignet:**

(Stichtag *außerhalb* des Bezugszeitraums)

Der Arbeitnehmer hat Anspruch auf die Sonderzahlung, wenn das Arbeitsverhältnis nicht innerhalb von drei Monaten – bzw. sofern die Sonderzahlung ein Bruttomonatsgehalt übersteigt, innerhalb von sechs Monaten – nach Ende des Geschäftsjahres aufgrund arbeitnehmerseitiger Kündigung (ohne dass sich der Arbeitnehmer durch ein Verhalten des Arbeitgebers hierzu veranlasst sehen durfte) oder außerordentlicher oder verhaltensbedingter arbeitgeberseitiger Kündigung aus einem vom Arbeitnehmer zu vertretenden Grund endet [oder: vom Arbeitnehmer (ohne dass sich der Arbeitnehmer durch ein Verhalten des Arbeitgebers hierzu veranlasst sehen durfte) oder außerordentlich aus einem vom Arbeitnehmer zu vertretenden Grund oder verhaltensbedingt vom Arbeitgeber gekündigt wird].

Der Anspruch ist ebenfalls ausgeschlossen, wenn das Arbeitsverhältnis innerhalb des genannten Zeitraums durch Aufhebungsvertrag beendet wird und Anlass des Aufhebungsvertrages ein Recht des Arbeitgebers zur außerordentlichen aus einem vom Arbeitnehmer zu vertretenden Grund oder verhaltensbedingten Kündigung oder ein Aufhebungsbegehren des Arbeitnehmers (ohne dass sich der

---

1 BAG v. 6.5.2009 – 10 AZR 443/08, NZA 2009, 783.
2 ErfK/*Preis*, § 305 Rz. 103a.
3 BAG v. 13.11.2013 – 10 AZR 848/12, NZA 2014, 368 Rz. 27.

Arbeitnehmer durch ein Verhalten des Arbeitgebers hierzu veranlasst sehen durfte) ist.

Beträgt die Sonderzahlung maximal 100 Euro, erhält der Arbeitnehmer sie unabhängig von den vorstehenden Regelungen auch im Falle einer Beendigung des Arbeitsverhältnisses [*oder*: im Falle einer Kündigung/eines Aufhebungsvertrages].

58 Nach bisheriger Rechtslage musste für einen Stichtag nach dem Ende des Bezugszeitraums davon ausgegangen werden, dass die Stichtags- besser Bindungsklauseln wie Rückzahlungsklauseln wirken (Rz. 89 ff.). Der Arbeitnehmer kann bis zum Stichtag nicht kündigen, will er nicht den Anspruch auf die Sonderzahlung verlieren. Sollte der Stichtag hingegen **nach dem Ende des Bezugszeitraums** liegen, die Sonderzahlung aber schon **vorher ausbezahlt** werden oder fällig sein, Beispiel:

➲ **Nicht geeignet:**

Es wird alljährlich mit dem Dezembergehalt eine Jahressonderleistung in Höhe eines Monatsverdienstes ausbezahlt. Endgültigen Anspruch auf die Sonderleistung haben jedoch nur die Arbeitnehmer, deren Arbeitsverhältnis am 31.3. des Folgejahres noch besteht.

so handelt es sich nicht um eine Stichtagsklausel, sondern um eine versteckte Rückzahlungsklausel, die nach den bei den Rückzahlungsklauseln erläuterten Grundsätzen zu behandeln ist (Rz. 89 ff.).

59 Wird die Sonderzahlung **erst zum Stichtag fällig oder ausbezahlt** und liegt dieser **außerhalb des Bezugszeitraums**,

➲ **Nicht geeignet:**

Es wird eine jährliche Erfolgsbeteiligung gezahlt, deren Höhe sich nach dem Geschäftsergebnis für das Geschäftsjahr 2009/2010 (vom 1. Oktober 2009 bis 30. September 2010) richtet. Die Erfolgsbeteiligung wird nur an die Arbeitnehmer ausgezahlt, die während des Geschäftsjahres 2009/2010 betriebszugehörig waren und deren Arbeitsverhältnis am Auszahlungstag, dem 31. März 2011, noch besteht.

so lag nach der bisherigen – bereits älteren – Rechtsprechung des BAG **keine echte Bindungswirkung** vor, so dass die strengen Grundsätze der Rückzahlungsklauseln keine Anwendung fanden.[1] Allerdings galt bei einem weiten Auseinanderklaffen von Bezugszeitraum und Auszahlungstag auch bisher schon etwas anderes: Die Beispielsklausel, in der der Zeitpunkt der Auszahlung sechs Monate nach Ende des Bezugszeitraums liegt, hat das BAG zwar noch für zulässig gehalten.[2] In einem Fall, in dem eine „Sondervergütung" erst 1 ½ Jahre nach Ablauf des Bezugszeitraums fällig wurde, sollte es dagegen nicht zulässig sein, am Fälligkeitstag das Bestehen eines ungekündigten Arbeitsverhältnisses zu verlangen.[3] Hauptgrund für die Unzulässigkeit eines solchen „Auseinanderklaffens" von Bezugszeitraum und Stichtag ist die Überlegung, dass sonst eine Bindungswirkung ohne Ende entstehen würde. Kündigt der Arbeitnehmer nämlich nach Erhalt einer Zahlung, deren Bezugszeitraum bereits

---

1 BAG v. 21.2.1974 – 5 AZR 302/73, AP Nr. 81 zu § 611 BGB Gratifikation mit Anm. *Buchner*.
2 BAG v. 21.2.1974 – 5 AZR 302/73, AP Nr. 81 zu § 611 BGB Gratifikation mit Anm. *Buchner*.
3 BAG v. 27.10.1978, AP Nr. 99 zu § 611 BGB Gratifikation.

über ein Jahr abgelaufen ist (Beispiel: Zahlung für Kalenderjahr 1999 wird erst am 1.2.2001 ausgezahlt), so ist ja auch der darauf folgende Bezugszeitraum (im Beispiel das Kalenderjahr 2000) abgelaufen, für den die nächste Sonderzahlung gewährt wird. Der Arbeitnehmer könnte also nie kündigen, ohne dass er den Anspruch auf eine Sondervergütung verliert, deren Bezugszeitraum bereits abgelaufen ist.[1]

Nach der neuen Rechtsprechung des 10. Senats des BAG[2] kann nunmehr davon ausgegangen werden, dass Bindungsklauseln über den Bezugszeitraum hinaus bei leistungsbezogenen Bonuszahlungen generell unzulässig sind. Denn schon eine Bindungsklausel bis zum 31.3. des Folgejahres führt bei längeren Kündigungsfristen zu einer sachwidrigen und überproportionalen Bindung. Überdies stellt sich generell die Frage, weshalb bei erdienten Bonuszahlungen des Vorjahreszeitraum eine nachträgliche Bindung überhaupt noch gerechtfertigt ist. Der 10. Senat führte hierzu in der Entscheidung vom 24.10.2007 aus, dass eine Stichtagsregelung den Arbeitnehmer unangemessen i.S.v. § 307 Abs. 1 Satz 1 BGB benachteiligt, wenn eine Bonuszahlung für das zurückliegende Jahr bei einem am 1. April des Auszahlungsjahres gekündigten Arbeitsverhältnis entfällt. Zudem moniert das BAG, dass eine solche Regelung bezüglich der Dauer der Bindung des Arbeitnehmers weder auf die Höhe der Bonuszahlung abstellt noch zwischen Zahlungen, die überhaupt keine Bindung des Arbeitnehmers rechtfertigen und Zahlungen, die eine Bindung des Arbeitnehmers bis zum 31. März des Folgejahres oder darüber hinaus rechtfertigen könnten, unterscheidet. Überdies äußert der Senat Zweifel, ob überhaupt an der bisher zwischen Stichtags- und Rückzahlungsklauseln differenzierenden Rechtsprechung festzuhalten ist. Jedenfalls werde der Arbeitnehmer bei einer betragsmäßig unbestimmten Bonusregelung durch eine Stichtagsregelung, die den Anspruch auf eine Bonuszahlung an ein am 1. April des Auszahlungsjahres ungekündigtes Arbeitsverhältnis knüpft, i.S.v. § 307 BGB entgegen den Geboten von Treu und Glauben unangemessen benachteiligt. Ein Arbeitnehmer mit bei einer Kündigungsfrist von drei Monaten zum Quartalsende würde bis zum 30. September des Folgejahres gebunden, was ihn in unzulässiger Weise in seiner ihm durch Art. 12 Abs. 1 GG garantierten Berufsfreiheit behindert. Nur wenn feststeht, dass und in welcher Höhe dem Arbeitnehmer eine Sonderzahlung zusteht, ist eine Inhaltskontrolle der Stichtagsregelung und damit die Beurteilung möglich, ob die Bindung des Arbeitnehmers angesichts der Höhe der Zahlung bei Abwägung der berechtigten Interessen beider Parteien eine unangemessene Benachteiligung des Arbeitnehmers darstellt.[3]

Bestätigt wurde die Tendenz aus der Entscheidung vom 24.10.2007 dann eindrucksvoll in der Entscheidung vom 18.1.2012: Der 10. Senat steht nun auf dem eindeutigen Standpunkt, dass eine Sonderzahlung, die jedenfalls auch Vergütung für bereits erbrachte Arbeitsleistung darstellt, nicht vom ungekündigten Bestand des Arbeitsverhältnisses zu einem Zeitpunkt außerhalb des Bezugszeitraums, in dem die Arbeitsleistung erbracht wurde, abhängig gemacht werden kann.[4] Die Stichtagsklau-

---

1 Vgl. auch BAG v. 27.10.1978 – 5 AZR 754/77, AP Nr. 99 zu § 611 BGB Gratifikation unter I. 3. b) und BAG v. 27.7.1972 – 5 AZR 141/72, AP Nr. 75 zu § 611 BGB Gratifikation unter I. 2. a.E.
2 BAG v. 18.1.2012 – 10 AZR 612/10, AP BGB § 611 Gratifikation Nr. 292; v. 24.10.2007 – 10 AZR 825/06, AP Nr. 32 zu § 307 BGB.
3 BAG v. 24.10.2007 – 10 AZR 825/06, AP Nr. 32 zu § 307 BGB.
4 BAG v. 18.1.2012 – 10 AZR 612/10, NZA 2012, 561 Rz. 22.

sel steht im Widerspruch zum Grundgedanken des § 611 Abs. 1 BGB, indem sie dem Arbeitnehmer bereits erarbeiteten Lohn entzieht. Sie verkürzt außerdem in nicht zu rechtfertigender Weise die nach Art. 12 Abs. 1 GG geschützte Berufsfreiheit des Arbeitnehmers, weil sie die Ausübung seines Kündigungsrechts unzulässig erschwert. Ein berechtigtes Interesse des Arbeitgebers, dem Arbeitnehmer Lohn für geleistete Arbeit ggf. vorenthalten zu können, ist nicht ersichtlich.[1] Dass die Sonderzahlung im Streitfall auch die Betriebstreue honorieren sollte, ändert an dem Ergebnis nichts. Ein schützenswertes Interesse des Arbeitgebers daran, das Verhältnis von Leistung und Gegenleistung nachträglich zu verändern, kann nicht anerkannt werden. Dem Arbeitgeber ist es dadurch nicht verwehrt, Betriebstreue zu honorieren und einen finanziellen Anreiz für das Verbleiben des Arbeitnehmers im Arbeitsverhältnis zu schaffen. Er hat die Möglichkeit, durch die Vereinbarung von Sonderzahlungen, die ausschließlich der Honorierung von Betriebstreue dienen, dem Arbeitnehmer deutlich zu machen, welchen Wert für ihn das Verbleiben im Arbeitsverhältnis darstellt.[2] Damit hat sich der 10. Senat für **alle Sonderzahlungen**, die zumindest auch **Arbeitsentgeltbezug** aufweisen eindeutig in der Frage **über den Bezugszeitraum hinausgehender Stichtagsklauseln positioniert: Diese sind unzulässig.**

61a Dieses Ergebnis überzeugt. Solche Zahlungen sind im Ergebnis Arbeitsentgelt, das lediglich nicht monatlich, sondern in größeren Abständen ausgezahlt wird und bis dahin vom Arbeitnehmer gestundet wird. Könnte sich der Arbeitgeber durch die bloße Verwendung von nachgelagerten Stichtagsklauseln – noch dazu außerhalb des Bezugszeitraums – von seiner synallagmatischen Leistungsverpflichtung lösen, würde der Arbeitnehmer doppelt benachteiligt: Er würde eine rückwirkende Gehaltskürzung erhalten und wäre über den Bezugszeitraum hinaus an das Unternehmen gebunden, was unter dem Gesichtspunkt der Kündigungserschwerung ohnehin nur unter bestimmten Bedingungen zulässig ist. Nichts anderes gilt auch bei sog. Sonderzahlungen mit Mischcharakter. Der Bestandteil, der durch Leistung in der Vergangenheit erdient ist, darf nicht mit einer Bindungsklausel versehen werden.

62 Allenfalls bei **Sonderzahlungen zur ausschließlichen Belohnung von Betriebstreue** können Bindungsklauseln/Rückzahlungsklauseln zulässig sein.

Beispiel:

Der Arbeitnehmer erhält eine Gratifikation in Höhe eines Bruttomonatsgehalts, wenn er am 31.3. des Folgejahres noch in einem [ungekündigten] Arbeitsverhältnis zum Arbeitgeber befindet. Die Gratifikation wird mit dem Aprilgehalt zur Auszahlung gebracht. [Der Anspruch ist ausgeschlossen, wenn der Arbeitnehmer vor dem Stichtag das Arbeitsverhältnis kündigt oder wirksam aus verhaltensbedingten Gründen durch den Arbeitgeber gekündigt worden ist.] (Diese Gratifikation soll ausschließlich die vom Arbeitnehmer erbrachte und zukünftige Betriebstreue vergüten.)

63 Diese Klauselgestaltung entspricht den bisherigen Maßstäben zu **Rückzahlungsklauseln** (hierzu Rz. 89 ff.). Problematisch erscheint allein das Merkmal „ungekündigt", weil dieses – zweckwidrig – auch den Fall erfasst, dass der Arbeitgeber seinerseits betriebsbedingt kündigt. Dies entspricht zwar noch der nicht revidierten

---

1 BAG v. 18.1.2012 – 10 AZR 612/10, NZA 2012, 561 Rz. 23.
2 BAG v. 18.1.2012 – 10 AZR 612/10, NZA 2012, 561 Rz. 28.

Rechtsprechung. Dieser kann jedoch wie oben gezeigt nicht gefolgt werden. Deshalb wird hier empfohlen, allein auf den Bestand des Arbeitsverhältnisses zu einem bestimmten Stichtag abzustellen. Wenn auch die Kündigung vor dem Stichtag mit einbezogen werden soll, ist die Klausel auf Kündigungen durch den Arbeitnehmer und auf verhaltensbedingte Kündigungen durch den Arbeitgeber zu reduzieren.

9. Kürzung der Sonderzahlungen bei Fehlzeiten

Kürzungsklauseln sind Vereinbarungen, mithilfe derer die Sonderzahlungen für Zeiten, in denen keine Arbeitsleistung erbracht wird, gekürzt werden sollen. Sie können entweder generell alle Zeiten ohne Arbeitsleistung anspruchsmindernd berücksichtigen oder sich auf bestimmte Fehlzeiten beschränken. Die Regelung für **ausgewählte Fehlzeiten** führt allerdings dazu, dass andere als die ausdrücklich genannten Zeiten nicht den Anspruch auf die Sonderzahlung mindern, selbst wenn sie ihrer Art nach vergleichbar sind (hierzu Rz. 70).[1]

Obwohl die Rechtsprechung auch bei diesem Problemkomplex auf die Zweckbetrachtungslehre zurückgreift, kann den Ergebnissen auch unter dem Blickwinkel des AGB-Rechts weitgehend gefolgt werden. Denn in der Sache stellt die Rechtsprechung überwiegend auf den Wortlaut der Vereinbarung ab und prüft die Ausschlusstatbestände auf ihre Rechtskonformität. Wenn eine Sonderzahlung ausschließlich die **Betriebstreue** belohnen soll, muss dies in der Klausel besonders hervorgehoben werden, vgl. oben **Typ 2**, Rz. 29. Aus dem Wortlaut der Klausel ergibt sich dann unmittelbar, dass die Sonderzahlung gerade unabhängig von Fehlzeiten gezahlt werden soll. Eine trotzdem eingefügte Kürzungsklausel wäre mit dieser ausdrücklich formulierten Zwecksetzung unvereinbar.[2] Sie würde heute an den Maßstäben des Transparenzgebotes scheitern, da die Klausel in sich widersprüchlich wäre.

Bei Sonderzahlungen mit Mischcharakter wird ebenfalls eine automatische Kürzungsmöglichkeit für krankheitsbedingte Fehlzeiten zu Recht verneint, da das Arbeitsverhältnis nach wie vor existiert und der Arbeitnehmer auch während dieser Zeiten die Betriebstreue erbringt.[3] Nach früherer Rechtsprechung sollte die Sonderzahlung zwar vollständig entfallen, wenn der Arbeitnehmer im Bezugszeitraum überhaupt nicht oder insgesamt weniger als 14 Tage gearbeitet hatte, da eines der beiden Kriterien, nämlich das Erfordernis der Arbeitsleistung, nicht bzw. nur in un-

---

1 BAG v. 5.8.1992 – 10 AZR 88/90, EzA § 611 BGB Gratifikation, Prämie Nr. 90 unter II. 2.; vgl. auch BAG v. 22.2.1995 – 10 AZR 782/93, EzA § 611 BGB Gratifikation, Prämie Nr. 118; v. 16.3.1994 – 10 AZR 669/92, EzA § 611 BGB Gratifikation, Prämie Nr. 111; v. 8.12.1993 – 10 AZR 66/93, EzA § 611 BGB Gratifikation, Prämie Nr. 108. Die in diesen Entscheidungen für tarifliche Sonderzahlungen aufgestellten Grundsätze sind nach BAG v. 10.5.1995 – 10 AZR 648/94, EzA § 611 BGB Gratifikation, Prämie Nr. 125 auch für einzelvertragliche Vereinbarungen gültig.
2 *Hanau/Vossen*, DB 1992, 218 unter V 2; *Schaub*, ZIP 1994, 926.
3 BAG v. 26.1.2005 – 10 AZR 215/04, AP Nr. 260 zu § 611 BGB Gratifikation; v. 16.3.1994 – 10 AZR 669/92, EzA § 611 BGB Gratifikation, Prämie Nr. 111; v. 5.8.1992 – 10 AZR 88/90 sowie 5 AZR 171/91, AP Nrn. 143, 144 zu § 611 BGB Gratifikation; v. 24.10.1990 – 6 AZR 341/89, EzA § 611 BGB Gratifikation, Prämie Nr. 80; der Sache nach ebenso bereits BAG v. 29.8.1979 – 5 AZR 511/79, AP Nr. 104 zu § 611 BGB Gratifikation; vgl. auch BAG v. 18.1.1978 – 5 AZR 685/77, AP Nr. 93 zu § 611 BGB Gratifikation; LAG Düsseldorf v. 28.10.1992 – 4 Sa 1075/92, DB 1993, 221.

erheblichem Maße vorlag.[1] Diese Rechtsprechung ist aber ausdrücklich aufgegeben worden.[2] Der 10. Senat lehnt es ab, aus dem Zweck einer Sonderzahlung bestimmte Kürzungs- oder Ausschlusstatbestände herzuleiten.[3] Wenn die Parteien keine Kürzungsvereinbarung getroffen haben, besteht der Anspruch sogar in voller Höhe.[4] Diese, überwiegend zu tariflichen Sonderzahlungen entwickelte, klare Rechtsprechung entspricht auch den Maßstäben des AGB-Rechts. Es ist ausgeschlossen, ohne ausdrückliche Regelung nur nach dem Zweck einer Sonderzahlung Kürzungstatbestände in die Klauseln „hineinzuinterpretieren".

a) Arbeitsunfähigkeit

67 Der in der Praxis häufigste Fall von Fehlzeiten dürfte die Arbeitsunfähigkeit sein. Kürzungsklauseln können z.B. bestimmen, in welchem Umfang sich Fehltage anspruchsmindernd auswirken sollen. Häufig wird eine **proportionale Kürzung** des Anspruchs vorgesehen, wie sie in **Typ 7** vorgeschlagen ist. (Zu **überproportionalen Kürzungen** vgl. unten **Typ 8**, Rz. 73 ff.).

aa) Proportionale Kürzung

Typ 7: Proportionale Kürzung

a) Die Sonderzahlung wird anteilig gekürzt um die Zeiten, in denen der Arbeitnehmer keine Arbeitsleistung erbracht hat, es sei denn, der Arbeitgeber ist während dieser Fehlzeiten gesetzlich zur Fortzahlung der Vergütung verpflichtet.

b) Eine anteilige Kürzung der Sonderzahlung erfolgt bei
– Unterbrechen der Arbeitsleistung zu Aus- und Fortbildungszwecken
– krankheitsbedingten Arbeitsunterbrechungen
– unentschuldigtem Fernbleiben von der Arbeit
– ...

Bei allen vom Arbeitgeber zu bezahlenden Freistellungen von der Arbeitsleistung aufgrund gesetzlicher Vorschriften oder vertraglicher Vereinbarung erfolgt keine Kürzung. Die Sonderzahlung beträgt ... % des Durchschnittsverdienstes im Bezugszeitraum. Zur Ermittlung des Durchschnittsverdienstes werden die geleisteten Zahlungen im Bezugszeitraum mit Ausnahme von ... (Urlaubsgeld, Spesen, Aufwendungsersatz, ...) durch 12 geteilt.

---

1 BAG v. 18.1.1978 – 5 AZR 56/77, EzA § 611 BGB Gratifikation, Prämie Nr. 53; v. 29.8.1979 – 5 AZR 763/78, EzA § 611 BGB Gratifikation, Prämie Nr. 65.
2 BAG v. 5.8.1992 – 10 AZR 171/91, DB 1993, 1092; v. 5.8.1992 – 10 AZR 88/90, BB 1992, 2218 = SAE 1993, 246 m. Anm. *Krebs*; v. 11.10.1995 – 10 AZR 985/94, EzA § 611 BGB Gratifikation, Prämie Nr. 133; LAG Köln v. 13.3.1997 – 5 Sa 1506/96, MDR 1997, 857.
3 BAG v. 24.3.1993 – 10 AZR 487/92, EzA § 611 BGB Gratifikation, Prämie Nr. 97; v. 8.12.1993 – 10 AZR 66/93, EzA § 611 BGB Gratifikation, Prämie Nr. 108.
4 BAG v. 10.5.1995 – 10 AZR 648/94, AP Nr. 174 zu § 611 BGB Gratifikation; für den Fall des Urlaubsgeldes BAG v. 19.1.1999 – 9 AZR 158/98, AP Nr. 67 zu § 1 TVG; für den Fall des Arbeitskampfes BAG v. 20.12.1995 – 10 AZR 742/94, NZA 1996, 491.

68 Sonderzahlungen mit reinem Entgeltcharakter (vgl. **Typ 1**) stehen im Synallagma zur geleisteten Arbeit im Bezugszeitraum.[1] Sie sind damit im Ergebnis bloße **Fälligkeitsregelungen**, da sie die Auszahlung eines Teils des Arbeitsentgelts auf einen jährlichen Termin verlegen.[2] Hat der Arbeitnehmer nur während eines Teils des Jahres gearbeitet, kann die Sonderzahlung grundsätzlich **auch ohne ausdrückliche Kürzungsvereinbarung** anteilig (proportional) gekürzt werden.[3] Hier kommt das Prinzip „Ohne Arbeit kein Lohn" zum Tragen.[4] Zur Klarstellung sollte jedoch geregelt werden, dass und ggf. bei welchen Fehlzeiten eine Kürzung vorgenommen wird. Die Sonderzahlung ist also in voller Höhe grundsätzlich nur dann zu zahlen, wenn die Arbeitsleistung während des gesamten Jahres erbracht wurde.[5]

69 Zu beachten ist allerdings, dass für Zeiten, für die ein **gesetzlicher Entgeltfortzahlungsanspruch** besteht, die Sonderzahlung nicht gekürzt werden darf: z.B. ist die Sonderzahlung bei gesetzlichem Urlaub, unverschuldeter Arbeitsunfähigkeit während des gesetzlichen Entgeltfortzahlungszeitraums, Mutterschutzzeiten[6] u.Ä. in voller Höhe zu gewähren.[7] Eine Klausel, die eine Kürzung auch für solche Zeiten vorsieht, wäre nach § 134 BGB nichtig. Für darüber hinaus gehende krankheitsbedingte Fehlzeiten können Sonderzahlungen mit reinem Entgeltcharakter gekürzt werden.[8]

70 Sofern in der Klausel bestimmte Kürzungsgründe genannt sind, hat diese Regelung hinsichtlich der übrigen Fehlzeiten **anspruchserhaltenden Charakter**, da dann davon auszugehen ist, dass andere als die dort genannten Fehlzeiten nicht zu einer Kürzung führen sollen.[9] Bei der Vertragsgestaltung ist daher zu überlegen, aus welchen Gründen eine Kürzung möglich sein soll und sind diese Gründe zu benennen (**Typ 7b**). Alternativ ist eine allgemeine Formulierung zu wählen, die sich auf die Nichterbringung der Arbeitsleistung mit Ausnahme gesetzlicher Entgeltfortzahlungszeiträume insgesamt bezieht (**Typ 7a**).

71 Da es sich bei einer Sonderzahlung mit reinem Entgeltcharakter um eine bloße Verschiebung der Auszahlung auf einen jährlichen Zeitpunkt und damit im Ergebnis um laufendes Arbeitsentgelt handelt, dürfte die Obergrenze des § 4a EFZG keine Anwendung finden. Auch wenn dies vom BAG bislang noch nicht abschließend geklärt ist, ergibt sich diese Folge daraus, dass § 4a EFZG nur auf Sonderzahlungen anwendbar ist, die zusätzlich zum laufenden Arbeitsentgelt erbracht werden. Für das laufende Arbeitsentgelt selbst dagegen – zu dem auch Sonderzahlungen mit rei-

---

1 BAG v. 19.4.1995 – 10 AZR 49/94, AP Nr. 173 zu § 611 BGB Gratifikation; v. 10.5.1995 – 10 AZR 648/94, AP Nr. 174 zu § 611 BGB Gratifikation.
2 *Vossen*, FS Stahlhacke, S. 618.
3 Vgl. BAG v. 21.3.2001 – 10 AZR 28/00, NZA 2001, 785; v. 24.10.1990 – 2 AZR 255/90, NZA 1991, 553 (für Elternzeit); v. 19.4.1995 – 10 AZR 49/94, NZA 1995, 1098; *Vossen*, NZA 2005, 734.
4 *Hanau/Vossen*, DB 1992, 215 Fn. 46; BAG v. 21.3.2001 – 10 AZR 28/00, AP Nr. 1 zu § 4b EntgeltFG; v. 8.11.1978 – 5 AZR 358/77, EzA § 611 BGB, Gratifikation, Prämie Nr. 60.
5 BAG v. 8.11.1978 – 5 AZR 358/77, EzA § 611 BGB, Gratifikation, Prämie Nr. 60; *Vossen*, FS Stahlhacke, S. 619.
6 Hierzu EuGH v. 21.10.1999 – Rs. C 333/97 – *Lewen/Denda*, DB 2000, 223.
7 BAG v. 19.4.1995 – 10 AZR 49/94, AP Nr. 173 zu § 611 BGB Gratifikation; v. 10.5.1995 – 10 AZR 648/94, AP Nr. 174 zu § 611 BGB Gratifikation.
8 BAG v. 27.7.1994 – 10 AZR 314/93, AP Nr. 164 zu § 611 BGB Gratifikation.
9 Vgl. zu einer tariflichen Regelung BAG v. 25.9.2013 – 10 AZR 850/12, NZA 2014, 52.

nem Entgeltcharakter trotz der jährlichen Zahlungsweise gehören – gelten die allgemeinen Regelungen, d.h. während des Entgeltfortzahlungszeitraums ist eine Kürzung unzulässig, außerhalb dieser Zeiten jedoch möglich.

72 Wird eine Kürzungsmöglichkeit allgemein für Fehlzeiten vereinbart (vgl. **Typ 7a**), bezieht sie sich auf alle Arten von Fehlzeiten, d.h. neben einer Kürzung wegen Arbeitsunfähigkeit ist eine Kürzung möglich für Fehlzeiten, die durch **Streik** oder **Kurzarbeit** entstehen[1] sowie für Fehlzeiten aufgrund **unentschuldigten Fernbleibens** von der Arbeit,[2] unbezahlten Urlaubs, u.Ä.

bb) Überproportionale Kürzung

Typ 8: Überproportionale Kürzung

a) Die Sonderzahlung wird, sofern sie 100 Euro übersteigt, für krankheitsbedingte Fehlzeiten um $1/60$ je Fehltag gekürzt, es sei denn, der Arbeitgeber ist während dieser Fehlzeiten gesetzlich zur Fortzahlung der Bezüge verpflichtet.

b) Die Sonderzahlung wird, sofern sie 100 Euro übersteigt, bei Fehlzeiten, gleich aus welchem Grund diese entstehen, für jeden Fehltag um $1/4$ des durchschnittlichen Tagesentgelts des Arbeitnehmers gekürzt, es sei denn, der Arbeitgeber ist während dieser Fehlzeiten gesetzlich zur Fortzahlung der Bezüge verpflichtet.

Das durchschnittliche Tagesentgelt errechnet sich aus dem 12-fachen des vereinbarten Monatsarbeitsentgelts geteilt durch 260.

73 Eine überproportionale Kürzung von Sonderzahlungen ist nach der Rechtsprechung zulässig, wobei die Vertragsklauseln einer Inhaltskontrolle unterliegen. Das BAG ist in diesem Bereich bislang recht großzügig: Im Jahr 1990 entschied der 6. Senat,[3] dass eine **überproportionale Kürzung** von $1/60$ des jährlichen Betrags pro Fehltag angemessen sei. Gleichzeitig schloss es jedoch eine Kürzung für kleinere Anwesenheitsprämien (im Regelfall bis zu einer Grenze von ca. 200 DM bzw. 100 Euro) ganz aus.

74 Der 10. Senat, der nach einem Wechsel für das Recht der Sonderzahlungen zuständig wurde, schloss sich der Rechtsprechung des 6. Senats im Wesentlichen an.[4] Sonderzahlungen seien kein Arbeitsentgelt, das kraft Gesetzes für Zeiten der Arbeitsunfähigkeit fortgezahlt werden müsse. Das Versprechen eines finanziellen Anreizes zur Verringerung der persönlichen Fehlzeiten des Arbeitnehmers sei grundsätzlich zu billigen, solange den Arbeitnehmern vor Beginn des Bezugszeitraums bekannt sei, mit welcher Kürzungsrate Fehlzeiten belegt seien. Der 10. Senat zog – allerdings

---

[1] BAG v. 13.2.2007 – 9 AZR 374/06, NZA 2007, 573; v. 10.5.1995 – 10 AZR 650/94, EzA § 611 BGB Gratifikation, Prämie Nr. 128; v. 19.4.1995 – 10 AZR 259/94, EzA § 611 BGB Gratifikation, Prämie Nr. 121.
[2] Vgl. BAG v. 19.4.1995 – 10 AZR 259/94, EzA § 611 BGB Gratifikation, Prämie Nr. 121.
[3] BAG v. 15.2.1990 – 6 AZR 381/88, AP Nr. 15 zu § 611 BGB Anwesenheitsprämie m. Anm. *Mayer-Maly*.
[4] BAG v. 26.10.1994 – 10 AZR 482/93, EzA § 611 BGB Anwesenheitsprämie Nr. 10 m. Anm. *Gaul* = AP Nr. 18 zu § 611 BGB Anwesenheitsprämie m. Anm. *Thüsing*.

für eine Betriebsvereinbarung – sogar eine Kürzungsrate von ¹⁄₃₀ je Fehltag in Betracht. Ob dies allerdings auch unter Geltung des AGB-Rechts zukünftig so großzügig gehandhabt werden wird, ist abzuwarten.

Bei der Kürzung von Sonderzahlungen sind die **Kürzungsgrenzen** des § 4a EFZG zu beachten. Danach darf die Kürzung jedoch „für jeden Tag der Arbeitsunfähigkeit infolge Krankheit ein Viertel des Arbeitsentgelts, das im Jahresdurchschnitt auf einen Arbeitstag entfällt, nicht überschreiten". Das bedeutet, dass die zulässige **Höhe der Kürzung** sich nicht an der Sonderzahlung selbst orientiert, sondern allein am durchschnittlichen Arbeitsentgelt. Die Sonderzahlung besser verdienender Arbeitnehmer darf also um einen höheren Betrag je Fehltag gekürzt werden als die Sonderzahlung weniger gut verdienender Arbeitnehmer. Dies gilt auch dann, wenn beide Arbeitnehmer die gleiche Sonderzahlung erhalten: Ein Arbeitnehmer, der ein durchschnittliches Tagesentgelt von 100 Euro verdient, verliert bei Anwendung der Regelung je Fehltag bis zu 25 Euro, während ein Arbeitnehmer, der ein durchschnittliches Tagesentgelt von 80 Euro verdient, je Fehltag nur bis zu 20 Euro verliert – unabhängig davon, ob die Sonderzahlung 1 000 Euro oder 5 000 Euro beträgt.

75

Das **durchschnittliche Tagesentgelt** i.S.v. § 4a EFZG errechnet sich aus dem Jahresarbeitsentgelt geteilt durch die Zahl der Arbeitstage. Bei der Feststellung des Jahresentgelts stellt sich die Frage, ob das **erzielbare oder das tatsächliche Jahreseinkommen** maßgeblich sein soll. Auch wenn der Gesetzgeber nicht wie in § 1 Abs. 1 EFZG auf das Lohnausfallprinzip Bezug genommen hat, spricht viel dafür, alle Bestandteile, die zum „Arbeitsentgelt" zählen, mit einzubeziehen und nicht lediglich das tatsächlich gezahlte Arbeitsentgelt.[1] Insbesondere wurde in § 4a Satz 2 EFZG – anders als in Satz 1 – nicht zwischen laufendem Arbeitsentgelt und zusätzlichen Vergütungen unterschieden, sondern einheitlich der Begriff Arbeitsentgelt verwendet. Dies bedeutet, dass auch die Sonderzahlung selbst bei der Berechnung des Jahreseinkommens mitzuzählen ist.

76

Maßgeblich für die Berechnung des durchschnittlichen Tageseinkommens dürften mit *Bauer/Lingemann*[2] nicht das Kalenderjahr, sondern die **letzten 12 Monate** vor dem Monat sein, in dem der Anspruch auf die Sonderzahlung besteht. Nur durch diese Auslegung des Begriffs „Jahresdurchschnitt" können Unsicherheiten bzw. eine sonst erforderliche Prognose bei der Berechnung des durchschnittlichen Tagesentgelts vermieden werden.

77

In einem zweiten Schritt ist das **durchschnittliche Tagesentgelt** zu ermitteln. Hierfür kommt es auf die vertraglich vereinbarte Arbeitszeitdauer an. Beispielsweise bei einer Fünf-Tage-Woche ergäben sich pro Jahr 5 Arbeitstage × 52 Wochen = 260 Arbeitstage. Das Jahreseinkommen ist durch die Anzahl der Arbeitstage zu dividieren. Die Kürzungsgrenze berechnet sich dann nach folgender Formel: ¼ × Jahresentgelt: 260.

78

Für die typische Sonderzahlung in Höhe eines Monatsgehalts bedeutet das je Fehltag eine höchstzulässige Kürzung von ¼ × 13 (12 Monatsgehälter plus Sonderzahlung) : 260 = ¹⁄₈₀ oder ca. 1,25 % der Sonderzahlung je Fehltag. Ein Beispiel für eine einfach formulierte Klausel, die dieser Formel entspricht, gibt **Typ 8a**. Bei Son-

79

---
1 ErfK/*Reinhard*, § 4a EFZG Rz. 13 m.w.N.; *Bauer/Lingemann*, BB Beilage 17/1996, 8 (15).
2 *Bauer/Lingemann*, BB Beilage 17/1996, 8 ff.

derzahlungen, deren Höhe von einem Monatsgehalt abweicht, ist dagegen der etwas komplizierte **Typ 8b** erforderlich.

80 Soll dagegen bis an die genaue Grenze des § 4a EFZG gekürzt werden, so erscheint es sinnvoll, die Grenze und ihre Berechnung in der Zusage über die Sonderzahlung anzugeben. Dann werden z.B. auch Überstunden sowie etwaige Wochenendarbeit entgelt- und arbeitstageerhöhend berücksichtigt. Dies könnte etwa durch folgende Klausel geschehen:

Bei krankheitsbedingten Fehlzeiten innerhalb des Kalenderjahres wird die Sonderzahlung für jeden Fehltag um ¼ des Arbeitsentgelts des Arbeitnehmers, das im Jahresdurchschnitt auf einen Arbeitstag entfällt, gekürzt, es sei denn, der Arbeitgeber ist während dieser Fehlzeiten gesetzlich zur Fortzahlung der Bezüge verpflichtet.

Das durchschnittliche Arbeitsentgelt je Arbeitstag errechnet sich aus der Summe der Vergütung der letzten 12 Gehaltsabrechnungen (abzüglich des dem Arbeitnehmer gezahlten Aufwendungsersatzes, sofern über die Gehaltsabrechnung erstattet) geteilt durch die Zahl der vertraglich vereinbarten Arbeitstage in den vergangenen 12 Monaten.

---

b) Ruhen des Arbeitsverhältnisses

Typ 9: Ruhensklausel

a) Anspruchsberechtigte, deren Arbeitsverhältnis während des Bezugszeitraums teilweise ruht und kein Anspruch auf Entgeltfortzahlung besteht, erhalten eine anteilig gekürzte Sonderzahlung.

b) Ruht das Arbeitsverhältnis während des Bezugszeitraums durch Gesetz oder Vereinbarung und besteht kein Anspruch auf Entgeltfortzahlung, so wird die Jahressonderleistung entsprechend anteilig gekürzt.

---

81 Das Arbeitsverhältnis ruht, wenn die wechselseitigen Hauptleistungspflichten aus dem Arbeitsverhältnis suspendiert sind, d.h. weder Arbeitsleistung noch Vergütung vom jeweils anderen Vertragspartner verlangt werden können, die vertraglichen Nebenpflichten aber fortbestehen.[1] Beispiele sind die Fälle der Einberufung zu einer Eignungs- oder Wehrübung (§§ 1, 10 ArbPlSchG, § 1 EignungsübungsG); die Inanspruchnahme von Elternzeit (§ 16 BEEG);[2] die Vereinbarung unbezahlten Sonderurlaubs etwa zu Ausbildungszwecken[3] oder zur Erfüllung privater Angelegenheiten des Arbeitnehmers (Beerdigung, Hochzeit), vgl. im Einzelnen → *Freistellung des Arbeitnehmers*, II F 10, und die Beteiligung des Arbeitnehmers an einem rechtmäßigen Streik.[4]

---

1 BAG v. 10.5.1989 – 6 AZR 660/07, DB 1989, 2127 f.; v. 7.6.1990 – 6 AZR 52/89, DB 1990, 1971; vgl. auch BAG v. 3.3.1993 – 10 AZR 65/92, n.v.
2 BAG v. 15.4.2008 – 9 AZR 380/07, NZA 2008, 998 Rz. 31; v. 24.5.1995 – 10 AZR 619/94, EzA § 611 BGB Gratifikation, Prämie Nr. 124; v. 15.2.1994 – 3 AZR 708/93, BB 1994, 1638.
3 Vgl. BAG v. 25.1.1994 – 9 AZR 540/91, NZA 1994, 546.
4 BAG v. 13.2.2007 – 9 AZR 374/06, NZA 2007, 573; v. 30.8.1994 – 1 AZR 765/93, BB 1994, 2280 f.

Nach ständiger Rechtsprechung des BAG ist ein Tatbestand des Ruhens **nicht** gegeben a) während der Mutterschutzfristen gemäß § 3 Abs. 2, § 6 Abs. 1 MuSchG[1] und b) während einer durch Krankheit bedingten dauernden oder vorübergehenden Arbeitsunfähigkeit während des Entgeltfortzahlungszeitraums[2] und über diesen hinaus.[3] Diese Zeiten werden von einer Klausel des **Typs 9** daher nicht erfasst. Darüber hinaus hat der EuGH einen Verstoß gegen das Diskriminierungsverbot des Art. 141 EG (jetzt Art. 157 AEUV) angenommen, wenn bei der Gewährung einer Weihnachtsgratifikation Mutterschutzfristen anteilig leistungsmindernd berücksichtigt werden.[4] Eine Ruhensvereinbarung wäre dagegen zulässig, wenn der Arbeitnehmer eine Erwerbsunfähigkeitsrente auf Zeit bezieht.[5]

82

Zu den Kürzungsmöglichkeiten gilt das zu den Kürzungen wegen Fehlzeiten Gesagte. Eine **proportionale Kürzung** von Sonderzahlungen mit reinem Entgeltcharakter für Ruhenszeiträume ist grundsätzlich zulässig.[6] Hier gilt ebenfalls der Grundsatz „Ohne Arbeit kein Lohn". Auch wenn überwiegend eine anteilige Kürzung selbst ohne ausdrückliche Kürzungsabrede für möglich gehalten wird,[7] empfiehlt sich zur Klarstellung eine entsprechende vertragliche Vereinbarung, wie in **Typ 9**. Bei Sonderzahlungen mit Mischcharakter besteht eine Kürzung für Ruhenszeiträume nur dann, wenn dies ausdrücklich vereinbart ist.[8] Die Kürzung einer Sonderzahlung für Zeiten der Elternzeit verstößt nach nunmehr ständiger Rechtsprechung auch nicht gegen das Verbot mittelbarer Diskriminierung gemäß **Art. 141 EG** (jetzt Art. 157 AEUV). Das BAG sieht darin, dass während der Zeit der Elternzeit keine Arbeitsleistung erbracht wird, einen Umstand, der sogar eine geschlechtsspezifische Benachteiligung der Frauen rechtfertige. Der Unterschied zwischen ruhendem und nicht ruhendem Arbeitsverhältnis sei so gewichtig, dass eine unterschiedliche Behandlung nicht nur beim eigentlichen Arbeitsentgelt, sondern auch bei zusätzlichen Leistungen gerechtfertigt sei.[9] Diese Rechtsprechung ist vom EuGH[10] bestätigt worden, der allerdings nur eine proportionale Kürzung für Zeiten der Elternzeit für unbedenklich hält. Allerdings nimmt der EuGH einen Verstoß gegen Art. 141 EG (jetzt Art. 157 AEUV) an, wenn eine Sonderzahlung als Vergütung für im Jahr der Gewährung geleistete Arbeit zu qualifizieren ist und die Arbeitnehmerin noch nicht einmal eine anteilig gekürzte Zahlung erhält, weil ihr Arbeitsverhältnis im Zeitpunkt der Gewährung aufgrund der Elternzeit ruht.

83

---

1 BAG v. 7.9.1989 – 6 AZR 637/88, AP Nr. 129 zu § 611 BGB Gratifikation.
2 BAG v. 7.9.1989 – 6 AZR 637/88, AP Nr. 129 zu § 611 BGB Gratifikation; v. 11.10.1995 – 10 AZR 985/94, EzA § 611 BGB Gratifikation, Prämie Nr. 133.
3 BAG v. 29.9.2013 – 10 AZR 850/12, NZA 2014, 52 Rz. 14.
4 EuGH v. 21.10.1999 – Rs. C 333/97 – *Lewen/Denda*, NZA 1999, 1325 = DB 2000, 223.
5 Näher BAG v. 11.10.1995 – 10 AZR 985/94, EzA § 611 BGB Gratifikation, Prämie Nr. 133.
6 BAG v. 24.10.1990 – 6 AZR 418/89, NZA 1991, 275; v. 24.10.1990 – 6 AZR 156/89, DB 1991, 446.
7 Vgl. nur BAG v. 19.4.1995 – 10 AZR 49/94, NZA 1995, 1098.
8 BAG v. 10.2.1993 – 10 AZR 207/91, NZA 1993, 803; v. 5.8.1992 – 10 AZR 88/90, AP Nr. 143 zu § 611 BGB Gratifikation.
9 BAG v. 24.5.1995 – 10 AZR 619/94, EzA § 611 BGB Gratifikation, Prämie Nr. 124; v. 28.9.1994, EzA § 611 BGB Gratifikation, Prämie Nr. 114 – 10 AZR 697/93; v. 24.11.1993 – 10 AZR 704/92, AP Nr. 158 zu § 611 BGB Gratifikation.
10 EuGH v. 21.10.1999 – Rs. C 337/97 – *Lewen/Denda*, NZA 1999, 1325 = DB 2000, 223.

84 Bei **Sonderzahlungen zur Belohnung von Betriebstreue** ergibt sich aus der Vertragsgestaltung, dass der einzige Grund für die Zahlung das Bestehen des Arbeitsverhältnisses ist. Ein ruhendes Arbeitsverhältnis besteht aber fort, auch wenn die gegenseitigen Hauptleistungspflichten ruhen. Der Arbeitnehmer hat auch dann nach der Rechtsprechung (überraschenderweise) Anspruch auf die volle Sonderzahlung.[1] Eine Kürzungsvereinbarung wäre unzulässig.[2]

c) Anteilige Zahlung im Ein- und Austrittsjahr

Typ 10: Anteilige Zahlung im Ein- und Austrittsjahr

Im Ein- und Austrittsjahr wird die Sonderzahlung anteilig gezahlt.

85 Beginnt oder endet das Arbeitsverhältnis während des Geschäfts- oder Kalenderjahres, stellt sich die Frage, ob und in welcher Höhe der Arbeitnehmer Anspruch auf Zahlung der Sonderzahlung hat. Die Klausel hat bei arbeitsleistungsbezogenen Sonderzahlungen deklaratorischen Charakter. Wird eine Klausel des **Typs 10** vereinbart, zieht die Rechtsprechung zu Recht Rückschlüsse darauf, dass eine arbeitsleistungsbezogene Sonderzahlung vorliegt:[3] Da der Arbeitnehmer seine Arbeitsleistung anteilig erbracht hat, hat er Anspruch auf anteilige Zahlung der Sonderzahlung. Da die Sonderzahlung in diesem Fall Gegenleistung für die Tätigkeit ist, ist ein Ausschluss oder eine überproportionale Kürzung unzulässig für Zeiten, in denen der Arbeitnehmer gearbeitet hat bzw. ein gesetzlicher Anspruch auf Entgeltfortzahlung bestand.

86 Die Klausel hat eine weitere Konsequenz: Das BAG hat für eine tarifvertragliche Vereinbarung gleichen Inhalts wie **Typ 10** angenommen, die Parteien hätten eine mögliche Kürzung der Sonderzahlung durch die Klausel anteiliger Berechnung im Ein- und Austrittsjahr abschließend geregelt.[4] Eine darüber hinausgehende Kürzung für andere Zeiten ohne Arbeitsleistung komme nicht in Betracht, vielmehr hätten die Tarifvertragsparteien, wenn sie dieses Ergebnis gewollt hätten, eine solche ausdrücklich vereinbaren müssen.[5]

87 Sollte die Klausel **Typ 10** bei einer Sonderzahlung mit Mischcharakter (s.o. **Typ 3**) vereinbart werden, stellt die anteilige Berechnung für das **Eintrittsjahr** eine echte Kürzung dar. Soweit aber eine anteilige Berechnung für das **Austrittsjahr** vorgesehen ist, spricht die Klausel dem Arbeitnehmer etwas zu, hat also nicht die Funktion einer Kürzungsklausel, sondern wirkt anspruchsbegründend bzw. -erhaltend, obwohl der Arbeitnehmer eine Voraussetzung – die Betriebstreue – nicht mehr erfüllt. Denn hier ist dem Arbeitnehmer im Falle vorzeitigen Ausscheidens ein Anspruch eigentlich gar nicht entstanden,[6] weil er den Stichtag nicht erreicht, der Vorausset-

---

1 LAG Düsseldorf v. 28.10.1992 – 4 Sa 1075/92, BB 1993, 221.
2 *Hanau/Vossen*, DB 1992, 218.
3 BAG v. 13.11.2013 – 10 AZR 848/12, NZA 2014, 368 Rz. 20; v. 19.4.1995 – 10 AZR 49/94, DB 1995, 2272.
4 BAG v. 16.3.1994 – 10 AZR 669/92, EzA § 611 BGB Gratifikation, Prämie Nr. 111; bestätigt durch BAG v. 25.9.2013 – 10 AZR 850/12, NZA 2014, 52 Rz. 19.
5 BAG v. 16.3.1994 – 10 AZR 669/92, EzA § 611 BGB Gratifikation, Prämie Nr. 111; bestätigt durch BAG v. 25.9.2013 – 10 AZR 850/12, NZA 2014, 52 Rz. 19.
6 *Hanau/Vossen*, DB 1992, 213 unter V 3 a.

zung für die Zahlung der Gratifikation ist. Die Klausel ist vor allem dann sinnvoll, wenn der Anspruch nur bei bestimmten Beendigungsgründen ganz entfallen soll, im Übrigen aber im Austrittsjahr anteilig bestehen soll, vgl. als Beispiel oben **Typ 3**. Eine unangemessene Benachteiligung liegt in die Verwendung der Klausel nicht.

Bei Sonderzahlungen, die **ausschließlich die Betriebstreue belohnen**, entsteht bei Ausscheiden vor einem festgelegten Stichtag grundsätzlich kein Anspruch auf die Sonderzahlung. Dann allerdings sollte eine ausdrückliche Stichtagsklausel (**Typ 6**) verwendet werden anstelle von **Typ 10**. 88

10. Rückzahlungsklauseln

Typ 11: Rückzahlungsklausel

a) Der Arbeitnehmer ist verpflichtet, die Sonderzahlung zurückzuzahlen, wenn das Arbeitsverhältnis aufgrund eigener Kündigung des Arbeitnehmers (ohne dass dieser sich durch ein Verhalten des Arbeitgebers hierzu veranlasst sehen durfte) oder aufgrund außerordentlicher oder verhaltensbedingter Kündigung aus einem von ihm zu vertretenden Grund innerhalb von drei Monaten – bzw. sofern die Sonderzahlung ein Bruttomonatsgehalt übersteigt, innerhalb von sechs Monaten – nach der Auszahlung endet. Die Rückzahlungsverpflichtung gilt entsprechend, wenn das Arbeitsverhältnis innerhalb des genannten Zeitraums durch Aufhebungsvertrag beendet wird und Anlass des Aufhebungsvertrages ein Recht des Arbeitgebers zur außerordentlichen oder verhaltensbedingten Kündigung oder ein Aufhebungsbegehren des Arbeitnehmers (ohne dass dieser sich durch ein Verhalten des Arbeitgebers hierzu veranlasst sehen durfte) ist. Erhält der Arbeitnehmer lediglich einen Betrag bis einschließlich 100 Euro, so kann er diesen in jedem Falle behalten.

b) Die Jahressonderzahlung ist in voller Höhe (in Höhe von ... %) zurückzuzahlen, wenn das Arbeitsverhältnis innerhalb von drei Monaten – bzw. sofern die Sonderzahlung ein Bruttomonatsgehalt übersteigt, innerhalb von sechs Monaten – nach der Auszahlung beendet wird. Die Rückzahlungspflicht tritt nicht ein, wenn das Arbeitsverhältnis durch betriebsbedingte Kündigung oder arbeitgeberseitig veranlassten Aufhebungsvertrag aus betrieblichen Gründen beendet wird. Erhält der Arbeitnehmer lediglich einen Betrag bis einschließlich 100 Euro, so kann er diesen in jedem Falle behalten.

a) Abgrenzung zu Stichtagsklauseln

Rückzahlungsklauseln verfolgen ähnliche Zwecke wie die oben bereits erörterten, über den Bezugszeitraum hinausgehenden Stichtags-/bzw. Bindungsklauseln. Sie dienen ebenfalls dazu, den Arbeitnehmer an den Betrieb zu binden. Im Unterschied zu den Stichtagsklauseln innerhalb eines Bezugszeitraumes (i.d.R. das Kalenderjahr) soll eine Bindung über den Bezugszeitraum hinaus bewirkt werden. Erreicht wird dies dadurch, dass der Arbeitnehmer verpflichtet wird, die erhaltene Sonderzahlung zurückzuzahlen, wenn sein Arbeitsverhältnis innerhalb eines bestimmten Zeitraumes nach Ende des Bezugszeitraumes endet. 89

90 Ein gewisser Bindungseffekt nach Ende des Bezugszeitraums kann auch **Stichtags- oder Ausschlussklauseln** anhaften, wenn sie vorsehen, dass die Sonderzahlung nur gewährt wird, wenn das Arbeitsverhältnis am letzten Tag des Bezugszeitraumes besteht (sog. Bestehensklausel; hierzu Rz. 38). Hierbei ist die Bindung nach der neuen Rechtsprechung des 10. Senats nicht nur problematisch, wenn als Stichtag in einer Ausschlussklausel ein Termin nach Ablauf des Bezugszeitraumes gesetzt wird.[1] Vielmehr kann auch der früher verbreitet verwendete Stichtag zum 31.12. des Bezugsjahres nicht ohne Weiteres wirksam in AGB festgelegt werden. Maßgeblich für die Wirksamkeit der Stichtagsklausel ist in allen Fällen vielmehr, ob die Sonderzahlung auch nur zu einem Teil Entgeltbezug aufweist. Ist dies der Fall, nimmt die Rechtsprechung neuerdings an, dass eine Bindung über eine Stichtagsklausel wegen des Entzugs von bereits verdientem Arbeitsentgelt regelmäßig nicht möglich und die Stichtagsklausel nach § 307 Abs. 1 Satz 1 BGB unwirksam ist.[2] (genauer Rz. 43) Für die Konstellation des außerhalb des Bezugszeitraums liegenden Stichtags entsteht für den Arbeitnehmer ein ähnlicher Bindungsdruck wie bei den Rückzahlungsklauseln. Beispiel: Eine Sondervergütung für ein gutes Betriebsergebnis im Geschäftsjahr, welches von September bis September läuft, soll nur an die Arbeitnehmer ausbezahlt werden, die noch im Dezember nach Ablauf des Geschäftsjahres zum Betrieb gehören. Nach dem Ende des Geschäftsjahres entsteht für die Arbeitnehmer ein gewisser Druck, noch bis zur Auszahlung der Prämie mit einer eventuellen Kündigung zu warten. Der Unterschied solcher Fallkonstellationen zu Rückzahlungsvereinbarungen liegt im Zeitpunkt der **Auszahlung** der Sonderzahlung. Eine Bindung *nach* Empfang der Sonderzahlung (mit der Folge, dass bei zu frühem Ausscheiden bzw. zu früher Kündigung die Sonderzahlung zurückzuerstatten ist) ist etwas anderes als eine Bindung *vor* der Auszahlung (mit der Folge, dass am Auszahlungstag endgültig darüber entschieden wird, ob der Arbeitnehmer die Sonderzahlung erhält).[3] Die Bindung nach Auszahlung (= Rückzahlungsklausel) ist für den Arbeitnehmer wirtschaftlich gefährlicher, weil er in Versuchung ist, zusätzliche Aufwendungen zu machen, bevor feststeht, dass er das erhaltene Geld behalten darf.[4] Außerdem ist der Gedanke des Vertrauensschutzes zu berücksichtigen.[5] Entscheidend ist aber, ob die zusätzliche Bindung gerechtfertigt ist. Das hängt auch entscheidend davon ab, welche Art der Sonderzahlung betroffen ist. Wird etwa eine Bonuszahlung gewährt, die an ein bestimmtes Geschäftsjahr gebunden ist und die dort erreichte Leistung vergütet, könnte eine zusätzliche Bindungsklausel unwirksam sein. Das zeigt die jüngere Rechtsprechung deutlich (s. hierzu bereits Rz. 39 ff.).[6] Aus diesem Grunde empfiehlt es sich, Bindungs- und Rückzahlungsklauseln ausschließlich bei Sonderzahlungen, insbesondere Gratifikationen, zu verwenden, die nicht über ein bzw. zwei Bruttomonatsgehälter hinausgehen.

---

1 Zu diesem Problemkreis grundsätzlich *Lipke/Dreher*, HzA Gruppe 3, Rz. 171; BAG v. 21.2.1974 – 5 AZR 302/73, AP Nr. 81 zu § 611 BGB Gratifikation m. Anm. *Buchner*.
2 BAG v. 13.11.2013 – 10 AZR 848/12, NZA 2014, 368 Rz. 28.
3 So ausdrücklich LAG Köln v. 14.5.1993 – 14 Sa 119/93, LAGE § 611 BGB Gratifikation Nr. 19.
4 Vgl. *Henssler*, Anm. zu BAG v. 25.4.1991 – 6 AZR 532/89 sowie 6 AZR 183/90, EzA § 611 BGB Gratifikation, Prämie Nr. 84, 85.
5 LAG Köln v. 14.5.1993 – 14 Sa 119/93, LAGE § 611 BGB Gratifikation Nr. 19.
6 BAG v. 24.10.2007 – 10 AZR 825/06, AP Nr. 32 zu § 307 BGB.

b) Auslegung

Rückzahlungsklauseln stellen im Allgemeinen keine großen **Auslegungsprobleme**, da sie meistens genau bestimmen, in welchen Fristen die Sonderzahlungen nicht „kündigungsfest" sein sollen. Daher finden sich in der Praxis auch kaum Formulierungsunterschiede. Eine Rückzahlungsverpflichtung muss ausdrücklich vereinbart sein, sie ergibt sich nicht schon aus dem Wesen der Sonderleistung.[1] Zu verlangen ist, dass die Vereinbarung klar und deutlich vorsieht, bis zu welchem Zeitpunkt eine Beendigung des Arbeitsverhältnisses die Rückzahlungspflicht auslöst.[2] Eine Klausel in einem Arbeitsvertrag, die lediglich allgemein auf die Möglichkeit eines Rückzahlungsverlangens hinweist,

↻ **Nicht geeignet:**
   Freiwillige Mehrzulagen, z.B. Zulagen, Weihnachtsgeld etc., können zurückgefordert werden.[3]

ist so unbestimmt, dass sie einer ergänzenden Vertragsauslegung nicht mehr zugänglich ist und deshalb nicht festgestellt werden kann, unter welchen Voraussetzungen der Arbeitnehmer die Sonderzahlung zurückzuzahlen hat. Diese Klausel ist daher unwirksam.[4]

c) Zulässigkeit

aa) Sonderzahlungen mit reinem Entgeltcharakter

Sonderzahlungen mit reinem Entgeltcharakter sind arbeitsleistungsbezogene Sonderleistungen, die ihrer Natur nach zusätzliches Entgelt für bereits erbrachte Arbeit sind und dessen Fälligkeit und Auszahlung lediglich aufgeschoben wurde.[5] Diesem Entgeltzweck würde eine **Rückzahlungsverpflichtung zuwiderlaufen**, die dem Arbeitnehmer unter bestimmten Bedingungen schon verdientes Entgelt wieder nehmen würde.[6] Nach bisheriger Ansicht konnte sich gerade durch die Verwendung einer Rückzahlungsklausel die Auslegung der gesamten Vereinbarung dahin ändern, der Sonderzuwendung gerade nicht reinen Entgeltcharakter beizumessen. Dies galt umso mehr, als dass die Rechtsprechung die Bezeichnung der Sonderleistung nur als Indiz für die Einordnung gelten ließ.[7] Angesichts der in der aktuellen Rechtsprechung erkennbaren Tendenzen und insbesondere des Transparenzgebots sollte der Zweck der Sonderzahlung vertraglich klar geregelt sein.

---

1 BAG v. 14.6.1995 – 10 AZR 25/94, EzA § 611 BGB Gratifikation, Prämie Nr. 127; v. 26.6.1975 – 5 AZR 412/74, AP Nr. 86 zu § 611 BGB Gratifikation; v. 8.11.1978 – 5 AZR 358/77, AP Nr. 100 zu § 611 BGB Gratifikation.
2 BAG v. 14.6.1995 – 10 AZR 25/94, EzA § 611 BGB Gratifikation, Prämie Nr. 127.
3 Nach BAG v. 14.6.1995 – 10 AZR 25/94, EzA § 611 BGB Gratifikation, Prämie Nr. 127.
4 BAG v. 14.6.1995 – 10 AZR 25/94, EzA § 611 BGB Gratifikation, Prämie Nr. 127; ähnlich LAG Köln v. 25.11.1992 – 2 (13) Sa 707/92, LAGE § 611 BGB Gratifikation Nr. 17 zu einem Freiwilligkeitsvorbehalt; a.A. LAG Nürnberg v. 10.8.1993 – 2 (4) Sa 554/91, LAGE § 611 BGB Gratifikation Nr. 21.
5 Dazu *Hanau/Vossen*, DB 1992, 213.
6 BAG v. 13.9.1974 – 5 AZR 48/74, AP Nr. 84 zu § 611 BGB Gratifikation; in diese Richtung auch BAG v. 28.3.2007 – 10 AZR 261/06, AP Nr. 265 zu § 611 BGB Gratifikation.
7 Vgl. BAG v. 8.11.1978 – 5 AZR 358/77, EzA § 611 BGB Gratifikation, Prämie Nr. 60.

bb) Sonderzahlungen zur Belohnung von Betriebstreue

93 Mit dem Rechtscharakter von **Sonderzahlungen zur Belohnung von Betriebstreue** ist der mit den Rückzahlungsklauseln verfolgte Zweck, den Arbeitnehmer an den Betrieb zu binden, ohne Weiteres vereinbar.

cc) Sonderzahlungen mit Mischcharakter

94 Nach bisheriger Rechtsprechung waren Rückzahlungsklauseln auch bei **Sonderzahlungen mit Mischcharakter (Typ 3)** zulässig, es wurde gerade als Zweck derartiger Sonderzahlungen angesehen, nicht nur die erbrachte Arbeitsleistung, sondern (auch) die vom Arbeitnehmer erbrachte Betriebstreue bzw. den Fortbestand des Arbeitsverhältnisses zu vergüten.[1] Die Gewichtung der beiden Zwecke wurde dabei den Parteien überlassen,[2] so dass die Vergütung der Betriebstreue auch durch eine Rückzahlungsklausel betont werden durfte. Diese Rechtsprechung kann bereits angesichts der Rechtsprechungsänderung für Stichtagsklauseln außerhalb des Bezugszeitraums – die in ihrer Wirkung den Rückzahlungsklauseln sehr ähnlich sind – nicht aufrechterhalten werden.[3] Zur Synchronisation mit geschilderter Rechtsprechungslinie muss wie bei Sonderzahlungen mit reinem Entgeltcharakter auch für Sonderzahlungen mit Mischcharakter von der Unzulässigkeit von Rückzahlungsklauseln ausgegangen werden. In beiden Fällen ist der tragende Gesichtspunkt das vom Arbeitnehmer durch erbrachte Arbeitsleistung bereits verdiente Arbeitsentgelt, welches durch die Rückzahlungsklausel nachträglich wieder entzogen würde. Sachgerechter erscheint es dagegen in Zukunft, konsequent auch die Rückzahlung – in Gleichbehandlung zu Stichtagsklauseln – nur für Sonderzahlungen zuzulassen, die ausschließlich die Betriebstreue honorieren. Die weitere Entwicklung der Rechtsprechung bleibt in diesem Bereich jedoch abzuwarten.

d) Zulässige Bindungsfrist

95 Das BAG hat in einer berühmten Rechtsprechung[4] vergleichsweise enge und eindeutige **Grenzen** für Rückzahlungsklauseln aufgestellt. Die damit einhergehende Beschränkung der vertraglichen Gestaltungsfreiheit hat das BAG damit begründet, dass durch lange Bindungsfristen in die Kündigungsfreiheit des Arbeitnehmers eingegriffen würde. Diesem Eingriff seien aber durch das Grundrecht auf freie Arbeitsplatzwahl (Art. 12 Abs. 1 Satz 1 GG),[5] durch das Verbot ungleicher Kündigungsfris-

---

1 BAG v. 18.1.1978 – 5 AZR 56/77, AP Nr. 93 zu § 611 BGB Gratifikation = EzA § 611 BGB Gratifikation, Prämie Nr. 53; v. 24.10.1990 – 6 AZR 156/89, EzA § 611 BGB Gratifikation, Prämie Nr. 81; v. 13.6.1991 – 6 AZR 421/89, EzA § 611 BGB Gratifikation, Prämie Nr. 86; *Hanau/Vossen*, DB 1992, 213; *Reiserer*, NZA 1992, 440.
2 BAG v. 18.1.1978 – 5 AZR 56/77, EzA § 611 BGB Gratifikation, Prämie Nr. 53; v. 24.10. 1990 – 6 AZR 341/89, EzA § 611 BGB Gratifikation, Prämie Nr. 80.
3 Vgl. Schaub/*Linck*, § 78 Rz. 62.
4 BAG v. 10.5.1962 – 5 AZR 452/61 sowie 5 AZR 353/61, AP Nr. 22, 23 zu § 611 BGB Gratifikation m. Anm. *Nikisch*.
5 BAG v. 10.5.1962 – 5 AZR 452/61 sowie 5 AZR 353/61, AP Nr. 22, 23 zu § 611 BGB Gratifikation.

ten (§ 622 Abs. 6 BGB)[1] sowie die arbeitsvertragliche Fürsorgepflicht[2] Grenzen gesetzt, die zu einer Begrenzung der Frist führten, innerhalb welcher dem Arbeitnehmer zulässigerweise eine Rückzahlungspflicht auferlegt werden dürfe.[3] Heute sind die gleichen Erwägungen unter dem entscheidenden Obersatz der „unangemessenen Benachteiligung" nach § 307 BGB anzuwenden. Um die detaillierte Rechtsprechung anwenden zu können, müssen zwei Gesichtspunkte auseinander gehalten werden: die zulässige Bindungsfrist, die von dem Verhältnis der Höhe der empfangenen Leistung zum Gehalt des Arbeitnehmers abhängt, und der Zeitpunkt, ab dem die Bindung beginnt.

aa) Höchstdauer

Die zulässigen Höchstfristen für die Bindungsdauer folgen der Höhe der Zahlung und gelten nicht nur für jährliche Leistungen, sondern kommen auch zur Anwendung, wenn bspw. eine einmalige Prämie für zehnjährige Betriebstreue ausbezahlt wird und mit einer Rückzahlungsverpflichtung verbunden ist.[4]

96

Sonderzahlungen bis zu einem Betrag von **100 Euro** unterliegen überhaupt keiner Rückzahlungspflicht.[5] Zur Begründung heißt es, bei einem derart geringen Betrag sei dem Arbeitnehmer nicht zuzumuten, bei Kündigungsentscheidungen auf diesen noch Rücksicht zu nehmen, zumal er sehr schnell verbraucht sei.[6] Dieser Betrag verbleibt aber nicht als Sockelbetrag beim Arbeitnehmer, wenn die Sonderzahlung höher ist.[7] Vielmehr gelten dann die folgenden Regeln:

97

Liegt die Höhe des empfangenen Betrages **zwischen 100 Euro und einem Monatsgehalt**, so beträgt die zulässige Bindungsfrist drei Monate. Der Arbeitnehmer kann schon während dieser Zeit die Kündigung in der Form aussprechen, dass er mit Ablauf des letzten Tages der Bindungsfrist ausscheidet, ohne die Sonderzuwendung zurückzahlen zu müssen.[8] Das bedeutet z.B., dass ein Arbeitnehmer, der eine Weihnachtsgratifikation in Höhe eines halben Monatsgehalts erhalten hat, bis zum 31.3. des Folgejahres im Betrieb verbleiben muss. Scheidet er mit Ablauf des 30.3. aus dem Betrieb aus, so muss er die Gratifikation in voller Höhe zurückzahlen, nicht jedoch, wenn er erst mit Ablauf des 31.3. oder später ausscheidet.[9] Auf den Zeitpunkt des Ausspruchs der Kündigung kommt es nicht an.

98

---

1 BAG v. 31.5.1960 – 5 AZR 505/58, AP Nr. 15 zu § 611 BGB Gratifikation, damals noch zu §§ 67 Abs. 1 HGB, 122 GewO.
2 BAG v. 8.12.1960 – 5 AZR 535/59, AP Nr. 20 zu § 611 BGB Gratifikation; v. 10.5.1962 – 5 AZR 452/61 sowie 5 AZR 353/61, AP Nr. 22, 23 zu § 611 BGB Gratifikation.
3 Ausführlich zu den einzelnen Begründungsansätzen *Blomeyer/Buchner*, S. 11 ff.; zur Kritik an der Begründung vgl. auch *Preis*, Vertragsgestaltung, S. 498 ff.; *Lipke/Vogt/Steinmeyer*, Rz. 174; *Schwerdtner*, Anm. zu AP Nr. 86 zu § 611 BGB Gratifikation.
4 LAG Köln v. 14.5.1993 – 14 Sa 119/93, LAGE § 611 BGB Gratifikation, Prämie Nr. 19.
5 BAG v. 25.4.2007 – 10 AZR 634/06, NZA 2007, 875; v. 21.5.2003 – 10 AZR 390/02, NZA 2003, 1032; v. 17.3.1982 – 5 AZR 1185/79, DB 1982, 1881; v. 17.3.1982 – 5 AZR 1250/79, EzA § 611 BGB Gratifikation, Prämie Nr. 71.
6 BAG v. 10.5.1962 – 5 AZR 452/61, AP Nr. 22 zu § 611 BGB Gratifikation (damals lag der Festbetrag noch bei 100 DM).
7 BAG v. 11.6.1964 – 5 AZR 472/63, AP Nr. 36 zu § 611 BGB Gratifikation.
8 BAG v. 9.6.1993 – 10 AZR 529/92, EzA § 611 BGB Gratifikation, Prämie Nr. 103 m.w.N.
9 LAG Düsseldorf v. 28.1.1998 – 17 Sa 1715/97, LAGE § 611 BGB Gratifikation Nr. 40; a.A. LAG Düsseldorf v. 25.3.1997 – 16 Sa 1724/96, NZA-RR 1997, 457.

99 Entspricht der Betrag ungefähr **einem Monatsgehalt**, so ist die zulässige Bindungsfrist ebenfalls drei Monate. Hier gilt aber die Besonderheit, dass für Arbeitnehmer, die innerhalb dieses Zeitraumes nur eine Kündigungsmöglichkeit haben, eine Frist bis zum darauf folgenden Kündigungstermin vereinbart werden kann.[1] Diese müssen also die erste Kündigungsmöglichkeit auslassen, wenn sie die Gratifikation behalten wollen und können daher unter Umständen länger als drei Monate gebunden sein.

100 Arbeitnehmer mit mehreren Kündigungsmöglichkeiten können die Kündigung zwar schon vor Ablauf der drei Monate aussprechen, jedoch mit der Maßgabe, dass diese erst nach dem letzten Tag der Drei-Monats-Frist wirksam werden darf.[2] Das unterscheidet sich nur unwesentlich von der Regelung, die für Arbeitnehmer gilt, die Leistungen zwischen 100 Euro und einem Monatsgehalt erhalten.

101 Bei einem Betrag **zwischen einem und zwei Monatsgehältern** liegt die noch zulässige Bindungsfrist bei sechs Monaten wieder mit der Maßgabe, dass Arbeitnehmer mit nur einer Kündigungsmöglichkeit zum Ende des Bindungszeitraumes diese auslassen müssen.[3]

102 Entspricht der Betrag **zwei Monatsgehältern** und mehr, so soll nach überkommener Rechtsprechung auch eine Bindung von mehr als sechs Monaten möglich; im konkreten Fall hat das BAG eine Klausel zugelassen, die eine abgestufte Rückzahlungspflicht bis zum Ende des neunten Monats nach der Auszahlung vorsah.[4] Bei derart langen Bindungsfristen rückt zum Ende des Bindungszeitraumes schon wieder die nächste Sonderzahlung in greifbare Nähe. Es ist in Ansehung der jüngeren Rechtsprechung zweifelhaft, ob dies weiter Gültigkeit hat (s. Rz. 50 ff.).[5] Denn der Arbeitnehmer soll einen Mindestzeitraum im Jahr haben, in dem er unbehelligt von Rückzahlungspflichten kündigen darf.[6] Ein ähnliches Problem stellt sich, wenn durch mehrere Sonderzahlungen im Jahr mit jeweils daran anschließender Bindungsfrist letztendlich eine „Bindungswirkung ohne Ende" erreicht wird, da der Arbeitnehmer dann zu keinem Zeitpunkt im Kalenderjahr kündigen kann, ohne sich einer Rückzahlungsverpflichtung ausgesetzt zu sehen.[7] Das BAG sieht eine unzulässige Kündigungsbeschränkung durch mehrfache Zahlung mit Rückzahlungsfrist aber dann als nicht gegeben an, wenn die Summe der Bindungsfristen im Jahr insgesamt den Zeitraum nicht wesentlich übersteigt, der bei einmaliger Auszahlung des Gesamtbetrages vereinbart werden könnte.[8] Werden also ein Urlaubs- und ein Weih-

---

1 BAG v. 10.5.1962 – 5 AZR 452/61 sowie 5 AZR 353/61, AP Nr. 22, 23 zu § 611 BGB Gratifikation m. Anm. *Nikisch*; vgl. auch BAG v. 28.4.2004 – 10 AZR 356/03, NZA 2004, 924.
2 BAG v. 10.5.1962 – 5 AZR 452/61 sowie 5 AZR 353/61, AP Nr. 22, 23 zu § 611 BGB Gratifikation m. Anm. *Nikisch*.
3 BAG v. 27.10.1978 – 5 AZR 754/77, EzA § 611 BGB Gratifikation, Prämie Nr. 61 = AP Nr. 99 zu § 611 BGB Gratifikation; vgl. auch BAG v. 12.12.1962 – 5 AZR 324/62, AP Nr. 25 zu § 611 BGB Gratifikation; LAG Köln v. 14.5.1993 – 14 Sa 119/93, LAGE § 611 BGB Gratifikation Nr. 19.
4 BAG v. 13.11.1969 – 5 AZR 232/69, AP Nr. 69 zu § 611 BGB Gratifikation.
5 BAG v. 24.10.2007 – 10 AZR 825/06, AP Nr. 32 zu § 307 BGB.
6 BAG v. 13.11.1969 – 5 AZR 232/69, AP Nr. 69 zu § 611 BGB Gratifikation.
7 Vgl. BAG v. 15.3.1973 – 5 AZR 525/72, AP Nr. 78 zu § 611 BGB m. Anm. *Reuter*; *Wiedemann*, Anm. zu BAG v. 22.2.1968, AP Nr. 64 zu § 611 BGB Gratifikation; *Lipke*, HzA, Gruppe 3, Rz. 303.
8 BAG v. 15.3.1973 – 5 AZR 525/72, AP Nr. 78 zu § 611 BGB Gratifikation.

nachtsgeld jeweils in Höhe eines Monatsgehalts gezahlt, so können beide Zahlungen mit einer dreimonatigen Rückzahlungsfrist belegt werden.

bb) Berechnung des maßgeblichen Gehalts

Verglichen wird die tatsächlich gezahlte Sonderzahlung mit dem **Monatsgehalt im Auszahlungsmonat**.[1] Einen Bezug auf das Durchschnittsgehalt im Bezugszeitraum hat das BAG abgelehnt. Wird eine Sonderzahlung in mehreren Teilbeträgen ausbezahlt, so ist deren Summe für die Bindungsdauer jedenfalls dann maßgeblich, wenn ein enger zeitlicher und sachlicher Zusammenhang zwischen den einzelnen Zahlungen zu bejahen ist.[2] Ein solcher Zusammenhang liegt aber nicht vor, wenn eine Weihnachtsgratifikation am Ende des Jahres und Urlaubsgeld in der Mitte des Jahres ausbezahlt werden.[3] Erhält ein Arbeitnehmer nur eine anteilige Sondervergütung, etwa weil er im Bezugszeitraum nur zeitweise gearbeitet hat, so ist diese anteilige Leistung für die Bindungsfrist maßgeblich.[4] Beruht die Sonderzahlung nur teilweise auf einer einzelvertraglichen Regelung (z.B. ist eine Hälfte der Sonderzahlung tariflich abgesichert), so ist auch nur dieser Teilbetrag für die Berechnung der Bindungsfrist heranzuziehen, wenn nicht auch der andere Teil einer Rückzahlungsverpflichtung unterliegt.[5]

103

cc) Lauf der Bindungsfrist

Die Bindungsfrist beginnt grundsätzlich mit der **tatsächlichen Auszahlung** der Gratifikation.[6] Dieser Termin ist insbesondere dann maßgebend, wenn der Verdacht besteht, der Arbeitgeber versuche, die Bindungsfristen zu umgehen. Beispiel: Der Arbeitgeber zahlt Anfang 1996 einen „Vorschuss" auf die Weihnachtsgratifikation, die erst im Dezember 1996 fällig wird. Würde man hier eine Rückzahlungsklausel bis zum 31.3.1997 zulassen, so entstünde faktisch eine über einjährige Bindung des Arbeitnehmers.

104

Daneben spielt der Ablauf des **Bezugszeitraumes** eine gewisse Rolle. Liegt der Auszahlungstag zu weit nach dem Ende des Bezugszeitraumes (Beispiel: Geschäftsjahr oder Kalenderjahr), so soll – ausnahmsweise – das Ende des Bezugszeitraumes, also etwa das Ende des Kalender- oder des Geschäftsjahres, maßgebend für den Beginn

105

---

1 BAG v. 28.1.1981 – 5 AZR 846/78, EzA § 611 BGB Gratifikation, Prämie Nr. 69; v. 20.3. 1974 – 5 AZR 323/73, EzA § 611 BGB Gratifikation, Prämie Nr. 41; v. 25.6.1970 – 5 AZR 464/69, EzA § 611 BGB Gratifikation, Prämie Nr. 28; *Knevels/Wagner*, S. 64; *Lipke*, HzA Gruppe 3, S. 54, Rz. 290.
2 BAG v. 13.11.1969 – 5 AZR 232/69, AP Nr. 69 zu § 611 BGB Gratifikation; *Knevels/Wagner*, S. 64.
3 BAG v. 15.3.1973 – 5 AZR 525/72, AP Nr. 78 zu § 611 BGB Gratifikation m. Anm. *Reuter*; BAG v. 21.5.2003 – 10 AZR 390/02, DB 2004, 82.
4 BAG v. 25.6.1970 – 5 AZR 464/69, AP Nr. 70 zu § 611 BGB Gratifikation; LAG Hamm v. 14.8.1998 – 10 Sa 153/98, AP Nr. 208 zu § 611 BGB Gratifikation.
5 LAG Düsseldorf v. 15.2.1990 – 5 Sa 1163/89, n.v.; v. 10.8.1973 – 13 Sa 167/73, BB 1973, 1357.
6 BAG v. 22.2.1968 – 5 AZR 221/67, EzA § 611 BGB Gratifikation, Prämie Nr. 20; v. 21.2. 1974 – 5 AZR 302/73, EzA § 611 BGB Gratifikation, Prämie Nr. 39; v. 28.1.1981 – 5 AZR 846/78, EzA § 611 BGB Gratifikation, Prämie Nr. 69; v. 21.5.2003 – 10 AZR 390/02, NZA 2003, 1032.

der Bindungsdauer sein.[1] Gleiches gilt, wenn die Auszahlung im Interesse der Arbeitnehmer oder wegen des besonderen Zwecks der Zuwendung noch innerhalb des Bezugszeitraumes erfolgt. Das dürfte auch der Grund sein, warum die Bindungsfrist ohne ausdrückliche anderweitige Regelung nach bisheriger Rechtsprechung bei Weihnachtsgratifikationen erst mit Ende des Kalenderjahres beginnt, auch wenn die Sonderzahlung schon mit dem Novembergehalt, d.h. im Dezember oder Ende November gezahlt wird.[2] Bei Urlaubsgratifikationen gilt der 1.7. eines Kalenderjahres als Beginn der Bindungsfrist, auch wenn die Auszahlung bereits Ende Mai erfolgte. Das BAG scheint in diesem Zusammenhang von einem Bezugszeitraum „Juli bis Juli nächsten Jahres" auszugehen.[3]

106 Besteht ein sachlicher Grund für die **Verschiebung des Auszahlungstermins** über den Ablauf des Bezugsjahres hinaus (Beispiel: Die Sonderzahlung zum Abschluss des Geschäftsjahres ist abhängig vom Geschäftsergebnis und muss erst noch ausgerechnet werden), so beginnt die Bindungsfrist (erst) mit dem Auszahlungsdatum zu laufen. Das BAG hat einen solchen Fall noch bejaht, als das Ende des Bezugsjahres und die Auszahlung sechs Monate auseinander lagen.[4] Wird der Auszahlungstermin hingegen sehr weit über das Ende des Bezugszeitraumes hinausgeschoben, so soll die Bindungsfrist bereits am Ende des Bezugszeitraums in Lauf gesetzt sein. Das hat das BAG bei 1 ½ Jahren angenommen.[5] Diese Rechtsprechung ist unter Geltung des AGB-Rechts mit Zurückhaltung verwendbar. Der Stichtag für den Beginn der Rückzahlungsfrist muss aus der Vertragsklausel zweifelsfrei entnommen werden können.

e) Die Rückzahlung auslösende Beendigungstatbestände

107 Für welche Beendigungstatbestände die Rückzahlungsklausel gelten soll, richtet sich zunächst nach der Klausel selbst. Hat die Klausel jedoch eine Formulierung, die alle Beendigungstatbestände einschließlich der betriebsbedingten Arbeitgeberkündigung sowie der einverständlichen Aufhebungsverträge erfasst, stellt sich die Frage, ob dies mit den mit der Klausel verfolgten Bindungszwecken vereinbar ist.

108 Da die Rückzahlungsklausel ein zulässiges Mittel ist, den Arbeitnehmer **an den Betrieb zu binden**, ist sie grundsätzlich für alle die Fälle wirksam zu vereinbaren, in denen die Beendigung **vom Arbeitnehmer veranlasst** ist, ohne dass dies vom Arbeitgeber zu vertreten ist. Auch die Arbeitgeberkündigungen dürfen erfasst werden, für die der Arbeitnehmer durch sein Verhalten oder in seiner Person liegende Gründe verantwortlich ist. Aus Klarstellungsgründen muss dies jedoch in der Rückzahlungsklausel geregelt werden (Typ 11).

---

1 BAG v. 12.10.1972 – 5 AZR 227/72, AP Nr. 77 zu § 611 BGB, Gratifikation; vgl. auch BAG v. 21.2.1974 – 5 AZR 302/73, AP Nr. 81 zu § 611 BGB, Gratifikation; v. 27.10.1978 – 5 AZR 754/77, AP Nr. 99 zu § 611 BGB Gratifikation.
2 Vgl. BAG v. 15.3.1973 – 5 AZR 525/72, AP Nr. 78 zu § 611 BGB Gratifikation; v. 10.5.1962 – 5 AZR 452/61, AP Nr. 22 zu § 611 BGB Gratifikation.
3 BAG v. 15.3.1973 – 5 AZR 525/72, AP Nr. 78 zu § 611 BGB Gratifikation.
4 BAG v. 21.2.1974 – 5 AZR 302/73, AP Nr. 81 zu § 611 BGB Gratifikation m. Anm. *Buchner*.
5 BAG v. 27.10.1978 – 5 AZR 754/77, EzA § 611 BGB Gratifikation, Prämie Nr. 61.

Problematisch und noch nicht abschließend geklärt ist der Fall der **betriebsbeding-** 109
ten Arbeitgeberkündigung. Hier hatte das BAG früher in ständiger Rechtsprechung
entschieden, die betriebsbedingte Kündigung des Arbeitgebers berühre nicht den
Anspruch des Arbeitnehmers auf die Sonderleistung.[1] Im Jahre 1991 entschied es
für eine Stichtagsklausel, die durch ihre Formulierung eine Bindungswirkung
über den Bezugszeitraum hinaus bewirkte, dass auch eine betriebsbedingte Kündigung den Anspruch auf die Sonderzuwendung entfallen lässt.[2] Da das BAG ausdrücklich seine frühere Rechtsprechung aufgab, wurde in der Literatur angenommen, auch eine Rückzahlungsklausel könne den Fall der betriebsbedingten Kündigung erfassen.[3] Im Jahre 2012 entschied das BAG dann für eine Sonderzahlung zur
Honorierung der Betriebstreue, dass eine (grundsätzlich auch nach hiesiger Ansicht
mögliche) Stichtagsklausel den Arbeitnehmer auch dann nicht unangemessen benachteilige, wenn die Beendigung nicht auf Gründen beruhe, die in der Sphäre
des Arbeitnehmers liegen.[4] Dem ist jedoch zu widersprechen. Mit der in der Tendenz richtigen Entscheidung des BAG vom 24.10.2007[5] (hierzu näher Rz. 50) ist
vielmehr davon auszugehen, dass Bindungs- und Rückzahlungsklauseln nicht an
den Fall der betriebsbedingten Kündigung gebunden werden können. Denn der Arbeitnehmer hat die Betriebstreue erbracht. Es ist widersprüchlich und unangemessen benachteiligend, wenn der Arbeitgeber aufgrund betriebsbedingter Kündigung
die Auszahlung verweigern bzw. die Rückzahlung einer Sonderzahlung verlangen
kann (s. Rz. 48). Im Übrigen ist die Herausnahme der betriebsbedingten Arbeitgeberkündigung (als aus der Sphäre des Arbeitgebers stammender Beendigungstatbestand) bei Rückzahlungsklauseln für Sonderzahlungen auch zur Herstellung eines Gleichlaufs mit Entscheidungen des BAG und des BGH, die die Rückzahlung
von Aus- und Fortbildungskosten betreffen, angezeigt.[6] Sachgerechter erscheint
es daher, nur die arbeitnehmerseitig zu verantwortende Beendigung als Auslöser
für die Rückzahlungspflicht zuzulassen. Hiermit ist der Rechtsprechung einiger
Landesarbeitsgerichte in dieser Frage zuzustimmen.[7]

f) Rechtsfolgen unzulässiger Rückzahlungsklauseln

Werden die soeben beschriebenen Grenzen der Rückzahlungsklauseln überschritten, insbesondere zu lange Rückzahlungsfristen vereinbart, so führt die Unzulässigkeit nicht etwa zur Unwirksamkeit der gesamten Gratifikationszusage. § 139 BGB
ist insoweit nicht anwendbar, da die Vollnichtigkeit der Gratifikationszusage den
Arbeitnehmer im Ergebnis noch schlechter stellen würde als die unzulässige Rückzahlungsregelung. 110

---

1 BAG v. 13.9.1974 – 5 AZR 48/74, AP Nr. 84 zu § 611 BGB Gratifikation; v. 26.6.1975 – 5 AZR 412/74, AP Nr. 86 zu § 611 BGB Gratifikation m. Anm. *Schwerdtner*.
2 BAG v. 25.4.1991 – 6 AZR 183/90, EzA § 611 BGB Gratifikation, Prämie Nr. 85.
3 *Knevels/Wagner*, S. 63; *Lipke*, HzA Gruppe 3, Rz. 285; *Henssler*, Anm. zu BAG v. 25.4. 1991, EzA § 611 BGB Gratifikation, Prämie Nr. 85; *Reiserer*, NZA 1992, 436.
4 BAG v. 18.1.2012 – 10 AZR 667/10, NZA 2012, 620 Rz. 25.
5 BAG v. 24.10.2007 –10 AZR 825/06, NZA 2008, 40 Rz. 28.
6 Vgl. BAG v. 28.5.2013 – 3 AZR 103/12, NZA 2013, 1419 Rz. 18; v. 13.12.2011 – 3 AZR 791/09, NZA 2012, 738 Rz. 25; BGH v. 17.9.2009 – III ZR 207/08, NZA 2010, 37 Rz. 19.
7 LAG Düsseldorf v. 19.7.2011 – 16 Sa 607/11, NZA-RR 2011, 630; LAG München v. 26.5. 2009 – 6 Sa 1135/08, AE 2009, 186; LAG Hamm v. 5.2 200 – 8 Sa 1665/08 – LAGE BGB § 611 Gratifikation Nr. 14; a.A.: LAG Hamburg v. 6.3.2013 – 3 Sa 73/12, n.v.

111 Das BAG fand vor der Schuldrechtsmodernisierung freilich eine andere Begründung: Es sei davon auszugehen, dass der Arbeitgeber, hätte er die Unzulässigkeit der zu langen Bindungsfrist gekannt, eine nach der Rechtsprechung gerade noch zulässige Rückzahlungspflicht in die Zusage mit aufgenommen hätte. Daher sei die Vereinbarung auf den noch zulässigen Teil zurückzuführen und bleibe insoweit wirksam (sog. **geltungserhaltende Reduktion**; vgl. dazu auch → *Salvatorische Klauseln*, II S 10 Rz. 14f.).[1] Bei formularmäßig vereinbarten Rückzahlungsklauseln begegnet man hier allerdings den aus § 306 BGB folgenden Wertungen, dass eine Rückführung des Klauselinhalts dem Gedanken einer abschreckenden Wirkung diametral zuwider läuft, was ein Verbot der geltungserhaltenden Reduktion als Strafsanktion gebietet. Das BAG hat sich in seiner Entscheidung vom 4.3.2004 zur Zulässigkeit formularmäßig vereinbarter Vertragsstrafen[2] grundsätzlich **gegen** die geltungserhaltende Reduktion seit Geltung des AGB-Rechts für das Arbeitsrecht ausgesprochen: „Wer die Möglichkeit nutzen kann, die ihm der Grundsatz der Vertragsfreiheit für die Aufstellung von allgemeinen Geschäftsbedingungen eröffnet, muss auch das vollständige Risiko einer Klauselunwirksamkeit tragen." Dies wurde auch in weiteren Entscheidungen zu vorformulierten Arbeitsverträgen bestätigt.[3] Für die Rückzahlung von Ausbildungskosten geht der 3. Senat zutreffend ebenfalls vom Verbot der geltungserhaltenden Reduktion aus.[4] Damit ist die geltungserhaltende Reduktion im Arbeitsrecht „tot".

11. Sozialrechtliche Behandlung von Sonderzahlungen

112 Die sozialversicherungsrechtliche Behandlung von Sonderzahlungen wird bei → *Arbeitsentgelt*, II A 70 Rz. 83ff. dargestellt.

12. Steuerrechtliche Aspekte

a) Abgrenzung von sonstigen Bezügen und laufendem Arbeitslohn

113 Das (Lohn-)Steuerrecht kennt weder den Begriff der Sonderzahlung noch den im Sozialversicherungsrecht verwandten Begriff der Einmalzahlung (s. → *Arbeitsentgelt*, II A 70 Rz. 123ff.). Vielmehr spricht das Gesetz (§ 38a Abs. 3 Satz 2 EStG) von **sonstigen Bezügen**, ohne jedoch zu regeln, anhand welcher Kriterien die sonstigen Bezüge von den sog. laufenden Bezügen abzugrenzen sind. Der Richtliniengeber (R 39b.2 Abs. 2 Satz 1 LStR) nimmt eine Negativabgrenzung vor. Danach ist „sonstiger Bezug der Arbeitslohn, der nicht als laufender Arbeitslohn gezahlt wird". Als zu den sonstigen Lohnzahlungen gehörend sieht R 39b.2 Abs. 2 insbesondere einmalige Arbeitslohnzahlungen an, die neben dem laufenden Arbeitslohn gezahlt werden. Im Einzelnen werden als **Beispiele** genannt:

---

1 BAG v. 3.10.1963 – 5 AZR 131/63, AP Nr. 1 zu § 611 BGB Urlaub und Gratifikation m. abl. Anm.E. *Wolf*; v. 3.10.1963 – 5 AZR 456/62, AP Nr. 27 zu § 611 BGB Gratifikation m. Anm. *Brecher* und w. N.; v. 13.7.1962 – 5 AZR 498/61, EzA § 611 BGB Gratifikation, Prämie Nr. 4; v. 20.3.1974 – 5 AZR 327/73, EzA § 611 BGB Gratifikation, Prämie Nr. 41; vgl. dazu *Preis*, Vertragsgestaltung, S. 502f.
2 BAG v. 4.3.2004 – 8 AZR 196/03, NZA 2004, 727.
3 Vgl. BAG v. 28.9.2005 – 5 AZR 52/05, NZA 2006, 149; LAG Hamm v. 11.5.2004 – 19 Sa 2132/03, NZA-RR 2004, 515.
4 BAG v. 28.5.2013 – 3 AZR 103/12, NZA 2013, 1419 Rz. 19; v. 13.12.2011 – 3 AZR 791/09, NZA 2012, 738 Rz. 29ff.

- 13. und 14. Monatsgehälter
- einmalige Abfindungen und Entschädigungen
- Gratifikationen und Tantiemen, die nicht fortlaufend gezahlt werden
- Jubiläumszuwendungen
- Urlaubsgelder, die nicht fortlaufend gezahlt werden und Entschädigungen zur Abgeltung nicht genommenen Urlaubs
- Vergütungen für Erfindungen
- Weihnachtszuwendungen
- Nachzahlungen oder Vorauszahlungen, wenn sich der Gesamtbetrag oder ein Teilbetrag der Nachzahlung oder Vorauszahlung auf Lohnzahlungszeiträume bezieht, die in einem anderen Jahr als dem der Zahlung enden. Als Nachzahlungen gelten auch Zahlungen, wenn der Arbeitslohn für Lohnzahlungszeiträume des abgelaufenen Kalenderjahrs später als drei Wochen nach Ablauf dieses Jahres zufließt
- Ausgleichzahlungen für die in der Arbeitsphase erbrachten Vorleistungen aufgrund eines Altersteilzeitverhältnisses im Blockmodell, das vor Ablauf der vereinbarten Zeit beendet wird
- Zahlungen innerhalb eines Kalenderjahres als viertel- oder halbjährliche Teilbeträge.

Diese – nicht abschließende – Aufzählung zeigt, dass die Grenze zum laufenden Arbeitslohn darin besteht, ob es sich um Bezüge handelt, die in einem Veranlagungszeitraum regelmäßig wiederkehren, oder um nur gelegentliche Zahlungen. Unerheblich ist, ob sich die Zahlungen über mehrere Veranlagungszeiträume wiederholen, wie z.B. das Weihnachtsgeld. 114

b) Die Besteuerung sonstiger Bezüge

Die steuerrechtliche Unterscheidung von sonstigen und laufenden Bezügen hat ihre Ursache in der unterschiedlichen Ausgestaltung des Besteuerungsverfahrens, die unmittelbar Einfluss auf die Berechnung des einzubehaltenden und abzuführenden Lohnsteuerbetrages hat. Der Besteuerung des laufenden Arbeitslohns liegt die Annahme zu Grunde, dass dem Arbeitnehmer im jeweiligen Lohnzahlungszeitraum ein anteiliger, gleich bleibender Bruchteil des Jahresarbeitslohns gezahlt wird. Dieser Systematik entsprechen die sonstigen Bezüge nicht, so dass eine im Verhältnis zur Jahreslohnsteuer zu hohe Steuerbelastung entstünde, wenn die sonstigen Bezüge dem Lohnzahlungszeitraum zugeschlagen würden, in dem sie dem Arbeitnehmer zufließen. Um auch bei den sonstigen Bezügen einen auf die voraussichtliche Jahreslohnsteuer ausgerichteten Steuerabzug zu erreichen, sieht das Gesetz vor, dass die Lohnsteuer auf den sonstigen Bezug aus dem Unterschiedsbetrag der auf den maßgeblichen Jahresarbeitslohn mit und ohne sonstigen Bezug entfallenden Lohnsteuer ermittelt wird (vgl. § 39b Abs. 3 Satz 1 EStG; dazu R 39b.6 Abs. 2 LStR). Zu diesem Zweck muss der Arbeitgeber zunächst den voraussichtlichen Jahresarbeitslohn im Jahr des Zuflusses des sonstigen Bezuges ohne den sonstigen Bezug feststellen. Voraussichtlicher Jahresarbeitslohn ist der bereits ausgezahlte laufende Arbeitslohn zuzüglich des für den verbleibenden Zeitraum des Kalenderjahres zu erwartenden laufenden Arbeitslohns. Dabei kann die Höhe des zu erwartenden Arbeitslohns nach zutreffender Ansicht der Finanzverwaltung auch durch eine Um- 115 rechnung des bislang gezahlten Arbeitslohns ermittelt werden. Bereits zuvor gezahlte sonstige Bezüge sind mit einem Fünftel anzusetzen. Künftig zu erwartende sonstige Bezüge sowie steuerfreie oder nach den §§ 40–40b EStG besteuerte Bezüge bleiben außer Betracht. Schließlich hat der Arbeitgeber von dem so ermittelten voraussichtlichen Jahresarbeitslohn etwaige Freibeträge mit dem Jahresbetrag abzuziehen (§ 39b Abs. 3 Satz 3 EStG). Für den verbleibenden Betrag (maßgeblicher voraussichtlicher Jahresarbeitslohn) ist sodann die Lohnsteuer anhand der individuellen Besteuerungsmerkmale des Arbeitnehmers zu errechnen (maßgebliche Jahreslohnsteuer ohne sonstigen Bezug). In einer zweiten Berechnung ist die voraussichtliche Lohnsteuer in gleicher Weise, aber unter Einbeziehung des sonstigen Bezugs, zu ermitteln, wobei ein bei der Berechnung des maßgeblichen voraussichtlichen Arbeitslohns noch nicht verbrauchter Teil des Versorgungs-Freibetrags und des Altersentlastungsbetrags zu berücksichtigen ist (maßgebliche Lohnsteuer einschließlich des sonstigen Bezugs). Die Differenz zwischen der maßgeblichen Lohnsteuer einschließlich des sonstigen Bezugs und der maßgeblichen Lohnsteuer ohne sonstigen Bezug ist der Steuerbetrag, der auf den sonstigen Bezug entfällt und vom Arbeitgeber einzubehalten und abzuführen ist.[1] Der Berechnung bedarf es auch bei geringfügigen sonstigen Bezügen. Einen Geringfügigkeitsbetrag, bis zu dem sonstige Bezüge als laufender Arbeitslohn behandelt werden konnten, sieht das Gesetz nicht vor, da unterstellt wird, dass die Arbeitgeber ohnehin eine maschinelle Lohnabrechnung vornehmen.

c) Sonderfälle

116 Auch ein sonstiger Bezug kann nach § 34 EStG **ermäßigt** zu besteuern sein, z.B. als (Entlassungs-)Entschädigung i.S.d. § 24 Nr. 1 EStG oder als Vergütung für eine mehrjährige Tätigkeit (§ 34 Abs. 2 Nr. 4 EStG). In diesem Fall ist die Ermäßigung bereits bei dem Lohnsteuerabzug und damit bei der Berechnung der Lohnsteuer auf den sonstigen Bezug zu beachten (§ 39b Abs. 3 Satz 9 EStG). Liegen die Voraussetzungen für eine ermäßigte Besteuerung nicht vor, sind die Zahlungen als regulär zu besteuernder sonstiger Bezug zu behandeln (R 39b.6 Abs. 5 LStR).

117 Eine ermäßigte Besteuerung kommt auch bei **Jubiläumszuwendungen** in Betracht.[2] Im Übrigen unterliegen Jubiläumszuwendungen, die in Geld gewährt werden, stets als sonstiger Bezug der Lohnsteuer. Eine Ausnahme von der Besteuerung sieht die Finanzverwaltung (R 19.3 Abs. 2 Nr. 3 LStR) nur für Sachleistungen vor, die aus Anlass eines 10-, 20-, 25-, 40-, 50- oder 60-jährigen Arbeitnehmerjubiläums zugewendet werden. Allerdings darf der Wert der Zuwendung 110 Euro nicht übersteigen.

13. Hinweise zur Vertragsgestaltung

118 Fasst man alle aktuellen Erkenntnisse zur Vertragsgestaltung bei Vergütungsvereinbarungen zusammen, so ergibt sich folgendes Bild:
– Die Grundvergütung kann nicht flexibel gestellt werden. In gewissem Maße kann eine Flexibilisierung der Grundvergütung durch Verweisung auf Tarifverträge erfolgen. Hier ist klarzustellen, ob eine statische oder dynamische Verwei-

---

[1] Die komplizierte Berechnung hat die Finanzverwaltung in H39b.6 an verschiedenen Beispielen dargestellt.
[2] R 19.3 Abs. 2 Nr. 3 i.V.m. R 19.5 Abs. 2 Nr. 3 LStR.

sung auf Tarifverträge gewollt ist (hierzu → *Arbeitsentgelt*, II A 70 Rz. 10, 22; → *Verweisungsklauseln*, II V 40).
- Grundvergütung und Sonderzahlungen können ggf. durch eine Befristung von Arbeitsbedingungen (etwa vorübergehende befristete Übertragung einer höherwertigen Tätigkeit) flexibilisiert werden (hierzu → *Vorbehalte und Teilbefristung*, II V 70 Rz. 73 ff.)
- Monatliche Zulagen sind vertraglich zugesagt und können nicht unter Freiwilligkeitsvorbehalt gestellt werden. Denkbar sind Anrechnungsvorbehalte bei Tariflohnerhöhungen und Widerrufsvorbehalte, die mit einem transparenten Sachgrund versehen sein müssen (hierzu → *Vorbehalte und Teilbefristung*, II V 70 Rz. 14 ff., 31 ff., 41 ff.).
- Die Pauschalierung von Mehrarbeitsvergütung unterliegt der Transparenz- und Angemessenheitskontrolle (hierzu → *Mehrarbeits- und Überstundenvergütung*, II M 20).
- Zugesagte Sonderzahlungen jeder Art dürfen nicht unter Freiwilligkeitsvorbehalt gestellt werden (→ *Vorbehalte und Teilbefristung*, II V 70 Rz. 41 ff.).
- Die Vertragsparteien haben bei der Ausgestaltung von Sonderzahlungen im Übrigen eine große Vertragsfreiheit. Zu achten ist jedoch auf eine widerspruchsfreie Ausgestaltung. Insbesondere ist die Kombination in sich widersprüchlicher einschränkender Klauseln zu vermeiden. Stichtags-, Bindungs- und Rückzahlungsklauseln sind insbesondere auf unangemessene Benachteiligung des Arbeitnehmers, insbesondere wegen Einschränkung der Kündigungsmöglichkeiten und dem Entzug bereits verdienten Lohns zu hinterfragen.
- Wirklich freiwillige Sonderzahlungen ohne Rechtsanspruch des Arbeitnehmers gibt es nur, wenn der Arbeitgeber nichts zugesagt hat, sich also rechtsgeschäftlich nicht gebunden hat.
- Bei freihändigen Bonuszahlungen kann aus den Umständen ggf. eine rechtsgeschäftliche Bindung folgen. Es liegt also kein empfehlenswerter Weg darin, Vertragsgestaltung zu unterlassen, zumal Sonderzahlungen auch unter die Nachweispflicht des § 2 Abs. 1 Satz 2 Nr. 6 NachwG fallen.
- Statt freihändiger (freiwilliger) Zahlungen sind stichtagsbezogene Erfolgs- und Leistungsvergütungen, ggf. in Form von Zielvereinbarungen, zu empfehlen (hierzu → *Arbeitsentgelt*, II A 70, → *Zielvereinbarungen*, II Z 5).

a) Arbeitsleistungsbezogene Sonderzahlungen (Zusagen)

Arbeitgebern, die die klassische Form der Sonderzahlung für einen bestimmten Bezugszeitraum wünschen, muss klar sein, dass mit der Zusage ein Rechtsanspruch verbunden ist, der Arbeitsleistung vergütet. Dabei ist gleichgültig, wie das Kind genannt wird. Insoweit können folgende, oder ähnliche Klauseln verwandt werden:

a) Am 20.12. des Jahres erhalten Sie als zusätzliches Arbeitsentgelt ein 13. Monatsgehalt.

b) Als zusätzliches Arbeitsentgelt gewähren wir Ihnen zum … eine Jahresleistung in Höhe von …

c) Zusätzlich wird mit dem Dezembergehalt ein 13. Monatsgehalt ausbezahlt.

d) Der Arbeitnehmer erhält zusätzlich eine Weihnachtsgratifikation in Höhe eines Monatsgehalts, auszuzahlen mit dem Novembergehalt.

120 Bei dieser Vereinbarungsform ist ausgeschlossen, die Zusage mit einem Freiwilligkeitsvorbehalt zu entwerten. Denkbar ist aber, diese Sonderzahlungen – wie Zulagen auch – mit einem **transparenten Widerrufsvorbehalt** zu versehen (hierzu → Vorbehalte und Teilbefristung, II V 70 Rz. 14 ff.). Obwohl die Rechtsprechung bislang bei arbeitsleistungsbezogenen Sonderzahlungen anerkannt hat, dass sich Fehlzeiten, etwa wegen Elternzeit oder unentschuldigtem Fernbleiben von der Arbeit, proportional anspruchsmindernd auswirken, sofern kein gesetzlicher Entgeltfortzahlungsanspruch besteht, kann sich eine entsprechende Klarstellung empfehlen (Klausel **Typ 9**). Das Gleiche gilt für die Frage der anteiligen Zahlung im Ein- und Austrittsjahr. Vorschlag:

Im Eintrittsjahr und im Jahr des Ausscheidens wird das 13. Gehalt anteilig nach der auf das Jahr entfallenden Anstellungszeit berechnet.

b) Sonderzahlungen zur Belohnung von Betriebstreue

121 Sonderzahlungen mit sog. Mischcharakter werden hier nicht empfohlen. Das gestalterische Risiko besteht darin, dass durch derartige Konstruktion die Zwecke vermischt werden und damit auch die zielführende Klauselgestaltung gefährdet wird. Aus diesem Grund soll sich der Arbeitgeber klar entscheiden, wie wichtig ihm die Bindung des Arbeitnehmers ist. Wenn der Arbeitnehmer mithilfe der Sonderzahlung **an den Betrieb gebunden** und ausschließlich seine **Betriebstreue** belohnt werden soll, so kann weiterhin folgende Regelung verwendet werden:

Es wird an die Arbeitnehmer, deren Arbeitsverhältnis am 1.12. des Jahres noch besteht, eine Sonderzahlung in Höhe eines Monatsgehalts gezahlt. Die Jahressonderzahlung soll ausschließlich die vom Arbeitnehmer erbrachte und zukünftige Betriebstreue vergüten.

122 Bei Verwendung dieser Klausel ist zu beachten, dass eine Kürzung für Fehlzeiten nicht möglich ist, da der Arbeitnehmer auch während dieser Fehlzeiten betriebstreu war. Auf der anderen Seite können solchen Klauseln, die eindeutig den Zweck haben, den Arbeitnehmer an den Arbeitgeber zu binden, mit einer Rückzahlungsklausel verbunden werden. Damit wird die Fokussierung auf den Charakter der Betriebstreue noch unterstrichen.

Der Arbeitnehmer ist verpflichtet, die Sonderzahlung zurückzuzahlen, wenn das Arbeitsverhältnis aufgrund eigener Kündigung des Arbeitnehmers innerhalb von drei Monaten nach der Auszahlung endet.

T 10 Teilzeitarbeit

	Rz.		Rz.
1. Einführung	1	7. Vergütung von Überstunden	33
2. Begriff	3	8. Urlaub	40
3. Formen von Teilzeitarbeit; Arbeitszeit	5	9. Mehrfachbeschäftigung	43
4. Diskriminierungsverbot	10	10. Rechtsanspruch auf Teilzeitarbeit und Vorrang der Verhandlungslösung	52
5. Vergütung	20		
6. Verpflichtung zur Leistung von Überstunden	29	11. Hinweise zur Vertragsgestaltung	57

Schrifttum:

J.-H. Bauer, Neue Spielregeln für Teilzeitarbeit und befristete Arbeitsverträge, NZA 2000, 1039; *Beckschulze,* Die Durchsetzbarkeit des Teilzeitanspruchs in der betrieblichen Praxis, DB 2000, 2598; *Biermann,* Die Gleichbehandlung von Teilzeitbeschäftigten bei entgeltlichen Ansprüchen, 2000; *Boecken,* Die Neuregelung der geringfügigen Beschäftigungsverhältnisse, NZA 1999, 393; *Bruns,* BB-Rechtsprechungsreport zur Teilzeitarbeit, BB 2010, 956; *Däubler,* Das geplante Teilzeit- und Befristungsgesetz, ZIP 2000, 1961; *Hamann,* Teilzeitanspruch nach § 8 TzBfG und Mitbestimmung des Betriebsrats, NZA 2010, 785; *Hanau,* Bedarfs- und Abrufarbeit (§ 4 BeschFG), in Hromadka, Möglichkeit und Grenzen flexibler Vertragsgestaltung, 1991, S. 119; *Kliemt,* Der neue Teilzeitanspruch, NZA 2001, 63; *Lakies,* Das Teilzeit- und Befristungsgesetz, DZWiR 2001, 1; *Preis/Gotthardt,* Neuregelung der Teilzeitarbeit und befristeten Arbeitsverhältnisse, DB 2000, 2065; *Preis/Gotthardt,* Das Teilzeit- und Befristungsgesetz, DB 2001, 145; *Richardi,* Das Gleichbehandlungsgebot für Teilzeitarbeit und seine Auswirkungen auf Entgeltregelungen, NZA 1992, 625; *Richardi/Annuß,* Gesetzliche Neuregelung von Teilzeitarbeit und Befristung, BB 2000, 2201; *Rolfs,* Das neue Recht der Teilzeitarbeit, RdA 2001, 129; *Schiefer,* Entwurf eines Gesetzes über Teilzeitarbeit und befristete Arbeitsverhältnisse und zur Änderung und Aufhebung arbeitsrechtlicher Bestimmungen, DB 2000, 2118; *Schüren,* Überstundenzuschläge für Teilzeitkräfte, NZA 1993, 529; *Sowka/Köster,* Teilzeitarbeit und geringfügige Beschäftigung, 1993; *Wank,* Die Teilzeitbeschäftigung im Arbeitsrecht, ZIP 1985, 1.

1. Einführung

Die zunehmende Bedeutung der Teilzeitarbeit und der Umstand, dass Teilzeitarbeit überwiegend von Frauen ausgeübt wird, wirft zahlreiche Rechtsfragen auch im Bereich der Vertragsgestaltung auf (zu den sozialrechtlichen Konsequenzen der unterschiedlichen Formen der Teilzeitarbeit vgl. → Arbeitszeit, II A 90 Rz. 174 ff.). Politisch wird versucht, die Teilzeitarbeit aus unterschiedlichen Gründen zu fördern. Die wichtigsten sozialpolitischen Gründe liegen in der Verbesserung der Vereinbarkeit von Beruf und Familie und der Förderung des gleitenden Übergangs in den Ruhestand durch die Gewährung von Teilrenten, die den Abschluss von Altersteilzeitverträgen ermöglichen. Zum 1.1.2001 ist das **Teilzeit- und Befristungsgesetz (TzBfG) in Kraft getreten,**[1] das gerade hinsichtlich der Teilzeitarbeit Neuerungen enthält, die zum Teil heftige Diskussionen ausgelöst haben. Mit diesem Gesetz

1

---

1 BGBl. I v. 28.12.2000, S. 1966.

wurden die EG-Richtlinie zur Teilzeitarbeit[1] und die Richtlinie zu befristeten Arbeitsverträgen[2] umgesetzt. Aber auch in anderen Gesetzen finden sich für bestimmte Konstellationen Sonderregelungen, z.B. in § 15 BEEG, § 3 PflegeZG. Nach der amtlichen Statistik der Bundesagentur für Arbeit hat die Zahl der sozialversicherungspflichtigen Teilzeitbeschäftigten seit Inkrafttreten des TzBfG bis Juni 2009 um mehr als 1 000 000 zugenommen. Auch gibt es mittlerweile umfängliche höchstrichterliche Rechtsprechung zum Rechtsanspruch auf Teilzeitarbeit (§ 8 TzBfG).[3]

2 Für den Arbeitgeber kann der Abschluss von Teilzeitarbeitsverträgen verschiedene Vorteile bringen: Bei dauerhaft vermindertem Arbeitsaufkommen kann er mit Vollzeitarbeitnehmern ein Teilzeitbeschäftigungsverhältnis vereinbaren und sie auf diese Weise weiterbeschäftigen; bei Arbeiten, die die Arbeitnehmer schnell ermüden lassen, kann er durch den Einsatz von Teilzeitbeschäftigten eine angemessenere Belastung der Arbeitnehmer erreichen. Auch für den Arbeitnehmer kann eine Teilzeitbeschäftigung attraktiv sein: Beispielsweise bei der Versorgung einer Familie können Arbeit und familiäre Verpflichtungen in Einklang gebracht werden; ein aufgrund seines Alters weniger leistungsfähiger Arbeitnehmer muss bei verminderter Arbeitszeit nicht vorzeitig in den Ruhestand gehen; nicht zuletzt kann der Arbeitnehmer durch Teilzeitarbeit für sich mehr Freizeit gewinnen.

2. Begriff

3 Eine Definition des Begriffs Teilzeitarbeit gibt das Gesetz selbst in § 2 Abs. 1 TzBfG: Ein Arbeitnehmer ist teilzeitbeschäftigt, wenn seine **regelmäßige Wochenarbeitszeit kürzer** ist **als die eines vergleichbaren vollzeitbeschäftigten Arbeitnehmers**. Ist eine solche nicht festgelegt, ist die durchschnittliche regelmäßige Arbeitszeit im Zeitraum bis zu einem Jahr maßgebend (§ 2 Abs. 1 Satz 2 TzBfG). Fehlt ein vergleichbarer Arbeitnehmer im Betrieb,[4] wird ein vergleichbarer Vollzeitarbeitnehmer gemäß § 2 Abs. 1 Satz 4 TzBfG zunächst aufgrund des Tarifvertrags, in Ermangelung eines solchen nach der Üblichkeit im jeweiligen Wirtschaftszweig bestimmt. Der Maßstab für die Definition einer auf Dauer angelegten Teilzeitarbeit ist also nicht die zulässige Höchstarbeitszeit nach § 3 ArbZG, sondern die tatsächliche Arbeitszeit im Betrieb oder Wirtschaftszweig.

4 § 2 Abs. 2 TzBfG bezieht (klarstellend) ausdrücklich die **geringfügig Beschäftigten** i.S.v. § 8 Abs. 1 Nr. 1 SGB IV in den Kreis der Teilzeitbeschäftigten mit ein, so dass eine Sonderbehandlung dieser Gruppe von Teilzeitbeschäftigten nicht zulässig ist.

3. Formen von Teilzeitarbeit; Arbeitszeit

5 Die in der Praxis vorhandenen Formen von Teilzeitarbeit lassen sich anhand der unterschiedlichen Dauer und/oder Lage der Arbeitszeit charakterisieren. Zum einen

---

1 Richtlinie 97/81/EG des Rates v. 15.12.1997, ABl. EG v. 20.1.1998 Nr. L 14, S. 9.
2 Richtlinie 1999/70/EG des Rates v. 28.6.1999, ABl. EG v. 10.7.1999 Nr. L 175, S. 43.
3 Hierzu ausf. ErfK/*Preis*, § 8 TzBfG.
4 Nicht vergleichbar sind insofern tarifgebundene mit nicht tarifgebundenen Arbeitnehmern, BAG v. 14.3.2007 – 5 AZR 791/05, NZA 2007, 981; nach BAG v. 14.3.2007 – 5 AZR 420/06, NZA 2007, 862 sind auch die vor einem Betriebsübergang Beschäftigten nicht mit den übergegangenen Arbeitnehmern vergleichbar.

finden sich Regelungen mit **festgelegter Dauer und Lage der Arbeitszeit**, zum anderen Regelungen, die eine **flexible Gestaltung** der Arbeitszeit hinsichtlich Dauer und/oder Lage zulassen.

Eine Teilzeitarbeit mit **fester Arbeitszeitdauer und fester Arbeitszeitlage** kann in unterschiedlichen Formen begründet werden. Gegen diese ist arbeitsrechtlich grundsätzlich nichts einzuwenden (s. dazu → *Arbeitszeit*, II A 90 Rz. 5 ff.). So kann etwa der Arbeitnehmer an einigen Wochentagen voll, an anderen dagegen gar nicht oder nur an bestimmten Wochentagen im Monat (sog. Ultimokraft) oder an bestimmten Arbeitstagen mit reduzierter Arbeitszeit (Halbtagskraft) arbeiten. Die Vereinbarung einer festen Dauer und Lage der Teilzeitarbeit kommt häufig dem Teilzeitarbeitnehmer entgegen, der entweder die freie Zeit benötigt, um familiären Pflichten nachzukommen oder um durch weitere Teilzeitarbeitsverhältnisse – ergänzend – den Lebensunterhalt zu bestreiten. 6

Flexible und damit für den Arbeitgeber oftmals erstrebenswerte Vertragsgestaltungen, nach denen der Arbeitgeber die **Dauer der Arbeitszeit frei bestimmen** können soll, sind wegen der Gefahr einer Verlagerung wirtschaftlicher Risiken auf den Arbeitnehmer problematisch. Die bislang h.M.[1] und die frühere Rechtsprechung[2] hielten eine Regelung, nach der der Arbeitgeber die Dauer der Arbeitszeit einseitig verändern konnte, wegen der Umgehung zwingenden Kündigungsschutzrechts sowohl in Arbeits- als auch in Tarifverträgen für unzulässig (s. dazu ausführlich → *Arbeitszeit*, II A 90 Rz. 44 ff.). Auch sog. **Bandbreitenregelungen**, bei denen der Arbeitgeber lediglich innerhalb einer bestimmten Bandbreite die Arbeitszeitdauer verändern kann, wurden für den Einzelvertrag als nicht zulässig eingestuft. Nach neuerer, zustimmungswürdiger Rechtsprechung des BAG[3] verstößt eine variable Dauer der Arbeitszeit durch Abrufbarkeit oder eine Bandbreitenregelung jedoch nicht gegen § 12 Abs. 1 Satz 2 TzBfG, da die dort geforderte „bestimmte Dauer" auch eine vereinbarte Mindestdauer sein kann.[4] Ein Verständnis, nach dem nur die Lage, nicht aber die Dauer der Arbeitszeit einseitig festgelegt werden kann, würde die vom Gesetz bezweckte Flexibilisierung der Arbeitszeit so beeinträchtigen, dass Arbeit auf Abruf letztlich keinen Sinn macht. Einen ausreichenden Schutz der Teilzeitbeschäftigten bietet insofern bereits die AGB-Kontrolle der §§ 305 ff. BGB. So liegt eine unangemessene Benachteiligung des Arbeitnehmers i.S.v. §§ 307 Abs. 1 Satz 1, 307 Abs. 2 Nr. 1 BGB – parallel zur Rechtsprechung des BAG zur Wirksamkeit von Widerrufsvorbehalten[5] – vor, wenn die vom Arbeitgeber einseitig abrufbare Arbeit mehr als 25 % der vereinbarten wöchentlichen Mindestarbeitszeit beträgt.[6] Sofern die Unwirksamkeit einer Regelung zur abrufbaren Arbeit nach diesen 7

---

1 Vgl. etwa Annuß/Thüsing/*Jacobs*, TzBfG, § 12 Rz. 24.
2 BAG v. 12.12.1984 – 7 AZR 509/83, EzA § 315 BGB Nr. 29.
3 BAG v. 7.12.2005 – 5 AZR 535/04, NZA 2006, 423; bestätigt durch BVerfG v. 23.11.2006 – 1 BvR 1909/06, NZA 2007, 85; vgl. *Bauer/Günther*, DB 2006, 950; *Hromadka/Schmitt-Rolfes*, NZA 2007, 1777 (1782 f.); *Preis/Lindemann*, NZA 2006, 632; kritisch *Stamm*, RdA 2006, 288; *Arnold*, FS Löwisch 2007, S. 1; allgemein zu den neuen Gestaltungsmöglichkeiten im Bereich der Arbeitszeit *Hohenstatt/Schramm*, NZA 2007, 238.
4 *Preis/Lindemann*, NZA 2006, 632 (633); ErfK/*Preis*, § 12 TzBfG Rz. 19.
5 BAG v. 12.1.2005 – 5 AZR 364/04, NZA 2005, 465.
6 BAG v. 7.12.2005 – 5 AZR 535/04, NZA 2006, 423 (427 f.); nach BVerfG v. 23.11.2006 – 1 BvR 1909/06, NZA 2007, 85 (86 f.) ist dieses Ergebnis verfassungsmäßig nicht zu beanstanden.

Grundsätzen feststeht, ist aufgrund des untrennbaren Zusammenhangs zwischen der regelmäßigen Arbeits- und der Abrufarbeitszeit davon auszugehen, dass auch die Regelung der regelmäßigen Arbeitszeit unwirksam ist. Die dadurch entstehende Lücke in Bezug auf die regelmäßige Arbeitszeit ist im Wege der ergänzenden Vertragsauslegung zu schließen. Dabei kann zur Feststellung des hypothetischen Parteiwillens u.a. die tatsächliche Vertragsdurchführung, also die bisher tatsächlich geleistete Arbeitszeit, herangezogen werden.[1]

8 Ist eine bestimmte Dauer der wöchentlichen und täglichen Arbeitszeit festgelegt und ist **lediglich deren Lage variabel**, gilt ebenfalls § 12 TzBfG. Nach dessen Abs. 2 muss der Arbeitgeber dem Arbeitnehmer die Lage der Arbeitszeit jeweils mindestens vier (Werk-)Tage im Voraus mitteilen. Solche vertraglichen Veränderungsvorbehalte bezüglich der Lage der Arbeitszeit sind grundsätzlich unbedenklich (s. dazu ausführlich → *Arbeitszeit*, II A 90 Rz. 44ff.). Wichtigste Fälle einer variablen Lage der Arbeitszeit bei festgelegter Dauer sind die sog. Abrufarbeit oder KAPOVAZ (→ *Arbeitszeit*, II A 90 Rz. 121ff.), der Jahresarbeitszeitvertrag (→ *Arbeitszeit*, II A 90 Rz. 117ff.) sowie die Arbeitsplatzteilung (Jobsharing, Jobpairing; → *Arbeitszeit*, II A 90 Rz. 148ff.). Schließlich ist auch bei Teilzeitarbeit eine Flexibilität der Arbeitszeitlage in Form der Gleitzeit (→ *Arbeitszeit*, II A 90 Rz. 109ff.) möglich.

9 Betriebsverfassungsrechtlich unterliegt die Verteilung der Lage der Arbeitszeit mit kollektivem Bezug[2] dem Mitbestimmungsrecht des Betriebsrats nach § 87 Abs. 1 Nr. 2 BetrVG.[3] Nicht mitbestimmungspflichtig nach § 87 Abs. 1 Nr. 2 oder Nr. 3 BetrVG sind hingegen die Arbeitszeitdauer, auch bei Einführung einer flexiblen Arbeitszeit, sowie die jeweilige individuelle Veränderung der wöchentlichen Arbeitszeit durch Ausübung des Leistungsbestimmungsrechts bei Abrufarbeit oder Bandbreitenregelungen.[4]

4. Diskriminierungsverbot

10 Nach § 4 Abs. 1 TzBfG darf der Arbeitgeber einen Teilzeitbeschäftigten nicht wegen der Teilzeitbeschäftigung **gegenüber einem Vollzeitbeschäftigten** schlechter behandeln, es sei denn, sachliche Gründe rechtfertigen eine unterschiedliche Behandlung. Diese Vorschrift konkretisiert den ohnehin geltenden allgemeinen Gleichbehandlungsgrundsatz für den Bereich der Teilzeitarbeit.[5] Eine unterschiedliche Behandlung von Arbeitnehmern allein wegen der Teilzeitarbeit ist unzulässig. Sachliche Gründe, die eine unterschiedliche Behandlung von Teilzeitkräften gestatten, müssen anderer Art sein, etwa auf Arbeitsleistung, Qualifikation, Berufserfah-

---

1 BAG v. 7.12.2005 – 5 AZR 535/04, NZA 2006, 423 (428); *Hohenstatt/Schramm*, NZA 2007, 238 (238).
2 BAG v. 16.12.2008 – 9 AZR 893/07, NZA 2009, 565; v. 24.6.2008 – 9 AZR 313/07, NZA 2008, 1309; v. 16.3.2004 – 9 AZR 323/03, NZA 2004, 1047.
3 BAG v. 16.7.1991 – 1 ABR 69/90, EzA § 87 BetrVG 1972 Arbeitszeit Nr. 48; v. 13.10.1987 – 1 ABR 10/86, EzA § 87 BetrVG 1972 Arbeitszeit Nr. 25; v. 18.8.2009 – 9 AZR 517/08, NZA 2009, 1207; s. dazu → *Arbeitszeit*,II A 90 Rz. 135 sowie *Preis/Lindemann*, NZA Sonderheft 2001, 33ff.
4 BAG v. 24.5.1989 – 2 AZR 537/88, n.v.; vgl. dazu ausf. *Arnold*, FS Löwisch, 2007, S. 1 (12); *Bauer/Günther*, DB 2006, 950 (951f.).
5 So zu der entsprechenden Vorschrift des § 2 Abs. 1 BeschFG 1985 BAG v. 28.7.1992 – 3 AZR 173/92, AP Nr. 18 zu § 1 BetrAVG Gleichbehandlung; ErfK/*Preis*, § 4 TzBfG Rz. 13.

rung oder unterschiedlichen Anforderungen am Arbeitsplatz beruhen.[1] Der Begriff „sachliche Gründe" ist nach der Rechtsprechung des EuGH so zu verstehen, dass eine Ungleichbehandlung einem echten Bedarf entsprechen und zur Erreichung des verfolgten Ziels geeignet und erforderlich sein muss. Eine unterschiedliche Behandlung kann nicht damit gerechtfertigt werden, dass sie in einer allgemeinen und abstrakten Regelung vorgesehen ist.[2] Der allgemeine arbeitsrechtliche Gleichbehandlungsgrundsatz umfasst über den in § 4 Abs. 1 TzBfG genannten Bereich hinaus prinzipiell **alle Arbeitsbedingungen**, also nicht nur das Arbeitsentgelt, sondern das gesamte rechtserhebliche Handeln des Arbeitgebers gegenüber seinen Arbeitnehmern, also z.B. andere teilbare geldwerte Leistungen, Urlaub, Sozialleistungen sowie betriebliche Altersversorgung[3] und ist auch bei der Vertragsgestaltung zu berücksichtigen.[4]

Darüber hinaus gibt § 10 TzBfG den teilzeitbeschäftigten Arbeitnehmern einen Anspruch auf die gleichberechtigte Teilhabe an Aus- und Weiterbildungsmaßnahmen. **11**

Das Diskriminierungsverbot des § 4 TzBfG ist **zwingend** und steht auch nicht zur Disposition der Tarifparteien. Dies stellt § 22 Abs. 1 TzBfG ausdrücklich klar. § 4 TzBfG findet vielmehr sogar auf tarifvertragliche Regelungen Anwendung.[5] Der allgemeine Gleichbehandlungsgrundsatz gilt nicht nur für Arbeitnehmer desselben Betriebs, sondern ist auf das **gesamte Unternehmen** auszudehnen.[6] Adressat ist der Arbeitgeber, denn nur die Herstellung eines unternehmensübergreifenden Arbeitgeberbezugs ermöglicht sachgerechte, nicht willkürliche Differenzierungen. Anderenfalls könnte die Geltung des Gleichbehandlungsgrundsatzes durch schlichte Aufspaltung des Unternehmens in mehrere Betriebe umgangen werden. Im Gegensatz zum allgemeinen Gleichbehandlungsgrundsatz ergibt sich bezüglich des § 4 Abs. 1 TzBfG jedoch aus § 2 Abs. 1 Satz 3 TzBfG ein grundsätzlich betriebsbezogener räumlicher Geltungsbereich.[7] **12**

Nach der Rechtsprechung des BAG verbietet § 4 Abs. 1 TzBfG nicht nur eine Ungleichbehandlung von Teilzeit- im Vergleich zu Vollzeitbeschäftigten, sondern auch von **Teilzeitbeschäftigten mit unterschiedlicher Arbeitszeitlage oder -dauer untereinander**.[8] Nach dem Wortlaut der Norm ist dies allerdings unrichtig, weil § 4 Abs. 1 TzBfG sich expressis verbis nur auf die Gruppenbildung Vollzeit – Teil- **13**

---

1 BAG v. 28.7.1992 – 3 AZR 173/92, AP Nr. 18 zu § 1 BetrAVG Gleichbehandlung.
2 EuGH v. 22.4.2010 – C-486/08, NZA 2010, 557 (559).
3 BAG v. 7.3.1995 – 3 AZR 282/94, AP Nr. 26 zu § 1 BetrAVG Gleichbehandlung; v. 25.10.1994 – 3 AZR 149/94, AP Nr. 40 zu § 2 BeschFG 1985; v. 26.5.1993 – 4 AZR 461/92, v. 23.6.1993 – 10 AZR 127/92, v. 16.6.1993 – 4 AZR 317/92, EzA § 2 BeschFG 1985 Nrn. 28, 30, 31; v. 16.3.1993 – 3 AZR 389/92, AP Nr. 6 zu § 1 BetrAVG Teilzeit; v. 28.7.1992 – 3 AZR 173/92, AP Nr. 18 zu § 1 BetrAVG Gleichbehandlung; ausführlich dazu GK-TzA/*Lipke*, Art. 1 § 2 BeschFG 1985 Rz. 61 ff.
4 BAG v. 25.1.1989 – 5 AZR 161/88, AP Nr. 2 zu § 2 BeschFG 1985.
5 BAG v. 5.8.2009 – 10 AZR 634/08, ZTR 2009, 646.
6 BAG v. 17.11.1998 – 1 AZR 147/98, AP Nr. 162 zu § 242 BGB Gleichbehandlung.
7 ErfK/*Preis*, § 4 TzBfG Rz. 27; vgl. ausf. *Thüsing*, Arbeitsrechtlicher Diskriminierungsschutz, Rz. 733 f.; ein anderer Bezugsrahmen gilt indes dann, wenn der Arbeitgeber für seine Betriebe eine überbetriebliche Regelung aufstellt und anwendet.
8 Vgl. zur entsprechenden Norm des § 2 Abs. 1 BeschFG BAG v. 29.8.1989 – 3 AZR 370/88, AP Nr. 6 zu § 2 BeschFG 1985; ebenso ausdrücklich bzgl. § 4 Abs. 1 TzBfG BAG v. 25.4.2007 – 6 AZR 746/06, NZA 2007, 881; vgl. auch *Biermann*, S. 59.

zeit bezieht. Erfolgt eine unterschiedliche Gruppenbildung innerhalb der Teilzeitbeschäftigten, ist daher der allgemeine arbeitsrechtliche Gleichbehandlungsgrundsatz anwendbar.[1] In der Sache ist damit jedoch kein wesentlicher Unterschied verbunden, weil die Maßstäbe des § 4 Abs. 1 TzBfG und des allgemeinen Gleichbehandlungsgrundsatzes gleich sind.[2] Es bedarf sachlicher Gründe zur Rechtfertigung einer Ungleichbehandlung.[3]

14 Da in der Regel überwiegend Frauen in einem Betrieb, Unternehmen oder Tarifgebiet Teilzeitarbeit leisten, kann über das Diskriminierungsverbot des § 4 Abs. 1 TzBfG hinaus das **Verbot der Geschlechtsdiskriminierung** (Art. 157 AEUV, Art. 3 Abs. 3 GG, § 7 Abs. 1 AGG i.V.m. § 3 Abs. 1 bzw. 2 i.V.m. § 1 AGG) berührt sein. Der Ausschluss der Teilzeitbeschäftigten von betriebsüblichen Entgelten oder Sozialleistungen kann gegen das Lohngleichheitsgebot des Art. 157 AEUV verstoßen, wenn hierdurch Frauen **mittelbar diskriminiert** werden.[4] Der objektive Tatbestand einer mittelbaren Diskriminierung liegt vor, wenn wesentlich mehr Frauen als Männer betroffen sind und die nachteiligen Folgen mittelbar auf dem Geschlecht oder der Geschlechtsrolle beruhen. Ist der objektive Tatbestand einer mittelbaren Diskriminierung gegeben, muss der Arbeitgeber zur Rechtfertigung seiner Regelung darlegen und beweisen, dass die Differenzierung einem unabweisbaren Bedürfnis des Unternehmens dient und für die Erreichung dieses Ziels geeignet und erforderlich ist.[5] Nicht jeder noch so geringfügige finanzielle Vor- oder Nachteil stellt ein solches unabweisbares Bedürfnis dar. Es kommt auch stets die Möglichkeit einer mittelbaren Diskriminierung wegen eines durch das AGG geschützten Merkmals gemäß § 7 Abs. 1 AGG i.V.m. § 3 Abs. 2 AGG i.V.m. § 1 AGG in Betracht. Das AGG geht jedoch insoweit über den spezialgesetzlichen § 4 Abs. 1 TzBfG hinaus, als dass es auch Ungleichbehandlungen bei der Einstellung eines Arbeitnehmers untersagt.[6] § 4 Abs. 1 TzBfG wird gemäß § 2 Abs. 3 AGG durch das AGG im Übrigen nicht berührt.

15 Im Zusammenhang mit der Frage nach der Zulässigkeit des Ausschlusses **geringfügig teilzeitbeschäftigter Arbeitnehmer** aus der Sozialversicherung durch Gesetz hat der EuGH die für den Ausschluss vorgetragenen sozial- und beschäftigungspolitischen Ziele des Gesetzgebers objektiv nicht als eine Diskriminierung aufgrund des Geschlechts eingestuft.[7]

---

1 MünchArbR/*Schüren*, § 45 Rz. 91 ff.
2 ErfK/*Preis*, § 4 TzBfG Rz. 13, 22; für einen Anspruch auf Gleichbehandlung kumulativ aus § 2 Abs. 1 BeschFG 1985 i.V.m. dem allgemeinen arbeitsrechtlichen Gleichbehandlungsgrundsatz BAG v. 12.1.1994 – 5 AZR 6/93, AP Nr. 112 zu § 242 BGB Gleichbehandlung.
3 BAG v. 29.8.1989 – 3 AZR 370/88, AP Nr. 6 zu § 2 BeschFG 1985; v. 15.11.1990 – 8 AZR 283/89, AP Nr. 11 zu § 2 BeschFG 1985; ErfK/*Preis*, § 4 TzBfG Rz. 38 ff.
4 BAG v. 23.1.1990 – 3 AZR 58/88, AP Nr. 7 zu § 1 BetrAVG Gleichberechtigung; insoweit Bestätigung der Rechtsprechung des 3. Senats BAG v. 14.3.1989 – 3 AZR 490/87, AP Nr. 5 zu § 1 BetrAVG Gleichberechtigung noch zu Art. 119 EWG-Vertrag.
5 EuGH v. 13.5.1986 – 170/84, EAS Art. 119 EG-Vertrag Nr. 13; BAG v. 15.11.1990 – 8 AZR 283/89, AP Nr. 11 zu § 2 BeschFG 1985; v. 29.8.1989 – 3 AZR 370/88, AP Nr. 6 zu § 2 BeschFG 1985; v. 14.10.1986 – 3 AZR 37/84, AP Nr. 11 zu Art. 119 EG-Vertrag; ErfK/*Preis*, § 4 TzBfG Rz. 41.
6 ErfK/*Preis*, § 4 TzBfG Rz. 18.
7 EuGH v. 14.12.1995 – C-444/93, AP Nr. 1 zu EWG-Richtlinie Nr. 79/7.

Das BAG hat daraufhin für den Fall des Ausschlusses geringfügig Teilzeitbeschäf- 16
tigter von der **Zusatzversorgung im öffentlichen Dienst** durch Tarifvertrag in Anknüpfung an das Sozialversicherungsrecht einen sachlichen Grund gesehen.[1] Die
Zusatzversorgung sei in einem solchen Fall Teil eines Gesamtversorgungssystems:
Der Lebensunterhalt des Arbeitnehmers werde durch die gesetzliche Grundalters-
versorgung gesichert. Zweck der betrieblichen Zusatzversorgung sei es, die gesetzliche Rentenversicherung zu ergänzen und den durch diese gesicherten (Grund-)Le-
bensstandard zu verbessern. Ein geringfügig Beschäftigter erwerbe jedoch wegen der
Rentenversicherungsfreiheit keinen Anspruch auf eine gesetzliche Grundversorgung, daher könne der Leistungszweck der betrieblichen Zusatzversorgung bei
ihm nicht erreicht werden. Würden also geringfügig Beschäftigte gleich behandelt
wie diejenigen Teilzeitbeschäftigten, die sozialversicherungspflichtig sind und damit einen Anspruch auf die gesetzliche Grundversorgung haben, werde der Leistungszweck unzulässigerweise geändert.

Im Hinblick auf die geänderte sozialrechtliche Behandlung der geringfügig Beschäf- 17
tigten (§ 8 SGB IV) kann dies jedoch nur bis zum 31.3.1999 angenommen werden.[2]
Das Hauptargument des BAG zur Rechtfertigung des Ausschlusses geringfügig Beschäftigter aus einer betrieblichen Altersversorgung, nämlich der fehlende Erwerb
von gesetzlichen Rentenansprüchen, kann nunmehr lediglich noch für die kurzfristig geringfügig Beschäftigten i.S.v. § 8 Abs. 1 Nr. 2 SGB IV (Begrenzung der Beschäftigung auf längstens zwei Monate oder 50 Arbeitstage pro Jahr) zum Tragen kommen. Längerfristig geringfügig Beschäftigte erwerben nunmehr einen – wenn auch
geringen – Anspruch gegen den Rentenversicherungsträger, § 76b Abs. 1 SGB VI.
Die ausdrückliche Einbeziehung geringfügig Beschäftigter in das TzBfG (§ 2 Abs. 2
TzBfG) gibt ein zusätzliches Argument, dass auch insoweit eine sachlich gerechtfertigte Differenzierung nicht mehr angenommen werden kann.[3] Insofern dürfte
auch die zum 1.1.2002 in Kraft getretene, inzwischen jedoch wieder aufgehobene
Regelung des § 6 Abs. 2 Buchst. e) VersorgungsTV, der geringfügig Beschäftigte
aus der Zusatzversorgung des öffentlichen Dienstes ausschloss, mit § 4 Abs. 1
TzBfG unvereinbar gewesen sein.[4] In jedem Fall ist in einer tariflichen Stichtagsregelung, nach welcher Beschäftigungszeiten geringfügig Beschäftigter vor dem
31.12.2001 etwa in Hinblick auf den Erwerb des Unkündbarkeitsstatus unberücksichtigt bleiben, ein Verstoß gegen § 4 Abs. 1 TzBfG zu sehen.[5]

Schon vor dem 1.4.1999 entschied das BAG, dass ein Ausschluss eines solchen ge- 18
ringfügig Beschäftigten unzulässig ist, der **mehrere** jeweils geringfügige, aber gemäß
§ 8 Abs. 2 SGB IV a.F. **zusammenzurechnende** Beschäftigungen ausübt und als

---

1 BAG v. 22.2.2000 – 3 AZR 845/98, AP Nr. 44 zu § 1 BetrAVG Gleichbehandlung; v. 12.3.
 1996 – 3 AZR 993/94, AP Nr. 1 zu § 24 TV Arb Bundespost; v. 27.2.1996 – 3 AZR 886/94,
 AP Nr. 28 zu § 1 BetrAVG Gleichbehandlung; so auch LAG Düsseldorf v. 10.2.1999 – 17
 Sa 809/98, DB 1999, 2170 außerhalb des öffentlichen Dienstes.
2 BAG v. 22.2.2000 – 3 AZR 845/98, NZA 2000, 659; v. 22.5.2001 – 3 AZR 515/00, n.v.; s.a.
 Ackermann, NZA 2000, 465; *Fodor*, DB 1999, 800.
3 Ebenso KDZ/*Zwanziger*, § 4 TzBfG Rz. 13; *Meinel/Heyn/Herms*, § 4 TzBfG Rz. 61; *Thüsing*, ZfA 2002, 249 (266).
4 *Gotthardt*, Der Krankenhausmanager 12/06, 4; a.A. *Otto*, ZTR 2002, 8 (11).
5 BAG v. 25.4.2007 – 6 AZR 746/06, NZA 2007, 881 bzgl. § 4 Abs. 1 des 77. BAT-Ände-
 rungstarifvertrags; vgl. hierzu *Oetter*, ArbB 2007, 263.

Folge davon sozialversicherungspflichtig ist.[1] In einem solchen Fall könne der Zweck einer Gesamtversorgung ebenso wie bei einem Vollzeitbeschäftigten erreicht werden. Gleiches gilt für nebenberuflich Teilzeitbeschäftigte.[2]

19 Ein **Verstoß gegen das Diskriminierungsverbot** führt nach § 134 BGB zur Unwirksamkeit der diskriminierenden Vereinbarung und zur uneingeschränkten Anwendung der begünstigenden Regelung.[3] Ein Arbeitsvertrag ist hinsichtlich der diskriminierenden Regelung teilnichtig.[4] Als Folge der Nichtigkeit einer Vergütungsabrede bspw. hat der Arbeitnehmer Anspruch auf die übliche Vergütung gemäß § 612 Abs. 2 BGB.[5]

5. Vergütung

Typ 1: Vergütung

a) Der Mitarbeiter erhält ein Bruttogehalt auf der Basis der Tarifgruppe ... nach dem Verhältnis seiner persönlichen Arbeitszeit zu der tariflichen Regelarbeitszeit.

b) Das Bruttogehalt beträgt ... % der Tarifgruppe ..., zurzeit monatlich ... Euro.

c) Die Vergütung erfolgt auf der Basis der Tarifgruppe ... Sie berechnet sich auf der Grundlage der im Monatsdurchschnitt – bezogen auf das jeweilige Kalenderjahr – geleisteten Arbeitsstunden; die Auszahlung erfolgt monatlich.

20 Bei der Vertragsgestaltung ist die Vorschrift des § 4 Abs. 1 Satz 2 TzBfG zu beachten, nach der einem Teilzeitarbeitnehmer das Arbeitsentgelt oder eine andere teilbare geldwerte Leistung anteilig mindestens im gleichen Umfang zu gewähren ist wie einem Vollzeitarbeitnehmer (**pro-rata-temporis-Grundsatz**). Damit wurde die Rechtsprechung des BAG[6] zu diesem Punkt gesetzlich festgeschrieben. Im Arbeitsvertrag können für eine Vergütungsregelung bspw. die Klauseln Typ 1a, b oder c verwendet werden.

21 Arbeitsentgelt und andere teilbare geldwerte Leistungen sind den Teilzeitbeschäftigten somit zeitanteilig zu gewähren. Wo eine Leistung jedoch **nicht von der Dauer**

---

1 BAG v. 16.3.1993 – 3 AZR 389/92, AP Nr. 6 zu § 1 BetrAVG Teilzeit; v. 27.2.1996 – 3 AZR 886/94, AP Nr. 28 zu § 1 BetrAVG Gleichbehandlung.
2 BAG v. 9.10.1996 – 5 AZR 338/95, AP Nr. 50 zu § 2 BeschFG 1985.
3 BAG v. 24.5.2000 – 10 AZR 629/99, NZA 2001, 216; v. 13.5.1997 – 3 AZR 66/96, AP Nr. 36 zu § 1 BetrAVG Gleichbehandlung; v. 26.8.1997 – 3 AZR 183/96, AP Nr. 20 zu § 611 BGB Fleischbeschauer-Dienstverhältnis; v. 24.6.1998 – 3 AZR 4/97, ZTR 1999, 83; v. 15.12.1998 – 3 AZR 239/97, AP Nr. 71 zu § 2 BeschFG 1985.
4 BAG v. 26.5.1993 – 4 AZR 461/92, EzA § 2 BeschFG 1985 Nr. 28; v. 29.8.1989 – 3 AZR 370/88, AP Nr. 6 zu § 2 BeschFG 1985; v. 25.1.1989 – 5 AZR 161/88, AP Nr. 2 zu § 2 BeschFG 1985 m. Anm. *Berger-Delhey*; *Mosler*, AR-Blattei SD, Teilzeitarbeit, Rz. 62; ErfK/*Preis*, § 4 TzBfG Rz. 72.
5 BAG v. 8.4.1992 – 5 AZR 166/91, n.v.; v. 26.9.1990 – 5 AZR 112/9, AP Nr. 9 zu § 2 BeschFG 1985.
6 BAG v. 12.3.1996 – 3 AZR 993/94, AP Nr. 1 zu § 24 TV Arb Bundespost; v. 27.7.1994 – 10 AZR538/93, AP Nr. 37 zu § 2 BeschFG 1985; v. 6.12.1990 – 6 AZR 159/89, AP Nr. 12 zu § 2 BeschFG 1985.

der Arbeitszeit abhängig ist,¹ müssen Teilzeitbeschäftigten prinzipiell die Leistungen **in gleicher Höhe** wie den Vollzeitbeschäftigten gewährt werden. Dies gilt bspw. für den Zugang zur Kantine oder zum Betriebskindergarten sowie bei der Gewährung von Sonderkonditionen für Darlehen zum Erwerb von Immobilien.² Demgegenüber ist eine an der Grundvergütung orientierte anteilige Kürzung der Weihnachtsgratifikation zulässig.³ Zwar werden diese Leistungen (auch) zum Ausgleich erhöhter Ausgaben anlässlich des Weihnachtsfestes gezahlt, die für Teilzeitbeschäftigte wie Vollzeitbeschäftigte gleichermaßen anfallen. Dennoch überwiegt hier der Entgeltcharakter der Leistung wesentlich.⁴ Die Rechtsprechung bejaht jedoch, dass aus sachlichen Gründen ausnahmsweise auch eine nur zeitanteilige Gewährung der Leistungen unterbleiben darf und erachtet § 4 Abs. 1 TzBfG als einheitliche Regelung, die kein absolutes Benachteiligungsverbot im Entgeltbereich begründet.⁵

Wichtig ist, bei Teilzeitverträgen die **Dauer** der Arbeitszeit und die **Vergütungsregelung aufeinander abzustimmen**. Wird die Arbeitszeitdauer nach einem bestimmten Prozentsatz der betriebsüblichen bzw. tariflichen Regelarbeitszeit bestimmt, empfiehlt sich auch eine entsprechende dynamische Vergütungsregelung. Bei einer festen Arbeitszeitvereinbarung ist darauf zu achten, dass sich im Falle einer tariflichen Arbeitszeitverkürzung für Vollzeitbeschäftigte die Vergütung der Teilzeitbeschäftigten wegen § 4 Abs. 1 TzBfG prozentual erhöhen kann (vgl. dazu ausführlich → *Arbeitszeit*, II A 90 Rz. 10),⁶ und zwar unabhängig von der getroffenen Vereinbarung. 22

Ist der Aufstieg in eine höhere Vergütungsgruppe von einer **Bewährungszeit** abhängig, so ist eine Verlängerung der Bewährungszeit für Teilzeitbeschäftigte regelmäßig nicht gerechtfertigt. Es ist vielmehr konkret zu hinterfragen, ob ein vollzeitbeschäftigter Arbeitnehmer im Bewährungszeitraum ein nicht nur unwesentlich höheres Erfahrungswissen gewinnt als eine teilzeitbeschäftigte Kraft.⁷ 23

Eine bestimmte Tätigkeit darf nicht allein deswegen einer anderen (geringer entlohnten) **Vergütungsgruppe** zugeordnet werden, weil sie nicht in Voll-, sondern in Teilzeitbeschäftigung erbracht wird.⁸ 24

---

1 Insofern kann es dem Arbeitgeber im Falle von vertraglich vereinbarten, freiwilligen Abfindungen grundsätzlich erlaubt sein, diese nach dem Anteil der Arbeitszeit zu gewähren, so dass eine Berechnung der Abfindung nach dem pro-rata-temporis-Grundsatz sachlich gerechtfertigt ist, BAG v. 13.2.2007 – 9 AZR 729/05, NZA 2007, 860. Jedoch darf auch eine freiwillige Sonderzahlung nicht nur an bestimmte Arbeitnehmer gewährt werden, wenn eine unterschiedliche Behandlung nach dem Zweck der Leistung nicht gerechtfertigt ist, BAG v. 1.4.2009 – 10 AZR 353/08, NZA 2009, 1409, ergangen zum arbeitsrechtlichen Gleichbehandlungsgrundsatz.
2 BAG v. 27.7.1994 – 10 AZR 538/93, AP Nr. 37 zu § 2 BeschFG 1985.
3 BAG v. 16.4.2003 – 4 AZR 156/02, NZA 2004, 991.
4 Vgl. auch ErfK/*Preis*, § 4 TzBfG Rz. 46.
5 BAG v. 5.11.2003 – 5 AZR 8/03, NZA 2005, 222; v. 5.8.2009 – 10 AZR 634/08, ZTR 2009, 646; zust. *Kliemt*, NZA 2001, 63 (69); *Lindemann/Simon*, BB 2001, 146 (147); *Richardi/Annuß*, BB 2000, 2201; dagegen: *Däubler*, ZIP 2001, 217 (218); *Nielebock*, AiB 2001, 75 (76).
6 BAG v. 29.1.1992 – 5 AZR 518/90, EzA § 2 BeschFG 1985 Nr. 16.
7 BAG v. 2.12.1992 – 4 AZR 152/92, AP Nr. 28 zu § 23a BAT.
8 BAG v. 15.11.1994 – 5 AZR 681/93, AP Nr. 39 zu § 2 BeschFG 1985.

25 Gewährt ein Arbeitgeber des öffentlichen Dienstes seinen Angestellten **Beihilfen** in Krankheits-, Geburts- und Todesfällen, so darf er Angestellte, deren Arbeitszeit weniger als die Hälfte der regelmäßigen Arbeitszeit eines vollbeschäftigten Arbeitnehmers beträgt, nicht wegen der verminderten Arbeitszeit vom Bezug dieser Leistung ausnehmen.[1]

26 Ausnahmen von diesem Grundsatz der Gleichbehandlung machte die Rechtsprechung bis 1995 bei sog. „**nebenberuflich Beschäftigten**". Eine gesetzliche Definition der Nebentätigkeit besteht zwar nicht, von ihrem Vorliegen ist jedoch auszugehen, wenn eine entgeltliche Tätigkeit neben einem Arbeitsverhältnis ausgeübt wird, das den Arbeitnehmer überwiegend in Anspruch nimmt.[2] Der Lebensunterhalt wird dabei überwiegend aus den Einnahmen der Haupttätigkeit bestritten, auf das Einkommen aus der Nebentätigkeit ist der Arbeitnehmer also nicht angewiesen. Aus diesem Grund hielten das BAG und einige Instanzgerichte früher Regelungen für zulässig, aufgrund derer ein nebenberuflich tätiger Teilzeitarbeitnehmer gegenüber einem mit den gleichen Arbeiten beschäftigten Vollzeitarbeitnehmer schlechter bezahlt wird.[3] Diese Rechtsprechung gab das BAG im November 1995 ausdrücklich auf: Teilzeitarbeit darf nicht deswegen schlechter bezahlt werden als Vollzeitarbeit, weil der Teilzeitarbeitnehmer einen Hauptberuf ausübt und dadurch eine gesicherte Existenzgrundlage hat.[4] Vielmehr müssen für eine unterschiedliche Behandlung sachliche Gründe aus dem Bereich der Arbeitsleistung vorliegen. Die soziale Lage sowie die Tatsache der Nebenberuflichkeit sind kein ausreichender sachlicher Grund.[5] Diese Ansicht wurde schon zuvor in der Literatur vertreten.[6]

27 Arbeitnehmer, die durch einen in ihrer Person liegenden Grund ohne ihr Verschulden und für eine verhältnismäßig nicht erhebliche Zeit an der Arbeitsleistung verhindert sind, haben grundsätzlich nach **§ 616 Abs. 1 BGB** Anspruch auf **Entgeltfortzahlung** (Beispiele: Krankheitsfälle in der Familie, nicht aufschiebbarer Arztbesuch u.a.). Bislang weitestgehend als **Ausschluss** des Entgeltfortzahlungsanspruchs bei persönlicher Verhinderung aus § 616 Abs. 1 BGB anerkannt ist eine Klausel, nach der unter Abänderung des § 616 Abs. 1 BGB nur die geleistete Arbeit entlohnt wird.[7] Ob die formularmäßige Umkehrung des § 616 Abs. 1 BGB als Abweichung von der gesetzlichen Risikoverteilung in jedem Fall Bestand haben kann, erscheint insbesondere vor dem Hintergrund der nunmehr bei allen Formulararbeitsverträgen

---

1 BAG v. 25.9.1997 – 6 AZR 65/96, AP Nr. 63 zu § 2 BeschFG 1985; v. 17.6.1993 – 6 AZR 620/92, AP Nr. 32 zu § 2 BeschFG 1985.
2 BAG v. 14.1.1982 – 2 AZR 254/8, AP Nr. 65 zu § 620 BGB Befristeter Arbeitsvertrag; vgl. auch ErfK/*Preis*, § 611 BGB Rz. 155.
3 BAG v. 11.3.1992 – 5 AZR 237/91, AP Nr. 19 zu § 1 BeschFG 1985; v. 22.8.1990 – 5 AZR 543/89, AP Nr. 8 zu § 2 BeschFG 1985; LAG Hamm v. 6.6.1991 – 17 Sa 324/91, ZTR 1991, 388; LAG Köln v. 9.1.1991 – 2 Sa 747/90, ZTR 1991, 258.
4 BAG v. 1.11.1995 – 5 AZR 84/94, AP Nr. 45 zu § 2 BeschFG 1985.
5 BAG v. 1.11.1995 – 5 AZR 84/94, AP Nr. 45 zu § 2 BeschFG 1985.
6 GK-TzA/*Lipke*, Art. 1 § 2 BeschFG 1985 Rz. 124; *Richardi*, NZA 1992, 625 (628).
7 Für tarifvertragliche Klauseln BAG v. 20.6.1995 – 3 AZR 857/94, AP Nr. 94 zu § 616 BGB; v. 7.3.1990 – 5 AZR 189/89, AP Nr. 83 zu § 616 BGB; v. 8.12.1982 – 4 AZR 134/80, AP Nr. 58 zu § 616 BGB; v. 25.8.1982 – 4 AZR 1064/79, AP Nr. 55 zu § 616 BGB; v. 20.6.1979 – 5 AZR 479/77, AP Nr. 49 zu § 616 BGB; für einzelvertragliche Klauseln BAG v. 25.4.1960 – 1 AZR 16/58, AP Nr. 23 zu § 616 BGB; v. 6.12.1956 – 2 AZR 192/56, AP Nr. 8 zu § 616 BGB.

vorzunehmenden Angemessenheitskontrolle nach §§ 307ff. BGB fraglich;[1] ein **sachlicher Grund** für den Ausschluss zu fordern ist. Freilich könnte für die Abbedingung des § 616 Abs. 1 BGB besonders im Teilzeitarbeitsverhältnis ein Bedarf bestehen, weil das Bedürfnis für den Entgeltschutz im Hinblick auf die geringere Auslastung geringer erscheint. So soll ein Teilzeitbeschäftigter eher in der Lage sein, einen Arztbesuch in die arbeitsfreie Zeit zu legen. Wenn dies möglich ist, entfällt der Anspruch auf bezahlte Freistellung von der Arbeit.[2]

Wegen § 4 Abs. 1 TzBfG, insbesondere aber auch Art. 157 AEUV ist also zu raten, bei der Vertragsgestaltung bei der Vergütung und anderen geldwerten Leistungen **nicht zwischen Vollzeit- und Teilzeitbeschäftigten zu differenzieren**. Der „pro-rata-temporis-Grundsatz" verbietet nicht nur eine unterschiedliche Abgeltung von Teilzeit- und Vollzeitarbeit in qualitativer Hinsicht, sondern auch eine unterschiedliche Abgeltung von Teilzeit- und Vollzeitarbeit in quantitativer Hinsicht erlaubt. So kann das Arbeitsentgelt oder eine andere teilbare geldwerte Leistung für Teilzeitbeschäftigte entsprechend ihrer gegenüber vergleichbaren Vollzeitbeschäftigten verringerten Arbeitsleistung anteilig gekürzt werden.[3] 28

6. Verpflichtung zur Leistung von Überstunden

Wie bei Vollzeitarbeitsverhältnissen ist der Arbeitgeber **grundsätzlich nicht** aufgrund seines Direktionsrechts zur **einseitigen Anordnung von Überstunden berechtigt** (vgl. dazu ausführlich → Arbeitszeit, II A 90 Rz. 71ff.). Erforderlich ist – mit Ausnahme betrieblicher Notsituationen, in denen der Arbeitnehmer im Rahmen seiner Treuepflicht zur Leistung von Überstunden verpflichtet ist – eine tarif- oder arbeitsvertragliche Regelung.[4] Mit der Vereinbarung von Teilzeitarbeit ist zwar typischerweise die Aussage verbunden, darüber hinausgehende Arbeit gerade nicht leisten zu wollen. Arbeitnehmer reduzieren oftmals bewusst ihre Arbeitszeit, um freie Zeit zu gewinnen.[5] Auch kann eine grundsätzliche Verpflichtung zu Überstundenleistung oder Mehrarbeit möglicherweise zu einer Verletzung der Vertragspflichten eines weiteren Teilzeitarbeitsverhältnisses führen, das der Arbeitnehmer aufgenommen hat. Vereinbaren die Vertragsparteien jedoch eine Verpflichtung zur Leistung von Überstunden, muss der Arbeitnehmer von vornherein mit zusätzlicher Arbeit rechnen und kann seine Zeiteinteilung entsprechend organisieren. 29

Eine ungeklärte Frage ist, ob eine nicht weiter – etwa auf die Kriterien der Unregelmäßigkeit und Dringlichkeit – eingeschränkte Befugnis zur Anordnung von Überstunden im Ergebnis nicht wie ein **Teilzeitarbeitsvertrag mit teilweise variabler Arbeitszeit** zu behandeln ist. Die Wirkungsweise derartiger Klauseln ist praktisch gleich. Konsequenz davon ist, dass auf eine nicht weiter eingegrenzte Befugnis zur Überstundenanordnung die Vorschrift des **§ 12 TzBfG** über **Abrufarbeit** anzuwenden ist (vgl. dazu ausführlich → Arbeitszeit, II A 90 Rz. 74ff.). 30

---

1 Vgl. hierzu ErfK/*Preis*, §§ 305–310 BGB Rz. 82; ausdrücklich offen lassend BAG v. 7.2. 2007 – 5 AZR 270/06, ZTR 2007, 391.
2 Vgl. zu einer mit § 616 BGB vergleichbaren Tarifnorm BAG v. 29.2.1984 – 5 AZR 455/81, AP Nr. 64 zu § 616 BGB.
3 BAG v. 24.9.2008 – 10 AZR 639/07, ZTR 2009, 20.
4 GK-TzA/*Lipke*, Art. 1 § 2 BeschFG 1985 Rz. 108.
5 GK-TzA/*Lipke*, Art. 1 § 2 BeschFG 1985 Rz. 143.

31 Der **Betriebsrat** hat auch bei der vorübergehenden Verlängerung der Arbeitszeit bei Teilzeitbeschäftigten nach § 87 Abs. 1 Nr. 3 BetrVG mitzubestimmen, und zwar auch dann, wenn für diese unterschiedliche Wochenarbeitszeiten gelten.[1]

32 Möchte sich der Arbeitgeber also die Möglichkeit zur Anordnung von Überstunden offenhalten, ist eine arbeitsvertragliche Regelung erforderlich, soweit nicht ein anwendbarer Tarifvertrag diese Möglichkeit auch bei Teilzeitbeschäftigten vorsieht.

7. Vergütung von Überstunden

Typ 2: Vergütung von Überstunden

a) Bei Beschäftigung über die vereinbarte Zeit hinaus erhalten Sie je Arbeitsstunde die vereinbarte Vergütung, soweit die Stunden innerhalb der regelmäßigen Arbeitszeit des Betriebs geleistet werden.

b) Zuschlagspflichtige Überstunden werden nur geleistet, wenn aufgrund ausdrücklicher Anordnung die betriebsübliche Wochenarbeitszeit bzw. die tägliche Arbeitszeit von acht Stunden überschritten wird.

c) Ein Überstundenzuschlag wird nur bei Überschreitung der tariflichen Arbeitszeit gezahlt.

d) Über die vereinbarte Arbeitszeit hinausgehende Arbeitsstunden sind nur dann zuschlagspflichtig, wenn sie über die regelmäßige betriebliche Arbeitszeit hinausgehen und auch bei einem Vollzeitbeschäftigten als Überstunden nach dem Tarifvertrag zuschlagspflichtig sind.

e) Für über die vereinbarte Arbeitszeit hinausgehende Arbeitsstunden wird ein Zuschlag in Höhe von … % je geleistete Arbeitsstunde gezahlt.

f) Für über die vereinbarte Arbeitszeit hinausgehende Arbeitsstunden wird der jeweilige tarifliche Überstundenzuschlag gezahlt.

33 Der Gesetzgeber hat eine gesonderte Regelung der Überstundenvergütung bei Teilzeitbeschäftigten nicht getroffen. Eine **Pauschalabrede** zur Abgeltung von Mehrarbeit ist bei Teilzeitbeschäftigten noch problematischer als bei Vollzeitbeschäftigten, weil bei geringerer Regelstundenzahl eine über die Überstundenpauschale hinausgehende und somit nicht vergütungspflichtige Mehrarbeit das Gegenleistungsverhältnis erheblich beeinträchtigen kann (vgl. hierzu im Einzelnen → *Mehrarbeits- und Überstundenvergütung*, II M 20). Nicht gerechtfertigt ist jedenfalls die pauschale Regelung, dass Mehrarbeit bis zu drei Stunden im Monat weder bei Voll- noch Teilzeitbeschäftigten vergütet wird, weil durch diese Regelung (geringfügig) Teilzeitbeschäftigte viel stärker belastet werden.[2]

34 In den meisten Teilzeitarbeitsverträgen wird als Voraussetzung für Zuschläge die regelmäßige Arbeitszeit eines Vollzeitbeschäftigten zu Grunde gelegt (vgl. Klauseltyp 2a–d). Muss ein Teilzeitbeschäftigter aufgrund einer solchen vertraglichen Regelung über seine individuelle Arbeitszeit hinaus Überarbeit leisten, ohne zugleich die betriebliche Arbeitszeit zu überschreiten, ist unter dem Aspekt der Diskrimi-

---

1 BAG v. 16.7.1991 – 1 ABR 69/90, EzA § 87 BetrVG 1972 Arbeitszeit Nr. 48; dazu auch *Preis/Lindemann*, NZA Sonderheft 2001, 33 (42).
2 EuGH v. 27.5.2004 – C-285/02, NZA 2004, 783.

nierungsverbote des Art. 157 AEUV, Art. 3 Abs. 3 GG sowie § 4 Abs. 1 TzBfG fraglich, ob er einen Anspruch auf zusätzliche Überstundenvergütung in der gleichen Höhe wie ein Vollzeitbeschäftigter hat, der ebenfalls seine vereinbarte Arbeitszeit überschreitet.

Eine Auffassung, die auch das BAG vertritt, sieht den Zweck eines Überstundenzuschlags darin, die besonderen körperlichen Belastungen auszugleichen, die der Arbeitnehmer hinnehmen muss, wenn er über den **tariflich vorgegebenen zeitlichen Umfang** hinaus tätig wird[1] – die vom ArbZG vorgegebenen Höchstgrenzen sind dabei nicht entscheidend.[2] Der Arbeitgeber soll durch den Zuschlag von einer übermäßigen Inanspruchnahme des Arbeitnehmers abgehalten werden.[3] Aus diesem Grund fehle es schon an einer Ungleichbehandlung, denn Teilzeitbeschäftigte erhalten für die jeweilige Stunde eine gleich hohe Vergütung wie Vollzeitbeschäftigte.[4] Eine Ungleichbehandlung liege erst vor, wenn für jeweils dieselbe Stundenzahl nicht dieselbe Gesamtvergütung gezahlt wird.[5]

35

In der Literatur und von einigen Instanzgerichten wird hingegen angenommen, dass eine Ungleichbehandlung vorliegt, indem auf die **gleich lange Überschreitung der vereinbarten Arbeitszeit** abgestellt wird.[6] Zweck eines Überstundenzuschlags sei es, diejenigen Belastungen auszugleichen, die dem Arbeitnehmer dadurch entstehen, dass er planwidrig über die vereinbarte Zeit hinaus arbeiten muss und daher nicht frei über seine Zeit disponieren kann. Gerade Teilzeitkräfte hätten ein besonderes Interesse daran, nicht über die vereinbarte Zeit hinaus eingesetzt zu werden. Hingewiesen wird hier insbesondere auf familiäre Interessen. Jede Anordnung von Mehrarbeit stelle daher eine über die bloße Arbeitsleistung in den Mehrarbeitsstunden hinausgehende Belastung dar. Darüber hinaus verliere die körperliche Belastung als Begründung des tariflichen Überstundenzuschlags bei sinkender Wochenarbeitszeit (z.B. auf 30 Wochenstunden) an Überzeugungskraft.[7] Andererseits würde die Zahlung von Überstundenzuschlägen an Teilzeitarbeitnehmer diese im Vergleich zu Vollzeitarbeitnehmern erheblich begünstigen, insbesondere, wenn der Teilzeitbeschäftigte in mehreren Arbeitsverhältnissen zusätzlich und damit zuschlagspflich-

36

---

1 BAG v. 25.7.1996 – 6 AZR 138/94, AP Nr. 6 zu § 35 BAT; v. 30.1.1996 – 3 AZR 275/94, n.v.; v. 20.6.1995 – 3 AZR 539/93, AP Nr. 1 zu § 1 TVG Tarifverträge: Nährmittelindustrie; v. 7.2.1985 – 6 AZR 370/82, AP Nr. 48 zu § 37 BetrVG 1972; v. 5.11.2003 – 5 AZR 8/03, AP Nr. 6 zu § 4 TzBfG; v. 16.6.2004 – 5 AZR 448/03, AP Nr. 20 zu § 1 TVG Tarifverträge: Großhandel; *Arndt*, NZA Beilage 3/1989, 8 (10); *Becker-Schaffner*, DB 1986, 1773 (1776); GK-TzA/*Lipke*, Art. 1 § 2 BeschFG 1985 Rz. 140; *Lorenz*, NZA 1985, 473 (474); *Rolfs*, § 4 TzBfG Rz. 5.
2 So für den öffentlichen Dienst BAG v. 25.6.1996 – 6 AZR 138/94, AP Nr. 6 zu § 35 BAT; bestätigt durch BAG v. 23.4.1998 – 6 AZR 558/96, n.v.
3 BAG v. 30.10.1996 – 3 AZR 275/94, n.v.; v. 20.6.1995 – 3 AZR 539/93, AP Nr. 1 zu § 1 TVG Tarifverträge: Nährmittelindustrie.
4 So auch BAG v. 5.11.2003 – 5 AZR 8/03, NZA 2005, 222.
5 BAG v. 24.9.2008 – 6 AZR 657/07, NZA-RR 2009, 221.
6 LAG Hamm v. 22.10.1992 – 17 Sa 1035/92, LAGE Art. 119 EWG-Vertrag Nr. 2; LAG BW v. 9.6.1993 – 12 Sa 35/93, LAGE Art. 119 EWG-Vertrag Nr. 8; ArbG Hamburg v. 21.10.1991 – 21 Sa 173/91, AiB 1992, 164; *Däubler*, Das Arbeitsrecht Bd. 2, S. 987; *Falkenberg*, ZTR 1990, 97; HzA/*Linck*, Gruppe 1 Rz. 528; *Schüren*, RdA 1990, 18; *Schüren*, ZTR 1992, 355 (358); *Schüren*, NZA 1993, 529.
7 GK-TzA/*Lipke*, Art. 1 § 2 BeschFG 1985 Rz. 143.

tige Arbeitsstunden ableistet,[1] da dann der Vollzeitarbeitnehmer bei gleicher täglicher Arbeitszeit rechnerisch einen geringeren Stundenlohn erhalten würde.

37 Einige Instanzgerichte haben aufgrund der soeben genannten Bedenken dem EuGH die Frage vorgelegt, ob ein Fall mittelbarer Diskriminierung wegen des Geschlechts i.S.d. damaligen Art. 119 Abs. 1 EG-Vertrag (danach Art. 141 EG, jetzt Art. 157 AEUV) gegeben ist, wenn ein Tarifvertrag Überstundenzuschläge nur bei Überschreitung der tariflichen Regelarbeitszeit vorsieht und damit Teilzeitbeschäftigte – zu denen überwiegend Frauen zählen – bei Überschreiten ihrer Arbeitszeit keinen Überstundenzuschlag erhalten.[2] Der EuGH verneint sowohl eine unmittelbare als auch eine mittelbare Diskriminierung.[3] Eine unmittelbare Diskriminierung scheide aus, da die betreffenden Regelungen nicht unmittelbar an das Geschlecht anknüpfen. Auch eine mittelbare Diskriminierung scheide aus. Der EuGH stellt darauf ab, dass bei Überschreiten der individuellen Arbeitszeit des Teilzeitbeschäftigten, nicht aber der betriebsüblichen Arbeitszeit der Teilzeitbeschäftigte für diese Arbeitsstunde die gleiche Vergütung erhalte wie der Vollzeitbeschäftigte. Sind bspw. mit einem Teilzeitbeschäftigten 18 Arbeitsstunden vereinbart, erhält er für die geleistete 19. Arbeitsstunde die gleiche Vergütung wie ein Vollzeitbeschäftigter für die 19. Arbeitsstunde. Überschreite er dagegen die Regelarbeitszeit eines Vollzeitbeschäftigten, erhalte er, wie dieser auch, einen Überstundenzuschlag. Eine Ungleichbehandlung scheide daher aus. Dies bedeutet zugleich, dass der Teilzeitarbeitnehmer für die geleistete 19. Arbeitsstunde eine gleich hohe Vergütung erhalten muss wie der Vollzeitbeschäftigte für die 19. Arbeitsstunde.[4]

38 Für die **Vertragsgestaltung** bleibt festzuhalten, dass Regelungen, nach denen einem Teilzeitbeschäftigten ein Überstundenzuschlag erst bei Überschreiten der jeweiligen regelmäßigen Arbeitszeit eines Vollzeitbeschäftigten gewährt wird (Klauseltyp 2a–d), trotz der angeführten Kritik nach der Rechtsprechung des EuGH und des BAG zulässig sind.

39 Es können jedoch individuelle Vereinbarungen über die Zahlung von Zuschlägen für solche Arbeitsstunden getroffen werden, die über die einzelvertraglich vereinbarte wöchentliche Arbeitszeit hinaus geleistet werden (vgl. Klauseltyp 2e und f). Die Rechtsprechung des BAG und des EuGH steht solchen für den Arbeitnehmer günstigeren Regelungen nicht entgegen.

8. Urlaub

Typ 3: Urlaub

a) Der Mitarbeiter erhält kalenderjährlich einen Erholungsurlaub von ... Kalender-/Arbeitstagen. Der Urlaub wird in Abstimmung mit dem Mitarbeiter von

---

[1] GK-TzA/*Lipke*, Art. 1 § 2 BeschFG 1985 Rz. 143.
[2] LAG Hamm v. 22.10.1992 – 17 Sa 1035/92, LAGE Art. 119 EWG-Vertrag Nr. 5; ArbG Hamburg v. 6.11.1992 – 3 Ca 215/92, ABl. EG 1993, Nr. C 13, 4 (Ls.); ArbG Elmshorn v. 18.12.1992 – 2c Ca 1495/92, n.v.; ArbG Bochum v. 21.10.1993 – 3 Ca 2081/92, ArbuR 1993, 305 (Ls.); ArbG Neumünster v. 1.2.1993 – 4a Ca 1727/92, n.v.
[3] EuGH v. 15.12.1994 – C-399/92, BB 1995, 153.
[4] Vgl. BAG v. 21.4.1999 – 5 AZR 200/98, AP Nr. 72 zu § 2 BeschFG 1985; v. 16.6.2004 – 5 AZR 448/03, AP Nr. 20 zu § 1 TVG Tarifverträge: Großhandel.

der Unternehmensleitung festgelegt. Im Übrigen gelten die gesetzlichen Bestimmungen.

b) Steht der Mitarbeiter in mehreren Teilzeitarbeitsverhältnissen, so bestimmt der Arbeitgeber den Urlaubszeitpunkt mit Rücksicht darauf, dass der Arbeitnehmer in allen Arbeitsverhältnissen eine zusammenhängende Urlaubszeit erhält.

c) Der Mitarbeiter erhält ein anteiliges Urlaubsgeld, das sich aus dem Verhältnis seiner Arbeitszeit zur Arbeitszeit eines im Betrieb tätigen Vollzeitarbeitnehmers ergibt.

Teilzeitbeschäftigte einschließlich der geringfügig Beschäftigten haben Anspruch auf bezahlten Jahresurlaub wie Vollzeitbeschäftigte. Der Urlaubsanspruch wird im gleichen Umfang gekürzt, wie ihre Arbeitszeit gegenüber Vollzeitbeschäftigten vermindert ist[1] (Klauseltyp 3a). Arbeitet ein Teilzeitarbeitnehmer bspw. wie ein Vollzeitarbeitnehmer fest an fünf Tagen pro Woche, aber nur halbtags, hat er von der Anzahl der Tage her den gleichen Urlaubsanspruch wie der Vollzeitarbeitnehmer. Auf den ersten Blick erstaunt dies. Dennoch beträgt die effektive Urlaubszeit des Teilzeitbeschäftigten nur die Hälfte der Urlaubszeit eines Vollzeitbeschäftigten, da der Teilzeitarbeitnehmer jeweils nur einen halben Tag zur Arbeitsleistung verpflichtet ist. Steht ein Arbeitnehmer in mehreren Teilzeitarbeitsverhältnissen, empfiehlt sich eine in Klauseltyp 3b vorgeschlagene Regelung.

Für die **Berechnung der Urlaubsdauer** ist die Arbeitszeit in dem jeweiligen Kalenderjahr maßgebend, in dem der Urlaub tatsächlich genommen wird. Das gilt nach Ansicht des BAG auch bei der Übertragung von Resturlaub auf das neue Kalenderjahr. Ändert sich bspw. die Arbeitszeit zum Jahreswechsel und steht dem Arbeitnehmer aus dem vergangenen Jahr Resturlaub zu, sei der maßgebliche Berechnungszeitraum für die Dauer des Resturlaubs nicht das Jahr, in dem der Urlaubsanspruch erworben wurde, sondern das Jahr, in dem der Urlaub genommen werden soll, also das neue Jahr.[2]

Auch hinsichtlich des **Urlaubsgelds** (Klauseltyp 3c) gilt das **Diskriminierungsverbot**. Das BAG entschied,[3] dass die Vergütungsabrede eines angestellten teilzeitbeschäftigten Lehrers unwirksam ist, soweit nach ihr kein Anspruch auf einen dem Maß der vereinbarten regelmäßigen Arbeitszeit entsprechenden Teil des Urlaubsgelds besteht, das der Arbeitgeber einem vollzeitbeschäftigten Lehrer zahlt. Es liege ein Verstoß gegen § 2 Abs. 1 BeschFG 1985 (seit 1.1.2001: § 4 Abs. 1 TzBfG) vor. Das anteilige Urlaubsgeld eines vollzeitbeschäftigten Lehrers könne jedenfalls dann als übliche Vergütung beansprucht werden, wenn der Umfang der vereinbarten Arbeitszeit (hier $^{11}/_{23}$; der vollen betriebsüblichen Arbeitszeit) es regelmäßig ausschließt, dass der teilzeitbeschäftigte Lehrer in einem weiteren Arbeitsverhältnis

---

1 Zu Einzelheiten der Urlaubsberechnung bei Teilzeitbeschäftigten vgl. GK-TzA/*Lipke*, Art. 1 § 2 BeschFG 1985 Rz. 173 ff.; Schaub/*Linck*, § 102 Rz. 48.
2 BAG v. 28.4.1998 – 9 AZR 314/97, AP Nr. 7 zu § 3 BUrlG; a.A. ErfK/*Dörner*/*Gallner*, § 7 BUrlG Rz. 41.
3 BAG v. 4.9.1991 – 5 AZR 129/91, n.v.; v. 15.11.1990 – 8 AZR 283/89, EzA § 2 BeschFG 1985 Nr. 5; vgl. auch BAG v. 15.4.2003 – 9 AZR 548/01, NZA 2004, 494, wonach eine Benachteiligung von Teilzeitbeschäftigten durch eine tarifvertragliche Regelung nicht schon darin liege, dass diese nicht das volle, sondern ein zeitanteiliges Urlaubsgeld erhalten.

eine vergleichbare vollzeitbeschäftigten Arbeitnehmern zustehende Leistung verdienen kann.

9. Mehrfachbeschäftigung

Typ 4: Mehrfachbeschäftigung

a) Der Mitarbeiter versichert, bei Vertragsbeginn in keinem weiteren Arbeitsverhältnis zu stehen.

b) Der Arbeitgeber kann die Unterlassung der Begründung eines anderweitigen Arbeitsverhältnisses oder einer selbständigen Tätigkeit verlangen, wenn dadurch die Verpflichtungen aus diesem Arbeitsvertrag oder sonstige berechtigte Belange beeinträchtigt würden.

c) Der Mitarbeiter verpflichtet sich, die Absicht, ein zweites Arbeitsverhältnis anderweitig einzugehen, sofort dem Arbeitgeber schriftlich mitzuteilen.

43 Aus der Eigenart einer „Teilzeitbeschäftigung" folgt, dass **grundsätzlich mehrere Beschäftigungen dieser Art nebeneinander zulässig** sind. Denn der Teilzeitarbeitnehmer schuldet nicht seine ganze Arbeitskraft, sondern er ist lediglich verpflichtet, für eine bestimmte Zeit dem Arbeitgeber leistungsmäßig zur Verfügung zu stehen.[1] Teilzeitbeschäftigte müssen nämlich in einem größeren Umfang als Vollzeitbeschäftigte, die ihre Existenz aus einem Arbeitsverhältnis sichern können, in der Verwertung ihrer Restarbeitszeit frei sein. Schon mit Rücksicht hierauf kann der Arbeitgeber nicht ohne Weiteres die Begründung weiterer konkurrenzfreier Beschäftigungsverhältnisse untersagen. Im Übrigen ist die Möglichkeit der Beschränkung einer → *Nebentätigkeit*, II N 10 allgemein im Arbeitsverhältnis problematisch. Stets muss der Arbeitgeber an der Unterlassung ein **berechtigtes Interesse** haben. Ein solches ist bei Beeinträchtigung der Pflichten aus dem Arbeitsverhältnis gegeben. Hauptfälle sind die zeitliche Kollision der Mehrfachbeschäftigung oder Verstöße gegen das → *Wettbewerbsverbot*, II W 10.

44 Die prinzipielle Zulässigkeit mehrerer konkurrenzfreier Teilzeitbeschäftigungen nebeneinander führt allerdings **nicht unbedingt zur Reduzierung allgemeiner Nebenpflichten** des Teilzeitarbeitnehmers gegenüber seinem jeweiligen Arbeitgeber. Es obliegt ihm ebenso wie einem Vollzeitbeschäftigten, auftretende Betriebsstörungen oder drohende Schäden dem Arbeitgeber anzuzeigen und Schaden verursachendes Verhalten zu unterlassen. Im Rahmen des jeweiligen Teilzeitarbeitsverhältnisses kann der Arbeitgeber erwarten, dass der Beschäftigte – ungeachtet weiterer Beschäftigungsverhältnisse – seinen Arbeitspflichten genügt und keine schlechteren Arbeitsleistungen erbringt als vergleichbare Vollzeitarbeitnehmer.[2]

45 Zu den Nebenpflichten gehört auch, dass der mehrfach beschäftigte Teilzeitarbeitnehmer beachtet, dass die Summe der Arbeitszeiten aus allen Teilzeitverhältnissen die Höchstgrenze der **gesetzlich zugelassenen Arbeitszeit nicht überschreitet** (vgl.

---
1 GK-TzA/*Lipke*, Art. 1 § 2 BeschFG 1985 Rz. 117.
2 GK-TzA/*Lipke*, Art. 1 § 2 BeschFG 1985 Rz. 117f.

§§ 3, 6, 14 ArbZG). Die Rechtsprechung[1] erklärt bei erheblicher Überschreitung der gesetzlich zulässigen Arbeitszeit – das LAG Nürnberg sieht eine solche erhebliche Überschreitung bei zehn Stunden über der gesetzlich zulässigen Höchstarbeitszeit als gegeben an – das zweite Arbeitsverhältnis in vollem Umfang für unwirksam (§ 134 BGB). Denn in diesen Fällen sei anzunehmen, dass die Parteien den Vertrag nicht ohne die nichtige Arbeitszeitbestimmung geschlossen hätten. Allerdings kann die Nichtigkeit der Vereinbarung für die Zeit, in der trotz des Verbots tatsächlich gearbeitet wurde, dem Arbeitnehmer gegenüber nach den Grundsätzen des faktischen Arbeitsverhältnisses regelmäßig nicht geltend gemacht werden. Dieser hat daher sowohl einen Anspruch auf Entlohnung der zulässigen als auch der unzulässigen Arbeitszeit sowie auf entsprechende Urlaubsabgeltung.[2] Geringfügige Überschreitungen der Höchstarbeitszeit führen dagegen nicht zur Rechtsunwirksamkeit des zweiten Beschäftigungsverhältnisses, sondern bewirken lediglich – unter Erhaltung des Vertrages mit der gesetzlich zulässigen Höchstarbeitszeit – ein Beschäftigungsverbot auf Arbeitgeber- bzw. ein Leistungsverweigerungsrecht auf Arbeitnehmerseite bezüglich des übersteigenden Arbeitszeitvolumens.[3]

Um eine solche Überschreitung grundsätzlich zu vermeiden, ist der Arbeitgeber bei der Einstellung berechtigt, dem Arbeitnehmer aufzugeben, ihm alle **weiteren Beschäftigungsverhältnisse anzuzeigen**.[4] Desgleichen besteht gerade bei den flexiblen Teilzeitarbeitsformen – wie etwa KAPOVAZ – bereits unter dem Gesichtspunkt der Funktionsfähigkeit ein dringendes Bedürfnis, die Frage der Mehrfachbeschäftigung zu klären und vertraglich eindeutig zu regeln (Klauseltyp 4a und c). 46

Nicht zuletzt besteht ein Erfordernis einer solchen Auskunfts- und Anzeigepflicht im Hinblick auf die **sozialversicherungsrechtlichen Konsequenzen** bei mehreren **geringfügigen Beschäftigungsverhältnissen** (dazu im Einzelnen → *Beschäftigung, geringfügige*, II B 20).[5] Zu bedenken ist, dass bei Überschreitung der Geringfügigkeitsgrenze des § 8 Abs. 1 Nr. 1 SGB IV durch Zusammenrechnung mehrerer geringfügiger Beschäftigungen gemäß § 8 Abs. 2 Satz 1 SGB IV eine damit verbundene Versicherungspflicht gemäß § 8 Abs. 2 Satz 3 SGB IV zwar grundsätzlich erst mit dem Tag der Bekanntgabe des die Versicherungspflicht feststellenden Bescheids durch die Einzugsstelle oder einen Träger der Rentenversicherung beginnt,[6] der rückwirkende Eintritt der Versicherungspflicht jedoch dann nicht ausgeschlossen ist, wenn gemäß dem seit dem 1.1.2009 in Kraft getretenen § 8 Abs. 2 Satz 4 SGB IV der Arbeitgeber vorsätzlich oder grob fahrlässig versäumt hat, den Sachverhalt für die versicherungsrechtliche Beurteilung aufzuklären. 47

---

1 BAG v. 19.6.1959 – 1 AZR 565/57, AP Nr. 1 zu § 611 BGB Doppelarbeitsverhältnis; LAG Nürnberg v. 19.9.1995 – 2 Sa 429/94, AP Nr. 9 zu § 134 BGB; vgl. auch *Becker-Schaffner*, DB 1986, 1773; a.A. MünchArbR/*Reichold*, § 49 Rz. 52 f., welcher bei Überschreitung der Höchstarbeitszeit keine Nichtigkeit nach § 134 BGB, sondern auch bei erheblicher Überschreitung ein Beschäftigungsverbot für das weniger gewichtige Arbeitsverhältnis annimmt.
2 GK-TzA/*Lipke*, Art. 1 § 2 BeschFG 1985 Rz. 323.
3 BAG v. 14.12.1967 – 5 AZR 74/67, AP Nr. 2 zu § 1 AZO.
4 GK-TzA/*Lipke*, Art. 1 § 2 BeschFG 1985 Rz. 119; vgl. zu einer entsprechenden Frage bei der Einstellung → *Personalfragebogen*, II P 10 Rz. 39 ff.
5 S. zur geringfügigen Beschäftigung auch *Rolfs*, NZA 2003, 65.
6 Vgl. auch die Entscheidung des LSG BW v. 9.4.2008 – L 5 R 2125/07, n.v., die vor Inkrafttreten des Satzes 4 erging.

48 Die dem Arbeitnehmer obliegende Auskunfts- und Anzeigepflicht rechtfertigt allerdings **kein vertragliches Verbot** der Aufnahme einer weiteren Beschäftigung, da durch diese eine Beeinträchtigung der Interessen des Arbeitgebers nicht zwangsläufig zu erwarten ist. Der Arbeitgeber ist daher nicht befugt, dem Arbeitnehmer eine weitere Tätigkeit bei einem anderen Arbeitgeber zu versagen, wenn die Beschäftigung mit der geschuldeten Arbeitsleistung zeitlich nicht zusammentrifft und auch sonst mit den Pflichten aus dem Arbeitsverhältnis nicht unvereinbar ist.

49 Ein **berechtigtes Interesse des Arbeitgebers**, dass der Arbeitnehmer kein weiteres gleichartiges Arbeitsverhältnis zu einem Dritten eingeht, besteht folglich nur, wenn die allgemein von der Rechtsprechung aufgestellten Voraussetzungen für ein Nebentätigkeitsverbot vorliegen, etwa eine Beeinträchtigung der Pflichterfüllung aus dem Arbeitsverhältnis (vgl. dazu → *Nebentätigkeit*, II N 10).[1]

50 Theoretisch könnte es für einen Arbeitgeber vorteilhaft sein, mit **einem Arbeitnehmer mehrere Teilzeitverträge** zu schließen. Durch eine entsprechende Vertragsgestaltung könnten eine Vielzahl von Tarifnormen umgangen werden, weil zahlreiche Tarifnormen noch[2] zwischen Voll- und Teilzeitbeschäftigung differenzieren und häufig sogar der Geltungsbereich eines Tarifvertrages von der einzelvertraglich vereinbarten Stundenzahl abhängt. Ansprüche, die an die Betriebszugehörigkeit des Arbeitnehmers anknüpfen, könnten geschmälert werden, wenn mit einem ursprünglich Teilzeitbeschäftigten keine Vollzeitbeschäftigung, sondern ein weiteres Teilzeitarbeitsverhältnis begründet wird. Schließlich könnten auch die Eingruppierungsvorschriften des Tarifvertrages umgangen werden, wenn ein Arbeitsverhältnis in verschiedene Teilzeitarbeitsverhältnisse mit unterschiedlichen Aufgaben und unterschiedlicher Vergütung aufgespalten wird. Das Merkmal der überwiegend auszuübenden Tätigkeit würde durch entsprechende Vertragsgestaltung leerlaufen.[3] Praktisch wird eine derartige Vertragsgestaltung jedoch keinen Erfolg haben, soweit mit ihr die **Umgehung zwingenden Schutzrechts** verbunden ist. Schon mit Urteil vom 25.11.1970[4] stellte der 4. Senat des BAG klar, dass ein Arbeitgeber durch die einzelvertragliche Vereinbarung mehrerer Teilzeitarbeitsverhältnisse mit einem Arbeitnehmer tarifliche Vorschriften nicht umgehen könne. Auf eine Umgehungsabsicht kommt es dabei nicht an.

51 Festzuhalten bleibt, dass eine **Mehrfachbeschäftigung grundsätzlich zulässig** ist, sofern keine berechtigten Interessen des Arbeitgebers beeinträchtigt werden. Eine **Auskunftspflicht** des Arbeitnehmers hinsichtlich der Aufnahme einer weiteren Beschäftigung kann vertraglich vereinbart werden.

---

[1] BAG v. 18.11.1988 – 8 AZR 12/86, AP Nr. 3 zu § 611 BGB Doppelarbeitsverhältnis; vgl. bzgl. eines Wettbewerbsverbotes BAG v. 24.3.2010 – 10 AZR 66/09, NZA 2010, 693.
[2] Zwischen Teilzeit- und Vollzeitbeschäftigten differenzierende Regelungen in Tarifverträgen sind unter dem Gesichtspunkt mittelbarer Geschlechtsdiskriminierung problematisch. Vgl. dazu EuGH v. 7.2.1991 – C-184/89, EzA Art. 119 EWG-Vertrag Nr. 1; BAG v. 2.12.1992 – 4 AZR 152/92, AP Nr. 28 zu § 23a BAT; v. 25.9.1991 – 4 AZR 33/91, EzA § 2 BeschFG 1985 Nr. 14.
[3] BAG v. 25.11.1970 – 4 AZR 534/69, AP Nr. 10 zu § 4 TVG mit im Ergebnis zust. Anm. *Wiedemann*.
[4] BAG v. 25.11.1970 – 4 AZR 534/69, AP Nr. 10 zu § 4 TVG.

10. Rechtsanspruch auf Teilzeitarbeit und Vorrang der Verhandlungslösung

Gemäß § 8 Abs. 1 TzBfG hat **jeder Arbeitnehmer**, also auch ein befristet eingestellter oder Teilzeitarbeitnehmer sowie ein leitender Angestellter (§ 6 TzBfG), einen Rechtsanspruch auf **Verringerung seiner vertraglich vereinbarten Arbeitszeit** und kann Wünsche hinsichtlich der **Lage der Arbeitszeit** äußern.[1] Dies bedeutet nicht, dass von vornherein eine entsprechende Regelung im Arbeitsvertrag enthalten sein muss. Vielmehr geht die Initiative zur Reduzierung der Arbeitszeit vom Arbeitnehmer aus.

Der Anspruch auf Verringerung der Arbeitszeitdauer besteht dabei unter folgenden Voraussetzungen:
- Der Arbeitgeber muss in der Regel **mehr als 15 Arbeitnehmer** mit Ausnahme der Auszubildenden beschäftigen, § 8 Abs. 7 TzBfG.
- Der Arbeitnehmer **muss** die Verringerung der Arbeitszeit und deren gewünschten Umfang **drei Monate** vor deren Beginn **formlos** geltend machen, § 8 Abs. 2 TzBfG.[2] Dabei **soll** er die gewünschte Verteilung der Arbeitszeit angeben.[3] Aus dem fehlenden Formerfordernis können sich in einem Rechtsstreit Nachweisschwierigkeiten ergeben, so dass eine schriftliche Geltendmachung dringend zu raten ist. Ein zu kurzfristig gestelltes Teilzeitverlangen, dessen Verspätung nicht schon aufgrund vorbehaltloser Erörterung des Teilzeitverlangens durch den Arbeitgeber unschädlich ist,[4] ist nach der Rechtsprechung des BAG nicht unwirksam, sondern verschiebt lediglich den geplanten Beginn auf den frühest zulässigen Zeitpunkt.[5]
- Das Arbeitsverhältnis muss **mindestens sechs Monate** (ununterbrochen) bestanden haben, § 8 Abs. 1 TzBfG. Nach der amtlichen Begründung des TzBfG soll eine Verringerung der Arbeitszeit erst nach Ablauf der sechsmonatigen Wartezeit geltend gemacht werden können,[6] so dass die tatsächliche Verringerung erst neun Monate und einen Tag nach der Einstellung des Arbeitnehmers erfolgen kann.

Der Arbeitgeber hat gemäß § 8 Abs. 4 Satz 1 TzBfG das Recht, den Antrag auf Arbeitszeitreduzierung **aus betrieblichen Gründen**[7] **abzulehnen**, wobei an die Gründe

---

1 Ausführlich dazu *J.-H. Bauer*, NZA 2000, 1039; *Däubler*, ZIP 2000, 1961; *Gehring*, Das Recht auf Teilzeitarbeit – Anspruch und Wirklichkeit, 2005; *Lakies*, DZWiR 2001, 1; ErfK/*Preis*, § 8 TzBfG; *Preis/Gotthardt*, DB 2000, 2065; *Preis/Gotthardt*, DB 2001, 145; *Richardi/Annuß*, BB 2000, 2201; *Rolfs*, RdA 2001, 129; *Schiefer*, DB 2000, 2118.
2 Gibt der Arbeitnehmer nur einen Arbeitszeitrahmen vor (z.B. 20 bis 25 Wochenstunden), ist das Änderungsverlangen nicht hinreichend bestimmt und daher unwirksam, so LAG Köln v. 10.10.2009 – 9 Sa 824/09, BB 2010, 955.
3 Dabei ist erforderlich, dass der Arbeitnehmer sich im Rahmen seines bisherigen Arbeitszeitmodells hält, LAG Düsseldorf v. 17.5.2006 – 12 Sa 175/06, DB 2006, 1682.
4 So nach BAG v. 14.10.2003 – 9 AZR 636/02, NZA 2004, 975; v. 16.12.2008 – 9 AZR 893/07, NJW 2009, 1527.
5 BAG v. 20.7.2004 – 9 AZR 626/03, NJW 2005, 1144; v. 16.12.2008 – 9 AZR 893/07, NJW 2009, 1527; vgl. auch BAG v. 13.10.2009 – 9 AZR 910/08, NZA 2010, 339, wonach auch bei keiner Angabe zum Beginn der Vertragsänderung die Frist des § 8 Abs. 2 TzBfG mit Zugang des Schreibens zu laufen beginnt.
6 BT-Drucks. 14/4374, S. 17.
7 Maßgeblicher Zeitpunkt für das Vorliegen der betrieblichen Gründe ist nach der Rechtsprechung des BAG der Zeitpunkt, zu dem der Arbeitgeber die Ablehnung erklärt, BAG v.

geringe Anforderungen zu stellen sind. Es muss nicht die Schwelle eines dringenden betrieblichen Erfordernisses i.S.v. § 1 Abs. 2 KSchG erreicht sein, vielmehr genügen rationale, nachvollziehbare Gründe,[1] wobei das BAG zudem verlangt, dass diese hinreichend gewichtig sind.[2] Als Beispiele für solche Gründe nennt § 8 Abs. 4 Satz 2 TzBfG die wesentliche Beeinträchtigung der Organisation, des Arbeitsablaufs oder der Sicherheit im Betrieb sowie die Verursachung unverhältnismäßiger Kosten. Die Ablehnung muss dem Arbeitnehmer mindestens einen Monat vor dem gewünschten Beginn der Verringerung **schriftlich** mitgeteilt werden, § 8 Abs. 5 Satz 1 TzBfG, anderenfalls verringert sich die Arbeitszeit in dem vom Arbeitnehmer gewünschten Umfang und es gilt die vom Arbeitnehmer gewünschte Verteilung der Arbeitszeit als festgelegt, § 8 Abs. 5 Satz 2 und 3 TzBfG.

54 Aus § 8 Abs. 3 TzBfG ist die Intention des Gesetzgebers ersichtlich, **vorrangig eine Einigung zwischen Arbeitgeber und Arbeitnehmer** hinsichtlich der Arbeitszeitreduzierung zu erzielen: Die Vertragsparteien haben die Verringerung der Arbeitszeit gemeinsam zu erörtern mit dem Ziel, zu einer Vereinbarung – also einer einvernehmlichen Änderung des Arbeitsvertrags – zu gelangen. Entgegen der instanzgerichtlichen Rechtsprechung[3] wird eine Ablehnung unter Verstoß gegen die Verhandlungsobliegenheit vom BAG[4] jedoch nicht als unwirksam angesehen. Die Ablehnung des Antrags auf Verringerung ist vielmehr unabhängig von Verhandlungen mit dem Arbeitnehmer wirksam und das Recht zur Ablehnung auch nicht verwirkt, da es sich bei der Erörterung nach § 8 Abs. 3 Satz 1 TzBfG lediglich um eine Obliegenheit handelt.[5] Auch hinsichtlich der **Lage der Arbeitszeit** ist die missverständliche Regelung des § 8 Abs. 3 Satz 2 TzBfG, nach welcher der Arbeitgeber mit dem Arbeitnehmer über die von ihm festzulegende Verteilung der Arbeitszeit Einvernehmen zu erzielen hat, dahin zu verstehen, dass sie den Vorrang der Verhandlungslösung zum Ausdruck bringen will. Zudem soll sie den Arbeitnehmer darauf hinweisen, dass prinzipiell der Arbeitgeber die Verteilung der Lage der Arbeitszeit festlegt. Es ist also **nicht erforderlich**, dass im Rahmen der Vereinbarung über eine Verringerung der Arbeitszeit auch die **Lage der Arbeitszeit festgelegt** und als Konsequenz dessen das Direktionsrecht des Arbeitgebers eingeschränkt wird (vgl. dazu → *Arbeitszeit*, II A 90 Rz. 15). Es kann vielmehr auch eine **flexible Lage der Arbeitszeit vereinbart** werden, die der Arbeitgeber mithilfe des Direktionsrechts festlegen kann (zu den verschiedenen Arbeitszeitmodellen s. → *Arbeitszeit*, II A 90 Rz. 104 ff.).

18.2.2003 – 9 AZR 356/02, DB 2003, 1682; a.A. LAG Hamm v. 15.1.2003 – 2 Sa 1393/02, LAGReport 2003, 196 (Zeitpunkt der letzten mündlichen Verhandlung); vgl. zu den verschiedenen betrieblichen Gründen die zahlreichen Entscheidungen in ErfK/*Preis*, § 8 TzBfG Rz. 23 ff.

1 LAG Köln v. 4.12.2001 – 3 Sa 975/02, ArbuR 2002, 190; LAG Berlin v. 18.1.2002 – 19 Sa 1982/01, AuA 2002, 133; vgl. auch BAG v. 18.3.2003 – 9 AZR 126/02, AP Nr. 3 zu § 8 TzBfG.
2 BAG v. 15.8.2006 – 9 AZR 30/06, NZA 2007, 259.
3 LAG Düsseldorf v. 2.5.2002 – 5 Sa 216/02, DB 2002, 1778 (allerdings aufgehoben durch BAG v. 18.2.2003 – 9 AZR 356/02, DB 2003, 1682); LAG Düsseldorf v. 1.3.2002 – 18 (4) Sa 1269/01, DB 2002, 1222; ArbG Düsseldorf v. 31.7.2001 – 6 Ca 2817/01, NZA-RR 2001, 571.
4 BAG v. 18.2.2003 – 9 AZR 356/02, DB 2003, 1682.
5 ErfK/*Preis*, § 8 TzBfG Rz. 15; *Rolfs*, § 8 TzBfG Rz. 23.

Der Rechtsanspruch des Arbeitnehmers auf Teilzeitarbeit soll diesem vornehmlich 55
zur Verstärkung seiner Verhandlungsposition an die Hand gegeben werden. Die Interessen des Arbeitgebers werden ebenfalls durch verschiedene Instrumentarien berücksichtigt. So kann er den Arbeitnehmerwunsch aus betrieblichen Gründen gemäß § 8 Abs. 4 Satz 1 TzBfG ablehnen und bei Überwiegen der betrieblichen Interessen die veränderte Verteilung der Arbeitszeit wieder ändern, § 8 Abs. 5 Satz 4 TzBfG. Darüber hinaus kann der Arbeitnehmer frühestens zwei Jahre nach einer Zustimmung oder berechtigten Ablehnung der Arbeitszeitverringerung eine erneute Verringerung verlangen, § 8 Abs. 6 TzBfG. Soweit sich der Arbeitgeber jedoch nicht auf § 8 Abs. 6 TzBfG beruft, sondern sich rügelos erneut inhaltlich auf ein erneutes Teilzeitbegehren einlässt, kann in dem Verhalten ein Verzicht auf die Sperrfrist gesehen werden.[1]

Das primäre Anstreben einer **Verhandlungslösung** steht also im Vordergrund der gesetzgeberischen Absicht. Dies ist auch sachgerecht und für ein weiterhin positives Verhältnis zwischen den Vertragsparteien unbedingt erforderlich: Wer würde einen durch mehrere Instanzen gehenden Rechtsstreit führen und gleichzeitig mit seinem – u.U. langjährigen – Prozessgegner dauerhaft zusammenarbeiten wollen? Zwar darf ein Arbeitnehmer nicht wegen der Inanspruchnahme von Rechten nach dem TzBfG benachteiligt werden, § 5 TzBfG, doch ist aufgrund einer gerichtlichen Auseinandersetzung über die Arbeitszeitverringerung das Arbeitsklima derart gestört, dass früher oder später eine Kündigung – von welcher Seite auch immer – zu erwarten ist. Daher ist sowohl Arbeitgeber als auch Arbeitnehmer dringend zu empfehlen, gemeinsam eine für beide Seiten akzeptable vertragliche Lösung zu erarbeiten. 56

11. Hinweise zur Vertragsgestaltung

Bei der Vertragsgestaltung hinsichtlich der **Arbeitszeit** ist zu überlegen, ob Dauer 57
und Lage der Arbeitszeit festgelegt werden sollen mit allen Vor- und Nachteilen (ausführlich dazu → *Arbeitszeit*, II A 90 Rz. 22 ff.) oder ob ein flexibles Modell hinsichtlich der Lage der Arbeitszeit gewählt werden soll, das ebenfalls Vor- und Nachteile mit sich bringt (ausführlich dazu → *Arbeitszeit*, II A 90 Rz. 42 ff.). In jedem Fall sind betriebliche Vereinbarungen über die Arbeitszeitlage zu beachten. Diese können auch einen Grund für die Ablehnung der Wünsche des Arbeitnehmers nach einer bestimmten Festlegung der Arbeitszeit im Rahmen des § 8 TzBfG darstellen.[2]

Vor dem Hintergrund des mehrfachen **Gleichbehandlungsschutzes** (§ 4 Abs. 1 58
TzBfG, Art. 157 AEUV, Art. 3 Abs. 2 GG, § 7 Abs. 1 AGG i.V.m. § 3 Abs. 1 bzw. 2 AGG i.V.m. § 1 AGG) empfiehlt es sich prinzipiell **nicht, in den materiellen Arbeitsbedingungen** (Vergütung, Sonderleistungen, Urlaub usw.) **zwischen Vollzeit- und Teilzeitarbeitsverträgen zu differenzieren**.[3] Ein Arbeitgeber, der bei Arbeits-

---

1 LAG Hamm v. 13.7.2009 – 19 Sa 433/09, n.v.
2 BAG v. 16.3.2004 – 9 AZR 323/03, AP Nr. 10 zu § 8 TzBfG; v. 18.2.2003 – 9 AZR 356/02, DB 2003, 1682; LAG BW v. 4.11.2002 – 15 Sa 53/02, LAGE § 8 TzBfG Nr. 10; ArbG Stuttgart v. 23.11.2001 – 26 Ca 1324/01, NZA-RR 2002, 183; LAG Berlin v. 18.1.2002 – 19 Sa 1982/01, AuA 2002, 133 (136); ErfK/*Preis*, § 8 TzBfG Rz. 41; *Preis/Gotthardt*, DB 2001, 145 (149); MünchArbR/*Schüren*, § 46 Rz. 60; *Rieble/Gutzeit*, NZA 2002, 7 (12); *Rolfs*, § 8 TzBfG Rz. 35.
3 Ebenso *Göbel/Neifer-Dichmann*, Gestaltungsformen flexibler Teilzeitarbeit, 1989, S. 47.

bedingungen eine Gruppenbildung allein nach dem Umfang der Arbeitszeit vornimmt, sieht sich in der Regel dem Vorwurf ausgesetzt, sachlich nicht gerechtfertigt zu differenzieren und gegen den Grundsatz der Gleichbehandlung zu verstoßen. Aber auch bei **Teilzeitbeschäftigten untereinander** sollte eine Gruppenbildung allein nach dem Umfang der Arbeitszeit unterbleiben.

59 Hinsichtlich der Zahlung von **Überstundenzuschlägen** ist es nach der Rechtsprechung allerdings zulässig, diese erst bei Überschreiten der Arbeitszeit eines Vollzeitbeschäftigten zu gewähren. Die Teilzeitbeschäftigten erhalten danach also mangels anderweitiger Vereinbarung für solche Stunden, die sie über ihre vereinbarte Arbeitszeit hinaus leisten, keinen Zuschlag, solange sie nicht die Arbeitszeit eines Vollzeitbeschäftigten überschreiten, was praktisch nicht der Fall sein wird (vgl. dazu Rz. 33 ff.).

60 So wie die sachliche Gleichbehandlung geboten sein kann, kann eine **schematische Gleichbehandlung** mit Vollzeitbeschäftigten aber auch **problematisch** sein. Dies gilt etwa in Bezug auf Beschränkungen einer **Mehrfachbeschäftigung** der Teilzeitbeschäftigten: Eine solche darf dem Teilzeitbeschäftigten nicht generell verboten werden, sondern nur, soweit berechtigte Belange des Arbeitgebers beeinträchtigt würden (vgl. dazu Rz. 43 ff.).

61 Bei **geringfügig Beschäftigten** sind die sozialrechtlichen Besonderheiten zu beachten (vgl. dazu → *Beschäftigung, geringfügige*, II B 20).

62 Im Ergebnis kann hier jedoch keine allgemein gültige Lösung angeboten werden. Vielmehr muss der einzelne Arbeitgeber selbst entscheiden, welche Regelung für ihn und die Situation in seinem Betrieb sinnvoll ist. Die in diesem Buch genannten Klauseln geben dabei Entscheidungshilfen.

T 20 Telearbeit

	Rz.		Rz.
1. Überblick	1	bb) Zeiterfassung	39
2. Arten von Telearbeit	8	cc) Überstunden	40
a) Ausschließliche Telearbeit	9	b) Anforderungen an die häusliche Arbeitsstätte bei alternierender und ausschließlicher Telearbeit	42
b) Alternierende Telearbeit	10		
c) Telearbeit in Nachbarschafts- und Satellitenbüros	12		
		c) Arbeitsmittel	46
d) Mobile Telearbeit	15	d) Kostenerstattung	49
3. Status des Telearbeiters	16	e) Haftung des Telearbeiters	54
a) Arbeitnehmer	17	f) Schutz von Daten und Informationen am Telearbeitsplatz	61
b) Heimarbeiter	24		
c) Arbeitnehmerähnlicher freier Mitarbeiter	26	g) Zugang zur Wohnung des Telearbeiters	63
d) Selbständiger	27	h) Unfallversicherungsschutz	67
e) Zusammenfassung	28	i) Aufgabe der häuslichen Arbeitsstätte bei alternierender Telearbeit	69
4. Individualarbeitsrechtliche Fragen	30		
a) Arbeitszeit	31		
aa) Dauer und Lage der Arbeitszeit	31	5. Mitbestimmungsrechte des Betriebsrats	74

Schrifttum:

Albrecht, Die Einrichtung von Tele- und Außenarbeitsplätzen – Rechtliche und personalpolitische Anforderungen, NZA 1996, 1240; *Bieler/Cordes/Kaune*, Organisation von Telearbeit, 2001; *Boemke*, Das Telearbeitsverhältnis, BB 2000, 147; *Brink*, BSG – Nächtlicher Heimweg vom Abendessen in einem Restaurant trotz betriebsdienlicher Tätigkeiten nicht unfallversichert, ArbR 2013, 632; *Collardin*, Aktuelle Rechtsfragen der Telearbeit, 1995; *Danko/Plesterninks*, Telearbeitsverträge, 2002; *Dulle*, Rechtsfragen der Telearbeit, 1999; *Fenski*, Außerbetriebliche Arbeitsverhältnisse – Heim- und Telearbeit, 2. Aufl. 2000; *Genenger*, Telearbeit, in: Preis, Innovative Arbeitsformen, 2005, S. 1057; *Godehardt*, Telearbeit, 1994; *Hohmeister/Küper*, Individualvertragliche Arbeitszeitgestaltung bei der alternierenden Telearbeit, NZA 1998, 1206; *Kappus*, Rechtsfragen der Telearbeit, 1986; *Kramer, S.*, Gestaltung arbeitsvertraglicher Regelungen zur Telearbeit, DB 2000, 1329; *Küfner-Schmidt*, Die soziale Sicherheit der Telearbeitnehmer, 1986; *Lammeyer*, Telearbeit, 2007; *Nägele*, Der Telearbeitsvertrag, ArbRB 2002, 313; *Otten*, Heim- und Telearbeit, 1996; *Preis*, Arbeitsrechtliche Probleme der Telearbeit, in Schriftenreihe des Instituts für Rundfunkrecht an der Universität Köln, Bd. 71, 1998, S. 75; *Preis*, Rechtsfragen der Telearbeit, in Hoeren/Sieber, Handbuch Multimedia Recht, Loseblatt, Stand: März 2014; *Prinz*, Europäische Rahmenvereinbarungen über Telearbeit, NZA 2002, 1268; *Raffelsiefen*, Telearbeit – Eine Arbeitsform der Zukunft, PersR 2001, 139; *Ricken*, Telearbeit, in: Besgen/Prinz, Handbuch Internet.Arbeitsrecht, 3. Aufl. 2013; *Schaub*, Flexibilisierung des Personaleinsatzes, BB 1998, 2106; *Schauf*, Telemanagement – Telearbeit als Managementproblem, 2002; *Schlegel*, Grenzenlose Arbeit, NZA-Beilage 2014, 16; *Schur*, Gesetzlicher Unfallversicherungsschutz auf dem Weg zwischen einem Restaurant und einem Home-Office, jM 2014, 249; *Schwarzbach*, Telearbeit gestalten, 2002; *Wank*, Telearbeit, 1997; *Wank*, Telearbeit und Arbeitsrecht, AuA 1998, 192; *Wank*, Das Individualarbeitsrecht der Telearbeit, Der Arbeitgeber 1998, 99; *Wedde*, Telearbeit, 3. Aufl. 2002; *Wiese*, Personale Aspekte und Überwachung der häuslichen Telearbeit, RdA 2009, 344.

1. Überblick

1 Die immer moderner werdende **Informations- und Telekommunikationstechnik** macht in vielen Berufszweigen eine Arbeit an beliebigen Orten **außerhalb des Betriebs** möglich. Die Bezeichnungen dieser dezentralen Form der Arbeit sind vielfältig – es finden sich Begriffe wie „außerbetriebliche Arbeit", „elektronische Heimarbeit", „Fernarbeit", „telecommuting" sowie überwiegend „Telearbeit". Im Juli 2002 haben die europäischen Sozialpartner (europäischer Gewerkschaftsbund sowie der zu diesem Zeitpunkt noch unter dem Namen UNICE firmierende europäische Wirtschafts- und Arbeitgeberverband BUSINESSEUROPE) eine Rahmenvereinbarung über Telearbeit verabschiedet, die zwar kein unmittelbar anwendbares Recht darstellt, die aber erstmals eine ausdrückliche Definition des Begriffs „Telearbeit" enthält. Telearbeit ist danach eine Form der Organisation und/oder Ausführung von Arbeit unter Verwendung von Informationstechnologie im Rahmen eines Arbeitsvertrages/eines Beschäftigungsverhältnisses, bei der die Arbeit, die auch in den Einrichtungen des Arbeitgebers ausgeführt werden könnte, regelmäßig außerhalb dieser Einrichtungen verrichtet wird.

2 Telearbeit kann von **Arbeitnehmern**, aber auch von **Heimarbeitern** bzw. sonstigen **arbeitnehmerähnlichen Personen** sowie von **Selbständigen** geleistet werden. In den meisten Fällen ist der Telearbeiter allerdings Arbeitnehmer.[1]

3 **Vorteile**[2] der Telearbeit im Rahmen eines Arbeitsverhältnisses bestehen für Arbeitnehmer und Arbeitgeber. Der **Arbeitnehmer** hat die Möglichkeit, durch die Arbeit zu Hause Beruf und Familie besser miteinander zu vereinbaren, indem er die Lage seiner Arbeitszeit zumindest teilweise selbst gestalten kann. Diese Möglichkeit zur freien Zeiteinteilung erhöht seine Eigenverantwortlichkeit und kann die Arbeitsmotivation steigern. Darüber hinaus spart er ohne den täglichen Weg zur Arbeit Zeit und Fahrtkosten. Gerade in strukturschwachen Gebieten wird eine Erwerbstätigkeit durch Telearbeit gefördert, teilweise sogar erst ermöglicht. Auch die Chancengleichheit bspw. für behinderte Arbeitnehmer wird erhöht.

4 Aus Sicht des **Arbeitgebers** positiv ist eine höhere Flexibilität der Arbeitnehmer, insbesondere bei der mobilen Telearbeit, und dadurch eine größere Kundennähe. Darüber hinaus können qualifizierte Arbeitnehmer durch eine Motivationssteigerung stärker an das Unternehmen gebunden und die Wettbewerbsposition des Unternehmens als innovativer und sozialer Arbeitgeber gesteigert werden, während eine höhere Zufriedenheit der Arbeitnehmer die Arbeitsqualität und -produktivität steigert. Verrichten Arbeitnehmer ihre Tätigkeit zumindest teilweise außerhalb des Betriebs, fallen geringere Büroraummietkosten an.

5 Allerdings kann Telearbeit auch **Nachteile** mit sich bringen.[3] Für den **Arbeitnehmer** besteht die Gefahr, Beruf und Freizeit nicht mehr klar trennen zu können, sich selbst „auszubeuten" und dadurch auf lange Sicht seine Gesundheit zu schädigen. Sind während der Arbeitszeit andere Personen in der Wohnung, können Störungen

---

[1] *Freudenreich/Klein/Wedde*, Entwicklung der Telearbeit, Arbeitsrechtliche Rahmenbedingungen – Abschlussbericht, hrsg. v. BMA, 1997, S. 54.
[2] Vgl. *Schaub*, BB 1998, 2106 (2108); Schaub/*Vogelsang*, § 164 Rz. 10; *Wank*, AuA 1998, 192; *Schlegel*, NZA-Beilage 2014, 16 (20).
[3] Dazu *Dulle*, Rechtsfragen der Telearbeit, S. 39 ff.; *Fenski*, Rz. 328 ff.; Schaub/*Vogelsang*, § 164 Rz. 11; *Wank*, AuA 1998, 192; *Schlegel*, NZA-Beilage 2014, 16 (20).

auftreten, die die Effektivität der Arbeit senken. Insbesondere bei ausschließlicher Telearbeit ist der Verlust von Kontakten zum Betrieb zu befürchten sowie die fehlende Möglichkeit, für die Karriere wichtige Informationen zu erhalten. Auch besteht die Gefahr einer Leistungs- und Verhaltensüberwachung anhand der technischen Einrichtungen durch den Arbeitgeber.

Auch der **Arbeitgeber** hat vor der Einführung von Telearbeit einige Aspekte zu beachten, die für ihn nachteilig sein können. Er kann den Arbeitnehmer schlechter kontrollieren, die Koordination von Arbeitsaufgaben und die Kommunikation mit dem Telearbeiter sind schwieriger als mit Mitarbeitern im Betrieb. Für die Einrichtung des Telearbeitsplatzes in der Wohnung des Arbeitnehmers können, je nach Ausstattung, hohe Kosten entstehen. Weiter besteht die Gefahr, dass vertrauliche Daten und Informationen an der außerbetrieblichen Arbeitsstätte an Unbefugte gelangen. Etwaige Belastungen für den Arbeitnehmer wie die erhöhte Erreichbarkeit und die Gefahr der „Selbstausbeutung" können zu einem Rückgang der Produktivität und Motivation und damit zu einem Nachteil für den Arbeitgeber führen.[1] 6

Zusammenfassend bleibt festzuhalten, dass vor der Entscheidung, Telearbeit einzuführen, Vor- und Nachteile im Einzelfall genau abgewogen werden müssen. Telearbeit **eignet sich** darüber hinaus **nur für bestimmte Aufgaben**, die der Arbeitnehmer eigenverantwortlich und wirtschaftlich sinnvoll außerhalb des Betriebs erledigen kann – insbesondere in Vertrieb, Service und Entwicklung – sowie nur **für bestimmte Arbeitnehmer**, die ein hinreichendes Maß an Selbständigkeit, Selbstdisziplin und Zuverlässigkeit besitzen. 7

2. Arten von Telearbeit

Es gibt verschiedene Arten von Telearbeit,[2] die sich im Wesentlichen danach unterscheiden, an welchem Ort der Telearbeiter seine außerbetriebliche Tätigkeit ausübt und wie stark die freie Zeiteinteilung ausgeprägt ist. 8

a) Ausschließliche Telearbeit

Bei der **ausschließlichen Telearbeit** verrichtet der Telearbeiter seine Tätigkeit nicht im Betrieb, sondern **nur an einem Arbeitsplatz in seiner Wohnung**. Mit dem Betrieb ist er durch Telekommunikationseinrichtungen verbunden, ein Arbeitsplatz im Betrieb selbst ist jedoch im Gegensatz zur alternierenden Telearbeit nicht vorhanden.[3] Anwendungsbereiche der ausschließlichen Telearbeit sind Tätigkeiten wie Texterfassung und Programmierarbeiten.[4] Diese Form der Telearbeit ist jedoch in der Praxis nur wenig verbreitet.[5] 9

---

1 *Schlegel*, NZA-Beilage 2014, 16 (20).
2 Vgl. dazu *Preis*, Arbeitsrechtliche Probleme der Telearbeit, in Schriftenreihe des Instituts für Rundfunkrecht an der Universität zu Köln, Bd. 71, S. 75, 80 ff.; Hoeren/Sieber/*Preis*, Hdb. Multimedia-Recht, Teil 22.2 Rz. 13 ff.
3 Vgl. *Wank*, AuA 1998, 192.
4 *Freudenreich/Klein/Wedde*, Entwicklung der Telearbeit – Arbeitsrechtliche Rahmenbedingungen, Forschungsbericht im Auftrag des BMA, Abschlussbericht, 1997, S. 20 f.
5 *Collardin*, Aktuelle Rechtsfragen der Telearbeit, S. 19.

b) Alternierende Telearbeit

10 Ein wesentlich größerer Anteil der Telearbeiter arbeitet im Rahmen der **alternierenden Telearbeit**.[1] Dabei wird die Tätigkeit teilweise im Betrieb (**betriebliche Arbeitsstätte**) und teilweise zu Hause (**häusliche Arbeitsstätte**) bzw. in sog. Nachbarschafts- oder Satellitenbüros[2] ausgeübt, unterstützt durch Telekommunikations- und Datenverarbeitungsanlagen. Der Arbeitsplatz im Betrieb besteht weiter, so dass **zwei Arbeitsorte** vereinbart sind. Die Arbeitszeit wird aufgeteilt auf die betriebliche und außerbetriebliche Arbeitsstätte. Der regelmäßige Kontakt zum Betrieb bleibt bei dieser Arbeitsform also erhalten.

11 Diese Form der Telearbeit bietet sich für Tätigkeitsbereiche an, die eine Zusammenarbeit mit Kollegen oder den Zugriff auf zentrale Informationen erfordern.

c) Telearbeit in Nachbarschafts- und Satellitenbüros

12 Bei einem **Nachbarschaftsbüro** werden dezentrale Arbeitsplätze auf Initiative von Arbeitgebern oder mehrerer Beschäftigter in gemeinsamen Räumlichkeiten in der Nähe des Wohnorts der Telearbeiter eingerichtet. Telearbeiter verschiedener Arbeitgeber sind unter einem Dach tätig und nutzen gemeinsam die dort installierte technische Infrastruktur.[3] Nachbarschaftsbüros **treten nicht nach außen gegenüber Kunden in Erscheinung**.[4]

13 Demgegenüber werden als **Satellitenbüros** Arbeitsstätten bezeichnet, die ebenfalls in Wohnortnähe mehrerer Arbeitnehmer liegen, aber vom Unternehmen als **Zweigstelle** mit Kundenkontakt betrieben werden.[5]

14 Auch bei diesen Formen der Telearbeit kann neben dem Telearbeitsplatz zusätzlich ein Arbeitsplatz im Betrieb vorhanden sein, notwendig ist dies jedoch nicht.

d) Mobile Telearbeit

15 Charakteristisch für die **mobile Telearbeit** ist, dass der Telearbeiter die im Rahmen der tarifvertraglichen bzw. der individuellen regelmäßigen Arbeitszeit zu leistende Tätigkeit im Wesentlichen an **wechselnden Einsatzstellen ohne ständige Anwesenheit an einem festen Arbeitsplatz** erbringt.[6] Dabei bedient er sich Geräten und Einrichtungen der dezentralen Informationsverarbeitungs- oder Kommunikationstechnik. Lediglich einen geringen Teil der Arbeitsleistung erbringt der Arbeitnehmer im Betrieb und/oder in seinem häuslichen Bereich.[7] Beispielsweise im Vertrieb, bei Re-

---

1 *Freudenreich/Klein/Wedde*, Entwicklung der Telearbeit – Arbeitsrechtliche Rahmenbedingungen, Forschungsbericht im Auftrag des BMA, Abschlussbericht, 1997, S. 20f.
2 *Wank*, AuA 1998, 192.
3 *Godehardt*, Telearbeit, S. 46; *Simon/Kuhne*, BB 1987, 201.
4 Vgl. *Dulle*, Rechtsfragen der Telearbeit, S. 7f.
5 *Collardin*, Aktuelle Rechtsfragen der Telearbeit, S. 21; *Pfarr/Drüke*, Rechtsprobleme der Telearbeit, S. 22.
6 *Collardin*, Aktuelle Rechtsfragen der Telearbeit, S. 21; *Simon/Kuhne*, BB 1987, 201.
7 Vgl. Tarifvertrag über Telearbeit bei der Deutschen Telekom AG/T-Mobil, NZA 1998, 1214.

portern sowie bei Servicemitarbeitern im technischen Außendienst findet sich mobile Telearbeit.[1]

3. Status des Telearbeiters

Bevor auf die speziellen Probleme im Zusammenhang mit der Telearbeit eingegangen werden kann, ist der **Status des Telearbeiters** zu klären, da sich die meisten Fragen nur stellen, wenn der Telearbeiter Arbeitnehmer ist. Der Status richtet sich dabei nicht nach der Bezeichnung durch die Parteien, sondern allein nach den tatsächlichen Umständen der Vertragsbeziehung.[2]

a) Arbeitnehmer

Arbeitnehmer ist, wer „aufgrund eines privatrechtlichen Vertrags zur Arbeit im Dienste eines anderen verpflichtet ist".[3] Arbeit im Dienste eines anderen leistet, wer **persönlich vom Arbeitgeber abhängig** ist (dazu ausführlich → Arbeitnehmerstatus, II A 50 Rz. 14 ff.).[4] Damit stellt die **persönliche Abhängigkeit** vom Arbeitgeber das entscheidende Abgrenzungsmerkmal zum Selbständigen dar. Zur Beurteilung der Arbeitnehmereigenschaft hat die Rechtsprechung in Abgrenzung zu § 84 Abs. 1 Satz 2 HGB dabei eine Anzahl von Kriterien wie Umfang der Weisungsgebundenheit, Eingliederung in die betriebliche Organisation oder die Bindung an einen festen Arbeitgeber entwickelt.[5]

Die verschiedenen Formen der Telearbeit sind zwar dadurch charakterisiert, dass die physische Anwesenheit des Telearbeiters im zentralen Betrieb fehlt. Für die Annahme des Merkmals „**Einbindung in eine fremde Arbeitsorganisation**" als Kriterium für die Annahme der Arbeitnehmereigenschaft reicht es jedoch aus, wenn der Telearbeiter für seine Tätigkeit auf die Arbeitsmittel des Arbeitgebers bzw. auf die Zusammenarbeit mit den betrieblichen Mitarbeitern angewiesen ist.[6] Dies wird insbesondere bei der Online-Telearbeit der Fall sein. Für ein Arbeitsverhältnis spricht aufgrund des Abgrenzungskriteriums der Weisungsgebundenheit weiter, wenn der Telearbeiter täglich Aufgaben im Rahmen des arbeitgeberseitigen Weisungsrechts nach § 106 GewO zugewiesen bekommt, zur Verrichtung der Tätigkeit an den betrieblichen oder häuslichen Computer gebunden ist und zumindest teilweise in die betrieblichen Arbeitszeiten eingebunden ist, bspw. durch die Vorgabe bestimmter Anwesenheitszeiten im Betrieb oder an der häuslichen Arbeitsstätte sowie bestimmter Zeiten, zu denen die Aufgaben erledigt sein müssen.[7] Dies ist bei alternierender Telearbeit sowie der Arbeit in Satelliten- und Nachbarschaftsbüros der Regelfall.[8]

---

1 Weitere Beispiele bei MünchArbR/*Heenen*, § 316 Rz. 2.
2 BAG v. 15.3.1978 – 5 AZR 819/76, AP Nr. 26 zu § 611 BGB Abhängigkeit; *Goerke*, Arbeits- und datenschutzrechtliche Grundlagen der Telearbeit, AuA 1996, 188.
3 *Hueck/Nipperdey*, Lehrbuch des Arbeitsrechts I, § 9 II.
4 BAG v. 4.12.2002 – 5 AZR 667/01, AP Nr. 115 zu § 611 BGB Abhängigkeit; v. 9.10.2002 – 5 AZR 405/01, AP Nr. 114 zu § 611 BGB Abhängigkeit.
5 BAG v. 30.10.1991 – 7 ABR 19/91, NZA 1992, 407, 408; v. 9.6.1993 – 5 AZR 123/92, NZA 1994, 169 ff.
6 *Goerke*, AuA 1996, 188 (189); *Wank*, Telearbeit, Rz. 139; *Wedde*, Telearbeit, Rz. 139.
7 *Schaub*, BB 1998, 2106 (2109).
8 *Wedde*, Telearbeit, Rz. 155.

19 **Örtliche Weisungsgebundenheit** ist dann anzunehmen, wenn vom Arbeitgeber Vorgaben in Bezug auf zulässige Arbeitsorte gemacht werden. Bei einer Tätigkeit zu Hause kann sich diese bspw. aus der dortigen Installation der Arbeitsgeräte ergeben.[1]

20 **Zeitliche Weisungsgebundenheit** liegt nicht nur vor bei einer vorgeschriebenen festen Arbeitszeit, sondern auch dann, wenn bei Online-Telearbeit die Möglichkeit der Datenübermittlung zum Zentralrechner des Betriebs nur zu bestimmten Zeiten möglich ist.[2] Das Gleiche gilt für Zeitvorgaben wie Fixtermine und Bearbeitungsfristen.[3]

21 Die **fachliche Weisungsgebundenheit** resultiert aus der Vorgabe von Arbeitsinhalten und der dabei zu verwendenden Software durch den Arbeitgeber.[4]

22 **Abgrenzungsprobleme** stellen sich daher meist nur bei **ausschließlicher** sowie **mobiler Telearbeit**, und dort auch nur dann, wenn der Telearbeiter im Vertrag als Selbständiger, z.B. freier Mitarbeiter, bezeichnet wird. Sind sich die Vertragsparteien hingegen einig über den Arbeitnehmerstatus, ergeben sich keine Schwierigkeiten.[5]

23 Obwohl der Telearbeiter hier u.U. den Ort der Arbeitsleistung ganz eigenständig festlegen kann, kann er dennoch als Arbeitnehmer einzustufen sein.[6] Bspw. ist die Erbringung der Arbeitsleistung zeitlich gebunden, wenn ein Reporter zur Berichterstattung über ein bestimmtes Ereignis eingeteilt wird. Ferner kann je nach Ausgestaltung eine starke **organisatorische Verbundenheit** und Angewiesenheit auf die Organisation des Arbeitgebers gegeben sein. Auch eine starke Einbindung in das Kundenbetreuungskonzept durch Dienstpläne spricht für die Arbeitnehmereigenschaft.[7] Wer dem Auftraggeber dagegen keine Rechenschaft schuldet, in der Zeitplanung frei ist und auch anderweitigen Beschäftigungen nachgehen kann, kann als freier Mitarbeiter beschäftigt werden.[8]

b) Heimarbeiter

24 **Heimarbeit** stellt eine Mischform zwischen Arbeitnehmereigenschaft und Selbständigkeit dar. Nach der Legaldefinition des § 2 Abs. 1 HAG ist Heimarbeiter, wer an selbst gewählter Arbeitsstätte allein oder mit Familienangehörigen im Auftrag von Gewerbetreibenden oder Zwischenmeistern erwerbsmäßig tätig ist, jedoch die Arbeitsergebnisse dem unmittelbar oder mittelbar Auftrag gebenden Gewerbetreibenden überlässt.

---

1 *Wank*, Telearbeit, Rz. 139; *Wedde*, Telearbeit, Rz. 152.
2 *Wank*, Telearbeit, Rz. 139.
3 *Simon/Kuhne*, BB 1987, 201 (203); *Wank*, Telearbeit, Rz. 139; *Wedde*, Telearbeit, Rz. 156.
4 *Wank*, Telearbeit, Rz. 139; *Wedde*, Telearbeit, Rz. 123.
5 Dazu *Wank*, AuA 1998, 192.
6 HzA/*Leinemann/Leinemann*, Gruppe 1 Rz. 157, 159; dazu auch ErfK/*Preis*, § 611 BGB Rz. 80f.
7 BAG v. 6.5.1998 – 5 AZR 612/97, AP Nr. 102 zu § 611 BGB Abhängigkeit.
8 LAG Düsseldorf v. 6.3.1991 – 4 TaBV 119/90, LAGE § 611 BGB Arbeitnehmerbegriff Nr. 18; zu sog. Partnerverträgen BAG v. 9.5.1996 – 2 AZR 438/95, AP Nr. 79 zu § 1 KSchG 1969 Betriebsbedingte Kündigung.

Während der Heimarbeiter seine Arbeitsorganisation (Arbeitszeit, Ort und Einrichtung der Arbeitsstätte, Art der Aufgabenerledigung) weitgehend frei gestalten kann, also **nicht persönlich vom Auftraggeber abhängig** ist, ist er doch von diesem **wirtschaftlich abhängig** und tritt nicht selbst nach außen am Markt auf.[1] Teilweise werden nur einfache Angestelltentätigkeiten zur Heimarbeit gezählt,[2] überwiegend wird diese Beschränkung jedoch zu Recht abgelehnt.[3] Die Schutzbedürftigkeit des Heimarbeiters ist sowohl bei einfachen als auch bei qualifizierten Tätigkeiten gegeben, darüber hinaus ist eine Beschränkung weder mit der Formulierung „erwerbsmäßig" noch mit der Intention des Gesetzgebers vereinbar.[4] Auch eine Gewerbeanmeldung sowie die Tatsache, dass der Heimarbeiter die Roh- und Hilfsstoffe selbst beschafft (§ 2 Abs. 1 Satz 2 HAG), schließt eine rechtliche Charakterisierung als Heimarbeiter nicht aus, es kommt allein auf das materielle Kriterium der wirtschaftlichen Abhängigkeit an.

c) Arbeitnehmerähnlicher freier Mitarbeiter

Freie Mitarbeiter sind grundsätzlich **Selbständige**. Sie sind jedoch dann als **arbeitnehmerähnliche Personen** einzustufen, wenn – wie im Anwendungsbereich des HAG – eine **wirtschaftliche Abhängigkeit** gegenüber dem Auftraggeber besteht und sie ähnlich einem Arbeitnehmer sozial schutzbedürftig sind, § 12a TVG, die Tätigkeit jedoch nicht in den Anwendungsbereich des HAG fällt. Dies ist der Fall, wenn der Schwerpunkt der wirtschaftlichen Tätigkeit **bei einem Auftraggeber** liegt und die Einkünfte daraus als Existenzgrundlage dienen.[5] Eine solche Vertragsgestaltung ist insbesondere im Medienbereich oder in der Software-Branche denkbar.

d) Selbständiger

Indizien für eine selbständige Tätigkeit sind in Anlehnung an § 84 Abs. 1 Satz 2 HGB eine im Wesentlichen freie Gestaltung der Tätigkeit und der Arbeitszeit, also eine persönliche und wirtschaftliche Unabhängigkeit vom Auftraggeber. Selbständig ist bspw. ein Programmierer, der für verschiedene Auftraggeber in unterschiedlichem Umfang und mit freier Arbeits- und Zeiteinteilung Programme auf seinem eigenen PC erstellt.

---

1 Besgen/Prinz/*Ricken*, § 7 Rz. 36.
2 *Schmidt/Koberski/Tiemann/Wascher*, HAG, § 2 Rz. 63 ff.; *Godehardt*, Telearbeit, 1994, S. 220.
3 *Albrecht*, NZA 1996, 1240 (1241) m.w.N.; *Collardin*, Aktuelle Rechtsfragen der Telearbeit, S. 29; *Kappus*, Rechtsfragen der Telearbeit, S. 219; *Kilian/Borsum/Hoffmeister*, Telearbeit und Arbeitsrecht, S. 153 ff.; *Wedde*, Telearbeit, Rz. 201.
4 *Albrecht*, NZA 1996, 1240 (1241) m.w.N.; *Collardin*, Aktuelle Rechtsfragen der Telearbeit, S. 29; *Kappus*, Rechtsfragen der Telearbeit, S. 219; *Kilian/Borsum/Hoffmeister*, Telearbeit und Arbeitsrecht, S. 153 ff.; *Wedde*, Telearbeit, Rz. 201.
5 *Grunsky*, § 5 ArbGG, Rz. 17; zum Begriff der Arbeitnehmerähnlichen s. BAG v. 26.9.2002 – 5 AZB 19/01, AP Nr. 83 zu § 2 ArbGG 1979; v. 19.12.2000 – 5 AZB 16/00, AP Nr. 9 zu § 2 ArbGG 1979 Zuständigkeitsprüfung; v. 30.8.2000 – 5 AZB 12/00, AP Nr. 75 zu § 2 ArbGG 1979.

e) Zusammenfassung

28   In der **überwiegenden Zahl der Fälle** ist der Telearbeiter **Arbeitnehmer**.[1] Dies hat mehrere Gründe: Zum einen handelt es sich bei der Telearbeit vielfach um qualifizierte Tätigkeiten mit hochsensiblen Datenbeständen. Der Arbeitgeber ist daher an einer engeren Bindung, auch hinsichtlich der Treue- und Geheimhaltungspflichten, interessiert, da er nur als Arbeitgeber die erforderlichen Kontroll- und Weisungsmöglichkeiten nach § 106 GewO hat, nicht jedoch als Auftraggeber gegenüber einem Selbständigen.[2] Zum anderen lassen sich viele Aufgaben, die mit Telearbeit verbunden sind, nicht völlig vom Hauptbetrieb lösen.

29   Hier werden daher nur die spezifischen Probleme im Zusammenhang mit **Telearbeitnehmern** behandelt. Für die Gestaltung eines Telearbeitsvertrags ergeben sich aufgrund des **Arbeitens außerhalb des Betriebs zahlreiche Besonderheiten**. So sind insbesondere die Aspekte der Arbeitszeit und ihrer Erfassung, der Einrichtung des Telearbeitsplatzes, der Arbeitsmittel, der Haftung des Arbeitnehmers, des Daten- und Geheimnisschutzes, des Zugangsrechts des Arbeitgebers zum Telearbeitsplatz, der Kostentragung für den Telearbeitsplatz, der Unfallversicherung des Telearbeiters an der außerbetrieblichen Arbeitsstätte sowie der Aufgabe der häuslichen Arbeitsstätte zu regeln.[3]

4. Individualarbeitsrechtliche Fragen

30   Soll ein Arbeitnehmer in Telearbeit beschäftigt werden, muss dies vertraglich **ausdrücklich vereinbart** werden.[4] Eine Klausel im Arbeitsvertrag, nach der der Arbeitgeber den Arbeitnehmer an einen anderen Ort versetzen kann, genügt nicht. Sie führe unter Umständen dazu, dass der Arbeitnehmer gezwungen ist, eine den Anforderungen an einen Telearbeitsplatz genügende Wohnung inklusive grundlegender technischer Einrichtung vorzuhalten.[5] Auch kann der Arbeitgeber wegen des grundrechtlichen Schutzes der Wohnung gemäß **Art. 13 GG**, der die Unverletzlichkeit der Wohnung garantiert und über die Generalklausel des § 242 BGB sowie über zivilrechtliche Abwehransprüche, z.B. §§ 854 ff. BGB, mittelbar auch im Arbeitsverhältnis wirkt, nicht aufgrund seines Direktionsrechts verlangen, dass der Arbeitnehmer bei sich zu Hause einen Arbeitsplatz einrichtet.[6] Soll Telearbeit eingeführt werden, ist also in erster Linie der Konsens mit den betreffenden Arbeitnehmern zu suchen.[7]

---

1   *Freudenreich/Klein/Wedde*, Entwicklung der Telearbeit, Arbeitsrechtliche Rahmenbedingungen – Abschlussbericht, hrsg. v. BMA, 1997, S. 54.
2   *Collardin*, Aktuelle Rechtsfragen der Telearbeit, S. 13.
3   *Schaub/Vogelsang*, § 164 Rz. 26.
4   Vgl. *Schaub*, BB 1998, 2108; *Wedde*, NJW 1999, 530.
5   Kilian/Heussen/*Liedtke*, CHB, Computerleistungen als Gegenstand des Arbeitsvertrages Rz. 126.
6   *Kramer, S.*, DB 2000, 1329; *Schaub*, BB 1998, 2108; ausf. zu Fragen des Direktionsrechts des Arbeitgebers bei Begründung des Telearbeitsverhältnisses Besgen/Prinz/*Ricken*, § 7 Rz. 43 ff.
7   Kommt ein Einvernehmen des Arbeitgebers mit dem Arbeitnehmer nicht zustande, so ist die Einführung der Telearbeit im Wege einer Änderungskündigung denkbar. Strittig ist dabei, ob die Verrichtung der Telearbeit an einem heimischen Arbeitsplatz überhaupt durch eine Änderungskündigung erreicht werden kann. Ein solches Vorgehen verstößt jedoch gegen das Grundrecht des Mitarbeiters auf Unverletzlichkeit der Wohnung aus

a) Arbeitszeit

Typ 1: Arbeitszeit

(Bei alternierender Telearbeit)

a) Die zu leistende Arbeitszeit für die zu erledigenden Arbeitsaufgaben ist die tarifvertraglich/arbeitsvertraglich vereinbarte durchschnittliche regelmäßige Arbeitszeit. Sie beträgt zurzeit ... Stunden pro Woche/Monat.

b) Der Arbeitnehmer wird ab dem ... seine Arbeitsleistung an folgenden Wochentagen in seiner Wohnung (häusliche Arbeitsstätte) erbringen: ... An den übrigen Wochentagen ... erbringt er die Arbeitsleistung im Betrieb des Arbeitgebers (betriebliche Arbeitsstätte). Der Arbeitsplatz in der Wohnung des Arbeitnehmers ist durch Kommunikationsmittel mit dem Betrieb des Arbeitgebers verbunden.

c) Während der Tätigkeit im Betrieb des Arbeitgebers gelten die betriebsüblichen Arbeitszeiten, während der Tätigkeit in der häuslichen Arbeitsstätte hat der Arbeitnehmer zu folgenden Zeiten erreichbar zu sein (Ansprechzeiten): ... Im Übrigen ist er in der Einteilung der Lage der Arbeitszeit frei (selbstbestimmte Arbeitszeit).

d) Systemstörungen im Bereich der häuslichen Arbeitsstätte hat der Arbeitnehmer dem Arbeitgeber unverzüglich anzuzeigen und das weitere Vorgehen mit ihm abzustimmen. Führt die technische Störung dazu, dass die Arbeitsleistung am Telearbeitsplatz nicht erbracht werden kann, kann der Arbeitgeber verlangen, dass die Arbeitsleistung im Betrieb erbracht wird.

e) Fahrzeiten zwischen Telearbeitsplatz und Betrieb gelten als nicht betriebsbedingt und finden keine Anrechnung auf die Arbeitszeit.

(Bei ausschließlicher Telearbeit)

a) Die regelmäßige Arbeitszeit beträgt derzeit ... Stunden pro Woche/Monat. Der Arbeitnehmer wird ab dem ... seine Arbeitsleistung ausschließlich in seiner Wohnung erbringen (häusliche Arbeitsstätte). Der Arbeitsplatz in der Wohnung des Arbeitnehmers ist durch Kommunikationsmittel mit dem Betrieb des Arbeitgebers verbunden.

b) Der Arbeitnehmer hat zu folgenden Zeiten am Telearbeitsplatz anwesend und erreichbar zu sein (Ansprechzeiten): ... Außerhalb dieser Ansprechzeiten kann der Arbeitnehmer die Lage der Arbeitszeit frei bestimmen.

(Bei mobiler Telearbeit)

Die zu leistende Arbeitszeit für die zu erledigenden Arbeitsaufgaben ist die tarifvertraglich/arbeitsvertraglich vereinbarte durchschnittliche regelmäßige Arbeitszeit. Sie beträgt zurzeit ... Stunden pro Woche und ist zu erbringen täglich von ... bis ... Uhr.

oder

Art. 13 GG, Hoeren/Sieber/*Preis*, Hdb. Multimedia-Recht, Teil 22.2 Rz. 124; vgl. auch *Wedde*, Telearbeit, Rz. 300; a.A. Besgen/Prinz/*Ricken*, § 7 Rz. 47. Eine Beendigungskündigung muss jedenfalls dann ausscheiden, sofern der Beschäftigungsbedarf fortbesteht und auch künftig in Form von Telearbeit vergeben werden soll.

Der Arbeitnehmer erbringt seine Arbeitsleistung nach näherer zeitlicher Anweisung des Arbeitgebers bei dessen Kunden. Beginn und Ende der täglichen Arbeitszeit werden dem Arbeitnehmer jeweils vier Tage im Voraus per E-Mail mitgeteilt.

Eine Mindestbeschäftigungszeit von drei aufeinander folgenden Stunden pro Tag der Arbeitsleistung wird dem Arbeitnehmer zugesagt. Ein darüber hinausgehender Anspruch auf gleichmäßige Verteilung der vereinbarten Wochenarbeitszeit besteht nicht.

(Bei Telearbeit in Nachbarschafts- und Satellitenbüros)
a) Die zu leistende Arbeitszeit für die zu erledigenden Arbeitsaufgaben ist die tarifvertraglich/arbeitsvertraglich vereinbarte durchschnittliche regelmäßige Arbeitszeit. Sie beträgt zurzeit ... Stunden pro Woche/Monat.
b) Der Arbeitnehmer wird ab dem ... seine Arbeitsleistung im Nachbarschaftsbüro/in der Zweigstelle ... (Adresse) täglich von ... bis ... Uhr erbringen.

oder

Die Arbeit ist ab dem ... im Nachbarschaftsbüro/in der Zweigstelle ... (Adresse) zu erbringen. Es gelten die betriebsüblichen Arbeitszeiten. Zurzeit ist dies von montags bis freitags von ... bis ... Uhr.

oder

Der Arbeitnehmer wird ab dem ... seine Arbeitsleistung im Nachbarschaftsbüro/in der Zweigstelle ... (Adresse) täglich 7,5/8/... Stunden zwischen ... und ... Uhr erbringen.

aa) Dauer und Lage der Arbeitszeit

31 Die Dauer der Arbeitszeit wird im Tarif- oder Einzelvertrag geregelt. Auch bei der Telearbeit ist **Voll- und Teilzeitarbeit** möglich.

32 Besonderheit der Telearbeit ist die – in unterschiedlichem Umfang – **vom Arbeitnehmer selbst zu bestimmende Lage der Arbeitszeit**. Wie groß der jeweilige Anteil ist, können die Parteien frei vereinbaren, wobei der Charakter der Telearbeit als Arbeit außerhalb des Betriebs und der betrieblichen Arbeitszeiten einen möglichst hohen Anteil der selbstbestimmten Arbeitszeit nahe legt.[1] Da diese Vereinbarungen lediglich die Lage der Arbeitszeit betreffen, ergibt sich das Problem der Umgehung zwingenden Kündigungsschutzrechts aufgrund offener Dauer der Arbeitszeit (dazu → *Arbeitszeit*, II A 90 Rz. 44 ff.) hier nicht.

33 **Am Geringsten** ist der vom Arbeitnehmer zu bestimmende Teil der Arbeitszeit bei der Telearbeit in **Nachbarschafts- und Satellitenbüros**. Hier hat der Arbeitnehmer meist zu den vom Arbeitgeber vorgegebenen Zeiten im Büro anwesend zu sein. Es sind allerdings auch Gleitzeitregelungen möglich (Typ 1, Klausel b, 3. Alt.); dazu ausführlich → *Arbeitszeit*, II A 90 Rz. 109 ff.

34 Übt der Arbeitnehmer **mobile Telearbeit** aus, muss er sich an die zeitlichen Vorgaben des Arbeitgebers halten, wann er welchen Kunden aufsuchen muss. Es ist jedoch auch möglich, dass nur festgelegt wird, welche Kunden an einem bestimmten Tag zu besuchen sind, nicht aber in welcher Reihenfolge dies geschehen muss. Ist

---

[1] Vgl. auch *Hohmeister/Küper*, NZA 1998, 1206 (1207).

der Arbeitnehmer in Teilzeit beschäftigt und arbeitet nicht zu festen Zeiten, sondern bekommt diese von Fall zu Fall vom Arbeitgeber mitgeteilt, sind die Vorgaben des § 12 TzBfG zur **Abrufarbeit (KAPOVAZ)** zu beachten. Der Arbeitgeber muss die Lage der Arbeitszeit hier also mindestens vier Tage im Voraus mitteilen, § 12 Abs. 2 TzBfG.

Bei der **alternierenden Telearbeit** gibt der Arbeitgeber Zeiten vor, zu denen der Arbeitnehmer **im Betrieb anwesend** sein muss, sowie Zeiten, zu denen er an seinem **Telearbeitsplatz erreichbar** sein muss (Ansprechzeiten). Die restliche Arbeitszeit kann sich der Arbeitnehmer frei einteilen. Wann der Arbeitnehmer seine Tätigkeit außerhalb des Betriebs und wann an der betrieblichen Arbeitsstätte ausübt, muss nicht notwendigerweise von vornherein festgelegt werden, solange nur die Dauer der Arbeitszeit feststeht. Aus organisatorischen Gründen empfiehlt sich jedoch eine klare Regelung, an welchen Tagen der Arbeitnehmer an welcher Stelle arbeiten soll.[1] Dabei sollte beachtet werden, dass die Verteilung der Arbeitszeiten so gestaltet wird, dass der soziale Kontakt zum Betrieb erhalten wird.

Am größten ist die Zeitsouveränität des Arbeitnehmers bei der **ausschließlichen Telearbeit**. Hier kann er die Lage seiner Arbeitszeit mit Ausnahme der Ansprechzeiten selbst bestimmen.

Zur vergütungspflichtigen Arbeitszeit gehört grundsätzlich – wie im „normalen" Arbeitsverhältnis auch – nicht die **Wegezeit**, also die Zeit für die An- und Abfahrt des Arbeitnehmers von seiner Wohnung zum Betrieb des Arbeitgebers.[2] Dies gilt jedenfalls für **alternierende Telearbeit** und Telearbeit in **Nachbarschafts- und Satellitenbüros**. Bei **mobiler Telearbeit** dagegen gehören Fahrten zu den Kunden grundsätzlich zur Arbeit selbst und sind daher zu vergüten.[3]

Treten während der Arbeit an der häuslichen Betriebsstätte **Systemstörungen**, z.B. Stromausfall, Ausfall des Computers, fehlende Verbindung zum Zentralrechner des Arbeitgebers, auf und kann der Arbeitnehmer infolgedessen seine Tätigkeit nicht fortsetzen, gilt das Gleiche, wie wenn die Störung im Betrieb eingetreten wäre:[4] Grundsätzlich hat nach § 615 Satz 3 BGB der **Arbeitgeber das Betriebsrisiko**, also das Risiko unverschuldeter Betriebsstörungen, zu tragen, da er den Betrieb leitet und organisiert. Als Folge dieser Risikoverteilung muss er bei unverschuldeten Betriebsstörungen die Vergütung an die Arbeitnehmer weiter zahlen, § 615 Satz 1 BGB.[5] Dies gilt auch, wenn der Arbeitsplatz sich nicht allein im Betrieb, sondern auch in der Wohnung des Arbeitnehmers befindet. Anderenfalls könnte der Arbeitgeber einen Teil seines Betriebsrisikos durch Auslagerung von Arbeitsplätzen auf die Arbeitnehmer verlagern.[6] Allerdings kann der Arbeitgeber in solchen Fällen der alternierenden Telearbeit – bei der zwei unterschiedliche Arbeitsorte vereinbart sind – verlangen, dass der Arbeitnehmer die Störung unverzüglich mitteilt und ggf.

---

1 So auch *Wank*, AuA 1998, 192 (193).
2 BAG v. 8.12.1960 – 5 AZR 304/58, AP Nr. 1 zu § 611 BGB Wegezeit.
3 BAG v. 28.3.1963 – 5 AZR 209/62, AP Nr. 3 zu § 611 BGB Wegezeit.
4 *Wank*, Der Arbeitgeber 1998, 99 (100).
5 BAG v. 13.6.1990 – 2 AZR 635/89; v. 24.1.1958 – 1 AZR 132/57, AP Nr. 4 zu § 615 BGB Betriebsrisiko; v. 8.2.1957 – 1 AZR 338/55, AP Nr. 2 zu § 615 BGB Betriebsrisiko.
6 Vgl. ausf. Besgen/Prinz/*Ricken*, § 7 Rz. 62.

seine Tätigkeit während der Zeit der Systemstörung im Betrieb ausübt, damit der wirtschaftliche Schaden möglichst gering ausfällt.

bb) Zeiterfassung

Typ 2: Zeiterfassung

a) Der Arbeitnehmer verpflichtet sich, bei seiner Tätigkeit an der außerbetrieblichen Arbeitsstätte die Vorgaben des ArbZG einzuhalten, insbesondere die tägliche Höchstarbeitszeit von zehn Stunden (§ 3 ArbZG) und die mindestens elfstündige Ruhepause zwischen zwei Arbeitstagen (§ 5 Abs. 1 ArbZG).

b) Die Zeiterfassung der ggf. im Betrieb/im Nachbarschaftsbüro/im Satellitenbüro geleisteten Arbeitszeiten richtet sich nach den jeweils geltenden Regelungen.

c) Die Zeiterfassung der geleisteten Arbeitszeiten und -aufgaben an der außerbetrieblichen Arbeitsstätte erfolgt durch den Arbeitnehmer in einem Arbeitstagebuch, das dem Vorgesetzten jeweils unmittelbar nach Monatsende vorzulegen ist. Ebenfalls darin festzuhalten sind Zeiten, in denen die zu leistende Arbeit aufgrund von Krankheit, Urlaub, Arbeitsbefreiung, Ausfallzeiten etc. nicht erbracht wurde. Mit Zustimmung des Arbeitnehmers besteht für den Betriebsrat die Möglichkeit, Einblick in die erfassten geleisteten Arbeitszeiten zu nehmen.

d) Eine maschinelle Leistungs- und Verhaltenskontrolle durch den Arbeitgeber findet nicht statt.

39 Ist der Telearbeiter als Arbeitnehmer einzustufen, gelten für ihn die Vorschriften des **ArbZG** (vgl. dazu → *Arbeitszeit*, II A 90 Rz. 7 ff.). Grundsätzlich hat der Arbeitgeber darauf zu achten, dass diese eingehalten werden. Die Ausübung der Tätigkeit außerhalb des Betriebs bringt es jedoch mit sich, dass für den Arbeitgeber praktisch kaum die Möglichkeit besteht, die tatsächliche Arbeitszeit zu kontrollieren. Daher ist es anzuraten, die an sich dem Arbeitgeber obliegenden Pflichten aus dem ArbZG durch vertragliche Vereinbarung dem Arbeitnehmer aufzuerlegen und diesen zum **Führen und zur regelmäßigen Vorlage eines Arbeitszeittagebuchs** zu verpflichten.[1] Dies gewährleistet insbesondere die Einhaltung des § 16 Abs. 2 ArbZG, nach dem Arbeitgeber verpflichtet sind, die über die werktägliche Arbeitszeit hinausgehende Arbeitszeit der Arbeitnehmer aufzuzeichnen.[2] In das Arbeitszeittagebuch sind die jeweils geleisteten Stunden einzutragen, darüber hinaus die Zeiten, in denen keine Arbeit geleistet wurde aufgrund von Krankheit, Urlaub, Arbeitsbefreiung und sonstigen Ausfallzeiten. Am Anfang eines neuen Monats ist das Arbeitstagebuch dem Vorgesetzten vorzulegen.

---

1 Vgl. *Albrecht*, NZA 1996, 1242 (1245); *Hohmeister/Küper*, NZA 1998, 1206 (1208); *Kramer, S.*, DB 2000, 1329 (1331); *Schaub*, BB 1998, 2109 (2110); *Wiese*, RdA 2009, 344 (349); aufgrund der Missbrauchsgefahr kritisch Besgen/Prinz/Ricken, § 7 Rz. 52; künftig wird bei der Arbeitszeiterfassung im Rahmen der Telearbeit spezielle Personalzeiterfassungs-Software an Bedeutung gewinnen, welche die Verwendung von Arbeitstagebüchern ablösen wird, vgl. hierzu *Wank*, AR-Blattei, Telearbeit, Rz. 35 a.
2 Besgen/Prinz/Ricken, § 7 Rz. 52.

cc) Überstunden

Typ 3: Überstunden

a) Überstunden sind nur dann zuschlagspflichtig, wenn der Arbeitgeber diese im Voraus angeordnet hat oder der Arbeitnehmer sie im Voraus beim Arbeitgeber angemeldet hat und dieser sie bewilligt hat. Eine nachträgliche Genehmigung ist nicht möglich.

b) Zuschlagspflichtige Überstunden sind ausgeschlossen für den Anteil an der Arbeitszeit, der nicht betriebsbestimmt ist. Das ist für den Arbeitszeitanteil am Telearbeitsplatz die Arbeitszeit außerhalb der festgelegten Ansprechzeiten.

c) Diese Bestimmungen gelten entsprechend für sonstige zuschlagspflichtige Arbeitszeiten, insbesondere Samstags-, Sonn- und Feiertagsarbeit sowie Nachtarbeit.

d) Für angeordnete sowie bewilligte Überstunden werden folgende Zuschläge gezahlt: ...

Überschreitet der Arbeitnehmer die **vereinbarte regelmäßige Arbeitszeit,** hat er ein Interesse daran, die geleisteten Überstunden gesondert vergütet zu bekommen (vgl. dazu → *Mehrarbeits- und Überstundenvergütung,* II M 20). Gerade bei der Tätigkeit an der häuslichen Arbeitsstätte jedoch kann zum einen die Gefahr bestehen, dass der Arbeitnehmer Überstunden leistet, der Arbeitgeber ihm die Aufzeichnungen hierüber aber nicht glaubt und keine Zulage zahlt. Zum anderen kann es vorkommen, dass der Arbeitnehmer Stunden als Arbeitszeit ausweist, die er tatsächlich nicht geleistet hat, und dafür Überstundenzuschläge verlangt.

Wegen der **schwierigen Kontrolle der tatsächlich geleisteten Arbeitszeit** empfiehlt sich eine eindeutige Regelung darüber, wann über die regelmäßige Arbeitszeit hinaus geleistete Arbeit als zuschlagspflichtige Überstunden gilt.

b) Anforderungen an die häusliche Arbeitsstätte bei alternierender und ausschließlicher Telearbeit

Typ 4: Anforderungen an die häusliche Arbeitsstätte

a) Der Telearbeitsplatz muss in der Wohnung des Arbeitnehmers (keine Garage, kein Keller) in einem abschließbaren Raum sein, der für einen dauernden Aufenthalt zugelassen und vorgesehen sowie für die Aufgabenerledigung unter Berücksichtigung der allgemeinen Arbeitsplatzanforderungen geeignet ist.

b) Der Raum mit dem Telearbeitsplatz befindet sich in der Wohnung mit nachstehender Adresse: ...

c) Steht der Raum nicht im Eigentum des Arbeitnehmers, weist dieser schriftlich nach, dass der Eigentümer mit der Nutzung als Telearbeitsplatz einverstanden ist.

(Bei alternierender und mobiler Telearbeit zusätzlich)

Für die Zeit, zu der die Arbeitsleistungen im Betrieb zu erbringen sind, wird dem Arbeitnehmer ein für die Aufgabenerledigung geeigneter Arbeitsplatz zur Verfügung gestellt. Ein Anspruch auf einen persönlichen Arbeitsplatz besteht nicht.

42 Wird die Arbeitsleistung ganz oder teilweise außerhalb des Betriebs erbracht, muss auch diese **Arbeitsstätte** wie der betriebliche Arbeitsplatz **bestimmten Anforderungen genügen**, einerseits aus Gründen des Arbeitsschutzes und der Gesundheit des Arbeitnehmers – hierbei sind insbesondere die ArbeitsstättenVO und BildschirmarbeitsVO zu beachten –, andererseits zur Wahrung der Interessen des Arbeitgebers.

43 Ein **separater, abschließbarer Raum** in der Wohnung des Arbeitnehmers ist aus **Sicherheits- und Datenschutzgründen** erforderlich. Darüber hinaus besteht bei der Arbeit in einem separaten Raum eine geringere Gefahr von Störungen und Ablenkung durch Familienmitglieder und andere Personen. Die Arbeit vom Schreibtisch im Wohnzimmer aus empfiehlt sich daher nicht.[1]

44 Hat der Arbeitnehmer die Wohnung, in der sich der Telearbeitsplatz befindet, **gemietet**, ist eine schriftliche Erklärung des Vermieters vorzulegen, dass dieser mit der Nutzung eines Raums als Telearbeitsplatz einverstanden ist.[2] Die Nutzung eines Wohnraums als Arbeitsplatz entspricht nicht der im Mietvertrag vorgesehenen Nutzung[3] und muss daher vom Vermieter genehmigt werden.

45 Sinn der Telearbeit für den Arbeitgeber ist es u.a., Kosten für Räumlichkeiten im Betrieb zu sparen.[4] Bei **alternierender Telearbeit** verrichtet der Arbeitnehmer einen Teil der Tätigkeit im Betrieb. Hätte dabei allerdings jeder Telearbeitnehmer einen Anspruch auf einen persönlichen Arbeitsplatz, würde der Arbeitgeber keine Kosten sparen, sondern hätte vielmehr zusätzliche Kosten zu tragen – für die häusliche Arbeitsstätte *und* für den betrieblichen Arbeitsplatz. Darüber hinaus würde der Arbeitsplatz leer stehen, wenn der Arbeitnehmer zu Hause arbeitet. Daher ist es anzuraten, einen **Anspruch des Arbeitnehmers auf einen persönlichen Arbeitsplatz im Betrieb auszuschließen**. Nur so kann ein Arbeitsplatz optimal genutzt werden.

c) Arbeitsmittel

Typ 5: Arbeitsmittel

a) Die notwendigen und den Arbeitsschutzbestimmungen entsprechenden Arbeitsmittel für den Telearbeitsplatz werden für die Zeit des Bestehens dieses Telearbeitsplatzes vom Arbeitgeber kostenlos zur Verfügung gestellt und unterhalten. Sie bleiben im Eigentum des Arbeitgebers.

b) Die vom Arbeitgeber zur Verfügung gestellten Arbeitsmittel sind im Einzelnen:
...

c) Die vom Arbeitgeber gestellten Arbeitsmittel dürfen nicht für private Zwecke genutzt werden. Die Nutzung der Telekommunikationsmittel kann durch den

---
1 *Bieler/Cordes/Kaune*, Organisation von Telearbeit, Rz. 123; *Wank*, AuA 1998, 192 (194).
2 Vgl. *Kramer, S.*, DB 2000, 1329 (1332).
3 Dazu Erman/*Lützenkirchen*, vor § 535 BGB Rz. 10.
4 Schaub/*Vogelsang*, § 164 Rz. 12.

Arbeitgeber durch geeignete technische Maßnahmen eingeschränkt werden und anhand des monatlichen Gebührenaufkommens überprüft werden.

d) Der Auf- und Abbau der vom Arbeitgeber gestellten Arbeitsmittel sowie eine eventuelle Wartung erfolgt durch den Arbeitgeber. Eventuelle Störungen hat der Arbeitnehmer dem Arbeitgeber unverzüglich mitzuteilen. Die bereitgestellten Arbeitsmittel sind vor dem Zugriff Dritter zu schützen.

e) Im Allgemeinen sind Gegenstände, die dem Arbeitnehmer nicht gehören, sich aber in seiner Wohnung befinden, von einer eventuellen Hausratversicherung mitversichert. Um eine Unterversicherung zu vermeiden, hat der Arbeitnehmer seine Hausratversicherung zu informieren und eine Vereinbarung zu treffen, dass die oben aufgezählten Arbeitsmittel nicht mitversichert sein sollen. Der Arbeitgeber schließt selbst eine Versicherung für diese Arbeitsmittel ab.

(Bei ausschließlicher und alternierender Telearbeit)

Auf Wunsch des Arbeitnehmers können private Büromöbel in der häuslichen Arbeitsstätte eingesetzt werden, sofern diese den Arbeitsschutzbestimmungen entsprechen. Der Einsatz von privaten Büromöbeln erfolgt auf Kosten und Risiko des Arbeitnehmers.

Grundsätzlich **stellt der Arbeitgeber die erforderlichen Arbeitsmittel zur Verfügung** und wartet diese auch. Dies gilt ebenso, wenn sich der Arbeitsplatz nicht im Betrieb, sondern in der Wohnung des Arbeitnehmers oder an einem anderen dezentralen Ort befindet. Dabei hat er sicherzustellen, dass die Arbeitsschutzvorschriften eingehalten werden, § 3 ArbSchG.[1] Er muss also den Arbeitsplatz so einrichten, dass davon keine Gesundheitsgefahren ausgehen. 46

Angesichts der fehlenden jederzeitigen Zugriffs- und Kontrollmöglichkeit des Arbeitgebers ist es anzuraten, eine **genaue Auflistung der einzelnen Arbeitsmittel** zu erstellen sowie **Regelungen über die Nutzung und Wartung** zu treffen, damit bei eventuellen Streitigkeiten keine Beweisschwierigkeiten auftreten. Um einen datenschutzrechtlichen Konflikt zu vermeiden, bietet sich der Ausschluss privater Nutzung insbesondere bei EDV-Geräten als Arbeitsmitteln an, da der Arbeitgeber in diesem Fall weder an das Fernmeldegeheimnis des Telekommunikationsgesetzes (TKG) noch an das Telemediengesetz (TMG), sondern lediglich an das Bundesdatenschutzgesetz (BDSG), insbesondere an § 32 BDSG, gebunden ist.[2] Danach dürfen Verbindungsdaten für einen konkreten Zweck, wie in Klauseltyp 5c zur Abrechnung, erhoben werden (zur Kontrolle und Überwachung der Telekommunikation bei einem Verbot privater Nutzung vgl. → *Internet und Telekommunikation*, II I 10 Rz. 21 f.).[3] 47

Teilweise wird vorgeschlagen, den Arbeitnehmer zum Abschluss einer gesonderten Versicherung für Schäden an den Arbeitsmitteln zu verpflichten.[4] Andere halten dies zu Recht für nicht angebracht. Vielmehr solle der **Arbeitgeber seine Arbeits-** 48

---

1 *Wank*, AuA 1998, 192 (194).
2 Vgl. zur nicht zu empfehlenden Vorgehensweise, Telekommunikationseinrichtung im Eigentum des Arbeitnehmers im Rahmen der Telearbeit zu nutzen, Schaub/*Vogelsang*, § 164 Rz. 33.
3 *Kömpf/Kunz*, NZA 2007, 1341 (1345).
4 *Albrecht*, NZA 1996, 1240 (1245).

mittel selbst versichern und der Arbeitnehmer diese zur Vermeidung einer eventuellen Unterversicherung aus seiner Hausratversicherung ausnehmen.[1] Die Arbeitsmittel stehen im Eigentum des Arbeitgebers. Dieser hat das Wirtschaftsrisiko zu tragen und damit auch die Entscheidung zu treffen, ob und gegen welche Schäden er sein Eigentum versichert. Ein Vergleich mit anderen Arbeitsverhältnissen bestätigt diese Sichtweise. Zu denken ist bspw. an einen Spediteur, dessen Arbeitnehmer mit den Fahrzeugen weite Strecken zurücklegen. Auch hier stellt der Arbeitgeber Arbeitsmittel zur Verfügung und hat nicht ständig Zugriff auf diese. Der Arbeitnehmer wird jedoch nicht verpflichtet, die Fahrzeuge selbst zu versichern. Nichts anderes kann gelten, wenn sich die Arbeitsmittel in der Wohnung des Arbeitnehmers befinden. Darüber hinaus können sich bei einer Versicherungspflicht des Arbeitnehmers Widersprüche zu den Grundsätzen der Arbeitnehmerhaftung ergeben. Entsteht ein Schaden an den Arbeitsmitteln durch Verschulden des Arbeitnehmers, kommt die Versicherung zwar für diesen auf, erhöht aber u.U. die Versicherungsprämie. Für den Fall, dass der Arbeitnehmer nach den Grundsätzen der Arbeitnehmerhaftung gegenüber seinem Arbeitgeber nicht haften muss (dazu Rz. 54ff.), kommt es zu dem unbilligen Ergebnis, dass er dennoch indirekt einen Teil des Schadens über die höhere Versicherungsprämie zu tragen hat.

d) Kostenerstattung

Typ 6: Kostenerstattung

(Bei ausschließlicher und alternierender Telearbeit)

a) Für den Mietanteil hinsichtlich des Raums, in dem sich der Telearbeitsplatz befindet, sowie für Energiekosten zahlt der Arbeitgeber monatlich pauschal ... Euro.

b) Macht ein Arbeitnehmer einen höheren Aufwand geltend, erstattet der Arbeitgeber diesen gegen Nachweis.

c) Ebenso gegen Nachweis erstattet der Arbeitgeber alle Telekommunikationsaufwendungen, die an der häuslichen Arbeitsstätte bei der Ausübung der Tätigkeit anfallen.

(Bei ausschließlicher Telearbeit zusätzlich)

Verlangt der Arbeitgeber vom Arbeitnehmer, dass dieser zum Betrieb kommt, erstattet er ihm die dadurch entstehenden Kosten gegen Nachweis bzw. mit einer Pauschale von ... Euro pro Entfernungskilometer.

(Bei mobiler Telearbeit)

Sämtliche erforderlichen Kosten und Gebühren, die durch die mobile Telearbeit verursacht wurden, übernimmt der Arbeitgeber gegen Nachweis entsprechend den betrieblichen Regelungen. Bei der Durchführung der mobilen Telearbeit hat der Arbeitnehmer die Grundsätze der Wirtschaftlichkeit und Sparsamkeit zu berücksichtigen. Vor Anfall zusätzlicher Kosten haben sich Arbeitgeber und Arbeitnehmer über eine Kostenübernahme durch den Arbeitgeber zu einigen.

---

1 Betriebshinweise der IBM Deutschland GmbH für eine Außerbetriebliche Arbeitsstätte, abgedruckt in *Collardin*, Aktuelle Rechtsfragen der Telearbeit, S. 226; *Fenski*, Rz. 429.

Zu den vom Arbeitgeber zu tragenden Aufwendungen zählen neben den Kosten für die Einrichtung auch die **laufenden Kosten des Arbeitsplatzes**. Dies sind bspw. die anteiligen Kosten für Raummiete, Telekommunikation, Strom, Heizung,[1] Benzin (letzteres grundsätzlich nur bei mobiler Telearbeit) usw. Bei vom Arbeitgeber angemieteten oder gekauften Nachbarschafts- und Satellitenbüros fallen beim Arbeitnehmer ohnehin keine Kosten an, so dass in diesen Fällen keine arbeitsvertraglichen Regelungen darüber erforderlich sind. 49

Anders ist die Situation jedoch bei **ausschließlicher, alternierender sowie mobiler Telearbeit**. Hier hat der Arbeitnehmer die Kosten zunächst aus eigener Tasche an seinen Vermieter, Energieversorger usw. zu zahlen. Er kann sie jedoch vom Arbeitgeber ersetzt verlangen, da ihm aus der Ausübung der Arbeit außerhalb des Betriebs keine finanziellen Nachteile entstehen sollen, anderenfalls wäre Telearbeit allein wegen des Kostenrisikos für viele Arbeitnehmer unattraktiv. 50

Gerade bei den Anteilen an den laufenden Kosten stellt sich die **genaue Berechnung schwierig** dar, da der Arbeitnehmer diese Kosten meist nicht gesondert für einzelne Räume zahlt, sondern für die gesamte Wohnung. Daher ist es empfehlenswert, einen **Pauschalbetrag** vertraglich festzulegen.[2] Macht der Arbeitnehmer **höhere Kosten** geltend, kann der Arbeitgeber einen **Nachweis** darüber verlangen, bevor er sie ersetzt. 51

Zu den vom Arbeitgeber zu tragenden Kosten gehört auch eine vom Arbeitgeber angeordnete **Fahrt zum Betrieb bei ausschließlicher Telearbeit**. Die Fahrt ist nicht von der zu leistenden Tätigkeit umfasst, da Arbeitsort allein die Wohnung des Arbeitnehmers ist. Dieser erfüllt seine Arbeitspflicht vollständig, wenn er zu Hause arbeitet und das Ergebnis mithilfe der zur Verfügung gestellten Telekommunikationsmittel dem Arbeitgeber übermittelt. Für Fahrten zum Betrieb des Arbeitgebers auf dessen Verlangen steht ihm daher ein **Aufwendungsersatzanspruch gemäß § 670 BGB** zu.[3] 52

Auch bei der **mobilen Telearbeit** sind Kosten, die für Fahrten während der Arbeitszeit anfallen, vom Arbeitgeber zu ersetzen, da die Fahrten Teil der Erfüllung der Arbeitspflicht sind. 53

e) Haftung des Telearbeiters

Typ 7: Haftung des Telearbeiters

a) Der Arbeitnehmer haftet für eine Schädigung des Arbeitgebers im Zusammenhang mit der Ausübung der Telearbeit nach folgenden Grundsätzen: Bei leichter Fahrlässigkeit entfällt eine Haftung, bei mittlerer Fahrlässigkeit erfolgt eine Schadensteilung, bei grober Fahrlässigkeit und Vorsatz haftet der Arbeitnehmer voll. Bei mittlerer Fahrlässigkeit ist die Haftung der Höhe nach auf ein Bruttomonatsgehalt, bei grober Fahrlässigkeit auf drei Bruttomonatsgehälter beschränkt. Diese Grundsätze finden bei Schädigungen durch im Haushalt des

---

1 So auch *Kramer, S.*, DB 2000, 1329 (1331); *Schaub*, BB 1998, 2109; *Wank*, Der Arbeitgeber 1998, 99 (100).
2 *Albrecht*, NZA 1996, 1240 (1243); *Kramer, S.*, DB 2000, 1329 (1331).
3 Dazu Schaub/*Vogelsang*, § 164 Rz. 32.

Arbeitnehmers lebende Familienangehörige und berechtigte Besucher entsprechende Anwendung, falls die Schädigung im Zusammenhang mit der Ausübung der Tätigkeit des Telearbeitnehmers erfolgt und keine Haftpflichtversicherung für den Schaden aufkommt.

b) Tritt ein Schaden an einem vom Arbeitgeber gestellten Arbeitsmittel ein, hat der Arbeitnehmer diesen unverzüglich schriftlich dem Arbeitgeber mitzuteilen.

c) Schädigt der Arbeitnehmer, ein Familienmitglied oder ein berechtigter Besucher im Zusammenhang mit der Ausübung der Telearbeit einen Dritten, stellt der Arbeitgeber die genannten Personen nach den obigen Grundsätzen von der Haftung gegenüber dem Dritten frei bzw. ersetzt den gezahlten Betrag, falls keine Haftpflichtversicherung für den Schaden aufkommt.

54 Bei der **Telearbeit in der Wohnung des Arbeitnehmers** ist die Gefahr einer Beschädigung von Arbeitsmitteln höher als bei der Arbeit im Betrieb, da sich in der Wohnung meist noch andere Personen aufhalten, die möglicherweise Zugang zum Arbeitsplatz haben.

55 Schädigt der **Arbeitnehmer selbst** im Rahmen seiner vertraglich geschuldeten Tätigkeit den Arbeitgeber, bspw. durch Beschädigung des Computers, Einschleusen von Computerviren oder sonstige unsachgemäße Behandlung, gelten die allgemeinen von der Rechtsprechung entwickelten Grundsätze zur Arbeitnehmerhaftung. Es findet zu Gunsten des Arbeitnehmers eine Haftungsbeschränkung statt, wenn eine betrieblich veranlasste Tätigkeit vorliegt. Die Gefahrgeneigtheit ist nicht mehr Voraussetzung einer Haftungsbeschränkung.[1]

56 Nach diesen Grundsätzen haftet der Arbeitnehmer **grundsätzlich voll** bei **Vorsatz und grober Fahrlässigkeit** (sofern der Schaden auch vom Vorsatz umfasst ist),[2] bei **mittlerer Fahrlässigkeit** erfolgt eine **Schadensteilung** zwischen Arbeitgeber und Arbeitnehmer, bei **leichter Fahrlässigkeit entfällt die Haftung** des Arbeitnehmers (ausführlich → *Haftung des Arbeitnehmers*, II H 20).[3] Eine Haftungserleichterung kann jedoch auch bei grober Fahrlässigkeit im Einzelfall greifen, wenn der Verdienst des Arbeitnehmers in deutlichem Missverhältnis zum Schadensrisiko der Tätigkeit steht.[4] Vertragliche Haftungsbeschränkungen der Höhe nach sind unabhängig davon möglich.

57 **Probleme** ergeben sich jedoch dann, wenn der Schaden an der außerbetrieblichen Arbeitsstätte **durch einen Dritten**, bspw. ein Familienmitglied, einen Mitbewohner oder Besucher des Telearbeiters verursacht wurde. Im Falle eines mit dem Telearbeiter gemeinschaftlich verursachten Schadens folgt die Haftungsbeschränkung im Verhältnis des Dritten zum Arbeitgeber bereits aus der Überlegung, dass andernfalls der Dritte vom Arbeitnehmer über den Umweg der gesamtschuldnerischen Haftung nach §§ 426, 840 BGB einen anteiligen Ausgleich des Schadens verlangen könnte, obwohl dem Arbeitnehmer im Arbeitsverhältnis die Haftungsbegrenzung zugutekommt und er ggf. nicht haften müsste.[5]

---

1 BAG GS v. 27.9.1994 – GS 1/89, AP Nr. 103 zu § 611 BGB Haftung des Arbeitnehmers.
2 BAG v. 18.4.2002 – 8 AZR 348/01, AP Nr. 122 zu § 611 BGB Haftung des Arbeitnehmers.
3 Dazu ausführlich ErfK/*Preis*, § 619a BGB Rz. 9 ff.
4 BAG v. 12.10.1989 – 8 AZR 276/88, AP Nr. 97 zu § 611 BGB Haftung des Arbeitnehmers.
5 *Boemke*, BB 2000, 147 (153).

Ist der Schaden weder durch den Arbeitnehmer noch durch einen Kollegen, sondern 58
allein von einem Dritten verursacht worden, so ist die Frage der Haftung strittig. Es
ist sachgerecht, die **Haftungsbeschränkung** nach den Grundsätzen eines **vertraglichen Haftungsausschlusses mit Wirkung für Dritte auch auf bestimmte Personen auszudehnen**, die Zugang zum Telearbeitsplatz haben.[1] Teilweise werden Besucher
von der Haftungsbeschränkung ausgenommen. Wegen der fehlenden gesetzlichen
oder familiären Verpflichtung diesem gegenüber fehle ein berechtigtes Interesse
des Telearbeitnehmers am Schutz des Besuchers.[2] Andere beziehen zu Recht **alle
Personen** in die Haftungsprivilegierung mit ein, die **berechtigterweise Zugang zur
Wohnung** des Arbeitnehmers und damit auch zum Telearbeitsplatz haben.[3] Durch
die Installation von Geräten und Anlagen in der Wohnung des Arbeitnehmers erhöht der Arbeitgeber bewusst das allgemeine Schadensrisiko. Darüber hinaus
kommt der wesentliche Nutzen der Telearbeit dem Arbeitgeber zugute, so dass
eine Verlagerung des Schadensrisikos auf ihn sachgerecht erscheint. Voraussetzung
für die Haftungsbeschränkung ist aber auch hier, dass die Schädigung im Rahmen
einer betrieblich veranlassten Tätigkeit geschieht.

Verursacht der **Arbeitnehmer** bei einem **betriebsfremden Dritten** in Ausübung der 59
betrieblichen Tätigkeit einen Schaden – zu denken ist bspw. an die Beschädigung
einer geleasten Computeranlage –, haften Telearbeitnehmer und Arbeitgeber **im
Außenverhältnis unbeschränkt gesamtschuldnerisch**. Die Grundsätze der Haftungsbeschränkung gelten allein für die Innenhaftung des Arbeitnehmers gegenüber dem Arbeitgeber.[4] Im **Innenverhältnis** hat der Arbeitnehmer einen **Freistellungs- bzw. nach Zahlung einen Erstattungsanspruch** gegen seinen Arbeitgeber in
der Höhe, in der er nicht haften müsste, wenn der Schaden beim Arbeitgeber eingetreten wäre.[5]

Diese Grundsätze gelten auch, wenn ein von der Haftungsbeschränkung umfasster 60
Dritter (Familienangehörige, Mitbewohner, berechtigte Besucher) den Schaden verursacht hat.

f) Schutz von Daten und Informationen am Telearbeitsplatz

Typ 8: Schutz von Daten und Informationen am Telearbeitsplatz

a) Auf den Schutz von Daten und Informationen gegenüber Dritten ist am Telearbeitsplatz besonders zu achten.

Der Arbeitnehmer hat über alle betrieblichen und geschäftlichen Daten, über die er im Rahmen seiner Tätigkeit Kenntnis erlangt, Stillschweigen zu bewahren. Die gesetzlichen und betrieblichen Datenschutzregelungen sind einzuhalten.

---

1 *Collardin*, Aktuelle Rechtsfragen der Telearbeit, S. 179; HR/Schiefer, 1/3066; *Wank*, Der Arbeitgeber 1998, 99 (100); *Wedde*, Telearbeit, Rz. 344, 345; a.A. Besgen/Prinz/*Ricken*, § 7 Rz. 66; Blanke/Schüren/Wank/Wedde-*Wedde*, Hdb. Neue Beschäftigungsformen, Telearbeit, Rz. 115; *Boemke*, BB 2000, 147 (153).
2 *Collardin*, Aktuelle Rechtsfragen der Telearbeit, S. 181.
3 *Albrecht*, NZA 1996, 1245; *Wedde*, Telearbeit, Rz. 346.
4 Vgl. BGH v. 21.12.1993 – VI ZR 103/93, AP Nr. 104 zu § 611 BGB Haftung des Arbeitnehmers.
5 Vgl. MünchArbR/*Reichold*, § 52 Rz. 14 ff.

b) Unternehmenseigene Unterlagen dürfen nur aus dem Unternehmen genommen werden, wenn dies zur unmittelbaren Erfüllung der vereinbarten Arbeitsaufgabe notwendig ist. Der unmittelbare Vorgesetzte entscheidet darüber, ob und ggf. welche Unterlagen der Arbeitnehmer aus dem Betrieb nehmen darf.

c) Vertrauliche Daten, Informationen und Unterlagen sind vom Arbeitnehmer so zu schützen, dass Dritte – insbesondere auch im Haushalt des Arbeitnehmers lebende Personen – keine Einsicht und/oder keinen Zugriff nehmen können. Sie dürfen nur in Räumen des Arbeitgebers entsorgt werden.

d) Der Raum, in dem sich die häusliche Arbeitsstätte befindet, ist abzuschließen, wenn sich der Arbeitnehmer nicht darin aufhält.

61 Übt ein Mitarbeiter seine Tätigkeit nicht (nur) im Betrieb des Arbeitgebers aus, gelangen zwangsläufig auch **vertrauliche Unterlagen und Daten außerhalb des Betriebs**. Dadurch wiederum besteht die Gefahr, dass nicht nur der Mitarbeiter, sondern auch Unbefugte Zugriff auf diese haben. Die Kontrolle durch den Arbeitgeber wird erheblich erschwert. Im Falle der Verarbeitung personenbezogener Daten im Rahmen von Telearbeit ergibt sich zudem aus § 9 BDSG, dass der Arbeitgeber seine Verpflichtung zum Datenschutz durch geeignete Anordnungen (etwa: Datenschutz durch Passwörter und Benutzerkennung, begrenzte Freigabe personenbezogener Daten bei Verarbeitung außerhalb der Betriebsstätte, usw.) zu gewährleisten hat.[1] In diesen Fällen kann auch eine sog. interne Datenverarbeitung vorliegen, die datenschutzrechtlich nach Maßgabe des § 28 oder § 32 BDSG zu beurteilen sein kann.[2]

62 Aus diesen Gründen sind vertragliche Regelungen erforderlich, nach denen der Mitarbeiter zum Daten- und Geheimnisschutz verpflichtet wird.[3] Letztendlich jedoch kann der **Daten- und Geheimnisschutz nur funktionieren**, wenn ein **entsprechendes Vertrauensverhältnis** zwischen Arbeitgeber und Arbeitnehmer besteht. Dies ist bei der Auswahl eines Telearbeitnehmers in sensiblen Bereichen zu berücksichtigen.

g) Zugang zur Wohnung des Telearbeiters

Typ 9: Zugang zur Wohnung des Telearbeiters

a) Dem Arbeitgeber, von ihm beauftragten Personen sowie Personen, die aufgrund gesetzlicher Verpflichtungen Zugang zur häuslichen Arbeitsstätte haben müssen, gewährt der Arbeitnehmer Zugang zu dieser, soweit dies aus sachlichen Gründen erforderlich ist, insbesondere zur Überprüfung, ob die vertraglich vereinbarten Anforderungen an den Telearbeitsplatz eingehalten werden.

b) Mit Ausnahme von dringenden Fällen erfolgt eine Terminabsprache mit dem Arbeitnehmer.

---

1 Insofern wird die Zulässigkeit häuslicher Telearbeit im Bereich der personenbezogenen Datenverarbeitung z.T. bezweifelt, vgl. *Wank*, AR-Blattei, Telearbeit, Rz. 55 ff.
2 Vgl. zum datenverarbeitenden Telearbeitnehmer Schaub/*Vogelsang*, § 164 Rz. 35.
3 Vgl. *Kramer, S.*, DB 2000, 1329 (1331); eine entsprechende Regelung sieht auch die Europäische Rahmenvereinbarung über Telearbeit vor.

c) Der Arbeitnehmer sichert zu, dass auch die mit ihm in häuslicher Gemeinschaft lebenden Personen mit dieser Regelung einverstanden sind.

Befindet sich der **Telearbeitsplatz in der Wohnung des Arbeitnehmers**, also bei ausschließlicher und alternierender Telearbeit, ist problematisch, inwieweit staatliche Stellen sowie Arbeitgeber und Betriebsrat ein **Zugangsrecht** zur Kontrolle dieses Telearbeitsplatzes haben.[1] Bspw. die Kontrolle der Einhaltung der Arbeitsschutzbestimmungen, wie z.B. ArbeitsstättenVO, BildschirmarbeitsVO, ist dem Arbeitgeber nur durch eine Besichtigung des Arbeitsplatzes möglich. 63

Ein **generelles Zugangsrecht** besteht wegen der durch Art. 13 GG garantierten Unverletzlichkeit der Wohnung jedoch **nicht**. Verlangen **staatliche Stellen** Zugang zum Telearbeitsplatz, steht dem Arbeitnehmer ein Abwehrrecht unmittelbar aus Art. 13 GG[2] zu. Ein Zugang gegen den Willen des Arbeitnehmers ist nur in absoluten Ausnahmefällen möglich, z.B. bei einer konkreten Lebensgefahr oder zur Verhütung einer dringenden Gefahr für die öffentliche Sicherheit und Ordnung aufgrund eines Gesetzes. 64

Verlangen **Arbeitgeber oder Betriebsrat** Zugang zur häuslichen Arbeitsstätte, gibt Art. 13 GG nur mittelbaren Schutz über die allgemeinen zivilrechtlichen Abwehransprüche, z.B. §§ 854 ff. BGB. Einzelvertragliche Vereinbarungen über Zutrittsrechte sind jedoch in den Grenzen der §§ 138 Abs. 1, 242 BGB möglich. Ein **unbegrenztes und jederzeitiges Zugangsrecht ist danach unzulässig**. Die Vertragsklausel sollte daher das Zutrittsrecht des Arbeitgebers und des Betriebsrats vom Vorliegen eines Notfalls oder besonderer Erfordernisse im Einzelfall und einer grundsätzlichen Abstimmungspflicht über den Termin abhängig machen.[3] 65

Allerdings ist das **Zugangsrecht**, selbst wenn es vertraglich vereinbart wurde, **gegen den Willen des Arbeitnehmers nur schwer durchsetzbar**. Ein gewaltsamer Zutritt wäre verbotene Eigenmacht i.S.v. § 858 Abs. 1 BGB sowie u.U. ein strafbarer Hausfriedensbruch. Daher ist das **Einvernehmen** zwischen Arbeitgeber und Arbeitnehmer in jedem einzelnen Fall zu suchen, in dem die Wohnung des Arbeitnehmers betreten werden soll. 66

h) Unfallversicherungsschutz

Typ 10: Unfallversicherungsschutz

Für Arbeitsunfälle an der außerbetrieblichen Arbeitsstätte bei der Verrichtung von Telearbeit sowie für Wegeunfälle auf dem Weg zur betrieblichen Arbeitsstätte

---

1 Zum Zugangsrecht ausführlich *Collardin*, Aktuelle Rechtsfragen der Telearbeit, S. 40 ff. sowie *Bieler/Cordes/Kaune*, Organisation von Telearbeit, Rz. 168 ff.
2 Vgl. dazu *Dulle*, Rechtsfragen der Telearbeit, S. 193; *Fenski*, Rz. 418; MünchArbR/*Heenen*, § 316 Rz. 20.
3 *Collardin*, Aktuelle Rechtsfragen der Telearbeit, S. 72; HR/*Schiefer*, 1/3063; a.A. *Wedde*, Telearbeit, Rz. 506, der durch die Aufnahme der Telearbeit eine konkludente Zustimmung zum Zugangsrecht des Arbeitgebers in die Wohnung des Arbeitnehmers zur Kontrolle der Arbeitsschutzvorschriften annimmt. Vgl. zum Zutrittsrecht des Betriebsrats *Wiese*, RdA 2009, 344 (350 f.).

bzw. zum Nachbarschafts- oder Satellitenbüro besteht der Schutz der gesetzlichen Unfallversicherung. Der Arbeitgeber informiert die zuständige Berufsgenossenschaft über die Telearbeit. Der Arbeitnehmer muss bei einem Unfall nachweisen können, dass dieser sich während einer versicherten Tätigkeit ereignet hat.

67 Als Arbeitnehmer ist der Telearbeiter in der **gesetzlichen Unfallversicherung** versichert, § 2 Abs. 1 Nr. 1 SGB VII. Erleidet er bei der versicherten Tätigkeit i.S.v. § 8 SGB VII einen Arbeitsunfall, werden die Behandlungskosten von der gesetzlichen Unfallversicherung übernommen. Geschieht der Unfall bei der Arbeit im Betrieb des Arbeitgebers, ist die Annahme eines Arbeitsunfalls unproblematisch.

68 Bei allen Formen der Telearbeit verrichtet der Arbeitnehmer seine Tätigkeit jedoch **nicht ausschließlich im Betrieb** des Arbeitgebers. Daher können **Abgrenzungsprobleme** entstehen, ob die unfallverursachende Tätigkeit noch zur Arbeit oder schon zur Freizeit gehört.[1] Der Versicherungsschutz besteht auch im privaten Wohnbereich des Arbeitnehmers, soweit betriebliche Interessen der versicherten Tätigkeit noch angenommen werden können.[2] Entscheidend ist, ob die Tätigkeit auch dann verrichtet worden wäre, wenn private Interessen außer Acht gelassen werden.[3]

i) Aufgabe der häuslichen Arbeitsstätte bei alternierender Telearbeit

Typ 11: Aufgabe der häuslichen Arbeitsstätte bei alternierender Telearbeit

a) Mit einer Ankündigungsfrist von einem/zwei/drei Monat(en) zum Ende eines Kalendermonats können beide Seiten bestimmen, dass der Arbeitnehmer seine Arbeitsleistung zukünftig nur noch am betrieblichen Arbeitsplatz zu erbringen hat und die häusliche Arbeitsstätte aufgelöst wird. Der Arbeitgeber trifft seine Entscheidung nach billigem Ermessen (§ 106 GewO). Liegt ein wichtiger Grund vor, der die Fortführung der Telearbeit bis zum Ablauf der Frist unzumutbar macht, kann die Aufgabe von beiden Seiten fristlos erfolgen. Die Aufgabeankündigung bedarf in jedem Fall der Schriftform.

b) Die Vereinbarung über die Telearbeit endet automatisch bei Beendigung des Arbeitsverhältnisses, bei Aufgabe oder Kündigung der Wohnung, in der sich der Telearbeitsplatz befindet, sowie bei einem Stellenwechsel des Arbeitnehmers innerhalb des Betriebs/Unternehmens.

c) Die Aufgabe/Kündigung der Wohnung, in der sich die häusliche Arbeitsstätte befindet, hat der Arbeitnehmer dem Arbeitgeber unverzüglich anzuzeigen. Nach einem Wohnungswechsel kann eine erneute Einrichtung eines Telearbeitsplatzes erfolgen.

d) Bei Aufgabe des alternierenden Telearbeitsplatzes und Rückkehr in den Betrieb besteht für den Arbeitnehmer kein Anspruch auf den vor Beginn bzw. während der alternierenden Telearbeit inne gehabten betrieblichen Arbeitsplatz.

---

1 Vgl. hierzu Küttner/*Voelzke*, Personalbuch 2014, Telearbeit, Rz. 19.
2 BSG v. 8.12.1994 – 2 RU 41/93, NJW 1995, 1694; vgl. zur (anders zu beurteilenden) Anerkennung eines Dienstunfalls eines Beamten an einem Telearbeitsplatz in dessen Wohnung hingegen Bayerischer VGH v. 10.6.2008 – 3 ZB 07.2366.
3 BSG v. 18.6.2013 – B 2U 7/12 R, SozR 4-2700 § 8 Nr. 48; *Schur*, jM 2014, 249 (250); kritisch: *Brink*, ArbR 2013, 632.

e) Die vom Arbeitgeber gestellten Arbeitsmittel sowie alle im Zusammenhang mit der Telearbeit an den Arbeitnehmer ausgehändigten Unterlagen sind mit Beendigung der Vereinbarung über die alternierende Telearbeit unverzüglich zurückzugeben. Dies gilt auch auf Verlangen des Arbeitgebers bei einer längerfristigen Freistellung von der Arbeit.

f) Ein Vor- oder Nachteilsausgleich (z.B. für Fahrtzeiten und Fahrtkosten zum Betrieb des Arbeitgebers) findet nicht statt.

Bei der **alternierenden** Telearbeit wird ein Teil der Tätigkeit in der Wohnung des Arbeitnehmers ausgeübt. Da die Wohnung gemäß Art. 13 GG grundrechtlich geschützt ist, muss der **Arbeitnehmer die Möglichkeit** haben, die **häusliche Arbeitsstätte aufzugeben**, ohne das Arbeitsverhältnis insgesamt beenden zu müssen.[1] Auch der Arbeitgeber kann ein berechtigtes Interesse daran haben, den Arbeitsplatz in der Wohnung aufzugeben und den Arbeitnehmer nur noch im Betrieb zu beschäftigen, wenn etwa die Qualität der Arbeit leidet, weil der Arbeitnehmer zu Hause zu sehr abgelenkt ist. Eine solche Verlegung des Arbeitsorts ausschließlich in den Betrieb muss der Arbeitgeber allerdings vorbereiten können, bspw. muss ein fester Arbeitsplatz eingerichtet werden. 69

Daher ist eine vertragliche Regelung sinnvoll, nach der **jede Partei die Aufgabe der häuslichen Arbeitsstätte verlangen** kann, diese allerdings mit einer **Frist** von einem, zwei oder drei Monaten ankündigen muss. Für Ausnahmefälle ist eine kürzere bzw. gar keine Frist vorzusehen. Für eine solche Regelung kommt dabei eine Ausgestaltung als Widerrufs-[2] oder als Direktionsrechtsklausel – vgl. Klauseltyp 11a – in Betracht.[3] 70

Zunehmend wird die Möglichkeit der vollständigen oder teilweisen Telearbeit durch Arbeitnehmer als Vorteil gesehen, so dass der Rückruf in den Betrieb durchaus als nachteilig empfunden wird. Das LAG Düsseldorf[4] hatte einen Fall zu entscheiden, in dem der Arbeitnehmer sich gegen den „Rückruf" in den Betrieb wehrte, zumal dieser je nach Verkehrsweg 70–90 km von seinem Wohnsitz entfernt war. Nach dem Wortlaut einer Ergänzungsvereinbarung zum Arbeitsvertrag konnte „die außerbetriebliche Arbeitsstätte" sowohl vom Arbeitgeber als auch dem Arbeitnehmer mit einer Ankündigungsfrist von vier Wochen zum Wochenschluss ohne Angabe von Gründen aufgegeben werden. Nach der Vereinbarung konnte die Arbeitsleistung zu 40% in häuslicher Telearbeit erbracht werden. 71

Das LAG entschied zu Recht, dass die Beendigung alternierender Telearbeit regelmäßig eine Versetzung i.S.v. § 95 Abs. 3 Satz 1 BetrVG darstellt, welche der Zustimmung des Betriebsrats bedarf. In individualarbeitsrechtlicher Hinsicht entschied das LAG, dass eine Vereinbarung in allgemeinen Arbeitsvertragsbedingun- 72

---

[1] *Kramer, S.*, DB 2000, 1329 (1333).
[2] § 13 der Anlage 1 des Tarifvertrags über Telearbeit bei der Deutschen Telekom AG/T-Mobile enthält ein solches Widerrufsrecht, NZA 1998, 1214 (1216); auf die Anforderung des Transparenzgebots gemäß § 307 Abs. 1 Satz 2 BGB unter Anführung eines Klauselbeispiels besonders hinweisend Besgen/Prinz/*Ricken*, § 7 Rz. 70, 84.
[3] Preis/*Genenger*, Innovative Arbeitsformen, Telearbeit, S. 1084; *Kramer, S.*, DB 2000, 1329 (1332).
[4] LAG Düsseldorf v. 10.9.2014 – 12 Sa 505/14.

gen, welche die Beendigung einer vereinbarten alternierenden Telearbeit für den Arbeitgeber voraussetzungslos ermöglicht und nicht erkennen lässt, dass dabei auch die Interessen des Arbeitnehmers zu berücksichtigen sind, wegen Abweichung von dem gesetzlichen Leitbild des § 106 Satz 1 GewO gemäß § 307 Abs. 1 Satz 1 i.V.m. § 307 Abs. 2 Nr. 1 BGB unwirksam sei. Dem kann im konkreten Fall zugestimmt werden. Richtig ist, dass es in der Sache um die Ausübung des Direktionsrechts hinsichtlich des Ortes der Arbeitsleistung geht. Die Versetzung ist nach dem Leitbild des § 106 GewO nur unter Wahrung billigen Ermessens möglich. Es ist vertretbar, wenn das LAG eine Vertragsklausel, die ausdrücklich eine grundlose, d.h. willkürliche Versetzung (hier die Beendigung der häuslichen Telearbeit) vorsieht, wegen Verstoßes gegen das Leitbild des § 106 GewO verwirft. Rechtsfolge ist aber dann, dass § 106 GewO unmittelbar als dispositives Recht Anwendung findet. An die Stelle der unwirksamen Vertragsbestimmung treten gemäß § 306 Abs. 2 BGB die gesetzlichen Vorschriften, also § 106 GewO. Im konkreten Fall wäre dann zu prüfen gewesen, ob die Rückversetzung in den Betrieb billigem Ermessen entsprach.

73 Dass bei der Aufgabe des Telearbeitsplatzes die vom Arbeitgeber zur Verfügung gestellten **Arbeitsmittel und Unterlagen an diesen zurückzugeben** sind, versteht sich an sich von selbst. Dennoch ist eine vertragliche Regelung aus Klarstellungsgründen zu empfehlen, da die Arbeitsmittel in der Wohnung des Arbeitnehmers stehen und daher insbesondere nach jahrelanger Telearbeit der Eindruck entstehen könnte, Computer, Telefon usw. könnten wie bisher weiterbenutzt werden.

5. Mitbestimmungsrechte des Betriebsrats

74 Ist der Telearbeiter **Arbeitnehmer, gilt das BetrVG**, wie für jeden anderen Arbeitnehmer, § 5 Abs. 1 BetrVG. Insoweit bestehen also keine Unterschiede zu einem „normalen" Arbeitsverhältnis. Auch auf in **Heimarbeit** Beschäftigte, die in der Hauptsache für den Betrieb arbeiten, ist das BetrVG anwendbar, § 5 Abs. 1 Satz 2 BetrVG. Keine Anwendung findet das BetrVG dagegen auf arbeitnehmerähnliche freie Mitarbeiter sowie auf Selbständige.

75 Möchte der Arbeitgeber die Arbeitsform **Telearbeit einführen**, hat er den Betriebsrat rechtzeitig vollständig und umfassend zu informieren gemäß § 80 Abs. 2 sowie bei Vorliegen der Voraussetzungen von §§ 111, 112 BetrVG. Daneben sind zahlreiche weitere Mitbestimmungsrechte des Betriebsrats zu beachten, z.B. die Unterrichtungs- und Beratungsrechte gemäß §§ 90, 92 Abs. 1 BetrVG sowie bei der **konkreten Umsetzung** der Telearbeit Mitbestimmungsrechte gemäß §§ 87 Abs. 1, 99 BetrVG.[1]

---

[1] Zu den Mitbestimmungsrechten *Albrecht*, NZA 1996, 1240 (1243); *Bieler/Cordes/Kaune*, Organisation von Telearbeit, Rz. 141 ff.; MünchArbR/*Heenen*, § 316 Rz. 20; *Preis*, Arbeitsrechtliche Probleme der Telearbeit, in Schriftenreihe des Instituts für Rundfunkrecht an der Universität zu Köln, Bd. 71, S. 75 (92 ff.); Hoeren/Sieber/*Preis*, Hdb. Multimedia-Recht, Teil 22.2 Rz. 60 ff.; Schaub/*Vogelsang*, § 164 Rz. 37 ff.; *Schwarzbach*, Telearbeit gestalten, S. 74 ff.; *Wank*, AuA 1998, 192 (194); *Wedde*, Telearbeit, Rz. 938 ff., 984 ff.; *Wiese*, RdA 2009, 344 ff.

U 10 Umzugskosten

	Rz.		Rz.
1. Einführung	1	cc) Rechtsfolgen bei Überschreitung der Angemessenheitsgrenzen	23
a) Allgemeines zur Kostentragungspflicht	1		
b) Absicherung gegen vorzeitiges Ausscheiden nach erfolgter Kostenübernahme	5	3. Steuerliche Aspekte der Umzugskostenerstattung	25
2. Klauseltypen	6	a) Umzugskostenvergütungen aus öffentlichen Kassen, § 3 Nr. 13 EStG	26
a) Grundsätzliche Zulässigkeit	7	b) Umzugskosten privater Arbeitgeber, § 3 Nr. 16 EStG	28
b) Zulässige inhaltliche Ausgestaltung	10	aa) „Begünstigte" Umzüge	28
aa) Zulässige Beendigungstatbestände	10	bb) Höhe der steuerfreien Erstattungen	36
bb) Zulässige Bindungsintensität	16	cc) Rückforderung von Umzugskostenerstattungen	38
(1) Bindungsdauer	17	4. Hinweise zur Vertragsgestaltung; Zusammenfassung	39
(2) Höhe des Rückforderungsbetrages	19		

Schrifttum:

Blomeyer/Buchner, Rückzahlungsklauseln im Arbeitsrecht, 1969; *Borrmann*, Rückforderungsansprüche des Arbeitgebers, AR-Blattei (D) Rückzahlungsklauseln I; *Lipke*, Gratifikationen, Tantiemen, Sonderzulagen, 1982; *Luhmann/Zach*, Sämtliche Sonderzuwendungen an den Arbeitnehmer und ihre Auswirkungen auf das Unternehmen aus arbeitsrechtlicher, steuerlicher und betrieblicher Sicht: von der Anwesenheitsprämie bis zur Weihnachtsgratifikation, 1979.

1. Einführung

a) Allgemeines zur Kostentragungspflicht

In der betrieblichen Praxis ist es **vielfach üblich, dass** der **Arbeitgeber sich an den Kosten eines** durch das Arbeitsverhältnis veranlassten **Umzuges beteiligt**, indem er dem Arbeitnehmer diese Aufwendungen in voller Höhe erstattet, eine Umzugskostenpauschale oder doch zumindest eine Umzugskostenbeihilfe gewährt. 1

Handelt es sich dabei um eine **Versetzung aus dienstlichen Gründen**,[1] so besteht ein gesetzlicher Anspruch des Arbeitnehmers auf Ersatz der angefallenen Umzugskosten unter dem Gesichtspunkt des Aufwendungsersatzes (§ 670 BGB).[2] Dies gilt allerdings nur insoweit, als dass der neue Arbeitsplatz erheblich weiter entfernt ist als der alte und ein Pendeln dem Arbeitnehmer nicht zuzumuten ist.[3] Entgegenste- 2

---

1 Dienstliche Gründe liegen auch vor, wenn der Arbeitnehmer aufgrund einer Betriebsverlagerung umziehen muss (vgl. Küttner/*Griese*, Personalbuch 2010, Umzugskosten Rz. 6 und ErfK/*Preis*, § 611 BGB Rz. 429).
2 BAG v. 21.3.1973 – 4 AZR 187/72, AP Nr. 4 zu § 44 BAT; *Säcker*, Anm. SAE 1976, 73; *Lipke*, Gratifikationen, S. 204; Schaub/*Koch*, § 82 Rz. 14; HWK/*Thüsing*, § 611 BGB Rz. 477.
3 ErfK/*Preis*, § 611 BGB Rz. 429.

hende Vereinbarungen – auch in Tarifverträgen[1] – sind nichtig. Zusagen, die über das nach § 670 BGB Geschuldete hinausgehen, sind selbstverständlich zulässig. Bei einer Versetzung in entferntes Ausland ist eine Zusage der Umzugskostenerstattung im Zweifel dahin auszulegen, dass sie auch die Kosten des Rückumzuges erfasst.[2]

3 Eine **Rechtspflicht zur Kostenübernahme** kann sich **für die öffentlichen Arbeitgeber** aus den Vorgaben des TVöD BT – für den Bereich der Verwaltung etwa aus § 44 TVöD BT-Verwaltung – ergeben.[3] Diese Tarifbestimmung enthält eine dynamische Verweisung auf die Regelung, die diese Materie im Beamtenrecht des Bundes und der Länder gefunden hat.[4] Die Gewährung einer Umzugskostenerstattung setzt hiernach insbesondere voraus, dass der zu versetzende oder neu einzustellende Arbeitnehmer die für ihn in Aussicht genommene Stelle mindestens zwei Jahre besetzen soll. Scheidet er gleichwohl aus einem von ihm zu vertretenden Grund vor Ablauf von zwei Jahren aus, so ist er grundsätzlich zur Rückzahlung der empfangenen Umzugskostenvergütung verpflichtet.[5] Hat der gesetzlich gemäß § 3 Abs. 1 TVG an den TVöD gebundene öffentliche Arbeitgeber im Arbeitsvertrag mit dem nicht gewerkschaftlich organisierten Arbeitnehmer die Geltung des TVöD vereinbart, ist er nicht gehalten, gesondert auf diese Rückzahlungspflicht hinzuweisen.[6]

4 Im Übrigen ist der Arbeitgeber **nicht verpflichtet**, die Umzugskosten zu tragen.[7] Um qualifizierte Arbeitskräfte, die nicht immer am Ort zu finden sind, zu gewinnen, entschließen sich Arbeitgeber jedoch vielfach, **neu einzustellenden Arbeitnehmern** die anfallenden Umzugskosten abzunehmen. In vielen Arbeitsverträgen finden sich daher mehr oder weniger detaillierte Klauseln über die näheren Modalitäten der Kostenübernahme.

b) Absicherung gegen vorzeitiges Ausscheiden nach erfolgter Kostenübernahme

5 In den meisten Fällen wird die Umzugskostenzusage mit einer Rückzahlungsverpflichtung des Arbeitnehmers für den Fall seines Ausscheidens innerhalb eines bestimmten Zeitraums verbunden. Mit solchen **Rückzahlungsklauseln** sucht der Arbeitgeber in erster Linie die **Amortisation der übernommenen Aufwendungen** sicherzustellen. Die Bindung des Arbeitnehmers steht hier anders als z.B. bei der

---

1 LAG Berlin v. 29.6.1971 – 4 Sa 36/71, DB 1972, 444; BAG v. 21.3.1973 – 4 AZR 187/72, AP Nr. 4 zu § 44 BAT mit zust. Anm. von *Säcker*, SAE 1976, 72 ff.
2 BAG v. 26.7.1995 – 5 AZR 216/94, NZA 1996, 30.
3 Die Wirksamkeit der Vorgängervorschrift, § 44 Abs. 1 Nr. 4 BAT, wurde bestätigt durch BAG v. 18.2.1981 – 4 AZR 944/78, EzA § 44 BAT Nr. 3 und v. 7.9.1982 – 3 AZR 1252/79, AP Nr. 7 zu § 44 BAT.
4 Bundesumzugskostengesetz i.d.F. v. 11.12.1990 (BGBl. I, S. 2682); AuslandsumzugskostenVO i.d.F. v. 25.11.2003 (BGBl. I, S. 2360); Verordnung über die Erstattung der nachgewiesenen sonstigen Umzugsauslagen; Landesumzugskostengesetze; Umzugsanlagenverordnungen.
5 S. § 5 Abs. 3 BUKG.
6 LAG Hamm v. 2.6.2003 – 17 Sa 40/03, NZA-RR 2003, 672.
7 ErfK/*Preis*, § 611 BGB Rz. 428; Schaub/*Koch*, § 86 Rz. 13; *Säcker*, Anm. SAE 1976, 73; vgl. auch LAG MV v. 6.1.2005 – 1 Sa 283/04, n.v., wonach sich eine Kostenübernahmeverpflichtung nicht auf die Umzugskosten für mehrere Wohnungen erstreckt.

Aus- und Fortbildungsfinanzierung nicht im Vordergrund.[1] Gleichwohl wird der Arbeitnehmer auch durch solche Absprachen eingeengt.[2]

Während die betriebliche Praxis im Bereich der Rückzahlung aufgewendeter Aus- und Fortbildungskosten aufgrund entsprechender Vorgaben der arbeitsgerichtlichen Rechtsprechung zu einer gewissen Gleichförmigkeit tendiert, finden sich **auf dem Gebiet der Umzugskostenerstattung die unterschiedlichsten Vertragsgestaltungen.**

2. Klauseltypen

Typ 1: Rückzahlungsklauseln

a) Umzugskosten

Die Ihnen durch Ihren Umzug entstehenden Kosten werden wir Ihnen nach unseren Umzugskostenrichtlinien mit der Maßgabe erstatten, dass Sie uns für den Fall Ihres Ausscheidens vor Ablauf von zwei Jahren – gerechnet vom Beginn des Monats, in den der Umzug fällt, spätestens jedoch ab Festanstellung – einen der Anzahl der Monate Ihres Ausscheidens entsprechenden Betrag zurückerstatten.

b) Zwischen der Firma ... und dem Arbeitnehmer ... wird folgender Vertrag über die Erstattung von Umzugskosten geschlossen:

§ 1

Die Firma verpflichtet sich, dem Arbeitnehmer ... die Umzugskosten von ... nach ... gegen Vorlage der Belege zu erstatten.

§ 2

Vor Durchführung des Umzuges hat der Arbeitnehmer das Angebot von mindestens zwei Möbelspediteuren einzuholen. Der Auftrag ist im Einverständnis mit der Firma zu erteilen.

§ 3

Endet das Arbeitsverhältnis vor Ablauf von drei Jahren durch die Kündigung des Arbeitnehmers, ohne dass er für sie einen wichtigen Grund hat, oder durch die Kündigung der Firma aus einem von dem Arbeitnehmer zu vertretenden Grunde, so ist der Arbeitnehmer verpflichtet, die Umzugskosten zurückzuzahlen. Pro Monat der Betriebszugehörigkeit gelten 1/36 der Umzugskosten als getilgt.

Klauseltyp 1a war Bestandteil eines Formulararbeitsvertrages, während das mit „Vertrag über die Erstattung von Umzugskosten" überschriebene umfängliche Muster Typ 1b einem verbreiteten Formularhandbuch[3] entnommen ist. Dieses Muster könnte auch als Grundlage für eine gesonderte Vereinbarung außerhalb des Arbeitsvertrages dienen.

---

1 *Blomeyer*, Anm. AP Nr. 50 zu Art. 12 GG; *Luhmann/Zach*, Sonderzuwendungen, S. 150; *Lipke*, Gratifikationen, S. 198.
2 CKK/*Klumpp*, § 307 Rz. 219.
3 SSSV/*Schrader*, § 26 Rz. 4 ff.; ähnlich auch die Muster bei BLDH/*Lingemann*, M 12.21 und HR/*Schiefer*, 1/3157.

a) Grundsätzliche Zulässigkeit

7 Ausgangspunkt für die Beurteilung derartiger Rückzahlungsklauseln muss ebenso wie bei den anderen freiwilligen Leistungen des Arbeitgebers der Grundsatz der **Vertragsfreiheit** sein.[1] Dieser ermöglicht es den Arbeitsvertragsparteien nicht nur, entsprechende Verpflichtungen zu begründen, sondern auch die Leistungen an bestimmte Bedingungen zu knüpfen.

8 Freilich muss der Arbeitnehmer vor unangemessenen Benachteiligungen geschützt werden. Die Rechtsprechung unterzieht daher Rückzahlungsklauseln einer inhaltlichen Überprüfung. Formularmäßig vereinbarte Rückzahlungsklauseln unterliegen der Inhaltskontrolle nach § 307 BGB.[2] Als Kontrollmaßstab dienen ihr dabei die zur Rückzahlung von Ausbildungskosten entwickelten Grundsätze (s. → Ausbildungskosten, II A 120).[3] Hiernach ist eine Rückzahlungsklausel nur zulässig, wenn sie unter Berücksichtigung aller Umstände des Einzelfalles nach Treu und Glauben dem Arbeitnehmer zuzumuten ist und vom Standpunkt eines verständigen Betrachters aus einem begründeten und zu billigenden Interesse des Arbeitgebers entspricht.[4] Für die Interessenabwägung soll es bei den Umzugskosten angesichts der Vielgestaltigkeit der anzutreffenden Vertragsausgestaltungen in besonderem Maße auf die jeweiligen Umstände des Einzelfalles ankommen. Gleichwohl lassen sich anhand der veröffentlichten Urteile einige Punkte herausstellen, denen über den Einzelfall hinaus allgemeine Bedeutung zukommt.

9 Im Vordergrund der Überlegungen steht in aller Regel die inhaltliche Angemessenheit der Klausel, während die **Zulässigkeit des Rückzahlungsvorbehalts dem Grunde nach** meist ohne Weiteres vorausgesetzt wird. In der Tat dürfte es jedenfalls dort, wo die Leistung auf freiwilliger Basis erbracht wird,[5] kaum denkbar sein, dass die Vereinbarung einer Rückzahlungsklausel bereits an einem überwiegenden Arbeitgeberinteresse am Umzug scheitert. Denn der Arbeitnehmer verspricht sich mit dem Stellen- und Wohnortwechsel in der Regel einen dauerhaften beruflichen Vorteil (Aufstieg, Einkommenszuwachs), hat also a priori ein hoch zu veranschlagendes Eigeninteresse. Allein die aus einer ungünstigen wirtschaftsgeografischen Lage resultierende dringende Angewiesenheit des Arbeitgebers auf umzugswillige auswärtige Bewerber kehrt diese Interessenbewertung noch nicht in ihr Gegenteil um.[6] Folglich kann der Blick sogleich auf die inhaltliche Ausgestaltung der Rückzahlungsklauseln gelenkt werden.

---

1 LAG Düsseldorf v. 3.12.1971 – 9 Sa 785/71, DB 1972, 1588; *Blomeyer/Buchner*, Rückzahlungsklauseln, S. 83.
2 CKK/*Klumpp*, § 307 Rz. 220; HR/*Schiefer*, 1/3154.
3 So nach anfänglichem Zögern (BAG v. 30.3.1967 – 5 AZR 36/67, AP Nr. 25 zu § 64 ArbGG 1953) jetzt BAG v. 24.2.1975 – 5 AZR 235/74, EzA Art. 12 GG Nr. 11 mit zust. Anm. von *Blomeyer*, sowie LAG Düsseldorf v. 3.12.1971 – 8 Sa 418/71, DB 1972, 97; v. 23.12.1971 – 7 Sa 722/71, DB 1972, 979 und v. 3.12.1971 – 9 Sa 785/71, DB 1972, 1587 und LAG Kiel v. 15.12.1972 – 4 Sa 329/72, AP Nr. 1 zu § 611 BGB Umzugskosten.
4 BAG v. 16.3.1994 – 5 AZR 339/92, NZA 1994, 937; v. 21.11.2001 – 5 AZR 158/00, NZA 2002, 551.
5 Anders bei Ortswechsel auf Weisung des Arbeitgebers; ferner *Blomeyer*, Anm. AP Nr. 50 zu Art. 12 GG.
6 Gegen *Blomeyer/Buchner*, Rückzahlungsklauseln S. 86.

b) Zulässige inhaltliche Ausgestaltung

aa) Zulässige Beendigungstatbestände

Auf dieser zweiten Stufe der Zulässigkeitsprüfung stellt sich zunächst die Frage, an welche Tatbestände eine Rückzahlungspflicht zulässigerweise geknüpft werden kann. Dabei gilt es zunächst, den Inhalt der Klausel im Wege der **Auslegung** (§§ 133, 157 BGB) zu ermitteln. In einem zweiten Schritt ist dann der festgestellte Inhalt auf seine **Zulässigkeit** hin zu überprüfen.[1]

Auslegungsprobleme stellen sich vor allem dann, wenn es an einer eindeutigen juristischen Bezeichnung der den Rückzahlungsanspruch auslösenden Tatbestände fehlt. Weit verbreitet sind bspw. Klauseln, die ganz allgemein auf das **vorzeitige Ausscheiden des Arbeitnehmers** abstellen.

⊃ **Nicht geeignet:**
> Sie verpflichten sich, den Betrag in voller Höhe zurückzuzahlen, wenn Sie innerhalb eines Jahres aus unserem Unternehmen ausscheiden. Bei einem Ausscheiden zu einem späteren Zeitpunkt werden wir nach Ablauf dieser Frist den Betrag um monatlich $1/12$ reduzieren.[2]

Vom Wortlaut einer solchen Formulierung wird jeder vom Arbeitnehmer oder vom Arbeitgeber gesetzte Beendigungstatbestand erfasst. Dies entspricht aber typischerweise nicht den Erwartungen der Parteien. Der auf Amortisation seiner Aufwendungen bedachte Arbeitgeber dürfte sich von einer solchen Abrede in erster Linie eine Einflussnahme auf das Verhalten des Arbeitnehmers im Sinne einer längeren Verweildauer erwarten. Eine Kündigung kommt für ihn regelmäßig nur bei schwerer Verfehlung des Arbeitnehmers in Betracht. Der Arbeitnehmer wiederum richtet sich darauf ein, die Umzugskosten gleichsam durch Erbringung der geforderten Betriebstreue abarbeiten zu können. Erfolgt nun aber die Beendigung des Arbeitsverhältnisses aus Gründen, die nicht aus der Sphäre des Arbeitnehmers rühren, so liegt es nicht an ihm, dass er seine Leistung in Form von Betriebstreue nicht erbringen kann. Mit diesem Risiko darf der Arbeitnehmer nicht belastet werden. Wie auch im Rahmen der Ausbildungskosten vermag die **betriebsbedingte Kündigung** ebenso wie die **arbeitnehmerseitige Kündigung aus einem wichtigen, vom Arbeitgeber zu vertretenden Grund** keine Rückzahlungspflicht auszulösen. Im Hinblick auf die neuere Rechtsprechung des BAG zu den Ausbildungskosten wird man dies aber wohl nicht mehr im Wege der Auslegung der oben genannten Klausel erreichen können.[3] Unterscheidet eine Klausel nicht ausdrücklich danach, ob der Grund für die Beendigung des Arbeitsverhältnisses durch Eigenkündigung der Sphäre des Arbeitgebers oder der des Arbeitnehmers zuzuordnen ist, soll hierin eine unangemessene Benachteiligung des Arbeitnehmers liegen.[4] Eine andere Auslegung käme nicht in Betracht, da die vom Arbeitgeber (mit)verantwortete Kündigung des Arbeit-

---

1 *Borrmann*, AR-Blattei, Rückforderungsansprüche, Bl. 21 R ff.
2 LAG Düsseldorf v. 1.4.1975 – 8 Sa 62/75, EzA § 157 BGB Nr. 1; vgl. auch Klauseltyp 1a.
3 So noch LAG Düsseldorf v. 1.4.1975 – 8 Sa 62/75, EzA § 157 BGB Nr. 1; ebenso *Lipke*, Gratifikationen, S. 203 und *Luhmann/Zach*, Sonderzuwendungen, S. 153; auch HWK/*Thüsing*, § 611 BGB Rz. 482.
4 BAG v. 13.12.2011 – 3 AZR 791/09, NZA 2012, 738 (739); v. 28.5.2013 – 3 AZR 103/12, NZA 2013, 1419; v. 18.3.2014 – 9 AZR 545/12, NZA 2014, 957.

nehmers im Arbeitsleben keinen so seltenen und fernliegenden Beendigungstatbestand darstelle, als dass sie nicht gesondert erwähnt werden müsse.[1] Danach ist eine Klausel in Allgemeinen Geschäftsbedingungen, die die Rückzahlung von aufgewendeten Kosten in jedem Fall einer vom Arbeitnehmer ausgesprochenen Kündigung vorsieht, ohne solche Kündigungen des Arbeitnehmers auszunehmen, die aus Gründen erfolgen, die der Sphäre des Arbeitgebers zuzurechnen sind, gemäß § 307 Abs. 1 BGB unwirksam, da sie den Arbeitnehmer unangemessen benachteiligt.[2] Sachliche Gründe für eine unterschiedliche inhaltliche Bewertung der Beendigungstatbestände sind nicht ersichtlich, so dass sich die Rechtsprechung insoweit übertragen lassen sollte.[3] Den Arbeitgebern ist jedenfalls dringend zu empfehlen, die bereits bekannten (strengeren) Anforderungen im Rahmen der Rückzahlung von Ausbildungskosten auch hier hinreichend zu berücksichtigen.

13 Durch die Rechtsprechung noch nicht geklärt ist die Frage, wie eine **auf Krankheit des Arbeitnehmers gestützte Kündigung** zu beurteilen ist. Immerhin ist dieser Umstand der Sphäre des Arbeitnehmers zuzurechnen, wenngleich er sich einer willentlichen Beeinflussung weitgehend entzieht. Zumindest bei den vorherrschenden Formulararbeitsverträgen gehen hier Auslegungszweifel gemäß der AGB-rechtlichen Unklarheitenregel (§ 305c Abs. 2 BGB) zu Lasten des Arbeitgebers. Eine ausdrückliche Einbeziehung dieses Beendigungsgrundes wird man allerdings – insoweit anders als im Bereich der Aus- und Fortbildungsfinanzierung, wo das verhaltenssteuernde Moment eine noch wichtigere Rolle spielt[4] – für zulässig erachten müssen.[5]

14 Recht häufig trifft man in der Praxis auf Rückzahlungsklauseln, die in Anlehnung an § 44 Abs. 1 TVöD BT-Verwaltung i.V.m. § 5 Abs. 3 Satz 1 BUKG auf eine **vorzeitige Beendigung des Arbeitsverhältnisses aus einem vom Arbeitnehmer zu vertretenden Grunde** abstellen

⊃ **Nicht geeignet:**

Wir übernehmen Ihre Umzugskosten gegen Vorlage der Speditionsrechnung eines von uns benannten und vereinbarten Spediteurs. Wird das Arbeitsverhältnis aus einem Grund gelöst, den Sie zu vertreten haben, wird ein der Anzahl der Monate Ihres vorzeitigen Ausscheidens entsprechender Betrag zur Rückzahlung fällig.

oder sich sogar mit einem Verweis auf diese Bestimmung des TVöD begnügen.[6] Das Fehlen einer genauen Bezeichnung der Beendigungstatbestände macht auch hier Überlegungen zum Geltungsumfang solcher Klauseln notwendig.[7] Ansatz-

---
1 BAG v. 13.12.2011 – 3 AZR 791/09, NZA 2012, 738 (739).
2 BAG v. 13.12.2011 – 3 AZR 791/09, NZA 2012, 738.
3 So auch CKK/*Klumpp*, § 307 Rz. 220.
4 *Hanau/Stoffels*, Beteiligung von Arbeitnehmern an den Kosten der beruflichen Fortbildung, 1992, S. 8.
5 A.A. offenbar *Borrmann*, Rückforderungsansprüche, Bl. 22; wie hier auch ErfK/*Preis*, § 611 BGB Rz. 433.
6 So im Falle des ArbG Hagen v. 16.12.1976 – 2 Ca 721/76, BB 1977, 144 zu § 44 Abs. 1 BAT. Angesichts der im Vergleich zu der Regelung des BAT noch geringeren Transparenz der dynamischen Verweisung in § 44 Abs. 1 TVöD BT wird für die Neuregelung ebenso zu entscheiden sein.
7 S.a. HR/*Schiefer*, 1/3158.

punkt einer näheren Eingrenzung der anspruchsauslösenden Beendigungstatbestände ist hier der Begriff des **Vertretenmüssens**. Dieser ist im Kontext der Vorgängervorschrift des § 44 Abs. 1 Nr. 4 BAT nicht im Sinne von Vorwerfbarkeit oder Verschulden (§ 276 BGB) verstanden worden. Er besagte lediglich, dass jemand für einen Zustand oder ein Ereignis verantwortlich ist, mithin dafür einzustehen hat.[1] Der nahezu identisch gefasste § 44 Abs. 1 TVöD BT-Verwaltung ist ebenso zu interpretieren und enthält daher lediglich eine Risikozurechnung. Ob der Grund, der zur Beendigung des Arbeitsverhältnisses geführt hat, von dem Arbeitgeber oder Arbeitnehmer zu vertreten ist, hängt davon ab, ob dieser Grund der Risikosphäre des Arbeitgebers oder der des Arbeitnehmers zuzuordnen ist.[2] Der **Risikosphäre des Arbeitnehmers** sind **zuzurechnen**:[3]

– die Beendigung des Arbeitsverhältnisses aufgrund eigener Kündigung, und zwar auch dann, wenn sie der Arbeitnehmer selbst aus krankheitsbedingten Gründen ausspricht, z.B. weil er einsieht, dass er mit seiner noch vorhandenen Arbeitskraft seine Position nicht ausfüllen kann;[4] nicht hierunter fällt hingegen eine arbeitnehmerseitige Kündigung aus einem vom Arbeitgeber gesetzten wichtigen Grund;[5]

– die Beendigung des Arbeitsverhältnisses aufgrund eines auf Initiative des Arbeitnehmers geschlossenen Auflösungsvertrages;

– die Beendigung des Arbeitsverhältnisses aufgrund einer Kündigung aus Gründen im Verhalten oder in der Person des Arbeitnehmers, nach Ansicht des ArbG Hagen[6] nicht aber aufgrund einer Kündigung wegen ungenügender Leistungen während der Probezeit. Folgt man dem ArbG Hagen, so sollte der Umzug nach Möglichkeit auf die Zeit nach Ablauf der Sechsmonatsfrist verschoben werden.[7]

Zur Vermeidung von Unklarheiten und Streitigkeiten sollte bereits bei Abfassung des Arbeitsvertrages auf eine **genaue Benennung der einschlägigen Beendigungsgründe im Klauseltext** geachtet werden. Das Gebot der Wahl des sichersten Weges bei der Vertragsgestaltung gebietet dies insbesondere bei der Verwendung von AGB, weil die neuere Rechtsprechung des BAG bei der widerruflichen Gewährung freiwilliger Leistungen erhöhte Anforderungen an die Transparenz des Widerrufsvorbehalts stellt.[8] Die betriebliche Praxis trägt diesem Gebot zunehmend Rechnung.

bb) Zulässige Bindungsintensität

Die durch die Rückzahlungsklausel bewirkte Bindungsintensität, also die Stärke des auf den Arbeitnehmer faktisch ausgeübten Drucks, dem Betrieb für eine be-

---

1 BAG v. 21.3.1973 – 4 AZR 187/72, AP Nr. 4 zu § 44 BAT; ArbG Hagen v. 16.12.1976 – 2 Ca 721/76, BB 1977, 144; *Borrmann*, Rückforderungsansprüche, Bl. 22.
2 ArbG Hagen v. 16.12.1976 – 2 Ca 721/76, BB 1977, 144.
3 Vgl. die Aufzählung bei *Böhm/Spiertz/Sponer/Steinherr*, BAT, Loseblatt, § 44 BAT Rz. 10.
4 A.A. *Lipke*, Gratifikationen, S. 204.
5 HR/*Schiefer*, 1/3158.
6 ArbG Hagen v. 16.12.1976 – 2 Ca 721/76, BB 1977, 144; im Ergebnis zust. *Lipke*, Gratifikationen, S. 204.
7 HR/*Schiefer*, 1/3151.
8 BAG v. 12.1.2005 – 5 AZR 364/04, NZA 2005, 465 (468); v. 1.3.2006 – 5 AZR 363/05, NZA 2006, 746; dazu ErfK/*Preis*, §§ 305–310 BGB Rz. 51 ff.; *Diekmann/Bieder*, DB 2005, 722 (725 f.).

stimmte Zeit die Treue zu halten, darf den Arbeitnehmer ebenfalls nicht in unzumutbarer Weise in seiner beruflichen Bewegungsfreiheit (Art. 12 GG) beschränken. Der Grad der Bindungsintensität ergibt sich zum einen in zeitlicher Hinsicht aus der Dauer der Bindung und zum anderen aus der Höhe der den Arbeitnehmer im Falle seines vorzeitigen Ausscheidens treffenden Rückzahlungslast. Beide Faktoren sind stets mit Blick aufeinander zu würdigen.

(1) Bindungsdauer

17 Für die zumutbare Bindungsdauer kommt es auf eine **Abwägung der Interessen beider Vertragsteile am Umzug** des Arbeitnehmers unter Berücksichtigung aller Umstände des Einzelfalles an. Dabei spricht ein starkes Arbeitgeberinteresse tendenziell gegen eine längere Bindung. Vermag der Arbeitnehmer aus der Ortsveränderung einen dauerhaften **beruflichen Vorteil**, etwa in Form verbesserter Arbeitsbedingungen oder günstigerer Aufstiegschancen, zu ziehen, so ist ihm auch im Gegenzug eine längere Bindungsfrist zuzumuten.[1]

18 Für den **Regelfall** ist mit der Rechtsprechung[2] eine **dreijährige Bindung** als noch zulässig anzusehen. Eine über drei Jahre hinausgehende Bindung soll nur für besondere Ausnahmefälle zugelassen werden.[3] Eine Entscheidung, in der eine mehr als dreijährige Bindung anerkannt worden wäre, ist jedoch bislang nicht bekannt geworden. Vielmehr sind fünfjährige Bindungsfristen bislang von der Rechtsprechung stets beanstandet worden.[4]

Unter Umständen beträgt die Höchstgrenze sogar nur zwei Jahre, etwa wenn der Arbeitgeber ein überwiegendes Interesse daran hat, größere Teile der Belegschaft durch Zahlung einer Pauschale zu veranlassen, in ein anderes Werk, das weiter entfernt an einem für den Arbeitnehmer ungünstigeren Standort liegt, überzuwechseln.[5]

(2) Höhe des Rückforderungsbetrages

19 Neben der Bindungsfrist darf auch die Höhe des Rückzahlungsbetrages den Arbeitnehmer nicht unangemessen benachteiligen.

20 Der Rückzahlungsbeitrag darf sicherlich keinesfalls über den **tatsächlich erstatteten Kosten** liegen,[6] da andernfalls die Rückzahlungsvereinbarung Züge einer wegen § 622 Abs. 6 BGB unzulässigen Vertragsstrafe annehmen würde. Zu beachten ist allerdings, dass Arbeitgeber mitunter nicht nur die reinen Umzugskosten, sondern darüber hinaus sonstige mit dem Ortswechsel verbundene Mehraufwendungen

---

1 BAG v. 24.2.1975 – 5 AZR 235/74, AP Nr. 50 zu Art. 12 GG mit Anm. *Blomeyer*.
2 BAG v. 24.2.1975 – 5 AZR 235/74, AP Nr. 50 zu Art. 12 GG mit Anm. *Blomeyer*; LAG Kiel v. 15.12.1972 – 4 Sa 329/72, AP Nr. 1 zu § 611 BGB Umzugskosten; LAG Düsseldorf v. 23.12.1971 – 7 Sa 722/71, DB 1972, 979 und v. 3.12.1971 – 9 Sa 785/71, DB 1972, 1587; LAG Hess. v. 29.3.1993 – 11 Sa 1110/92, Mitbestimmung 1994, Nr. 2, 59.
3 LAG Düsseldorf v. 3.12.1971 – 9 Sa 785/71, DB 1972, 1587 und v. 3.12.1971 – 8 Sa 418/71, DB 1972, 97.
4 LAG Düsseldorf v. 3.12.1971 – 9 Sa 785/71, DB 1972, 1587 und v. 3.12.1971 – 8 Sa 418/71, DB 1972, 97.
5 LAG Düsseldorf v. 3.12.1971 – 8 Sa 418/71, DB 1972, 97.
6 So zutreffend *Blomeyer/Buchner*, Rückzahlungsklauseln, S. 87 f.

übernehmen (z.B. Maklergebühren, Kautionen, bei kurzfristigen Einstellungen auch die bis zur Beendigung des alten Mietverhältnisses fälligen Mietzinszahlungen). Auch hierbei handelt es sich um freiwillige Leistungen des Arbeitgebers, die grundsätzlich mit einem Rückzahlungsvorbehalt versehen werden können. Die Einrechnung dieser Kosten in den Rückforderungsbetrag ist jedoch keineswegs selbstverständlich; sie kann vielmehr nur aufgrund einer ausdrücklichen Aufführung dieser Positionen in der Rückzahlungsklausel erfolgen. Die Verschärfung der Transparenzanforderungen durch das BAG im Rahmen von Aus- und Fortbildungskosten ist auch hier ausreichend zu berücksichtigen. **Sämtliche Kosten** müssen **dem Grunde und der Höhe** nach im Rahmen des Möglichen und Zumutbaren bezeichnet werden. Erforderlich ist hierfür die Angabe von Art und Berechnungsgrundlage der jeweiligen Kostenposition, um dem Arbeitnehmer zu ermöglichen sein Kostenrisiko abschätzen zu können.[1]

○ **Nicht geeignet:**

Die anlässlich des Umzugs entstehenden Speditionskosten und eventuellen Maklergebühren für die Anmietung einer Wohnung übernimmt die Werft in der von Herrn … nachgewiesenen Höhe. Wird das Arbeitsverhältnis vor Ablauf von zwei Jahren, beginnend mit dem Tag der Erstattung, aus einem Grund gelöst, den Herr … zu vertreten hat, sind diese Kosten in vollem Umfang an die Werft zurückzuzahlen.

Die Klausel zeichnet sich zudem durch den Verzicht auf eine zeitabhängige ratierliche Minderung des Erstattungsbetrages aus („**in vollem Umfang**"). Anders als im Bereich der Rückzahlung von Aus- und Fortbildungskosten sieht die Rechtsprechung in der Staffelung des Rückforderungsbetrages keine Wirksamkeitsvoraussetzung.[2] Eine solche Regelung sei bei einer dreijährigen Bindungsfrist jedenfalls dann nicht zu beanstanden, wenn der Erstattungsbetrag etwa einem Monatsverdienst des Arbeitnehmers entspreche und der Stellungs- und Wohnungswechsel auch dessen Interesse diene, was regelmäßig der Fall sein dürfte.[3] Liegt der Rückzahlungsbetrag deutlich über dem Monatseinkommen des Arbeitnehmers oder ist aus anderen Gründen ein größeres Bindungsinteresse des Arbeitgebers feststellbar, so wäre wohl auch nach der Rechtsprechung eine Staffelungsregelung unverzichtbar.[4] Ob sich diese Grundsätze tatsächlich mit der Rechtsprechung zur Rückzahlung aufgewendeter Aus- oder Fortbildungskosten vereinbaren lassen,[5] erscheint fraglich.[6] Dies gilt umso mehr, als dass die Instanzrechtsprechung in Teilen sogar eine monatliche Staffelung der Rückzahlung für notwendig erachtet hat.[7]

---

1 So zu den Fortbildungskosten BAG v. 21.8.2012 – 3 AZR 698/10, NZA 2012, 1428 (1430); ausführlich unter → Ausbildungskosten, II A 120 Rz. 43 ff.
2 BAG v. 24.2.1975 – 5 AZR 235/74, AP Nr. 50 zu Art. 12 GG mit Anm. *Blomeyer*; LAG Kiel v. 15.12.1972 – 4 Sa 329/72, AP Nr. 1 zu § 611 BGB Umzugskosten; ebenso CKK/*Klumpp*, § 307 Rz. 220; differenzierter HWK/*Thüsing*, § 611 BGB Rz. 481.
3 Zustimmend *Blomeyer*, Anm. AP Nr. 50 zu Art. 12 GG; ähnlich auch *Mastmann/Stark*, BB 2005, 1849 (1852) für Umzugskosten aus Anlass einer Arbeitnehmerentsendung ins Ausland.
4 Ebenso die Einschätzungen bei *Blomeyer*, Anm. AP Nr. 50 zu Art. 12 GG; *Säcker*, Anm. SAE 1976, 74; HWK/*Thüsing*, § 611 BGB Rz. 481.
5 So *Blomeyer*, Anm. AP Nr. 50 zu Art. 12 GG.
6 Kritisch auch Küttner/*Griese*, Personalbuch 2014, Umzugskosten Rz. 9.
7 LAG Hamm v. 9.3.2012 – 7 Sa 1500/11, LAGE Nr. 5 zu § 611 BGB Ausbildungsbeihilfe.

22 Eine an den zeitlichen Bestand des Arbeitsverhältnisses gekoppelte **Minderung des Erstattungsbetrages** ist jedenfalls zu **empfehlen**.[1] Auch viele der verbreiteten Klauselwerke honorieren in dieser Weise die erbrachte Betriebstreue des Arbeitnehmers (vgl. etwa oben Klausel Typ 1a).

cc) Rechtsfolgen bei Überschreitung der Angemessenheitsgrenzen

23 Genügt im Einzelfall eine Rückzahlungsklausel den Anforderungen an eine angemessene inhaltliche Ausgestaltung nicht, so sehen sich die Gerichte in der Lage, die Rückzahlungsverpflichtung auf das eben noch zulässige Maß zurückzuführen.[2] So hat bspw. das LAG Düsseldorf[3] eine fünfjährige Bindungsfrist auf zwei Jahre reduziert. Gleichzeitig hat es die in der Klausel vorgesehene Staffelung des Rückzahlungsbetrages der abgekürzten Frist angepasst, also neu verteilt. Auch soll die Einbeziehung unzulässiger Beendigungstatbestände nur zur Teilunwirksamkeit der Klausel führen. Der Versuch einer möglichst weit gehenden Aufrechterhaltung des Klauselinhalts ist unter rechtsmethodischen Gesichtspunkten jedoch nicht mehr zu halten.[4] Gerade bei den massenhaft verwendeten Formulararbeitsverträgen zieht ein Rechtsverstoß – wie im AGB-Recht anerkannt – grundsätzlich die Gesamtnichtigkeit der entsprechenden Klausel nach sich. Die Rückführung auf eine noch zulässige Bindungsfrist stellt einen klaren Verstoß gegen das Verbot der geltungserhaltenden Reduktion dar.[5] Dies ist im Rahmen von Ausbildungs- und Fortbildungskosten auch in ständiger Rechtsprechung anerkannt.[6] Bei einer unangemessenen Härte soll allerdings ausnahmsweise eine ergänzende Vertragsauslegung in Betracht kommen können.[7]

Typ 2: Atypische Darlehensklauseln

Nach erfolgtem Umzug erstattet die Firma Herrn ... die entstandenen Speditionskosten, ... Dieser Betrag ist als zinsloses Darlehen für die Dauer von 18 Monaten zu betrachten. Sollte Herr ... aufgrund eigener Kündigung vor Ablauf der 18 Monate aus der Firma ausscheiden, sind 50 % der Speditionskosten an die Firma zurückzuzahlen. Andernfalls ist das Darlehen nicht zurückzuzahlen.

---

1 Ebenso LAG Düsseldorf v. 3.12.1971 – 8 Sa 418/71, DB 1972, 97 und v. 3.12.1971 – 9 Sa 785/71, DB 1972, 1587 (1588).
2 Vgl. LAG Kiel v. 15.12.1972 – 4 Sa 329/72, AP Nr. 1 zu § 611 BGB Umzugskosten sowie unter ausdrücklicher Übernahme der Rechtsprechung des BAG für Aus- und Fortbildungskosten, LAG Düsseldorf v. 3.12.1971 – 7 Sa 722/71, DB 1972, 979. Zust. *Lipke*, Gratifikationen, S. 202 f.
3 LAG Düsseldorf v. 3.12.1971 – 8 Sa 418/71, DB 1972, 97.
4 Kritisch insbes. *Preis*, Vertragsgestaltung, §§ 12 und 13 sowie speziell unter § 17 III.1. c); ablehnend ebenfalls HWK/*Thüsing*, § 611 BGB Rz. 483; Küttner/*Griese*, Personalbuch 2014, Umzugskosten Rz. 9.
5 HWK/*Thüsing*, § 611 BGB Rz. 483.
6 BAG v. 11.4.2006 – 9 AZR 610/05, NZA 2006, 1042 (1045); v. 23.1.2007 – 9 AZR 482/06, NZA 2007, 748 (750); v. 14.1.2009 – 3 AZR 900/07, NZA 2009, 666 (668).
7 BAG v. 14.1.2009 – 3 AZR 900/07, NZA 2009, 666 mit abl. Anm. von *Stoffels*, AP Nr. 41 zu § 611 BGB Ausbildungsbeihilfe; zustimmend hingegen *Hanau*, Anm. AP Nr. 41 zu § 611 BGB Ausbildungsbeihilfe; bestätigt durch BAG v. 15.9.2009 – 3 AZR 173/08, NZA 2010, 342 (345 f.).

Rückzahlungspflichten werden mitunter auch in die Form eines „nichtzurückzahlbaren Darlehens" gebracht. Der Arbeitnehmer soll zur Rückzahlung nur verpflichtet sein, wenn er vor der Zeit ausscheidet; ansonsten gilt die Darlehensschuld als erlassen. Auf die rechtliche Beurteilung haben die Bezeichnung und die Konstruktion der Zahlungsverpflichtung nach allgemeiner Ansicht[1] jedoch keinen Einfluss. Das Sachproblem ist immer dasselbe: Stets wird der Arbeitnehmer mit der Rückzahlung eines Betrages belastet, den er zur Bestreitung der Umzugskosten erhalten hat und in der Regel ausgegeben hat.[2] Die zuvor **aufgezeigten Wirksamkeitsschranken müssen auch hier gelten**, will man es dem Arbeitgeber nicht in die Hand geben, durch eigenwillige Formulierungen sachlich unzulässige Regelungen mit dem Stempel der Gültigkeit zu versehen.

3. Steuerliche Aspekte der Umzugskostenerstattung

Vom Arbeitgeber gewährte Umzugskostenerstattungen bzw. die Übernahme von Umzugskosten durch den Arbeitgeber führen beim Arbeitnehmer grundsätzlich zum Zufluss eines geldwerten Vorteils. Ist jedoch der Umzug beruflich veranlasst, können Erstattungsleistungen des Arbeitgebers steuerfrei sein. Dabei unterscheiden die einkommensteuerrechtlichen Regelungen zwischen Umzugskostenerstattungen – im Gesetz „Vergütungen" genannt –, die aus **öffentlichen Kassen** gewährt werden (§ 3 Nr. 13 EStG), und Umzugskostenvergütungen, die der Arbeitgeber an Arbeitnehmer **außerhalb des öffentlichen Dienstes** zahlt.

a) Umzugskostenvergütungen aus öffentlichen Kassen, § 3 Nr. 13 EStG

Steuerfrei sind Umzugskostenvergütungen aus öffentlichen Kassen. **Öffentliche Kassen** sind die Kassen der inländischen juristischen Personen des öffentlichen Rechts und solche Kassen, die einer Dienstaufsicht und Prüfung der Finanzgebarung durch die inländische öffentliche Hand unterliegen. Zu den öffentlichen Kassen gehören danach neben den Kassen des Bundes, der Länder und der Gemeinden auch die Kassen der öffentlich-rechtlichen Religionsgemeinschaften, die Ortskrankenkassen, Landwirtschaftliche Krankenkassen, Innungskrankenkassen und Ersatzkassen sowie die Kassen des Bundeseisenbahnvermögens, der deutschen Bundesbank, der öffentlich-rechtlichen Rundfunkanstalten, der Berufsgenossenschaften, Gemeindeunfallversicherungsverbände, der Deutschen Rentenversicherung (Bund, Knappschaft-Bahn-See, Regionalträger) und die Unterstützungskassen der Postunternehmen sowie deren Nachfolgeunternehmen (H 3.11 „Öffentliche Kassen" LStH).

Die Umzugskostenvergütungen sind in der Höhe steuerfrei, in der sie aufgrund der umzugskostenrechtlichen Vorschriften des Bundes und der Länder (z.B. BundesumzugskostenG, AuslandsumzugskostenVO) gezahlt werden. Dabei setzt die Steu-

---
1 LAG Düsseldorf v. 3.12.1971 – 9 Sa 785/71, DB 1972, 1587 und v. 3.12.1971 – 8 Sa 418/71, DB 1972, 97; unausgesprochen auch BAG v. 24.2.1975 – 5 AZR 235/74, AP Nr. 50 zu Art. 12 GG; *Lipke*, Gratifikationen, S. 199; *Blomeyer/Buchner*, Rückzahlungsklauseln, S. 85; *Blomeyer*, Anm. AP Nr. 50 zu Art. 12 GG; *Luhmann/Zach*, Sonderzuwendungen, S. 152; zuletzt im Rahmen von Fortbildungskosten BAG v.18.3.2014 – 9 AZR 545/12, NZA 2014, 957 (958).
2 *Blomeyer/Buchner*, Rückzahlungsklauseln, S. 85; s.a. HR/*Schiefer*, 1/3160 ff.

erfreiheit nach der Rechtsprechung[1] nicht nur voraus, dass die umzugskostenrechtlichen Vorschriften beachtet sind, sondern auch, dass der Umzug tatsächlich beruflich veranlasst ist und dem Arbeitnehmer die Aufwendungen tatsächlich entstanden sind. In der Praxis verzichtet die Finanzverwaltung – ebenso wie bei Umzugskostenvergütungen privater Arbeitgeber – auf eine Prüfung der Aufwendungen, wenn die umzugskostenrechtlich festgelegten Grenzen eingehalten werden (R 9.9 Abs. 2 LStR).

b) Umzugskosten privater Arbeitgeber, § 3 Nr. 16 EStG

aa) „Begünstigte" Umzüge

28 Bei privaten Arbeitgebern, also allen, deren Zahlungen nicht aus öffentlichen Kassen stammen, sind die Umzugskostenvergütungen steuerfrei, wenn die Mehraufwendungen, d.h. die Umzugskosten **beruflich veranlasst** sind. Daraus folgt im Umkehrschluss, dass Umzugskostenerstattungen, die ein Arbeitgeber für einen privat veranlassten Umzug zahlt, zum steuerpflichtigen Arbeitslohn gehören.

29 Ob eine berufliche Veranlassung des Umzugs vorliegt, bestimmt sich nach den Umständen des Einzelfalles. Zu den in der Praxis bedeutendsten Fällen gehören folgende Fallgestaltungen:

30 – **Aufnahme einer beruflichen Tätigkeit**: Schon ein im Zusammenhang mit der Aufnahme einer beruflichen Tätigkeit stehender Umzug kann beruflich veranlasst sein, so dass der Arbeitgeber die Umzugskosten steuerfrei erstatten kann. Dies gilt ungeachtet dessen, ob der Arbeitnehmer die Möglichkeit gehabt hätte, bei einem näher an seinem bisherigen Wohnort gelegenen Arbeitgeber eine berufliche Tätigkeit aufzunehmen.

31 – **Arbeitsplatzwechsel**: Ein Wechsel des Arbeitsplatzes rechtfertigt grundsätzlich die Annahme, dass damit verbundene Aufwendungen für einen Umzug beruflich bedingt sind. Dabei ist unerheblich, ob die Initiative zum Arbeitsplatzwechsel vom Arbeitnehmer (z.B. Kündigung und Begründung eines neuen Arbeitsverhältnisses) oder vom Arbeitgeber ausgeht (z.B. Abordnung, Versetzung). Der beruflichen Veranlassung soll nicht entgegenstehen, dass der Arbeitnehmer zugleich seine private Wohnsituation verbessert, er also z.B. am neuen Beschäftigungsort ein eigenes Haus (Eigentumswohnung) bezieht.[2]

32 Sowohl bei erstmaliger Aufnahme einer beruflichen Tätigkeit als auch beim Arbeitsplatzwechsel fordert die Rechtsprechung für die Annahme einer beruflichen Veranlassung des Umzugs, dass die Fahrzeit für die täglichen Wege zwischen Wohnung und Arbeitsstätte erheblich verkürzt wird,[3] sog. **Fahrzeitverkürzung**. Eine erhebliche Verkürzung der Fahrzeit ist in der Regel nur anzunehmen, wenn sich die Dauer der Hin- und Rückfahrt insgesamt um mindestens eine Stunde verkürzt. Fahrzeitverkürzungen bei Ehegatten sind nicht zusammenzurechnen.[4] Verbleibt

---

1 BVerfG v. 11.11.1998 – 2 BvL 10/92, DStRE 1999, 202; BFH v. 27.5.1994 – VI R 67/92, DB 1995, 76; v. 12.4.2007 – VI R 53/04, DB 2007, 1334.
2 Vgl. FG BW v. 14.3.1985 – X 151/81, EFG 1985, 444.
3 BFH v. 22.11.1991 – VI R 77/89, DB 1992, 1071; v. 16.10.1992 – VI R 132/88, DB 1993, 1452; v. 21.2.2006 – IX R 79/01, DB 2006, 1410; weitere Nachweise bei *Heuermann/Wagner*, LohnSt, Teil F Rz. 1 „Umzugskosten".
4 BFH v. 27.7.1995 – VI R 17/95, DB 1995, 1942; v. 21.2.2006 – IX R 79/01, DB 2006, 1410.

aber nach dem Umzug noch eine erhebliche Entfernung, so dass der Arbeitnehmer auch vom neuen Wohnort nicht regelmäßig (arbeitstäglich) die Wohnung aufsucht, kann eine berufliche Veranlassung durch private Motive überlagert sein.[1]

Unverändertes Arbeitsverhältnis: Selbst bei einem bestehenden Arbeitsverhältnis kann ein Umzug auch ohne Wechsel des Arbeitsplatzes als beruflich veranlasst angesehen werden, wenn es in Folge des Umzugs zu einer erheblichen Fahrzeitverkürzung kommt.[2]

In **Ausnahmefällen** hat die Rechtsprechung eine berufliche Veranlassung ferner bejaht, wenn
– der Arbeitsweg wegen günstigerer Verkehrsverhältnisse wesentlich erleichtert wird (z.B. Nutzungsmöglichkeit öffentlicher Verkehrsmittel), und zwar selbst dann, wenn die Fahrtzeitverkürzung weniger als eine Stunde beträgt[3] oder
– der Fußweg ermöglicht[4] wird,
– die Fahrt zur Arbeitsstätte zu beschwerlich geworden ist und deshalb ein Umzug erfolgt ist oder
– die Fahrt zur Arbeitsstätte oder die Arbeitsbedingungen wesentlich erleichtert werden.[5]

Überwiegendes eigenbetriebliches Interesse: Einen Sonderfall stellt die Fallgestaltung dar, dass der Umzug des Arbeitnehmers im überwiegenden eigenbetrieblichen Interesse des Arbeitgebers liegt. Dies ist in der Regel der Fall, wenn der Arbeitnehmer zum Bezug einer Dienstwohnung verpflichtet ist. Um Missbräuchen entgegenzuwirken, ist zusätzlich erforderlich, dass die Notwendigkeit des Dienstwohnungsbezugs durch betriebliche Belange des Arbeitgebers bedingt ist (z.B. Hausmeister).

bb) Höhe der steuerfreien Erstattungen

Der Arbeitgeber kann die tatsächlich entstandenen Umzugsaufwendungen bis zur Höhe der Beträge steuerfrei erstatten, die nach dem BUKG höchstens gezahlt werden können. Mithin können bei **Inlandsumzügen** steuerfrei gezahlt werden:
– Notwendige Aufwendungen für die **Beförderung des Umzugsguts** (§ 6 BUKG). Die Beförderungsauslagen für die Beförderung des Umzugsgutes sind anhand der Speditionsrechnung nachzuweisen.
– **Reisekosten** des Umziehenden sowie der zur häuslichen Gemeinschaft gehörenden Personen (§ 7 BUKG). Die abzugsfähigen Beträge richten sich dabei nach dem vergleichbaren Bundesbeamten entsprechend ihrer Reisekostenstufe gewährten Kostenersatz (Bundesreisekostengesetz). Zu den Reisekosten gehören auch die Kosten für zwei Reisen einer Person oder für eine Reise von zwei Personen zum Suchen und Besichtigen einer Wohnung für höchstens zwei Reise-

---
1 FG Nds. v. 28.8.2013 – 4 K 44/13, EFG 2013, 1994, Rev. VI R 73/13.
2 BFH v. 10.9.1982 – VI R 95/81, DB 1983, 27.
3 FG BW v. 29.4.1993 – 6 K 154/91, EFG 1993, 715; FG Rh.-Pf. v. 25.1.1995 – 1 K 2214/94, EFG 1995, 515.
4 FG Rh.-Pf. v. 21.6.1995 – 1 K 2702/92, EFG 1995, 1048.
5 BFH v. 28.4.1988 – IV R 42/86, DB 1990, 1543.

und Aufenthaltstage sowie die Kosten für eine Reise des Arbeitnehmers vom Arbeitsort zur bisherigen Wohnung zur Vorbereitung und Durchführung des Umzugs.

– Umzugsbedingte **doppelte Mietzahlungen** für Alt- und Neuwohnung einschließlich Garage (§ 8 BUKG). Mietentschädigungen für die alte Wohnung sind bis zu sechs Monaten als Werbungskosten abzugsfähig, wenn wegen der Einhaltung der Kündigungsfrist noch Miete entrichtet werden muss, obwohl der Umziehende bereits in der neuen Wohnung lebt.[1] Mietleistungen für die neue Wohnung sind für einen Zeitraum von bis zu drei Monaten erstattungsfähig, wenn diese noch nicht genutzt wird und gleichzeitig Miete für die frühere Wohnung gezahlt werden muss.

– Notwendige ortsübliche **Maklergebühren** für die Vermittlung einer Mietwohnung (§ 9 BUKG). Maklerkosten für den Erwerb einer Wohnung oder bei einem Grundstückskauf sind nicht steuerfrei erstattungsfähig, auch nicht in Höhe der Maklergebühren für die Vermittlung einer gleichwertigen Mietwohnung.[2]

– Aufwendungen für einen durch den Umzug bedingten **Zusatzunterricht der Kinder** des Arbeitnehmers bis zu von der Finanzverwaltung festgelegten Höchstbeträgen, die regelmäßig angepasst und im Bundessteuerblatt Teil I bekannt gegeben werden.

– **Sonstige Umzugskosten** werden nach § 10 BUKG mit Pauschbeträgen berücksichtigt.

37 Bei **Auslandsumzügen**, darunter fallen Umzüge vom Inland ins Ausland und umgekehrt sowie Umzüge innerhalb des Auslands, bestimmt sich die Höhe der Beträge, die steuerfrei erstattet werden können, nach der AuslandsumzugskostenVO. Höhere Aufwendungen können nur steuerfrei erstattet werden, wenn für den Arbeitnehmer insoweit die Möglichkeit des Werbungskostenabzugs eröffnet wäre (R 9.9 Abs. 3 LStR).

cc) Rückforderung von Umzugskostenerstattungen

38 Fordert der Arbeitgeber eine gewährte Umzugskostenerstattung, z.B. aufgrund einer Rückzahlungsklausel (s. Rz. 6 ff.), zurück, hat dies keinen Einfluss auf die Besteuerung des Arbeitnehmers, soweit die Auszahlung der Erstattung steuerfrei war. Handelte es sich hingegen um eine steuerpflichtige Zuwendung von Arbeitslohn, ist die Rückzahlung im Zeitpunkt des Abflusses als negativer Arbeitslohn anzusehen, der sich steuermindernd auswirkt.

4. Hinweise zur Vertragsgestaltung; Zusammenfassung

39 Ein Klauselvorschlag hat zu beachten, dass nicht jeder Beendigungsgrund die Rückzahlungspflicht auslösen kann. Des Weiteren ist eine zumutbare Bindungsdauer festzusetzen. Sie darf höchstens drei Jahre betragen. Die Höhe des Rückzahlungsbetrags wird durch die tatsächlich erstatteten Kosten begrenzt. Nach der Rechtsprechung kann bei einer Umzugskostenhöhe bis zu einem Monatsverdienst und einer dreijährigen Bindung von einer Staffelung völlig abgesehen werden. Dies entspricht

---

1 BFH v. 1.12.1993 – I R 61/93, BStBl. II 1994, 323.
2 BFH v. 24.8.1995 – IV R 27/94, DB 1995, 2457.

jedoch nicht der überwiegenden Praxis; sie arbeitet mit einer monatlichen Minderung. Im Hinblick auf die Rechtsprechung zu Aus- und Fortbildungskosten ist dies auch anzuraten. Vorgeschlagen wird folgende Regelung:

(1) Die Firma verpflichtet sich, dem Arbeitnehmer die Kosten des Umzuges von ... nach ... gegen Vorlage der Belege zu erstatten.

(2) Der Auftrag an das Speditionsunternehmen ist nach vorheriger Absprache mit der Firma zu erteilen.

(3) Der Arbeitnehmer ist verpflichtet, die Umzugskosten zurückzuzahlen, wenn er innerhalb von zwei Jahren nach dem Umzugstermin aufgrund eigener Kündigung ohne wichtigen Grund ausscheidet oder aus einem von ihm zu vertretenden Grunde entlassen wird. Die Erstattungspflicht mindert sich innerhalb des vorgenannten Zeitraumes monatlich um $1/24$.

Endet das Arbeitsverhältnis durch einverständliche Aufhebung, so empfiehlt es sich mitunter, die Frage der Rückzahlung im Aufhebungsvertrag – ggf. auch abweichend von vorherigen Vereinbarungen – zu regeln, um dem Grund und den besonderen Umständen der Beendigung Rechnung zu tragen.

U 20 Urlaub

	Rz.
1. Einführung	1
2. Klauseltypen	5
a) Verbesserung der urlaubsrechtlichen Position des Arbeitnehmers	5
aa) Urlaubsanspruch mit Beschäftigungsjahren steigend	7
bb) Veränderung der Wartezeit	10
cc) Erleichterte Übertragung des Urlaubs	12
b) Einschränkungen der urlaubsrechtlichen Position des Arbeitnehmers	13
aa) Nachteilige Abweichungen vom BUrlG im Arbeitsvertrag	13
bb) Nachteilige Abweichungen von einem kraft beiderseitiger Tarifbindung geltenden Tarifvertrag	15
cc) Nachteilige Abweichungen vom BUrlG bei lückenhaftem Tarifvertrag	16
dd) Nachteilige Abweichungen beim arbeitsvertraglich eingeräumten Mehrurlaub	17
ee) Klauselbeispiele	20
(1) Quotelung des Urlaubsanspruchs bei Ein- oder Austritt im laufenden Kalenderjahr	20
(2) Kürzungsvereinbarung für Fehlzeiten	26
(3) Widerrufs- und Freiwilligkeitsvorbehalte sowie einseitige Leistungsbestimmungsrechte	27
(4) Einschränkung anderweitiger Erwerbstätigkeit	30
(a) Verbot anderweitiger Erwerbstätigkeit	30
(b) Zustimmungserfordernis für anderweitige Erwerbstätigkeit	39
(5) Abweichende Berechnung des Urlaubsentgelts	40
(6) Verschärfung der Wartezeit	42
(7) Verfallklauseln	44
(8) Ausschluss der Abgeltung für Mehrurlaub	45b
(9) Ausschlussfristen	46
c) Abreden für den Fall der Beendigung des Arbeitsverhältnisses	47
aa) Urlaubsgewährung während der Kündigungsfrist	48
bb) Freistellung unter Anrechnung restlicher Urlaubsansprüche	52
cc) Ausgleichs- und Verzichtsklauseln	53
(1) Klauseltypen	53
(a) Allgemeine Erledigungsklausel	53
(b) Konkrete Verzichtsklausel	53
(2) Schranken	55
(3) Rechtsfolgen mangelnder Differenzierung	58
dd) Rückforderung überzahlten Urlaubsentgelts	59
(1) Rückforderungsverbot des § 5 Abs. 3 BUrlG	60
(2) Stillschweigender Rückforderungsausschluss	61
(3) Rückzahlungs- und Vorschussvereinbarungen	62
(4) Empfehlung	64
ee) Urlaubsverwirkungsklauseln	66
(1) Klauseltypen	66
(a) Verwirkung des Urlaubsanspruchs	66
(b) Verwirkung des Urlaubsabgeltungsanspruchs	66
(2) Unabdingbarkeit der gesetzlichen Mindesturlaubsansprüche	73
(3) Kein Verzicht auf tarifliche Mehrurlaubsansprüche in Arbeitsverträgen	75
(4) Sonstige Grenzen für Abreden betreffend die Verwirkung von Mehrurlaubsansprüchen	77
(5) Empfehlung	79
d) Abreden für ruhende Arbeitsverhältnisse	79a
e) Urlaubsgeldabreden	80
aa) Gewährung von Urlaubsgeld	80
bb) Widerrufs- und Freiwilligkeitsvorbehalte sowie einseitige Leistungsbestimmungsrecht im Hinblick auf das Urlaubsgeld	87
cc) Verfall des Urlaubsgeldes	88

	Rz.		Rz.
dd) Rückforderung von Urlaubsgeld	89	3. Hinweise zur Vertragsgestaltung; Zusammenfassung	93
f) Urlaubsbescheinigungsklausel	92		

Schrifttum:

Bauer, Von Schultz-Hoff zu Schulte – der EuGH erweist sich als lernfähig, NZA 2012, 113; *Bauer/Arnold*, Urlaub und Freistellung bei Beendigung von Arbeitsverhältnissen, in Festschrift für Leinemann, 2006, S. 155; *Bauer/Arnold*, EuGH kippt deutsches Urlaubsrecht – Die Schultz-Hoff-Entscheidung und ihre Folgen, NJW 2009, 631; *Bayreuther*, Kurzarbeit, Urlaub und der EuGH, DB 2012, 2748; *Besgen*, Und es geht doch: Keine Arbeit – kein Urlaub, FA 2015, 5; *Bieder*, Die Vererblichkeit von Urlaubs- und Urlaubsabgeltungsansprüchen, AuR 2012, 239; *Dornbusch/Ahner*, Urlaubsanspruch und Urlaubsabgeltung bei fortdauernder Arbeitsunfähigkeit des Arbeitnehmers, NZA 2009, 180; *Dörner*, Die Verfügungsmöglichkeiten des Arbeitnehmers über seine urlaubsrechtlichen Ansprüche, AR-Blattei Urlaub XI; *Düwell*, in Münchener Handbuch zum Arbeitsrecht, Bd. 1, 3. Aufl. 2009, §§ 77 ff.; *Fenski*, Urlaubsrecht im Umbruch?, DB 2007, 686; *Fenski*, Was am Ende (vom Urlaubsrecht) übrigbleibt – Falsche Prämissen, falsche Ergebnisse, NZA 2014, 1381; *Fieberg*, Urlaubsanspruch bei ruhendem Arbeitsverhältnis, NZA 2009, 929; *Fieberg*, Urlaubsanspruch im ruhenden Arbeitsverhältnis – causa nondum finita!, ZESAR 2013, 258; *Gaul/Bonanni/Ludwig*, Urlaubsanspruch trotz Langzeiterkrankung – Handlungsbedarf für die betriebliche Praxis!, DB 2009, 1013; *Hohmeister/Oppermann*, Bundesurlaubsgesetz, 3. Aufl. 2013; *Hohmeister*, Aktuelle Rechtsprechung des Bundesarbeitsgerichts zum Urlaubsrecht, BB 2006, 2131; *Hoepfner*, Das Deutsche Urlaubsrecht in Europa – Zwischen Vollharmonisierung und Koexistenz, RdA 2013, 16 und 65; *Leinemann/Linck*, Urlaubsrecht, 2. Aufl. 2001; *Linck/Schütz*, Möglichkeiten und Grenzen der Vertragsgestaltung im Urlaubsrecht, in Festschrift für Leinemann, 2006, S. 171; *Natzel*, Tilgungsbestimmung – Heilmittel im Urlaubsrecht?, NZA 2011, 77; *Neumann/Fenski*, Bundesurlaubsgesetz, 10. Aufl. 2011; *Oberthür*, Vertraglicher Zusatzurlaub – Gestaltungsspielräume sinnvoll nutzen, ArbRB 2009, 278; *Oberthür*, Verfall des Urlaubsabgeltungsanspruchs durch Ausschlussfristen, Folgerungen aus der Aufgabe der „Surrogatstheorie", ArbRB 2013, 225; *Pötters/Stiebert*, Fallstricke im Urlaubsrecht – Weiterhin keine Rechtssicherheit für die Praxis?, NJW 2012, 1034; *Powietzka/Christ*, Urlaubsanspruch im ruhenden Arbeitsverhältnis – oder doch nicht?, NZA 2013, 18; *Powietzka/Fallenstein*, Urlaubsklauseln in Arbeitsverträgen Regelungsbedarf und Gestaltungsmöglichkeiten nach der „Schultz-Hoff"-Entscheidung, NZA 2010, 673; *Powietzka/Rolf*, BUrlG, Kommentar zum Bundesurlaubsgesetz, 2012; *Reinecke*, Urlaub in der Kündigungsfrist, AuR 2013, 19; *Ricken*, Urlaubsabgeltung bei Tod des Arbeitnehmers – Rechtskonstruktion und beitragsrechtliche Bewertung, NZA 2014, 1361; *Schlottfeldt*, Europarechtliche „Baustellen" des deutschen Urlaubsrechts, ZESAR 2013, 222; *C. Schmidt*, Vererbbarkeit des Anspruchs auf bezahlten Jahresurlaub, NZA 2014, 701; *Schubert*, Der Erholungsurlaub zwischen Arbeitsschutz und Entgelt, NZA 2013, 1105; *Schubert*, Der Urlaubsabgeltungsanspruch nach dem Abschied von der Surrogationsthese, RdA 2014, 9; *Schütz/Hauck*, Gesetzliches und tarifliches Urlaubsrecht, 1996; *Sprink*, Vertragliche Gestaltung von Urlaub – Möglichkeiten und Grenzen, 2015; *Stahlhacke/Bachmann/Bleistein/Berscheid*, Gemeinschaftskommentar zum Bundesurlaubsgesetz, 5. Aufl. 1992; *Stiebert/Pötters*, Der schleichende Tod der Surrogatstheorie, NZA 2012, 1334; *Stoffels*, Der Vertragsbruch des Arbeitnehmers, 1994, S. 271; *Suckow/Klose*, Das Bundesurlaubsgesetz unter Luxemburger Auspizien – Europarecht als Probierstein deutschen Urlaubsrechts, JArbR 2012, 59; *Thüsing/Pötters/Stiebert*, Neues aus Luxemburg: Aktuelle Rechtsprechung des EuGH zu den Diskriminierungsverboten und zum Urlaubsrecht, RdA 2012, 281; *H.J. Weber*, Die Ansprüche auf Urlaub, Urlaubsentgelt und Urlaubsabgeltung, RdA 1995, 229; *Weiler/Rath*, Der Urlaub nach Ausspruch einer Kündigung, NZA 1987, 337; *Wicht*, Urlaub im ruhenden Arbeitsverhältnis – Lösungsansätze für die anstehende BAG-Entscheidung –, BB 2012, 1349.

1. Einführung

1 Die wichtigste Rechtsgrundlage für die Regelung des bezahlten Erholungsurlaubs stellt das **Bundesurlaubsgesetz** (BUrlG) vom 8.1.1963 dar.[1] Dieses bedarf allerdings der Interpretation im Lichte des europäischen Unionsrechts. Neben der Verbürgung eines Rechts auf bezahlten Jahresurlaub in Art. 31 Abs. 2 EU-GRCharta ist insoweit vor allem auf Art. 7 der Arbeitszeitrichtlinie 2003/88/EG hinzuweisen, auf dem die wichtigen Entscheidungen des EuGH in Sachen Schultz-Hoff und KHS/Schulte gründen.[2] Daneben treten zahlreiche **Tarifverträge**, in denen das Urlaubsrecht zumeist recht eingehend, mitunter sogar in einer das BUrlG deutlich übertreffenden Dichte, geregelt wird. Dagegen erweist ein Blick auf die gängigen Arbeitsvertragsmuster, dass die **Arbeitsvertragsparteien häufig auf ausführliche Regelungen des Urlaubs verzichten**.[3] Die den Urlaub betreffenden Vereinbarungen beschränken sich in der Mehrzahl der Fälle auf die Festlegung der Länge des Urlaubs. Zum Teil werden auch einige gesetzliche Vorgaben wie bspw. die Erfüllung der Wartezeit (§ 4 BUrlG) und die Einbindung des Arbeitgebers bei der zeitlichen Festlegung des Urlaubs (§ 7 Abs. 1 BUrlG) wiederholt. Beispiel:

Typ 1: Urlaubsklausel

a) Herr X hat – nach einer Beschäftigungsdauer von sechs Monaten – Anspruch auf einen Jahresurlaub von … Arbeitstagen (Wochen). Die Urlaubszeit wird im Einvernehmen mit der Geschäftsleitung festgelegt.[4]

2 Mitunter wird auch pauschal auf das gesetzliche Urlaubsrecht bzw. auf die entsprechenden tariflichen Bestimmungen Bezug genommen, so bspw. in der nachstehenden Klausel:

Typ 1: Urlaubsklausel

b)
I. Herr/Frau … erhält kalenderjährlich einen Erholungsurlaub von … Kalender-/Arbeitstagen. Der Urlaub wird in Abstimmung mit der Firmenleitung festgelegt.
II. Im Übrigen gelten die gesetzlichen/tariflichen Bestimmungen.

3 Nach § 2 Abs. 1 Nr. 8 NachwG ist die Dauer des jährlichen Erholungsurlaubs in die vom Arbeitgeber anzufertigende Niederschrift über die wesentlichen Vertragsbedingungen aufzunehmen. Die Wiedergabe der Modalitäten der Urlaubsgewährung und die Angabe von Sonderurlauben sind dagegen entbehrlich.[5] Die knapp gehaltene Beispielsklausel genügt mithin den Anforderungen des Nachweisgesetzes. Selbst die konkrete Angabe der Urlaubsdauer könnte durch einen Verweis auf die

---

1 Zu weiteren Regelungen urlaubsrechtlichen Inhalts vgl. *Leinemann/Linck*, Einleitung, Rz. 36 ff.
2 EuGH v. 20.1.2009 – C-350/06 und C-520/06, C-350/06, C-520/06, NZA 2009, 135 und v. 22.11.2011 – C-214/10, NZA 2011, 1333.
3 *Tschöpe*, MDR 1996, 1084; *Oberthür*, ArbRB 2009, 278.
4 *Grüll/Janert*, Der Anstellungsvertrag mit leitenden Angestellten, S. 27.
5 ErfK/*Preis*, § 2 NachwG Rz. 21.

einschlägige gesetzliche oder tarifvertragliche Regelung ersetzt werden (§ 2 Abs. 3 NachwG).

Kommen im urlaubsrechtlichen Teil schematisierter Arbeitsverträge allgemeine Urlaubsgrundsätze zum Ausdruck, ist das **Mitbestimmungsrecht** des Betriebsrats nach § 87 Abs. 1 Nr. 5 BetrVG zu beachten.[1]

4

2. Klauseltypen

a) Verbesserung der urlaubsrechtlichen Position des Arbeitnehmers

Das BUrlG **beschreibt** – wie bereits sein genauer Titel „Mindesturlaubsgesetz für Arbeitnehmer" andeutet – **urlaubsrechtliche Mindestpositionen**, von denen durch arbeitsvertragliche Vereinbarungen nicht zum Nachteil des Arbeitnehmers abgewichen werden darf (§ 13 Abs. 1 Satz 3 BUrlG). Bei der Abwägung, ob die Regelung des Arbeitsvertrages günstiger ist als die gesetzliche, müssen die einzelnen Vertragsbestimmungen über Erfüllung der Wartezeit, Teilurlaub, Übertragbarkeit und Abgeltung des Urlaubs usw. jeweils für sich betrachtet mit den korrespondierenden Vorschriften des BUrlG – bezogen auf den Beginn des Urlaubsjahres –[2] verglichen werden (sog. **Einzelvergleich**).[3] Dagegen steht es den Arbeitsvertragsparteien frei, sich auf günstigere Regelungen zu verständigen, also gesetzliche Anspruchsvoraussetzungen zu Gunsten des Arbeitnehmers zu modifizieren und insbesondere einen die gesetzliche Mindestdauer (24 Werktage) übersteigenden längeren Urlaub zu vereinbaren.

5

Auch die tarifvertraglichen Regelungen stehen insoweit zur Disposition der Arbeitsvertragsparteien, als von ihnen zu Gunsten des Arbeitnehmers abgewichen wird (Günstigkeitsprinzip des § 4 Abs. 3 TVG).

6

aa) Urlaubsanspruch mit Beschäftigungsjahren steigend

Typ 2: Urlaubsanspruch mit Beschäftigungsjahren steigend

Der Arbeitnehmer erhält im ersten Beschäftigungsjahr 20 Arbeitstage, im zweiten 25 Arbeitstage und ab dem dritten Beschäftigungsjahr 30 Arbeitstage bezahlten Erholungsurlaub. Ist die individuelle regelmäßige wöchentliche Arbeitszeit auf

---

1 Näher hierzu neben der Kommentarliteratur zum BetrVG etwa GK-BUrlG/*Bachmann*, § 7 Rz. 74 ff.; *Leinemann/Linck*, § 7 BUrlG Rz. 65 ff.; *Powietzka/Fallenstein*, NZA 2010, 678 f.
2 BAG v. 25.11.1958 – 2 AZR 259/58, AP Nr. 1 zu § 10 UrlaubsG Hamburg; v. 20.7.1961 – 5 AZR 343/60, NJW 1961, 2229; *Neumann/Fenski*, § 13 BUrlG Rz. 39; *Hohmeister/Oppermann*, § 13 BUrlG Rz. 35; *Boldt/Röhsler*, § 13 BUrlG Rz. 64.
3 *Tschöpe*, MDR 1996, 1084; HR/*Schiefer*, Gestaltung von Arbeitsverträgen, 1/60 Rz. 3167. Für Tarifverträge ständige Rechtsprechung seit BAG v. 10.2.1966 – 5 AZR 408/65, AP Nr. 1 zu § 13 BUrlG Unabdingbarkeit, zuletzt BAG v. 10.2.1987 – 8 AZR 529/84, NZA 1987, 675; GK-BUrlG/*Berscheid*, § 13 BUrlG Rz. 47; *Neumann/Fenski*, § 13 BUrlG Rz. 36 ff.

mehr oder weniger als fünf Tage je Kalenderwoche – ggf. auch im Durchschnitt mehrerer Kalenderwochen – verteilt, so erhöht oder verringert sich die Zahl der Urlaubstage gemäß Satz 1 entsprechend.

7 Die Klausel verbessert die Rechtsstellung des Arbeitnehmers, indem sie ihm **abhängig von der Betriebszugehörigkeit** einen über den gesetzlichen Mindesturlaub hinausgehenden Mehrurlaub zugesteht. Satz 2 verhindert, dass der gesetzliche Mindesturlaubsanspruch von 24 Werktagen unterschritten wird. Insoweit bestehen keine rechtlichen Bedenken.

8 Die Klausel sieht sich auch im Hinblick auf das **Allgemeine Gleichbehandlungsgesetz** keinen durchgreifenden Bedenken ausgesetzt. Zwar könnte man an eine Ungleichbehandlung wegen des Alters denken. Doch knüpft die Klausel nicht an ein bestimmtes Lebensalter, sondern an absolvierte Beschäftigungsjahre an. Eine unmittelbare Diskriminierung (§ 3 Abs. 1 AGG) wegen des Alters scheidet daher von vornherein aus. Aber auch eine mittelbare Diskriminierung (§ 3 Abs. 2 AGG) liegt nicht vor. Zwar wird man es nicht ausschließen können, dass ein Arbeitgeber, der bei der Gewährung einer Leistung (zusätzlicher Urlaub) auf die Beschäftigungsdauer seiner Arbeitnehmer abstellt, damit jüngere Arbeitnehmer mittelbar diskriminiert. Denn die Beschäftigungsdauer kann – je nachdem, welche Zeiten hier verlangt werden – ein Merkmal darstellen, das typischerweise bei älteren Arbeitnehmern eher erfüllt ist. So wird bspw. darüber diskutiert, ob die in § 1 Abs. 3 KSchG angeordnete Berücksichtigung der Beschäftigungsdauer bei der Sozialauswahl nicht eine mittelbare Diskriminierung jüngerer Arbeitnehmer darstellt. Die vorliegend zu beurteilende Klausel sieht jedoch ein Ansteigen des Urlaubsanspruchs lediglich in den ersten drei Jahren – und darüber hinaus nicht mehr – vor. Es lässt sich also nicht sagen, dass von dieser Regelung in besonderer Weise ältere Arbeitnehmer profitierten.

9 Unwirksam wegen einer Altersdiskriminierung wäre dagegen eine Regelung im Arbeitsvertrag, die wie § 26 TVöD a.F. vorsieht, dass der Urlaub bis zum vollendeten 30. Lebensjahr 26 Urlaubstage, bis zum vollendeten 40. Lebensjahr 29 Urlaubstage und nach dem vollendeten 40. Lebensjahr 30 Urlaubstage beträgt. Denn eine solche Regelung knüpft unmittelbar an das Lebensalter an und benachteiligt jüngere Arbeitnehmer allein wegen ihres Alters.[1] Eine Regelung hingegen, die wie die aktuelle Fassung des § 26 TVöD[2] eine Staffelung dergestalt vorsieht, dass der Urlaubsanspruch 29 Arbeitstage sowie nach dem vollendeten 55. Lebensjahr 30 Arbeitstage beträgt und zudem ausdrücklich auf den erhöhten Erholungsbedarf der Beschäftigten abstellt, die das 55. Lebensjahr vollendet haben, ist nach § 10 Satz 1, 3 Nr. 1 AGG gerechtfertigt und daher zulässig. Auf dieser Linie liegt auch eine neuere Entscheidung des BAG zu einer Altersstaffelung eines Schuhherstellers, der Arbeitnehmern nach Vollendung des 58. Lebensjahres jährlich 36 Arbeitstage Erholungsurlaub und damit zwei Urlaubstage mehr als den jüngeren Arbeitnehmern gewährte.[3] Das BAG führt hierin aus, dass diese unterschiedliche Behandlung wegen des

---

[1] BAG v. 20.3.2012 – 9 AZR 529/10, NZA 2012, 803. Zur Diskriminierung durch altersabhängige Zuerkennung von Urlaubsansprüchen s. *Kamanabrou*, NZA Beilage 3/2006, 143 f.
[2] http://oeffentlicher-dienst.info/tvoed/tr/2012/tarifeinigung.html (20.10.2014).
[3] BAG v. 21.10.2014 – 9 AZR 956/12, NZA 2015, 297.

Alters unter dem Gesichtspunkt des Schutzes älterer Beschäftigter nach § 10 Satz 3 Nr. 1 AGG zulässig sein könne. Bei der Prüfung, ob eine solche vom Arbeitgeber freiwillig begründete Urlaubsregelung dem Schutz älterer Beschäftigter dient und geeignet, erforderlich und angemessen i.S.v. § 10 Satz 2 AGG ist, stehe dem Arbeitgeber eine auf die konkrete Situation in seinem Unternehmen bezogene Einschätzungsprärogative zu. Die Arbeitgeberin habe mit ihrer Einschätzung, die in ihrem Produktionsbetrieb bei der Fertigung von Schuhen körperlich ermüdende und schwere Arbeit leistenden Arbeitnehmer bedürften nach Vollendung ihres 58. Lebensjahres längerer Erholungszeiten als jüngere Arbeitnehmer, ihren Gestaltungs- und Ermessensspielraum nicht überschritten.

bb) Veränderung der Wartezeit

Typ 3: Verkürzung der Wartezeit

Jeglicher Urlaubsanspruch entsteht erstmalig nach mehr als dreimonatiger ununterbrochener Betriebszugehörigkeit. Die Betriebszugehörigkeit wird nicht unterbrochen, wenn der Mitarbeiter durch Krankheit oder einen sonstigen in seiner Person liegenden Grund ohne sein Verschulden oder durch Betriebsstörungen an der Arbeitsleistung verhindert wird.

Der volle Urlaubsanspruch nach dem BUrlG wird erstmalig nach **sechsmonatigem** 10
Bestehen des Arbeitsverhältnisses erworben (§ 4 BUrlG). Diese nach nunmehr einhelliger Meinung[1] nur **einmal zurückzulegende** Wartezeit ist von dem Gedanken getragen, den vollen Urlaubsanspruch erst nach einer gewissen Verfestigung der Vertragsbeziehungen zur Entstehung gelangen zu lassen. Scheidet der Arbeitnehmer vor erfüllter Wartezeit aus dem Arbeitsverhältnis aus, so kommt nur ein **Teilurlaubsanspruch** (§ 5 BUrlG) in Betracht.

Abgesehen hiervon steht es den Arbeitsvertragsparteien frei, die gesetzliche Rege- 11
lung **zu Gunsten** des Arbeitnehmers zu modifizieren.[2] Beispielhaft sei hier auf die o.g. Klausel Typ 3 hingewiesen, die in Satz 1 eine Herabsetzung der Wartezeit auf drei Monate vorsieht und in Satz 2 in Übereinstimmung mit der allgemeinen Meinung[3] zum Ausdruck bringt, dass unverschuldete Zeiten der Nichtarbeit ohne Einfluss auf die Wartezeit bleiben. Ebenfalls zum Zwecke der Klarstellung könnte hier der Hinweis aufgenommen werden, dass auch mehrere kürzere Unterbrechungen unerheblich sind, solange die Vertragszeiten nach der Verkehrsanschauung noch als einheitliches Arbeitsverhältnis aufgefasst werden können. Dies entspricht zwar überwiegender Meinung, ist aber nicht unumstritten.[4]

---

1 BAG v. 2.5.1956 – 1 AZR 416/55, AP Nr. 1 zu § 4 UrlG Hessen; *Neumann/Fenski*, § 4 BUrlG Rz. 15; GK-BUrlG/*Bleistein*, § 4 BUrlG Rz. 6.
2 Schaub/*Linck*, § 102 Rz. 21.
3 Statt vieler GK-BUrlG/*Bleistein*, § 4 BUrlG Rz. 19 ff.
4 Im Sinne der h.M. etwa *Neumann/Fenski*, § 4 BUrlG Rz. 43; *Natzel*, § 4 BUrlG Rz. 31; a.A. hingegen ErfK/*Gallner*, § 4 BUrlG Rz. 4; Schaub/*Linck*, § 104 Rz. 22; *Dörner*, AR-Blattei Urlaub V, A. II 2d und MünchArbR/*Leinemann*, 2. Aufl. 2000, § 89 Rz. 41.

cc) Erleichterte Übertragung des Urlaubs

Typ 4: Urlaubsübertragung

Der Urlaub ist spätestens zum 31. März des nachfolgenden Jahres zu nehmen.

12 Gemäß § 1 BUrlG hat jeder Arbeitnehmer in jedem Kalenderjahr Anspruch auf bezahlten Erholungsurlaub. Nach der allerdings nicht unumstrittenen Rechtsprechung des BAG[1] bedeutet dies, dass der Urlaubsanspruch mit Beginn des Urlaubsjahres entsteht und auch mit ihm endet. Grundsätzlich erlischt der Urlaubsanspruch daher mit Ablauf des Urlaubsjahres. Ausnahmsweise geht der Urlaubsanspruch nach § 7 Abs. 3 Satz 2 und 3 BUrlG auf die ersten drei Kalendermonate des Folgejahres über, wenn die Erfüllung des Urlaubsanspruchs aus dringenden betrieblichen oder in der Person des Arbeitnehmers liegenden Gründen im laufenden Kalenderjahr nicht möglich war. Die Übertragung erfolgt kraft Gesetzes; einer mitwirkenden Handlung von Arbeitgeber und Arbeitnehmer bedarf es hierzu nicht.[2] Häufig wird sich allerdings im Nachhinein nicht sicher beurteilen lassen, ob die Übertragungsvoraussetzungen vorgelegen haben. Um hier eventuellen Streitigkeiten vorzubeugen, bietet sich eine generelle Übertragung im Kalenderjahr nicht genommenen Urlaubs auf die nächsten drei Monate unabhängig vom Vorliegen der gesetzlichen Voraussetzungen bereits im Arbeitsvertrag an.[3] In der tariflichen Praxis sind solche Regelungen weit verbreitet.[4] Die Zulässigkeit entsprechender arbeitsvertraglicher Abreden ist nicht unumstritten. Richtiger und herrschender Ansicht[5] nach kann jedenfalls durch Arbeitsvertrag das Erlöschen des Urlaubsanspruchs ausgeschlossen werden, weil dadurch nur zu Gunsten des Arbeitnehmers von der Vorschrift des § 7 Abs. 3 BUrlG abgewichen wird. Das aus §§ 1 und 7 Abs. 3 BUrlG folgende Gebot zeitnaher Erfüllung des Urlaubsanspruchs steht dem nicht entgegen, da dieses keine absolute Geltung beansprucht, wie etwa § 7 Abs. 3 Satz 4 BUrlG erweist. Die intendierte Rechtsfolge, nämlich automatische Übertragung in das erste Quartal des nachfolgenden Kalenderjahres, wird somit durch die obige Klausel rechtswirksam ausgelöst.

---

1 Grundl. BAG v. 13.5.1982 – 6 AZR 360/80, EzA § 7 BUrlG Nr. 25; seitdem st. Rspr., zuletzt BAG v. 7.12.1993 – 9 AZR 683/92, NZA 1994, 802; vgl. zum Schrifttum etwa *Leinemann/Linck*, § 7 BUrlG Rz. 109 ff.; a.A. etwa GK-BUrlG/*Bachmann*, § 7 BUrlG Rz. 120.
2 *Leinemann/Linck*, § 7 BUrlG Rz. 124 m.w.N.
3 Auch *Tschöpe*, MDR 1996, 1084 und *Hromadka/Schmitt-Rolfes*, Der unbefristete Arbeitsvertrag, S. 108 empfehlen eine solche Klausel.
4 BAG v. 7.11.1985 – 6 AZR 62/84, NZA 1986, 393; *Leinemann/Linck*, § 13 BUrlG Rz. 76.
5 BAG v. 20.4.1989 – 8 AZR 475/87, NZA 1989, 761; v. 21.6.2005 – 9 AZR 200/04, AP Nr. 11 zu § 55 InsO; LAG Rh.-Pf. v. 29.8.2008 – 6 Sa 323/08, BeckRS 2008, 56909; LAG Hamm v. 28.11.2007 – 18 Sa 923/07, BeckRS 2008, 51289; *Neumann/Fenski*, § 7 BUrlG Rz. 71 und 96 f.; GK-BUrlG/*Bachmann*, § 7 BUrlG Rz. 138; *Linck/Schütz*, FS Leinemann, S. 185; a.A. *Berscheid*, HzA, Gruppe 4, Rz. 421 f. Für den arbeitsvertraglich eingeräumten Mehrurlaub hat das BAG (BAG v. 18.11.2003 – 9 AZR 95/03, NZA 2004, 651 [653]) darüber hinaus entschieden, dass auch eine Aufhebung der Quartalsbindung für den übertragenen Urlaub im Arbeitsvertrag wirksam vereinbart werden kann.

b) Einschränkungen der urlaubsrechtlichen Position des Arbeitnehmers

aa) Nachteilige Abweichungen vom BUrlG im Arbeitsvertrag

Durch **arbeitsvertragliche Abreden** kann – wie bereits ausgeführt wurde – nicht zu Lasten des Arbeitnehmers von den Bestimmungen des BUrlG abgewichen werden, jedenfalls soweit der gesetzliche Mindesturlaub betroffen ist (§ 13 Abs. 1 Satz 3 BUrlG). 13

Soweit arbeitsvertragliche Abreden **auf tarifvertragliche Urlaubsregelungen verweisen**, kann auch dies in einzelnen Punkten eine Verschlechterung der urlaubsrechtlichen Situation des Arbeitnehmers gegenüber dem gesetzlichen Urlaubsrecht zur Folge haben, da die Tarifvertragsparteien mit Rücksicht auf die Tarifautonomie in weitem Umfang von dem Grundsatz der Unabdingbarkeit freigestellt sind (§ 13 Abs. 1 Satz 1 BUrlG). Die Inbezugnahme einer ungünstigeren Tarifvereinbarung durch die nicht tarifgebundenen Parteien des Arbeitsverhältnisses ist zulässig (§ 13 Abs. 1 Satz 2 BUrlG), wenn die **Übernahme der tariflichen Urlaubsregelung in toto** erfolgt, also nicht nur auf einzelne Bestimmungen des Tarifvertrages verwiesen wird und der jeweils **einschlägige**, d.h. von seinem persönlichen und sachlichen Anwendungsbereich her auf das Arbeitsverhältnis passende Tarifvertrag in Bezug genommen wird.[1] 14

bb) Nachteilige Abweichungen von einem kraft beiderseitiger Tarifbindung geltenden Tarifvertrag

Eine Verengung des Gestaltungsspielraums der Arbeitsvertragsparteien kann sich aus der Existenz eines Tarifvertrages ergeben. Findet nämlich neben der arbeitsvertraglichen Mehrurlaubszusage kraft beiderseitiger Tarifbindung oder Allgemeinverbindlicherklärung ein **Tarifvertrag** Anwendung, der ebenfalls über die Mindestansprüche nach dem BUrlG hinausgeht, so darf von dieser tariflichen Regelung nicht zu Ungunsten des Arbeitnehmers abgewichen werden. Der Bereich privatautonomer Gestaltungsfreiheit schrumpft in diesem Falle auf denjenigen Urlaubsbestandteil zusammen, um den der arbeitsvertraglich eingeräumte Mehrurlaub den bereits durch Tarifvertrag verlängerten Urlaub noch übertrifft. 15

cc) Nachteilige Abweichungen vom BUrlG bei lückenhaftem Tarifvertrag

Fraglich ist, wie weit die Dispositionsbefugnis der Parteien reicht, wenn der einschlägige Tarifvertrag keine geschlossene Regelung des übergesetzlichen Urlaubs enthält, er bspw. nur sporadisch einige Bestimmungen urlaubsrechtlichen Inhalts vorsieht oder doch zumindest einige Themenkomplexe ausspart (z.B. Abgeltung oder Übertragung des Urlaubs). Ob die Arbeitsvertragsparteien befugt sind, diese nicht tarifvertraglich geregelten Materien abweichend von den jeweiligen Bestimmungen des BUrlG auszugestalten, ist in erster Linie eine Frage der Auslegung des Tarifvertrages. Ergeben sich hier Anhaltspunkte dafür, dass die Tarifvertragspar- 16

---

1 *Leinemann/Linck*, § 13 BUrlG Rz. 18 f.; GK-BUrlG/*Berscheid*, § 13 BUrlG Rz. 28 f.; *Natzel*, § 13 BUrlG Rz. 35; vgl. auch *Ring*, BuW 2002, 389 (390). Die Bezugnahme muss also eindeutig und bestimmt sein, so auch BAG v. 5.12.1995 – 9 AZR 871/94, NZA 1996, 594 und ErfK/*Gallner*, § 13 BUrlG Rz. 20.

teien die gesetzliche Regelung vorausgesetzt, sie quasi in den Tarifvertrag hineinprojiziert haben, so spricht viel dafür, die entsprechenden Regelungen des BUrlG am Unabdingbarkeitsschutz des § 4 Abs. 3 TVG teilhaben zu lassen. Andererseits legt eine nur sporadische Regelung des Urlaubsrechts im Tarifvertrag die Annahme nahe, dass die Tarifpartner den Arbeitsvertragsparteien einen weiten Spielraum zur Ausfüllung einräumen wollten. Das BAG[1] will die Bestimmungen des BUrlG sogar unmittelbar anwenden, hat sich jedoch bislang nicht zur Frage der Abdingbarkeit für die Arbeitsvertragsparteien geäußert.

dd) Nachteilige Abweichungen beim arbeitsvertraglich eingeräumten Mehrurlaub

17   Für die Ausgestaltung eines **arbeitsvertraglich eingeräumten Mehrurlaubs**, wie er mittlerweile in unterschiedlicher Höhe nahezu jedem Arbeitnehmer zustehen dürfte, gelten die Schutzbestimmungen des BUrlG nicht.[2] Für diesen Teil können daher hinsichtlich der einzelnen Bedingungen grundsätzlich auch Regelungen vereinbart werden, die für den Arbeitnehmer ungünstiger sind oder die nicht mit den Grundsätzen des gesetzlichen Urlaubsrechts übereinstimmen.[3] Eine solche vom BUrlG abweichende Behandlung des Mehrurlaubs muss jedoch zwischen den Parteien **eindeutig vereinbart** werden. In Ermangelung einer solchen Abrede gelten die Bestimmungen des BUrlG auch für Urlaubsbestandteile, die auf arbeitsvertraglicher Grundlage beruhen.[4] Die Regel ist der Gleichlauf von gesetzlichen und übergesetzlichen vertraglichen Ansprüchen. Ausnahme ist ihr unterschiedliches Schicksal.[5]

Typ 5: Differenzierung zwischen gesetzlichem Mindest- und vertraglichem Mehrurlaub und Tilgungsbestimmung

(1) Der Arbeitnehmer hat Anspruch auf den gesetzlichen Mindesterholungsurlaub von 20 Arbeitstagen (bezogen auf eine Fünf-Tage-Woche = 24 Werktage). Das Nähere bestimmt sich nach den Vorschriften des Bundesurlaubsgesetzes.

(2) Zusätzlich zu diesem gesetzlichen Mindesturlaub erhält der Arbeitnehmer einen vertraglichen Mehrurlaub von 8 Tagen. Für diesen vertraglichen Mehrurlaub gelten die nachfolgenden Regeln:[6]

- ...
- ...
- ...

(3) Mit der Urlaubserteilung erfüllt der Arbeitgeber zunächst den Anspruch des Arbeitnehmers auf den gesetzlichen Mindesterholungsurlaub, dann einen ggf. bestehenden Anspruch auf gesetzlichen Zusatzurlaub (danach ggf. tariflicher Mehr-

---

1   BAG v. 18.10.1990 – 8 AZR 490/89, EzA § 7 BUrlG Nr. 80 m.w.N.
2   BAG v. 20.6.1968 – 5 AZR 408/67, NJW 1968, 2396; GK-BUrlG/*Bleistein*, § 3 BUrlG Rz. 59.
3   *Matthes* in Handbuch „b + p", 5/Rz. 777.
4   BAG v. 3.10.1972 – 5 AZR 209/72, EzA § 1 LohnFG Nr. 27; v. 15.5.1991 – 5 AZR 440/90, NZA 1991, 775; GK-BUrlG/*Bleistein*, § 3 BUrlG Rz. 62.
5   So plastisch zuletzt BAG v. 23.3.2010 – 9 AZR 128/09, NZA 2010, 810 (814); 4.5.2010 – 9 AZR 183/09, NZA 2010, 1011 (1013).
6   *Hümmerich*, NZA 2003, 760.

urlaub). Erst nach vollständiger Erfüllung des gesetzlichen (und ggf. des tariflichen) Urlaubsanspruchs wird der vertragliche Mehrurlaub im Sinne des Absatzes 2 erteilt.[1]

Diese Klausel **differenziert** in der gebotenen Deutlichkeit zwischen dem gesetzlichen Mindest- bzw. Zusatzurlaub und dem arbeitsvertraglich eingeräumten Mehrurlaub.[2] Sollte der gesetzliche Urlaubsanspruch durch einen auf das Arbeitsverhältnis anwendbaren Tarifvertrag aufgestockt werden, so könnte der Klauseltext in Absatz 1 und Absatz 3 noch um die Klammertexte ergänzt werden. Diese klare Differenzierung beugt möglichen Transparenzbeanstandungen vor. Gemeinsame Regelungen des gesetzlichen Mindesturlaubs und des arbeitsvertraglichen Mehrurlaubs haben zudem den Nachteil, dass sich die eventuelle Unwirksamkeit eines Teils der Klausel mitunter nicht begrenzen lässt und damit die Gesamtnichtigkeit der Klausel zur Folge hat. Unbedingt empfehlenswert ist schließlich eine klare **Tilgungsbestimmung**, jedenfalls dann, wenn in den Arbeitsvertrag vom BUrlG abweichende Regelungen für den arbeitsvertraglichen Mehrurlaub aufgenommen werden sollen (Beispiel: Verfall bei langandauernder Erkrankung über den Übertragungszeitraum hinaus, vgl. Rz. 44 f.).[3] Fehlt es an einer solchen vertraglichen Tilgungsbestimmung im Arbeitsvertrag, so kann der Arbeitgeber die Bestimmung auch noch mit der Urlaubserteilung treffen. Erfahrungsgemäß geschieht dies jedoch nur sehr selten. Geklärt ist inzwischen durch das BAG, dass der Arbeitgeber im Fall des einheitlich geregelten Urlaubsanspruchs mit der Freistellung des Arbeitnehmers von der Verpflichtung zur Arbeitsleistung einheitlich beide Ansprüche ganz oder teilweise erfüllt. § 366 Abs. 2 BGB findet keine (analoge) Anwendung.[4] Worauf jedoch bei einem zwischen Mindest- und Mehrurlaubsanspruch differenzierenden Urlaubsanspruch geleistet wird, ist immer noch umstritten.[5] Dieser Unsicherheit sollten sich die Vertragsparteien nicht aussetzen.

Vorformulierte arbeitsvertragliche Regelungen zum übergesetzlichen Mehrurlaub unterfallen als **Allgemeine Geschäftsbedingungen** den §§ 305 ff. BGB. Es gelten unstreitig der Vorrang der Individualabrede (§ 305b BGB), das Überraschungsverbot (§ 305c Abs. 1 BGB) sowie das Transparenzgebot (§ 307 Abs. 1 Satz 2 BGB). Im Übrigen geht das BAG nunmehr davon aus, dass die Arbeitsvertragsparteien Urlaubs- und Urlaubsabgeltungsansprüche, die den gesetzlichen Mindesturlaub übersteigen, **frei regeln** können. Im Hinblick auf eine Verfallklausel führt das BAG in seiner Entscheidung vom 24.3.2009 aus: „Die Parteien wichen ... nicht von § 7 Abs. 3 Satz 1, 3 und 4, Abs. 4 BUrlG ... ab. Sie ergänzten die gesetzlichen Bestimmungen auch nicht. Vielmehr regelten die Parteien andere Ansprüche als den gesetzlichen Ur-

---

1 In Anlehnung an *Powietzka/Fallenstein*, NZA 2010, 674.
2 So auch die Empfehlung von *Oberthür*, ArbRB 2009, 278 und *Gaul/Bonanni/Ludwig*, DB 2009, 1017.
3 *Powietzka/Fallenstein*, NZA 2010, 674; BLDH/*Lingemann*, M 2.1a, Nr. 7; *Lembke*, Arbeitsvertrag für Führungskräfte, S. 125.
4 BAG v. 7.8.2012 – 9 AZR 760/10, NZA 2013, 104; v. 16.10.2012 – 9 AZR 234/11, NZA 2013, 575.
5 Für vorrangige Erfüllung des gesetzlichen Urlaubsanspruchs BAG v. 5.9.2002 – 9 AZR 244/01, NZA 2003, 726 (730); *Krieger/Arnold*, NZA 2009, 530 (533); a.A. *Kothe/Beetz*, jurisPR-ArbR 25/2009. Vertiefend zu diesem Problem *Natzel*, NZA 2011, 77; *Sprink*, Vertragliche Gestaltung von Urlaub, S. 85 ff.

laubs- und den gesetzlichen Urlaubsabgeltungsanspruch."[1] In diesem Zusammenhang weist das BAG die Ansicht von *Bauer* und *Arnold*[2] zurück, die sich kurz zuvor für eine uneingeschränkte Angemessenheitskontrolle vertraglicher Mehrurlaubsregelungen ausgesprochen hatten. Nicht ganz sicher ist, ob das BAG damit tatsächlich zum Ausdruck bringen wollte, Abreden betreffend den übergesetzlichen Mehrurlaub seien generell der Inhaltskontrolle entzogen (§ 307 Abs. 3 Satz 1 BGB). Die Kontrollfreiheit müsste nach dem herrschenden Verständnis des Schrankenvorbehalts[3] eigentlich auf die Einräumung des Mehrurlaubsanspruchs, also auf das „Ob", beschränkt werden. Denn nur insoweit handelt es sich um eine Leistungsbestimmung. Ihre Ausgestaltung dürfte in weitem Umfang der Inhaltskontrolle unterliegen. Es wäre auch schwer verständlich, weshalb bspw. eine Rückzahlungsklausel bei einer ebenfalls nicht gesetzlich geschuldeten Weihnachtsgratifikation der Inhaltskontrolle unterliegt, dieselbe Abrede bezogen auf den Mehrurlaub hingegen von vornherein kontrollfrei sein soll. Zu Recht halten es *Powietzka* und *Fallenstein* vor diesem Hintergrund für zweifelhaft, ob man sich im Rahmen der Vertragsgestaltung auf diese Rechtsprechung des BAG verlassen kann.[4] Im Rahmen dieser Darstellung werden daher, auch soweit es um den übergesetzlichen Mehrurlaub geht, die AGB-rechtlichen Angemessenheitsanforderungen vorsorglich stets mit bedacht.

ee) Klauselbeispiele

(1) Quotelung des Urlaubsanspruchs bei Ein- oder Austritt im laufenden Kalenderjahr

⊃ **Nicht geeignet:**

Für das Urlaubsjahr, in dem das Arbeitsverhältnis beginnt oder endet, steht dem Arbeitnehmer nach mehr als dreimonatiger ununterbrochener Zugehörigkeit zu demselben Betrieb für jeden vollen Beschäftigungsmonat $1/12$ des Jahresurlaubs zu.

20 Die vorstehend wiedergegebene vertragliche Bestimmung[5] weicht in mehrfacher Hinsicht zu Lasten des Arbeitnehmers von den Regelungen des BUrlG ab.

21 Die erste Abweichung betrifft die **Urlaubsdauer in dem Urlaubsjahr, in dem das Arbeitsverhältnis beginnt**. Während der Arbeitnehmer nach dem BUrlG bereits nach Erfüllung der sechsmonatigen Wartezeit den vollen Urlaubsanspruch erwirbt, bemisst sich die Länge des Urlaubs nach der obigen Klausel in diesem Falle stets nach den zurückgelegten Beschäftigungsmonaten, wobei jeder volle Monat mit einem Zwölftel in Ansatz gebracht wird. Während also bspw. nach dem BUrlG einem Arbeitnehmer, der am 1.5. eintritt, nach dem 31.10. der volle Jahresurlaub zu ge-

---

1 BAG v. 24.3.2009 – 9 AZR 983/07, NZA 2009, 538 (547).
2 *Bauer/Arnold*, NJW 2009, 631 (634).
3 Hierzu *Stoffels*, AGB-Recht, Rz. 418.
4 *Powietzka/Fallenstein*, NZA 2010, 673 (675); im Ergebnis ebenso *Bauer/Arnold*, NJW 2009, 631 (634); *Henssler/Moll*, AGB-Kontrolle vorformulierter Arbeitsbedingungen, S. 5; CKK/ *Klumpp*, § 307 BGB Rz. 27, 242; *Krieger/Arnold*, NZA 2009, 530 (533); *Oberthür*, ArbRB 2009, 150 (152).
5 Zu ihr auch *Linck/Schütz*, FS Leinemann, S. 180.

während ist,[1] steht ihm für dieses Urlaubsjahr nach der obigen Klausel lediglich ein Urlaubsanspruch in Höhe von 8/12 zu.

Eine weitere Schlechterstellung gegenüber dem BUrlG ergibt sich aus der **Erstreckung des Zwölftelungsprinzips auf den Fall des Ausscheidens des Arbeitnehmers im zweiten Halbjahr**. In diesem Fall kann der Arbeitnehmer nach dem BUrlG (Schluss aus § 5 Abs. 1 Buchst. b BUrlG) stets den vollen Jahresurlaub verlangen. 22

Während die beiden erstgenannten Abweichungen vom BUrlG in einer für den Arbeitnehmer nachteiligen Erstreckung des Zwölftelungsprinzips begründet sind, betrifft die dritte Abweichung den gegenteiligen Fall. Das gesetzlich angeordnete Zwölftelungsprinzip wird durch die obige Klausel nämlich insoweit außer Kraft gesetzt, als eine **Sperrfrist von drei Monaten** eingeführt wird. Währt nämlich das Arbeitsverhältnis keine drei Monate, so soll dem Arbeitnehmer offensichtlich selbst der anteilige Urlaub versagt bleiben. Nach § 5 Abs. 1 Buchst. b BUrlG steht ihm jedoch auch in diesem Fall ein Teilurlaubsanspruch gerichtet auf ein Zwölftel des Jahresurlaubs für jeden zurückgelegten Monat zu. 23

Sowohl die dem Arbeitnehmer nachteilige Erstreckung des Zwölftelungsprinzips als auch die zuletzt angesprochene Versagung des Teilurlaubs ist bezogen auf den gesetzlichen Mindesturlaub von 24 Tagen unzulässig (§ 13 Abs. 1 Satz 3 BUrlG).[2] Ist – wie hier – eine arbeitsvertragliche Bestimmung für sich gesehen ungünstiger als das BUrlG, so ist diese wegen Verstoßes gegen das **Unabdingbarkeitsprinzip** (§ 13 Abs. 1 Satz 3 BUrlG) gemäß § 134 BGB nichtig.[3] An ihre Stelle tritt die entsprechende Regelung des BUrlG.[4] Die übrigen Teile des Arbeitsvertrages werden von der Nichtigkeit der als unwirksam erkannten Bestimmungen nicht erfasst.[5] 24

Allerdings stellt sich hier – wie in anderen Fällen – die Frage, ob eine in unzulässiger Weise zu Lasten des Arbeitnehmers vom BUrlG abweichende Klausel nicht jedenfalls im Umfang des arbeitsvertraglich begründeten Mehrurlaubs aufrecht erhalten, die regelmäßige Nichtigkeitsfolge also insoweit beschränkt werden kann. Eine solche **geltungserhaltende Reduktion**, wie sie vom BAG im Bereich des Urlaubsrechts immer wieder praktiziert worden ist,[6] stößt gerade bei den üblicherweise vorformulierten Vertragsbedingungen auf erhebliche Bedenken. Denn grundsätzlich obliegt es dem Verwender, den Vertrag so zu gestalten, dass er Bestand haben kann und den Vertragspartner zutreffend über seine Rechte und Pflichten unterrichtet. Gerade der bei AGB immer stärker in den Vordergrund rückende Transparenzgedanke steht hier einer geltungserhaltenden Reduktion – gleich auf welcher rechtsdogmatischen Grundlage – entgegen. Für den Arbeitnehmer ist bei Vertragsschluss nicht erkennbar, für welche Teile seines Urlaubs Beschränkungen gelten und welche Konsequenzen sein Verhalten im Einzelfall haben kann. In Anlehnung an die nunmehr ganz herrschende Meinung im AGB-Recht sollte nach der Aufhebung der Bereichsausnahme für das Arbeitsrecht (§ 310 Abs. 4 BGB) auch im Bereich vorformulierter Arbeitsvertragsbedingungen von einer geltungserhaltenden Reduktion abgesehen 25

---

1 Beispiel von GK-BUrlG/*Bleistein*, § 4 BUrlG Rz. 7.
2 *Lembke*, Arbeitsvertrag für Führungskräfte, S. 131.
3 *Neumann/Fenski*, § 13 BUrlG Rz. 51.
4 *Neumann/Fenski*, § 13 BUrlG Rz. 51.
5 *Neumann/Fenski*, § 13 BUrlG Rz. 49.
6 Zuletzt z.B. in BAG v. 25.2.1988 – 8 AZR 596/85, NZA 1988, 607.

werden.[1] Da die o.g. Klausel nicht erkennen lässt, dass sich die Einschränkungen nur auf einen vertraglich eingeräumten Mehrurlaub beziehen sollen, ist eine entsprechende Reduzierung ihres Geltungsbereichs nicht möglich. Die Klausel ist vielmehr **im Ganzen unwirksam**. Die Arbeitsvertragsparteien sollten jedenfalls von vornherein darauf achten, dass negative Abweichungen vom BUrlG, so sie denn überhaupt für erforderlich erachtet werden, auf den übergesetzlichen Urlaub begrenzt bleiben (s. hierzu noch Rz. 86). Das Gewollte könnte etwa wie folgt zum Ausdruck gebracht werden:

Typ 6: Quotelung des Urlaubsanspruchs

Im Eintritts- und Austrittsjahr hat der Arbeitnehmer, soweit der gesetzliche Mindesturlaub nicht unterschritten wird, für jeden vollen Beschäftigungsmonat im Betrieb Anspruch auf ein Zwölftel des Jahresurlaubs.

oder

„Besteht das Arbeitsverhältnis nicht im ganzen Kalenderjahr, hat der Arbeitnehmer nur Anspruch auf ein Zwölftel des zusätzlichen Urlaubs für jeden vollen Monat des Bestehens des Arbeitsverhältnisses. Bruchteile von Urlaubstagen, die mindestens einen halben Tag ergeben, sind auf volle Urlaubstage aufzurunden."[2]

(2) Kürzungsvereinbarung für Fehlzeiten

Typ 7: Kürzung für Fehlzeiten

a) Der Mitarbeiter erhält einen Zusatzurlaub von sechs Arbeitstagen jährlich. Der Zusatzurlaub verkürzt sich um je einen Tag für je drei Tage, an denen der Arbeitnehmer seiner Arbeitspflicht nicht nachgekommen ist oder wegen Arbeitsunfähigkeit an der Ausübung seiner Tätigkeit gehindert war.[3]

b) Der Zusatzurlaub mindert sich um $^{1}/_{12}$ für jeden vollen Monat, in dem der Arbeitnehmer keinen Anspruch auf Entgelt bzw. Entgeltfortzahlung hatte.[4]

26 Die Klauseln stellen ausdrücklich klar, dass nur der arbeitsvertraglich eingeräumte Mehrurlaub von dieser Kürzungsregelung betroffen ist. Das ist auch unbedingt anzuraten, da die Rechtsprechung eine Kürzung des gesetzlichen Mindesturlaubsanspruchs für Zeiten krankheitsbedingter Arbeitsunfähigkeit selbst dann für unzulässig erklärt, wenn der Arbeitnehmer während des gesamten Kalenderjahres arbeitsunfähig war.[5] Im Bereich des über den gesetzlichen Mindesturlaub hinausgehenden Urlaubs sind die Parteien hingegen weitgehend frei. Auch eine Kür-

---

1 So auch BAG v. 4.3.2004 – 8 AZR 196/03, NZA 2004, 727 (734) (betr. Vertragsstrafen); v. 25.5.2005 – 5 AZR 572/04, NZA 2005, 1111 (1114) (betr. Ausschlussfristen); v. 11.4.2006 – 9 AZR 610/05, NZA 2006, 1042 (1045f.) (betr. Rückzahlungsvorbehalte bei Ausbildungskosten).
2 *Lembke*, Arbeitsvertrag für Führungskräfte, S. 125.
3 *Hümmerich*, NZA 2003, 760.
4 *Oberthür*, ArbRB 2009, 279.
5 BAG v. 28.1.1982 – 6 AZR 571/79, NJW 1982, 1548.

zungsvereinbarung entsprechend den o.g. Klauseln ist zulässig. Entgegen *Hümmerich*[1] scheitert eine solche Vertragsgestaltung nicht etwa an § 308 Nr. 4 BGB. Denn hier geht es offenkundig nicht um einen Änderungsvorbehalt, sondern um eine bereits in der Klausel angelegte, also eo ipso eintretende Kürzung. Auch die Vorschrift des § 4a Satz 2 EFZG, wonach eine Vereinbarung über die Kürzung von Sonderzuwendungen für Zeiten der Arbeitsunfähigkeit infolge Krankheit nur eingeschränkt zulässig ist, greift nicht ein, da es sich beim Mehrurlaub um keine Sondervergütung handelt.[2] Wie stets ist auf eine transparente Ausgestaltung solcher Kürzungsregelungen zu achten. So hat das BAG[3] bspw. eine vertragliche Regelung verworfen, die sowohl die Begriffe „krankheitsbedingte Fehltage" und „Krankheitstage" gebrauchte, ohne dass deutlich wurde, ob beide Begriffe identisch angewandt werden sollen. Es sei damit nicht erkennbar, ob jeder „Krankheitstag" zur Kürzung führen kann oder nur die „Krankheitstage", an denen der Arbeitnehmer an sich seine Arbeitsleistung schuldet.

(3) Widerrufs- und Freiwilligkeitsvorbehalte sowie einseitige Leistungsbestimmungsrechte

Typ 8: Widerrufsvorbehalt für Mehrurlaub

Der Arbeitgeber kann den über 24 Werktage hinausgehenden Urlaub ... aus (triftigen) wirtschaftlichen Gründen widerrufen, insbesondere bei schlechtem Verlauf des Geschäftsjahres, bei Umgestaltung des Entgeltsystems oder bei Belastung des Unternehmens mit zusätzlichen gesetzlichen oder tariflichen Leistungen.[4]

Typ 9: Freiwilligkeitsvorbehalt für Mehrurlaub

Der Arbeitgeber entscheidet jährlich neu, ob und ggf. in welcher Höhe (Tage) er dem Arbeitnehmer weiteren bezahlten Mehrurlaub gewährt. Der ggf. gewährte Mehrurlaub stellt eine freiwillige Leistung dar, auf die für zukünftige Jahre auch dann kein Rechtsanspruch entsteht, wenn der Mehrurlaub wiederholt gewährt wird. Dieser Vorbehalt gilt nicht für nach Abschluss dieses Arbeitsvertrags individuell getroffene Vereinbarungen.[5]

---

1 *Hümmerich*, NZA 2003, 760.
2 So zutreffend *Hromadka/Schmitt-Rolfes*, Der unbefristete Arbeitsvertrag, S. 108; CKK/*Klumpp*, § 307 BGB Rz. 247; BeckOK/*Ricken*, § 4a EFZG Rz. 6; hingegen meinen *Linck/Schütz*, FS Leinemann, S. 182, § 4a EFZG gäbe auch den Rahmen einer zulässigen Verringerung bzw. Kürzung des zusätzlichen Urlaubsanspruchs vor. A.A. auch MSG/*Viethen/Viethen*, Urlaub Rz. 75; *Sprink*, Vertragliche Gestaltung von Urlaub, S. 46 ff.
3 BAG v. 15.10.2013 – 9 AZR 374/12, NZA-RR 2014, 234.
4 *Hromadka/Schmitt-Rolfes*, Der unbefristete Arbeitsvertrag, S. 107.
5 Vgl. auch *Powietzka/Fallenstein*, NZA 2010, 676.

Typ 10: Einseitiges Leistungsbestimmungsrecht für Mehrurlaub

Der Arbeitnehmer erhält jährlich einen über den gesetzlichen Mindesturlaub hinausgehenden Mehrurlaub. Über die Anzahl der über den gesetzlichen Mindesturlaub hinausgehenden Mehrurlaubstage entscheidet der Arbeitgeber zu Beginn des Kalenderjahres nach billigem Ermessen.

27 Der Arbeitgeber hat im Allgemeinen ein Interesse, seine Leistungen jedenfalls in gewissem Umfang dem wirtschaftlichen Verlauf der Geschäfte anzupassen, insbesondere im Falle einer negativen wirtschaftlichen Entwicklung die Lohnkostenbelastung abzusenken. Hierfür bieten sich Flexibilisierungsvorbehalte nach Art der o.g. **Klauseltypen 8 bis 10** an. Auch der über den gesetzlichen Mindesturlaub hinausgehende, auf arbeitsvertraglicher Grundlage beruhende Mehrurlaub kann zum Gegenstand einer solchen vorsorgenden Vertragsgestaltung gemacht werden.

28 **Klauseltyp 8** beschreibt einen typischen **Widerrufsvorbehalt**. Die aus §§ 308 Nr. 4, 307 BGB abgeleiteten Anforderungen an Widerrufsvorbehalte lassen sich den beiden grundlegenden Urteilen des BAG vom 12.1.2005[1] und vom 11.10.2006[2] entnehmen. Hiernach gilt Folgendes: Voraussetzungen und Umfang der vorbehaltenen Änderungen müssten möglichst konkretisiert werden. Die widerrufliche Leistung müsse nach Art und Höhe eindeutig sein, damit der Arbeitnehmer weiß, was ggf. auf ihn zukommt. Bei den Voraussetzungen der Änderung, also den Widerrufsgründen, müsse zumindest die Richtung angegeben werden, aus der der Widerruf möglich sein soll. Das BAG nennt hier beispielhaft wirtschaftliche Gründe sowie die Leistung und das Verhalten des Arbeitnehmers. Die o.g. Klausel berücksichtigt lediglich (negative) wirtschaftliche Entwicklungen. Denkbar und zulässig wäre es auch, an Umstände aus der Sphäre des Arbeitnehmers anzuknüpfen, also etwa an unzureichende Leistungen, erhebliche Fehlzeiten oder Pflichtverletzungen.[3] Zum anderen verlangt das BAG,[4] dass die gebotene Interessenabwägung zu einer Zumutbarkeit der Klausel für den Arbeitnehmer führt. Die Vereinbarung eines Widerrufsvorbehalts sei zulässig, soweit der im Gegenseitigkeitsverhältnis stehende widerrufliche Teil des Gesamtverdienstes unter 25 % liegt und der Tariflohn nicht unterschritten wird. Seien darüber hinaus Zahlungen des Arbeitgebers widerruflich, die nicht eine unmittelbare Gegenleistung für die Arbeitsleistung darstellen, sondern Ersatz für Aufwendungen, die an sich der Arbeitnehmer selbst tragen muss, erhöhe sich der widerrufliche Teil der Arbeitsvergütung auf bis zu 30 % des Gesamtverdienstes. Die oben wiedergegebene Klausel dürfte diesen Anforderungen entsprechen und selbst in Kombination mit einer ebenfalls unter Widerrufsvorbehalt gestellten Weihnachtsgratifikation die prozentuale Höchstgrenze nicht überschreiten.[5] Unabhängig davon müssen bei der Ausübung des Widerrufsrechts die Grenzen billigen Ermessens (§ 315 BGB) gewahrt werden.[6]

---
1 BAG v. 12.1.2005 – 5 AZR 364/04, NZA 2005, 465.
2 BAG v. 11.10.2006 – 5 AZR 721/05, NZA 2007, 87.
3 *Linck/Schütz*, FS Leinemann, S. 171 (179).
4 BAG v. 12.1.2005 – 5 AZR 364/04, NZA 2005, 465 (467); v. 11.10.2006 – 5 AZR 721/05, NZA 2007, 87 (89).
5 Berechnungsbeispiel bei *Powietzka/Fallenstein*, NZA 2010, 673 (676).
6 *Linck/Schütz*, FS Leinemann, S. 171 (179f.).

Nach der Rechtsprechung des BAG[1] schließt ein sog. **Freiwilligkeitsvorbehalt** nicht nur eine Bindung des Arbeitgebers für die Zukunft, sondern auch für den laufenden Bezugszeitraum aus. Er hindert das Entstehen eines vertraglichen Anspruches und belässt so dem Arbeitgeber die Freiheit, jedes Jahr über das Ob und Wie der Leistung zu entscheiden. Denn ein Arbeitnehmer, der wisse, dass der Arbeitgeber noch über die Leistungsgewährung zu entscheiden habe, müsse stets damit rechnen, dass der Arbeitgeber die Leistung einstellen oder von neuen Bedingungen abhängig machen könne. Ob hierfür allein die einmalige Verankerung eines Freiwilligkeitsvorbehalts im Arbeitsvertrag genügt, ist zuletzt vom BAG[2] in Frage gestellt worden. Von daher ist dringend anzuraten, den **Freiwilligkeitsvorbehalt bei jeder Gewährung der Leistung** zu **erneuern**. Im Falle des Mehrurlaubs sollte der Arbeitgeber jeweils am Anfang des Jahres den Mehrurlaub für das neue Jahr festsetzen und in diesem Schreiben zugleich den genauen Text des im Arbeitsvertrag enthaltenen Freiwilligkeitsvorbehalts in Erinnerung rufen. Im Übrigen gelten **strenge Transparenzanforderungen**. Zwar bedarf es – wie das BAG[3] konstatiert –, keiner weiteren Präzisierung im Klauseltext, aus welchen Gründen der Freiwilligkeitsvorbehalt ausgeübt werde. Wohl aber entfaltet der Freiwilligkeitsvorbehalt die intendierte Wirkung nur, wenn sich der mangelnde Verpflichtungswille dem Adressaten, also dem Arbeitnehmer, mit hinreichender Deutlichkeit aus der Formulierung erschließt. Die bloße Bezeichnung einer Leistung als „freiwillige" Zuwendung genügt hierfür nicht.[4] Das BAG lässt einen Freiwilligkeitsvorbehalt deshalb nur in den Fällen gelten, in denen der Arbeitgeber in einer für den Arbeitnehmer unmissverständlichen Weise kundgetan hat, dass „ein Anspruch nicht hergeleitet werden kann" oder die Leistung „ohne Anerkennung einer Rechtspflicht" in Aussicht gestellt wird. Diesen Transparenzanforderungen vermag die o.g. **Klausel vom Typ 9** standzuhalten. Widersprüchlich und damit zugleich intransparent i.S.d. § 307 Abs. 1 Satz 2 BGB ist die in der Praxis verbreitete Formulierung, derzufolge die Leistung „**freiwillig und unter dem Vorbehalt jederzeitigen Widerrufs**" gewährt wird, setzt doch ein solcher Vorbehalt denknotwendig das Bestehen des Anspruchs voraus, auf den er sich bezieht und den er durch seine Ausübung zu Fall bringen soll.[5] An der Transparenz soll es darüber hinaus schon dann fehlen, **wenn der Arbeitgeber dem Arbeitnehmer einerseits eine bestimmte Leistung ausdrücklich zusagt**, sie insbesondere den Voraussetzungen und der Höhe nach präzise formuliert, andererseits jedoch eine andere Vertragsklausel im Widerspruch dazu bestimmt, dass der Arbeitnehmer keinen Rechtsanspruch auf die Sonderzahlung hat. Die hier gewählte Formulierung („entscheidet jährlich neu") ist geeignet, eine solche Widersprüchlichkeit zu vermeiden. Dem Transparenzgebot ist auch insoweit entsprochen, als individuelle Abreden ausdrücklich ausgenommen werden.[6] Der Vorrang der Individualabrede

---

1 Vgl. statt vieler Urteile BAG v. 11.4.2000 – 9 AZR 255/99, NZA 2001, 24 (25) und v. 30.7.2008 – 10 AZR 606/07, NZA 2008, 1173 (1174).
2 BAG v. 14.9.2011 – 10 AZR 526/10, NZA 2012, 81 (84).
3 BAG v. 10.12.2008 – 10 AZR 1/08, NZA-RR 2009, 576; v. 21.1.2009 – 10 AZR 219/08, NZA 2009, 310 (312).
4 BAG v. 11.4.2000 – 9 AZR 255/99, NZA 2001, 24; v. 19.5.2005 – 3 AZR 660/03, NZA 2005, 889 (891).
5 BAG v. 14.9.2011 – 10 AZR 526/10, NZA 2012, 81 (83).
6 Dieses Gebot postuliert die neuere Rechtsprechung BAG v. 14.9.2011 – 10 AZR 526/10, NZA 2012, 81 (84f.); v. 19.3.2014 – 10 AZR 622/13, NZA 2014, 595 (601); kritisch zu Recht *Crisolli/Zaumseil*, BB 2012, 1281 (1282) und CKK/*Brühler*, § 308 BGB Rz. 49.

(§ 305b BGB) wird mithin nicht in Frage gestellt. Anders als Widerrufsvorbehalte sind Freiwilligkeitsvorbehalte nicht an § 308 Nr. 4 BGB zu messen, da die Vorschrift von einer bereits bestehenden Leistungspflicht ausgeht.[1] Der neueren Rechtsprechung des 5.[2] und des 10. Senats[3] lässt sich entnehmen, dass Freiwilligkeitsvorbehalte – so sie sich nicht auf laufendes Arbeitsentgelt beziehen – grundsätzlich der AGB-rechtlichen **Angemessenheitskontrolle** standhalten.[4] Diese Einschränkung des Anwendungsbereichs von Freiwilligkeitsvorbehalten wirkt sich vorliegend nicht aus. Denn der Mehrurlaub stellt keinen laufend auszuzahlenden Vergütungsbestandteil dar und steht auch nicht in einem engen synallagmatischen Verhältnis zur Arbeitsleistungspflicht des Arbeitnehmers.[5] Ferner findet die für Widerrufsvorbehalte zur Sicherung eines unentziehbaren Kernbereichs entwickelte 25 %-Grenze keine Anwendung.

Eine weitere Form der Flexibilisierung stellen arbeitsvertragliche Gestaltungen dar, mit denen sich der Arbeitgeber die Festlegung der Höhe einer Leistung an den Arbeitnehmer vorbehält. Ihnen begegnet man recht häufig im Zusammenhang mit Bonusvereinbarungen, mitunter aber auch als Alternative zu Widerrufs- und Freiwilligkeitsvorbehalten im Hinblick auf Gratifikationen. **Klauseltyp 10** statuiert ein solches einseitiges Leistungsbestimmungsrecht im Hinblick auf den arbeitsvertraglich eingeräumten Mehrurlaub. Die Rechtsprechung interpretiert solche Vorbehalte – auch wenn sie nicht die Formulierung „nach billigem Ermessen" aufweisen – als **einseitige Leistungsbestimmungsrechte i.S.d. § 315 BGB**.[6] Dem Arbeitnehmer werde ein **Anspruch eingeräumt**, lediglich über die Höhe dürfe der Arbeitgeber nach billigem Ermessen entscheiden. Die neuere Rechtsprechung des BAG hat hier zuletzt bemerkenswert weite Gestaltungsspielräume eröffnet. § 308 Nr. 4 BGB scheide als Kontrollmaßstab aus, wenn es sich um die erstmalige Festsetzung einer Leistung handelt, worunter wohl auch die jährlich aufs Neue erfolgende Festsetzung der Entgelthöhe fallen soll.[7] Einer **materiellen Inhaltskontrolle auf der Grundlage des § 307 Abs. 1 Satz 1 BGB** halten derartige Vorbehalte nach Ansicht des BAG regelmäßig stand.[8] Dafür beruft sich das BAG auf die gesetzliche Regelung in § 315 BGB, die davon ausgehe, dass vertragliche Regelungen diesen Inhalts einem berechtigten Bedürfnis des Wirtschaftslebens entsprechen können und nicht von vornherein unangemessen sind. Das Gesetz ordne ausdrücklich an, dass die Bestimmung mangels abweichender Vereinbarung nach billigem Ermessen zu

---

1 BAG v. 30.7.2008 – 10 AZR 606/07, NZA 2008, 1173 (1175); *Linck/Schütz*, FS Leinemann, S. 171 (175); DBD/*Bonin*, § 308 Nr. 4 BGB Rz. 52.
2 BAG v. 25.4.2007 – 5 AZR 627/06, NZA 2007, 853.
3 BAG v. 30.7.2008 – 10 AZR 606/07, NZA 2008, 1173.
4 Fraglich ist im Übrigen schon die Kontrollfähigkeit von Freiwilligkeitsvorbehalten, vgl. hierzu eingehend *Stoffels*, ZfA 2009, 861 (868 ff.).
5 So auch die Einschätzung von *Powietzka/Fallenstein*, NZA 2010, 673 (676).
6 BAG v. 29.8.2012 – 10 AZR 385/11, NZA 2013, 148 (149); v. 16.1.2013 – 10 AZR 26/12, NZA 2013, 1013 (1014).
7 BAG v. 29.8.2012 – 10 AZR 385/11, NZA 2013, 148 (150); v. 20.3.2013 – 10 AZR 8/12, NZA 2013, 970 (972); v. 14.11.2012 – 10 AZR 783/11, NZA 2013, 1150 (1154); v. 16.1. 2013 – 10 AZR 26/12, NZA 2013, 1013 (1014); v. 15.5.2013 – 10 AZR 679/12, AP Nr. 111 zu § 315 BGB.
8 BAG v. 29.8.2012 – 10 AZR 385/11, NZA 2013, 148 (150f.); v. 20.3.2013 – 10 AZR 8/12, NZA 2013, 970 (973); v. 16.1.2013 – 10 AZR 26/12, NZA 2013, 1013 (1014f.); v. 14.11. 2012 – 10 AZR 783/11, NZA 2013, 1150 (1155).

geschehen habe, dass der Gläubiger die Entscheidung des Schuldners gerichtlich überprüfen und ggf. durch Urteil treffen lassen könne. Gegen die mit dem einseitigen Bestimmungsrecht etwa verbundene Gefährdung des Gläubigers habe der Gesetzgeber mithin Vorkehrungen getroffen. Anhaltspunkte dafür, dass diese Vorkehrungen nicht ausreichend wären, seien nicht erkennbar. Solche Klauseln verstießen – obwohl ihnen keine Maßstäbe für die Ausübung des billigen Ermessens zu entnehmen seien – schließlich auch nicht gegen das **Transparenzgebot** (§ 307 Abs. 1 Satz 2 BGB).[1] Vor diesem Hintergrund sollten einseitige Leistungsbestimmungsrechte – auch soweit es um den arbeitsvertraglichen Mehrurlaub geht – als Alternative zu den mit gewissen Risiken behafteten Widerrufs- und Freiwilligkeitsvorbehalten erwogen werden.

(4) Einschränkung anderweitiger Erwerbstätigkeit

(a) Verbot anderweitiger Erwerbstätigkeit

⊃ **Nicht geeignet:**
  a) Herr/Frau ... darf während des Urlaubs keiner Erwerbstätigkeit nachgehen.
  b) Während des Erholungsurlaubs darf der Mitarbeiter keine dem Urlaubszweck widersprechende Erwerbstätigkeit leisten. Handelt er dieser Bestimmung zuwider, so entfällt der Anspruch auf Gehaltszahlung für diese Urlaubstage. Bereits gezahlte Gehaltsbezüge sind zurückzuerstatten.

Nach § 8 BUrlG darf der Arbeitnehmer während des Urlaubs **keine dem Urlaubszweck widersprechende Erwerbstätigkeit** leisten. Den Arbeitnehmer trifft im Rahmen seines Arbeitsverhältnisses gegenüber seinem Arbeitgeber[2] mithin bereits kraft ausdrücklicher gesetzlicher Anordnung die Pflicht, sich während des Urlaubs bestimmter Tätigkeiten zu enthalten.

Dabei handelt es sich jedoch um kein generelles Tätigkeitsverbot. Erfasst werden nur **Erwerbs**tätigkeiten, also selbständige oder abhängige zum Zwecke der Gewinnerzielung ausgeübte Tätigkeiten, die darüber hinaus **dem Urlaubszweck zuwider** laufen. Letzteres ist anzunehmen, wenn sich der Arbeitnehmer der vom Gesetz angestrebten Möglichkeit begibt, die bezahlte Arbeitsfreistellung zur Erholung zu nutzen.[3] Der zeitlichen Lage des Urlaubs wird insoweit keine Bedeutung beigemessen. So hat die Rechtsprechung eine Lockerung des Verbots für einen Urlaub, der zugleich mit dem Arbeitsverhältnis endet, abgelehnt.[4] Für die Feststellung der Urlaubszweckwidrigkeit der Erwerbstätigkeit kommt es auf die Umstände des Einzel-

---

1 BAG v. 29.8.2012 – 10 AZR 385/11, NZA 2013, 148 (150); v. 20.3.2013 – 10 AZR 8/12, NZA 2013, 970 (972); v. 16.1.2013 – 10 AZR 26/12, NZA 2013, 1013 (1014).
2 Die Bestimmung berührt nicht das Rechtsverhältnis des Arbeitnehmers zu Dritten und enthält insbesondere kein gesetzliches Verbot i.S.d. § 134 BGB, so zutreffend BAG v. 25.2.1988 – 8 AZR 596/85, NZA 1988, 607 und HWK/*Schinz*, § 8 BUrlG Rz. 10; GK-BUrlG/*Bachmann*, § 8 BUrlG Rz. 26f.; a.A. *Neumann/Fenski*, § 8 BUrlG Rz. 7 und *Natzel*, § 8 BUrlG Rz. 32.
3 Zu dem in § 1 BUrlG zum Ausdruck gekommenen Erholungszweck des Urlaubs vgl. BT-Drucks. IV/207 und IV/785 sowie GK-BUrlG/*Bachmann*, § 8 BUrlG Rz. 8 mit zahlreichen weiteren Nachweisen.
4 BAG v. 19.7.1973 – 5 AZR 73/73, NJW 1973, 1995 und v. 25.2.1988 – 8 AZR 596/85, NZA 1988, 607.

falles an, insbesondere auf Art und Umfang der Tätigkeit sowie auf die daraus folgende körperliche, geistige und seelische Beanspruchung des Arbeitnehmers.[1] Nicht verboten sind anerkanntermaßen sog. Kontrast- oder Ausgleichstätigkeiten wie die Arbeit auf einem Bauernhof.[2] Selbst gleichartige Tätigkeiten sind im Einzelfall nicht zu beanstanden, z.B. wenn ein Wissenschaftler während seines Urlaubs einen Fachaufsatz verfasst.[3] Eine nennenswerte Gefährdung des Erholungszwecks wird zumeist auch nicht von nur ganz geringfügigen Tätigkeiten ausgehen.[4] Schließlich ist es dem Arbeitnehmer nicht verwehrt, im Urlaub eine Nebentätigkeit fortzuführen, der er auch sonst zulässigerweise während seines Arbeitsverhältnisses nachgeht (z.B. Zeitungen austragen).[5]

32 Der Vorschrift des § 8 BUrlG lässt sich somit nicht nur entnehmen, welche Tätigkeiten während des Urlaubs verboten sind. Die Bestimmung umreißt gleichzeitig einen Freiraum des Arbeitnehmers zur selbstbestimmten Gestaltung des Urlaubs, der in engen Grenzen auch die Ausübung einer anderweitigen Erwerbstätigkeit umfasst und auch im Hinblick auf Art. 12 GG grundsätzlich zu respektieren ist.

33 Für ein **generelles Verbot** sämtlicher, auch nicht dem Urlaubszweck zuwider laufender Erwerbstätigkeiten in einer arbeitsvertraglichen Abrede (**erste Beispielsklausel**) besteht nicht nur typischerweise **kein berechtigtes Interesse** des Arbeitgebers. Eine solche einschneidende Beschränkung zu Lasten des Arbeitnehmers scheitert – soweit der gesetzliche Mindesturlaub betroffen ist – bereits am Grundsatz der Unabdingbarkeit (§ 13 Abs. 1 Satz 3 BUrlG). Da eine geltungserhaltende Reduktion im Sinne einer Beschränkung des Regelungsgehalts auf Mehrurlaubsansprüche nach dem zuvor Gesagten nicht in Betracht kommt, ist von der Gesamtnichtigkeit der ersten Beispielsklausel auszugehen.

34 Demgegenüber beschränkt sich die **zweite Beispielsklausel** in Satz 1 auf die bloße Wiedergabe des Gesetzeswortlauts. Problematisch erscheinen indessen die Sanktionsregelungen in den Sätzen 2 und 3 der Klausel. Satz 2 enthält einen Ausschlusstatbestand für den **Urlaubsentgeltanspruch** des Arbeitnehmers, der eine dem Urlaubszweck widersprechende Erwerbstätigkeit leistet. Ist in diesem Fall das Urlaubsentgelt entsprechend der Fälligkeitsregelung des § 11 Abs. 2 BUrlG vor Antritt des Urlaubs ausbezahlt worden, soll der Arbeitnehmer nach Satz 3 zur Rückzahlung verpflichtet sein.

35 Die Klausel basiert insoweit ersichtlich auf der früher herrschenden[6] und bis vor einiger Zeit auch vom BAG[7] vertretenen Meinung, derzufolge die Verletzung des § 8 BUrlG den Anspruch des Arbeitnehmers auf Gewährung von Urlaubsentgelt aufhebe bzw. einen Anspruch auf Rückzahlung gewährten Urlaubsentgelts auslöse.

---

1 LAG Hamm v. 8.12.1967 – 5 Sa 758/67, DB 1968, 715; GK-BUrlG/*Bachmann*, § 8 BUrlG Rz. 8; *Leinemann/Linck*, § 8 BUrlG Rz. 7.
2 *Neumann/Fenski*, § 8 BUrlG Rz. 6; GK-BUrlG/*Bachmann*, § 8 BUrlG Rz. 8; Schaub/*Linck*, § 104 Rz. 62; ArbG Wilhelmshaven v. 31.10.1968 – Ca 402/68, ArbuR 1970, 28.
3 *Neumann/Fenski*, § 8 BUrlG Rz. 6; *Leinemann/Linck*, § 8 BUrlG Rz. 7.
4 LAG Hamm v. 8.12.1967 – 5 Sa 758/67, DB 1967, 715.
5 ArbG Kassel v. 9.1.1980 – 4 Ca 539/79, DB 1980, 599; *Boldt/Röhsler*, § 8 BUrlG Rz. 30; GK-BUrlG/*Bachmann*, § 8 BUrlG Rz. 8.
6 *Boldt/Röhsler*, § 8 BUrlG Rz. 20 ff.; *M. Wolf*, SAE 1974, 195 ff.
7 BAG v. 19.7.1973 – 5 AZR 73/73, NJW 1973, 1995.

Diese Rechtsprechung spiegelt sich derzeit noch in manchen Arbeitsverträgen wider. Sie hatte darüber hinaus Eingang in die großen Tarifwerke gefunden. So bestimmte etwa § 47 Abs. 8 BAT i.d.F. des 51. Änderungstarifvertrages vom 20.6. 1983: „Angestellte, die ohne Erlaubnis während des Urlaubs gegen Entgelt arbeiten, verlieren hierdurch den Anspruch auf die Urlaubsvergütung für die Tage der Erwerbstätigkeit". 36

Die letztgenannte Tarifbestimmung war Gegenstand des Urteils des BAG vom 25.2. 1988,[1] mit dem die frühere Rechtsprechung zu § 8 BUrlG unter dem Eindruck vieler kritischer Stimmen[2] aufgegeben wurde. In dieser Entscheidung wird zutreffend festgestellt, dass weder der Urlaubsanspruch noch der Anspruch auf Fortzahlung der Vergütung im Falle urlaubszweckwidriger Erwerbstätigkeit in Wegfall gerate. Denn hierfür lässt sich – wie das BAG ausführlich darlegt – weder im Inhalt des Urlaubsanspruchs gemäß § 1 BUrlG noch im Wortlaut („während des Urlaubs"), Zusammenhang oder Zweck des § 8 BUrlG ein Anhaltspunkt finden. Enthält § 8 BUrlG keine Grundlage für den Verlust des Urlaubs- oder Urlaubsentgeltanspruchs, so scheidet mangels Wegfalls des rechtlichen Grundes auch ein Bereicherungsanspruch gemäß § 812 Abs. 1 Satz 1 Alt. 1 BGB aus.[3] Ebenso fehlt es an den Voraussetzungen einer Kondiktion gemäß § 812 Abs. 1 Satz 2 Alt. 2 BGB, da der Urlaubszweck i.S.d. § 8 BUrlG durch das BUrlG selbst vorgegeben, nicht aber von den Parteien des Arbeitsverhältnisses übereinstimmend vorausgesetzt wird.[4] 37

Vor diesem Hintergrund stellt die zweite Beispielsklausel eine **für den Arbeitnehmer ungünstige Abweichung** von den Bestimmungen des BUrlG dar. Das BAG[5] hat in seiner Entscheidung zu § 47 Abs. 8 BAT unter Hinweis auf § 13 Abs. 1 BUrlG selbst den Tarifparteien das Recht abgesprochen, derartige Sanktionsregelungen aufzustellen. Die Tarifnorm wurde insoweit für unwirksam erachtet, als der gesetzliche Mindesturlaub betroffen sei. Von einer solchen nur teilweisen Unwirksamkeit ist jedenfalls auf der Ebene zumeist vorformulierter Arbeitsverträge nicht auszugehen. Die Sätze 2 und 3 der zweiten Beispielsklausel sind daher wegen Verstoßes gegen das Unabdingbarkeitsprinzip (§ 13 Abs. 1 Satz 3 BUrlG) in vollem Umfang nichtig. 38

(b) Zustimmungserfordernis für anderweitige Erwerbstätigkeit

⊃ **Nicht geeignet:**

> Herr/Frau ... darf während des Urlaubs nur mit schriftlicher Zustimmung der Firma ... einer Erwerbstätigkeit nachgehen.

---

1 BAG v. 25.2.1988 – 8 AZR 596/85, NZA 1988, 607.
2 *Gamillscheg*, Arbeitsrecht I, Nr. 152; *Schwerdtner*, Arbeitsrecht I, S. 137 ff.; *Coester*, DB 1973, 1124.
3 BAG v. 25.2.1988 – 8 AZR 596/85, NZA 1988, 607.
4 BAG v. 25.2.1988 – 8 AZR 596/85, NZA 1988, 607. Mit der neueren Linie des BAG stimmen u.a. GK-BUrlG/*Bachmann*, § 8 BUrlG Rz. 23 ff. und ErfK/*Gallner*, § 8 BUrlG Rz. 4 überein, während ihr z.B. *Neumann/Fenski*, § 8 BUrlG Rz. 11 ff. und *Adomeit*, SAE 1989, 159 die Gefolgschaft versagen.
5 BAG v. 25.2.1988 – 8 AZR 596/85, NZA 1988, 607.

39 Die Beispielsklausel knüpft die Aufnahme einer Erwerbstätigkeit während des Urlaubs an eine **vorherige schriftliche Zustimmung des Arbeitgebers**, statuiert mithin ein Verbot mit Erlaubnisvorbehalt. Die Klausel differenziert jedoch nicht zwischen solchen Erwerbstätigkeiten, die dem Urlaubszweck zuwider laufen und solchen, von denen insoweit von vornherein keine schädlichen Auswirkungen zu erwarten sind. Soweit die Klausel das Verbot auch auf solche Erwerbstätigkeiten erstreckt, die der Verwirklichung des Erholungszwecks nicht entgegenstehen, und diese dem Vorbehalt einer vorgängigen Erlaubnis unterstellt, liegt hierin zumindest eine verfahrensmäßige Schlechterstellung des Arbeitnehmers gegenüber der Regelung des § 8 BUrlG, nach der solche Tätigkeiten ohne Weiteres zulässig sind. Der Verstoß gegen § 13 Abs. 1 Satz 3 BUrlG wird auch nicht etwa dadurch ausgeräumt, dass die Klausel auf der anderen Seite auch die Genehmigung urlaubszweckwidriger Erwerbstätigkeiten ermöglicht,[1] der Freiheitsraum des Arbeitnehmers also insoweit vergrößert wird. Denn ob eine Regelung zu Ungunsten des Arbeitnehmers von den Bestimmungen des BUrlG abweicht, ist im Wege des Einzelvergleichs festzustellen. Abreden nach Art der o.g. Beispielsklausel sind daher ebenfalls nichtig, es sei denn, sie beschränken sich von vornherein eindeutig auf den vertraglich eingeräumten Mehrurlaub.

(5) Abweichende Berechnung des Urlaubsentgelts

40 Die Höhe des Urlaubsentgelts bemisst sich gemäß § 11 Abs. 1 Satz 1 BUrlG nach dem durchschnittlichen Arbeitsverdienst, den der Arbeitnehmer in den letzten dreizehn Wochen vor Beginn des Urlaubs erhalten hat, sog. modifiziertes Referenzperiodensystem. Der Grundgedanke der gesetzlichen Regelung besteht darin, dem Arbeitnehmer trotz der Nichtleistung der Arbeit den vertraglichen Entgeltanspruch zu belassen. Allerdings gilt auch diese Vorschrift des BUrlG nur für den gesetzlichen Mindesturlaub. Für einen darüber hinausgehenden arbeitsvertraglich zugestandenen Mehrurlaub können die Arbeitsvertragsparteien in den nachfolgend noch aufzuzeigenden Grenzen eine abweichende Berechnungsgrundlage vereinbaren.[2]

41 Gewisse Modifikationen der Berechnungsfaktoren im Hinblick auf den übergesetzlichen Mehrurlaub sind jedenfalls dann unbedenklich, wenn das sich aus § 11 Abs. 1 BUrlG ergebende Urlaubsentgelt nicht deutlich und nachhaltig unterschritten wird. Unproblematisch ist demgemäß bspw. die Verlängerung des Referenzzeitraums. Die Grenze markiert der Grundgedanke der gesetzlichen Regelung des § 11 Abs. 1 BUrlG, dass nämlich die Gewährung bezahlten Erholungsurlaubs nicht zu einem merklichen Einkommensverlust für den Arbeitnehmer führen soll. Im Rahmen der Angemessenheitskontrolle nach § 307 Abs. 2 Nr. 1 BGB ist damit ein gesetzliches Leitbild gegeben, von dem nicht ohne Weiteres abgewichen werden darf. Will der Arbeitgeber beim Erholungsurlaub sparen, sollte er die Länge des Mehrurlaubs von vornherein begrenzen oder doch klarstellen, dass ganz oder teilweise unbezahlter Urlaub gewährt wird.[3]

---

1 Ob und inwieweit in Tarif- und Arbeitsverträgen urlaubszweckwidrige Erwerbsarbeit überhaupt zugelassen werden kann, ist im Übrigen umstritten. Verneinend etwa *Neumann/Fenski*, § 8 BUrlG Rz. 1; *Siara*, § 8 BUrlG Rz. 9; bejahend hingegen GK-BUrlG/*Bachmann*, § 8 BUrlG Rz. 28.
2 BAG v. 22.1.2002 – 9 AZR 601/00, NZA 2002, 1041 (1043).
3 *Linck/Schütz*, FS Leinemann, 187 ff.

(6) Verschärfung der Wartezeit

Auch von der gesetzlichen **Wartezeitregelung** kann, soweit der **gesetzliche Mindesturlaubsanspruch** betroffen ist, durch einzelvertragliche Abmachung der Arbeitsvertragsparteien **nicht zu Lasten des Arbeitnehmers** abgewichen werden (§ 13 Abs. 1 Satz 3 BUrlG). Unzulässig wären insbesondere folgende Verschärfungen:[1]

- Verlängerung der Wartezeit
- jährliche Neuerfüllung der Wartezeit
- Verlängerung oder Neubeginn der Wartezeit bei tatsächlicher Nichtarbeit oder kurzen rechtlichen Unterbrechungen
- Verlängerung der Wartezeit bei Eignungsübung.

Eine demnach unzulässige Wartezeit wird auch nicht durch die Gewährung eines längeren Urlaubs kompensiert.[2]

Wohl aber ist es möglich, speziell für den **arbeitsvertraglich eingeräumten Mehrurlaub** eine vom Gesetz abweichende ungünstigere Wartezeitregelung zu vereinbaren.[3] So bietet sich insbesondere die Verlängerung der Wartezeit an, um auf diese Weise einen Anreiz zur Betriebstreue zu schaffen und einer unerwünschten schnellen Fluktuation entgegenzuwirken. Der Mehrurlaub kann sogar an eine mehrjährige Betriebszugehörigkeit geknüpft werden. Ein solcher „Treueurlaub" ist, da der Arbeitgeber in der Bestimmung des über den gesetzlichen Mindesturlaub hinausgehenden Urlaubs weitgehend frei ist, eine durchaus legitime Gestaltungsvariante. Darin kann grundsätzlich keine unangemessene Benachteiligung des Arbeitnehmers i.S.d. § 307 BGB erblickt werden.[4]

(7) Verfallklauseln

Typ 11: Strikte Verfallklausel für Mehrurlaub

Abweichend von den rechtlichen Vorgaben für den gesetzlichen Mindesturlaub gilt für den über den gesetzlichen Mindesturlaub hinausgehenden arbeitsvertraglichen Urlaubsanspruch, dass dieser nach Ablauf des Kalenderjahres und im Falle der Übertragung spätestens nach Ablauf des Übertragungszeitraums am 31.3. des folgenden Kalenderjahres auch dann verfällt, wenn der Urlaub im Urlaubsjahr und/oder bis zum 31.3. des folgenden Kalenderjahres wegen krankheitsbedingter Arbeitsunfähigkeit nicht genommen werden konnte.[5]

---

1 Vgl. Luchterhand Arbeits- und Sozialrecht 1994, Rz. 2811; *Leinemann/Linck*, § 13 BUrlG Rz. 52.64.
2 Luchterhand Arbeits- und Sozialrecht 1994, Rz. 2811.
3 GK-BUrlG/*Bleistein*, § 4 BUrlG Rz. 58.
4 *Linck/Schütz*, FS Leinemann, S. 181.
5 Vgl. auch die Klauselvorschläge bei BLDH/*Lingemann*, M 2.1a unter Nr. 7, *Lembke*, Arbeitsvertrag für Führungskräfte, S. 125 und HR/*Schiefer*, 1/60 Rz. 3177.

Typ 12: Automatische Abgeltung des Mehrurlaubs am Jahresende

Der über 24 Werktage hinausgehende Urlaub wird, soweit er im laufenden Kalenderjahr nicht gewährt wurde, nicht auf das folgende Kalenderjahr übertragen, sondern am 31.12. jeden Jahres abgegolten.[1]

44 Der gesetzliche Urlaubsanspruch ist grundsätzlich auf das laufende Kalenderjahr befristet (§ 7 Abs. 3 Satz 1 BUrlG). Eine Übertragung des Urlaubs auf das nächste Kalenderjahr findet nach § 7 Abs. 3 Sätze 2–4 BUrlG nur in eng begrenzten Fällen statt (vgl. hierzu bereits unter Rz. 11). Wird der Urlaub weder im laufenden Kalenderjahr noch im Übertragungszeitraum genommen, so erlischt er spätestens am 31.3. des nächsten Kalenderjahres. Nach bisheriger Rechtsprechung galt dies auch dann, wenn der gesetzliche Freistellungsanspruch aufgrund fortwährender Arbeitsunfähigkeit des Arbeitnehmers im laufenden Kalenderjahr und im Übertragungszeitraum nicht erfüllt werden konnte.[2] Dieser Sichtweise ist der **EuGH** in der **Schultz-Hoff-Entscheidung** vom 20.1.2009 unter Berufung auf Art. 7 der Richtlinie 2003/88/EG entgegengetreten.[3] Hatte ein Arbeitnehmer wegen Arbeitsunfähigkeit nicht die Möglichkeit, den Urlaub tatsächlich zu nehmen, stelle das Erlöschen eine unzulässige Einschränkung des durch die Richtlinie verliehenen Anspruchs dar. Dabei spiele es keine Rolle, ob der Arbeitnehmer dauerhaft oder nur zeitweise krank gewesen sei. Nach dem Wortlaut der Richtlinie sei es den Mitgliedstaaten untersagt, das Erlöschen des Anspruchs wegen Krankheit vorzusehen. Da der Anspruch auf bezahlten Jahresurlaub jedem Arbeitnehmer unabhängig von seinem Gesundheitszustand zu gewähren sei, bestehe bei Beendigung des Arbeitsverhältnisses auch ein Anspruch auf finanzielle Vergütung nach Art. 7 Abs. 2 der Arbeitszeit-Richtlinie 2003/88/EG. Somit ist eine Urlaubsabgeltung auch im Fall fortdauernder Erkrankung bis zur Beendigung des Arbeitsverhältnisses zu zahlen. Diese Rechtsprechung hat der **EuGH** in der **KHS-Schulte-Entscheidung** eingegrenzt und eine tarifvertragliche Verfallklausel, die einen Verfall von Urlaubsansprüchen 15 Monate nach Ablauf des Kalenderjahres vorsah, auch im Hinblick auf langzeiterkrankte Arbeitnehmer für unionsrechtskonform erachtet. Über eine bestimmte Grenze hinaus fehle nämlich dem Jahresurlaub seine positive Wirkung für den Arbeitnehmer als Erholungszeit, so dass eine Verfallfrist, die über dieser Grenze liege, mit der Arbeitszeitrichtlinie vereinbar sei.[4] Das **BAG** hat inzwischen seine frühere Rechtsprechung aufgegeben und trägt den Vorgaben des EuGH nunmehr im Wege einer „modifizierten" richtlinienkonformen Rechtsfortbildung des § 7 Abs. 3 und 4 BUrlG Rechnung, so dass Urlaubsansprüche langzeiterkrankter Arbeitnehmer, auch wenn sie nicht die Möglichkeit einer Inanspruchnahme hatten, am 31. März des zweiten auf das Urlaubsjahr folgenden Jahres verfallen, also 15 Monate nach Ablauf

---

1 MSG/*Viethen*/*Viethen*, 530 Rz. 78.
2 BAG v. 13.5.1982 – 6 AZR 360/80, AP Nr. 4 zu § 7 BUrlG Übertragung; v. 21.6.2005 – 9 AZR 200/04, AP Nr. 11 zu § 55 InsO.
3 EuGH v. 20.1.2009 – C-350/06 und C-520/06, C- 350/06, C-520/06, NZA 2009, 135; ausgedehnt auf Beamte durch EuGH v. 3.5.2012 – C-337/10, NVwZ 2012, 688 – Neidel.
4 EuGH v. 22.11.2011 – C-214/10, NZA 2011, 1333.

des Kalenderjahres.[1] Diese neue Linie hat das BAG auch auf den Schwerbehindertenzusatzurlaub aus § 125 Abs. 1 Satz 1 SGB IX erstreckt.[2] Allerdings betont das BAG zu Recht, dass die Parteien des Einzelarbeitsvertrages Urlaubs- und Urlaubsabgeltungsansprüche, die den von Art. 7 Abs. 1 der Arbeitszeitrichtlinie gewährleisteten und von § 3 Abs. 1 BUrlG begründeten Mindestjahresurlaubsanspruch von vier Wochen übersteigen, frei regeln können. Ihre Regelungsmacht sei nicht durch die für gesetzliche Urlaubsansprüche erforderliche richtlinienkonforme Fortbildung des § 7 Abs. 3 und 4 BUrlG beschränkt. Dem **einzelvertraglich angeordneten Verfall des übergesetzlichen Urlaubsanspruchs und seiner Abgeltung** stehe nach dem klaren Richtlinienrecht und der gesicherten Rechtsprechung des EuGH kein Gemeinschaftsrecht entgegen.[3]

Allerdings sollte auf eine möglichst transparente Klauselgestaltung geachtet werden. 45

⊃ **Nicht geeignet:**

Der Urlaubsanspruch verfällt am Ende des Urlaubsjahres. Wird der Urlaub aufgrund dringender betrieblicher oder in der Person des Arbeitnehmers liegender Gründe in das Folgejahr übertragen, so verfällt er, wenn er nicht bis zum 31.3. genommen worden ist. Der Anspruch auf den gesetzlichen Mindesturlaub verfällt ausnahmsweise nicht, wenn und soweit gesetzliche Regelungen dem entgegenstehen.[4]

Besser erscheint es, den übergesetzlichen Mehrurlaub in einer separaten Klausel zu regeln. Dies ist zum einen für den Arbeitnehmer übersichtlicher. Zum anderen kann sich eine solche Differenzierung im Falle etwaiger Beanstandungen unter dem Gesichtspunkt der Teilbarkeit als vorteilhaft erweisen. Der zweite Satz der oben wiedergegebenen Klausel ist für den Arbeitnehmer überdies schwer verständlich. Das eigentlich Gemeinte – nämlich die Korrektur der EuGH-Rechtsprechung in Sachen Schultz-Hoff und KHS-Schulte für den Bereich des vertraglichen Mehrurlaubs – dürfte sich dem durchschnittlichen Arbeitnehmer kaum erschließen. Im Übrigen sollte hier oder gleich zu Beginn des Regelungsabschnitts zum Urlaub klargestellt werden, dass der Arbeitgeber mit der Urlaubserteilung stets zunächst den Anspruch auf den gesetzlichen Mindesturlaub und erst nach dessen Erschöpfung den arbeitsvertraglichen Mehrurlaub erfüllt (s. hierzu Rz. 18).[5]

Keine Bedenken bestehen gegen die in **Klauseltyp 12** vorgesehene automatische Abgeltung des Mehrurlaubs am Jahresende. Sie enthält auf der einen Seite eine Ver- 45a

---

1 BAG v. 11.6.2013 – 9 AZR 855/11, BeckRS 2013, 72914; v. 16.10.2012 – 9 AZR 234/11, NZA 2013, 326; v. 7.8.2012 – 9 AZR 353/10, NZA 2012, 1216 (1220); v. 24.3.2009 – 9 AZR 983/07, NZA 2009, 538; ferner BAG v. 23.3.2010 – 9 AZR 128/09, NZA 2010, 810: Vertrauensschutz für Arbeitgeber nur bis zum 23.11.1996, dem Ende der Umsetzungsfrist für die erste Arbeitszeitrichtlinie 93/104/EG; zuletzt BAG v. 4.5.2010 – 9 AZR 183/09, NZA 2010, 1011.
2 BAG v. 23.3.2010 – 9 AZR 128/09, NZA 2010, 810.
3 BAG v. 12.4.2011 – 9 AZR 80/10, NZA 2011, 1050 (1051 f.); v. 4.5.2010 – 9 AZR 183/09, NZA 2010, 1011 (1013); v. 23.3.2010 – 9 AZR 128/09, NZA 2010, 810 (812); v. 24.3.2009 – 9 AZR 983/07, NZA 2009, 538 (546).
4 *Oberthür*, ArbRB 2009, 278 (279).
5 BLDH/*Lingemann*, M 2.1a, Nr. 7; *Powietzka/Fallenstein*, NZA 2010, 674 f.

schärfung der Gesetzeslage nach dem BUrlG, da der Urlaubsanspruch ohne Übertragungsmöglichkeit am Jahresende verfällt. Auf der anderen Seite führt sie zugunsten des Arbeitnehmers eine im Gesetz hierfür nicht vorgesehene Abgeltung in Geld ein. Der Urlaubsanspruch verwandelt sich mit anderen Worten am Ende des Kalenderjahres in einen Geldanspruch um. Eine solche Regelung widerspricht zwar tendenziell dem Grundanliegen des BUrlG, dass Urlaub primär in natura zu gewähren und zu nehmen ist und nur im Falle des Ausscheidens die Abgeltung in Betracht kommt. Im Bereich des arbeitsvertraglichen Mehrurlaubs steht es den Parteien allerdings frei, die Abgeltung in dieser Weise umzufunktionieren. Ob eine solche Klausel betriebspolitisch sinnvoll ist, muss der Arbeitgeber im Hinblick auf die konkreten Verhältnisse in seinem Betrieb selbst beurteilen.

(8) Ausschluss der Abgeltung für Mehrurlaub

Typ 13: Vollständiger Ausschluss der Abgeltung

Eine Abgeltung des arbeitsvertraglich eingeräumten Mehrurlaubs bei Beendigung des Arbeitsverhältnisses findet nicht statt.

oder

„Bei Beendigung des Arbeitsverhältnisses wird nur der gesetzliche Mindesturlaub, soweit er nicht in natura gewährt wurde, abgegolten."[1]

Typ 14: Ausschluss der Abgeltung (nur) bei Tod des Arbeitnehmers

Kann der arbeitsvertraglich eingeräumte Mehrurlaub wegen Beendigung des Arbeitsverhältnisses ganz oder teilweise nicht mehr gewährt werden, so ist er abzugelten. Dies gilt nicht im Falle der Beendigung des Arbeitsverhältnisses durch Tod des Arbeitnehmers.

45b Die – verglichen mit **Klauseltyp 12** – entgegengesetzte Richtung verfolgen die **Klauseltypen 13 und 14**. Sie forcieren die Abgeltung nicht, sondern schließen im Gegenteil die Abgeltung arbeitsvertraglicher Mehrurlaubsansprüche aus (**Klauseltyp 13**) bzw. schränken sie ein (**Klauseltyp 14**). Solche Klauseln sind überlegenswert angesichts der neueren Rechtsprechung des EuGH zum Schicksal von Urlaubsansprüchen im Falle des Todes des Arbeitnehmers.[2] Im Gegensatz zur bisherigen Rechtsprechung des BAG[3] interpretiert der EuGH nunmehr Art. 7 der Arbeitszeitrichtlinie 2003/88/EG in der Weise, dass diese Vorschrift einzelstaatlichen Rechtsvorschriften oder Gepflogenheiten entgegensteht, wonach der Anspruch auf bezahlten Jahresurlaub ohne Begründung eines Abgeltungsanspruchs für nicht genommenen Urlaub untergeht, wenn das Arbeitsverhältnis durch Tod des Arbeitnehmers endet. Für das deutsche Urlaubsrecht hat dies zur Konsequenz, dass sich ein noch nicht erfüllter Urlaubsanspruch mit dem Tode des Arbeitnehmers in einen Urlaubsabgeltungsanspruch verwandelt. Der Abgeltungsanspruch entsteht im Zeit-

---
1 BLDH/*Lingemann*, M 2.1a, Nr. 7.
2 EuGH v. 2.6.2014 – C-118/13, NZA 2014, 651 (Bollacke).
3 Zuletzt BAG v. 12.3.2013 – 9 AZR 532/11, NZA 2013, 678.

punkt des Todes des Arbeitnehmers unmittelbar bei dessen Erben.[1] Diese europarechtlichen Vorgaben betreffen wiederum nur den gesetzlichen Mindesturlaub. Im Hinblick auf den arbeitsvertraglich eingeräumten Mehrurlaub kann dieser (fragwürdige)[2] Anspruchserwerb in der Person der Erben hingegen durch entsprechende kautelarjuristische Gestaltungen ausgeschlossen werden. Dies kann in der Weise geschehen, dass die Abgeltung insgesamt ausgeschlossen wird. Damit geht dann ein starker Anreiz einher, den Urlaub im Kalenderjahr auch tatsächlich in Anspruch zu nehmen. Will der Arbeitgeber einen solchen weitreichenden Ausschluss der Abgeltung nicht vorsehen, so kann er zumindest den Fall des Ablebens des Arbeitnehmers von der Abgeltung ausnehmen und auf diese Weise die Rechtsprechung des EuGH in der Rechtssache Bollacke teilweise (bezogen auf den arbeitsvertraglichen Mehrurlaub) entschärfen.

(9) Ausschlussfristen

Arbeitsvertraglich festgesetzte Ausschlussfristen finden nach der Rechtsprechung auf Ansprüche, die wie Urlaubsansprüche (nicht aber Urlaubsentgelt- und Urlaubsgeldansprüche)[3] befristet für einen bestimmten Zeitraum bestehen und deren Erfüllung während dieser Zeit stets verlangt werden kann, keine Anwendung. Dies leitet das BAG aus der gesetzlichen Ausgestaltung der Urlaubsvorschriften ab, die den Arbeitnehmer lediglich zwängen, seine Ansprüche rechtzeitig vor Ablauf des Urlaubsjahres oder des Übertragungszeitraumes geltend zu machen.[4] Die Rechtsprechung klärt den (zulässigen) Anwendungsbereich von Ausschlussfristen regelmäßig im Wege der Auslegung. Unwirksam wäre jedenfalls eine arbeitsvertragliche Abrede, die den gesetzlichen Urlaubsanspruch ausdrücklich an eine Ausschlussfrist knüpft.[5]

46

Anders verhält es sich wiederum hinsichtlich des **zusätzlich zum gesetzlichen Mindesturlaub gewährten Urlaubs**. Werden insoweit die allgemein für Ausschlussfristen entwickelten Zulässigkeitsvoraussetzungen[6] beachtet, so läge in einer auf den Mehrurlaub beschränkten Ausschlussfrist keine unangemessene Benachteiligung des Arbeitnehmers.[7]

Arbeitsvertragliche oder tarifliche Ausschlussfristen erfassen nach der endgültigen Aufgabe der Surrogatstheorie nunmehr auch **Abgeltungsansprüche**, und zwar auch insoweit sie sich auf den Mindesturlaubsanspruch beziehen. Der Abgeltungsanspruch entsteht bei Beendigung des Arbeitsverhältnisses. Mangels abweichender Regelungen wird der Anspruch zu diesem Zeitpunkt auch fällig.[8] Zu beachten ist,

---

1 So zutreffend Ricken, NZA 2014, 1365.
2 Zu Recht kritisch Pötters, EuZW 2014, 591; Giesen, FA 2014, 231; Fenski, NZA 2014, 1381; den EuGH unterstützend hingegen C. Schmidt, NZA 2014, 701.
3 Vgl. Schaub/Linck, § 104 Rz. 142.
4 BAG v. 24.11.1992 – 9 AZR 549/91, NZA 1993, 472 (473); v. 18.11.2003 – 9 AZR 95/03, NZA 2004, 651 (653).
5 BAG v. 5.4.1984 – 6 AZR 443/81, NZA 1984, 257; Leinemann/Linck, § 13 BUrlG Rz. 43; Preis, ZIP 1989, 885 (889); Linck/Schütz, FS Leinemann, S. 189.
6 Hierzu zuletzt Preis/Roloff, RdA 2005, 144 m.w.N.
7 So auch Linck/Schütz, FS Leinemann, S. 189.
8 BAG v. 21.2.2012 – 9 AZR 486/10, NZA 2012, 750; v. 18.9.2012 – 9 AZR 1/11, NZA 2013, 216.

dass in der Erhebung einer Kündigungsschutzklage regelmäßig noch keine schriftliche Geltendmachung des Urlaubsabgeltungsanspruchs liegt.[1]

c) Abreden für den Fall der Beendigung des Arbeitsverhältnisses

47 Einen mit Blick auf die Verwirklichung urlaubsrechtlicher Positionen in besonderem Maße streitanfälligen Zeitraum stellt erfahrungsgemäß die Beendigungsphase des Arbeitsverhältnisses dar. Die sich hier ergebenden Rechtsfragen haben im BUrlG keine besondere Regelung erfahren, so dass sich ihrer die Parteien des Arbeitsverhältnisses oftmals selbst annehmen. Die Bandbreite der auf diesem Gebiet anzutreffenden Parteiabreden ist groß. Einige typische, immer wiederkehrende Klauseln sollen im Folgenden näher beleuchtet werden. Dabei geht es zum einen um Klauseln, die bereits im Arbeitsvertrag verankert sind und gleichsam vorausschauend den Fall der Beendigung des Arbeitsverhältnisses in den Blick nehmen, als auch um Abreden, die erst im Zuge der Beendigung des Arbeitsverhältnisses getroffen werden.

aa) Urlaubsgewährung während der Kündigungsfrist

⊃ **Nicht geeignet:**

> Ist im Zeitpunkt der Kündigung des Arbeitsverhältnisses der Urlaubsanspruch noch nicht erfüllt, ist der Urlaub, soweit dies dienstlich oder betrieblich möglich ist, während der Kündigungsfrist zu gewähren und zu nehmen. Soweit der Urlaub nicht gewährt werden kann oder die Kündigungsfrist nicht ausreicht, ist der Urlaub abzugelten.[2]

48 Mit Ausspruch der Kündigung stellt sich regelmäßig die Frage, wie mit noch offenen Urlaubsansprüchen des Arbeitnehmers zu verfahren ist. War der Urlaub für einen Zeitpunkt nach Ablauf der Kündigungsfrist festgelegt, so verliert diese Festsetzung mit der Kündigung ihre Wirksamkeit.[3] Der Arbeitgeber ist damit aufgerufen, den Urlaub gemäß § 7 Abs. 1 BUrlG und § 315 Abs. 1 BGB neu festzusetzen. Im beiderseitigen Einvernehmen wird es dem Arbeitnehmer zumeist ermöglicht, noch während der Laufzeit des Vertrages den restlichen Urlaub in natura zu realisieren. Diese Verfahrensweise entspricht auch dem anerkannten **Grundsatz des Vorrangs der Urlaubsgewährung in natura vor der Urlaubsabgeltung.**[4]

49 Gegen den Willen des Arbeitnehmers darf der Arbeitgeber von diesem Grundsatz nur abweichen, wenn **dringende betriebliche Belange oder vorrangige Urlaubswünsche anderer Arbeitnehmer** entgegenstehen.[5]

50 Umgekehrt kann der Arbeitgeber jedoch grundsätzlich den Urlaub auch gegen den Wunsch des Arbeitnehmers in die Kündigungsfrist legen. Aus § 7 Abs. 1 BUrlG folgt nichts anderes, weil ein der Urlaubserteilung widersprechender Arbeitnehmer

---

1 BAG v. 21.2.2012 – 9 AZR 486/10, NZA 2012, 750.
2 BAG v. 22.9.1992 – 9 AZR 483/91, NZA 1993, 406 (dort allerdings ohne Wiedergabe des Klauselwortlauts).
3 BAG v. 10.1.1974 – 5 AZR 208/73, EzA § 7 BUrlG Nr. 16; *Leinemann/Linck*, § 7 BUrlG Rz. 61; *Neumann/Fenski*, § 7 BUrlG Rz. 45.
4 GK-BUrlG/*Bachmann*, § 7 BUrlG Rz. 25 m.w.N.
5 *Berscheid*, HzA, Gr. 4, Rz. 399; *Gaul*, NZA 1987, 473 f.

in diesem Fall keinen Urlaubsanspruch im Sinne dieser Vorschrift äußert, sondern die Abgeltung vorzieht.[1] Übersteigen die noch offenen Urlaubsansprüche die Länge der Kündigungsfrist, so ist der Arbeitgeber auch nicht gehindert, den Urlaub soweit wie möglich als bezahlte Freizeit zu gewähren und ihn im Übrigen abzugelten. Der Arbeitnehmer kann dem grundsätzlich nicht unter Berufung auf das Teilungsverbot des § 7 Abs. 2 BUrlG widersprechen.[2] Die Festlegung des Urlaubs während der Kündigungsfrist kann allerdings im Einzelfall für den Arbeitnehmer unzumutbar sein, so dass sie nicht mehr billigem Ermessen entspricht. Dies kann z.B. der Fall sein, wenn der Arbeitnehmer diese Zeit zur Stellensuche benötigt oder bereits eine Urlaubsreise für eine bestimmte Zeit nach Beendigung des Arbeitsverhältnisses fest gebucht hat.[3]

Die obige Klausel stellt gleichsam eine **antizipierte Urlaubsfestlegung für den Fall der Beendigung des Arbeitsverhältnisses** dar. Weitere Rechtshandlungen sind hier nicht erforderlich, allenfalls ist noch eine weiter gehende zeitliche Konkretisierung erforderlich, wenn die Kündigungsfrist länger ist als der noch offene Urlaub. Die Klausel bringt damit deutlich den Grundsatz des Vorrangs der Urlaubsgewährung in natura zum Ausdruck. Im Übrigen gibt sie jedoch die soeben skizzierte Rechtslage nach der Rechtsprechung des BAG nur verzerrt wieder. Während nämlich die Gesichtspunkte, die im Arbeitgeberinteresse ein Abgehen von dem in der Klausel aufgestellten Grundsatz rechtfertigen, ausdrücklich benannt werden („soweit ... dienstlich oder betrieblich möglich"), fehlt ein Hinweis auf das Kriterium der Unzumutbarkeit als Grenze des arbeitgeberseitigen Bestimmungsrechts. Die Klausel ist in diesem Punkt einseitig auf die Interessenwahrung des Arbeitgebers ausgerichtet und daher wegen **inhaltlicher Unausgewogenheit** (§ 307 BGB), aber auch wegen Verstoßes gegen § 7 Abs. 1 i.V.m. § 13 Abs. 1 Satz 3 BUrlG für unwirksam zu erachten. Dies gilt jedenfalls insoweit, als die Klausel den gesetzlichen und einen evtl. hierüber hinausgehenden tariflichen Urlaub zu erfassen sucht. Für Letzteren ist im Zweifel anzunehmen, dass den Tarifvertragsparteien die Bestimmungen des BUrlG und damit auch § 7 Abs. 1 BUrlG – vor Augen standen. Die Bestimmung soll nach Auffassung des BAG hinsichtlich § 13 Abs. 1 BUrlG jedenfalls dann rechtlich unbedenklich sein, wenn nur der einzelvertraglich zugesagte Mehrurlaub betroffen wird.[4]

bb) Freistellung unter Anrechnung restlicher Urlaubsansprüche

Typ 15: Freistellung

a) Die Parteien sind sich einig, dass der Kläger bis zum ... unwiderruflich von der Verpflichtung zur Erbringung seiner Arbeitsleistung unter Anrechnung etwaiger restlicher Urlaubsansprüche freigestellt bleibt.

---

1 BAG v. 10.1.1974 – 5 AZR 208/73, EzA § 7 BUrlG Nr. 16; v. 22.9.1992 – 9 AZR 483/91, NZA 1993, 406; GK-BUrlG/*Bachmann*, § 7 BUrlG Rz. 26.
2 *Neumann/Fenski*, § 7 BUrlG Rz. 48; GK-BUrlG/*Bachmann*, § 7 Rz. 31; *Weiler/Rath*, NZA 1987, 337 (339).
3 BAG v. 10.1.1974 – 5 AZR 208/73, EzA § 7 BUrlG Nr. 16; *Berscheid*, HzA, Gr. 4, Rz. 402; GK-BUrlG/*Bachmann*, § 7 BUrlG Rz. 28 f.; für zu streng erachten das Kriterium der Unzumutbarkeit *Neumann/Fenski*, § 7 BUrlG Rz. 46.
4 BAG v. 22.9.1992 – 9 AZR 483/91, NZA 1993, 406. Zu den Bedenken gegen die auch in diesem Urteil anklingende Tendenz zur geltungserhaltenden Reduktion s. bereits oben Rz. 22.

b) Die Firma ist berechtigt, den Mitarbeiter mit Ausspruch der Kündigung – gleichgültig von welcher Seite – unter Fortzahlung der Bezüge von der Arbeitsleistung freizustellen. Mit der Freistellung werden auch restliche Urlaubsansprüche ausgeglichen.

52 Die Freistellung im gekündigten Arbeitsverhältnis ist ausführlich unter dem Stichwort → *Freistellung des Arbeitnehmers*, II F 10 behandelt.[1] Zusammenfassend gilt Folgendes: Eine entsprechende Vereinbarung kann anlässlich der Beendigung in einem **Aufhebungsvertrag** getroffen werden (erste Beispielsklausel [Typ 15a]). Möglich ist es aber auch, die Freistellungsbefugnis des Arbeitgebers im Falle der Kündigung bereits im Vorhinein im **Arbeitsvertrag** zu begründen (zweite Beispielsklausel, Typ 15b). Ein **berechtigtes Interesse** des Arbeitgebers an solchen Abreden ist grundsätzlich anzuerkennen. Wichtig ist der ausdrückliche Hinweis, dass die Freistellung **unter Anrechnung auf etwaige noch offene Urlaubsansprüche** erfolgt, da die Freistellung des Arbeitnehmers nicht ohne Weiteres auch eine Urlaubserteilung umfasst. Umstritten ist allerdings, ob eine derartige pauschale – nicht an konkrete Gründe anknüpfende – antizipierte Freistellungsbefugnis der AGB-Kontrolle standhält (hierzu → *Freistellung des Arbeitnehmers*, II F 10 Rz. 8 ff. m.w.N.).

cc) **Ausgleichs- und Verzichtsklauseln**

(1) **Klauseltypen**

(a) **Allgemeine Erledigungsklausel**

Typ 16: Allgemeine Erledigungsklausel

Mit Erfüllung des vorliegenden gerichtlichen Vergleichs sind wechselseitig alle finanziellen Ansprüche aus dem Arbeitsverhältnis, gleich ob bekannt oder unbekannt, gleich aus welchem Rechtsgrund, erledigt.[2]

(b) **Konkrete Verzichtsklausel**

Typ 17: Konkrete Verzichtsklausel

Ich verzichte auf Urlaubsabgeltungsansprüche insoweit, als der Anspruch hierauf über der Höhe des gesetzlichen Mindesturlaubsabgeltungsanspruchs liegt.

53 Während der **Dauer des laufenden Arbeitsvertrages** ist der gesetzliche Urlaubsanspruch und der an seine Stelle tretende Urlaubsabgeltungsanspruch – wegen § 13 Abs. 1 Satz 3 i.V.m. § 7 Abs. 4 BUrlG – unabdingbar und damit unverzichtbar.[3] Unzulässig und gemäß § 134 BGB unwirksam ist es also, schon im eigentlichen Arbeitsvertrag etwa durch die Klausel „Urlaubsabgeltungsansprüche werde ich nicht

---

1 Besonders bedeutsam zuletzt BAG v. 19.5.2009 – 9 AZR 433/08, NZA 2009, 1211.
2 So die in BAG v. 14.5.2013 – 9 AZR 844/11, NZA 2013, 1098 mitgeteilte Klausel.
3 BAG v. 27.7.1967 – 5 AZR 112/67, NJW 1967, 2376; *Kramer* in AR-Blattei, Ausgleichsquittung D 3; *Schulte*, DB 1981, 937 (940); GK-BUrlG/*Bleistein*, § 1 BUrlG Rz. 93.

geltend machen" auf den Urlaubsabgeltungsanspruch zu verzichten. Ebenso sind die tariflich abgesicherten Urlaubsabgeltungsansprüche wegen § 4 Abs. 4 TVG unverzichtbar.[1] Dies gilt jedoch nicht für den arbeitsvertraglich eingeräumten Mehrurlaubsanspruch und den hierauf bezogenen Mehrurlaubsabgeltungsanspruch. Auf diesen kann mangels entgegenstehender Regelungen auch während des laufenden Arbeitsverhältnisses verzichtet werden.

Im Zuge von Beendigungsstreitigkeiten verständigen sich die Arbeitsvertragsparteien erfahrungsgemäß sehr häufig in einem gerichtlichen oder außergerichtlichen Vergleichen auf die Beendigung des Arbeitsverhältnisses gegen Zahlung einer Abfindung. Flankiert wird diese Einigung durch eine Regelung, die vorsieht, dass mit dieser Einigung alle noch bestehenden Ansprüche erledigt sind (**Klauseltyp Nr. 16**). Denkbar ist auch eine konkrete Verzichtsvereinbarung, in der bspw. Abgeltungsansprüche – soweit sie sich auf den arbeitsvertraglich zugesagten Mehrurlaub beziehen – ausdrücklich benannt werden (**Klauseltyp Nr. 17**). Hier geht es mithin nicht um Vereinbarungen, die bereits im Arbeitsvertrag enthalten sind, sondern um einen Bestandteil des am Ende eines Arbeitsverhältnisses stehenden Aufhebungsvertrags.

54

(2) Schranken

Die oben wiedergegebene Klausel (**Klauseltyp 16**) hat das BAG in einer neueren Entscheidung als konstitutives, negatives Schuldanerkenntnis (§ 397 Abs. 2 BGB) eingestuft.[2] Es sei im Interesse der Rechtssicherheit regelmäßig als umfassender Anspruchsausschluss auszulegen und bringe alle Ansprüche, die den Parteien bekannt waren oder mit deren Bestehen zu rechnen war, zum Erlöschen. Das **schließe auch den Anspruch des Arbeitnehmers auf Urlaubsabgeltung ein**. Der Wirksamkeit einer solchen Vereinbarung stünden weder der Grundsatz der Unabdingbarkeit (§ 13 Abs. 1 Satz 3 BUrlG) noch Art. 7 der Arbeitszeitrichtlinie entgegen. Das ist nach der Aufgabe der Surrogatstheorie auch folgerichtig. Denn der Abgeltungsanspruch stellt nunmehr lediglich einen Geldanspruch dar, über den die Parteien nach seinem Entstehen privatautonom verfügen können. Allerdings formuliert das BAG eine wichtige Einschränkung: Der Arbeitnehmer müsse nämlich die **tatsächliche Möglichkeit gehabt haben, die Ansprüche vor deren Untergang zu realisieren**. Dies ist eindeutig der Fall, wenn die Arbeitsvertragsparteien erst nach der Beendigung des Arbeitsverhältnisses eine Ausgleichsklausel vereinbaren, die auch einen (etwaigen) Urlaubsabgeltungsanspruch des Arbeitnehmers erfasst. Für Vergleiche, die noch vor Ablauf der Kündigungsfrist zustande kommen, wird in der Literatur empfohlen, zuvor eine Freistellung vorzunehmen oder einen Tatsachenvergleich über das Nichtbestehen von Urlaubsansprüchen vorzuschalten. Das Gleiche soll dann auch für Aufhebungsverträge, die zur Vermeidung des Ausspruchs einer Kündigung geschlossen werden, gelten.[3]

55

Ob die neue Rechtsprechungslinie im Hinblick auf die Bewertung von Ausgleichsklauseln auch die Zustimmung des EuGH findet, kann nicht mit letzter Sicherheit prognostiziert werden. Im Sinne einer Risikominimierung bietet sich eine **Ergän-**

56

---
1 *Frohner*, ArbuR 1975, 108; GK-BUrlG/*Bleistein*, § 1 BUrlG Rz. 95.
2 BAG v. 14.5.2013 – 9 AZR 844/11, NZA 2013, 1098.
3 So die Empfehlung von *Grobys*, NJW-Spezial 2013, 530.

zung der Ausgleichsklausel an, die jüngst *Bauer* ins Spiel gebracht hat: „Sollte dennoch ein Urlaubsabgeltungsanspruch bestehen, so mindert sich die in Ziff. ... vereinbarte Abfindung um den Bruttobetrag der Urlaubsabgeltung zuzüglich hierauf entfallender Arbeitgeberbeiträge zur Sozialversicherung."[1]

57 Anders stellt sich übrigens die Rechtslage bei **tarifvertraglichen Abgeltungsansprüchen** dar. Hier ist nach § 4 Abs. 4 Satz 1 TVG ein Verzicht auf entstandene tarifliche Rechte nur in einem von den Tarifvertragsparteien gebilligten Vergleich zulässig.[2]

(3) Rechtsfolgen mangelnder Differenzierung

58 Das BAG war in der Vergangenheit großzügig und hat Klauseln nicht wegen mangelnder Differenzierung – z.b. wegen fehlender Herausnahme tarifvertraglich begründeter Urlaubsabgeltungsansprüche – als insgesamt unwirksam verworfen. Stattdessen nimmt das BAG hier – ebenso wie beim Verzicht auf (fällige) Lohnfortzahlungsansprüche – eine (unausgesprochene) geltungserhaltende Reduktion auf die allein verzichtbaren Rechtspositionen vor.[3] Da § 13 Abs. 1 Satz 3 BUrlG eine Arbeitnehmerschutzvorschrift ist und im AGB-Recht vom Grundsatz der Totalnichtigkeit auszugehen ist, begegnet eine **geltungserhaltende Reduktion** zwar Bedenken (vgl. Rz. 25). Solange die Rechtsprechung ihren Standpunkt nicht verändert, mag man weiterhin auch auf diesem Feld mit allgemeinen Erledigungsklauseln operieren.

dd) Rückforderung überzahlten Urlaubsentgelts

⊃ **Nicht geeignet:**
Hat der Arbeitnehmer im Austrittsjahr mehr Urlaubsentgelt erhalten als ihm zustehen würde, so gilt der Mehrbetrag als Vorschuss.

59 Im Zuge der Abwicklung eines endenden Arbeitsverhältnisses erhebt sich mitunter die Frage, wie zu verfahren ist, wenn der Arbeitnehmer zum Zeitpunkt seines Ausscheidens mehr Urlaub erhalten hat, als ihm bis dahin zugestanden hätte. Insbesondere kommt es immer wieder vor, dass Arbeitnehmer in Erwartung längerer Dauer des Arbeitsverhältnisses Urlaub im Vorgriff erhalten. Beispiel: Eintritt zum 1.4., Urlaub (Betriebsferien) im Juli, Ausscheiden zum 31.8.

(1) Rückforderungsverbot des § 5 Abs. 3 BUrlG

60 Eine Teilregelung für eine häufig wiederkehrende Fallgestaltung enthält **§ 5 Abs. 3 BUrlG**. Hiernach kann von einem Arbeitnehmer, dem in der ersten Jahreshälfte ein durch die bisher zurückgelegte Zeit im Kalenderjahr noch nicht gerechtfertigter Urlaub gewährt worden ist, bei einem Ausscheiden vor dem 1. Juli (Folge: Schrumpfung auf Teilurlaub gemäß § 5 Abs. 1 Buchst. c BUrlG) das überzahlte Urlaubsentgelt nicht zurückgefordert werden. Soweit der gesetzliche Mindesturlaubsanspruch

---

1 *Bauer*, ArbRAktuell 2013, 289.
2 Treffender Hinweis von *Bauer*, ArbRAktuell 2013, 289.
3 Vgl. BAG v. 31.5.1990 – 8 AZR 132/89, NZA 1990, 935 sowie v. 21.7.1978 – 6 AZR 1/77, NJW 1979, 566.

betroffen ist, können sich die Arbeitsvertragsparteien über dieses Rückforderungsverbot auch nicht durch anders lautende Vereinbarungen hinwegsetzen (§ 13 Abs. 1 Satz 3 BUrlG).[1] Zu weit gehend ist daher die eingangs zitierte Klausel geraten. § 5 Abs. 3 BUrlG enthält nach ganz h.M. aber nur ein **partielles Rückforderungsverbot**.[2] Für die von ihm nicht erfassten Fallgestaltungen – z.B. obiges Beispiel oder generell sämtliche Mehrurlaubsansprüche[3] – stellt sich damit die Rückzahlungsfrage.

(2) Stillschweigender Rückforderungsausschluss

Außerhalb des Rückforderungsverbots des § 5 Abs. 3 BUrlG könnte sich ein **Rückzahlungsanspruch** mangels besonderer Vereinbarung allenfalls **auf bereicherungsrechtlicher Grundlage** (§ 812 Abs. 1 Satz 1 Alt. 1 BGB) ergeben. Einmal abgesehen von den Ausschlussmöglichkeiten der §§ 814, 818 Abs. 3 BGB wird der vorbehaltlosen Gewährung von Urlaub im Vorgriff jedoch in aller Regel die Wirkung eines **stillschweigenden Rückforderungsverzichts** beigelegt werden können.[4] Denn im Zweifel geht der Arbeitgeber, der vor dem Zeitpunkt des voll verdienten Urlaubs die bezahlte Freizeit im Interesse des Arbeitnehmers oder im Betriebsinteresse voll gewährt, ein bewusstes und tragbares Risiko ein. Eine entsprechende Erwartungshaltung des Arbeitnehmers lässt sich unterstellen.

61

(3) Rückzahlungs- und Vorschussvereinbarungen

Will der Arbeitgeber einer Auslegung seiner Handlungsweise im Sinne eines stillschweigenden Rückforderungsausschlusses entgegentreten, so sollte er einen entsprechenden eindeutigen **Rückzahlungsvorbehalt** vereinbaren. Dieser bildet dann die Rechtsgrundlage für einen eventuellen Rückforderungsanspruch. In der Praxis herrschen sog. **Vorschussvereinbarungen** nach Art der obigen Klausel vor. Mit einer solchen Vereinbarung soll offensichtlich erreicht werden, dass das Urlaubsentgelt dann nicht beim Arbeitnehmer verbleiben soll, wenn und soweit der Urlaubsanspruch nicht mehr entsteht. Insoweit besteht kein Unterschied zu einer schlichten Rückzahlungsklausel. Beide Klauselarten werden mit Recht insoweit für unbedenklich erachtet, als sie eine Rückgängigmachung von Leistungen vorsehen, auf die der Arbeitnehmer keinen Anspruch hat.[5]

62

Die eigentliche Problematik der Vorschussabreden liegt in der **Durchsetzung der Rückforderung**. Nach wohl h.M. vollzieht sich diese nicht im Wege der Aufrechnung. Vielmehr wird der Vorgang so aufgefasst, dass die Lohnforderung des Arbeitnehmers in dem Zeitpunkt von selbst erlischt, in dem der Arbeitgeber das zu viel gezahlte Urlaubsentgelt zurückverlangen kann. Die Vorschrift des § 394 BGB und mit ihm die Pfändungsschutzvorschriften sollen demgemäß keine Anwendung fin-

63

---

1 *Leinemann/Linck*, § 13 BUrlG Rz. 67; GK-BUrlG/*Bachmann*, § 5 BUrlG Rz. 70.
2 GK-BUrlG/*Bachmann*, § 5 BUrlG Rz. 61 ff.; *Leinemann/Linck*, § 5 BUrlG Rz. 59; HWK/*Schinz*, § 5 BUrlG Rz. 42 ff.; a.A. *Neumann/Fenski*, § 5 BUrlG Rz. 48 ff.
3 Vgl. hierzu BAG v. 15.3.1962 – 5 AZR 172/61, AP Nr. 1 zu 6 UrlaubsG Niedersachsen.
4 BAG v. 27.11.1959 – 1 AZR 355/57, NJW 1960, 596; *Gaul*, BB 1965, 869 (874); GK-BUrlG/*Bachmann*, § 5 BUrlG Rz. 50.
5 BAG v. 27.11.1959 – 1 AZR 355/57, NJW 1960, 596; v. 9.7.1964, NJW 1964, 2033; GK-BUrlG/*Bachmann*, § 5 BUrlG Rz. 53; *Boldt/Röhsler*, § 5 BUrlG Rz. 57; a.A. *Neumann/Fenski*, § 5 BUrlG Rz. 48 ff.

den.[1] Diese Ansicht ist jedoch abzulehnen. Fraglich ist bereits, ob die Umfunktionierung des Urlaubsentgelts zum Lohnvorschuss nicht gegen die zwingenden Vorschriften des BUrlG verstößt.[2] Aus §§ 394, 400, 1274 Abs. 2 BGB folgt jedenfalls eine allgemeine Schutznorm,[3] die nicht zur Disposition der Parteien steht, insbesondere nicht durch ausgefallene rechtliche Konstruktionen umgangen werden darf. So ist z.B. auch für Lohneinbehaltungs- und Lohnverwirkungsabreden eine **Bindung an die Pfändungsgrenzen** allgemein anerkannt.[4] Die Schutzbedürftigkeit der von einer Vorschussregelung betroffenen Arbeitnehmer ist demgegenüber nicht geringer; eher ist das Gegenteil der Fall, da die Verrechnung auch eingreifen soll, wenn der Arbeitnehmer die Beendigung des Arbeitsverhältnisses nicht zu vertreten hat. Anders ist nur zu entscheiden, wenn sich der Arbeitnehmer den Urlaub in Kenntnis der alsbaldigen Beendigung des Arbeitsverhältnisses treuwidrig erschlichen hat.[5]

(4) Empfehlung

64 Da sich Vorschussabreden nach alledem im Ergebnis nicht von Rückzahlungsklauseln unterscheiden, sollte man um der Klarheit willen auch zu entsprechend formulierten Rückzahlungsklauseln übergehen. Eine solche Klausel könnte etwa wie folgt lauten:

Typ 17: Rückzahlungsklausel

a) Hat der Mitarbeiter im Zeitpunkt seines Ausscheidens aus der Firma mehr Urlaub erhalten als ihm zusteht, so hat er den Mehrbetrag zurückzuzahlen. Dies gilt nicht hinsichtlich des gesetzlichen Mindesturlaubs, wenn die Überzahlung darauf beruht, dass der Mitarbeiter nach erfüllter Wartezeit in der ersten Hälfte des Kalenderjahres ausscheidet.

b) Hat der Arbeitnehmer mehr Urlaub erhalten als ihm vertraglich zusteht, so hat er das auf die überzähligen Urlaubstage erhaltene Urlaubsentgelt zu erstatten, soweit die überzähligen Urlaubstage den gesetzlichen Mindesturlaub überschritten haben.[6]

---

65 Solche Rückzahlungsklauseln benachteiligen den Arbeitnehmer nicht etwa unangemessen i.S.d. § 307 BGB. Die gegenteilige Argumentation, bei § 5 Abs. 3 BUrlG handele es sich um ein gesetzliches Leitbild i.S.d. § 307 Abs. 2 Nr. 1 BGB,[7] über-

---

1 BAG v. 3.10.1958 – 1 AZR 183/58, AP Nr. 3 zu § 394 BGB; v. 27.11.1959 – 1 AZR 355/57, NJW 1960, 596; v. 22.2.1962 – 5 AZR 126/61, AP Nr. 1 zu § 8 BUrlG; anders dann aber BAG v. 9.7.1964 – 5 AZR 463/63, EzA § 13 BUrlG Nr. 1 mit insoweit kritischer Anmerkung von *Nikisch*; im Sinne der h.M. auch GK-BUrlG/*Bachmann*, § 5 BUrlG Rz. 68.
2 So etwa *Matthes* in Handbuch „b + p", 5/Rz. 474; ebenso HR/*Schiefer*, 1/60 Rz. 3207 unter Hinweis auf § 6 BUrlG.
3 Schaub/*Linck*, § 73 Rz. 23.
4 BAG v. 18.11.1960 – 1 AZR 238/59, NJW 1961, 698; *Hueck/Nipperdey*, Arbeitsrecht I, S. 377; zu § 134 GewO a.F. auch *Tettinger/Wank*, GewO, 6. Aufl. 1999, § 134 GewO Rz. 4; *Kraft*, NZA 1989, 778.
5 BAG v. 15.11.1962 – 5 AZR 444/61, NJW 1963, 462; *Neumann/Fenski*, § 5 BUrlG Rz. 51.
6 *Oberthür*, ArbRB 2009, 280.
7 *Linck/Schütz*, FS Leinemann, S. 182 f.

zeugt nicht. § 5 Abs. 3 BUrlG statuiert eine zwingende Inhaltsschranke mit klar definiertem Anwendungsbereich, äußert sich aber nicht zu den Grenzen der Vereinbarungsfreiheit hinsichtlich des übergesetzlichen Mehrurlaubs. Vertrauensschutzgesichtspunkte greifen, wenn die Klausel klar und verständlich (§ 307 Abs. 1 Satz 2 BGB) formuliert ist, nicht durch, da der Arbeitnehmer wissen muss, dass er in den benannten Fällen den Mehrbetrag herauszugeben hat.

ee) Urlaubsverwirkungsklauseln

(1) Klauseltypen

(a) **Verwirkung des Urlaubsanspruchs**

↻ Nicht geeignet:

Der Urlaubsanspruch entfällt, wenn der ...-Angehörige bzw. -Mitarbeiter unter Vertragsbruch aus dem Dienstverhältnis ausscheidet oder nach den gesetzlichen Bestimmungen fristlos entlassen wird.

(b) **Verwirkung des Urlaubsabgeltungsanspruchs**

↻ Nicht geeignet:

Die Urlaubsabgeltung entfällt ausnahmsweise, wenn der Arbeitnehmer durch eigenes, schwer wiegendes Verschulden aus einem Grund entlassen worden ist, der eine fristlose Kündigung rechtfertigt, oder das Arbeitsverhältnis vorzeitig gelöst hat und in diesen Fällen eine grobe Verletzung der Treuepflicht aus dem Arbeitsverhältnis vorliegt.

Verwirkungsklauseln, die die urlaubsrechtlichen Ansprüche des Arbeitnehmers zur Disposition stellen, begegnet man **in der arbeitsvertraglichen Praxis**[1] relativ **selten**. Entsprechende Abreden beziehen sich dann zumeist auf den Fall der **rechtswidrigen Lösung des Arbeitsverhältnisses** oder auf die **Veranlassung der fristlosen Kündigung** infolge schuldhafter Pflichtverletzung.[2]

Welche Auswirkungen der Vertragsbruch des Arbeitnehmers auf den ihm an sich zustehenden Urlaubs- bzw. Urlaubsabgeltungsanspruch hat, wurde bereits lange vor Inkrafttreten des BUrlG kontrovers diskutiert.

Aus der Natur der Sache folgt zunächst, dass **bereits gewährter Urlaub** dem vertragsbrüchigen Arbeitnehmer nicht mehr genommen werden kann.[3] Auch die während des Urlaubs fortgezahlte Vergütung – **Urlaubsentgelt** – kann nicht ohne Weiteres zurückgefordert werden, wenn der Arbeitnehmer Urlaub in höherem Umfang erhal-

---

1 In Tarifverträgen sind sie hingegen immer noch weit verbreitet. Das BAG hatte sich bereits mehrfach mit solchen tarifvertraglichen Verwirkungsklauseln zu befassen: BAG v. 3.12.1964 – 5 AZR 486/63, AP Nr. 4 zu § 13 BUrlG; v. 15.2.1965 – 5 AZR 347/64, AP Nr. 6 zu § 13 BUrlG; v. 3.5.1984 – 6 AZR 555/81, EzA § 7 BUrlG Nr. 33; v. 10.2.2004 – 9 AZR 116/03, NZA 2004, 986; LAG Köln v. 23.8.1989 – 5 Sa 251/89, LAGE § 7 BUrlG Nr. 19.
2 Hierzu ausführlich *Stoffels*, Vertragsbruch, S. 271 ff.
3 *Weber*, Arbeitsvertragsbruch und Abwerbung, 1971, S. 40.

ten hat, als ihm für die bis zum Ausscheiden zurückgelegte Zeit eigentlich zustände.[1]

69 Im Vordergrund des Interesses steht zumeist der Fall, dass der Arbeitnehmer im Zeitpunkt des Vertragsbruchs den ihm zustehenden **Urlaub noch nicht oder nur teilweise genommen** hat. Der Arbeitgeber wird sich hier oftmals weigern, dem geltend gemachten Urlaubs- bzw. Urlaubsabgeltungsanspruch zu entsprechen.

70 Eine gesetzliche Verfallregelung sah die bis 1974 geltende Vorschrift des § 7 Abs. 4 Satz 2 BUrlG vor. Die Abgeltung des Urlaubs war hiernach ex lege ausgeschlossen, wenn der Arbeitnehmer durch eigenes Verschulden aus einem Grunde entlassen worden war, der eine fristlose Kündigung rechtfertigte, oder wenn das Arbeitsverhältnis unberechtigt vorzeitig gelöst wurde und in diesen Fällen eine grobe Verletzung der Treuepflicht aus dem Arbeitsverhältnis vorlag. Im Zuge der Anpassung des gesetzlichen Urlaubsrechts an den internationalen Standard wurde Satz 2 des § 7 Abs. 4 BUrlG durch das Heimarbeitsänderungsgesetz vom 29.10.1974[2] ersatzlos gestrichen. Die Entscheidung des Gesetzgebers, dem Arbeitnehmer den Abgeltungsanspruch auch in den vormals in § 7 Abs. 4 Satz 2 BUrlG genannten Fällen zu sichern, ist zu respektieren. Es geht nicht an, über das Rechtsinstitut der unzulässigen Rechtsausübung den alten Rechtszustand de facto aufrecht zu erhalten.[3] Den **Einwand des Rechtsmissbrauchs** (§ 242 BGB) wird man dem Arbeitgeber nur in besonders krassen Ausnahmefällen gestatten können, in denen die Geltendmachung des Abgeltungsanspruchs geradezu arglistig wäre.[4] Ein solcher Fall läge bspw. dann vor, wenn der Arbeitnehmer von vornherein anstelle des Freizeitanspruchs auf Geldzahlung drängt und – nachdem der Arbeitgeber dies berechtigterweise abgelehnt hat – die Abgeltung durch Abbruch der Tätigkeit und Stellenwechsel unter Arbeitsvertragsbruch durchzusetzen versucht.[5] Für das Vorliegen eines derartigen Ausnahmefalles obliegt dem Arbeitgeber die Darlegungs- und Beweislast.[6]

71 Auch wenn der Vertragsbruch somit von Gesetzes wegen grundsätzlich keine Verschlechterung der urlaubsrechtlichen Position des Arbeitnehmers zur Folge hat, bleibt doch die Frage, ob diese Rechtslage nicht durch **vertragliche Vereinbarungen zum Nachteil des Arbeitnehmers** abgeändert werden kann.

---

1 Zur Frage der Wirksamkeit von Rückzahlungsklauseln in Bezug auf Urlaubsentgelt vgl. die Ausführungen unter Rz. 59ff.
2 BGBl. I, S. 2879.
3 In diese Richtungen wiesen allerdings einige erste Stellungnahmen nach der Streichung des § 7 Abs. 4 Satz 2 BUrlG: *Herbst*, Anm. AR-Blattei, Urlaub, Entsch. 225; *Siara*, DB 1975, 836; *Meisel*, RdA 1975, 169ff. Wie hier dagegen: *Neumann/Fenski*, § 7 BUrlG Rz. 121; GK-BUrlG/*Bachmann*, § 7 BUrlG Rz. 155; *Wlotzke*, DB 1974, 2259; ArbG Hagen v. 3.12.1975 – 3 Ca 1175/75, BB 1976, 364.
4 BAG v. 3.12.1964 – 5 AZR 486/63, AP Nr. 4 zu § 13 BUrlG; *Neumann/Fenski*, § 7 BUrlG Rz. 121; GK-BUrlG/*Bachmann*, § 7 BUrlG Rz. 154. Zur umstrittenen Frage, ob der Rechtsmissbrauchseinwand, wenn er ausnahmsweise einmal gegeben ist, nur den Urlaub des laufenden Kalenderjahres oder auch den übertragenen Urlaub erfasst GK-BUrlG/*Bachmann*, § 7 BUrlG Rz. 159 m.w.N.
5 *Neumann/Fenski*, § 7 BUrlG Rz. 121; zust. *Herbst*, Anm. AR-Blattei, Urlaub, Entsch. 225; hiergegen jedoch GK-BUrlG/*Bachmann*, § 7 BUrlG Rz. 158.
6 BAG v. 27.9.1962 – 5 AZR 561/61, AP Nr. 87 zu § 611 BGB Urlaubsrecht; *Neumann/Fenski*, § 7 BUrlG Rz. 122; GK-BUrlG/*Bachmann*, § 7 BUrlG Rz. 160.

Für die Zulässigkeit entsprechender Abreden (vgl. die Beispiele vor Rz. 66) ist es von entscheidender Bedeutung, worauf sie sich genau beziehen – auf den gesetzlich garantierten Mindeststandard oder aber auf diesen übersteigende, freiwillig eingeräumte Mehransprüche.

(2) Unabdingbarkeit der gesetzlichen Mindesturlaubsansprüche

§§ 1, 3 Abs. 1 BUrlG gestehen jedem Arbeitnehmer einen jährlichen bezahlten **Mindesterholungserlaub von 24 Werktagen** zu. Kann der Urlaub wegen Beendigung des Arbeitsverhältnisses ganz oder teilweise nicht mehr gewährt werden, so ist er gemäß § 7 Abs. 4 BUrlG **abzugelten**. Diese und die übrigen im BUrlG verbürgten Mindestbedingungen stehen insoweit nicht zur Disposition der Arbeitsvertragsparteien, als von ihnen nicht zu Ungunsten des Arbeitnehmers abgewichen werden kann (§ 13 Abs. 1 Satz 3 BUrlG). Gegen die **Unabdingbarkeit** verstoßen arbeitsvertragliche Abreden, die – wie die erste Klausel in Rz. 66 – dem Arbeitnehmer unter bestimmten Voraussetzungen den Urlaub nehmen oder ihm – wie die zweite Klausel in Rz. 66 – die Abgeltung versagen. Sie sind damit, wenn sie sich auf den gesetzlichen Mindesturlaub und/oder den an seine Stelle tretenden Abgeltungsanspruch beziehen, gemäß § 134 BGB nichtig.

Ein gewisser Regelungsspielraum verbleibt den Arbeitsvertragsparteien allerdings insofern, als es ihnen erlaubt sein muss, den auf Treu und Glauben (§ 242 BGB) gestützten **Rechtsmissbrauchseinwand** zu konkretisieren. Unter diesem Gesichtspunkt könnte jedoch keine der beispielhaft zitierten Klauseln aufrechterhalten werden. Die Versagung des Abgeltungsanspruchs wegen Rechtsmissbräuchlichkeit seiner Geltendmachung kommt – wie bereits ausgeführt wurde – nur in besonders krassen Ausnahmefällen in Betracht. Weder genügt hierfür ein „Ausscheiden unter Vertragsbruch" (erste Beispielsklausel) noch reicht es aus, dass die Merkmale des früheren § 7 Abs. 4 Satz 2 BUrlG erfüllt sind (zweite Beispielsklausel). Eine Konkretisierung des Rechtsmissbrauchseinwands in Arbeitsverträgen wird stets Gefahr laufen, die Anforderungen zu niedrig anzusetzen. Außerdem dürfte es den jeweiligen Vertragspartnern kaum gelingen, diesen so sehr von den Einzelumständen abhängigen Einwand in einer vertraglichen Regelung einzufangen. Weichen sie stattdessen auf eine allgemein gehaltene Formulierung im Sinne der Rechtsprechung des BAG aus, so ist praktisch nichts gewonnen, da der Rechtsmissbrauchseinwand dem Abgeltungsanspruch auch unmittelbar ohne den Umweg über eine solche Klausel entgegengehalten werden kann.[1]

(3) Kein Verzicht auf tarifliche Mehrurlaubsansprüche in Arbeitsverträgen

Als problematisch erweisen sich in Arbeitsverträgen enthaltene Verfallabreden auch dann, wenn sie sich auf den durch Tarifvertrag eingeräumten Mehrurlaub oder seine Abgeltung beziehen. Dem könnte nämlich § 4 Abs. 4 Satz 1 TVG entgegenstehen, der einen Verzicht auf entstandene tarifliche Rechte nur in einem von den Tarifvertragsparteien gebilligten Vergleich erlaubt. Diese Vorschrift betrifft, obgleich von „Verzicht" die Rede ist, auch den Erlassvertrag.[2] Die arbeitsvertragliche Urlaubsverfallabrede soll den Untergang bereits entstandener tariflicher

---

1 *Herbst*, Anm. AR-Blattei, Urlaub, Entsch. 225.
2 *Wiedemann/Wank*, § 4 TVG Rz. 655; *Löwisch/Rieble*, § 4 TVG Rz. 612.

Ansprüche im Falle des Arbeitsvertragsbruchs herbeiführen, stellt sich damit ebenso wie Lohnverwirkungsabreden als aufschiebend bedingter Erlassvertrag dar. Letztere hat das BAG[1] nur deswegen vom Verzichtsverbot des § 4 Abs. 4 Satz 1 TVG ausgenommen, weil solche Abreden durch § 134 GewO, eine Spezialbestimmung, die neben den Regeln des Tarifvertragsgesetzes gälte, gedeckt seien. Eine dem § 134 GewO entsprechende Regelung für Urlaubs(abgeltungs)ansprüche gibt es jedoch nicht, so dass hier dem Eingreifen von § 4 Abs. 4 Satz 1 TVG keine Bedenken entgegenstehen, zumal § 134 GewO mit Wirkung vom 1.1.2003 aufgehoben worden ist.[2] Die **arbeitsvertraglichen Urlaubsverfallabreden** (s. Rz. 66) sind daher auch deswegen **unwirksam** (§ 134 BGB), weil **sie tarifliche Urlaubs- bzw. Urlaubsabgeltungsansprüche zu erfassen suchen**.[3]

76   Ob § 4 Abs. 4 Satz 1 TVG auch für Ansprüche gilt, die durch **einzelvertragliche Bezugnahme auf den Tarifvertrag** zum Inhalt des Arbeitsvertrages werden, ist umstritten.[4] Man wird jedenfalls dann, wenn wie in den hier in Rede stehenden Fällen der bedingte „Verzicht" bereits im Arbeitsvertrag enthalten ist, von einer zulässigen punktuell eingeschränkten Bezugnahme auf den Tarifvertrag ausgehen müssen. Einer Erwartungshaltung des Arbeitnehmers, er werde in vollem Umfang tarifgebundenen Arbeitnehmern gleichgestellt, wird hierdurch die Grundlage entzogen. Gesetzlich durch § 4 Abs. 4 Satz 1 TVG gesicherte Ansprüche erwirbt mithin ein solcher Arbeitnehmer nicht.

(4) Sonstige Grenzen für Abreden betreffend die Verwirkung von Mehrurlaubsansprüchen

77   In Arbeitsverträgen kann nach alledem nur der **auf vertraglicher Basis eingeräumte Mehrurlaub**, soweit er den gesetzlichen und ggf. tariflich aufgestockten Mindesturlaub übertrifft, bzw. der an seine Stelle tretende Abgeltungsanspruch zum Verfall gestellt werden. Hierin liegt keine unangemessene Benachteiligung des Arbeitnehmers i.S.d. § 307 Abs. 1 BGB.[5] Das Sanktionsinteresse des Arbeitgebers überwiegt und eine unzumutbare Belastung dürfte, wenn an entsprechend schwerwiegende Pflichtverletzungen angeknüpft wird, von solchen Verfallklauseln nicht ausgehen. Immerhin hat es der Arbeitnehmer hier selbst in der Hand, sich vertragsgemäß zu verhalten und damit seinen Mehrurlaubsanspruch nicht zu gefährden. Das alles steht dann auch in Übereinstimmung mit den für die Zulässigkeit von Vertragsstrafen in vorformulierten Arbeitsverträgen aufgestellten Grundsätzen der Rechtsprechung.[6] Zusätzlich wird man auch hier die **Vertragsstrafennormen als Kontrollmaßstab** heranziehen können (zur Anwendbarkeit der §§ 339 ff. BGB s. ausführlich unter → *Vertragsstrafen*, II V 30 Rz. 84 ff.). Zulässig wäre etwa folgende Klausel, vorausgesetzt der erhöhte Urlaubsanspruch beruht nicht auf Tarifvertrag, sondern auf arbeitsvertraglicher Grundlage:

---

1 BAG v. 18.11.1960 – 1 AZR 238/59, NJW 1961, 698; zust. *Stahlhacke/Bleistein*, §§ 133h–134 GewO Rz. 19.
2 Durch Gesetz v. 24.8.2002, BGBl. I, S. 3412.
3 Vgl. auch *Hueck/Nipperdey*, Arbeitsrecht I, S. 452 f.
4 Zum Meinungsstand *Wiedemann/Wank*, § 4 TVG Rz. 671.
5 *Oberthür*, ArbRB 2009, 280.
6 *Linck/Schütz*, FS Leinemann, S. 183.

Verwirkung des Urlaubsanspruchs: Bei eigenmächtiger Urlaubsnahme, beharrlicher Arbeitsverweigerung, mehrfachem unentschuldigten Fehlen oder Arbeitsvertragsbruch durch den/die Arbeitnehmer/in verwirkt der/die Arbeitnehmer/in den Urlaubsanspruch, soweit dieser den gesetzlichen Mindesturlaubsanspruch von 24 Werktagen (20 Arbeitstagen) pro Jahr übersteigt.

Von der Verwirkung wird dann auch der übertragene Mehrurlaub aus dem vergangenen Jahr erfasst.[1]

Den Anforderungen des § 307 BGB dürfte auch eine Regelung standhalten, die den Verfall des im laufenden Kalenderjahr noch nicht genommenen Mehrurlaubs bei einer vom Arbeitnehmer erklärten (und vom Arbeitgeber nicht schuldhaft veranlassten) **Eigenkündigung** vorsieht.[2] Der vertraglich eingeräumte Mehrurlaub soll hier zumindest auch die Betriebstreue des Arbeitnehmers fördern, was durchaus ein legitimes Anliegen des Arbeitgebers ist. Zieht man die Parallele zu sonstigen Gratifikationen, so könnte der Verfall auch an betriebs- oder personenbedingte Arbeitgeberkündigungen geknüpft werden.[3] 78

(5) Empfehlung

Urlaubsverfallklauseln dürften als alleinige Sicherung gegen arbeitnehmerseitigen Vertragsbruch nicht ausreichen. Andererseits wirft die Kombination mit weiteren Sanktionsvereinbarungen neue, schwer abzuschätzende Risiken auf. 79

d) Abreden für ruhende Arbeitsverhältnisse

Typ 18: Kürzung von Mehrurlaub im ruhenden Arbeitsverhältnis 79a

Der Jahresmehrurlaubsanspruch verkürzt sich für jeden vollen Kalendermonat, in dem das Arbeitsverhältnis ruht, um je $1/12$.

Nach der Rechtsprechung des BAG entsteht auch im Fall des arbeitsunfähig erkrankten Arbeitnehmers, dessen Arbeitsverhältnis ruht, der Urlaubsanspruch.[4] Ebenso entschied es jüngst für die Konstellation des während des Sonderurlaubs ruhenden Arbeitsverhältnisses.[5] Im Fall der Elternzeit entstehe ebenfalls der Urlaub im ruhenden Arbeitsverhältnis, könne jedoch nach § 17 BEEG gekürzt werden.[6] Daher sind Kürzungsregelungen hinsichtlich des **Mindesturlaubs** in diesen Konstellationen nach §§ 13 Abs. 1 Satz 1, 3 BUrlG, 134 BGB unwirksam und zu vermeiden. Wünscht der Arbeitnehmer einen längeren unbezahlten Sonderurlaub,

---

1 So BAG v. 10.2.2004 – 9 AZR 116/03, NZA 2004, 986 für eine entsprechende Tarifvorschrift.
2 *Linck/Schütz*, FS Leinemann, S. 186.
3 So *Linck/Schütz*, FS Leinemann, S. 186.
4 BAG v. 7.8.2012 – 9 AZR 353/10, NZA 2012, 1216 (1217) (Rz. 15 ff.); das Urteil bestätigend BAG v. 18.9.2012 – 9 AZR 623/10, AP Nr. 62 zu § 7 BUrlG.
5 BAG v. 6.5.2014 – 9 AZR 678/12, NZA 2014, 959.
6 BAG v. 17.5.2011 – 9 AZR 197/10, BAGE 138, 58.

ist daher zu erwägen, das Arbeitsverhältnis einverständlich durch Aufhebungsvertrag zu beenden und dem Arbeitnehmer eine Wiedereinstellungszusage zu unveränderten Bedingungen (unter Anrechnung der bisherigen Betriebszugehörigkeit) zu geben.[1] (Zu) Gewagt erscheint der Lösungsvorschlag von *Besgen*, anstelle eines Sonderurlaubs für den entsprechenden Zeitraum die Vereinbarung eines Teilzeitarbeitsverhältnisses an „null Tagen" zu vereinbaren mit der Folge, dass auch keine Urlaubsansprüche entstehen.[2] Zwar liegt dann in der Tat kein ruhendes Arbeitsverhältnis im engeren Sinne vor. Allerdings ist die Gefahr nicht von der Hand zu weisen, dass die Rechtsprechung eine solche Gestaltung als unzulässige Umgehung qualifizieren wird. Anders stellt sich hingegen die Rechtslage im Hinblick auf den **Mehrurlaub dar**. Insoweit können auch im Fall des ruhenden Arbeitsverhältnisses Kürzungsregelungen vorgesehen werden.[3] Eine Kürzungsregelung, die auch den gesetzlichen Mindesturlaub erfasst, hat der EuGH im Übrigen im Hinblick auf **Kurzarbeit Null** akzeptiert.[4] Eine Regelung in einem Sozialplan (wohl aber auch in einem Arbeitsvertrag), wonach sich der Anspruch eines Arbeitnehmers auf bezahlten Jahresurlaub im Verhältnis zur Arbeitszeitverkürzung (Pro-rata-temporis-Grundsatz) verringert, sei mit europäischem Unionsrecht vereinbar. Die Situation eines Arbeitnehmers, der wegen einer Erkrankung nicht in der Lage ist, zu arbeiten, und die eines Kurzarbeiter seien grundlegend verschieden.

e) Urlaubsgeldabreden

aa) Gewährung von Urlaubsgeld

Typ 19: Urlaubsgeld

a) Weiterhin erhält der Mitarbeiter/die Mitarbeiterin pro genommenem Urlaubstag ein Urlaubsgeld von 2,4 % des monatlichen Bruttogeldes. Das Urlaubsgeld wird am Monatsende ausgezahlt. Voraussetzung für die Auszahlung des Urlaubsgeldes ist ein ungekündigtes Arbeitsverhältnis..[5]

b) Bei Urlaubsantritt erhält Herr/Frau ... ein zusätzliches Urlaubsgeld in Höhe von ... Euro je Urlaubstag.[6]

80 Es ist heute weitgehend üblich, dass Arbeitnehmern neben dem eigentlichen Urlaubsentgelt aus Anlass des Urlaubs ein zusätzliches Urlaubsgeld gezahlt wird. Beide Leistungen sind scharf zu unterscheiden.[7] Das auf gesetzlicher Grundlage (§ 11 BUrlG) zu zahlende **Urlaubsentgelt** entspricht der laufenden Vergütung. Seine Zweckbestimmung geht dahin, dem beurlaubten Arbeitnehmer während des Urlaubs die wirtschaftliche Grundlage für den gewohnten Lebenszuschnitt zu sichern. **Zusätzliches Urlaubsgeld** ist hingegen dazu bestimmt, Sonderaufwendungen des

---

1 Vgl. *Besgen*, FA 2015, 6.
2 *Besgen*, FA 2015, 5 f.
3 S. hierzu auch *Sprink*, Vertragliche Gestaltung von Urlaub, S. 207 ff.
4 EuGH v. 8.11.2012 – C-229/11 und C-230/11, NZA 2012, 1273.
5 BAG v. 22.7.2014 – 9 AZR 981/12, NZA 2014, 1136.
6 SSSV/*Schrader*, 9. Aufl. 2008, § 2 Rz. 24.
7 BAG v. 15.3.1973 – 5 AZR 525/72, NJW 1973, 1247.

Arbeitnehmers aus Anlass des Urlaubs abzudecken. Es handelt sich hierbei somit um eine **Sonderleistung mit Gratifikationscharakter**.[1] Zur Gewährung einer solchen besonderen Vergütung – vielfach wird sie auch als 13. bzw. 14. Monatsgehalt oder als Urlaubsgratifikation ausgewiesen – ist der Arbeitgeber nur bei Bestehen eines **besonderen Rechtsgrundes** verpflichtet.[2] Dieser kann sich insbesondere aus einem Tarifvertrag ergeben. Freilich bedeutet die Bezeichnung einer Zuwendung in einem Tarifvertrag als zusätzliches Urlaubsgeld nicht zwingend, dass die Zuwendung nur gezahlt wird, wenn im betreffenden Jahr auch Urlaub genommen und letztlich eine Arbeitsleistung erbracht worden ist. Vielmehr kommt es darauf an, was die Parteien gewollt haben und ob der wirkliche Wille in der Tarifnorm seinen Niederschlag gefunden hat, sowie auf den Gesamtzusammenhang. So spricht etwa die Zahlung eines Festbetrages gegen eine Verknüpfung von Urlaubsgeld und Arbeitsleistung, insbesondere auch die Handhabung, dass der Arbeitgeber das Urlaubsgeld Mitte des Jahres unabhängig davon auszahlt, ob Urlaub bereits genommen worden ist oder im laufenden Jahr noch genommen werden wird.[3] Es ist zulässig, Teilzeitbeschäftigten das tarifliche Urlaubsgeld nur anteilmäßig entsprechend ihrer kürzeren Arbeitszeit zu zahlen, wenn nach der Ausgestaltung im Tarifvertrag der Entgeltcharakter des Urlaubsgeldes im Vordergrund steht und der Urlaubssubventionierungscharakter nur untergeordnete Bedeutung hat.[4] Tarifliche Ausschlussfristen zur Geltendmachung des Urlaubsgeldanspruchs verstoßen nicht gegen das Verzichtsverbot nach § 4 Abs. 4 TVG.[5] Anspruchsbegründende Regelungen finden sich außer im Tarifvertrag auch in Betriebsvereinbarungen, Gesamtzusagen und – wie die **Klauselbeispiele Typ 19** zeigen – in Einzelarbeitsverträgen.[6] Eine entsprechende Bindung tritt auch bei dreimaliger vorbehaltloser Zahlung ein.

In der inhaltlichen Ausgestaltung einer arbeitsvertraglichen Urlaubsgeldabsprache sind die Parteien **grundsätzlich frei**. In der arbeitsvertraglichen Praxis finden sich dementsprechend Abreden verschiedensten Inhalts.

So enthält **Klauseltyp 19a** eine **Stichtagsregelung**, wonach das Urlaubsgeld zu einem bestimmten Termin an alle in einem ungekündigten Arbeitsverhältnis stehenden Mitarbeiter ausgezahlt wird. Nach der Rechtsprechung dürfen Sonderzuwendungen vom ungekündigten Bestand des Arbeitsverhältnisses zu einem Stichtag abhängig gemacht werden, wenn sie nicht (auch) die Arbeitsleistung des Arbeitnehmers vergüten, sondern als „Treueprämie" erwiesene oder als „Halteprämie" künftige Betriebstreue honorieren. Im Hinblick auf Klauseltyp 19a ist das BAG[7] im Wege der Auslegung zu dem Ergebnis gelangt, dass das Urlaubsgeld nicht (auch) der Ver-

---

1 BAG v. 3.10.1963 – 5 AZR 131/63, NJW 1964, 171; v. 9.3.1967 – 5 AZR 292/66, EzA § 1 BUrlG Nr. 4; v. 15.3.1973 – 5 AZR 525/72, NJW 1973, 1247; GK-BUrlG/*Stahlhacke*, § 11 BUrlG Rz. 92; ausführlich zum Urlaubsgeld *Sibben*, DB 1997, 1178.
2 Schaub/*Linck*, § 104 Rz. 137.
3 Dazu LAG Hamburg v. 12.12.2001 – 8 Sa 83/01, juris.
4 BAG v. 15.4.2003 – 9 AZR 548/01, NZA 2004, 494; LAG Thür. v. 18.7.2001 – 6 Sa 452/2000, n.v.
5 BAG v. 19.2.2002 – 1 AZR 342/01, EzA § 4 TVG Ausschlussfristen Nr. 149; LAG Hamm v. 26.4.2001 – 4 Sa 1502/00, n.v.
6 Zur Auslegung einer arbeitsvertraglichen Regelung eines vorschussweise zu zahlenden, von der Ertragslage des Arbeitgebers abhängigen Urlaubsgeldes s. LAG Berlin v. 28.9.2001 – 6 Sa 399/01, n.v.
7 BAG v. 22.7.2014 – 9 AZR 981/12, NZA 2014, 1136.

gütung erbrachter Arbeitsleistungen dient. Für die Auslegung kommt den in der Klausel formulierten Leistungsvoraussetzungen große Bedeutung zu. Hier verdeutlicht nach Ansicht des BAG die bereits in Satz 1 der Klausel angelegte Anknüpfung an den genommenen Urlaubstag, dass das Urlaubsgeld dem Erholungszweck des Urlaubs und nicht der Vergütung einer Arbeitsleistung dienen soll. Dieser Zusammenhang zwischen genommenem Urlaub und Bestehen eines Anspruchs auf Urlaubsgeld verdeutliche den **arbeitsleistungsunabhängigen Charakter des Urlaubsgelds**. Es sei auch nicht unangemessen benachteiligend, dass das Urlaubsgeld nicht zur Auszahlung kommt, wenn das Arbeitsverhältnis zum Auszahlungstag durch den Arbeitgeber gekündigt ist und die Beendigung damit nicht auf Gründen beruht, die in der Sphäre des Arbeitnehmers liegen. Eine solche Stichtagsregelung sei nicht nur als Anreiz für die Nichtausübung des Kündigungsrechts durch den Arbeitnehmer denkbar. Der Arbeitgeber könne auch unabhängig vom Verhalten des Arbeitnehmers die fortdauernde Betriebszugehörigkeit als solche über den Stichtag hinaus zur Voraussetzung der Sonderzahlung machen, weil ihre motivierende Wirkung sich nur bei den Arbeitnehmern entfalten kann, die dem Betrieb noch oder noch einige Zeit angehören. In einer solchen Abrede liegt schließlich auch kein Verstoß gegen den Gleichbehandlungsgrundsatz,[1] da die Differenzierung hier auf einem sachlichen Grund beruht.

83 Anders konzipiert ist demgegenüber **Klauseltyp 19b**. Hiernach erhält der Arbeitnehmer pro Urlaubstag einen bestimmten Geldbetrag; eine Stichtagsregelung ist nicht vorgesehen.

84 Beim **Klauseltyp 19a und b** wirkt sich eine Langzeiterkrankung des Arbeitnehmers erst dann und nur insoweit aus, als sie ihn daran hindert, seinen Erholungsurlaub zu nehmen. Dies folgt aus der Anknüpfung der Gewährung und Auszahlung des Urlaubsgeldes an den „genommenen Urlaubstag" bzw. den Urlaubsantritt. Rechtliche Bedenken hiergegen bestehen nicht, da Art. 7 der Arbeitszeitrichtlinie 2003/88/EG nur den gesetzlichen Mindesturlaub, nicht aber eine daneben tretende, freiwillige Geldleistung des Arbeitgebers betrifft. Eine allgemeine anteilige Kürzung entsprechend der Anzahl der Krankheitstage sehen hingegen die o.g. Klauseln nicht vor.

85 Kann der Urlaub im laufenden Kalenderjahr nicht oder nur teilweise genommen werden und kommt es daher unter den Voraussetzungen des § 7 Abs. 3 Satz 2 BUrlG zu einer **Übertragung** auf das nächste Kalenderjahr,[2] so verschiebt sich dementsprechend im Falle von **Klauseltyp 19a und b** auch der Fälligkeitstermin für die Auszahlung des zusätzlichen Urlaubsgeldes. Allerdings wird das Urlaubsgeld dann im Zweifel – anders als das Urlaubsentgelt – nur nach der im Entstehungsjahr zugesagten Höhe gewährt und in diesem Zustand übertragen.[3]

---

1 Zur Bindung der Urlaubsgeldgewährung an den Gleichbehandlungsgrundsatz *Matthes*, in Handbuch „b + p", 5/Rz. 785.
2 Über die Grenzen des § 7 Abs. 3 BUrlG hinaus soll eine vertragliche Übertragung nicht zulässig sein, BAG v. 26.6.1969 – 5 AZR 393/68, NJW 1969, 1981; *Neumann/Fenski*, § 7 BUrlG Rz. 88; *Boldt/Röhsler*, § 7 BUrlG Rz. 53; a.A. *Natzel*, § 7 BUrlG Rz. 126.
3 BAG v. 15.11.1973 – 5 AZR 166/73, EzA § 11 BUrlG Nr. 10 mit zust. Anm. *Monjau* in AP Nr. 11 zu § 11 BUrlG.

Zu weiteren Einzelheiten des Urlaubsgeldanspruchs wie z.B. Pfändbarkeit und zu Problemen bei besonderen Arbeitnehmergruppen muss auf das urlaubsrechtliche Erläuterungsschrifttum verwiesen werden.[1]

86

bb) Widerrufs- und Freiwilligkeitsvorbehalte sowie einseitiges Leistungsbestimmungsrecht im Hinblick auf das Urlaubsgeld

Typ 20: Widerrufsvorbehalt für das Urlaubsgeld

Der Arbeitgeber kann ... das Urlaubsgeld aus (triftigen) wirtschaftlichen Gründen widerrufen, insbesondere bei schlechtem Verlauf des Geschäftsjahres, bei Umgestaltung des Entgeltsystems oder bei Belastung des Unternehmens mit zusätzlichen gesetzlichen oder tariflichen Leistungen.[2]

Typ 21: Freiwilligkeitsvorbehalt für das Urlaubsgeld

Der Arbeitgeber entscheidet jährlich neu, ob und ggf. in welcher Höhe und unter welchen Voraussetzungen er dem Arbeitnehmer Urlaubsgeld gewährt. Das ggf. gewährte Urlaubsgeld stellt eine freiwillige Leistung dar, auf die für zukünftige Jahre auch dann kein Rechtsanspruch entsteht, wenn der Mehrurlaub wiederholt gewährt wird. Dieser Vorbehalt gilt nicht für nach Abschluss dieses Arbeitsvertrags individuell getroffene Vereinbarungen.

Typ 22: Einseitiges Leistungsbestimmungsrecht für Mehrurlaub

Der Arbeitnehmer erhält jährlich ein Urlaubsgeld. Über die Höhe des Urlaubsgeldes entscheidet der Arbeitgeber zu Beginn des Kalenderjahres nach billigem Ermessen.

Das Urlaubsgeld kann auch unter einen Widerrufs- oder Freiwilligkeitsvorbehalt gestellt werden. Ferner kann sich der Arbeitgeber auch ein einseitiges Leistungsbestimmungsrecht ausbedingen. Es gilt das oben Gesagte (Rz. 27 ff.) entsprechend.[3]

87

---

1 Zu den Urlaubsgeldansprüchen Teilzeitbeschäftigter vgl. insbesondere auch BAG v. 22.8. 1990 – 5 AZR 543/89, NZA 1991, 107 und v. 15.11.1990 – 8 AZR 283/89, NZA 1991, 346; vgl. hierzu auch *Leinemann/Linck*, § 11 BUrlG Rz. 92.
2 *Hromadka/Schmitt-Rolfes*, Der unbefristete Arbeitsvertrag, S. 107.
3 Zu den Anforderungen an einen sog. Freiwilligkeitsvorbehalt im Hinblick auf ein im Arbeitsvertrag als „freiwillige soziale Leistung" gekennzeichnetes Urlaubsgeld BAG v. 11.4.2000 – 9 AZR 255/99, NZA 2001, 24.

cc) Verfall des Urlaubsgeldes

Typ 23: Strikte Verfallklausel

Der Arbeitnehmer erhält ein Urlaubsgeld in Höhe von 55 % eines Brutto-Monatsgehalts, das jeweils am Monatsende anteilig für die Anzahl der im betreffenden Monat gewährten Urlaubstage ausgezahlt wird. Der Urlaubsgeldanspruch verfällt, wenn und soweit der Arbeitnehmer die entsprechenden Urlaubstage nicht spätestens bis zum Ende des jeweiligen Urlaubsjahrs verwirklicht. Das gilt auch dann, wenn der Arbeitnehmer den Urlaub aus von ihm nicht zu vertretenden Gründen nicht nehmen kann, z.B. weil er während des Urlaubsjahres arbeitsunfähig erkrankt ist.[1]

88 Die Klausel beugt einer Erstreckung der „Schultz-Hoff"-Entscheidung[2] auf arbeitsvertragliche Urlaubsgeldansprüche vor. Auch hier droht eine Ansammlung von Urlaubsgeldansprüchen, die bei Beendigung des Arbeitsverhältnisses mit dem langjährig erkrankten Mitarbeiter auszugleichen wären. Das LAG Düsseldorf hat zu Recht ausgeführt, dass für zusätzliche Urlaubssonderleistungen – wie insbesondere das Urlaubsgeld – ein uneingeschränkter Verfall vereinbart werden kann, weil diese nicht zu den durch die Arbeitszeitrichtlinie geschützten Mindeststandards gehörten.[3]

dd) Rückforderung von Urlaubsgeld

Typ 24: Rückforderung von Urlaubsgeld

Jeder Arbeitnehmer, der am 1.7. eines Kalenderjahres in einem ungekündigten Arbeitsverhältnis steht, erhält mit dem Augustentgelt ein Urlaubsgeld von einem Monatsbezug. Sollte der Arbeitnehmer vor dem 31.12. durch Eigenkündigung oder durch von ihm veranlassten Aufhebungsvertrag aus dem Arbeitsverhältnis ausscheiden, so hat er das Urlaubsgeld zum Zeitpunkt der Beendigung zurückzugewähren.

89 Scheidet der Arbeitnehmer bald nach Erhalt des Urlaubsgeldes aus dem Arbeitsverhältnis aus, so ist er ohne entsprechende ausdrückliche Vereinbarung nicht verpflichtet, die empfangene Zuwendung zurückzuzahlen. In der arbeitsvertraglichen Praxis wird die Gewährung des Urlaubsgeldes daher recht häufig mit einer **Rückzahlungsklausel für den Fall des Ausscheidens vor einem bestimmten Termin** verknüpft. Eine derartige Gestaltung des Anspruchs auf zusätzliches Urlaubsgeld ist aufgrund der allgemeinen Vertragsfreiheit grundsätzlich gestattet.[4] Das Rückforderungsverbot des § 5 Abs. 3 BUrlG gilt hierfür nicht, da der Erholungsurlaub nicht

---

1 *Powietzka/Fallenstein*, NZA 2010, 673 (677).
2 EuGH v. 20.1.2009 – C-350/06 und C-520/06, C-350/06, C-520/06, NZA 2009, 135; vgl. hierzu bereits oben Rz. 44.
3 LAG Düsseldorf v. 2.2.2009 – 12 Sa 486/06, NZA-RR 2009, 242 (247); zustimmend *Powietzka/Fallenstein*, NZA 2010, 673 (677).
4 BAG v. 15.3.1973 – 5 AZR 525/72, NJW 1973, 1247; *Neumann/Fenski*, § 11 BUrlG Rz. 79.

tangiert wird.¹ Wegen der von solchen Rückzahlungsklauseln ausgehenden Erschwerung des Kündigungsrechts hat die Rechtsprechung in enger **Anlehnung an die richterrechtlichen Grundsätze zur Rückzahlung von Weihnachtsgratifikationen** folgende Bindungsgrenzen aufgestellt (s. im Übrigen ausführlich unter → *Sonderzahlungen*, II S 40):²

– **Urlaubsgeld bis zu 100 Euro**: sog. Kleinstgratifikation, keine Rückzahlung vereinbar.
– **Urlaubsgeld über 100 Euro, aber unter einem Monatsverdienst**: Rückzahlung vereinbar für den Fall des Ausscheidens vor Ablauf von drei Monaten nach Auszahlung; Faustregel: bei Gewährung in der Haupturlaubszeit Bindung bis zum 30.9. des Urlaubsjahres zulässig.
– **Urlaubsgeld von einem Monatsverdienst**: Hier kann regelmäßig verlangt werden, dass der Arbeitnehmer erst von der ersten Kündigungsmöglichkeit nach Ablauf von drei Monaten Gebrauch macht, wenn er das Urlaubsgeld behalten will;³ also Bindung i.d.R. bis zum 31.3. des Folgejahres zulässig (vgl. obige Klausel).
– **Urlaubsgeld über einem Monatsverdienst**: Eine mehr als halbjährige Bindung ist jedenfalls dann unzulässig, wenn der Arbeitnehmer mehrere Kündigungsmöglichkeiten hat.

Überschießende Rückzahlungsklauseln sind nach bisheriger Rechtsprechung nicht unwirksam, sondern im Wege **geltungserhaltender Reduktion** auf das zulässige Maß zurückzuführen.⁴ Für vorformulierte Klauseln kann an dieser Rechtsprechung nach der Erstreckung des AGB-Rechts auf das Arbeitsvertragsrecht nicht länger festgehalten werden.

Insgesamt unwirksam sind auch arbeitsvertragliche Rückzahlungsabreden, die sich auf eine tarifvertraglich vorbehaltlos zugesagte Urlaubsgeldleistung beziehen (Verstoß gegen § 4 Abs. 1, 3 TVG).

f) Urlaubsbescheinigungsklausel

Typ 25: Urlaubsbescheinigungsklausel

Der Mitarbeiter ist verpflichtet, bei Arbeitsantritt eine Urlaubsbescheinigung des letzten Arbeitgebers vorzulegen. Die Firma kann die Gewährung von Urlaub solange verweigern, bis diese Bescheinigung vorliegt. Vom letzten Arbeitgeber gewährter Urlaub wird gemäß § 6 Abs. 1 BUrlG angerechnet.⁵

Mit dieser Klausel wird dem Arbeitgeber ein Leistungsverweigerungsrecht für den Fall eingeräumt, dass der Arbeitnehmer seiner gesetzlichen Pflicht nicht nach-

---

1 *Neumann/Fenski*, § 11 BUrlG Rz. 79; vgl. auch BAG v. 24.10.2000 – 9 AZR 610/99, AP Nr. 19 zu § 5 BUrlG.
2 BAG v. 10.5.1962 – 5 AZR 452/61, NJW 1962, 1537; v. 3.10.1963 – 5 AZR 131/63, NJW 1964, 171; v. 15.3.1973 – 5 AZR 525/72, NJW 1973, 1247; v. 17.3.1982 – 5 AZR 1250/79, NJW 1983, 67; vgl. auch *Matthes* in Handbuch „b + p", 5/Rz. 786 ff.
3 So zutreffend *Matthes* in Handbuch „b + p", 5/Rz. 789.
4 BAG v. 12.12.1962 – 5 AZR 324/62, AP Nr. 25 zu § 611 BGB Gratifikation.
5 HR/*Schiefer*, Gestaltung von Arbeitsverträgen, 1/60 Rz. 3214.

kommt, eine Urlaubsbescheinigung aus dem vorangegangenen Arbeitsverhältnis vorzulegen (§ 6 Abs. 2 BUrlG). So wird der Arbeitgeber grundsätzlich wirksam gemäß dem Gesetzeszweck des § 6 Abs. 1 BUrlG vor Doppelansprüchen des Arbeitnehmers geschützt.

3. Hinweise zur Vertragsgestaltung; Zusammenfassung

93 Als Quintessenz vorstehender Erörterungen lässt sich Folgendes festhalten: Arbeitsvertragliche Urlaubsabreden sollten deutlich erkennen lassen, ob die jeweilige Regelung für den arbeitsvertraglich eingeräumten Mehrurlaub oder aber darüber hinaus auch für den gesetzlichen Mindesturlaub gelten soll. Dies könnte in der betreffenden Klausel durch Überschriften zum Ausdruck gebracht werden.

Typ 27: § X Urlaub

I. gesetzlicher/tariflicher Mindesturlaub

II. arbeitsvertraglicher Mehrurlaub, Urlaubsgeld

III. Sonderabreden

94 Zu I. wird man sich i.d.R. mit einem Verweis auf das BUrlG begnügen. Sinnvoll kann es sein, auf einige markante Punkte der gesetzlichen Regelung aufmerksam zu machen. Im Übrigen können hier bei Bedarf Abweichungen vom BUrlG zu Gunsten des Arbeitnehmers festgehalten werden.

95 Unter II. eröffnet sich – wie gezeigt – den Parteien ein weiter Gestaltungsspielraum. Dieser sollte entsprechend der konkreten Interessenlage im Einzelfall auch genutzt werden. Mehrurlaub und Urlaubsgeld müssen dabei nicht unbedingt als bloße Erweiterungen der gesetzlichen Mindestansprüche verstanden werden. Vielmehr können sie auch bewusst als betriebliche Gestaltungsfaktoren zur Erreichung bestimmter Zwecke eingesetzt werden (z.B. Betriebsbindung; weitere Beispiele im Text). So ist es bspw. denkbar, eine anteilige Urlaubskürzung bei Krankheit vorzusehen,[1] unentschuldigte Fehltage auf Urlaubsansprüche anzurechnen oder aber der Sonderleistung „Urlaubsgeld" Züge einer Anwesenheitsprämie zu verleihen.[2]

96 Unter III. fallen dann z.B. Abreden über Sonderurlaub oder solche Vereinbarungen, die sich auf den ganzen Urlaub beziehen, wie z.B. Freistellungsvereinbarungen.

---

1 Luchterhand Arbeits- und Sozialrecht, 1994, Rz. 2876.
2 Vgl. BAG v. 15.2.1990 – 6 AZR 381/88, NZA 1990, 601.

V 10 Veröffentlichungen und Vorträge

	Rz.		Rz.
1. Einführung	1	c) Die Regelung von Nutzungs- und Verwertungsrechten	21
2. Klauseln	5	3. Hinweise zur Vertragsgestaltung; Zusammenfassung	25
a) Zustimmungsvorbehalte und Zustimmungsfiktion	5		
b) Ausdrückliche Gestattung	16		

Schrifttum:
Buchner, Meinungsfreiheit im Arbeitsverhältnis, ZfA 1982, 49; *Däubler*, Wissenschaftsfreiheit im Arbeitsverhältnis – Eine erste Skizze, NZA 1989, 945; *Gach/Rützel*, Verschwiegenheitspflicht und Behördenanzeigen von Arbeitnehmern, BB 1997, 1959; *Hohn*, Grundrechtsfreiheit und Gewissensfreiheit der Arbeitsvertragspartner, DB 1990, 1187; *Kissel*, Arbeitsrecht und Meinungsfreiheit, NZA 1988, 145; *von Olenhusen/Stechl*, Die tarifvertragliche Regelung der Nebentätigkeit von Redakteuren an Tageszeitungen und Zeitschriften, UFITA Band 92, 61; *Reinfeld*, Verschwiegenheitspflicht und Geheimnisschutz im Arbeitsrecht, 1989; *Schaub*, Die Freiheit der Meinungsäußerung im Individualarbeitsrecht und Betriebsverfassungsrecht, RdA 1979, 139; *Seewald/Freidling*, Der Beamte als Urheber, NJW 1986, 2688; *Söllner*, „Wes Brot ich eß', des Lied ich sing'", – Meinungsäußerungen im Arbeitsverhältnis, in Festschrift für Herschel, 1983, S. 389.

1. Einführung

Viele Mitarbeiter sind fortwährend auf die Verbesserung ihres fachlichen, vielfach auch wissenschaftlichen Rufes bedacht. Dieses Phänomen mag vordergründig vom Streben nach einer höheren Stellung in der Betriebshierarchie sowie entsprechend erhöhter Vergütung beeinflusst sein. Vor allem **Führungskräften** bietet sich die Möglichkeit zu Fachvorträgen sowie zur Veröffentlichung von Fachartikeln in Spezialzeitschriften. Der leitende Angestellte im technischen Bereich, der Aspekte der betrieblichen Produktion wissenschaftlich durchdringt und in Fachaufsätzen einem interessierten Publikum nahe bringt, ist heute ähnlich häufig anzutreffen wie der kaufmännische Direktor (und Arbeitnehmer), der Wirtschaftsmagazine mit Stellungnahmen zur Branchenentwicklung usw. „versorgt" oder seine Gedanken bei Vortragsveranstaltungen einem breiten Publikum vorstellt. Auch Aktivitäten im Bereich der Erwachsenenbildung gehören in diesen Zusammenhang. 1

Systematisch handelt es sich um eine besondere Form der → *Nebentätigkeit*, II N 10. Dringt über derartige Aktivitäten – zudem, wenn sie außerhalb der Arbeitszeit angesiedelt sind – die besondere Qualifikation des Mitarbeiters nach außen und wird dieser gleichzeitig mit dem Unternehmen in Verbindung gebracht, dürfte der Arbeitgeber aber – anders als bei „normalen" Nebentätigkeiten – kaum einmal Einwände verlauten lassen. Insoweit bestehen durchaus Parallelen zur Ausübung von → *Ehrenämtern*, II E 10 durch den Arbeitnehmer. Wegen des vorhandenen Bezuges zur „normalen" Tätigkeit des Arbeitnehmers kann die **Werbewirkung** für den Unternehmer vor allem bei Fachveröffentlichungen und -vorträgen nicht zu unterschätzende Ausmaße erreichen.[1] 2

---

[1] In dieselbe Richtung geht auch der Hinweis von *Nebe*, Der Arbeitsvertrag des leitenden Angestellten, 1980, S. 161.

3 Problematisch wird eine Veröffentlichung freilich dann, wenn die Gefahr der Kundgabe von **Geschäfts- oder Betriebsgeheimnissen** besteht. Dass insoweit das Arbeitgeberinteresse gegenüber dem Profilierungsstreben des Mitarbeiters Vorrang genießt, ergibt sich aber schon aus der dem Arbeitsverhältnis immanenten → *Verschwiegenheitspflicht*, II V 20 Rz. 18 ff.

4 Auch sonst ist aber ohne Weiteres denkbar, dass der Arbeitgeber mit den jeweils vom Arbeitnehmer präsentierten Inhalten nicht übereinstimmt. Hier stellt sich die Frage nach einer wirksamen, d.h. auch die betroffenen Grundrechte des Mitarbeiters wahrenden, arbeitsvertraglichen Kontrolle von Veröffentlichungen und Vorträgen.

2. Klauseln

a) Zustimmungsvorbehalte und Zustimmungsfiktion

Typ 1: Konkretisierte Zustimmungsvorbehalte für Veröffentlichungen und Vorträge

a) Abhandlungen, die der Branche zuzurechnen sind, in der das Unternehmen am Markt auftritt, dürfen nur mit Zustimmung der Personalabteilung veröffentlicht werden. Die Einwilligung wird erteilt, wenn die Abhandlung mit der Wahrnehmung der dienstlichen Aufgaben nicht oder nur unwesentlich in Konflikt steht und sonstige berechtigte Interessen des Arbeitgebers nicht beeinträchtigt werden.

b) Literarische Arbeiten und Vorträge, die sich auf das Gebiet der beruflichen Tätigkeit des Angestellten beziehen, sind ohne schriftliche Genehmigung der Firma nicht gestattet. Die Genehmigung wird erteilt, wenn die Arbeiten und Vorträge mit der Wahrnehmung der dienstlichen Aufgaben nicht oder nur unwesentlich in Konflikt stehen und sonstige berechtigte Interessen des Arbeitgebers nicht beeinträchtigt werden.

c) Jede Art publizistischer (Neben)Tätigkeit bedarf der vorherigen schriftlichen Zustimmung des Verlages.

➲ **Nicht geeignet:**
Veröffentlichungen und Vorträge, die die Interessen des Unternehmens (oder seiner Konzernunternehmen) berühren, bedürfen der Zustimmung des Unternehmens.

5 In den weitaus meisten Fällen werden – wie auch in den Klauselbeispielen – Veröffentlichungen und Vorträge des Arbeitnehmers von einer **vorherigen Zustimmung** abhängig gemacht. Insoweit sind indes dieselben Bedenken angebracht wie bei sonstigen → *Nebentätigkeiten*, II N 10 Rz. 29 ff., die Unternehmens- oder Konzerninteressen tangieren.[1] Dabei erscheint allerdings insbesondere eine Ausdeh-

---

[1] Nach BAG v. 28.9.1989 – 2 AZR 317/86, NJW 1990, 1196, muss das Arbeitsverhältnis durch die Vortragstätigkeit konkret beeinträchtigt werden. Sehr hohe Anforderungen sind an eine etwaige (personenbedingte) Kündigung zu stellen, wenn die Veröffentlichungen die Eignung des Mitarbeiters in Frage stellen können.

nung auf Drittunternehmen fragwürdig. Zudem sind sog. „Berührungsformeln" zu unbestimmt, um verfassungsrechtlich geschützte Arbeitnehmerfreiheiten wirksam einzuschränken.

Eine Einschränkung der Veröffentlichungs- und Vortragstätigkeit kann nicht mit Blick auf eine etwa besonders hohe **Vergütung** zugelassen werden.[1] Zum einen wird sich niemand ohne Weiteres das hohe Gut der Wissenschaftsfreiheit abkaufen lassen.[2] Dies gilt vor allem, solange die entsprechenden Vergütungsbestandteile nicht ausdrücklich als „Entschädigung" für den Verzicht auf entsprechende Aktivitäten ausgewiesen werden (→ *Verzichtserklärungen*, II V 50). An einer solchen Konkretisierung fehlt es bei Regelungen der Nebentätigkeit aber regelmäßig. Das „klassische" Gegenbeispiel liefert das Versprechen der sog. Karenzentschädigung beim nachvertraglichen → *Wettbewerbsverbot*, II W 10.[3] Dort ist die Übernahme der Entschädigungsverpflichtung absolute Wirksamkeitsvoraussetzung für die Anerkennung wirksamen Konkurrenzschutzes nach dem Ausscheiden. Ihr Fehlen führt zur Nichtigkeit der Konkurrenzklausel.[4]

Erforderlich für eine Zustimmungspflicht sind grundsätzlich konkrete **tätigkeitsbezogene Eingrenzungen** der zustimmungsbedürftigen Veröffentlichungen und Vorträge.[5] Sofern lediglich die „berufliche Tätigkeit" des Angestellten in Bezug genommen wird, ist aus Bestimmtheitserwägungen erforderlich, dass diese an anderer Stelle im Arbeitsvertrag ausführlich umschrieben ist. Einen anderen Weg der konkreten Umschreibung der zustimmungspflichtigen Aktivitäten gehen die in der Praxis anzutreffenden Klauseltypen 1a und b.

Gleichwohl bleibt die Anerkennung eines **berechtigten arbeitgeberseitigen Interesses** an derartigen Zustimmungsvorbehalten zweifelhaft.[6] Denn das verständliche Bestreben nach Schutz von Betriebsinterna kann anders gesichert werden. Verschwiegenheitspflichten in Bezug auf Geschäfts- und Betriebsgeheimnisse treffen den Arbeitnehmer schon ohne besondere Vertragsklausel (→ *Verschwiegenheitspflicht*, II V 20). Aus diesem Gesichtspunkt ist eine Vorträge und Veröffentlichungen einschränkende Klausel also entbehrlich.

Will der Arbeitgeber lediglich unwillkommene Stellungnahmen verhindern, berührt die Klausel in empfindlicher Weise **die Meinungs- und Wissenschaftsfreiheit** des Mitarbeiters. Die im jeweiligen Einzelfall erforderliche sorgfältige Abwägung hat mithin in besonderer Weise die (im Privatrecht zumindest mittelbar) grundrechtlich geschützte Position des Arbeitnehmers zu berücksichtigen. Dies wird nur bei den wenigsten Mitarbeitern dazu führen, dass Zustimmungsvorbehalte an-

---

1 In diese Richtung etwa LAG Rh.-Pf. v. 21.12.1987 – 9 Sa 251/87, n.v.; allgemein zur Höhe des Entgelts als Kompensation nachteiliger Vertragsklauseln *Preis*, Vertragsgestaltung, § 11 IV. 5.
2 Vgl. auch *Glöckner*, Nebentätigkeitsverbote im Individualarbeitsrecht, 1993, § 8 I. 5. b).
3 Jedenfalls nach rechtlicher Beendigung des Arbeitsverhältnisses ist der Wettbewerb „eröffnet", vgl. auch BAG v. 19.5.1998 – 9 AZR 394/97, BB 1999, 212.
4 Ausführlich *Reinfeld*, Das nachvertragliche Wettbewerbsverbot im Arbeits- und Wirtschaftsrecht, 1993, S. 111 ff.
5 Ebenso DBD/*Däubler*, Anhang, Rz. 356; *Peter*, Nebentätigkeiten von Arbeitnehmern, 2005, S. 213.
6 Für die Anerkennung eines Arbeitgeberinteresses an der Vermeidung betrieblicher Kollisionen *Peter*, Nebentätigkeiten von Arbeitnehmern, 2005, S. 213.

zuerkennen sind und gilt erst recht, wenn sich der Vorbehalt auch auf einen Zeitraum nach Beendigung des Arbeitsverhältnisses erstrecken soll.

10 Doch auch in den Fällen, in denen ein berechtigtes arbeitgeberseitiges Interesse an einem Zustimmungsvorbehalt anzuerkennen ist, sollten Klauseln die Maßstäbe zur Erteilung der Erlaubnis hinreichend offen legen. Entsprechend den für → *Nebentätigkeiten*, II N 10 Rz. 30 f. heranzuziehenden Grundsätzen könnten Klauseln insofern trotz einer tätigkeitsbezogenen Eingrenzung der zustimmungsbedürftigen Veröffentlichungen und Vorträgen als intransparent i.S.d. § 307 Abs. 1 Satz 2 BGB angesehen werden, wenn sie nicht – wie Klauseltypen 1a und b – die möglichen Verweigerungsgründe des Arbeitgebers benennen.[1] Denn ohne deren ausdrückliche Bennenung könnten Zustimmungsvorbehalte möglicherweise nicht hinreichend erkennen lassen, dass der Arbeitgeber nicht frei über den Antrag des Arbeitnehmers auf Zustimmung entscheiden kann, sondern nur aus berechtigten Gründen eine Versagung aussprechen darf.[2] Insofern kann eine Parallele zu den Fällen des § 308 Nr. 4 BGB gezogen werden, in denen verlangt wird, dass sich aus der Vertragsklausel selbst die Maßstäbe für die Entscheidung des Arbeitgebers ergeben müssen. Aus Gründen der rechtssicheren Gestaltung von Arbeitsverträgen ist daher zu empfehlen, in Zustimmungsvorbehalten neben der konkreten tätigkeitsbezogenen Eingrenzung auf der Ebene der Zustimmungsbedüftigkeit auch mögliche Verweigerungsgründe aufzuführen, um klarzustellen, dass auch bei einer zustimmungsbedürftigen Vortrags- oder Veröffentlichungstätigkeit des Arbeitnehmers keine Versagung ausgesprochen werden wird, wenn diese Tätigkeit im Ergebnis kein Arbeitgeberinteresse beeinträchtigt.

11 Besonderheiten bestehen allerdings bei **Redakteuren**. Klauseltyp 1c illustriert die in der Vertragspraxis verbreitete Tendenz von Verlagsleitungen, jede journalistische, schriftstellerische oder sonstige publizistische Nebentätigkeit an eine vorherige Zustimmung zu binden, was individualvertraglich allerdings nur in dieser Branche – bedingt durch die grundrechtlich gesicherte Pressefreiheit – zulässig sein dürfte.

12 Die rechtliche Bewertung hängt zudem maßgeblich von den einschlägigen **Tarifverträgen** ab. Hierbei wiederum ist zwischen Redakteuren an Tageszeitungen und solchen bei Zeitschriften zu differenzieren.

13 Nach § 12 Nr. 2 MTV[3] für **Redakteure an Tageszeitungen** bedürfen lediglich regelmäßig ausgeübte journalistische oder redaktionelle Nebentätigkeiten der ausdrücklichen Einwilligung des Verlages. Die Betroffenen dürfen also selbst bei Tarifbindung ohne Weiteres schriftstellerisch oder sonst publizistisch – etwa als Herausgeber einer politischen Schriftenreihe – tätig sein. Weitergehende einzelvertragliche Absprachen sind wegen Verstoßes gegen das tarifvertragliche Günstigkeitsprinzip (§ 4 Abs. 3 TVG) unwirksam. Aber selbst bei fehlender Tarifbindung erscheint fraglich, ob der Arbeitgeber an einem weiter gehenden Zustimmungsvorbehalt ein anzuerkennendes Interesse hat. Es ist nicht recht ersichtlich, warum ein Verlag seinem Redakteur untersagen können soll, Märchen, Kriminalgeschichten, Kochbü-

---

1 Vgl. DBD/*Däubler*, Anhang Rz. 356.
2 So zur Nebentätigkeit des Arbeitnehmers etwa BAG v. 13.3.2003 – 6 AZR 585/01, NZA 2003, 976 m.w.N.
3 Die Tarifverträge der Journalisten und Journalistinnen sind einsehbar unter http://dju.verdi.de/geld/tarifvertraege.

cher o. Ä. zu schreiben. Diese schriftstellerischen Tätigkeiten weisen keinen besonderen Zusammenhang mit der Haupttätigkeit des Mitarbeiters auf und berühren Arbeitgeberinteressen auch sonst nicht in rechtserheblicher Weise.

§ 13 Nr. 2 MTV für **Zeitschriftenredakteure** bestimmt weitergehend die Zustimmungspflicht nicht nur bei journalistischen und redaktionellen Nebentätigkeiten, sondern darüber hinaus auch für regelmäßig ausgeübte schriftstellerische und sonst publizistische Aktivitäten. Ob diese gegenüber Tageszeitungsredakteuren strengere Regelung sachlich gerechtfertigt ist, erscheint zweifelhaft.[1] Jedenfalls gelegentliche schriftstellerische oder sonst publizistische Betätigungen bleiben aber wie bei den Tageszeitungsredakteuren zustimmungsfrei, wobei nicht zu verkennen ist, dass die Abgrenzung zwischen einer regelmäßig und nur gelegentlich ausgeübten Tätigkeit im Einzelfall erhebliche Probleme aufwerfen kann. Einer einzelvertraglichen Verschärfung kann auch hier wieder § 4 Abs. 3 TVG entgegenstehen. 14

Typ 2: Zustimmungsfiktion

Der Arbeitgeber hat die Entscheidung über die Zustimmung binnen zwei Wochen nach Eingang der Anfrage des Mitarbeiters zu treffen. Wird innerhalb dieser Frist eine Entscheidung nicht gefällt, gilt die begehrte Zustimmung als erteilt.

Das Schweigen des Arbeitgebers auf die Anzeige eines Arbeitnehmers, der die Zustimmung für eine Veröffentlichung oder einen Vortrag begehrt, besitzt grundsätzlich keinen rechtlichen Erklärungswert. Da der Arbeitnehmer jedoch aus Gründen der Rechtssicherheit ein Interesse an zeitnaher Klärung des Antrags hat, ist die Regelung einer Zustimmungsfiktion nach angemessenen Erklärungsfrist sinnvoll, wenn der Arbeitsvertrag einen Zustimmungsvorbehalt nach den Klauseltypen 1a bis c enthalten soll (vgl. ausf. zu Zustimmungsfiktionen und zur Länge der Zustimmungserklärungsfrist bei Nebentätigkeitsvorbehalten → *Nebentätigkeiten*, II N 10 Rz. 33 ff.).[2] 15

b) Ausdrückliche Gestattung

Typ 3: Allgemeine Gestattung von Veröffentlichungen und Vorträgen

a) Dem Angestellten ist gestattet, Fachvorträge zu halten oder unter eigenem Namen zu veröffentlichen. Die Verschwiegenheitspflicht (§ ... dieses Vertrages) bleibt unberührt.

b) Die Fachkraft bedarf der genannten Zustimmung nicht für eine schriftstellerische, wissenschaftliche Tätigkeit oder Vorträge diesbezüglich.
(Nebentätigkeitsvorbehalt mit Erlaubnisvorbehalt)

Die Erkenntnisse, dass ein allgemeiner Zustimmungsvorbehalt nur schwer durchzusetzen ist und dass die Vortrags- und Veröffentlichungstätigkeit leitender Mit- 16

---
1 Zur Kritik etwa *von Olenhusen/Stechl*, UFITA Band 92, 61 (76).
2 Ebenso *Peter*, Nebentätigkeiten von Arbeitnehmern, 2005, S. 214 f.; *Schrader/Schubert*, NZA-RR 2005, 225 (231).

arbeiter vielfach eine nicht zu unterschätzende Werbewirkung für das Unternehmen mit sich bringt, können Anlass dafür bieten, mit der Regelung solcher Aktivitäten im Arbeitsvertrag **offensiv umzugehen**.[1] Aus diesem Blickwinkel bestehen gegen die Klauseltypen 3 keine rechtlichen Bedenken.

17 Vielfach wird es sich freilich empfehlen, wie in Typ 3a, auf die meist an anderer Stelle im Arbeitsvertrag ausdrücklich geregelte → *Verschwiegenheitspflicht*, II V 20 gesondert hinzuweisen. Hierüber kann erreicht werden, dass der betroffene Mitarbeiter sich schon bei der Vorbereitung seines Vortrags bzw. seiner Fachveröffentlichung Gedanken darüber macht, ob und inwieweit **Betriebsinterna** betroffen sein können. Die Gefahr, unbewusst Geschäftsgeheimnisse zu offenbaren, was beim Unternehmen erhebliche Schäden hervorrufen kann, wird deutlich reduziert.

18 Nicht selten empfiehlt sich auch eine Regelung unmittelbar im Zusammenhang mit der (allgemeinen) Nebentätigkeitsregelung im Arbeitsvertrag. Wie in Typ 3b können schriftstellerische u. ä. Tätigkeiten ausdrücklich von einem – wie an anderer Stelle beschriebenen nicht ohne Weiteres wirksamen (→ *Nebentätigkeitsverbot*, II N 10) – Zustimmungsvorbehalt ausgenommen werden. Hintergrund kann auch hier wieder sein, dass die entsprechenden Tätigkeiten nicht selten **positive Auswirkungen** für das Unternehmen haben. Letzteres befindet sich überdies ja auch insoweit in einer relativ gesicherten Position, als an die besondere Loyalitätspflicht leitender Mitarbeiter – nur bei dieser Personengruppe werden entsprechende Tätigkeiten regelmäßig relevant – grundsätzlich erhöhte Anforderungen gestellt werden dürfen.[2]

19 Denkbar, in der Praxis aber kaum anzutreffen, ist die Aufnahme einer **Anzeigepflicht** für Vorträge und Veröffentlichungen in den Arbeitsvertrag. Maßstab für deren Anerkennung ist auch hier das berechtigte Arbeitgeberinteresse im jeweiligen Einzelfall. Interessen des Unternehmens sind umso eher berührt, als im Vortrag oder in der Veröffentlichung ausdrücklich eine Beziehung zu diesem hergestellt wird. Ausreichend hierfür dürften bereits formale Aspekte sein, sei es die Ankündigung des Vortrags unter Mitteilung der beim Unternehmen ausgefüllten Position oder die Erwähnung des Arbeitgebers in der Kurzvorstellung des Autors in z.B. einer Fachzeitschrift. Insoweit dürfte, da die Außendarstellung des Unternehmens betroffen ist, selbst ein Zustimmungsvorbehalt anzuerkennen sein.

20 Eine nachträgliche Anzeigepflicht würde die Regelung bewirken, nach der der Arbeitnehmer verpflichtet ist, dem Arbeitgeber **Belegexemplare** seiner (Fach-)Veröffentlichungen nach deren Erscheinen abzuliefern.

---

1 Im Beamtenrecht sind schriftstellerische, wissenschaftliche, künstlerische sowie Vortragstätigkeiten genehmigungsfrei, § 100 Abs. 1 Nr. 2 BBG; ausführlich *Wagner*, NVwZ 1989, 515. Freilich dürfen bei der Ausübung dieser Tätigkeiten keine dienstlichen Pflichten verletzt werden (vgl. § 100 Abs. 4 BBG); zur Autorentätigkeit während der Dienstzeit *Günther*, DÖD 1988, 78. Allgemein zur Heranziehung beamtenrechtlicher Wertungen für die Beurteilung arbeitsrechtlicher Nebentätigkeitsbeschränkungen → *Nebentätigkeit*, II N 10 Rz. 2.
2 Vgl. BAG v. 18.6.1963 – 5 AZR 146/62, DB 1963, 1155; v. 26.11.1964 – 2 AZR 211/63, AP Nr. 53 zu § 626 BGB.

c) Die Regelung von Nutzungs- und Verwertungsrechten

Typ 4: Vertragsoption über Verwertungsrechte

Der Mitarbeiter ... erklärt sich bereit, dem Unternehmen ... die Option einzuräumen, das Nutzungsrecht an den Veröffentlichungen des Arbeitnehmers gegen eine entsprechende marktübliche Lizenzgebühr zu sichern. Der Mitarbeiter verpflichtet sich daher, Verhandlungen über ein Verwertungsrecht zuerst mit dem Arbeitgeber durchzuführen.

↻ **Nicht geeignet:**
   a) Der Mitarbeiter räumt der Firma an Veröffentlichungen, die das Arbeitsgebiet der Firma (oder einer Konzerngesellschaft) betreffen, im Voraus ein kostenloses, zeitlich, räumlich und inhaltlich unbeschränktes Nutzungsrecht ein.
   b) Journalistische Arbeiten oder Buchmanuskripte, die der Redakteur außerhalb seiner Dienstverpflichtung (dieses Vertrages) geschaffen hat, hat er zunächst dem Verlag anzubieten. Die Frist für die Ausübung der Option beträgt zwei Monate. Es gelten die Grundsätze des Vorkaufsrechts.

Den Beispielen a) und b) entsprechende Regelungen von **Ablieferungspflichten** des Arbeitnehmers und hieran anknüpfende Nutzungs- und Verwertungsrechte des Arbeitgebers unterliegen durchgreifenden Bedenken, die sich schon aus der jedenfalls mittelbar grundrechtlich geschützten Position des Arbeitnehmers ergeben. Dessen grundsätzliche Freiheit, seine Arbeitskraft außerhalb des Arbeitsverhältnisses individuell und unter Ausschluss des Arbeitgebers nutzen zu dürfen, würde durch die Anerkennung weitergehender unentgeltlicher Ablieferungspflichten usw. ad absurdum geführt. Für den Arbeitgeber ist kein berechtigtes Interesse an einer solchen Vertragsgestaltung ersichtlich, zumal er – anders als der Dienstherr bei Beamten – auch keinerlei Gegenleistung zu erbringen hat. Mit Rücksicht auf Art. 12 GG sind solche Klauseln daher als unwirksam anzusehen.[1]   21

Allenfalls bei In-Aussicht-Stellen einer entsprechenden Lizenzgebühr als Gegenleistung ist eine letztlich eigenständige neben dem Arbeitsvertrag bestehende Verpflichtung unbedenklich. Im Rahmen der Vertragsfreiheit kann der Arbeitnehmer frei darüber disponieren, wem er die Verwertungsrechte an seinen fachlichen nebenberuflichen Tätigkeiten einräumen will. Da der Arbeitgeber ein berechtigtes Interesse haben kann, eine Identifikation des Unternehmens mit den Arbeiten des Arbeitnehmers herzustellen, ist eine solche Regelung trotz der im Einzelfall (notfalls durch gerichtliche Hilfe) noch zu ermittelnden Lizenzgebühr anzuerkennen und gerechtfertigt.   22

Die zu Grunde liegende (grund)gesetzliche Wertung kommt auch in anderen Bereichen zum Tragen, der die Verwertung von Arbeitsergebnissen betrifft:[2] Im Recht   23

---
1 Ebenso *Glöckner*, Nebentätigkeitsverbote im Individualarbeitsrecht, 1993, § 11 IV.
2 Eine Leistung, die der Arbeitnehmer im Rahmen des Arbeitsverhältnisses erbringt, fließt dem Arbeitgeber grundsätzlich zu, da sie im Zweifel auch ohne ausdrückliche Vereinbarung mit dem Arbeitsentgelt abgedeckt ist, sofern nicht eine Arbeitnehmererfindung vorliegt. Dies ergibt sich aus §§ 43, 31, insbesondere Abs. 5, 32 UrhG. Vgl. auch BAG v. 12.3.1997 – 5 AZR 669/95, NZA 1997, 765; v. 13.9.1983 – 3 AZR 371/81, NJW 1984, 1579;

der **Arbeitnehmererfindungen** trifft den Arbeitnehmer lediglich bei sog. **Diensterfindungen**, also solchen, die eine besondere Beziehung zum Arbeitsverhältnis aufweisen (genauer § 4 Abs. 2 ArbNErfG), eine Meldepflicht (§ 5 ArbNErfG). Der Arbeitgeber muss dann entscheiden, ob er die Erfindung nach § 6 ArbNErfG in Anspruch nimmt; falls ja, gehen zwar sämtliche Rechte an der Erfindung auf ihn über (§ 7 Abs. 1 ArbNErfG), gleichzeitig ist er aber zur Zahlung einer angemessenen Vergütung an den Arbeitnehmer verpflichtet (§ 9 ArbNErfG). Ansonsten wird die Erfindung frei und der Arbeitnehmer kann unbeschränkt über sie verfügen (§ 8 ArbNErfG). Doch auch bei einer sog. **freien Erfindung**, d.h. einer Erfindung, welche die Voraussetzungen einer Diensterfindung nicht erfüllt, muss der Arbeitnehmer dem Arbeitgeber vor anderweitiger Verwertung gemäß § 19 Abs. 1 ArbNErfG mindestens ein nicht ausschließliches Recht zur Benutzung der freien Erfindung zu angemessenen Bedingungen – insofern müsste der Arbeitgeber also eine Gegenleistung erbringen – anbieten. Ähnlich ist die gesetzliche Wertung im Bereich des **Urheberrechts**, welches gemäß § 2 Abs. 1 Nr. 1 UrhG für die hier in Frage stehenden Sprachwerke, wie Schriftwerke und Reden, einschlägig sein kann.[1] Grundsätzlich kann der Arbeitgeber Rechte am Arbeitsergebnis nur erlangen, indem ihm der Arbeitnehmer als Urheber Nutzungsrechte gemäß § 31 Abs. 1 UrhG einräumt. Wegen des Interesse des Arbeitgebers oder Dienstherrn daran, das in ihrem Arbeits- oder Dienstverhältnis entstandene Werk verwerten zu können, erleichtert § 43 UrhG den Rechtserwerb insoweit, als sich eine Verpflichtung zur Nutzungsrechtseinräumung bereits aus dem Inhalt oder dem Wesen des Arbeits- oder Dienstverhältnisses ergibt.[2] § 43 UrhG erlaubt Einschränkungen der Urheberrechte eines angestellten Urhebers allerdings nur, soweit das betreffende Werk in Erfüllung arbeitsvertraglicher Verpflichtungen geschaffen wurde (sog. Pflichtwerke)[3] und betrifft somit nicht die Arbeitskraft des Arbeitnehmers außerhalb des Arbeitsverhältnisses. Bei sog. freien Werken wird jedoch überwiegend – wie bei freien Erfindungen ausdrücklich normiert – ebenfalls eine Pflicht des Arbeitnehmers angenommen, dem Arbeitgeber die Nutzungsrechte gegen Zahlung einer angemessenen Vergütung anzubieten.[4]

24 Aus diesem Blickwinkel könnte mithin eine vertraglich vereinbarte (teilweise) Ablieferungspflicht in solchen Ausnahmefällen für wirksam gehalten werden, wo der Arbeitgeber angemessene **Gegenleistungen** erbringt. So etwa, wenn er die Nebentätigkeit während der Arbeitszeit erlaubt und/oder betriebliche Einrichtungen zur Verfügung stellt.

---

v. 22.2.1974 – I ZR 128/72, AP Nr. 1 zu § 43 UrhG; so auch *Seewald/Freidling*, NJW 1986, 2688 (2689).
1 Zum Arbeitnehmer als Urheber *von Vogel*, NJW-Spezial 2007, 177.
2 Dreier/Schulze/*Dreier*, UrhG, 4. Aufl. 2013, § 43 Rz. 1.
3 Vgl. hierzu MünchArbR/*Bayreuther*, § 91 Rz. 26 f.
4 BGH v. 27.9.1990 – I ZR 244/88, NJW 1991, 1480 (1483); a.A. MünchArbR/*Bayreuther*, § 91 Rz. 26. Die Begründung der Anbietungspflicht ist indes uneinheitlich: z.T. wird hierzu eine Analogie zu §§ 18, 19 UrhG herangezogen, vgl. *Schmieder*, GRUR 1961, 297 (299); andere leiten diese Pflicht aus der Treuepflicht des Arbeitnehmers ab, vgl. BGH v. 27.9.1990 – I ZR 244/88, NJW 1991, 1480 (1483); zum Streitstand Dreier/Schulze/*Dreier*, UrhG, 4. Aufl. 2013, § 43 Rz. 23 ff.

3. Hinweise zur Vertragsgestaltung; Zusammenfassung

Eine arbeitsvertragliche Regelung von Vorträgen und Veröffentlichungen ist bei vielen Arbeitnehmern überflüssig. Virulent wird das Thema bei näherer Betrachtung regelmäßig nur bei leitenden Mitarbeitern. Diese Einsicht kann zahlreiche Arbeitsverträge von unnötigem Regelungsballast befreien.

Entschließt sich das Unternehmen zu einer ausdrücklichen Regelung, empfiehlt sich bei der Installation eines – nur in engen Grenzen zulässigen – Zustimmungsvorbehalts zunächst eine ausdrückliche gegenständliche Beschränkung auf die konkrete Tätigkeit des betroffenen Mitarbeiters. Die nähere Umschreibung derselben findet sich in aller Regel bereits an anderer Stelle im Arbeitsvertrag, so dass eine gesonderte Umschreibung hier unterbleiben kann. Darüber hinaus empfiehlt es sich, für eine rechtssichere Gestaltung eines Zustimmungsvorbehalts auch die Verweigerungsgründe aufzuführen, um klarzustellen, dass auch bei einer zustimmungsbedürftigen Vortrags- oder Veröffentlichungstätigkeit des Arbeitnehmers keine Versagung ausgesprochen werden wird, wenn diese Tätigkeit im Ergebnis kein Arbeitgeberinteresse beeinträchtigt. Dem schrankenlos gewährten Grundrecht der Wissenschaftsfreiheit (Art. 5 Abs. 3 GG) ist in besonderer Weise Rechnung zu tragen. Möglich und empfehlenswert ist zudem eine Regelung darüber, ob und inwieweit eine Erwähnung der Firma im Zusammenhang mit der angestrebten Nebentätigkeit gestattet ist. Schließlich kann noch der Hinweis auf die (ohnehin bestehende bzw. vertraglich näher ausgestattete) Verschwiegenheitspflicht gute Dienste tun. Da der Arbeitnehmer aus Gründen der Rechtssicherheit ein Interesse an zeitnaher Klärung darüber hat, ob der Arbeitgeber seine Zustimmung erklärt bzw. verweigert, ist letztlich die Regelung einer Zustimmungsfiktion nach angemessener Erklärungsfrist sinnvoll. Eine Ablieferungspflicht kann nur unter sehr engen oben aufgezeigten Grenzen erfolgen.

Unter Berücksichtigung dieser Vorgaben könnte eine Vertragsklausel in einem Arbeitsvertrag wie folgt lauten:

---

§ ...: Veröffentlichungen und Vorträge

(1) Veröffentlichungen und/oder Vorträge, deren Inhalt in einem sachlichen Zusammenhang mit der Tätigkeit des Mitarbeiters im Unternehmen steht, bedürfen der vorherigen Zustimmung der Geschäftsleitung. Ebenso darf die Zugehörigkeit des Mitarbeiters zum Unternehmen bei Veröffentlichungen und/oder Vorträgen nur mit ausdrücklicher Zustimmung der Geschäftsleitung nach außen in Erscheinung treten. Die Zustimmung wird erteilt, wenn die Veröffentlichungen und Vorträge mit der Wahrnehmung der dienstlichen Aufgaben nicht oder nur unwesentlich in Konflikt stehen und sonstige berechtigte Interessen des Unternehmens nicht beeinträchtigt werden.

(2) Der Arbeitgeber hat die Entscheidung über die Zustimmung binnen zwei Wochen nach Eingang der Anfrage des Mitarbeiters zu treffen. Wird innerhalb dieser Frist eine Entscheidung nicht gefällt, gilt die begehrte Zustimmung als erteilt.

(3) Die Verschwiegenheitspflicht des Mitarbeiters (§ ... des Vertrages) bleibt von dieser Regelung unberührt.

V 20 Verschwiegenheitspflicht

	Rz.
1. Einführung	1
2. Klauseltypen bei bestehendem Arbeitsverhältnis	5
a) Rechtsgrundlagen	5
b) Spezielle Verschwiegenheitspflichten	9
aa) Lauterkeitsrecht	10
bb) Diensterfindungen	12
cc) Datengeheimnis	13
dd) Sonstige Geheimhaltungspflichten aufgrund besonderer Stellung	14
c) Betriebs- und Geschäftsgeheimnisse	18
aa) Grundlagen	18
bb) Rechtswidrig handelnder Arbeitgeber	24
d) Vertrauliche Angaben	31
e) Vertragliche Erweiterung der Schweigepflicht	33
f) Die Einbeziehung von Drittunternehmen	39
g) Rechtsfolgenregelungen	43
h) Besondere Vertragsgestaltungen	47
3. Klauseltypen bei nachvertraglicher Verschwiegenheitspflicht	51
a) Grundlagen	51
b) Rechtsfolgenregelungen	67
4. Hinweise zur Vertragsgestaltung	79

Schrifttum:

Diller, Anmerkung zum Urteil des BAG vom 19.5.1998 – 9 AZR 394/97, AP Nr. 11 zu § 611 BGB Treuepflicht; *Diller*, Vertragsstrafen bei Wettbewerbsverboten: was nun?, NZA 2008, 574; *Gaul*, Die nachvertragliche Geheimhaltungspflicht eines ausgeschiedenen Arbeitnehmers, NZA 1988, 225; *Gaul*, Neues zum nachvertraglichen Wettbewerbsverbot, DB 1995, 874; *Harte-Bavendamm/Henning-Bodewig*, Gesetz gegen den unlauteren Wettbewerb, 3. Aufl. 2013; *Herbert/Oberrath*, Schweigen ist Gold?, NZA 2005, 193; *Köhler/Bornkamm*, Wettbewerbsrecht, 32. Aufl. 2014; *Kraßer*, Grundlagen des zivilrechtlichen Schutzes von Geschäfts- und Betriebsgeheimnissen sowie von Know-how, GRUR 1977, 177; *Kunz*, Betriebs- und Geschäftsgeheimnisse und Wettbewerbsverbot während der Dauer und nach Beendigung des Anstellungsverhältnisses, DB 1993, 2482; *Kurz*, Geheimhaltungspflichten nach dem Ausscheiden von Mitarbeitern, WiB 1995, 414; *Mes*, Arbeitsplatzwechsel und Geheimnisschutz, GRUR 1979, 584; *Nastelski*, Der Schutz des Betriebsgeheimnisses, GRUR 1957, 1; *Ohly/Sosnitza*, Gesetz gegen den unlauteren Wettbewerb, 6. Aufl. 2014; *Preis/Reinfeld*, Schweigpflicht und Anzeigerecht im Arbeitsverhältnis, ArbuR 1989, 361; *Reuter*, Wettbewerbsrechtliche Ansprüche bei Konflikten zwischen Arbeitgebern und Arbeitnehmern – Terra Incognita?, NJW 2008, 3538; *Richters/Wodtke*, Schutz von Betriebsgeheimnissen aus Unternehmenssicht – „Verhinderung von Know-how Abfluss durch eigene Mitarbeiter", NZA-RR 2003, 281; *Salger/Breitfeld*, Regelungen zum Schutz von betrieblichem Know-how – die Sicherung von Geschäfts- und Betriebsgeheimnissen, BB 2005, 154; *Stege*, Die Geheimhaltungspflicht für Arbeitnehmer, Betriebsräte und Arbeitnehmervertreter in Aufsichtsräten, DB Beilage 7/1977.

1. Einführung

1 Das Grundrecht der Berufsfreiheit aus Art. 12 Abs. 1 GG gewährleistet den Schutz von Betriebs- und Geschäftsgeheimnissen.[1] Exklusives Wissen ist oftmals wirtschaftlich verwertbar und bildet nicht selten sogar die Basis unternehmerischer Geschäftsmodelle. Dementsprechend haben Arbeitgeber als Unternehmer ein Interesse daran, dass Dritten, vor allem potentiellen oder aktuellen Wettbewerbern auf dem Markt, gewisse Informationen vorenthalten bleiben.

---

1 BVerfG v. 14.3.2006 – 1 BvR 2087/03 u.a., BVerfGE 115, 205 (229).

Ein besonderer Stellenwert kommt geschützten **Immaterialgüterrechten** wie Patenten, Gebrauchs- und Geschmacksmustern sowie Urheberrechten zu, deren ausschließliche wirtschaftliche Nutzung dem Inhaber durch die Vorschriften des gewerblichen Rechtsschutzes ermöglicht werden soll. Aber auch **sonstiges technisches und kaufmännisches Know-how** oder schlichte Insiderinformationen über Unternehmensstrukturen oder Kontakte, welche nicht nach den Regeln des gewerblichen Rechtsschutzes abgesichert werden, können maßgeblichen Einfluss auf den Erfolg im Wettbewerb ausüben.

Der Unternehmenszweck wird freilich nicht vom Arbeitgeber allein, sondern mit Hilfe der Arbeitnehmer verwirklicht. Diese müssen zur Erfüllung ihrer Aufgaben notwendigerweise in manches Geheimnis eingeweiht werden und erbringen bei ihrer Arbeit eigenständig neue geistige Leistungen, die das Unternehmen wirtschaftlich verwerten kann. Die Teilhabe der Arbeitnehmer an Unternehmensinterna birgt freilich auch die Gefahr eines Wissensabflusses durch die Weitergabe von Informationen an Dritte während und vor allem nach Beendigung des Arbeitsverhältnisses oder durch eine Verwertung im Rahmen einer Konkurrenztätigkeit des (ehemaligen) Arbeitnehmers.

Dass Arbeitnehmer eine Pflicht zur Verschwiegenheit im Hinblick auf bestimmte Tatsachen trifft, ist zwar allgemein anerkannt, gesetzlich normiert ist diese Pflicht jedoch nicht.

2. Klauseltypen bei bestehendem Arbeitsverhältnis

a) Rechtsgrundlagen

Typ 1: Deklaratorische und gesetzeskonkretisierende Geheimhaltungsklauseln

a) Der Mitarbeiter nimmt zur Kenntnis, dass eine unbefugte Weitergabe von Geschäfts- oder Betriebsgeheimnissen ein unter Strafe gestelltes Verhalten darstellt.

b) Im Rahmen des Arbeitsverhältnisses bekannt gewordene Betriebs- oder Geschäftsgeheimnisse darf der Arbeitnehmer weder weitergeben noch sonst verwerten.

c) Eine im Rahmen des Arbeitsverhältnisses gemachte (Dienst-)Erfindung ist dem Arbeitgeber anzuzeigen und vom Arbeitnehmer solange geheim zu halten, wie sie nicht nach § 8 Satz 1 des ArbNErfG frei geworden ist.

d) Dem Arbeitnehmer ist es untersagt, geschützte personenbezogene Daten unbefugt zu einem anderen als dem jeweiligen rechtmäßigen aufgabenerfüllenden Zweck zu verarbeiten, bekannt zu machen, zugänglich zu machen oder sonst zu nutzen. Auf die Strafbarkeit von Verstößen gegen das Datengeheimnis wird besonders hingewiesen.

Die sog. **allgemeine Verschwiegenheitspflicht** ergibt sich als allseitig anerkannte vertragsimmanente Nebenpflicht – auch ohne explizite Vereinbarung – aus dem Arbeitsvertrag. Ihm ist die Pflicht zur Rücksichtnahme auf die Interessen des Vertragspartners immanent. Uneinigkeit besteht lediglich darüber, ob sie dogmatisch aus § 242 BGB[1] oder mittlerweile aus § 241 Abs. 2 BGB[2] herzuleiten ist. Jedenfalls ist es dem Arbeitnehmer untersagt, sich ohne Einverständnis des Arbeitgebers betriebliche Unterlagen oder Daten anzueignen oder diese für betriebsfremde Zwecke zu vervielfältigen.[3] Die allgemeine Verschwiegenheitspflicht wird durch das gesetzliche Verbot, Betriebs- und Geschäftsgeheimnisse zu verraten, flankiert. Die Strafbarkeit des Geheimnisverrats ordnet § 17 UWG an. Deliktische Ansprüche kann der Arbeitgeber ggf. aus § 823 Abs. 2 BGB i.V.m. §§ 3, 17 UWG, § 9 Satz 1 UWG sowie § 826 BGB geltend machen. Zum Teil wird im Zusammenhang mit Geheimhaltungspflichtverletzungen auch ein Anspruch aus § 823 Abs. 1 BGB wegen des Eingriffs in ein sonstiges Recht für möglich gehalten.[4] Die arbeitsvertragliche Verschwiegenheitspflicht reicht inhaltlich weiter als die enger gefassten gesetzlichen Pflichten.[5]

6 Arbeitsvertragliche Klauseln, die Stillschweigen des Arbeitnehmers in Bezug auf Unternehmensgeheimnisse vorsehen, konstituieren kein über die allgemeine Verschwiegenheitspflicht hinausgehendes Pflichtenprogramm, sondern haben rein **deklaratorischen Charakter**. Ihre Einführung unterliegt, da bloß das Arbeits-, und nicht das Ordnungsverhalten betroffen ist, nicht der Mitbestimmung des Betriebsrats nach § 87 Abs. 1 BetrVG.[6] Unabhängig vom rechtlichen Gehalt sind solche klarstellenden Klauseln geeignet, faktisch Einfluss auf das Verhalten des Arbeitnehmers auszuüben. Die einhergehende Transparenz der Verschwiegenheitspflicht kann darüber hinaus den Verschuldensnachweis bei Verstößen erleichtern.

7 Grundsätzlich trifft den Arbeitnehmer die Verschwiegenheitspflicht nur für die Dauer des Arbeitsverhältnisses, also **vom Abschluss des Arbeitsvertrages bis zu seiner Beendigung**.[7] Darüber hinaus kann jedoch auch eine nachvertragliche Geheimhaltungspflicht bestehen.[8] Erlangt der Arbeitnehmer bereits vor Vertragsschluss, etwa im Rahmen von Einstellungsverhandlungen, Kenntnis von Geschäfts- oder Betriebsgeheimnissen, so trifft ihn unter Umständen eine vorvertragliche Schweigepflicht, deren Verletzung Schadensersatzansprüche aus § 311 Abs. 2, § 241 Abs. 2 BGB nach sich ziehen kann.[9]

---

1 Schaub/*Linck*, § 53 Rz. 51; ErfK/*Preis*, § 611 BGB Rz. 710.
2 BAG v. 8.5.2014 – 2 AZR 249/13, NZA 2014, 1258 (1260); MünchArbR/*Reichold*, § 48 Rz. 32.
3 BAG v. 8.5.2014 – 2 AZR 249/13, NZA 2014, 1258 (1261); vgl. auch BAG v. 14.12.2011 – 10 AZR 283/10, NZA 2012, 501 (502 f.).
4 Küttner/*Kania*, Personalbuch 2014, Verschwiegenheitspflicht Rz. 15; *Kunz*, DB 1993, 2482 (2483 f.); *Mes*, GRUR 1979, 584 (590 ff.); *Nastelski*, GRUR 1957, 1 (6 f.); MünchArbR/*Reichold*, § 48 Rz. 46.
5 Schaub/*Linck*, § 53 Rz. 51; MünchArbR/*Reichold*, § 48 Rz. 38.
6 BAG v. 10.3.2009 – 1 ABR 87/07, AP Nr. 16 zu § 87 BetrVG 1972.
7 BGH v. 16.11.1954 – I ZR 180/53, AP Nr. 1 zu § 60 HGB.
8 BAG v. 24.11.1956 – 2 AZR 345/56, AP Nr. 4 zu § 611 BGB Fürsorgepflicht; v. 16.3.1982 – 3 AZR 83/79, AP Nr. 1 zu § 611 BGB Betriebsgeheimnis; LAG Hess. v. 1.6.1967 – 5 Sa 211/67, AP Nr. 2 zu § 611 BGB Schweigepflicht; einschränkend: BAG v. 15.6.1993 – 9 AZR 558/91, AP Nr. 40 zu § 611 BGB Konkurrenzklausel; v. 19.5.1998 – 9 AZR 394/97, AP Nr. 11 zu § 611 BGB Treuepflicht; BGH v. 3.5.2001 – I ZR 153/99, GRUR 2002, 91 (92).
9 Vgl. BGH v. 10.7.1963 – Ib ZR 21/62, NJW 1963, 2120 (2121 f.); Schaub/*Linck*, § 53 Rz. 56; *Richters*/*Wodtke*, NJW-RR 2003, 281 (283).

Geheimhaltungspflichten können durch Tarifvertrag geregelt werden. So sehen etwa § 3 Abs. 1 TVöD bzw. § 3 Abs. 2 TV-L für den öffentlichen Dienst vor, dass die Beschäftigten über alle Angelegenheiten, deren Geheimhaltung gesetzlich vorgesehen oder vom Arbeitgeber angeordnet ist, Verschwiegenheit zu wahren haben, und zwar auch über das Arbeitsverhältnis hinaus.

b) Spezielle Verschwiegenheitspflichten

Nicht nur durch die allgemeine arbeitsvertragliche Verschwiegenheitspflicht, sondern auch durch spezialgesetzliche Vorschriften können Arbeitnehmer zum vertraulichen Umgang mit Tatsachenwissen verpflichtet sein.

aa) Lauterkeitsrecht

Für Arbeitnehmer ist die wettbewerbsrechtliche Strafnorm des § 17 UWG von besonderer Bedeutung. Gemäß § 17 Abs. 1 UWG wird **bestraft**, wer als eine bei einem Unternehmen beschäftigte Person ein Betriebs- oder Geschäftsgeheimnis, das ihr im Rahmen des Dienstverhältnisses anvertraut oder zugänglich geworden ist, während der Geltungsdauer des Dienstverhältnisses unbefugt an jemanden zu Zwecken des Wettbewerbs, aus Eigennutz, zugunsten eines Dritten oder in der Absicht, dem Inhaber des Unternehmens Schaden zuzufügen, mitteilt. Als Tathandlung kommt neben einem positiven Tun auch ein pflichtwidriges Unterlassen in Betracht.[1] Zivilrechtlich liegen vor allem Schadensersatzansprüche aus § 823 Abs. 2 BGB i.V.m. dem verwirklichten Straftatbestand nahe. Darüber hinaus können gegebenenfalls die Ergebnisse der Sachverhaltsaufklärung durch die nach dem Amtsermittlungsgrundsatz tätigen und mit besonderen Aufklärungsinstrumenten ausgestatteten Strafverfolgungsbehörden für die Geltendmachung zivilrechtlicher Ansprüche fruchtbar gemacht werden. Der lauterkeitsrechtliche Geheimnisschutz gilt grundsätzlich nur für die Geltungsdauer des Arbeitsverhältnisses, da es dem Arbeitnehmer nach Beendigung seiner abhängigen Tätigkeit prinzipiell freisteht, den Wettbewerb mit dem ehemaligen Arbeitgeber aufzunehmen.[2]

Unlauteres Verhalten kann **Schadensersatzansprüche** aus § 823 Abs. 2 BGB i.V.m. § 3 UWG, § 9 Abs. 1 UWG und § 826 BGB sowie **Unterlassungs- und Beseitigungsansprüche** gemäß § 8 UWG nach sich ziehen. Ein Arbeitnehmer verhält sich – auch nach der Beendigung des Arbeitsverhältnisses – gemäß § 4 Nr. 9 Buchst. c UWG insbesondere dann unlauter, wenn er Waren oder Dienstleistungen des ehemaligen Arbeitgebers unter Verwendung *unredlich* erlangter Kenntnisse oder Unterlagen nachahmt und anbietet. Die Ausnutzung redlich erlangter Kenntnisse ist im Umkehrschluss grundsätzlich nicht unlauter.

bb) Diensterfindungen

Arbeitnehmer haben gemäß § 24 Abs. 2 ArbNErfG Diensterfindungen solange **geheim zu halten**, wie diese noch nicht frei geworden sind. Eine Diensterfindung wird nach § 8 Satz 1 ArbNErfG frei, wenn der Arbeitgeber sie durch Erklärung in Text-

---

1 *Köhler*/Bornkamm, § 17 UWG Rz. 19.
2 Vgl. BGH v. 21.12.1962 – I ZR 47/61, AP Nr. 7 zu § 17 UnlWG; v. 3.5.2001 – I ZR 153/99, GRUR 2002, 91 (92); v. 27.4.2006 – I ZR 126/03, NJW 2006, 3424 (3426).

form freigibt. Der Arbeitgeber muss also formgerecht den Willen zum Ausdruck bringen, die Erfindung nicht selbst verwerten zu wollen. Die schlichte Nichtinanspruchnahme der Erfindung oder eine Freigabe durch schlüssiges Verhalten reichen grundsätzlich nicht aus. Vielmehr gilt die Erfindung gemäß § 6 Abs. 2 ArbNErfG als in Anspruch genommen, wenn der Arbeitgeber die Diensterfindung nicht bis zum Ablauf von vier Monaten nach Eingang der ordnungsgemäßen Meldung (§ 5 Abs. 2 Satz 1 ArbNErfG) gegenüber dem Arbeitnehmer in Textform freigegeben hat. Dementsprechend empfiehlt es sich, Arbeitnehmer auf das Erfordernis einer formgebundenen Freigabeerklärung aufmerksam zu machen, etwa durch Aufnahme deklaratorischer Vertragsklauseln oder Informationsschreiben. Verletzt der Arbeitnehmer die Geheimnispflicht, so können Schadensersatzansprüche aus § 823 Abs. 2 BGB i.V.m. § 24 Abs. 2 ArbNErfG entstehen.

cc) Datengeheimnis

13 Arbeitnehmer, die mit Datenverarbeitung befasst sind, sind nach § 5 Satz 2 BDSG auf das Datengeheimnis zu verpflichten, welches gemäß § 5 Satz 3 BDSG auch nach Beendigung der Tätigkeit fortbesteht. Ihnen ist es nach § 5 Satz 1 BDSG untersagt, personenbezogene Daten unbefugt zu erheben, zu verarbeiten oder zu nutzen. Schuldhafte Verletzungen des Datengeheimnisses können eine Abmahnung oder eine **verhaltensbedingte Kündigung** rechtfertigen.[1]

dd) Sonstige Geheimhaltungspflichten aufgrund besonderer Stellung

14 Kraft einer bestimmten Funktion können Arbeitnehmer besonderen Verschwiegenheitspflichten unterliegen. **Betriebsratsmitglieder** sind nach § 79 Abs. 1 BetrVG – auch nach dem Ausscheiden aus dem Betriebsrat – verpflichtet, Betriebs- und Geschäftsgeheimnisse, die ihnen aufgrund ihrer Zugehörigkeit zum Betriebsrat bekannt geworden und vom Arbeitgeber ausdrücklich als geheimhaltungsbedürftig bezeichnet worden sind, nicht zu offenbaren und nicht zu verwerten. Anders als bei § 17 UWG reicht es für den besonderen Geheimnisschutz nicht aus, dass sich der Geheimhaltungswille aus den Umständen ergibt.[2] Der Arbeitgeber muss also sicherstellen, dass er die Geheimhaltungsbedürftigkeit einer Tatsache dem Betriebsrat gegenüber unmissverständlich erklärt. § 79 Abs. 2 BetrVG erstreckt die Vorgaben des § 79 Abs. 1 BetrVG sinngemäß auf weitere betriebsverfassungsrechtliche Gremien. Die Mitglieder und Ersatzmitglieder des Europäischen Betriebsrates sind gemäß § 35 Abs. 2 EBRG ebenso zur Verschwiegenheit verpflichtet wie die der Sprecherausschüsse nach § 29 SprAuG. Vergleichbare Schweigepflichten bestehen gemäß § 96 Abs. 7 SGB IX für Vertrauenspersonen schwerbehinderter Menschen sowie nach § 10 BPersVG und den entsprechenden Normen in den Personalvertretungsgesetzen der Länder für Personalratsmitglieder. Strafvorschriften finden sich in § 120 BetrVG, § 35 SprAuG sowie § 43 EBRG und § 155 SGB IX.

15 § 13 Satz 2 Nr. 6 BBiG stellt deklaratorisch klar, dass auch **Auszubildende** verpflichtet sind, über Betriebs- und Geschäftsgeheimnisse Stillschweigen zu bewahren. Darüber hinaus gehende Schweigevereinbarungen mit Auszubildenden müs-

---

[1] LAG Köln v. 29.9.1982 – 5 Sa 514/82, DB 1983, 124 (124), LAG Berlin-Brandenburg v. 11.4.2014 – 17 Sa 2200/13, NZA-RR 2014, 468 (470).
[2] Richardi/*Thüsing*, § 79 BetrVG Rz. 7.

sen den Anforderungen des § 12 BBiG genügen. Insbesondere die Vereinbarung von Vertragsstrafen oder pauschalen Schadensersatzbeträgen für den Fall eines Pflichtverstoßes ist gemäß § 12 Abs. 2 BBiG nicht möglich.

Als **Aufsichtsratsmitglieder** unterliegen Arbeitnehmer den aktienrechtlichen Verschwiegenheitsregeln aus § 116 Satz 1 i.V.m. § 93 Abs. 1 Satz 3 AktG sowie § 116 Satz 2 AktG.[1] Sie haben über vertrauliche Angaben und Geheimnisse der Gesellschaft, namentlich über Betriebs- und Geschäftsgeheimnisse, Stillschweigen zu bewahren. Insbesondere sind sie zur Verschwiegenheit über erhaltene vertrauliche Berichte und vertrauliche Beratungen verpflichtet. Die Strafbarkeit von Verletzungen der Geheimhaltungspflicht ordnet § 404 AktG an.

16

Eine strafrechtliche Sanktion von Geheimnisverletzungen kommt des Weiteren nach §§ 203, 204 StGB in Betracht. Die Normen stellen für **bestimmte Berufsgruppen** – z.B. Ärzte und Rechtsanwälte – die unbefugte Offenbarung oder Verwertung von Geheimnissen unter Strafandrohung. Für diese Berufsgruppen besteht zum Teil eine darüber hinausgehende berufliche Standespflicht zur Verschwiegenheit.

17

c) Betriebs- und Geschäftsgeheimnisse

aa) Grundlagen

Typ 2: Wirtschaftsgeheimnisse

Der Mitarbeiter nimmt zur Kenntnis, dass er Geschäfts- und Betriebsgeheimnisse gegenüber denjenigen Personen zu wahren hat, die mit dem jeweiligen Geheimnis durch die geschäftliche Praxis nicht in Berührung kommen.

Die Rechtsprechung definiert Geschäfts- und Betriebsgeheimnisse als Tatsachen, die (1) im Zusammenhang mit dem Geschäftsbetrieb stehen, (2) nur einem begrenzten Personenkreis bekannt und nicht offenkundig sind und (3) nach dem Willen des Arbeitgebers und (4) im Rahmen eines berechtigten wirtschaftlichen Interesses geheim gehalten werden sollen.[2] Nur wenn sämtliche Voraussetzungen kumulativ vorliegen, ist der Tatbestand eines Betriebsgeheimnisses erfüllt. Die Literatur hat die Definition der Rechtsprechung weitgehend übernommen.[3] Betriebs- und Geschäftsgeheimnisse sind grundsätzlich gegenüber jedem zu verschweigen, dem sie nicht zugänglich sind.[4]

18

---

1 Vgl. BGH v. 5.6.1975 – II ZR 156/73, BGHZ 64, 325 (326 ff.).
2 Vgl. nur RG v. 22.11.1935 – II 128/35, RGZ 149, 329 (334); BVerfG v. 14.3.2006 – 1 BvR 2087/03 u.a., BVerfGE 115, 205 (230); BGH v. 15.3.1955 – I ZR 111/53, GRUR 1955, 424 (425); v. 1.7.1960 – I ZR 72/59, AP Nr. 6 zu § 17 UWG; v. 27.4.2006 – I ZR 126/03, NJW 2006, 3424 (3425 f.); BAG v. 16.3.1982 – 3 AZR 83/79, AP Nr. 1 zu § 611 BGB Betriebsgeheimnis; v. 13.2.2007 – 1 ABR 14/06, AP Nr. 81 zu § 118 BetrVG 1972; v. 10.3.2009 – 1 ABR 87/07, AP Nr. 16 zu § 87 BetrVG 1972.
3 Küttner/*Kania*, Personalbuch 2014, Verschwiegenheitspflicht Rz. 2; Schaub/*Linck*, § 53 Rz. 52; ErfK/*Preis*, § 611 BGB Rz. 711; MünchArbR/*Reichold*, § 48 Rz. 33.
4 *Ohly*/Sosnitza, § 17 UWG Rz. 15.

19 **Betriebsgeheimnisse** beziehen sich auf den technischen Betriebsablauf, während **Geschäftsgeheimnisse** den allgemeinen Geschäftsverkehr betreffen.[1] Da die Verschwiegenheitspflicht beide Geheimnisarten als im Zusammenhang mit einem Geschäftsbetrieb stehende Tatsachen gleichermaßen erfasst, wirkt sich die Differenzierung praktisch nicht aus. Technisches Know-how,[2] Herstellungseinrichtungen und -verfahren,[3] Pläne und Zeichnungen[4] sowie Rezepturen[5] oder überwachungsbehördliche Prüfergebnisse[6] können ebenso wie Informationen über Umsätze, Ertragslagen, Kalkulationsunterlagen, Geschäftsbücher, die Kreditwürdigkeit oder Bezugsquellen,[7] Listen mit Kundendaten,[8] Lohn- und Gehaltsdaten[9] oder sogar interne Telefondurchwahlnummern[10] der Verschwiegenheitspflicht unterfallen. An einem Unternehmensbezug fehlt es in der Regel bei Tatsachen, die die Privatsphäre des Unternehmensinhabers oder generell die Sphäre Dritter betreffen.[11]

20 Geheimnisse zeichnen sich dadurch aus, dass ihre Kenntnis einem abgrenzbaren Personenkreis vorbehalten bleibt. Entscheidend ist dabei vor allem, dass der Geheimnisträger **den Kreis der Mitwisser unter Kontrolle** behält.[12] Die Kenntniserlangung durch Personen, die vertraglich oder gesetzlich zur Verschwiegenheit verpflichtet sind, ist für die Geheimniseigenschaft einer Tatsache dementsprechend generell unschädlich.[13] Wie groß der Kreis der sonstigen Mitwisser im Hinblick auf die fragliche Tatsache sein darf, ohne dass die Geheimniseigenschaft entfällt, ist im Wesentlichen eine Tat- und Beweisfrage und richtet sich nach den Umständen des Einzelfalls.[14] Keinen Schutz genießen offenkundige Tatsachen. Offenkundigkeit liegt vor, wenn die entsprechende Information allgemein bekannt oder zumindest leicht zugänglich ist. Die Frage der Zugänglichkeit ist danach zu beurteilen, ob die konkrete Tatsache für jeden Interessierten ohne größere Mühe ermittelbar ist.[15] Liegt das Geheimnis in der besonderen Konstruktionsweise oder chemischen Zusammensetzung eines Produkts, wird es offenkundig, wenn es sich ohne großen Aufwand und Unkosten eruieren lässt.[16] Dass eine Tatsache

---

1 BVerfG v. 14.3.2006 – 1 BvR 2087/03 u.a., BVerfGE 115, 205 (230 f.); BAG v. 15.12.1987 – 3 AZR 474/86, AP Nr. 5 zu § 611 BGB Betriebsgeheimnis.
2 BGH v. 3.5.2001 – I ZR 153/99, GRUR 2002, 91 (92 f.).
3 BAG v. 15.12.1987 – 3 AZR 474/86, AP Nr. 5 zu § 611 BGB Betriebsgeheimnis.
4 BGH v. 13.12.2007 – I ZR 71/05, GRUR 2008, 727 (728 f.).
5 BAG v. 16.3.1982 – 3 AZR 83/79, AP Nr. 1 zu § 611 BGB Betriebsgeheimnis.
6 OVG Schl.-Holst. v. 22.6.2005 – 4 LB 30/04, NuR 2006, 327 (328).
7 BVerfG v. 14.3.2006 – 1 BvR 2087/03 u.a., BVerfGE 115, 205 (231).
8 BGH v. 19.12.2002 – I ZR 119/00, GRUR 2003, 453 (453); v. 27.4.2006 – I ZR 126/03, NJW 2006, 3424 (3426); v. 26.2.2009 – I ZR 28/06, NJW 2009, 1420 (1420); OLG Köln v. 5.2.2010 – I-6 U 136/09, K&R 2010, 279 (280).
9 BAG v. 26.2.1987 – 6 ABR 46/84, AP Nr. 2 zu § 79 BetrVG 1972.
10 LG Köln v. 9.10.2009 – 84 O 169/09, BeckRS 2010, 04101.
11 *Köhler*/Bornkamm, § 17 UWG Rz. 5.
12 *Kraßer*, GRUR 1977, 177 (179).
13 *Köhler*/Bornkamm, § 17 UWG Rz. 7a; *Ohly*/Sosnitza, § 17 UWG Rz. 8.
14 BayObLG v. 28.8.1990 – RReg 4 St 250/89, GRUR 1991, 694 (696); *Köhler*/Bornkamm, § 17 UWG Rz. 7a.
15 BAG v. 16.3.1982 – 3 AZR 83/79, AP Nr. 1 zu § 611 BGB Betriebsgeheimnis; v. 26.2.1987 – 6 ABR 46/84, AP Nr. 2 zu § 79 BetrVG 1972; BGH v. 27.4.2006 – I ZR 126/03, NJW 2006, 3424 (3426); v. 13.12.2007 – I ZR 71/05, GRUR 2008, 727 (728 f.); *Kraßer*, GRUR 1977, 177 (179).
16 *Ohly*/Sosnitza, § 17 UWG Rz. 10.

dem Stand der Technik entspricht, hat nicht zwingend die Zugänglichkeit in diesem Sinne zur Folge, da der Stand der Technik eine Fülle unaufbereiteter Informationen umfassen kann.[1] Die Veröffentlichung von Informationen in allgemein zugänglichen Quellen (z.B. Medien oder frei zugängliche Datenbanken) zieht regelmäßig die Offenkundigkeit nach sich.[2] Eine ursprünglich geheime Tatsache kann mit der Zeit offenkundig werden und damit den Geheimnisschutz einbüßen, wenn sich etwa bestimmte betriebliche oder geschäftliche Erkenntnisse immer größeren Personenkreisen erschließen oder sie veröffentlicht werden. Ob die Tatsache mit oder ohne den Willen des Geheimnisträgers bekannt geworden ist, ist für die Frage der Offenkundigkeit irrelevant. Zu beachten ist, dass nicht die geheim zu haltende Tatsache als solche dem Verschwiegenheitsschutz unterliegt, sondern ihre Beziehung zum Geschäftsbetrieb.[3] So kann ein Verfahren selbst allgemein bekannt, über seine konkrete Anwendung im Betrieb aber dennoch Verschwiegenheit zu wahren sein.[4]

Die Verschwiegenheitspflicht erfasst nur solche Tatsachen, die nach dem **erkennbaren Willen des Arbeitgebers** geheim zu halten sind.[5] Die Anforderungen an den Geheimhaltungswillen und seine Erkennbarkeit sind nicht hoch. Eine vertragliche Verschwiegenheitspflicht besteht bereits dann, wenn sich der Geheimhaltungswille aus der Natur der geheim zu haltenden Sache ergibt.[6] Hat der Arbeitgeber keine positive Kenntnis von einer Tatsache, etwa einer Diensterfindung, so reicht es aus, dass das Arbeitsergebnis ohne das Dienstverhältnis nicht erzielt worden wäre und der Wille des Arbeitgebers, die Tatsache als Geheimnis zu behandeln, wenn er davon erfahren hätte, feststeht.[7]

21

Das Erfordernis eines **berechtigten wirtschaftlichen Interesses an der Geheimhaltung** ermöglicht eine Interessenabwägung nach dem Verhältnismäßigkeitsprinzip.[8] Der Arbeitgeber darf nicht willkürlich die Geheimhaltung bestimmter Tatsachen verlangen, wenn dafür schlechthin kein berechtigtes Interesse gegeben ist.[9] Ein berechtigtes Interesse besteht stets dann, wenn die Preisgabe des Geheimnisses geeignet ist, die Wettbewerbsstellung des Arbeitgebers zu beeinflussen.[10] Einen bestimmten Vermögenswert muss das Geheimnis nicht besitzen.[11] Umstritten ist, ob auch rechtswidrige Tatsachen – etwa kartellrechtswidrige Absprachen oder Verstöße gegen das Steuer-, Sozialversicherungs- Umwelt- oder Arbeitsschutzrecht –

22

---

1 BGH v. 7.11.2002 – I ZR 64/00, GRUR 2003, 356 (358); v. 13.12.2007 – I ZR 71/05, GRUR 2008, 727 (728f.).
2 Vgl. BGH v. 27.4.2006 – I ZR 126/03, GRUR 2006, 1044 (1046); LG Düsseldorf v. 18.4. 2001 – 12 O 97/99, K&R 2002, 101 (102).
3 RG v. 22.11.1935 – II 128/35, RGZ 149, 329 (332f.).
4 BGH v. 15.3.1955 – I ZR 111/53, GRUR 1955, 424 (425); v. 1.7.1960 – I ZR 72/59, GRUR 1961, 40 (43).
5 BGH v. 26.11.1968 – X ZR 15/67, GRUR 1969, 341 (343).
6 BGH v. 10.5.1995 – 1 StR 764/94, NJW 1995, 2301 (2301); v. 27.4.2006 – I ZR 126/03, GRUR 2006, 1044 (1046).
7 BGH v. 18.2.1977 – I ZR 112/75, GRUR 1977, 539 (540).
8 MünchArbR/*Reichold*, § 48 Rz. 36.
9 BGH v. 15.3.1955 – I ZR 111/53, GRUR 1955, 424 (426).
10 *Köhler*/Bornkamm, § 17 UWG Rz. 9; *Ohly*/Sosnitza, § 17 UWG Rz. 12; *Stege*, DB Beilage 8/1977, 1 (2).
11 BGH v. 27.4.2006 – I ZR 126/03, NJW 2006, 3424 (3426).

Geheimnisse i.S.d. § 17 UWG darstellen können, an deren Wahrung ein berechtigtes Interesse besteht (näher Rz. 24 ff.). Klauseln vom **Typ 2** haben lediglich deklaratorischen Charakter. Liegen die genannten Voraussetzungen eines Betriebs- oder Geschäftsgeheimnisses kumulativ vor, so besteht die Verschwiegenheitspflicht auch ohne ausdrückliche Vereinbarung. Eine arbeitsvertragliche Klausel, dass eine bestimmte Tatsache als Betriebsgeheimnis „gilt" oder „anzusehen ist", begründet diesen Geheimnisschutz nicht, sondern bringt allenfalls den Willen zur Geheimhaltung zum Ausdruck. Tatsachen, die nicht sämtliche Merkmale eines Betriebs- oder Geschäftsgeheimnisses erfüllen, können unter Umständen als vertrauliche Angaben vertraglich geschützt werden (Rz. 31 f.).

↻ **Nicht geeignet:**

... Produktionsverfahren, Warenbezugsquellen und Kundenkarteien, insbesondere Absatzgebiete und Pläne, sind als Geschäfts- oder Betriebsgeheimnis anzusehen.

23 Auf europäischer Ebene zeichnen sich erste Bemühungen einer Vereinheitlichung des Geheimnisschutzes ab. So hat die Kommission am 28.11.2013 den Entwurf einer Richtlinie über den Schutz vertraulichen Know-hows und vertraulicher Geschäftsinformationen (Geschäftsgeheimnisse) vor rechtswidrigem Erwerb sowie rechtswidriger Nutzung und Offenlegung vorgelegt.[1] Geschäftsgeheimnisse sind nach Art. 2 Abs. 1 des Richtlinienentwurfs Informationen, die (1) geheim, also weder in ihrer Gesamtheit noch in der einzelnen Zusammensetzung allgemein bekannt oder ohne Weiteres zugänglich sind, (2) aufgrund dessen einen kommerziellen Wert besitzen und (3) Gegenstand angemessener Geheimhaltungsmaßnahmen durch ihren Inhaber sind. Nach Art. 1 des Entwurfs sind sowohl Erwerb als auch Nutzung und Offenlegung solcher Informationen unzulässig, sofern sie rechtswidrig sind. Wann die Rechtswidrigkeit zu bejahen ist, ergibt sich aus Art. 3 der Richtlinie, Art. 4 bestimmt im Gegenzug rechtmäßige Konstellationen.

bb) Rechtswidrig handelnder Arbeitgeber

24 Probleme wirft die Frage auf, ob der Arbeitgeber ein berechtigtes wirtschaftliches Interesse an der Geheimhaltung illegaler Vorgänge haben kann. Dass – rein wirtschaftlich betrachtet – ein Geheimhaltungsinteresse bestehen kann, liegt auf der Hand. Fraglich ist lediglich die rechtliche Anerkennung eines solchen Interesses. Zum Teil wird angeführt, dass der Arbeitnehmer weder Sittenrichter noch Kontrollorgan gegenüber dem Arbeitgeber sei.[2] Auch rechtswidrige Tatsachen könnten daher dem Geheimnisschutz unterfallen. Ihre Offenbarung könne freilich nach § 34 StGB gerechtfertigt sein, wenn sie dem Schutz höherrangiger Interessen diene. Eine weitere Ansicht nimmt eine vermittelnde Position ein. Bei Rechtsverstößen, die entweder die Rechtsposition des Arbeitnehmers konkret und mit einiger Erheblichkeit beeinträchtigen oder solchen, die strafrechtlich sanktionsbewehrt sind, liege kein berechtigtes Interesse an der Geheimhaltung und somit auch kein Be-

---

1 KOM (2013) 813 endg.
2 Wohl herrschend: Harte/Henning/*Harte-Bavendamm*, § 17 UWG Rz. 6; *Köhler*/Bornkamm, § 17 UWG Rz. 9; *Ohly*/Sosnitza, § 17 UWG Rz. 12.

triebs- oder Geschäftsgeheimnis vor.[1] Schließlich wird vertreten, dass rechtswidrige Tatsachen schon begrifflich kein Betriebs- oder Geschäftsgeheimnis darstellen könnten.[2] Mangels Schutzwürdigkeit könnten diese auch nicht berechtigt im Sinne der Definition sein.[3]

Unabhängig davon, ob illegales Verhalten nicht dem gesetzlichen Geheimnisschutz unterliegt, bleibt Denunziantentum bei Arbeitnehmern freilich nicht folgenlos. Tatsachen, die nicht als Betriebs- und Geschäftsgeheimnisse qualifiziert werden können, unterfallen nämlich unter Umständen als vertrauliche Angaben immer noch der weiter reichenden arbeitsvertraglichen Verschwiegenheitspflicht.[4] Die Offenbarung rechtswidriger Vorgänge – etwa gegenüber öffentlichen Stellen, Journalisten oder im Internet – kann eine Verletzung der arbeitsvertraglichen Rücksichtnahmepflicht aus § 241 Abs. 2 BGB darstellen und die entsprechenden zivilrechtlichen Folgen auch dann nach sich ziehen, wenn der Straftatbestand des § 17 UWG mangels berechtigten Geheimhaltungsinteresses des Arbeitgebers nicht erfüllt werden kann. Zur Problematik des sog. **"whistleblowing"** hat sich die Rechtsprechung bereits geäußert:

Das **BVerfG** hat entschieden, dass es mit der Zeugenpflicht und der Pflicht zur Herausgabe bestimmter Gegenstände an die Staatsanwaltschaft nicht vereinbar sei, wenn derjenige, der sie erfüllt, zivilrechtliche Nachteile erleidet. Auch aus der Wahrnehmung staatsbürgerlicher Rechte im Strafverfahren könne – soweit nicht wissentlich unwahre oder leichtfertig falsche Angaben gemacht werden – im Regelfall kein Grund für eine fristlose Kündigung eines Arbeitsverhältnisses abgeleitet werden.[5] Zum Teil wurde aus dieser Entscheidung geschlossen, dass lediglich die wissentlich unwahre oder leichtfertig falsche Erstattung einer Strafanzeige einen Kündigungsgrund darstellen könne.[6]

Das **BAG** hat einen flexibleren Beurteilungsmaßstab angelegt.[7] Eine zur Kündigung berechtigende Pflichtverletzung könne nicht nur dann gegeben sein, wenn der Arbeitnehmer in einer Strafanzeige gegen den Arbeitgeber oder einen seiner Repräsentanten wissentlich oder leichtfertig falsche Angaben gemacht hat. Eine kündigungsrelevante erhebliche Verletzung arbeitsvertraglicher Nebenpflichten könne sich im Zusammenhang mit der Erstattung einer Strafanzeige im Einzelfall auch aus anderen Umständen ergeben. Die vertraglichen Rücksichtnahmepflichten seien dahin zu konkretisieren, dass sich die Anzeige nicht als eine unverhältnismäßige Reaktion auf ein Verhalten des Arbeitgebers oder seines Repräsentanten darstellen dürfe.

---

1 HWK/*Thüsing*, § 611 BGB Rz. 350.
2 ErfK/*Preis*, § 611 BGB Rz. 713; *Preis/Reinfeld*, ArbuR 1989, 361 (363); *Richters/Wodtke*, NZA-RR 2003, 281 (282).
3 In den Vereinigten Staaten können Hinweisgeber unter Umständen sogar hohe Prämien beanspruchen, vgl. *Wybitul*, BB 2010, 2043 (2043); zur Bekämpfung und Verfolgung von Steuerkriminalität haben auch deutsche Behörden im Rahmen der sog. „Liechtenstein-Affäre" viel Geld für die Preisgabe geschäftlicher Informationen bezahlt.
4 *Herbert/Oberrath*, NZA 2005, 193 (196); *Preis/Reinfeld*, ArbuR 1989, 361 (363).
5 BVerfG v. 2.7.2001 – 1 BvR 2049/00, AP Nr. 170 zu § 626 BGB.
6 LAG Düsseldorf v. 17.1.2002 – 11 Sa 1422/01, LAGE § 626 BGB Nr. 138; LAG Hess. v. 27.11.2001 – 15 Sa 411/01, LAGE § 1 KSchG Verhaltensbedingte Kündigung Nr. 79.
7 BAG v. 3.7.2003 – 2 AZR 235/02, AP Nr. 45 zu § 1 KSchG 1969 Verhaltensbedingte Kündigung.

Als Indizien für eine unverhältnismäßige Reaktion des anzeigenden Arbeitnehmers könnten sowohl die Berechtigung der Anzeige als auch die Motivation des Anzeigenden oder ein fehlender innerbetrieblicher Hinweis auf die angezeigten Missstände sprechen. Dies gelte umso mehr, als auch die vertragliche Verpflichtung des Arbeitnehmers im Raum steht, den Arbeitgeber vor drohenden Schäden zu bewahren. Der innerbetrieblichen Klärung gebühre allerdings nicht generell der Vorrang. Vielmehr sei im Einzelfall zu bestimmen, wann dem Arbeitnehmer eine vorherige innerbetriebliche Anzeige ohne Weiteres zumutbar ist und ein Unterlassen ein pflichtwidriges Verhalten darstellt. Eine **vorherige Meldung und Klärung** sei **unzumutbar**, wenn er Kenntnis von Straftaten erhalte, durch deren Nichtanzeige er sich selbst einer Strafverfolgung aussetzen würde. Entsprechendes gelte bei schwerwiegenden Straftaten oder vom Arbeitgeber selbst begangenen Straftaten. Hier müsse regelmäßig die Pflicht des Arbeitnehmers zur Rücksichtnahme auf die Interessen des Arbeitgebers zurücktreten. Des Weiteren treffe den anzeigenden Arbeitnehmer auch keine Pflicht zur innerbetrieblichen Klärung, wenn Abhilfe berechtigterweise nicht zu erwarten ist. Hat der Arbeitnehmer seinen Arbeitgeber auf eine gesetzeswidrige Praxis im Unternehmen hingewiesen, sorge dieser jedoch nicht für Abhilfe, so bestehe auch keine weitere vertragliche Rücksichtnahmepflicht mehr. Etwas anderes werde dann gelten, wenn nicht der Arbeitgeber oder sein gesetzlicher Vertreter, sondern ein Mitarbeiter seine Pflichten verletzt oder strafbar handelt. In solchen Fällen erscheine es eher zumutbar, vom Arbeitnehmer – auch wenn ein Vorgesetzter betroffen ist – vor einer Anzeigenerstattung einen Hinweis an den Arbeitgeber zu verlangen. Dies gelte insbesondere dann, wenn es sich um Pflichtwidrigkeiten handelt, die – auch – den Arbeitgeber selbst schädigen.

28 Der **EGMR** legt ähnliche Maßstäbe wie das BVerfG an.[1] Reicht ein Arbeitnehmer aufgrund der illegalen Aktivitäten seines Arbeitgebers gegen diesen eine Strafanzeige ein, so wird dieser Vorgang vom Schutzbereich der Meinungsfreiheit (Art. 10 EMRK) erfasst. Dementsprechend müsse eine Abwägung zwischen dem Interesse des Arbeitnehmers an der freien Äußerung seiner Meinung einerseits und seiner ihm gegenüber dem Arbeitgeber obliegenden Loyalitätspflicht andererseits (Schutz seiner geschäftlichen Interessen) erfolgen. Dabei sei generell von einem Vorrang der innerbetrieblichen Lösung auszugehen, der nur in aussichtslosen Situationen durchbrochen werden dürfe. Maßgebliche Aspekte für die Abwägung sind dabei das öffentliche Interesse an der Information, der Wahrheitsgehalt der Aussage (fundierte Recherche), der Grad des auf Seiten des Arbeitgebers durch die Offenlegung entstehenden Schadens, sowie die Gründe des Arbeitnehmers. Eine öffentliche Anprangerung kommt dabei nur in Betracht, wenn keine diskreten Mittel zur Verfügung stehen.[2]

29 Eine gesetzliche Regelung der Problematik durch den **Entwurf eines Gesetzes zur Regelung des Beschäftigtendatenschutzes** ist, nachdem das Gesetzgebungsverfahren gestoppt wurde, nicht mehr absehbar – allerdings hat sich die Bundesregierung

---

1 EGMR v. 21.7.2011 – 28274/08, NZA 2011, 1269 – *Heinisch*.
2 Zur innerdeutschen Rezeption des EGMR-Urteils vgl. BAG v. 27.9.1012 – 2 AZR 646/11, NJOZ 2013, 1064 (1068); LAG Köln v. 2.2.2012 – 6 Sa 304/11, NZA-RR 2012, 298 (300f.); OLG Frankfurt a.M. v. 8.5.2014 – 16 U 175/13, NZA-RR 2014, 437 (438).

vorbehalten, eine nationale Regelung des Beschäftigtendatenschutzes anzustoßen, wenn sich die Entwicklung einer **Europäischen Datenschutzgrundverordnung** zu lange hinzieht.[1]

◌ **Nicht geeignet:**
   a) Berichte über betriebliche Vorgänge dürfen nicht ohne ein bei der Geschäftsleitung vorher einzuholendes Einverständnis an die Medien (Funk, Fernsehen, Presse und Internet) oder sonstige Stellen gegeben werden.
   b) Ohne vorherige Genehmigung seitens der hierfür zuständigen Vorgesetzten ist es untersagt, der Presse oder sonstigen Medien Betriebsinterna zu offenbaren.

Das Erfordernis einer Abwägung im Einzelfall lässt Klauseln, die den Eindruck hervorrufen, der Arbeitnehmer sei niemals berechtigt, ohne die Zustimmung des Arbeitgebers Informationen an Dritte weiterzugeben, als wenig empfehlenswert erscheinen. Der Arbeitgeber sollte darauf hinwirken, dass Arbeitnehmer sich mit Hinweisen auf Missstände vertrauensvoll an eine Stelle im Unternehmen wenden können, damit diese soweit wie möglich intern aufgearbeitet werden können.

d) Vertrauliche Angaben

Typ 3: Vertrauliche Angaben

a) Der Mitarbeiter ist verpflichtet, Geschäfts- und Betriebsgeheimnisse sowie betriebliche Angelegenheiten vertraulicher Natur, die als solche von der Geschäftsleitung bezeichnet bzw. offensichtlich als solche zu erkennen sind, geheim zu halten und ohne ausdrückliche Genehmigung der Geschäftsleitung keinen dritten Personen zugänglich zu machen.
b) Der Arbeitnehmer hat auch über die als vertraulich bezeichneten Angelegenheiten Stillschweigen zu bewahren.

Dass eine Tatsache nicht sämtliche Merkmale eines Betriebs- oder Geschäftsgeheimnisses erfüllt, bedeutet nicht, dass der Arbeitnehmer diese unbeschränkt gegenüber Dritten kommunizieren darf. Sog. **vertrauliche Angaben** unterliegen zwar nicht dem gesetzlichen Geheimnisschutz, sie werden aber von der arbeitsvertraglichen Schweigepflicht erfasst und dürfen dementsprechend vom Arbeitnehmer grundsätzlich nicht offenbart werden. Der Gesetzgeber verwendet den Begriff in § 93 Abs. 1 Satz 3 AktG und erkennt ihn damit an.[2] Vertrauliche Angaben liegen vor, wenn dem Arbeitnehmer im Zusammenhang mit dem Arbeitsverhältnis Tatsachen bekannt werden, deren Geheimhaltung dem erkennbaren Willen und einem berechtigten Interesse des Arbeitgebers entspricht.[3] Dem Arbeitnehmer ist es z.B. nicht erlaubt, Konkurrenten des Arbeitgebers auf wettbewerbsrelevante Tatsachen aufmerksam zu machen, die zwar offenkundig, aber dennoch unerkannt sind. Die Möglichkeit des Arbeitgebers, die Vertraulichkeit bestimmter Tatsachen im Rah-

---
1 Koalitionsvertrag 18. Legislaturperiode, S. 70.
2 *Stege*, DB Beilage 8/1977, 1 (2).
3 Vgl. LAG Hamm v. 5.10.1988 – 15 Sa 1403/88, DB 1989, 783 (784); Schaub/*Linck*, § 53 Rz. 51.

men berechtigter Interessen nach seinem Willen einseitig zu bestimmen, ist letztlich ein Ausfluss seines Direktionsrechts. Der Geheimhaltungswille kann ausdrücklich geäußert werden, sich aber auch aus der Natur der Sache ergeben.[1] Ein berechtigtes Interesse des Arbeitgebers kann sich in erster Linie aus wirtschaftlichen Zusammenhängen ergeben. Es ist aber auch denkbar, dass das allgemeine Persönlichkeitsrecht des Arbeitgebers oder anderer Arbeitnehmer eine vertrauliche Behandlung bestimmter Tatsachen gebietet.[2] Dieses Recht wird nicht nur durch die vertragliche Schweigepflicht, sondern auch durch gesetzliche Verhaltenspflichten aus § 823 Abs. 1 BGB und analog §§ 12, 862, 1004 BGB geschützt.[3]

32 Arbeitsvertragliche Klauseln vom Typ 3 haben lediglich deklaratorischen Charakter. Die Pflicht des Arbeitnehmers, über vertrauliche Angaben Stillschweigen zu bewahren, besteht auch ohne ausdrückliche Vereinbarung. Nichtsdestotrotz empfiehlt es sich, das Pflichtenprogramm schriftlich zu fixieren und dem Arbeitnehmer auf diese Weise explizit vor Augen zu führen.

e) Vertragliche Erweiterung der Schweigepflicht

⊃ **Nicht geeignet:**
  a) Ich verpflichte mich hiermit, alle mir während meiner Tätigkeit bei der Firma bekannt werdenden Geschäftsvorfälle, betrieblichen und finanziellen Verhältnisse, technischen Neuerungen, Verbesserungen und Erfindungen streng geheim zu halten.

  b) Der Mitarbeiter ist verpflichtet, über Kenntnisse und Erfahrungen, die aus Anlass des Arbeitsverhältnisses gewonnen wurden und deren Verwertung oder Mitteilung an Dritte die Interessen des Betriebes schädigen können, Stillschweigen zu bewahren.

33 Die allgemeine Verschwiegenheitspflicht des Arbeitnehmers ist grundsätzlich dispositiv und kann demnach durch Arbeitsvertrag oder Betriebsvereinbarung nicht nur eingeschränkt, sondern auch erweitert werden.[4] Begrenzt werden die Gestaltungsmöglichkeiten vor allem durch §§ 134, 138, 242 BGB sowie bei Allgemeinen Geschäftsbedingungen durch §§ 305 ff. BGB. Formularvereinbarungen unterliegen insbesondere der Kontrolle auf eine unangemessene Benachteiligung des Arbeitnehmers und auf Transparenz nach § 307 Abs. 1 BGB. Die Erfüllung gesetzlicher Offenbarungspflichten gegenüber Behörden und sozialrechtlicher Mitwirkungspflichten nach § 60 SGB I kann arbeitsvertraglich nicht ausgeschlossen werden.[5]

34 Nach Auffassung des LAG Hamm sind für die Bemessung der **Grenzen der Vertragsfreiheit** durch § 138 Abs. 1 BGB hinsichtlich der Verschwiegenheitspflicht diejeni-

---
1 Vgl. BGH v. 10.5.1995 – 1 StR 764/94, NJW 1995, 2301 (2301); v. 27.4.2006 – I ZR 126/03, GRUR 2006, 1044 (1046).
2 Z.B. BAG v. 12.9.2006 – 9 AZR 271/06, AP Nr. 1 zu § 611 BGB Personalakte (besonders sensible Daten); LG Köln v. 28.5.2008 – 28 O 157/08, ZUM-RR 2009, 349 (350 ff.) (Weiterleitung von E-Mails).
3 BAG v. 24.9.2009 – 8 AZR 636/08, AP Nr. 41 zu § 611 BGB Persönlichkeitsrecht.
4 LAG Hamm v. 5.10.1988 – 15 Sa 1403/88, DB 1989, 783 (784); Schaub/*Linck*, § 53 Rz. 54; *Preis/Reinfeld*, ArbuR 1989, 361 (364 f.); *Richters/Wodtke*, NZA-RR 2003, 281 (283).
5 *Preis/Reinfeld*, ArbuR 1989, 361 (365).

gen Grundsätze heranzuziehen, die die Rechtsprechung zum Inhalt der Verschwiegenheitspflicht als arbeitsvertraglicher Nebenpflicht und gesetzlicher Pflicht entwickelt hat.[1] Dies läuft im Wesentlichen darauf hinaus, dass der Arbeitgeber ein berechtigtes Interesse an der vertraglichen Erweiterung der Geheimhaltungspflicht nachweisen muss, welches die entgegenstehenden Interessen des Arbeitnehmers überwiegt.[2] Besteht ein solches Interesse nicht, so spricht dies für eine willkürliche Ausweitung der Verschwiegenheitspflicht, die als übermäßige Vertragsbindung gemäß § 138 Abs. 1 BGB unwirksam ist. Problematisch sind vor diesem Hintergrund vor allem sog. **„All-Klauseln"**, welche die Verschwiegenheitspflicht auf sämtliche geschäftlichen und betrieblichen Tatsachen, die dem Arbeitnehmer während des Beschäftigungsverhältnisses bekannt werden, ausdehnen.[3] Die Möglichkeiten zur vertraglichen Erweiterung der Verschwiegenheitspflicht hängen eng mit der Reichweite des berechtigten wirtschaftlichen Geheimhaltungsinteresses im konkreten Fall zusammen. Jedes Unternehmen hat andere Bedürfnisse. Zudem sind konkurrierende Interessen des jeweiligen Arbeitnehmers an der Offenbarung – etwa im Hinblick auf sein berufliches Fortkommen – zu berücksichtigen. Allgemein vorformulierte Klauseln zur Geheimhaltungspflicht bergen die Gefahr, im Einzelfall ein zu weitreichendes, den Arbeitnehmer unangemessen benachteiligendes Pflichtenprogramm aufzustellen oder zumindest nicht hinreichend transparent i.S.v. § 307 Abs. 1 Satz 2 BGB zu sein und sind daher nur in Fällen mit einem deutlich erhöhten Geheimhaltungsbedürfnis empfehlenswert.

○ **Nicht geeignet:**
   a) Der Mitarbeiter verpflichtet sich außerdem, über den Inhalt seines Vertrages, insbesondere über die Bezüge, Stillschweigen zu bewahren.
   b) Über die Höhe der über das Tarifgehalt hinausgehenden Bezüge haben Sie dritten Personen gegenüber Stillschweigen zu bewahren.
   c) Über seine Bezüge hat der Mitarbeiter dritten Personen gegenüber Stillschweigen zu bewahren. Dies gilt nicht für die Fälle, in denen der Mitarbeiter gesetzlich verpflichtet ist, Angaben über sein Einkommen zu machen.

Problematisch sind auch Vereinbarungen die eine Geheimhaltung des Inhalts des Arbeitsvertrages vorsehen. Eine allgemeine Verpflichtung von Arbeitnehmern, über ihre arbeitsrechtlichen Angelegenheiten Stillschweigen zu bewahren, gibt es nicht.[4] Als maßgeblicher Bestandteil des Arbeitsvertrages ist die Höhe des Arbeitsentgelts praktisch von besonderer Relevanz.

35

Das BAG hat anerkannt, dass **Lohn- und Gehaltsdaten** ein Geschäftsgeheimnis darstellen können.[5] Ihre Geheimhaltung müsse dafür jedoch für den Erfolg des Betriebes insofern von Vorteil sein, als die Konkurrenz mit ihrer Kenntnis die eigene Wettbewerbsfähigkeit steigern könnte. Sind die zu den Kalkulationsgrundlagen

36

---

1 LAG Hamm v. 5.10.1988 – 15 Sa 1403/88, DB 1989, 783 (784).
2 Vgl. LAG Rh.-Pf. v. 21.2.2013 – 2 Sa 386/12, ZD 2013, 460; Clemenz/Kreft/Krause/*Klumpp*, AGB-Arbeitsrecht, § 307 BGB Rz. 253.
3 Vgl. BAG v. 19.5.1998 – 9 AZR 394/97, AP Nr. 11 zu § 611 BGB Treuepflicht.
4 LAG MV v. 19.2.2004 – 1 Sa 356/03, juris.
5 BAG v. 26.2.1987 – 6 ABR 46/84, AP Nr. 2 zu § 79 BetrVG 1972; ferner LAG Düsseldorf v. 9.7.1975 – 6 Sa 185/75, DB 1976, 1112 (1112); Küttner/*Kania*, Personalbuch 2014, Verschwiegenheitspflicht Rz. 8; Preis/Reinfeld, ArbuR 1989, 361 (364).

hinzuzurechnenden Bruttogehaltsdaten für die Reaktion der Konkurrenz auf dem Markt unergiebig, so bestehe kein objektiv berechtigtes wirtschaftliches Interesse an der Geheimhaltung. Ein dennoch geäußerter Wille des Unternehmers sei sowohl für die Schaffung des Straftatbestandes in § 17 UWG als auch für die Begründung einer besonderen Schweigepflicht unerheblich.

37 Das LAG Mecklenburg-Vorpommern hat entschieden, dass die folgende Klausel unwirksam ist:[1] „Der Arbeitnehmer verpflichtet sich, die Höhe der Bezüge vertraulich zu behandeln, im Interesse des Arbeitsfriedens auch gegenüber anderen Firmenangehörigen". Die Klausel stelle eine unangemessene Benachteiligung des Arbeitnehmers entgegen den Geboten von Treu und Glauben i.S.v. § 307 Abs. 1 BGB dar. Die einzige Möglichkeit für den Arbeitnehmer festzustellen, ob er Ansprüche aus dem Gleichbehandlungsgrundsatz hinsichtlich seiner Lohnhöhe hat, sei das Gespräch mit Arbeitskollegen. Könnte man ihm solche Gespräche wirksam verbieten, hätte der Arbeitnehmer kein Erfolg versprechendes Mittel, Ansprüche wegen Verletzung des Gleichbehandlungsgrundsatzes im Rahmen der Lohngestaltung gerichtlich geltend zu machen. Darüber hinaus verstoße das Verbot auch gegen die Koalitionsfreiheit gemäß Art. 9 Abs. 3 GG, da es auch Mitteilungen über die Lohnhöhe gegenüber einer Gewerkschaft verbietet, deren Mitglied der betroffene Arbeitnehmer sein könnte. Sinnvolle Arbeitskämpfe gegen ein Unternehmen wären so nicht möglich, da die Gewerkschaft die Lohnstruktur nicht in Erfahrung bringen kann. Auch das BAG geht davon aus, dass Arbeitnehmer sich wechselseitig über ihre Gehaltsdaten verständigen dürfen.[2] Soll vereinbart werden, dass die Entgelthöhe aufgrund eines gesteigerten wirtschaftlichen Interesses geheim zu halten ist, so sind Öffnungstatbestände erforderlich, die dem Arbeitnehmer eine Offenbarung gegenüber Arbeitskollegen und Gewerkschaften sowie Behörden und Sozialleistungsträgern erlauben.

38 Die wirksame Aufnahme von Verschwiegenheitsklauseln hinsichtlich sonstiger Vertragsbestandteile in den Arbeitsvertrag wird in der Regel am fehlenden berechtigten Interesse des Arbeitgebers scheitern, welches eine übermäßige Vertragsbindung des Arbeitnehmers indiziert.

f) Die Einbeziehung von Drittunternehmen

Typ 4: Erstreckung der Geheimhaltung auf Drittunternehmen

a) Die Verschwiegenheitspflicht erstreckt sich auch auf Geschäfts- und Betriebsgeheimnisse derjenigen Unternehmen, mit denen die Firma konzernmäßig verflochten ist ... (es folgt die genaue Bezeichnung der einbezogenen Drittunternehmen).

b) Diese Schweigepflicht erstreckt sich auch auf Angelegenheiten anderer Firmen, mit denen das Unternehmen wirtschaftlich oder organisatorisch verbunden ist.[3]

---

1 LAG MV v. 21.10.2009 – 2 Sa 183/09, ArbuR 2010, 343; dem folgend Clemenz/Kreft/Krause/*Klumpp*, AGB-Arbeitsrecht, § 307 BGB Rz. 254.
2 BAG v. 26.2.1987 – 6 ABR 46/84, AP Nr. 2 zu § 79 BetrVG 1972.
3 S. *Kurz*, WiB 1995, 442 (445).

Im Wirtschaftsleben kommen Unternehmen mitunter in sehr engen Kontakt zueinander. Rechtliche Verflechtungen in Konzernen, strategische Partnerschaften bei der Entwicklung neuer Produkte und Technologien oder der Einsatz unternehmensexternen Personals, im Wege der Leiharbeit wie auch bei der Erbringung spezieller Dienstleistungen, bilden nur einige Beispiele. Solche Kooperationsmodelle bieten zahlreiche Vorteile, sie bringen aber oftmals auch ein erhöhtes Bedürfnis nach einem wirksamen Geheimnisschutz mit sich. Dieser kann in zwei Richtungen gehen. Zum einen sollen Wirtschaftsgeheimnisse des rechtlich oder wirtschaftlich verbundenen Partnerunternehmens geschützt werden, damit dieses keine Nachteile erleidet. Zum anderen sollen bestimmte unternehmensinterne Tatsachen unter Umständen trotz des Kooperationsverhältnisses gerade vor dem Partnerunternehmen verborgen werden. 39

Grundsätzlich ist jedes Unternehmen für den Schutz seiner Wirtschafsgeheimnisse selbst verantwortlich. Soweit Arbeitnehmer unternehmensübergreifend im **Konzern** eingesetzt werden, besteht jedoch ein erhöhtes Interesse an der Einbeziehung verbundener Unternehmen in den arbeitsvertraglichen Geheimnisschutz. Dies wird gesetzlich anerkannt. Bei der Verletzung von Betriebs- und Geschäftsgeheimnissen eines ausländischen Unternehmens, das von einem Unternehmen im Inland abhängig ist und mit diesem einen Konzern bildet, ordnet § 5 Nr. 7 StGB die Geltung des deutschen Strafrechts an. 40

Die Verweisung auf § 18 AktG ist nach allgemeiner Auffassung rechtsformneutral und bezieht sich lediglich auf die materiellen Merkmale eines Konzerns.[1] Werden Arbeitnehmer im Wege der erlaubten Arbeitnehmerüberlassung eingesetzt, so besteht zwar kein Arbeitsvertrag zwischen dem Entleiher und dem Arbeitnehmer, der Leiharbeitnehmer unterliegt aber dennoch einer Verschwiegenheitspflicht gegenüber dem Entleiher, die ihm die Weitergabe von Wirtschaftsgeheimnissen an Dritte oder den Entleiher verbietet.[2] 41

⊃ **Nicht geeignet:**
   Die Verschwiegenheitspflicht erstreckt sich auch auf Angelegenheiten anderer Firmen, mit denen Geschäftsverbindungen unterhalten werden.

Eine Erweiterung der arbeitsvertraglichen Verschwiegenheitspflicht auf Geheimnisse konzernmäßig verbundener Unternehmen ist in der Regel ohne Weiteres möglich. Besteht keine vergleichbar enge rechtliche Verflechtung zwischen Unternehmen – wie etwa bei Lieferant und Abnehmer –, so besteht den Arbeitnehmern des jeweils anderen Unternehmens gegenüber grundsätzlich kein höheres Geheimhaltungsinteresse als gegenüber jedem anderen Dritten. Eine generelle vertragliche Erweiterung der Schweigepflicht auf **Angelegenheiten anderer Unternehmen**, die dem Arbeitnehmer im Zusammenhang mit dem tatsächlichen Geschäftskontakt bekannt werden, scheidet daher regelmäßig aus. Es ist jedoch denkbar, bestimmte Tatsachen als vertrauliche Angaben zu schützen, wenn der Arbeitgeber ein eigenes schutzwürdiges Interesse an der Geheimhaltung einer Tatsache geltend machen kann. 42

---

1 BAG v. 5.5.1988 – 2 AZR 795/87, AP Nr. 8 zu § 1 AÜG; Schüren/*Hamann*, § 1 AÜG Rz. 490; Thüsing/*Waas*, § 1 AÜG Rz. 187.
2 Schüren/*Schüren*, AÜG, Einl. Rz. 238; ErfK/*Wank*, AÜG Einl. Rz. 24.

g) Rechtsfolgenregelungen

◌ **Nicht geeignet:**

a) Ein Verstoß gegen die Verschwiegenheitspflicht stellt eine erhebliche Vertragsverletzung dar, die die Firma zur außerordentlichen Kündigung berechtigt.

b) Ein Nichtbeachten der Schweigepflicht kann die fristlose Entlassung und Schadensersatzansprüche nach sich ziehen.

43   Führt die Offenbarung einer geheimen Tatsache dazu, dass diese offenkundig wird, so entfällt der gesetzliche Geheimnisschutz. Schon deshalb folgt aus der Verschwiegenheitspflicht in erster Linie eine **Unterlassungspflicht**.[1] Diese bezieht sich auf die Weitergabe und Verwertung von Geheimnissen.[2] Wurde die Unterlassungspflicht verletzt, so kommen eine Abmahnung, die verhaltensbedingte Kündigung des Arbeitsverhältnisses[3] sowie die Geltendmachung von Schadensersatzansprüchen in Betracht. Die wirksame Kündigung des Arbeitsverhältnisses setzt stets eine Abwägung der Interessen im konkreten Einzelfall voraus.[4] Dementsprechend ist eine Klausel, welche die Verletzung der Schweigepflicht per se als absoluten Kündigungsgrund oder gar als auflösende Bedingung des Arbeitsverhältnisses ausbedingt, nicht wirksam.[5]

44   **Schadensersatzansprüche** können aus § 280 Abs. 1, § 241 Abs. 2 BGB wegen der Verletzung der arbeitsvertraglichen Verschwiegenheitspflicht oder aus Delikt nach § 823 Abs. 2 i.V.m. den Schutzvorschriften des UWG, § 826 BGB oder § 9 Satz 1 UWG erhoben werden. Zum Teil wird auch § 823 Abs. 1 BGB als Anspruchsgrundlage herangezogen, da der Geheimnisverrat einen Eingriff in das Recht am eingerichteten und ausgeübten Gewerbebetrieb darstelle.[6] Zur Schadensberechnung s. Rz. 74 ff.

45   Es sind Konstellationen denkbar, in denen der Arbeitnehmer ein Geheimnis zur **Wahrung seiner berechtigten Interessen** offenbaren muss. Das Offenbarungsinteresse des Arbeitnehmers kollidiert dann mit dem Geheimhaltungsinteresse des Arbeitgebers. Unter Umständen hat der Arbeitnehmer in einem solchen Fall einen Anspruch gegen den Arbeitgeber auf Freistellung von seiner arbeitsvertraglichen Geheimhaltungspflicht. Ob und in welchem Umfang eine Entbindung von der Schweigepflicht angezeigt ist, ergibt sich aus einer Abwägung der beiderseitigen Interessen nach den Umständen des einzelnen Falles.[7] Die Aufnahme einer deklara-

---

1 Vgl. BGH v. 13.12.2007 – I ZR 71/05, NZA-RR 2008, 421 ff.
2 Harte/Henning/*Harte-Bavendamm*, § 17 UWG Rz. 59; *Ohly*/Sosnitza, § 17 UWG Rz. 52.
3 S. etwa LAG Hamm v. 22.7.1981 – 14 Sa 565/81, ZIP 1981, 1259 (1260 f.); LAG Düsseldorf v. 13.10.1981 – 24 Sa 891/81, ZIP 1982, 217 (217).
4 BAG v. 22.7.1982 – 2 AZR 30/81, AP Nr. 5 zu § 1 KSchG 1969 Verhaltensbedingte Kündigung; v. 24.3.2011 – 2 AZR 282/10, NZA 2011, 1029 (1031); v. 8.5.2014 – 2 AZR 249/13, NZA 2014, 1258 (1261); ErfK/*Oetker*, § 1 KSchG Rz. 201.
5 BAG v. 6.3.2003 – 2 AZR 232/02, NZA 2004, 231.
6 Küttner/*Kania*, Personalbuch 2014, Verschwiegenheitspflicht Rz. 16; *Kunz*, DB 1993, 2482 (2483 f.); *Mes*, GRUR 1979, 584 (590 ff.); *Nastelski*, GRUR 1957, 1 (6 f.); MünchArbR/*Reichold*, § 48 Rz. 46.
7 BAG v. 25.6.1966 – 5 AZR 525/65, AP Nr. 1 zu § 611 BGB Schweigepflicht; v. 13.2.1969 – 5 AZR 199/68, AP Nr. 3 zu § 611 BGB Schweigepflicht.

torischen Klausel in den Arbeitsvertrag, welche dem Arbeitnehmer einen Freistellungsanspruch zur Wahrung berechtigter Interessen zuerkennt, ist schon deshalb sinnvoll, weil sie dem Arbeitnehmer vor Augen führt, dass er nicht dazu berechtigt ist, sich eigenmächtig von der Geheimhaltungspflicht zu befreien.[1]

Typ 5: Vertragsstrafe bei Geheimnisverletzung

Der Arbeitnehmer ist verpflichtet, sowohl während der Dauer des Arbeitsverhältnisses als auch nach der Auflösung desselben über alle geschäftlichen Vorgänge, die ihm zur Kenntnis gelangt sind, insbesondere über das Herstellungsverfahren sowie über Lieferanten und Kunden und sämtliche Einrichtungen, Maschinen und Geräte unbedingtes Stillschweigen zu bewahren. Für jeden Fall der Zuwiderhandlung gegen diese Schweigepflicht ist der Arbeitnehmer verpflichtet, eine Vertragsstrafe in der Höhe von ... Euro an den Arbeitgeber zu zahlen. Schadensersatzansprüche des Arbeitgebers bleiben unberührt.

Da sich eine Verletzung der Verschwiegenheitspflicht durch Schadensersatzleistung in der Regel nur unzureichend beheben lässt, kommt vertraglichen Gestaltungsmöglichkeiten, die ihre Einhaltung präventiv absichern, besondere Bedeutung zu. Naheliegend ist die Vereinbarung einer Vertragsstrafe für den Fall von Verstößen. Diese soll den Schuldner als Druckmittel zur ordnungsgemäßen Einhaltung des Vertrages anhalten und dem Gläubiger im Verletzungsfall die Möglichkeit einer erleichterten Schadloshaltung ohne Einzelnachweis eröffnen.[2] Wegen der verschiedenen vertraglichen Gestaltungsoptionen s. → *Vertragsstrafe*, II V 30.

46

h) Besondere Vertragsgestaltungen

⊃ **Nicht geeignet:**

    a) Von Betrieben, Verfahren, Einrichtungen usw. unseres Unternehmens werden Sie nur in dem Umfang Kenntnis nehmen, als Sie dazu eine dienstliche Veranlassung haben.

    b) Herr/Frau ... ist verpflichtet, jeden durch andere begangenen oder beabsichtigten Geheimnisverrat, der zu seiner/ihrer Kenntnis kommt, der Firma unverzüglich mitzuteilen bzw. an dessen Verhinderung mitzuwirken.

Sog. Neugierklauseln (vgl. Beispiel a) sind nicht empfehlenswert. Sie haben keinerlei Einfluss auf das arbeitsvertragliche Pflichtenprogramm und können als reine Misstrauensbekundung das Vertrauensverhältnis zwischen Arbeitgeber und Arbeitnehmer nur stören. Freilich stellt das Ausspionieren geheimer Tatsachen auch ohne ausdrückliche Vereinbarung eine Pflichtverletzung des Arbeitnehmers dar, die eine Kündigung rechtfertigen kann.[3]

47

---

1 BAG v. 25.6.1966 – 5 AZR 525/65, AP Nr. 1 zu § 611 BGB Schweigepflicht.
2 BGH v. 20.1.2000 – VII ZR 46/98, NJW 2000, 2106 (2107).
3 Vgl. LAG Hamm v. 22.7.1981 – 14 Sa 565/81, ZIP 1981 1259; LAG Schl.-Holst. v. 15.11.1989 – 5 Sa 335/89, SchlHA 1990, 157 ff.; LAG München v. 8.7.2009 – 11 Sa 54/09, K&R 2009, 751 (751 f.).

48 Die Pflicht zur Überwachung anderer Personen kann zu den konkret übertragenen Aufgaben eines Arbeitnehmers gehören oder als sog. **aktualisierte Überwachungspflicht** in bestimmten Fällen aus gegebenem Anlass entstehen.[1] Letzteres betrifft in erster Linie Arbeitnehmer, die eine besondere Verantwortung für den ordnungsgemäßen Betriebsablauf tragen.[2] Ob Arbeitnehmer darüber hinaus ungeachtet ihrer Stellung im Betrieb und ihrer geschuldeten Arbeitsleistung pauschal zur wechselseitigen Denunzierung bei Pflichtverletzungen verpflichtet werden können (vgl. Beispiel b), ist überaus zweifelhaft und sollte im Interesse des allgemeinen Persönlichkeitsrechts der Arbeitnehmer unterbleiben. Das BAG hat in einer Entscheidung sogar die verhaltensbedingte Kündigung eines Denunzianten wegen Störung des Betriebsklimas gebilligt.[3] In schwerwiegenden Fällen trifft ohnehin jeden Arbeitnehmer die vertragliche Pflicht, drohende Gefahren von seinem Arbeitgeber abzuwenden, soweit dies möglich und zumutbar ist.[4]

49 Die arbeitsvertraglichen Nebenpflichten – und damit auch die Verschwiegenheitspflicht – bleiben auch dann bestehen, wenn die Hauptleistungspflichten ruhen oder gesetzlich suspendiert sind, etwa während eines Streiks, in der Elternzeit oder während des Grundwehr- bzw. Zivildienstes.[5]

50 Tritt im Zuge eines **Betriebsübergangs** der Erwerber nach § 613a BGB in ein Arbeitsverhältnis ein, so bleibt diesem gegenüber die Geheimhaltungspflicht des Arbeitnehmers bestehen. War das Arbeitsverhältnis zum Zeitpunkt des Betriebsübergangs bereits beendet, so betrifft die Schweigepflicht lediglich das Verhältnis zwischen dem Betriebsveräußerer und dem Arbeitnehmer.[6] Hatten der Betriebsveräußerer und der Arbeitnehmer in einer solchen Konstellation ein Wettbewerbsverbot (§ 60 HGB) vereinbart, besteht Uneinigkeit darüber, ob § 613a BGB entsprechende Anwendung finden soll.[7]

3. Klauseltypen bei nachvertraglicher Verschwiegenheitspflicht

a) Grundlagen

Typ 6: Nachvertragliche Geheimhaltungspflicht

a) Der Mitarbeiter wird ihm bekannt gewordene Geschäfts- und Betriebsgeheimnisse streng vertraulich behandeln. Diese Verpflichtung besteht auch nach Beendigung des Arbeitsverhältnisses.

b) Der Arbeitnehmer verpflichtet sich, über sämtliche Betriebs- und Geschäftsgeheimnisse Stillschweigen zu wahren. Diese Verpflichtung gilt auch nach

---

1 BAG v. 12.5.1958 – 2 AZR 539/56, AP Nr. 5 zu § 611 BGB Treuepflicht.
2 Vgl. BAG v. 18.6.1970 – 1 AZR 520/69, AP Nr. 57 zu § 611 BGB Haftung des Arbeitnehmers.
3 BAG v. 21.10.1965 – 2 AZR 2/65, AP Nr. 5 zu § 1 KSchG Verhaltensbedingte Kündigung; kritisch Schaub/*Linck*, § 53 Rz. 44.
4 Vgl. Schaub/*Linck*, § 53 Rz. 44; ErfK/*Preis*, § 611 BGB Rz. 744.
5 BAG v. 10.5.1989 – 6 AZR 660/87, AP Nr. 2 zu § 15 BErzGG; v. 3.8.1999 – 1 AZR 735/98, AP Nr. 156 zu Art. 9 GG Arbeitskampf; Schaub/*Linck*, § 172 Rz. 19; Schaub/*Treber*, § 195 Rz. 13.
6 *Gaul*, DB 1995, 874 (877).
7 ErfK/*Preis*, § 613a BGB Rz. 80.

Ende des Arbeitsverhältnisses, jedoch nur so weit, wie der Arbeitnehmer dadurch in seinem beruflichen Fortkommen nicht behindert wird.

Mit der Beendigung des Arbeitsverhältnisses enden im Wesentlichen auch die faktischen und rechtlichen Einflussmöglichkeiten des Arbeitgebers auf den Arbeitnehmer. Der Letztgenannte wird sich in der Regel neu orientieren und versuchen, seine Fähigkeiten und Kenntnisse selbständig oder bei einem neuen Arbeitgeber zu einem möglichst hohen Preis zu verwerten. Dies birgt gewisse Gefahren für den ehemaligen Arbeitgeber. Dessen Betriebs- und Geschäftsgeheimnisse, von denen der Arbeitnehmer während des Arbeitsverhältnisses – im Normalfall redlich – Kenntnis erlangt hat, können Begehrlichkeiten bei Konkurrenten wecken und zu Abwerbungsversuchen bereits während des bestehenden Arbeitsverhältnisses oder zu Vertragsangeboten nach der Beendigung führen. Für den Arbeitnehmer bedeutet die Möglichkeit der **Preisgabe wirtschaftlich verwertbarer Informationen an Wettbewerber** des ehemaligen Arbeitgebers nach Vertragsende oftmals zugleich eine Möglichkeit zur Erzielung eines höheren Arbeitseinkommens, sei es durch Halteprämien des alten oder Antrittszulagen eines neuen Arbeitgebers. Um einem Abfluss von wettbewerbsrelevantem Know-how durch ausgeschiedene Arbeitnehmer bzw. kostspieligen Halteprämien vorzubeugen, kann daher der Vereinbarung einer nachvertraglichen Verschwiegenheitspflicht entscheidende Bedeutung zukommen. Eine solche kann nicht nur zu Beginn, sondern auch während oder nach Beendigung des Arbeitsverhältnisses vereinbart werden. 51

Grundsätzlich endet die Verschwiegenheitspflicht des Arbeitnehmers mit der Beendigung des Arbeitsverhältnisses.[1] Ob und in welchem Umfang Betriebs- und Geschäftsgeheimnisse über das rechtliche Ende des Arbeitsvertrages hinaus geschützt werden, ist im Einzelfall oft schwer zu bestimmen. 52

Aus wettbewerbsrechtlicher Sicht hat der BGH ausgeführt, dass ein ausgeschiedener Mitarbeiter die während der Beschäftigungszeit erworbenen Kenntnisse **grundsätzlich unbeschränkt verwenden** darf, wenn er keinem Wettbewerbsverbot unterliegt.[2] Dies bezieht sich allerdings nur auf Informationen, die er in seinem **Gedächtnis** bewahrt.[3] Die Berechtigung, erworbene Kenntnisse nach Beendigung des Dienstverhältnisses auch zum Nachteil des früheren Dienstherrn einzusetzen, bezieht sich dagegen nicht auf Informationen, die dem Mitarbeiter nur deshalb noch bekannt sind, weil er auf schriftliche oder digitalisierte Unterlagen zurückgreifen kann, die er während der Beschäftigungszeit angefertigt hat. Entnimmt der ausgeschiedene Arbeitnehmer derartigen **Aufzeichnungen** ein Geschäftsgeheimnis, so verschafft er sich dieses Geschäftsgeheimnis unbefugt i.S.v. § 17 Abs. 2 Nr. 2 UWG.[4] Darüber hinaus kann 53

---

1 BGH v. 16.11.1954 – I ZR 180/53, AP Nr. 1 zu § 60 HGB; Küttner/*Kania*, Personalbuch 2014, Verschwiegenheitspflicht Rz. 9; Schaub/*Linck*, § 53 Rz. 56; MünchArbR/*Reichold*, § 48 Rz. 43.
2 BGH v. 21.12.1962 – I ZR 47/61, AP Nr. 7 zu § 17 UnlWG; v. 3.5.2001 – I ZR 153/99, GRUR 2002, 91 (92); v. 27.4.2006 – I ZR 126/03, NJW 2006, 3424 (3426).
3 BGH v. 14.1.1999 – I ZR 2/97, GRUR 1999, 934 (935); v. 27.4.2006 – I ZR 126/03, NJW 2006, 3424 (3426).
4 BGH v. 19.12.2002 – I ZR 119/00, GRUR 2003, 453 (454); v. 27.4.2006 – I ZR 126/03, NJW 2006, 3424 (3426); s.a. BAG v. 14.12.2011 – 10 AZR 283/10, NZA 2012, 501 (502 f.); v. 8.5.2014 – 2 AZR 249/13, NZA 2014, 1258 (1261).

die Offenbarung oder Verwertung eines Betriebsgeheimnisses, von dem der Arbeitnehmer vermöge seines Dienstverhältnisses ohne Vertrauensbruch Kenntnis erlangt hat, nur unter ganz besonderen Umständen als Verstoß gegen die guten Sitten oder das Wettbewerbsrecht aufgefasst werden.[1]

54 Aus arbeitsrechtlicher Perspektive hat das BAG entschieden, dass den Arbeitnehmer nach Beendigung des Arbeitsverhältnisses auch ohne einen ausdrücklichen Geheimhaltungsvertrag eine **nachvertragliche Verschwiegenheitspflicht** treffen kann.[2] Ihr Umfang bestimme sich nach einer Gesamtwürdigung aller erheblichen Umstände.[3] Zum Teil führt das BAG etwas konkreter aus, dass die nachvertragliche Geheimhaltungspflicht auf das Verbot einer Verwertung durch Weitergabe geheim zu haltender Tatsachen begrenzt sei.[4] Jedenfalls soll die nachvertragliche Verschwiegenheitspflicht nicht so weit gehen, dass sie für den Arbeitnehmer wie ein faktisches Wettbewerbsverbot wirkt.[5] Der ausgeschiedene Arbeitnehmer darf also nicht als „Informationshändler" auftreten und Betriebs- und Geschäftsgeheimnisse seines ehemaligen Arbeitgebers schlicht an Dritte „verkaufen", er darf die während der Beschäftigung redlich gewonnenen Kenntnisse aber durchaus im Rahmen seiner weiteren eigenen – abhängig oder selbständig ausgeübten – beruflichen Tätigkeit verwenden. Die Grenzlinie kann dabei sehr schmal sein.[6] Das Erfordernis einer im Einzelfall oftmals mit Schwierigkeiten behafteten Gesamtabwägung zwischen dem berechtigten Geheimhaltungsinteresse des Arbeitgebers und dem Interesse des Arbeitnehmers an der ungehinderten Verwertung seines Wissens, deren Ergebnis im Rahmen einer gerichtliche Auseinandersetzung kaum vorhersehbar ist, kann in der Praxis nicht befriedigen. Insofern ist eine ausdrückliche vertragliche Regelung des nachvertraglichen Geheimnisschutzes dringend anzuraten.

55 Die Gestaltung nachvertraglicher Geheimhaltungsklauseln ist problemträchtig. Zum einen muss ein **effektiver Schutz der berechtigten Geheimhaltungsinteressen** des Arbeitgebers sichergestellt sein. Zum anderen darf der Arbeitnehmer nicht unangemessen in seinem beruflichen Fortkommen behindert werden. Beide Parteien können hinsichtlich ihrer Positionen geltend machen, dass der Gesetzgeber diesen grundrechtlichen Schutz aus Art. 12 Abs. 1 bzw. Art. 2 Abs. 1, 14 GG zubilligt.[7] Es liegt insofern ein **Kollisionsproblem** vor, das nach dem Verhältnismäßigkeitsgrundsatz aufzulösen ist.[8] Danach ist ein nachvertragliches Informationsverwertungsverbot nur insoweit statthaft, als ein überwiegendes Interesse des Arbeitgebers gegenüber dem schutzwerten Anliegen des ausgeschiedenen Arbeitnehmers, seine berufliche Tätigkeit uneingeschränkt weiterzuführen zu können, anzuerkennen ist.[9] Die

---

1 BGH v. 16.11.1954 – I ZR 180/53, AP Nr. 1 zu § 60 HGB.
2 BAG v. 24.11.1956 – 2 AZR 345/56, AP Nr. 4 zu 611 BGB Fürsorgepflicht; v. 16.3.1982 – 3 AZR 83/79, AP Nr. 1 zu § 611 BGB Betriebsgeheimnis; v. 15.6.1993 – 9 AZR 558/91, AP Nr. 40 zu § 611 BGB Konkurrenzklausel; LAG Hess. v. 1.6.1967 – 5 Sa 211/67, AP Nr. 2 zu § 611 BGB Schweigepflicht.
3 BAG v. 16.3.1982 – 3 AZR 83/79, AP Nr. 1 zu § 611 BGB Betriebsgeheimnis.
4 BAG v. 15.6.1993 – 9 AZR 558/91, AP Nr. 40 zu § 611 BGB Konkurrenzklausel.
5 BAG v. 15.6.1993 – 9 AZR 558/91, AP Nr. 40 zu § 611 BGB Konkurrenzklausel; v. 19.5.1998 – 9 AZR 394/97, AP Nr. 11 zu § 611 BGB Treuepflicht.
6 MünchArbR/*Reichold*, § 48 Rz. 44.
7 Vgl. BGH v. 3.5.2001 – I ZR 153/99, GRUR 2002, 91 (93).
8 *Kurz*, DB 1993, 2482 (2485).
9 Vgl. LAG Rh.-Pf. v. 21.2.2013 – 2 Sa 386/12, ZD 2013, 460; *Gaul*, NZA 1988, 225 (230).

Interessenabwägung in Bezug auf die Verschwiegenheitspflicht entspricht dabei weitgehend der Interessenabwägung nach § 74a Abs. 1 HGB beim Wettbewerbsverbot.[1] Die nachvertragliche Schweigepflicht darf also kein Selbstzweck sein. Der Arbeitgeber muss ein schutzwürdiges Geheimhaltungsinteresse geltend machen können, damit die Vereinbarung Wirksamkeit entfalten kann.

Aus der Sicht des Arbeitgebers ist besonders wichtig, dass die Schwelle von der entschädigungslos wirksamen Verschwiegenheitsvereinbarung zum **nachvertraglichen Wettbewerbsverbot i.S. der §§ 74 ff. HGB** (→ *Wettbewerbsverbot*, II W 10) nicht überschritten wird, da Letzteres nur bei Leistung einer Karenzentschädigung verbindlich ist und zeitlich für höchstens zwei Jahre vereinbart werden kann. Die nachvertragliche Verschwiegenheitsvereinbarung darf den Arbeitnehmer demzufolge nicht derart in seinem beruflichen Fortkommen beeinträchtigen, dass sie faktisch wie ein nachvertragliches Wettbewerbsverbot wirkt. Tut sie dies, so ist die Vereinbarung bei Nichteinhaltung der Vorgaben aus §§ 74 ff. HGB unwirksam.[2] Der Arbeitnehmer wäre dann lediglich im Rahmen der allgemeinen Regeln zur nachvertraglichen Verschwiegenheit verpflichtet. 56

Eine besondere Schwierigkeit liegt für die vertragsgestaltende Praxis darin, dass vorformulierte Regelungen nicht nur im weiteren Sinne verhältnismäßig, sondern zugleich angemessen nach § 307 Abs. 1 BGB und damit auch **transparent** (§ 307 Abs. 1 Satz 2 BGB) sein müssen. Eine klare und verständliche Formulierung der Verschwiegenheitsklausel, welche die konkreten Pflichten des ausgeschiedenen Arbeitnehmers unmissverständlich festlegt, ist daher ebenso wichtig wie die inhaltlich angemessene Berücksichtigung der konkreten Interessenlage. Die Gerichtsfestigkeit einzelner Formulierungen ist oftmals kaum vorhersehbar.[3] 57

Es geht sicherlich zu weit, den Arbeitnehmer zu Stillschweigen über allgemeine betriebliche Interna zu verpflichten. Bezieht sich die nachvertragliche Verschwiegenheitspflicht nicht auf ein oder mehrere konkret festgelegte Betriebsgeheimnisse, sondern unterschiedslos auf alle Geschäftsvorgänge, so ist die Klausel nach der Rechtsprechung des BAG unwirksam.[4] Sie überschreitet die Grenze zum Wettbewerbsverbot. Dies dürfte auch dann noch gelten, wenn sich die Klausel nicht auf sämtliche Geschäftsvorgänge, sondern „nur" pauschal auf sämtliche Betriebs- und Geschäftsgeheimnisse bezieht.[5] Verschwiegenheit hinsichtlich einzelner, konkret bestimmter Betriebsgeheimnisse, die den Marktwert des Arbeitnehmers bei der Beschäftigungssuche nicht beeinträchtigt, dürfte aber wirksam vereinbart werden können.[6] Der Arbeitnehmer würde dadurch nicht unangemessen in seinem beruflichen Fortkommen und der Aufnahme einer Konkurrenztätigkeit behindert. 58

---

1 *Diller*, Anm. zu BAG v. 19.5.1998 – 9 AZR 394/97, AP Nr. 11 zu § 611 BGB Treuepflicht.
2 BAG v. 15.6.1993 – 9 AZR 558/91, AP Nr. 40 zu § 611 BGB Konkurrenzklausel; v. 19.5. 1998 – 9 AZR 394/97, AP Nr. 11 zu § 611 BGB Treuepflicht.
3 Vgl. BAG v. 14.8.2007 – 8 AZR 973/06, AP Nr. 28 zu § 307 BGB; dazu kritisch *Diller*, NZA 2008, 574 ff.
4 BAG v. 19.5.1998 – 9 AZR 394/97, AP Nr. 11 zu § 611 BGB Treuepflicht.
5 Vgl. *Diller*, Anm. zu BAG v. 19.5.1998 – 9 AZR 394/97, AP Nr. 11 zu § 611 BGB Treuepflicht.
6 Vgl. *Diller*, Anm. zu BAG v. 19.5.1998 – 9 AZR 394/97, AP Nr. 11 zu § 611 BGB Treuepflicht; *Küttner/Kreitner*, Personalbuch 2014, Betriebsgeheimnis Rz. 8; *Richters/Wodtke*, NJW-RR 2003, 281 (285).

59 Offensichtlich problematisch im Hinblick auf die Wettbewerbsfreiheit des ausgeschiedenen Arbeitnehmers sind sog. **Kundenschutzklauseln.** Diese sollen verhindern, dass der ehemalige Mitarbeiter sein während des Arbeitsverhältnisses erworbenes Wissen über Kundenlisten, Marktstrategien, Bezugsquellen, Kaufgewohnheiten, Preislisten, Kalkulationen und Absatzgebiete verwertet.

⊃ Nicht geeignet:
- a) Der Mitarbeiter wird auch nach Beendigung des Vertrages die Namen der Kunden, die er durch seine Tätigkeit bei der Firma erfahren hat, in keiner Weise für sich oder einen Dritten verwenden.
- b) Nach Ende des Vertragsverhältnisses dürfen Kundenanschriften und -informationen weder vom Mitarbeiter selbst verwertet noch Dritten zugänglich gemacht werden.[1]

60 Ein Wettbewerbsverbot trifft den Arbeitnehmer grundsätzlich nur während der Dauer des Arbeitsverhältnisses. Nach dessen Beendigung kann der Arbeitnehmer wie jeder andere Dritte auch zu seinem ehemaligen Arbeitgeber in Wettbewerb treten. Die Grenzen ergeben sich lediglich aus den allgemeinen wettbewerbsrechtlichen Vorschriften. Der Arbeitgeber kann sich vor einer nachvertraglichen Konkurrenztätigkeit des Arbeitnehmers nur durch die Vereinbarung eines bezahlten und auf höchstens zwei Jahre befristeten Wettbewerbsverbots nach §§ 74 ff. HGB schützen. Liegt ein solches Wettbewerbsverbot nicht vor, so darf der Arbeitnehmer sein im Arbeitsverhältnis (redlich) erworbenes Erfahrungswissen einschließlich der Kenntnis von Betriebs- und Geschäftsgeheimnissen einsetzen und in den Kundenkreis des Arbeitgebers eindringen.[2]

61 Auch wenn Kundendaten durchaus ein Geschäftsgeheimnis darstellen können und ihre Weitergabe an Konkurrenzunternehmen durch den Arbeitnehmer während der Laufzeit des Arbeitsvertrags eine Pflichtverletzung nach § 241 Abs. 2 BGB darstellt,[3] behindert das pauschale Verbot ihrer nachvertraglichen Verwertung doch die Wettbewerbsfähigkeit des ausgeschiedenen Arbeitnehmers in unangemessener Weise. Dies gilt vor allem vor dem Hintergrund der Rechtsprechung des BGH, wonach der Arbeitnehmer auf Informationen zugreifen darf, die er in seinem Gedächtnis bewahrt, nicht aber auf schriftliche Unterlagen aus der Beschäftigungszeit.[4] Dürfte der Arbeitnehmer noch nicht einmal diejenigen Kundendaten, an die er sich ohne Zuhilfenahme schriftlicher Unterlagen erinnern kann, für seine berufliche Tätigkeit verwerten, so würde ihm durch die nachvertragliche Schutzklausel ein besonders naheliegender Kundenkreis verschlossen und die gezielte Aufnahme des Wettbewerbs im Tätigkeitsfeld seines ehemaligen Arbeitgeber faktisch versperrt. Einen derartigen Wettbewerbsschutz soll der ehemalige Arbeitgeber nach §§ 74 ff. HGB aber nur im Gegenzug für die Leistung einer Karenzentschädigung und höchstens für einen zweijährigen Zeitraum beanspruchen können.[5]

---

1 *Kurz*, WiB 1995, 442 (445); s.a. *Salger/Breitfeld*, BB 2005, 154 (155, 157).
2 BAG v. 15.6.1993 – 9 AZR 558/91, AP Nr. 40 zu § 611 BGB Konkurrenzklausel; v. 19.5. 1998 – 9 AZR 394/97, AP Nr. 11 zu § 611 BGB Treuepflicht.
3 BAG v. 28.1.2010 – 2 AZR 1008/08, NZA-RR 2010, 461 (462 f.).
4 BGH v. 27.4.2006 – I ZR 126/03, NJW 2006, 3424 (3426).
5 Zur Sittenwidrigkeit einer absoluten Kundenschutzklausel vgl. BGH v. 31.5.2012 – I ZR 198/11, GRUR-RR 2012, 495 (495 f.).

Eine Kundenschutzklausel unterliegt im Ergebnis dem Anwendungsbereich der 62
§§ 74 ff. HGB. Der vertragsgestaltenden Praxis kann daher nicht zu dem Versuch geraten werden, die wettbewerbsrechtliche Entschädigungspflicht durch die Aufnahme nachvertraglicher Informationsverwertungsverbote in den Arbeitsvertrag zu umgehen. Wenn der Kundenstamm vor einer Konkurrenztätigkeit des ausgeschiedenen Arbeitnehmers geschützt werden soll, muss der Arbeitgeber die mit der **Vereinbarung eines Wettbewerbsverbots** verbundenen Unannehmlichkeiten – vor allem in Form der Kosten für die Karenzentschädigung – auf sich nehmen. Ob sich ein solcher Kundenschutz wirtschaftlich lohnt, kann nur im Einzelfall beurteilt werden. Dabei ist zu berücksichtigen, dass die nachvertragliche Verwertung der Kundendaten dem Arbeitnehmer lediglich für die Aufnahme einer eigenen – selbständig oder abhängig ausgeübten – beruflichen Konkurrenztätigkeit erlaubt ist. Die schlichte Weitergabe der Kundendaten an Dritte gegen Entgelt dürfte regelmäßig gegen die – auch ohne explizite Vereinbarung bestehende – nachvertragliche Verschwiegenheitspflicht im Sinne der Rechtsprechung des BAG verstoßen.[1] Unter Verstoß gegen § 17 UWG erlangte Kenntnisse dürfen ohnehin nicht verwendet werden.[2]

Neben der inhaltlichen Reichweite ist auch die **zeitliche Wirkung** bei der Gestal- 63
tung einer nachvertraglichen Geheimhaltungspflicht von Bedeutung. Es ist bislang nicht höchstrichterlich geklärt, ob es eine Höchstgrenze für die Verschwiegenheitspflicht nach Beendigung des Arbeitsverhältnisses gibt und wie diese gegebenenfalls zu bemessen ist. Prinzipiell erscheint eine unbegrenzte Dauer der Verschwiegenheitspflicht denkbar.[3] In der Literatur wurden verschiedene Vorschläge zur Bewältigung der Problematik erarbeitet. So wird z.B. in Anlehnung an § 74a Abs. 1 Satz 3 HGB – zumindest für kaufmännisch geprägte Geheimnisse – eine Grenze von zwei Jahren angeregt[4] oder unter Berücksichtigung der durchschnittlichen Entwicklungszeit für Geschäftsgeheimnisse und betriebliches Know-how eine fünfjährige Höchstgrenze empfohlen.[5] Ungeachtet der zweifellos erhöhten Rechtssicherheit birgt die Bestimmung fester zeitlicher Grenzen für die Vereinbarung eines nachvertraglichen Geheimnisschutzes stets die Gefahr, dass die berechtigten Geheimhaltungsinteressen des Arbeitgebers im Einzelfall nicht angemessen berücksichtigt werden können.

Dementsprechend erscheint die **flexible Bestimmung** der äußersten zeitlichen 64
Nachwirkung einer Geheimhaltungsabrede vorzugswürdig. Eine wirksame Verschwiegenheitsklausel wirkt solange nach, wie der Arbeitgeber ein berechtigtes Interesse an der fortdauernden Geheimhaltung geltend machen kann. Typischerweise wird das Geheimhaltungsinteresse im Laufe der Zeit abnehmen, nichtsdestotrotz kann es in besonders gelagerten Fällen das Offenbarungsinteresse des Arbeitnehmers auf Dauer übertreffen. Es fällt jedoch spätestens in dem Zeitpunkt weg, in dem der Arbeitnehmer das zu schützende Wissen in Kenntnis der Aufgabenstellung selbst hätte erlangen können.[6] Soweit der Arbeitgeber sein Interesse an der Geheim-

---

1 Vgl. BAG v. 15.6.1993 – 9 AZR 558/91, AP Nr. 40 zu § 611 BGB Konkurrenzklausel.
2 BGH v. 19.3.2008 – I ZR 225/06, WRP 2008, 938 (939).
3 Vgl. BGH v. 3.5.2001 – I ZR 153/99, GRUR 2002, 91 (94).
4 Küttner/*Kreitner*, Personalbuch 2014, Betriebsgeheimnis Rz. 8; *Kunz*, DB 1993, 2482 (2486); *Preis/Reinfeld*, ArbuR 1989, 361 (368).
5 *Gaul*, NZA 1988, 225 (231 f.).
6 *Gaul*, NZA 1988, 225 (232); *Preis/Reinfeld*, ArbuR 1989, 361 (369).

haltung betrieblicher Tatsachen zeitlich einzugrenzen vermag – etwa, weil er bestimmte Erkenntnisse ohnehin regelmäßig veröffentlicht –, empfiehlt es sich dennoch, die Schweigepflicht im Arbeitsvertrag ausdrücklich zeitlich zu begrenzen.

65 Auch sorgfältig formulierte nachvertragliche Verschwiegenheitsabreden sind mit einer nicht unerheblichen Rechtsunsicherheit behaftet. Im Ergebnis sind daher gesonderte, zeitlich und gegenständlich soweit wie möglich konkretisierte Geheimhaltungsklauseln gegenüber offeneren Vertragsformulierungen (s. die folgenden Beispiele) vorzugswürdig.[1] Erstgenannte haben sowohl im Hinblick auf die inhaltliche Angemessenheit und die Abgrenzung zum Wettbewerbsverbot als auch bezüglich der Anforderungen des Transparenzgebots eine bessere Aussicht darauf, der gerichtlichen Überprüfung standzuhalten.

↷ **Nicht geeignet:**

a) Der Arbeitnehmer hat über ihm bekannt gewordene Geschäfts- und Betriebsgeheimnisse unbedingtes Stillschweigen zu wahren.

b) Die Schweigpflicht erstreckt sich im rechtlich zulässigen Maße auch auf die Zeit nach der Beendigung des Dienstverhältnisses.

66 Zum Teil wird eine über das Ende des Dienstverhältnisses hinaus bestehende Schweigepflicht gesetzlich angeordnet. Die betrifft etwa Vertrauenspersonen schwerbehinderter Menschen (§ 96 Abs. 7 Satz 2 SGB IX), bei der Datenverarbeitung beschäftigte Personen (§ 5 Satz 3 BDSG), Beschäftigte der Bundesanstalt für Finanzdienstleistungsaufsicht und der Deutschen Bundesbank (§ 9 Abs. 1 Satz 1 KWG), Betriebsratsmitglieder (§ 79 Abs. 1 Satz 2 BetrVG) sowie diesen nach § 79 Abs. 2 BetrVG gleichgestellte Personen, Mitglieder des Sprecherausschusses (§ 29 Abs. 1 Satz 2 SprAuG) und des Europäischen Betriebsrates (§ 35 Abs. 2 Satz 2 EBRG). Auch die Geheimhaltungspflicht bezüglich Diensterfindungen aus § 24 Abs. 2 ArbNErfG überdauert gemäß § 26 ArbNErfG das Ende des Dienstverhältnisses.

b) Rechtsfolgenregelungen

Typ 7: Schadensersatz und Vertragsstrafe

a) Auch die Nichtbeachtung dieser nachvertraglichen Schweigeverpflichtung verpflichtet den Mitarbeiter zum Ersatz des hieraus entstehenden Schadens.

b) Herr/Frau ... verpflichtet sich gegenüber der Firma, für jeden Fall der schuldhaften Verletzung dieser Verschwiegenheitspflicht eine Vertragsstrafe in Höhe eines monatlichen Bruttogehaltes zu zahlen.

67 Als Rechtsfolgen der unbefugten Verwertung oder Mitteilung von Geheimnissen kommen – neben der Strafbarkeit nach dem Lauterkeitsrecht – Ansprüche auf Unterlassung bzw. Beseitigung, Schadensersatz, Herausgabe und Auskunft in Betracht.

---

1 Küttner/*Kreitner*, Personalbuch 2014, Betriebsgeheimnis Rz. 8; *Ohly*/Sosnitza, § 17 UWG Rz. 39.

Einem Anspruchsberechtigten steht nach ständiger Rechtsprechung des BAG ein **68 Auskunftsanspruch** nach § 242 BGB zu, soweit er in entschuldbarer Weise über Bestehen oder Umfang seines Rechts im Ungewissen ist, während der Verpflichtete unschwer Auskunft erteilen kann.[1] Der Anspruchsinhaber soll in die Lage versetzt werden, seine Rechte tatsächlich geltend zu machen. Er soll etwa zur Vorbereitung eines Schadensersatzanspruchs seinen Schaden berechnen können. Art und Umfang der Auskunftspflicht im Einzelfall sind nach den durch Treu und Glauben gebotenen Maßstäben unter Abwägung der Interessen beider Parteien abzugrenzen.[2] In Fällen des Verrats oder der Verwertung eines Wirtschaftsgeheimnisses hat der Arbeitnehmer in der Regel über Art, Zeitpunkt bzw. Zeitraum und Umfang der Verletzungshandlung Bericht zu erstatten.[3] Unter Umständen muss er auch die „Abnehmer" der Informationen preisgeben.[4] Im gerichtlichen Verfahren ist der Auskunftsanspruch im Wege der Stufenklage (§ 254 ZPO) mit dem Hauptanspruch zu verbinden.[5]

Für Streitigkeiten über Ansprüche gegen Arbeitnehmer wegen der Verletzung von **69** Geheimhaltungspflichten sind grundsätzlich die **Gerichte für Arbeitssachen** zuständig. Lediglich Klagen, die sich ausschließlich auf das Recht des unlauteren Wettbewerbs stützen, sind bei den ordentlichen Gerichten anhängig zu machen. Dies gilt allerdings nur dann, wenn kein Zusammenhang zwischen dem Wettbewerbsverstoß und dem Arbeitsverhältnis besteht. Liegt ein solcher vor, so ist gemäß § 2 Abs. 1 Nr. 3 Buchst. d ArbGG der Rechtsweg zu den Arbeitsgerichten eröffnet.[6] Ein Zusammenhang zwischen Wettbewerbsverstoß und Arbeitsverhältnis ist gegeben, wenn durch das wettbewerbswidrige Verhalten zugleich eine Pflicht aus dem Arbeitsvertrag verletzt wurde, wobei unerheblich ist, ob das Arbeitsverhältnis zur Zeit des Verstoßes noch bestand oder bereits beendet war.[7] Da die arbeitsvertragliche Verschwiegenheitspflicht weiter reicht als der Geheimnisschutz des UWG, ist ein Zusammenhang in diesem Sinne im Normalfall zu bejahen, und zwar auch dann, wenn es zu einer nachvertraglichen Verletzung der Geheimhaltungspflicht gekommen ist.

Will der Arbeitgeber gegen einen Arbeitnehmer (nachvertragliche) Ansprüche auf **70** Wahrung von Betriebs- und Geschäftsgeheimnissen im Wege der **Unterlassungsklage** und eines **Herstellungsverbotes** durchsetzen, so muss er das zu wahrende Betriebs- oder Geschäftsgeheimnis hinreichend genau bezeichnen. Er muss das zu schützende Geheimnis zwar nicht offenbaren, es muss aber doch so deutlich beschrieben werden, dass zu ersehen ist, was geschützt werden soll.[8] Kann der Arbeitgeber seiner Darlegungslast im Prozess nur durch Preisgabe von Geheimnissen ge-

---

1 BAG v. 7.9.1995 – 8 AZR 828/93, AP Nr. 24 zu § 242 BGB Auskunftspflicht; v. 18.1.1996 – 6 AZR 314/95, AP Nr. 25 zu § 242 BGB Auskunftspflicht.
2 BGH v. 4.7.1975 – I ZR 115/73, NJW 1976, 193 (193).
3 Vgl. Harte/Henning/*Harte-Bavendamm*, § 17 UWG Rz. 64.
4 Vgl. BGH v. 4.7.1975 – I ZR 115/73, NJW 1976, 193 (194).
5 Zöller/*Greger*, § 254 ZPO Rz. 1.
6 *Reuter*, NJW 2008, 3538 (3538).
7 OLG Hamburg v. 30.12.2002 – 11 W 43/02, NZA 2003, 935 (935 f.); OLG Frankfurt/Main v. 20.5.2004 – 6 W 44/05, NZA-RR 2005, 499 (499); LAG Hamm v. 4.12.2006 – 2 Ta 804/06, NZA-RR 2007, 151 (152); OLG Bdb. v. 4.3.2008 – 6 U 37/07, MDR 2008, 1417 (1418).
8 BAG v. 25.4.1989 – 3 AZR 35/88, AP Nr. 7 zu § 611 BGB Betriebsgeheimnis.

nügen, so muss ihn das Gericht mit den Mitteln des Prozessrechts schützen. In Betracht kommen vor allem der zeitweise Ausschluss der Öffentlichkeit gemäß § 52 Satz 2 ArbGG, § 172 Nr. 2 GVG sowie das Auferlegen strafbewehrter Schweigegebote nach § 174 Abs. 3 Satz 1 GVG.[1]

71 Der Unterlassungsanspruch kann auf wettbewerbsrechtliche Ansprüche aus § 8 i.V.m. § 3 UWG, Ansprüche aus dem allgemeinen Deliktsrecht gemäß § 823 Abs. 2 BGB i.V.m. §§ 16 ff. UWG oder § 826 BGB sowie die arbeitsvertragliche Verschwiegenheitspflicht gestützt werden. Gerichtlich kann ein Unterlassungsanspruch nur dann geltend gemacht werden, wenn die Gefahr einer erstmaligen oder wiederholten Verletzung des Geheimnisschutzes besteht.[2] Ein schuldhaftes Verhalten des Arbeitnehmers ist nicht erforderlich.[3] Inhaltlich erstreckt sich der Unterlassungsanspruch vor allem auf die Weitergabe von Geheimnissen.[4] Darüber hinaus darf der Verletzer die unter Verstoß gegen § 17 UWG erlangte Kenntnis von Geheimnissen in keiner Weise verwenden; Ergebnisse, die der Verletzer mittels solcher Kenntnisse erzielt, sind von Anfang an und in der Regel dauerhaft mit dem Makel der Wettbewerbswidrigkeit behaftet.[5] Dies gilt auch für Entwicklungen des Verletzers, die zwar nicht allein, aber doch wirtschaftlich oder technisch in nicht unbedeutender Weise auf dem unlauter erlangten Geheimwissen beruhen.[6] Die Unterlassungspflicht erlischt, wenn das geschützte Geheimnis offenkundig wird.[7] Unter Umständen kommt auch eine zeitliche Befristung des Unterlassungsanspruchs in Betracht.[8] Wurde Geheimmaterial des Arbeitgebers entwendet, so hat der Arbeitnehmer dies gemäß §§ 985, 823 BGB herauszugeben. Darüber hinaus kann der Arbeitgeber verlangen, dass der durch den Eingriff geschaffene Zustand beseitigt wird, soweit er die geschützten Interessen fortdauernd stört oder gefährdet.[9] Die Beseitigung kann etwa durch Herausgabe oder Vernichtung von Aufzeichnungen, Dateien sowie anderen Informationsträgern und unter rechtswidriger Verwendung des Geheimwissens erzielten Ergebnissen erfolgen.[10] Hat der Arbeitnehmer nach Beendigung des Arbeitsverhältnisses Geschäftsunterlagen mitgenommen, steht dem Arbeitgeber ein Herausgabeanspruch entsprechend § 667 BGB zu, dies gilt für den Fall von erlaubtem „whistleblowing" zumindest dann, wenn die entsprechenden Unterlagen bereits an die zuständigen Behörden weitergeleitet wurden und der Arbeitnehmer damit seine staatsbürgerlichen Rechte ausgeübt hat.[11]

---

1 BAG v. 23.4.1985 – 3 AZR 548/82, AP Nr. 16 zu § 16 BetrAVG.
2 BGH v. 3.5.2001 – I ZR 153/99, GRUR 2002, 91 (94).
3 BGH v. 1.7.1960 – I ZR 72/59, AP Nr. 6 zu § 17 UWG; *Nastelski*, GRUR 1957, 1 (4).
4 Harte/Henning/*Harte-Bavendamm*, § 17 UWG Rz. 59; *Ohly*/Sosnitza, § 17 UWG Rz. 52.
5 BGH v. 19.12.1984 – I ZR 133/82, GRUR 1985, 294 (296); v. 19.3.2008 – I ZR 225/06, WRP 2008, 938 (939).
6 BGH v. 19.12.1984 – I ZR 133/82, GRUR 1985, 294 (296); v. 19.3.2008 – I ZR 225/06, WRP 2008, 938 (939).
7 BGH v. 18.3.1955 – I ZR 144/53, BGHZ 17, 41 (51); v. 17.5.1960 – I ZR 34/59, GRUR 1960, 554 (555).
8 BGH v. 3.5.2001 – I ZR 153/99, GRUR 2002, 91 (94).
9 OLG Köln v. 13.7.1956 – 6 U 70/56, GRUR 1958, 300 (301); Harte/Henning/*Harte-Bavendamm*, § 17 UWG Rz. 62; *Ohly*/Sosnitza, § 17 UWG Rz. 54.
10 BGH v. 7.1.1958 – I ZR 73/57, GRUR 1958, 297 (299); v. 27.4.2006 – I ZR 126/03, NJW 2006, 3424 (3425 f.).
11 BAG v. 14.12.2011 – 10 AZR 283/10, NZA 2012, 501 (502).

Da dem Geheimnisinhaber ein drohender Verstoß gegen die Unterlassungsplicht oftmals nicht rechtzeitig, sondern erst dann bekannt wird, nachdem er bereits begangen wurde, ist die Möglichkeit zur Geltendmachung von **Schadensersatzansprüchen** für ihn von besonderem Interesse. Neben einem Anspruch aus § 280 Abs. 1 BGB wegen Verletzung der (nachwirkenden) arbeitsvertraglichen Verschwiegenheitspflicht sowie deliktischen Schadensersatzansprüchen kommt bei Abschluss einer ausdrücklichen Geheimhaltungsvereinbarung (s. Typ 6) ein Anspruch aus § 280 Abs. 1 BGB wegen der Verletzung des Geheimhaltungsvertrages in Betracht.[1] 72

Voraussetzung für einen Schadensersatzanspruch ist, dass die Verschwiegenheitspflicht schuldhaft i.S.v. § 276 BGB verletzt wurde. Prinzipiell hat bereits die leicht fahrlässige Verletzung der Verschwiegenheitspflicht dem Grunde nach einen Schadensersatzanspruch zur Folge. Ob **Fahrlässigkeit** bejaht werden kann, hängt entscheidend von den Sorgfaltsanforderungen an den Arbeitnehmer ab. Diese richten sich nach dessen Vorbildung und seiner betrieblichen Stellung, insbesondere Aufgabenkreis und Verantwortungsbereich. Wird der Schadensersatzanspruch auf §§ 17 ff. UWG gestützt, so muss der subjektive Straftatbestand, also **Vorsatz**, vorliegen.[2] Bei der entgeltlichen Preisgabe von Geheimnissen wird eine vorsätzliche Verletzung der Geheimhaltungspflicht regelmäßig ohne Weiteres angenommen werden können. 73

Inhaltlich bezieht sich der Anspruch auf den Ersatz des durch die Geheimnisverletzung entstandenen **Schadens**. Nach § 249 Abs. 1 BGB hat der Schadensersatzpflichtige den Zustand herzustellen, der ohne das schädigende Ereignis bestünde. Es ist also vorrangig Naturalrestitution zu leisten. Die Vorschrift des § 249 Abs. 2 BGB, wonach der Gläubiger bei der Verletzung einer Person oder Beschädigung einer Sache einen Geldbetrag verlangen kann, ist auf Fälle der Geheimnisverletzung weder direkt noch analog anwendbar. In der Regel besteht jedoch ein Anspruch auf Geldleistung gemäß § 251 Abs. 1 BGB, welcher dem Gläubiger einen Kompensationsanspruch in Geld zubilligt, soweit die Herstellung in Natur nicht möglich ist oder nicht genügt.[3] 74

Das Recht am Geheimnis ist insoweit mit einem Immaterialgüterrecht vergleichbar, als es durch Lizenzerteilung verwertbar ist. Dementsprechend hat die Rechtsprechung dem Geschädigten – wie bei der Verletzung von Immaterialgüterrechten – drei alternative Möglichkeiten zur Schadensberechnung eröffnet.[4] Er kann Ersatz des konkret entstandenen Schadens einschließlich des eigenen **entgangenen Gewinns**, Herausgabe des **vom Verletzer erzielten Gewinns** oder im Wege der **Lizenzanalogie** die Leistung einer fiktiven Lizenzgebühr, wie sie der Verletzer üblicherweise hätte bezahlen müssen, verlangen. Sofern der Geschädigte selbst Lizenznehmer ist, so kann sich die Lizenzanalogie lediglich auf eine hypothetische Unterlizenz beziehen. Der Verletzte gilt dann als geschädigt um den Betrag, den er bei der Erteilung einer Unterlizenz als Gewinn erzielt hätte.[5] 75

---

1 Vgl. BAG v. 16.3.1982 – 3 AZR 83/79, AP Nr. 1 zu § 611 BGB Betriebsgeheimnis.
2 *Köhler*/Bornkamm, § 17 UWG Rz. 58.
3 *Kraßer*, GRUR 1977, 277 (282).
4 BGH v. 18.2.1977 – I ZR 112/75, GRUR 1977, 539 (541 f.); v. 19.3.2008 – I ZR 225/06, WRP 2008, 938 (938 f.); BAG v. 24.6.1986 – 3 AZR 486/84, AP Nr. 4 zu § 611 BGB Betriebsgeheimnis.
5 BAG v. 24.6.1986 – 3 AZR 486/84, AP Nr. 4 zu § 611 BGB Betriebsgeheimnis.

76 Die Ermittlung der Schadensersatzhöhe wird prozessrechtlich durch § 287 ZPO erleichtert. Die Norm ermöglicht den Gerichten eine angemessene Berücksichtigung der wirtschaftlichen Bedeutung der Geheimnisverletzung.[1]

77 Eine Abschöpfung des Verletzergewinns bzw. der ersparten fiktiven Lizenzgebühr kommt auch über Ansprüche aus Geschäftsführung ohne Auftrag nach § 687 Abs. 2, § 678 BGB und dem Bereicherungsrecht gemäß § 812 Abs. 1 Satz 1 Alt. 2 BGB in Betracht.

78 Eine Möglichkeit zur rechtsgeschäftlichen Absicherung des Geheimhaltungsinteresses bietet vor allem die Vereinbarung einer Vertragsstrafe. Eine solche versetzt den Geheimnisinhaber in die Lage, im Verletzungsfall zumindest die vereinbarte Strafsumme als Mindestschaden verlangen zu können, ohne das Vorliegen eines Schadens beweisen zu müssen.

4. Hinweise zur Vertragsgestaltung

79 In der vertragsgestaltenden Praxis weitverbreitete Geheimhaltungsklauseln sind regelmäßig deklaratorischer Natur und stellen den Geheimnisschutz bei einer allzu pauschalen Formulierung nur unzureichend sicher. Insbesondere bergen sie vor dem Hintergrund der Rechtsprechung des BAG die Gefahr, als zu weitreichend oder intransparent und damit als gänzlich unwirksam angesehen zu werden.

80 Daraus, dass die Schweigepflicht zumindest während der rechtlichen Dauer des Arbeitsverhältnisses unabhängig von einer entsprechenden Vertragsklausel besteht, sollte nicht voreilig die Konsequenz gezogen werden, auf Aussagen zur Geheimhaltungsverpflichtung des Mitarbeiters im Arbeitsvertrag zu verzichten. Eine ausdrückliche Klarstellung, welche Tatsachen Betriebs- und Geschäftsgeheimnisse darstellen können, und die Erstreckung auf vertrauliche Angaben sind ebenso anzuraten wie ein Hinweis auf etwaige Sanktionen. Auch die Aufnahme einer Vertragsstrafenregelung als Druck- und Sicherungsmittel kann empfehlenswert sein.

81 Wenn die Verschwiegenheitspflicht das Arbeitsverhältnis überdauern soll, so ist in Anbetracht der Rechtsprechung des BAG eine wohlformulierte, ausdrückliche Vereinbarung ratsam. Die Gefahr, dass sich die Abrede an den §§ 74 ff. HGB messen lassen muss und eine entschädigungsfrei ausgestaltete verlängerte Geheimhaltungsklausel im Streitfall nicht als entschädigungspflichtige Wettbewerbsklausel charakterisiert wird, die mangels Karenzentschädigung unwirksam ist, kann durch eine zeitliche und gegenständliche Konkretisierung der geheim zu haltenden Tatsachen verringert werden.

82 Effektiver Geheimnisschutz lässt sich durch sorgfältig und klar formulierte Klauseln erreichen. Die Qualität derartiger Vereinbarungen steigt nicht etwa mit dem Umfang der darin beschriebenen Pflichten. Im Vertragsmuster könnten vertragliche und nachvertragliche Verschwiegenheitspflichten wie folgt zusammengefasst werden:

---

1 Zur Bestimmung des Schadens bei Abwerbung von Mitarbeitern BAG v. 26.9.2012 – 10 AZR 370/10, NZA 2013, 152 (154 f.).

§ ... Verschwiegenheitspflicht

a) Der/Die Mitarbeiter/in verpflichtet sich, über alle Betriebs- und Geschäftsgeheimnisse der Firma Stillschweigen zu bewahren. Hierzu zählen vor allem Einzelheiten über ... (es folgt eine abstrakte Umschreibung der geheim zu haltenden Tatsachen). Der/Die Mitarbeiter/in wird darauf hingewiesen, dass Geheimnisverrat nach dem Gesetz über den unlauteren Wettbewerb (§ 17 UWG) strafbar ist.

b) Die Schweigepflicht erstreckt sich auch auf Angelegenheiten anderer Firmen, mit denen das Unternehmen wirtschaftlich oder organisatorisch verbunden ist.

c) Der/Die Mitarbeiter/in ist auch zur Geheimhaltung solcher Tatsachen verpflichtet, die ihm/ihr von der Geschäftsleitung ausdrücklich als vertraulich bekannt gegeben werden oder deren Geheimhaltungsbedürftigkeit sonst für ihn/sie erkennbar ist.

d) Der/Die Arbeitnehmer/in ist nicht berechtigt, sich eigenmächtig von der Schweigepflicht freizustellen.[1] Der Arbeitgeber wird ihn/sie ausdrücklich von der Geheimhaltungspflicht befreien, soweit dies zur Wahrung überwiegender Interessen notwendig ist.

e) Ein Verstoß gegen die Verschwiegenheitspflicht kann eine Kündigung rechtfertigen sowie Schadensersatzpflichten auslösen.

f) Die Geheimhaltungspflicht besteht auch nach Beendigung des Arbeitsverhältnisses.

g) Sollte die nachvertragliche Verschwiegenheitspflicht den/die Mitarbeiter/in in seinem/ihrem beruflichen Fortkommen behindern, so hat der/die Mitarbeiter/in gegen die Firma einen Anspruch auf Freistellung von dieser Pflicht.

h) Für jeden Fall eines schuldhaften Verstoßes gegen die hier vereinbarte (nachvertragliche) Verschwiegenheitspflicht verpflichtet sich der/die Arbeitnehmer/in, eine Vertragsstrafe in Höhe eines monatlichen Bruttogehaltes zu zahlen. Schadensersatzansprüche des Arbeitgebers bleiben unberührt.

---

1 BAG v. 25.6.1966 – 5 AZR 525/65, AP Nr. 1 zu § 611 BGB Schweigepflicht.

V 25 Vertragsänderungsabreden

	Rz.		Rz.
1. Einführung	1	bb) Leitlinien zur Beurteilung der Angemessenheit unter besonderer Berücksichtigung des Transparenzgebots	12
2. Klauselbeispiel	2		
a) Das Klauselverbot des § 308 Nr. 5 BGB	3		
b) Die Klauselverbote der §§ 308 Nr. 6, 309 Nr. 12 BGB	7	3. Exkurs: Die Anfechtbarkeit der fingierten Zustimmung	18
c) Das Verbot der unangemessenen Benachteiligung (§ 307 Abs. 1, 2 BGB)	9	4. Hinweise zur Vertragsgestaltung; Zusammenfassung	20
aa) Konsequenzen des Regelbeispiels § 307 Abs. 2 Nr. 1 BGB	10		

Schrifttum:

Hromadka, Änderung von Arbeitsbedingungen und Schutz gegen Änderungen – Klauseln in Allgemeinen Arbeitsbedingungen, in Festschrift für Richardi, 2007, S. 257; *Hromadka/Schmitt-Rolfes,* Der unbefristete Arbeitsvertrag, 2006, S. 128; *Nickel,* Die Erklärungsfiktion im Bürgerlichen Recht unter besonderer Berücksichtigung des § 10 Nr. 5 AGBG, 1997; *Stübing,* Tatsachenbestätigungen und Fiktionen in AGB, NJW 1978, 1606; *von Westphalen,* Dauerschuldverhältnisse – Wirksamkeit von Änderungsklauseln zugunsten des AGB-Verwenders, in Festschrift für Schlosser, 2005, S. 1103; *Worzalla,* Die Wirksamkeit einzelner Arbeitsvertragsklauseln nach der Schuldrechtsreform – Entgelt, Arbeitszeit und Tätigkeit, Betriebsvereinbarungs- und Tarifvertragsoffenheit, Änderung des Arbeitsvertrags, NZA-Beilage 2006, 122.

1. Einführung

1 Das Arbeitsverhältnis begründet, wie andere Dauerschuldverhältnisse auch, eine in besonderem Maße zukunftsgerichtete Rechtsbeziehung, so dass die Rechte und Pflichten der Vertragsparteien nicht im Augenblick des Vertragsschlusses abschließend festgelegt werden können, sondern im Verlauf der Beschäftigung an die geänderten Umstände angepasst werden müssen. Der Anpassungsbedarf kann insbesondere aus einer Änderung der rechtlichen Rahmenbedingungen resultieren. Besonders deutlich hat dies die Erstreckung der AGB-Kontrolle auf die laufenden Arbeitsverträge im Zuge der Schuldrechtsreform und die nachfolgende Rechtsprechung des BAG vor Augen geführt. Die herkömmlichen vertraglichen Flexibilisierungsinstrumente, nämlich die Vereinbarung von Widerrufs- oder Freiwilligkeitsvorbehalten (I B Rz. 38 ff.; → *Vorbehalte und Teilbefristung,* II V 70 Rz. 90 ff.), Teilkündigungsklauseln sowie die Befristung einzelner Arbeitsbedingungen, erweisen sich häufig als unzureichend.[1] Insbesondere scheitert die Implementierung vertraglicher Gestaltungsrechte häufig an dem Erfordernis, den zum Widerruf einer Arbeitsbedingung berechtigenden Grund bei Vertragsschluss hinreichend konkret zu fassen. Hinzu kommt, dass sich auch die Änderungskündigung in der Praxis regelmäßig als äußerst beschwerlicher Weg erweist. Um dem Flexibilisierungsbedürfnis des Arbeitgebers dennoch Rechnung zu tragen, bietet sich unabhängig davon, ob das Rechte- und Pflichtenprogramm der Arbeitsvertragsparteien in Allgemeinen Arbeitsbedingungen oder in einer individuellen Abrede niedergelegt ist, die Aufnahme

---

1 Hierzu *Hromadka,* FS Richardi, S. 257 (261); vgl. ferner *Bieder,* NZA 2007, 1135 (1136 f.).

einer Klausel in den Arbeitsvertrag an, die das Schweigen des Arbeitnehmers auf ein Vertragsänderungsangebot des Arbeitgebers nach dem Ablauf einer bestimmten Frist als Zustimmung zur Änderung wertet. Entsprechende Abreden sind im Bereich der Bank- und Versicherungswirtschaft traditionell weit verbreitet,[1] in neuerer Zeit allerdings auch im arbeitsrechtlichen Kontext verstärkt in den Blickpunkt des Interesses gelangt. Sie unterliegen jedoch insbesondere bei formularmäßiger Gestaltung Bedenken, da für Rechtssicherheit sorgende Entscheidungen der Arbeitsgerichte zu diesem Themenkomplex noch ausstehen.

2. Klauselbeispiel

Typ 1:

Bietet der Arbeitgeber dem Arbeitnehmer eine Änderung des Arbeitsvertrages an und lehnt der Arbeitnehmer dieses Angebot nicht innerhalb der vom Arbeitgeber bestimmten Frist ab, so gilt das Angebot als angenommen; der Arbeitsvertrag ändert sich entsprechend. Der Arbeitgeber wird den Arbeitnehmer bei Beginn der Frist besonders darauf hinweisen, dass Schweigen die Änderung des Arbeitsvertrages zur Folge hat.[2]

Als Grenzen der Gestaltungsfreiheit des Arbeitgebers sind insbesondere die speziellen Klauselverbote des § 308 Nr. 5 BGB sowie des § 309 Nr. 12 BGB zu beachten. Ohne Relevanz ist demgegenüber – auch wenn die Bezeichnung als Vertragsänderungsklausel Gegenteiliges vermuten lässt – die Regelung über **Änderungsvorbehalte in § 308 Nr. 4 BGB**, da diese nur Gestaltungen erfasst, in denen sich der Verwender von AGB das Recht zur einseitigen Leistungsänderung durch Einräumung einer entsprechenden Gestaltungsbefugnis vorbehalten möchte, die vorliegende Gestaltung jedoch Vertragsänderungen vom – fingierten – Konsens der Arbeitsvertragsparteien abhängig macht.[3]

a) Das Klauselverbot des § 308 Nr. 5 BGB

Wird das Schweigen des Arbeitnehmers auf ein ihm unterbreitetes Angebot zur Änderung des Arbeitsvertrages infolge der Änderungsabrede als Annahme der Offerte gewertet, ist das Klauselverbot des **§ 308 Nr. 5 BGB** unmittelbar einschlägig. Danach ist die **Fiktion von Willenserklärungen** des Vertragspartners des AGB-Verwenders grundsätzlich unwirksam, wenn nicht der Vertragspartner auf den Bedeutungsgehalt des Verhaltens, welches einer Willenserklärung gleichgesetzt werden soll, bei Fristbeginn besonders hingewiesen und ihm die Möglichkeit eröffnet wird, zur Abwendung der Fiktionswirkung binnen einer angemessenen Frist eine ausdrückliche Erklärung abzugeben.

Die **Formulierung der** in den Formularvertrag aufzunehmenden **Hinweispflicht** des Arbeitgebers bereitet keine besondere Mühe, da eine detaillierte Regelung hinsicht-

---

1 Vgl. nur BGH v. 4.10.1984 – III ZR 119/83, NJW 1985, 617 (618f.); OLG Dresden v. 28.6.1999 – 17 U 3963/98, ZIP 1999, 1626 (1628); *Bunte*, AGB-Banken und Sonderbedingungen, 2. Aufl. 2009, AGB-Banken Nr. 7 Rz. 160ff.; *Stübing*, NJW 1978, 1606 (1609).
2 Vorschlag von *Hromadka/Schmitt-Rolfes*, Der unbefristete Arbeitsvertrag, S. 128.
3 BGH v. 10.11.2007 – III ZR 63/07, NJW-RR 2008, 134 (136).

lich der Art und Weise, wie der Arbeitnehmer auf den Erklärungswert seines Verhaltens hinzuweisen ist, nicht gefordert ist. Vielmehr genügt insoweit die schlichte Wiederholung des Gesetzeswortlauts.[1] Mühevoller ist jedoch die nachgelagerte **Erfüllung der Hinweispflicht** bei Fristbeginn. Die intendierte Wirkung der Änderungsabrede tritt nur dann ein, wenn der Hinweis dem Arbeitnehmer die Bedeutung des Schweigens als Annahme des Änderungsangebots klar und unmissverständlich vor Augen führt.[2] Wird auch dieser Hinweis formularmäßig erteilt, ist vor allem auf ein erhöhtes Maß an Transparenz, etwa eine besondere drucktechnische Hervorhebung, zu achten. Andernfalls, d.h. bei nicht erteiltem oder inhaltlich unzureichendem Hinweis wird die Frist, deren Ablauf zur Erklärungsfiktion führen soll, nicht in Lauf gesetzt.[3]

5 Die Frist muss in den AGB im Zusammenhang mit der Erklärungsfiktion vorgeschrieben werden. Sie kann auch schon dort konkret beziffert werden. Rechtlich notwendig ist dies jedoch nach der ganz h.M. im AGB-rechtlichen Schrifttum[4] nicht. Der Verwender kann sich also in seinen AGB darauf beschränken, die Einräumung einer „angemessenen Frist" vorzusehen und die Konkretisierung erst mit dem Angebot auf Änderung der Arbeitsbedingungen vorzunehmen. Eine andere Auslegung des Klauselverbots würde auf eine Überforderung des Verwenders hinauslaufen, da er dann ggf. gezwungen wäre, gestaffelte Fristen für unterschiedliche Anlassfälle zu formulieren. Auf Seiten des anderen Vertragsteils würde dem nicht zwangsläufig ein Gewinn an Klarheit korrespondieren.

6 Konfrontiert der Arbeitgeber den Arbeitnehmer nun mit seinem Änderungsangebot, so muss er die in der Klausel noch nicht konkretisierte Frist, innerhalb derer dem Arbeitnehmer die Gelegenheit gegeben wird, die Vertragsänderung ausdrücklich abzulehnen, eindeutig fixieren. Hinsichtlich der genauen Anforderungen an die Fristenregelungen bietet der Gesetzeswortlaut, der nur die Angemessenheit der Fristenlänge fordert, wenig Hilfestellung. Wird die Angemessenheit der Frist nach allgemeiner Einschätzung anhand einer objektiv generalisierenden Betrachtung unter Berücksichtigung der bei Geschäften des betroffenen Rechtskreises typischerweise vorliegenden Umstände bestimmt,[5] lassen sich verallgemeinerungsfähige Angaben zur konkreten Fristlänge nur schwer machen. Das AGB-rechtliche Schrifttum tendiert dazu, im Bereich des allgemeinen Zivilrechts die Erklärungsfrist mit mindestens **zwei Wochen** eher kurz[6] zu bemessen.[7] Angesichts der Regelung des

---

1 UBH/*Schmidt*, § 308 Nr. 5 BGB Rz. 12 m.w.N.
2 BGH v. 4.10.1984 – III ZR 119/83, NJW 1985, 617 (619); Palandt/*Grüneberg*, § 308 BGB Rz. 30; UBH/*Schmidt*, § 308 Nr. 5 BGB Rz. 12; vgl. auch BAG v. 18.3.2009 – 10 AZR 281/08, NJW 2009, 2475 (2477).
3 MünchKommBGB/*Wurmnest*, § 308 Nr. 5 Rz. 14; Palandt/*Grüneberg*, § 308 BGB Rz. 30.
4 WLP/*Dammann*, § 308 Nr. 5 BGB Rz. 24; UBH/*Schmidt*, § 308 Nr. 5 BGB Rz. 11; Staudinger/*Coester-Waltjen*, § 308 Nr. 5 BGB Rz. 13; *Stoffels*, AGB-Recht, Rz. 652; a.A. Erman/*Roloff*, § 308 BGB Rz. 45; Bamberger/Roth/*Becker*, § 308 Nr. 5 BGB Rz. 17.
5 Staudinger/*Coester-Waltjen*, BGB, Neubearbeitung 2013, § 308 Nr. 5 Rz. 13; UBH/*Schmidt*, § 308 Nr. 5 BGB Rz. 11; *Stübing*, NJW 1978, 1606 (1609).
6 Hingegen schlägt Westphalen/Thüsing/*Schöne*, AGB-Klauselwerke, Stromlieferungsverträge Rz. 49d, zumindest im B2C-Verkehr, eine Frist von fünf bis sechs Wochen vor.
7 Erman/*Roloff*, § 308 BGB Rz. 45; Palandt/*Grüneberg*, § 308 BGB Rz. 29; UBH/*Schmidt*, § 308 Nr. 5 BGB Rz. 11; ebenso für Arbeitsverhältnisse angesichts des dort herrschenden Interesses an einer schnell herzustellenden Rechtssicherheit für den Regelfall auch CKK/*Brühler*, § 308 BGB Rz. 103.

§ 4 KSchG, wonach die Frist zur Erhebung der Kündigungsschutzklage bei Änderungskündigungen drei Wochen beträgt, empfiehlt es sich angesichts der funktionalen Gemeinsamkeiten von Änderungskündigung und Vertragsänderungsklausel aus Gründen der gestalterischen Vorsicht, die Frist in Anlehnung an die kündigungsschutzrechtlichen Wertungen etwas großzügiger zu wählen.[1] Im Einzelfall, wenn der Arbeitgeber inhaltlich besonders komplexe oder hinsichtlich ihres Gewichts besonders gravierende Änderungen anstrebt und deshalb legitimer Weise auch dem Arbeitnehmer eine längere Überlegungsfrist zubilligen muss, wird man über die Zeitdauer von drei Wochen noch hinausgehen müssen.

b) Die Klauselverbote der §§ 308 Nr. 6, 309 Nr. 12 BGB

Fraglich ist, ob die Vertragsänderungsklausel auch derart gestaltet werden kann, dass der den Beginn der Widerspruchsfrist auslösende **Zugang des Änderungsangebots beim Arbeitnehmer** ebenfalls **fingiert** wird. Zwar mag eine derartige Vorgehensweise in Konstellationen, in denen Änderungen der Arbeitsbedingungen gegenüber einer Vielzahl von Mitarbeitern durchgesetzt werden sollen, praktische Vorteile – etwa einen einheitlichen Fristenlauf und damit verbunden verbesserte Möglichkeiten der Überwachung, ob Widersprüche der Arbeitnehmer noch rechtzeitig erfolgt sind – versprechen. Gleichwohl ist vor derartigen Gestaltungen zu warnen. Sie verstoßen, wenn z.B. das Änderungsangebot des Arbeitgebers zeitgleich mit oder eine bestimmte Zeitspanne nach der Bekanntgabe am Schwarzen Brett des Unternehmens als zugegangen oder mit dem Ablauf einer bestimmten Frist nach dem postalischen Versand des Angebots als eingetroffen gelten soll, gegen das in § 308 Nr. 6 BGB normierte Verbot der Fiktion des Zugangs solcher Erklärungen, die für den Vertragspartner des AGB-Verwenders von besonderer Bedeutung sind.

Auch weniger weitreichende Gestaltungen, die nicht den Zugang des Angebots fingieren, jedoch die eigentlich den Arbeitgeber treffende **Beweislast** für den Zugang des Änderungsangebots und damit für den Beginn der Widerspruchsfrist[2] auf den Arbeitnehmer verlagern, können vor dem Hintergrund der Regelung des § 309 Nr. 12 BGB keinen Bestand haben. Diesen Anforderungen trägt die unter Rz. 23 vorgeschlagene Fassung einer Vertragsänderungsklausel Rechnung.

c) Das Verbot der unangemessenen Benachteiligung (§ 307 Abs. 1, 2 BGB)

Bedenken gegen die Wirksamkeit von Vertragsänderungsklauseln ergeben sich schließlich aus dem grundsätzlich neben § 308 Nr. 5 BGB anwendbaren[3] Verbot, den Vertragspartner des Verwenders von AGB entgegen den Geboten von Treu und Glauben unangemessen zu benachteiligen (§ 307 Abs. 1 Satz 1 BGB). Besondere Beachtung fordern insoweit sowohl das Regelbeispiel für eine unangemessene

---

1 So auch *Hromadka/Schmitt-Rolfes*, Der unbefristete Arbeitsvertrag, 2006, S. 129; ähnlich *Worzalla*, NZA-Beilage 2006, 122 (133), der sich für eine Frist von drei Wochen ausspricht.
2 Palandt/*Grüneberg*, § 308 BGB Rz. 30.
3 OLG Düsseldorf v. 19.11.1987 – 6 U 100/87, NJW-RR 1988, 884 (886); DBD/*Bonin*, § 308 Nr. 5 Rz. 8; UBH/*Schmidt*, § 308 Nr. 5 BGB Rz. 7; MünchKommBGB/*Wurmnest*, § 308 Nr. 5 Rz. 12.

Benachteiligung nach § 307 Abs. 2 Nr. 1 BGB als auch das in § 307 Abs. 1 Satz 2 BGB normierte Transparenzgebot.

aa) Konsequenzen des Regelbeispiels § 307 Abs. 2 Nr. 1 BGB

10 Als unangemessen benachteiligend und damit im Zweifel als unwirksam sind nach § **307 Abs. 2 Nr. 1 BGB** solche Gestaltungen zu qualifizieren, die mit wesentlichen Grundgedanken der gesetzlichen Regelung, von der abgewichen wird, nicht zu vereinbaren sind. Das Risiko, dass Vertragsänderungsklauseln infolge einer derart gravierenden Abweichung vom gesetzlichen Leitbild unwirksam sind, gründet sich im Wesentlichen auf die besondere Bedeutung, die unsere Rechtsordnung dem Grundsatz des **fehlenden Erklärungswerts von Schweigen im Rechtsverkehr** zukommen lässt. Selbst wenn man im Einklang mit der Rechtsprechung des BGH nur Normen mit herausgehobenem Gerechtigkeitsgehalt, die eine bedeutende Schutz- und Ordnungsfunktion erfüllen, als wesentliche Grundgedanken der gesetzlichen Regelung ansieht,[1] wird man dem vorgenannten Grundsatz eine derartige Bedeutung attestieren müssen. Er sichert das für ein auf der Selbstbestimmung des Einzelnen beruhendes Vertragsrecht wesentliche Ordnungsprinzip, dass grundsätzlich nur eine vom Rechtsfolgewillen des Erklärenden getragene Äußerung zur rechtlichen Bindung führt, nicht jedoch die bloße Untätigkeit.

11 Gleichwohl wird man die durch § **307 Abs. 2 Nr. 1 BGB** aufgestellte Vermutung, dass Abweichungen vom gesetzlichen Leitbild im Zweifel zur Unwirksamkeit einer Gestaltung führen, im Hinblick auf Vertragsänderungsklauseln als widerlegt ansehen können. Denn der Grundsatz, dass Schweigen im Rechtsverkehr keinen Erklärungswert besitzt, ist vielfältig durchbrochen.[2] Im Handelsverkehr basieren die Grundsätze über die Behandlung kaufmännischer Bestätigungsschreiben bspw. auf der durch Schweigen ausgelösten Genehmigungsfiktion.[3] Im arbeitsrechtlichen Kontext wird jedenfalls bei Angeboten für eine dem Arbeitnehmer günstige Vertragsänderung auf eine Erklärung der Annahme verzichtet (§ 151 BGB).[4] Hinzu kommt, dass bei den vorliegend in Rede stehenden Gestaltungen der Grundsatz des fehlenden Erklärungswerts von Schweigen im Rechtsverkehr nicht vollständig abbedungen, sondern vielmehr dem Vertragspartner noch zugestanden wird, eine gegenteilige Erklärung abzugeben.

---

1 BGH v. 23.4.1991 – XI ZR 128/90, NJW 1991, 1886 (1887); v. 5.11.1998 – III ZR 95/97, NJW 1999, 635 (636); UBH/*Fuchs*, § 307 Rz. 222 m.w.N.
2 Worauf zu Recht etwa auch *Worzalla*, NZA-Beilage 2006, 122 (133), hinweist.
3 BGH v. 27.10.1953 – I ZR 111/52, BGHZ 11, 1 (3); Palandt/*Ellenberger*, § 147 BGB Rz. 8 m.w.N.
4 Der noch weitergehenden Annahme, dass auch nachteilige Änderungsangebote durch – vom Schweigen nur graduell unterscheidbare – Weiterarbeit zu veränderten Bedingungen konkludent angenommen werden, wenn sich die Änderung tatsächlich und unmittelbar im Arbeitsverhältnis auswirkt (dazu BAG v. 30.7.1985 – 3 AZR 405/83, NZA 1986, 474; *Hromadka/Schmitt-Rolfes*, Der unbefristete Arbeitsvertrag, S. 129) wurde für die Praxis durch die neuere Grundsatzentscheidung des BAG zur gegenläufigen betrieblichen Übung (BAG v. 18.3.2009, NZA 2009, 601) der Boden entzogen.

bb) Leitlinien zur Beurteilung der Angemessenheit unter besonderer Berücksichtigung des Transparenzgebots

Allein die Entkräftung des Regelbeispiels nach § 307 Abs. 2 Nr. 1 BGB führt nicht automatisch dazu, Vertragsänderungsklauseln als angemessen im Sinne der Generalklausel des **§ 307 Abs. 1 Satz 1 BGB** zu qualifizieren. Gegen die Angemessenheit derartiger Gestaltungen lassen sich im Wesentlichen drei Einwände formulieren: 12

Zum einen **verlagern** Vertragsänderungsklauseln – was deren Befürworter offen einräumen – die **Initiativlast auf den Arbeitnehmer**. Während ihn nach den allgemeinen Grundsätzen der Rechtsgeschäftslehre bei Untätigkeit keine Nachteile treffen, hält ihn die Änderungsklausel zum aktiven Widerspruch an. Gerade derjenige Arbeitnehmer, der sich hinsichtlich der Tragweite der ihm angetragenen Änderungen oder der Konsequenzen seines Widerspruchs unsicher ist, wird typischerweise eher untätig bleiben als aktiv zu werden.[1] Zum anderen bergen Vertragsänderungsklauseln die Gefahr, dass der Anwendungsbereich des Rechtsinstituts der **Änderungskündigung (§ 2 KSchG)** faktisch verkürzt[2] und der damit zusammenhängende Schutz der Arbeitnehmer vor sozial ungerechtfertigten Absenkungen der Arbeitsbedingungen ausgehöhlt wird. Besonders gewichtig ist schließlich vor dem Hintergrund des in § 307 Abs. 1 Satz 2 BGB normierten **Transparenzgebots** der Einwand, dass die bislang im Schrifttum empfohlenen Änderungsklauseln keine sachlichen Einschränkungen enthalten und die Fiktionswirkung des Schweigens unabhängig davon eintreten sollen, welche Bedeutung die geänderten Arbeitsbedingungen haben.[3] Selbst **umfangreiche Absenkungen des Arbeitsentgelts** oder **gravierende Verlängerungen der Arbeitszeit** könnten so durchgesetzt werden, solange der Arbeitnehmer nicht widerspricht. Dies eröffnete dem Arbeitgeber – ohne dass der Arbeitnehmer erkennen kann, aus welchem Anlass eine Änderung des Arbeitsvertrags durch Schweigen fingiert werden darf, welche Arbeitsbedingungen von derartigen Änderungen erfasst werden können und welches Gewicht die Änderungen haben dürfen – deutlich größere Gestaltungsspielräume, als sie das BAG bspw. nach neuerer Rechtsprechung bei der Vereinbarung von Widerrufs- und Freiwilligkeitsvorbehalten gewährt.[4]

Den Nachteilen, die für die Arbeitnehmer mit der Vereinbarung einer Vertragsänderungsklausel verbunden sind, steht auf Seiten des Arbeitgebers insbesondere das legitime Interesse gegenüber, den gerade innerhalb eines Dauerschuldverhältnisses hohen Verwaltungsaufwand für die Anpassung der Arbeitsbedingungen an veränderte Verhältnisse zu minimieren[5] und – infolge der Fristenregelung – zeitnah Klarheit zu erhalten, ob die Änderungen angenommen worden sind. 13

Wägt man – wie von § 307 BGB gefordert – die widerstreitenden Belange der Vertragsparteien gegeneinander ab, ist zunächst festzuhalten, dass die Nachteile für 14

---

1 *Hromadka/Schmitt-Rolfes*, Der unbefristete Arbeitsvertrag, S. 130.
2 So auch BGH v. 11.10.2007 – III ZR 63/07, NJW-RR 2008, 134 (135) zu Vertragsanpassungsklauseln von Telekommunikationsdienstleistern.
3 So, für Anpassungsklauseln in Gaslieferungsverträgen, auch BGH v. 17.12.2008 – VIII ZR 274/06, NJW 2009, 578 f. Vgl. zu den Transparenzanforderungen ferner BGH v. 11.10. 2007 – III ZR 63/07, NJW-RR 2008, 134 f.
4 Umfassend hierzu ErfK/*Preis*, § 305–310 BGB Rz. 51 ff.
5 BGH v. 9.11.1989 – IX ZR 269/87, NJW 1990, 761 (763); *Hromadka*, FS Richardi, S. 257 (262); UBH/*Schmidt*, § 308 Nr. 5 BGB Rz. 7.

den Arbeitnehmer kein durchgreifendes Gewicht besitzen. Hinsichtlich der mit der Verlagerung der Initiativlast auf den Arbeitnehmer verbundenen Nachteile ergibt sich dies aus der Überlegung, dass die Obliegenheit, zur Vermeidung nachteiliger Vertragsänderungen mittels Widerspruchs aktiv zu werden, auch dem gesetzlich vorgesehenen Anpassungsmechanismus, der Änderungskündigung, immanent ist. Immerhin obliegt es auch dort dem Arbeitnehmer, gegen sozial ungerechtfertigte Änderungen im Klageweg vorzugehen.

15 Auch das Risiko, dass der Arbeitnehmer besonders gravierende Änderungen seiner Arbeitsbedingungen hinnehmen muss, wenn er nicht widerspricht, wird man als gering einstufen müssen. In Anlehnung an die Praxis zur Behandlung vergleichbarer Klauseln in den AGB von Banken, wonach besonders krasse Abrechnungsfehler oder besonders schwerwiegende Abweichungen nicht von der fingierten Genehmigung des Kontensaldos erfasst werden, weil eine Bank unter derartigen Umständen mit einer Genehmigung schlechterdings nicht rechnen kann,[1] wird man auch **wesentliche Änderungen der arbeitsvertraglichen Hauptleistungspflichten**, also des Arbeitsentgelts und der Arbeitszeit, aus dem Anwendungsbereich einer Vertragsänderungsklausel aussparen müssen.[2] Entsprechend erfasst – parallel zur Abgrenzung wesentlicher von unwesentlichen Modifikationen der Arbeitsbedingungen durch Ausübung einseitiger Gestaltungsrechte – das unter Rz. 23 vorgeschlagene Klauselbeispiel Änderungsangebote dann nicht, wenn sie Entgeltabsenkungen oder Arbeitszeitverlängerungen von mehr als 25 bzw. 30 % zum Gegenstand haben. Dies sollte angesichts der neueren Judikatur des BGH, die für Anpassungsklauseln eine transparente Darstellung nicht nur der Anpassungsgründe, sondern auch des möglichen Anpassungsumfangs und -verfahrens verlangt,[3] auch im Klauseltext verankert werden (s. das Muster in Rz. 23).

16 Hinzu kommt, dass sich selbst in Konstellationen, in denen die Voraussetzungen für die Fiktion der Annahmeerklärung gegeben sind, die Arbeitsbedingungen nicht automatisch im Sinne des Angebots des Arbeitgebers verändern. Mit Hilfe der Fiktionswirkung wird nur der fehlende Konsens zwischen den Arbeitsvertragsparteien überwunden, nicht jedoch eine Aussage über die materielle Wirksamkeit der Vertragsänderung getroffen. Die **Änderung** ist vielmehr ihrerseits noch **Gegenstand der Inhaltskontrolle** anhand der Vorgaben des AGB-Rechts[4] und, soweit diese Vorgaben im Einzelfall nicht eingreifen, anhand der zivilrechtlichen Generalklauseln (**§§ 134, 138, 242 BGB**), so dass dem Schutz der Arbeitnehmer vor inhaltlich unangemessenen Vertragsänderungen hinreichend Rechnung getragen wird.[5]

17 Im Rahmen des § 307 BGB wird man für diese doch eher exzeptionelle Konstruktion einer vorformulierten Erklärungsfiktion ein berechtigtes Verwenderinteresse verlangen müssen. Allein das Flexibilisierungsinteresse dürfte hierfür kaum ausrei-

---

1 *Bunte*, AGB-Banken und Sonderbedingungen, AGB-Banken Nr. 7 Rz. 173.
2 So auch BGH v. 11.10.2007 – III ZR 63/07, NJW-RR 2008, 134 (136), wonach AGB, die eine Vertragsänderung infolge des Schweigens des Vertragspartners fingieren, jedenfalls dann unwirksam sind, wenn sich die Änderung ohne Einschränkungen auch auf die *essentialia* des Vertrages beziehen kann.
3 BGH v. 17.12.2008 – VIII ZR 274/06, NJW 2009, 578 f.; dem folgend OLG Hamm v. 29.5.2009 – 19 U 52/08, I-19 U 52/08, RdE 2009, 261 ff.
4 WLP/*Stoffels*, ArbR Rz. 200.
5 *Stübing*, NJW 1978, 1606 (1609); *von Westphalen*, FS Schlosser, S. 1103 (1111).

chen. In der zivilgerichtlichen Rechtsprechung[1] und im AGB-rechtlichen Schrifttum[2] wird übereinstimmend betont, derartige Erklärungsfiktionen seien regelmäßig dann nicht zu beanstanden, wenn sie der möglichst einfachen Abwicklung massenhaft wiederkehrender Geschäftsvorgänge dienten. Zu Recht betonen *Hromadka/Schmitt-Rolfes*, dass der rechtfertigende Grund der Verwaltungsvereinfachung bei Massengeschäften nicht für individuelle Änderungen des Arbeitsvertrages einzelner Arbeitnehmer gilt.[3] Ein berechtigtes Änderungsinteresse des Arbeitgebers wird man also am ehesten bei betriebseinheitlichen Vertragsänderungen bejahen können (wie z.B. beim Wegfall eines Fahrtkostenzuschusses oder von Essensgeld).[4] Ob sich dieser Gedanke im Klauseltext widerspiegeln muss, ist zweifelhaft. Will man hier den sichersten Weg einschlagen, empfiehlt es sich, einen Passus des Inhalts anzufügen: „Das gilt nicht für individuelle Änderungen".[5] Eine weitere Maßnahme, die Chancen zu erhöhen, dass die Klausel auch bei strenger Sichtweise der Inhaltskontrolle standhält, ginge dahin, den Anlass des Änderungsverfahrens konkret zu bezeichnen und ihn auf die Änderung der rechtlichen Rahmenbedingungen zu beschränken.

3. Exkurs: Die Anfechtbarkeit der fingierten Zustimmung

Die von Seiten des Arbeitgebers angestrebte Flexibilisierung der Arbeitsbedingungen ließe sich mit Hilfe der vorgestellten Änderungsklausel allerdings dann nur sehr unvollkommen erreichen, wenn sein Vertragspartner mit dem nahe liegenden Einwand Gehör fände, er habe sich hinsichtlich der **Bedeutung seines Schweigens** auf das Änderungsangebot in einem **Irrtum** befunden und sei deshalb zur Anfechtung nach § 119 BGB berechtigt. In der Praxis dürfte dieser Einwand indes kaum Bedeutung haben, da im Regelfall der Arbeitgeber entweder seinen Hinweispflichten nach § 308 Nr. 5 BGB nicht nachgekommen sein wird, so dass der Fristablauf wirkungslos bleibt (s. hierzu Rz. 4) oder aber, wenn eine hinreichend deutliche Belehrung über die Rechtsfolgen des unterlassenen Widerspruchs erfolgt ist, ein Irrtum über die Bedeutung des Schweigens durch den Arbeitnehmer kaum mit Erfolg darzulegen und zu beweisen sein wird.

In den verbleibenden, eher theoretischen Konstellationen, in denen trotz wirksamer Belehrung ein Irrtum im Raum steht, wird man sich für die Unterscheidung, ob der Rechtsfolgeirrtum des Arbeitnehmers einen unbeachtlichen Motivirrtum oder einen **beachtlichen Inhaltsirrtum** darstellt,[6] an dem Grundsatz orientieren können, dass ein zur Anfechtung berechtigender Inhaltsirrtum immer dann vorliegt, wenn der erstrebte **rechtliche Erfolg** einen **Bestandteil der Erklärung selbst bildet**.[7] Diese Voraussetzungen sind erfüllt, da die fingierte Annahmeerklärung auf das

---

1 BGH v. 9.11.1989 – IX ZR 269/87, NJW 1990, 761 (763); KG Berlin v. 10.1.1990 – 23 U 5932/88, NJW-RR 1990, 544 (554).
2 UBH/*Schmidt*, § 308 Nr. 5 BGB Rz. 7; *Stoffels*, Rz. 654.
3 *Hromadka/Schmitt-Rolfes*, Der unbefristete Arbeitsvertrag, S. 130.
4 *Worzalla*, NZA-Beilage 2006, 122 (132f.).
5 So der Vorschlag von *Hromadka/Schmitt-Rolfes*, Der unbefristete Arbeitsvertrag, S. 130.
6 Vgl. hierzu nur Erman/*Arnold*, § 119 BGB Rz. 23ff.; Palandt/*Ellenberger*, § 119 BGB Rz. 15ff.
7 RG v. 21.10.1916 – V 204/16, RGZ 89, 29 (33); v. 5.11.1931 – VIII 344/31, RGZ 134, 195 (197f.); Erman/*Arnold*, § 119 BGB Rz. 23; Soergel/*Hefermehl*, § 119 BGB Rz. 24.

Änderungsangebot des Arbeitgebers nebst der Belehrung über die Folgen der Fristsetzung Bezug nehmen muss, um die Vertragsänderung herbeizuführen, durch die Bezugnahme auf die Belehrung aber zugleich konkludent auch der angestrebte rechtliche Erfolg – dass das Schweigen ausnahmsweise als Annahme gilt – in die Erklärung aufgenommen wird.[1] Insoweit unterscheidet sich die vorliegende Situation von anderen Irrtumskonstellationen, z.B. des unbeachtlichen Irrtums über die Rechtsfolgen des Schweigens auf ein kaufmännisches Bestätigungsschreiben (s. hierzu Rz. 11) oder vergleichbarer Irrtümer im Kontext von Vertrauenstatbeständen, da dort der rechtliche Erfolg der Erklärung nicht auf der privatautonom vereinbarten Bedeutung des Schweigens, sondern auf einem durch Gewohnheitsrecht oder Gesetz begründeten Rechtsscheinstatbestand beruht.

4. Hinweise zur Vertragsgestaltung; Zusammenfassung

20 Die Aufnahme einer **Vertragsänderungsklausel** in den Arbeitsvertrag kann zur Verringerung des Verwaltungsaufwands, den Vertragsanpassungen mit sich bringen, sinnvoll sein. Widerspricht der Arbeitnehmer Änderungsangeboten des Arbeitgebers nicht ausdrücklich binnen einer bestimmten Frist, fingiert die Änderungsklausel die Annahme der Änderung. Aufgrund der Gefahr, dass für den Arbeitnehmer nachteilige Änderungen gegen dessen Willen Bestandteil des Arbeitsvertrages werden, unterliegt die Gestaltung von Vertragsänderungsklauseln besonderen Grenzen. Insbesondere ist den aus dem Klauselverbot des § 308 Nr. 5 BGB resultierenden Hinweispflichten Rechnung zu tragen, eine angemessen lange, im Regelfall an den Vorgaben des § 4 KSchG orientierte Frist für den ausdrücklichen Widerspruch des Arbeitnehmers gegen die Änderung vorzusehen und der Anwendungsbereich der Klausel sachgerecht dahingehend zu begrenzen, dass wesentliche Änderungen der Hauptleistungspflichten, des Entgelts und der Arbeitszeit, nicht erfasst werden.

21 Aus Gründen der **Beweissicherung** sollte – was auch in der Änderungsklausel klargestellt werden kann – das **Angebot**, welches zur Änderung führen soll, **schriftlich** erfolgen, um den Einwand des Arbeitnehmers auszuschließen, er habe zwar die Widerspruchsfrist verstreichen lassen, jedoch ein Änderungsangebot mit einem anderen als dem vom Arbeitgeber behaupteten Inhalt erhalten. Zudem sollte der Arbeitnehmer nach Ablauf der Widerspruchsfrist nochmals auf die eingetretene Änderung hingewiesen werden, sofern sich diese auf eine der in **§ 2 Abs. 1 NachwG** genannten Arbeitsbedingungen bezieht, da durch das vorherige Änderungsangebot die Nachweispflicht des Arbeitgebers noch nicht erfüllt ist.

22 Schließlich sollten Vertragsänderungsabreden **nicht** – selbst wenn insoweit die Wirksamkeitsvoraussetzungen der neueren BAG-Rechtsprechung beachtet werden[2] – **mit** doppelten (qualifizierten) **Schriftformklauseln kombiniert** werden. Beide Gestaltungen widersprechen sich naturgemäß, so dass die Gefahr der zur Unwirksamkeit führenden Intransparenz besteht (§ 307 Abs. 1 Satz 2 BGB). Dem Arbeitgeber ist insoweit die Prioritätensetzung abverlangt, welche der beiden Gestaltun-

---

1 Ähnlich BGH v. 5.4.1973 – II ZR 146/71, NJW 1973, 1366, wonach ein Anfechtungsrecht auch dann besteht, wenn Erklärungen – ohne entsprechendes Wissen oder Wollen des Erklärenden – zur Vertragsänderung führen.
2 BAG v. 20.5.2008 – 9 AZR 382/07, NZA 2008, 1233.

gen seinen Belangen dienlicher ist. Im Zweifel dürfte sich angesichts der durch § 305b BGB deutlich eingeschränkten Bedeutung der Verzicht auf die Schriftformklausel empfehlen.[1]

Vertragsänderungsklausel 23

§ ... Änderung des Arbeitsvertrags

Bietet der Arbeitgeber dem Arbeitnehmer schriftlich eine Änderung des Arbeitsvertrages an und lehnt der Arbeitnehmer dieses Angebot nicht binnen einer vom Arbeitgeber zu bestimmenden angemessenen Frist ab, so gilt das Angebot als angenommen. Der Arbeitgeber wird den Arbeitnehmer zu Beginn der Frist besonders darauf hinweisen, dass das Schweigen auf das Angebot die Änderung des Arbeitsvertrages zur Folge hat. Die vorstehenden Regelungen gelten nicht für individuelle Änderungen.

Ausgeschlossen sind auch Änderungen, die den Kernbereich des Arbeitsvertrages tangieren. Nach derzeitiger Rechtsprechung ist dies nicht der Fall, wenn der im Gegenseitigkeitsverhältnis stehende und von der Änderung betroffene Teil des Gesamtverdienstes unter 25 % liegt bzw. wenn darüber hinaus Leistungen betroffen sind, die nicht eine unmittelbare Gegenleistung für die Arbeitsleistung darstellen, bis zu 30 % des Gesamtverdienstes.

Um die Sicherheit in der arbeitsgerichtlichen Inhaltskontrolle zu erhöhen, sollte auch folgende Einschränkung[2] angefügt werden:

Der Arbeitgeber wird von diesem Änderungsverfahren nur Gebrauch machen, um eine Änderung der rechtlichen Rahmenbedingungen (neue gesetzliche Vorgaben oder veränderte Rechtsprechung) umzusetzen.

---

1 So auch dezidiert *Roloff*, NZA 2014, 1191 (1196 ff.).
2 Nach dem Schleswig-Holsteinischen OLG v. 14.5.2009 – 6 U 41/08, MMR 2010, 211, sollen nämlich Vertragsänderungsklauseln in Mobilfunkverträgen selbst dann, wenn sie den Anforderungen des § 308 Nr. 5 BGB genügen, gegen § 307 Abs. 1 Satz 1 BGB verstoßen, wenn sie „Änderungen ohne äußere Notwendigkeit (etwa Gesetzesänderungen) gestatten".

V 30 Vertragsstrafen

	Rz.		Rz.
1. Einführung	1	d) Vorzeitiges Ausscheiden nach vom Arbeitgeber finanzierter Aus- oder Fortbildung	48
a) Praktische Bedeutung im Arbeitsvertragsrecht	1	e) Nichteinhaltung der vorgeschriebenen Arbeitszeit	52
b) Abgrenzung zur Betriebsbuße	3	f) Wettbewerbsverstöße	53
c) Rechtsnatur und Funktion	4	aa) Wirksamkeitsanforderungen	55
d) Grundsätzliche Zulässigkeitsbedenken	7	bb) Rechtsfolge	65
aa) Die arbeitsrechtliche Problematik von Vertragsstrafen	7	g) Verstoß gegen Verschwiegenheitspflichten	66
bb) Kein Totalverbot	8	h) Sonstige Nebenverpflichtungen	68
2. Klauseltypen	9	aa) Zurückhaltung wichtiger Unterlagen	68
a) Arbeitsvertragsbruch	9	bb) Verstoß gegen Nebentätigkeitsverbot	71
aa) Auslegungsfragen	9	cc) Verletzung von Mitteilungspflichten	74
bb) Wirksamkeitsanforderungen	13	i) Globale Vertragsstrafenversprechen	77
(1) § 12 Abs. 2 Nr. 2 BBiG als gesetzliche Schranke	14	aa) Auslegungsfragen	78
(2) Zulässigkeitsgrenzen individuell vereinbarter Strafversprechen	16	bb) Wahrung des Bestimmtheitsgrundsatzes	79
(a) Keine unzulässige Kündigungserschwerung	16	j) Abbedingung des Verschuldenserfordernisses	81
(b) Bestimmtheitsgrundsatz	21	k) Regelung des Verhältnisses zu möglichen Schadensersatzansprüchen	86
(c) Angemessene Höhe der Vertragsstrafe	25	aa) Anrechnungs- bzw. Hinweisklauseln	86
(3) Leitlinien der Angemessenheitskontrolle bei formularmäßig vereinbarten Vertragsstrafen	29	bb) Wahlklauseln	88
		cc) Kumulationsklauseln	89
(a) Vorrang genereller Rechtskontrolle gegenüber rechtsgestaltender Billigkeitskorrektur	29	l) Aufrechnungsklauseln	90
		aa) Hinweisklauseln	90
(b) Überraschende Vertragsstrafenabreden (§ 305c Abs. 1 BGB)	32	bb) Aufrechnungsvereinbarung	92
		m) Verwirkungsabreden	93
(c) Keine Anwendung des § 309 Nr. 6 BGB	33	aa) Lohnverwirkungsklauseln für Vertragsbruch	93
(d) Vorhandensein eines berechtigten Interesses (§ 307 BGB)	34	(1) Lohnsicherungsvorschriften	96
(e) Transparenzkontrolle (§ 307 Abs. 1 Satz 2 BGB)	40	(2) Rechtliche Gleichstellung mit Vertragsstrafenvereinbarungen	97
(f) Rechtsfolgen bei Überschreitung der Angemessenheitsgrenzen	41	bb) Lohnverwirkungsabreden für unentschuldigtes Fehlen und sonstige Pflichtverletzungen	105
b) Veranlassung der fristlosen Kündigung	44	cc) Kautionsverfallklauseln	108
		dd) Urlaubsverfallklauseln	110
c) Schlechtleistungen des Arbeitnehmers	45	3. Hinweise zur Vertragsgestaltung; Zusammenfassung	111
		4. Steuerrechtliche Aspekte	112

Schrifttum:

Bötticher, Wesen und Arten der Vertragsstrafe sowie deren Kontrolle, ZfA 1970, 1; *Brors*, „Neue" Probleme bei arbeitsvertraglichen Vertragsstrafeklauseln?, DB 2004, 1778; *Conein-Eikelmann*, Erste Rechtsprechung zur Wirksamkeit von Vertragsstrafenversprechen nach der Schuldrechtsreform, DB 2003, 2546; *Engel*, Konventionalstrafen im Arbeitsvertrag, 1990; *Fischer*, Vertragsstrafe und vertragliche Schadenspauschalierung, 1981; *Gross*, Vertragsstrafen des Arbeitnehmers und Grenzen ihrer Vereinbarungsfähigkeit, 2004; *Günther/Nolde*, Vertragsstrafenklauseln bei Vertragsbruch – Angemessene und abschreckende Strafhöhe, NZA 2012, 62; *Haas/Fuhlrott*, Ein Plädoyer für mehr Flexibilität bei Vertragsstrafen, NZA-RR 2010, 1; *Han*, Zulässigkeit der Vertragsstrafe in vorformulierten Arbeitsverträgen, 2008; *Hauck*, Die Vertragsstrafe im Lichte der Schuldrechtsreform, NZA 2006, 816; *Heinze*, Konventionalstrafe und andere Sanktionsmöglichkeiten in der arbeitsrechtlichen Praxis, NZA 1994, 244; *Hoß*, Zulässigkeit von Vertragsstrafen im Arbeitsrecht, ArbRB 2002, 138; *Joost*, Vertragsstrafen im Arbeitsrecht – Zur Inhaltskontrolle von Formularverträgen im Arbeitsrecht, ZIP 2004, 1981; *Junker/Amschler*, Vertragsstrafe bei arbeitsvertraglich verlängerter Kündigungsfrist in Allgemeinen Geschäftsbedingungen, SAE 2010, 165; *von Koppenfels*, Vertragsstrafen im Arbeitsrecht nach der Schuldrechtsmodernisierung, NZA 2002, 598; *Lakies*, AGB-Kontrolle von Vertragsstrafenvereinbarungen, ArbRAktuell 2014, 313; *Leder/Morgenroth*, Die Vertragsstrafe im Formulararbeitsvertrag, NZA 2002, 952; *Lindacher*, Phänomenologie der „Vertragsstrafe", 1972; *Lingemann/Gottschalk*, Vertragsstrafengestaltung im Arbeitsrecht – ein kurzer Leitfaden, DStR 2011, 774; *Nicolai*, Die Gestaltung arbeitsvertraglicher Vertragsstrafenversprechen, FA 2006, 76; *Niemann*, Vertragsbruch: Strafabreden in Formulararbeitsverträgen, RdA 2013, 92; *Oberthür*, Die Entschädigungsregelung im internationalen Spielertransfer, NZA 2003, 462; *Payrhuber*, Aus der Praxis: Vertragsstrafenklausel im Arbeitsvertrag, JuS 2009, 328; *Popp*, Schadensersatz und Vertragsstrafe bei Arbeitsvertragsbruch, NZA 1988, 455; *Preis/Stoffels*, Vertragsstrafe, AR-Blattei SD 1710; *Reichenbach*, Konventionalstrafe für den vertragsbrüchigen Arbeitnehmer, NZA 2003, 309; *Schöne*, Die Zulässigkeit von Vertragsstrafenabreden in Formulararbeitsverträgen, SAE 2006, 272; *Schramm*, Neue Herausforderungen bei der Gestaltung von Vertragsstrafenklauseln, NJW 2008, 1494; *Schwerdtner*, Grenzen der Vereinbarungsfähigkeit von Vertragsstrafen im Einzelarbeitsverhältnis, in Festschrift für Marie Luise Hilger und Hermann Stumpf, 1983, S. 631; *Söllner*, Vertragsstrafen im Arbeitsrecht, ArbuR 1981, 97; *Stoffels*, Der Vertragsbruch des Arbeitnehmers, 1994, S. 186 ff.; *Thüsing/Bodenstedt*, Vertragsstrafen im Profifußball, AuR 2004, 369; *Walker*, Die Vertragsstrafe im Arbeitsvertrag des Sportlers am Beispiel des Lizenzfußballspielers, in Festschrift für Röhricht, 2005, S. 1277; *Wensing/Niemann*, Vertragsstrafen in Formulararbeitsverträgen: § 307 BGB neben § 343 BGB?, NJW 2007, 401; *Winter*, Wirksamkeits- und Angemessenheitskontrolle bei Vertragsstrafen im Formulararbeitsvertrag, BB 2010, 2757.

1. Einführung

a) Praktische Bedeutung im Arbeitsvertragsrecht

Die praktische Bedeutung von Vertragsstrafenvereinbarungen in der betrieblichen Vertragspraxis ist **groß**. In nahezu jedem vierten Arbeitsvertrag finden sich Vertragsstrafenklauseln. Funktionsgleich werden bisweilen – allerdings wesentlich seltener – **Verwirkungsklauseln** eingesetzt, die unter näher bezeichneten Voraussetzungen die Verwirkung oder gleichbedeutend den Verfall bestimmter Ansprüche des Arbeitnehmers vorsehen (zu ihnen Rz. 94 ff.).

Ganz überwiegend wird die Vertragsstrafe für die Fälle des Vertragsbruchs, der fristlosen Entlassung durch den Arbeitgeber sowie des Verstoßes gegen ein Wettbewerbsverbot vereinbart. Nahezu alle Klauseln belasten einseitig den Arbeitnehmer.

b) Abgrenzung zur Betriebsbuße

3 Von der Vertragsstrafe zu unterscheiden sind die sog. **Betriebsbußen**.[1] Die Betriebsbußenordnung als durch Betriebsvereinbarung (vgl. § 87 Abs. 1 Nr. 1 BetrVG) herbeigeführte Regelung hat (nur) Straf- und Sühnecharakter und soll als Disziplinarmaßnahme die kollektive Ordnung und Sicherheit aufrechterhalten.[2] Demgegenüber bezieht sich die Vertragsstrafe auf schuldrechtliche Ansprüche aus dem Arbeitsverhältnis und berücksichtigt damit allein das individuelle Interesse des Arbeitgebers als Gläubiger der Arbeitsleistungen. Ihre Vereinbarung und Einforderung unterliegen nicht der betrieblichen Mitbestimmung.[3] Der Rechtscharakter einer Strafvereinbarung ist im Einzelfall durch **Auslegung** zu ermitteln.[4]

c) Rechtsnatur und Funktion

4 Die gesetzliche Regelung der Vertragsstrafe in den §§ 339 ff. BGB ist auf das sog. **unselbständige Strafversprechen** zugeschnitten. Dabei handelt es sich um ein Leistungsversprechen, das unter der aufschiebenden Bedingung der Nichterfüllung oder nicht gehörigen Erfüllung der dem Schuldner obliegenden Verbindlichkeit steht.[5] Der Begriff der „Unselbständigkeit" bezeichnet in diesem Zusammenhang das vor allem in § 344 BGB deutlich zum Ausdruck kommende Abhängigkeitsverhältnis der Vertragsstrafe zur Hauptverbindlichkeit (**Akzessorietät**). Der Zweck einer solchen Strafabrede besteht in erster Linie darin, den Schuldner zur ordnungsgemäßen Vertragserfüllung anzuhalten (**Erfüllungssicherungsfunktion**). Kommt es dennoch zu einer vom Schuldner zu vertretenden Störung der Leistungsbeziehung, so **erleichtert** das unselbständige Strafversprechen **dem Gläubiger die Durchsetzung seiner Schadensersatzforderung**.[6] Denn gemäß den Anrechnungsregeln der §§ 340 Abs. 2, 341 Abs. 2 BGB kann er die Vertragsstrafe als Mindestschaden verlangen, ist also insoweit der Pflicht enthoben, den Eintritt und die Höhe des Schadens nachweisen zu müssen. Die Vertragsstrafe ist verwirkt, sobald der Schuldner mit der Erfüllung seiner vertraglichen Verpflichtung in Verzug gerät oder der ihm obliegenden Unterlassungspflicht zuwiderhandelt (§ 339 BGB). Dies löst dann als Bedingung den Vertragsstrafenanspruch aus. Erfüllbar wird dieser im Falle eines Strafversprechens für Nichterfüllung (§ 340 BGB) allerdings erst, wenn der Gläubiger dem Schuldner

---

1 Grundlegend zum Verhältnis der Betriebsjustiz zur Vertragsstrafe *Löwisch/Würtenberger*, JuS 1970, 261 ff.; *Kaiser/Metzger-Pregizer*, Betriebsjustiz, 1976, S. 332 ff.; *Engel*, Konventionalstrafen, S. 128 ff. und *Leinemann*, ArbuR 1970, 134; *Löwisch/Kaiser*, § 87 BetrVG Rz. 56; ErfK/*Müller-Glöge*, §§ 339–345 BGB Rz. 5.
2 BAG v. 5.12.1975 – 1 AZR 94/74, EzA § 87 BetrVG Nr. 1; v. 5.2.1986 – 5 AZR 564/84, NZA 1986, 782; LAG Rh.-Pf. v. 3.2.1977 – 4 (5) Sa 678/76, ARST 1979, 179 Nr. 173.
3 BAG v. 5.2.1986 – 5 AZR 564/84, NZA 1986, 782.
4 BAG v. 5.2.1986 – 5 AZR 564/84, NZA 1986, 782. Das BAG stufte dort Sanktionsvereinbarungen des Mustervertrages des Deutschen Fußball-Bundes für Lizenzspieler als Vertragsstrafen ein; kritisch *Löwisch*, Anm. AP Nr. 12 zu § 339 BGB; s.a. Richardi/*Richardi*, § 87 BetrVG Rz. 232.
5 *Engel*, Konventionalstrafen, S. 5; Staudinger/*Rieble*, Vorbem. zu §§ 339 ff. BGB Rz. 1.
6 Sog. Bifunktionalität der Vertragsstrafe; vgl. hierzu Motive II, S. 275; *Heinze*, NZA 1994, 249; *Larenz*, Schuldrecht AT, § 24 II a, S. 377; *Popp*, NZA 1988, 456; BGH v. 18.11.1982 – VII ZR 305/81, NJW 1983, 385 (387); BAG v. 18.12.2008 – 8 AZR 81/08, NZA-RR 2009, 519 (524); v. 23.5.1984 – 4 AZR 129/82, NZA 1984, 255. Für ein monofunktionales Verständnis hingegen *Lindacher*, Phänomenologie der „Vertragsstrafe", 1972.

erklärt, dass er die Strafe verlange.¹ Der Anspruch auf Erfüllung der gesicherten Hauptverbindlichkeit ist dann ausgeschlossen (§ 340 Abs. 1 BGB). Damit entfällt dann auch die Entschädigungsmöglichkeit nach § 61 Abs. 2 Satz 1 ArbGG. Dieser Ausschluss gilt allerdings nicht im Falle der Vertragsstrafe bei nicht gehöriger Erfüllung – also bei Schlechtleistung oder Verzug (§ 341 Abs. 1 BGB). Hier kann der Arbeitgeber die Strafe und die Erfüllung nebeneinander verlangen. Allerdings muss sich der Arbeitgeber gemäß § 341 Abs. 2 BGB bei der Annahme der (weiteren) Erfüllung das Recht zur Vertragsstrafe vorbehalten.

Während die unselbständige Vertragsstrafe an die Nicht- oder nicht gehörige Erfüllung anknüpft, wird das sog. **selbständige Strafversprechen** für den Fall vereinbart, dass jemand eine Handlung vornimmt oder unterlässt, zu der er rechtlich nicht verpflichtet ist. In Arbeitsverträgen² werden selbständige Strafversprechen bspw. vereinbart anlässlich von Vorverhandlungen für den Fall des Nichtabschlusses eines Arbeitsvertrages oder im Rahmen unbefristeter Arbeitsverhältnisse, wenn sie vor Ablauf einer bestimmten Zeit gekündigt werden.³ Sehr umstritten ist, ob hierher auch die verbreiteten Verpflichtungen zur Rückzahlung von Gratifikationen oder ähnlichen Leistungen für den Fall der Kündigung des Arbeitsverhältnisses gehören.⁴ Mit der selbständigen Vertragsstrafe befasst sich nur eine einzige Vorschrift des BGB, nämlich § 343 Abs. 2 BGB. Sie erstreckt das richterliche Ermäßigungsrecht ausdrücklich auch auf unverhältnismäßig hohe, nicht akzessorische Vertragsstrafen. 5

Eine **Verwirkungsabrede** lässt sich demgegenüber rechtlich als aufschiebend bedingter Erlassvertrag (§ 397 BGB) auffassen.⁵ Mit Bedingungseintritt (z.B. Vertragsbruch des Arbeitnehmers) erlischt oder vermindert sich der Anspruch ipso iure. Einer besonderen Erklärung seitens des Arbeitgebers bedarf es hierzu im Gegensatz zur Aufrechnung nicht.⁶ Auch tritt Verwirkung unabhängig von einer entsprechenden Gegenforderung des Arbeitgebers ein, wenngleich das im Verwirkungstatbestand umschriebene Vorkommnis oftmals Schadensersatzansprüche des Arbeitgebers begründen wird.⁷ 6

---

1 BAG v. 7.11.1969 – 3 AZR 303/69, NJW 1970, 1146. Die Besonderheit des Auseinanderklaffens von Fälligkeit und Erfüllbarkeit kann zu Problemen bei der Bestimmung des Fristbeginns tariflicher Ausschlussklauseln führen. Hierzu BAG v. 7.11.1969 – 3 AZR 303/69, AP Nr. 1 zu § 340 BGB mit zust. Anm. von *H.P. Westermann*.
2 Zum Anwendungsbereich selbständiger Strafversprechen im Arbeitsrecht Schaub/*Linck*, § 60 Rz. 2; *Stahlhacke* in HzA Gruppe 1 Rz. 567 und *Bötticher*, ZfA 1970, 6 ff.
3 Hinsichtlich letzterer Fallgestaltung bestehen allerdings erhebliche Zulässigkeitsbedenken unter dem Gesichtspunkt des § 622 Abs. 6 BGB; hierzu Rz. 16 ff.
4 Dagegen: BAG v. 31.5.1960 – 5 AZR 505/58, NJW 1960, 1926; v. 11.3.1971 – 5 AZR 349/70, EzA § 622 n.F. BGB Nr. 2; *Engel*, Konventionalstrafen, S. 30 f. und *Westhoff*, Inhaltskontrolle, S. 46 ff. Dafür weite Teile des Schrifttums: *Bötticher*, ZfA 1970, 19 ff.; ErfK/*Müller-Glöge*, §§ 339–345 BGB Rz. 2 und wohl auch *Söllner*, ArbuR 1981, 103 f.
5 Schaub/*Linck*, § 73 Rz. 25–27; *Tettinger/Wank*, Gewerbeordnung, 7. Aufl. 2004, § 134 GewO Rz. 1.
6 *Hueck/Nipperdey*, Arbeitsrecht I, § 45 VII, S. 377.
7 *Hueck/Nipperdey*, Arbeitsrecht I, § 45 VII, S. 377; *Beisken*, Arbeitsvertragsbruch und Abwerbung, 1969, S. 77.

d) **Grundsätzliche Zulässigkeitsbedenken**

aa) **Die arbeitsrechtliche Problematik von Vertragsstrafen**

7   Vertragliche Strafversprechen laufen insbesondere dort, wo es typischerweise an einem Verhandlungsgleichgewicht der Parteien fehlt, Gefahr, den Versprechenden über Gebühr zu belasten. Im Arbeitsrecht erhöht sich die **Gefahr einer unangemessenen Benachteiligung** noch dadurch, dass Strafklauseln dem Arbeitnehmer in aller Regel bei Vertragsschluss als Bestandteil eines Formulararbeitsvertrages präsentiert werden, eine Einflussnahme auf den Klauseltext in der Praxis damit nahezu ausgeschlossen ist. Die Praxis zeigt, dass die einseitige Festlegung der Kautelen nicht selten dazu führt, dass sich Arbeitgeber überhöhte Strafsummen ausbedingen und die Voraussetzungen für die Verwirkung der Strafe sehr niedrig ansetzen. Die Möglichkeit der Herabsetzung der Vertragsstrafe gemäß § 343 BGB reicht hier als Korrektiv nicht aus. Vielmehr ist das Arbeitsrecht in seiner Funktion als Arbeitnehmerschutzrecht aufgefordert, die Grenzen des Zulässigen aufzuzeigen.

bb) **Kein Totalverbot**

8   Während die derzeit h.M. an der Zulässigkeit von Vertragsstrafen zulasten des Arbeitnehmers jedenfalls keine grundsätzlichen Bedenken hegt, sind im jüngeren Schrifttum kritische Stimmen[1] laut geworden, die für überaus weit reichende Einschränkungen plädieren. Ein Totalverbot lässt sich jedoch de lege lata nicht begründen[2] und würde auch der Interessenlage im Arbeitsverhältnis nicht gerecht. Die Praxis hat hier gezeigt, dass dem berechtigten Sicherungsbedürfnis des Arbeitgebers in vielen Fällen nur durch Vereinbarung einer Vertragsstrafe entsprochen werden kann.[3] Auch das BAG[4] betont in ständiger Rechtsprechung, **gegen Vertragsstrafen in Arbeitsverträgen**, mit denen der Arbeitgeber die Einhaltung der vertraglichen Pflichten durch den Arbeitnehmer absichern wolle, bestünden **keine grundsätzlichen rechtlichen Bedenken**. Die Vertragsstrafe sei ein vom Gesetzgeber zur Verfügung gestelltes Rechtsinstitut des bürgerlichen Rechts für Schuldverhältnisse und könne demgemäß auch in Arbeitsverhältnissen als privatrechtlichen Schuldverhältnissen vereinbart werden. Im Einzelfall könnten Abreden über Vertragsstrafen jedoch gegen arbeitsrechtliche Gesetze oder arbeitsrechtliche Rechtsgrundsätze und Schutzprinzipien verstoßen und deshalb unwirksam sein.

---

1   *Hildebrandt*, Disparität und Inhaltskontrolle im Arbeitsrecht, 1987, S. 55 ff.; *Däubler*, Arbeitsrecht 2, Rz. 752 unter Hinweis auf das Vertragsstrafenverbot im Mietrecht, § 550a BGB. Für mittelbares Vertragsstrafenverbot aus § 888 Abs. 2 ZPO *Lindacher*, Phänomenologie, S. 72; dazu die insbesondere in diesem Punkte zustimmende Besprechung dieser Schrift durch *Krauß*, ArbuR 1975, 152 sowie *Langenheid*, DB 1980, 1219. Für ein generelles Vertragsstrafenverbot im Arbeitsrecht auch *von Koppenfels*, NZA 2002, 598 ff.
2   So zutreffend *Zöllner/Loritz/Hergenröder*, Arbeitsrecht, § 12 IV 4, S. 142 f. und § 19 IX 2, S. 232; ErfK/*Müller-Glöge*, §§ 339–345 BGB Rz. 8 ff.; *Küttner/Poeche*, Personalbuch 2014, Vertragsstrafe Rz. 5 f.; Staudinger/*Rieble*, § 339 BGB Rz. 138; *Heinze*, NZA 1994, 249 f.; *Lohr*, MDR 2000, 429; *Stoffels*, Vertragsbruch, S. 205 ff.; zur rechtspolitischen Diskussion vgl. Preis/*Stoffels*, AR-Blattei SD 1710 „Vertragsstrafe" Rz. 8 ff.
3   *Engel*, Konventionalstrafen, S. 114 f. und *Koller*, Anm. SAE 1985, 156.
4   BAG v. 23.6.1982 – 5 AZR 168/80, NJW 1983, 1575; v. 23.5.1984 – 4 AZR 129/82, NZA 1984, 255; v. 5.2.1986 – 5 AZR 564/84, NZA 1986, 782; v. 13.6.1990 – 5 AZR 304/89, n.v.; v. 27.5.1992 – 5 AZR 324/91, EzA § 339 BGB Nr. 8.

2. Klauseltypen

a) Arbeitsvertragsbruch

Typ 1: Nichtantritt oder vorzeitiges Ausscheiden

a) Nimmt der Arbeitnehmer die Arbeit nicht oder verspätet auf, verweigert er vorübergehend unberechtigt die Arbeit, löst er das Arbeitsverhältnis ohne Einhaltung der maßgeblichen Kündigungsfrist auf [...], so hat der Arbeitnehmer dem Arbeitgeber eine Vertragsstrafe zu zahlen. Als Vertragsstrafe wird für den Fall der verspäteten Aufnahme der Arbeit, der vorübergehenden Arbeitsverweigerung und der Auflösung des Arbeitsverhältnisses ohne Einhaltung der maßgeblichen Kündigungsfrist ein sich aus der Bruttomonatsvergütung nach vorstehendem § ... zu errechnendes Bruttotagegeld für jeden Tag der Zuwiderhandlung vereinbart, insgesamt jedoch nicht mehr als das in der gesetzlichen Mindestkündigungsfrist ansonsten zu zahlende Arbeitsentgelt. Im Übrigen beträgt die Vertragsstrafe ein Bruttomonatsgehalt.[1]

b) § ... Vertragsstrafe

(1) Nimmt der/die Mitarbeiter/in die Arbeit nicht auf oder löst er/sie sich vom Arbeitsverhältnis ohne Einhaltung der maßgeblichen Kündigungsfrist, so hat der/die Mitarbeiter/in an die Firma eine Vertragsstrafe zu zahlen. Die Vertragsstrafe ist nur verwirkt, wenn der/die Mitarbeiter/in fahrlässig oder vorsätzlich gehandelt hat.

(2) Als Vertragsstrafe wird für die in Absatz 1 genannten Fälle ein Bruttotagesentgelt für jeden Tag der Zuwiderhandlung vereinbart, insgesamt wird jedoch nicht mehr als das in der gesetzlichen Mindestkündigungsfrist ansonsten erhaltene Arbeitsentgelt verwirkt. Im Übrigen beträgt die Vertragsstrafe insgesamt höchstens ein Bruttomonatsgehalt.

(3) Das Bruttotagesentgelt bemisst sich nach dem durchschnittlichen Arbeitsverdienst i.S.d. § 11 Abs. 1 Satz 1–4 BUrlG und den darin zum Ausdruck kommenden Berechnungsgrundsätzen. Ist der/die Mitarbeiter/inin den in Absatz 1 genannten Fällen im Zeitpunkt der Zuwiderhandlung weniger als 13 Wochen bei dem Arbeitgeber beschäftigt, wird für die Berechnung des Bruttotagesentgeltes der gesamte Zeitraum vom Beginn des Arbeitsverhältnisses bis zum Zeitpunkt der Zuwiderhandlung zugrunde gelegt.

aa) Auslegungsfragen

Schwierigkeiten bereitet mitunter die **Bestimmung der inhaltlichen Reichweite** einer Vertragsstrafenklausel.

Mit einer solchen Auslegungsfrage hatte sich vor einiger Zeit das BAG[2] zu befassen. Dabei geht es um die Bestimmung des vom **Begriff des „Vertragsbruchs"** Umfassten. Dies bereitet vor allem dann Probleme, wenn die Vereinbarung – wie so oft –

---
1 BAG v. 28.5.2009 – 8 AZR 896/07, AP Nr. 6 zu § 306 BGB; so auch von SSSV/Schrader/Klagges, A. Individualarbeitsrecht Rz. 174f. empfohlen, unklar bleibt jedoch, wie das Bruttotagegeld zu berechnen ist.
2 BAG v. 18.9.1991 – 5 AZR 650/90, NZA 1992, 215.

hierzu keine nähere Umschreibung enthält. Das BAG beschränkt den Vertragsbruch zutreffend auf den Fall, dass ein Arbeitnehmer schuldhaft und rechtswidrig die Arbeit nicht aufnimmt[1] oder das Arbeitsverhältnis vor Ablauf der vereinbarten Vertragszeit oder vor Ablauf der Kündigungsfrist ohne wichtigen Grund beendet. Den Fall der vom Arbeitnehmer schuldhaft veranlassten Beendigung des Arbeitsverhältnisses durch Kündigung des Arbeitgebers sieht es demgemäß als nicht erfasst an. Zur Rechtfertigung dieser engen Begriffsbestimmung beruft sich das BAG auf ein im Laufe der Zeit gewachsenes allgemeines Rechtsverständnis, das seinen Ausdruck unter anderem in dem inzwischen aufgehobenen § 124b GewO, aber auch im Entwurf eines zweiten Arbeitsrechtsbereinigungsgesetzes gefunden habe. Für die restriktive Auslegung des Verwirkungstatbestandes ließe sich darüber hinaus die angegebene Berechnung der Vertragsstrafe anführen, die ersichtlich vom Fall einer vorzeitigen Abkehr vom Arbeitsverhältnis seitens des Arbeitnehmers ausging. Grundsätzlich zu begrüßen ist im Übrigen, dass das BAG in diesem Urteil den Formularcharakter der Vereinbarung hervorhebt und ihm Bedeutung für die Auslegung beimisst.

11 Die Verwendung der Bezeichnungen „Vertragsbruch" oder „vertragsbrüchig" im Klauseltext bietet auch in anderen Fällen eine Handhabe, ungenau formulierte Verwirkungstatbestände zu präzisieren und sie damit dem Verdikt der Unbestimmtheit zu entziehen.[2] So kann hinsichtlich der Klausel

> Kommt der Angestellte unter Arbeitsvertragsbruch vorsätzlich einer wesentlichen Dienstpflicht nicht nach, so steht dem Arbeitgeber ohne Nachweis des entstandenen Schadens ein Ersatzanspruch ... zu.

im Wege zulässiger Auslegung davon ausgegangen werden, dass der Arbeitgeber nicht die Einhaltung sämtlicher Arbeitsvertragspflichten, die er als wesentlich ansieht, sondern nur den Vertragsbruch im Rechtssinne sanktionieren wollte. Denn „bei Vertragsstrafenklauseln, die für eine Vielzahl von Fällen entwickelt worden sind, ist im Allgemeinen anzunehmen, dass sie in Kenntnis der gesetzlichen Regelung formuliert worden sind und die in ihnen verwendeten Begriffe dieselbe Bedeutung wie im Gesetz"[3] – hier dem erst kurz zuvor aufgehobenen § 124b GewO – haben. Unter „wesentlicher Dienstpflicht" ist dann nur die Arbeitspflicht des Arbeitnehmers zu verstehen.

12 Soll für den Fall, dass der Arbeitnehmer sich von dem Arbeitsverhältnis vor Ablauf der Kündigungsfrist löst, eine Vertragsstrafe vereinbart werden, so lässt sich dies nicht durch folgende Klausel erreichen:

⊃ **Nicht geeignet:**

> Der Arbeitnehmer ist verpflichtet, die gesetzlichen Kündigungsfristen einzuhalten. Für den Fall der Verletzung der gesetzlichen Kündigungsfrist wird eine Vertragsstrafe vereinbart.

---

[1] Zur Auslegung dieser Tatbestandsvariante vgl. LAG Düsseldorf v. 15.7.2009 – 7 Sa 385/09, BeckRS 2009, 74903.
[2] So z.B. BAG v. 14.6.1975 – 5 AZR 245/74, EzA § 340 BGB Nr. 3.
[3] BAG v. 14.6.1975 – 5 AZR 245/74, AP Nr. 3 zu § 340 BGB – dort ging es um den Gesetzesbegriff der „Nichterfüllung".

Die Auslegung ergebe in diesem Fall, dass nur bei Nichteinhaltung der maßgeblichen Kündigungsfrist bei einer Arbeitnehmereigenkündigung die Vertragsstrafe verwirkt sei; kündige der Arbeitnehmer fristgemäß und erscheine vor Ablauf der Kündigungsfrist nicht mehr zur Arbeit, so sei die Vertragsstrafe nicht verwirkt.[1]

bb) Wirksamkeitsanforderungen

Die folgenden Ausführungen zu den Grenzen der Vereinbarungsfreiheit enthalten wichtige Grundaussagen, die für sämtliche Fallgruppen arbeitsvertraglicher Strafversprechen von Bedeutung sind. Diese allgemeinen Aussagen werden hier exemplarisch anhand der Vertragsbruchklauseln entwickelt. Für die inhaltliche Zulässigkeit arbeitsvertraglicher Strafversprechen gelten zunächst die allgemeinen Bestimmungen des BGB, also **§ 138 BGB**[2] mit seinem Maßstab der guten Sitten und **§ 134 BGB**, wonach der Verstoß gegen ein gesetzliches Verbot zur Nichtigkeit der Vereinbarung führt.[3] Ist die Vertragsstrafenabrede Bestandteil eines vorformulierten Arbeitsvertrages oder findet sie sich in Allgemeinen Arbeitsbedingungen, so muss sie sich ferner am Maßstab der AGB-rechtlichen Sondervorschriften (**§§ 305 ff. BGB**) messen lassen (vgl. § 310 Abs. 4 BGB). Eine ausdrückliche Verbotsnorm existiert auf dem Gebiete des Arbeitsrechts in Gestalt des **§ 12 Abs. 2 Nr. 2 BBiG** lediglich für einen eng umgrenzten Teilbereich.

13

(1) § 12 Abs. 2 Nr. 2 BBiG als gesetzliche Schranke

Nach **§ 12 Abs. 2 Nr. 2 BBiG** sind im Rahmen eines **Berufsausbildungsverhältnisses** Vereinbarungen über vom Auszubildenden zu zahlende Vertragsstrafen **nichtig**. Die Vorschrift bezweckt, den Schutz des Auszubildenden zu stärken und ihn vom Ausbildungsbetrieb in persönlicher und finanzieller Hinsicht so unabhängig wie möglich zu stellen. Insbesondere soll verhindert werden, dass der Auszubildende unter dem Druck finanzieller Belastungen an einem Ausbildungsverhältnis festgehalten wird, das er nicht weiter fortführen möchte.[4]

14

Das Vertragsstrafenverbot des § 12 Abs. 2 Nr. 2 BBiG steht im zweiten, mit „Berufsausbildungsverhältnis" überschriebenen Abschnitt des zweiten Teils des BBiG. Ihm sind damit grundsätzlich nur die Parteien eines Berufsausbildungsverhältnisses unterworfen. Es muss also ein Vertragsverhältnis vorliegen, das auf die Vermittlung der für die Ausübung einer qualifizierten beruflichen Tätigkeit in einer sich wandelnden Arbeitswelt notwendigen beruflichen Fertigkeiten, Kenntnisse und Fähigkeiten in einem geordneten Ausbildungsgang zielt (§ 1 Abs. 3 BBiG). Rein schulische Veranstaltungen fallen nicht hierunter.[5] Über § 26 BBiG wird die Schutzvorschrift des § 12 BBiG auf solche Personen erweitert, die erstmals[6] Kenntnisse, Fä-

15

---

1 BAG v. 22.10.2009 – 8 AZR 865/08, NZA-RR 2010, 565 (567).
2 Anwendungsfall: LAG Köln v. 9.4.1998 – 10 Sa 1483/97, NZA-RR 1999, 350.
3 *Bötticher*, ZfA 1970, 24 f.; RG v. 7.4.1908 – III 315/07, RGZ 68, 229 und v. 27.4.1917 – III 442/16, RGZ 90, 181.
4 Zum Schutzzweck des § 5 BBiG vgl. insbesondere den schriftlichen Bericht des Ausschusses für Arbeit, BT-Drucks. 5/4260, 7.
5 BAG v. 16.10.1974 – 5 AZR 575/73, EzA § 5 BBiG Nr. 2; v. 6.6.1984 – 5 AZR 605/82, n.v.
6 Das Erfordernis der Erstausbildung ergibt sich aus der Entstehungsgeschichte sowie Sinn und Zweck der Vorschrift (allg. Ansicht: BAG v. 20.2.1975 – 5 AZR 240/74, EzA Art. 12 GG Nr. 12 Ausbildungsbeihilfe; *Engel*, Konventionalstrafen, S. 63 ff.).

higkeiten oder Erfahrungen in einer der Berufsausbildung angenäherten Form erwerben wollen.[1] Zu diesem Personenkreis zählen insbesondere Anlernlinge, Volontäre und Praktikanten. Hinsichtlich des sachlichen Anwendungsbereichs des § 12 Abs. 2 Nr. 2 BBiG besteht nach einer klarstellenden Entscheidung des BAG[2] nunmehr Einigkeit, dass nur solche Vertragsstrafen ausgeschlossen sind, die sich unmittelbar auf das Berufsausbildungsverhältnis beziehen. In einem Anschlussarbeitsvertrag, der gemäß § 12 Abs. 1 Satz 2 BBiG wirksam innerhalb der letzten sechs Monate geschlossen wird, kann mithin eine Vertragsstrafe für den Fall des Nichtantritts der Arbeit vereinbart werden.

(2) Zulässigkeitsgrenzen individuell vereinbarter Strafversprechen

(a) Keine unzulässige Kündigungserschwerung

16 Unzulässig ist eine Vertragsstrafenvereinbarung, die das Kündigungsrecht des Arbeitnehmers einseitig beeinträchtigt. Anknüpfungspunkt ist insoweit die Vorschrift des **§ 622 Abs. 6 BGB**. Diese verbietet zwar nur, für den Arbeitnehmer eine längere Kündigungsfrist als für die Kündigung durch den Arbeitgeber zu vereinbaren. Doch hat die Rechtsprechung diese Vorschrift zu einem allgemeinen Verbot ungleicher Kündigungsbedingungen ausgeweitet.[3] Insbesondere die Vereinbarung eines einseitigen Vermögensnachteils zulasten des Arbeitnehmers für den Fall einer von ihm erklärten ordnungsgemäßen Kündigung führe zu einem nicht vertretbaren Ungleichgewicht in der Kündigungslage.

17 Haben die Arbeitsvertragsparteien keine von den gesetzlichen oder tariflichen Kündigungsmodalitäten abweichenden Vereinbarungen getroffen, so kann folgerichtig die **fristgerechte Kündigung des Arbeitnehmers** nicht einseitig mit einer Vertragsstrafe sanktioniert werden. Vertragsgestaltungen, die dem Arbeitnehmer die Ausübung seines Kündigungsrechts in dieser Weise erschweren, werden von der Rechtsprechung für nichtig erachtet.[4]

18 Daher hat das BAG die Klausel

⊃ **Nicht geeignet:**

Der Verkaufsfahrer stellt der Firma eine Kaution von ... Euro zur Verfügung ... Diese Kaution verfällt bei:

a) ...

b) ...

c) Ausscheiden aus der Firma während der Saison.[5]

---

1 Zur Anwendbarkeit des § 19 BBiG auf sog. Vorbereitungsverträge s. *Engel*, Konventionalstrafen, S. 61 ff.
2 BAG v. 23.6.1982 – 5 AZR 168/80, NJW 1983, 1575.
3 BAG v. 9.2.1956 – 1 AZR 329/55, AP Nr. 1 zu § 394 BGB; v. 11.3.1971 – 5 AZR 349/70, EzA § 622 BGB n.F. Nr. 2; v. 9.3.1972 – 5 AZR 246/71, EzA § 622 BGB n.F. Nr. 6; v. 31.5.1960 – 5 AZR 505/58, NJW 1960, 1926; LAG Hamm v. 15.3.1989 – 15 (17) Sa 1127/88, DB 1989, 1191.
4 BAG v. 11.3.1971 – 5 AZR 349/70, AP Nr. 9 zu § 622 BGB; v. 9.3.1972 – 5 AZR 246/71, AP Nr. 12 zu § 622 BGB; *Thüsing*, AGB-Kontrolle, Rz. 440; *Lakies*, Inhaltskontrolle von Arbeitsverträgen, Rz. 930.
5 BAG v. 11.3.1971 – 5 AZR 349/70, AP Nr. 9 zu § 622 BGB.

in der es trotz des Wortes „Kaution" eine Vereinbarung über eine Vertragsstrafe sah, für unwirksam erklärt. Zur Ungleichheit der Kündigungslagen führe hier die Tatsache, dass dem Arbeitnehmer einseitig ein Vermögensnachteil für den Fall einer von ihm erklärten Kündigung entsteht.

Das BAG sieht weitergehend aber selbst dann einen Verstoß gegen § 622 Abs. 6 BGB als gegeben, wenn nicht nur der Arbeitnehmer, sondern auch der Arbeitgeber seinerseits im Fall einer von ihm erklärten fristgerechten Kündigung eine Vertragsstrafe („Abfindung") zahlen muss, deren Betrag sogar höher ist. Den Arbeitnehmer treffe eine derartige „Abfindung" stärker und in anderer Funktion als den Arbeitgeber, für den eine „Abfindung" eine normale Erscheinung des Arbeitslebens sei.[1]

Eine Besonderheit ergibt sich allerdings für den Fall, dass sich der Arbeitnehmer im Arbeitsvertrag zur Zahlung einer **Vertragsstrafe bei Nichtantritt** der Stelle verpflichtet (Typ 1a–c).[2] Der Arbeitnehmer begibt sich damit nach ganz überwiegender Ansicht[3] seines Rechts zur Kündigung des Arbeitsverhältnisses vor Dienstantritt (→ *Kündigungsvereinbarungen*, II K10 Rz. 38 f.). Eine ungleiche Kündigungslage tritt nach Ansicht des BAG[4] dennoch nicht ein, da das in der Vertragsstrafenvereinbarung zum Ausdruck kommende starke Interesse des Arbeitgebers an der Sicherung der Arbeitskraft des Arbeitnehmers dafür spreche, dass auch der Arbeitgeber vor Arbeitsantritt kein ordentliches Kündigungsrecht haben soll, die ordentliche Kündigung mithin für beide Teile kraft Vertrages stillschweigend abbedungen sei.

(b) Bestimmtheitsgrundsatz

Vertragsstrafenvereinbarungen müssen in besonderem Maße den allgemeinen Grundsätzen der **Bestimmtheit und Klarheit** entsprechen.[5] In einer Strafabrede muss nicht nur die zu leistende Strafe[6], sondern auch die sie **auslösende Pflichtverletzung** ihrem Inhalt nach so klar bezeichnet sein, dass sich der Versprechende in seinem Verhalten darauf einstellen kann.[7] Die Regelung muss erkennen lassen,

---

1 BAG v. 6.9.1989 – 5 AZR 586/88, NZA 1990, 147.
2 Zum Sonderfall einer vorvertraglichen Vertragsstrafenabrede vgl. ArbG Freiburg v. 11.1. 1996 – 13 Ca 319/95, NZA-RR 1997, 44.
3 BAG v. 1.10.1963 – 5 AZR 24/63, NJW 1964, 123; v. 17.7.1985 – 5 AZR 104/84, n.v.; unklar das oft zitierte Urteil des LAG Hess. v. 18.6.1980 – 10 Sa 1030/79, DB 1981, 532; SPV/ *Preis*, Rz. 143; Schaub/*Linck*, § 123 Rz. 70.
4 BAG v. 1.10.1963 – 5 AZR 24/63, NJW 1964, 123; v. 13.6.1990 – 5 AZR 304/89, n.v.; *Thüsing*, AGB-Kontrolle, Rz. 440.
5 BAG v. 21.4.2005 – 8 AZR 425/04, NZA 2005, 1053 (1055); v. 5.2.1986 – 5 AZR 564/84, AP Nr. 12 zu § 339 BGB mit Anm. *Löwisch*; LAG Berlin v. 22.5.1997 – 1 Sa 4/97, NZA-RR 1998, 53 (55); LAG Hess. v. 5.9.1967 – 5 Sa 122/67, DB 1968, 987; BGH v. 13.3.1975 – VII ZR 205/73, LM Nr. 19 zu § 339 BGB; OLG Düsseldorf v. 18.10.1991 – 16 U 173/90, DB 1992, 86; Küttner/*Poeche*, Personalbuch 2014, Vertragsstrafe Rz. 11; ErfK/*Müller-Glöge*, §§ 339–345 BGB Rz. 12; MünchArbR/*Reichold*, § 39 Rz. 50; *Engel*, Konventionalstrafen, S. 160 ff.; *Becker-Schaffner*, BlStSozArbR 1979, 321 f.
6 Das LAG Rh.-Pf. v. 18.11.2011 – 6 Sa 460/11, juris, sieht daher eine Aufzählung mehrerer Vertragsstrafen (z.B. Verweis, Ausschluss von Clubveranstaltungen oder Geldbuße) als zu unbestimmt an, wenn nicht deutlich wird, welche Pflichtverletzung welche Rechtsfolge auslöst.
7 BAG v. 21.4.2005 – 8 AZR 425/04, NZA 2005, 1053 (1055); v. 18.8.2005 – 8 AZR 65/05, NZA 2006, 34 (36).

welche konkreten Pflichten durch sie tatsächlich gesichert werden sollen. Dies gilt insbesondere dann, wenn Dauerverstöße sanktioniert werden sollen.[1] Nur so kann der Arbeitnehmer erkennen, was ggf. auf ihn zukommt. Dabei wird es für ausreichend erachtet, dass der Verwirkungstatbestand bestimmbar ist, also im Wege der Auslegung gemäß §§ 133, 157 BGB ermittelt werden kann.[2]

22 Zweifelhaft ist insoweit, ob es bestimmt genug ist, eine hohe Vertragsstrafe für den „Fall des Vertragsbruchs" vorzusehen und eine entsprechende Klausel durch **Regelbeispiele** zu „konkretisieren", **die vom regelmäßigen Inhalt des Begriffs „Vertragsbruch" nicht erfasst sind.**

⊃ Nicht geeignet:

a) Der Handelsvertreter verpflichtet sich, für den Fall der schuldhaften Vertragsverletzung oder des Vertragsbruches, insbesondere bei Einstellung oder weit gehender Reduzierung seiner Tätigkeit, Verletzung des Wettbewerbsverbotes, Schädigung des Rufs und des Namens des Unternehmers sowie der vorsätzlichen oder grob fahrlässigen Beschädigung und des Beiseiteschaffens von Geräten eine Vertragsstrafe in Höhe von ... Euro zu zahlen.[3]

b) Im Falle der schuldhaften Nichtaufnahme der Tätigkeit oder der schuldhaften vertragswidrigen Beendigung des Arbeitsverhältnisses durch den Arbeitnehmer ist der Arbeitgeber berechtigt, von dem Arbeitnehmer eine Vertragsstrafe zu verlangen. Das gleiche gilt, wenn der Arbeitnehmer in sonstiger Form schuldhaft einen Vertragsbruch begeht. Als Vertragsbruch im Sinne von Satz 2 gilt insbesondere

(1) eine rechtsgrundlose oder vorübergehende endgültige Einstellung der vereinbarten Tätigkeit;

(2) eigenmächtiger Urlaubsantritt ...[4]

Unter Vertragsbruch wird überwiegend nämlich nur der Fall verstanden, dass sich der Schuldner rechtswidrig – ohne rechtfertigenden Grund – und endgültig vom Vertrag einseitig löst.[5] Diese eindeutige juristische Definition wird aber relativiert, wenn der Vertragsverwender den Begriff selbst durch Regelbeispiele intransparent macht. Er versucht dann häufig nicht nur die rechtswidrige Lösung, sondern auch zahlreiche andere Fallkonstellationen als strafbewehrt erscheinen zu lassen, deren Angemessenheit durchaus fraglich sein kann. Entsprechende Vertragsgestaltungen scheitern bereits an der fehlenden Bestimmtheit.[6] Praktische Bedeutung erlangt der

---

1 BAG v. 14.8.2007 – 8 AZR 973/06, NZA 2008, 170; dazu *Schramm*, NJW 2008, 1494 (1495 f.).
2 BAG v. 5.2.1986 – 5 AZR 564/84, AP Nr. 12 zu § 339 BGB mit Anm. *Löwisch*.
3 LAG Berlin v. 24.6.1991 – 9 Sa 22/91, LAGE § 339 BGB Nr. 8.
4 LAG München v. 24.9.2009 – 3 Sa 402/09, BeckRS 2009, 74273.
5 *Stoffels*, Der Vertragsbruch des Arbeitnehmers, Erster Teil; *Berger-Delhey*, DB 1989, 2171; *Friedrich*, AcP 178 (1978), 468 (475); BAG v. 18.9.1991 – 5 AZR 650/90, NZA 1992, 215; LAG Berlin v. 24.6.1991 – 9 Sa 22/91, LAGE § 339 BGB Nr. 8.
6 Zutreffend LAG München v. 24.9.2009 – 3 Sa 402/09, BeckRS 2009, 74273; ArbG Rheine v. 20.3.1991 – 2 Ca 82/91, BB 1991, 1225; nicht problematisiert bei LAG Berlin v. 24.6. 1991 – 9 Sa 22/91, LAGE § 339 BGB Nr. 8; vertretbar LAG Hess. v. 8.10.1990 – 10/2 Sa 1395/89, LAGE § 339 BGB Nr. 7, wo aus der Klausel eindeutig die Begrenzung auf den Fall der einseitigen Vertragslösung hervorging.

Bestimmtheitsgrundsatz im Übrigen insbesondere bei den weiter gefassten Vertragsstrafenklauseln (s. hierzu noch Rz. 78).

Das BAG berücksichtigt den Bestimmtheitsgrundsatz auch bei der Auslegung einer Klausel. Knüpft danach eine Klausel die Verwirkung einer Vertragsstrafe an den Tatbestand der „Vertragsbeendigung", so ist eine derartige Klausel nur dann hinreichend bestimmt, wenn allein der Fall der rechtlichen Beendigung des Arbeitsverhältnisses gemeint ist.[1]

Dem Gebot hinreichender Bestimmtheit muss auch bei der Rechtsfolge Rechnung getragen werden. So reicht es nicht aus, wenn als Vertragsstrafe eine Bruttomonatsvergütung vereinbart ist, jedoch bei mehreren Vergütungsbestandteilen nicht klargestellt ist, welche für die Berechnung der Vertragsstrafe zu berücksichtigen sind. Sind variable Entgeltbestandteile vereinbart, ist zudem der zu berücksichtigende Bezugszeitraum festzulegen.[2] Vorgeschlagen wird daher unter Typ 1b) eine Klausel, die sich hinsichtlich der näheren Konkretisierung des (tagesbezogenen) Bruttoverdienstes an der Regelung des § 11 Abs. 1 BUrlG orientiert und zugleich die zu dieser Vorschrift durch die Rechtsprechung entwickelten Berechnungsgrundsätze in Bezug nimmt.

(c) **Angemessene Höhe der Vertragsstrafe**

Eine besondere Gefahr geht für den Arbeitnehmer von übermäßig hohen Vertragsstrafen aus. Die arbeitsgerichtliche Rechtsprechung hat daher in zahlreichen Fällen von der **Reduktionsmöglichkeit des § 343 BGB** Gebrauch gemacht. Aus der Existenz dieser Vorschrift folgert sie zugleich, dass allein die unverhältnismäßige Höhe einer vereinbarten Vertragsstrafe nicht ohne Weiteres zur Nichtigkeit der gesamten Absprache führe.[3] § 343 BGB gestattet es dem Richter ebenso wie § 315 Abs. 3 BGB, rechtsgestaltend in den Vertrag einzugreifen. An dieser Rechtsprechung wird man im Hinblick auf einzeln ausgehandelte Strafversprechen, die nicht der AGB-Kontrolle unterfallen, festhalten können.

Bei der Entscheidung, ob eine ausbedungene Strafe „unverhältnismäßig hoch" ist und welcher Betrag als „angemessen" anzusehen ist, berücksichtigt die Rechtsprechung jedes berechtigte Interesse der Parteien und nicht bloß das Vermögensinteresse des Gläubigers (vgl. auch § 343 Abs. 1 Satz 2 BGB).[4] In die Abwägung seien insbesondere die Schwere und die Dauer der Vertragsverletzung, der Verschuldensgrad, die wirtschaftliche Lage und die Einkommensverhältnisse des Schuldners mit einzubeziehen. Das Fehlen eines Schadens rechtfertige allein eine Herabsetzung nicht, doch könne dieser Gesichtspunkt im Rahmen der Abwägung durchaus von

---
1 Vgl. dazu BAG v. 23.1.2014 – 8 AZR 130/13, NZA 2014, 777 (779): Bei einer am Bestimmtheitsgebot orientierten Auslegung fällt der Fall der Lösung vom Arbeitsverhältnis nicht unter den Tatbestand der „Vertragsbeendigung".
2 LAG Berlin v. 12.11.2009 – 25 Sa 29/09, BeckRS 2010, 68683.
3 LAG BW v. 14.5.1963 – 7 Sa 24/63, AP Nr. 2 zu § 339 BGB; LAG Düsseldorf v. 15.11.1972 – 2 Sa 200/72, DB 1973, 85 (86); LAG Berlin v. 19.5.1980 – 8 Sa 19/80, NJW 1981, 480.
4 BAG v. 26.9.1963 – 5 AZR 61/63, AP Nr. 1 zu § 74a HGB; v. 30.11.1994 – 5 AZR 702/93, NZA 1995, 695; LAG Sachsen v. 25.11.1997 – 9 Sa 731/97, LAGE § 339 BGB Nr. 12; vgl. auch Schaub/*Linck*, § 57 Rz. 22, 23.

mittelbarer Bedeutung sein.¹ Wichtiger sei demgegenüber allerdings die hypothetische Feststellung, welchen Schaden die sanktionierte Vertragsverletzung hätte herbeiführen können,² wenngleich der mögliche Schaden nicht als Obergrenze angesehen wird. Insgesamt sei zu beachten, dass Vertragsstrafen ihrer Natur nach eine fühlbare Bestrafung für einen Vertragsbruch ermöglichen müssten.³

27 Die Darlegungs- und Beweislast für die Tatsachen, aus denen sich die Unverhältnismäßigkeit ergeben soll, bürdet die Rechtsprechung dem Schuldner, also regelmäßig dem Arbeitnehmer auf.⁴

28 In der Gerichtspraxis vor Inkrafttreten des Schuldrechtsmodernisierungsgesetzes wurden **Vertragsstrafen in Höhe eines Monatsverdienstes** durchgängig für **angemessen** gehalten.⁵ Mitunter orientierten sich die Gerichte auch an der Länge der Kündigungsfrist.⁶

(3) Leitlinien der Angemessenheitskontrolle bei formularmäßig vereinbarten Vertragsstrafen

(a) Vorrang genereller Rechtskontrolle gegenüber rechtsgestaltender Billigkeitskorrektur

29 Die von der arbeitsgerichtlichen Rechtsprechung vor der Schuldrechtsreform praktizierte punktuelle Einzelfallkorrektur unter weit gehender Aufrechterhaltung des Strafversprechens erweist sich bei den massenhaft verwendeten **Formulararbeitsbedingungen** als nicht ausreichend.

30 Um die infolge der Verwendung vorformulierter Vertragsbedingungen gestörte Vertragsparität wiederherzustellen, bedarf es der **Statuierung genereller Wirksamkeitsschranken**, da sie von vornherein für beide Parteien eine sichere Beurteilungsgrundlage – auch hinsichtlich der Erfolgsaussichten im Falle einer gerichtlichen Auseinandersetzung – abgeben. Die Möglichkeit einer gerichtlichen Herabsetzung der Vertragsstrafe gemäß § 343 BGB vermag dies nicht zu leisten. Das Ergebnis eines Herabsetzungsantrags nach § 343 BGB lässt sich ob der Vielzahl der berücksichtigungsfähigen Umstände des Einzelfalles nur schwer vorhersagen.⁷ Zu dieser Unge-

---

1 BAG v. 30.11.1994 – 5 AZR 702/93, NZA 1995, 695; LAG Berlin v. 19.5.1980 – 8 Sa 19/80, NJW 1981, 480; v. 24.6.1991 – 9 Sa 22/91, LAGE § 339 BGB Nr. 8; LAG Sachsen v. 25.11.1997 – 9 Sa 731/97, LAGE § 339 BGB Nr. 12.
2 BGH v. 13.3.1953 – I ZR 136/52, LM Nr. 2 zu § 339 BGB; vgl. auch Schaub/*Linck*, § 57 Rz. 22, 23.
3 BAG v. 1.10.1963 – 5 AZR 24/63, NJW 1964, 123; LAG Berlin v. 19.5.1980 – 8 Sa 19/80, NJW 1981, 480; auch BGH v. 1.6.1983 – I ZR 78/81, NJW 1984, 919.
4 LAG Düsseldorf v. 7.9.1967 – 2 Sa 275/67, DB 1968, 90 (91); LAG Berlin v. 19.5.1980 – 8 Sa 19/80, NJW 1981, 480.
5 BAG v. 30.11.1994 – 5 AZR 702/93, NZA 1995, 695; LAG Düsseldorf v. 7.10.1958 – 3 Sa 253/58, BB 1959, 117; v. 15.11.1972 – 2 Sa 200/72, DB 1973, 85 (86); LAG Berlin v. 19.5.1980 – 8 Sa 19/80, NJW 1981, 480; LAG BW v. 30.7.1985 – 13 Sa 39/85, LAGE § 339 BGB Nr. 1.
6 LAG Düsseldorf v. 19.10.1967 – 2 Sa 354/67, DB 1968, 90; LAG BW v. 3.1.1975 – 1 Sa 54/73, BB 1975, 373; LAG Berlin v. 12.10.1981 – 12 Sa 71/81, n.v.; LAG Sachsen v. 25.11.1997 – 9 Sa 731/97, LAGE § 339 BGB Nr. 12.
7 LAG Köln v. 26.9.1989 – 3 Sa 332/89, LAGE § 339 BGB Nr. 4; *Schwerdtner*, FS Hilger/Stumpf, S. 644; *Engel*, Konventionalstrafen, S. 182.

wissheit kommt hinzu, dass der Arbeitnehmer mit nicht erstattungsfähigen Kosten vor den Gerichten für Arbeitssachen belastet würde.[1] Zu bedenken ist schließlich auch, dass der Arbeitnehmer mit der Einleitung eines Arbeitsgerichtsprozesses faktisch die Fortsetzung seines Arbeitsverhältnisses aufs Spiel setzt, da erfahrungsgemäß gerichtliche Auseinandersetzungen zwischen den Arbeitsvertragsparteien tendenziell zur Auflösung des Arbeitsverhältnisses führen.[2] Klare und generelle Grenzen könnten dagegen ihre Wirkung schon im Vorfeld – bei der Abfassung der Strafversprechen – entfalten, den Unsicherheitsfaktor minimieren und auf diese Weise möglichen Arbeitsrechtsstreitigkeiten entgegenwirken.

Die teilweise Streichung der Bereichsausnahme in § 310 Abs. 4 BGB im Zuge der **Schuldrechtsreform** ermöglicht es nunmehr auch im Arbeitsrecht, den im allgemeinen Zivilrecht seit langem anerkannten **Vorrang der Rechtswirksamkeitskontrolle** vor der Herabsetzungsmöglichkeit nach § 343 BGB zu beachten.[3]

31

(b) Überraschende Vertragsstrafenabreden (§ 305c Abs. 1 BGB)

Bevor vorformulierte Vertragsstrafenversprechen auf ihre inhaltliche Angemessenheit anhand der §§ 307 ff. BGB geprüft werden, muss feststehen, dass die betreffende Klausel überhaupt Vertragsbestandteil geworden ist. Dann darf sich die Vertragsstrafenabsprache insbesondere nicht als überraschende Klausel i.S.d. § 305c Abs. 1 BGB erweisen. Überraschend ist eine Vertragsklausel, die so ungewöhnlich ist, dass der Vertragspartner des Verwenders mit ihr nicht zu rechnen braucht. Die Ungewöhnlichkeit kann nicht aus der Einführung einer Vertragsstrafenabrede an sich gefolgert werden, da Vertragsstrafenabreden in Arbeitsverträgen der gängigen Praxis entsprechen.[4] Ein Überraschungseffekt kann sich aber aus der optischen Gestaltung des Vertrages ergeben. Wird die Vertragsstrafe z.B. unter der Überschrift „Arbeitsverhinderung" untergebracht, kann dies unter Umständen einen unzulässigen Überraschungseffekt erzeugen (§ 305c Abs. 1 BGB).[5] Demgegenüber scheitert die Einbeziehung einer unter der Überschrift „Beginn, Probezeit, Dauer und Beendigung des Arbeitsverhältnisses" geregelten Vertragsstrafe für den Fall des Vertragsbruchs jedenfalls dann nicht, wenn das Wort „Vertragsstrafe" in dem betreffenden Absatz durch Fettdruck hervorgehoben wird.[6] Enthält der Arbeitsvertrag weder Überschriften noch Hervorhebungen, so muss der Arbeitnehmer diesen auf jeden Fall zur Gänze durchgehen. Eine Vertragsstrafenregelung, die an einer zu erwartenden Stelle in einen solchen Vertrag aufgenommen wird, bewirkt daher keinen Überraschungs- bzw. Überrumpelungseffekt.[7]

32

---

1 LAG Köln v. 26.9.1989 – 3 Sa 332/89, LAGE § 339 BGB Nr. 4.
2 *Schwerdtner*, FS Hilger/Stumpf, S. 642 f.; *Engel*, Konventionalstrafen, S. 186 f.
3 *Preis*, Vertragsgestaltung, S. 475.
4 BAG v. 25.9.2008 – 8 AZR 717/07, NZA 2009, 370 (372); ebenso BAG v. 14.8.2007 – 8 AZR 973/06, NZA 2008, 170 (171) für Vertragsstrafenabreden zur Sanktion von Verstößen gegen ein Wettbewerbsverbot; *Günther/Nolde*, NZA 2012, 63; *Lingemann/Gottschalk*, DStR 2011, 774.
5 So das ArbG Berlin v. 1.9.1980 – 16 Ca 99/80, NJW 1981, 479; ansonsten vgl. hierzu BAG v. 27.4.2000 – 8 AZR 301/99, n.v.; ArbG Bremen v. 30.1.2003 – 6 Ca 6124/02 und 6 Ca 6001/03, 6 Ca 6124/02, 6 Ca 6001/03, LAGE § 309 BGB 2002 Nr. 3; ferner LAG Berlin v. 22.5.1997 – 1 Sa 4/97, NZA-RR 1998, 53 (55).
6 LAG Hamm v. 4.2.2009 – 3 Sa 1621/08, BeckRS 2009, 57544.
7 BAG v. 25.9.2008 – 8 AZR 717/07, NZA 2009, 370 (372); LAG Schl.-Holst. v. 2.2.2005 – 3 Sa 515/04, NZA-RR 2005, 351.

(c) Keine Anwendung des § 309 Nr. 6 BGB

33 Nach § 309 Nr. 6 BGB ist eine Bestimmung in Allgemeinen Geschäftsbedingungen unwirksam, durch die dem Verwender u.a. für den Fall, dass der andere Vertragsteil sich vom Vertrag löst, die Zahlung einer Vertragsstrafe versprochen wird. Dieses Klauselverbot könnte im Arbeitsrecht insbesondere der Vereinbarung einer Vertragsstrafe bei Vertragsbruch entgegenstehen. Mit dem BAG[1] und der h.M. im Schrifttum[2] ist ein **Rückgriff auf das Klauselverbot des § 309 Nr. 6 BGB** jedoch auch weiterhin **abzulehnen**. Dies gebietet der Vorbehalt des § 310 Abs. 4 Satz 2 BGB, demzufolge bei der Anwendung der AGB-rechtlichen Vorschriften auf Arbeitsverträge die im Arbeitsrecht geltenden Besonderheiten angemessen zu berücksichtigen sind. § 309 Nr. 6 BGB ist, wie insbesondere die Aufführung der Fallgruppen „Nichtabnahme", „verspätete Abnahme" und „Zahlungsverzug" zeigen, am Erscheinungsbild des zahlungspflichtigen Kunden orientiert.[3] Mit der Fallgruppe „Lösung vom Vertrag" wollte man in erster Linie den im Geschäftsverkehr verbreiteten Missbrauch mit Reuegeldern und Abstandssummen ein Ende bereiten.[4] Das Vertragsstrafenverbot des § 309 Nr. 6 BGB ist zudem auf solche Konstellationen zugeschnitten, bei denen dem Verwender der Nachweis etwa eingetretener Vermögensschäden typischerweise nicht schwer fallen wird, es ihm mithin zugemutet werden kann, sich auf die Geltendmachung seiner Schadensersatzforderung zu beschränken. Bei einem Vertragsbruch des Arbeitnehmers sieht sich der geschädigte Arbeitgeber aber zumeist ganz erheblichen Beweisschwierigkeiten gegenüber.[5] Anders als bei der Verletzung eines Kauf- oder Werkvertrages – auf solche Austauschbeziehungen zielen die §§ 305 ff. BGB in erster Linie – stellt der Schadensersatzanspruch hier regelmäßig kein adäquates Sanktionsinstrument dar.[6] Hinzu kommt, dass ein Arbeitnehmer zur Erbringung der Arbeitsleistung gemäß § 888 Abs. 3 ZPO

---

1 BAG v. 25.9.2008 – 8 AZR 717/07, NZA 2009, 370 (374); v. 21.4.2005 – 8 AZR 425/04, NZA 2005, 1053; v. 4.3.2004 – 8 AZR 196/03, NZA 2004, 727; LAG Schl.-Holst. v. 2.2. 2005 – 3 Sa 515/04, NZA-RR 2005, 351; LAG Hamm v. 7.5.2004 – 7 Sa 85/04, NZA-RR 2005, 128. Gegen eine Übertragung des Rechtsgedankens des damaligen § 11 Nr. 6 AGBG bereits BAG v. 9.3.1972 – 5 AZR 246/71, EzA § 622 BGB n.F. Nr. 6; v. 23.5. 1984 – 4 AZR 129/82, NZA 1984, 255; v. 27.5.1992 – 5 AZR 324/91, EzA § 339 BGB Nr. 8.

2 *Annuß*, BB 2002, 463; *Hromadka*, NJW 2002, 2528; UBH/*Fuchs*, § 309 BGB Rz. 203; *Preis*, NZA 2003 Sonderbeil. zu Heft 16, 32 f.; ErfK/*Preis*, §§ 305–310 BGB Rz. 97; ErfK/*Müller-Glöge*, §§ 339–345 BGB Rz. 8; HWK/*Gotthardt*, § 309 BGB Rz. 9; *Henssler*, RdA 2002, 138; *Lingemann*, NZA 2002, 191 f.; *Rolfs*, ZGS 2002, 411; *Leder/Morgenroth*, NZA 2002, 952 ff.; *Thüsing*, AGB-Kontrolle, Rz. 428; *Reichenbach*, NZA 2003, 309 ff. (jedenfalls für Arbeitsverträge über Dienste höherer Art); *Stoffels*, AGB-Recht, Rz. 912; a.A. *von Koppenfels*, NZA 2002, 599; *Reinicke*, DB 2002, 586; *Reinicke*, NZA 2004, Sonderbeil. zu Heft 18, 32 f.; *Lakies*, Inhaltskontrolle von Arbeitsverträgen, Rz. 925 f.; *Däubler*, NZA 2001, 1336; DBD/*Däubler*, § 309 Nr. 6 BGB Rz. 5 ff. Gegen die Übertragung des Rechtsgedankens des § 11 Nr. 6 AGBG bereits vor der Schuldrechtsmodernisierung MünchArbR/*Blomeyer*, 2. Aufl. 2000, § 57 Rz. 57; *Koller*, Anm. SAE 1985, 157; *Engel*, Konventionalstrafen, S. 110 ff.; *Heinze*, NZA 1984, 250; *Brox*, Anm. AP Nr. 9 zu § 339 BGB; *Preis*, Vertragsgestaltung, S. 471 ff.; *Zöllner*, RdA 1989, 161; **a.A.**: *Stein*, Anm. AP Nr. 8 zu § 339 BGB; *Koch/Stübing*, 1977, § 23 AGBG Rz. 2 zu § 11 Nr. 6 AGBG.

3 *Preis*, Vertragsgestaltung, S. 472.

4 *Koller*, Anm. SAE 1985, 157; UBH/*Fuchs*, § 309 Nr. 6 BGB Rz. 1; LAG Berlin v. 24.6.1991 – 9 Sa 22/91, LAGE § 339 BGB Nr. 8.

5 *Stoffels*, Vertragsbruch, S. 162 f.

6 Statt vieler *Brox*, Anm. AP Nr. 9 zu § 339 BGB.

nicht durch Zwangsgeld oder Zwangshaft angehalten werden kann – auch dies ist eine Besonderheit des Arbeitsrechts, die es umso dringlicher erscheinen lässt, dem Arbeitgeber die Möglichkeit der Sanktionierung des Vertragsbruchs mittels Vertragsstrafe offen zu halten. Der das Vertragsstrafenverbot des § 309 Nr. 6 BGB tragende gesetzgeberische Gedanke trifft nach alledem auf den Fall des Arbeitsvertragsbruchs, aber auch auf sonstige typischerweise durch Vertragsstrafen sanktionierte Pflichtverletzungen des Arbeitnehmers nicht zu.[1]

(d) Vorhandensein eines berechtigten Interesses (§ 307 BGB)

Zur Beurteilung der Angemessenheit eines formularvertraglich vereinbarten Strafversprechens bedarf es im Rahmen der Generalklausel des § 307 BGB einer umfassenden Würdigung der Interessen der Arbeitsvertragsparteien unter Berücksichtigung des Grundsatzes von Treu und Glauben. Eine unangemessene Benachteiligung des Vertragspartners ist insbesondere anzunehmen, wenn die einseitige Auferlegung eines Nachteils nicht durch ein dahin gehendes berechtigtes Interesse des Verwenders begründet ist. Erst dieser AGB-rechtliche Ansatz vermag die von *Schwerdtner*[2] und der Arbeitsrechtsprechung[3] erkannte Bedeutung des „**berechtigten Interesses**" als Zulässigkeitskriterium zu erklären. Ein solches „berechtigtes Interesse" wird man im Hinblick auf den bifunktionalen Charakter der Vertragsstrafe – wie im Zivilrecht[4] – dort nicht anerkennen können, wo die Vertragsstrafe in erster Linie zur bloßen Schöpfung neuer, vom Sachinteresse des Verwenders losgelöster Geldforderungen eingesetzt wird.[5] Der schadensersatzrechtliche Bezug der Vertragsstrafe darf mithin nicht verloren gehen. Dies gilt sowohl hinsichtlich der sanktionierten Tatbestände als auch im Hinblick auf die Höhe der Vertragsstrafe. 34

Ein **berechtigtes Interesse des Arbeitgebers** an der Sanktionierung bestimmter Verhaltensweisen des Arbeitnehmers durch eine Vertragsstrafe wird man grundsätzlich **unter zwei Voraussetzungen** bejahen können: 35
– Durch das strafbewehrte Verhalten entsteht dem Arbeitgeber **typischerweise ein nicht unerheblicher Schaden**.
– Der **Nachweis** der Entstehung dieses Schadens bzw. seiner Höhe ist **typischerweise nicht oder nur mit unverhältnismäßigem Aufwand zu erbringen**.

Dies trifft auf den Arbeitsvertragsbruch zu. Denn im Fall eines arbeitnehmerseitigen Vertragsbruchs erleidet der betroffene Arbeitgeber erfahrungsgemäß einen nicht unerheblichen Schaden, den er aber aufgrund zahlreicher Schwierigkeiten, insbesondere beweisrechtlicher Art, nicht oder nicht in der tatsächlichen Höhe

---

1 Vgl. auch BAG v. 21.4.2005 – 8 AZR 425/04, NZA 2005, 1053: Vertragsstrafen für sonstige, nicht in § 309 Nr. 6 BGB aufgeführte Verwirkungstatbestände unterfallen schon dem Wortlaut nach nicht dem § 309 Nr. 6 BGB, können aber gemäß § 307 BGB unwirksam sein.
2 *Schwerdtner*, FS Hilger/Stumpf, S. 645 ff.
3 BAG v. 18.12.2008 – 8 AZR 81/08, NZA-RR 2009, 519 (525); bereits vor der Schuldrechtsreform ansatzweise im Rahmen der Billigkeitskontrolle BAG v. 23.5.1984 – 4 AZR 129/82, NZA 1984, 255 und v. 5.2.1986 – 5 AZR 564/84, NZA 1986, 782.
4 BGH v. 18.11.1982 – VII ZR 305/81, NJW 1983, 385 (387).
5 BAG v. 4.3.2004 – 8 AZR 196/03, NZA 2004, 727 (733); v. 19.8.2010 – 8 AZR 645/09, BeckRS 2011, 65096 Rz. 42; *Preis*, Vertragsgestaltung, S. 477.

durchzusetzen vermag.[1] Von den sonstigen ihm zu Gebote stehenden Rechtsbehelfen kann sich der Arbeitgeber ebenfalls nicht viel versprechen. Auch gegen die **Sicherung vertraglich verlängerter Kündigungsfristen** bestehen nach Ansicht des BAG[2] keine Bedenken.

36 Auf einer zweiten Stufe ist nunmehr die **Höhe der** ausbedungenen **Vertragsstrafe** in den Blick zu nehmen. Soweit es sich um formularmäßige Strafabreden für eine Vielzahl von Arbeitsverträgen handelt, muss die festgesetzte Höhe der Strafe der **Angemessenheitsprüfung nach § 307 BGB** unterzogen werden.[3] Gerade bei formularmäßigen Strafabreden besteht ein gesteigertes Bedürfnis nach einer generellen Obergrenze, deren Überschreitung im Regelfall die Unwirksamkeit der Klausel zur Folge hat.[4] Diese Grenze wird wiederum durch das berechtigte Interesse des Arbeitgebers an einer effektiven Absicherung markiert. Das bedeutet: Eine fühlbare, gleichwohl aber den zu erwartenden typischen Schaden nicht aus den Augen verlierende Sanktion muss gewährleistet sein. Als generell überhöht zu betrachten sind Vertragsstrafen, die zum möglichen Schaden außer Verhältnis stehen.[5] Als geeigneter, einer generalisierenden Betrachtungsweise zugänglicher Bewertungsmaßstab bietet sich der **Bruttoverdienst des Arbeitnehmers** an.[6] Dieses Kriterium lehnt sich zum einen an der finanziellen Leistungsfähigkeit des Arbeitnehmers an (Zumutbarkeitsaspekt), hat daneben aber auch schadensrechtliche Bezüge, lässt der Verdienst doch häufig Rückschlüsse auf den Stellenwert des Arbeitnehmers im Betrieb zu.[7] Ist allerdings eine Aufwandsentschädigung für eine Tätigkeit im Ausland im Bruttoarbeitslohn enthalten, darf dieser nicht zur Grundlage der Vertragsstrafenhöhe gemacht werden. Dies wäre mit dem Sinn und Zweck der Vertragsstrafe nicht zu vereinbaren.[8] Im Falle des Vertragsbruchs ist weiterhin zu beachten, dass der Wert der nicht erbrachten Arbeitsleistung im Wesentlichen durch den Wegfall der Entgelt-

---

1 BAG v. 4.3.2004 – 8 AZR 196/03, NZA 2004, 727 (733); v. 19.8.2010 – 8 AZR 645/09, BeckRS 2011, 65096 Rz. 42.
2 Die Verlängerung der Arbeitnehmerkündigungsfristen (im Gleichklang mit den verlängerten Fristen für eine Arbeitgeberkündigung nach § 622 Abs. 2 BGB) ist zulässig und kann grundsätzlich auch mit einer Vertragsstrafe bewehrt werden, vgl. BAG v. 28.5.2009 – 8 AZR 896/07, NZA 2009, 1337; ferner BAG v. 25.9.2008 – 8 AZR 717/07, NZA 2009, 370 (372); zuvor schon BAG v. 27.5.1992 – 5 AZR 324/91, EzA § 339 BGB Nr. 8.
3 So auch BAG v. 4.3.2004 – 8 AZR 196/03, NZA 2004, 727; v. 21.4.2005 – 8 AZR 425/04, NZA 2005, 1053 (1055); LAG Schl.-Holst. v. 2.2.2005 – 3 Sa 515/04, NZA-RR 2005, 351; LAG Hamm v. 7.5.2004 – 7 Sa 85/04, NZA-RR 2005, 128; allgemeine Ansicht im AGB-Recht, vgl. BGH v. 21.3.1990 – VIII ZR 196/89, NJW-RR 1990, 1076; v. 18.11.1982 – VII ZR 305/81, NJW 1983, 385 (außerhalb des Geltungsbereichs des AGBG gestützt auf § 242 BGB); WLP/*Dammann*, § 309 Nr. 6 BGB Rz. 71; UBH/*Fuchs*, § 310 BGB Rz. 206.
4 LAG Köln v. 26.9.1989 – 3 Sa 332/89, LAGE § 339 BGB Nr. 4; *Preis*, Vertragsgestaltung, S. 478 ff.
5 LAG Nds. v. 23.1.2004 – 16 Sa 1400/03, NZA-RR 2005, 65; *Preis*, Vertragsgestaltung, S. 478 ff.; OLG Hamm v. 1.12.1983 – 18 U 99/83, MDR 1984, 404.
6 Liegt jedoch ein Bruttoverdienst vor, der sich aus mehreren variablen Bestandteilen zusammensetzt, so muss einerseits der maßgebliche Bezugszeitraum, andererseits die zu berücksichtigenden Entgeltbestandteile klargestellt werden (vgl. Rz. 24).
7 So auch BAG v. 4.3.2004 – 8 AZR 196/03, NZA 2004, 727; LAG Schl.-Holst. v. 2.2.2005 – 3 Sa 515/04, NZA-RR 2005, 351.
8 LAG Hamm v. 7.5.2004 – 7 Sa 85/04, NZA-RR 2005, 128, das die Klausel für insgesamt unwirksam (§ 307 BGB) erklärt hat.

zahlungspflicht ausgeglichen wird, es also nicht um einen vermögensmäßigen Ausgleich der nicht erbrachten Vertragsleistung geht.¹

Das BAG hat in seiner jüngeren Rechtsprechung² daneben vor allem der maßgeblichen Kündigungsfrist erhebliche Bedeutung beigemessen. In der **Länge der Kündigungsfrist** komme zum Ausdruck, in welchem zeitlichen Umfang der Arbeitgeber Arbeitsleistungen vom Arbeitnehmer verlangen könne und welches Interesse er an der Arbeitsleistung habe. Die Länge der Kündigungsfrist und die für diesen Zeitraum zu zahlende Vergütung spiegelten regelmäßig das wirtschaftliche Interesse des Arbeitgebers an der Arbeitskraft des Arbeitnehmers wider. Diese Umstände seien danach für den Umfang eines möglichen Schadens bei vertragswidriger Lösung vom Arbeitsverhältnis von Bedeutung. Dementsprechend sei eine **Vertragsstrafe in Höhe der Arbeitnehmerbezüge bis zum Ablauf der ordentlichen Kündigungsfrist grundsätzlich angemessen**. Eine Vertragsstrafe, die höher sei als die Arbeitsvergütung, die für die Zeit zwischen einer vorzeitigen tatsächlichen Beendigung und dem rechtlich zulässigen Beendigungszeitpunkt zu zahlen wäre, sei **nur ausnahmsweise angemessen** i.S.d. § 307 Abs. 1 Satz 1 BGB.³ Dies sei dann der Fall, wenn das Sanktionsinteresse des Arbeitgebers im Falle der vertragswidrigen Nichterbringung der Arbeitsleistung vor der rechtlich zulässigen Beendigung des Arbeitsverhältnisses den Wert der Arbeitsleistung, der sich in der Arbeitsvergütung bis zur vertraglich zulässigen Beendigung des Arbeitsverhältnisses dokumentiere, aufgrund besonderer Umstände typischerweise und generell übersteige.⁴ In Einzelfällen können auch die den Vertragsschluss begleitenden Umstände (§ 310 Abs. 3 Nr. 3 BGB) den Rahmen der höchstzulässigen Vertragsstrafenhöhe beeinflussen.⁵

37

Hält man sich vor Augen, dass die gesetzliche Grundkündigungsfrist nach § 622 Abs. 1 BGB vier Wochen beträgt, so ist es nachvollziehbar, dass die Rechtsprechung in der Vergangenheit immer wieder den **Betrag von einem Bruttomonatsgehalt⁶ als im Regelfall zu beachtende Obergrenze** postuliert hat. Aufgrund der Abhängigkeit der Beurteilung von der jeweils zu beachtenden Kündigungsfrist können höhere Vertragsstrafen z.B. dann zulässig sein, wenn es um die Sicherung einer **langfristigen Bindung**⁷ geht.

38

---

1 So aber *Preis*, Vertragsgestaltung, S. 480 unter Hinweis auf *Brox*, Anm. AP Nr. 9 zu § 339 BGB.
2 BAG v. 18.12.2008 – 8 AZR 81/08, NZA-RR 2009, 519 (524); v. 19.8.2010 – 8 AZR 645/09, BeckRS 2011, 65096 Rz. 43.
3 Mangels besonderer Ausnahmesituation hat das BAG eine Vertragsstrafe von drei Bruttomonatsgehältern bei einer Kündigungsfrist von sechs Wochen zum Monatsende beanstandet (BAG v. 18.12.2008 – 8 AZR 81/08, NZA-RR 2009, 519).
4 BAG v. 18.12.2008 – 8 AZR 81/08, NZA-RR 2009, 519 (524); nach LAG Schl.-Holst. v. 28.2.2012 – 1 Sa 235b/11, juris, ist eine Vertragsstrafe in Höhe von zwei Bruttomonatsgehältern bei einem Vertriebsleiter eines kleinen Dienstleistungsunternehmens im Bereich der Logistik ausnahmsweise zulässig.
5 BAG v. 25.9.2008 – 8 AZR 717/07, NZA 2009, 370 (376).
6 So auch BAG v. 4.3.2004 – 8 AZR 196/03, NZA 2004, 727 (733); LAG Schl.-Holst. v. 2.2.2005 – 3 Sa 515/04, NZA-RR 2005, 351; anders für einen Sonderfall LAG Hamm v. 7.5.2004 – 7 Sa 85/04, NZA-RR 2005, 128; a.A. Staudinger/*Rieble* § 339 BGB Rz. 129, der eine generelle Höchstgrenze rundweg ablehnt.
7 ArbG Dortmund v. 9.10.1992 – 8 Ca 2495/92, BB 1993, 1591; ArbG Frankfurt a.M. v. 20.4.1999 – 4 Ca 8495/97, NZA-RR 2000, 82 (Vertragsstrafe in Höhe von zwei Bruttomonatsgehältern zur Sicherung einer tarifvertraglich auf sechs Monate angehobenen Kündigungsfrist).

Umgekehrt spricht eine **kurz bemessene Kündigungsfrist** für eine niedrigere Vertragsstrafenhöhe. So hat das BAG in einer für den Fall des Nichtantritts der Arbeit vorgesehenen Vertragsstrafe in Höhe eines vollen Bruttomonatsgehalt angesichts einer nur **zweiwöchigen Kündigungsfrist** (vereinbarte **Probezeit**) eine unzulässige Übersicherung gesehen und sie für insgesamt unwirksam erklärt.[1] Bei der Unwirksamkeit der Vertragsstrafenabrede verbleibt es dann, wenn der Arbeitnehmer nach Ablauf der Probezeit sein Arbeitsverhältnis unter Geltung einer nicht abgekürzten Kündigungsfrist vorzeitig vertragswidrig beendet.[2] Die „Wiederauferstehung" der (zunächst) unwirksamen Vertragsstrafenklausel wird man dogmatisch in der Tat nicht begründen können.

39 Nach der Rechtsprechung des BAG[3] genügt diesen Vorgaben jedenfalls eine Klausel, die zum einen eine zur Länge der Kündigungsfrist proportionale Vertragsstrafe formuliert und zum anderen eine Obergrenze festlegt, die sich an der Höhe des in der gesetzlichen Mindestkündigungsfrist zu zahlenden Arbeitsentgeltes orientiert (vgl. dazu Klauseltyp 1b) und die Klauselempfehlung am Ende dieses Abschnitts). Ob die Statuierung einer Obergrenze bei einer Anknüpfung an das auf die reguläre Restlaufzeit (bei unterstellter Kündigung) entfallende Entgelt zwingend geboten ist, ist derzeit noch offen.[4] Wer hier das Risiko einer Beanstandung von vornherein vermeiden will, folgt der hier vorgeschlagenen Formulierung und fixiert eine Obergrenze von einem Bruttomonatsentgelt. Bei ordentlichen unkündbaren Mitarbeitern oder bei befristet (ohne vorbehaltene Kündigungsmöglichkeit) eingestellten Arbeitnehmern dürfte eine Obergrenze ohnehin unabweisbar sein.

(e) Transparenzkontrolle (§ 307 Abs. 1 Satz 2 BGB)

40 Vorformulierte Vertragsstrafenversprechen müssen ferner dem Transparenzgebot (§ 307 Abs. 1 Satz 2 BGB) entsprechen, also klar und verständlich formuliert sein. Das Transparenzgebot nimmt insbesondere den auch für individuell vereinbarte Vertragsstrafen geltenden Bestimmtheitsgrundsatz (vgl. Rz. 21 ff.) in sich auf.

(f) Rechtsfolgen bei Überschreitung der Angemessenheitsgrenzen

41 Eine Überschreitung der skizzierten Angemessenheitsgrenzen für vorformulierte Strafabreden in Arbeitsverträgen hat ausnahmslos die **Nichtigkeit der gesamten Strafklausel** zur Folge. Für die Höhe der Vertragsstrafe ergibt sich dies bereits aus den Ausführungen betreffend das Verhältnis der Angemessenheitskontrolle zu § 343 BGB. Eine geltungserhaltende Reduktion ist ebenso wie jede sonstige auf teilweise Aufrechterhaltung gerichtete dogmatische Konstruktion – z.B. Umdeutung

---

1 BAG v. 4.3.2004 – 8 AZR 196/03, NZA 2004, 727; ebenso BAG v. 23.9.2010 – 8 AZR 897/08, NZA 2011, 89 (91). Demgegenüber ist eine Vertragsstrafenvereinbarung wirksam, wenn sie für den Fall, dass der Arbeitnehmer sein auf sechs Monate befristetes und mit Monatsfrist kündbares Probearbeitsverhältnis nicht antritt, eine Vertragsstrafe in Höhe eines Bruttomonatsverdienstes vorsieht, so BAG v. 19.8.2010 – 8 AZR 645/09, BeckRS 2011, 65096.
2 So BAG v. 23.9.2010 – 8 AZR 897/08, NZA 2011, 89 (92 f.).
3 BAG v. 28.5.2009 – 8 AZR 896/07, NZA 2009, 1337 (1341).
4 Auf eine Obergrenze verzichten wollen in diesem Fall *Günther/Nolde*, NZA 2012, 66 f.

in Schadenspauschale[1] – abzulehnen.[2] „Wer die Möglichkeit nutzen kann, die ihm der Grundsatz der Vertragsfreiheit für die Aufstellung von allgemeinen Arbeitsbedingungen eröffnet, muss auch das vollständige Risiko einer Klauselunwirksamkeit tragen."[3] Der Verwender unangemessener vorformulierter Vertragsbedingungen darf in seiner zu missbilligenden Erwartungshaltung, sein Vertragspartner werde es auf einen Prozess nicht ankommen lassen, nicht dadurch bestärkt werden, dass man die verbotswidrige Klausel durch Herabsetzung auf das gerade noch zulässige Maß doch noch größtenteils aufrechterhält.

Allerdings ist zu beachten, dass Vertragsstrafenklauseln verschiedene Sanktionstatbestände enthalten können. In diesem Fall ist die Klausel auf ihre **Teilbarkeit** hin zu überprüfen. Ist ein Klauselteil abtrennbar und unwirksam, bleibt im Fall der Teilbarkeit der Klauselrest wirksam (§ 306 Abs. 1 BGB). Voraussetzung für die Teilbarkeit äußerlich zusammengefasster Klauseln ist, dass die Regelungen inhaltlich voneinander trennbar und jeweils aus sich heraus verständlich sind (sog. „blue-pencil-Test").[4] Eine Vertragsstrafenregelung, die mehrere Sanktionstatbestände enthält, verliert ihren Sinn und damit ihre Wirksamkeit nicht dadurch, dass ein Straftatbestand wegen Unzulässigkeit wegfällt. 42

Eine **Herabsetzung der Vertragsstrafe gemäß § 343 BGB** auf das angemessene Maß kommt nur bei wirksam vereinbarten Vertragsstrafen in Betracht.[5] Für eine richterliche Reduktion bleibt nur noch insoweit Raum, als die Ausschöpfung des generell zulässigen Strafrahmens aufgrund besonderer Umstände des Einzelfalles unbillig 43

---

1 Hiergegen zutreffend *Stein*, Anm. AP Nr. 8 zu § 339 BGB.
2 Für generelle Unwirksamkeit wegen unverhältnismäßiger Höhe BAG v. 4.3.2004 – 8 AZR 196/03, NZA 2004, 727 (734); v. 21.4.2005 – 8 AZR 425/04, NZA 2005, 1053 (1055); v. 25.9.2008 – 8 AZR 717/07, NZA 2009, 370 (377f.); v. 18.12.2008 – 8 AZR 81/08, NZA-RR 2009, 519 (525); v. 23.9.2010 – 8 AZR 897/08, NZA 2011, 89 (92f.); *Preis*, Vertragsgestaltung, S. 478ff.; *Leder/Morgenroth*, NZA 2002, 956; UBH/*Fuchs*, § 310 BGB Rz. 208; *Lakies*, Inhaltskontrolle von Arbeitsverträgen, Rz. 948ff. Im AGB-Recht hat der BGH unter Zustimmung großer Teile des Schrifttums ein grundsätzliches Verbot der geltungserhaltenden Reduktion aufgestellt (speziell für Vertragsstrafen BGH v. 18.11.1982 – VII ZR 305/81, NJW 1983, 385 [388]). Gegen eine vorbehaltlose Implementierung des Verbots der geltungserhaltenden Reduktion in das Arbeitsrecht unter besonderer Berücksichtigung der Vertragsstrafenproblematik *Bayreuther*, NZA 2004, 953ff.; für eine geltungserhaltende Reduktion gemäß § 343 BGB auch *von Hoyningen-Huene*, Anm. SAE 2005, 156f.
3 *Stein*, Anm. AP Nr. 8 zu § 339 BGB.
4 BAG v. 21.4.2005 – 8 AZR 425/04, NZA 2005, 1053 (1055); BGH v. 18.1.2001 – VII ZR 238/00, NJW-RR 2001, 738; v. 14.1.1999 – VII ZR 73/98, NJW 1999, 1108; v. 7.10.1981 – VIII ZR 214/80, NJW 1982, 178; Palandt/*Grüneberg*, § 306 BGB Rz. 7.
5 BAG v. 18.12.2008 – 8 AZR 81/08, NZA-RR 2009, 519 (526); für ein Nebeneinander von Inhaltskontrolle nach § 307 BGB und richterlichem Ermäßigungsrecht LAG Köln v. 26.9.1989 – 3 Sa 332/89, LAGE § 339 BGB Nr. 4; *Reichenbach*, NZA 2003, 313; *Wensing/Niemann*, NJW 2007, 401ff.; *Winter*, BB 2010, 2761; keinen Raum geben § 343 BGB neben § 307 BGB offenbar LAG Nds. v. 23.1.2004 – 16 Sa 1400/03, NZA-RR 2005, 65 (66); BGH v. 18.11.1982 – VII ZR 305/81, NJW 1983, 385 (387) jeweils mit dem Hinweis, die Vorschrift des § 343 BGB sei auf Individualvereinbarungen zugeschnitten; wohl auch *Leder/Morgenroth*, NZA 2002, 956. Für die Einstufung des § 343 BGB als lex specialis *von Hoyningen-Huene* Anm. SAE 2005, 156f.; hiergegen zutreffend *Aretz*, Allgemeine Geschäftsbedingungen im Arbeitsvertrag, 2006, S. 169ff.

sein sollte.[1] Eine Herabsetzung ist z.B. in Betracht zu ziehen bei tarifvertraglich stark abgekürzten Kündigungsfristen. Auch dem Einwand des rechtmäßigen Alternativverhaltens wird man in krass gelagerten Fällen auf diese Weise Rechnung tragen können.[2] Der letztgenannte, schadensrechtlich relevante Faktor entzieht sich einer vorherigen generalisierenden Bewertung, da insofern der jeweilige Zeitpunkt des Vertragsbruchs von Bedeutung ist. Ein gemäß § 307 BGB unwirksames Strafversprechen kann hingegen nicht unter Rückgriff auf § 343 BGB in einem angemessenen Umfang aufrechterhalten werden.

b) Veranlassung der fristlosen Kündigung

⊃ Nicht geeignet:

... wird der Arbeitgeber durch schuldhaft vertragswidriges Verhalten des Arbeitnehmers/der Arbeitnehmerin zur fristlosen Kündigung des Arbeitsverhältnisses veranlasst, so hat der/die Arbeitnehmer/in an den Arbeitgeber eine Vertragsstrafe in Höhe von einem Brutto-Monatsgehalt/-lohn zu zahlen. ...

44 Im Zusammenhang mit dem Vertragsbruch wird recht häufig noch ein weiterer Tatbestand mit einer Vertragsstrafe bewehrt, nämlich die Veranlassung der außerordentlichen Kündigung durch schuldhaft vertragswidriges Verhalten des Arbeitnehmers. Eine solche Klausel hat das BAG als nicht klar und verständlich verworfen. Die Formulierung „schuldhaft vertragswidriges Verhalten" ohne nähere Konkretisierung entfalte nicht die nötige Warnfunktion und entspreche wegen des Strafcharakters der Vertragsstrafe auch nicht rechtsstaatlichen Grundsätzen.[3] Dies darf bezweifelt werden.[4] Jeder Arbeitnehmer kennt die Arten von „schuldhaft vertragswidrigem Verhalten", die eine außerordentliche Kündigung nach sich ziehen können. Es werden nicht global sämtliche Pflichtverletzungen sanktioniert, sondern nur solche, die eine wirksame außerordentliche Kündigung zur Folge haben. Der Gesetzgeber selbst knüpft an diesen Tatbestand das außerordentliche Kündigungsrecht (§ 626 BGB) und einen Schadensersatzanspruch (§ 628 Abs. 2 BGB). Die Klausel sollte unter diesem Gesichtspunkt also den Anforderungen des AGB-rechtlichen Transparenzgebotes genügen. Nach Auffassung des BAG ist die Klausel außerdem hinsichtlich des Verwirkungsgrundes zu weit gefasst, insoweit bei jeglichem schuldhaft vertragswidrigen Verhalten des Arbeitnehmers die Vertragsstrafe verwirkt werde.[5] Regelmäßig sei ein angemessener Interessenausgleich zwischen Arbeitnehmer und Arbeitgeber bereits durch die fristlose Kündigung erzielt, nur im Ausnahmefall bei zeitgleicher Verletzung weiterer schutzwürdiger Interessen des Arbeitgebers, so z.B. durch bestimmte Eigentums- oder Vermögensverletzungen

---

1 LAG Köln v. 26.9.1989 – 3 Sa 332/89, LAGE § 339 BGB Nr. 4.
2 Ebenso *Hanau*, Anm. AR-Blattei, Arbeitsvertragsbruch, Entsch. 22; vgl. auch BGH v. 27.11.1968 – VIII ZR 9/67, NJW 1969, 461 und v. 16.9.1974 – VIII ZR 116/72, NJW 1974, 2089 (2091).
3 BAG v. 21.4.2005 – 8 AZR 425/04, NZA 2005, 1053 (1055).
4 Kritisch auch *Bayreuther*, NZA 2005, 1338 und *Bauer/Krieger*, SAE 2006, 11 ff.
5 Zweifelhaft ist danach, ob eine nur leicht veränderte Klauselfassung wie bei *Lakies*, Inhaltskontrolle von Arbeitsverträgen, Rz. 922 den vom BAG aufgestellten Anforderungen genügt.

durch den Arbeitnehmer, gebe es ein berechtigtes Interesse des Arbeitgebers an einer Vertragsstrafenvereinbarung.[1] Auch das vermag schwerlich zu überzeugen.

c) Schlechtleistungen des Arbeitnehmers

⮑ **Nicht geeignet:**

> Eine Vertragsstrafe von ... Euro ist verwirkt, wenn der Angestellte vorsätzlich eine dienstliche Schlechtleistung erbringt.[2]

Gegen Vertragsstrafenklauseln, die auch Schlechtleistungen (mangelhafte Arbeitsqualität) umfassen oder diesen Tatbestand direkt ansprechen, können sich **Zulässigkeitsbedenken unter zwei Gesichtspunkten** ergeben. 45

Zunächst ist darauf zu achten, dass solche Klauseln nicht mit den von der Rechtsprechung statuierten **Haftungsbeschränkungen** in Konflikt geraten,[3] da diese nach verbreiteter Ansicht[4] nicht durch Parteivereinbarung zulasten des Arbeitnehmers abbedungen werden können. Die oben mitgeteilte Klausel unterliegt wegen der ihr immanenten Beschränkung auf vorsätzliche Schlechtleistungen in dieser Hinsicht keinen Bedenken. 46

Ganz allgemein bestehen darüber hinaus Zweifel, ob sich in den Fällen der Schlechtleistung das für die praktisch im Vordergrund stehenden vorformulierten Strafklauseln im Rahmen des § 307 BGB als Zulässigkeitsvoraussetzung zu betrachtende **berechtigte Interesse des Arbeitgebers** bejahen lässt. *Schwerdtner* hat überzeugend dargelegt, dass dieses Interesse nur gegeben sein kann, wenn dem Arbeitgeber der Schadensnachweis typischerweise schwer fällt oder unmöglich ist.[5] Hiervon kann aber bei Schlechtleistung des Arbeitnehmers nicht ohne Weiteres ausgegangen werden. Abgesehen davon dürften sich als adäquate Reaktionen auf derartige Pflichtverletzungen wohl eher die Abmahnung, die Versetzung oder als ultima ratio die Kündigung (unbeschadet etwaiger Schadensersatzansprüche) anbieten. 47

d) Vorzeitiges Ausscheiden nach vom Arbeitgeber finanzierter Aus- oder Fortbildung

⮑ **Nicht geeignet:**

> Zwischen der
>
> Firma ...
>
> und
>
> Herrn/Frau ... (Mitarbeiter)

---

1 BAG v. 21.4.2005 – 8 AZR 425/04, NZA 2005, 1053 (1055 f.); LAG Rh.-Pf. v. 6.5.2014 – 7 Sa 540/13, juris.
2 Vgl. LAG Hess. v. 5.9.1968 – 5 Sa 122/67, DB 1968, 987.
3 *Thüsing*, AGB-Kontrolle, Rz. 441.
4 BAG v. 5.2.2004 – 8 AZR 91/03, NJW 2004, 2469; *Söllner*, ArbuR 1981, 104; *Schwerdtner*, FS Hilger/Stumpf, S. 644; ErfK/*Müller-Glöge*, §§ 339–345 BGB Rz. 22; *Thüsing*, BB 2005, 1569.
5 *Schwerdtner*, FS Hilger/Stumpf, S. 645 ff.

wird folgende Vereinbarung getroffen:

(1) Der Mitarbeiter ist z. Zt. als ... tätig. Die Firma ermöglicht es dem Mitarbeiter, seine beruflichen Kenntnisse zu erweitern ... Zu diesem Zweck wird der Mitarbeiter ... bei ... auf die Dauer von ... Monaten ausgebildet werden.

(2) a) Die Firma übernimmt die notwendigen Kosten der Ausbildung, nämlich ...
    b) ...
    c) ...

(3) Als Äquivalent für die berufliche Unterstützung und Förderung erwartet der Betrieb, dass der Mitarbeiter seine Arbeitskraft und die zusätzlich erworbenen Kenntnisse und Fähigkeiten nach Beendigung der Ausbildung dem Betrieb auf die Dauer von mindestens ... Monaten/Jahren zur Verfügung stellt.

(4) ...

(5) a) Für den Fall, dass das Arbeitsverhältnis vor Ablauf der in Ziffer 3 genannten Frist wegen eines vom Mitarbeiter verschuldeten Grundes oder wegen Arbeitsvertragsbruchs beendet wird ..., ist er verpflichtet, an die Firma eine Vertragsstrafe in Höhe von ... Euro zu zahlen. Die Vertragsstrafe wird im Zeitpunkt der Beendigung des Arbeitsverhältnisses/... Tage/Wochen nach Beendigung des Arbeitsverhältnisses fällig.

    b) Daneben behält sich die Firma die Geltendmachung des Schadens vor, der ihr über den Rahmen der Vertragsstrafe hinaus durch das Verhalten des Mitarbeiters entstanden ist.[1]

Typ 2: Aus- und Fortbildungsmaßnahme

§ 6

(1) Dieser Vertrag tritt in Kraft mit dem 1.10.1972. Er endet mit dem 31.1.1973.

(2) ...

§ 7

(1) Der Mitarbeiter gewährt der Gesellschaft ein Optionsrecht, nach dem diese ihn bis zum Ablauf von einem Monat nach Beendigung dieses Vertrages für einen Dienstvertrag im Ausland bis zur Dauer von zwei Jahren verpflichten kann.

(2) ...

(3) ...

(4) Kommt der Mitarbeiter seinen Verpflichtungen aus Abs. 1 und Abs. 2 schuldhaft nicht nach, so wird eine Vertragsstrafe von 2 500 DM fällig. Die Geltendmachung eines weiteren Schadensersatzanspruches bleibt vorbehalten.[2]

48 Eine eher untergeordnete Rolle spielen in der betrieblichen Praxis Vertragsstrafenabreden, die anlässlich einer Aus- oder Fortbildungsmaßnahme getroffen werden und die auf eine verstärkte Bindung des Arbeitnehmers an den Betrieb zielen. Die-

---

1 Hohn/Romanovszky, Vorteilhafte Arbeitsverträge Bd. II, S. 158 f.
2 BAG v. 27.7.1977 – 5 AZR 337/76, AP Nr. 2 zu § 611 BGB Entwicklungshelfer.

sen Effekt sucht man in der Praxis zumeist durch die Vereinbarung zeitlich gestaffelter Rückzahlungspflichten (→ *Ausbildungskosten*, II A 120) zu erreichen.[1]

Anders als auf dem Gebiet der Rückzahlungsklauseln lässt die Rechtsprechung eine einseitige Druckausübung auf den Arbeitnehmer mittels Vertragsstrafenandrohung im Hinblick auf § 622 Abs. 6 BGB nur zu, wenn dies zum Zwecke der Absicherung einer beiderseitigen rechtlichen Bindung erfolgt. Die Stipulation einer Vertragsstrafe muss dann also mit der Heraufsetzung der Kündigungsfristen, dem Ausschluss der ordentlichen Kündigung oder dem Abschluss eines Langzeitarbeitsvertrages einhergehen. Die Nichteinhaltung dieser verlängerten Vertragszeit (= Vertragsbruch) soll dann den Vertragsstrafenanspruch auslösen. Dieser trägt dann Züge eines Aufwendungserstattungsanspruchs. Des Weiteren hat das BAG[2] wegen der Funktionsidentität beider Rechtsinstitute die für die Rückzahlungsklauseln entwickelten Zulässigkeitskriterien auf solche Vertragsstrafenversprechen übertragen, die ersichtlich dem Zweck dienen, dem Arbeitgeber die Amortisation seiner aufgewendeten Aus- oder Fortbildungskosten zu sichern.

Vor diesem Hintergrund erscheint das Formulierungsbeispiel von *Hohn/Romanovszky* (erste Klausel s. Rz. 48) problematisch, da dieses eine fixe Vertragsstrafe vorsieht und damit dem von der Rechtsprechung für Rückzahlungsklauseln aufgestellten Erfordernis einer zeitabhängigen ratierlichen Minderung nicht entspricht. Hier muss der Arbeitgeber auf jeden Fall mit einer Herabsetzung der Vertragsstrafe durch Richterspruch (§ 343 BGB) je nach Länge der seit der Weiterbildungsmaßnahme verstrichenen Zeit rechnen. Vorzugswürdig ist demgegenüber eine Regelung, derzufolge sich die Höhe der verwirkten Vertragsstrafe nach der bis zum nächstmöglichen regulären Beendigungstermin noch zu absolvierenden Zeit richtet. Wegen des besonderen Bindungsinteresses des Arbeitgebers kann die Vertragsstrafe hier auch deutlich über dem Betrag eines Bruttomonatsgehalts angesetzt werden.

Die Klausel Typ 2 fand sich in einem Vorbereitungsvertrag für angehende Entwicklungshelfer. Anders als bei der vorerwähnten Klausel erübrigt sich hier eine zeitabhängige Minderung der Strafsumme, da der Mitarbeiter in der Vorbereitungszeit keine anrechenbaren Gegenleistungen erbringen dürfte. Das BAG[3] erachtete diese Klausel für zulässig, da sie einem begründeten Interesse des Arbeitgebers entspreche. Dieser habe den Mitarbeiter während der Vorbereitungszeit wirtschaftlich in jeder Hinsicht voll gesichert und habe daher ein verständliches Interesse daran, sich die weiteren Dienste des vorbereiteten Mitarbeiters zu sichern. Inhaltlich sei die Vertragsstrafenregelung für den Mitarbeiter zumutbar ausgestaltet. Sie greife nur ein, wenn er sich schuldhaft aus der vertraglichen bzw. vorvertraglichen Bindung einseitig löse. Unter Berücksichtigung des Monatseinkommens des Mitarbeiters halte sie sich auch in wirtschaftlich vertretbarem Rahmen.

---

1 Hierzu *Hanau/Stoffels*, Beteiligung von Arbeitnehmern an den Kosten der beruflichen Fortbildung, 1992.
2 BAG v. 27.7.1977 – 5 AZR 337/76, AP Nr. 2 zu § 611 BGB Entwicklungshelfer; zust. *Engel*, Konventionalstrafen, S. 90; *Söllner*, ArbuR 1981, 103 f.; ErfK/*Müller-Glöge*, §§ 339–345 BGB Rz. 25.
3 BAG v. 27.7.1977 – 5 AZR 337/76, AP Nr. 2 zu § 611 BGB Entwicklungshelfer.

e) Nichteinhaltung der vorgeschriebenen Arbeitszeit

Typ 3: Unentschuldigtes Fehlen

(1) Fehlt der/die Mitarbeiter/in an einzelnen Tagen oder zusammenhängend unentschuldigt oder verweigert er/sie vorübergehend die Arbeit, so hat der/die Mitarbeiter/in an die Firma eine Vertragsstrafe zu zahlen. Die Vertragsstrafe ist nur verwirkt, wenn der/die Mitarbeiter/in grob fahrlässig oder vorsätzlich gehandelt hat.

(2) Als Vertragsstrafe wird für die in Absatz 1 genannten Fälle ein Bruttotagesentgelt für jeden Tag der Zuwiderhandlung vereinbart, insgesamt wird jedoch nicht mehr als das in der gesetzlichen Mindestkündigungsfrist ansonsten erhaltene Arbeitsentgelt verwirkt. Im Übrigen beträgt die Vertragsstrafe insgesamt höchstens ein Bruttomonatsgehalt. Erfolgt ein Verstoß nach Absatz 1 nur stundenweise, so wird als Vertragsstrafe ein entsprechendes anteiliges Bruttostundenentgelt je angefangener Stunde verwirkt.

(3) Das Bruttotagesentgelt bemisst sich nach dem durchschnittlichen Arbeitsverdienst i.S.d. § 11 Abs. 1 Satz 1–4 BUrlG und den darin zum Ausdruck kommenden Berechnungsgrundsätzen. Ist der/die Mitarbeiter/in in den in Absatz 1 genannten Fällen im Zeitpunkt der Zuwiderhandlung weniger als 13 Wochen bei dem Arbeitgeber beschäftigt, wird für die Berechnung des Bruttotagesentgeltes der gesamte Zeitraum vom Beginn des Arbeitsverhältnisses bis zum Zeitpunkt der Zuwiderhandlung zugrunde gelegt.

52 Seltener werden Vertragsstrafen zur Sicherung der Einhaltung der vorgeschriebenen Arbeitszeit eingesetzt. Im Vordergrund steht dann zumeist das zeitweise unentschuldigte Fehlen (Klauseltyp 3); ob bloße (wiederholte) **Unpünktlichkeit** mit einer Vertragsstrafendrohung versehen werden könnte, erscheint zweifelhaft, da Verfehlungen im Ordnungsbereich zumeist auf andere Weise begegnet werden kann (Abmahnung, Kündigung, Betriebsbuße etc.). Was das **zeitweise Fernbleiben von der Arbeit** („Blaumachen") betrifft, so können aus dieser teilweisen Nichterfüllung der Arbeitspflicht durchaus nicht unerhebliche Schäden resultieren. Die Nachweisproblematik stellt sich hier in ähnlicher Form wie beim Arbeitsvertragsbruch, so dass ein **berechtigtes Interesse des Arbeitgebers** an der Sanktionierung dieser Pflichtverletzung **anzuerkennen** ist.[1] Die **Höhe der Vertragsstrafe** muss sich dann aber **deutlich unter** der soeben für den Vertragsbruch festgesetzten Höchstgrenze von **einem Bruttomonatsverdienst** halten.

f) Wettbewerbsverstöße

Typ 4: Wettbewerbsverstöße

Der Arbeitnehmer hat eine Vertragsstrafe von (z.B.: einem Bruttomonatsgehalt) für jeden Fall der Zuwiderhandlung gegen das Wettbewerbsverbot zu zahlen.

---

1 Wie hier *Engel*, Konventionalstrafen, S. 232; ebenso ErfK/*Müller-Glöge*, §§ 339–345 BGB Rz. 24.

Besteht die Zuwiderhandlung in einer Dauerverletzung (z.B. kapitalmäßige Beteiligung[1] an einem Wettbewerbsunternehmen oder Eingehung eines Dauerschuldverhältnisses wie eines Arbeits-, Dienst-, Handelsvertreter- oder Beraterverhältnisses), wird die Vertragsstrafe für jeden angefangenen Monat, in dem die Dauerverletzung anhält, neu verwirkt. Mehrere Zuwiderhandlungen führen unabhängig voneinander zur Verwirkung von jeweils einer Vertragsstrafe, ggf. auch mehrfach innerhalb eines Monats. Erfolgen hingegen einzelne Zuwiderhandlungen im Rahmen einer Dauerverletzung, sind sie von der für diese Dauerverletzung verwirkten Vertragsstrafe mit umfasst.[2] Mehrere im Zusammenhang stehende Zuwiderhandlungen stehen einer Dauerverletzung gleich.

Bei Verwirkung mehrerer Vertragsstrafen innerhalb eines Jahres ist der Gesamtbetrag der in diesem Jahr zu zahlenden Vertragsstrafe auf das [Sechsfache des Bruttomonatsgehalts] beschränkt.[3]

○ **Nicht geeignet:**
   a) Für den Fall des Verstoßes gegen das Wettbewerbsverbot kann die Firma eine Vertragsstrafe in Höhe des zwölffachen Betrages des zuletzt von dem Mitarbeiter bezogenen Monatsgehaltes beanspruchen.
   b) Im Falle der Nichteinhaltung des Wettbewerbsverbots hat der Arbeitnehmer für den Fall einer Zuwiderhandlung an die Firma eine Vertragsstrafe in Höhe von 500 Euro zu zahlen.[4]
   c) In jedem Fall der Zuwiderhandlung gegen das Wettbewerbsverbot hat der Arbeitnehmer eine Vertragsstrafe in Höhe von zwei durchschnittlichen Bruttomonatsgehältern zu zahlen. Bei einer dauerhaften Verletzung des Wettbewerbsverbots gilt jeder angebrochene Monat als eine erneute Verletzungshandlung.[5]

Erhebliche praktische Bedeutung kommt arbeitsvertraglichen Strafversprechen auch zur Sicherung von Wettbewerbsbeschränkungen zu.

Während für die Zeit des bestehenden Arbeitsverhältnisses jeder Arbeitnehmer bereits kraft Gesetzes (§ 60 HGB für Handlungsgehilfen) oder als Ausfluss seiner Treuepflicht zur Unterlassung konkurrenzrelevanter Tätigkeiten verpflichtet ist, kann sich ein Wettbewerbsverbot für den nachvertraglichen Zeitraum immer nur aus einer besonderen Abrede der Arbeitsvertragsparteien ergeben.

---

1 Nicht ratsam ist die von *Haas/Fuhlrott*, NZA-RR 2010, 1 (6) vorgeschlagene Formulierung insoweit, als von einer „kapitalmäßigen Beteiligung von mehr als 5 Prozent an einem Wettbewerbsunternehmen" die Rede ist. Entscheidend für eine wettbewerbsrelevante Tätigkeit kann nicht eine starre Beteiligungsgrenze sein, sondern vielmehr die durch diese Beteiligung ggf. vorhandene Einflussnahmemöglichkeit im Unternehmensgefüge. Die Aufzählung der typischen Dauerverletzungen sollte zudem exemplarisch erfolgen und offen gehalten werden („z.B." oder „insbesondere") und nicht abschließend („ausschließlich") formuliert werden, vgl. auch *Diller*, NZA 2008, 574 (575).
2 Klausel angelehnt an *Diller*, NZA 2008, 574 (576); *Haas/Fuhlrott*, NZA-RR 2010, 1 (6); *Lingemann/Gottschalk*, DStR 2011, 778.
3 Klauselzusatz angelehnt an MSG/*Windeln*, 560 Rz. 9; ebenso, allerdings ohne Bezugszeitraum von einem Jahr *Lingemann/Gottschalk*, DStR 2011, 778.
4 BAG v. 26.9.1963 – 5 AZR 2/63, NJW 1964, 317.
5 Sinngemäß nach BAG v. 14.8.2007 – 8 AZR 973/06, NZA 2008, 170.

aa) Wirksamkeitsanforderungen

55 Von der Rechtsprechung werden Vertragsstrafenabreden zur Sicherung von Wettbewerbsverboten grundsätzlich für wirksam erachtet.[1] Daran ist auch unter dem Regime des § 307 BGB festzuhalten.[2] Für die grundsätzliche Zulässigkeit streiten nicht nur § 75c HGB und der Grundsatz der Vertragsfreiheit. Vielmehr ist aus der Sicht des Arbeitgebers im Regelfall auch ein berechtigtes Interesse gegeben. Denn bei Wettbewerbsverstößen ist es typischerweise besonders schwer, einen konkreten Schadensnachweis zu führen, obwohl eine – oft nicht unerhebliche – Schadenszufügung wahrscheinlich ist.[3] Zum anderen ist zu berücksichtigen, dass der Arbeitnehmer bei Wettbewerbsverstößen vor unangemessenen Benachteiligungen insoweit geschützt wird, als mit dem Verlangen der Vertragsstrafe der Arbeitgeber gemäß § 340 Abs. 1 Satz 2 BGB den Anspruch auf Einhaltung der Wettbewerbsabrede verliert.[4]

56 Die Vertragsstrafe als akzessorisches Sicherungsinstrument setzt gemäß § 344 BGB eine wirksame Hauptverbindlichkeit, hier also ein allen Wirksamkeitsanforderungen genügendes Wettbewerbsverbot voraus. Bei einem nachvertraglichen Wettbewerbsverbot muss insbesondere eine Karenzentschädigung festgesetzt werden.

57 Ferner bedarf die Vertragsstrafenvereinbarung nach verbreiteter Meinung ebenso wie das Wettbewerbsverbot (§ 74 Abs. 1 HGB) der Schriftform; zusätzlich muss dem Arbeitnehmer noch eine Urkunde ausgehändigt werden, die das Wettbewerbsverbot mitsamt allen Vereinbarungen beinhaltet.[5]

58 Probleme ergeben sich überwiegend daraus, dass die mit Wettbewerbsverboten verbundenen Strafversprechen zu weit gehende bzw. ungenaue oder ungeschickte Formulierungen enthalten. Schwierigkeiten bereiten insbesondere die Festlegung der Höhe der Vertragsstrafe sowie die inhaltliche Bestimmtheit des Verwirkungstatbestandes.

59 Hinsichtlich der **Vertragsstrafenhöhe** bei Wettbewerbsverboten legt § 75c Abs. 1 HGB den Vertragsparteien keinerlei Beschränkungen auf. Das BAG[6] hat entschieden, dass es keinen Rechtssatz gäbe, der ein angemessenes Verhältnis zwischen Vertragsstrafe und Karenzentschädigung fordere. Des Weiteren gäbe es keinen Rechtssatz, dass eine Vertragsstrafe die Höhe des für die Kündigungsfrist zu zahlenden Gehalts nicht übersteigen dürfe.[7] Der Arbeitgeber müsse die Möglichkeit haben, dem Arbeitnehmer eine fühlbare Strafe für den Fall des Verstoßes aufzuerlegen. Im Übrigen stellt das BAG stark auf die Umstände des Einzelfalles ab. Bedenken be-

---

1 BAG v. 21.5.1971 – 3 AZR 359/70, NJW 1971, 2007 und v. 25.9.1980 – 3 AZR 133/80, NJW 1981, 1799; ferner BAG v. 30.4.1971 – 3 AZR 259/70, NJW 1971, 2008.
2 § 309 Nr. 6 BGB ist schon tatbestandlich nicht einschlägig, vgl. BAG v. 14.8.2007 – 8 AZR 973/06, NZA 2008, 170 (171); zum Ganzen auch *Schramm*, NJW 2008, 1494 ff.
3 BAG v. 21.5.1971 – 3 AZR 359/70, NJW 1971, 2007; vgl. auch *Söllner*, ArbuR 1981, 97 (99).
4 BAG v. 13.9.1969 – 3 AZR 138/68, NJW 1970/626 und v. 26.11.1971 – 3 AZR 220/71, AP Nr. 26 zu § 611 BGB Konkurrenzklausel.
5 *Lohr*, MDR 2000, 432; *Lakies*, Inhaltskontrolle von Arbeitsverträge, Rz. 933; *Hoheisel*, Formularbuch des Fachanwalts Arbeitsrecht, C. II.2 Rz. 150; *Hülbach* in Tschöpe, Arbeitsrecht, Teil 2 J Rz. 18.
6 BAG v. 21.5.1971 – 3 AZR 359/70, NJW 1971, 2007.
7 BAG v. 25.10.1994 – 9 AZR 265/93, n.v.

stehen allerdings gegen Klauseln, die pauschal ein Jahresgehalt als Vertragsstrafe für einen Wettbewerbsverstoß ansetzen. Das BAG[1] hält eine solche Gleichbehandlung eines **Dauerverstoßes** einerseits und eines **einmaligen Verstoßes** andererseits für nicht gerechtfertigt. Ferner hat das BAG eine Klausel als unangemessene Benachteiligung qualifiziert, wonach für jeden Einzelfall eines Wettbewerbsverstoßes eine Vertragsstrafe in Höhe von ein bis drei Monatsgehältern (nach Festsetzung durch den Arbeitgeber) vorgesehen war.[2] Eine „Übersicherung" folge jedenfalls aus der Möglichkeit, eine Vertragsstrafe in Höhe von drei Monatsgehältern für jeden Einzelverstoß festlegen zu können. Danach dürften der von der Literatur häufig benannten absoluten Obergrenze von einem Jahresbruttoentgelt[3] für einen Einzelverstoß gegen das Wettbewerbsverbot praktisch keine Bedeutung zukommen, wenn die Vertragsstrafenvereinbarung für eine Vielzahl denkbarer Wettbewerbsverstöße formuliert ist. Zweifel äußert das BAG zudem hinsichtlich des ausbedungenen Leistungsbestimmungsrechtes des Arbeitgebers, lässt die Frage nach der grundsätzlichen Zulässigkeit jedoch mit Verweis auf die BGH-Rechtsprechung[4] offen. Angesichts der Unklarheit, ob das BAG in engen Grenzen ein Leistungsbestimmungsrecht akzeptiert, kann zu einer Einräumung eines Bestimmungsrechts des Arbeitgebers hinsichtlich der Höhe der Vertragsstrafe nicht geraten werden.[5] Allgemein[6] und zutreffend wird jedenfalls eine Vertragsstrafe in Höhe von einem Brutto-Monatsgehalt je Einzelverstoß für angemessen gehalten, auch wenn das BAG dies nicht explizit festgestellt hat. Mit Blick auf das Transparenzgebot hält das LAG Berlin aber eine Klausel für bedenklich, die für die Vertragsstrafe auf ein „zuletzt" bezogenes Monatsgehalt abstellt, wenn zugleich ein monatlich gleichbleibendes Festgehalt vereinbart ist.[7] Das LAG Köln sieht eine „Übersicherung" weitergehend dann als gegeben, wenn sich aus der Summe der einzelnen Vertragsstrafen eine in Relation zum durchschnittlichen Monatsverdienst unangemessen hohe Vertragsstrafe insgesamt ergibt.[8] Vor diesem Hintergrund sollte die absolute Höhe einer Gesamtvertragsstrafe begrenzt werden; als geeignet wird eine Beschränkung auf das Sechsfache des letzten Bruttomonatsgehaltes angesehen[9].

---

1 BAG v. 30.4.1971 – 3 AZR 259/70, NJW 1971, 2008.
2 BAG v. 18.8.2005 – 8 AZR 65/05, NZA 2006, 34 (37).
3 Vgl. dazu die Vorauflage; im Übrigen *Henssler/Moll*, AGB-Kontrolle, S. 83; CKK/*Klumpp*, § 307 Rz. 266.
4 BGH v. 12.7.1984 – I ZR 123/82, NJW 1985, 191.
5 CKK/*Klumpp*, § 307 Rz. 267 hält ein derartiges Bestimmungsrecht mit Blick auf das Transparenzgebot für unangemessen. Ob das BAG diese Auffassung teilt, ist angesichts der hinsichtlich Leistungsbestimmungsrechten teils sehr strengen – so zu Rückzahlungsklauseln, BAG v. 6.8.2013 – 9 AZR 442/12, NZA 2013, 1361 (1362) – teils aber auch sehr großzügigen Rechtsprechung – so zu Widerrufsvorbehalten, BAG v. 12.1.2005 – 5 AZR 364/04, NZA 2005, 465 (467) – schwer zu prognostizieren. *Günther/Nolde*, NZA 2012, 66 halten ein einseitiges Bestimmungsrecht des Arbeitgebers im Hinblick auf die Vertragsstrafenhöhe dann für zulässig, wenn eine Höchstgrenze vorgesehen ist.
6 MSG/*Fritz*, 590 Rz. 175; *Zürn*, Beck'sches Formularbuch Arbeitsrecht, A. IV. 1, S. 209; *Hennsler/Moll*, AGB-Kontrolle, S. 84; *Schramm*, NJW 2008, 1494 (1496); *Diller*, NZA 2005, 250.
7 LAG Berlin v. 12.11.2009 – 25 Sa 29/09, BeckRS 2010, 68683.
8 So LAG Köln v. 13.7.2006 – 6 Sa 367/06, BB 2007, 333 für eine Vertragsstrafe von zwei Bruttomonatseinkommen für jeden Fall der Zuwiderhandlung.
9 MSG/*Fritz*, 590 Rz. 177 f.

60 In der Praxis kommt es angesichts der rechtsprechungsbedingten Unterscheidung zwischen Einzel- und Dauerverstoß immer wieder zu Unsicherheiten, ob die Strafe für jeden einzelnen Fall der Zuwiderhandlung während der Karenzzeit, für Zuwiderhandlungen während bestimmter Zeiträume oder nur für einen Dauerverstoß während der ganzen Karenzzeit geschuldet sein soll.

Als Beispiel für die Problematik, für welchen Bezugszeitraum eine Vertragsstrafe verwirkt ist, kann das dem Beispiel b) zu Grunde liegende Urteil des BAG vom 29.6.1963 dienen. War die Vertragsstrafe für jeden einzelnen Fall der Zuwiderhandlung vereinbart, so konnte nach der früheren Rechtsprechung bei einem Dauerverstoß die Auslegung ergeben, dass sie nur für jeden Monat der Zuwiderhandlung geschuldet ist. Das BAG hielt diese Klausel insofern für lückenhaft und demnach ergänzungsbedürftig, als sie nur einzelne Wettbewerbshandlungen, nicht aber den Fall im Auge habe, dass der Arbeitnehmer nach Beendigung des Arbeitsverhältnisses eine konkurrenzrelevante Dauertätigkeit bei einer anderen Firma aufnehme und damit das Wettbewerbsverbot – es war im konkreten Fall auf zwei Jahre befristet – gleichsam fortdauernd verletze. Das BAG ging davon aus, dass sich die Vertragsstrafendrohung nach dem Willen der Parteien bei einer konkurrenzrelevanten Dauertätigkeit des Arbeitnehmers nicht auf kleinste zeitliche Einheiten dieses Dauertatbestandes beziehen solle. Vielmehr ist das BAG unter Berücksichtigung aller Umstände zu dem Ergebnis gekommen, dass die Vertragslücke dahin zu schließen sei, dass die Parteien zum Mindesten eine Vertragsstrafe von 500 DM für jeden Monat einer Dauertätigkeit vereinbart hätten.

In Formularhandbüchern ist diese Rechtsprechung oft rezipiert und zu dem Zusatz „Bei Dauerverstößen ist die Vertragsstrafe für jeden Monat der Zuwiderhandlung zu zahlen" geraten worden.[1] Nach einer neueren Entscheidung des BAG vom 14.8.2007[2] dürften die bislang vorgeschlagenen Formulierungen einer AGB-Kontrolle nicht mehr standhalten.[3]

61 Nach der neueren Rechtsprechung des BAG muss die gebotene Differenzierung zwischen einer einzelnen Zuwiderhandlung und einem dauerhaften Verstoß gegen das Wettbewerbsverbot so ausgestaltet sein, dass die Klausel hinreichend **klar und verständlich** (§ 307 Abs. 1 Satz 2 BGB) ist. Als intransparent stufte das BAG eine Vertragsstrafenabrede ein, wonach für jeden Fall der Zuwiderhandlung des Arbeitnehmers gegen ein Wettbewerbsverbot eine Vertragsstrafe in Höhe von zwei durchschnittlichen Bruttomonatseinkommen vorgesehen war und gleichzeitig bestimmt war, dass im Falle einer dauerhaften Verletzung des Wettbewerbsverbots jeder angebrochene Monat als eine erneute Verletzungshandlung gelte.[4] Hier sei nicht erkennbar, wann eine dauerhafte Verletzung vorliege. In einer jüngeren Entscheidung vom 31.7.2012 hat schließlich das LAG Hamm beanstandet, dass zwar der Begriff

---

1 Etwa *Hunold*, Musterarbeitsverträge, Fach 9, 15; so auch noch die Voraufl. dieses Werkes, Rz. 45; eine solche Formulierung liegt auch der Klausel im Beispiel c) zugrunde, die nach neuerer Rechtsprechung des BAG als intransparent eingestuft wird.
2 BAG v. 14.8.2007 – 8 AZR 973/06, NZA 2008, 170 mit Anm. *Joppich*, BB 2008, 395.
3 Ausführlich *Diller*, NZA 2008, 574 ff.; *Haas/Fuhlrott*, NZA 2010, 1 ff.; *Schramm*, NJW 2008, 1494 ff.; HR/*Schiefer*, § 1, Rz. 3431 f.
4 BAG v. 14.8.2007 – 8 AZR 973/06, NZA 2008, 170.

der Dauerverletzung definiert werde, aber nicht klargestellt sei, was gelten soll, wenn mehrere einzelne Verletzungshandlungen zueinander in einem Fortsetzungszusammenhang stehen.[1]

Beurteilt man auf dieser Grundlage – ohne Einbeziehung der Umstände des Einzelfalles – die vorstehenden Vereinbarungen, bestehen Bedenken hinsichtlich der in Beispiel a) aufgeführten Regelung, die pauschal ein Jahresgehalt als Vertragsstrafe für einen Wettbewerbsverstoß ansetzt. Das BAG[2] hält eine solche Gleichbehandlung eines Dauerverstoßes einerseits und eines einmaligen Verstoßes andererseits für nicht gerechtfertigt. Die Klausel in Beispiel c), welche der neuen Entscheidung nachempfunden ist, verstößt nach Ansicht des BAG gegen das Transparenzgebot und ist unwirksam. Dasselbe dürfte nach der neuen Rechtsprechung erst recht für die Klausel in Beispiel b) gelten, in welcher eine Verwirkung der Vertragsstrafe bei einer Dauerverletzung nicht einmal Erwähnung findet. 62

Wie den durch die Entscheidung des BAG vom 14.8.2007[3] aufgestellten Anforderungen an eine transparente Klauselgestaltung Rechnung zu tragen ist, ist nicht abschließend geklärt.[4] Unbedingt erforderlich erscheint die möglichst genaue Klarstellung, was mit dem Begriff der Dauerverletzung gemeint ist. Dabei bietet sich eine exemplarische Aufzählung typischer Dauerverletzungen an. Ferner ist es unumgänglich festzuhalten, wann in Bezug auf diese typischen Dauerverletzungen eine Vertragsstrafe verwirkt sein soll. In Klausel Typ 4 wird versucht, der Entscheidung des BAG vom 14.8.2007 Rechnung zu tragen. Sie orientiert sich an den vorgeschlagenen Formulierungen von *Diller*[5] und *Haas/Fuhlrott*.[6] Um das Urteil des LAG Hamm vom 13.7.2012 umzusetzen, sollte auch der Fall eines Fortsetzungszusammenhanges geregelt werden.[7] Vorgeschlagen wird außerdem ein Höchstbetrag, um eine mögliche Übersicherung zu verhindern. 63

In der Literatur gibt es seit der Entscheidung des BAG vom 14.8.2007 einige Vorschläge, die auf eine Unterscheidung zwischen Einzel- und Dauerverstoß gänzlich verzichten möchten. Vorgeschlagen wird von *Zürn*[8] in Anschluss an einen Vorschlag von *Schramm*,[9] allein an die Pflichtverletzung anzuknüpfen und diese tagesbezogen unabhängig von der Häufigkeit der jeweiligen Zuwiderhandlung gegen das Wettbewerbsverbot zu bestimmen; um eine „Übersicherung" und eine damit ver- 64

---

1 LAG Hamm v. 31.7.2012 – 10 Sa 904/12, BeckRS 2013, 66790.
2 BAG v. 30.4.1971 – 3 AZR 259/70, NJW 1971, 2008.
3 BAG v. 14.8.2007 – 8 AZR 973/06, NZA 2008, 170.
4 *Schramm*, NJW 2008, 1494.
5 *Diller*, NZA 2008, 574 (576).
6 *Haas/Fuhlrott*, NZA-RR 2010, 1 (6).
7 Sinnvoll ist es, zugunsten des Arbeitnehmers mehrere Einzelverstöße, die in einem Fortsetzungszusammenhang stehen, dem Dauerverstoß gleichzustellen. Der BGH hat in seinem Urt. v. 10.12.1992 – I ZR 186/90 (NJW 1993, 721) für eine Vertragsstrafe zur Absicherung eines Unterlassungsanspruchs im Wettbewerbsrecht den formularmäßigen Ausschluss eines Fortsetzungszusammenhanges als unangemessene Benachteiligung angesehen. Mit Blick auf das BGH-Urteil v. 25.1.2001 – I ZR 323/98 (NJW 2001, 2622) wird im Klauselvorschlag auf den rechtstechnischen Begriff des Fortsetzungszusammenhanges verzichtet.
8 *Zürn*, Beck'sches Formularbuch Arbeitsrecht, A. IV. 1, S. 198, 209; vgl. auch MSG/*Fritz*, 590 Rz. 170f.
9 *Schramm*, NJW 2008, 1494.

bundene unangemessene Benachteiligung des Arbeitnehmers zu vermeiden, soll die monatlich verwirkte Vertragsstrafe auf höchstens zwei Brutto-Monatsgehälter begrenzt werden. Eine derartige Klauselgestaltung, die den Dauerverstoß[1] durch eine tagesbezogene Betrachtung einem Einzelverstoß gleichstellt, erscheint jedoch angesichts der Rechtsprechung des BAG[2], dass eine Gleichbehandlung eines Dauerverstoßes einerseits und eines einmaligen Verstoßes andererseits unzulässig ist, bedenklich. Der Verzicht auf eine Unterscheidung von Einzel- und Dauerverstoß stellt sich zudem nur vordergründig als hilfreich dar, da auch bei einer Anknüpfung an das Merkmal der Pflichtverletzung bestimmt werden muss, ob eine Dauerpflichtverletzung oder eine Einzelpflichtverletzung gegeben ist.[3]

bb) Rechtsfolge

65 § 307 BGB findet auf die formularmäßige Vereinbarung von Vertragsstrafen bei Wettbewerbsverstößen uneingeschränkt Anwendung. Dies gilt insbesondere auch für das Verbot der geltungserhaltenden Reduktion. Während Teile der Literatur für nachvertragliche Wettbewerbsverbote § 75c Abs. 1 Satz 2 HGB i.V.m. § 343 BGB gegenüber § 307 BGB als lex specialis ansehen[4] (vgl. auch → *Wettbewerbsverbote*, II W 10 Rz. 32), hat das BAG bisher in keinem Urteil zu dieser Problematik Stellung nehmen müssen. Auch wenn in der jüngeren Rechtsprechung einige Instanzgerichte[5] gelegentlich einen Vorrang der §§ 74 ff. HGB vor einer Inhaltskontrolle nach § 307 BGB angenommen haben, bietet dies keine Gewähr dafür, dass damit das „Alles-oder-Nichts"-Prinzip auch im Hinblick auf Vertragsstrafen, die der Absicherung von Wettbewerbsverboten dienen, aufgegeben worden ist.[6]

g) Verstoß gegen Verschwiegenheitspflichten

Typ 5: Verstoß gegen Verschwiegenheitspflichten

a) Im Falle der ... verpflichtet sich der Mitarbeiter, der Firma eine Vertragsstrafe in Höhe von ... Euro zu zahlen, ... Die Zahlung der Vertragsstrafe kann auch bei Verrat von Betriebsgeheimnissen verlangt werden.

---

1 Die Formulierung bei *Zürn*, Beck'sches Formularbuch Arbeitsrecht, A. IV. 1, S. 198 „*Dies gilt auch im Fall einer fortgesetzten Konkurrenztätigkeit im Rahmen der verbotswidrigen Eingehung eines Dauerschuldverhältnisses, insbesondere eines Arbeits- oder Dienstverhältnisses (als freier Mitarbeiter, Handelsvertreter oder Berater) oder bei der Errichtung eines Konkurrenzunternehmens oder der Beteiligung an einem Konkurrenzunternehmen.*" vermag nicht darüber hinwegzutäuschen, dass es sich inhaltlich um die Gleichstellung einer Dauerverletzung handelt.
2 BAG v. 30.4.1971 – 3 AZR 259/70, NJW 1971, 2008.
3 So bereits zutreffend *Schramm*, NJW 2008, 1494, 1495.
4 *Zürn*, Beck'sches Formularbuch Arbeitsrecht, A. IV. 1, S. 208; Ebenroth/Boujong/Joost/Strohn/*Boecken*, HGB, § 75c HGB Rz. 3; ausführlich *Diller*, NZA 2005, 250 (254).
5 LAG Hamm v. 14.4.2003 – 7 Sa 1881/02, NZA-RR 2003, 513 (515); LAG BW v. 30.1.2008 – 10 Sa 60/07, NZA-RR 2008, 508 (509); LAG Rh.-Pf. v. 12.1.2012 – 8 Sa 445/11, BeckRS 2012, 69951.
6 Vgl. nur LAG Nds. v. 15.9.2011 – 7 SA 1908/10, BeckRS 2011, 77438; ausführlich auch ArbG Halle v. 14.6.2007 – 2 Ca 423/07, BeckRS 2010, 75270.

b) Sie verpflichten sich, eine Vertragsstrafe in Höhe Ihrer Durchschnittsbezüge des letzten Kalenderjahres für die Dauer von sechs Monaten zu zahlen, ... für jeden Fall, in dem Sie gegen die Geheimhaltung (Ziff. 4 des Vertrages) verstoßen.[1]

c) Der Dienstnehmer ist verpflichtet, sowohl während der Dauer des Dienstverhältnisses als auch nach der Auflösung desselben über alle geschäftlichen Vorgänge, die ihm zur Kenntnis gelangt sind, insbesondere über das Herstellungsverfahren sowie über Lieferanten und Kunden und sämtliche Einrichtungen, Maschinen und Geräte unbedingtes Stillschweigen zu bewahren. Für jeden Fall der Zuwiderhandlung gegen diese Schweigepflicht ist der Dienstnehmer verpflichtet, eine Vertragsstrafe in der Höhe von ... Euro an die Dienstgeberin zu bezahlen.[2]

Neben der Unterlassung von Konkurrenz besteht auf Arbeitgeberseite zumeist ein erhebliches Interesse an der Geheimhaltung wichtiger Betriebsinterna (z.B. Produktionsverfahren, künftige Entwicklungsvorhaben, Kundenlisten etc.), die dem Arbeitnehmer im Laufe seiner Arbeit bekannt geworden sind (→ *Verschwiegenheitspflicht*, II V 20). Ein entsprechendes Verschwiegenheitsgebot ergibt sich für den Arbeitnehmer während der Laufzeit des Arbeitsvertrages als Nebenpflicht aus dem Vertrag. Für den nachvertraglichen Zeitraum bedarf es hingegen einer dahin gehenden Absprache nach Art des ersten Teils der Klausel Typ 5c (auch Klauseltyp 5b nimmt auf eine solche Abrede Bezug). Bei der Missachtung solcher Geheimhaltungspflichten entstehen zweifelsohne ebenfalls Schäden, deren Höhe der Arbeitgeber selten zuverlässig wird beziffern können. Auch hier ist ein Interesse des Arbeitgebers anzuerkennen, die Sicherung der Vereinbarungseinhaltung und die Erleichterung des Schadensnachweises über eine Vertragsstrafenandrohung zu erreichen.[3] 66

Hinsichtlich der Vertragsstrafenhöhe beim Verstoß gegen Geheimhaltungsvereinbarungen wird eine feste Formel nicht zu finden sein. Die **Strafhöhe** wird davon abzuhängen haben, welche Geheimnisse dem Arbeitnehmer zugänglich waren und welche Möglichkeiten der Arbeitnehmer überhaupt hat, die Geheimnisse weiterzugeben. Hinzuweisen ist darauf, dass die unter Typ 5a–c genannten Klauseln bisher nicht die zu Vertragsstrafen bei Wettbewerbsverboten ergangene Rechtsprechung (vgl. Rz. 60ff.) berücksichtigen. Es ist denkbar, dass entsprechend hohe Anforderungen auch an die Vereinbarung einer Vertragsstrafe bei einem Verstoß gegen Verschwiegenheitspflichten gestellt werden.[4] Danach müsste eine Vertragsstrafenregelung zwischen Dauer- und Einzelverstoß differenzieren und den Begriff des Dauerverstoßes konkretisieren.[5] 67

---

1 *Hohn*, WRS-Musterverträge Band 4, S. 23.
2 Vgl. BAG v. 19.1.1961 – 5 AZR 215/60, NJW 1961, 748.
3 ErfK/*Müller-Glöge*, §§ 339–345 BGB Rz. 21; *Engel*, Konventionalstrafen, S. 224.
4 So wohl MünchArbR/*Reichold*, § 48 Rz. 47.
5 So auch *Hansen*, Beck'sches Formularbuch Arbeitsrecht, A. X.3, S. 568.

h) Sonstige Nebenverpflichtungen

aa) Zurückhaltung wichtiger Unterlagen

Typ 6: Herausgabe von Unterlagen

... Die Zahlung der Vertragsstrafe kann auch bei ... verlangt werden. Dies gilt auch, wenn der Arbeitnehmer die Unmöglichkeit der Herausgabe der in § 6 des Vertrages genannten Unterlagen zu vertreten hat.

68 Die Rechtsprechung lässt grundsätzlich die Sicherung von Nebenpflichten durch Vertragsstrafenvereinbarungen zu, **soweit** die Pflichten **ausdrücklich benannt**[1] und mit der Vertragsstrafenregelung eindeutig in Verbindung gebracht werden.[2] Bereits erwähnte Beispiele sind die (zulässige) Sicherung eines Wettbewerbsverbotes bzw. einer Geheimhaltungsvereinbarung.

69 Die Forderung nach einem berechtigten Interesse des Arbeitgebers an einer Vertragsstrafenregelung als entscheidendes Kriterium für deren prinzipielle Zulässigkeit führt in diesem Zusammenhang zu der Frage, inwieweit im Übrigen die Einhaltung eindeutig benannter vertraglicher Nebenpflichten überhaupt durch eine Strafabrede gesichert werden kann.

70 Klauseltyp 6 sanktioniert die Pflicht zur Herausgabe dem Arbeitnehmer überlassener Unterlagen (→ *Herausgabeansprüche*, II H 40). Ist der Arbeitnehmer in einer Stellung, die ihn dazu berechtigt, freien Zugang zu bestimmten, von ihm zu bearbeitenden dienstlichen Unterlagen zu haben oder diese sogar zu Hause zu bearbeiten, hat der Arbeitgeber ein berechtigtes Interesse daran, die Unterlagen bei Beendigung des Arbeitsverhältnisses zurückzuerhalten. Da der Arbeitgeber nicht immer genau wissen kann, welche Unterlagen sich im Besitz des Arbeitnehmers befinden, kann er sich auch kein vollständiges Bild von möglicherweise entstehenden bzw. tatsächlich entstandenen Schäden bei ausbleibender Rückgabe der Unterlagen machen. Auch wird der Schadensnachweis dem Arbeitgeber daher typischerweise schwer fallen, insbesondere dann, wenn die Unterlagen gar nicht mehr auftauchen. Daher ist ein berechtigtes Interesse des Arbeitgebers anzuerkennen, die schuldhafte Nichteinhaltung der Rückgabepflicht mit einer Strafandrohung zu versehen. Voraussetzung ist allerdings, dass die herauszugebenden **Unterlagen hinreichend beschrieben** sind, der Arbeitnehmer bspw. nicht befürchten muss, sich wegen einer nicht herausgegebenen Tankquittung o.Ä. einer Vertragsstrafe auszusetzen.

Über die **Verhältnismäßigkeit der Strafe** kann hier keine allgemein gültige Aussage getroffen werden. Sie hängt vor allem von der Stellung des Arbeitnehmers im Betrieb ab sowie von der damit verbundenen Frage, welche Unterlagen (Kundenanschriften, -dossiers, Forschungsunterlagen etc.) der Arbeitnehmer in seinem Besitz hat und welche finanziellen Folgen eine unterbliebene Herausgabe zeitigen kann.

---

[1] BAG v. 4.9.1964 – 5 AZR 511/63, AP Nr. 3 zu § 339 BGB.
[2] ArbG Berlin v. 1.9.1980 – 16 Ca 99/80, NJW 1981, 479 f.

bb) Verstoß gegen Nebentätigkeitsverbot

⊃ **Nicht geeignet:**

Der Mitarbeiter verpflichtet sich, während der Ausübung seiner Tätigkeit ausschließlich die Interessen der Firma wahrzunehmen. Jede erwerbsmäßige Nebentätigkeit ist ihm untersagt. Für jeden einzelnen Fall der Zuwiderhandlung gilt eine Konventionalstrafe von ... als vereinbart.[1]

Die Strafbewehrung eines Nebentätigkeitsverbots nach Art der vorliegenden Klausel begegnet erheblichen Bedenken. 71

Hier ist vorab genau zu prüfen, ob das **Nebentätigkeitsverbot als solches** überhaupt rechtlichen Bestand haben kann (→ *Nebentätigkeitsverbot*, II N 10). Dies ist überaus zweifelhaft, wenn das Verbot – wie im Falle der o.g. Klausel – generell gefasst ist und ohne Rücksicht darauf, ob eine Beeinträchtigung der Arbeitsleistung vorliegt, gelten soll. Eine Verpflichtung, der bereits die rechtliche Anerkennung zu versagen ist, kann selbstverständlich auch nicht mittelbar durch ein Strafversprechen erzwungen werden (vgl. § 344 BGB). 72

Davon abgesehen lässt sich ein berechtigtes Interesse des Arbeitgebers an der Sicherung der Einhaltung eines Nebentätigkeitsverbots bzw. entsprechender Anzeigepflichten kaum begründen – Schadensnachweisprobleme stehen hier zumeist nicht im Raum.[2] Dem Arbeitgeber stehen hier auch eine Reihe anderer Möglichkeiten offen, auf den Arbeitnehmer im Sinne eines vertragsgerechten Verhaltens einzuwirken (z.B. Abmahnung oder verhaltensbedingte Kündigung). Ganz allgemein ist die **Absicherung von Nebenpflichten, die eher dem Ordnungsbereich zuzuordnen sind, problematisch**.[3] Dies gilt auch für die folgende Klausel. 73

cc) Verletzung von Mitteilungspflichten

⊃ **Nicht geeignet:**

Bei Arbeitsverhinderung ... müssen Sie uns unverzüglich ... Mitteilung machen. Bei schuldhafter Verletzung dieser Mitteilungspflicht können wir eine Vertragsstrafe bis zu zwei Bruttowochenverdiensten verlangen ...

Diese Klausel taucht typischerweise in Verträgen zwischen **Arbeitnehmerüberlassungsfirmen** und den bei ihnen angestellten Arbeitnehmern auf. Sie versteht sich aus dem fehlenden Kontakt zwischen Verleiherfirma und Arbeitnehmer ab dem Zeitpunkt des Arbeitseinsatzes bei der Entleiherfirma. Gleichwohl ist sie mangels eines berechtigten Interesses des Arbeitgebers für unwirksam zu erachten.[4] Hintergrund der Vereinbarung sind Bestimmungen im Verleihvertrag, nach denen der Verleiher die Zurverfügungstellung bestimmter Personen mit bestimmten Qualifikationen für einen festgelegten Zeitraum an den Entleiher übernimmt, andernfalls er sich schadensersatzpflichtig macht. Um dieser Schadensersatzpflicht zu ent- 74

---

1 *Schwerdtner*, FS Hilger/Stumpf, S. 647.
2 Wie hier *Hromadka/Schmitt-Rolfes*, Der unbefristete Arbeitsvertrag, S. 127.
3 *Zöllner/Loritz/Hergenröder*, Arbeitsrecht, § 19 IX. 2., S. 232; zust. ErfK/*Müller-Glöge*, §§ 339–345 BGB Rz. 23.
4 So auch LAG Berlin v. 22.5.1997 – 1 Sa 4/97, NZA-RR 1998, 53 (56).

gehen und um für neue Mitarbeiter sorgen zu können, wenn die verliehenen Arbeitnehmer ausfallen, will der Verleiher möglichst schnell von einer Arbeitsverhinderung der von ihm entliehenen Arbeitnehmer erfahren. Mithin hat der Verleiher zwar ein Interesse an einer schnellen Mitteilung der Arbeitsunfähigkeit. Da aber der Schaden des Verleihers, den er erleidet, wenn die Mitteilung ausbleibt, sich ohne Weiteres errechnet aus der Schadensersatzforderung, die der Entleiher an ihn stellt bzw. aus den ausgefallenen Entleihgebühren, fehlt es an dem geforderten typischerweise schwierigen Schadensnachweis. Dies gilt unabhängig davon, inwieweit der Verleiher überhaupt berechtigt ist, diesen Schadensersatz- bzw. Verdienstausfallbetrag wiederum beim Arbeitnehmer zu liquidieren.

75 Abgesehen davon begegnet die obige Klausel Bedenken im Hinblick auf die Höhe der dort festgesetzten Strafsumme.[1] Eine Klausel, die dem Arbeitgeber das Recht zugesteht, nach seinem Ermessen (Belieben?) eine Vertragsstrafe bis zur Höhe von zwei Bruttowochenverdiensten für die Verletzung einer Nebenpflicht festzusetzen, dürfte wohl kaum vor den Arbeitsgerichten Bestand haben. So hat das LAG Hess. bereits eine Vertragsstrafe in Höhe von bis zu fünf Brutto-Tagesverdiensten als unangemessen angesehen.[2] Handelt es sich um ein formularmäßiges Strafversprechen, so ist dieses nach hiesiger Ansicht im Ganzen unwirksam.[3]

76 Grundsätzlich zulässig soll hingegen eine Abrede im Arbeitsvertrag eines Profifußballers sein, derzufolge bei Erkrankung binnen drei Tagen eine ärztliche Bescheinigung vorzulegen und für einen Verstoß dagegen eine Vertragsstrafe vorgesehen ist. Das ArbG Berlin[4] meinte, der Verein habe ein berechtigtes Interesse an einer solchen Regelung, da im Mannschaftssport die Planung des Spielbetriebes von großer Bedeutung sei und die Arbeitsunfähigkeitsbescheinigung dem Arbeitgeber erst die Gewissheit der – vorübergehenden – Dauer der Arbeitsunfähigkeit verschaffe.

i) Globale Vertragsstrafenversprechen

⊃ **Nicht geeignet:**
   a) Bei schuldhafter Nichterfüllung dieses Vertrages hat der vertragsbrüchige Kontrahent an den vertragstreuen Kontrahenten eine Konventionalstrafe in Höhe der vereinbarten Monatsgage zu zahlen. Die Geltendmachung eines weiteren Schadens wird dadurch nicht ausgeschlossen.[5]
   b) Entzieht sich der Arbeitnehmer seinen vertraglichen Verpflichtungen, so hat er an den Arbeitgeber, ohne dass dieser einen Schaden nachzuweisen hat, ein Netto-Monatsgehalt zu zahlen. Unabhängig davon kann der Arbeitgeber einen nachweisbaren Schaden gesondert geltend machen.

---

1 Vgl. auch ArbG Verden v. 7.10.1970 – Ca 203/70, ARST 1971, 30 (64): Grundsätzliche Unverhältnismäßigkeit einer zwischen einem Barbesitzer und einer Tänzerin vereinbarten Vertragsstrafe von 4680 DM für den Fall, dass die Tänzerin eine Erkrankung nicht binnen einer bestimmten Frist mitteilt.
2 LAG Hess. v. 8.5.2012 – 12 Sa 793/11, juris.
3 So auch LAG Hess. v. 8.5.2012 – 12 Sa 793/11, juris Rz. 36.
4 ArbG Berlin v. 21.1.2004 – 77 Ca 11457/03, AuR 2004, 394 mit Anm. *Thüsing/Bodenstedt*, AuR 2004, 369 ff.; bestätigt durch LAG Berlin v. 25.8.2004 – 9 Sa 877/04, BeckRS 2004, 31052784.
5 BAG v. 14.6.1975 – 5 AZR 245/74, EzA § 340 BGB Nr. 3; nahezu wörtlich identisch in BAG v. 4.9.1964 – 5 AZR 511/63, AP Nr. 3 zu § 339 BGB.

c) Eine Vertragsstrafe in Höhe von … % des vereinbarten Bruttomonatsgehaltes von … Euro wird für den Fall vereinbart, dass der Mitarbeiter gegen die in diesem Vertrage vereinbarten Haupt- und Nebenpflichten schuldhaft verstößt.[1]

d) Sollte eine der beiden Parteien diesen Vertrag nicht einhalten, gilt eine Vertragsstrafe von … Euro als beiderseits vereinbart.

Manche Arbeitgeber suchen durch die Einbeziehung nahezu allumfassender Strafversprechen eine Globalabsicherung sämtlicher arbeitnehmerseitiger Pflichten zu erreichen. Durch solche Strafklauseln wird jede schuldhafte Vertragsverletzung, sei es in Form einer Nichtleistung einschließlich des Vertragsbruchs, sei es in Form einer Schlechtleistung oder eines sonstigen Verstoßes gegen eine Nebenpflicht, unter Strafe gestellt.

aa) Auslegungsfragen

Mitunter bietet sich die Möglichkeit, solche globalen Strafversprechen **einschränkend auszulegen**. Auf diese Weise und unter Anwendung der Unklarheitenregel erreichte die Arbeitsrechtsprechung in der Vergangenheit eine gewisse Begrenzung überschießender Strafversprechen. So hat das BAG die Beispielsklausel a) nach „freier Auslegung" gemäß §§ 133, 157 BGB dahin gehend gewürdigt, dass nur eine „schuldhafte Nichterfüllung des Vertrages **als solchem** den Vertragspartner zum vertragsbrüchigen Kontrahenten stempelt mit der Folge des Verfalls der Vertragsstrafe". Damit scheint das BAG die Beziehungspunkte der Klausel auf die vertraglichen Hauptpflichten zu reduzieren und eine ausdrückliche Inhaltskontrolle zu vermeiden.

bb) Wahrung des Bestimmtheitsgrundsatzes

Im Übrigen gilt aber Folgendes: Vertragsstrafenvereinbarungen müssen – wie bereits erwähnt (Rz. 21) – in besonderem Maße den allgemeinen Grundsätzen der Bestimmtheit und Klarheit entsprechen (§ 307 Abs. 1 Satz 2 BGB).[2] Das BAG hält zwar die Absicherung vertraglicher Nebenpflichten durch ein Strafversprechen für zulässig, verlangt aber eine eindeutige Vereinbarung, d.h. **Benennung der zu sichernden Nebenpflichten**.[3] Vertragsstrafenregelungen, bei denen nicht zu erkennen ist, welche Pflichten tatsächlich durch sie gesichert werden sollen, sind somit wegen Verstoßes gegen das Bestimmtheitsgebot unwirksam. Dies gilt mit Ausnahme der ersten für alle oben mitgeteilten Beispielsklauseln. Folgerichtig hat das Landesarbeitsgericht Frankfurt[4] die Klausel

⊃ **Nicht geeignet:**

Eine Vertragsstrafe von 5 000 Euro ist verwirkt, wenn der Angestellte
1. gegen Bestimmungen des Dienstvertrages verstößt,
2. gegen Weisungen des Arbeitgebers verstößt,

---

1 Vgl. *Hohn*, WRS-Musterverträge Band 4, S. 15.
2 Vgl. BAG v. 21.4.2005 – 8 AZR 425/04, NZA 2005, 1054 (1005) und v. 18.8.2005 – 8 AZR 65/05, NZA 2006, 34 (36 f.).
3 BAG v. 21.4.2005 – 8 AZR 425/04, NZA 2005, 1053 (1055); v. 4.9.1964 – 5 AZR 511/63, AP Nr. 3 zu § 339 BGB.
4 LAG Hess. v. 4.9.1967 – 5 Sa 122/67, DB 1968, 987.

3. unberechtigt die Tätigkeit beendet oder
4. vorsätzlich eine dienstliche Schlechtleistung erbringt.

für „viel zu unbestimmt" und damit insgesamt (also auch hinsichtlich Ziff. 3) für unwirksam erachtet. Es hat dabei den allgemeinen Rechtsgrundsatz aufgestellt, dass Strafabreden für Verbindlichkeiten, die ganz allgemein bezeichnet seien und Dinge von geringer und weit tragender Bedeutung unterschiedslos erfassten, unzulässig seien.

80 Vor diesem Hintergrund erscheint es mehr als zweifelhaft, ob § 5 Abs. 3–5 des Mustervertrages des Deutschen Fußballbundes (Stand 2004)

⊃ **Nicht geeignet:**

„… Bei Verstößen gegen Anordnungen sowie bei Verstößen gegen Vertragspflichten ist der *Klub* – unbeschadet seines Rechts zur Kündigung des Vertrages aus wichtigem Grunde – *im Rahmen der gesetzlichen Bestimmungen in jedem Einzelfall* berechtigt, Vertragsstrafen gem. *§ 315 BGB gegen den Spieler* festzusetzen. Als Vertragsstrafe werden vorgesehen Verweis, Ausschluss von Vereinsveranstaltungen sowie Geldbußen bis zur Höhe von …

Diese Vertragsstrafen können auch nebeneinander verhängt werden.

Die Geltendmachung von Schadensersatzansprüchen gegen den Spieler wegen schuldhafter Vertragsverletzung *wird* durch *die Festsetzung einer Vertragsstrafe* nicht ausgeschlossen."[1]

den Bestimmtheitsanforderungen an Vertragsstrafenabreden genügt. Das BAG[2] weist zwar auf das Erfordernis der Bestimmtheit der Verwirkungstatbestände hin, sieht aber die Pflichten eines Berufsfußballspielers in §§ 2, 4 Abs. 1, 2 des verwendeten DFB-Mustervertrages hinreichend eingegrenzt, so dass dem Bestimmtheitserfordernis Genüge getan sei.[3] Es wollte damit nach eigenem Bekunden den Besonderheiten des Berufsfußballsports Rechnung tragen. Als Präjudiz für Normalarbeitsverhältnisse sollte die Entscheidung daher nicht gewertet werden.[4] Das LAG Rheinland-Pfalz hielt zudem in einer jüngeren Entscheidung eine vergleichbare Klausel für zu unbestimmt, da nicht erkennbar sei, welche der vorgesehenen Vertragsstrafen bei welcher Pflichtverletzung ausgelöst werde.[5]

j) Abbedingung des Verschuldenserfordernisses

⊃ **Nicht geeignet:**

Im Falle einer vom Vertreter ausgesprochenen fristlosen Kündigung des Vertragsverhältnisses, aber auch in jedem sonstigen Falle plötzlichen Untätigwerdens, hat der Vertreter … Euro zu zahlen.

---

1 Abgedruckt bei *Ittman*, Pflichten des Sportlers im Arbeitsverhältnis, 2004, S. 273 ff.
2 BAG v. 5.2.1986 – 5 AZR 564/84, NZA 1986, 782.
3 Abl. insoweit *Preis*, Vertragsgestaltung, S. 474 f.
4 *Preis*, Vertragsgestaltung, S. 475; zu Vertragsstrafen im Profifußball instruktiv *Thüsing/Bodenstedt*, AuR 2004, 369 ff. und *Fröhlich/Strauf*, NZA 2011, 843 ff.
5 LAG Rh.-Pf. v. 18.11.2011 – 6 Sa 460/11, BeckRS 2012, 66021.

Gemäß § 339 Satz 1 BGB wird die Vertragsstrafe nur verwirkt, wenn der Schuldner 81
in Verzug kommt, d.h., wenn er die Vertragsverletzung zu vertreten hat (§ 286
BGB).

Das Verschuldenserfordernis gilt nach umstrittener, nunmehr aber ganz herrschen- 82
der Meinung[1] auch für den Fall, dass die gesicherte Hauptverbindlichkeit in einem
Unterlassen besteht (§ 339 Satz 2 BGB). Der Vertragsstrafenanspruch wird mithin
nur durch eine **schuldhafte Zuwiderhandlung** ausgelöst.

Der Verschuldensmaßstab ergibt sich mangels näherer Vereinbarung aus § 276 83
Abs. 1 BGB. Hiernach hat der Schuldner **Vorsatz und Fahrlässigkeit** zu vertreten.
Wird allerdings die Vertragsstrafe für den Fall des Arbeitsvertragsbruchs vereinbart,
so soll diese nach Ansicht des Landesarbeitsgerichts Berlin[2] nur fällig werden,
wenn der Tatbestand des Vertragsbruchs vom Arbeitnehmer entweder mit direktem, zumindest aber mit bedingtem Vorsatz begangen worden ist. Dies ergebe
sich aus den das Arbeitsverhältnis beherrschenden Treue- und Fürsorgepflichten
der Parteien. Eine Verwirkung der Vertragsstrafe auch schon bei nur fahrlässigem
Verhalten des Arbeitnehmers würde für diesen eine erhebliche Beeinträchtigung in
seiner Entschließungsfreiheit darstellen. Der Arbeitgeber würde dadurch in unzulässiger Weise in seiner wirtschaftlichen Machtstellung gegenüber dem Arbeitnehmer gestärkt. Dagegen hat das Landesarbeitsgericht Köln[3] in einem ähnlich gelagerten Fall eine fahrlässige Begehungsweise ohne Weiteres ausreichen lassen.
Auch das BAG[4] spricht nur von einem schuldhaften Verhalten, scheint also ebenfalls von einem nicht modifizierten Verschuldensmaßstab auszugehen. Der Begriff
„Vertragsbruch" setzt jedenfalls eine vorsätzliche Handlungsweise nicht notwendig voraus.[5]

Nach allgemeiner zivilrechtlicher Ansicht[6] ist das Verschuldenserfordernis nicht 84
zwingender Natur. Die Vertragsstrafe kann daher grundsätzlich unabhängig von einem Verschulden versprochen werden. Sie ähnelt dann einem Garantieversprechen. Freilich bedarf es hierfür einer Individualvereinbarung. Denn in der **formularmäßigen Abbedingung des Verschuldenserfordernisses** wird im Allgemeinen eine

---

1 BGH v. 29.6.1972 – II ZR 101/70, NJW 1972, 1893; *Larenz*, Schuldrecht AT, § 24 II. a),
S. 377 f.; Palandt/*Grüneberg*, § 339 BGB Rz. 15. Anders die frühere Rechtsprechung (z.B.
BGH v. 27.1.1955 – II ZR 306/53, LM Nr. 3 zu § 407 BGB).
2 LAG Berlin v. 6.12.1966 – 5 Sa 96/66, AP Nr. 4 zu § 339 BGB; ebenso zuletzt LAG Hamm
v. 15.7.2008 – 14 Sa 265/08, BeckRS 2008, 57847; zust. Palandt/*Grüneberg*, § 339 BGB
Rz. 15 und ErfK/*Müller-Glöge*, §§ 339–345 BGB Rz. 28.
3 LAG Köln v. 15.5.1991 – 7 Sa 778/90, LAGE § 339 BGB Nr. 9.
4 Z.B. im Urt. v. 16.5.1984 – 7 AZR 162/81, n.v.; vgl. aber auch die Entscheidung des BAG
v. 18.9.1991 – 5 AZR 650/90, NZA 1992, 215 (216 f.), in der zustimmend der Entwurf eines zweiten Arbeitsrechtsbereinigungsgesetzes (RdA 1971, 355) erwähnt wird, der unter
dem Begriff des Arbeitsvertragsbruchs nur die Fälle verstanden hat, in denen das Arbeitsverhältnis von einem Vertragsteil vorsätzlich vertragswidrig nicht aufgenommen oder
vorzeitig beendet wird.
5 Hierzu näher *Stoffels*, Der Vertragsbruch des Arbeitnehmers, S. 49 ff.
6 BGH v. 28.9.1978 – II ZR 10/77, BGHZ 72, 174 (178); v. 18.12.1981 – V ZR 233/80, BGHZ
82, 398 (402); Palandt/*Grüneberg*, § 339 BGB Rz. 15; a.A. *Lindacher*, Phänomenologie,
S. 91 f.

unangemessene Benachteiligung des Vertragspartners i.S.d. § 307 BGB liegen.[1] Das Schutzbedürfnis des mit einem umfangreichen Klauselwerk konfrontierten Arbeitnehmers wird man in dieser Beziehung nicht geringer einschätzen können. Im Falle der formularmäßigen Vereinbarung ließe sich bspw. die oben angeführte Klausel rechtlich nicht halten. Zu diesem Ergebnis gelangte auch das mit dieser Klausel befasste Landesarbeitsgericht Hamm,[2] ohne freilich auf die Art des Zustandekommens näher einzugehen. Statt dessen führte es zur Begründung – weniger überzeugend – aus, dass eine solche völlige Lösung vom Verschulden im Rahmen eines Arbeitsverhältnisses, das einen starken personenrechtlichen Einschlag aufweise, mit dem Grundsatz von Treu und Glauben (§ 242 BGB) nicht vereinbar sei.

85 Zu beachten ist, dass das Verschuldenserfordernis im Vertragstext nicht ausdrücklich erwähnt zu werden braucht.[3] Dass die Vertragsstrafe nur durch ein schuldhaftes Verhalten verwirkt wird, ergibt sich bereits aus § 339 BGB. So unterliegt bspw. der häufig verwendete Klauseleingang „Falls Herr/Frau ... die Stelle am ... nicht antritt, verpflichtet er/sie sich zur ..." in dieser Hinsicht keinen Bedenken. Unzulässig ist nur die ausdrückliche und formularmäßig erfolgende Abbedingung des Verschuldenserfordernisses. Um die Sicherheit zu erhöhen, sollte hingegen eine ausdrückliche Regelung in die Vertragsstrafenklausel aufgenommen werden.[4]

k) Regelung des Verhältnisses zu möglichen Schadensersatzansprüchen

aa) Anrechnungs- bzw. Hinweisklauseln

Typ 7: Anrechnungs- bzw. Hinweisklauseln

a) Die verwirkte Vertragsstrafe gilt als Mindestbetrag des Schadens.

b) Die Zahlung der Vertragsstrafe kann unbeschadet weiter gehender Schadensersatzansprüche verlangt werden.

c) Etwaige Schadensersatzansprüche wegen Vertragsbruchs werden hiervon nicht berührt.

86 Der Regelung der §§ 340 Abs. 2, 341 Abs. 2 BGB entsprechend finden sich in Vertragsstrafenvereinbarungen oftmals Klauseln des Typs 7. Der Verwendung dieser lediglich die gesetzliche Regelung wiedergebenden Klauseln stehen keine Bedenken entgegen;[5] ihre Erwähnung in den Arbeitsverträgen hat lediglich den Sinn, den Arbeitnehmer darauf hinzuweisen, dass es u.U. mit der verwirkten Vertragsstrafe nicht sein Bewenden hat.

---

1 Palandt/*Grüneberg*, § 339 BGB Rz. 15; *Larenz*, Schuldrecht AT, § 24 II. a), S. 377; WLP/*Dammann*, § 309 Nr. 6 BGB Rz. 69; einen Ausnahmefall betrifft BGH v. 28.9.1978 – II ZR 10/77, NJW 1979, 105; ebenso für das Arbeitsvertragsrecht jetzt *Reinecke*, NZA 2004, Sonderbeil. zu Heft 18, 33 und *Lakies*, Inhaltskontrolle von Arbeitsverträgen, Rz. 947.
2 LAG Hamm v. 14.7.1967 – 4 Sa 58/67, DB 1967, 1462.
3 BAG v. 18.12.2008 – 8 AZR 81/08, NZA-RR 2009, 519 (523); v. 19.8.2010 – 8 AZR 645/09, BeckRS 2011, 65096 Rz. 52.
4 In diesem Sinne auch *Lingemann/Gottschalk*, DStR 2011, 776.
5 LAG Hamm v. 4.2.2009 – 3 Sa 1621/08, BeckRS 2010, 57544.

Auch hinsichtlich der Klausel Typ 7c sollte nach Auslegung unter Berücksichtigung der Unklarheitenregel davon ausgegangen werden, dass der Arbeitgeber lediglich darauf hinweisen wollte, dass entsprechend § 340 Abs. 2 BGB die **Möglichkeit** der Geltendmachung über die Vertragsstrafe hinausgehender Schadensersatzansprüche unberührt bleibt, d.h. nicht generell ausgeschlossen ist. Über die Höhe der Schadensersatzansprüche ist insoweit nichts ausgesagt.

87

bb) Wahlklauseln

Typ 8: Wahlklausel

Kommt der Angestellte unter Arbeitsvertragsbruch vorsätzlich einer wesentlichen Dienstpflicht nicht nach, so steht dem Arbeitgeber ... zu. Anstelle dieser Vertragsstrafe kann der Arbeitgeber den nachweisbaren Schaden geltend machen.

Nach dem Gesetz ist der Anspruch auf Schadensersatz nur dann ausgeschlossen, wenn die Vertragsstrafe **nicht** in einer Geldleistung besteht und der Gläubiger die Strafe verlangt (§ 342 BGB).

88

Mit der vorgenannten Vereinbarung begibt sich der Arbeitgeber der ihm durch §§ 340 Abs. 2, 341 Abs. 2 BGB eingeräumten Möglichkeiten, indem er hier, wenn er die Vertragsstrafe fordert, den Schadensersatzanspruch verliert. Diese auf den ersten Blick für den Arbeitgeber nachteilige Vereinbarung wird dadurch gemildert, dass dem Arbeitgeber ein Wahlrecht eingeräumt wird. Der Arbeitgeber wird daher nach grober Schätzung des Schadens seine wohl überlegte Wahl zwischen Vertragsstrafe und Schadensersatz treffen. Die Wahlklausel ist ohne Weiteres für wirksam zu halten.

cc) Kumulationsklauseln

◯ **Nicht geeignet:**
  a) Entzieht sich der Arbeitnehmer seinen vertraglichen Verpflichtungen, so hat er an den Arbeitgeber ... zu zahlen. Unabhängig davon kann der Arbeitgeber einen nachweisbaren Schaden gesondert geltend machen.
  b) Eine Vertragsstrafe in Höhe von ... wird für den Fall vereinbart, dass Frau ... Die Vertragsstrafe fließt in die betriebliche Unterstützungskasse. Die weitere Geltendmachung eines Schadensersatzanspruches wird hierdurch nicht ausgeschlossen.[1]

Hier wird hingegen deutlich, dass Vertragsstrafe und Schadensersatzansprüche keinerlei Beziehung zueinander haben sollen und die Geltendmachung beider Summen nebeneinander in voller Höhe vorbehalten werden soll. Im zweiten Fall wird dies insbesondere dadurch deutlich, dass der Strafbetrag nicht zur Deckung eines etwa entstandenen Schadens dient, sondern einem Dritten[2] (hier einer betrieblichen Einrichtung) zufließt. Eine solche Vereinbarung widerspricht der Funktion

89

---
1 *Hohn*, WRS-Musterverträge Band 4, S. 15.
2 Zur Zulässigkeit der Zahlung der Vertragsstrafe an einen Dritten vgl. Staudinger/*Rieble*, § 339 BGB Rz. 358.

der Vertragsstrafe als Instrument zur Erleichterung des Schadensnachweises, denn hier wird Schadensersatz neben der Vertragsstrafe verlangt. Sie überbetont den Strafcharakter der Vertragsstrafe und führt dazu, dass sich der Arbeitgeber einen unberechtigten finanziellen Vorteil verschaffen kann, jedenfalls der Arbeitnehmer einem in keinem Verhältnis zum etwa entstandenen Schaden stehenden finanziellen Nachteil ausgesetzt ist. Derartige Klauseln sind daher jedenfalls in Formularverträgen wegen unangemessener Benachteiligung des Arbeitnehmers unwirksam.[1]

l) **Aufrechnungsklauseln**

aa) **Hinweisklauseln**

Typ 9: Aufrechnungsklauseln

a) Gegen Gehaltsforderungen kann aufgerechnet werden.
b) Mit der Vertragsstrafe kann gegen ausstehende oder künftige Lohnforderungen aufgerechnet werden.[2]
c) Herr/Frau unterwirft sich ... einer Vertragsstrafe ... Diese kann unter Beachtung der Lohnpfändungsbestimmungen vom rückständigen Lohn einbehalten werden ...[3]

90 Gegenüber etwaigen Zahlungsansprüchen des Arbeitnehmers kann der Arbeitgeber mit seiner Gegenforderung auf Zahlung der verwirkten Vertragsstrafe aufrechnen. Da es sich bei den Passivforderungen zumeist um rückständige Vergütungsansprüche handeln wird, kommt dem Arbeitnehmer in der Regel der **Sozialschutz der §§ 394 BGB, 850ff. ZPO** zugute. Insbesondere im Falle des vorsätzlichen Vertragsbruchs erhebt sich allerdings die Frage, ob die Berufung auf die Lohnsicherungsvorschriften mit dem Gedanken von Treu und Glauben zu vereinbaren ist. Bemerkenswert ist in diesem Zusammenhang, dass eine Durchbrechung des Sozialschutzes im Falle der Lohnverwirkung bei vorsätzlicher Schädigung des Arbeitgebers ohne Weiteres angenommen wird.[4] Im Übrigen ist die Problematik bislang – soweit ersichtlich – nur für Schadensersatz- sowie Rückerstattungsansprüche des Arbeitgebers diskutiert worden. Ob Vertragsstrafenansprüche in rechtlicher Hinsicht ebenso zu behandeln sind, hat das BAG in seiner Entscheidung vom 23.5.1984[5] ausdrücklich offen gelassen. Die Frage dürfte zu verneinen sein. Die bisherigen Fälle waren dadurch gekennzeichnet, dass der Arbeitgeber Ausgleich für ihm vorsätzlich zugefügte Nachteile verlangte. Gegenüber diesem Ausgleichsinteresse hat der Sozialschutz des Arbeitnehmers zurückzutreten. Die Vertragsstrafenforderung hingegen dient nicht in erster Linie einem solchen Ausgleichsinteresse. In ihr kommt auch die Erfüllungssicherungsfunktion, also ein immaterielles Interesse, zum Ausdruck. Dies rechtfertigt zwar eine über den tatsächlich entstandenen Schaden hinaus-

---

1 BGH v. 21.11.1991 – I ZR 87/90, NJW 1992, 1096; LAG Hamm v. 4.2.2009 – 3 Sa 1621/08, BeckRS 2009, 57544; DBD/*Däubler*, § 309 Nr. 6 BGB Rz. 16.
2 *Müller/Schön*, § 19, S. 232.
3 *Kador*, Instrumente der Personalarbeit, S. 159, Nr. 15.
4 BeckOK/*Dennhardt*, § 394 BGB Rz. 14; MünchKommBGB/*Schlüter*, § 394 Rz. 14 jeweils m.w.N.
5 BAG v. 23.5.1984 – 4 AZR 129/82, NZA 1984, 255.

gehende Vertragsstrafe. Eine besondere Privilegierung dieses immateriellen Interesses im Sinne einer Durchbrechung des § 394 Satz 1 BGB lässt sich nach dem Eintritt des Verwirkungsfalles jedoch nicht begründen. Da sich das Erfüllungssicherungsinteresse nur sehr schwer aus der vereinbarten Strafsumme herausrechnen lässt und der entstandene Schaden gerade nicht zum Bezugspunkt der Vertragsstrafenforderung gemacht werden sollte, gilt für die Aufrechnung mit dem Vertragsstrafenanspruch ausnahmslos die Grenze des § 394 Satz 1 BGB (s.a. → *Aufrechnung*, II A 110 Rz. 8).

Mit den oben mitgeteilten Aufrechnungsklauseln will der Arbeitgeber bereits im Voraus auf die Aufrechnungsmöglichkeiten hinweisen. Sie haben mithin lediglich **deklaratorisch-klarstellenden Charakter**. Die dritte Beispielsklausel nimmt dabei die gesetzliche Begrenzung der Aufrechnungsmöglichkeit sogar ausdrücklich in Bezug. Aber auch soweit das nicht geschieht, ist dies unschädlich. Lediglich der Versuch einer expliziten Außerkraftsetzung der Lohnsicherungsvorschriften würde zur Nichtigkeit der Abrede führen. Solche Vertragsgestaltungen sind jedoch bislang nicht bekannt geworden.

91

bb) **Aufrechnungsvereinbarung**

Typ 10: Aufrechnungsvereinbarung

Der Arbeitnehmer unterwirft sich für den Fall, dass er ..., einer Vertragsstrafe in Höhe ... Sofern und soweit das Arbeitsentgelt rückständig ist, gilt es in Höhe der Vertragsstrafe als verwirkt.

Die Aufrechnung kann, statt einseitig erklärt zu werden, auch durch eine Vereinbarung vorgenommen werden. Um eine solche Aufrechnungsvereinbarung handelt es sich auch bei der zuletzt aufgeführten Klausel. Ihrer Wirksamkeit steht nicht entgegen, dass sie mit Bezug auf künftig erst entstehende Forderungen schon im Voraus geschlossen wird.[1] Die sich gegenüberstehenden Forderungen werden dann, soweit aufrechenbar, im Augenblick ihrer Entstehung getilgt. Gegen unpfändbare Forderungen kann freilich auch nicht auf diese Weise aufgerechnet werden.[2]

92

m) **Verwirkungsabreden**

aa) **Lohnverwirkungsklauseln für Vertragsbruch**

Typ 11: Lohnverwirkungsklauseln

(1) Nimmt der/die Mitarbeiter/in die Arbeit nicht auf oder löst er/sie sich vom Arbeitsverhältnis ohne Einhaltung der maßgeblichen Kündigungsfrist, so verwirkt der/die Mitarbeiter/in von dem rückständigen Arbeitsentgelt für jeden Tag der Zuwiderhandlung ein Bruttotagesentgelt, insgesamt jedoch nicht mehr als das in der gesetzlichen Mindestkündigungsfrist ansonsten erhaltene Arbeitsent-

---

1 *Larenz*, Schuldrecht AT, § 18 VI f., S. 265.
2 *Larenz*, Schuldrecht AT, § 18 VI f., S. 265.

gelt. Im Übrigen wird insgesamt höchstens der nach §§ 850 ff. ZPO pfändbare Teil eines Bruttomonatsgehaltes verwirkt.

(2) Das Bruttotagesentgelt bemisst sich nach dem durchschnittlichen Arbeitsverdienst i.S.d. § 11 Abs. 1 Satz 1–4 BUrlG und den darin zum Ausdruck kommenden Berechnungsgrundsätzen. Ist der Arbeitnehmer in den in Absatz 1 genannten Fällen im Zeitpunkt der Zuwiderhandlung weniger als 13 Wochen bei dem Arbeitgeber beschäftigt, wird für die Berechnung des Bruttotagesentgeltes der gesamte Zeitraum vom Beginn des Arbeitsverhältnisses bis zum Zeitpunkt der Zuwiderhandlung zugrunde gelegt.

⮱ **Nicht geeignet:**

Bei einem unberechtigten vorzeitigen Ausscheiden oder einer grundlosen Arbeitseinstellung gelten sämtliche Provisionsansprüche des Mitarbeiters als verwirkt.[1]

93 Als Verwirkungstatbestand dominiert eindeutig der **Vertragsbruch des Arbeitnehmers** – und zwar beschränkt auf die rechtswidrige Lösung des bereits aktualisierten Arbeitsverhältnisses. Dass der Nichtantritt der Arbeit nicht zum Gegenstand einer Verwirkungsklausel gemacht wird, findet seine Erklärung darin, dass der Arbeitnehmer vor Aufnahme des Arbeitsverhältnisses keine Rechte erwirbt, die verfallen könnten.

94 Nach dem Grundsatz der Vertragsfreiheit ist die Vereinbarung einer Lohnverwirkung **im Allgemeinen zulässig**.[2] Eine einfachgesetzliche Bestätigung dieser Aussage fand sich in § 134 Abs. 1 GewO, einer Vorschrift, die sich auf die Statuierung betragsmäßiger Höchstgrenzen der Lohnverwirkung für eine ganz bestimmte Fallkonstellation beschränkte und dadurch mittelbar die grundsätzliche Anerkennung derartiger Abreden zum Ausdruck brachte. Die Vorschrift ist zum 1.1.2003 ersatzlos weggefallen, da der Gesetzgeber diese aufgrund ausreichender Regelungen im BGB für überflüssig hielt.[3]

95 **Grenzen der Vereinbarungsfreiheit** ergeben sich aus folgenden Gesichtspunkten:

(1) Lohnsicherungsvorschriften

96 Nach heute ganz h.M.,[4] die offensichtlich vom BAG[5] geteilt wird, darf sich auch die Verwirkungsabrede **nicht auf den unpfändbaren Teil des Arbeitseinkommens** (hierzu §§ 850 ff. ZPO) erstrecken. Man beruft sich hierfür zumeist auf eine Analogie zu § 394 Satz 1 BGB. Dem ist zuzustimmen, denn für die Entscheidung dieses Problems kann nicht maßgebend sein, wie man den Vorgang der Lohnverwirkung

---

1 LAG BW v. 23.5.1955 – III Sa 163/54, BB 1955, 608 – die Klausel wird dort nur sinngemäß wiedergegeben.
2 *Hueck/Nipperdey*, Arbeitsrecht I, § 45 VII, S. 377; *Beisken*, Arbeitsvertragsbruch und Abwerbung, 1969, S. 77; *Kraft*, NZA 1989, 778; *Berger-Delhey*, DB 1989, 2173.
3 *Tettinger/Wank*, 7. Aufl. 2004, Vor §§ 105 ff. GewO Rz. 20.
4 MünchArbR/*Reichold*, § 39 Rz. 58; Schaub/*Koch*, § 73 Rz. 25-27; *Kraft*, NZA 1989, 778; ebenso bereits *Hueck/Nipperdey*, Arbeitsrecht I, § 45 VII, S. 377; *Hueck*, Anm. AP Nr. 1 zu § 4 TVG Vertragsstrafe; *Nikisch*, Arbeitsrecht I, S. 440 f.
5 BAG v. 18.11.1960 – 1 AZR 238/59, NJW 1961, 698.

juristisch konstruiert, sondern welche Bedeutung sie praktisch für den Arbeitnehmer hat.[1] Und aus der Sicht des Arbeitnehmers stellt sich der Fall in der Tat genauso dar, als wenn er dem Arbeitgeber eine Vertragsstrafe versprochen hätte, mit der dieser gegen den Lohnanspruch aufrechnete.[2] Hierbei wäre der Arbeitgeber an die Pfändungsgrenzen gebunden. Sinn und Zweck der Lohnsicherungsvorschriften ist es, den in aller Regel auf sein Arbeitseinkommen existenziell angewiesenen Arbeitnehmer vor jeder unerwünschten Schmälerung seines Vergütungsanspruchs zu schützen. Dies beinhaltet nicht nur Schutz gegenüber dem Arbeitgeber und dritten Personen. Vielmehr muss der Arbeitnehmer in gewissem Grade auch vor eigenen existenzgefährdenden Verfügungen über seinen Vergütungsanspruch bewahrt werden.

(2) Rechtliche Gleichstellung mit Vertragsstrafenvereinbarungen

Während sich der Schuldner mit der Eingehung eines Vertragsstrafeversprechens verpflichtet, bei Nichterfüllung oder nicht gehöriger Erfüllung seiner Verbindlichkeit eine zur Hauptleistung hinzutretende, meist in Geld bestehende Leistung zu erbringen, sieht die Verwirkungsabrede für diesen Fall den Eintritt eines Rechtsverlusts vor. Zwischen beiden Rechtsgeschäften besteht mithin ein wesentlicher **rechtstechnischer Unterschied**. Begründet nämlich die Vertragsstrafenvereinbarung eine aufschiebend bedingte Verpflichtung des Schuldners, so handelt es sich bei der Verwirkungsabrede um eine aufschiebend bedingte Verfügung über den später fällig werdenden Vergütungsanspruch. Diese Verschiedenheit äußert sich praktisch in der Verwirklichung des den Schuldner treffenden Rechtsnachteils. Denn anders als bei der Verabredung einer Lohnverwirkung erleidet der gegen die sanktionierte Verhaltenspflicht verstoßende Arbeitnehmer im Falle einer Vertragsstrafenvereinbarung einen Rechtsverlust nicht ipso iure. Um diesen herbeizuführen, bedarf es vielmehr weiterer Schritte des Arbeitgebers (Aufrechnung, Zwangsvollstreckung). 97

Im Ergebnis ist dann aber die **wirtschaftliche Belastung des Arbeitnehmers in beiden Fällen dieselbe**. Fest steht zudem, dass beide Klauselarten in der Praxis zweckidentisch verwendet werden. In erster Linie dienen sie der Sicherung der Vertragserfüllung, üben also Druck auf den Arbeitnehmer aus, seine Arbeitsleistung zu erbringen. Daneben sollen sie die Durchsetzung eines Schadensersatzanspruchs im Falle des Verstoßes gegen die gesicherte Verpflichtung erleichtern. 98

Die den aufgezeigten Unterschieden gegenüberstehende wirtschaftliche und funktionelle Verwandtschaft von Vertrags- und Verwirkungsabreden wirft die prinzipielle Frage nach einer Angleichung der für die Inhaltsüberprüfung geltenden Kontrollmaßstäbe auf. Zu erwägen ist, die teils gesetzlich normierten, teils von der Rechtsprechung und Wissenschaft erarbeiteten **Zulässigkeitsvoraussetzungen der Vertragsstrafe** auch **auf Verwirkungsklauseln zu erstrecken**. 99

Der BGH[3] hat sich in mehreren Entscheidungen für eine Gleichsetzung beider Klauselarten im Sinne einer zumindest entsprechenden Anwendung der §§ 339 ff. 100

---

1 *Nikisch*, Arbeitsrecht I, S. 441.
2 Darauf weisen *Nikisch*, Arbeitsrecht I, S. 441; *Hueck/Nipperdey*, Arbeitsrecht I, § 45 VII, S. 377 Fn. 99 und Fuhr/*Luczak*, § 134 GewO Rz. 25 hin.
3 BGH v. 27.6.1960 – VII ZR 101/59, NJW 1960, 1568; v. 22.5.1968 – VIII ZR 69/66, NJW 1968, 1625; v. 29.6.1972 – II ZR 101/70, NJW 1972, 1893.

BGB auf Verwirkungsabreden ausgesprochen. Grundlegende Bedeutung kommt dem Urteil vom 27.6.1960[1] zu, auf das alle nachfolgenden Entscheidungen Bezug nehmen. Der Bundesgerichtshof räumte dort in den Entscheidungsgründen zwar ein, dass für den Fall der Vertragsuntreue nur ein Verzicht auf eigene Ansprüche zugesagt, nicht jedoch, wie es die §§ 339 und 342 BGB vorsähen, die Zahlung einer Geldsumme oder eine andere Leistung versprochen werde. Entscheidend sei jedoch, dass eine Verfallklausel inhaltlich und ihrem Zweck nach der echten Vertragsstrafe so nahe stehe, dass mindestens eine entsprechende Anwendung der §§ 339 ff. BGB geboten sei. Auch wenn diese und alle weiteren einschlägigen Entscheidungen ausschließlich Verwirkungsklauseln in Miet-, Versicherungs- und wettbewerbsrechtlichen Unterlassungsverträgen betrafen, wird man doch angesichts der allgemein gehaltenen Ausführungen in den Gründen davon ausgehen dürfen, dass der Bundesgerichtshof nicht zögern würde, diese Rechtsprechung auch auf Dienstverträge zu übertragen.

101 Das BAG[2] hat Verwirkungsklauseln als „dem Rechtsinstitut der Vertragsstrafe gleichstehend" bezeichnet und die §§ 339 ff. BGB sogar unmittelbar angewandt. Es hat damit einige vereinzelte, auf § 138 Abs. 1 BGB zurückgreifende Ansätze des Reichsarbeitsgerichts[3] und der Instanzrechtsprechung[4] nicht weiter fortgeführt.

102 Auch die ganz überwiegende Meinung im Schrifttum zieht die §§ 339 ff. BGB direkt oder analog zur Überprüfung von Verwirkungsklauseln heran.[5] Insbesondere *Bötticher*[6] hat überzeugend dargelegt, dass es lediglich einen „instrumentalen Unterschied" mache, ob der Arbeitnehmer bei Vorliegen der im Vertrag genannten Voraussetzungen eine zusätzliche Leistung erbringen müsse oder einzelne Rechte verwirke. Wirtschaftlich gesehen liefen beide Klauselarten auf dasselbe Ergebnis hinaus, weswegen die §§ 339 ff. BGB zumindest analog anwendbar sein müssten.

103 Festzuhalten ist damit, dass die Zulässigkeitsvoraussetzungen der Vertragsstrafe auf Verwirkungsklauseln Anwendung finden. Ob es sich hierbei um eine direkte oder analoge Anwendung handelt, ist demgegenüber von untergeordneter Bedeutung; rechtliche Unterschiede ergeben sich hieraus jedenfalls nicht.[7] Noch bedeutsamer ist die Feststellung, dass die für Vertragsstrafenabreden erarbeiteten **AGB-rechtlichen Anforderungen** auf Verwirkungsabreden uneingeschränkte Anwendung finden.[8] Für die oben aufgeführten Klauseln folgt daraus im Einzelnen:

---

1 BGH v. 27.6.1960 – VII ZR 101/59, NJW 1960, 1568.
2 BAG v. 18.11.1960 – 1 AZR 238/59, NJW 1961, 698; aus neuerer Zeit LAG Rh.-Pf. v. 6.3.2009 – 9 Sa 277/08, BeckRS 2009, 63471.
3 RAG v. 27.10.1937, ARS 31, 380.
4 Bspw. LAG BW v. 23.5.1955 – III Sa 163/54, BB 1955, 608 für die Verwirkung von Provisionsansprüchen bei Vertragsbruch.
5 Für direkte Anwendung: ErfK/*Müller-Glöge*, §§ 339–345 BGB Rz. 3; Staudinger/*Rieble*, § 339 BGB Rz. 368; *Becker-Schaffner*, BlStSozArbR 1979, 321; *Engel*, Konventionalstrafen, S. 28. Für (zumindest) analoge Anwendung: *Bötticher*, ZfA 1970, 39; *Söllner*, ArbuR 1981, 105; MünchKommBGB/*Gottwald*, Vor § 339 Rz. 36; *Schwerdtner*, FS Hilger/Stumpf, S. 633 f.; Palandt/*Grüneberg*, § 339 BGB Rz. 4. Mit einem kurzen Hinweis auf § 138 Abs. 1 BGB begnügt sich *Kraft*, NZA 1989, 778.
6 *Bötticher*, ZfA 1970, 39.
7 *Engel*, Konventionalstrafen, S. 28.
8 So zutreffend LAG Rh.-Pf. v. 6.3.2009 – 9 Sa 277/08, BeckRS 2009, 63471.

Das als Zulässigkeitskriterium zumindest für vorformulierte Sanktionsvereinbarungen zu fordernde **berechtigte Interesse des Arbeitgebers** ergibt sich beim Verwirkungstatbestand des Vertragsbruchs ganz allgemein aus der Erfahrungstatsache, dass in diesem Falle ein Schaden zwar typischerweise entsteht, dieser aber nur schwer oder gar nicht nachzuweisen ist. Die unter **Typ 11** vorgeschlagene Verwirkungsklausel genügt den durch die Rechtsprechung aufgestellten Anforderungen an Vertragsstrafen und berücksichtigt darüber hinaus die Pfändungsschutzvorschriften. Ob hingegen der Verfall sämtlicher Provisionsansprüche bei vorzeitigem Ausscheiden vereinbart werden kann, erscheint fraglich. Das LAG Rh.-Pf. verlangt auch hier eine Ausrichtung der Vertragsstrafensumme an dem für die Kündigungsfrist zu zahlenden fixen Entgelt.[1] Als Grenze müssen unabhängig davon stets die **Pfändungsschutzvorschriften** beachtet werden. Das LAG BW[2] erklärte die o.g. und als nicht geeignet gekennzeichnete Klausel sogar insgesamt wegen unzulässiger **wirtschaftlicher Knebelung** des Arbeitnehmers (§ 138 BGB) für nichtig. Die Nichtigkeit dieser Klausel liegt in der Tat dann nahe, wenn der Arbeitnehmer überwiegend auf Provisionsbasis tätig wird. Der Verlust der Provisionsansprüche dürfte sich vor allem im Falle einer einmaligen Arbeitseinstellung – da die endgültige Arbeitseinstellung bereits vom ersten Verwirkungstatbestand erfasst wird, sind offensichtlich eigenmächtige Pausen, vorzeitiges Verlassen des Arbeitsplatzes u.Ä. gemeint – als überzogene Sanktion darstellen.

104

bb) Lohnverwirkungsabreden für unentschuldigtes Fehlen und sonstige Pflichtverletzungen

⊃ Nicht geeignet:

a) Bei einmaligem unentschuldigten Fehlen entfällt der „Zuschlag für plangerechte Tätigkeit" für den betreffenden Monat.

b) Je Bummelstunde wird auf Veranlassung des Baustellenleiters die Auslösung um 2 Euro gekürzt.

c) Der Arbeitnehmer erhält keine volle Lohnauszahlung (wie vereinbart), wenn nachstehende Unregelmäßigkeiten vorkommen: Alkoholkonsum, Unpünktlichkeit, Unsauberkeit, Schrott-Teile, mangelnde Kollegialität.

Zum Gegenstand von Verwirkungsabreden wird zuweilen auch das unentschuldigte Fehlen („**Blaumachen**") gemacht. Anders als im Falle des Vertragsbruchs bleibt der Arbeitnehmer der Arbeit hier nur vorübergehend fern. Die Entwürfe der Arbeitsgesetzbuchkommission und des Deutschen Gewerkschaftsbundes wollten die vertragsstrafenrechtliche Sanktionierung des zeitweisen unberechtigten Fehlens nur im Rahmen besonderer Arbeitsverhältnisse (Bühnen- und Filmkünstler, Artisten, Sportler u.Ä.) zulassen. De lege lata lässt sich eine derartige Begrenzung nicht begründen. Die teilweise Nichterfüllung der Arbeitspflicht zieht auch in gewöhnlichen Arbeitsverhältnissen regelmäßig Schäden nach sich, deren Eintritt und Höhe sich nur schwer nachweisen lassen. Ein berechtigtes Interesse an einer besonderen Absicherung in Form eines verwirkbaren „Zuschlags für plangerechte Tätigkeit" ist somit grundsätzlich anzuerkennen. Allerdings wird man fordern müssen,

105

---

1 LAG Rh.-Pf. v. 6.3.2009 – 9 Sa 277/08, BeckRS 2009, 63471.
2 LAG BW v. 23.5.1955 – III Sa 163/54, BB 1955, 608.

dass das in Bezug auf den Vertragsbruch deutlich geringere Gewicht des Vorwurfs auch in der Höhe des verwirkten Betrages zum Ausdruck kommen muss.

106 Mit dem unberechtigten Fernbleiben von der Arbeit ist die **Arbeitsbummelei** verwandt. Während im ersten Fall der Arbeitnehmer nicht zur Arbeit erscheint, ist er im Zweiten zwar anwesend, arbeitet aber nicht. Die Auslösung ist in aller Regel keine (besondere) Arbeitsvergütung, sondern ein Ersatz für den Mehraufwand,[1] den der (hier: auf Montage beschäftigte) Arbeitnehmer betreiben muss, um die von seinem Wohnort zuweilen sehr weit entfernte Einsatzstelle zu erreichen. Außergewöhnlich ist hier zum einen, dass der Arbeitgeber den Verfall von einer Ermessensentscheidung des Baustellenleiters, d.h. seines Vertreters vor Ort, abhängig macht und dass zum anderen der Verfall einer Aufwandsentschädigung und nicht eines Lohnbestandteiles angeordnet wird. Letzteres ist umso verwunderlicher, als der Arbeitgeber nicht den in der Bummelstunde ansonsten erhaltenen Lohn kürzt, sondern die Aufwandsentschädigung, bzgl. derer dem Arbeitnehmer derselbe Aufwand – Erreichen der Arbeitsstätte – entsteht, ob er nun dort wirklich arbeitet oder nicht. Das spricht dafür, dass hier eher eine als besondere Arbeitsvergütung anzusehende Entfernungszulage[2] vorliegt.

107 In **Beispiel c)** schließlich wird neben fragwürdigen Verfallstatbeständen auch noch ein Recht des Arbeitgebers vereinbart, die Höhe des verfallenen Betrages selbst festzusetzen. Hinsichtlich der Tatbestände „Alkoholkonsum", „mangelnde Kollegialität" und „Unsauberkeit" **fehlt es an einem berechtigten Interesse des Arbeitgebers** an der Sicherung der Einhaltung von Vertragspflichten mittels einer Vereinbarung, die Sanktionscharakter hat. Hier sind in Ermangelung eines typischerweise eintretenden, aber schwer nachweisbaren Schadens Ermahnung, Abmahnung und notfalls die verhaltensbedingte Kündigung geeignete und angemessene Mittel. Was den Verwirkungstatbestand der „Schrottproduktion" angeht, so bestehen erhebliche Bedenken insoweit, als hier offensichtlich eine uneingeschränkte Haftung auch für solche Fehler begründet werden soll, die dem Arbeitnehmer in Ausführung einer betrieblichen Tätigkeit unterlaufen und hinsichtlich derer ihm kein schwerer Schuldvorwurf gemacht werden kann. Die nach neuerer Rechtsprechung[3] nicht mehr nur für gefahrgeneigte Arbeiten geltenden, vom Grad des Verschuldens im Einzelfall abhängigen Haftungsbeschränkungen dürfen nicht – jedenfalls nicht ohne entsprechenden Ausgleich – zulasten des Arbeitnehmers abbedungen werden, → *Haftung des Arbeitnehmers*, II H 20 Rz. 19 ff.

cc) Kautionsverfallklauseln

◻ **Nicht geeignet:**

Der Verkaufsfahrer stellt der Firma eine Kaution von ... Euro zur Verfügung.

(...) Der Sperrbetrag verfällt zu Gunsten der Firma bei

a) ...

---

1 Vgl. Schaub/*Linck*, § 69 Rz. 36.
2 Schaub/*Linck*, § 69 Rz. 36.
3 BAG v. 12.10.1989 – 8 AZR 741/87, NZA 1990, 95; BAG GS v. 12.6.1992 – GS 1/89, NZA 1993, 547; BGH v. 21.9.1993 – GmS-OGB 1/93, NZA 1994, 270; v. 16.12.1993 – VII ZR 115/92, NJW 1994, 856.

b) ...
c) Ausscheiden aus der Firma während der Saison.[1]

Hierin verpflichtet sich der Arbeitnehmer, dem Arbeitgeber – in der Regel mit Antritt des Arbeitsverhältnisses – eine Kaution in bestimmter Höhe zu stellen. Die Vertragspartner einigen sich zudem darauf, dass die gestellte Kaution unter bestimmten Voraussetzungen (z.B. Vertragsbruch) als verwirkt oder verfallen gilt. Da die Kaution in keinerlei Zusammenhang mit dem Arbeitseinkommen steht, **entfällt hier der Schutz durch die Lohnsicherungsvorschriften**. Für den Arbeitgeber dürfte es freilich schwierig sein, den künftigen Mitarbeiter zur Eingehung einer solchen Zahlungsverpflichtung zu bewegen, was die mangelnde Verbreitung derartiger Klauseln erklären dürfte.

In konsequenter Fortführung der Rechtsprechung zu den Lohnverwirkungsabreden[2] heißt es in den Gründen der zur obigen Klausel ergangenen Entscheidung des BAG wörtlich: „Die Kautionsabrede legt in der rechtlichen Gestalt eines selbständigen Strafversprechens (§ 343 Abs. 2 BGB) dem Kl. ein einseitiges Vermögensopfer auf ...".[3] In der Tat ist kein Grund ersichtlich, hier anders als mit Lohnverwirkungsabreden zu verfahren und Kautionsverfallklauseln ebenfalls den Regeln über Vertragsstrafen zu unterwerfen. Das BAG brauchte freilich die Frage der Anwendbarkeit der Vertragsstrafennormen nicht weiter zu vertiefen, da es in der Sanktionierung auch der fristgerechten Kündigung eine **unzulässige einseitige Kündigungserschwerung** sah, die Klausel mithin schon im Hinblick auf § 622 Abs. 6 BGB für unwirksam erklären konnte.

dd) Urlaubsverfallklauseln

Mitunter werden in Arbeitsverträgen auch die urlaubsrechtlichen Positionen des Arbeitnehmers zum Gegenstand von Verwirkungsabreden gemacht. Hierzu eingehend unter → *Urlaub*, II U 20.

3. Hinweise zur Vertragsgestaltung; Zusammenfassung

Als Vorschlag für eine den zuvor dargestellten inhaltlichen Anforderungen genügende Vertragsstrafenvereinbarung sind die nachfolgenden Klauseln zu verstehen. Bei Formulararbeitsverträgen ist dabei im Hinblick auf § 305c Abs. 1 BGB[4] zu empfehlen, die Einordnung der Vertragsstrafenklausel **unter einer eigenen Überschrift** vorzunehmen und, soweit Pflichten, die nicht in der Vertragsstrafenregelung selbst genannt sind, gesichert werden sollen, unmissverständlich und detailliert auf die entsprechenden Vorschriften im Vertrag zu verweisen. Falls der Arbeitgeber die Vertragsstrafenregelung in den Vorschriften belassen will, in denen er die zu sichernden Pflichten regelt, muss die Strafabrede durch drucktechnische Mittel („Fettdruck des Wortes", „Vertragsstrafe", „Einrückung", „senkrechter Balken

---

1 Vgl. BAG v. 11.3.1971 – 5 AZR 349/70, AP Nr. 9 zu § 622 BGB.
2 BAG v. 18.11.1960 – 1 AZR 238/59, NJW 1961, 698.
3 BAG v. 11.3.1971 – 5 AZR 349/70, AP Nr. 9 zu § 622 BGB.
4 S. hierzu ArbG Berlin v. 1.9.1980 – 16 Ca 99/80, NJW 1981, 479, das eine versteckt unter der Überschrift „Arbeitsverhinderung" untergebrachte Vertragsstrafenklausel für nicht wirksam in den Arbeitsvertrag einbezogen erachtete; ferner LAG Berlin v. 22.5.1997 – 1 Sa 4/97, NZA-RR 1998, 53 (55).

am Rand") eindeutig hervorgehoben werden. Dies gilt auch und vor allem für Verträge, deren Regelungen nicht mit Überschriften versehen sind.[1]

§ ... Vertragsstrafe

(1) Nimmt der/die Mitarbeiter/in die Arbeit nicht oder verspätet auf, löst er/sie sich vom Arbeitsverhältnis ohne Einhaltung der maßgeblichen Kündigungsfrist oder verweigert er/sie vorübergehend die Arbeit, so hat der/die Mitarbeiter/in an die Firma eine Vertragsstrafe zu zahlen. Die Vertragsstrafe ist nur verwirkt, wenn der/die Mitarbeiter/in fahrlässig oder vorsätzlich gehandelt hat.

(2) Als Vertragsstrafe wird für die in Absatz 1 genannten Fälle ein Bruttotagesentgelt für jeden Tag der Zuwiderhandlung vereinbart, insgesamt wird jedoch nicht mehr als das in der gesetzlichen Mindestkündigungsfrist ansonsten erhaltene Arbeitsentgelt verwirkt. Im Übrigen beträgt die Vertragsstrafe insgesamt höchstens ein Bruttomonatsgehalt.

(3) Das Bruttotagesentgelt bemisst sich nach dem durchschnittlichen Arbeitsverdienst i.S.d. § 11 Abs. 1 Satz 1–4 BUrlG und den darin zum Ausdruck kommenden Berechnungsgrundsätzen. Ist der Arbeitnehmer in den in Absatz 1 genannten Fällen im Zeitpunkt der Zuwiderhandlung weniger als 13 Wochen bei dem Arbeitgeber beschäftigt, wird für die Berechnung des Bruttotagesentgeltes der gesamte Zeitraum vom Beginn des Arbeitsverhältnisses bis zum Zeitpunkt der Zuwiderhandlung zugrunde gelegt.

(4) Die Geltendmachung eines weitergehenden Schadens bleibt vorbehalten.

4. Steuerrechtliche Aspekte

112 Die Vereinbarung von Vertragsstrafen oder Bußgeldabreden im Arbeitsvertrag löst noch keine steuerrechtlichen Folgen aus. Sie knüpfen erst an die Realisierung des vertraglichen Anspruchs an. Schon bei der Vereinbarung ist zu bedenken, dass sich bei beiden Beteiligten, also Arbeitgeber und Arbeitnehmer steuerliche Auswirkungen ergeben können. Dabei richten sich die Folgen grundsätzlich nach der Art der vereinbarten Strafe:

Zahlungen aufgrund von **Rückzahlungsklauseln**, die z.B. zur Erstattung von Aus- und Fortbildungsaufwendungen, führen beim Arbeitgeber zu Betriebseinnahmen. Beim Arbeitnehmer entsteht im Zeitpunkt der Rückzahlung, also des Abflusses ein Aufwand. Dieser kann zum Werbungskostenabzug führen, wenn die Aufwendungen materiell-rechtlich als Werbungskosten zu qualifizieren sind, z.B. wenn es sich um Fortbildungskosten gehandelt hat. Werden Ausbildungskosten erstattet, für die dem Arbeitnehmer nur der Sonderausgabenabzug nach § 10 Abs. 1 Nr. 7 EStG zugestanden hätte, kann auch der Rückzahlungsbetrag steuerlich nur wie Sonderausgaben berücksichtigt werden.[2]

---

1 *Thüsing*, AGB-Kontrolle, Rz. 426.
2 Offen gelassen von BFH v. 7.12.2005 – I R 34/05, BFH/NV 2006, 1068.

Bei einer **Lohnverwirkungsabrede** verliert der Arbeitnehmer den zivilrechtlichen Anspruch auf Arbeitsentgelt. Der Aufwand des Arbeitgebers, also dessen Betriebsausgaben, verringert sich. Beim Arbeitnehmer mindert sich die für die Besteuerung maßgebliche Bemessungsgrundlage. Nur die auf den geminderten Brutto-Arbeitslohn entfallende Lohnsteuer ist vom Arbeitgeber einzubehalten und abzuführen.

Im Gegensatz dazu lässt eine **Aufrechnung** mit einem Anspruch aus einer Vertragsstrafe mit dem Arbeitslohn den Zufluss des Arbeitslohns unberührt. Die Aufrechnung kommt einer Lohnverwendungsabrede gleich.[1] Ähnlich wie bei einer Pfändung ist die Lohnsteuer daher aus dem ungekürzten Arbeitslohn zu berechnen.

---

[1] BFH v. 20.8.1997 – VI B 83/97, BStBl. II 2007, 667; v. 7.5.2014 – VI R 73/12, DB 2014, 1718.

V 40 Verweisungsklauseln

	Rz.
1. Einführung	1
2. Arten von Verweisungsklauseln	4
a) Deklaratorische Verweisung	5
b) Konstitutive Verweisung	6
c) Statische Verweisung	8
d) Dynamische Verweisung	11
aa) Kleine dynamische Verweisung	12
bb) Große dynamische Verweisung	18
e) Globalverweisung	21
f) Teilverweisung	23
g) Einzelverweisung	28
h) Doppelverweisung	29
3. Auslegung von Verweisungsklauseln	33
a) Grundsatz	33
b) Unklarheitenregel	34
c) Im Zweifel: dynamische Verweisung	35
d) Divergenz von Verweisungsziel und sonstigem Vertragsinhalt	38
4. Konkludente Einbeziehung?	39
5. Anforderungen aus dem Nachweisgesetz	42
6. Besonderheiten der Verweisung auf Tarifverträge	51
a) Auslegung von kleinen dynamischen Verweisungsklauseln bei „Altfällen"	52
b) Rechtslage infolge der Rechtsprechungsänderung vom 14.12.2005 und 18.4.2007	56
c) Verhältnis zur normativen Tarifgeltung; Günstigkeitsprinzip	59
d) Klauselgestaltung bei Tarifpluralität	61
e) Verweisung und Tarifsukzession	65a
f) Gestaffelte Verweisung, Verweisung auf mehrgliedrige Tarifverträge	65b
aa) Gestaffelte Verweisung	65c
bb) Verweisung auf mehrgliedrige Tarifverträge	65g
7. Besonderheiten der Verweisung auf Betriebsvereinbarungen und sonstige Arbeitsbedingungen	66
8. Unvorhersehbare Änderungen der in Bezug genommenen Regelung – Überraschungsschutz	71
9. Differenzierte Inhaltskontrolle nach dem Umfang der Verweisung	81
a) Globalverweisung	83
b) Einzelverweisung	86
c) Teilverweisung	87
10. Transparenzkontrolle	90
11. Auswirkungen von Verbandswechsel und Betriebsübergang	91
a) Verbandsaustritt und -wechsel des Arbeitgebers	92
b) Betriebsübergang	105
12. Hinweise zur Vertragsgestaltung	115

Schrifttum:

Annuß, Die einzelvertragliche Bezugnahme auf Tarifverträge, BB 1999, 2558; *Annuß*, Das BAG und die „kleine dynamische Bezugnahme" auf Tarifverträge, AuR 2002, 361; *Annuß*, Tarifbindung durch arbeitsvertragliche Bezugnahme?, ZfA 2005, 405; *Bauer/Günther*, Bezugnahmeklauseln bei Verbandswechsel und Betriebsübergang – Ein Irrgarten?, NZA 2008, 6; *Bayreuther*, Dynamische Verweisung auf einschlägige Tarifverträge in Vertragstexten des tarifgebundenen Arbeitgebers: typischerweise Gleichstellungsabrede – Auslegungsgrundsätze, DB 2002, 1008; *Bayreuther*, „Hinauskündigung" von Bezugnahmeklauseln im Arbeitsvertrag, DB 2007, 166; *Bayreuther*, Bezugnahmeklauseln und Tarifpluralität am Beispiel der Tarifmehrheit in Kliniken und Krankenhäusern, NZA 2009, 935; *Bayreuther*, Die AGB-Kontrolle der Tarifwechselklausel, in Festschrift für Kreutz, 2010, S. 29; *Boecken*, Gleichstellungsabrede im tarifgebietsübergreifenden Unternehmen, SAE 2003, 214; *Brors*, Zweifelhafte Zulässigkeit der gestaffelten individualvertraglichen Verweisung auf die Zeitarbeitstarifverträge der Christlichen Gewerkschaft und des DGB, BB 2006, 101; *Clemenz*, Arbeitsvertragliche Bezugnahme auf Tarifverträge – ein Paradigmenwechsel mit offenen

Fragen, NZA 2007, 769; *Diehn*, AGB-Kontrolle von arbeitsrechtlichen Verweisungsklauseln, NZA 2004, 129; *Etzel*, Tarifordnung und Arbeitsvertrag, NZA Beilage 1/1987, 19; *Fischer*, Individualrechtliche Bezugnahme auf Tarifverträge, FA 2001, 2; *Forst*, Betriebsübergang: Ende der Dynamik einer arbeitsvertraglichen Bezugnahme auf einen Tarifvertrag?, DB 2013, 1847; *Gaul*, Erstreckungsinhalt und Umfang einer tariflichen Bezugnahmeklausel auf den BAT, ZTR 1991, 188; *Gaul*, Einzelvertragliche Bezugnahmeklausel beim Übergang des Arbeitsverhältnisses auf nicht tarifgebundenen Arbeitgeber, BB 2000, 1086; *Gaul*, Bezugnahmeklauseln – zwischen Inhaltskontrolle und Nachweisgesetz, ZfA 2003, 75; *Gaul/Bonanni*, Bezugnahme auf Tarifvertrag bei Betriebsübergang, Umwandlung und Austritt aus dem Arbeitgeberverband, ArbRB 2003, 347; *Giesen*, Bezugnahmeklauseln – Auslegung, Formulierung und Änderung, NZA 2006, 625; *Gussen*, Nochmals: Individualrechtliche Bezugnahme auf Tarifverträge, FA 2001, 201; *Greiner*, Der „unechte Tarifwechsel" – Zu den Wirkungen kleiner dynamischer Bezugnahmeklauseln bei Tarifwechsel, Tarifsukzession und Tarifrestrukturierung, NZA 2009, 877; *Hanau/Kania*, Die Bezugnahme auf Tarifverträge durch Arbeitsvertrag und betriebliche Übung, in Festschrift für Schaub, 1998, S. 239; *Henssler/Heiden*, Arbeitsvertragliche Bezugnahmeklauseln und Verbandsaustritt, RdA 2004, 241; *Hohenstatt/Kuhnke*, Die arbeitsvertragliche Bezugnahme auf Tarifverträge beim Betriebs(teil)übergang, RdA 2009, 107; *Jacobs*, Bezugnahmeklauseln als Stolpersteine beim Betriebsübergang, BB 2011, 2037; *Klebeck*, Unklarheiten bei arbeitsvertraglicher Bezugnahmeklausel, NZA 2006, 15; *Klingebiel*, Arbeitsvertragliche Bezugnahmeklauseln bei Aufgabe der Tarifeinheit im Betrieb, 2009; *Kraft*, Einzelvertragliche Bezugnahme auf Tarifverträge, Tarifpluralität und das Prinzip der Tarifeinheit, in Festschrift für Zöllner, 1998, S. 831; *Lambrich*, Individualvertragliche Bezugnahmeklauseln auf Tarifvertrag bei Verbandsaustritt des Arbeitgebers, BB 2002, 1267; *Linde/Lindemann*, Der Nachweis tarifvertraglicher Ausschlussfristen, NZA 2003, 649; *Lobinger*, EuGH zur dynamischen Bezugnahmeklausel von Tarifverträgen beim Betriebsübergang, NZA 2013, 945; *Meinel/Herms*, Änderung der BAG-Rechtsprechung zu Bezugnahmeklauseln in Arbeitsverträgen, DB 2006, 1429; *Meyer*, Bezugnahmeklauseln und neues Tarifwechsel-Konzept des BAG, NZA 2003, 1126; *G. Müller*, Die Tragweite der tariflichen Bezugnahmeklauseln, RdA 1990, 321; *Nömeier*, Bezugnahme auf Tarifinhalte im Einzelarbeitsverhältnis, Diss. Regensburg, 1990; *Oetker*, Arbeitsvertragliche Bezugnahme auf Tarifverträge und AGB-Kontrolle, in Festschrift für Wiedemann, 2002, S. 383; *Preis*, Probleme der Bezugnahme auf Allgemeine Arbeitsbedingungen und Betriebsvereinbarungen, NZA 2010, 361; *Preis*, Arbeitsvertragliche Verweisungen auf Tarifverträge, in Festschrift für Wiedemann, 2002, S. 425; *Preis/Greiner*, Vertragsgestaltung bei Bezugnahmeklauseln nach der Rechtsprechungsänderung des BAG, NZA 2007, 1073; *Ramrath*, Individualrechtliche Bezugnahme auf Tarifverträge, FA 2001, 104; *Reichel*, Die arbeitsvertragliche Bezugnahme auf den Tarifvertrag, 2001; *Reichel*, Die Auslegung arbeitsvertraglicher Bezugnahmeklauseln bei überraschenden Tarifentwicklungen unter Berücksichtigung der Schuldrechtsreform, AuR 2003, 366; *Röller/Wißmann*, Tarifbindung und arbeitsvertragliche Bezugnahme, in Festschrift für Küttner, 2006, S. 465; *Schaub*, Die individualvertragliche Bezugnahme auf Tarifvertragsrecht, in Festschrift für Buchner, 2009, S. 787; *Schliemann*, Arbeitsvertragliche Verweisung auf Tarifverträge, NZA 2003, Sonderbeilage zu Heft 16, 3; *Schliemann*, Tarifgeltung und arbeitsvertragliche Bezugnahme auf Tarifverträge in der neueren Rechtsprechung des BAG, ZTR 2004, 502; *Seibert*, Auslegung und Inhaltskontrolle arbeitsvertraglicher Verweisungen, NZA 1985, 730; *Seitz/Werner*, Arbeitsvertragliche Bezugnahmeklauseln bei Unternehmensumstrukturierungen, NZA 2000, 1257; *Simon/Kock/Halbsguth*, Dynamische Bezugnahmeklausel als Gleichstellungsabrede – Vertrauensschutz für alle „Altverträge", BB 2006, 2354; *Sittard/Ulbrich*, Zur Rechtsprechungsänderung bei der Auslegung von Bezugnahmeklauseln, ZTR 2006, 458; *Stein*, Verweisungen auf Tarifverträge, AuR 2003, 361; *Stoffels/Bieder*, AGB-rechtliche Probleme der arbeitsvertraglichen Bezugnahme auf mehrgliedrige Zeitarbeitstarifverträge, RdA 2012, 27; *Thüsing*, Europarechtliche Bezüge der Bezugnahmeklausel, NZA 2006, 473; *Thüsing/Lambrich*, Arbeitsvertragliche Bezugnahme auf Tarifnormen, RdA 2002, 193; *Waas*, Zur Rechtsnatur der Bezugnahme auf einen Tarifvertrag nach deutschem Recht, ZTR 1999, 540; *Eva Maria*

Willemsen, Die arbeitsvertragliche Bezugnahme auf den Tarifvertrag bei Tarifwechsel, 2009; *Witt*, Keine AGB- Kontrolle tariflicher Regelungen?, NZA 2004, 135.

1. Einführung

1 Erhebliche Bedeutung bei der Arbeitsvertragsgestaltung haben Verweisungsklauseln (Bezugnahmeklauseln) aller Art.[1] Sie gehören zum **Kernbestand jeder arbeitsvertraglichen Regelung.** In Arbeitsverträgen wird verwiesen auf Tarifverträge, Betriebsordnungen, Versorgungsrichtlinien, Betriebsvereinbarungen, Arbeitsordnungen und zahlreiche andere – zumeist innerbetriebliche – Regelwerke (z.B. Leistungsordnungen sowie Arbeits- und Geschäftsanweisungen). Rund 75 % aller ausgewerteten Arbeitsverträge verweisen auf bestehende Arbeitsordnungen/Betriebsordnungen/Allgemeine Arbeitsbedingungen. Bemerkenswert ist, dass auch Verträge von Führungskräften entsprechende Verweisungen in großem Umfang enthalten. Ferner wird – je nach Regelungsdichte im Unternehmen – auf Sozialordnungen, Pensionsordnungen, Führungsgrundsätze, Merkblätter und Richtlinien verwiesen, zum Teil verbunden mit Bestätigungsklauseln, dass der Mitarbeiter von den entsprechenden Regelwerken ein Exemplar erhalten oder zumindest von ihm Kenntnis genommen hat.

2 Für die Vertragsgestaltung sind die Verweisungsklauseln eine Herausforderung. Zahllose Probleme des Verhältnisses von Kollektiv- und Individualarbeitsrecht, zur Auslegung entsprechender Klauseln, zum Rangverhältnis und zur Inhaltskontrolle stellen sich,[2] so dass bei der Verwendung von Verweisungsklauseln genau zu bedenken ist, welche Art den gewünschten Zweck erreicht. Besondere Probleme stellen sich beim Verweis auf Tarifverträge (dazu Rz. 51 ff.). In diesem Überschneidungsbereich von Vertragsgestaltung und Tarifrecht sind Entwicklungen in beiden Rechtsgebieten zu beachten,[3] die zu beträchtlichen Problemen bei der rechtssicheren Klauselgestaltung führen.

3 Hauptfunktion der Bezugnahme in Arbeitsverträgen auf vorformulierte Vertragsbedingungen ist, gleiche vertragliche Grundlagen für die gesamte Belegschaft oder doch abgrenzbare Teile der Belegschaft zu erreichen und damit der Gleichbehandlung zu dienen.[4] Die generelle Zulässigkeit von Verweisungs- und Bezugnahmeklauseln steht nach dem Prinzip der Vertragsfreiheit (§§ 241 Abs. 1, 311 Abs. 1 BGB) außer Frage.[5] Problematisch ist, ob auf jedes außerhalb des Vertrags liegende Regelungswerk verwiesen werden kann und welche Wirksamkeitsvoraussetzungen im Einzelnen erfüllt sein müssen, damit das in Bezug Genommene auch wirksamer Vertragsbestandteil wird. Seit Inkrafttreten der Schuldrechtsreform gelten für vor-

---

1 Hierzu *G. Müller*, RdA 1990, 321 ff.; *Seibert*, NZA 1985, 730 ff.; *Gaul*, ZTR 1991, 188 ff.
2 Hierzu *Preis*, Vertragsgestaltung, § 5 IV 2 und VII.
3 Dazu bereits *Preis/Greiner*, NZA 2007, 1073.
4 Vgl. BAG v. 21.1.1997 – 1 AZR 572/96, NZA 1997, 1009; v. 4.8.1999 – 5 AZR 642/98, NZA 2000, 154; v. 26.9.2001 – 4 AZR 544/00, NZA 2002, 634; v. 19.3.2003 – 4 AZR 331/02, NZA 2003, 1207; Wiedemann/*Oetker*, § 3 TVG Rz. 265; *Hanau/Kania*, FS Schaub, S. 239 (245 ff.); *Seibert*, NZA 1985, 730 (731).
5 BAG v. 5.11.1963 – 5 AZR 136/63, DB 1964, 155; *G. Müller*, RdA 1990, 321 (323); *Seibert*, NZA 1985, 730 f.; *Schaefer*, Die individualrechtliche Bezugnahme auf tarifvertragliche Bestimmungen, Diss. Köln 1974, S. 39; *Gaul*, ZTR 1991, 188 ff.; *Kempen/Zachert/Brecht-Heitzmann*, § 3 TVG Rz. 173.

formulierte Arbeitsverträge die gleichen Vorschriften wie für andere Allgemeine Geschäftsbedingungen, §§ 305 ff. BGB.

2. Arten von Verweisungsklauseln

Je nach Wirkungsweise lassen sich verschiedene Arten von Verweisungen nennen: deklaratorische und konstitutive sowie statische und dynamische Bezugnahmeklauseln. Diese können jeweils das außervertragliche Regelungswerk (Tarifvertrag, Betriebsvereinbarung, Allgemeine Arbeitsbedingung, schlichte Dienstanweisung) insgesamt, nur Regelungskomplexe oder lediglich einzelne Passagen daraus in Bezug nehmen.

a) Deklaratorische Verweisung

Gelten die Normen des in Bezug genommenen Regelwerks auch ohne Bezugnahmeklausel, spricht man von deklaratorischen Verweisungen. Dies ist insbesondere bei dem verbreiteten Verweis auf die „im Übrigen geltenden Betriebsvereinbarungen" der Fall. Dieser gehört eigentlich zu den rein informatorischen Hinweisen, weil Betriebsvereinbarungen im Betrieb „unmittelbar und zwingend" gelten (§ 77 Abs. 4 BetrVG). Erst die Rechtsprechung zur ablösenden Betriebsvereinbarung hat diesem vielfach sicher unreflektiert verwendeten Hinweis eine wichtige Bedeutung verschafft, indem sie über eine solche Hinweis- oder Verweisungsklausel die „Betriebsvereinbarungsoffenheit" des Arbeitsvertrags annahm. Diese Rechtsprechung kann im Lichte der §§ 305 ff. BGB nicht ohne Einschränkungen fortgeführt werden (→ *Öffnungsklauseln*, II O 10). Konstitutive Bedeutung können diese Klauseln jedoch im Nachwirkungszeitraum abgelaufener Betriebsvereinbarungen (§ 77 Abs. 6 BetrVG) erlangen, weil in diesem Falle auch vom Inhalt der Betriebsvereinbarung abweichende Vereinbarungen durch Arbeitsvertrag möglich sind.

b) Konstitutive Verweisung

Bei fehlender beiderseitiger Tarifgebundenheit oder wenn das in Bezug genommene Regelwerk aus anderen Gründen nicht unmittelbar gilt, macht erst die Verweisung darauf dessen Inhalt zum Bestandteil des Arbeitsverhältnisses. Die Bezugnahmeklausel hat in diesen Fällen konstitutive Wirkung. Ein durch Verweisung einbezogener Tarifvertrag gilt bei Tarifungebundenen nicht als Norm, sondern nach richtiger Auffassung[1] schlicht als Vertragsbestandteil.

Problematisch ist insofern die Situation beim Verweis auf einen **Tarifvertrag**, an den die Arbeitsvertragsparteien im Zeitpunkt des Vertragsschlusses kongruent tarifgebunden (§ 3 Abs. 1 TVG) sind. Für eine rein deklaratorische Wirkung spricht, dass der in Bezug genommene Tarifvertrag **im Zeitpunkt des Vertragsschlusses ohnehin bereits normativ gilt**. Für eine konstitutive Bedeutung der Klausel spricht aber, dass der Arbeitgeber beim Vertragsschluss von der Gewerkschaftszugehörigkeit des Arbeitnehmers in aller Regel keine Kenntnis hat, sein rechtsgeschäftlicher

---
1 Wiedemann/*Oetker*, § 3 TVG Rz. 285 m.w.N.; Kempen/Zachert/*Brecht-Heitzmann*, § 3 TVG Rz. 168; *Löwisch/Rieble*, § 3 TVG Rz. 310; HzA/*Schmidt*, Gruppe 18 (Tarifvertrag) Rz. 226; wohl auch G. *Müller*, RdA 1990, 321 ff.; *Gaul*, ZTR 1991, 188 (191); a.A. *von Hoyningen-Huene*, RdA 1974, 138 (147, 149).

Wille also nicht auf eine rein deklaratorische Wirkung der Verweisungsklausel gerichtet sein kann.[1] Auch beim Arbeitnehmer wird in diesem Zeitpunkt eine Kenntnis von der Tarifbindung des Arbeitgebers eher die Ausnahme als die Regel sein. Zudem ist die normative Tarifbindung (§ 3 Abs. 1 TVG) **wandelbar**, etwa beim Koalitionsaustritt von Arbeitnehmer oder Arbeitgeber oder beim Betriebsübergang mit ablösender Wirkung (§ 613a Abs. 1 Satz 3 BGB). Auch wenn man im Zeitpunkt des Vertragsschlusses eine rein deklaratorische Wirkung bejaht, müsste man jedenfalls in diesen Konstellationen, sobald also die Frage praktische Relevanz erlangt, anerkennen, dass der Klausel konstitutive Wirkung zukommt. Da die inhaltliche Veränderung einer äußerlich unverändert gebliebenen Klausel schwer begründbar ist, spricht viel dafür, eine konstitutive Wirkung der Klausel bereits im Zeitpunkt des Vertragsschlusses anzuerkennen.[2] Damit wird die Verweisung auf einen Tarifvertrag unabhängig davon konstitutiv verstanden, ob der Tarifvertrag im Zeitpunkt des Vertragsschlusses ohnehin kraft normativer Tarifbindung wirkt. **Die Verweisung auf einen Tarifvertrag ist damit stets konstitutiv.**

c) Statische Verweisung

8 Typ 1: Statische Verweisung

a) Die Parteien vereinbaren die Anwendung des Mantel- und Lohntarifvertrags der Metallindustrie in seiner Fassung vom ...

b) Für Sachgebiete, für die hier keine Vereinbarung getroffen wurde, gelten die Bestimmungen des Manteltarifvertrags für das Schuhmacherhandwerk laut Fassung vom 15.11.1976.

Von einer statischen Verweisung spricht man, wenn auf einen **bestimmten, genau definierten Tarifvertrag** in der **zur Zeit der Bezugnahme geltenden Fassung** verwiesen wird. Änderungen des Tarifvertrags wirken sich daher nur dann aus, wenn der Tarifvertrag daneben auch normativ gilt. Das bloße Fehlen des Zusatzes „in seiner jeweiligen Fassung" in der Bezugnahmeklausel führt dagegen nicht zur Annahme einer statischen Verweisung; erforderlich dafür ist vielmehr, dass eine bestimmte Tarifvertragsfassung konkret nach Datum und Gegenstand eindeutig bezeichnet wird;[3] dies dürfte auch unabhängig von der normativen Bindung des Arbeitgebers an die in Bezug genommene Regelung gelten.[4]

9 Die statische Verweisung hat für den **Arbeitnehmer** den **Vorteil**, dass er zu seinem Arbeitsvertrag nur noch das Regelungswerk, auf das verwiesen wird, heranzuziehen braucht, um seine Rechte und Pflichten im Einzelnen festzustellen. **Nachteilig**

---

1 Vgl. zur stets konstitutiven Geltung einer Bezugnahmeklausel auch bei tarifgebundenen Arbeitnehmern schon BAG v. 20.2.2002 – 4 AZR 123/01, NZA 2003, 933; v. 26.9.2001 – 4 AZR 544/00, NZA 2002, 634; *Gaul*, Das Arbeitsrecht der Betriebs- und Unternehmensspaltung, 2002, § 24 Rz. 73; von Westphalen/*Thüsing*, Arbeitsverträge (Stand: 2013) Rz. 203.
2 Ausdrücklich BAG v. 18.4.2007 – 4 AZR 253/06, NZA 2007, 1455.
3 Zuletzt BAG v. 20.4.2012 – 9 AZR 504/10, NZA 2012, 982 Rz. 26 m.w.N.
4 Zu diesem Auslegungskriterium aber BAG v. 20.4.2012 – 9 AZR 504/10, NZA 2012, 982 Rz. 27.

wirkt sich allerdings aus, dass er, sofern er nicht zusätzlich nach § 3 Abs. 1 TVG normativ tarifgebunden ist, **nicht automatisch an der günstigen Tarifentwicklung teilnimmt**. Für den **Arbeitgeber** ist die Verweisungstechnik vorteilhaft, wenn er dem Risiko begegnen will, einen Tarifvertrag anwenden zu müssen, den er auf nicht Tarifgebundene nicht mehr angewendet wissen möchte, etwa weil ihm die Tariflohnerhöhung zu kräftig ausgefallen ist. Nachteilig ist allerdings, dass solche Regelungen **starr und wenig flexibel** sind. Denn jede tarifvertragliche Neuregelung kann nur durch eine Änderung der einzelnen Arbeitsverträge übernommen werden, es sei denn, die Vertragsparteien wären ohnehin tarifgebunden. Insbesondere bei Änderungen der normativen Tarifsituation kann es daher bei Verwendung statischer Klauseln in den Arbeitsverhältnissen normativ tarifgebundener Arbeitnehmer zu einem Nebeneinander unterschiedlicher tariflicher Regelungen kommen, nämlich der statischen Verweisungsklausel und der abweichenden normativen Tarifbindung (ausführlich unter Rz. 59). Von ihrer Verwendung ist daher beim Verweis auf einen Tarifvertrag in aller Regel **abzuraten**.

Klauseltyp 1a und b sind nach ihrer Formulierung eindeutig. Durch den Zusatz „in der Fassung vom" bzw. „laut Fassung vom" wird festgestellt, dass nur die dort enthaltenen Regelungen Anwendung finden sollen, spätere tarifliche Änderungen insofern unbeachtlich sind.[1]

d) Dynamische Verweisung

Dynamische Verweisungen (sog. Jeweiligkeitsklauseln) ermöglichen eine **automatische Anpassung** der Arbeitsbedingungen des einzelnen Arbeitnehmers, indem auf Vertragsbedingungen außerhalb des Arbeitsvertrags – meist Kollektivvereinbarungen – in ihrer jeweils geltenden Fassung verwiesen wird. Man unterscheidet die sog. kleinen dynamischen Verweisungen (hier wird auf ein bestimmtes Regelwerk in der jeweils geltenden Fassung verwiesen) und die großen dynamischen Verweisungen (hier wird auf das jeweils einschlägige Regelwerk in seiner jeweils geltenden Fassung verwiesen). Bereits die Angabe eines bestimmten Geldbetrags im Arbeitsvertrag mit dem Hinweis „Tarifentgelt" kann nach § 305c Abs. 2 BGB zumindest als kleine dynamische Verweisung interpretiert werden.[2] Ist dieser Hinweis nur informatorisch gemeint, soll die Dynamik aber ausgeschlossen werden, muss dies demnach ausdrücklich klargestellt oder auf den Hinweis „Tarifentgelt" verzichtet werden.

aa) Kleine dynamische Verweisung

Typ 2: Kleine dynamische Verweisung

a) Im Übrigen finden die in der Eisen-, Metall-, Elektroindustrie geltenden Tarifverträge in der jeweils gültigen Fassung Anwendung.

b) Es gilt der Bundesrahmentarifvertrag für das Baugewerbe in der jeweils gültigen Fassung.

---
1 *Etzel*, NZA Beilage 1/1987, 19 (27).
2 So jüngst BAG v. 13.2.2013 – 5 AZR 2/12, NZA 2013, 1024.

c) Die Parteien vereinbaren die Anwendung der jeweils geltenden tariflichen Normen der Metallindustrie NRW. Ausgenommen bleiben die tariflichen Regelungen über die Verdienstsicherung und den Rationalisierungsschutz.

d) Im Übrigen gelten unsere Anstellungsbedingungen, soweit sich nicht aus diesem Vertrag etwas anderes ergibt.

e) Im Übrigen finden die Arbeits- und Geschäftsanweisungen des Arbeitgebers in der jeweiligen Fassung Anwendung.

f) Bestandteil dieses Vertrags sind:
 – die Regelungen über die Gewinnbeteiligung
 – die Richtlinien über Dienstreisen
 in ihrer jeweils gültigen Fassung, soweit dieser Vertrag nicht ausdrücklich günstigere Regelungen enthält.

g) Das Unternehmen gewährt einen Rechtsanspruch auf Versorgungsleistungen nach der jeweils geltenden Leistungsordnung des Bochumer Verbands.

h) Der Arbeitnehmer erhält eine Versorgungszusage nach den bei der X-AG jeweils geltenden Bestimmungen.

i) Die in Bezug genommenen Regelungen sind als Anlage diesem Vertrag beigefügt.

13 Verwiesen werden kann sowohl auf Kollektivverträge (Typ 2a bis c) als auch auf Gesetze, Betriebsvereinbarungen, innerbetriebliche Arbeitsbedingungen (Typ 2d und e) und Versorgungsordnungen (Typ 2 f bis h). Beim Verweis auf einen Tarifvertrag ist – wie bei der statischen Verweisung (s. Rz. 9) – zu bedenken, dass es bei Änderungen der normativen Tarifsituation zu einem Nebeneinander divergenter Tarifregelungen innerhalb eines Arbeitsverhältnisses kommen kann (ausführlich unter Rz. 59); auch die kleine dynamische Verweisung auf einen Tarifvertrag ist daher **problematisch**. Durch die Formulierung „im Übrigen" (Typ 2a) wird unmissverständlich klargestellt, dass die einzelvertraglich festgelegten Regelungen den tariflichen Bestimmungen vorgehen. Damit kann der Arbeitgeber erreichen, dass der Arbeitnehmer z.B. eine niedrigere Vergütung erhält als tariflich vorgesehen.[1] Dies ist allerdings nur möglich, wenn keine beiderseitige Tarifbindung und keine Allgemeinverbindlichkeit des Tarifvertrags besteht, denn ansonsten greift § 4 Abs. 1 TVG und damit die höhere tarifliche Vergütung unmittelbar und zwingend.

13a Zu beachten ist, dass das BAG kleine dynamische Verweisungen großzügig so auslegt, dass auch **ergänzende Tarifverträge** zu dem in der Klausel genannten Tarifvertrag erfasst werden, sofern sich dadurch die Tarifsystematik nicht grundlegend ändert.[2] Entfällt der ausdrücklich in Bezug genommene Tarifvertrag und wird von denselben Tarifparteien durch einen neuen Tarifvertrag ersetzt (besonders anschaulich beim Wechsel vom BAT zum TVöD/TV-L etc.), handelt es sich um einen Fall der **Tarifsukzession**.[3] Die kleine dynamische Bezugnahme auf den ursprünglichen

---

1 Vgl. *Etzel*, NZA Beilage 1/1987, 19 (26).
2 Nach BAG v. 21.8.2013 – 5 AZR 581/11, NZA 2014, 271 für die kleine dynamische Verweisung auf den BAT; vgl. weiterhin BAG v. 27.1.2010 – 4 AZR 591/08, NZA 2010, 1088; zu den Grenzen dieser Auslegung: BAG v. 11.12.2012 – 9 AZR 136/11, NZA 2013, 1448 (Bezugnahme auf BAT ist keine Bezugnahme auf einen Altersteilzeit-Tarifvertrag derselben Tarifparteien).
3 Ausf. *Greiner*, NZA 2009, 877.

Tarifvertrag erfasst den neuen nicht; der Arbeitsvertrag wird insoweit lückenhaft. Die dann erforderliche ergänzende Vertragsauslegung wird regelmäßig ergeben, dass die Arbeitsvertragsparteien in Kenntnis der Tarifsukzession und der dadurch bewirkten Lücke den neuen Tarifvertrag in Bezug genommen hätten;[1] die Regelungsprinzipien des Arbeitsvertrags werden dadurch lückenfüllend „zu Ende gedacht".[2] Freilich lässt das Mittel der ergänzenden Auslegung Flexibilität, die im Einzelfall – abhängig insbesondere von nicht vorhersehbaren und einschneidenden Änderungen im neuen Tarifvertrag – ein anderes Ergebnis zulässt. Im Sonderfall einer sog. **aufspaltenden Tarifsukzession**, bei der an Stelle eines ursprünglich einheitlichen Tarifvertrags mehrere Tarifverträge mit unterschiedlichem Geltungsbereich treten, ist Gegenstand der ergänzenden Auslegung auch, welcher Tarifvertrag in Kenntnis dieser Entwicklung hypothetisch in Bezug genommen worden wäre.[3]

Allgemeine Arbeitsbedingungen werden Vertragsbestandteil und können prinzipiell nur durch vertragsrechtliche Instrumentarien abgelöst werden (Änderungskündigung, Änderungsvertrag). Problematisch sind sog. Jeweiligkeitsklauseln, die wie Widerrufsvorbehalte wirken können und deshalb nicht schrankenlos zulässig sind (vgl. → *Vorbehalte und Teilbefristung*, II V 70 Rz. 18 ff.). Denn Jeweiligkeitsklauseln (→ *Jeweiligkeitsklauseln*, II J 10) statuieren bei Verweis auf Allgemeine Arbeitsbedingungen ein uneingeschränktes einseitiges Änderungsrecht des Verwenders. Eine solche Vertragsgestaltung wird im allgemeinen Zivilrecht unstreitig für unzulässig gehalten.[4] Das BAG hat dementsprechend eine arbeitsvertragliche Bezugnahme auf eine sog. „Arbeits- und Sozialordnung", welche in ihrer jeweils gültigen Fassung zum Bestandteil des Arbeitsvertrags gemacht werden sollte, für unangemessen benachteiligend erklärt.[5] Die Jeweiligkeitsklausel – die die Bezugnahme zu einer dynamischen Bezugnahme macht – mag bei Tarifverträgen üblich und in der Regel sogar für den Arbeitnehmer günstig sein, weil die Klausel ihn an der Dynamik des Tarifvertrags teilnehmen lässt.[6] Für einseitig vom Arbeitgeber ausgestaltete Arbeitsbedingungen gilt dies indes nicht. Vielmehr erhält der Arbeitgeber durch die Jeweiligkeitsklausel ein jederzeitiges Änderungsrecht und damit eine umfassende Vertragsänderungskompetenz. Das kann nicht zulässig sein.[7] Auf Allgemeine Arbeitsbedingungen verweisende Jeweiligkeitsklauseln sind damit aus dem Gesichtspunkt der unangemessenen Benachteiligung gemäß §§ 308 Nr. 4, 307 BGB regelmäßig unwirksam.

14

---

1 Vgl. BAG v. 21.8.2013 – 5 AZR 581/11, NZA 2014, 271; v. 18.4.2012 – 4 AZR 392/10, NZA 2012, 1171; v. 6.7.2011 – 4 AZR 706/09, NZA 2012, 100; v. 19.5.2010 – 4 AZR 796/08, NZA 2010, 1183; v. 18.5.2011 – 5 AZR 213/09, NZA 2011, 1184; v. 12.12.2012 – 4 AZR 65/11, NZA 2013, 1304; zu Detailfragen auch BAG v. 3.7.2013 – 4 AZR 41/12, NZA 2014, 102.
2 So plastisch BAG v. 12.12.2012 – 4 AZR 65/11, NZA 2013, 1304; v. 21.8.2013 – 5 AZR 581/11, NZA 2014, 271 Rz. 42.
3 Vgl. dazu BAG v. 18.4.2012 – 4 AZR 392/10, NZA 2012, 1171; v. 18.5.2011 – 5 AZR 213/09, NZA 2011, 1184.
4 Palandt/*Grüneberg*, § 305 BGB Rz. 46; BGH v. 8.10.1997 – IV ZR 220/96, DB 1998, 466; v. 17.3.1999 – IV ZR 218/97, NJW 1999, 1865.
5 BAG v. 11.2.2009 – 10 AZR 222/08, NZA 2009, 428.
6 BAG v. 20.4.2005 – 4 AZR 292/04, NZA 2006, 281 (283).
7 BAG v. 11.2.2009 – 10 AZR 222/08, NZA 2009, 428 (430).

15 Gemäß § 307 Abs. 1 Satz 2 BGB unterliegt die arbeitsvertragliche Bezugnahmeklausel überdies dem **Transparenzgebot**.[1] Das Transparenzgebot verpflichtet den Verwender, Rechte und Pflichten seines Vertragspartners in den AGB möglichst klar und durchschaubar darzustellen.[2] Dabei gebieten Treu und Glauben, dass die Klausel wirtschaftliche Nachteile und Belastungen (für den Arbeitnehmer) erkennen lässt.[3] Aufgrund dieser Vorgaben ist die Vereinbarung einer dynamischen Bezugnahmeklausel problematisch, da diese Verweisungsklausel den Arbeitnehmer gerade im Unklaren darüber lässt, was in Zukunft für ihn gelten soll.[4] Diese Unklarheit allein kann aber noch nicht zur pauschalen Unzulässigkeit einer dynamischen Verweisungsklausel wegen eines Verstoßes gegen das Transparenzgebot führen.[5] Vielmehr ist eine differenzierende Betrachtungsweise geboten, bei der sowohl die Funktion der Verweisung im Vertragsgefüge als auch die Entstehung des Verweisungsobjekts zu beachten sind.[6] Dies macht eine Einzelfallbetrachtung zur Beurteilung der Frage, ob eine dynamische Bezugnahmeklausel intransparent ausgestaltet ist, erforderlich. Ohne die Zulässigkeit einer dynamischen Bezugnahmeklausel generell infrage zu stellen, wird teilweise davon ausgegangen, dass eine „Jeweiligkeitsklausel" unwirksam sein kann, wenn für den Arbeitnehmer nicht erkennbar ist, welche Regelung der Arbeitgeber mit der Bezugnahme verfolgen will, oder aber die dynamische Verweisung zu einem „voraussetzungslos ausübbaren Änderungsrecht" der Vertragsbedingungen führen kann.[7] Wie bereits das BAG zur Vereinbarkeit einer dynamischen Bezugnahme auf ein einseitiges Regelungswerk des Arbeitgebers mit § 308 Nr. 4 BGB ausgeführt hat, ist auch vor dem Hintergrund des Transparenzgebots eine dynamische Verweisungsklausel nur dann zulässig, wenn sie eine Änderung der Arbeitsbedingungen durch den Arbeitgeber nur unter bestimmten Voraussetzungen zulässt. Darüber hinaus genügt eine Bezugnahmeklausel nur dann den Anforderungen des Transparenzgebots, sobald sie eindeutig formuliert und das Bezugnahmeobjekt zum Zeitpunkt der jeweiligen „Anwendung" der Bezugnahmeklausel bestimmbar ist.[8]

16 Im Einklang mit der Rechtsprechung kann eine solche Bezugnahmeklausel allenfalls dann wirksam sein, wenn sichergestellt wird, dass der Arbeitgeber eine Änderung der Arbeitsbedingungen **nicht voraussetzungslos** herbeiführen kann. Entspricht die Bezugnahmeklausel diesen Anforderungen nicht, ist sie wegen eines Verstoßes sowohl gegen das Klauselverbot von § 308 Nr. 4 BGB als auch gegen das Transparenzgebot von § 307 Abs. 1 Satz 2 BGB und – soweit der Anwendungsbereich dieser Vorschrift neben § 308 Nr. 4 BGB eröffnet ist – auch wegen einer un-

---

1 Für die Verweisung auf einen Tarifvertrag: BAG v. 9.11.2005 – 5 AZR 128/05, NZA 2006, 202; *Annuß*, ZfA 2005, 405 (432 f.); *Diehn*, NZA 2004, 129 (134); HWK/*Henssler*, § 3 TVG Rz. 18.
2 BGH v. 19.10.1999 – XI ZR 8/99, DB 2000, 515; v. 9.5.2001 – IV ZR 121/00, DB 2001, 2186.
3 BGH v. 24.3.1999 – IV ZR 90/98, DB 1999, 1382; v. 9.5.2001 – IV ZR 121/00, DB 2001, 2186.
4 *Diehn*, NZA 2004, 129 (134).
5 BGH v. 8.11.2001 – III ZR 14/01, NJW 2002, 507; v. 19.3.2003 – 4 AZR 331/02, NZA 2003, 1207 (1208); so auch: *Däubler*, NZA 2001, 1329 (1336); *Thüsing/Lambrich*, NZA 2002, 1361.
6 *Oetker*, JZ 2002, 337 (342).
7 *Oetker*, FS Wiedemann, S. 383 (395).
8 BAG v. 9.7.1980 – 4 AZR 564/78, DB 1981, 374; HWK/*Henssler*, § 3 TVG Rz. 19; Däubler/*Lorenz*, § 3 TVG Rz. 235; Wiedemann/*Oetker*, § 3 TVG Rz. 293.

angemessenen Benachteiligung des Arbeitnehmers gemäß § 307 Abs. 1 Satz 1 BGB unwirksam. Was bedeutet dies nun für die Vertragspraxis? Eine hinreichend konkrete Jeweiligkeitsklausel, die die Bezugnahme auf eine Allgemeine Arbeitsbedingung vermittelt, ist kaum denkbar. Oder sie müsste so spezifisch sein, dass sie als Verweisungsklausel keinen Sinn mehr macht. Die typische Verweisungsklausel: „Im Übrigen wird auf die jeweilige Fassung der Allgemeinen Arbeitsbedingungen Bezug genommen" ist jedenfalls unwirksam. Die Worte „jeweilige Fassung der" werden als unangemessener Teil aus der Klausel gestrichen. Es verbleibt dann nur noch die statische Verweisung auf die Allgemeine Arbeitsbedingung. Eine „voraussetzungslose" Veränderungsmöglichkeit liegt aber nur bei solchen Jeweiligkeitsklauseln vor, die es allein in die Hand des Arbeitgebers legen, Vertragsinhalte „auszutauschen". Das ist bei Jeweiligkeitsklauseln, die auf Betriebsvereinbarungen oder Tarifverträge verweisen, allerdings nicht der Fall, weil hier die Änderung von einem Konsens der Betriebsparteien (ggf. Spruch der Einigungsstelle) oder einer Einigung der Tarifparteien abhängt. Darauf hat auch der 10. Senat zu Recht hingewiesen.[1] Allenfalls in Kollektivverträgen könne davon ausgegangen werden, dass die wechselseitigen Interessen der Arbeitnehmer und Arbeitgeber angemessen berücksichtigt sind. Das ist der Grund, weshalb bei der Verweisung auf Kollektivverträge zum Teil andere Grundsätze gelten müssen.

Der Verweis auf **Arbeits-, Dienst- und Geschäftsanweisungen** stellt dagegen häufig nichts anderes als eine allgemeine Regelung des → *Direktionsrechts*, II D 30 dar und ist somit prinzipiell unter Wahrung billigen Ermessens (§ 106 GewO) veränderbar. Im Einzelfall fraglich kann jedoch sein, ob der Arbeitgeber nicht durch entsprechende allgemeine Anweisungen sein Direktionsrecht eingeschränkt hat. Dies dürfte nicht der Fall sein, wenn der Verweis auf die „jeweils gültigen" Anweisungen erfolgt (Typ 2e). Der Jeweiligkeitsvorbehalt ist hier auch nicht in gleicher Weise problematisch wie bei allgemeinen Arbeitsbedingungen, weil das → *Direktionsrecht*, II D 30 – in seinen Grenzen – ohnehin wechselnde Anweisungen zulässt. Problematisch beim Verweis auf die jeweilige Fassung von **Versorgungsordnungen** (Typ 2g und h) ist, dass unter Umständen in erworbene Besitzstände eingegriffen wird, wenn die Versorgungsordnung nachträglich geändert wird (hierzu Rz. 79).

17

bb) Große dynamische Verweisung

Typ 3: Große dynamische Verweisung 18

a) Auf das Arbeitsverhältnis sind anzuwenden die betrieblich und fachlich jeweils einschlägigen Tarifverträge in ihrer jeweils gültigen Fassung, soweit in diesem Vertrag nichts anderes vereinbart ist. Dies sind zurzeit (Zeitpunkt des Vertragsschlusses) die von der X-Gewerkschaft mit dem Y-Arbeitgeberverband für das Tarifgebiet Z abgeschlossenen Tarifverträge für die A-Branche.

b) Für das Arbeitsverhältnis gelten die jeweils einschlägigen Tarifverträge in der jeweils gültigen Fassung, soweit in diesem Vertrag nichts anderes vereinbart ist. Dies sind zurzeit die von der X-Gewerkschaft mit dem Y-Arbeitgeberverband geschlossenen X-Tarifverträge für die Y-Branche.

---

1 BAG v. 11.2.2009 – 10 AZR 222/08, NZA 2009, 428 (429).

c) (1) Auf das Arbeitsverhältnis finden die jeweils für eine relative Mehrheit der im jeweiligen Beschäftigungsbetrieb tätigen tarifgebundenen Arbeitnehmer geltenden Tarifverträge in ihrer jeweils gültigen Fassung Anwendung. Das sind nach Kenntnis des Arbeitgebers derzeit die Tarifverträge der XY-Branche im Tarifgebiet Z, abgeschlossen zwischen dem Arbeitgeber/Arbeitgeberverband X und der Gewerkschaft Y.

(2) Entfällt jegliche Tarifbindung des Arbeitgebers, gelten die zu diesem Zeitpunkt gemäß Abs. 1 anwendbaren Tarifverträge statisch in der zuletzt gültigen Fassung fort, soweit sie nicht durch andere Abmachungen ersetzt werden.

(3) Absatz 2 gilt entsprechend im Falle eines Betriebsübergangs, wenn der neue Arbeitgeber nicht tarifgebunden ist. Für den Fall, dass der neue Arbeitgeber tarifgebunden ist, gilt Absatz 1 Satz 1 entsprechend.

Große dynamische Verweisungen ermöglichen Flexibilität sowohl in **zeitlicher** als auch in **sachlicher Hinsicht**. Bei der Verweisung auf Tarifverträge können sie bei Änderungen der normativen Tarifsituation das missliche Nebeneinander unterschiedlicher tariflicher Arbeitsbedingungen innerhalb eines Arbeitsverhältnisses teilweise vermeiden. Problematisch an solchen Klauseln ist allerdings zum einen ihre Transparenz (Rz. 90), zum anderen die Frage, wie sich nachträgliche Änderungen des Tarifvertrags auswirken (hierzu Rz. 71 ff.) und welcher Tarifvertragsinhalt bei einem Ende der Tarifgebundenheit des Arbeitgebers oder im Falle eines Betriebsübergangs gilt (Rz. 91 ff.).[1] Diese Fragen sollten aus Transparenzgründen ausdrücklich geregelt werden, wie in Typ 3c verdeutlicht. Von der bislang üblichen „knappen" Formulierung einer großen dynamischen Verweisung (Typ 3a und b) ist jedenfalls in einseitig gestellten Vertragsbedingungen **abzuraten**; sie ist dem Risiko der Unwirksamkeit wegen Intransparenz ausgesetzt (§ 307 Abs. 1 Satz 2 BGB).[2] Aus Arbeitgebersicht ist bei Verwendung von großen dynamischen Verwendungen zudem zu bedenken, dass diese bei einer rückwirkenden Tariferhöhung zu Nachzahlungsansprüchen der Arbeitnehmer führen kann.[3] Deshalb ist auch die Rechtsprechung des BAG interessengerecht, wonach eine arbeitsvertragliche Bezugnahme auf das Tarifwerk einer bestimmten Branche über ihren Wortlaut hinaus nur dann als große dynamische Verweisung ausgelegt werden kann, wenn sich dies aus besonderen Umständen ergibt.[4]

19 Der demnach vorzugswürdige Klauseltyp 3c berücksichtigt zugleich die **Aufgabe des „Grundsatzes der Tarifeinheit im Betrieb"** (s. Rz. 61 ff.), indem er festlegt, welcher von mehreren im Betrieb geltenden Tarifverträgen in Bezug genommen wird. Die hier vorgeschlagene Verweisungsklausel ermittelt den jeweils anwendbaren Tarifvertrag nach dem Mehrheits- oder Repräsentativitätsprinzip (s. Rz. 64).[5] Durch den Zusatz „in der jeweils gültigen Fassung" wird eindeutig festgelegt, dass von den Vertragsparteien eine dynamische Verweisung gewollt ist. Zweifelhaft ist dies in folgenden Fällen:

---

1 Hierzu *Bayreuther*, FS Kreutz, S. 29 (32 ff.).
2 Ebenso *Klingebiel*, S. 118 ff.
3 BAG v. 6.8.2002 – 1 AZR 247/01, NZA 2003, 449.
4 BAG v. 25.9.2002 – 4 AZR 294/01, NZA 2003, 807; v. 29.8.2007 – 4 AZR 767/06, NZA 2008, 364.
5 Vgl. *Preis/Greiner*, NZA 2007, 1073 (1079).

⊃ **Nicht geeignet:**

a) Im Übrigen gelten als Bestandteil dieses Anstellungsvertrags die Bestimmungen des Tarifvertrags für das private Bankgewerbe, die gesetzlichen Bestimmungen und die Betriebsvereinbarungen.

b) Für das Dienstverhältnis gelten alle das Unternehmen bindende Tarifverträge, Betriebsvereinbarungen und die Arbeitsordnungen.

c) Ihr Arbeitsvertrag richtet sich nach den Bestimmungen des Bundesangestelltentarifvertrags (BAT).

Aus dem Wortlaut vorstehender Klauseln wird nicht hinreichend deutlich, ob damit die „jeweils" für diesen Betrieb gültigen Tarifverträge gemeint sind. Die Rechtsprechung geht zwar bislang im Zweifel von einer dynamischen Verweisung aus[1] (vgl. zur Auslegung von Verweisungsklauseln Rz. 33 ff.). Zur Vermeidung von Auslegungsschwierigkeiten und aus Gründen der Transparenz empfiehlt sich jedoch eine eindeutige Formulierung wie insbesondere in Klauseltyp 3c.

e) Globalverweisung

Von Globalverweisungen spricht man, wenn das **außervertragliche Regelwerk als Ganzes** in Bezug genommen wird. Die Globalverweisung kann **statisch** (Typ 1) oder **dynamisch** (Typ 2 und 3) ausgestaltet sein. Auch hier kann prinzipiell auf jedes Regelwerk außerhalb des Arbeitsvertrags verwiesen werden.

Hauptzweck von Globalverweisungen ist die **Gleichbehandlung** der Arbeitnehmer. Der nicht tarifgebundene Arbeitnehmer soll in allem so gestellt werden, wie das bei Tarifgebundenen der Fall ist. Gegen die globale Einbeziehung des Tarifvertrags werden teilweise in der Literatur Bedenken erhoben. Durch sie würde die negative Koalitionsfreiheit des Tarifaußenseiters erheblich beeinträchtigt.[2] Demgegenüber halten Rechtsprechung und überwiegende Literatur die Erstreckung der tariflichen Normen auf Tarifaußenseiter für unproblematisch.[3] Der Gleichbehandlungszweck wird zweifelhaft, wenn in einem Unternehmen mehrere Tarifverträge nebeneinander gelten. Dann kann durch die Globalverweisung nur eine partielle Gleichbehandlung erreicht werden (s. Rz. 61).

f) Teilverweisung

Typ 4: Teilverweisung

a) Die Parteien vereinbaren hinsichtlich der Eingruppierung und des zu zahlenden Entgelts die Anwendung der jeweils geltenden Vorschriften der Metallindustrie NRW.

---

1 Vgl. BAG v. 20.3.1991 – 4 AZR 455/90, NZA 1991, 736; LAG Hamm v. 15.1.1985 – 6 Sa 1055/84, NZA 1985, 361; BGH v. 20.10.1977 – II ZR 25/77, WM 1977, 1407.
2 *Schüren*, RdA 1988, 138 ff.
3 Vgl. BAG v. 5.11.1963 – 5 AZR 136/63, DB 1964, 155; Wiedemann/*Oetker*, § 3 TVG Rz. 286 ff.

b) Der Urlaub regelt sich nach den Bestimmungen des BUrlG i.V.m. dem jeweils einschlägigen Tarifvertrag am Einsatzort in seiner jeweils gültigen Fassung.

23 Den Parteien des Arbeitsvertrags steht es frei, statt der Inbezugnahme des ganzen Tarifvertrags nur die Anwendung bestimmter Normkomplexe (Entgelt, Urlaub) zu vereinbaren (sog. Teilverweisung). Auch dagegen bestehen keine grundsätzlichen Bedenken.[1] Der Gesetzgeber selbst eröffnet in zahlreichen Vorschriften den Vertragsparteien die Möglichkeit, auf einzelne Tarifnormkomplexe zu verweisen und sich damit die Vorteile des tarifdispositiven Gesetzesrechts zu sichern (Beispiel: § 622 Abs. 4 Satz 2 BGB). Zu beachten ist jedoch das **Bestimmtheits- bzw. Transparenzgebot**. Literatur und Rechtsprechung gehen bei einer unklaren Bezeichnung des Tarifvertrags davon aus, dass der für den Betrieb einschlägige Tarifvertrag gelten soll.[2] Einschlägig ist dabei der Tarifvertrag, der zur Anwendung käme, wenn beide Parteien tarifgebunden wären.[3] Speziell bei der Teilverweisung ergibt sich das Problem, in welchem Umfang Regelungen einbezogen sein sollen. Grundsätzlich werden nur die tariflichen Regelungen zum Vertragsbestandteil, die von der Verweisungsklausel umfasst werden. Alle übrigen tariflichen Normen sind mangels Bezugnahme unbeachtlich.

24 Häufig stellt sich die Frage, ob bei Teilverweisungen auch **Ausschlussfristen** miteinbezogen worden sind. Gehört die Ausschlussfrist unmittelbar zum Bezugnahmeobjekt, dann gilt sie als von der Verweisung mit umfasst.[4] Gehört die Ausschlussfrist aber nicht erkennbar zu dem einbezogenen Normenkomplex, führen die Prinzipien der Bestimmtheit, Transparenz (Rz. 90) und der Unklarheitenregel (Rz. 34) dazu, dass die Ausschlussfrist kein wirksamer Vertragsbestandteil wird.[5]

25 Das BAG hat in seiner Entscheidung vom 19.1.1999[6] generell akzeptiert, dass sich die einzelvertragliche Bezugnahme auch auf Teile eines Tarifvertrags beschränken kann.[7] Der Einwand, die Tarifautonomie werde untergraben, wenn tarifgebundenen Arbeitnehmern nachteilige tarifliche Regelungen zugemutet würden, die nicht tarifgebundenen Arbeitnehmern erspart werden könnten,[8] überzeugte das BAG nicht. Der Einwand treffe schon solche Verweisungen nicht, die jeweils einen ganzen Sachkomplex (z.B. Entgelt, Urlaub usw.) umfassen. Es sei nicht ersichtlich, dass die als Folge der h.M. befürchteten Entwicklungen (Austritt aus der Gewerkschaft um einer günstigeren einzelvertraglich angebotenen Verweisung willen) tatsächlich eintreten könnten. Mit dieser Argumentation wird aber die umgekehrte Problematik, dass der Arbeitgeber als Vertragsverwender nur auf die für ihn günstigen Tarifklauseln verweist („Rosinenpickerei"), nicht erschöpfend behandelt. Zwar wird man hier keine prinzipiellen Bedenken gegen Teil- und Einzelverweisungen haben können. Doch liegt die Problematik intransparenter und überraschender Vertrags-

---
1 Wiedemann/*Oetker*, § 3 TVG Rz. 297.
2 BAG v. 5.11.1963 – 5 AZR 136/63, DB 1964, 155.
3 *Seibert*, NZA 1985, 730; Wiedemann/*Oetker*, § 3 TVG Rz. 316.
4 Vgl. *Etzel*, NZA Beilage 1/1987, 19 (26).
5 Vgl. *Etzel*, NZA Beilage 1/1987, 19 (26).
6 BAG v. 19.1.1999 – 1 AZR 606/98, NZA 1999, 879.
7 Vgl. ferner BAG v. 3.12.1985 – 4 ABR 80/83, BAGE 50, 241 (251); *Gamillscheg*, Kollektives Arbeitsrecht I, S. 739; *Löwisch/Rieble*, § 3 TVG Rz. 523.
8 Kempen/Zachert/*Brecht-Heitzmann*, § 3 TVG Rz. 209.

gestaltung auf der Hand. Ferner kann derart aus dem Gesamtgefüge herausgerissenen Klauseln aus Tarifverträgen nicht uneingeschränkt die privilegierte Behandlung einer reduzierten Inhaltskontrolle zuteilwerden (dazu ausführlich I C Rz. 58 ff.). Diese Tendenz lässt auch der Gesetzgeber erkennen, wenn er in der Begründung zu § 310 Abs. 4 BGB schreibt, „dass auch Einzelarbeitsverträge, die Bezug auf einen Tarifvertrag nehmen, ohne dass eine beiderseitige Tarifgebundenheit besteht, oder die mit Kollektivverträgen übereinstimmen und lediglich deren gesamten Inhalt wiedergeben, ebenfalls nicht der Inhaltskontrolle unterliegen."[1]

Da auch Teilverweisungen die Gefahr in sich bergen, dem Arbeitnehmer lediglich einseitig belastende Regelungen aufzuerlegen, ist zu empfehlen, stets auf einen gesamten Regelungskomplex zu verweisen (hierzu Rz. 83 ff.). Eingeschränkte Verweisungen hingegen bergen das **Risiko der Unausgewogenheit** und sind daher wie Einzelverweisungen zu behandeln mit der Folge der vollen Inhaltskontrolle (hierzu Rz. 86). 26

⊃ **Nicht geeignet:**
Entstehen eines Urlaubsanspruchs und Dauer des Urlaubs richten sich nach den tariflichen Bestimmungen.

Im Beispiel wird lediglich für das Entstehen und die Dauer des Urlaubsanspruchs auf den Tarifvertrag verwiesen. Die übrigen tariflichen Urlaubsregelungen, z.B. die Urlaubsgeldregelungen, wären nicht umfasst. Dadurch kann die Urlaubsregelung insgesamt für den nicht tarifgebundenen Arbeitnehmer unausgewogen werden. Anders dagegen sind Typ 4a und b zu beurteilen, die auf den gesamten Regelungskomplex der Entgelt- bzw. Urlaubsregelungen im jeweils gültigen Tarifvertrag verweisen. 27

g) Einzelverweisung

Typ 5: Einzelverweisung

a) Folgende Bestimmungen des MTV für das X-Gewerbe finden auf diesen Vertrag Anwendung:
§ 9 Versetzung
§ 13 ...
§ 14 ...
b) Rechte und Pflichten richten sich nach § 12 MTV.
c) Für Abgeltung des Urlaubsanspruchs wegen Beendigung des Arbeitsverhältnisses gilt die Bestimmung des § 6a Abs. 5d MTV.

Durch Einzelverweisung werden statt ganzer Teilbereiche nur spezielle tarifliche Regelungen in den Einzelarbeitsvertrag einbezogen. Diese Verweisungstechnik hat den Vorteil, dass der Arbeitgeber hierdurch einen auf seinen Betrieb maßgeschneiderten Arbeitsvertrag konzipieren kann.[2] Er ist dadurch in der Lage, die 28

---
1 BT-Drucks. 14/6857, S. 54.
2 *Braun*, BB 1986, 1428 (1429).

für ihn günstigen Arbeitsbedingungen zu übernehmen. Durch eine derartige Vertragsgestaltung kann der Vorteil einer zurückhaltenderen Inhaltskontrolle regelmäßig nicht erzielt werden (vgl. Rz. 86). Vielmehr ist hier die Gefahr eines Herauspickens benachteiligender Bestimmungen aus dem Tarifvertrag besonders groß. Daher sind Einzelverweisungen zwar durchaus möglich, die Klauseln unterliegen aber – wie andere AGB auch – der vollen Inhaltskontrolle nach §§ 307 ff. BGB.

h) Doppelverweisung

29 Problematisch sind die in der Praxis häufig vorkommenden Doppel- oder Mehrfachverweisungen. So ist es nicht selten, dass der Formulararbeitsvertrag auf einen bestimmten Tarifvertrag verweist, der seinerseits auf weitere Tarifverträge verweist.

⊃ **Nicht geeignet:**
Die Bestimmungen des jeweils gültigen MTV für das X-Gewerbe in NRW sind, soweit nichts anderes vereinbart wurde, Bestandteil des Arbeitsverhältnisses.
§ 10 MTV des X-Gewerbes in NRW lautet: „Die Entlohnung aller Arbeitnehmer erfolgt aufgrund dieses MTV und des Lohn- und Gehaltstarifvertrags."

30 Der 4. Senat hat in einer Entscheidung vom 2.3.1988[1] die Verweisungsklausel in einem Arbeitsvertrag, wonach der Manteltarifvertrag eines Tarifgebiets Anwendung finden sollte, in dem seinerseits auf einen Lohn- und Gehaltstarifvertrag (der im Unterschied zum Arbeitsvertrag einen Nachtarbeitszuschlag vorsah, den die Arbeitnehmerin einklagte) verwiesen wurde, nicht als eine für den Arbeitnehmer günstige Doppelverweisung anerkannt. Vielmehr müsse die Verweisung auf den Lohn- und Gehaltstarifvertrag aus dem Arbeitsvertrag deutlich hervorgehen. Dies hätte z.B. durch eine eindeutige Verweisung geschehen können. Die Interpretation des BAG ist, sofern es sich um einen vorformulierten Arbeitsvertrag handelt, bedenklich. Denn das Risiko für die Unklarheit der Formulierung trägt derjenige, der eine formularmäßige Verweisungsklausel aufstellt, § 305c Abs. 2 BGB. Er trägt auch das Risiko bei unklaren Doppelverweisungen.

31 Im Recht der Allgemeinen Geschäftsbedingungen stößt die Weiterverweisung auf andere Klauselwerke auf Bedenken. So wird gegen die Einbeziehung eines weiteren Klauselwerks in den Vertrag eingewandt, dass dieses den AGB regelmäßig nicht beigefügt sei und der Kunde sich von seinem Inhalt nicht in zumutbarer Weise Kenntnis verschaffen könne.[2] Der BGH hat allerdings die Weiterverweisung auf andere Klauselwerke in AGB zugelassen.[3] Die Entscheidung dieser Frage darf kaum anders ausfallen als die Problematik sog. dynamischer Verweisungen. Hier stellt sich nämlich das Problem der zumutbaren Kenntnisnahme und der Inhaltskontrolle noch schärfer: Ist es dem Vertragspartner zuzumuten, jede Änderung eines einbezogenen Klauselwerks nachzuverfolgen und sich selbst über den Inhalt Kenntnis zu verschaffen?

---

1 BAG v. 2.3.1988 – 4 AZR 595/87, NZA 1988, 623; so auch LAG Nürnberg v. 22.5.2001 – 6 Sa 562/00, NJOZ 2001, 1897.
2 Vgl. BGH v. 16.12.1982 – VII ZR 92/82, DB 1983, 819; OLG München v. 5.3.1981 – 6 U 1138/81, WRP 1981, 340; LG Braunschweig v. 17.10.1985 – 7 S 128/85, NJW-RR 1986, 639.
3 BGH v. 21.6.1990 – VII ZR 308/89, DB 1990, 2214; so auch *Willenbruch*, BB 1981, 1976.

Aus der Sicht des **Nachweisgesetzes** ergeben sich gegen diese Form der Vertragsgestaltung **Bedenken**. Dort können in bestimmten Zentralbereichen (Entgelt, Arbeitszeit, Urlaub, Kündigungsfristen) die notwendigen Angaben zwar durch einen Hinweis auf die einschlägigen Tarifverträge ersetzt werden (§ 2 Abs. 3 NachwG). Hieraus ergibt sich aber gleichzeitig die Forderung, dass der Arbeitgeber den einschlägigen Tarifvertrag im Nachweis auch benennen muss.[1] Bei einer Doppelverweisung ist das eben nicht der Fall. Der Arbeitnehmer muss sich das einschlägige Regelwerk durch Weiterverweisung erst erschließen. Das wird dem Mindestanspruch des in § 2 Abs. 3 NachwG verminderten **Transparenzgedankens** nicht gerecht. Deshalb wird eine Vertragsgestaltung, die sich bei Bezugnahmeklauseln auf Weiterverweisungen verlässt, nicht empfohlen.

3. Auslegung von Verweisungsklauseln

a) Grundsatz

Der genaue Inhalt der Verweisungsklausel und die Abgrenzung der Klauseltypen sind **durch Auslegung zu ermitteln**.[2] Die Auslegung spielt insbesondere für die Frage eine große Rolle, welche Wirkung Bezugnahmeklauseln bei nachträglichen Veränderungen des Tarifvertrags, bei Verbandsaustritt und -wechsel des Arbeitgebers und bei einem Betriebsübergang haben (vgl. Rz. 91 ff.). Verweisungsklauseln sind typischerweise in arbeitgeberseitig vorformulierten Arbeitsverträgen, also Allgemeinen Geschäftsbedingungen, zu finden. Nach ständiger Rechtsprechung des BGH sind Allgemeine Geschäftsbedingungen ausgehend von den Verständnismöglichkeiten eines rechtlich nicht vorgebildeten Durchschnittskunden einheitlich so auszulegen, wie sie von verständigen und redlichen Vertragsparteien unter Abwägung der Interessen der normalerweise beteiligten Verkehrskreise verstanden werden (objektivierter Empfängerhorizont).[3] Diese im allgemeinen Zivilrecht seit langem anerkannten Auslegungsgrundsätze wurden vom BAG im Zusammenhang mit Verweisungsklauseln – insbesondere bei der Auslegung kleiner dynamischer Verweisungen als „bloßer Gleichstellungsabrede" – allerdings nicht immer stringent angewandt, rücken aber, insbesondere seit der „Rechtsprechungsänderung" vom 14.12.2005 und 18.4.2007[4] (vgl. Rz. 56 ff.), stärker in den Vordergrund.

b) Unklarheitenregel

Bleiben **Zweifel** bei der Auslegung einer Verweisungsklausel, gehen diese nach § 305c Abs. 2 BGB **zu Lasten des Verwenders**, also des Arbeitgebers. Ist die Tragweite der Verweisung auf Tarifnormen zweifelhaft, geht dies somit zu Lasten des Arbeitgebers.[5] Gerade auf Verweisungsklauseln hat die Vertragspraxis im Arbeitsrecht bislang mitunter zu wenig Mühe verwendet. Nur weil die Rechtsprechung des BAG in der Anwendung kollektiver Regelungswerke auch bei unklaren und fehlerhaften

---

1 *Wank*, RdA 1996, 23.
2 Vgl. dazu *Fischer*, FA 2001, 2; *Gussen*, FA 2001, 201; *Ramrath*, FA 2001, 104; *Seitz/Werner*, NZA 2000, 1257.
3 BGH v. 25.9.2001 – XI ZR 375/00, DB 2002, 1151.
4 BAG v. 14.12.2005 – 4 AZR 536/04, NZA 2006, 607; v. 18.4.2007 – 4 AZR 253/06, NZA 2007, 1455.
5 BAG v. 9.11.2005 – 5 AZR 128/05, NZA 2006, 202.

Vertragsabreden äußerst großzügig war,[1] sind Mängel in der Technik der Vertragsgestaltung oftmals noch geheilt worden. Angesichts der breiten Kritik der Literatur[2] und der nunmehr vorzunehmenden AGB-Kontrolle hat das BAG seine Rechtsprechung für seit dem 1.1.2002 vereinbarte Verweisungsklauseln deutlich verschärft. Vorrangig für die Vertragsgestaltung muss daher das Ziel sein, klare und bestimmte Regelungen zu schaffen, die Auslegungszweifel möglichst vermeiden und das Gewollte deutlich zum Ausdruck bringen. Die in Bezug genommene Regelung muss daher so genau bezeichnet werden, dass Irrtümer hinsichtlich der für anwendbar erklärten Regelung ausgeschlossen sind.[3] Unproblematisch ist dies bei einer statischen Verweisung. Zweifelhaft hingegen ist, wann dem Bestimmtheitserfordernis bei einer dynamischen Verweisung Genüge getan ist. Nach Auffassung des BAG ist es ausreichend, wenn im Zeitpunkt der jeweiligen Anwendung die in Bezug genommenen Regelungen eindeutig bestimmbar sind.[4] Daher kann in einem Arbeitsvertrag auch auf erst künftig entstehende tarifliche Regelungen verwiesen werden.

c) Im Zweifel: dynamische Verweisung

35 Das BAG steht bislang auf dem Standpunkt, dass eine dynamische Verweisung, die zukünftige Änderungen erfasst, sachgerechter sei und in der Regel den Interessen der Parteien eher gerecht werde als die statische Verweisung auf einen im Zeitpunkt des Vertragsabschlusses bestehenden Rechtszustand.[5] Bei unklaren Verweisungen sei **im Zweifel** von einer **dynamischen Verweisung** auszugehen. Ist eine statische Verweisung gewollt, muss dies in der Vereinbarung deutlich zum Ausdruck kommen.[6] Das BAG hat in seiner Entscheidung vom 20.3.1991[7] die Vereinbarung

36 „Im Übrigen gelten die Bestimmungen des Rahmentarifvertrags für Angestellte im niedersächsischen Einzelhandel."

trotz Fehlens einer Jeweiligkeitsklausel dahingehend ausgelegt, dass die Parteien den MTV Einzelhandel in seiner jeweiligen Fassung vereinbaren wollten. Werde nämlich in einem Arbeitsvertrag ohne Datumsangabe auf einen im Übrigen genau bezeichneten Tarifvertrag verwiesen, sei im Zweifel anzunehmen, dieser Tarifvertrag solle in seiner jeweiligen Fassung Anwendung finden. Ein solcher Wille der Parteien ergebe sich zum einen aus der beabsichtigten Zukunftswirkung des Arbeitsverhältnisses, zum anderen daraus, dass die Parteien mit einer solchen Vereinbarung den nicht tarifgebundenen Arbeitnehmer ersichtlich einem tarifgebundenen Arbeitnehmer gleichstellen wollten.[8] Demgegenüber ergebe sich aus dem Vertrags-

---

1 Vgl. etwa BAG v. 4.8.1999 – 5 AZR 642/98, NZA 2000, 154; dagegen auch LAG Düsseldorf v. 23.2.2000 – 12 Sa 1850/99, DB 2000, 931.
2 Zur Kritik an der Rechtsprechung zur „Gleichstellungsabrede" exemplarisch *Lambrich*, BB 2002, 1267; *Thüsing/Lambrich*, RdA 2002, 193; *Annuß*, AuR 2002, 361 ff.; *Bayreuther*, DB 2002, 1008; ArbG Duisburg v. 9.1.2003 – 4 Ca 3028/02, juris.
3 BAG v. 8.7.1980 – 6 AZR 273/78, juris.
4 BAG v. 8.7.1980 – 6 AZR 273/78, juris.
5 BAG v. 16.8.1988 – 3 AZR 61/87, NZA 1989, 102; v. 20.3.1991 – 4 AZR 455/90, NZA 1991, 736; v. 29.1.1991 – 3 AZR 44/90, NZA 1991, 563.
6 BAG v. 16.8.1988 – 3 AZR 61/87, NZA 1989, 102.
7 BAG v. 20.3.1991 – 4 AZR 455/90, NZA 1991, 736.
8 *Etzel*, NZA Beilage 1/1987, 19 (27).

wortlaut kein Anhaltspunkt dafür, dass nur der bei Vertragsschluss geltende MTV Vertragsbestandteil sein solle. Im Zweifel seien daher entsprechende Verweisungen als dynamische auszulegen. Diese Sichtweise – bei fehlender Angabe einer konkret nach Datum festgelegten Fassung des in Bezug genommenen Tarifvertrags sei regelmäßig anzunehmen, der Tarifvertrag solle in der jeweiligen Fassung gelten – entspricht ständiger Rechtsprechung des BAG.[1]

Kritisch ist einzuwenden, dass sich bei dieser Auslegung eine Unklarheit der Klausel zwar *regelmäßig* zugunsten des Arbeitnehmers, im Einzelfall (bei Verschlechterungen des Tarifniveaus) aber auch zu seinen Lasten auswirken kann. Ob diese Rechtsprechung vor dem Hintergrund der Unklarheitenregel (Rz. 34) auch in Zukunft Bestand haben wird, ist umstritten. Teile der Literatur erwägen, dass eine simple Auslegung „im Zweifel dynamisch" mit § 305c Abs. 2 BGB angesichts möglicher Einschnitte in das Tarifniveau durch Sanierungstarifverträge nicht vereinbar sei; vielmehr sei bei unklarer Klauselformulierung an ein Wahlrecht des Arbeitnehmers zwischen statischer und dynamischer Klauselwirkung zu denken.[2] *Thüsing* will eine unklare Verweisungsklausel jedenfalls dann statisch auslegen, wenn bereits im Zeitpunkt des Vertragsschlusses absehbar war, dass die statische Verweisung für den Arbeitnehmer günstiger sein werde.[3] Einzelne Senate des BAG[4] haben demgegenüber entschieden, dass Bezugnahmeklauseln, die auf ein Tarifwerk Bezug nehmen, in der Regel nicht der Unklarheitenregelung des § 305c Abs. 2 BGB unterliegen, weil sich die Frage der Günstigkeit für den Arbeitnehmer nicht eindeutig beantworten ließe. Einer Anwendung der in Betracht kommenden Tarifregelungen je nach der Art des streitigen Anspruchs und des Zeitpunkts seiner Geltendmachung stünde entgegen, dass die Reichweite der Bezugnahme und die Anwendbarkeit eines Tarifvertrags zum Gegenstand einer (Zwischen-)Feststellungsklage gemacht werden und die entsprechende Feststellung dann in Rechtskraft erwachsen könnte. Eine dynamische Verweisung auf das jeweils gültige Tarifrecht sei auch deshalb nicht unklar, weil die im Zeitpunkt der jeweiligen Anwendung geltenden, in Bezug genommenen Regelungen bestimmbar seien. Das Transparenzgebot werde durch eine solche Vertragsgestaltung nicht verletzt. Damit dürfte die Frage für die Praxis weitgehend geklärt und insoweit den „Besonderheiten des Arbeitsrechts" (§ 310 Abs. 4 Satz 2 BGB) Rechnung getragen sein.

d) Divergenz von Verweisungsziel und sonstigem Vertragsinhalt

Auslegungsprobleme werfen insbesondere Globalverweisungen auf, wenn arbeitsvertragliche Regelungen und Bestimmungen des einbezogenen Tarifvertrags in einer bestimmten Frage abweichen, etwa hinsichtlich des → *Arbeitsentgelts*, II A 70 durch Vereinbarung eines festen Bruttogehalts oder einer vom Tarifvertrag abweichenden

---

1 BAG v. 6.5.2009 – 10 AZR 390/08, NZA-RR 2009, 593.
2 Im Ergebnis jedoch ablehnend *Giesen*, NZA 2006, 625 (627); angedeutet auch bei *Klebeck*, NZA 2006, 15 (17).
3 V. Westphalen/*Thüsing*, Arbeitsverträge (Stand: 2013), Rz. 198.
4 BAG v. 24.9.2008 – 6 AZR 76/07, NZA 2009, 154; bestätigt durch BAG v. 9.6.2010 – 5 AZR 637/09, BB 2010, 2692; anders allerdings noch BAG v. 9.11.2005 – 5 AZR 128/05, NZA 2006, 202; v. 20.4.2012 – 9 AZR 504/10, NZA 2012, 982 Rz. 31 (obiter), wo aufgrundlage von § 305c Abs. 2 BGB nach wie vor von einer Zweifelsregelung „grundsätzlich zeitdynamisch" ausgegangen wird.

Eingruppierung. Nach Auffassung des BAG und der Literatur sollen im Zweifel die – regelmäßig für den Arbeitnehmer **günstigeren** – tariflichen Regelungen Anwendung finden.[1] Bei günstigeren einzelvertraglichen Regelungen wird ein Vorrang der einzelvertraglichen Regelung gewollt sein.[2] Dieses Ergebnis steht mit allgemeinen vertragsrechtlichen Erkenntnissen im Einklang, wonach Individualabreden stets Vorrang vor allgemeinen Vertragsbedingungen haben (vgl. auch § 305b BGB).

4. Konkludente Einbeziehung?

39 Nach Rechtsprechung und Teilen der Literatur[3] kann der Tarifvertrag auch konkludent in den Einzelarbeitsvertrag einbezogen werden. Dies sei anzunehmen, wenn der Arbeitgeber seine Arbeitnehmer insgesamt nach dem Tarifvertrag behandelt und die Arbeitnehmer die tariflichen Leistungen unwidersprochen annehmen. Darüber hinaus soll der Tarifvertrag auch durch eine betriebliche Übung wirksamer Vertragsbestandteil werden können.[4]

40 Die vor Inkrafttreten der Schuldrechtsreform viel diskutierte Problematik, ob bei vorformulierten Arbeitsverträgen eine Einbeziehungskontrolle in Anlehnung an § 2 Abs. 1 AGBG stattfinden kann mit der Folge, dass der Arbeitgeber die Klarstellungslast trägt, besteht nicht mehr. Zum einen gelten nach § 310 Abs. 4 Satz 1 BGB die Vorschriften über Allgemeine Geschäftsbedingungen nunmehr grundsätzlich auch im Arbeitsrecht. Zum anderen regelt § 310 Abs. 4 Satz 2 BGB, dass eine **Einbeziehungskontrolle** nach § 305 Abs. 2 BGB im Arbeitsrecht **nicht stattfindet**. Deshalb kann die Einbeziehung der tariflichen Regelungen nicht deshalb unwirksam sein, weil der Arbeitnehmer möglicherweise den Inhalt des Tarifvertrags nur unzureichend zur Kenntnis nehmen kann. Angesichts der klaren gesetzgeberischen Entscheidung scheidet auch eine analoge Anwendung des § 305 Abs. 2 BGB aus.[5] Ein ausdrücklicher Hinweis oder die Verschaffung der Kenntnisnahmemöglichkeit durch den Arbeitgeber ist also jedenfalls **bei Vertragsabschluss** nicht erforderlich. Die Einbeziehung vorformulierter Vertragsbedingungen, zu denen auch – nicht normativ geltende – Tarifverträge gehören, richtet sich daher nach den allgemeinen Vorschriften, §§ 145 ff. BGB. Der Gesetzgeber begründet diese Ausnahme damit, dass der Arbeitnehmer durch die Vorschriften des **NachwG** ausreichend geschützt sei.[6] Der Arbeitgeber habe ihm die wesentlichen Vertragsbedingungen auszuhändigen, dies genüge als Kenntnisnahmemöglichkeit. Der Nachweis hat allerdings **nur deklaratorische Wirkung** und kann bis zu einem Monat nach dem vereinbarten Beginn des Arbeitsverhältnisses erteilt werden, § 2 Abs. 1 Satz 1 NachwG. Ein Verstoß gegen das NachwG hat keine unmittelbare materiell-rechtlichen Folgen, die Vertragsbedingungen bleiben wirksam.[7] Daher werden die tariflich geregelten Ver-

---

1 Vgl. BAG v. 13.2.1985 – 4 AZR 154/83, BAGE 48, 107 (115).
2 Vgl. *Etzel*, NZA Beilage 1/1987, 19 (26).
3 Vgl. BAG v. 19.1.1999 – 1 AZR 606/98, NZA 1999, 879; LAG Bremen v. 3.2.1965 – 1 Sa 100/64, BB 1965, 495; *Hanau/Kania*, FS Schaub, S. 239 (258 ff.); *Gaul*, ZTR 1991, 188 (190); eingrenzend Kempen/Zachert/*Brecht-Heitzmann*, § 3 TVG Rz. 177 f.
4 BAG v. 19.1.1999 – 1 AZR 606/98, NZA 1999, 879.
5 BAG v. 14.3.2007 – 5 AZR 630/06, NZA 2008, 45; v. 6.5.2009 – 10 AZR 390/08, NZA-RR 2009, 593.
6 BT-Drucks. 14/6857, S. 54.
7 EuGH v. 8.2.2001 – C-350/99, EAS Richtlinie 91/533/EWG Art. 2 Nr. 2.

tragsbedingungen auch dann wirksam, wenn Tarifverträge konkludent in Bezug genommen werden, z.B. durch die regelmäßige Zahlung des Tarifgehalts.

Dennoch wirft die konkludente Einbeziehung manche Zweifelsfrage auf. Es ist fraglich, ob die Entgegennahme begünstigender Leistungen aus dem Tarifvertrag bereits einen rechtsgeschäftlichen Willen des Arbeitnehmers erkennen lässt, die in demselben Tarifvertrag bestehenden nachteiligen Bestimmungen gegen sich gelten zu lassen. Der 5. Senat des BAG[1] hat dies für die Frage der Ausschlussfristen – im Gegensatz zur Rechtsprechung des 1. Senats[2] – verneint. Bei fehlender Tarifbindung müssten tarifliche Ausschlussfristen ausdrücklich durch Verweisung vereinbart werden.

5. Anforderungen aus dem Nachweisgesetz

Entscheidend beeinflusst wird die Vertragsgestaltung bei Verweisungsklauseln durch das Nachweisgesetz. Zwar enthält das Nachweisgesetz lediglich eine deklaratorische Nachweispflicht, so dass die Wirksamkeit der Bezugnahme durch dessen Vorschriften nicht beeinflusst wird.[3] Doch fordert § 2 Abs. 1 Satz 2 Nr. 10 NachwG zwingend zumindest die Aufnahme eines in „allgemeiner Form" gehaltenen Hinweises auf die Tarifverträge sowie Betriebs- und Dienstvereinbarungen, die auf das Arbeitsverhältnis „anzuwenden" sind. Dies bedeutet, dass § 2 Abs. 1 Satz 2 Nr. 10 NachwG nur auf normativ geltende Tarifverträge Anwendung findet. Dabei soll nach der Gesetzesbegründung eine Auflistung der anwendbaren Regelungen unter Angabe der jeweiligen Vertragsparteien, des Abschlussdatums sowie der Regelungsinhalte nicht erforderlich sein.[4] Doch ist zu bedenken, dass diese Sichtweise den Vorgaben der Richtlinie 91/533/EWG, auf der das NachwG beruht, nicht gerecht wird.[5] So schreibt Art. 2 Abs. 2 Buchst. j der Richtlinie vor, dass bei Verweisung auf Tarifverträge, die außerhalb des Unternehmens abgeschlossen werden, die handelnden Institutionen zu bezeichnen sind. Dies hat zur Konsequenz, dass die **Tarifverträge so eindeutig zu bezeichnen sind, dass sie nicht verwechselt werden können** und vom Arbeitnehmer ohne Schwierigkeiten zu ermitteln sind.[6] Nach § 2 Abs. 3 Satz 1 NachwG kennt das Gesetz ferner „ähnliche Regelungen" (insbesondere Arbeitsvertragsrichtlinien der Kirchen), auf die verwiesen werden kann. Darüber hinaus können nach § 2 Abs. 3 Satz 2 NachwG bestimmte wesentliche Arbeitsbedingungen (Arbeitsentgelt, Arbeitszeit, Urlaub und Kündigungsfristen) nur durch einen **Hinweis auf die „einschlägigen" Tarifverträge** ersetzt werden. Hier bedarf es einer **hinreichend konkreten Verweisung**, wobei es allerdings genügt, den einschlägigen Tarifvertrag zu benennen.[7]

Diese verwirrend erscheinenden Regelungen finden bei systematischer und teleologischer Interpretation folgende Ordnung: Findet ein Tarifvertrag Anwendung – sei

---
1 BAG v. 26.9.1990 – 5 AZR 112/90, NZA 1991, 247.
2 BAG v. 19.1.1999 – 1 AZR 606/98, NZA 1999, 879.
3 Vgl. *Gotthardt*, Rz. 245; s.a. EuGH v. 8.2.2001 – C-350/99, NZA 2001, 381; BAG v. 21.8. 1997 – 5 AZR 713/96, NZA 1998, 37; *Müller-Glöge*, RdA 2001, Sonderbeilage Heft 5, 46 (49); ErfK/*Preis*, Einf. NachwG Rz. 8; *Thüsing/Lambrich*, NZA 2002, 1361 (1367).
4 Vgl. BT-Drucks. 13/668, S. 10f.; krit. *Höland*, AuR 1996, 87 (91); *Wank*, RdA 1996, 23.
5 *Müller-Glöge*, RdA 2001, Sonderbeilage Heft 5, 46 (48).
6 *Müller-Glöge*, RdA 2001, Sonderbeilage Heft 5, 46 (48).
7 ErfK/*Preis*, § 2 NachwG Rz. 23.

es normativ oder aufgrund vertraglicher Bezugnahme –, ist diese Tatsache eine wesentliche Vertragsbedingung im Sinne des Nachweisgesetzes, die der Arbeitgeber schriftlich nachweisen muss. Gilt der Tarifvertrag kraft beiderseitiger Tarifgebundenheit oder Allgemeinverbindlicherklärung (also normativ), ergibt sich die Nachweispflicht aus § 2 Abs. 1 Satz 2 Nr. 10 NachwG. In allen anderen Fällen ist der maßgebende Tarifvertrag gemäß § 2 Abs. 1 Satz 1 NachwG nachzuweisen.[1] Fraglich ist bei der einzelvertraglichen Bezugnahme, wie **detailliert** der Nachweis des Tarifvertrags sein muss. *Müller-Glöge*[2] ist der zutreffenden Auffassung, dass die Bezugnahme so detailliert wie bei § 2 Abs. 1 Satz 2 Nr. 10 NachwG – insbesondere unter **Benennung der Vertragspartner** – sein muss, dass der Arbeitnehmer die Bezugnahmeobjekte ohne Schwierigkeiten ermitteln kann. Ferner ist zu empfehlen, dass die „einschlägigen" Tarifverträge gekennzeichnet werden (vgl. auch § 2 Abs. 3 Satz 2 NachwG), d.h. die **Branche und das Tarifgebiet (fachlicher und räumlicher Geltungsbereich)** genannt werden. Inwieweit neben dem Nachweis des Tarifvertrags an sich auch dessen Inhalt nachzuweisen ist, ist eine hiervon streng zu trennende Frage.

44 Ob und inwieweit der **Inhalt** eines – normativ oder kraft Bezugnahme geltenden – Tarifvertrags nachweispflichtig ist, ist umstritten. Dieser Streit hat sich an der Frage der Nachweispflicht für Ausschlussfristen entzündet. Das LAG Schl.-Holst.[3] hat hierzu – unter Bezugnahme auf *Koch*[4] – vertreten, dass dem Schutzzweck des NachwG durch den allgemeinen Verweis auf den die Verfallfrist regelnden Tarifvertrag nicht entsprochen werde. Ferner wurde argumentiert, dass aus einem Umkehrschluss zu § 2 Abs. 3 Satz 2 NachwG folge, dass alle nicht in § 2 Abs. 1 Satz 2 Nr. 6–9 NachwG privilegierten Bereiche (Entgelt, Arbeitszeit, Urlaub und Kündigungsfristen) ausdrücklich in die Niederschrift aufzunehmen seien. Dem haben das LAG Bremen[5] und das LAG Nds.[6] sowie Teile der Literatur widersprochen.

Müller-Glöge[7] weist darauf hin, dass nach dem NachwG nicht alles Wesentliche aus dem Kollektivvertrag auch in die Niederschrift aufgenommen werden müsse. Ferner habe der EuGH in seiner letzten Entscheidung es als richtlinienkonform angesehen, wenn wegen einer tarifvertraglich gegebenen Verpflichtung zur Überstundenarbeit auf die jeweilige kollektivvertragliche Regelung verwiesen werde.[8] Auch das BAG stand – jedenfalls vor Inkrafttreten des NachwG – auf dem Standpunkt, ein Arbeitnehmer müsse von sich aus alle Informationsquellen ausschöpfen, um die für sein Arbeitsverhältnis maßgebenden Vertragsbedingungen zu ermitteln. Es sei daher in seinem eigenen Interesse, sich über den im Einzelarbeitsvertrag in Bezug genommenen Tarifvertrag eingehend zu informieren. Die Unkenntnis über insoweit bestehende Rechte und Pflichten gehe zu Lasten des Arbeitnehmers.[9] Beide Auffassungen können jedoch letztlich nicht überzeugen.

---

1 *Müller-Glöge*, RdA 2001, Sonderbeilage Heft 5, 46 (49).
2 *Müller-Glöge*, RdA 2001, Sonderbeilage Heft 5, 46 (48).
3 LAG Schl.-Holst. v. 8.2.2000 – 1 Sa 563/99, NZA-RR 2000, 196.
4 *Koch*, FS Schaub, S. 421 (440).
5 LAG Bremen v. 9.11.2000 – 4 Sa 138/00, NZA-RR 2001, 98.
6 LAG Nds. v. 7.12.2000 – 10 Sa 1505/00, NZA-RR 2001, 145 (146).
7 *Müller-Glöge*, RdA 2001, Sonderbeilage Heft 5, 46 (55).
8 EuGH v. 8.2.2001 – C-350/99, NZA 2001, 381; *Lange*, NZA 2001, 381.
9 Vgl. zur Lage vor Inkrafttreten des NachwG BAG v. 5.11.1963 – 5 AZR 136/63, DB 1964, 155.

Gegen die Auffassung, ein allgemeiner Hinweis auf den Tarifvertrag genüge nach § 2 Abs. 1 Satz 2 Nr. 10 NachwG, spricht zum einen das Verhältnis von § 2 Abs. 1 Satz 1 und 2 NachwG. **Satz 2 enthält lediglich Beispiele** von wesentlichen Vertragsbedingungen und kann daher nicht den Grundsatz der Nachweispflicht außer Kraft setzen. § 2 Abs. 1 Satz 2 Nr. 10 NachwG sagt also nichts über eine etwaige Nachweispflicht des Inhalts von Tarifverträgen aus. Vielmehr konstatiert diese Vorschrift allein die Pflicht des Arbeitgebers, auf einen normativ geltenden Tarifvertrag hinzuweisen, weil dessen Geltung eine von vielen wesentlichen Vertragsbedingungen ist, die nachzuweisen sind. Die Möglichkeit der Ersetzung des Nachweises durch Verweis auf Tarifverträge richtet sich daher allein nach § 2 Abs. 3 NachwG. Zum anderen entspricht ein derart **allgemein gehaltener Hinweis keineswegs dem Zweck des NachwG** sowie der ihm zugrunde liegenden **Nachweisrichtlinie**. Danach sollte eine größere Transparenz des Arbeitsmarkts[1] sowie mehr Rechtsklarheit und -sicherheit für den Arbeitnehmer durch bessere Kenntnis seiner Rechte und Pflichten geschaffen werden,[2] was bei einem nur allgemeinen Hinweis jedoch nicht erreicht werden kann. Darüber hinaus würden tarifgebundene und nicht tarifgebundene Arbeitnehmer hinsichtlich des Nachweises allein wegen ihrer Gewerkschaftszugehörigkeit unterschiedlich behandelt, wenn bei Ersteren ein allgemeiner Hinweis auf den Tarifvertrag genügen würde, während bei Letzteren die wesentlichen Vertragsbedingungen ausdrücklich nachgewiesen werden müssten. Die Gegenansicht, die in jedem Fall einen ausdrücklichen Nachweis aller tariflich geregelten wesentlichen Vertragsbedingungen fordert, übersieht, dass der Gesetzgeber selbst durch § 2 Abs. 3 NachwG für **gesetzlich oder kollektivvertraglich** geltende Bedingungen eine **erleichterte Nachweismöglichkeit** geschaffen hat. Diese bezieht sich sogar auf bestimmte essentialia, z.B. die Arbeitszeit. Daher können für einzelvertraglich vereinbarte und kollektivrechtlich geregelte wesentliche Vertragsbedingungen nicht exakt die gleichen Nachweispflichten bestehen.

Sachgerecht scheint es daher, einen Verweis auf Tarifverträge – unabhängig vom Grund der Tarifvertragsgeltung – nur dann als ausreichenden Nachweis anzusehen, wenn dieser die Anforderungen des § 2 Abs. 3 NachwG erfüllt (**qualifizierter Hinweis**). Der Nachweis geschieht somit dadurch, dass die **Vertragsbedingung ausdrücklich genannt**, jedoch hinsichtlich ihrer **genauen Ausgestaltung auf den Tarifvertrag verwiesen** wird.[3] Dadurch ist einerseits gewährleistet, dass der Arbeitnehmer erfährt, welche wesentlichen Vertragsbedingungen im Tarifvertrag enthalten sind. Andererseits ist sichergestellt, dass der Arbeitgeber nicht den gesamten Inhalt der tariflich geregelten wesentlichen Vertragsbedingungen wiedergeben muss und dass auch bei einer Änderung des Tarifvertrags der Nachweis nicht falsch wird (nach § 3 Satz 2 NachwG besteht nämlich bei einer Änderung des Tarifvertrags keine erneute Nachweispflicht). Für andere als die in § 2 Abs. 3 NachwG genannten Vertragsbedingungen ist diese Vorschrift analog anzuwenden.

Der Nachweispflicht ist jedoch nur dann Genüge getan, wenn der Arbeitgeber seine Pflicht aus § 8 TVG – der nach h.M. eine bloße Ordnungsschrift ist[4] – erfüllt und

---
1 Richtlinie 91/533/EWG, 2. Erwägungsgrund.
2 BT-Drucks. 13/668, S. 8.
3 Zu dieser Problematik ausführlich *Preis/Lindemann*, Anm. zu EuGH v. 8.2.2001 – C-350/99, NZA 2001, 381; *Linde/Lindemann*, NZA 2003, 649.
4 *Wiedemann/Oetker*, § 8 Rz. 23 m.w.N.

den **Tarifvertrag im Betrieb** auslegt, so dass der Arbeitnehmer ohne große Schwierigkeiten die für ihn geltenden wesentlichen Vertragsbedingungen einsehen kann.

46 Diese Ansicht wird durch das Zusammenspiel der Ausnahmeregelung des § 310 Abs. 4 Satz 2 BGB (keine Verpflichtung zur Schaffung einer Kenntnisnahmemöglichkeit bei Vertragsabschluss) und der Nachweispflicht aus § 2 Abs. 1 Satz 1 NachwG bestätigt. Der Gesetzgeber hat diese Ausnahme nur geschaffen, weil er der Ansicht war, der Arbeitnehmer sei durch die Pflichten des Arbeitgebers aus dem NachwG ausreichend geschützt. Daher kommt dem Nachweis umso größere Bedeutung zu.

47 Für die Vertragsgestaltung erscheint jedoch in Ansehung dieser unklaren Rechtslage wichtig, jedenfalls bei besonders zentralen Tarifvorschriften außerhalb der in § 2 Abs. 3 NachwG privilegierten Bereiche aus Transparenzgründen einen Hinweis in den Vertrag aufzunehmen. Das gilt etwa für den Bereich der → *Ausschlussfristen*, II A 150.

48 Jedoch auch außerhalb der Nachweisproblematik wird zunehmend geltend gemacht, es sei ein unverzichtbares rechtsstaatliches Erfordernis, dass Rechtsnormen und damit auch Tarifvertragsregelungen für den Betroffenen zugänglich seien. Der Arbeitnehmer müsse auch tatsächlich die Möglichkeit der Kenntnisnahme der für sein Arbeitsverhältnis maßgebenden Tarifnormen haben.[1] *Löwisch/Rieble*[2] treten für eine Nebenpflicht des Arbeitgebers ein, dem Tarifaußenseiter die Kenntnisnahmemöglichkeit zu verschaffen. Die zumutbare Kenntnisnahme ist gerade für in Bezug genommene Tarifverträge erforderlich, denn diese werden in der Regel von den Tarifvertragsparteien nur ihren Mitgliedern übersandt. Die Möglichkeit für Tarifaußenseiter, den sie betreffenden Tarifvertrag beim Bundesarbeitsministerium einzusehen, genügt in keiner Weise.[3]

49 Durch **Bestätigungsklauseln** kann die Problematik der Kenntnisnahmemöglichkeit nicht aus der Welt geschafft werden:

⊃ **Nicht geeignet:**

Für das Arbeitsverhältnis gelten die einschlägigen Tarifverträge sowie die Arbeitsordnung des Betriebs. Der Arbeitnehmer hat diese Bestimmungen eingesehen.

50 Soweit diese Klausel die Kenntnis bzw. Kenntnisnahmemöglichkeit bindend feststellen soll, handelt es sich um eine unzulässige Beweislastklausel (hierzu → *Beweislastvereinbarungen*, II B 30 Rz. 23). Zweckmäßiger sind dann schon **Hinweisklauseln**, die den Arbeitnehmer auf die Möglichkeit der Einsichtnahme an einem bestimmten Ort aufmerksam machen.

---

1 *Braun*, BB 1986, 1428 (1429) m.w.N.
2 *Löwisch/Rieble*, § 8 TVG Rz. 24.
3 Vgl. *Gröbing*, ArbuR 1982, 116 (118 f.); anders *Nömeier*, S. 115 f.

Typ 6: Einsichtnahmeklausel

Ein Exemplar der Arbeitsordnung und des einschlägigen Tarifvertrags erhält der Mitarbeiter gegen Empfangsbescheinigung ausgehändigt. Sie können außerdem in der Personalabteilung oder beim Betriebsrat eingesehen werden.

6. Besonderheiten der Verweisung auf Tarifverträge

Bereits angedeutet wurde, dass bei der Verweisung auf Tarifverträge die Anforderungen an die Klauselgestaltung von Rechtsproblemen des Tarifrechts überlagert werden.[1] Hier sind viele Dinge in Bewegung geraten, die bisherige Grundannahmen der Gestaltung von Verweisungsklauseln entfallen lassen. Die Aufgabe der bisher großzügigen Auslegung kleiner dynamischer Verweisungsklauseln als „Gleichstellungsabreden" durch die BAG-Entscheidungen vom 14.12.2005 und 18.4.2007[2] ist dabei nur die offensichtlichste Änderung. Weitere Änderungen ergeben sich durch die Aufgabe des Grundsatzes der Tarifeinheit im Betrieb,[3] die bei einer „zukunftssicheren" Klauselgestaltung beachtet werden muss.

a) Auslegung von kleinen dynamischen Verweisungsklauseln bei „Altfällen"

Bis zu der genannten Rechtsprechungsänderung legte das BAG die kleine dynamische Verweisung auf den einschlägigen Tarifvertrag durch einen Arbeitgeber, der an den in Bezug genommenen Tarifvertrag normativ nach § 3 Abs. 1 TVG gebunden ist, im Zweifel als **„bloße Gleichstellungsabrede"** aus. Diese Auslegung soll auch nach der Rechtsprechungsänderung **für „Altfälle" weiterhin** gelten, also für Verweisungsklauseln, die **vor Inkrafttreten der Schuldrechtsreform am 1.1. 2002 vereinbart** wurden.[4] Sie hat zur Folge, dass die Klausel ihre dynamische Wirkung verliert, wenn auch normativ der im Betrieb geltende Tarifvertrag diese Wirkung einbüßt, etwa bei Eintritt der Nachwirkung (§ 4 Abs. 5 TVG),[5] der Nachbindung (§ 3 Abs. 3 TVG)[6] oder in Fällen des Betriebsübergangs (§ 613a BGB).[7] Die Klausel soll lediglich die fehlende Tarifbindung des Arbeitnehmers ersetzen.[8] Diese Grundsätze gelten auch, wenn die Bezugnahme nicht ein ganzes Tarifwerk umfasst, sondern lediglich einen einzelnen Tarifvertrag oder Teile hiervon und die Tarifgebundenheit des Arbeitgebers an den Verbandstarifvertrag als Bezugspunkt der

---

1 Dazu *Preis/Greiner*, NZA 2007, 1073 ff.
2 BAG v. 14.12.2005 – 4 AZR 536/04, NZA 2006, 607; v. 18.4.2007 – 4 AZR 253/06, NZA 2007, 1455.
3 BAG v. 27.1.2010 – 4 AZR 549/08, NZA 2010, 645; v. 23.6.2010 – 10 AS 3/10, ZIP 2010, 1309; v. 7.7.2010 – 4 AZR 549/08, NZA 2010, 1068.
4 Zuletzt bestätigt und präzisiert durch BAG v. 11.12.2013 – 4 AZR 473/12, NZA 2014, 900. Zu diesem Stichtag 1.1.2002 ausführlich BAG v. 18.4.2007 – 4 AZR 652/05, NZA 2007, 965, Rz. 43 ff. m.w.N.; zu Recht kritisch *Giesen*, NZA 2006, 625; *Meinel/Herms*, DB 2006, 1429 (1430 ff.); *Simon/Kock/Halbsguth*, BB 2006, 2354 (2355 f.); *Bayreuther*, DB 2007, 166 (168).
5 BAG v. 26.9.2001 – 4 AZR 544/00, NZA 2002, 634.
6 BAG v. 26.9.2001 – 4 AZR 544/00, NZA 2002, 634.
7 BAG v. 16.10.2002 – 4 AZR 467/01, NZA 2003, 390.
8 BAG v. 26.9.2001 – 4 AZR 544/00, NZA 2002, 634.

"Gleichstellung" nicht auf Verbandsmitgliedschaft, sondern lediglich auf einer dynamischen Verweisung in einem Haustarifvertrag beruht.[1] Die „Altfall"-Regelung findet ggf. **keine Anwendung**, wenn die Bezugnahmeklausel zum Gegenstand einer Neubetätigung des rechtsgeschäftlichen Willens der Arbeitsvertragsparteien durch Vertragsänderung nach dem 1.1.2002 gemacht wurde.[2] Eine weitere Grenze wird dadurch markiert, dass die Auslegung als Gleichstellungsabrede nur in Betracht kommt, wenn der Arbeitgeber die demnach in Bezug genommenen Tarifverträge auch tarifrechtlich gegenüber den an diese Tarifverträge tarifgebundenen Arbeitnehmern anwenden muss. Nach Beendigung der Vollmitgliedschaft des Arbeitgebers im Arbeitgeberverband ist das nicht mehr der Fall, so dass dann die Auslegung als Gleichstellungsabrede ihre Grundlage verliert.[3]

53 Eine dem Wortlaut nach eindeutige Klausel[4] wurde somit zulasten der Arbeitnehmer und zugunsten des Gleichstellungszwecks inhaltlich verändert und „im Zweifel" als Gleichstellungsabrede ausgelegt. In einer Entscheidung vom 4.9.1996[5] interpretierte das BAG die kleine dynamische Verweisung sogar als Tarifwechselklausel, wenn normativ ein Tarifwechsel eintrat. Die lediglich zeitlich-dynamische Verweisung auf einen bestimmten Tarifvertrag wurde nunmehr auch in sachlicher Hinsicht dynamisch gedeutet. Infolge dieser sehr freien Interpretation der kleinen dynamischen Klausel war insgesamt ein Gleichlauf zwischen tarif- und individualvertraglicher Regelung sichergestellt.

54 Diese aus arbeitsvertragsrechtlicher Sicht **schwer nachvollziehbare Auslegung** einer noch nicht einmal unklaren Verweisungsklausel zulasten des Arbeitnehmers fand ihre dogmatische Grundlage in einem **rein tarifrechtlichen Verständnis der Verweisungsklausel**. Die individualvertragliche Verweisungsklausel wurde durch das BAG letztlich nicht als echte individualvertragliche Vereinbarung ernst genommen, sondern vielmehr als bloß technisches Mittel zur Herbeiführung der gleichmäßigen Tarifanwendung im Betrieb unter Einbeziehung nicht und anders organisierter Arbeitnehmer verstanden. Geradezu programmatisch führt das BAG in seiner Entscheidung vom 20.3.1991[6] aus, die einzelarbeitsvertragliche Verweisung auf einen Tarifvertrag sei nur „eine von mehreren Arten, die Bindung an einen Tarifvertrag zu bewirken".[7]

55 Begrüßenswert ist daher, dass bereits seit einer Entscheidung vom 30.8.2000[8] eine **stärker am Klauselwortlaut und am objektiven Empfängerhorizont orientierte Auslegung** vertreten wird: Die Auslegung kleiner dynamischer Verweisungsklauseln als Tarifwechselklauseln wurde damit aufgegeben. Der Entscheidung vom 30.8.2000[9]

---

1 BAG v. 11.12.2013 – 4 AZR 473/12, NZA 2014, 900.
2 BAG v. 16.5.2012 – 4 AZR 224/10, juris; v. 24.2.2010 – 4 AZR 691/08, NZA-RR 2010, 530.
3 BAG v. 23.2.2011 – 4 AZR 536/09, NZA-RR 2011, 510.
4 BAG v. 18.4.2007 – 4 AZR 652/05, NZA 2007, 965 Rz. 31; vgl. weiter *Annuß*, ZfA 2005, 405 (423); *Bayreuther*, DB 2007, 166.
5 BAG v. 4.9.1996 – 4 AZR 135/95, NZA 1997, 271.
6 BAG v. 20.3.1991 – 4 AZR 455/90, NZA 1991, 736.
7 Ähnlich *Herschel*, DB 1969, 659 ff.; *von Hoyningen-Huene*, RdA 1974, 138; dagegen überzeugend *Oetker*, Anm. AP Nr. 6 zu § 1 TVG Bezugnahme auf Tarifvertrag m.w.N.; *Schleusener*, SAE 1998, 12 (14); *Nömeier*, S. 48 ff.
8 BAG v. 30.8.2000 – 4 AZR 581/99, NZA 2001, 510.
9 BAG v. 30.8.2000 – 4 AZR 581/99, NZA 2001, 510.

lag eine Verweisungsklausel mit dem Wortlaut „Im Übrigen gelten für das Arbeitsverhältnis der Tarifvertrag X vom ... und die diesen Tarifvertrag ergänzenden, ändernden oder ersetzenden Tarifverträge" zugrunde. Im Kontext eines Betriebsübergangs stellte sich die Frage, ob eine solche Klausel zu einem automatischen Tarifwechsel führt, wenn der neue Betriebsinhaber anderweitig tarifgebunden ist. Das BAG hat dies zu Recht verneint und darauf abgestellt, dass der Formulararbeitsvertrag einheitlich und objektiv auszulegen sei. Die Klausel sei, da sie auf einen ganz bestimmten Tarifvertrag verwies, nicht als sog. „große dynamische Verweisungsklausel" auszulegen. Diese Folge ergebe sich nur bei weiteren Umständen, die aus der Klausel ersichtlich sein müssten. Die Klausel müsse deutlich machen, das Arbeitsverhältnis den jeweils anzuwendenden einschlägigen Tarifverträgen zu unterstellen.[1] In dieser Entscheidung stellte das BAG also entscheidend auf den objektivierten Inhalt der vereinbarten Formularklausel sowie auf den Empfängerhorizont des Vertragspartners (Arbeitnehmers) ab. Auch einige Folgeentscheidungen bestätigten dies.[2]

b) Rechtslage infolge der Rechtsprechungsänderung vom 14.12.2005 und 18.4.2007

In Weiterentwicklung dieser Korrektur gelangt das BAG in seinen Entscheidungen vom 14.12.2005 und 18.4.2007 für Verweisungsklauseln, die nach dem 1.1.2002 vereinbart wurden, zu einer Aufgabe der großzügigen Auslegung kleiner dynamischer Verweisungen als Gleichstellungsabrede. Das Urteil vom 14.12.2005[3] führt allgemein aus, dass ein nicht im eindeutigen Wortlaut zum Ausdruck kommender Umstand, der Gleichstellungszweck, nicht länger Leitlinie der Auslegung sein soll. Das Transparenzgebot (§ 307 Abs. 1 Satz 2 BGB) und das Verbot der geltungserhaltenden Reduktion sprächen gegen die „wohlwollende Auslegung zu Gunsten des Klauselverwenders".[4] Eine durch das Ende der Tarifgebundenheit des Arbeitgebers auflösend bedingte Dynamik sei als Vertragsinhalt nicht anzuerkennen, wenn sich „hierfür weder im Vertragswortlaut noch in den den Vertragsschluss begleitenden Umständen ein Anhaltspunkt findet".[5]

56

Ausführlich begründet wird dies in BAG vom 18.4.2007.[6] Bemerkenswert ist, dass im Gegensatz zu BAG vom 14.12.2005 hier nicht tragend auf §§ 305ff. BGB abgestellt wird, sondern die neue Rechtsprechung mit allgemeinen Auslegungsgrundsätzen untermauert wird; dies verdeutlicht, dass die neue Auslegungspraxis **gleichermaßen für individuell ausgehandelte Vertragsbedingungen** gilt.[7] Die Auslegung müsse sich in erster Linie am Klauselwortlaut orientieren. Verfolge ein Vertragspartner vom Wortlaut abweichende Regelungsziele, könnten diese bei der Auslegung nur Berücksichtigung finden, wenn sie „für den anderen Vertragspartner

57

---

1 Die Tarifwechselklausel wurde bejaht in BAG v. 16.10.2002 – 4 AZR 467/01, NZA 2003, 390.
2 BAG v. 21.2.2001 – 5 AZR 96/99, EzA TVG § 3 Bezugnahme auf Tarifvertrag Nr. 14; v. 16.10.2002 – 4 AZR 467/01, NZA 2003, 390.
3 BAG v. 14.12.2005 – 4 AZR 536/04, NZA 2006, 607.
4 Zu dogmatischen Bedenken *Giesen*, NZA 2006, 625 (627).
5 BAG v. 14.12.2005 – 4 AZR 536/04, NZA 2006, 607.
6 BAG v. 18.4.2007 – 4 AZR 253/06, NZA 2007, 1455; bestätigt durch BVerfG v. 26.3.2009 – 1 BvR 3564/08, BeckRS 2014, 53972 und v. 21.4.2009 – 1 BvR 784/09, BeckRS 2014, 53973.
7 So bereits *Giesen*, NZA 2006, 625 (627).

mit hinreichender Deutlichkeit zum Ausdruck kommen". Werde die Tarifbindung des Arbeitgebers nicht eindeutig zur Voraussetzung der zeitlich-dynamischen Klauselwirkung gemacht, könne eine identische Klausel bei einem tarifgebundenen Arbeitgeber keine andere Bedeutung haben als bei einem nicht tarifgebundenen Arbeitgeber. Der Arbeitnehmer müsse eine etwaige Tarifbindung des Arbeitgebers auch nicht durch Nachfragen aufklären;[1] die Klarstellung seiner Regelungsintention falle vielmehr in die Risikosphäre des Arbeitgebers. Eine korrigierende Auslegung der dem Wortlaut nach eindeutigen Verweisungsklausel wegen bloßer Motive des Arbeitgebers sei nicht geboten, zumal diesem eine seinem eigentlichen Regelungsziel „entsprechende Vertragsgestaltung ohne Schwierigkeiten möglich wäre". Diesen nun auch dogmatisch überzeugenden Ausführungen ist zuzustimmen.[2] Das frühere tarifrechtliche Verständnis der Bezugnahmeklausel schien damit einer arbeitsvertragsrechtlichen Interpretation gewichen. In einem jüngeren Judikat des 7. BAG-Senats[3] zeigt sich aber, dass die Entwicklung damit nicht ihr Ende erreicht hat (näher Rz. 60a).

58 Trotz der damit gestiegenen Anforderungen an die Vertragsgestaltung soll die Vereinbarung einer Gleichstellungsabrede oder Tarifwechselklausel auch künftig bei **hinreichend transparenter Ausgestaltung** ohne Weiteres möglich sein. Bei der teilweise beklagten konstitutiv-dynamischen „Bindung in alle Ewigkeit"[4] handelt es sich daher um ein Übergangsphänomen, das künftig durch transparente Klauselgestaltung vermieden werden kann.

c) Verhältnis zur normativen Tarifgeltung; Günstigkeitsprinzip

59 Bei der Verwendung von Verweisungsklauseln ist künftig grundlegend zu beachten, dass es infolge der neuen, strenger am Wortlaut orientierten Auslegung von Verweisungsklauseln zu einer Divergenz zwischen normativer Tarifbindung und Verweisungsziel kommen kann. Dies ist insbesondere bei Änderungen der normativen Tarifsituation anzunehmen, etwa beim Verbandswechsel des Arbeitgebers, Betriebsübergang oder Gewerkschaftswechsel des Arbeitnehmers. Da durch die Verweisungsklausel eine abweichende normative Tarifbindung wegen ihrer zwingenden Wirkung (§ 4 Abs. 1 TVG) nicht abbedungen werden kann, findet im Verhältnis zwischen Verweisungsklausel und abweichender Tarifbindung stets das Günstigkeitsprinzip (**§ 4 Abs. 3 TVG**) Anwendung.[5] Um die Schwierigkeit eines Günstigkeitsvergleichs zwischen dem vertraglich in Bezug genommenen Tarifvertrag und dem abweichenden normativ geltenden Tarifrecht auszuschließen, könnte man erwägen, die Geltung der Verweisungsklausel konstitutiv auf die Arbeitsverhältnisse nicht organisierter Arbeitnehmer beschränken.[6] Dadurch würde in den Arbeitsver-

---

1 So noch BAG v. 26.9.2001 – 4 AZR 544/00, NZA 2002, 634; krit. hierzu *Preis*, FS 50 Jahre BAG, 2004, S. 123 (131).
2 Zustimmend zur „Ankündigung" vom 14.12.2005 bereits *Thüsing*, NZA 2006, 473; *Sittard/Ulbrich*, ZTR 2006, 458; *Röller/Wißmann*, FS Küttner, 2006, S. 465; nachfolgend BAG v. 22.10.2008 – 4 AZR 784/07, NZA 2009, 151.
3 BAG v. 23.7.2014 – 7 AZR 771/12, NZA 2014, 1341.
4 *Clemenz*, NZA 2007, 769 (772).
5 BAG v. 24.2.2010 – 4 AZR 691/08, NZA-RR 2010, 530; v. 29.8.2007 – 4 AZR 767/06, NZA 2008, 364; v. 24.2.2010 – 4 AZR 691/08, NZA-RR 2010, 530; *Preis/Greiner*, NZA 2007, 1073 (1077); näher auch *Jacobs*, BB 2011, 2037 (2038).
6 *Preis/Greiner*, NZA 2007, 1073 (1077); in diese Richtung auch v. Westphalen/*Thüsing*, Arbeitsverträge (Stand: 2013), Rz. 182.

hältnissen der organisierten Arbeitnehmer das missliche Nebeneinander „zweier Geltungsgründe"[1] vermieden; eigenständige Bedeutung erlangte die Verweisungsklausel dann nur in den Arbeitsverhältnissen nicht an einen einschlägigen Tarifvertrag gebundener Arbeitnehmer.

⊃ **Wohl nicht geeignet: Beschränkung der Verweisung auf nicht tarifgebundene Arbeitnehmer**

Ist der Arbeitnehmer an bei dem Arbeitgeber geltende Tarifverträge normativ gebunden (§ 3 Abs. 1 TVG), finden auf das Arbeitsverhältnis ausschließlich diese Tarifverträge Anwendung.[2] Abs. × [*Verweisungsklausel*] gilt in diesem Fall nicht.

Allerdings ist die Handhabung der Klausel schon praktisch nicht unproblematisch, weil der Arbeitgeber regelmäßig keine Kenntnis hinsichtlich der Gewerkschaftszugehörigkeit des Arbeitnehmers hat.[3] Auch rechtlich bestehen Unsicherheiten: Diese Klausel führt zwar **keine gezielte Besserstellung** der nicht organisierten Arbeitnehmer herbei,[4] stellt diese aber dennoch im Hinblick auf belastende Tarifvertragsklauseln strukturell besser, da nur bei einer Tarifgeltung über die Bezugnahmeklausel z.B. die Transparenz- und Angemessenheitsmaßstäbe der §§ 305 ff. BGB Anwendung finden können, nicht hingegen bei rein normativer Tarifgeltung. 60

Die **Divergenz der Kontrollmaßstäbe** ist generell das Manko des rein arbeitsvertraglichen Verständnisses der Bezugnahmeklausel und veranlasst den 7. BAG-Senat in einer neuen Entscheidung, jedenfalls bei einer **belastenden Tarifnorm** (*in casu:* Altersgrenze) das Rad in Richtung einer quasi-normativen Interpretation der Bezugnahmeklausel zurückzudrehen,[5] die den nicht organisierten Arbeitnehmer lediglich dem organisierten gleichstellt, eine Besserstellung aber vermeidet und zugleich verhindert, dass belastenden Tarifnormen bei Vorhandensein einer arbeitsvertraglichen Bezugnahme ihre Wirkung durch universelle Anwendung des Günstigkeitsprinzips (§ 4 Abs. 3 TVG) genommen wird. Insofern dürfte die Rechtsprechung auch künftig ergebnisorientiert zwischen dem tarifrechtlichen und dem arbeitsvertragsrechtlichen Verständnis der Bezugnahmeklausel lavieren, was die Entscheidungsprognose unsicher und einzelfallabhängig macht. Dies gilt umso mehr, als der EuGH heute dazu neigt, entsprechend dem früheren dogmatischen Ansatz des BAG die Bezugnahmeklausel rein funktional als alternativen Weg zur Herbeiführung einer Tarifgeltung zu betrachten; er stellt die Bezugnahmeklausel der normativen Tarifgeltung funktional gleich (s. Rz. 109).[6] 60a

---

1 *Giesen*, NZA 2006, 625 (627).
2 Ähnlich *Giesen*, NZA 2006, 625 (628).
3 Zur kontroversen Frage eines Fragerechts nach der Gewerkschaftszugehörigkeit vgl. jüngst BAG v. 18.11.2014 – 1 AZR 257/13, NZA 2015, 306; näher auch *Greiner*, Rechtsfragen, S. 481 ff., jeweils m.w.N.
4 Vgl. *Preis/Greiner*, NZA 2007, 1073 (1074).
5 BAG v. 23.7.2014 – 7 AZR 771/12, NZA 2014, 1341, insbes. Rz. 45.
6 Zuletzt EuGH v. 11.9.2014 – C-328/13 (Österreichischer Gewerkschaftsbund), NZA 2014, 1092, Rz. 24 f.

d) Klauselgestaltung bei Tarifpluralität

61 Als zusätzliche gestalterische Herausforderung ist die Aufgabe des Grundsatzes der Tarifeinheit und die **Zulassung von Tarifpluralitäten** zu beachten. Die hier nicht vertieft darzustellende Veränderung von einem monistischen zu einem pluralistischen Koalitions- und Tarifsystem[1] hat die zuvor viel beschworene[2] Revision des Grundsatzes der Tarifeinheit unumgänglich gemacht und das BAG mit Urteil vom 7.7.2010[3] zur Aufgabe dieses verfehlten Regelungsprinzips veranlasst. Damit entfällt auch die logische Grundlage der großzügigen Auslegung kleiner dynamischer Klauseln als Gleichstellungsabrede: Gelten in einem Betrieb ohnehin mehrere Tarifverträge, greift der Gleichstellungszweck zumindest teilweise ins Leere.

62 Mit dem Fortfall des Grundsatzes der Tarifeinheit im Betrieb ist die bislang gängige Formulierung (oben Typ 3a und b) der „großen dynamischen Verweisung" nicht mehr geeignet. Sie lässt offen, welcher Tarifvertrag Anwendung findet, wenn Tarifpluralität besteht, also mehrere Tarifverträge im Betrieb nebeneinander Geltung beanspruchen.

63 ⊃ **Nicht geeignet:**

> Ist der Arbeitgeber an mehrere einschlägige Tarifverträge gebunden, bestimmt er durch Leistungsbestimmung nach § 315 BGB, welches Tarifwerk arbeitsvertraglich gelten soll.[4]

Ein **einseitiges Bestimmungsrecht** des Arbeitgebers hinsichtlich des jeweils anwendbaren Tarifvertrags verstößt bei Verwendung in einseitig gestellten Vertragsbedingungen bereits gegen § 308 Nr. 4 BGB.[5] Dies gilt jedenfalls, wenn gegenwärtig keine Tarifpluralität gegeben ist und die Klausel für künftig entstehende Tarifpluralitäten Vorsorge treffen soll. In diesem Fall sind vertraglich „versprochen" i.S.v. § 308 Nr. 4 BGB Leistungen nach dem gegenwärtig im Betrieb/Unternehmen geltenden Tarifvertrag. Das Leistungsbestimmungsrecht ermächtigt den Arbeitgeber, die individualvertraglich inkorporierten Arbeitsbedingungen einseitig zu ändern, wenn ein weiterer Tarifvertrag im Betrieb/Unternehmen Geltung erlangt. Diese Klauselformulierung würde dem Arbeitgeber das uneingegrenzte Recht zu einem Eingriff in das vertragliche Äquivalenzverhältnis vorbehalten. Dass die Tarifpartner daran mitwirken, indem sie erst die Tarifpluralität als Voraussetzung des Bestimmungsrechts herbeiführen müssen, ändert daran nichts, da die Verweisungsklausel keine Tarifwirkung herbeiführt, sondern lediglich eine individualvertragliche Inkorporierung des zunächst in Bezug genommenen Tarifvertrags bewirkt. Die Klausel ist im Übrigen **intransparent** (§ 307 Abs. 1 Satz 2 BGB), da sie den Angemessenheitsmaßstab nicht durch Begrenzung der vorbehaltenen Änderung konkretisiert[6]

---

1 Dazu – mit Blick auf das Arbeitskampfrecht – *Greiner*, NZA 2007, 1023.
2 Vgl. *Bepler*, FS ARGE Arbeitsrecht im DAV, 2006, S. 791 (797 ff.); *Thüsing/von Medem*, ZIP 2007, 510; *Greiner*, Anm. EzA § 2 TVG Nr. 28, S. 50 f.; vgl. auch die Andeutungen bei BAG v. 14.12.2004 – 1 ABR 51/03, NZA 2005, 697; v. 28.3.2006 – 1 ABR 58/04, NZA 2006, 1112.
3 BAG v. 7.7.2010 – 4 AZR 549/08, NZA 2010, 1068.
4 Dafür aber *Klebeck*, NZA 2006, 15 (20); *Löwisch/Rieble*, § 3 TVG Rz. 635.
5 *Preis/Greiner*, NZA 2007, 1073 (1076).
6 Vgl. BAG v. 12.1.2005 – 5 AZR 364/04, NZA 2005, 465.

und die künftige Entwicklung der Arbeitsbedingungen für den Arbeitnehmer unkalkulierbar macht.

Typ 7: Tarifwechselklausel bei Tarifpluralität 64

a) Auf das Arbeitsverhältnis finden die jeweils für eine relative Mehrheit der im jeweiligen Beschäftigungsbetrieb tätigen tarifgebundenen Arbeitnehmer geltenden Tarifverträge in ihrer jeweils gültigen Fassung Anwendung. Das sind nach Kenntnis des Arbeitgebers derzeit die Tarifverträge der XY-Branche im Tarifgebiet Z, abgeschlossen zwischen dem Arbeitgeber/AGV X und der Gewerkschaft Y.

b) Für das Arbeitsverhältnis gelten die jeweils für den Arbeitnehmer/Arbeitgeber günstigsten der im jeweiligen Beschäftigungsbetrieb geltenden Tarifverträge in ihrer jeweils gültigen Fassung. Die Günstigkeit eines Tarifvertrags bestimmt sich dabei allein nach dem Verhältnis von regelmäßiger Arbeitszeit und regelmäßigem Arbeitsentgelt bei gleicher Tätigkeit ohne Berücksichtigung von Zulagen und Sondervergütungen. Nach Kenntnis des Arbeitgebers sind die günstigsten einschlägigen Tarifverträge im Sinne von Satz 1 derzeit die Tarifverträge der XY-Branche im Tarifgebiet Z, abgeschlossen zwischen dem Arbeitgeber/Arbeitgeberverband X und der Gewerkschaft Y.

Geeignet sind hingegen Formulierungen, die eine **eindeutige Ermittlung** des jeweils in Bezug genommenen Tarifvertrags anhand **abstrakt festgelegter Kriterien** ermöglichen. Die Klauselvorschläge Typ 7a und b greifen die gängige Formulierung einer Tarifwechselklausel (große dynamische Verweisung, Typ 3a und b) auf. Der in Bezug genommene Tarifvertrag wird in Klauselvorschlag a) nach dem Mehrheits- bzw. Repräsentativitätsprinzip bestimmt. Verweisungsziel ist derjenige Tarifvertrag, der jeweils für eine **relative Mehrheit** der tarifgebundenen Arbeitnehmer des Beschäftigungsbetriebs gilt. Erreicht wird damit bei Tarifpluralität die Gleichstellung der nichtorganisierten Arbeitnehmer mit der (jeweiligen) Mehrheit der tarifgebundenen Arbeitnehmer.[1] Satz 2 stellt aus Transparenzgründen und zur Wahrung der Anforderungen des § 2 Abs. 1 Satz 2 Nr. 10 NachwG klar, welche Tarifverträge derzeit nach Kenntnis des Arbeitgebers anwendbar sind.

Auch der Verweis auf den „**speziellsten**" **Tarifvertrag**, entsprechend der früheren 65 Rechtsfolge des Grundsatzes der Tarifeinheit,[2] oder auf den für Arbeitnehmer/Arbeitgeber „**günstigsten**" **Tarifvertrag** ist denkbar.[3] Derartige Verweisungsklauseln müssen aber wegen der **mangelnden Präzision** dieser Begriffe konkretisiert werden.[4] Wird auf den „günstigsten" Tarifvertrag Bezug genommen, bietet es sich an, den „Günstigkeitsvergleich" auf präzise Kernkriterien zu reduzieren. Bei Verwendung von Typ 7b Satz 2 ist allein das Verhältnis von Arbeitszeit und Arbeitsentgelt bei gleicher Tätigkeit zu betrachten. Damit verliert das Günstigkeitsprinzip natürlich an Präzision; ein demnach anwendbarer Tarifvertrag kann in anderen Bereichen gravierende „ungünstige" Wirkungen enthalten. Allerdings ist dieser Kern des Äquiva-

---
1 *Preis/Greiner*, NZA 2007, 1073 (1076).
2 Vgl. *Jacobs*, Tarifeinheit und Tarifkonkurrenz, 1999, S. 259.
3 Vgl. auch v. Westphalen/*Thüsing*, Arbeitsverträge (Stand: 2013), Rz. 182.
4 *Preis/Greiner*, NZA 2007, 1073 (1077).

lenzverhältnisses für Arbeitnehmer und Arbeitgeber typischerweise der wesentliche wert- und damit günstigkeitsbestimmende Faktor. Nur durch Reduktion auf wenige Günstigkeitskriterien lässt sich eine transparente Festschreibung des Günstigkeitsprinzips zur Ermittlung des anwendbaren Tarifvertrags erreichen.[1] Da man auf diese Weise zur *vollständigen* Anwendung des nach den Kernkriterien „günstigsten" Tarifvertrags gelangt, vermeidet man auch die bei einem Sachgruppenvergleich unvermeidbare „Rosinenpickerei".

e) Verweisung und Tarifsukzession

65a Für den Fall der Ersetzung eines Tarifvertrags oder Tarifwerks durch eine neue tarifliche Regelung derselben Tarifparteien (sog. Fall der „Tarifsukzession", vgl. Rz. 13a) ist die kleine dynamische Verweisung nicht gewappnet. Angesichts der Tarifsukzession vom BAT zu TVöD und TV-L sowie den verwandten Tarifwerken für einzelne Bundesländer und Teilbranchen (exemplarisch TV-H für das Bundesland Hessen und TVöD-K für die Krankenhäuser) hat das BAG zwar eine Dogmatik unter Rückgriff auf die ergänzende Auslegung kleiner dynamischer Bezugnahmeklauseln entwickelt (s. Rz. 13a). Diese lässt aber wegen des damit verbundenen Rückgriffs auf einen hypothetischen Willen der Arbeitsvertragsparteien Interpretations- und Wertungsspielräume, die insbesondere dazu führen könnten, dass grundlegende inhaltliche oder strukturelle Neuerungen des Tarifvertrags, mit denen schlechthin bei Abschluss des Arbeitsvertrags nicht zu rechnen war, nach der Tarifsukzession von den Wirkungen der Bezugnahmeklausel ausgenommen sind. Soll diese Unsicherheit vermieden werden, bietet sich an, bei Verwendung einer kleinen dynamischen Bezugnahmeklausel eine Regelung für den Fall der Tarifsukzession vorzusehen, die auch den Fall der aufspaltenden Tarifsukzession – mithin der Ersetzung eines Tarifwerks durch mehrere Tarifwerke mit unterschiedlichen Geltungsbereichen – erfasst, etwa nach folgendem Muster:

Typ 8: Kleine dynamische Verweisung mit Berücksichtigung einer Tarifsukzession

Auf das Arbeitsverhältnis finden im Übrigen die in der Eisen-, Metall-, Elektroindustrie geltenden Tarifverträge, geschlossen zwischen der Gewerkschaft M und dem Arbeitgeberverband V, in ihrer jeweils gültigen Fassung Anwendung. Werden sie durch neue Tarifverträge derselben Tarifvertragsparteien ersetzt (Tarifsukzession), finden diese insgesamt Anwendung. Treten an die Stelle der nach Satz 1 in Bezug genommenen Tarifverträge mehrere neue Tarifwerke derselben Tarifvertragsparteien (aufspaltende Tarifsukzession), findet das Tarifwerk insgesamt Anwendung, in dessen Geltungsbereich das Arbeitsverhältnis fällt.

---

f) Gestaffelte Verweisung, Verweisung auf mehrgliedrige Tarifverträge

65b Wohl am stärksten hatte sich die Rechtsprechung in jüngster Zeit mit den spezifischen Problemen der gestaffelten Verweisung auf unterschiedliche Tarifwerke und der Verweisung auf mehrgliedrige Tarifverträge zu befassen. Beide Gestaltungsformen waren in der Praxis gewählt worden, um in Arbeitnehmerüberlassungskon-

---

[1] *Preis/Greiner*, NZA 2007, 1073 (1077).

stellationen den Unwägbarkeiten der möglichen **Tarifunfähigkeit der CGZP**[1] Rechnung zu tragen.

aa) Gestaffelte Verweisung

Generell soll die gestaffelte Verweisung der Absicherung vor einer möglichen Unwirksamkeit des primären Bezugnahmeobjekts dienen, indem für diesen Fall eine „Auffanglösung" in Gestalt der aufschiebend bedingten Inbezugnahme des sekundären Verweisungsobjekts vorgehalten wird. Das BAG hat bereits 2009[2] diese Gestaltung für intransparent und damit unwirksam (§ 307 Abs. 1 Satz 2 BGB) gehalten.

⊃ **Nicht geeignet:**

„(1) Auf das Arbeitsverhältnis finden die Regelungen des Zeitarbeit-Tarifvertrags vom *[Datum]*, geschlossen zwischen der Tarifgemeinschaft Christliche Gewerkschaften Zeitarbeit und PSA (CGZP) und dem Arbeitgeberverband X, in seiner jeweils gültigen Fassung Anwendung.

(2) Sollte der in Nr. 1 in Bezug genommene Tarifvertrag unwirksam werden, richten sich die Rechte und Pflichten aus diesem Arbeitsverhältnis nach dem Tarifvertrag Zeitarbeit vom *[Datum]*, geschlossen zwischen dem Bundesverband Zeitarbeit Personaldienstleistungen e.V. (BZA) und den unterzeichnenden Mitgliedsgewerkschaften des DGB, in seiner jeweils gültigen Fassung."[3]

Vorstehende Klausel scheiterte in der Situation der CGZP-Entscheidungen bereits tatbestandlich daran, dass nicht auf das „Unwirksamsein", sondern auf das zukünftige „Unwirksamwerden" des primären Bezugsobjekts rekurriert wurde.[4] Auch der Rekurs auf die „rechtskräftige Feststellung der Unwirksamkeit" des primären Bezugnahmeobjekts half nicht,[5] denn rechtskräftig festgestellt wurde *in casu* allein die Vorfrage der Tarifunfähigkeit der CGZP.[6] Zumindest ist daher bei der Formulierung der aufschiebenden Bedingung größte Sorgfalt darauf zu verwenden, die Situation des intendierten Bedingungseintritts exakt zu beschreiben.

Die Bedenken des BAG setzen jedoch grundsätzlicher an: Für die Situation der dem Arbeitnehmer durch Änderungskündigung angetragenen gestaffelten Verweisungsklausel hält der für das Kündigungsrecht zuständige 2. Senat die **gestaffelte Bezugnahme** generell für **zu unbestimmt**. Ggf. lässt sich diese Sichtweise auf das AGB-rechtliche Transparenzgebot (§ 307 Abs. 1 Satz 2 BGB) übertragen,[7] so dass die Unwirksamkeitsfolge unabhängig von der speziellen Situation der Änderungskündigung einträte. Das BAG meint, es sei für den Arbeitnehmer unvorhersehbar, welche tariflichen Regelungen im Arbeitsverhältnis der Parteien fortan gelten sollen. Hinzu komme eine Unsicherheit, von wem und wann festgestellt werden kön-

---
1 Dazu bereits *Schüren*, NZA 2007, 1213; *Schüren*, NZA 2008, 453; später BAG v. 14.12.2010 – 1 ABR 19/10, NZA 2011, 289.
2 BAG v. 15.1.2009 – 2 AZR 641/07, NZA 2009, 957.
3 Klauselbeispiel aus BAG v. 15.1.2009 – 2 AZR 641/07, NZA 2009, 957.
4 BAG v. 19.2.2014 – 5 AZR 920/12, DB 2014, 1143 Rz. 14.
5 Vgl. BAG v. 19.2.2014 – 5 AZR 700/12, NZA 2014, 1097.
6 Vgl. BAG v. 14.12.2010 – 1 ABR 19/10, NZA 2011, 289 Rz. 63.
7 So Schüren/*Schüren*, § 9 AÜG Rz. 179; weiterhin *Brors*, BB 2006, 101.

ne, ob die primär in Bezug genommenen Tarifverträge unwirksam „werden". Die primäre Begründung bleibt indes eine kündigungsrechtliche, nämlich ein (vermeintlicher) Widerspruch der gestaffelten Bezugnahme zu der für die Rechtfertigung der Änderungskündigung gegebenen Begründung.[1]

65f Damit bleibt festzuhalten, dass eine gestaffelte Inbezugnahme für den Fall der Unwirksamkeit des primären Bezugnahmeobjekts auch in Anbetracht des Transparenzgebots nur dann möglich bleibt, wenn die **aufschiebende Bedingung hinreichend klar und transparent** gefasst wird, so dass keine Unsicherheiten über die Geltung des jeweils anwendbaren Tarifrechts entstehen. Dies gerichtsfest zu erreichen, dürfte aber ein schwieriges Unterfangen mit hohen Unwirksamkeitsrisiken sein, so dass bei der Verwendung gestaffelter Bezugnahmeklauseln nach gegenwärtigem Erkenntnisstand zu größter Vorsicht zu raten ist. Jedenfalls die greifbarsten Kritikpunkte des BAG vermeidet die folgende Klausel:

Typ 9: Aufschiebend bedingte, gestaffelte Verweisung

(1) Auf das Arbeitsverhältnis finden die Regelungen des Tarifvertrags vom *[Datum]*, geschlossen zwischen der Gewerkschaft A und dem Arbeitgeberverband X, in seiner jeweils gültigen Fassung Anwendung.

(2) Sollten künftig durch rechtskräftige Entscheidung eines deutschen Arbeitsgerichts festgestellt werden, dass es an einer Wirksamkeitsvoraussetzung des in Abs. (1) genannten Tarifvertrags fehlt, richten sich die Rechte und Pflichten aus diesem Arbeitsverhältnis ab dem Zeitpunkt des Rechtskrafteintritts nach dem Tarifvertrag vom *[Datum]*, geschlossen zwischen der Gewerkschaft B und dem Arbeitgeberverband X, in seiner jeweils gültigen Fassung.

bb) Verweisung auf mehrgliedrige Tarifverträge

65g Versucht wurde auch, die Verweisung auf das CGZP-Tarifwerk trotz Feststellung der Tarifunfähigkeit der Spitzenorganisation CGZP durch Verweisung auf die inhaltsgleichen Tarifverträge der CGZP-Mitgliedsgewerkschaften mit folgender Klausel zu retten.

⊃ **Nicht geeignet:**

„Die Rechte und Pflichten dieses Arbeitsvertrags bestimmen sich nach den zwischen dem Arbeitgeberverband Mittelständischer Personaldienstleister e.V. (AMP) und der Tarifgemeinschaft Christlicher Gewerkschaften Zeitarbeit und PSA (CGZP), der Christlichen Gewerkschaft Metall (CGM), der DHV – die Berufsgewerkschaft e.V., dem Beschäftigtenverband Industrie, Gewerbe, Dienstleistung (BIGD), dem Arbeitnehmerverband land- und ernährungswirtschaftlicher Berufe (ALEB) sowie medsonet – die Gesundheitsgewerkschaft geschlossenen Tarifverträgen, derzeit bestehend aus Mantel-, Entgeltrahmen-, Entgelt- und Beschäftigungssicherungstarifverträgen sowie etwaigen ergänzenden oder ersetzenden Tarifverträgen, in ihrer jeweils gültigen Fassung."[2]

---

1 Zu allem: BAG v. 15.1.2009 – 2 AZR 641/07, NZA 2009, 957.
2 Klauselbeispiel aus BAG v. 13.3.2013 – 5 AZR 954/11, NZA 2013, 680.

Das BAG hat diese Form der **Verweisung auf mehrgliedrige Tarifverträge**[1] für untauglich erachtet:[2] Die Klausel sei intransparent und nach § 307 Abs. 1 Satz 2 BGB unwirksam, denn die Bezugnahme erstrecke sich auf sechs eigenständige Tarifwerke, jeweils bestehend aus mehreren Einzeltarifverträgen. Mangels anderweitiger Regelung in der Klausel, etwa einer einsatzbezogenen Differenzierung der anzuwendenden Tarifwerke nach der Branche des Entleihers, müsse der durchschnittliche Leiharbeitnehmer davon ausgehen, dass gleichzeitig sechs eigenständige Tarifwerke auf sein Arbeitsverhältnis Anwendung fänden.[3] Unabhängig von offenen arbeitnehmerüberlassungsrechtlichen Fragen bedürfe eine Bezugnahmeklausel, mit der mehrere eigenständige tarifliche Regelwerke gleichzeitig auf das Arbeitsverhältnis zur Anwendung gebracht werden sollen, zur Gewährleistung ihrer hinreichenden Bestimmtheit einer **transparenten Kollisionsregel**, der sich entnehmen lässt, welches der mehreren in Bezug genommenen tariflichen Regelwerke bei sich widersprechenden Regelungen den Vorrang haben soll. Andernfalls lasse sich nicht für jeden Zeitpunkt bestimmen, welches der in Bezug genommenen tariflichen Regelwerke sich jeweils durchsetzen und gelten solle. Fehle in der Bezugnahmeklausel eine Kollisionsregel, bestehe die Gefahr, dass der Arbeitnehmer wegen dieser Unklarheit seine Rechte nicht wahrnehme. Gerade dies wolle das Bestimmtheitsgebot verhindern.[4] Unerheblich sei insbesondere auch, dass bei der Vereinbarung der Klausel die tariflichen Regelwerke noch inhaltsgleich waren und zu diesem Zeitpunkt somit einer Kollisionsregel praktisch nicht bedurften.[5] Der Arbeitnehmer müsse bereits bei Vertragsschluss für die Dauer des Arbeitsverhältnisses erkennen können, was ggf. „auf ihn zukommt". Er könne weder auf eine ständige Beobachtung der Tariflandschaft noch zu Spekulationen darüber verpflichtet werden, welches von mehreren tariflichen Regelwerken zu einem bestimmten Zeitpunkt auf sein Arbeitsverhältnis Anwendung finden solle.[6]

65h

Bei der Bezugnahme auf einen mehrgliedrigen Tarifvertrag muss daher **transparent bestimmbar sein**, welche Tarifnormen zu jedem Zeitpunkt im Arbeitsverhältnis Anwendung finden. Dabei sollten dem Arbeitnehmer schwierige Recherchearbeiten, die Einsichtnahme in andere Regelwerke (z.B. die Gewerkschaftssatzung) oder schwierige Subsumtionen nicht abverlangt werden; all dies ließe die Klausel Gefahr laufen, als intransparent i.S.d. § 307 Abs. 1 Satz 2 BGB bewertet zu werden.[7]

65i

---

1 Zur Begrifflichkeit Henssler/Moll/Bepler/*Höpfner*, Der Tarifvertrag, Teil 2 Rz. 182 ff.
2 BAG v. 13.3.2013 – 5 AZR 954/11, NZA 2013, 680; bestätigt durch BAG v. 19.2.2014 – 5 AZR 700/12, NZA 2014, 1097; v. 19.2.2014 – 5 AZR 920/12, DB 2014, 1143 Rz. 31; aA *Stoffels/Bieder*, RdA 2012, 27.
3 BAG v. 13.3.2013 – 5 AZR 954/11, NZA 2013, 680.
4 BAG v. 13.3.2013 – 5 AZR 954/11, NZA 2013, 680; s. auch schon in anderem Kontext BAG v. 17.8.2011 – 5 AZR 406/10, NZA 2011, 1335, Rz. 13, 16 m.w.N.
5 Darauf zugunsten der Klauselwirksamkeit verweisend *Stoffels/Bieder*, RdA 2012, 27 (34).
6 BAG v. 13.3.2013 – 5 AZR 954/11, NZA 2013, 680.
7 Allerdings sind die Anforderungen nicht zu überspannen; das Transparenzgebot besteht nur im Rahmen des Möglichen und Zumutbaren, so BGH v. 20.7.2005 – VIII ZR 121/04, NJW-RR 2005, 1496 (1498).

○ **Nicht geeignet:**

Es gilt dabei für die Dauer des Einsatzes derjenige der genannten Tarifverträge mit der jeweiligen Gewerkschaft, deren satzungsgemäßem Organisationsbereich der Kundenbetrieb unterliegt.[1]

65j Vielmehr sollte sich bereits aus der „Laienperspektive" der Klausel entnehmen lassen, bei welcher Art von Arbeitseinsatz welches Tarifwerk Anwendung findet.

Typ 10: Verweisung auf mehrgliedrige Tarifverträge

Die im Rahmen dieses Arbeitsverhältnisses geltenden Rechte und Pflichten bestimmen sich

- für Einsatzzeiten des Arbeitnehmers in Betrieben der Metall- und Elektrobranche nach den Tarifverträgen zwischen dem Arbeitgeberverband X und der Gewerkschaft A,
- für Einsatzzeiten des Arbeitnehmers in Betrieben der Dienstleistungsbranche nach den Tarifverträgen zwischen dem Arbeitgeberverband X und der Gewerkschaft B,
- für Einsatzzeiten des Arbeitnehmers in Betrieben der Landwirtschaft sowie Gastronomie nach den Tarifverträgen zwischen dem Arbeitgeberverband X und der Gewerkschaft C sowie
- für Einsatzzeiten des Arbeitnehmers in Betrieben der Gesundheitsbranche nach den Tarifverträgen zwischen dem Arbeitgeberverband X und der Gewerkschaft D,

derzeit jeweils bestehend aus Mantel-, Entgeltrahmen-, Entgelt- und Beschäftigungssicherungstarifverträgen sowie etwaigen ergänzenden oder ersetzenden Tarifverträgen, in ihrer jeweils gültigen Fassung.

Ist ohnehin ein Einsatz des Leiharbeitnehmers in nur einer Branche oder einzelnen Branchen beabsichtigt, sollte zur Vermeidung von Rechtsunsicherheiten die Bezugnahmeklausel so eng wie möglich gefasst werden, also auf die **Tarifverträge der Einsatzbranche(n) beschränkt werden.**

65k Da sich die Rechtsprechung vor allem an der Gefahr einer inhaltlichen **Auseinanderentwicklung** der in Bezug genommenen Tarifwerke stößt (s. Rz. 65a), könnte die Klauseltransparenz durch eine ausdrücklich auf diese Konstellation bezogene Aussage weiter erhöht werden, etwa nach folgendem Muster:

---

[1] So die in Reaktion auf die restriktive BAG-Judikatur seit 2012 vorgeschlagene Kollisionsregelung für die Bezugnahme auf die Tarifverträge des BZA und der DGB-Tarifgemeinschaft Zeitarbeit.

Ergänzung: Regelung für ein Auseinanderentwickeln der Tarifwerke

Diese einsatzbezogene Regelung gilt auch im Falle des Auseinanderentwickelns der in Bezug genommenen Tarifwerke etwa infolge von Kündigung, Hinzutreten oder Wegfall einer Tarifvertragspartei oder des Abschlusses einzelner Änderungstarifverträge.

Zwingend erforderlich dürfte diese Klarstellung aber nicht sein, da bereits die einsatzbezogene Bezugnahme eine klare Kollisionsregelung enthält, die von einer inhaltlichen Identität oder Divergenz der in Bezug genommenen Tarifwerke unabhängig ist.

Probleme bereitet dabei die Einordnung von **Mischbetrieben**, bei denen keine klare Branchenzuordnung möglich ist. Hierfür sollte eine Auffangregelung aufgenommen werden, die die Branchenzuordnung an ein objektives, durch die beteiligten Unternehmen nicht frei beeinflussbares Kriterium knüpft und aus Transparenzgründen mit einer Offenlegungsobliegenheit der Arbeitgeberseite kombiniert, etwa nach folgendem Muster: 65l

Ergänzung: Regelung für Mischbetriebe

Über die Branchenzuordnung der Einsatzzeit in einem Betrieb entscheidet im Zweifel der überwiegende Anteil der im Betrieb verrichteten Tätigkeiten, der durch Aushang im Betrieb kenntlich gemacht wird.

Weiterhin darf das Arbeitsverhältnis in **Zeiten ohne Arbeitseinsatz** nicht inhaltsleer werden. Der Vertrag muss daher auch dafür eine Regelung treffen, etwa 65m

Ergänzung: Regelung für Nichteinsatzzeiten

In Nichteinsatzzeiten gelten die zwischen dem Arbeitgeberverband X und der Gewerkschaft Y abgeschlossenen Tarifverträge und die diese ergänzenden, ändernden oder ersetzenden Tarifverträge in der jeweils geltenden Fassung.

7. Besonderheiten der Verweisung auf Betriebsvereinbarungen und sonstige Arbeitsbedingungen

Wie bei der einzelvertraglichen Verweisung auf Tarifverträge stellt sich auch bei Verweisungen auf **Betriebsvereinbarungen und sonstige Arbeitsbedingungen** die Frage, ob eine statische oder eine dynamische Verweisung vereinbart worden ist. Auch hier kann das Interesse an einer dynamischen Verweisung groß sein. Es empfiehlt sich aus Gründen der Rechtsklarheit, eindeutig zu regeln, ob eine statische oder dynamische Verweisung gewollt ist. Die großzügige Zweifelsregelung zugunsten der dynamischen Verweisung bei Tarifverträgen ist, wie gezeigt (Rz. 37), ohnehin zweifelhaft und nicht ohne Weiteres auf sonstige Arbeitsbedingungen übertragbar. 66

67 Das BAG[1] hat zwar sogar ohne eine ausdrückliche „Jeweiligkeitsklausel" eine dynamische Verweisung auf die jeweils geltenden Betriebsvereinbarungen angenommen. Diese Rechtsprechung deckt sich mit der allgemeinen Tendenz in der Rechtsprechung, bei der Verweisung auf kollektivvertragliche Regelungswerke im Zweifel von einer Jeweiligkeitsklausel auszugehen.

68 In einer Entscheidung vom 16.8.1988[2] hat der 3. Senat Entsprechendes für den Fall der Versorgungsordnungen ausgesprochen. Hiernach sei die Verweisung auf die für Beamte geltenden Grundsätze im Zweifel als Verweisung auf die jeweils für Beamte geltenden Rechtsvorschriften zu verstehen. Das BAG wörtlich: „Eine solche dynamische Verweisung, die auch zukünftige Änderungen erfasst, wird in der Regel den Interessen beider Parteien eher gerecht als eine Verweisung auf einen im Zeitpunkt des Vertragsabschlusses bestehenden Rechtszustand. Sollte nur die im Zeitpunkt des Vertragsabschlusses geltende Versorgungsordnung in Bezug genommen werden, muss dies deutlich zum Ausdruck gebracht werden."

69 Wie dargelegt, ist der Bestand dieser großzügigen Linie der Rechtsprechung keineswegs gesichert, da nunmehr das Transparenzgebot und die Unklarheitenregel auch im Arbeitsrecht gelten. Bereits vor der Schuldrechtsreform hatte das LAG Hamm[3] zur Verweisung auf Richtlinien in einem Arbeitsvertrag entschieden, dass eine Jeweiligkeitsklausel nicht im Wege lückenausfüllender Vertragsauslegung eingefügt werden könne, wenn die Richtlinien in einer bestimmten Fassung vereinbart worden seien. Es gebe auch keine Verkehrsauffassung, wonach im Normalfall die jeweiligen Richtlinien greifen.

70 Dem ist zuzustimmen. Für die durch einen Arbeitsvertrag einbezogenen Richtlinien in einer bestimmten Fassung gelten bei einer Änderung der Richtlinien weder das Ordnungs- noch das Ablösungsprinzip. Werden Richtlinien, die in den Einzelvertrag mit einer bestimmten Fassung eingestellt sind, durch einen Kollektivvertrag abgelöst, so greift das Günstigkeitsprinzip. Soweit auch ungünstigere Regelungen in einer Betriebsvereinbarung den arbeitsvertraglichen Regelungen vorgehen sollen, bedarf es einer transparenten Klarstellung (→ *Öffnungsklauseln*, II O 10). Eine dynamische Jeweiligkeitsklausel wirkt wie eine vorbehaltene Änderungsbefugnis für den Arbeitgeber und unterliegt bei Eingriffen in den Vertragsinhalt engen Grenzen (s. Rz. 14 und → *Jeweiligkeitsklauseln*, II J 10 Rz. 4 ff.).

8. Unvorhersehbare Änderungen der in Bezug genommenen Regelung – Überraschungsschutz

71 Nach § 305c Abs. 1 BGB werden Bestimmungen in AGB dann nicht Vertragsbestandteil, wenn sie nach den Umständen so ungewöhnlich sind, dass der Vertragspartner des Verwenders mit ihnen nicht zu rechnen braucht. Diese Regelung erlangt bei der Verweisung auf Tarifverträge besondere Relevanz.[4] Dabei sind zwei Konstellationen zu nennen: zum einen die Verweisung auf branchenfremde Tarifverträge, zum anderen die dynamische Verweisung.

---

1 BAG v. 3.11.1987 – 8 AZR 316/81, NZA 1988, 509; v. 17.3.1987 – 3 AZR 64/84, NZA 1987, 855; v. 20.11.1987 – 2 AZR 284/86, NZA 1988, 617.
2 BAG v. 16.8.1988 – 3 AZR 61/87, NZA 1989, 102.
3 LAG Hamm v. 19.10.1989 – 4 Sa 1437/88, juris.
4 *Diehn*, NZA 2004, 129 (133); *Witt*, NZA 2004, 135 (138).

Typischerweise werden für den Betrieb **einschlägige Tarifverträge** einbezogen (Typ 3a bis c). Sowohl die Rechtsprechung des BAG als auch die Literatur halten eine allgemeine Klausel unter dem Gesichtspunkt des Bezugnahmeobjekts für zulässig.[1] Als einschlägiger Tarifvertrag ist dabei der betrieblich und fachlich gültige Tarifvertrag zu verstehen. Unter Transparenzgesichtspunkten ist zu bedenken, dass bei Akzeptanz von Tarifpluralitäten mehrere konkurrierende Tarifverträge einschlägig sein können, das Verweisungsziel also einer konkreteren Eingrenzung bedarf (oben Typ 7a und b). 72

Zweifelhaft ist, ob die Bezugnahme auf einen **fremden**, für den Betrieb nicht einschlägigen Tarifvertrag zulässig ist. Die Rechtsprechung und ein Teil der Literatur bejahen dies.[2] Anstelle der einschlägigen Tarifverträge könne auch ein anderer Tarifvertrag einbezogen werden. Die Grenze bilde lediglich das Günstigkeitsprinzip des § 4 Abs. 3 TVG.[3] Demgegenüber wird eingewandt, dass es hierdurch (bei tarifgebundenen Vertragsparteien) zu einer Aufweichung der normierten Tarifbindung kommen könne und die Tarifvertragsparteien gegeneinander ausgespielt würden.[4] Darüber hinaus könne die **Verweisung auf einen fremden Tarifvertrag** unter dem Gesichtspunkt des Überraschungsschutzes problematisch sein.[5] Für den Arbeitnehmer ist die Verweisung jedenfalls dann objektiv ungewöhnlich, wenn für seine Branche ein einschlägiger Tarifvertrag besteht.[6] Der Gesetzgeber hat außerdem in einigen Normen selbst eine Verweisung auf die einschlägigen Tarifverträge vorgenommen (vgl. § 13 Abs. 1 Satz 2 BUrlG, § 17 Abs. 3 BetrAVG). Es ist eine Frage des Einzelfalls, ob der Arbeitnehmer als Vertragspartner mit der Verweisung auf einen branchenfremden Tarifvertrag und/oder einzelnen ungewöhnlichen Tarifnormen „nicht zu rechnen brauchte" (§ 305c Abs. 1 BGB) und damit die Klausel für ihn subjektiv überraschend ist. In der Regel wird dies der Fall sein. Anders ist dies nur, wenn die Verweisung im Einzelfall üblich ist, so dass der Arbeitnehmer mit einer derartigen Verweisung rechnen musste.[7] 73

Eine ähnliche Problematik besteht bei der **dynamischen Verweisung** auf einen bestimmten Tarifvertrag (Typ 2a bis c). Hierdurch werden auch alle zukünftigen Änderungen des Tarifvertrags in Bezug genommen – und damit grundsätzlich auch solche, mit denen der Arbeitnehmer nicht gerechnet hat. Daher stellt sich die Frage, ob dieser auch solche tariflichen Regelungen akzeptieren muss, mit denen er billigerweise nicht rechnen konnte. Das wird teilweise verneint,[8] teilweise be- 74

---

1 Vgl. BGH v. 20.10.1977 – II ZR 25/77, WM 1977, 1407; Wiedemann/*Oetker*, § 3 TVG Rz. 314.
2 BAG v. 10.6.1965 – 5 AZR 432/64, DB 1965, 1218; v. 6.12.1990 – 6 AZR 268/89, NZA 1991, 394; v. 22.3.1994 – 1 ABR 47/93, EzA § 4 TVG Geltungsbereich Nr. 10; *G. Müller*, RdA 1990, 321; Wiedemann/*Oetker*, § 3 TVG Rz. 314.
3 Vgl. Wiedemann/*Oetker*, § 3 TVG Rz. 291; *Etzel*, NZA Beilage 1/1987, 19 (26).
4 Kempen/Zachert/*Brecht-Heitzmann*, § 3 TVG Rz. 190.
5 Vgl. *Gotthardt*, Rz. 258; *Seibert*, NZA 1985, 730 (732); *Preis*, ZIP 1989, 885 (889); *Nömeier*, S. 116 (130); Wiedemann/*Oetker*, § 3 TVG Rz. 303; ErfK/*Preis*, §§ 305–310 BGB Rz. 30; *Thüsing/Lambrich*, NZA 2002, 1361 (1365), wonach bei dynamischen Bezugnahmeklauseln auch bei jeder Änderung des Tarifvertrags zu fragen ist, ob darin eine unzulässige Überraschungsklausel liegt.
6 Hierzu *Nömeier*, S. 130.
7 Vgl. BAG v. 21.6.2001 – IX ZR 69/00, DB 2001, 2240.
8 BAG v. 14.3.1961 – 3 AZR 83/60, DB 1961, 881; *Löwisch*, NZA 1985, 317; *Hanau/Kania*, FS Schaub, S. 239 (243); *Preis*, ArbuR 1994, 139 (149); *Reichel*, S. 62 ff.; vgl. auch Wiedemann/ *Oetker*, § 3 TVG Rz. 307.

jaht.[1] Die Rechtsprechung konnte die Frage bislang offenlassen.[2] Bejaht wird dies insbesondere von denjenigen, die auch der einzelvertraglichen Verweisung eine quasinormative Wirkung zuerkennen. Das BAG neigte bislang zu einer weitgehenden Gleichbehandlung von einzelvertraglicher Bezugnahme und normativer Tarifbindung.[3] Auf dieser dogmatischen Grundlage war leicht begründbar, dass der Arbeitnehmer auch Regelungen hinnehmen muss, die für ihn eine Verschlechterung bedeuten.[4] Soweit das BAG nun die Verweisungsklausel zunehmend als Vertragsklausel ernst nimmt und nicht mehr quasinormativ versteht,[5] entfällt diese dogmatische Grundlage (s. aber Rz. 60a).

75 Eine konsistente Lösung ist aber gerade bei Beachtung der vertraglichen Natur der Verweisungsklausel möglich. Bei der Verweisung auf die jeweils gültige Fassung des Tarifvertrags unterwerfen sich die Vertragsparteien im Voraus Regelungen, die sie noch gar nicht kennen. Daraus folgt, dass sie damit möglicherweise bereits das generelle Einverständnis zur Übernahme ungünstiger Regelungen erklären. Die in der Literatur zum Teil vertretene Auffassung, dies sei unproblematisch, weil auch die tarifgebundenen Arbeitnehmer jede tarifliche Neuerung hinnehmen müssten, kann nicht überzeugen.[6] Dem Tarifungebundenen wird – wenn er einem vorformulierten Vertragswerk unterworfen ist – praktisch keine Wahl gelassen, er kann sich nicht durch Gewerkschaftsaustritt der Geltung der Regelungen entziehen. Auch eine von ihm abgelehnte Tarifänderung muss er akzeptieren.

76 Für formularmäßige Verweisungsklauseln sind daher verschiedene Lösungsansätze denkbar. Zum einen ist darauf hinzuweisen, dass der Arbeitgeber als Vertragsverwender nicht vor seinen eigenen Vertragsklauseln, die ihn möglicherweise benachteiligen, zu schützen ist. Zum anderen kann unter Umständen ein Schutz vor überraschenden und unangemessenen neuen Tarifinhalten eingreifen. *Seibert*[7] sieht die Möglichkeit, die Verweisungsklausel selbst für unangemessen und überraschend zu erklären. Er nennt als Beispiel den Fall der Verweisung auf einen orts- oder branchenfremden Tarifvertrag. Liegt eine Verweisung auf einen einschlägigen Tarifvertrag vor, ist jedoch von einer überraschenden Klausel schwerlich auszugehen; Prüfungsgesichtspunkt kann dann nur der Inhalt des Tarifvertrags selbst sein. Eine Inhaltskontrolle des Tarifvertrags scheidet jedoch grundsätzlich aus, jedenfalls sofern auf den Tarifvertrag als Ganzes verwiesen wird (vgl. Rz. 83 ff.).[8]

77 Schutz vor nachteiligen geänderten Tarifbestimmungen könnte der nicht Tarifgebundene daher nur über das Argument erlangen, dass eine solche Änderung von

---

1 LAG Hamburg v. 29.11.1995 – 8 Sa 1/95, CR 1996, 299 (301); *Etzel*, NZA Beilage 1/1987, 19 (27); *Gamillscheg*, Kollektives Arbeitsrecht Bd. 1, S. 736 f.; allerdings nur zu Blankettverweisungen in Tarifverträgen BAG v. 10.11.1982 – 4 AZR 1203/79, DB 1983, 717.
2 BAG v. 24.9.2008 – 6 AZR 76/07, NZA 2009, 154; v. 22.7.2010 – 6 AZR 847/07, NZA 2011, 634.
3 Exemplarisch BAG v. 20.3.1991 – 4 AZR 455/90, NZA 1991, 736; dazu *Preis/Greiner*, NZA 2007, 1073 m.w.N.
4 BAG v. 28.11.1984 – 5 AZR 195/83, DB 1985, 183.
5 *Preis/Greiner*, NZA 2007, 1073 (1074).
6 Vgl. *Etzel*, NZA Beilage 1/1987, 19 (27).
7 *Seibert*, NZA 1985, 730 (731 f.).
8 Abweichend *Diehn*, NZA 2004, 129 (133), der die Klauseln des Tarifvertrags auf ihre nachteilige Wirkung untersuchen möchte.

seinem Vertragswillen nicht umfasst gewesen sei. In der Literatur ist mit unterschiedlichen dogmatischen Ansatzpunkten eine starke Tendenz zu erkennen, die Vertragsparteien vor Änderungen zu schützen, die unangemessen sind oder mit denen nicht gerechnet werden konnte.[1] Die Gefahr einer kaschierten Inhaltskontrolle des Tarifinhalts liegt freilich nahe.[2] Da die Rechtsprechung die dynamischen globalen Verweisungsklauseln als ein adäquates Gestaltungselement im Arbeitsleben anerkennt, ist nicht anzunehmen, dass sie gerade für diesen Fall eine Inhaltskontrolle von Tarifverträgen ausüben wird.

Bestätigt wird diese Wertung mittelbar durch § 3 Satz 2 NachwG. Danach müssen dem Arbeitnehmer nicht einmal die Änderungen der Tarifverträge mitgeteilt werden. Die Intransparenz der Vertragsbedingungen wird damit weiter erhöht, steht doch der Gesetzgeber in dieser Norm auf dem Standpunkt, dass sich jeder einzelne Arbeitnehmer über die jeweils gültige Fassung der für sein Arbeitsverhältnis anwendbaren Gesetze, Kollektivverträge und ähnlichen Regelungen selbst informieren muss.[3]

78

Anders entscheidet die Rechtsprechung allerdings, wenn es um **Eingriffe in erworbene Besitzstände** bei Änderungen von **Versorgungsordnungen** geht. So heißt es in einer Entscheidung des BAG vom 14.3.1961 allgemein, dass von der Erklärung, sich den jeweils geltenden Bestimmungen einer betrieblichen Ruhegeldregelung zu unterwerfen, die späteren Bestimmungen nur dann erfasst würden, „wenn sie im Bereich des Angemessenen" blieben.[4] Eine Unterwerfung unter unbekannte spätere Regelungen decke jedoch immer nur solche Bedingungen, mit deren Aufstellung der Arbeitnehmer billiger- und gerechterweise rechnen konnte.[5] Zugrunde zu legen ist auch bei der Prüfung von Eingriffen in Besitzstände, die durch Jeweiligkeitsklauseln herbeigeführt werden, die allgemeine Besitzstandsschutzrechtsprechung des 3. Senats. Hierzu sei nur auf die erwähnte Entscheidung des BAG vom 2.2.1988[6] verwiesen, in der es heißt:

79

„Eine verschlechternde Versorgungsregelung kann grundsätzlich nicht in bereits erdiente Versorgungsbesitzstände eingreifen. Soweit der Arbeitnehmer seine Leistung, die Betriebstreue, erbracht hat, kann ihm die hierfür versprochene Gegenleistung, die Betriebsrente, auch über eine Jeweiligkeitsklausel grundsätzlich nicht mehr entzogen werden. Der Anspruch des Betriebsrentners ist deshalb nur in seltenen Ausnahmefällen einer Kürzungsmaßnahme des Arbeitgebers ausgesetzt."[7]

Das zutreffende Instrument zum Schutz des Arbeitnehmers vor unvorhersehbaren Änderungen der in Bezug genommenen Regelwerke dürfte indes die **Auslegung der Verweisungsklausel** selbst sein. Nur im Zeitpunkt des Vertragsschlusses generell vorhersehbare Änderungen sollten als vom rechtsgeschäftlichen Bindungswillen er-

80

---

1 Wiedemann/Oetker, § 3 TVG Rz. 354, 365 „Wegfall der Geschäftsgrundlage"; Löwisch, NZA 1985, 317 (Auslegung); Seibert, NZA 1985, 730 (732) über § 319 BGB; Nömeier, S. 121 f. (Auslegung).
2 Etzel, NZA Beilage 1/1987, 19 (27).
3 BT-Drucks. 13/668, S. 12; krit. dazu ErfK/Preis, § 2 NachwG Rz. 23 ff.
4 BAG v. 14.3.1961 – 3 AZR 83/60, DB 1961, 881.
5 Vgl. Zeuner, Anm. AP Nr. 78 zu § 242 BGB Ruhegehalt.
6 BAG v. 2.2.1988 – 3 AZR 115/86, NZA 1988, 611.
7 Unter Hinweis auf BAG v. 8.12.1981 – 3 ABR 53/80, DB 1982, 224; v. 10.8.1982 – 3 AZR 90/81, DB 1983, 289; v. 30.4.1985 – 3 AZR 611/83, NZA 1986, 63.

fasst angesehen werden.¹ Insoweit gilt es auch die Aussage des BVerfG zu einer dynamischen Verweisungsklausel in einem Sozialplan zu beherzigen. Das BVerfG erkannte die weitgehende Tendenz des BAG zur Annahme dynamischer Verweisungsklauseln an. Es stellte aber fest, dass verfassungsrechtliche Grenzen für die Auslegung von Verweisungen rechtsgeschäftlicher Art nur insoweit bestehen, „als diese nicht in einer Weise ausgedehnt werden dürfen, die für die Parteien des Rechtsgeschäfts zum Zeitpunkt seines Abschlusses keineswegs mehr vorhersehbar" war.² Hier treffen der verfassungsrechtliche und der rechtsgeschäftliche Gedanke des Vertrauensschutzes aufeinander. Eine rechtsgeschäftliche Bindung an neue Vertragsinhalte über dynamische Verweisungen ist danach nicht unbegrenzt möglich.

9. Differenzierte Inhaltskontrolle nach dem Umfang der Verweisung

81 Sind Regelungen eines Tarifvertrags (oder eines anderen außerhalb des Arbeitsvertrags liegenden Regelwerks) zum Inhalt des Arbeitsvertrags geworden, stellt sich die Frage nach einer Inhaltskontrolle gemäß §§ 307 ff. BGB. Nach diesen Vorschriften sind Allgemeine Geschäftsbedingungen unwirksam, wenn sie den Vertragspartner des Verwenders – also den Arbeitnehmer – entgegen den Geboten von Treu und Glauben unangemessen benachteiligen. Diese Vorschriften gelten nunmehr auch für Arbeitsverträge, hingegen nicht für Tarifverträge, Betriebs- und Dienstvereinbarungen, § 310 Abs. 4 Satz 1 BGB. Damit stellt sich die Frage, inwieweit eine Inhaltskontrolle stattfindet, wenn im Arbeitsvertrag auf einen Tarifvertrag verwiesen wird. Festzuhalten ist zunächst, dass eine solche nur möglich ist, wenn der Tarifvertrag nicht schon normativ gilt, denn normativ geltende Kollektivverträge sind keine Allgemeinen Geschäftsbedingungen.

82 Aber auch Tarifvertragsregelungen, die durch Verweisung in den Einzelarbeitsvertrag einbezogen werden, überprüft das BAG grundsätzlich nicht auf inhaltliche Billigkeit.³ Es geht vielmehr davon aus, dass die Tarifpartner eine größere Sachnähe besitzen. Daher seien bei einer Gesamtbetrachtung des Tarifvertrags Nachteile für den einzelnen Arbeitnehmer oder Gruppen durch Vorteile an anderer Stelle kompensiert. Deshalb sei dem Tarifvertrag eine prinzipielle Richtigkeitsgewähr zuzuerkennen. Aus dem annähernden Gleichgewicht der Tarifparteien ergebe sich die Vermutung für einen angemessenen Interessenausgleich.⁴ Dem kann jedoch nicht uneingeschränkt für alle Arten von Verweisungen gefolgt werden. Vielmehr gilt ein **differenzierter Kontrollmaßstab**. Es ist zwischen Global-, Einzel- und Teilverweisung zu unterscheiden.⁵

---

1 Ebenso *Nömeier*, S. 122.
2 BVerfG v. 23.4.1986 – 2 BvR 487/80, BB 1987, 126 (128).
3 Vgl. BAG v. 6.2.1985 – 4 AZR 275/83, BAGE 48, 65; ferner v. 12.8.1959 – 2 AZR 75/59, BAGE 8, 91; v. 28.3.1973 – 4 AZR 271/72, BB 1973, 1355; v. 1.6.1970 – 3 AZR 166/69, DB 1970, 1836; v. 30.11.1973 – 3 AZR 96/73, DB 1974; v. 14.12.1982 – 3 AZR 251/80, DB 1983, 944; unterschiedliche Beurteilung durch 2. und 4. Senat in BAG v. 31.1.1979 – 4 AZR 377/77, DB 1979, 947 und v. 18.12.1980 – 2 AZR 934/78, DB 1982, 179.
4 BAG v. 12.2.1992 – 7 AZR 100/91, NZA 1993, 998.
5 Vgl. hierzu ausf. *Preis*, FS Wiedemann, 2002, S. 425 (429 ff.); für eine Differenzierung auch *Henssler*, in Dauner-Lieb/Konzen/Schmidt, S. 615 (639).

a) Globalverweisung

Die Globalverweisung nimmt einen **gesamten Tarifvertrag** in Bezug (Typ 2a bis c, 3a und b). Aufgrund der Gleichstellung von Tarifverträgen mit Rechtsvorschriften i.S.v. § 307 Abs. 3 BGB ergibt sich, dass die Vorschriften über die Inhaltskontrolle (§§ 307 Abs. 1 und 2, 308, 309 BGB) nicht anzuwenden sind.[1] Der insgesamt einbezogene Tarifvertrag soll keiner Inhaltskontrolle unterliegen.[2] Die Inhaltskontrolle ist nur für Regelungen eröffnet, die von Rechtsvorschriften, d.h. auch von Tarifverträgen, abweichen, § 307 Abs. 3 Satz 1 BGB. Dies entspricht der auch schon vor der Schuldrechtsreform herrschenden Ansicht.[3] Der einbezogene Tarifvertrag unterliegt also der gleichen Richtigkeitsgewähr wie der normativ geltende Tarifvertrag selbst. Diese Grundsätze gelten auch für Firmentarifverträge.[4]

83

Allerdings kann die Kontrollfreiheit selbst bei Globalverweisungen nicht uneingeschränkt gelten. Eine Inhaltskontrolle ist nur dann entbehrlich, wenn auf den jeweils **einschlägigen Tarifvertrag** verwiesen wird.[5] Ausreichend ist die Bezugnahme auf jeden Tarifvertrag, der abgesehen von der Frage der Tarifbindung potenziell anwendbar wäre. Aus dem Zweck der §§ 310 Abs. 4 Satz 3, 307 Abs. 3 BGB, nämlich dass Kontrollfreiheit nur dann bestehen soll, wenn die tarifliche Regelung ihre Angemessenheit in sich trägt, folgt aber, dass dies bei der Einbeziehung branchenfremder Tarifverträge nicht mehr gilt. Ein **fremder Tarifvertrag** legt ganz andere ökonomische und betriebliche Bedingungen zugrunde als in der Branche gelten, in der die Verweisung vorgenommen wird. Deshalb kann bei Bezugnahmen auf fremde Tarifverträge die Angemessenheit der Regelungen nicht mehr vermutet werden.[6]

84

Ferner muss der in Bezug genommene Tarifvertrag selbst und unmittelbar die Regelungen treffen; es genügt nicht, wenn er dem Vertragspartner verschiedene Möglichkeiten der Vertragsgestaltung an die Hand gibt.[7]

Wie sich aus § 307 Abs. 3 Satz 2 BGB und der Begründung zu § 310 Abs. 4 BGB[8] ergibt, unterliegt auch der einzelvertraglich vollständig einbezogene Tarifvertrag der **Transparenzkontrolle** (Rz. 90).

85

---

1 BAG v. 6.5.2009 – 10 AZR 390/08, NZA-RR 2009, 593; LAG Berlin v. 10.10.2003 – 6 Sa 1058/03, LAGReport 2004, 27 (28).
2 BT-Drucks. 14/6857, S. 54; BAG v. 23.9.2004 – 6 AZR 442/03, NZA 2005, 475; v. 1.12.2004 – 7 AZR 135/04, NZA 2006, 211; v. 27.7.2005 – 7 AZR 486/04, NZA 2006, 40; *Oetker*, FS Wiedemann, 2002, S. 383 (398 ff.).
3 BAG v. 6.11.1996 – 5 AZR 334/95, NZA 1997, 778; *Schliemann*, ZTR 2000, 198 (200); zum neuen Recht übereinstimmend *Oetker*, FS Wiedemann, S. 383 (398 ff.); *Preis*, FS Wiedemann, S. 425 (441 ff.).
4 BAG v. 26.4.2006 – 5 AZR 403/05, NZA 2006, 845.
5 So wohl auch LAG Berlin v. 10.10.2003 – 6 Sa 1058/03, LAGReport 2004, 27 (28): Verweisung auf den „einschlägigen" Rahmen-Tarifvertrag.
6 HWK/*Gotthardt*, § 307 BGB Rz. 14; *Gotthardt*, Rz. 266; *Henssler*, in Dauner-Lieb/Konzen/Schmidt, S. 615 (639); *Richardi*, NZA 2002, 1057 (1062); *Thüsing/Lambrich*, NZA 2002, 1361 (1362), wonach Gleiches für die Bezugnahme auf einen abgelaufenen Tarifvertrag gelten soll; s.a. *Müller*, RdA 1990, 321 (323); *Stein*, Tarifvertragsrecht, Rz. 241.
7 BAG v. 27.7.2005 – 7 AZR 486/04, NZA 2006, 40.
8 BT-Drucks. 14/6857, S. 54.

b) Einzelverweisung

86 Im Gegensatz zur Globalverweisung wird bei der Einzelverweisung nicht ein von gleich starken Parteien ausgehandeltes Vertragswerk in Bezug genommen, sondern nur einzelne Passagen desselben (Typ 5). In solchen Fällen besteht die Gefahr der einseitigen Benachteiligung des Arbeitnehmers, denn in aller Regel wird der Arbeitgeber lediglich auf für ihn vorteilhafte Regelungen verweisen. Aus diesem Grund kann der in Bezug genommenen Tarifregelung nicht dieselbe Angemessenheits- und Richtigkeitsgewähr zukommen wie bei Globalverweisungen.[1] Eine privilegierte Beurteilung von Tarifregelungen, die auf einer inhaltlichen Ausgewogenheit und Kompensation von Nachteilen durch Vorteile in einem Tarifvertrag aufbaut, entbehrt bei Einzelverweisungen jeder Grundlage. Nur durch eine **volle Inhaltskontrolle** ist gewährleistet, dass eine einseitige Benachteiligung des Arbeitnehmers vermieden wird.

c) Teilverweisung

87 Die Teilverweisung steht zwischen Global- und Einzelverweisung. Es werden bestimmte **Regelungskomplexe** des Tarifvertrags in Bezug genommen (Typ 4). Nach der Begründung zu § 310 BGB soll eine Inhaltskontrolle insoweit nicht stattfinden, als auf den Tarifvertrag oder einen anderen Kollektivvertrag *als Ganzes* verwiesen wird.[2]

88 Dass Teilverweisungen auch vom Gesetzgeber gewollt sind, zeigen die zahlreichen Stellen, an denen das Gesetz Verweisungen auf Tarifnormkomplexe ermöglicht, z.B. § 622 Abs. 4 Satz 2 BGB, § 13 Abs. 1 Satz 2 BUrlG, § 7 Abs. 3 ArbZG und § 4 Abs. 4 Satz 2 EFZG. Zwar sagt die Zulässigkeit einer Verweisung noch nichts über die Angemessenheit der Tarifregelung und die Erforderlichkeit einer Inhaltskontrolle aus. Aus dem Regelungszusammenhang sowie aus der in diesen Vorschriften vorgesehenen Beschränkung der Verweisungsmöglichkeit kann aber ersehen werden, in welchen Konstellationen der Gesetzgeber von der Angemessenheit der tariflichen Regelung ausgeht. So wird dem Arbeitgeber Gelegenheit gegeben, in bestimmten Fällen durch Verweisung auf Tarifverträge Arbeitsbedingungen zu vereinbaren, die von der gesetzlichen Regelung zulasten des Arbeitnehmers abweichen. Das zeigt, dass der Gesetzgeber **tarifliche Regelungskomplexe unter** bestimmten **Umständen** für so **ausgewogen** hält, dass der Schutz des Arbeitnehmers auch bei einer Abweichung des Tarifvertrags von den gesetzlichen Vorschriften ausreichend gewährleistet ist. Eine Kontrolle der betreffenden Tarifklauseln auf ihre Angemessenheit ist daher in Fällen der gesetzlich zugelassenen Teilverweisungen nicht gewollt. Doch sind solche Teilverweisungen nicht uneingeschränkt zulässig. Vielmehr muss auf einen einschlägigen Tarifvertrag verwiesen werden (vgl. § 622 Abs. 4 Satz 2 BGB; § 4 Abs. 4 Satz 2 EFZG) also auf einen Tarifvertrag, der gelten

---

[1] BAG v. 6.5.2009 – 10 AZR 390/08, NZA-RR 2009, 593; *Däubler*, NZA 2001, 1329 (1335); *Preis*, Vertragsgestaltung, S. 398f.; *Preis*, FS Wiedemann, 2002, S. 425 (443); *Reinecke*, NZA Beilage 3/2000, 23 (29); *Diehn*, NZA 2004, 129 (130).

[2] BT-Drucks. 14/6857, S. 54; weil jedoch die Gefahr bestehe, dass der Arbeitgeber nur auf solche Regelungskomplexe verweist, die für ihn vorteilhaft erscheinen, wird z.T. das Erfordernis einer Inhaltskontrolle auch insoweit bejaht: *Däubler*, NZA 2001, 1329 (1335).

Verweisungsklauseln   Rz. 91 II V 40

würde, wenn beide Vertragsparteien tarifgebunden wären. Darüber hinaus muss stets der gesamte Regelungskomplex in Bezug genommen werden.

Diese Grundsätze erscheinen auch für **gesetzlich nicht geregelte Teilverweisungen** 89 angemessen. Eine generelle Richtigkeitsvermutung ist bei Teilverweisungen nicht anzunehmen.[1] Diese Wertung belegt die Rechtsprechung des BGH zur Inhaltskontrolle bei der Einbeziehung der VOB/B in den Vertrag. Die VOB/B war danach nur dann einer Inhaltskontrolle nach dem AGB-Gesetz entzogen, wenn ihre Anwendung als Ganzes vereinbart worden ist.[2] Wird auf einzelne Passagen der tariflichen Regelung verwiesen, ist die tarifliche Regelung auf ihre Angemessenheit hin zu untersuchen. Innerhalb eines Regelungskomplexes muss zumindest die Möglichkeit bestehen, Ausgewogenheit durch kompensatorische Effekte herzustellen. Unabhängig davon ist eine Transparenzkontrolle vorzunehmen.

10. Transparenzkontrolle

Ein weiterer Bestandteil der Inhaltskontrolle ist die Transparenzkontrolle. Nach 90 § 307 Abs. 1 Satz 2 BGB kann sich eine unangemessene Benachteiligung auch daraus ergeben, dass die Vertragsklausel nicht klar und verständlich ist. Allerdings dürfen an die Klausel keine übersteigerten Anforderungen gestellt werden, denn Auslegungsbedürftigkeit bedeutet nicht zugleich Intransparenz.[3] Das Transparenzgebot begründet auch **keine allgemeine Rechtsbelehrungspflicht** des Verwenders.[4] Problematisch sind jedoch **dynamische Verweisungen** auf Tarifverträge, weil dadurch die Gefahr besteht, dass der Arbeitnehmer bei Vertragsschluss zukünftige Änderungen des Vertragsinhalts nicht absehen kann.[5] Sofern allerdings der Arbeitnehmer aufgrund der Angaben in der Verweisungsklausel ersehen kann, welcher Tarifvertrag bei Vertragsschluss in Bezug genommen wird, erscheint es sachgerecht, nicht der Bezugnahme selbst die Wirksamkeit zu versagen, sondern nur – unter dem Gesichtspunkt des Verbots überraschender Klauseln – nachträglichen **unvorhersehbaren** Änderungen (hierzu Rz. 74 ff.).

11. Auswirkungen von Verbandswechsel und Betriebsübergang

Ein in Bezug genommener Tarifvertrag kann in vielfältiger Weise Änderungen unterliegen. Zu denken ist bspw. an Modifizierungen durch die Tarifparteien selbst, aber auch an Änderungen infolge eines Betriebsübergangs oder anderer Umstrukturierungen sowie an einen Verbandsaustritt oder -wechsel des Arbeitgebers.[6] In all diesen Fällen stellt sich die Frage, was für das konkrete Arbeitsverhältnis nach

---

1 Vgl. auch PdSR/*Henssler*, § 310 Rz. 33; *Lakies*, AR-Blattei SD 35 Rz. 106; *Thüsing/Lambrich*, NZA 2002, 1361 (1363); weitergehend *Diehn*, NZA 2004, 129 (131).
2 BGH v. 22.1.2004 – VII ZR 419/02, DB 2004, 1313; dem folgend BAG v. 6.5.2009 – 10 AZR 390/08, NZA-RR 2009, 593.
3 BGH v. 17.12.1998 – VII ZR 243/97, DB 1999, 525.
4 *Gotthardt*, Rz. 302; s.a. BGH v. 5.11.1998 – III ZR 226/97, DB 1999, 141.
5 Vgl. hierzu ausf. *Oetker*, JZ 2002, 337 (339 ff.), wonach die Zulässigkeit solcher Verweisungen aber daraus folgt, dass der Gesetzgeber selbst diese Art der Regelungstechnik für zulässig hält und verwendet.
6 Hierzu LAG Sa.-Anh. v. 11.5.1999 – 8 Sa 695/98, ArbuR 2000, 147; LAG Hess. v. 23.3.1999 – 4 Sa 1300/98, NZA-RR 2000, 93; LAG Hamburg v. 30.1.1998 – 3 Sa 64/97, LAGE § 3 TVG Bezugnahme auf Tarifvertrag Nr. 5.

der Änderung gilt, wenn der Arbeitsvertrag eine Verweisungsklausel enthält. Das Kernproblem liegt im Falle des § 613a BGB[1] und des Verbandsaustritts des Arbeitgebers[2] darin, dass der tarifgebundene Arbeitnehmer grundsätzlich nicht schlechter dastehen soll als der nicht tarifgebundene. In diesem Kontext ist vor Aufnahme einer Verweisungsklausel die Interessenlage genau zu analysieren und zu prüfen, welche Folgewirkungen Verweisungsklauseln haben und ob diese gewollt sind.[3]

a) Verbandsaustritt und -wechsel des Arbeitgebers

92 Sind **beide Arbeitsvertragsparteien tarifgebunden**, gilt der einschlägige Tarifvertrag gemäß §§ 3 Abs. 1, 4 Abs. 1 TVG für diese unmittelbar und zwingend. Nach Beendigung der Mitgliedschaft des Arbeitgebers im Arbeitgeberverband wirkt der Tarifvertrag bis zum Ende seiner Laufzeit gemäß § 3 Abs. 3 TVG zwingend nach, anschließend gilt er gemäß § 4 Abs. 5 TVG weiter, bis eine neue Abmachung geschlossen wird. Letzteres gilt analog für einen Wechsel des Arbeitgeberverbands, d.h. es kommt zu einer nicht zwingenden Nachwirkung des Tarifvertrags, sofern der Tarifvertrag nicht allgemeinverbindlich ist.

93 Enthält der Arbeitsvertrag eine **Verweisungsklausel**, ist hinsichtlich der Auswirkungen eines Verbandsaustritts oder -wechsels zu differenzieren zwischen (1) statischen Verweisungen, (2) kleinen dynamischen Verweisungen auf einen Tarifvertrag, der für den Arbeitgeber normativ bindend ist, (3) kleinen dynamischen Verweisungen auf einen Tarifvertrag, der nicht normativ für den Arbeitgeber gilt, und (4) großen dynamischen Verweisungen.

94 Eine **statische Verweisung** bewirkt, dass genau der Tarifvertrag weiter gilt, auf den Bezug genommen wird. Weder ein Verbandsaustritt noch ein Verbandswechsel hat Auswirkungen hierauf, denn die Vertragsparteien haben eindeutig vereinbart, dass nur der in Bezug genommene Tarifvertrag unabhängig von Änderungen Anwendung finden soll.

95 **Kleine dynamische Verweisungen** („es gilt Tarifvertrag X in seiner jeweils geltenden Fassung", Typ 2), die den Tarifvertrag in Bezug nehmen, an den der Arbeitgeber **kraft Verbandsmitgliedschaft gebunden** ist, hat das BAG früher gegen den Wortlaut dahingehend ausgelegt, dass die Verweisung auf den jeweils für den Betrieb geltenden Tarifvertrag erfolgt. Mit einem Verbandswechsel des Arbeitgebers war folglich auch ein Tarifwechsel verbunden.[4] An dieser Rechtsprechung hielt das BAG jedoch nicht fest und entschied erstmals im Jahr 2000, dass eine kleine dynamische Verweisungsklausel als eine Gleichstellungsabrede zu verstehen sei und nur bei Vorliegen besonderer Umstände einen Tarifwechsel zur Folge habe.[5] Aus diesen Entscheidungen, die zum Betriebsübergang ergangen sind, lässt sich ersehen, dass kleine dy-

---

1 BAG v. 29.8.2001 – 4 AZR 332/00, NZA 2002, 513.
2 BAG v. 26.9.2001 – 4 AZR 544/00, NZA 2002, 634.
3 Hierzu *Reichel*, S. 251 f.; LAG Düsseldorf v. 21.5.1999 – 14 (11) Sa 1015/98, LAGE § 3 TVG Bezugnahme auf Tarifvertrag Nr 7; anders LAG Schl.-Holst. v. 4.3.1998 – 2 Sa 456/97, NZA-RR 1999, 251.
4 BAG v. 4.9.1996 – 4 AZR 135/95, NZA 1997, 271.
5 BAG v. 30.8.2000 – 4 AZR 581/99, NZA 2001, 510; v. 26.9.2001 – 4 AZR 544/00, NZA 2002, 634; v. 20.2.2002 – 4 AZR 741/00, juris; v. 25.9.2002 – 4 AZR 294/01, NZA 2003, 807.

namische Verweisungen bei einem Wechsel des Arbeitgeberverbands grundsätzlich keinen Tarifwechsel herbeiführen. Bis zur Rechtsprechungsänderung vom 14.12. 2005 und 18.4.2007 (s. Rz. 56 ff.) nahm das BAG an, dass der bis dahin dynamisch in Bezug genommene Tarifvertrag nach **normativem Entfall der Dynamik** nur noch **statisch fortwirkt**. Auch bei einem Austritt des Arbeitgebers aus dem Arbeitgeberverband kam es somit zu einer Verwandlung der ihrem Wortlaut nach dynamischen in eine statische Verweisungsklausel.[1] Aufgrund der Verweisungsklausel ergab sich somit dieselbe Rechtslage, wie sie für tarifgebundene Arbeitnehmer schon kraft normativer Tarifwirkung galt.

Diese Rechtsprechung ist mittlerweile für Verweisungsklauseln, die seit dem 1.1. 2002 vereinbart wurden, **aufgegeben** (s. Rz. 56 ff.).[2] Der bisherige Haupteffekt der Auslegung als Gleichstellungsabrede, einen Wechsel von dynamischer zu statischer Bezugnahme zu bewirken, wenn die Dynamik auch normativ entfällt, tritt daher für diese Verweisungsklauseln nicht mehr ohne Weiteres ein. Es bedarf einer **transparenten Vereinbarung**, dass die Teilhabe an der dynamischen Tarifentwicklung durch die normative Bindung des Arbeitgebers an den in Bezug genommenen Tarifvertrag auflösend bedingt ist. Erforderlich ist somit insbesondere eine klare Rechtsfolgenanordnung für Fälle des Verbandsaustritts des Arbeitgebers sowie des Betriebsübergangs. 96

Auch bei vor dem 1.1.2002 vereinbarten Verweisungsklauseln ist eine Auslegung als Gleichstellungsabrede nicht möglich bei **kleinen dynamischen Verweisungen** auf einen Tarifvertrag, der **für den Arbeitgeber nicht normativ bindend** ist, wenn also auf einen fremden Tarifvertrag verwiesen wird. Schon nach bisheriger Rechtsprechung des BAG ist die Verweisungsklausel dann keine Gleichstellungsabrede,[3] da der in Bezug genommene Tarifvertrag wegen der fehlenden normativen Bindung des Arbeitgebers normativ auf keinen Arbeitnehmer Anwendung findet und eine „Gleichstellung" somit nicht in Betracht kommt. Daher gilt der ursprünglich in Bezug genommene Tarifvertrag in diesen Fällen auch bei Verbandsaustritt und -wechsel dauerhaft und dynamisch weiter. 97

Bei einer **großen dynamischen Verweisungsklausel** („es finden die jeweils für den Arbeitgeber bindenden Tarifverträge in ihrer jeweils geltenden Fassung Anwendung", Typ 3a und b) ist zwischen einem Verbandswechsel und einem Verbandsaustritt zu differenzieren. Eine solche Klausel stellt in der Regel eine „Tarifwechselklausel" dar. Sie bewirkt, dass an Stelle der ursprünglich in Bezug genommenen Tarifverträge nach einem **Verbandswechsel** andere Tarifverträge zum Verweisungsziel werden, an die der Arbeitgeber dann normativ gebunden ist.[4] **Endet die Tarifgebundenheit** des Arbeitgebers ersatzlos, so kommt der Klausel in „Altfällen" die Wirkung einer Gleichstellungsabrede zu. Die Bedingungen des in Bezug genommenen Tarifvertrags gelten dann mit dem Stand (statisch) weiter, den sie bei Wegfall der Tarifgebundenheit hatten.[5] Bei kleinen dynamischen Verweisungsklauseln, die seit dem 1.1.2002 vereinbart wurden, führt die große dynamische Verweisung hin- 98

---

1 BAG v. 19.3.2003 – 4 AZR 331/02, NZA 2003, 1207.
2 BAG v. 22.10.2008 – 4 AZR 793/07, NZA 2009, 323.
3 BAG v. 25.9.2002 – 4 AZR 294/01, NZA 2003, 807.
4 BAG v. 16.10.2002 – 4 AZR 467/01, NZA 2003, 390.
5 BAG v. 27.11.2002 – 4 AZR 661/01, NZA 2003, 1296; v. 16.10.2002 – 4 AZR 467/01, NZA 2003, 390; vgl. auch BAG v. 26.9.2001 – 4 AZR 544/00, NZA 2002, 634.

gegen nach vollständigem Wegfall jeder Tarifbindung dazu, dass der Arbeitnehmer weiterhin an der dynamischen Tarifentwicklung des (zuletzt) in Bezug genommenen Tarifvertrags partizipiert. Insoweit ergibt sich dasselbe Ergebnis wie bei einer kleinen dynamischen Verweisung (s. Rz. 97).

99 Für die Gestaltungspraxis stellt sich daher die zentrale Frage, wie man die früher bei „einfachen" großen und kleinen dynamischen Verweisungen eintretende Wirkung einer Auslegung als Gleichstellungsabrede, also den **Wechsel von Dynamik zu Statik**, durch **transparente Vertragsgestaltung** herbeiführen kann. Dazu werden verschiedene Wege diskutiert.

Typ 11: Wechsel dynamische Verweisung – statische Verweisung

a) Entfällt jegliche Tarifbindung des Arbeitgebers oder bindet der Tarifvertrag ihn nach einem Verbandsaustritt nur noch gemäß § 3 Abs. 3 TVG, gelten die zu diesem Zeitpunkt gemäß Abs. x anwendbaren Tarifverträge statisch in der zuletzt gültigen Fassung fort, soweit sie nicht durch andere Abmachungen ersetzt werden.

b) Der Arbeitgeber kann bei Entfall seiner normativen Bindung an *[den in Bezug genommenen Tarifvertrag]* oder Eintritt der Nachbindung nach einem Verbandsaustritt (§ 3 Abs. 3 TVG) durch schriftliche Erklärung für die Zukunft die Anwendung der nach Abs. x geltenden Tarifverträge auf die im Zeitpunkt der Erklärung geltende Fassung beschränken.

c) Der Arbeitgeber kann aus wirtschaftlichen Gründen durch schriftliche Erklärung für die Zukunft die Anwendung der nach Abs. x geltenden Tarifverträge auf die im Zeitpunkt der Erklärung geltende Fassung beschränken.

100 Typ 11a regelt transparent den **automatischen Entfall der Dynamik bei Beendigung der Tarifbindung**. Die Regelung verwirklicht die legitime „Gleichstellung" nichtorganisierter mit organisierten Arbeitnehmern, indem sie die normativ nach § 4 Abs. 5 TVG eintretende Situation auf die individualvertragliche Bezugnahme erstreckt. Indem Voraussetzung ist, dass „jegliche" Tarifbindung des Arbeitgebers entfällt, trägt die Klausel den Rahmenbedingungen pluraler Tarifbindungen bei Akzeptanz der Tarifpluralität Rechnung. Hier können im Falle des Verlusts der Tarifbindung an den bislang in Bezug genommenen Tarifvertrag immer noch Bindungen an andere Tarifverträge gegeben sein, die bei entsprechender Klauselformulierung (Typ 7a und b) zum Bezugnahmeziel werden können. Erst wenn der Arbeitgeber an *keinen* Tarifvertrag mehr normativ gebunden ist, kommt es bei dieser Klauselformulierung hinsichtlich des zuletzt in Bezug genommenen Tarifvertrags zum Wechsel von Dynamik zu Statik. Alternativ kann man – insbesondere bei Kombination mit einer kleinen dynamischen Verweisung auf einen bestimmten Tarifvertrag – auch bereits bei Verlust der Bindung an diesen Tarifvertrag den Wechsel von Dynamik zu Statik eintreten lassen.

101 Da auch die „Nachbindung" (§ 3 Abs. 3 TVG) nach einem Verbandsaustritt eine Tarifbindung darstellt, regelt Typ 11a diesen Fall ausdrücklich und ordnet auch in dieser Konstellation den Wechsel von Dynamik zu Statik an.

Die **Klauseltypen 11b und c** enthalten einseitige **Gestaltungsrechte des Arbeitgebers**, die auf den **Entfall der Dynamik** gerichtet sind.[1] Vorteil dieser Regelung ist eine gewisse **Flexibilität**. Der Arbeitgeber kann beim Eintritt der jeweils in der Klausel bezeichneten Voraussetzungen darüber entscheiden, ob und bis zu welchem Zeitpunkt er den Arbeitnehmer an der weiteren Tarifentwicklung teilhaben lassen will.

102

Fraglich ist die Beurteilung dieser Klauseln im Lichte der §§ 305 ff. BGB. Man könnte sich insofern auf den Standpunkt stellen, dass durch Ausübung dieses Gestaltungsrechts dem Arbeitnehmer – anders als etwa bei der Auswechslung des anwendbaren Tarifvertrags durch einseitige Leistungsbestimmung (s. Rz. 63) – nichts genommen, sondern lediglich der Rechtszustand herbeigeführt wird, der auch im Zeitpunkt des Vertragsschlusses durch Vereinbarung einer statischen Bezugnahme unproblematisch hätte vereinbart werden können. Es würde sich mithin nicht um einen Widerrufsvorbehalt, sondern lediglich um eine „aufgeschobene" statische Inbezugnahme handeln. Dagegen spricht aber, dass zunächst die Partizipation an der Tarifentwicklung vertraglich zugesagt wird.[2] Der Arbeitgeber behält sich nur die spätere einseitige Änderung dieser für den Arbeitnehmer günstigen Vertragsbedingung vor. Da die Klauselformulierung auf Einschränkung der Hauptabrede durch einseitige Leistungsbestimmung abzielt, spricht viel dafür, dass es sich um einen **Änderungsvorbehalt i.S.d. § 308 Nr. 4 BGB** handelt.

103

Dieser Änderungsvorbehalt muss den Anforderungen, die das BAG hierzu formuliert hat,[3] standhalten. Insbesondere muss ein **Änderungsgrund „der Richtung nach"** angegeben sein. Dem trägt Typ 11b Rechnung, indem das Widerrufsrecht für den Fall des Verlusts der normativen vollen Tarifbindung eingeräumt wird; Typ 11c trägt dem Rechnung, indem hier die Beschränkung auf die statische Wirkung „aus wirtschaftlichen Gründen" zugelassen wird.[4] Nach den Anforderungen des BAG reicht dies aus. Dass die zweite Anforderung des BAG an einen Änderungsvorbehalt, der „Kernbereichsschutz" des Synallagmas,[5] beachtet wird, ist hier, anders als bei anderen Formen des Änderungsvorbehalts, bereits dadurch sichergestellt, dass die Ausübung ausschließlich auf die Zukunft gerichtet ist, in den bereits erworbenen Bestand an Arbeitsbedingungen also nicht eingegriffen wird.

104

b) Betriebsübergang

Ähnliche Gestaltungsprobleme wie beim Verbandsaustritt oder -wechsel des Arbeitgebers stellen sich in Fällen des **Betriebsübergangs**. Nach § 613a Abs. 1 Satz 1 BGB tritt der Betriebserwerber in die Rechte und Pflichten aus den im Zeitpunkt des Übergangs bestehenden Arbeitsverhältnissen ein, also auch in die Verweisung auf

105

---

1 In Wirkung und Voraussetzungen ähnlich auch die „Widerspruchslösung" bei *Giesen*, NZA 2006, 625 (630) m.w.N.
2 *Preis/Greiner*, NZA 2007, 1073 (1078).
3 BAG v. 11.10.2006 – 5 AZR 721/05, NZA 2007, 87; v. 12.1.2005 – 5 AZR 364/04, NZA 2005, 465.
4 *Preis/Greiner*, NZA 2007, 1073 (1078).
5 Vgl. BAG v. 12.1.2005 – 5 AZR 364/04, NZA 2005, 465; dazu *Preis/Lindemann*, ArbuR 2005, 229.

einen Tarifvertrag. Diese vertragsrechtliche Rechtsfolge wird aber von den tarifrechtlichen Rechtsfolgen des Betriebsübergangs (§ 613a Abs. 1 Satz 2–4 BGB) überlagert.

106 Für ein Arbeitsverhältnis, dessen Bedingungen in einem kraft Tarifbindung (§ 3 Abs. 1 TVG) geltenden Tarifvertrag geregelt sind, gilt der vor dem Betriebsübergang normativ anwendbare Tarifvertrag nach dem Übergang auf einen neuen, nicht an denselben Tarifvertrag normativ gebundenen Arbeitgeber zunächst **statisch als Inhalt des Arbeitsverhältnisses zwischen Arbeitnehmer und Erwerber** weiter (§ 613a Abs. 1 Satz 2 BGB). Diese Wirkung tritt nach § 613a Abs. 1 Satz 3 BGB nur dann nicht ein, wenn das Arbeitsverhältnis bei dem neuen Arbeitgeber durch **andere Tarifverträge** geregelt wird. § 613a Abs. 1 Satz 3 BGB setzt nach gefestigter Rechtsprechung des BAG voraus, dass Arbeitgeber und Arbeitnehmer an den ablösenden Tarifvertrag „kongruent" normativ gebunden sind; die einseitige Bindung des Arbeitgebers reicht nicht aus.[1] Es muss folglich eine beiderseitige Tarifgebundenheit vorliegen, damit es zu einer Ablösung der vormaligen Tarifverträge kommt. Durch diese Rechtslage kommt es im Fall des Betriebsinhaberwechsels häufig zur statischen individualvertraglichen Weitergeltung der bisher geltenden Tarifverträge. Der neue Arbeitgeber kann sich dann nur unter den strengen Voraussetzungen des § 613a Abs. 1 Satz 4 BGB von den vor dem Betriebsübergang geltenden Tarifbedingungen lösen. Eine mit dem Betriebsveräußerer vorab vereinbarte Bezugnahmeklausel – etwa eine große dynamische Bezugnahme, die nach dem Betriebsübergang auf die bei dem Erwerber normativ geltenden oder einschlägigen (s. Rz. 84) Tarifverträge verweist – kann nicht als Vereinbarung i.S.d. § 613a Abs. 1 Satz 4 Alt. 2 BGB ausgelegt werden, da eine solche Vereinbarung ebenso wie eine zur Beendigung der Nachwirkung (§ 4 Abs. 5 TVG) getroffene Vereinbarung[2] nur mit dem konkreten Zweck einer Ablösung der nach § 613a Abs. 1 Satz 2 BGB transformierten Tarifnorm und nicht losgelöst davon – gewissermaßen „auf Vorrat" – getroffen werden kann.[3]

107 Erheblich komplizierter wird die Situation, wenn neben die normative Tarifgeltung eine Verweisungsklausel im Arbeitsvertrag tritt. Während eine statische Verweisung nicht zu einem Tarifwechsel führen kann,[4] war die Situation bei der Verwendung dynamischer Verweisungsklauseln infolge der überkommenen Auslegung der kleinen dynamischen Verweisung als „Gleichstellungsabrede" unübersichtlich und die Rechtsprechung uneinheitlich.

108 **Kleine dynamische Verweisungen** auf einen Tarifvertrag, der für den Arbeitgeber normativ gilt, werden, sofern sie vor dem 1.1.2002 vereinbart wurden, von der Rechtsprechung als **Gleichstellungsabrede** ausgelegt.[5] Im Falle eines Betriebsüber-

---

1 BAG v. 21.2.2001 – 4 AZR 18/00, NZA 2001, 1318.
2 BAG v. 23.2.2005 – 4 AZR 186/04, NZA 2005, 1320; v. 17.1.2006 – 9 AZR 41/05, NZA 2006, 923 (925).
3 Zutr. ErfK/*Franzen*, § 3 TVG Rz. 41a; *Löwisch/Rieble*, § 3 Rz. 627; a.A. HWK/*Henssler*, § 3 TVG Rz. 30c; *Bauer/Günther*, NZA 2008, 6 (11); *Jacobs*, BB 2011, 2037 (2041).
4 Die große Tarifwechselklausel wurde bejaht in BAG v. 16.10.2002 – 4 AZR 467/01, NZA 2003, 390.
5 BAG v. 30.8.2000 – 4 AZR 581/99, NZA 2001, 510; v. 26.9.2001 – 4 AZR 544/00, NZA 2002, 634; v. 20.2.2002 – 4 AZR 741/00, juris; v. 25.9.2002 – 4 AZR 294/01, NZA 2003, 807.

gangs sollen somit die beim Betriebsveräußerer geltenden Tarifverträge, auch soweit sie vertraglich in Bezug genommen sind, nach dem Betriebsübergang nur noch **statisch fortwirken**.[1]

Für kleine dynamische Verweisungen, die seit dem 1.1.2002 vereinbart werden, ist die Auslegung als Gleichstellungsabrede obsolet (s. Rz. 56ff.). Der Arbeitnehmer partizipiert daher bei der Verwendung von uneingeschränkten kleinen dynamischen Verweisungen auch nach dem Betriebsübergang dynamisch an der künftigen Tarifentwicklung. Die Verweisungsklausel wirkt unabhängig von dem Betriebsübergang **dauerhaft konstitutiv und dynamisch**; § 613a Abs. 1 Satz 3 BGB findet darauf weder unmittelbar noch entsprechend Anwendung.[2] Durch diese Rechtsfolge wird die negative Koalitionsfreiheit des Betriebserwerbers nach ständiger BAG-Rechtsprechung nicht verletzt.[3] Soweit diese Sichtweise infolge der Entscheidung des EuGH in der Rechtssache *Alemo-Herron*[4] bezweifelt und eine Beeinträchtigung der Unternehmerfreiheit (Art. 16 GRC), ggf. auch einer sog. „negativen Tarifvertragsfreiheit"[5] des Betriebserwerbers durch eine unbegrenzt fortbestehende Dynamik angenommen wird,[6] ist dem zu entgegnen, dass die Entscheidung *Alemo-Herron* der Sondersituation eines Übergangs aus dem öffentlichen Sektor auf den Privatsektor[7] und Besonderheiten des englischen Tarifrechts (Fehlen einer normativen Wirkung) geschuldet ist.[8] Im Übrigen gebietet gerade der Respekt vor der ursprünglich zwischen den Arbeitsvertragsparteien betätigten Privatautonomie und der erneut eigenverantwortlichen, privatautonomen Entscheidung des Erwerbers, den Betrieb in Kenntnis der bestehenden Verträge zu erwerben, ihn an den ursprünglich privatautonom vereinbarten Bedingungen festzuhalten, wenn das klare Regelungsziel von Art. 3 RL 2001/23/EG, die Arbeitsverhältnisse zu gleichen Bedingungen fortzuschreiben,[9] nicht konterkariert werden soll. Wer dies negiert, missachtet letztlich die privatautonome Bindung. Diese Rechtsfolge einer unbeschränkten dynamischen Fortgeltung nach Betriebsübergang ergibt sich zudem auch in „Altfällen" für alle **kleinen dynamischen Verweisungen** auf Tarifverträge, an die der Arbeitgeber **nicht normativ gebunden** ist; diese haben ohnehin keinen Gleichstellungszweck.[10]

109

---

1 BAG v. 16.10.2002 – 4 AZR 467/01, NZA 2003, 390; v. 25.9.2002 – 4 AZR 294/01, NZA 2003, 807; v. 29.8.2001 – 4 AZR 332/00, NZA 2002, 513; v. 30.8.2000 – 4 AZR 581/99, NZA 2001, 510; zu Recht kritisch *Thüsing/Lambrich*, RdA 2002, 193 (210ff.) m.w.N.
2 Vgl. etwa BAG v. 29.8.2007 – 4 AZR 767/06, NZA 2008, 364; v. 17.11.2010 – 4 AZR 391/09, NZA 2011, 356; dazu auch *Jacobs*, BB 2011, 2037 (2039) m.w.N.
3 BAG v. 24.2.2010 – 4 AZR 691/08, NZA-RR 2010, 530; v. 21.10.2009 – 4 AZR 396/08, NZA-RR 2010, 361.
4 EuGH v. 18.7.2013 – C-426/11 (Alemo-Herron), NZA 2013, 835.
5 Monographisch dazu *Hartmann*, Negative Tarifvertragsfreiheit im deutschen und europäischen Arbeitsrecht, 2014.
6 *Lobinger*, NZA 2013, 945.
7 Vgl. EuGH v. 18.7.2013 – C-426/11 (Alemo-Herron), NZA 2013, 835 Rz. 12.
8 Zutr. *Forst*, DB 2013, 1847; vgl. aber für eine (problematische) generalisierende Zuordnung der Tarifgeltung infolge Bezugnahmeklausel zu Art. 3 Abs. 3 RL 2001/23/EG auch EuGH v. 11.9.2014 – C-328/13 (Österreichischer Gewerkschaftsbund), NZA 2014, 1092 Rz. 24f.
9 Vgl. EuGH v. 11.9.2014 – C-328/13 (Österreichischer Gewerkschaftsbund), NZA 2014, 1092 Rz. 27; EuGH v. 6.9.2011 – C-108/10 (Scattolon), NZA 2011, 1077.
10 BAG v. 25.9.2002 – 4 AZR 294/01, NZA 2003, 807; v. 25.10.2000 – 4 AZR 506/99, NZA 2002, 100.

110 Um gleichwohl im Falle eines Betriebsübergangs bei Verwendung kleiner dynamischer Verweisungen den bisherigen Wechsel von Dynamik zu Statik eintreten zu lassen, ist eine **transparente Regelung dieser Rechtsfolge** erforderlich. Einer kleinen dynamischen Bezugnahmeklausel kann demnach eine Gleichstellungswirkung – mit der Folge einer statischen Verweisung nach einem Verbandsaustritt des Arbeitgebers – nur dann entnommen werden, wenn dieser Regelungszweck durch den Arbeitgeber eindeutig zum Ausdruck gebracht wurde.[1] Fehlt ein entsprechender Hinweis, hat die „Gleichstellungsabrede" konstitutive Wirkung und verschafft den Arbeitnehmern einen Anspruch auf Weitergabe der Tarifänderungen auch ohne entsprechende Tarifgebundenheit des Arbeitgebers. Das gilt auch im Falle des Betriebsübergangs. Die konstitutive Bezugnahmeklausel gilt nach § 613a Abs. 1 Satz 1 BGB fort.[2]

Typ 12: Wechsel dynamische Verweisung – statische Verweisung bei Betriebsübergang

Im Falle eines Betriebsübergangs zu einem nicht oder anders tarifgebundenen (§ 3 Abs. 1 TVG) Betriebserwerber gelten die zu diesem Zeitpunkt gemäß Abs. x anwendbaren Tarifverträge statisch in ihrer zuletzt gültigen Fassung fort. Die Tarifverträge nach Satz 1 können dann durch andere Abmachungen ersetzt werden.

Die Klausel orientiert sich am beschriebenen Vorbild des § 613a Abs. 1 Satz 2 BGB (s. Rz. 106). Sie erreicht somit eine Gleichstellung nicht übergehender tarifgebundener Arbeitnehmer mit übergehenden Arbeitnehmern, die an den in Bezug genommenen Tarifvertrag normativ gebunden sind.

111 Auch diese Klauselgestaltung macht den (inkorporierten) Arbeitsvertragsinhalt zwar von einseitigem Agieren des Arbeitgebers abhängig, nämlich der Durchführung eines Betriebsübergangs. Damit beinhaltet Typ 12 eine Abweichung von § 613a Abs. 1 Satz 1 BGB, der den grundsätzlich unveränderten Übergang des Arbeitsverhältnisses anordnet. Dies scheint angesichts von § 308 Nr. 4 BGB nicht unproblematisch. Die Klausel beschränkt sich jedoch darauf, die für tarifgebundene Arbeitnehmer gesetzlich vorgesehenen Rechtsfolgen (§ 613a Abs. 1 Satz 2, 3 BGB) auf die nichtorganisierten Arbeitnehmer zu übertragen. Mit dieser Orientierung am gesetzlichen Leitbild dürfte die AGB-rechtliche Unbedenklichkeit der Klausel gewährleistet sein. Denn wenn der Arbeitgeber sich hinsichtlich der nicht tarifgebundenen Arbeitnehmer einem Tarifvertrag individualvertraglich unterwirft, dann ist es gerechtfertigt, auf die Bezugnahme dieselben Einschränkungen anzuwenden, wie sie für tarifgebundene Arbeitnehmer von Gesetzes wegen gelten.[3] Das AGB-Recht kann nicht verlangen, nicht organisierte Arbeitnehmer besser zu stellen als es gesetzlich für organisierte Arbeitnehmer vorgesehen ist. Diese Annahme geriete ihrerseits in ein bedenkliches Spannungsverhältnis zum Diskriminierungs- und Maßregelungsverbot (Art. 9 Abs. 3 Satz 2 GG, § 612a BGB).

---

1 *Annuß*, RdA 2000, 179 (181); *Ebeling*, Die Bezugnahme auf Tarifverträge im Arbeitsvertrag, S. 218; *Hanau/Kania*, FS Schaub, S. 239 (260 f.); *Henssler*, FS Wißmann, S. 133 (155 f.); *Klebeck*, NZA 2006, 15 (20).
2 BAG v. 22.4.2009 – 4 AZR 100/08, NZA 2010, 41.
3 *Preis/Greiner*, NZA 2007, 1073 (1078).

Typ 13: Variable Tarifwechselklausel bei Betriebsübergang 112

Im Falle eines Betriebsübergangs gelten die zu diesem Zeitpunkt gemäß Abs. x anwendbaren Tarifverträge statisch in der zuletzt gültigen Fassung fort, wenn der neue Arbeitgeber nicht tarifgebunden ist. Für den Fall, dass der neue Arbeitgeber tarifgebunden ist, finden die jeweils für die Mehrheit der bei dem neuen Arbeitgeber beschäftigten tarifgebundenen Arbeitnehmer geltenden Tarifverträge Anwendung. Die Tarifverträge nach Satz 1 können durch andere Abmachungen ersetzt werden.

Ist hingegen eine abweichende Tarifbindung des Erwerbers gegeben, bietet es sich an, in Anlehnung an § 613a Abs. 1 Satz 3 BGB (s. Rz. 106) einen **Tarifwechsel herbeizuführen**. Während qua Gesetz diese Wirkung nach ständiger Rechtsprechung nur bei „kongruenter" Tarifbindung von Arbeitgeber und Arbeitnehmer an den neuen Tarifvertrag eintritt,[1] ist Sinn und Zweck der Verweisungsklausel gerade die Gleichstellung *nicht* tarifgebundener Arbeitnehmer; es ist daher für den Eintritt des Tarifwechsels insofern die einseitige Tarifbindung des Erwerbers vorauszusetzen.

Diese Wirkung kann mit einer **großen dynamischen Verweisungsklausel** erzielt werden.[2] Diese nimmt zunächst auf die Tarifverträge Bezug, an die der Arbeitgeber bei Abschluss des Arbeitsvertrags gebunden ist. Sie bewirkt aber auch, dass an Stelle der Bedingungen dieser Tarifverträge die Normen anderer Tarifverträge anzuwenden sind, an die der Arbeitgeber im Falle des Wechsels seiner Tarifgebundenheit gebunden ist.[3] Keine Rolle spielt dabei, ob die beim Erwerber geltenden Tarifverträge von denselben oder anderen Tarifvertragsparteien abgeschlossen wurden als die beim Veräußerer geltenden.[4] Bei fehlender normativer Tarifbindung des Erwerbers entscheidet die exakte Klauselformulierung über die eintretenden Rechtsfolgen: Ein großer dynamischer Verweis auf die „normativ geltenden" Tarifverträge geht dann ins Leere, während ein Verweis auf die „jeweils einschlägigen" Tarifverträge die Tarifverträge in Bezug nimmt, in deren Geltungsbereich das Arbeitsverhältnis unabhängig von der Tarifbindung des Arbeitgebers liegt[5] – bei Einschlägigkeit mehrerer konkurrierender Tarifwerke ist allerdings auch diese Formulierung intransparent (zu Lösungen für diesen Fall s. Rz. 61 ff.). Solche Klauseln haben beim Betriebsübergang zu einem anderweitig tarifgebundenen Arbeitgeber einen Tarifwechsel zur Folge,[6] es gelten also ab dem Betriebsübergang die für den Erwerberbetrieb maßgeblichen Tarifverträge. Eine (auch statische) Weitergeltung der bisherigen Tarifverträge des Veräußerers erfolgt aufgrundlage der Klausel nicht. Im Interesse einer transparenten Klauselgestaltung empfiehlt es sich, diesen Fall des Tarifwechsels deutlich in der Klauselgestaltung zum Ausdruck zu bringen. Die Je- 113

---

1 BAG v. 30.8.2000 – 4 AZR 581/99, NZA 2001, 510; v. 21.2.2001 – 4 AZR 18/00, NZA 2001, 1318; *Preis/Steffan*, FS Kraft, 1998, S. 477 (486) m.w.N.; a.A. *Moll*, RdA 1996, 275 (280); *Henssler*, FS Schaub, S. 311 (319).
2 Vgl. auch *Jacobs*, BB 2011, 2037 (2039 f.).
3 BAG v. 16.10.2002 – 4 AZR 467/01, NZA 2003, 390.
4 Zutr. *Jacobs*, BB 2011, 2037 (2039); a.A. ErfK/*Franzen*, § 3 TVG Rz. 41.
5 Zutr. *Jacobs*, BB 2011, 2037 (2039).
6 BAG v. 16.10.2002 – 4 AZR 467/01, NZA 2003, 390.

weiligkeitsklauseln auf Tarifverträge werden zwar als „dynamische Bezugnahmeklausel", aber regelmäßig nur als sog. „kleine dynamische Bezugnahmeklausel"[1] interpretiert. Die große dynamische Bezugnahmeklausel, die auch als „Tarifwechselklausel" bezeichnet wird, ermöglicht den Ausstieg in einen fachfremden Tarifvertrag. Damit ermöglicht die Klausel eine – vielleicht – unangemessene Gestaltung. Jedenfalls verlangt das BAG zu Recht, dass „große dynamische Verweisungsklauseln" (Tarifwechselklauseln) wegen dieser Wirkung klar und eindeutig vereinbart werden müssen.[2] Die Klausel Typ 13 berücksichtigt den Umstand, dass große dynamische Verweisungsklauseln früheren Zuschnitts (vgl. Typ 3) nach Aufgabe des Grundsatzes der Tarifeinheit kein eindeutiges Bezugsobjekt mehr haben.[3] Die Klausel Typ 13 macht hinreichend transparent, welcher Tarifvertrag im Erwerberbetrieb gilt.

114 Da bei Abschluss eines Arbeitsvertrags in aller Regel nicht absehbar ist, ob und wie ein möglicher künftiger Betriebserwerber tarifgebunden ist, bietet es sich an, variabel für alle denkbaren Fälle Sorge zu tragen und sowohl für den Wechsel zu einem nicht tarifgebundenen als auch zu einem tarifgebundenen Betriebserwerber eine passende Regelung zu treffen. Das abgestufte Regelungsmodell kann sich am gesetzlichen Vorbild des § 613a Abs. 1 Satz 2–4 BGB orientieren. Diesen Anforderungen trägt Klauseltyp 13 Rechnung.

12. Hinweise zur Vertragsgestaltung

115 Verweisungsklauseln können komplexe Rechtsprobleme aufwerfen, insbesondere durch Überlagerung von vertragsrechtlichen und tarifrechtlichen Fragen. Durch transparente Klauselgestaltung können unterschiedlichste Rechtsfolgen herbeigeführt werden. Es ist dringend anzuraten, vor Aufnahme einer Verweisungsklausel die Interessenlage genau zu analysieren und zu prüfen, ob die Folgewirkungen der jeweiligen Verweisungsklausel gewollt sind. Die Vertragsgestaltung steht in einem Spannungsverhältnis zwischen der wünschenswerten Gleichstellung aller im Betrieb bzw. Unternehmen Beschäftigten, der möglicherweise bestehenden Tarifpluralität, der notwendigen Flexibilität und Dynamisierung sowie der Wahrung der Anforderungen des Nachweisgesetzes. Unter Berücksichtigung dieser Maßgaben und der aktuellen Rechtsprechung des BAG **empfiehlt sich grundsätzlich, eine große dynamische Verweisungsklausel zu verwenden**, die für verschiedene Varianten normativer Änderungen der Tarifsituation geeignete, transparente Regelungen bereitstellt und zugleich die Herausforderungen der Tarifpluralität bewältigt.[4]

---

1 Zur Unterscheidung der verschiedenen Arten von Bezugnahmeklauseln s. BAG v. 22.10. 2008 – 4 AZR 784/07, NZA 2009, 151 (153); *Annuß*, ZfA 2005, 405 (411).
2 BAG v. 30.8.2000 – 4 AZR 581/99, NZA 2001, 510 (511); v. 22.10.2008 – 4 AZR 784/07 – NZA 2009, 151 (153). S. dazu auch *Greiner*, NZA 2009, 877 ff., wonach eine Tarifwechselklausel unter Umständen auch ohne explizite Vereinbarung im Falle einer als „unechter Tarifwechsel" bezeichneten Tarifsukzession angenommen werden kann; so wohl auch *Bayreuther*, NZA 2009, 935 ff.
3 Aus diesem Grunde hält *Klingebiel*, S. 118 ff., große dynamische Verweisungsklauseln für intransparent.
4 Alternative Formulierungsvorschläge entwickelt *Eva Maria Willemsen*, S. 426 ff.

Typ 14: Verweisungsklausel

(1) Auf das Arbeitsverhältnis finden die jeweils für eine relative Mehrheit der im jeweiligen Beschäftigungsbetrieb tätigen tarifgebundenen Arbeitnehmer geltenden Tarifverträge in ihrer jeweils gültigen Fassung Anwendung. Das sind nach Kenntnis des Arbeitgebers derzeit die Tarifverträge der XY-Branche im Tarifgebiet Z, abgeschlossen zwischen dem Arbeitgeber/Arbeitgeberverband X und der Gewerkschaft Y.

(2) Der Arbeitgeber kann aus wirtschaftlichen Gründen durch schriftliche Erklärung für die Zukunft die Anwendung der nach Absatz 1 geltenden Tarifverträge auf die im Zeitpunkt der Erklärung geltende Fassung beschränken.

(3) Entfällt jegliche Tarifbindung des Arbeitgebers oder bindet der Tarifvertrag ihn nach einem Verbandsaustritt nur noch gemäß § 3 Abs. 3 TVG, gelten die zu diesem Zeitpunkt gemäß Absatz 1 anwendbaren Tarifverträge statisch in der zuletzt gültigen Fassung fort, soweit sie nicht durch andere Abmachungen ersetzt werden.

(4) Absatz 3 gilt entsprechend im Falle eines Betriebsübergangs, wenn der neue Arbeitgeber nicht tarifgebunden ist. Für den Fall, dass der neue Arbeitgeber tarifgebunden ist, gilt Absatz 1 Satz 1 entsprechend.

V 50 Verzicht und Ausgleichsquittung

	Rz.		Rz.
1. Einführung	1	2. Klauseltypen	15
a) Überblick	1	a) Allgemeine Ausgleichs-, Erledigungs- bzw. Verzichtsklauseln	15
b) Auslegung	6		
c) Unverzichtbare Rechte, insbesondere Mindestlohn	9	b) Unverzichtbare Arbeitnehmerrechte	20
d) Formzwang?	10	c) Verzicht auf tarifliche Rechte	23
e) Verbot überraschender Klauseln (§ 305c Abs. 1 BGB)	11	d) Verzicht auf Kündigungsschutz	27
		aa) Verzichtbarkeit – zeitliche Anforderungen	30
f) Bloße Transparenzkontrolle bei leistungsbestimmenden Klauseln (§ 307 Abs. 3 Satz 2, Abs. 1 Satz 2 BGB)	12	bb) Auslegung – inhaltliche Anforderungen	33
		e) Verzicht auf Zeugnisansprüche	39
g) Inhaltskontrolle gemäß § 307 Abs. 1 und 2 BGB	13	f) Verzicht auf sonstige Ansprüche	43
		3. Hinweise zur Vertragsgestaltung	45

Schrifttum:

Bauer/Diller, Allgemeine Erledigungsklausel und nachvertragliches Wettbewerbsverbot – eine unendliche Geschichte?, BB 2004, 1274; *Bauer/Günther*, Neue Spielregeln für Klageverzichtsvereinbarungen, NJW 2008, 1617; *Bayreuther*, Der gesetzliche Mindestlohn, NZA 2014, 865; *Böhm*, Aus für Ausgleichsquittung/Ausgleichsklausel?, NZA 2008, 919; *Däubler*, Neues zur betriebsbedingten Kündigung, NZA 2004, 177; *Giesen/Besgen*, Fallstricke des neuen gesetzlichen Abfindungsanspruchs, NJW 2004, 185; *Hümmerich*, Abschied vom arbeitsrechtlichen Aufhebungsvertrag, NZA 1994, 200; *Hümmerich*, Neues zum Abwicklungsvertrag, NZA 2001, 1280; *Küchenhoff*, Anmerkung zum Urteil des BAG vom 16.9.1974 – 5 AZR 255/74, AP Nr. 9 zu § 630 BGB; *Küster*, Probleme der Ausgleichsquittung, BB 1968, 1204; *Plander*, Die Ausgleichsquittung als Rechtsanwendungs- und Gesetzgebungsproblem, DB 1986, 1873; *B. Preis*, Abschied von der Ausgleichsquittung?, ArbuR 1979, 97; *Preis/Bleser/Rauf*, Die Inhaltskontrolle von Ausgleichsquittungen und Verzichtserklärungen, DB 2006, 2812; *Richardi*, Formzwang im Arbeitsverhältnis, NZA 2001, 57; *Rolfs*, Die Inhaltskontrolle arbeitsrechtlicher Beendigungsvereinbarungen, in Festschrift für Reuter, 2010, S. 825; *Schaub*, Gesetz zur Vereinfachung und Beschleunigung des arbeitsgerichtlichen Verfahrens, NZA 2000, 344; *Schulte*, Rechtsfragen der Ausgleichsquittung bei Beendigung des Arbeitsverhältnisses, DB 1981, 937; *Sittard*, Das MiLoG – Ein Ausblick auf die Folgen und anstehende Weichenstellungen, NZA 2014, 951; *Spielberger/Schilling*, Der Regierungsentwurf zum Gesetz über die Regelung eines allgemeinen Mindestlohns (MiLoG), NZA 2014, 414; *Stahlhacke*, Ausgleichsquittung und Kündigungsschutz, NJW 1968, 580; *von Steinau-Steinrück*, Anmerkung zum Urteil der LAG Schl.-Holst. vom 24.9.2003 – 3 Sa 6/03, BB 2004, 611; *Thüsing/Leder*, Gestaltungsspielräume bei der Verwendung vorformulierter Arbeitsvertragsbedingungen – Besondere Klauseln, BB 2005, 1563.

1. Einführung

a) Überblick

1   Ein Rechtsverzicht ist – auch im Arbeitsrecht – grundsätzlich möglich. Verzichtet werden kann auf **Rechte aus dem Arbeitsverhältnis**, auf **Gestaltungsrechte** sowie auf **sonstige Rechte**. In Bezug auf Forderungsrechte sieht das Gesetz im Unterschied zu Einreden und Gestaltungsrechten die Möglichkeit eines einseitigen Verzichts

nicht vor.[1] Während auf Letztere durch einseitige empfangsbedürftige Willenserklärung wirksam verzichtet werden kann, bedarf ein Verzicht auf Ansprüche eines (verfügenden) Vertrages gemäß §§ 145 ff. BGB zwischen Gläubiger und Schuldner über das Erlöschen des entsprechenden Rechts. In der Regel wird es sich hierbei um einen formfrei statthaften Erlassvertrag (§ 397 Abs. 1 BGB), ein negatives Schuldanerkenntnis (§ 397 Abs. 2 BGB) oder um einen Vergleich (§ 779 BGB) handeln.[2] Soll nicht lediglich das Schuldverhältnis im engeren Sinne seine Beendigung finden, kommt ein Aufhebungsvertrag oder für Fälle nur temporärer Beschränkung eine Stundungsabrede bzw. eine Vereinbarung fehlender Klagbarkeit (pactum de non petendo) in Betracht. Einen Anspruch lediglich nicht einzufordern, lässt ohne Hinzutreten besonderer Umstände demnach keinen Rückschluss auf einen etwaigen Verzicht zu, möglicherweise aber auf die Verwirkung desselben bzw. auf eine unzulässige Rechtsausübung bei späterer Geltendmachung.

Liegt ein wirksamer Vertrag über das Erlöschen des Rechts vor, muss eine spätere Klage des ursprünglich Berechtigten wegen dessen nunmehr fehlender Aktivlegitimation als in der Sache unbegründet abgewiesen werden. Aufgrund dieser weitreichenden Konsequenzen wird daher oftmals versucht, möglichst weitgehende Verzichtserklärungen des anderen Teils durchzusetzen. Dies gilt insbesondere – aber nicht allein – für die bei Beendigung des Arbeitsverhältnisses üblichen **Ausgleichsquittungen**. In ihnen verbinden die Arbeitgeber häufig vorformuliert die schriftliche Bestätigung des Arbeitnehmers über den Erhalt der Arbeitspapiere (wie Arbeitsbescheinigung, Gehaltsabrechnung, Lohnsteuerkarte, Urlaubsbescheinigung, Zeugnis etc.) mit Verzichtserklärungen. Während es sich bei der Quittung um ein reines Beweismittel für die Abgabe einer entsprechenden Erklärung (§ 416 ZPO) handelt, auf die der Arbeitgeber gemäß § 368 Satz 1 BGB einen Anspruch hat,[3] wird darüber hinausgehend bspw. das Nichtbestehen von Ansprüchen aus dem Arbeitsverhältnis und/oder seiner Beendigung bzw. der „Verzicht" auf solche Ansprüche für den Fall ihres Bestehens erklärt. Vorauszusetzen ist natürlich, dass der Äußerung der Vertragsparteien (insbesondere des Arbeitnehmers) überhaupt ein rechtsgeschäftlicher Erklärungswert zukommt. So kann es bei einer anlasslosen Unterzeichnung einer „Ausgleichsquittung" u.U. an einer Willenserklärung vollständig fehlen.[4] Nur wenn eine solche vorliegt, handelt es sich um eine **kombinierte Willenserklärung aus Quittung und „Verzicht"**, der allgemein die Funktion zugeschrieben wird, im Interesse des Rechtsverkehrs und der Beweisklarheit der Vermeidung von Streitigkeiten zu dienen.

Die Rechtsnatur des in der Ausgleichsquittung enthaltenen „Verzichts" hängt maßgeblich von dessen nach den Regeln der §§ 133, 157 BGB zu ermittelnden Inhalt und damit auch den Umständen ab. Gehen beide Parteien davon aus, dass noch Forderungen bestehen, die aber ihre Beendigung finden sollen, handelt es sich insoweit um einen **Erlassvertrag** (§ 397 Abs. 1 BGB). Bestand über die Existenz einer Forderung oder deren Höhe zuvor Streit und wurde dieser durch gegenseitiges Nachgeben beendet, liegt ein **Vergleich** i.S.d. § 779 BGB vor. Sind Arbeitgeber und

---

1 So schon RG v. 12.11.1909 – VIII 29/09, RGZ 72, 168 (171); v. 23.6.1926 – V 487/25, RGZ 114, 155 (158); BGH v. 4.12.1986 – III ZR 51/85, NJW 1987, 3203 (3203).
2 Vgl. BAG v. 21.6.2011 – 9 AZR 203/10, NZA 2011, 1338 (1339).
3 Küttner/*Eisemann*, Personalbuch 2014, Ausgleichsquittung Rz. 2.
4 Vgl. BAG v. 23.10.2013 – 5 AZR 135/12, NZA 2014, 200 (202).

Arbeitnehmer dagegen der Ansicht, dass keine Ansprüche mehr bestehen, handelt es sich um ein **deklaratorisches negatives Schuldanerkenntnis**. Ein solches ist regelmäßig auch dann anzunehmen, wenn der Arbeitnehmer außerhalb eines Aufhebungsvertrages oder eines Prozessvergleichs eine Ausgleichsquittung unterzeichnet.[1] Sollen alle bekannten und unbekannten Ansprüche nicht mehr bestehen, liegt ein **konstitutives negatives Schuldanerkenntnis** vor, § 397 Abs. 2 BGB. Unter Umständen werden durch den „Verzicht" auch mehrere dieser Vertragstypen miteinander kombiniert.[2]

4 Das Verzichtselement einer Ausgleichsquittung kann sich auf ganz verschiedene Aspekte beziehen. So kann darin ein Verzicht auf das Kündigungsschutzrecht, den Entgeltfortzahlungsanspruch, den Urlaubsabgeltungsanspruch, den Ruhegeldanspruch, den Karenzentschädigungsanspruch, den Zeugnisanspruch oder den Restlohn- bzw. Restgehaltsanspruch zu sehen sein; und zwar in allen denkbaren kumulativen und alternativen Konstellationen.

5 Verzichtserklärungen in oder außerhalb von Ausgleichsquittungen unterliegen in vielfacher Hinsicht einer rechtlichen Kontrolle. Durch **Auslegung** (§§ 133, 157 BGB, bei Formularverträgen auch § 305c Abs. 2 BGB) ist zu ermitteln, ob die Erklärung des Arbeitnehmers überhaupt rechtsgeschäftlich bindend ist und ob sie den Verzicht auf ein bestimmtes Recht beinhaltet. Sodann bedarf der Prüfung, ob das betroffene Recht überhaupt verzichtbar ist (§ 3 Satz 2 MiLoG), ob der Verzicht der Zustimmung eines Dritten bedarf (§ 4 Abs. 4 Satz 1 TVG, § 77 Abs. 4 Satz 2 BetrVG), ob er gegen ein **gesetzliches Verbot** (§ 134 BGB) oder die **guten Sitten** (§ 138 BGB) verstößt. Beim Verzicht auf die Kündigungsschutzklage soll nach Auffassung von Teilen der Rechtsprechung und Literatur auch die **Schriftform** des § 623 BGB gewahrt werden müssen. Ist der Verzicht oder die Ausgleichsquittung formularmäßig vorformuliert, sind zudem die Maßstäbe des AGB-Rechts zu beachten: Insbesondere darf die Klausel nicht i.S.v. § 305c Abs. 1 BGB **überraschend** sein und den Arbeitnehmer nicht entgegen den Geboten von Treu und Glauben **unangemessen benachteiligen** (§ 307 Abs. 1 BGB), wobei sich die Inhaltskontrolle wegen § 307 Abs. 3 BGB u.U. auf eine bloße **Transparenzkontrolle** (§ 307 Abs. 1 Satz 2 BGB) beschränkt.

b) Auslegung

6 An (formularmäßige) Verzichtserklärungen stellt die Rechtsprechung überaus **strenge Anforderungen**. Hiernach muss der Verzicht in der Urkunde selbst zum Ausdruck kommen[3] sowie klar und unmissverständlich formuliert sein;[4] ferner muss der Arbeitnehmer im Zeitpunkt ihrer Unterzeichnung die Tragweite seiner

---

1 BAG v. 23.10.2013 – 5 AZR 135/12, NZA 2014, 200 (202).
2 BAG v. 23.2.2005 – 4 AZR 139/04, AP Nr. 42 zu § 1 TVG Tarifverträge: Druckindustrie; v. 8.3.2006 – 10 AZR 349/05, AP Nr. 79 zu § 74 HGB; v. 22.10.2008 – 10 AZR 617/07, AP Nr. 82 zu § 74 HGB; v. 20.4.2010 – 3 AZR 225/08, AP Nr. 63 zu § 1 BetrAVG; *Küster*, BB 1968, 1204 (1204).
3 BAG v. 25.9.1969 – 2 AZR 524/68, AP Nr. 36 zu § 3 KSchG; v. 6.4.1977 – 4 AZR 721/75, AP Nr. 4 zu § 4 KSchG 1969; v. 29.6.1978 – 2 AZR 681/76, AP Nr. 5 zu § 4 KSchG 1969; v. 3.5.1979 – 2 AZR 679/77, AP Nr. 6 zu § 4 KSchG 1969.
4 BAG v. 21.8.2001 – 3 AZR 649/00, AP Nr. 36 zu § 2 BetrAVG; v. 23.10.2013 – 5 AZR 135/12, NZA 2014, 200 (202).

Erklärung erkannt haben (können). Wörtlich hat das **BAG** formuliert: „Welche Rechtsqualität und welchen Umfang die in einer Ausgleichsquittung abgegebenen Erklärungen haben, ist nach den Regeln der §§ 133, 157 BGB durch Auslegung zu ermitteln. Als rechtstechnische Mittel für den Willen der Parteien, ihre Rechtsbeziehung zu bereinigen, kommen insbesondere der Erlassvertrag, das konstitutive und das deklaratorische Schuldanerkenntnis in Betracht. Ein Erlassvertrag (§ 397 Abs. 1 BGB) ist dann anzunehmen, wenn die Parteien vom Bestehen einer bestimmten Schuld ausgehen, diese aber übereinstimmend als nicht mehr zu erfüllen betrachten. Ein konstitutives negatives Schuldanerkenntnis i.S.v. § 397 Abs. 2 BGB liegt vor, wenn der Wille der Parteien darauf gerichtet ist, alle oder eine bestimmte Gruppe von bekannten oder unbekannten Ansprüchen zum Erlöschen zu bringen. Ein deklaratorisches negatives Schuldanerkenntnis ist anzunehmen, wenn die Parteien nur die von ihnen angenommene Rechtslage eindeutig dokumentieren und damit fixieren wollen.[1] Maßgebend ist das Verständnis eines redlichen Erklärungsempfängers. Dieser ist nach Treu und Glauben (§ 242 BGB) verpflichtet, unter Berücksichtigung aller ihm erkennbaren Umstände mit gehöriger Aufmerksamkeit zu prüfen, was der Erklärende gemeint hat.[2] Zu berücksichtigen ist ferner der Grundsatz der nach beiden Seiten hin interessengerechten Auslegung.[3] Diese Auslegungsgrundsätze gelten auch für die Frage, ob überhaupt eine rechtsgeschäftliche Erklärung vorliegt."[4]

Daraus hat das Gericht gefolgert, dass an die **Feststellung eines Verzichtswillens** gemäß § 397 BGB **hohe Anforderungen** zu stellen seien. Selbst bei eindeutig erscheinender Erklärung des Gläubigers dürfe ein Verzicht nicht angenommen werden, ohne dass bei der Feststellung zum erklärten Vertragswillen sämtliche Begleitumstände berücksichtigt worden sind. Stehe fest, dass eine Forderung entstanden sei, verbiete dieser Umstand im Allgemeinen die Annahme, der Gläubiger habe sein Recht nach § 397 Abs. 1 oder 2 BGB einfach wieder aufgegeben. Ein Erlass liege im Zweifel nicht vor.[5]

Im Wege der „**Auslegung**" hat das BAG auch schon vor der Schuldrechtsreform weitreichende Verzichtserklärungen des Arbeitnehmers korrigiert. So hat es bspw. angenommen, dass bestimmte Rechte und Ansprüche, etwa das Recht, Kündigungsschutzklage zu erheben,[6] oder Ansprüche aus betrieblicher Altersversorgung[7] nicht von der Verzichtserklärung umfasst seien. S. dazu näher Rz. 43f.

---

1 BAG v. 19.11.2003 – 10 AZR 174/03, AP Nr. 50 zu § 611 BGB Konkurrenzklausel; v. 23.2.2005 – 4 AZR 139/04, AP Nr. 42 zu § 1 TVG Tarifverträge: Druckindustrie; v. 8.3.2006 – 10 AZR 349/05, AP Nr. 79 zu § 74 HGB.
2 Vgl. nur BGH v. 2.5.2007 – XII ZR 109/04, NJW 2007, 2110 (2110); BAG v. 20.4.2010 – 3 AZR 225/08, AP Nr. 63 zu § 1 BetrAVG.
3 Vgl. nur BGH v. 7.11.2001 – VIII ZR 213/00, NJW 2002, 506 (506); BAG v. 20.4.2010 – 3 AZR 225/08, AP Nr. 1 zu § 1 BetrAVG.
4 BAG v. 7.11.2007 – 5 AZR 880/06, AP Nr. 2 zu § 397 BGB; vgl. auch BAG v. 28.7.2004 – 10 AZR 661/03, AP Nr. 177 zu § 4 TVG Ausschlussfristen.
5 BAG v. 7.11.2007 – 5 AZR 880/06, AP Nr. 2 zu § 397 BGB.
6 BAG v. 29.6.1978 – 2 AZR 681/76, AP Nr. 5 zu § 4 KSchG 1969; v. 3.5.1979 – 2 AZR 679/77, AP Nr. 6 zu § 4 KSchG 1969; v. 20.6.1985 – 2 AZR 427/84, AP Nr. 33 zu § 112 BetrVG 1972.
7 Vgl. BAG v. 22.9.1987 – 3 AZR 194/86, AP Nr. 13 zu § 17 BetrAVG; v. 21.1.2003 – 3 AZR 30/02, AP Nr. 13 zu § 3 BetrAVG; Blomeyer/Rolfs/Otto/*Rolfs*, BetrAVG, § 3 Rz 10.

c) Unverzichtbare Rechte, insbesondere Mindestlohn

9 Selbst wenn die Verzichtserklärung des Arbeitnehmers eindeutig und individuell ausgehandelt ist, bedarf der Prüfung, ob das aufgegebene Recht verzichtbar war oder ob der Verzicht gegen ein gesetzliches Verbot (§ 134 BGB) verstößt. Dies gilt insbesondere für den **Mindestlohn** (§ 3 Satz 2 MiLoG). Da man annehmen muss, dass in jedem – auch einem deutlich höheren – Arbeitsentgelt ein Mindestlohn„anteil" enthalten ist[1], ist zumindest dieser Teil unverzichtbar. Die Vertragsgestaltung muss dies beachten. Zwar ist noch ungeklärt, ob Vertragsklauseln, in denen der Arbeitnehmer auf Lohnansprüche verzichtet, dahin ausgelegt werden können, dass sie nur das über den Mindestlohn hinausgehende Arbeitsentgelt betreffen sollen. In diese Richtung könnte man die Rechtsprechung des BAG zu Ausschlussfristen interpretieren.[2] Dagegen spricht allerdings das grundsätzliche Verbot der geltungserhaltenden Reduktion zu weit gefasster, unwirksamer AGB-Klauseln.[3] Daher kann ein Verzicht auf Entgeltansprüche allenfalls dann wirksam sein, wenn er sich ausdrücklich nur auf das oberhalb des Mindestlohns liegende Arbeitsentgelt bezieht. Zulässig ist dagegen ein Tatsachenvergleich (Rz. 22) sowie ein Verzicht auf das über dem Mindestlohn liegende Arbeitsentgelt. Unverzichtbar sind darüber hinaus bspw. die Entgeltfortzahlung im Krankheitsfall (§ 12 EFZG) und den Urlaubsanspruch (§ 13 Abs. 1 BUrlG). Unabhängig vom Inhalt des Erlasses unwirksam sind Vereinbarungen, mit denen bei einem Betriebsübergang die zwingenden Rechtsfolgen des § 613a BGB umgangen werden sollen.[4] Nur mit Zustimmung der Tarif- bzw. Betriebspartner verzichtbar sind tarifvertragliche bzw. auf Betriebsvereinbarung beruhende Ansprüche (§ 4 Abs. 4 Satz 1 TVG, § 77 Abs. 4 Satz 2 BetrVG), namentlich solche aus einem Sozialplan[5] (s.a. → *Aufhebungsvertrag*, II A 100 Rz. 106). Die Zustimmung des Betriebsrats erfordert einen entsprechenden Beschluss des Gremiums.[6]

d) Formzwang?

10 Erlass und negatives Schuldanerkenntnis sind keine einseitigen Willenserklärungen des Verzichtenden, sondern **Verträge** (§ 397 BGB). Soweit sie aus besonderen Gründen dem Formzwang unterliegen, bedarf daher nicht nur die Erklärung des Verzichtenden, sondern auch die Annahme seitens des anderen Teils der gesetzlich bestimmten Form. Zwar sind die meisten Rechte formlos verzichtbar, so dass die Annahmeerklärung des Arbeitgebers sogar konkludent zu erfolgen vermag. Etwas anderes kann aber nach umstrittener Auffassung für den **Verzicht auf die Erhebung der Kündigungsschutzklage** gelten. Hierbei soll es sich um einen „Auflösungsver-

---

1 Sittard, NZA 2014, 951 (953); a.A. *Spielberger/Schilling*, NZA 2014, 414 (416).
2 BAG v. 25.5.2005 – 5 AZR 572/04, NZA 2005, 1111 (1113); v. 20.6.2013 – 8 AZR 280/12, NZA 2013, 1265 (1266f.).
3 BAG v. 25.5.2005 – 5 AZR 572/04, NZA 2005, 1111 (1114f.), v. 28.9.2005 – 5 AZR 52/05, NZA 2006, 149 (153); v. 24.10.2007 – 10 AZR 825/06, NZA 2008, 40 (44); Palandt/*Ellenberger*, § 306 BGB Rz. 6; a.A. *Bayreuther*, NZA 2014, 865 (870).
4 BAG v. 19.3.2009 – 8 AZR 722/07, AP Nr. 369 zu § 613a BGB; s.a. BAG v. 25.10.2007 – 8 AZR 917/06, AP Nr. 333 zu § 613a BGB.
5 Vgl. BAG v. 27.1.2004 – 1 AZR 148/03, AP Nr. 166 zu § 112 BetrVG 1972; v. 15.10.2013 – 1 AZR 405/12, NZA 2014, 217 (218).
6 BAG v. 15.10.2013 – 1 AZR 405/12, NZA 2014, 217 (218).

e) Verbot überraschender Klauseln (§ 305c Abs. 1 BGB)

Die Überraschung des Arbeitnehmers wird in der Regel groß sein, wenn er, nachdem er die Ausgleichsquittung unterzeichnet hat, Ansprüche gegen den Arbeitgeber geltend machen will und dieser ihn darauf verweist, dass er (der Arbeitnehmer) durch die Unterzeichnung des vorgelegten Formulars auf alle Rechte und Ansprüche verzichtet habe. Dies gilt insbesondere dann, wenn die regelmäßig vorzufindende Überschrift „Ausgleichsquittung" gewählt wurde und sich die Verzichtsvereinbarung in derselben Urkunde befindet wie die Empfangsbestätigung, ohne dass der Verzicht drucktechnisch besonders hervorgehoben wurde. Daher liegt der Gedanke nicht fern, dass in Anwendung von § 305c BGB das Verzichtselement der Ausgleichsquittung erst gar nicht Bestandteil derselben geworden ist.[2] Dem kann allerdings durch eine sorgfältige Vertragsgestaltung, die Quittung und Verzicht nicht miteinander vermengt, sondern deutlich zwischen beiden unterscheidet, vorgebeugt werden.[3] Regelmäßig nicht überraschend, sondern die Regel sind Ausgleichsklauseln in Aufhebungs- und Abwicklungsverträgen.[4] S. dazu das Vertragsmuster in Rz. 45 ff.

11

f) Bloße Transparenzkontrolle bei leistungsbestimmenden Klauseln (§ 307 Abs. 3 Satz 2, Abs. 1 Satz 2 BGB)

Wenn der Verzicht die Haupt„leistung" des zwischen den Arbeitsvertragsparteien vereinbarten Vertrages ist, unterliegt er gemäß § 307 Abs. 3 BGB lediglich der Transparenz-, nicht aber einer weitergehenden inhaltlichen Kontrolle.[5] Ob ein **Verzicht** dieses Privileg genießen kann, ist allerdings umstritten.[6] Das BAG hat ohne jede Begründung angenommen, der Verzicht des Arbeitnehmers auf eine Kündigungsschutzklage stelle „lediglich eine Nebenabrede zu dem ursprünglichen Arbeitsvertrag dar, nicht aber die Hauptleistung aus einem gesondert abgeschlossenen Vertrag".[7] Wenn dies zutreffend wäre,[8] beschränkte sich die Kontrolle vorformulier-

12

---

1 BAG v. 19.4.2007 – 2 AZR 208/06, AP Nr. 9 zu § 623 BGB; *Richardi*, NZA 2001, 57 (61); *Schaub*, NZA 2000, 344 (347).
2 BAG v. 23.2.2005 – 4 AZR 139/04, AP Nr. 42 zu § 1 TVG Tarifverträge: Druckindustrie; LAG Berlin v. 18.1.1993 – 12 Sa 120/92, DB 1993, 942 (942); *Böhm*, NZA 2008, 919 (920); *B. Preis*, ArbuR 1979, 97 (101); *Preis/Bleser/Rauf*, DB 2006, 2812 (2812 f.).
3 Darauf weist auch LAG Düsseldorf v. 13.4.2005 – 12 Sa 154/05, DB 2005, 1463 (1464 f.), hin.
4 BAG v. 19.11.2008 – 10 AZR 671/07, AP Nr. 7 zu § 448 ZPO; v. 21.6.2011 – 9 AZR 203/10, NZA 2011, 1338 (1339).
5 *Preis/Bleser/Rauf*, DB 2006, 2812 (2814 f.).
6 Bejahend *Bauer/Günther*, NJW 2008, 1617 (1621); HWK/*Gotthardt*, Anh. §§ 305–310 BGB Rz. 54; *Thüsing/Leder*, BB 2005, 1563 (1563); zwischen „reinen" Verzichtserklärungen und Ausgleichsquittungen differenzierend *Preis/Bleser/Rauf*, DB 2006, 2812 (2813 f.).
7 BAG v. 6.9.2007 – 2 AZR 722/06, AP Nr. 62 zu § 4 KSchG 1969; vgl. auch BAG v. 15.3.2005 – 9 AZR 502/03, AP Nr. 7 zu § 781 BGB.
8 Anders zu Recht BAG v. 23.2.2005 – 4 AZR 139/04, AP Nr. 42 zu § 1 TVG Tarifverträge: Druckindustrie: In diesem Urteil unterwirft das BAG eine im Mai 2002 unterzeichnete Ausgleichsquittung der AGB-Kontrolle nach den §§ 305 ff. BGB, obwohl der Arbeitsvertrag noch vor der Schuldrechtsreform abgeschlossen worden war. Das war nur deshalb

ter Verzichtserklärungen wohl niemals auf eine bloße Transparenzkontrolle. Ist der Verzicht Inhalt eines **Aufhebungsvertrages,** stellt er stets eine kontrollfähige (bloße) Nebenleistung dar, weil die Hauptleistung des Arbeitnehmers in seiner Zustimmung zur Beendigung des Arbeitsverhältnisses liegt.[1]

g) Inhaltskontrolle gemäß § 307 Abs. 1 und 2 BGB

13 Schließlich muss jede vom Arbeitgeber vorformulierte Verzichtserklärung der **Inhaltskontrolle** gemäß § 307 Abs. 1 und 2 BGB standhalten. Sie darf den Arbeitnehmer also nicht entgegen den Geboten von Treu und Glauben unangemessen benachteiligen. Dies ist bspw. zu besorgen, wenn nach den vorformulierten Vertragsbedingungen einseitig lediglich der Arbeitnehmer, nicht aber auch der Arbeitgeber auf etwaige Ansprüche aus dem Arbeitsverhältnis und seiner Beendigung verzichtet.[2] Teilweise wird in der Rechtsprechung sogar die Auffassung vertreten, dass jede **Generalquittung,** mit der die Vertragsparteien beiderseitig auf Ansprüche „gleich aus welchem Rechtsgrund" verzichten, den Arbeitnehmer unangemessen benachteilige.[3] Streitig ist darüber hinaus, ob ein **Verzicht ohne kompensatorische Gegenleistung** den Arbeitnehmer per se unangemessen benachteiligt. Teilweise wird die Auffassung vertreten, ein einseitig allein die Rechte und Ansprüche des Arbeitnehmers betreffender Verzicht sei mit AGB-Recht unvereinbar, wenn der Arbeitgeber nicht gleichzeitig eine Abfindung o.Ä. für den etwaigen Verlust der Ansprüche des Arbeitnehmers zusage.[4] Nur ein beiderseitiger Verzicht[5] oder ein zwar einseitiger, aber durch eine Abfindung etc. abgegoltener Erlass sei mit Treu und Glauben vereinbar.[6] Dem hat sich das BAG mittlerweile jedenfalls für den **Verzicht auf die Kündigungsschutzklage** angeschlossen: Der formularmäßige Verzicht auf eine Kündigungsschutzklage halte einer Inhaltskontrolle nach § 307 Abs. 1 Satz 1 BGB nicht stand. Ohne kompensatorische Gegenleistung des Arbeitgebers stelle ein solcher Klageverzicht eine unangemessene Benachteiligung des Arbeitnehmers dar.[7]

14 Offen ist zwar in der höchstrichterlichen Rechtsprechung nach wie vor, ob dieses Verdikt auch den Verzicht auf andere Ansprüche und Rechte als die gerichtliche Überprüfung der Wirksamkeit der Kündigung betrifft.[8] Sollen bei der Vertragsgestaltung vermeidbare Risiken vermieden werden, folgt aus ihr aber, dass einseitige Verzichtserklärungen des Arbeitnehmers ohne kompensatorische Gegenleistung generell nicht mehr formularmäßig vorformuliert werden sollten.

---

zutreffend, weil die Ausgleichsquittung ein selbständiger Vertrag ist und daher die AGB-Kontrolle nicht erst ab dem 1.1.2003 einsetzte (Art. 229 § 5 Satz 2 EGBGB).
1 BAG v. 21.6.2011 – 9 AZR 203/10, NZA 2011, 1338 (1341).
2 BAG v. 21.6.2011 – 9 AZR 203/10, NZA 2011, 1338 (1341 f.).
3 LAG Berlin-Brandenburg v. 24.11.2011 – 5 Sa 1524/11, BeckRS 2012, 67524; LAG Schl.-Holst. v. 24.9.2013 – 1 Sa 61/13, NZA-RR 2014, 10 (12).
4 LAG Düsseldorf v. 13.4.2005 – 12 Sa 154/05, DB 2005, 1463 (1465).
5 *Bauer/Diller* BB 2004, 1274 (1279).
6 *Preis/Bleser/Rauf,* DB 2006, 2812 (2815 f.).
7 BAG v. 6.9.2007 – 2 AZR 722/06, AP Nr. 62 zu § 4 KSchG 1969; v. 25.9.2014 – 2 AZR 788/13, NZA 2015, 350 (352 f.); ebenso zuvor bereits LAG Schl.-Holst. v. 24.9.2003 – 3 Sa 6/03, BB 2004, 608 (608 ff.) mit Anm. *von Steinau-Steinrück,* BB 2004, 611 f.; LAG Hamburg v. 29.4.2004 – 1 Sa 47/03, NZA-RR 2005, 151 (153); Schaub/*Linck,* § 32 Rz. 60.
8 So aber bereits LAG Düsseldorf v. 13.4.2005 – 12 Sa 154/05, DB 2005, 1463 (1465).

2. Klauseltypen

a) Allgemeine Ausgleichs-, Erledigungs- bzw. Verzichtsklauseln

Allgemein formulierte Klauseln, die in der Praxis vielfach im Rahmen von → *Aufhebungsverträgen*, II A 100 und (Prozess-)Vergleichen Anwendung finden, in denen die Parteien erklären, dass alle wechselseitigen Ansprüche aus dem Arbeitsverhältnis – ggf. mit Ausnahme einzelner, gesondert hervorgehobener Ansprüche – abgegolten sind, bergen erhebliche Auslegungsprobleme, weil oftmals unklar bleiben kann, welche Arbeitnehmerrechte im Einzelnen erfasst werden (sollen).

15

Nach Ansicht des BAG sind allgemein gehaltene Ausgleichsklauseln zumindest in gerichtlichen bzw. außergerichtlichen Vergleichen und Aufhebungsverträgen im Interesse klarer Verhältnisse grundsätzlich weit auszulegen, so dass die **Karenzentschädigung** aus einem **nachvertraglichen Wettbewerbsverbot** (§§ 74 ff. HGB) grundsätzlich ebenso umfasst sein kann wie Ansprüche auf Nachteilsausgleich (§ 113 BetrVG) oder ein 13. Monatsgehalt.[1] Eine allgemein formulierte Verzichtsklausel kann sich sogar auf den Anspruch auf Rückzahlung eines vom Arbeitgeber gewährten Darlehens erstrecken,[2] wenn sie nicht auf Ansprüche „aus dem bestehenden Arbeitsverhältnis und seiner Beendigung" beschränkt ist.[3] Auch Ansprüche wegen behaupteten „Mobbings" können erfasst sein.[4] Lediglich aus den Begleitumständen, der Entstehungsgeschichte und dem Zweck der Erklärung im Zusammenhang mit einer Ausgleichsquittung hat das BAG den Schluss gezogen, dass dies im konkreten Fall nicht Erklärungsinhalt war.[5]

16

⊃ **Nicht geeignet:**
  a) Mit dieser Vereinbarung sind alle gegenseitigen Ansprüche aus dem Arbeitsverhältnis erledigt.
  b) Die Parteien sind sich einig, dass mit dieser Vereinbarung alle wechselseitigen Ansprüche aus dem Arbeitsverhältnis und seiner Beendigung (ggf.: mit Ausnahme von …) erledigt sind.
  c) Ich erkläre hiermit, dass mir aus Anlass der Beendigung des Arbeitsverhältnisses keine Ansprüche mehr zustehen.

Diese Überlegungen sind jedoch für Verzichtserklärungen anlässlich einer einseitig begründeten Beendigung des Arbeitsverhältnisses durch arbeitgeberseitige Kündigung nicht ohne Weiteres übertragbar. In diesem Zusammenhang vereinbarte Ausgleichsklauseln werden von der Rechtsprechung traditionell eher eng ausgelegt. Der 5. Senat des BAG hat den Satz geprägt, dass der Arbeitnehmer mit der Unter-

17

---

1 BAG v. 31.7.2002 – 10 AZR 558/01, AP Nr. 48 zu § 611 BGB Konkurrenzklausel; v. 31.7.2002 – 10 AZR 513/01, AP Nr. 74 zu § 74 HGB; v. 23.9.2003 – 1 AZR 576/02, AP Nr. 43 zu § 112 BetrVG 1972; v. 19.11.2003 – 10 AZR 174/03, AP Nr. 50 zu § 611 BGB Konkurrenzklausel; v. 28.7.2004 – 10 AZR 661/03, AP Nr. 177 zu § 4 TVG Ausschlussfristen; v. 22.10.2008 – 10 AZR 617/07, AP Nr. 82 zu § 74 HGB; v. 24.6.2009 – 10 AZR 707/08 (F), AP Nr. 81 zu § 74 HGB; LAG Berlin-Brandenburg v. 12.11.2010 – 6 Sa 1722/10, NZA-RR 2011, 64 (64 f.).
2 BAG v. 19.3.2009 – 6 AZR 557/07, AP Nr. 1 zu § 611 BGB Arbeitgeberdarlehen.
3 BAG v. 19.1.2011 – 10 AZR 873/08, NZA 2011, 1159 (1160 f.).
4 LAG Berlin v. 26.8.2005 – 6 Sa 633/05, NZA-RR 2006, 67 (68).
5 BAG v. 20.10.1981 – 3 AZR 1013/78, AP Nr. 39 zu § 74 HGB.

zeichnung einer allgemeinen Ausgleichsquittung lediglich den **Empfang der Papiere bestätige** und „möglicherweise die Richtigkeit der Lohnabrechnung" anerkenne.[1]

18 **Nicht erfasst** wird von allgemeinen Ausgleichsklauseln z.B. das Recht, Kündigungsschutzklage zu erheben (näher Rz. 27 ff.), Ansprüche und Anwartschaften auf betriebliche Altersversorgung (hierzu Rz. 44),[2] auch soweit diese als Schadensersatzleistung geschuldet wird,[3] Ansprüche nach dem ArbNErfG, sachenrechtliche Ansprüche,[4] etwa auf Herausgabe von Eigentum des Arbeitgebers[5] oder des Arbeitnehmers einschließlich der Arbeitspapiere und des Zeugnisses (Rz. 39 ff.) sowie Urlaubs- bzw. Urlaubsabgeltungsansprüche, soweit diese überhaupt verzichtbar sind (näher Rz. 22).

19 Die vertragsgestaltende Praxis sollte genau spezifizieren, worauf sich der „Verzicht" bezieht und von allgemeinen Ausgleichsklauseln generell Abstand nehmen.

Typ 1: Spezifizierte Ausgleichs-, Erledigungs- bzw. Verzichtsklauseln mit kompensatorischer Gegenleistung

Der Arbeitnehmer erhält eine Abfindung in Höhe von ... Euro. Mit dieser Abfindung sind alle Ansprüche aus und in Verbindung mit dem Arbeitsverhältnis abgegolten und werden nicht mehr geltend gemacht, soweit sie ohne Zustimmung Dritter verzichtbar sind. Dies gilt insbesondere für ... (genau zu bezeichnende Ansprüche).

b) Unverzichtbare Arbeitnehmerrechte

20 Bei hinreichender Bestimmtheit der entsprechenden Klausel stellt sich dann die Frage, ob und ggf. zu welchem Zeitpunkt ein „Verzicht" gerade in Bezug auf das streitige Arbeitnehmerrecht statthaft ist. Bestimmte Rechte und Ansprüche sind generell bzw. vor ihrer Entstehung oder Fälligkeit unverzichtbar; diese können selbst dann nicht wirksam Gegenstand einer Ausgleichsquittung sein, falls diese allen Anforderungen an sprachliche und inhaltliche Klarheit genügt.

21 Im Arbeitsverhältnis kann zum einen nicht wirksam auf **gesetzliche Rechte** verzichtet werden, die nicht der Parteidisposition unterworfen sind, so dass der Erlass oder die Verpflichtung, sie nicht geltend zu machen, von der Rechtsordnung nicht akzeptiert werden kann. Die das Arbeitsverhältnis betreffenden Gesetze sind überwiegend einseitig zwingender Natur. Von ihnen kann zugunsten des Arbeitnehmers, nicht zu dessen Lasten abgewichen werden.

22 So ist namentlich der Anspruch auf das Arbeitsentgelt in Höhe des **Mindestlohns** unverzichtbar (§ 3 Satz 2 MiLoG). Ferner ist bspw. der gesetzliche **Entgeltfortzahlungsanspruch** aus den §§ 3 ff. EFZG gemäß § 12 EFZG vor Fälligkeit unverzicht-

---

1 BAG v. 20.8.1980 – 5 AZR 759/78, AP Nr. 3 zu § 9 LohnFG.
2 BAG v. 9.11.1973 – 3 AZR 66/73, AP Nr. 163 zu § 242 BGB Ruhegehalt; v. 27.2.1990 – 3 AZR 213/88, AP Nr. 13 zu § 1 BetrAVG Vordienstzeiten; v. 17.10.2000 – 3 AZR 69/99, AP Nr. 56 zu § 1 BetrAVG Zusatzversorgungskassen; v. 20.4.2010 – 3 AZR 225/08, AP Nr. 63 zu § 1 BetrAVG.
3 BAG v. 17.10.2000 – 3 AZR 69/99, AP Nr. 56 zu § 1 BetrAVG Zusatzversorgungskassen.
4 LAG Hamm v. 15.1.1980 – 6 Sa 1166/79, DB 1980, 643 (643); s.a. LAG Berlin v. 5.6.1996 – 13 Sa 41/96, NZA-RR 1997, 124 (124).
5 BAG v. 14.12.2011 – 10 AZR 283/10, NZA 2012, 501 (503 f.).

bar, auch soweit er nach § 8 EFZG ausnahmsweise über den Zeitpunkt der Beendigung des Arbeitsverhältnisses hinausreicht,[1] sowie gemäß § 13 BUrlG der **Urlaubsanspruch**,[2] soweit er sich auf den gesetzlichen Mindesterholungsurlaub nach dem BUrlG (24 Werktage) bezieht. In beiden Fällen kann lediglich ein Tatsachenvergleich abgeschlossen werden, in dem unstreitig gestellt wird, dass die tatsächlichen Voraussetzungen für den gesetzlichen Entgelt-, Entgeltfortzahlungs- oder Urlaubsanspruch nicht (mehr) gegeben sind.[3] Im Rechtssinne verzichten kann der Arbeitnehmer in einer Ausgleichsquittung dagegen auf den einzelvertraglich vereinbarten längeren Urlaub. Verzichtbar ist – seit der Aufgabe der sog. „Surrogatstheorie" durch das BAG[4] – auch der Anspruch auf die **Urlaubsabgeltung**. Jedenfalls dann, wenn der Arbeitnehmer nach der Beendigung des Arbeitsverhältnisses tatsächlich die Möglichkeit hatte, die Abgeltung des ihm zustehenden gesetzlichen Mindesturlaubs in Anspruch zu nehmen, erfasst ein Vergleich mit einer Ausgleichsklausel, der zufolge sämtliche Ansprüche aus dem Arbeitsverhältnis „erledigt" sind, grundsätzlich auch den Urlaubsabgeltungsanspruch.[5]

c) Verzicht auf tarifliche Rechte

Ähnliches gilt gemäß § 4 Abs. 4 Satz 1 TVG, § 77 Abs. 4 Satz 2 BetrVG, § 28 Abs. 2 Satz 3 SprAuG, § 19 Abs. 3 Satz 3 HAG für kollektiv-rechtlich begründete **Rechte aus Tarifverträgen, Betriebsvereinbarungen**[6] und bindenden Festsetzungen des Heimarbeitsausschusses. Diese Forderungen sind nur mit Zustimmung der Tarifvertragsparteien, des Betriebsrats, des Sprecherausschusses bzw. der Obersten Arbeitsbehörde des Landes oder einer von ihr bestimmten Stelle der Parteidisposition unterworfen. Ergänzt wird der Grundsatz der Unverzichtbarkeit dadurch, dass § 4 Abs. 4 Satz 2 TVG die Verwirkung tariflicher Ansprüche ausschließt. Von dem Verzichtsverbot betroffen sind auch andere Verfügungen mit vergleichbarer Wirkung,[7] so vor allem Erlassverträge (§ 397 Abs. 1 BGB), negative Schuldanerkenntnisse (§ 397 Abs. 2 BGB), Stundungsabreden, die nachträgliche Vereinbarung fehlender Klagbarkeit, privative Schuldübernahmen (§§ 414, 415 BGB) und die Vereinbarung von Leistungen an Erfüllungs statt (§ 364 BGB).

23

Um das Tarifgefüge und den Arbeitnehmer vor vorschnellen Erklärungen zu schützen, gilt das Verzichtsverbot freilich auch im Rahmen eines nicht gebilligten (Prozess-) Vergleichs (§ 779 BGB). Da der Arbeitnehmer grundsätzlich in der Verwen-

24

---

1 ErfK/*Dörner*, § 12 EFZG Rz. 4; teilw. a.A. BAG v. 20.8.1980 – 5 AZR 218/78, AP Nr. 11 zu § 6 LohnFG; v. 20.8.1980 – 5 AZR 955/78, AP Nr. 12 zu § 6 LohnFG; v. 20.8.1980 – 5 AZR 759/78, AP Nr. 3 zu § 9 LohnFG.
2 BAG v. 5.4.1984 – 6 AZR 443/81, AP Nr. 16 zu § 13 BUrlG; v. 31.5.1990 – 8 AZR 132/89, AP Nr. 13 zu § 13 BUrlG Unabdingbarkeit; v. 20.1.1998 – 9 AZR 812/96, AP Nr. 45 zu § 13 BUrlG.
3 BAG v. 5.11.1997 – 4 AZR 682/95, NZA 1998, 434 (435); v. 20.1.1998 – 9 AZR 812/96, NZA 1998, 816 (816f.); v. 12.2.2014 – 4 AZR 317/12, NZA 2014, 613 (615); Küttner/*Eisemann*, Personalbuch 2014, Verzicht Rz. 11.
4 BAG v. 24.3.2009 – 9 AZR 983/07, NZA 2009, 538 (544); v. 9.8.2011 – 9 AZR 365/10, NZA 2011, 1421 (1423); v. 19.6.2012 – 9 AZR 652/10, NZA 2012, 1087 (1088); vgl. auch EuGH v. 12.6.2014 – C-118/13, ECLI:EU:C:2014:1755 = NZA 2014, 651 (652) – *Bollacke*.
5 BAG v. 14.5.2013 – 9 AZR 844/11, NZA 2013, 1098 (1099f.).
6 Dazu BAG v. 27.1.2004 – 1 AZR 148/03, AP Nr. 166 zu § 112 BetrVG 1972.
7 Wiedemann/*Wank*, § 4 TVG Rz. 655.

dung seiner Forderung frei ist, werden die Abtretung, wenngleich das Zusammenfallen von Gläubiger- und Schuldnerstellung (Konfusion) in der Person des Arbeitgebers ausscheidet, und die Aufrechnung derselben vom Verzichtsverbot nicht erfasst. Indes streitet der Zweck des § 4 Abs. 4 Satz 1 TVG für einen stets statthaften Tatsachenvergleich,[1] denn der im Vergleich enthaltene Verzicht bezieht sich nicht auf die Geltung der Tarifnorm, sondern es handelt sich um die Beseitigung eines Streits über deren tatsächliche Voraussetzungen. Eine Ausnahme gilt für Ansprüche auf den **Mindestlohn**. Sie sind im Rahmen eines gerichtlichen Vergleichs verzichtbar (§ 3 Satz 2 MiLoG).

25 Einige Tarifverträge gestatten den Arbeitsvertragsparteien den **Verzicht auf tarifliche Rechte**. Oft wird dies mit der Vereinbarung von Schutzfristen oder Widerrufsrechten verbunden, die die Wirkung der tariflichen Ausgleichsklausel einschränken (s. Typ 2). Rechte i.S.d. § 4 Abs. 4 TVG sind auch Gestaltungs- und Zurückbehaltungsrechte. Die Norm bezieht sich jedoch nur auf gemäß §§ 3–5 TVG unmittelbar und zwingend geltende Tarifnormen, so dass Ansprüche aus der Zeit vor bzw. nach Bestehen der Tarifgebundenheit, insbesondere Ansprüche nichttarifgebundener Arbeitnehmer aus Gleichstellungsabreden oder -übungen, von dem Verzichtsverbot nicht erfasst werden.[2] Dasselbe gilt für Rechte, die günstiger als tarifliche Rechte sind, denn insoweit handelt es sich ja nicht um tarifliche Rechte.[3]

Typ 2: Tarifvertraglich statthafte Verzichtserklärungen

Auflösungsverträge bedürfen der Schriftform. Jede der Parteien kann eine Bedenkzeit von drei Werktagen in Anspruch nehmen. Ein Verzicht hierauf ist schriftlich zu erklären.

26 Aus der Regelung ergibt sich, dass der Auflösungsvertrag nach Ablauf der „Bedenkzeit" und im Falle eines „Verzichts" darauf sofort für die Parteien bindend werden soll. Dies setzt jedoch eine bereits bestehende Willenserklärung der Parteien voraus, deren endgültige Wirksamkeit noch grundsätzlich um einen bestimmten Zeitraum hinausgeschoben werden soll und innerhalb dieses Zeitraums durch eine Erklärung der Vertragsparteien mit rückwirkender Kraft beseitigt werden kann. Eine solche Gestaltung ist rechtstechnisch in der Weise möglich, dass den Parteien während dieses Zeitraums ein Gestaltungsrecht eingeräumt wird, durch dessen Ausübung der Vertrag rückwirkend beseitigt, auf das aber auch **ausdrücklich** verzichtet werden kann.

⊃ **Nicht geeignet:**

Eine vom Arbeitnehmer unterzeichnete Ausgleichsquittung wird erst wirksam, wenn der Arbeitnehmer sie nicht dem Arbeitgeber gegenüber binnen einer Frist von einer Woche schriftlich widerruft.

---

1 Vgl. BAG v. 20.8.1980 – 5 AZR 955/78, AP Nr. 12 zu § 6 LohnFG; v. 5.11.1997 – 4 AZR 682/95, AP Nr. 17 zu § 4 TVG.
2 Vgl. BAG v. 20.1.1998 – 9 AZR 812/96, AP Nr. 45 zu § 13 BUrlG.
3 ErfK/*Franzen*, § 4 TVG Rz. 43.

d) Verzicht auf Kündigungsschutz

Der Kündigungsschutzverzicht ist als Klageverzichtsvertrag oder – sofern die Kündigungsschutzklage bei Vertragsschluss bereits anhängig war – als vertragliches Klagerücknahmeversprechen zu qualifizieren.[1] Nach einhelliger Auffassung kann grundsätzlich auf das Recht zur Klagerhebung verzichtet werden, da ein der Parteidisposition entgegenstehendes überwiegendes öffentliches Interesse an der Durchführung eines Klageverfahrens in vermögensrechtlichen Streitigkeiten abzulehnen ist. In gleicher Weise zulässig ist ein Vertrag, in dem der Kläger sich verpflichtet, eine bereits erhobene Klage zurückzunehmen oder auf den geltend gemachten Anspruch zu verzichten.[2]

27

Dieser Grundsatz gilt freilich nur in Bezug auf das gesetzliche Kündigungsschutzrecht. Auf darüber hinausgehenden **tariflichen Kündigungsschutz** kann der Arbeitnehmer gemäß § 4 Abs. 4 Satz 1 TVG nicht ohne Zustimmung der Tarifvertragsparteien wirksam verzichten. Selbst der ausdrückliche Verzicht auf die Erhebung der Kündigungsschutzklage hindert den Arbeitnehmer in einem solchen Falle daher nicht, die tariflichen Rechte (z.B. die Einhaltung der Mindestkündigungsfrist) gerichtlich geltend zu machen[3] (s.a. Rz. 23 ff.).

28

Davon zu unterscheiden ist die nachfolgend behandelte Frage der konkreten rechtlichen Voraussetzungen an einen Verzichtsvertrag. Dabei sind, unabhängig von der fallspezifischen Klassifizierung (Klageverzichtsvertrag oder vertragliches Klagerücknahmeversprechen) des Prozessvertrages die rechtlichen Anforderungen an seine Wirksamkeit identisch, wobei zwischen zeitlichen und inhaltlichen Erfordernissen unterschieden werden kann.

29

aa) Verzichtbarkeit – zeitliche Anforderungen

Allgemein anerkannt ist, dass der Arbeitnehmer wegen des zu seinen Gunsten zwingenden Charakters der kündigungsschutzrechtlichen Bestimmungen im Voraus – d.h. vor Zugang der Kündigung – auf den Kündigungsschutz nicht verzichten kann. **Unzulässig** und gemäß § 134 BGB unwirksam ist es demgemäß, **schon im Arbeitsvertrag vorsorglich auf die Erhebung der Kündigungsschutzklage zu verzichten** (sog. antizipierter Verzicht).[4]

30

Der einseitig zwingende Charakter des allgemeinen Kündigungsschutzes schließt es andererseits nicht aus, dass der Arbeitnehmer nachträglich, d.h. nach Zugang der Kündigung, auf seine Ansprüche aus dem Kündigungsschutzprozess wirksam verzichtet.[5] Ein solcher privatrechtlicher Vertrag außerhalb eines bestehenden Pro-

31

---

1 BAG v. 25.9.1969 – 2 AZR 524/68, AP Nr. 36 zu § 3 KSchG; LAG Hamm v. 9.10.2003 – 11 Sa 515/03, ZIP 2004, 476 (476); *Stahlhacke*, NJW 1968, 580 (581).
2 Vgl. BGH v. 14.11.1983 – IVb ZR 1/82, NJW 1984, 805 (805); Palandt/*Ellenberger*, Überbl. vor § 104 BGB Rz. 37; Zöller/*Greger*, § 269 ZPO Rz. 3; Thomas/Putzo/*Reichold*, ZPO, Einl. III Rz. 6 ff.
3 BAG v. 18.11.1999 – 2 AZR 147/99, AP Nr. 18 zu § 4 TVG.
4 BAG v. 6.4.1977 – 4 AZR 721/75, AP Nr. 4 zu § 4 KSchG 1969; v. 3.5.1979 – 2 AZR 679/77, AP Nr. 6 zu § 4 KSchG 1969; KR/*Griebeling*, § 1 KSchG Rz. 31.
5 BAG v. 25.9.1969 – 2 AZR 524/68, AP Nr. 36 zu § 3 KSchG; LAG Köln v. 22.2.2000 – 13 (10) Sa 1388/99, NZA-RR 2001, 85 (86); KR/*Griebeling*, § 1 KSchG Rz. 36.

32 In diese Richtung weist auch § 1a KSchG. Danach hat der Arbeitnehmer mit dem Ablauf der Kündigungsfrist Anspruch auf eine Abfindung, falls der Arbeitgeber wegen dringender betrieblicher Erfordernisse eine ordentliche Beendigungskündigung ausspricht, eine Abfindung in genau der Höhe von 0,5 Monatsgehältern je Beschäftigungsjahr anbietet und hierauf „hinweist". Dies schließt freilich nicht aus und macht es im Regelfall sogar erforderlich, dass sich die Parteien unabhängig von § 1a KSchG in einem Abwicklungsvertrag über den Verzicht auf die Klageerhebung[2] gegen Abfindung verständigen.[3]

Vorangehend: zessrechtsverhältnisses hat zur Folge, dass eine gleichwohl erhobene Kündigungsschutzklage als unzulässig abzuweisen ist.[1]

bb) Auslegung – inhaltliche Anforderungen

33 An einen Klageverzicht oder eine Klagerücknahme werden seitens der Rechtsprechung **strenge Anforderungen** gestellt. Das BAG hat bereits 1978 betont, dass der Klageverzicht in der Ausgleichsquittung selbst unmissverständlich zum Ausdruck kommen muss.[4] Im Urteil vom 3.5.1979[5] hat das Gericht selbst Formulierungsvorschläge unterbreitet:

Typ 3: Verzicht auf Kündigungsschutz

a) Ich erhebe gegen die Kündigung keine Einwendungen und werde mein Recht, das Fortbestehen des Arbeitsverhältnisses geltend zu machen, nicht wahrnehmen oder eine mit diesem Ziel bereits erhobene Klage zurücknehmen.

b) Gegen die Kündigung werden von mir keine Einwendungen erhoben.[6]

---

34 Empfohlen hat das BAG namentlich eine Formulierung vom **Typ 1a**. Diese Klausel ist hinreichend bestimmt.[7] Insbesondere die Formulierung „das Fortbestehen des Arbeitsverhältnisses nicht geltend zu machen" lässt an der Eindeutigkeit des Kündigungsschutzverzichts keinen Zweifel entstehen. Diese Klausel ist zudem deshalb vorbildlich, weil sowohl die Situation vor („werde mein Recht, das Fortbestehen des Arbeitsverhältnisses geltend zu machen, nicht wahrnehmen") als auch die nach Rechtshängigkeit der Kündigungsschutzklage („oder eine mit diesem Ziel bereits erhobenen Klage zurücknehmen") ausdrücklich erfasst wird. Obwohl nicht ganz

---

1 Vgl. RG v. 6.2.1939 – IV 220/38, RGZ 159, 186 (190); v. 4.4.1939 – I 195/38, RGZ 160, 241 (242 ff.); BGH v. 20.5.1953 – I ZR 52/52, BGHZ 10, 22 (23).
2 BAG v. 3.5.1979 – 2 AZR 679/77, AP Nr. 6 zu § 4 KSchG 1969; v. 20.6.1985 – 2 AZR 427/84, AP Nr. 33 zu § 112 BetrVG 1972.
3 *Hümmerich*, NZA 1994, 200 (204); *Hümmerich*, NZA 2001, 1280 (1281).
4 BAG v. 29.6.1978 – 2 AZR 681/76, AP Nr. 5 zu § 4 KSchG 1969.
5 BAG v. 3.5.1979 – 2 AZR 679/77, AP Nr. 6 zu § 4 KSchG 1969.
6 Beides Vorschläge von BAG v. 3.5.1979 – 2 AZR 679/77, AP Nr. 6 zu § 4 KSchG 1969.
7 BAG v. 29.6.1978 – 2 AZR 681/76, AP Nr. 5 zu § 4 KSchG 1969; v. 3.5.1979 – 2 AZR 679/77, AP Nr. 6 zu § 4 KSchG 1969; v. 20.6.1985 – 2 AZR 427/84, AP Nr. 33 zu § 112 BetrVG 1972.

so eindeutig, sieht die Rechtsprechung auch eine Klausel vom **Typ 1b** als hinreichend bestimmt an.[1]

Zu ergänzen ist heute aber, dass der Klageverzicht **vom Arbeitgeber gegengezeichnet** werden sollte, damit die Schriftform des § 623 BGB gewahrt ist. Ob die Wahrung dieser Form erforderlich ist, wird – auch in der Rechtsprechung des BAG – uneinheitlich beurteilt. Der 6. Senat des BAG hat die Frage hinsichtlich des in einem Abwicklungsvertrag enthaltenen Klageverzichts zu Recht verneint, da das Arbeitsverhältnis durch die Kündigung, nicht aber durch den Abwicklungsvertrag aufgelöst werde.[2] Demgegenüber hat der 2. Senat, ohne diese Entscheidung auch nur zu erwähnen, im gegenteiligen Sinne entschieden: Da erst mit dem Verzicht auf die gerichtliche Kontrolle der Kündigung die Beendigung des Arbeitsverhältnisses rechtssicher feststehe, stelle der Verzicht einen Auflösungsvertrag i.S.v. § 623 BGB dar. Er bedürfe daher nicht nur der Unterzeichnung seitens des Arbeitnehmers, sondern auch des Arbeitgebers.[3] Das ist zwar unrichtig, weil nicht der Abwicklungsvertrag, sondern die vorausgegangene Kündigung das Arbeitsverhältnis beendet,[4] von der Praxis aber vorsorglich bis auf Weiteres zu beachten. 35

Für die Wahrung der Form reicht es allerdings aus, dass der Arbeitnehmer den Verzicht unterzeichnet und der Arbeitgeber sodann – auf derselben Urkunde – mit dem Vermerk „einverstanden – Unterschrift" o.Ä. seine Annahme bekundet. Dies entspricht der neueren Rechtsprechung des BGH zu § 126 BGB, der sich das BAG angeschlossen hat („Auflockerungsrechtsprechung").[5] Nicht ausreichend ist es demgegenüber, wenn der Arbeitnehmer eine auf dem Kündigungsschreiben enthaltene, vorformulierte Erklärung unterzeichnet, nach deren Inhalt er die Kündigung zur Kenntnis nimmt und sich mit ihr einverstanden erklärt.[6] 36

Zu bedenken ist außerdem, dass der Klageverzicht den Arbeitnehmer nach Auffassung des BAG i.S.v. § 307 Abs. 1 BGB **unangemessen benachteiligt**, wenn er hierfür keine „kompensatorische Gegenleistung", etwa in Form einer Abfindung, erhält.[7] 37

Nicht ausreichend sind demgegenüber allgemeine Ausgleichsklauseln, in denen der Arbeitnehmer lediglich erklärt, dass ihm aus Anlass der Beendigung des Arbeitsverhältnisses keine Ansprüche mehr zustehen. 38

---

1 BAG v. 6.4.1977 – 4 AZR 721/75, AP Nr. 4 zu § 4 KSchG 1969; v. 3.5.1979 – 2 AZR 679/77, AP Nr. 6 zu § 4 KSchG 1969; LAG Hamm v. 14.12.1984 – 16 Sa 670/84, LAGE § 4 KSchG Ausgleichsquittung Nr. 1.
2 BAG v. 23.11.2006 – 6 AZR 394/06, AP Nr. 8 zu § 623 BGB.
3 BAG v. 19.4.2007 – 2 AZR 208/06, AP Nr. 9 zu § 623 BGB.
4 *Rolfs*, FS Reuter, S. 825 (826f.).
5 BGH v. 14.7.2004 – XII ZR 68/02, BGHZ 160, 97 (102ff.); BAG v. 26.7.2006 – 7 AZR 514/05, AP Nr. 24 zu § 14 TzBfG; vgl. auch BAG v. 14.7.2010 – 10 AZR 291/09, NZA 2011, 413 (416f.).
6 So noch (vor Inkrafttreten des § 623 BGB) LAG Köln v. 22.2.2000 – 13 (10) Sa 1388/99, NZA-RR 2001, 85 (86); ähnlich LAG Köln v. 7.11.1997 – 11 Sa 451/97, NZA 1998, 824 (824).
7 BAG v. 6.9.2007 – 2 AZR 722/06, AP Nr. 62 zu § 4 KSchG 1969; v. 25.9.2014 – 2 AZR 788/13, NZA 2015, 350 (352f.).

⊃ **Nicht geeignet:**
  a) Ich erkläre hiermit, dass mir aus Anlass der Beendigung des Arbeitsverhältnisses keine Ansprüche mehr zustehen.[1]
  b) Mein Arbeitsverhältnis mit der Firma ... ist mit dem ... beendet. Es bestehen keinerlei Rechte aus dem Arbeitsverhältnis.[2]

e) Verzicht auf Zeugnisansprüche

39 Der Anspruch auf Erteilung eines Zeugnisses aus § 109 GewO bzw. § 16 BBiG ist weitgehend zwingender Natur. Entgegen der Ansicht des RAG[3] besteht heute in der Literatur Einigkeit darüber, dass auf das Zeugnis jedenfalls nicht vor Beendigung des Arbeitsverhältnisses verzichtet werden kann, weil es für den Stellenwechsel des Arbeitnehmers von größter Bedeutung ist und sein Fortkommen erleichtert. Zu diesem Zeitpunkt abgegebene Verzichtserklärungen, Erlassverträge oder den Zeugnisanspruch ausschließende Vereinbarungen sind daher gemäß § 134 BGB nichtig.[4]

40 Umstritten ist dagegen, ob über den Zeugnisanspruch nach seiner Entstehung vertraglich disponiert werden kann.[5] Das BAG hat diese Frage bislang ausdrücklich offen gelassen.[6] Jedoch muss daraus, dass das Gesetz dem Arbeitnehmer lediglich das Recht verliehen hat, ein Zeugnis zu fordern, gefolgert werden, dass er ebenso rechtlich wie faktisch auf ein Zeugnis verzichten kann.[7]

41 Gleichwohl ist Zurückhaltung bei der Beantwortung der Frage geboten, ob eine Willenserklärung des Arbeitnehmers, insbesondere die Unterzeichnung einer Ausgleichsquittung oder die Aufnahme einer Ausgleichsklausel in einen Vergleich oder Aufhebungsvertrag, dahingehend ausgelegt werden kann, dass in ihr der Verzicht auf ein Zeugnis zu erkennen ist. Im Hinblick auf die Bedeutung des Zeugnisses für das berufliche Fortkommen des Arbeitnehmers können allgemein gehaltene Ausgleichsklauseln anlässlich der Vertragsbeendigung grundsätzlich nicht als Verzicht auf ein Zeugnis ausgelegt werden. Es muss sichergestellt sein, dass ein Arbeitnehmer nicht unbedacht in einer allgemein gefassten Erklärung auch auf ein Zeugnis verzichtet, ohne sich über diese Tatsache und über die Tragweite einer derartigen Erklärung klar zu sein. Anderes kann allenfalls dann gelten, wenn ein solcher Verzicht entweder ausdrücklich dem Text der Vereinbarung oder mit ausreichender Sicherheit den Begleitumständen[8] zu entnehmen ist. Im Zweifel muss daher, will der Arbeitnehmer auf die Ausstellung eines (qualifizierten) Zeugnisses verzichten, dieser Verzicht **ausdrücklich** in die Erklärung mit aufgenommen werden.[9]

---

1 Gegenstand von BAG v. 3.5.1979 – 2 AZR 679/77, AP Nr. 6 zu § 4 KSchG 1969.
2 Gegenstand von BAG v. 29.6.1978 – 2 AZR 681/76, AP Nr. 5 zu § 4 KSchG 1969.
3 RAG v. 4.12.1929 – RAG 243/1929, ARS 8, 45 (49); v. 18.2.1933 – RAG 440/32, ARS 17, 464 (467); dem folgend noch ArbG Berlin v. 3.12.1968 – 2 Ca 321/68, DB 1969, 90 (91).
4 BAG v. 16.9.1974 – 5 AZR 255/74, AP Nr. 9 zu § 630 BGB; ErfK/*Müller-Glöge*, § 109 GewO Rz. 52; Palandt/*Weidenkaff*, Anh. zu § 630 BGB Rz. 2.
5 Eingehend *Küchenhoff*, Anm. AP Nr. 9 zu § 630 BGB.
6 BAG v. 16.9.1974 – 5 AZR 255/74, AP Nr. 9 zu § 630 BGB.
7 Staudinger/*Preis*, § 630 BGB Rz. 7.
8 Zu den relevanten Umständen eingehend *Plander*, DB 1986, 1873 ff.
9 BAG v. 16.9.1974 – 5 AZR 255/74, AP Nr. 9 zu § 630 BGB; LAG Düsseldorf v. 23.5.1995 – 3 Sa 253/95, NZA-RR 1996, 42 (42); ErfK/*Müller-Glöge*, § 109 GewO Rz. 52; *Schulte*, DB 1981, 937 (940).

Eine allgemeine Ausgleichsklausel nach Beispiel a) oben Rz. 16 führt damit nicht zum Verlust des Zeugnisanspruchs. Erforderlich ist vielmehr regelmäßig, auf den Zeugnisanspruch ausdrücklich zu verzichten. 42

Typ 4: Verzicht auf Zeugnisansprüche

Ich verzichte auf ein Zeugnis.

f) Verzicht auf sonstige Ansprüche

Die von der Rechtsprechung zum Verzicht auf den Kündigungsschutz und den Zeugnisanspruch entwickelten Maßstäbe können im Wesentlichen auch auf die sonstigen verbleibenden Ansprüche übertragen werden, die dem Arbeitnehmer aus dem Arbeitsverhältnis oder im Zusammenhang mit seiner Beendigung erwachsen sind. Allgemeine Ausgleichsklauseln sollten nicht verwendet werden. Vielmehr sind die einzelnen Ansprüche, auf die der Arbeitnehmer verzichten soll, zu spezifizieren. Zudem muss der Arbeitnehmer eine angemessene Gegenleistung für den Verzicht erhalten. 43

Besondere Zurückhaltung übt die Rechtsprechung allerdings in Bezug auf Ansprüche und Anwartschaften aus einer **betrieblichen Altersversorgung**. § 3 BetrAVG verbietet – anders als im Rahmen eines bestehenden Arbeitsverhältnisses[1] – im Zusammenhang mit der Beendigung des Arbeitsverhältnisses die Abfindung und den entschädigungslosen Erlass einer unverfallbaren Versorgungsanwartschaft.[2] Hinzu tritt – selbst für Personen, die dem persönlichen Geltungsbereich des BetrAVG nicht unterliegen –, dass Versorgungsansprüche meist einen hohen Wert haben; ihre Erhaltung und Erfüllung ist für den daraus Berechtigten von großer Bedeutung. Kein Arbeitnehmer wird ohne besonderen Grund auf derartige Rechte verzichten wollen. Wegen dieser Bedeutung der Versorgungsansprüche für den Arbeitnehmer fordert die Rechtsprechung eine unmissverständliche Erklärung; ein solcher Verzicht muss eindeutig und zweifelsfrei zum Ausdruck gebracht werden.[3] Unproblematisch verzichtbar sind lediglich verfallbare oder nur vertraglich (nicht aber gemäß § 1b BetrAVG gesetzlich) unverfallbare Anwartschaften, soweit diese denn spezifiziert worden sind,[4] und der Verzicht auf eine anderweitige Zusatzrente.[5] 44

---

1 Vgl. BAG v. 22.9.1987 – 3 AZR 194/86, AP Nr. 13 zu § 17 BetrAVG; v. 21.1.2003 – 3 AZR 30/02, AP Nr. 13 zu § 3 BetrAVG; Blomeyer/Rolfs/Otto/*Rolfs*, BetrAVG, § 3 Rz 10.
2 BAG v. 14.8.1990 – 3 AZR 301/89, AP Nr. 4 zu § 3 BetrAVG.
3 BAG v. 9.11.1973 – 3 AZR 66/73, AP Nr. 163 zu § 242 BGB Ruhegehalt; v. 27.2.1990 – 3 AZR 213/88, AP Nr. 13 zu § 1 BetrAVG Vordienstzeiten; v. 14.8.1990 – 3 AZR 285/89, AP Nr. 10 zu § 1 BetrAVG Invaliditätsrente; v. 17.10.2000 – 3 AZR 69/99, AP Nr. 56 zu § 1 BetrAVG Zusatzversorgungskassen; v. 20.4.2010 – 3 AZR 225/08, AP Nr. 63 zu § 1 BetrAVG.
4 BAG v. 9.11.1973 – 3 AZR 66/73, AP Nr. 163 zu § 242 BGB Ruhegehalt; LAG Düsseldorf v. 1.2.1977 – 8 Sa 633/76, EzA § 242 BGB Nr. 61.
5 BAG v. 11.5.1999 – 3 AZR 106/98, AP Nr. 11 zu § 3 BetrAVG.

3. Hinweise zur Vertragsgestaltung

45 Da an die einzelnen Verzichtsaspekte jeweils **erheblich gesteigerte Deutlichkeitsanforderungen** zu stellen sind, ist es nicht möglich, im Wege einer kurzen Floskel die verschiedenen Verzichtsaspekte zu erfassen. Hinzu kommt, dass der in der Ausgleichsquittung enthaltene Verzicht usw. gemäß § 119 BGB angefochten werden kann, wenn der Unterzeichner glaubte, nur eine einfache Quittung zu unterschreiben.[1] Allerdings besteht dieses Recht nicht, wenn er die Ausgleichsquittung ungelesen unterschrieben hat.[2] Gegenüber der deutschen Sprache nicht ausreichend mächtigen **ausländischen Arbeitnehmern** soll der Arbeitgeber zur Erläuterung des vorformulierten Erklärungsinhalts verpflichtet sein. War dem Arbeitnehmer nämlich gar nicht bewusst, mit der Unterzeichnung der Ausgleichsquittung eine rechtsgeschäftliche Erklärung abzugeben, so ist diese zwar nicht unwirksam,[3] aber anfechtbar.[4] Schließlich kommt auch eine **Kondiktion der Ausgleichsquittung** gemäß § 812 Abs. 2 BGB in Betracht, wenn der Arbeitnehmer vom Nichtbestehen der tatsächlich noch existierenden Forderung ausgegangen ist.

46 Da eine Ausgleichsquittung gerade helfen soll, Streitigkeiten anlässlich der Beendigung des Arbeitsverhältnisses zu vermeiden, empfiehlt es sich dringend, sie so zu formulieren, dass nicht über ihren Inhalt Streit entstehen kann. Eine **rechtsklare und transparente Vertragsgestaltung** sollte durch zwei getrennte Urkunden unterstützt werden, die vom Arbeitnehmer getrennt zu unterzeichnen sind. In der Quittung wird der Empfang der Arbeitspapiere etc. bestätigt und in der zweiten Urkunde findet sich die eigentliche Verzichtserklärung. Um allen Missverständnissen vorzubeugen, sollte der schillernde Begriff der „Ausgleichsquittung" vermieden werden. Die erste Urkunde lässt sich schlicht **„Empfangsbestätigung"** und die zweite **„(Vergleich und) Verzichtserklärung"** überschreiben. Durch diese räumliche Trennung wird dokumentiert, dass es sich um zwei verschiedene Erklärungen unterschiedlicher Bedeutung und Tragweite handelt und dadurch der Gefahr vorgebeugt, dass der Arbeitnehmer später gegen den materiellen Verzicht mit der Begründung vorgeht, er habe nur den Empfang der Arbeitspapiere bestätigen wollen.[5]

47 Die Empfangsbestätigung kann wie folgt formuliert werden:

Typ 5: Empfangsbestätigung

Ich bestätige hiermit, dass ich heute folgende Arbeitspapiere erhalten habe:
- Lohnsteuerkarte ...
- Arbeitsbescheinigung für die Agentur für Arbeit
- Lohn-/Gehaltsabrechnung für den Monat ...

---

1 BAG v. 27.8.1970 – 2 AZR 519/69, AP Nr. 33 zu § 133 BGB.
2 BAG v. 27.8.1970 – 2 AZR 519/69, AP Nr. 33 zu § 133 BGB.
3 Vgl. BAG v. 19.3.2014 – 5 AZR 252/12 (B), NZA 2014, 1076 (1079f.).
4 LAG BW v. 16.3.1967 – 4 Sa 16/67, DB 1967, 867 (867); v. 30.12.1970 – 4 Sa 64/70, DB 1971, 245 (245); LAG Düsseldorf v. 2.11.1971 – 8 Sa 346/71, DB 1971, 2318 (2318); LAG Hamm v. 2.1.1976 – 3 Sa 1121/75, DB 1976, 923 (923).
5 Vgl. BAG v. 28.7.2004 – 10 AZR 661/03, AP Nr. 177 zu § 4 TVG Ausschlussfristen; *Preis/Bleser/Rauf*, DB 2006, 2812 (2813).

- Zeugnis
- Urlaubsbescheinigung

(Datum, Unterschrift)

Für die – hier mit einem Tatsachenvergleich über noch zu entlohnende Überstunden verbundene – Verzichtserklärung empfiehlt sich folgende Formulierung: 48

Typ 6: Vergleich und Verzichtserklärung

a) Die Arbeitgeberin und der Arbeitnehmer stimmen darin überein, dass alle von dem Arbeitnehmer geleisteten Überstunden bereits ordnungsgemäß abgerechnet worden sind.

b) Der Arbeitnehmer wird keine Kündigungsschutzklage erheben oder – falls dies bereits geschehen ist – eine solche Klage zurücknehmen.

c) Der Arbeitnehmer verzichtet auf
   - Urlaubsentgeltansprüche insoweit, als der Anspruch hierauf über der Höhe des gesetzlichen Mindesturlaubsanspruchs liegt,
   - ein Zeugnis.

d) Die Arbeitgeberin verpflichtet sich, als Gegenleistung für den Verzicht auf die vorgenannten Rechte eine Abfindung in Höhe von ... Euro zu zahlen.

(Datum, Unterschriften beider Vertragspartner)

V 60 Vollständigkeitsklauseln

	Rz.		Rz.
1. Einführung	1	b) Vollständigkeitsklauseln und Inhaltskontrolle	4
2. Klauseln	2		
a) Allgemeines; Wirkungen	3	3. Hinweise zur Vertragsgestaltung; Zusammenfassung	10

Schrifttum:

Heinrichs, Zur AGB-rechtlichen Wirksamkeit von Vollständigkeitsklauseln, EWiR 2000, 1; *Kliemt*, Formerfordernisse im Arbeitsverhältnis, 1994; *Paulusch*, Vorfälligkeits- und Vollständigkeitsklauseln in allgemeinen Geschäftsbedingungen, EWiR 1985, 527; *Teske*, Schriftformklauseln in allgemeinen Geschäftsbedingungen, 1990; im Übrigen → *Schriftformklauseln*, II S 30; → *Beweislastvereinbarungen*, II B 30.

1. Einführung

1   Vgl. die Einführung zu → *Beweislastvereinbarungen*, II B 30.

2. Klauseln

⊃ **Nicht geeignet:**

   a) Mündliche Nebenabreden bestehen nicht.

   b) Herr/Frau ... und die Firma sind sich darüber einig, dass keine mündlichen Vereinbarungen getroffen sind, die diesen schriftlichen Vertrag ändern oder ergänzen würden.

2   Hierbei handelt es sich nicht um → *Schriftformklauseln*, II S 30, sondern um sog. Vollständigkeitsklauseln.[1]

a) Allgemeines; Wirkungen

3   Durch solche Vollständigkeitsklauseln werden direkt keine weiteren Wirksamkeitsvoraussetzungen aufgestellt. Sie stehen mithin formlosen mündlichen Abreden nicht entgegen. Dies ergibt sich im Bereich vorformulierter Verträge schon aus § 305b BGB, wonach individuelle Vertragsabreden – unabhängig davon, ob sie schriftlich oder mündlich geschlossen werden – Vorrang haben vor Allgemeinen Geschäftsbedingungen. Daneben ist das von vornherein zeitlich eingeschränkte Wirkungsfeld der angeführten Klauseln zu berücksichtigen: Sie beziehen sich allein auf **vor oder bei Vertragsabschluss** getroffene Nebenabreden, nicht auf nachträgliche Änderungen. Getroffen wird allein eine Aussage über die abschließende Vollständigkeit der Vertragsurkunde.[2] Hierdurch werden die Vertragsschließenden angehalten, zu prüfen, ob alles, was sie besprochen haben, seinen Niederschlag im Vertragstext gefunden hat.

---

1 Vgl. hierzu *Kliemt*, Formerfordernisse im Arbeitsverhältnis, § 15 VII 5 m.w.N.
2 *Teske*, Schriftformklauseln in AGB, S. 148.

b) Vollständigkeitsklauseln und Inhaltskontrolle

Problematisch ist, ob nicht in Formulararbeitsverträgen enthaltene Vollständigkeitsklauseln bei entsprechender Anwendung der zu Vollständigkeitsklauseln in Allgemeinen Geschäftsbedingungen entwickelten Grundsätze unwirksam sind und ihre Verwendung daher zu vermeiden ist.

Vollständigkeitsklauseln werden in Übereinstimmung mit der Rechtsprechung des BGH[1] in der Literatur[2] **überwiegend** grundsätzlich vor dem Hintergrund des AGB-Rechts nicht beanstandet und **für wirksam gehalten**. Dies folge daraus, dass die Klausel nur die ohnehin gültige Vermutung der Vollständigkeit und Richtigkeit des schriftlichen Vertrages wiederhole und dem Vertragspartner den Gegenbeweis offen lasse, dass anderweitige Abreden getroffen worden sind.[3] Da die Vermutung der Richtigkeit und Vollständigkeit der Vertragsurkunde ohnehin ein anerkannter Rechtssatz sei,[4] beinhalte eine solche Klausel auch **keine verbotene Beweislaständerung** i.S.d. § 309 Nr. 12b) BGB.[5]

Andere verneinen die Frage nach der Zulässigkeit von Vollständigkeitsklauseln in AGB.[6] Auch diese Autoren gehen von einer Nichtverschiebung der Beweislastverteilung aus, sprechen der Vollständigkeitsklausel aber gemäß § 309 Nr. 12b) BGB die Wirksamkeit im Hinblick darauf ab, dass durch sie **faktisch die Beweisposition des Vertragspartners zu dessen Nachteil verschoben** werde. Zum Teil werden – ohne dies jedoch näher zu vertiefen – auch angesichts des § 307 BGB Bedenken gegen die Wirksamkeit einer Vollständigkeitsklausel geäußert, weil von ihr die Gefahr ausgehe und sie darauf angelegt sei, den Vertragspartner davon abzuhalten, sich auf mündliche Abmachungen überhaupt zu berufen.[7]

Zutreffend an der Argumentation der Mindermeinung ist, dass der Klausel ausnahmsweise eine Indizwirkung zukommen kann, die die Beweisführung für das Zustandekommen einer mündlichen Nebenabrede erschwert. Diese **Indizwirkung** erscheint allerdings so **geringfügig**, dass sie **nicht unangemessen ist**.[8] Überdies ist es nur bei einer missverständlichen Formulierung einsichtig, die Gefahr des Missver-

---

1 Vgl. BGH v. 26.11.1984 – VIII ZR 214/83, BGHZ 93, 29 (60f.); v. 19.6.1985 – VIII ZR 238/84, NJW 1985, 2329.
2 ErfK/*Preis*, §§ 305–310 BGB Rz. 80; UBH/*Schmidt*, Teil 3 (9) Rz. 15; Palandt/*Grüneberg*, § 305b BGB Rz. 5.
3 Vgl. BGH v. 28.1.1981 – VIII ZR 88/80, BGHZ 79, 281 (287); v. 26.11.1984 – VIII ZR 214/83, BGHZ 93, 29 (61); v. 19.6.1985 – VIII ZR 238/84, NJW 1985, 2329; v. 29.9.1999 – VIII ZR 232/98, NJW-RR 2000, 273; OLG Düsseldorf v. 15.11.1990 – 10 U 68/90, DB 1991, 222; OLG Frankfurt v. 30.11.2011 – 12 U 136/10; vgl. *Teske*, Schriftformklauseln in AGB, S. 148 f. m. vielen w. N. in Fn. 8, 9, 10; ausführlich → Schriftformklauseln, II S 30.
4 Vgl. nur Baumgärtel/*Laumen*, Handbuch der Beweislast im Privatrecht, § 125 BGB Rz. 2.
5 UBH/*Schmidt*, Teil 3 (9) Rz. 15.
6 UBH/*Habersack*, § 309 Nr. 12 BGB Rz. 23; WLP/*Dammann*, Klauseln (S) 116; *Teske*, Schriftformklauseln in AGB, S. 178 ff.; Löwe/*von Westphalen*/Trinkner, Großkommentar zum AGBG, Bd. II, § 11 Nr. 15 Rz. 31.
7 Darauf weisen zu Recht UBH/*Schmidt*, Teil 3 (9) Rz. 15; UBH/*Habersack*, § 309 Nr. 12 BGB Rz. 23 und *Lakies*, Rz. 671, hin.
8 So auch: BGH v. 19.6.1985 – VIII ZR 238/84, NJW 1985, 2329; *Kliemt*, Formerfordernisse im Arbeitsverhältnis, § 15 VII 5b) aa); für den unternehmerischen Verkehr: WLP/*Dammann*, Klauseln S 118.

stehens der Klausel ohne Weiteres auf den Verwender überzuwälzen. Ob eine solchermaßen auslegungsbedürftige Formulierung überhaupt gegeben ist, ist jedoch für vorstehende Klauselformulierungen noch nicht näher untersucht worden[1] und erscheint eher zweifelhaft. Dies gilt umso mehr, als dass nach ganz überwiegender Auffassung[2] auch Schriftformklauseln in AGB – diesen haftet wegen ihres Zurücktretens gegenüber Individualabreden mindestens in gleichem Maße die Gefahr des Missverständnisses an – nicht schlechthin gegen § 307 BGB verstoßen.

8 Eine **Ausnahme** gilt nach einhelliger Ansicht indes dann, wenn durch die Klausel eine unwiderlegbare Vermutung oder Fiktion der Vollständigkeit schriftlicher Abmachungen geschaffen wird, also der **Beweis des Nichtvorliegens der vermuteten bzw. fingierten Tatsache ausgeschlossen sein soll**.[3] In diesem Fall verstößt sie nicht nur gegen § 309 Nr. 12 BGB, sie ist auch nach § 307 BGB unwirksam, da sie im Ergebnis den Vorrang der Individualabrede nach § 305b BGB ausschließt und insoweit wesentlichen Grundgedanken der gesetzlichen Regelung widersprechen würde.[4]

9 Allerdings wird man bei den Formulierungen der vorstehenden Klauseltypen nicht davon ausgehen können, dass hierdurch eine unwiderlegliche Vermutung aufgestellt werden sollte.[5]

3. Hinweise zur Vertragsgestaltung; Zusammenfassung

10 Angesichts der vorangegangenen Überlegungen (Rz. 7) und insbesondere im Hinblick auf die ständige Rechtsprechung des BGH ist für die Vertragsgestaltung davon auszugehen, dass in AGB enthaltene **Vollständigkeitsklauseln grundsätzlich nicht zu beanstanden** sind. Aus diesem Grunde stehen auch ihrer Aufnahme in den Formulararbeitsvertrag keine Hindernisse entgegen.[6] Der Klarheit halber und um Wirksamkeitsbedenken im Hinblick auf § 307 BGB vorzubeugen, ist aber abweichend von den gebräuchlichen Formulierungen (Beispiele oben vor Rz. 2) folgende Formulierung[7] vorzugswürdig:

Typ 1: Vollständigkeitsklausel

Es wird vermutet, dass der Vertrag vollständig ist. Derjenige, der sich gleichwohl auf mündlich getroffene Nebenabreden beruft, hat diese zu beweisen.

---

1 Vgl. zur Interpretation des Klauselwortlautes *Teske*, Schriftformklauseln in AGB, S. 152 ff., der wohl auch eher von einer eindeutigen Formulierung ausgeht.
2 Vgl. dazu UBH/*Schmidt*, Teil 3 (9) Rz. 7 ff.
3 OLG Frankfurt v. 30.11.2011 – 12 U 136/10; Palandt/*Grüneberg*, § 305b BGB Rz. 5; UBH/*Schmidt*, Teil 3 (9) Rz. 15; WLP/*Dammann*, Klauseln S 117.
4 UBH/*Schmidt*, Teil 3 (9) Rz. 15; Palandt/*Grüneberg*, § 305b BGB Rz. 5; *Kliemt*, Formerfordernisse im Arbeitsverhältnis, § 15 VII 5b) bb).
5 Vgl. zu Formulierungsfragen ausführlich *Teske*, Schriftformklauseln in AGB, S. 152 ff.
6 *Kliemt*, Formerfordernisse im Arbeitsverhältnis, § 15 VII 5c).
7 Eine solche Formulierung sieht selbst UBH/*Habersack*, § 309 Nr. 12 BGB Rz. 23 als unbedenklich an.

V 70 Vorbehalte und Teilbefristung

	Rz.		Rz.
1. Einführung	1	cc) Konkreter Freiwilligkeitsvorbehalt	47
2. Allgemeine Grundsätze zur Kontrolle von Änderungsvorbehalten	8	c) Kontrollgrundsätze	49
		aa) Transparenzkontrolle	50
3. Widerrufsvorbehalt	14	bb) Abgrenzung von synallagmatischen und nicht synallagmatischen Leistungen	60
a) Widerrufsvorbehalt bei Tätigkeitsbereichsänderungen	17		
b) Widerrufsvorbehalt bei über- und außertariflichen Entgeltbestandteilen	18	d) Hinweise zur Vertragsgestaltung	65
		e) Freiwilligkeitsvorbehalte zur Verhinderung einer betrieblichen Übung	69
aa) Rechtsprechung des BAG	18		
(1) Wirksamkeit der Widerrufsklausel	18	6. Teilbefristung	73
		a) Allgemeine Grundsätze	74
(2) Ordnungsgemäße Ausübung des Widerrufsrechts	27	b) Übertragung einer höherwertigen/günstigeren Arbeitsbedingung	85
bb) Zusammenfassung	29		
4. Anrechnungsvorbehalt	31	c) Mehrfache Befristung von Aufstockungen der Arbeitszeit	87
5. Freiwilligkeitsvorbehalt	41		
a) Bisherige Rechtspraxis	41	d) Befristung von Zulagen und anderen Entgeltbestandteilen	91
b) Neuere Rechtsprechung und Dogmatik	42	e) Zusammenfassung	98
aa) Einmalzahlung mit Freiwilligkeitshinweis	45	7. Mitbestimmungsrecht des Betriebsrats	99
bb) Pauschalvorbehalt	46	8. Hinweise zur Vertragsgestaltung	109

Schrifttum:

Annuß, Gedanken zum Freiwilligkeitsvorbehalt im vorformulierten Arbeitsvertrag, in Festschrift für Picker, 2010, S. 861; *Bayreuther*, Widerrufs-, Freiwilligkeits- und Anrechnungsvorbehalte – geklärte und ungeklärte Fragen der aktuellen Rechtsprechung des BAG zu arbeitsvertraglichen Vorbehalten, ZIP 2007, 2009; *Bayreuther*, Freiwilligkeitsvorbehalte: Zulässig, aber überflüssig?, BB 2009, 102; *Bayreuther*, Vorbehalte in der arbeitsrechtlichen Vertragsgestaltung – Wie viel Flexibilität soll das AGB-Recht zulassen?, ZfA 2011, 45; *Benecke*, Flexibilisierung und kein Ende, ArbuR 2006, 337; *Brühler*, Freiwilligkeitsvorbehalte bei Sonderzahlungen und entgeltrelevante Zielvereinbarungen, JbArbR 46 (2009), 23; *Fischer*, Vom Ende einer arbeitsrechtlichen Kaffeefahrt – Hat der Freiwilligkeitsvorbehalt ausgedient?, FA 2007, 105; *Franzen*, Inhaltskontrolle von Änderungsvorbehalten in Arbeitsverträgen, in Gedächtnisschrift für Zachert, 2010, S. 386; *Gaul*, Der Abschied vom Freiwilligkeitsvorbehalt, in Festschrift für Hromadka, 2008, S. 99; *Gaul/Kaul*, Verschärfung der Rechtsprechung zum Widerrufsvorbehalt, BB 2011, 181; *Hanau/Hromadka*, Richterliche Kontrolle flexibler Entgeltregelungen in Allgemeinen Arbeitsbedingungen, NZA 2005, 73; *Hohenstatt/Schramm*, Neue Gestaltungsmöglichkeiten zur Flexibilisierung der Arbeitszeit, NZA 2007, 238; *Hromadka*, Was bleibt vom vertraglichen Freiwilligkeitsvorbehalt?, DB 2012, 1037; *Hromadka/Schmitt-Rolfes*, Die AGB-Rechtsprechung zu Tätigkeit, Entgelt und Arbeitszeit, NJW 2007, 1777; *Krause*, Freiwilligkeitsvorbehalte im Lichte von allgemeiner Rechtsgeschäftslehre und AGB-Kontrolle, in Festschrift für Bauer, 2010, S. 577; *Kürth*, Änderungsvorbehalte im Arbeitsvertrag, Diss. München, 2013; *Lakies*, Inhaltskontrolle von Vergütungsvereinbarungen im Arbeitsrecht, NZA-RR 2002, 337; *Lembke*, Die Gestaltung von Vergütungsvereinbarungen, NJW 2010, 257 und 321; *Lindemann*, Flexible Gestaltung von Arbeitsbedingungen nach der Schuldrechtsreform, Diss. Köln, 2003; *Lindemann*, Einseitige Leistungsbestimmungsrechte auf dem Prüfstand, ArbuR 2004, 201; *Lindemann/Simon*, Flexible Bonusregelungen im Arbeitsvertrag, BB 2002, 1807; *Lingemann/Gotham*, Freiwillige Leistungen des Arbeitgebers – gibt es sie noch?, DB 2007, 1754; *Lingemann/Gotham*, Freiwilligkeits-, Stichtags- und Rückzahlungsregelungen bei Bonusvereinbarungen – was geht noch?, NZA 2008, 509; *Maties*, Freiwilligkeits- und Widerrufsvorbehalte in Arbeitsverträgen und bei der betrieblichen Übung, DB 2005, 2689; *Mikosch*, Die betriebliche Übung bei Arbeitgeberleistungen, insbesondere bei Sondervergütungen, eine Skizze, in Festschrift für Düwell, 2011, S. 115; *Moll*, AGB-Kontrolle von Änderungs- und Bestimmungsklauseln in Entgeltregelungen, in Festschrift AG Arbeitsrecht im Deutschen Anwaltverein, 2006, S. 91; *Natzel*, Vorbehaltsklauseln – unter Vorbehalt zulässig, FA 2006, 365; *Niebling*, Formularmäßige Freiwilligkeitsvorbehalte im Arbeitsrecht – Kernfragen der AGB-Kontrolle im Arbeitsrecht, NJW 2013, 3011; *Preis*, Der langsame Tod der Freiwilligkeitsvorbehalte und die Grenzen betrieblicher Übung, NZA 2009, 281; *Preis/Genenger*, Betriebliche Übung, freiwillige Leistung und rechtsgeschäftliche Bindung, JbArbR 2010, 93; *Preis/Lindemann*, Änderungsvorbehalte – Das BAG durchschlägt den gordischen Knoten, NZA 2006, 632; *Preis/Sagan*, Der Freiwilligkeitsvorbehalt im Fadenkreuz der Rechtsgeschäftslehre – Chronik eines angekündigten Todes, NZA 2012, 697; *Reinecke*, Zur AGB-Kontrolle von Arbeitsverträgen, BB 2008, 554; *Reinfelder*, Leistungsgerechtes Entgelt – Gestaltung und Umgestaltung, NZA-Beilage 2014, 10; *Reiserer*, Flexible Vergütungsmodelle, NZA 2007, 1249; *Schmiedl*, Freiwilligkeits- und Widerrufsvorbehalt – überkommene Rechtsinstitute?, NZA 2006, 1195; *Schmitt-Rolfes*, Neues zum Freiwilligkeitsvorbehalt, AuA 2008, 71; *Schrader/Müller*, Flexible Vergütungsvereinbarungen, RdA 2007, 145; *Schramm*, Die Zulässigkeit von Freiwilligkeitsvorbehalten in Arbeitsverträgen, NZA 2007, 1325; *Schramm/Naber*, Die Wirksamkeitsanforderungen an die Befristung von einzelnen Vertragsbestandteilen, NZA 2009, 1318; *Seel*, Arbeitsvertrag – Wirksamkeit eines Widerrufsvorbehalts, MDR 2005, 724; *Simon/Hidalgo/Koschker*, Flexibilisierung von Bonusregelungen – eine unlösbare Aufgabe?, NZA 2012, 1071; *Singer*, Flexible Gestaltung von Arbeitsverträgen, RdA 2006, 362; *Singer*, Vertrauensschutz und Verhältnismäßigkeit als Grundelemente der Arbeitgeberhaftung bei freiwilligen Zuwendungen, in Festschrift für Canaris, 2007, S. 1467; *Sprenger*, Inhaltskontrolle von Freiwilligkeitsvorbehalten bei Leistungszulagen unter Ausschluss jeden Rechtsanspruchs, BB 2007, 1902; *Strick*, Freiwilligkeitsvorbehalt und Widerrufsvorbehalt – Der Wille als Bedingung, NZA 2005, 723; *Wiedemann*, Freiwillige Entgeltleistungen unter Vorbehalt, in Festschrift für Buchner, 2009, S. 942; *Willemsen/Grau*, Alternative Instrumente zur Entgeltflexibilisierung im Standardarbeitsvertrag, NZA 2005, 1137; *Willemsen/Jansen*, Die Befristung von Entgeltbestandteilen als Alternative zu Freiwilligkeits- und Widerrufsvorbehalten, RdA 2010, 1.

1. Einführung

1 Ein Arbeitsverhältnis, dessen Arbeitsbedingungen in gewissem Umfang an die jeweilige wirtschaftliche Lage angepasst werden können, **kann im Interesse beider Vertragsparteien liegen**. Der Arbeitgeber kann bspw. in wirtschaftlich schlechten Zeiten flexibler reagieren und muss nicht gleich zum scharfen Schwert des Arbeitsplatzabbaus greifen. Dadurch verliert der Arbeitnehmer nicht seinen Arbeitsplatz, sondern wird lediglich zu veränderten Bedingungen weiterbeschäftigt.

2 Die gewünschte Flexibilisierung lässt sich auf verschiedenen Wegen erreichen. Häufig möchte der Arbeitgeber jedoch nicht nur auf die Instrumente der nachträglichen Flexibilisierung – einvernehmliche Vertragsänderung oder Änderungskündigung – angewiesen sein, sondern sich von vornherein die Möglichkeit zur Flexibilisierung im Arbeitsvertrag vorbehalten. Dies kann zum einen geschehen durch Vereinbarungen über die flexible Gestaltung der Art der Tätigkeit (dazu → *Direktionsrecht und Tätigkeitsbeschreibung*, II D 30) oder der Arbeitszeit (dazu → *Arbeitszeit*, II A 90, sowie → *Teilzeitarbeit*, II T 10) ohne Einfluss auf die Vergütung. Zum anderen ist auch die Möglichkeit, das **Arbeitsentgelt** zu flexibilisieren, von

großer Bedeutung. Als arbeitsvertragliche Flexibilisierungsinstrumente kommen in Betracht:

- Ein **Widerrufsvorbehalt**, bei dem eine Leistung (unbefristet) zugesagt wird, so dass ein Anspruch des Arbeitnehmers entsteht. Der Arbeitgeber behält sich aber die Möglichkeit vor, durch Ausübung eines Widerrufsrechts die Weitergewährung der Leistung zu beenden. 3
- Ein **Anrechnungsvorbehalt**, bei dem die gewährte Leistung auf ggf. erfolgende Tariflohnerhöhungen ganz oder zum Teil angerechnet werden soll. 4
- Ein sog. **Freiwilligkeitsvorbehalt**, der es dem Arbeitgeber ermöglichen soll, im laufenden Arbeitsverhältnis fallweise bestimmte Leitungen zu erbringen, ohne dass hierdurch ein Rechtsanspruch des Arbeitnehmers auf Fortführung dieser Leistungen in der Zukunft entsteht. 5
- Eine **Teilbefristung**, bei der der Zeitraum, für den ein Anspruch auf eine bestimmte Leistung bestehen soll, verbindlich begrenzt wird. 6

Diese einseitigen Leistungsbestimmungsrechte sind im Arbeitsrecht, auch in Form von Versetzungsklauseln bei der Tätigkeit sowie Änderungsvorbehalten bei der Arbeitszeit, weit verbreitet.[1] Flexible Bestimmungsrechte im Bereich der Vergütungsbestandteile rufen die **Gefahr einer einseitigen Durchsetzung der Interessen des Arbeitgebers**, einer **intransparenten Vertragsgestaltung** und einer **Verlagerung des Wirtschaftsrisikos auf den Arbeitnehmer** hervor. Auf die Tatsache, dass die meisten Arbeitsverträge vom Arbeitgeber vorformuliert werden und der Arbeitnehmer vor allem in Zeiten hoher Arbeitslosigkeit kaum Einfluss auf die Gestaltung der einzelnen Vertragsbedingungen nehmen kann, muss die Rechtsordnung reagieren. Eine Flexibilisierung von Arbeitsbedingungen, insbesondere von Entgeltbestandteilen, kann zwar durchaus **sinnvoll** sein. Sie ist jedoch zum Schutz der Arbeitnehmer **keinesfalls uneingeschränkt** zuzulassen. Vielmehr werden vorformulierte Klauseln in Arbeitsverträgen nach der Schuldrechtsreform gemäß §§ 307 ff. BGB auf ihre **Angemessenheit** hin kontrolliert (vgl. dazu I C Rz. 86 ff.). Bei der Gestaltung solcher Klauseln ist auf die Einhaltung der Maßstäbe der §§ 307 ff. BGB zu achten, um die Gefahr zu vermeiden, dass die einzelnen Abreden wegen Unangemessenheit von den Gerichten für unwirksam erklärt werden. 7

2. Allgemeine Grundsätze zur Kontrolle von Änderungsvorbehalten

Änderungsvorbehalte der beschriebenen Art betreffen in der Regel die Hauptleistungspflichten, zumeist das Entgelt, zum Teil aber auch die Arbeitszeit oder die geschuldete Tätigkeit. Wenn auch Hauptabreden des Arbeitsvertrages keiner inhaltlichen Kontrolle nach Maßgabe der §§ 305 ff. BGB unterliegen, so sind jedoch sog. **Preisnebenabreden** kontrollfähig, die sich mittelbar auf den Preis auswirken. Nebenabreden zur Preisabrede und die Hauptleistungsabreden einschränkende, verändernde oder ausgestaltende Klauseln, z.B. die **Befristung einzelner Arbeitsbedingungen**,[2] sind dagegen kontrollfähig. Besonderer Kontrolle bedürfen die einseitigen Leistungsbestimmungsrechte im Bereich der Hauptleistungspflichten.[3] Der Ver- 8

---

[1] Hierzu *Bayreuther*, ZIP 2007, 2009; *Schrader/Müller*, RdA 2007, 145; *Hromadka/Schmitt-Rolfes*, NJW 2007, 1777; *Hohenstatt/Schramm*, NZA 2007, 238; *Reiserer*, NZA 2007, 1249.
[2] BAG v. 27.7.2005 – 7 AZR 486/04, AP Nr. 6 zu § 307 BGB = NZA 2006, 40 (45).
[3] BAG v. 12.1.2005 – 5 AZR 364/04, AP Nr. 1 zu § 308 BGB = NZA 2005, 465; hierzu *Bergwitz*, AuR 2005, 217; *Preis/Lindemann*, AuR 2005, 229; ErfK/*Preis*, §§ 305–310 BGB Rz. 40 (51 ff.).

tragspartner des Verwenders soll gerade vor der unangemessenen Verkürzung oder Modifikation der vollwertigen Leistung, die er nach Gegenstand und Zweck des Vertrags erwarten darf, geschützt werden, was sich auch aus § 307 Abs. 2 Nr. 2 BGB ergibt.[1]

9 In seiner früheren Rechtsprechung hat das BAG die Wirksamkeit von Änderungsvorbehalten insbesondere an einer Umgehung des § 2 KSchG geprüft. Die Umgehung wurde bejaht, wenn in den **Kernbereich des Arbeitsverhältnisses** eingegriffen wird.[2] Einen solchen Eingriff nahm das BAG an, wenn wesentliche Elemente des Arbeitsvertrags einer einseitigen Änderung unterliegen sollen, durch die das Gleichgewicht zwischen Leistung und Gegenleistung – also der Arbeits- und Vergütungspflicht – grundlegend gestört würde.[3] Im Ergebnis war das BAG bei Leistungsbestimmungsrechten **äußerst großzügig**. Es hat eine unzulässige Beeinträchtigung des Kernbestands durch einen Widerrufsvorbehalt in keinem Fall angenommen und bspw. verneint bei einer Leistungszulage in Höhe von 20 % des tariflichen Bruttogehalts[4] bzw. von 19–31 % des Tariflohns,[5] ebenso bei der Einziehung eines Verkaufsbezirks, der zu einer Provision gleichfalls in Höhe von 20 % des Gesamtverdienstes führte,[6] sowie bei einer Provision bzw. Zulage von 15 % des Gesamteinkommens.[7] Sog. **Entwicklungs- und Anpassungsklauseln** in Chefarztverträgen sollten selbst dann nicht den Kernbereich antasten, wenn die Gesamteinnahmen auf nur noch 60–65 % der bisherigen Einnahmen sanken.[8] Inhalt solcher Klauseln ist eine mögliche Änderung des Tätigkeitsbereichs des Chefarztes aufgrund organisatorischer Umstrukturierungen des Krankenhauses und eine damit einhergehende Kürzung der Vergütung. Auch der **Entzug einer Zusatzaufgabe** und der damit verbundene **Wegfall einer Funktionszulage** in Höhe von 15 % der Gesamtvergütung wurde vom BAG als zulässig angesehen.[9]

10 Diese Rechtsprechung hat das BAG **aufgegeben** und überprüft Änderungsvorbehalte allein nach den Maßstäben der §§ 305 ff. BGB.[10] Das BAG folgt in Übereinstimmung mit der Rechtsprechung des BGH[11] der strengen Unterscheidung zwischen der **Angemessenheitskontrolle** der Klausel, welche das Leistungsbestimmungsrecht einräumt, und der **Ausübungskontrolle** in Bezug auf die darauf beruhende

---

1 Vgl. BGH v. 24.3.1999 – IV ZR 90/98, NJW 1999, 2279.
2 BAG v. 7.10.1982 – 2 AZR 455/80, AP Nr. 5 zu § 620 BGB Teilkündigung; v. 7.8.2002 – 10 AZR 282/01, EzA § 315 BGB Nr. 51.
3 BAG v. 7.10.1982 – 2 AZR 455/80, AP Nr. 5 zu § 620 BGB Teilkündigung; v. 31.1.1985 – 2 AZR 393/83, EzBAT § 8 BAT Direktionsrecht Nr. 3.
4 BAG v. 7.1.1971 – 5 AZR 221/70, AP Nr. 12 zu § 315 BGB.
5 BAG v. 13.5.1987 – 5 AZR 125/86, AP Nr. 4 zu § 305 BGB Billigkeitskontrolle.
6 BAG v. 7.10.1982 – 2 AZR 455/80, AP Nr. 5 zu § 620 BGB Teilkündigung; ähnlich BAG v. 7.8.2002 – 10 AZR 709/01, EzA § 315 BGB Nr. 51.
7 BAG v. 21.4.1993 – 7 AZR 297/92, AP Nr. 34 zu § 2 KSchG 1969; ArbG Dortmund v. 15.1.1991 – 5 Ca 3645/90, EzA § 4 TVG Bestimmungsklausel Nr. 1; zur Zulässigkeit der Verrechnung einer widerruflichen Sonderzulage bei Höhergruppierung BAG v. 7.9.1994 – 10 AZR 716/93, AP Nr. 11 zu § 611 BGB Lohnzuschläge.
8 BAG v. 28.5.1997 – 5 AZR 125/96, AP Nr. 36 zu § 611 BGB Arzt-Krankenhaus-Vertrag.
9 BAG v. 15.11.1995 – 2 AZR 521/95, AP Nr. 20 zu § 1 TVG Tarifverträge Lufthansa.
10 BAG v. 12.1.2005 – 5 AZR 364/04, AP Nr. 1 zu § 308 BGB = NZA 2005, 465; v. 7.12.2005 – 5 AZR 535/04, AP Nr. 4 zu § 12 TzBfG = NZA 2006, 423 (426), hierzu *Preis/Lindemann*, NZA 2006, 632.
11 BGH v. 26.11.1984 – VIII ZR 214/83, BGHZ 93, 29 (34).

Leistungsbestimmung im konkreten Einzelfall. Besonderheiten des Arbeitsrechts stehen dem nicht entgegen. Der BGH nimmt vorformulierte Leistungsbestimmungsrechte nur hin, soweit sie bei unsicherer Entwicklung des Schuldverhältnisses als Instrument der Anpassung notwendig sind und den Anlass, aus dem das Bestimmungsrecht entsteht, sowie die Richtlinien und Grenzen seiner Ausübung so konkret wie möglich angeben.[1] Das BAG bestätigt sowohl ein anerkanntes Interesse des Arbeitgebers, **flexible Zusatzleistungen** der wirtschaftlichen Entwicklung anpassen zu können, als auch ein berechtigtes Interesse des Arbeitnehmers am **Vertragsinhaltsschutz**. Die erforderliche Abwägung muss die Art und die Höhe des Vergütungsbestandteils, der widerrufen wird, sowie die Höhe der verbleibenden Vergütung berücksichtigen. Eingriffe in den Kernbereich von Leistung und Gegenleistung sind unzumutbar.[2] Die Inhaltskontrolle erfolgt – bei Vorliegen der Voraussetzungen – anhand § 308 Nr. 4 i.V.m. § 307 BGB oder unmittelbar anhand von § 307 BGB.[3] § 308 Nr. 4 BGB betrifft nur Klauseln, in denen sich der Arbeitgeber das Recht vorbehält, die versprochene Leistung, also das Entgelt, zu ändern.

Grundlegende Bedeutung für die Vertragsgestaltung hat das Transparenzgebot nach § 307 Abs. 1 Satz 2 BGB. **Änderungsvorbehalte müssen hinreichend transparent sein.**[4] Formularmäßige, einseitige Leistungsänderungsrechte des Verwenders sind nur wirksam, wenn die Klausel schwerwiegende Änderungsgründe nennt und in ihren Voraussetzungen und Folgen erkennbar die Interessen des Vertragspartners angemessen berücksichtigt.[5] Ein Recht zur beliebigen Veränderung von Vertragsrechten, ohne an einschränkende Änderungsgründe gebunden zu sein oder einen angemessenen Ausgleich zu gewähren, stellt eine unangemessene Benachteiligung dar, weil es das wesentlichste, aus dem Vertrag folgende Recht des Arbeitnehmers – nämlich seine Verdienstmöglichkeiten – so einschränkt, dass die Erreichung des von ihm erstrebten Vertragszwecks gefährdet wird (§ 307 Abs. 2 Nr. 2 BGB). Eine Klausel, mit der sich der Arbeitgeber den jederzeitigen unbeschränkten Widerruf übertariflicher Lohnbestandteile und anderer Leistungen vorbehält, verstößt gegen § 307 Abs. 1 Satz 2 BGB und § 308 Nr. 4 BGB.[6] Die Klauseln müssen so formuliert sein, dass der Arbeitnehmer bei Vertragsschluss erkennen kann, welche Leistungen von der jeweiligen Klausel erfasst sind und unter welchen Voraussetzungen der Widerruf ausgeübt werden können soll. Andererseits dürfen auch **keine unzumutbaren Anforderungen an die Konkretisierung des Klauseltextes** gestellt werden.[7] Dort aber, wo eine Konkretisierung der Änderungsgründe möglich ist, ist sie in aller Regel auch in der Klausel vorzunehmen. Jedenfalls genügt nicht, und dies wird durch den BGH ausdrücklich hervorgehoben, eine Bezugnahme auf den – ohnehin einschlägigen – § 315 BGB. Das BAG verlangt zu Recht als Mindestvoraussetzung

---

1 BGH v. 19.10.1999 – XI ZR 8/99, NJW 2000, 651 (652).
2 BAG v. 12.1.2005 – 5 AZR 364/04, AP Nr. 1 zu § 308 BGB = NZA 2005, 465.
3 BAG v. 7.12.2005 – 5 AZR 535/04, AP Nr. 4 zu § 12 TzBfG = NZA 2006, 423; v. 1.3.2006 – 5 AZR 363/05, AP Nr. 3 zu § 308 BGB.
4 BAG v. 1.3.2006 – 5 AZR 363/05, AP Nr. 3 zu § 308 BGB; v. 12.1.2005 – 5 AZR 364/04, AP Nr. 1 zu § 308 BGB = NZA 2005, 465; s. bereits BAG v. 23.10.2002 – 7 AZR 416/01, AP Nr. 243 zu § 611 BGB Gratifikation, wonach die bloße Bezeichnung einer Sozialleistung als „freiwillig" nicht genügt, um die Leistung wieder einzustellen.
5 BGH v. 25.5.1988 – VIII ZR 360/86, WM 1988, 1344; v. 1.12.1994 – VIII ZR 165/92, NJW 1994, 1060.
6 BAG v. 12.1.2005 – 5 AZR 364/04, AP Nr. 1 zu § 308 BGB = NZA 2005, 465.
7 BGH v. 16.1.1985 – VIII ZR 54/84, BGHZ 93, 252 (263).

die **Benennung der Art der Änderungs- bzw. Widerrufsgründe** (z.B. wirtschaftliche Gründe).[1]

12 Die Inhaltskontrolle erfolgt im Kern auf der Basis des § 307 BGB, und zwar ausschließlich, wenn die **Arbeitspflicht** geändert werden soll. § 308 Nr. 4 i.V.m. § 307 BGB ist anwendbar, wenn ausschließlich das **Arbeitsentgelt** betroffen ist. § 308 Nr. 4 BGB verdeutlicht, dass der Vertragspartner durch Leistungsänderungsvorbehalte vor der Aushöhlung des gegebenen Leistungsversprechens geschützt werden soll. Die Abgrenzung zur Generalklausel, die „unangemessene Benachteiligungen" verbietet, ist nur schwer zu vollziehen und praktisch unnötig. Das BAG betont zu Recht, dass für die Inhaltskontrolle die Art der flexibilisierten Vertragsbedingung bzw. des Vergütungsbestandteils von wesentlicher Bedeutung ist. Sachgerecht erscheint es, zum einen nach der **Art der flexibilisierten Leistung** – synallagmatische oder nicht synallagmatische Leistung – zu differenzieren und zum anderen nach der **Einflussmöglichkeit des Arbeitnehmers** auf Eintritt und Umfang der Änderung.[2] Bei Leistungen, die im Gegenseitigkeitsverhältnis stehen, ist ein konkreter Widerrufsgrund zu verlangen, der vor dem Hintergrund der §§ 1, 2 KSchG bestehen können muss, sofern der Arbeitnehmer keinen Einfluss auf den Eintritt der Änderung nehmen kann.[3] Das bedeutet nicht, dass das KSchG angewendet wird oder der Umgehungsgedanke wiederkehrt.[4] Bei nicht synallagmatischen Leistungen sind geringere Anforderungen an die Klausel zu stellen. Ausreichend sind willkürfreie und nachvollziehbare Gründe für mögliche Änderungen.[5] Nach der Rechtsprechung ist eine Fahrtkostenpauschale eher widerruflich als ein regelmäßiger leistungsbezogener Entgeltbestandteil.[6]

13 Die Rechtsprechung des BAG hat die früher beklagten erheblichen **Wertungswidersprüche** bei Änderungsvorbehalten[7] inzwischen weitgehend beseitigt. Innerhalb des klaren dogmatischen Ansatzes sind Feinjustierungen möglich und nötig. So können insbesondere – je nach Gestaltungsmittel – die Transparenzerfordernisse differieren. Hierzu das Folgende:

3. Widerrufsvorbehalt

14 Beim Widerrufsvorbehalt wird eine Leistung unbefristet zugesagt, dem Arbeitgeber jedoch gleichzeitig die **Befugnis** eingeräumt, durch Ausübung des Widerrufsrechts die Weitergewährung der **Leistung zu beenden**. Im Gegensatz zum Freiwilligkeitsvorbehalt, der einen künftigen Rechtsanspruch selbst verhindern will, entsteht bei der Vereinbarung eines Widerrufsvorbehalts ein in die Zukunft wirkender Anspruch des Arbeitnehmers auf die Leistung.

---

1 BAG v. 12.1.2005 – 5 AZR 364/04, AP Nr. 1 zu § 308 BGB = NZA 2005, 465; näher *Bauer/Chwalisz*, ZfA 2007, 339 (344).
2 Vgl. *Lindemann*, § 13 VI 3.
3 ErfK/*Preis*, §§ 305–310 BGB Rz. 54; a.A. *Kürth*, § 6 I 2.
4 Zutr. BAG v. 11.10.2006 – 5 AZR 721/05, AP Nr. 6 zu § 308 BGB.
5 ErfK/*Preis*, §§ 305–310 BGB Rz. 54; *Reichold*, RdA 2002, 321 (331); *Thüsing*, AGB-Kontrolle, Rz. 275.
6 BAG v. 11.10.2006 – 5 AZR 721/05, AP Nr. 6 zu § 308 BGB.
7 Hierzu *Preis*, Vertragsgestaltung, § 15; *Preis/Lindemann*, NZA 2006, 632.

Der Widerruf muss aus Transparenzgründen (§ 307 Abs. 1 Satz 2 BGB) **ausdrück-** 15
lich vertraglich vorbehalten sein; er ergibt sich nicht schon aus der zusätzlichen
Leistung als solcher.[1] Der Widerrufsvorbehalt gilt – ebenso wie der Freiwilligkeits-
vorbehalt – nicht rückwirkend, d.h. nicht für die Vergangenheit.[2] Er darf nicht in
Vertragswerken intransparent „versteckt" werden. Andernfalls kann schon eine
Überraschungsklausel (§ 305c Abs. 2 BGB) vorliegen.[3]

Vereinbart wird ein Widerrufsvorbehalt in der Praxis insbesondere bei **laufenden** 16
über- und außertariflichen Vergütungsleistungen, z.B. Provisionen und monatlichen Leistungszulagen. Vereinzelt findet sich ein Widerrufsvorbehalt jedoch auch
in Klauseln über Tätigkeitsbereichsänderungen.

a) Widerrufsvorbehalt bei Tätigkeitsbereichsänderungen

Die widerrufliche Gestaltung von Tätigkeitszuweisungen ist eine besondere Form 17
der Direktionsrechtserweiterung. Sie ermöglicht dem Arbeitgeber eine nur einmalige Anpassung des Tätigkeitsbereichs und wird daher ausführlich unter dem
Stichwort → *Direktionsrecht und Tätigkeitsbeschreibung*, II D 30 Rz. 137 ff., 204
erörtert.

b) Widerrufsvorbehalt bei über- und außertariflichen Entgeltbestandteilen

Typ 1: Widerruf synallagmatischer Leistungen

a) Die Zahlung der übertariflichen Zulage erfolgt unter dem Vorbehalt des Widerrufs. Die Ausübung des Widerrufsrechts kann erfolgen, wenn ein dringendes betriebliches Erfordernis vorliegt, insbesondere wenn der Jahresgewinn des Betriebs unter ... % des Jahresumsatzes sinkt. Dabei ist eine Frist von ... Monat(en) einzuhalten. Übersteigt der Jahresgewinn die Grenze von ... % des Jahresumsatzes wieder, wird die Zulage wieder gewährt.

b) Die übertarifliche Zulage kann bei Vorliegen wirtschaftlicher Gründe ganz oder teilweise widerrufen werden. Wirtschaftliche Gründe sind insbesondere Umsatz- oder Gewinnrückgänge des Unternehmens. Der Widerruf darf sich nicht mehr als 25 % auf die Jahresvergütung des Mitarbeiters auswirken.

Typ 2: Widerruf von Erschwerniszulagen

Der Arbeitnehmer wird als ... in Wechselschicht eingestellt. Er erhält er eine Wechselschichtzulage in Höhe von ... Euro/... % der Bruttovergütung. Wird der Arbeitnehmer nicht mehr im Wechselschichtdienst beschäftigt, kann der Arbeitgeber die Wechselschichtzulage widerrufen.

---

1 BAG v. 16.7.1976 – 5 AZR 270/75, AP Nr. 7 zu § 611 BGB Lohnzuschläge; v. 14.6.1995 – 5 AZR 126/94, AP Nr. 1 zu § 611 BGB Personalrabatt; v. 23.10.2002 – 10 AZR 48/02, AP Nr. 243 zu § 611 BGB Gratifikation; v. 16.5.2002 – 2 AZR 292/01, NZA 2003, 147.
2 BAG v. 27.7.1972 – 5 AZR 141/72, AP Nr. 75 zu § 611 BGB Gratifikation; v. 21.1.2003 – 9 AZR 546/01, n.v.; LAG Düsseldorf v. 30.11.1973 – 4 Sa 993/73, BB 1974, 231.
3 Zu einer Versorgungszusage BAG v. 23.9.2003 – 3 AZR 551/02, n.v.

Typ 3: Widerruf von nicht im Gegenseitigkeitsverhältnis stehenden Leistungen

a) Heiratet der Arbeitnehmer, erhält er eine einmalige Zulage von ... Euro. Der Arbeitgeber behält sich vor, die Zulage aus wirtschaftlichen Gründen zu widerrufen.

b) Gehört der Arbeitnehmer ... Jahre dem Unternehmen an, erhält er für die Betriebstreue eine einmalige Zulage in Höhe von ... Euro. Die Gewährung dieser Zulage kann der Arbeitgeber aus wirtschaftlichen Gründen widerrufen.

c) Alle Mitarbeiter erhalten einen Personalrabatt in Höhe von 10 % auf alle Nonfood-Artikel. Der Personalrabatt kann aus wirtschaftlichen Gründen widerrufen werden.

aa) Rechtsprechung des BAG

(1) Wirksamkeit der Widerrufsklausel

18 Widerrufsvorbehalte unterliegen einer **zweistufigen Prüfung**. Die Klauseln selbst können gegen §§ 134, 138, 307 ff. BGB verstoßen. Dabei ist zwischen ausgehandelten und gestellten Abreden zu unterscheiden. Ausgehandelte Klauseln können nur nach §§ 134, 138 BGB kontrolliert werden; bei gestellten Widerrufsvorbehalten (Regelfall) ist zu prüfen, ob die Klausel gegen § 308 Nr. 4 BGB verstößt bzw. zu einer „unangemessenen Benachteiligung" führt, § 307 BGB.[1] Unter diesem Gesichtspunkt können einige Wertungen der früheren Rechtsprechung weitergeführt werden. Denn eine „unangemessene Benachteiligung" durch einen Widerrufsvorbehalt liegt vor, wenn durch den Widerrufsvorbehalt der **Kernbestand des Arbeitsverhältnisses** betroffen ist. Das ist der Fall, wenn wesentliche Elemente des Arbeitsvertrags einer einseitigen Änderung unterliegen sollen, durch die das Gleichgewicht zwischen Leistung und Gegenleistung grundlegend gestört würde.

19 Die in Rz. 9 wiedergegebene großzügige Rechtsprechung zur Reichweite von Widerrufsvorbehalten führt das BAG im Rahmen der §§ 307 ff. BGB fort und hält das vereinbarte Widerrufsrecht für zumutbar und wirksam, wenn dem Arbeitnehmer die tarifliche oder mindestens die übliche Vergütung verbleibt und der Schutz gegenüber Änderungskündigungen nicht umgangen wird. Das setze voraus, dass der im Gegenseitigkeitsverhältnis stehende widerrufliche Teil des Gesamtverdienstes unter 25 % liegt und der Tariflohn nicht unterschritten wird.[2] Sind zusätzliche Zahlungen des Arbeitgebers widerruflich, die nicht eine unmittelbare Gegenleistung für die Arbeitsleistung darstellen, sondern Ersatz für Aufwendungen, die an sich der Arbeitnehmer selbst tragen muss, erhöht sich der widerrufliche Teil auf bis zu 30 % des Gesamtverdienstes.[3] Diese schematisierende Rechtsprechung ist nicht zwingend und bedarf der Präzisierung. Für die Praxis der Vertragsgestaltung ist sie jedoch zugrunde zu legen.

---

1 BAG v. 11.10.2006 – 5 AZR 721/05, AP Nr. 6 zu § 308 BGB; v. 12.1.2005 – 5 AZR 364/04, AP Nr. 1 zu § 308 BGB = NZA 2005, 465.
2 BAG v. 12.1.2005 – 5 AZR 364/04, AP Nr. 1 zu § 308 BGB = NZA 2005, 465; krit. *Preis/Lindemann*, AuR 2005, 229; BAG v. 7.12.2005 – 5 AZR 535/04, AP Nr. 4 zu § 12 TzBfG; krit. *Bayreuther*, ZIP 2007, 2009.
3 BAG v. 11.10.2006 – 5 AZR 721/05, AP Nr. 6 zu § 308 BGB.

Die entscheidende Rechtsänderung gegenüber dem früheren Rechtszustand liegt in der Anwendung des **Transparenzgebots**. § 307 Abs. 1 Satz 2 BGB fordert, dass zumindest klar wird, auf welche (übertarifliche) Leistung der Widerruf sich bezieht und unter welchen Voraussetzungen er ausgeübt werden kann. Das setzt die Angabe eines **Widerrufsgrundes** voraus.[1] Die Klausel muss also möglichst konkret die Voraussetzungen festlegen, unter denen ein einseitiges Bestimmungsrecht entsteht und unter denen es auszuüben ist.[2]

20

Nach richtiger Auffassung können formularmäßige Widerrufsvorbehalte, die sich unmittelbar auf synallagmatische Pflichten oder bereits erdiente Rechte beziehen und bei denen der Arbeitnehmer keinen Einfluss auf den Eintritt der Änderung hat, nur Bestand haben, wenn die Vertragsklausel selbst einen **konkreten Widerrufsgrund** nennt, der vor dem Hintergrund der Wertung des § 2 KSchG bestehen kann, der also die Qualität der „dringenden betrieblichen Erfordernisse" erlangt.[3] Die Rechtsprechung des BAG ist hier großzügiger und verlangt nur die Angabe der „Richtung" der Widerrufsgründe. Allerdings muss der „**Grad der Störung**" konkretisiert werden, den die Ausübung des Widerrufsrechts voraussetzt (z.B. wirtschaftliche Notlage des Unternehmens, negatives wirtschaftliches Ergebnis der Betriebsabteilung, nicht ausreichender Gewinn, Rückgang bzw. Nichterreichen der erwarteten wirtschaftlichen Entwicklung, unterdurchschnittliche Leistungen des Arbeitnehmers, schwerwiegende Pflichtverletzungen).[4] Die Klausel hat sich auf die Fälle zu beschränken, in denen ein anzuerkennender Sachgrund für den Widerruf besteht, und muss in einer Weise konkretisiert sein, die für den Arbeitnehmer deutlich macht, was ggf. auf ihn zukommt.[5] Wichtig ist, dass eine Korrelation zwischen Leistung und Widerrufsgrund besteht. Als Widerrufsgründe bzw. Widerrufszwecke kommen in Betracht:

21

– wirtschaftliche Lage des Unternehmens, des Betriebs oder der Betriebseinheit[6]
– Wegfall des auszugleichenden Erschwernisses
– Wegfall des Zwecks einer Zulage
– Gründe im Leistungsbereich.

Fällt der Zweck einer Zulage weg, kann diese widerrufen werden. So bestehen gegen den Widerruf einer Wechselschichtzulage keine Bedenken, wenn der betreffende Arbeitnehmer keine Wechselschicht mehr leistet. Auch kann für den Fall der wirksamen Freistellung des Arbeitnehmers die Befugnis zur privaten Nutzung eines Dienstfahrzeugs widerrufen werden. Das BAG hat den Sachgrund (wirksame) Freistellung des Arbeitnehmers als transparenten Widerrufsgrund anerkannt. Nach der Rechtsprechung steht dem nicht entgegen, dass der Arbeitnehmer in einem solchen

---

1 BAG v. 11.10.2006 – 5 AZR 721/05, AP Nr. 6 zu § 308 BGB; v. 12.1.2005 – 5 AZR 364/04, AP Nr. 1 zu § 308 BGB = NZA 2005, 465.
2 BGH v. 21.12.1983 – VIII ZR 195/82, BGHZ 89, 206 (211); v. 26.11.1984 – VIII ZR 214/83, BGHZ 93, 29 (47); *Stoffels*, AGB-Recht, Rz. 1148; *Singer*, RdA 2003, 194 (203).
3 ErfK/*Preis*, §§ 305–310 BGB Rz. 61; *Lindemann*, § 13 IV 3; *Singer*, RdA 2006, 362 (373).
4 BAG v. 12.5.2005 – 5 AZR 364/04, NZA 2005, 465 (468); *Reinfelder*, NZA-Beilage 2010, 10 (12).
5 BAG v. 13.4.2010 – 9 AZR 113/09, NZA-RR 2010, 457 Rz. 29, wo der Widerruf der privaten Nutzung eines Dienstwagens „aus wirtschaftlichen Gründen" für unwirksam erachtet wurde; krit. *Gaul/Kaul*, BB 2011, 181 (182 ff.); anders wohl BAG v. 21.3.2012 – 5 AZR 651/10, NZA 2012, 616 Rz. 16.
6 Hierzu näher *Singer*, RdA 2006, 362 (369 f.); *Bauer/Chwalisz*, ZfA 2007, 339 (344 f.).

Fall steuerliche Nachteile erleidet. Dem BAG zufolge ist dies allein im Rahmen der Ausübungskontrolle zu berücksichtigen, also bei der Frage, ob das Widerrufsrecht im Einzelfall wirksam ausgeübt wurde.[1] Bei nicht im Gegenseitigkeitsverhältnis stehenden Leistungen, wie z.B. Beihilfen zu Familienereignissen, sind willkürfreie und konkrete Gründe, die keiner strengen Sachprüfung unterliegen, erforderlich und ausreichend.[2]

22 Erstreckt sich der Widerrufsvorbehalt unmittelbar auf **synallagmatische Pflichten**, auf bereits **erdiente Rechte** oder auf **sonstige schutzwerte Vertrauenstatbestände**, sollte die Vertragsklausel einen konkreten Widerrufsgrund enthalten, der vor dem Hintergrund der §§ 1, 2 KSchG bestehen kann. Die Reaktion des Arbeitgebers auf betriebliche oder wirtschaftliche Belastungen muss nach hier vertretener Auffassung die Qualität der „**dringenden betrieblichen Erfordernisse**" erlangen (vgl. Typ 1a). Nach der Rechtsprechung des BAG dürfte auch die Angabe einfacher wirtschaftlicher Gründe genügen (Typ 1b). Im Ansatz sollten freilich nur solche Widerrufsgründe der Rechtskontrolle stand halten, die (nach einer entsprechenden unternehmerischen Entscheidung) eine betriebsbedingte Kündigung rechtfertigen würden, wenn sich der Arbeitgeber nicht den Widerruf vorbehalten, sondern eine Kündigung ausgesprochen hätte. Ansonsten könnte der Arbeitgeber das Wirtschaftsrisiko ganz oder teilweise auf den Arbeitnehmer verlagern. Zudem ist es anzuraten, den **zeitlichen Umfang** der Änderung ausdrücklich zu **begrenzen**.[3] Dem liegt folgende Erwägung zugrunde: Eine Vergütungsabsenkung aus betrieblichen Gründen ist wegen des schwerwiegenden Eingriffs in die gegenseitigen Hauptleistungspflichten grundsätzlich nur zulässig zur Vermeidung von Kündigungen und zur Sanierung des Betriebs. Bei einer Verbesserung der wirtschaftlichen Situation fällt somit der Zweck der Kürzung weg; für die Vergütungsabsenkung liegt dann kein Grund mehr vor; sie ist daher rückgängig zu machen. Dies steht im Einklang mit der Rechtsprechung zur Änderungskündigung zur Entgeltreduzierung, wonach die Vergütungskürzung zum Zweck der Verringerung vorübergehender wirtschaftlicher Verluste nur für den Zeitraum vorgenommen werden darf, der für die Rettung des Betriebs voraussichtlich benötigt wird.[4] Darüber hinaus sollte der Widerruf bei laufenden Vergütungsbestandteilen an eine **Frist** gebunden werden, die zwar nicht der gesetzlichen oder tarifvertraglichen Kündigungsfrist entsprechen muss, aber mindestens einen Monat betragen sollte, damit sich der Arbeitnehmer auf die verminderte Vergütung einstellen kann.[5]

23 Der Widerrufsgrund kann sich auch inzident aus der Angabe des **Zwecks der Zulage** ergeben (vgl. Typ 2). Allerdings darf auch hier der Zweck einer Zulage nicht darin bestehen, dem Arbeitnehmer das Wirtschaftsrisiko zu übertragen. Anzuraten ist daher, eine Zulage nicht allgemein zu gewähren sowie eine Zulage nicht allein deswegen widerruflich zu gestalten, weil sie übertariflich ist. Vielmehr sollten entweder

---

1 BAG v. 21.3.2012 – 5 AZR 651/10, NZA 2012, 616 Rz. 23.
2 S. im Einzelnen *Preis*, FS Kissel, 1994, S. 879 (908 ff.); zu einer Treueprämie in Höhe von 3 % der Gesamtvergütung BAG v. 15.8.2000 – 1 AZR 458/99, n.v.
3 Vgl. *Lindemann*, § 13 IV 2. h) aa).
4 BAG v. 16.5.2002 – 2 AZR 292/01, NZA 2003, 147; v. 1.7.1999, EzA § 2 KSchG Nr. 35; v. 12.11.1998, EzA § 2 KSchG Nr. 33 m. Anm. *Löwisch*; v. 20.8.1998, NZA 1999, 255 m. Anm. *Thüsing*.
5 BAG v. 21.3.2012 – 5 AZR 651/10, NZA 2012, 616 Rz. 18 sieht eine Auslauffrist hingegen als Teil der Ausübungskontrolle im Einzelfall an.

in der Vertragsklausel **konkrete Gründe** für einen Widerruf genannt werden oder so genau wie möglich angegeben werden, **wofür die Zulage gewährt wird**, damit sich aus dieser Zwecksetzung ergibt, unter welchen Voraussetzungen ein Widerruf möglich sein soll. Globalwiderrufsklauseln („Sofern das Unternehmen übertarifliche Leistungen gewährt, sind diese widerruflich.")[1] bergen die Gefahr der Intransparenz und der nicht zielgenauen Vertragsgestaltung. Gegen den Widerruf einer **Wechselschichtzulage** bestehen keine Bedenken, wenn der betreffende Arbeitnehmer nicht mehr in Wechselschicht arbeitet (Typ 2).[2] In diesem Fall ist das Erschwernis, das mit der Zulage abgegolten werden soll, nicht mehr vorhanden. Die Versetzung auf einen Arbeitsplatz, auf dem nicht in Wechselschicht gearbeitet wird, erfolgt im Rahmen des Direktionsrechts. Deren Zulässigkeit wird ausführlich erörtert unter dem Stichwort → *Direktionsrecht und Tätigkeitsbeschreibung*, II D 30.

Bei **Leistungszulagen** ist zu bedenken, dass der **Nachweis der Schlechtleistung**, ebenso wie im Kündigungsschutzprozess, vom Arbeitgeber **nur sehr schwer zu erbringen** ist.[3] Daher besteht auch bei einer widerruflichen Leistungszulage für den Arbeitgeber die Gefahr, die Schlechtleistung des Arbeitnehmers nicht beweisen zu können und so die Zulage weiter gewähren zu müssen.

Nicht im Gegenleistungsverhältnis stehende Leistungen unterliegen weniger strengen Grenzen (Beispiele Typ 3). Es ist für jedermann nachvollziehbar, dass verbreitete betriebliche Sonderleistungen, wie Beihilfen zu Familienereignissen oder verbilligter Warenbezug, einen geringeren Vertrauens- und Bestandsschutz verdienen[4] als die Regelvergütung oder auch Versorgungszusagen. Erforderlich und ausreichend für einen Widerruf sind hier **willkürfreie und nachvollziehbare Gründe**. Voraussetzung dafür ist, dass Änderungen der Sach- oder Rechtslage eingetreten sind, die Kürzungen nahe legen. Die Kürzung muss der nachweislich entstandenen bzw. abzubauenden Mehrbelastung entsprechen.

Genügen die **Widerrufsgründe nicht diesen Anforderungen, entfällt** der Widerrufsvorbehalt im Wege der Inhaltskontrolle **ersatzlos**, weil durch eine solche Vertragsgestaltung wesentliche Rechte und Pflichten in vertragszweckgefährdender Weise eingeschränkt werden und dadurch der Arbeitnehmer unangemessen benachteiligt wird (§ 307 Abs. 2 Nr. 2 BGB). Eine geltungserhaltende Reduktion der Klausel, also eine Rückführung auf den gerade noch zulässigen Inhalt, ist wegen der eindeutigen Regelung des § 306 Abs. 2 BGB unzulässig (hierzu I C Rz. 117). Diese strengen Anforderungen müssen bspw. bei laufenden übertariflichen Entgeltbestandteilen eingehalten werden. Diese sind ein Bestandteil der Hauptpflicht des Arbeitgebers und können einen erheblichen Teil der Gesamtvergütung ausmachen. Daher ist ein Widerrufsvorbehalt in diesem Bereich **unwirksam**, wenn er **in keiner Weise begrenzt** ist. Zu konkretisieren ist in Anwendung des **Transparenzgebots** (§ 307 Abs. 1 Satz 2 BGB) auch hier, ob der Widerruf nur aus wirtschaftlichen Gründen oder auch aus

---

1 Vgl. *Müller-Bonanni/Nimmerjahn*, ArbRB 2008, 114 (117).
2 Im Ergebnis auch *Löwisch*, ZfA 1988, 1 (13).
3 Dazu ausführlich APS/*Dörner*, § 1 KSchG Rz. 278 ff.
4 Ebenso *Henssler*, SAE 1988, 164 (165); so auch zur vergleichbaren Problematik bei Änderungskündigungen BAG v. 27.3.2003 – 2 AZR 74/02, DB 2003, 1962, wonach Änderungskündigungen zur Anpassung vertraglicher Nebenabreden nicht den gleichen strengen Maßstäben wie Änderungskündigungen zur Entgeltabsenkung unterliegen.

anderen Gründen aus der Sphäre der Arbeitnehmer ausgeübt werden kann (vgl. Typ 3).

(2) Ordnungsgemäße Ausübung des Widerrufsrechts

27 Ist ein Widerrufsvorbehalt wirksam vereinbart worden, prüft das BAG auf der **zweiten Stufe** die **konkrete Ausübung** des Widerrufsrechts. Diese muss im Einzelfall billigem Ermessen i.S.d. **§ 315 Abs. 1 BGB** entsprechen.[1] Das billige Ermessen ist gewahrt, wenn bei der Ausübung die wesentlichen Umstände des Falles abgewogen und die beiderseitigen Interessen angemessen berücksichtigt worden sind.[2] Auch wenn die Klausel selbst angemessen ist, muss die Ausübung des vorbehaltenen Widerrufs im Einzelfall billigem Ermessen i.S.d. § 315 BGB entsprechen.[3] Dabei wird auch geprüft, ob die geltend gemachten wirtschaftlichen Gründe wirklich vorliegen.[4] Hauptanwendungsfall einer trotz wirksamer Widerrufsklausel unbilligen Ausübung ist die Missachtung des **Gleichbehandlungsgrundsatzes**.[5]

28 Bei der Widerrufsausübung hat der Arbeitgeber eine **Stufenfolge** zu beachten: Zunächst muss er Leistungen widerrufen, die nicht im Gegenseitigkeitsverhältnis stehen.[6] Erst wenn der Widerruf solcher Leistungen nicht mehr ausreicht zum Ausgleich der Mehrbelastungen, kommt der Widerruf von im Gegenseitigkeitsverhältnis stehenden Leistungen in Betracht.

bb) Zusammenfassung

29 Bereits bei der Vertragsgestaltung – insbesondere bei vom Arbeitgeber vorformulierten Verträgen – ist auf eine **klare und transparente Ausgestaltung der Klauseln** zu achten. Zu weitreichende Klauseln scheitern an der Inhaltskontrolle nach Maßgabe der §§ 307ff. BGB. Die Gründe für eine Widerrufsausübung sollten ausdrücklich niedergelegt oder durch den Zweck der Leistung aus dem Vertrag ersichtlich sein, denn die bloße Bezeichnung einer Leistung als „freiwillige übertarifliche Zulage" begründet noch keinen Widerrufsvorbehalt.[7]

30 Der Widerruf **synallagmatischer Leistungspflichten** ist nur bei Vorliegen von Gründen gerechtfertigt, die im Kern auch eine Änderungskündigung rechtfertigen wür-

---

1 Vgl. dazu BAG v. 12.12.1984 – 7 AZR 509/83, AP Nr. 6 zu § 2 KSchG 1969; ausführlich *Hromadka*, DB 1995, 1609 ff.
2 BAG v. 9.6.1967 – 3 AZR 352/66, AP Nr. 5 zu § 611 BGB Lohnzuschläge; v. 30.8.1972 – 5 AZR 140/72, AP Nr. 6 zu § 611 BGB Lohnzuschläge; v. 22.8.1979 – 5 AZR 769/77, AP Nr. 11 zu § 4 TVG Übertariflicher Lohn und Tariflohnerhöhung; v. 12.12.1984 – 7 AZR 509/83, AP Nr. 6 zu § 2 KSchG 1969; v. 13.5.1987 – 5 AZR 125/86, AP Nr. 4 zu § 305 BGB Billigkeitskontrolle; v. 28.11.1989 – 3 AZR 118/88, EzA § 315 BGB Nr. 37.
3 BAG v. 12.1.2005 – 5 AZR 364/04, AP Nr. 1 zu § 308 BGB = NZA 2005, 465.
4 BAG v. 15.8.2000 – 1 AZR 458/99, n.v.; vgl. auch LAG Köln v. 16.10.2006 – 14 (13) Sa 9/06, NZA-RR 2007, 120.
5 BAG v. 22.8.1979 – 5 AZR 769/77 und v. 11.5.1988 – 5 AZR 334/87, EzA § 4 TVG Tariflohnerhöhung Nrn. 3, 16.
6 Vgl. dazu *Hanau/Preis*, NZA 1991, 81 (92 f.); *Hanau/Preis*, RdA 1988, 65 (81).
7 BAG v. 16.5.2002 – 2 AZR 292/01, NZA 2003, 147; v. 23.10.2002 – 10 AZR 48/02, AP Nr. 243 zu § 611 BGB Gratifikation.

den. Bei **nicht im Gegenseitigkeitsverhältnis stehenden Leistungen** dagegen ist ein Widerruf aus willkürfreien und nachvollziehbaren Gründen zulässig.

4. Anrechnungsvorbehalt

Typ 4: Anrechnungsvorbehalt

a) Die übertarifliche Zulage kann ganz oder teilweise auf Erhöhungen des Tariflohns und/oder eine Verkürzung der tariflichen Arbeitszeit angerechnet werden.

b) Der Arbeitnehmer erhält eine übertarifliche Zulage, die mit zukünftigen Tariferhöhungen und/oder einer Verkürzung der tariflichen Arbeitszeit ganz oder teilweise verrechnet werden kann.

Vielfach werden über den Tariflohn hinaus **übertarifliche Zulagen** gezahlt. Mit einer Anrechnungsklausel behält sich der Arbeitgeber vor, eine spätere Tariflohnerhöhung auf solche übertariflichen Leistungen anzurechnen. Der Arbeitnehmer erhält also nicht den neuen Tariflohn „plus" Zulage in bisheriger Höhe, sondern im Ergebnis die gleiche Vergütung wie vor der Tariflohnerhöhung. Eine solche Tariflohnerhöhung liegt nach der Rechtsprechung nicht nur bei einer prozentualen Erhöhung des Tarifgehaltes vor, sondern auch bei einer rückwirkenden Erhöhung um einen Pauschalbetrag.[1] 31

Die **Rechtsprechung** geht im **Regelfall von einer Anrechnungsbefugnis** aus, selbst dann, wenn dies nicht ausdrücklich durch eine entsprechende Vertragsklausel klargestellt worden ist. Das Recht zur Anrechnung ergebe sich aus dem Vertrag, wenn nicht ausdrücklich ein Ausschluss späterer Anrechenbarkeit vereinbart wurde.[2] Dem BAG genügt also die schlichte Bezeichnung einer Zulage als „übertariflich", um eine Anrechnungsbefugnis anzunehmen. Die Nichtanrechenbarkeit ist die begründungsbedürftige Ausnahme, sogar dann, wenn eine übertarifliche Zulage langjährig vorbehaltlos gewährt wurde, ohne dass eine Verrechnung erfolgt ist.[3] 32

Eine **Ausnahme** gilt nur dann, wenn dem Arbeitnehmer aufgrund einer vertraglichen Abrede die Zulage als selbständiger Lohnbestandteil neben dem jeweiligen Tariflohn zusteht, wie dies bei **Funktions-, Leistungs- oder Erschwerniszulagen** der Fall ist,[4] wenn also die Zulage zu einem bestimmten Zweck gezahlt wird. Aller- 33

---

1 BAG v. 25.6.2002 – 3 AZR 167/01, AP Nr. 36 zu § 4 TVG Übertarifl. Lohn u. Tariflohnerhöhung; v. 16.4.2002 – 1 AZR 363/01, AP Nr. 38 zu § 4 TVG Übertarifl. Lohn u Tariflohnerhöhung; vgl. aber BAG v. 14.8.2001 – 1 AZR 744/00, AP Nr. 4 zu § 77 BetrVG 1972 Regelungsabrede, wonach Einmalzahlungen nicht in jedem Fall anrechnungsfähige Tariflohnerhöhungen sind.
2 BAG v. 22.9.1992 – 1 AZR 314/02, EzA § 87 BetrVG 1972 Betriebliche Lohngestaltung Nr. 33; v. 14.8.2001 – 1 AZR 744/00, AP Nr. 4 zu § 77 BetrVG 1972 Regelungsabrede.
3 BAG v. 4.6.1980 – 4 AZR 530/78, EzA § 4 TVG Tariflohnerhöhung Nr. 5; v. 8.12.1982 – 4 AZR 481/80, EzA § 4 TVG Tariflohnerhöhung Nr. 6; v. 11.8.1992 – 1 AZR 279/90, EzA § 87 BetrVG 1972 Betriebliche Lohngestaltung Nr. 32.
4 BAG v. 22.3.1993 – 1 AZR 171/87, AP Nr. 26 zu § 87 BetrVG 1972 Tarifvorrang; v. 19.4.2012 – 6 AZR 691/10, NZA-RR 2012, 525 Rz. 35.

dings beschränkt eine Anrechnungsvereinbarung, nach der übertarifliche Zulagen auf „kommende" Lohnerhöhungen anrechenbar sind, das Anrechnungsrecht des Arbeitgebers auf den Zeitraum bis zur erstmöglichen Umsetzung der Lohnerhöhung, d.h. übt es der Arbeitgeber erst danach aus, ist dies – jedenfalls für die aktuelle Lohnerhöhung – unwirksam.[1]

34 Die Anrechnung selbst wird durch das BAG nach **§ 315 Abs. 1 BGB** auf die Beachtung billigen Ermessens kontrolliert. Die Tariflohnerhöhung sei aber „für sich gesehen bereits ein sachlicher, die Anrechnung rechtfertigender Grund".[2] Im Ergebnis sind damit der Anrechnung von Tariflohnerhöhungen auf übertarifliche Entlohnung nach der Rechtsprechung des BAG individualrechtlich **praktisch kaum Grenzen** gesetzt. Allerdings bestehen **zeitliche Grenzen** für eine Anrechnung, wenn vereinbart wurde, dass übertarifliche Zulagen auf **kommende** Tariflohnerhöhungen angerechnet werden: Die Anrechnung darf in diesen Fällen nicht erst im zweiten Monat nach Inkrafttreten der Tariflohnerhöhung erfolgen, denn dann betrifft sie nicht mehr die „kommende" Lohnerhöhung und ist deshalb von der arbeitsvertraglichen Vereinbarung nicht mehr gedeckt.[3]

35 Diese **sehr großzügige Rechtsprechung** kann insbesondere im typischerweise vorliegenden Fall formularmäßiger Vertragsgestaltungen **nicht überzeugen**. Der schlichte Hinweis „übertariflich" macht weder den Zweck der Zulage hinreichend deutlich noch lässt sich aus dieser Kennzeichnung mit der notwendigen Bestimmtheit entnehmen, dass eine jederzeitige Anrechenbarkeit gewollt ist. Der bloße Hinweis auf die Übertariflichkeit der Zulage genügt daher in keiner Weise dem Transparenzgebot (§ 307 Abs. 1 Satz 2 BGB; vgl. Rz. 32 ff.). Darüber hinaus entscheidet das BAG in Zweifelsfragen zulasten des Arbeitnehmers, also zulasten desjenigen, der die Vertragsbedingungen gerade nicht gestellt hat. Nach der Unklarheitenregel (§ 305c Abs. 2 BGB) jedoch gehen Zweifel zulasten des Verwenders des Formularvertrags.[4] Das BAG hält im Anwendungsbereich der §§ 305ff. BGB an dieser großzügigen Betrachtung – in einem Sonderfall – fest.[5] Hier wird weiterhin vertreten, dass allein aus dem Wort „übertariflich" noch kein transparenter Anrechnungsvorbehalt folgt.

36 Unter dem Gesichtspunkt transparenter Vertragsgestaltung (§ 307 Abs. 1 Satz 2 BGB) ist es daher dringend anzuraten, einen **ausdrücklichen Anrechnungsvorbehalt aufzunehmen** (Klauseltyp 4a und b). Daran kann der Arbeitnehmer erkennen, dass seine übertariflichen Lohnbestandteile nur solange effektiv wirken, bis eine Tarif-

---

1 BAG v. 17.9.2003 – 1 AZR 363/01, AP Nr. 39 zu § 4 TVG übertarifl. Lohn u. Tariflohnerhöhung.
2 BAG v. 22.8.1979 – 5 AZR 769/77, EzA § 4 TVG Tariflohnerhöhung Nr. 3; bestätigt in BAG v. 22.9.1992 – 1 AZR 461/90, EzA § 87 BetrVG 1972 Betriebliche Lohngestaltung Nr. 38; s.a. BAG v. 18.5.2011 – 10 AZR 206/10, NZA 2011, 1289 Rz. 39.
3 BAG v. 17.9.2003 – 4 AZR 533/02, AP Nr. 39 zu § 1 TVG Übertarifl. Lohn u. Tariflohnerhöhung.
4 Hierauf im Zusammenhang mit Anrechnungsvorbehalten ausdrücklich hinweisend *Henssler*, SAE 1988, 164 (165).
5 BAG v. 27.8.2008 – 5 AZR 820/07, NZA 2009, 49. Der Fall wies freilich die Besonderheit auf, dass die übertarifliche Zahlung nicht vertraglich vereinbart war, sondern während eines laufenden Tarifkonflikts arbeitgeberseitig die Zulage drei Monate als übertarifliche Vorwegnahme auf den zu erwartenden Tarifabschluss geleistet worden war.

lohnerhöhung erfolgt. Ist ein solcher ausdrücklicher Vorbehalt im Formularvertrag enthalten, kann die Klausel unter dem Gesichtspunkt des Transparenzgebotes (§ 307 Abs. 1 Satz 2 BGB) nicht beanstandet werden.[1]

Inhaltlich sind solche Anrechnungsklauseln **nicht zu beanstanden**, denn der Anrechnungsgrund ist auf einen **konkreten und transparenten Aspekt reduziert**:[2] Ein Widerruf der Zulage ist aufgrund dieser Klausel nur bei einer Tariflohnerhöhung möglich und scheidet aus anderen, etwa allgemeinen wirtschaftlichen Gründen aus. Darüber hinaus findet keine Reduzierung des bisherigen Entgelts statt, sondern lediglich ein Ausschluss der effektiven Wirkung der Tariflohnerhöhung. Der Arbeitnehmer erkennt an dieser Vertragsgestaltung, dass seine übertariflichen Lohnbestandteile nur so lange effektiv wirken, bis eine Tariflohnerhöhung erfolgt. Deshalb verstoßen Anrechnungsklauseln i.d.R. nicht gegen § 308 Nr. 4 BGB. 37

Im Falle der Anrechnung ist der Arbeitgeber an den **Gleichbehandlungsgrundsatz** gebunden.[3] Auch kann die Anrechnung gegen allgemeine Grundsätze verstoßen (z.B. **§ 612a BGB**) und im Einzelfall billigem Ermessen (**§ 315 Abs. 1 BGB**) widersprechen.[4] Im Regelfall entspricht die Anrechnung allgemeiner übertariflicher Zulagen billigem Ermessen, weil das Arbeitsentgelt nominal unverändert bleibt. Die Absenkung der Zulage findet ihre Rechtfertigung darin, dass die Tariflohnerhöhung den vorher mit der Zulage verfolgten Zweck erfüllt, das für den Arbeitnehmer verfügbare Einkommen ohne Bindung an besondere Voraussetzungen zu erhöhen.[5] 38

Möchte der Arbeitgeber die übertarifliche Zulage auch bei einer **tariflichen Arbeitszeitverkürzung** mit vollem Lohnausgleich anrechnen, muss dieser Anrechnungsgrund aus Transparenzgesichtspunkten ebenfalls in die Klausel aufgenommen werden (Typ 4b). Auch die Rechtsprechung sieht im Gegensatz zu früheren Entscheidungen[6] eine tarifliche Arbeitszeitverkürzung mit vollem Lohnausgleich nicht mehr als Anrechnungsgrund an, wenn im Arbeitsvertrag ein Anrechnungsvorbehalt lediglich wegen Tariflohnerhöhungen vereinbart wurde.[7] 39

Für die **Vertragsgestaltung** bleibt Folgendes festzuhalten: Nach der Rechtsprechung ist eine Anrechnung von Tariflohnerhöhungen auf übertarifliche Zulagen immer dann möglich, wenn sie nicht vertraglich oder aufgrund des Zwecks der Zulage ausgeschlossen ist. Dennoch sollte unter Berücksichtigung des Transparenzgebots (§ 307 Abs. 1 Satz 2 BGB) eine ausdrückliche Anrechnungsklausel in den Arbeitsvertrag aufgenommen werden. 40

---

1 BAG v. 1.3.2006 – 5 AZR 363/05, AP Nr. 3 zu § 308 BGB.
2 Dazu im Einzelnen *Preis*, FS Kissel, 1994, S. 879 ff.
3 ArbG Wiesbaden v. 6.7.1995 – 4 Ca 276/95, NZA-RR 1996, 223.
4 LAG Hess. v. 28.1.1998 – 8 Sa 2219/96, n.v.
5 BAG v. 28.5.1998 – 1 AZR 704/97, AP Nr. 98 zu § 87 BetrVG 1972 Lohngestaltung.
6 BAG v. 3.6.1987 – 4 AZR 44/87, AP Nr. 58 zu § 1 TVG Tarifverträge: Metallindustrie; v. 14.6.1989 – 4 AZR 116/89, n.v.
7 BAG v. 3.6.1998 – 5 AZR 616/97, NZA 1999, 208; v. 15.3.2000, NZA 2001 – 5 AZR 557/98, 105.

5. Freiwilligkeitsvorbehalt

a) Bisherige Rechtspraxis

41 Freiwilligkeitsvorbehalte sollen von vornherein die **Entstehung von Ansprüchen auf künftige Leistung verhindern**.[1] Die frühere Rechtsprechung hielt Freiwilligkeitsvorbehalte, die sich auf **Jahressonderleistungen** beziehen, ganz überwiegend für zulässig.[2] Ausdrücklich abgelehnt hat das BAG Freiwilligkeitsvorbehalte bei der **betrieblichen Altersversorgung** und entsprechende Vereinbarungen in ein Widerrufsrecht umgedeutet, das an billiges Ermessen und damit an sachliche Gründe gebunden ist.[3] Weiterhin war und ist ein Freiwilligkeitsvorbehalt unzulässig, wenn er gegen die **guten Sitten** (§ 138 BGB), **Tarifverträge** oder **Betriebsvereinbarungen**[4] sowie gegen **gesetzliche Verbote** (§ 134 BGB) verstößt. Ein Verstoß gegen § 134 BGB war nach früherer Rechtsprechung insbesondere bei der Umgehung zwingenden Kündigungsschutzrechts gegeben. Dies ist der Fall, wenn wesentliche Elemente einer einseitigen Änderung unterliegen sollen und das Gleichgewicht von Leistung und Gegenleistung grundlegend gestört würde.[5]

b) Neuere Rechtsprechung und Dogmatik

42 Die **voraussetzungslose Zulassung** von Freiwilligkeitsvorbehalten, auch bei Jahressonderzahlungen gleich welcher Art, unterlag schon bisher **berechtigter Kritik**.[6] Im Lichte des AGB-Rechts und der bei schwächer wirkenden Widerrufsvorbehalten bestehenden Rechtslage konnte die bislang überwiegend in Rechtsprechung und Literatur vertretene Auffassung nicht fortgeführt werden. Zusammengefasst lautet die Kritik an der bisherigen Rechtspraxis wie folgt:

43 Kritisiert wurde vor allem, dass der Arbeitgeber als Vertragsverwender **nicht seine Gegenleistung** formularmäßig „**freiwillig und unter Ausschluss des Rechtsanspruches**" gewähren könne. Würde er seine Gegenleistung vollständig als „freiwillig" deklarieren, so dass der Arbeitnehmer am Ende „Arbeit ohne Lohn" zu leisten hät-

---

1 BAG v. 6.12.1995 – 10 AZR 198/95, AP Nr. 187 zu § 611 BGB Gratifikation.
2 BAG v. 4.10.1956 – 2 AZR 213/54, AP Nr. 4 zu § 611 BGB Gratifikation; v. 26.6.1976 – 5 AZR 412/74, AP Nr. 86 zu § 611 BGB Gratifikation; v. 6.12.1995 – 10 AZR 198/95, AP Nr. 187 zu § 611 BGB Gratifikation; v. 5.6.1996 – 10 AZR 883/95, AP Nr. 193 zu § 611 BGB Gratifikation; v. 12.1.2000 – 10 AZR 840/98, DB 2000, 1717; LAG Düsseldorf v. 13.5.1996 – 11 Sa 282/96, LAGE § 611 BGB Gratifikation Nr. 34; ein Einzelfall ist das Urteil des BAG v. 7.9.1982 – 3 AZR 5/80, AP Nr. 1 zu § 3 TVArb Bundespost geblieben, das Freiwilligkeitsvorbehalte grundsätzlich für unzulässig gehalten hielt.
3 BAG v. 17.5.1973 – 3 AZR 381/72, v. 28.4.1977 – 3 AZR 300/76, v. 5.7.1979 – 3 AZR 197/78, AP Nrn. 6, 7, 9 zu § 242 BGB Ruhegehalt-Unterstützungskassen; v. 5.6.1984 – 3 AZR 33/84, AP Nr. 3 zu § 1 BetrAVG Unterstützungskassen; v. 18.4.1989 – 3 AZR 299/87, NZA 1989, 845; v. 17.11.1992 – 3 AZR 76/92, AP Nr. 13 zu § 1 BetrAVG Besitzstand; LAG Düsseldorf v. 28.6.2002 – 11 Sa 364/02.
4 Vgl. dazu BAG v. 9.6.1967 – 3 AZR 352/66, AP Nr. 5 zu § 611 BGB Lohnzuschläge.
5 BAG v. 7.10.1982 – 2 AZR 455/80, AP Nr. 5 zu § 620 BGB Teilkündigung; v. 13.5.1987 – 5 AZR 125/86, AP Nr. 4 zu § 305 BGB Billigkeitskontrolle; v. 15.11.1995 – 2 AZR 521/95, AP Nr. 20 zu § 1 TVG Tarifverträge Lufthansa.
6 Hierzu *Preis*, Vertragsgestaltung, S. 414 ff.; *Preis*, FS Kissel, 1994, S. 879 ff.; *Preis*, FS 50 Jahre BAG, 2004, S. 123 (143); *Preis*, NZA Beilage 3/2006, 115 (121); *Preis*, NZA 2009, 281.

te, wäre eine solche Vereinbarung ohne Zweifel schon sittenwidrig (§ 138 BGB). Doch selbst wenn man in der Vertragsgestaltung nicht so weit ginge, könnte der Verwender das Wesen des Arbeitsvertrages durch freiwillige Leistungen aushöhlen. An diesem Beispiel erweist sich die Position erneut als richtig, dass Klauseln stets der Inhaltskontrolle unterfallen, die das Hauptleistungsversprechen derart einschränken, dass eine Vertragzweckgefährdung vorliegt. Das BAG hat bereits entschieden, dass ein vertraglich vereinbarter Ausschluss jeden Rechtsanspruchs bei **laufendem Arbeitsentgelt** benachteiligend vom vertragsrechtlichen Grundsatz „*pacta sunt servanda*" abweicht und gegen § 307 Abs. 1 Satz 1 BGB verstößt.[1] Der Ausschluss jeden Rechtsanspruchs widerspreche bei laufendem Arbeitsentgelt dem Zweck des Arbeitsvertrags. Denn dem Arbeitgeber solle über diese Klauseln ermöglicht werden, vom Arbeitnehmer die vollständige Erbringung der geschuldeten Leistung zu verlangen und seinerseits über die von ihm geschuldete Gegenleistung zu disponieren. Damit verhindere der Ausschluss des Rechtsanspruchs die Verwirklichung des Prinzips der Vertragsbindung und löse die synallagmatische Verknüpfung der beiderseitigen Leistungen. Die Möglichkeit, die zugesagte Zahlung grundlos und dazu noch ohne jegliche Erklärung einzustellen, beeinträchtige die Interessen des Arbeitnehmers grundlegend.[2] Dies gelte auch dann, wenn es sich bei den unter einem Vorbehalt stehenden Leistungen nicht um die eigentliche **Grundvergütung**, sondern um eine **zusätzliche Abgeltung** der Arbeitsleistung in Form einer Zulage handelt. Auch derartige Zulagen stellen laufendes Arbeitsentgelt dar, sind also in das vertragliche Synallagma eingebundene Leistungen. Der Umfang der unter einem „Freiwilligkeitsvorbehalt" zugesagten Leistungen ist dabei unerheblich. Das BAG erkennt zwar an, dass der Arbeitgeber wegen der Ungewissheit der wirtschaftlichen Entwicklung des Unternehmens und der allgemeinen Entwicklung des Arbeitsverhältnisses ein anerkennenswertes Interesse daran haben kann, bestimmte Leistungen (insbesondere „Zusatzleistungen") flexibel auszugestalten. Dieses Flexibilisierungsinteresse kann er aber in hinreichender Weise mit der Vereinbarung von **Widerrufs-** oder **Anrechnungsvorbehalten** verwirklichen. Das BAG hat sich damit denjenigen Stimmen in der Literatur angeschlossen, die Freiwilligkeitsvorbehalte in Bezug auf Gegenleistungspflichten generell für unwirksam halten.[3] Aus diesen Aussagen folgt, dass alle Zahlungen daraufhin zu prüfen sind, ob sie als Gegenleistung zu kategorisieren sind. „Freiwillige" Leistungen waren schon damit von vornherein allenfalls bei Vergünstigungen möglich, für die auch keine Leistung durch den Arbeitgeber erwartet wird oder von denen kein Leistungsanreiz ausgehen kann.[4]

In der jüngeren Vergangenheit wurde die Dogmatik des Freiwilligkeitsvorbehalts in Rechtsprechung und Literatur weiter ausdifferenziert. Tatsächlich werden unter diesem **Oberbegriff** unterschiedliche Abreden und Klauseln diskutiert, die einer dif-

---
1 BAG v. 25.4.2007 – 5 AZR 627/06, NZA 2007, 853 Rz. 18 ff.; v. 14.9.2011 – 10 AZR 526/10, NZA 2012, 81 Rz. 37; näher *Bayreuther*, ZIP 2007, 2009 (2011 f.); *Lingemann/Gotham*, DB 2007, 1754; krit. *Bieder*, NZA 2007, 1135.
2 S. hierzu auch *Schramm*, NZA 2007, 1325 (1327).
3 S. *Schramm*, NZA 2007, 1325 (1326); unter Bezugnahme auf *Preis*, FS 50 Jahre BAG, 2004, S. 123 (143); HWK/*Thüsing*, § 611 BGB Rz. 509.
4 Dauner-Lieb/Henssler/*Preis*, Inhaltskontrolle im Arbeitsrecht, 2005, S. 68 (87 f.); *Preis/Lindemann*, NZA 2006, 632 (636); vgl. auch BGH v. 12.1.1994 – VIII ZR 165/92, NJW 1994, 1060 unter VII 2b der Gründe.

ferenzierenden rechtlichen Betrachtung zuzuführen sind. Gemeinsam ist allen Fallgruppen, dass ein Arbeitgeber, der im laufenden Arbeitsverhältnis einmalig oder auch wiederholt eine Zahlung erbringt, zu der er zuvor nicht verpflichtet war, einen Anspruch des Arbeitnehmers auf Fortführung der betreffenden „Zusatzleistung" in der **Zukunft** verhindern möchte. Insbesondere soll eine Verstetigung nach den von der Rechtsprechung vertretenen Grundsätzen der betrieblichen Übung ausgeschlossen werden. Nach vorzugswürdiger Ansicht soll und kann der Freiwilligkeitsvorbehalt jedoch nicht bewirken, dass **tatsächlich erbrachte Zahlungen** ohne Rechtsgrund erfolgen. Insoweit führen die einzelnen „Zusatzleistungen" jeweils zu – regelmäßig konkludenten – **Änderungen des Arbeitsvertrages**; im Zuge der Auszahlung kommt mit anderen Worten ein arbeitsvertraglicher Anspruch auf die bereits erbrachte Leistung zustande, den der Arbeitgeber gleichsam in der juristischen Sekunde seiner Entstehung erfüllt (§ 362 Abs. 1 BGB).[1] In dieser Situation soll der „Freiwilligkeitsvorbehalt" lediglich die Entstehung weiterer Ansprüche des Arbeitnehmers auf künftige Zahlungen verhindern.[2] Im Kern geht es damit streng genommen nicht um die Freiwilligkeit, sondern um die **Einmaligkeit** einer Zahlung.[3] **Drei Fallgruppen** sind zu unterscheiden:

– Der Arbeitgeber kann bereits mit der Gewährung der „Zusatzleistung" erklären, diese erfolge freiwillig und ohne Anerkennung einer künftigen Rechtspflicht (**Einmalzahlung mit Freiwilligkeitshinweis**).

– Der Arbeitgeber kann im Arbeitsvertrag eine Klausel verwenden, nach der *pauschal* bezeichnete Leistungen keine Ansprüche des Arbeitnehmers mit Wirkung für die Zukunft entstehen lassen (**Pauschalvorbehalt**).

– Ferner sind Vertragsgestaltungen denkbar, mit denen der Arbeitgeber künftige Leistungen zusagt oder in Aussicht stellt, diese aber unter einen Freiwilligkeitsvorbehalt stellt (**konkreter Freiwilligkeitsvorbehalt**).[4]

aa) Einmalzahlung mit Freiwilligkeitshinweis

45 Für die erste Fallgruppe gilt: Wo nichts zugesagt wurde, kann auch nichts erwartet werden. Handelt es sich in diesem Sinne um eine – bis dahin – „überobligatorische" Leistung des Arbeitgebers, ist die Vereinbarung, dass sie nur einmalig erbracht wird, als **Hauptleistungsabrede** inhaltlich nicht kontrollfähig gemäß § 307 Abs. 3 Satz 1 BGB;[5] jedenfalls benachteiligt sie den Arbeitnehmer nicht unangemessen.[6] Der Arbeitgeber kann folglich – ohne dass die Leistung vertraglich fixiert ist – anlassbezogen Leistungen an die Belegschaft oder Teile davon gewähren (z.B. bei gutem Ge-

---

1 *Preis/Sagan*, NZA 2012, 697 (698); vgl. auch BAG v. 30.7.2008 – 10 AZR 606/07, NZA 2008, 1173 Rz. 17; *Hanau/Hromadka*, NZA 2005, 73; a.A. *Rieble*, NZA-Sonderbeilage 2000, 34 (42).
2 Treffend BAG v. 16.1.2013 – 10 AZR 26/12, NZA 2013, 1013 Rz. 22.
3 *Preis/Sagan*, NZA 2012, 697 (698).
4 *Preis/Sagan*, NZA 2012, 697 (698).
5 BAG v. 14.9.2011 – 10 AZR 526/10, NZA 2012, 81 Rz. 41; ferner BAG v. 16.1.2013 – 10 AZR 26/12, NZA 2013, 1013 Rz. 22; CKK/*Klumpp*, § 307 BGB Rz. 187; *Mikosch*, FS Düwell, 2011, S. 114 (126); *Preis/Sagan*, NZA 2012, 697 (698); *Reinfelder*, NZA-Beilage 2014, 10 (13).
6 Hierzu LAG Hamm v. 9.6.2005 – 8 Sa 2403/04, NZA-RR 2005, 624; *Hanau/Hromadka*, NZA 2005, 75; *Lindemann*, ArbuR 2004, 206; *Seel*, MDR 2004, 1394; *Lakies*, AR-Blattei SD 35 Rz. 318 (321).

schäftsjahr, hohen Absatzzahlen oder gutem Börsenkurs). Er sollte **bei der Gewährung** transparent klarstellen, dass hieraus kein Anspruch auf Leistungen in der Zukunft entsteht. Mit einem solchen **Freiwilligkeitshinweis** schließt er eine Bindung für das Folgejahr aus und vermeidet überdies, dass es zu einer Bindung kraft betrieblicher Übung kommen kann. Dabei unterliegt die **Höhe** der Einmalzahlung mit Freiwilligkeitshinweis, auch bei etwaigen Wiederholungen, **keiner inhaltlichen Kontrolle** am Maßstab des § 307 BGB.[1] Das Gleiche gilt selbstredend für echte Sozialleistungen, wie Jubiläums- oder Geburtstagsgelder etc. Probleme hat der Arbeitgeber ggf. nur aus anderen arbeitsrechtlichen Schranken, wie dem Gleichbehandlungsgrundsatz oder der betrieblichen Mitbestimmung nach § 87 Abs. 1 Nr. 10 BetrVG.

bb) Pauschalvorbehalt

In der zweiten Fallgruppe stellt der Arbeitgeber künftige **Zusatzleistungen** im Vertrag *pauschal* unter einen Freiwilligkeitsvorbehalt, **ohne eine inhaltliche Regelung zu treffen**.

⊃ **Nicht geeignet:**

Die Gewährung von Sonderleistungen durch den Arbeitgeber erfolgt freiwillig und mit der Maßgabe, dass auch mit einer wiederholten Zahlung kein Rechtsanspruch für die Zukunft begründet wird.

oder:

Eine Zahlung von etwaigen Gratifikationen, Einmalzahlungen, Sonderzahlungen oder Zulagen, die jeweils nicht häufiger als halbjährlich erfolgt, weshalb diese Leistungen kein laufendes Entgelt darstellen, erfolgt stets freiwillig in dem Sinne, dass allein durch eine wiederholte Zahlung kein Rechtsanspruch des Mitarbeiters auf zukünftige entsprechende Leistungen weder dem Grunde noch der Höhe nach begründet wird.[2]

In solchen Klauseln liegt jedenfalls **kein rechtsgeschäftliches Leistungsversprechen**. Im Schrifttum wird deswegen vertreten, dass sie – mangels kontrollfähigen „pactums" bzw. einer Vertragsbedingung i.S.d. § 305 Abs. 1 Satz 1 BGB – nicht am Maßstab des § 307 BGB überprüft werden könne.[3] Tatsächlich verhindert ein solcher **Pauschalvorbehalt** aber, dass sich aus wiederholten und gleichförmigen Zahlungen des Arbeitgebers ein Anspruch des Arbeitnehmers auf Fortführung dieser Leistung in Zukunft ergibt – sei es aus betrieblicher Übung, sei es aus konkludenter Vertragsänderung; insoweit kollidiert der pauschale Freiwilligkeitsvorbehalt mit nachfolgenden konkludenten Erklärung des Arbeitgebers.[4] Er regelt folglich konstitutiv und abweichend von §§ 133, 157 BGB wie der Arbeitnehmer wiederkehrende Leistungen des Arbeitgebers verstehen soll, nämlich stets als bloße Ein-

---

1 BAG v. 18.3.2009 – 10 AZR 289/08, NZA 2009, 535 Rz. 26; *Preis/Sagan*, NZA 2012, 697 (698); a.A. *Bayreuther*, ZfA 2011, 45 (65).
2 So der Klauselvorschlag von *Schröder*, Beck'sches Formularbuch Arbeitsrecht, A II 1, S. 39.
3 *Bieder*, NZA 2007, 1135 (1137); *Hanau/Hromadka*, NZA 2005, 73 (75); *Niebeling*, NJW 2013, 3011 (3012f.).
4 BAG v. 14.9.2011 – 10 AZR 526/10, NZA 2012, 81 Rz. 41; *Reinfelder*, NZA-Beilage 2014, 10 (13); abl. *Hromadka*, DB 2012, 1037 (1040).

malzahlungen. Pauschalvorbehalte sind daher **vollumfänglich kontrollfähige Auslegungsklauseln**.[1] Auch der 10. Senat hegt in seiner jüngeren Rechtsprechung keine Zweifel mehr daran, dass es sich um eine kontrollfähige Vertragsbedingung handelt.[2] Ein pauschaler vertraglicher Freiwilligkeitsvorbehalt, der alle zukünftigen Leistungen unabhängig von ihrer Art und ihrem Entstehungsgrund erfasst, benachteiligt den Arbeitnehmer regelmäßig unangemessen i.S.v. § 307 Abs. 1 Satz 1, Abs. 2 Nr. 1 und Nr. 2 BGB und ist deshalb unwirksam. Es wird ferner gegen den allgemeinen Rechtsgrundsatz verstoßen, dass vertragliche Regelungen einzuhalten sind.[3]

cc) Konkreter Freiwilligkeitsvorbehalt

47   In der dritten Fallgruppe fixiert der Arbeitgeber Leistungen im Arbeitsvertrag, versieht sie aber in Nebenbestimmungen mit einem (konkreten) Freiwilligkeitsvorbehalt. Paradigmatisch sind „bedingte Zusagen", die dem Arbeitgeber die Befugnis einräumen sollen, im laufenden Arbeitsverhältnis nach Belieben über die Auszahlung der betreffenden Leistung zu entscheiden. Auch insoweit ist der **Gedanke der berechtigten Leistungserwartung, also des Vertrauensschutzes, und des Schutzzwecks des AGB-Rechts** wesentlich. In Nebenbestimmungen zur Preisabrede fixierte Freiwilligkeitsvorbehalte nehmen nicht an der Abschlussentscheidung des Arbeitnehmers teil, der in der Preisabrede ausdrücklich ausgewiesene Betrag aber schon. Aus den verschiedenen Entgeltbestandteilen (z.B. Grundgehalt, übertarifliche Zulage, Pauschalvergütung für Überstunden, „Weihnachtsgratifikation" in Höhe eines Grundgehalts) kann der Arbeitnehmer seine Jahresvergütung berechnen und eine berechtigte Vertrauenserwartung ziehen. Die Höhe dieser Leistungen bestimmt seine Abschlussentscheidung. **Alle Änderungsvorbehalte in einem Vertrag nehmen jedoch nicht an der marktorientierten Entscheidung des Arbeitnehmers teil.** Fixiert der Arbeitgeber eine Leistung, die über die einmalige Gewährung hinaus über mehrere Bemessungsperioden fließen soll, und flankiert diese im vorformulierten Vertrag mit einem konkreten Freiwilligkeitsvorbehalt, entzieht er sich wie beim Widerrufsvorbehalt teilweise der Vertragsbindung. Ein solcher Vorbehalt ist keine unmittelbar den Preis regelnde Klausel, die gemäß § 307 Abs. 3 BGB der Inhaltskontrolle entzogen ist. Sie relativiert vielmehr die Preisabrede. **Um Widersprüche zur Rechtsprechung bei Änderungsvorbehalten zu vermeiden, sind konkrete Freiwilligkeitsvorbehalte hinsichtlich der Inhaltskontrolle wie Widerrufsvorbehalte zu behandeln.** Anders als teilweise behauptet,[4] unterliegen mithin Freiwilligkeitsvorbehalte durchaus einer AGB-Kontrolle. Nicht allein die Nebenbestimmung des „Freiwilligkeitsvorbehalt" führt zur Kontrollfreiheit.[5] Es zeigt sich schon an der alten Rechtsprechung des BAG zu Freiwilligkeitsvorbehalten bei Al-

---

1   CKK/*Klumpp*, § 307 BGB Rz. 188; *Preis/Sagan*, NZA 2012, 697 (700f.); diff. *Krause*, FS Bauer, 2010, S. 577 (585f.).
2   BAG v. 19.3.2014 – 10 AZR 622/13, DB 2014, 1203 Rz. 28.
3   BAG v. 14.9.2011 – 10 AZR 526/10, NZA 2012, 81 Rz. 29ff.
4   *Thüsing/Leder*, BB 2005, 1563 (1567); *Hanau/Hromadka*, NZA 2005, 73 (75); zweifelnd *Maties*, DB 2005, 2689 (2695).
5   Zum Ganzen *Preis*, Vertragsgestaltung, S. 414ff.; vgl. auch die Rechtsprechung zu Freiwilligkeitsvorbehalten bei Altersversorgungszusagen: BAG v. 14.12.1956 – 1 AZR 531/55, AP Nr. 18 zu § 242 BGB Ruhegehalt; v. 17.5.1973 – 3 AZR 300/76, AP Nr. 7 zu § 242 BGB Ruhegehalt-Unterstützungskassen.

tersversorgungszusagen[1] und der „freien" Widerruflichkeit von Leistungszulagen,[2] dass nicht allein ein Freiwilligkeitsvorbehalt unabhängig vom Gegenstand der Leistung zur Kontrollfreiheit führen kann. Durch Freiwilligkeitsvorbehalte können nicht die Kontrollgrundsätze bei Leistungsbestimmungsrechten umgangen werden (arg. e. § 306a BGB).

Aus der Rechtsprechung des BAG folgt, dass konkrete Freiwilligkeitsvorbehalte generell nicht mehr empfohlen werden können.[3] Klauseln der nachfolgenden Art sind ungeeignet.

⊃ **Nicht geeignet:**
a) Die Gewährung der Zulage/Sonderzahlung ist freiwillig und erfolgt unter dem Vorbehalt des jederzeitigen Widerrufs.
b) Zulagen, Gratifikationen, Tantiemen, Prämien oder sonstige Sondervergütungen werden freiwillig ohne Rechtsanspruch hierauf sowie unter dem Vorbehalt des jederzeitigen Widerrufs gezahlt.
c) Der Arbeitnehmer erhält eine Leistungszulage in Höhe von ... Euro (Alternativ: zweckgebundene Zulage). Die Zahlung erfolgt als freiwillige Leistung ohne Anerkennung einer Rechtspflicht. Aus der Zahlung können für die Zukunft keinerlei Rechte hergeleitet werden.

Von der Verwendung von Klauseln entsprechend a) und b) ist **dringend abzuraten**, da sie **missverständlich und in sich widersprüchlich** sind.[4] Es ist nicht erkennbar, ob die Leistung unter dem Vorbehalt der Freiwilligkeit (ohne Rechtsanspruch des Arbeitnehmers) oder aber unter Widerrufsvorbehalt (mit Rechtsanspruch des Arbeitnehmers, aber widerruflich) gewährt werden soll. Es wird hier eine Leistung unter zwei Arten von Vorbehalten gestellt, die sich gegenseitig ausschließen. Daher sind derartige Formulierungen unbedingt zu vermeiden.[5]

c) Kontrollgrundsätze

Folgendes Prüfungsprogramm ist sinnvoll:
- Liegt überhaupt eine Leistungszusage vor?
- Handelt es sich bei der Klausel ausnahmsweise um eine kontrollfreie Hauptabrede? Dann erfolgt lediglich eine Transparenzkontrolle gemäß § 307 Abs. 3 Satz 2 i.V.m. § 307 Abs. 1 Satz 2 BGB. Das ist nur bei „Freiwilligkeitshinweisen" denkbar, die zusammen mit der jeweiligen Leistung erklärt werden, nicht aber bei Freiwilligkeitsvorbehalten im Arbeitsvertrag.
- Leistungen, die im Gegenseitigkeitsverhältnis stehen, also die geleistete Arbeit „entlohnen", können nicht unter Freiwilligkeitsvorbehalt gestellt werden.
- Ein Freiwilligkeitsvorbehalt, der eine rechtsgeschäftliche Zusage entwerten soll, ist unangemessen benachteiligend.

---
1 BAG v. 14.12.1956 – 1 AZR 531/55, AP Nr. 18 zu § 242 BGB Ruhegehalt; v. 17.5.1973 – 3 AZR 300/76, AP Nr. 7 zu § 242 BGB Ruhegehalt-Unterstützungskassen.
2 BAG v. 13.5.1987 – 5 AZR 125/86, NZA 1988, 95.
3 Ebenso *Schramm*, NZA 2007, 1325 (1328); *Gaul*, FS Hromadka, 2008, S. 99.
4 BAG v. 8.12.2010 – 10 AZR 671/09, NZA 2011, 628 Rz. 10; v. 14.9.2011 – 10 AZR 526/10, NZA 2012, 81 Rz. 24; s.a. *Schramm*, NZA 2007, 1325 (1328).
5 *Müller-Bonanni/Nimmerjahn*, ArbRB 2008, 114 (115).

- Fraglich ist, ob Freiwilligkeitsvorbehalte, die sich auf nicht im Gegenseitigkeitsverhältnis stehende Leistungen beziehen, bei transparenter Vertragsgestaltung noch zulässig sein können.
- Letztlich ist die Frage zu beantworten, wie ein transparenter Freiwilligkeitsvorbehalt aussehen kann, um Ansprüche aus betrieblicher Übung zu verhindern.

aa) Transparenzkontrolle

50 Freiwilligkeitsvorbehalte müssen dem **Transparenzgebot** des § 307 Abs. 1 Satz 2 BGB genügen.

51 Zumeist sind in der Vergangenheit Vertragsgestaltungen schon an ihrer Unklarheit und Widersprüchlichkeit gescheitert. Nach § 307 Abs. 1 Satz 2 BGB kann sich eine unangemessene Benachteiligung auch daraus ergeben, dass die Bestimmung nicht klar und verständlich ist. Sinn des Transparenzgebots ist es, der Gefahr vorzubeugen, dass der Vertragspartner des Klauselverwenders von der Durchsetzung bestehender Rechte abgehalten wird. In der Gefahr, dass der Vertragspartner des Klauselverwenders wegen unklar abgefasster Allgemeiner Vertragsbedingungen seine Rechte nicht wahrnimmt, liegt eine unangemessene Benachteiligung.[1]

52 Räumt etwa ein Arbeitsvertrag klar einen Anspruch auf Teilnahme an einem Bonussystem ein, bestimmt eine andere Vertragsklausel aber, dass die Bonuszahlung jeweils freiwillig erfolge und keinen Rechtsanspruch für die Zukunft begründe, ist der Vorbehalt intransparent und unwirksam.[2] Beispiel:

⊃ **Nicht geeignet:**
> Sie erhalten einen gewinn- und leistungsabhängigen Bonus, der im ersten Jahr Ihrer Betriebszugehörigkeit 7 700 Euro nicht unterschreiten wird und im Frühjahr des Folgejahres zur Auszahlung kommt. Die Zahlung des Bonus erfolgt in jedem Falle freiwillig und begründet keinen Rechtsanspruch für die Zukunft.

53 Die Regelung ist nicht klar und verständlich, weil sie widersprüchlich ist. Mit der Formulierung „Sie erhalten einen gewinn- und leistungsabhängigen Bonus, der im ersten Jahr Ihrer Betriebszugehörigkeit 7 700 Euro nicht unterschreiten wird und im Frühjahr des Folgejahres zur Auszahlung kommt" haben die Parteien eine Verpflichtung der Beklagten zur Bonuszahlung begründet. Eine Formulierung, nach der vom Arbeitgeber ein Bonus gezahlt wird oder der Arbeitnehmer einen Bonus erhält, begründet eine rechtsgeschäftliche Zusage. Auf Grund des folgenden Freiwilligkeitsvorbehalts und der damit objektiv unklar abgefassten Vertragsklauseln besteht die Gefahr, dass Arbeitnehmer in der Annahme, sie hätten keinen Rechtsanspruch auf eine Bonuszahlung, ihren Anspruch auf den Bonus nicht geltend machen und insoweit ihre Rechte nicht wahrnehmen. Gemäß § 306 Abs. 1 BGB ist nur

---

1 BAG v. 24.10.2007 – 10 AZR 825/06, NZA 2008, 40, so der 10. Senat jetzt auch zu Weihnachtsgratifikationen; 30.7.2008 – 10 AZR 606/07, AP Nr. 274 zu § 611 BGB Gratifikation.
2 BAG v. 24.10.2007 – 10 AZR 825/06, NZA 2008, 40; v. 20.2.2013 – 10 AZR 177/12, NZA 2013, 1015 Rz. 17, 20.

die benachteiligende Klausel, die einen Rechtsanspruch auf die Bonuszahlung ausschließt, unangemessen benachteiligend und deshalb unwirksam.[1]

Diese strengere Rechtsprechung des BAG zieht zu Recht auch weitere typische Klauseln in Zweifel, selbst traditionelle Klauseln wie die sog. Weihnachtsgratifikation.[2] Eine typische Klausel lautet: 54

⮕ **Nicht geeignet:**
> Die Weihnachtsgratifikation wird ausschließlich für die vom Arbeitnehmer bereits erbrachte sowie die künftige Betriebstreue und nicht als Vergütung der Arbeitsleistung gewährt. Sie wird mit dem Dezembergehalt ausgezahlt, wenn der Arbeitnehmer am 1.12. des Jahres in einem ungekündigten Arbeitsverhältnis steht. Die Zahlung dieser Gratifikation erfolgt freiwillig. Auch bei mehrmaliger Zahlung entsteht für die Zukunft kein Anspruch darauf.

Diese Klausel unterliegt insofern durchgreifenden Bedenken, als auch die Treueprämie zugesagt sein kann und insoweit ein konkreter Freiwilligkeitsvorbehalt unangemessen benachteiligend ist. Denn dem Arbeitnehmer, der die Voraussetzungen einer Treueprämie erfüllt hat, könnte auf der Basis der Klausel die Leistung grundlos versagt werden. Das ist nach der oben mitgeteilten Grundsätzen (Rz. 47) unzulässig (vgl. im Übrigen ausführlich zu → *Sonderzahlungen*, II S 40). Entscheidend ist, ob Sonderzahlungen im Grundsatz rechtsgeschäftlich versprochen sind. Ist dies der Fall, scheitern Freiwilligkeitsvorbehalte an der Rechtsprechung sowohl des 5. Senats[3] als auch des 10. Senats.[4] 55

Es erscheint nicht zielführend und wenig empfehlenswert, den Versuch zu unternehmen, Freiwilligkeitsvorbehalte insoweit „retten" zu wollen, als sie das „Arbeitsentgelt im weiteren Sinne" oder Zahlungen, die „nicht ausschließlich im Hinblick auf die Arbeitsleistung erbracht werden", betreffen.[5] erstens ist unsicher, ob die unübersichtliche Zwecksetzungsrechtsprechung des BAG auf Freiwilligkeitsvorbehalte relevant ausstrahlt, zweitens besteht die Gefahr, dass die zweckbezogenen Klauseln, gerade wenn sie mit Stichtags- oder Rückzahlungsklauseln versehen sind, widersprüchlich wirken und drittens gibt es einen Vorrang für Widerrufsvorbehalte nach den eindeutigen Aussagen des 5. Senats des BAG. Wie bei diesen Vorgaben sinnvoll Freiwilligkeitsvorbehalte formuliert werden sollen, bleibt schleierhaft. Wenn als Beratungshinweis gegeben wird, bei der Abfassung von „Freiwilligkeitsvorbehalten" möglichst darauf zu achten, dass keine Formulierungen gewählt werden, die auf das Bestehen eines Anspruchs hindeuten, zeigt das die ganze Unsinnigkeit des Vorhabens. Wenn vertraglich gar kein Anspruch formuliert wird, benö- 56

---

1 BAG v. 24.10.2007 – 10 AZR 825/06, NZA 2008, 40.
2 Problematisch *Lingemann/Gotham*, NZA 2008, 509 (510), die suggerieren, das BAG habe durch Urteil v. 28.3.2007 – 10 AZR 261/06, NZA 2007, 687 eine ähnlich widersprüchliche Klausel als „AGB-gemäß" gebilligt, obwohl das Urteil dazu keinerlei Aussagen enthält. Klarstellend dann BAG v. 30.7.2008 – 10 AZR 606/07, NZA 2008, 1173.
3 BAG v. 25.4.2007 – 5 AZR 627/06, NZA 2007, 853.
4 BAG v. 24.10.2007 – 10 AZR 825/06, NZA 2008, 40; v. 30.7.2008 – 10 AZR 606/07, NZA 2008, 1173.
5 Mit Recht zweifelnd: *Reinfelder*, NZA-Beilage 2014, 10 (13); s. ferner *Müller-Bonanni/Nimmerjahn*, ArbRB 2008, 114 (115); *Lingemann*, DB 2007, 1754 (1756); *Lembke*, NJW 2010, 257 (261).

tigt man auch keinen Freiwilligkeitsvorbehalt. Das Ganze führt dann zu Formulierungen, die im Grunde nichts regeln (vgl. hier Typ 5a). Sie sind gleichwohl problematisch, wenn sie dem Arbeitnehmer eine konkrete Zahlung in Aussicht stellen (Bsp.: „Dem Arbeitnehmer kann eine Sonderzuwendung in Höhe von 5000 Euro gezahlt werden."). Hierdurch wird ein **Leistungsanreiz** für den Arbeitnehmer geschaffen, dem kein Leistungsversprechen des Arbeitgebers gegenübersteht.[1] Dabei hat der Arbeitgeber an der arbeitsvertraglichen Ankündigung einer bloß fakultativen, künftigen Leistung kein berechtigtes Interesse. Will er zu einem späteren Zeitpunkt über die Erbringung einer bis dahin nicht geschuldeten Leistung entscheiden, ist hierzu im Arbeitsvertrag eine Regelung nicht notwendig. Soll die Leistung nur einmalig erbracht werden, kann der Arbeitgeber dies bei der Auszahlung mit einem entsprechenden Hinweis klarstellen.

57 Wenn die Rechtsprechung darüber hinaus empfiehlt, einen **Stichtag** zu nennen, an dem der Arbeitnehmer in einem Arbeitsverhältnis mit dem Arbeitgeber stehen muss, um zu verdeutlichen, dass mit der Sonderzahlung die Betriebstreue belohnt werden soll, dann offenbart sich ein massiver Widerspruch zum Freiwilligkeitsvorbehalt: Der Arbeitnehmer wird angehalten, das Arbeitsverhältnis möglichst nicht vor dem Stichtag zu lösen, sondern „betriebstreu" zu bleiben. Mit dieser Bindungsklausel ist ein Freiwilligkeitsvorbehalt unvereinbar. Eine solche Vertragsgestaltung verstößt gegen das Transparenzgebot. Die Klausel suggeriert als Anspruchsvoraussetzung einen Rechtsanspruch, der mit Wahrung der Betriebstreue und Erreichen des Stichtags erfüllt wird. Im gleichen Atemzug wird der Anspruch wieder zerstört. Das ist intransparent und unangemessen.[2] Auch die noch so geschickte Kombination von freiwilliger Bonusgewährung, Betriebstreueregelung und Rückzahlungsklausel löst diesen Widerspruch nicht auf.[3] Ausdrücklich hat der 10. Senat im Kontext einer Stichtagsklausel ausgeführt: „Zwar ist der Arbeitgeber grundsätzlich frei in der Entscheidung, ob er vertraglich nicht vorgesehene Leistungen erbringen will oder nicht ... Dieser Gesichtspunkt rechtfertigt es jedoch nicht, als Arbeitgeber einerseits die verhaltenssteuernde Wirkung eines bedingten vertraglichen Versprechens für die Zukunft in Anspruch zu nehmen, andererseits aber die Entscheidung über den Eintritt der Bedingung vom eigenen Willen abhängig zu machen und sie sich gewissermaßen bis zur letzten Stunde vorzubehalten."[4] Für Freiwilligkeitsvorbehalte kann nichts anderes gelten.

58 Eindeutig ist, dass alle entgeltmodifizierenden Preisnebenabreden der Inhaltskontrolle unterliegen. Dazu gehören Freiwilligkeits-, Stichtags- und Rückzahlungsregelungen. Alle diese Klauseln haben spezifische Zwecke, die sich teilweise widersprechen. Stichtags- und Rückzahlungsklauseln sollen die Arbeitnehmer an den Arbeitgeber binden. Der Freiwilligkeitsvorbehalt soll aber den Arbeitgeber von seiner Bindung – bezogen auf künftige Sonderzahlung – gänzlich freizeichnen. Schon an dieser Klauselgestaltung wird die Unangemessenheit – weil völlig einseitige Inte-

---

1 Vgl. *Annuß*, FS Picker, 2010, S. 861 (869f.); CKK/*Klumpp*, § 307 BGB Rz. 192; *Preis/Sagan*, NZA 2012, 697 (706); a.A. *Lembke*, NJW 2010, 257 (263); das übersehen *Simon/Hidalgo/Koschker*, NZA 2012, 1071.
2 Ebenso *Schramm*, NZA 2007, 1325 (1328).
3 Es kann daher nicht empfohlen werden, dem Klauselvorschlag von *Lingemann/Gotham*, NZA 2008, 509 (513), zu folgen.
4 BAG v. 18.1.2012 – 10 AZR 612/10, NZA 2012, 561 Rz. 26.

ressenausrichtung – deutlich. Hierauf kommt es aber nicht stets entscheidend an. Die Klauseln sind widersprüchlich und verstoßen gegen das Transparenzgebot, wenn sie Rechtsanspruchsvoraussetzungen stipulieren, diesen Anspruch aber im folgenden Satz wieder – nach Gutdünken des Arbeitgebers – entfallen lassen. *Gaul*[1] vertritt deshalb zu Recht, dass es insoweit im Kern für die Annahme der Unwirksamkeit eines Freiwilligkeitsvorbehalts nicht darauf ankommt, ob es sich um eine Zuwendung mit oder ohne Entgeltcharakter handelt, wenn schon die in der Klausel liegenden Zwecke und Vorbehalte widersprüchlich sind. Werden Zuwendungen für mehrere Bezugszeiträume versprochen, können diese nicht zugleich freiwillig sein. Der Arbeitgeber mag insoweit einen transparenten Widerrufsvorbehalt vereinbaren.

In seiner jüngeren Rechtsprechung verlangt das BAG, dass arbeitsvertragliche Freiwilligkeitsvorbehalte sich ausdrücklich nicht auf **Individualvereinbarungen** erstrecken, die ihnen gemäß § 305b BGB vorgehen.[2] Im Einzelnen ist der 10. Senat der Ansicht, dass ein Freiwilligkeitsvorbehalt schon dann intransparent sei, wenn er so ausgelegt werden kann, dass er Rechtsansprüche des Arbeitnehmers auch aus künftigen Individualvereinbarungen ausschließt. Dabei hat der Senat ausdrücklich an die Rechtsprechung zur doppelten Schriftformklausel angeknüpft und diese folgerichtig auf Freiwilligkeitsvorbehalte übertragen.

59

bb) Abgrenzung von synallagmatischen und nicht synallagmatischen Leistungen

Ursprünglich versuchte die Rechtsprechung, die Trennlinie zwischen „normalem Arbeitsentgelt" und Gratifikationen und sonstigen Sonderzahlungen zu ziehen.[3] Im Lichte späterer Rechtsprechung[4] lässt sich die Trennung zwischen laufendem Entgelt und Sonderzahlungen nicht sinnvoll aufrechterhalten.[5] Es zeigt sich schon an der alten Rechtsprechung des BAG zu Freiwilligkeitsvorbehalten bei Altersversorgungszusagen,[6] dass die Zulässigkeit eines Freiwilligkeitsvorbehalts nicht unabhängig vom Gegenstand der Leistung beurteilt werden kann.

60

Wenn es richtig wäre, dass alle Jahressonderzahlungen unter Freiwilligkeitsvorbehalt gestellt werden können, brauchte der Arbeitgeber nur folgenden „Trick" anzuwenden: Er deklariert eine laufende Leistungszulage als Jahressonderzahlung und camoufliert diese noch mit einer spezifischen – nicht entgeltbezogenen – Zwecksetzung. Würde man dies für zulässig halten, könnte der Arbeitgeber sich im Ergebnis doch eines – u.U. nicht unerheblichen – Teils seiner Hauptleistungspflicht entzie-

61

---

1 *Gaul*, FS Hromadka, 2008, S. 99.
2 BAG v. 13.11.2013 – 10 AZR 848/12, NZA 2014, 368 (Rz. 39); v. 18.9.2011 – 10 AZR 526/10, NZA 2012, 81 Rz. 39; zuvor bereits *Preis*, NZA 2009, 281 (286); *Singer*, RdA 2008, 246 (248); a.A. *Stoffels*, ZfA 2009, 861 (884).
3 Z.B. jährliches Urlaubsgeld, BAG v. 11.4.2000 – 9 AZR 255/99, AP Nr. 227 zu § 611 BGB Gratifikation.
4 BAG v. 25.4.2007 – 5 AZR 627/06, NZA 2007, 853.
5 Die Frage offen lassend BAG v. 24.10.2007 – 10 AZR 825/06, NZA 2008, 40; für summenmäßige Begrenzungen des Anteils „freiwilliger" Leistungen an der Gesamtvergütung: *Bayreuther*, BB 2009, 102 (104) – 25 % der Gesamtvergütung; *Bieder*, NZA 2007, 1135 (1139) – 30 % der Gesamtvergütung; *Krause* in FS Bauer, 2010, S. 577 (591) – 12,5 % der Gesamtvergütung.
6 BAG v. 14.12.1956 – 1 AZR 531/55, AP Nr. 18 zu § 242 BGB Ruhegehalt; v. 17.5.1973 – 3 AZR 300/76, AP Nr. 7 zu § 242 BGB Ruhegehalt-Unterstützungskassen.

hen. Besonders signifikant wird die Problematik bei hohen Bonuszahlungen im Kontext von Zielvereinbarungen. Es wäre verfehlt, den Hinweis auf das „laufende Arbeitsentgelt" so fehlzuinterpretieren, dass zumindest solche Zulagen, die nicht laufend mit dem monatlichen Grundgehalt, sondern nur (halb- bzw. viertel-)jährlich erbracht werden, unter einen Freiwilligkeitsvorbehalt gestellt werden können. Auch solche Zulagen werden „laufend" – allerdings in zeitlich größeren Abständen – gezahlt. Es hängt von der Entgeltpolitik des Unternehmens ab, wie die Gesamtvergütung aufgeteilt wird. Davon kann die rechtliche Beurteilung einer entgeltbezogenen Nebenabrede nicht abhängen.[1]

62 Zur Schlüsselfrage wird damit, ob die jeweilige Vergütung eine in das vertragliche Synallagma eingebundene Leistung darstellt und der Arbeitnehmer auf der Basis der Ausgestaltung des Vertrages eine berechtigte Leistungserwartung haben durfte. Ist dies der Fall, so sind Freiwilligkeitsvorbehalte nicht zulässig. Dies betrifft nach der zutreffenden Rechtsprechung des 10. Senats jede in Aussicht gestellte Zahlung, von der ein **Leistungsanreiz** für den Arbeitnehmer ausgeht,[2] und somit sämtliche laufende Leistungen, unabhängig vom Bemessungszeitraum.[3] Zusätzliche regelmäßige Zahlungen, die von den Parteien als Teil der Arbeitsvergütung und damit als Gegenleistung für die vom Arbeitnehmer zu erbringende Arbeitsleistung vereinbart werden, sind im Einzelnen:

– alle monatlichen Zulagen (übertarifliche, zweckgebundene und leistungsbezogene Zulagen)
– Privatnutzung eines Dienstwagens[4]
– Alle Jahressonderzahlungen, soweit sie nicht auf einen einmaligen Bemessungszeitraum beschränkt sind
– Alle erfolgs- bzw. ergebnisbezogenen Vergütungsformen z.B. Provisionen, Prämien, Tantiemen, Zielvereinbarungen, Bonussysteme, 13. Monatsgehalt und ähnlich ausgestaltete Vergütungssysteme.[5]

Auch moderne Erfolgsbeteiligungen in Form von Aktienoptionsplänen eignen sich nicht für Freiwilligkeitsvorbehalte. In der Regel ergibt sich dieses Resultat schon aus der Perplexität der Formulierung. Es ist generell widersprüchlich, regelmäßige Zusatzleistungen mit Anspruchsvoraussetzungen zu formulieren, sich aber in einem zweiten Schritt generell von jeglicher Verpflichtung freizuzeichnen.

63 Bei Leistungen des Arbeitgebers, die im Arbeitsvertrag im Grundsatz geregelt sind, aus denen heraus eine berechtigte Leistungserwartung entwickelt werden kann und die in der Regel eine **Gegenleistung für die Tätigkeit** des Arbeitnehmers darstellen, ist ein Freiwilligkeitsvorbehalt **in jedem Fall unzulässig**. Sonderzahlungen sind im Zweifel als Arbeitsentgelt im engeren Sinne zu verstehen.[6] Kautelarjuristisch ist zu beachten, dass vielfach bei Sonderzahlungen bestimmte Kautelen, Leistungsanreize oder Tatbestandsvoraussetzungen festgelegt werden. Wenn der Arbeitnehmer durch solche Bindungen, z.B. Stichtags-, Bindungs- oder Rückzahlungsklauseln, veranlasst wird, die Bedingungen möglichst zu erfüllen, dann ist es widersprüch-

---

1 *Schramm*, NZA 2007, 1325 (1328); *Müller-Bonanni/Nimmerjahn*, ArbRB 2008, 114 (116).
2 BAG v. 19.3.2014 – 10 AZR 622/13, DB 2014, 1203 Rz. 47.
3 Vgl. *Schramm*, NZA 2007, 325 (328) *Lingemann/Gotham*, DB 2007, 1754.
4 BAG v. 19.12.2006 – 9 AZR 294/06, NZA 2007, 809 ff. (→ *Dienstwagen*, II D 20).
5 Ebenso *Schramm*, NZA 2007, 1325 (1328).
6 LAG Düsseldorf v. 27.6.1996 – 12 Sa 506/96, NZA-RR 1996, 441 f.

lich, diese Sonderzahlung gleichzeitig als freiwillig zu deklarieren. Eine „ehrliche" Betrachtung ist hier insgesamt angebracht: Der Arbeitgeber will mit der Ankündigung einer Sonderzahlung den Arbeitnehmer in eine bestimmte Richtung zur Leistung anreizen. Geschenke werden selten verteilt; praktisch jede Sonderleistung wird mit Rücksicht auf die Arbeitsleistung gewährt.[1]

Vertraglich zugesagte Leistungen des Arbeitgebers können nicht „freiwillig", tatsächlich erbrachte Leistungen in aller Regel nicht rechtsgrundlos sein. Bereits mit dieser Erkenntnis, die sich in der Rechtsprechung durchgesetzt hat, hat sich der arbeitsvertragliche Freiwilligkeitsvorbehalt weitgehend erledigt.[2] Vertragliche „Regelungen", die keinen Anspruch begründen, sondern lediglich eine Leistung in Aussicht stellen (s. Typ 5a), sind zu unterlassen. Wenn es opportun ist, mag der Arbeitgeber eine Sonderleistung unter jeweils erklärtem Freiwilligkeitshinweis erbringen. Entscheidend ist, dass er den Arbeitnehmer nicht mit einer vertraglichen Zusage mit bestimmten Anspruchsvoraussetzungen lockt oder fesselt, andererseits sich aber jeglicher Bindung durch einen Freiwilligkeitsvorbehalt entzieht. 64

d) Hinweise zur Vertragsgestaltung

Aus dem Vorstehenden ergibt sich, dass arbeitsvertragliche Freiwilligkeitsvorbehalte für die Praxis nicht mehr empfohlen werden können. Denkbar sind sie allenfalls noch zur Verhinderung einer betrieblichen Übung bei Sonderzahlungen (dazu sogleich Rz. 69 ff.). 65

Beispiel:

Sofern der Arbeitgeber – zusätzlich zum laufenden Entgelt – nicht zuvor vertraglich vereinbarte Sonderzahlungen erbringt, erfolgt dies freiwillig und mit der Maßgabe, dass auch bei wiederholter Zahlung ein Anspruch des Arbeitnehmers nur auf die jeweils erhaltenen, nicht aber auf weitere Leistungen in der Zukunft entsteht. Das gilt nicht für Sonderzahlungen, die auf einer individuellen Vertragsabrede (§ 305b BGB) mit dem Arbeitnehmer beruhen.[3]

Für die **Vertragsgestaltung** bleibt Folgendes festzuhalten: Freiwilligkeitsvorbehalte sollten allenfalls noch wie in dem Beispiel angeführt verwendet werden. Im Übrigen ist auf die Instrumente des Widerrufsvorbehalts, des Anrechnungsvorbehalts und ggf. der Teilbefristung zurückzugreifen. 66

Der Arbeitgeber kann weiterhin – ohne dass die Leistung vertraglich fixiert ist – anlassbezogen (gutes Geschäftsjahr, hohe Absatzzahlen, guter Börsenkurs) Leistungen an die Belegschaft oder Teile davon gewähren. Bei der vorgeschlagenen Klauselgestaltung kann der Arbeitnehmer keinerlei Vertrauen auf irgendeine Zahlung entwickeln, weil ihm nicht eine bestimmte Leistung versprochen wird, die ihm durch einen Freiwilligkeitsvorbehalt wieder geraubt wird. Der Arbeitgeber muss darauf achten, dass er nicht schematisch Boni auswirft. Bei der Auszahlung sollte er die Leistungen gleichwohl zusätzlich als „freiwillige Leistungen, auf die kein Rechtsanspruch besteht", deklarieren. Damit schließt er eine Bindung für die Zukunft kraft betrieblicher Übung aus. Im Lichte des AGB-Rechts in jedem Falle abzulehnen 67

---

1 S. *Hanau/Hromadka*, NZA 2005, 73 (77); *Bayreuther*, ZIP 2007, 2009.
2 A.A. *Henssler/Moll*, AGB-Kontrolle, 2011, S. 35.
3 *Preis/Sagan*, NZA 2012, 697 (704).

ist eine nachträgliche Implementation eines Freiwilligkeitsvorbehalts, um einen entstandenen Anspruch aus betrieblicher Übung wieder zu beseitigen.[1]

68 Umstritten ist, ob bei **vertraglich fixierten Leistungen, die nicht im Gegenseitigkeitsverhältnis** stehen, also eine echte „Zugabe" ohne Gegenleistungserwartung beinhalten, wie echte Jubiläumsgelder, Personalrabatte oder Zuwendungen zu familiären oder persönlichen Anlässen,[2] Freiwilligkeitsvorbehalte weiterhin zulässig sein können. Grundvoraussetzung ist, dass sie deutlich vom Zentrum des Synallagmas entfernt stehen müssen („kleine Freuden").[3] Selbst wenn in diesen Fällen kein Leistungsanreiz für den Arbeitnehmer gesetzt wird, spricht jedoch viel dafür, Freiwilligkeitsvorbehalte auch insoweit für unwirksam zu erklären. Aus der Tendenz der Rechtsprechung des 10. Senats des BAG ist zu entnehmen, dass entscheidend ist, ob der Arbeitgeber unter Nutzung des Mittels des Arbeitsvertrages eine rechtsgeschäftliche Bindung eingegangen ist.

e) Freiwilligkeitsvorbehalte zur Verhinderung einer betrieblichen Übung

69 Es verbleiben Formulierungsvorschläge zur Verhinderung einer künftigen Vertragsbindung. Hier hat der Freiwilligkeitsvorbehalt sein genuines Revier, die aus einer selbst geschaffenen Komplexität des Arbeitsrechts herrührt: der betrieblichen Übung. Wie kann gesichert werden, dass als einmalig gewollte Zahlungen nicht zur Bindung des Arbeitgebers für die Zukunft führen? Ein Anspruch aus betrieblicher Übung soll nicht entstehen, wenn der Arbeitgeber bei jeder Leistungsgewährung nur unter Vorbehalt zahlt und hinreichend deutlich macht, dass er jedes Jahr neu über die zusätzliche Leistung entscheiden will. Die Rechtsprechung war bei der Annahme eines vertrauenzerstörenden Vorbehalts großzügig. Schon wenn der Arbeitgeber eine freiwillige Leistung (Weihnachtsgeld) jährlich in unterschiedlicher Höhe „nach Gutdünken" gewährt, wurde dies als Vorbehalt gewertet, diese Leistung nur für das jeweilige Jahr zu zahlen.[4] Es ist fraglich, ob daran festgehalten werden kann.

70 Dem Arbeitgeber, der sich nicht für die Zukunft vertraglich binden will, und deshalb Sonderzahlungen „aus der losen Hand" zahlt, sei deshalb empfohlen, bei jeder Zahlung jedenfalls ein Schriftstück zu verfassen, das in etwa folgenden Inhalt hat:

Beispiel:

Aufgrund der guten geschäftlichen Entwicklung (alternativ: ihrer besonderen Leistungen im Geschäftsjahr 20.. sind wir in der Lage, in diesem Jahr einmalig eine Sonderzahlung in Höhe von ... Euro zu leisten. Diese Sonderzahlung erfolgt einmalig, ohne Bindung für die Zukunft. Ein Rechtsanspruch für künftige Geschäftsjahre ist ausdrücklich ausgeschlossen.

---

1 *Ulrici*, BB 2005, 1902; *Maties*, DB 2005, 2689 (2692); *Ricken*, DB 2006, 1374. Insoweit ist die Entscheidung des BAG v. 26.3.1997 – 10 AZR 612/96, AP Nr. 50 zu § 242 BGB Betriebliche Übung im Ergebnis überholt.
2 S.a. *Schimmelpfennig*, NZA 2005, 603; *Willemsen/Grau*, NZA 2005, 1137 (1140).
3 *Bayreuther*, ZIP 2007, 2009 (2012); *Schimmelpfennig*, NZA 2005, 603 (604).
4 BAG v. 28.2.1996 – 10 AZR 516/95, AP Nr. 192 zu § 611 BGB Gratifikation; demgegenüber vertritt *Gamillscheg*, FS Hilger/Stumpf, 1983, S. 227, 229, die Auffassung, dass die bloße unterschiedliche Höhe der Zahlung die Bildung einer betrieblichen Übung insoweit nicht verhindern könne, als dass die Leistung überhaupt geschuldet werde; die Höhe der Leistung sei dann nach billigem Ermessen zu bestimmen.

Mit dieser Formulierung ist der Arbeitgeber auf der sicheren Seite. Wenn keine, auch keine konkludente Zusage zur Leistung von Sonderzahlungen vorliegt (hierzu ausführlich → *Sonderzahlungen*, II S 40), hat sich der Arbeitgeber vertraglich nicht gebunden und durch den Freiwilligkeitshinweis, der eine Bindung für die Zukunft ausschließt, auch vor der Rechtsprechung des BAG zur betrieblichen Übung geschützt. Es wird hier empfohlen, den Vorbehalt stets ausdrücklich bei jeder Zahlung zu erklären. Dabei ist es weder ausreichend noch sinnvoll, von einer „freiwilligen" Zahlung zu sprechen; das Transparenzgebot des § 307 Abs. 1 Satz 2 BGB verlangt vielmehr eine Klarstellung, dass es sich um eine *einmalige* Zahlung handelt.[1]

Der 10. Senat[2] hielt folgende Klausel in einem Arbeitsvertrag für geeignet, den Eintritt einer betrieblichen Übung zu verhindern: 71

⊃ **Nicht geeignet:**

Gewährt der Arbeitgeber Sonderzahlungen, wird hierdurch ein Rechtsanspruch auf Weitergewährung in den folgenden Kalenderjahren nicht begründet. Der Arbeitgeber behält sich vor, jedes Jahr neu zu entscheiden, ob und in welcher Höhe eine Sonderzahlung gewährt wird.

Mit seiner Entscheidung vom 8.12.2010[3] ist aber zu Recht auch diese Rechtsprechung verabschiedet. Die folgende Klausel hielt der 10. Senat für ungeeignet, die Entstehung eines Anspruchs auf ein Weihnachtsgeld nach fünfmaliger vorbehaltsloser Zahlung zu verhindern, weil die verwendete Klausel unklar und nicht eindeutig formuliert und auch nicht geeignet sei, das mehrfache, tatsächliche Erklärungsverhalten des Arbeitgebers hinreichend zu entwerten. Die Klausel sei im Zweifel nur als Hinweis zu verstehen, zur Zahlung einer Sonderzahlung nicht verpflichtet zu sein.

⊃ **Nicht geeignet:**

Soweit der Arbeitgeber gesetzlich oder durch Tarifvertrag nicht vorgeschriebene Leistungen, wie Prämien, Zulagen, Urlaubsgeld, Gratifikationen, Weihnachtsgratifikationen gewährt, erfolgen sie freiwillig und ohne jede rechtliche Verpflichtung. Sie sind daher jederzeit ohne Wahrung einer besonderen Frist widerrufbar.

Damit ist die Wertungseinheit zur Rechtsprechung des 9. Senats wiederhergestellt, 72 der doppelte Schriftformklauseln für irreführend und damit unangemessen benachteiligend erklärt, weil sie beim Arbeitnehmer den Eindruck erwecken, jede spätere vom Vertrag abweichende mündliche Abrede sei gemäß § 125 Satz 2 BGB nichtig.[4] Das entspreche aber nicht der wahren Rechtslage, da nach § 305b BGB individuelle Vertragsabreden Vorrang vor AGB und damit auch gegenüber doppelten Schriftformklauseln hätten. Da die doppelte Schriftformklausel zu weit gefasst war, konnte sie auch nicht für den Fall der betrieblichen Übung aufrecht erhalten wer-

---

1 Richtig *Reinfelder*, NZA-Beilage 2014, 10 (13); zum Ganzen *Preis/Sagan*, NZA 2012, 697 (698).
2 BAG v. 21.1.2009 – 10 AZR 219/08, NZA 2009, 310.
3 BAG v. 8.12.2010 – 10 AZR 671/90, NZA 2011, 628.
4 BAG v. 20.5.2008 – 9 AZR 382/07, NZA 2008, 1233.

den. Dem hat sich der 10. Senat im Hinblick auf Freiwilligkeitsvorbehalte angeschlossen und verlangt nunmehr ebenfalls, dass sie sich nicht auf Individualvereinbarungen nach § 305b BGB erstrecken.[1] Das für die Praxis entscheidende Ergebnis ist einstweilen: **Freiwilligkeitsvorbehalte und Schriftformklauseln können Vertragszusagen nicht verhindern.** Wenn die Klauseln aber **eingrenzend formuliert** sind, sollen beide Klauseltypen die **betriebliche Übung verhindern** können. Den Versuch einer dogmatischen Begründung hierfür liefert der 9. Senat. Die betriebliche Übung sei nicht als Individualabrede i.S.d. § 305b BGB anzusehen.[2] Durch das einseitige Verhalten gegenüber allen Arbeitnehmern entstehe zugunsten einer Vielzahl von Arbeitnehmern eine betriebliche Übung und eben keine individuell ausgehandelte Verpflichtung.[3] Die betriebliche Übung begründe zwar einen vertraglichen Anspruch. Dieser entstehe jedoch nicht aufgrund einer individuell ausgehandelten Abrede zwischen den Arbeitsvertragsparteien. Eine Individualabrede liege aber nur vor, wenn eine Klausel nicht gestellt, sondern ausgehandelt wurde, § 305 Abs. 1 Satz 3 BGB. Der Inhalt der betrieblichen Übung aber werde nicht ausgehandelt, sondern einseitig durch das Verhalten des Arbeitgebers bestimmt und somit gestellt. Eine betriebliche Übung setzt sich daher nicht nach § 305b BGB durch. Kurzum: Freiwilligkeitsvorbehalte und Schriftformklauseln sind allenfalls noch zulässig, wenn sie **klar auf das Phänomen der betrieblichen Übung beschränkt sind**.[4] Es ist aber offen, ob der 10. Senat der Rechtsprechung des 9. Senats auch insoweit folgen und den Freiwilligkeitsvorbehalt zur Verhinderung einer betrieblichen Übung noch akzeptieren wird.[5] In seiner jüngeren Rechtsprechung hat der 10. Senat hieran deutliche Zweifel aufkommen lassen, weil selbst bei einer entsprechenden Beschränkung der Klausel die Bedeutung eines späteren Erklärungsverhaltens des Arbeitgebers im Vertrag festgelegt würde.[6]

6. Teilbefristung

73 Wie bei allen anderen Flexibilisierungsinstrumenten ist auch die Befristung bei allen wesentlichen Vertragsbestandteilen (Übertragung von Tätigkeiten, Arbeitszeitregelungen, Entgelten und Sozialleistungen) denkbar.[7] Mit Zeitablauf **entfällt der entsprechende Vertragsbestandteil automatisch**, es bedarf keines Ausführungsakts durch den Arbeitgeber mehr.

a) Allgemeine Grundsätze

74 Vor Anwendbarkeit der AGB-Kontrolle im Arbeitsrecht erkannte das BAG die Möglichkeit der befristeten Gewährung außertariflicher Vergütungsbestandteile im

---

1 BAG v. 18.9.2011 – 10 AZR 526/10, NZA 2012, 81 Rz. 39.
2 *Ulrici*, BB 2005, 1902 (1903).
3 BAG v. 20.5.2008 – 9 AZR 382/07, NZA 2008, 1233.
4 CKK/*Klumpp*, § 307 BGB Rz. 192; i. E. auch *Hromadka*, DB 2012, 1037 (1041).
5 Offen gelassen in BAG v. 20.2.2013 – 10 AZR 177/12, NZA 2013, 1015 Rz. 21.
6 BAG v. 19.3.2014 – 10 AZR 622/13, DB 2014, 1203 Rz. 28.
7 Zur früheren Rspr. BAG v. 13.6.1986 – 7 AZR 650/84, AP Nr. 19 zu § 2 KSchG 1969; v. 21.4.1993 – 7 AZR 297/92, AP Nr. 34 zu § 2 KSchG 1969; LAG Köln v. 6.5.1992 – 7 Sa 126/92, LAGE § 620 BGB Nr. 27.

Grundsatz an.[1] Nach einer Entscheidung des BAG vom 13.6.1986[2] bedurfte auch die Teilbefristung – ebenso wie die Befristung des ganzen Arbeitsverhältnisses – eines **sachlichen Grundes**, und zwar dann, wenn bei unbefristeter Änderung die neuen Arbeitsbedingungen dem **gesetzlichen Änderungsschutz** unterliegen würden. Dabei wurden die Anforderungen an den sachlichen Grund wegen der **geringeren sozialen Schutzbedürftigkeit** des Arbeitnehmers niedriger angesetzt, da das Arbeitsverhältnis als solches bestehen bleibt. Fehlte es an einem sachlichen Grund, war die Befristung der einzelnen Vertragsbedingung unwirksam und galt auf unbestimmte Zeit.[3] Mit Urteil vom 21.4.1993[4] konkretisierte das BAG diese Rechtsprechung weiter und suchte gleichzeitig Anschluss an seine „Kernbereichs-Rechtsprechung" zu den Widerrufsvorbehalten. Nach dieser Entscheidung ist ein **sachlicher Grund** für die Befristung **nur** zu verlangen, wenn ein **Eingriff in den Kernbereich** des Arbeitsverhältnisses vorliegt. Im konkreten Fall verneinte das BAG bei der Befristung einer Provisionszusage in Höhe von 15 % der Gesamtvergütung einen solchen Eingriff. Angesichts der Bedenken an der Rechtsprechung erscheint es sachgerecht, bei einer Befristung von Arbeitsbedingungen **nicht** die gleichen Kontrollmaßstäbe anzuwenden wie bei einer Befristung des gesamten Arbeitsverhältnisses. Die Befristung von Arbeitsbedingungen ist, ebenso wie Anrechnungs-, Freiwilligkeits-, Widerrufs- und Teilkündigungsvorbehalte, eine **vertragsgestalterische Variation**, die nach den allgemeinen Prinzipien einer **Inhaltskontrolle** bei paritätsgestörter Vertragsgestaltung (§§ 307ff. BGB) zu behandeln ist.[5] Mit allen diesen Flexibilisierungsinstrumenten möchte der Arbeitgeber das gleiche Ziel erreichen, nämlich eine Leistung zu gewähren, ohne dauerhaft daran gebunden zu sein. Die Zulässigkeit der verschiedenen Flexibilisierungsinstrumente kann aus diesem Grund nicht allein nach dem formalen vertragstechnischen Weg beurteilt werden. Anderenfalls könnte sich der Arbeitgeber einer Kontrolle seiner Klauseln durch die Wahl der Formulierung entziehen. Es ist also eine **Harmonisierung der Kontrollmaßstäbe** erforderlich und durch die Einbeziehung von vorformulierten Arbeitsverträgen in die AGB-Kontrolle auch vom Gesetzgeber gewollt (§ 310 Abs. 4 BGB).

Das BAG hat diese Harmonisierung der Kontrollmaßstäbe vollzogen. Nach Inkrafttreten des TzBfG entschied das BAG zunächst, dass das Gesetz auf die Befristung einzelner Arbeitsbedingungen keine Anwendung findet.[6] Daraus folgte zweierlei: Die Befristung einzelner Arbeitsbedingungen bedarf nicht der Schriftform nach § 14 Abs. 4 TzBfG; außerdem gilt die Klagefrist des § 17 TzBfG ebenfalls nicht.[7]

75

---

1 Vgl. BAG v. 21.4.1993 – 7 AZR 297/92, AP Nr. 34 zu § 2 KSchG 1969; v. 23.1.2002 – 7 AZR 563/00, AP Nr. 12 zu § 1 BeschFG 1996; so auch LAG Sa.-Anh. v. 10.2.1995 – 2 Sa 888/94, ArztR 1998, 287; LAG Köln v. 6.5.1992 – 7 Sa 126/92, LAGE § 620 BGB Nr. 27; LAG Rh.-Pf. v. 13.11.1987 – 6 Sa 690/87, ARST 1988, 124 (Ls.); vgl. auch zur befristeten Erhöhung der Arbeitszeit BAG v. 9.8.2000 – 7 AZR 823/98, RzK I 9c Nr. 37.
2 BAG v. 13.6.1986 – 7 AZR 650/84, AP Nr. 19 zu § 2 KSchG 1969; zust. auch nach der Schuldrechtsreform *Sievers*, NZA 2002, 1182 (1184).
3 BAG v. 13.6.1986 – 7 AZR 650/84, AP Nr. 19 zu § 2 KSchG 1969; v. 16.1.1991 – 4 AZR 301/90, NZA 1991, 490.
4 BAG v. 21.4.1993 – 7 AZR 297/92, AP Nr. 34 zu § 2 KSchG 1969.
5 Vgl. bereits *Preis*, Vertragsgestaltung, S. 414ff.; *Preis*, FS Kissel, 1994, S. 879ff.
6 BAG v. 3.9.2003 – 7 AZR 106/03, AP Nr. 4 zu § 14 TzBfG; v. 18.1.2006 – 7 AZR 191/05, AP Nr. 8 zu § 305 BGB; s. aber BAG v. 15.12.2011 – 7 AZR 394/10, NZA 2012, 674 Rz. 18, wonach etwas anderes gelten kann, wenn eine Kontrolle nach §§ 305ff. BGB ausscheidet.
7 BAG v. 4.6.2003 – 7 AZR 406/02, AP Nr. 1 zu § 17 TzBfG.

76 Damit war der Weg frei, auch die Anknüpfung an die Umgehungsrechtsprechung aufzugeben. Klargestellt ist, dass die Befristung einzelner Arbeitsbedingungen in gestellten Vertragsbedingungen der Inhaltskontrolle nach Maßgabe der §§ 307 ff. BGB unterliegt.[1] Das gilt ebenso bei einer auflösenden Bedingung.[2] Insgesamt gelten folgende Grundsätze:

77 Zunächst ist zu unterscheiden, ob **bereits im gestellten Arbeitsvertrag** selbst Befristungen enthalten sind oder ob eine befristete Arbeitsbedingung im bestehenden bestandsgeschützten Arbeitsverhältnis durch Aushandlung vereinbart wird. Ausgehandelte befristete Einzelarbeitsbedingungen unterliegen keiner Inhaltskontrolle (§ 305 Abs. 1 Satz 3 BGB). An das Vorliegen des Aushandelns werden aber hohe Anforderungen gestellt.[3] Dennoch ist im Kontext des § 310 Abs. 3 Nr. 3 BGB zu berücksichtigen, dass sich der Arbeitnehmer bei Änderungsbefristungen **im bestehenden Arbeitsverhältnis** typischerweise in einer stärkeren Position befindet als derjenige, der einen Arbeitsplatz erst erhalten will. Ersterer kann nachteilige Befristungsabreden ablehnen.

78 Die befristete Änderung gerade der synallagmatischen Pflichten aus dem Arbeitsverhältnis stellt eine Änderung des Hauptleistungsversprechens dar; es handelt sich bei entsprechenden Befristungsklauseln um eine nach § 307 Abs. 3 BGB kontrollfähige Abrede.[4] Gegenstand der Inhaltskontrolle ist nicht die vereinbarte Erhöhung der Arbeitszeit und damit der Umfang der vom Arbeitnehmer zu erbringenden Arbeitsleistung als Hauptleistungspflicht aus dem Arbeitsverhältnis, sondern deren zeitliche Einschränkung durch die Befristung. Hier gibt es unterschiedliche Konstellationen, die auch für die Inhaltskontrolle relevant sind. So kann eine zusätzliche Entgeltleistung von vornherein befristet werden. Es kann aber auch erst im laufenden Arbeitsverhältnis zu einer befristeten Gewährung eines Vorteils kommen, etwa zu einer befristeten Arbeitszeiterhöhung oder der befristeten Ausübung einer höherwertigen Tätigkeit. Bei diesen Fallkonstellationen liegt die Benachteiligung nicht in der Gewährung des Vorteils, sondern eher in der Befristungsabrede selbst.[5]

79 Dies kann es geboten erscheinen lassen, bei der Inhaltskontrolle zu differenzieren. Klar ist, dass auch die Befristung einzelner Arbeitsbedingungen – wie alle Änderungsvorbehalte – dem Transparenzgebot (§ 307 Abs. 1 Satz 2 BGB) unterliegt. In der Regel muss also der tragende Grund für die Befristung der Einzelabrede in der gestellten Klausel benannt werden.[6] Dabei sind keine unzumutbaren Anforderungen zu stellen. Die Intransparenz als solche benachteiligt den Klauselgegner jedenfalls dann unangemessen, wenn mit der Intransparenz nachteilige Wirkungen ein-

---

1 Vgl. BAG v. 27.7.2005 – 7 AZR 486/04, AP Nr. 6 zu § 307 BGB = NZA 2006, 40 (46); v. 8.8. 2007 – 7 AZR 855/06, NZA 2008, 229; *Preis/Bender*, NZA-RR 2005, 337.
2 BAG v. 16.5.2012 – 10 AZR 252/10, ZTR 2012, 513 Rz. 21.
3 BAG v. 27.7.2005 – 7 AZR 486/04, AP Nr. 6 zu § 307 BGB = NZA 2006, 40 (46).
4 BAG v. 27.7.2005 – 7 AZR 486/04, AP Nr. 6 zu § 307 BGB = NZA 2006, 40 (46); *Preis/Bender*, NZA-RR 2005, 337 (340); *Maschmann*, RdA 2005, 212 (220); a.A. *Thüsing/Leder*, BB 2005, 1563 (1567).
5 Überzeugend HWK/*Gotthardt*, Anhang zu §§ 305–310 BGB Rz. 33.
6 ErfK/*Preis*, §§ 305–310 BGB Rz. 75; a.A. *Willemsen/Grau*, NZA 2005, 1137 (1142); *Hohenstatt/Schramm*, NZA 2007, 238 (243); offen gelassen in BAG v. 27.7.2005 – 7 AZR 486/04, AP Nr. 6 zu § 307 BGB = NZA 2006, 40 (46); s.a. LAG Düsseldorf v. 20.2.2007 – 3 Sa 1180/06, LAGE § 307 BGB 2002 Nr. 12.

hergehen. Doch muss der Kern des Befristungsgrundes („wirtschaftliche Gründe", „Erprobung") benannt werden oder aus anderen Umständen klar ersichtlich sein. Dabei sind die Transparenzerfordernisse bei einer befristeten Arbeitsbedingung eher noch höher als beim Widerrufsvorbehalt, da hier die Ausübungskontrolle wegfällt und die Rechtfertigung der Befristungsabrede im Abschlusszeitpunkt klar sein muss. An dieser Position wird trotz der gegenteiligen Position des 7. Senats des BAG[1] festgehalten. Allein durch die Vereinbarung der Befristung wird das Transparenzgebot nicht gewahrt. Die Rechtsunsicherheit der intransparenten Kettenbefristung ist nicht geringer als bei Widerrufsvorbehalten. Die Rechtsprechung zieht demgegenüber die Wertungen des TzBfG heran, dies aber uneinheitlich. Soweit es die Schriftform (§ 14 Abs. 4 TzBfG) oder die Klagefrist (§ 17 TzBfG) betrifft, wird die Übernahme der Wertungen des TzBfG abgelehnt. Soweit aber die Kontrolle der Klauseln betroffen ist, werden die – durchaus problematischen – Wertungen zur Befristungskontrolle übernommen (Kontrolle nur der letzten Befristung, keine Notwendigkeit eines transparent vereinbarten Befristungsgrundes, Heranziehung der Rechtsprechung zu Befristungsgründen). Die Unausgewogenheit dieser Rechtsprechung zeigt sich daran, dass einerseits die analoge Anwendung des Schriftformerfordernisses nach § 14 Abs. 4 TzBfG verneint, andererseits – eben unter Bezugnahme auf die Rechtsprechung zu § 14 TzBfG – auch AGB-rechtliche Transparenzerfordernisse verweigert werden.

Ist die Befristung der Einzelarbeitsbedingung objektiv sachlich gerechtfertigt, liegt keine unangemessene Benachteiligung vor. Eine unangemessene Benachteiligung ist jedenfalls zu verneinen, wenn sogar ein Sachgrund für die Befristung des gesamten Arbeitsverhältnisses vorgelegen hätte.[2] Die erstmalig gestellte, befristete Übertragung einer höherwertigen Arbeitsbedingung ist zwar kontrollfähig, aber regelmäßig nicht unangemessen benachteiligend (vgl. Rz. 85 ff.). 80

Die Inhaltskontrolle der Befristungsabrede erfolgt nach der Generalklausel des § 307 Abs. 1 Satz 1 BGB. Die Rechtsprechung des BAG hat mit befristeten Einzelarbeitsbedingungen immer wieder im Bereich des öffentlichen Dienstes zu tun. Hier geht es in der Hauptsache der Fälle um die befristete Aufstockung von Stundendeputaten im Schulbereich oder die befristete Übertragung höherwertiger Positionen. Das unbefristete Arbeitsverhältnis soll dem Arbeitnehmer ein dauerhaftes Auskommen sichern und zu einer längerfristigen Lebensplanung beitragen. Für diese Planung ist regelmäßig auch die Höhe des von ihm erzielten Einkommens maßgebend. Diese Aspekte sind bei der Inhaltskontrolle befristeter Einzelarbeitsbedingungen zu berücksichtigen.[3] Wie bei anderen Änderungsvorbehalten auch gilt, dass der Arbeitgeber sein Wirtschaftsrisiko nicht auf den Arbeitnehmer verlagern darf.[4] Die Prüfung der (Un-)Angemessenheit des Nachteils für den Arbeitnehmer ist an Art und Maß der mittels Befristung flexibilisierten Arbeitsbedingungen auszurichten. Dies hat wiederum den Vorteil, sachlich nicht begründbare Un- 81

---

1 BAG v. 2.9.2009 – 7 AZR 233/08, NZA 2009, 1253; der Entscheidung zustimmend: *Schramm/Naber*, NZA 2009, 1318 (1321).
2 BAG v. 8.8.2007 – 7 AZR 855/06, NZA 2008, 229; *Preis/Bender*, NZA-RR 2005, 337 (341).
3 BAG v. 27.7.2005 – 7 AZR 486/04, AP Nr. 6 zu § 307 BGB = NZA 2006, 40 (46).
4 Vgl. *Preis/Bender*, NZA-RR 2005, 337; zur befristeten Erhöhung der Arbeitszeit aus temporären Haushaltsmitteln LAG Düsseldorf v. 20.2.2007 – 3 Sa 1180/06, LAGE § 307 BGB 2002 Nr. 12.

terschiede zwischen den verschiedenen Flexibilisierungsformen des Individualarbeitsrechts, die sich mehr durch die Art ihres Funktionsmechanismus als durch ihren Inhalt unterscheiden, abzubauen und die Wertungsmaßstäbe zu vereinheitlichen, insbesondere was das Verhältnis von Widerrufsvorbehalt und Befristung der einzelnen Arbeitsbedingung anbelangt.

82 Sollen Leistungen befristet werden, die im funktionellen Synallagma stehen, insbesondere solche im Entgeltbereich, ist eine strengere Prüfung erforderlich, wobei Abstufungen möglich sind, etwa in den Fällen einer befristeten Erhöhung oder Absenkung von Stundendeputaten. So kann der Umfang der jeweiligen Erhöhung oder Absenkung ebenso wenig unberücksichtigt bleiben wie die Gewährung eines Lohnausgleichs als eine Benachteiligung i.S.d. § 307 Abs. 1 BGB ausschließende, sachbezogene Kompensation. Eine befristete Erhöhung der Stundenzahl von 23 auf 25 Stunden z.B. ist schon wegen ihrer geringen Schwankungsbreite nicht unangemessen benachteiligend.[1] Befristungen von Leistungen, die nicht im Gegenseitigkeitsverhältnis zueinander stehen, sind unter erleichterten Kautelen möglich. Hier reichen vernünftige und nachvollziehbare Gründe aus, um eine unangemessene Benachteiligung i.S.d. § 307 Abs. 1 BGB zu verneinen, so wenn etwa ein Fahrkosten- oder Essenszuschuss auf die Zeit befristet wird, in welcher dem Arbeitnehmer erhöhte Fahrt- bzw. Essenskosten entstehen.

83 Ist die Befristung der Arbeitsbedingung ausnahmsweise wegen unangemessener Benachteiligung unwirksam, bleibt der Vertrag im Übrigen wirksam (§ 306 Abs. 1 BGB) mit der Folge, dass die Vertragsbedingung auf unbestimmte Zeit gilt.

84 Denkbar ist, dass Tätigkeitsbereiche befristet zugewiesen werden. Dies ist unproblematisch, soweit dies eine kontrollfreie Hauptabrede ist, sich die Veränderungen innerhalb des Direktionsrechts bewegen und keine „echte" Direktionsrechtserweiterung mit Veränderung des Austauschverhältnisses stattfindet (näher → *Direktionsrecht und Tätigkeitsbeschreibung*, II D 30). Die vorformulierte Befristungsabrede trägt den sachlichen Grund „in sich", wenn der Arbeitgeber die betreffende Arbeitsbedingung auch durch Ausübung seines Direktionsrechts hätte ändern können.[2] Auch in diesem Fall fehlt es an einer unangemessenen Benachteiligung des Arbeitnehmers.

b) Übertragung einer höherwertigen/günstigeren Arbeitsbedingung

85 Was den Inhalt der befristeten Einzelarbeitsbedingungen anbelangt, ist zu differenzieren. So ist die befristete Gewährung günstigerer Arbeitsbedingungen, etwa die zeitweise Übertragung einer höherwertigen Tätigkeit, keine unangemessene Benachteiligung gemäß § 307 Abs. 1 BGB. Die Benachteiligung liegt ausschließlich in der Befristungsabrede. Diese wird problematisch, wenn eine **Kettenbefristung** vorliegt, wenn also höherwertige oder günstigere Tätigkeiten immer wieder nur auf Zeit übertragen werden. In diesen Fällen, aber nur in diesen, besteht in der Tat die Gefahr, dass der nach §§ 2, 1 Abs. 2 KSchG intendierte Inhaltsschutz funktionswidrig umgangen wird, was zur unangemessenen Benachteiligung des Arbeitnehmers i.S.v. § 307 BGB führt. Eines sei aber in jedem Fall betont: Bei *erstmaliger*

---
[1] So i. E. auch *Maschmann*, RdA 2005, 212.
[2] *Preis/Bender*, NZA-RR 2005, 337 (341).

Übertragung einer höherwertigen Tätigkeit kraft Vereinbarung liegt keine unangemessene Benachteiligung des Arbeitnehmers vor. Eine unangemessene Verlagerung des Wirtschafts- oder Beschäftigungsrisikos bzw. Beeinträchtigung des Bestandsschutzes ist darin nicht zu erkennen.

Beispiele:
– Dem unbefristet beschäftigten Arbeitnehmer wird zur Erprobung/wegen eines noch nicht geklärten Personalbedarfs eine höherwertige Position befristet für die Dauer von einem/zwei Jahren angeboten.
– Dem unbefristet beschäftigten Arbeitnehmer wird – wegen Mehrbedarfs/befristeter Haushaltsmittel/zur Vertretung – erstmals die Aufstockung der Arbeitszeit von 30 auf 40 Wochenstunden für ein Jahr angeboten, was dieser gerne annimmt.

Dem Transparenzgedanken folgend muss in der Befristungsabrede ein Sachgrund vereinbart werden. Ist dieser nur vorgeschoben und liegt in Wahrheit nicht vor, ist die Befristungsabrede unwirksam. Auf diese Weise erfolgt über die Transparenzkontrolle eine Sachgerechtigkeitskontrolle, die Rechtsmissbrauch weitgehend ausschließt. Große Unterschiede zur früheren Rechtsprechung bestehen nicht.[1] Ein sachlicher Grund liegt vor. Die Befristung ist nicht zu beanstanden, wenn der transparente Sachgrund – befristete Aufstockung aus vorübergehend (wegen Beurlaubung eines Arbeitnehmers) zur Verfügung stehenden Haushaltsmitteln – vertraglich vereinbart war und tatsächlich vorlag. Der Fall des BAG vom 9.8.2000[2] ist davon gekennzeichnet, dass zwar ein transparenter Befristungsgrund vereinbart war („als Ersatz für den im Modellversuch Ökologisches Bauen in den neuen Bundesländern tätigen Lehrer P. M."), dieser aber tatsächlich nicht vorlag bzw. vorgeschoben war.

c) Mehrfache Befristung von Aufstockungen der Arbeitszeit

Die Rechtsprechung des BAG zur Befristung von Einzelarbeitsbedingungen beschäftigt sich primär mit Fällen aus dem Schulbereich, wo teilzeitbeschäftigte Lehrer jeweils zum neuen Schuljahr befristete Aufstockungen ihres Stundendeputats erhalten.

Beispiel:
Ein Lehrer wird seit 1999 unbefristet mit 18/26 Wochenstunden beschäftigt. Die Unterrichtsverpflichtung des Klägers wurde für das Schuljahr 1999/2000 um acht Stunden und für das Schuljahr 2000/2001 um sieben Stunden aufgestockt. Für das Schuljahr 2001/2002 bot das beklagte Land dem Kläger mit Schreiben vom 18.7.2001 erneut die befristete Erhöhung um acht Stunden, d.h. auf eine Vollzeitbeschäftigung an.

Das BAG sah in seiner früheren Rechtsprechung die Befristung der Aufstockung als nicht gerechtfertigt an.[3] Das BAG beanstandete, dass das beklagte Land Jahr für Jahr erneut prüfen wolle, ob und in welchem Umfang eine Aufstockung der Unterrichtsverpflichtung in Betracht kommt. Damit will es sich die Möglichkeit vorbehalten, auf einen ungewissen Arbeitsbedarf flexibel reagieren zu können. Das sei aber kein

---
1 Vgl. BAG v. 14.1.2004 – 7 AZR 342/03, AP Nr. 8 zu § 14 TzBfG; ähnlich BAG v. 15.4.1999 – 7 AZR 734/97, NZA 1999, 1115 = AP Nr. 18 zu § 2 BAT SR 2y.
2 BAG v. 9.8.2000 – 7 AZR 823/98, RzK I 9c Nr. 37.
3 BAG v. 14.1.2004 – 7 AZR 342/03, AP Nr. 8 zu § 14 TzBfG.

Sachgrund für die Befristung. Die Ungewissheit über den künftigen Arbeitskräftebedarf gehöre zum unternehmerischen Risiko, das nicht durch den Abschluss befristeter Arbeitsverträge oder die Vereinbarung befristet geltender Arbeitsbedingungen auf die Arbeitnehmer abgewälzt werden könne. Nach meiner Auffassung wäre der Fall unter der Geltung der §§ 305 ff. BGB nicht anders zu entscheiden gewesen. Zum einen bedarf es einer transparenten Vertragsgestaltung, d.h., in der Vertragsvereinbarung hätte der Grund für die befristete Übertragung der Mehrstunden wenigstens ansatzweise konkretisiert werden müssen. Hätte das Land in den Vertrag den Sachgrund des vorübergehenden Mehrbedarfs aufgenommen, wäre dies in gleicher Weise überprüft worden. Durch eine vage Vertragsklausel das unternehmerische Risiko auf den Arbeitnehmer abzuwälzen, wäre dagegen unangemessen benachteiligend. Insoweit fließt in die Vertragskontrolle auch der durch § 2 KSchG gewährleistete Inhaltsschutz als Leitgedanke in die Interessenabwägung ein.[1]

89 Umso überraschender ist das Resultat der neueren BAG-Entscheidungen.[2] Das BAG erkennt zwar das schützenswerte Interesse des Arbeitnehmers an der unbefristeten Vereinbarung des Umfangs der Arbeitszeit, das durch eine Vertragsgestaltung beeinträchtigt wird, die lediglich eine zeitlich unbegrenzte Teilzeitbeschäftigung vorsieht und die für jeweils ein Jahr befristete, zwar von den Vertragsparteien zu vereinbarende, aber vom Arbeitgeber im Umfang jeweils vorgegebene Aufstockung der Arbeitszeit in unterschiedlicher Höhe bis zu einer Vollzeitbeschäftigung ermöglicht. Bei einer solchen Vertragsgestaltung kann der Arbeitnehmer, dessen Arbeitszeit befristet erhöht wird, seinen Lebensstandard nicht an einem mit weitgehender Sicherheit kalkulierbaren, in etwa gleich bleibenden Einkommen ausrichten. Er muss vielmehr stets damit rechnen, dass ein Aufstockungsangebot des Arbeitgebers nach Ablauf eines Jahres ausbleibt und sein Einkommen auf den der unbefristeten Teilzeitbeschäftigung entsprechenden Betrag absinkt oder durch ein Aufstockungsangebot mit einem verringerten Pflichtstundendeputat geschmälert wird. Auch reicht allein die Ungewissheit über den künftigen Arbeitskräftebedarf nicht aus, die Befristung von Arbeitszeiterhöhungen zu rechtfertigen. Diese Ungewissheit gehöre zum unternehmerischen Risiko, das nicht auf die Arbeitnehmer verlagert werden dürfe.

90 Die wiederholte Befristung der Arbeitszeiterhöhung sah das BAG jedoch in den zitierten Fällen aufgrund der Besonderheiten im Schulbereich des beklagten Landes als gerechtfertigt an. Die mit den Lehrkräften auf der Grundlage der Vereinbarung zur Beschäftigungssicherung im Schulbereich gewählte Vertragsgestaltung, zu der die befristete Aufstockung der Arbeitszeit im Bedarfsfall für die Dauer eines Schuljahres gehöre, sei unter besonderer Berücksichtigung des Versorgungsauftrags des beklagten Landes für die im Land lebenden schulpflichtigen Personen insgesamt ausgewogen und führt zu einem angemessenen Ausgleich der beiderseitigen Interessen. In seiner Entscheidung vom 2.9.2009 hat das BAG für einen Fall außerhalb des Schulbereichs bestätigt und hinsichtlich der Transparenzerfordernisse weitreichend liberalisiert (s. hierzu Rz. 79).[3] Die Problematik, dass dem Arbeitgeber damit ein intransparentes Instrument zur Abwälzung des unternehmerischen Risikos an

---

1 *Preis/Bender*, NZA-RR 2005, 337 (343).
2 BAG v. 8.8.2007 – 7 AZR 855/06, NZA 2008, 229; v. 27.7.2005 – 7 AZR 486/04, AP Nr. 6 zu § 307 BGB = NZA 2006, 40 (46).
3 BAG v. 2.9.2009 – 7 AZR 233/08, NZA 2009, 1253.

die Hand gegeben wird, wird gesehen,[1] aber nicht adäquat gelöst. Gerade das Erfordernis, einen transparenten Befristungsgrund angeben zu müssen, würde die Gefahr der Verlagerung der Risiken abmildern. Mit der Entscheidung vom 15.12.2011 hält das BAG es nunmehr aber für unangemessen, wenn das Teilzeitarbeitsverhältnis einer Justizbeschäftigten von 0,5 der regelmäßigen durchschnittlichen Arbeitszeit eines Vollzeitbeschäftigten für drei Monate um weitere 0,5 zu einer Vollzeitstelle aufgestockt wird und hierfür kein Sachgrund nach § 14 Abs. 1 TzBfG vorliegt; dies unterscheide sich kaum vom Abschluss eines zusätzlichen befristeten Arbeitsvertrages, der einer sachlichen Rechtfertigung bedarf.[2]

d) Befristung von Zulagen und anderen Entgeltbestandteilen

Typ 5: Befristung synallagmatischer Leistungen

a) Bis zum Abschluss des Großauftrags mit ... erhält der Arbeitnehmer eine monatliche Zulage in Höhe von ... Euro.

b) Der Arbeitnehmer erhält eine monatliche Zulage in Höhe von ... Euro. Diese ist befristet bis zur Inbetriebnahme der Maschine XY am ..., durch die der Arbeitsanfall deutlich zurückgehen wird. Um betriebsbedingte Kündigungen zu vermeiden, entfällt ab diesem Zeitpunkt die Zulage.

c) Auf Grund des mit Drittmitteln finanzierten, auf ... Jahre befristeten und anschließend nicht weiterzuführenden Projekts XY erhält der Arbeitnehmer für diese ... Jahre eine monatliche Zulage von ... Euro.

Typ 6: Befristung anderer Leistungen

a) Die Wechselschichtzulage ist befristet auf die Zeit, während der der Arbeitnehmer in Wechselschicht beschäftigt wird.

b) Dem Arbeitnehmer wird ein Fahrtkostenzuschuss in Höhe von ... Euro pro Tag gewährt für die Zeit, während der er nicht im Stammbetrieb in ... tätig ist, sondern in den Betrieb in ... abgeordnet wird.

c) Der Arbeitgeber zahlt dem Arbeitnehmer einen Essenszuschuss in Höhe von ... Euro pro Tag bis zur Wiedereröffnung der betriebseigenen Kantine nach Abschluss der Renovierungsarbeiten.

Befristungen von Entgeltbestandteilen, die **im Gegenseitigkeitsverhältnis** stehen, sind transparent auszugestalten. Nach hier vertretener Ansicht ist dringend zu empfehlen, zur Wahrung des Transparenzgebotes Befristungsgründe in die Klausel einzufügen. Zureichende Gründe können u.a. ein **Rückgang des Arbeitsanfalls** aufgrund des Endes eines Auftrags (Typ 5a) oder aufgrund von Rationalisierungsmaßnahmen (Typ 5b) sein, sofern der Rückgang im **Zeitpunkt** der Befristung aufgrund bestimmter betriebswirtschaftlicher Methoden **vorherzusehen** ist. Die ohne bestimmte Anhaltspunkte bestehende bloße Befürchtung des Arbeitgebers, irgendwann in der Zukunft einen Rückgang des Arbeitsanfalls befürchten zu müssen,

---
1 S.a. *Schramm/Naber*, NZA 2009, 1318 (1321).
2 BAG v. 15.12.2011 – 7 AZR 394/10, NZA 2012, 674 Rz. 24f.

reicht dagegen nicht für die Befristung von Vergütungsbestandteilen aus. Auch die Finanzierung eines Projekts aus **Drittmitteln** (Typ 5c) kann eine Befristung von Vergütungsbestandteilen rechtfertigen, sofern schon bei der Befristung sicher ist, dass nach Streichung der Drittmittel das Projekt nicht weitergeführt wird.

92 Befristungen von **nicht im Gegenseitigkeitsverhältnis** stehenden Leistungen sind an weniger strenge Voraussetzungen gebunden. Sie sind zulässig, wenn für die Befristung vernünftige und nachvollziehbare Gründe bestehen. So kann bspw. ein Fahrtkosten- oder Essenszuschuss für die Zeit befristet werden, in der dem Arbeitnehmer erhöhte Fahrt- bzw. Essenskosten entstehen (Klauseln Typ 6b und c). Auch spricht nichts gegen die Befristung einer Erschwerniszulage auf die Zeit, während der das Erschwernis tatsächlich besteht (Typ 6a).

93 Bei der Inhaltskontrolle ist zu bedenken, dass die **Befristung** schon aus systematischen Gründen für den Arbeitnehmer das **schonendste Mittel** ist. Denn hier weiß er in dem Zeitpunkt, zu dem er die Sonderleistung erhält, dass dies nur für die vorgesehene Befristungsdauer geschieht. Bei der Befristung kann er sich auf das Ende der Leistung einstellen, wodurch der Vertrauensschutz geringer zu bewerten ist als bei einer unbefristeten, zum Teil länger gewährten, aber widerruflichen Leistung.

94 Konsens besteht, dass auch für die Befristung von Entgeltbestandteilen ein **Befristungsgrund** bestehen muss.[1] Fraglich ist, welches Gewicht dieser haben muss und wie präzise dieser ausgestaltet sein muss. Dabei ist zu bedenken, dass die Beurteilung dieser Frage sehr von der jeweiligen Vertragszusage abhängt. So ist es etwa ohne Weiteres zulässig, eine Bonuszahlung an das Bestehen eines Arbeitsverhältnisses in einem Geschäfts- oder Kalenderjahr zu binden.[2] Denkbar muss dann auch sein, dass ein Arbeitgeber nur für ein bestimmtes Jahr eine Ergebnisbeteiligung in Aussicht stellt. Dabei kann sich aus der Art der Vereinbarung schon deren Transparenz ergeben. Verspricht etwa der Arbeitgeber im Jahre 2010 eine Ergebnisbeteiligung für das Jahr 2011 unter bestimmten Voraussetzungen, so bindet ihn diese rechtsgeschäftliche Erklärung auch nur für dieses Jahr. Denkbar ist, dass der Arbeitgeber im Folgejahr eine Gewinnbeteiligung mit anderen Parametern auslobt. Dabei handelt es sich um eine Gesamtzusage, die jeweils auf ein Kalender- bzw. Geschäftsjahr befristet ist. Rechtlich und faktisch bewirkt eine solche Vertragsgestaltung eine Befristung von Entgeltbedingungen.

95 Im Ergebnis zutreffend ist es, bei **befristeten Entgeltbedingungen**, soweit sie **Sonderzahlungen** betreffen, an das Erfordernis des sachlichen Grunds im Rahmen der AGB-Kontrolle **relativ geringe Anforderungen** zu stellen. Bei ergebnis- oder leistungsabhängigen Sonderzahlungen liegt ein *nachvollziehbares* Flexibilisierungsinteresse des Arbeitgebers darin, in Abhängigkeit von der wirtschaftlichen Entwicklung des Unternehmens und der Marktsituation über die Gewährung der Leistung dem Grunde, der Höhe und der inhaltlichen Ausgestaltung nach für jedes Jahr neu zu entscheiden.[3] Denn immerhin erlangt der Arbeitnehmer für das folgende Jahr mit einer befristeten Zusage Rechtssicherheit. Da mit Sonderzahlungen zulässige Steuerungsfunktionen in Bezug auf das künftige (Leistungs-)Verhalten der Arbeitnehmer erreicht werden sollen und auch die maßgeblichen Parameter, etwa bei

---

1 Ebenso *Willemsen/Jansen*, RdA 2010, 1 (5).
2 BAG v. 6.5.2009 – 10 AZR 443/08, NZA 2009, 783.
3 *Willemsen/Jansen*, RdA 2010, 1 (7).

Gewinnbeteiligungen oder Zielvereinbarungen, einem regelmäßigen Wandel unterliegen können, ist eine befristete Zusage ein interessenausgleichendes Gestaltungsinstrument. So ist zu empfehlen, befristete Leistungen an exakte Anspruchsvoraussetzungen zu binden, diese explizit auf das jeweilige (Geschäfts-)Jahr zu beschränken und bei wiederholter Gewährung stets neu festzulegen und bekanntzugeben.[1]

Typ 7: Befristete Gewährung von Bonuszahlungen/Gewinnbeteiligungen/Zielvereinbarungen

Die Firma X-AG gewährt im Kalenderjahr 2014 allen Mitarbeiter, deren Arbeitsverhältnis im Kalenderjahr 2014 bestanden hat, eine Bonuszahlung in Höhe von ... (Bruttomonatsgehalt oder andere Bemessungsgrundlage) unter folgenden Voraussetzungen:
a) (z.B. Umsatzziel) oder
b) (z.B. Gewinn) oder
c) (100%ige Zielerreichung nach Maßgabe der individuellen Zielvereinbarung)

Aus wirtschaftlichen Gründen, insbesondere den sich ändernden Marktbedingungen, kann dieser Bonus nur für das Kalenderjahr 2014 zugesagt werden.

Der Bonus kommt nach Feststellung des Jahresabschlusses bis 30.6.2015 zur Auszahlung.

Diese Bonusregelung begründet keinen Rechtsanspruch für folgende Kalenderjahre. Ob und unter welchen Voraussetzungen für das Jahr 2015 eine Bonuszahlung erfolgt, wird bis zum 31.12.2014 entschieden und ggf. bekanntgegeben.

Mit dieser Abrede sind weitergehende Bindungs- oder Freiwilligkeitsklauseln unvereinbar.[2] Der Arbeitnehmer hat für ein Kalenderjahr eine klare Zusage unter bestimmten Voraussetzungen erhalten, auf deren Erfüllung er zuarbeitet. Solche Vereinbarungen sind transparent und fair. Sie honorieren die Leistungen in einem Kalenderjahr. Diese können und sollen nicht „freiwillig" gestellt oder an zusätzliche Bindungen geknüpft werden. Eine solche explizite Abrede hat darüber hinaus den Vorteil, dass es dem Arbeitnehmer schwer fallen dürfte, eine darüber hinausgehende individuelle konkludente Vertragsabrede nachzuweisen. Dieses Risiko besteht aber, wenn der Arbeitgeber – ohne klare Vertragsregelung – Bonuszahlungen in erheblicher Höhe in regelmäßigen Abständen ausschüttet (→ *Sonderzahlungen*, II S 40 Rz. 13). Ob bei befristeten Sonderzahlungen die Angemessenheit der Vertragsgestaltung davon abhängt, wie hoch die Sonderzahlung – insbesondere im Verhältnis zum sonstigen Entgelt – ist, erscheint zweifelhaft und ist im Ergebnis abzulehnen.[3]

Selbstredend können befristete Zusagen auch individuell an einzelne Mitarbeiter gegeben werden. Zu beachten ist jedoch, dass bei willkürlichen Abgrenzungen ggf. nicht berücksichtigte Mitarbeiter einen **Anspruch auf Gleichbehandlung** geltend machen können. So hat das BAG entschieden, dass der Arbeitgeber, der in bestimmten Hierarchieebenen Aktienoptionsprogramme auflegt, die Begünstigten

---
1 Ausführlich und zutreffend *Willemsen/Jansen*, RdA 2010, 1 (7).
2 Ebenso *Willemsen/Jansen*, RdA 2010, 1 (9).
3 *Willemsen/Jansen*, RdA 2010, 1 (6 ff.).

klar abgrenzen muss. Geschieht dies nicht, hat der übergangene Mitarbeiter Anspruch auf Gleichbehandlung.[1]

e) Zusammenfassung

98 Die neuere Rechtsprechung des BAG hat die früher beklagten erheblichen **Wertungswidersprüche** bei Änderungsvorbehalten überwiegend beseitigt. Die 25 %-Schwelle gilt bei Eingriffen in das Austauschverhältnis. Sie kann aber nicht auf Hauptabreden wie Zielvereinbarungen oder Befristungsabreden übertragen werden. Bei der befristeten Arbeitszeiterhöhung, Übertragung höherwertiger Tätigkeiten u.a.m. liegt die Benachteiligung nicht in der Gewährung des Vorteils, sondern ggf. in der Befristungsabrede.[2] Bei der Befristung einer Arbeitszeiterhöhung, die auf einem sachlichen Vertretungsgrund fußt, ergäbe daher eine Anwendung der 25 %-Schwelle keinen Sinn.[3] Eine Prozentschwelle kann insbesondere bei transparent gestalteten Sonderzahlungen kein maßgebliches Beurteilungskriterium für eine angemessene Vertragsgestaltung bei befristeten Abreden sein. Es wird empfohlen, Befristungsabreden so transparent wie möglich zu gestalten und Befristungsgründe anzugeben. Trotz umstrittener Rechtslage ist dies ein Gebot des sichersten Weges bei der Vertragsgestaltung.

7. Mitbestimmungsrecht des Betriebsrats

99 Bei zusätzlichen Leistungen des Arbeitgebers besteht ein Mitbestimmungsrecht des Betriebsrats gemäß § 87 Abs. 1 Nr. 10 BetrVG hinsichtlich der **Aufstellung der Verteilungsgrundsätze**.[4] Eine Änderung der Verteilungsgrundsätze liegt vor, wenn sich das Verhältnis der Zulagen unterschiedlicher Arbeitnehmer zueinander verändert.

100 **Mitbestimmungsfrei** ist hingegen die Entscheidung des Arbeitgebers, ob und mit welchem finanziellen Aufwand (sog. **Dotierungsrahmen**) eine übertarifliche Leistung eingeführt werden soll, die Ausübung des Widerrufs, die Auskehrung einer einmaligen Zahlung, die Befristung sowie die Anrechnung[5] selbst.

101 Raum für ein Mitbestimmungsrecht ist nur dort, wo sich die **Verteilungsgrundsätze für die zusätzliche Leistung ändern** und darüber hinaus ein **Regelungsspielraum** für eine anderweitige Verteilung des Zulagevolumens verbleibt. Dies ist insbesondere der Fall, wenn der Arbeitgeber die betreffende Leistung nur **teilweise widerruft**, eine einmalige Zahlung nur **teilweise wiederholt**, eine Zulage nur **teilweise befristet** oder eine Tariflohnerhöhung nur **teilweise anrechnet** und jeweils ein übrig bleibendes Zulagevolumen neu verteilen möchte.

102 Ein besonderes **Kostenrisiko** für den Arbeitgeber kann bei der Gewährung einer Sonderzulage von dem **Initiativrecht** des Betriebsrats ausgehen. Dieser kann sein Mit-

---

[1] BAG v. 21.10.2009 – 10 AZR 664/08, NZA-RR 2010, 289.
[2] Überzeugend HWK/*Gotthardt* Anhang zu §§ 305 bis 310 Rz. 33.
[3] BAG v. 18.6.2008 – 7 AZR 245/07, n.v.
[4] Vgl. BAG v. 3.6.2003 – 1 AZR 314/02, n.v.; zu Einzelheiten des Mitbestimmungsrechts vgl. ErfK/*Kania*, § 87 BetrVG Rz. 107 ff. m.w.N.
[5] Einzelheiten dazu BAG v. 3.12.1991 – GS 2/90, AP Nr. 51 zu § 87 BetrVG 1972 Lohngestaltung.

bestimmungsrecht nach **§ 87 Abs. 1 Nr. 10 BetrVG** erzwingen und ggf. die Einigungsstelle anrufen, um eine Regelung der Verteilung herbeizuführen. Das Kostenrisiko zeigt sich an folgendem **Beispiel:**

Der Arbeitgeber legt für die Gewährung einer Sonderzahlung einen Dotierungsrahmen von 600 000 Euro fest. Davon soll die Arbeitnehmer-Gruppe A 100 000 Euro, B 200 000 Euro und C 300 000 Euro erhalten. Entsprechende einzelvertragliche Regelungen werden getroffen. Der Betriebsrat wird nicht mit einbezogen und das Geld ausgezahlt. Der Betriebsrat erzwingt daraufhin vor der Einigungsstelle eine Betriebsvereinbarung, die einen Verteilungsschlüssel vorsieht, nach der jede Gruppe 200 000 Euro erhalten soll. Danach erhält Gruppe A ebenso wie Gruppe B 200 000 Euro. Die Gruppe C hingegen kann sich auf die für sie günstigere einzelvertragliche Regelung mit dem Arbeitgeber berufen, nach der ihr 300 000 Euro zustehen. Die Gesamtverpflichtung des Arbeitgebers beläuft sich nun folglich auf 700 000 Euro.

Das **Mitbestimmungsrecht** des Betriebsrats bei der Gewährung von Sondervergütungen gemäß § 87 Abs. 1 Nr. 10 BetrVG bleibt grundsätzlich davon **unberührt**, dass der Arbeitgeber schon vor der Betriebsratsbeteiligung an die Arbeitnehmer aufgrund **einzelvertraglicher Abreden Zahlungen erbringt**, die er nicht mehr zurückfordern kann.[1] Um diese unerwünschten Folgen zu verhindern, sollte ein sog. **Betriebsvereinbarungsvorbehalt** in den Arbeitsvertrag aufgenommen werden. Als Formulierung kommen zwei Möglichkeiten in Betracht:

Typ 8: Betriebsvereinbarungsvorbehalt

a) Wird die Zulage in einer Betriebsvereinbarung geregelt, so gehen deren Regelungen ohne Rücksicht auf ihre Günstigkeit den Vorgaben des Arbeitsvertrags vor.

b) Sollte durch Tarifvertrag oder Betriebsvereinbarung ein Anspruch auf Sonderleistungen begründet werden, werden die arbeitsvertraglichen Sonderleistungen auf die kollektivrechtlichen Ansprüche angerechnet.

Bei Klauseltyp 8a kommt es bei Abschluss einer Betriebsvereinbarung zu einer vollständigen **Ersetzung** der arbeitsvertraglichen Vereinbarungen durch die Betriebsvereinbarung. Im genannten Beispiel (Rz. 103) könnte auch die Arbeitnehmer-Gruppe 3 nur 200 000 Euro beanspruchen, da die Betriebsvereinbarung nicht neben die einzelvertragliche Abrede getreten wäre, sondern sie ersetzt hätte. Die Klausel verhindert folglich, dass sich der Dotierungsrahmen durch die zwingende Mitbestimmung gemäß § 87 Abs. 1 Nr. 10 BetrVG nachträglich erhöht.

Einem anderen Zweck dient Klauseltyp 8b.[2] Diese Formulierung ermöglicht es dem Arbeitgeber, Zulagen auf Betriebsvereinbarungen **anzurechnen**. Im Vergleich zu Klauseltyp 8a ist sie für den Arbeitnehmer „milder", denn sie vermag nicht zu verhindern, dass sich der Arbeitnehmer auf eine fortbestehende Einzelabrede beruft, die für ihn günstiger ist. Sie sollte daher nur dort Anwendung finden, wo mit dem Betriebsrat bereits vor Gewährung der Leistung Einigkeit über den Verteilungs-

---
1 BAG v. 14.6.1994 – 1 ABR 63/93, AP Nr. 69 zu § 87 BetrVG 1972 Lohngestaltung.
2 Vgl. *Gaul*, Sonderbeilage zu NZA 3/2001, 51 (59).

schlüssel besteht. Stets zu empfehlen ist es, wie hier etwaige Regelungen durch Tarifvertrag in den Anrechnungsvorbehalt aufzunehmen.

107 Ein Mitbestimmungsrecht entsteht **nicht** beim vollständigen Wegfall einer übertariflichen Leistung durch Widerruf, Einstellung der Leistung oder Anrechnung, sofern nicht eine Neuverteilung geplant ist, sowie bei Befristung der gesamten Zulage. Anders ausgedrückt: Das Mitbestimmungsrecht nach § 87 Abs. 1 Nr. 10 BetrVG versagt dort, wo es vertragsrechtlich ums Ganze geht.

108 Wird das Mitbestimmungsrecht nicht beachtet, ist der an sich nicht mitbestimmte Widerruf gegenüber den Arbeitnehmern **unwirksam**. Diese haben bis zur Einigung des Arbeitgebers mit dem Betriebsrat einen Anspruch auf die Zulage in ihrer ursprünglichen Höhe.[1]

8. Hinweise zur Vertragsgestaltung

109 Die Flexibilisierungsinstrumente Widerrufsvorbehalt, Teilbefristung, Freiwilligkeits- sowie Anrechnungsvorbehalt sollten hinsichtlich ihrer Wirksamkeit nicht, wie von der Rechtsprechung praktiziert, isoliert betrachtet werden. Vielmehr ist angesichts der funktionalen Äquivalenz eine **Harmonisierung der Kontrollmaßstäbe** anzustreben.

110 Dabei ist – spätestens mit der Anwendung des AGB-Rechts auf Arbeitsverträge (§ 310 Abs. 4 BGB) – eine **Differenzierung zwischen Individual- und Kollektivverträgen** einerseits und **Formularverträgen** andererseits sowie nach der **Art der Leistung** sachgerecht.

111 Nur **vorformulierte Verträge** werden wegen des Ungleichgewichts zwischen den Vertragsparteien auf ihre **Angemessenheit** hin kontrolliert (§§ 307 ff. BGB), ausgehandelte **Individual- und Kollektivverträge** sind in den Grenzen des **§ 138 BGB** zulässig. Bei der Vertragsgestaltung durch den Arbeitgeber ist auf eine **transparente und eindeutige Formulierung** der Voraussetzungen für eine Flexibilisierung zu achten.

112 Um eine unangemessene Benachteiligung des Arbeitnehmers durch eine zu weitgehende Relativierung der Vertragsbindungen und damit die Nichtigkeit der entsprechenden Klausel zu vermeiden, sollten **synallagmatische Leistungen nur bei Vorliegen solcher Gründe** flexibilisiert werden, die **auch eine (Änderungs-)Kündigung rechtfertigen** würden. Freiwilligkeitsvorbehalte sind bei vorausgehender rechtsgeschäftlicher Zusage generell ausgeschlossen. Auch im Übrigen empfiehlt es sich, primär auf transparente Widerrufs- und Anrechnungsvorbehalte sowie auf Befristungsabreden zu bauen, statt unangemessene Freiwilligkeitsvorbehalte zu perpetuieren und das Gebot des sichersten Weges bei der Vertragsgestaltung zu verlassen. Die Gründe, bei deren Vorliegen ein einseitiges Leistungsbestimmungsrecht ausgeübt werden kann, sollten in jedem Fall im Vertrag ausdrücklich aufgeführt werden.

---

1 BAG GS v. 3.12.1991 – GS 2/90, AP Nr. 51 zu § 87 BetrVG 1972 Lohngestaltung.

Eine transparente Vertragsgestaltung liegt im Interesse beider Parteien. Für den Arbeitnehmer wird die **Rechtssicherheit** erhöht. Er erkennt schon aus der Vertragsklausel, welche Leistungen in welchem Fall flexibilisiert werden können. Daher wird er eher als bei sehr unkonkreten Regelungen die Einstellung der Leistung ohne gerichtliche Klärung akzeptieren, was wiederum auch im Interesse des Arbeitgebers liegt. Darüber hinaus sind für den Arbeitgeber die **Kosten** einer Sonderleistung besser kalkulierbar, wenn er nicht damit rechnen muss, dass eine Vertragsklausel wegen Unklarheit vom Gericht für nichtig erklärt und dem Arbeitnehmer ein unbegrenzter Anspruch zugesprochen wird. Die vorliegenden Ausführungen geben Hinweise, wie eine solche transparente Vertragsgestaltung zu verwirklichen ist.

V 80 Vorruhestand

	Rz.		Rz.
1. Einführung	1	3. Altersteilzeit	26
2. Wertguthaben für den Vorruhestand	2	a) Übersicht	26
a) Sozialrechtliche Rahmenbedingungen für Wertguthaben	3	b) Hinweise zur Vertragsgestaltung	29
aa) Definition von Wertguthaben	3	aa) Altersteilzeitvereinbarung	29
(1) Abgrenzung zu Gleitzeit- und Flexi-Konten	4	bb) Tätigkeitsbeschreibung	33
(2) Freistellungszweck	6	cc) Arbeitszeit	34
(3) Anspruchsuntergrenze	7	dd) Arbeitsentgelt	38
bb) Rechtsfolgen	8	ee) Aufstockungsleistungen	41
(1) Beschäftigungsfiktion in Freistellungsphasen	8	(1) Allgemeines	41
(2) Beitragspflicht	12	(2) Aufstockung der betrieblichen Altersversorgung	47
(3) Verwendung von Wertguthaben	13	ff) Insolvenzsicherung	48
cc) Führung und Verwaltung von Wertguthaben	17	gg) Entgeltfortzahlung im Krankheitsfall	50
dd) Insolvenzschutz	22	hh) Nebentätigkeiten	53
b) Hinweise zur Vertragsgestaltung	25	ii) Mitteilungspflichten	56
		jj) Beendigung des Arbeitsverhältnisses	57
		4. Steuerrechtliche Aspekte	62

Schrifttum:

Andresen, Frühpensionierung und Altersteilzeit, 3. Aufl. 2003; *Bauer*, Rechtliche und taktische Probleme der Altersteilzeit, NZA 1997, 401; *Cisch/Ulbrich*, Flexi-Gesetz II: Licht und Schatten, BB 2009, 550; *Debler*, Altersteilzeit – „Störfälle" und andere unvorhergesehene Ereignisse, NZA 2001, 1285; *Diller*, Das neue Altersteilzeitgesetz, NZA 1996, 847; *Diller*, Das neue Gesetz zur Absicherung flexibler Arbeitszeitregelungen (Flexi-Gesetz), NZA 1998, 792; *Förster/Heger*, Altersteilzeit und betriebliche Altersversorgung, DB 1998, 141; *Gaul/Cepl*, Wichtige Änderungen im Altersteilzeitgesetz, BB 2000, 1727; *Grabmaier*, Insolvenzschutz von Arbeitszeitkonten, 2003; *Hanau*, Neue Altersteilzeit, NZA 2009, 225; *Hanau/Arteaga*, Insolvenzsicherung und Lohnbesteuerung von Arbeitszeitkonten, BB 1998, 2054; *Hanau/Veit*, Neues Gesetz zur Verbesserung der Rahmenbedingungen für die Absicherung flexibler Arbeitszeitregelungen und zur Änderung anderer Gesetze, NJW 2009, 182; *Hanau/Veit/Hoff*, Recht und Praxis der Arbeitszeitkonten, 2. Aufl. 2015; *Höfer/Ververs*, Betriebliche Altersversorgung: Ausgliederung durch Contractual Trust Arrangement oder Pensionsfonds?, DB 2007, 1365; *Huke/Lepping*, Neue Rahmenbedingungen für die Insolvenzsicherung von Arbeitszeitkonten, ZIP 2009, 1204; *Kallhoff*, Umbau des Altersteilzeitgesetzes im Rahmen von „Hartz III", NZA 2004, 692; *Klemm*, Lebensarbeitszeitkonten – ein Modell für die Zukunft, NZA 2006, 946; *Knospe*, Die Verpflichtung zum Insolvenzschutz für Vertragsparteien einer Wertguthabenvereinbarung im Rahmen flexibler Arbeitszeitgestaltung, NZA 2006, 187; *Knospe*, Neue Rahmenbedingungen für Wertguthaben und Arbeitszeitkonten im Sozialgesetzbuch IV, NZS 2009, 600; *Kovacs/Koch*, Neue Berechnungsmethode zur Ermittlung der Aufstockungsbeträge nach dem Altersteilzeitgesetz ab 1.7. 2004, NZA 2004, 585; *Langohr-Plato/Morisse*, Insolvenzschutz von Wertguthaben aus Altersteilzeit, BB 2002, 2330; *Langohr-Plato/Sopora*, Neue gesetzliche Rahmenbedingungen für Zeitwertkonten, NZA 2008, 1377; *Lingemann*, Altersteilzeit-Verträge – Vertragsmuster mit Erläuterungen, MDR 2002, 382; *Nimscholz*, Altersteilzeit in der Insolvenz, ZIP 2002, 1936; *Perreng*, Insolvenzsicherung von Arbeitszeitkonten, AiB 2008, 342; *Reichling/Wolf*, Mustervertrag zum Altersteilzeitgesetz, NZA 1997, 422 und NZS 1997, 164; *Rittweger*, Sonderfragen der tariflichen Altersteilzeit, NZS 1999, 126; *Rittweger*, Gesetz zur Fortentwicklung der Altersteilzeit, NZS 2000, 240; *Rolfs*, Übergang vom Erwerbsleben in den Ruhestand, NZA Beilage 4/2010, 139; *Rolfs/Schmid*, Sicherung von Betriebsrenten durch Contractual Trust Arrangements, ZIP 2010, 701; *Rolfs/Witschen*, Neue Regeln für Wertguthaben, NZS 2009, 295; *Rombach*, Das sozialversicherungsrechtliche Flexigesetz unter Berücksichtigung seiner Anwendung im Rahmen der Altersteilzeitarbeit, RdA 1999, 194; *Stindt*, Ziele, Anreize und Chancen des neuen Altersteilzeitgesetzes, DB 1996, 2281; *Stück*, Arbeitgeberkündigung im Altersteilzeitverhältnis, NZA 2000, 749; *Wellisch/Lenz*, Wertkonten und andere Arbeitszeitkonten, DB 2008, 2762; *Wolf*, Die beiden Gesetze zur Fortentwicklung der Altersteilzeit, NZA 2000, 637; *Wonneberger*, Das Gesetz zur sozialrechtlichen Absicherung flexibler Arbeitszeitregelungen, DB 1998, 982.

1. Einführung

Die stufenweise Anhebung der Altersgrenzen vom 65. auf das 67. Lebensjahr seit 2012 lässt es für viele Arbeitnehmer noch deutlicher als zuvor attraktiv erscheinen, rechtzeitig vor dem Ruhestand in Planungen über die Beendigung des Erwerbslebens einzutreten. Zugleich sind die allein oder weit überwiegend von den Arbeitgebern finanzierten Vorruhestandsprogramme der 1980er- und 1990er-Jahre deutlich zurückgefahren worden. Arbeitnehmer, die nicht bis zur Regelaltersgrenze (oder einer für sie individuell geltenden früheren Altersgrenze, etwa für langjährig Beschäftigte) arbeiten wollen, müssen rechtzeitig an ihren Arbeitgeber herantreten und eine vertragliche Verständigung versuchen. Dabei bieten sich vor allem zwei Wege an: Arbeitnehmer können im Laufe ihres Arbeitslebens **Wertguthaben**, z.B. durch Überstunden, ansammeln, und in ein Langzeitkonto einbringen. Dieses kann dann am Ende des Erwerbslebens aufgelöst werden. Neben diese vom Arbeitnehmer selbst finanzierte Möglichkeit des Vorruhestandes tritt nach wie vor diejenige der **Altersteilzeit**. Allerdings wird sie für Neuverträge seit 2010 nur noch steuer- und sozialversicherungsrechtlich, aber nicht mehr durch Erstattung der Aufstockungsbeträge gefördert und belastet damit wirtschaftlich vornehmlich die Arbeitgeber.

2. Wertguthaben für den Vorruhestand

Die **flexible Gestaltung der Arbeitszeit** ist in vielen Bereichen des Erwerbslebens mittlerweile selbstverständlich. Eine besondere Form der Arbeitszeitgestaltung stellen Wertguthabenvereinbarungen dar. Diese Vereinbarungen sehen vor, dass in einer Ansparphase Arbeitsentgelt auf einem Konto gesammelt wird, von dem in Phasen einer Freistellung von der Arbeitsleistung Guthaben entnommen wird, so dass ein gleichmäßiges Einkommen des Beschäftigten gewährleistet ist.[1] Dieses Wertguthaben kann für den **Vorruhestand**, aber auch für andere Zwecke (Sabbatical, verlängerte Elternzeit, Pflegezeit etc.) verwendet werden. Der entsprechende Verwendungszweck kann vertraglich festgelegt, aber auch zunächst offen gehalten werden. Arbeitsrechtlich ist die Behandlung von Arbeitszeitvereinbarungen unproblematisch. Innerhalb der Vorgaben des ArbZG kann die Arbeitszeit frei gestaltet werden. § 2 Abs. 3 MiLoG lässt Wertguthabenvereinbarungen selbst im Mindestlohnbereich unbeschränkt zu.[2] Schwieriger ist die sozialversicherungsrechtliche Behandlung des Arbeitsentgelts, welches in ein Wertguthabenkonto eingebracht

---
1 Küttner/*Poeche*, Personalbuch 2014, Wertguthaben/Zeitguthaben Rz. 2; *Rolfs/Witschen*, NZS 2009, 295 (295); *Wonneberger*, DB 1998, 982 (982).
2 ErfK/*Franzen*, § 2 MiLoG Rz. 5.

oder ihm entnommen wird. Dass oft in erheblichem Umfang Vorleistungen erbracht werden, birgt außerdem die Gefahr schmerzlicher Ausfälle im Insolvenzfall. Des Weiteren wirft eine Beendigung des Beschäftigungsverhältnisses vor Inanspruchnahme des Wertguthabens Probleme auf (Störfall).

a) Sozialrechtliche Rahmenbedingungen für Wertguthaben

aa) Definition von Wertguthaben

3 Der Aufbau eines Wertguthabens ist erforderlich, wenn aus diesem später Arbeitsentgelt für Zeiten der Freistellung entnommen werden soll. Das **Vertragsmuster** (Rz. 25) konzentriert sich auf eine Freistellung zum Zwecke des Vorruhestandes. Die nachfolgenden Ausführungen gelten jedoch entsprechend auch für andere Freistellungszwecke (vgl. Rz. 6). Der zentrale Begriff der Wertguthabenvereinbarung wird in § 7b SGB IV definiert. Danach liegt eine Wertguthabenvereinbarung vor, wenn der Aufbau des Wertguthabens aufgrund einer schriftlichen Vereinbarung erfolgt (Nr. 1), diese Vereinbarung nicht das Ziel der flexiblen Gestaltung der werktäglichen oder wöchentlichen Arbeitszeit oder den Ausgleich betrieblicher Produktions- und Arbeitszyklen verfolgt (Nr. 2), Arbeitsentgelt in das Wertguthaben eingebracht wird, um es **für Zeiten der Freistellung von der Arbeitsleistung** oder der Verringerung der vertraglich vereinbarten Arbeitszeit **zu entnehmen** (Nr. 3), das aus dem Wertguthaben fällige Arbeitsentgelt mit einer vor oder nach der Freistellung von der Arbeitsleistung oder der Verringerung der vertraglich vereinbarten Arbeitszeit erbrachten Arbeitsleistung erzielt wird (Nr. 4) und das fällige Arbeitsentgelt insgesamt 450 Euro monatlich übersteigt, es sei denn, die Beschäftigung wurde vor der Freistellung als geringfügige Beschäftigung ausgeübt (Nr. 5).

(1) Abgrenzung zu Gleitzeit- und Flexi-Konten

4 Wertguthaben will der Gesetzgeber für das längerfristige Ansparen größerer Ausgleichsansprüche reservieren. Sie werden deshalb in § 7b Nr. 2 SGB IV abgegrenzt von Gleitzeit- und sog. Flexi-Konten. **Gleitzeitkonten** erfassen, abhängig von den betrieblichen Gegebenheiten, regelmäßig eher kurze Zeiträume etwa von einer Woche, einem Monat oder einem Quartal.[1] Ähnlich verhält es sich mit Vereinbarungen, die bei blockweiser Erbringung „vertikaler Teilzeitarbeit"[2] unterschiedliche Arbeitszeiten im Verlaufe des Kalenderjahres bei gleichbleibendem Arbeitsentgelt und entsprechender Kontierung des Entgeltguthabens[3] oder den Ausgleich betrieblicher Produktions- und Arbeitszyklen verfolgen, welche ebenfalls nicht als Wertguthabenvereinbarungen gelten. Für solche Arbeitszeitmodelle wird der Begriff „**Flexi-Konten**" verwendet.[4] Diese Vereinbarungen tragen in erster Linie betrieblichen Interessen Rechnung und gewährleisten eine am zyklischen Arbeitsaufkommen orientierte, wirtschaftlich sinnvolle Auslastung der Arbeitskräfte sowie einen

---

1 *Klemm*, NZA 2006, 946 (947); *Küttner/Poeche*, Personalbuch 2014, Arbeitszeitmodelle Rz. 5; ErfK/*Rolfs*, § 7b SGB IV Rz. 3.
2 Vgl. EuGH v. 10.6.2010 – Rs. C-395/08 u.a., Slg. 2010, I-5119 = NZA 2010, 753 – *Bruno u.a.*
3 *Rolfs/Witschen*, NZA 2011, 881 (883).
4 BT-Drucks. 16/10289, S. 14; *Wellisch/Lenz*, DB 2008, 2762 (2762).

gleichmäßigen Mitarbeiterbestand. Sie zielen auf eine flexible Gestaltung der werktäglichen Arbeitszeit unter Verstetigung der Entgeltzahlungen ab.

Wertguthabenvereinbarungen sind dagegen regelmäßig langfristig darauf angelegt, ein Guthaben anzusparen, mit dem Freistellungsphasen wie ein **vorzeitiger Ruhestand**, Sabbatjahre, Zeiten für die Erziehung von Kindern oder die Pflege von Angehörigen finanziell überbrückt werden sollen. Entscheidend ist, dass die Freistellung das Primärziel der Vereinbarung bildet (**Vertragsmuster § 1**).[1] Ein Guthabentransfer zwischen Wertguthaben- und anderen Zeitwertkonten ist jedoch zulässig, was den Vertragsparteien Gestaltungsspielräume eröffnet.[2]

(2) Freistellungszweck

§ 7b Nr. 3 SGB IV stellt klar, dass Arbeitsentgelt nur in Wertguthabenkonten eingebracht werden kann, um es für Zeiten der Freistellung von der Arbeitsleistung oder der Verringerung der vertraglich vereinbarten Arbeitszeit zu entnehmen. In § 7c Abs. 1 SGB IV sind einige Freistellungsmöglichkeiten exemplarisch aufgeführt. Der gesetzlichen Intention entsprechend sind andere Zwecke als die Freistellung von der Pflicht zur Arbeitsleistung oder die Verringerung der vertraglich vereinbarten Arbeitszeit in Wertguthabenvereinbarungen nur subsidiär zulässig.[3]

(3) Anspruchsuntergrenze

Grundsätzlich muss das aus dem Wertguthaben fällige Arbeitsentgelt während der Freistellungsphase 450 Euro monatlich übersteigen. Damit soll zum einen erreicht werden, dass der Beschäftigte seinen Lebensstandard auch in der Zeit der Freistellung halten kann. Zum anderen soll verhindert werden, dass die Beschäftigung unter die **Geringfügigkeitsschwelle** des § 8 Abs. 1 Nr. 1 SGB IV herabsinkt und damit der **kontinuierliche Sozialversicherungsschutz** des Arbeitnehmers gefährdet wird.[4] War der Arbeitnehmer aber schon vor der Freistellungsphase unterhalb der Geringfügigkeitsgrenze beschäftigt, kann er auch während der Zeit der Freistellung ein Arbeitsentgelt von bis zu 450 Euro monatlich aus dem angesparten Wertguthaben in Anspruch nehmen.

bb) Rechtsfolgen

(1) Beschäftigungsfiktion in Freistellungsphasen

Während einer Freistellungsphase bleibt das privatrechtliche Arbeitsverhältnis bestehen, lediglich die wechselseitigen Pflichten zur Erbringung der Arbeitsleistung und zur Zahlung des Arbeitsentgelts ruhen. Ein sozialrechtliches Beschäftigungsverhältnis (§ 7 Abs. 1 SGB IV) setzt jedoch grundsätzlich die tatsächliche Erbringung einer Arbeitsleistung voraus.[5] Liegen die Voraussetzungen des § 7 Abs. 1a

---
1 *Hanau/Veit*, NJW 2009, 182 (183); *Rolfs/Witschen*, NZS 2009, 295 (296).
2 BT-Drucks. 16/10289, S. 15; vgl. *Wellisch/Lenz*, DB 2008, 2762 (2764 ff.).
3 KassKomm/*Seewald*, § 7b SGB IV Rz. 9 f.; *Rolfs/Witschen*, NZS 2009, 295 (296).
4 ErfK/*Rolfs*, § 7b SGB IV Rz. 6; Kreikebohm/*Marschner*, § 7b SGB IV Rz. 7.
5 Vgl. aber BSG v. 24.9.2008 – B 12 KR 22/07 R, NZA-RR 2009, 272 (273); v. 24.9.2008 – B 12 KR 27/07 R, BSGE 101, 273 (275 ff.) = NJW 2009, 1772 (1772 ff.).

SGB IV vor, so gilt auch eine längere Freistellungsphase, in der nicht gearbeitet wird, als **Beschäftigung gegen Arbeitsentgelt**.

9 Erforderlich ist erstens, dass das **Wertguthaben** während der Freistellung **fällig wird**. Die Fälligkeit eines vor oder nach der Zeit der Freistellung erarbeiteten Wertguthabens ersetzt die tatsächliche Erbringung der Arbeitsleistung im Freistellungszeitraum und fingiert den Fortbestand des sozialversicherungsrechtlichen Beschäftigungsverhältnisses gegen Arbeitsentgelt mit all seinen rechtlichen Folgen, insbesondere der Versicherungspflicht.[1] In der Regel wird sich der Anspruch auf Auszahlung von Wertguthaben gegen den Arbeitgeber richten, der das entsprechende Konto führt.

10 Das fällige Wertguthaben darf **nicht unangemessen von dem** für die vorausgegangenen zwölf Monate bezogenen **Arbeitsentgelt abweichen** (§ 7 Abs. 1a Nr. 2 SGB IV). Wird der Beschäftigte nicht vollständig, sondern nur teilweise von der Arbeitsleistung freigestellt, so darf die Summe von dem unmittelbar erzielten Arbeitsentgelt und dem Wertguthabenzuschuss nicht unangemessen abweichen. Durch diese Voraussetzung soll gewährleistet werden, dass der Beschäftigte seinen Lebensunterhalt auch mit dem aus dem Wertguthaben entnommenen Arbeitsentgelt auf in etwa gleich bleibendem Niveau bestreiten kann und gleichmäßig Sozialversicherungsbeiträge abgeführt werden.[2] Angemessen ist das aus dem Wertguthaben fällige Arbeitsentgelt, wenn es im Monat mindestens 70 % und höchstens 130 % des durchschnittlich gezahlten Arbeitsentgelts der unmittelbar vorangegangenen zwölf Kalendermonate der Arbeitsphase beträgt (**Vertragsmuster § 4 Abs. 2**).[3]

11 Kommt es zu einer nicht vorhersehbaren Beendigung des Beschäftigungsverhältnisses, z.B. durch außerordentliche Kündigung, Erwerbsunfähigkeit oder Tod des Beschäftigten, bevor das durch Freistellungsphasen belastete Wertguthabenkonto wieder ausgeglichen werden konnte, so wird gemäß § 7 Abs. 1a Satz 3 SGB IV auch in diesem Fall ein entgeltliches Beschäftigungsverhältnis fingiert.

(2) Beitragspflicht

12 Die Beitragsansprüche der Versicherungsträger entstehen grundsätzlich, sobald ihre im Gesetz oder aufgrund eines Gesetzes bestimmten Voraussetzungen vorliegen (§ 22 Abs. 1 Satz 1 SGB IV, Entstehungsprinzip).[4] In der Regel ist die Beitragspflicht an eine entgeltliche Beschäftigung geknüpft. Dementsprechend wären Beiträge grundsätzlich auch für das nicht ausgezahlte, sondern dem Wertguthaben zugeführte Arbeitsentgelt fällig. Für Wertguthaben besteht aber eine Sonderregel bezüglich der Beitragsfälligkeit. **Wertguthaben** sind nicht schon während der Ansparpha-

---

1 § 25 Abs. 1 SGB III, § 5 Abs. 1 Nr. 1 SGB V, § 1 Nr. 1 SGB VI, § 2 Abs. 1 Nr. 1 SGB VII, § 20 Abs. 1 Satz 2 Nr. 1 SGB XI.
2 KassKomm/*Seewald*, § 7 SGB IV Rz. 145g.
3 BSG v. 20.3.2013 – B 12 KR 7/11 R, BSGE 113, 144 (149f.) = SozR 4–2400 § 7 Nr. 18; *Hanau/Veit*, NJW 2009, 182 (183).
4 BVerfG v. 11.9.2008 – 1 BvR 2007/05, NJW 2008, 3698; BSG v. 28.6.1995 – 7 RAr 102/94, BSGE 76, 162 (164ff.) = NZS 1996, 182; v. 14.7.2004 – B 12 KR 1/04 R, BSGE 93, 119 (123ff.) = NZS 2005, 538; v. 14.7.2004 – B 12 KR 7/04 R, ZTR 2005, 387 (387f.); BGH v. 2.12.2008 – 1 StR 416/08 – BGHSt 53, 71 (78) = NJW 2009, 528; LSG Nordrhein-Westfalen v. 22.8.2002 – L 5 B 41/02 KR ER, NZS 2003, 100 (101ff.).

se, sondern **erst dann zu verbeitragen, wenn sie in Anspruch genommen werden** (§ 23b Abs. 1 SGB IV). Die Sozialversicherungsbeiträge für das mit der Beschäftigung erwirtschaftete Arbeitsentgelt werden bis zu ihrer Auszahlung während der Freistellung des Beschäftigten gestundet. Die Stundung der Beiträge trägt wesentlich zur Attraktivität von Wertguthabenmodellen bei, da mit einer Anlage des Kapitals im Stundungszeitraum Zinserträge erzielt werden können. Weil Arbeitsentgelt, das in ein gegen die Insolvenz des Arbeitgebers gesichertes Wertguthabenkonto eingebracht wird, noch nicht als zugeflossen gilt, stellt sich der gleiche Effekt auch für die Steuerlast ein.

(3) Verwendung von Wertguthaben

Das Wertguthaben kann für **gesetzlich geregelte vollständige oder teilweise Freistellungen** von der Arbeitsleistung in Anspruch genommen werden. Exemplarisch erwähnt sind Pflege- und Erziehungszeiten nach § 3 PflegeZG und § 15 BEEG sowie Arbeitszeitverringerungen nach § 8 TzBfG. In diesen Fällen besteht ein gesetzlicher Anspruch auf die Inanspruchnahme des Wertguthabens. § 8 TzBfG findet dabei mit der Maßgabe Anwendung, dass sich die Reduzierung der Arbeitszeit auch nur auf den befristeten Zeitraum der Inanspruchnahme des Wertguthabens beziehen kann. Damit wird der allgemeine Anspruch auf Arbeitszeitverringerung, der grundsätzlich nur zeitlich unbefristet geltend gemacht werden kann,[1] in einem entscheidenden Punkt modifiziert.[2]

13

Eine Verwendung des Wertguthabens ist neben den gesetzlich geregelten auch für **vertraglich vereinbarte Freistellungen** von der Arbeitsleistung möglich. Beispielhaft im Gesetz genannt sind Altersteilzeit- und Vorruhestandsregelungen sowie die Teilnahme an Maßnahmen der beruflichen Qualifikation. Die Parteien können in freier Gestaltung auch andere Freistellungszwecke festlegen, für die Wertguthaben in Anspruch genommen werden kann. Ein Beispiel bilden die sog. „Sabbatjahre". Wird in der Wertguthabenvereinbarung kein bestimmter Freistellungszweck festgelegt, so gelten nur die gesetzlich geregelten Freistellungszeiträume als Verwendungszweck.[3]

14

Ein **gesetzlicher Anspruch** auf Freistellung und Inanspruchnahme des Wertguthabens auch für den **Vorruhestand** ist trotz entsprechender Forderungen[4] zwar nicht ausdrücklich in das Gesetz aufgenommen worden. Er kann sich jedoch ausdrücklich oder im Wege der Auslegung konkludent (§§ 133, 157 BGB) aus der Wertguthaben**vereinbarung** ergeben (**Vertragsmuster § 1**). Ihr Zweck ist per definitionem (§ 7b SGB IV) die Freistellung des Beschäftigten. Dieser würde verfehlt, wenn die Beschäftigung mit dem Renteneintritt endete, bevor das Wertguthaben vollständig aufgebraucht wurde. Es läge ein Störfall vor. Da der Übergang von der Beschäftigung zum Bezug einer Altersrente vorhersehbar ist, haben die Parteien es in der Hand, den Störfall durch eine unmittelbar vorhergehende Freistellungsphase zu verhindern. Der Arbeitgeber würde sich widersprüchlich verhalten (§ 242 BGB), wenn er

15

---

1 BAG v. 18.3.2003 – 9 AZR 126/02, AP Nr. 3 zu § 8 TzBfG; v. 19.8.2003 – 9 AZR 542/02, AP Nr. 4 zu § 8 TzBfG; v. 12.9.2006 – 9 AZR 686/05, AP Nr. 17 zu § 8 TzBfG.
2 ErfK/*Rolfs*, § 7c SGB IV Rz. 1; *Rolfs/Witschen*, NZS 2009, 295 (298).
3 *Hanau/Veit*, NJW 2009, 182 (183).
4 *Perreng*, AiB 2008, 342 (345).

den Zweck der Wertguthabenvereinbarung einseitig vereitelte, wenn keine betrieblichen Gründe der Freistellung entgegenstehen.

16 Ist dem Arbeitgeber besonders an einer langfristig ausgerichteten und sicher planbaren Personalpolitik gelegen, so wird für ihn eine Beschränkung des Verwendungszwecks auf Altersteilzeit- und Vorruhestandsmodelle sinnvoll sein. Für diese Lebenszyklusmodelle gelten nach § 7d Abs. 3 SGB IV weniger restriktive Vorgaben hinsichtlich der **Vermögensanlage (Vertragsmuster § 2 Abs. 3)**. Bezüglich einer solchen Vereinbarung befindet sich der Arbeitnehmer in einer recht günstigen Verhandlungsposition, weil die in § 7c Abs. 1 Nr. 1 SGB IV genannten gesetzlichen Freistellungsansprüche bereits ein breites Spektrum von Verwendungsmöglichkeiten abdecken, von dem er nur gegen Zugeständnisse an anderer Stelle abweichen wird.[1]

cc) Führung und Verwaltung von Wertguthaben

17 Die Führung und Verwaltung von Wertguthaben unterliegt besonderen Vorgaben, die dem Schutz des Wertguthabens im Interesse der Sozialversicherungsträger, der Finanzämter und der Beschäftigten dienen (**Vertragsmuster § 2 Abs. 1 und 2**).

18 Wertguthaben einschließlich des Arbeitgeberanteils am Gesamtsozialversicherungsbeitrag müssen als **Arbeitsentgeltguthaben** geführt werden (§ 7d Abs. 1 Satz 1 SGB IV). Eine Führung als Arbeitszeitkonto ist unzulässig. Soweit es 250 Stunden Freistellung von der Arbeitsleistung übersteigt, ist das Wertguthaben aus flexibler Arbeitszeit einschließlich der Zu- und Abgänge, der Abrechnungsmonat der ersten Gutschrift sowie der Abrechnungsmonat für jede Änderung in die Entgeltunterlagen aufzunehmen (§ 8 Abs. 1 Satz 1 Nr. 7 BVV). Darüber hinaus müssen diejenigen in das Wertguthaben eingebrachten Entgeltbestandteile, die oberhalb der Beitragsbemessungsgrenzen in den einzelnen Zweigen der Sozialversicherung liegen, besonders geführt werden, um ihre Beitragsfreiheit zu dokumentieren (SV-Luft).

19 § 7d Abs. 2 SGB IV statuiert eine **Informationspflicht des Arbeitgebers,** wonach Beschäftigte mindestens einmal jährlich in Textform über die Höhe des Wertguthabens zu unterrichten sind.

20 Der Arbeitgeber hat ferner sicherzustellen, dass zum Zeitpunkt der Inanspruchnahme mindestens der angelegte Wertguthabenbetrag verfügbar ist (§ 7d Abs. 3 Satz 1 SGB IV). Die **Verteilung einer Rendite**, die mit der Anlage des Wertguthabens erzielt werden kann, bleibt den Vertragsparteien überlassen (**Vertragsmuster § 2 Abs. 4**). Wird keine Vereinbarung über die Verteilung geschlossen, so steht die Rendite dem Arbeitgeber zu, der das Risiko des Wertverlusts und die Kosten der Insolvenzsicherung trägt.[2] Die Garantie muss sich aber nur auf den Zeitpunkt einer „planmäßigen", also vertraglich vereinbarten Inanspruchnahme des Wertguthabens, nicht jedoch auch auf den Zeitpunkt einer Störfallabrechnung beziehen.[3]

---

1 *Langohr-Plato/Sopora*, NZA 2008, 1377 (1378); *Rolfs/Witschen*, NZS 2009, 295 (299).
2 ErfK/*Rolfs*, § 7d SGB IV Rz. 3; *Hanau/Veit*, NJW 2009, 182 (185); *Rolfs/Witschen*, NZS 2009, 295 (300); **a.A.** *Knospe*, NZS 2009, 600 (604).
3 *Cisch/Ulbrich*, BB 2009, 550 (553); *Huke/Lepping*, ZIP 2009, 1204 (1206); *Knospe*, NZS 2009, 600 (603).

Für die Anlage des Wertguthabens gelten nach § 7d Abs. 3 SGB IV die §§ 80ff. SGB 21
IV mit der Maßgabe, dass eine Anlage in Aktien oder Aktienfonds bis zu einer Höhe
von 20 % zulässig ist. Ein höherer Anteil von Aktien oder Aktienfonds ist zulässig,
wenn dies entweder in einem Tarifvertrag bzw. aufgrund eines Tarifvertrages in
einer Betriebsvereinbarung vereinbart ist oder die Wertguthabenvereinbarung eine
Verwendung ausschließlich für **Vorruhestandsfreistellungen** vorsieht (**Vertragsmuster § 2 Abs. 3**).

dd) Insolvenzschutz

Die Vertragsparteien haben in der Wertguthabenvereinbarung vom Arbeitgeber zu 22
erfüllende Vorkehrungen zu treffen, um das Wertguthaben einschließlich des darin
enthaltenen Gesamtsozialversicherungsbeitrags vollständig gegen das Risiko der
Insolvenz abzusichern, soweit es einen Betrag in Höhe der monatlichen Bezugsgröße übersteigt (§ 7e Abs. 1 SGB IV).[1] Diese Pflicht besteht nicht, soweit ein Anspruch auf Insolvenzgeld besteht.

Das Wertguthaben ist unter Ausschluss der Rückführung auf einen **Treuhänder** zu 23
übertragen oder es ist auf andere Weise sicherzustellen, dass es von dem in die Insolvenzmasse fallenden Vermögen des Arbeitgebers getrennt wird und vom Beschäftigten **im Insolvenzfall** nach § 47 InsO **vollständig ausgesondert** werden könnte. Alternativ kann der Einsatz eines gleichwertigen Sicherungsmittels vereinbart
werden. Als Beispiele sind Versicherungs-, schuldrechtliche Verpfändungs- und
Bürgschaftsmodelle[2] genannt, die über einen ausreichenden Schutz gegen Kündigung verfügen müssen (**Vertragsmuster § 2 Abs. 3**).[3] Ausdrücklich als Sicherungsmittel ausgenommen sind bilanzielle Rückstellungen sowie Einstandspflichten
zwischen Konzernunternehmen nach § 18 AktG.

§ 7e Abs. 4 SGB IV statuiert eine Informationspflicht des Arbeitgebers, wonach dieser den Beschäftigten unverzüglich über die zum Insolvenzschutz getroffenen Vorkehrungen in geeigneter Weise schriftlich zu unterrichten hat, wenn die Voraussetzungen nach § 7e Abs. 1 SGB IV vorliegen. 24

b) Hinweise zur Vertragsgestaltung

Zwischen ... (Arbeitgeber/in) und Frau/Herrn ... (Arbeitnehmer/in) wird Folgendes 25
vereinbart:

Präambel

Ziel dieser Vereinbarung ist es, dem Arbeitnehmer einen vorgezogenen Ruhestand
zu ermöglichen. Zu diesem Zweck wird während der Ansparphase ein Wertguthaben aufgebaut, das im Vorruhestand wieder vollständig aufzulösen ist.

---

1 Ausführlich *Hanau/Veit/Hoff*, Recht und Praxis der Arbeitszeitkonten, S. 73ff.
2 Vgl. OLG München v. 30.1.2009 – 25 U 2011/08, VersR 2009, 928 (929).
3 Modelle der Insolvenzsicherung bei *Grabmaier*, Insolvenzschutz von Arbeitszeitkonten (2003); *Hanau/Arteaga*, BB 1998, 2054ff.; *Knospe*, NZA 2006, 187 (191); *Langohr-Plato/Morisse*, BB 2002, 2330; *Rittweger*, NZS 1999, 126 (128).

§ 1 Aufbau eines Wertguthabens

(1) Die individuelle Arbeitszeit des Arbeitnehmers wird auf ... %[1] der tariflichen regelmäßigen wöchentlichen Arbeitszeit reduziert (Teilzeitarbeit). Das Arbeitsentgelt vermindert sich im entsprechenden Umfang. Dem Arbeitnehmer verbleibt mindestens eine Bruttovergütung, welche die gesetzliche Grenze der geringfügigen Beschäftigung (zurzeit 450 Euro monatlich) übersteigt.

(2) Der Arbeitnehmer bleibt jedoch vollschichtig[2] auf seinem bisherigen Arbeitsplatz tätig. Die Vereinbarungen im Arbeitsvertrag vom ... behalten ihre Gültigkeit, soweit sie nicht durch diesen Vertrag abgeändert werden.

(3) Die Differenz zwischen dem Arbeitsentgelt für die individuelle regelmäßige wöchentliche Arbeitszeit (Absatz 1) und der tatsächlich geleisteten Arbeitszeit (Absatz 2) wird in ein Wertguthaben eingebracht.[3]

(4) Für die Berechnung des Urlaubsanspruchs, von Gratifikationen wie dem Weihnachtsgeld und der betrieblichen Altersversorgung wird dasjenige Arbeitsentgelt zugrunde gelegt, das sich ohne die Arbeitszeitreduzierung nach Absatz 1 ergäbe (Schattengehalt).

§ 2 Berechnung und Führung des Wertguthabens, Insolvenzsicherung

(1) Das nach § 1 Abs. 3 erworbene Guthaben wird anhand der individuellen Bruttovergütung des Arbeitnehmers einschließlich des darauf entfallenden Arbeitgeberanteils am Gesamtsozialversicherungsbeitrag errechnet und in Euro auf einem gesondert geführten Konto zeitgleich mit der Abrechnung und Auszahlung der monatlichen Vergütung gutgeschrieben (Vorruhestandskonto).

(2) Der Arbeitnehmer wird über seinen Kontostand monatlich mit der Gehaltsabrechnung in Textform informiert.

(3) Das Wertguthaben des Arbeitnehmers wird vom Arbeitgeber mit der ersten Gutschrift in einem Fonds eines inländischen Kreditinstituts angelegt, der ausschließlich festverzinsliche Wertpapiere des Euro-Raumes enthält. Der Arbeitgeber verpfändet seine Anteile an dem Fonds unwiderruflich an den Arbeitnehmer. Dieser nimmt hiermit die Pfandrechtsbestellung an. Der Arbeitgeber zeigt dem Fonds unverzüglich die Verpfändung an und weist diese Anzeige dem Arbeitnehmer nach.[4]

(4) Die Kosten für die Anlage des Wertguthabens werden vom Arbeitgeber getragen. Im Gegenzug stehen dem Arbeitnehmer die Fondserträge lediglich insoweit zu, als sie 1,25 % übersteigen. Der Arbeitgeber überlässt dem Arbeitnehmer Abschriften der regelmäßigen Depotauszüge in Kopie oder elektronischer Form.

(5) Das Guthaben auf dem Vorruhestandskonto ist zum Geldwert vererblich.

---

1 Oder: auf eine bestimmte Stundenzahl. Bei dieser Option bleiben spätere (z.B. tarifliche) Veränderungen der regelmäßigen wöchentlichen Arbeitszeit ohne Auswirkung auf die individuelle Arbeitszeit, sie reduzieren (oder erhöhen) jedoch die tatsächliche Arbeitsleistung und damit das Wertguthaben entsprechend.
2 Bei Teilzeitbeschäftigten: im bisherigen Umfang.
3 Optional: In dieses Wertguthaben fließen ferner ein: ... (z.B. Weihnachtsgeld, Urlaubsgeld, Provisionen, Tantiemen, ggf. auch anteilig).
4 Alternative Gestaltungen sind nach Maßgabe von § 7e SGB IV zulässig.

§ 3 Beginn und Dauer der Ansparphase

Die Ansparphase beginnt mit der Reduzierung der regelmäßigen wöchentlichen Arbeitszeit gemäß § 1 dieses Vertrages am … Sie dauert bis zum Eintritt in den Vorruhestand.[1] Der Arbeitnehmer kann jederzeit mit einer Frist von vier Wochen zum Monatsende die Ansparphase beenden.

§ 4 Berechnung des Beginns der Vorruhestandsphase

(1) Ab Vollendung des 58. Lebensjahres wird dem Arbeitnehmer auf der Gehaltsabrechnung monatlich mitgeteilt, zu welchem Zeitpunkt er unter Auflösung seines Wertguthabens in den Vorruhestand gehen kann. Dabei wird als Beendigungszeitpunkt der Ablauf des Monats, in dem der Arbeitnehmer die Regelaltersgrenze erreicht, zugrundegelegt. Der Arbeitnehmer kann einen früheren Zeitpunkt bestimmen, wenn er zu diesem voraussichtlich die Voraussetzungen für eine (ggf. vorgezogene) Rente (z.B. Rente für langjährig Versicherte, Rente für schwerbehinderte Menschen) erfüllt und diese in Anspruch zu nehmen beabsichtigt.

(2) Der Berechnung zu Grunde gelegt wird ein Bruttoarbeitsentgelt in Höhe von 85 % des nach § 1 Abs. 1 dieses Vertrages reduzierten Arbeitsentgelts.

§ 5 Beginn des Vorruhestands

Der Vorruhestand beginnt an demjenigen Tag, an dem der Arbeitnehmer unter Zugrundelegung der Berechnung gemäß § 4 Abs. 2 dieses Vertrages über ein ausreichendes Wertguthaben verfügt, um bis zum Erreichen der Regelaltersgrenze oder der von ihm gewünschten Inanspruchnahme einer anderen (ggf. vorgezogenen) Altersrente von der Verpflichtung zur Arbeitsleistung vollständig freigestellt zu werden.[2]

§ 6 Arbeitsentgelt und Pflichten während des Vorruhestands

(1) In der Zeit des Vorruhestandes erhält der Arbeitnehmer die nach § 4 Abs. 2 dieses Vertrages errechnete Vergütung. Sie wird dem Wertguthaben auf dem Vorruhestandkonto entnommen. Die Auszahlung erfolgt monatlich mit dem üblichen Gehaltslauf nach Abzug von Steuern und Sozialversicherungsbeiträgen. Sonderzuwendungen und Einmalzahlungen (z.B. Weihnachtsgeld) stehen dem Arbeitnehmer jeweils anteilig entsprechend der verringerten Arbeitszeit zu und werden zum jeweiligen Fälligkeitszeitpunkt ausgezahlt. Der Arbeitnehmer hat im Vorruhestand keinen Anspruch auf Vergütung, die das auf dem Vorruhestandskonto befindliche Guthaben übersteigt.

(2) Während des Vorruhestandes ist der Arbeitnehmer von seiner Verpflichtung zur Arbeitsleistung unwiderruflich freigestellt. Der Bestand des Arbeitsverhältnisses und seiner daraus resultierenden Nebenpflichten bleibt hiervon unberührt.

(3) Die Dauer des Vorruhestandes wird auf die Betriebszugehörigkeit angerechnet. Dies gilt insbesondere hinsichtlich aller Ansprüche, die dem Grunde oder der Höhe nach von der Dauer der Betriebszugehörigkeit abhängen, einschließlich der betrieblichen Altersversorgung.

---

1 Auch die Wahl eines festen Endtermins ist möglich.
2 Alternativ ist auch eine bloße Reduzierung der Arbeitszeit mit entsprechender Teil-Freistellung möglich. Dann verlängert sich der Vorruhestandszeitraum entsprechend.

(4) Der Arbeitnehmer ist berechtigt, während des Vorruhestandes einer anderen Beschäftigung nachzugehen. Jede berufliche Tätigkeit, gleichgültig, ob sie entgeltlich oder unentgeltlich, selbständig oder unselbständig ausgeübt wird, ist dem Arbeitgeber vor ihrer Aufnahme anzuzeigen. Die Nebentätigkeit kann untersagt werden, wenn der Arbeitnehmer durch sie in Wettbewerb zum Arbeitgeber tritt oder sie andere berechtigte Interessen des Arbeitgebers beeinträchtigt.

§ 7 Krankheit

(1) Im Falle krankheitsbedingter Arbeitsunfähigkeit während der Ansparphase ist der Arbeitgeber verpflichtet, Entgeltfortzahlung nach den jeweils geltenden Bestimmungen auf der Grundlage der Vergütung nach § 1 Abs. 1 zu leisten. Im Übrigen wird die Entgeltfortzahlung in das Wertguthaben eingebracht.

(2) Im Falle einer Arbeitsunfähigkeit in der Vorruhestandsphase hat der Arbeitnehmer keinen Anspruch auf Entgeltfortzahlung. Er erhält weiterhin die Vergütung nach § 4 Abs. 2 dieses Vertrages aus dem Wertguthaben. Die Freistellungsphase wird durch Zeiten der Arbeitsunfähigkeit nicht verlängert.

§ 8 Urlaub

(1) Der Urlaubsanspruch des Arbeitnehmers während der Laufzeit des Vorruhestandvertrages richtet sich nach den geltenden tarif- bzw. individualvertraglichen Regelungen. Er ist vollständig vor Beginn des Vorruhestandes zu nehmen. Während des Vorruhestandes ist eine Urlaubsgewährung nicht möglich.

(2) Der Arbeitnehmer erhält während des Urlaubs Urlaubsentgelt in Höhe der Vergütung nach § 1 dieses Vertrages.

§ 9 Kündigung

(1) Das Recht zur Kündigung des Arbeitsverhältnisses für Arbeitnehmer und Arbeitgeber wird durch diesen Vertrag nicht berührt.

(2) Wird das Arbeitsverhältnis gekündigt, ist der Arbeitgeber in der Ansparphase berechtigt, den Arbeitnehmer während der Kündigungsfrist auch zum Abbau eines etwaigen Guthabens auf dem Vorruhestandskonto von der Verpflichtung zur Arbeitsleistung freizustellen, wenn hierfür ein sachlicher Grund (z.B. Geheimnisverrat, unerlaubte Konkurrenztätigkeit) besteht.

(3) Besteht im Zeitpunkt der Beendigung des Arbeitsverhältnisses noch ein Guthaben auf dem Vorruhestandskonto, wird dieses dem Arbeitnehmer mit der Gehaltszahlung des Austrittsmonats unter Abzug von Steuern und Sozialversicherungsbeiträgen ausgezahlt.

(4) Alternativ zur Auszahlung können Guthaben auf dem Vorruhestandskonto auf schriftlichen Antrag des Arbeitnehmers unter den gesetzlichen Voraussetzungen auf die Deutsche Rentenversicherung Bund oder einen neuen Arbeitgeber übertragen werden, soweit bei diesem eine vergleichbare Wertguthabenregelung besteht und der neue Arbeitgeber einer Übertragung schriftlich zustimmt.

3. Altersteilzeit

a) Übersicht

Neben dem Vorruhestand unter Auflösung von Wertguthaben hatte sich in der Vergangenheit auch die Altersteilzeitarbeit zu einem beliebten Modell des **Übergangs vom Erwerbsleben in den Ruhestand** entwickelt. Allerdings läuft die Förderung der Altersteilzeitarbeit durch Leistungen der Bundesagentur für Arbeit aus; sie wird für neue Verträge bereits seit 2010 nicht mehr gewährt (§ 16 ATG). § 1 Abs. 3 ATG stellt jedoch klar, dass das steuerliche Privileg des § 3 Nr. 28 EStG (Steuerfreiheit der Aufstockungsbeträge; damit gemäß § 1 Abs. 1 Satz 1 SvEV zugleich Beitragsfreiheit in der Sozialversicherung) auch für solche Neuverträge erhalten bleibt. Damit unterstützt der Gesetzgeber angesichts der stufenweisen Anhebung der Altersgrenze in der gesetzlichen Rentenversicherung von 65 auf 67 Jahre im Interesse der Arbeitgeber und der Arbeitnehmer auch weiterhin Modelle des gleitenden Übergangs vom Erwerbsleben in den Ruhestand, wenn auch in geringerem Umfang als bisher. Die meisten Branchen haben ihre Tarifverträge an die geänderte Situation angepasst und ermöglichen es den Arbeitnehmern auch weiterhin, auf tarifvertraglicher Basis Altersteilzeit in Anspruch zu nehmen.

26

Damit die Aufstockungsbeträge steuer- und sozialversicherungsfrei gezahlt werden können, müssen nach § 3 Nr. 28 EStG die Voraussetzungen des § 2 ATG erfüllt sein.[1] Erforderlich ist demnach Folgendes: Der Arbeitnehmer, der bei Beginn der Altersteilzeit mindestens 55 Jahre alt sein und von den vergangenen fünf Jahren mindestens 1080 Kalendertage in einer versicherungspflichtigen Beschäftigung gestanden haben muss (§ 2 Abs. 1 ATG),[2] vereinbart mit seinem Arbeitgeber die Reduzierung der Arbeitszeit auf 50 % der bisherigen regelmäßigen Wochenarbeitszeit, wobei eine blockweise Erbringung der Arbeit möglich ist (§ 2 Abs. 2, 3 ATG). Der Arbeitgeber zahlt zusätzlich zum Arbeitslohn einen Aufstockungsbetrag in der kollektiv- oder einzelvertraglich vereinbarten, mindestens der von § 3 Abs. 1 Nr. 1 ATG vorgesehenen Höhe.

27

Anders als für die Förderung seitens der Bundesagentur für Arbeit **nicht erforderlich** ist es seit dem 1.1.2010, dass der Arbeitgeber den Arbeitsplatz des Altersteilzeitbeschäftigten mit einem Arbeitslosen oder einem Ausgebildeten nach Abschluss der Ausbildung wiederbesetzt.[3] Gleichwohl ist zur Wahrung der Steuer- und Sozialversicherungsfreiheit der Aufstockungsbeträge (§ 3 Nr. 28 EStG, § 1 Abs. 1 Satz 1 SvEV) eine **äußerst sorgfältige Gestaltung der Altersteilzeitverträge** zwingend erforderlich.[4]

28

---

1 R 3.28 Abs. 1 LStR 2014.
2 R 3.28 Abs. 1 Satz 1 LStR 2014; a.A. BLDH/*Lingemann*, Kap. 7 Rz. 1.
3 *Rolfs*, NZA 2010, Beilage 4, S. 139 (141).
4 So zu Recht *Diller*, NZA 1996, 847 (853); *Stindt*, DB 1996, 2281 (2286f.); Musterverträge auch bei *Lingemann*, MDR 2002, 382; *Reichling/Wolf*, NZA 1997, 422 und NZS 1997, 164.

b) Hinweise zur Vertragsgestaltung

aa) Altersteilzeitvereinbarung

Zwischen ... (Arbeitgeber/in) und Frau/Herrn ... (Arbeitnehmer/in) wird auf der Grundlage des Altersteilzeitgesetzes Folgendes vereinbart:

§ 1 Altersteilzeitvereinbarung

Das am ... zwischen den Vertragsparteien begonnene Arbeitsverhältnis wird mit Wirkung vom ... als Altersteilzeitarbeitsverhältnis fortgeführt. Die seinerzeitigen Vereinbarungen behalten ihre Gültigkeit, soweit sie nicht durch diesen Vertrag abgeändert werden.

29 Die Vereinbarung von Altersteilzeitarbeit bedarf eines **individualrechtlichen Vertrages** zwischen dem Arbeitgeber und dem Arbeitnehmer. Weder kraft Gesetzes noch aufgrund Tarifvertrages oder Betriebsvereinbarung findet ein automatischer Wechsel in die Altersteilzeit ab einem bestimmten Alter statt.[1] Das Gesetz will lediglich ein Angebot, aber keine Verpflichtung für den Arbeitnehmer darstellen. Aus diesem Grunde sind gemäß § 8 Abs. 1 ATG auch arbeitgeberseitige Änderungskündigungen zur Erzwingung der Altersteilzeitarbeit ausgeschlossen.[2] Wohl aber können die Tarifvertrags- oder Betriebsparteien den Arbeitnehmern einen Rechtsanspruch auf Altersteilzeitarbeit einräumen. Die Verpflichtung des Arbeitgebers zum Abschluss von Altersteilzeitverträgen kann auch abgestuft sein, z.B. durch eine „Soll"-Vorschrift[3] oder durch eine Bindung an „billiges Ermessen" (§ 315 BGB).[4] Besteht ein Rechtsanspruch nicht, kann der Arbeitgeber den Abschluss eines Altersteilzeitarbeitsvertrages unter Berücksichtigung des allgemeinen Gleichbehandlungsgrundsatzes und der Diskriminierungsverbote des AGG verweigern, ohne dafür eines sachlichen Grundes zu bedürfen.[5]

30 Der Altersteilzeitvertrag muss wegen § 14 Abs. 4 TzBfG und § 7 Abs. 1a SGB IV **schriftlich** und in jedem Falle vor Beginn der Altersteilzeitarbeit abgeschlossen werden. Unzulässig ist es demgegenüber, vom Arbeitnehmer bereits in der Vergangenheit angesparte Wertguthaben, z.B. infolge geleisteter Überstunden, rückwirkend in Altersteilzeitarbeit umzuwandeln.[6] Außerdem müssen die Parteien sich darüber einig sein, dass ihr Vertrag ein **Altersteilzeitvertrag** sein soll. Die bloße Reduzierung

---

[1] LAG BW v. 23.6.2008 – 4 Sa 5/08, ZTR 2008, 445 (445f.); *Bauer*, NZA 1997, 401 (402); ErfK/*Rolfs*, § 2 ATG Rz. 3.
[2] ErfK/*Rolfs*, § 8 ATG Rz. 17; *Stindt*, DB 1996, 2281 (2281); **a.A.** BAG v. 16.12.2010 – 2 AZR 576/09, NZA 2011, 1247 (1247), für den Fall, dass damit eine Beendigungskündigung vermieden werden konnte.
[3] LAG Düsseldorf v. 15.5.2008 – 5 Sa 125/08, ZTR 2008, 681.
[4] BAG v. 12.12.2000 – 9 AZR 706/99, AP Nr. 1 zu § 3 ATG; v. 26.6.2001 – 9 AZR 244/00, AP Nr. 2 zu § 3 ATG; v. 3.12.2002 – 9 AZR 457/01, AP Nr. 2 zu § 1 TVG Altersteilzeit; v. 10.5.2005 – 9 AZR 294/04, AP Nr. 20 zu § 1 TVG Altersteilzeit.
[5] BAG v. 10.2.2004 – 9 AZR 89/03, AP Nr. 6 zu § 2 ATG; v. 18.10.2011 – 9 AZR 225/10, NZA 2012, 944 (944); v. 15.11.2011 – 9 AZR 387/10, NZA 2012, 218 (219f.).
[6] BAG v. 4.5.2010 – 9 AZR 155/09, AP Nr. 21 zu § 3 ATG; LAG Hamm v. 23.3.2001 – 5 Sa 1424/00, DB 2001, 1890 (1891); *Gaul/Cepl*, BB 2000, 1727 (1727); vgl. auch BAG v. 15.9.2009 – 9 AZR 608/08, AP Nr. 3 zu § 311a BGB.

der Arbeitszeit eines älteren Arbeitnehmers macht aus dem Teilzeitvertrag nicht automatisch einen Altersteilzeitvertrag.[1]

Die Vereinbarung von Altersteilzeitarbeit ist nicht nur mit Arbeitnehmern möglich, die bereits in einem Arbeitsverhältnis mit dem Arbeitgeber stehen. Zwar verlangt § 2 Abs. 1 Nr. 2 ATG, dass die begünstigten Arbeitnehmer die Herabsetzung der Arbeitszeit mit „ihrem" Arbeitgeber vereinbaren, daraus folgt aber nicht, dass Altersteilzeitarbeit nicht auch unmittelbar mit der Begründung eines neuen Arbeitsverhältnisses zusammenfallen dürfte. Ebenso wenig ist erforderlich, dass die gesamte Vorbeschäftigungszeit von 1080 Tagen innerhalb der letzten fünf Kalenderjahre (§ 2 Abs. 1 Nr. 3 ATG) beim selben Arbeitgeber zurückgelegt worden ist.[2] Unzulässig ist es nach Auffassung des BSG hingegen, ein Altersteilzeitarbeitsverhältnis zu begründen, das nicht unmittelbar an ein anderes Arbeitsverhältnis anschließt.[3] Ein Altersteilzeitvertrag kann daher z.B. mit einem Arbeitslosen nicht wirksam abgeschlossen werden.

31

Der Arbeitnehmer muss bei Beginn der Altersteilzeitbeschäftigung mindestens das **55. Lebensjahr** vollendet haben, § 2 Abs. 1 Nr. 1 ATG. Es ist aber zulässig und aus Gründen der Planungssicherheit für beide Vertragspartner u.U. auch zweckmäßig, den Vertrag bereits zu einem früheren Zeitpunkt abzuschließen.

32

bb) Tätigkeitsbeschreibung

§ 2 Tätigkeitsbeschreibung

a) Die bisherigen Aufgaben des Arbeitnehmers bleiben unverändert.

b) Soweit die Umwandlung in ein Altersteilzeitarbeitsverhältnis keine Veränderungen erfordert, übt der Arbeitnehmer seine bisherigen Tätigkeiten weiter aus.

c) Mit Beginn der Altersteilzeitarbeit übt der Arbeitnehmer die Tätigkeit als ... aus. Der Arbeitgeber behält sich im Rahmen seines Direktionsrechts vor, dem Arbeitnehmer eine andere zumutbare Arbeit zuzuweisen.

Von Gesetzes wegen nicht gefordert wird, dass der Arbeitnehmer in der Altersteilzeit die gleiche Arbeit verrichtet wie zuvor. Vielmehr ist es zulässig, neue Tätigkeitsfelder zu vereinbaren (**§ 2 Typ c**). Ist eine Veränderung nicht beabsichtigt, sollte im Blockmodell eine Vereinbarung wie **§ 2 Typ a** vereinbart werden, während bei **kontinuierlicher Arbeitsleistung** während der gesamten Altersteilzeit **§ 2 Typ b** zum Ausdruck bringt, dass die Reduzierung der Wochenarbeitszeit (die nicht notwendig gleichmäßig, sondern z.B. auch degressiv erfolgen kann, vgl. Rz. 36) auch eine gewisse Veränderung des Aufgabengebiets zur Folge haben kann. Insoweit muss sich die Klausel freilich der AGB-Kontrolle unterwerfen lassen (→ *Direktionsrecht und Tätigkeitsbeschreibung*, II D 30).

33

---

1 BAG v. 20.8.2002 – 9 AZR 710/00, AP Nr. 39 zu § 611 BGB Teilzeit.
2 *Diller*, NZA 1996, 847 (848).
3 BSG v. 23.7.1992 – 7 RAr 14/91, NZA 1993, 287 (288); **a.A.** *Rittweger*/Petri/Schweikert, § 2 ATG Rz. 17ff.

cc) Arbeitszeit

---

§ 3 Arbeitszeit

Die Arbeitszeit wird auf ... Stunden reduziert. Sie wird während der Dauer des Altersteilzeitarbeitsverhältnisses wie folgt verteilt:
a) Der Arbeitnehmer wird für den Zeitraum von ... bis ... weiter im bisherigen Umfang (... Wochenstunden) eingesetzt und anschließend vom ... bis ... vollständig von der Arbeit freigestellt.
b) Der Arbeitnehmer wird während des gesamten Zeitraums gleichmäßig im Umfang von ... Wochenstunden beschäftigt.
c) Der Arbeitnehmer wird im Sommerhalbjahr (1. April bis 30. September) im Umfang von ..., im Winterhalbjahr (1. Oktober bis 31. März) im Umfang von ... Stunden beschäftigt.

---

34 In der Altersteilzeitvereinbarung muss die bisherige wöchentliche Arbeitszeit des Arbeitnehmers **um die Hälfte reduziert** werden, § 2 Abs. 1 Nr. 2 ATG. Nicht erforderlich ist, dass der Arbeitnehmer zuvor vollschichtig beschäftigt war. Altersteilzeit ist auch für Arbeitnehmer möglich, die bereits in **Teilzeitarbeit** arbeiten.[1]

35 Die **bisherige wöchentliche Arbeitszeit** muss exakt ermittelt werden, weil selbst geringfügige Fehler bei der Halbierung dazu führen, dass die Altersteilzeitarbeit steuerlich nicht gefördert wird,[2] was sogar Schadensersatzverpflichtungen des Arbeitgebers nach sich ziehen kann.[3] Dabei ist die Berechnungsvorschrift des § 6 Abs. 2 ATG zu beachten, die Folgendes zum Inhalt hat: Bisherige wöchentliche Arbeitszeit ist in erster Linie diejenige Arbeitszeit, die unmittelbar vor dem Übergang des Arbeitnehmers in die Altersteilzeit regelmäßig wöchentlich geleistet worden ist,[4] es sei denn, die für die letzten sechs Monate vor diesem Zeitpunkt vereinbarte Arbeitszeit wäre geringer gewesen (§ 6 Abs. 2 Satz 2 ATG). Auf die Motive einer etwaigen Veränderung der Arbeitszeit in diesem Zeitraum kommt es nicht an.[5] Zeiträume, die infolge Sonderurlaubs etc. nicht mit Arbeitsleistung belegt sind, bleiben dabei außer Betracht.[6]

36 Bei der **Verteilung der Arbeitszeit** auf die Altersteilzeitphase, die gemäß § 2 Abs. 3 ATG auch länger als sechs Jahre dauern kann (z.B. vom 55. Lebensjahr bis zum Erreichen der Regelaltersgrenze des Arbeitnehmers) sind den Arbeitsvertragsparteien praktisch keine Grenzen gesetzt. Am häufigsten praktiziert wird das sog. **Blockmodell (§ 3 Typ a)**, in dem der Arbeitnehmer in der ersten Hälfte der Altersteilzeit weiter im bisherigen Umfang arbeitet und anschließend für denselben Zeitraum von der Arbeitsleistung vollständig freigestellt wird. Ebenso ist aber auch eine

---

1 *Rittweger*, NZS 2000, 240 (241); *Wolf*, NZA 2000, 637 (638).
2 Vgl. BSG v. 29.1.2001 – B 7 AL 98/99 R, SozR 3-4170 § 2 Nr. 2; BAG v. 10.2.2004 – 9 AZR 401/02, AP Nr. 15 zu § 119 BGB; *Diller*, NZA 1996, 847 (848).
3 Vgl. BAG v. 10.2.2004 – 9 AZR 401/02, AP Nr. 15 zu § 119 BGB.
4 Vgl. BAG v. 14.8.2007 – 9 AZR 58/07, AP Nr. 1 zu § 106 GewO; v. 14.8.2007 – 9 AZR 18/07, AP Nr. 2 zu § 6 ATG; v. 19.5.2009 – 9 AZR 145/08, AP Nr. 5 zu § 6 ATG; v. 18.8.2009 – 9 AZR 482/08, AP Nr. 7 zu § 6 ATG.
5 BAG v. 15.12.2009 – 9 AZR 46/09, AP Nr. 8 zu § 6 ATG.
6 BAG v. 1.10.2002 – 9 AZR 278/02, AP Nr. 1 zu § 6 ATG.

gleichmäßige **Verteilung der Arbeitszeit** über den gesamten Zeitraum (§ 3 **Typ b**), eine degressive oder eine saisonal unterschiedliche Verteilung der Arbeitszeit (§ 3 **Typ c**) zulässig. Allerdings darf gemäß § 2 Abs. 2 Nr. 1 ATG eine Verblockung den Zeitraum von drei Jahren nur überschreiten, wenn dies in einem Tarifvertrag usw. vorgesehen ist.

Für die auslaufende Förderung durch die Bundesagentur für Arbeit war Voraussetzung, dass der Arbeitnehmer während der Altersteilzeitarbeit **keine Überstunden** verrichtete, deren Umfang die Geringfügigkeitsgrenze des § 8 SGB IV (nicht mehr als 450 Euro Arbeitsentgelt) überschritt, § 5 Abs. 4 ATG. Die Tarifverträge übernehmen diese Bestimmung in der Regel.[1] Zulässig ist es demgegenüber, die Teilzeitvereinbarung bei besonderem Beschäftigungsbedarf **zeitweise auszusetzen** und die Altersteilzeitarbeit zu unterbrechen. Dadurch verschiebt sich die Altersteilzeit um den Aussetzungszeitraum. 37

dd) Arbeitsentgelt

§ 4 Arbeitsentgelt

Das im Arbeitsvertrag vom ... vereinbarte Entgelt wird entsprechend der Reduzierung der Arbeitszeit um 50 % vermindert. Es wird unabhängig von der Verteilung der Arbeitszeit fortlaufend gezahlt.

Bleibt der Tätigkeitsbereich des Arbeitnehmers beim Übergang in die Altersteilzeit unverändert, erhält er ein der reduzierten Arbeitszeit entsprechendes Gehalt. Dieses wird regelmäßig 50 % des bisherigen Entgelts betragen, kann aber wegen der Berechnungsvorschrift des § 6 Abs. 2 ATG (s. Rz. 35) auch geringfügig darüber oder darunter liegen. Schon wegen § 4 Abs. 1 Satz 2 TzBfG und Art. 157 AEUV **unzulässig** ist es demgegenüber, allein wegen der Teilzeitbeschäftigung ein geringeres Entgelt oder sonst ungünstigere Arbeitsbedingungen zu vereinbaren.[2] 38

Dagegen kann, wenn dem Arbeitnehmer mit dem Übergang in die Altersteilzeitarbeit eine andere als die bisherige Tätigkeit zugewiesen wird (Vertragsklausel § 2 Typ c, s. Rz. 33), auch eine Anpassung des Entgelts erfolgen. 39

In jedem Falle muss das Arbeitsentgelt während der gesamten Dauer der Altersteilzeitarbeit, im Blockmodell (§ 3 Typ a) also auch während der Freistellungsphase, kontinuierlich gezahlt werden, § 2 Abs. 2 Nr. 2 ATG. 40

---

1 Fehlt eine solche Bestimmung, sind Überstunden ohne diese Begrenzung zulässig, *Hanau*, NZA 2009, 225 (225).
2 BAG v. 16.1.2003 – 6 AZR 222/01, AP Nr. 3 zu § 4 TzBfG; v. 21.1.2003 – 9 AZR 4/02, AP Nr. 157 zu § 611 BGB Lehrer, Dozenten; ErfK/*Rolfs*, § 8 ATG Rz. 8.

ee) Aufstockungsleistungen

(1) Allgemeines

§ 5 Aufstockungsleistungen

Der Arbeitnehmer erhält zusätzlich zum Arbeitsentgelt Aufstockungsleistungen in Höhe von 20 % auf das regelmäßige Bruttoarbeitsentgelt. Entgeltbestandteile, die nicht laufend gezahlt werden, sind nicht berücksichtigungsfähig. Eine Aufstockung von Entgeltbestandteilen, die trotz der Altersteilzeitarbeit in voller Höhe gewährt werden, erfolgt nicht.

Zusätzlich entrichtet der Arbeitgeber Beiträge zur gesetzlichen Rentenversicherung in Höhe des Beitrags, der auf 80 % des Regelarbeitsentgelts für die Altersteilzeitarbeit, begrenzt durch den Unterschiedsbetrag zwischen 90 % der monatlichen Beitragsbemessungsgrenze und dem Regelarbeitsentgelt, entfällt, höchstens bis zur Beitragsbemessungsgrenze.

41 Altersteilzeit wird steuerlich nur gefördert, wenn der Arbeitgeber zusätzlich zum Arbeitsentgelt **Aufstockungsleistungen** erbringt, § 3 Abs. 1 Nr. 1 ATG. Dabei muss das Regelarbeitsentgelt um mindestens 20 % aufgestockt werden, begrenzt jedoch durch die Beitragsbemessungsgrenze der gesetzlichen Rentenversicherung.[1]

42 Zu beachten ist freilich, dass das **Regelarbeitsentgelt** nicht mit dem **Bruttoarbeitsentgelt** identisch ist, sondern – u.U. deutlich – darunter liegt. Schon wegen des Diskriminierungsverbots aus § 4 Abs. 1 TzBfG führt dies regelmäßig dazu, dass der Arbeitgeber rechtlich verpflichtet ist, höhere Aufstockungsleistungen zu erbringen. Während sich § 4 Abs. 1 TzBfG nämlich auf alle Arbeitgeberleistungen (auch steuer- und damit sozialversicherungsfreie, solche oberhalb der Beitragsbemessungsgrenze sowie Gratifikationen und andere Sonderleistungen) bezieht,[2] erfasst der Begriff des Regelarbeitsentgelts diese nicht.

43 Bei der Ermittlung des Regelarbeitsentgelts bleiben **Mehrarbeitszuschläge** außer Ansatz, weil die Mehrarbeit außerhalb der Altersteilzeitarbeit erbracht wird.[3] Ebenso bleibt **einmalig gezahltes Arbeitsentgelt** (Urlaubs-, Weihnachtsgeld etc.) außer Betracht.

44 Zusätzlich zu dieser Aufstockung auf das laufende Arbeitsentgelt muss der Arbeitgeber zum Ausgleich der Rentenminderungen **Beiträge zur gesetzlichen Rentenversicherung** in Höhe des Beitrags entrichten, der auf 80 % des Regelarbeitsentgelts für die Altersteilzeitarbeit, begrenzt durch den Unterschiedsbetrag zwischen 90 % der monatlichen Beitragsbemessungsgrenze und dem Regelarbeitsentgelt, entfällt, höchstens bis zur Beitragsbemessungsgrenze. Dabei hat der Arbeitgeber auch die Arbeitnehmeranteile zu tragen.[4] Dieser Betrag muss nicht fortlaufend, sondern kann auch in einer Summe beglichen werden.[5]

---

1 Näher *Kallhoff*, NZA 2004, 692 (693f.); *Kovacs/Koch*, NZA 2004, 585 (587ff.).
2 *Rolfs*, § 4 TzBfG Rz. 4.
3 BAG v. 20.6.1989 – 3 AZR 554/87, AP Nr. 1 zu § 1 TVG Vorruhestand.
4 *Diller*, NZA 1996, 847 (849).
5 ErfK/*Rolfs*, § 2 ATG Rz. 8.

Bei den genannten Aufstockungsbeträgen handelt es sich lediglich um die **Mindestleistungen**, die gewährt werden müssen, damit die Altersteilzeit steuerlich gefördert wird. In den meisten Tarifverträgen und Betriebsvereinbarungen sind höhere **Aufstockungsbeträge** vorgesehen, sie können auch individualvertraglich festgelegt werden. Die Aufstockungsbeträge verlieren jedoch ihre Steuerfreiheit (§ 3 Nr. 28 EStG), wenn sie eine verdeckte Abfindung darstellen.[1]   45

Zu beachten ist in jedem Falle, dass die Aufstockungsbeträge gemäß § 32b Abs. 1 Nr. 1 Buchst. g EStG dem Progressionsvorbehalt unterliegen, die übrigen steuerpflichtigen Einkünfte (einschließlich der Teilzeitentlohnung) also dem Steuersatz unterworfen werden, der sich bei Steuerpflichtigkeit der Aufstockungsbeträge ergeben würde (sog. Schattenbesteuerung).[2] Die daraus resultierende steuerliche Mehrbelastung trägt der Arbeitnehmer.[3]   46

(2) Aufstockung der betrieblichen Altersversorgung

§ 5a Aufstockung der betrieblichen Altersversorgung

Bei der Berechnung der Leistungen der betrieblichen Altersversorgung bleibt die in diesem Vertrag vereinbarte Reduzierung der Arbeitszeit und des Arbeitsentgelts außer Betracht.

Eine Aufstockung in der **betrieblichen Altersversorgung** ist vom Gesetz nicht vorgesehen, kann aber einzel- oder kollektivvertraglich vereinbart werden.[4] Fließt in die Berechnung der Versorgungsleistung das zuletzt vom Arbeitnehmer erzielte Einkommen ein (dynamische Versorgungszusage), sollte arbeitsvertraglich klargestellt werden, dass die Reduzierung des Arbeitsentgelts infolge der Altersteilzeitarbeit die Altersversorgung unbeeinflusst lässt.   47

ff) Insolvenzsicherung

§ 6 Insolvenzsicherung

Der Arbeitgeber leistet für das vom Arbeitnehmer verdiente, aber noch nicht ausgezahlte Entgelt einschließlich des darauf entfallenden Arbeitgeberanteils am Gesamtsozialversicherungsbeitrag sowie für die Aufstockungsbeträge Sicherheit durch selbstschuldnerische Bürgschaft eines im Inland ansässigen Kreditinstituts.

Eine Regelung zur **Insolvenzsicherung** ist gemäß § 8a ATG erforderlich, wenn der Arbeitnehmer während der Altersteilzeitarbeit **Wertguthaben** anspart, die den Be-   48

---

1 ErfK/*Rolfs*, § 3 ATG Rz. 5.
2 *Rittweger*, NZS 1999, 126 (129); *Rittweger*, NZS 2000, 240 (242).
3 BAG v. 25.6.2002 – 9 AZR 155/01, AP Nr. 4 zu § 3 ATG; v. 18.3.2003 – 9 AZR 61/02, AP Nr. 7 zu § 1 TVG Altersteilzeit; LAG Bremen v. 22.3.2001 – 4 Sa 255/00, NZA-RR 2001, 498 (499 ff.).
4 Dazu Andresen/*Schirmer*, Frühpensionierung und Altersteilzeit, Rz. 316 ff.; *Förster/Heger*, DB 1998, 141 ff.

trag des Dreifachen des Regelarbeitsentgeltes nach § 6 Abs. 1 ATG einschließlich des darauf entfallenden Arbeitgeberanteils am Gesamtsozialversicherungsbeitrag übersteigen, also z.B. im Blockmodell (§ 3 Typ a) eine Vorleistung erbringt. Dagegen ist sie bei kontinuierlicher Arbeitsleistung normalerweise entbehrlich. Denn sie soll sicherstellen, dass dem Arbeitnehmer das bereits verdiente, aber noch nicht ausgezahlte Arbeitsentgelt auch dann tatsächlich zufließt, wenn der Arbeitgeber zahlungsunfähig wird.[1] Vielfach finden sich Regelungen zur Insolvenzsicherung in einschlägigen **Tarifverträgen** oder **Betriebsvereinbarungen**, sie sind dann u.U. im Arbeitsvertrag verzichtbar.

49 Auf welche Weise der Insolvenzschutz sichergestellt wird, überlässt das Gesetz weitgehend den Vertragsparteien. Lediglich bilanzielle Rückstellungen sowie zwischen Konzernunternehmen (§ 18 AktG) begründete Einstandspflichten lässt § 8a Abs. 1 Satz 2 ATG nicht ausreichen.[2] Die hier vorgeschlagene **selbstschuldnerische Bankbürgschaft** ist lediglich eine von vielen Möglichkeiten. Sowohl lohnsteuer- als auch insolvenzrechtlich empfehlen sich insoweit insbesondere **CTA-Modelle**, bei denen der Arbeitgeber Vermögensgegenstände auf einen neu gegründeten Rechtsträger überträgt und zugunsten der Arbeitnehmer ein Pfandrecht bestellt.[3] Sie ähneln im Ansatz dem schon lange praktizierten **Verpfändungsmodell**, bei dem dem Inhaber des Arbeitszeitkontos das Wertpapier- bzw. Investmentdepot oder die Rückdeckungsversicherung verpfändet wird, in die die entsprechenden, in Geld bemessenen Arbeitszeitguthaben nebst Arbeitgeberanteil am Gesamtsozialversicherungsbeitrag eingebracht werden.[4] Die **Insolvenzfestigkeit** derartiger Doppeltreuhandmodelle ist mittlerweile anerkannt.[5] Ebenso sind Gruppenversicherungsverträge oder die Einrichtung von Ausgleichskassen denkbar.

gg) Entgeltfortzahlung im Krankheitsfall

§ 7 Entgeltfortzahlung

a) Bezieht der Arbeitnehmer bei zu Arbeitsunfähigkeit führender Erkrankung nach Ablauf des Entgeltfortzahlungszeitraums Krankengeld, Versorgungskrankengeld, Verletztengeld oder Übergangsgeld, so gewährt der Arbeitgeber die Aufstockungsleistungen nach § 5 dieses Vertrages weiter.

b) Bei einer länger als sechs Wochen andauernden Arbeitsunfähigkeit während der Arbeitsphase muss der Zeitraum des Krankengeldbezuges grundsätzlich

---

1 Vgl. *Diller*, NZA 1998, 792 (794); *Kallhoff*, NZA 2004, 692 (694 ff.); *Rombach*, RdA 1999, 194 (197 f.); *Wonneberger*, DB 1998, 982 (984 f.).
2 *Kallhoff*, NZA 2004, 692 (695).
3 Näher BAG v. 18.7.2013 – 6 AZR 47/12, NZA 2013, 1440 (1443 ff.); LAG Berlin-Brandenburg v. 27.10.2011 – 5 Sa 1310/11, NZA-RR 2012, 311 (312 ff.); *Cisch/Ulbrich*, BB 2009, 550 (555); *Höfer/Ververs*, DB 2007, 1365 ff.; *Rolfs/Schmid*, ZIP 2010, 701 ff.
4 *Hanau/Arteaga*, BB 1998, 2054 ff.; weitere Modelle bei *Grabmaier*, Insolvenzschutz von Arbeitszeitkonten, 2003; *Langohr-Plato/Morisse*, BB 2002, 2330; *Rittweger*, NZS 1999, 126 (128); ein ungeeignetes Modell findet sich in BAG v. 24.9.2003 – 10 AZR 640/02, AP Nr. 1 zu § 47 InsO.
5 BT-Drucks. 16/10289, S. 17; BAG v. 18.7.2013 – 6 AZR 47/12, NZA 2013, 1440 (1443 ff.).

zur Hälfte nachgearbeitet werden. Dadurch verschiebt sich der Beginn der Freistellungsphase nach hinten. Das vereinbarte Ende des Altersteilzeitverhältnisses bleibt hiervon unberührt.

Bei **Erkrankung des Arbeitnehmers** in der Arbeitsphase[1] hat der Arbeitgeber zunächst Entgeltfortzahlung nach Maßgabe des EFZG bzw. der einschlägigen tarif- oder individualvertraglichen Vereinbarungen zu leisten und zusätzlich die Aufstockung nach § 5 des Altersteilzeitvertrages zu gewähren.[2] 50

Nach Ablauf dieses Zeitraums erhält der Arbeitnehmer **Krankengeld** oder (wenn die Arbeitsunfähigkeit auf einem Arbeitsunfall oder einer Berufskrankheit beruht) entsprechende Leistungen durch die Berufsgenossenschaft. Typischerweise wird vereinbart, dass der Arbeitgeber die Aufstockungsbeträge weiterhin entrichtet (§ 7). 51

Da der Arbeitnehmer bei einer über sechs Wochen andauernden Arbeitsunfähigkeit keine **Wertguthaben** mehr anspart, muss **im Blockmodell** eine Regelung entsprechend **§ 7 Typ b** getroffen werden. Sie ist weder überraschend (§ 305c Abs. 1 BGB) noch intransparent (§ 307 Abs. 1 Satz 2 BGB),[3] sondern vielmehr notwendig, um die steuer- und sozialversicherungsrechtliche Privilegierung des Altersteilzeitverhältnisses zu gewährleisten. 52

hh) Nebentätigkeiten

§ 8 Nebentätigkeiten

Übt der Arbeitnehmer neben der Altersteilzeitarbeit eine Beschäftigung oder selbständige Tätigkeit aus, die die Geringfügigkeitsgrenze des § 8 SGB IV übersteigt, ruht der Anspruch auf Aufstockungsleistungen nach § 5 dieses Vertrages; bei einer insgesamt 150 Tage übersteigenden Zuwiderhandlung erlischt er. Dies gilt auch in Zeiten der Freistellung von der Arbeit oder während des Bezuges von Lohnersatzleistungen, nicht jedoch für Tätigkeiten, die der Arbeitnehmer bereits innerhalb der letzten fünf Jahre vor Beginn der Altersteilzeitarbeit ständig ausgeübt hat. Soweit der Arbeitnehmer die Aufstockungsleistungen bereits erhalten hat, ist er zu deren Rückzahlung verpflichtet. Die Mitteilungspflicht nach § 9 dieses Vertrages bleibt unberührt.

Die Tarifverträge zur Altersteilzeit sehen in der Regel vor, dass Aufstockungsbeträge nicht zu zahlen sind, wenn der Arbeitnehmer eine mehr als nur geringfügige Nebentätigkeit ausübt.[4] Damit übernehmen sie die Regelung des § 5 ATG, die für vor dem 1.1.2010 abgeschlossene Altersteilzeitverträge einen entsprechenden Ruhenstatbestand normierte. Da die tarifvertraglichen Formulierungen von Branche zu Branche unterschiedlich sind, ist auf eine **Harmonisierung des Altersteilzeitvertrages mit seiner kollektivvertraglichen Basis** zu achten. 53

---

1 In der Freizeitphase ist das Arbeitsentgelt auch bei Erkrankung des Arbeitnehmers unbeschränkt fortzuentrichten; LAG Köln v. 11.5.2001 – 11 Sa 228/01, NZA-RR 2002, 580.
2 Einzelheiten bei *Debler*, NZA 2001, 1285 ff.
3 ArbG Düsseldorf v. 2.6.2009 – 7 Ca 515/09, NZA-RR 2009, 578 (579).
4 Vgl. *Rolfs*, NZA 2010, Beil. 4, S. 139 (143).

54 Ggf. kann zusätzlich vereinbart werden, dass der Arbeitnehmer zur **Rückzahlung** bereits empfangener Aufstockungsleistungen verpflichtet ist, wenn er eine mehr als nur geringfügige Nebentätigkeit aufnimmt.

55 Eine derartige Vereinbarung ist mit dem Grundrecht des Arbeitnehmers auf **freie Berufswahl und -ausübung** vereinbar. Sie ist weniger einschneidend als ein echtes Nebentätigkeitsverbot[1] (→ *Nebentätigkeit*, II N 10 Rz. 26 ff.), weil sie die Ausübung einer anderweitigen Beschäftigung nicht verbietet, sondern lediglich an die Pflicht zur Tragung der sozialrechtlichen Lasten knüpft. Daran besteht angesichts des Umstandes, dass § 8 Abs. 2 ATG lediglich die Abwälzung des Antrags- und des Wiederbesetzungsrisikos auf den Arbeitnehmer verbietet, ein berechtigtes Interesse des Arbeitgebers.[2]

ii) Mitteilungspflichten

§ 9 Mitteilungspflichten

Der Arbeitnehmer hat Änderungen der ihn betreffenden Verhältnisse, insbesondere die Aufnahme, Änderung oder Beendigung von Nebentätigkeiten, dem Arbeitgeber unverzüglich mitzuteilen. Bei Nichterfüllung dieser Pflichten steht dem Arbeitgeber ein Zurückbehaltungsrecht hinsichtlich der Aufstockungsleistungen zu. § 8 bleibt unberührt.

56 Die Mitteilungspflicht aus § 9 Satz 1 des Mustervertrages dient der Absicherung des Anspruchs auf die Aufstockungsleistungen nach § 5 des Vertrages. Sie gewährleistet, dass dem Arbeitgeber eine Veränderung der entsprechenden Verhältnisse bekannt gegeben wird und kann bei ihrer Verletzung Schadensersatzansprüche auslösen. Soweit der Arbeitnehmer die entsprechenden Leistungen bereits erhalten hat, ergibt sich eine Erstattungspflicht ggf. bereits aus § 8 des Vertrages.

jj) Beendigung des Arbeitsverhältnisses

§ 10 Beendigung des Arbeitsverhältnisses

Das Altersteilzeitarbeitsverhältnis endet am ..., ohne dass es einer Kündigung bedarf.

Es endet ferner mit Beginn des Kalendermonats, für den der Arbeitnehmer eine Rente wegen Alters, eine Knappschaftsausgleichsleistung, eine ähnliche Leistung öffentlich-rechtlicher Art oder, wenn er von der Versicherungspflicht in der gesetzlichen Rentenversicherung befreit ist, eine vergleichbare Leistung einer Versicherungs- oder Versorgungseinrichtung bezieht oder eine Rente nach Altersteilzeitarbeit beanspruchen kann.

---

[1] Wie es z.B. von Andresen/*Neise*, Frühpensionierung und Altersteilzeit, Rz. 565 § 10.2; *Reichling/Wolf*, NZA 1997, 422 (426), vorgeschlagen wird.
[2] Vgl. BAG v. 18.11.1988 – 8 AZR 12/86, AP Nr. 3 zu § 611 BGB Doppelarbeitsverhältnis.

Die ordentliche Kündigung des Arbeitsverhältnisses bleibt beiden Vertragsparteien vorbehalten.

Das Altersteilzeitarbeitsverhältnis sollte **in mehrfacher Hinsicht befristet** werden: Erstens ist als Endtermin jedenfalls das Ende des Kalendermonats vorzusehen, in dem der Arbeitnehmer die Regelaltersgrenze erreicht, da er spätestens dann eine Rente wegen Alters beanspruchen kann (→ *Altersgrenze*, II A 20 Rz. 19 ff.). 57

Zusätzlich sollte als Altersgrenze der Beginn des Monats vereinbart werden, in dem der Arbeitnehmer eine **Rente wegen Alters** oder eine vergleichbare Leistung erstmals **bezieht**, auch wenn dieser Zeitpunkt vor Erreichen der Regelaltersgrenze liegt und die Rente ggf. nur mit Abschlägen (§ 77 Abs. 2 SGB VI) gewährt wird. Auf diese Weise wird nicht nur ein Doppelbezug von Arbeitsentgelt und Rente verhindert, sondern zugleich dem Umstand Rechnung getragen, dass die Aufstockungsbeträge mit Ablauf des Kalendermonats nicht mehr steuerfrei gezahlt werden können, in dem der Arbeitnehmer die Altersteilzeitarbeit beendet oder die für ihn geltende gesetzliche Altersgrenze für die Regelaltersrente erreicht hat.[1] 58

Ferner kann von der Möglichkeit des § 8 Abs. 3 ATG Gebrauch gemacht werden, das Altersteilzeitarbeitsverhältnis auf den Beginn des Monats zu befristen, in dem der Arbeitnehmer erstmals eine **Rente wegen Alters** (mit Abschlägen) **beanspruchen** kann.[2] Dieser Zeitpunkt hängt vom Geburtsjahr und -monat des Arbeitnehmers sowie der Rentenart (Altersrente für langjährig Versicherte, für schwerbehinderte Menschen etc.) ab (§§ 35 ff., 235 ff. SGB VI). Für Arbeitnehmer, die nicht gesetzlich rentenversichert sind, aber Leistungen aus einer befreienden Lebensversicherung beanspruchen können, gilt Entsprechendes.[3] Die Zweckmäßigkeit dieser Klausel hängt von der konkreten Gestaltung des Arbeitsverhältnisses ab. Zu beachten ist, dass die Vereinbarung dieser frühen Altersgrenze nicht im Widerspruch zum Inhalt der Vertragsverhandlungen stehen darf, weil die Klausel sonst als überraschende Klausel (§ 305c Abs. 1 BGB) oder wegen Verstoßes gegen das Transparenzgebot (§ 307 Abs. 1 Satz 2 BGB) unwirksam sein kann.[4] 59

Mit einer solchen Vereinbarung wird aber keinesfalls gegen § 41 Satz 2 SGB VI verstoßen, weil die Befristungserlaubnis des § 8 Abs. 3 ATG als Spezialregelung normativ den Vorrang genießt.[5] Auch ein Verstoß gegen das Verbot der Diskriminierung wegen des Geschlechts oder einer Behinderung (§§ 1, 7 AGG) liegt darin nicht, selbst wenn Frauen und schwerbehinderte Arbeitnehmer früher als andere Beschäftigte Rente in Anspruch nehmen können und daher früher aus dem Altersteilzeitverhältnis ausscheiden.[6] Mit anderen als sachlichen Gründe i.S.v. § 14 Abs. 1 TzBfG anerkannten Befristungstatbeständen kann die Befristung des § 8 Abs. 3 ATG kombiniert werden, wohingegen eine Kombination mit einer sachgrundlosen Befristung nach § 14 Abs. 2 TzBfG wegen des dortigen Erfordernisses, dass zwi- 60

---

1 R 3.28 Abs. 1 Satz 5 LStR 2014.
2 Vgl. BAG v. 27.4.2004 – 9 AZR 18/03, AP Nr. 1 zu § 8 ATG.
3 BAG v. 16.11.2005 – 7 AZR 86/05, AP Nr. 2 zu § 8 ATG.
4 BAG v. 8.8.2007 – 7 AZR 605/06, AP Nr. 4 zu § 21 TzBfG.
5 BT-Drucks. 13/4877, S. 34; *Diller*, NZA 1996, 847 (851); *Küttner/Kreitner*, Personalbuch 2014, Altersteilzeit Rz. 8.
6 BAG v. 18.11.2003 – 9 AZR 122/03, AP Nr. 4 zu § 81 SGB IX.

schen den Vertragsparteien zuvor weder ein befristetes noch ein unbefristetes Arbeitsverhältnis bestanden haben darf (→ *Befristung des Arbeitsverhältnisses*, II B 10 Rz. 77 ff.), regelmäßig ausscheidet.

61 Wegen der Befristung des Arbeitsverhältnisses ist eine **ordentliche Kündigung** desselben gemäß § 15 Abs. 3 TzBfG ausgeschlossen, wenn sie nicht ausdrücklich vereinbart wird, vgl. → *Befristung des Arbeitsverhältnisses*, II B 10 Rz. 141 ff. Wollen die Vertragspartner eine vorzeitige Lösung ermöglichen, muss dies ausdrücklich vereinbart sein (hier § 10).[1] Das Recht zur außerordentlichen Kündigung bleibt dagegen auch ohne vertragliche Vereinbarung stets unberührt.

4. Steuerrechtliche Aspekte

62 Die Möglichkeiten des Altersteilzeitgesetzes sollen für ältere Arbeitnehmer einen Anreiz für einen gleitenden Übergang vom Erwerbsleben in die Altersrente bieten. Mit der zunehmenden Tendenz angesichts der infolge der demografischen Entwicklung zunehmenden Finanzierungsprobleme der Rentenversicherungssysteme einerseits und dem drohenden Fachkräftemangel andererseits zu einer Verlängerung der Lebensarbeitszeit zu kommen, hat der Gesetzgeber die Förderung der Altersteilzeit durch die Bundesagentur für Arbeit eingestellt, wenn mit der Altersteilzeitarbeit nach dem 31.12.2009 begonnen worden ist. In steuerlicher Hinsicht wird die Altersteilzeit vor allem weiterhin durch die **Steuerbefreiung** des § 3 Nr. 28 EStG geprägt und gefördert. Hierzu stellt § 1 Abs. 3 ATG[2] klar, dass § 3 Nr. 28 EStG (Steuerfreiheit der Aufstockungsbeträge; damit gemäß § 1 Abs. 1 Satz 1 SvEV zugleich Beitragsfreiheit in der Sozialversicherung) auch für diejenigen erhalten bleibt, die ihre Altersteilzeitarbeit erst nach dem 31.12.2009 beginnen.

Im Einzelnen gilt lohnsteuerrechtlich Folgendes:

63 Das für die verringerte Beschäftigung gezahlte Entgelt ist Gegenleistung für die Bereitstellung der Arbeitskraft und damit steuerpflichtiger Arbeitslohn, der im Regelbesteuerungsverfahren der Lohnsteuer zu unterwerfen ist. Insoweit gelten keine Besonderheiten.

64 Nur für bestimmte Leistungen des Arbeitgebers nach dem Altersteilzeitgesetz sieht § 3 Nr. 28 EStG Steuerfreiheit vor. Danach sind steuerfrei:
– die **Aufstockungsbeträge** i.S.d. § 3 Abs. 1 Nr. 1a ATG
– die **zusätzlichen Beträge zur gesetzlichen Rentenversicherung** nach § 3 Abs. 1 Nr. 1b sowie die vergleichbaren Leistungen nach § 4 Abs. 2 ATG
– die Zuschläge, die versicherungsfrei Beschäftigte i.S.d. § 27 Abs. 1 Nr. 1–3 SGB III zur Aufstockung der Bezüge bei Altersteilzeit nach beamtenrechtlichen Vorschriften oder Grundsätzen erhalten
– die **Zahlungen des Arbeitgebers zur Übernahme der Beiträge bei vorzeitiger Inanspruchnahme einer Altersrente** (§ 187a SGB VI), allerdings nur in Höhe von 50

---

1 Nimscholz, ZIP 2002, 1936 (1938). Vgl. zur Kündigung des Altersteilzeitverhältnisses BAG v. 5.12.2002 – 2 AZR 571/01, AP Nr. 125 zu § 1 KSchG 1969 Betriebsbedingte Kündigung; v. 16.6.2005 – 6 AZR 476/04, AP Nr. 13 zu § 3 ATG; LAG Nds. v. 24.5.2002 – 3 Sa 1629/01, NZA-RR 2003, 17 (18); LAG Düsseldorf v. 27.5.2003 – 16 Sa 1439/02, NZA-RR 2003, 635 (636); *Stück*, NZA 2000, 749 ff.
2 Eingefügt durch das JStG 2008 v. 20.12.2007, BGBl. I, S. 3150.

v.H. der Beiträge. Die Begrenzung trägt dem Umstand Rechnung, dass auch Pflichtbeiträge des Arbeitgebers zur gesetzlichen Rentenversicherung nur zur Hälfte des Gesamtbeitrags steuerfrei sind.

Voraussetzung der Steuerbefreiung ist, dass der Arbeitnehmer die in § 2 ATG genannten persönlichen Voraussetzungen für die Steuerbefreiung erfüllt (s.a. Rz. 27). Allerdings ist die Steuerbefreiung nicht davon abhängig, dass der Arbeitgeber einen Förderanspruch gegen die Bundesagentur für Arbeit hat. Folglich sind die Leistungen auch dann steuerfrei, wenn der Förderanspruch nach § 5 Abs. 1 Nr. 2 und 3, Abs. 2–4 ATG erlischt, nicht besteht oder ruht, weil z.B. der frei werdende Arbeitsplatz nicht wieder besetzt wird (R 3.28 Abs. 2 LStR) oder wenn die Förderung durch die Bundesagentur für Arbeit ausgelaufen ist. Dies ist jedoch durch § 1 Abs. 3 ATG ausdrücklich klargestellt. 65

Zu beachten ist, dass sich die Vereinbarung über die Minderung der Arbeitszeit mindestens auf die Zeit erstrecken muss, bis der Arbeitnehmer eine Altersrente beanspruchen kann. Dabei ist die Vollendung des 60. Lebensjahrs frühestmöglicher Zeitpunkt, zu dem eine Altersrente beansprucht werden kann (R 3.28 Abs. 1 Satz 4 LStR). 66

Die Aufstockungsbeträge und die zusätzlichen Beiträge zur gesetzlichen Rentenversicherung sind auch steuerfrei, soweit sie über die im Altersteilzeitgesetz genannten Mindestbeträge hinausgehen. Die Finanzverwaltung hat zudem zutreffend klargestellt (R 3.28 Abs. 3 LStR), dass die Steuerfreiheit der Aufstockungsbeträge nur besteht, wenn sie zusammen mit dem während der Alterszeit bezogenen Nettoarbeitslohn 100 v.H. des sog. maßgebenden Arbeitslohns nicht übersteigen. Maßgebend ist der Arbeitslohn, den der Arbeitnehmer im jeweiligen Lohnzahlungszeitraum ohne Altersteilzeit üblicherweise erhalten hätte. Unangemessene Erhöhungen vor oder während der Altersteilzeit sind nicht zu berücksichtigen. Welche Erhöhungen „unangemessen" sind, hat die Finanzverwaltung auch in den LStR offen gelassen. Zur Vermeidung steuerlicher Nachteile empfiehlt es sich, Erhöhungen auf „übliche" Lohn-/Gehaltssteigerungen zu beschränken, die sich an den Lohn-/Gehaltssteigerungen der anderen Mitarbeiter orientieren. Bei außertariflich Beschäftigten ist auf den Vergleich mit anderen Beschäftigten mit vergleichbarer Tätigkeit abzustellen. Ist ein betriebsinterner Vergleich nicht möglich, ist ein außerbetrieblicher Fremdvergleich vorzunehmen. Hierzu vorzunehmende Berechnungen hat die Finanzverwaltung in den LStH beispielhaft dargestellt.[1] 67

Kommt es zu einer **vorzeitigen Beendigung der Altersteilzeit** (sog. Störfall), z.B. durch Tod des Arbeitnehmers, Wiederaufnahme einer Vollzeitbeschäftigung, bleiben die bis zum Eintritt des Störfalls gezahlten Beträge steuerfrei, da das Altersteilzeitgesetz keine Rückzahlungsverpflichtung enthält (R 3.28 Abs. 2 Satz 3 LStR). 68

Die Steuerfreiheit endet mit Ablauf des Monats, in dem der Arbeitnehmer die Altersteilzeit beendet, stets aber mit Ablauf des Kalendermonats, in dem der Arbeitnehmer die für ihn geltende gesetzliche Altersgrenze für die Regelaltersrente erreicht hat. Dies ist folgerichtig, da ab diesem Zeitpunkt die Förderungswürdigkeit entfällt (R 3.28 Abs. 1 Satz 5 LStR). 69

---

1 H 3.28 LStH „Begrenzung auf 100 % des Nettolohns".

70 Erhält der Arbeitnehmer im Zusammenhang mit dem Beginn der Altersteilzeit eine sog. **Abfindungszahlung**, die die Nachteile bei der späteren Rentenzahlung ausgleichen soll, handelt es sich um einen sonstigen Bezug, der keinen besonderen steuerrechtlichen Regelungen unterliegt und somit in voller Höhe zum Arbeitslohn gehört.

71 In formeller Hinsicht muss der Arbeitgeber beachten, dass die Aufstockungsbeträge sowohl im **Lohnkonto** einzutragen sind als auch in die elektronische Lohnsteuerbescheinigung zu übernehmen sind (§§ 41 Abs. 1, 41b Abs. 1 Satz 2 Nr. 5 EStG). Die Aufstockungsbeträge unterliegen dem **Progressionsvorbehalt**.

72 Außerhalb des Arbeitsvertrags muss der Arbeitgeber beachten, dass für die Verpflichtungen, im Rahmen einer Vereinbarung über Altersteilzeit nach dem ATG in der Freistellungsphase einen bestimmten Prozentsatz des bisherigen Arbeitsentgelts zu zahlen, in der Beschäftigungsphase eine ratierlich anzusammelnde Rückstellung zu bilden ist.[1] Auch die Finanzverwaltung[2] erkennt die Möglichkeit der Rückstellungsbildung ausdrücklich an, auch wenn sie die Aufstockungsbeträge nicht als eigenständige Abfindungsverpflichtung ansieht. Bemessungsgrundlage der Rückstellung sind grundsätzlich alle während der Freistellungsphase zu erbringenden Aufstockungsbeträge einschließlich sonstiger Nebenleistungen. Maßgebend sind jeweils die Wertverhältnisse zum Bilanzstichtag. Während der Leistungsphase mindern sich die Rückstellungen. Eine nach Abschluss der Leistungsphase verbleibende Rückstellung ist aufzulösen.

---

1 BFH v. 30.11.2005 – I R 110/04, DB 2006, 532.
2 Schreiben v. 28.3.2007 (BStBl. I 2007, 297; hinsichtlich des Anwendungszeitraums geändert durch BMF-Schreiben v. 11.3.2008 – IV B 2 – S2175/07/002, BStBl. I 2008, 496).

W 10 Wettbewerbsverbote

	Rz.
1. Einführung	1
2. Wettbewerbsverbot während des bestehenden Arbeitsverhältnisses	2
a) Die gesetzliche Ausgangslage	2
b) Klauselbeispiele	3
aa) Deklaratorische und gesetzeskonkretisierende Klauseln	3
bb) Beteiligungen an anderen Unternehmen	8
cc) Schutz von Drittunternehmen	14
dd) Die einzelnen Verbotskomponenten und Besonderheiten	18
ee) Einwilligung und deren Widerruf	23
ff) Rechtsfolgenregelung	24
3. Nachvertragliches Wettbewerbsverbot	27
a) Die gesetzliche Ausgangslage	27
aa) Loyalitätspflichten ohne Konkurrenzklausel	28
bb) Das Regelungsmodell der §§ 74 ff. HGB	29
cc) Auslegung der Wettbewerbsklausel	30
dd) Entschädigungspflicht	31
ee) AGB-Kontrolle	32
b) Klauselbeispiele	33
aa) Verbotsumfang	33
(1) Grundformen	34
(2) Regelung des gegenständlichen Verbotsumfangs	38
(3) Schutz von Drittunternehmen	40
(4) Regelung des räumlichen Verbotsumfangs	46
(5) Regelung des zeitlichen Verbotsumfangs	47
bb) Entschädigungspflicht	48
(1) Regelung der Entschädigungspflicht	48
(2) Ausschluss der Karenzentschädigung	51
(3) Regelung der Entschädigungshöhe	57
(4) Modalitäten der Auszahlung der Entschädigung	60
(5) Anrechnung anderweitiger Einkünfte	63
(6) Auskunft über anderweitigen Erwerb	64
(7) Verjährung, Ausgleichsklauseln, Ausschlussfristen	67
cc) Sonstige Regelungen	70
(1) Verzicht/Bedingtes Wettbewerbsverbot	70
(2) Mandantenschutzklauseln/Mandantenübernahmeklauseln/Niederlassungsklauseln	73
(3) Alternativen zur Wettbewerbsklausel	76
(4) Ruhestandsverhältnis und Konkurrenz	79
(5) Inkrafttreten des Wettbewerbsverbots	88
(6) Rechtsfolgenregelung	95
4. Hinweise zur Vertragsgestaltung	103
5. Steuerrechtliche Aspekte	108

Schrifttum:

Bauer, J.-H., Aktuelle Probleme des nachvertraglichen Wettbewerbsverbots, NZA Beilage 3/1991, 29; *Bauer, J.-H./Diller*, Zulässige und unzulässige Bedingungen in Wettbewerbsverboten, DB 1997, 94; *Bauer, J.-H./Diller*, Wettbewerbsverbote, 6. Aufl. 2012; *Bauer, J.-H./Diller*, Nachvertragliche Wettbewerbsverbote: Änderungen durch die Schuldrechtsreform, NJW 2002, 1609; *Bauer, J.-H./Diller*, Allgemeine Erledigungsklausel und nachvertragliches Wettbewerbsverbot – eine unendliche Geschichte?, BB 2004, 1274; *Becker*, Zulässigkeit und Wirksamkeit von Konkurrenzklauseln zwischen Rechtsanwälten, 1990; *Bengelsdorf*, Der Anspruch auf Karenzentschädigung, DB 1985, 1585; *Bohle*, Verträge mit juristischen Mitarbeitern – Mandantenschutzklauseln und Mandantenübernahmeklauseln, MDR 2003, 140; *Bruckner*, Nachvertragliche Wettbewerbsverbote zwischen Rechtsanwälten, 1987; *Brune*, Bedingte Wettbewerbsverbote für Arbeitnehmer, 1989; *Buchner*, Wettbewerbsverbote während und nach Beendigung des Arbeitsverhältnisses, 1995; *Buchner*, Wettbewerbsverbot, 1981; *Buchner*, Das Wettbewerbsverbot nach Beendigung des Arbeitsverhältnisses, AR-Blattei SD 1830.3; *Buchner*, Verbindlichkeit eines nachvertraglichen, auf arbeitnehmerseitig ausgelöster Beendigung des Arbeitsverhältnisses beschränkten Wettbewerbsverbots, SAE 2007, 1; *Butters*, Modifizierte Teilnichtigkeit sittenwidriger nachvertraglicher Wettbewerbsverbote, JuS 2001, 324; *Diller*, Nachvertragliche Wettbewerbsverbote und AGB-Recht, NZA 2005, 250; *Diller*, Formmängel und Unmöglichkeit der Zuwiderhandlung beim nachvertraglichen Wettbewerbsverbot, RdA 2006, 48; *Diller*, Vertragsstrafen bei Wettbewerbsverboten: was nun?, NZA 2008, 574; *Düwell*, Das nachvertragliche Wettbewerbsverbot in der Gewerbeordnung, DB 2002, 2270; *Ebert*, Nachvertragliches Wettbewerbsverbot, ArbRB 2002, 118; *Edenfeld*, Nachvertragliche Wettbewerbsverbote im Europäischen Vergleich, ZfA 2004, 463; *Flatten*, Nachvertragliche Wettbewerbsverbote aus Unternehmersicht, ZIP 1999, 1701; *Fröhlich*, „Kostenlose" Lösung des Arbeitgebers vom nachvertraglichen Wettbewerbsverbot, ArbRB 2014, 244; *Gaul*, Neues zum nachvertraglichen Wettbewerbsverbot, DB 1995, 874; *Gaul/Ludwig*, Betriebsübergang: Auswirkungen auf Vereinbarungen über nachvertragliche Wettbewerbsverbote, NZA 2013, 489; *Gaul/Khanian*, Zulässigkeit und Grenzen arbeitsrechtlicher Regelungen zu Wettbewerbsverboten, MDR 2006, 181; *Gerigk*, Nachvertragliche Wettbewerbsverbote mit geschäftsführenden Organmitgliedern und Gesellschaftern, 2014; *Grimm/Brock/Windeln*, Mandantenübernahmeklauseln – Grenzen zulässiger Vertragsgestaltung, ArbRB 2005, 92; *Grüll/Janert*, Die Konkurrenzklausel, 5. Aufl. 1993; *Grunsky*, Das bedingte Wettbewerbsverbot, in Festschrift 25 Jahre BAG, 1979, S. 153; *Grunsky*, Wettbewerbsverbote für Arbeitnehmer, 2. Aufl. 1987; *Grunsky*, Voraussetzungen einer Entschädigungszusage nach § 74 II HGB, NZA 1988, 713; *Grunsky*, Das nachvertragliche Wettbewerbsverbot (§§ 74 ff. HGB) als gegenseitiger Vertrag, in Freundesgabe für Alfred Söllner, 1990, S. 41; *Heidenhain*, Nachvertragliches Wettbewerbsverbot des GmbH-Geschäftsführers, NZG 2002, 605; *Hirte*, Zivil- und kartellrechtliche Schranken für Wettbewerbsverbote im Zusammenhang mit Unternehmensveräußerungen, ZHR 154 (1990), 443; *Hoffmann-Becking*, Nachvertragliche Wettbewerbsverbote für Vorstandsmitglieder und Geschäftsführer, in Festschrift für Karlheinz Quack, 1991, S. 273; *Hoß*, Das nachvertragliche Wettbewerbsverbot während des Kündigungsschutzprozesses und im Aufhebungsvertrag, DB 1997, 1818; *Hoß*, Vorbereitung einer späteren Konkurrenztätigkeit, ArbRB 2002, 87; *Hunold*, Aktuelle Rechtsprechung zum nachvertraglichen Wettbewerbsverbot, NZA-RR 2013, 174; *Kamanabrou*, Teilverbindlichkeit überschießender nachvertraglicher Wettbewerbsverbote für GmbH-Geschäftsführer, ZGR 2002, 898; *Kanzleiter*, Schranken der Zulässigkeit von Wettbewerbsverboten in Gesellschaftsverträgen, DNotZ 1989, 195; *Kempen/Kreuder*, Nebentätigkeit und arbeitsrechtliches Wettbewerbsverbot bei verkürzter Arbeitszeit, ArbuR 1994, 214; *O. Kittner*, Der „volatile" Arbeitnehmer – Wettbewerb im und außerhalb des Arbeitsverhältnisses, BB 2011, 1013; *Koch*, Das nachvertragliche Wettbewerbsverbot im einseitig vorformulierten Arbeitsvertrag, RdA 2006, 28; *Koenig/Steiner*, Die Vereinbarkeit nachvertraglicher Wettbewerbsverbote mit der Arbeitnehmerfreizügigkeit des EG-Vertrags, NJW 2002, 3583; *Kort*, Wirksamkeit und Auslegung eines Wettbewerbsverbots, SAE 2005, 264; *Kukat*, Vorsicht ist besser als Nachsicht – Praktische Hinweise zur Vereinbarung nachvertraglicher Wettbewerbsverbote für Geschäftsführer und zur Anrechnung anderweitigen Erwerbs, BB 2001, 951; *Laber/Legerlotz*, Verpflichtung zur Unterlassung von Wettbewerb während der Dauer und nach Beendigung eines Dienstverhältnisses, DStR 2000, 1605; *Laskawy*, Die Tücken des nachvertraglichen Wettbewerbsverbots im Arbeitsrecht, NZA 2012, 1011; *Leuchten*, Konkurrenztätigkeit im gekündigten Arbeitsverhältnis, NZA 2011, 391; *Lumper*, Kontrollmaßstäbe für nachvertragliche Wettbewerbsverbote und ihre Anwendung im Kollisionsfall, 2012; *Meier*, Das Ende der Mandantenübernahmeklausel?, NZA 2013, 253; *Michalski/Römermann*, Wettbewerbsbeschränkungen zwischen Rechtsanwälten, ZIP 1994, 433; *Müller*, Vertragliches Wettbewerbsverbot, FA 2000, 152; *Naber*, Wettbewerbsverbote in gesellschaftsrechtlichen Vereinbarungen mit Arbeitnehmern und Organmitgliedern, NZA 2013, 870; *von der Osten*, Das Wettbewerbsverbot von Gesellschaftern und Gesellschafter-Geschäftsführern in der GmbH, GmbHR 1989, 450; *Plett/Welling*, Wirksamkeitsvoraussetzungen des nachvertraglichen Wettbewerbsverbotes, DB 1986, 2282; *Pulte*, Wettbewerbsvereinbarungen, BB 1982,

1183; *Reinfeld*, Das nachvertragliche Wettbewerbsverbot im Arbeits- und Wirtschaftsrecht, 1993; *Reinfeld*, Das nachvertragliche Konkurrenzverbot, AuA 1994, 142; *Reufels*, Grenzüberschreitende nachvertragliche Wettbewerbsverbote – Vereinbarkeit mit der Arbeitnehmerfreizügigkeit?, ArbRB 2003, 313; *Röhsler/Borrmann*, Wettbewerbsbeschränkungen für Arbeitnehmer und Handelsvertreter, 1981; *Römermann*, Nachvertragliche Wettbewerbsverbote bei Anwaltssozietäten, NJW 2002, 1399; *Salamon/Fuhlrott*, Die Reichweit des Wettbewerbsverbots im gekündigten Arbeitsverhältnis, BB 2011, 1018; *Schirner*, Das Wettbewerbsverbot und seine Tücken, AuA 2005, 652; *Schmiedl*, Mitarbeiterabwerbung durch Kollegen während des laufenden Arbeitsverhältnisses, BB 2003, 1120; *Schwab*, Wettbewerbsverbot für Auszubildende, AiB 2007, 438; *Straube*, AGB-Kontrolle von nachvertraglichen Wettbewerbsverboten, BB 2013, 117; *Urban*, Wettbewerbsverbote rechtssicher vereinbaren, ArbRAktuell 2012, 241; *Weisemann/Schrader*, Wettbewerbsverbote während der Dauer und nach Beendigung eines Arbeitsverhältnisses, DB Beilage 4/1980; *Wertheimer*, Nachvertragliche Wettbewerbsverbote bei Arbeitsverhältnissen, 1998; *Winterstein*, Nachvertragliches Wettbewerbsverbot und Karenzentschädigung, NJW 1989, 1463.

1. Einführung

Die während des bestehenden Arbeitsverhältnisses geltende Wettbewerbsenthaltungspflicht (§ 60 HGB) verbietet eine konkurrierende → *Nebentätigkeit*, II N 10. Dadurch soll u.a. verhindert werden, dass betriebliche Interna nach außen dringen. Vielfach ist bereits § 17 Abs. 1 UWG einschlägig, der für Betriebs- und Geschäftsgeheimnisse eine Verschwiegenheitspflicht statuiert. Gesonderter Betrachtung bedarf das **nachvertragliche Wettbewerbsverbot**, welches ein eigenständiger gegenseitiger Vertrag ist, durch den sich der ausgeschiedene Arbeitnehmer gegenüber seinem früheren Arbeitgeber gegen Zahlung einer Karenzentschädigung zum Unterlassen von Wettbewerb verpflichtet. Die Wettbewerbsabrede findet sich entweder im **Arbeitsvertrag** oder in einer **gesonderten Urkunde** und unterliegt dem Regime der §§ 74 ff. HGB. § 60 HGB ist **dispositiv** und kann abbedungen, aber auch erweitert werden.[1] Im nachvertraglichen Bereich sind dagegen Änderungen zu Ungunsten des Arbeitnehmers nicht möglich (§ 75d HGB).

Wettbewerbsverbote, auf die sich Arbeitgeber und Arbeitnehmer erst nach Beendigung des Arbeitsverhältnisses verständigen, unterliegen hingegen nicht mehr den Vorgaben der §§ 74 ff. HGB, es sei denn, das Wettbewerbsverbot wird im Zusammenhang mit der Beendigung des Arbeitsverhältnisses (z.B. als Bestandteil eines Aufhebungsvertrags) vereinbart.[2]

2. Wettbewerbsverbot während des bestehenden Arbeitsverhältnisses

a) Die gesetzliche Ausgangslage

Handlungsgehilfen dürfen ohne Einwilligung ihres Prinzipals weder ein Handelsgewerbe betreiben noch in dessen Handelszweig für eigene oder fremde Rechnung Geschäfte machen. Der Prinzipal kann neben einem Unterlassungsanspruch, der Wettbewerbsverstöße während des Bestands des Arbeitsverhältnisses erfasst,[3] Schadensersatz fordern oder verlangen, dass die vom Handlungsgehilfen auf dessen

---
1 Vgl. statt vieler Baumbach/Hopt/*Roth*, § 60 HGB Rz. 1; *Grunsky*, S. 26.
2 BAG v. 3.5.1994 – 9 AZR 606/92, NZA 1995, 72 (73); ErfK/*Oetker*, § 74 HGB Rz. 9.
3 BAG v. 30.5.1978 – 2 AZR 598/76, AP Nr. 9 zu § 60 HGB m. zust. Anm. *Schröder*. Das Verbot gilt auch im Teilzeitarbeitsverhältnis.

Rechnung getätigten Geschäfte als auf seine Rechnung abgeschlossen gelten (§§ 60, 61 HGB). Vergleichbare Regelungen bestehen für (geschäftsführende) Gesellschafter einer Personenhandelsgesellschaft (§§ 112, 113 i.V.m. 161 Abs. 2, 165 HGB), Vorstandsmitglieder einer Aktiengesellschaft (§ 88 AktG) sowie für persönlich haftende Gesellschafter einer KGaA (§ 284 AktG).[1] In **zeitlicher Hinsicht** gilt § 60 HGB für die **rechtliche Dauer des Arbeitsverhältnisses**. Auch für die Phase der Freistellung nach einer Kündigung gilt somit § 60 HGB.[2] Nach bestrittener Auffassung des BAG gilt die Wettbewerbsenthaltungspflicht nach § 60 HGB darüber hinaus auch für die Dauer eines Kündigungsschutzverfahrens fort.[3] Im Übrigen ist die gesetzliche Regelung sowohl in personeller als auch in sachlicher Hinsicht **unvollständig**. Dementsprechend ist § 60 HGB durch Rechtsprechung und Lehre fortentwickelt worden.

b) Klauselbeispiele

aa) Deklaratorische und gesetzeskonkretisierende Klauseln

Typ 1: Deklaratorische/gesetzeskonkretisierende Klauseln

a) Die Bestimmungen der §§ 60, 61 HGB finden (entsprechende) Anwendung.

b) Der Arbeitnehmer darf kein Handelsgewerbe im Geschäftszweig der Firma betreiben. In diesem Rahmen ist auch das Geschäftemachen, sei es auf eigene, sei es auf fremde Rechnung, untersagt. Ausgenommen sind allein solche Geschäfte, bei denen sich der Mitarbeiter und die Firma als Vertragspartner gegenüberstehen.

3 § 60 HGB bezieht sich unmittelbar nur auf Handlungsgehilfen. Es ist jedoch interessengerecht, **alle Arbeitnehmer**[4] zu erfassen, da es keinen Unterschied macht, welcher Arbeitnehmergruppe der konkurrierende Beschäftigte angehört.[5] Dementsprechend hat das BAG unter Berufung auf die Treuepflicht des Arbeitnehmers § 60 HGB als Ausdruck eines allgemeinen Rechtsgedankens angesehen, der für alle Arbeitnehmer einschließlich der Auszubildenden[6] gleichermaßen gilt.[7] **Die Klausel Typ 1a** hat daher lediglich klarstellende Funktion. Verbotsadressat des § 60 HGB ist allein der Arbeitnehmer. Das Verbot erstreckt sich nicht auf ihm nahe stehende

---

1 Überblick bei *Reinfeld*, Wettbewerbsverbot, S. 12 ff.; vgl. auch OLG Hamburg v. 29.6. 2007 – 11 U 141/06, ZIP 2007, 1370 (1371 ff.).
2 HWK/*Diller*, § 60 HGB Rz. 6.
3 BAG v. 25.4.1991 – 2 AZR 624/90, NZA 1992, 212; hierzu *Leuchten*, NZA 2011, 391 ff.
4 Vgl. hierzu näher BAG v. 26.9.2007 – 10 AZR 511/06, NZA 2007, 1436; v. 17.10.2012 – 10 AZR 809/11, NZA 2013, 207 (208); *Laber/Legerlotz*, DStR 2000, 1605 f.
5 *Grunsky*, S. 4.
6 BAG v. 20.9.2006 – 10 AZR 439/05, NZA 2007, 977; kritisch hierzu *Schwab*, AiB 2007, 438 (439 f.). Eine Ausdehnung über das Ausbildungsende hinaus ist jedoch nach § 12 Abs. 1 Satz 1 BBiG unwirksam. S. zu letzterem auch LAG Hess. v. 8.9.2006 – 3 Sa 1635/05, n.v.
7 BAG v. 21.10.1970 – 3 AZR 479/69, AP Nr. 13 zu § 242 BGB Auskunftspflicht; v. 16.1. 1975 – 3 AZR 72/74, AP Nr. 8 zu § 60 HGB (unter I 2); v. 16.8.1990 – 2 AZR 113/90, NZA 1991, 141; zust. *Grunsky*, S. 4 m.w.N.; *Becker-Schaffner*, BlStSozArbR 1980, 321 (322); krit. vor allem *Kempff*, DB 1979, 790.

Personen. Etwas anderes gilt dann, wenn der Arbeitnehmer das Wettbewerbsverbot umgehen will, etwa durch Einschaltung eines Strohmanns. Bei Dienstnehmern, freien Mitarbeitern, Vertretern von Handels- und Kapitalgesellschaften und Handelsvertretern scheidet eine analoge Anwendung des § 60 HGB aus.[1]

Mit Blick auf die Konkretisierung, die § 60 Abs. 1 HGB durch die Rechtsprechung gefunden hat, sind Klauseln problematisch, die lediglich den Wortlaut des § 60 Abs. 1 HGB wiedergeben. So bindet **§ 60 Abs. 1 Alt. 1 HGB** nach seinem Wortlaut den Betrieb eines jeden Handelsgewerbes an die Einwilligung des Arbeitgebers, weshalb an sich kein echtes Wettbewerbsverbot, sondern das allgemeine Verbot des Betriebs eines Handelsgewerbes vorliegt. So hat denn auch das BAG festgestellt, dass § 60 Abs. 1 Alt. 1 HGB zu weit gefasst ist: „Der Betrieb eines Handelsgewerbes ohne Einwilligung des Arbeitgebers kann ... nur verwehrt sein, wenn dies den Arbeitgeber schädigen kann, das heißt, wenn der Angestellte ein Handelsgewerbe im Handelszweig des Arbeitgebers betreibt, so dass dieses Handelsgewerbe für den Arbeitgeber wettbewerbsmäßig eine Gefahr bedeutet."[2] Dem Gesellschafter einer OHG ist nur die Teilnahme an einer gleichartigen Gesellschaft untersagt (§ 112 Abs. 1 Alt. 2 HGB). Einengend ausgelegt wird auch **§ 60 Abs. 1 Alt. 2 HGB**: Zwar knüpft diese Vorschrift bereits ausdrücklich an den Handelszweig des Arbeitgebers an. Geschäfte im Handelszweig des Arbeitgebers sind aber nicht notwendig Konkurrenzgeschäfte.[3] Entscheidend ist die wirtschaftliche Betätigung am Markt: Danach stehen zwei Unternehmen im Wettbewerb, wenn sie sich an einen übereinstimmenden Kundenkreis wenden und der erfolgreiche Geschäftsabschluss des einen zu Lasten des anderen geht.[4] Beschränkt sich die Tätigkeit des Arbeitnehmers dagegen darauf, seinem Arbeitgeber als Anbieter oder Nachfrager entgegenzutreten, so konkurriert der Arbeitnehmer nur mit anderen Anbietern oder Nachfragern, nicht aber mit seinem Arbeitgeber, weshalb § 60 Abs. 1 Alt. 2 HGB ausscheidet (**Typ 1b**). Ebenso zulässig ist die Befriedigung eigener, privater Bedürfnisse und die Anlegung eigener Vermögenswerte im Bereich der Tätigkeit des Arbeitgebers.[5]

Dem Arbeitnehmer bleibt es unbenommen, bereits während des Arbeitsverhältnisses **Vorbereitungsmaßnahmen** für die Gründung eines eigenen Unternehmens nach Vertragsende oder für ein Überwechseln zur Konkurrenz zu treffen,[6] etwa durch Anmietung von Geschäftsräumen, Anmeldung eines Gewerbes,[7] Anwerbung von Mit-

---

[1] BGH v. 23.1.1964 – VII ZR 133/62, NJW 1964, 817.
[2] BAG v. 25.5.1970 – 3 AZR 384/69, AP Nr. 4 zu § 60 HGB; vgl. auch BAG v. 26.8.1976 – 2 AZR 377/75, AP Nr. 68 zu § 626 BGB; zust. BAG v. 12.5.1972 – 3 AZR 401/71, AP Nr. 6 zu § 60 HGB m. Anm. *Fenn*; v. 7.9.1972 – 2 AZR 486/71, AP Nr. 7 zu § 60 HGB; v. 3.5.1983 – 3 AZR 62/81, NJW 1984, 886; LAG Rh.-Pf. v. 3.7.2000 – 7 Sa 1431/99, PflR 2002, 334; LAG Sachsen v. 23.1.2001 – 1 Sa 570/00, GI 2002, 18; *Grunsky*, S. 10f. m.w.N.; *K. Schmidt*, Handelsrecht, 6. Aufl. 2014, § 17 Rz. 18.
[3] BAG v. 3.5.1983 – 3 AZR 62/81, NJW 1984, 886; hierzu etwa *Hanau*, ZfA 1984, 453 (536).
[4] LAG Hamm v. 19.3.2001 – 16 Sa 322/01, BuW 2001, 924.
[5] Schaub/*Vogelsang*, § 54 Rz. 10.
[6] *Grunsky*, S. 16f. m.w.N.; vgl. auch BGH v. 16.11.1954 – I ZR 180/53, NJW 1955, 463; BAG v. 16.1.1975 – 3 AZR 72/74, AP Nr. 8 zu § 60 HGB; LAG Rh.-Pf. v. 7.2.1992 – 6 Sa 528/91, NZA 1993, 265; v. 3.7.2000 – 7 Sa 1431/99, PflR 2002, 334.
[7] LAG Düsseldorf v. 2.5.2011 – 11 Sa 27/11, BeckRS 2013, 67461.

arbeitern,[1] Vorstellungsgespräche beim Konkurrenzunternehmen und Abschluss des Arbeitsvertrages mit demselben.[2] Solche Vorbereitungsmaßnahmen dürfen jedoch für den Arbeitgeber während des bestehenden Arbeitsverhältnisses keine Nachteile mit sich bringen.[3] So hat das BAG in dem Versuch des Arbeitnehmers, während seines Arbeitsverhältnisses andere Arbeitskräfte seines Arbeitgebers zur Beschäftigung in einem von ihm geplanten Betrieb abzuwerben, eine unmittelbare Gefährdung der Geschäftsinteressen des Arbeitgebers und einen Verstoß gegen das Wettbewerbsverbot erblickt.[4] Teilweise wird jedoch unter Berufung auf die Berufsfreiheit des Arbeitnehmers (Art. 12 Abs. 1 GG) für die Annahme eines Wettbewerbsverstoßes über die schlichte **Abwerbung** hinaus das Vorliegen zusätzlicher Umstände gefordert, welche die Abwerbung als sittenwidrig erscheinen lassen, z.B. weil sie im Auftrag eines Konkurrenzunternehmens gegen Bezahlung erfolgt.[5] Dieser Einschränkung ist jedoch nicht zu folgen, da das Verbot der schlichten Abwerbung bereits aus der allgemeinen Treuepflicht des Arbeitnehmers folgt und der Berufsfreiheit des Arbeitnehmers die Berufs- und die Eigentumsfreiheit (Art. 14 Abs. 1 GG) des Arbeitgebers als insoweit vorrangig gegenüberstehen.[6] Ganz allgemein ist für die Abgrenzung von Vorbereitungshandlung und Konkurrenztätigkeit entscheidend, ob durch das Handeln bereits unmittelbar in die Geschäfts- oder Wettbewerbsinteressen des Arbeitgebers eingegriffen wird.[7] Erlaubt sind alle nicht markt- bzw. kundenbezogenen Maßnahmen, nicht dagegen solche, die die geplante Konkurrenztätigkeit gegenüber den derzeitigen Geschäftspartnern des Arbeitgebers bekannt machen.[8] Freilich ist es dem Arbeitgeber nicht immer zuzumuten, auf den tatsächlichen Eintritt von Nachteilen zu warten. So rechtfertigt etwa das ernsthafte Bemühen des Inhabers einer absoluten Vertrauensposition, unter Vertragsbruch vorzeitig aus dem Arbeitsverhältnis zum Betreiben eines Konkurrenzbetriebes auszusteigen, eine außerordentliche Kündigung.[9]

6 Umstritten sind Klauseln, durch die **Nebentätigkeiten** für Unternehmen, mit denen die Firma in Wettbewerb steht (oder: Nebentätigkeiten im Geschäftszweig des Unternehmens), untersagt werden. Teilweise werden solche Klauseln für zulässig gehalten, da der Arbeitgeber auch jede mittelbare Stärkung der Konkurrenz müsse unterbinden können.[10] Gegen diese Ansicht spricht jedoch, dass Nebentätigkeiten den Hauptarbeitgeber in aller Regel nicht beeinträchtigen und daher von § 60 Abs. 1 HGB nicht erfasst sind.[11] Es ist der für nachvertragliche Wettbewerbsverbote geltende Maßstab des § 74a Abs. 1 Satz 1 HGB heranzuziehen[12] und darauf abzustel-

---

1 Zur möglicherweise sittenwidrigen Abwerbung vgl. LAG BW v. 31.3.1969 – 4 Sa 104/68, BB 1969, 759.
2 Richtig insoweit *Grunsky*, S. 18.
3 So schon RG v. 6.4.1937 – II 238/36, JW 1937, 2654.
4 BAG v. 11.11.1980 – 6 AZR 292/78, n.v.
5 LAG Rh.-Pf. v. 7.2.1992 – 6 Sa 528/91, NZA 1993, 265; LAG Hamburg v. 21.12.1999 – 2 Sa 62/99, n.v.; Brandenburgisches OLG v. 6.3.2007 – 6 U 34/06, n.v.
6 *Schmiedl*, BB 2003, 1120 (1122).
7 LAG Berlin v. 28.8.2002 – 9 Sa 659/02, NZA-RR 2003, 362.
8 LAG MV v. 14.6.2005 – 5 Sa 246/05, n.v.; ArbG Schwerin v. 16.5.2001 – 6 Ca 3731/00, AnwBl. 2002, 56; *Hoß*, ArbRB 2002, 87.
9 LAG Schl.-Holst. v. 30.5.1991 – 4 Sa 83/91, DB 1991, 1990.
10 Vgl. *Röhsler/Borrmann*, S. 37 (für Buchführungsarbeiten).
11 *Schaub/Vogelsang*, § 54 Rz. 15; *Grunsky*, S. 13.
12 Richtig *Grunsky*, S. 27.

len, ob der Arbeitgeber ein berechtigtes Interesse an einer vertraglichen Ausdehnung des gesetzlichen Wettbewerbsverbots hat.

Bedenklich ist es auch, wenn durch die Formulierung als **Auffangtatbestand** („Herr ... verpflichtet sich, während des Bestehens des Arbeitsverhältnisses nicht in die Dienste eines Konkurrenzunternehmens zu treten, sich daran zu beteiligen oder es *in anderer Weise* zu unterstützen.") jeglicher Wettbewerb des Arbeitnehmers ausgeschaltet werden soll, nicht nur mit Blick auf das Bestimmtheitsgebot, sondern auch, weil die Eingehung eines Arbeitsverhältnisses bei einem Konkurrenten des Arbeitgebers vielfach eine Vertragswidrigkeit darstellt und schon deshalb unzulässig ist, ohne dass auf § 60 Abs. 1 HGB rekurriert zu werden braucht.[1] 7

bb) Beteiligungen an anderen Unternehmen

Typ 2: Beteiligungen an anderen Unternehmen

a) Die mittelbare oder unmittelbare Beteiligung an Konkurrenzunternehmen, die über bloße Finanzbeteiligungen hinausgeht, ist unzulässig.

b) Aktienbesitz oder Anteile an Gesellschaften, die keinen Einfluss auf die Organe der betreffenden Gesellschaft ermöglichen, gelten nicht als Beteiligung.

c) Beteiligungen an einem Konkurrenzunternehmen ab 5 % des stimmberechtigten Kapitals sind zustimmungspflichtig.

Häufig sind Klauseln, die sich mit der **Beteiligung** des Mitarbeiters an anderen Unternehmen befassen. Soweit eine Beteiligung auch an solchen Unternehmen untersagt sein soll, die nicht Konkurrenten des Arbeitgebers sind, handelt es sich um kein Wettbewerbsverbot, sondern um ein allgemeines Nebentätigkeitsverbot (→ *Nebentätigkeit*, II N 10). 8

Zulässig ist die **Klausel Typ 2a**, da sie sich auf Konkurrenzunternehmen beschränkt und bloße Finanzbeteiligungen vom Verbot ausnimmt. Es ist zwischen **zulässiger (reiner) Kapitalanlage** und **unzulässigem Wettbewerb** abzugrenzen.[2] 9

Unzulässig sind der Erwerb der Aktienmehrheit bei einem Arbeitgeber-Konkurrenten und die Übernahme einer Gesellschafter-Position in einer konkurrierenden GmbH (§ 60 HGB).[3] Auch die (bloße) Tätigkeit in der Geschäftsführung einer solchen Gesellschaft ist untersagt. Entscheidend ist, ob der Arbeitnehmer **Einfluss auf die Unternehmensführung** des Konkurrenten gewinnen kann. Dem wird durch die **Klausel Typ 2b** Rechnung getragen. Auf den Willen des Mitarbeiters kommt es dabei ebenso wenig an[4] wie auf die Rechtsform des Konkurrenzunternehmens und die rechtliche Form der Beteiligung. 10

---

1 Vgl. auch Baumbach/Hopt/*Roth*, § 60 HGB Rz. 4; a.A. *Grunsky*, S. 5, 12f., der insoweit auf § 60 Abs. 1 Alt. 2 HGB abstellt.
2 Eingehend *Grunsky*, S. 13ff.; vgl. auch OLG Bremen v. 7.6.2007 – 2 U 1/07, ZIP 2007, 1502 (1503ff.).
3 Hierzu BAG v. 15.2.1962 – 5 AZR 79/61, NJW 1962, 1365; LAG München 8.8.2006 – 11 Sa 922/05, n.v. (jeweils Erwerb eines GmbH-Anteils).
4 Anders wohl *Grunsky*, S. 14.

11 Auch in der **Gewährung eines Darlehens** kann eine verbotene Konkurrenzaktivität liegen, wenn hiermit Einfluss auf die Geschäftsführung gewonnen werden soll. Sämtliche Darlehensgewährungen dem Verdikt des § 60 HGB zu unterwerfen,[1] ginge freilich zu weit: Wenn ein Angestellter der Deutschen Bank ein Sparkonto bei der Commerzbank eröffnet, liegt darin kein Verstoß gegen ein Wettbewerbsverbot.[2]

12 Problematisch ist, wenn wie in **Typ 2c** eine **Obergrenze für Kapitalbeteiligungen** aufgestellt wird, deren Überschreiten unabhängig von einer Einflussnahme auf die Geschäftsführung zustimmungspflichtig sein soll. Teilweise wird ein hinreichender Einfluss auf die Geschäftstätigkeit eines Unternehmens erst bei einem Kapitalanteil in Höhe von 10 % angenommen.[3] Derart pauschale Aussagen sind indes abzulehnen, da nicht unberücksichtigt bleiben darf, welche Minderheitenrechte bei der (meist:) Kapitalgesellschaft an die Innehabung eines bestimmten Prozentsatzes des Grundkapitals geknüpft sind.[4] Zu berücksichtigen ist jedoch, dass auch der Erwerb von „kleinen" Aktienpaketen zusammen mit anderen Faktoren ein Indiz dafür sein kann, dass alsbald eine Aufstockung vorgesehen ist, so dass das arbeitsvertraglich vorausgesetzte Vertrauen erschüttert werden kann. Auch **Interessenkollisionen** des Arbeitnehmers bei dienstlichen Entscheidungen sind dann denkbar. Deshalb spricht einiges für eine Begrenzung von Beteiligungen an Konkurrenzunternehmen unterhalb der Schwelle, von der ab Einflussnahme auf deren Geschäftsführung möglich ist.[5]

13 Klauseln, die **Beteiligungen jedweder Art** verbieten, sind von keinem berechtigten Arbeitgeberinteresse getragen, da der Arbeitgeber geschäftliche Aktivitäten solcher Firmen, die keine Konkurrenten sind, nicht zu fürchten und auch keine Beeinträchtigung der Arbeitskraft des Mitarbeiters zu besorgen braucht. Die maßgeblichen Kriterien für die Untersagung einer → *Nebentätigkeit*, II N 10 greifen also nicht. Das Gleiche gilt für **leitende Angestellte**.[6] Allein eine wirtschaftliche Betrachtungsweise führt zu interessengerechten Ergebnissen. Daher liegt kein Verstoß gegen das Konkurrenzverbot vor, wenn ein BMW-Angestellter einige Porsche-Aktien erwirbt, weil er sich hiervon auf Dauer höhere Gewinne verspricht. Ebenso wenig sind Klauseln anzuerkennen, welche die Beteiligung an Konkurrenzunternehmen von einer schriftlichen **Einwilligung des Arbeitgebers** abhängig machen.

---

1 So wohl Schaub/*Vogelsang*, § 54 Rz. 12.
2 Vgl. *Grunsky*, S. 15f.; dort auch zur Beteiligung als stiller Gesellschafter (§§ 230ff. HGB).
3 So etwa noch MünchArbR/*Blomeyer*, 2. Aufl., § 52 Rz. 26; auf den Einzelfall und insbesondere auf den durch die Kapitalbeteiligung vermittelten Einfluss abstellend nun aber MünchArbR/*Reichold*, § 48 Rz. 11.
4 Näher zum Minderheitenschutz in Kapitalgesellschaften etwa *Semler*, AnwBl. 1991, 440; vgl. auch *Semler*, in Münchener Handbuch des Gesellschaftsrechts, Bd. 4, Anh. 1 nach § 42.
5 Vgl. auch *Glöckner*, § 8 I 5 a.
6 Zum erweiterten Pflichtenkreis vgl. BAG v. 18.6.1963 – 5 AZR 146/62, AP Nr. 25 zu § 138 BGB; v. 26.11.1964 – 2 AZR 211/63, AP Nr. 53 zu § 626 BGB; ausf. *Martens*, Das Arbeitsrecht der leitenden Angestellten, 1982, S. 97ff., insb. S. 100. Vgl. noch *Kallmann/Adlberger* in Münchener Vertragshandbuch, Band 5, Muster IV.11 m. Anm. 13. Vgl. auch BAG v. 26.8.1976 – 2 AZR 377/75, AP Nr. 68 zu § 626 BGB.

cc) Schutz von Drittunternehmen

Typ 3: Schutz von Drittunternehmen

a) ... Dieses Konkurrenzverbot gilt gleichermaßen zu Gunsten der mit der Firma verbundenen Unternehmen (Konzernunternehmen).

b) Der Arbeitnehmer darf Tätigkeiten, die sein Arbeitsgebiet betreffen und anderen Unternehmen des Konzerns (folgt Nennung der Firmennamen) Wettbewerb machen, nur mit Zustimmung des zuständigen Vorstandsmitglieds (z.B.: Forschung und Entwicklung) aufnehmen.

Die Einbeziehung von Dritt-, insbesondere von Konzernunternehmen (vgl. § 18 AktG) in den Konkurrenzschutz spielt beim Wettbewerbsverbot im bestehenden Arbeitsverhältnis eine weniger große Rolle als im nachvertraglichen Bereich.[1] Der Schutz dieser Unternehmen muss ausdrücklich im Arbeitsvertrag geregelt werden, sonst besteht er nicht,[2] da vom Arbeitnehmer nicht erwartet werden kann, dass er seine Loyalität auch auf solche Unternehmen ausdehnt, die ihm gegenüber keinen besonderen Verpflichtungen unterliegen.[3] Die Aufnahme dieser Unternehmen in das arbeitsvertragliche Wettbewerbsverbot bewirkt nicht automatisch deren Schutz; immer bedarf es der gesonderten Prüfung, ob das Arbeitgeberinteresse im Einzelfall tatsächlich so weit reicht.[4] Die Formulierung in **Klausel Typ 3a** kann also im Einzelfall wirksam sein, muss es aber nicht.

In **Klausel Typ 3b** wird eine Konkretisierung der auch in Bezug auf die Konzernunternehmen **verbotenen Tätigkeiten** versucht. Eine solche Klausel hat große Chancen, im Streitfall zu bestehen, da sie den konkreten Bezug zum Tätigkeitsfeld des Mitarbeiters herstellt und die betroffenen Konzernunternehmen namentlich aufführt.

Bedenken bestehen hingegen gegen eine Klausel, wonach die Firma berechtigt ist, der Aufnahme von Aktivitäten zu widersprechen, wenn die Arbeitsgebiete der Firma oder ihrer Konzerngesellschaften „berührt" werden. Zwar findet auch hier eine Beschränkung auf Konzernunternehmen statt. Arbeitnehmern von Großkonzernen stünde aber bei Wirksamkeit der Klausel kaum noch ein nennenswertes Betätigungsfeld für nebenberufliche Beschäftigungen offen, wenn bereits alles zu unterlassen wäre, was die Arbeitsgebiete der Konzerngesellschaften auch nur „berührt".

Fraglich ist die Zulässigkeit der Ausdehnung des Konkurrenzverbots auf solche Unternehmen, die zwar keine Wettbewerber des Arbeitgebers sind, mit diesem aber in **Geschäftsbeziehungen** stehen. Es ist zu differenzieren: Zulässig ist das Verbot, sich an solchen Unternehmen zu beteiligen (s. Rz. 8 ff.), da sonst die Gefahr von Interessenkollisionen bestünde. Dagegen sollte dem Arbeitnehmer nicht untersagt werden können, mit den Geschäftspartnern in Wettbewerb zu treten. So weit reicht das be-

---
1 Hierzu *Reinfeld*, Wettbewerbsverbot, S. 156 ff.
2 Zur Rechtslage im nachvertraglichen Bereich *Buchner*, Rz. C 238, 241 f.; *Reinfeld*, Wettbewerbsverbot, S. 107 ff.; ausf. *Martens*, FS Herschel, S. 237.
3 Richtig *Grunsky*, S. 8 f.
4 Missverständlich deshalb *Grunsky*, S. 26 f.

rechtigte Arbeitgeberinteresse nicht, da eine entsprechende Tätigkeit des Mitarbeiters die Arbeitsvertragsparteien nicht zu Konkurrenten macht. Erst recht kann dem Arbeitnehmer nicht untersagt sein, sich an solchen Unternehmen zu beteiligen, die lediglich Geschäftspartner solcher Unternehmen sind, mit denen der Arbeitgeber einen Konzern bildet. Selbst für einen Zustimmungsvorbehalt besteht kein berechtigtes Arbeitgeberinteresse. Ähnliche Grundsätze bestehen auch hinsichtlich der Einbeziehung von Drittunternehmen in ein nachvertragliches Wettbewerbsverbot. Auch dort kommt es auf das berechtigte Arbeitgeberinteresse an.[1]

dd) Die einzelnen Verbotskomponenten und Besonderheiten

Typ 4: Einzelne Verbotskomponenten/Besonderheiten

a) Spricht die Firma eine außerordentliche Kündigung aus und wendet sich der Mitarbeiter hiergegen durch Erhebung einer Kündigungsschutzklage, so besteht das Konkurrenzverbot bis zur gerichtlichen Klärung der Wirksamkeit der Kündigung fort.

b) ... Betätigt sich die Firma in einem neuen Geschäftszweig, umfasst das Konkurrenzverbot auch diesen Bereich.

c) ... Treten im Verlauf des Arbeitsverhältnisses neue Wettbewerber auf dem beschriebenen Gebiet in den Markt ein, so erstreckt sich das Konkurrenzverbot auch auf diese Unternehmen.

d) Die Firma erwägt, ihre Geschäfte auf folgende Bereiche auszudehnen: ... Über § 60 HGB hinausgehend sind dem Arbeitnehmer auf diesen Gebieten Tätigkeiten untersagt, die der Firma bei entsprechender Geschäftsaufnahme Konkurrenz machen würden. Erfolgt die Geschäftserweiterung nicht binnen zwei Jahren ab Abschluss dieses Arbeitsvertrages, verliert diese Vereinbarung ihre Gültigkeit.

18 Konkurrenzverbote bestehen allgemein aus einer gegenständlichen, einer zeitlichen sowie einer räumlichen Komponente (vgl. auch § 74a Abs. 1 Satz 2 HGB).

19 Der **räumliche Verbotsumfang** spielt bei Konkurrenzverboten während des bestehenden Arbeitsverhältnisses nur eine untergeordnete Rolle, da die Verpflichtung zur regelmäßigen Arbeitsleistung zumindest faktisch eine räumliche Beschränkung auf das Einzugsgebiet des Arbeitgebers bewirkt. Fehlt eine ausdrückliche Klarstellung im Vertragstext, sind dem Arbeitnehmer Konkurrenzhandlungen dort untersagt, wo der Arbeitgeber tatsächlich als Wettbewerber auftritt (sog. **räumlich relevanter Markt**).[2]

20 **Zeitlich** knüpft das Verbot des § 60 HGB grundsätzlich an den rechtlichen (nicht den tatsächlichen) **Bestand des Arbeitsverhältnisses** an.[3] In dem praktisch wichtigen Fall der Freistellung des Arbeitnehmers ist für den Bestand des Wettbewerbsverbots zu differenzieren: Erfolgt die Freistellung unwiderruflich und unter dem Vor-

---

1 Ausf. *Reinfeld*, Wettbewerbsverbot, S. 151 ff.
2 LAG Köln v. 20.4.2007 – 11 Sa 1277/06, n.v.; vgl. hierzu auch *Grunsky*, S. 6 f.
3 BAG v. 30.5.1978 – 2 AZR 598/76, NJW 1979, 335; v. 17.10.2012 – 10 AZR 809/11, NZA 2013, 207 (208); ebenso BGH v. 19.10.1987 – II ZR 97/87, NJW-RR 1988, 352.

behalt der Anrechnung anderweitigen Erwerbs, entfällt das Wettbewerbsverbot;[1] andernfalls besteht es bis zum rechtlichen Ende des Arbeitsverhältnisses fort.[2] Einer zeitlichen Ausdehnung über das Ende des Arbeitsverhältnisses hinaus steht die gesetzgeberische Grundentscheidung entgegen, dass der Arbeitnehmer nach seinem Ausscheiden entweder „frei" sein oder für seine fortwirkende Loyalität eine entsprechende Gegenleistung erhalten soll (vgl. §§ 74 ff. HGB).[3] Ein Arbeitnehmer, der sich gerichtlich gegen eine außerordentliche Kündigung zur Wehr setzt, unterliegt bis zur gerichtlichen Klärung der Wirksamkeit der Kündigung dem gesetzlichen Konkurrenzverbot[4] (**Typ 4a**). Ist die außerordentliche Kündigung unwirksam, hat sich der Arbeitnehmer, der am Vertrag festhalten will, bis zur rechtswirksamen Beendigung des Arbeitsverhältnisses weiterhin jeden Wettbewerbs zu enthalten.[5]

Ziel der **Klauseln Typ 4b und c** ist die Anpassung des gegenständlichen Verbotsumfangs, etwa bei Änderungen des Tätigkeitsfeldes des Arbeitgebers. Der gegenständliche Umfang des Konkurrenzverbots richtet sich jeweils nach dem aktuellen Geschäftszweig des Arbeitgebers.[6] Verändert dieser sein Angebot oder wird er in einer völlig anderen Branche tätig, verändern sich damit auch Art und Umfang der dem Mitarbeiter untersagten Aktivitäten. Der Arbeitnehmer darf eine bisher erlaubte Nebentätigkeit nicht mehr weiterführen, wenn sie die Qualität einer Konkurrenzaktivität erlangt hat.[7] Umgekehrt bedeutet eine Einschränkung der unternehmerischen Betätigung eine Erweiterung der dem Mitarbeiter offenen Nebenbeschäftigungen. 21

Die **Klausel Typ 4d** will den Arbeitgeber dagegen absichern, dass ihm seine Mitarbeiter bei einer **geplanten Unternehmenserweiterung** oder Änderung der Produktionspalette „zuvorkommen". Die Wirksamkeit solcher Vertragsgestaltungen bestimmt sich danach, ob ein berechtigtes Arbeitgeberinteresse besteht.[8] Dieses bestimmt sich nach der Konkretheit der arbeitgeberseitigen Planungen sowie nach Art und Umfang der vom Arbeitnehmer beabsichtigten bzw. bereits ausgeführten Tätigkeiten im „zukünftigen Wettbewerbsbereich". Unzulässig ist es, für die gesamte Dauer des Arbeitsverhältnisses Konkurrenzaktivitäten zu untersagen, weil der Arbeitgeber mit der beabsichtigten Unternehmensänderung immer wieder zuwartet. Vielmehr ist ein **Zeitlimit** festzulegen, bei dessen Ablauf die verbotenen Tätigkeiten (wieder) erlaubt sind. Als Obergrenze bietet sich eine Zweijahresfrist an (vgl. § 74a Abs. 1 Satz 3 HGB). 22

---

1 BAG v. 6.9.2006 – 5 AZR 703/05, AP Nr. 118 zu § 615 BGB m. Anm. *Bayreuther*; v. 17.10.2012 – 10 AZR 809/11, NZA 2013, 207 (208); s. auch *Fesenmeyer*, NJW 2007, 2798 (2799).
2 BAG v. 17.10.2012 – 10 AZR 809/11, NZA 2013, 207 (208); BGH v. 4.3.2002 – II ZR 77/00, NJW 2002, 1875; LAG BW v. 18.10.2006 – 13 Sa 69/05, n.v.
3 Vgl. BAG v. 19.2.1959 – 2 AZR 341/56, AP Nr. 10 zu § 74 HGB.
4 BAG v. 25.4.1991 – 2 AZR 624/90, NZA 1992, 212.
5 BAG v. 25.4.1991 – 2 AZR 624/90, NZA 1992, 212; BGH v. 12.3.2003 – VIII ZR 197/02, NJW-RR 2003, 981; a.A. LAG Köln v. 4.7.1995 – 9 Sa 484/95, NZA-RR 1996, 2; *Hoß*, ArbRB 2002, 87 (89): Wettbewerbsenthaltung analog §§ 74 ff. HGB nur gegen Zahlung einer Karenzentschädigung; krit. auch *Laber/Legerlotz*, DStR 2000, 1605 (1606).
6 Allg. Ansicht; vgl. nur Heymann/*Honsell*, § 60 HGB Rz. 14; Schlegelberger/*Schröder*, § 60 HGB Rz. 8; *Röhsler/Borrmann*, S. 38.
7 Vgl. *Grunsky*, S. 6 f.
8 Vgl. *Grunsky*, S. 27; *Röhsler/Borrmann*, S. 37.

ee) Einwilligung und deren Widerruf

Typ 5: Einwilligung und deren Widerruf

a) Von dem Konkurrenzverbot ausgenommen sind Betätigungen auf dem Gebiet des ... (folgt eine genaue Beschreibung des entsprechenden Geschäftszweigs des Arbeitgebers).

b) Jegliche Konkurrenzaktivitäten wird der Arbeitnehmer nur mit Einwilligung der Firma entfalten. Die Einwilligung gilt als erteilt, wenn die Firma nicht innerhalb von zwei Wochen nach Eingang des Antrags bei der Personalabteilung widerspricht.

c) Herr ... verpflichtet sich, das von ihm betriebene Handelsgewerbe ... (folgt genaue Umschreibung) ... unverzüglich aufzugeben.

d) ... Der Arbeitgeber behält sich vor, eine etwa erteilte Einwilligung aus sachlichen Gründen zu widerrufen. Dabei ist eine Frist von ... Monat(en) einzuhalten.

---

23 Eine **Einwilligung** des Arbeitgebers macht Konkurrenzaktivitäten rechtmäßig. Sie kann ausdrücklich (schriftlich oder mündlich) oder konkludent vor oder nach Aufnahme der Wettbewerbstätigkeit erteilt werden.[1] Eine konkludente Einwilligung ist insbesondere dann anzunehmen, wenn der Arbeitgeber trotz Kenntnis von der Konkurrenztätigkeit nicht einschreitet, obwohl ihm dies möglich wäre.[2] Die Einwilligung kann generell sämtliche Konkurrenzaktivitäten freistellen oder befristet und/oder gegenständlich beschränkt werden. Vielfach werden weniger wichtige Geschäftsbereiche aus dem Wettbewerbsverbot ausgenommen (**Typ 5a**). Damit den Arbeitnehmer nicht das Risiko trifft, über Gebühr lange auf eine Entscheidung zu warten, ist die Aufnahme einer **Zustimmungsfiktion** möglich (**Typ 5b**). Eine gesetzliche Zustimmungsfiktion enthält § 60 Abs. 2 HGB für den Fall des Betreibens eines Handelsgewerbes (§ 60 Abs. 1 Alt. 1 HGB). Deren Eingreifen kann durch eine ausdrückliche „**Aufgabevereinbarung**" verhindert werden (**Typ 5c**). Eine einmal erteilte Einwilligung ist grundsätzlich **unwiderruflich**.[3] Es kann jedoch ein **Widerrufsvorbehalt** aufgenommen werden, dessen Ausübung billigem Ermessen entsprechen muss (§ 315 BGB).[4] **Typ 5d** trägt dem durch das Erfordernis eines Sachgrundes und Aufnahme einer zeitlichen Schutzfrist Rechnung. Angesichts der gesteigerten Anforderungen, welche an die Transparenz von Widerrufsvorbehalten in anderen Bereichen, insbesondere bei der widerruflichen Gewährung freiwilliger Leistungen gestellt werden,[5] gebietet es auch hier die Vorsicht, das Erfordernis des Sachgrundes durch die Angabe einzelner Widerrufsgründe soweit zu konkretisieren, wie dies im Einzelfall möglich ist. Eine unwiderruflich erteilte Einwilligung kann nur durch **Änderungskündigung** beseitigt werden.[6]

---

1 Statt vieler *Grunsky*, S. 28.
2 Schaub/*Vogelsang*, § 54 Rz. 16; MünchKommHGB/*v. Hoynigen-Huene*, § 60 Rz. 26.
3 Baumbach/Hopt/*Roth*, § 60 HGB Rz. 7; Schaub/*Vogelsang*, § 54 Rz. 18.
4 Schaub/*Vogelsang*, § 54 Rz. 18; *Grunsky*, S. 30.
5 Vgl. BAG v. 12.1.2005 – 5 AZR 364/04, NZA 2005, 465 (468); v. 1.3.2006 – 5 AZR 363/05, NZA 2006, 746; dazu ErfK/*Preis*, §§ 305–310 BGB Rz. 52 ff.; *Diekmann/Bieder*, DB 2005, 722 (725 f.).
6 *Laber/Legerlotz*, DStR 2000, 1605 (1607).

ff) Rechtsfolgenregelung

Typ 6: Rechtsfolgenregelung

Der Arbeitnehmer hat eine Vertragsstrafe von (z.B.: einem Bruttomonatsgehalt) für jeden Fall der Zuwiderhandlung gegen die während des Arbeitsverhältnisses bestehende Wettbewerbsenthaltungspflicht zu zahlen. Besteht die Zuwiderhandlung in einer Dauerverletzung (z.B. kapitalmäßige Beteiligung an einem Wettbewerbsunternehmen oder Eingehung eines Dauerschuldverhältnisses wie eines Arbeits-, Dienst-, Handelsvertreter- oder Beraterverhältnisses), wird die Vertragsstrafe für jeden angefangenen Monat, in dem die Dauerverletzung anhält, neu verwirkt. Mehrere Zuwiderhandlungen führen unabhängig voneinander zur Verwirkung von jeweils einer Vertragsstrafe, ggf. auch mehrfach innerhalb eines Monats. Erfolgen hingegen einzelne Zuwiderhandlungen im Rahmen einer Dauerverletzung, sind sie von der für diese Dauerverletzung verwirkten Vertragsstrafe mit umfasst. Mehrere im Zusammenhang stehende Zuwiderhandlungen stehen einer Dauerverletzung gleich. Bei Verwirkung mehrerer Vertragsstrafen innerhalb eines Jahres ist der Gesamtbetrag der in diesem Jahr zu zahlenden Vertragsstrafe auf das [Sechsfache des Bruttomonatsgehalts] beschränkt.

Die Rechtsfolgenregelung des **§ 61 HGB ist nicht abschließend**. Der Arbeitgeber kann auf **Unterlassung** der Konkurrenztätigkeit klagen und seinen Unterlassungsanspruch auch im Wege einstweiliger Verfügung verfolgen.[1] Die Verletzung eines für die Dauer des Arbeitsverhältnisses bestehenden Wettbewerbsverbots kann „an sich"[2] einen wichtigen Grund für eine **außerordentliche Kündigung** nach § 626 Abs. 1 BGB darstellen,[3] und zwar auch dann, wenn die Konkurrenztätigkeit unentgeltlich erfolgt.[4] Eine Abmahnung ist regelmäßig entbehrlich,[5] da der Arbeitnehmer, der bewusst Konkurrenz betreibt, nicht davon ausgehen kann, dass dieses Verhalten toleriert wird.[6] Erst recht kommt eine **ordentliche verhaltensbedingte Kündigung** in Betracht.[7] Dagegen ist der Arbeitgeber außer in „besonders krass lie-

---

1 Ganz h.M., vgl. statt vieler LAG Düsseldorf v. 1.3.1972 – 2 Sa 520/71, DB 1972, 878.
2 Allg. zur Unterscheidung zwischen „an sich" geeigneten und ungeeigneten Kündigungsgründen KR/*Fischermeier*, § 626 BGB Rz. 87 ff.
3 BAG v. 25.4.1991 – 2 AZR 624/90, NZA 1992, 212 (213); v. 16.8.1990 – 2 AZR 113/90, NZA 1991, 141; v. 6.8.1987 – 2 AZR 226/87, NJW 1988, 438; vgl. auch: LAG Rh.-Pf. v. 1.12.1997 – 9 Sa 949/97, NZA-RR 1998, 496; LAG Berlin v. 28.8.2002 – 9 Sa 659/02, NZA-RR 2003, 362; *Becker-Schaffner*, BlStSozArbR 1980, 321 (325 f.) sowie LAG Köln v. 26.6.2006 – 3 (11) Sa 81/06, NZA-RR 2007, 73 zu einer Konstellation, in der trotz Wettbewerbsverstößen die verhaltensbedingte Kündigung aufgrund überwiegender Arbeitnehmerinteressen sozial nicht gerechtfertigt war.
4 LAG Schl.-Holst. v. 3.12.2002 – 5 Sa 299 b/02, LAGE § 60 HGB Nr. 9.
5 BAG v. 25.4.1991 – 2 AZR 624/90, NZA 1991, 212 m.w.N.; wohl auch im Fall des LAG Schl.-Holst. v. 30.5.1991 – 4 Sa 83/91, DB 1991, 1990.
6 Zu diesem Kriterium bei der Prüfung der Entbehrlichkeit einer Abmahnung etwa LAG Köln v. 26.8.1986 – 1 Sa 525/86, LAGE § 611 BGB Abmahnung Nr. 4.
7 Zum Stufenverhältnis zwischen außerordentlicher und ordentlicher Kündigung etwa *Preis*, DB 1990, 685 (689).

genden Fällen" grundsätzlich nicht zur **Kürzung des Arbeitsentgelts** berechtigt.[1] Unbenommen bleibt die **Aufrechnung von Schadensersatzansprüchen** gegen den Vergütungsanspruch. Schaden ist der erwachsene Schaden und der entgangene Gewinn (§ 252 Satz 1 BGB), den der Arbeitgeber aus dem Geschäft erzielt hätte, nicht dagegen der weitergehende Gewinn, den der Arbeitnehmer aufgrund seiner besonderen Geschäftstüchtigkeit erzielt hat.[2] Vom Schadensersatzanspruch werden im Falle der Kündigung auch der Auflösungsschaden (§ 628 Abs. 2 BGB) sowie diejenige Vermögenseinbuße erfasst, welche dem Arbeitgeber dadurch entsteht, dass er durch die vorzeitige Vertragsbeendigung den Konkurrenzschutz des § 60 HGB verliert.[3] Schwierigkeiten können hinsichtlich des Nachweises und der Berechnung des Schadens bestehen. Der Arbeitgeber hat konkret darzulegen und zu beweisen, inwieweit der Arbeitnehmer Wettbewerbshandlungen ausgeübt und dadurch wettbewerbliche Interessen gefährdet hat.[4] Eine Erleichterung bei der Schadensberechnung gewährt das BAG lediglich für den Fall, dass der Arbeitnehmer Betriebsgeheimnisse verletzt hat.[5] Anstelle des Schadensersatzanspruchs kann der Arbeitgeber nach § 60 i.V.m. § 61 Abs. 1 Halbs. 2 HGB verlangen, dass der Arbeitnehmer die für eigene Rechnung gemachten Geschäfte als für Rechnung des Arbeitgebers eingegangen gelten lasse und die gezogene Vergütung herausgebe bzw. den Vergütungsanspruch abtrete (**Eintrittsrecht**),[6] sofern dies nicht nach der Natur des verbotenen Geschäfts (z.B. Eintritt in den Gesellschaftsvertrag) ausscheidet.[7] Beim Eintrittsrecht handelt es sich um eine sog. *facultas alternativa*, d.h. der Arbeitnehmer hat nicht die Möglichkeit, dem Arbeitgeber eine Frist für die Ausübung des Wahlrechts zu setzen (§ 264 Abs. 2 BGB). Andererseits ist es nicht möglich, zunächst Schadensersatz zu verlangen und später das Eintrittsrecht auszuüben.[8] Der Arbeitgeber hat einen Anspruch auf **Auskunft**[9] und **Rechnungslegung**.[10] Bei Sittenwidrigkeit kommen auch § 826 BGB oder § 3 UWG in Betracht. Die dreimonatige **Verjährungsfrist** nach § 61 Abs. 2 HGB gilt nicht nur für Ansprüche aus § 61 Abs. 1 HGB, sondern auch für konkurrierende Ansprüche, insbesondere für solche aus §§ 823 ff. BGB und § 3 UWG.[11] Bei Anwendung der dreijährigen Verjährungsfrist

---

1 BGH v. 19.10.1987 – II ZR 97/87, NJW-RR 1988, 352; vorher etwa schon BGH v. 11.12.1970 – I ZR 38/69, DB 1971, 474.
2 ErfK/*Oetker*, § 61 HGB Rz. 4.
3 *Laber/Legerlotz*, DStR 2000, 1605 (1608).
4 LAG Hamm v. 5.4.2000 – 10 Sa 2239/99, MDR 2000, 1255.
5 BAG v. 24.6.1986 – 3 AZR 486/84, NZA 1986, 781; instruktiv zu dieser Schadensberechnungsart *Däubler*, JuS 1969, 49; BGH v. 17.6.1992 – I ZR 107/90, NJW 1992, 2753.
6 Hierzu zuletzt einschränkend BAG v. 17.10.2012 – 10 AZR 809/11, NZA 2013, 207: Nicht herauszugeben ist das dem Arbeitnehmer durch einen Wettbewerber des Arbeitgebers gezahlte Festgehalt.
7 Schaub/*Vogelsang*, § 54 Rz. 25.
8 Zu Vorstehendem ErfK/*Oetker*, § 61 HGB Rz. 5.
9 Vgl. BAG v. 12.5.1972 – 3 AZR 401/71, AP Nr. 6 zu § 60 HGB (*Fenn*), sowie v. 21.10.1970 – 3 AZR 479/69, AP Nr. 13 zu § 242 BGB Auskunftspflicht; LAG Hess. v. 14.5.1986 – 10 Sa 946/84, ArbuR 1987, 242; LAG Berlin v. 15.6.1992 – 9 Sa 21/92, NZA 1993, 27; Schaub/*Vogelsang*, § 54 Rz. 26.
10 BAG v. 21.10.1970 – 3 AZR 479/69, AP Nr. 13 zu § 242 BGB Auskunftspflicht.
11 BAG v. 11.4.2000 – 9 AZR 131/99, NZA 2001, 94; *Laber/Legerlotz*, DStR 2000, 1605 (1608 f.). Sogar Ansprüche aus vorsätzlicher sittenwidriger Schädigung (§ 826 BGB) werden von der kurzen Verjährung erfasst. S. nur LAG Sachsen v. 6.4.2006 – 6 Sa 595/06, n.v., bestätigt durch BAG v. 26.9.2007 – 10 AZR 511/06, NZA 2007, 1436.

des § 195 BGB würde der Zweck § 61 Abs. 2 HGB, den Berechtigten zu einer raschen Entscheidung über die Geltendmachung von Ansprüchen zu veranlassen, vereitelt.[1]

Unerlaubter Wettbewerb bedeutet Vertragsverstoß in einer Dimension, die **Vertragsstrafen** zur Sicherung von Konkurrenzverboten grundsätzlich zulässig macht (vgl. hierzu Klauseltyp 6 und → *Vertragsstrafen*, II V 30 Rz. 54 ff.).

Dagegen ist es unzulässig, eine Konkurrenztätigkeit als **absoluten Kündigungsgrund** festzuschreiben, weil dadurch die notwendige Interessenabwägung abgeschnitten würde.[2] Das Gleiche gilt für eine Klausel, wonach eine Konkurrenztätigkeit das Arbeitsverhältnis **ohne Weiteres beendet**. Schließlich kann sich der Arbeitgeber nicht ausbedingen, Konkurrenzaktivitäten zum Anlass für einen Widerruf einer bereits erteilten Ruhegeldzusage zu nehmen. Eine solche Klausel dehnt das Recht zum **Widerruf einer Versorgungszusage** über die von der Rechtsprechung anerkannten Grundsätze zum Rechtsmissbrauch[3] aus und ist überdies mit dem Grundsatz der Unverfallbarkeit (§ 1 BetrAVG) unvereinbar.

3. Nachvertragliches Wettbewerbsverbot

a) Die gesetzliche Ausgangslage

Ein ausdrücklich normiertes nachvertragliches Wettbewerbsverbot für ausgeschiedene Unternehmensangehörige ist dem deutschen Recht fremd.[4] Lediglich **§§ 74 ff. HGB** sowie **§ 90a HGB** enthalten gesetzgeberische Vorgaben für nachvertragliche Wettbewerbsverbote mit Handlungsgehilfen bzw. mit Handelsvertretern, von denen nicht zu Ungunsten der Beschäftigten abgewichen werden kann (§ 75d Satz 1 HGB, § 90a Abs. 4 HGB). Durch **§ 110 GewO**[5] werden die §§ 74 ff. HGB auf alle Arbeitnehmer ausgedehnt. Diese Normen garantieren ein **Mindestmaß an beruflicher Bewegungsfreiheit nach Vertragsende**. Sie liefern den Rahmen, innerhalb dessen ein sachgerechter Ausgleich der gegenlaufenden Interessen der ehemaligen Vertragspartner zu suchen ist.[6]

aa) Loyalitätspflichten ohne Konkurrenzklausel

Den ausgeschiedenen Arbeitnehmer trifft grundsätzlich keine Pflicht zur Wettbewerbsenthaltung. Ein Unterlassungsanspruch kann sich jedoch aus **§ 3 UWG, §§ 823, 826 BGB**[7] oder aus **§ 242 BGB**[8] ergeben. Auch die nachvertragliche Verschwiegenheitspflicht (→ *Verschwiegenheitspflicht*, II V 20) vermag dem Arbeit-

---

1 *von Hoyningen-Huene*, EWiR § 61 HGB 1/01; vgl. auch BAG v. 26.9.2007 – 10 AZR 511/06, NZA 2007, 1436.
2 Vgl. die zahlr. Nachw. bei *Preis*, DB 1990, 630 (631 Fn. 14).
3 Hierzu etwa BAG v. 3.4.1990 – 3 AZR 211/89, NZA 1990, 808; zur Kritik *Blomeyer*, ZIP 1991, 1113 (1117) sowie *Preis*, ZfA 1992, 61 (183).
4 Zu nachvertraglichen Wettbewerbsverboten im europäischen Vergleich und zur Vereinbarkeit mit der Arbeitnehmerfreizügigkeit s. *Edenfeld*, ZfA 2004, 463.
5 Eingeführt m.W.v. 1.1.2003 durch Gesetz v. 24.8.2002 (BGBl. I, S. 3412).
6 Zum Interessenspektrum grdl. *Gamillscheg*, RdA 1975, 13 (15 f.); auch *Reinfeld*, Wettbewerbsverbot, S. 24 ff.
7 BAG v. 19.5.1998 – 9 AZR 394/97, NZA 1990, 220.
8 Zu einem solchen Fall BAG v. 8.12.1967 – 3 AZR 22/67, BB 1968, 504.

nehmer gewisse **Loyalitätspflichten** nach seinem Ausscheiden aufzuerlegen.[1] Sonst scheidet eine Beschränkung nachvertraglichen Wettbewerbs außerhalb der §§ 74 ff. HGB aus:[2] Auch Abfindungen (z.B. im Rahmen eines Aufhebungsvertrages) oder Vergütungen nach dem Arbeitnehmererfindungsgesetz erlauben keine ergänzende Vertragsauslegung dahingehend, dass der Arbeitnehmer sich nachvertraglicher Wettbewerbshandlungen zu enthalten habe.[3] Auf betriebliche Ruhegelder wird noch gesondert einzugehen sein (vgl. Rz. 79 ff.). Ein Wettbewerbsverbot ergibt sich auch nicht als Rechtsfolge eines Schadensersatzanspruches (etwa aus § 628 Abs. 2 BGB).[4]

bb) Das Regelungsmodell der §§ 74 ff. HGB

29 §§ 74 ff. HGB gelten für **sämtliche Arbeitnehmer** (§ 110 GewO)[5] sowie wegen des vergleichbaren Schutzbedürfnisses (analog) für wirtschaftlich abhängige **freie Mitarbeiter**,[6] nicht dagegen für **Handelsvertreter** (§ 90a HGB). Eine formale Anforderung an nachvertragliche Wettbewerbsverbote statuiert zunächst § 74 Abs. 1 HGB. Hiernach bedarf die Vereinbarung der **Schriftform und** der **Aushändigung einer** vom Prinzipal (Arbeitgeber) unterzeichneten, die vereinbarten Bestimmungen enthaltenden **Urkunde** an den Gehilfen (Arbeitnehmer). Die Nichtbeachtung der Schriftform führt nach § 125 Satz 1 BGB zur Nichtigkeit des gesamten Wettbewerbsverbots samt der Karenzentschädigungszusage.[7] Unterbleibt indes nur die Aushändigung der unterschriebenen Urkunde, so kann sich nur der Arbeitnehmer auf diesen Mangel berufen.[8] Der Arbeitgeber sollte daher darauf achten, dass er im Streitfall die Aushändigung der unterschriebenen Urkunde nachweisen kann. Hierzu bedarf es eines separaten Empfangsbekenntnisses, da eine formularmäßige Bestätigung innerhalb des Arbeitsvertrages an § 309 Nr. 12 BGB scheitert.[9] Vorsicht ist ferner geboten, wenn sich das Wettbewerbsverbot in einem befristeten Arbeitsvertrag befindet und dieser dann verlängert oder in einen unbefristeten umgewandelt werden soll. Das Formerfordernis gilt auch für spätere Änderungen und Ergänzungen, so dass eine konkludente Verlängerung ausscheidet.[10]

Eine absolute Wirksamkeitsschranke für Konkurrenzverbote enthält § 74 Abs. 2 HGB, der zur Gewährung einer **Karenzentschädigung** verpflichtet. Das Wettbewerbsverbot muss dem Schutz eines **berechtigten geschäftlichen Interesses des Arbeitgebers** dienen, darf unter Berücksichtigung der gewährten Entschädigung nach Ort, Zeit oder Gegenstand **keine unbillige Erschwerung des Fortkommens**

---

1 Vgl. LAG MV v. 9.2.2006 – 1 Sa 394/05, n.v.
2 Ausf. *Reinfeld*, Wettbewerbsverbot, S. 71 ff. (insbes. S. 75 ff.).
3 Vgl. BAG v. 3.5.1994 – 9 AZR 606/92, NZA 1995, 72.
4 Eingehend *Reinfeld*, Wettbewerbsverbot, S. 83 ff.
5 Eingeführt durch Gesetz v. 24.8.2002 (BGBl. I, S. 3412) m.W.v. 1.1.2003; hierzu *Düwell*, DB 2002, 2270; s. schon vorher BAG v. 13.9.1969 – 3 AZR 138/68, NJW 1970, 626; vgl. nur *Grunsky*, S. 50; *Buchner*, Rz. C 47 ff.; Ausf. *Laber/Legerlotz*, DStR 2000, 1605 (1609 f.).
6 BGH v. 10.4.2003 – III ZR 196/02, NJW 2003, 1864; ErfK/*Oetker*, § 74 HGB Rz. 10.
7 BAG v. 14.7.2010 – 10 AZR 291/09, NZA 2011, 413 (416); MünchKommHGB/*von Hoyningen-Huene*, § 74 HGB Rz. 40.
8 BAG v. 23.11.2004 – 9 AZR 595/03, NZA 2005, 411.
9 HWK/*Diller*, § 74 HGB Rz. 35.
10 LAG Hamm v. 14.2.2007 – 14 Sa 141/07, BeckRS 2009, 59250.

des Arbeitnehmers enthalten und kann nicht auf einen längeren Zeitraum als **zwei Jahre** nach Beendigung des Dienstverhältnisses erstreckt werden (§ 74a Abs. 1 HGB). Ein berechtigtes geschäftliches Interesse des Arbeitgebers besteht, wenn das Wettbewerbsverbot entweder dem Schutz von Betriebsgeheimnissen dient oder den Einbruch eines ausgeschiedenen Mitarbeiters in den Kunden- oder Lieferantenkreis unter Ausnutzung besonderer Kenntnisse oder persönlicher Kontakte verhindern soll. Das bloße Interesse, Konkurrenz einzuschränken, genügt nicht.[1] Ebenso wenig das Ziel, die Abwanderung qualifizierter Mitarbeiter zu verhindern, wenn zugleich der Wechsel anderer Beschäftigter zur Konkurrenz geduldet wird.[2] Ob und inwieweit das Verbot das Fortkommen des Arbeitnehmers unbillig erschwert, beurteilt sich nach den Umständen des Einzelfalls,[3] z.B. nach dem Alter und der Betriebszugehörigkeitsdauer des Arbeitnehmers sowie nach dem Umfang des Wettbewerbsverbots und der Höhe der zugesagten Entschädigung.[4] Das Wettbewerbsverbot ist insoweit **unverbindlich**, als es den Anforderungen des § 74a Abs. 1 Sätze 1 und 2 HGB nicht entspricht.

cc) Auslegung der Wettbewerbsklausel

Als gegenseitiger Vertrag[5] ist das nachvertragliche Wettbewerbsverbot der Auslegung (**§§ 133, 157 BGB**) zugänglich.[6] Die äußerste Grenze bildet der **Wortlaut**.[7] Bei Unklarheiten kann nicht im Wege der **Feststellungsklage** allgemein die Auslegung verlangt werden, da es insoweit an einem feststellungsfähigen Rechtsverhältnis i.S.v. § 256 ZPO fehlt;[8] hingegen hat das Gericht bei Nennung einer bestimmten Tätigkeit darüber zu befinden, ob diese vom Verbot erfasst ist oder nicht.[9] **Vorformulierte Wettbewerbsklauseln** sind wie Allgemeine Geschäftsbedingungen auszulegen,[10] und zwar mit Blick auf die Schutzbedürftigkeit des Arbeitnehmers eng und daher eher zu dessen Gunsten.[11] Die Unklarheitenregelung des § 305c Abs. 2 BGB ist zu beachten.

30

dd) Entschädigungspflicht

Nach § 74 Abs. 2 HGB hat der Arbeitgeber dem Arbeitnehmer für die ihm durch die Konkurrenzklausel auferlegten Beschränkungen eine Entschädigung zu gewähren.

31

---

1 BAG v. 1.8.1995 – 9 AZR 884/93, NZA 1996, 310; v. 21.4.2010 – 10 AZR 288/09, NZA 2010, 1175 (1176).
2 LAG Erfurt v. 11.6.2001 – 8 Sa 418/00, ZIP 2002, 587.
3 *Buchner*, Rz. C 263; *Gaul/Khanian*, MDR 2006, 181 (182).
4 *Ebert*, ArbRB 2002, 118 (119).
5 Vgl. BAG v. 10.9.1985 – 3 AZR 490/83, NZA 1986, 462; allg. Ansicht.
6 Baumbach/Hopt/*Roth*, § 74 HGB Rz. 7; *Grüll/Janert*, S. 41; *Grunsky*, NZA 1988, 713 (714); *Windbichler*, Arbeitsrecht im Konzern, S. 130.
7 Vgl. BGH v. 10.10.1957 – VII ZR 419/56, BGHZ 25, 318 (319); weitere Nachw. bei Palandt/*Ellenberger*, § 133 BGB Rz. 6.
8 *Grüll/Janert*, S. 41 f. unter Hinweis auf BAG v. 13.2.1958 – II ZR 346/56, BB 1958, 243. Ebenso LAG Hamm v. 14.3.2003 – 7 Sa 1881/02, NZA-RR 2003, 513.
9 Vgl. BAG v. 2.2.1968 – 3 AZR 462/66, AP Nr. 22 zu § 74 HGB.
10 OLG Frankfurt v. 6.12.1972 – 6 U 152/71, DB 1973, 139 für GmbH-Geschäftsführer; auch *Köhler*, FS Rittner, S. 265 (273 ff.) für Absatzmittler.
11 Etwa LAG Hamm v. 14.4.2003 – 7 Sa 1881/02, NZA-RR 2003, 513; Baumbach/Hopt/*Roth*, § 74 HGB Rz. 7; DBD/*Däubler*, Anhang Rz. 395; vgl. auch GK-HGB/*Etzel*, § 75d Rz. 12.

Dieser **Grundsatz der bezahlten Karenz** gilt für **alle Arbeitnehmer**, nicht nur für kaufmännische Angestellte.[1] Fehlt eine Entschädigungszusage,[2] ist die Wettbewerbsabrede unheilbar **nichtig**.[3] Weder der Arbeitnehmer noch der Arbeitgeber kann aus einer solchen Abrede Rechte herleiten. Der Arbeitnehmer erwirbt auch dann keinen Anspruch auf eine Entschädigung, wenn er sich des Wettbewerbs enthält.[4] Der wesentliche **Unterschied zum Handelsvertreterrecht** besteht darin, dass der Handelsvertreter eine „angemessene Entschädigung"[5] auch bei Fehlen einer ausdrücklichen Vereinbarung erhält (§ 90a Abs. 1 Satz 3 HGB).[6]

ee) AGB-Kontrolle

32 Häufig werden beim Abschluss des Arbeitsvertrages vom Arbeitgeber Musterarbeitsverträge verwandt, so dass ein darin enthaltenes nachvertragliches Wettbewerbsverbot der AGB-Kontrolle nach **§§ 305 ff. BGB** unterliegt. Zunächst kann fraglich sein, ob in diesen Fällen überhaupt die Vereinbarung eines Wettbewerbsverbots gewollt war, etwa wenn sich am Ende des Vordrucks der Hinweis findet, dass Nicht-Zutreffendes zu streichen sei und dies hinsichtlich der Wettbewerbsklausel nicht geschehen ist. Bestehen insoweit Zweifel, gilt das Wettbewerbsverbot als nicht vereinbart (§ 305c Abs. 2 BGB), worauf sich freilich nur der Arbeitnehmer, nicht hingegen der Arbeitgeber berufen kann, so dass der Arbeitnehmer de facto ein Wahlrecht hat, ob er das Wettbewerbsverbot beachtet und die Entschädigung verlangt oder ob er sich vom Verbot löst.[7] Als überraschende Klausel (§ 305c Abs. 1 BGB) ist ein Wettbewerbsverbot regelmäßig nicht aufzufassen, da es – jedenfalls bei Führungskräften – weit verbreitet ist (§ 310 Abs. 4 Satz 2 BGB: angemessene Berücksichtigung der im Arbeitsrecht geltenden Besonderheiten).[8] Etwas anderes kann bei gewerblichen Arbeitnehmern gelten, bei denen ein Wettbewerbsverbot allerdings regelmäßig schon wegen Fehlens eines berechtigten geschäftlichen Interesses des Arbeitgebers unverbindlich ist (§ 74a Abs. 1 Satz 1 HGB).[9] **§ 74a Abs. 1 HGB** ist richtiger Ansicht nach ein durch das Schuldrechtsmodernisierungsgesetz nicht aufgehobener **spezieller Anwendungsfall der gesetzlichen materiellen Inhaltskontrolle**.[10] Der Vorrang der §§ 74 ff. HGB reicht allerdings nur soweit, als es im Zusammenhang mit Wettbewerbsverboten um Rechtsfragen geht, die von diesen Vorschriften adressiert werden.[11] Das AGB-rechtliche Transparenzgebot (§ 307

---

1 Grdl. BAG v. 13.9.1969 – 3 AZR 138/68, NJW 1970, 626; zur Abgrenzung gegenüber freien Mitarbeitern etwa *Berger-Delhey/Alfmeier*, NZA 1991, 257.
2 Anders liegt es, wenn nur die Höhe der versprochenen Entschädigung nicht den gesetzlichen Erfordernissen entspricht.
3 BAG v. 12.12.1956 – 2 AZR 298/55, AP Nr. 1 zu § 74 HGB; v. 13.9.1969 – 3 AZR 138/68, NJW 1970, 626; v. 3.5.1994 – 9 AZR 606/92, NZA 1995, 72; v. 15.1.2014 – 10 AZR 243/13, NZA 2014, 536 (538); HWK/*Diller*, § 74 HGB Rz. 93; Schaub/*Vogelsang*, § 55 Rz. 56; differenzierend *Grunsky*, NZA 1988, 713.
4 BAG v. 18.1.2000 – 9 AZR 929/98, n.v.
5 Hierzu Staub/*Emde*, § 90a HGB Rz. 36 ff.
6 Vgl. OLG Düsseldorf v. 15.2.1962 – 8 U 288/61, BB 1962, 731; OLG Nürnberg v. 23.9.1960 – 4 U 151/60, BB 1960, 1261.
7 *Bauer/Diller*, Wettbewerbsverbote, Rz. 53; *Bauer/Diller*, NJW 2002, 1609 (1613).
8 BAG v. 13.7.2005 – 10 AZR 532/04, AP Nr. 78 zu § 74 HGB; *Schmidt*, JR 2006, 87 f.; *Diller*, NZA 2005, 250 (251).
9 *Bauer/Diller*, Wettbewerbsverbote, Rz. 311; *Bauer/Diller*, NJW 2002, 1609 (1613 f.).
10 Staudinger/*Krause*, Anh. zu § 310 BGB Rz. 45; *Laskawy*, NZA 2012, 1014.
11 So Staudinger/*Krause*, Anh. zu § 310 BGB Rz. 45.

Abs. 1 Satz 2 BGB) ist daher bspw. ebenso zu beachten wie das bereits erwähnte Überraschungsverbot.[1] Auch im Hinblick auf die Rechtsfolge einer Überschreitung der Zulässigkeitsgrenzen verfolgt § 74a HGB einen vom AGB-Recht (§ 306 BGB) abweichenden Ansatz. Die dort verwendete Formulierung („insoweit unverbindlich") umschreibt einen der (seltenen) Fälle einer gesetzlich angeordneten sog. **geltungserhaltenden Reduktion**. So heißt es etwa in einer älteren Entscheidung des BAG,[2] das Überschreiten der gesetzlichen Grenzen in § 74a Abs. 1 HGB habe „nicht die Nichtigkeit des Verbots zur Folge, sondern lediglich die Zurückführung auf das erlaubte Maß". Auch daran wird man für nach Inkrafttreten der Schuldrechtsreform abgeschlossene Verträge festhalten müssen.[3] Denn § 74a HGB ist keineswegs nur auf individuell vereinbarte Wettbewerbsverbote zugeschnitten. Vielmehr stellt die Aufrechterhaltung der Klausel in eingeschränktem Umfang ganz allgemein eine im Hinblick auf die schwer zu überblickende Eingriffsintensität von Wettbewerbsverboten gebotene Rechtsfolge dar.[4] Das hier unpassende „Alles-oder-Nichts-Prinzip" hat der Gesetzgeber bewusst ausgeschlossen. Von daher sollte man § 74a HGB auch im Verhältnis zu § 306 BGB als lex specialis betrachten.[5] Bei Wettbewerbsverboten, die Gegenstand einer eigenständigen Abrede sind, soll nach einer neueren Entscheidung des LAG Baden-Württemberg[6] die Festlegung des sachlichen, geografischen und zeitlichen Umfangs des Wettbewerbsverbotes die Hauptleistungspflicht des Arbeitnehmers definieren und somit einer AGB-rechtlichen Inhaltskontrolle bereits nach § 307 Abs. 3 BGB entzogen sein. Dieser abweichende Begründungsansatz dürfte sich in den praktischen Ergebnissen kaum von dem hier vertretenen Standpunkt unterscheiden.

b) Klauselbeispiele

aa) Verbotsumfang

Die Zulässigkeit einer nachvertraglichen Wettbewerbsbeschränkung orientiert sich nicht am Umfang des Konkurrenzverbots während des Arbeitsverhältnisses,[7] sondern bedarf einer eigenständigen Beurteilung am Maßstab der §§ 74 ff. HGB, da nur

---

1 Staudinger/*Krause*, Anh. zu § 310 BGB Rz. 45.
2 BAG v. 2.2.1968 – 3 AZR 462/66, AP Nr. 22 zu § 74 HGB; auf dieser Linie auch BGH v. 25.10.2012 – VII ZR 56/11, NJW 2013, 2027 (2030) mit Anm. *Stoffels*, LMK 2013, 34065.
3 Ulmer/*Fuchs*, § 310 Rz. 224; *Thüsing/Leder*, BB 2004, 47; *Diller*, NZA 2005, 251 f.; ErfK/*Oetker*, § 74a HGB Rz. 5; *Gaul/Khanian*, MDR 2006, 182 f.; LAG Hamm v. 14.4.2003 – 7 Sa 1881/02, NZA-RR 2003, 513 (515); DBD/*Däubler*, Anhang Rz. 396.
4 *Diller*, NZA 2005, 251.
5 Vgl. statt vieler UBH/*Fuchs*, § 310 BGB Rz. 224; *Thüsing*, AGB-Kontrolle im Arbeitsrecht, Rz. 458; *Thüsing/Leder*, BB 2004, 42 (46 f.); CKK/*Klumpp*, § 307 BGB Rz. 270; wohl auch LAG Hamm v. 14.4.2003 – 7 Sa 1881/02, NZA-RR 2003, 513; a.A. *Koch*, RdA 2006, 28 (29 ff.).
6 LAG BW v. 30.1.2008 – 10 Sa 60/07, NZA-RR 2008, 508 (509); zustimmend LAG Rh.-Pf. v. 3.8.2012 – 9 SaGA 6/12, NZA-RR 2013, 15; so auch *Diller*, NZA 2005, 250 (251).
7 So aber etwa *Gaul*, BB 1984, 346 (348 f.); aber auch *Grunsky*, S. 120; nach *Grüll/Janert*, S. 44 ff., soll der Arbeitnehmer eine nachträgliche Ausdehnung des Wettbewerbsverbots bei veränderten Umständen nur dann hinnehmen müssen, wenn die Ausweitung des Geschäftsfelds des Arbeitgebers noch im Rahmen der allgemeinen technologischen Entwicklung liegt, nicht aber, wenn der Arbeitgeber z.B. durch Zukäufe vollständig neue Geschäftsfelder erschließt.

so die veränderte Interessenlage nach dem Ausscheiden hinreichend berücksichtigt werden kann. Der Inhalt eines nachvertraglichen Wettbewerbsverbots ist demnach dynamisch zu beurteilen. So muss das nach § 74a Abs. 1 HGB erforderliche „berechtigte geschäftliche Interesse" in dem Zeitpunkt noch bestehen, in welchem sich der Arbeitgeber auf die Wettbewerbsabrede beruft.[1] Maßgeblicher Zeitpunkt für die Beurteilung der Fortkommenserschwer des Arbeitnehmers ist derjenige, in dem eine neue Tätigkeit aufgenommen werden soll.[2]

(1) Grundformen

Typ 7: Grundformen

a) Sie verpflichten sich, während der Dauer von ... nach Beendigung des Anstellungsverhältnisses in keiner Weise für ein Unternehmen tätig zu sein, das auf nachstehend genannten Arbeitsgebieten in irgendeiner Weise als Konkurrenzbetrieb unserer Gesellschaft anzusehen ist: ...

b) Der Angestellte verpflichtet sich, für einen Zeitraum von ... keine Tätigkeit auszuüben, die solche Produktions-, Vertriebs- und Forschungsgebiete der Firma betrifft, auf denen er während seines Anstellungsverhältnisses tätig war.

34 Aus einer Konkurrenzklausel müssen der Berechtigte und Verpflichtete erkennbar sein.[3] Ferner muss die Abrede den Verbotstatbestand in zumindest bestimmbarer Weise umschreiben.[4] In der Regel enthält das Verbot Angaben zum **gegenständlichen**, **räumlichen** und **zeitlichen Geltungsbereich**.

35 **Unternehmensbezogene Konkurrenzklauseln** knüpfen an die Unternehmen an, für die der Arbeitnehmer nach seinem Ausscheiden gesperrt sein soll. Anstelle einer generalklauselartigen Umschreibung konkretisiert der Arbeitgeber hier die Fachgebiete, die das Unternehmen zu einem konkurrierenden machen (**Typ 7a**). Solchen konkretisierenden Klauseln ist aus Gründen der Rechtssicherheit und -klarheit der Vorzug zu geben,[5] zumal vereinzelt angenommen wird, dass nachvertragliche Wettbewerbsverbote die Berufsfreiheit (Art. 12 Abs. 1 GG) beeinträchtigen und deshalb grundsätzlich eng auszulegen seien.[6] Zulässig ist auch ein **tätigkeitsbezogenes Konkurrenzverbot**, durch das dem Arbeitnehmer verboten wird, sich in bestimmten Arbeits- oder Fertigungsbereichen zu betätigen.[7] Solche Verbote enthalten meist keine Begrenzung auf bestimmte Unternehmen, so dass auch nicht konkurrierende Un-

---

1 BAG v. 28.1.1966 – 3 AZR 374/65, AP Nr. 18 zu § 74 HGB; LAG BW v. 30.1.2008 – 10 Sa 60/07, NZA-RR 2008, 508 (509); LAG Erfurt v. 11.6.2001 – 8 Sa 418/00, ZIP 2002, 587 (588).
2 *Grunsky*, S. 97.
3 Zur Ausdehnung des Verbots auf dritte Personen *Grunsky*, S. 9f. und Schlegelberger/*Schröder*, § 60 HGB Rz. 5 (jeweils zu § 60 HGB).
4 Konsequenter Weise lässt es das LAG Nds. v. 8.12.2005 – 7 Sa 1871/05, LAGE § 74a HGB Nr. 3 genügen, wenn der Verbotsgegenstand im Augenblick der Beendigung des Arbeitsverhältnisses objektiv feststellbar ist.
5 Zur Möglichkeit, den Arbeitnehmer nur für ein einziges Unternehmen, etwa den Hauptkonkurrenten, zu sperren: *Grunsky*, S. 121.
6 So etwa LAG Hamm v. 10.2.2006 – 7 Sa 2307/05, n.v.
7 Vgl. *Grüll/Janert*, S. 40.

ternehmen erfasst sein können.¹ Häufig wird stattdessen an das bisherige Arbeitsgebiet des Arbeitnehmers angeknüpft, auf dem dieser ein bestimmtes Know-how angesammelt hat (**Typ 7b**). Der Normzweck der §§ 74 ff. HGB gebietet, in wirtschaftlicher Hinsicht völlig irrelevante Beschränkungen aus den Wettbewerbsverbotsregeln herauszunehmen.²

Zwar besteht bei der Vereinbarung eines Wettbewerbsverbots ein weiter **Gestaltungsspielraum**. Unzulässig ist jedoch das **allgemeine Verbot**, für Konkurrenzunternehmen³ oder sonst konkurrierend tätig zu werden, da der Arbeitnehmer sonst jeglichen Wettbewerb zu unterlassen hätte,⁴ was gegen § 74a Abs. 1 Sätze 1 und 2 HGB verstieße.⁵ Etwas anderes kann für **leitende Angestellte** gelten, bei denen davon auszugehen ist, dass sie aufgrund ihrer Stellung und Funktion im Betrieb Kenntnis auch von solchen Tatsachen erhalten, die außerhalb ihres eigenen Arbeitsbereiches liegen. Deshalb sind hier auch allgemein gefasste Konkurrenzklauseln von einem berechtigten Arbeitgeberinteresse gedeckt.⁶ 36

Dagegen ist eine Klausel für zulässig erachtet worden, wonach es dem Arbeitnehmer für einen Zeitraum von zwei Jahren nach seinem Ausscheiden nicht gestattet sein sollte, Mitarbeiter des Arbeitgebers oder von Partnerfirmen, die zur Zeit seines Ausscheidens oder in den letzten zwölf Monaten vor diesem Zeitpunkt angestellt waren, abzuwerben, zu beschäftigen oder mit ihnen in anderer Weise zusammenzuarbeiten. Denn der Ausscheidende sei bezüglich der Abwerbung von Kunden seines Arbeitgebers frei, ihm stehe mit Ausnahme der Angestellten des Arbeitgebers der gesamte Arbeitsmarkt offen, daher sei seine eigene Erwerbstätigkeit nur **mittelbar und ganz geringfügig** beschränkt.⁷ Jedoch wird man die Einschränkung, auf Mitarbeiter des Alt-Arbeitgebers zu verzichten, kaum als wirtschaftlich unerheblich ansehen können.⁸ Dies umso mehr, als auch Mitarbeiter von Partnerfirmen vom Verbot umfasst sein sollen. Damit wäre an sich der Anwendungsbereich der §§ 74 ff. HGB eröffnet. Bedenken gegen die Wirksamkeit der Klausel ergeben sich zudem wegen ihrer Nähe zur Sperrabrede (§ 75f HGB; s. hierzu Rz. 76 f.).⁹ 37

---

1 Ebenso *Dorndorf*, S. 230 m. Bsp.
2 So die ganz h.M.; vgl. BAG v. 19.2.1959 – 2 AZR 341/56, AP Nr. 10 zu § 74 HGB (unter II 3a); Schlegelberger/*Schröder*, § 74 HGB Rz. 4; jetzt auch Baumbach/Hopt/*Roth*, § 74 HGB Rz. 6.
3 Hiervon kann auch ein vom Ausgeschiedenen erst zu gründendes Unternehmen erfasst sein.
4 Vgl. auch *Grunsky*, S. 122.
5 Vgl. etwa Schaub/*Vogelsang*, § 55 Rz. 62 f.; auch *Dorndorf*, S. 254 ff. m. N. aus der älteren Rspr.
6 Vgl. BAG v. 13.12.1968 – 3 AZR 434/67, AP Nr. 21 zu § 133f GewO; v. 30.1.1970 – 3 AZR 348/69, AP Nr. 24 zu § 133f GewO.
7 OGH v. 17.6.1987 – 14 ObA 82/87, DRdA 1990, 49 m. Anm. *Holzer*.
8 Mit Recht kritisch daher *Holzer* in seiner Anm., DRdA 1990, 54.
9 Allg. zur Durchsetzung vertraglicher Abwerbungsverbote *Weiland*, BB 1976, 1179.

(2) Regelung des gegenständlichen Verbotsumfangs

Typ 8: Regelung des gegenständlichen Verbotsumfangs

a) Der Mitarbeiter darf für die Dauer von zwei Jahren nach Beendigung des Vertrages kein Arbeitsverhältnis bei einem Konkurrenzunternehmen eingehen. ... (es folgt eine nähere Umschreibung der in Frage kommenden Unternehmen).

b) Herrn ... ist untersagt, sich binnen zwei Jahren nach Ablauf dieses Vertrages in der Computerbranche selbständig zu machen.

c) Herr ... wird der Firma bis zum Ablauf eines Jahres nach seinem Ausscheiden auf dem Markt für ... (Produktname) keine Konkurrenz machen.

---

38   Grundsätzlich kann dem Arbeitnehmer eine selbständige Tätigkeit[1] ebenso wie eine abhängige gewerbliche Tätigkeit,[2] aber auch beides gleichzeitig untersagt werden. Unproblematisch sind daher die Fälle, in denen dem Arbeitnehmer ausdrücklich untersagt ist, ein **Arbeitsverhältnis** bei einem Konkurrenzunternehmen einzugehen (**Typ 8a**) oder sich im Handelszweig des Alt-Arbeitgebers **selbständig** zu machen (**Typ 8b**). Das Verbot, einen Arbeitsvertrag mit einem Konkurrenzunternehmen abzuschließen, umfasst im Zweifel nicht das Verbot freiberuflicher Tätigkeit.[3] Auch kann sich der Arbeitnehmer in diesem Fall gewerblich selbständig machen.[4] Umgekehrt schließt das Verbot selbständiger Tätigkeit nicht das Verbot einer abhängigen Beschäftigung mit ein. Ist dem Mitarbeiter eine **selbständige und abhängige gewerbliche Tätigkeit** untersagt, so kann er gelegentliche einzelne Konkurrenzgeschäfte vorbereiten und durchführen.[5] Denkbar ist schließlich eine Beschränkung auf **ein einziges Produkt** (**Typ 8c**).[6] Zulässig ist ferner eine Beschränkung auf die Ausführung bestimmter einzelner Geschäfte oder Geschäftsarten.[7] So können sich Mandantenschutzklauseln bei den freien Berufen (s. hierzu Rz. 73 f.) auf ein einziges Mandat beschränken.

39   Die Rechtsprechung zeigt bei der **Reduzierung des gegenständlichen Verbotsinhalts** Zurückhaltung. Meist wird im Rahmen des § 74a Abs. 1 Satz 2 HGB eine Lösung in einer Verkürzung der Verbotsdauer gesucht. Einschränkungen sind vor allem denkbar bei solchen Klauseln, die dem Arbeitnehmer allgemein jede Konkurrenztätigkeit verbieten. Eine Reduktion kann etwa in der Weise erfolgen, dass allein die Übernahme solcher Positionen untersagt ist, die der Arbeitnehmer früher auch tatsächlich bekleidet hat.[8]

---

1 Vgl. BAG v. 30.10.1970 – 3 AZR 348/69, AP Nr. 24 zu § 133f GewO.
2 Zum bloßen Verbot abhängiger Tätigkeit LAG Hamburg v. 20.9.1968 – 1 Sa 106/68, BB 1969, 362.
3 LAG Hamburg v. 20.9.1968 – 1 Sa 106/68, BB 1969, 362; ebenso *Kopp*, S. 48; a.A. aber noch LAG Hamm v. 16.6.1959 – 1 Sa 253/59, BB 1959, 1064; auch *Weisemann/Schrader*, DB Beilage 4/1980, 8.
4 Zweifelnd offenbar *Buchner*, Wettbewerbsverbot, S. 68. Vgl. auch OLG Frankfurt v. 6.12.1972 – 6 U 152/71, DB 1973, 139 (für den GmbH-Geschäftsführer).
5 Richtig Schaub/*Vogelsang*, § 55 Rz. 67.
6 *Grunsky*, S. 121.
7 Schlegelberger/*Schröder*, § 74 HGB Rz. 4.
8 Vgl. auch *Grunsky*, S. 94; *Reinfeld*, Wettbewerbsverbot, S. 175 f.; *Butters*, JuS 2001, 324.

(3) Schutz von Drittunternehmen

Typ 9: Schutz von Drittunternehmen

Dieses Wettbewerbsverbot erstreckt sich auf den angeführten Arbeitsgebieten auch auf diejenigen Unternehmen, mit denen die Firma konzernmäßig verflochten ist.

Immer häufiger wird versucht, den Konkurrenzschutz auch auf verbundene Unternehmen auszudehnen.[1] Dabei ist danach zu **differenzieren**, ob die Konkurrenzklausel dies ausdrücklich erwähnt oder sich vom Wortlaut her allein auf den Schutz des Arbeitsvertragspartners beschränkt.

Nennt die Wettbewerbsabrede als geschütztes Unternehmen allein dasjenige des Arbeitgebers, so steht es dem Arbeitnehmer im Umkehrschluss frei, nach seinem Ausscheiden zu sämtlichen anderen Unternehmen in Wettbewerb zu treten, unabhängig davon, ob der Arbeitgeber Mitglied eines Unternehmensverbundes ist. Der Arbeitnehmer kann also ohne Weiteres mit einem (z.B.) Konzernunternehmen seines Ex-Arbeitgebers konkurrieren.

Strebt der Arbeitgeber einen weiter gehenden Konkurrenzschutz an, bedarf es einer ausdrücklichen Hervorhebung seiner „rechtsformübergreifenden Geschäftsinteressen".[2] **Konzerndimensionaler Wettbewerbsschutz** setzt grundsätzlich eine dahingehende **Vereinbarung** mit dem Vertragsarbeitgeber voraus.[3] Es sind jedoch auch Fälle denkbar, in denen auch **ohne besondere Vereinbarung** konzerndimensionaler Wettbewerbsschutz angestrebt wird, z.B. wenn der Arbeitnehmer in verantwortungsvoller Position in der Konzernobergesellschaft beschäftigt ist[4] oder wenn er seinen Arbeitsplatz nach der rechtlichen Ausgliederung seines Arbeitsbereiches auf eine Tochtergesellschaft behält.[5] Grundsätzlich wird man die Ausdehnung des Verbots-Schutzbereichs auf Drittunternehmen für zulässig halten können, wenn sie für den Arbeitnehmer schon bei Vertragsschluss erkennbar war.[6] Dies ist der Fall, wenn der Arbeitsvertrag selbst einen Konzernbezug aufweist, insbesondere Konzernversetzungsklauseln enthält.[7] Bedenken bestehen jedoch in der genannten Fallkonstellation der Ausgliederung. Dort tritt eine Veränderung der Verhältnisse erst während des Arbeitsverhältnisses auf, so dass die Parteien reagieren und die Konkurrenzklausel im Wege einer Vertragsänderung[8] über ihren ursprünglichen Wortlaut und Schutzzweck hinaus auf das Arbeitsgebiet der Tochtergesell-

---

1 Aus der früheren Rspr. BAG v. 16.12.1968 – 3 AZR 434/67, AP Nr. 21 zu § 133f GewO m. Anm. *Simitis*.
2 *Martens*, FS Herschel, S. 237 (244).
3 LAG Hamm v. 8.2.2001 – 16 Sa 1243/00, LAGE § 74 HGB Nr. 17; zustimmend *Gaul/Khanian*, MDR 2006, 181 (186).
4 Ähnlich *Gaul/Khanian*, MDR 2006, 181 (186).
5 So lag der Fall im Urt. des BAG v. 26.9.1957 – 2 AZR 309/56, AP Nr. 2 zu § 74 HGB. Ausf. zum Folgenden *Martens*, FS Herschel, S. 237 (244 ff.); jegliche Ausdehnung über den Verbotswortlaut hinaus abl. *Kracht*, BB 1970, 584 f.
6 Auch *Windbichler* hält dieses Erfordernis für zwingend (S. 130); allg. auch *Grunsky*, S. 123.
7 LAG Hamm v. 8.2.2001 – 16 Sa 1243/00, LAGE § 74 HGB Nr. 17.
8 Diese fordernd BAG v. 26.9.1957 – 2 AZR 309/56, AP Nr. 2 zu § 74 HGB m. abl. Anm. *Duden*; vgl. noch BAG v. 16.2.1967 – 3 AZR 290/66, AP Nr. 19 zu § 133f GewO.

schaft ausdehnen.[1] Der Arbeitnehmer ist nach Treu und Glauben verpflichtet, der Vertragsanpassung zuzustimmen.

43 Gehört nicht der Alt-Arbeitgeber, sondern (auch) der **neue Arbeitgeber** einem Konzern an, dem wiederum Konkurrenzunternehmen des Alt-Arbeitgebers angehören, so kann der Arbeitnehmer sanktionslos in ein solches eintreten, das für sich genommen nicht Wettbewerber des Alt-Arbeitgebers ist, sofern sich das Verbot nicht ausdrücklich auf sämtliche Konzernunternehmen des Neu-Arbeitgebers erstreckt.[2]

44 Verbreitet ist die **Aufnahme von Drittunternehmen** in nachvertragliche Konkurrenzverbote. Ein Ausgleich für die erhebliche Ausdehnung des Verbotsumfangs kann im Einzelfall über eine gegenüber der Mindestsumme (§ 74 Abs. 2 HGB) erhöhte Entschädigung erzielt werden.[3] In das Verbot einbezogen werden in erster Linie verbundene Unternehmen i.S.d. §§ 15 ff. AktG (**Klauseltyp 9**), aber auch Mitglieder von Unternehmenskooperationen.[4] Dies ist zulässig, wenn hierfür ein berechtigtes Arbeitgeberinteresse besteht (§ 74a Abs. 1 Satz 1 HGB), welches nur dann auf dritte Unternehmen auszudehnen ist, wenn deren Interessen mit denen des Vertragsarbeitgebers im Wesentlichen korrespondieren. Eine Leitlinie für die Beurteilung bilden die sinngemäß anzuwendenden §§ 15 ff. AktG. Bloße Erfahrungsaustausch-Verträge reichen ebenso wenig aus wie eine – wenn auch dauerhafte – Geschäftsbeziehung.[5]

45 Denkbar ist schließlich, den Arbeitnehmer für einen **gesamten Konzern** (dem auch ein Konkurrenzunternehmen des Alt-Arbeitgebers angehört) zu sperren. Zweifelhaft ist das berechtigte Arbeitgeberinteresse, weil dem Konzern auch Nichtkonkurrenten angehören, die ebenfalls vom Verbot umfasst sind.[6]

(4) Regelung des räumlichen Verbotsumfangs

Typ 10: Regelung des räumlichen Verbotsumfangs

a) Das Verbot erstreckt sich räumlich auf das Gebiet der Bundesrepublik Deutschland.

b) Das Verbot erstreckt sich räumlich auf die Mitgliedstaaten der Europäischen Gemeinschaft/Europäischen Union.

c) Das Verbot erstreckt sich auf einen Umkreis von 50 km vom Stammsitz der Firma.

---

1 Heute wird in vielen Fällen § 613a BGB das Konkurrenzverbot überleiten, vgl. *Martens*, FS Herschel, S. 237 (245, Fn. 14); LAG Nürnberg v. 4.2.2003 – 6 (5) Sa 981/01, AR-Blattei ES 1010.8 Nr. 99; ausf. zum Wettbewerbsverbot beim Betriebsinhaberwechsel *Nägele*, BB 1989, 1480; *Gaul*, NZA 1989, 697; *Grunsky*, S. 139 ff.; *Buchner*, Rz. C 435 ff.
2 Für deren grundsätzliche Zulässigkeit *Grunsky*, S. 125; krit. *Windbichler*, S. 133 f. m.w.N.; vielfach wird es hier freilich an einem berechtigten geschäftlichen Interesse i.S.d. § 74a Abs. 1 Satz 1 HGB fehlen.
3 Zwingend ist diese freilich nicht, so richtig *Grunsky*, S. 125.
4 Vgl. das Beispiel von *Kracht*, BB 1970, 584.
5 Zu Vorstehendem s. *Windbichler*, S. 131; *Kracht*, BB 1970, 584 f.
6 Vgl. *Grunsky*, S. 125; krit. auch *Buchner*, Rz. C. 241.

Enthält die Konkurrenzklausel keine konkreten Angaben zum räumlichen Verbotsumfang, hat sie eine **örtlich unbegrenzte** Wirkung. Nur ausnahmsweise können die Einzelfallumstände ein anderes Ergebnis zulassen.[1] Örtliche Begrenzungen des Verbots spielen vor allem bei den **Mandantenschutzklauseln** (s. hierzu Rz. 73f.) eine Rolle.[2] Eine Ausdehnung des Verbots auf das Gebiet der **gesamten Bundesrepublik** (**Typ 10a**) ist unbillig, wenn der Arbeitnehmer dadurch praktisch zur Aufgabe seines erlernten Berufes gezwungen ist.[3] Das Konkurrenzverbot darf nie den Charakter eines Berufsverbots erlangen.[4] Insbesondere kann die Unzulässigkeit eines sich auf die gesamte Bundesrepublik erstreckenden Wettbewerbsverbots daraus resultieren, dass der Arbeitnehmer hierfür lediglich die gesetzliche Mindestentschädigung (§ 74 Abs. 2 HGB) erhält.[5] Jedoch kann eine gegenständlich eng begrenzte, etwa auf bestimmte Tätigkeitsbereiche beschränkte Konkurrenzklausel, die dem Arbeitnehmer ein Weiterarbeiten in seinem Beruf offen lässt, einen erweiterten räumlichen Verbotsumfang rechtfertigen.[6] Rechtsfolge einer zu weitgehenden räumlichen Ausdehnung des Wettbewerbsverbots ist dessen teilweise Unverbindlichkeit und die Reduzierung auf das gesetzlich zulässige Maß (vgl. § 74a Abs. 1 Satz 1, 2 HGB: „insoweit", „soweit").[7] Mit Vollendung des Gemeinsamen Marktes werden Konkurrenzklauseln an Bedeutung gewinnen, die sich räumlich auf die **EG/EU-Mitgliedstaaten** erstrecken (**Klauseltyp 10b**). Rechtsprechung liegt hierzu bisher kaum vor.[8] Zu beachten ist die Rechtsprechung zu Art. 101 Abs. 1 AEUV[9] (vormals Art. 81 Abs. 1 EG-Vertrag).[10] Grenzüberschreitende Wettbewerbsverbote verstoßen grundsätzlich nicht gegen die in Art. 45 AEUV (vormals Art. 39 EG-Vertrag) garantierte Arbeitnehmerfreizügigkeit.[11] Zulässig ist eine „Zirkellösung": Dem Mitarbeiter wird untersagt, sich in einem bestimmten Umkreis des Betriebs des Arbeitgebers konkurrierend zu betätigen (**Klauseltyp 10c**). Denkbar sind auch Beschränkungen auf Landkreise, Stadtgebiete u.Ä. Dagegen ist ein weltweites Konkurrenzverbot grundsätzlich unzulässig.[12] Nur wenn der zeitliche und gegenständliche Verbots-

46

---

1 Zur Beschränkung des zwischen einer Schule und einer Schülerin vereinbarten Verbots der Weitergabe erworbener Kenntnisse auf das Einzugsgebiet der Schule s. OLG Karlsruhe v. 26.4.1975 – 6 U 22/74, MDR 1975, 314; vgl. auch BGH v. 19.11.1973 – II ZR 52/72, BeckRS 2013, 15359 (unter 3. b)).
2 Zum Sozietätsvertrag s. LG Arnsberg v. 25.2.1988 – 7 (4) O 532/87, NJW-RR 1989, 499.
3 Vgl. auch *Grüll/Janert*, S. 46f.; *Grunsky*, S. 96.
4 Vgl. auch MünchKommBGB/*Armbrüster*, § 138 Rz. 79.
5 LAG Hamm v. 10.1.2002 – 16 Sa 1217/01, BuW 2002, 660.
6 So auch *Buchner*, Rz. C 262ff.
7 LAG Hamm v. 10.1.2002 – 16 Sa 1217/01, BuW 2002, 660; vgl. auch *Butters*, JuS 2001, 324.
8 Vgl. aber die Entscheidung des BAG v. 30.1.1970 – 3 AZR 348/69, AP Nr. 24 zu § 133f GewO; OLG Celle v. 13.9.2000 – 9 U 110/00, NZG 2001, 131.
9 Im Zuge des Lissabon-Vertrages hat der „Vertrag über die Arbeitsweise der Europäischen Union" (AEUV) den EG-Vertrag mit unterschiedlicher Artikelabfolge seit dem 30.11.2009 abgelöst.
10 Hierzu, noch Art. 85 Abs. 1 EWG-Vertrag betreffend, etwa *Reinfeld*, Wettbewerbsverbot, S. 54ff.
11 *Bauer/Diller*, Wettbewerbsverbote, Rz. 368; anders *Koenig/Steiner*, NJW 2002, 3583ff. Vgl. auch *Reufels*, ArbRB 2003, 313; *Edenfeld*, ZfA 2004, 463.
12 BGH v. 15.3.1989 – VIII ZR 62/88, NJW-RR 1989, 800 = JR 1990, 20 m. Anm. *Schwintowski*.

umfang besonders gering ist, wird man bei der Zusage einer entsprechenden Karenzentschädigung ein weltweites Verbot für wirksam halten können.

(5) Regelung des zeitlichen Verbotsumfangs

Typ 11: Regelung des zeitlichen Verbotsumfangs

Dieses Verbot entfällt mit Ablauf von zwei Jahren nach dem Ausscheiden von Herrn ...

47 Nach § 74a Abs. 1 Satz 3 HGB kann das Wettbewerbsverbot, welches bereits für das Ausscheiden während der Probezeit vereinbart werden kann,[1] nicht auf einen Zeitraum von mehr als zwei Jahren von der Beendigung des Dienstverhältnisses an erstreckt werden (**Klauseltyp 11**). Die unbillige Fortkommenserschwer des Verpflichteten (§ 74a Abs. 1 Satz 2 HGB) ergibt sich daher bei Überschreitung der **Zweijahresgrenze** bereits aus dem Gesetz.[2] Fehlt eine zeitliche Begrenzung, nimmt die herrschende Meinung[3] eine Rückführung auf ein anzuerkennendes Zeitmaß vor.[4] Wird die Maximalfrist überschritten, ist der Teil, der über die Höchstdauer hinausgeht, unverbindlich. Der Arbeitnehmer hat ein Wahlrecht, ob er sich – gegen Entschädigung – auch für den Zeitraum, der über zwei Jahre hinausgeht, an das Verbot halten will. Das Wahlrecht muss nach Ablauf von zwei Jahren ausgeübt werden.[5] Freilich ist auch dann, wenn die Maximalfrist nicht überschritten wird, zu prüfen, ob eine unbillige Fortkommenserschwer (§ 74a Abs. 1 Satz 2 HGB) besteht. Wenn der Stand der Technik in dem dem Arbeitnehmer verbotenen Tätigkeitsfeld besonders rasch fortschreitet (z.B. Computerbranche), darf ihm auch nur für entsprechend kurze Dauer eine Konkurrenzbetätigung untersagt werden, damit seine berufliche Existenz nicht gefährdet wird.[6] § 74a Abs. 1 Satz 3 HGB findet eine Parallele im Recht der Allgemeinen Geschäftsbedingungen, namentlich in § 309 Nr. 9a BGB.[7]

bb) Entschädigungspflicht

(1) Regelung der Entschädigungspflicht

48 Zulässig ist es, wenn **§ 74 Abs. 2 HGB wörtlich übernommen** und eine Karenzentschädigung zugesagt wird, „die für jedes Jahr des Verbots mindestens die Hälfte der zuletzt bezogenen vertragsmäßigen Leistungen erreicht". Unschädlich ist es auch, wenn es in der Klausel statt „für jedes Jahr des Verbots" „für jeden **Monat** des Verbots" heißt (vgl. § 74b Abs. 1 HGB).[8] Problematisch ist hingegen, ob eine hinrei-

---

[1] BAG v. 28.6.2006 – 10 AZR 407/05, NZA 2006, 1157.
[2] Ebenso *Buchner*, Rz. C 266; *Grunsky*, S. 98.
[3] Anders etwa *Reinfeld*, Wettbewerbsverbot, S. 111 ff.
[4] BGH v. 8.5.2000 – II ZR 308/98, NJW 2000, 2584; v. 28.1.2003 – X ZR 199/99, ZEV 2003, 375. Vgl. auch *Reinfeld*, Wettbewerbsverbot, S. 177 f.
[5] LAG Düsseldorf v. 4.3.1997 – 3 Sa 1644/96, NZA-RR 1998, 58; *Ebert*, ArbRB 2002, 118 (119).
[6] Richtig *Westhoff*, RdA 1976, 353 (361, Fn. 88).
[7] Ausf. *Reinfeld*, Wettbewerbsverbot, S. 163 f.
[8] Zu Vorstehendem LAG Hamm v. 10.1.2002 – 16 Sa 1217/01, BuW 2002, 660.

chende Entschädigungszusage vorliegt, wenn eine **ausdrückliche Übernahme einer Entschädigungspflicht fehlt** und lediglich auf die gesetzlichen Vorschriften verwiesen wird. Hier kann zweifelhaft sein, ob mit der gewählten Formulierung eine Anspruchsgrundlage geschaffen worden ist:

a) Es gelten die Bestimmungen des HGB über das Wettbewerbsverbot (§§ 74 und 74c).
b) Im Übrigen gelten die Bestimmungen der §§ 74 bis 75c HGB.
c) Im Übrigen gelten die Bestimmungen der §§ 74ff. HGB.
d) Im Übrigen finden die Bestimmungen des HGB Anwendung.
e) Im Übrigen gelten die einschlägigen Bestimmungen.

Das BAG hat die **Klausel im Beispiel a)** als hinreichende Entschädigungszusage aufgefasst, da die ausdrückliche Hervorhebung des § 74c HGB[1] keinen Sinn mache, wenn nicht auch eine Entschädigung zugesagt wäre, auf die etwaige Anrechnungen erfolgen sollen.[2] Die dem Urteil des BAG zugrunde liegende Klausel ist freilich schon 1965 vereinbart worden, als die Rechtsprechung §§ 74ff. HGB noch nicht über die kaufmännischen Angestellten hinaus ausdehnte. Dies verdeutlicht, dass seinerzeit nach dem Parteiwillen die Klausel nicht bloß deklaratorische Bedeutung haben sollte. Daher war bisher zweifelhaft, ob eine gleich lautende Klausel heute ebenso als Entschädigungsversprechen anzusehen wäre.

Erfolgt lediglich ein **genereller Verweis auf die Gesetzeslage**, ohne dass die Kernvorschriften über die Entschädigungspflicht hervorgehoben werden, wurde daher eine hinreichende Entschädigungszusage im Regelfall verneint, da die Verweisung lediglich eine **wörtliche Aufnahme des Gesetzestextes** in den Vertragstext bewirke und das Gesetz gerade keinen Anspruch auf Entschädigung konstituiere (**Beispiele b), c), d) und e)**).[3] Der Arbeitnehmer wäre nicht in der Lage, sich anhand der ihm ausgehändigten Urkunde (§ 74 Abs. 1 HGB) über seine Rechte und Pflichten zu informieren, wenn sich der Anspruch auf Entschädigungszahlung hinter einer allgemeinen Verweisung auf das HGB verstecken würde.[4] Das BAG hat freilich inzwischen eine Bezugnahme wie in **Beispiel c)** angesichts der Regelungsdichte der gesetzlichen Vorschriften für zulässig erachtet.[5] Aus Gründen der Klarstellung ist jedoch in jedem Fall eine **ausdrückliche Regelung** der Karenzentschädigung anzuraten.

(2) Ausschluss der Karenzentschädigung

Der Gesetzeswortlaut sieht mehrere **Ausnahmen der Geltung des Karenzgrundsatzes** für Arbeitnehmer vor. So kann der Arbeitnehmer nach § 74c Abs. 1 Satz 3 HGB während der Verbüßung einer Freiheitsstrafe keine Entschädigung verlan-

---

1 Hierzu ausf. *Schütze*, DB 1971, 918; *Bengelsdorf*, DB 1979, 1150.
2 BAG im Urt. v. 14.8.1975 – 3 AZR 333/74, AP Nr. 35 zu § 74 HGB (Bl. 2 u. 3); zust. *Grunsky*, S. 64f.; *Grunsky*, NZA 1988, 713 (715); anders scheinbar *Gaul*, GmbHR 1991, 144 (149); *Diller*, NZA 2005, 250 (252f.).
3 Vgl. auch noch LAG Bremen v. 4.5.1966 – 1 Sa 83/66, DB 1966, 1440, das ebenso eine wirksame Entschädigungszusage verneint.
4 Ebenso *Grunsky*, NZA 1988, 713 (715f.).
5 BAG v. 31.7.2002 – 10 AZR 513/01, NZA 2003, 100; v. 28.6.2006 – 10 AZR 407/05, NZA 2006, 1157; a.A. *Gravenhorst*, NJW 2006, 3609 (3610f.).

gen.[1] Aus § 74c Abs. 1 Satz 3 HGB folgt im Umkehrschluss, dass andere Gründe der objektiven Unmöglichkeit nicht zum Wegfall der Karenzentschädigungspflicht führen.[2] Der Arbeitnehmer verliert daher seinen Anspruch auf Karenzentschädigung selbst dann nicht, wenn er – etwa aus Alters- oder Gesundheitsgründen – gar nicht in der Lage ist, Konkurrenz zu betreiben.[3]

52 Im Falle der Beendigung des Arbeitsverhältnisses durch **außerordentliche Kündigung seitens des Arbeitnehmers** wird das Wettbewerbsverbot unwirksam und entfällt die Karenzentschädigungspflicht, wenn der Arbeitnehmer vor Ablauf eines Monats nach Zugang der Kündigung schriftlich erklärt, dass er sich an die Wettbewerbsabrede nicht gebunden erachte (§ 75 Abs. 1 HGB). Die Monatsfrist beginnt auch dann mit der Kündigung, wenn noch in einem Prozess über die Beendigung des Arbeitsverhältnisses gestritten wird.[4] Eine ordentliche Kündigung begründet kein Lossagungsrecht, sofern sie nicht erkennbar als milderes Mittel gegenüber einer außerordentlichen Kündigung ausgesprochen wird.[5]

53 In gleicher Weise wird das Wettbewerbsverbot unwirksam bei **ordentlicher oder außerordentlicher Kündigung durch den Arbeitgeber**, es sei denn, dass für die Kündigung ein erheblicher Anlass in der Person des Arbeitnehmers vorliegt oder dass sich der Arbeitgeber bei der Kündigung bereit erklärt, während der Dauer der Beschränkung dem Arbeitnehmer die vollen zuletzt von ihm bezogenen vertragsmäßigen Leistungen zu gewähren (§ 75 Abs. 2 HGB). Ein erheblicher Anlass sind personen- oder verhaltensbedingte Gründe, die einen verständigen Arbeitgeber unter angemessener Berücksichtigung der schutzwürdigen Belange des Arbeitnehmers zu einer Kündigung veranlassen würden.[6] Eine weitere Ausnahme von der Entschädigungspflicht sah § 75 Abs. 3 HGB bei Beendigung des Arbeitsverhältnisses durch eine **außerordentliche Kündigung des Arbeitgebers** wegen vertragswidrigen Verhaltens des Arbeitnehmers vor. Diese Regelung ist jedoch für verfassungswidrig erklärt worden,[7] so dass eine entsprechende Klausel heute unzulässig ist.[8] Gemäß § 75 Abs. 1 HGB analog kann sich der Arbeitgeber bis zum Ablauf eines Monats nach der Kündigung vom Wettbewerbsverbot lossagen. Ansonsten bleibt er zur Karenzzahlung, der Arbeitnehmer zur Wettbewerbsenthaltung verpflichtet.[9] Auch eine an-

---

1 Vgl. auch BAG v. 9.8.1974 – 3 AZR 350/73, BB 1974, 1486; LAG BW v. 7.9.1965 – 4 Ta 9/65, BB 1965, 1456; *Röhsler/Borrmann*, S. 84; *Grunsky* in Freundesgabe Söllner, S. 41 (46f.).
2 LAG Hamm v. 19.9.2003 – 7 Sa 863/03, n.v.
3 BAG v. 18.10.1976 – 3 AZR 376/75, NJW 1977, 775; *Beitzke*, Anm. zu BAG v. 26.2.1985 – 3 AZR 162, 84, AP Nr. 30 zu § 611 BGB Konkurrenzklausel; vgl. auch BAG v. 3.7.1990 – 3 AZR 96/89, NZA 1991, 308.
4 BAG v. 26.1.1973 – 3 AZR 233/72, NJW 1973, 1717.
5 ErfK/*Oetker*, § 75 HGB Rz. 2.
6 Schaub/*Vogelsang*, § 55 Rz. 99.
7 BAG v. 23.2.1977 – 3 AZR 620/75, NJW 1977, 1357; angedeutet bereits in BAG v. 26.10. 1973 – 3 AZR 118/73, NJW 1974, 1013; dem folgend schon ArbG Berlin v. 15.11.1974 – 4 Ca 268/74, BB 1975, 607; bestätigt durch BAG v. 19.5.1998 – 9 AZR 327/96, NZA 1999, 37. Zu § 90a Abs. 2 Satz 2 HGB s. BVerfG v. 7.2.1990 – 1 BvR 26/84, NJW 1990, 1469.
8 A.A. OLG Köln v. 29.3.2007 – 18 U 71/06, n.v.
9 BAG v. 23.2.1977 – 3 AZR 620/75, NJW 1977, 1357; zust. *Beitzke* und *Gumpert* in ihren Urteilsanm.: AP Nr. 6 zu § 75 HGB bzw. BB 1977, 849; *Grunsky*, S. 113 f.; im Ergebnis auch *Buchner*, Wettbewerbsverbot, S. 105 ff. Die Lossagung soll entbehrlich sein, wenn der außerordentlichen Kündigung eine ordentliche mit gleichzeitigem Verzicht auf das

derweitige Beendigung des Arbeitsverhältnisses löst die genannten Rechtsfolgen aus, wenn sich die Parteien über das Vorliegen eines wichtigen Grundes einig sind.[1] Unbenommen bleibt das Recht der Parteien, vor oder nach Beendigung des Arbeitsverhältnisses durch formlosen **Aufhebungsvertrag** das Wettbewerbsverbot und die Karenzentschädigungspflicht aufzuheben.[2] Die h.M. wendet § 75 HGB analog an.[3]

Das im Anstellungsvertrag eines **GmbH-Geschäftsführers** vereinbarte nachvertragliche Wettbewerbsverbot unterfällt nicht § 74 Abs. 2 HGB und ist daher auch ohne Zusage einer Karenzentschädigung wirksam.[4] Das Wettbewerbsverbot wird nicht allein dadurch verkürzt oder hinfällig, dass der Geschäftsführer mit der ordentlichen Kündigung des Anstellungsvertrags von seinen Dienstpflichten freigestellt wird. Die vereinbarte Karenzentschädigungspflicht entfällt mit dem Verzicht der GmbH auf das Wettbewerbsverbot jedenfalls dann nicht, wenn der Verzicht nach ordentlicher Kündigung des Anstellungsvertrags erst zu einem Zeitpunkt erklärt wird, in dem der Geschäftsführer sich auf die mit dem Wettbewerbsverbot verbundenen Einschränkungen seiner neuen beruflichen Tätigkeit eingerichtet hat.[5] Ist dem GmbH-Geschäftsführer ordentlich gekündigt und er sofort freigestellt worden, unterliegt er während der Kündigungsfrist dem allgemeinen Wettbewerbsverbot (§ 242 BGB), ohne dass es einer gesonderten Vereinbarung bedarf.[6]

54

Es spricht vieles dafür, § 74 Abs. 2 HGB partiell auch auf solche Nicht-Arbeitnehmer anzuwenden, deren Rechtsbeziehungen zum Unternehmen **dienstvertraglich** geregelt waren, vornehmlich also auf GmbH-Geschäftsführer und Vorstandsmitglieder einer Aktiengesellschaft.[7] § 74 Abs. 2 HGB liefert auch einen Ansatzpunkt für die Höhe der geschuldeten Entschädigung. Die hervorgehobene Stellung als Unternehmensorgan wird in vielen Fällen sogar dazu führen, dass eine Zusage der Hälfte des letzten Verdienstes als Kompensation nicht genügt. Im Übrigen besteht die Möglichkeit, in (anstellungsvertraglichen) Wettbewerbsverboten mit **Organmitgliedern juristischer Personen** die §§ 74 ff. HGB ausdrücklich für anwendbar zu erklären.

55

Eine strikte Anwendung des Grundsatzes der bezahlten Karenz kann dort auf Grenzen stoßen, wo das Rechtsverhältnis zwischen Unternehmen und Mitarbeiter nicht dienstvertraglich, sondern nur im **Gesellschaftsvertrag** geregelt war. Es gibt Fälle, in

56

Wettbewerbsverbot nach § 75a HGB vorausgegangen ist: BAG v. 17.2.1987 – 3 AZR 59/86, NZA 1987, 453.
1 BAG v. 24.4.1970 – 3 AZR 328/69, AP Nr. 25 zu § 74 HGB.
2 Schaub/*Vogelsang*, § 55 Rz. 94.
3 BAG v. 2.12.1963 – 5 AZR 496/62, NJW 1964, 610; v. 11.11.1958 – 2 AZR 402/56, AP Nr. 1 zu § 611 BGB Konkurrenzklausel; v. 18.11.1967 – 3 AZR 471/66, AP Nr. 21 zu § 74 HGB; v. 15.1.2014 – 10 AZR 243/13, NZA 2014, 536 (539); *Fröhlich*, ArbRB 2014, 244 ff.; a.A. MünchKommHGB/*von Hoyningen-Huene*, § 75 HGB Rz. 22.
4 BGH v. 26.3.1984 – II ZR 229/83, NJW 1984, 2366; OLG Düsseldorf v. 10.3.2000 – 17 U 133/99, NZG 2000, 737. Formulierungsbeispiel bei *Kukat*, BB 2001, 951 (952). Allgemein zum nachvertraglichen Wettbewerbsverbot des GmbH-Geschäftsführers *Manger*, GmbHR 2001, 89; *Heidenhain*, NZG 2002, 605; *Kamanabrou*, ZGR 2002, 898.
5 Zu Vorstehendem BGH v. 4.3.2002 – II ZR 77/00, NJW 2002, 1875.
6 OLG Köln v. 4.2.2000 – 4 U 37/99, NZG 2000, 740.
7 Ausf. etwa *Reinfeld*, Wettbewerbsverbot, S. 126 ff.; im Ergebnis ebenso *Gaul*, GmbHR 1991, 144 (147 f.); *Groß*, Das Anstellungsverhältnis des GmbH-Geschäftsführers, 1987, S. 362 f.

denen die Rechtsbeziehungen der für eine Anwendung des Karenzgrundsatzes erforderlichen Transparenz entbehren. So kann die Mitgliedschaft von Gesellschaftern einer GmbH oder Personengesellschaft im Einzelfall so ausgestaltet sein, dass ein entschädigungsloses Konkurrenzverbot – sofern ausdrücklich vereinbart – anzuerkennen ist.[1] Ob im **Gesellschaftsvertrag** geregelte Konkurrenzverbote, die der **AGB-Kontrolle** nach §§ 305 ff. BGB grundsätzlich offen stehen,[2] unter die Bereichsausnahme für das Gesellschaftsrecht nach § 310 Abs. 4 Satz 1 BGB fallen, hängt von deren Reichweite ab. Vieles spricht dafür, jedenfalls schuldrechtliche Austauschbeziehungen, die lediglich einen gesellschaftsrechtlichen Hintergrund aufweisen, nicht unter die Bereichsausnahme zu subsumieren.[3] Wenn auch im Einzelfall Konkurrenzklauseln mit korporativem Charakter denkbar sind – was wohl vor allem bei ausdrücklicher Benennung anzunehmen sein dürfte – wird die Mehrzahl der gesellschaftsvertraglichen Konkurrenzklauseln wegen ihres im Vordergrund stehenden schuldrechtlichen Austauschcharakters[4] kontrollfähig sein.

(3) Regelung der Entschädigungshöhe

Typ 12: Regelung der Entschädigungshöhe

a) Während der Laufzeit des Konkurrenzverbots erhält der Mitarbeiter als Gegenleistung für seine Wettbewerbsenthaltung monatlich 1 000 Euro, mindestens aber 50 % seines letzten Verdienstes.

b) Beruht die Auflösung des Arbeitsverhältnisses auf einer Eigenkündigung des Mitarbeiters, erhält dieser während der Laufzeit des Verbots 50 % seiner letzten Bezüge, anderenfalls 75 %.

c) Während des ersten Jahres der Laufzeit dieses Verbots erhält der Mitarbeiter drei Viertel seines letzten Verdienstes, im zweiten Jahr die Hälfte desselben.

d) Es wird die gesetzlich vorgesehene Entschädigung gezahlt.

e) Der Arbeitgeber verpflichtet sich zur Zahlung einer Entschädigung nach den Grundsätzen des § 74 Abs. 2 HGB.

f) Der Arbeitgeber verpflichtet sich zur Zahlung einer Entschädigung nach den Grundsätzen des § 74 Abs. 2 HGB.[5]

57 Von zentraler Bedeutung ist die **fehlerfreie Formulierung der Entschädigungszusage**. Fehlt eine Entschädigungszusage, ist das Verbot **nichtig**,[6] unterschreitet der zugesagte Betrag die Mindestsumme des § 74 Abs. 2 HGB, ist das Verbot lediglich **unverbindlich** mit der Folge, dass sich der Arbeitnehmer entweder vom Verbot lossagen oder es einhalten und lediglich die versprochene Entschädigung verlangen

---

1 Vgl. etwa BGH v. 29.10.1990 – II ZR 241/89, NJW 1991, 699; s. aber auch LAG Schl.-Holst. v. 22.11.2000 – 2 Sa 319/00, n.v.
2 Wegen § 310 Abs. 3 BGB dürfte dies insbesondere bei GmbH-Geschäftsführern der Fall sein, welche nach der Rspr. des BGH als Verbraucher anzusehen sind, s. BGH v. 8.11.2005 – XI ZR 34/05, NJW 2006, 431.
3 Ausführlich *Stoffels*, Rz. 156 ff.
4 Im gegenseitigen Austauschverhältnis steht der Verpflichtung zur Wettbewerbsenthaltung im Wesentlichen die Karenzentschädigungszusage gegenüber.
5 BAG v. 15.1.2014 – 10 AZR 243/13, NZA 2014, 536.
6 LAG Rh.-Pf. v. 10.10.2002 – 6 Sa 687/02, n.v.

kann.¹ An der Rechtsprechung, wonach der Arbeitnehmer bei der Zusage einer zu geringen Karenzentschädigung statt der gesetzlichen Mindestentschädigung nur die vereinbarte Entschädigung verlangen kann,² ist festzuhalten, da durch das Wahlrecht des Arbeitnehmers seinen Schutzinteressen ausreichend Rechnung getragen wird.³

Keine Bedenken bestehen gegen die Zusage eines festen Prozentsatzes des letzten Verdienstes, sofern mindestens 50 % (§ 74 Abs. 2 HGB) versprochen werden (**Klauseltyp 12a**).⁴ Unzureichend ist hingegen die Formulierung, wonach eine Entschädigung in Höhe von 50 % „der Vergütung gemäß § … des Anstellungsvertrags" zugesagt wird, da regelmäßig nicht alle Bezüge in einem Paragrafen geregelt sind.⁵ Der Prozentsatz kann für unterschiedliche Beendigungsformen des Arbeitsverhältnisses differieren (**Klauseltyp 12b**). Bei der Höhe der monatlichen Entschädigungsleistungen kann auch der mit zunehmendem Zeitablauf schrumpfende Wettbewerbsvorsprung des Ausgeschiedenen berücksichtigt und für den Beginn der Verbotszeit ein höherer Beitrag vorgesehen werden als für deren Ende (**Klauseltyp 12c**).⁶ Verspricht der Arbeitgeber in der Vertragsklausel ausdrücklich die Zahlung einer Entschädigung, kann er hinsichtlich der Entschädigungshöhe auf den Gesetzesinhalt verweisen. Unerheblich ist, ob auf die gesetzlich vorgesehene Entschädigung verwiesen (**Klauseltyp 12d**) oder ausdrücklich § 74 Abs. 2 HGB erwähnt wird (**Klauseltyp 12e**). Gesondert zu prüfen ist in jedem Fall, ob die versprochene Entschädigung den gesamten Verbotsumfang abdeckt (§ 74a Abs. 1 Sätze 1 und 2 HGB). Wird hingegen die Höhe der Karenzentschädigung in das **Ermessen des Arbeitgebers** gestellt (**Klauseltyp 12 f**), so wird dem Arbeitnehmer zwar ein Anspruch auf Entschädigung eingeräumt. Weder wird jedoch in der Vereinbarung eine konkrete Summe genannt, noch wird durch eine Verweisung auf die gesetzlichen Vorschriften für den Arbeitnehmer hinreichend deutlich gemacht, dass eine Karenzentschädigung mindestens in der gesetzlich geforderten Höhe geschuldet wird. Eine derartige Gestaltung ist daher ebenso unverbindlich, wie wenn eine zu niedrige Karenzentschädigung vereinbart worden wäre.⁷

Die **Zusage fester Entschädigungssummen** („… erhält der Arbeitnehmer … monatlich einen Betrag von … Euro.") wird den Anforderungen des § 74 Abs. 2 HGB allenfalls dann gerecht, wenn die zuletzt bezogenen vertragsmäßigen Leistungen das Doppelte der Karenzentschädigung ausmachen. Es besteht jedoch die Gefahr, dass der im Vertrag genannte Betrag bei Inkrafttreten der Konkurrenzklausel nicht (mehr) der gesetzlich geforderten Höhe entspricht, etwa wegen zwischenzeitlicher

---

1 So zuletzt BAG v. 15.1.2014 – 10 AZR 243/13, NZA 2014, 536 (538).
2 BAG v. 5.8.1966 – 3 AZR 154/66, AP Nr. 19 zu § 74 HGB; v. 15.1.2014 – 10 AZR 243/13, NZA 2014, 536 (539); *Düwell*, DB 2002, 2270 (2271).
3 LAG Hamm v. 20.12.2001 – 16 Sa 414/01, BuW 2002, 704; *Bauer/Krieger/Arnold*, Arbeitsrechtliche Aufhebungsverträge, 9. Aufl. 2014, C Rz. 302; vgl. auch Schaub/*Vogelsang*, § 55 Rz. 57.
4 Vgl. auch *Grunsky*, S. 67.
5 *Bauer*, Arbeitsrechtliche Aufhebungsverträge, 9. Aufl. 2014, C Rz. 302.
6 Zur Zulässigkeit eines Entschädigungsversprechens in Höhe der „Hälfte der monatlich zuletzt bezogenen Bezüge" s. LAG Hess. v. 5.3.1990 – 10/2 Sa 1114/89, LAGE § 74 HGB Nr. 5 einerseits und BAG v. 9.1.1990 – 3 AZR 110/88, NZA 1990, 519 andererseits.
7 BAG v. 15.1.2014 – 10 AZR 243/13, NZA 2014, 536 (538).

Gehaltserhöhungen[1] oder weil eine dem Arbeitnehmer geschuldete Gewinnbeteiligung nicht berücksichtigt worden ist.[2] Von der Zusage eines festen Euro-Betrages ist daher abzuraten.[3] Unzulässig ist eine Klausel, welche als Karenzentschädigung „die Hälfte der zuletzt bezogenen vertragsmäßigen monatlichen Leistungen" zusagt, da mit den erwähnten **Monatsbezügen** nicht alle von § 74 Abs. 2 HGB gemeinten Vergütungsbestandteile (neben dem Grundgehalt Gratifikationen, Sonderzuwendungen, Provisionen, Tantiemen, Gewinn- und Umsatzbeteiligungen, Naturalleistungen),[4] die häufig für einen längeren Bezugszeitraum gewährt werden, erfasst werden.[5]

(4) Modalitäten der Auszahlung der Entschädigung

Typ 13: Modalitäten der Auszahlung der Entschädigung

a) Während der Verbotszeit erfolgt die Überweisung der Karenzentschädigung jeweils am Ende eines jeden Monats.

b) Die Karenzentschädigung ist am Schluss des jeweiligen Monats fällig.

60 Nach § 74b Abs. 1 HGB ist die Karenzentschädigung während der Laufzeit des Konkurrenzverbots jeweils am Ende eines Monats zu zahlen. Die **Klauseln Typ 13a** und **b** sind daher lediglich deklaratorisch. Fällt der Beginn der Laufzeit des Verbots nicht mit einem Monatsbeginn zusammen, läuft die Monatsfrist vom Verbotsbeginn an.[6] Abweichungen von der gesetzlichen Vorgabe haben sich am **Maßstab des § 75d Satz 1 HGB** zu orientieren.[7]

61 Wird die Zahlung der **gesamten Entschädigung unmittelbar nach Ablauf des Arbeitsverhältnisses** zugesagt, ist dies rechtlich nicht zu beanstanden.[8] Allerdings kann der regelmäßige Erhalt der Karenzentschädigung den Mitarbeiter faktisch dazu anhalten, das Verbot auch (weiterhin) zu beachten, und ist daher vorzugswürdig.

62 Zuwendungen noch **während des bestehenden Arbeitsverhältnisses** als Entschädigung für eine künftige Wettbewerbsenthaltung haben vor § 74 Abs. 2 HGB keinen Bestand, da wegen der Ungewissheit über die Laufzeit des Arbeitsverhältnisses nicht sichergestellt ist, dass der Arbeitnehmer die in § 74 Abs. 2 HGB garantierte Mindestentschädigung erhält.[9] Zudem würde der Zweck der Karenzentschädi-

---

1 *Grüll/Janert*, S. 37; *Grunsky*, S. 67. Schlegelberger/*Schröder* (§ 74 HGB Rz. 12) neigen dagegen der Auffassung zu, die ursprünglich vereinbarte Entschädigungssumme sei den Gehaltserhöhungen entsprechend „fortzuschreiben"; vgl. auch *Grunsky*, S. 66. Zu Gehaltsanpassungsklauseln *Langer*, Die anwaltliche Praxis in Arbeitssachen, 1989, Rz. 321.
2 Vgl. BAG v. 9.1.1990 – 3 AZR 110/88, NZA 1990, 519.
3 Ebenso *Grüll/Janert*, S. 37.
4 ErfK/*Oetker*, § 74 HGB Rz. 15.
5 LAG Düsseldorf v. 10.12.2002 – 8 Sa 1151/02, NZA-RR 2003, 570.
6 Vgl. nur Baumbach/Hopt/*Roth*, § 74b HGB Rz. 2.
7 Vgl. hierzu *Grunsky*, S. 89f.
8 Im Ergebnis auch LAG Hamm v. 19.2.1992 – 15 Sa 1728/91, BB 1992, 1856 (Ls.); vorher schon *Grunsky*, S. 89.
9 Ebenso im Ergebnis BAG v. 14.7.1981 – 3 AZR 414, 80, NJW 1982, 903; vgl. auch LAG Hess. v. 5.3.1990 – 10/2 Sa 1114/89, LAGE § 74 HGB Nr. 5; *Grunsky*, S. 90 m.N.; vgl. auch LAG Düsseldorf v. 19.2.1976 – 3 Sa 942/75, DB 1976, 1113 (nur Ls.).

gung, den Arbeitnehmer für die Zeit nach Vertragsende finanziell abzusichern, vereitelt, da weder anzunehmen noch zu verlangen ist, dass der Arbeitnehmer die während der Vertragsdauer erhaltenen Gelder für die Zeit nach Vertragsbeendigung aufspart.[1]

(5) Anrechnung anderweitiger Einkünfte

Typ 14: Anrechnung anderweitiger Einkünfte

a) Auf die Karenzentschädigung wird alles angerechnet, was der Arbeitnehmer durch anderweitige Verwertung seiner Arbeitskraft erwirbt oder zu erwerben böswillig unterlässt, soweit die Entschädigung unter Hinzurechnung dieses Betrages die Höhe der zuletzt bezogenen vertragsmäßigen Leistungen um mehr als 10 % übersteigt. Ist der Mitarbeiter durch das Wettbewerbsverbot zu einer Wohnsitzverlegung gezwungen worden, so findet eine Anrechnung erst ab Überschreiten des genannten Betrages um mehr als 25 % statt.

b) Auf die Karenzentschädigung wird angerechnet, was der Arbeitnehmer durch anderweitige Verwertung seiner Arbeitskraft erwirbt, soweit die Entschädigung unter Hinzurechnung dieses Betrages die Höhe der zuletzt bezogenen vertragsmäßigen Leistungen um mehr als 30 % übersteigt.

c) Eine Anrechnung findet nicht statt.

Falls die Vertragsparteien keine anderweitige Vereinbarung getroffen haben, greift § 74c Abs. 1 Sätze 1 und 2 HGB ein (**Klauseltyp 14a**).[2] Auch eine Anrechnung gemäß **Typ 14b** ist zulässig. Weil die Anrechnung hier ohnehin erst ab einem Verdienst eintreten soll, der 130 % der letzten Vergütung übersteigt, braucht die Anrechnung im Falle einer notwendigen Wohnsitzverlegung nicht gesondert geregelt zu werden. Die Anrechnung kann auch vollständig **ausgeschlossen** werden.[3] Dies hat aber grundsätzlich ausdrücklich zu geschehen (**Klauseltyp 14c**). Etwas anderes soll gelten, wenn vereinbart wird, dass die Entschädigung für die gesamte Dauer des Verbots im Voraus zu zahlen sei (vgl. hierzu Rz. 61). In diesem Fall soll mangels gegenteiliger Abrede anzunehmen sein, dass der Arbeitnehmer die Entschädigung ohne Rücksicht auf etwaige sonst nach § 74c HGB anrechenbare Einkünfte erhalten habe.[4] Die **Anrechenbarkeit von Arbeitslosengeld** auf die Karenzentschädigung hat das BAG bereits im Jahre 1985 nach längeren Kontroversen bejaht. Um eine Besserstellung des arbeitslosen Entschädigungsgläubigers gegenüber einem Arbeitnehmer zu vermeiden, der einer konkurrenzfreien Tätigkeit nachgeht, sei § 74c HGB entsprechend anzuwenden.[5] Als Ausgleich dafür, dass nach § 148 SGB III a.F. der Arbeitgeber der Bundesagentur zunächst das volle Arbeitslosengeld – seit 2001

63

---

1 Vgl. *Stumpf* in seiner Anm. zu BAG v. 14.7.1981 – 3 AZR 414, 80, NJW 1982, 903.
2 Ausf. Darstellung bei *Grunsky*, S. 82 ff.; zum Zwang zur Wohnsitzverlegung i.S.d. § 74c Abs. 1 Satz 2 HGB vgl. BAG v. 23.2.1999 – 9 AZR 739/97, NZA 1999, 936. Berechnungsbeispiel bei *Kukat*, BB 2001, 951 (953).
3 BAG v. 12.1.1978 – 3 AZR 57/76, AP Nr. 8 zu § 74c HGB m. zust. Anm. *Herschel*.
4 LAG Hamm v. 19.2.1992 – 15 Sa 1728/91, BB 1992, 1856 (Ls.).
5 BAG v. 25.6.1985 – 3 AZR 305/83, NZA 1986, 194 mit Nachweisen zum damaligen Streitstand.

allerdings nur noch zu 30 %¹ – zu erstatten hatte, wenn der Arbeitslose einer wettbewerbsverbotsbedingten Beschränkung unterlag, war in § 148 Abs. 1 Satz 2 SGB III a.F. die Anrechenbarkeit von Arbeitslosengeld auf die Karenzentschädigung zwischenzeitlich gesetzlich festgelegt. § 148 SGB III ist allerdings wegen der geringen Zahl der Erstattungsfälle und dem dennoch vorhandenen hohen bürokratischen Aufwand zum 1.1.2004 ersatzlos gestrichen worden.² Nach der Aufhebung von § 148 SGB III ist nach verbreiteter Auffassung³ die bis zum Inkrafttreten des § 128a Satz 3 AFG vorhandene Regelungslücke wieder entstanden, so dass § 74c Abs. 1 Satz 1 HGB bei Bezug von Arbeitslosengeld wieder entsprechend anzuwenden sein soll. Die Aufhebung der Anrechnungsregelung des § 148 Abs. 1 Satz 2 SGB III sei im Zusammenhang mit der Erstattungspflicht des Arbeitgebers zu sehen und nur ihre konsequente Folge. Das BAG⁴ hat diesen Punkt jedoch bislang offen gelassen und Bedenken geäußert, ob nach der Aufhebung von § 148 SGB III ohne gesetzliche Neuregelung Arbeitslosengeld auf den Anspruch auf Karenzentschädigung aus einer Wettbewerbsvereinbarung anzurechnen ist. Teilt man diese Bedenken nicht, so ist jedenfalls zu beachten, dass eine Anrechnung nur in Höhe des Nettoauszahlungsbetrages erfolgen darf.⁵ Zur Anrechnung betrieblicher Ruhegelder s. Rz. 81, 87.

(6) Auskunft über anderweitigen Erwerb

Typ 15: Auskunft über anderweitigen Erwerb

Sie verpflichten sich, uns während der Dauer der Sperrzeit auf Verlangen Auskunft über die Höhe Ihres Erwerbs zu erteilen. Bei Unterbleiben der Mitteilung sind wir zur Zurückhaltung der laufenden Karenzentschädigung berechtigt.

64 Nach § 74c Abs. 2 HGB schuldet der ausgeschiedene Arbeitnehmer Auskunft über seinen anderweitigen Verdienst. Ggf. hat er ihn auch zu belegen.⁶ Der Arbeitnehmer ist vorleistungspflichtig. Solange er die erforderlichen Auskünfte trotz Aufforderung nicht erteilt hat, ist der Arbeitgeber nach **§ 320 Abs. 1 BGB** berechtigt, die Zahlung der Karenzentschädigung zu verweigern.⁷

---

1 Geändert durch Gesetz v. 21.12.2000 (BGBl. I, S. 2230); § 148 SGB III war in seiner bisherigen Fassung vom BVerfG v. 10.11.1998 – 1 BvR 2296/96, 1 BvR 1081/97, NZA 1999, 191, für verfassungswidrig erklärt worden.
2 Zur Begründung vgl. ausführlich BT-Drucks. 15/1515, S. 88.
3 GK-HGB/*Etzel*, § 75d Rz. 103; ErfK/*Oetker*, § 74c HGB Rz. 4; *Bauer/Diller*, Wettbewerbsverbote, Rz. 787f.; MünchKommHGB/*v. Hoyningen-Huene*, § 74c HGB Rz. 11.
4 BAG v. 14.9.2011 – 10 AZR 198/10, NZA-RR 2012, 98; v. 15.1.2014 – 10 AZR 243/13, NZA 2014, 536 (540).
5 BAG v. 23.11.2004 – 9 AZR 595/03, NZA 2005, 411; ausführlich LAG München v. 14.8.2007 – 4 Sa 189/07, n.v.; a.A. LAG Köln v. 20.2.1991 – 7 Sa 994/90, LAGE § 5 TVG Nr. 1; vgl. zum Ganzen ausführlich und mit Rechenbeispielen auch *Diller*, BB 2008, 1680ff.
6 BAG v. 25.2.1975 – 3 AZR 148/74, NJW 1975, 1246; im Einzelfall kann der Auskunftsanspruch auch aus § 242 BGB folgen, vgl. dazu BAG v. 25.10.2007 – 6 AZR 662/06, NJW 2008, 1466.
7 BAG v. 12.1.1978 – 3 AZR 57/76, NJW 1978, 2215; *Grüll/Janert*, S. 63; *Laber/Legerlotz*, DStR 2000, 1605 (1613); *Buchner*, Wettbewerbsverbot, S. 93ff.; kritisch nunmehr *Buchner*, Rz. C 384f. Vgl. auch OLG Düsseldorf v. 30.5.2007 – VI-U (Kart) 37/06, n.v., welches das Zurückbehaltungsrecht richtigerweise auf § 273 BGB stützt.

Unzulässig ist dagegen eine Klausel, durch die sich der Arbeitnehmer verpflichtet, 65
während der Dauer des Wettbewerbsverbots der Firma jederzeit auf eigene Initiative
Auskunft über die Höhe seines Erwerbs zu erteilen und den Namen sowie die Anschrift seines jeweiligen Arbeitgebers mitzuteilen. Denn die Auskunftspflicht besteht nicht ungefragt, sondern **nur bei Aufforderung** durch den (ehemaligen) Arbeitgeber.[1] Zudem genügt zur Erfüllung der Auskunftspflicht die **Vorlage des Einkom-
mensteuerbescheides**,[2] so dass nicht verlangt werden kann, Einzelheiten über die
Person des neuen Arbeitgebers mitzuteilen.

Unzulässig ist auch eine Klausel, wonach der Mitarbeiter bereits nach Ausspruch 66
der Kündigung verpflichtet ist, dem Unternehmen unverzüglich Auskunft über
seine zukünftige Tätigkeit zu geben.[3] Diese Pflicht beginnt unstreitig erst mit der
rechtlichen Beendigung des Arbeitsverhältnisses. Erst recht kann der Arbeitgeber
keine Auskunft vor Ausspruch einer Kündigung verlangen.

(7) Verjährung, Ausgleichsklauseln, Ausschlussfristen

Verjährungsfragen treten beim nachvertraglichen Wettbewerbsverbot in Bezug auf 67
die **Einzelansprüche auf Karenzentschädigung** auf. Da der Verjährung grundsätzlich
nur Ansprüche, nicht aber Rechte unterliegen, unterfällt das sog. **Stammrecht** auf
Karenzentschädigung keiner Verjährung.[4] Hinsichtlich der Einzelansprüche greift
die Dreijahresfrist des § 195 BGB.[5] Eine Verkürzung der Verjährungsfrist ist zwar
grundsätzlich möglich (§ 202 BGB), jedoch als den Arbeitnehmer benachteiligende
Regelung mit § 75d Satz 1 HGB (analog) unvereinbar. Unzulässig ist daher eine
Klausel, wonach der Anspruch auf monatliche Karenzentschädigung mit Ablauf
(z.B.) eines Jahres nach seiner Entstehung verjährt.

Da **Ausgleichsquittungen** („Ich erkläre mit Unterzeichnung dieser Quittung aus- 68
drücklich, dass mir keine weiteren Ansprüche aus dem Arbeitsverhältnis sowie
dessen Beendigung zustehen.") die Abwicklung des Arbeitsverhältnisses bezwecken, vor allem die Rückgabe von Steuer- und Versicherungskarten, Urlaubs-
bescheinigungen usw. zum Inhalt haben, ist im Zweifel nicht davon auszugehen,
dass der Arbeitnehmer mit ihrer Unterzeichnung zugleich auf Ansprüche aus
dem Konkurrenzverbot verzichtet.[6] Das Gegenteil muss klar zum Ausdruck gebracht werden. Bei vorformulierten Ausgleichsquittungen gehen Unklarheiten zu
Lasten des Arbeitgebers (§ 305c Abs. 2 BGB).[7] Eine untergeschobene formularmäßig
verwandte Ausgleichsquittung, die eine unentgeltliche Verzichtserklärung des Arbeitnehmers ohne kompensatorische Gegenleistung des Arbeitgebers beinhaltet,
stellt hingegen eine unangemessene Benachteiligung i.S.d. § 307 Abs. 1 Satz 1

---

1 LAG Köln v. 8.6.2005 – 7 Sa 679/04, EzA-SD 2006, Nr. 6, 7–8.
2 H.M., Nachw. bei *Grunsky*, S. 88.
3 Vgl. auch *Grunsky*, S. 109 m.N.
4 *Bauer/Diller*, Wettbewerbsverbote, Rz. 743; *Bauer/Diller*, NJW 2002, 1609 (1610).
5 Vgl. nur *Grunsky*, S. 91 m. N. Abweichend davon gilt für die Verjährung von Ansprüchen
  gegen Geschäftsführer die kurze Frist des § 113 Abs. 3 HGB. Vgl. hierzu OLG Köln v.
  10.1.2008 – 18 U 1/07, BB 2008, 800 (801 f.).
6 BAG v. 20.8.1980 – 5 AZR 759/78, NJW 1981, 1285; v. 20.10.1981 – 3 AZR 1013/78, NJW
  1982, 1479; vgl. zum Ganzen auch *Gaul/Khanian*, MDR 2006, 181 (185 f.).
7 *Bauer/Diller*, Wettbewerbsverbote, Rz. 728.

BGB dar und ist daher unwirksam.[1] Etwas anderes kann bei einem **individuell ausgehandelten Vertrag** gelten, in dem das gesamte Arbeitsverhältnis abgewickelt wird. Hier dürfte einer entsprechenden Vereinbarung auch ein Verzicht auf Rechte aus einem Wettbewerbsverbot innewohnen, falls sich aus den Begleitumständen nicht ein anderes ergibt.[2]

68a Im Hinblick auf **Ausgleichsklauseln in Aufhebungsverträgen, gerichtlichen und außergerichtlichen Vergleichen** entspricht es ständiger Rechtsprechung, dass diese typischerweise weit auszulegen ist und regelmäßig auch ein nachvertragliches Wettbewerbsverbot und die daraus folgende Karenzentschädigung ausschließen.[3] Denn es sei anzunehmen, dass die Parteien in der Regel klare Verhältnisse schaffen und möglichen Streit in der Zukunft vermeiden wollen. Entscheidend sind die Kenntnis und die Interessenlage der Parteien, aber auch der Wortlaut der Erledigungsklausel und der Gesamtzusammenhang des Aufhebungsvertrags sind von erheblicher Bedeutung. Haben beide Parteien oder jedenfalls eine Partei das Wettbewerbsverbot bei den Verhandlungen über den Aufhebungsvertrag übersehen, spricht eine Vermutung dafür, dass auch das nachvertragliche Wettbewerbsverbot mit erledigt werden sollte, sofern sich nicht aus Wortlaut oder Gesamtzusammenhang etwas anderes ergibt. Waren sich dagegen beide Parteien des Wettbewerbsverbots bewusst, lässt sich keine allgemeingültige Auslegungsregel aufstellen und kommt es auf die Umstände des Einzelfalls an.[4] Der Wortlaut einer allgemeinen Ausgleichsklausel in einem gerichtlichen Vergleich, wonach mit der Erfüllung der Vereinbarung sämtliche Ansprüche „hinüber und herüber aus dem Arbeitsverhältnis und seiner Beendigung abgegolten und ausgeglichen" sein sollen, umfasst auch die Ansprüche aus einem nachvertraglichen Wettbewerbsverbot.[5] Klauseln, mit denen „alle beiderseitigen Ansprüche aus dem Arbeitsverhältnis abgegolten" sein sollen, können auch ein nachvertragliches Wettbewerbsverbot und eine Karenzentschädigung umfassen, und zwar auch auch dann, wenn der Zusatz „und seiner Beendigung, seien sie bekannt oder unbekannt" fehlt. Wettbewerbsverbot und Karenzentschädigung sind in den arbeitsvertraglichen Beziehungen begründet und sind deshalb Ansprüche aus dem Arbeitsverhältnis.[6] Ferner erfasst die Klausel in einem Aufhebungsvertrag „Damit sind alle gegenseitigen Ansprüche aus dem Arbeitsverhältnis und seiner Beendigung, gleichgültig welchen Rechtsgrundes, seien sie bekannt oder unbekannt, erledigt" ein im Arbeitsvertrag vereinbartes nachvertragliches Wettbewerbsverbot, wenn die Parteien des Aufhebungsvertrags eine Vielzahl von Ansprüchen aus dem Arbeitsverhältnis von der Ausgleichsklausel ausnehmen und für das nachvertragliche Wettbewerbsverbot und den Anspruch auf Karenzentschädigung von einer solchen Ausnahme absehen.[7]

---

1 LAG Schl.-Holst. v. 24.9.2003 – 3 Sa 6/03, NZA-RR 2004, 74.
2 Ebenso LAG Köln v. 17.1.1990 – 7 Sa 1052/89, n.v.; vgl. auch OLG Frankfurt v. 31.5.2006 – 13 U 200/05, OLGR Frankfurt 2007, 61.
3 BAG v. 31.7.2002 – 10 AZR 513/01, NZA 2003, 100; v. 31.7.2002 – 10 AZR 558/01, AP Nr. 48 zu § 611 BGB Konkurrenzklausel; v. 19.11.2003 – 10 AZR 174/03, NZA 2004, 554; v. 22.10.2008 – 10 AZR 617/07, NZA 2009, 139 (141).
4 *Bauer/Diller*, BB 2004, 1274 (1280) mit zahlreichen Fallbeispielen.
5 BAG v. 31.7.2002 – 10 AZR 513/01, NZA 2003, 100. Zum außergerichtlichen Vergleich s. BAG v. 31.7.2002 – 10 AZR 558/01, AP Nr. 48 zu § 611 BGB Konkurrenzklausel.
6 BAG v. 22.10.2008 – 10 AZR 617/07, NZA 2009, 139 (141).
7 BAG v. 24.6.2009 – 10 AZR 707/08 (F), NZA 2010, 536.

Die Anwendbarkeit einer **tariflichen Ausschlussklausel** (→ *Ausschlussfristen*, 69
II A 150) auf Karenzentschädigungsansprüche, die als spätesten Fristbeginn zur
Geltendmachung ausnahmslos das Ende des Arbeitsverhältnisses festlegt, scheidet
aus,[1] da Ansprüche auf Karenzentschädigung erst nach beendetem Arbeitsverhältnis entstehen. Anders liegt es, wenn die Ausschlussfrist von „gegenseitigen Ansprüchen aus dem Arbeitsverhältnis" spricht und der Beginn an die Fälligkeit des
Anspruchs geknüpft wird.[2]

cc) Sonstige Regelungen

(1) Verzicht/Bedingtes Wettbewerbsverbot

Typ 16: Verzichtsregelung

Die Firma kann bis zur Beendigung des Arbeitsverhältnisses durch schriftliche Erklärung auf das Wettbewerbsverbot verzichten. Sie muss die Karenzentschädigung
nur bis zum Ablauf eines Jahres seit der Erklärung des Verzichts zahlen.

Nach § 75a HGB kann der Arbeitgeber vor Beendigung des Arbeitsverhältnisses 70
durch schriftliche Erklärung auf das Wettbewerbsverbot mit der Wirkung **verzichten**, dass er mit Ablauf eines Jahres seit der Erklärung von der Verpflichtung zur
Zahlung der Entschädigung frei wird (**Klauseltyp 16**). Mit Zugang der Verzichtserklärung entfällt im Regelfall die Pflicht des Arbeitnehmers zur Wettbewerbsenthaltung.[3] Der Verzicht muss noch während des rechtlichen Bestandes des Arbeitsverhältnisses ausgesprochen werden, ein Verzicht nach Beendigung des Arbeitsverhältnisses ist wirkungslos. Bei außerordentlicher fristloser Kündigung ist der Verzicht daher spätestens mit der Kündigung zu erklären.[4]

Wettbewerbsverbote können wirksam mit aufschiebender wie auflösender **Bedin-** 71
gung (§ 158 BGB) versehen werden (s. hierzu auch Rz. 88). Dabei geht es in erster
Linie um Gestaltungen, bei denen sich der Arbeitgeber die Entscheidung vorbehalten will, das Verbot im Einzelfall in Kraft zu setzen oder nicht. Unzulässig (§ 75d
Satz 2 Alt. 2 HGB) ist es jedoch, wenn der Arbeitgeber entgegen § 74 Abs. 2 HGB
versucht, das Eingreifen des Verbots von seiner eigenen Entscheidung abhängig
zu machen und derart die Zusage der Karenzentschädigung an eine Bedingung zu
knüpfen.[5] Handelt es sich um ein Wettbewerbsverbot im Rahmen vorformulierter
Vertragsbedingungen, gehen Unklarheiten insoweit zu Lasten des Arbeitgebers

---

1 BAG v. 24.4.1970 – 3 AZR 328/69, AP Nr. 25 zu § 74 HGB.
2 BAG v. 22.6.2005 – 10 AZR 459/04, AP Nr. 183 zu § 4 TVG – Ausschlussfrist; vgl. ferner
 BAG v. 18.12.1984 – 3 AZR 383/82, NZA 1985, 219; zu einer solchen Klausel auch BAG
 v. 27.11.1991 – 4 AZR 211/91, NZA 1992, 800; LAG Nürnberg v. 21.2.2007 – 6 Sa 576/04,
 NZA-RR 2007, 428.
3 Wird ein Kündigungsschutzverfahren durchgeführt, endet die genannte Pflicht zeitgleich
 mit der Beendigung des Arbeitsverhältnisses, BAG v. 25.10.2007 – 6 AZR 662/06, NJW
 2008, 1466.
4 Zu Vorst. *Ebert*, ArbRB 2002, 118 (120 f.); Berechnungsbeispiel bei *Bauer/Krieger/Arnold*,
 Arbeitsrechtliche Aufhebungsverträge, 9. Aufl. 2014, C Rz. 332.
5 Zu bedingten Wettbewerbsverboten für Handelsvertreter *Küstner/von Manteuffel*, DB
 1987, 413 m.N.; für Organmitglieder *Hoffmann-Becking* in FS Quack, S. 273 (279 ff.).

(§ 305c Abs. 2 BGB).[1] Unverbindlich sind bedingte Wettbewerbsverbote, die dem Arbeitgeber entschädigungsfrei die Entscheidung vorbehalten, ob er das Verbot in Anspruch nehmen will oder nicht:[2]

◌ **Nicht geeignet:**
  a) Für die Dauer des Wettbewerbsverbotes zahlt die Firma, wenn sie es in Anspruch nimmt, die Hälfte des zuletzt gewährten Gehalts als Entschädigung.[3]
  b) Im Falle einer Kündigung, gleich von welcher Seite, kann die Firma auf die Wettbewerbsklausel verzichten. Eine Entschädigung entfällt damit.[4]
  c) Die Firma ist ohne Zustimmung von Herrn ... (Arbeitnehmer) berechtigt, vor oder nach Beendigung dieses Vertrages auf die Wettbewerbsabrede zu verzichten.[5]
  d) Aus Gründen des Wettbewerbs kann das Unternehmen den Mitarbeiter bei Austritt verpflichten, für die Dauer von zwei Jahren nach Beendigung des Arbeitsverhältnisses in der BRD nicht für ein Konkurrenzunternehmen tätig zu werden sowie weder mittelbar noch unmittelbar an der Gründung oder im Betrieb eines solchen Unternehmens mitzuwirken.[6]
  e) Scheidet der Arbeitnehmer aus den Diensten des Arbeitgebers aus, so darf er für ein Jahr nach der Beendigung des Arbeitsverhältnisses nicht in die Dienste eines Konkurrenzunternehmens treten, sich daran mit Kapital beteiligen oder in anderer Weise unterstützen. Er darf während dieser Frist kein selbständiges Konkurrenzunternehmen gründen, betreiben oder leiten, es sei denn, der Arbeitgeber stellt den Arbeitnehmer frei.[7]

72 Dem Arbeitnehmer steht es frei, am Verbot festzuhalten und die vereinbarte Entschädigung zu fordern oder sich auf die Unwirksamkeit der Wettbewerbsabrede zu berufen und eine Konkurrenztätigkeit aufzunehmen.[8] Bisher verlangte die Rechtsprechung, das **Wahlrecht** rechtzeitig zu Beginn der Karenzzeit gegenüber dem Arbeitgeber auszuüben.[9] Nunmehr soll es ausreichen, dass sich der Arbeitneh-

---

1 *Bauer/Diller*, Wettbewerbsverbote, Rz. 225 f.
2 Zur Definition BAG v. 27.9.1988 – 3 AZR 59/87, NZA 1989, 467 m.z.N.
3 Vgl. BAG v. 24.4.1970 – 3 AZR 328/69, AP Nr. 26 zu § 74 HGB.
4 Vgl. BAG v. 30.7.1971 – 3 AZR 12/71, AP Nr. 27 zu § 74 HGB.
5 Vgl. BAG v. 19.1.1978 – 3 AZR 573/77, NJW 1978, 1023.
6 Vgl. BAG v. 22.5.1990 – 3 AZR 647/88, NZA 1991, 263; ähnlich LAG Hamm v. 8.1.2001 – 18 Sa 845/00, n.v.
7 Vgl. LAG Hamm v. 10.1.2002 – 16 Sa 1217/01, BuW 2002, 660. Weitere Bsp. bei *Bauer/Krieger/Arnold*, Arbeitsrechtliche Aufhebungsverträge, 9. Aufl. 2014, C Rz. 310.
8 BAG v. 19.1.1978 – 3 AZR 573/77, NJW 1978, 1023 (unter II 4 der Gründe); v. 31.7.2002 – 10 AZR 558/01, AP Nr. 48 zu § 611 BGB Konkurrenzklausel; LAG Hamm v. 10.1.2002 – 16 Sa 1217/01, BuW 2002, 660; vgl. auch die Nachw. bei *Grunsky*, S. 74 f.; krit. S. 78 f.; *Buchner*, Rz. C 306 ff., insbes. Rz. C 316 ff.; zur Unverbindlichkeit bei einem Vorbehalt des Arbeitgebers, dem Arbeitnehmer vor Vertragsende den räumlichen und gegenständlichen Umfang des Wettbewerbsverbots mitzuteilen, vgl. LAG Düsseldorf v. 10.2.1993 – 4 Sa 1669/92, LAGE § 74 HGB Nr. 7 sowie v. 3.8.1993 – 8 Sa 787/93, BB 1993, 2382.
9 BAG v. 24.4.1980 – 3 AZR 1047/77, NJW 1980, 2429 (Zusage unzureichender Entschädigung); v. 14.7.1981 – 3 AZR 414, 80, NJW 1982, 903; v. 13.5.1986 – 3 AZR 85/85, NZA 1986, 828; v. 16.12.1986 – 3 AZR 73/86, NZA 1987, 592 (bedingtes Wettbewerbsverbot). So auch *Laber/Legerlotz*, DStR 2000, 1605 (1611). Eine einmal getroffene Entscheidung soll endgültig sein; vgl. nur BAG v. 5.10.1982 – 3 AZR 451/80, NJW 1983, 2896.

mer zu Beginn der Karenzzeit endgültig für das Wettbewerbsverbot entscheidet und seiner Unterlassungspflicht nachkommt.[1] Eine gesonderte Erklärung an den Arbeitgeber soll entbehrlich,[2] der Arbeitgeber jedoch unter Bestimmung einer angemessenen Frist[3] berechtigt sein, den Arbeitnehmer zur Wahl aufzufordern.[4] Der Anspruch auf Karenzentschädigung entsteht mit der Wettbewerbsenthaltung.[5] In den angeführten Beispielen wird auch von **§ 75a HGB** zu Ungunsten des Arbeitnehmers abgewichen. Es gibt keinen Verzicht mit der Wirkung des § 75a HGB nach Ende des Arbeitsverhältnisses.[6] Hat der Arbeitgeber bis hierhin sein einseitiges Gestaltungsrecht nicht ausgeübt, greift das Konkurrenzverbot mit den beiderseitigen Rechten und Pflichten. § 75a HGB ist auf Konkurrenzverbote, die ein GmbH-Geschäftsführer gegenüber „seiner" GmbH übernimmt, entsprechend anwendbar.[7]

(2) Mandantenschutzklauseln/Mandantenübernahmeklauseln/Niederlassungsklauseln

Typ 17: Mandantenschutzklauseln/Mandantenübernahmeklauseln/Niederlassungsklauseln

a) Nach seinem Ausscheiden wird Herr ... nicht aktiv um Mandanten der Kanzlei werben.

b) Herr D. verpflichtet sich, nach Beendigung des Arbeitsverhältnisses ohne die ausdrückliche Zustimmung des ... (Arbeitgeber) für die Dauer von zwei Jahren keine Mandate von solchen Auftraggebern zu übernehmen, die während der letzten drei Jahre vor seinem Ausscheiden (oder: die zur Zeit seines Ausscheidens) zur Klientel des ... (Arbeitgeber) gehörten. Dafür ... (Regelung einer Entschädigung).[8]

c) Übernehmen Sie bei oder im Zusammenhang mit Ihrem Ausscheiden aus unserer Kanzlei unmittelbar oder mittelbar Mandate unserer Kanzlei, so werden Sie als Entschädigung für einen Zeitraum von zwei Jahren seit dem Ausscheiden einen Betrag in Höhe von 20 % Ihres Gesamtumsatzes mit den betreffenden Mandanten an uns abführen. Die Zahlungen sind jeweils am 1. März eines Jahres für den Jahresumsatz des vorangegangenen Jahres fällig.[9]

d) Nach Ihrem Ausscheiden aus unserer Kanzlei werden sie sich für einen Zeitraum von zwei Jahren in einem Umkreis von 5 km um den Sitz unserer Praxis nicht als Rechtsanwalt niederlassen.

---

1 BAG v. 31.7.2002 – 10 AZR 558/01, AP Nr. 48 zu § 611 BGB Konkurrenzklausel; LAG Hamm v. 8.3.2001 – 18 Sa 845/00, n.v.; v. 17.5.2001 – 16 Sa 1719/00, n.v.
2 LAG Hamm v. 8.3.2001 – 18 Sa 845/00, n.v.
3 *Bauer*, NZA Beilage 3/1991, 29 (30), schlägt eine Frist von drei Wochen vor.
4 BAG v. 22.5.1990 – 3 AZR 647/88, NZA 1991, 263.
5 LAG Hamm v. 8.3.2001 – 18 Sa 845/00, n.v.
6 Vgl. nur *Baumbach/Hopt/Roth*, § 75a HGB Rz. 2.
7 BGH v. 17.2.1992 – II ZR 140/91, NJW 1992, 1892.
8 Vgl. auch die dem Urt. des BGH v. 26.3.1984 – II ZR 229/83, NJW 1984, 2366 zugrunde liegende Vertragsklausel. Umfassendes Klauselbeispiel bei *Bohle*, MDR 2003, 140 f.
9 Umfassendes Klauselbeispiel bei *Bohle*, MDR 2003, 141 f.

73 Freiberufler (Rechtsanwälte, Wirtschaftsprüfer, Steuerberater usw.) sind weniger an der Vereinbarung eines umfassenden Tätigkeitsverbots ihrer Angestellten nach deren Ausscheiden, sondern vielmehr an der Aufrechterhaltung ihres Mandantenstammes interessiert. Hierzu dient die Vereinbarung von Mandantenschutzklauseln. Von einer **beschränkten (deklaratorischen**[1]**) Mandantenschutzklausel** spricht man, wenn sich das Abwerbeverbot schon aus dem Standesrecht ergibt.[2] Dem Arbeitnehmer ist hiernach verboten, sich nach seinem Ausscheiden aktiv um Mandanten seines ehemaligen Arbeitgebers zu bemühen. Eine Entschädigung kann er hierfür nicht verlangen (**Klauseltyp 17a**). Das Abwerbungsverbot hindert den Ausgeschiedenen indes nicht, Mandanten seines ehemaligen Arbeitgebers zu betreuen, die sich eigeninitiativ an ihn wenden. Will der Arbeitgeber sicherstellen, dass der Ausgeschiedene nicht auf diese Weise in seinen Mandantenkreis eindringt, kann er dies über eine **allgemeine Mandantenschutzklausel** tun (**Klauseltyp 17b**). Allgemeine Mandantenschutzklauseln haben daher die Wirkung eines nachvertraglichen Wettbewerbsverbots, so dass die §§ 74 ff. HGB Anwendung finden. Sie sind nur wirksam, wenn sie mit der Pflicht des Arbeitgebers zur Zahlung einer Karenzentschädigung nach § 74 Abs. 2 HGB verbunden sind und soweit die gesetzlich zulässige Höchstdauer von zwei Jahren nach § 74a Abs. 1 Satz 3 HGB nicht überschritten wird.[3] Soweit eine solche Klausel das zeitlich tolerable Maß überschreitet, führt dies nicht zur Nichtigkeit der Abrede, sondern hat lediglich eine zeitliche Begrenzung des Mandantenschutzes auf längstens zwei Jahre zur Folge.[4]

74 **Mandantenübernahmeklauseln**, bei denen die Betreuung von Mandanten des ehemaligen Arbeitgebers gegen Abführung eines Teils des Honorars ausdrücklich zugelassen wird, sind auch ohne Verpflichtung des Arbeitgebers zur Zahlung einer Karenzentschädigung grundsätzlich zulässig und verbindlich, soweit sie dem Schutz eines berechtigten geschäftlichen Interesses des Arbeitgebers dienen und das berufliche Fortkommen des Arbeitnehmers nicht unbillig erschweren (**Klauseltyp 17c**). Eine Mandantenübernahmeklausel ohne Karenzentschädigung ist jedoch unzulässig, wenn die Konditionen so gestaltet sind, dass sich die Bearbeitung der Mandate wirtschaftlich nicht lohnt. In diesem Fall handelt es sich um eine **verdeckte Mandantenschutzklausel**, durch die die gesetzlichen Vorschriften über das Mindestmaß der Entschädigung umgangen werden (§ 75d Satz 2 HGB).[5] Die Unzulässigkeit der Gestaltung kann sich aus einer zu langen Bindungsdauer oder aus einer zu hohen Abführungsquote ergeben. Das BAG hat in Anlehnung an § 74a Abs. 1 Satz 3 HGB eine Bindungsdauer von maximal zwei Jahren für zulässig erachtet und bei einer längeren Bindungsdauer eine geltungserhaltende Reduktion auf das zulässige Maß abgelehnt.[6]

---

1 Ebenso BAG v. 15.12.1987 – 3 AZR 474/86, NZA 1988, 502; vgl. auch *Becker*, S. 21 f.; *Bruckner*, S. 9.
2 Vgl. BAG v. 16.1.1971 – 3 AZR 384/70, NJW 1971, 2245 (für Steuerberater) sowie die Hinweise bei *Büsken*, MDR 1985, 898 (Fn. 3). Hierin besteht auch der wesentliche Unterschied zu den Kundenschutzklauseln in der gewerblichen Wirtschaft, vgl. BAG v. 15.12.1987 – 3 AZR 474/86, NZA 1988, 502. Ausf. zu Kundenschutzklauseln → *Verschwiegenheitspflicht*, II V 20.
3 BAG v. 11.12.2013 – 10 AZR 286/13, NZA 2014, 433 (435).
4 BGH v. 8.5.2000 – II ZR 308/98, NJW 2000, 2584; v. 28.1.2003 – X ZR 199/99, ZEV 2003, 375; OLG Hamburg v. 10.1.2001 – 13 U 41/97, n.v.
5 *Bohle*, MDR 2003, 140 (141).
6 Zu Vorstehendem BAG v. 7.8.2002 – 10 AZR 586/01, NZA 2002, 1282; zust. *Diller*, EWiR § 74 HGB 2/02.

Bei einer geschätzten Kostenquote von 60 % und einem angenommenen Minimaleinkommen von 20 % wird man eine Abführungsquote in Höhe von 20 % des Honorars für zulässig halten können.[1] Die hergebrachten Mandantenübernahmeklauseln sind primär auf eine nachfolgende selbständige Tätigkeit zugeschnitten und können vielfach auch in diesem eingeschränkten Sinn ausgelegt werden. Gelingt das nicht, droht die Unwirksamkeit der Klausel. Denn das BAG hat in einer neueren Entscheidung[2] deutlich gemacht, dass eine Mandantenübernahmeklausel von vornherein nicht wirksam für den Fall vereinbart werden kann, dass der ausgeschiedene Arbeitnehmer sich nicht selbständig macht, sondern ein neues Arbeitsverhältnis eingeht. Dies folgte im entschiedenen Fall schon daraus, dass die betreffende Klausel keine Verbindung zur Höhe der vom Arbeitnehmer erzielten Arbeitsvergütung herstellte und ohne Weiteres denkbar war, dass bei niedrigem Gehalt und hohem Honoraraufkommen die Klausel de facto zu einer sehr hohen Abführungspflicht führte, was die Tätigkeit für die mitgenommenen Mandanten wirtschaftlich uninteressant gemacht hätte. Ferner hat das BAG in derselben Entscheidung ausdrücklich offen gelassen, ob sich darüber hinaus aus dem AGB-Recht in Gestalt von § 307 Abs. 1 Satz 1 BGB strengere Anforderungen im Hinblick auf entschädigungslose Mandantenübernahmeklauseln ergeben.[3]

Niederlassungsklauseln, durch welche die Niederlassung des ausgeschiedenen Arbeitnehmers in seinem bisher ausgeübten Beruf eingeschränkt wird (**Klauseltyp 17d**), sind nur zulässig, wenn sie **räumlich, zeitlich** und **gegenständlich** beschränkt sind.[4] Problematisch ist vor allem die Bestimmung des noch zulässigen räumlichen Geltungsbereichs: So hat der BGH einen Radius von 30 km um eine ländliche Tierarztpraxis für zu weit gehend erachtet,[5] während nach Auffassung des LG Hannover bei Ärzten ein Radius von 5 km um den Innenstadt-Praxissitz in einer Großstadt noch zulässig sein soll.[6] Zeitlich soll sich das Niederlassungsverbot auf maximal zwei Jahre nach Ausscheiden des Arbeitnehmers erstrecken dürfen.[7] Soweit eine Niederlassungsklausel in räumlicher oder zeitlicher Hinsicht das zulässige Maß überschreitet, nimmt die Rechtsprechung eine **geltungserhaltende Reduktion** vor.[8] Gegenständlich geht es um die Frage, ob das Verbot nur einzelne Aktivitäten oder die gesamte Palette der Ausübung des fraglichen Berufs erfasst. Bei einem gegenständlichen Übermaß lehnt die Rechtsprechung eine geltungserhaltende Reduktion ab.[9]

75

---

1 *Henssler/Holthausen*, BRAK-Mitt. 2001, 132 (134). Andere halten eine Quote von 25 bzw. von 25–30 bzw. von 30 % für zulässig, s. die Nachweise bei *Bohle*, MDR 2003, 140 (141, Fn. 13).
2 BAG v. 11.12.2013 – 10 AZR 286/13, NZA 2014, 433 (436).
3 BAG v. 11.12.2013 – 10 AZR 286/13, NZA 2014, 433 (436).
4 *Römermann*, NJW 2002, 1399; HR/*Borgmann*, 1 Rz. 2628.
5 BGH v. 14.7.1997 – II ZR 238/96, NJW 1997, 3089.
6 LG Hannover v. 22.4.1998 – 12 O 165/97, BB 1998, 1501. Dagegen von der generellen Unzulässigkeit von Niederlassungsverboten ausgehend *Henssler/Holthausen*, BRAK-Mitt. 2001, 132 (134).
7 BGH v. 29.1.1996 – II ZR 286/94, NJW-RR 1996, 741; unwirksam ist nach OLG Düsseldorf v. 19.3.2007 – I-9 U 46/07, 9 U 46/07, MedR 2007, 478 (479) auch ein zeitlich unbefristetes Rückkehrverbot.
8 BGH v. 14.7.1997 – II ZR 238/96, NJW 1997, 3089.
9 BGH v. 14.7.1997 – II ZR 238/96, NJW 1997, 3089; OLG Stuttgart v. 1.8.2001 – 20 U 55/01, NJW 2002, 1431. Kritisch (eine einheitliche Heranziehung von § 138 BGB fordernd) *Römermann*, NJW 2002, 1399 (1400).

(3) Alternativen zur Wettbewerbsklausel

76 Eine weitere Möglichkeit, ausscheidende Arbeitnehmer in ihrer gewerblichen Tätigkeit zu beschränken, bietet die **Sperrabrede**. Hierunter versteht man die gegenseitige Verpflichtung zweier (oder mehrerer) Arbeitgeber, Arbeitnehmer, die bei einem von ihnen angestellt waren, nicht oder nur unter gewissen Voraussetzungen einzustellen.[1] Solche „**geheimen**" Wettbewerbsverbote[2] – der Arbeitnehmer ist an ihnen nicht beteiligt – sind in der Praxis weit verbreitet. **§ 75f HGB** versagt derartigen Abmachungen unabhängig von ihrer Laufzeit den Rechtsschutz.[3] Damit soll verhindert werden, dass die §§ 74ff. HGB durch Absprachen des Arbeitgebers mit anderen Unternehmern umgangen werden. § 75f HGB ist auf Sperrabreden zulasten nicht-kaufmännischer Arbeitnehmer entsprechend anzuwenden und greift über seinen Wortlaut hinaus ebenso bei Verpflichtungen, Angestellte nach ihrem Ausscheiden (auch) nicht als selbständige Unternehmer – etwa als Handelsvertreter – zu beschäftigen.[4] Der Arbeitnehmer, dessen Fortkommen durch eine solche Abrede wesentlich erschwert oder gar unmöglich gemacht wird, kann von seinem ehemaligen Arbeitgeber aus Verletzung der nachwirkenden Fürsorgepflicht oder wegen Verstoßes gegen die guten Sitten (§ 826 BGB) Schadensersatz verlangen.[5]

77 Verpflichtet sich der Arbeitnehmer, nach seinem Ausscheiden über einen bestimmten Zeitraum keine anderen Arbeitnehmer seines Unternehmens zu beschäftigen, spricht einiges für eine entsprechende Anwendung des § 75f HGB, da es für die anderen Mitarbeiter keinen Unterschied macht, ob es sich von vornherein um eine Vereinbarung zwischen Arbeitgebern handelt oder ob an dieser zunächst ein Arbeitnehmer beteiligt ist, der erst mit seinem Ausscheiden zum (potenziellen) Arbeitgeber wird. Dennoch verbleiben Zweifel, ob Vereinbarungen zwischen Arbeitgeber und Arbeitnehmer § 75f HGB unterfallen. Denn für Absprachen zwischen den Arbeitsvertragsparteien enthalten §§ 74–75d HGB besondere Regelungen.[6]

78 Der Arbeitgeber kann versuchen, durch die Aufnahme **besonders langer Kündigungsfristen** (→ *Kündigungsvereinbarungen*, II K 10) den Anforderungen der §§ 74ff. HGB zu entgehen. Bereits die zulässige[7] Vereinbarung einer einjährigen Kündigungsfrist kann die Mobilität desjenigen Arbeitnehmers, der keine außerordentliche Kündigung provozieren will, erheblich behindern.[8] Etwaigen Auswüchsen kann durch richterliche Inhaltskontrolle begegnet werden.[9] Eine einseitige Verlängerung der Kündigungsfrist durch den Arbeitgeber ist unzulässig.[10]

---

1 Zur Definition BGH v. 13.10.1972 – I ZR 88/71, AP Nr. 1 zu § 75f HGB.
2 Den Begriff verwenden u.a. *Grüll/Janert*, S. 15; vgl. auch *Salje*, ZfA 1991, 653 (659ff.).
3 Dies gilt auch für evtl. vereinbarte Vertragsstrafen: BGH v. 13.10.1972 – I ZR 88/71, AP Nr. 1 zu § 75f HGB.
4 BGH v. 27.9.1983 – VI ZR 294/81, BGHZ 88, 260 (267f.).
5 Schaub/*Vogelsang*, § 55 Rz. 117; vgl. auch Baumbach/Hopt/*Roth*, § 75f HGB Rz. 2.
6 Dementsprechend hatte auch der OGH v. 17.6.1987 – 14 ObA 82/87, DRdA 1990, 49 zu entscheiden, ob die übernommene Verpflichtung als nachvertragliches Konkurrenzverbot (i.S. der §§ 36ff. AngG) zu behandeln war.
7 BAG v. 17.10.1969 – 3 AZR 442/68, DB 1970, 497; *Preis/Kramer*, DB 1993, 2125; für kürzere Fristen bei AT-Angestellten *Franke*, Der außertarifliche Angestellte, 1991, S. 108f.; vgl. auch SPV/*Preis*, Rz. 456 und 458.
8 Überzeugend *Dorndorf*, S. 155ff.; auch *Franke*, Der außertarifliche Angestellte, 1991, S. 108.
9 Vgl. SPV/*Preis*, Rz. 456.
10 BAG v. 18.4.1985 – 2 AZR 197/84, NZA 1986, 229.

(4) Ruhestandsverhältnis und Konkurrenz

Typ 18: Ruhestandsverhältnis und Konkurrenz

a) Die Gültigkeit dieses (Wettbewerbs-)Verbots wird vom Eintritt des Mitarbeiters in den Ruhestand nicht berührt.
b) Bei Beendigung des Arbeitsverhältnisses durch Eintritt in den Ruhestand gilt das Wettbewerbsverbot nicht.
c) Die Karenzentschädigung wird auf eine etwa gewährte Betriebsrente unbeschränkt angerechnet.
d) Die Zahlung des Ruhegeldes erfolgt mit der Maßgabe, dass alle Ihnen nach Ihrem Ausscheiden zufließenden Einkünfte aus selbständiger oder unselbständiger Tätigkeit auf das Ruhegeld angerechnet werden.

Nach der Rechtsprechung tritt eine **Konkurrenzklausel mit dem Ruhestand des Arbeitnehmers im Zweifel nicht außer Kraft**. Allein aus dem Bestehen einer Versorgungszusage bzw. dem Bezug eines betrieblichen Ruhegeldes ergebe sich noch kein hiervon abweichender Vertragswille.[1] **Typ 18a** dient daher allein der Klarstellung. Der Ruheständler behält seinen Anspruch auf Karenzentschädigung. Die Arbeitsvertragsparteien können auch vereinbaren, dass das Konkurrenzverbot bei Eintritt des Mitarbeiters in den (vorgezogenen oder endgültigen) Ruhestand nicht gelten soll (**Klauseltyp 18b**).[2] Diese oder ähnliche auflösende Bedingungen (z.B. Rentenbezug, Erreichen des 65. Lebensjahres; allgemein hierzu auch → *Altersgrenze*, II A 20) müssen aber in der Abrede ausdrücklich und eindeutig zum Ausdruck kommen. Anderenfalls besteht eine Entschädigungspflicht.

Da es kein Wettbewerbsverbot kraft Ruhegeld- oder Pensionsbezug gibt, setzt der Schutz des Unternehmens vor Konkurrenz des Ruheständlers grundsätzlich die ausdrückliche Vereinbarung eines Wettbewerbsverbots nach §§ 74 ff. HGB voraus.[3] Kommt der Ruheständler einer solchen Wettbewerbsenthaltungspflicht nach, steht ihm die volle Entschädigung zu.[4]

Möglich ist die Vereinbarung, die **Karenzentschädigung auf eine Betriebsrente anzurechnen**, sofern dies klar zum Ausdruck gebracht wird (**Klausel 18c**).[5]

Unabhängig vom Bestehen einer Wettbewerbsklausel kann eine Versorgungszusage vorsehen, dass **Einkünfte** aus selbständiger und/oder unselbständiger Arbeit **auf die Versorgungsleistungen anzurechnen** sind (**Klauseltyp 18d**).[6] Eine solche Vereinbarung verstößt dann auch nicht gegen § 5 Abs. 2 BetrAVG.

---

1 Vgl. BAG v. 30.10.1984 – 3 AZR 213/82, NZA 1985, 429; v. 26.2.1985 – 3 AZR 162, 84, NZA 1985, 809; v. 15.6.1993 – 9 AZR 558/91, NZA 1994, 502.
2 Vgl. *Grunsky*, S. 148 m.N.
3 Vgl. noch BGH v. 26.2.1976 – 3 AZR 166/75, AP Nr. 172 zu § 242 BGB Ruhegehalt: Die Pflicht des Arbeitgebers zur Aufrechterhaltung einer Versorgungsanwartschaft begründet kein Wettbewerbsverbot.
4 Klarstellend BAG v. 26.2.1985 – 3 AZR 162, 84, NZA 1985, 809; v. 3.7.1990 – 3 AZR 96/89, NZA 1991, 308; a.A. noch OLG Stuttgart v. 18.5.1979 – 6 U 158/78, BB 1980, 527; hierzu *Stefan*, BB 1980, 685.
5 BAG v. 26.2.1985 – 3 AZR 162, 84, NZA 1985, 809.
6 BAG v. 9.7.1991 – 3 AZR 337/90, NZA 1992, 65.

83 Dagegen dürfen §§ 74 ff. HGB nicht mittelbar durch eine **Treupflichtklausel** ausgehöhlt werden, die das Erlöschen oder die Kürzung des Ruhegeldanspruchs für den Fall einer treuwidrigen bzw. Konkurrenztätigkeit bestimmt.[1] Der angedrohte Ruhegeldverlust kann nämlich faktisch eine (an sich nicht geschuldete) Wettbewerbsenthaltung des Ruheständlers bewirken.[2] Eine Treupflichtklausel zur Begründung einer nachträglichen Wettbewerbsenthaltungspflicht heranzuziehen, würde bedeuten, die Auszahlung von bereits **während** der Vertragszeit Verdientem in systemwidriger Weise an eine zusätzliche, **nach** Vertragsende zu erfüllende Bedingung zu knüpfen. Dagegen ist es zulässig, ein **Übergangsgeld**, das für die Zeit bis zum Eintritt des Versorgungsfalles versprochen worden ist und nicht dem Schutz des BetrAVG unterfällt, von der Bedingung abhängig zu machen, dass der Begünstigte jede Tätigkeit unterlässt, die geeignet ist, dem Arbeitgeber Konkurrenz zu machen.[3]

84 Unabhängig vom Bestehen einer Treupflichtklausel ist zu beurteilen, ob bzw. unter welchen Voraussetzungen die Konkurrenztätigkeit eines ausgeschiedenen Arbeitnehmers den Arbeitgeber zum **Widerruf der Versorgungszusage** berechtigt oder ob dieser die Leistung zumindest zeitweise verweigern darf.[4] Die **grundsätzliche Wettbewerbsfreiheit des Ruheständlers** rechtfertigt sich daraus, dass der Arbeitnehmer seinen Ruhegeldanspruch bereits in der Vergangenheit, d.h. während der Dauer des Arbeitsverhältnisses verdient hat[5] und es ihm daher nicht verwehrt sein kann, sich diesen Verdienst nach Ablauf des Arbeitsvertrages auszahlen zu lassen. Jedoch kann dem Arbeitgeber in besonders gelagerten Einzelfällen der **Arglisteinwand** (§ 242 BGB) zur Seite stehen.[6]

85 Für **Organmitglieder juristischer Personen** gilt Entsprechendes. Ein Ruhegehaltsanspruch vermag für den ausscheidenden GmbH-Geschäftsführer ebenso wenig ein Konkurrenzverbot zu begründen wie für den persönlich haftenden Gesellschafter einer KGaA.[7] Auch für Vorstandsmitglieder einer Aktiengesellschaft stellt das Ruhegehalt in aller Regel eine bereits während der Amtszeit verdiente Leistung dar.[8]

86 Umstritten ist, ob das Unternehmen Wettbewerbsverstöße des Ausgeschiedenen mit dem **Widerruf der Ruhegeldzusage** beantworten darf.[9] Denn auch bei bestehender Wettbewerbsklausel spricht wenig für eine Ausweitung der normalerweise an einen Verstoß gegen ein vertragliches Konkurrenzverbot anknüpfenden (hierzu

---

1 Zur früheren Bewertung der Zulässigkeit solcher Klauseln BAG v. 7.5.1966 – 3 AZR 529/65, NJW 1966, 1985; ausf. *Bohn*, DB 1967, 641.
2 Richtig auch *Fischer*, DB 1971, 1255 (1258).
3 BGH v. 3.7.2000 – II ZR 381/98, NJW-RR 2000, 1277.
4 Hierzu BAG v. 3.4.1990 – 3 AZR 211/89, NZA 1990, 808 mit Darstellung des Streitstandes. Vgl. ferner BAG v. 15.6.1993 – 9 AZR 558/91, NZA 1994, 502 (506 f.).
5 BAG v. 12.6.1975 – 3 ABR 13/74, AP Nr. 1 zu § 87 BetrVG Altersversorgung; v. 26.2.1985 – 3 AZR 162, 84, AP Nr. 30 zu § 611 BGB Konkurrenzklausel m. insoweit zust. Anm. *Beitzke*; st. Rspr.; ausf. *Steinmeyer*, passim und zusf. auf S. 87.
6 Vgl. *Grunsky*, S. 152 f.; auch schon BGH v. 7.1.1971 – II ZR 23/70, NJW 1971, 1127 (*Beuthien*); *Schaub*, BB 1972, 223 (227 f.).
7 Vgl. nur *Salfeld*, Wettbewerbsverbote im Gesellschaftsrecht, 1987, S. 198 (224).
8 Richtig *Hoffmann-Becking*, FS Quack, S. 273 (282 f.); MünchKommAktG/*Spindler*, § 88 Rz. 50; vgl. auch Großkomm-AktG/*Kort*, § 88 Rz. 164.
9 Vgl. etwa *Grunsky*, S. 151 ff.; zum Widerruf der Ruhegeldbezüge von Gesellschaftsorganen *Sina*, DB 1985, 902 (904 f.); *Hoffmann-Becking*, FS Quack, S. 273 (284 f.).

noch unter Rz. 95 ff.) Sanktionen um den Ruhegeldentzug.[1] Ähnlich wie im Kündigungsrecht keine absoluten Kündigungsgründe akzeptiert werden, sollten die Parteien keine verbindliche Festlegung darüber treffen können, unter welchen Voraussetzungen der Ruhegeldanspruch wegfällt.

Anders als die Anrechnung der Karenzentschädigung auf das betriebliche Ruhegeld (**Klauseltyp 18c**) scheidet der umgekehrte Fall der Anrechnung des betrieblichen Ruhegelds auf die Karenzentschädigung aus. Eine entsprechende Klausel ist unwirksam, weil das Ruhegeld nicht i.S.v. § 74c HGB durch anderweitige Verwertung der Arbeitskraft während der Karenzzeit erzielt wird[2] und das betriebliche Ruhegeld und die Karenzentschädigung unterschiedlichen Zwecken (Belohnung der Betriebstreue und Versorgungsfunktion einerseits, Ausgleich des Dispositionsverlustes des Arbeitnehmers andererseits) dienen.[3]

87

(5) Inkrafttreten des Wettbewerbsverbots

Typ 19: Inkrafttreten des Wettbewerbsverbots

a) Das Konkurrenzverbot greift erst mit dem Zeitpunkt ein, in dem Herr ... die Leitung der Abteilung Export Europa übertragen bekommt.

b) Wird das Arbeitsverhältnis vor Ablauf der Probezeit (§ X dieses Vertrages) gekündigt, tritt das Wettbewerbsverbot nicht in Kraft.

c) Herr ... erklärt sich bereit, zu gegebener Zeit auf Wunsch der Firma das Konkurrenzverbot abzuschließen, das im Entwurf als Anlage zu diesem Arbeitsvertrag beigefügt ist. Das Recht der Firma, den Abschluss des Wettbewerbsverbots zu verlangen, ist ausgeschlossen, sobald der Arbeitsvertrag von einer der Parteien gekündigt wird oder ein Aufhebungsvertrag geschlossen wird.[4]

d) Herr ... erklärt sich bereit, auf Wunsch der Firma und solange der Anstellungsvertrag nicht von einer Seite gekündigt worden ist, ein Wettbewerbsverbot für die Zeit nach Beendigung des Arbeitsverhältnisses zu vereinbaren, das den gesetzlichen Vorschriften entspricht.

Das Eingreifen des Wettbewerbsverbots kann von der **aufschiebenden Bedingung** abhängig gemacht werden, dass der Arbeitnehmer später bestimmte, mit näherem Einblick in wichtige Unternehmensgeheimnisse (→ *Verschwiegenheitspflicht*, II V 20) verbundene Aufgaben übertragen bekommt (**Klauseltyp 19a**). Ebenso kommt der Entzug eines bestimmten Aufgabenbereichs als auflösende Bedingung in Frage.[5] Keine

88

---

1 In diese Richtung auch *Grunsky*, S. 152f.; *Steinmeyer*, S. 125 m. N.; vgl. noch BAG v. 26.2. 1985 – 3 AZR 162, 84, NZA 1985, 809.
2 Richtig *Buchner*, Wettbewerbsverbot, S. 124 m. N.; hiermit sympathisierend, aber unentschieden BAG v. 26.2.1985 – 3 AZR 162, 84, NZA 1985, 809; wie hier jetzt auch LAG München v. 19.4.2007 – 2 Sa 1341/06, n.v.; LAG Nds. v. 26.1.2005 – 6 Sa 1306/04, n.v.
3 ArbG Frankfurt v. 29.1.2003 – 9 Ca 5824/02, n.v.; im Erg. ebenso *Laber/Legerlotz*, DStR 2000, 1605 (1614).
4 Satz 2 in Anlehnung an MSG/*Fritz*, 590 Rz. 139.
5 Vgl. *Buchner*, Wettbewerbsverbot, S. 57 ff.

Bedenken bestehen gegen eine Vereinbarung, wonach das Verbot im Fall der Kündigung des Arbeitsverhältnisses noch während der **Probezeit** nicht eingreifen soll (**Klauseltyp 19b**).[1]

89 Ein **Vorvertrag**, in dem sich der Arbeitnehmer in der Form des § 74 Abs. 1 HGB[2] verpflichtet, zu einem späteren Zeitpunkt eine bereits jetzt inhaltlich bestimmte Verbotsvereinbarung abzuschließen (**Klauseltyp 19c**), ist aufgrund der Vertragsfreiheit im Grundsatz zulässig.[3] Es kann dafür ein berechtigtes Interesse bestehen, wenn bei Abschluss des Arbeitsvertrags die künftige Entwicklung des Mitarbeiters, die Weiterentwicklung der schutzwerten wettbewerblichen Interessen des Arbeitgebers oder dessen finanzielle Belastbarkeit nicht hinreichend absehbar sind.[4] Deshalb wird auch die einseitige Verpflichtung des Arbeitnehmers, auf Verlangen des Arbeitgebers zu einem späteren Zeitpunkt ein Wettbewerbsverbot zu vereinbaren, nicht von vornherein als unzulässig angesehen. Andererseits ist der Arbeitnehmer einer erheblichen Unsicherheit ausgesetzt, wenn er nicht weiß, ob er im Anschluss an das Arbeitsverhältnis eine Konkurrenztätigkeit aufnehmen darf. Das BAG[5] hat daher eine unbillige Erschwerung des Fortkommens des Arbeitnehmers in einem Vorvertrag gesehen, der den Arbeitnehmer ohne zeitliche Begrenzung zum Abschluss eines nachvertraglichen Wettbewerbsverbots verpflichtet. Dieses sei für den Arbeitnehmer unverbindlich. Aufgrund des unverbindlichen Vorvertrags könne der Arbeitnehmer wie bei einem bedingten Wettbewerbsverbot entweder Wettbewerbsfreiheit ohne Karenzentschädigung oder Wettbewerbsenthaltung zu den Bedingungen des Vorvertrags wählen. Verbindlich kann nach dieser Rechtsprechung ein Vorvertrag nur sein, wenn die darin dem Arbeitgeber eingeräumte Option auf den Zeitpunkt bis zum Ausspruch einer Kündigung oder bis zum Abschluss eines Aufhebungsvertrags beschränkt ist (vgl. insoweit Satz 2 von **Klauseltyp 19c**).

90 Zulässig ist schließlich auch eine **Öffnungsklausel** (**Klauseltyp 19d**). Im Kern ist es nämlich Sache des Arbeitgebers, die bei einem eventuellen Ausscheiden vom Arbeitnehmer drohenden, von der dem Arbeitnehmer zugewiesenen Tätigkeit abhängenden Gefahren einzuschätzen. Kann der Mitarbeiter sein spezifisches Arbeitsgebiet in besonderer Weise für eine Konkurrenztätigkeit nutzbar machen, wird der vorausschauende Arbeitgeber regelmäßig schon im Zuge der Einstellung den Abschluss eines nachvertraglichen Wettbewerbsverbots verlangen.

91 Nicht erforderlich ist, dass die Vertragsparteien mit der tatsächlichen Durchführung des Vertrages begonnen haben. Die §§ 74 ff. HGB greifen bereits dann, wenn der Arbeitnehmer noch vor dem vereinbarten Arbeitsbeginn **intensiv in seinen Aufgabenbereich eingewiesen wurde** und dabei Informationen erhalten hat, die durch das Wettbewerbsverbot geschützt werden sollen.[6] Im Zweifel ist aber – jedenfalls bei Vereinbarung eines tätigkeitsbezogenen Wettbewerbsverbots (s. Rz. 35) – davon

---

1 BAG v. 27.4.1982 – 3 AZR 814/79, NJW 1983, 135; krit. aber *Grüll/Janert*, S. 32.
2 Vgl. auch *Röhsler/Borrmann*, S. 109 f.
3 *Bauer/Diller*, Wettbewerbsverbote, Rz. 488 ff.; Schaub/*Vogelsang*, § 55 Rz. 29.
4 *Buchner*, Wettbewerbsverbote während und nach Beendigung des Arbeitsverhältnisses, C 215; *Bauer/Diller*, Wettbewerbsverbote, Rz. 488.
5 BAG v. 14.7.2010 – 10 AZR 291/09, NZA 2011, 413 (415).
6 BAG v. 3.2.1987 – 3 AZR 523/85, NZA 1987, 813.

auszugehen, dass das Verbot nur dann eingreifen soll, wenn der Arbeitnehmer seine Tätigkeit aufgenommen hat.[1]

Unzulässig ist es, das Wettbewerbsverbot auf die **Eigenkündigung des Arbeitnehmers** zu beschränken, soweit ein Konflikt zum Wahlrecht aus § 75 Abs. 2 HGB entsteht. Kündigt der Arbeitgeber und erklärt der Arbeitnehmer, er werde das Verbot befolgen, kann er eine Karenzentschädigung verlangen.[2] 92

Vom Inkrafttreten der Verbotsvereinbarung ist deren **Abschlusszeitpunkt** zu unterscheiden. Regelmäßig wird das Wettbewerbsverbot bereits bei **Abschluss des Arbeitsvertrages** vereinbart.[3] Unstreitig müssen Wettbewerbsverbote, die zeitlich mit dem Vertragsschluss einhergehen, den Anforderungen der §§ 74 ff. HGB genügen. Während der **rechtlichen Laufzeit des Vertragsverhältnisses** greifen die §§ 74 ff. HGB schon ihrem Wortlaut nach ein.[4] Sobald das **Ende des Vertragsverhältnisses terminlich feststeht**, verlagern sich die Machtpositionen der Vertragspartner. Der Wortlaut des § 74 Abs. 1 HGB spricht für eine uneingeschränkte Anwendbarkeit der §§ 74 ff. HGB auch in diesem Fall.[5] Überzeugender erscheint es indes, auf das reduzierte Schutzbedürfnis abzustellen, mit der Folge, dass die §§ 74 ff. HGB nicht mehr greifen.[6] Solange das Wettbewerbsverbot noch im Zusammenhang mit dem Arbeitsverhältnis und dessen Abwicklung vereinbart wird, ist grundsätzlich auch die Vereinbarung einer § 74 Abs. 2 HGB entsprechenden Karenzentschädigung anzuraten.[7] Dementsprechend ist auch dem bereits ordentlich gekündigten bzw. kündigenden Arbeitnehmer eine Entschädigung nach § 74 Abs. 2 HGB zuzusagen, solange die Kündigungsfrist noch nicht abgelaufen ist. Gleiches muss gelten, wenn das Verbot Bestandteil eines Prozessvergleichs ist, zu dessen Inhalt auch die Beendigung des Arbeitsverhältnisses gehört.[8] **Nach Beendigung des Arbeitsverhältnisses** sind die §§ 74 ff. HGB dagegen nicht mehr zu beachten.[9] Insbesondere kann der Arbeitnehmer nach Ablauf des Arbeitsverhältnisses auch ohne Karenzentschädigung 93

---

1 BAG v. 26.5.1992 – 9 AZR 27/91, NZA 1992, 976. Im Ergebnis ebenso die Vorinstanz: LAG Köln v. 31.10.1990 – 5 Sa 715/90, LAGE § 74 HGB Nr. 4; vgl. auch LAG München v. 19.12.2007 – 11 Sa 294/07, LAGE § 74 HGB Nr. 22, wonach die Nichtigkeit oder Anfechtung des bereits in Vollzug gesetzten Arbeitsverhältnisses nicht schlechthin zur Unwirksamkeit auch des Wettbewerbsverbots führt.
2 Vgl. BAG v. 14.7.1981 – 3 AZR 515/78, AP Nr. 8 zu § 75 HGB m. Anm. *Stumpf*; zust. etwa *Grunsky*, S. 112. Ausf. zum Schicksal des Wettbewerbsverbots bei Kündigung des Arbeitsverhältnisses *Bauer*, BB 1979, 500.
3 Vgl. auch *Buchner*, Rz. C. 17.
4 Ausf. hierzu *Reinfeld*, Wettbewerbsverbot, S. 92 ff.
5 Ebenso Schlegelberger/*Schröder*, § 74 HGB Rz. 3; auch Schaub/*Schaub*, § 58 Rz. 44; vgl. bereits RG v. 15.1.1908 – I 131/07, RGZ 67, 333, welches §§ 74 ff. HGB für unanwendbar hielt, wenn sich der Arbeitnehmer nach Vertragsende selbständig machen wollte.
6 *Bauer/Krieger/Arnold*, Arbeitsrechtliche Aufhebungsverträge, 9. Aufl. 2014, C Rz. 334 ff. m.w.N. zum Streitstand; *M. Wolf*, Rechtsgeschäftliche Entscheidungsfreiheit und vertraglicher Interessenausgleich, 1970, S. 216 f.; ausf. *Reinfeld*, Anm. zu BAG v. 15.6.1993 – 9 AZR 558/91, AP Nr. 40 zu § 611 BGB Konkurrenzklausel.
7 Vgl. auch GK-HGB/*Etzel*, §§ 74–75d, Rz. 6 unter Hinweis auf das unveröffentlichte Urt. des BAG v. 25.9.1980 – 3 AZR 638/78.
8 Richtig *Grunsky*, S. 58 f.; diff. *Röhsler/Borrmann*, S. 76 f.
9 Allg. Meinung, vgl. nur *M. Wolf*, Rechtsgeschäftliche Entscheidungsfreiheit und vertraglicher Interessenausgleich, 1970, S. 211; Schaub/*Vogelsang*, § 55 Rz. 24; beide m.w.N.

wirksam zur Wettbewerbsenthaltung verpflichtet werden.[1] Erst recht ist eine einmalige, unter der Mindesthöhe des § 74 Abs. 2 HGB liegende Ablösung für den Arbeitnehmer denkbar.[2] Die Bindung an die Zweijahres-Obergrenze des § 74a Abs. 1 Satz 3 HGB ist nach Vertragsbeendigung grundsätzlich aufgehoben.[3] Einziger **Prüfungsmaßstab** bleibt **§ 138 BGB**.[4] Danach haben lebenslange und sonstige die Berufschancen extrem mindernde Konkurrenzverbote keinen Bestand.[5]

94 Einstweilen frei.

(6) Rechtsfolgenregelung

Typ 20: Rechtsfolgenregelung

Der Arbeitnehmer hat eine Vertragsstrafe von (z.B.: einem Bruttomonatsgehalt) für jeden Fall der Zuwiderhandlung gegen das Wettbewerbsverbot zu zahlen. Besteht die Zuwiderhandlung in einer Dauerverletzung (z.B. kapitalmäßige Beteiligung an einem Wettbewerbsunternehmen oder Eingehung eines Dauerschuldverhältnisses wie eines Arbeits-, Dienst-, Handelsvertreter- oder Beraterverhältnisses), wird die Vertragsstrafe für jeden angefangenen Monat, in dem die Dauerverletzung anhält, neu verwirkt. Mehrere Zuwiderhandlungen führen unabhängig voneinander zur Verwirkung von jeweils einer Vertragsstrafe, ggf. auch mehrfach innerhalb eines Monats. Erfolgen hingegen einzelne Zuwiderhandlungen im Rahmen einer Dauerverletzung, sind sie von der für diese Dauerverletzung verwirkten Vertragsstrafe mit umfasst. Mehrere im Zusammenhang stehende Zuwiderhandlungen stehen einer Dauerverletzung gleich. Bei Verwirkung mehrerer Vertragsstrafen innerhalb eines Jahres ist der Gesamtbetrag der in diesem Jahr zu zahlenden Vertragsstrafe auf das [Sechsfache des Bruttomonatsgehalts] beschränkt.

95 Besteht kein den §§ 74 ff. HGB genügendes Konkurrenzverbot, findet sich in den Arbeitsverträgen naturgemäß auch keine Sanktionsregelung für den Fall der Konkurrenz. Der ehemalige Mitarbeiter kann daher grundsätzlich unbegrenzt Konkurrenz machen. Etwas anderes kann sich aus einer **nachwirkenden Loyalitätspflicht** (s. Rz. 28) ergeben: „Dass krass unanständiges Verhalten auch ohne ausdrückliche Vereinbarung unterlassen werden muss, versteht sich von selbst."[6] So soll unter besonderen Umständen einem früheren Angestellten das Eindringen in den Kunden-

---

1 BAG v. 8.3.1968 – 3 AZR 37/67, AP Nr. 23 zu § 74 HGB; v. 2.8.1968 – 3 AZR 128/67, AP Nr. 24 zu § 74 HGB; LAG München v. 12.2.1986 – 5 Sa 539/85, DB 1986, 2191 (Prozessvergleich betr. die Beendigung des Arbeitsverhältnisses zu einem früheren Termin); Baumbach/Hopt/*Roth*, § 74 HGB Rz. 5.
2 BAG v. 2.8.1968 – 3 AZR 128/67, AP Nr. 24 zu § 74 HGB; die Möglichkeit der Vereinbarung einer pauschalen Entschädigungssumme nach dem Ausscheiden bejaht auch *Grunsky*, S. 89.
3 Richtiger Hinweis von *Grüll/Janert*, S. 20.
4 Ausf. zur Reichweite des § 138 BGB bei Geltung der §§ 74 ff. HGB *Reinfeld*, Wettbewerbsverbot, S. 61 ff.
5 Ebenso *Köhler*, FS Rittner, S. 265 (271) (für Handelsvertreter); vgl. auch LAG München v. 12.2.1986 – 5 Sa 539/85, DB 1986, 2191.
6 *Zöllner* in Tomandl (Hrsg.), Treue- und Fürsorgepflichten im Arbeitsrecht, 1975, S. 91 (103).

stamm seines ehemaligen Arbeitgebers verboten sein.[1] Folge sind Unterlassungs- und Schadensersatzansprüche, ggf. auch die Möglichkeit des Widerrufs einer Versorgungszusage.

Die Wettbewerbsabrede begründet eine klag- und vollstreckbare (§ 890 ZPO), selbständige **Unterlassungspflicht** des ehemaligen Mitarbeiters für die Zeit nach seinem Ausscheiden. Auch eine vorbeugende Unterlassungsklage ist möglich.[2] Der Erfüllungsanspruch aus dem Konkurrenzverbot kann auch im Wege einstweiliger Verfügung durchgesetzt werden.[3] Erforderlich ist eine möglichst konkrete **Antragsfassung**, die insbesondere das konkurrierende Unternehmen, für das der Arbeitnehmer tätig werden soll, benennen und im Rahmen der Darlegung des Verfügungsgrundes aufzeigen muss, dass der Wettbewerbsverstoß spürbare Folgen für den Verfügungskläger hat.[4] Verlangt werden kann nicht etwa jedwede Unterlassung anderweitiger Arbeitsleistung, sondern allein die Unterlassung der Arbeit beim konkreten Konkurrenten, soweit durch sie gegen das Wettbewerbsverbot verstoßen würde.

96

Für den Zeitraum der verbotenen Konkurrenztätigkeit wird dem Arbeitnehmer die Wettbewerbsunterlassung **unmöglich**, so dass der Arbeitgeber insoweit von der Karenzzahlungspflicht befreit wird (§ 275 Abs. 1 i.V.m. § 326 Abs. 1 Satz 1 BGB). Der **Entschädigungsanspruch lebt wieder auf**, wenn der Arbeitnehmer das nachvertragliche Wettbewerbsverbot wieder einhält.[5] Der Arbeitgeber kann vom ganzen Vertrag **zurücktreten**, wenn er nach einem Wettbewerbsverstoß an der weiteren Einhaltung des Wettbewerbsverbots kein Interesse mehr hat (§ 323 Abs. 5 BGB).[6] Dies wird vor allem dann der Fall sein, wenn die verbotswidrige Tätigkeit mit einem Verstoß gegen nachvertragliche Geheimhaltungspflichten (→ *Verschwiegenheitspflicht*, II V 20) einherging. Denn die unbefugte Weitergabe von Geschäfts- oder Betriebsgeheimnissen führt häufig zu irreparablen Schäden, die auch durch zukünftige Geheimhaltung nicht mehr zu beheben sind.[7] Hat der Arbeitnehmer gegen das Wettbewerbsverbot verstoßen, ist aber das Interesse des Arbeitgebers an der weiteren Einhaltung nicht entfallen, kann sich der Arbeitgeber nur über § 323 Abs. 1, 2 BGB vom Wettbewerbsverbot lösen. Erklärt der Arbeitnehmer, dass er das Wettbewerbsverbot künftig ignorieren werde, oder bestehen Anhaltspunkte für die Gefahr einer ständigen Wiederholung von Wettbewerbsverstößen, kommt ein sofortiger Rücktritt (§ 323 Abs. 2 Nr. 3 BGB) und darüber hinaus nach erfolgloser Abmahnung eine außerordentliche Kündigung nach § 314 Abs. 1, 2 BGB in Betracht.[8]

97

---

1 BAG v. 15.12.1987 – 3 AZR 474/86, NZA 1988, 502.
2 LAG BW v. 28.2.1986 – 13 Sa 19/85, NZA 1986, 641 (LS).
3 Überwiegende M., vgl. LAG BW v. 7.9.1967 – 7 Ta 8/67, BB 1967, 1426; LAG Hamm v. 3.9.1980 – 15 Sa 912/80, DB 1980, 2295; *Weisemann/Schrader*, DB Beilage 4/1980, 15; *Heinze*, RdA 1986, 273 (280f.); *Bengelsdorf*, DB 1992, 1340 m.w.N. in Fn. 4.
4 LAG Hamm v. 12.9.2006 – 7 Sa 1356/06, AE 2007, 56.
5 BAG v. 10.9.1985 – 3 AZR 490/83, NZA 1986, 462 m. Nachw. zur Gegenansicht.
6 *Bauer/Diller*, NJW 2002, 1609 (1612).
7 Eingehend und anschaulich *Kragler* in Kragler/Otto, Schützen Sie Ihr Unternehmen, 1991, S. 11 (27ff.).
8 *Bauer/Diller*, NJW 2002, 1609 (1612).

98 Statt vom Konkurrenzverbot zurückzutreten, kann der Arbeitgeber auch **Schadensersatz statt der Leistung** verlangen (§§ 280 Abs. 1, 3, 283 BGB).[1] Ein Gewinnabschöpfungsrecht besteht im Gegensatz zum Wettbewerbsverbot während der rechtlichen Laufzeit des Arbeitsverhältnisses nicht.[2] Vielfach wird (deklaratorisch) die Geltendmachung eines weiter gehenden **Schadensersatzanspruches** vorbehalten (**Klauseltyp 20a**). Der Arbeitgeber kann vom Arbeitnehmer **Auskunft** über dessen Wettbewerbsverstöße, ggf. auch Nennung des neuen Arbeitgebers verlangen, wenn er dartun kann, dass der Arbeitnehmer ihm unerlaubte Konkurrenz gemacht hat.[3] Bei Freiberuflern stehen dem auch etwaige Standespflichten nicht entgegen.[4]

99 Wegen des im Einzelfall oftmals schwierigen Schadensnachweises und Problemen bei der Bezifferung des konkreten Schadens hat die Vereinbarung einer **Vertragsstrafe** große praktische Bedeutung (→ *Vertragsstrafen*, II V 30 Rz. 54 ff.).

100 Trotz Anwendbarkeit der §§ 320 ff. BGB[5] hat ein **Verzug des Arbeitgebers mit der Entschädigungszahlung** nicht zur Folge, dass der Verpflichtete nunmehr ohne Weiteres Konkurrenz betreiben kann.[6] Dafür spricht die unproblematische Nachzahlungsmöglichkeit, während eine einmal eingeleitete Konkurrenztätigkeit zu irreparablen Schäden führen kann.

101 Die **sachliche Zuständigkeit der Arbeitsgerichte** für Streitigkeiten aus einem nachvertraglichen Wettbewerbsverbot ergibt sich aus § 2 Abs. 1 Nr. 3c ArbGG[7] oder im Einzelfall, wenn das wettbewerbswidrige Verhalten zugleich einen Verstoß gegen das UWG darstellt, aus § 2 Abs. 1 Nr. 3d ArbGG.[8] Hinsichtlich der örtlichen Zuständigkeit hat der Arbeitgeber ein Wahlrecht (§ 35 ZPO) zwischen dem allgemeinen Gerichtsstand des ehemaligen Mitarbeiters (§§ 12, 13 ZPO) und dem Gerichtsstand des Erfüllungsortes (§ 29 Abs. 1 ZPO). Für dessen Bestimmung soll es darauf ankommen, wo der Verbotsverpflichtete seine Arbeitspflicht im früheren Arbeitsverhältnis zu erfüllen hatte.[9]

102 Eine Vereinbarung zwischen dem Verbotsverpflichteten und einem Dritten (z.B. dem neuen Arbeitgeber), wonach Letzterer den Arbeitnehmer bei Wettbewerbsverstößen **von etwaigen Sanktionen seines Alt-Arbeitgebers freistellt**, verleitet den Arbeitnehmer zum Vertragsbruch und verstößt deshalb gegen § 138 BGB.[10]

---

1 Zur abgestuften Darlegungs- und Beweislast *Bauer/Diller*, NJW 2002, 1609 (1611).
2 *Buchner*, Rz. C. 488 f.
3 BAG v. 21.10.1970 – 3 AZR 479/69, AP Nr. 13 zu § 242 BGB Auskunftspflicht; v. 27.9.1988 – 3 AZR 59/87, NZA 1989, 467.
4 BAG v. 27.9.1988 – 3 AZR 59/87, NZA 1989, 467 für Steuerberater.
5 Vgl. auch *Röhsler/Borrmann*, S. 72 f.; *Bruckner*, S. 10; *Becker*, S. 25; umfassend zur Konkurrenzabrede als gegenseitigem Vertrag *Moritz*, ArbuR 1975, 363; *Grunsky* in Freundesgabe Söllner, S. 41.
6 BAG v. 5.10.1982 – 3 AZR 451/80, NJW 1983, 2896; auch *Buchner*, Rz. C. 502.
7 Vgl. nur GMP/*Schlewing*, § 2a ArbGG Rz. 72 f.
8 LAG Hamm v. 4.12.2006 – 2 Ta 804/06, NZA-RR 2007, 151 (152).
9 Eingehend *Bengelsdorf*, DB 1992, 1340.
10 Vgl. GK-HGB/*Etzel*, § 75d Rz. 103 m. N.

4. Hinweise zur Vertragsgestaltung

Eine relativ umfassende Regelung könnte wie folgt lauten:

Typ 21: Wettbewerbsverbot im bestehenden Arbeitsverhältnis

§ ... Wettbewerb

Herrn/Frau ... ist es untersagt, während des Bestandes des Arbeitsverhältnisses ohne Einwilligung der Firma zu dieser in Wettbewerb zu treten. Er/Sie darf weder ein Handelsgewerbe im Geschäftszweig der Firma betreiben noch sonst im Geschäftszweig der Firma Geschäfte für eigene oder fremde Rechnung machen. Untersagt ist insbesondere auch die Begründung eines Dienstverhältnisses mit einem Konkurrenzunternehmen sowie die Beteiligung an einem solchen, sofern hierdurch Einfluss auf die Führung der Geschäfte des jeweiligen Unternehmens genommen werden kann.

Dieses Verbot gilt auch zu Gunsten der mit der Firma verbundenen Unternehmen ... (folgt Nennung der Konzernunternehmen), sofern das Arbeitsgebiet von Herrn/Frau ... berührt wird.

Damit ein Wettbewerbsverbot im Streitfall richterlicher Überprüfung standhält, sollten folgende Grundsätze beachtet werden:
- Es hat eine möglichst genaue Umschreibung derjenigen Aktivitäten zu erfolgen, die dem Arbeitnehmer verwehrt sein sollen.[1]
- Auf möglichst bestimmte Formulierungen ist auch bei der Festlegung des räumlichen Geltungsbereichs des Verbots zu achten.
- Eine Auflistung der Sanktionen, die beim Verstoß gegen das Verbot drohen, ist entbehrlich. Nicht von der Hand zu weisen ist jedoch der Nutzen einer – konstitutiven – Vertragsstrafenregelung (s. Rz. 99).

Unter Beachtung dieser Grundsätze könnte eine ausführliche (hier: unternehmensbezogene) Konkurrenzklausel wie folgt aufgebaut sein:[2]

Typ 22: Nachvertragliches Wettbewerbsverbot (ausführlich)

Zwischen ... (im Folgenden Firma genannt)

und Herrn/Frau ...

wird die nachfolgende Wettbewerbsvereinbarung getroffen:

(1) Herr/Frau ... verpflichtet sich, für die Dauer von ... (maximal: zwei Jahren) nach Beendigung des Arbeitsverhältnisses für kein Unternehmen tätig zu sein, das hinsichtlich der nachstehend aufgeführten Tätigkeitsgebiete mit der Firma in einem Wettbewerbsverhältnis steht.

Tätigkeitsgebiete der Firma in diesem Sinne sind: ...

Der räumliche Geltungsbereich der Wettbewerbsvereinbarung umfasst ...

---
1 Ebenso der Hinweis von *Grüll/Janert*, S. 48.
2 Vgl. ferner die ausführlichen Formulierungsmuster bei *Urban*, ArbRAktuell 2012, 243 f.; *Laskawy*, NZA 2012, 2016.

Verboten ist jede unselbständige wie selbständige Konkurrenztätigkeit. Herr/Frau ... wird für die bezeichneten Unternehmen weder unmittelbar noch mittelbar und weder in einem freien Dienstverhältnis noch in einem Arbeitsverhältnis Dienste leisten. Er/Sie wird ein solches Konkurrenzunternehmen weder errichten noch erwerben und sich auch nicht an einem solchen maßgeblich finanziell beteiligen.

(2) Für die Einhaltung des Verbots verpflichtet sich die Firma, Herrn/Frau ... während dessen Laufzeit eine Entschädigung in Höhe von ... (mindestens 50 %) seiner/ihrer letzten vertragsmäßigen Leistungen zu zahlen. Diese Karenzentschädigung ist in monatlichen Beträgen jeweils am Monatsende zu gewähren.

Auf die fällige Entschädigung wird angerechnet, was Herr/Frau ... während der Laufzeit des Wettbewerbsverbots durch anderweitige Verwertung seiner/ihrer Arbeitskraft erwirbt oder zu erwerben böswillig unterlässt. Eine Anrechnung findet jedoch nur insoweit statt, als die Entschädigung unter Hinzuziehung dieses Betrages die Summe der zuletzt bezogenen vertragsmäßigen Leistungen um mehr als 10 % übersteigt. Ist Herr/Frau ... gezwungen, wegen der Beschränkung der beruflichen Tätigkeit einen Wohnsitzwechsel vorzunehmen, so tritt anstelle der Erhöhung um 10 % eine solche um 25 %.

Herr/Frau ... verpflichtet sich, während der Laufzeit des Wettbewerbsverbots auf Verlangen der Firma jederzeit in prüfbarer Form Auskunft über die Höhe seines/ihres Erwerbs zu erteilen.

(3) Diese Wettbewerbsvereinbarung tritt nur in Kraft, wenn das Arbeitsverhältnis nicht vor Ablauf der Probezeit gekündigt wird. Die Vereinbarung greift auch ein, wenn Herr/Frau ... in den Ruhestand eintritt. Die Anrechnung der Karenzentschädigung auf eine von der Firma gewährte Betriebsrente richtet sich nach der jeweils gültigen Versorgungsordnung.

(4) Kündigt die Firma das Arbeitsverhältnis aus wichtigem Grund wegen vertragswidrigen Verhaltens von Herrn/Frau ..., so wird das Wettbewerbsverbot unwirksam, sofern die Firma binnen einem Monat nach der Kündigung Herrn/Frau ... schriftlich mitteilt, dass sie sich nicht an die Vereinbarung gebunden halte (Lossagung).

Kündigt die Firma das Arbeitsverhältnis ordentlich, ohne dass ein erheblicher Anlass in der Person von Herrn/Frau ... vorliegt, so wird das Wettbewerbsverbot unwirksam, sofern Herr/Frau ... binnen einem Monat nach Zugang der Kündigung der Firma schriftlich mitteilt, dass er/sie sich nicht an die Vereinbarung gebunden halte. Das Wettbewerbsverbot bleibt in diesem Fall aber wirksam, wenn sich die Firma bei der Kündigung bereit erklärt, während der vorgesehenen Laufzeit des Verbots die vollen zuletzt bezogenen vertragsmäßigen Leistungen an Herrn/Frau ... zu zahlen.

(5) Die Firma kann bis zur Beendigung des Arbeitsverhältnisses durch schriftliche Erklärung auf das Wettbewerbsverbot verzichten mit der Folge, dass sie nach Ablauf eines Jahres seit Erklärung des Verzichts von der Verpflichtung zur Zahlung der Entschädigung befreit ist.

(6) Der Arbeitnehmer hat eine Vertragsstrafe von (z.B.: einem Bruttomonatsgehalt) für jeden Fall der Zuwiderhandlung gegen das Wettbewerbsverbot zu zahlen. Besteht die Zuwiderhandlung in einer Dauerverletzung (z.B. kapitalmäßige Beteiligung an einem Wettbewerbsunternehmen oder Eingehung eines Dauerschuldverhältnisses wie eines Arbeits-, Dienst-, Handelsvertreter- oder Berater-

verhältnisses), wird die Vertragsstrafe für jeden angefangenen Monat, in dem die Dauerverletzung anhält, neu verwirkt. Mehrere Zuwiderhandlungen führen unabhängig voneinander zur Verwirkung von jeweils einer Vertragsstrafe, ggf. auch mehrfach innerhalb eines Monats. Erfolgen hingegen einzelne Zuwiderhandlungen im Rahmen einer Dauerverletzung, sind sie von der für diese Dauerverletzung verwirkten Vertragsstrafe mit umfasst. Mehrere im Zusammenhang stehende Zuwiderhandlungen stehen einer Dauerverletzung gleich. Bei Verwirkung mehrerer Vertragsstrafen innerhalb eines Jahres ist der Gesamtbetrag der in diesem Jahr zu zahlenden Vertragsstrafe auf das [Sechsfache des Bruttomonatsgehalts] beschränkt.
(7) Die sich aus dem Arbeitsvertrag ergebende Geheimhaltungsverpflichtung bleibt von dieser Wettbewerbsvereinbarung unberührt.
(8) Im Übrigen gelten die einschlägigen Vorschriften des Handelsgesetzbuches (§§ 74–75c HGB) entsprechend.

(Ort, Datum und Unterschriften)

Empfangsbekenntnis

Herr/Frau … bestätigt, eine von beiden Parteien unterzeichnete Ausfertigung dieser Wettbewerbsvereinbarung erhalten zu haben.

(Ort, Datum und Unterschriften)

Bei einem nachvertraglichen Wettbewerbsverbot sollten zusätzlich folgende **Grundsätze** beachtet werden: 106
- Ob sich überhaupt die Vereinbarung eines nachvertraglichen Wettbewerbsverbots empfiehlt, sollte schon im Hinblick auf die damit einhergehende Verpflichtung zur Zahlung einer Karenzentschädigung sorgfältig geprüft werden. Ein nachvertragliches Wettbewerbsverbot gleichsam als Standardklausel in allen Arbeitsverträgen zu implementieren, ist mit Sicherheit nicht opportun. Vielmehr bedarf es einer prognostischen Beurteilung, ob von dem betreffenden Arbeitnehmer nach der Beendigung des Arbeitsverhältnisses eine wettbewerbsrelevante Gefahr ausgehen könnte. Kommt der Arbeitgeber erst im Laufe der Zeit zu dieser Einsicht, so ist die spätere separate Vereinbarung eines nachvertraglichen Wettbewerbsverbots zu erwägen. Bereits frühzeitig abgeschlossene nachvertragliche Wettbewerbsverbote sind in regelmäßigen Abständen auf ihre weiterhin bestehende Notwendigkeit hin zu überprüfen. Ggf. muss ein Verzicht auf das Wettbewerbsverbot (§ 75a HGB) erklärt werden. Bei alledem ist schließlich auch immer zu bedenken, ob ein eventueller Wettbewerbsverstoß dem Arbeitnehmer auch nachgewiesen werden könnte.
- Eine zeitliche Beschränkung des Verbots ist unverzichtbar. Es ist zu prüfen, ob die gesetzliche Maximaldauer des Verbots ausgeschöpft werden soll oder das Interesse des Unternehmens an der Konkurrenzenthaltung bereits früher endet. Auf diese Weise kann einer gerichtlichen Verkürzung des Verbots mit der Folge, dass die beanstandete Konkurrenztätigkeit erlaubt war, vorgebeugt werden.
- Die Entschädigungszusage muss so gefasst sein, dass sie einen Anspruch auf Karenzentschädigung begründet. Wirklich sicher ist allein eine Formulierung wie „Die Firma verpflichtet sich, …". Bei der Festlegung der Höhe der Entschädigung muss der Arbeitgeber beachten, dass sich die Reichweite des Verbots an der

Höhe der gewährten Entschädigung bemisst (§ 74a Abs. 1 Satz 2 HGB). Vielfach wird die Zusage der bloßen Mindestentschädigung nicht ausreichen, um die mit dem Verbot bewirkte Beschränkung des Fortkommens beim Arbeitnehmer zu kompensieren.

– Ergänzend zur Regelung der beiderseitigen Hauptpflichten können Fragen der Anrechnung anderweitigen Verdienstes auf die Karenzentschädigung aufgenommen werden.

– Generell empfiehlt sich eine Bezugnahme auf die §§ 74 ff. HGB. Eigenständige Regelungen, die sich vom Wortlaut dieser Vorschriften lösen, begründen ein erhöhtes Risiko, dass sie der gerichtlichen Kontrolle letztlich nicht standhalten.[1]

107 Bei weniger ausführlichen Wettbewerbsklauseln kann sich eine direkte Aufnahme in den Arbeitsvertrag anbieten. Die Regelung konzentriert sich dann zuvörderst auf die beiderseitigen Hauptpflichten. Ein Beispiel für ein tätigkeitsbezogenes Wettbewerbsverbot könnte etwa wie folgt lauten:

Typ 23: Nachvertragliches Wettbewerbsverbot (Kurzform)

§ ... Wettbewerbsklausel

Herr/Frau ... verpflichtet sich, für die Dauer von ... nach Beendigung des Arbeitsverhältnisses nicht auf folgenden Gebieten in selbständiger oder unselbständiger Form tätig zu werden: ... Der örtliche Geltungsbereich des Verbots erstreckt sich auf ...

Für die Dauer des Verbots zahlt die Firma Herrn/Frau ... als Entschädigung ..., mindestens jedoch 50 % der zuletzt gewährten vertragsmäßigen Leistungen.

Im Übrigen finden auf diese Wettbewerbsklausel die §§ 74–75c HGB Anwendung.

(Ort, Datum und Unterschriften)

Empfangsbekenntnis

Herr/Frau ... bestätigt, eine von beiden Parteien unterzeichnete Ausfertigung dieser Wettbewerbsvereinbarung erhalten zu haben.

(Ort, Datum und Unterschriften)

5. Steuerrechtliche Aspekte

108 Erhält der Arbeitnehmer im Rahmen eines Wettbewerbsverbots eine **Karenzentschädigung** (s. Rz. 31, 48 ff.), gehören die Zuwendungen zu den Einkünften aus nichtselbständiger Arbeit. Dies gilt sowohl für Zuwendungen in Geld, als auch für die Gewährung anderer geldwerter Vorteile. Der Arbeitgeber ist zur Einbehaltung und Abführung der Lohnsteuer verpflichtet. Die Karenzentschädigung ist steu-

---

1 So auch MSG/*Fritz*, 590 Rz. 183.

errechtlich damit wie eine Abfindung zu behandeln. Wird die Entschädigung ratierlich gezahlt, sind die Zahlungen jeweils bei Auszahlung, also mit dem Zufluss beim Arbeitnehmer der Steuer zu unterwerfen. Wird die Entschädigung als Einmalzahlung geleistet, kommt eine ermäßigte Besteuerung nach §§ 24 Nr. 1, 34 Abs. 1 EStG in Betracht. Voraussetzung ist dafür, dass es zu einer Zusammenballung der Einnahmen kommt, da Zweck der Steuerermäßigung ist, übermäßige Progressionswirkungen abzumildern.[1]

---

[1] BFH v. 25.8.2009 – IX R 3/09, DB 2009, 2581; v. 27.1.2010 – IXR 31/09, DB 2010, 1128; Nds. FG v. 20.3.2014 – 1 K 130/13, EFG 2014, 1589.

Z 5 Zielvereinbarungen

	Rz.		Rz.
1. Überblick	1	6. Fehlzeiten/Vorzeitiges Ausscheiden/Probezeit/Stichtags- und Rückzahlungsklauseln	27
2. Rechtsnatur von Zielvereinbarungen und des variablen Vergütungsbestandteils	6	7. Feststellung der Zielerreichung	30
3. Rechtliche Grenzen	8	8. Veränderung der Ziele während der Zielperiode	36
4. Rechte und Pflichten der Zielvereinbarungsparteien, Vereinbarung konkreter Ziele	11	9. Nichtzustandekommen der Zielvereinbarung	38
5. Flexibilisierung der Vergütung durch Zielvereinbarungen	14	a) Fehlendes Zielvereinbarungsgespräch	40
a) Einführung einer variablen zielorientierten Vergütung	15	b) Fehlende Einigung im Zielvereinbarungsgespräch	45
b) Freiwilligkeitsvorbehalte	16	10. Nachträgliche Zielerreichung	46
c) Widerrufsvorbehalte	17	11. Mitbestimmungsrechte des Betriebsrats	49
d) Befristung	22		

Schrifttum:

Annuß, Arbeitsrechtliche Aspekte von Zielvereinbarungen in der Praxis, NZA 2007, 290; *Bauer/Diller/Göpfert*, Zielvereinbarungen auf dem arbeitsrechtlichen Prüfstand, BB 2002, 882; *Behrens/Rinsdorf*, Beweislast für die Zielerreichung bei Vergütungsansprüchen aus Zielvereinbarungen, NZA 2003, 364; *Behrens/Rinsdorf*, Am Ende nicht am Ziel? – Probleme mit der Zielvereinbarung nach einer Kündigung, NZA 2006, 830; *Berwanger*, Zielvereinbarungen und ihre rechtlichen Grundlagen, BB 2003, 1499; *Breisig*, Entlohnen und Führen mit Zielvereinbarungen, 2. Aufl. 2001; *Däubler*, Zielvereinbarungen als Mitbestimmungsproblem, NZA 2005, 793; *Deich*, Die rechtliche Beurteilung von Zielvereinbarungen im Arbeitsverhältnis, 2004; *Deich*, Arbeitsvertragliche Gestaltung von Zielvereinbarungen, 2006; *Freihube*, Neue Spielregeln für arbeitsvertragliche Vereinbarungen von Sonderzahlungen, DB 2008, 124; *Gaul/Rauf*, Bonusanspruch trotz unterlassener Zielvereinbarung – oder: Von den Risiken arbeitgeberseitiger Untätigkeit, BB 2008, 869; *Geffken*, Zielvereinbarungen – Eine Herausforderung für Personalwesen und Arbeitsrecht, NZA 2000, 1033; *Gehlhaar*, Rechtsfolgen unterbliebener Zielvereinbarungen und Zielvorgaben, NZA-RR 2007, 113; *Göpfert*, Zielvereinbarungen, AuA 2003, 28; *Grimm*, Zielvereinbarungen, 2006; *Heiden*, Entgeltrelevante Zielvereinbarungen aus arbeitsrechtlicher Sicht, 2007; *Heisel*, Partizipation der Mitarbeiter über Zielvereinbarung und Zielbewertung am Erfolg des Unternehmens, in Institut für angewandte Arbeitswissenschaft e.V. (Hrsg.), Leistung und Zielvereinbarungen – Erfahrungen aus der Praxis, 2. Aufl. 2000, S. 128; *Hergenröder*, in AR-Blattei: Zielvereinbarungen, 2004; *Hidalgo/Rid*, Wie flexibel können Zielbonussysteme sein?, BB 2005, 2686; *Hlawaty*, Topthema: Zielvereinbarungen, Mitbestimmung 9/1998, 40; *Horcher*, Inhaltskontrolle von Zielvereinbarungen, BB 2007, 2065; *Hoß*, Zielvereinbarungen, ArbRB 2002, 154; *Klein*, Anspruch auf variable Vergütung trotz abredewidrig unterbliebener Vereinbarung konkreter Ziele?, NZA 2006, 1129; *Kolmhuber*, Konfliktfälle bei Zielvereinbarungen, ArbRB 2003, 117; *Köppen*, Rechtliche Wirkungen arbeitsrechtlicher Zielvereinbarungen, DB 2002, 374; *Lindemann*, Flexible Gestaltung von Arbeitsbedingungen nach der Schuldrechtsreform, 2003; *Lindemann/Simon*, Flexible Bonusregelungen im Arbeitsvertrag, BB 2002, 1807; *Lischka*, Führen und Entlohnen mit Zielvereinbarungen, BB 2007, 552; *Mauer*, Zielbonusvereinbarungen als Vergütungsgrundlage im Arbeitsverhältnis, NZA 2002, 540; *Mohnke*, Zielvereinbarungen im Arbeitsverhältnis, 2006; *Pelzer*, Arbeitsrechtliche Zielvereinbarungen, 2008; *Pfisterer*, Zielvereinbarungen, AiB 1999, 375; *Plander*, Die

Rechtsnatur arbeitsrechtlicher Zielvereinbarungen, ZTR 2002, 155; *Plander*, Zustandekommen, Wirksamkeit und Rechtsfolgen arbeitsrechtlicher Zielvereinbarungen, ZTR 2002, 402; *Reinfelder*, Leistungsgerechtes Entgelt – Gestaltung und Umgestaltung, NZA-Beil. 2014, 10; *Reiserer*, Zielvereinbarung – ein Instrument der Mitarbeiterführung, NJW 2008, 609; *Rieble/Gistel*, Betriebsratszugriff auf Leistungsvereinbarungsinhalte?, BB 2004, 2462; *Riesenhuber/v. Steinau-Steinrück*, Zielvereinbarungen, NZA 2005, 785; *Röder*, Fallstricke bei der Gestaltung zielvereinbarungsgestützter Vergütungssysteme, in Festschrift Arbeitsgemeinschaft Arbeitsrecht im Deutschen Anwaltverein, 2006, S. 139; *Salamon*, Mitarbeitersteuerung durch erfolgs- und bestandsabhängige Gestaltung von Vergütungsbestandteilen, NZA 2010, 314; *Salamon*, Einseitige Leistungsbestimmungsrechte bei variablen Entgelten, NZA 2014, 465; *Schang*, Die Mitbestimmung des Betriebsrats bei neuen Formen der Leistungsvergütung, 2002; *Schönhöft*, Zur Frage der Initiativlast bei unterbliebenen Zielvereinbarungen, BB 2013, 1529; *Schmiedl*, Variable Vergütung trotz fehlender Zielvereinbarung?, BB 2004, 329; *Tondorf*, Zielvereinbarungen, WSI-Mitteilungen 6/1998, 386.

1. Überblick

Die Vereinbarung von Zielen ist in der betrieblichen Praxis schon seit langem bekannt, hat in den vergangenen Jahren allerdings eine Art „Renaissance" erfahren. **Zielvereinbarungen** sind ein Konzept, bei dem der Arbeitgeber mit dem Arbeitnehmer bestimmte Ziele vereinbart, die individuell auf ihn und seinen Arbeitsplatz zugeschnitten sein sollen.[1] Auf diese Weise erhält der Beschäftigte eine klare Vorstellung darüber, was von ihm in der kommenden Zielperiode erwartet wird. Nach deren Ablauf wird der Grad der Zielerreichung ermittelt. Oftmals ist dieser festgestellte Wert Grundlage für die Auszahlung eines variablen Vergütungsbestandteils oder sonstigen finanziellen Vorteils. Gleichwohl hat der Arbeitgeber die Möglichkeit, an die Zielerreichung nichtmonetäre Rechtsfolgen (z.B. Personalentwicklungsmaßnahmen) zu knüpfen. Die Unternehmen versprechen sich von derartigen Abreden Leistungssteigerungen auf Seiten des Mitarbeiters sowie eine Fokussierung auf die wesentlichen Unternehmensfelder; für den Arbeitnehmer soll es von Vorteil sein, dass er durch eigene Leistung unmittelbaren Einfluss auf die Höhe der Vergütung nehmen kann. Die rechtlichen Rahmenbedingungen und Grenzen der Zielvereinbarungspraxis sind in der BAG-Judikatur mittlerweile weitgehend ausdifferenziert herausgearbeitet; in der betrieblichen Praxis findet dies nicht immer hinreichende Beachtung.[2]

Die – für das Vorliegen einer **echten Zielvereinbarung** charakteristische[3] – vertragliche Übereinkunft hinsichtlich der Ziele erfolgt im Rahmen des sog. **Zielvereinbarungsgesprächs** zwischen dem Arbeitnehmer und üblicherweise dem direkten Vorgesetzten, der als Vertreter des Arbeitgebers fungiert. Die Ziele können sich dabei auf eine Vielzahl von Faktoren beziehen, die sowohl individueller als auch unternehmerischer Natur sein können. So besteht die Möglichkeit, sowohl quantitativ messbare Ziele (z.B. Gewinn, Umsatz, Kosten) als auch qualitative Ziele (z.B. Motivation, Qualifikation des Mitarbeiters) festzulegen, deren Messbarkeit beschränkt ist und daher in der Praxis oftmals Schwierigkeiten bereitet. Nach der ursprünglichen, dem Zielvereinbarungskonzept zu Grunde liegenden Theorie vom „Management by Objectives" sollten Arbeitgeber und Arbeitnehmer die Ziele in ei-

---
1 *Mauer*, NZA 2002, 540; *Bauer/Diller/Göpfert*, BB 2002, 882.
2 Vgl. *Schönhöft*, BB 2013, 1529.
3 Vgl. BAG v. 12.12.2007 – 10 AZR 97/07, NZA 2008, 409 Rz. 16.

nem kooperativen Prozess festlegen (vgl. dazu Klauseltyp 1 § 2 Abs. 2 Satz 2). Gibt der Arbeitgeber stattdessen die Ziele kraft seines Direktionsrechts einseitig vor, so handelt es sich um eine **Zielvorgabe**,[1] die einer umfassenden Billigkeitskontrolle gemäß § 315 BGB unterliegt.[2] Sie weist daher gegenüber einer echten Zielvereinbarung strukturelle rechtliche Nachteile auf und wird allenfalls selten angewandt.[3] Eine vermeintliche „Zielvereinbarung" kann aber im Einzelfall eine verkappte einseitige Zielvorgabe sein, wenn keinerlei Einflussnahme des Arbeitnehmers auf ihren Inhalt möglich war;[4] dann finden die Grundsätze zur Zielvorgabe Anwendung.

3 Gesetzliche Regelungen über die Zulässigkeit und Ausgestaltung von Zielvereinbarungen existieren nicht. Rechtsgrundlage ist im Regelfall der **Arbeitsvertrag** selbst bzw. eine ihn ergänzende **Zusatzvereinbarung** oder aber eine **kollektivrechtliche Vereinbarung**. Mit der arbeitsvertraglichen Zusage, dass der Arbeitnehmer einen leistungsbezogenen Bonus erhält, dessen Berechnungsgrundlagen in einer Betriebsvereinbarung geregelt werden, werden die dort kollektiv geregelten Berechnungsmodalitäten, insbesondere auch dort als Anspruchsvoraussetzung festgelegte Ziele hinreichend transparent und wirksam in Bezug genommen.[5] Eine abschließende Regelung durch individualvertragliche Vereinbarung ist somit nicht erforderlich.

4 Da das Zielvereinbarungskonzept üblicherweise langfristig in das Arbeitsverhältnis integriert werden soll, ist es normalerweise nicht möglich, bereits zu Beginn des Arbeitsverhältnisses Ziele zu vereinbaren, die auch nach Ablauf mehrerer Jahre Bestand haben sollen. Vielmehr liegt es im Interesse des Unternehmens, auf neue Anforderungen durch die Vereinbarung neuer Zielkomponenten flexibel reagieren zu können. Konsequenz dessen ist, dass der Akt der Zielvereinbarung kein einmaliger bleibt, sondern regelmäßig – meist (halb-)jährlich – wiederholt wird.[6] Um für diesen fortwährenden Prozess der Vereinbarung von Zielen sowie für die Feststellung der Zielerreichung eine Grundlage zu schaffen, bietet es sich an, eine **Rahmenvereinbarung** zu treffen. Diese Rahmenvereinbarung kann entweder **individuell** mit dem Arbeitnehmer oder **kollektiv** auf betrieblicher oder tariflicher Ebene geschlossen werden. Zudem kann eine **betriebliche Übung** bei mehrmaligem Abschluss von einzelnen Zielvereinbarungen entstehen.[7] Mit Hilfe der Rahmenvereinbarung kann sichergestellt werden, dass beide Parteien Einfluss auf die Eckpunkte des Verfahrens haben und diese Punkte nicht am Ende jeder Zielperiode neu festgelegt werden müssen. Zugleich werden etwa bestehende Beteiligungsrechte der Betriebs- oder Tarifvertragsparteien garantiert.[8] Sie kann insbesondere die für Schadensersatz-

---

1 Einzelheiten zur Abgrenzung bei *Deich*, Die rechtliche Beurteilung von Zielvereinbarungen, S. 56 ff.; BAG v. 12.12.2007 – 10 AZR 97/07, NZA 2008, 409.
2 BAG v. 12.12.2007 – 10 AZR 97/07, NZA 2008, 409 Rz. 16.
3 *Reinfelder*, NZA-Beil. 2014, 10 (15).
4 *Reinfelder*, NZA-Beil. 2014, 10 (15).
5 Dazu BAG v. 19.3.2014 – 10 AZR 622/13, NZA 2014, 595 Rz. 31.
6 Dagegen ist bei der Gestaltung von Vorstandsverträgen in börsennotierten Gesellschaften seit Inkrafttreten des VorstAG am 4.8.2009 zu beachten, dass variable Vergütungsbestandteile und damit insbesondere auch Zielvereinbarungen eine mehrjährige Bemessungsgrundlage haben sollen, um die Vergütungsstruktur bei börsennotierten Gesellschaften auf eine nachhaltige Unternehmensentwicklung auszurichten.
7 *Mauer*, NZA 2002, 540 (543).
8 So auch *Tondorf*, WSI-Mitteilungen 1998, 387 (388).

ansprüche wichtige Frage (s. Rz. 43) klarstellen, von welcher Arbeitsvertragspartei die Initiative für den periodischen Abschluss von Zielvereinbarungen auszugehen hat.

Die Rahmenvereinbarung kann etwa folgendermaßen ausgestaltet sein:

Typ 1: Zielvereinbarungs-Rahmenvereinbarung

§ 1 Gegenstand

Die Firma ... und Herr/Frau ... kommen überein, dass im Rahmen des zwischen ihnen bestehenden Arbeitsverhältnisses Zielvereinbarungen getroffen werden. Das Verfahren der Zielvereinbarung, die Ermittlung der Prämienhöhe sowie die Fälligkeit der Prämie richten sich nach dieser Rahmenvereinbarung.

§ 2 Verfahren der Zielvereinbarung

(1) Die Zielvereinbarung zwischen dem Mitarbeiter und der Unternehmensleitung für das jeweils kommende Geschäftsjahr wird unverzüglich nach Fertigstellung der Jahresplanung getroffen.

(2) Die Ziele und ihre Gewichtung werden in einem von der Unternehmensleitung anzuberaumenden Zielvereinbarungsgespräch zwischen direktem Vorgesetzten und Arbeitnehmer geschlossen. Die Zielvereinbarung kann sowohl quantitative als auch qualitative Ziele enthalten. Der Arbeitnehmer kann eigene Ziele vorschlagen.

(3) Sollte in dem Zielvereinbarungsgespräch keine Einigung über die zu bestimmenden Ziele zustande kommen, so legt die Unternehmensleitung die Ziele nach billigem Ermessen unter Berücksichtigung der wirtschaftlichen Interessen des Arbeitnehmers und des Unternehmens fest.

(4) Die Einigung über die Ziele als Ergebnis des Zielvereinbarungsgesprächs wird schriftlich festgehalten und von Arbeitnehmer und Vorgesetztem unterschrieben. Beide Parteien erhalten eine Ausfertigung der Einigung.

(5) In der Zielvereinbarung wird eine Zielprämie festgesetzt, die bei vollständiger Zielerreichung (100 %) zur Auszahlung kommen soll.

(6) Ändern sich während des Geschäftsjahres wesentliche Voraussetzungen, werden die Ziele im Rahmen eines weiteren Zielvereinbarungsgesprächs überprüft und ggf. angepasst.

§ 3 Ermittlung der Prämienhöhe

(1) Nach Ende des Geschäftsjahres findet ein Zielvereinbarungsgespräch zwischen Arbeitnehmer und Vorgesetztem statt. Dabei wird der Grad der Zielerreichung für jedes einzelne Ziel bewertet.

(2) Bei vollständiger Zielerreichung (100 %) beträgt die auszuzahlende Prämie 100 % der Zielprämie. Die Prämie verändert sich im gleichen prozentualen Verhältnis, in dem das festgestellte Ergebnis vom Zielergebnis abweicht.

(3) Bei quantitativen Zielen ist der Grad der Zielerreichung anhand einer Messung festzustellen. Soweit die Zielerreichung nicht quantitativ messbar ist, wird der Grad der Erfüllung nach pflichtgemäßem Ermessen durch den zuständigen Geschäftsführer ermittelt und festgelegt.

(4) Die auszuzahlende Prämie kann maximal ... (etwa 200) % der Zielprämie betragen.

§ 4 Fälligkeit

Die Prämie wird innerhalb von ... Monaten nach Abschluss des Geschäftsjahres auf Basis der Zielvereinbarung abgerechnet und über die Gehaltsabrechnung ausgezahlt.

5 Um dem Arbeitnehmer vor allem bei Einführung des Zielvereinbarungsverfahrens entgegenzukommen, kann der Arbeitgeber dem Beschäftigten einen **garantierten Mindestbonus** gewähren. Eine solche Garantie kann auch darüber hinaus erforderlich werden, wenn nur dadurch die Vorgaben des § 1 Abs. 1, 2 MiLoG gewahrt werden (s. Rz. 9).

Geeignete Ergänzung:

Für die ersten sechs Monate wird ein anteiliger Bonus in Höhe von x Euro garantiert.

2. Rechtsnatur von Zielvereinbarungen und des variablen Vergütungsbestandteils

6 Die Rechtsnatur von Zielvereinbarungen ist im Schrifttum – wenn überhaupt problematisiert – umstritten. Während die Literatur mit vorwiegend betriebswirtschaftlichem Hintergrund den werkvertragsähnlichen Charakter von Zielvereinbarungen bejaht,[1] mehren sich im juristischen Lager hingegen die Stimmen, die die Zielvereinbarung als eine zusätzlich zum Arbeitsvertrag geschlossene Vereinbarung über die zu erfüllenden Ziele erachten, so dass sich an der arbeitsrechtlichen Rechtsnatur nichts ändert.[2] Da die Zielvereinbarung die Vergütung des Arbeitnehmers partiell erfolgsabhängig ausgestaltet und damit das prägende Charakteristikum einer werkvertraglichen Abrede erfüllt,[3] handelt es sich zweifellos um ein **werkvertragliches Element im Arbeitsvertrag**; aufgrund der Vertragsfreiheit sind solche Mischformen zweifellos zulässig. An der Anwendbarkeit arbeitsrechtlicher Schutzvorschriften ändert dies nichts, da die arbeitsvertragstypische Weisungsstruktur[4] (→ *Arbeitnehmerstatus*, II A 50 Rz. 9) erhalten bleibt und die Parteien sich somit bei der Vereinbarung der Ziele unverändert in ihrer Rolle als Arbeitgeber und Arbeitnehmer gegenüberstehen (s. bereits → *Arbeitsentgelt*, II A 70 Rz. 33). Die vereinbarten Ziele beziehen sich zudem regelmäßig auf Umstände, die ohnehin entweder Gegenstand der Arbeitspflicht des Mitarbeiters sind oder aber mit dieser in engem Zusammenhang stehen. Schließlich sind leistungsbezogene Vergütungs-

---

1 *Tondorf*, WSI-Mitteilungen 1998, 386 (387); *Breisig*, Zielvereinbarungen, S. 86.
2 *Lischka*, BB 2007, 552; MünchArbR/*Krause*, § 57 Rz. 37; *Reichel/Cmiel*, Angew. Arbeitswissenschaften Nr. 141, S. 18 ff.; *Schleef*, Personalwirtschaft 5/2001, 58 (60); *Schang*, Die Mitbestimmung des Betriebsrats bei neuen Formen der Leistungsvergütung, Diss. 2002, S. 127 f.; *Berwanger*, BB 2003, 1499 (1500); *Trittin*, NZA 2001, 1003 (1004); *Trittin*, für die ergebnisorientierte Vergütung allgemein, AiB 2002, 90; *Deich*, Die rechtliche Beurteilung von Zielvereinbarungen, S. 91 ff.
3 Vgl. *Greiner*, AcP 2011, 221 m.w.N.
4 Näher zur darin Ausdruck findenden „Personalhoheit" *Greiner*, RdA 2014, 262.

formen im Arbeitsrecht hinlänglich bekannt (z.B. Akkord-, Prämienlohn), ohne dass ihnen der arbeitsrechtliche Charakter abgesprochen wird.

Zahlt der Arbeitgeber für die Erreichung der Ziele einen variablen Geldbetrag, so handelt es sich hierbei im Regelfall um eine **arbeitsleistungsbezogene Sonderzahlung**.[1] Entscheidend ist diese Abgrenzung für Fragen der Zulässigkeit von Vorbehaltsklauseln und Fortzahlung des Entgelts bei Fehlzeiten des Arbeitnehmers (→ *Sonderzahlungen*, II S 40 Rz. 5 ff.). Will der Arbeitgeber demgegenüber neben der erbrachten Leistung des Beschäftigten auch die Betriebstreue honorieren, muss er dies deutlich zum Ausdruck bringen. Dieser Ansatz widerspricht aber der eigentlichen Idee des Zielvereinbarungskonzepts.

7

Mögliche Ergänzung:

Mit Zahlung der variablen Vergütung honoriert der Arbeitgeber einerseits die Erreichung der Ziele durch den Arbeitnehmer, andererseits dessen Betriebstreue während der Zielperiode.

3. Rechtliche Grenzen

Da Zielvereinbarungen die Arbeitsbedingungen näher konkretisieren bzw. die Vergütung novellieren, unterliegen auch sie als Teil des Arbeitsvertrags den allgemeinen rechtlichen Grenzen. So muss der Arbeitgeber den Inhalt der Zielvereinbarungen schriftlich nachweisen, da es sich im Regelfall um Arbeitsbedingungen i.S.v. **§ 2 Abs. 1 Satz 2 NachwG** handelt. Hierzu gehört bspw., dass ein Zielkatalog, der in der Rahmenvereinbarung festlegt ist, wegen § 2 Abs. 1 Satz 2 Nr. 5 NachwG schriftlich nachzuweisen ist. Ebenso ergibt sich bei monetären Zielvereinbarungen die Nachweispflicht aus § 2 Abs. 1 Satz 2 Nr. 6 NachwG.

8

Bei der Implementierung des Zielvereinbarungskonzepts ist außerdem grundsätzlich der arbeitsrechtliche **Gleichbehandlungsgrundsatz** zu beachten. Hier kann sich der Arbeitgeber bei der Auswahl der Beschäftigten, die zielorientiert arbeiten sollen, jedoch auf die Besonderheiten des Zielvereinbarungskonzepts berufen. So ist aufgrund des sehr individuellen Charakters der Zielvereinbarungen nicht jeder Mitarbeiter geeignet, selbstständig und quasi weisungsfrei die verlangte Arbeitsleistung zu erbringen.[2] Besondere Bedeutung erlangt der Gleichbehandlungsgrundsatz überall dort, wo – insbesondere bei „offenen Zielvereinbarungen" – der Arbeitgeber einseitige Wertungs- und Ausgestaltungsspielräume hat. Er muss insofern bei vergleichbaren Arbeitnehmern mit vergleichbaren Zielvereinbarungen gleiche Maßstäbe anwenden[3] und Gruppen willkürfrei bilden;[4] eine grundlegende Änderung der wirtschaftlichen Verhältnisse des Unternehmens im Zeitablauf kann eine Vergleichbarkeit aber ausschließen.[5] Seit dem 1.1.2015 sind zudem die Vorgaben des

9

---

1 Zustimmend *Mauer*, NZA 2002, 540 (544 ff.); *Deich*, Die rechtliche Beurteilung von Zielvereinbarungen, S. 75 ff.; a.A. *Göpfert*, AuA 2003, 28 (30), der stattdessen vom Gratifikationscharakter der Sonderzahlung ausgeht.
2 Einzelheiten dazu bei *Deich*, Die rechtliche Beurteilung von Zielvereinbarungen, S. 72.
3 Richtig *Salamon*, NZA 2014, 465 (470).
4 BAG v. 20.3.2013 – 10 AZR 8/12, NZA 2013, 970 Rz. 39.
5 BAG v. 20.3.2013 – 10 AZR 8/12, NZA 2013, 970 Rz. 40.

MiLoG zu beachten, d.h. erfolgsabhängige Vergütungsbestandteile müssen so ausgestaltet sein, dass die Mindestlohnschwelle von 8,50 Euro/Stunde (§ 1 Abs. 1, 2 MiLoG) im Monatsdurchschnitt[1] stets gewahrt wird, um der Fälligkeitsvorgabe in § 2 MiLoG gerecht zu werden (ausführlich → *Arbeitsentgelt*, II A 70 Rz. 13a). Das monatliche Fixum muss daher so hoch bemessen werden, dass der gesetzliche **Mindestlohn auch bei vollständiger Zielverfehlung** gezahlt wird (s.a. → *Arbeitsentgelt*, II A 70 Rz. 13b).[2]

10 Hinsichtlich der **Inhaltskontrolle von Zielvereinbarungen** ist nach der Rechtsprechung des BAG[3] zu unterscheiden: Eine Zielvorgabe, mit der ein Arbeitgeber **einseitig** die Ziele in Ausübung seines Direktionsrechts – dessen Reichweite mithin die inhaltliche Grenze einseitiger Zielvorgaben darstellt – bestimmt, unterliegt der umfassenden Billigkeitskontrolle nach § 315 Abs. 3 BGB; die „Billigkeit" muss der Arbeitgeber darlegen und beweisen,[4] wobei maßgeblicher Zeitpunkt der Zeitpunkt der Ermessensentscheidung ist.[5] Im Falle einer **echten Zielvereinbarung** (s. Rz. 2) sind die Festlegung der Ziele sowie die für den Fall der Zielerreichung festgelegten Rechtsfolgen **Hauptleistungsabreden** (Preisabreden), die keiner umfassenden Inhaltskontrolle nach den §§ 307 ff. BGB unterliegen (vgl. § 307 Abs. 3 Satz 1 BGB). Das BAG hat ausdrücklich klargestellt, dass auf eine solche Vereinbarung die Grundsätze über die freie Entgeltvereinbarung uneingeschränkt Anwendung finden.[6] Allerdings gilt auch hier gemäß § 307 Abs. 3 Satz 2 BGB das **Transparenzgebot des § 307 Abs. 1 Satz 2 BGB**; für den Arbeitnehmer muss erkennbar sein, welchen Anspruch er mit Zielerreichung erwirbt.[7] Dazu passt es insbesondere nicht, wenn der Arbeitgeber das „Zulagenbudget" frei festlegen kann, so dass selbst bei vollständiger Zielerreichung kein nennenswerter Zahlungsanspruch entsteht. Aus Transparenzgründen sollte zumindest die maximal erreichbare Höhe des variablen Entgeltbestandteils bei voller Zielerreichung in der Zielvereinbarung als Euro-Betrag festgelegt werden.[8] Alle Nebenabreden zum Anspruch aus der Zielvereinbarung bzgl. Anspruchsentstehung, -erlöschen und -durchsetzung unterliegen dagegen der umfassenden Inhaltskontrolle nach §§ 307–309 BGB.[9] Die Reichweite des

---

1 Str.; für diesen Bezugspunkt mit Recht *Bayreuther*, NZA 2014, 865; *Sittard*, NZA 2014, 951.
2 Vgl. *Sittard*, NZA 2014, 951 (952); ausführlich BeckOK/*Greiner*, (Stand: 1.3.2015) § 1 MiLoG Rz. 59 f.; nicht überzeugend ist dagegen ein Abstellen auf die zu erwartende „Normalleistung", dafür aber ErfK/*Franzen*, § 1 MiLoG Rz. 9.
3 BAG v. 10.12.2008 – 10 AZR 889/07, NZA 2009, 256 (257); v. 12.12.2007 – 10 AZR 97/07, NZA 2008, 409.
4 BAG v. 10.12.2008 – 10 AZR 889/07, NZA 2009, 256 (257).
5 BAG v. 20.3.2013 – 10 AZR 8/12, NZA 2013, 970 (973); v. 29.8.2012 – 10 AZR 385/11, NZA 2013, 148 (151): Eine ursprünglich „billige" Zielvorgabe wird mithin nicht dadurch unbillig, dass sich relevante Umstände später verändern, so zutreffend *Salamon*, NZA 2014, 465 (469). Die bei der Ermessensentscheidung zugrunde gelegten Tatsachen sollten daher dokumentiert werden, näher *Salamon*, a.a.O.
6 BAG v. 10.12.2008 – 10 AZR 889/07, NZA 2009, 256 (257); v. 12.12.2007 – 10 AZR 97/07, NZA 2008, 409 (411).
7 Zu Konsequenzen: BAG v. 14.11.2012 – 10 AZR 783/11, NZA 2013, 1150 Rz. 32; v. 29.8.2012 – 10 AZR 385/11, NZA 2013, 148 Rz. 36; v. 12.12.2007 – 10 AZR 97/07, NZA 2008, 409 Rz. 16.
8 Zutr. *Salamon*, NZA 2014, 465 (470).
9 Vgl. exemplarisch BAG v. 14.11.2012 – 10 AZR 783/11, NZA 2013, 1150 Rz. 41 (Stichtagsklausel).

arbeitsvertraglichen **Direktionsrechts** stellt – anders als bei der einseitigen Zielvorgabe – **keine strikte Grenze** der zu vereinbarenden Ziele dar: Infolge des konsensualen Charakters können auch Ziele jenseits des bisherigen Arbeitsvertragsinhalts vereinbart werden, die dann zugleich den Arbeitsvertragsinhalt modifizieren.

4. Rechte und Pflichten der Zielvereinbarungsparteien, Vereinbarung konkreter Ziele

Zielvereinbarungen bilden konkretisierende bzw. zusätzliche **Tatbestandsmerkmale im Arbeitsverhältnis** und erlegen den Vertragsparteien daher verschiedene Rechte und Pflichten auf. 11

So ist der **Arbeitnehmer** verpflichtet, sich um die Verwirklichung der vereinbarten Ziele zu bemühen.[1] Er schuldet allerdings auch in diesem Zusammenhang nur das persönliche Bemühen im Rahmen seiner individuellen Möglichkeiten und Fähigkeiten, übernimmt aber keine Erfolgsgarantie für die Zielerreichung selbst, so dass die Zielerreichung durch den Arbeitgeber weder primär eingeklagt noch zum Gegenstand eines sekundären Schadensersatzanspruchs gemacht werden kann. Auch eigenständige kündigungsrechtliche Konsequenzen hat die defizitäre Zielerreichung nicht, denn es fehlt bereits an einer Pflichtverletzung des Arbeitnehmers.[2] Eine Pflicht des Arbeitnehmers zum Abschluss von Zielvereinbarungen bzw. bestimmter Ziele kann sich allenfalls aus der zu Grunde liegenden Rahmenvereinbarung (vgl. dazu Rz. 38 ff.) ergeben. 12

Mögliche Ergänzung:

Die Parteien verpflichten sich, regelmäßig Zielvereinbarungen abzuschließen. Die dabei festzulegenden Ziele sind aus dem dieser Rahmenvereinbarung beigefügten Zielkatalog auszuwählen.

Welche Ziele konkret vereinbart werden, ist von Unternehmen zu Unternehmen verschieden und auch bezogen auf die einzelnen Arbeitnehmer sehr individuell, so dass allgemein gültige Klauselvorschläge nicht sinnvoll gegeben werden können. Je nach Personalpolitik, Unternehmensstrategie und Position des Mitarbeiters können vorrangig quantitative, eindeutig messbare Ziele, eher qualitative Ziele oder eine Mischung aus beidem festgelegt werden. Mögliche Ziele und Bewertungskriterien können bspw. sein:
– Abschluss bestimmter interner Projekte
– Erreichen bestimmter Umsatzgrößen
– Akquise einer bestimmten Anzahl von Neukunden
– Überschreiten bestimmter Kennzahlen, z.B. EBIT (earnings before interest and taxes)
– Überschreiten eines bestimmten Aktienkurses des Unternehmens

---

[1] *Köppen*, DB 2002, 374 (379); *Lischka*, BB 2007, 552 (553); *Plander*, ZTR 2002, 155 (161).
[2] Vgl. aber zur Kündigung wegen erheblichen Abweichens von einer „Normalleistung" BAG v. 11.12.2003 – 2 AZR 667/02, NZA 2004, 784; vertiefend dazu *Greiner*, RdA 2007, 22.

- Erreichen eines bestimmten Gewinns der eigenen Abteilung
- Grad der Erfüllung der übertragenen Aufgaben.

13 Der **Arbeitgeber** ist verpflichtet, am Ende der Zielperiode das Erreichen der Ziele bzw. den Grad der Erreichung festzustellen. Er ist weiter verpflichtet, die anhand dieser ermittelten Werte zu bestimmende Vergütung zu entrichten.[1] Sofern die Parteien echte Zielvereinbarungen abgeschlossen haben und es sich mithin nicht um einseitige Zielvorgaben des Arbeitgebers handelt, obliegt dem Arbeitgeber die Pflicht, sein Weisungsrecht hinsichtlich der betroffenen Arbeitsinhalte nicht mehr auszuüben und dem Arbeitnehmer stattdessen die Wahl der Mittel und Wege für die Verwirklichung der Ziele zu überlassen.[2] Dazu gehört auch, dass er ihn über den Inhalt der Zielvereinbarungen sowie über etwaige Änderungen unterrichtet. Für den Arbeitgeber kann sich eine Pflicht zum Abschluss neuer Zielvereinbarungen am Ende der Zielperiode nur aus der Rahmenvereinbarung (vgl. dazu Rz. 38 ff.) bzw. aus betrieblicher Übung (vgl. dazu Rz. 4) ergeben.

13a Möglich sind **unterschiedliche Modelle**: Unterschieden wird zwischen „**fixen**" und „**variablen/offenen**" **Zielvereinbarungen**.[3] Bei der erstgenannten Gestaltung wird die eintretende Rechtsfolge für den Fall der Zielerreichung abschließend vertraglich festgelegt. Zulässig ist aber auch, die Zielvereinbarung so zu fassen, dass sie lediglich einen Faktor für die im Übrigen dem billigen Ermessen des Arbeitgebers überlassene Festsetzung des variablen Vergütungsbestandteils darstellt. Dieser ist dann aber zwingend zu berücksichtigen;[4] zur Wahrung des Transparenzgebots (§ 307 Abs. 1 Satz 2 BGB) sollte sein Einfluss auf die Berechnung vertraglich möglichst klargestellt werden. Bei Fehlen einer ausdrücklichen Vereinbarung ist der Einfluss durch Auslegung (§§ 133, 157 BGB) zu ermitteln und wird dann aus den vereinbarten Zielen selbst abgeleitet.[5]

13b Soweit das Ermessen des Arbeitgebers hinsichtlich der Bonusberechnung, aber auch hinsichtlich der wertenden Ermittlung der Zielerreichung oder der Gewichtung der vereinbarten Ziele[6] und sonstigen Berechnungsfaktoren reicht, greift die umfassende **Billigkeitskontrolle nach § 315 BGB**. Sind als Berechnungsfaktoren für den variablen Entgeltbestandteil kumulativ die individuelle Zielerreichung, das Teamverhalten und der wirtschaftliche Erfolg des Unternehmens genannt, ohne eine klare Gewichtung anzugeben, soll nach der Rechtsprechung des BAG „im Ausnahmefall" auch bei Nichterreichung nur eines Teils der genannten Ziele der Anspruch entfallen,[7] nämlich wenn für eine Abweichung vom Regelfall – der Gewährung des zugesagten variablen Entgeltbestandteils – besonders wichtige Gründe sprechen.

---

1 Zur Bindung des Arbeitgebers bei der Festsetzung des auszuschüttenden Leistungsbudgets jüngst BAG v. 19.3.2014 – 10 AZR 622/13, NZA 2014, 595. Es muss ausreichen, „die durch Abschluss von Zielvereinbarungen angestrebten und tatsächlich erbrachten Leistungen angemessen zu honorieren".
2 *Deich*, Die rechtliche Beurteilung von Zielvereinbarungen, S. 162; ähnlich auch *Köppen*, DB 2002, 374 (379).
3 *Reinfelder*, NZA Beilage 1/2014, 10 (15).
4 *Reinfelder*, NZA Beilage 1/2014, 10 (15).
5 BAG v. 14.11.2012 – 10 AZR 783/11, NZA 2013, 1150 Rz. 40; v. 29.8.2012 – 10 AZR 385/11, NZA 2013, 148 Rz. 36, 43.
6 Dazu BAG v. 14.11.2012 – 10 AZR 783/11, NZA 2013, 1150 (1154).
7 BAG v. 20.3.2013 – 10 AZR 8/12, NZA 2013, 970.

Allerdings bleibt dies nach der Entscheidung bei Erreichen der individuellen Ziele auf extreme wirtschaftliche Schieflagen des Unternehmens (*in casu*: Inanspruchnahme staatlicher Liquiditätshilfen in Milliardenhöhe) beschränkt; ansonsten muss die Erreichung der persönlichen Ziele in der Höhe der variablen Zahlung angemessenen Ausdruck finden.[1] Mit Blick darauf und auf ein künftig denkbares ausweitendes Verständnis der Unklarheitenregel (§ 305c Abs. 2 BGB) oder des Transparenzgebots (§ 307 Abs. 1 Satz 2 BGB) sollte in der Zielvereinbarung transparent gemacht werden, unter welchen Bedingungen der Anspruch entfällt und wie benannte Berechnungsfaktoren zu gewichten sind.

Insgesamt trifft den Arbeitgeber die **Darlegungs- und Beweislast** für das billige Ermessen.[2] Das Ausmaß der erforderlichen Darlegungen des Arbeitgebers richtet sich dabei nach den Darlegungen, mit denen der Arbeitnehmer das billige Ermessen bestreitet. Je substantiierter bestritten wird, desto substantiierter müssen sich die Darlegungen des Arbeitgebers darstellen.[3] Von der Rechtsprechung ausdrücklich offen gelassen wurde die Frage der Darlegungs- und Beweislast bei „fixen Zielvereinbarungen" ohne Ermessensspielraum.[4] Richtigerweise trifft die Darlegungs- und Beweislast insofern nach allgemeinen Grundsätzen den Arbeitnehmer, so dass darin aus Perspektive des Arbeitgebers ein entscheidender Vorteil eines „fixen Zielvereinbarungsmodells" zu sehen ist.[5]

13c

5. Flexibilisierung der Vergütung durch Zielvereinbarungen

Zwar gilt im Arbeitsrecht der Grundsatz, dass arbeitsvertraglich oder auf sonstiger Grundlage entstandene Vergütungsansprüche nicht vom Arbeitgeber einseitig geändert werden können, doch zeigt die betriebliche Praxis, dass vor allem in Zeiten des steten Wandels der wirtschaftlichen Rahmenbedingungen für den Arbeitgeber eine Notwendigkeit besteht, auch Entgeltabreden anpassungsfähiger zu gestalten. Mit Hilfe von Zielvereinbarungen kann eine solche **Flexibilisierung** auf zwei verschiedenen Wegen durchgeführt werden: Zum einen gestaltet der Arbeitgeber die Vergütung selbst (zumindest teilweise) flexibel, indem er einen bestimmten Vergütungsbestandteil variabel auszahlt. Diese Variable koppelt er durch Zielvereinbarungen unmittelbar an die Leistung des Arbeitnehmers und bietet diesem einen Anreiz zur Leistungssteigerung, von dem er dann selbst profitiert. Voraussetzung ist zumeist, dass die bislang gezahlte Festvergütung umgewidmet und in eine Fix- und eine variable Vergütung unterteilt wird. Zum anderen erreicht der Arbeitgeber die Flexibilisierung durch Vereinbarung von Änderungsvorbehalten hinsichtlich der Zielvergütung selbst: Dabei kommen vor allem der Freiwilligkeits- und der Widerrufsvorbehalt sowie eine Befristung in Betracht, denn sie ermöglichen dem Arbeitgeber, die Arbeitsbedingungen einseitig, d.h. ohne Zustimmung des Arbeitnehmers, umzugestalten.

14

---

1 So klarstellend auch BAG v. 19.3.2014 – 10 AZR 622/13, NZA 2014, 595 Rz. 62.
2 BAG v. 29.8.2012 – 10 AZR 385/11, NZA 2013, 148 Rz. 45 ff.; v. 12.10.2011 – 10 AZR 746/10, NZA 2012, 450 Rz. 26, 46.
3 Vgl. BAG v. 14.11.2011 – 10 AZR 783/11, NZA 2013, 1150 Rz. 52.
4 BAG v. 14.11.2011 – 10 AZR 783/11, NZA 2013, 1150 Rz. 53.
5 So auch *Salamon*, NZA 2014, 465 (470).

a) Einführung einer variablen zielorientierten Vergütung

15 Die Vereinbarung einer zielorientierten variablen Vergütung ist grundsätzlich zulässig, sofern sie die Mindestlohngrenzen des § 1 Abs. 1, 2 MiLoG, des § 138 BGB sowie die zwingenden Vorgaben ggf. einschlägiger Kollektivnormen nicht unterschreitet.[1] Entscheidend ist nach ganz herrschender Auffassung, dass der Arbeitgeber durch die Flexibilisierung der Vergütung das Betriebs- und Wirtschaftsrisiko nicht in unzulässiger Weise auf den Arbeitnehmer überträgt und – sofern beiderseitige Tarifgebundenheit besteht – der Arbeitnehmer mindestens den Tariflohn als Festvergütung erhält.

b) Freiwilligkeitsvorbehalte

16 Die Vereinbarung eines **Freiwilligkeitsvorbehalts** (→ *Vorbehalte und Teilbefristung*, II V 70 Rz. 41 ff.) bei der zielorientierten Vergütung ist **unzulässig**, da es sich bei dieser Vergütungsvariante um eine arbeitsleistungsbezogene Sonderzahlung handelt, die im Synallagma zur Leistung des Beschäftigten steht.[2] Die bei nicht leistungsbezogenen Sonderzahlungen einen Freiwilligkeitsvorbehalt wohl nach wie vor unter strengen Voraussetzungen billigende Rechtsprechung[3] ist darauf nicht anwendbar.[4] Mit einem Freiwilligkeitsvorbehalt würde der Arbeitgeber in das arbeitsvertragliche Synallagma eingreifen und so gegen den Grundsatz der Vertragstreue verstoßen.

16a Nach § 307 Abs. 1 Satz 2, 1 BGB kann bei Anwendbarkeit der §§ 305 ff. BGB eine Regelung (teil)unwirksam sein, in der dem Arbeitnehmer auf der einen Seite die Teilnahme an einem Bonussystem zugesagt, auf der anderen Seite die Zahlung des Bonus als freiwillig und ohne Begründung eines Rechtsanspruchs für die Zukunft bezeichnet wird. Eine solche Vertragsabrede, die den Arbeitgeber sowohl zur Bonuszahlung verpflichtet als auch einen Rechtsanspruch des Arbeitnehmers auf die Bonuszahlung ausschließt, ist widersprüchlich und daher nicht klar und verständlich i.S.d. § 307 Abs. 1 Satz 2 BGB formuliert. Der Verstoß gegen das Transparenzgebot führt nach §§ 307 Abs. 1 Satz 1, 306 Abs. 1 BGB allerdings nur insoweit zur Unwirksamkeit der Regelung, als diese einen Rechtsanspruch des Arbeitnehmers auf die Bonuszahlung ausschließt.[5]

---

1 Vgl. allgemein zum Verhältnis Fixgehalt – variable Vergütung BAG v. 23.5.2001 – 5 AZR 527/99, AuA 2002, 189; LAG Düsseldorf v. 22.3.1989 – 5 AZR 151/89, n.v. (juris) unter IV. 1. der Gründe; sowie *Rieble/Gutzeit*, in Jahrbuch des Arbeitsrechts 2000, S. 48; *Röder/Göpfert*, BB 2001, 2002 (2004); speziell in Bezug auf Zielvereinbarungen *Deich*, Die rechtliche Beurteilung von Zielvereinbarungen, S. 127 ff.
2 BAG v. 19.3.2014 – 10 AZR 622/13, NZA 2014, 595 Rz. 52 m.w.N.; v. 25.4.2007 – 5 AZR 627/06, NZA 2007, 853; v. 24.10.2007 – 10 AZR 825/06, NZA 2008, 40; ErfK/*Preis*, § 611 BGB Rz. 504; *Deich*, Die rechtliche Beurteilung von Zielvereinbarungen, S. 173 ff.; *Reiserer*, NJW 2008, 609 (612); *Riesenhuber/von Steinau-Steinrück*, NZA 2005, 785 (792); *Schönhöft*, BB 2013, 1529; differenzierend *Heiden*, Entgeltrelevante Zielvereinbarungen, S. 212 ff.; a.A. *Annuß*, NZA 2007, 290 (292); für zukünftige Bezugszeiträume *Lindemann/Simon*, BB 2002, 1807 (1809 ff.).
3 Vgl. BAG v. 17.4.2013 – 10 AZR 281/12, NZA 2013, 787; v. 20.2.2013 – 10 AZR 177/12, NZA 2013, 1015; mit Recht kritisch ErfK/*Preis*, § 611 BGB Rz. 68 ff.
4 Vgl. BAG v. 7.6.2011 – 1 AZR 807/09, NZA 2011, 1234; MünchKommBGB/*Müller-Glöge*, § 611 BGB Rz. 773.
5 BAG v. 24.10.2007 – 10 AZR 825/06, NZA 2008, 40 (42); *Freihube*, DB 2008, 124.

c) Widerrufsvorbehalte

Zulässig ist demgegenüber die Vereinbarung eines **Widerrufsvorbehalts** in der zu Grunde liegenden Rahmenvereinbarung. Angesichts der teilweise gravierenden finanziellen Auswirkungen, die der Wegfall der flexiblen Zielvergütung mit sich bringt, sind dem Widerrufsvorbehalt jedoch enge Grenzen gesetzt (→ *Vorbehalte und Teilbefristung*, II V 70 Rz. 14 ff.).[1] So darf er sich einerseits ohnehin nur auf einen künftigen Bezugszeitraum beziehen, andererseits muss er den allgemeinen zivilrechtlichen Vorschriften gerecht werden. Hier ist insbesondere der (Regel-)Fall zu berücksichtigen, dass die Klausel vom Arbeitgeber **vorformuliert** vorgegeben wird, denn dann finden die **§§ 305 ff. BGB** Anwendung. Welche Anforderungen diese Vorschriften an den Vorbehalt stellen, richtet sich nach der Eingriffsintensität sowie der Frage, ob der Arbeitnehmer auf die Ausübung des Widerrufsvorbehalts Einfluss nehmen kann oder nicht. Die Antwort darauf hängt von dem jeweiligen Widerrufsgrund ab. Das BAG hat inzwischen einen Widerrufsvorbehalt grundsätzlich dann für zulässig erklärt, soweit der im Gegenseitigkeitsverhältnis stehende widerrufliche Teil des Gesamtverdienstes unter 25 % liegt, der Tariflohn nicht unterschritten wird und für den Widerruf hinreichend definierte Gründe bereits in der Vertragsklausel festgelegt werden;[2] bei nicht im unmittelbaren Gegenseitigkeitsverhältnis zur Arbeitsleistung stehenden Vergütungsbestandteilen (z.B. Ersatz für Aufwendungen, die an sich der Arbeitnehmer selbst tragen müsste, etwa Kostenersatz für Fahrten zur Arbeitsstelle) können maximal 30 % des Gesamtverdienstes widerruflich gestellt werden.

17

Will der Arbeitgeber die zielorientierte Vergütung widerrufen, um auf die **Veränderung der wirtschaftlichen Rahmenbedingungen** zu reagieren, so handelt es sich um einen Widerrufsgrund, auf den der Beschäftigte keinen Einfluss hat. Derartige Widerrufsgründe bestehen vor dem Hintergrund der Wertung der §§ 1, 2 KSchG jedenfalls dann, wenn der Widerrufsgrund die Qualität eines dringenden betrieblichen Erfordernisses erlangt.[3] Sie darauf zu beschränken, besteht aber kein Anlass, da die Leistungszusage – anders als im Falle einer Änderungskündigung – bereits vertraglich unter den Widerrufsvorbehalt gestellt wurde und hierfür eigenständige Wirksamkeits- und Transparenzanforderungen gelten (s. Rz. 17). Der Richtung nach können aber die Maßstäbe der betriebsbedingten Änderungskündigung zur Entgeltabsenkung als Vergleichsmaßstab herangezogen werden. Infolgedessen ist ein solcher Widerruf zulässig, wenn **in absehbarer Zeit** eine wirtschaftliche Existenzgefährdung des Betriebs ohne eine Reduzierung der Vergütung eintritt. Kann die Änderungskündigung zur Abwendung einer Betriebsstilllegung sowie eines deutlichen Personalabbaus ausgesprochen werden,[4] dürfte für die Ausübung eines Widerrufsvorbehalts auch die prognostisch belegbare, gravierende Unrentabilität des Betriebs(teils) genügen.[5] Die betriebliche Notlage muss noch nicht unmittelbar bevorstehen. Der Arbeitgeber ist allerdings verpflichtet, vor der tatsächlichen Änderung

18

---

1 *Heiden*, Entgeltrelevante Zielvereinbarungen, S. 209 ff.
2 BAG v. 11.10.2006 – 5 AZR 721/05, NZA 2007, 87.
3 ErfK/*Preis*, §§ 305–310 BGB Rz. 61; s.a. *Riesenhuber/von Steinau-Steinrück*, NZA 2005, 785 (793).
4 Vgl. BAG v. 10.9.2009 – 2 AZR 822/07, NZA 2010, 333 (336).
5 Anders bei der Änderungskündigung: BAG v. 10.9.2009 – 2 AZR 822/07, NZA 2010, 333 (336).

ein schlüssiges **Sanierungskonzept** vorzulegen.[1] Daneben ist zu verlangen, dass in den Widerrufsvorbehalt eine **Frist** aufgenommen wird, um dem Arbeitnehmer Gelegenheit zu geben, sich auf die Verringerung seiner Vergütung einzustellen.[2] Die Frist sollte sich dabei an den gesetzlichen Kündigungsfristen des § 622 Abs. 2 BGB orientieren,[3] zumindest aber einen **Zeitraum** von einem Monat betragen (→ *Vorbehalte und Teilbefristung*, II V 70 Rz. 22). Weiterhin muss für die Ausübung des Widerrufsrechts der Umfang der widerrufenen Leistung sowie bei laufenden Zahlungen der Zeitraum entsprechend begrenzt werden.[4]

19 Eine **Beendigung des Zielvereinbarungskonzepts** ohne unmittelbaren wirtschaftlichen Druck aus rein unternehmerischen Erwägungen **ohne** entsprechende **Kompensationsmöglichkeit** zu Gunsten des Mitarbeiters ist unzulässig, da es sich bei dieser Entscheidung um eine rein unternehmerische über die Art und Weise der Personalführung und Arbeitsorganisation handelt, die den Anforderungen der §§ 1, 2 KSchG nicht genügt.

20 Die durch Widerrufsvorbehalt vorbehaltene **Beendigung des Zielvereinbarungskonzepts** unter **gleichzeitigem Angebot einer Kompensation** für den Verlust der Zielvergütung ist hingegen zulässig, da der Arbeitgeber sich dann bei Abschluss des Widerrufsvorbehalts verpflichtet, mit dem Arbeitnehmer in neue Verhandlungen über die Vergütung zu treten, um einen Ausgleich für die widerrufene zielorientierte Vergütung zu schaffen.

21 Die vorgenannten Bedingungen sind aufgrund des **Transparenzgebots** i.S.v. § 307 Abs. 1 Satz 2 BGB so klar und verständlich in dem jeweiligen Widerrufsvorbehalt zu formulieren, dass für den Arbeitnehmer bei Vertragsschluss erkennbar ist, welche Leistungen von dem Vorbehalt erfasst sind und unter welchen Bedingungen der Arbeitgeber seine Leistung widerrufen kann.[5] Ein Verstoß der Klausel gegen das Transparenzgebot führt gemäß § 307 Abs. 1 Satz 1 BGB zur Unwirksamkeit.

d) Befristung

22 Auch die Vereinbarung einer **Befristung** (→ *Vorbehalte und Teilbefristung*, II V 70 Rz. 73 ff.) unterliegt den allgemeinen zivilrechtlichen Vorschriften.[6] Wird die Befristung als allgemeine Arbeitsbedingung in das Vertragsverhältnis implementiert, so unterliegt sie insbesondere den §§ 305 ff. BGB, die jedoch in Zusammenschau mit den Wertungen des TzBfG angewandt werden müssen. Es gelten die allgemeinen Grundsätze für die Befristung einzelner (arbeitnehmergünstigerer) Arbeitsbedingungen, die sich wie folgt zusammenfassen lassen: Wäre die Befristung des gesamten Arbeitsvertrags nach § 14 Abs. 1 TzBfG zulässig, ist es regelmäßig[7] erst recht die Befristung einer einzelnen Arbeitsbedingung, also z.B. der Zielvereinbarung.

---

1 SPV/*Preis*, Rz. 1272; *Lindemann*, Flexible Gestaltung von Arbeitsbedingungen, S. 200 ff.
2 Ebenso *Lindemann*, Flexible Gestaltung von Arbeitsbedingungen, S. 200 ff.
3 *Lindemann*, Flexible Gestaltung von Arbeitsbedingungen, S. 200 ff.
4 Ebenso *Lindemann*, Flexible Gestaltung von Arbeitsbedingungen, S. 200 ff.
5 BAG v. 12.1.2005 – 5 AZR 364/04, NZA 2005, 465; v. 19.12.2006 – 9 AZR 294/06, NZA 2007, 809; *Henssler*, RdA 2002, 129 (139); *Lindemann*, Flexible Gestaltung von Arbeitsbedingungen, S. 182 ff.
6 *Heiden*, Entgeltrelevante Zielvereinbarungen, S. 217 ff.
7 Zu Grenzen APS/*Greiner*, Vor § 14 TzBfG Rz. 53.

Ein solcher Sachgrund liegt beispielhaft vor, wenn die Einführung eines Zielvereinbarungssystems auf Wunsch des Arbeitnehmers erfolgt, zunächst nur erprobt werden (s. noch Rz. 24) oder auf ein zeitlich begrenztes Projekt beschränkt bleiben soll. Kein Indiz für die Angemessenheit der Befristung einzelner Arbeitsbedingungen ergibt sich hingegen aus der Möglichkeit einer sachgrundlosen Befristung (§ 14 Abs. 2, 2a, 3 TzBfG) des gesamten Arbeitsverhältnisses, da sie für die von §§ 307–309 BGB in den Blick genommene inhaltliche Angemessenheit ohne jede Aussagekraft ist.[1]

Umgekehrt lässt sich aber aus der Betonung dieser im Detail divergierenden Beurteilungsmaßstäbe folgern, dass auch bei **Fehlen eines Sachgrundes** die Befristung einer einzelnen Arbeitsbedingung, gemessen an §§ 307 ff. BGB, wirksam sein kann. Es bedarf dann einer eigenständigen, vom TzBfG gelösten Interessenabwägung, bei der Umstände, die einen Widerrufs- oder Freiwilligkeitsvorbehalt legitimieren würden, erst recht auch die Befristung einzelner Arbeitsbedingungen legitimieren.[2] Die befristungsrechtliche Vergleichsbetrachtung hat damit nur positive, nicht negative Indizwirkung für die Klauselwirksamkeit.[3]

23

Die Befristung wegen **Veränderung der wirtschaftlichen Rahmenbedingungen** ähnelt dem oben bereits angesprochenen Widerrufsvorbehalt, stellt im Vergleich zu diesem aber ein milderes Mittel dar, da der Beschäftigte von Anfang an von der befristeten Zahlung seiner Vergütung Kenntnis hat. Aus diesem Grund ist sein Vertrauensschutz geringer zu bewerten als bei einer unbefristeten, teilweise über einen langen Zeitraum gewährten, aber widerruflichen Leistung (→ *Vorbehalte und Teilbefristung*, II V 70 Rz. 93). Grundsätzlich ist die Befristung wegen ökonomischer Schwierigkeiten zulässig, sofern die wirtschaftlichen Veränderungen bereits zum Zeitpunkt der Befristungsvereinbarung **absehbar** sind. Es ist also bereits bei Abschluss der Befristungsvereinbarung bspw. durch betriebswirtschaftliche Methoden eine Prognose zu erstellen, die mit hinreichender Sicherheit erwarten lässt, dass bei Ablauf der Befristungsdauer die maßgeblichen Voraussetzungen nicht mehr vorliegen werden.[4] Diesen Problemen kann der Arbeitgeber entgehen, indem er eine Klausel aufnimmt, nach der bei Wegfall der zielorientierten variablen Vergütung eine **Alternativvergütung** eingreifen soll.

24

Auch eine Befristung zur **Erprobung des Zielvereinbarungskonzepts** ist grundsätzlich zulässig. Wenn der Arbeitgeber sich zu einer Testeinführung des Zielvereinbarungskonzepts in seinem Betrieb entschließt, muss ihm grundsätzlich auch die Möglichkeit eröffnet werden, sich im Falle des Misserfolgs von dem Modell wieder zu lösen.[5] Da der Arbeitgeber jedoch auch hier unmittelbar in das arbeitsvertragli-

25

---

1 Str.; wie hier *Preis/Bender*, NZA-RR 2005, 337 (342); *Maschmann*, RdA 2005, 212 (215); *Willemsen/Jansen*, RdA 2010, 1 (5); *Hohenstatt/Schramm*, NZA 2007, 238 (244); *Schramm/Naber*, NZA 2009, 1318 (1321); *Schmalenberg*, FS 25 Jahre ARGE Arbeitsrecht im DAV, 2006, S. 155 (167 f.); a.A. *Hanau/Hromadka*, NZA 2005, 73 (77); *Hanau*, ZIP 2005, 1661 (1665 f.); *Thüsing*, RdA 2005, 257 (265); *Leder*, RdA 2010, 93 (98).
2 Vgl. *Schramm/Naber*, NZA 2009, 1318 (1321); zur Abwägung bei Bonus- und Zielvereinbarungen *Leder*, RdA 2010, 93 (98); zur Abwägung bei befristeten Arbeitszeitschwankungen LAG Thür. v. 25.1.2011 – 1 Sa 495/09, juris.
3 *Lunk/Leder*, NZA 2008, 504 (508); *Leder*, RdA 2010, 93 (98); im Einzelnen APS/*Greiner*, Vor § 14 TzBfG Rz. 53.
4 *Sievers*, NZA 2002, 1182 (1186).
5 Im Ergebnis so auch *Lindemann/Simon*, BB 2002, 1807 (1812).

che Synallagma eingreift, muss er zuvor konkretisieren, anhand welcher Kriterien über Erfolg und Misserfolg entschieden werden soll. Über diese Merkmale muss der Arbeitnehmer von vornherein informiert werden, § 307 Abs. 1 Satz 1, 2 BGB.

26 Ebenso wie bei der Vereinbarung eines Widerrufsvorbehalts ist der Arbeitgeber auch hier verpflichtet, aus **Transparenzgründen** (§ 307 Abs. 1 Satz 2 BGB) den Befristungsgrund detailliert anzugeben und den Umfang der Befristung zu begrenzen.

6. Fehlzeiten/Vorzeitiges Ausscheiden/Probezeit/Stichtags- und Rückzahlungsklauseln

27 Da die einzelne Zielvereinbarung im Regelfall eine Laufzeit von sechs bis zwölf Monaten hat, kann es im Laufe der Zielperiode aus unterschiedlichen Gründen immer wieder zu Fehlzeiten kommen. Längere Fehlzeiten können sich dabei unter Umständen auf die Höhe der Zielerreichung auswirken. Da es sich bei der Zielvergütung üblicherweise um eine **arbeitsleistungsbezogene Sonderzuwendung** handelt, sind die diesbezüglichen Grundsätze für Fehlzeiten anzuwenden (→ *Sonderzahlungen*, II S 40 Rz. 5 ff. und 64 ff.).

28 Fraglich ist, wie sich ein **vorzeitiges Ausscheiden** des Beschäftigten aus dem Unternehmen (also noch vor Ende der Zielperiode) auf den Anspruch auf Zielvergütung auswirkt. Das BAG hat entschieden, dass bei einer entgeltrelevanten Zielvereinbarung, in der für jedes Geschäftsjahr Ziele vereinbart werden, der Arbeitnehmer nicht unangemessen i.S.v. § 307 Abs. 1 BGB benachteiligt wird, wenn der Anspruch auf die Bonuszahlung daran gebunden ist, dass das Arbeitsverhältnis am Ende des Geschäftsjahrs noch besteht.[1]

Geeignete Ergänzung:

Im Falle des vorzeitigen Ausscheidens des Beschäftigten aus dem Unternehmen während eines Geschäftsjahrs wird die Zielprämie anhand der bis dahin erreichten Ziele anteilig abgerechnet.

⊃ **Nicht geeignet:**

Erfolgt die Vertragsbeendigung auf Wunsch des Arbeitnehmers oder aus wichtigem Grund, den der Arbeitnehmer zu vertreten hat, so besteht kein Anspruch auf die Zielprämie.

29 Die Parteien können weiterhin vereinbaren, dass ein Anspruch auf Zahlung der Zielprämie entfällt, sofern das Arbeitsverhältnis innerhalb der **Probezeit** gekündigt wird.[2] Ebenso sollte geregelt werden, dass bei einer Fortsetzung des Arbeitsverhältnisses nach Ablauf der Probezeit auch die bereits erbrachte Arbeitsleistung für die Höhe der Zielvergütung berücksichtigt wird.

---

[1] BAG v. 6.5.2009 – 10 AZR 443/08, NZA 2009, 783.
[2] *Mauer*, NZA 2002, 540 (541); *Reiserer*, NJW 2008, 609 (612).

Geeignete Ergänzung:

Ein Anspruch auf die Zielprämie besteht nicht, sofern das Anstellungsverhältnis während oder zum Ende der Probezeit gemäß § ... des Anstellungsvertrags gekündigt wird. Wird das Anstellungsverhältnis über die Probezeit hinaus fortgesetzt, dann besteht der Anspruch auf die Zielprämie auch für die ersten sechs Monate des Anstellungsverhältnisses.

Nach Ablauf der jeweiligen Zielperiode kann in der Praxis das Bedürfnis bestehen, den jeweiligen Arbeitnehmer über das Ende der Zielperiode hinaus an das Unternehmen zu binden. Hierzu würden sich Rückzahlungsklauseln oder aber Stichtagsklauseln anbieten, die den Anspruch des Arbeitnehmers auf Zahlung des Zielbonus entfallen lassen, wenn dieser zu einem bestimmten Zeitpunkt nicht mehr im Unternehmen beschäftigt ist. Insbesondere bei vorformulierten Stichtagsklauseln ist zu beachten, dass diese den Arbeitnehmer unangemessen benachteiligen und somit nach § 307 Abs. 1 Satz 1 BGB unwirksam sein können, wenn sie den Arbeitnehmer unabhängig von der Höhe der Bonuszahlung einheitlich bis zu einem bestimmten Zeitpunkt an das Unternehmen binden (s. zu Stichtags- und Rückzahlungsklauseln → *Sonderzahlungen*, II S 40).[1]

◯ **Nicht geeignet:**

Der Anspruch auf den Zielbonus entfällt, wenn der Beschäftigte am 1. Juli des Folgejahrs nicht mehr in einem ungekündigten Arbeitsverhältnis zu dem Unternehmen steht.

7. Feststellung der Zielerreichung

Das Zielvereinbarungsverfahren hängt zwingend von einer **Zielerreichungsanalyse** am Ende der Zielperiode ab. Diese Feststellungen können entweder einseitig durch den Vorgesetzten oder einvernehmlich mit dem Arbeitnehmer erfolgen. Der Betriebsrat hat ein Recht zur Teilnahme an dem entsprechenden Gespräch.[2]

Die **Auswertung der Ziele** kann auf zwei Wegen erfolgen: Sofern es sich um **qualitative Ziele** handelt, kann der Grad der Zielerreichung generell nur durch eine Beurteilung durch den Vorgesetzten festgestellt werden. Dieser hat dann die Entscheidungskompetenz darüber, ob ein Beschäftigter einen leistungs- und erfolgsorientierten Entgeltanteil erhält und wie hoch dieser ausfällt. Dabei fließen subjektive Meinungen und Werthaltungen des Vorgesetzten unter Umständen gleich an zwei Stellen mit ein, nämlich zunächst bei der Beurteilung der Leistung des Mitarbeiters und anschließend bei der Entscheidung über die Vergabe und Höhe des variablen Vergütungsbestandteils. Bei **quantitativen Zielen** hingegen wird der Grad der Zielerreichung im Allgemeinen durch eine Messung bestimmt. Ausnahmsweise kann aber auch hier die Zielerreichung durch eine Beurteilung seitens des Arbeitgebers erfolgen. Die so festgestellte Zielerreichung muss nach zuvor festgelegten Grund-

---

1 BAG v. 14.11.2013 – 10 AZR 783/11, NZA 2013, 1150 Rz. 41; v. 24.10.2007 – 10 AZR 825/06, NZA 2008, 40 (44 f.).
2 Einzelheiten dazu bei *Deich*, Die rechtliche Beurteilung von Zielvereinbarungen, S. 231 ff.

sätzen eingeordnet werden. Dies kann entweder allein anhand der Kriterien „erfüllt" oder „nicht erfüllt" erfolgen (absolute Zielerreichung oder -verfehlung) oder durch eine Klassifizierung nach verschiedenen Zielerreichungsgraden (sog. graduelle Abstufung). Die Unterscheidung ist vor allem bei entgeltwirksamen Zielvereinbarungen relevant, da in diesem Fall die Höhe der variablen Vergütung untrennbar mit der prozentualen Zielerreichung verbunden ist.

32 Hat der Arbeitgeber (einseitig oder einvernehmlich) mit seinem Mitarbeiter die Zielerreichung bzw. deren Grad ermittelt, muss im Anschluss daran bei **monetären Zielvereinbarungen** die jeweilige **Höhe des Entgelts** ermittelt werden. Grundsätzlich sind Zielvereinbarungen so ausgestaltet, dass die Höhe des Entgeltanspruchs unmittelbar aus dem erzielten Ergebnis „ablesbar" ist. Hier bedarf es keines besonderen Entscheidungsakts des Arbeitgebers, so dass auch eine gesonderte Ausübungskontrolle obsolet ist. Dennoch finden sich auch Vereinbarungen, die bestimmen, dass der Arbeitgeber in Anbetracht der Erfolgsparameter die Höhe der Vergütung einseitig festlegt.

33 Sofern der Arbeitgeber bei der Ermittlung der Zielerreichung einen Beurteilungsspielraum hat (also insbesondere bei qualitativen Zielen), unterliegt dieser der gerichtlichen Überprüfung am Maßstab des **§ 315 BGB analog** bzw. § 106 GewO. Dasselbe gilt für den Fall, dass der Arbeitgeber bei der Ermittlung der Zielvergütung einen Ermessensspielraum hat.

34 Bei **Streitigkeiten** der Parteien über die **Höhe der Zielerreichung** kann der Arbeitnehmer neben der Geltendmachung seiner betriebsverfassungsrechtlichen Rechte (insbesondere §§ 84, 85 BetrVG) Klage vor dem Arbeitsgericht erheben. Hier gelten die allgemeinen Darlegungs- und Beweisregeln, nach denen der Vortrag der entsprechenden Zielerreichung grundsätzlich dem Arbeitnehmer obliegt.

35 Auf Grund des besonderen Motivationspotenzials wird von der betriebswirtschaftlichen Literatur die **Visualisierung** oder sonstige **Kommunikation der Zielergebnisse** im Unternehmen angeraten. Hier sind allerdings datenschutzrechtliche Aspekte zu beachten. So dürfte ein Aushang von sog. „Under-Performern" am Schwarzen Brett mit Blick auf §§ 3, 28 BDSG unzulässig sein, da in diesem Fall die schutzwürdigen Interessen des Arbeitnehmers überwiegen.[1] Ähnliches kann auch bei „Top-Performern" gelten, sofern sie ggf. ein schutzwürdiges Interesse an der Nichtveröffentlichung ihrer Daten geltend machen können.[2] Gleichwohl hat jeder betroffene Arbeitnehmer die Möglichkeit, sich mit der Bekanntgabe der Analysewerte gemäß § 4 Abs. 1 BDSG einverstanden zu erklären.

8. Veränderung der Ziele während der Zielperiode

36 Da Zielvereinbarungen in aller Regel für einen längeren Zeitraum – meist sechs bis zwölf Monate – abgeschlossen werden, kann es im Laufe der Zielperiode dazu kommen, dass die Parteien feststellen müssen, dass die anfangs festgelegten **Ziele** bis zum Ende des Zielvereinbarungszeitraums **nicht realisierbar** sind oder ihre Realisierung keinen Sinn mehr ergäbe. Die Gründe für die Unerreichbarkeit sind dabei genauso mannigfaltig wie der Inhalt der Zielvereinbarungen selbst. So können bspw. externe wirtschaftliche Veränderungen dazu führen, dass Ziele obsolet werden. Genauso kann es aber auch auf persönliche Leistungshindernisse auf Seiten des Ar-

---

1 *Bauer/Diller/Göpfert*, BB 2002, 882 (885).
2 *Deich*, Die rechtliche Beurteilung von Zielvereinbarungen, S. 231 f.

beitnehmers (z.B. Krankheit) zurückzuführen sein, dass die Ziele nicht bzw. nicht in angestrebter Höhe erreicht werden können.

Im Hinblick auf die Rechtsfolgen, die durch die Veränderung der Ziele eintreten, muss sich das Hauptaugenmerk zunächst auf etwaige Regelungen in den Zielvereinbarungen selbst richten.[1] Fehlt es an derartigen vertraglichen Bestimmungen, so wird aufgrund der Fülle danach möglicher Fallvarianten in der Literatur teilweise vorgeschlagen, aus Vereinfachungsgründen generell § 313 BGB anzuwenden.[2] Gegen eine solche Pauschalanwendung des § 313 BGB spricht jedoch der beschränkte Geltungsbereich der Vorschrift. Nach wie vor sind die Grundsätze zur Störung der Geschäftsgrundlage subsidiärer Natur. Stattdessen sind die **allgemeinen Regeln zum Leistungsstörungsrecht** heranzuziehen. Dazu gehören insbesondere die Vorschriften zur Unmöglichkeit (§§ 323, 326 BGB) und zum Annahmeverzug (§ 615 Satz 1 und 3 BGB).[3] Die Anwendung kann sich im Einzelfall schwierig gestalten, vor allem in Bezug auf die Rechtsfolge, da das angerufene Gericht im Nachhinein die fiktive Zielerreichung zu bestimmen hat. Hier bietet es sich im Prozessfall an, ein Sachverständigengutachten zu beantragen.[4] 37

9. Nichtzustandekommen der Zielvereinbarung

Hat sich der Arbeitgeber im Arbeitsvertrag verpflichtet, dem Arbeitnehmer bei Erreichen der vereinbarten Ziele einen Bonus zu zahlen und kommt eine Vereinbarung zwischen Arbeitgeber und Arbeitnehmer über die innerhalb einer Zielperiode zu erreichenden Ziele nicht zustande, so ist umstritten, unter welchen Voraussetzungen und in welcher Höhe dem Arbeitnehmer ein Anspruch auf den Bonus oder auf Schadensersatz zusteht. Das Fehlen der Zielvereinbarung kann dabei zum einen darauf zurückzuführen sein, dass die Parteien keine Verhandlungsgespräche geführt haben, zum anderen darauf, dass sie im Verhandlungsgespräch keine Einigung erzielen konnten. 38

Weitgehende Einigkeit besteht in beiden Konstellationen darüber, dass das Fehlen einer Zielvereinbarung den Bonusanspruch des Arbeitnehmers grundsätzlich nicht entfallen lässt.[5] Der Anspruch entfällt jedoch, wenn das Fehlen der Zielvereinbarung allein auf dem Verhalten des Arbeitnehmers beruht, dieser etwa einer vertraglichen Verpflichtung zur Initiierung von Verhandlungsgesprächen nicht nachkommt oder den Eintritt in Zielgespräche bzw. eine Einigung im Gespräch unberechtigt vereitelt.[6] 39

---
1 Vgl. dazu *Heiden*, Entgeltrelevante Zielvereinbarungen, S. 277 ff.
2 *Bauer/Diller/Göpfert*, BB 2002, 882 (884); *Lischka*, BB 2007, 552 (554 f.); *Mauer*, NZA 2002, 540 (546).
3 *Deich*, Die rechtliche Beurteilung von Zielvereinbarungen, S. 298 ff.; ablehnend *Heiden*, Entgeltrelevante Zielvereinbarungen, S. 279 ff.
4 *Deich*, Die rechtliche Beurteilung von Zielvereinbarungen, S. 303 ff.
5 BGH v. 9.5.1994 – II ZR 128/93, DB 1994, 1351; BSG v. 23.3.2006 – B 11a AL 29/05 R, NZA-RR 2007, 101; BAG v. 12.12.2007 – 10 AZR 97/07, NZA 2008, 409; *Annuß*, NZA 2007, 790 (795); *Heiden*, Entgeltrelevante Zielvereinbarungen, S. 368; *Mauer*, NZA 2002, 540 (547); *Reiserer*, NJW 2008, 609 (610); *Schmiedl*, BB 2004, 329 (330); s. aber *Bauer/Diller/Göpfert*, BB 2002, 882 (883); *Deich*, Die rechtliche Beurteilung von Zielvereinbarungen, S. 266 f.
6 Vergleichbar BAG v. 12.12.2007 – 10 AZR 97/07, NZA 2008, 409.

a) Fehlendes Zielvereinbarungsgespräch

40 Eine entsprechende Anwendung von § 315 Abs. 3 Satz 2 BGB, wonach bei unterbliebener Zielvereinbarung nach Ablauf der Zielperiode die Ziele und deren Gewichtung durch Urteil festzulegen sind, kommt nicht in Betracht. Liegt keine Zielvorgabe vor, sondern haben die Parteien vielmehr beabsichtigt, im Rahmen einer Zielvereinbarung die Ziele und deren Gewichtung gemeinsam aufzustellen, so entspricht es gerade nicht ihrem Willen, die Ziele einseitig festzulegen. Die in § 315 Abs. 3 Satz 2 BGB geregelte richterliche Ersatzleistungsbestimmung scheidet als Vertragshilfe aus.[1]

41 Ebenfalls problematisch erscheint die Bestimmung der Ziele im Wege der **ergänzenden Vertragsauslegung nach §§ 133, 157 BGB**.[2] Eine ergänzende Auslegung kommt nur bei Vorliegen einer unbewussten, ausfüllungsbedürftigen Regelungslücke in der vertraglichen Vereinbarung in Betracht. Sofern die Parteien jedoch im Arbeitsvertrag eine Rahmenvereinbarung betreffend eine Bonuszahlung, nicht jedoch bereits die zu erreichenden Ziele festgelegt haben, so liegt eine deutliche Unterscheidung zwischen der Rahmenvereinbarung und der für die jeweilige Zielperiode gesondert abzuschließenden Zielvereinbarung vor. Ist die Festlegung der Ziele daher bewusst noch nicht im Arbeitsvertrag erfolgt, so fehlt es an einer unbewussten Regelungslücke, die im Wege der ergänzenden Auslegung geschlossen werden könnte.[3]

42 Schließlich scheidet ebenso ein **Rückgriff auf § 162 Abs. 1 BGB** aus.[4] Eine unmittelbare Anwendung kommt bereits deshalb nicht in Frage, weil es sich bei einer Zielvereinbarung nicht um eine Bedingung i.S.d. § 162 Abs. 1 BGB handelt.[5] Einer dagegen möglichen analogen Anwendung unter Rückgriff auf den in § 162 Abs. 1 BGB zum Ausdruck kommenden Rechtsgedanken, dass niemand aus seinem eigenen treuwidrigen Verhalten Vorteile ziehen darf, bedarf es nicht. Es fehlt an der für eine Analogie erforderlichen unbewussten Regelungslücke, da dem Arbeitnehmer bei unterbliebener Zielvereinbarung ein Schadensersatzanspruch aus **§§ 280 Abs. 1 und 3, 283 BGB** zustehen kann.[6]

---

[1] BAG v. 12.12.2007 – 10 AZR 97/07, NZA 2008, 409 Fn. 44; *Heiden*, Entgeltrelevante Zielvereinbarungen, S. 371 f.; *Schmiedl*, BB 2004, 329 (331); a.A. BGH v. 9.5.1994 – II ZR 128/93, DB 1994, 1351; ArbG Düsseldorf v. 13.8.2003 – 10 Ca 10348/02, DB 2004, 1103; *Behrens/Rinsdorf*, NZA 2006, 830 (834); Küttner/*Griese*, Personalbuch 2014, Zielvereinbarung, Rz. 14.

[2] So aber LAG Köln v. 23.5.2002 – 7 Sa 71/02, NZA-RR 2003, 305; v. 14.3.2006 – 9 Sa 1152/05, juris; *Schmiedl*, BB 2004, 329 (331).

[3] BAG v. 12.12.2007 – 10 AZR 97/07, NZA 2008, 409; *Gehlhaar*, NZA-RR 2007, 113 (115).

[4] Für die Anwendung von § 162 Abs. 1 BGB analog LAG Köln v. 23.5.2002 – 7 Sa 71/02, NZA-RR 2003, 305; LAG Düsseldorf v. 28.7.2006 – 17 Sa 465/06, DB 2006, 2635; BSG v. 23.3.2006 – B 11a AL 29/05 R, NZA-RR 2007, 101; LAG Köln v. 22.8.2007 – 3 Sa 358/07, ArbuR 2008, 228; *Bauer/Diller/Göpfert*, BB 2002, 882 (883); *Deich*, Die rechtliche Beurteilung von Zielvereinbarungen, S. 267 ff.

[5] LAG Köln v. 14.3.2006 – 9 Sa 1152/05, juris; BAG v. 12.12.2007 – 10 AZR 97/07, NZA 2008, 409.

[6] BAG v. 12.5.2010 – 10 AZR 390/09, NZA 2010, 1009; v. 10.12.2008 – 10 AZR 889/07, NZA 2009, 256; v. 12.12.2007 – 10 AZR 97/07, NZA 2008, 409; zu dessen insolvenzrechtlicher Behandlung BAG v. 14.11.2012 – 10 AZR 3/12, NZA 2013, 327.

43 Ein solcher **Schadensersatzanspruch auf die entgangene erfolgsabhängige Vergütung**[1] kommt wegen einer Nebenpflichtverletzung des Arbeitgebers in Frage, wenn eine Zielvereinbarung deswegen nicht geschlossen wird, weil der Arbeitgeber ein Zielvereinbarungsgespräch nicht anberaumt hat, obwohl ihm die Initiative dazu oblag.[2] Gleiches gilt, wenn die Initiativpflicht zwar nicht allein dem Arbeitgeber oblag, dieser aber einer Aufforderung des Arbeitnehmers zum Abschluss einer Zielvereinbarung nicht nachkommt.[3] Ist es dem Arbeitgeber damit nach Ablauf der Zielperiode nicht mehr möglich, mit dem Arbeitnehmer die Ziele zu vereinbaren, ist mithin die Festlegung von Zielen unmöglich i.S.v. § 275 Abs. 1 BGB geworden, so kommt ein Schadensersatzanspruch in Form des entgangenen Gewinns nach §§ 280 Abs. 1 und 3, 283 Satz 1 BGB i.V.m. § 252 BGB statt der Festlegung von Zielen in Betracht.[4] Bezüglich des Schadensumfangs ist jedoch ein Mitverschulden des Arbeitnehmers zu berücksichtigen, sofern das Nichtzustandekommen der Zielvereinbarung auch auf sein Verschulden zurückzuführen ist. Letzteres kann etwa der Fall sein, wenn in einer Rahmenvereinbarung nicht festgelegt worden ist, dass es allein dem Arbeitgeber obliegt, die Verhandlungen über eine Zielvereinbarung zu initiieren und der Arbeitgeber auch (noch) nicht durch eine Aufforderung des Arbeitnehmers zur Führung von Verhandlungen in Verzug geraten ist (beiderseitige Verletzung von Mitwirkungspflichten). Ein Verschulden des Arbeitgebers kann nach der Rechtsprechung bspw. dann ausgeschlossen sein, wenn der Arbeitgeber dem Arbeitnehmer ein Angebot zur Fortführung einer abgelaufenen Zielvereinbarung macht, sich die für den Abschluss der abgelaufenen Zielvereinbarung maßgebenden Umstände nicht wesentlich geändert haben und dem Arbeitnehmer das Erreichen der für den abgelaufenen Zeitraum gemeinsam festgelegten Ziele nach wie vor möglich ist, der Arbeitnehmer dieses Angebot aber ablehnt.[5]

44 In Bezug auf die Höhe des Schadensersatzes nach § 252 BGB kommt dem Geschädigten neben § 252 Satz 2 BGB die Beweislasterleichterung des § 287 ZPO zugute.[6] Gilt daher nach § 252 Satz 2 BGB der Gewinn als entgangen, der nach dem gewöhnlichen Lauf der Dinge oder nach besonderen Umständen zu erwarten ist, so hat der Arbeitnehmer nur die Umstände darzulegen und nach Maßgabe von § 287 ZPO zu beweisen, aus denen sich die Wahrscheinlichkeit des Gewinneintritts ergibt. Als Grundlage für die Ermittlung des dem Arbeitnehmer nach § 252 BGB zu ersetzenden Schadens kann der in früheren Zielvereinbarungen festgesetzte Bonus herangezogen werden. Dabei ist nach Ansicht des BAG davon auszugehen, dass der Arbeitnehmer die vereinbarten Ziele erreicht hätte, wenn nicht besondere Umstände

---

1 Zum Entfall des Schadens bei hypothetischer Festlegung des variablen Entgeltbestandteils auf „Null": BAG v. 20.3.2013 – 10 AZR 8/12, NZA 2013, 970 Rz. 42.
2 BAG v. 10.12.2008 – 10 AZR 889/07, NZA 2009, 256; LAG Köln v. 23.5.2002 – 7 Sa 71/02, NZA-RR 2003, 305; ArbG Frankfurt v. 11.12.2002 – 2 Ca 2816/02, ZTR 2003, 577; BAG v. 12.12.2007 – 10 AZR 97/07, NZA 2008, 409; ausführlich zur Frage der Initiativlast *Schönhöft*, BB 2013, 1529 (1530).
3 BAG v. 12.12.2007 – 10 AZR 97/07, NZA 2008, 409.
4 Vgl. BAG v. 12.5.2010 – 10 AZR 390/09, NZA 2010, 1009; v. 10.12.2008 – 10 AZR 889/07, NZA 2009, 256; v. 12.12.2007 – 10 AZR 97/07, NZA 2008, 409; zu dessen insolvenzrechtlicher Behandlung BAG v. 14.11.2012 – 10 AZR 3/12, NZA 2013, 327.
5 BAG v. 10.12.2008 – 10 AZR 889/07, NZA 2009, 256.
6 Näher *Schönhöft*, BB 2013, 1529 (1532).

dieser Annahme entgegenstehen. Die Darlegungs- und Beweislast bezüglich solcher Umstände soll dem Arbeitgeber obliegen.[1]

b) Fehlende Einigung im Zielvereinbarungsgespräch

45 Die genannten Grundsätze können allgemein auch in den Fällen herangezogen werden, in denen eine Zielvereinbarung daran scheitert, dass sich die Parteien im Zielvereinbarungsgespräch nicht über die festzulegenden Ziele einigen konnten. Die Anwendung von § 315 Abs. 3 Satz 2 BGB und § 162 Abs. 1 BGB (analog) kommt gerade in diesen Konstellationen nicht in Betracht, da beide Parteien mit dem Eintritt in Verhandlungen ihre Bereitschaft zur gemeinsamen Zielfestlegung gezeigt haben. Eine ergänzende Vertragsauslegung gemäß §§ 157, 133 BGB, etwa unter Berücksichtigung früherer Zielvereinbarungen bzw. der im Verhandlungsgespräch vorgebrachten Argumente der Parteien, kann jedoch zur Anwendung gelangen, wenn die fehlende Einigung Folge einer beiderseitigen Verletzung von Mitwirkungspflichten ist, die Parteien sich etwa nicht hinreichend kompromissbereit zeigten. In diesen Fällen erscheint ein Vorgehen über §§ 133, 157 BGB einem Schadensersatzanspruch unter Berücksichtigung eines Mitverschuldens des Arbeitnehmers nach §§ 280 Abs. 1 und 3, 183, 154 BGB vorzugswürdig.

45a Der Radius **zulässiger Ziele**, die der Arbeitgeber dem Arbeitnehmer zur Wahrung seiner Verhandlungspflicht vorschlagen kann, wird dabei insbesondere durch eine etwa abgeschlossene **Rahmenvereinbarung** (s. Rz. 4) abgesteckt, aus der sich – im Idealfall – ausdrücklich oder durch Auslegung, insbesondere anhand des Leistungszwecks,[2] ergibt, inwieweit z.B. der wirtschaftliche Erfolg des Unternehmens oder sogar des Konzerns zum Gegenstand der Zielvereinbarung gemacht werden können oder nur individuell durch den Arbeitnehmer beeinflussbare Ziele in Betracht kommen.[3] Hält sich das Vertragsangebot des Arbeitgebers in diesem Rahmen, stellt sich noch die Frage, ob die vorgeschlagenen Ziele realistisch erreichbar waren: Hat der Arbeitgeber dem Arbeitnehmer neue Ziele vorgeschlagen, die dieser nach einer auf den Zeitpunkt des Angebots bezogenen Prognose hätte erreichen können, fehlt es an einer Verletzung der Verhandlungspflicht des Arbeitgebers und damit an einer Voraussetzung für einen Schadensersatzanspruch des Arbeitnehmers. Ein vom Arbeitnehmer nicht angenommenes Angebot des Arbeitgebers zur Fortführung einer abgelaufenen Zielvereinbarung kann dabei geeignet sein, ein Verschulden des Arbeitgebers am Nichtzustandekommen einer Zielvereinbarung auszuschließen. Dies setzt allerdings voraus, dass sich die für den Abschluss der abgelaufenen Zielvereinbarung maßgebenden Umstände nicht wesentlich geändert haben und dem Arbeitnehmer das Erreichen der für den abgelaufenen Zeitraum gemeinsam festgelegten Ziele nach wie vor möglich ist,[4] so dass der Arbeitgeber insbesondere

---

1 BAG v. 12.12.2007 – 10 AZR 97/07, NZA 2008, 409; s. auch LAG Köln v. 23.5.2002 – 7 Sa 71/02, NZA-RR 2003, 305 (307); LAG Düsseldorf v. 28.7.2006 – 17 Sa 465/06, DB 2006, 2635; *Klein*, NZA 2006, 1129 (1130); s. dazu auch *Gaul/Rauf*, BB 2008, 869 (871 f.).
2 Vgl. BAG v. 17.4.2013 – 10 AZR 251/12, NZA 2014, 567; hohe Bedeutung dürfte regelmäßig die Bezeichnung der an die Zielvereinbarung geknüpften Leistung erlangen („Leistungsbonus": Anknüpfung an persönliche Leistung; „Tantieme": Anknüpfung an den wirtschaftlichen Erfolg des Unternehmens), so zutreffend *Salamon*, NZA 2014, 564 (470).
3 Vgl. *Salamon*, NZA 2014, 465 (470).
4 Zum ganzen Absatz BAG v. 10.12.2008 – 10 AZR 889/07, NZA 2009, 256.

auch bei dem Vorschlag neuer, nach realistischer Einschätzung durch den Arbeitnehmer überhaupt nicht erreichbarer Ziele wegen Verletzung der Verhandlungspflicht schadensersatzpflichtig werden kann.[1]

10. Nachträgliche Zielerreichung

Oftmals stellt sich in der Praxis das Problem, dass die Ziele nicht genau bis zum Ende der Beurteilungsperiode erreicht werden, sondern erst zu einem späteren Zeitpunkt oder gar erst dann, wenn der Arbeitnehmer bereits aus dem Unternehmen ausgeschieden ist. Da dies für den Beschäftigten aufgrund der finanziellen Konsequenzen von Interesse sein kann, stellt sich die Frage, ob er dennoch einen Anspruch auf das entsprechende Zielentgelt gegenüber dem Arbeitgeber geltend machen kann. 46

Sofern die **Zielerreichung** erst **nach Ende der Zielperiode** eintritt, ist ein Anspruch des Beschäftigten auf Zielvergütung ausgeschlossen. Die Grundsätze zur Überhangprovision, die bereits aus dem Handelsvertreterrecht bekannt sind, sind nicht anwendbar. Während diese Art der Sonderzahlung dazu dient, eventuelle Ungerechtigkeiten wegen Verspätungen durch Kunden oder Ähnliches auszugleichen, haben sich die Parteien bei den Zielvereinbarungen ausdrücklich darüber geeinigt, dass das Zielanalysegespräch maßgeblicher Zeitpunkt für die Zielerreichung sein soll. Eine Ausnahme von diesem Grundsatz kann sich nur dann ergeben, wenn anhand der Rahmen- oder Zielvereinbarung ein anderer Wille der Parteien ersichtlich ist. 47

Davon zu unterscheiden ist der Fall, dass die **Zielerreichung** erst **nach Ausscheiden des Arbeitnehmers** aus dem Unternehmen unabhängig vom Zutun anderer Beschäftigter des Betriebs eintritt. In diesem Fall erscheint es gerechtfertigt, die Grundsätze zur **Überhangprovision** entsprechend auf den Fall der nachträglichen Zielerreichung zu übertragen, vor allem im Hinblick auf die Tatsache, dass der Arbeitnehmer anders als der Handelsvertreter bei Ausscheiden aus dem Unternehmen keinen Ausgleichsanspruch nach § 89b HGB erlangt.[2] Allerdings dürften die Parteien genau wie bei der Überhangprovision die Möglichkeit haben, diese zusätzliche Vergütung vertraglich auszuschließen, sofern dafür ein sachlicher Grund gegeben ist. Denkbar wäre bspw., dass der Arbeitgeber sich vertraglich verpflichtet, dem Arbeitnehmer einen pauschalen Ausgleichsanspruch ähnlich dem Anspruch aus § 89b HGB zu zahlen. 48

11. Mitbestimmungsrechte des Betriebsrats

Der Betriebsrat hat ein Mitbestimmungsrecht gemäß **§ 87 Abs. 1 Nr. 1 BetrVG** im Hinblick auf Regelungen zum Ordnungsverhalten der Arbeitnehmer. Im Rahmen des Zielvereinbarungskonzepts gehört dazu bspw. die Einladung des Arbeitnehmers zum Zielvereinbarungsgespräch, wenn die Zielvereinbarungen neu eingeführt werden sollen. Hier sind die Zielvereinbarungen noch nicht Bestandteil der arbeitsvertraglichen Leistungspflicht, so dass nicht das Arbeits-, sondern das Ordnungsverhalten betroffen ist. Gleiches gilt bei der Festlegung von Verhaltenszielen (z.B.: 49

---
1 Zur vergleichbaren Situation bei einer unrealistischen einseitigen Zielvorgabe BAG v. 14.11.2012 – 10 AZR 783/11, NZA 2013, 1150 (1154).
2 *Deich*, Die rechtliche Beurteilung von Zielvereinbarungen, S. 256 ff.

„Verbesserung der Zusammenarbeit", „Verbesserung der Planung oder Organisation"). Kein Mitbestimmungsrecht hat der Betriebsrat demgegenüber bei der Festlegung unternehmerischer Ziele, da diese unmittelbar aufgabenbezogen sind, sowie bei der Festlegung von „Betriebsbußen", also Sanktionen, die über die individualrechtlich zulässige Sanktion hinausgehen.[1]

50 Da Zielvereinbarungen häufig mit EDV-technisch fundierten Controlling-Systemen (z.B. Balanced Scorecards) in Zusammenhang stehen, die Rückschlüsse auf individuelle Verhaltensweisen und Leistungsgrößen zulassen, hat der Betriebsrat oftmals ein Mitbestimmungsrecht i.S.v. **§ 87 Abs. 1 Nr. 6 BetrVG**.[2] Das Gleiche gilt, wenn der Arbeitgeber die aus dem Soll-/Ist-Vergleich am Ende der Zielperiode gewonnen Daten in ein EDV-System einspeisen will.[3]

51 Sofern die Zielvereinbarungen entgeltwirksam ausgestaltet sind, löst der variable Vergütungsbestandteil ein Mitbestimmungsrecht gemäß **§ 87 Abs. 1 Nr. 10 BetrVG** aus, da zum „Lohn" im Sinne der Vorschrift alle Leistungen des Arbeitgebers gehören, die als Gegenwert für die von den Arbeitnehmern erbrachten Leistungen gewährt werden, also auch die leistungsbezogene Zielprämie.[4] Damit kann der Betriebsrat bei der Einführung des MbO-Konzepts als Entlohnungsgrundsatz, bei der Festlegung etwaiger Zielkataloge sowie bei formalen Anforderungen (z.B. Dokumentation der Zielanalyse) mitbestimmen. Von einer Beteiligung des Betriebsrats frei sind demgegenüber die Entscheidung über das „Ob" der Verknüpfung von Zielvereinbarungen und Entgeltbestandteil, die Gesamthöhe der Mittel, die der Arbeitgeber zur Verfügung stellen will („Topf"), die Festlegung der konkreten Höhe der Vergütung, die Vereinbarung der einzelnen Ziele selbst sowie die Bestimmung des Personenkreises, der von dem Zielvereinbarungskonzept profitieren soll.[5]

52 Ein Mitbestimmungsrecht des Betriebsrats kann sich ebenfalls aus **§ 87 Abs. 1 Nr. 11 BetrVG** ergeben. Die Mitbestimmung nach § 87 Abs. 1 Nr. 11 BetrVG soll die bei Leistungsentgelten bestehende Gefahr verhindern, dass die Festsetzung der Faktoren zur Messung der Leistung und Festsetzung der Vergütung des Arbeitnehmers dazu führt, dass dieser durch nicht gerechtfertigte und überhöhte Ansätze nicht sachgerecht bewertet wird.[6] Hinsichtlich der Frage, ob Zielvereinbarungen von § 87 Abs. 1 Nr. 11 BetrVG erfasst werden, ob mithin die Höhe der Vergütung unmittelbar durch das vom Arbeitnehmer erreichte Ergebnis beeinflusst werden kann,[7] ist nach der Ausgestaltung des Zielvereinbarungssystems zu differenzieren. Sofern das zwischen den Parteien vereinbarte Ziel in einem Ergebnis oder einer

---

1 *Geffken*, Personalrat 1997, 518 ff.; *Lindemann/Simon*, BB 2002, 1807 (1813); *Deich*, Die rechtliche Beurteilung von Zielvereinbarungen, S. 319 ff.
2 *Breisig*, Zielvereinbarungen, S. 90; *Jedzig*, DB 1991, 753 (757); *Deich*, Die rechtliche Beurteilung von Zielvereinbarungen, S. 322.
3 MünchArbR/*Krause*, § 57 Rz. 49.
4 *Däubler*, NZA 2005, 793 (795); *Schang*, Die Mitbestimmung des Betriebsrats bei neuen Formen der Leistungsvergütung, Diss. 2002.
5 *Schang*, Die Mitbestimmung des Betriebsrats bei neuen Formen der Leistungsvergütung, Diss. 2002; *Deich*, Die rechtliche Beurteilung von Zielvereinbarungen, S. 323 ff.
6 *Däubler*, NZA 2005, 793 (796); *Deich*, Die rechtliche Beurteilung von Zielvereinbarungen, S. 328.
7 BAG v. 28.7.1981 – 1 ABR 56/78, DB 1981, 2031; v. 15.5.2001 – 1 ABR 39/00, NZA 2001, 1154; v. 31.5.2005 – 1 ABR 22/04, NZA 2006, 56.

Größe besteht, die der Arbeitnehmer (nahezu) nicht nachweisbar beeinflussen kann, so kommt eine Mitbestimmung nach § 87 Abs. 1 Nr. 11 BetrVG nicht in Betracht.[1] Dies wird insbesondere bei der Vereinbarung rein **qualitativ** messbarer Ziele anzunehmen sein, bei denen die Entscheidung über die tatsächliche Zielerreichung dem Vorgesetzten obliegt und den unmittelbaren Zusammenhang von Leistung und Vergütung unterbricht (vgl. Rz. 31, 33 f.).[2] Demgegenüber können Zielvereinbarungen, bei denen eine **quantitativ** messbare Größe als zu erreichendes Ziel gemeinsam festgelegt wurde, als „vergleichbare entgeltbezogene Leistungsentgelte" i.S.d. § 87 Abs. 1 Nr. 11 BetrVG qualifiziert werden. Ist etwa eine Umsatzsteigerung oder Kostensenkung in einem einzelnen Bereich vereinbart worden, so wird der Zusammenhang zwischen Leistung und Vergütung des Arbeitnehmers grundsätzlich nicht durch eine Entscheidung des Vorgesetzten unterbrochen (s. Rz. 31 f.).[3]

Darüber hinaus hat der Betriebsrat ein Zustimmungsrecht bei der Erstellung der Zielvereinbarungsbögen gemäß **§ 94 Abs. 1 BetrVG**, denn damit nimmt der Arbeitgeber zur Zielauswahl und -gewichtung Stellung und zieht insofern bei der Vereinbarung der Ziele Rückschlüsse aus den persönlichen Leistungsmöglichkeiten und -fähigkeiten des Mitarbeiters. Gleiches gilt für das Formblatt zur Zielanalyse, da hier gerade die Leistungsergebnisse, die aufgrund der persönlichen Kenntnisse und Fähigkeiten zustande gekommen sind, dokumentiert werden. 53

Daneben hat der Betriebsrat ein Zustimmungsrecht bei der Aufstellung allgemeiner Beurteilungsgrundsätze gemäß **§ 94 Abs. 2 Alt. 2 BetrVG**, da es sich bei Zielvereinbarungen um allgemeine Beurteilungsgrundsätze im Sinne der Vorschrift handelt, also um Regelungen, die die Bewertung des Verhaltens oder der Leistung des Arbeitnehmers verobjektivieren und nach einheitlichen, für die Beurteilung jeweils erheblichen Kriterien ausrichten sollen.[4] Dazu gehören die Festlegung der materiellen Beurteilungsmerkmale, die Beurteilungsanlässe, ggf. die Häufigkeit der Beurteilungen sowie das maßgebliche Beurteilungsverfahren.[5] Dabei ist unerheblich, ob die entsprechenden Regelungen als Beurteilungsrichtlinien bezeichnet werden, ob die Regelung in sich geschlossen und vollständig ist oder ob sie alle Beurteilungselemente enthält.[6] Unerheblich für das Beteiligungsrecht des Betriebsrats ist auch, dass die Zielvereinbarungen, in denen zwar das Beurteilungsverfahren selbst festgelegt wird, schon eine längere Zeit vor der eigentlichen Beurteilung abgeschlossen werden.[7] Schließlich bilden Zielvereinbarungen die unabdingbare Grundlage für die Leistungskontrolle am Ende der Laufzeit. Ähnlich hat die Rechtsprechung bereits im Falle von Zielvereinbarungen im öffentlichen Recht ent- 54

---

1 *Däubler*, NZA 2005, 793 (796); ablehnend: *Hergenröder*, AR-Blattei-SD, Zielvereinbarungen Rz. 126 f.; *Rieble/Gistel*, BB 2004, 2462 (2463); s.a. ErfK/*Kania*, § 87 BetrVG Rz. 127.
2 *Däubler*, NZA 2005, 793 (796); ErfK/*Kania*, § 87 BetrVG Rz. 127; *Rieble/Gistel*, BB 2004, 2462 (2463).
3 BAG v. 21.10.2003 – 1 ABR 39/02, NZA 2004, 936; *Däubler*, NZA 2005, 793 (796).
4 BAG v. 23.10.1984 – 1 ABR 2/83, NZA 1985, 224; BVerwG v. 11.12.1991 – 6 P 20.89, PersR 1992, 202; BAG v. 21.10.2003 – 1 ABR 39/02, NZA 2004, 936; *Däubler*, NZA 2005, 793 (795 f.); *Küttner/Kreitner*, Personalbuch 2014, Leistungsbestimmung, Rz. 7.
5 Vgl. dazu auch *Jedzig*, DB 1991, 753 (754 f.); *Geffken*, PersR 1997, 518 (519).
6 BVerwG v. 11.12.1991 – 6 P 20.89, PersR 1992, 202; *Geffken*, PersR 1997, 518 (519).
7 Ebenso *Breisig*, Zielvereinbarungen, S. 92 f.; *Tondorf*, AiB 1998, 322 (324); *Geffken*, NZA 2000, 1033 (1037); *Deich*, Die rechtliche Beurteilung von Zielvereinbarungen, S. 336 ff.

schieden: Hier war die Kontrolle auch dann mitbestimmungspflichtig, wenn sie mit Leistungsbewertungen in einem einheitlichen Vorgang einhergeht und sich dieser Vorgang als unmittelbare Vorwegnahme zumindest eines wesentlichen Teils der nachfolgenden Beurteilung darstellt oder das spätere Gesamtergebnis in vergleichbarer Weise bestimmend geprägt wird.[1] Nichts anderes kann für arbeitsrechtliche Zielvereinbarungen gelten, denn auch sie bilden den zentralen Kernbestandteil der Leistungsbeurteilung am Ende des Zielvereinbarungszeitraums und prägen das Gesamtergebnis.

---

[1] BVerwG v. 11.12.1991 – 6 P 20.89, PersR 1992, 202; OVG Münster v. 20.11.1995 – 1 A 15/92.PVL, PersR 1996, 364.

Z 10 Zugangsfiktionen

	Rz.		Rz.
1. Einführung	1	aa) Deklaratorische Klauseln	24
2. Klauseln	12	bb) Konstitutive Zugangsfiktionen	28
a) Allgemeine Zugangsfiktionen	12		
b) Deklaratorische Zugangsfiktionen	18	3. Hinweise zur Vertragsgestaltung; Zusammenfassung	30
c) Zugang von Bekanntmachungen am „Schwarzen Brett"	24		

Schrifttum:

Bauer/Diller, Kündigung durch Einwurfeinschreiben – ein Kunstfehler, NJW 1998, 279; *Becker-Schaffner,* Zugang der Kündigung, BB 1998, 422; *Burgard,* Das Wirksamwerden empfangsbedürftiger Willenserklärungen im Zeitalter moderner Telekommunikation, AcP 195 (1995), 74; *Elzer/Jacoby,* Durch Fax übermittelte Willenserklärungen und Prozesshandlungen, ZIP 1997, 1821; *Eschenauer,* Zugang von Kündigungen, AuA 2003, Nr. 8, 25; *Franzen,* Zugang und Zugangshindernisse bei eingeschriebenen Briefsendungen – Anmerkung zu BAG v. 25.4.1996, JuS 1999, 429; *Friedrich,* Die Kündigung durch Einwurfeinschreiben der Deutschen Post AG, FA 2002, 104; *Gaul/Otto,* Zugangsprobleme bei Kündigungen, ArbRB 2003, 306; *Hartmann,* Zugang der Kündigung, BuW 2002, 609; *Herbert,* Die Zugangsproblematik schriftlicher Willenserklärungen unter Einschaltung von Empfangsboten, NZA 1994, 391; *Herbert,* Zugangsverzögerung einer Kündigung per Einschreiben und der Lauf der Klagefrist des § 4 KSchG, NJW 1997, 1829; *Höland,* Verzögerung, Verwirkung, Vereitelung – Probleme des Zugangs von Willenserklärungen am Beispiel einer Arbeitgeberkündigung, Jura 1998, 352; *Hohmeister,* Beweisschwierigkeiten beim Zugang einer Kündigung, BB 1998, 1477; *John,* Grundsätzliches zum Wirksamwerden empfangsbedürftiger Willenserklärungen, AcP 184 (1984), 385; *Laber,* Zugang und Zustellung im Arbeitsrecht, FA 1998, 170; *Mauer,* Zugangsvereitelung des Kündigungsschreibens, BB 2003, 1182; *Nippe,* Der Zugang der Kündigung bei Urlaubsabwesenheit des Arbeitnehmers, JuS 1991, 285; *Popp,* Zugang der Kündigung des Arbeitsverhältnisses bei Urlaub des Gekündigten, DB 1989, 1133; *Reichert,* Der Zugangsnachweis beim Einwurf-Einschreiben, NJW 2001, 2523; *Schwarz,* Kein Zugang bei Annahmeverweigerung des Empfangsboten?, NJW 1994, 891; *Walk/Lipke,* Die Kündigungserklärung und ihre Tücken, AuA 2008, 346.

1. Einführung

Bei im Rahmen des Arbeitsverhältnisses abgegebenen Willenserklärungen handelt es sich in aller Regel um sog. **empfangsbedürftige Willenserklärungen**. Diese werden durch **Abgabe** der Erklärung und **Zugang** beim Erklärungsempfänger wirksam. 1

Die Frage des Wirksamwerdens ist zum einen im Hinblick darauf relevant, dass der Erklärende mit dem Wirksamwerden an seinen geäußerten Willen gebunden ist (vgl. § 145 BGB) und in einem Umkehrschluss zu § 130 Abs. 1 Satz 2 BGB die Möglichkeit des Widerrufs verliert. Zum anderen entscheidet, soweit Fristen (bspw. § 626 Abs. 2 BGB, § 4 Satz 1 KSchG) zu wahren sind, das Wirksamwerden der Willenserklärung darüber, ob sie vor dem den Fristablauf bestimmenden Zeitpunkt abgegeben worden sind. Außerdem sind etwaige Übermittlungsrisiken zwischen den am Erklärungsvorgang Beteiligten in einen angemessenen Ausgleich zu bringen. Diese Risiken resultieren daraus, dass die an einen Abwesenden gerichtete Willenserklärung auf dem Weg bis zur Vernehmung durch den Empfänger verloren gehen, 2 inhaltlich verändert oder beschädigt werden kann oder die Kenntnisnahme verzögert wird.

3 Wann ein **Zugang** und damit ein **Wirksamwerden** zu bejahen ist, hängt davon ab, ob es sich um eine Willenserklärung unter Anwesenden oder aber unter Abwesenden handelt.

4 Eine unter **Abwesenden** abgegebene Willenserklärung ist dann zugegangen, wenn sie so in den **Machtbereich des Empfängers** gelangt ist, dass ihm unter gewöhnlichen Umständen die **Möglichkeit der Kenntnisnahme** gegeben ist.[1] Eine tatsächliche Kenntnisnahme ist nicht erforderlich. Erreicht bspw. ein Kündigungsschreiben des Arbeitgebers den Briefkasten oder das Postschließfach des Arbeitnehmers zu einer Tageszeit, zu der nach den Gepflogenheiten des Verkehrs eine Entnahme oder Abholung durch den Arbeitnehmer nicht mehr erwartet werden kann, so geht die Willenserklärung erst am Folgetag zu.[2]

5 Generell ist für den Zugang auch ausreichend, wenn das die Willenserklärung enthaltende Schriftstück an eine Person ausgehändigt wird, die nach der Verkehrsauffassung als ermächtigt anzusehen ist, für den Arbeitnehmer Schriftstücke entgegenzunehmen, sog. Empfangsbote. Der Zeitpunkt des Zugangs bestimmt sich in diesem Fall danach, wann nach regelmäßigem Verlauf der Dinge die Weiterleitung an den Adressaten zu erwarten war.[3] Zu den Empfangsboten können etwa Familienangehörige, Vermieter, Hausangestellte oder der Lebensgefährte zählen.[4] Daneben ist ebenfalls die Aushändigung an einen (gesetzlichen) Vertreter ausreichend.[5]

6 Die Frage des Wirksamwerdens einer Willenserklärung unter **Anwesenden** – dieser Fall liegt etwa vor bei mündlichen Erklärungen des Arbeitgebers gegenüber dem Arbeitnehmer (beachte aber: die **konstitutiven Schriftformerfordernisse** in § 623 BGB und § 14 Abs. 4 TzBfG) oder der Übergabe eines die Willenserklärung enthaltenden Schriftstückes an den Arbeitnehmer – regelt das Gesetz nicht. Ganz überwiegend wird der Rechtsgedanke des § 130 BGB entsprechend herangezogen: Bei einer ver-

---

[1] BAG v. 11.6.1959 – 2 AZR 334/57, AP Nr. 1 zu § 130 BGB; v. 16.1.1976 – 2 AZR 619/74; v. 13.10.1976 – 5 AZR 510/75; und v. 18.2.1977 – 2 AZR 770/75, EzA § 130 BGB Nrn. 5, 7, 8; vgl. zum Zugang der Kündigungserklärung bei urlaubsbedingter Abwesenheit des Arbeitnehmers BAG v. 16.3.1988 – 7 AZR 587/87, EzA § 130 BGB Nr. 16; v. 22.3.2012 – 2 AZR 224/11, AP Nr. 19 zu § 5 KSchG 1969.

[2] BAG v. 8.12.1983 – 2 AZR 337/82, EzA § 130 BGB Nr. 13; während bei einem Briefkasten nach der Verkehrsanschauung eine (werk)tägliche Leerung anzunehmen ist, soll dies bei einem Postschließfach nicht der Fall sein, BGH v. 31.7.2003 – III ZR 353/02, NJW 2003, 3270; vgl. auch LAG Köln v. 4.12.2006 – 14 Sa 873/06, NZA-RR 2007, 323.

[3] BGH v. 15.3.1989 – VIII ZR 303/87, BB 1989, 1292.

[4] Vgl. BAG v. 16.1.1976 – 2 AZR 619/74, EzA § 130 BGB Nr. 5; v. 13.10.1976 – 5 AZR 510/75, AP Nr. 8 zu § 130 BGB; v. 6.9.2011 – 6 AZR 687/09, AP Nr. 25 zu § 130 BGB; ErfK/*Müller-Glöge*, § 620 BGB Rz. 55; Palandt/*Ellenberger*, § 130 BGB Rz. 9. Zu beachten ist aber, dass nach Rechtsprechung des BAG die Ablehnung der Entgegennahme durch den Empfangsboten keine Zugangsfiktion zur Folge hat, wenn der Empfänger auf diese Ablehnung keinen Einfluss ausgeübt hat, BAG v. 11.11.1992 – 2 AZR 328/92, AP Nr. 18 zu § 130 BGB. A.A. *Herbert*, NZA 1994, 391, der § 278 BGB analog anwenden möchte, und *Schwarz*, NJW 1994, 891, wonach die Verkehrsanschauung in einer derartigen Konstellation dem Empfänger das Risiko auferlege, da die Übermittlungsgefahr nunmehr in seine Sphäre falle; kritisch auch *Becker-Schaffner*, BB 1998, 422.

[5] BAG v. 8.12.2011 – 6 AZR 354/10, AP Nr. 22 zu § 174 BGB.

körperten (schriftlichen) Erklärung ist für den Zugang beim Erklärungsempfänger wiederum entscheidend, dass sie so in den Machtbereich gelangt, dass dieser die Möglichkeit der Kenntnisnahme hat. In der Regel reicht mithin die Übergabe, ob und wann der Empfänger das Schreiben liest, ist ohne Bedeutung.[1] Eine nicht verkörperte (mündliche) Willenserklärung gegenüber Anwesenden ist hingegen zugegangen, wenn der objektive Anschein besteht, sie sei vom Empfänger (akustisch) richtig verstanden worden (sog. abgeschwächte Vernehmungstheorie).[2] Dieser Umstand steht der tatsächlichen Vernehmung gleich, um eine ausgewogene Risikoverteilung zwischen Erklärendem und Empfänger zu gewährleisten.[3] Der Aspekt der angemessenen Risikoverteilung führt dazu, dass bei Taubheit[4] und Bewusstlosigkeit ein Zugang ausgeschlossen ist (vgl. zur Problematik deutschsprachiger Willenserklärungen des Arbeitgebers und des Zugangs bei **ausländischen Arbeitnehmern** → *Beweislastvereinbarungen*, II B 30).

Um Unwägbarkeiten oder missglückte Zugänge von Willenserklärungen zu vermeiden, kann es im Interesse des Arbeitgebers liegen, durch vertragliche Vereinbarung den **Zugangszeitpunkt vorzuverlegen** oder zu **fingieren** und dadurch etwaige **Zugangshindernisse** (s. Rz. 20 ff.) auszuschließen. 7

Für den Fall einer Unsicherheit hinsichtlich des Zugangszeitpunktes können diesbezügliche arbeitsvertragliche Vereinbarungen sinnvoll sein. Als Beispiel sei hier der Zugang von Übergabe-Einschreiben, deren Empfänger vom Zustellungsbeamten nicht angetroffen wird, genannt. Diesbezüglich stellt sich nämlich die Frage, ob der Brief mit der Hinterlassung des Benachrichtigungszettels unter Berücksichtigung eines angemessenen Zeitraumes für die Abholung der Sendung zugegangen ist[5] oder ob der Zugang – wie die Rechtsprechung zutreffend annimmt[6] – erst dann eintritt, wenn der Empfänger den Brief tatsächlich abholt. Davon zu unterscheiden ist das Einwurf-Einschreiben, bei welchem die Kündigung wie bei einem einfachen Brief zugeht.[7] 8

Ein ähnliches Regelungsbedürfnis kann bestehen, um einer sog. **Zugangsvereitelung** durch den Arbeitnehmer zu begegnen. Hierzu zählen etwa die Fälle, in denen 9

---

1 BAG v. 16.2.1983 – 7 AZR 134/81, EzA § 123 BGB Nr. 21; LAG Köln v. 4.9.2007 – 14 Ta 184/07, AuA 2007, 751.
2 MünchKommBGB/*Einsele*, § 130 Rz. 28; Palandt/*Ellenberger*, § 130 BGB Rz. 14; Soergel/*Hefermehl*, § 130 BGB Rz. 21; anders die Vertreter der bloßen Vernehmungstheorie, die aber regelmäßig zu gleichen Ergebnissen kommen: BAG v. 27.8.1982 – 7 AZR 30/80, ZIP 1982, 1466 (1467); schon *Enneccerus/Nipperdey*, Allgemeiner Teil des Bürgerl. Rechts, 15. Aufl. 1960, § 158 II B 1.
3 Vgl. *Larenz/Wolf*, § 26 Rz. 36; Erman/*Arnold*, § 130 BGB Rz. 23.
4 LAG BW v. 9.4.1980 – 8 Sa 9/80, BB 1980, 630.
5 Vgl. *Hueck/Nipperdey*, Bd. 1, S. 544; *Flume*, Allgemeiner Teil des Bürgerlichen Rechts, Zweiter Band, 3. Aufl. 1979, § 14 3. c).
6 BAG v. 15.11.1962 – 2 AZR 301/62, EzA § 130 BGB Nr. 2; v. 30.5.1978 – 2 AZR 633/76, EzA § 174 BGB Nr. 2; v. 25.4.1996 – 2 AZR 13/95, DB 1996, 2235; v. 7.11.2002 – 2 AZR 475/01, AP Nr. 19 zu § 620 BGB Kündigungserklärung: Nicht die Willenserklärung, nur die Benachrichtigung sei zugegangen. Davon zu unterscheiden ist die Frage, ob der Zugangszeitpunkt fingiert werden kann; so auch *Franzen*, JuS 1999, 429 (430 f.); *Herbert*, NJW 1997, 1380; *Weber*, JA 1998, 593 (595 f.).
7 ErfK/*Müller-Glöge*, § 620 BGB Rz. 54; vgl. zur Unterscheidung von Übergabe-Einschreiben und Einwurf-Einschreiben auch Schaub/*Linck*, § 123 Rz. 43 ff.

der Empfänger eines eingeschriebenen Briefes diesen trotz Hinterlassung eines Benachrichtigungsscheines nicht abholt oder der Arbeitnehmer nicht durch **geeignete Empfangsvorrichtungen** sichergestellt hat, dass ihn Erklärungen des Arbeitgebers auch erreichen können (z.B. Fehlen von lesbar beschriftetem Briefkasten,[1] Postfach oder Empfangsvertreter oder mangelnde Sicherheit für Postboten bei Betreten des Grundstücks,[2] auch: stillgelegte, aber der Personalabteilung offenbarte Faxnummer, E-Mail-Adresse oder ein Defekt der technischen Vorrichtungen,[3] beachte aber Schriftformgebot des § 623 BGB für die dort aufgeführten Beendigungstatbestände).[4] Nach Treu und Glauben muss sich ein Arbeitnehmer auch ohne Verschulden analog § 162 BGB in diesen Fällen zwar so behandeln lassen, als ob die ursprüngliche Willenserklärung (rechtzeitig) zugegangen wäre, wenn der Erklärende nach Kenntnis der Zugangsvereitelung bzw. -verzögerung diese – sofern sie nicht bereits zugegangen ist – unverzüglich nachholt.[5] Insbesondere kann der Adressat einer persönlich übergebenen schriftlichen Kündigungserklärung den Zugang nicht dadurch hinauszögern oder verhindern, dass er den Brief ungeöffnet an den Überbringer zurückgibt. Ausreichend für den Zugang i.S.d. § 130 BGB ist vielmehr, dass er ohne Weiteres Kenntnis vom Inhalt des Schreibens hätte erlangen können.[6] Auch kann sich ein Arbeitnehmer, der aus dem Verfahren vor dem Integrationsamt weiß, dass ihm eine fristlose Kündigung zugehen wird, unter Umständen nach Treu und Glauben auf den verspäteten Zugang des Kündigungsschreibens nicht berufen, wenn er dieses nicht oder nicht zeitnah bei der Postdienststelle abgeholt hat, obwohl ihm ein Benachrichtigungsschreiben der Post zugegangen ist.[7] Dennoch bleiben im Einzelfall Fragen hinsichtlich des ausschlaggebenden Tages des Zugangs umstritten, so dass sich die arbeitsvertragliche Festlegung eines einheitlichen Zeitpunktes anbieten kann.[8]

10 Eine weitere Schwierigkeit in der Praxis besteht darin, dass – selbst wenn tatsächlich ein Zugang erfolgt ist – dies im Streitfall für den Arbeitgeber häufig nicht ohne Weiteres **nachweisbar** ist. Grundsätzlich ist derjenige **darlegungs- und beweispflichtig** für den Zugang einer Willenserklärung und dessen Zeitpunkt, der sich hierauf beruft, also meist der Erklärende.[9] Es besteht auch **kein Anscheinsbeweis** dahin ge-

---

1 BAG v. 22.9.2005 – 2 AZR 366/04, AP Nr. 24 zu § 130 BGB; LAG Hamm v. 25.2.1993 – 8 Ta 333/91, NZA 1998, 32.
2 LAG Stuttgart v. 20.1.1967 – 2 Sa 193/66, AP Nr. 3 zu § 182 ZPO.
3 ArbG Ludwigshafen v. 5.2.1997 – 8 Ca 2352/96, NZA-RR 1997, 469.
4 Die vorgeschriebene Schriftform verlangt den Zugang einer formgerecht errichteten Urkunde; eine E-Mail oder ein Fax entsprechen dieser Anforderung nicht, vgl. *Preis/Gotthardt*, NZA 2000, 351 m.w.N.
5 So die h.M., da nur die Rechtzeitigkeit des Zugangs, nicht aber der Zugang als solcher fingiert werden könne: BAG v. 3.4.1986 – 2 AZR 258/85, EzA § 18 SchwbG Nr. 7; v. 18.2.1977 – 2 AZR 770/75, EzA § 130 BGB Nr. 8; LAG Köln v. 1.3.2002 – 11 Sa 1188/01; BAG v. 22.9.2005 – 2 AZR 366/04, AP Nr. 24 zu § 130 BGB; vgl. auch Schaub/*Linck*, § 123 Rz. 50 ff. Das Erfordernis einer erneuten Zustellung ist wegen der Treuwidrigkeit des Empfängers nach hier vertretener Ansicht aber verzichtbar.
6 BAG v. 7.1.2004 – 2 AZR 388/03, ZInsO 2005, 671.
7 BAG v. 7.11.2002 – 2 AZR 475/01, AP Nr. 19 zu § 620 BGB Kündigungserklärung.
8 Vgl. LAG Köln v. 10.4.2006 – Sa 61/06, NZA-RR 2006, 466, wonach sich der Arbeitgeber gerade nicht auf eine Zugangsvereitelung durch den Arbeitnehmer berufen können soll, wenn dieser bei Kenntnis der Kündigungsabsicht kurz vor Arbeitsschluss den Arbeitsplatz verlässt.
9 BGH v. 13.5.1987 – VIII ZR 137/86, BGHZ 101, 49 (55); vgl. Soergel/*Hefermehl*, § 130 BGB Rz. 23; Baumgärtel/*Laumen*, Handbuch der Beweislast, § 130 BGB Rz. 1.

hend, dass ein gewöhnlicher Brief, der der Post zur Beförderung übergeben worden ist, oder ein Fax tatsächlich zugehen.[1] Ein sicherer Nachweis des Zugangs ist durch Beförderung per Einschreiben mit Rückschein möglich. Der bloße Auslieferungsbeleg der Deutschen Post AG über die Auslieferung eines Einwurf-Einschreibens stellt keine Urkunde i.S. der §§ 415 Abs. 1, 418 Abs. 1 ZPO dar[2] und hat daher nur begrenzten Beweiswert.[3] Nach den Grundsätzen der abgestuften Darlegungs- und Beweislast muss jedoch der Kündigungsempfänger, der einen späteren Zugang als denjenigen behauptet, den der Postzusteller auf dem Auslieferungsbeleg dokumentiert hat, einen Geschehensablauf darlegen, der eine gewisse Wahrscheinlichkeit für einen späteren Zugang beinhaltet.[4] Wenn allerdings zweckmäßigerweise auch der Inhalt des Schreibens nachgewiesen werden soll, empfiehlt es sich, entweder einen Boten mit Kenntnis des Inhalts zu beauftragen, selbst mit einem Zeugen, der das Schreiben kennt, den Zugang zu bewirken oder sich eines Gerichtsvollziehers gemäß § 132 BGB, §§ 191 ff. ZPO zu bedienen.[5]

Es liegt daher insbesondere für den Arbeitgeber nahe, das Wirksamwerden empfangsbedürftiger Willenserklärungen nach Möglichkeit vertraglich an Vorgänge anzuknüpfen, die für ihn erkennbar, kontrollierbar und vor allem leichter nachzuweisen sind. Im Grundsatz besteht Einigkeit, dass solche vom gesetzlichen Leitbild des § 130 BGB abweichenden Vereinbarungen zwischen den Parteien möglich sind.[6] Im Einzelfall kann jedoch problematisch sein, inwieweit von diesem Grundsatz unter dem **Gesichtspunkt des Arbeitnehmerschutzes** bei Klauseln in Formulararbeitsverträgen Ausnahmen geboten sind. 11

2. Klauseln

a) Allgemeine Zugangsfiktionen

◯ **Nicht geeignet:**
  a) Mitteilungen oder sonstige Erklärungen an die dem Arbeitgeber mitgeteilte Anschrift des Arbeitnehmers gelten mit dem zweiten Tag nach ihrer Absendung als zugegangen.
  b) ... gelten am Tag des ersten Zustellungsversuches als zugegangen.
  c) ... gelten mit dem Datum der Aufgabe als zugegangen.[7]

---

1 BGH v. 27.5.1957 – II ZR 132/56, BGHZ 24, 308; BAG v. 14.7.1960 – 2 AZR 173/59, EzA § 130 BGB Nr. 1; BGH v. 21.1.2009 – VIII ZR 107/08, NJW 2009, 2197 (2198).
2 LAG Hamm v. 22.5.2002 – 3 Sa 847/01, LAGReport 2003, 8.
3 LG Potsdam v. 27.2.2000 – 11 S 233/99, NJW 2000, 3722; *Hohmeister*, BB 1998, 1477; Schaub/*Linck*, § 123 Rz. 46; für den Anscheinsbeweis, gegen den allerdings auch schon der Gegenbeweis und nicht erst der Beweis des Gegenteils erfolgreich ist, hingegen AG Paderborn v. 3.8.2000 – 51 C 76/00, NJW 2000, 3722 (3723); AG Erfurt v. 20.6.2007 – 5 C 1734/06, WuM 2007, 580; MünchKommBGB/*Einsele*, § 130 Rz. 46; *Reichert*, NJW 2001, 2523.
4 LAG Berlin-Brandenburg v. 12.3.2007 – 10 Sa 1945/06.
5 Vgl. *Hohmeister*, JA 1999, 260; *Kaiser*, NJW 2009, 2187.
6 RG v. 23.2.1924 – V 400/23, RGZ 108, 91 (96); BGH v. 7.6.1995 – VIII ZR 125/94, NJW 1995, 2217; Erman/*Arnold*, § 130 BGB Rz. 32.
7 S. BAG v. 18.2.1977 – 2 AZR 770/75, AP Nr. 10 zu § 130 BGB.

12 Hierbei handelt es sich um sog. **Fiktionen**, wonach Willenserklärungen des Arbeitgebers unabhängig vom Zeitpunkt ihres tatsächlichen Zugangs entgegen § 130 Abs. 1 Satz 1 BGB bereits mit dem Eintritt eines bestimmten Ereignisses oder dem Ablauf einer gewissen Zeit als zugegangen gelten sollen. Anknüpfungspunkte für die Fiktion des Zugangs können hierbei ganz unterschiedliche Tatsachen sein.

13 Soweit die Willenserklärung, deren Zugang fingiert werden soll, in einer **Kündigung** liegt, hat das BAG eine solche Vereinbarung aus arbeitsrechtlichen Gesichtspunkten jedenfalls dann für unzulässig erklärt, wenn sie zu einer Verkürzung der gesetzlich zwingend vorgeschriebenen Mindestkündigungsfristen bzw. tariflicher Kündigungsfristen führt.[1] Da jedoch § 130 BGB grundsätzlich dispositiv ist, ist dieser Ansatz dogmatisch zweifelhaft und das Problem über § 308 Nr. 6 BGB zu lösen, wobei dies praktisch zu den gleichen Ergebnissen führen wird.[2]

14 Formularmäßig getroffene Zugangsfiktionen sind gemäß **§ 308 Nr. 6 BGB** unwirksam, soweit sie Erklärungen des Verwenders von **besonderer Bedeutung** betreffen.[3] Dies bedeutet eine **Ausnahme vom grundsätzlichen Verbot der Beweislaständerung** des § 309 Nr. 12 BGB. Der Anwendbarkeit dieser Normen im Arbeitsrecht stehen keine Besonderheiten des Arbeitsrechts i.S.v. § 310 Abs. 4 Satz 2 BGB entgegen.[4] Die Beweislast trifft dabei den Erklärenden. Somit würde aus § 309 Nr. 12 BGB folgen, dass durch formularmäßige Vereinbarungen für das Zugangserfordernis keine Beweiserleichterungen geschaffen werden können. Hiervon enthält § 308 Nr. 6 BGB insoweit als lex specialis eine Ausnahme, als Zugangsfiktionen für Erklärungen des Verwenders ohne besondere Bedeutung nicht ohne Weiteres unwirksam sind. Sie sind jedoch noch einer Inhaltskontrolle nach § 307 BGB zu unterziehen. Diese führt aber im Regelfall nicht zu einer Unangemessenheit der Klausel, da der Gesetzgeber insoweit – wie ein Umkehrschluss zu § 308 Nr. 6 BGB ergibt – eine bewusste Entscheidung für deren Wirksamkeit bei Unwesentlichkeit getroffen hat.[5]

15 Das **Merkmal der „besonderen Bedeutung"** in diesem Sinne unterliegt, um in Einklang zu § 309 Nr. 12 BGB zu stehen, einer sehr weiten Auslegung. Hierunter fallen nach h.M. grundsätzlich alle Erklärungen, die für den Vertragspartner mit nachteiligen Rechtsfolgen verbunden sind,[6] also bspw. (Ab)Mahnungen, Kündigungen, Fristsetzungen etc. Wenn schon unter § 308 Nr. 6 BGB (und nicht unter § 309 Nr. 12 BGB) die den Vertragspartner weniger belastende Klausel fallen soll, nach der der Zugang der Erklärung des Klauselverwenders nicht fingiert, sondern widerlegbar vermutet wird,[7] so ist im Ergebnis der **Anwendungsbereich für formularmäßige Zugangsfiktionen außerordentlich begrenzt**.

---

1 Vgl. BAG v. 13.10.1976 – 5 AZR 638/75, AP Nr. 9 zu 130 BGB: für andere Willenserklärungen jedoch ausdrücklich offen gelassen.
2 SPV/*Preis*, Rz. 131.
3 Hierzu BGH v. 22.6.1989 – III ZR 72/88, BGHZ 108, 98.
4 ErfK/*Preis*, §§ 305–310 BGB Rz. 101 m. zahlr. Nachw.
5 WLP/*Dammann*, § 308 Nr. 6 BGB Rz. 3; UBH/*Schmidt*, § 308 Nr. 6 BGB Rz. 7.
6 *Gotthardt*, Arbeitsrecht nach der Schuldrechtsreform, Rz. 294; Palandt/*Grüneberg*, § 308 BGB Rz. 37; *Stoffels*, AGB-Recht, Rz. 668; UBH/*Schmidt*, § 308 Nr. 6 BGB Rz. 7.
7 *Kanzleitner*, DNotZ 1988, 498 in Anm. zu LG Koblenz v. 20.3.1987 – 4 T 29/87; UBH/*Schmidt*, § 308 Nr. 6 BGB Rz. 5 m.w.N.

Zudem ist eine geltungserhaltende Reduktion unwirksamer Klauseln – diesbezüglich ist eine Übertragung der von der h.M.[1] zu AGB-Klauseln entwickelten Grundsätze auf Formulararbeitsverträge geboten[2] – abzulehnen.[3] Aus diesem Grund wird man davon ausgehen müssen, dass derartige Klauseln **insgesamt unwirksam** sind, wenn sie sich aufgrund ihrer pauschalen Formulierung auch auf Erklärungen des Arbeitgebers von besonderer Bedeutung erstrecken.[4] Der Arbeitgeber muss dann trotz vereinbarter Klausel im Streitfalle den Zugang der Willenserklärung beweisen (s. Rz. 10). 16

Handelt es sich um eine wirksame Klausel, so ist regelmäßig davon auszugehen, dass dem anderen Vertragsteil beim Eingreifen einer Zugangsfiktion der Gegenbeweis offen steht.[5] Darüber hinaus muss der Arbeitgeber als Verwender einer solchen Klausel zumindest den Beweis führen, dass die Erklärung abgegeben, also i.d.R. abgesandt, wurde. Eine zusätzliche Klausel, die dem Arbeitgeber auch den Beweis der **Absendung** abnimmt oder die Absendung einer Erklärung fingiert, verstößt gegen § 309 Nr. 12 BGB[6] und wäre auch als individualvertragliche Klausel vor dem Hintergrund des § 138 BGB zweifelhaft. 17

b) Deklaratorische Zugangsfiktionen

⊃ **Nicht geeignet:**
  a) Eine Willenserklärung gilt dann als zugegangen, wenn sie durch einen Gerichtsvollzieher zugestellt worden ist.
  b) Ist eine Änderung der Anschrift oder die Urlaubsanschrift nicht ordnungsgemäß gemeldet, so gelten die Mitteilungen der Firma in dem Zeitpunkt als zugegangen, in dem sie Herr/Frau … unter der zuletzt angegebenen Anschrift erreicht hätten.
  c) Ist ein Wohnungswechsel der Personalabteilung nicht gemeldet worden, so gelten Mitteilungen der Firma an die zuletzt abgegebene Anschrift auch dann als zugegangen, wenn sie als unzustellbar zurückkommen.

Klauseln solchen Inhaltes sind entsprechend dem Rechtsgedanken des § 307 Abs. 3 BGB ausnahmsweise wirksam, obgleich sie ebenfalls eine Zugangsfiktion i.S.d. § 308 Nr. 6 BGB beinhalten. 18

So ist Beispiel a) überflüssig, da es ohnehin nur die geltende gesetzliche Zugangsfiktion des § 132 BGB wiedergibt.[7] 19

Die Beispiele b) und c) zielen auf Sachverhalte ab, die u.U. den Zugang von Willenserklärungen des Arbeitgebers beim Arbeitnehmer hindern können, sog. **Zugangshindernisse**. Denn besondere Probleme können sich dann ergeben, wenn die Willenserklärung wegen eines Verhaltens des Empfängers diesem nicht oder erst verspätet 20

---

1 S. hierzu nur BGH v. 17.5.1982 – VII ZR 316/81, BGHZ 84, 109 (114 ff.); UBH/*Schmidt*, § 306 BGB Rz. 14 f. m.w.N.
2 Hierzu ausführlich *Preis*, Vertragsgestaltung, S. 357 ff.
3 ErfK/*Preis*, §§ 305–310 BGB Rz. 104 m. zahlr. Nachw.
4 Vgl. UBH/*Schmidt*, § 308 Nr. 6 BGB Rz. 8; WLP/*Dammann*, § 308 Nr. 6 BGB Rz. 14.
5 UBH/*Schmidt*, § 308 Nr. 6 BGB Rz. 6.
6 Vgl. etwa *Stübing*, NJW 1978, 1611; UBH/*Schmidt*, § 308 Nr. 6 BGB Rz. 6; WLP/*Dammann*, § 308 Nr. 6 BGB Rz. 8–9.
7 Vgl. WLP/*Dammann*, AGB-Recht, § 308 Nr. 6 BGB Rz. 20; UBH/*Schmidt*, § 308 BGB Nr. 6 Rz. 3.

zugeht, weil er sich z.B. infolge Umzuges, Urlaubs, Krankheit, Kur oder Haft nicht an seinem gewöhnlichen Aufenthaltsort aufhält. Überwiegend wird diese Problematik heute unter Rückgriff auf den dem § 130 BGB zu Grunde liegenden Gedanken der Risikoverteilung zwischen Erklärendem und Erklärungsempfänger gelöst. Entscheidend bleibt, ob nach dem gewöhnlichen Verlauf der Dinge mit der Möglichkeit der Kenntnisnahme durch den Empfänger zu rechnen ist (Rz. 4). Unbedeutend ist der Grund für ein etwaiges Unterbleiben der Kenntnisnahme, wenn das Zugangshindernis ausschließlich der Sphäre des Empfängers zuzurechnen ist und der Erklärende redlicherweise mit solchen besonderen Umständen nicht zu rechnen brauchte.[1]

21 Demnach gilt für den im **Urlaub** befindlichen Arbeitnehmer und entsprechend bei **Krankheit** und **Kur** Folgendes: Entgegen der ursprünglichen Rechtsprechung des BAG und Teilen der Literatur,[2] die für diesen Zeitraum eine individuelle Zugangssperre annehmen, ist eine Willenserklärung des Arbeitgebers dann zugegangen, wenn sie dem Arbeitnehmer an seinen Wohnsitz zugestellt wird, und zwar selbst dann, wenn der Arbeitgeber weiß, dass der Arbeitnehmer während seines Urlaubs verreist ist.[3] Dem liegt der generelle nicht auf den Einzelfall abstellende Gedanke zu Grunde, dass, solange der Empfänger seine Wohnung nicht aufgibt, er sie als den Ort gelten lassen muss, an dem man ihn nach der Verkehrsanschauung auch erreichen kann. Entsprechend geht bei einer **Inhaftierung** des Arbeitnehmers ein an dessen Heimatanschrift gerichtetes Kündigungsschreiben diesem auch bei arbeitgeberseitiger Kenntnis von der Inhaftierung zu.[4] Zu beachten ist freilich, dass dem Arbeitnehmer im Falle der Kündigung u.U. die vom Zeitpunkt des Zugangs zu unterscheidende Möglichkeit der Zulassung einer verspäteten Klage nach § 5 KSchG offen stehen kann. So kommt sogar eine nachträgliche Zulassung der Kündigungsschutzklage in Betracht, wenn die Kündigung in den Machtbereich des Arbeitnehmers gelangt, dort aber verloren gegangen ist, falls durch eine nähere Darstellung und Glaubhaftmachung auch ein naheliegender – und ggf. verschuldeter – Verlust des Kündigungsschreibens in der Sphäre des Kündigungsempfängers ausgeschlossen werden kann.[5]

22 Bei einem **Umzug** des Arbeitnehmers kann sich der Arbeitnehmer auf eine dadurch verursachte Zugangsverzögerung nicht berufen, wenn dem Arbeitgeber die neue Anschrift nicht mitgeteilt wurde und kein Nachsendeantrag gestellt ist.[6] Liegt allerdings die Mitteilung der neuen Anschrift vor – dies soll selbst auf einer etwaigen Arbeitsunfähigkeitsbescheinigung erfolgen dürfen[7] – ist der Zustellungszeitpunkt maßgeblich.

---

1 Vgl. etwa BAG v. 18.2.1977 – 2 AZR 770/75, EzA § 130 BGB Nr. 8; SPV/*Preis*, Rz. 127.
2 BAG v. 16.12.1980 – 7 AZR 1148/78, AP Nr. 11 zu § 130 BGB; *Becker-Schaffner*, BB 1998, 422; *Popp*, DB 1989, 1133.
3 BAG v. 16.3.1988 – 7 AZR 587/87, AP Nr. 16 zu § 130 BGB mit zust. Anm. *Adam*; v. 24.6. 2004 – 2 AZR 461/03, AP Nr. 22 zu § 620 BGB Kündigungserklärung; v. 22.3.2012 – 2 AZR 224/11, AP Nr. 19 zu § 5 KSchG 1969.
4 BAG v. 2.3.1989 – 2 AZR 275/88, EzA § 130 BGB Nr. 22.
5 BAG v. 28.5.2009 – 2 AZR 732/08, EzA § 5 KSchG Nr. 37.
6 BAG v. 22.9.2005 – 2 AZR 366/04, AP Nr. 24 zu § 130 BGB; Schaub/*Linck*, § 123 Rz. 41; SPV/*Preis*, Rz. 129.
7 BAG v. 18.2.1977 – 2 AZR 770/75, AP Nr. 10 zu § 130 BGB, wonach der Arbeitnehmer darauf vertrauen dürfe, dass der Arbeitgeber die Bescheinigung voll überprüfe. Da aber vornehmlich die Arbeitsunfähigkeit beurkundet wird, wird die Adressänderung – ohne besonderen Hinweis – nicht in ausreichendem Maße augenscheinlich; ablehnend auch Schaub/*Linck*, § 123 Rz. 41.

Zusammenfassend lässt sich mithin sagen, dass die vorgestellten Beispiele ohnehin 23
nur die geltende Rechtslage wiedergeben, somit zwar wirksam, jedoch nur deklaratorischer Natur und damit verzichtbar sind.

c) Zugang von Bekanntmachungen am „Schwarzen Brett"

aa) Deklaratorische Klauseln

⊃ **Nicht geeignet:**
   a) Niemand kann sich darauf berufen, er habe ein Rundschreiben oder einen Aushang nicht gelesen. Etwas anderes gilt nur, wenn er nachweist, dass er ohne sein Verschulden daran gehindert war.
   b) Ein Mitarbeiter kann sich nicht darauf berufen, einen Aushang übersehen zu haben, es sei denn, er war während der Dauer des Aushangs abwesend.

Auch ein **Aushang** – bspw. im Betrieb an der für Erklärungen an die Arbeitnehmer 24
bestimmten Stelle (schwarzem Brett) – kann den Zugang einer Willenserklärung bewirken, ohne dass hierfür eine besondere Vereinbarung erforderlich wäre. Voraussetzung ist allerdings, dass die Adressaten, also die Arbeitnehmer, in der Lage sind, von dieser Form der Bekanntmachung Kenntnis zu nehmen.[1] Aus diesem Grunde geht die Willenserklärung erst in dem Zeitpunkt zu, in dem der Arbeitnehmer sie zur Kenntnis nehmen konnte, in der Regel also beim Betreten des Betriebes. Ein Zugang an Arbeitnehmer, die wegen Erkrankung, Urlaubs, Montage etc. die Erklärung gar nicht vernehmen können, scheidet hingegen grundsätzlich aus.[2] Diesen muss dann die Willenserklärung gesondert übermittelt werden.

Nach neuerer Rechtslage ist wegen des gesetzlichen Schriftformgebotes nach § 623 25
BGB allerdings nicht zu empfehlen, bspw. eine (Massen)Kündigung durch bloßen Aushang am schwarzen Brett auszusprechen.[3]

Bei solchen Bekanntmachungen und Mitteilungen, die nicht § 623 BGB unterfallen, sind Klauseln des Beispiels verzichtbar, da sie wiederum nur die bezüglich des Zugangs ohnehin geltende Gesetzeslage wiedergeben. Fraglich ist allerdings, ob sie nicht im Hinblick auf eine mögliche Veränderung der Beweislast einen mehr als nur deklaratorischen Kern enthalten: 26

Nach ihrer Formulierung soll den Arbeitnehmer die **Beweislast** für das fehlende 27
Verschulden der Nichtkenntnisnahme des Aushangs bzw. für seine Abwesenheit treffen. Hierin indes liegt keine Beweislastumkehr, denn nach allgemeinen Regeln hat zwar derjenige den Zugang einer empfangsbedürftigen Willenserklärung zu be-

---

[1] BAG v. 30.1.1958 – 2 AZR 396/55, AP Nr. 6 zu § 611 BGB Lohnanspruch; Erman/*Arnold*, § 130 BGB Rz. 15; Soergel/*Hefermehl*, § 130 BGB Rz. 14.
[2] Hueck/Nipperdey, Bd. 1, § 56 II 3; *Becker-Schaffner*, BB 1998, 422; Soergel/*Hefermehl*, § 130 BGB Rz. 14; a.A. Erman/*Arnold*, § 130 BGB Rz. 11, wonach die Ortsabwesenheit des Empfängers grundsätzlich unerheblich ist, da es auf die *üblicherweise* zu erwartende Möglichkeit der Kenntnisnahme ankommt.
[3] Die Frage ist soweit ersichtlich gerichtlich nicht geklärt. Da Ziele des § 623 BGB Rechtssicherheit, Transparenz und eine damit einhergehende Entlastung der Arbeitsgerichte sind, genügt ein auch handschriftlich unterschriebener Aushang dessen Anforderungen wohl nicht, vgl. *Schaub*, NZA 2000, 344 (347); BBDW/*Bader*, § 623 BGB Rz. 33.

weisen, der sich auf deren Zugang beruft, also i.d.R. der Erklärende.[1] Soweit es auf die Rechtzeitigkeit ankommt, muss er auch den Zeitpunkt des Zugangs beweisen.[2] Der Arbeitgeber trägt damit grundsätzlich die Beweislast dafür, dass eine Willenserklärung am schwarzen Brett auch ausgehängt wurde und somit gewöhnlich vom Arbeitnehmer auch zur Kenntnis genommen werden konnte. Ist der Arbeitnehmer während des Zeitraumes des Aushangs wegen Krankheit, Urlaub etc. abwesend, handelt es sich insoweit um einen „ungewöhnlichen" Umstand, der in der Sphäre des Arbeitnehmers begründet ist, so dass davon auszugehen ist, dass dieser diesbezüglich ohnehin die Beweislast trägt. Daher sind die unter dem Beispiel vorgestellten Klauseln verzichtbar. Sie erfüllen einzig die der Transparenz dienende Funktion, dass die rechtsunkundigen Arbeitnehmer nunmehr darum wissen, dass betriebsübliche Bekanntmachungen Rechtsfolgen auslösen können.

bb) Konstitutive Zugangsfiktionen

⊃ **Nicht geeignet:**

Betriebliche Bekanntmachungen erfolgen durch Aushang am „Schwarzen Brett" oder durch betriebsüblichen Umlauf. Ein Mitarbeiter kann sich nicht darauf berufen, einen Aushang übersehen zu haben. Solche Informationen gelten jedem Mitarbeiter als bekannt gegeben.

28 § 130 BGB ist abdingbar,[3] so dass anstelle des normalerweise erforderlichen Zugangs ein Anschlag oder Aushang im Betrieb am schwarzen Brett als ausschließliches Wirksamkeitserfordernis vereinbart werden kann,[4] wenn nicht der zwingende § 623 BGB greift (s. Rz. 25). Eine solche Vereinbarung kann einzelvertraglich, aber auch durch Tarifvertrag oder Betriebsvereinbarung getroffen werden. In diesem Fall werden Erklärungen mit dem Anschlag gegenüber allen Arbeitnehmern wirksam, und zwar unabhängig davon, ob der Betroffene in der Lage war, von dem Anschlag Kenntnis zu nehmen.[5] Genau auf eine solche Regelung zielen – anders als die deklaratorischen Klauseln, bei denen durch den Aushang oder Anschlag am schwarzen Brett nur der Zugang bewirkt werden soll – arbeitsvertragliche Klauseln des hier vorgestellten Beispiels ihrem Sinngehalt nach ab.

29 Problematisch allerdings sind solche Vereinbarungen dann, wenn sie nicht individuell ausgehandelt werden, sondern klauselmäßig in Formulararbeitsverträgen Verwendung finden. Schon vorstehend zu den Klauseln wurde unter Rz. 14 ausgeführt, dass angesichts der Regelung des § 308 Nr. 6 BGB formularmäßigen Zugangsfiktionen i.d.R. erhebliche Wirksamkeitsbedenken gegenüberstehen. Hiervon ausgehend wird man bezüglich Erklärungen von besonderer Bedeutung **erst recht** dann eine Unwirksamkeit annehmen müssen, wenn der Zugang einer Willenserklärung nicht

---

1 BGH v. 13.5.1987 – VIII ZR 137/86, BGHZ 101, 49 (55); vgl. Soergel/*Hefermehl*, § 130 BGB Rz. 23; Baumgärtel/*Laumen*, Handbuch der Beweislast, § 130 Rz. 1.
2 BGH v. 18.1.1978 – IV ZR 204/75, BGHZ 70, 232 (234); Palandt/*Ellenberger*, § 130 BGB Rz. 21.
3 RG v. 23.2.1924 – V 400/23, RGZ 108, 91 (96); BGH v. 7.6.1995 – VIII ZR 125/94, NJW 1995, 2217; Erman/*Arnold*, § 130 BGB Rz. 32.
4 MünchKommBGB/*Einsele*, § 130 Rz. 22; Erman/*Arnold*, § 130 BGB Rz. 15, Soergel/*Hefermehl*, § 130 BGB Rz. 14.
5 LAG Hamm v. 3.7.1953 – 2 Sa 133/53, BB 1953, 736 m. Anm. *Molitor*.

nur fingiert, sondern das Zugangserfordernis des § 130 BGB für das Wirksamwerden einer Willenserklärung gänzlich abbedungen wird oder an seine Stelle etwa die bloße Abgabe einer Willenserklärung oder ein bloßer Aushang am schwarzen Brett treten soll.[1] Dies entspricht dem Schutzzweck des § 308 Nr. 6 BGB, der vor den Nachteilen der zeitweiligen Unklarheit über die Abgabe und das Wirksamwerden der Willenserklärung des anderen Teiles schützen soll.[2] Diese nicht gebilligte Risikoverteilung entsteht auch beim Verzicht auf den Zugang einer Willenserklärung. Da die Rechtsfolgen der vom anderen Teil abgegebenen Erklärung unabhängig von deren tatsächlichen Zugang beim Empfänger eintreten, ist die Situation aus Sicht des Erklärungsempfängers bei Fiktion und Verzicht dieselbe. Der Verzicht auf den Zugang kommt einer Fiktion gleich, da beiden die Annahme gemeinsam ist, dass eine Tatsache oder ein Sachverhalt vorliegt, der Zugang einer Willenserklärung, der in Wirklichkeit nicht besteht. Aus diesem Grunde ist es geboten, § 308 Nr. 6 BGB auf Fiktion und Zugangsverzicht gleichermaßen anzuwenden. Danach kann die im Beispiel vorgestellte Klausel aufgrund der pauschalen Formulierung, die sich auch auf Erklärungen von besonderer Bedeutung erstrecken kann, nicht wirksam vereinbart werden (vgl. Rz. 16).

3. Hinweise zur Vertragsgestaltung; Zusammenfassung

Aus dem Blickwinkel des Arbeitgebers sprechen u.a. Gründe der besseren Beweisbarkeit, der Rechtssicherheit und das Bestehen etwaiger Zugangshindernisse sowie eine denkbare etwaige Zugangsvereitelung durch den Arbeitnehmer dafür, den Zugang und damit das Wirksamwerden von im Zusammenhang mit dem Arbeitsverhältnis abgegebenen Willenserklärungen abweichend von der geltenden Rechtslage zu regeln. 30

In Formulararbeitsverträgen dürfte dies jedoch wegen des Rechtsgedankens des § 308 Nr. 6 BGB nur in sehr beschränktem Umfange möglich sein: Nur solche Zugangsfiktionen sind rechtssicher, die sich auf Erklärungen von **unwesentlicher Bedeutung** beziehen, wohingegen für Erklärungen von wesentlicher Bedeutung eine vereinbarte Fiktion keiner Bestandskraft zugänglich ist. Bei (vorformulierten) Klauseln von unwesentlicher Bedeutung, die im Zusammenhang mit Zugangsfiktionen praktischer Brisanz entbehren, erscheint eine Vereinbarung überflüssig. Auch sind Hinweise darauf, dass betriebliche Bekanntmachungen den Zugang bewirken können, entbehrlich, da dem Arbeitnehmer mit Arbeitsaufnahme die Kenntnisnahme solcher Mitteilungen, die damit in seinen Machtbereich gelangt sind, in Übereinstimmung zur ohnehin bestehenden Rechtslage, § 130 BGB, möglich ist. 31

---

1 In diesem Sinne auch LG Koblenz v. 20.3.1987 – 4 T 29/87, DNotZ 1988, 496 (497) mit insoweit zust. Anm. *Kanzleiter*.
2 Vgl. UBH/*Schmidt*, § 308 Nr. 6 BGB Rz. 1.

Z 20 Zurückbehaltungsrechte

	Rz.		Rz.
1. Einführung	1	a) Ausschluss kraft Gesetzes	23
a) Überblick über die Rechtsgrundlagen	2	b) Ausschluss kraft Treu und Glauben	26
b) Arbeitsrechtliche Anwendungsfälle	4	c) Ausschluss kraft Natur des Schuldverhältnisses	28
aa) Zurückbehaltungsrechte des Arbeitgebers	5	d) Arbeitsvertraglicher Ausschluss	30
bb) Zurückbehaltungsrechte des Arbeitnehmers	8	aa) Klauselarten	31
c) Leistungsverweigerungsrechte bei Pflichten- und Rechtsgüterkollisionen	19	bb) Zulässigkeit des formularmäßigen Ausschlusses	34
2. Klauseln; Bedeutung von Ausschlussklauseln	22	e) Abwendung des Zurückbehaltungsrechts durch Sicherheitsleistung	35
		3. Hinweise zur Vertragsgestaltung; Zusammenfassung	36

Schrifttum:

Aligbe, Verantwortlichkeiten im Arbeitsschutz beim Einsatz von Leiharbeitnehmern, ArbRAktuell, 2014, 146; *Cosack*, Verpflichtung des Arbeitgebers bzw. Dienstherrn zum Erlass eines generellen Rauchverbotes am Arbeitsplatz?, DB 1999, 1450; *Dörner* in Handwörterbuch des Arbeitsrechts (HwB AR), Zurückbehaltungsrechte; *Greiner*, Ideelle Unzumutbarkeit, Diss. 2004; *Heiderhoff*, Zurückbehaltungsrecht an der Arbeitskraft und fristlose Kündigung, JuS 1998, 1087; *Henssler*, Das Leistungsverweigerungsrecht des Arbeitnehmers bei Pflichten und Rechtskollisionen, AcP 190 (1990), 538; *Hergenröder* in AR-Blattei: Das Recht der Arbeitspapiere, 2001; Zurückbehaltungsrecht, 2006; *Jabornegg*, Kein Zurückbehaltungsrecht des Arbeitnehmers?, in Festschrift Schwarz, 1991, S. 89; *Kamanabrou*, Der Entgeltanspruch bei gewissensbedingter Arbeitsverweigerung, in Gedächtnisschrift Zachert, 2010, S. 400; *Lenze*, Arbeitsverweigerung aus Gewissensgründen, RdA 1993, 16; *Leßmann*, Neues über Rauchverbote am Arbeitsplatz, ArbuR 1995, 241; *Meyer*, Leistungswilligkeit und böswilliges Unterlassen beim Annahmeverzug im gekündigten Arbeitsverhältnis, NZA-RR 2012, 337; *Mayer*, Arbeits- und sozialrechtliche Probleme der Gewissensfreiheit, ArbuR 1985, 105; *Möx*, Arbeitnehmerrechte in der Gefahrstoffverordnung, Diss. 1992; *Möx*, Das Zurückbehaltungsrecht an der Arbeitsleistung gemäß § 21 Abs. 6 S. 2 GefStoffVO, ArbuR 1992, 235; *Molkentin*, Das Recht auf Arbeitsverweigerung bei Gesundheitsgefährdung des Arbeitnehmers, NZA 1997, 849; *Molkentin/Müller*, Spritzasbest am Arbeitsplatz, NZA 1995, 873; *Rieble/Jochums*, Hitzefrei am Arbeitsplatz?, BB 2003, 1897; *Schmiedl*, Die Sicherung des Herausgabeanspruchs am Dienstwagen nach Beendigung des Arbeitsverhältnisses mittels einstweiliger Verfügung, BB 2002, 992; *Söllner*, Zum Leistungsverweigerungsrecht des Arbeitnehmers, ArbuR 1985, 323; *Tscherwinka*, Das Recht des Arbeitgebers zur Hinterlegung des Arbeitnehmerlohnes, BB 1995, 618; *Wendeling-Schröder*, Gewissen und Eigenverantwortung im Arbeitsleben, BB 1988, 1742; *Wiebauer*, Zeitarbeit und Arbeitszeit, NZA 2012, 68.

1. Einführung

1 Hat ein Schuldner einen Anspruch gegen seinen Gläubiger, so widerspricht es regelmäßig der Billigkeit, wenn er leisten müsste, ohne die Gegenleistung zu erhalten. Soweit Anspruch und Gegenanspruch gleichartig sind, besteht i.d.R. die Möglichkeit der Aufrechnung gemäß §§ 387 ff. BGB (→ *Aufrechnung*, II A 110). Fehlt es hingegen an der Gleichartigkeit, so wird dem Schuldner durch die Einrede des nicht

erfüllten Vertrages (§§ 320, 322 BGB), die Einrede des Zurückbehaltungsrechtes (§§ 273, 274 BGB) oder die Einrede der Vermögensverschlechterung (§ 321 BGB) die Möglichkeit eröffnet, seine Leistung solange zurückzuhalten, bis der Gläubiger die von ihm geschuldete Leistung ebenfalls anbietet. Alle diese Einreden werden aus diesem Grunde als **Zurückbehaltungsrechte** (i.w.S.) oder als **Leistungsverweigerungsrechte** bezeichnet.[1]

a) Überblick über die Rechtsgrundlagen[2]

Hierbei trifft § 320 BGB eine spezielle Regelung für gegenseitige Verträge, also auch für den Arbeitsvertrag und hier im Synallagma stehende fällige **Hauptleistungspflichten**. Dies sind beim Arbeitsvertrag die Erbringung der Arbeitsleistung durch den Arbeitnehmer einerseits sowie die Zahlung des Arbeitsentgeltes durch den Arbeitgeber andererseits, § 611 BGB. Im Übrigen, also für Nebenpflichten beim gegenseitigen Vertrag, gilt das **allgemeine Zurückbehaltungsrecht** der §§ 273, 274 BGB, wobei hiernach das Bestehen eines fälligen, auf einem einheitlichen Lebensverhältnis beruhenden Gegenanspruchs (sog. Konnexität) Voraussetzung ist.[3]

Einen Sonderfall in diesem Zusammenhang bildet § 321 BGB (sog. **Unsicherheitseinrede**). Diese Norm bietet dem Vorleistungspflichtigen – im Arbeitsverhältnis ist der Arbeitnehmer bei fehlender Abrede gemäß § 614 BGB für den jeweiligen Vergütungszeitabschnitt vorleistungspflichtig – die Möglichkeit, seine Leistung zurückzuhalten, bis der Gläubiger (hier: Arbeitgeber) die Gegenleistung bewirkt oder Sicherheit für sie geleistet hat, falls der Anspruch des Schuldners (hier: Arbeitnehmer) auf die Gegenleistung durch mangelnde Leistungsfähigkeit des Gläubigers gefährdet wird. In allen drei Fällen ist das Zurückbehaltungsrecht als **aufschiebende Einrede** ausgestaltet. Das bedeutet, dass es von einem (Arbeits)Gericht nicht von Amts wegen zu berücksichtigen ist, sondern nur für den Fall, dass der Schuldner sich bei einer gerichtlichen Auseinandersetzung ausdrücklich darauf beruft.[4] Im Unterschied zur Aufrechnung, die unmittelbar tilgend wirkt, dient das Zurückbehaltungsrecht damit **primär als Sicherungsmittel**. Nur mittelbar bildet es ein Befriedigungsmittel, indem es nämlich durch die Zurückbehaltung einen faktischen Druck auf den Vertragspartner ausübt.[5]

b) Arbeitsrechtliche Anwendungsfälle

Diese unterschiedlich ausgestalteten Zurückbehaltungsrechte können auch im Arbeitsverhältnis praktisch werden:

---

1 Zur unterschiedlichen Terminologie: *Henssler*, AcP 190 (1990), 538 (539f.).
2 Zu den Einzelheiten s. die einzelnen Kommentierungen z.B. bei Palandt/*Grüneberg*, §§ 273, 320, 321 BGB; MünchKommBGB/*Krüger*, § 273; MünchKommBGB/*Emmerich*, §§ 320, 321.
3 Schaub/*Koch*, § 50 Rz. 1ff.; MünchKommBGB/*Krüger*, § 273 Rz. 8ff.
4 MünchKommBGB/*Emmerich*, § 320 Rz. 44; MünchKommBGB/*Krüger*, § 273 Rz. 88ff.; Palandt/*Grüneberg*, § 273 BGB Rz. 19f.
5 *Hergenröder*, AR-Blattei-SD, Zurückbehaltungsrecht, Rz. 3; Palandt/*Grüneberg*, § 273 BGB Rz. 1; MünchKommBGB/*Krüger*, § 273 Rz. 3.

aa) Zurückbehaltungsrechte des Arbeitgebers

5 **Für den Arbeitgeber** kommt primär eine **Zurückbehaltung** des Arbeitsentgeltes in Betracht: Dies ist bspw. gestützt auf § 320 Abs. 1 Satz 1 BGB denkbar, wenn der Arbeitnehmer seine Arbeitspflicht nicht erfüllt[1] und keine Sonderregelungen eingreifen, nach denen der Arbeitnehmer Anspruch auf Fortzahlung der Vergütung hat, z.B. nach dem EFZG.

6 Gleiches gilt, wenn der Arbeitnehmer wegen Nichterfüllung seiner Arbeitspflicht gemäß § 280 Abs. 1 BGB auf Schadensersatz haftet[2] oder wegen des Verstoßes gegen ein vereinbartes Wettbewerbsverbot entschädigungspflichtig ist.[3] Im Übrigen besteht für den Arbeitgeber bei der schuldhaften Verletzung von Nebenpflichten ein Zurückbehaltungsrecht auf der Grundlage des § 273 BGB.[4] Dies ist ebenso der Fall bei Herausgabeansprüchen gegen den Arbeitnehmer in Bezug auf überlassenes Werkzeug, Unterlagen, Dienstwagen oder die Räumung einer Dienstwohnung.[5] Ein spezielles vorübergehendes Zurückbehaltungsrecht des Arbeitgebers, kein Leistungsverweigerungsrecht, gegenüber Arbeitnehmern enthält ferner § 7 EFZG.[6] Allerdings kann der Arbeitgeber das Entgelt nicht zurückhalten, wenn der Arbeitnehmer sich weigert, einer arbeitgeberseitig angeordneten ärztlichen Untersuchung Folge zu leisten, wenn es für diese keinen sachlichen Grund gibt.[7]

7 Denkbar ist aber gleichermaßen die Zurückhaltung anderer Leistungen als des Arbeitsentgeltes durch den Arbeitgeber, bspw. Leistungen aus der betrieblichen Altersversorgung, wenn sich der Versorgungsberechtigte grob treuwidrig oder arglistig verhält.[8]

bb) Zurückbehaltungsrechte des Arbeitnehmers

8 Es können aber auch Zurückbehaltungsrechte des Arbeitnehmers bestehen:

Heute ist im Grundsatz allgemein anerkannt, dass dem Arbeitnehmer, wenn der Arbeitgeber seine Pflichten aus dem Arbeitsverhältnis – insbesondere die Hauptpflichten Vergütungszahlung oder vertragsgemäße Beschäftigung[9] – nicht erfüllt,

---

1 *Zöllner/Loritz/Hergenröder*, § 19 VIII.; *Hergenröder*, AR-Blattei: Zurückbehaltungsrecht, Rz. 42.
2 *Hergenröder*, AR-Blattei-SD: Zurückbehaltungsrecht, Rz. 46.
3 Für die Anwendung des § 320 BGB auf Wettbewerbsverbote: BAG v. 2.8.1968 – 3 AZR 128/67, EzA § 74 HGB Nr. 7.
4 *Hergenröder*, AR-Blattei-SD: Zurückbehaltungsrecht, Rz. 55; beispielhaft BAG v. 18.3.2009 – 5 AZR 192/08, AP Nr. 3 zu § 297 BGB für ein Zurückbehaltungsrecht bei Missachtung der Fortbildungspflicht von Rettungsassistenten.
5 *Hergenröder*, AR-Blattei-SD: Zurückbehaltungsrecht, Rz. 60.
6 Hierzu eingehend: *Schmitt*, Entgeltfortzahlungsgesetz, 7. Aufl. 2012, § 7 EFZG; *Kaiser/Dunkl/Hold/Kleinsorge*, EFZG, 2000, § 7 EFZG; BAG v. 1.10.1997 – 5 AZR 726/96, AP Nr. 15 zu § 134 BGB.
7 BAG v. 16.9.1997 – 9 AZR 538/96, NZA 1998, 651; vgl. *Hergenröder*, AR-Blattei-SD, Zurückbehaltungsrecht, Rz. 55 ff.
8 HwB AR/*Dörner*, Zurückbehaltungsrecht, Rz. 14.
9 Der Arbeitgeber muss im Rahmen des ihm zustehenden Direktionsrechts eine zumutbare Arbeit anbieten, vgl. nur LAG Berlin v. 12.3.1999 – 2 Sa 53/98, BB 1999, 2305; LAG Hamburg v. 3.11.1999 – 8 Sa 67/99, NZA-RR 2000, 304.

ein Zurückbehaltungsrecht an seiner **Arbeitsleistung** zusteht.[1] In gleicher Weise soll ein Zurückbehaltungsrecht bestehen, wenn der Arbeitgeber, obwohl er leistungsfähig ist, eine unberechtigte Lohnkürzung erst ankündigt, z.B. infolge einer Änderung des Akkordsatzes.[2] Umstritten ist bei Lohnrückständen lediglich, ob sich das Zurückbehaltungsrecht aus § 320 BGB oder aus § 273 BGB ergibt.[3]

Diese Frage ist insbesondere von praktischer Relevanz, da der Arbeitgeber nach § 273 Abs. 3 BGB durch Sicherheitsleistung die Ausübung eines etwaigen Zurückbehaltungsrechts verhindern könnte.[4] Richtig ist die Anwendung des § 273 BGB, weil der Arbeitnehmer nach § 614 BGB i.d.R. vorleistungspflichtig ist;[5] dies gilt aber nur für den Vorleistungszeitraum, der Arbeitnehmer muss seine Leistungen nicht auf Kredit erbringen.[6]

9

Ein berechtigterweise ausgeübtes Zurückbehaltungsrecht führt selbstredend dazu, dass eine deswegen ausgesprochene arbeitgeberseitige Kündigung unwirksam ist.[7] So begeht bspw. ein Wertpapierhändler keine – die Kündigung rechtfertigende – beharrliche Arbeitsverweigerung, sondern übt berechtigt sein Leistungsverweigerungsrecht aus, wenn er einen Arbeitsplatz zugewiesen bekommt, der einem Assistentenarbeitsplatz zuzuordnen ist.[8]

10

Eine besondere Schwierigkeit ergibt sich daraus, dass nach allgemeiner Ansicht die **versäumte Arbeitsleistung** im Allgemeinen **nicht nachgeholt** werden kann und deshalb unmöglich wird (sog. Fixschuldcharakter). Gleichwohl wäre es eine unzumutbare Schlechterstellung des Arbeitnehmers, ihm ein Zurückbehaltungsrecht zu verweigern und ihn zur weiteren Arbeitsleistung zu verpflichten, obwohl der Arbeitgeber mit der Vergütung für einen früheren Arbeitsabschnitt im Rückstand oder kraft Vereinbarung entgegen § 614 BGB vorleistungspflichtig ist. Daher kann der Arbeitnehmer rechtmäßigerweise ein Zurückbehaltungsrecht ausüben, das den Arbeitgeber trotz eintretender Unmöglichkeit nicht von seiner Lohnzahlungspflicht befreit: Dies folgt entweder aus § 326 Abs. 2 BGB oder daraus, dass sich der Arbeitgeber im Annahmeverzug befindet, §§ 298, 615 BGB.

11

---

1 Vgl. nur BAG v. 25.10.1985 – 2 AZR 417/83, EzA § 273 BGB Nr. 3; v. 13.3.2008 – 2 AZR 88/07, EzA § 1 KSchG Verhaltensbedingte Kündigung Nr. 73; LAG Köln v. 15.9.1993 – 8 Sa 449/93, AR-BlatteiES 1880 Nr. 1; LAG BW v. 20.4.1983 – 2 Sa 170/82, BB 1984, 785; *Lieb/Jacobs*, Rz. 215; *Zöllner/Loritz/Hergenröder*, § 19 VIII.; *Schaub/Linck*, § 50 Rz. 3; *Hergenröder*, AR-Blattei-SD: Zurückbehaltungsrecht, Rz. 73 ff.; *Capodistrias*, RdA 1954, 53 ff.; *Haase*, Zurückbehaltungsrecht des Arbeitnehmers, 1967, S. 3 ff.; *Kirschner*, DB 1961, 842 ff; *Meyer*, NZA-RR 2012, 337.
2 *Hueck/Nipperdey*, Bd. 1, S. 222; *Söllner*, ZfA 1973, 1 (13 f.); kritisch *Hergenröder*, AR-Blattei-SD: Zurückbehaltungsrecht, Rz. 85 ff. m.w.N.
3 Vgl. einerseits *Hergenröder*, AR-Blattei-SD: Zurückbehaltungsrecht, Rz. 75 ff.; MünchArbR/*Reichold*, § 37 Rz. 13; *Heiderhoff*, JuS 1998, 1087; *Söllner*, ZfA 1973, 1 (7 f.) m.w.N. und andererseits – d.h. für § 273 BGB – die wohl h.M.: BAG v. 9.5.1996 – 2 AZR 387/95, NZA 1996, 1085; LAG Köln v. 15.9.1993 – 8 Sa 449/93, AR-BlatteiES 1880 Nr. 1; MünchKommBGB/*Krüger*, § 273 Rz. 49, 101.
4 Vgl. *Hergenröder*, AR-Blattei-SD: Zurückbehaltungsrechte, Rz. 77 ff.; *Tscherwinka*, BB 1995, 618 ff.
5 So auch LAG Hamm v. 31.10.2002 – 8 Sa 758/02, LAGReport 2003, 316.
6 ErfK/*Preis*, § 611 BGB Rz. 458.
7 Exemplarisch BAG v. 9.5.1996 – 2 AZR 387/95, AP Nr. 5 zu § 273 BGB.
8 ArbG Frankfurt v. 26.2.2002 – 18 Ca 8394/01.

12 Ferner kann ein Zurückbehaltungsrecht nach § 273 BGB bei der **Verletzung von Nebenpflichten** Platz greifen, z.B. wenn der Arbeitgeber gegen Arbeitsschutzvorschriften oder vertragliche Schutzpflichten, sog. Fürsorgepflichten,[1] verstößt.[2] Einige Autoren[3] sehen freilich dieses Zurückbehaltungsrecht in § 320 BGB begründet, da sie ein Gegenseitigkeitsverhältnis zwischen Fürsorgepflichten und Arbeitspflicht bejahen. Indes erscheint diese Ansicht zweifelhaft.[4] Jedenfalls kann der Arbeitnehmer dann je nach Gefahrintensität im Einzelfall die Arbeitsleistung verweigern, bis der Arbeitgeber die Sicherheitsmängel oder Gesundheitsgefahren beseitigt hat. Dieses Recht steht insbesondere auch einem Leiharbeitnehmer zu.[5]

13 Kontrovers diskutiert wird, inwieweit ausnahmsweise auch Verstöße des Arbeitgebers gegen betriebsverfassungsrechtliche Pflichten ein individuelles Zurückbehaltungsrecht des Arbeitnehmers in Gestalt einer zulässigen Arbeitsniederlegung begründen können.[6] Ein solches Recht kann nur zugestanden werden, wenn auch das Betriebsverfassungsrecht im Einzelfall Individualansprüche sichern will.[7]

14 Häufig behalten ausscheidende Arbeitnehmer **Arbeitsgeräte, Warenbestände, Dienstwagen** etc. für ihnen noch zustehende Ansprüche aus dem Arbeitsverhältnis zurück. Mangels Gegenseitigkeit der Ansprüche ist hier wiederum allein § 273 BGB einschlägig. Indes dürfte ein solches Zurückbehaltungsrecht an Sachen des Arbeitgebers in aller Regel ausgeschlossen sein (s. Rz. 24 f. und → *Herausgabeansprüche*, II H 40 Rz. 13).

15 Für die Belastung mit Gefahrstoffen am Arbeitsplatz enthielt der bis zum 31.12.2004 gültige § 21 Abs. 6 Satz 2 GefahrstoffVO[8] ein spezialgesetzliches Zurückbehaltungsrecht.[9] Hiernach konnte der Arbeitnehmer die weitere Arbeit verweigern, wenn die vorgegebenen Richtkonzentrationen oder Toleranzwerte überschritten sind und hierdurch eine unmittelbare Gefahr für Leben oder Gesundheit des Arbeitnehmers besteht. Nach dem Wegfall der Norm kann sich ein entsprechendes

---

1 Hierzu mit gutem Überblick: Erman/*Edenfeld*, § 611 BGB Rz. 482 ff.
2 BAG v. 7.6.1973 – 5 AZR 563/72, EzA § 295 BGB Nr. 4; *Zöllner/Loritz/Hergenröder*, § 19 VIII; *Söllner/Waltermann*, § 12 VII; *Henssler*, AcP 190 (1990), S. 538 (565); für asbestbelasteten Arbeitsplatz: BAG v. 2.2.1994 – 5 AZR 273/93, AP Nr. 4 zu § 273 BGB.
3 Schaub/*Linck*, § 50 Rz. 4; MünchKommBGB/*Emmerich*, § 320 Rz. 12; vgl. auch BAG v. 20.12.1963 – 1 AZR 428/62, EzA Art. 9 GG Arbeitskampf Nr. 7 mit Anm. *Grunsky*; *Heiderhoff*, JuS 1998, 1087.
4 Vgl. Erman/*Edenfeld*, § 611 BGB Rz. 484 f.
5 *Aligbe*, ArbRAktuell, 2014, 146 (148); *Wiebauer*, NZA 2012, 68 (73).
6 Vgl. BAG v. 14.2.1978 – 1 AZR 103/76, EzA Art. 9 GG Arbeitskampf Nr. 24; *Söllner*, ZfA 1973, 1 (19 ff.); *Rüthers*, JZ 1970, 625 ff.; detailliert: *Hergenröder*, AR-Blattei-SD: Zurückbehaltungsrecht, Rz. 112 ff.
7 Nach der Theorie der Wirksamkeitsvoraussetzung muss der Betriebsrat z.B. für eine Versetzung (vgl. § 99 BetrVG) seine Zustimmung erteilen, die nur durch das Arbeitsgericht ersetzt werden kann, § 99 Abs. 4 BetrVG. Ordnet der Arbeitgeber ohne Zustimmung(sersetzung) dennoch eine Versetzung an, stünde dem Arbeitnehmer folglich ein Zurückbehaltungsrecht zu.
8 Hierzu u.a. Anm. von *Wlotzke* zu BAG v. 8.5.1996 – 5 AZR 315/95, AP Nr. 23 zu § 618 BGB.
9 Hierzu Küttner/*Griese*, Personalbuch 2014, Zurückbehaltungsrecht, Rz. 10; *Möx*, ArbuR 1992, 235 ff.

Zurückbehaltungsrecht des Arbeitnehmers aus §§ 273, 618 BGB (ggf. §§ 3 ff. ArbSchG, § 62 Abs. 1 HGB) ergeben.

Wenn der Arbeitnehmer in einem Rechtsstreit substantiiert Anhaltspunkte für ein Zurückbehaltungsrecht wegen einer vorliegenden Gesundheitsgefährdung darlegt, hat der Arbeitgeber seinerseits – sofern er keinen Verzugslohn zahlen möchte – Tatsachen vorzutragen und zu beweisen, die die Rechtfertigung zur Arbeitsniederlegung ausschließen (abgestufte Beweislastverteilung).[1]

Auch kann ein Fehlverhalten von Arbeitskollegen, insbesondere von Vorgesetzten, dazu führen, dass dem Arbeitnehmer ein Zurückbehaltungsrecht zusteht (z.B. Mobbing[2]), wenn der Arbeitgeber es unterlässt, seiner vertraglichen Rücksichtnahmepflicht aus § 241 Abs. 2 BGB entsprechend geeignete Schutzmaßnahmen zu ergreifen.[3] Stützt der Arbeitnehmer ein Zurückbehaltungsrecht auf die Verletzung seines Persönlichkeitsrechts, hat er diejenigen Tatsachen substantiiert darzulegen, mit Hilfe derer der Arbeitgeber eine Klärung der erhobenen Vorwürfe herbeiführen kann. Keinesfalls darf die Geltendmachung des Verweigerungsrechts zur praktischen Vereitelung der Durchsetzung der Gegenforderung des Arbeitgebers führen.[4] Im Anwendungsbereich des AGG steht den Arbeitnehmern nach § 14 AGG ein spezielles Recht zur Einstellung ihrer Tätigkeit zu, sofern der Arbeitgeber keine oder offensichtlich ungeeignete Maßnahmen zur Unterbindung einer Belästigung oder sexuellen Belästigung am Arbeitsplatz trifft. Dabei hat der Arbeitnehmer das Fehlverhalten von Arbeitgeber oder Kollegen konkret darzulegen; ein pauschales Berufen auf einen „Mobbingsachverhalt" reicht hierzu nicht aus.[5]

Die **Art und Weise der Ausübung** eines bestehenden Zurückbehaltungsrechts darf nicht gegen die Grundsätze von Treu und Glauben verstoßen. Allerdings wird ein solcher Verstoß nur in Ausnahmefällen anzunehmen sein, etwa wenn dem Arbeitgeber durch die Nichterbringung der Arbeitsleistung großer Schaden droht.[6] Eine Besonderheit schließlich bildet die **gemeinschaftliche Ausübung** von Zurückbehaltungsrechten durch mehrere Arbeitnehmer. Problematisch ist hierbei jedoch die Abgrenzung zum Streik – bei ihm entfällt nämlich die Lohnfortzahlungspflicht des Arbeitgebers – und dem ebenfalls kollektiv geltend gemachten Zurückbehaltungsrecht, um ein jeweils individuelles Recht durchzusetzen. Sie wird allgemein danach vorgenommen, ob es um die Durchsetzung einer zukünftigen Arbeitsbedingung oder Regelung, sog. Regelungsstreit, (dann Streik) oder aber um die Verfolgung und Durchsetzung von schon bestehenden, fälligen Rechtsansprüchen, sog. Rechtsstreit, (dann Zurückbehaltungsrecht) geht.[7]

---

1 Vgl. nur ArbG Wiesbaden v. 1.6.1989 – 5 Ca 426/89, NZA 1990, 275.
2 Vgl. zu dieser Problematik bspw. BAG v. 13.3.2008 – 2 AZR 88/07, EzA § 1 KSchG Verhaltensbedingte Kündigung Nr. 73; LAG Berlin v. 17.1.2003 – 6 Sa 1735/02; v. 7.11.2002 – 16 Sa 938/02; LAG Bremen v. 17.10.2002 – 3 Sa 78/02; ArbG Dresden v. 7.7.2003 – 5 Ca 5954/02.
3 BAG v. 13.3.2008 – 2 AZR 88/07, AP Nr. 87 zu § 1 KSchG 1969.
4 BAG v. 13.3.2008 – 2 AZR, EzA § 1 KSchG Verhaltensbedingte Kündigung Nr. 73; *Breitfeld*, BB 2008, 2132.
5 BAG v. 13.3.2008, – 2 AZR 88/07, AP Nr. 87 zu § 1 KSchG 1969.
6 Vgl. dazu LAG Köln v. 19.6.2002 – 7 Sa 150/02.
7 Umstritten ist insbesondere, ob von den Arbeitnehmern verlangt werden kann, klarzustellen, welches Recht sie verfolgen; vgl. hierzu BAG v. 20.12.1963 – 1 AZR 428/62,

c) Leistungsverweigerungsrechte bei Pflichten- und Rechtsgüterkollisionen

19 Nicht zu den vorstehend erörterten Zurückbehaltungsrechten gehören die gleichwohl in diesem Zusammenhang häufig fälschlicherweise erörterten, aber von Zurückbehaltungsrechten streng zu trennenden **Leistungsverweigerungsrechte** des Arbeitnehmers **bei Pflichten- und Rechtsgüterkollisionen**. Bei ihnen geht es nicht darum, den Arbeitgeber zur Erfüllung der ihm obliegenden Pflicht anzuhalten. Vielmehr können Leistungsverweigerungsrechte bestehen, wenn der Arbeitnehmer die Unvereinbarkeit der Vertragserfüllung mit anderen, vom Arbeitnehmer als höherwertig angesehenen Verpflichtungen oder bei aus der Kollision der Vertragspflicht mit höchstpersönlichen Rechtsgütern des Arbeitnehmers (z.B. Freiheit, Gesundheit oder allgemeines Persönlichkeitsrecht) resultierenden Konflikten glaubhaft machen kann.[1] Unter diesem Gesichtspunkt werden in Rechtsprechung und Literatur drei Hauptfallgruppen der Unzumutbarkeit der Arbeitsleistung diskutiert: Zum einen kommt ein Leistungsverweigerungsrecht aus familiären Gründen, wie etwa bei der Pflegebedürftigkeit eines erkrankten Kindes des Arbeitnehmers,[2] des Weiteren wegen der Einberufung zum ausländischen Wehrdienst[3] und endlich aus Gewissensgründen[4] in Betracht.

20 Diese sog. **ideellen Leistungsstörungen** haben im Rahmen der Schuldrechtsmodernisierung durch § 275 Abs. 3 BGB eine gesetzliche Regelung erfahren. § 275 Abs. 3 BGB berechtigt den Arbeitnehmer, die Arbeitsleistung zu verweigern, wenn sie ihm unter Abwägung des der Leistung entgegenstehenden Hindernisses und dem Leistungsinteresse des Gläubigers nicht zugemutet werden kann.[5] Ein kodifiziertes Leistungsverweigerungsrecht wegen Unzumutbarkeit im allgemeinen Leistungsstörungsrecht ist für das Arbeitsverhältnis neu, wurde in der Sache aber bereits bisher in bestimmten Fallkonstellationen angenommen.[6] Durch die Statuierung des Einredetatbestandes wird im Unterschied zur früheren Rechtslage vermieden,

---

EzA Art. 9 GG Arbeitskampf Nr. 7 einerseits sowie andererseits die Darstellungen bei *Moll*, RdA 1976, 100 ff.; *Hergenröder*, AR-Blattei-SD: Zurückbehaltungsrecht, Rz. 142 ff.; zu folgen ist *Lieb/Jacobs*, Rz. 703, der vom Arbeitnehmer verlangt, keine rechtliche, wohl aber eine tatsächliche Qualifizierung seiner Zurückbehaltung geltend zu machen.

1 Hierzu eingehend *Henssler*, AcP 190 (1990), S. 538 ff.
2 *Herschel*, Anm. zu BAG v. 19.4.1978 – 5 AZR 834/76, AP Nr. 48 zu § 616 BGB; ArbG Mannheim v. 7.2.1991 – 5 Ca 203/90, BB 1991, 978; *Sowka*, RdA 1993, 34; *Söllner*, ArbuR 1985, 323 f.; vgl. auch BAG v. 21.5.1992 – 2 AZR 10/92, NZA 1993, 115, wonach Voraussetzung eine unverschuldete Zwangslage ist; vgl. auch HwB AR/*Dörner*, Zurückbehaltungsrecht, Rz. 9, wenn die geforderte Tätigkeit einem Beschäftigungsverbot unterfällt.
3 BAG v. 22.12.1982 – 2 AZR 282/82, EzA § 123 BGB Nr. 20; v. 7.9.1983 – 7 AZR 433/82, EzA § 626 BGB Nr. 87; v. 20.5.1988 – 2 AZR 682/87, AP Nr. 9 zu § 1 KSchG 1969 Personenbedingte Kündigung mit Anm. *Rüthers/Henssler*; *Söllner*, ArbuR 1985, 323 (324).
4 Bspw. die Weigerung von angestellten Ärzten eines Pharmaunternehmens, bei der Erforschung einer Substanz mitzuarbeiten, die im Falle eines nuklearen Krieges zur Unterdrückung der Symptome atomarer Verstrahlung bei Soldaten eingesetzt werden sollte, BAG v. 24.5.1989 – 2 AZR 285/88, AP Nr. 1 zu § 611 BGB Gewissensfreiheit; LAG Düsseldorf v. 22.4.1988 – 11 Sa 1349/87, BB 1988, 1750; *Wendeling-Schröder*, BB 1988, 1742 ff.; vgl. auch BAG v. 20.12.1984 – 2 AZR 436/83, EzA § 1 KSchG Verhaltensbedingte Kündigung Nr. 16; v. 22.5.2003 – 2 AZR 426/02, AP Nr. 18 zu § 1 KSchG 1969 Wartezeit; → *Direktionsrecht und Tätigkeitsbeschreibung*, II D 30 Rz. 89 ff.; HwB AR/*Dörner*, Zurückbehaltungsrecht, Rz. 8.
5 Dazu *Greiner*, Ideelle Unzumutbarkeit, Diss. 2004.
6 Näher hierzu *Gotthardt*, Arbeitsrecht nach der Schuldrechtsreform, Rz. 98.

dass in Fällen der Unzumutbarkeit kraft Gesetzes eine Leistungsbefreiung eintritt.[1] Vielmehr bleibt dem Schuldner die Wahlmöglichkeit, ob er sich auf das Leistungsverweigerungsrecht beruft.

Rechtsfolge der Leistungsverweigerung nach § 275 Abs. 3 BGB ist der Wegfall des Vergütungsanspruches gemäß § 326 Abs. 1 BGB. Die Norm ist nicht auf Fälle beschränkt, in denen keine Vertragspartei die Unmöglichkeit zu vertreten hat, vielmehr kommt es auf die Frage des Vertretenmüssens nicht an.[2] Eine Fortzahlung des Entgelts kommt in diesen Fällen auch nicht nach § 616 BGB in Betracht.[3] Der Arbeitnehmer geht ferner das Risiko ein, dass er mit einer verhaltensbedingten Kündigung rechnen muss, wenn er sich zu Unrecht auf ein Leistungsverweigerungsrecht beruft. Darüber hinaus kann der Arbeitgeber befugt sein, das Arbeitsverhältnis durch eine fristgebundene personenbedingte Kündigung aufzulösen, sofern die Arbeitsverweigerung bei verständiger Würdigung der betrieblichen Interessen und in Konkordanz zu den (grundrechtlichen) Interessen des Arbeitnehmers einer Weiterbeschäftigung auch in der Zukunft entgegensteht.[4]

2. Klauseln; Bedeutung von Ausschlussklauseln

⊃ **Nicht geeignet:**

Gegenüber Ansprüchen des Arbeitgebers ist die Geltendmachung von Zurückbehaltungsrechten, Leistungsverweigerungsrechten und Aufrechnung, soweit rechtlich zulässig, ausgeschlossen.

Unabhängig von einem solchen etwaigen vertraglichen Ausschluss unterliegt das Zurückbehaltungsrecht **von vornherein vielfältigen Beschränkungen**, die sich aus dem Gesetz, der Natur des Rechtsverhältnisses sowie aus dem Grundsatz von Treu und Glauben ergeben. Soweit ohnehin schon einer dieser allgemeinen Ausschlusstatbestände eingreift, hat ein formularmäßig arbeitsvertraglicher Ausschluss des Zurückbehaltungsrechtes nach dem Muster vorstehender Klauseln eine nur sehr untergeordnete Bedeutung: Er dient nur der Klarstellung und damit der Rechtssicherheit, falls etwa der Bestand eines gesetzlichen Zurückbehaltungsrechtes im konkreten Einzelfall zweifelhaft ist. Aus diesem Grunde sollen nachfolgend zunächst kurz die Ausschlusstatbestände umrissen werden, bei deren Vorliegen eine vertragliche Ausschlussklausel im Allgemeinen entbehrlich ist.

a) Ausschluss kraft Gesetzes

Das Zurückbehaltungsrecht kann zum einen bereits **kraft Gesetzes** ausgeschlossen sein:[5] Dies ist nach übereinstimmender Ansicht etwa der Fall für ein – in der Praxis gleichwohl häufig zu Unrecht ausgeübtes – Zurückbehaltungsrecht des Arbeit-

---

1 Differenzierend hierzu *Kamanabrou*, GS Zachert, S. 400ff., die für im Arbeitsvertrag nicht ausdrücklich geregelte Leistungsforderungen des Arbeitgebers deren Unwirksamkeit kraft Gesetzes über § 106 Satz 1 GewO herleitet.
2 *Gotthardt*, Arbeitsrecht nach der Schuldrechtsreform, Rz. 40.
3 Streitig, vgl. Staudinger/*Oetker*, § 616 BGB Rz. 69 m.w.N.
4 *Henssler*, AcP 190 (1990), S. 538 (566ff.) m.w.N.; vgl. BAG v. 20.5.1988 – 2 AZR 682/87, AP Nr. 9 zu § 1 KSchG 1969 Personenbedingte Kündigung, zu der notwendigen Abwägung.
5 Paradebeispiel ist diesbezüglich § 88a HGB.

gebers an den **Arbeitspapieren**.[1] Zu den Arbeitspapieren zählen neben dem Zeugnis unter anderem die Lohnsteuerkarte, die Sozialversicherungspapiere sowie die Entlassungsbescheinigung.[2] Für die Sozialversicherungspapiere sowie die Lohnsteuerkarte ergibt sich das Verbot der Zurückhaltung unmittelbar aus dem Gesetz, nämlich aus den §§ 39b Abs. 1 Satz 3, 41b Abs. 1 Satz 4 EStG. Im Übrigen ist die Zurückbehaltung angesichts der Bedeutung der Arbeitspapiere bei der Erlangung einer neuen Stelle mit den Nebenpflichten des Arbeitgebers nicht vereinbar,[3] so dass die Grenze zum Ausschluss aus der Natur des Schuldverhältnisses fließend ist (hierzu auch Rz. 26). Auch eine Vollmachtsurkunde muss bei Erlöschen der Vollmacht zurückgegeben werden, ohne dass daran ein Zurückbehaltungsrecht besteht (§ 175 BGB).

24 Ebenfalls gesetzlich ausgeschlossen ist grundsätzlich eine Zurückbehaltung von **Sachen des Arbeitgebers** durch den Arbeitnehmer. Dies folgt für eine an den Arbeitnehmer überlassene Dienstwohnung aus § 576b BGB i.V.m. § 570 BGB.[4] An Arbeitsgeräten, Warenbeständen, Dienstwagen etc. hat der Arbeitnehmer i.d.R. keinen Eigenbesitz i.S.d. § 872 BGB, sondern er besitzt für den Arbeitgeber, ist also nur Besitzdiener nach § 855 BGB. Gleiches gilt für Geldbeträge, die der Arbeitnehmer von Dritten für den Arbeitgeber kassiert: Die Übereignung vollzieht sich zwischen Drittem und Arbeitgeber; der Arbeitnehmer ist nur dessen Besitzdiener (anders womöglich bei Vereinbarung einer → Mankohaftung, II M 10, die nach neuerer Rechtsprechung im Einzelfall einen Verwahrungsvertrag begründen kann.[5] Der Verwahrer begründet jedenfalls eigenständigen Besitz). Als Besitzdiener hat er den Weisungen des Arbeitgebers Folge zu leisten, insbesondere die Sachen auf Anforderung herauszugeben. Tut er dies nicht, verschafft er sich durch verbotene Eigenmacht rechtswidrigen Fremdbesitz, der nicht nur ein Zurückbehaltungsrecht ausschließt,[6] sondern ihn sogar zur Nutzungsentschädigung (§§ 987 ff. BGB)[7] und zu Schadensersatz[8] verpflichtet. Da damit im Ergebnis dem Arbeitnehmer **grundsätzlich kein Zurückbehaltungsrecht an den Sachen des Arbeitgebers** zusteht, hat eine diesbezügliche Klausel im Arbeitsvertrag in aller Regel nur deklaratorische Bedeutung und ist daher verzichtbar.

---

1 BAG v. 20.12.1958 – 2 AZR 336/56, EzA § 817 BGB Nr. 2; LAG Düsseldorf v. 18.4.1966 – 10 Sa 83/66, BB 1967, 1207; Staudinger/*Bittner*, § 273 BGB Rz. 89a; MünchArbR/*Wank*, § 106 Rz. 7; *Peterek*, DB 1968, 173 (176).
2 Ausführlich hierzu: *Hergenröder*, AR-Blattei-SD: Arbeitspapiere, Rz. 2 ff.; Schaub/*Linck*, § 33 Rz. 1 ff.
3 BAG v. 20.12.1958 – 2 AZR 336/56, EzA § 817 BGB Nr. 2; LAG Düsseldorf v. 14.6.1956 – 2a Sa 80/56, AP Nr. 1 zu § 611 BGB Urlaubskarten; ArbG Wetzlar v. 17.1.1989 – 1 Ca 382/88, ArbuR 1990, 27; *Peterek*, DB 1968, 173 (176); *Hueck/Nipperdey*, Bd. 1, S. 469; *Hergenröder*, AR-Blattei-SD: Arbeitspapiere, Rz. 115.
4 ArbG Bremen v. 4.8.1966 – 4 Ca 4260/66, AuR 1967, 349; *Haase*, Das Zurückbehaltungsrecht des Arbeitnehmers an Leistungen aus dem Arbeitsverhältnis, 1967, S. 47 ff.
5 BAG v. 17.9.1998 – 8 AZR 175/97, BB 1999, 264; v. 2.12.1999 – 8 AZR 386/98, BB 2000, 1146.
6 BAG v. 25.10.1984 – 2 AZR 417/83, EzA § 273 BGB Nr. 3; LAG Düsseldorf v. 4.7.1975 – 9 Sa 334/75, DB 1975, 2040; *Haase*, Das Zurückbehaltungsrecht des Arbeitnehmers an Leistungen aus dem Arbeitsverhältnis, 1967, S. 43 ff.; die früher von *Kirschner*, DB 1961, 842 (844), und *Lotmar*, Arbeitsvertrag nach dem Privatrecht des Deutschen Reichs, Bd. 1, 1902, S. 379, vertretene Gegenansicht ist überholt.
7 LAG Düsseldorf v. 4.7.1975 – 9 Sa 334/75, DB 1975, 2040.
8 LAG Berlin v. 26.5.1986 – 9 Sa 24/86, DB 1987, 542.

Typ 1: Konkreter Ausschluss des Zurückbehaltungsrechts

a) Mit rechtlichem Ende des Dienstverhältnisses oder mit Freistellung von der Dienstverpflichtung ist Herr/Frau ... verpflichtet, sämtliche vom Arbeitgeber überlassene Geschäftsunterlagen an diesen herauszugeben. Gleichzeitig ist der Arbeitgeber verpflichtet, Herrn/Frau ... die Arbeitspapiere sowie im Original überlassene Urkunden, insbesondere Zeugnisse, herauszugeben. Ein Zurückbehaltungsrecht, gleichgültig worauf es gestützt wird, ist beiderseits ausgeschlossen.

b) Dem Arbeitnehmer steht an kassierten Beiträgen ein Zurückbehaltungsrecht nicht zu.

Während viele Autoren somit schon per Gesetz ein Zurückbehaltungsrecht an Sachen des Arbeitgebers schlichtweg für unzulässig erachten, findet sich vereinzelt der – zutreffende – Hinweis, dass dies nicht generelle Geltung beanspruchen kann.[1] Der Einzelfall kann so gelagert sein, dass **abweichend von der Regel** der Arbeitnehmer ausnahmsweise selbst **Besitz** an den Arbeitsmitteln innehat. Dies gilt z.B. für Dienstwagen, wenn dem Arbeitnehmer im Arbeitsvertrag das Recht der freien Privatnutzung eingeräumt ist, so dass er gegenüber dem Arbeitgeber zum Besitz berechtigt ist, § 868 BGB.[2] In einem solchen **Ausnahmefall** ist das Bestehen eines Zurückbehaltungsrechtes des Arbeitnehmers denkbar und demzufolge eine dieses Recht ausschließende **arbeitsvertragliche Regelung empfehlenswert** (→ *Herausgabeansprüche*, II H 40, Typ 1).

b) Ausschluss kraft Treu und Glauben

Zum anderen darf das Zurückbehaltungsrecht ohnehin nur unter Beachtung des Grundsatzes von **Treu und Glauben** (§ 242 BGB) ausgeübt werden.[3] Daher darf z.B. ein Arbeitnehmer die Arbeit dann nicht verweigern, wenn der Lohnrückstand verhältnismäßig gering ist[4] oder nur eine kurzzeitige Verzögerung der Lohnzahlung zu erwarten ist.[5] Dies ergibt sich für diesen Fall bereits aus der Spezialnorm des § 320 Abs. 2 BGB. Gleiches kann aber auch nach allgemeinen Grundsätzen gelten, wenn der konkrete Lohnanspruch auf andere Weise gesichert ist[6] (z.B. Bürgschaft

---

1 Vgl. etwa: *Hergenröder*, AR-Blattei-SD: Zurückbehaltungsrecht, Rz. 137 ff.; OLG Düsseldorf v. 12.2.1986 – 11 U 76/85, NJW 1986, 2513.
2 Vgl. auch OLG Düsseldorf v. 12.2.1986 – 11 U 76/85, NJW 1986, 2513; LAG Köln v. 12.6.2007 – 9 SaGa 6/07; a.A. *Schmiedl*, BB 2002, 992.
3 BAG v. 25.10.1984 – 2 AZR 417/83, EzA § 273 BGB Nr. 3; LAG BW v. 20.4.1983 – 2 Sa 170/82, BB 1984, 785; BGH v. 14.7.1952 – IV ZR 28/52, BGHZ 7, 123 (127).
4 LAG Köln v. 19.5.1999 – 2 Sa 1149/98, AiB 1999, 43; LAG Thür. v. 28.1.1999 – 5 Sa 895/97, ArbuR 1999, 402.
5 LAG Köln v. 15.9.1993 – 8 Sa 449/93, AR-Blattei-ES 1880 Nr. 1; Schaub/*Schaub*, § 50 Rz. 7; *Hergenröder*, AR-Blattei-SD: Zurückbehaltungsrecht, Rz. 80; LAG Hamm v. 26.11.1998, ZInsO 1999, 363.
6 BAG v. 25.10.1984 – 2 AZR 417/83, NZA 1985, 355; Voraussetzung ist eine schon bestehende Sicherung. Der Eintritt weiterer Umstände, wie im Falle des Insolvenzausfallgeldes, schließt dies aus; anderes gilt nach LAG Hamm v. 26.11.1998, ZInsO 1999, 363, aber für den Fall der Vorfinanzierung des Insolvenz- (damals Konkurs)ausfallgeldes.

i.S.d. § 765 BGB oder Grundpfandrechte) oder wenn dem Arbeitgeber ein unverhältnismäßig hoher Schaden entstehen würde.[1] Aus dem Grundsatz von Treu und Glauben wird darüber hinaus gefolgert, dass dem Arbeitgeber u.U. angemessene Zeit für eine rechtliche Prüfung von Lohnforderungen zu geben ist und die Arbeitsverweigerung nicht zur Unzeit, bspw. wenn dem Arbeitgeber eine hohe Vertragsstrafe droht, erfolgen darf.[2]

27 Aus § 242 BGB ergibt sich des Weiteren, dass eine Zurückbehaltung des Arbeitsentgeltes in analoger Anwendung des § 394 BGB ebenso wie die Aufrechnung grundsätzlich **nur bis zur Pfändungsgrenze** erfolgen kann, da ansonsten das Aufrechnungsverbot unterlaufen werden könnte.[3] Der Arbeitgeber hat also stets den unpfändbaren Lohnteil auszuzahlen. Sinnentsprechend gilt dies beim Bestehen vertraglicher Aufrechnungsverbote.[4] Begrifflich scheidet die entsprechende Anwendung des § 394 BGB jedoch aus, soweit ein Zurückbehaltungsrecht wegen ungleichartiger Forderungen, wie z.B. Ansprüchen auf Herausgabe von Werkzeug, Arbeitsgerät, Firmenunterlagen etc. geltend gemacht wird. In Anlehnung an die Bestimmung der §§ 850ff. ZPO wird der Arbeitgeber indessen auch in diesen Fällen einen Mindestbedarf auszahlen müssen, so dass zumindest in dieser Höhe ein Zurückbehaltungsrecht nicht greift.

Der Arbeitgeber darf gleichermaßen dem Arbeitnehmer gehörende Sachen wegen deren Unpfändbarkeit gemäß § 811 Nr. 5 ZPO i.V.m. § 394 BGB analog dann nicht zurückbehalten, wenn dieser sie beruflich benötigt.[5] Dies gilt wegen des höchstpersönlichen Charakters nach umstrittener Ansicht entsprechend für den **Urlaubsanspruch** des Arbeitnehmers, §§ 851 Abs. 1 ZPO, 394 BGB analog.[6]

c) Ausschluss kraft Natur des Schuldverhältnisses

28 Ein Ausschluss des Zurückbehaltungsrechtes kann schließlich auch schon aufgrund der **Natur des Schuldverhältnisses** gegeben sein. Hierbei muss insbesondere Berücksichtigung finden, dass es sich beim Arbeitsverhältnis um ein von besonderem Vertrauen geprägtes Dauerschuldverhältnis handelt, dessen Abwicklung besondere gegenseitige Rücksichtnahme erfordert und dass in besonderer Weise dem Schutzbedürfnis des Arbeitnehmers Rechnung getragen werden muss.[7]

---

1 BAG v. 25.10.1984 – 2 AZR 417/83, AP Nr. 1 zu § 141a AFG; LAG Hamm v. 26.11.1998 – 4 (19) Sa 1360/98, ZInsO 1999, 363.

2 BAG v. 25.10.1984 – 2 AZR 417/83, AP Nr. 1 zu § 141a AFG; LAG Köln v. 15.9.1993 – 8 Sa 449/93, AR-Blattei-ES 1880 Nr. 1; *Söllner*, ZfA 1973, 1 (11 f.); *Hergenröder*, AR-Blattei-SD: Zurückbehaltungsrecht, Rz. 82.

3 BGH v. 24.10.1962 – V ZR 1/61, BGHZ 38, 122 (129); *Köst*, BB 1954, 688 (689); *Hergenröder*, AR-Blattei-SD: Zurückbehaltungsrecht, Rz. 59; MünchKommBGB/*Krüger*, § 273 Rz. 79.

4 BGH v. 13.12.1973 –VII ZR 40/72, NJW 1974, 367 (368); MünchKommBGB/*Krüger*, § 273 Rz. 80.

5 LAG Hamburg v. 8.10.1955 – 2 Sa 189/55, ARST 1956, 168 f. Nr. 500; im Ergebnis zustimmend: *Hergenröder*, AR-Blattei-SD: Zurückbehaltungsrecht, Rz. 67.

6 ArbG Wilhelmshaven v. 20.11.1969 – Ca 383/69, ARST 1970, 172 Nr. 178; *Neumann/Fenski*, BUrlG, 10. Aufl. 2011, § 7 Rz. 115 m.w.N.; *Hergenröder*, AR-Blattei-SD: Zurückbehaltungsrecht, Rz. 68.

7 *Söllner*, ZfA 1973, 1 (2); *Hergenröder*, AR-Blattei-SD: Zurückbehaltungsrecht, Rz. 23; vgl. auch BAG v. 20.12.1958 – 2 AZR 336/56, EzA § 817 BGB Nr. 2.

Gegenüber dem Zeugnisanspruch des Arbeitnehmers (§ 109 GewO, § 630 BGB) 29
würde bspw. die Geltendmachung eines Zurückbehaltungsrechtes dem Fürsorgegedanken widersprechen. Das Zeugnis ist daher bei Beendigung des Arbeitsverhältnisses auf Verlangen in jedem Fall zu erteilen.[1] Gleiches gilt für die Aushändigung der übrigen Arbeitspapiere (s. Rz. 23; zum Zeugnisanspruch auch → *Verzicht- und Ausgleichsquittung*, II V 50).

d) Arbeitsvertraglicher Ausschluss

Nur sofern nicht bereits vorstehende Schranken des Zurückbehaltungsrechtes greifen, wird ein etwaiger vertraglicher Ausschluss von Zurückbehaltungsrechten relevant. 30

Eine dementsprechende **vertragliche Vereinbarung** ist grundsätzlich möglich.[2]

aa) Klauselarten

Anzutreffen sind in Formulararbeitsverträgen diesbezüglich mitunter Klauseln, 31
durch die im Rahmen des Arbeitsverhältnisses generell die Geltendmachung von Zurückbehaltungsrechten ausgeschlossen wird. Hierzu zählt die Klausel des Beispiels, die daneben auch einen Aufrechnungsausschluss (→ *Aufrechnung*, II A 110) sowie den Zusatz „soweit gesetzlich zulässig" (→ *Salvatorische Klauseln*, II S 10) beinhaltet.

Ein Ausschluss kann sich aber ebenso nur auf bestimmte Ansprüche beziehen. 32
Liegt vordergründig eine einen generellen Ausschluss beinhaltende Klausel vor, ist stets genau zu untersuchen, ob sich nicht durch die Stellung der Klausel, z.B. innerhalb eines Absatzes, oder aus dem Sinnzusammenhang ergibt, dass sie sich nur auf bestimmte Ansprüche beziehen soll oder nur für den Arbeitgeber oder den Arbeitnehmer gelten soll.

Vertragliche Ausschlüsse von Zurückbehaltungsrechten stehen meist im inhaltlichen Zusammenhang mit Herausgabeansprüchen (→ *Herausgabeansprüche*, II H 40) und sind häufig in Kombination mit einem Aufrechnungsverbot anzutreffen. 33

bb) Zulässigkeit des formularmäßigen Ausschlusses

Problematisch erscheint allerdings, ob das Zurückbehaltungsrecht durch formularmäßige Klauseln im Arbeitsvertrag ausgeschlossen werden kann. Nach § 309 Nr. 2 BGB ist ein Ausschluss oder die Einschränkung des Leistungsverweigerungsrechts nach den §§ 320, 273 BGB in Allgemeinen Geschäftsbedingungen unwirksam. Diese Regelung ist gemäß § 310 Abs. 4 BGB auch im Arbeitsrecht zu berücksichtigen. Prinzipielle Bedenken gegen die Anwendung des Klauselverbotes wegen arbeitsrechtlicher Besonderheiten bestehen nicht. Denn in beiden Vorschriften 34

---

1 Erman/*Belling*, § 630 BGB Rz. 19; Schaub/*Linck*, § 146 Rz. 7; Staudinger/*Preis*, § 630 BGB Rz. 55.
2 RG v. 6.6.1932 – VIII 91/32, RGZ 136, 407 (412f.); Staudinger/*Bittner*, § 273 BGB Rz. 75; MünchKommBGB/*Krüger*, § 273 Rz. 44; a.A.: *Walsmann*, Der Verzicht, 1912, S. 236f. (318).

kommt der auch im Arbeitsrecht geltende Redlichkeitsgedanke zum Ausdruck.[1] Die vollständige formularmäßige Abbedingung des Zurückbehaltungsrechts des Arbeitnehmers wegen rückständigen Arbeitsentgelts ist in jedem Fall unzulässig. § 309 Nr. 2 BGB will den Standard des dispositiven Rechts sichern. Insofern kann die Frage der Wirksamkeit der Klausel dahinstehen, wenn ein Leistungsverweigerungsrecht nach Treu und Glauben im konkreten Fall ohnehin nicht besteht. Darüber hinaus kann auch der Tatsache Rechnung getragen werden, dass die Arbeitsleistung nicht nachholbar ist (vgl. Rz. 11) und zahlreiche Ausschlüsse des Zurückbehaltungsrechtes kraft Gesetz bestehen (Rz. 23 ff.).

e) Abwendung des Zurückbehaltungsrechts durch Sicherheitsleistung

35 Nach § 273 Abs. 3 BGB kann das Zurückbehaltungsrecht vom Gläubiger – i.d.R. ist dies der Arbeitgeber – durch **Sicherheitsleistung** nach §§ 232 ff. BGB abgewendet werden. Die Höhe der Sicherheitsleistung bemisst sich grundsätzlich nach dem Wert des zu sichernden Rechts,[2] d.h. im Falle der Zurückbehaltung der Arbeitsleistung nach der Vergütungshöhe.

3. Hinweise zur Vertragsgestaltung; Zusammenfassung

36 In Ansehung dieser Rechtslage bleibt für den vorformulierten Ausschluss von Zurückbehaltungsrechten regelmäßig kein Spielraum. Unter Umständen kann sich – zur Klarstellung – eine deklaratorische Klausel in solchen Fällen empfehlen, in denen dem Arbeitgeber oder dem Arbeitnehmer – bezogen auf bestimmte Ansprüche – kein Zurückbehaltungsrecht zusteht. Diese Problematik ist angesprochen bei den → *Herausgabeansprüchen*, II H 40 bezüglich Geschäftsunterlagen des Arbeitgebers und Arbeitspapieren des Arbeitnehmers. Auf die Ausführungen dort wird verwiesen.

---

1 *Gotthardt*, Arbeitsrecht nach der Schuldrechtsreform, Rz. 274.
2 Palandt/*Ellenberger*, Überbl. § 232 BGB Rz. 1.

Teil III
Vertragsmuster

A. Arbeitsvertragsmuster ohne Tarifbezug

I. Vorbemerkung

Das nachfolgende Vertragsmuster ist der Vorschlag eines Grundarbeitsvertrages, der die typischen Regelungsbereiche berücksichtigt und Wert darauf legt, einen ausgewogenen Interessenausgleich zwischen Arbeitgeber und Arbeitnehmer herbeizuführen. 1

In das Vertragsmuster wurden nur wenige, wichtige Alternativklauseln aufgenommen. Es empfiehlt sich in jedem Fall, vor Übernahme einer Klausel die Ausführungen zum jeweiligen Verweisungsstichwort oben im Teil II zu lesen. Dort finden sich zudem noch weitere Klauselalternativen. 2

Allgemeine Fragen der Vertragsgestaltung sind im I. Teil dieses Handbuches behandelt. Im alphabetisch geordneten Kommentar (II. Teil) finden sich Hinweise zu Rechtmäßigkeit und Zweckmäßigkeit einzelner Vertragsklauseln. 3

In jedem Einzelfall ist zu klären, welche Regelungen bereits in Betriebsvereinbarungen und Tarifverträgen vorhanden sind. Soweit der Arbeitgeber tarifgebunden ist, wird regelmäßig eine Gleichbehandlung der tarifgebundenen und tarifungebundenen Arbeitnehmer gewünscht sein. Inhalt und Umfang der arbeitsvertraglichen Regelung sind insoweit mit kollektivrechtlichen Regelungen abzustimmen. Formulierungsbeispiele für Arbeitsvertragsmuster großer Branchen, die mit den gültigen Manteltarifverträgen abgestimmt sind, finden sich unter C. 4

In dem nachfolgenden Vertrag wird auf deklaratorische Regelungen weithin verzichtet. Er kann sowohl für Vertragsabschlüsse mit Arbeitern als auch mit Angestellten Verwendung finden. 5

Das Vertragsmuster geht davon aus, dass keine Tarifbindung besteht und auch keine allgemeine Bezugnahme auf einen Tarifvertrag gewollt ist. Es besteht unter Umständen die Möglichkeit der teilweisen Bezugnahme auf Tarifverträge (→ *Verweisungsklauseln*, II V 40). Von der Möglichkeit wird hier jedoch abgesehen. 6

Ebenso wurde in diesem Grundmuster verzichtet auf die Aufnahme der verbreiteten, aber weithin wirkungslosen 7

→ *Schriftformklauseln*, II S 30

→ *salvatorischen Klauseln*, II S 10 und

→ *Gerichtsstandsvereinbarungen*, II G 20.

II. Vorschlag eines Vertragsmusters ohne Tarifbezug

1. Deutsche Fassung

Arbeitsvertrag

Zwischen der X-GmbH

– nachfolgend kurz Unternehmen genannt –

und

Herrn/Frau Y

– nachfolgend Mitarbeiter/in genannt –

wird folgender Arbeitsvertrag geschlossen:

→ *Arbeitnehmerstatus*, II A 50

§ 1 Beginn des Arbeitsverhältnisses

(1) Der/Die Mitarbeiter/in tritt am ... (Datum) auf unbestimmte Zeit in die Dienste des Unternehmens.

oder:

(1) Das Arbeitsverhältnis beginnt, sobald der/die Mitarbeiter/in seine/ihre Tätigkeit für das Unternehmen aufnimmt. Die Tätigkeit soll zum frühestmöglichen Zeitpunkt, muss aber spätestens am ... (Datum) aufgenommen werden.

(2) Wird das Arbeitsverhältnis vor Dienstantritt ordentlich gekündigt, läuft die Kündigungsfrist erst mit dem vereinbarten Tag des Arbeitsbeginns.

oder:

(2) Wird das Arbeitsverhältnis vor Dienstantritt ordentlich gekündigt, läuft die Kündigungsfrist vom Zugang der Kündigung an.

(3) Die Einstellung erfolgt unter der Bedingung, dass der/die Mitarbeiter/in nach dem Ergebnis der Einstellungsuntersuchung durch den Vertrauens-/Betriebsarzt für die geschuldete Tätigkeit geeignet ist.

→ *Arbeitsaufnahme/Beginn des Arbeitsverhältnisses*, II A 60

→ *Befristung des Arbeitsverhältnisses*, II B 10

→ *Kündigungsvereinbarungen*, II K 10

§ 2 Probezeit/Befristetes Probearbeitsverhältnis

Die ersten drei/sechs Monate gelten als Probezeit. Während dieser Zeit kann das Arbeitsverhältnis beiderseits mit einer Frist von zwei Wochen gekündigt werden.

oder:

Dieser Vertrag wird vom ... bis ... (drei/sechs Monate) zur Probe abgeschlossen und endet mit dem Ablauf der Probezeit, sofern er nicht zuvor/bis zum ... verlängert wurde/wird.

oder:

Dieser Vertrag wird vom ... bis ... (drei/sechs Monate) zur Probe abgeschlossen. Soll nach Ablauf dieser Zeit ein Anstellungsverhältnis nicht eingegangen werden, ist dies mit einer Frist von zwei Wochen vor dem Ende der Probezeit schriftlich anzukündigen. Andernfalls geht das Probearbeitsverhältnis in ein Arbeitsverhältnis auf unbestimmte Zeit über.

oder:

Das Arbeitsverhältnis beginnt am ... und wird zunächst bis zum ... befristet zur Probe abgeschlossen. Erfolgt vor diesem Zeitpunkt keine einverständliche schriftliche Verlängerung, endet das Arbeitsverhältnis, ohne dass es einer Kündigung bedarf. Wird die Probezeit ohne Verschulden des Unternehmens für mehr als zwei Wochen tatsächlich unterbrochen, so verlängert sie sich automatisch um den Unterbrechungszeitraum. Das befristete Probearbeitsverhältnis kann darüber hinaus mit einer Frist von zwei Wochen gekündigt werden.

→ *Befristung des Arbeitsverhältnisses,* II B 10

→ *Kündigungsvereinbarungen,* II K 10

§ 3 Tätigkeit

(1) Herr/Frau ... (Name), der/die Mitarbeiter/in, wird eingestellt als ... (Berufsbild; kurze Charakterisierung oder Beschreibung der zu leistenden Tätigkeit). Er/Sie wird mit allen einschlägigen Arbeiten nach näherer Anweisung der Betriebsleitung und seiner/ihrer Vorgesetzten beschäftigt.

(2) Der/Die Mitarbeiter/in verpflichtet sich, die ihm/ihr übertragenen Aufgaben sorgfältig auszuführen.

→ *Direktionsrecht und Tätigkeitsbeschreibung,* II D 30

§ 4 Weisungsrecht des Arbeitgebers/Versetzung

Das Weisungsrecht des Arbeitgebers hinsichtlich Inhalt der Tätigkeit, zeitlicher Lage der Arbeitszeit und Ort der Tätigkeit richtet sich nach § 106 Gewerbeordnung.

oder:

§ 4 Zuweisung anderer Tätigkeiten/Versetzung

(1) Das Unternehmen ist berechtigt, dem/der Mitarbeiter/in anderweitige seinen/ihren Fähigkeiten entsprechende gleichwertige oder höherwertige Tätigkeiten zu übertragen. Bei der Zuweisung einer höherwertigen Tätigkeit richtet sich die Vergütung ab dem sechsten Monat der Übertragung (*alternativ:* vom Zeitpunkt der Übertragung an) nach der Vergütung, die für die höherwertige Tätigkeit üblich ist.

(2) Das Arbeitsverhältnis bezieht sich auf eine Tätigkeit in ... (Ort). Das Unternehmen behält sich vor, dem/der Mitarbeiter/in innerhalb des gesamten Unternehmens – auch an einem anderen Ort – (vertretungsweise für die Höchstdauer von ... Monaten/Jahren) im Rahmen des Absatzes 1 zu versetzen, wenn ihm/ihr dies bei Abwägung der betrieblichen und seiner/ihrer persönlichen Belange zuzumuten ist. Außer bei dringenden betrieblichen Notwendigkeiten wird das Unternehmen hierbei eine Ankündigungsfrist beachten, die der vertraglichen oder gesetzlichen Kündigungsfrist des/der Mitarbeiters/in entspricht. Kosten eines von dem Unternehmen angeordneten Wohnsitzwechsels werden dem/der Mitarbeiter/in erstattet.

→ *Direktionsrecht und Tätigkeitsbeschreibung,* II D 30

§ 5 Arbeitszeit

(1) Die regelmäßige Arbeitszeit entspricht der für Vollzeitarbeitnehmer im Betrieb üblichen Arbeitszeit. Sie beträgt zurzeit ... Stunden wöchentlich.

oder:

Die wöchentliche Arbeitszeit beträgt ... Stunden.

(2) Beginn und Ende der täglichen Arbeitszeit und der Pausen richten sich nach den mit dem Betriebsrat abgeschlossenen Vereinbarungen (*alternativ:* werden vom Unternehmen festgelegt).

(3) Der/Die Mitarbeiter/in ist verpflichtet, aus dringenden betrieblichen Gründen im Rahmen der gesetzlichen Bestimmungen, insbesondere der Mitbestimmung des Betriebsrats gemäß § 87 Abs. 1 BetrVG, Nacht-/Wechselschicht-/Sonntagsarbeit und vorübergehend Mehr- und Überarbeit zu leisten.

(4) Unbeschadet der Regelung des § 87 BetrVG darf der Arbeitgeber Kurzarbeit anordnen, wenn die Voraussetzungen für die Gewährung von Kurzarbeitergeld erfüllt sind; dabei ist eine Ankündigungsfrist von zwei Wochen einzuhalten.

→ *Arbeitszeit,* II A 90

§ 6 Vergütung

(1) Herr/Frau (Name), der/die Mitarbeiter/in, erhält für die vertragliche regelmäßige Arbeitszeit ein monatliches Bruttogehalt von ... Euro. Die Vergütung ist jeweils am Letzten eines Monats fällig.

oder:

(1) Als Vergütung für seine/ihre Tätigkeit erhält der/die Mitarbeiter/in ein Monatsgehalt, dessen Höhe gesondert festgelegt wird.

(2) Es werden ferner folgende Zulagen zum Gehalt gezahlt:
a) ...
b) ...

(3) Das Unternehmen gewährt dem/der Mitarbeiter/in vermögenswirksame Leistungen in Höhe von monatlich ... Euro.

(4) Die Zahlung der Vergütung erfolgt bargeldlos.

→ *Arbeitsentgelt,* II A 70

§ 7 Über- und Mehrarbeitsvergütung

(1) Zur Abgeltung etwaiger über die regelmäßige Arbeitszeit hinausgehender Arbeit (Mehrarbeit) erhält der/die Mitarbeiter/in eine monatliche Pauschale in Höhe von ... Euro. Mit dieser Pauschale werden bis zu ... Überstunden im Monat abgegolten. Die Pauschalabgeltung kann von beiden Parteien mit einmonatiger Kündigungsfrist gekündigt und die Ablösung durch eine Einzelabrechnung verlangt werden.

oder:

(1) Mit der unter § 6 genannten Vergütung ist Mehrarbeit, soweit sie ... Stunden nicht überschreitet, abgegolten.

oder:

(1) Mit dem vereinbarten Bruttolohn sind bis zu … Überstunden monatlich abgegolten. Darüber hinausgehende Überstunden werden durch Freizeit abgegolten. Soweit dies nicht möglich ist, beträgt die Überstundenvergütung … Euro pro Stunde oder den jeweiligen durchschnittlichen Stundenlohn zuzüglich 25 %.

oder:

(1) Jede geleistete Über- oder Mehrarbeitsstunde wird mit einem Zuschlag von 25 % auf die übliche Vergütung bezahlt.

(2) Ansprüche auf Vergütung und Zuschläge für Mehrarbeit bestehen nur, wenn die Tätigkeit von dem Unternehmen angeordnet oder genehmigt worden ist.

→ *Mehrarbeits- und Überstundenvergütung*, II M 20

§ 8 Gratifikation/Rückzahlungsverpflichtung

(1) Der/Die Mitarbeiter/in, dessen/deren Arbeitsverhältnis bis zum Jahresende besteht, erhält eine Gratifikation in Höhe von … % des zuletzt bezogenen Monatsgehalts, die mit der Gehaltsabrechnung für November abzurechnen und auszuzahlen ist. Mit der Gratifikation sollen ausschließlich die erbrachte und die zukünftige Betriebstreue honoriert werden. Der Anspruch auf die Gratifikation besteht nur, wenn das Arbeitsverhältnis im Auszahlungszeitpunkt sechs Monate bestanden hat.

(2) Der Anspruch auf Gratifikation ist ausgeschlossen, wenn das Arbeitsverhältnis im Zeitpunkt der Auszahlung oder bis zum 31.12. von einem der Vertragsteile gekündigt wird oder infolge Aufhebungsvertrages endet. Dies gilt jedoch nicht, wenn die Kündigung aus betriebsbedingten oder aus personenbedingten, vom Arbeitnehmer nicht zu vertretenden Gründen erfolgt. Dies gilt sinngemäß für einen Aufhebungsvertrag.

(3) Der/Die Mitarbeiter/in ist verpflichtet, die Gratifikation zurückzuzahlen, wenn er/sie aufgrund eigener Kündigung oder aufgrund außerordentlicher oder verhaltensbedingter Kündigung aus dem Unternehmen aus einem von ihm/ihr zu vertretenden Grund bis zum 31.3. des auf die Auszahlung folgenden Kalenderjahres oder, sofern die Gratifikation eine Monatsvergütung übersteigt, bis zum 30.6. des auf die Auszahlung folgenden Kalenderjahres ausscheidet. Die Rückzahlungsverpflichtung gilt entsprechend, wenn das Arbeitsverhältnis innerhalb des vorgenannten Zeitraumes durch Aufhebungsvertrag beendet wird und Anlass des Aufhebungsvertrages ein Recht zur außerordentlichen oder verhaltensbedingten Kündigung oder ein Aufhebungsbegehren des/der Mitarbeiters/in ist.

→ *Sonderzahlungen*, II S 40

§ 9 Widerrufsvorbehalt

(1) Die Zahlung der Gratifikation (§ 8) erfolgt unter dem Vorbehalt des Widerrufs. Der Widerruf ist aus wirtschaftlichen Gründen möglich.

(2) Die Zahlung der Zulage (§ 6 Abs. 2) erfolgt unter dem Vorbehalt des Widerrufs. Die Ausübung des Widerrufsrechts kann erfolgen, wenn ein dringendes betriebliches Erfordernis vorliegt, insbesondere wenn der Jahresgewinn des Unternehmens unter … % des Jahresumsatzes sinkt. Dabei ist eine Frist von … Monat(en) einzuhalten. Übersteigt der Jahresgewinn wieder die Grenze von … % des Jahresumsatzes, wird die Zulage wieder gewährt.

→ *Vorbehalte und Teilbefristung*, II V 70

§ 10 Abtretung und Verpfändung des Arbeitseinkommens

Der/Die Mitarbeiter/in darf seine/ihre Vergütungsansprüche an Dritte nur nach vorheriger schriftlicher Zustimmung des Unternehmens verpfänden oder abtreten. Die Zustimmung darf nur aus sachlichen Gründen verweigert werden.

→ *Abtretungsverbote und Lohnpfändung*, II A 10

§ 11 Arbeitsverhinderung/Entgeltfortzahlung

(1) Der/Die Mitarbeiter/in ist verpflichtet, jede Arbeitsverhinderung und ihre voraussichtliche Dauer unverzüglich dem Unternehmen anzuzeigen und dabei gleichzeitig auf etwaige dringliche Arbeiten hinzuweisen.

(2) Im Falle der Arbeitsunfähigkeit infolge Krankheit ist der/die Mitarbeiter/in verpflichtet, spätestens am dritten Arbeitstag eine ärztliche Bescheinigung über die Arbeitsunfähigkeit und deren voraussichtliche Dauer vorzulegen. Dauert die Arbeitsunfähigkeit länger als in der Bescheinigung angegeben, ist er/sie verpflichtet, innerhalb von drei Tagen eine neue ärztliche Bescheinigung einzureichen. Die Art der Erkrankung ist nur dann anzugeben, wenn sie Schutzmaßnahmen des Arbeitgebers für andere Arbeitnehmer erfordert (z.B. bei Infektionsgefahr), wenn wegen derselben Erkrankung innerhalb der letzten sechs Monate Arbeitsunfähigkeit vorlag oder wenn seit Beginn der ersten Arbeitsunfähigkeit infolge derselben Krankheit weniger als zwölf Monate vergangen sind.

(3) Hält sich der/die Mitarbeiter/in bei Beginn der Arbeitsunfähigkeit im Ausland auf, so ist er/sie verpflichtet, dem Arbeitgeber die Arbeitsunfähigkeit, deren voraussichtliche Dauer und die Adresse am Aufenthaltsort in der schnellstmöglichen Art der Übermittlung mitzuteilen. Kehrt der/die arbeitsunfähig erkrankte Mitarbeiter/in in das Inland zurück, so ist er/sie verpflichtet, dem Arbeitgeber und der Krankenkasse seine/ihre Rückkehr unverzüglich mitzuteilen.

(4) Ist der/die Mitarbeiter/in unverschuldet arbeitsunfähig erkrankt, leistet das Unternehmen für die Dauer von ... Wochen/Monaten Entgeltfortzahlung nach Maßgabe der gesetzlichen Bestimmungen.

→ *Anzeige- und Nachweispflichten*, II A 40

→ *Entgeltfortzahlung*, II E 20

§ 12 Urlaub

Der/Die Mitarbeiter/in erhält – nach einer Beschäftigungsdauer von sechs Monaten – einen Erholungsurlaub von ... Kalender-/Werktagen im Kalenderjahr. Der Urlaub wird in Abstimmung mit dem/der Mitarbeiter/in von der Unternehmensleitung festgelegt. Im Übrigen gelten die gesetzlichen Bestimmungen.

→ *Urlaub*, II U 20

§ 13 Rückzahlung zu viel erhaltener Leistungen

Hat der/die Mitarbeiter/in Entgelt oder sonstige Geldleistungen von dem Unternehmen zu viel erhalten, kann er/sie sich auf den Wegfall der Bereicherung nicht berufen, wenn die rechtsgrundlose Überzahlung so offensichtlich war, dass der/die Mitarbeiter/in dies hätte erkennen müssen, oder wenn die Überzahlung auf Umständen beruhte, die der/die Mitarbeiter/in zu vertreten hat.

→ *Arbeitsentgelt, überzahltes*, II A 80

§ 14 Nebentätigkeit

Jede Nebentätigkeit, gleichgültig ob sie entgeltlich oder unentgeltlich ausgeübt wird, bedarf der vorherigen Zustimmung des Unternehmens. Die Zustimmung wird erteilt, wenn die Nebentätigkeit die Wahrnehmung der dienstlichen Aufgaben zeitlich nicht oder allenfalls unwesentlich behindert und sonstige berechtigte Interessen des Unternehmens nicht beeinträchtigt werden. Das Unternehmen hat die Entscheidung über den Antrag des/der Mitarbeiters/in auf Zustimmung zur Nebentätigkeit innerhalb von vier Wochen nach Eingang des Antrages zu treffen. Wird innerhalb dieser Frist eine Entscheidung nicht gefällt, gilt die Zustimmung als erteilt.

→ *Nebentätigkeit*, II N 10

§ 15 Geheimhaltung

(1) Der/Die Mitarbeiter/in verpflichtet sich, über alle Geschäftsgeheimnisse, insbesondere Herstellungsverfahren, Vertriebswege und dergleichen sowohl während der Dauer des Arbeitsverhältnisses als auch nach seiner Beendigung Stillschweigen zu bewahren. Die Geheimhaltungspflicht erstreckt sich nicht auf solche Kenntnisse, die jedermann zugänglich sind oder deren Weitergabe für das Unternehmen ersichtlich ohne Nachteil ist. Im Zweifelsfalle sind jedoch technische, kaufmännische und persönliche Vorgänge und Verhältnisse, die dem/der Mitarbeiter/in im Zusammenhang mit seiner/ihrer Tätigkeit bekannt werden, als Geschäftsgeheimnisse zu behandeln. In solchen Fällen ist der/die Mitarbeiter/in vor der Offenbarung verpflichtet, eine Weisung der Geschäftsleitung einzuholen, ob eine bestimmte Tatsache vertraulich zu behandeln ist.

(2) Die Schweigepflicht erstreckt sich auch auf Angelegenheiten anderer Unternehmen, mit denen das Unternehmen wirtschaftlich oder organisatorisch verbunden ist.

(3) Sollte die nachvertragliche Verschwiegenheitspflicht den/die Mitarbeiter/in in seinem/ihrem beruflichen Fortkommen unangemessen hindern, hat der/die Mitarbeiter/in gegen das Unternehmen einen Anspruch auf Freistellung von dieser Pflicht.

(4) Die betrieblichen Sicherheitsbestimmungen sind zu beachten. Vertrauliche und geheim zu haltende Schriftstücke, Zeichnungen, Modelle usw. sind unter Verschluss zu halten.

→ *Verschwiegenheitspflicht*, II V 20

§ 16 Haftung

Verursacht der/die Mitarbeiter/in durch eine schuldhafte Pflichtverletzung einen Schaden, so hat er/sie im Falle einfacher Fahrlässigkeit den Schaden zur Hälfte, höchstens jedoch bis zum Betrag einer gewöhnlichen Monatsnettovergütung zu ersetzen. Bei grober Fahrlässigkeit hat der/die Mitarbeiter/in den Schaden voll zu tragen, jedoch der Höhe nach beschränkt auf den dreifachen Betrag der gewöhnlichen Monatsnettovergütung. Die Haftung für Fahrlässigkeit besteht nur für solche Schäden, die nicht durch eine – von dem Unternehmen abzuschließende – Betriebshaftpflichtversicherung gedeckt werden können. Diese Grundsätze gelten entsprechend bei Schadensersatzansprüchen Dritter. Bei Vorsatz haftet der/die Mitarbeiter/in unbeschränkt.

→ *Haftung des Arbeitnehmers*, II H 20

§ 17 Vertragsstrafe

(1) Nimmt der/die Mitarbeiter/in die Arbeit nicht oder verspätet auf, löst er/sie sich vom Arbeitsverhältnis ohne Einhaltung der maßgeblichen Kündigungsfrist oder verweigert er/sie vorübergehend die Arbeit, so hat der/die Mitarbeiter/in an das Unternehmen eine Vertragsstrafe zu zahlen. Die Vertragsstrafe ist nur verwirkt, wenn der/die Mitarbeiter/in grob fahrlässig oder vorsätzlich gehandelt hat.

(2) Als Vertragsstrafe wird für die in Absatz 1 genannten Fälle ein Bruttotagesentgelt für jeden Tag der Zuwiderhandlung vereinbart, insgesamt wird jedoch nicht mehr als das in der gesetzlichen Mindestkündigungsfrist ansonsten erhaltene Arbeitsentgelt verwirkt. Im Übrigen beträgt die Vertragsstrafe insgesamt höchstens ein Bruttomonatsgehalt.

(3) Das Bruttotagesentgelt bemisst sich nach dem durchschnittlichen Arbeitsverdienst i.S.d. § 11 Abs. 1 S. 1–4 BUrlG und den darin zum Ausdruck kommenden Berechnungsgrundsätzen. Ist der Arbeitnehmer in den in Absatz 1 genannten Fällen im Zeitpunkt der Zuwiderhandlung weniger als 13 Wochen bei dem Arbeitgeber beschäftigt, wird für die Berechnung des Bruttotagesentgeltes der gesamte Zeitraum vom Beginn des Arbeitsverhältnisses bis zum Zeitpunkt der Zuwiderhandlung zugrunde gelegt.

(4) Verstößt der/die Mitarbeiter/in gegen die Geheimhaltungsvereinbarung aus § 15, so gilt für jeden Fall der Zuwiderhandlung eine Vertragsstrafe in Höhe von … Euro als vereinbart.

(5) Die Geltendmachung eines weiter gehenden Schadens bleibt vorbehalten.

→ *Vertragsstrafen*, II V 30

§ 18 Beendigung des Arbeitsverhältnisses

(1) Die Kündigungsfrist beträgt für beide Vertragsparteien vier Wochen zum Ende (*alternativ*: zum 15.) eines Kalendermonats. Die Verlängerung der Kündigungsfristen für den Arbeitgeber richtet sich nach den jeweiligen gesetzlichen Vorschriften.

(2) (Altersgrenze)

Das Arbeitsverhältnis endet, ohne dass es einer Kündigung bedarf, mit Ablauf des Monats, in dem der/die Mitarbeiter/in die Regelaltersgrenze der gesetzlichen Rentenversicherung erreicht. Zuvor kann es von beiden Seiten jederzeit ordentlich gekündigt werden.

oder:

(2) (Anspruch auf Altersrente als Beendigungsgrund)
a) Dieser Vertrag endet mit Ablauf des Monats, in dem der/die Mitarbeiter/in das 63. Lebensjahr vollendet, wenn er/sie in diesem Zeitpunkt einen Anspruch auf vorgezogene Altersrente hat. Zuvor kann es von beiden Seiten jederzeit ordentlich gekündigt werden.
b) Das Arbeitsverhältnis endet, ohne dass es einer Kündigung bedarf, zu dem Zeitpunkt, in dem der/die Mitarbeiter/in erstmals eine abschlagsfreie Rente wegen Alters beziehen kann. Zuvor kann es von beiden Seiten jederzeit ordentlich gekündigt werden.

→ *Kündigungsvereinbarungen*, II K 10

→ *Altersgrenze*, II A 20

§ 19 Freistellung von der Arbeitspflicht

(1) Auf Wunsch des/der Mitarbeiters/in kann, sofern betriebliche Interessen dem nicht entgegenstehen, unbezahlter Urlaub gewährt werden. Während des unbezahlten Urlaubs ruht das Arbeitsverhältnis. Der/Die Mitarbeiter/in kann einen erteilten unbezahlten Urlaub nicht einseitig widerrufen.

(2) Das Unternehmen ist berechtigt, den/die Mitarbeiter/in mit Ausspruch einer Kündigung – gleichgültig von welcher Seite – unter Fortzahlung der Bezüge (unwiderruflich) von der Arbeitsleistung freizustellen, wenn ein triftiger Grund, insbesondere ein grober Vertragsverstoß, der die Vertrauensgrundlage beeinträchtigt (z.B. Geheimnisverrat, Konkurrenztätigkeit), gegeben ist. Die Freistellung erfolgt bei unwiderruflicher Freistellung unter Anrechnung auf den Erholungsurlaub, soweit dem nicht die Arbeitsunfähigkeit (§ 9 BUrlG) oder sonstige schutzwürdige Belange des/der Mitarbeiters/in entgegenstehen. Während der Dauer der Freistellung hat der/die Mitarbeiter/in Tätigkeiten für und als Wettbewerber zu unterlassen.

(optional: Auf die Fortzahlung der Bezüge ist anzurechnen, was der/die Mitarbeiter/in während der Freistellung durch anderweitige Verwendung seiner Arbeitskraft erwirbt.)

→ *Freistellung des Arbeitnehmers*, II F 10

§ 20 Verweisungsklausel/Öffnungsklausel für Kollektivvereinbarungen

(1) Die Parteien sind sich darüber einig, dass spätere tarifvertragliche Regelungen und die mit dem Betriebsrat bereits abgeschlossenen und noch abzuschließenden Betriebsvereinbarungen in ihrer jeweils gültigen Fassung den Regelungen in § … (Alt.: „den Regelungen zu § 8 Gratifikation") auch dann vorgehen, wenn die vertragliche Regelung im Einzelfall günstiger ist.

(2) Im Übrigen gelten die Allgemeinen Arbeitsbedingungen des Unternehmens, soweit sich nicht aus diesem Arbeitsvertrag etwas anderes ergibt.

(3) Die einschlägigen Betriebsvereinbarungen/Allgemeinen Arbeitsbedingungen können im Personalbüro eingesehen werden.

→ *Öffnungsklauseln*, II O 10

§ 21 Ausschlussfristen

(1) Alle beiderseitigen Ansprüche aus dem bestehenden Arbeitsverhältnis – mit Ausnahme von Ansprüchen, die aus der Verletzung des Lebens, des Körpers oder der Gesundheit sowie aus vorsätzlichen oder grob fahrlässigen Pflichtverletzungen des Arbeitgebers oder seines gesetzlichen Vertreters oder Erfüllungsgehilfen resultieren – müssen innerhalb von sechs Monaten, nachdem der jeweilige Gläubiger Kenntnis erlangt hat oder hätte erlangen müssen, schriftlich geltend gemacht werden.

(2) Lehnt die Gegenseite den Anspruch schriftlich ab oder erklärt sie sich nicht innerhalb von einem Monat nach Geltendmachung des Anspruches, so verfällt dieser, wenn er nicht innerhalb von drei Monaten nach der Ablehnung oder dem Fristablauf gerichtlich geltend gemacht wird.

(3) Wird ein Anspruch nicht formgemäß innerhalb der Fristen geltend gemacht, so führt dies zum endgültigen Erlöschen des Anspruchs.

(4) Die Ausschlussfrist nach Absatz 1 bis 3 erfasst nicht gesetzliche Mindestentgeltansprüche.

→ *Ausschlussfristen*, II A 150

| Ort, den ... | Unterschrift | Unterschrift |

2. Englische Fassung[1]

9 Employment Contract

Between the X-GmbH

– hereinafter referred to as „Company" –

and

Mr./Mrs. Y

– hereinafter referred to as „Employee" –

it has been agreed as follows:

→ *Arbeitnehmerstatus*, II A 50

§ 1 Commencement of the Employment Relationship

(1) On the ... (date) the Employee enters into the services of the company for an indefinite term.

or:

(1) The employment relationship commences as soon as the Employee assumes his/her employment duties for the Company. The employment duties should be assumed on the earliest possible date, however no later than the ... (date).

(2) If the employment relationship is properly terminated prior to the assumption of the employment duties, the termination notice period begins on the date agreed upon for the commencement of the employment relationship.

or:

(2) If the employment relationship is properly terminated prior to the assumption of the employment duties, the termination notice period begins upon the reception of the termination notice by the other party.

(3) The employment occurs under the condition that the Employee is suited for the employment duties according to the results of the medical entrance examination carried out by the Company's or a trustworthy doctor.

→ *Arbeitsaufnahme/Beginn des Arbeitsverhältnisses*, II A 60

→ *Befristung des Arbeitsverhältnisses*, II B 10

→ *Kündigungsvereinbarungen*, II K 10

---

[1] Der Abdruck erfolgt trotz der Erkenntnis des BAG, dass im deutschen Rechtskreis ein Arbeitsvertrag in deutscher Sprache nicht zu beanstanden ist. Es ist weder überraschend noch überrumpelnd, dass ein Arbeitsvertrag in Deutschland in deutscher Sprache verfasst ist. Dessen Verwendung führt gegenüber einem sprachunkundigen Arbeitnehmer weder zu einer Nichteinbeziehung einzelner Vertragsklauseln noch zu einem Überrumpelungseffekt. Der nicht sprachkundige Arbeitnehmer trägt das Sprachrisiko (BAG 19.3. 2014 – 5 AZR 252/12, DB 2014, 1623).

§ 2 Trial Period/Temporary Employment on Probation

The first three/six months are considered a trial period during which the employment relationship may be terminated by either party upon providing two weeks notice to the other party.

or:

This contract is agreed upon from the ... until the ... (three/six months) on trial and ends with the expiration of the trial period, if it is not extended before/until the ...

or:

This contract is agreed upon from the ... until the ... (three/six months) on trial. If an employment relationship should not be entered into after the expiration of this time, this is to be announced in writing within a period of two weeks before the end of the trial period. Otherwise, the trial employment relationship evolves into an employment relationship for an indefinite term.

or:

The employment relationship commences on the ... and is at first temporarily entered into on trial until the . ... The employment relationship ends without requiring a termination if at this time no extension is concluded between the parties in writing. Is the trial period without default of the company interrupted for more than two weeks, it is automatically extended for the time period of the interruption. Further, the temporary trial employment relationship can be terminated upon providing two weeks notice to the other party.

→ *Befristung des Arbeitsverhältnisses,* II B 10

→ *Kündigungsvereinbarungen,* II K 10

§ 3 Employment Duties

(1) Mr./Mrs. ... (name), the Employee, is being employed as ... (job description; short characterisation or description of the employment duties). He/She will be occupied with all applicable work following detailed instructions by the Company's management or his/her superior.

(2) The Employee commits himself/herself to carry out the assigned duties with care.

→ *Direktionsrecht und Tätigkeitsbeschreibung,* II D 30

§ 4 Assignment of Other Duties/Transferal

The managerial authority of the Company with regard to the content matter of the Employee's working obligation, the working time, and the location of the workplace is governed by § 106 Gewerbeordnung.

or:

(1) The Company reserves the right to assign to the Employee different equal and higher duties in accordance with his/her qualifications and abilities. For the assignment of a higher employment duty, starting from the sixth month of the transferal (*alternative:* from the point in time of transferal) the remuneration orientates itself on the usual remuneration for the higher employment duty.

(2) The employment relationship is concerned with work in ... (location). The Company reserves the right to transfer the Employee within the entire company – even to a different location – (as a substitute for no more than ... months/years) within the frame of (1) if, under consideration of the Company's and his/her personal interests, this may be expected of him/her. Except in cases of pressing internal needs, the Company will respect a notification period corresponding to the Employee's contractual or statutory termination notice period. The Company will reimburse the costs of a demanded relocation.

→ *Direktionsrecht und Tätigkeitsbeschreibung*, II D 30

§ 5 Working Hours

(1) The regular working hours are equivalent to a full-time employee's normal working hours in the Company. Currently, they amount to ... hours per week.

or:

The weekly working hours amount to ... hours.

(2) The beginning and the end of the daily working hours and the breaks are defined in accordance with the agreement concluded with the work council (*alternative*: are defined by the Company).

(3) The Employee is obliged, due to pressing internal reasons within the frame of the applicable law, especially the work council's co-determination according to § 87 Abs. 1 BetrVG, to perform night-/rotating-/Sunday shifts and temporary extra- and overtime.

(4) Notwithstanding the provisions of § 87 BetrVG, the employer may order short-time work provided that the requisites for the granting of short-time remuneration are met; a notice period of two weeks is to be respected.

→ *Arbeitszeit*, II A 90

§ 6 Remuneration

(1) Mr./Mrs. ... (name), the Employee, shall receive a monthly gross salary of ... euros for the regular contractual working hours. The remuneration is due at the end of each month.

or:

(1) As a remuneration for his/her employment duties, the Employee receives a monthly salary. The amount is specified elsewhere.

(2) Further, the following allowances will be paid on top of the salary:

a) ...

b) ...

(3) The Company grants the Employee capital-forming payments of ... euros per month.

(4) The remuneration is payable non-cash.

→ *Arbeitsentgelt*, II A 70

§ 7 Overtime Remuneration

(1) As a compensation for any work exceeding the regular working hours (extra hours) the Employee receives a monthly allowance of … euros. This sum covers up to … extra hours per month. This allowance can be terminated by both parties upon providing month notice and the discharge demanded by a single remuneration statement.

or:

(1) The compensation listed under § 6 covers extra hours as long as they do not exceed … hours.

or:

(1) The agreed upon gross salary covers up to … hours of overtime. Exceeding overtime is covered by free time. As far as this is impossible, the overtime compensation amounts to … euros per hour or the individual average hourly wage plus 25 %.

or:

(1) Every performed overtime or extra hour is compensated with a bonus of 25 % on the regular remuneration.

(2) Claims onremuneration and boni for overtime and extra hours exist only if the work was ordered or permitted by the Company.

→ *Mehrarbeits- und Überstundenvergütung*, II M 20

§ 8 Bonus/Repayment Obligations

(1) The Employee, whose employment relationship exists until the end of the year, receives a bonus of … % of the last received salary to be settled and paid with the remuneration statement for November. The bonus exclusively honours the past and future loyalty to the company. A claim on the bonus solely exists if the employment relationship has existed for six months at the time of payment.

(2) The claim on the bonus is void if one of the parties terminates the employment relationship at the time of payment or until the 31 December or if it ends as a consequence of a termination agreement. This does not apply if the termination is due to internal or personal reasons for which the Employee can not be held liable. This applies respectively for the termination agreement.

(3) The Employee is obliged to repay the bonus if he/she leaves the Company due to his/her own termination, an extraordinary dismissal or a dismissal on grounds of conduct, for reasons for which he/she can be held liable, until the 31 March of the year following the payment or if the bonus exceeded one monthly salary, until the 30 June of the year following the payment. This repayment obligation applies respectively if the employment relationship ends within the previously named timespan due to a termination agreement resting upon reasons that would justify an extraordinary or conduct based dismissal or an annulment request by the Employee.

→ *Sonderzahlungen*, II S 40

§ 9 Proviso of Cancellation/Discretion Proviso

(1) The payment of the bonus (§ 8) occurs under the proviso of cancellation. A revocation is possible due to economic reasons.

(2) The payment of the allowances (§ 6 (2)) occurs under the proviso of cancellation. The exertion of the right to revoke can occur if a pressing internal demand exists, especially if the Company's earnings sink below ... % of the annual revenue. Hereby a period of ... month(s) has to be respected. If the annual earnings once again exceed ... % of the annual revenue, the allowances will be granted again.

→ *Vorbehalte und Teilbefristung*, II V 70

§ 10 Assignation and Pledging of the Earned Income

The Employee may only assign or pledge his/her remuneration claims to third parties following prior written consent by the Company. The consent may only be refused due to objective reasons.

→ *Abtretungsverbote und Lohnpfändung*, II A 10

§ 11 Absence from Work/Continued Remuneration

(1) The Employee is obliged to report to the Company every absence from work and its probable duration without delay and at the same time to point out pressing tasks, if any.

(2) In case of unfitness to work as a consequence of illness the Employee is obliged to present at the latest on the third day of work, a medical attestation of the unfitness to work and its probable duration. Should the unfitness to work last longer than stated in the attestation, the Employee is obliged to hand in a new medical attestation within three days. The type of illness is only to be stated if it requires safety measures to be taken by the employer for the protection of other employees (ie. danger of infections), if, due to the same illness, an unfitness to work existed within the last six months or if since the beginning of the first unfitness to work due to the same illness less than twelve months have passed.

(3) If the Employee is abroad at the beginning of the unfitness to work, he/she is obliged to report to the employer the unfitness to work, its probable duration and his/her whereabouts in the fastest possible form of communication. If the Employee, unable to work due to illness, returns to the country, he/she is obliged to report his/her return to the employer and the health insurance agency without delay.

(4) If the Employee is innocently unable to work due to illness, the Company will continue the remuneration for a duration of ... weeks/months according to the applicable law.

→ *Anzeige- und Nachweispflichten*, II A 40

→ *Entgeltfortzahlung*, II E 20

§ 12 Holiday

The Employee is granted – after an employment period of six months – a holiday of ... calendar-/working days per calendar year. The holiday is set by the Company's management in agreement with the Employee. Further, applicable law is to be respected.

→ *Urlaub*, II U 20

§ 13 Repayment of Overpayment

Has the Employee received too much remuneration or other monetary benefits from the Company, he/she cannot claim the lapse of unjust enrichment if the lack of legal grounds for the overpayment was so obvious that the Employee must have recognised it or if the overpayment was due to circumstances for which the Employee can be held liable.

→ *Arbeitsentgelt, überzahltes,* II A 80

§ 14 Secondary Occupation

Every secondary occupation, whether for remuneration or not, requires the prior consent of the Company. The consent is to be granted if the secondary occupation does not or only insignificantly hinder the timely performance of the employment duties or if the Company's other legitimate interests are not affected. The Company must reach its decision about the Employee's request for consent to the secondary occupation within four weeks after receiving the request. If a decision is not reached within this time period, the consent is deemed granted.

→ *Nebentätigkeit,* II N 10

§ 15 Nondisclosure

(1) The employee obliges himself/herself to maintain secrecy about all trade secrets, especially manufacturing methods, distribution channels and the like during the duration of the employment relationship as well as after the end or termination of the employment. The duty to maintain secrecy does not cover such knowledge open to the public or whose propagation is obviously without detriment to the Company. However, in case of doubt, all technical, commercial and personal procedures and relationships, which become known to the Employee in conjunction with his/her work are to be treated as trade secrets. In such cases, the Employee is obliged to obtain information from the Company's management whether a certain fact is confidential prior to the disclosure.

(2) The professional discretion also covers affairs of other companies with which the Company is affiliated economically or organisationally.

(3) Should the post-contractual discretion inadequately hinder the Employee in his/her occupational advancement, he/she is entitled to a release from this duty.

(4) The internal safety regulations are to be observed. Confidential and secret documents, drawings, models, etc. are to be kept under lock and key.

→ *Verschwiegenheitspflicht,* II V 20

§ 16 Liability

If the Employee causes any damage through a culpable breach of duty, he/she must in a case of common negligence compensate half of the damage up to a maximum amount of one regular monthly net remuneration. For gross negligence, the Employee must compensate the damage in full up to a maximum amount of three times the regular monthly net remuneration. The liability for negligence solely exists for damages not covered by the business liability insurance policy to be entered into by the Company. These principles apply respectively for third party damage claims. For intention, the Employee is liable in full.

→ *Haftung des Arbeitnehmers,* II H 20

§ 17 Penalty

(1) If the Employee assumes his employment duties for the Company late or not at all, if he/she terminates the employment relationship without observing the standard termination notice period or if he/she temporarily refuses to perform his/her employment duties, the Employee is obliged to pay a penalty to the company. The penalty is only due if the Employee acted with gross negligence or intent.

(2) In the cases referred to in paragraph (1), a penalty of one daily gross remuneration for every day of the violation will be agreed upon, up to a maximum amount of the remuneration otherwise received during one legal minimal termination notice period. In all other cases, the penalty is no more than one monthly gross remuneration.

(3) The daily gross remuneration is measured according to the average wage within the meaning of § 11 (1) BUrlG and the calculation principles expressed therein. If the Employee is employed less than 13 weeks by the employer in the cases referred to in paragraph (1) at the time of the violation, the calculation of the daily gross remuneration will be based on the entire period from the beginning of the employment to the moment of the violation.

(4) If the Employee breaches the agreement of confidentiality from § 15, a penalty of ... euros for every violation is deemed agreed.

(5) The assertion of further damages remains reserved.

→ *Vertragsstrafen,* II V 30

§ 18 Termination of the Employment Relationship

(1) The termination notice period for both parties is four weeks prior to the end (*alternative:* to the 15th) of one calendar month. The extension of the termination notice period for the employer follows applicable law.

(2) (Age Limit)

The employment relationship ends without requiring a notice of termination upon the expiration of the month in which the Employee reaches the retirement age according to social security law. Prior to this, the employment relationship may be properly terminated by both parties at any time.

or:

(2) (Termination due to the claim on old-age pension)

a) This contract ends with the expiration of the month in which the Employee reaches the age of 63 if he/she attains a claim of early old-age pension. Prior to this, the employment relationship may be properly terminated by both parties at any time.

b) The employment relationship ends without requiring a notice of termination at the point in time from which on the Employee may for the first time claim a pension due to age. Prior to this, the employment relationship may be properly terminated by both parties at any time.

→ *Kündigungsvereinbarungen*, II K 10

→ *Altersgrenze*, II A 20

§ 19 Exemption from Work

(1) On the Employee's request, unpaid holidays may be granted as long as no conflicts arise with internal interest. The employment relationship rests during the unpaid holiday. The Employee may not revoke an ordered unpaid holiday unilaterally.

(2) The Company reserves the right to exempt the Employee (irrevocably) from work upon the issuing of a termination notice – irrelevant by which party – under continued payment of the remuneration and under consideration of the remaining claims on holidays, if a solid reason, especially a gross breach of duty, affecting the basis of confidence (ie. disclosure of secrets, work for competitors) exists. An irrevocable exemption from work is set off against holiday leave insofar as it is not precluded by incapacity to work (§ 9 BUrlG) or any other legitimate interests of the Employee. During the time of the exemption from work the Employee will refrain from rendering services to a competitor and from competing with the Company.

(optional: Any sums which the Employee earns from working elsewhere during the exemption from work will be deducted from the continued payment of remuneration.)

→ *Freistellung des Arbeitnehmers*, II F 10

§ 20 Incorporation Clause/Opening Clause for Collective Agreements

(1) The parties agree that future collective agreements in their current version have priority to the agreements in this contract or other individual contracts, even if the individual contractual agreement is more favourable.

(2) In all other cases, the Company's general working conditions apply as long as this employment contract does not specify otherwise.

(3) The applicable work agreements/general working conditions can be viewed in the personnel office.

→ *Öffnungsklauseln*, II O 10

§ 21 Preclusion Period

(1) All claims on both sides out of the existing employment relationship – with the exception of claims resulting from damage to the life, the body or the health as well as from the employer's, his legal representative's or his vicarious agent's intentional or grossly negligent breaches of duty – must be asserted in writing within six months after the creditor gains knowledge or should have gained knowledge.

(2) If the opposite party challenges the claim in writing or does not explain themselves within one month after the assertion of the claim, the claim expires if it is not

judicially asserted within three months after the challenge or the end of the time period.

(3) If a claim is not asserted in good time and order it shall expire irrevocably.

(4) The preclusion period referred to in paragraph (1) to (3) does not cover statutory minimum wage claims.

→ *Ausschlussfristen*, II A 150

| Location, the ... | Signature | Signature |

B. Besondere Vertragsmuster

Im Folgenden werden einige besonders wichtige Vertragsmuster zur Verfügung gestellt, obwohl sich die Vertragsgestaltung in den Grundlagen auch bei besonderen Arbeitnehmergruppen nicht unterscheidet.

Besondere Vertragsmuster für spezielle Bereiche sind auch im Kommentarteil enthalten, so u.a. für die Bereiche:

→ *Altersteilzeit*, II V 80

→ *Befristung des Arbeitsverhältnisses*, II B 10

→ *Dienstwagen*, II D 20

→ *Telearbeit*, II T 20

Es wird an dieser Stelle von dem nochmaligen Abdruck der Empfehlungen abgesehen.

I. Führungsmitarbeiter

1. Vorbemerkung

Das Vertragsmuster unterscheidet sich von dem allgemeinen Vertragsmuster unter III A Rz. 8 vor allem darin, dass bei leitenden Angestellten vielfach Zusatzleistungen vereinbart und gewährt werden. Ferner fällt der Vertrag deshalb ausführlicher aus, weil bestimmte Regelungsbereiche, die typischerweise in Tarifverträgen geregelt sind, aufgenommen wurden. Weitere Klauselalternativen finden sich im jeweiligen Verweisungsstichwort oben in Teil II.

Ebenso wurde in diesem Grundmuster verzichtet auf die Aufnahme der verbreiteten, aber weithin wirkungslosen

→ *Schriftformklauseln*, II S 30

→ *salvatorischen Klauseln*, II S 10 und

→ *Gerichtsstandsvereinbarungen*, II G 20.

Verzichtet wurden im Grundmuster auf die Implementierung zum Teil komplexer Bonusregelungen und Zielvereinbarungen. Hier sei auf insoweit spezialisierte Empfehlungen[1] und auf die Stichworte → *Arbeitsentgelt*, II A 70; → *Zielvereinbarungen*, II Z 5 verwiesen.

2. Vorschlag eines Vertragsmusters für Führungsmitarbeiter

Arbeitsvertrag

Zwischen der X-GmbH

– nachfolgend kurz Unternehmen genannt –

und

---

1 *Lembke*, Arbeitsvertrag für Führungskräfte, 2012, S. 34 ff. und S. 185 ff.; Liebers/*Reiserer*, B II 2 und D.

Herrn/Frau Y

– nachfolgend Mitarbeiter/in genannt –

wird folgender Arbeitsvertrag geschlossen:

→ *Arbeitnehmerstatus*, II A 50

§ 1 Beginn des Arbeitsverhältnisses

(1) Der/Die Mitarbeiter/in tritt am ... (Datum) auf unbestimmte Zeit in die Dienste des Unternehmens.

oder:

(1) Das Arbeitsverhältnis beginnt, sobald der/die Mitarbeiter/in seine/ihre Tätigkeit für das Unternehmen aufnimmt. Die Tätigkeit soll zum frühestmöglichen Zeitpunkt, muss aber spätestens am ... (Datum) aufgenommen werden.

(2) Wird das Arbeitsverhältnis vor Dienstantritt ordentlich gekündigt, läuft die Kündigungsfrist erst mit dem vereinbarten Tag des Arbeitsbeginns.

oder:

(2) Wird das Arbeitsverhältnis vor Dienstantritt ordentlich gekündigt, läuft die Kündigungsfrist vom Zugang der Kündigung an.

(3) Die Einstellung erfolgt unter der Bedingung, dass der/die Mitarbeiter/in nach dem Ergebnis der Einstellungsuntersuchung durch den Vertrauens-/Betriebsarzt für die geschuldete Tätigkeit geeignet ist.

→ *Arbeitsaufnahme/Beginn des Arbeitsverhältnisses*, II A 60

→ *Befristung des Arbeitsverhältnisses*, II B 10

→ *Kündigungsvereinbarungen*, II K 10

§ 2 Probezeit/Befristetes Probearbeitsverhältnis

Die ersten drei/sechs Monate gelten als Probezeit. Während dieser Zeit kann das Arbeitsverhältnis beiderseits mit einer Frist von zwei Wochen gekündigt werden.

oder:

Dieser Vertrag wird vom ... bis ... (drei/sechs Monate) zur Probe abgeschlossen und endet mit dem Ablauf der Probezeit, sofern er nicht zuvor/bis zum ... verlängert wurde/wird.

oder:

Dieser Vertrag wird vom ... bis ... (drei/sechs Monate) zur Probe abgeschlossen. Soll nach Ablauf dieser Zeit ein Anstellungsverhältnis nicht eingegangen werden, ist dies mit einer Frist von zwei Wochen vor dem Ende der Probezeit schriftlich anzukündigen. Andernfalls geht das Probearbeitsverhältnis in ein Arbeitsverhältnis auf unbestimmte Zeit über.

oder:

Das Arbeitsverhältnis beginnt am ... und wird zunächst bis zum ... befristet zur Probe abgeschlossen. Erfolgt vor diesem Zeitpunkt keine einverständliche schriftliche Verlängerung, endet das Arbeitsverhältnis, ohne dass es einer Kündigung bedarf. Wird die Probezeit ohne Verschulden des Unternehmens für mehr als zwei

Wochen tatsächlich unterbrochen, so verlängert sie sich automatisch um den Unterbrechungszeitraum. Das befristete Probearbeitsverhältnis kann darüber hinaus mit einer Frist von zwei Wochen gekündigt werden.

→ *Befristung des Arbeitsverhältnisses*, II B 10

→ *Kündigungsvereinbarungen*, II K 10

§ 3 Tätigkeit

(1) Herr/Frau (Name), der/die Mitarbeiter/in, wird als außertarifliche/r Angestellte/r für den folgenden Aufgabenbereich eingestellt (Beschreibung der zu leistenden Tätigkeit; ggf. Leitung eines bestimmten Aufgabengebiets). Er/Sie wird mit allen einschlägigen Arbeiten nach näherer Anweisung der Betriebsleitung und seiner/ihrer Vorgesetzten beschäftigt.

(2) Der/Die Mitarbeiter/in verpflichtet sich, die ihm/ihr übertragenen Aufgaben sorgfältig auszuführen.

(3) Der/Die Mitarbeiter/in erhält nach Ablauf von ... Monaten Handlungsvollmacht/Prokura/Generalvollmacht. Sie wird durch gesonderte Urkunde erteilt.

(4) Ob der/die Mitarbeiterin als leitende/r Angestellte/r anzusehen ist, richtet sich nach § 5 Abs. 3 BetrVG.

→ *Direktionsrecht und Tätigkeitsbeschreibung*, II D 30

§ 4 Zuweisung anderer Tätigkeiten/Versetzung

(1) Das Unternehmen ist berechtigt, dem/der Mitarbeiter/in anderweitige seinen/ihren Fähigkeiten entsprechende gleichwertige oder höherwertige Tätigkeiten zu übertragen. Bei der Zuweisung einer höherwertigen Tätigkeit richtet sich die Vergütung ab dem sechsten Monat der Übertragung (*alternativ:* vom Zeitpunkt der Übertragung an) nach der Vergütung, die für die höherwertige Tätigkeit üblich ist.

(2) Das Arbeitsverhältnis bezieht sich auf eine Tätigkeit in ... (Ort). Das Unternehmen behält sich vor, den/die Mitarbeiter/in innerhalb des gesamten Unternehmens – auch an einem anderen Ort – (vertretungsweise für die Höchstdauer von ... Monaten/Jahren) im Rahmen des Absatzes 1 zu versetzen, wenn ihm/ihr dies bei Abwägung der betrieblichen und seiner/ihrer persönlichen Belange zuzumuten ist. Außer bei dringenden betrieblichen Notwendigkeiten wird das Unternehmen hierbei eine Ankündigungsfrist beachten, die der vertraglichen oder gesetzlichen Kündigungsfrist des/der Mitarbeiters/in entspricht. Kosten eines von dem Unternehmen angeordneten Wohnsitzwechsels werden dem/der Mitarbeiter/in erstattet.

→ *Direktionsrecht und Tätigkeitsbeschreibung*, II D 30

§ 5 Arbeitszeit

(1) Der/Die Mitarbeiter/in unterliegt als leitende/r Angestellte/r nach § 18 Abs. 1 Nr. 1 ArbZG nicht den beschränkenden Vorschriften des Arbeitszeitrechts. Er/Sie verpflichtet sich, seine/ihre ganze Arbeitskraft in den Dienst des Unternehmens zu stellen und – soweit erforderlich – auch über die betriebsübliche Arbeitszeit hinaus tätig zu werden.

oder:

(1) Die Dauer der Arbeitszeit beträgt – nach Maßgabe des Arbeitszeitgesetzes – 48 Wochenstunden. Sie kann auf bis zu 60 Wochenstunden verlängert werden; der Freizeitausgleich richtet sich nach Maßgabe des § 3 ArbZG.

oder:

(1) Der/die Mitarbeiter/in verpflichtet sich, seine/ihre ganze Arbeitskraft für das Unternehmen einzusetzen und, soweit erforderlich, in den Grenzen des Arbeitszeitrechts auch über die regelmäßige betriebliche Arbeitszeit hinaus tätig zu werden.

(2) Unbeschadet der Regelung des § 87 BetrVG darf das Unternehmen Kurzarbeit anordnen, wenn die Voraussetzungen für die Gewährung von Kurzarbeitergeld erfüllt sind; dabei ist eine Ankündigungsfrist von zwei Wochen einzuhalten.

→ *Arbeitszeit*, II A 90

§ 6 Vergütung

Der/Die Mitarbeiter/in erhält für die vertragliche regelmäßige Arbeitszeit ein monatliches Bruttogehalt von ... Euro. Die Vergütung ist jeweils am Letzten eines Monats fällig.

oder:

Als Vergütung für seine/ihre Tätigkeit erhält der/die Mitarbeiter/in ein Monatsgehalt, dessen Höhe gesondert festgelegt wird.

oder:

Das Bruttogehalt wird im zeitlichen Rahmen der Tarifverhandlungen jährlich neu festgesetzt. Hierbei ist der Steigerungsbetrag der höchsten Tarifgruppe des jeweiligen Gehaltstarifvertrages zu Grunde zu legen. Das Unternehmen behält sich eine geringere Anpassung vor.

→ *Arbeitsentgelt*, II A 70

→ *Gehaltsanpassung*, II G 10

→ *Vorbehalte und Teilbefristung*, II V 70

§ 7 Tantieme

(1) Der/Die Mitarbeiter/in ... erhält neben den Bezügen gemäß § ... eine jährliche Tantieme in Höhe von ... % des körperschaftssteuerpflichtigen Gewinns vor Abzug der Tantiemen für die leitenden Angestellten/Geschäftsführer, vermindert um Verlustvorträge.

(2) Die Tantieme wird am Ende des Monats fällig, in dem der Jahresabschluss festgestellt wird.

(3) Endet der Arbeitsvertrag im Laufe des Jahres, so wird die Tantieme ratierlich gezahlt.

→ *Arbeitsentgelt*, II A 70

§ 8 Nebenleistungen

(1) Ist der/die Mitarbeiter/in auf Veranlassung des Unternehmens für mehr als einen Monat von seiner/ihrer Familie getrennt, wird eine monatliche Trennungsentschädigung von ... Euro für die Dauer von längstens ... Monaten gezahlt.

(2) Das Unternehmen schließt zugunsten des/der Mitarbeiters/in eine private Unfallversicherung mit einer Deckungssumme von ... Euro für den Todesfall, von ... Euro für den Fall der Invalidität ab.

(3) Das Unternehmen erstattet dem/der Mitarbeiter/in die Beiträge für eine Krankentagegeldversicherung vom 43. Tage der Erkrankung an über einen Tagesbetrag von ... Euro, die im Rahmen einer privaten Krankenversicherung abgeschlossen wird.

(4) Die Pflichten aus Abs. 2 und 3 enden mit dem Tage der Beendigung des Arbeitsverhältnisses.

(5) Alle Nebenleistungen sind Bruttoleistungen. Anfallende Einkommensteuer und Arbeitnehmeranteile zur Sozialversicherung werden nicht zusätzlich vergütet.

§ 9 Altersversorgung

Der/die Mitarbeiter/in hat Anspruch auf betriebliche Altersversorgung nach Maßgabe der jeweils im Betrieb geltenden Regelungen zur betrieblichen Altersversorgung, die durch Betriebsvereinbarung geändert werden können.

oder:

Der/die Mitarbeiter/in erhält eine betriebliche Altersversorgung auf der Basis einer Ruhegeld-Direktzusage nach Maßgabe der Regelungen über die betriebliche Altersversorgung von außertariflichen und leitenden Angestellten in ihrer jeweils gültigen Fassung.

oder:

Der/die Mitarbeiter/in erhält als zusätzliche Altersversorgung die unwiderrufliche Bezugsberechtigung aus einer von dem Unternehmen abzuschließenden Lebensversicherung/abgeschlossenen Gruppenversicherung über eine Versicherungssumme von ... Euro, die auf die Vollendung seines/ihres 60./65. Lebensjahres zahlbar gestellt ist. Das Unternehmen trägt die Versicherungsprämien.

§ 10 Umzugskosten

(1) Das Unternehmen verpflichtet sich, dem/der Mitarbeiter/in durch seinen/ihren Umzug von ... zum Dienstort entstehende Speditionskosten zu 80 % bis zum Höchstbetrag von ... Euro bei Vorlage der Speditionsrechnung zu erstatten.

(2) Sollte das Arbeitsverhältnis durch eine Kündigung des/der Mitarbeiters/in oder durch eine Kündigung des Unternehmens, die wegen des Verhaltens des/der Mitarbeiters/in sozial gerechtfertigt ist, vor Ablauf von drei Jahren enden, so ist der/die Mitarbeiter/in zur Rückzahlung der erhaltenen Umzugskosten nach folgender Staffelung verpflichtet: Endet das Arbeitsverhältnis innerhalb eines Jahres, ist der volle Betrag zurückzuzahlen; bei Beendigung nach dem ersten Jahr, aber vor Ablauf von zwei Jahren ermäßigt sich der Betrag auf $2/3$, bei Beendigung im dritten Vertragsjahr auf $1/3$.

oder:

(1) Das Unternehmen verpflichtet sich, dem/der Mitarbeiter/in die Kosten des Umzuges von ... nach ... gegen Vorlage der Belege zu erstatten.

(2) Der Auftrag an das Speditionsunternehmen ist nach vorheriger Absprache mit dem Unternehmen zu erteilen.

(3) Der/Die Mitarbeiter/in ist verpflichtet, die Umzugskosten zurückzuzahlen, wenn er/sie innerhalb von zwei Jahren nach dem Umzugstermin aufgrund eigener Kündigung ohne wichtigen Grund ausscheidet oder aus einem von ihm/ihr zu vertretenden Grunde entlassen wird. Die Erstattungspflicht mindert sich innerhalb des vorgenannten Zeitraumes monatlich um $1/24$.

→ *Umzugskosten*, II U 10

§ 11 Dienstwagen/Dienstreisen

(1) Dem/Der Mitarbeiter/in steht ein Dienstwagen zur Verfügung. Einzelheiten werden in einem besonderen Dienstwagenvertrag geregelt.

oder:

(1) Das Unternehmen stellt dem/der Mitarbeiter/in ab dem ... einen Dienstwagen der Mittelklasse Marke ... zur Verfügung. Der/Die Mitarbeiter/in hat keinen Anspruch auf bestimmte Fahrzeugtypen oder -marken.

a) Die Auswahl des Dienstwagens obliegt dem/der Mitarbeiter/in. Hierbei darf die zulässige Obergrenze von ... Euro nicht überschritten werden.

b) Der/Die Mitarbeiter/in verpflichtet sich, den Dienstwagen pfleglich zu behandeln. Er/Sie hat dafür Sorge zu tragen, dass sich das Fahrzeug in einem betriebsbereiten und verkehrssicheren Zustand befindet. Fällige Inspektionen und Prüfungen sind unaufgefordert in Abstimmung mit dem Unternehmen durchzuführen. Die Durchführung von Reparaturen bedarf der Zustimmung des Unternehmens. Dies gilt jedoch nicht für dringende Reparaturen, die für die Sicherstellung der Verkehrssicherheit erforderlich sind.

c) Dem/Der Mitarbeiter/in steht ein Anspruch auf ein Ersatzfahrzeug während der Ausführung von Wartungs-, Inspektions- und Reparaturarbeiten zu.

d) Das Fahrzeug darf nur benutzt werden, wenn der/die Mitarbeiter/in im Besitz einer gültigen Fahrerlaubnis ist. Es ist untersagt, das Fahrzeug in fahruntüchtigem Zustand zu führen.

e) Die Kosten für notwendige Aufwendungen fallen dem Unternehmen zur Last. Hierzu zählen Treibstoff, Öl, Wartungsarbeiten sowie Inspektions- und Abgasuntersuchungen.

f) Der/Die Mitarbeiter/in trägt dafür Sorge, dass die Leasingbedingungen aus dem Leasingvertrag zwischen dem Unternehmen und der Firma ... vom ... eingehalten werden.

g) Dem/Der Mitarbeiter/in ist neben der Nutzung zu dienstlichen Zwecken die kostenlose Nutzung des Dienstwagens zu privaten Zwecken gestattet
oder:
die kostenlose Nutzung des Dienstwagens zu privaten Zwecken mit einer begrenzten Laufleistung von ... Kilometer pro Jahr gestattet. Der Dienstwagen

darf für Urlaubsfahrten genutzt werden. In diesem Fall trägt der/die Mitarbeiter/in die Kosten für den Betrieb des Dienstwagens.

h) Die Versteuerung des geldwerten Vorteils für die private Nutzung obliegt dem/der Mitarbeiter/in.

i) Der Ehepartner oder Lebensgefährte des/der Mitarbeiters/in darf das Fahrzeug ebenfalls nur unter den Bedingungen zu Ziffer g) nutzen. Die Überlassung des Dienstwagens an andere dritte Personen ist untersagt.

j) Die Mehrkosten für den Abschluss einer Vollkaskoversicherung trägt der/die Mitarbeiter/in.

k) Sowohl die Möglichkeit der dienstlichen als auch der privaten Nutzung des Dienstwagens kann seitens des Arbeitgebers während des Arbeitsverhältnisses mit sofortiger Wirkung widerrufen werden, wenn ein sachlicher Grund vorliegt, insbesondere wenn

aa) dem/der Mitarbeiter/in der Führerschein für die Dauer von mindestens drei Monaten entzogen wurde.

bb) ein Dienstwagen aufgrund von geänderten arbeitsvertraglichen Aufgaben des/der Mitarbeiters/in nicht mehr erforderlich ist; hält der/die Mitarbeiter/in die arbeitsbereichsverändernde Weisung des Arbeitgebers für unzulässig und/oder führt er/sie eine gerichtliche Klärung herbei, steht dies der Herausgabepflicht nicht entgegen.

cc) der/die Mitarbeiter/in wiederholt trotz Ermahnung gegen die Dienstwagen-Vereinbarungen verstoßen hat oder den Dienstwagen erheblich restwertgefährdend behandelt.

dd) während einer Erkrankung des/der Mitarbeiters/in innerhalb des gesetzlichen Entgeltfortzahlungszeitraums für den/die erkrankte/n Mitarbeiter/in eine Ersatzkraft beschäftigt wird, die den Dienstwagen benötigt.

und der geldwerte Vorteil des Dienstwagens weniger als 25 % der Gesamtvergütung des/der Mitarbeiters/in ausmacht. Eine Entschädigung für den Wegfall der privaten Nutzungsmöglichkeit erfolgt nicht. *oder:* Als Ersatz für die private Nutzung des Dienstwagens wird dem/der Mitarbeiter/in ab dem Zeitpunkt der Rückgabe des Dienstwagens eine Nutzungsentschädigung von ... Euro brutto (Höhe der steuerlichen Bewertung der privaten Nutzungsmöglichkeit) pro Monat gezahlt.

l) Das Nutzungsrecht am Dienstwagen erlischt mit sofortiger Wirkung und der/die Mitarbeiter/in ist zur unverzüglichen Herausgabe des Dienstwagens verpflichtet, wenn

aa) der/die Mitarbeiter/in aufgrund von Krankheit über die Dauer der Entgeltfortzahlung hinaus an der Arbeitsleistung gehindert ist,

bb) der/die Mitarbeiter/in von der Arbeitsleistung freigestellt wird,

cc) das Arbeitsverhältnis ruht, ohne dass ein Anspruch auf Entgeltzahlung besteht, z.B. während einer Elternzeit oder eines unbezahlten Urlaubs,

und der geldwerte Vorteil des Dienstwagens weniger als 25 % der Gesamtvergütung des/der Mitarbeiters/in ausmacht. Eine Entschädigung für den Wegfall der privaten Nutzungsmöglichkeit erfolgt nicht. *oder:* Als Ersatz für die private Nutzung des Dienstwagens wird dem/der Mitarbeiter/in ab dem Zeitpunkt der

Rückgabe des Dienstwagens eine Nutzungsentschädigung von ... Euro brutto (Höhe der steuerlichen Bewertung der privaten Nutzungsmöglichkeit) pro Monat gezahlt.

m) Die Herausgabepflicht besteht ebenso für den Fall der Beendigung des Arbeitsverhältnisses im Fall der ordentlichen wie der außerordentlichen Kündigung, sofern das Unternehmen auf den Dienstwagen aus zwingenden Gründen angewiesen ist. Die Erhebung einer Kündigungsschutzklage entbindet den/die Mitarbeiter/in in diesem Fall nicht von seiner/ihrer Rückgabeverpflichtung.

n) Die Geltendmachung eines Zurückbehaltungsrechts ist ausgeschlossen.

(2) Dem/Der Mitarbeiter/in steht es frei, für Dienstreisen auf Kosten des Unternehmens andere Verkehrsmittel, insbesondere die Deutsche Bundesbahn (1. Klasse) in Anspruch zu nehmen. Flugreisen bedürfen der vorherigen Zustimmung des unmittelbaren Vorgesetzten.

(3) Verpflegungs- und Übernachtungsaufwand wird im Rahmen der steuerlichen Höchstbeträge erstattet.

(4) Auf die Leistungen des Unternehmens entfallende Einkommensteuer und Arbeitnehmeranteile zur Sozialversicherung übernimmt das Unternehmen nicht.

→ *Dienstwagen*, II D 20

→ *Dienstreisen*, II D 15

§ 12 Arbeitsverhinderung/Entgeltfortzahlung

(1) Der/Die Mitarbeiter/in ist verpflichtet, jede Arbeitsverhinderung und ihre voraussichtliche Dauer unverzüglich dem Unternehmen anzuzeigen und dabei gleichzeitig auf etwaige dringliche Arbeiten hinzuweisen.

(2) Im Falle der Arbeitsunfähigkeit infolge Krankheit ist der/die Mitarbeiter/in verpflichtet, spätestens am dritten Arbeitstag eine ärztliche Bescheinigung über die Arbeitsunfähigkeit und deren voraussichtliche Dauer vorzulegen. Dauert die Arbeitsunfähigkeit länger als in der Bescheinigung angegeben, ist er/sie verpflichtet, innerhalb von drei Tagen eine neue ärztliche Bescheinigung einzureichen. Die Art der Erkrankung ist nur dann anzugeben, wenn sie Schutzmaßnahmen des Arbeitgebers für andere Arbeitnehmer erfordert (z.B. bei Infektionsgefahr), wenn wegen derselben Erkrankung innerhalb der letzten sechs Monate Arbeitsunfähigkeit vorlag oder wenn seit Beginn der ersten Arbeitsunfähigkeit infolge derselben Krankheit weniger als zwölf Monate vergangen sind.

(3) Hält sich der/die Mitarbeiter/in bei Beginn der Arbeitsunfähigkeit im Ausland auf, so ist er/sie verpflichtet, dem Arbeitgeber die Arbeitsunfähigkeit, deren voraussichtliche Dauer und die Adresse am Aufenthaltsort in der schnellstmöglichen Art der Übermittlung mitzuteilen. Kehrt der/die arbeitsunfähig erkrankte Mitarbeiter/in in das Inland zurück, so ist er/sie verpflichtet, dem Arbeitgeber und der Krankenkasse seine/ihre Rückkehr unverzüglich mitzuteilen.

(4) Ist der/die Mitarbeiter/in unverschuldet arbeitsunfähig erkrankt, leistet das Unternehmen für die Dauer von ... Wochen/Monaten Entgeltfortzahlung nach Maßgabe der gesetzlichen Bestimmungen.

(5) Für die Dauer von ... Monaten zahlt das Unternehmen im Falle der Arbeitsunfähigkeit wegen Krankheit den Differenzbetrag zwischen der zuletzt bezogenen

monatlichen Nettovergütung und der während der Krankheit von Sozialversicherungsträgern oder privaten Krankenversicherungen bezogenen Leistungen.

(6) Der/Die Mitarbeiter/in erklärt sich bereit, bei Vorliegen der Voraussetzungen des betrieblichen Eingliederungsmanagements (§ 84 Abs. 2 SGB IX) sich auf Verlangen des Arbeitgebers hinsichtlich der gesundheitlichen Eignung für die übernommene Arbeitsaufgabe ärztlich untersuchen zu lassen. Die hierdurch anfallenden Kosten trägt der Arbeitgeber. Der Arbeitnehmer entbindet den untersuchenden Arzt insoweit von der ärztlichen Schweigepflicht, als das Untersuchungsergebnis Einfluss auf die Erfüllung der arbeitsvertraglich vorausgesetzten Einsatzfähigkeit des Arbeitnehmers haben kann. Der untersuchende Arzt übermittelt dem Arbeitgeber nur das Ergebnis der Untersuchung (Eignung oder Nichteignung für die geschuldete Tätigkeit).

(7) Beim Tod des/der Mitarbeiters/in gewährt die Firma an unterhaltsberechtigte Angehörige eine Unterstützung in Höhe des ...-fachen Brutto-Monatsverdienstes. Bei tödlichen Arbeits- und Wegeunfällen oder nach zehnjähriger Betriebszugehörigkeit erhöht sich der Betrag auf ... Brutto-Monatsverdienste.

(8) Bei Arbeitsverhinderung aus persönlichen Gründen wird Freistellung von der Arbeit und auch Fortzahlung des Gehalts in folgenden Fällen gewährt:

– beim Tod des Ehegatten: ... Tage,

– bei eigener Eheschließung: ... Tage,

– beim Tod von Kindern oder Eltern: ... Tage,

– bei Niederkunft der Ehefrau: ... Tage,

– bei Wohnungswechsel: ... Tage.

→ *Anzeige- und Nachweispflichten*, II A 40

→ *Gesundheitsuntersuchung*, II G 30

→ *Entgeltfortzahlung*, II E 20

§ 13 Urlaub

Der/Die Mitarbeiter/in erhält – nach einer Beschäftigungsdauer von sechs Monaten – einen Erholungsurlaub von ... Kalender-/Werktagen im Kalenderjahr. Der Urlaub wird in Abstimmung mit dem/der Mitarbeiter/in von der Unternehmensleitung festgelegt. Im Übrigen gelten die gesetzlichen Bestimmungen.

→ *Urlaub*, II U 20

§ 14 Rückzahlung zu viel erhaltener Leistungen

Hat der/die Mitarbeiter/in Entgelt oder sonstige Geldleistungen von dem Unternehmen zu viel erhalten, kann er/sie sich auf den Wegfall der Bereicherung nicht berufen, wenn die rechtsgrundlose Überzahlung so offensichtlich war, dass der/die Mitarbeiter/in dies hätte erkennen müssen, oder wenn die Überzahlung auf Umständen beruhte, die der/die Mitarbeiter/in zu vertreten hat.

→ *Arbeitsentgelt, überzahltes*, II A 80

§ 15 Nebentätigkeit

Jede Nebentätigkeit, gleichgültig ob sie entgeltlich oder unentgeltlich ausgeübt wird, bedarf der vorherigen Zustimmung des Unternehmens. Die Zustimmung wird erteilt, wenn die Nebentätigkeit die Wahrnehmung der dienstlichen Aufgaben zeitlich nicht oder allenfalls unwesentlich behindert und sonstige berechtigte Interessen des Unternehmens nicht beeinträchtigt werden. Das Unternehmen hat die Entscheidung über den Antrag des/der Mitarbeiters/in auf Zustimmung zur Nebentätigkeit innerhalb von vier Wochen nach Eingang des Antrages zu treffen. Wird innerhalb dieser Frist eine Entscheidung nicht gefällt, gilt die Zustimmung als erteilt.

→ *Nebentätigkeit*, II N 10

§ 16 Geheimhaltung

(1) Der/Die Mitarbeiter/in verpflichtet sich, über alle Geschäftsgeheimnisse, insbesondere Herstellungsverfahren, Vertriebswege und dergleichen sowohl während der Dauer des Arbeitsverhältnisses als auch nach seiner Beendigung Stillschweigen zu bewahren. Die Geheimhaltungspflicht erstreckt sich nicht auf solche Kenntnisse, die jedermann zugänglich sind oder deren Weitergabe für das Unternehmen ersichtlich ohne Nachteil ist. Im Zweifelsfall sind jedoch technische, kaufmännische und persönliche Vorgänge und Verhältnisse, die dem/der Mitarbeiter/in im Zusammenhang mit seiner/ihrer Tätigkeit bekannt werden, als Geschäftsgeheimnisse zu behandeln. In solchen Fällen ist der/die Mitarbeiter/in vor der Offenbarung verpflichtet, eine Weisung der Geschäftsleitung einzuholen, ob eine bestimmte Tatsache vertraulich zu behandeln ist.

(2) Die Schweigepflicht erstreckt sich auch auf Angelegenheiten anderer Unternehmen, mit denen das Unternehmen wirtschaftlich oder organisatorisch verbunden ist.

(3) Sollte die nachvertragliche Verschwiegenheitspflicht den/die Mitarbeiter/in in seinem/ihrem beruflichen Fortkommen unangemessen hindern, hat der/die Mitarbeiter/in gegen das Unternehmen einen Anspruch auf Freistellung von dieser Pflicht.

(4) Die betrieblichen Sicherheitsbestimmungen sind zu beachten. Vertrauliche und geheim zu haltende Schriftstücke, Zeichnungen, Modelle usw. sind unter Verschluss zu halten.

→ *Verschwiegenheitspflicht*, II V 20

§ 17 Haftung

Verursacht der/die Mitarbeiter/in durch eine schuldhafte Pflichtverletzung einen Schaden, so hat er/sie im Falle einfacher Fahrlässigkeit den Schaden zur Hälfte, höchstens jedoch bis zum Betrag einer gewöhnlichen Monatsnettovergütung zu ersetzen. Bei grober Fahrlässigkeit hat der/die Mitarbeiter/in den Schaden voll zu tragen, jedoch der Höhe nach beschränkt auf den dreifachen Betrag der gewöhnlichen Monatsnettovergütung. Die Haftung für Fahrlässigkeit besteht nur für solche Schäden, die nicht durch eine – von dem Unternehmen abzuschließende – Betriebshaftpflichtversicherung gedeckt werden können. Diese Grundsätze gelten entsprechend bei Schadensersatzansprüchen Dritter. Bei Vorsatz haftet der/die Mitarbeiter/in unbeschränkt.

→ *Haftung des Arbeitnehmers*, II H 20

§ 18 Vertragsstrafe

(1) Nimmt der/die Mitarbeiter/in die Arbeit nicht oder verspätet auf, löst er/sie sich vom Arbeitsverhältnis ohne Einhaltung der maßgeblichen Kündigungsfrist oder verweigert er/sie vorübergehend die Arbeit, so hat der/die Mitarbeiter/in an das Unternehmen eine Vertragsstrafe zu zahlen. Die Vertragsstrafe ist nur verwirkt, wenn der/die Mitarbeiter/in grob fahrlässig oder vorsätzlich gehandelt hat.

(2) Als Vertragsstrafe wird für die in Absatz 1 genannten Fälle ein Bruttotagesentgelt für jeden Tag der Zuwiderhandlung vereinbart, insgesamt wird jedoch nicht mehr als das in der gesetzlichen Mindestkündigungsfrist ansonsten erhaltene Arbeitsentgelt verwirkt. Im Übrigen beträgt die Vertragsstrafe insgesamt höchstens ein Bruttomonatsgehalt.

(3) Das Bruttotagesentgelt bemisst sich nach dem durchschnittlichen Arbeitsverdienst i.S.d. § 11 Abs. 1 S. 1–4 BUrlG und den darin zum Ausdruck kommenden Berechnungsgrundsätzen. Ist der Arbeitnehmer in den in Absatz 1 genannten Fällen im Zeitpunkt der Zuwiderhandlung weniger als 13 Wochen bei dem Arbeitgeber beschäftigt, wird für die Berechnung des Bruttotagesentgeltes der gesamte Zeitraum vom Beginn des Arbeitsverhältnisses bis zum Zeitpunkt der Zuwiderhandlung zugrunde gelegt.

(4) Verstößt der/die Mitarbeiter/in gegen die Geheimhaltungsvereinbarung aus § 16, so gilt für jeden Fall der Zuwiderhandlung eine Vertragsstrafe in Höhe von … Euro als vereinbart.

(5) Die Geltendmachung eines weiter gehenden Schadens bleibt vorbehalten.

→ *Vertragsstrafen*, II V 30

§ 19 Beendigung des Arbeitsverhältnisses

(1) Die Kündigungsfrist beträgt für beide Vertragsparteien vier Wochen zum Ende (*alternativ:* zum 15.) eines Kalendermonats. Die Verlängerung der Kündigungsfristen für den Arbeitgeber richtet sich nach den jeweiligen gesetzlichen Vorschriften.

(2) (Altersgrenze)

Das Arbeitsverhältnis endet, ohne dass es einer Kündigung bedarf, mit Ablauf des Monats, in dem der/die Mitarbeiter/in die Regelaltersgrenze der gesetzlichen Rentenversicherung erreicht. Zuvor kann es von beiden Seiten jederzeit ordentlich gekündigt werden.

oder:

(2) (Anspruch auf Altersrente als Beendigungsgrund)

a) Dieser Vertrag endet mit Ablauf des Monats, in dem der/die Mitarbeiter/in das 63. Lebensjahr vollendet, wenn er/sie in diesem Zeitpunkt einen Anspruch auf vorgezogene Altersrente hat. Zuvor kann es von beiden Seiten jederzeit ordentlich gekündigt werden.

b) Das Arbeitsverhältnis endet, ohne dass es einer Kündigung bedarf, zu dem Zeitpunkt, in dem der/die Mitarbeiter/in erstmals eine abschlagsfreie Rente wegen Alters beziehen kann. Zuvor kann es von beiden Seiten jederzeit ordentlich gekündigt werden.

oder:

b) Das Arbeitsverhältnis endet, ohne dass es einer Kündigung bedarf, zu dem Zeitpunkt, in dem der/die Mitarbeiter/in erstmals eine Rente wegen Alters – und sei es mit Abschlägen – beziehen kann. Zuvor kann es von beiden Seiten jederzeit ordentlich gekündigt werden.

(3) Alle das Unternehmen und seine Interessen berührenden Briefe sind ohne Rücksicht auf den Adressaten ebenso wie alle sonstigen Geschäftssachen, Zeichnungen, Notizen, Bücher, Muster, Modelle, Werkzeuge, Material usw. dessen alleiniges Eigentum und sind auch bei Bestehen eines etwaigen Besitzrechtes des/der Mitarbeiters/in nach erfolgter Aufforderung bzw. nach Beendigung des Arbeitsverhältnisses unverzüglich zurückzugeben. Zurückbehaltungsrechte sind ausgeschlossen.

→ *Kündigungsvereinbarungen*, II K 10

→ *Altersgrenze*, II A 20

→ *Herausgabeansprüche*, II H 40

§ 20 Freistellung von der Arbeitspflicht

(1) Auf Wunsch des/der Mitarbeiters/in kann, sofern betriebliche Interessen dem nicht entgegenstehen, unbezahlter Urlaub gewährt werden. Während des unbezahlten Urlaubs ruht das Arbeitsverhältnis. Der/Die Mitarbeiter/in kann einen erteilten unbezahlten Urlaub nicht einseitig widerrufen.

(2) Das Unternehmen ist berechtigt den/die Mitarbeiter/in mit Ausspruch einer Kündigung – gleichgültig von welcher Seite – unter Fortzahlung der Bezüge unwiderruflich von der Arbeitsleistung freizustellen, wenn ein triftiger Grund, insbesondere ein grober Vertragsverstoß, der die Vertrauensgrundlage beeinträchtigt (z.B. Geheimnisverrat, Konkurrenztätigkeit), gegeben ist. Die Freistellung erfolgt bei unwiderruflicher Freistellung unter Anrechnung auf den Erholungsurlaub, soweit dem nicht die Arbeitsunfähigkeit (§ 9 BUrlG) oder sonstige schutzwürdige Belange des/der Mitarbeiter/in entgegenstehen. Während der Dauer der Freistellung hat der/die Mitarbeiter/in Tätigkeiten für und als Wettbewerber zu unterlassen.

(optional: Auf die Fortzahlung der Bezüge ist anzurechnen, was der/die Mitarbeiter/in während der Freistellung durch anderweitige Verwendung seiner Arbeitskraft erwirbt.)

→ *Freistellung des Arbeitnehmers*, II F 10

§ 21 Verweisungsklausel

(1) Im Übrigen gelten die Allgemeinen Arbeitsbedingungen des Unternehmens, soweit sich nicht aus diesem Arbeitsvertrag etwas anderes ergibt.

(2) Die einschlägigen Betriebsvereinbarungen/Allgemeinen Arbeitsbedingungen können im Personalbüro eingesehen werden.

→ *Öffnungsklauseln*, II O 10

§ 22 Ausschlussfristen

(1) Alle beiderseitigen Ansprüche aus dem bestehenden Arbeitsverhältnis – mit Ausnahme von Ansprüchen, die aus der Verletzung des Lebens, des Körpers oder der Gesundheit sowie aus vorsätzlichen oder grob fahrlässigen Pflichtverletzungen des Arbeitgebers oder seines gesetzlichen Vertreters oder Erfüllungsgehilfen resultieren –

müssen innerhalb von sechs Monaten, nachdem der jeweilige Gläubiger Kenntnis erlangt hat oder hätte erlangen müssen, schriftlich geltend gemacht werden.
(2) Lehnt die Gegenseite den Anspruch schriftlich ab oder erklärt sie sich nicht innerhalb von einem Monat nach Geltendmachung des Anspruches, so verfällt dieser, wenn er nicht innerhalb von drei Monaten nach der Ablehnung oder dem Fristablauf gerichtlich geltend gemacht wird.
(3) Wird ein Anspruch nicht formgemäß geltend gemacht, so führt dies zum endgültigen Erlöschen des Anspruchs.
(4) Die Ausschlussfrist nach Abs. 1 bis 3 erfasst nicht gesetzliche Mindestentgeltansprüche.
→ *Ausschlussfristen*, II A 150

Ort, den ...   Unterschrift   Unterschrift

II. Teilzeitbeschäftigte (einschließlich geringfügig Beschäftigte)

1. Vorbemerkung

Teilzeitbeschäftigte sind aufgrund des weit reichenden Diskriminierungsverbots und Gleichstellungsgebots des § 4 Abs. 1 TzBfG gegenüber Vollzeitbeschäftigten nicht unterschiedlich zu behandeln.

Dies bedingt, dass auch die Vertragsgestaltung nicht zwischen Voll- und Teilzeitbeschäftigten differenzieren darf. Es werden daher die allgemeinen Vertragsbestimmungen des → *Mustervertrages*, III A Rz. 8 zugrunde gelegt. Nur solche Klauseln werden nachfolgend gesondert aufgeführt, die eine abweichende Regelung erfordern.

Die vielfältigen Arbeitszeitvarianten einschließlich Arbeit auf Abruf und Jobsharing mögen den Stichworten

→ *Arbeitszeit*, II A 90

→ *Teilzeitarbeit*, II T 10

entnommen werden.

2. Vorschlag eines Vertragsmusters für Teilzeitbeschäftigung, einschließlich Abrufarbeit

Arbeitsvertrag

Zwischen der X-GmbH
– nachfolgend kurz Unternehmen genannt –
und
Herrn/Frau Y
– nachfolgend Mitarbeiter/in genannt –
wird folgender Arbeitsvertrag geschlossen:

→ *Arbeitnehmerstatus*, II A 50

→ *Teilzeitarbeit*, II T 10

§ 1 Beginn des Arbeitsverhältnisses

→ Arbeitsaufnahme/Beginn des Arbeitsverhältnisses, II A 60
→ Befristung des Arbeitsverhältnisses, II B 10
→ Kündigungsvereinbarungen, II K 10

§ 2 Probezeit

→ Befristung des Arbeitsverhältnisses, II B 10
→ Kündigungsvereinbarungen, II K 10

§ 3 Tätigkeit

→ Direktionsrecht und Tätigkeitsbeschreibung, II D 30

§ 4 Zuweisung anderer Tätigkeiten/Versetzung

→ Direktionsrecht und Tätigkeitsbeschreibung, II D 30

§ 5 Arbeitszeit

(1) Die tägliche Arbeitszeitdauer beträgt zusammenhängend ... Stunden. Die Arbeitszeit beginnt um ... Uhr und endet um ... Uhr.

oder:

(1) Die Arbeitszeit beträgt 30 Stunden monatlich, wobei die tatsächliche Arbeitszeit in den einzelnen Monaten je nach Arbeitsanfall zwischen 20 und 40 Stunden variieren kann. Die Vergütung ist konstant. Mehr- oder Minderarbeit in den einzelnen Monaten wird bis zum Jahresende ausgeglichen.

oder:

(1) Die Arbeitszeit beträgt im Mai 60 Stunden, im Juni 80 Stunden, im Juli 100 Stunden und in allen übrigen Monaten jeweils 40 Stunden.

oder:

(1) Die Arbeitszeit des/der Mitarbeiters/in beträgt ... % der betriebsüblichen Arbeitszeit eines Vollzeitmitarbeiters.

oder:

(1) Die regelmäßige Arbeitszeit beträgt 20 Stunden pro Woche. Der/Die Mitarbeiter/in ist auf Anordnung des Arbeitgebers im Rahmen der gesetzlichen/tarifvertraglichen Bestimmungen, insbesondere der Mitbestimmung des Betriebsrats gemäß § 87 Abs. 1 BetrVG, vorübergehend zur Leistung von Überstunden verpflichtet.

oder:

(1) Die wöchentliche Arbeitszeit beträgt ... Stunden, wobei täglich jeweils mindestens drei Stunden zusammenhängend zu leisten sind.

(2) Die tägliche Arbeitszeit beginnt um ... Uhr und endet um ... Uhr.

oder:

(2) Die Arbeitszeit verteilt sich hinsichtlich des Beginns und des Endes auf die Wochentage wie folgt: (ausführen). Das Unternehmen ist berechtigt, die Lage der Arbeitszeit mit einer Ankündigungsfrist von ... Tagen zu ändern.

oder:

(2) Dem/Der Mitarbeiter/in wird spätestens bis Mittwoch jeder Woche die konkrete Lage der Arbeitszeit für die Folgewoche mitgeteilt.

→ *Arbeitszeit*, II A 90

→ *Teilzeitarbeit*, II T 10

§ 6 Vergütung

(1) Der/Die Mitarbeiter/in erhält ein Bruttogehalt auf der Basis der Tarifgruppe ... nach dem Verhältnis seiner persönlichen Arbeitszeit zu der tariflichen Regelarbeitszeit.

oder:

(1) Das Bruttogehalt beträgt ... % der Tarifgruppe ..., zurzeit monatlich ... Euro.

oder:

(1) Die Vergütung erfolgt auf der Basis der Tarifgruppe . ... Sie berechnet sich auf der Grundlage der im Monatsdurchschnitt – bezogen auf das jeweilige Kalenderjahr – geleisteten Arbeitsstunden; die Auszahlung erfolgt monatlich.

(2) Es werden ferner folgende Zulagen zum Gehalt gezahlt:
a) ...
b) ...

(3) Das Unternehmen gewährt dem/der Mitarbeiter/in vermögenswirksame Leistungen in Höhe von monatlich ... Euro.

→ *Arbeitsentgelt*, II A 70

§ 7 Über- und Mehrarbeitsvergütung

(1) Zur Abgeltung etwaiger über die regelmäßige Arbeitszeit hinausgehender Arbeit (Mehrarbeit) erhält der/die Mitarbeiter/in eine monatliche Pauschale in Höhe von ... Euro. Mit dieser Pauschale werden bis zu ... Überstunden im Monat abgegolten. Die Pauschalabgeltung kann von beiden Parteien mit einmonatiger Kündigungsfrist gekündigt und die Ablösung durch eine Einzelabrechnung verlangt werden.

oder:

(1) Bei Beschäftigung über die vereinbarte Zeit hinaus erhält der/die Mitarbeiter/in je Arbeitsstunde die vereinbarte Vergütung, soweit die Stunden innerhalb der regelmäßigen Arbeitszeit des Betriebs geleistet werden.

oder:

(1) Über die vereinbarte Arbeitszeit hinausgehende Arbeitsstunden sind nur dann zuschlagspflichtig, wenn sie über die regelmäßige betriebliche Arbeitszeit hinausgehen und auch bei einem Vollzeitbeschäftigten als Überstunden nach dem Tarifvertrag zuschlagspflichtig sind.

oder:

(1) Für über die vereinbarte Arbeitszeit hinausgehende Arbeitsstunden wird ein Zuschlag in Höhe von ... % je geleistete Arbeitsstunde gezahlt.

oder:

(1) Für über die vereinbarte Arbeitszeit hinausgehende Arbeitsstunden wird der jeweilige tarifliche Überstundenzuschlag gezahlt.

(2) Ansprüche auf Vergütung und Zuschläge für Mehrarbeit bestehen nur, wenn die Tätigkeit von dem Unternehmen angeordnet oder genehmigt worden ist.

→ *Mehrarbeits- und Überstundenvergütung*, II M 20

→ *Teilzeitarbeit*, II T 10

§ 8 Gratifikation/Rückzahlungsverpflichtung

→ *Sonderzahlungen*, II S 40

§ 9 Widerrufsvorbehalt

→ *Vorbehalte und Teilbefristung*, II V 70

§ 10 Abtretung und Verpfändung des Arbeitseinkommens

→ *Abtretungsverbote und Lohnpfändung*, II A 10

§ 11 Arbeitsverhinderung/Entgeltfortzahlung

→ *Anzeige- und Nachweispflichten*, II A 40

→ *Entgeltfortzahlung*, II E 20

§ 12 Urlaub

(1) Der/Die Mitarbeiter/in erhält kalenderjährlich einen Erholungsurlaub von ... Kalender-/Arbeitstagen. Der Urlaub wird in Abstimmung mit dem/der Mitarbeiter/in von der Unternehmensleitung festgelegt. Im Übrigen gelten die gesetzlichen Bestimmungen.

(2) Steht der/die Mitarbeiter/in in mehreren Teilzeitarbeitsverhältnissen, so bestimmt der Arbeitgeber den Urlaubszeitpunkt mit Rücksicht darauf, dass der/die Mitarbeiter/in in allen Arbeitsverhältnissen eine zusammenhängende Urlaubszeit erhält.

(3) Der/Die Mitarbeiter/in erhält ein anteiliges Urlaubsgeld, das sich aus dem Verhältnis seiner/ihrer Arbeitszeit zur Arbeitszeit eines im Betrieb tätigen Vollzeitarbeitnehmers ergibt.

→ *Urlaub*, II U 20

→ *Teilzeitarbeit*, II T 10

§ 13 Rückzahlung zu viel erhaltener Leistungen

→ *Arbeitsentgelt, überzahltes*, II A 80

§ 14 Mehrfachbeschäftigung

(1) Der/Die Mitarbeiter/in versichert, bei Vertragsbeginn in keinem weiteren Arbeitsverhältnis zu stehen.

(2) Das Unternehmen kann die Unterlassung der Begründung eines anderweitigen Arbeitsverhältnisses oder einer selbständigen Tätigkeit verlangen, wenn dadurch die Verpflichtungen aus diesem Arbeitsvertrag oder sonstige berechtigte Belange beeinträchtigt würden.

(3) Der/Die Mitarbeiter/in verpflichtet sich, die Absicht, ein zweites Arbeitsverhältnis anderweitig einzugehen, sofort dem Unternehmen schriftlich mitzuteilen.

→ *Nebentätigkeit*, II N 10

§ 15 Geheimhaltung

→ *Verschwiegenheitspflicht*, II V 20

§ 16 Haftung

→ *Haftung des Arbeitnehmers*, II H 20

§ 17 Vertragsstrafe

→ *Vertragsstrafen*, II V 30

§ 18 Beendigung des Arbeitsverhältnisses

→ *Kündigungsvereinbarungen*, II K 10

→ *Altersgrenze*, II A 20

§ 19 Freistellung von der Arbeitspflicht

→ *Freistellung des Arbeitnehmers*, II F 10

§ 20 Öffnungsklausel für Betriebsvereinbarungen

→ *Öffnungsklauseln*, II O 10

§ 21 Ausschlussfristen

→ *Ausschlussfristen*, II A 150

Ort, den ...   Unterschrift   Unterschrift

3. Vorbemerkung

Das nachfolgende Vertragsmuster basiert – unter Berücksichtigung der sozial- und steuerrechtlichen Besonderheiten (→ *Beschäftigung, geringfügige*, II B 20 auf der Grunderkenntnis, dass die entgeltgeringfügige Beschäftigung gemäß § 8 Abs. 1 Nr. 1 SGB IV (vgl. § 2 Abs. 2 TzBfG), aber auch die zeitgeringfügige Beschäftigung („Saisonarbeit") nach § 8 Abs. 1 Nr. 2 SGB IV ein normales (Teilzeit-)Arbeitsverhältnis darstellen. Die geringfügige Beschäftigung nach Nr. 1 kann auch eine unbefristete sein; die nach Nr. 2 ist ex definitione eine befristete Beschäftigung.

Vorsicht und Umsicht gebietet die Vertragsgestaltung, wenn und soweit das „Hineinwachsen" in die volle Sozialversicherungspflicht vermieden werden soll. Bei der entgeltgeringfügigen Beschäftigung kann der dynamisierte Mindestlohn oder der Rechtsanspruch auf Gleichbehandlung bei Gewährung von Sonderzahlungen zu einem Überschreiten der Geringfügigkeitsgrenze führen. Da nach § 1 MiLoG der Mindestlohn „je Zeitstunde" zu zahlen ist, kann auch die Leistung von Überstunden und deren zwingende Vergütung den unerwünschten Effekt auslösen.

4. Vorschlag eines Vertragsmusters für entgeltgeringfügige Teilzeitbeschäftigung (sog. Mini-Job oder 450 Euro-Vertrag)

13 **Arbeitsvertrag**

Zwischen der X-GmbH

– nachfolgend kurz Unternehmen genannt –

und

Herrn/Frau Y

– nachfolgend Mitarbeiter/in genannt –

wird folgender Arbeitsvertrag geschlossen:

→ *Arbeitnehmerstatus*, II A 50

§ 1 Beginn des Arbeitsverhältnisses

→ *Arbeitsaufnahme/Beginn des Arbeitsverhältnisses*, II A 60

→ *Befristung des Arbeitsverhältnisses*, II B 10

→ *Kündigungsvereinbarungen*, II K 10

§ 2 Probezeit

→ *Befristung des Arbeitsverhältnisses*, II B 10

→ *Kündigungsvereinbarungen*, II K 10

§ 3 Tätigkeit

→ *Direktionsrecht und Tätigkeitsbeschreibung*, II D 30

§ 4 Zuweisung anderer Tätigkeiten/Versetzung

→ *Direktionsrecht und Tätigkeitsbeschreibung*, II D 30

§ 5 Arbeitszeit

(1) Die monatliche Arbeitszeit beträgt 40 Stunden (nicht mehr als 52) ... Stunden.[1]

(2) Beginn und Ende der Arbeitszeit werden vom Unternehmen unter Berücksichtigung der Wünsche des/der Mitarbeiters/in festgelegt.

oder:

(2) Die Arbeitszeit wird an folgenden Wochentagen (...) in der Zeit vom ... bis ... Uhr erbracht.

---

1 Hinweis: Keinesfalls mehr als 52 Stunden, weil sonst die Grenze von 450 Euro (53 × 8,50 = 450,50 Euro) überschritten wird. Es empfiehlt sich, schon weil der Mindestlohn von 8,50 Euro durch den Gesetzgeber erhöht werden kann (gemäß § 9 MiLoG mit Wirkung zum 1.1.2017, danach alle zwei Jahre), ein wenig Luft zu lassen und ggf. den Spielraum durch begrenzte Überstunden zu nutzen.

(3) Der/Die Mitarbeiter/in ist verpflichtet, aus betrieblichen Gründen vorübergehend Mehrarbeit zu leisten. Das Unternehmen wird nicht mehr als 10 Überstunden pro Monat anordnen.

→ *Arbeitszeit*, II A 90

§ 6 Vergütung; Lohnsteuer und Sozialversicherung

(1) Der/Die Mitarbeiter/in erhält eine Bruttostundenvergütung in Höhe von zurzeit ... Euro je Zeitstunde (Hinweis: nicht weniger als 8,50 Euro je Zeitstunde), mindestens aber in Höhe des jeweils geltenden gesetzlichen Mindeststundenentgelts.

(2) Die durchschnittliche monatliche Bruttovergütung darf auch unter Beachtung der Zusatzvergütung nach § 8 nicht mehr als zurzeit 450 Euro betragen.[1]

(3) Erhöhungen des Arbeitsentgelts je Arbeitsstunde vergleichbarer Vollzeitarbeitnehmer werden, sofern sie zur Überschreitung der gesetzlichen Entgeltgrenze für die geringfügige Beschäftigung im Sinne des Sozialversicherungsrechts (zurzeit 450 Euro) führen würden, durch eine Verminderung der monatlichen Arbeitszeit ausgeglichen.

(4) Der/Die Mitarbeiter/in erhält die Gratifikation (§ 8) sowie sonstige Leistungen des Unternehmens in dem Verhältnis, wie seine/ihre regelmäßige Arbeitszeit zur Arbeitszeit der Vollzeitbeschäftigten steht.

(5) Der Arbeitgeber verzichtet auf den Abruf von elektronischen Lohnsteuerabzugsmerkmalen bzw. die Vorlage einer Bescheinigung für den Lohnsteuerabzug und entrichtet gemäß § 40a Abs. 2 EStG den einheitlichen Pauschsteuersatz in Höhe von insgesamt 2 % des Arbeitsentgelts.[2]

(6) Der/Die Mitarbeiter/in ist mindestens mit der Bemessungsgrundlage von 175 Euro (§ 163 Abs. 8 SGB VI) in der gesetzlichen Rentenversicherung versichert. Der Arbeitgeber trägt gemäß § 168 Abs. 1 Nr. 1b SGB VI einen Pauschalbeitrag von 15 % (in Privathaushalten 5 %) vom Arbeitsentgelt, der Arbeitnehmer die Differenz zum jeweiligen allgemeinen Beitragssatz. Das vereinbarte Entgelt gemäß § 6 reduziert sich entsprechend. Der/Die Mitarbeiter/in kann gegenüber seinem Arbeitgeber schriftlich beantragen, auf die Versicherungspflicht zu verzichten („opt-out", § 6 Abs. 1b SGB VI).

→ *Arbeitsentgelt*, II A 70

---

1 Die Einhaltung dieser Entgeltgrenze kann im Interesse beider Parteien liegen. Die Klausel kann freilich – bei Überschreitung – den Eintritt der sozialversicherungsrechtlichen Folgen nicht verhindern. Allerdings gilt für Einmalzahlungen (§ 23a SGB IV) wie das Weihnachts- oder Urlaubsgeld das **strenge Zuflussprinzip**. Der Beitragsanspruch entsteht gemäß § 22 Abs. 1 SGB IV nur, wenn die Sonderleistung tatsächlich zur Auszahlung gelangt → *Beschäftigung, geringfügige*, II B 20 Rz. 13.

2 Durch die Pauschalversteuerung ist die Besteuerung dieses Arbeitslohnes in vollem Umfang abgeschlossen. Er bleibt bei der individuellen Einkommensteuerveranlagung außer Betracht.

§ 7 Überstundenvergütung

Über die monatliche Arbeitszeit (§ 5 Abs. 1) hinaus geleistete Arbeit wird gemäß § 6 Abs. 1 vergütet.[1]

→ *Mehrarbeits- und Überstundenvergütung*, II M 20

§ 8 Gratifikation/Rückzahlungsverpflichtung

→ *Sonderzahlungen*, II S 40

§ 9 Widerrufsvorbehalt

→ *Vorbehalte und Teilbefristung*, II V 70

§ 10 Abtretung und Verpfändung des Arbeitseinkommens

→ *Abtretungsverbote und Lohnpfändung*, II A 10

§ 11 Arbeitsverhinderung/Entgeltfortzahlung

→ *Anzeige- und Nachweispflichten*, II A 40

→ *Entgeltfortzahlung*, II E 20

§ 12 Urlaub

(1) Der/Die Mitarbeiter/in erhält kalenderjährlich einen Erholungsurlaub von ... Kalender-/Arbeitstagen. Der Urlaub wird in Abstimmung mit dem/der Mitarbeiter/in von der Unternehmensleitung festgelegt. Im Übrigen gelten die gesetzlichen Bestimmungen.

(2) Steht der/die Mitarbeiter/in in mehreren Teilzeitarbeitsverhältnissen, so bestimmt der Arbeitgeber den Urlaubszeitpunkt mit Rücksicht darauf, dass der/die Mitarbeiter/in in allen Arbeitsverhältnissen eine zusammenhängende Urlaubszeit erhält.

(3) Der/Die Mitarbeiter/in erhält ein anteiliges Urlaubsgeld, das sich aus dem Verhältnis seiner/ihrer Arbeitszeit zur Arbeitszeit eines im Betrieb tätigen Vollzeitarbeitnehmers ergibt.

→ *Urlaub*, II U 20

§ 13 Rückzahlung zu viel erhaltener Leistungen

→ *Arbeitsentgelt, überzahltes*, II A 80

§ 14 Mehrfachbeschäftigung

(1) Der/Die Mitarbeiter/in versichert, bei Vertragsbeginn in keinem weiteren Arbeitsverhältnis zu stehen.

(2) Die Aufnahme oder Beendigung einer weiteren Beschäftigung, gleichgültig welchen Umfangs oder welcher Dauer, hat der/die Mitarbeiter/in unverzüglich

---

[1] Im Niedriglohnbereich sind zwingend geleistete Arbeitsstunden mit dem jeweiligen Mindestlohnsatz zu vergüten. Es empfiehlt sich daher keine Pauschalierungsabrede.

schriftlich anzuzeigen. Ebenso ist jede Veränderung des Umfangs oder des vereinbarten Entgelts einer anderweitigen Beschäftigung anzuzeigen.

(3) Der Arbeitgeber kann die Unterlassung der Begründung eines anderweitigen Arbeitsverhältnisses oder einer selbständigen Tätigkeit verlangen, wenn dadurch die Verpflichtungen aus diesem Arbeitsvertrag oder sonstige berechtigte Belange beeinträchtigt würden.

(4) Der/Die Mitarbeiter/in verpflichtet sich, die Absicht, ein zweites Arbeitsverhältnis anderweitig einzugehen, sofort dem Arbeitgeber schriftlich mitzuteilen.

→ *Nebentätigkeit*, II N 10

§ 15 Geheimhaltung

→ *Verschwiegenheitspflicht*, II V 20

§ 16 Haftung

→ *Haftung des Arbeitnehmers*, II H 20

§ 17 Vertragsstrafe

→ *Vertragsstrafen*, II V 30

§ 18 Beendigung des Arbeitsverhältnisses

→ *Kündigungsvereinbarungen*, II K 10

→ *Altersgrenze*, II A 20

§ 19 Freistellung von der Arbeitspflicht

→ *Freistellung des Arbeitnehmers*, II F 10

§ 20 Öffnungsklausel für Betriebsvereinbarungen

→ *Öffnungsklauseln*, II O 10

§ 21 Ausschlussfristen

→ *Ausschlussfristen*, II A 150

Ort, den ...   Unterschrift   Unterschrift

5. Vorschlag eines Vertragsmusters für zeitgeringfügige Teilzeitbeschäftigung (z.B. Saisonarbeitsverhältnis)

Die sog. zeitgeringfügige Beschäftigung kennt keine Entgelt- bzw. Verdienstgrenze. Es gilt aber eine Umfanggrenze. Sozialversicherungsrechtlich „privilegiert", also versicherungsfrei, sind nach § 8 Abs. 1 Nr. 2 SGB IV Beschäftigungsverhältnisse für **zwei Monate oder fünfzig Arbeitstage**. Für die Zeit vom **1.1.2015 bis zum 31.12.2018** ist dieser Zeitrahmen gemäß § 115 SGB IV vorübergehend auf **drei Monate oder siebzig Arbeitstage** verlängert worden.

15 Als sichere Vertragsgestaltung kommt regelmäßig (nicht zwingend) ein **Vollzeitarbeitsverhältnis** in Betracht, das auf zwei oder drei Monate begrenzt zu sein pflegt. Die Nutzung der Schwellen 50 oder 70 Tage (etwa Tätigkeit jedes Wochenende im Frühjahr und Sommer, z.B. Kellner an 25 Wochenenden im Ausflugslokal), ist deshalb risikoreich, weil die Tätigkeit „berufsmäßig" bzw. „regelmäßig" ausgeübt sein könnte. Dann nimmt die Rechtsprechung den Fall des § 8 Abs. 1 Nr. 1 SGB IV an mit der vielfachen Folge, dass die Entgeltgrenze überschritten wird und Sozialversicherungspflicht eintritt → *Beschäftigung, geringfügige,* II B 20 Rz. 10, 15 ff.

16 Die Begrenzung auf die unter Rz. 14 genannten Zeiträume setzt ein schriftlich vereinbartes § 14 Abs. 4 TzBfG) **befristetes Arbeitsverhältnis** voraus. Ein nicht befristetes Beschäftigungsverhältnis kann nicht zeitgeringfügig i.S.v. § 8 Abs. 1 Nr. 2 SGB IV sein. Ein etwa unbefristetes Arbeitsverhältnis, das den Arbeitnehmer nur zur Arbeitsleistung an 50 Arbeitstagen im Jahr verpflichtet, ist berufsmäßig und regelmäßig ausgeübt. Da sich **Saisonarbeitsverhältnisse** auch wiederholen können, ist zu beachten, dass nur beim ersten Vertragsschluss mit einem Arbeitgeber eine sachgrundlose Befristung möglich ist. Ein etwa ein Jahr später erneut eingegangenes Arbeitsverhältnis mit einer Saisonkraft muss sich auf einen Sachgrund (regelmäßig § 14 Abs. 1 Nr. 1 TzBfG: vorübergehende betriebliche Mehrarbeit) stützen können.

17 Nachfolgend wird deshalb ein Arbeitsvertragsmuster mit einer zwei oder drei Monate beschäftigten Saisonkraft zur Verfügung gestellt, das die maximale Arbeitszeit nach dem ArbZG ausschöpft und mindestens eine Mindestlohnvergütung enthält.

18 **Arbeitsvertrag**

Zwischen der X-GmbH

– nachfolgend kurz Unternehmen genannt –

und

Herrn/Frau Y

– nachfolgend Mitarbeiter/in genannt –

wird folgender Arbeitsvertrag geschlossen:

→ *Arbeitnehmerstatus,* II A 50

§ 1 Beginn des Arbeitsverhältnisses

Das Arbeitsverhältnis beginnt am 1.8. ... und endet am 30.9 ... (zwei Monate; ggf. drei Monate bis 31.10 . ... gemäß § 115 SGB IV).

→ *Befristung des Arbeitsverhältnisses,* II B 10

§ 2 Probezeit

→ *Befristung des Arbeitsverhältnisses,* II B 10

→ *Kündigungsvereinbarungen,* II K 10

§ 3 Tätigkeit

Der/Die Mitarbeiter/in wird als Saisonkraft (Erntehelfer, Aushilfskellner im Ausflugslokal) wegen vorübergehenden Mehrbedarfs beschäftigt.

→ *Direktionsrecht und Tätigkeitsbeschreibung*, II D 30

§ 4 Zuweisung anderer Tätigkeiten/Versetzung

→ *Direktionsrecht und Tätigkeitsbeschreibung*, II D 30

§ 5 Arbeitszeit

(1) Die wöchentliche Arbeitszeit beträgt 48 Stunden.

(2) Die Arbeitsleistung wird an sechs Werktagen zu je acht Stunden erbracht. Die Lage der Arbeitszeit wird durch das Unternehmen festgelegt.

→ *Arbeitszeit*, II A 90

§ 6 Vergütung; Lohnsteuer und Sozialversicherung

(1) Der/Die Mitarbeiter/in erhält eine Bruttostundenvergütung in Höhe von zurzeit ... Euro je Zeitstunde (nicht weniger als 8,50 Euro je Zeitstunde), mindestens aber in Höhe des jeweils geltenden gesetzlichen Mindeststundenentgelts.

(2) Der Arbeitgeber verzichtet auf den Abruf von elektronischen Lohnsteuerabzugsmerkmalen bzw. die Vorlage einer Bescheinigung für den Lohnsteuerabzug und entrichtet gemäß § 40a EStG den jeweiligen einheitlichen Pauschalsteuersatz.[1]

→ *Arbeitsentgelt*, II A 70

§ 7 Überstundenvergütung

Über die wöchentliche Arbeitszeit (§ 5 Abs. 1) hinaus geleistete Arbeit wird gemäß § 6 Abs. 1 vergütet.[2]

→ *Mehrarbeits- und Überstundenvergütung*, II M 20

§ 8 Gratifikation/Rückzahlungsverpflichtung

→ *Sonderzahlungen*, II S 40

§ 9 Widerrufsvorbehalt

→ *Vorbehalte und Teilbefristung*, II V 70

§ 10 Abtretung und Verpfändung des Arbeitseinkommens

→ *Abtretungsverbote und Lohnpfändung*, II A 10

---

1 Die Regelungen in § 40a EStG sind mit Grenzwerten und Sonderregelungen für bestimmte Wirtschaftsbereiche (Land- und Forstwirtschaft) für kurzfristig Tätige und Aushilfskräfte versehen. Werden vom Arbeitnehmer keine anderen Einkünfte (etwa aus Vermietung und Verpachtung, Kapitalerträgen etc.) erzielt, kann sich statt der Pauschalbesteuerung der gewöhnliche Lohnsteuerabzug empfehlen, da das Einkommen bis zum jährlichen Grundfreibetrag (2015: 8 354 Euro) steuerfrei bleibt.

2 Im Niedriglohnbereich sind zwingend geleistete Arbeitsstunden mit dem jeweiligen Mindestlohnsatz zu vergüten. Es empfiehlt sich daher keine Pauschalierungsabrede.

§ 11 Arbeitsverhinderung/Entgeltfortzahlung

→ *Anzeige- und Nachweispflichten*, II A 40

→ *Entgeltfortzahlung*, II E 20

§ 12 Urlaub

→ *Urlaub*, II U 20

§ 13 Rückzahlung zu viel erhaltener Leistungen

→ *Arbeitsentgelt, überzahltes*, II A 80

§ 14 Mehrfachbeschäftigung

(1) Der/Die Mitarbeiter/in versichert, bei Vertragsbeginn in keinem weiteren Arbeitsverhältnis zu stehen.

(2) Die Aufnahme oder Beendigung einer weiteren Beschäftigung, gleichgültig welchen Umfangs oder welcher Dauer, hat der/die Mitarbeiter/in unverzüglich schriftlich anzuzeigen. Ebenso ist jede Veränderung des Umfangs oder des vereinbarten Entgelts einer anderweitigen Beschäftigung anzuzeigen.

(3) Der Arbeitgeber kann die Unterlassung der Begründung eines anderweitigen Arbeitsverhältnisses oder einer selbständigen Tätigkeit verlangen, wenn dadurch die Verpflichtungen aus diesem Arbeitsvertrag oder sonstige berechtigte Belange beeinträchtigt würden.

(4) Der/Die Mitarbeiter/in verpflichtet sich, die Absicht, ein zweites Arbeitsverhältnis anderweitig einzugehen, sofort dem Arbeitgeber schriftlich mitzuteilen.

→ *Nebentätigkeit*, II N 10

§ 15 Geheimhaltung

→ *Verschwiegenheitspflicht*, II V 20

§ 16 Haftung

→ *Haftung des Arbeitnehmers*, II H 20

§ 17 Vertragsstrafe

→ *Vertragsstrafen*, II V 30

§ 18 Beendigung des Arbeitsverhältnisses

→ *Kündigungsvereinbarungen*, II K 10

→ *Altersgrenze*, II A 20

§ 19 Freistellung von der Arbeitspflicht

→ *Freistellung des Arbeitnehmers*, II F 10

§ 20 Öffnungsklausel für Betriebsvereinbarungen

→ *Öffnungsklauseln*, II O 10

§ 21 Ausschlussfristen

→ *Ausschlussfristen*, II A 150

Ort, den ...   Unterschrift   Unterschrift

III. Vertragsmuster im Niedrig- und Mindestlohnbereich

1. Vorbemerkung

Das nachfolgende Vertragsmuster folgt dem Grundmodell des unter III A Rz. 8 vorgestellten allgemeinen Vertragsmusters, modifiziert dieses jedoch geringfügig, um den Anforderungen, die durch das ab dem 1.1.2015 geltende Mindestlohngesetz (MiLoG) gelten, gerecht zu werden.

Ab 1.1.2015 hat jeder Arbeitnehmer nach § 1 Abs. 1 MiLoG Anspruch auf Zahlung eines Arbeitsentgelts mindestens in Höhe des Mindestlohns durch den Arbeitgeber. Dieser beträgt nach § 1 Abs. 2 Satz 1 MiLoG ab dem 1.1.2015 brutto 8,50 Euro je Zeitstunde, kann aber nach § 1 Abs. 2 Satz 2 MiLoG auf Vorschlag einer ständigen Kommission der Tarifpartner (Mindestlohnkommission) durch Rechtsverordnung der Bundesregierung geändert werden. Der Anspruch auf den Mindestlohn ist nach § 20 MiLoG international zwingend ausgestaltet, auch Arbeitgeber mit Sitz im Ausland sind demnach verpflichtet, dem im Inland beschäftigten Arbeitnehmer mindestens den Mindestlohn zu zahlen. Zivilrechtliche Anspruchsgrundlage des Arbeitnehmers ist § 1 Abs. 1, 2 i.V.m. § 20 MiLoG.[1] Es handelt sich um einen gesetzlichen Anspruch, der jedem dem Anwendungsbereich des MiLoG unterfallenden Arbeitnehmer[2] einen Sockelbetrag von zurzeit 8,50 Euro brutto je Zeitstunde sichert.[3] Der Anspruch auf den gesetzlichen Mindestlohn tritt neben einen etwaigen höheren vertraglichen Anspruch auf Arbeitslohn.[4] Demnach hat das MiLoG nicht nur im Niedriglohnsektor, sondern für alle Arbeitsverhältnisse Bedeutung. Nach § 3 Satz 1 MiLoG wird der Anspruch zudem als zwingend ausgestaltet.

Der Mindestlohn ist nach § 1 Abs. 2 Satz 1 MiLoG je Zeitstunde zu zahlen. Das MiLoG definiert den Begriff der Arbeitszeit nicht selbst. Zur Ausfüllung des Begriffs in § 1 Abs. 2 Satz 1 MiLoG kann vielmehr auf die arbeitszeitrechtliche Definition der Arbeitszeit zurückgegriffen werden (dazu im Einzelnen → *Arbeitszeit*, II A 90 Rz. 1ff.)

Die Festsetzung eines allgemeinen gesetzlichen Mindestlohns mit dem MiLoG wird im Schrifttum als große Herausforderung für die Vertragsgestaltung betrachtet,[5] es wird gar ein „Paradigmenwechsel" ausgemacht.[6] Sieht man sich das Gesetz jedoch einmal genauer an, so stellt sich die Vielzahl der aufgeworfenen Probleme

---
1 ErfK/*Franzen*, § 1 MiLoG Rz. 2; a.A. *Schweibert/Leßmann*, DB 2014, 1866 (1869).
2 Ausnahmen vom Anwendungsbereich finden sich in § 22 MiLoG.
3 *Preis/Ulber*, Ausschlussfristen und Mindestlohngesetz, S. 21ff.; BeckOK/*Greiner*, § 1 MiLoG Rz. 22; *Sittard*, NZA 2014, 951 (953); a.A. *Lakies*, ArbR Aktuell 2014, 343 (345).
4 Vgl. *Sagan/Witschen*, jM 2014, 372 (374f.); *Lembke*, NZA 2015, 70 (73); i. E. ebenfalls BeckOK/*Greiner*, § 1 MiLoG Rz. 23; a.A. nur *Lakies*, ArbR Aktuell 2014, 343 (345).
5 Vgl. nur *Siebert/Klagges*, ArbR Aktuell 2014, 577.
6 *Bayreuther*, NZA 2014, 865 (865).

und die zu deren Bewältigung gemachten Vorschläge als wenig spektakulär oder gar neu dar. Vielmehr hat der Gesetzgeber nur an einigen Stellschrauben nachjustiert, ohne aber tiefgreifende Veränderungen für die Vertragspraxis herbeizuführen. Vielmehr sind nur vereinzelt Anpassungen im Wege der Änderung von Alt- bzw. beim Abschluss von Neuverträgen von Nöten, um den Anforderungen des Gesetzes gerecht zu werden.

23 Dies beginnt bei dem in der Aufsatzliteratur ausführlich behandelten Problem der Anrechenbarkeit einzelner Zulagen auf den Mindestlohn.[1] Ein Fallbeispiel aus der Praxis soll das grundsätzliche Problem verdeutlichen. Im Fall erhält A einen Stundenlohn von 8,50 Euro pro Zeitstunde und einen Nachtarbeitszuschlag von 0,50 pro Zeitstunde. Kann dieser Zuschlag jetzt auf den Mindestlohnanspruch nach § 1 Abs. 1, 2 i.V.m. § 20 MiLoG angerechnet werden? Oder muss der Arbeitgeber 9 Euro pro Zeitstunde zahlen?[2]

24 Bereits grundsätzlich umstritten ist in Konstellationen dieser Art, welche Art von Zulagen auf den Mindestlohn angerechnet werden können. So wird zum Teil in der Literatur für eine Anrechnung aller Zulagen unabhängig von deren Bezugspunkt plädiert.[3] Überzeugender erscheint es dagegen mit einer anderen Literaturauffassung[4] aus Gründen der Einheit der Rechtsordnung, die Rechtsprechung von BAG[5] und vor allem EuGH[6] zum AEntG zu Grunde zu legen. Für eine Übertragbarkeit spricht vor allem § 20 MiLoG, der den Anspruch auf Mindestlohn als einen Mindestentgeltsatz i.S.d. § 2 Nr. 1 AEntG ausgestaltet.[7] Aufschlussreich ist insofern auch eine Äußerung der Bundesregierung im Gesetzgebungsverfahren, in der ausdrücklich auf die zum Arbeitnehmerentsenderecht ergangenen EuGH-Entscheidungen verwiesen wird.[8] Wendet man die von der Rechtsprechung für das AEntG entwickelten Kriterien auch im Bereich des MiLoG an, so kommt es für die Anrechenbarkeit einzelner Zulagen auf den Anspruch auf Mindestlohn darauf an, ob es sich bei den gewährten Zulagen um solche zusätzlichen Vergütung der Arbeitsleistung handelt oder ob mit den Zulagen etwas Zusätzliches bzw. Überobligatorisches vergütet werden soll.[9] Es kommt mithin auf die Einordnung der Leistung im

---

1 Vgl. hierzu nur *Bayreuther*, NZA 2014, 865 (868f.); *Spielberger/Schilling*, NJW 2014, 2897 (2898f.); *Hund*, AuA 2014, 662 (662f.); *Berndt*, DStR 2014, 1878 (1880f.); *Sagan/Witschen*, jM 2014, 372 (376f.); *Wortmann*, ArbRB 2014, 346 (346f.); *Schweibert/Leßmann*, DB 2014, 1866 (1868f.); *Jöris/von Steinau-Steinrück*, BB 2014, 2101 (2102f.); *Stommel/Valder*, jurisPR-TranspR 5/2014, Anm. 4.
2 Vgl. zur Anrechnung von Nachtarbeitszuschlägen auf einen Mindestlohnanspruch BAG v. 16.4.2014 – 4 AZR 802/11, NZA 2014, 1277 Rz. 52ff.
3 *Bayreuther*, NZA 2014, 865 (868f.); *Hund*, AuA 2014, 662 (663).
4 ErfK/*Franzen*, § 1 MiLoG Rz. 11; *Sagan/Witschen*, jM 2014, 372 (375f.); *Däubler*, NJW 2014, 1924 (1926); *Sittard*, NZA 2014, 951 (952); *Nebel/Kloster*, BB 2014, 2933 (2934ff.); *Fischer*, jurisPR-ArbR 40/2014, Anm. 1.
5 BAG v. 16.4.2014 – 4 AZR 802/11, NZA 2014, 1277 Rz. 39; v. 18.4.2012 – 4 AZR 139/10, NZA 2013, 392 Rz. 28.
6 EuGH v. 7.11.2013 – C-522/12 (Tevfik Isbir/DB Services GmbH), NZA 2013, 1359; v. 14.4.2005, C-341/02 (Kommission/Deutschland), NZA 2005, 573; vgl. zu dieser Rechtsprechung *Ulber*, RdA 2014, 176.
7 *Berndt*, DStR 2014, 1878 (1880).
8 BT-Drucks. 18/1558, Anl. 4, S. 67.
9 EuGH v. 7.11.2013 – C-522/12 (Tevfik Isbir/DB Services GmbH), NZA 2013, 1359 Rz. 40; BAG v. 16.4.2014 – 4 AZR 802/11, NZA 2014, 1277 Rz. 39.

Einzelfall an. Außerdem muss die Zulage unwiderruflich ausgestaltet sein.[1] Damit scheidet die Verwendung von Widerrufsvorbehalten und Stichtagsklauseln für Zahlungen, die anrechenbar ausgestaltet sein sollen, aus. Zu den vom BAG und EuGH entwickelten Kriterien aus dem Recht der Arbeitnehmerentsendung tritt spezifisch für den Bereich des allgemeinen Mindestlohns die gesetzliche Fälligkeitsregelung des § 2 Abs. 1 Nr. 2 MiLoG. Diese lässt einzig eine Anrechnung von Sonderzahlungen in einem Bezugszeitraum von zwei Monaten zu.[2]

Anzurechnen sind demnach:

- Einmalzahlungen, die im Fälligkeitszeitraum Arbeitsleistung vergütet und unwiderruflich ausgezahlt wurden,
- alle Zulagen und Zuschläge, mit denen die regelmäßig vertraglich geschuldete Arbeitsleistung vergütet wird sowie
- Zahlungen zur Entgeltumwandlung nach § 1a BetrAVG.[3]

Nicht anzurechnen sind dagegen:

- Zahlungen zur Honorierung der Betriebstreue, da bei diesen gerade nicht die Vergütung der Normalarbeitsleistung, sondern das Verbleiben im Betrieb belohnt werden soll.[4]
- Urlaubsgeld, welches keine Vergütung der Normalleistung darstellt, sondern vielmehr der Kompensation der dem Arbeitnehmer während des Urlaubs entstehenden Zusatzkosten dient[5]
- Sachbezüge, in jedem Fall insoweit das Nettomonatseinkommen unpfändbar ist, vgl. § 107 Abs. 2 Satz 5 GewO. Im darüber liegenden Bereich des Divergenzbetrags zwischen Mindestlohn und Pfändungsfreigrenze schließt § 1 MiLoG, der die *Zahlung* eines Arbeitsentgelts anordnet, die Anrechnung aus.[6] In jedem Fall bleibt tatsächlich so oder so wenig Spielraum in diesem schmalen Divergenzbereich.[7]
- Trinkgelder, die mangels vertraglicher Vereinbarung kein Arbeitsentgelt darstellen, wenn und soweit ein Dritter diese dem Arbeitnehmer zusätzlich zu einer vom Arbeitgeber geschuldeten Leistung zahlt (vgl. § 107 Abs. 3 Satz 2 GewO).[8]
- Vermögenswirksame Leistungen.[9]
- Beiträge zur betrieblichen Altersvorsorge.[10]

---

1 EuGH v. 14.4.2005 – C-341/02 (Kommission/Deutschland), NZA 2005, 573 Rz. 31.
2 *Ulber*, RdA 2014, 176 (180).
3 Vgl. dazu BeckOK/*Greiner*, § 1 MiLoG Rz. 43.
4 Zutreffend BeckOK/*Greiner*, § 1 MiLoG Rz. 39; *Däubler*, NJW 2014, 1924 (1927); a.A. ErfK/*Franzen*, § 1 MiLoG Rz. 15.
5 Vgl. *Ulber*, RdA 2014, 176 (181); a.A. *Spielberger/Schilling*, NJW 2014, 2897 (2899).
6 A.A. wohl BeckOK/*Greiner*, § 1 MiLoG Rz. 47.
7 So auch BeckOK/*Greiner*, § 1 MiLoG Rz. 47; *Berndt*, DStR 2014, 1878 (1881).
8 ErfK/*Franzen*, § 1 MiLoG Rz. 7; *Lakies*, AuR 2014, 360 (361); *Däubler*, NJW 2014, 1924 (1926).
9 EuGH v. 7.11.2013 – C-522/12 (Tevfik Isbir/DB Services GmbH), NZA 2013, 1359 Rz. 44.
10 So auch BeckOK/*Greiner*, § 1 MiLoG Rz. 44; ErfK/*Franzen*, § 1 MiLoG Rz. 17; *Ulber*, RdA 2014, 176 (181); *Schubert/Jerchel/Düwell*, Das Mindestlohngesetz, Rz. 140.

– Aufwendungsersatz, Fortbildungs- und Reisekosten, unter die insbesondere ein Wegegeld fallen kann, wenn mit ihm ein besonderer Fahrtaufwand, der über die erforderliche Arbeitszeit hinausgeht, abgegolten wird.[1]
– Zuschläge für Arbeitsleistungen zu besonderen Arbeitszeiten (Zuschläge für Sonn- und Feiertagsarbeit, [Wechsel]-Schichtzulagen, Überstundenzuschläge).[2]
– Nachtarbeitszuschläge (schon wegen § 6 Abs. 5 ArbZG).[3]
– Zuschläge für unregelmäßige besonders belastende Arbeiten (z.B. Schmutzzulagen, Gefahrenzulagen).[4]
– Zuschläge für Qualität und Schnelligkeit der Arbeit (z.B. Akkordprämien), da diese eine über das Normalmaß hinausgehende Arbeitsleistung vergüten.[5]
– Prämien für unfallfreies Fahren, da mit diesen ein besonderer Erfolg der Arbeitsleistung vergütet wird.[6]

27 Vor dem Hintergrund der starken Einzelbezogenheit des im AEntG entwickelten Anrechnungsmodells erscheint es angezeigt, auf die gesonderte Gewährung von Zulagen ganz zu verzichten und diese stattdessen von vornherein in den vereinbarten Stundenlohn einzubeziehen.[7] Von diesem Modell geht auch der hier vorgeschlagene Arbeitsvertrag aus. Aus dem Verzicht auf Sonderzahlungen im Arbeitsvertrag erklärt sich auch der Verzicht auf Widerrufsvorbehalte und Stichtagsklauseln, die im Bereich des laufenden Entgelts so oder so nur eingeschränkt bis gar nicht zulässig sind (dazu im Einzelnen → *Vorbehalte und Teilbefristung*, II V 70 Rz. 14 ff. sowie → *Sonderzahlungen*, II S 40 Rz. 39 ff.).

28 Soll trotzdem an dem Modell der Gewährung einzelner Zulagen zusätzlich zum Grundlohn festgehalten werden, so dürfen die Zulagen für den Fall einer gewünschten Anrechenbarkeit nur zur Entlohnung der Normalleistung gewährt werden. Außerdem muss auf die Aufnahme eines Widerrufsvorbehalts oder eine Stichtagsklausel (dazu im Einzelnen → *Vorbehalte und Teilbefristung*, II V 70 Rz. 14 ff. sowie → *Sonderzahlungen*, II S 40 Rz. 39 ff.) in den Vertrag verzichtet werden, um das von der Rechtsprechung aufgestellte Kriterium der Unwiderruflichkeit der gewährten Zulagen zu erfüllen. Zudem muss der Abrechnungsmodus der Zahlungen von einer bisher üblichen Einmalzahlung am Jahresende, auf eine ratierliche Zahlung pro Monat umgestellt werden, um nicht mit der Regelung des § 2 Abs. 1 Nr. 2 MiLoG in Konflikt zu geraten.[8] Endlich empfiehlt sich noch die Aufnahme einer Tilgungsbestimmung in den Vertrag, die festlegt, dass etwaige gewährte Zulagen zu-

---

1 Vgl. hierzu BT-Drucks. 18/2010, S. 15.
2 So auch BeckOK/*Greiner*, § 1 MiLoG Rz. 34; *Jöris/von Steinau-Steinrück*, BB 2014, 2101, (2103); *Schubert/Jerchel/Düwell*, Das Mindestlohngesetz, Rz. 140; a.A. *Bayreuther*, NZA 2014, 865 (869); differenzierend ErfK/*Franzen*, § 1 MiLoG Rz. 13.
3 A.A. nur *Schweibert/Leßmann*, DB 2014, 1866 (1869).
4 BeckOK/*Greiner*, § 1 MiLoG Rz. 38; *Berndt*, DStR 2014, 1878 (1880); wohl auch ErfK/*Franzen*, § 1 MiLoG Rz. 14; a.A. *Nebel/Kloster*, BB 2014, 2933 (2936).
5 EuGH v. 14.4.2005 – C-341/02 (Kommission/Deutschland), NZA 2005, 573 Rz. 38 ff.
6 Zutreffend *Stommel/Valder*, jurisPR-TranspR 5/2014, Anm. 4.
7 *Olbertz*, GWR 2014, 521 (523); i. E. ebenso *Sittard/Sassen*, ArbRB 2014, 142 (144); *Spielberger/Schilling*, NJW 2014, 2897 (2899).
8 So auch *Jöris/von Steinau-Steinrück*, BB 2014, 2101 (2104).

erst auf den Mindestlohn anzurechnen sind.[1] Es könnte dann folgende Klausel verwendet werden:

§ X Vergütung

(1) Der/Die Mitarbeiter/in erhält eine Bruttostundenvergütung in Höhe von zurzeit ... Euro je Zeitstunde (Hinweis: nicht weniger als 8,50 Euro je Zeitstunde), mindestens aber in Höhe des jeweils geltenden gesetzlichen Mindeststundenentgelts.[2]

(2) Es werden ferner folgende Zulagen zur zusätzlichen Vergütung der Arbeitsleistung gezahlt:
   (a) ...
   (b) ...

(3) Die Zulagen sind am Ende des Monats, der auf den Monat folgt, in dem die Arbeitsleistung erbracht wurde, zu zahlen.

(4) Die gewährten Zulagen sind auf den Mindestlohnanspruch nach § 1 MiLoG anzurechnen. Die Anrechnung erfolgt zuerst auf den Anspruch auf den gesetzlichen Mindestlohn, erst danach wird der vertragliche Lohnanspruch getilgt.

Relevant für die Vertragsgestaltung ist auch noch § 3 MiLoG. Nach § 3 Satz 1 MiLoG sind Vereinbarungen, die den Mindestlohn unterschreiten oder seine Geltendmachung beschränken oder ausschließen, insoweit unwirksam. Ebenfalls kann der Arbeitnehmer nach § 3 Satz 2 MiLoG auf den entstandenen Anspruch nach § 1 Abs. 1 nur durch gerichtlichen Vergleich verzichten; im Übrigen ist ein Verzicht ausgeschlossen. § 3 Satz 3 MiLoG schließt die Verwirkung des Anspruchs aus. Nach § 24 Satz 1 MiLoG besteht bis zum 31.12.2017 die Möglichkeit zur Abweichung durch einen Tarifvertrag repräsentativer Tarifparteien, wenn die dortigen Regelungen für alle unter den Geltungsbereich des Tarifvertrages fallenden Arbeitgeber mit Sitz im In- oder Ausland sowie deren Arbeitnehmerinnen und Arbeitnehmer verbindlich gemacht worden sind. Jedoch ist zu beachten, dass eine Unterschreitung der Entgelthöhe von 8,50 Euro brutto je Zeitstunde durch § 24 Satz 2 MiLoG nur bis zum 31.12.2016 möglich ist, ab 1.1.2017 ist auch insoweit der gesetzliche Mindestlohn nach § 1 Abs. 2 Satz 1 MiLoG zu zahlen. Die Abweichungsmöglichkeit nach § 24 MiLoG ist demnach von zeitlich begrenzter Reichweite. Auch ist bei der Vertragsgestaltung, die die Übergangsregelung nach § 24 Satz 1 MiLoG nutzen will, zu beachten, dass eine Beschränkung auf allgemeinverbindliche Tarifverträge „repräsentativer" Tarifvertragsparteien erfolgt ist.

29

---

1 Zutreffend *Sagan/Witschen*, jM 2014, 372 (376f.); zur grundsätzlichen Abdingbarkeit des § 366 BGB durch allgemeine Geschäftsbedingungen BGH v. 20.6.1984 – VIII ZR 337/82, NJW 1984, 2404 (2405).
2 Der letzte Halbsatz des ersten Absatzes ist einzig ein deklaratorischer Verweis auf die Geltung des MiLoG und ihm nach § 1 Abs. 3 MiLoG vorgehender Branchenmindestlöhne. Der Verweis auf das jeweils geltende gesetzliche Mindeststundenentgelt ist aber in der Lage klarzustellen, dass eine dynamische Anpassung an die nachfolgende Mindestlohnentwicklung gewollt ist. So wird eine Unterschreitung des jeweils geltenden Mindeststundenentgelts durch eine einmal festgesetzte Vergütungsabrede pro Stunde verhindert.

Zur Repräsentativität sind die bei § 7 Abs. 2 AEntG entwickelten Kriterien heranzuziehen.[1]

30 Die zeitliche beschränkte Ausnahme des § 24 MiLoG darf wegen der qualifizierten Anforderung eines Tarifvertrags „repräsentativer" Parteien nicht überschätzt bzw. überstrapaziert werden, bei der Vertragsgestaltung erscheint es vielmehr angebracht, vom Grundsatz des § 3 MiLoG auszugehen. Die Vorschrift erfasst generell alle Vereinbarungen, die den Anspruch auf Mindestlohn unterschreiten oder dessen Geltendmachung beschränken oder ausschließen. Insbesondere die im Arbeitsleben verbreiteten Ausschlussfristen werden von § 3 Satz 1 MiLoG erfasst. Aufgrund der Geltung des § 3 MiLoG ist zum einen eine Änderung von Altverträgen angezeigt, mit der in die dortigen Ausschlussklauseln die Herausnahme von Ansprüchen auf das gesetzliche Mindestentgelt vereinbart wird. Jedoch erscheint auch die Gewährung von Vertrauensschutz für die Altfälle vor Erlass des MiLoG durch die Rechtsprechung denkbar.[2] Dogmatisch tragfähiger wäre dagegen die ausnahmsweise Zulassung einer begrenzten Unwirksamkeitsfolge im Wege geltungserhaltender Reduktion im Rahmen des § 3 Satz 1 MiLoG („insoweit").[3] Bei Neuverträgen, die nach dem 1.1.2015 abgeschlossen werden, empfiehlt sich zur Vorsicht eine Herausnahme von Ansprüchen auf den gesetzlichen Mindestlohn aus dem Anwendungsbereich der Ausschlussfrist (s. auch noch → *Ausschlussfristen*, II A 150 Rz. 38a).

2. Vorschlag eines Vertragsmusters für Arbeitsverträge im Niedriglohnbereich

31 **Arbeitsvertrag**

Zwischen der X-GmbH

– nachfolgend kurz Unternehmen genannt –

und

Herrn/Frau Y

– nachfolgend Mitarbeiter/in genannt –

wird folgender Arbeitsvertrag geschlossen:

→ *Arbeitnehmerstatus*, II A 50

§ 1 Beginn des Arbeitsverhältnisses

→ *Arbeitsaufnahme/Beginn des Arbeitsverhältnisses*, II A 60

→ *Kündigungsvereinbarungen*, II K 10

§ 2 Probezeit/Befristetes Probearbeitsverhältnis

→ *Befristung des Arbeitsverhältnisses*, II B 10

→ *Kündigungsvereinbarungen*, II K 10

---

1 ErfK/*Franzen*, § 24 MiLoG Rz. 1; *Schubert/Jerchel/Düwell*, Das Mindestlohngesetz, Rz. 202.
2 Vgl. dazu *Preis/Ulber*, Ausschlussfristen und Mindestlohngesetz, S. 56.
3 Vgl. dazu *Preis/Ulber*, Ausschlussfristen und Mindestlohngesetz, S. 55; *Lembke*, NZA 2015, 70 (73); *Reinhard/Kettering*, ArbRB 2014, 302 (303).

§ 3 Tätigkeit

→ *Direktionsrecht und Tätigkeitsbeschreibung*, II D 30

§ 4 Weisungsrecht des Arbeitgebers/Versetzung

→ *Direktionsrecht und Tätigkeitsbeschreibung*, II D 30

§ 5 Arbeitszeit

(1) Die regelmäßige Arbeitszeit beträgt zurzeit ... Stunden monatlich.

oder:

Die monatliche Arbeitszeit beträgt ... Stunden.

(2) Beginn und Ende der täglichen Arbeitszeit und der Pausen richten sich nach den mit dem Betriebsrat abgeschlossenen Vereinbarungen (*alternativ:* werden vom Unternehmen festgelegt).

(3) Der/Die Mitarbeiter/in ist verpflichtet, aus dringenden betrieblichen Gründen im Rahmen der gesetzlichen Bestimmungen, insbesondere der Mitbestimmung des Betriebsrats gemäß § 87 Abs. 1 BetrVG, Nacht-/Wechselschicht-/Sonntagsarbeit und vorübergehend Mehr- und Überarbeit zu leisten.

(4) Unbeschadet der Regelung des § 87 BetrVG darf der Arbeitgeber Kurzarbeit anordnen, wenn die Voraussetzungen für die Gewährung von Kurzarbeitergeld erfüllt sind; dabei ist eine Ankündigungsfrist von zwei Wochen einzuhalten.

(5) Der Arbeitnehmer ist verpflichtet, Beginn, Ende und Dauer der täglichen Arbeitszeit aufzuzeichnen.[1]

→ *Arbeitszeit*, II A 90

§ 6 Vergütung

(1) Der/Die Mitarbeiter/in erhält eine Bruttostundenvergütung in Höhe von zurzeit ... Euro je Zeitstunde (Hinweis: nicht weniger als 8,50 Euro je Zeitstunde), mindestens aber in Höhe des jeweils geltenden gesetzlichen Mindeststundenentgelts.[2]

(2) Das Unternehmen gewährt dem/der Mitarbeiter/in vermögenswirksame Leistungen in Höhe von monatlich ... Euro.[3]

(3) Die Zahlung der Vergütung erfolgt bargeldlos.

→ *Arbeitsentgelt*, II A 70

---

[1] Durch die Auferlegung einer Pflicht für den Arbeitnehmer zur korrekten Arbeitszeiterfassung kann der Arbeitgeber die korrekte Erfüllung der ihm nach § 17 MiLoG auferlegten Pflichten absichern.

[2] Der letzte Halbsatz des ersten Absatzes ist einzig ein deklaratorischer Verweis auf die Geltung des MiLoG und ihm nach § 1 Abs. 3 MiLoG vorgehender Branchenmindestlöhne. Der Verweis auf das jeweils geltende gesetzliche Mindeststundenentgelt ist aber in der Lage klarzustellen, dass eine dynamische Anpassung an die nachfolgende Mindestlohnentwicklung gewollt ist. So wird eine Unterschreitung des jeweils geltenden Mindeststundenentgelts durch eine einmal festgesetzte Vergütungsabrede pro Stunde verhindert.

[3] Vermögenswirksame Leistungen sind nach dem oben Gesagten nicht auf den Mindestlohn anrechenbar.

§ 7 Überstundenvergütung

Über die monatliche Arbeitszeit (§ 5 Abs. 1) hinaus geleistete Arbeit wird gemäß § 6 Abs. 1 vergütet.[1]

→ *Mehrarbeits- und Überstundenvergütung*, II M 20

§ 8 Abtretung und Verpfändung des Arbeitseinkommens

→ *Abtretungsverbote und Lohnpfändung*, II A 10

§ 9 Arbeitsverhinderung/Entgeltfortzahlung

→ *Anzeige- und Nachweispflichten*, II A 40

→ *Entgeltfortzahlung*, II E 20

§ 10 Urlaub

→ *Urlaub*, II U 20

§ 11 Rückzahlung zu viel erhaltener Leistungen

→ *Arbeitsentgelt, überzahltes*, II A 80

§ 12 Nebentätigkeit

→ *Nebentätigkeit*, II N 10

§ 13 Geheimhaltung

→ *Verschwiegenheitspflicht*, II V 20

§ 14 Haftung

→ *Haftung des Arbeitnehmers*, II H 20

§ 15 Vertragsstrafe

→ *Vertragsstrafen*, II V 30

§ 16 Beendigung des Arbeitsverhältnisses

→ *Kündigungsvereinbarungen*, II K 10

→ *Altersgrenze*, II A 20

§ 17 Freistellung von der Arbeitspflicht

→ *Freistellung des Arbeitnehmers*, II F 10

§ 18 Verweisungsklausel/Öffnungsklausel für Kollektivvereinbarungen

→ *Öffnungsklauseln*, II O 10

---

[1] Im Niedriglohnbereich sind zwingend geleistete Arbeitsstunden mit dem jeweiligen Mindestlohnsatz zu vergüten. Es empfiehlt sich daher keine Pauschalierungsabrede.

§ 19 Ausschlussfristen

(1) Alle beiderseitigen Ansprüche aus dem bestehenden Arbeitsverhältnis – mit Ausnahme von Ansprüchen, die aus der Verletzung des Lebens, des Körpers oder der Gesundheit sowie aus vorsätzlichen oder grob fahrlässigen Pflichtverletzungen des Arbeitgebers oder seines gesetzlichen Vertreters oder Erfüllungsgehilfen resultieren – müssen innerhalb von sechs Monaten, nachdem der jeweilige Gläubiger Kenntnis erlangt hat oder hätte erlangen müssen, schriftlich geltend gemacht werden.

(2) Lehnt die Gegenseite den Anspruch schriftlich ab oder erklärt sie sich nicht innerhalb von einem Monat nach Geltendmachung des Anspruchs, so verfällt dieser, wenn er nicht innerhalb von drei Monaten nach der Ablehnung oder dem Fristablauf gerichtlich geltend gemacht wird.

(3) Wird ein Anspruch nicht formgemäß innerhalb der Fristen geltend gemacht, so führt dies zum endgültigen Erlöschen des Anspruchs.

(4) Die Ausschlussfrist nach Abs. 1 bis 3 erfasst nicht gesetzliche Mindestentgeltansprüche.

→ *Ausschlussfristen*, II A 150

Ort, den …   Unterschrift   Unterschrift

IV. Praktikantenverträge

1. Vorbemerkung

Die Neuregelung des § 2 Abs. 1a NachwG begründet (abweichend von § 26 BBiG) für **alle Praktikantenverhältnisse, gleichgültig ob sie unter das MiLoG fallen oder nicht,** eine Nachweispflicht, wonach der Arbeitgeber gehalten ist, unverzüglich, spätestens aber vor Aufnahme der Praktikantentätigkeit, die wesentlichen Vertragsbedingungen schriftlich niederzulegen. Analog anwenden können wird man insoweit § 2 Abs. 4 NachwG, der den Nachweis der Mindestbedingungen auch in einem Vertrag zulässt. Im Ergebnis bedeutet dies, dass für Arbeitsverhältnisse und Praktikantenverhältnisse eine in etwa gleich intensive Pflicht zur Vertragsgestaltung besteht. Aus der Vertragsgestaltung können schon Indizien folgen, ob wirklich (nur) ein Praktikantenverhältnis oder nicht doch ein reguläres Arbeitsverhältnis besteht.

Ferner ist zu beachten, dass nach § 22 MiLoG Praktikanten prinzipiell **Arbeitnehmer im Sinne des MiLoG** sind und diese nur ausnahmsweise von der Mindestlohnpflicht ausgenommen sind. Insofern sind bei der Vertragsgestaltung der Praktikantenverträge die allgemeinen Gestaltungshinweise für Beschäftigungsverhältnisse im Niedriglohnbereich zu beachten. Ferner ist zu beachten, dass im Übrigen echte Praktikanten keine Arbeitnehmer sind. Auf Praktikantenverhältnisse finden aber – wie auf Berufsausbildungsverhältnisse auch –, soweit sich aus ihrem Wesen nichts anderes ergibt, **die für den Arbeitsvertrag geltenden Rechtsvorschriften und Rechtsgrundsätze Anwendung.** Dies folgt aus § 10 Abs. 2 BBiG, der gemäß der Verweisung in § 26 BBiG Anwendung findet. Überdies verweist § 26 BBiG auf die §§ 10–23 und 25 BBiG, was insbesondere die Beachtung der Vergütungspflicht nach Maßgabe des

§ 17 BBiG und der Vorschriften zur Probezeit und Beendigung (§§ 20–23 BBiG) erfordert.

34 Wenn nicht der **Sonderfall der Pflichtpraktika** vorliegt (hierzu Rz. 36 ff.), für die punktuelle Regelungen im Sozialversicherungsrecht gelten, richtet sich die Sozialversicherungspflicht nach den allgemeinen Grundsätzen. Das bedeutet: Liegt die Vergütung nach § 17 BBiG unterhalb von 450 Euro, sind die Bestimmungen über geringfügig Beschäftigte zu beachten. Ggf. sind die Vorschläge des entsprechenden Vertragsmusters zur geringfügigen Beschäftigung zusätzlich heranzuziehen (vgl. hier Rz. 11). Bei Vergütungen über 450 Euro tritt auch bei Praktikanten die normale Sozialversicherungspflicht ein.

35 Praktikant/in i.S.d. § 26 BBiG ist, wer eingestellt worden ist, um berufliche Fertigkeiten, Kenntnisse, Fähigkeiten oder berufliche Erfahrungen zu erwerben, ohne dass es sich um eine Berufsausbildung i.S.d. BBiG handelt. Da es an einer speziellen gesetzlichen Regelung des Praktikantenverhältnisses fehlt, ist vor allem die Abgrenzung zum **„verschleierten" Arbeitsverhältnis** von Bedeutung (auch „Scheinpraktikum" genannt). Ist der „Praktikant" nach den tatsächlichen Gesamtumständen als Arbeitnehmer in das betriebliche Geschehen eingegliedert und unterliegt er faktisch wie ein Arbeitnehmer dem Weisungsrecht des Vertragspartners, ist er trotz der Bezeichnung als Praktikant als Arbeitnehmer anzusehen, so dass alle arbeitsrechtlichen Schutznormen sowie die Hauptpflicht der Vergütung Anwendung finden. Charakteristikum eines Praktikums ist hingegen der konkrete **Lern- und Ausbildungszweck**, der auch **im Vertrag präzise** dargestellt werden sollte. Sonst sind Schwierigkeiten für den Arbeitgeber absehbar, das Vertragsverhältnis als „echtes" Praktikantenverhältnis im Prozess nachzuweisen. Der Praktikant erstrebt nämlich eine Ausbildung, die zwar nicht auf eine abgeschlossene Fachausbildung gerichtet ist, bei der er jedoch **berufliche Fertigkeiten, Kenntnisse, Fähigkeiten und berufliche Erfahrungen** sammeln soll. Der Ausbildungszweck überwiegt also eindeutig und nicht die Arbeitsleistung. Auch unter Berücksichtigung des MiLoG, das im Grundsatz Praktikanten Arbeitnehmern gleichstellt (§ 22 Abs. 1 Satz 2 MiLoG), jedoch auch Ausnahmen von dieser Regelung macht, ist es zwingend notwendig, zwischen den verschiedenen Praktikantenverhältnissen zu **differenzieren**. Denn je nach Zweck und Grund des Praktikums ergeben sich verschiedene Rechtsfolgen.

a) Praktikum im Anwendungsbereich des § 26 BBiG und MiLoG

36 Das MiLoG greift nicht auf die Definition des § 26 BBiG zurück, sondern definiert den Praktikanten in § 22 Abs. 1 Satz 2 MiLoG noch einmal enger. Danach ist Praktikant, wer sich nach der tatsächlichen Ausgestaltung und Durchführung des Vertragsverhältnisses für eine betriebliche Tätigkeit zur Vorbereitung auf eine berufliche Tätigkeit unterzieht, ohne dass es sich um eine Berufsausbildung i.S.d. BBiG oder eine damit vergleichbare Ausbildung handelt. Damit sollen z.B. Volontariate, die in den Anwendungsbereich des § 26 BBiG fallen, von der Regelung des Mindestlohnes von vornherein ausgeschlossen sein.

37 Berücksichtigt man nun die Ausnahmen des § 22 Abs. 1 Satz 2 Nr. 1–4 MiLoG, sind **mindestlohnpflichtige** Praktikanten zum einen solche **außerhalb einer Ausbildung oder eines Studiums** mit einer abgeschlossenen Berufsausbildung oder einem Studienabschluss sowie freiwillige Praktika und Orientierungspraktika, die **länger**

als drei Monate geplant sind. Diese Praktikanten haben einen Anspruch auf eine Vergütung von mindestens 8,50 Euro pro Arbeitsstunde nach § 22 Abs. 1 Satz 2 MiLoG. Sie dürften, zumal sie „echte, aber mindestlohnpflichtige" Praktikanten sind, über § 26 BBiG alle arbeitsrechtlichen Rechte haben, soweit in den §§ 10–23 BBiG nichts Abweichendes geregelt ist (insbesondere Urlaub nach Maßgabe des § 3 BUrlG, § 19 JArbSchG und Entgeltfortzahlung im Krankheitsfall nach dem EFZG).[1] Wendet man die §§ 20–22 BBiG an, dann bedeutet das, dass ein Praktikantenvertrag stets befristet ist, eine kurze Probezeit mit kurzen Kündigungsfristen haben kann und überdies nach Ablauf der Probezeit nur noch gemäß § 22 Abs. 2 BBiG aus wichtigem Grund und gemäß § 22 Abs. 3 BBiG unter Angabe der Kündigungsgründe gekündigt werden kann.

b) Pflichtpraktikum

Jeder Schüler hat während seiner Schulzeit mindestens ein verpflichtendes Schülerpraktikum zu absolvieren. Diese Pflicht wird vor allem durch entsprechende Erlasse und Richtlinien geregelt. Zweck des Schülerpraktikums ist dabei nicht der Ausbildungs- oder Lernzweck, sondern vielmehr **Erziehung und Unterricht** sowie die Einsichtnahme in das Berufsleben. Es handelt sich beim Schülerpraktikum um eine im Betrieb stattfindende Schulveranstaltung. Das Praktikum ist hier ein integrierter **Bestandteil einer Schulausbildung**. Bei einem Schülerpraktikum trägt ein Lehrer die Verantwortung für die konkrete Durchführung des Praktikums. Aus diesen Gründen handelt es sich nicht um ein Praktikum i.S.d. § 26 BBiG, so dass die Schutzrechte für Auszubildende keine Anwendung finden.[2] Das Schülerpraktikum ist auch als Pflichtpraktikum gemäß § 22 Abs. 1 Satz 2 Nr. 1 MiLoG aus dem Anwendungsbereich des MiLoG ausgenommen. 38

Das BBiG und das MiLoG finden auch keine Anwendung auf Praktikumsverhältnisse, wenn die Studienordnungen der Fachbereiche von Hochschulen ein Pflichtpraktikum während des Studiums als Voraussetzung für einen erfolgreichen Studienabschluss vorschreiben.[3] Zwar soll der Praktikant auch in diesem Zusammenhang berufliche Kenntnisse und Fähigkeiten erwerben, primär ist das Praktikum aber **Bestandteil einer Hochschul- oder Fachhochschulausbildung**. 39

Da ein Pflichtpraktikum kein Praktikumsverhältnis i.S.d. § 26 BBiG darstellt und somit auch § 17 BBiG keine Anwendung findet, besteht weder ein Anspruch auf den gesetzlichen Mindestlohn noch **ein Anspruch auf eine angemessene Vergütung** nach Maßgabe des § 17 BBiG. Voraussetzung für ein Pflichtpraktikum ist aber, dass die Schul-, Ausbildungs- oder Studienordnung ein solches Praktikum vorsieht. Der Arbeitgeber sollte also überprüfen, ob eine solche Rechtsgrundlage für das Praktikum besteht. Zu empfehlen ist, sich von den Praktikanten bestätigen zu lassen, 40

---

1 Vgl. Lakies/Malottke/*Lakies*, BBiG, § 11 Rz. 40, der auf Praktikanten i.S.d. § 26 BBiG entsprechende Anwendung findet.
2 So auch schon BAG v. 3.9.1998 – 8 AZR 14/97, juris.
3 A.A. *Schade*, NZA 2012, 654 (655): Danach soll das verpflichtende Studierendenpraktikum mit Hochschulbezug aufgespalten werden in ein öffentlich-rechtliches Gewaltverhältnis mit Anwendung des Hochschulrechts für das Studium und in ein durch Vertrag geregeltes privatrechtliches Rechtsverhältnis zwischen dem Praktikumsgeber und dem Praktikanten.

dass sie nicht bereits mit einem anderen Praktikum die entsprechenden Ausbildungskriterien erfüllt haben.

41 Weil der Pflichtpraktikant weder den Schutz des § 26 BBiG noch des MiLoG genießt, kompensiert das **Sozialversicherungsrecht**. Praktikanten, die eine in Studien- oder Prüfungsordnungen vorgeschriebene berufspraktische Tätigkeit ohne Arbeitsentgelt verrichten, sind nach § 5 Abs. 1 Nr. 10 SGB V krankenversicherungspflichtig und nach § 20 Abs. 1 Nr. 10 SGB XI in der Pflegeversicherung versicherungspflichtig. Unentgeltliche Praktika sind in der Rentenversicherung versicherungsfrei (§ 5 Abs. 3 SGB VI). In der Arbeitslosenversicherung sind „im Rahmen betrieblicher Berufsbildung" Beschäftigte stets versicherungspflichtig (§ 27 Abs. 2 Satz 2 Nr. 1 SGB III). Unfallversicherungsrechtlich sind Praktikanten entweder nach § 2 Abs. 1 Nr. 2 SGB VII oder als „Wie-Beschäftigte" (§ 2 Abs. 2 SGB VII) erfasst. Die finanzielle Absicherung unentgeltlich beschäftigter Pflichtpraktikanten erfolgt nach Maßgabe der Bestimmungen des SGB II.

c) „Schnupperpraktika" bis zu 3 Monaten

42 Wird vor einer Ausbildung oder einem Studium ein **freiwilliges Orientierungspraktikum** oder während einer Ausbildung oder einem Studium ein freiwilliges begleitendes Praktikum von **bis zu drei Monaten** absolviert, fällt dieses Praktikumsverhältnis zwar in den Anwendungsbereich des § 26 BBiG, wird aber nicht vom Mindestlohn umfasst, § 22 Abs. 1 Satz 2 Nr. 2, 3 MiLoG.

43 Anders als für Pflichtpraktika gemäß § 22 Abs. 1 Satz 2 Nr. 1 enthält das MiLoG für **freiwillige Praktika** in Nr. 2 und 3 eine **Zeitgrenze von drei Monaten**. Demnach muss für ein Praktikum von bis zu drei Monaten kein Mindestlohn gezahlt werden. Problematisch ist in diesem Zusammenhang, wie das Praktikumsverhältnis zu bewerten ist, wenn es nach den drei Monaten verlängert wird. Konsequent ist es, ab dem 1. Tag des 4. Monats den Praktikanten als Arbeitnehmer i.S.d. MiLoG anzusehen und einen Anspruch auf Mindestlohn zu gewähren.[1] Denn beschließt der Praktikumsgeber z.B. wegen guter Leistungen des Praktikanten, den Praktikumsvertrag zu verlängern, kann es nicht richtig sein, den im Zeitpunkt des Vertragsschlusses nicht mindestlohnpflichtigen Vertrag rückwirkend der Mindestlohnpflicht auch für die ersten drei Monate zu unterwerfen. Der Fall ist anders zu bewerten, wenn der Praktikumsvertrag von vornherein für die Dauer von über drei Monaten geschlossen wird. Dann besteht ein mindestlohnpflichtiges Praktikumsverhältnis ab dem ersten Tag. Ausgenommen nach § 22 Abs. 1 Satz 2 Nr. 2 MiLoG sind nämlich nicht die ersten drei Monate eines längeren freiwilligen Praktikums, sondern nur solche Praktikantenverträge, die nur auf eine Dauer von bis zu drei Monaten angelegt sind. Voraussetzung für ein Praktikum nach § 22 Abs. 1 Satz 2 Nr. 2 MiLoG ist zudem, dass das Praktikum der „Orientierung für ein Studium oder eine Berufsausbildung" dient. Dies ist nicht der Fall, wenn der Praktikant schon eine Berufs- bzw. Hochschulausbildung abgeschlossen hat. Nach Sinn und Zweck der Norm sollte ein mindestlohnfreies Orientierungspraktikum aber auch bei einem Wechsel in einen anderen Studiengang bzw. Ausbildung möglich sein.[2]

---

1 So auch *Schiefer/Köster/Pöttering*, DB 2014, 2891 (2894); a.A. voller Mindestlohn ab dem ersten Monat: *Jöris/Steinau-Steinrück*, BB 2014, 2101 (2102).
2 *Schiefer/Köster/Pöttering*, DB 2014, 2891 (2894).

Neben den freiwilligen Orientierungspraktika werden ebenfalls Praktika gesondert behandelt, die begleitend zu einer Berufs- oder Hochschulausbildung geleistet werden, wenn nicht zuvor ein solches Praktikumsverhältnis mit demselben Ausbildenden bestanden hat, § 22 Abs. 1 Nr. 3 MiLoG. Auch hier besteht die zeitliche Grenze von bis zu drei Monaten. Daneben ergeben sich aus dem Wortlaut aber noch weitere Voraussetzungen. Aus dem Terminus **„begleitend"** ergibt sich, dass die Ausnahme nicht für bereits qualifizierte Personen gilt. Zudem darf nicht **zuvor** ein solches Praktikum **mit demselben Ausbildenden** bestanden haben. Dadurch sollen „Kettenpraktika" verhindert werden, in denen mehrere „kürzere" Praktika bei demselben Unternehmen absolviert werden, um den Mindestlohn zu umgehen. Das bedeutet, dass es innerhalb eines Studienfachs bei demselben Ausbildenden nur ein studienbegleitendes Praktikum i.S.d. § 22 Abs. 1 Satz 2 Nr. 1 MiLoG geben kann. In diesem Zusammenhang ist also „zuvor" als „jemals zuvor", und zwar begrenzt auf die Dauer des Hochschulstudiums, auszulegen.[1] Dies ergibt sich vor allem aus Sinn und Zweck Kettenpraktika zu vermeiden. Dem wäre nicht genüge getan, wenn man nach einer bestimmten Zeit innerhalb des gleichen Studiums wieder bei demselben Ausbildenden ein mindestlohnfreies Praktikum absolvieren würde. Anders ist der wohl eher seltene Fall zu bewerten, wenn derselbe Praktikant bei demselben Ausbildenden ein freiwilliges Praktikum absolviert, dies aber in einem anderen Studienfach. Denn die Rede ist von einem **„solchen"** Praktikum. 44

Auch wenn das freiwillige Orientierungspraktikum und das studienbegleitende Praktikum von bis zu drei Monaten nicht mindestlohnpflichtig sind, besteht dennoch ein Vergütungsanspruch. Es handelt sich nämlich um Praktika i.S.d. § 26 BBiG. Auf diese findet § 17 BBiG Anwendung, sodass ein Anspruch des Praktikanten auf eine **angemessene Vergütung** besteht. Dieser Anspruch ist gemäß § 25 BBiG unabdingbar, d.h. der Praktikant kann darauf nicht rechtswirksam verzichten. Bei der Angemessenheit handelt es sich um einen unbestimmten Rechtsbegriff, dessen Bedeutung näher zu bestimmen ist. Unter Berücksichtigung der Rechtsprechung[2] zu Auszubildenden ist eine Vergütung für Praktikanten angemessen, wenn sie hilft, die Lebenshaltungskosten zu bestreiten und zugleich eine Mindestentlohnung für die Leistung darstellt.[3] Als Orientierung sollten spezielle tarifliche Regelungen für Praktikanten (z.B. Tarifvertrag für Praktikantinnen/Praktikanten des öffentlichen Dienstes, TVPöD), Tarifsätze für Auszubildende oder Empfehlungen von Kammern, Innungen oder Verbänden herangezogen werden. 45

d) Doktorandenverträge

Differenzieren muss man bei Doktorandenverträgen[4]. In diesen Fällen ermöglichen die Unternehmen den Studenten die Anfertigung der Abschlussarbeit im Betrieb. Je nach Ausgestaltung des Vertrages können diese als Arbeitsverhältnis oder Prakti- 46

---

1 Nach a.A. sollen hier die Rspr. des BAG (v. 6.4.2011 – 7 AZR 716/09, NZA 2011, 905) zu „Kettenbefristungen" und die Drei-Jahre-Rechtsprechung herangezogen werden. So u.a. *Hilgenstock*, Mindestlohngesetz, S. 14; ablehnend: *Sagan/Witschen*, jM 2014, 372 (379).
2 BAG v. 10.4.1991 – 5 AZR 226/90, AP § 10 BBiG Nr. 3; v. 30.9.1998 – 5 AZR 690/07, AP § 10 BBiG Nr. 8; v. 25.7.2002 – 6 AZR 311/00, AP § 10 BBiG Nr. 11.
3 *Orlowski*, Praktikanten- und Volontärverträge, S. 422.
4 Oder auch Diplomandenverträgen. Gleiches gilt auch für die Anfertigung anderer Studienarbeiten wie z.B. Bachelor- oder Masterabschlussarbeiten.

kumsverhältnis (nach drei Monaten) unter den Mindestlohn fallen. Ist der Student aber in der Hauptsache mit der Anfertigung seiner Arbeit beschäftigt und agiert er weisungsfrei, handelt es sich um einen **Vertrag sui generis**, der mindestlohnfrei ist.[1] Ermöglicht ein Unternehmen dem Studenten die Nutzung des betrieblichen Arbeitsplatzes, kann damit nicht die Pflicht zur Zahlung einer Vergütung einhergehen, wenn der Student keine Arbeitsleistung erbringt, also inhaltlich nichts anderes macht, als er auch bei der Anfertigung der Arbeit in der Hochschule tun würde.

2. Vorschlag eines Vertragsmusters für Praktikanten im Anwendungsbereich des MiLoG

47 Praktikantenvertrag

Zwischen der X-GmbH

– nachfolgend kurz Unternehmen genannt –

und

Herrn/Frau Y

– nachfolgend Praktikant/in genannt –

wird folgender Praktikantenvertrag geschlossen:

§ 1 Dauer des Praktikumsverhältnisses

Der/Die Praktikant/in wird in der Zeit vom ... (Datum) bis ...[2] im Fachgebiet ... im Betrieb ... des Unternehmens zur Vermittlung von Erfahrungen und Kenntnissen eingesetzt.[3]

→ *Befristung des Arbeitsverhältnisses*, II B 10

§ 2 Probezeit

Die ersten ...(maximal 4)[4] Monate gelten als Probezeit. Während dieser Zeit kann der Praktikantenvertrag jederzeit ohne Einhalten einer Kündigungsfrist und ohne Angabe von Kündigungsgründen von beiden Parteien gekündigt werden.[5]

oder:

Dieser Vertrag wird vom ... bis ... (Anzahl Monate/Wochen) zur Probe abgeschlossen und endet mit dem Ablauf der Probezeit, sofern er nicht zuvor/bis zum ... verlängert wurde/wird.

oder:

---

1 So auch *Picker/Sausmikat*, NZA 2014, 942 (947).
2 Bei Orientierungs- und studienbegleitenden Praktika entsteht ein mindestlohnpflichtiges Praktikum erst ab drei Monaten.
3 Das Praktikumsverhältnis ist aus der Natur der Sache heraus stets befristet (vgl. § 21 Abs. 1 BBiG i.V.m. § 26 BBiG).
4 Nach Maßgabe des § 26 BBiG kann die Probezeit abgekürzt werden, die nach § 20 mindestens einen Monat und maximal vier Monate beträgt.
5 Die Regelung entspricht § 22 Abs. 1 BBiG.

Dieser Vertrag wird vom ... bis ... (Anzahl Monate/Wochen) zur Probe abgeschlossen. Soll nach Ablauf dieser Zeit das Praktikantenverhältnis nicht verlängert werden, ist dies mit einer Frist von zwei Wochen vor dem Ende der Probezeit schriftlich anzukündigen.

oder:

Der Praktikantenvertrag beginnt am ... und wird zunächst bis zum ... befristet zur Probe abgeschlossen. Erfolgt vor diesem Zeitpunkt keine einverständliche schriftliche Verlängerung, endet das Praktikantenverhältnis, ohne dass es einer Kündigung bedarf. Wird die Probezeit ohne Verschulden des Unternehmens für mehr als zwei Wochen tatsächlich unterbrochen, so verlängert sie sich automatisch um den Unterbrechungszeitraum. Das befristete Probeverhältnis kann darüber hinaus mit einer Frist von zwei Wochen gekündigt werden.

→ *Kündigungsvereinbarungen,* II K 10

§ 3 Tätigkeit

(1) Herr/Frau ... (Name), der/die Praktikant/in, wird zur Vermittlung von Erfahrungen und Kenntnissen aus der betrieblichen Praxis im Fachgebiet ... (Berufsbild; Charakterisierung oder Beschreibung der zu leistenden Tätigkeit) des Unternehmens eingesetzt. Er/Sie wird mit allen einschlägigen Arbeiten nach näherer Anweisung der Betriebsleitung und seiner/ihrer Vorgesetzten anvertraut. Während des Praktikums wird der Praktikant von Frau/Herrn ... betreut.

(2) Dem/Der Praktikant/in sollen folgende Lern- und Ausbildungszwecke ... (detaillierte Aufzählung der Ziele) vermittelt werden. Die sachliche und zeitliche Aufteilung des Praktikums wird zusätzlich in einem gesonderten Praktikumsplan geregelt, der als Anlage diesem Vertrag beigefügt ist.

→ *Direktionsrecht und Tätigkeitsbeschreibung,* II D 30

§ 4 Pflichten des Unternehmens

(1) Das Unternehmen verpflichtet sich, dem/der Praktikant/in die nach dem Praktikumsplan erforderlichen Erfahrungen und Kenntnisse im Bereich ... (Bezeichnung des Fachgebiets) durch dazu befähigte Personen zu vermitteln.

(2) Dem/Der Praktikant/in ist nach Beendigung des Praktikums ein Zeugnis auszustellen. Das Zeugnis muss über Art, Dauer und Ziel der Berufsausbildung sowie über die erworbenen Fertigkeiten und Kenntnisse des Praktikanten Auskunft geben. Auf Verlangen des Praktikanten sind auch Angaben über Führung, Leistung und besondere fachliche Fähigkeiten aufzunehmen.

§ 5 Pflichten des Praktikanten

(1) Der/Die Praktikant/in verpflichtet sich, den Praktikumsplan einzuhalten und sich zu bemühen, das Praktikumsziel zu erreichen. Der/Die Praktikant/in ist zudem verpflichtet, die ihm übertragenen Aufgaben sorgfältig und gewissenhaft auszuführen.

(2) Der/Die Praktikant/in verpflichtet sich, die für die Ausbildungsstätte geltende Ordnung zu beachten und Werkzeug, Maschinen und sonstige Einrichtungen pfleglich zu behandeln.

§ 6 Praktikumszeit

Die regelmäßige tägliche Praktikumszeit beträgt ... (Anzahl) Stunden ausschließlich der Pausen und beginnt um ... Uhr.

oder

Beginn und Ende der täglichen Praktikumszeit und der Pausen richten sich nach den mit dem Betriebsrat abgeschlossenen Vereinbarungen (*alternativ:* werden vom Unternehmen festgelegt).

→ *Arbeitszeit*, II A 90

§ 7 Vergütung

Der/Die Praktikant/in erhält eine Bruttostundenvergütung in Höhe von zurzeit ... Euro je Zeitstunde (Hinweis: nicht weniger als 8,50 Euro je Zeitstunde), mindestens aber in Höhe des jeweils geltenden gesetzlichen Mindeststundenentgelts.

§ 8 Überstundenvergütung

Über die wöchentliche Praktikumszeit (§ 6 Abs. 1) hinaus geleistete Arbeit wird gemäß § 7 Abs. 1 vergütet.[1]

→ *Mehrarbeits- und Überstundenvergütung*, II M 20

§ 9 Verhinderung/Entgeltfortzahlung

(1) Der/Die Praktikant/in ist verpflichtet, jede Verhinderung und ihre voraussichtliche Dauer unverzüglich dem Unternehmen anzuzeigen.

(2) Im Falle krankheitsbedingter Verhinderung ist der/die Praktikant/in verpflichtet, spätestens am dritten Arbeitstag eine ärztliche Bescheinigung über die Arbeitsunfähigkeit und deren voraussichtliche Dauer vorzulegen. Dauert die Arbeitsunfähigkeit länger als in der Bescheinigung angegeben, ist er/sie verpflichtet, innerhalb von drei Tagen eine neue ärztliche Bescheinigung einzureichen.

(3) Ist der/die Praktikant/in unverschuldet arbeitsunfähig erkrankt, leistet das Unternehmen für die Dauer von sechs Wochen Entgeltfortzahlung. Im Übrigen gelten die gesetzlichen Bestimmungen des BBiG und EFZG.

→ *Anzeige- und Nachweispflichten*, II A 40

→ *Entgeltfortzahlung*, II E 20

§ 10 Urlaub

(1) Da der/die Praktikant/in zu Beginn des Kalenderjahres noch nicht 16 Jahre alt war, beträgt der Urlaub unter Einhaltung des JArbSchG 30 Werktage im Jahr, d.h. unter Berücksichtigung der in § 1 vereinbarten Praktikumszeit ... (Anzahl) Werktage.

(2) Der Urlaub wird in Abstimmung mit dem/der Praktikant/in von der Unternehmensleitung festgelegt und ist schriftlich einzureichen.

oder:

---

[1] Im Niedriglohnbereich sind zwingend geleistete Arbeitsstunden mit dem jeweiligen Mindestlohnsatz zu vergüten. Es empfiehlt sich daher keine Pauschalierungsabrede.

(1) Da der/die Praktikant/in zu Beginn des Kalenderjahres noch nicht 17 Jahre alt war, beträgt der Urlaub unter Einhaltung des JArbSchG 27 Werktage im Jahr, d.h. unter Berücksichtigung der in § 1 vereinbarten Praktikumszeit … Werktage.

(2) Der Urlaub wird in Abstimmung mit dem/der Praktikant/in von der Unternehmensleitung festgelegt und ist schriftlich einzureichen.

oder:

(1) Da der/die Praktikant/in zu Beginn des Kalenderjahres noch nicht 18 Jahre alt war, beträgt der Urlaub unter Einhaltung des JArbSchG 25 Werktage im Jahr, d.h. unter Berücksichtigung der in § 1 vereinbarten Praktikumszeit … Werktage.

(2) Der Urlaub wird in Abstimmung mit dem/der Praktikant/in von der Unternehmensleitung festgelegt und ist schriftlich einzureichen.

oder:

(1) Aufgrund der Volljährigkeit des/der Praktikant/in besteht ein Urlaubsanspruch von 24 Werktagen, d.h. unter Berücksichtigung der in § 1 vereinbarten Praktikumszeit … Werktage.

(2) Der Urlaub wird in Abstimmung mit dem/der Praktikant/in von der Unternehmensleitung festgelegt und ist schriftlich einzureichen.

→ *Urlaub,* II U 20

§ 11 Geheimhaltung

(1) Der/Die Praktikant/in verpflichtet sich, über alle Geschäftsgeheimnisse, insbesondere Herstellungsverfahren, Vertriebswege und dergleichen sowohl während der Dauer des Praktikantenverhältnisses als auch nach seiner Beendigung Stillschweigen zu bewahren. Die Geheimhaltungspflicht erstreckt sich nicht auf solche Kenntnisse, die jedermann zugänglich sind oder deren Weitergabe für das Unternehmen ersichtlich ohne Nachteil ist. Im Zweifelsfalle sind jedoch technische, kaufmännische und persönliche Vorgänge und Verhältnisse, die dem/der Praktikant/in im Zusammenhang mit seiner/ihrer Tätigkeit bekannt werden, als Geschäftsgeheimnisse zu behandeln. In solchen Fällen ist der/die Praktikant/in vor der Offenbarung verpflichtet, eine Weisung der Geschäftsleitung einzuholen, ob eine bestimmte Tatsache vertraulich zu behandeln ist.

(2) Die Schweigepflicht erstreckt sich auch auf Angelegenheiten anderer Unternehmen, mit denen das Unternehmen wirtschaftlich oder organisatorisch verbunden ist.

(3) Sollte die nachvertragliche Verschwiegenheitspflicht den/die Praktikant/in in seinem/ihrem beruflichen Fortkommen unangemessen hindern, hat der/die Praktikant/in gegen das Unternehmen einen Anspruch auf Freistellung von dieser Pflicht.

(4) Die betrieblichen Sicherheitsbestimmungen sind zu beachten. Vertrauliche und geheim zu haltende Schriftstücke, Zeichnungen, Modelle usw. sind unter Verschluss zu halten.

→ *Verschwiegenheitspflicht,* II V 20

§ 12 Haftung

Verursacht der/die Praktikant/in durch eine schuldhafte Pflichtverletzung einen Schaden, so hat er/sie im Falle einfacher Fahrlässigkeit den Schaden zur Hälfte, höchstens jedoch bis zum Betrag einer gewöhnlichen Monatsnettovergütung zu ersetzen. Bei grober Fahrlässigkeit hat der/die Praktikant/in den Schaden voll zu tragen, jedoch der Höhe nach beschränkt auf den dreifachen Betrag der gewöhnlichen Monatsnettovergütung. Die Haftung für Fahrlässigkeit besteht nur für solche Schäden, die nicht durch eine – von dem Unternehmen abzuschließende – Betriebshaftpflichtversicherung gedeckt werden können. Diese Grundsätze gelten entsprechend bei Schadensersatzansprüchen Dritter. Bei Vorsatz haftet der/die Praktikant/in unbeschränkt.

→ *Haftung des Arbeitnehmers*, II H 20

§ 13 Beendigung des Praktikantenverhältnisses

(1) Das Praktikantenverhältnis endet mit Ablauf der in § 1 vereinbarten Zeit, ohne dass es einer Kündigung bedarf.

(2) Das Praktikantenverhältnis kann aber auch zuvor ordentlich durch den Praktikanten unter Einhaltung einer Frist von vier Wochen gekündigt werden.[1] Beide Seiten sind berechtigt, den Praktikantenvertrag außerordentlich ohne Einhaltung einer Kündigungsfrist zu kündigen, wenn ein wichtiger Grund vorliegt.

→ *Befristung des Arbeitsverhältnisses*, II B 10

→ *Kündigungsvereinbarungen*, II K 10

§ 14 Ausschlussfristen

(1) Alle beiderseitigen Ansprüche aus dem bestehenden Praktikantenverhältnis – mit Ausnahme von Ansprüchen, die aus der Verletzung des Lebens, des Körpers oder der Gesundheit sowie aus vorsätzlichen oder grob fahrlässigen Pflichtverletzungen des Arbeitgebers oder seines gesetzlichen Vertreters oder Erfüllungsgehilfen resultieren – müssen innerhalb von sechs Monaten, nachdem der jeweilige Gläubiger Kenntnis erlangt hat oder hätte erlangen müssen, schriftlich geltend gemacht werden.

(2) Lehnt die Gegenseite den Anspruch schriftlich ab oder erklärt sie sich nicht innerhalb von einem Monat nach Geltendmachung des Anspruches, so verfällt dieser, wenn er nicht innerhalb von drei Monaten nach der Ablehnung oder dem Fristablauf gerichtlich geltend gemacht wird.

(3) Wird ein Anspruch nicht formgemäß innerhalb der Fristen geltend gemacht, so führt dies zum endgültigen Erlöschen des Anspruchs.

(4) Die Ausschlussfrist nach Abs. 1 bis 3 erfasst nicht gesetzliche Mindestentgeltansprüche.

→ *Ausschlussfristen*, II A 150

Ort, den ...   Unterschrift   Unterschrift

---

1 Die Regelung erscheint in entsprechender Anwendung des § 22 Abs. 2 Nr. 2 BBiG vereinbar, da denklogisch mit der Kündigung des Praktikantenvertrages auch die Aufgabe des Praktikums verbunden ist.

3. Vorschlag eines Vertragsmusters für freiwillige Praktika (im Anwendungsbereich des BBiG aber ausgenommen vom MiLoG)

Praktikantenvertrag

Zwischen der X-GmbH

– nachfolgend kurz Unternehmen genannt –

und

Herrn/Frau Y

– nachfolgend Praktikant/in genannt –

wird folgender Praktikantenvertrag geschlossen:

§ 1 Dauer des Praktikumsverhältnisses

Zur Orientierung vor Aufnahme einer Berufsausbildung bzw. eines Studiums wird der/die Praktikant/in in der Zeit vom … (Datum) bis … (höchstens drei Monate)[1] im Fachgebiet … im Betrieb … des Unternehmens zur Vermittlung von Erfahrungen und Kenntnissen eingesetzt. Während des Praktikums wird der Praktikant von Frau/Herrn … betreut.

oder:

Der/Die Praktikant/in wird in der Zeit vom … (Datum) bis … (höchstens drei Monate) ein freiwilliges Praktikum, begleitend zu der Berufs-/bzw. Hochschulausbildung in … (Name der Hochschule bzw. Ausbildungsstätte), im Fachgebiet … im Betrieb … des Unternehmens aufnehmen.

§ 2 Probezeit

Die ersten …(maximal 2)[2] Monate gelten als Probezeit. Während dieser Zeit kann der Praktikantenvertrag jederzeit ohne Einhalten einer Kündigungsfrist und ohne Angabe von Kündigungsgründen von beiden Parteien gekündigt werden.[3]

oder:

Dieser Vertrag wird vom … bis … (Anzahl Monate/Wochen) zur Probe abgeschlossen und endet mit dem Ablauf der Probezeit, sofern er nicht zuvor/bis zum … verlängert wurde/wird.

→ *Befristung des Arbeitsverhältnisses*, II B 10

→ *Kündigungsvereinbarungen*, II K 10

---

[1] Ist schon zu Beginn des Praktikantenverhältnisses klar, dass das Praktikum länger als drei Monate dauern wird, fällt es in den Anwendungsbereich des MiLoG, sodass die Ausnahmen der § 22 Abs. 1 Satz 2 Nr. 2 und 3 MiLoG nicht einschlägig sind und das Vertragsmuster zu 2. einschlägig ist.

[2] Nach Maßgabe des § 26 BBiG kann die Probezeit abgekürzt werden, die nach § 20 mindestens einen Monat und maximal vier Monate beträgt. Da der vorliegende Vertrag aber nur für maximal drei Monate geschlossen werden kann, muss die Probezeit unter drei Monaten liegen.

[3] Die Regelung entspricht § 22 Abs. 1 BBiG.

§ 3 Tätigkeit

(1) Herr/Frau ... (Name), der/die Praktikant/in, wird zur Vermittlung von Erfahrungen und Kenntnissen aus der betrieblichen Praxis im Fachgebiet ... (Berufsbild; Charakterisierung oder Beschreibung der zu leistenden Tätigkeit) des Unternehmens eingesetzt. Er/Sie wird mit allen einschlägigen Arbeiten nach näherer Anweisung der Betriebsleitung und seiner/ihrer Vorgesetzten anvertraut.

(2) Dem/Der Praktikant/in sollen folgende Lern- und Ausbildungszwecke ... (detaillierte Aufzählung der Ziele) vermittelt werden. Die sachliche und zeitliche Aufteilung des Praktikums wird zusätzlich in einem gesonderten Praktikumsplan geregelt, der als Anlage diesem Vertrag beigefügt ist.

→ *Direktionsrecht und Tätigkeitsbeschreibung*, II D 30

§ 4 Pflichten des Unternehmens

(1) Das Unternehmen verpflichtet sich dem/der Praktikant/in die nach dem Praktikumsplan erforderlichen Erfahrungen und Kenntnisse im Bereich ... (Bezeichnung des Fachgebiets) durch dazu befähigte Personen zu vermitteln. Der Praktikumsplan soll dabei studienfach- bzw. ausbildungsbezogen aufgestellt werden.

(2) Dem/Der Praktikant/in ist nach Beendigung des Praktikums ein Zeugnis auszustellen. Das Zeugnis muss über Art, Dauer und Ziel des Praktikums sowie über die erworbenen Fertigkeiten und Kenntnisse des Auszubildenden Auskunft geben. Auf Verlangen des Praktikanten sind auch Angaben über Führung, Leistung und besondere fachliche Fähigkeiten aufzunehmen.

(3) Der/Die Praktikant/in ist für die Teilnahme an universitären Pflichtveranstaltungen sowie Prüfungen freizustellen.

§ 5 Pflichten des Praktikanten

(1) Der/Die Praktikant/in verpflichtet sich, den Praktikumsplan einzuhalten und sich zu bemühen das Praktikumsziel zu erreichen. Der/Die Praktikant/in ist zudem verpflichtet, die ihm übertragenen Aufgaben sorgfältig und gewissenhaft auszuführen.

(2) Der/Die Praktikant/in verpflichtet sich, die für die Ausbildungsstätte geltende Ordnung zu beachten und Werkzeug, Maschinen und sonstige Einrichtungen pfleglich zu behandeln.

§ 6 Praktikumszeit

Die regelmäßige tägliche Praktikumszeit beträgt ... (Anzahl) Stunden ausschließlich der Pausen und beginnt um ... Uhr.

oder

Beginn und Ende der täglichen Praktikumszeit und der Pausen richten sich nach den mit dem Betriebsrat abgeschlossenen Vereinbarungen (*alternativ:* werden vom Unternehmen festgelegt).

→ *Arbeitszeit*, II A 90

§ 7 Vergütung

Für die Dauer seiner/ihrer Beschäftigung erhält der/die Praktikant/in eine angemessene Vergütung[1] in Höhe von ... Euro monatlich.

§ 8 Überstundenvergütung

Über die monatliche Arbeitszeit (§ 5 Abs. 1) hinaus geleistete Arbeit wird gemäß § 6 Abs. 1 vergütet.[2]

→ *Mehrarbeits- und Überstundenvergütung, II M 20*

§ 9 Verhinderung/Entgeltfortzahlung

(1) Der/Die Praktikant/in ist verpflichtet, jede Verhinderung und ihre voraussichtliche Dauer unverzüglich dem Unternehmen anzuzeigen.

(2) Im Falle krankheitsbedingter Verhinderung ist der/die Praktikant/in verpflichtet, spätestens am dritten Arbeitstag eine ärztliche Bescheinigung über die Arbeitsunfähigkeit und deren voraussichtliche Dauer vorzulegen. Dauert die Arbeitsunfähigkeit länger als in der Bescheinigung angegeben, ist er/sie verpflichtet, innerhalb von drei Tagen eine neue ärztliche Bescheinigung einzureichen.

(3) Ist der/die Praktikant/in unverschuldet arbeitsunfähig erkrankt, leistet das Unternehmen für die Dauer von sechs Wochen Entgeltfortzahlung. Im Übrigen gelten die gesetzlichen Bestimmungen des BBiG und EFZG.

→ *Anzeige- und Nachweispflichten, II A 40*

→ *Entgeltfortzahlung, II E 20*

§ 10 Urlaub

(1) Da der/die Praktikant/in zu Beginn des Kalenderjahres noch nicht 16 Jahre alt war, beträgt der Urlaub unter Einhaltung des JArbSchG 30 Werktage im Jahr, d.h. unter Berücksichtigung der in § 1 vereinbarten Praktikumszeit ... Werktage.

(2) Der Urlaub wird in Abstimmung mit dem/der Praktikant/in von der Unternehmensleitung festgelegt und ist schriftlich einzureichen.

oder:

(1) Da der/die Praktikant/in zu Beginn des Kalenderjahres noch nicht 17 Jahre alt war, beträgt der Urlaub unter Einhaltung des JArbSchG 27 Werktage im Jahr, d.h. unter Berücksichtigung der in § 1 vereinbarten Praktikumszeit ... Werktage.

(2) Der Urlaub wird in Abstimmung mit dem/der Praktikant/in von der Unternehmensleitung festgelegt und ist schriftlich einzureichen.

oder:

---

1 Die Bezeichnung als Unterhaltsbeihilfe ist nicht zutreffend, da mit der Vergütung neben der Unterhaltsfunktion auch die Nachwuchssicherungsfunktion und Entgeltfunktion verfolgt werden.
2 Im Niedriglohnbereich sind zwingend geleistete Arbeitsstunden mit dem jeweiligen Mindestlohnsatz zu vergüten. Es empfiehlt sich daher keine Pauschalierungsabrede.

(1) Da der/die Praktikant/in zu Beginn des Kalenderjahres noch nicht 18 Jahre alt war, beträgt der Urlaub unter Einhaltung des JArbSchG 25 Werktage im Jahr, d.h. unter Berücksichtigung der in § 1 vereinbarten Praktikumszeit ... Werktage.

(2) Der Urlaub wird in Abstimmung mit dem/der Praktikant/in von der Unternehmensleitung festgelegt und ist schriftlich einzureichen.

oder:

(1) Aufgrund der Volljährigkeit des/der Praktikant/in besteht ein Urlaubsanspruch von 24 Werktagen, d.h. unter Berücksichtigung der in § 1 vereinbarten Praktikumszeit ... Werktage.

(2) Der Urlaub wird in Abstimmung mit dem/der Praktikant/in von der Unternehmensleitung festgelegt und ist schriftlich einzureichen.

→ *Urlaub*, II U 20

§ 11 Geheimhaltung

(1) Der/Die Praktikant/in verpflichtet sich, über alle Geschäftsgeheimnisse, insbesondere Herstellungsverfahren, Vertriebswege und dergleichen sowohl während der Dauer des Praktikantenverhältnisses als auch nach seiner Beendigung Stillschweigen zu bewahren. Die Geheimhaltungspflicht erstreckt sich nicht auf solche Kenntnisse, die jedermann zugänglich sind oder deren Weitergabe für das Unternehmen ersichtlich ohne Nachteil ist. Im Zweifelsfalle sind jedoch technische, kaufmännische und persönliche Vorgänge und Verhältnisse, die dem/der Praktikant/in im Zusammenhang mit seiner/ihrer Tätigkeit bekannt werden, als Geschäftsgeheimnisse zu behandeln. In solchen Fällen ist der/die Praktikant/in vor der Offenbarung verpflichtet, eine Weisung der Geschäftsleitung einzuholen, ob eine bestimmte Tatsache vertraulich zu behandeln ist.

(2) Die Schweigepflicht erstreckt sich auch auf Angelegenheiten anderer Unternehmen, mit denen das Unternehmen wirtschaftlich oder organisatorisch verbunden ist.

(3) Sollte die nachvertragliche Verschwiegenheitspflicht den/die Praktikant/in in seinem/ihrem beruflichen Fortkommen unangemessen hindern, hat der/die Praktikant/in gegen das Unternehmen einen Anspruch auf Freistellung von dieser Pflicht.

(4) Die betrieblichen Sicherheitsbestimmungen sind zu beachten. Vertrauliche und geheim zu haltende Schriftstücke, Zeichnungen, Modelle usw. sind unter Verschluss zu halten.

→ *Verschwiegenheitspflicht*, II V 20

§ 12 Haftung

Verursacht der/die Praktikant/in durch eine schuldhafte Pflichtverletzung einen Schaden, so hat er/sie im Falle einfacher Fahrlässigkeit den Schaden zur Hälfte, höchstens jedoch bis zum Betrag einer gewöhnlichen Monatsnettovergütung zu ersetzen. Bei grober Fahrlässigkeit hat der/die Praktikant/in den Schaden voll zu tragen, jedoch der Höhe nach beschränkt auf den dreifachen Betrag der gewöhnlichen Monatsnettovergütung. Die Haftung für Fahrlässigkeit besteht nur für solche Schäden, die nicht durch eine – von dem Unternehmen abzuschließende – Betriebshaftpflichtversicherung gedeckt werden können. Diese Grundsätze gelten entsprechend bei Schadensersatzansprüchen Dritter. Bei Vorsatz haftet der/die Praktikant/in unbeschränkt.

→ *Haftung des Arbeitnehmers*, II H 20

§ 13 Beendigung des Praktikantenverhältnisses

(1) Das Praktikantenverhältnis endet mit Ablauf der in § 1 vereinbarten Zeit, ohne dass es einer Kündigung bedarf.

(2) Das Praktikantenverhältnis kann aber auch zuvor ordentlich durch den Praktikanten unter Einhaltung einer Frist von vier Wochen gekündigt werden. Beide Seiten sind berechtigt den Praktikantenvertrag außerordentlich ohne Einhaltung einer Kündigungsfrist zu kündigen, wenn ein wichtiger Grund vorliegt. Die Kündigung muss schriftlich erfolgen und die Kündigungsgründe enthalten.

→ *Kündigungsvereinbarungen*, II K 10

§ 14 Ausschlussfristen

(1) Alle beiderseitigen Ansprüche aus dem bestehenden Praktikantenverhältnis – mit Ausnahme von Ansprüchen, die aus der Verletzung des Lebens, des Körpers oder der Gesundheit sowie aus vorsätzlichen oder grob fahrlässigen Pflichtverletzungen des Arbeitgebers oder seines gesetzlichen Vertreters oder Erfüllungsgehilfen resultieren – müssen innerhalb von sechs Monaten, nachdem der jeweilige Gläubiger Kenntnis erlangt hat oder hätte erlangen müssen, schriftlich geltend gemacht werden.

(2) Lehnt die Gegenseite den Anspruch schriftlich ab oder erklärt sie sich nicht innerhalb von einem Monat nach Geltendmachung des Anspruches, so verfällt dieser, wenn er nicht innerhalb von drei Monaten nach der Ablehnung oder dem Fristablauf gerichtlich geltend gemacht wird.

(3) Wird ein Anspruch nicht formgemäß innerhalb der Fristen geltend gemacht, so führt dies zum endgültigen Erlöschen des Anspruchs.

(4) Die Ausschlussfrist nach Abs. 1 bis 3 erfasst nicht gesetzliche Mindestentgeltansprüche.

→ *Ausschlussfristen*, II A 150

Ort, den ...   Unterschrift   Unterschrift

4. Vorschlag eines Vertragsmusters für Praktika außerhalb des Geltungsbereichs des BBiG und MiLoG (insbesondere Pflichtpraktika)

Praktikantenvertrag

Zwischen der X-GmbH
– nachfolgend kurz Unternehmen genannt –
und
Herrn/Frau Y
– nachfolgend Praktikant/in genannt –
wird folgender Praktikantenvertrag geschlossen:

§ 1 Dauer des Praktikumsverhältnisses

(1) Der/Die Praktikant/in wird in der Zeit vom ... (Datum) bis ... gemäß dem beiliegenden Ausbildungsplan der . ... (Name) – Hochschule/Ausbildungsstätte/Schule, der Gegenstand dieses Vertrages ist, eingesetzt, um die Pflicht zur Absolvierung eines solchen Praktikums nach der Studien-, Ausbildungs- oder Schulordnung zu erfüllen. Während des Praktikums wird der Praktikant von Frau/Herrn ... betreut.

(2) Der/Die Praktikant/in versichert, dass die Absolvierung des Praktikums in der jeweiligen Studien-, Ausbildungs- oder Schulordnung vorgesehen ist und nicht schon durch ein vorheriges Praktikum erfüllt worden ist.

§ 2 Probezeit

Die ersten ...(Anzahl) Monate gelten als Probezeit. Während dieser Zeit kann der Praktikantenvertrag jederzeit ohne Einhalten einer Kündigungsfrist und ohne Angabe von Kündigungsgründen von beiden Parteien gekündigt werden.

oder:

Dieser Vertrag wird vom ... bis ... (Anzahl Monate/Wochen) zur Probe abgeschlossen und endet mit dem Ablauf der Probezeit, sofern er nicht zuvor/bis zum ... verlängert wurde/wird.

→ *Befristung des Arbeitsverhältnisses*, II B 10

→ *Kündigungsvereinbarungen*, II K 10

§ 3 Tätigkeit

(1) Herr/Frau ... (Name), der/die Praktikant/in, wird zur Vermittlung von Erfahrungen und Kenntnissen aus der betrieblichen Praxis im Fachgebiet ... (Berufsbild; Charakterisierung oder Beschreibung der zu leistenden Tätigkeit) des Unternehmens eingesetzt. Er/Sie wird mit allen einschlägigen Arbeiten nach näherer Anweisung der Betriebsleitung und seiner/ihrer Vorgesetzten anvertraut.

(2) Dem/Der Praktikant/en sollen folgende Lern- und Ausbildungszwecke ... (detaillierte Aufzählung der Ziele) vermittelt werden. Die sachliche und zeitliche Aufteilung des Praktikums wird zusätzlich in einem gesonderten Praktikumsplan geregelt, der als Anlage diesem Vertrag beigefügt ist.

→ *Direktionsrecht und Tätigkeitsbeschreibung*, II D 30

§ 4 Pflichten des Unternehmens

(1) Das Unternehmen verpflichtet sich, dem/der Praktikanten/in im Rahmen der betrieblichen/schulischen Möglichkeiten die studienfach- bzw. ausbildungsbezogenen praktischen Kenntnisse und Erfahrungen zu vermitteln. Dabei sollen die Vorgaben des Praktikumsplans eingehalten werden.

(2) Dem/Der Praktikant/in ist nach Beendigung des Praktikums ein Zeugnis auszustellen. Das Zeugnis muss über Art, Dauer und Ziel des Praktikums sowie über die erworbenen Fertigkeiten und Kenntnisse des Auszubildenden Auskunft geben. Auf Verlangen des Praktikanten sind auch Angaben über Führung, Leistung und besondere fachliche Fähigkeiten aufzunehmen.

(3) Der/Die Praktikant/in ist für die Teilnahme an schulischen/universitären Pflichtveranstaltungen sowie Prüfungen freizustellen.

§ 5 Pflichten des Praktikanten

(1) Der/Die Praktikant/in verpflichtet sich, den Praktikumsplan einzuhalten und sich zu bemühen das Praktikumsziel zu erreichen. Der/Die Praktikant/in ist zudem verpflichtet, die ihm übertragenen Aufgaben sorgfältig und gewissenhaft auszuführen.

(2) Der/Die Praktikant/in verpflichtet sich, die für die Ausbildungsstätte geltende Ordnung zu beachten und Werkzeug, Maschinen und sonstige Einrichtungen pfleglich zu behandeln.

§ 6 Praktikumszeit

Die regelmäßige tägliche Praktikumszeit beträgt … (Anzahl) Stunden ausschließlich der Pausen und beginnt um … Uhr.

oder

Beginn und Ende der täglichen Praktikumszeit und der Pausen richten sich nach den mit dem Betriebsrat abgeschlossenen Vereinbarungen und der Vorgaben der Studien-, Ausbildungs- oder Schulordnung.

§ 7 Vergütung

Das Praktikum wird unentgeltlich durchgeführt.

§ 8 Verhinderung/Entgeltfortzahlung

(1) Der/Die Praktikant/in ist verpflichtet, jede Verhinderung und ihre voraussichtliche Dauer unverzüglich dem Unternehmen anzuzeigen.

(2) Im Falle krankheitsbedingter Verhinderung ist der/die Praktikant/in verpflichtet, spätestens am dritten Arbeitstag eine ärztliche Bescheinigung über die Arbeitsunfähigkeit und deren voraussichtliche Dauer vorzulegen. Dauert die Arbeitsunfähigkeit länger als in der Bescheinigung angegeben, ist er/sie verpflichtet, innerhalb von drei Tagen eine neue ärztliche Bescheinigung einzureichen.

§ 9 Urlaub

Es besteht kein Urlaubsanspruch.

§ 10 Geheimhaltung

(1) Der/Die Praktikant/in verpflichtet sich, über alle Geschäftsgeheimnisse, insbesondere Herstellungsverfahren, Vertriebswege und dergleichen sowohl während der Dauer des Praktikantenverhältnisses als auch nach seiner Beendigung Stillschweigen zu bewahren. Die Geheimhaltungspflicht erstreckt sich nicht auf solche Kenntnisse, die jedermann zugänglich sind oder deren Weitergabe für das Unternehmen ersichtlich ohne Nachteil ist. Im Zweifelsfalle sind jedoch technische, kaufmännische und persönliche Vorgänge und Verhältnisse, die dem/der Praktikant/in im Zusammenhang mit seiner/ihrer Tätigkeit bekannt werden, als Geschäftsgeheimnisse zu behandeln. In solchen Fällen ist der/die Praktikant/in vor

der Offenbarung verpflichtet, eine Weisung der Geschäftsleitung einzuholen, ob eine bestimmte Tatsache vertraulich zu behandeln ist.

(2) Die Schweigepflicht erstreckt sich auch auf Angelegenheiten anderer Unternehmen, mit denen das Unternehmen wirtschaftlich oder organisatorisch verbunden ist.

(3) Die betrieblichen Sicherheitsbestimmungen sind zu beachten. Vertrauliche und geheim zu haltende Schriftstücke, Zeichnungen, Modelle usw. sind unter Verschluss zu halten.

→ *Verschwiegenheitspflicht*, II V 20

§ 11 Haftung

Verursacht der/die Praktikant/in durch eine schuldhafte Pflichtverletzung einen Schaden, so hat er/sie im Falle einfacher Fahrlässigkeit den Schaden zur Hälfte, höchstens jedoch bis zum Betrag einer gewöhnlichen Monatsnettovergütung zu ersetzen. Bei grober Fahrlässigkeit hat der/die Praktikant/in den Schaden voll zu tragen, jedoch der Höhe nach beschränkt auf den dreifachen Betrag der gewöhnlichen Monatsnettovergütung. Die Haftung für Fahrlässigkeit besteht nur für solche Schäden, die nicht durch eine – von dem Unternehmen abzuschließende – Betriebshaftpflichtversicherung gedeckt werden können. Diese Grundsätze gelten entsprechend bei Schadensersatzansprüchen Dritter. Bei Vorsatz haftet der/die Praktikant/in unbeschränkt.

→ *Haftung des Arbeitnehmers*, II H 20

§ 12 Beendigung des Praktikantenverhältnisses

(1) Das Praktikantenverhältnis endet mit Ablauf der in § 1 vereinbarten Zeit, ohne dass es einer Kündigung bedarf.

(2) Das Praktikantenverhältnis kann aber auch zuvor ordentlich durch den Praktikanten unter Einhaltung einer Frist von vier Wochen gekündigt werden. Beide Seiten sind berechtigt den Praktikantenvertrag außerordentlich ohne Einhaltung einer Kündigungsfrist zu kündigen, wenn ein wichtiger Grund vorliegt. Die Kündigung muss schriftlich erfolgen und die Kündigungsgründe enthalten.

→ *Kündigungsvereinbarungen*, II K 10

§ 13 Ausschlussfristen

(1) Alle beiderseitigen Ansprüche aus dem bestehenden Praktikantenverhältnis – mit Ausnahme von Ansprüchen, die aus der Verletzung des Lebens, des Körpers oder der Gesundheit sowie aus vorsätzlichen oder grob fahrlässigen Pflichtverletzungen des Arbeitgebers oder seines gesetzlichen Vertreters oder Erfüllungsgehilfen resultieren – müssen innerhalb von sechs Monaten, nachdem der jeweilige Gläubiger Kenntnis erlangt hat oder hätte erlangen müssen, schriftlich geltend gemacht werden.

(2) Lehnt die Gegenseite den Anspruch schriftlich ab oder erklärt sie sich nicht innerhalb von einem Monat nach Geltendmachung des Anspruches, so verfällt dieser, wenn er nicht innerhalb von drei Monaten nach der Ablehnung oder dem Fristablauf gerichtlich geltend gemacht wird.

(3) Wird ein Anspruch nicht formgemäß innerhalb der Fristen geltend gemacht, so führt dies zum endgültigen Erlöschen des Anspruchs.

→ *Ausschlussfristen*, II A 150

Ort, den …   Unterschrift   Unterschrift

V. Arbeitnehmerüberlassung

1. Vorbemerkung

Das nachfolgende Vertragsmuster folgt dem Grundmodell des unter III A Rz. 8 vorgestellten allgemeinen Vertragsmusters, modifiziert dies jedoch, um den Anforderungen der Arbeitnehmerüberlassung und hier insbesondere dem Einsatz bei einem vom Verleihunternehmen verschiedenen Entleiherunternehmen nachzukommen. Der Arbeitsvertrag weist keinen Tarifbezug auf, so dass das arbeitnehmerüberlassungsrechtliche Gleichbehandlungsgebot Anwendung findet, was insbesondere bei den Klauseln zur Arbeitszeit und den Vergütungsregelungen berücksichtigt wurde.

Des Weiteren findet sich in diesem Abschnitt der Entwurf eines Überlassungsvertrages zwischen Verleiher und Entleiher. Bei diesem Vertrag handelt es sich um einen Dienstverschaffungsvertrag als Vertragstyp eigener Art, der die Rahmenbedingungen für die Arbeitnehmerüberlassung festlegt. Weitere Erläuterungen zu beiden Vertragsarten sowie der Arbeitsform der Arbeitnehmerüberlassung finden sich oben unter:

→ *Arbeitnehmerüberlassung*, II A 55.

Ebenso wurde in diesen Mustern verzichtet auf die Aufnahme der verbreiteten, aber weithin wirkungslosen

→ *Schriftformklauseln*, II S 30

→ *salvatorischen Klauseln*, II S 10 und

→ *Gerichtsstandsvereinbarungen*, II G 20.

2. Vorschlag eines Vertragsmusters für Leiharbeitnehmer ohne Tarifbezug

Leiharbeitsvertrag

Zwischen der Firma …

– nachfolgend kurz Unternehmen genannt –

und

Herrn/Frau …

– nachfolgend kurz Mitarbeiter/in genannt –

wird folgender Leiharbeitsvertrag geschlossen:

§ 1 Beginn des Arbeitsverhältnisses

Unbefristetes Arbeitsverhältnis:

(1) Das Arbeitsverhältnis beginnt am ... (Datum).

(2) Wird das Arbeitsverhältnis vor Dienstantritt ordentlich gekündigt, läuft die Kündigungsfrist erst mit dem vereinbarten Tag des Arbeitsbeginns.

(3) Die Einstellung erfolgt unter der Bedingung, dass der/die Mitarbeiter/in nach dem Ergebnis der Einstellungsuntersuchung durch den Vertrauens-/Betriebsarzt für die geschuldete Tätigkeit geeignet ist.

oder (Befristetes Arbeitsverhältnis):

(1) Der/Die Mitarbeiter/in wird vom ... an befristet bis zum ... angestellt. Die Befristung erfolgt ... (Sachgrund nach § 14 Abs. 1 TzBfG)/aufgrundlage von § 14 Abs. 2 TzBfG.

und ggf.:

(2) Das Arbeitsverhältnis kann von beiden Seiten ordentlich mit einer Frist von ... (Kündigungsfrist) zum ... (Kündigungstermin) gekündigt werden.

(3) Die Einstellung erfolgt unter der Bedingung, dass der/die Mitarbeiter/in nach dem Ergebnis der Einstellungsuntersuchung durch den Vertrauens-/Betriebsarzt für die geschuldete Tätigkeit geeignet ist.

→ *Arbeitnehmerüberlassung*, II A 55

→ *Arbeitsaufnahme/Beginn des Arbeitsverhältnisses*, II A 60

→ *Befristung des Arbeitsverhältnisses*, II B 10

→ *Kündigungsvereinbarungen*, II K 10

§ 2 Probezeit

→ *Befristung des Arbeitsverhältnisses*, II B 10

→ *Kündigungsvereinbarungen*, II K 10

§ 3 Tätigkeit

(1) Der/Die Mitarbeiter/in wird als ... (Berufsbild; kurze Charakterisierung der Tätigkeit) eingestellt. Diese Tätigkeit erbringt der/die Mitarbeiter/in im Rahmen von Arbeitnehmerüberlassung.

oder (Mischbetrieb)

(1) Der/Die Mitarbeiter/in wird als ... (Berufsbild; kurze Charakterisierung der Tätigkeit) eingestellt. Der Mitarbeiter kann je nach Auftragslage entweder im eigenen Betrieb oder bei Kunden des Unternehmens eingesetzt werden.

(2) Der/Die Mitarbeiter/in wird an Kunden (Entleiher) des Unternehmens zur Leistung der vertraglich geschuldeten Aufgaben überlassen. Der/Die Mitarbeiter/in erklärt sich damit einverstanden, an wechselnden Einsatzorten auch außerhalb seines/ihres Wohnsitzes eingesetzt zu werden.

(3) Während der Überlassung an einen Entleiher unterliegt der/die Mitarbeiter/in im Rahmen dieses Vertrages dem Direktionsrecht des Entleihers. Das Unternehmen

ist berechtigt, den/die Mitarbeiter/in jederzeit von seinem/ihrem Einsatzort abzuberufen und ihn/sie anderweitig einzusetzen.

(4) Der/Die Mitarbeiter/in verpflichtet sich, die ihm/ihr übertragenen Aufgaben sorgfältig auszuführen.

(5) Der/Die Mitarbeiter/in ist nicht verpflichtet, bei einem Entleiher tätig zu sein, soweit dieser durch einen Arbeitskampf unmittelbar betroffen ist.

→ *Arbeitnehmerüberlassung*, II A 55

→ *Direktionsrecht und Tätigkeitsbeschreibung*, II D 30

§ 4 Weisungsrecht des Arbeitgebers/Versetzung

Das Weisungsrecht des Arbeitgebers hinsichtlich des Inhalts der Tätigkeit, der zeitlichen Lage der Arbeitszeit und des Ortes der Tätigkeit richtet sich nach § 106 Gewerbeordnung.

oder:

§ 4 Zuweisung anderer Tätigkeiten/Versetzung

(1) Das Unternehmen ist berechtigt, dem/der Mitarbeiter/in anderweitige seinen/ihren Fähigkeiten entsprechende gleichwertige oder höherwertige Tätigkeiten zu übertragen. Bei der Zuweisung einer höherwertigen Tätigkeit richtet sich die Vergütung ab dem sechsten Monat der Übertragung (*alternativ:* vom Zeitpunkt der Übertragung an) nach der Vergütung, die für die höherwertige Tätigkeit üblich ist.

(2) Das Arbeitsverhältnis bezieht sich auf eine Tätigkeit in … (Ort). Das Unternehmen behält sich vor, dem/der Mitarbeiter/in innerhalb des gesamten Unternehmens – auch an einem anderen Ort – (vertretungsweise für die Höchstdauer von … Monaten/Jahren) im Rahmen des Absatzes 1 zu versetzen, wenn ihm/ihr dies bei Abwägung der betrieblichen und seiner/ihrer persönlichen Belange zuzumuten ist. Außer bei dringenden betrieblichen Notwendigkeiten wird das Unternehmen hierbei eine Ankündigungsfrist beachten, die der vertraglichen oder gesetzlichen Kündigungsfrist des/der Mitarbeiters/in entspricht. Kosten eines von dem Unternehmen angeordneten Wohnsitzwechsels werden dem/der Mitarbeiter/in erstattet.

→ *Arbeitnehmerüberlassung*, II A 55

→ *Direktionsrecht und Tätigkeitsbeschreibung*, II D 30

§ 5 Arbeitszeit

(1) Die regelmäßige wöchentliche Arbeitszeit beträgt … Stunden. Während der Überlassung an einen Entleiher richtet sich die regelmäßige Arbeitszeit nach der für einen vergleichbaren Arbeitnehmer im Betrieb des Entleihers maßgeblichen Arbeitszeit.

(2) Beginn und Ende der täglichen Arbeitszeit und der Pausen richten sich nach den mit dem Betriebsrat abgeschlossenen Vereinbarungen (*alternativ:* werden vom Unternehmen festgelegt). Während der Überlassung an einen Entleiher finden die im Entleiherbetrieb geltenden Arbeits- und Pausenzeiten Anwendung.

(3) Der/Die Mitarbeiter/in ist verpflichtet, aus dringenden betrieblichen Gründen im Rahmen der gesetzlichen Bestimmungen, insbesondere der Mitbestimmung des Betriebsrats gemäß § 87 Abs. 1 BetrVG, Schicht-, Nacht-, Sonntags- und Feier-

tagsarbeit sowie vorübergehend Mehrarbeit zu leisten. Während der Überlassung an einen Entleiher ist der/die Mitarbeiter/in zur Leistung von Schicht-, Nacht-, Sonntags- und Feiertagsarbeit sowie vorübergehender Mehrarbeit nur mit Zustimmung des Unternehmens verpflichtet.

(4) Unbeschadet der Regelung des § 87 BetrVG darf das Unternehmen Kurzarbeit anordnen, wenn die Voraussetzungen für die Gewährung von Kurzarbeitergeld erfüllt sind; dabei ist eine Ankündigungsfrist von zwei Wochen einzuhalten.

(5) Während der Überlassung an einen Entleiher ist der/die Mitarbeiter/in verpflichtet, Arbeitszeitnachweise zu erstellen und diese dem Entleiher spätestens bis zum 5. des auf die Arbeitsleistung folgenden Monats zur Kontrolle und Gegenzeichnung vorzulegen.

→ *Arbeitnehmerüberlassung*, II A 55

→ *Arbeitszeit*, II A 90

§ 6 Vergütung

(1) Für Zeiten, in denen der/die Mitarbeiter/in nicht an einem Entleiher überlassen wird, erhält er/sie für die vertragliche regelmäßige Arbeitszeit eine Vergütung in Höhe von ... Euro brutto/Monat (*alternativ:* Woche/Tag). Mit dieser Vergütung ist Mehrarbeit für überlassungsfreie Zeiten abgegolten. Der Anspruch aus einer auf das Arbeitsverhältnis zur Anwendung kommenden Mindestlohnregelung bleibt hiervon unberührt.

(2) Während der Überlassung an einen Entleiher erhält der/die Mitarbeiter/in eine Vergütung, die mindestens der Vergütung eines vergleichbaren Stammarbeitnehmers im Betrieb des Entleihers entspricht. Dem/Der Mitarbeiter/in werden vor der Überlassung die im Entleiherbetrieb maßgeblichen Entgeltregelungen mitgeteilt. Der Anspruch aus einer auf das Arbeitsverhältnis zur Anwendung kommenden Mindestlohnregelung bleibt hiervon unberührt.

oder (bei bereits feststehender Überlassungsmöglichkeit):

(2) Während der Überlassung an den Entleiher ... erhält der/die Mitarbeiter/in eine der Vergütung eines vergleichbaren Arbeitnehmers im Betrieb des Entleihers entsprechende Vergütung in Höhe von ... Euro brutto/Stunde. Für Schicht-, Nacht-, Sonntags- und Feiertagsarbeit sowie vom Unternehmen gemäß § 5 Abs. 3 bewilligte Mehrarbeit erhält der/die Mitarbeiter/in Zuschläge in folgender Höhe:

a) für Schichtarbeit ... %
b) für Nachtarbeit in der Zeit von ... Uhr bis ... Uhr ... %
c) für Sonntagsarbeit ... %
d) für Feiertagsarbeit ... %
e) für Mehrarbeit ... %

Beim Zusammentreffen mehrerer Zuschläge wird nur der jeweils höchste Zuschlag bezahlt. Der Anspruch aus einer auf das Arbeitsverhältnis zur Anwendung kommenden Mindestlohnregelung bleibt hiervon unberührt.

(3) Die Vergütung ist jeweils zum letzten des Monats fällig. Die Zahlung der Vergütung erfolgt bargeldlos.

→ *Arbeitnehmerüberlassung*, II A 55

→ *Arbeitsentgelt*, II A 70

§ 7 Reisekosten und Aufwendungsersatz

(1) Bei Überlassung an einen Entleiher gleicht der Verleiher Reisekosten und Reisezeiten des/der Mitarbeiters/in wie folgt aus:

a) Bei Benutzung des zeitlich günstigsten öffentlichen Verkehrsmittels werden die Fahrtkosten des/der Mitarbeiters/in erstattet, wenn die aufgewendete Wegezeit (Hin- und Rückweg zwischen Wohnsitz des/der Mitarbeiters/in und Einsatzort) 1,5 Stunden übersteigt und der/die Mitarbeiter/in die Benutzung eines öffentlichen Verkehrsmittels nachweist. Maßgeblich ist dabei die planmäßige Fahrzeit.

b) Bei Benutzung eines eigenen Kraftfahrzeuges wird die über 100 km hinausgehende Wegstrecke (Hin- und Rückweg zwischen Wohnsitz des/der Mitarbeiters/in und Einsatzort) mit pauschal 0,30 Euro pro tatsächlich gefahrenen km erstattet.

Die Erstattung von Reisekosten des/der Mitarbeiters/in nach dieser Regelung erfolgt unter Berücksichtigung der steuerrechtlichen Freibeträge. Aufgewendete Reisezeit ist mit der Zahlung des Arbeitsentgelts abgegolten.

(2) Bei Überlassung an einen Entleiher hat der/die Mitarbeiter/in Anspruch auf Verpflegungskostenmehraufwand nach Maßgabe der steuerrechtlichen Vorschriften.

(3) Beträgt der zeitliche Aufwand für die Wegezeit im Sinne von § 7 Abs. 1 lit. a) mehr als drei Stunden, hat der/die Mitarbeiter/in bei Nachweis einer Übernachtung am Einsatzort Anspruch auf Übernahme von Übernachtungskosten nach Maßgabe der steuerrechtlichen Vorschriften.

(4) Darüber hinaus ist ein Anspruch des/der Mitarbeiters/in auf Vergütung der Reisezeit sowie Ersatz von Reisekosten und anderen Aufwendungen ausgeschlossen. § 670 BGB findet keine Anwendung.

→ *Arbeitnehmerüberlassung*, II A 55

→ *Dienstreise*, II D 15

§ 8 Gratifikation/Rückzahlungsverpflichtung

(1) Der/Die Mitarbeiter/in, dessen/deren Arbeitsverhältnis bis zum Jahresende besteht, erhält eine Gratifikation in Höhe von ... % des zuletzt aufgrundlage von § 6 Abs. 1 bezogenen Monatsgehalts, die mit der Gehaltsabrechnung für November abzurechnen und auszuzahlen ist. Mit der Gratifikation sollen ausschließlich die erbrachte und die zukünftige Betriebstreue honoriert werden. Der Anspruch auf die Gratifikation besteht nur, wenn das Arbeitsverhältnis im Auszahlungszeitpunkt sechs Monate bestanden hat. Ruht das Arbeitsverhältnis ganz oder teilweise gleich aus welchem Rechtsgrund ohne Entgeltfortzahlung, wird die Gratifikation entsprechend anteilig gekürzt.

(2) Der Anspruch auf Gratifikation ist ausgeschlossen, wenn das Arbeitsverhältnis im Zeitpunkt der Auszahlung oder bis zum 31.12. von einem der Vertragsteile gekündigt wird oder infolge Aufhebungsvertrages endet. Dies gilt jedoch nicht, wenn die Kündigung aus betriebsbedingten oder aus personenbedingten, vom/von der Mitarbeiter/in nicht zu vertretenden Gründen erfolgt. Dies gilt sinngemäß für einen Aufhebungsvertrag.

(3) Auf diesen Anspruch auf Gratifikation wird ein ggf. bereits für Zeiten der Überlassung an einen Entleiher aufgrund der Entgeltbedingungen eines vergleichbaren Arbeitnehmers im Entleiherbetrieb bestehender Anspruch auf eine Gratifikation (§ 6 Abs. 2) angerechnet.

(4) Der/Die Mitarbeiter/in ist verpflichtet, die Gratifikation zurückzuzahlen, wenn er/sie aufgrund eigener Kündigung oder aufgrund außerordentlicher oder verhaltensbedingter Kündigung aus dem Unternehmen aus einem von ihm/ihr zu vertretenden Grund bis zum 31.3. des auf die Auszahlung folgenden Kalenderjahres oder, sofern die Gratifikation eine Monatsvergütung übersteigt, bis zum 30.6. des auf die Auszahlung folgenden Kalenderjahres ausscheidet. Die Rückzahlungsverpflichtung gilt entsprechend, wenn das Arbeitsverhältnis innerhalb des vorgenannten Zeitraumes durch Aufhebungsvertrag beendet wird und Anlass des Aufhebungsvertrages ein Recht zur außerordentlichen oder verhaltensbedingten Kündigung oder ein Aufhebungsbegehren des/der Mitarbeiters/in ist.

→ *Arbeitnehmerüberlassung*, II A 55

→ *Sonderzahlungen*, II S 40

§ 9 Widerrufsvorbehalt

→ *Vorbehalte und Teilbefristung*, II V 70

§ 10 Abtretung und Verpfändung des Arbeitseinkommens

→ *Abtretungsverbote und Lohnpfändung*, II A 10

§ 11 Arbeitsverhinderung und Entgeltfortzahlung

(1) Der/Die Mitarbeiter/in ist verpflichtet, jede Arbeitsverhinderung und ihre voraussichtliche Dauer unverzüglich gegenüber dem Unternehmen sowie ggf. gegenüber dem Entleiher, dem er/sie zum Zeitpunkt der Arbeitsverhinderung im Rahmen seiner/ihrer Tätigkeit überlassen wird, anzuzeigen und dabei gleichzeitig auf etwaige dringliche Arbeiten hinzuweisen.

(2) Im Falle der Arbeitsunfähigkeit infolge Krankheit ist der/die Mitarbeiter/in verpflichtet, spätestens am dritten Arbeitstag eine ärztliche Bescheinigung über die Arbeitsunfähigkeit und deren voraussichtliche Dauer vorzulegen. Dauert die Arbeitsunfähigkeit länger als in der Bescheinigung angegeben, ist er/sie verpflichtet, innerhalb von drei Tagen eine neue ärztliche Bescheinigung einzureichen. Die Art der Erkrankung ist nur dann anzugeben, wenn sie Schutzmaßnahmen des Unternehmens für andere Arbeitnehmer erfordert (z.B. bei Infektionsgefahr), wenn wegen derselben Erkrankung innerhalb der letzten sechs Monate Arbeitsunfähigkeit vorlag oder wenn seit Beginn der ersten Arbeitsunfähigkeit infolge derselben Krankheit weniger als zwölf Monate vergangen sind.

(3) Die Ursache der Arbeitsunfähigkeit ist dem Unternehmen nur dann mitzuteilen, wenn der/die Mitarbeiter/in von einem Dritten geschädigt worden ist.

(4) Hält sich der/die Mitarbeiter/in bei Beginn der Arbeitsunfähigkeit im Ausland auf, so ist er/sie verpflichtet, dem Unternehmen die Arbeitsunfähigkeit, deren voraussichtliche Dauer und die Adresse am Aufenthaltsort in der schnellstmöglichen Art der Übermittlung mitzuteilen. Kehrt der/die arbeitsunfähig erkrankte Mit-

arbeiter/in in das Inland zurück, so ist er/sie verpflichtet, dem Unternehmen und der Krankenkasse seine/ihre Rückkehr unverzüglich mitzuteilen.

(5) Ist der/die Mitarbeiter/in unverschuldet arbeitsunfähig erkrankt, leistet das Unternehmen für die Dauer von ... Wochen/Monaten Entgeltfortzahlung nach Maßgabe der gesetzlichen Bestimmungen.

→ *Anzeige- und Nachweispflichten*, II A 40

→ *Arbeitnehmerüberlassung*, II A 55

→ *Entgeltfortzahlung*, II E 20

§ 12 Urlaub

→ *Urlaub*, II U 20

§ 13 Rückzahlung zuviel erhaltener Leistungen

→ *Arbeitsentgelt, überzahltes*, II A 80

§ 14 Nebentätigkeit

→ *Nebentätigkeit*, II N 10

§ 15 Geheimhaltung

(1) Der/Die Mitarbeiter/in verpflichtet sich, über alle Geschäftsgeheimnisse, insbesondere Herstellungsverfahren, Vertriebswege und dergleichen sowohl während der Dauer des Arbeitsverhältnisses als auch nach seiner Beendigung Stillschweigen zu bewahren. Die Geheimhaltungspflicht erstreckt sich nicht auf solche Kenntnisse, die jedermann zugänglich sind oder deren Weitergabe für das Unternehmen ersichtlich ohne Nachteil ist. Im Zweifelsfalle sind jedoch technische, kaufmännische und persönliche Vorgänge und Verhältnisse, die dem/der Mitarbeiter/in im Zusammenhang mit seiner/ihrer Tätigkeit bekannt werden, als Geschäftsgeheimnisse zu behandeln. In solchen Fällen ist der/die Mitarbeiter/in vor der Offenbarung verpflichtet, eine Weisung der Geschäftsleitung einzuholen, ob eine bestimmte Tatsache vertraulich zu behandeln ist.

(2) Die Schweigepflicht erstreckt sich auch auf Angelegenheiten anderer Unternehmen, mit denen das Unternehmen wirtschaftlich oder organisatorisch verbunden ist, sowie auf Angelegenheiten von Entleiherunternehmen, an die der/die Mitarbeiter/in im Rahmen seiner/ihrer Tätigkeit überlassen wird.

(3) Sollte die nachvertragliche Verschwiegenheitspflicht den/die Mitarbeiter/in in seinem/ihrem beruflichen Fortkommen unangemessen hindern, hat der/die Mitarbeiter/in gegen das Unternehmen einen Anspruch auf Freistellung von dieser Pflicht.

(4) Über seine/ihre Vergütung hat der/die Mitarbeiter/in dritten Personen gegenüber Stillschweigen zu bewahren. Dies gilt nicht gegenüber Behörden sowie für alle Fälle, in denen er/sie gesetzlich verpflichtet ist, Angaben über sein/ihr Einkommen zu machen.

(5) Die betrieblichen Sicherheitsbestimmungen sind zu beachten. Vertrauliche und geheim zu haltende Schriftstücke, Zeichnungen, Modelle usw. sind unter Verschluss zu halten.

→ *Verschwiegenheitspflicht*, II V 20

§ 16 Haftung

Verursacht der/die Mitarbeiter/in durch eine schuldhafte Pflichtverletzung, insbesondere durch den Nichtantritt oder die Einstellung der Arbeitsleistung beim Entleiher, einen Schaden, so hat er/sie im Falle einfacher Fahrlässigkeit den Schaden zur Hälfte, höchstens jedoch bis zum Betrag einer gewöhnlichen Monatsnettovergütung zu ersetzen. Bei grober Fahrlässigkeit hat der/die Mitarbeiter/in den Schaden voll zu tragen, jedoch der Höhe nach beschränkt auf den dreifachen Betrag der gewöhnlichen Monatsnettovergütung. Die Haftung für Fahrlässigkeit besteht nur für solche Schäden, die nicht durch eine – von dem Unternehmen abzuschließende – Betriebshaftpflichtversicherung gedeckt werden können. Diese Grundsätze gelten entsprechend bei Schadensersatzansprüchen Dritter, insbesondere von Entleihern, denen der/die Mitarbeiter/in im Rahmen seiner/ihrer Tätigkeit überlassen wird. Bei Vorsatz haftet der/die Mitarbeiter/in unbeschränkt.

→ *Arbeitnehmerüberlassung*, II A 55

→ *Haftung des Arbeitnehmers*, II H 20

§ 17 Vertragsstrafe

→ *Vertragsstrafen*, II V 30

§ 18 Beendigung des Arbeitsverhältnisses (nur im unbefristeten Arbeitsverhältnis)

→ *Kündigungsvereinbarungen*, II K 10

→ *Altersgrenze*, II A 20

§ 19 Freistellung von der Arbeitspflicht

→ *Freistellung des Arbeitnehmers*, II F 10

§ 20 Öffnungsklausel für Betriebsvereinbarungen

→ *Öffnungsklauseln*, II O 10

§ 21 Ausschlussfristen

→ *Ausschlussfristen*, II A 150

§ 22 Merkblatt

Der/Die Mitarbeiter/in bestätigt, ein Merkblatt der Bundesagentur für Arbeit über den wesentlichen Inhalt des Arbeitnehmerüberlassungsgesetzes – AÜG – erhalten zu haben.

oder

Der/Die Mitarbeiter/in bestätigt, ein Merkblatt der Bundesagentur für Arbeit über den wesentlichen Inhalt des Arbeitnehmerüberlassungsgesetzes – AÜG – in seiner Muttersprache ... erhalten zu haben.

→ *Arbeitnehmerüberlassung*, II A 55

§ 23 Erlaubnis zur Arbeitnehmerüberlassung

Das Unternehmen erklärt, dass es im Besitz einer gültigen Erlaubnis zur gewerbsmäßigen Arbeitnehmerüberlassung gemäß § 1 Abs. 1 Arbeitnehmerüberlassungsgesetz – AÜG – ist. Die Erlaubnis wurde von der Bundesagentur für Arbeit, Regionaldirektion ... am ... unbefristet/befristet zum ... erteilt.

ggf.:

Die Befristung wurde zuletzt am ... bis zum ... verlängert.

→ *Arbeitnehmerüberlassung*, II A 55

Ort, den ...   Unterschrift   Unterschrift

3. Vorschlag eines Musters eines Überlassungsvertrags zwischen Verleiher und Entleiher

Arbeitnehmerüberlassungsvertrag

Zwischen der Firma ...

– im Folgenden „Verleiher" –

und

der Firma ...

– im Folgenden „Entleiher" –

wird folgender Arbeitnehmerüberlassungsvertrag geschlossen:

§ 1 Erlaubnis

Der Verleiher erklärt, dass er im Besitz einer gültigen Erlaubnis zur gewerbsmäßigen Arbeitnehmerüberlassung gemäß § 1 Abs. 1 des Gesetzes zur Regelung der Arbeitnehmerüberlassung (Arbeitnehmerüberlassungsgesetz – AÜG) ist. Die Erlaubnis wurde von der Bundesagentur für Arbeit, Regionaldirektion ... am ... unbefristet/befristet zum ... erteilt.

ggf.:

Die Befristung wurde zuletzt am ... bis zum ... verlängert.

§ 2 Überlassung

(1) Der Verleiher überlässt vorübergehend dem Entleiher zum Einsatz in dessen Betrieb ihre/n Mitarbeiter/in Herrn/Frau ... (im Folgenden „Leiharbeitnehmer/in?). Die für den/die Leiharbeitnehmer/in vorgesehene Tätigkeit weist folgende besondere Merkmale auf: ... (Tätigkeitsbeschreibung). Für die Tätigkeit ist eine berufliche Qualifikation als ... erforderlich.

oder (bei Überlassung von mehreren Arbeitnehmern):

(1) Der Verleiher überlässt vorübergehend dem Entleiher zum Einsatz in dessen Betrieb die folgenden Mitarbeiter (im Folgenden „Leiharbeitnehmer"):
a) Vorname, Nachname: ...
   Geburtsdatum: ...
   Anschrift: ...

Berufliche Qualifikation: ...

Tätigkeitsbeschreibung: ...

b) Vorname, Nachname: ...

Geburtsdatum: ...

Anschrift: ...

Berufliche Qualifikation: ...

Tätigkeitsbeschreibung: ...

c) ...

(2) Im Fall einer Änderung der Tätigkeit des/der Leiharbeitnehmers/in ist der Entleiher verpflichtet, dies dem Verleiher unverzüglich mitzuteilen.

(3) Die Arbeitnehmerüberlassung beginnt am ... und endet am ...

(4) Der Verleiher ist berechtigt, eine/n Leiharbeitnehmer/in während des in Abs. 3 vereinbarten Überlassungszeitraums durch eine/n andere/n Leiharbeitnehmer/in mit der erforderlichen Qualifikation zu ersetzen, wenn er dies dem Entleiher mindestens fünf Werktage vorher ankündigt und dem Entleiher unverzüglich und schriftlich die Personaldaten der Ersatzkraft gemäß Abs. 1 mitteilt.

§ 3 Arbeits- und Entgeltbedingungen

Falls Verleiher und Leiharbeitnehmer/in an einen Leiharbeit-Tarifvertrag gebunden sind (§ 9 Nr. 2 AÜG als Ausnahme vom Gleichstellungsgrundsatz):

Die wesentlichen Arbeitsbedingungen des/der Leiharbeitnehmers/in einschließlich des Entgelts richten sich nach folgenden tariflichen Regelungen: ... *(z.B. Manteltarifvertrag Zeitarbeit, Entgelttarifvertrag Zeitarbeit, Entgeltrahmentarifvertrag Zeitarbeit zwischen dem Bundesverband Personal-Dienstleistungen e.V. und den Mitgliedsgewerkschaften des DGB, jeweils vom 22. Juli 2003).*

Bei fehlender Tarifbindung und Anwendung des Gleichbehandlungsgrundsatzes (Gewährung der wesentlichen Arbeitsbedingungen eines vergleichbaren Arbeitnehmers im Entleiherbetrieb):

Der Entleiher verpflichtet sich, den/die ihm überlassene/n Leiharbeitnehmer/in zu den gleichen wesentlichen Arbeitsbedingungen zu beschäftigen, zu denen vergleichbare Arbeitnehmer in seinem Betrieb beschäftigt werden. Die wesentlichen Arbeitsbedingungen eines vergleichbaren Arbeitnehmers einschließlich des (vom Verleiher an den Leiharbeitnehmer zu zahlenden) Entgelts im Betrieb des Entleihers richten sich dabei nach folgenden Regelungen: ... *(In Betracht kommen vor allem Tarifverträge, Betriebsvereinbarungen oder standardisierte Arbeitsverträge).* Diese Regelungen sind vom Entleiher dem Vertrag beizufügen. Im Fall einer Änderung der wesentlichen Arbeitsbedingungen ist der Entleiher verpflichtet, dies dem Verleiher unverzüglich mitzuteilen.

§ 4 Weisungsrecht

Der Entleiher ist berechtigt, durch Weisungen hinsichtlich des Ortes, der Zeit und des Gegenstands die arbeitsvertraglich geschuldete Leistung des/der Leiharbeitnehmers/in sowie die in § 2 Abs. 1 bezeichnete Tätigkeit zu konkretisieren. Ansonsten bleibt das Weisungsrecht des Verleihers unberührt. Eine vertragliche Beziehung zwischen Leiharbeitnehmer/in und Entleiher wird nicht begründet.

§ 5 Arbeitszeit, Arbeitszeitnachweise

(1) Der Entleiher ist verpflichtet, die sich aus § 3 ergebende regelmäßige Arbeitszeit des/der Leiharbeitnehmers/in einzuhalten. Beginn und Ende der täglichen Arbeitszeit und der Pausen richten sich nach den im Entleiherbetrieb geltenden Regelungen.

(2) Zur Anordnung von Mehrarbeit, die über die sich aus § 3 ergebende regelmäßige Arbeitszeit des/der Leiharbeitnehmers/in hinausgeht, ist der Entleiher gegenüber dem/der Leiharbeitnehmer/in nicht berechtigt, es sei denn, er holt zuvor die Zustimmung des Verleihers ein.

(3) Der Entleiher ist verpflichtet, die vom/von der Leiharbeitnehmer/in zu erstellenden Arbeitszeitnachweise zu kontrollieren und spätestens bis zum 5. des auf die Arbeitsleistung folgenden Monats gegenzuzeichnen.

§ 6 Vergütung und Abrechnung

(1) Der vom Entleiher an den Verleiher zu entrichtende Stundenlohn für den/die überlassene/n Leiharbeitnehmer/in beträgt ... Euro pro Arbeitsstunde zuzüglich der gesetzlichen Mehrwertsteuer.

(2) Für vom Verleiher gemäß § 5 Abs. 2 bewilligte Mehrarbeit sowie für Schicht-, Nacht-, Sonntags- und Feiertagsarbeit erhält der Verleiher Zuschläge in folgender Höhe:

a) für Mehrarbeit ... %

b) für Schichtarbeit ... %

c) für Nachtarbeit in der Zeit von ... Uhr bis ... Uhr ... %

d) für Sonntagsarbeit ... %

e) für Feiertagsarbeit ... %

(3) Die Rechnungsstellung erfolgt zum 25. des der Erbringung der Arbeitsleistung nachfolgenden Monats, aufgrundlage der gemäß § 5 Abs. 3 zu erstellenden Arbeitszeitnachweise. Der Verleiher ist berechtigt, eine wöchentliche Abschlagszahlung in Höhe von ... Euro zu verlangen.

(4) Sollte nach Vertragsschluss eine tariflich bedingte Lohnerhöhung eintreten, behält sich der Verleiher eine entsprechende Erhöhung des Stundensatzes vor.

§ 7 Haftung des Verleihers

(1) Der Verleiher haftet dem Entleiher für eine ordnungsgemäße Auswahl des/der überlassenen Leiharbeitnehmers/in. Er verpflichtet sich, dem Entleiher nur Leiharbeitnehmer zur Verfügung zu stellen, die über die erforderlichen Qualifikationen verfügen. Auf Verlangen des Entleihers ist der Verleiher verpflichtet, Nachweise über die Qualifikation des/der Leiharbeitnehmers/in vorzulegen.

(2) Über die Auswahl des/der Leiharbeitnehmers/in hinaus haftet der Verleiher nicht für vom/von der Leiharbeitnehmer/in ausgeführte Arbeiten.

§ 8 Personalaustausch

(1) Der Entleiher kann bis zum dritten Werktag nach Beginn einer Überlassung ohne nähere Angabe von Gründen verlangen, dass ein/e überlassene/r Leiharbeitnehmer/in unverzüglich gegen eine/n andere/n geeignete/n Leiharbeitnehmer/in ausgetauscht wird.

(2) Treten im Verlauf der Überlassung des/der Leiharbeitnehmers/in Umstände auf, die zur außerordentlichen Kündigung eines Arbeitsverhältnisses berechtigen würden (§ 626 Abs. 1 BGB), ist der Entleiher berechtigt, den/die Leiharbeitnehmer/in, in dessen/deren Person diese Umstände eintreten, mit sofortiger Wirkung von der Arbeitsleistung zu suspendieren und seinen/ihren unverzüglichen Austausch gegen eine/n andere/n geeignete/n Leiharbeitnehmer/in zu verlangen.

(3) Das Gleiche gilt, wenn der/die Leiharbeitnehmer/in der Arbeit unentschuldigt oder entschuldigt länger als drei Tage fernbleibt.

(4) Kommt der Verleiher diesen Verpflichtungen nicht nach, ist der Entleiher berechtigt, den Vertrag fristlos zu kündigen. Etwaige Schadenersatzansprüche des Entleihers bleiben hiervon unberührt.

§ 9 Fürsorgepflicht und Zutrittsrecht

(1) Die Tätigkeit des/der Leiharbeitnehmers/in im Betrieb des Entleihers unterliegt den geltenden Vorschriften des Arbeitsschutzrechts (§ 11 Abs. 6 AÜG). Der Entleiher verpflichtet sich, die ihm als Arbeitgeber nach öffentlich-rechtlichen Vorschriften des Arbeitsschutzrechts sowie nach § 618 BGB obliegenden Pflichten einschließlich der Informationspflichten auch gegenüber dem/der Leiharbeitnehmer/in zu beachten und zu erfüllen.

(2) Der Entleiher verpflichtet sich, Arbeitsunfälle des/der Leiharbeitnehmers/in dem Verleiher unverzüglich anzuzeigen.

(3) Um dem Verleiher eine Überwachung im Bereich des Arbeitsschutzes zu ermöglichen, räumt der Entleiher dem Verleiher oder seinen hierfür zuständigen Mitarbeitern ein Zutrittsrecht zum Entleiherbetrieb ein.

§ 10 Sozialeinrichtungen

Der Entleiher ist verpflichtet, dem/der überlassenen Leiharbeitnehmer/in Zugang zu den in seinem Betrieb bestehenden Sozialeinrichtungen zu gewähren.

§ 11 Arbeitskampf

Verweigert der/die Leiharbeitnehmer/in im Falle eines rechtmäßigen Arbeitskampfes im Betrieb des Entleihers gemäß § 11 Abs. 5 AÜG die Arbeitsleistung, ruhen die Vertragspflichten für die Dauer des Arbeitskampfes.

§ 12 Beendigung des Vertrages

Dieser Vertrag kann von beiden Parteien unter Einhaltung einer Kündigungsfrist von 14 Tagen ordentlich gekündigt werden. Die Kündigung des Vertrages, auch die außerordentliche, bedarf der Schriftform.

§ 13 Leistungsbeurteilung

Dauert die Überlassung eines/r Leiharbeitnehmers/in länger als sechs Wochen, ist der Entleiher verpflichtet, dem Verleiher nach Beendigung der Überlassung eine schriftliche Leistungs- und Verhaltensbeurteilung über den/die ihm überlassene/n Leiharbeitnehmer/in auszustellen.

§ 14 Vermittlungsprovision

(1) Wird aufgrund der nach vorangegangenem Verleih oder mittels vorangegangenen Verleihs erfolgten Vermittlung durch den Verleiher ein Arbeitsverhältnis zwischen Entleiher und dem/der Leiharbeitnehmer/in nach Beendigung des Leiharbeitsverhältnisses begründet, zahlt der Entleiher dem Verleiher eine Vermittlungsprovision.

(2) Die Vermittlungsprovision beträgt bei einer Überlassungsdauer des/der Leiharbeitnehmers/in im Betrieb des Entleihers

a) von bis zu drei Monaten das ... -fache,
b) von drei bis sechs Monaten das ... -fache

des dem/der vermittelten Leiharbeitnehmer/in vom Entleiher gewährten Bruttomonatsgehalts, mindestens jedoch ein entsprechender Anteil des aufgrund der einschlägigen tariflichen Bestimmungen zu gewährenden Bruttomonatsgehaltes.

oder:

a) von bis zu drei Monaten ... Euro,
b) von drei bis sechs Monaten ... Euro

(3) Ab einer Überlassungsdauer von mehr als sechs Monaten wird keine Vermittlungsgebühr berechnet.

Zu beachten ist, dass die Höhe der Vermittlungsgebühr gemäß § 9 Nr. 3 AÜG angemessen sein muss. Dabei ist die Dauer des vorangegangenen Verleihs, die Überlassungsvergütung und der Aufwand für die Gewinnung eines vergleichbaren Arbeitnehmers heranzuziehen. So kann im Einzelfall bei einfachen Tätigkeiten auch eine Obergrenze von 1 000 Euro zu ziehen sein.

(4) Die Vermittlungsprovision wird fällig bei Aufnahme der Beschäftigung des vermittelten Arbeitnehmers aufgrund des neu begründeten Arbeitsverhältnisses beim Entleiher.

Ort, den ...   Unterschrift   Unterschrift

C. Vertragsmuster mit Tarifbezug (ausgewählte Branchen)

1 Die unter III C wiedergegebenen Vertragsmuster mögen als Beispiele für Arbeitsverträge dienen, denen ein Tarifvertrag zu Grunde liegt. Unter III A Rz. 8 wurde ein allgemeines Vertragsmuster ohne Tarifbezug entwickelt. Im Ausgangspunkt orientieren sich die Muster mit Tarifbezug hieran. Es ist jedoch jeweils der vorhandene tarifliche Normenbestand zu prüfen und der Vertrag der jeweiligen kollektivvertraglichen Situation entsprechend anzupassen. Dabei ist für die typischen Regelungsfelder der Tarifparteien darauf zu achten, dass eine vertragliche Regelung gefunden wird, die tarifvertragliche Veränderungen ermöglicht. Weitere Klauselalternativen sind in den Verweisungsstichwörtern oben in Teil II zu finden.

2 In der Praxis wurde festgestellt, dass zahlreiche Arbeitsverträge – auch größerer Unternehmen – nicht mit den Vorgaben der Tarifverträge übereinstimmten. Die folgenden Vertragsmuster gehen von dem Grundsatz aus, dass **tarifgebundene** und **tarifungebundene Arbeitnehmer** möglichst **gleichbehandelt** werden sollen. Dies war nach den empirischen Feststellungen auch überwiegend der in der deutschen Wirtschaft festzustellende Vertragswille. Für diesen Fall ist eine globale → *Verweisungsklausel*, II V 40 auf die einschlägigen Tarifverträge zweckmäßig.

3 Will der Arbeitgeber bei tarifungebundenen Arbeitnehmern der **Vertragsabrede Vorrang** einräumen, müsste dies entsprechend durch eine eingeschränkte → *Verweisungsklausel*, II V 40 klargestellt werden. Der Vertrag ist dann allerdings nicht mehr tarifvertragsoffen; es greift das Günstigkeitsprinzip. Ferner könnte sich der Arbeitnehmer durch bloßen Eintritt in die Gewerkschaft die besseren Bedingungen des Tarifvertrages sichern.

4 Angesichts verbreiteter Umstrukturierungen von Betrieb und Unternehmen ist darauf zu achten, dass die → *Verweisungsklauseln*, II V 40 einerseits hinreichend offen für Änderungen des Bezugnahmeobjektes sind, andererseits aber auch die durch das Nachweisgesetz geforderten Grundlagen transparenter Vertragsgestaltung wahren. Empfohlen wird daher für den Regelfall folgende **Verweisungsklausel:**

Auf das Arbeitsverhältnis sind anzuwenden die betrieblich und fachlich jeweils einschlägigen Tarifverträge in ihrer jeweils gültigen Fassung, soweit in diesem Vertrag nichts anderes vereinbart ist. Dies sind zurzeit (Zeitpunkt des Vertragsschlusses) die von der X-Gewerkschaft mit dem Y-Arbeitgeberverband für das Tarifgebiet Z abgeschlossenen Tarifverträge für die A-Branche.

Es ist dringend anzuraten, vor Aufnahme einer Verweisungsklausel die Interessenlage genau zu analysieren und zu prüfen, ob die Folgewirkungen der jeweiligen Verweisungsklausel gewollt sind. Die Vertragsgestaltung steht in einem Spannungsverhältnis zwischen der wünschenswerten Gleichstellung aller im Betrieb bzw. Unternehmen Beschäftigten, der möglicherweise schon normativ bestehenden Tarifpluralität, der notwendigen Flexibilität und Dynamisierung sowie der Wahrung der Anforderungen des Nachweisgesetzes. Unter Berücksichtigung dieser Maßgaben und der aktuellen Rechtsprechung des BAG **empfiehlt sich grundsätzlich, eine große dynamische Verweisungsklausel zu verwenden,** die für verschiedene Varianten normativer Änderungen der Tarifsituation geeignete, transparente Regelungen bereit stellt und zugleich die Herausforderungen der Tarifpluralität bewältigt. Eine ausführliche Klausel könnte so aussehen:

(1) Ist der Arbeitnehmer an bei dem Arbeitgeber geltende Tarifverträge normativ gebunden (§ 3 Abs. 1 TVG), finden auf das Arbeitsverhältnis ausschließlich diese Tarifverträge Anwendung. Absätze 2–5 gelten in diesem Fall nicht.

(2) Ist keine Tarifbindung des Arbeitnehmers an einen beim Arbeitgeber geltenden Tarifvertrag gegeben, finden auf das Arbeitsverhältnis die jeweils für eine relative Mehrheit der im jeweiligen Beschäftigungsbetrieb tätigen tarifgebundenen Arbeitnehmer geltenden Tarifverträge in ihrer jeweils gültigen Fassung Anwendung. Das sind nach Kenntnis des Arbeitgebers derzeit die Tarifverträge der A-Branche im Tarifgebiet Z, abgeschlossen zwischen dem Arbeitgeber/AGV X und der Gewerkschaft Y.

(3) Der Arbeitgeber kann aus wirtschaftlichen Gründen durch schriftliche Erklärung für die Zukunft die Anwendung der nach Absatz 2 geltenden Tarifverträge auf die im Zeitpunkt der Erklärung geltende Fassung beschränken.

(4) Entfällt jegliche Tarifbindung des Arbeitgebers oder bindet der Tarifvertrag ihn nach einem Verbandsaustritt nur noch gemäß § 3 Abs. 3 TVG, gelten die zu diesem Zeitpunkt gemäß Absatz 2 anwendbaren Tarifverträge statisch in der zuletzt gültigen Fassung fort, soweit sie nicht durch andere Abmachungen ersetzt werden.

(5) Absatz 4 gilt entsprechend im Falle eines Betriebsübergangs, wenn der neue Arbeitgeber nicht tarifgebunden ist. Für den Fall, dass der neue Arbeitgeber tarifgebunden ist, gilt Absatz 2 Satz 1 entsprechend.

Die nachfolgenden Vertragsmuster gehen davon aus, dass daneben keine weiteren allgemeinen Anstellungsbedingungen bestehen. Die oftmals in Arbeits- oder Betriebsordnungen enthaltenen individualarbeitsrechtlichen Regelungsbereiche wurden in den Vertragsmustern berücksichtigt.

I. Arbeitsvertragsmuster für das Private Bankgewerbe und die öffentlichen Banken

1. Vorbemerkung

Der nachfolgende Vertrag ist entwickelt worden als Grundmuster für den Bereich des Bankgewerbes. Zugrunde gelegt wurde der **Manteltarifvertrag** für das private Bankgewerbe und die öffentlichen Banken (Stand: Juni 2010). Ausgangspunkt ist das von den Verfassern vorgeschlagene Vertragsmuster unter III A Rz. 8, das im Hinblick auf den Tarifvertrag durchgesehen und angepasst wurde.

Neben dem Gehaltstarifvertrag ist ferner der Tarifvertrag über vermögenswirksame Leistungen für das private Bankgewerbe zu beachten.

2. Ausgangspunkte für die Vertragsgestaltung

Der Manteltarifvertrag für das Bankgewerbe (**MTV Banken**, Rz. 21) enthält typische Schwerpunkte eines Manteltarifvertrages im Bereich der Arbeitszeit (§ 2), der Mehrarbeit (§ 4), der Mehrarbeits-, Sonn- und Feiertags-, Nachtarbeits- und Schichtarbeitsvergütung (§ 5), der Eingruppierungsregelungen (§§ 6–8) sowie der Teilzeitarbeit (§ 9).

9   Nach der Protokollnotiz 1 zu § 1 MTV Banken werden bei Arbeitnehmern, deren laufendes Monatsgehalt das Endgehalt der höchsten Tarifgruppe überschreitet (**AT-Angestellte**), Mehrarbeitsvergütungen und Sozialzulagen nicht besonders bezahlt, wenn sie mit dem einzelvertraglich vereinbarten Monatsgehalt dafür eine **angemessene Pauschalabgeltung** erhalten. Eine Abgeltung besonderer Mehrarbeitsbeanspruchung kann auch durch die **Bemessung einer Jahresabschlussvergütung** (Gratifikation, Tantieme) erfolgen. Soll dies geschehen, ist zu empfehlen, dies im Arbeitsvertrag **ausdrücklich klarzustellen**. Die Möglichkeit, auch für andere Arbeitnehmer Mehrarbeit pauschal abzugelten, bleibt davon unberührt.

10 Wichtig ist, dass der MTV Banken nach § 1 keine Anwendung findet auf „Angestellte in leitender Stellung oder solche Angestellte, die durch ihre Stellung berufen sind, selbständig Entscheidungen von besonderer Wichtigkeit und Tragweite zu treffen", vorausgesetzt, „dass ihr laufendes Monatsgehalt (ausschließlich Sozialzulagen, Mehrarbeits- und Sondervergütungen) das Endgehalt der höchsten Tarifgruppe überschreitet und dass die sonstigen Bedingungen ihrer Arbeitsverträge nicht schlechter sind als die entsprechenden Bedingungen des Tarifvertrages." Im Ergebnis ist damit sichergestellt, dass die Vertragsgestaltung der Führungskräfte in allen Bedingungen nicht hinter den tariflichen Regelungen zurückbleiben darf.

11 In diesem Zusammenhang ist wesentlich, dass § 10 MTV Banken einen **Mindeststandard jährlicher Sonderzahlungen** in einem Kalenderjahr von 100 % des monatlichen Tarifgehalts zuzüglich aller tariflichen Zulagen sichert. Durch welche betrieblichen Sonderzahlungen dieser Mindeststandard sichergestellt wird, bleibt dem jeweiligen Unternehmen überlassen. Es besteht daher im Bankbereich ein – etwa gegenüber dem Versicherungsgewerbe – weitergehender vertraglicher oder betrieblicher Gestaltungsbedarf für Sonderzahlungen (Urlaubsgeld, Gratifikationen, Tantiemen). So enthält der MTV Banken **kein tarifliches zusätzliches Urlaubsgeld**, wie es etwa im MTV Privates Versicherungsgewerbe enthalten ist. Nur der Verband der Sparda-Banken e.V. hat mit der Gewerkschaft HBV bislang einen Tarifvertrag über Urlaubsgeld geschlossen.

12 § 14 MTV Banken sieht tarifliche Kinderzulagen vor.

13 Die einzelvertraglichen Regelungen zur dauernden oder vorübergehenden Zuweisung einer anderen Tätigkeit sind abzustimmen mit den Tarifvorschriften zur Eingruppierung und zur Tätigkeitszulage (§ 7 Ziffer 3 und 4 MTV Banken). Insbesondere die Frage der Vergütungsanpassung bei Übertragung höherwertiger Tätigkeiten ist in § 7 Ziffer 4 MTV Banken geregelt.

14 Der MTV Banken enthält in § 17 Ziffer 4 eine Regelung zur **Altersgrenze**. Im Hinblick auf die möglichen Konsequenzen aus dem Schriftformerfordernis des § 14 Abs. 4 TzBfG ist jedoch zu empfehlen, die Altersgrenzenregelung ausdrücklich in den Arbeitsvertrag aufzunehmen. Aus diesem Grunde wurde eine einzelvertragliche → *Altersgrenze*, II A 20, die der bindenden Vorgabe des § 41 Satz 2 SGB VI entspricht, übernommen.

15 Die **Kündigungsfristen** in § 17 MTV Banken differenzieren nicht zwischen Arbeitern und Angestellten und sind daher verfassungsrechtlich unbedenklich. Die Regelung geht zugunsten der Arbeitnehmer über das geltende Gesetzesrecht hinaus.

Eine vertragliche Regelung zur → *Nebentätigkeit*, II N 10 ist notwendig, da der Tarifvertrag hierzu keine Regelungen enthält. Überdies empfehlen sich für den Bankbereich besondere Regelungen für die Annahme von Vorteilen und der Betätigung von Bankgeschäften und Beteiligungen, weil hier besonders empfindliche Interessenverquickungen auftreten können. Ferner war ein Verweis auf die üblicherweise gewährten Sonderregeln über die Führung von Mitarbeiterkonten und auf die zusätzliche Altersversorgung, die der Beamtenversicherungsverein des privaten Bank- und Bankiergewerbes a.G. gewährt, aufzunehmen.

Der MTV Banken enthält keine tarifliche Ausschlussfrist. Es empfiehlt sich daher die Aufnahme einer einzelvertraglichen Regelung (→ *Ausschlussfristen*, II A 150).

In dem Vertragsmuster wird auf **deklaratorische Regelungen** so weit wie möglich **verzichtet** und im Zweifel auf die einschlägigen Tarifnormen verwiesen.

Ebenso wurde verzichtet auf die Aufnahme der verbreiteten, aber weithin unwirksamen, zumindest aber wirkungslosen → *Schriftformklauseln*, II S 30, → *salvatorischen Klauseln*, II S 10 und → *Gerichtsstandsvereinbarungen*, II G 20.

3. Vertragsmuster

Arbeitsvertrag

Zwischen der Bank ...

– nachfolgend kurz Bank genannt –

und

Herrn/Frau ...

– nachfolgend Mitarbeiter/in genannt –

wird folgender Arbeitsvertrag geschlossen:

→ *Arbeitnehmerstatus*, II A 50

§ 1 Beginn des Arbeitsverhältnisses

(1) Der/Die Mitarbeiter/in tritt am ... (Datum) auf unbestimmte Zeit in die Dienste der Bank.

(2) Die Einstellung erfolgt unter der Bedingung, dass der/die Mitarbeiter/in nach dem Ergebnis der Einstellungsuntersuchung durch den Vertrauens-/Betriebsarzt für die geschuldete Tätigkeit geeignet ist.

→ *Arbeitsaufnahme/Beginn des Arbeitsverhältnisses*, II A 60

→ *Befristung des Arbeitsverhältnisses*, II B 10

§ 2 Probezeit

Die ersten sechs Monate gelten als Probezeit. Während dieser Zeit kann das Arbeitsverhältnis beiderseits mit einer Frist von zwei Wochen gekündigt werden.

→ *Kündigungsvereinbarungen*, II K 10

§ 3 Tätigkeit

(1) Herr/Frau … (Name), der/die Mitarbeiter/in, wird eingestellt als … (Berufsbild; kurze Charakterisierung oder Beschreibung der zu leistenden Tätigkeit). Er/Sie wird mit allen einschlägigen Arbeiten nach näherer Anweisung der Geschäftsleitung und seiner/ihrer Vorgesetzten beschäftigt.

(2) Der/Die Mitarbeiter/in verpflichtet sich, die ihm/ihr übertragenen Aufgaben sorgfältig auszuführen.

→ *Direktionsrecht und Tätigkeitsbeschreibung*, II D 30

§ 4 Weisungsrecht des Arbeitgebers/Versetzung

Das Weisungsrecht des Arbeitgebers hinsichtlich des Inhaltes der Tätigkeit, der zeitlichen Lage der Arbeitszeit und des Ortes der Tätigkeit richtet sich nach § 106 Gewerbeordnung.

oder:

§ 4 Zuweisung anderer Tätigkeiten/Versetzung

(1) Die Bank ist berechtigt, dem/der Mitarbeiter/in anderweitige seinen/ihren Fähigkeiten entsprechende gleichwertige oder höherwertige Tätigkeiten zu übertragen.

(2) Das Arbeitsverhältnis bezieht sich auf eine Tätigkeit in … (Ort). Die Bank behält sich vor, den/die Mitarbeiter/in innerhalb des gesamten Unternehmens – auch an einen anderen Ort – (vertretungsweise für die Höchstdauer von … Monaten/Jahren) im Rahmen des Absatzes 1 zu versetzen, wenn ihm/ihr dies bei Abwägung der betrieblichen und seiner/ihrer persönlichen Belange zuzumuten ist. Außer bei dringenden betrieblichen Notwendigkeiten wird die Bank hierbei eine Ankündigungsfrist beachten, die der vertraglichen oder gesetzlichen Kündigungsfrist des/der Mitarbeiters/in entspricht. Kosten eines von der Bank angeordneten Wohnsitzwechsels werden dem/der Mitarbeiter/in erstattet.

→ *Direktionsrecht und Tätigkeitsbeschreibung*, II D 30

§ 5 Arbeitszeit

(1) Die regelmäßige Arbeitszeit beträgt nach den zurzeit gültigen tariflichen Bestimmungen … Stunden wöchentlich. Die Arbeitszeit kann nach Maßgabe des § 2 I MTV Banken variieren.

(2) Beginn und Ende der täglichen Arbeitszeit und der Pausen richten sich nach den jeweiligen tariflichen Bestimmungen und den mit dem Betriebsrat abgeschlossenen Vereinbarungen.

(3) Der/Die Mitarbeiter/in ist verpflichtet, aus dringenden betrieblichen Gründen im Rahmen der gesetzlichen Bestimmungen, insbesondere der Mitbestimmung des Betriebsrats gemäß § 87 Abs. 1 BetrVG, Nacht-/Wechselschicht-/Sonntagsarbeit und vorübergehend Mehr- und Überarbeit zu leisten.

→ *Arbeitszeit*, II A 90

§ 6 Vergütung

(1) Aufgrund der zurzeit geltenden Bestimmungen erhält der/die Mitarbeiter/in ein Gehalt nach Tarifgruppe ..., ... Berufsjahr. Die Eingruppierung ist deklaratorisch. Das Grundgehalt beträgt demnach zurzeit monatlich ... Euro. Zusätzlich werden folgende Zulagen gezahlt:
1. Kinderzulage nach § 14 MTV ... Euro
2. Schichtzulage nach § 5 MTV ... Euro
3. Übertarifliche Zulage ... Euro

(2) Die übertarifliche Zulage kann bei Tariflohnerhöhungen verrechnet werden, und zwar auch rückwirkend, wenn der Tariflohn rückwirkend erhöht wird.

(3) Die Bank gewährt dem/der Mitarbeiter/in vermögenswirksame Leistungen nach dem Tarifvertrag über vermögenswirksame Leistungen für das private Bankgewerbe in seiner jeweiligen Fassung. Sie betragen zurzeit monatlich ... Euro.

(4) Die Zahlung der Vergütung erfolgt bargeldlos.

→ *Arbeitsentgelt*, II A 70

§ 7 Über- und Mehrarbeitsvergütung

(1) Ansprüche auf Vergütung und Zuschläge für etwaige Überstunden und Mehrarbeit sowie Nacht-, Sonn- und Feiertagsarbeit bestehen nur, wenn die Tätigkeit von der Bank angeordnet oder genehmigt worden ist.

(2) Die Vergütung richtet sich nach § 5 MTV des privaten Bankgewerbes.

→ *Mehrarbeits- und Überstundenvergütung*, II M 20

§ 8 Sonderleistungen

(1) Der/Die Mitarbeiter/in erhält eine Jahressonderzahlung von zurzeit ... % (mindestens 100 %) des monatlichen Tarifgehalts zuzüglich aller tariflichen Zulagen. Hierin ist die Sonderzahlung nach Maßgabe des § 10 MTV Privates Bankgewerbe enthalten. Die Auszahlung erfolgt jeweils zur Hälfte mit der Gehaltszahlung in den Monaten Mai und November. Der Anspruch auf die Gratifikation besteht nur, wenn das Arbeitsverhältnis im Auszahlungszeitpunkt sechs Monate bestanden hat. Ruht das Arbeitsverhältnis ganz oder teilweise gleich aus welchem Rechtsgrund ohne Entgeltfortzahlung, wird die Gratifikation entsprechend anteilig gekürzt. Der Anspruch auf die Jahressonderzahlung ist ausgeschlossen, wenn das Arbeitsverhältnis im Zeitpunkt der Auszahlung oder bis zum 31.12. von einem der Vertragsteile gekündigt wird oder infolge Aufhebungsvertrages endet. Der anteilige Anspruch aus § 10 Abs. 3 MTV Privates Bankgewerbe bleibt davon unberührt.

(2) Darüber hinaus gewährt die Bank freiwillige Sonderleistungen, die in freiwilligen Betriebsvereinbarungen geregelt sind. Über den gegenwärtigen Stand der Sonderleistungen informiert die Broschüre „Sonderleistungen", die diesem Vertrag beigefügt ist.

(3) Die Bank ist Mitglied des Beamtenversicherungsvereins des Deutschen Bank- und Bankiergewerbes a. G. (BVV) und verpflichtet, den/die Mitarbeiter/in dort für die Dauer der Beschäftigung zu versichern. Aus dieser Versicherung entsteht ein Anspruch auf ein zusätzliches Ruhegeld. Die satzungsgemäßen Beiträge trägt die Bank nach den derzeit geltenden Bedingungen zu zwei Dritteln. Der Eigen-

anteil des/der Mitarbeiters/in wird bei der monatlichen Gehaltszahlung einbehalten. Satzung, Versicherungsbedingungen und Aufnahmeantrag des BVV liegen diesem Vertrag bei.

(4) Soweit der/die Mitarbeiter/in nicht zu den Pflichtversicherten der Rentenversicherung gehört, beteiligt sich die Bank zur Hälfte an den Prämien einer Lebensversicherung, höchstens jedoch bis zur Hälfte des jeweiligen Höchstbetrages zur gesetzlichen Rentenversicherung.

(5) Die Bank führt für ihre Mitarbeiter und Pensionäre, deren Ehegatten und minderjährige Kinder Bankgeschäfte aller Art nach Maßgabe der jeweils geltenden Richtlinien zu Vorzugsbedingungen aus. Dies gilt nicht für Geschäfte, die auf einer selbständigen Erwerbstätigkeit beruhen, sowie für Geschäfte, die für Rechnung Dritter getätigt werden.

→ *Sonderzahlungen*, II S 40

§ 9 Abtretung und Verpfändung des Arbeitseinkommens

Der/Die Mitarbeiter/in darf seine Vergütungsansprüche an Dritte nur nach vorheriger schriftlicher Zustimmung der Bank verpfänden oder abtreten. Die Zustimmung darf nur aus sachlichen Gründen verweigert werden.

→ *Abtretungsverbote und Lohnpfändung*, II A 10

§ 10 Arbeitsverhinderung/Entgeltfortzahlung

(1) Der/Die Mitarbeiter/in ist verpflichtet, jede Arbeitsverhinderung und ihre voraussichtliche Dauer unverzüglich der Bank anzuzeigen und dabei gleichzeitig auf etwaige dringliche Arbeiten hinzuweisen. Für den Nachweis der Arbeitsunfähigkeit im Krankheitsfalle gelten die tariflichen bzw. gesetzlichen Bestimmungen. Die Art der Erkrankung ist nur dann anzugeben, wenn sie Schutzmaßnahmen des Arbeitgebers für andere Arbeitnehmer erfordert (z.B. bei Infektionsgefahr), wenn wegen derselben Erkrankung innerhalb der letzten sechs Monate Arbeitsunfähigkeit vorlag oder wenn seit Beginn der ersten Arbeitsunfähigkeit infolge derselben Krankheit weniger als zwölf Monate vergangen sind.

(2) Hält sich der/die Mitarbeiter/in bei Beginn der Arbeitsunfähigkeit im Ausland auf, so ist er/sie verpflichtet, dem Arbeitgeber die Arbeitsunfähigkeit, deren voraussichtliche Dauer und die Adresse am Aufenthaltsort in der schnellstmöglichen Art der Übermittlung mitzuteilen. Kehrt der/die arbeitsunfähig erkrankte Mitarbeiter/in in das Inland zurück, so ist er/sie verpflichtet, seine/ihre Rückkehr dem Arbeitgeber und der Krankenkasse unverzüglich mitzuteilen.

(3) Ist der/die Mitarbeiter/in unverschuldet arbeitsunfähig erkrankt, leistet die Bank für die Dauer von ... Wochen/Monaten Entgeltfortzahlung nach den gesetzlichen Bestimmungen. Ein Krankengeldzuschuss wird nach Maßgabe des § 12 MTV Privates Bankgewerbe gezahlt.

(4) Soweit die Arbeitsverhinderung auf einem Ereignis beruht, aus dem dem/der Mitarbeiter/in Schadensersatzansprüche gegen einen Dritten zustehen, werden diese in Höhe der Vergütungsfortzahlung an die Bank abgetreten. Der/Die Mitarbeiter/in ist verpflichtet, der Bank die zur Erhebung der Ansprüche erforderli-

chen Auskünfte zu erteilen und an der Geltendmachung und Durchsetzung der Schadensersatzansprüche mitzuwirken, insbesondere im Einzelfall eine schriftliche Abtretungserklärung zu unterzeichnen.

→ *Anzeige- und Nachweispflicht*, II A 40

→ *Entgeltfortzahlung*, II E 20

§ 11 Urlaub

Der/Die Mitarbeiter/in erhält Erholungsurlaub nach Maßgabe des § 15 MTV Privates Bankgewerbe in seiner jeweiligen Fassung. Der Erholungsurlaub beträgt zurzeit ... Werktage im Kalenderjahr. Der Urlaub wird in Abstimmung mit dem/der Mitarbeiter/in von der Bank festgelegt. Im Übrigen gelten die gesetzlichen Bestimmungen.

→ *Urlaub*, II U 20

§ 12 Rückzahlung zu viel erhaltener Leistungen

Zu viel gezahltes Entgelt oder sonstige Geldleistungen kann die Bank nach den Grundsätzen über die Herausgabe einer ungerechtfertigten Bereicherung zurückverlangen. Der/Die Mitarbeiter/in kann sich auf den Wegfall der Bereicherung nicht berufen, wenn die rechtsgrundlose Überzahlung so offensichtlich war, dass der/die Mitarbeiter/in dies hätte erkennen müssen, oder wenn die Überzahlung auf Umständen beruhte, die der/die Mitarbeiter/in zu vertreten hat.

→ *Arbeitsentgelt, überzahltes*, II A 80

§ 13 Nebentätigkeit/Geschenke/private Bankgeschäfte

(1) Jede Nebentätigkeit, gleichgültig ob sie entgeltlich oder unentgeltlich ausgeübt wird, bedarf der vorherigen Zustimmung der Bank. Die Zustimmung wird erteilt, wenn die Nebentätigkeit die Wahrnehmung der dienstlichen Aufgaben zeitlich nicht oder allenfalls unwesentlich behindert und sonstige berechtigte Interessen der Bank nicht beeinträchtigt werden. Die Bank hat die Entscheidung über den Antrag des/der Mitarbeiters/in auf Zustimmung zur Nebentätigkeit innerhalb von vier Wochen nach Eingang des Antrages zu treffen. Wird innerhalb dieser Frist eine Entscheidung nicht gefällt, gilt die Zustimmung als erteilt.

(2) Die Beteiligung an oder die Führung von Unternehmen und Gesellschaften bedarf der vorherigen Zustimmung der Bank. Die Zustimmung wird nach Maßgabe des Absatzes 1 erteilt, wenn eine Konkurrenztätigkeit nicht vorliegt, eine Beeinträchtigung der wirtschaftlichen Interessen der Bank nicht zu befürchten ist und der Verdacht der Vermengung dienstlicher und persönlicher Belange nicht entstehen kann. Diese Regelung gilt nicht für den Erwerb börsengängiger Anteile und Vermögensanlagen.

(3) Der/Die Mitarbeiter/in darf weder unmittelbar noch mittelbar von Kunden oder sonstigen Vertragspartnern der Bank im Zusammenhang mit seiner/ihrer Tätigkeit Geschenke, Darlehen oder sonstige Vorteile fordern oder annehmen oder sich gewähren lassen. Der/Die Mitarbeiter/in ist verpflichtet, entsprechende Versuche unverzüglich dem jeweiligen Vorgesetzten mitzuteilen. Ausgenommen von dieser Regelung sind kleinere Aufmerksamkeiten von Kunden.

(4) Darlehensgeschäfte der Mitarbeiter untereinander oder mit Personen, die mit der Bank in geschäftlicher Verbindung stehen – ausgenommen Ehegatten, Kinder, Eltern, Schwiegereltern und Großeltern – sind untersagt. Es ist untersagt, sich an Geld- oder Wertpapiergeschäften Dritter, insbesondere von Kunden der Bank, zu beteiligen.

(5) Verbindlichkeiten aus Krediten, Wechseln und Bürgschaften, die insgesamt ein Jahresbruttogehalt übersteigen, sind der Bank mitzuteilen.

(6) Vollmachten, die dem/der Mitarbeiter/in von dritter Seite über die bei der Bank bestehenden Konten und Depots erteilt werden, bedürfen der vorherigen schriftlichen Zustimmung der Bank. Dies gilt nicht für Konten des Ehepartners oder der minderjährigen Kinder.

→ *Nebentätigkeit*, II N 10

§ 14 Geheimhaltung

(1) Der/Die Mitarbeiter/in verpflichtet sich, über alle Geschäftsgeheimnisse, insbesondere aber Angelegenheiten der Kunden sowohl während der Dauer des Arbeitsverhältnisses als auch nach seiner Beendigung Stillschweigen zu bewahren. Die Geheimhaltungspflicht erstreckt sich nicht auf solche Kenntnisse, die jedermann zugänglich sind oder deren Weitergabe für die Bank ersichtlich ohne Nachteil ist. Im Zweifelsfalle sind jedoch technische, kaufmännische und persönliche Vorgänge und Verhältnisse, die dem/der Mitarbeiter/in im Zusammenhang mit seiner/ihrer Tätigkeit bekannt werden, als Geschäftsgeheimnisse zu behandeln. In solchen Fällen ist der/die Mitarbeiter/in vor der Offenbarung verpflichtet, eine Weisung der Geschäftsleitung einzuholen, ob eine bestimmte Tatsache vertraulich zu behandeln ist.

(2) Die Schweigepflicht erstreckt sich auch auf Angelegenheiten anderer Unternehmen, mit denen die Bank wirtschaftlich oder organisatorisch verbunden ist.

(3) Der/Die Mitarbeiter/in ist verpflichtet, die in der Anlage zu diesem Vertrag befindliche Verpflichtungserklärung zur Wahrung des Datengeheimnisses gemäß § 5 Bundesdatenschutzgesetz zu unterzeichnen.

(4) Sollte die nachvertragliche Verschwiegenheitspflicht den/die Mitarbeiter/in in seinem/ihrem beruflichen Fortkommen unangemessen hindern, hat der/die Mitarbeiter/in gegen die Bank einen Anspruch auf Freistellung von dieser Pflicht.

(5) Die betrieblichen Sicherheitsbestimmungen sind zu beachten. Vertrauliche und geheim zu haltende Schriftstücke, Zeichnungen, Modelle usw. sind unter Verschluss zu halten.

→ *Verschwiegenheitspflicht*, II V 20

§ 15 Haftung

Verursacht der/die Mitarbeiter/in durch eine schuldhafte Pflichtverletzung einen Schaden, so hat er/sie im Falle einfacher Fahrlässigkeit den Schaden zur Hälfte, höchstens jedoch bis zum Betrag einer gewöhnlichen Monatsnettovergütung zu ersetzen. Bei grober Fahrlässigkeit hat der/die Mitarbeiter/in den Schaden voll zu tragen, jedoch der Höhe nach beschränkt auf den dreifachen Betrag der gewöhnlichen Monatsnettovergütung. Die Haftung für Fahrlässigkeit besteht nur für solche Schäden, die nicht durch eine – von der Bank abzuschließende – Betriebshaftpflichtversicherung gedeckt werden können. Diese Grundsätze gelten entsprechend bei Schadensersatzansprüchen Dritter. Bei Vorsatz haftet der/die Mitarbeiter/in unbeschränkt.

→ *Haftung des Arbeitnehmers*, II H 20

§ 16 Vertragsstrafe

(1) Nimmt der/die Mitarbeiter/in die Arbeit nicht oder verspätet auf, löst er/sie sich vom Arbeitsverhältnis ohne Einhaltung der maßgeblichen Kündigungsfrist auf oder verweigert er/sie vorübergehend die Arbeit, so hat der/die Mitarbeiter/in an die Bank eine Vertragsstrafe zu zahlen. Die Vertragsstrafe ist nur verwirkt, wenn der/die Mitarbeiter/in grob fahrlässig oder vorsätzlich gehandelt hat.

(2) Als Vertragsstrafe wird für die in Absatz 1 genannten Fälle ein Bruttotagesentgelt für jeden Tag der Zuwiderhandlung vereinbart, insgesamt wird jedoch nicht mehr als das in der gesetzlichen Mindestkündigungsfrist ansonsten erhaltene Arbeitsentgelt verwirkt. Im Übrigen beträgt die Vertragsstrafe insgesamt höchstens ein Bruttomonatsgehalt.

(3) Das Bruttotagesentgelt bemisst sich nach dem durchschnittlichen Arbeitsverdienst i.S.d. § 11 Abs. 1 Satz 1–4 BUrlG und den darin zum Ausdruck kommenden Berechnungsgrundsätzen. Ist der Arbeitnehmer in den in Absatz 1 genannten Fällen im Zeitpunkt der Zuwiderhandlung weniger als 13 Wochen bei dem Arbeitgeber beschäftigt, wird für die Berechnung des Bruttotagesentgeltes der gesamte Zeitraum vom Beginn des Arbeitsverhältnisses bis zum Zeitpunkt der Zuwiderhandlung zugrunde gelegt.

(4) Verstößt der/die Mitarbeiter/in gegen die Geheimhaltungsvereinbarung aus § 14, so gilt für jeden Fall der Zuwiderhandlung eine Vertragsstrafe in Höhe von … Euro als vereinbart.

(5) Die Geltendmachung eines weiter gehenden Schadens bleibt vorbehalten.

→ *Vertragsstrafen*, II V 30

§ 17 Beendigung des Arbeitsverhältnisses

(1) Es finden die Kündigungsbestimmungen und -fristen nach § 17 MTV Privates Bankgewerbe Anwendung.

(2) (Altersgrenze)

Das Arbeitsverhältnis endet, ohne dass es einer Kündigung bedarf, mit Ablauf des Monats, in dem der/die Mitarbeiter/in die Regelaltersgrenze der gesetzlichen Rentenversicherung erreicht. Zuvor kann es von beiden Seiten jederzeit ordentlich gekündigt werden.

oder:

(2) (Anspruch auf Altersrente als Beendigungsgrund)

a) Dieser Vertrag endet mit Ablauf des Monats, in dem der/die Mitarbeiter/in das 63. Lebensjahr vollendet, wenn er/sie in diesem Zeitpunkt einen Anspruch auf vorgezogene Altersrente hat. Zuvor kann es von beiden Seiten jederzeit ordentlich gekündigt werden.

b) Das Arbeitsverhältnis endet, ohne dass es einer Kündigung bedarf, zu dem Zeitpunkt, in dem der/die Mitarbeiter/in erstmals eine abschlagsfreie Rente wegen

Alters beziehen kann. Zuvor kann es von beiden Seiten jederzeit ordentlich gekündigt werden.

→ *Kündigungsvereinbarungen*, II K 10

→ *Altersgrenze*, II A 20

§ 18 Freistellung von der Arbeitspflicht

(1) Auf Wunsch des/der Mitarbeiters/in kann, sofern betriebliche Interessen dem nicht entgegenstehen, unbezahlter Urlaub gewährt werden. Während des unbezahlten Urlaubs ruht das Arbeitsverhältnis. Der/Die Mitarbeiter/in kann einen erteilten unbezahlten Urlaub nicht einseitig widerrufen.

(2) Die Bank ist berechtigt, den/die Mitarbeiter/in mit Ausspruch einer Kündigung – gleichgültig von welcher Seite – unter Fortzahlung der Bezüge (unwiderruflich) von der Arbeitsleistung freizustellen, wenn ein wichtiger Grund, insbesondere ein grober Vertragsverstoß, der die Vertrauensgrundlage beeinträchtigt (z.B. Geheimnisverrat, Konkurrenztätigkeit), gegeben ist. Die Freistellung erfolgt bei unwiderruflicher Freistellung unter Anrechnung auf den Erholungsurlaub, soweit dem nicht die Arbeitsunfähigkeit (§ 9 BUrlG) oder sonstige schutzwürdige Belange des/der Mitarbeiters/in entgegenstehen. Während der Dauer der Freistellung hat der/die Mitarbeiter/in Tätigkeiten für und als Wettbewerber zu unterlassen.

(optional: Auf die Fortzahlung der Bezüge ist anzurechnen, was der/die Mitarbeiter/in während der Freistellung durch anderweitige Verwendung seiner Arbeitskraft erwirbt.)

→ *Freistellung des Arbeitnehmers*, II F 10

§ 19 Tarifverträge, Betriebsvereinbarungen, Allgemeine Arbeitsbedingungen

(1) Auf das Arbeitsverhältnis sind anzuwenden die betrieblich und fachlich jeweils einschlägigen Tarifverträge in ihrer jeweils gültigen Fassung, soweit in diesem Vertrag nichts anderes vereinbart ist. Dies sind zurzeit (Zeitpunkt des Vertragsschlusses) in der jeweils gültigen Fassung der Manteltarifvertrag für das private Bankgewerbe nebst Zusatztarifverträgen, die der Arbeitgeberverband X und die Vereinte Dienstleistungsgewerkschaft ver.di e.V. geschlossen haben, sowie die regional einschlägigen Tarifverträge in der jeweils gültigen Fassung, die die Vereinte Dienstleistungsgewerkschaft ver.di e.V. mit dem Y-Arbeitgeberverband für das Tarifgebiet Z geschlossen haben.

(2) Die Parteien sind sich darüber einig, dass die mit dem Betriebsrat bereits abgeschlossenen und noch abzuschließenden Betriebsvereinbarungen den Regelungen in § ... auch dann vorgehen, wenn die vertragliche Regelung im Einzelfall günstiger ist.

(3) Im Übrigen gelten die Allgemeinen Arbeitsbedingungen der Bank, soweit sich nicht aus diesem Arbeitsvertrag etwas anderes ergibt.

(4) Die einschlägigen Tarifverträge/Betriebsvereinbarungen/Allgemeinen Arbeitsbedingungen können im Personalbüro eingesehen werden.

→ *Verweisungsklauseln*, II V 40

→ *Öffnungsklauseln*, II O 10

§ 20 Ausschlussfristen

(1) Alle beiderseitigen Ansprüche aus dem bestehenden Arbeitsverhältnis – mit Ausnahme von Ansprüchen, die aus der Verletzung des Lebens, des Körpers oder der Gesundheit sowie aus vorsätzlichen oder grob fahrlässigen Pflichtverletzungen des Arbeitgebers oder seines gesetzlichen Vertreters oder Erfüllungsgehilfen resultieren – müssen innerhalb von 6 Monaten, nachdem der jeweilige Gläubiger Kenntnis erlangt hat oder hätte erlangen müssen, schriftlich geltend gemacht werden.

(2) Lehnt die Gegenseite den Anspruch schriftlich ab oder erklärt sie sich nicht innerhalb von einem Monat nach Geltendmachung des Anspruches, so verfällt dieser, wenn er nicht innerhalb von drei Monaten nach der Ablehnung oder dem Fristablauf gerichtlich geltend gemacht wird.

(3) Wird ein Anspruch nicht formgemäß innerhalb der Fristen geltend gemacht, so führt dies zum endgültigem Erlöschen des Anspruchs.

(4) Die Ausschlussfrist nach Abs. 1 bis 3 erfasst nicht gesetzliche Mindestentgeltansprüche.

→ *Ausschlussfristen*, II A 150

Ort, den ...   Unterschrift   Unterschrift

4. Auszug aus dem Manteltarifvertrag für das private Bankgewerbe und die öffentlichen Banken (Stand: Juni 2010)

I. Geltungsbereich

§ 1

1. (...)

2. (...)

3. (...)

Der Tarifvertrag findet keine Anwendung auf

a) das Reinigungspersonal,

b) Aushilfskräfte ohne einschlägige Berufserfahrung mit einer Beschäftigungsdauer bis zu 2 Monaten.

Angestellte in leitender Stellung oder solche Angestellte, die durch ihre Stellung berufen sind, selbständig Entscheidungen von besonderer Wichtigkeit und Tragweite zu treffen (z.B. ProkuristenInnen, LeiterInnen größerer Zweigstellen, AbteilungsleiterInnen), fallen nicht unter die Bestimmungen dieses Tarifvertrages, vorausgesetzt, dass ihr laufendes Monatsgehalt (ausschließlich Sozialzulagen, Mehrarbeits- und Sondervergütungen) das Endgehalt der höchsten Tarifgruppe überschreitet und dass die sonstigen Bedingungen ihrer Arbeitsverträge nicht schlechter sind als die entsprechenden Bedingungen des Tarifvertrages.

(...)

Protokollnotiz:

1. Arbeitnehmern, deren laufendes Monatsgehalt das Endgehalt der höchsten Tarifgruppe überschreitet, werden Mehrarbeitsvergütungen und Sozialzulagen nicht besonders bezahlt, wenn sie mit dem einzelvertraglich vereinbarten Monatsgehalt dafür eine angemessene Pauschalabgeltung erhalten. Eine Abgeltung besonderer Mehrarbeitsbeanspruchung kann auch durch die Bemessung einer Jahresabschluss-Vergütung (Gratifikation, Tantieme) erfolgen. Die Möglichkeit, für bestimmte Arbeitnehmergruppen oder einzelne Arbeitnehmer Mehrarbeit pauschal abzugelten, bleibt unberührt.

2. Die in diesem Tarifvertrag verwendeten Sammelbegriffe wie Arbeitnehmer und Auszubildende gelten für Frauen und Männer gleichermaßen.

II. Arbeitszeit

§ 2 Regelmäßige Arbeitszeit

1. Die regelmäßige wöchentliche Arbeitszeit (ohne Pausen gerechnet) beträgt 39 Stunden. Ihre Verteilung auf die einzelnen Wochentage (z.B. Beginn und Ende der täglichen Arbeitszeit, gleitende Arbeitszeit, versetzte Arbeitszeiten, Schichtarbeit) ist unter Beachtung von § 87 BetrVG bzw. der entsprechenden Bestimmungen der Personalvertretungsgesetze betrieblich zu regeln. (...)

§ 3 24. Dezember/31. Dezember

(...)

§ 4 Mehrarbeit

1. Mehrarbeit ist soweit wie irgend möglich zu vermeiden. Sie ist nur ausnahmsweise und im Rahmen der gesetzlichen Vorschriften und der Bestimmungen dieses Tarifvertrages zulässig.

2. Mehrarbeit ist die über die regelmäßige Arbeitszeit (§ 2) bzw. bei ungleichmäßiger Verteilung die über die festgelegten Einsatzzeiten hinaus angeordnete und geleistete Arbeit, soweit sie nicht entweder in der vorhergehenden oder in den darauf folgenden 4 Wochen durch entsprechende Freizeitgewährung ausgeglichen wird. Bei ungleichmäßiger Verteilung der Arbeitszeit i.S.d. § 2 Ziff. 1 Abs. 2 wird jedenfalls die über die 45. Wochenstunde hinaus angeordnete und geleistete Arbeit wie Mehrarbeit vergütet.

Bei Gleitzeit ist Mehrarbeit, soweit diese nicht angeordnet und geleistet ist, auch die Arbeit, die über den betrieblich geregelten Gleitzeitübertrag hinaus geleistet wird, soweit diese genehmigt ist. Bei den in § 2 Ziff. 3 genannten Arbeitnehmern gilt die über die 156 Arbeitsstunden innerhalb 4 Wochen geleistete Arbeit als Mehrarbeit. Soweit die zwischen der Arbeitszeit liegenden Ruhepausen über die betrieblich geregelten Ruhepausen hinausgehen, sind sie für die Berechnung der Mehrarbeit in die 156 Arbeitsstunden einzubeziehen.

3. Die Arbeitszeit kann im Bedarfsfalle durch Mehrarbeit ausnahmsweise bis zu 10 Stunden am Tage und 53 Stunden in der Woche ausgedehnt werden. Ein Bedarfsfall liegt jedoch nur dann vor, wenn aus Gründen der Eigenart des Bankgewerbes oder seiner Belastung mit öffentlichen Aufgaben vorübergehend eine besondere Arbeitshäufung eintritt. An Sonnabenden darf die Arbeitszeit auch in diesem Falle

nicht mehr als 8 Stunden betragen, es sei denn, dass Belange der Allgemeinheit dies unabweisbar erfordern.

§ 5 Mehrarbeits-, Sonn-, Feiertags-, Nachtarbeits- und Schichtarbeitszuschläge

1. Die Grundvergütung für jede Mehrarbeitsstunde beträgt $1/169$ des tariflichen Monatsgehalts einschließlich übertariflicher Zulagen. Kinderzulagen bleiben bei der Berechnung der Mehrarbeitsvergütung außer Ansatz. Halbe Mehrarbeitsstunden werden mit der Hälfte dieser Sätze vergütet.

Zur Mehrarbeitsgrundvergütung wird ein Mehrarbeitszuschlag von 25 % gewährt. Der Mehrarbeitszuschlag erhöht sich für Mehrarbeit, die über 8 Stunden in der Woche hinausgeht und für Mehrarbeit, die an Sonnabenden (0.00 bis 24.00 Uhr) geleistet wird, auf 50 %.

2. Für Arbeit an Sonntagen und gesetzlichen Feiertagen sowie an Bankfeiertagen (0.00 bis 24.00 Uhr) – außer Wachdienst – wird ein Zuschlag von 100 % gezahlt.

Protokollnotiz:

Arbeitnehmer, die im Rahmen des § 2 Ziff. 1 Abs. 5 MTV an Sonn- und Feiertagen eingesetzt werden und an den anderen Wochentagen ständige 3-schichtige Wechselschichtarbeit leisten, behalten den entsprechenden Anspruch auf 3-Schichtzulage gemäß § 5 Ziff. 4 MTV.

3. Für Arbeit in der Nachtzeit (20.00 bis 6.00 Uhr) wird ein Zuschlag von 25 % gewährt. Für den Wachdienst gilt dies nur insoweit, als dieser in ständiger Wechselschichtarbeit gemäß Ziff. 4 beschäftigt ist.

4. Für Arbeitnehmer in ständiger 3-Schicht- oder Nachtarbeit ist § 6 Abs. 1 und 4 ArbZG zu beachten. Für ständige 3-schichtige Wechselschichtarbeit (außer Wachdienst), bei der die 3. Schicht regelmäßig überwiegend in der Nachtzeit (20.00 bis 6.00 Uhr) liegt, wird ein monatlicher Zuschlag von 250 Euro gewährt. Zusätzlich werden für je ein halbes Jahr solcher Wechselschichtarbeit 2 Tage bezahlte Arbeitsbefreiung gewährt. Anspruch auf diese Arbeitsbefreiung hat auch der Wachdienst. Wird der Sonnabend voll in diese ständige Wechselschichtarbeit einbezogen, erhöht sich der Zuschlag um 80 Euro, außerdem wird für je ein halbes Jahr solcher Wechselschichtarbeit ein zusätzlicher Tag bezahlte Arbeitsbefreiung gewährt (außer Wachdienst). Werden die Sonn- und Feiertage voll in diese Wechselschicht einbezogen, wird für je ein halbes Jahr solcher Wechselschichtarbeit ein zusätzlicher Tag bezahlte Arbeitsbefreiung gewährt (außer Wachdienst). Für sonstige ständige Wechselschichtarbeit (außer Wachdienst), bei der regelmäßig die Frühschicht vor 6.00 Uhr beginnt oder die Spätschicht nach 20.00 Uhr endet, wird ein monatlicher Zuschlag von 120 Euro gezahlt. Sofern eine Schicht regelmäßig überwiegend in der Nachtzeit liegt, wird zusätzlich für je ein halbes Jahr solcher Wechselschichtarbeit ein Tag bezahlte Arbeitsbefreiung gewährt. Anspruch auf diese Arbeitsbefreiung hat auch der Wachdienst.

Arbeitnehmer, die das 50. Lebensjahr vollendet haben und nach mindestens 10 Jahren ununterbrochener Wechselschichtarbeit keinen Schichtdienst mehr leisten, erhalten eine Zulage in Höhe des bisherigen Schichtzuschlags, auf die allgemeine Tarifgehaltserhöhungen voll angerechnet werden.

5. Wird die Mehrarbeit, die über 8 Stunden in der Woche hinausgeht, an Sonnabenden geleistet, so wird nur der Zuschlag für Mehrarbeit an Sonnabenden gewährt. Trifft der Sonn- und Feiertagszuschlag mit anderen Zuschlägen zusammen, so wird nur der Sonn- und Feiertagszuschlag gewährt. Im Übrigen werden die Zuschläge nebeneinander bezahlt und jeweils von der Grundvergütung berechnet.

6. Mehrarbeit und Zuschläge gemäß Ziff. 1–3 sind grundsätzlich in Freizeit abzugelten. Diese soll unter Berücksichtigung der betrieblichen Belange (auch halb- oder ganztägig) bis zum Ende des folgenden Abrechnungszeitraums gewährt werden.

In Ausnahmefällen (persönliche bzw. betriebliche Belange) kann stattdessen eine Vergütung erfolgen.

Mehrarbeit und Zuschläge gemäß Ziff. 1–3 können auch auf ein Langzeitkonto gemäß befristeter Rahmenregelung eingestellt werden.

III. Arbeitsentgelt

§ 6 Tarifgruppen

(...)

§ 7 Eingruppierung in die Tarifgruppen

1. Die Arbeitnehmer werden nach der von ihnen ausgeübten Tätigkeit in die Tarifgruppen eingruppiert. Für die Tarifgruppen gelten die in Teil II festgelegten Mindestmonatsgehaltssätze. Die Eingruppierung ist den Arbeitnehmern schriftlich mitzuteilen.

2. Arbeitnehmer, deren Tätigkeit als Beispiel in einer Tarifgruppe aufgeführt ist, sind in diese Tarifgruppe einzugruppieren.

3. Arbeitnehmer mit einem Arbeitsgebiet, das Tätigkeiten verschiedener Tarifgruppen umfasst, sind nach der von ihnen überwiegend ausgeübten Tätigkeit oder, wenn eine andere Tätigkeit der Gesamttätigkeit das Gepräge gibt, nach dieser einzugruppieren.

4. Hat ein Arbeitnehmer vorübergehend aushilfs- oder vertretungsweise eine Tätigkeit auszuüben, die einer höheren Tarifgruppe entspricht, so hat er, wenn die Tätigkeit ohne Unterbrechung länger als 2 Monate dauert, von Beginn der Tätigkeit an für deren Dauer Anspruch auf eine Zulage in Höhe der Differenz zwischen dem Gehalt seiner derzeitigen und dem der höheren Tarifgruppe.

Dauert die aushilfs- oder vertretungsweise Tätigkeit ununterbrochen länger als 6 Monate, so ist der Arbeitnehmer von dem Beginn des darauf folgenden Monats ab in die entsprechende höhere Tarifgruppe einzugruppieren.

5. Wenn Arbeitnehmern, die das 50. Lebensjahr vollendet haben und dem Betrieb mindestens 10 Jahre angehören, aus Gründen, die sie nicht zu vertreten haben, eine Tätigkeit übertragen wird, die einer niedrigeren Tarifgruppe entspricht als der, in die sie in den vorangegangenen 3 Jahren eingruppiert waren, ist ihnen weiter das Tarifgehalt ihrer bisherigen Tarifgruppe zu zahlen. Leistungsminderung infolge Alters oder Krankheit ist kein von ihnen zu vertretender Grund.

Protokollnotiz:

Zwischen den Tarifparteien besteht Einigkeit, dass als Besitzstand das Tarifgehalt zu garantieren ist, das der Mindesteingruppierung der vorangegangenen 3 Jahre entspricht.

§ 8 Einstufung in die Berufsjahre

(…)

§ 9 Teilzeitarbeit

(…)

§ 9a Chancengleichheit, Familie und Beruf

(…)

§ 10 Sonderzahlungen

1. Die Arbeitnehmer und Auszubildenden haben Anspruch darauf, dass die im Kalenderjahr zufließenden betrieblichen Sonderzahlungen 100 % des monatlichen Tarifgehalts zuzüglich aller tariflichen Zulagen und des Wechselschichtzuschlags bzw. der monatlichen Tarifvergütung für Auszubildende nicht unterschreiten. Für Teilzeitbeschäftigte gilt § 9 Ziff. 1 MTV entsprechend.

2. Maßgebend sind die dem Arbeitnehmer bzw. Auszubildenden in dem betreffenden Kalenderjahr zustehenden höchsten tariflichen Sätze.

3. Wenn dem Arbeitnehmer bzw. Auszubildenden in dem Kalenderjahr keine Ansprüche auf Gehalt bzw. Vergütung oder Zuschüsse zum Krankengeld gemäß § 12 MTV oder zum Mutterschaftsgeld gemäß § 14 Mutterschutzgesetz zustehen, entfällt der Anspruch auf die gemäß Ziff. 1 garantierte Sonderzahlung. Wenn nur für einen Teil des Kalenderjahres derartige Ansprüche bestehen, ermäßigt sich der Anspruch auf die Sonderzahlung für jeden Kalendermonat ohne derartige Ansprüche um $1/12$.

4. Abweichend von Ziff. 1 kann auf Unternehmensebene durch freiwillige Betriebs-/Dienstvereinbarung (ohne Möglichkeit der Nachwirkung im Kündigungsfall) geregelt werden, dass der Anspruch auf Sonderzahlungen (ohne Zulagen/Zuschläge) der Höhe nach teilweise vom Unternehmenserfolg abhängig ist.

In diesem Fall ist die Bandbreite festzulegen, innerhalb derer sich die Sonderzahlung in Abhängigkeit von der wirtschaftlichen Situation einer Unternehmenssparte oder des Unternehmens erhöhen (Chancen) oder verringern (Risiko) können. Diese Bandbreite kann max. zwischen 90 % und 120 % des Anspruchs gemäß Ziff. 1 (ohne Zulagen/Zuschläge) betragen.

Der Auszahlungszeitpunkt für den variablen Teil der Sonderzahlungen kann abweichend von Ziff. 1 in die ersten sechs Monate des darauf folgenden Kalenderjahres verschoben werden.

Die wirtschaftliche Situation ist anhand von nachprüfbaren Kennziffern zu bewerten, die in der Betriebs-/Dienstvereinbarung festzulegen sind. Die Kennziffern sind dem Wirtschaftsausschuss bzw., falls kein Wirtschaftsausschuss besteht, dem Betriebs-/Personalrat spätestens einen Monat vor Auszahlung der vom Unternehmenserfolg abhängigen Sonderzahlungen vorzulegen.

Protokollnotiz:

Die Tarifparteien stimmen darin überein, dass es sich bei den nachprüfbaren Kennziffern gemäß Ziff. 4 Abs. 5 um Kennziffern handeln sollte, die Grundlage oder Bestandteile der Rechnungslegung/Bilanzierung bzw. des regelmäßigen Reporting sind, bzw. um sonstige betriebliche Kennziffern, die die wirtschaftliche Situation des Unternehmens oder des Unternehmensteiles widerspiegeln. Dabei können bei Bedarf für nähere Erläuterungen die im Hause tätigen Wirtschaftsprüfer hinzugezogen werden.

§ 11 Auszubildende

(...)

§ 12 Entgeltfortzahlung/Krankengeldzuschuss

1. Die Entgeltfortzahlung im Krankheitsfall und bei Maßnahmen der medizinischen Vorsorge oder Rehabilitation richtet sich nach dem Entgeltfortzahlungsgesetz in der jeweils geltenden Fassung. Der Arbeitgeber stockt diese Leistung um 20 Prozentpunkte, höchstens aber auf 100 % des laufenden Entgelts auf. Bei der Entgeltfortzahlung bleiben Vergütung für Mehrarbeit/Überstunden und entsprechende Zuschläge außer Ansatz.

2. Im Anschluss an die Entgeltfortzahlung gemäß Ziff. 1 erhalten Arbeitnehmer, wenn sie dem Betrieb mindestens 2 Jahre angehören, den Unterschiedsbetrag zwischen ihrem Nettogehalt und dem Bruttokrankengeld aus der gesetzlichen Krankenversicherung bzw. dem Übergangsgeld aus der gesetzlichen Unfall-/und Rentenversicherung (im Folgenden kurz „Krankengeldzuschuss" genannt).

3. Als Krankengeld aus der gesetzlichen Krankenversicherung wird bei allen Arbeitnehmern der durch § 47 Abs. 1 SGB V bestimmte Betrag zu Grunde gelegt, bei nichtkrankenversicherungspflichtigen Angestellten berechnet nach dem höchsten beitragspflichtigen Arbeitsentgelt.

4. Bei der Feststellung des Nettogehaltes ist von dem Bruttomonatsgehalt auszugehen, das dem Arbeitnehmer zustehen würde, wenn er nicht erkrankt wäre. Dabei bleiben Vergütungen für Mehrarbeit/Überstunden und entsprechende Zuschläge außer Ansatz. Davon sind die Steuern und gesetzlichen Sozialversicherungsbeiträge abzuziehen, die alsdann einzubehalten wären. Bei nichtkrankenversicherungspflichtigen Angestellten, die sich bei einer gesetzlichen Krankenkasse freiwillig versichert haben, ist außerdem die Hälfte ihres Krankenkassenbeitrages, höchstens jedoch die Hälfte des AOK-Beitrages, abzuziehen. Auf den Krankengeldzuschuss etwa entfallende Steuern sind von den Arbeitnehmern zu tragen.

5. Der Krankengeldzuschuss wird bei einer Betriebszugehörigkeit

von mehr als 2 bis 5 Jahren für die Dauer von 7 Wochen

von mehr als 5 bis 10 Jahren für die Dauer von 20 Wochen

von mehr als 10 bis 15 Jahren für die Dauer von 33 Wochen

von mehr als 15 bis 20 Jahren für die Dauer von 46 Wochen

von mehr als 20 bis 25 Jahren für die Dauer von 59 Wochen

von mehr als 25 Jahren für die Dauer von 72 Wochen gezahlt.

6. Für die Dauer der Betriebszugehörigkeit kommt es auf den Zeitpunkt des Beginns der Zahlung des Krankengeldzuschusses an.

7. Der Krankengeldzuschuss ist nachträglich an den Gehaltszahlungsterminen fällig, jedoch sind den Arbeitnehmern angemessene Abschlagszahlungen zu leisten.

8. Bei wiederholter Erkrankung gelten die gleichen Grundsätze wie für die gesetzliche Entgeltfortzahlung.

9. Die Zahlung des Krankengeldzuschusses entfällt, sobald ein Anspruch auf Rente wegen Alter oder Rente wegen Erwerbsminderung (evtl. auch auf Zeit) geltend gemacht werden kann. Wird bei teilweiser Erwerbsminderung/teilweiser Erwerbsminderung bei Berufsunfähigkeit ein Beschäftigungsverhältnis mit dann verringerter Arbeitszeit fortgeführt, besteht der Anspruch auf Krankengeldzuschuss insoweit fort. Ist die gesetzliche Rente beantragt, aber noch nicht bewilligt, so ist der Krankengeldzuschuss bis zur Entscheidung über den Antrag mit der Maßgabe zu zahlen, dass er bei rückwirkender Rentenbewilligung insoweit zurückzuerstatten ist, als die Rente das bezogene Kranken- oder Übergangsgeld übersteigt.

§ 13 Erschwernisabgeltung – Arbeitserleichterungen

(...)

IV. Sozialzulagen

§ 14 Kinderzulagen

(...)

V. Urlaub

§ 15 Erholungsurlaub

1. Der Erholungsurlaub wird für das laufende Kalenderjahr gewährt. Er beträgt – unabhängig von individuellen Arbeitszeitschwankungen – 30 Arbeitstage.

Als Arbeitstage gelten alle Werktage mit Ausnahme der Sonnabende.

2. Schwerbehinderte haben Anspruch auf einen Zusatzurlaub von 6 Arbeitstagen im Jahr.

3. Im Verlauf des Kalenderjahres eintretende oder ausscheidende Arbeitnehmer erhalten für jeden Beschäftigungsmonat, in dem sie mindestens 15 Kalendertage dem Betrieb angehört haben, $1/12$ des vollen Jahresurlaubs, aufgerundet auf volle Arbeitstage.

4. Der Erholungsurlaub soll unter möglichster Berücksichtigung der Wünsche jedes einzelnen Arbeitnehmers, der Familienverhältnisse und der Schulferien, erteilt werden.

Er soll in größere Abschnitte aufgeteilt werden, von denen einer mindestens drei Wochen umfasst.

5. Arbeitnehmern im ungekündigten Arbeitsverhältnis können im Dezember in begründeten Fällen bis zu 5 Urlaubstage im Vorgriff auf das Folgejahr gewährt werden.

6. Kann der Erholungsurlaub nicht mehr vor dem Ausscheiden gewährt werden, so ist er durch Zahlung eines entsprechenden Gehaltsteils (¹⁄₂₁ des Monatsgehalts für jeden Arbeitstag) abzugelten.

7. Aus anderen Gründen darf der Erholungsurlaub nicht durch Zahlung abgegolten werden. Während des Erholungsurlaubs darf der Arbeitnehmer keine dem Urlaubszweck widersprechende Erwerbstätigkeit leisten. Handelt er dieser Bestimmung zuwider, so entfällt der Anspruch auf Gehaltszahlung für diese Urlaubstage. Bereits gezahlte Gehaltsbezüge sind zurückzuerstatten.

8. Das Fernbleiben infolge Krankheit darf nicht auf den Erholungsurlaub angerechnet werden.

9. Günstigere gesetzliche Regelungen bleiben unberührt.

Protokollnotiz:

Das Urlaubsentgelt richtet sich nach den letzten 3 abgerechneten Monaten. Dabei bleiben Vergütung für Mehrarbeit/Überstunden und entsprechende Zuschläge außer Ansatz.

§ 16 Arbeitsbefreiung

(...)

VI. Kündigung und Entlassung

§ 17

1. Die Arbeitsverhältnisse der Angestellten und gewerblichen Arbeitnehmer, mit Ausnahme der zur Aushilfe oder auf Probe angestellten, können beiderseits unter Einhaltung einer Kündigungsfrist von 6 Wochen zum Schluss eines Kalendervierteljahres gekündigt werden. Längere Kündigungsfristen können bereits beiderseits einzelvertraglich vereinbart werden. Eine kürzere Kündigungsfrist kann für sie einzelvertraglich nur vereinbart werden, wenn sie einen Monat nicht unterschreitet und die Kündigung nur für den Schluss eines Kalendermonats zugelassen wird. Für Probe- und Aushilfsarbeitsverhältnisse gelten die gesetzlichen Bestimmungen.

Der Arbeitgeber darf einem Arbeitnehmer, den er oder im Falle einer Rechtsnachfolge er und sein Rechtsvorgänger mindestens 5 Jahre beschäftigt haben, nur mit einer dreimonatigen Frist für den Schluss eines Kalendervierteljahres kündigen. Die Kündigungsfrist erhöht sich nach einer Beschäftigungsdauer von 8 Jahren auf 4 Monate, nach einer Beschäftigungsdauer von 10 Jahren auf 5 Monate und nach einer Beschäftigungsdauer von 12 Jahren auf 6 Monate. Bei der Berechnung der Beschäftigungsdauer werden Dienstjahre, die vor Vollendung des 25. Lebensjahres liegen, nicht berücksichtigt.

2. Anhaltende Krankheit oder Arbeitsunfähigkeit infolge unverschuldeten Unglücks sind kein wichtiger Grund zur fristlosen Lösung des Arbeitsverhältnisses.

3. Arbeitnehmer, die das 50. Lebensjahr vollendet haben und dem Betrieb mindestens 10 Jahre ununterbrochen angehören, sind nur bei Vorliegen eines wichtigen Grundes und bei Betriebsänderungen im Sinne des § 111 BetrVG kündbar.

Das gilt nicht, wenn ein Anspruch auf Altersruhegeld bzw. vorgezogenes Altersruhegeld aus der gesetzlichen Rentenversicherung oder Renten wegen Erwerbsminderung geltend gemacht werden kann. Im Falle des Eintretens der teilweisen

Erwerbsminderung und der teilweisen Erwerbsminderung bei Berufsunfähigkeit entfällt der Kündigungsschutz nur unter der weiteren Voraussetzung, dass für den Arbeitnehmer kein seinem Leistungsvermögen angemessener Arbeitsplatz zur Verfügung gestellt worden ist oder werden kann.

Die Möglichkeit der Änderungskündigung bleibt unberührt. Für die Verdienstsicherung gilt § 7 Ziff. 5 MTV.

4. Das Arbeitsverhältnis endet, ohne dass es einer Kündigung bedarf, spätestens mit Ablauf des Monats, in dem der Arbeitnehmer die für ihn maßgebliche Regelaltersgrenze der gesetzlichen Rentenversicherung erreicht hat.

Protokollnotiz:

Bei Zweigstellen, die aus betriebswirtschaftlichen Gründen geschlossen werden müssen und bei denen keine Möglichkeit der Unterbringung in anderen Geschäftsstellen besteht, ist der Arbeitgeber berechtigt, das Arbeitsverhältnis zu kündigen. Im Falle der Kündigung hat der Arbeitnehmer Anspruch auf eine Entschädigung nach den Grundsätzen eines Sozialplanes.

VII. Umwandlung von Tarifleistungen

§ 18

1. Der Arbeitnehmer kann durch Vereinbarung mit dem Arbeitgeber tarifliche geldliche Ansprüche (einschließlich möglicher Ansprüche auf vermögenswirksame Leistungen) in Beiträge zur betrieblichen Altersversorgung (z.B. in Form der Direktzusage, Unterstützungskasse, Pensionskasse, Pensionsfonds oder Direktversicherung) umwandeln.

Für geldliche Ansprüche bis zu 4 % der jeweiligen Beitragsbemessungsgrenze West der Rentenversicherung hat der Arbeitnehmer einen Anspruch auf Entgeltumwandlung gemäß § 1a BetrAVG. Für darüber hinausgehende Beiträge bedarf es des Einvernehmens zwischen Arbeitgeber und Arbeitnehmer.

Eine entsprechende Regelung kann auch Gegenstand einer freiwilligen Betriebs-/Dienstvereinbarung sein.

2. Auf Grund einer freiwilligen Betriebs-/Dienstvereinbarung i. V. mit der Zustimmung des Arbeitnehmers oder in betriebsratlosen Betrieben nach Vereinbarung mit dem Arbeitgeber können tarifliche geldliche Leistungen auch in Freizeit umgewandelt werden.

VIII. Schlussbestimmungen

§ 19

(...)

II. Arbeitsvertragsmuster für das Private Versicherungsgewerbe

1. Vorbemerkung

22 Der nachfolgende Vertrag ist ein Grundmuster für den Bereich des Versicherungsgewerbes. Zugrundegelegt wurde der **Manteltarifvertrag** für das private Versicherungsgewerbe (Stand: 1.7.2013; Rz. 35).[1] Ausgangspunkt ist das von den Verfassern vorgeschlagene Vertragsmuster unter III A Rz. 8, das im Hinblick auf den Tarifvertrag durchgesehen und angepasst wurde.

23 Neben dem Gehaltstarifvertrag ist ferner die Tarifvereinbarung über vermögenswirksame Leistungen für das private Versicherungsgewerbe zu beachten.

2. Ausgangspunkte für die Vertragsgestaltung

24 Der Manteltarifvertrag für das private Versicherungsgewerbe (**MTV Privates Versicherungsgewerbe**) enthält typische Schwerpunkte eines Manteltarifvertrages im Bereich der Arbeitszeit, der Teilzeitarbeit, der Mehrarbeit, der Nacht-, Sonn- und Feiertagsarbeit, der Zuschlagsregelungen sowie der Gehalts- und Lohnregelung. Außerdem sind Bestimmungen zu Einstellung und Entlassung, zum Urlaub, zur Lohnfortzahlung im Krankheitsfall sowie tarifliche Verfallklauseln enthalten.

25 Nach § 2 MTV Privates Versicherungsgewerbe muss der Neueingestellte vor Dienstantritt – wenn nicht zuvor bereits ein schriftlicher Vertrag geschlossen wurde – eine schriftliche Anstellungsbestätigung erhalten, in der die vereinbarte Tätigkeit sowie die Vergütung und ihre Zusammensetzung nach Grund und Höhe enthalten sind. Damit geht der Tarifvertrag schon über die Vorgaben des Nachweisgesetzes hinaus.

26 Das Arbeitsentgelt, die Gehaltsgruppenmerkmale, die Eingruppierung sowie zahlreiche Zulagenregelungen finden in den §§ 3–10 MTV Privates Versicherungsgewerbe eine detaillierte Regelung. Ferner enthalten § 3 Ziff. 3 und § 13 Ziff. 9 Regelungen über eine Jahressonderzahlung und eine Urlaubssonderzahlung für fest angestellte Mitarbeiter. Diese Regelungen lassen vertragliche Zulagen oder Sonderzahlungen weithin entbehrlich erscheinen, zumal in § 3 Ziff. 3 sowie § 13 Ziff. 9 MTV Privates Versicherungsgewerbe geregelt ist, dass die dort geregelten tariflichen Sonderzahlungen auf Sonderzuwendungen des Arbeitgebers (Gratifikationen, Ergebnisbeteiligung u.Ä.) angerechnet werden. Zusätzliche Regelungen sind demnach nur dann sinnvoll, wenn über das hohe Tarifniveau hinaus Sonderzahlungen geleistet werden sollen, was zumeist jedoch nur bei Führungskräften in Betracht kommen dürfte.

27 Wichtig ist, dass der MTV Privates Versicherungsgewerbe bei der Zahlung **außertariflicher Gehälter** den Vertragsparteien einen größeren Gestaltungsspielraum für **Pauschalabgeltungen** gibt. Voraussetzung für die tarifliche Jahressonderzahlung nach § 3 Ziff. 3 und der Möglichkeit, Mehrarbeitsvergütungen nach § 11 Ziff. 2 MTV als mit dem außertariflichen Gehalt abgegolten zu vereinbaren, ist, dass die Monatsbezüge das höchste im Gehaltstarifvertrag festgesetzte Gehalt zuzüglich der tariflichen Zulagen um mindestens 10 % übersteigen.

---

1 S.a. ausführlich *Mussil/Seifert*, Tarifvertrag für das private Versicherungsgewerbe, Kommentar, 6. Aufl., Stand 1997.

Die Regelungen zur dauernden oder vorübergehenden Zuweisung einer anderen Tätigkeit sind abzustimmen mit den Tarifvorschriften zur Eingruppierung und zur Tätigkeitszulage (§§ 4 und 6 MTV Privates Versicherungsgewerbe). 28

Der MTV Privates Versicherungsgewerbe enthält keine Regelung der Altersgrenze. Aus diesem Grunde wurde eine einzelvertragliche → *Altersgrenze*, II A 20, die der bindenden Vorgabe des § 41 Satz 2 SGB VI entspricht, aufgenommen. 29

Die Kündigungsfristen in § 15 MTV Privates Versicherungsgewerbe differenzieren nicht zwischen Arbeitern und Angestellten und sind daher verfassungsrechtlich unbedenklich. Die Regelung geht zugunsten der Arbeitnehmer über das geltende Gesetzesrecht hinaus. 30

Eine vertragliche Regelung zur → *Nebentätigkeit*, II N 10 ist notwendig, da der Tarifvertrag hierzu keine Regelungen enthält. Zusätzlich war eine klarstellende Regelung für Mitarbeiter des Innendienstes vorzusehen, denen in der Regel nicht ohne Weiteres gestattet ist, außerhalb ihrer Arbeitsaufgabe Versicherungsverträge zu Gunsten ihres Arbeitgebers zu vermitteln. Eine einzelvertragliche Verfallklausel ist im Hinblick auf § 24 MTV Privates Versicherungsgewerbe entbehrlich. Im Hinblick auf die Rechtsprechung zum Nachweisgesetz sollte jedoch zumindest ein ausdrücklicher Hinweis auf die Ausschlussfristen enthalten sein. 31

In dem Vertragsmuster wird auf **deklaratorische Regelungen** so weit wie möglich **verzichtet** und im Zweifel auf die einschlägigen Tarifnormen verwiesen. Es kann als Grundlage sowohl für Vertragsabschlüsse mit **Arbeitern** als auch mit **Angestellten** Verwendung finden. 32

Ebenso wurde verzichtet auf die Aufnahme der verbreiteten, aber weithin unwirksamen, zumindest aber wirkungslosen → *Schriftformklauseln*, II S 30, → *salvatorischen Klauseln*, II S 10 und → *Gerichtsstandsvereinbarungen*, II G 20. 33

3. Vertragsmuster für Mitarbeiter im Innendienst

Arbeitsvertrag 34

Zwischen der X-AG
– nachfolgend kurz Unternehmen genannt –
und
Herrn/Frau ...
– nachfolgend Mitarbeiter/in genannt –
wird folgender Arbeitsvertrag geschlossen:

→ *Arbeitnehmerstatus*, II A 50

§ 1 Beginn des Arbeitsverhältnisses

(1) Der/Die Mitarbeiter/in tritt am ... (Datum) auf unbestimmte Zeit in die Dienste des Unternehmens.

(2) Die Einstellung erfolgt unter der Bedingung, dass der/die Mitarbeiter/in nach dem Ergebnis der Einstellungsuntersuchung durch den Vertrauens-/Betriebsarzt für die geschuldete Tätigkeit geeignet ist.

→ *Arbeitsaufnahme/Beginn des Arbeitsverhältnisses*, II A 60

§ 2 Probezeit

Die ersten sechs Monate gelten als Probezeit. Während dieser Zeit kann das Arbeitsverhältnis beiderseits mit einer Frist von zwei Wochen gekündigt werden.

→ *Kündigungsvereinbarungen*, II K 10

§ 3 Tätigkeit

(1) Herr/Frau ... (Name), der/die Mitarbeiter/in, wird eingestellt als ... (Berufsbild; kurze Charakterisierung oder Beschreibung der zu leistenden Tätigkeit). Er/Sie wird mit allen einschlägigen Arbeiten nach näherer Anweisung der Betriebsleitung und seiner/ihrer Vorgesetzten beschäftigt.

(2) Der/Die Mitarbeiter/in verpflichtet sich, die ihm/ihr übertragenen Aufgaben sorgfältig auszuführen.

→ *Direktionsrecht und Tätigkeitsbeschreibung*, II D 30

§ 4 Zuweisung anderer Tätigkeiten/Versetzung

(1) Das Unternehmen ist berechtigt, dem/der Mitarbeiter/in anderweitige seinen/ihren Fähigkeiten entsprechende gleichwertige oder höherwertige Tätigkeiten zu übertragen.

(2) Das Arbeitsverhältnis bezieht sich auf eine Tätigkeit in ... (Ort). Das Unternehmen behält sich vor, den/die Mitarbeiter/in innerhalb des gesamten Unternehmens – auch an einen anderen Ort – (vertretungsweise für die Höchstdauer von ... Monaten/Jahren) im Rahmen des Absatzes 1 zu versetzen, wenn ihm/ihr dies bei Abwägung der betrieblichen und seiner/ihrer persönlichen Belange zuzumuten ist. Außer bei dringenden betrieblichen Notwendigkeiten wird das Unternehmen hierbei eine Ankündigungsfrist beachten, die der vertraglichen oder gesetzlichen Kündigungsfrist des/der Mitarbeiters/in entspricht. Kosten eines von dem Unternehmen angeordneten Wohnsitzwechsels werden dem/der Mitarbeiter/in erstattet.

→ *Direktionsrecht und Tätigkeitsbeschreibung*, II D 30

§ 5 Arbeitszeit

(1) Die regelmäßige Arbeitszeit beträgt nach den zurzeit gültigen tariflichen Bestimmungen ... Stunden wöchentlich. Nach Maßgabe des § 11 Nr. 1 MTV Privates Versicherungsgewerbe kann hiervon durch freiwillige Betriebsvereinbarung abgewichen werden.

(2) Beginn und Ende der täglichen Arbeitszeit und der Pausen richten sich nach den jeweiligen tariflichen Bestimmungen und den mit dem Betriebsrat abgeschlossenen Vereinbarungen.

(3) Der/Die Mitarbeiter/in ist verpflichtet, aus dringenden betrieblichen Gründen im Rahmen der gesetzlichen Bestimmungen, insbesondere der Mitbestimmung des Betriebsrats gemäß § 87 Abs. 1 BetrVG, Nacht-/Wechselschicht-/Sonntagsarbeit und vorübergehende Mehr- und Überarbeit zu leisten.

→ *Arbeitszeit*, II A 90

§ 6 Vergütung

(1) Aufgrund der zurzeit geltenden Bestimmungen erhält der/die Mitarbeiter/in ein Gehalt nach Tarifgruppe ..., ... Berufsjahr. Die Eingruppierung ist deklaratorisch. Das Grundgehalt beträgt demnach zurzeit monatlich ... Euro. Zusätzlich werden folgende Zulagen gezahlt:

1. Tätigkeitszulage nach § 6 MTV ... Euro
2. Verantwortungszulage nach § 7 MTV ... Euro
3. Sozialzulage nach § 8 MTV ... Euro
4. Übertarifliche Zulage ... Euro

(2) Die übertarifliche Zulage kann bei Tariflohnerhöhungen verrechnet werden, und zwar auch rückwirkend, wenn der Tariflohn rückwirkend erhöht wird.

(3) Das Unternehmen gewährt dem/der Mitarbeiter/in vermögenswirksame Leistungen nach der Tarifvereinbarung über vermögenswirksame Leistungen für das private Versicherungsgewerbe in ihrer jeweiligen Fassung. Sie betragen zurzeit monatlich ... Euro.

(4) Die Zahlung der Vergütung erfolgt bargeldlos.

→ *Arbeitsentgelt*, II A 70

§ 7 Über- und Mehrarbeitsvergütung

(1) Ansprüche auf Vergütung und Zuschläge für etwaige Überstunden und Mehrarbeit sowie Nacht-, Sonn- und Feiertagsarbeit bestehen nur, wenn die Tätigkeit von dem Unternehmen angeordnet oder genehmigt worden ist.

(2) Die Vergütung richtet sich nach § 11 MTV Privates Versicherungsgewerbe.

→ *Mehrarbeits- und Überstundenvergütung*, II M 20

§ 8 Jahressonderzahlung

Der/Die Mitarbeiter/in erhält nach Maßgabe des § 3 Ziff. 3 MTV Privates Versicherungsgewerbe eine Jahressonderzahlung. Sie beträgt zurzeit ... % des Bruttomonatsgehalts des Auszahlungsmonats unter Einschluss der tariflichen Zulagen.

→ *Sonderzahlungen*, II S 40

§ 9 Abtretung und Verpfändung des Arbeitseinkommens

Der/Die Mitarbeiter/in darf seine/ihre Vergütungsansprüche an Dritte nur nach vorheriger schriftlicher Zustimmung des Unternehmens verpfänden oder abtreten. Die Zustimmung darf nur aus sachlichen Gründen verweigert werden.

→ *Abtretungsverbote und Lohnpfändung*, II A 10

§ 10 Arbeitsverhinderung/Lohnfortzahlung

(1) Der/Die Mitarbeiter/in ist verpflichtet, jede Arbeitsverhinderung und ihre voraussichtliche Dauer unverzüglich dem Unternehmen anzuzeigen und dabei gleichzeitig auf etwaige dringliche Arbeiten hinzuweisen. Für den Nachweis der Arbeitsunfähigkeit im Krankheitsfall gelten die tariflichen bzw. gesetzlichen Bestimmungen. Die Art der Erkrankung ist nur dann anzugeben, wenn sie Schutzmaßnahmen des Arbeitgebers für andere Arbeitnehmer erfordert (z.B. bei Infekti-

onsgefahr), wenn wegen derselben Erkrankung innerhalb der letzten sechs Monate Arbeitsunfähigkeit vorlag oder wenn seit Beginn der ersten Arbeitsunfähigkeit infolge derselben Krankheit weniger als zwölf Monate vergangen sind.

(2) Hält sich der/die Mitarbeiter/in bei Beginn der Arbeitsunfähigkeit im Ausland auf, so ist er/sie verpflichtet, dem Arbeitgeber die Arbeitsunfähigkeit, deren voraussichtliche Dauer und die Adresse am Aufenthaltsort in der schnellstmöglichen Art der Übermittlung mitzuteilen. Kehrt der/die arbeitsunfähig erkrankte Mitarbeiter/in in das Inland zurück, so ist er/sie verpflichtet, seine/ihre Rückkehr dem Arbeitgeber und der Krankenkasse unverzüglich mitzuteilen.

(3) Ist der/die Mitarbeiter/in unverschuldet arbeitsunfähig erkrankt, leistet das Unternehmen für die Dauer von ... Wochen/Monaten Lohnfortzahlung nach den gesetzlichen Bestimmungen. Ein Krankengeldzuschuss wird nach Maßgabe des § 10 MTV Privates Versicherungsgewerbe gezahlt.

(4) Soweit die Arbeitsverhinderung auf einem Ereignis beruht, aus dem dem/der Mitarbeiter/in Schadensersatzansprüche gegen einen Dritten zustehen, werden diese in Höhe der Vergütungsfortzahlung an das Unternehmen abgetreten. Der/Die Mitarbeiter/in ist verpflichtet, dem Unternehmen die zur Erhebung der Ansprüche erforderlichen Auskünfte zu erteilen und an der Geltendmachung und Durchsetzung der Schadensersatzansprüche mitzuwirken, insbesondere im Einzelfall eine schriftliche Abtretungserklärung zu unterzeichnen.

→ *Anzeige- und Nachweispflicht*, II A 40

→ *Entgeltfortzahlung*, II E 20

§ 11 Urlaub

(1) Der/Die Mitarbeiter/in erhält Erholungsurlaub nach Maßgabe des § 13 MTV Privates Versicherungsgewerbe in seiner jeweiligen Fassung. Der Erholungsurlaub beträgt zurzeit ... Werktage im Kalenderjahr. Der Urlaub wird in Abstimmung mit dem/der Mitarbeiter/in von der Unternehmensleitung festgelegt. Im Übrigen gelten die gesetzlichen Bestimmungen.

(2) Nach Maßgabe des § 13 Ziff. 9 erhält der/die Mitarbeiter/in im 2. Quartal des Kalenderjahres eine Urlaubssonderzahlung in Höhe von zurzeit ... % des Bruttomonatsgehaltes des Auszahlungsmonats einschließlich der tariflichen Zulagen.

→ *Urlaub*, II U 20

§ 12 Rückzahlung zu viel erhaltener Leistungen

Zu viel gezahltes Entgelt oder sonstige Geldleistungen kann das Unternehmen nach den Grundsätzen über die Herausgabe einer ungerechtfertigten Bereicherung zurückverlangen. Der/Die Mitarbeiter/in kann sich auf den Wegfall der Bereicherung nicht berufen, wenn die rechtsgrundlose Überzahlung so offensichtlich war, dass der/die Mitarbeiter/in dies hätte erkennen müssen, oder wenn die Überzahlung auf Umständen beruhte, die der/die Mitarbeiter/in zu vertreten hat.

→ *Arbeitsentgelt, überzahltes*, II A 80

§ 13 Nebentätigkeit

(1) Jede Nebentätigkeit, gleichgültig ob sie entgeltlich oder unentgeltlich ausgeübt wird, bedarf der vorherigen Zustimmung des Unternehmens. Die Zustimmung wird erteilt, wenn die Nebentätigkeit die Wahrnehmung der dienstlichen Aufgaben zeitlich nicht oder allenfalls unwesentlich behindert und sonstige berechtigte Interessen des Unternehmens nicht beeinträchtigt werden. Das Unternehmen hat die Entscheidung über den Antrag des/der Mitarbeiters/in auf Zustimmung zur Nebentätigkeit innerhalb von vier Wochen nach Eingang des Antrages zu treffen. Wird innerhalb dieser Frist eine Entscheidung nicht gefällt, gilt die Zustimmung als erteilt.

(2) Die Vermittlung von Versicherungsverträgen zu Gunsten anderer Versicherungsunternehmen ist untersagt. Die Vermittlung von Versicherungsverträgen zu Gunsten des Unternehmens liegt außerhalb der Arbeitsaufgabe des/der Mitarbeiters/in und kann nur auf der Basis eines besonders zu vereinbarenden Vertretervertrages honoriert werden.

→ *Nebentätigkeit,* II N 10

§ 14 Geheimhaltung

(1) Der/Die Mitarbeiter/in verpflichtet sich, über alle Geschäftsgeheimnisse, insbesondere Herstellungsverfahren, Vertriebswege und dergleichen sowohl während der Dauer des Arbeitsverhältnisses als auch nach seiner Beendigung Stillschweigen zu bewahren. Die Geheimhaltungspflicht erstreckt sich nicht auf solche Kenntnisse, die jedermann zugänglich sind oder deren Weitergabe für das Unternehmen ersichtlich ohne Nachteil ist. Im Zweifelsfalle sind jedoch technische, kaufmännische und persönliche Vorgänge und Verhältnisse, die dem/der Mitarbeiter/in im Zusammenhang mit seiner/ihrer Tätigkeit bekannt werden, als Geschäftsgeheimnisse zu behandeln. In solchen Fällen ist der/die Mitarbeiter/in vor der Offenbarung verpflichtet, eine Weisung der Geschäftsleitung einzuholen, ob eine bestimmte Tatsache vertraulich zu behandeln ist.

(2) Die Schweigepflicht erstreckt sich auch auf Angelegenheiten anderer Unternehmen, mit denen das Unternehmen wirtschaftlich oder organisatorisch verbunden ist.

(3) Sollte die nachvertragliche Verschwiegenheitspflicht den/die Mitarbeiter/in in seinem beruflichen Fortkommen unangemessen hindern, hat der/die Mitarbeiter/in gegen das Unternehmen einen Anspruch auf Freistellung von dieser Pflicht.

(4) Die betrieblichen Sicherheitsbestimmungen sind zu beachten. Vertrauliche und geheim zu haltende Schriftstücke, Zeichnungen, Modelle usw. sind unter Verschluss zu halten.

→ *Verschwiegenheitspflicht,* II V 20

§ 15 Haftung

Verursacht der/die Mitarbeiter/in durch eine schuldhafte Pflichtverletzung einen Schaden, so hat er/sie im Falle einfacher Fahrlässigkeit den Schaden zur Hälfte, höchstens jedoch bis zum Betrag einer gewöhnlichen Monatsnettovergütung, zu ersetzen. Bei grober Fahrlässigkeit hat der/die Mitarbeiter/in den Schaden voll zu tragen, jedoch der Höhe nach beschränkt auf den dreifachen Betrag der gewöhnlichen Monatsnettovergütung. Die Haftung für Fahrlässigkeit besteht nur für solche Schäden, die nicht durch eine – von dem Unternehmen abzuschließende – Betriebshaftpflichtversicherung gedeckt werden können. Diese Grundsätze gelten entsprechend bei Schadensersatzansprüchen Dritter. Bei Vorsatz haftet der/die Mitarbeiter/in unbeschränkt.

→ *Haftung des Arbeitnehmers*, II H 20

§ 16 Vertragsstrafe

(1) Nimmt der/die Mitarbeiter/in die Arbeit nicht oder verspätet auf, löst er/sie sich vom Arbeitsverhältnis ohne Einhaltung der maßgeblichen Kündigungsfrist auf oder verweigert er/sie vorübergehend die Arbeit, so hat der/die Mitarbeiter/in an das Unternehmen eine Vertragsstrafe zu zahlen. Die Vertragsstrafe ist nur verwirkt, wenn der/die Mitarbeiter/in grob fahrlässig oder vorsätzlich gehandelt hat.

(2) Als Vertragsstrafe wird für die in Absatz 1 genannten Fälle ein Bruttotagesentgelt für jeden Tag der Zuwiderhandlung vereinbart, insgesamt wird jedoch nicht mehr als das in der gesetzlichen Mindestkündigungsfrist ansonsten erhaltene Arbeitsentgelt verwirkt. Im Übrigen beträgt die Vertragsstrafe insgesamt höchstens ein Bruttomonatsgehalt.

(3) Das Bruttotagesentgelt bemisst sich nach dem durchschnittlichen Arbeitsverdienst i.S.d. § 11 Abs. 1 Satz 1–4 BUrlG und den darin zum Ausdruck kommenden Berechnungsgrundsätzen. Ist der Arbeitnehmer in den in Absatz 1 genannten Fällen im Zeitpunkt der Zuwiderhandlung weniger als 13 Wochen bei dem Arbeitgeber beschäftigt, wird für die Berechnung des Bruttotagesentgeltes der gesamte Zeitraum vom Beginn des Arbeitsverhältnisses bis zum Zeitpunkt der Zuwiderhandlung zugrunde gelegt.

(4) Verstößt der/die Mitarbeiter/in gegen die Geheimhaltungsvereinbarung aus § 14, so gilt für jeden Fall der Zuwiderhandlung eine Vertragsstrafe in Höhe von … Euro als vereinbart.

(5) Die Geltendmachung eines weitergehenden Schadens bleibt vorbehalten.

→ *Vertragsstrafen*, II V 30

§ 17 Beendigung des Arbeitsverhältnisses

(1) Es finden die Kündigungsbestimmungen und -fristen nach § 15 MTV Privates Versicherungsgewerbe Anwendung.

(2) (Altersgrenze)

Das Arbeitsverhältnis endet, ohne dass es einer Kündigung bedarf, mit Ablauf des Monats, in dem der/die Mitarbeiter/in die Regelaltersgrenze der gesetzlichen Rentenversicherung erreicht. Zuvor kann es von beiden Seiten jederzeit ordentlich gekündigt werden.

oder:

(2) (Anspruch auf Altersrente als Beendigungsgrund)
a) Dieser Vertrag endet mit Ablauf des Monats, in dem der/die Mitarbeiter/in das 63. Lebensjahr vollendet, wenn er/sie in diesem Zeitpunkt einen Anspruch auf vorgezogene Altersrente hat. Zuvor kann es von beiden Seiten jederzeit ordentlich gekündigt werden.

b) Das Arbeitsverhältnis endet, ohne dass es einer Kündigung bedarf, zu dem Zeitpunkt, in dem der/die Mitarbeiter/in erstmals eine abschlagsfreie Rente wegen Alters beziehen kann. Zuvor kann es von beiden Seiten jederzeit ordentlich gekündigt werden.

→ *Kündigungsvereinbarungen*, II K 10

→ *Altersgrenze*, II A 20

§ 18 Freistellung von der Arbeitspflicht

(1) Auf Wunsch des/der Mitarbeiters/in kann, sofern betriebliche Interessen dem nicht entgegenstehen, unbezahlter Urlaub gewährt werden. Während des unbezahlten Urlaubs ruht das Arbeitsverhältnis. Der/Die Mitarbeiter/in kann einen erteilten unbezahlten Urlaub nicht einseitig widerrufen.

(2) Das Unternehmen ist berechtigt, den/die Mitarbeiter/in mit Ausspruch einer Kündigung – gleichgültig von welcher Seite – unter Fortzahlung der Bezüge (unwiderruflich) von der Arbeitsleistung freizustellen, wenn ein triftiger Grund, insbesondere ein grober Vertragsverstoß, der die Vertrauensgrundlage beeinträchtigt (z.B. Geheimnisverrat, Konkurrenztätigkeit), gegeben ist. Die Freistellung erfolgt bei unwiderruflicher Freistellung unter Anrechnung auf den Erholungsurlaub, soweit dem nicht die Arbeitsunfähigkeit (§ 9 BUrlG) oder sonstige schutzwürdige Belange des/der Mitarbeiters/in entgegenstehen. Während der Dauer der Freistellung hat der/die Mitarbeiter/in Tätigkeiten für und als Wettbewerber zu unterlassen.

(optional: Auf die Fortzahlung der Bezüge ist anzurechnen, was der/die Mitarbeiter/in während der Freistellung durch anderweitige Verwendung seiner Arbeitskraft erwirbt.)

→ *Freistellung des Arbeitnehmers*, II F 10

§ 19 Tarifverträge, Betriebsvereinbarungen, Allgemeine Arbeitsbedingungen

(1) Auf das Arbeitsverhältnis sind anzuwenden die betrieblich und fachlich jeweils einschlägigen Tarifverträge in ihrer jeweils gültigen Fassung, soweit in diesem Vertrag nichts anderes vereinbart ist. Dies sind zurzeit (Zeitpunkt des Vertragsschlusses) in der jeweils gültigen Fassung der Manteltarifvertrag für das private Versicherungsgewerbe nebst Zusatztarifverträgen, die der Arbeitgeberverband der Versicherungsunternehmen in Deutschland und die Vereinte Dienstleistungsgewerkschaft ver. di e.V. geschlossen haben sowie die regional einschlägigen Tarifverträge in der jeweils gültigen Fassung, die die Vereinte Dienstleistungsgewerkschaft ver. di e.V. mit dem Y-Arbeitgeberverband für das Tarifgebiet Z geschlossen haben.

(2) Die Parteien sind sich darüber einig, dass die mit dem Betriebsrat bereits abgeschlossenen und noch abzuschließenden Betriebsvereinbarungen den Regelungen in § ... auch dann vorgehen, wenn die vertragliche Regelung im Einzelfall günstiger ist.

(3) Im Übrigen gelten die Allgemeinen Arbeitsbedingungen des Unternehmens, soweit sich nicht aus diesem Arbeitsvertrag etwas anderes ergibt.

(4) Die einschlägigen Tarifverträge/Betriebsvereinbarungen/Allgemeinen Arbeitsbedingungen können im Personalbüro eingesehen werden.

→ *Verweisungsklauseln*, II V 40

→ *Öffnungsklauseln*, II O 10

§ 20 Ausschlussfristen

Für die Geltendmachung beiderseitiger Ansprüche aus dem Arbeitsverhältnis gilt die Verfallklausel nach § 24 MTV Privates Versicherungsgewerbe.

→ *Ausschlussfristen*, II A 150

Ort, den ...　　　　Unterschrift　　　　Unterschrift

4. Auszug aus dem Manteltarifvertrag für das private Versicherungsgewerbe (Stand: 1.7.2013)

I. Allgemeine Bestimmungen

§ 1 Geltungsbereich

(...)

§ 2 Einstellung

1. Neueingestellte erhalten vor Dienstantritt eine schriftliche Anstellungsbestätigung, in der die vereinbarte Tätigkeit sowie die Vergütung und ihre Zusammensetzung nach Grund und Höhe enthalten sind. Einzelvertragliche Änderungen sind schriftlich zu bestätigen.

2. Ziff. 1 gilt auch für die Übernahme von Auszubildenden in ein Arbeitsverhältnis. Der Arbeitgeber prüft möglichst frühzeitig – spätestens jedoch 3 Monate vor der voraussichtlichen Beendigung der Ausbildungsverhältnisse –, wie viele Auszubildende in ein Arbeitsverhältnis übernommen werden können, und berät hierüber im Rahmen der Personalplanung mit der Arbeitnehmervertretung. Der Arbeitgeber und die Auszubildenden unterrichten sich gegenseitig möglichst frühzeitig – spätestens jedoch 1 Monat vor der voraussichtlichen Beendigung des Ausbildungsverhältnisses – darüber, ob im Anschluss an die Ausbildung die Eingehung eines Arbeitsverhältnisses beabsichtigt ist. Mitwirkungsrechte der Arbeitnehmervertretungen gemäß §§ 92 ff. und 99 BetrVG und den entsprechenden Bestimmungen der Personalvertretungsgesetze sind zu beachten.

II. Bestimmungen für Angestellte des Innendienstes und des Außendienstes, soweit sie nicht unter Teil III fallen

§ 3 Arbeitsentgelt

1. Das Arbeitsentgelt richtet sich nach der Art der Tätigkeit.

2. Die Bezüge, deren Höhe in §§ 1, 1a, 2 und 4 Ziff. 1 des Gehaltstarifvertrages geregelt ist, sowie die Tätigkeitszulage und die Schichtzulagen nach § 11 Ziff. 5 sind Monatsbezüge. Sie entsprechen der regelmäßigen Arbeitszeit nach § 11 Ziff. 1 und werden bei Teilzeitbeschäftigung anteilig gezahlt. Die Auszahlung erfolgt nachträglich, spätestens am letzten Arbeitstag des Monats.

Wird die Ausbildungszeit verkürzt, so gilt bei der Berechnung der Ausbildungsvergütungen ab dem Zeitpunkt der Verkürzung der Zeitraum, um den die Ausbildungszeit verkürzt worden ist, als abgeleistete Ausbildungszeit.

3. Angestellte, deren Monatsbezüge das höchste im Gehaltstarifvertrag geregelte Monatsgehalt zuzüglich Verantwortungszulage – und, sofern die/der Angestellte Anspruch auf Schichtzulage hat, dieser Schichtzulage – nicht um mehr als 10 % übersteigen, erhalten im letzten Quartal des Kalenderjahres eine Sonderzahlung in Höhe von 80 % ihres Bruttomonatsgehalts. Durch Betriebsvereinbarung kann von diesem Zahlungszeitraum abgewichen werden. Maßgebend für die Höhe der Sonderzahlung ist das Monatsgehalt des Auszahlungsmonats einschließlich der tariflichen Zulagen. Dabei werden Änderungen der regelmäßigen Arbeitszeit der/des Angestellten im 2. Kalenderhalbjahr (z.B. Übergang von Vollzeit- auf Teilzeitbeschäftigung) anteilig berücksichtigt. Hat die/der Angestellte im Auszahlungszeitpunkt weder Anspruch auf Bezüge gemäß Ziff. 2 noch auf Leistungen gemäß § 10 Ziff. 1, so ist das zuletzt bezogene Gehalt maßgebend.

Der Anspruch auf die Sonderzahlung entsteht nach Überführung eines etwaigen Probearbeitsverhältnisses in ein festes Arbeitsverhältnis, dann aber rückwirkend ab Beginn des Arbeitsverhältnisses.

Für jeden Monat im 2. Kalenderhalbjahr, in dem die/der Angestellte nicht für wenigstens 15 Tage Anspruch auf Bezüge gemäß Ziff. 2 oder auf Leistungen gemäß § 10 Ziff. 1 bis 3 oder auf Leistungen für die Zeiten der Schutzfristen und Beschäftigungsverbote nach dem Mutterschutzgesetz hat, wird die Sonderzahlung um $\frac{1}{6}$ gekürzt. Eine Kürzung unterbleibt, wenn die/der Angestellte nur deshalb keine Zahlung gemäß § 10 Ziff. 2 und 3 erhält, weil das Krankengeld bereits 90 % der Gesamtnettobezüge ausmacht. Die aufgrund der Inanspruchnahme von Elternzeit gekürzte Sonderzahlung wird der/dem Angestellten anteilig für die bis zur Vollendung der ersten vier Lebensmonate des Kindes in Anspruch genommenen Elternzeit nachgezahlt, wenn das Arbeitsverhältnis im Anschluss an die Elternzeit für mindestens sechs Monate fortgesetzt wird. Zeiträume, für die der/dem Angestellten weder Bezüge gemäß Ziff. 2 noch Leistungen gemäß § 10 Ziff. 1 zustehen, bleiben dabei außer Betracht.

Angestellte, deren Arbeitsverhältnis im Auszahlungszeitpunkt beendet ist, haben keinen Anspruch – auch nicht anteilig – auf die Sonderzahlung. Das Gleiche gilt für Angestellte, die in einem gekündigten Arbeitsverhältnis stehen, außer im Falle betriebsbedingter Arbeitgeberkündigung. Pensionierung, auch wegen voller oder teilweiser Erwerbsminderung, gilt nicht als Kündigung.

Die Sonderzahlung wird auf Sonderzuwendungen des Arbeitgebers (Gratifikationen, Ergebnisbeteiligungen u.Ä.) angerechnet.

Auf der Basis freiwilliger Betriebsvereinbarungen oder individualvertraglich kann auf Wunsch der Angestellten die vollständige oder teilweise Abgeltung der Sonderzahlung durch Freizeit vereinbart werden.

4. (...)

5. (...)

6. Die Angestellten können auf geldliche Ansprüche aus dem Tarifvertrag widerruflich verzichten, wenn sich dieser Verzicht wirtschaftlich zu ihren Gunsten auswirkt. Ein etwaiger Widerruf gilt nur für die Zukunft. Ein Verzicht ist von den Angestellten dem Arbeitgeber gegenüber schriftlich auszusprechen; bei Minderjährigen ist die schriftliche Zustimmung des gesetzlichen Vertreters erforderlich.

7. (...)

§ 4 Gehaltsgruppenmerkmale und Eingruppierung

1. Gehaltsgruppenmerkmale

Die Gehälter der Angestellten richten sich nach folgenden Gehaltsgruppenmerkmalen:

(...)

2. Eingruppierung

a) Für die Eingruppierung in die Gehaltsgruppen I–VIII ist die tatsächlich ausgeübte Tätigkeit maßgebend. Umfasst diese mehrere Einzeltätigkeiten, die für sich allein betrachtet jeweils unterschiedlichen Gehaltsgruppen zuzuordnen wären, richtet sich die Eingruppierung nach der überwiegenden Einzeltätigkeit oder, wenn keine überwiegt, nach derjenigen Einzeltätigkeit, die der Gesamttätigkeit das Gepräge gibt. Dauert eine vorübergehend ausgeübte Tätigkeit, die einer höheren Gehaltsgruppe entspricht, ununterbrochen länger als 6 Monate, so ist die/der Angestellte vom Beginn des 7. Monats an in die höhere Gehaltsgruppe einzustufen. Eine abgeschlossene Ausbildung gibt für sich allein noch keinen Anspruch auf Bezahlung nach einer bestimmten Gehaltsgruppe. Sie ist auch keine Voraussetzung für die Eingruppierung in eine bestimmte Gehaltsgruppe.

(...)

b) War eine Angestellte/ein Angestellter länger als 6 Monate in eine Gehaltsgruppe eingestuft, so ist bei gleichwertiger Tätigkeit eine niedrigere tarifliche Eingruppierung nur aus einem wichtigen Grunde und im Einvernehmen mit dem Betriebsrat zulässig.

c) Für Angestellte, die das 50. Lebensjahr vollendet haben und nach mindestens 10-jähriger ununterbrochener Unternehmenszugehörigkeit aus betriebsorganisatorischen Gründen auf einen geringer bewerteten Arbeitsplatz versetzt werden, hat der Arbeitgeber im Einvernehmen mit dem Betriebsrat nach billigem Ermessen eine Gehaltssicherung zu treffen; eine niedrigere tarifliche Eingruppierung ist nicht zulässig.

(...)

§ 5 Berufsjahre

(...)

§ 6 Tätigkeitszulage

Zu den Bezügen der Gehaltsgruppe, in die die/der Angestellte eingruppiert ist, wird eine angemessene Tätigkeitszulage gewährt:

a) mit Beginn des Kalendermonats, von dem ab die/der Angestellte neben der Tätigkeit, nach der sie/er eingruppiert ist, *dauernd* Arbeiten einer höher bewerteten Gehaltsgruppe verrichtet;

b) mit Beginn des 3. Kalendermonats, von dem ab die/der Angestellte neben der Tätigkeit, nach der sie/er eingruppiert ist, *vorübergehend*, aber länger als 2 Monate, Arbeiten einer höher bewerteten Gehaltsgruppe verrichtet. Dieser Anspruch erlischt mit Ende des Kalendermonats, in dem die Voraussetzung wegfällt.

§ 7 Verantwortungszulage

(…)

§ 8 Sozialzulage

(…)

§ 9 Tarifliche Elternzeit

(…)

§ 10 Leistungen in besonderen Fällen

1. Bei durch Krankheit oder Unfall verursachter Arbeitsunfähigkeit erhalten die Angestellten ihre Bezüge für die Dauer von 6 Wochen.

2. Vom Beginn der 7. Woche an erhalten:

a) krankenversicherungspflichtige Angestellte einen Zuschuss zum Krankengeld. Der Zuschuss wird so berechnet, dass er zusammen mit dem Krankengeld 90 % der Gesamtnettobezüge beträgt. Maßgeblich für die Berechnung ist das volle, noch nicht um Sozialversicherungsbeiträge geminderte Krankengeld (Bruttokrankengeld)

b) (…)

c) (…)

Die Krankenzulage und die Krankenbeihilfe werden jedoch nur insoweit gewährt, als sie nicht von den Sozialversicherungsträgern (z.B. AOK, Ersatzkassen, BfA) auf satzungsgemäße Leistungen angerechnet werden. Die Leistungen nach a) bis c) werden nur bei einer ununterbrochenen Unternehmenszugehörigkeit

von mehr als 2 bis 5 Jahren bis zum Ablauf der 13. Woche

von mehr als 5 bis 10 Jahren bis zum Ablauf der 26. Woche

von mehr als 10 bis 15 Jahren bis zum Ablauf der 39. Woche

von mehr als 15 bis 20 Jahren bis zum Ablauf der 52. Woche

von mehr als 20 bis 25 Jahren bis zum Ablauf der 65. Woche

von mehr als 25 Jahren bis zum Ablauf der 78. Woche,

jeweils seit Beginn der Arbeitsunfähigkeit gewährt.

Die erforderliche Unternehmenszugehörigkeit muss jeweils am ersten Tag der 7., 14., 27., 40., 53. oder 66. Woche gegeben sein.

Die Leistungen nach a) bis c) entfallen, sobald ein Anspruch auf Rente wegen Alters oder wegen Erwerbsminderung oder auf ähnliche Bezüge öffentlich-rechtlicher Art geltend gemacht werden kann; die Angestellten sind verpflichtet, Rentenansprüche unverzüglich anzumelden. Diese Vorschrift findet keine Anwendung auf die durch § 36 SBG VI gegebene Möglichkeit, vorzeitig Altersruhegeld zu beantragen. Wird bei teilweiser Erwerbsminderung/teilweiser Erwerbsminderung bei Berufsunfähigkeit ein Beschäftigungsverhältnis mit dann verringerter Arbeitszeit fortgeführt, besteht der Anspruch auf Leistung nach Ziff. a) bis c) insoweit fort.

Vergütung für Mehrarbeit einschließlich Zuschläge bleibt bei den Zahlungen nach Ziff. 1 und 2 außer Ansatz.

3. In den Fällen der Kündigung des Arbeitsverhältnisses aus wichtigem Grunde ohne Einhaltung einer Kündigungsfrist (§ 626 BGB) finden die Bestimmungen der Ziff. 1 und 2 nur Anwendung, wenn die Kündigung wegen anhaltender Krankheit erfolgt.

4. (...)

5. (...)

§ 11 Arbeitszeit, Ausgleich für schwere Arbeit

1. Regelmäßige Arbeitszeit

Für die Angestellten im Innendienst (ausgenommen Hausmeister und Heizer) beträgt die regelmäßige Arbeitszeit 38 Stunden in der Woche. Pausen gelten nicht als Arbeitszeit. Die regelmäßige wöchentliche Arbeitszeit verteilt sich regelmäßig auf die Tage Montag bis Freitag.

Durch freiwillige Betriebsvereinbarung kann die Arbeitszeit abweichend davon für alle Angestellten oder für Gruppen von Angestellten einheitlich oder unterschiedlich festgelegt werden. Dabei sind die Erfordernisse des Betriebes und der einzelnen Funktionsbereiche zu berücksichtigen.

Abweichend von Abs. 1 kann aus betrieblichen Gründen im Rahmen der regelmäßigen Arbeitszeit auch Samstagsarbeit durch freiwillige Betriebsvereinbarung vorgesehen werden. In diesem Fall erhält die/der Angestellte pro Arbeitsstunde am Samstag einen Zuschlag von 25 % von $^1/_{162}$ des Monatsgehalts. Der Zuschlag entfällt, wenn die/der Angestellte an einem anderen Arbeitstag derselben Woche freigestellt wird. Der Zuschlag kann auch in Form von Freizeit abgegolten werden.

Wird eine ungleichmäßige Verteilung der Arbeitszeit vereinbart, ist innerhalb von 6 Kalendermonaten eine Arbeitszeit von durchschnittlich 38 Stunden pro Woche einzuhalten; ein kürzerer oder längerer Bezugszeitraum, letzterer bis längstens 12 Kalendermonate, kann durch freiwillige Betriebsvereinbarung bestimmt werden. Die durch Betriebsvereinbarung festgelegte Arbeitszeit darf in der einzelnen Woche 38 Stunden um höchstens 25 % über- oder unterschreiten. In Vereinbarungen über gleitende Arbeitszeit ist die Möglichkeit, Arbeitszeitunter- oder -überschreitungen auf den folgenden Bezugszeitraum zu übertragen, auf eine bestimmte angemessene Stundenzahl zu begrenzen. Die tägliche Arbeitszeit kann bis zu 10 Stunden betragen.

Zur Vermeidung von Entlassungen und zur Sicherung der Beschäftigung kann durch freiwillige Betriebsvereinbarung die regelmäßige wöchentliche Arbeitszeit im Sinne von Abs. 1 Satz 1 und Abs. 4 Satz 1 für alle Angestellten oder für Gruppen von Angestellten um bis zu 8 Stunden in der Woche verkürzt werden; die Bezüge werden entsprechend gekürzt, wobei günstigere Regelungen zulässig sind. Zuvor sollen in dem betreffenden Bereich die Möglichkeiten zum Abbau von Mehrarbeit und zur Förderung von Teilzeitarbeitsverhältnissen genutzt werden. Während der Laufzeit der Betriebsvereinbarung dürfen gegenüber den von ihr erfassten Angestellten keine betriebsbedingten Kündigungen ausgesprochen werden. Auszubildende werden von dieser Regelung nicht erfasst.

2. Mehrarbeit

Mehrarbeit ist die über die regelmäßige Arbeitszeit im Sinne von Ziff. 1 Abs. 1 bzw. die durch die Betriebsvereinbarung abweichend geregelte Arbeitszeit hinaus geleistete angeordnete Arbeit. Sie wird mit $1/162$ des Monatsbezuges (einschließlich aller Zulagen) und mit einem Zuschlag von 25 % für jede Mehrarbeitsstunde bezahlt. Bei Mehrarbeit an Samstagen beträgt der Zuschlag einschließlich etwaiger Zuschläge nach Ziff. 1 Abs. 3 50 %. Mehrarbeit und Zuschläge können auch in Form von Freizeit abgegolten werden.

Bei Angestellten, deren Monatsbezüge das höchste im Gehaltstarifvertrag festgesetzte Gehalt zuzüglich Verantwortungszulage – und sofern die/der Angestellte Anspruch auf Schichtzulage hat, dieser Schichtzulage – um mindestens 10 % übersteigen, kann Mehrarbeitsvergütung vertraglich ausgeschlossen werden. Die Bestimmungen des Arbeitszeitgesetzes bleiben unberührt.

3. Sonn- und Feiertagsarbeit

Arbeit an Sonn- und Feiertagen wird, soweit sie Mehrarbeit ist, pro Stunde mit $1/162$ des Monatsbezuges (einschließlich aller Zulagen) und einem Sonn- und Feiertagszuschlag von 100 % bezahlt. Mehrarbeitszuschlag wird daneben nicht gezahlt. Ziff. 2 Abs. 2 gilt entsprechend.

4. Nachtarbeit

Bei Nachtarbeit der Angestellten im Innendienst ist ein Zuschlag von 25 % von $1/162$ des Monatsbezuges (einschließlich aller Zulagen) für jede Nachtarbeitsstunde zu zahlen. Als Nachtarbeitsstunde gelten die Arbeitsstunden von 21 Uhr bis 6 Uhr. Erfüllt die Nachtarbeit zugleich die Voraussetzungen für den Mehrarbeitszuschlag oder den Sonn- und Feiertagszuschlag, sind diese zusätzlich zu zahlen.

5. Schichtarbeit

Angestellte, die regelmäßig in Wechselschicht arbeiten, erhalten eine monatliche Schichtzulage in Höhe von

181 Euro (ab 1.10.2014: 185 Euro) bei Zweischichtbetrieb und von

360 Euro (ab 1.10.2014: 368 Euro) bei Dreischichtbetrieb.

Die Vorschrift der Ziffern 2 bis 4 bleibt unberührt.

(...)

§ 11a Teilzeitarbeit

Die Tarifvertragsparteien wollen gemeinsam die Einrichtung von Teilzeitarbeitsplätzen fördern und regeln. Damit soll im Einklang mit den geschäftspolitischen Zielen und den betrieblichen Gegebenheiten des Unternehmens Mitarbeiterinnen und Mitarbeitern ermöglicht werden, Berufsausübung und berufliche Qualifizierung mit außerberuflichen Interessen zu verbinden. Teilzeitarbeit soll in allen beruflichen und betrieblichen Qualifikationsstufen im Rahmen der betrieblichen Gegebenheiten ermöglicht werden.

1. Teilzeitbeschäftigte erhalten einen schriftlichen Arbeitsvertrag. Er soll mindestens Angaben über den Arbeitszeitanteil, die Arbeitszeitlage (auch variabel), die

tarifliche Eingruppierung und evtl. Zulagen enthalten. Unterschreitet die vereinbarte Arbeitszeit die gesetzliche Grenze des § 8 SGB IV, hat der Arbeitgeber die Angestellten auf mögliche sozialversicherungsrechtliche Folgen hinzuweisen.

2. Angestellte, die Teilzeitarbeit anstreben, haben das Recht, über die in ihrem Betrieb aktuell zu besetzenden Teilzeitarbeitsplätze informiert zu werden. Vor einer innerbetrieblichen Ausschreibung von Arbeitsplätzen prüft der Arbeitgeber, ob der betreffende Arbeitsplatz unter Berücksichtigung der betrieblichen Belange auch als Teilzeitarbeitsplatz geeignet ist und ausgeschrieben werden soll und weist dies ggf. entsprechend aus.

3. Umwandlungswünschen der Angestellten hinsichtlich ihres Arbeitszeitvolumens ist Rechnung zu tragen, sofern die arbeitsorganisatorischen Gegebenheiten sowie die personelle Situation dies zulassen. Der Wunsch nach Wechsel des Arbeitszeitvolumens ist mindestens 6 Monate vorher anzumelden. Kann dem Umwandlungswunsch nicht entsprochen werden, ist dies vom Arbeitgeber zu begründen. Eine Umwandlung des Arbeitszeitvolumens kann auch befristet erfolgen. Bei der Umwandlung des Arbeitszeitvolumens ist sicherzustellen, dass die gesetzliche Grenze des § 8 SGB IV nicht unterschritten wird.

4. Bei der Besetzung von Teilzeitarbeitsplätzen sollen bei gleicher persönlicher und fachlicher Eignung interne Bewerber vor externen Bewerbern vorrangig berücksichtigt werden. Das Gleiche gilt im Falle eines gewünschten Übergangs von Teilzeit- auf Vollzeitarbeit für die Besetzung von Vollzeitarbeitsplätzen.

5. Teilzeitbeschäftigte sollen in Fragen der beruflichen Entwicklung sowie im Bereich der Weiterbildung wie Vollzeitkräfte entsprechend den betrieblichen und persönlichen Möglichkeiten sowie den Anforderungen des Arbeitsplatzes gefördert werden.

6. Sofern regelmäßig Arbeit, die über die vereinbarte Wochenarbeitszeit hinausgeht, angeordnet und geleistet wird, kann die/der Angestellte eine entsprechende Neugestaltung des Arbeitsvertrages verlangen.

7. Die Rechte des Betriebs- bzw. Personalrats richten sich nach dem Betriebsverfassungsgesetz bzw. den entsprechenden Bestimmungen der Personalvertretungsgesetze. Die Regelungssperre des § 87 Abs. 1 BetrVG wird durch diese Tarifvereinbarung nicht ausgelöst. Betriebsvereinbarungen im Rahmen und auf der Grundlage dieser Bestimmungen lösen die Regelungssperre des § 77 Abs. 3 BetrVG nicht aus.

§ 12 Zusätzliche arbeitsfreie Tage

(...)

§ 13 Erholungsurlaub

1. Urlaubsdauer, Abgeltung

Die Angestellten haben für jedes Kalenderjahr Anspruch auf Erholungsurlaub von 30 Arbeitstagen. Wird dieser nicht zusammenhängend genommen, soll er in größere Abschnitte aufgeteilt werden, von denen einer mindestens 15 Arbeitstage umfasst. Während der beruflichen Erstausbildung soll der Erholungsurlaub in der Zeit der Berufsschulferien gewährt werden. Soweit dies aus betrieblichen Gründen nicht möglich ist, muss für jeden Berufsschultag, an dem die Berufsschule während des Urlaubs besucht wird, ein weiterer Urlaubstag gewährt werden.

Schwerbehinderte erhalten den ihnen nach dem SGB IX zustehenden zusätzlichen Urlaub.

Die Samstage sowie der 24. und 31. Dezember sind keine Arbeitstage im Sinne der Urlaubsbestimmungen.

Eine Abgeltung des Urlaubs ist nur statthaft, wenn wegen der Beendigung des Arbeitsverhältnisses der Urlaub nicht oder nicht in vollem Umfang gewährt werden kann. In diesem Fall ist er mit $\frac{1}{22}$ der Monatsbezüge für jeden Urlaubstag abzugelten.

2. Verfahren bei Eintritt und Ausscheiden während des Kalenderjahres

Im Verlaufe des Kalenderjahres eintretende oder ausscheidende Angestellte erhalten für jeden vollen Monat, den sie im Verlauf des Kalenderjahres dem Unternehmen angehören, $\frac{1}{12}$ des Jahresurlaubs, aufgerundet auf volle Tage. Ein für dasselbe Kalenderjahr von einem früheren Arbeitgeber gewährter Erholungsurlaub wird angerechnet. Ist der Urlaub beim Ausscheiden bereits voll gewährt, so können die für die Urlaubszeit zu viel gezahlten Bezüge nicht zurückgefordert werden.

3. Wartezeit

Der Urlaubsanspruch kann erstmalig nach einer 6-monatigen – bei Jugendlichen nach einer 3-monatigen – ununterbrochenen Tätigkeit im Unternehmen geltend gemacht werden. Dies gilt nicht, wenn das Arbeitsverhältnis zu diesem Zeitpunkt oder früher beendet wird.

4. Urlaubsentgelt

Für die Dauer des Urlaubs wird das Arbeitsentgelt für die regelmäßige Arbeitszeit der/des Angestellten fortgezahlt; dabei werden Änderungen ihrer/seiner regelmäßigen Arbeitszeit während des Kalenderjahres (z.B. bei Übergang von Vollzeit- auf Teilzeitbeschäftigung), soweit sie vor Urlaubsantritt bereits vereinbart sind, durch anteilige Erhöhung oder Verringerung dieses Entgelts berücksichtigt.

5. Berücksichtigung von Überstunden beim Urlaubsentgelt

Zur regelmäßigen Arbeitszeit i. S. dieser Bestimmung gehört Mehrarbeit, die regelmäßig an bestimmten Tagen in der Woche oder im Monat geleistet wird.

Sind im vorangegangenen Kalenderjahr mehr als 50 vom Arbeitgeber angeordnete unregelmäßige Mehrarbeitsstunden abgerechnet worden, so wird für jeden Urlaubstag des laufenden Jahres $\frac{1}{220}$ der im vorangegangenen Kalenderjahr für diese Mehrarbeit abgerechneten Mehrarbeitsvergütung gezahlt.

6. Urlaubsentgelt bei Beziehern von Provision aus Eigengeschäften

Besteht ein Teil der Bezüge, die das Entgelt für die Dienstleistung aus dem Arbeitsverhältnis ausmachen, vertragsgemäß aus Provision für Eigengeschäfte, gilt § 22 Ziff. 2 entsprechend.

7. aufgehoben

8. aufgehoben

9. Sonderzahlung

Angestellte, deren Monatsbezüge das höchste im Gehaltstarifvertrag geregelte Monatsgehalt zuzüglich Verantwortungszulage – und, sofern die/der Angestellte Anspruch auf Schichtzulage hat, dieser Schichtzulage – nicht mehr als 10 % übersteigen, erhalten im 2. Quartal des Kalenderjahres eine Sonderzahlung in Höhe von 50 % ihres Bruttomonatsgehaltes. Durch Betriebsvereinbarung kann von diesem Zahlungszeitraum abgewichen werden. Maßgebend für die Höhe der Sonderzahlung ist das Monatsgehalt des Auszahlungsmonats einschließlich der tariflichen Zulagen. Dabei werden Änderungen der regelmäßigen Arbeitszeit der/des Angestellten im 1. Kalenderhalbjahr (z.B.: Übergang von Vollzeit- auf Teilzeitbeschäftigung) anteilig berücksichtigt. Hat die/der Angestellte im Auszahlungszeitpunkt weder Anspruch auf Bezüge gemäß § 3 Ziff. 2 noch auf Leistungen gemäß § 10 Ziff. 1, so ist das zuletzt bezogene Gehalt maßgebend.

Der Anspruch auf die Sonderzahlung entsteht nach Überführung eines etwaigen Probearbeitsverhältnisses in ein festes Arbeitsverhältnis, dann aber rückwirkend ab Beginn des Arbeitsverhältnisses.

Für jeden Monat im 1. Kalenderhalbjahr, in dem die/der Angestellte nicht für wenigstens 15 Tage Anspruch auf Bezüge gemäß § 3 Ziff. 2 oder auf Leistungen gemäß § 10 Ziff. 1 bis 3 oder auf Leistungen für die Zeiten der Schutzfristen und Beschäftigungsverbote nach dem Mutterschutzgesetz hat, wird die Sonderzahlung um ⅙ gekürzt. Eine Kürzung unterbleibt, wenn die/der Angestellte nur deshalb keine Zahlung gemäß § 10 Ziff. 2 und 3 erhält, weil das Krankengeld bereits 90 % der Gesamtnettobezüge ausmacht. Die aufgrund der Inanspruchnahme von Elternzeit gekürzte Sonderzahlung wird der/dem Angestellten anteilig für die bis zur Vollendung der ersten vier Lebensmonate des Kindes in Anspruch genommene Elternzeit nachgezahlt, wenn das Arbeitsverhältnis im Anschluss an die Elternzeit für mindestens sechs Monate fortgesetzt wird. Zeiträume, für die der/dem Angestellten weder Bezüge gemäß § 3 Ziff. 2 noch Leistungen gemäß § 10 Ziff. 1 zustehen, bleiben dabei außer Betracht.

Angestellte, deren Arbeitsverhältnis im Auszahlungszeitpunkt beendet ist, haben keinen Anspruch – auch nicht anteilig – auf die Sonderzahlung. Das Gleiche gilt für Angestellte, die in einem gekündigten Arbeitsverhältnis stehen, außer im Falle betriebsbedingter Arbeitgeberkündigung. Pensionierung, auch wegen voller oder teilweiser Erwerbsminderung, gilt nicht als Kündigung.

Die Sonderzahlung wird auf Sonderzuwendungen des Arbeitgebers (Gratifikationen, Ergebnisbeteiligungen u.Ä.) angerechnet. Auf der Basis freiwilliger Betriebsvereinbarungen oder individualvertraglich kann auf Wunsch der Angestellten die vollständige oder teilweise Abgeltung der Sonderzahlung durch Freizeit vereinbart werden.

§ 14 Arbeitsbefreiung

(...)

§ 15 Kündigung, Altersgrenze

1. Die Kündigung ist nur zum Vierteljahresschluss zulässig. Die Kündigungsfrist beträgt mindestens 6 Wochen.

2. Bei einer Beschäftigungszeit von mindestens 5 Jahren in demselben Unternehmen kann der Arbeitgeber nur wie folgt kündigen:

bei einer Beschäftigungszeit von mindestens 5 Jahren mit einer Frist von mindestens 3 Monaten zum Vierteljahresschluss,

bei einer Beschäftigungszeit von mindestens 8 Jahren mit einer Frist von mindestens 4 Monaten zum Vierteljahresschluss,

bei einer Beschäftigungszeit von mindestens 10 Jahren mit einer Frist von mindestens 5 Monaten zum Vierteljahresschluss,

bei einer Beschäftigungszeit von mindestens 12 Jahren mit einer Frist von mindestens 6 Monaten zum Vierteljahresschluss,

bei einer Beschäftigungszeit von mindestens 20 Jahren mit einer Frist von mindestens 7 Monaten zum Vierteljahresschluss.

3. Angestellten, die das 55. Lebensjahr vollendet haben und dem Unternehmen mindestens 10 Jahre angehören, sowie Angestellten, die dem Unternehmen 25 Jahre angehören, kann nur aus wichtigem Grund gekündigt werden.

Diese Einschränkung gilt nicht, wenn

a) ein Anspruch auf Altersruhegeld oder vorgezogenes Altersruhegeld aus der gesetzlichen Rentenversicherung, Leistungen aus einer Befreiungsversicherung gemäß § 3 Ziff. 4 MTV oder entsprechende öffentlich-rechtliche Versorgungsbezüge geltend gemacht werden kann,

b) eine Weiterbeschäftigung der/des Angestellten an ihren/seinem bisherigen Arbeitsplatz infolge einer Rationalisierungsmaßnahme im Sinne von § 2 des Rationalisierungsschutzabkommens oder aus sonstigen betrieblichen Gründen nicht möglich ist und die Kündigung nicht durch eine Maßnahme entsprechend dem Rationalisierungsschutzabkommen vermieden werden kann.

4. Bei Angestellten, die nur vorübergehend zur Aushilfe (bis zur Höchstdauer von 3 Monaten) oder zur Bewältigung eines besonderen Arbeitsanfalls oder auf Probe eingestellt sind, gelten die gesetzlichen Bestimmungen.

5. Nach der Kündigung wird den Angestellten auf Verlangen ein Zwischenzeugnis ausgestellt. Der Inhalt des endgültigen Zeugnisses darf von dem Zwischenzeugnis zu Ungunsten der Angestellten nur abweichen, wenn diese durch ihr Verhalten in der Zwischenzeit hierzu Anlass gegeben haben.

6. Das Arbeitsverhältnis endet spätestens zu dem Zeitpunkt, in dem die/der Angestellte erstmals Altersruhegeld aus der gesetzlichen Rentenversicherung bezieht, oder mit Ablauf des Monats, in dem sie/er die Altersgrenze für eine Regelaltersrente nach den Bestimmungen der gesetzlichen Rentenversicherung erreicht hat. Abweichende Betriebs- oder Dienstvereinbarungen sind zulässig.

§ 16 Verschmelzung und Sitzverlegung, Umzugskostenerstattung

(…)

III. Bestimmungen für die Arbeitnehmer des Werbeaußendienstes

§§ 17–23

(...)

IV. Schlussbestimmungen

§ 24 Verfall von Ansprüchen

Ansprüche aus dem Arbeitsverhältnis – ausgenommen solche aufgrund deliktischer Handlung – verfallen, soweit sie nicht spätestens innerhalb von 6 Monaten nach Beendigung des Arbeitsverhältnisses schriftlich geltend gemacht werden.

Hierunter fallen nicht Ansprüche des Arbeitgebers aus der Einkommensregelung mit Angestellten des Außendienstes, insbesondere aus einer Provisionsvereinbarung. Entsprechende Ansprüche der Angestellten im Außendienst müssen jedoch innerhalb einer Frist von 12 Monaten wenigstens dem Grunde nach schriftlich geltend gemacht werden.

§§ 25–28

(...)

III. Arbeitsvertragsmuster für die Chemische Industrie

1. Vorbemerkung

36 Das nachfolgende Vertragsmuster ist der Vorschlag eines Arbeitsvertrages im Bereich der chemischen Industrie. Zu Grunde gelegt wurde der zwischen dem Bundesarbeitgeberverband Chemie e.V. und der IG Bergbau, Chemie, Energie vereinbarte Manteltarifvertrag vom 24.6.1992 (MTV Chemie) in der Fassung vom 16.3.2009 (Rz. 49a). Ggf. zu beachten ist zusätzlich der Manteltarifvertrag für akademisch gebildete Angestellte in der chemischen Industrie vom 2.5.2000. Zu berücksichtigen ist ferner der Bundesentgelttarifvertrag für die chemische Industrie vom 18.7.1987 in der jeweiligen Fassung. Ferner existieren weitere Tarifverträge, insbesondere über Jahressonderleistungen.

2. Ausgangspunkte für die Vertragsgestaltung

37 Der MTV Chemie enthält richtungsweisende Regelungen im Bereich der Arbeitszeit, der Teilzeitarbeit, der Mehrarbeit, der Nacht-, Sonn- und Feiertagsarbeit, der Zuschlagsregelungen sowie der Gehalts- und Lohnregelung. Außerdem sind Bestimmungen zur Einstellung und Entlassung, zur Probezeit, zur Nebentätigkeit, zum Urlaub, zur Lohnfortzahlung im Krankheitsfall sowie tarifliche Verfallklauseln enthalten. Besonders hervorzuheben ist die im Bereich der Chemie vorbildliche Gleichbehandlung von Arbeitern und Angestellten, was sich insbesondere in der einheitlichen Regelung der Kündigungsfristen widerspiegelt (§ 11 III MTV Chemie). Die in anderen Tarifbereichen noch bestehende Unsicherheit ist hier beseitigt.

Nach § 11 I Nr. 2 MTV Chemie sind die Parteien zwar nicht zum Abschluss eines 38
schriftlichen Arbeitsvertrages verpflichtet. Der Arbeitgeber hat jedoch – wenn kein
schriftlicher Vertrag geschlossen wurde – das Arbeitsverhältnis innerhalb einer Woche nach Aufnahme der Beschäftigung schriftlich zu bestätigen. Damit geht der
MTV über die Regelungen des Nachweisgesetzes hinaus.

§ 11 II MTV Chemie regelt die Probezeit, die sechs Monate nicht überschreiten 39
darf. Die Tarifparteien sind sich dabei einig, dass es tarifwidrig ist, wenn einheitlich eine sechsmonatige Probezeit für alle Arbeitsverhältnisse vereinbart wird. Je
nach Dauer der Probezeit differieren die Kündigungsfristen erheblich. Bei einer bis
zu dreimonatigen Probezeit kann das Arbeitsverhältnis beiderseits mit einer Frist
von nur drei Tagen gelöst werden. Bei einer längeren Probezeit beträgt die Kündigungsfrist einen Monat zum Monatsende. Die einzelvertragliche Probezeitregelung muss daher im Einzelfall erwogen werden. Im Geltungsbereich des MTV
Chemie ist daher auch hier die in anderen Tarifbereichen noch bestehende Unsicherheit wegen differenzierender Kündigungsfristen zwischen Arbeiter und Angestellten beseitigt.

Die Arbeitszeitregelung ist flexibel zu halten und den jeweiligen betrieblichen Be- 40
dürfnissen anzupassen. Dies gilt insbesondere deshalb, weil § 2 MTV Chemie eine
flexible Regelung der Arbeitszeit ermöglicht, jedoch nur im Zusammenwirken von
Arbeitgeber und Betriebsrat. Eine einzelvertragliche Regelung, die diesen betriebsbezogenen Regelungen entgegenstehen könnte, ist daher nicht zu empfehlen.

Die Regelungen in §§ 3 und 4 MTV Chemie zu Mehrarbeit, Nacht-, Sonn- und Fei- 41
ertagsarbeit und die entsprechenden Zuschläge sind umfassend. Für die Vertragsgestaltung besonders wesentlich ist die vorgesehene Möglichkeit zur Pauschalierung nach § 4 IV MTV Chemie. Hiernach können die Zuschläge für Mehrarbeit,
Nacht-, Sonn- und Feiertagsarbeit sowie Schichtzulagen durch Pauschale abgegolten werden. Der Tarifvertrag verlangt allerdings eine transparente Vertragsgestaltung, weil bei der Pauschalierung erkennbar sein muss, welche Vergütungsarten
mit der Pauschale abgegolten werden. Typischerweise dürfte eine Pauschalierung
anfallender Mehrarbeit in Betracht kommen. Dabei ist allerdings § 4 IV Nr. 3
MTV Chemie zu beachten, wonach die Pauschale mindestens den durchschnittlich
im Zeitraum eines Jahres anfallenden Leistungen entsprechen muss. Verändern
sich die Grundlagen, so ist die Pauschale entsprechend anzupassen, wobei geringe
Anpassungen unberücksichtigt bleiben können. Zweckmäßig ist, diese Regelung
vertraglich zu konkretisieren und ein Teilkündigungsrecht für die Pauschalierungsabrede vorzusehen.

Da im Bereich der Chemie ein Tarifvertrag über Jahressonderleistungen besteht, ist 42
eine Regelung über Gratifikationen (§ 8 des Vertragsmusters) nur notwendig, wenn
das Unternehmen eine zusätzliche Gratifikation gewährt.

Zur Beendigung des Arbeitsverhältnisses ist weithin auf die tariflichen Regelungen 43
zu verweisen. Allerdings können die tariflichen Kündigungsfristen durch Vereinbarung zwischen Arbeitgeber und Arbeitnehmer verlängert werden. Dies kann unter Umständen bei Arbeitsverträgen mit mehr als dreimonatiger Probezeit sinnvoll
sein, weil die Regelungen in § 11 II Nr. 1 und § 11 III Nr. 3 MTV Chemie dazu füh-

ren können, dass die Kündigungsfrist nach Ablauf der Probezeit kürzer ist als in der Probezeit. Ggf. sollte eine beiderseitige Mindestkündigungsfrist von einem Monat zum Monatsende vereinbart werden.

44 Die Regelung in § 11 III Nr. 1 MTV (Schriftformerfordernis für die arbeitgeberseitige Kündigung) ist ebenso wie die Protokollnotiz zu § 11 MTV Chemie im Hinblick auf § 623 BGB obsolet.

45 Der MTV Chemie enthält keine Regelung der Altersgrenze. Aus diesem Grunde wurde eine einzelvertragliche Altersgrenze, die der bindenden Vorgabe des § 41 Satz 2 SGB VI entspricht, aufgenommen.

46 Eine vertragliche Regelung zur Nebentätigkeit ist notwendig, da der Tarifvertrag hierzu keine Regelungen enthält. Auf vertragliche Regelungen zur Verschwiegenheitspflicht ist Wert zu legen, zumal gerade im chemischen Bereich der Abfluss von technischem Know-how droht. Mit Mitarbeitern in der Forschung sind unter Umständen Sondervereinbarungen zu treffen.

47 Hinsichtlich der detaillierten Urlaubsregelungen war lediglich auf die Bestimmungen in § 12 MTV Chemie zu verweisen. Verzichtbar sind auch besondere Regelungen über Anzeige und Nachweis von Arbeitsausfall und Arbeitsversäumnis im Hinblick auf § 9 MTV Chemie. Eine einzelvertragliche Verfallklausel erschien im Hinblick auf § 17 MTV Chemie entbehrlich. Im Hinblick auf die Rechtsprechung zum Nachweisgesetz sollte jedoch zumindest ein ausdrücklicher Hinweis auf die Ausschlussfristen enthalten sein.

48 In dem Vertragsmuster wird auf deklaratorische Regelungen so weit wie möglich verzichtet und im Zweifel auf die einschlägigen Tarifnormen verwiesen. Es kann als Grundlage sowohl für Vertragsabschlüsse mit Arbeitern als auch mit Angestellten Verwendung finden. Ebenso wurde verzichtet auf die Aufnahme der verbreiteten, aber weithin unwirksamen, zumindest aber wirkungslosen → *Schriftformklauseln*, II S 30, → *salvatorischen Klauseln*. II S 10 und → *Gerichtsstandsvereinbarungen*, II G 20.

3. Vertragsmuster

49 **Arbeitsvertrag**

Zwischen der X GmbH ...

– nachfolgend kurz Unternehmen genannt –

und

Herrn/Frau ...

– nachfolgend Mitarbeiter/in genannt –

wird folgender Arbeitsvertrag geschlossen:

→ *Arbeitnehmerstatus*, II A 50

§ 1 Beginn des Arbeitsverhältnisses

(1) Der/Die Mitarbeiter/in tritt am ... (Datum) auf unbestimmte Zeit in die Dienste des Unternehmens.

(2) Die Einstellung erfolgt unter der Bedingung, dass der/die Mitarbeiter/in nach dem Ergebnis der Einstellungsuntersuchung durch den Vertrauens-/Betriebsarzt für die geschuldete Tätigkeit geeignet ist

→ *Arbeitsaufnahme/Beginn des Arbeitsverhältnisses*, II A 60

→ *Befristung des Arbeitsverhältnisses*, II B 10

§ 2 Probezeit

Die ersten drei/sechs Monate gelten als Probezeit. Während dieser Zeit kann das Arbeitsverhältnis beiderseits mit einer Frist von drei Tagen/einem Monat zum Schluss eines Kalendermonats gekündigt werden.

→ *Kündigungsvereinbarungen*, II K 10

§ 3 Tätigkeit

(1) Herr/Frau ... (Name), der/die Mitarbeiter/in, wird eingestellt als ... (Berufsbild; kurze Charakterisierung oder Beschreibung der zu leistenden Tätigkeit). Er/Sie wird mit allen einschlägigen Arbeiten nach näherer Anweisung der Betriebsleitung und seiner/ihrer Vorgesetzten beschäftigt.

(2) Der/Die Mitarbeiter/in verpflichtet sich, die ihm/ihr übertragenen Aufgaben sorgfältig auszuführen.

→ *Direktionsrecht und Tätigkeitsbeschreibung*, II D 30

§ 4 Zuweisung anderer Tätigkeiten/Versetzung

(1) Das Unternehmen ist berechtigt, dem/der Mitarbeiter/in anderweitige seinen/ihren Fähigkeiten entsprechende gleichwertige oder höherwertige Tätigkeiten zu übertragen.

(2) Das Arbeitsverhältnis bezieht sich auf eine Tätigkeit in ... (Ort). Das Unternehmen behält sich vor, den/die Mitarbeiter/in innerhalb des gesamten Unternehmens – auch an einen anderen Ort – (vertretungsweise für die Höchstdauer von ... Monaten/Jahren) im Rahmen des Absatzes 1 zu versetzen, wenn ihm/ihr dies bei Abwägung der betrieblichen und seiner/ihrer persönlichen Belange zuzumuten ist. Außer bei dringenden betrieblichen Notwendigkeiten wird das Unternehmen hierbei eine Ankündigungsfrist beachten, die der vertraglichen oder gesetzlichen Kündigungsfrist des/der Mitarbeiters/in entspricht. Kosten eines von dem Unternehmen angeordneten Wohnsitzwechsels werden dem/der Mitarbeiter/in erstattet.

→ *Direktionsrecht und Tätigkeitsbeschreibung*, II D 30

§ 5 Arbeitszeit

(1) Die regelmäßige Arbeitszeit beträgt nach den zurzeit gültigen tariflichen Bestimmungen ... Stunden wöchentlich. Die Arbeitszeit kann nach Maßgabe des § 2 I MTV Chemie im Einvernehmen zwischen Unternehmen und Betriebsrat verlängert oder verkürzt werden.

(2) Beginn und Ende der täglichen Arbeitszeit und der Pausen richten sich nach den jeweiligen tariflichen Bestimmungen und den mit dem Betriebsrat abgeschlossenen Vereinbarungen.

(3) Der/Die Mitarbeiter/in ist verpflichtet, aus dringenden betrieblichen Gründen im Rahmen der gesetzlichen Bestimmungen, insbesondere der Mitbestimmung des Betriebsrats gemäß § 87 Abs. 1 BetrVG, Nacht-/Wechselschicht-/Sonntagsarbeit und vorübergehende Mehr- und Überarbeit zu leisten.

→ *Arbeitszeit*, II A 90

§ 6 Vergütung

(1) Aufgrund der zurzeit geltenden Bestimmungen wird der/die Mitarbeiter/in ab dem ... in der Entgeltgruppe E ... des Bundesentgelttarifvertrages für die chemische Industrie in der jeweils gültigen Fassung eingruppiert. Die Eingruppierung ist deklaratorisch. Das Tarifentgelt richtet sich nach den für den Bezirk ... geltenden Bestimmungen und berechnet sich wie folgt:
1. Tarifentgelt ... Euro
2. Tarifliche Zulagen ... Euro
3. Übertarifliche Zulage ... Euro (ggf. gemäß Betriebsvereinbarung vom ...)
4. ... ... Euro

(2) Die übertarifliche Zulage kann bei Tariflohnerhöhungen verrechnet werden, und zwar auch rückwirkend, wenn der Tariflohn rückwirkend erhöht wird.

(3) Das Unternehmen gewährt dem/der Mitarbeiter/in vermögenswirksame Leistungen und Altersvorsorge nach den jeweiligen tariflichen Bestimmungen.

(4) Die Zahlung der Vergütung erfolgt bargeldlos.

→ *Arbeitsentgelt*, II A 70

§ 7 Über- und Mehrarbeitsvergütung

(1) Ansprüche auf Freizeitausgleich, Vergütung und Zuschläge für etwaige Mehrarbeit sowie Nacht-, Sonn- und Feiertagsarbeit bestehen nur, wenn die Tätigkeit von dem Unternehmen angeordnet oder genehmigt worden ist.

(2) Der Ausgleich der Mehrarbeit sowie der Nacht-, Sonn- und Feiertagsarbeit erfolgt nach Maßgabe der tariflichen Bestimmungen.

oder:

(2) Zur Abgeltung etwaiger Mehrarbeit erhält der/die Mitarbeiter/in eine monatliche Pauschale in Höhe von ... Euro. Mit dieser Pauschale werden bis zu ... Überstunden im Monat abgegolten. Darüber hinausgehende genehmigte Überstunden werden durch Freizeitgewährung ausgeglichen. Die Pauschalabgeltung kann von beiden Parteien mit einmonatiger Kündigungsfrist gekündigt und die Ablösung durch eine Einzelabrechnung oder die Anpassung der Pauschale verlangt werden, sofern die tatsächlichen Grundlagen der Pauschalabgeltung sich nicht nur geringfügig verändert haben.

→ *Mehrarbeits- und Überstundenvergütung*, II M 20

§ 8 Gratifikation/Rückzahlungsverpflichtung

(1) Der/Die Mitarbeiter/in, dessen/deren Arbeitsverhältnis bis zum Jahresende besteht, erhält über die tariflich vorgesehenen Sonderzuwendungen (vgl. Tarifvertrag über Jahresleistung in der jeweils gültigen Fassung) hinaus eine Gratifikation

in Höhe von ... % des zuletzt bezogenen Monatsgehalts, die mit der Gehaltsabrechnung für November abzurechnen und auszuzahlen ist. Mit der Gratifikation sollen ausschließlich die erbrachte und die zukünftige Betriebstreue honoriert werden. Der Anspruch auf die Gratifikation besteht nur, wenn das Arbeitsverhältnis im Auszahlungszeitpunkt sechs Monate bestanden hat. Ruht das Arbeitsverhältnis ganz oder teilweise, gleich aus welchem Rechtsgrund, ohne Entgeltfortzahlung, wird die Gratifikation entsprechend anteilig gekürzt.

(2) Der Anspruch auf Gratifikation ist ausgeschlossen, wenn das Arbeitsverhältnis im Zeitpunkt der Auszahlung oder bis zum 31.12. von einem der Vertragsteile gekündigt wird oder infolge Aufhebungsvertrages endet. Dies gilt jedoch nicht, wenn die Kündigung aus betriebsbedingten oder aus personenbedingten, vom/ von der Mitarbeiter/in nicht zu vertretenden Gründen erfolgt. Dies gilt sinngemäß für einen Aufhebungsvertrag.

(3) Der/Die Mitarbeiter/in ist verpflichtet die Gratifikation zurückzuzahlen, wenn er/sie aufgrund eigener Kündigung oder aufgrund außerordentlicher oder verhaltensbedingter Kündigung aus dem Unternehmen aus einem von ihm/ihr zu vertretenden Grund bis zum 31.3. des auf die Auszahlung folgenden Kalenderjahres oder, sofern die Gratifikation eine Monatsvergütung übersteigt, bis zum 30.6. des auf die Auszahlung folgenden Kalenderjahres ausscheidet. Die Rückzahlungsverpflichtung gilt entsprechend, wenn das Arbeitsverhältnis innerhalb des vorgenannten Zeitraumes durch Aufhebungsvertrag beendet wird und Anlass des Aufhebungsvertrages ein Recht zur außerordentlichen oder verhaltensbedingten Kündigung oder ein Aufhebungsbegehren des/der Mitarbeiters/in ist.

→ *Sonderzahlungen*, II S 40

§ 9 Widerrufsvorbehalt

(1) Die Zahlung der Gratifikation (§ 8) erfolgt unter dem Vorbehalt des Widerrufs. Der Widerruf ist aus wirtschaftlichen Gründen möglich.

(2) Die Zahlung der übertariflichen Zulage (§ 6 Abs. 1 Nr. 3) erfolgt unter dem Vorbehalt des Widerrufs. Die Ausübung des Widerrufsrechts kann erfolgen, wenn ein dringendes betriebliches Erfordernis vorliegt, insbesondere wenn der Jahresgewinn des Unternehmens unter ... % des Jahresumsatzes sinkt. Dabei ist eine Frist von ... Monat(en) einzuhalten. Übersteigt der Jahresgewinn wieder die Grenze von ... % des Jahresumsatzes, wird die Zulage wieder gewährt.

→ *Vorbehalte und Teilbefristung*, II V 70

§ 10 Abtretung und Verpfändung des Arbeitseinkommens

Der/Die Mitarbeiter/in darf seine/ihre Vergütungsansprüche an Dritte nur nach vorheriger schriftlicher Zustimmung des Unternehmens verpfänden oder abtreten. Die Zustimmung darf nur aus sachlichen Gründen verweigert werden.

→ *Abtretungsverbote und Lohnpfändung*, II A 10

§ 11 Arbeitsverhinderung/Lohnfortzahlung

(1) Der/Die Mitarbeiter/in ist verpflichtet, jede Arbeitsverhinderung und ihre voraussichtliche Dauer unverzüglich dem Unternehmen anzuzeigen und dabei gleichzeitig auf etwaige dringliche Arbeiten hinzuweisen.

(2) Im Falle der Arbeitsunfähigkeit infolge Krankheit ist der/die Mitarbeiter/in verpflichtet, spätestens am dritten Arbeitstag eine ärztliche Bescheinigung über die Arbeitsunfähigkeit und deren voraussichtliche Dauer vorzulegen. Dauert die Arbeitsunfähigkeit länger als in der Bescheinigung angegeben, ist er/sie verpflichtet, innerhalb von drei Tagen eine neue ärztliche Bescheinigung einzureichen.

(3) Ist der/die Mitarbeiter/in unverschuldet arbeitsunfähig erkrankt, leistet das Unternehmen für die Dauer von ... Wochen/Monaten Lohnfortzahlung nach Maßgabe der gesetzlichen und tariflichen Bestimmungen.

→ *Anzeige- und Nachweispflichten*, II A 40

→ *Entgeltfortzahlung*, II E 20

§ 12 Urlaub

Der/Die Mitarbeiter/in erhält einen Erholungsurlaub und ein Urlaubsgeld nach Maßgabe der jeweiligen tariflichen Bestimmungen. Er beträgt zurzeit ... Werktage im Kalenderjahr. Der Urlaub wird in Abstimmung mit dem/der Mitarbeiter/in von der Unternehmensleitung festgelegt. Im Übrigen gelten die gesetzlichen Bestimmungen.

→ *Urlaub*, II U 20

§ 13 Rückzahlung zu viel erhaltener Leistungen

Hat der/die Mitarbeiter/in Entgelt oder sonstige Geldleistungen von dem Unternehmen zu viel erhalten, kann er/sie sich auf den Wegfall der Bereicherung nicht berufen, wenn die rechtsgrundlose Überzahlung so offensichtlich war, dass der/die Mitarbeiter/in dies hätte erkennen müssen, oder wenn die Überzahlung auf Umständen beruhte, die der/die Mitarbeiter/in zu vertreten hat.

→ *Arbeitsentgelt, überzahltes*, II A 80

§ 14 Nebentätigkeit

Jede Nebentätigkeit, gleichgültig ob sie entgeltlich oder unentgeltlich ausgeübt wird, bedarf der vorherigen Zustimmung des Unternehmens. Die Zustimmung wird erteilt, wenn die Nebentätigkeit die Wahrnehmung der dienstlichen Aufgaben zeitlich nicht oder allenfalls unwesentlich behindert und sonstige berechtigte Interessen des Unternehmens nicht beeinträchtigt werden. Das Unternehmen hat die Entscheidung über den Antrag des/der Mitarbeiters/in auf Zustimmung zur Nebentätigkeit innerhalb von vier Wochen nach Eingang des Antrages zu treffen. Wird innerhalb dieser Frist eine Entscheidung nicht gefällt, gilt die Zustimmung als erteilt.

→ *Nebentätigkeit*, II N 10

§ 15 Geheimhaltung

(1) Der/Die Mitarbeiter/in verpflichtet sich, über alle Geschäftsgeheimnisse, insbesondere Herstellungsverfahren, Vertriebswege und dergleichen sowohl während der Dauer des Arbeitsverhältnisses als auch nach seiner Beendigung Stillschweigen zu bewahren. Die Geheimhaltungspflicht erstreckt sich nicht auf solche Kenntnisse, die jedermann zugänglich sind oder deren Weitergabe für das Unternehmen ersichtlich ohne Nachteil ist. Im Zweifelsfalle sind jedoch technische, kauf-

männische und persönliche Vorgänge und Verhältnisse, die dem/der Mitarbeiter/in im Zusammenhang mit seiner/ihrer Tätigkeit bekannt werden, als Geschäftsgeheimnisse zu behandeln. In solchen Fällen ist der/die Mitarbeiter/in vor der Offenbarung verpflichtet, eine Weisung der Geschäftsleitung einzuholen, ob eine bestimmte Tatsache vertraulich zu behandeln ist.

(2) Die Schweigepflicht erstreckt sich auch auf Angelegenheiten anderer Unternehmen, mit denen das Unternehmen wirtschaftlich oder organisatorisch verbunden ist.

(3) Sollte die nachvertragliche Verschwiegenheitspflicht den/die Mitarbeiter/in in seinem/ihrem beruflichen Fortkommen unangemessen hindern, hat der/die Mitarbeiter/in gegen das Unternehmen einen Anspruch auf Freistellung von dieser Pflicht.

(4) Die betrieblichen Sicherheitsbestimmungen sind zu beachten. Vertrauliche und geheim zu haltende Schriftstücke, Zeichnungen, Modelle usw. sind unter Verschluss zu halten.

→ *Verschwiegenheitspflicht*, II V 20

§ 16 Haftung

Verursacht der/die Mitarbeiter/in durch eine schuldhafte Pflichtverletzung einen Schaden, so hat er/sie im Falle einfacher Fahrlässigkeit den Schaden zur Hälfte, höchstens jedoch bis zum Betrag einer gewöhnlichen Monatsnettovergütung zu ersetzen. Bei grober Fahrlässigkeit hat der/die Mitarbeiter/in den Schaden voll zu tragen, jedoch der Höhe nach beschränkt auf den dreifachen Betrag der gewöhnlichen Monatsnettovergütung. Die Haftung für Fahrlässigkeit besteht nur für solche Schäden, die nicht durch eine – von dem Unternehmen abzuschließende – Betriebshaftpflichtversicherung gedeckt werden können. Diese Grundsätze gelten entsprechend bei Schadensersatzansprüchen Dritter. Bei Vorsatz haftet der/die Mitarbeiter/in unbeschränkt.

→ *Haftung des Arbeitnehmers*, II H 20

§ 17 Vertragsstrafe

(1) Nimmt der/die Mitarbeiter/in die Arbeit nicht oder verspätet auf, löst er/sie sich vom Arbeitsverhältnis ohne Einhaltung der maßgeblichen Kündigungsfrist auf oder verweigert er/sie vorübergehend die Arbeit, so hat der/die Mitarbeiter/in an das Unternehmen eine Vertragsstrafe zu zahlen. Die Vertragsstrafe ist nur verwirkt, wenn der/die Mitarbeiter/in grob fahrlässig oder vorsätzlich gehandelt hat.

(2) Als Vertragsstrafe wird für die in Absatz 1 genannten Fälle ein Bruttotagesentgelt für jeden Tag der Zuwiderhandlung vereinbart, insgesamt wird jedoch nicht mehr als das in der gesetzlichen Mindestkündigungsfrist ansonsten erhaltene Arbeitsentgelt verwirkt. Im Übrigen beträgt die Vertragsstrafe insgesamt höchstens ein Bruttomonatsgehalt.

(3) Das Bruttotagesentgelt bemisst sich nach dem durchschnittlichen Arbeitsverdienst i.S.d. § 11 Abs. 1 Satz 1–4 BUrlG und den darin zum Ausdruck kommenden Berechnungsgrundsätzen. Ist der Arbeitnehmer in den in Absatz 1 genannten Fällen im Zeitpunkt der Zuwiderhandlung weniger als 13 Wochen bei dem Arbeitgeber beschäftigt, wird für die Berechnung des Bruttotagesentgeltes der gesamte

Zeitraum vom Beginn des Arbeitsverhältnisses bis zum Zeitpunkt der Zuwiderhandlung zugrunde gelegt.

(4) Verstößt der/die Mitarbeiter/in gegen die Geheimhaltungsvereinbarung aus § 15, so gilt für jeden Fall der Zuwiderhandlung eine Vertragsstrafe in Höhe von ... Euro als vereinbart.

(5) Die Geltendmachung eines weitergehenden Schadens bleibt vorbehalten.

→ *Vertragsstrafen*, II V 30

§ 18 Beendigung des Arbeitsverhältnisses

(1) (*Eventuell:* Für diesen Vertrag gilt eine beiderseitig einzuhaltende Mindestkündigungsfrist von einem Monat zum Monatsende). Im Übrigen finden die Kündigungsbestimmungen und -fristen nach § 11 MTV Chemie Anwendung.

(2) (Altersgrenze)

Das Arbeitsverhältnis endet, ohne dass es einer Kündigung bedarf, mit Ablauf des Monats, in dem der/die Mitarbeiter/in die Regelaltersgrenze der gesetzlichen Rentenversicherung erreicht. Zuvor kann es von beiden Seiten jederzeit ordentlich gekündigt werden.

oder:

(2) (Anspruch auf Altersrente als Beendigungsgrund)

a) Dieser Vertrag endet mit Ablauf des Monats, in dem der/die Mitarbeiter/in das 63. Lebensjahr vollendet, wenn er/sie in diesem Zeitpunkt einen Anspruch auf vorgezogene Altersrente hat. Zuvor kann es von beiden Seiten jederzeit ordentlich gekündigt werden.

b) Das Arbeitsverhältnis endet, ohne dass es einer Kündigung bedarf, zu dem Zeitpunkt, in dem der/die Mitarbeiter/in erstmals eine abschlagsfreie Rente wegen Alters beziehen kann. Zuvor kann es von beiden Seiten jederzeit ordentlich gekündigt werden.

→ *Kündigungsvereinbarungen*, II K 10

→ *Altersgrenze*, II A 20

§ 19 Freistellung von der Arbeitspflicht

(1) Auf Wunsch des/der Mitarbeiters/in kann, sofern betriebliche Interessen dem nicht entgegenstehen, unbezahlter Urlaub gewährt werden. Während des unbezahlten Urlaubs ruht das Arbeitsverhältnis. Der/Die Mitarbeiter/in kann einen erteilten unbezahlten Urlaub nicht einseitig widerrufen.

(2) Das Unternehmen ist berechtigt, den/die Mitarbeiter/in mit Ausspruch einer Kündigung – gleichgültig von welcher Seite – unter Fortzahlung der Bezüge (unwiderruflich) von der Arbeitsleistung freizustellen, wenn ein triftiger Grund, insbesondere ein grober Vertragsverstoß, der die Vertrauensgrundlage beeinträchtigt (z.B. Geheimnisverrat, Konkurrenztätigkeit), gegeben ist. Die Freistellung erfolgt bei unwiderruflicher Freistellung unter Anrechnung auf den Erholungsurlaub, soweit dem nicht die Arbeitsunfähigkeit (§ 9 BUrlG) oder sonstige schutzwürdige Belange des/der Mitarbeiters/in entgegenstehen. Während der Dauer der Freistellung hat der/die Mitarbeiter/in Tätigkeiten für und als Wettbewerber zu unterlassen.

(optional: Auf die Fortzahlung der Bezüge ist anzurechnen, was der/die Mitarbeiter/in während der Freistellung durch anderweitige Verwendung seiner Arbeitskraft erwirbt.)

→ *Freistellung des Arbeitnehmers*, II F 10

§ 20 Tarifverträge, Betriebsvereinbarungen, Allgemeine Arbeitsbedingungen

(1) Auf das Arbeitsverhältnis sind anzuwenden die betrieblich und fachlich jeweils einschlägigen Tarifverträge in ihrer jeweils gültigen Fassung, soweit in diesem Vertrag nichts anderes vereinbart ist. Dies sind zurzeit (Zeitpunkt des Vertragsschlusses) in der jeweils gültigen Fassung der Manteltarifvertrag sowie der Bundesentgelttarifvertrag für die chemische Industrie nebst Zusatztarifverträgen, die der Bundesarbeitgeberverband Chemie e.V. und die IG Bergbau, Chemie, Energie geschlossen haben sowie die regional einschlägigen Tarifverträge in der jeweils gültigen Fassung, die die IG Bergbau, Chemie, Energie (Region) mit dem Y-Arbeitgeberverband für das Tarifgebiet Z geschlossen haben.

(2) Die Parteien sind sich darüber einig, dass die mit dem Betriebsrat bereits abgeschlossenen und noch abzuschließenden Betriebsvereinbarungen den Regelungen § ... X auch dann vorgehen, wenn die vertragliche Regelung im Einzelfall günstiger ist.

(3) Im Übrigen gelten die Allgemeinen Arbeitsbedingungen des Unternehmens, soweit sich nicht aus diesem Arbeitsvertrag etwas anderes ergibt.

(4) Die einschlägigen Tarifverträge/Betriebsvereinbarungen/Allgemeinen Arbeitsbedingungen können im Personalbüro eingesehen werden.

→ *Verweisungsklauseln*, II V 40

→ *Öffnungsklauseln*, II O 10

§ 21 Ausschlussfristen

Für die Geltendmachung beiderseitiger Ansprüche aus dem Arbeitsverhältnis gilt die Verfallklausel nach § 17 MTV Chemie.

→ *Ausschlussfristen*, II A 150

Ort, den ...   Unterschrift   Unterschrift

4. Auszug aus dem Manteltarifvertrag für die chemische Industrie vom 24.6.1992 (Stand: 16.3.2009)

§ 1 Geltungsbereich

(...)

§ 2 Regelmäßige Arbeitszeit

I. Dauer und Verteilung der Arbeitszeit

1. Die regelmäßige tarifliche wöchentliche Arbeitszeit an Werktagen beträgt ausschließlich der Pausen 37,5 Stunden. Sie gilt nicht für Teilzeitbeschäftigte und Arbeitnehmer mit Arbeitsbereitschaft im Sinne des § 5.

Die regelmäßige tarifliche oder abweichend festgelegte wöchentliche Arbeitszeit kann auch im Durchschnitt eines Verteilzeitraums von bis zu 12 Monaten erreicht werden. Bei der Verteilung der regelmäßigen Arbeitszeit kann die tägliche Arbeitszeit bis zu 10 Stunden betragen. Im Übrigen werden die Möglichkeiten der Verteilung der Arbeitszeit nach den gesetzlichen Bestimmungen nicht berührt.

Durch freiwillige Betriebsvereinbarung können Arbeitgeber und Betriebsrat den Verteilzeitraum auf bis zu 36 Monate verlängern. In diesem Fall gilt für § 7d Abs. 1 Ziff. 2 des Sozialgesetzbuches IV der in der Betriebsvereinbarung festgelegte Zeitraum, höchstens jedoch 36 Monate.

Im Rahmen flexibler Arbeitszeitregelungen, die unterschiedliche tägliche Arbeitszeiten ermöglichen, ist durch Betriebsvereinbarung die zeitliche Lage der betrieblichen Normalarbeitszeit festzulegen. Die betriebliche Normalarbeitszeit ist u.a. Grundlage für die Berechnung der Entgeltfortzahlung ohne Arbeitsleistung. Wird wöchentlich an fünf Werktagen gearbeitet, so beträgt die betriebliche tägliche Normalarbeitszeit ein Fünftel der regelmäßigen tariflichen wöchentlichen Arbeitszeit, soweit betrieblich keine andere tägliche Arbeitszeit vereinbart worden ist.

Bei gleitender Arbeitszeit wird, wenn sich Arbeitgeber und Betriebsrat nicht einigen, abweichend von Absatz 4 die wöchentliche Sollarbeitszeit bei der Arbeitszeitverkürzung von 39 auf 37,5 Stunden um 1,5 Stunden reduziert.

2. Für Wechselschichtarbeitnehmer in vollkontinuierlichen und teilkontinuierlichen Betrieben beträgt die regelmäßige wöchentliche Gesamtarbeitszeit ausschließlich der Pausen 37,5 Stunden. Eine geringfügige durch den Schichtplan bedingte Überschreitung der 37,5 Stunden ist mit Zustimmung des Betriebsrats zulässig.

In vollkontinuierlichen Betrieben bleibt es der betrieblichen Vereinbarung überlassen, zur Erreichung zusätzlicher Sonntagsfreischichten Schichten bis zu 12 Stunden an Sonntagen einzulegen.

Die Arbeitszeiten in vollkontinuierlichen und teilkontinuierlichen Betrieben sind im Rahmen eines betrieblichen Schichtplans zwischen Arbeitgeber und Betriebsrat zu vereinbaren unter Zugrundelegung eines Verteilzeitraums von bis zu 12 Monaten.

Die tägliche Arbeitszeit kann auf 12 Stunden verlängert werden, wenn in die Arbeitszeit regelmäßig und in erheblichem Umfang Arbeitsbereitschaft fällt;[1] Absatz 2 bleibt unberührt.

3. Für einzelne Arbeitnehmergruppen oder mit Zustimmung der Tarifvertragsparteien für größere Betriebsteile oder ganze Betriebe kann im Einvernehmen zwischen Arbeitgeber und Betriebsrat abweichend von der regelmäßigen tariflichen wöchentlichen Arbeitszeit eine bis zu zweieinhalb Stunden längere oder kürzere regelmäßige Arbeitszeit festgelegt werden. Die Arbeitnehmer haben Anspruch auf eine der vereinbarten Arbeitszeit entsprechende Bezahlung.

---

1 Die Tarifvertragsparteien sind sich einig, dass Regelungen nach § 5 nicht unter diese Bestimmung fallen und dass in den Betrieben, in denen bisher 12-Stunden-Schichtsysteme praktiziert wurden, diese einschließlich der Pausenregelungen weitergeführt werden können.

Diese Arbeitnehmer erhalten zusätzliches Urlaubsgeld und vermögenswirksame Leistungen in gleicher Höhe wie vollzeitbeschäftigte Arbeitnehmer.

4. Durch Betriebsvereinbarung können Arbeitgeber und Betriebsrat abweichend von § 5 Abs. 1 ArbZG die Ruhezeit in Ausnahmefällen um bis zu 2 Stunden kürzen, wenn die Art der Arbeit dies erfordert und die Kürzung der Ruhezeit innerhalb eines Ausgleichzeitraums von 6 Monaten ausgeglichen wird.

II. Beginn und Ende der Arbeitszeit

Beginn und Ende der regelmäßigen täglichen Arbeitszeit und der Pausen werden betrieblich im Einvernehmen mit dem Betriebsrat geregelt.

III. Pausen

(...)

IV. Frühschluss

(...)

V. Gleitende Arbeitszeit

(...)

VI. Jugendliche

(...)

§ 2a Altersfreizeiten

(...)

§ 3 Mehrarbeit, Nachtarbeit, Sonn- und Feiertagsarbeit, Rufbereitschaft und Reisekosten

I. Mehrarbeit

Mehrarbeit ist die über die tarifliche wöchentliche oder über die in diesem Rahmen betrieblich festgelegte regelmäßige tägliche Arbeitszeit hinausgehende Arbeitszeit ausschließlich der Pausen, soweit sie angeordnet war. Dies gilt nicht für Teilzeitbeschäftigte und Arbeitnehmer, die gemäß § 2a Anspruch auf Altersfreizeiten haben, solange nicht die regelmäßige tarifliche wöchentliche Arbeitszeit gemäß § 2 Abschnitt I Ziff. 1 überschritten wird.

Für Arbeitnehmer in voll- und teilkontinuierlicher Wechselschichtarbeit ist Mehrarbeit die über die in § 2 Abschnitt I Ziff. 2 genannten Grenzen hinausgehende Wochenarbeitszeit.

Für Arbeitnehmer mit gemäß § 2 Abschnitt I Ziff. 3 abweichend festgelegten längeren oder kürzeren Regelarbeitszeiten ist die jeweils darüber hinausgehende Arbeitszeit Mehrarbeit, soweit sie angeordnet ist.

Die gemäß § 2 vorgenommene anderweitige Verteilung der regelmäßigen Arbeitszeit führt nicht zur Mehrarbeit.

Geleistete Mehrarbeit ist durch Freizeit auszugleichen. Die Zuschlagspflicht bleibt hiervon unberührt, sofern der Ausgleich nicht innerhalb eines Monats erfolgt.

Kann der Freizeitausgleich wegen Krankheit, Urlaub, Dienstreise oder ähnlichen Gründen nicht innerhalb eines Monats erfolgen, ist er spätestens in dem darauf folgenden Monat vorzunehmen.

Erfolgt der Zeitausgleich nicht innerhalb der vorgenannten Zeiträume, ist er mit Ablauf von zwei weiteren Monaten einschließlich des Mehrarbeitszuschlages von 25 % in Freizeit auszugleichen.

Bei notwendiger Mehrarbeit für einzelne Arbeitnehmer oder Arbeitnehmergruppen, für die ein Zeitausgleich aus betrieblichen oder arbeitsorganisatorischen Gründen nicht oder schwierig durchzuführen ist, kann der Arbeitgeber die geleisteten Mehrarbeitsstunden zuschlagspflichtig abgelten.

Gelegentliche geringfügige Überschreitungen der täglichen Arbeitszeit sind bei Arbeitnehmern der Gruppen E 9 bis E 13 mit dem Tarifentgelt abgegolten.

II. Nachtarbeit

(...)

III. Sonn- und Feiertagsarbeit

(...)

IV. Betriebliche Maßnahmen

(...)

V. Rufbereitschaft

(...)

VI. Reisekosten

1. Bei angeordneten Dienstreisen und Abordnungen besteht ein Anspruch auf Ersatz angemessener zusätzlicher Aufwendungen für Unterkunft und Verpflegung.

2. Die nach Ziff. 1 zu erstattenden Reisespesen oder Abordnungsvergütungen können vom Arbeitgeber durch Pauschale oder durch eine Einzelabrechnung aufgrund der nachgewiesenen angemessenen Aufwendungen abgegolten werden. In welcher Form die Aufwendungen oder Abordnungsvergütungen erstattet werden, muss vor Antritt der Dienstreise oder Abordnung festliegen.

3. Treten zwischen den Beteiligten Meinungsverschiedenheiten auf, so ist, wenn der Arbeitnehmer das wünscht, der Betriebsrat einzuschalten.

§ 4 Zuschläge und Schichtzulagen

I. Zuschläge für Mehrarbeit, Nachtarbeit, Sonn- und Feiertagsarbeit

Die Zuschläge betragen

1. für Mehrarbeit: 25 %

2. für regelmäßige Nachtarbeit: 15 %

3. für nichtregelmäßige Nachtarbeit: 20 %

4. für Arbeiten an Sonntagen und gesetzlichen Feiertagen: 60 %

5. für Arbeiten am 24. Dezember ab 13 Uhr: 100 %

6. für Arbeiten an den Wochenfeiertagen, an denen aufgrund gesetzlicher Bestimmungen der Arbeitsausfall zu vergüten ist; für Arbeiten am 1. Mai, an den Oster-, Pfingst- und Weihnachtsfeiertagen, am Neujahrstag, auch dann, wenn diese Feiertage auf einen Sonntag oder einen an sich arbeitsfreien Werktag fallen: 150 %.

II. Berechnung der Zuschläge

(…)

III. Schichtzulage

(…)

IV. Pauschalierung

1. Die nach den vorstehenden Bestimmungen zu zahlenden Vergütungen können durch eine Pauschale abgegolten werden.

2. Bei der Pauschalierung muss erkennbar sein, welche Vergütungsarten mit der Pauschale abgegolten werden sollen. Soweit hierbei steuerfreie tarifliche Zuschläge für Sonntags-, Feiertags- und Nachtarbeit pauschaliert werden, muss deren Anteil an der Pauschale gesondert festgesetzt oder feststellbar sein.

3. Die Pauschale muss mindestens den durchschnittlich im Zeitraum eines Jahres anfallenden Einzelleistungen entsprechen. Verändern sich die Grundlagen dieser Berechnung, so ist die Pauschale entsprechend anzupassen; geringe Abweichungen können jedoch unberücksichtigt bleiben.

§ 5 Arbeitszeit der Arbeitnehmer mit Arbeitsbereitschaft

(…)

§ 6 Waschzeit

(…)

§ 7 Kurzarbeit

(…)

§ 8 Freistellung von der Arbeit

I. Freistellungskatalog

(…)

II. Höhere Gewalt

(…)

III. Teilnahme an Tarifverhandlungen

(…)

IV. Auszubildende

(...)

§ 9 Krankheit und Maßnahmen der medizinischen Vorsorge und Rehabilitation

I. Anzeige- und Nachweispflichten

Die Anzeige- und Nachweispflichten des Arbeitnehmers bei Krankheit und Maßnahmen der medizinischen Vorsorge oder Rehabilitation richten sich nach den gesetzlichen Vorschriften. Bei Maßnahmen der medizinischen Vorsorge oder Rehabilitation ist der Arbeitnehmer verpflichtet, den Arbeitgeber unverzüglich von dem Antrag auf eine entsprechende Maßnahme zu unterrichten.

Arbeitgeber und Betriebsrat können vereinbaren, dass die Pflicht zum Nachweis der Arbeitsunfähigkeit und deren voraussichtliche Dauer durch ein ärztliches Attest nur auf Verlangen des Arbeitgebers besteht und dass bei Kurzerkrankung bis zu drei Tagen auf die Nachweispflicht ganz oder teilweise verzichtet wird.

Soweit dem Arbeitnehmer Kosten für die ärztliche Bescheinigung entstehen und nachgewiesen werden, hat der Arbeitgeber diese Kosten zu tragen.

II. Grundsatz der Entgeltfortzahlung

Für die Fortzahlung des Entgelts bei unverschuldeter, mit Arbeitsunfähigkeit verbundener Krankheit und bei Maßnahmen der medizinischen Vorsorge oder Rehabilitation gelten die gesetzlichen Vorschriften. Die Höhe der Entgeltfortzahlung im Krankheitsfall bemisst sich unabhängig von der jeweiligen gesetzlichen Regelung nach dem Arbeitsentgelt, das dem Arbeitnehmer bei der für ihn maßgebenden tariflichen regelmäßigen oder davon abweichend vereinbarten Arbeitszeit zusteht ohne Mehrarbeit und Mehrarbeitszuschläge, auch soweit diese pauschaliert sind. Bei Kurzarbeit ist die verkürzte Arbeitszeit maßgebend. Für die Entgeltberechnung können die durchschnittlichen Verhältnisse eines Zeitraums zugrunde gelegt werden, der durch Betriebsvereinbarung festzulegen ist.

III. Zuschuss und Zuwendung

1. Anspruchsvoraussetzungen

Dauert die mit Arbeitsunfähigkeit verbundene Krankheit oder eine Maßnahme der medizinischen Vorsorge oder Rehabilitation länger als sechs Wochen, erhält der Arbeitnehmer im Anschluss an die Entgeltfortzahlung einen Zuschuss bzw. eine Zuwendung, und zwar:

nach 2 Jahren ununterbrochener Betriebszugehörigkeit bis zum Ende des zweiten Monats der Arbeitsverhinderung,

nach 5 Jahren ununterbrochener Betriebszugehörigkeit bis zum Ende des dritten Monats der Arbeitsverhinderung,

nach 10 Jahren ununterbrochener Betriebszugehörigkeit bis zum Ende des vierten Monats der Arbeitsverhinderung,

nach 15 Jahren ununterbrochener Betriebszugehörigkeit bis zum Ende des fünften Monats der Arbeitsverhinderung, nach 20 Jahren ununterbrochener Betriebszugehörigkeit bis zum Ende des sechsten Monats der Arbeitsverhinderung.

Bei Maßnahmen der medizinischen Vorsorge oder Rehabilitation erhält der Arbeitnehmer einen Zuschuss oder eine Zuwendung auch dann, wenn der Anspruch auf Entgeltfortzahlung oder auf einen Zuschuss oder eine Zuwendung nach Satz 1 bereits durch eine vorausgegangene, mit Arbeitsunfähigkeit verbundene Krankheit erschöpft ist, und zwar:

nach einjähriger ununterbrochener Betriebszugehörigkeit bis zur Dauer von vier Wochen,

nach fünfjähriger ununterbrochener Betriebszugehörigkeit bis zur Dauer von sechs Wochen.

Für Maßnahmen der medizinischen Vorsorge oder Rehabilitation kann ein Zuschuss bzw. eine Zuwendung innerhalb von drei Jahren nur einmal verlangt werden.

Die Betriebszugehörigkeit gilt als nicht unterbrochen, wenn eine von dem Arbeitnehmer nicht verursachte Unterbrechung von weniger als einem Jahr vorliegt.

2. Höhe des Zuschusses bei versicherungspflichtigen Arbeitnehmern

Arbeitnehmer, die Krankengeld oder Übergangsgeld aufgrund gesetzlicher Bestimmungen beziehen, erhalten als Zuschuss den Unterschiedsbetrag zwischen dem Brutto-Krankengeld[1] oder -Übergangsgeld[2] und 100 % ihres Netto-Arbeitsentgelts[3] bzw. ihrer laufenden Netto-Monatsbezüge. Nicht zu berücksichtigen bei der Zuschussberechnung sind Mehrarbeit und Mehrarbeitszuschläge, auch soweit diese pauschaliert sind. Der Zuschuss ist brutto zu gewähren.

3. Höhe des Zuschusses bzw. der Zuwendung bei nichtversicherungspflichtigen Arbeitnehmern

(...)

4. Begrenzung des Zuschusses bzw. der Zuwendung

(...)

IV. Zuschuss bzw. Zuwendung bei Betriebsunfällen

(...)

V. Forderungsübergang bei Dritthaftung

1. Wird die Arbeitsunfähigkeit durch Dritte herbeigeführt, ist der Arbeitnehmer verpflichtet, die ihm gegenüber Dritten zustehenden Schadensersatzansprüche in Höhe seines Anspruchs auf Weiterzahlung des Entgelts, des Zuschusses oder

---

[1] Vermindert sich das Krankengeld aufgrund gesetzlicher Bestimmungen, ist das zum 1.1. 1997 maßgebende Krankengeld zugrunde zu legen.
[2] Vermindert sich das Übergangsgeld aufgrund gesetzlicher Bestimmungen, ist das am 1.1. 1997 maßgebende ungekürzte Übergangsgeld der Berechnung zugrunde zu legen.
[3] Netto-Arbeitsentgelt in diesem Sinne ist das um die gesetzlichen Abzüge verminderte Arbeitsentgelt. Einmalige Zuwendungen bleiben außer Betracht; für die Berechnung des Arbeitsentgelts gilt im Übrigen § 4 EFZG. Durch Betriebsvereinbarung kann die Berechnung des Netto-Arbeitsentgelts abweichend geregelt werden.

der Zuwendung an den Arbeitgeber abzutreten, sofern sie nicht schon kraft Gesetzes auf diesen übergegangen sind. Der Arbeitnehmer darf insoweit über seine Schadensersatzansprüche nicht anderweitig verfügen.

2. Bei der Geltendmachung dieser Schadensersatzansprüche muss der Arbeitnehmer den Arbeitgeber nach besten Kräften unterstützten, ihm insbesondere unverzüglich die erforderlichen Angaben machen, Auskunft erteilen und alle erforderlichen Unterlagen zugänglich machen.

§ 10 Entgeltfortzahlung im Todesfall

(...)

§ 11 Beginn und Ende des Arbeitsverhältnisses

I. Einstellung

1. Der Arbeitnehmer wird unter Beachtung der gesetzlichen Rechte des Betriebsrates eingestellt.

2. Ist bei der Einstellung kein schriftlicher Arbeitsvertrag abgeschlossen worden, hat der Arbeitgeber das Arbeitsverhältnis innerhalb einer Woche nach Aufnahme der Beschäftigung schriftlich zu bestätigen.

Der Abschluss eines befristeten Arbeitsvertrages bedarf der Schriftform.

3. Hat der Arbeitgeber vor der Einstellung eines Arbeitnehmers dessen persönliche Vorstellung verlangt, so hat er die nachgewiesenen notwendigen Kosten für die Reise und den Aufenthalt zu ersetzen.

II. Probezeit und befristete Arbeitsverhältnisse

1. Die Vereinbarung einer Probezeit ist zulässig, soweit nicht ein befristetes Arbeitsverhältnis in gleicher Tätigkeit vorangegangen ist. Sie ist schriftlich zu vereinbaren. Ihre Dauer bemisst sich nach den Verhältnissen des Einzelfalls, insbesondere nach der Art der auszuübenden Tätigkeit und darf 6 Monate nicht überschreiten.[1]

Bei einer Probezeit von bis zu 3 Monaten kann das Arbeitsverhältnis beiderseits unter Einhaltung einer Kündigungsfrist von 3 Tagen gelöst werden, bei einer längeren Probezeit beträgt die beiderseitige Kündigungsfrist einen Monat zum Monatsende.

2. Für Ausbildungsverhältnisse beträgt die Probezeit einen Monat und darf höchstens vier Monate betragen.

3. Befristete Einstellungen oder Einstellungen für einen bestimmten Zweck erfolgen unter Beachtung der gesetzlichen Rechte des Betriebsrates. Diese Arbeitsverhältnisse enden ohne Kündigung nach Ablauf der vereinbarten Frist oder nach Erreichung des Zweckes. Wird ein Arbeitnehmer, der befristet oder für einen bestimmten Zweck eingestellt ist, darüber hinaus unbefristet weiter beschäftigt, so kann das Arbeitsverhältnis nur unter Einhaltung der tariflichen Kündigungsfristen gelöst werden.

---

1 Die Tarifvertragsparteien stimmen überein, dass es tarifwidrig ist, wenn einheitlich eine sechsmonatige Probezeit für alle Arbeitsverhältnisse eines Betriebes vereinbart wird.

Befristete oder zweckbestimmte Arbeitsverhältnisse sind im Rahmen der gesetzlichen Vorschriften zulässig, wobei auf der Grundlage von § 14 Abs. 2 Satz 3 TzBfG die zulässige Dauer von ohne Sachgrund befristeten Arbeitsverhältnissen auf bis zu 48 Monate ausgedehnt wird. Die Nutzung des erweiterten Rahmens nach dem TzBfG ist von dem Abschluss einer freiwilligen Betriebsvereinbarung oder der Zustimmung des Betriebsrates im Einzelfall abhängig.

III. Ende des Arbeitsverhältnisses

1. Die Kündigung des Arbeitsverhältnisses bedarf der Schriftform. Auf Verlangen sind die Kündigungsgründe schriftlich anzugeben; das gilt nicht für die Probezeit. Die Bestimmungen des Betriebsverfassungsgesetzes bleiben unberührt.

2. Für die Beendigung des Arbeitsverhältnisses gelten, soweit im Tarifvertrag nichts anderes bestimmt ist, die gesetzlichen Bestimmungen.

3. Für die Kündigung des Arbeitsverhältnisses durch den Arbeitgeber oder den Arbeitnehmer gelten folgende Kündigungsfristen; dabei ist maßgebend die Summe aus Lebens- und Unternehmenszugehörigkeitsjahren (Messzahl):

Bis zu einer Unternehmenszugehörigkeit von 2 Jahren: 2 Wochen

bis Messzahl 25 und dabei einer Unternehmenszugehörigkeit von mindestens 2 Jahren: 2 Wochen zum Monatsende

ab Messzahl 26 und dabei einer Unternehmenszugehörigkeit von mindestens 2 Jahren: 1 Monat zum Monatsende.

Für die Kündigung des Arbeitsverhältnisses durch den Arbeitgeber erhöht sich die Kündigungsfrist

ab Messzahl 35 und dabei einer Unternehmenszugehörigkeit von mindestens 3 Jahren auf 6 Wochen zum Monatsende

ab Messzahl 40 und dabei einer Unternehmenszugehörigkeit von mindestens 5 Jahren auf 2 Monate zum Monatsende

ab Messzahl 45 und dabei einer Unternehmenszugehörigkeit von mindestens 5 Jahren auf 3 Monate zum Quartalsende

ab Messzahl 60 auf 4 Monate zum Quartalsende

ab Messzahl 70 auf 5 Monate zum Quartalsende

ab Messzahl 75 auf 6 Monate zum Quartalsende.

4. Ergänzende betriebliche Bestimmungen und die gesetzlichen Bestimmungen über das Recht zur fristlosen Kündigung des Arbeitsverhältnisses aus wichtigem Grund bleiben unberührt.

5. Die Kündigungsfrist kann durch schriftliche Vereinbarung zwischen Arbeitgeber und Arbeitnehmer verlängert werden. Arbeitgeber und Betriebsrat können darüber beraten, für welchen Kreis von Arbeitnehmern derartige Verlängerungen zweckmäßig sein können.

6. Hat der Arbeitgeber das Arbeitsverhältnis gekündigt, so ist die dem Arbeitnehmer zur Bewerbung um einen neuen Arbeitsplatz zustehende angemessene Freizeit ohne Entgeltminderung zu gewähren.

IV. Zeugnis

(...)

§ 12 Urlaub

I. Urlaubsanspruch

Der Urlaub dient der Erholung und der Erhaltung der Arbeitskraft. Während des Urlaubs darf der Arbeitnehmer keine Erwerbsarbeit leisten.

1. Der Arbeitnehmer hat für jedes Kalenderjahr Anspruch auf einen bezahlten Urlaub.

2. Das Urlaubsjahr ist das Kalenderjahr.

3. Im Eintrittsjahr hat der Arbeitnehmer für jeden angefangenen Beschäftigungsmonat im Unternehmen Anspruch auf ein Zwölftel des Jahresurlaubs. Der Urlaub, der ihm für diese Beschäftigungsmonate bereits von einem anderen Unternehmen gewährt oder abgegolten worden ist, wird angerechnet. Der Anspruch auf ein Urlaubszwölftel setzt voraus, dass das Arbeitsverhältnis mindestens einen Monat bestanden hat. Der Arbeitnehmer kann den Urlaub für das Eintrittsjahr nach sechs Monaten Betriebszugehörigkeit, spätestens aber im Dezember, geltend machen.

4. Der Anspruch auf vollen Jahresurlaub entsteht erstmals für das auf das Eintrittsjahr folgende Urlaubsjahr, sobald das Arbeitsverhältnis 6 Monate bestanden hat. Die Regelung für das Austrittsjahr gemäß Ziff. 5 bleibt hiervon unberührt.

5. Im Austrittsjahr hat der Arbeitnehmer für jeden angefangenen Beschäftigungsmonat im Unternehmen Anspruch auf ein Zwölftel des Jahresurlaubs. Scheidet der Arbeitnehmer wegen Erreichung der Altersgrenze der gesetzlichen Rentenversicherung oder wegen voller Erwerbsminderung[1] aus, so erhält er den vollen Jahresurlaub, es sei denn, dass das Arbeitsverhältnis im Eintrittsjahr endet. Der Anspruch entfällt, wenn der Arbeitnehmer vor seinem Ausscheiden mindestens 12 Monate lang nicht gearbeitet hat.

6. Bei einer Dauer des Arbeitsverhältnisses von weniger als sechs Monaten besteht abweichend von Ziffern 3 und 5 für jeden vollen Beschäftigungsmonat Anspruch auf ein Zwölftel des Jahresurlaubs.

7. Bruchteile von Urlaubstagen von 0,5 an aufwärts sind auf volle Urlaubstage aufzurunden, Bruchteile darunter entsprechend abzurunden.

8. Eine krankheitsbedingte Arbeitsunfähigkeit, die durch ärztliches Zeugnis nachgewiesen wird, unterbricht den Urlaub. Der Arbeitnehmer muss mit dem Arbeitgeber vereinbaren, wann er den Resturlaub nehmen kann.

9. Der Urlaub ist grundsätzlich in längeren zusammenhängenden Abschnitten zu nehmen und zu gewähren. Bei der Aufstellung des Urlaubsplanes sind die betrieblichen Notwendigkeiten und die Wünsche des einzelnen Arbeitnehmers zu berücksichtigen. Ergeben sich hierbei Schwierigkeiten, erfolgt eine Regelung im Einvernehmen zwischen Arbeitgeber und Betriebsrat.

---

[1] Bei Renten, die sich nach der Rechtslage vor dem 1.1.2001 richten: wegen Erwerbsunfähigkeit.

10. Die Anrechnung von Maßnahmen der medizinischen Vorsorge oder Rehabilitation auf den Erholungsurlaub richtet sich nach den gesetzlichen Bestimmungen; jedoch können für die ersten fünf Tage, an denen der Arbeitnehmer infolge einer solchen Maßnahme an seiner Arbeitsleistung verhindert ist, vom Arbeitgeber keine Urlaubstage angerechnet werden.

11. Der Urlaub ist spätestens bis 31. März des folgenden Kalenderjahres zu gewähren.

Der Urlaubsanspruch erlischt, wenn er nicht bis dahin geltend gemacht worden ist.

II. Urlaubsdauer

1. Der Urlaub beträgt 30 Urlaubstage.

2. Arbeitnehmer, die im Urlaubsjahr überwiegend in vollkontinuierlicher Wechselschichtarbeit eingesetzt sind und die deshalb regelmäßig nach ihrem Schichtplan Sonntagsarbeit leisten, erhalten einen Zusatzurlaub von 3 Urlaubstagen; Arbeitnehmer, die nicht überwiegend, aber mindestens 3 Monate im Urlaubsjahr in vollkontinuierlicher Wechselschichtarbeit eingesetzt sind, erhalten einen Zusatzurlaub von einem Urlaubstag.

Arbeitnehmer, die nicht regelmäßig nach ihrem Schichtplan Sonntagsarbeit leisten, deren Arbeitsplatz aber gemäß § 4 III Ziff. 1 als vollkontinuierlich gilt, erhalten einen Zusatzurlaub von 2 Urlaubstagen.

(…)

III. Urlaubsentgelt

1. Für den Urlaub ist ein Entgelt zu zahlen in Höhe des Arbeitsverdienstes, den der Arbeitnehmer erhalten würde, wenn er gearbeitet hätte.[1]

Das Urlaubsentgelt bemisst sich nach der tariflichen regelmäßigen Arbeitszeit oder der davon abweichend vereinbarten Arbeitszeit ohne Mehrarbeit und Mehrarbeitszuschläge, auch soweit diese pauschaliert sind. Bei der Ermittlung des Urlaubsentgelts bleiben Kurzarbeitszeiten bis zur Dauer von 6 Monaten sowie Zahlungen im Krankheitsfalle nach 6 Wochen, Gratifikationen, Jahresabschlusszuwendungen und dergleichen außer Ansatz.

(…)

IV. Urlaubsabgeltung

(…)

§ 13 Rationalisierungsschutz und Arbeitsplatzsicherung

(…)

§ 14 Verdienstsicherung im Alter

(…)

---

[1] Hiernach wirken sich während des Urlaubs eintretende Entgeltänderungen aus.

§ 17 Ausschlussfristen

1. Der Arbeitnehmer ist verpflichtet, die richtige und vollständige Abrechnung von Vergütungen für Schicht-, Mehr-, Nacht-, Sonntags- und Feiertagsarbeit sowie bei Barzahlungen die Übereinstimmung des in der Abrechnung genannten Betrages mit der tatsächlichen Auszahlung unverzüglich zu überprüfen.

2. Die Ansprüche beider Seiten aus dem Arbeitsverhältnis müssen innerhalb einer Ausschlussfrist von drei Monaten nach Fälligkeit schriftlich geltend gemacht werden. Nach Ablauf dieser Frist ist die Geltendmachung ausgeschlossen. Das gilt nicht, wenn die Berufung auf die Ausschlussfrist wegen des Vorliegens besonderer Umstände eine unzulässige Rechtsausübung ist.

3. Im Falle des Ausscheidens müssen die Ansprüche beider Seiten spätestens einen Monat nach Beendigung des Arbeitsverhältnisses geltend gemacht werden.

4. Wird ein Anspruch erst nach Beendigung des Arbeitsverhältnisses fällig, muss er spätestens einen Monat nach Fälligkeit geltend gemacht werden.

5. Die genannten Ausschlussfristen gelten nicht für beiderseitige Schadensersatzansprüche sowie für beiderseitige nachwirkende Ansprüche aus dem Arbeitsverhältnis.

§ 18 Schlussbestimmungen

(...)

IV. Arbeitsvertragsmuster für den Einzelhandel

1. Vorbemerkung

50 Der nachfolgende Vertrag ist der Vorschlag für ein Grundmuster im Bereich des Einzelhandels. Zugrundegelegt wurde der **Manteltarifvertrag** für den Einzelhandel in Nordrhein-Westfalen vom 10.12.2013 (**MTV Einzelhandel NRW**). Ausgangspunkt ist das vorgeschlagene Vertragsmuster unter III A Rz. 8, das im Hinblick auf den Tarifvertrag durchgesehen und angepasst wurde.

51 Neben den Gehalts- und Lohntarifverträgen sind ferner die **Tarifverträge** über **Sonderzahlungen** (**Urlaubsgeld und Sonderzuwendung**) in der Fassung vom 29.6.2011 zu beachten, die eine gesonderte Gratifikation erübrigen könnten. Ferner besteht ein gesonderter **Tarifvertrag** über die **Entgeltfortzahlung im Krankheitsfall**.

2. Ausgangspunkte für die Vertragsgestaltung

52 Der MTV-Einzelhandel NRW enthält typischerweise Schwerpunkte im Bereich der Arbeitszeit, der Teilzeitarbeit, der Mehrarbeit, der Nacht-, Sonn- und Feiertagsarbeit, der Zuschlagsregelungen sowie der Gehalts- und Lohnregelung. Außerdem sind Bestimmungen zur Einstellung und Entlassung, zur Probezeit, zur Nebentätigkeit, zum Urlaub, zur Lohnfortzahlung im Krankheitsfall sowie tarifliche Verfallklauseln enthalten.

53 Nach § 11 Abs. 3 MTV Einzelhandel NRW ist der Arbeitgeber verpflichtet, bei der Einstellung, spätestens jedoch bei der Arbeitsaufnahme dem Arbeitnehmer auf Ver-

langen eine Ausfertigung des Arbeitsvertrages auszuhändigen. Damit geht der Tarifvertrag über das Nachweisgesetz hinaus. Aus dem Arbeitsvertrag sollen ersichtlich sein:

a) Art und Umfang der Tätigkeit, Einsatzort und Arbeitsplatz,
b) die tarifliche Eingruppierung (z.B. die Gehalts-/Lohngruppe, die Berufs-/Tätigkeitsjahre),
c) die Höhe und die Zusammensetzung des monatlichen Entgelts und
d) die Dauer der Arbeitszeit und die Arbeitszeiteinteilung.

Die Arbeitszeitregelung ist flexibel zu halten und den jeweiligen betrieblichen Bedürfnissen anzupassen, zumal der Tarifvertrag in § 2 Abs. 3 vorsieht, dass die Regelung bevorzugt durch Betriebsvereinbarung, subsidiär durch Regelung zwischen Arbeitgeber und Arbeitnehmer folgen soll. Eine ausführliche Protokollnotiz zum gemeinsamen Verständnis der Regelung in § 2 Abs. 2 MTV Einzelhandel NRW) über die „abweichende systematische Einteilung der regelmäßigen Arbeitszeit" dient nach dem Verständnis der Tarifparteien der rechtlichen Klarstellung. Die Regelung in §§ 4–6 MTV Einzelhandel NRW zu Mehrarbeit, Nacht-, Sonn- und Feiertagsarbeit und die entsprechenden Zuschläge sind umfassend. Es bedarf hier nur noch weniger ergänzender vertraglicher Regelungen. Wichtig ist auch die Möglichkeit zur Einführung von Kurzarbeit (§ 9 MTV Einzelhandel NRW). Besondere Bedeutung hat § 10 Abs. 2 MTV Einzelhandel NRW, der einen Anspruch auf Bezahlung nach der höheren Tarifgruppe bei vorübergehender Beschäftigung, die länger als 6 Wochen andauert, nach der höheren Gehalts- oder Lohngruppe vorsieht. Trotz § 11 Abs. 5 MTV Einzelhandel NRW, der zur Legitimation eine ergänzende Protokollnotiz enthält, wird eine einzelvertragliche → *Altersgrenze*, II A 20 im Hinblick auf das nach § 14 Abs. 4 TzBfG bestehende Schriftformerfordernis vorgeschlagen. 54

Die Kündigungsfristen von Angestellten und Arbeitern sind durch § 11 Abs. 6 und 7 MTV Einzelhandel NRW inzwischen im Lichte der Rechtsprechung des Bundesverfassungsgerichts vom 30.5.1990[1] vereinheitlicht worden. 55

§ 12 MTV Einzelhandel NRW regelt die Probezeit, die in der Regel 3 Monate nicht überschreiten darf. Von der Inkorporation eines befristeten Probearbeitsverhältnisses wurde abgesehen. Ein erheblicher Rechtsnachteil für den Arbeitgeber ist hiermit nicht verbunden, weil nach § 12 Abs. 1 Satz 3 MTV Einzelhandel NRW schon bei einem auf drei Monate befristeten Probearbeitsverhältnis die Absicht, im Anschluss hieran ein Anstellungsverhältnis nicht eingehen zu wollen, mindestens einen Monat, bei einer kürzeren Probezeit mindestens eine Woche vor Ablauf der Probezeit angekündigt werden soll. 56

Eine vertragliche Regelung zur → *Nebentätigkeit*, II N 10 erübrigt sich im Hinblick auf die spezifische Regelung in § 13 MTV Einzelhandel NRW. Hinsichtlich der detaillierten Urlaubsregelungen war lediglich auf die Bestimmungen in § 15 MTV Einzelhandel NRW zu verweisen. Verzichtbar sind auch besondere Regelungen über Anzeige und Nachweis von Arbeitsausfall und Arbeitsversäumnis im Hinblick auf § 18 MTV Einzelhandel NRW → *Anzeige- und Nachweispflichten*, II A 40. Eine einzelvertragliche Verfallklausel erschien im Hinblick auf § 24 MTV Einzel- 57

---

1 BVerfG v. 30.5.1990 – 1 BvL 2/83, NJW 1990, 2246.

handel NRW entbehrlich → *Ausschlussfristen*, II A 150. Im Hinblick auf die Rechtsprechung zum Nachweisgesetz sollte jedoch zumindest ein ausdrücklicher Hinweis auf die Ausschlussfristen enthalten sein.

58 In dem Vertragsmuster wird auf **deklaratorische Regelungen** so weit wie möglich **verzichtet** und im Zweifel auf die einschlägigen Tarifnormen verwiesen. Es kann als Grundlage sowohl für Vertragsabschlüsse mit **Arbeitern** als auch mit **Angestellten** Verwendung finden.

59 Ebenso wurde verzichtet auf die Aufnahme der verbreiteten, aber weithin unwirksamen, zumindest aber wirkungslosen → *Schriftformklauseln*, II S 30, → *salvatorischen Klauseln*, II S 10 und → *Gerichtsstandsvereinbarungen*, II G 20.

3. Vertragsmuster

60 **Arbeitsvertrag**

Zwischen der X-GmbH

– nachfolgend kurz Unternehmen genannt –

und

Herrn/Frau ...

– nachfolgend Mitarbeiter/in genannt –

wird folgender Arbeitsvertrag geschlossen:

→ *Arbeitnehmerstatus*, I A 50

§ 1 Beginn des Arbeitsverhältnisses

(1) Der/Die Mitarbeiter/in tritt am ... (Datum) auf unbestimmte Zeit in die Dienste des Unternehmens.

(2) Die Einstellung erfolgt unter der Bedingung, dass der/die Mitarbeiter/in nach dem Ergebnis der Einstellungsuntersuchung durch den Vertrauens-/Betriebsarzt für die geschuldete Tätigkeit geeignet ist.

→ *Arbeitsaufnahme/Beginn des Arbeitsverhältnisses*, II A 60

§ 2 Probezeit

Die ersten drei Monate gelten als Probezeit. Während dieser Zeit kann das Arbeitsverhältnis beiderseits mit einer Frist von zwei Wochen gekündigt werden.

→ *Kündigungsvereinbarungen*, II K 10

§ 3 Tätigkeit

(1) Herr/Frau ... (Name), der/die Mitarbeiter/in, wird eingestellt als ... (Berufsbild; kurze Charakterisierung oder Beschreibung der zu leistenden Tätigkeit). Er/Sie wird mit allen einschlägigen Arbeiten nach näherer Anweisung der Betriebsleitung und seiner/ihrer Vorgesetzten beschäftigt.

(2) Der/Die Mitarbeiter/in verpflichtet sich, die ihm/ihr übertragenen Aufgaben sorgfältig auszuführen.

→ *Direktionsrecht und Tätigkeitsbeschreibung*, II D 30

§ 4 Zuweisung anderer Tätigkeiten/Versetzung

(1) Das Unternehmen ist berechtigt, dem/der Mitarbeiter/in anderweitige seinen/ihren Fähigkeiten entsprechende gleichwertige oder höherwertige Tätigkeiten zu übertragen. Der Anspruch auf Vergütung nach einer höheren Gehalts- oder Lohngruppe entsprechend § 10 Abs. 2 MTV Einzelhandel NRW bleibt hiervon unberührt.

(2) Das Arbeitsverhältnis bezieht sich auf eine Tätigkeit in ... (Ort). Das Unternehmen behält sich vor, den/die Mitarbeiter/in innerhalb des gesamten Unternehmens – auch an einen anderen Ort – (vertretungsweise für die Höchstdauer von ... Monaten/Jahren) im Rahmen des Absatzes 1 zu versetzen, wenn ihm/ihr dies bei Abwägung der betrieblichen und seiner/ihrer persönlichen Belange zuzumuten ist. Außer bei dringenden betrieblichen Notwendigkeiten wird das Unternehmen hierbei eine Ankündigungsfrist beachten, die der vertraglichen oder gesetzlichen Kündigungsfrist des/der Mitarbeiters/in entspricht. Kosten eines von dem Unternehmen angeordneten Wohnsitzwechsels werden dem/der Mitarbeiter/in erstattet.

→ *Direktionsrecht und Tätigkeitsbeschreibung*, II D 30

§ 5 Arbeitszeit

(1) Die regelmäßige Arbeitszeit beträgt nach den zurzeit gültigen tariflichen Bestimmungen ... Stunden wöchentlich. Die Arbeitszeit kann nach Maßgabe des § 2 MTV Einzelhandel NRW verlängert oder verkürzt werden.

(2) Beginn und Ende der täglichen Arbeitszeit und der Pausen richten sich nach den jeweiligen tariflichen Bestimmungen und den mit dem Betriebsrat abgeschlossenen Vereinbarungen.

(3) Der/Die Mitarbeiter/in ist verpflichtet, aus dringenden betrieblichen Gründen im Rahmen der gesetzlichen Bestimmungen, insbesondere der Mitbestimmung des Betriebsrats gemäß § 87 Abs. 1 BetrVG, Nacht-/Wechselschicht-/Sonntagsarbeit und vorübergehende Mehr- und Überarbeit zu leisten.

→ *Arbeitszeit*, II A 90

§ 6 Vergütung

(1) Aufgrund der zurzeit geltenden Bestimmungen wird der/die Mitarbeiter/in ab dem ... in Lohngruppe ... des Tarifvertrags ..., Fallgruppe ... eingruppiert. Die Eingruppierung ist deklaratorisch. Der Lohn berechnet sich wie folgt:

1. Grundlohn ... Euro
2. Tarifliche Zulagen ... Euro
3. Übertarifliche Zulage ... Euro
4. ... Euro

(2) Die übertarifliche Zulage kann bei Tariflohnerhöhungen verrechnet werden, und zwar auch rückwirkend, wenn der Tariflohn rückwirkend erhöht wird.

(3) Das Unternehmen gewährt dem/der Mitarbeiter/in vermögenswirksame Leistungen nach den Tarifverträgen über vermögenswirksame Leistungen in ihrer jeweiligen Fassung. Sie betragen zurzeit monatlich ... Euro.

(4) Die Zahlung der Vergütung erfolgt bargeldlos.

→ *Arbeitsentgelt*, II A 70

§ 7 Über- und Mehrarbeitsvergütung

Ansprüche auf Vergütung und Zuschläge für etwaige Überstunden und Mehrarbeit sowie Nacht-, Sonn- und Feiertagsarbeit bestehen nur, wenn die Tätigkeit von dem Unternehmen angeordnet oder genehmigt worden ist. Die Mehrarbeitsvergütung richtet sich nach §§ 5 und 7 MTV Einzelhandel NRW.

→ *Mehrarbeits- und Überstundenvergütung*, II M 20

§ 8 Gratifikation/Rückzahlungsverpflichtung

(1) Der/Die Mitarbeiter/in, dessen/deren Arbeitsverhältnis bis zum Jahresende besteht, erhält eine Gratifikation in Höhe von ... % des zuletzt bezogenen Monatsgehalts, die mit der Gehaltsabrechnung für November abzurechnen und auszuzahlen ist. Mit der Gratifikation sollen ausschließlich die erbrachte und die zukünftige Betriebstreue honoriert werden. Der Anspruch auf die Gratifikation besteht nur, wenn das Arbeitsverhältnis im Auszahlungszeitpunkt sechs Monate bestanden hat. Ruht das Arbeitsverhältnis ganz oder teilweise, gleich aus welchem Rechtsgrund, ohne Entgeltfortzahlung, wird die Gratifikation entsprechend anteilig gekürzt.

(2) Der Anspruch auf Gratifikation ist ausgeschlossen, wenn das Arbeitsverhältnis im Zeitpunkt der Auszahlung oder bis zum 31.12. von einem der Vertragsteile gekündigt wird oder infolge Aufhebungsvertrages endet. Dies gilt jedoch nicht, wenn die Kündigung aus betriebsbedingten oder aus personenbedingten, vom/von der Mitarbeiter/in nicht zu vertretenden Gründen erfolgt. Dies gilt sinngemäß für einen Aufhebungsvertrag.

(3) Der/Die Mitarbeiter/in ist verpflichtet, die Gratifikation zurückzuzahlen, wenn er/sie aufgrund eigener Kündigung oder aufgrund außerordentlicher oder verhaltensbedingter Kündigung aus dem Unternehmen aus einem von ihm/ihr zu vertretenden Grund bis zum 31.3. des auf die Auszahlung folgenden Kalenderjahres oder, sofern die Gratifikation eine Monatsvergütung übersteigt, bis zum 30.6. des auf die Auszahlung folgenden Kalenderjahres ausscheidet. Die Rückzahlungsverpflichtung gilt entsprechend, wenn das Arbeitsverhältnis innerhalb des vorgenannten Zeitraumes durch Aufhebungsvertrag beendet wird und Anlass des Aufhebungsvertrages ein Recht zur außerordentlichen oder verhaltensbedingten Kündigung oder ein Aufhebungsbegehren des/der Mitarbeiters/in ist.

→ *Sonderzahlungen*, II S 40

§ 9 Widerrufsvorbehalt

(1) Die Zahlung der Gratifikation (§ 8) erfolgt unter dem Vorbehalt des Widerrufs. Der Widerruf ist aus wirtschaftlichen Gründen möglich.

(2) Die Zahlung der übertariflichen Zulage (§ 6 Abs. 1 Nr. 3) erfolgt unter dem Vorbehalt des Widerrufs. Die Ausübung des Widerrufsrechts kann erfolgen, wenn ein dringendes betriebliches Erfordernis vorliegt, insbesondere wenn der Jahresgewinn des Unternehmens unter … % des Jahresumsatzes sinkt. Dabei ist eine Frist von … Monat(en) einzuhalten. Übersteigt der Jahresgewinn wieder die Grenze von … % des Jahresumsatzes, wird die Zulage wieder gewährt.

→ *Vorbehalte und Teilbefristung*, II V 70

§ 10 Abtretung und Verpfändung des Arbeitseinkommens

Der/Die Mitarbeiter/in darf seine/ihre Vergütungsansprüche an Dritte nur nach vorheriger schriftlicher Zustimmung des Unternehmens verpfänden oder abtreten. Die Zustimmung darf nur aus sachlichen Gründen verweigert werden.

→ *Abtretungsverbote und Lohnpfändung*, II A 10

§ 11 Arbeitsverhinderung/Lohnfortzahlung

(1) Der/Die Mitarbeiter/in ist verpflichtet, jede Arbeitsverhinderung und ihre voraussichtliche Dauer unverzüglich dem Unternehmen anzuzeigen und dabei gleichzeitig auf etwaige dringliche Arbeiten hinzuweisen. Für den Nachweis der Arbeitsunfähigkeit im Krankheitsfalle gelten die tariflichen bzw. gesetzlichen Bestimmungen.

(2) Ist der/die Mitarbeiter/in unverschuldet arbeitsunfähig erkrankt, leistet das Unternehmen für die Dauer von … Wochen/Monaten Entgeltfortzahlung nach den gesetzlichen und tariflichen Bestimmungen. Ein Krankengeldzuschuss wird nach zehnjähriger ununterbrochener Betriebs-/Unternehmenszugehörigkeit nach Maßgabe der tariflichen Bestimmungen gezahlt.

(3) Soweit die Arbeitsverhinderung auf einem Ereignis beruht, aus dem der/die Mitarbeiter/in Schadensersatzansprüche gegen einen Dritten zusteht, werden diese in Höhe der Vergütungsfortzahlung an das Unternehmen abgetreten. Der/Die Mitarbeiter/in ist verpflichtet, dem Unternehmen die zur Erhebung der Ansprüche erforderlichen Auskünfte zu erteilen und an der Geltendmachung und Durchsetzung der Schadensersatzansprüche mitzuwirken, insbesondere im Einzelfall eine schriftliche Abtretungserklärung zu unterzeichnen.

→ *Anzeige- und Nachweispflichten*, II A 40

→ *Entgeltfortzahlung*, II E 20

§ 12 Urlaub

Der/Die Mitarbeiter/in erhält einen Erholungsurlaub und ein Urlaubsgeld nach Maßgabe der jeweiligen tariflichen Bestimmungen. Der Erholungsurlaub beträgt zurzeit … Werktage im Kalenderjahr. Der Urlaub wird in Abstimmung mit dem/der Mitarbeiter/in von der Unternehmensleitung festgelegt. Im Übrigen gelten die gesetzlichen Bestimmungen.

→ *Urlaub*, II U 20

§ 13 Rückzahlung zu viel erhaltener Leistungen

Zu viel gezahltes Entgelt oder sonstige Geldleistungen kann das Unternehmen nach den Grundsätzen über die Herausgabe einer ungerechtfertigten Bereicherung zurückverlangen. Der/Die Mitarbeiter/in kann sich auf den Wegfall der Bereicherung nicht berufen, wenn die rechtsgrundlose Überzahlung so offensichtlich war, dass der/die Mitarbeiter/in dies hätte erkennen müssen, oder wenn die Überzahlung auf Umständen beruhte, die der/die Mitarbeiter/in zu vertreten hat.

→ *Arbeitsentgelt, überzahltes*, II A 80

§ 14 Geheimhaltung

(1) Der/Die Mitarbeiter/in verpflichtet sich, über alle Geschäftsgeheimnisse, insbesondere Herstellungsverfahren, Vertriebswege und dergleichen sowohl während der Dauer des Arbeitsverhältnisses als auch nach seiner Beendigung Stillschweigen zu bewahren. Die Geheimhaltungspflicht erstreckt sich nicht auf solche Kenntnisse, die jedermann zugänglich sind oder deren Weitergabe für das Unternehmen ersichtlich ohne Nachteil ist. Im Zweifelsfalle sind jedoch technische, kaufmännische und persönliche Vorgänge und Verhältnisse, die dem/der Mitarbeiter/in im Zusammenhang mit seiner/ihrer Tätigkeit bekannt werden, als Geschäftsgeheimnisse zu behandeln. In solchen Fällen ist der/die Mitarbeiter/in vor der Offenbarung verpflichtet, eine Weisung der Geschäftsleitung einzuholen, ob eine bestimmte Tatsache vertraulich zu behandeln ist.

(2) Die Schweigepflicht erstreckt sich auch auf Angelegenheiten anderer Unternehmen, mit denen das Unternehmen wirtschaftlich oder organisatorisch verbunden ist.

(3) Sollte die nachvertragliche Verschwiegenheitspflicht den/die Mitarbeiter/in in seinem/ihrem beruflichen Fortkommen unangemessen hindern, hat der/die Mitarbeiter/in gegen das Unternehmen einen Anspruch auf Freistellung von dieser Pflicht.

(4) Die betrieblichen Sicherheitsbestimmungen sind zu beachten. Vertrauliche und geheim zu haltende Schriftstücke, Zeichnungen, Modelle usw. sind unter Verschluss zu halten.

→ *Verschwiegenheitspflicht*, II V 20

§ 15 Haftung

Verursacht der/die Mitarbeiter/in durch eine schuldhafte Pflichtverletzung einen Schaden, so hat er/sie im Falle einfacher Fahrlässigkeit den Schaden zur Hälfte, höchstens jedoch bis zum Betrag einer gewöhnlichen Monatsnettovergütung zu ersetzen. Bei grober Fahrlässigkeit hat der/die Mitarbeiter/in den Schaden voll zu tragen, jedoch der Höhe nach beschränkt auf den dreifachen Betrag der gewöhnlichen Monatsnettovergütung. Die Haftung für Fahrlässigkeit besteht nur für solche Schäden, die nicht durch eine – von dem Unternehmen abzuschließende – Betriebshaftpflichtversicherung gedeckt werden können. Diese Grundsätze gelten entsprechend bei Schadensersatzansprüchen Dritter. Bei Vorsatz haftet der/die Mitarbeiter/in unbeschränkt.

→ *Haftung des Arbeitnehmers*, II H 20

§ 16 Vertragsstrafe

(1) Nimmt der/die Mitarbeiter/in die Arbeit nicht oder verspätet auf, löst er/sie sich vom Arbeitsverhältnis ohne Einhaltung der maßgeblichen Kündigungsfrist auf oder verweigert er/sie vorübergehend die Arbeit, so hat der/die Mitarbeiter/in an das Unternehmen eine Vertragsstrafe zu zahlen. Die Vertragsstrafe ist nur verwirkt, wenn der/die Mitarbeiter/in grob fahrlässig oder vorsätzlich gehandelt hat.

(2) Als Vertragsstrafe wird für die in Absatz 1 genannten Fälle ein Bruttotagesentgelt für jeden Tag der Zuwiderhandlung vereinbart, insgesamt wird jedoch nicht mehr als das in der gesetzlichen Mindestkündigungsfrist ansonsten erhaltene Arbeitsentgelt verwirkt. Im Übrigen beträgt die Vertragsstrafe insgesamt höchstens ein Bruttomonatsgehalt.

(3) Das Bruttotagesentgelt bemisst sich nach dem durchschnittlichen Arbeitsverdienst i.S.d. § 11 Abs. 1 Satz 1–4 BUrlG und den darin zum Ausdruck kommenden Berechnungsgrundsätzen. Ist der Arbeitnehmer in den in Absatz 1 genannten Fällen im Zeitpunkt der Zuwiderhandlung weniger als 13 Wochen bei dem Arbeitgeber beschäftigt, wird für die Berechnung des Bruttotagesentgeltes der gesamte Zeitraum vom Beginn des Arbeitsverhältnisses bis zum Zeitpunkt der Zuwiderhandlung zugrunde gelegt.

(4) Verstößt der/die Mitarbeiter/in gegen die Geheimhaltungsvereinbarung aus § 14, so gilt für jeden Fall der Zuwiderhandlung eine Vertragsstrafe in Höhe von ... Euro als vereinbart.

(5) Die Geltendmachung eines weitergehenden Schadens bleibt vorbehalten.

→ *Vertragsstrafen*, II V 30

§ 17 Beendigung des Arbeitsverhältnisses

(1) Es finden die Kündigungsbestimmungen und -fristen nach § 11 MTV Einzelhandel NRW Anwendung.

(2) (Altersgrenze)

Das Arbeitsverhältnis endet, ohne dass es einer Kündigung bedarf, mit Ablauf des Monats, in dem der/die Mitarbeiter/in die Regelaltersgrenze der gesetzlichen Rentenversicherung erreicht. Zuvor kann es von beiden Seiten jederzeit ordentlich gekündigt werden.

oder:

(2) (Anspruch auf Altersrente als Beendigungsgrund)

a) Dieser Vertrag endet mit Ablauf des Monats, in dem der/die Mitarbeiter/in das 63. Lebensjahr vollendet, wenn er/sie in diesem Zeitpunkt einen Anspruch auf vorgezogene Altersrente hat. Zuvor kann es von beiden Seiten jederzeit ordentlich gekündigt werden.

b) Das Arbeitsverhältnis endet, ohne dass es einer Kündigung bedarf, zu dem Zeitpunkt, in dem der/die Mitarbeiter/in erstmals eine abschlagsfreie Rente wegen Alters beziehen kann. Zuvor kann es von beiden Seiten jederzeit ordentlich gekündigt werden.

→ *Kündigungsvereinbarungen*, II K 10

→ *Altersgrenze*, II A 20

§ 18 Freistellung von der Arbeitspflicht

(1) Auf Wunsch des/der Mitarbeiters/in kann, sofern betriebliche Interessen dem nicht entgegenstehen, unbezahlter Urlaub gewährt werden. Während des unbezahlten Urlaubs ruht das Arbeitsverhältnis. Der/Die Mitarbeiter/in kann einen erteilten unbezahlten Urlaub nicht einseitig widerrufen.

(2) Das Unternehmen ist berechtigt, den/die Mitarbeiter/in mit Ausspruch einer Kündigung – gleichgültig von welcher Seite – unter Fortzahlung der Bezüge (unwiderruflich) von der Arbeitsleistung freizustellen, wenn ein triftiger Grund, insbesondere ein grober Vertragsverstoß, der die Vertrauensgrundlage beeinträchtigt (z.B. Geheimnisverrat, Konkurrenztätigkeit), gegeben ist. Die Freistellung erfolgt bei unwiderruflicher Freistellung unter Anrechnung auf den Erholungsurlaub, soweit dem nicht die Arbeitsunfähigkeit (§ 9 BUrlG) oder sonstige schutzwürdige Belange des/der Mitarbeiters/in entgegenstehen. Während der Dauer der Freistellung hat der/die Mitarbeiter/in Tätigkeiten für und als Wettbewerber zu unterlassen.

(optional: Auf die Fortzahlung der Bezüge ist anzurechnen, was der/die Mitarbeiter/in während der Freistellung durch anderweitige Verwendung seiner Arbeitskraft erwirbt.)

→ *Freistellung des Arbeitnehmers*, II F 10

§ 19 Tarifverträge, Betriebsvereinbarungen, Allgemeine Arbeitsbedingungen

(1) Auf das Arbeitsverhältnis sind anzuwenden die betrieblich und fachlich jeweils einschlägigen Tarifverträge in ihrer jeweils gültigen Fassung, soweit in diesem Vertrag nichts anderes vereinbart ist. Dies sind zurzeit (Zeitpunkt des Vertragsschlusses) in der jeweils gültigen Fassung die allgemeinverbindlichen Tarifverträge des Einzelhandels in Nordrhein-Westfalen, die der Einzelhandelsverband Nordrhein e.V. und der Landesverband des Westfälisch-Lippischen Einzelhandels e.V. und die Gewerkschaft Handel, Banken und Versicherungen, Landesbezirk Nordrhein-Westfalen geschlossen haben.

(2) Die Parteien sind sich darüber einig, dass die mit dem Betriebsrat bereits abgeschlossenen und noch abzuschließenden Betriebsvereinbarungen den Regelungen in § ... auch dann vorgehen, wenn die vertragliche Regelung im Einzelfall günstiger ist. Endet eine Betriebsvereinbarung, gilt der Inhalt für die bestehenden Arbeitsverhältnisse fort, bis sie durch eine andere Abrede ersetzt wird.

(3) Im Übrigen gelten die Allgemeinen Arbeitsbedingungen des Unternehmens, soweit sich nicht aus diesem Arbeitsvertrag etwas anderes ergibt.

(4) Die einschlägigen Tarifverträge/Betriebsvereinbarungen/Allgemeinen Arbeitsbedingungen können im Personalbüro eingesehen werden.

→ *Verweisungsklauseln*, II V 40
→ *Öffnungsklauseln*, II O 10

§ 20 Ausschlussfristen

Für die Geltendmachung beiderseitiger Ansprüche aus dem Arbeitsverhältnis gilt die Verfallklausel nach § 24 MTV Einzelhandel NRW.

→ *Ausschlussfristen*, II A 150

Ort, den ...   Unterschrift   Unterschrift

4. Auszug aus dem Manteltarifvertrag für den Einzelhandel in Nordrhein-Westfalen (Stand: 10.12.2013)

§ 1 Geltungsbereich

(...)

§ 2 Arbeitszeit

(1) Die regelmäßige wöchentliche Arbeitszeit beträgt 37,5 Stunden, ausschließlich der Pausen. Im Übrigen richtet sich die Arbeitszeit nach den Vorschriften des Arbeitszeitgesetzes, der Gewerbeordnung, des Jugendarbeitsschutzgesetzes sowie des Mutterschutzgesetzes.

(2) Eine von Abs. 1 abweichende systematische Einteilung der regelmäßigen Arbeitszeit (Mehr- oder Minderarbeit an einem Werktag oder in einer Woche) ist zulässig, wenn innerhalb von 52 Wochen die durchschnittliche wöchentliche Arbeitszeit gemäß Abs. 1 nicht überschritten wird.*

*Protokollnotiz zum gemeinsamen Verständnis des § 2 Abs. 2 MTV Einzelhandel NRW

Die Tarifvertragsparteien des Einzelhandels in NRW legen der Tarifregelung über die „abweichende systematische Einteilung der regelmäßigen Arbeitszeit" in § 2 Abs. 2 MTV Einzelhandel NRW das folgende gemeinsame Verständnis zugrunde:

Von der regelmäßigen wöchentlichen Arbeitszeit in § 2 Abs. 1 MVT Einzelhandel NRW von 37,5 Stunden in jeder Arbeitswoche kann (durch Mehr- oder Minderarbeit an einem Werktag oder in einer Woche) unter folgenden Voraussetzungen abgewichen werden:

1. Der Ausgleichszeitraum von bis zu 52 ganzen Wochen ist kalendermäßig verbindlich festzulegen.

2. Der Planungszeitraum, für den die arbeitstägliche Dauer und die Lage der zu leistenden Arbeitszeit verbindlich für ganze Wochen im Voraus eingeteilt werden, muss nicht dem Ausgleichszeitraum entsprechen.

3. Die Planung der arbeitsfreien Tage muss nicht dem Planungszeitraum gem. Ziff. 2 entsprechen, sondern kann für längere Zeiträume erfolgen.

4. Zum Überprüfungsstichtag, d.h. nach 52 Wochen und am Ende jedes Ausgleichszeitraums, darf die Arbeitszeit der Vollzeitbeschäftigten die durchschnittliche Wochenarbeitszeit von 37,5 Stunden nicht überschreiten (Rechenweg: im Ausgleichszeitraum insgesamt geleistete Arbeitszeit zzgl. Zeiten nach dem Ausfallprinzip [Zeiten der Arbeitsunfähigkeit, Urlaub, Feiertage, Annahmeverzug etc.] dividiert durch 52 = max. 37,5).

5. Bei Festlegung der Länge des Ausgleichszeitraums und der Planungszeiträume sowie bei der individuellen Arbeitszeitplanung und insbesondere bei der Planung von arbeitsfreien Tagen ist ein Ausgleich zwischen den betrieblichen Erfordernissen und den berechtigten Belangen der Arbeitnehmer anzustreben

(3) Besteht ein Betriebsrat, so ist über die Einteilung der Arbeitszeit eine Betriebsvereinbarung abzuschließen. Besteht kein Betriebsrat, so ist hierüber zwischen Arbeitgeber und Arbeitnehmer eine Regelung zu treffen.

(4) Die tägliche Arbeitszeit und die Pausen werden zwischen Betriebsleitung und Betriebsrat vereinbart. Pausen gelten nicht als Arbeitszeit. Aus Anlass der Anpassung der Arbeitszeiten der Beschäftigten an die verlängerten betrieblichen Öffnungszeiten darf das bisherige Pausenvolumen nicht gegen den Willen des Betriebsrates, in Betrieben ohne Betriebsrat nicht gegen den Willen der betroffenen Beschäftigten, verändert werden.

(5) Wird die regelmäßige tägliche Arbeitszeit an einzelnen Werktagen verkürzt oder verlängert, so kann diese Arbeitszeit in einem Zeitraum von 3 Wochen ausgeglichen werden.

(6) Dringende Vor- und Abschlussarbeiten, Aufräumungsarbeiten und Kassenschluss sind als Ausnahmen über die vereinbarte oder festgelegte Arbeitszeit hinaus zu leisten. Die hierfür erforderliche Zeit darf 10 Minuten täglich nicht überschreiten. Sie ist ohne Mehrarbeitszuschlag auszugleichen.

(7) (...)

(8) (...)

(9) (...)

§ 3 Teilzeitarbeit

(...)

§ 4 Mehrarbeit

(1) Mehrarbeit für Vollbeschäftigte ist jede über die vereinbarte oder festgelegte tägliche Arbeitszeit hinausgehende Arbeit, sofern sie nicht gemäß § 2 Absatz 5 ausgeglichen wird. Mehrarbeit für Teilzeitbeschäftigte ist jede Arbeitszeit, die über die in § 2 Abs. 1 geregelte Arbeitszeit hinaus geleistet wird.

(2) Eine über die tarifliche Arbeitszeit hinausgehende Arbeitszeit bis zu 40 Stunden je Woche ist als zuschlagsfreie Mehrarbeit zu vergüten.

(3) Mehrarbeit ist nach Möglichkeit zu vermeiden. Sie ist nur im Rahmen der Bestimmungen des Arbeitszeitgesetzes und des Betriebsverfassungsgesetzes zulässig. Bei der Festlegung der Mehrarbeit sollen die Interessen der betroffenen Arbeitnehmer angemessen berücksichtigt werden. Der Arbeitgeber hat bei Anordnung von Mehrarbeit auf berechtigte Belange des Arbeitnehmers Rücksicht zu nehmen, insbesondere im Hinblick auf unbeaufsichtigte Kinder.

(4) Mehrarbeitsstunden sind mit $1/163$ des Monatsentgelts und einem Zuschlag gemäß § 7 zu bezahlen. Auf Wunsch des Arbeitnehmers kann eine Abgeltung von Mehrarbeitsstunden durch Freizeit mit den entsprechenden Zeitzuschlägen erfolgen. Über den Zeitpunkt der Abgeltung ist eine Vereinbarung zwischen Arbeitgeber und Arbeitnehmer herbeizuführen.

§ 5 Spätöffnungsarbeit

(1) Spätöffnungsarbeit ist Arbeit in Verkaufsstellen, die von Montag bis Samstag in der Zeit von 18.30 Uhr bis 20.00 Uhr geleistet wird. Spätöffnungsarbeit ist zuschlagspflichtig (§ 7).

(2) Nicht zuschlagspflichtig gemäß Abs. 1 ist die Arbeit an den letzten vier Samstagen vor dem 24. Dezember.

Betriebe, die nur an einem Samstag im Monat und/oder an den vier Samstagen vor dem 24. Dezember über 14.00 hinaus öffnen, sind von den Verpflichtungen zur Zahlung von Zuschlägen an Samstagen gemäß Abs. 1 befreit.

(3) Bei der Einteilung der Arbeitszeit sind die sozialen Belange der Beschäftigten zu berücksichtigen. Beim Vorliegen dringender persönlicher Gründe sollen Beschäftigte im Verkauf auf ihren Wunsch hin an den Tagen Montag bis Freitag von einem Einsatz nach 18.30 Uhr sowie an Samstagen nach 16.00 Uhr ganz oder teilweise ausgenommen werden, wenn dieser Einsatz für sie unzumutbar wäre.

Dies ist regelmäßig der Fall,
- wenn die nach ärztlichem Attest erforderliche Betreuung und Pflege naher Angehöriger/Lebenspartner nicht gewährleistet wäre,
- wenn glaubhaft gemacht wird, dass die Betreuung und die Beaufsichtigung ihrer Kinder vor Vollendung des 12. Lebensjahres nicht gewährleistet wäre,
- für Auszubildende am Berufsschultag,
- wenn bei der Teilnahme an außerbetrieblichen Weiterbildungsmaßnahmen für die Dauer und den Umfang keine zeitlichen Alternativen bestehen.

Beschäftigte, die montags bis samstags nach 18.30 Uhr arbeiten und bei einem Geschäftsschluss um 20.00 Uhr in zumutbarem Zeitraum ihren Wohnsitz mit öffentlichen Verkehrsmitteln nicht erreichen können, sollen, wenn sie diese ausschließlich benutzen können, in erforderlichem Umfang vor 20.00 Uhr von dem Arbeitseinsatz ausgenommen werden.

(4) Beschäftigte, die in Verkaufsstellen nach 18.30 Uhr arbeiten, sollen an diesen Tagen nicht länger als 8,5 Stunden beschäftigt werden, es sei denn, betriebsübliche Arbeitszeiten sind ebenfalls länger. Darüber hinaus sollen die Beschäftigten auf ihren Wunsch an nicht mehr als drei Tagen in der Woche nach 18.30 Uhr und unter Anrechnung auf gesetzliche Freistellungsansprüche an nicht mehr als drei Samstagen im Monat beschäftigt werden. Hiervon kann abgewichen werden, wenn im Rahmen einer systematischen Arbeitszeiteinteilung
- mehrere Schichten auch im wöchentlichen Wechsel festgelegt werden,
- eine Vier-Tage-Arbeitswoche vereinbart wird,
- alle vier Wochen ein langes Wochenende (Samstag bis Dienstag, Freitag bis Montag) erreicht wird.

Andere, davon abweichende Arbeitszeitregelungen, können zwischen den Betriebspartnern vereinbart werden, sofern sie eine systematische und im Voraus planbare Arbeitszeitregelung enthalten (rollierendes Freizeitsystem, feste Wochenfreizeittage, usw.). In Betrieben ohne Betriebsrat ist eine entsprechende Regelung durch Einzelarbeitsvertrag mit den betroffenen Beschäftigten zu treffen.

§ 6 Nacht-, Sonn- und Feiertagsarbeit

(1) Nachtarbeit im Sinne dieses Tarifvertrages umfasst den Zeitraum von 19.30 Uhr bis 6.00 Uhr, in Verkaufsstellen von 20.00 Uhr bis 6.00 Uhr.

(2) Die Betriebsparteien haben zu prüfen, ob Nacht-, Sonn- und Feiertagsarbeit vermieden werden können. Sie sind nur im Rahmen der gesetzlichen Bestimmungen zulässig. Dringende Vor- und Abschlussarbeiten etc. i.S.d. § 2 Abs. 6 MTV sind ungeachtet der Prüfungspflicht des § 6 Abs. 2 Satz 1 MTV zulässig.

(3) Von der Betriebsleitung angeordnete Nachtarbeitsstunden sowie Arbeitsstunden an Sonn- und Feiertagen (von 0.00 bis 24.00 Uhr) sind gemäß §§ 4 und 7 abzugelten. Dies gilt nicht für den normalen Wach- und/oder Wartungsdienst während der Nachtstunden und an Sonn- und Feiertagen.

(4) Soweit das Fahr-, Heiz-, Schließ-, Wach- und Wartungspersonal regelmäßig an Sonn- und Feiertagen beschäftigt wird, ist in Verbindung mit mindestens jedem zweiten Sonntag eine zusammenhängende Freizeit von 36 Stunden zu gewähren.

(5) Wechselschichtarbeit, bei der sich die Schichten turnusmäßig ablösen und in der regelmäßig Nachtschichten anfallen, wird für alle Schichten mit einem Zuschlag von 10 % des Tarifentgelts bezahlt.

(6) (...)

§ 7 Zuschläge

(1) Mehr-, Nacht-, Sonntags-, Feiertags-, Spätöffnungsarbeit und zuschlagspflichtige Samstagsarbeit sind mit Ausnahmen im Tankstellen- und Garagengewerbe (§ 8) mit folgenden Zuschlägen abzugelten:

a) Spätöffnungsarbeit (§ 5 Abs. 1): 20 %

b) Mehrarbeit (§ 4): 25 %

c) Mehrarbeit ab der 5. Mehrarbeitsstunde in der Woche: 40 %

d) Nachtarbeit (§ 6), ausgenommen Wechselschichtarbeit gemäß § 6 Absatz 5: 55 %

e) Sonntagsarbeit: 120 %

f) Feiertagsarbeit, sofern der Feiertag auf einen Wochentag fällt: 200 %

(2) Für Arbeiten gemäß § 2 Abs. 6 nach 20.00 Uhr (montags bis samstags) wird ein Zuschlag von 40 % gewährt.

(3) Spätöffnungszuschläge sind grundsätzlich in Freizeit zu gewähren. Die Freizeit ist zusammenzufassen und in Arbeitszeitsysteme einzugliedern. Freizeitguthaben dürfen nicht dazu führen, dass Beschäftigte den Schutz der Sozialversicherung verlieren. Auf Wunsch von Beschäftigten kann der Zuschlag im Einvernehmen mit dem Arbeitgeber abgegolten werden.

(4) Treffen mehrere Zuschläge zusammen, ist jeweils nur der höchste Zuschlag zu zahlen.

§ 8 Abweichende Regelungen für das Tankstellen- und Garagengewerbe

(...)

§ 9 Kurzarbeit

(1) Zur Vermeidung von Kündigungen und Entlassungen kann nach vorheriger Anhörung des Betriebsrates mit einer Ankündigungsfrist von 4 Wochen Kurzarbeit unter Berücksichtigung der Vorschriften des Arbeitsförderungsgesetzes eingeführt werden. Besteht kein Betriebsrat, so soll über die Einführung der Kurzarbeit zwischen Arbeitgebern und Arbeitnehmern eine Vereinbarung getroffen werden.

(2) Dauert die Kurzarbeit länger als 4 Wochen, so können die betroffenen Arbeitnehmer das Arbeitsverhältnis mit Monatsfrist zum Monatsende kündigen.

§ 10 Gehalts- und Lohnregelung

(1) Die Festsetzung der Gehälter und Löhne erfolgt in einer besonderen tariflichen Regelung. Der Arbeitnehmer wird in die seiner überwiegend ausgeübten Tätigkeit entsprechende Gehalts- oder Lohngruppe eingeordnet.

(2) Bei vorübergehender in einer höheren Gehalts- oder Lohngruppe verrichteten Tätigkeit entsteht ein Anspruch auf Bezahlung nach der höheren Tarifgruppe vom 1. Tag dieser Tätigkeit an, wenn die Tätigkeit in der höheren Gruppe ununterbrochen länger als 6 Wochen andauert, bei regelmäßiger vertraglich vereinbarter Stellvertretung (z.B. als Substitut) erst nach mehr als dreimonatiger zusammenhängender Abwesenheit des Vertretenen.

(3) Bei Ereignissen, die nach den Tarifverträgen eine Veränderung des Entgelts zur Folge haben und vor dem 15. des Monats eintreten, wird die Veränderung ab 1. des Monats wirksam; tritt das Ereignis danach ein, wird die Veränderung mit dem 1. des folgenden Monats wirksam.

(4) Dem Arbeitnehmer ist mit jeder monatlichen Gehalts- bzw. Lohnzahlung eine Abrechnung auszuhändigen.

(5) (...)

(6) (...)

(7) Der Arbeitnehmer muss spätestens am Schluss des Kalendermonats über sein Entgelt verfügen können. Bargeldlose Zahlung ist zulässig. Besteht für den Arbeitnehmer keine Möglichkeit, das Entgelt außerhalb der Arbeitszeit abzuheben, so ist der Arbeitgeber gehalten, dem Arbeitnehmer auf Verlangen am Fälligkeitstage ggf. gegen Scheck einen angemessenen Betrag auszuzahlen. Bestehende Betriebsvereinbarungen werden hiervon nicht berührt.

(8)–(13) (...)

§ 11 Einstellung und Entlassung

(1) (...)

(2) (...)

(3) Der Arbeitgeber ist verpflichtet, bei der Einstellung, spätestens jedoch bei der Arbeitsaufnahme, dem Arbeitnehmer auf Verlangen eine Ausfertigung des Arbeitsvertrages auszuhändigen. Aus dem Arbeitsvertrag sollen ersichtlich sein:

a) Art und Umfang der Tätigkeit, Einsatzort und Arbeitsplatz
b) die tarifliche Eingruppierung (z.B. die Gehalts-/Lohngruppe, die Berufs-/Tätigkeitsjahre)
c) die Höhe und die Zusammensetzung des monatlichen Entgelts
d) die Dauer der Arbeitszeit und die Arbeitszeiteinteilung

(4) (...)

(5) Unbefristete Arbeitsverhältnisse enden, sofern nicht etwas anderes vereinbart ist, mit dem Ende des Kalendermonats, in dem der Arbeitnehmer die Regelaltersgrenze für den Bezug der gesetzlichen Rente erreicht hat oder in welchem dem Arbeitnehmer der Rentenbescheid über die Gewährung einer Rente wegen zeitlich nicht befristeter Erwerbsunfähigkeit oder vorgezogenem Altersruhegeld zugegangen ist.*

*Protokollnotiz

Sachgründe:

Die Zulässigkeit allgemeiner Altersgrenzen ergibt sich aus § 10 Satz 3 Nr. 5 AGG. Die Tarifregelung verfolgt legitime arbeitsmarkt- und sozialpolitische Ziele. Zum einen ist die Förderung der Beschäftigungsverteilung zwischen den Generationen beabsichtigt; darüber hinaus soll damit ein positiver Beitrag zur Reduzierung der Arbeitslosigkeit, insbesondere bei jungen Menschen geleistet werden. Ihnen soll die berufliche Eingliederung erleichtert werden, zudem soll die allgemeine tarifliche Altersgrenze die Personalplanung für die Unternehmen vorausschaubar machen.

(6) Für die Kündigung von Angestellten und gewerblichen Arbeitnehmern gilt eine Grundkündigungsfrist von 6 Wochen zum Ende eines Kalendermonats. Davon kann einzelvertraglich abgewichen werden. Die Mindestkündigungsfrist beträgt einen Monat zum Ende eines Kalendermonats. Beide Parteien können eine schriftliche Bestätigung des Empfangs der Kündigung verlangen.

(7) Nach einer ununterbrochenen Beschäftigung im Betrieb/Unternehmen von mehr als 5 Jahren verlängern sich die Kündigungsfristen für den Arbeitgeber wie folgt:
- über 5 Jahre: 3 Monate
- über 8 Jahre: 4 Monate
- über 10 Jahre: 5 Monate
- über 12 Jahre: 6 Monate

jeweils zum Ende eines Kalendermonats.

Die Vereinbarung der Verlängerung der Kündigungsfristen auf Gegenseitigkeit ist zulässig.

(8)–(13) (…)

§ 12 Probezeit

(1) Wird eine Probezeit vereinbart, darf sie in der Regel drei Monate nicht überschreiten. Während einer vereinbarten Probezeit gilt eine Kündigungsfrist von zwei Wochen. Bei einer Probezeit von mehr als drei Monaten beträgt die Kündigungsfrist in der die drei Monate übersteigenden Zeit einen Monat zum Ende eines Kalendermonats.

Bei einem auf drei Monate befristeten Probearbeitsverhältnis soll die Absicht, im Anschluss hieran ein Anstellungsverhältnis nicht eingehen zu wollen, mindestens einen Monat, bei einer kürzeren Probezeit mindestens eine Woche vor Ablauf der Probezeit angekündigt werden. Wird das Probearbeitsverhältnis über die vereinbarte Zeit hinaus fortgesetzt, geht es ohne Weiteres in ein Anstellungsverhältnis auf unbestimmte Zeit über.

(2) Wird einem Auszubildenden während der Probezeit gekündigt, so hat dies schriftlich und auf Wunsch unter Angabe der Gründe zu erfolgen.

§ 13 Nebentätigkeit

Die Aufnahme einer auf nachhaltigen Erwerb gerichteten anderweitigen Tätigkeit durch den Arbeitnehmer bedarf der Zustimmung des Arbeitgebers. Diese wird erteilt, wenn durch die Ausübung der anderweitigen Tätigkeit die vertragliche Arbeitsleistung des Arbeitnehmers nicht beeinträchtigt wird.

§ 14 Aushilfen

(...)

§ 15 Urlaub

(1) Der Urlaub dient der Erhaltung und Wiederherstellung der Arbeitskraft des Arbeitnehmers. Während des Urlaubs darf der Arbeitnehmer keine dem Urlaubszweck widersprechende Erwerbstätigkeit leisten.

(2) Urlaubsjahr ist das Kalenderjahr. Der Urlaubsanspruch des Arbeitnehmers besteht aus dem gesetzlichen und dem tariflichen Urlaub.

(3) Der Urlaub beträgt je Kalenderjahr 36 Werktage. Darin enthalten ist der gesetzliche Urlaub.

(4) Der tarifliche Anteil des Urlaubsanspruchs entsteht erstmalig nach mehr als dreimonatiger ununterbrochener Zugehörigkeit zu demselben Betrieb/Unternehmen. Die Betriebs-/Unternehmenszugehörigkeit wird nicht unterbrochen, wenn der Arbeitnehmer durch Krankheit oder einen sonstigen in seiner Person liegenden Grund ohne sein Verschulden oder durch Betriebsstörungen an der Arbeitsleistung verhindert ist.*

***Protokollnotiz**

Nach § 13 Abs. 1 BUrlG kann in Tarifverträgen von den Bestimmungen des § 5 Abs. 1 BUrlG, die Regelungen zum Teilurlaub trifft, abgewichen werden. Allerdings muss die tarifliche Regelung mit den europarechtlichen Vorgaben vereinbar sein. Das ist bei obiger Wartezeitregelung zum tariflichen Anteil des Urlaubsanspruchs der Fall, weil diese Wartezeit nicht den gesetzlichen Urlaub betrifft und Arbeitnehmer einen Teilurlaubsanspruch mit dem ersten vollen Beschäftigungsmonat haben.

(5) Für das Urlaubsjahr, in dem das Arbeitsverhältnis beginnt oder endet, steht dem Arbeitnehmer nach mehr als dreimonatiger ununterbrochener Zugehörigkeit zu demselben Betrieb/Unternehmen für jeden vollen Beschäftigungsmonat 1/12 des Jahresurlaubs zu, soweit ihm nicht für diese Zeit von einem anderen Arbeitgeber Urlaub gewährt worden ist. Bruchteile von Urlaubstagen sind auf volle Urlaubstage aufzurunden.

(6) Hat der Arbeitnehmer in den Fällen des Absatzes 5 bereits Urlaub über den ihm zustehenden Umfang hinaus erhalten, so kann das dafür zu viel erhaltene Urlaubsentgelt zurückgefordert werden, sofern der Arbeitnehmer zu Recht fristlos entlassen worden ist oder der Arbeitnehmer das Arbeitsverhältnis unberechtigt vorzeitig aufgelöst hat.

(7) Der Urlaub ist möglichst im laufenden Kalenderjahr zu gewähren und zu nehmen. Genommener Urlaub wird zuerst auf den gesetzlichen Anteil des Urlaubsanspruchs, dann auf den tariflichen Anteil des Urlaubsanspruchs angerechnet. Eine Übertragung des Urlaubs auf das nächste Kalenderjahr ist nur statthaft, wenn dringende betriebliche oder in der Person des Arbeitnehmers liegende

Gründe dies rechtfertigen. Auf Verlangen des Arbeitnehmers ist ein nach Absatz 5 entstandener geringfügiger Teilurlaub auf das nächste Kalenderjahr zu übertragen.

(8) Im Falle der Übertragung muss der Urlaub in den ersten 4 Monaten des folgenden Kalenderjahres gewährt und genommen werden. Der tarifliche Anteil des Urlaubsanspruchs verfällt, wenn er nicht im Übertragungszeitraum bis zum 30.4. des Folgejahres genommen wird. Die vorstehende tarifliche Regelung gilt nicht, wenn der Urlaub aufgrund eines Betriebsunfalls, aus betrieblichen Gründen oder wegen Nichtgewährung durch den Arbeitgeber nicht genommen werden konnte. Im Falle des Verfalls ist die Abgeltung des Urlaubsanspruchs ausgeschlossen.

(9) Kann der Urlaub wegen Beendigung des Arbeitsverhältnisses ganz oder teilweise nicht mehr gewährt werden, so ist er abzugelten. Hierbei ist je Urlaubstag $^1/_{26}$ des Monatseinkommens zu Grunde zu legen.

(10) Das Urlaubsentgelt bemisst sich nach dem Arbeitsverdienst, den der Arbeitnehmer in den letzten 12 Monaten vor Antritt des Urlaubs, bei kürzerer Betriebs-/Unternehmenszugehörigkeit während der Dauer der Betriebs-/Unternehmenszugehörigkeit durchschnittlich verdient hat. Bei Angestellten wird jedoch mindestens das für den Urlaubsmonat geltende Gehalt, bei gewerblichen Arbeitnehmern der für den Urlaubsmonat geltende vereinbarte Lohn zugrunde gelegt. Nicht zum Arbeitsverdienst rechnen einmalige Zuwendungen, z.B. Gratifikationen, Jahrestantiemen, Jubiläumsgelder, Urlaubsgeld. Hat der Arbeitnehmer infolge Arbeitsmangels oder Krankheit die in seiner Arbeitsstätte übliche Zahl von Arbeitsstunden nicht erreicht und war sein Arbeitsentgelt infolgedessen vermindert, so ist das Arbeitsentgelt zugrunde zu legen, das er ohne den Arbeitsausfall bezogen hätte. Das Urlaubsentgelt ist dem Arbeitnehmer auf Wunsch vor Antritt des Urlaubs auszuzahlen.

(11) Der Arbeitnehmer erhält ein Urlaubsgeld gemäß einem besonderen Urlaubsgeldabkommen.

(12) Wird der Arbeitnehmer während des Urlaubs arbeitsunfähig krank, so ist er verpflichtet, dem Arbeitgeber von seiner Erkrankung durch Vorlage einer ärztlichen Bescheinigung unverzüglich Kenntnis zu geben. Die in die Zeit der Erkrankung fallenden Urlaubstage gelten in diesem Falle als nicht genommen. Der Arbeitnehmer hat den Anspruch auf diese Urlaubstage nach Wiederherstellung seiner Arbeitsfähigkeit. Der Arbeitnehmer muss sich jedoch nach Ablauf des regelmäßigen Urlaubs oder falls die Krankheit über das regelmäßige Urlaubsende fortdauert, nach Beendigung der Krankheit zur Arbeitsleistung zur Verfügung stellen.

(13) Kuren und Schonungszeiten dürfen nicht auf den Urlaub angerechnet werden, soweit ein Anspruch auf Fortzahlung des Arbeitsentgelts nach den gesetzlichen Vorschriften über die Entgeltfortzahlung im Krankheitsfall besteht.

§ 16 Bezahlte Freistellung von der Arbeit

(...)

§ 17 Unbezahlte Freistellung von der Arbeit

In Betrieben ab 10 Beschäftigten haben Arbeitnehmer neben der gesetzlichen Regelung des § 45 SGB V einen Anspruch auf unbezahlte Freistellung bis zu insgesamt 4 Wochen im Kalenderjahr zur häuslichen Betreuung pflegebedürftiger Kinder, Pflegekinder, Ehepartner, Lebenspartner nach dem Gesetz über die Eingetragene Lebenspartnerschaft und Eltern, sofern nach einem ärztlichen Attest die Betreuung notwendig ist und keine andere im Haushalt lebende Person die Betreuung übernehmen kann.

§ 18 Arbeitsausfall und Arbeitsversäumnis

(1) Kann der Arbeitnehmer durch unvorhergesehene Ereignisse seine Arbeitsleistung nicht erbringen, so hat er dem Arbeitgeber unverzüglich Mitteilung zu machen und dabei die Gründe seiner Verhinderung bekannt zu geben.

(2) Ist die Arbeitsverhinderung durch Krankheit verursacht und dauert sie länger als drei Werktage, so ist vor Ablauf des vierten Werktages ab Beginn der Arbeitsunfähigkeit eine ärztliche Bescheinigung über die Arbeitsunfähigkeit und deren voraussichtliche Dauer vorzulegen. Auf Verlangen des Arbeitgebers ist in begründeten Ausnahmefällen auch bei einer Erkrankung bis zu drei Werktagen eine ärztliche Bescheinigung bereits ab dem ersten Fehltag beizubringen.

(3) Dauert die Arbeitsunfähigkeit länger als in der ärztlichen Bescheinigung angegeben, so ist der Arbeitnehmer verpflichtet, unverzüglich eine Folgebescheinigung vorzulegen.

§ 19 Elternurlaub

(...)

§ 20 Krankengeldzuschuss

(1) Den Arbeitnehmern ist nach zehnjähriger ununterbrochener Betriebs-/Unternehmenszugehörigkeit der Unterschiedsbetrag zwischen dem Krankengeld und 90 % des Nettoeinkommens über die gesetzliche Regelung hinaus für weitere sechs Wochen bei über 20-jähriger Betriebs-/Unternehmenszugehörigkeit darüber hinaus nach freiem Ermessen zu zahlen.

(2) Bei Angestellten, die der gesetzlichen Krankenversicherungspflicht nicht unterliegen, ist im Falle des Abs. 1 der Unterschiedsbetrag zwischen dem Höchstsatz des Krankengeldes für Pflichtversicherte (fiktives Krankengeld) und 90 % des Nettogehaltes zu zahlen.

(3) Die Ansprüche gemäß Absätzen 1 und 2 erlöschen in jedem Fall mit Beendigung des Arbeitsverhältnisses.

§ 21 Gehalts- und Lohnzahlung im Sterbefall

(...)

§ 22 Arbeits- und Schutzbekleidung

(...)

§ 23 Auszubildende

(...)

§ 24 Verfallklausel

(1) Die Ansprüche aus dem Arbeitsverhältnis verfallen wie folgt:

a) 3 Monate nach Fälligkeit: Ansprüche auf Abgeltung der Überstunden;
b) spätestens 3 Monate nach Ende des Urlaubsjahres bzw. Beendigung des Arbeitsverhältnisses: Ansprüche auf Urlaub, Urlaubsabgeltung und Sonderzahlungen;
c) 6 Monate nach Fälligkeit: alle übrigen aus Tarifvertrag und Arbeitsverhältnis entstandenen finanziellen Ansprüche.

(2) Die Ansprüche verfallen nicht, sofern sie innerhalb der vorgenannten Fristen schriftlich geltend gemacht worden sind.

(3) Vorstehende Fristen gelten als Ausschlussfristen.

(4) Unter die Verfallklausel fallen nicht solche Ansprüche eines Arbeitgebers oder eines Arbeitnehmers gegen einen Arbeitnehmer oder Arbeitgeber, die auf eine strafbare Handlung oder eine unerlaubte Handlung gestützt werden. Für diese Ansprüche gelten die gesetzlichen Vorschriften.

§ 25 Schiedsstelle

(...)

§ 26 Gerichtsstandsklausel

(...)

§ 27 Schlussbestimmungen

(...)

V. Arbeitsvertragsmuster für die Metall-Industrie

1. Vorbemerkung

62 Das nachfolgende Vertragsmuster ist der Vorschlag eines Arbeitsvertrages im Bereich der Metallindustrie. Zugrundegelegt wurde der zwischen dem Verband der Metall- und Elektro-Industrie Nordrhein-Westfalen e.V. und der Industriegewerkschaft Metall (Bezirksleitung Nordrhein-Westfalen) vereinbarte Manteltarifvertrag vom 18.12.2003 (**EMTV** s. Rz. 75).

2. Ausgangspunkte für die Vertragsgestaltung

63 Der EMTV Metall NRW enthält weitreichende Regelungen im Bereich der Arbeitszeit, der Teilzeitarbeit, der Mehrarbeit, der Nacht-, Sonn- und Feiertagsarbeit, der Zuschlagsregelungen sowie der Gehalts- und Lohnregelung. Außerdem sind Bestimmungen zur Einstellung und Entlassung, zur Probezeit, zur Nebentätigkeit, zum Urlaub, zur Lohnfortzahlung im Krankheitsfall sowie tarifliche Verfallklauseln enthalten.

64 Nach § 2 Ziff. 1 EMTV Metall NRW sind die Parteien zwar nicht zum Abschluss eines schriftlichen Arbeitsvertrages verpflichtet. Der Arbeitgeber hat jedoch – wenn kein schriftlicher Vertrag geschlossen wurde – entsprechend dem NachwG wesentliche Vertragsbedingungen schriftlich zu bestätigen.

65 § 2 Ziff. 2 EMTV Metall NRW regelt die Probezeit, die drei Monate nicht überschreiten darf. Je nach Dauer der Probezeit differieren die Kündigungsfristen. Im

ersten Monat der Probezeit kann das Arbeitsverhältnis beiderseits mit einer Frist von nur einer Woche gelöst werden. Im zweiten und dritten Monat beträgt die Kündigungsfrist zwei Wochen.

Die Arbeitszeitregelung ist flexibel zu halten und den jeweiligen betrieblichen Bedürfnissen anzupassen. Dies gilt insbesondere deshalb, weil § 3 EMTV Metall NRW eine flexible Regelung der Arbeitszeit ermöglicht, jedoch nur im Zusammenwirken von Arbeitgeber und Betriebsrat. Eine einzelvertragliche Regelung, die diesen betriebsbezogenen Regelungen entgegenstehen könnte, ist daher nicht zu empfehlen. 66

Die Regelungen in §§ 5 und 6 EMTV Metall NRW zu Mehr-, Nacht-, Sonn- und Feiertagsarbeit und die entsprechenden Zuschläge sind umfassend. Für die Vertragsgestaltung besonders wesentlich ist die vorgesehene Möglichkeit zur Pauschalierung nach § 6 Ziff. 5 EMTV Metall NRW. Hiernach können die Zuschläge für Mehr-, Spät-, Nacht-, Sonntags- und Feiertagsarbeit durch Pauschale abgegolten werden. Der Tarifvertrag verlangt allerdings eine transparente Vertragsgestaltung, weil bei der Pauschalierung erkennbar sein sollte, welche Vergütungsarten mit der Pauschale abgegolten werden. Typischerweise dürfte eine Pauschalierung anfallender Mehrarbeit in Betracht kommen. Dabei ist allerdings § 6 Ziff. 5 Satz 3 EMTV Metall NRW zu beachten, wonach die Pauschale mindestens den durchschnittlich im Zeitraum eines Jahres anfallenden Leistungen entsprechen soll. Zweckmäßig ist diese Regelung vertraglich zu konkretisieren und ein Teilkündigungsrecht für die Pauschalierungsabrede vorzusehen. 67

Da im Bereich Metall NRW ein Tarifvertrag über die teilweise Absicherung eines Teiles des 13. Monatsgehalts besteht, ist eine Regelung über Gratifikationen (§ 8 des Vertragsmusters) nur notwendig, wenn das Unternehmen eine zusätzliche Gratifikation gewährt. 68

Zur Beendigung des Arbeitsverhältnisses ist weithin auf die tariflichen Regelungen zu verweisen. Allerdings können die tariflichen Kündigungsfristen durch Vereinbarung zwischen Arbeitgeber und Arbeitnehmer verlängert werden. 69

Der EMTV Metall NRW enthält keine Regelung der Altersgrenze. Aus diesem Grunde wurde eine einzelvertragliche Altersgrenze, die der bindenden Vorgabe des § 41 Satz 2 SGB VI entspricht, übernommen. 70

Eine vertragliche Regelung zur Nebentätigkeit ist notwendig, da der Tarifvertrag hierzu keine Regelungen enthält. 71

Hinsichtlich der detaillierten Urlaubsregelungen war lediglich auf die Bestimmungen in §§ 11–14 EMTV Metall NRW zu verweisen. Verzichtbar sind auch besondere Regelungen über Anzeige und Nachweis von Arbeitsausfall und Arbeitsversäumnis im Hinblick auf § 9 EMTV Metall NRW. Eine einzelvertragliche Verfallklausel erschien im Hinblick auf § 19 EMTV Metall NRW entbehrlich. Im Hinblick auf die Rechtsprechung zum Nachweisgesetz sollte jedoch zumindest ein ausdrücklicher Hinweis auf die Ausschlussfristen enthalten sein. 72

In dem Vertragsmuster wird auf deklaratorische Regelungen so weit wie möglich verzichtet und im Zweifel auf die einschlägigen Tarifnormen verwiesen. Es kann als Grundlage sowohl für Vertragsabschlüsse mit Arbeitern als auch mit Angestellten Verwendung finden. Ebenso wurde verzichtet auf die Aufnahme der verbreite- 73 ten, aber weithin unwirksamen, zumindest aber wirkungslosen → *Schriftformklauseln*, II S 30, → *salvatorischen Klauseln*, II S 10 und → *Gerichtsstandsvereinbarungen*, II G 20)

3. Vertragsmuster

74 Arbeitsvertrag

Zwischen der X GmbH ...

– nachfolgend kurz Unternehmen genannt –

und

Herrn/Frau ...

– nachfolgend Mitarbeiter/in genannt –

wird folgender Arbeitsvertrag geschlossen:

→ *Arbeitnehmerstatus*, II A 50

§ 1 Beginn des Arbeitsverhältnisses

(1) Der/Die Mitarbeiter/in tritt am ... (Datum) auf unbestimmte Zeit in die Dienste des Unternehmens.

(2) Die Einstellung erfolgt unter der Bedingung, dass der/die Mitarbeiter/in nach dem Ergebnis der Einstellungsuntersuchung durch den Vertrauens-/Betriebsarzt für die geschuldete Tätigkeit geeignet ist.

→ *Arbeitsaufnahme/Beginn des Arbeitsverhältnisses*, II A 60

→ *Befristung des Arbeitsverhältnisses*, II B 10

§ 2 Probezeit

Die ersten drei Monate gelten als Probezeit. Während des ersten Monats kann das Arbeitsverhältnis beiderseits mit einer Frist von einer Woche gekündigt werden, danach mit einer Frist von zwei Wochen/einem Monat zum Schluss eines Kalendermonats.

→ *Kündigungsvereinbarungen*, II K 10

§ 3 Tätigkeit

(1) Herr/Frau ... (Name), der/die Mitarbeiterin, wird eingestellt als ... (Berufsbild; kurze Charakterisierung oder Beschreibung der zu leistenden Tätigkeit). Er/Sie wird mit allen einschlägigen Arbeiten nach näherer Anweisung der Betriebsleitung und seiner/ihrer Vorgesetzten beschäftigt.

(2) Der/Die Mitarbeiter/in verpflichtet sich, die ihm/ihr übertragenen Aufgaben sorgfältig auszuführen.

→ *Direktionsrecht und Tätigkeitsbeschreibung*, II D 30

§ 4 Zuweisung anderer Tätigkeiten/Versetzung

(1) Das Unternehmen ist berechtigt, dem/der Mitarbeiter/in anderweitige seinen/ihren Fähigkeiten entsprechende gleichwertige oder höherwertige Tätigkeiten zu übertragen.

(2) Das Arbeitsverhältnis bezieht sich auf eine Tätigkeit in ... (Ort). Das Unternehmen behält sich vor, den/die Mitarbeiter/in innerhalb des gesamten Unternehmens – auch an einen anderen Ort – (vertretungsweise für die Höchstdauer von ... Monaten/Jahren) im Rahmen des Absatzes 1 zu versetzen, wenn ihm/ihr dies bei Abwägung der betrieblichen und seiner/ihrer persönlichen Belange zuzumuten ist. Außer bei dringenden betrieblichen Notwendigkeiten wird das Unternehmen hierbei eine Ankündigungsfrist beachten, die der vertraglichen oder gesetzlichen Kündigungsfrist des/der Mitarbeiters/in entspricht. Kosten eines von dem Unternehmen angeordneten Wohnsitzwechsels werden dem/der Mitarbeiter/in erstattet.

→ *Direktionsrecht und Tätigkeitsbeschreibung*, II D 30

§ 5 Arbeitszeit

(1) Die regelmäßige Arbeitszeit beträgt nach den zurzeit gültigen tariflichen Bestimmungen ... Stunden wöchentlich. Die Arbeitszeit kann nach Maßgabe des § 3 EMTV Metall NRW im Einvernehmen verlängert werden.

(2) Beginn und Ende der täglichen Arbeitszeit und der Pausen richten sich nach den jeweiligen tariflichen Bestimmungen und den mit dem Betriebsrat abgeschlossenen Vereinbarungen.

(3) Der/Die Mitarbeiter/in ist verpflichtet, aus dringenden betrieblichen Gründen im Rahmen der gesetzlichen Bestimmungen, insbesondere der Mitbestimmung des Betriebsrats gemäß § 87 Abs. 1 BetrVG, Nacht-/Wechselschicht-/Sonntagsarbeit und vorübergehende Mehr- und Überarbeit zu leisten.

→ *Arbeitszeit*, II A 90

§ 6 Vergütung

(1) Aufgrund der zurzeit geltenden Bestimmungen wird der/die Mitarbeiter/in ab dem ... in der Tariflohngruppe ... des Entgelttarifvertrages Metall NRW in der jeweils gültigen Fassung eingruppiert. Die Eingruppierung ist deklaratorisch. Das Tarifentgelt richtet sich nach den für den Bezirk ... geltenden Bestimmungen und berechnet sich wie folgt:
1. Tarifentgelt ... Euro
2. Tarifliche Zulagen ... Euro
3. Übertarifliche Zulage ... Euro (ggf. gemäß Betriebsvereinbarung vom ...)
4. ... ... Euro

(2) Die übertarifliche Zulage kann bei Tariflohnerhöhungen verrechnet werden, und zwar auch rückwirkend, wenn der Tariflohn rückwirkend erhöht wird.

(3) Das Unternehmen gewährt dem/der Mitarbeiter/in vermögenswirksame Leistungen und Altersvorsorge nach den jeweiligen tariflichen Bestimmungen.

(4) Die Zahlung der Vergütung erfolgt bargeldlos.

→ *Arbeitsentgelt*, II A 70

§ 7 Über- und Mehrarbeitsvergütung

(1) Ansprüche auf Freizeitausgleich, Vergütung und Zuschläge für etwaige Mehrarbeit sowie Nacht-, Sonn- und Feiertagsarbeit bestehen nur, wenn die Tätigkeit von dem Unternehmen angeordnet oder genehmigt worden ist.

(2) Der Ausgleich der Mehrarbeit sowie der Nacht-, Sonn- und Feiertagsarbeit erfolgt nach Maßgabe der tariflichen Bestimmungen.

oder:

(2) Zur Abgeltung etwaiger Mehrarbeit erhält der/die Mitarbeiter/in eine monatliche Pauschale in Höhe von ... Euro. Mit dieser Pauschale werden bis zu ... Überstunden im Monat abgegolten. Darüber hinausgehende genehmigte Überstunden werden durch Freizeitgewährung ausgeglichen. Die Pauschalabgeltung kann von beiden Parteien mit einmonatiger Kündigungsfrist gekündigt und die Ablösung durch eine Einzelabrechnung oder die Anpassung der Pauschale verlangt werden, sofern die tatsächlichen Grundlagen der Pauschalabgeltung sich nicht nur geringfügig verändert haben.

→ *Mehrarbeits- und Überstundenvergütung*, II M 20

§ 8 Gratifikation/Rückzahlungsverpflichtung

(1) Der/Die Mitarbeiter/in, dessen/deren Arbeitsverhältnis bis zum Jahresende besteht, erhält über die tariflich vorgesehene Sonderzahlung (vgl. Tarifvertrag über tarifliche Absicherung eines Teiles eines 13. Monatseinkommens in der jeweils gültigen Fassung) hinaus eine Gratifikation in Höhe von ... % des zuletzt bezogenen Monatsgehalts, die mit der Gehaltsabrechnung für November abzurechnen und auszuzahlen ist. Mit der Gratifikation sollen ausschließlich die erbrachte und die zukünftige Betriebstreue honoriert werden. Der Anspruch auf die Gratifikation besteht nur, wenn das Arbeitsverhältnis im Auszahlungszeitpunkt sechs Monate bestanden hat. Ruht das Arbeitsverhältnis ganz oder teilweise gleich aus welchem Rechtsgrund ohne Entgeltfortzahlung, wird die Gratifikation entsprechend anteilig gekürzt.

(2) Der Anspruch auf Gratifikation ist ausgeschlossen, wenn das Arbeitsverhältnis im Zeitpunkt der Auszahlung oder bis zum 31.12. von einem der Vertragsteile gekündigt wird oder infolge Aufhebungsvertrages endet. Dies gilt jedoch nicht, wenn die Kündigung aus betriebsbedingten oder aus personenbedingten, vom/von der Mitarbeiter/in nicht zu vertretenden Gründen erfolgt. Dies gilt sinngemäß für einen Aufhebungsvertrag.

(3) Der/Die Mitarbeiter/in ist verpflichtet, die Gratifikation zurückzuzahlen, wenn er/sie aufgrund eigener Kündigung oder aufgrund außerordentlicher oder verhaltensbedingter Kündigung aus dem Unternehmen aus einem von ihm/ihr zu vertretenden Grund bis zum 31.3. des auf die Auszahlung folgenden Kalenderjahres oder, sofern die Gratifikation eine Monatsvergütung übersteigt, bis zum 30.6. des auf die Auszahlung folgenden Kalenderjahres ausscheidet. Die Rückzahlungsverpflichtung gilt entsprechend, wenn das Arbeitsverhältnis innerhalb des vorgenannten Zeitraumes durch Aufhebungsvertrag beendet wird und Anlass des Aufhebungsvertrages ein Recht zur außerordentlichen oder verhaltensbedingten Kündigung oder ein Aufhebungsbegehren des/der Mitarbeiters/in ist.

→ *Sonderzahlungen*, II S 40

§ 9 Widerrufsvorbehalt

(1) Die Zahlung der Gratifikation (§ 8) erfolgt unter dem Vorbehalt des Widerrufs. Der Widerruf ist aus wirtschaftlichen Gründen möglich.

(2) Die Zahlung der übertariflichen Zulage (§ 6 Abs. 1 Nr. 3) erfolgt unter dem Vorbehalt des Widerrufs. Die Ausübung des Widerrufsrechts kann erfolgen, wenn ein dringendes betriebliches Erfordernis vorliegt, insbesondere wenn der Jahresgewinn des Unternehmens unter … % des Jahresumsatzes sinkt. Dabei ist eine Frist von … Monat(en) einzuhalten. Übersteigt der Jahresgewinn wieder die Grenze von … % des Jahresumsatzes, wird die Zulage wieder gewährt.

→ *Vorbehalte und Teilbefristung*, II V 70

§ 10 Abtretung und Verpfändung des Arbeitseinkommens

Der/Die Mitarbeiter/in darf seine/ihre Vergütungsansprüche an Dritte nur nach vorheriger schriftlicher Zustimmung des Unternehmens verpfänden oder abtreten. Die Zustimmung darf nur aus sachlichen Gründen verweigert werden.

→ *Abtretungsverbote und Lohnpfändung*, II A 10

§ 11 Arbeitsverhinderung/Lohnfortzahlung

(1) Der/Die Mitarbeiter/in ist verpflichtet, jede Arbeitsverhinderung und ihre voraussichtliche Dauer unverzüglich dem Unternehmen anzuzeigen und dabei gleichzeitig auf etwaige dringliche Arbeiten hinzuweisen.

(2) Im Falle der Arbeitsunfähigkeit infolge Krankheit ist der/die Mitarbeiter/in verpflichtet, spätestens am dritten Arbeitstag eine ärztliche Bescheinigung über die Arbeitsunfähigkeit und deren voraussichtliche Dauer vorzulegen. Dauert die Arbeitsunfähigkeit länger als in der Bescheinigung angegeben, ist er/sie verpflichtet, innerhalb von drei Tagen eine neue ärztliche Bescheinigung einzureichen.

(3) Ist der/die Mitarbeiter/in unverschuldet arbeitsunfähig erkrankt, leistet das Unternehmen für die Dauer von … Wochen/Monaten Lohnfortzahlung nach Maßgabe der gesetzlichen und tariflichen Bestimmungen.

→ *Anzeige- und Nachweispflichten*, II A 40

→ *Entgeltfortzahlung*, II E 20

§ 12 Urlaub

Der/Die Mitarbeiter/in erhält einen Erholungsurlaub und ein Urlaubsgeld nach Maßgabe der jeweiligen tariflichen Bestimmungen. Er beträgt zurzeit … Werktage im Kalenderjahr. Der Urlaub wird in Abstimmung mit dem/der Mitarbeiter/in von der Unternehmensleitung festgelegt. Im Übrigen gelten die gesetzlichen Bestimmungen.

→ *Urlaub*, II U 20

§ 13 Rückzahlung zu viel erhaltener Leistungen

Hat der/die Mitarbeiter/in Entgelt oder sonstige Geldleistungen von dem Unternehmen zu viel erhalten, kann er/sie sich auf den Wegfall der Bereicherung nicht berufen, wenn die rechtsgrundlose Überzahlung so offensichtlich war, dass der/die

Mitarbeiter/in dies hätte erkennen müssen, oder wenn die Überzahlung auf Umständen beruhte, die der/die Mitarbeiter/in zu vertreten hat.

→ *Arbeitsentgelt, überzahltes*, II A 80

§ 14 Nebentätigkeit

Jede Nebentätigkeit, gleichgültig ob sie entgeltlich oder unentgeltlich ausgeübt wird, bedarf der vorherigen Zustimmung des Unternehmens. Die Zustimmung wird erteilt, wenn die Nebentätigkeit die Wahrnehmung der dienstlichen Aufgaben zeitlich nicht oder allenfalls unwesentlich behindert und sonstige berechtigte Interessen des Unternehmens nicht beeinträchtigt werden. Das Unternehmen hat die Entscheidung über den Antrag des/der Mitarbeiters/in auf Zustimmung zur Nebentätigkeit innerhalb von vier Wochen nach Eingang des Antrages zu treffen. Wird innerhalb dieser Frist eine Entscheidung nicht gefällt, gilt die Zustimmung als erteilt.

→ *Nebentätigkeit*, II N 10

§ 15 Geheimhaltung

(1) Der/Die Mitarbeiter/in verpflichtet sich, über alle Geschäftsgeheimnisse, insbesondere Herstellungsverfahren, Vertriebswege und dergleichen sowohl während der Dauer des Arbeitsverhältnisses als auch nach seiner Beendigung Stillschweigen zu bewahren. Die Geheimhaltungspflicht erstreckt sich nicht auf solche Kenntnisse, die jedermann zugänglich sind oder deren Weitergabe für das Unternehmen ersichtlich ohne Nachteil ist. Im Zweifelsfalle sind jedoch technische, kaufmännische und persönliche Vorgänge und Verhältnisse, die dem/der Mitarbeiter/in im Zusammenhang mit seiner/ihrer Tätigkeit bekannt werden, als Geschäftsgeheimnisse zu behandeln. In solchen Fällen ist der/die Mitarbeiter/in vor der Offenbarung verpflichtet, eine Weisung der Geschäftsleitung einzuholen, ob eine bestimmte Tatsache vertraulich zu behandeln ist.

(2) Die Schweigepflicht erstreckt sich auch auf Angelegenheiten anderer Unternehmen, mit denen das Unternehmen wirtschaftlich oder organisatorisch verbunden ist.

(3) Sollte die nachvertragliche Verschwiegenheitspflicht den/die Mitarbeiter/in in seinem/ihrem beruflichen Fortkommen unangemessen hindern, hat der/die Mitarbeiter/in gegen das Unternehmen einen Anspruch auf Freistellung von dieser Pflicht.

(4) Die betrieblichen Sicherheitsbestimmungen sind zu beachten. Vertrauliche und geheim zu haltende Schriftstücke, Zeichnungen, Modelle usw. sind unter Verschluss zu halten.

→ *Verschwiegenheitspflicht*, II V 20

§ 16 Haftung

Verursacht der/die Mitarbeiter/in durch eine schuldhafte Pflichtverletzung einen Schaden, so hat er/sie im Falle einfacher Fahrlässigkeit den Schaden zur Hälfte, höchstens jedoch bis zum Betrag einer gewöhnlichen Monatsnettovergütung zu ersetzen. Bei grober Fahrlässigkeit hat der/die Mitarbeiter/in den Schaden voll zu tragen, jedoch der Höhe nach beschränkt auf den dreifachen Betrag der gewöhn-

§ 21 Ausschlussfristen

Für die Geltendmachung beiderseitiger Ansprüche aus dem Arbeitsverhältnis gilt die Verfallklausel nach § 19 EMTV Metall NRW.

→ *Ausschlussfristen*, II A 150

Ort, den ...　　　　　Unterschrift　　　　　Unterschrift

4. Auszug aus dem Einheitlichen Manteltarifvertrag für die Metall- und Elektroindustrie Nordrhein-Westfalen vom 18.12.2003 (EMTV)

§ 1 Geltungsbereich

(...)

§ 2 Beginn des Arbeitsverhältnisses

1. Der Arbeitgeber hat den Beschäftigten spätestens innerhalb eines Monats nach dem vereinbarten Beginn des Arbeitsverhältnisses nach den Bestimmungen des Nachweisgesetzes die wesentlichen Vertragsbedingungen (insbesondere die Art der Tätigkeit, die Entgeltgruppe, das tarifliche Arbeitsentgelt) schriftlich zu bestätigen, wenn den Beschäftigten nicht ein Arbeitsvertrag in Schriftform ausgehändigt worden ist, der die erforderlichen Angaben enthält.

Das Gleiche gilt für Änderungen der nachzuweisenden wesentlichen Vertragsbedingungen.

2. Mit den Beschäftigten kann eine Probezeit von längstens 3 Monaten vereinbart werden.

Im ersten Monat der Probezeit kann das Arbeitsverhältnis mit einer Frist von einer Woche gekündigt werden.

Im zweiten und dritten Monat der Probezeit kann das Arbeitsverhältnis mit einer Frist von zwei Wochen gekündigt werden.

Ist mit dem/der Beschäftigten ein Wettbewerbsverbot vereinbart, so darf er/sie nicht schlechter gestellt sein, als dies in den §§ 74 ff. HGB festgelegt ist.

Protokollnotiz zu § 2:

Die gesetzlichen Schriftformerfordernisse bei einer Befristung oder Beendigung des Arbeitsverhältnisses sind zu beachten.

§ 3 Dauer der regelmäßigen Arbeitszeit/Ausbildungszeit

1. Die tarifliche wöchentliche Arbeitszeit ohne Pausen beträgt 35 Stunden.

Die individuelle regelmäßige wöchentliche Arbeitszeit der in Vollzeit Beschäftigten entspricht grundsätzlich der tariflichen regelmäßigen wöchentlichen Arbeitszeit.

Protokollnotiz 1 zu § 3 Nr. 1:

Die Tarifvertragsparteien stimmen darin überein, dass aus Anlass von Arbeitszeitverkürzungen keine Leistungsverdichtung erfolgen darf, die für die Beschäftigten zu unzumutbaren Belastungen führt. Bei einer Reklamation haben Arbeitgeber und Betriebsrat die Aufgabe, sich mit der Beanstandung zu befassen mit dem Ziel einer innerbetrieblichen Regelung. Die Anrufung der Einigungsstelle entfällt.

Protokollnotiz 2 zu § 3 Nr. 1:

Vollzeitbeschäftigte, die gemäß § 4 Nr. 1 EMTV vom 29.2.1988 eine individuelle regelmäßige wöchentliche Arbeitszeit von über 37 Stunden hatten, behalten diese Arbeitszeit auch nach Inkrafttreten dieses Tarifvertrages bei. Diese Arbeitszeit kann auf Wunsch des Arbeitnehmers mit einer Ankündigungsfrist von 6 Monaten an die tarifliche wöchentliche Arbeitszeit gemäß Nr. 1 angepasst werden, es sei denn, sie wird einvernehmlich früher geändert. Das Arbeitsentgelt wird ebenfalls entsprechend angepasst. § 3 Nr. 3 Abs. 5 kommt zur Anwendung.

2. Die tarifliche regelmäßige wöchentliche Ausbildungszeit ohne Pausen beträgt 35 Stunden.

3. Soll für einzelne Beschäftigte die individuelle regelmäßige wöchentliche Arbeitszeit auf bis zu 40 Stunden verlängert werden, bedarf dies der Zustimmung des/der Beschäftigten.

Lehnen Beschäftigte die Verlängerung ihrer individuellen regelmäßigen wöchentlichen Arbeitszeit ab, so darf ihnen daraus kein Nachteil entstehen.

Bei der Vereinbarung einer solchen Arbeitszeit bis zu 40 Stunden hat der/die Beschäftigte Anspruch auf eine dieser Arbeitszeit entsprechende Bezahlung. Die vereinbarte verlängerte Arbeitszeit kann auf Wunsch des/der Beschäftigten oder Arbeitgebers mit einer Ankündigungsfrist von 3 Monaten geändert werden, es sei denn, sie wird einvernehmlich früher geändert. Das Arbeitsentgelt wird entsprechend angepasst.

Der Arbeitgeber teilt dem Betriebsrat jeweils vierteljährlich die Beschäftigten mit verlängerter individueller regelmäßiger wöchentlicher Arbeitszeit mit, deren Anzahl 18 % aller Beschäftigten und Auszubildenden des Betriebes nicht übersteigen darf.

Die so ermittelte Anzahl der Beschäftigten wird auf alle Beschäftigten des Betriebes verteilt. Ausgenommen hiervon sind die Beschäftigten nach § 1 Nr. 3a) ERA und § 5 Abs. 2 und 3 BetrVG.

Ist eine Vereinbarung über eine verlängerte individuelle regelmäßige wöchentliche Arbeitszeit für einen späteren Zeitpunkt geschlossen worden, ist dies dem Betriebsrat im Voraus mitzuteilen.

4. Teilzeitarbeit liegt vor, wenn die vereinbarte wöchentliche Arbeitszeit kürzer als 35 Stunden ist.

Bei Neueinstellungen soll Teilzeitarbeit sozialversicherungspflichtig (§ 8 Sozialgesetzbuch IV) gestaltet werden. Wünscht der/die Beschäftigte dies nicht oder ist dies aus betriebsorganisatorischen Gründen nicht möglich, ist der/die Beschäftigte auf mögliche sozialversicherungsrechtliche Folgen in Textform (z.B. durch ein Merkblatt) hinzuweisen.

Altersteilzeitarbeit richtet sich ergänzend nach den Bestimmungen des Tarifvertrages zur Altersteilzeit und des Tarifvertrages zur Beschäftigungsbrücke.

5. Wenn keine andere Regelung getroffen wird, beträgt die regelmäßige tägliche Arbeitszeit/Ausbildungszeit bis zu 8 Stunden.

Wird die Arbeitszeit/Ausbildungzeit an einzelnen Kalendertagen regelmäßig verkürzt, so kann die ausfallende Arbeitszeit/Ausbildungszeit auf die übrigen Kalendertage derselben sowie der vorhergehenden oder der folgenden Woche verteilt werden. Dieser Ausgleich ist ferner zulässig, soweit die Art der Tätigkeit eine ungleichmäßige Verteilung der Arbeitszeit erfordert (z.B. Kraftfahrer).

(...)

§ 4 Verteilung der regelmäßigen Arbeitszeit/Ausbildungszeit

1. Die individuelle regelmäßige wöchentliche Arbeitszeit sowie die regelmäßige wöchentliche Ausbildungszeit können gleichmäßig oder ungleichmäßig grundsätzlich auf 5 Werktage von Montag bis Freitag verteilt werden.

Eine davon abweichende Regelung kann nach Maßgabe der betrieblichen Erfordernisse unter angemessener Berücksichtigung der Belange der betroffenen Beschäftigten mit dem Betriebsrat vereinbart werden. Dabei sollen die einzelnen Beschäftigten in der Regel an nicht mehr als 5 Werktagen in der Woche beschäftigt werden.

Die individuelle regelmäßige wöchentliche Arbeitszeit kann auch ungleichmäßig auf mehrere Wochen verteilt werden. Sie muss jedoch im Durchschnitt von längstens sechs Monaten erreicht werden.[1]

Diese Regelungen gelten nicht für die von § 3 Nr. 10 erfassten Beschäftigten sowie für Teilzeitbeschäftigte.

2. Durch Betriebsvereinbarung werden u.a. festgelegt
   a) die Verteilung der individuellen regelmäßigen wöchentlichen Arbeitszeit und regelmäßigen wöchentlichen Ausbildungszeit entsprechend Nr. 1,
   b) Beginn und Ende der regelmäßigen täglichen Arbeitszeit/Ausbildungszeit und der Pausen,
   c) die Regelung der gleichmäßigen oder ungleichmäßigen Verteilung der Arbeitszeit auf mehrere Wochen entsprechend Nr. 1 einschließlich Beginn und Ende der Ausgleichszeiträume,
   d) Schichtpläne,
   e) Lage und eventuelle Zusammenfassung der freien Tage nach Nr. 5, falls diese kollektiv im Voraus und nicht durch Einzelabsprachen geregelt werden,

nach Maßgabe der betrieblichen Erfordernisse und unter angemessener Berücksichtigung der Belange der betroffenen Beschäftigten/Auszubildenden. Hierbei kann für jugendliche Beschäftigte zwischen 16 und 18 Jahren eine Anpassung an die Regelungen für die erwachsenen Beschäftigten erfolgen.

Die Anwesenheitszeit der Auszubildenden darf die der Beschäftigten nicht überschreiten. Dabei dürfen Auszubildende nur in Betrieben oder Abteilungen beschäftigt werden, in denen gleichzeitig Beschäftigte anwesend sind, die die Ausbildung gewährleisten. Dies gilt nicht für Auszubildende, die in geschlossenen Gruppen (z.B. in Ausbildungswerkstätten, Lehrgemeinschaften, im Werksunterricht) unabhängig von nicht in der Ausbildung befindlichen Beschäftigten ausgebildet werden.

3. Durch Betriebsvereinbarung kann infolge Betriebsfeiern, Volksfesten, öffentlichen Veranstaltungen oder aus ähnlichen Anlässen an Werktagen Arbeitszeit/

---

[1] Zum Ausgleichszeitraum siehe auch den Tarifvertrag zur Beschäftigungssicherung.

Ausbildungszeit ausfallen und auf die Werktage von fünf zusammenhängenden, die Ausfalltage einschließenden Wochen verteilt werden. Dasselbe gilt hinsichtlich des Ausfalls von Arbeitszeit/Ausbildungszeit an Werktagen in Verbindung mit Feiertagen, um Beschäftigten/Auszubildenden eine längere zusammenhängende Freizeit zu gewähren.

Vereinbaren Arbeitgeber und Betriebsrat, dass die im Zusammenhang mit Weihnachten und/oder Neujahr ausfallende Arbeitszeit/Ausbildungszeit vorgeholt werden soll, so kann der 5-Wochen-Zeitraum bis zu zwei Wochen vorverlegt werden.

4. Umkleiden, Waschen sowie Pausen im Sinne des Arbeitszeitgesetz (z.B. Frühstücks-, Mittags-, Kaffeepausen) gelten nicht als Arbeitszeit/Ausbildungszeit.

In Dreischichtbetrieben ist den Beschäftigten ausreichend Zeit zum Einnehmen der Mahlzeiten ohne Lohn- oder Gehaltsabzug zu gewähren.

5. Aus Anlass der Neufestlegung der Arbeitszeit wird die Auslastung der betrieblichen Anlagen und Einrichtungen nicht vermindert. Bei einer Differenz zwischen Betriebsnutzungszeit und der Arbeitszeit für die einzelnen Beschäftigten kann der Zeitausgleich auch in Form von freien Tagen erfolgen. Dabei muss zur Vermeidung von Störungen im Betriebsablauf eine möglichst gleichmäßige Anwesenheit der Beschäftigten gewährleistet sein. Bei der Festlegung der freien Tage sind die Wünsche der Beschäftigten zu berücksichtigen. Es dürfen nicht mehr als fünf freie Tage zusammengefasst werden.

Protokollnotiz zu § 4:

In allen Fällen, in denen dieser Vertrag eine Einigung einschließlich Betriebsvereinbarung zwischen Arbeitgeber und Betriebsrat vorsieht, regelt sich die Mitwirkung der Jugend- und Auszubildendenvertretung nach dem Betriebsverfassungsgesetz.

Die Bestimmungen des Berufsbildungsgesetzes, des Jugendarbeitsschutzgesetzes sowie des Arbeitszeitgesetzes usw. sind zu beachten.

§ 5 Mehr-, Spät-, Nacht-, Sonntags- und Feiertagsarbeit/Reisezeit

I. Mehr-, Spät-, Nacht-, Sonntags- und Feiertagsarbeit

1. Mehrarbeit sind die über die nach den §§ 3 und 4 festgelegte individuelle regelmäßige tägliche Arbeitszeit hinaus geleisteten Arbeitsstunden; hierunter fallen nicht die Arbeitsstunden, die im Rahmen des § 4 Nr. 3 außerhalb der regelmäßigen Arbeitszeit zum Ausgleich ausgefallener Arbeitsstunden vor- oder nachgearbeitet werden.

Für Beschäftigte:

Überschreiten Beschäftigte im Einzelfall die nach den §§ 3 und 4 festgelegte tägliche Arbeitszeit geringfügig und im Grenzfall um nicht mehr als eine halbe Stunde, so gilt dies nicht als Mehrarbeit, wenn diese Arbeitszeit im gegenseitigen Einvernehmen auf die regelmäßige Arbeitszeit eines folgenden Arbeitstages angerechnet wird.

Für Auszubildende:

Werden Auszubildende in begründeten Ausnahmefällen nach Vereinbarung mit dem Betriebsrat über die regelmäßige Ausbildungszeit hinaus beschäftigt, so ist hierfür ein entsprechender Freizeitausgleich zu gewähren.

Bei Auszubildenden, die das 18. Lebensjahr vollendet haben, kann unter sinngemäßer Anwendung von § 6 Nr. 2a) und Nr. 4 verfahren werden.

Für Teilzeitbeschäftigte:

Für Teilzeitbeschäftigte ist Mehrarbeit die Arbeitszeit, die über die Dauer der regelmäßigen täglichen Arbeitszeit vergleichbarer Vollzeitbeschäftigter hinausgeht. Sind keine vergleichbaren Vollzeitbeschäftigten vorhanden, ist Mehrarbeit die Arbeitszeit, die über sieben Stunden pro Tag hinausgeht. Daher ist Arbeit an einem sonst für die Teilzeitbeschäftigten arbeitsfreien Tag Mehrarbeit.

Mehrarbeit bis 16 Stunden im Monat kann im einzelnen Fall auch durch bezahlte Freistellung von der Arbeit ausgeglichen werden. Bei mehr als 16 Mehrarbeitsstunden im Monat kann der/die Beschäftigte die Abgeltung durch bezahlte Freistellung von der Arbeit verlangen, soweit dem nicht dringende betriebliche Belange entgegenstehen. Der Freizeitausgleich hat in den folgenden 3 Monaten zu erfolgen; in besonderen Fällen (z.B. Montagen) kann im Einvernehmen von Arbeitgeber und Beschäftigten der Freizeitausgleich innerhalb von sechs Monaten erfolgen.[1]

Mehrarbeitszuschläge sind grundsätzlich in Geld zu vergüten.

2. Spätarbeit ist die in der Zeit von 14.00 Uhr bis 20.00 Uhr geleistete Arbeit, sofern die regelmäßige Arbeitszeit nach 17.00 Uhr endet. Bei Teilzeitbeschäftigung liegt Spätarbeit nur vor, wenn sie in Wechselschicht unter den Voraussetzungen des Satzes 1 geleistet wird.

Beginn und Ende dieser Zeitspanne können durch Betriebsvereinbarung abweichend festgelegt werden.

Werden Auszubildende nach Vereinbarung mit dem Betriebsrat während Spätarbeit ausgebildet, so wird für Spätarbeit unter denselben Voraussetzungen, wie sie für die Beschäftigten gelten, der jeweilige tarifliche Spätarbeitszuschlag gezahlt.

3. Nachtarbeit ist die in der Zeit zwischen 20.00 Uhr und 6.00 Uhr geleistete Arbeit.

Beginn und Ende dieser Zeitspanne können durch Betriebsvereinbarung abweichend festgelegt werden.

4. Sonntags- und Feiertagsarbeit ist die an Sonntagen und gesetzlichen Feiertagen in der Zeit zwischen 6.00 Uhr und 6.00 Uhr des darauf folgenden Werktages geleistete Arbeit.

Beginn und Ende dieser Zeitspanne können durch Betriebsvereinbarung abweichend festgelegt werden.

5. Notwendige Mehr-, Spät-, Nacht-, Sonntags- und Feiertagsarbeit ist zwischen Arbeitgeber und Betriebsrat zu vereinbaren und ist zu leisten, wobei berechtigte Wünsche der Beschäftigten nach Möglichkeit berücksichtigt werden.

Soweit in unvorhergesehenen Bedarfsfällen Beschäftigte zu Mehr-, Spät-, Nacht-, Sonntags- und Feiertagsarbeit herangezogen werden müssen, ist der Betriebsrat nachträglich unverzüglich zu verständigen.

---

[1] Nach § 5 des Tarifvertrages zur Beschäftigungssicherung können die Betriebsparteien ergänzend zu § 5 I Nr. 1 EMTV vereinbaren, dass Mehrarbeitsstunden ganz oder teilweise durch Freizeit ausgeglichen werden, wobei der Mehrarbeitszuschlag regelmäßig entfällt.

6. Im Rahmen der Nr. 5 kann die werktägliche Arbeitszeit auf bis zu zehn Stunden, die wöchentliche Arbeitszeit um bis zu zehn Stunden ausgedehnt werden.

Ausnahmsweise kann für einzelne Beschäftigte oder Gruppen von Beschäftigten ein weiteres Mehrarbeitsvolumen betrieblich vereinbart werden. Dies darf nicht zu dauerhafter Mehrarbeit führen. Eine solche ist möglichst durch Neueinstellungen zu vermeiden.

II. Reisezeit

Bei angeordneten Dienstreisen wird die notwendige Reisezeit, soweit sie die Dauer der individuellen täglichen Arbeitszeit überschreitet, an Arbeitstagen bis zu vier Stunden und an arbeitsfreien Tagen bis zu zwölf Stunden täglich wie Arbeitszeit vergütet, jedoch ohne Zuschläge.

Fallen die angeordnete Dienstreise und die notwendige Reisezeit auf einen Sonntag oder einen gesetzlichen Feiertag, so sind neben der Vergütung die hierfür vorgesehenen Zuschläge zu zahlen. Dies gilt nicht, wenn der/die Beschäftigte Beginn und Ende der Reise selbst bestimmen kann.

Abs. 1 und 2 gelten nicht:
a) für Beschäftigte, die dem Geltungsbereich des Bundesmontagetarifvertrages unterfallen;
b) für Beschäftigte, bei denen die Mehrbeanspruchung durch Reisezeit in den einzelvertraglichen Arbeitsbedingungen entsprechend berücksichtigt ist;
c) bei Benutzung von Schlafwagen und Bezahlung der Bettkarte durch den Arbeitgeber für die Reisezeit zwischen 23.00 Uhr und 6.00 Uhr;
d) für Auslandsreisen.

Von den vorstehenden Reisezeitregelungen kann in einer freiwilligen Betriebsvereinbarung abgewichen werden.

Das auftragsgemäße Führen eines Pkw anlässlich einer Dienstreise gilt als Arbeitszeit.

Der notwendige Mehraufwand bei Dienstreisen ist vom Arbeitgeber zu vergüten.

Für Auszubildende gelten die vorgenannten Regelungen unter Beachtung der Besonderheiten des Berufsausbildungsverhältnisses sinngemäß.

§ 6 Zuschläge für Mehr-, Spät-, Nacht-, Sonntags- und Feiertagsarbeit

1.–4. (...)

5. Für die Vergütung von Mehrarbeit sowie Spät-, Nacht-, Sonntags- und Feiertagsarbeit können Pauschalvergütungen vereinbart werden. Diese hat in Schriftform zu erfolgen. Die Pauschalvergütungen sollen in der Höhe dem Entgelt für die durchschnittlich anfallenden zuschlagspflichtigen Stunden entsprechen. Sie sind bei der Lohn- bzw. Gehaltsabrechnung gesondert auszuweisen.

6. (...)

§ 7 Kurzarbeit

1. Für Beschäftigte kann Kurzarbeit unter den gesetzlichen Voraussetzungen (§§ 169 ff. Sozialgesetzbuch III) eingeführt werden.

2. Die gesetzlichen Mitbestimmungsrechte (§ 87 Betriebsverfassungsgesetz) sind einzuhalten, wobei die vor Einführung der Kurzarbeit abzuschließende Betriebsvereinbarung insbesondere Folgendes regeln muss:
a) Beginn und Dauer der Kurzarbeit (zwischen dem Abschluss der Betriebsvereinbarung und dem Beginn der Kurzarbeit muss ein Zeitraum von einer Woche liegen)
b) Lage und Verteilung
c) Personenkreis.

3. Beschäftigte, deren Arbeitszeit länger als drei zusammenhängende Wochen verkürzt worden ist, können ihr Arbeitsverhältnis mit vierzehntägiger Kündigungsfrist kündigen.

4. Wird Beschäftigten vor Einführung, bei Beginn oder während der Kurzarbeit gekündigt, so haben sie für die Dauer der Kündigungsfrist Anspruch auf das regelmäßige Arbeitsentgelt (berechnet nach § 16), das ihrer individuellen regelmäßigen wöchentlichen Arbeitszeit entspricht.

Werden in diesem Fall die Beschäftigten während der Kündigungsfrist in die Kurzarbeit einbezogen, so haben sie bei Vorliegen der betrieblichen Voraussetzungen für die Gewährung von Kurzarbeitergeld für die Dauer der Kündigungsfrist keinen Anspruch auf Zahlung des vollen Arbeitsentgelts für die Ausfallstunden. Sie haben lediglich gegen den Arbeitgeber Anspruch auf einen Zuschuss zum Kurzarbeitergeld, durch den die Beschäftigten einschließlich des Kurzarbeitergeldes das regelmäßige Arbeitsentgelt entsprechend Abs. 1 erhalten.

Der Anspruch entfällt, wenn die Kündigung aus einem in der Person des/der Beschäftigten liegenden wichtigen Grund erfolgt.

5. Ergänzende freiwillige Betriebsvereinbarungen – auch über eine abweichende Dauer der Ankündigungsfrist – sind zulässig.

§ 8 Freistellung von der Arbeit/Ausbildung

(...)

§ 9 Arbeitsverhinderung/Ausbildungsverhinderung

1. Ist der/die Beschäftigte durch Krankheit oder sonstige unvorhersehbare Ereignisse an der Arbeitsleistung/Ausbildung verhindert, so hat er/sie dem Arbeitgeber unverzüglich Mitteilung zu machen und dabei die Gründe und die voraussichtliche Dauer der Verhinderung anzugeben.

Im Übrigen gelten für die gesetzlichen Anzeige- und Nachweispflichten, insbesondere im Falle der Arbeitsunfähigkeit infolge Krankheit sowie bei Verhinderung durch eine Maßnahme der medizinischen Vorsorge oder Rehabilitation, die Bestimmungen des Entgeltfortzahlungsgesetzes.

Das Ende der Arbeitsunfähigkeit ist auf Verlangen des Arbeitgebers durch Bescheinigung des Arztes oder der Krankenkasse nachzuweisen. Etwa entstehende Kosten trägt der Arbeitgeber.

Vor Wiederaufnahme der Arbeit nach längerer Arbeitsunfähigkeit soll spätestens am Tage vorher dem Arbeitgeber über den Zeitpunkt der Wiederaufnahme der Arbeit Mitteilung gemacht werden.

2. Unabhängig von den jeweiligen gesetzlichen Bestimmungen wird den Beschäftigten in Fällen unverschuldeter, mit Arbeitsunfähigkeit verbundener Krankheit sowie während einer Maßnahme der medizinischen Vorsorge oder Rehabilitation das regelmäßige Arbeitsentgelt vom Beginn des Arbeitsverhältnisses für die Zeit der Arbeitsverhinderung bis zur Dauer von 6 Wochen ungekürzt weitergezahlt.

Das weiterzuzahlende Arbeitsentgelt wird nach § 16 berechnet.

Würde der/die Beschäftigte nach Beginn der Arbeitsunfähigkeit Kurzarbeit leisten, so ist von diesem Zeitpunkt ab die verkürzte Arbeitszeit zu berücksichtigen.

(...)

Protokollnotiz zu § 9 Nr. 2:

Für ausgefallene vereinbarte Mehrarbeit entsteht kein Anspruch auf Entgeltfortzahlung.

§ 10 Ausfall der Arbeit/Ausbildung

(...)

§ 11 Grundsätze der Urlaubsgewährung

(...)

§ 12 Allgemeine Urlaubsbestimmung

(...)

§ 13 Urlaubsdauer

(...)

§ 14 Urlaubsvergütung

(...)

§ 15 Monatsentgelt

(...)

§ 16 Berechnung des weiterzuzahlenden regelmäßigen Arbeitsentgelts/der weiterzuzahlenden regelmäßigen Ausbildungsvergütung

(...)

§ 17 Sonstige Bestimmungen

(...)

§ 18 Entgeltsicherung für ältere Arbeitnehmer

(...)

§ 19 Geltendmachung und Ausschluss von Ansprüchen aus dem Arbeitsverhältnis/Ausbildungsverhältnis

1. Ein Verzicht auf entstandene tarifliche Rechte ist nur in einem von den Tarifvertragsparteien gebilligten Vergleich zulässig. Die Verwirkung von tariflichen Rechten ist ausgeschlossen.

2. Beschäftigte/Auszubildende haben das Recht, Ansprüche aus dem Arbeitsverhältnis/Ausbildungsverhältnis innerhalb folgender Fristen geltend zu machen:
   a) Ansprüche auf Zuschläge für Mehr-, Spät-, Nacht-, Sonntags- und Feiertagsarbeit innerhalb von zwei Monaten nach Erhalt der Abrechnung,
   b) alle übrigen Ansprüche innerhalb von drei Monaten nach ihrer Fälligkeit.

3. Ansprüche des Arbeitgebers/Ausbildenden aus dem Arbeitsverhältnis/Ausbildungsverhältnis sind gegenüber den Beschäftigten/Auszubildenden gemäß den Fristen der Nr. 2 geltend zu machen.

4. Ansprüche, die nicht innerhalb dieser Fristen geltend gemacht werden, sind ausgeschlossen, es sei denn, dass Anspruchsberechtigte trotz Anwendung aller nach Lage der Umstände zuzumutenden Sorgfalt verhindert waren, diese Fristen einzuhalten.

5. Bleibt die Geltendmachung erfolglos, so tritt der Ausschluss nicht ein. Vielmehr gilt dann die dreijährige Verjährungsfrist des § 195 BGB. Sie beginnt mit dem Schluss des Kalenderjahres, in dem der Anspruch entstanden ist.

6. Eine von dem/der Beschäftigten/Auszubildenden unterzeichnete Ausgleichsquittung wird erst wirksam, wenn der/die Beschäftigte/Auszubildende sie nicht dem Arbeitgeber/Ausbildenden gegenüber binnen einer Frist von einer Woche in Schriftform widerruft.

7. Eine Durchschrift dieser Ausgleichsquittung mit einem Hinweis auf das Widerrufsrecht ist dem/der Beschäftigten/Auszubildenden auszuhändigen.

§ 20 Beendigung des Arbeitsverhältnisses

1. Nach Ablauf der Probezeit (§ 2 Nr. 2) beträgt die tarifliche Kündigungsfrist vier Wochen zum Fünfzehnten oder zum Ende eines Kalendermonats.

2. Das Arbeitsverhältnis der Montagezeitarbeiter kann während der ersten sechs Monate der Beschäftigung – auch auf verschiedenen Montagestellen – mit einer Frist von 2 Tagen gekündigt werden. Danach gilt die Kündigungsfrist der Nr. 1, sofern die Montage nicht beendet ist.

3. Kündigt der Arbeitgeber das Arbeitsverhältnis, so beträgt die Kündigungsfrist nach einer Betriebszugehörigkeit von

2 Jahren einen Monat zum Ende eines Kalendermonats,

5 Jahren zwei Monate zum Ende eines Kalendermonats,

8 Jahren drei Monate zum Ende eines Kalendermonats,

10 Jahren vier Monate zum Ende eines Kalendermonats,

12 Jahren fünf Monate zum Ende eines Kalendermonats,

15 Jahren sechs Monate zum Ende eines Kalendermonats,

20 Jahren sieben Monate zum Ende eines Kalendermonats.

Preis | 1885

Bei der Berechnung der Betriebszugehörigkeit werden Zeiten, die vor Vollendung des 25. Lebensjahres liegen, nicht berücksichtigt.

Die Vereinbarung beiderseits geltender längerer Kündigungsfristen durch Einzelarbeitsvertrag ist zulässig.

4. Beschäftigte, die das 55., aber noch nicht das 65. Lebensjahr vollendet haben und dem Betrieb/Unternehmen 10 Jahre angehören, kann nur noch aus wichtigem Grund gekündigt werden.

Dies gilt auch bei Änderungskündigungen im Einzelfall zum Zwecke der Entgeltminderung; nicht jedoch

- bei allen sonstigen Änderungskündigungen oder
- bei Betriebsänderungen, wenn ein anderer zumutbarer Arbeitsplatz nicht vorhanden ist, oder
- bei Zustimmung der Tarifvertragsparteien.

5. Die gesetzlichen Vorschriften über die fristlose Kündigung bleiben unberührt.

6. Während der Kündigungsfrist nach ordentlicher Kündigung durch den Arbeitgeber sowie vor Ablauf eines auf bestimmte Zeit eingegangenen Arbeitsverhältnisses ist dem/der Beschäftigten auf Verlangen ausreichend Zeit zur Bewerbung um eine andere Arbeitsstelle, bis zu insgesamt 8 Arbeitsstunden, zu gewähren. Eine Entgeltminderung darf hierbei nicht erfolgen; die Berechnung erfolgt gemäß § 16.

7. Der/Die Beschäftigte hat bei Beendigung des Arbeitsverhältnisses Anspruch auf Erteilung eines Zeugnisses. Das Zeugnis hat Auskunft über die ausgeübte Tätigkeit zu geben und sich auf Wunsch des/der Beschäftigten auf Führung und Leistung zu erstrecken.

§ 21 Sonderbestimmungen für Auszubildende

(...)

§ 22 Zahlung im Sterbefall an Hinterbliebene

(...)

§ 23 Verfahren bei Streitfällen

(...)

§ 24 Einigungsstelle/Betriebsratslose Betriebe

(...)

§ 25 Schlussbestimmungen

(...)

§ 26 Inkrafttreten und Kündigung

(...)

Stichwortverzeichnis

Fette Zahlen und Buchstaben bezeichnen die Teile und Kapitel,
magere Zahlen die jeweiligen Randzahlen.

Abfindung
- Abwicklungsvertrag **II A 15** 16 ff., 21 f.
- Altersteilzeit **II V 80** 26 ff.
- Arbeitsentgelt **II A 70** 100 ff.
- Aufhebungsvertrag **II A 100** 19 ff., 29 ff., 33, 84 ff., 107, 115, 116 ff., 121
- Fälligkeit **II A 100** 29 ff., 87
- sozialversicherungsrechtliche Aspekte **II A 100** 115 f.
- steuerrechtliche Aspekte **I E** 35; **II A 100** 130 ff.
- Vertragsklausel **II A 100** 84
- Verzichtserklärung **II V 50** 13 f.
- Wettbewerbsverbot **II W 10** 29

Abmahnung
- Abtretungsverbot **II A 10** 14
- Kündigungsgründe **II K 10** 23

Abrufarbeit II A 90 46, 49, 74 ff., 118, 123, 135, 158 ff., 201
- Vertragsmuster **III B 10**

Abtretungsverbot
- bedingtes **II A 10** 32
- Begriff **II A 10** 1 ff.
- Bürgschaft **II A 10** 8
- Darlehen, Kredite **II A 10** 6 ff.
- Grenzen **II A 10** 2, 11, 24 ff.
- Klauseltypen **II A 10** 18 ff.
- Kostenregelung **II A 10** 37 ff.
- Kündigung **II A 10** 13 ff.
- Mehrfachabtretung oder -verpfändung **II A 10** 9
- Sozialrecht **I D** 4; **II A 10** 24
- Vertragsgestaltung **I A** 6 ff., 90; **I B** 13, 45
- Vorausabtretung **II A 10** 26 f.
- Wirkung **II A 10** 18 ff.

Abwicklungsvertrag
- Abfindung **II A 15** 16 ff., 21 f.
- Abgrenzung zum Aufhebungsvertrag **II A 100** 21 f.; **II A 15** 3, 5
- Anfechtung **II A 15** 7
- Aufhebungsvertrag **II A 100** 21 f.; **II A 15** 27
- Ausgleichsklauseln **II A 15** 25 f.

- Form **II A 15** 6
- Freistellung **II A 15** 23
- Inhaltskontrolle **II A 15** 12 f.
- Klageverzicht **II A 15** 10 ff.
- Klauselbeispiel **II A 15** 8 f., 10 f., 14, 16, 21, 23, 25
- Kündigung **II A 15** 11, 22, 30
- Kündigungsschutzklage **II A 15** 14 f.
- Präambel **II A 15** 8
- Regelungsgegenstand **II A 15** 3 f., 10
- Rente **II A 15** 20
- sozialrechtliche Folgen **II A 15** 3 f., 28 ff.
- Sperrzeit **II A 15** 28 f.
- unechter **II A 15** 4
- Urlaubsabgeltung **II A 15** 24
- Verschwiegenheitspflicht **II A 15** 27
- Vertragsgestaltung **II A 15** 8 ff.
- Vorteile **II A 15** 3 f.
- Wettbewerbsverbot **II A 15** 27
- Zeugnisanspruch **II A 15** 27

AGB-Recht s. auch Angemessenheitskontrolle vorformulierter Verträge
- Abwicklungsvertrag **II A 15** 12 f.
- Befristungsabreden **II B 10** 8
- Blue-Pencil-Test **I C** 118 f.
- Einbeziehung von Arbeitsverträgen **I C** 38, 50
- Inhaltskontrolle **I C** 47 ff., 86 ff., 98 ff., 111, 119 ff.
- Jeweiligkeitsklauseln **II J 10** 5 ff.
- Rechtsfolgen bei Unwirksamkeit **I C** 116 ff.
- salvatorische Klauseln **II S 10** 5 ff., 15 ff., 27 ff., 36 ff.
- Schadenspauschalierungsabreden **II S 20** 14 ff.
- Schriftformklauseln **II S 30** 1 ff.
- Sonderzahlung **II S 40** 5 ff., 19a ff., 49 ff., 65, 111
- überraschende Klauseln, § 305c Abs. 1 BGB **I C** 76 ff.
- Unklarheitenregel, § 305c Abs. 2 BGB **I C** 27, 82 f.

1887

- unwirksame Klauseln, § 306 BGB **I C** 116 ff.
- Vertragsgestaltung **I A** 96 ff., 103 ff.; **I B** 3 ff.; **I C** 26 ff.
- Vertragsstrafen **II V 30** 13, 25 f., 34 ff.
- Verweisungsklauseln **II V 40** 31 ff., 40, 71 f., 76 f., 81 ff., 90, 103 f., 111
- Verzicht und Ausgleichsquittung **II V 50** 11 ff.
- Vollständigkeitsklauseln **II V 60** 4 ff.
- Vorbehalt und Teilvereinbarung **II V 70** 7 ff., 14 ff., 42 ff., 74 ff.
- Wettbewerbsverbot **II W 10** 32, 47
- Zielvereinbarungen **II Z 5** 10, 13a f., 17, 22 f.
- Zugangsfiktion **II Z 10** 14 ff., 29 ff.
- Zurückbehaltungsrechte **II Z 20** 34 ff.

Akkordarbeit II D 30 166; **II H 20** 34
All-Klauseln II V 20 34
Altersgrenze
- Abfindung **II A 20** 17
- Altersteilzeit **II A 20** 12, 18
- Arbeitsvertrag **II A 20** 1 f., 35 ff.
- Aufhebungsvertrag **II A 20** 22
- Ausnahmen **II A 20** 28 f.
- Befristung **II A 20** 2, 5 f., 8, 18, 21, 34; **II B 10** 21, 69
- Befristungskontrolle **II A 20** 4 ff., 8, 20, 22, 26
- Berufsfreiheit **II A 20** 4, 7 f., 20
- Bestätigungsvorbehalt **II A 20** 16 f.
- Betriebsvereinbarung **II A 20** 1, 14
- Diskriminierung **II A 20** 1, 5, 9 ff.
- Erwerbsunfähigkeit **II A 20** 30 ff., 34
- Europarecht **II A 20** 1, 9 ff., 38 ff.
- flexible Altersgrenzen **II A 20** 22 ff.
- Grund, sachlicher **II A 20** 5, 8, 20, 26
- Klauseltypen **II A 20** 19 ff.
- Kündigungsgrund, personenbedingter **II A 20** 3
- Kündigungsvereinbarung **II A 20** 21
- Lebensjahr 65 als Grenze **II A 20** 19 ff.
- Rente **II A 20** 3, 5 f., 13, 20, 22 ff.
- Rentenversicherung **II A 20** 5 f., 12 ff., 24 ff.
- selbständige Altersgrenze **II A 20** 26 ff.
- Sozialrecht **II A 20** 3, 12 ff., 19 ff., 38
- Tarifvertrag **II A 20** 1, 2, 6, 35
- TzBfG **II A 20** 2, 5
- Vertragsgestaltung **II A 20** 44 ff.
- Wettbewerbsverbot **II W 10** 79 ff.
- Wiedereinstellungsanspruch **II A 20** 34
- Wirksamkeitsvoraussetzungen **II A 20** 2, 4 ff.
- Zweck **II A 20** 3

Altersteilzeit
- Abfindung **II V 80** 45
- Altersteilzeitvereinbarung **II V 80** 29 ff.
- Änderungskündigung **II V 80** 29
- Arbeitsentgelt **II V 80** 38 ff.
- Arbeitszeit **II V 80** 34 ff.
- Aufstockung **II V 80** 40 f., 49 ff.
- Beendigung der Altersteilzeit **II V 80** 56 ff.
- Beendigung des Arbeitsverhältnisses **II V 80** 11, 56 ff.
- Befristung **II V 80** 60 f.
- betriebliche Altersversorgung **II V 80** 47
- Betriebsvereinbarung **II V 80** 21, 29, 45, 48
- Blockmodell **II V 80** 33, 36, 40, 48, 52
- Bundesagentur für Arbeit **II V 80** 26, 28, 37, 62, 65
- Entgeltfortzahlung im Krankheitsfall **II V 80** 49 f.
- Formerfordernisse **II V 80** 71
- Gratifikationen **II V 80** 42
- Insolvenzsicherung **II V 80** 20, 47 ff.
- Krankengeld **II V 80** 49 ff.
- Kündigung **II V 80** 11, 25, 29, 56, 61
- Lohnsteuer **II V 80** 63 ff.
- Mehrarbeit **II V 80** 43
- Mitteilungspflicht **II V 80** 56
- Nebentätigkeit **II V 80** 52 ff.
- Progressionsvorbehalt **II V 80** 46, 71
- Regelarbeitsentgelt **II V 80** 40 ff.
- Rentenversicherung **II V 80** 26, 41 ff.
- Rückzahlungspflicht **II V 80** 54
- Sozialrecht **II V 80** 3, 8, 55
- Steuerbefreiung **II V 80** 26, 45, 58, 62 ff.
- steuerrechtliche Aspekte **II V 80** 62 ff.
- Störfall **II V 80** 2, 15, 20, 68
- Tarifvertrag **II V 80** 21, 26, 29, 36, 53
- Tätigkeitsbeschreibung **II V 80** 33
- Teilzeitarbeit **II V 80** 26 ff.
- TzBfG **II V 80** 13, 30, 38, 42, 60 f.
- Überstunden **II V 80** 30, 37
- Vertragsgestaltung **II V 80** 25, 28 ff.

– wöchentliche Arbeitszeit **II V 80** 34 f.
– Zweck **II V 80** 2 f., 6, 14 ff.
Altersversorgung
– betriebliche **II V 80** 46 f.; **II A 110** 9; **II V 50** 18, 44
– Entgeltumwandlung **II E 30** 1, 5, 14, 17
– Widerrufsvorbehalt **II V 70** 41
Änderungskündigung
– Arbeitnehmerstatus **II A 50** 31 ff.
– Direktionsrecht **II D 30** 33, 117, 127, 225, 319
Anfechtung
– Abwicklungsvertrag **II A 15** 7
– Aufhebungsvertrag **II A 100** 55 ff.
– Beweislastvereinbarung **II B 30** 27, 37
– Vertragsgestaltung **I B** 21
Angemessenheitskontrolle vorformulierter Verträge s. auch AGB-Recht I C 47 ff.
– Anwendung auf das Arbeitsrecht **I C** 50 ff.
– Anwendungsbereich **I C** 54 ff.
– Besonderheiten des Arbeitsrechts **I C** 89 ff.
– Betriebsvereinbarungen **I C** 58 ff.
– Einbeziehungskontrolle **I C** 75 ff.
– Globalverweisung **I C** 61
– Individualabreden **I C** 55, 84 f.
– Inhaltskontrolle **I C** 93 ff.
– Kontrollfähigkeit **I C** 55 ff.
– Tarifverträge **I C** 58 ff.
– Teilverweisung **I C** 65
– Transparenzgebot **I C** 109
– überraschende Klauseln **I C** 76 ff.
– Unklarheitenregel **I C** 82 f.
Anzeige- und Nachweispflicht
– Arbeitnehmerüberlassung **II A 55** 24, 29
– Arbeitsunfähigkeit **II A 40** 2 ff.
– Attest **II A 40** 4 ff.; **II G 30** 26 ff.
– Betriebsvereinbarung **II A 40** 1
– Ehrenämter **II E 10** 11
– Gesundheitsuntersuchung **II G 30** 1, 17 ff.
– Individualvereinbarung **II A 40** 8
– Klauseltypen **II A 40** 1 ff.
– Krankheit **II A 40** 1, 2 ff., 8, 16
– Nachweisgesetz **II A 150** 5 ff.
– Nebentätigkeit **II N 10** 41 ff.
– strafbare Handlung **II A 40** 1, 14 f.
– Teilzeitarbeit **II T 10** 47 ff.

– Unfall **II A 40** 1
– Veröffentlichungen und Vorträge **II V 10** 19
– Vertragsgestaltung **I A** 32 ff., 63 ff.; **II A 40** 15 f.
– Whistleblowing **II A 40** 14
Arbeitnehmererfindungsgesetz II W 10 28
Arbeitnehmerstatus
– Arbeitszeit **II A 50** 9
– Begriff **II A 50** 1 ff., 9 ff., 26, 38 ff., 42 ff., 44 f.
– Betriebsvereinbarung **II A 50** 26
– Beweislast **II A 50** 24 f., 26
– Dienst- und Werkvertrag **II A 50** 14 ff.
– Ehrenamt **II E 10** 4
– freier Mitarbeiter **II A 50** 14 ff., 21 ff.; **II W 10** 29
– Freistellung **I A** 13; **I B** 52
– Geschäftsführer **II A 50** 10 ff., 44 ff.
– Klauseltypen **II A 50** 13 ff.
– leitender Angestellter **II A 50** 38 ff.
– Privatsphäre des Arbeitnehmers **II A 160** 1 ff. 7 f., 14
– Selbständigkeit **II A 50** 8 ff.
– Sozialversicherung **II A 50** 1, 5, 27 ff.
– Tarifvertrag **II A 50** 26
– Tätigkeitsbeschreibung **II A 50** 43 f.
– Verbrauchereigenschaft **I C** 68 ff., 101
– Vertragsgestaltung **I B** 14 ff., 97 f.; **I C** 105; **II A 50** 3, 10 ff., 22 f., 51 ff.
Arbeitnehmerüberlassung
– Abgrenzung **II A 55** 9 ff.
– Anzeigepflicht **II A 55** 29
– Arbeitnehmerüberlassungsvertrag **II A 55** 5
– Arbeitsort **II A 55** 15, 26
– Arbeitsunfähigkeit **II A 55** 29
– Arbeitszeit **II A 55** 17 f.
– Beendigung **II A 55** 14
– Befristung **II A 55** 15
– Begriff **II A 55** 1 ff.
– Betriebsverfassungsrecht **II A 55** 38
– Bundesagentur für Arbeit **II A 55** 7, 31
– Diskriminierungsverbot **II A 55** 16 ff.
– Entgelt **II A 55** 24; **II A 70** 14
– Entgeltfortzahlung **II A 55** 29
– Entleiher, Rechte **II A 55** 6, 30
– Erlaubnis für Überlassung **II A 55** 7 f., 12, 31, 37
– Fallgruppen **II A 55** 12 f.

– gelegentliche **II A 55** 7
– Gleichbehandlungsgrundsatz **II A 55** 16ff., 33ff.
– Gratifikation **II A 55** 25
– Haftung des Leiharbeitnehmers **II A 55** 30
– Klauselbeispiele **II A 55** 14ff., 17ff., 29ff.
– Krankheit **II A 55** 29
– Kündigung **II A 55** 14
– Leiharbeitnehmer, Pflichten **II A 55** 4
– Merkblatt der Bundesagentur für Arbeit **II A 55** 31
– Nachweisgesetz **II A 55** 15, 24
– Personalbeschaffungsrisiko des Verleihers **II A 55** 5
– Reisekosten **II A 55** 26ff.
– steuerrechtliche Aspekte **II A 55** 28
– Tariffähigkeit **II A 55** 35f.
– Tarifvertrag **II A 55** 33ff.
– Tätigkeit des Leiharbeitnehmers **II A 55** 15
– Überlassungsvertrag **II A 55** 39; **III B** 50ff., 53
– Vergütung **II A 55** 24
– Verleiherpflichten **II A 55** 4, 29, 31
– Verschwiegenheitspflicht **II V 20** 41
– Vertragsgestaltung **II A 55** 32ff.
– Vertragslaufzeit **II A 55** 14ff.
– Vertragsmuster **III B** 53ff.
– Ziel **II A 55** 1
Arbeitsaufnahme
– Bedeutung **I B** 13, 19ff.; **II A 60** 1ff.
– Betriebsrat **II A 60** 3
– Betriebszugehörigkeit **II A 60** 6
– Klauseltypen **II A 60** 5ff.
Arbeitsentgelt
– Abfindung **II A 70** 99ff.
– Abtretungsverbote **I B** 13, 45, 98; **II A 10** 2f., 12ff., 15
– AGB-Recht **II A 70** 8ff.
– Aktienüberlassung **II A 70** 117
– Änderungskündigung **II A 70** 27
– Anspruch **II A 70** 86ff.
– Arbeitnehmerüberlassung **II A 55** 24; **II A 70** 14
– Aufhebungsvertrag **II A 100** 115
– Begriff **II A 70** 1ff.
– Belegschaftsrabatte **II A 70** 117, 150
– Bereitschaftsdienst **II A 70** 2
– Beschäftigung **II A 70** 83
– Betriebsrat **II A 70** 43

– Bruttolohn **II A 70** 94
– Dienstwagen **II A 70** 4
– Dienstwohnung **II A 70** 113f.
– Direktionsrecht **II A 70** 32; **II D 30** 162ff.
– Ehegatten-Arbeitsverhältnis **II A 70** 90
– Ehrenamt **II A 70** 84, 103
– Eingruppierungsklausel, deklaratorische **II A 70** 25ff.
– Eingruppierungsklausel, konstitutive **II A 70** 25ff.
– Entgeltumwandlung **II E 30** 11
– Europarecht **II A 70** 16
– Fälligkeit **II A 70** 125
– Freiwilligkeitsvorbehalt **II A 70** 28
– Führungskräfte **II A 70** 19
– Gehaltsumwandlung **II A 70** 69, 79
– gemischte Tätigkeiten **II A 70** 91
– geringfügige Beschäftigung **II A 70** 95; **II B 20** 2ff., 9ff., 18
– Gewinnbeteiligung **II A 70** 98
– Inhalt **II A 70** 1ff.
– Klauseltypen, allgemeine **II A 70** 17ff.
– Kontrolle **II A 70** 7ff.
– Lohnwucher **II A 70** 14ff.
– Mindestlohn **II A 70** 13ff., 39
– Nachzahlung **II A 70** 108
– Nettolohnanspruch **II A 70** 96; **II A 110** 4
– Prämienlohn **I A** 40; **II A 70** 92; **II H 20** 34
– Probezeit **II A 70** 21f.
– Provision **II A 70** 98
– Reisen **II A 70** 93
– Sachbezüge **II A 70** 4f., 113ff., 149
– Schwarzarbeit **II A 70** 97
– Sittenwidrigkeit **II A 70** 14ff.
– Sonderzahlung **I A** 40, **II A 70** 3
– Sozialversicherung **II A 70** 83ff.
– Tarifvertrag **II A 70** 10ff., 20, 23ff.
– Teilbefristung **II V 70** 91ff.
– Transparenzgebot **II A 70** 8f.
– Verschwiegenheitspflicht **II V 20** 35ff.
– Vertragsfreiheit **II A 70** 6
– Vertragsgestaltung **I A** 14; **I B** 13, 29ff.; **I C** 18, 111ff.
– Verweisungsklauseln **I A** 44ff.; **II A 70** 12, 23; **II V 40** 27, 38, 42, 65
– Weihnachtsgeld **II A 70** 106

– Widerrufsvorbehalt **II A 70** 28;
  II V 70 2 f.
– Zahlungsmodalitäten **II A 70** 17
– Zeitlohn **II D 30** 185, 187 f., 190, 193
– Zielvereinbarungen **II Z 5** 6 f., 14 f.,
  28, 31 ff.
– Zufluss **II A 70** 86 ff.
– Zulagen **I B** 32 f.; **II A 70** 28 f.
Arbeitsentgelt, leistungs- und erfolgsbezogenes II A 70 33 ff.
– Akkordrichtsatz **II A 70** 37
– Akkordvergütung **II A 70** 35 ff.
– Aktienoptionen **II A 70** 70 ff.
– Annahmeverzug **II A 70** 40
– Arbeitsausfall **II A 70** 40 f.
– Arbeitsvertrag **II A 70** 36, 38, 41
– Basispreis **II A 70** 71
– Begriff **II A 70** 33 ff.
– Belegschaftsaktie **II A 70** 64 ff.
– Berufsfreiheit **II A 70** 76
– Betriebsrat **II A 70** 43 f., 57, 69, 79
– Betriebsvereinbarung **II A 70** 38
– Bindungsklausel **II A 70** 68
– BUrlG **II A 70** 41, 55
– EFZG **II A 70** 41
– Fahrpersonal **II A 70** 35
– Geldakkord **II A 70** 36
– Genussrechtsverhältnis **II A 70** 81
– Gewinnbeteiligung **II A 70** 59 ff.
– Jugendliche **II A 70** 35
– Klauselbeispiele **II A 70** 34 ff.
– Leistungsanreiz **II A 70** 33
– Mindestlohngarantie **II A 70** 39
– MuSchG **II A 70** 35
– partiarisches Darlehen **II A 70** 81
– Phantomaktie **II A 70** 82
– Prämien **II A 70** 44, 92
– Provision **II A 70** 47 ff., 92
– Sittenwidrigkeit **II A 70** 49, 62, 68, 76
– steuerpflichtiger Zufluss **II A 70** 80
– stille Gesellschaft **II A 70** 81
– Stock Appreciation Rights **II A 70** 82
– Tarifvertrag **II A 70** 37 f.
– Umsatzbeteiligung **II A 70** 63
– Veräußerungssperren **II A 70** 68
– Vorschuss **II A 70** 52
– VorstAG **II A 70** 70
– Zeitakkord **II A 70** 36
Arbeitsentgelt, überzahltes
– Abbedingung des § 818 Abs. 3 BGB
  II A 80 9 ff., 19
– AGB-Recht **II A 80** 19, 24

– Angemessenheitsbewertung **II A 80**
  14 f., 19
– Anscheinsbeweis **II A 80** 5 f.
– Aufrechnung **II A 80** 31, 33
– Ausschlussfrist **II A 80** 21 ff., 33
– Beamtenrecht **II A 80** 7, 17
– Bereicherungsrecht **II A 80** 1 ff., 8 ff.,
  16 ff.
– Betriebsrat **II A 80** 30
– Beweislast **II A 80** 5 f.
– Entgeltfortzahlung **II A 80** 1
– Entreicherung **II A 80** 4 ff., 8
– gutgläubiger Empfänger **II A 80** 2, 11,
  14
– Herausgabe des Erlangten **II A 80** 2
– Interessenausgleich **II A 80** 3, 7, 30
– irrtümliche Überzahlung **II A 80** 1 ff.,
  8 ff., 16 ff., 21
– Kenntnis **II A 80** 2, 11, 14 f., 17 f.,
  25 ff.
– Nebenpflicht **II A 80** 12, 25
– Ratenvereinbarung **II A 80** 29 f., 33
– Risikoverteilung **II A 80** 3, 13 f., 19,
  26
– Rückzahlungspflicht, begrenzte
  II A 80 16 ff.
– Rückzahlungspflicht, bei Wahrung
  der Ausschlussfrist **II A 80** 21 ff.
– Rückzahlungspflicht, unbegrenzte
  II A 80 8 ff.
– Sonderleistung **II A 80** 1, 15
– Sozialversicherung **II A 80** 20
– Treu und Glauben **II A 80** 2, 14, 19,
  25
– Treuepflicht **II A 80** 1, 25
– Verjährung **II A 80** 28
– Verschuldensmaßstab **II A 80** 11 ff.,
  17 ff.
– Vertragsgestaltung **II A 80** 32 f.
– Vertragsklauseln **II A 80** 8 ff.
– Vertrauensschutz **II A 80** 15, 17
Arbeitsmittel II H 40 4 f., 6 ff., 20
Arbeitsorganisation II A 60 9
Arbeitsort II D 30 100 ff., 240 ff.
– Arbeitnehmerüberlassung **II A 55** 15,
  26
– Gerichtsstand **II G 20** 3, 19
Arbeitspapiere II H 40 2, 22, 25
Arbeitsplatzrisiko I B 71; **II D 30** 270
Arbeitsunfähigkeit II A 40 4 ff.; **II A 55**
  29; **II G 30** 13, 26 ff., 33, 36, 40, 46
Arbeitsvertrag
– Arbeitnehmerstatus **II A 50** 4, 9, 28

- Arbeitsort **II D 30** 100 ff., 240 ff.
- Arbeitszeit **II A 90** 1, 4, 5, 9, 14 f., 22 ff., 31, 38, 40 f., 43, 45 ff., 66 ff., 72 ff., 82, 89, 92 f., 106 ff., 117 ff., 134
- befristeter **II A 50** 28
- Beweislastvereinbarung **II B 30** 30
- Direktionsrecht **II D 30** 36 f., 59, 63, 68, 78, 86, 89, 106, 125, 138, 154 f., 162, 172, 185, 192, 198, 201, 204, 208, 218, 248, 257
- Funktionen **I A** 15 ff., 21 ff., 25 ff.
- Globalpflichten **II A 160** 20
- Individualarbeitsvertrag **I A** 99 ff.; **II S 10** 4
- Konzernversetzungsklausel **II D 30** 249 ff.
- Vertragsbruch **II H 20** 41 f.; **II S 20** 5

Arbeitsverweigerung II D 30 89 ff.

Arbeitszeit
- Abrufarbeit **II A 90** 49, 75, 123, 135, 158 ff.
- Altersteilzeit **II A 30** 9 ff.
- Änderungskündigung **II A 90** 26, 45, 53 f., 81
- Angemessenheitskontrolle **II A 90** 48 ff., 140, 153, 170 ff.
- Annahmeverzug **II A 90** 127
- Arbeitnehmerüberlassung **II A 55** 17 f.
- Arbeitsbereitschaft **II A 90** 6, 83 f.
- Arbeitsvertrag **II A 90** 1, 4 ff., 22 ff., 31 ff., 44 ff., 79 ff., 99 ff.
- Arbeitszeitgesetz **II A 90** 1 ff., 17 ff., 34 ff., 72, 98, 107, 117, 141 f., 153
- Aushilfsarbeitsverhältnis **II A 90** 102 f.
- Auslegung **II A 90** 9, 95, 100 ff.
- Außendienstmitarbeiter **II A 90** 152 ff.
- Bandbreitenregelung **II A 90** 46, 65 ff.
- Befristung **I A** 37
- Begriff **II A 90** 1 ff.
- Bereitschaftsdienst **II A 90** 6, 20, 83 ff.
- Beschäftigungsförderungsgesetz **II A 90** 54
- Betriebsrat **II A 90** 12, 19, 39, 73, 80, 104, 109, 121, 135, 142, 148, 151
- Betriebsvereinbarung **II A 90** 1, 8, 14, 20 ff., 38, 80
- Dauer **II A 90** 1, 3 f., 5, 6 ff., 22 ff., 31 ff., 43 ff., 62 ff., 79 ff., 85 ff., 91 ff., 139 ff., 153 ff.
- Dienstreise **II A 90** 40 ff.
- Direktionsrecht **II A 90** 15, 31, 45, 79, 86, 91, 104 ff., 116, 124, 137 ff., 144, 149, 152, 157; **II D 30** 113 ff., 275
- feste Arbeitszeitmodelle **II A 90** 1, 5 ff., 175 ff.
- Flexibilisierung **II A 90** 26, 46 ff., 76, 123, 158 ff.
- Freischichtmodell **II A 90** 145 ff.
- Führungskräfte **II A 90** 97 f., 116
- Gleitzeit **II A 90** 109 ff., 120.
- Günstigkeitsprinzip **II A 90** 24 ff.
- Höchstarbeitszeit **II A 90** 1, 7 f., 11, 68, 91 ff.; **II M 20** 8, 10
- Inhaltskontrolle **II A 90** 4a ff., 22, 46 ff., 103b, 169
- Jahresarbeitszeit **II A 90** 121
- Jahresarbeitszeitvertrag **II A 90** 117 ff.
- Jobsharing **II A 90** 149 ff.
- Jugendliche **II A 90** 1, 107
- KAPOVAZ **II A 90** 114, 122 ff., 134, 139 ff., 158
- Kernarbeitszeit **II A 90** 111 ff.
- Klauseltypen **II A 90** 5 ff., 30 ff., 43, 62, 90, 94, 109, 130, 139 f. 149 ff.
- Kurzarbeit **II A 90** 53, 74, 79 ff., 165
- kurze tägliche Arbeitszeit **II A 90** 30 ff., 85 ff.
- Lage **II A 90** 1, 3 f., 5, 13 ff., 22 ff., 62 ff., 104 ff., 154 ff.; **II T 10** 52, 54
- Mehrarbeit **II A 90** 68 ff., 96, 98
- Mindestarbeitszeit **II A 90** 31 ff., 44, 76, 90 ff., 103, 135, 154, 161
- Mitbestimmungsrecht **II A 90** 12, 19, 39, 80, 94, 104, 109, 135 ff., 142, 148
- Nachtarbeit **II A 90** 34 ff.
- Nebentätigkeit **II N 10** 11
- Rahmenvereinbarung **II A 90** 154
- Rechtsfolgen **II A 90** 56 ff.
- rollierendes System **II A 90** 145 ff.
- Rufbereitschaft **II A 90** 83 ff.
- Ruhepausen **II A 90** 16 ff.
- Ruhezeiten **II A 90** 20, 83
- Schichtarbeit **II A 90** 141 ff.
- Schwerbehinderte **II A 90** 37
- Sonn- und Feiertagsarbeit **II A 90** 38 f.
- sozialrechtliche Aspekte s. Arbeitszeit, sozialrechtliche Aspekte
- Tarifvertrag **II A 90** 1, 8, 10, 14, 20 ff., 38 ff., 53 ff., 65 ff., 71 ff., 79, 134, 146

- Teilzeitarbeit **II A 90** 10, 22, 74 ff., 117
- TzBfG **II A 90** 10, 22, 31 ff., 46 ff., 54 ff., 74 ff., 77 ff., 85 ff., 92 ff., 101 ff., 139, 149 f.
- Überstunden **II A 90** 68 ff., 78, 96, 98
- Umkleidezeit **II A 90** 41 ff.
- variable **II A 90** 1 ff., 44 ff., 113 ff., 199 ff.
- Vergütung **II A 90** 16, 20, 40, 43 ff., 62 ff., 79, 88, 119
- Vertragsänderung **II A 90** 26
- Vertragsgestaltung **I B** 13, 28; **II A 90** 22 ff., 61
- Verweisungsklauseln **II A 90** 22 ff., 27 f.
- Waschzeiten **II A 90** 41
- Wegezeiten **II A 90** 40 ff.
- Widerrufsvorbehalt **II A 90** 48
- zweiseitige Bestimmungsbefugnis **II A 90** 99 ff.

Arbeitszeit, sozialrechtliche Aspekte II A 90 174 ff.
- Arbeitslosenversicherung **II A 90** 176 f., 181 f., 203
- Beitragspflicht **II A 90** 176 ff., 187, 204
- Beschäftigungskontinuität **II A 90** 178
- diskontinuierliche Arbeitspflicht **II A 90** 179 ff., 199
- Einmalzahlung **II A 90** 207
- Entgeltkontinuität **II A 90** 178
- feste Arbeitszeitmodelle **II A 90** 175 ff.
- Flexi-Gesetz **II A 90** 174, 178, 180, 186, 189 ff., 194 ff., 199, 202
- Freistellungsphasen **II A 90** 178, 183, 186, 192, 198, 200 f.
- geringfügige Beschäftigung **II A 90** 207 f.
- Krankenversicherung **II A 90** 184
- Mutterschaftsgeld **II A 90** 185
- Rentenversicherung **II A 90** 183
- Schriftformerfordernis **II A 90** 196, 200, 206
- variable Arbeitszeitmodelle **II A 90** 199 ff.
- Versicherungspflicht **II A 90** 176 ff., 183 ff., 203 ff.

Auffangklauseln s. Salvatorische Klauseln

Aufhebungsvertrag
- Abfindung **II A 100** 29 ff., 33, 84 ff., 107, 115, 116 ff., 121
- Abgrenzung **II A 100** 19 ff.
- Abwicklungsvertrag **II A 100** 21 f.; **II A 15** 1, 5, 25, 27
- ältere Arbeitnehmer **II A 100** 128
- Anfechtung **II A 100** 55 ff.
- Arbeitslosengeld **II A 100** 116 ff.; **II W 10** 63
- Arbeitspflicht **II A 100** 89 f.
- Arbeitsuchendmeldung **II A 100** 10, 109 ff.
- Aufklärungspflicht des Arbeitgebers **II A 100** 5 ff., 109 ff.
- Ausbildungskosten **II A 100** 98
- Ausgleichsklausel **II A 100** 99 ff.
- Ausgleichsquittung **II A 100** 99 ff.
- Ausländer **II A 100** 14
- Auslegung **II A 100** 101
- Bedingung, aufschiebende **II A 100** 28, 81 ff.
- Beendigung des Arbeitsverhältnisses **II A 100** 13, 74 ff.
- Beendigung des Beschäftigungsverhältnisses **II A 100** 113 f.
- Befristung **II A 100** 78 ff., 127; **II B 10** 2, 67
- Begriff **II A 100** 1
- Beratungspflichten **II A 100** 5
- Beteiligungsrechte **II A 100** 25 ff.
- betriebliche Altersversorgung **II A 100** 4, 104
- Betriebsrat **II A 100** 25 ff.
- Betriebsübergang **II A 100** 42 ff.
- Bundesagentur für Arbeit **II A 100** 113 ff.
- Diskriminierungsverbote **II A 100** 13
- Drohung, widerrechtliche **II A 100** 64 ff.
- Eheschließung **II A 100** 123 f.
- Erledigungsklausel **II A 100** 99 ff.
- Fälligkeit der Abfindung **II A 100** 29 ff., 87
- Form **II A 100** 16 ff.
- Freistellung des Arbeitnehmers **II A 100** 90, 93, 113 f.
- Fürsorgepflicht **II A 100** 5 ff., 109 ff.
- Geschäftsfähigkeit, fehlende **II A 100** 38 f.

- Geschäftsgrundlage, Störung **II A 100** 28, 72 f.
- Gleichbehandlung **II A 100** 86
- Gratifikationsanspruch **II A 100** 94 f.
- Hinweispflichten **II A 100** 5 ff., 109 ff.
- Informationsrechte **II A 100** 5 ff., 109 ff.
- Inhaltskontrolle **II A 100** 75, 85, 100 ff.
- Irrtum **II A 100** 56 ff.
- Klauseltypen **II A 100** 74 ff., 84 ff., 89 ff., 94 f., 96, 97 f., 99 ff., 108 ff., 112
- Kündigung **II A 100** 2, 15, 19, 41
- Kündigungsfristen **II A 100** 2, 74, 77, 117
- Kündigungsgrund **II A 100** 2
- leitender Angestellter **II A 100** 27
- Massenentlassung **II A 100** 26, 50 f.
- Mitbestimmung **II A 100** 25 ff.
- Motive **II A 100** 2 ff.
- Nachteile **II A 100** 4
- Nichtigkeit **II A 100** 36 ff.
- Öffentlicher Dienst **II A 100** 40
- Rücktritt **II A 100** 70 ff.
- Rückzahlungsklausel **II A 100** 94 ff.
- Schadensersatz **II A 100** 10 ff., 110
- Schriftform **II A 100** 16 ff.
- Sittenwidrigkeit **II A 100** 46 ff.
- Sonderzahlung **II S 40** 54 f., 56 f., 88
- sozialrechtliche Konsequenzen **II A 100** 6, 113 ff.
- Sperrzeit **II A 100** 119 ff.
- steuerrechtliche Konsequenzen **II A 100** 6
- Störung der Geschäftsgrundlage **II A 100** 28, 72 f.
- Täuschung, arglistige **II A 100** 60 ff.
- Umdeutung **II A 100** 15
- Umzugskostenerstattung **II U 10** 39
- Unmöglichkeit **II A 100** 28
- Urlaubsabgeltung **II A 100** 92
- Urlaubsabreden **II A 100** 91 f.
- Vergleich **II A 100** 23 f.
- Verhandlung **II A 100** 5 ff., 109 ff.
- Verschwiegenheitspflicht **II A 100** 98
- Vertragsfreiheit **II A 100** 1
- Vertragsgestaltung **I C** 36 f., 82; **II A 100** 74 ff.
- Vertragsstrafe **II A 100** 3
- Verzichtsklausel **II A 100** 99 ff.; **II V 50** 15 ff., 45 ff.
- Verzögerung der Leistung **II A 100** 32 ff.
- Vorbereitung **II A 100** 5 ff., 109 ff.
- vorformulierte Verträge **II A 100** 74 ff.
- Vorteile **II A 100** 2 ff.
- Wettbewerbsverbot **II A 100** 98
- wichtiger Grund **II A 100** 120 ff.
- Widerrufsrecht **II A 100** 47, 52 ff., 112
- Zeugnisanspruch **II A 100** 97; **II A 15** 27

Aufrechnung
- Abfindung **II A 110** 11
- Abtretungsverbot **II A 110** 6 ff., 8, 23
- Anrechnung **II A 110** 2
- Ausschluss **II A 110** 3 f., 13 ff., 18 ff., 20a ff.
- Begriff **II A 110** 1 ff.
- Betriebsvereinbarung **II A 110** 15
- Haftung des Arbeitnehmers **II H 20** 36 ff.
- Pfändung **II A 110** 8 ff., 38
- steuerrechtliche Aspekte **II A 110** 29 ff.
- Tarifvertrag **II A 110** 3, 5, 15
- Truckverbot **II A 110** 12
- Vertragsgestaltung **II A 110** 22 ff., 36 ff.
- Vertragsstrafen **II V 30** 91 ff.
- Werkwohnung **II A 110** 26
- Zurückbehaltungsrecht **II A 110** 3; **II Z 20** 20, 27

Aufwendungsersatz
- Ausschluss und Abgeltung **II A 115** 11 f.
- Begriff **II A 115** 1
- Beiträge zur Berufshaftpflichtversicherung **II A 115** 21
- Betriebsratstätigkeit **II A 115** 10
- Bußgelder **II A 115** 23 f.
- Dienstreise **II A 115** 3, 12; **II D 15** 7
- Dienstwagen **II A 115** 3, 12; **II D 20** 12
- Geldstrafen **II A 115** 23 f.
- Heimarbeit **II A 115** 17 f.
- Klauseltypen **II A 115** 4 ff.
- Leiharbeit **II A 115** 15 f.
- Pauschalierung **II A 115** 13 f.
- Rechtsgrundlage **II A 115** 1
- Schutzbekleidung **II A 115** 19 f.
- sozialrechtliche Behandlung **II A 115** 25
- steuerrechtliche Aspekte **II A 115** 26

- Voraussetzungen **II A 115** 6f., 21f.
- Vorschuss **II A 115** 8
- Vorstellungskosten **II A 115** 2

Ausbildungskosten
- Aufbaulehrgang **II A 120** 24ff.
- Aus- und Fortbildungsverträge **II A 120** 4f.
- Begriff **II A 120** 1ff.
- Beweislast **II A 120** 35f.
- Bindung des Arbeitnehmers **II A 120** 38ff.
- Bundesbildungsgesetz **II A 120** 12ff.
- Fortbildungsseminare **II A 120** 26ff., 51ff.
- Herausgabeansprüche **II H 40** 1ff., 6ff.
- Hochschulstudium **II A 120** 27
- Inhaltskontrolle **II A 120** 17ff., 37ff.
- Klauseltypen **II A 120** 4ff.
- öffentlicher Dienst **II A 120** 62f.
- Qualifikationsnachweis **II A 120** 24ff.
- Rückzahlungsklauseln **II A 120** 6ff., 12ff., 17f., 19ff., 38ff., 43ff.
- salvatorische Klauseln **II S 10** 19
- Sozialversicherung **II A 120** 15
- steuerrechtliche Aspekte **II A 120** 67ff.
- Studium **II A 120** 49a f., 58a
- Stundung **II A 120** 65
- Tarifvertrag **II A 120** 16
- Trainee-Programme **II A 20** 33a ff.
- Treu und Glauben **II A 120** 17f., 54, 60
- Umzugskostenerstattung **II U 10** 5, 20f.
- Vergütung **II A 120** 54
- Vertragsgestaltung **I B** 42; **I C** 107, 115; **II A 120** 78f.
- Vertragsstrafen **II A 120** 79; **II V 30** 14f., 49ff.

Ausgleichsklauseln II A 100 91f., 99ff.; **II A 15** 25f.; **II V 50** 15ff.

Ausgleichsquittung s. Verzicht und Ausgleichsquittung

Aushilfsarbeitsverhältnis
- Arbeitszeit **II A 90** 102f.
- Befristung **II B 10** 41
- Vertragsgestaltung **I B 13**, 15f.

Auslandstätigkeit II A 140 1ff.
- Abfindung **II A 140** 12, 47
- anwendbares Recht **II A 140** 4ff., 34ff.
- Arbeitnehmerschutz **II A 140** 9f.
- Arbeitsvertragsrecht **II A 140** 5ff.
- Arbeitsvertragsstatut **II A 140** 25, 38
- Arbeitszeit **II A 140** 25
- Ausbildungskosten **II A 140** 28
- Auslandszulage **II A 140** 19, 23
- Beitragspflicht **II A 140** 20
- betriebliche Altersversorgung **II A 140** 19f., 42
- Betriebsverfassungsrecht **II A 140** 17
- Billigkeitskontrolle **II A 140** 27
- Direktionsrecht **II A 140** 3, 17, 22, 27, 31, 40, 44; **II D 30** 110
- EGBGB **II A 140** 5ff., 18, 34f.
- Entgeltfortzahlung **II A 140** 25, 38
- Entsenderichtlinie **II A 140** 14, 25
- Entsendung **II A 140** 1, 3ff.
- Entsendung, vorübergehende **II A 140** 7, 18f., 29
- Fürsorgepflicht **II A 140** 26, 29
- Gerichtsstandsvereinbarung **II A 140** 21
- Günstigkeitsprinzip **II A 140** 7, 9, 34ff.
- Individualvereinbarung **II A 140** 3, 16, 23f., 27, 37
- IPR **II A 140** 5ff.
- Konzernbesetzungsklausel **II A 140** 44
- Kündigung **II A 140** 10, 27ff., 31f. 35, 40, 44ff.
- Kündigungsrecht **II A 140** 9f., 16
- Mitbestimmungsrecht **II A 140** 17
- Nachweisgesetz **II A 140** 2, 22f., 25, 30, 41ff.
- ordre public **II A 140** 12
- Privatautonomie **II A 140** 6
- Rechtswahl **II A 140** 6ff., 13ff., 18, 34ff.
- Reisekosten **II A 140** 26, 28f., 43f.
- Rom-I-VO **II A 140** 5ff., 18, 34f.
- Rückkehrklausel **II A 140** 31f., 45f.
- Rückkehrkosten **II A 140** 28ff., 44
- Rückruf **II A 140** 17, 27ff., 36, 44
- Rumpfarbeitsverhältnis **II A 140** 35, 40f.
- Sozialversicherung **II A 140** 8, 22, 25, 48ff.
- steuerrechtliche Aspekte **II A 140** 48ff., 67ff.
- Tarifvertrag **II A 140** 18, 24, 36
- Territorialitätsprinzip **II A 140** 17, 48
- Umzugskosten **II A 140** 28, 43

- Urlaub **II A 140** 14, 25, 38, 43
- Vergütung **II A 140** 23 f., 37, 42
- Versetzung **II A 140** 1, 17, 27, 33 ff., 42
- Vertragsschluss **II A 140** 7
- Währung **II A 140** 2, 23 f., 42

Ausschlussfristen
- Auslegung **II A 150** 37 ff.
- Beendigung des Arbeitsverhältnisses **II A 150** 1, 41, 46
- Begriff **II A 150** 1 ff., 34 ff.
- Betriebsvereinbarung **II A 150** 29 ff.
- gerichtliche Geltendmachung **II A 150** 17, 47 ff.
- Grenzen **II A 150** 25 ff.
- Inhaltskontrolle **I C** 80; **II A 150** 11 ff., 44
- Klauseltypen **II A 150** 34 ff.
- Nachweispflicht nach dem NachwG **I A** 28 ff.; **II A 150** 5 ff.
- Tarifvertrag **II A 150** 3, 4 f., 26 ff., 34 ff.
- Treu und Glauben **II A 150** 43
- überraschende Klauseln **II A 150** 13 ff.
- Unklarheitenregel **II A 150** 15
- Vertragsgestaltung **I A** 10; **I B** 57 ff.; **I C** 18, 39, 80, 106, 108; **II A 150** 51 ff.
- Wettbewerbsverbot **II W 10** 69
- Wirksamkeit **II A 150** 44 ff.
- zweistufige **II A 150** 45 ff., 53

Außendienst I B 64

Außerdienstliches Verhalten
- Anschwärzung **II A 160** 21 ff.
- Bedeutung **II A 160** 1 ff., 12
- Direktionsrecht **II A 160** 16
- Freizeitaktivitäten **II A 160** 12
- Inhaltskontrolle **II A 160** 13
- Kirche **II A 160** 10
- Klauseltypen **II A 160** 6 ff.
- Kündigung **II A 160** 21
- Loyalitätspflichten **II A 160** 27 ff.
- Nebentätigkeit **II A 160** 1
- Privatsphäre **II A 160** 4, 7 ff., 11, 13
- ständige Erreichbarkeit **II A 160** 8a
- Tendenzbetriebe **II A 160** 19 f.
- Verbotsklauseln **II A 160** 18
- Vertragsgestaltung **II A 160** 27

Auszubildende
- Entgeltumwandlung **II E 30** 3
- Verschwiegenheitspflicht **II V 20** 15

Beendigung des Arbeitsverhältnisses
s. auch Aufhebungsvertrag
- Altersgrenze **I B** 53, 72; **I C** 18
- Arbeitnehmerüberlassung **II A 55** 14
- Aufhebungsvertrag **II A 100** 1 ff., 74 ff.
- Ausbildungskosten **II A 120** 47 ff.
- Sonderzahlungen **II S 40** 36 ff., 39, 49 ff., 53 ff., 57 ff., 91, 107 ff.
- Urlaubsabreden **II U 20** 47 ff.
- Vertragsgestaltung **I B** 47 ff., 72; **I C** 18, 35
- Wettbewerbsverbot **II W 10** 29, 47, 52 f., 66, 92 f.
- Zielvereinbarungen **II Z 5** 19 f., 28 f.

Befristung
- AGB-Recht **II B 10** 11
- ältere Arbeitnehmer **II B 10** 13, 15, 96, 156
- Altersgrenze **I A** 88; **II A 20** 4 ff., 35 f.; **II B 10** 21, 69
- Änderungskündigung **II B 10** 67
- Anschluss an Ausbildung **II B 10** 42 ff.
- Arbeitnehmerüberlassung **II A 55** 15
- Arbeitsbeschaffungsmaßnahme **II B 10** 72 ff.
- Aufhebungsvertrag **II A 100** 78 ff., 127; **II B 10** 40 f., 67
- auflösende Bedingung **II B 10** 145, 185
- Aushilfsarbeitsverhältnis **II B 10** 36
- Auslauftatbestand **II B 10** 39
- Bedeutung **II B 10** 1 ff.
- Befristungskontrolle **II B 10** 9, 17, 35, 66, 142, 162
- Bestimmtheitsgrundsatz **II B 10** 113, 139, 147, 176
- Beweislast **II B 10** 84 ff.
- Direktionsrecht **II B 10** 49
- Diskriminierungsverbot **II B 10** 8 f.
- dispositive Regelungen **II B 10** 85 ff.
- Doppelbefristung **II B 10** 107, 115, 129 ff., 141 ff.
- Eigenart der Arbeitsleistung **II B 10** 51
- Entgeltumwandlung **II E 30** 3
- EU-Recht **II B 10** 12 ff., 76, 114, 156
- gerichtlicher Vergleich **II B 10** 65 ff.
- Höchstdauer **II B 10** 14 ff., 21, 76, 84, 145, 173
- kalendermäßige **II B 10** 11 ff., 16, 21, 37, 105 ff., 130

- Klauseltypen **II B 10** 5 ff.
- KSchG **II B 10** 1 ff., 55, 67, 163
- Kündigung **II B 10** 1 ff., 15, 21 ff., 37 ff., 54 f., 65 ff., 74, 104, 116 ff., 121, 131, 140 ff., 150 ff, 172
- Künstler **II B 10** 52 f.
- Mindestbefristung **II B 10** 132 ff.
- Mitteilungspflicht **II B 10** 73 ff.
- Nachweispflicht **II B 10** 29, 114
- Nichtverlängerungsanzeige **II B 10** 70 ff., 179
- ohne sachlichen Grund **II B 10** 13 ff., 76 ff., 155
- Probezeit **II B 10** 1, 23 ff., 53 ff., 72
- projektbedingter Mehrbedarf **II B 10** 32 f.
- Rechtsfolgen **II B 10** 127 f.
- sachlicher Grund **II B 10** 15 ff., 30 ff., 42 ff., 44, 51 f., 53 ff., 58 ff., 64, 65 ff., 68 ff.
- Saisonarbeit **II B 10** 38, 119
- Schriftformerfordernis **II B 10** 3, 5, 71, 92, 123, 145
- Sportler **II B 10** 51 f.
- Tarifvertrag **II B 10** 4, 27, 42, 57, 83 f., 85, 90, 102
- Transferkurzarbeitergeld **II B 10** 97
- Treu und Glauben **II B 10** 28
- TzBfG **II A 20** 35 f.; **II B 10** 1 ff.
- Unternehmensneugründung **II B 10** 76 f., 93, 156
- verfassungsrechtliche Dimension **II B 10** 11, 133 f.
- Verlängerung **II B 10** 92 ff.
- Vertragsgestaltung **II B 10** 169 ff.
- Vertragsmuster **II B 10** 169 ff.
- Vertretung **II B 10** 39, 44 ff., 102 ff., 115, 117
- vorformulierter Arbeitsvertrag **II B 10** 60
- vorübergehender Bedarf **II B 10** 30 ff.
- Weiterbeschäftigung **II B 10** 166 ff.
- Wiedereinstellungsanspruch **II B 10** 37
- Wiedereinstellungszusage **II B 10** 41
- wiederholte **II B 10** 13 f., 76 f., 85, 154 ff.
- Zielvereinbarungen **II Z 5** 22 ff.
- Zweckbefristung **II B 10** 105, 110 ff., 176 ff.

Berufsbildungsgesetz II A 120 12; **II S 20** 15; **II V 30** 14 f.
Berufsfreiheit II U 10 16
Beschäftigungsförderungsgesetz I B 15; **II A 90** 31, 50 ff., 69 ff., 98 f.
Beschäftigungsverhältnis I D 6 ff.
- Arbeitsentgelt **II A 70** 83
- Beendigung bei Aufhebungsvertrag **II A 100** 113 f.

Besitzstandsschutz II V 40 79
Bestätigungsklauseln II S 30 4
Bestimmtheitsgrundsatz
- Arbeitnehmerstatus **II A 50** 38
- außerdienstliches Verhalten **II A 160** 4
- Befristung **II B 10** 121 ff., 150, 163, 192
- Vertragsstrafen **II V 30** 21 ff., 40, 79
- Verweisungsklauseln **II V 40** 23 f., 34, 65h
- Wettbewerbsverbot **II W 10** 7

Betriebliche Altersversorgung II A 100 4, 104; **II A 140** 19 f., 42; **II A 30** 22; **II B 20** 6; **II V 50** 18, 44; **II V 70** 41; **II Z 20** 7

Betriebliche Übung
- Direktionsrecht **II D 30** 16
- Freiwilligkeitsvorbehalt **II V 70** 69 ff.
- Internet und Telekommunikation **II I 10** 10 f.
- Schriftformklauseln **II S 30** 11 ff.
- Sonderzahlungen **II S 40** 1, 15 ff.
- Verweisungsklauseln **II V 40** 39
- Vorbehalte und Teilbefristung **II V 70** 44 ff., 69 ff., 73
- Zielvereinbarungen **II Z 5** 4

Betriebs- und Geschäftsgeheimnis II V 10 8 ff.; **II V 20** 18 ff., 53 ff.; **II V 30** 65 ff. **II W 10** 1, 24

Betriebsbuße I B 71; **II V 30** 3

Betriebsrat
- Arbeitsaufnahme **II A 60** 2 f.
- Arbeitszeit **II A 90** 12, 19, 39, 73, 80, 104, 109, 121, 135, 142, 148, 151
- Aufhebungsvertrag **II A 100** 25 f.
- Mehrarbeits- und Überstundenvergütung **II M 20** 1 ff., 6
- Öffnungsklauseln **II O 10** 4 ff.
- Urlaubsabreden **II U 20** 4
- Verschwiegenheitspflicht **II V 20** 14
- Zielvereinbarung, Mitbestimmung **II Z 5** 30, 49 ff.

Betriebsrente II E 30 1
Betriebsrisiko I C 111; II H 20 8
Betriebstreue II A 60 12; II S 40 5, 10, 16, 19d f., 20ff., 28ff., 38ff., 52a ff., 61ff., 84, 87f., 93f., 96, 109, 121f.; II T 20 10; II U 10 12, 16
Betriebsübergang
– Aufhebungsvertrag II A 100 42ff.
– Beginn des Arbeitsverhältnisses II A 60 6
– Verschwiegenheitspflicht II V 20 50
– Verweisungsklausel II V 40 18, 33, 52ff., 91ff., 105ff.
Betriebsvereinbarung
– Abtretungsverbot II A 10 27
– Anzeige- und Nachweispflichten II A 40 1
– Arbeitnehmerstatus II A 50 26
– Arbeitszeit II A 90 1, 8, 14, 20ff., 38, 80
– Aufrechnung II A 110 15
– Ausschlussfristen II A 150 29ff.
– Direktionsrecht II D 30 18, 20, 85
– Jeweiligkeitsklauseln II J 10 3
– Mehrarbeits- und Überstundenvergütung II M 20 19f., 62
– Öffnungsklauseln II O 10 1ff.
– Vertragsgestaltung I A 16ff., 75ff., 83ff.; I B 23ff., 35ff., 68ff.; I C 23f.
– Verweisungsklauseln II V 40 1, 4f., 16, 19, 66ff.
– Widerrufsvorbehalt II V 70 41, 103ff.
– Zugangsfiktion II Z 10 24f., 28
Betriebszugehörigkeit
– Arbeitsaufnahme II A 60 6ff.
– Sonderzahlungen II S 40 19a, 28, 32, 34ff.
Beweislastvereinbarung
– Anfechtung II B 30 27, 37
– Arbeitnehmerstatus II A 50 26
– Ausbildungskosten II A 120 32
– Befristung II B 10 84ff.
– Begriff II B 30 1ff.
– Beratungs- und Hinweispflicht II B 30 39
– Beweislaständerung, -verschiebung II A 150 6; II B 30 3ff.
– Gesundheitsklauseln II B 30 34
– Inhaltskontrolle II B 30 3
– Klauseltypen II B 30 9f.
– Mankoabreden II M 10 4ff., 8, 13ff., 19
– Nebenabreden, mündliche II B 30 9

– Personalfragebögen II B 30 30
– Rückzahlungsklauseln II B 30 40
– Schriftformklauseln II B 30 9, 31ff.
– sonstige direkte II B 30 11ff.
– Sprachklauseln II B 30 18ff., 26ff.
– Vollständigkeitsklauseln II B 30 9
– Wettbewerbsverbot II B 30 16ff., 31ff.; II W 10 16f., 31ff.
– Zielvereinbarungen II Z 5 34, 44
– Zugangsfiktion II Z 10 6, 9f., 27
Bezugnahmeklausel II V 40 1ff., 4ff., 65a ff.
Bindungsklauseln s. Sonderzahlungen
Blue-Pencil-Test I C 118f.

Compliance II A 115 22; II J 10 18
– Anzeige strafbarer Handlungen II A 40 14
– Whistleblowing II A 40 14; II V 20 25ff.

Darlehen
– AGB-Recht II D 10 4, 19
– Aufrechnung II D 10 6, 10f.
– Bedeutung II D 10 3
– Begriff II D 10 1f.
– Betriebsrat II D 10 1, 4
– Fälligkeitsklauseln II D 10 16ff.
– Gratifikation II D 10 16
– Inhaltskontrolle II D 10 4
– Klauseltypen II D 10 6ff.
– Kündigung II D 10 13ff., 17ff.
– Prozessuales II D 10 33
– Rechtsformwahl II D 10 6
– Sittenwidrigkeit II D 10 5
– steuerrechtliche Aspekte II D 10 25ff.
– Tilgungsmodalitäten II D 10 9
– Verrechnungsregelungen II D 10 10f.
– Vertragsgestaltung II D 10 21a, 30ff.
– Vorschuss II D 10 6ff.
– Zinsanpassungsklauseln II D 10 22ff.
– Zinssatz II D 10 3
Darlehensklauseln II U 10 24
Datengeheimnis II V 20 13
Datenschutz II E 30 28; II G 30 3ff., 13ff., 36, 44ff.; II I 10 21ff.; II Z 5 35
– Anzeigepflicht II A 40 13
– Gesundheitsuntersuchung II G 30 11f., 30

– Klauselbeispiele **II E 30** 7 f., 12 ff., 16, 19 f., 22 ff., 24, 30
– Rentenauskunft **II E 30** 27
– Rentenversicherung **II E 30** 2
– Riester-Rente **II E 30** 2, 19, 23
– Schattengehalt **II E 30** 20
– steuerliche Folgen **II E 30** 9, 18
– steuerliche Förderung **II E 30** 18
– Tarifvertrag **II E 30** 10 f.
– Überschuss, Verwendung **II E 30** 6
– Unisex-Tarife **II E 30** 9
– Unverfallbarkeit **II E 30** 6 f.
– Versorgungsarten **II E 30** 14
– Vertragsgestaltung **II E 30** 6 ff., 10, 29
– Voraussetzungen **II E 30** 9, 15
– Wahlrecht **II E 30** 11
– Wertgleichheit **II E 30** 9
– Zillmerung **II E 30** 9
– Zusage des Arbeitgebers **II E 30** 17
Erfüllungsort II G 20 3, 18 ff.
Ersetzungsklauseln s. Salvatorische Klauseln

Formulararbeitsvertrag II A 10 4, 10
– Aufhebungsvertrag **II A 100** 74 ff.
– Ersetzungsklauseln **II S 10** 20 f.
– salvatorische Klauseln **II S 10** 5 ff.
– Umzugskostenerstattung **II U 10** 6
– Vertragsgestaltung **I A** 8, 11, 24, 75, 96 ff.; **I B** 20, 80 ff.; **I C** 47 ff.
– Vertragsstrafen **II V 30** 13, 25 ff., 34 ff.
– Verzichtserklärungen **II V 50** 11 ff.
– Vollständigkeitsklauseln **II V 60** 3
– Zugangsfiktion **II Z 10** 10 f., 29
– Zurückbehaltungsrechte **II Z 20** 34 ff.
Freistellung
– Abwicklungsvertrag **II A 15** 23
– anderweitiger Verdienst **II F 10** 29
– Aufhebungsvertrag **II A 100** 90, 93, 113 f.; **II F 10** 7
– Freistellungsbefugnis **II F 10** 21
– Freistellungsbefugnis, antizipierte **II F 10** 8
– gekündigtes Arbeitsverhältnis **II F 10** 19 ff., 34 ff.
– Individualvereinbarung **II F 10** 7
– Inhaltskontrolle **II F 10** 8, 18
– Meldepflicht **II F 10** 36
– schutzwerte Arbeitgeberinteressen **II F 10** 6, 11
– Sozialversicherungsschutz **II F 10** 30 ff.

– Sperrzeit **II F 10** 35
– unberechtigte **II F 10** 5
– ungekündigtes Vertragsverhältnis **II F 10** 10 ff.
– Urlaubsabgeltung **II A 15** 24; **II F 10** 26 ff.
– Vertragsgestaltung **II F 10** 3, 10 ff., 37
– Weiterbeschäftigungsanspruch **II F 10** 3 ff., 19 ff.
– Wettbewerbsverbot **II F 10** 29
Freiwilligkeitsvorbehalt s. Vorbehalte und Teilbefristung
Freizeichnungsklauseln s. Salvatorische Klauseln
Freizeitausgleich I C 131
Führungskräfte
– Arbeitnehmerstatus **II A 50** 38 ff., 45 ff.
– Arbeitsentgelt **II A 70** 19
– Gehaltsanpassung **II G 10** 6
– Haftung des Arbeitnehmers **II H 20** 26 ff., 53
– Mehrarbeits- und Überstundenvergütung **II M 20** 1 ff., 7, 24 ff.
– Nebentätigkeit **II N 10** 19
– Veröffentlichungen und Vorträge **II V 10** 1
– Vertragsgestaltung **I B** 5, 15, 24, 28, 37, 44, 57, 83, 99
– Vertragsmuster **III B** 6
– Verweisungsklauseln **II V 40** 1

Gehaltsanpassung
– Anpassungsklausel **II G 10** 8 ff.
– Direktionsrecht **II G 10** 4, 8
– durchsetzbare Ansprüche **II G 10** 5
– Gewinnausschüttung, verdeckte **II G 10** 7
– Gleichbehandlungsgrundsatz **II G 10** 6
– Klauseltypen **II G 10** 3 ff.
– Spannungsklausel **II G 10** 8
– Tarifvertrag **II G 10** 8, 10
– Überprüfungsklausel **II G 10** 4 ff.
– Vertragsgestaltung **I B** 30; **II G 10** 11
– Widerrufsvorbehalt **II G 10** 9
Gerichtsstand
– allgemeiner **II G 20** 3
– Arbeitsort **II G 20** 3, 19
– Auslandsberührung **II G 20** 23 ff.
– Erfüllungsort **II G 20** 3, 18 ff.
– EuGVVO-Besonderheiten **II G 20** 11 ff., 32 ff.

– Zeitlohn **II D 30** 162 ff.
– Zielvereinbarungen **II Z 5** 13 ff.
– Zulage **II D 30** 48 ff.
– Zumutbarkeit **II D 30** 84, 138 ff., 155 ff., 280

Diskriminierungsverbot
– Arbeitnehmerüberlassung **II A 55** 16 ff.

Doppelbeschäftigung II N 10 2

Ehrenämter
– Abstimmung mit dem Arbeitgeber **II E 10** 10
– Anzeigepflicht **II E 10** 11
– Arbeitgeberinteresse **II E 10** 3
– Begriff **II E 10** 1 f.
– Erlaubnisvorbehalt **II E 10** 6
– Grundrechte **II E 10** 5
– Klauseltypen **II E 10** 3, 12, 24
– Kollektivrecht **II E 10** 4
– Kündigung **II E 10** 7 f.
– Mitbestimmung **II E 10** 4
– Nebentätigkeit **II E 10** 5, 18 f.; **II N 10** 1, 14
– steuerfreie Tätigkeiten **II E 10** 14
– Umfang der Steuerbefreiung **II E 10** 20 ff.
– vergleichbare Tätigkeit **II E 10** 15
– Veröffentlichungen und Vorträge **II V 10** 2
– Vertragsgestaltung **I B 73**; **II E 10** 22 ff.

Eigentumserwerb durch Verarbeitung II H 40 9

Eigentumsvorbehalt, verlängerter II A 10 10

Eingruppierungsklausel s. Arbeitsentgelt

Entgeltfortzahlung
– Anwesenheitsprämie **II E 20** 3
– Anzeigepflicht **II A 40** 6 ff.; **II E 20** 2, 6
– Arbeitnehmerüberlassung **II A 55** 29
– Arbeitsentgelt **II E 20** 1 ff., 13, 15 ff.
– außerdienstliches Verhalten **II A 160** 11
– Direktionsrecht **II E 20** 20
– Führungskräfte **II E 20** 12, 16, 33
– gesetzliche Grundlagen **II E 20** 1 ff.
– Gesundheitsuntersuchung **II E 20** 2, 6; **II G 30** 1, 30 ff., 17 ff.
– Günstigkeitsbereich **II E 20** 5
– Inhaltskontrolle **II E 20** 27
– Klauselbeispiele **II E 20** 11 ff.
– Krankengeld **II E 20** 7, 11 ff., 33
– Krankheitsfall **I B** 13, 22, 37, 98
– privat versicherte Arbeitnehmer **II E 20** 14
– Sonderzahlungen **II S 40** 69 ff., 76 ff., 80 ff.
– Tarifvertrag **II E 20** 5, 24
– Teilarbeitsunfähigkeit **II E 20** 20 f.
– Teilzeitarbeit **II T 10** 27
– Unmöglichkeit der Arbeitsleistung **II E 20** 4
– Unverzichtbarkeit **II E 20** 24
– Unzumutbarkeit der Arbeitsleistung **II E 20** 4
– Verschulden **II E 20** 19 ff.
– vertragliche Gestaltungsspielräume **II E 20** 5 ff., 31
– Vertragsgestaltung **II E 20** 31 ff.
– Verzichtbarkeit **II E 20** 23 ff.
– Verzichtserklärungen **II E 20** 22; **II V 50** 22
– Wartezeitverzicht **II E 20** 11
– Widerrufsvorbehalt **II E 20** 17
– Zurückbehaltungsrecht **II Z 20** 5
– zwingende Regelungen **II E 20** 5 ff., 18

Entgeltumwandlung II E 30 1 ff.
– Altersversorgung **II E 30** 1, 5, 14, 17
– Änderung **II E 30** 25
– Anspruch **II E 30** 1, 4, 9
– Anwartschaft **II E 30** 3, 5 f., 26
– Anwendungsbereich **II E 30** 3
– Ausschluss **II E 30** 4
– Beendigung **II E 30** 22 f.
– Beratungspflicht **II E 30** 26
– Beschäftigungszeiten, entgeltfreie **II E 30** 21
– Betriebsvereinbarung **II E 30** 4
– Bezugsrecht, unwiderrufliches **II E 30** 7 f.
– biometrische Risiken **II E 30** 14
– Datenschutz **II E 30** 28
– Direktversicherung **II E 30** 6 f., 16, 19, 26
– Durchführungswege **II E 30** 16
– dynamische Beträge **II E 30** 13
– Eigenbeträge **II E 30** 3, 29
– Entgeltarten **II E 30** 11
– Gratifikationen **II E 30** 11
– Inhalt **II E 30** 1
– Insolvenzschutz **II E 30** 9

- Dienstwohnung **II D 30** 244, 248 ff., 257 ff., 271 f.
- Direktionsrechtserweiterung **II D 30** 116 ff.
- Diskriminierung **II D 30** 25
- Durchschnittslohn **II D 30** 171
- dynamische Verweisung **II D 30** 73 ff., 79
- Einschränkung **II E 30** 23
- Entgeltfortzahlung **II E 20** 18 f.
- Erweiterung **II E 30** 116 ff.
- Feststellungsklage **II D 30** 278
- Fiktion **II D 30** 86 ff.
- Formularvertrag **II D 30** 89, 205 ff., 288
- geringerwertige Tätigkeit **II D 30** 45 ff., 140, 147 ff., 155 ff., 192 ff., 222
- Gewissenskonflikt **II D 30** 89 ff., 93, 95
- gleichwertige Tätigkeit **II D 30** 85
- Grenzen **II D 30** 16 ff., 133 ff.
- Grundrechte **II D 30** 25, 90 ff., 93, 246, 249, 252
- Hauptleistungspflicht **II D 30** 36 ff., 59 ff., 118, 132, 135, 180 f., 208, 220
- Hilfsarbeiten **II D 30** 63, 198 ff.
- höherwertige Tätigkeit **II D 30** 172 ff., 202
- Inhaltskontrolle **II D 30** 4, 42, 85, 119, 124, 127, 131, 202, 288
- Interessenabwägung **II D 30** 24 f., 202
- Jeweiligkeitsklauseln **II D 30** 284
- Klauseltypen **II D 30** 36 f., 59, 63, 68, 78, 86, 89, 106, 125, 138, 154 f., 162, 172, 185, 192, 198, 201, 204, 208, 218, 248, 257
- konkrete Arbeitsanweisung **II D 30** 78 ff.
- Konkretisierung **II D 30** 13 f., 18, 22, 80
- Konzernleitungsmacht **II D 30** 67
- Konzernversetzungsklausel **II D 30** 250 ff.
- Kündigung **II D 30** 6 ff., 107, 117 f., 127, 133 ff., 151, 209, 231 ff., 288
- Leistungsbestimmungsrecht **II D 30** 284
- Leistungsklage **II D 30** 278
- Nachweisgesetz **II D 30** 35, 43, 74
- Nebenarbeiten **II D 30** 61, 192 f., 196, 284
- Nebenpflicht **II D 30** 46, 192 ff.
- Organisationsspielraum **II D 30** 130

- Ort der Arbeit **II D 30** 101 ff., 205 ff.
- Persönlichkeitsrecht **II D 30** 25
- Prämienlohn **II D 30** 163, 168 ff.
- Privatsphäre **II D 30** 245 f., 261 ff.
- Rechtsgrundlagen **II D 30** 11 ff., 120 f.
- Risiko **II D 30** 185 ff.
- sachlicher Tätigkeitsbereich **II D 30** 35, 58 ff., 78 ff., 137 ff.
- Schadensersatz bei Arbeitsverweigerung **II D 30** 96, 100
- Sittenwidrigkeit **II D 30** 84, 246, 250
- Sozialauswahl **II D 30** 6 ff., 33, 107, 128, 155, 209, 283, 292
- Stellenbeschreibung **II D 30** 68 ff., 79
- Streikarbeit **II D 30** 34
- Tarifvertrag **II D 30** 16, 18, 24, 27, 48, 55 f., 87, 120, 135 ff., 156 ff., 177 f., 187, 223 f., 284
- Tätigkeitsbereichsänderungen **II D 30** 198 ff.
- Tätigkeitsbeschreibung **II D 30** 5, 9, 35 ff., 104, 125 ff.
- Teilaufgabenänderung **II D 30** 47
- Telearbeit **II T 20** 19 ff.
- Transparenzgebot **II D 30** 4, 84, 119, 145
- Treu und Glauben **II D 30** 246
- Treuepflicht **II D 30** 46, 198
- Überschreitung **II D 30** 276 ff.
- Umfang **II D 30** 6, 14 f., 122 ff.
- Unternehmensversetzungsklausel **II D 30** 208 ff.
- Verfallklauseln **II D 30** 182
- Vergütung **II D 30** 47 ff., 58, 95, 117, 162 ff., 173 ff., 269 f., 284
- Verschwiegenheitspflicht **II V 20** 31
- Versetzung **II D 30** 25 ff., 49, 88, 104 f., 108 ff., 137 f., 162 f., 166, 202 f., 206, 208 f., 211 ff., 225 ff.
- Versetzungsvorbehalt **II D 30** 152, 208, 242
- Vertragsgestaltung **I A** 14 f.; **I B** 26; **I C** 12, 113, 123, 128; **II D 30** 9, 35, 85, 118, 128, 169, 184, 256, 272, 286 ff.
- Verweisungsklauseln **II V 40** 17
- Wechselwirkung **II D 30** 5
- Weisungsrecht **II D 30** 4
- Werkdienstwohnung **II D 30** 257 ff.
- Werkmietwohnung **II D 30** 257 ff.
- Widerruf **II D 30** 204 ff., 268, 284; **II V 70** 17, 84
- Wohnsitzklausel **II D 30** 244 ff., 271 ff.

Denunziationsklauseln **II V 20** 48
Denunzierung **II V 20** 25 ff., 48
Diensterfindungen **II V 20** 12
Dienstreise
– Arbeitszeit **II D 15** 7
– Aufwendungsersatz **II D 15** 5
– Begriff **II D 15** 1 ff., 9a
– Betriebsrat **II D 15** 3, 9
– Direktionsrecht **II D 15** 2, 6
– Klauseltypen **II D 15** 2 ff.
– Mitbestimmung **II D 15** 9
– öffentlicher Dienst **II D 15** 1
– Reisekosten **II D 15** 5
– Reisezeit **II D 15** 7
– sozialrechtliche Aspekte **II D 15** 10 f.
– steuerrechtliche Aspekte **II D 15** 12 f.
– Vergütung **II D 15** 5 ff.
Dienstwagen I B 51; **II H 30** 1; **II H 40** 1, 8 f., 20
– Änderungskündigung **II D 20** 14
– Arbeitsunfähigkeit **II D 20** 9 ff.
– Ausgleich **II D 20** 15
– Austausch **II D 20** 11, 17
– Beteiligung **II D 20** 5
– Direktionsrecht **II D 20** 14
– Ersetzungsklausel **II D 20** 17
– Fahrtenbuch **II D 20** 34 ff.
– Formularvereinbarung **II D 20** 16
– Freistellung **II D 20** 12
– Haftung **II D 20** 23 ff.
– Herausgabeansprüche **II D 20** 8
– Instandhaltungspflicht **II D 20** 4
– Karenzentschädigung **II D 20** 6
– Klauseltypen **II D 20** 4 ff.
– Kündigung **II D 20** 8, 12, 22
– Leasingvertrag **II D 20** 16
– Nutzungsentschädigung **II D 20** 18 ff.
– Nutzungsmodalitäten **II D 20** 4
– Privatnutzung **II D 20** 1 ff., 6 ff., 27 ff.
– Sachvergütung **II D 20** 1 ff., 31 ff.
– Schadensersatz bei Vorenthaltung **II D 20** 19 ff.
– steuerrechtliche Aspekte **II D 20** 28 ff.
– Unfall **II D 20** 24
– Urlaub **II D 20** 11
– Vorenthaltung **II D 20** 19 ff.
– vorzeitige Rückgabe **II D 20** 9
– Wertberechnung für Privatnutzung **II D 20** 18
– Wettbewerbsverbot **II D 20** 5
– Widerrufsmöglichkeit **II D 20** 13, 15

– Zurückbehaltungsrecht **II D 20** 22
Dienstwohnung II D 30 22 ff.
Direktionsrecht
– Abordnung **II D 30** 217 ff., 241 f.
– AGB-Recht **II D 30** 84 f., 201 f.
– Akkordlohn **II D 30** 163, 166, 168, 171
– Änderungskündigung **II D 30** 33, 117, 127, 225, 319
– Änderungsvertrag **II D 30** 33, 127, 180, 277
– Änderungsvorbehalt **II D 30** 82, 133, 149, 152, 154 f.
– Angemessenheit **II D 30** 89, 124, 133, 149, 202, 288
– Anrechnungsvereinbarung **II D 30** 227
– antizipierte Direktionsrechtsausübung **II D 30** 72 ff., 80
– Arbeitnehmerstatus **II A 50** 45
– Arbeitsplatzrisiko **II D 30** 232
– Arbeitsvertrag **II D 30** 7 ff., 14 ff., 35 ff., 38 ff., 68 ff., 87 ff., 101 ff., 131 ff.
– Arbeitsverweigerung **II D 30** 89 ff., 93, 95, 98 ff., 276 f.
– Arbeitswertigkeit **II D 30** 45 ff., 192 ff., 222
– Arbeitszeit **II A 90** 15, 31, 45, 79, 86, 91, 104 ff., 116, 124, 137 ff., 144, 149, 152, 157; **II D 30** 113 ff., 275
– Arten **II D 30** 2 ff., 11 ff., 101 ff., 116 ff., 122 ff.
– Ausland **II D 30** 110
– Auslegung **II D 30** 39 ff., 58
– außerdienstliches Verhalten **II A 160** 16; **II D 30** 284
– Ausübungskontrolle **II D 30** 4, 89, 93
– Beförderung **II D 30** 172 ff., 175, 180
– Befristung **II B 10** 52; **II D 30** 201 ff.
– Begriff **II D 30** 1 ff.
– Benachteiligungsverbot **II D 30** 17
– Berufsbild **II D 30** 58, 130
– betriebliche Übung **II D 30** 16
– Betriebsrat **II D 30** 29, 86 ff., 104, 112
– Betriebsvereinbarung **II D 30** 16, 20, 26, 87
– Betriebsverlegung **II D 30** 111 f.
– Billigkeit **II D 30** 23 f., 53, 128 f., 188, 202 ff., 288
– Billigkeitsprüfung, doppelte **II D 30** 202
– Dienstreise **II D 15** 2, 6
– Dienstwagen **II D 20** 14

- Gerichtsstandsklauseln **II G 20** 1 ff., 15 ff.
- internationale Zuständigkeit **II G 20** 36 f., 38
- Klauseltypen **II G 20** 15 ff.
- Prorogation **II G 20** 1 ff., 6 f., 10
- Tarifvertrag **II G 20** 7 ff.
- Vertragsgestaltung **I B** 62; **II G 20** 39 f.

Geringfügige Beschäftigung II N 10 30; **II T 10** 16 ff., 47 ff., 62
- Anzeigepflicht **II B 20** 33 ff., 51
- Arbeitsentgelt **II B 20** 1 ff., 8 ff., 18, 25 f., 33, 42
- Arbeitslosenversicherung **II B 20** 9, 23 ff., 32
- Befristung **II B 20** 50
- berufsmäßige Ausübung **II B 20** 18 f.
- betriebliche Altersversorgung **II B 20** 6
- dauerhaft geringfügige Beschäftigung **II B 20** 47
- Diskriminierung **II B 20** 2 ff.
- Einmalzahlung **II B 20** 11, 13
- Entgeltfortzahlung **II B 20** 2
- Entgeltgeringfügigkeit **II B 20** 8 ff., 47
- Entgeltumwandlung **II E 30** 3
- Erstattungspflicht **II B 20** 44
- geldwerter Vorteil **II B 20** 2 ff.
- Hauptbeschäftigung **II B 20** 24
- Klauseltypen **II B 20** 33 ff.
- Kombinationsmöglichkeiten unterschiedlicher geringfügiger Beschäftigungen **II B 20** 21
- kombinierte Anspruchs- und Zuflusstheorie **II B 20** 12
- Krankenversicherung **II B 20** 23, 25 f., 42
- Kündigungsfristen **II B 20** 2
- Kündigungsschutz **II B 20** 2
- Kurzfristbeschäftigung **II B 20** 15 ff., 24, 46
- Land- und Forstwirtschaft **II B 20** 45, 49
- Lohnsteuerpauschale **II B 20** 25
- Nachbelastung **II B 20** 33 f.
- Nachweisgesetz **II B 20** 7, 50
- Nebentätigkeitsverbot **II B 20** 33; **II N 10** 42
- Pauschalierungswahlrecht **II B 20** 45
- Pauschalsteuersatz **II B 20** 25
- Personalfragebogen **II P 10** 40 ff.
- Pflegeversicherung **II B 20** 25, 31
- Rentenversicherung **II B 20** 25, 27, 29, 34, 42 f., 44
- sachlicher Grund **II B 20** 2 ff.
- Schadensersatzpflicht **II B 20** 37
- Schriftform **II B 20** 17, 50
- Sonderzuwendung **II B 20** 2
- sozialrechtliche Folgen **II B 20** 25, 32 f., 47
- Sozialversicherungsfreiheit **II B 20** 28
- Sozialversicherungsrecht **II B 20** 1 ff., 10 ff., 18, 26 ff., 44 ff.
- Steuerfreiheit **II B 20** 25, 45
- steuerrechtliche Aspekte **I E** 29 ff.; **II B 20** 45 ff.; **II P 10** 43
- TzBfG **II B 20** 2 ff., 17, 50
- Unfallversicherung **II B 20** 30
- Urlaub **II B 20** 2, 4
- Verlängerung der Arbeitszeit **II B 20** 2
- Vertragsgestaltung **II B 20** 7, 50 f.
- Vertragsmuster **III B** 11 ff.
- Voraussetzungen **II B 20** 8 ff.
- Wochenarbeitszeit **II B 20** 5, 9 ff., 31
- Ziel **II B 20** 1
- Zuflussprinzip **II B 20** 13
- Zusammenrechnung **II B 20** 20 ff.

Geschenke
- Herausgabepflicht **II G 25** 8
- Klauseltypen **II G 25** 6, 10 f.
- Kündigung **II G 25** 3 f., 7
- Schmiergeldverbot **II G 25** 8
- strafrechtliche Grenzen **II G 25** 5
- Vertragsgestaltung **II G 25** 28 ff.

Gesundheitsuntersuchung
- Arbeitsunfähigkeitsbescheinigung **II G 30** 29
- Begriff **I B** 98; **II G 30** 1
- Beweislastvereinbarung **II B 30** 34
- Datenschutz **II G 30** 11 ff.
- Einstellungsuntersuchung **II G 30** 1, 17 ff., 40
- Entgeltfortzahlungsrecht **II G 30** 28
- Genomanalyse **II G 30** 24
- Gesundheitsförderungsmaßnahmen **II G 30** 41
- Interessenabwägung **II G 30** 38
- Klauseltypen **II G 30** 22 ff., 27 f., 34
- Kur **II G 30** 43
- Mitbestimmungsrecht **II G 30** 15, 25
- Schweigepflicht, ärztliche **II G 30** 11, 27 f., 39, 49
- Steuerrecht **II G 30** 40 ff.

– Tarifvertrag **II G 30** 15, 19, 31, 34
– Unfallverhütung **II G 30** 19, 31
– Untersuchungspflicht, allgemeine **II G 30** 17
– Vertragsgestaltung **I B** 21, 98; **II G 30** 44 ff.
Gewissenskonflikt II D 30 89 ff.
Gleitzeit II A 90 109 ff.
Gratifikationen
– Aufhebungsvertrag **II A 100** 94 ff.
– Entgeltumwandlung **II E 30** 11
– salvatorische Klauseln **II S 10** 19
– Urlaubsgratifikation **II U 20** 80
– Vertragsgestaltung **I B** 9, 34 ff., 42, 71; **I C** 131 f.
– Weihnachtsgratifikation **I B** 39; **II U 20** 89
Günstigkeitsprinzip I A 88; **I B** 22, 26; **I C** 20, 85; **II A 90** 24 ff.; **II V 10** 11; **II V 40** 59 ff., 65, 70, 73

Haftung des Arbeitgebers
– Arten **II H 10** 1 ff.
– Begrenzungsklauseln **II H 10** 12
– bei eingebrachten Sachen **II H 10** 3
– Haftungsausschluss **II H 10** 24 ff.
– Haftungsklauseln **II H 10** 4 ff., 9 ff.
– Klauseltypen **II H 10** 4 ff.
– Lohnsteuerhaftung **II H 10** 17 ff.
– Obhuts- und Verwahrungspflichten **II H 10** 4, 12
– Personenschäden **II H 10** 2
– Sachschäden **II H 10** 3
– Steuerrecht **II H 10** 13 ff.
– steuerrechtliche Haftung **II H 10** 17 ff.
– Verschuldenshaftung **II H 10** 4 ff.
– verschuldensunabhängige **II H 10** 7 ff.
– Vertragsgestaltung **I A** 90; **I B** 62, 79; **II H 10** 36
Haftung des Arbeitnehmers
– Arbeitnehmerüberlassung **II A 55** 30
– Arbeitsvertragsbruch **II H 20** 41 ff.
– Aufrechnung **II H 20** 36 ff.
– Bedeutung **II H 20** 1 ff.
– Beschränkung **II H 20** 8
– deklaratorische Hinweisklausel **II H 20** 5, 44
– Führungskraft **II H 20** 26 ff., 53
– gefahrgeneigte Arbeit **II H 20** 10 ff.
– Geschenkannahmeverbot **II H 40** 16 ff.
– Haftung für Kfz-Schäden **II H 20** 2; **II H 30** 1, 5 ff., 11 ff.
– Haftungshöchstsumme **II H 20** 24 f., 29
– Haftungsprivilegierung **II H 20** 8 ff., 22 ff.
– Haftungsrisiko **II H 20** 20 f., 29
– Klauseltypen **II H 20** 5 ff., 18, 22 ff., 29, 40, 45 ff., 50 ff.
– Lohnminderungsvereinbarung **II H 20** 29 ff.
– Mankohaftung **II H 20** 3, 20
– Mitverschulden **II H 20** 16
– Nebentätigkeit **II H 20** 49 f.; **II N 10** 41
– Pflichtverletzung **II H 20** 4, 40, 46 f., 54
– Pflichtversicherung **II H 20** 11, 50
– Schadenspauschalierungsabreden **II H 20** 4, 43, 46; **II S 20** 5
– Vertragsgestaltung **I B** 62; **II H 20** 50 ff.
– Vertragsstrafen **II H 20** 4, 43, 45
Haftung für Kfz-Schäden
– Bedeutung **II H 30** 1 ff.
– Dienstfahrten **II H 30** 1, 6 ff.
– Haftung des Arbeitgebers **II H 10** 3; **II H 30** 1, 27 ff., 33 f.
– Haftung des Arbeitnehmers **II H 20** 2; **II H 30** 1, 5 ff., 11 ff.
– Haftungserleichterung **II H 30** 6
– Haftungsfreizeichnung **II H 30** 28 ff., 37 ff.
– Haftungshöchstsumme **II H 30** 12
– Haftungsverschiebung **II H 30** 11
– Klauseltypen **II H 30** 5 ff.
– Mankohaftung **II H 30** 1
– Mitverschulden **II H 30** 5, 10, 29
– private Nutzung **II H 30** 1, 20 ff.
– Schäden am geparkten Kfz **II H 30** 32 ff.
– unbefugte Gebrauchsüberlassung **II H 30** 25 f.
– unerlaubte Handlung **II H 30** 5
– Unfallschäden **II H 30** 6 ff., 28
– Verjährung **II H 30** 23
– Versicherungen **II H 30** 9, 13 ff., 22
– Vertragsgestaltung **II H 30** 42
Härteklauseln I C 131
Hartz-Kommission II B 20 1
Herausgabeansprüche
– Arbeitsmittel **II H 40** 3 ff., 6 ff.
– Arbeitspapiere **II H 40** 2, 22

- Auskunftserteilung **II H 40** 14
- Bedeutung **II H 40** 1
- Besitzdiener **II H 40** 6 ff.
- Dienstwagen **II H 40** 1, 8 f., 15, 23
- Eigentumserwerb durch Verarbeitung **II H 40** 11
- Flugmeilen **II H 40** 23 ff.
- Geschäftsunterlagen **II H 40** 1, 5, 10
- Geschenkannahmeverbot **II H 40** 19 ff.; **II G 25** 8
- Klauseltypen **II H 40** 3 ff.; **II G 25** 6
- kraft Gesetzes **II H 40** 6 ff.
- Schadensersatz **II H 40** 14, 16
- Sonderzahlung **II H 40** 2
- verbotene Eigenmacht **II H 40** 7
- Verschwiegenheitspflicht **II V 20** 67 ff.
- Vertragsgestaltung **II H 40** 20
- Wohnraumüberlassung **II H 40** 15
- Zurückbehaltungsrechte **II H 40** 13

Hinweisklauseln s. Vertragsstrafen

Inhaltskontrolle
- Aufhebungsvertrag **II A 100** 75, 85, 100 ff.
- Ausgleichsquittung **II V 50** 5
- Ausschlussfristen **I A 65**; **II A 150** 11 ff., 44
- außerdienstliches Verhalten **II A 160** 13
- Befristung **II B 10** 9 f., 17, 35, 66, 142, 163 ff.
- Beweislastvereinbarung **II B 30** 2 f.
- Direktionsrecht **II D 30** 4, 42, 85, 119, 124, 127, 131, 202, 288
- Jeweiligkeitsklauseln **II J 10** 5 ff.
- Mehrarbeits- und Überstundenvergütung **II M 20** 11 ff., 23 ff., 37
- Rückzahlungsklauseln bei Ausbildungskosten **II A 120** 17 ff., 33 ff.
- salvatorische Klauseln **II S 10** 7
- Schadenspauschalierungsabrede **II S 20** 16 ff.
- Schriftformklauseln **II S 30** 17 f.
- Verschwiegenheitspflicht **II V 20** 33 f.
- Vertragsgestaltung **I A** 85, 96, 127; **I B** 54 ff.; **I C** 26 ff., 47 ff., 98 ff.; **II F 10** 10 ff.
- Verweisungsklauseln **II V 40** 25 f., 28, 31, 76 f., 81 ff.
- Verzichtserklärungen **II E 20** 27; **II V 50** 13 f.
- Wettbewerbsverbot **II W 10** 29, 32, 78, 93
- Zurückbehaltungsrechte **II Z 20** 36

Internet und Telekommunikation
- Abgrenzung privat/dienstlich **II I 10** 5
- Auto-Reply **II I 10** 53 f.
- BDSG **II I 10** 21 ff., 34 ff.
- Begrenzung **II I 10** 13
- Betriebliche Übung **II I 10** 10 f.
- Betriebsmittel **II I 10** 2
- Direktionsrecht **II I 10** 2, 7
- Downloads **II I 10** 51
- Einwilligung des Arbeitnehmers **II I 10** 34 ff.
- Erlaubnis der Privatnutzung **II I 10** 10 ff.
- Grundrechte **II I 10** 20
- Inhaltskontrolle **II I 10** 38 f.
- Klauseln **II I 10** 6, 10, 32, 34, 50, 55 ff.
- Kollektivvereinbarung **II I 10** 44 ff.
- Kontrolle bei erlaubter Privatnutzung **II I 10** 27 ff.
- Kontrolle bei verbotener Privatnutzung **II I 10** 21 ff.
- Kontrolle der Inhaltsdaten **II I 10** 24, 30
- Kontrolle der Verbindungsdaten **II I 10** 23, 28 f.
- Kontrolle und Überwachung **II I 10** 18 ff., 44 ff.
- Mitbestimmung **II I 10** 2, 6, 9
- Notsituationen **II I 10** 8
- private Nutzung **II I 10** 3 f., 6, 8, 27 ff., 55 ff.
- Rechtsfolgen rechtswidriger Überwachung **II I 10** 49
- Sanktionen unerlaubter Nutzung **II I 10** 55 ff.
- Schriftform **II I 10** 17
- Straftataufdeckung **II I 10** 25
- TKG/TMD **II I 10** 27 ff., 44
- Vertragsgestaltung **II I 10** 58 f.
- Vorbehalte **II I 10** 15 f.

Jeweiligkeitsklauseln
- AGB **II J 10** 5 ff.
- Allgemeine Arbeitsbedingungen **II J 10** 4 f.
- Arten **II J 10** 1
- Begriff **II J 10** 1 ff.
- Betriebsvereinbarungen **II J 10** 3
- Direktionsrecht **II D 30** 284

– Grenzen **II J 10** 4 ff.
– große dynamische Verweisung **II J 10** 1
– Inhaltskontrolle **II J 10** 5 ff.
– kleine dynamische Verweisung **II J 10** 1
– Öffnungsklauseln **II J 10** 3; **II O 10** 4
– Tarifvertrag **II J 10** 1 f.
– Transparenzgebot **II V 40** 15 f.
– Verweisungsklauseln **II J 10** 4 ff.; **II V 40** 11, 36, 67, 69 f., 79, 113
– Widerrufsvorbehalte **II J 10** 3
– Zweck **II J 10** 2
Jobsharing II A 90 149 ff.
Jugendschutz II A 70 35; **II A 90** 1, 107; **II N 10** 6, 13

KAPOVAZ II A 90 114, 122 ff., 134, 139 ff., 158; **II T 10** 8, 46
Karenzgrundsatz II W 10 1, 19, 31, 51 ff., 72 ff., 79, 87, 97, 106
Kirche
– außerdienstliches Verhalten **II A 160** 10
Konkurrenzklauseln s. Wettbewerbsverbot, nachträgliches
Kreditvertrag II A 10 6 ff.
Kundenschutzklauseln s. Verschwiegenheitspflicht
Kündigungsschutzklage II A 15 14 f.
Kündigungsvereinbarungen
– Abmahnung **II K 10** 23 ff.
– Abtretungsverbot **II A 10** 12
– Abwicklungsvertrag **II A 15** 11, 22
– AGB-Recht **II K 10** 10
– Altersgrenzenregelung **II K 10** 2
– Anfechtung **II K 10** 3
– Anrechnung **II K 10** 64 f.
– Aufhebungsvertrag **II A 100** 2, 15, 19, 41; **II K 10** 2 f.
– Ausgleichsquittung **II K 10** 2; **II V 50** 4, 13, 18, 27 ff.
– Ausschluss des Kündigungsrechts **II K 10** 16, 27 ff., 30 ff., 41 ff.
– Befristung **II B 10** 1 ff., 23 ff., 39 ff., 56 f., 67 ff., 81, 117, 124 ff., 141 ff., 151 ff., 166 ff., 188 ff.; **II K 10** 2, 53
– Beschränkung des Kündigungsrechts **II K 10** 17 ff.
– Betriebsrat **II K 10** 6
– Betriebszugehörigkeit **II K 10** 2
– Beweislastvereinbarungen **II B 30** 18
– Dauerstellung **II K 10** 34 ff.

– Direktionsrecht **II K 10** 2
– Erweiterung des Kündigungsrechts **II K 10** 20 ff.
– Erweiterung des Kündigungsschutzes **II K 10** 26 ff.
– faktische Kündigungserschwerung **II K 10** 18
– Formvorschriften **II K 10** 2 f., 9 f.
– Freistellung **II K 10** 2
– Gestaltungsspielraum **II K 10** 49 ff.
– Gleichbehandlungsklausel **II K 10** 72 ff.
– Interessenabwägung **II K 10** 22
– Jeweiligkeitsklausel **II K 10** 71
– Klauseltypen **II K 10** 4 ff., 11 ff., 26 ff., 31 ff., 41 ff., 52 ff., 59 ff., 72
– Kleinbetriebe **II K 10** 58
– Kündigung **II K 10** 1 ff.
– Kündigung, außerordentliche **II K 10** 1, 3 ff., 11 ff., 20 ff., 26 ff.
– Kündigung, ordentliche **II K 10** 3 ff., 11 ff., 16, 26 ff.
– Kündigung, verspätet zugegangene **II K 10** 7
– Kündigung vor Dienstantritt **II K 10** 2, 38 ff.
– Kündigungsfristen **II K 10** 2, 44 ff., 49 ff., 59 ff., 65 ff.
– Kündigungsgründe **II D 30** 6 ff., 106, 272; **II K 10** 11 ff., 15 ff.; **II U 20** 70
– Kündigungsschreiben **II K 10** 5
– Lebensstellung **II K 10** 34 ff.
– Mindestkündigungsfrist **II K 10** 21
– Nachweisgesetz **II K 10** 68
– Nebentätigkeit **II N 10** 10, 15, 23, 25, 49
– Probezeit **II K 10** 39, 52
– Schadenspauschalisierungsabreden **II S 20** 7
– Schriftform **II K 10** 2 f., 9 f.
– Sonderzahlung **II S 40** 19a, 28 ff., 36 ff., 39 ff., 48 ff., 53 ff., 88 ff., 95 ff., 107 ff., 122
– Tarifvertrag **II K 10** 2, 65 ff.
– Telearbeit **II T 20** 32
– Umdeutung **II K 10** 2 ff., 7 f.
– Vergütung **II K 10** 18
– Vertragsgestaltung **I B** 13, 16, 22, 51, 97; **I C** 115; **II K 10** 25, 48
– Vertragsstrafe **II K 10** 20, 39; **II V 30** 16 ff.
– Verzicht und Ausgleichsquittung **II K 10** 2; **II V 50** 4, 13, 18, 27 ff.

- Vorbehalte **II K 10** 2
- Wettbewerbsverbot **II W 10** 5, 20, 24 f., 52 f., 54, 78, 89, 92, 97
- Widerrufsvorbehalt **II V 70** 2, 19, 22, 41, 112
- Zugangsfiktion **II Z 10** 13, 24 f.
- zwingendes Recht **II K 10** 1, 10, 19, 47

Lauterkeitsrecht II V 20 10 f.
Leitender Angestellter
- Arbeitnehmerstatus **II A 50** 38 ff.
- Gehaltsanpassung **II G 10** 6
- Haftung **II H 20** 26 ff., 53
- Nebentätigkeit **II N 10** 19
- Vertragsgestaltung **I B** 5, 15, 41, 46, 53; **I C** 100
- Wettbewerbsverbot **II W 10** 13, 32, 36

Lizenz II V 20 75
Lohneinbehaltungsabreden
- Lohnminderung **II B 10** 5; **II H 20** 30 ff.

Lohnpfändung
- Bedeutung **II A 10** 12 ff., 24 ff.
- Kostenregelung **II A 10** 36 ff.
- Pfändungsfreigrenze **II A 10** 2a; **II M 10** 23
- Zurückbehaltungsrechte **II Z 20** 27

Mandantenschutzklauseln s. Wettbewerbsverbot, nachträgliches
Mankohaftung
- Abzugsabreden **II M 10** 22
- Begriff **II M 10** 1 ff., 10 ff., 17 ff.
- Beweislastvereinbarungen **II M 10** 4 ff., 13 ff., 19
- Kaution **II M 10** 21
- Klauseltypen **II M 10** 10 ff.
- Mankogeld **II M 10** 11 ff.
- Pfändungsfreigrenze **II M 10** 22, 23
- Sittenwidrigkeit **II M 10** 23
- Treu und Glauben **II M 10** 9, 23
- Vertragsgestaltung **I C** 39, 107, 114; **II M 10** 11, 23

Massenentlassung II Z 10 25
- Aufhebungsvertrag **II A 100** 26, 50 f.

Mehrarbeits- und Überstundenvergütung
- Abtretungsverbote **II A 10** 3, 16
- Ausbildungszeit **II M 20** 1
- Begriff **II M 20** 1 ff.
- Betriebsrat **II M 20** 6

- Betriebsvereinbarung **II M 20** 19 f., 62
- Ehrenämter **II E 10** 3
- Führungskraft **I B** 44; **II M 20** 7, 24 ff.
- Höchstarbeitszeit **II M 20** 8, 10
- Inhaltskontrolle **II M 20** 11 ff., 23 ff., 37
- Klauseltypen **II M 20** 9, 12 ff., 17 ff., 23, 25, 29 ff., 34 ff., 64
- Pauschalierungsabreden **II M 20** 9 ff., 16, 24 ff., 41 f., 65
- steuerrechtliche Aspekte **II M 20** 53 ff.
- Tarifvertrag **II M 20** 1 f., 8, 19, 46 f., 53
- Teilzeitarbeit **II M 20** 14; **II T 10** 33 ff., 59
- Überstunden **II T 10** 33 ff., 61
- Vertragsgestaltung **I A** 10; **I B** 13, 28, 43 f.; **I C** 41, 106; **II M 20** 64 f.
- Wochenarbeitszeit **II M 20** 2, 19, 35

Nachweisgesetz
- Arbeitsentgelt **I A** 40
- Arbeitsort **I A** 38
- Arbeitszeit **I A** 41
- Auslandstätigkeit **II A 140** 2, 22 f., 25, 30, 41 ff.
- Befristung **I A** 37
- Beginn des Arbeitsverhältnisses **I A** 36
- Beweislast **I A** 55 ff., 63
- Beweissicherung **I A** 30
- Direktionsrecht **II D 30** 74
- Erfüllungsanspruch **I A** 51
- Formerfordernis **I A** 30
- freiwillige Leistungen **I A** 40
- geringfügige Beschäftigung **II B 20** 7, 62 f.
- geschuldete Tätigkeit **I A** 39
- Inhaltskontrolle **I A** 65
- Kündigungsfrist **I A** 43
- Nebenpflicht **I A** 52
- Schadensersatz **I A** 52
- Urlaub **I A** 42
- Vertragsgestaltung **I A** 32 ff., 63 ff.
- Vertragsparteien **I A** 35
- Verweisungsklauseln **I A** 44 ff.; **II V 40** 32, 40, 42 ff., 64, 78
- Zielvereinbarungen **II Z 5** 8
- Zurückbehaltungsrecht **I A** 54

Nebentätigkeit
- Anzeigepflicht **II N 10** 41 ff.
- Arbeitszeit **II N 10** 11, 13

– Beamtenrecht **II N 10** 2, 41
– Begriff **II N 10** 1 ff.
– Berufsfreiheit **II N 10** 3, 28 f.
– Betriebsvereinbarung **II N 10** 6
– Beweislast **II N 10** 25
– Dienstvertrag **II N 10** 1
– Ehepartner **II N 10** 47
– Ehrenämter **II N 10** 1, 14
– Einschränkung **II N 10** 56
– Erheblichkeitsschwelle **II N 10** 20 ff.
– Erkrankung, arbeitsunfähige **II N 10** 24 f., 49, 53
– Erlaubnisvorbehalte **II N 10** 29 ff., 44
– Form **II N 10** 37
– Führungskräfte **II N 10** 7, 19
– geringfügige Beschäftigung **II N 10** 42
– Haftung des Arbeitnehmers **II H 20** 49
– Jugendschutz **II N 10** 13
– Klauselbeispiele **II N 10** 6 ff., 11, 14, 16, 24, 29, 32 f., 36, 41, 48, 57
– Kündigung **II N 10** 10, 15, 23, 25, 49
– leitender Angestellter **II N 10** 19
– Mutterschutz **II N 10** 13
– Offenbarungspflicht **II N 10** 32
– Öffentlicher Dienst **II N 10** 2
– Privatwirtschaft **II N 10** 3
– Rechtsfolgen **II N 10** 48 ff.
– Schwarzarbeit **II N 10** 8 ff.
– Tarifvertrag **II N 10** 6, 44, 54
– Teilzeitarbeit **II T 10** 26, 43, 49
– Treu und Glauben **II N 10** 18
– Urlaubsgeld, -zweck **II N 10** 4, 14 f., 54
– Verbote **I C** 30, 132; **II N 10** 4 ff., 14 ff., 26 ff.
– Veröffentlichungen und Vorträge **II N 10** 2, 5, 7, 14
– Verschwiegenheitspflicht **II N 10** 5
– Vertragsgestaltung **I A** 41; **I B** 46, 55, 65, 73, 98; **II N 10** 57
– Vertragsstrafe **II V 30** 70 ff.
– Werkvertrag **II N 10** 1
– Wettbewerbsverbot **II N 10** 5, 7; **II W 10** 1, 6, 8, 13, 21
– Widerrufsvorbehalt **II N 10** 38 ff.
– Zulässigkeit **II N 10** 3
– Zulässigkeitsbeschränkungen **II N 10** 4 ff.
– Zustimmungserfordernis **II N 10** 2 f., 30 f.
– Zustimmungsmodalitäten **II N 10** 33 ff.

Niederlassungsklauseln II W 10 75

Öffentlicher Dienst II A 120 62 f.
– außerdienstliches Verhalten **II A 160** 9 ff.
– Nebentätigkeit **II N 10** 2
– Personalfragebogen **II P 10** 30, 33
– Schriftformklauseln **II S 30** 11
– Verschwiegenheitspflicht **II V 20** 8

Öffnungsklauseln
– Begriff **II O 10** 1 ff.
– Betriebsvereinbarungen **II O 10** 4 ff.
– Günstigkeitsprinzip **II O 10** 1
– Hinweisklauseln **II O 10** 5
– Jeweiligkeitsklauseln **II J 10** 3; **II O 10** 4
– Klauseltypen **II O 10** 3, 8 f., 13 f., 18
– Tarifverträge **II O 10** 12 ff.
– Vertragsgestaltung **I A** 14, 79, 89; **I B** 23, 69, 73; **I C** 19; **II O 10** 1, 18
– Vertrauensschutz **II O 10** 5
– Verweisungsklauseln **II V 40** 5

Personalfragebögen I B 21, 98; **II B 30** 30
– AIDS-Erkrankung **II P 10** 17
– Alter **II P 10** 8
– Beschränkung der Informationsfreiheit **II P 10** 3 ff.
– Bundesverwaltung **II P 10** 3
– Deutschkenntnisse **II P 10** 9a
– Diskriminierungsverbot **II P 10** 3, 22, 46
– Drogenabhängigkeit **II P 10** 19
– Ermittlungsverfahren **II P 10** 29
– Familienplanung **II P 10** 25
– Fragen zu persönlichen Verhältnissen **II P 10** 10 ff.
– Fragen zum beruflichen Werdegang **II P 10** 35 ff.
– Fragen zur Person des Bewerbers **II P 10** 8 ff.
– geringfügige Beschäftigung **II P 10** 40 ff.
– Gewerkschaftszugehörigkeit **II P 10** 26
– Inhalt **II P 10** 1 ff.
– Interessenabwägung **II P 10** 4 ff.
– Krankheit **II P 10** 15
– Kündigungsschutz **II P 10** 10 ff.
– Lohnpfändung **II P 10** 34
– MfS **II P 10** 31 ff.
– Mitbestimmungsrecht **II P 10** 51

– Nebentätigkeit **II P 10** 39
– Persönlichkeitsrecht **II P 10** 4 ff.
– Recht zur Lüge **II P 10** 48
– Rechtsfolgen der Falschbeantwortung **II P 10** 47 ff.
– Schwangerschaft **II P 10** 21 ff.
– Schwerbehinderung **II P 10** 10 ff.
– Scientology-Mitgliedschaft **II P 10** 30
– Staatsangehörigkeit **II P 10** 9
– Stasi-Tätigkeit **II P 10** 31 f.
– Vorstrafen **II P 10** 28
– Wehrdienst **II P 10** 45 f.
– Wettbewerbsverbote **II P 10** 38
Personalmanagement I B 49
Probearbeitsverhältnis I B 16, 19 ff., 97
– Arbeitnehmerstatus **II A 50** 49
– Befristung **II B 10** 1, 25 ff., 58 ff., 82
– Kündigung vor Dienstantritt **II K 10** 2, 38 ff.
– Wettbewerbsverbot **II W 10** 88
– Zielvereinbarungen **II Z 5** 29

Reduktionsklauseln s. Salvatorische Klauseln
Rente
– Entgeltumwandlung **II E 30** 2
Riester-Rente II E 30 2, 19
Rückkehrklausel s. Auslandstätigkeit
Rückzahlungsklausel
– Aufhebungsvertrag **II A 100** 94 ff.
– Ausbildungskosten **II A 120** 7 ff.
– Sonderzahlungen **II S 40** 33 ff., 45 ff., 58 ff., 88 ff., 107 ff., 110 f., 118
– Umzugskostenerstattung **II U 10** 5 ff.
– Urlaubsabreden **II U 20** 59 ff., 89 ff.
– Vertragsgestaltung **I B** 13, 15, 42, 78; **I C** 18, 36, 107, 115
– Vertragsstrafen **II V 30** 49 ff., 112

Salvatorische Klauseln
– Änderungsrecht, einseitiges **II S 10** 16
– Auffangklauseln **II S 10** 20
– Aufrechnung **II A 110** 18
– Ausnahmen **II S 10** 22 ff., 29 ff.
– Begriff **I A** 117; **I B** 61; **II S 10** 2
– Ersetzungsklauseln **II S 10** 2, 12 ff., 20 f., 22 ff.
– Formularvertrag **II S 10** 3, 5 ff., 16
– Freizeichnungsklausel **II S 10** 25
– geltungserhaltende Reduktion **II S 10** 3
– Gerichtsstand **II G 20** 24 ff.

– gesetzesverweisende Klauseln **II S 10** 26 ff., 36
– Individualarbeitsvertrag **II S 10** 4
– Inhaltskontrolle **II S 10** 7
– Klauseltypen **II S 10** 9 ff.
– Reduktionsklausel **II S 10** 2, 25 ff., 36
– Sonderzahlungen **II S 40** 111
– Teilnichtigkeitsklausel **II S 10** 2, 9 f., 35
– Vertragsstrafe **II S 10** 19, 25
– Zurückbehaltungsrechte **II Z 20** 31
Schadenspauschalierungsabreden
– Begriff **II S 20** 1 ff.
– Grenzen **I C** 96; **II S 20** 14 ff.
– Haftung des Arbeitnehmers **II H 20** 4, 43, 46; **II S 20** 5
– Inhaltskontrolle **II S 20** 16 ff.
– Klauseltypen **II S 20** 2 ff.
– Kündigung, fristlose **II S 20** 3 f.
– Vertragsgestaltung **II S 20** 22
– Vertragsstrafe **II S 20** 6 ff., 16 ff.; **II V 30** 64 f., 70, 76 ff.
Schriftformklauseln
– AGB-Recht **II S 30** 1 f., 8 f., 17 f.
– Arbeitszeit **II A 90** 219, 223, 229
– Aufhebung **II S 30** 9
– Bestätigungsklauseln **II S 30** 4
– betriebliche Übung **II S 30** 11 ff.
– Beweislastvereinbarung **II B 30** 9
– deklaratorisch **II S 30** 3
– doppelte **II S 30** 7
– einfache **II S 30** 5 f., 11
– Individualabrede, Vorrang **II S 30** 8 ff., 13 f.
– Inhaltskontrolle **II S 30** 17 f.
– Klauselbeispiele **II S 30** 5 ff.
– konstitutiv **II S 30** 3
– Kündigungserklärungen **II K 10** 2 f., 9 f.
– Nebenabreden **II S 30** 4 ff.
– qualifizierte **II S 30** 7, 9, 11 f., 14
– Rechtsfolge bei Nichteinhaltung **II S 30** 3
– Tarifvertrag **II S 30** 11
– TzBfG **II S 30** 1
– Vertragsänderung **II S 30** 4 ff.
– Vertragsgestaltung **I A** 25, 117; **I B** 10, 13, 61; **I C** 18, 85; **II S 30** 20
– Vollständigkeitsklauseln **II V 60** 1

Schwangerschaft II P 10 21 ff.
Schwarzarbeit II N 10 8 ff.
Schwarzes Brett I B 30; II Z 10 24 ff.
Schwerbehinderung
- Arbeitszeit II A 90 37
- Personalfragebögen II P 10 10 ff.

Sicherungsübereignung II A 10 8
Sittenwidrigkeit
- Aufhebungsvertrag II A 100 46 ff.
- Mankohaftung II M 10 23
- Provisionsvereinbarung I C 42
- Verschwiegenheitspflicht, nachvertragliche II V 30 65 ff.
- Vertragsgestaltung I C 39 ff.
- Wettbewerbsverbot II W 10 24

Sonderzahlungen
- 13. Monatsgehalt II S 40 23 ff., 32, 42 f., 85 ff., 119 f.
- Anspruchsausschluss II S 40 52
- Anwesenheitsprämie II S 40 9 ff., 73
- Arbeitnehmerüberlassung II A 55 25
- arbeitsleistungsbezogene II S 40 20 ff., 32 ff., 48, 85, 119 f.
- Arten II S 40 23 ff.
- Aufhebungsvertrag II S 40 54 ff., 88
- Auslegung II S 40 5 ff., 24 ff., 29a, 31 ff., 91 f.
- im Austrittsjahr II S 40 27, 85 ff.
- Beendigung des Arbeitsverhältnisses II S 40 36 ff., 39, 49 ff., 57 ff., 91, 107 ff.
- Begriff II S 40 3 ff.
- betriebliche Übung II S 40 1, 15 ff.
- für Betriebstreue II S 40 5, 10, 16, 19d f., 20 ff., 28 ff., 38 ff., 52a f., 61 ff., 84, 87 f., 93 f., 96, 109, 121 f.
- Betriebszugehörigkeit II S 40 19a, 28, 32, 34 ff.
- Bezugszeitraum II S 40 24, 29a, 38 f., 44a ff., 56 ff. 67 f., 80, 89 ff., 103 ff., 105 f., 109, 119
- Bindungsfrist II S 40 49 f., 95 ff.
- Bindungsklauseln II S 40 39, 47, 56 ff.
- im Eintrittsjahr II S 40 27, 85 ff., 120
- Entgeltcharakter II S 40 2 ff., 20 ff., 23 ff., 27, 32 f., 42 ff., 68 ff., 83 ff., 85 f., 92, 119 f.
- Entgeltfortzahlung II S 40 69 ff., 76 ff., 85
- Fehlzeiten II S 40 64 ff., 122
- Formularvertrag II S 40 111
- Freiwilligkeit II S 40 1 ff., 15 ff., 28
- Gleichbehandlungsgrundsatz II S 40 1, 42

- Gratifikation II S 40 26, 39, 104 ff., 110, 113
- Kündigung II S 40 19a, 28 ff., 36 ff., 39 ff., 48 ff., 53 ff., 88 ff., 95 ff., 107 ff., 122
- Kürzung II S 40 64 ff., 83
- Mischcharakter II S 40 30, 43, 66, 83, 87, 94, 121
- Rechtsfolgen II S 40 110 f.
- Rückzahlungsklausel II S 40 58 ff., 88 ff., 107 ff.
- ruhendes Arbeitsverhältnis II S 40 81 ff.
- sachlicher Grund II S 40 106
- salvatorische Klausel II S 40 111
- steuerrechtliche Aspekte II S 40 113 ff.
- Stichtagsklausel II S 40 26, 36 ff., 39 ff., 48 ff., 58 ff., 89 f., 109
- Tarifvertrag II S 40 1, 37, 86
- ungekündigtes Arbeitsverhältnis II S 40 48 ff.
- Vertragskontrolle II S 40 8 ff., 42 ff.
- Wartezeitklausel II S 40 35 ff.
- Weihnachtsgeld II S 40 23, 40
- Widerrufsvorbehalt II S 40 7 ff.
- Zielvereinbarungen II Z 5 7, 27, 47

Sozialrechtliche Aspekte der Vertragsgestaltung
- Abtretungsverbote I D 4; II A 10 23
- Abwicklungsvertrag II A 15 2 ff., 28 ff.
- Altersgrenze II A 20 3, 19 ff., 22 ff.
- Altersteilzeit II V 80 29 ff.
- Arbeitnehmerstatus II A 50 27 ff.
- Ausbildungskosten II A 120 15
- Beitragsbemessungsgrenze I D 10 f.
- Beitragspflicht, Umgehung I D 3
- Beschäftigung I D 6 ff.
- Freistellung II F 10 30 ff.
- geringfügige Beschäftigung II B 20 25 ff.
- Nichtigkeit nachteiliger Vereinbarungen I D 2
- salvatorische Klauseln II S 10 4
- Sozialversicherung I B 31
- Versicherungspflichtgrenze I D 10 f.

Sozialversicherungsrecht
- Arbeitsunfähigkeit II A 60 9
- Beginn des Versicherungsschutzes II A 60 7
- Eintritt in das Beschäftigungsverhältnis II A 60 8

1910

Spannungsklausel s. Gehaltsanpassung
Steuerrechtliche Aspekte der Vertragsgestaltung
- Abfindung **I E** 35; **II A 100** 130 ff.; **II A 70** 131
- Aktienoption **I E** 7
- Altersteilzeit **II A 30** 37 ff.; **II A 70** 159
- Arbeitnehmerüberlassung **II A 55** 28
- Arbeitsentgelt **II A 70** 129
- Arbeitslohnbegriff **I E** 7
- Aufrechnung **II A 110** 29 ff.
- Aufwendung **I E** 27, 28
- Aufzeichnungspflicht **I E** 19
- Auslagenersatz **II A 70** 167
- Auslandstätigkeit **II A 140** 67 ff.
- Berufskleidung **II A 70** 161
- Betriebsveranstaltung **I E** 27; **II A 70** 138
- BMF-Schreiben **I E** 3
- Darlehen **II D 10** 25 ff.
- Dienstverhältnis **I E** 4
- eigenbetriebliche Interessen **I E** 27; **II A 70** 135
- Einkommensteuer **I E** 2
- fester Steuersatz **I E** 24
- geldwerter Vorteil **I E** 7; **II A 70** 133, 145
- geringfügige Beschäftigung **I E** 29, 31; **II B 20** 45 ff.; **II P 10** 43
- Gesundheitsuntersuchung **II G 30** 40 ff.
- Gruppenunfallversicherung **I E** 36
- Haftung des Arbeitgebers **II H 10** 13 ff.
- Haushaltsscheckverfahren **I E** 31
- Job-Ticket **I E** 28
- Kirchensteuer **I E** 9, 11, 31
- Kundenbindungsprogramme **II A 70** 165
- Kündigung **I E** 35
- kurzfristige Beschäftigung **I E** 30
- Lohnabtretung **II A 10** 50
- Lohnkonto **I E** 19
- Lohnpfändung **II A 10** 51
- Lohnsteuer **I E** 2 ff., 10, 23 ff.
- Lohnsteueranmeldung **I E** 16 ff.
- Lohnsteuerbescheinigung **I E** 22
- Lohnsteuerhinweise **I E** 3
- Lohnsteuerrichtlinien **I E** 3
- Mehrarbeit und Überstunden **II M 20** 54 ff.
- Nettoarbeitslohn **I E** 1; **II A 70** 132
- Pauschalierung **I E** 23 ff.
- Prämie **I E** 27
- private Internetnutzung **II A 70** 166
- Rechtsgrundlage **I E** 2
- Regelbesteuerungsverfahren **I E** 4
- Reisekosten **I E** 27; **II A 70** 144; **II D 15** 28 ff.
- Sammelbeförderung **II A 70** 162
- Solidaritätszuschlag **I E** 9
- Sonderzahlungen **II S 40** 113 ff.
- Steuerbefreiung **II A 70** 153 ff.
- Steuererhebung **I E** 2 f.
- Steuerpflicht, beschränkte **I E** 15
- Steuerpflicht, unbeschränkte **I E** 11 ff.
- Teilzeitbeschäftigte **I E** 29
- Trinkgeld **II A 70** 168; **II G 25** 13
- Überwälzung **I E** 23
- Umzugskosten **II U 10** 25 ff.
- variabler Steuersatz **I E** 25
- Werkzeuggeld **II A 70** 160
- Zufluss **I E** 8
- Zukunftssicherungsleistungen **I E** 35; **II A 70** 168
- Zuschläge **II A 70** 172

Subunternehmer II A 50 1

Tarifvertrag
- Abtretungsverbot **II A 10** 28
- Änderung **II V 40** 45, 59 f., 79
- Arbeitnehmerstatus **II A 50** 26
- Arbeitsentgelt **II A 70** 10 ff., 20, 23 ff.
- Arbeitszeit **II A 90** 1, 8, 10, 14, 20 ff., 38 ff., 53 ff., 65 ff., 71 ff., 79, 134, 146
- Aufrechnung **II A 110** 3 ff., 15
- Ausbildungskosten **II A 120** 16
- Ausschlussfristen **II A 150** 3, 4 f., 25 ff., 34 ff.
- Befristung **II B 10** 4, 27, 42, 57, 83 ff., 90, 102
- Bindung **II V 40** 80
- Direktionsrecht **II D 30** 16, 18, 24, 27, 48, 55 f., 87, 120, 135 ff., 156 ff., 177 f., 187, 223 f., 284
- Gehaltsanpassung **II G 10** 8, 10
- Gerichtsstand **II G 20** 7 ff.
- Gesundheitsuntersuchung **II G 30** 15, 19, 31, 34
- Jeweiligkeitsklauseln **II J 10** 1 f.
- Kündigungserklärungen **II K 10** 2, 65 ff.
- Mehrarbeits- und Überstundenvergütung **II M 20** 1 f., 8, 19, 46 f., 53

– Nebentätigkeit **II N 10** 6, 44, 54
– Tarifwechsel **II V 40** 53 ff., 64, 79 ff., 91, 95 ff., 107, 112 f.
– Teilzeitarbeit **II T 10** 7, 16, 50
– Umzugskostenerstattung **II U 10** 2 f.
– Urlaubsabreden **II U 20** 1, 13 ff., 30 ff.
– Veröffentlichungen und Vorträge **II V 10** 12
– Verschwiegenheitspflicht **II V 20** 8
– Vertragsgestaltung **I A** 10 ff., 90 ff.; **I B** 35 ff., 60 ff., 78 ff.; **I C** 16 ff.
– Verweisungsklauseln **II V 40** 1, 5 ff., 7 ff., 12, 18, 23 ff., 34, 39 ff., 71 ff., 91 ff.
– Verzichtserklärungen **II V 50** 23 ff.
– Zugangsfiktion **II Z 10** 24 f., 28
Teilbefristung s. Vorbehalte und Teilbefristung
Teilnichtigkeitsklauseln s. Salvatorische Klauseln
Teilzeitarbeit
– Abrufarbeit **II T 10** 8, 30, 46
– AGB-Kontrolle **II T 10** 7
– Altersteilzeit **II V 80** 29 ff.; **II T 10** 1 f.
– Arbeitszeit **II T 10** 5 ff., 30, 46, 59
– Ausbildungsmaßnahmen **II T 10** 11
– Auskunfts- und Anzeigenpflicht **II T 10** 47 ff.
– Bandbreitenregelung **II T 10** 7
– Bedeutung **II T 10** 1 f.
– Begriff **II T 10** 3 ff.
– Dauer der Arbeitszeit **II T 10** 7 f.
– Direktionsrecht **II T 10** 54
– Diskriminierungsverbot **II T 10** 10 ff., 34 ff., 42
– EG-Recht **II T 10** 14 f., 28, 34, 37, 60
– Elternzeit **II T 10** 1
– Entgeltfortzahlung **II T 10** 27
– Entgeltumwandlung **II E 30** 3
– Formen **II T 10** 5 ff.
– Formularvertrag **II T 10** 27
– geringfügige Beschäftigung **II T 10** 16 ff., 47 ff., 61
– Gleichbehandlungsgrundsatz **II T 10** 12
– Halbtagskraft **II T 10** 6
– Klauseltypen **II T 10** 20 ff.
– Kündigungsschutz **II T 10** 7
– Lage **II T 10** 56 ff.
– Mehrarbeits- und Überstundenvergütung **II M 20** 14; **II T 10** 33 ff., 59
– Mehrfachbeschäftigung **II T 10** 43 ff., 51, 60

– Mitbestimmung **II T 10** 9
– Nebentätigkeit **II T 10** 26, 43, 49
– Pauschalabreden **II T 10** 33
– Pro-Rata-Temporis-Grundsatz **II T 10** 20
– Rechtsanspruch **II T 10** 52 ff.
– sozialrechtliche Behandlung **II T 10** 17
– Tarifvertrag **II T 10** 7, 16, 50
– Treuepflicht **II T 10** 29, 44 f.
– TzBfG **II T 10** 1, 3 f., 8, 10 ff., 20 ff., 42, 52 ff.
– Überstunden **II T 10** 29 ff.
– Ultimokraft **II T 10** 6
– Urlaub **II T 10** 40 ff.
– Vergütung **II T 10** 20 ff.
– Vertragsgestaltung **I B** 15 f., 67; **II T 10** 38 f., 50, 57 ff.
– Vertragsmuster **III B** 10
– Vorrang der Verhandlungslösung **II T 10** 52 ff.
– Weiterbildungsmaßnahmen **II T 10** 11
– Wettbewerbsverbot **II T 10** 43
– Wochenarbeitszeit **II T 10** 3, 36 ff.
– Zusatzversorgung **II T 10** 16 ff.
Telearbeit II A 60 10
– Abrufarbeit **II T 20** 34
– alternierende **II T 20** 10 f., 18, 30, 35, 37 f., 42 ff., 49 ff., 69 ff.
– Arbeitnehmer **II T 20** 2 ff., 17 ff., 28 f.
– arbeitnehmerähnliche Person **II T 20** 2, 26
– Arbeitsmittel **II T 20** 46 ff., 54 ff.
– Arbeitszeit **II T 20** 30
– ArbZG **II T 20** 39
– Arten **II T 20** 8 ff.
– ausschließliche **II T 20** 9, 22, 30, 36, 42 ff., 49 ff.
– Begriff **II T 20** 1 ff.
– Betriebsrat **II T 20** 74 f.
– Betriebsrisiko **II T 20** 38
– Datenschutz **II T 20** 61 f.
– Dauer und Lage **II T 20** 31 ff.
– Definition **II T 20** 1
– Freistellungsanspruch **II T 20** 59
– Haftung des Telearbeiters **II T 20** 54 ff.
– Haftungsbeschränkung **II T 20** 57 ff.
– Heimarbeiter **II T 20** 2, 24 f., 72
– Klauseltypen **II T 20** 30 ff., 38, 40, 42, 46, 49, 54, 61, 69
– Kostenerstattung **II T 20** 49 ff.

- Kündigungsschutzrecht **II T 20** 32
- Leistungsüberwachung **II T 20** 5
- Mietwohnung **II T 20** 44
- Mitbestimmungsrecht **II T 20** 74 f.
- mobile **II T 20** 15, 22, 30, 34, 37, 49 ff.
- Nachbarschafts- und Satellitenbüros **II T 20** 10, 12 ff., 18, 30, 33, 37
- Nachteile **II T 20** 5
- Selbständiger **II T 20** 2, 22, 27
- Statusfeststellung **II T 20** 16 ff.
- Systemstörungen **II T 20** 38
- Überstunden **II T 20** 40 f.
- Unfallversicherungsschutz **II T 20** 67 f.
- Vorteile **II T 20** 3 f.
- Wegezeit **II T 20** 37
- Weisungsgebundenheit, fachliche **II T 20** 21
- Weisungsgebundenheit, örtliche **II T 20** 19
- Weisungsgebundenheit, zeitliche **II T 20** 20
- Zeiterfassung **II T 20** 39
- Zugangsrecht **II T 20** 63 ff.

Tendenzbetrieb II A 160 9
Transparenzgebot II V 70 11, 15, 20, 26, 35 f., 40, 50 ff., 79, 91; **II Z 5** 21
Trennungsentschädigung I B 9, 98
Treu und Glauben
- Aufrechnung **II A 110** 13, 16
- Ausbildungskosten **II A 120** 17 ff., 54
- Ausschlussfristen **II A 150** 43
- Befristung **II B 10** 30
- Beweislastvereinbarung **II B 30** 2 f.
- Direktionsrecht **II D 30** 246
- Haftung für Kfz-Schäden **II H 30** 12
- Mankohaftung **II M 10** 9, 23
- Nebentätigkeit **II N 10** 18, 40
- Tätigkeitsbeschreibung **II T 10** 11, 37
- Umzugskostenerstattung **II U 10** 8
- Verschwiegenheitspflicht **II V 20** 37
- Vertragsgestaltung **I C** 4, 86 ff., 94
- Vertragsstrafen **II V 30** 84
- Zurückbehaltungsrechte **II Z 20** 12, 20, 26 ff.

Treuepflichtklauseln s. Wettbewerbsverbot, nachträgliches
Trinkgelder
- Bedienungsgeld **II G 25** 25 f.
- Herausgabepflicht **II G 25** 18, 22
- Inhaltskontrolle **II G 25** 19, 23
- Klauseltypen **II G 25** 16 ff., 24, 27

- Mindestlohn **II G 25** 12, 17, 25
- Schenkung **II G 25** 21
- sozialversicherungsrechtliche Aspekte **II G 25** 15, 25
- steuerrechtliche Aspekte **II G 25** 13, 25
- Tronc-System **II G 25** 27
- Vertragsgestaltung **II G 25** 28 ff.

Truckverbot
- Aufrechnung **II A 110** 12

Übergangsgeld I B 37; **I C** 115
Überraschende Klauseln I C 76 ff.
- Ausschlussfristen **II A 150** 15 ff.

Umzugskosten
- Angemessenheit **II U 10** 23
- Arbeitsverhältnisende **II U 10** 10 ff.
- Aufhebungsvertrag **II U 10** 28
- Aus- und Fortbildung **II U 10** 21
- begünstigte Umzüge **II U 10** 25 ff.
- Berufsfreiheit **II U 10** 16
- Bindungsintensität **II U 10** 16 ff.
- Darlehensklauseln **II U 10** 24
- Formulararbeitsvertrag **II U 10** 6
- Klauseltypen **II U 10** 6 ff.
- Kündigung, betriebsbedingte **II U 10** 12
- öffentliche Kassen **II U 10** 26 ff.
- öffentlicher Arbeitgeber **II U 10** 3
- Rückforderungsbetrag **II U 10** 20 ff.
- Rückzahlungsklauseln **II U 10** 6 ff.
- steuerrechtliche Aspekte **II U 10** 25 ff.
- Versetzung **II U 10** 2 f.
- Vertragsgestaltung **I B** 9, 42; **II U 10** 28
- Zweck **II U 10** 1 ff.

Unionsrecht
- Befristung **II B 10** 12 ff., 114, 158 f.
- Gerichtsstand **II G 20** 11 ff., 32 ff.
- Teilzeitarbeit **II T 10** 14 f., 28, 34, 37, 58
- Wettbewerbsverbot **II W 10** 46

Unpfändbarkeit II A 10 2
Unternehmensphilosophie I B 49
Urlaub
- Abweichung vom BUrlG **II U 20** 5 ff.
- anderweitige Erwerbstätigkeit **II U 20** 30 ff.
- Aufhebungsvertrag **II A 100** 91 f.; **II U 20** 52
- Aufrechnung **II A 110** 4, 10, 24

- Beendigung des Arbeitsverhältnisses **II U 20** 47 ff.
- Begriff **II U 20** 1 ff.
- Betriebsrat **II U 20** 4
- Freistellungsklauseln **II F 10** 26 ff.; **II U 20** 48, 52 ff.
- Klauseltypen **II U 20** 5 ff., 53 ff., 66 ff.
- Kündigung **II U 20** 82 ff.
- Mehrurlaub, arbeitsvertraglicher **II U 20** 17 ff., 54 f., 77
- Mehrurlaub, tariflicher **II U 20** 75 f.
- Mindesturlaub, gesetzlicher **II U 20** 5, 55, 73
- tariflicher **II U 20** 15 ff.
- Teilurlaub **II U 20** 5, 9
- Teilzeitarbeit **II T 10** 40 ff.
- Treu und Glauben **II U 20** 70, 74
- übergesetzlicher **I A** 72; **II U 20** 5
- Übertragbarkeit von Urlaub **II U 20** 5, 12, 85
- unbezahlter während der Kündigungsfrist **II U 20** 48 ff.
- Urlaubsbescheinigungsklausel **II U 20** 92
- Urlaubsgeld **II U 20** 59 ff., 80, 89 ff.
- Urlaubsgratifikation **II U 20** 80
- Urlaubsverwirkungsklausel **II U 20** 66 ff.
- Verfallklauseln **II U 20** 44 ff., 88
- Vertragsgestaltung **I B** 13, 22, 98; **II U 20** 5, 93 ff.
- Vertragsstrafe **II U 20** 77
- Verzichtsklauseln **II U 20** 53 ff.; **II V 50** 18, 22
- Vorschussvereinbarungen **II U 20** 62 ff.
- Wartezeiten **II U 20** 1, 5, 10 ff.
- Zugangsfiktion **II Z 10** 20
- Zurückbehaltungsrechte **II Z 20** 27
- Zwölftelungsprinzip **II U 20** 20 ff.

Verbandswechsel II V 40 59, 91 ff.
Verbotene Eigenmacht II H 40 6
Verbraucher, Arbeitnehmer I C 68 ff., 101
Verfallklauseln s. Urlaub
Verjährungsfrist II A 150 1 f.
Vermögenswirksame Leistungen II A 10 2; **II A 110** 9
Veröffentlichungen und Vorträge
- Anzeigepflicht **II V 10** 18 f.
- Arbeitnehmererfindungen **I B** 22; **II V 10** 22

- außerdienstliches Verhalten **II A 160** 9
- Begriff **II V 10** 1 ff.
- Betriebsgeheimnis **II V 10** 8 ff.
- Ehrenämter **II V 10** 2
- Führungskräfte **II V 10** 1
- Gestattung, ausdrückliche **II V 10** 15
- Klauseltypen **II V 10** 5, 15, 20, 26
- Nebentätigkeit **II N 10** 7; **II V 10** 2, 5, 10 ff.
- Nutzungs- und Verwertungsrecht **II V 10** 21
- Tarifvertrag **II V 10** 11
- Transparenz **II V 10** 10
- Urheberrecht **II V 10** 23
- Verschwiegenheitspflicht **II V 10** 3, 9, 16
- Vertragsgestaltung **II V 10** 5 ff., 25
- Wettbewerbsverbot, nachvertragliches **II V 10** 6
- Zustimmungsfiktion **II V 10** 15
- Zustimmungsvorbehalte **II V 10** 5

Verschwiegenheitspflicht II V 20 1 ff.
- Abwicklungsvertrag **II A 15** 27
- allgemeine Verschwiegenheitspflicht **II V 20** 5
- All-Klauseln **II V 20** 34
- Arbeitnehmerüberlassung **II V 20** 41
- Arbeitsentgelt **II V 20** 35 ff.
- Aufsichtsratmitglieder **II V 20** 16
- Aufzeichnungen **II V 20** 53
- Auskunftsanspruch **II V 20** 68
- Auszubildende **II V 20** 15
- BDSG **II V 20** 29
- Bedeutung **II V 20** 1 ff.
- berechtigte Interessen des Arbeitnehmers **II V 20** 45
- berechtigtes Interesse des Arbeitgebers **II V 20** 24, 55
- Beseitigungsanspruch **II V 20** 11, 67
- Bestimmtheitsgrundsatz **II V 20** 58
- Betriebs- und Geschäftsgeheimnisse **II V 20** 18 ff., 53 ff.
- Betriebsrat **II V 20** 36
- Betriebsratsmitglieder **II V 20** 14
- Betriebsübergang **II V 20** 50
- Betriebsvereinbarung **II V 20** 33
- Datengeheimnis **II V 20** 13
- deklaratorische Klauseln **II V 20** 6, 23, 32, 45 f.
- Denunziationsklausel **II V 20** 48
- Diensterfindungen **II V 20** 12
- Direktionsrecht **II V 20** 31

– Einbeziehung von Drittunternehmen **II V 20** 39 ff.
– Erweiterung durch Vertrag **II V 20** 33 ff., 42
– erworbene Kenntnisse **II V 20** 53
– Gegenstand **II V 20** 2
– Geheimnis **II V 20** 18 ff., 53 ff.
– Geschäfts- und Betriebsgeheimnis **II V 20** 18 ff., 53 ff.
– Gesetzesverstoß des Arbeitgebers **II V 20** 24 ff.
– gesetzliche Normierung **II V 20** 5
– gesetzliche Verschwiegenheitspflicht **II V 20** 66
– Grenzen der Vertragsgestaltung **II V 20** 33 ff.
– Grund **II V 20** 3
– Grundrechte **II V 20** 1, 37, 55
– Herausgabeanspruch **II V 20** 26, 67
– Inhaltskontrolle **II V 20** 33 f.
– innerbetriebliche Missstände **II V 20** 27 ff.
– Interessenabwägung **II V 20** 55 f.
– Karenzentschädigung **II V 20** 56, 61 f., 82
– Klauseltypen **II V 20** 5, 18, 31, 39, 46, 47 ff., 51, 67
– Koalitionsfreiheit **II V 20** 37
– Konzern **II V 20** 40 ff.
– Kundenschutzklauseln **II V 20** 59, 62
– Kündigung **II V 20** 13, 26 ff., 48
– Lauterkeitsrecht **II V 20** 10 f.
– Lizenz **II V 20** 75
– Lohn- und Gehaltsdaten **II V 20** 35 ff.
– Mitbestimmung **II V 20** 6
– nachvertragliche **II V 20** 7, 51 ff.
– Nachwirkung **II V 20** 64
– Nebenpflichten **II V 20** 27, 34, 49
– Neugierklausel **II V 20** 47
– Offenkundigkeit **II V 20** 20
– Öffentlicher Dienst **II V 20** 8
– prozessuale Aspekte **II V 20** 69 ff.
– Rechtsfolge bei Verstoß **II V 20** 5, 7, 11, 17, 25
– Rechtsfolgenregelungen **II V 20** 43 ff., 67 ff.
– Rechtsgrundlage **II V 20** 5 ff.
– Rechtsweg **II V 20** 69
– Rücksichtnahmepflichten **II V 20** 25 ff.
– Schaden **II V 20** 74 f.
– Schadensersatz **II V 20** 11, 44, 72 ff.
– Sittenwidrigkeit **II V 20** 34

– Strafrecht **II V 20** 17, 40
– Tarifvertrag **II V 20** 8
– Transparenzgebot **II V 20** 57, 65
– Treu und Glauben **II V 20** 37
– Überwachungspflicht **II V 20** 48
– Umfang **II V 20** 7, 52 ff., 63 ff.
– Unterlassungsanspruch **II V 20** 11, 43, 70 f.
– Unternehmensgeheimnisse **II V 20** 39 ff.
– UWG **II V 20** 5, 10
– verbundene Unternehmen **II V 20** 39 ff.
– Verhältnismäßigkeit **II V 20** 22
– Veröffentlichungen und Vorträge **II V 10** 3, 9, 16
– Verpflichtete **II V 20** 20
– Vertragsgestaltung **I B** 46, 53, 73, 98; **II V 20** 79 ff.
– Vertragsstrafen **II V 20** 46, 78; **II V 30** 67 ff.
– vertrauliche Angaben **II V 20** 31 f.
– vorvertragliche **II V 20** 7
– Wettbewerbsverbot **II V 20** 56 ff., 60 ff.; **II W 10** 1, 28, 88, 97
– Whistleblowing **II V 20** 25 ff.

Versetzung
– Begriff **I A** 14; **I B** 27, 73; **II V 40** 1 f.
– Direktionsrecht **II D 30** 25 ff., 49, 88, 104 f., 108 ff., 137 f., 162 f., 166, 202 f., 206, 208 f., 211 ff., 225 ff.
– Konzernversetzungsklausel **II D 30** 249 ff.
– Umzugskostenerstattung **II U 10** 2 f.

Vertragsänderungsabreden
– Anfechtbarkeit fingierter Zustimmungen **II V 25** 18 f.
– Anpassungsbedarf **II V 25** 1
– Erklärungsfrist **II V 25** 5 ff.
– Fiktion der Zustimmung **II V 25** 3 ff.
– Fiktion des Änderungsangebotszugangs **II V 25** 7 f.
– Hinweispflicht des Arbeitgebers **II V 25** 4
– Inhaltskontrolle **II V 25** 2 ff.
– Klauselbeispiel **II V 25** 1
– Klauselverbote **II V 25** 2 ff.
– Transparenzgebot **II V 25** 12 ff.
– unangemessene Benachteiligung **II V 25** 10 ff.
– Vertragsgestaltung **II V 25** 20 ff.

Vertragsgestaltung, Grenzen
– AGB **I C** 38, 47 ff.

- Angemessenheitskontrolle **I C** 93 ff.
- Befristungsabrede **I C** 33 ff.
- Betriebsvereinbarung **I C** 23 f.
- einseitige Leistungsbestimmung **I C** 119 ff.
- Formularvertrag **I C** 26 ff., 47 ff.
- gesetzliche **I C** 8 ff., 32 ff., 122 ff.
- Härteklauseln **I C** 131
- Inhaltskontrolle **I C** 4, 25 ff., 38, 47 ff., 70 ff.
- Maßregelungsverbot **I C** 43 ff.
- Richterrecht **I C** 25 ff.
- Sittenwidrigkeit **I C** 39 ff.
- Tarifvertrag **I C** 16 ff., 59 ff., 108, 129
- Verfassungsrecht **I C** 4 ff., 44

Vertragsgestaltung, methodische Fragen
- Auslegung **I A** 104
- Bedeutung **I A** 2 ff., 15 ff., 21 ff., 106 ff., 119 ff.
- Fehler **I A** 6 ff.
- Gestaltung **I A** 6 ff., 77 ff., 104, 111 ff.
- Grenzen **I A** 6 ff., 25, 67 ff., 104
- Klauselarten **I A** 104, 127 ff.

Vertragsgestaltung, Praxis
- Abreden **I B** 3 ff., 8 ff., 80 ff., 100 f.
- Abwicklungsvertrag **II A 15** 8 ff.
- Arbeitnehmerüberlassung **II A 55** 32 ff.
- Befristung **II B 10** 173 ff.
- Betriebsordnung **I B** 24, 68 ff.
- Branchenbesonderheiten **I B** 17 ff.
- Darlehen **II D 10** 30 ff.
- Entgeltumwandlung **II E 30** 3
- Form **I B** 11 ff., 72
- Forschung **I B** 1 ff.
- geringfügige Beschäftigung **II B 20** 7, 50 ff.
- Internetangebote **I B** 40 ff.
- Klauseltypen **I B** 16 ff.
- Rechtsprechung **I B** 38
- Regelungsminimum **I B** 18
- unsichere Rechtslage **I B** 44 ff.
- Tätigkeitsbeschreibung **I B** 56
- Verschwiegenheitpflicht **II V 20** 79 ff.
- Verweisungsklauseln **II V 40** 115
- Verzichts- und Ausgleichsquittung **II V 50** 15 ff., 45 ff.
- Widerrufsvorbehalt **II V 70** 14 ff., 109 ff.

Vertragsklauseln
- Abtretungsverbote und Lohnpfändung **II A 10** 18 ff.
- Anrechnung **I C** 131
- Anzeige- und Nachweispflichten **II A 40** 4 ff.
- Arbeitnehmerstatus **II A 50** 13 ff.
- Arbeitsaufnahme **II A 60** 5 f.
- Arbeitszeit **II A 90** 5 ff., 30 ff., 43, 62, 90, 94, 109, 130, 139 f., 149 ff.
- Aufhebungsvertrag **II A 100** 74 ff.
- Aufrechnung **II A 110** 17 ff.
- Ausbildungskosten **II A 120** 4 ff.
- Ausgleichsquittung **II V 50** 15 ff., 45 ff.
- Ausschlussfristen **II A 150** 34 ff.
- außerdienstliches Verhalten **II A 160** 6 ff.
- Befristung **II B 10** 5 ff.
- Beweislastvereinbarung **II B 30** 9 ff.
- Direktionsrecht **II D 30** 36 f., 59, 63, 68, 78, 86, 89, 106, 125, 138, 154 f., 162, 172, 185, 192, 198, 201, 204, 208, 218, 248, 257, 294
- Ehrenämter **II E 10** 3 ff.
- Gehaltsanpassung **II G 10** 3 ff.
- Gerichtsstand **II G 20** 15 ff.
- Gesundheitsuntersuchung **II G 30** 1, 6 ff., 22 ff., 44 ff.
- Haftung des Arbeitgebers **II H 10** 4 ff.
- Haftung des Arbeitnehmers **II H 20** 5 ff.
- Haftung für Kfz-Schäden **II H 30** 5 ff.
- Herausgabeansprüche **II H 40** 3 ff.
- Kündigungsvereinbarung **II K 10** 4 ff., 10 ff., 26 ff., 30 ff., 39 ff., 52 ff., 59 ff., 72
- Mankohaftung **II M 10** 10 ff.
- Mehrarbeits- und Überstundenvergütung **II M 20** 9, 12 ff., 17 ff., 23, 25, 29 ff., 34 ff., 64
- Nebentätigkeit **II N 10** 6 ff.
- Öffnungsklauseln **II O 10** 3 ff.
- salvatorische Klauseln **II S 10** 9 ff.
- Schadenspauschalierungsabreden **II S 20** 2 ff.
- Sonderzahlungen **II S 40** 28 f.
- Teilzeitarbeit **II T 10** 20 ff.
- Umzugskostenerstattung **II U 10** 6 ff.
- Urlaubsabreden **II U 20** 5 ff.
- Veröffentlichungen und Vorträge **II V 10** 5, 16, 21, 27
- Vertragsstrafen **II V 30** 8 ff.

– Verweisungsklauseln II V 40 8, 12, 18, 22, 27, 64, 6a, 65f, 65j, 99, 110, 112, 115
– Verzichtserklärungen II V 50 15ff., 45ff.
– Vollständigkeitsklauseln II V 60 2ff.
– Zölibatsklauseln I C 44
– Zugangsfiktion II Z 10 11ff., 17ff., 23ff., 27ff.
– Zurückbehaltungsrechte II Z 20 22ff.

Vertragsmuster I B 34ff.
– Anzeige- und Nachweispflichten II A 40 15
– Arbeitnehmerstatus II A 50 51ff.
– Arbeitnehmerüberlassung III B 50ff., 54ff.
– Arbeitszeit II A 90 22ff., 43, 61
– Ausbildungskosten II A 120 78
– Ausgleichsquittung II V 50 45ff.
– Ausschlussfristen II A 150 51f.
– außerdienstliches Verhalten II A 160 27
– Befristung II B 10 169ff.
– Ehrenämter II E 10 22
– Führungsmitarbeiter III B 4ff.
– Gerichtsstand II G 20 39f.
– geringfügige Beschäftigung III B 11ff.
– Gesundheitsuntersuchung II G 30 22ff., 27ff., 44ff.
– Haftung des Arbeitgebers II H 10 36
– Haftung des Arbeitnehmers II H 20 50ff.
– Haftung für Kfz-Schäden II H 30 42
– Herausgabeansprüche II H 40 23ff.
– Mankohaftung II M 10 23
– Mehrarbeits- und Überstundenvergütung II M 20 17ff., 64f.
– Öffnungsklauseln II O 10 18
– salvatorische Klauseln II S 10 35ff.
– Teilzeitbeschäftigte III B 7ff., 10
– Überlassungsvertrag III B 50ff., 54ff.
– Umzugskostenerstattung II U 10 39
– Urlaubsabreden II U 20 52, 79a ff., 86
– Veröffentlichungen und Vorträge II V 10 25
– Vertragsstrafen II V 30 111
– Verweisungsklauseln II V 40 115
– Vollständigkeitsklauseln II V 60 10
– Wettbewerbsverbot II W 10 103ff.

Vertragsmuster mit Tarifbezug
– für das private Bankgewerbe III C 6ff.
– für das Versicherungsgewerbe III C 22ff.
– für die chemische Industrie III C 36ff.
– für den Einzelhandel III C 50ff.
– für die Metallindustrie III C 63ff.

Vertragsstrafen
– Akzessorietät II V 30 4
– Arbeitsaufnahme II A 60 7
– Arbeitszeit, Nichteinhaltung II V 30 52, 106ff.
– Aufrechnungsklauseln II V 30 90ff.
– Aus- und Fortbildung II A 120 79; II V 30 14, 47ff.
– Begriff I A 90; I B 13, 54ff.; II V 30 1ff., 7ff., 12ff.
– Bestimmtheitsgrundsatz II V 30 21ff., 79f.
– Betriebsbuße II V 30 3
– formularmäßige II V 30 29ff.
– Haftung des Arbeitnehmers II H 20 4, 43, 45; II V 30 4, 40ff.
– Hinweisklauseln II V 30 90f.
– Höhe II V 30 25ff., 35ff., 59
– Kautionsverfallklauseln II V 30 108ff.
– Klauseltypen I C 96; II V 30 8ff.
– Kündigung II K 10 19, 39; II V 30 16ff.
– Lohnverwirkungsklauseln II V 30 92f.
– Nebenpflichtverletzung II V 30 68ff.
– Nebentätigkeit II V 30 70ff.
– Rückzahlungsklauseln II V 30 48f.
– salvatorische Klauseln II S 10 19, 25
– Schadensersatzanspruchsklauseln II V 30 85ff.
– Schadenspauschalierungsabreden II S 20 6ff., 22
– überraschende Klauseln I C 78
– Urlaubsabreden II U 20 77
– Verschulden II V 30 81ff.
– Verschwiegenheitpflicht II V 20 46, 78; II V 30 65ff.
– Vertragsbruch II V 30 10ff.
– Verwirkungsabreden II V 30 6, 92ff., 104ff.
– Wettbewerbsverbot II V 30 52ff.; II W 10 25, 99

Verweisungsklauseln
– AGB-Recht II V 40 33, 34, 76f., 81ff.
– allgemeine Arbeitsbedingungen II V 40 14, 66ff.

- Arbeitsentgelt **II V 40** 25, 27, 32, 38, 42, 44, 64 f.
- Auslegung **II V 40** 33 ff., 80
- Ausschlussfristen **II A 150** 35; **II V 40** 24 f., 41, 47
- außervertragliche Regelungen **II V 40** 39 ff.
- Begriff **I A** 73 f.; **I B** 4, 13, 22 ff., 68; **II V 40** 1 ff.
- Belehrungspflicht **II V 40** 90
- Besitzstandsschutz **II V 40** 79
- Bestätigungsklausel **II V 40** 1
- Bestimmtheitsgrundsatz **II V 40** 23 f.
- betriebliche Übung **II V 40** 39
- Betriebsrente **II V 40** 79
- Betriebsübergang **I A** 82; **II V 40** 18, 33, 52 ff., 91 ff., 105 ff.
- Betriebsvereinbarung **II V 40** 1, 4 f., 16, 19, 66 ff.
- Bezugnahmeklauseln **II V 40** 1 ff., 4 ff., 65a ff.
- deklaratorische **II V 40** 5
- Direktionsrecht **II V 40** 17
- Doppelverweisung (Mehrfachverweisung) **II V 40** 29 ff.
- dynamische Verweisung **II V 40** 11 ff., 55, 74, 80, 90
- Einzelverweisung **II V 40** 25 f., 28, 86
- formularmäßige **II V 40** 76
- fremder Tarifvertrag **II V 40** 73, 84
- Führungskräfte **II V 40** 1
- Funktion **II V 40** 3
- Gleichbehandlung **II V 40** 3, 22, 74
- Gleichstellungsabrede **II V 40** 33, 51 ff., 95 ff., 109
- Globalverweisung (Gesamtverweisung) **II V 40** 21 ff., 83 ff.
- große dynamische **II V 40** 18 ff., 97 f.
- Günstigkeitsprinzip **II V 40** 59 ff., 65, 70, 73
- Inhaltskontrolle **II V 40** 25 f., 28, 31, 76 f., 81 ff.
- Jeweiligkeitsklauseln **II J 10** 4 ff.; **II V 40** 11, 14 ff., 36, 67, 69 f., 79, 113
- Klauseltypen **I C** 76 ff.; **II V 40** 8, 12, 18 ff., 23, 28 f., 64, 65a, 65f, 65j, 99, 110, 115
- kleine dynamische **II V 40** 12 ff., 52, 95 ff., 108 ff.
- Koalitionsfreiheit **II V 40** 22
- Mehrfachverweisung **II V 40** 29 ff.
- Nachweisgesetz **II V 40** 32, 40, 42 ff.
- Öffnungsklauseln **II V 40** 5
- statische Verweisung **II V 40** 8 ff.
- Tarifbindung **II V 40** 91 ff.
- Tarifpluralität **II V 40** 61
- Tarifvertrag **II V 40** 1, 5 ff., 7 ff., 12, 18, 23 ff., 33, 39 ff., 71 ff., 91 ff.
- Tarifvertragsänderung **II V 40** 71 ff., 91
- Tarifwechsel **II V 40** 53 ff., 64 f., 95, 112 ff.
- Teilverweisung **II V 40** 23 ff., 82, 87 ff.
- Transparenzgebot **II V 40** 15 f., 23 ff., 32, 85, 90 ff.
- Überraschungsschutz **II V 40** 71 ff.
- Unklarheitenregel **II V 40** 24, 34 ff., 37, 69
- Verbandsaustritt **II V 40** 92
- Verbandswechsel **II V 40** 91 ff., 98
- Versorgungsordnungen **II V 40** 17
- Vertragsgestaltung **II V 40** 115
- Verweisungsgegenstand **II V 40** 1
- Vorrang der Individualabrede **II V 40** 38

Verwirkungsklauseln s. Urlaub

Verzicht und Ausgleichsquittung
- Abfindung **II V 50** 13 f.
- AGB-Kontrolle **II V 50** 11 ff.
- allgemeine Ausgleichsklauseln **II V 50** 15 ff.
- Anforderungen **II V 50** 9 ff., 15 ff.
- Arbeitspapiere **II V 50** 47
- Aufhebungsverträge **II A 100** 99 ff.
- Ausgleichsquittung **II V 50** 47 f.
- Auslegung **II V 50** 6 ff.
- Begriff **II V 50** 1
- Bestimmtheit **II V 50** 6 ff.
- betriebliche Altersversorgung **II V 50** 18, 44
- Beweislastvereinbarungen **II B 30** 18 f.
- Empfangsbestätigung **II V 50** 47
- Entgeltfortzahlungsanspruch **II E 20** 22; **II V 50** 22
- Erlassvertrag **II V 50** 1, 3
- fehlende Klagbarkeit **II V 50** 2
- Folge **II V 50** 2
- Form **II V 50** 10
- Gratifikation **II V 50** 16
- Inhaltskontrolle **I C** 76; **II V 50** 13 ff., 37
- Karenzentschädigung **II V 50** 16
- Klauseltypen **II V 50** 15 ff.
- Kondiktion **II V 50** 45

- Kündigungsschutz **II V 50** 4, 13, 18, 27 ff.
- Nachteilsausgleich **II V 50** 16
- negatives Schuldanerkenntnis **II V 50** 1, 3
- Schriftform **II V 50** 10
- tarifliche Rechte **II V 50** 23 ff.
- Transparenzkontrolle **II V 50** 12
- überraschende Klausel **II V 50** 11
- unverzichtbare Rechte **II V 50** 9
- Urlaub, Urlaubsabgeltung **II V 50** 18, 22
- Vergleich **II V 50** 1, 3
- Vertragsgestaltung **I A** 10, 101; **I C** 76; **II V 50** 15 ff., 45 ff.
- Verzichtserklärung **II V 50** 48
- Verzichtsgegenstand **II V 50** 1
- Wettbewerbsverbot, nachvertragliches **II V 50** 16
- Zeugnis **II V 50** 4, 18, 39 ff.

Vollständigkeitsklauseln
- Begriff **I B 30** 9; **II V 60** 3
- Beweislastvereinbarung **II B 30** 2
- Formularvertrag **II V 60** 3
- Vertragsgestaltung **II V 60** 10

Vollstreckungsgericht II A 10 2

Vorbehalte und Teilbefristung
- AGB-Recht **II V 70** 3 ff., 14 ff., 41 ff., 74 ff.
- Angemessenheitskontrolle **II V 70** 10
- Anrechnungsvorbehalt **II V 70** 4, 31 ff., 106
- Arbeitsentgelt **II V 70** 2
- Arbeitszeit **II V 70** 2
- Arten **II V 70** 3 ff.
- Ausübungskontrolle **II V 70** 7, 10, 27 ff., 79
- Begriff **II V 70** 1 ff.
- betriebliche Altersversorgung **II V 70** 41
- betriebliche Übung **II V 70** 44 ff., 69 ff., 73
- betriebliches Erfordernis **II V 70** 21 f.
- Betriebsvereinbarung **II V 70** 41, 103 ff.
- Betriebsvereinbarungsvorbehalt **II V 70** 104
- Billigkeitskontrolle **II V 70** 27 ff., 34, 41
- Direktionsrechtserweiterung **II V 70** 17, 84
- Entgeltbestandteile **II V 70** 91 ff.
- Formularvertrag **II V 70** 11, 21, 35 f., 43, 110
- Freiwilligkeitsvorbehalt **II V 70** 5, 41 ff., 64, 65 ff., 96, 112; **II Z 5** 14 ff.
- Führungskräfte **II V 70** 9 f.
- Gleichbehandlung **II V 70** 27, 38, 97
- Inhaltskontrolle **II V 70** 7 ff., 14 ff., 41 ff., 74 ff.
- Initiativrecht **II V 70** 102
- KSchG **II V 70** 9, 12, 21 f., 85
- Kündigung **II V 70** 2, 19, 22, 41, 112
- Mitbestimmungsrecht **II V 70** 99 ff.
- öffentlicher Dienst **II V 70** 81
- ordnungsgemäße Ausübung **II V 70** 27 ff.
- sachlicher Grund **II V 70** 74, 86
- Schriftformerfordernis **II V 70** 75
- Schriftformklausel **II V 70** 72
- Sittenwidrigkeit **II V 70** 41 ff.
- Sonderleistungen **II S 40** 4, 16, 28; **II V 70** 25, 41, 60, 64, 95, 104
- Tarifvertrag **II V 70** 4, 9, 17 ff., 31 ff.
- Tätigkeitsbereichsänderung **II V 70** 9, 17 ff.
- Teilbefristung **II V 70** 6, 73 ff.
- Teilkündigung **II V 70** 74
- Transparenzgebot **II V 70** 11, 20, 26, 35 f., 50 f., 79
- überbetriebliche Zulage **II V 70** 31 ff.
- Vertragsgestaltung **II V 70** 17, 30, 48, 52, 65 f., 90, 95, 104, 109 ff.
- Verweisungsklauseln **II V 40** 14
- Widerrufsvorbehalt **II V 70** 3, 9, 14 ff., 46 ff.; **II Z 5** 14, 17 ff.
- Wirksamkeitskontrolle **II V 70** 18 ff.
- zeitlicher Umfang **II V 70** 22
- Zielvereinbarungen **II Z 5** 14 ff.

Wehr- und Ersatzdienst II A 40 1

Wettbewerbsverbot
- Abwerbung **II W 10** 5
- Abwicklungsvertrag **II A 15** 27
- Adressat **II W 10** 3
- Änderungskündigung **II W 10** 23
- Arbeitgeberinteresse **II W 10** 13 f., 17, 22
- Arten **II W 10** 1
- Auffangtatbestand **II W 10** 7
- Aufgabevereinbarung **II W 10** 23
- Aufhebungsvertrag **II A 100** 98
- Auskunftsrecht **II W 10** 24
- Begriff **I B** 13, 46, 55, 98; **II W 10** 1
- Berufsfreiheit **II W 10** 5

- Bestimmtheitsgrundsatz **II W 10** 7
- Beteiligung an anderen Unternehmen **II W 10** 8 ff.
- Betriebs- und Geschäftsgeheimnis **II W 10** 1, 24
- Darlehensgewährung **II W 10** 11
- deklaratorische Klauseln **II W 10** 3 ff.
- Eintrittsrecht **II W 10** 24
- Einwilligung **II W 10** 13, 23
- Entschädigung **II W 10** 1, 48 ff.
- Geschäftsbeziehungen zu Drittunternehmen **II W 10** 17
- gesetzeskonkretisierende Klauseln **II W 10** 3 ff.
- gesetzliche Ausgangslage **II W 10** 2
- Grenzen **II V 20** 60 ff.
- Haftung des Arbeitnehmers **II H 20** 46
- Handlungsgehilfe **II W 10** 2
- Kapitalbeteiligung an anderen Unternehmen **II W 10** 9 ff.
- Klauseltypen **II W 10** 3 ff., 8, 14, 18, 23 f.
- Konkurrenzverbot und Drittunternehmen **II W 10** 8 ff., 14 ff.
- Konzern **II W 10** 15 ff.
- Kündigung **II W 10** 5, 20, 24 f.
- leitende Angestellte **II W 10** 13
- Nebentätigkeit **II N 10** 7, 8, 48 ff.; **II W 10** 1, 6, 8, 13, 21
- Nebentätigkeitsverbot **II W 10** 8
- räumliches Verbot **II W 10** 19
- Rechtsfolgenregelung **II W 10** 24 ff.
- Schadensersatz **II W 10** 24
- Schutz von Drittunternehmen **II W 10** 14 ff.
- Sittenwidrigkeit **II W 10** 24
- Teilzeitarbeit **II T 10** 43
- Treuepflicht **II W 10** 3, 5, 21
- Unternehmenserweiterung **II W 10** 22
- UWG **II W 10** 1, 24
- Verbotskomponenten **II W 10** 18 ff.
- Verjährung **II W 10** 24
- Verschwiegenheitspflicht **II V 20** 56 ff., 60 ff.; **II W 10** 1
- Versorgungszusage **II W 10** 26
- Vertragsstrafen **II W 10** 25
- Vorbereitungsmaßnahmen **II W 10** 5
- Wettbewerb **II W 10** 4
- Widerruf **II W 10** 23
- Widerrufsvorbehalte **II W 10** 23
- zeitliches Verbot **II W 10** 20
- Zeitlimit **II W 10** 22
- Zustimmungsfiktion **II W 10** 23

Wettbewerbsverbot, nachvertragliches II W 10 27 ff.
- Abfindung **II W 10** 28
- AGB-Recht **II W 10** 32, 47
- allgemeine Konkurrenzklauseln **II W 10** 36
- Alternativen **II W 10** 76 ff.
- Altersgrenze **II W 10** 79
- anderweitiger Erwerb **II W 10** 64
- Anrechnungsklauseln **II W 10** 63, 81 f.
- Arbeitgeberinteresse **II W 10** 29, 32 ff., 44 f., 74
- Arbeitnehmererfindungsgesetz **II W 10** 28
- Arbeitnehmerrechtsschutz **II W 10** 76
- Arbeitslosengeld **II W 10** 63
- Aufhebungsvertrag **II A 100** 98
- Ausgleichsquittung **II W 10** 68
- Auskunftspflicht **II W 10** 64 ff., 98
- Auslegung **II W 10** 30
- Ausschlussfristen **II W 10** 69
- Auszahlungsmodalitäten **II W 10** 60 ff.
- bedingtes **II W 10** 71, 79, 83, 88
- Beendigung des Arbeitsverhältnisses **II W 10** 29, 47, 52 f., 66, 92 f.
- Begriff **I B** 1
- Berufsverbot **II W 10** 46
- Betriebsrente **II W 10** 81
- Beweislastvereinbarung **II B 30** 16 f., 31 ff.
- Drittunternehmensschutz **II W 10** 40 ff.
- EG-Recht **II W 10** 46
- Entschädigungshöhe **II W 10** 57 ff.
- Entschädigungspflicht **II W 10** 31, 48 ff., 79, 97
- feste Entschädigungssummen **II W 10** 59
- Formvorschrift **II W 10** 1
- freie Mitarbeiter **II W 10** 29
- Fürsorgepflicht, nachvertragliche **II W 10** 76
- gegenständliches Verbot **II W 10** 38 ff.
- geltungserhaltende Reduktion **II W 10** 29, 74 f.
- gerichtliche Durchsetzung **II W 10** 96

- gerichtlicher Vergleich **II W 10** 68
- Geschäftsführer **II W 10** 54 f., 72
- Gesellschaftsvertrag **II W 10** 54 ff.
- gesetzliche Ausgangslage **II W 10** 27 ff.
- Gestaltungsspielraum **II W 10** 36
- Grenzen (§§ 74 ff. HGB) **II W 10** 29, 56
- Handelsvertreter **II W 10** 29, 31
- Inhaltskontrolle **II W 10** 29, 32, 78, 93
- Inkrafttreten **II W 10** 88 ff.
- Kapitalbeteiligung **II W 10** 12
- Karenzentschädigung **II W 10** 1, 29, 31, 51 ff., 72 ff., 79, 87, 97, 106
- Karenzentschädigung, Ausschluss **II W 10** 51 ff.
- Klauselbeispiele **II W 10** 33 ff., 46, 48, 60, 63, 72 f., 79, 88, 95
- konzerndimensionaler Wettbewerbsschutz **II W 10** 42 ff.
- Kündigung **II W 10** 52 f., 54, 78, 89, 92, 97
- leitende Angestellte **II W 10** 32, 36
- Loyalitätspflichten **II W 10** 28, 95
- Mandantenschutzklauseln **II W 10** 38, 46, 73 ff.
- Mandantenübernahmeklauseln **II W 10** 74
- Niederlassungsklauseln **II W 10** 75
- Öffnungsklausel **II W 10** 90
- Organmitglieder juristischer Personen **II W 10** 54 ff., 73, 85
- persönlicher Geltungsbereich **II W 10** 29
- Probezeit **II W 10** 88
- räumliches Verbot **II W 10** 46
- Rechtsfolgenregelung **II W 10** 95 ff.
- Rechtsweg **II W 10** 101
- Rücktritt **II W 10** 97
- Ruhestandsverhältnis **II W 10** 79 ff., 94
- Schadensersatz **II W 10** 76, 98
- Sittenwidrigkeit **II W 10** 76, 102
- Sperrabrede **II W 10** 37, 76
- Stammrecht **II W 10** 67
- tätigkeitsbezogenes **II W 10** 35, 91
- Treuepflichtklauseln **I B** 51; **II W 10** 83
- Umfang **II W 10** 33 ff., 38 ff.
- unternehmensbezogenes **II W 10** 35
- Unternehmensverbund **II W 10** 44
- Verjährung **II W 10** 67
- Veröffentlichungen und Vorträge **II V 10** 6
- Verschwiegenheitspflicht **II W 10** 28, 88, 97
- Versorgungszusage **II W 10** 84
- Vertragsanpassung **II W 10** 42
- Vertragsgestaltung **II W 10** 103 ff.
- Vertragsstrafen **II V 30** 52 ff.; **II W 10** 99
- Verzicht **II V 50** 16; **II W 10** 70 ff.
- Verzug **II W 10** 100
- vorformulierte Wettbewerbsklauseln **II W 10** 30, 32, 68, 71
- Vorstand **II W 10** 55
- Vorvertrag **II W 10** 89
- Wettbewerbsbeschränkung **II W 10** 28
- Widerruf durch Arbeitgeber **II W 10** 84 ff.
- Wirksamkeitskontrolle **II W 10** 29
- zeitliche Begrenzung **II W 10** 29, 47, 73

Whistleblowing II A 40 14; **II V 20** 25 ff.

Widerrufsvorbehalte
- Aufhebungsvertrag **II A 100** 52, 112
- Direktionsrecht **II D 30** 204 ff., 268, 284
- Gehaltsanpassung **II G 10** 9
- Jeweiligkeitsklauseln **II J 10** 3
- Sonderzahlungen **II S 40** 7 ff.
- Vertragsgestaltung **I A** 14, 21; **I B** 38 ff.; **I C** 36
- Wettbewerbsverbot **II W 10** 23, 84 ff.

Wohnraumüberlassung II H 40 20
Wohnsitzklausel s. Direktionsrecht

Zeugnis II A 100 97 f.; **II V 50** 4, 18, 39 ff.

Zielvereinbarungen
- allgemeine Beurteilungsgrundsätze **II Z 5** 53
- Alternativvergütung **II Z 5** 24
- Arbeitsentgelt **II Z 5** 7, 14 ff., 28, 31 ff.
- Beendigung **II Z 5** 19 f., 28
- Befristung **II Z 5** 22 ff.
- Begriff **II Z 5** 1
- Bekanntgabe, interne **II Z 5** 35
- betriebliche Übung **II Z 5** 4
- Betriebsrat **II Z 5** 30, 49 ff.
- Betriebsverfassungsrecht **II Z 5** 34
- Beweislast **II Z 5** 34, 44

- Datenschutz **II Z 5** 35
- Ermessensspielraum **II Z 5** 33
- Erprobung **II Z 5** 25
- Fehlzeiten **II Z 5** 27 ff.
- Flexibilisierung der Vergütung **II Z 5** 14
- Formularvereinbarung **II Z 5** 10, 17, 22
- Freiwilligkeitsvorbehalt **II Z 5** 14 ff.
- gesetzliche Grundlage **II Z 5** 3
- Gleichbehandlungsgrundsatz **II Z 5** 9
- Grenzen **II Z 5** 8 ff.
- Klauselbeispiele **II Z 5** 4, 8, 13, 28
- nachträgliche **II Z 5** 46 ff.
- Nachweisgesetz **II Z 5** 8
- Nichtzustandekommen **II Z 5** 38 ff.
- Pflichten des Arbeitgebers **II Z 5** 13
- Pflichten des Arbeitnehmers **II Z 5** 12
- Probezeit **II Z 5** 29
- qualitative Ziele **II Z 5** 2, 31, 33
- quantitative Ziele **II Z 5** 2, 31
- Rahmenvereinbarung **II Z 5** 4, 13
- Rechtsgrundlage **II Z 5** 3
- Rechtsnatur **II Z 5** 6
- Sinn **II Z 5** 1, 14
- Sonderzahlung **II Z 5** 7, 27, 47
- Transparenzgebot **II Z 5** 16a, 21
- Überhangprovision **II Z 5** 47 f.
- variabler Vergütungsbestandteil **II Z 5** 7, 31, 51
- Veränderung der Ziele **II Z 5** 36 f.
- Vergütungshöhe **II Z 5** 31, 51
- Vertragsauslegung **II Z 5** 41
- vorzeitiges Ausscheiden **II Z 5** 28
- Weisungsrecht **II Z 5** 13
- Widerrufsvorbehalt **II Z 5** 14, 17 ff., 23
- zeitlicher Rahmen **II Z 5** 4
- Zielerreichung **II Z 5** 30 ff.
- Zielvereinbarungsbögen **II Z 5** 53
- Zielvereinbarungsgespräch **II Z 5** 2, 49
- Zielvorgabe **II Z 5** 2
- Zusatzvereinbarung **II Z 5** 3

Zugangsfiktion
- unter Abwesenden **II Z 10** 4 f.
- AGB-Recht **II Z 10** 14 ff., 29 ff.
- allgemeine **II Z 10** 12 ff.
- unter Anwesenden **II Z 10** 6
- Anzeige- und Nachweispflichten **II A 40** 13
- ausländische Arbeitnehmer **II Z 10** 6
- Auslieferungsbeleg **II Z 10** 10
- Begriff **II Z 10** 1 ff.
- Betriebsvereinbarung **II Z 10** 24, 28
- Beweislastvereinbarungen **II Z 10** 6, 10, 27
- deklaratorische **II Z 10** 18 ff.
- Formularverträge **II Z 10** 11, 29
- Kündigung **II Z 10** 13, 25
- Kündigungsschreiben **II Z 10** 9
- Schwarzes Brett **II Z 10** 24 ff.
- Tarifvertrag **II Z 10** 28
- Urlaub **II Z 10** 21
- Vertragsgestaltung **I C** 96; **II Z 10** 30 f.
- Zugangsbewirkung **I B** 61, 77; **II Z 10** 25 ff.
- Zugangsersetzung **II Z 10** 28 ff.
- Zugangshindernisse **II Z 10** 7 ff., 20 ff.

Zurückbehaltungsrecht
- Abwendung **II Z 20** 35
- AGB-Recht **II Z 20** 34 ff.
- Ausschluss **II Z 20** 22 ff.
- Ausübung **II Z 20** 18
- Begriff **II Z 20** 1 ff., 5 ff.
- betriebliche Altersversorgung **II Z 20** 7
- Formularverträge **II Z 20** 34 ff.
- Herausgabeansprüche **II H 40** 13; **II Z 20** 14
- Inhaltskontrolle **II Z 20** 36
- Leistungsverweigerungsrechte **I B** 71; **II Z 20** 19 ff.
- Rechtsgüterkollision **II Z 20** 19 ff.
- Sicherheitsleistung **II Z 20** 35
- Treu und Glauben **II Z 20** 18
- Urlaubsanspruch **II Z 20** 27
- Vollmachtsurkunde **II Z 20** 3
- Vorleistungspflicht **II Z 20** 9